Abréviations utilisées dans le dictionnaire		Abbreviations used in the dictionary
militaire	*Mil*	military
mines	*Mines*	mining
masculin pluriel	*mpl*	masculin
musique	*Mus*	
mythologie	*Mythol*	
nom	N	
nautique	*Naut*	
négatif	*nég, neg*	
nom féminin	NF	
nom masculin	NM	
nom masculin et féminin	NMF	inine noun
nom masculin, féminin	NM, F	uline, feminine noun
non comptable	*NonC*	uncountable
nom pluriel	NPL	plural noun
Nouvelle-Zélande	*NZ*	New Zealand
emploi réfléchi	*o.s.*	oneself
parlement	*Parl*	parliament
passif	*pass*	passive
péjoratif	*péj, pej*	pejorative
personnel	PERS	personal
pharmacie	*Pharm*	pharmacy
philosophie	*Philo, Philos*	philosophy
photographie	*Photo, Phot*	photography
physiologie	*Physiol*	physiology
pluriel	PL, *pl*	plural
possessif	POSS	possessive
préfixe	PRÉF, PREF	prefix
préposition	PRÉP, PREP	preposition
prétérit	*prét, pret*	preterite
pronom	PRON	pronoun
proverbe	*Prov*	proverb
psychiatrie, psychologie	*Psych*	psychiatry, psychology
temps du passé	*pt*	past tense
participe passé	*ptp*	past participle
quelque chose	*qch*	something
quelqu'un	*qn*	somebody, someone
marque déposée	®	registered trademark
chemin de fer	*Rail*	rail(ways)
religion	*Rel*	religion
relatif	*rel*	relative
quelqu'un	*sb*	somebody, someone
école	*Scol*	school
écossais, Écosse	*Scot*	Scottish, Scotland
séparable	*sep*	separable
singulier	*sg*	singular
ski	*Ski*	skiing
sociologie	*Sociol*	sociology
terme de spécialiste	*SPÉC, SPEC*	specialist term
quelque chose	*sth*	something
subjonctif	*subj*	subjunctive
superlatif	*superl*	superlative
technique	*Tech*	technical
télécommunications	*Télec, Telec*	telecommunications
théâtre	*Théât*	theatre
télévision	*TV*	television
typographie	*Typo*	typography
université	*Univ*	university
américain, États-Unis	*US*	American, United States
verbe	VB, *vb*	verb
verbe intransitif	VI	intransitive verb
verbe pronominal	VPR	pronominal verb
verbe transitif	VT	transitive verb
verbe transitif et intransitif	VTI	transitive and intransitive verb
verbe transitif indirect	VT INDIR	indirect transitive verb
zoologie	*Zool*	zoology
langage familier	*	informal language
langage très familier	**	very informal language
langage vulgaire	***	offensive language
emploi vieilli	†	old-fashioned term or expression

DICTIONNAIRE
FRANÇAIS-ANGLAIS
ANGLAIS-FRANÇAIS

FRENCH-ENGLISH
ENGLISH-FRENCH
DICTIONARY

le Robert & Collins

COMPACT + ANGLAIS

le Robert

Collins
le Robert
FRENCH
DICTIONARY

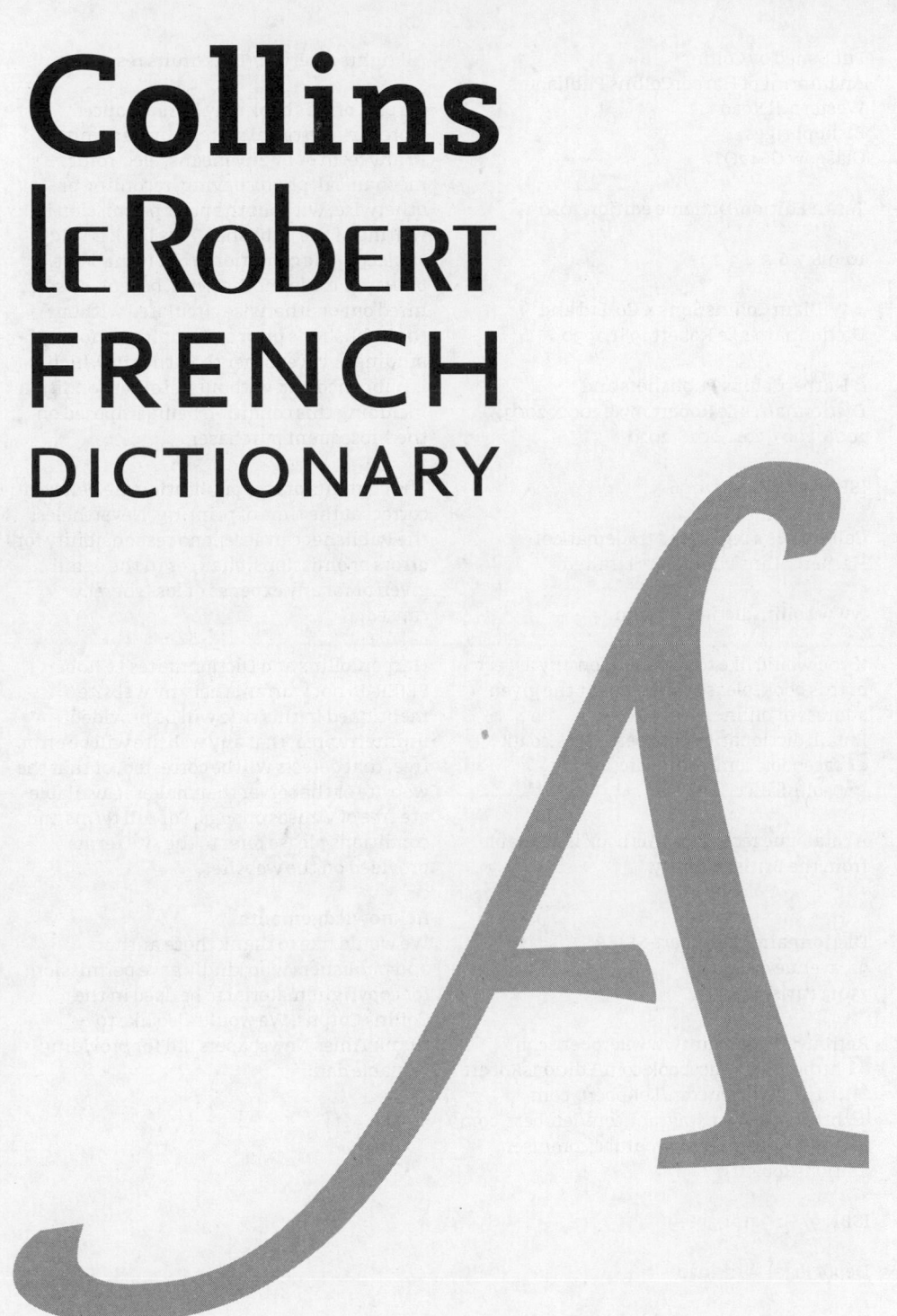

Published by Collins
An imprint of HarperCollins Publishers
Westerhill Road
Bishopbriggs
Glasgow G64 2QT

Tenth Edition/Dixième édition 2020

10 9 8 7 6 5 4 3 2 1

ISBN 978-0-00-832006-5

www.collinsdictionary.com

If you would like to comment on any aspect of this book, please contact us at the given address or online.
Email: dictionaries@harpercollins.co.uk
facebook.com/collinsdictionary
@collinsdict

A catalogue record for this book is available from the British Library.

Dictionnaires Le Robert-SEJER
92, avenue de France
75013 Paris

Retrouvez-nous sur : www.lerobert.com
https://www.facebook.com/EditionsRobert
https://twitter.com/LeRobert_com
https://www.instagram.com/lerobert_com
YouTube https://www.youtube.com/user/EditionsRobert

ISBN 978-2-32101-396-9

Dépôt légal avril 2020

Typeset by Davidson Publishing Solutions, Glasgow

Printed and bound by Thomson Press India Ltd

Acknowledgements
We would like to thank those authors and publishers who kindly gave permission for copyright material to be used in the Collins Corpus. We would also like to thank Times Newspapers Ltd for providing valuable data.

Publishing management for HarperCollins
Jethro Lennox

Direction éditoriale : société Dictionnaires Le Robert représentée par
Charles Bimbenet

Editorial directors
Gerry Breslin
Helen Newstead

Responsable éditoriale
Dominique Le Fur

Project managers/Chefs de projet
Teresa Álvarez, Hannah MacAskill

Editorial staff/Rédaction et correction
Laurence Larroche, Cordelia Lilly,
Persephone Lock, Gina Macleod, Marie Ollivier-Caudray,
Christian Salzedo, Anna Stevenson

William Collins' dream of knowledge for all began with the publication of his first book in 1819. A self-educated mill worker, he not only enriched millions of lives, but also founded a flourishing publishing house. Today, staying true to this spirit, Collins books are packed with inspiration, innovation, and practical expertise. They place you at the centre of a world of possibility and give you exactly what you need to explore it.

Language is the key to this exploration, and at the heart of Collins Dictionaries is language as it is really used. New words, phrases, and meanings spring up every day, and all of them are captured and analysed by the Collins Corpus. Constantly updated, and with over 4.5 billion entries, this living language resource is unique to our dictionaries.

Words are tools for life. And a Collins Dictionary makes them work for you.

Find us at **www.collinsdictionary.com**.

Depuis 1951, les éditions Le Robert publient des ouvrages de référence spécialisés dans la langue et la culture. Les ouvrages fondateurs comme *Le Grand Robert* et *Le Petit Robert* proposent une description complète de la langue en dévoilant les mots sous tous leurs aspects. Bien au-delà de la norme et du bon usage, les dictionnaires Le Robert, scolaires, bilingues, thématiques ou culturels, témoignent de la richesse du français, reflet vivant de la culture, de la connaissance de soi et de l'ouverture sur le monde. Retrouvez-nous sur **www.lerobert.com**.

TABLE DES MATIÈRES | CONTENTS

COMMENT UTILISER VOTRE DICTIONNAIRE

1. UN MOT PEUT AVOIR PLUSIEURS SENS : NE VOUS ARRÊTEZ PAS À LA PREMIÈRE TRADUCTION

Dans ce dictionnaire, chaque sens est précédé d'une lettre dans un cercle bleu. Le sens le plus courant vous est donné en premier. Les sens sont indiqués par des mots entre parenthèses et en italique. Par exemple, le mot **boîte** a trois sens, présentés en a, b et c. Si vous cherchez à traduire ce mot dans le sens de **discothèque**, vous devez parcourir l'entrée jusqu'au b :

boîte ○ [bwat] **1** (NF) a (= *récipient*) box; (*en métal*) tin; [*de conserves*] can, tin (*Brit*) • **des tomates en ~** canned *ou* tinned (*Brit*) tomatoes • **mettre qn en ~*** to pull sb's leg* b (= *cabaret*)* nightclub • **sortir en ~** to go clubbing* c (= *lieu de travail, firme*)* company; (= *école*)* school • **elle travaille pour une ~ de pub** she works for an advertising company

De même, les mots anglais peuvent avoir plusieurs sens. Faites bien attention au contexte pour déterminer quel sens vous devez traduire.

2. UN MOT PEUT AVOIR PLUSIEURS FONCTIONS DANS LA PHRASE : CHOISISSEZ LA BONNE

Le mot **lâche** peut être un nom ou un adjectif, ou encore une forme du verbe **lâcher**. Si vous voulez traduire **c'est un lâche**, vous devez aller chercher la traduction dans la catégorie du nom, en **2** (N). Si vous voulez traduire **lâche-moi !**, vous trouverez la traduction sous le verbe (VT) **lâcher** :

lâche [lɑʃ] **1** (ADJ) a (= *peu courageux*) cowardly; [*attentat*] despicable; [*procédé*] low • **se montrer ~** to be a coward • **c'est assez ~ de sa part d'avoir fait ça** it was pretty cowardly of him to do that b (= *peu serré*) [*corde*] slack; [*nœud, vêtement, canevas*] loose c (= *peu sévère*) [*discipline, morale*] lax; [*règlement*] loose **2** (NMF) coward

lâcher [lɑʃe] /TABLE 1/ (VT) a [+ *main, proie*] to let go of; [+ *bombes*] to drop; [+ *pigeon, ballon*] to release; [+ *chien*] to unleash; [+ *frein*] to release; [+ *juron*] to come out with • **lâche-moi!** let go of me! • **le prof nous a lâchés à 4 heures*** the teacher let us out at 4

Le mot **boucher** peut être un verbe ou un nom. Ces deux mots, qui n'ont rien à voir l'un avec l'autre, sont présentés dans deux articles séparés. Le chiffre[1] placé à la suite de **boucher** verbe vous signale qu'il y a un autre article, **boucher**[2], que vous devrez consulter si vous recherchez la traduction du nom :

boucher[1] [buʃe] /TABLE 1/ **1** (VT) a [+ *bouteille*] to cork b [+ *trou, fente*] to fill in; [+ *fuite*] to stop • **ça** (*ou* **elle** *etc*) **lui en a bouché un coin*** he was staggered* c [+ *fenêtre, porte*] to block up [...]

boucher[2] [buʃe] (NM) butcher

3. UN VERBE PEUT ÊTRE TRANSITIF OU INTRANSITIF : FAITES BIEN LA DIFFÉRENCE

Lorsqu'un verbe est suivi d'un complément, il est transitif. Lorsqu'il n'est pas suivi d'un complément, il est intransitif. Par exemple dans **une dent qui pousse, pousser** est intransitif alors que dans **peux-tu me pousser ?**, il est transitif. Faites bien la différence et consultez la bonne section de l'article car les traductions ne sont pas du tout les mêmes.

4. NE TRADUISEZ PAS LES PHRASES MOT À MOT

Regardez bien les exemples qui vous sont donnés : ils sont là pour vous aider à traduire non seulement le mot que vous cherchez, mais aussi la phrase dans laquelle il se trouve.

avion ... **ils sont venus en avion** they came by plane

Sans cette indication, vous n'auriez peut-être pas utilisé **by** pour traduire **en.**

éponge ... **passons l'éponge** let's forget about it

Dans cette phrase, **sponge** (la traduction d'**éponge**) n'est pas utilisé du tout.

5. UTILISEZ LES DEUX CÔTÉS DE VOTRE DICTIONNAIRE

Quand vous traduisez en anglais, vous consultez d'abord le côté français-anglais de votre dictionnaire. Mais vous pouvez trouver des informations complémentaires du côté anglais-français. La traduction de **licence**, par exemple, est **degree**. Sous **DEGREE**, vous trouverez un encadré sur les différents diplômes britanniques et américains :

> **DEGREE**
> Dans les systèmes universitaires britannique et américain, le premier titre universitaire (généralement obtenu après trois ou quatre ans d'études supérieures) est le «bachelor's **degree**», qui permet à l'étudiant en lettres de devenir «Bachelor of Arts» («BA» en Grande-Bretagne, «AB» aux États-Unis) et à l'étudiant en sciences ou en sciences humaines d'être un «Bachelor of Science» («BSc» en Grande-Bretagne, «BS» aux États-Unis). L'année suivante débouche sur les diplômes de «Master of Arts» («MA») et de «Master of Science» («MSc» en Grande-Bretagne, «MS» aux États-Unis).

De même sous **record**, qui est la traduction du nom **disque** et du verbe **enregistrer**, vous apprendrez que **record** ne se prononce pas de la même manière si c'est un nom ou si c'est un verbe :

> Lorsque **record** est un verbe, l'accent tombe sur la seconde syllabe : [rɪ'kɔːd], lorsque c'est un nom, sur la première : ['rekɔːd].

6. CHOISISSEZ LE MOT ADAPTÉ À LA SITUATION

Le symbole * signale que le mot ou l'expression qu'il accompagne est familier, ⁑ signale qu'il s'agit d'un langage très familier et ** d'un langage vulgaire ou injurieux.
Ces symboles vous alertent sur le fait que des mots comme **pote** en français ou **pal** en anglais, qui signifient tous les deux **ami**, choqueraient dans certaines situations, au cours d'un entretien professionnel par exemple. Faites donc attention à bien adapter votre langage à la situation.

pote* [pɔt] NMF pal*

pal* [pæl] N pote* *mf*;

7. N'UTILISEZ PAS VOTRE DICTIONNAIRE SEULEMENT POUR CHERCHER LA TRADUCTION DES MOTS

* **L'ANGLAIS EN ACTION** vous aidera à vous exprimer dans une langue idiomatique. Cette section, qui se trouve à la fin du dictionnaire, vous apportera une aide précieuse quand vous devrez, par exemple, écrire des lettres, téléphoner ou préparer des interventions orales.
* Consulter le tableau des **VERBES ANGLAIS**, à la fin du dictionnaire, pour vérifier les formes irrégulières.
* Les **SYMBOLES PHONÉTIQUES ANGLAIS**, au début du dictionnaire, sont là pour vous permettre de mieux prononcer les mots anglais.
* Si vous rencontrez une **ABRÉVIATION** inconnue, reportez-vous aux revers de la couverture du dictionnaire. Vous y verrez par exemple que **sb** signifie **somebody** et **Méd**, **médecine**.

8. CHERCHEZ AU BON ENDROIT

Si vous cherchez la traduction de **ice cream** ou de **boîte vocale** par exemple, consultez les sections COMP (composés) des articles **ice** et **boîte** ; chaque composé est précédé d'un triangle bleu :

▸**ice cream** N glace *f*

▸**boîte vocale** voice mail *NonC*

Certains verbes anglais prennent un sens particulier lorsqu'ils sont construits avec des prépositions ou des adverbes, par exemple **break down** ou **put up with**. Vous trouverez ces expressions à la fin des articles **break** et **put**, précédées d'un triangle bleu.

▸**put up with** VT INSEP supporter • **he has a lot to ~ up with** il a beaucoup de problèmes

POINTS TO REMEMBER WHEN USING YOUR DICTIONARY

1. WORDS CAN HAVE SEVERAL MEANINGS – DON'T STOP AT THE FIRST TRANSLATION

In this dictionary, each different meaning is preceded by a letter in a blue circle. The most frequent meaning comes first. Where necessary there are labels (italic words in brackets) to show which sense is being translated. The noun **key** has meanings ⓐ, ⓑ, ⓒ, and ⓓ. if you want the **key** you find on a computer keyboard, you need to scan down the letters to ⓒ *[of piano, computer]*:

> **key** [ki:] 1 (N) ⓐ clé *f* • **leave the ~ in the door** laisse la clé sur la porte • **he holds the ~ to the mystery** il détient la clé du mystère • **the ~ to ending this recession** la solution pour mettre fin à la récession
> ⓑ *(to map, diagram)* légende *f*
> ⓒ *[of piano, computer]* touche *f*
> ⓓ *[of music]* ton *m* • **in the ~ of C** en do • **in the major ~** en mode majeur • **change of ~** changement *m* de ton
> 2 (ADJ) *(= crucial)* clé *inv*
> 3 (VT) *(also* **key in***)* *[+ text, data]* saisir
> 4 (COMP) ▸**key card** N *(at hotel etc)* carte *f* magnétique ▸**key ring** N porte-clé(s) *m* ▸**key stage** N *(Brit Scol)* cycle *m*, niveau *m* ▸**key worker** N *(esp Brit) (Med, Social Work)* coordinateur *m*, -trice *f* de soins

The French noun **boîte** has meanings ⓐ, ⓑ, and ⓒ – make sure that you choose the translation that fits the context:

> **boîte**○ [bwat] 1 (NF) ⓐ *(= récipient)* box; *(en métal)* tin; *[de conserves]* can, tin *(Brit)* • **des tomates en ~** canned *ou* tinned *(Brit)* tomatoes • **mettre qn en ~*** to pull sb's leg*
> ⓑ *(= cabaret)** nightclub • **sortir en ~** to go clubbing*
> ⓒ *(= lieu de travail, firme)** company; *(= école)** school • **elle travaille pour une ~ de pub** she works for an advertising company

2. THE SAME WORD OFTEN FUNCTIONS AS MORE THAN ONE PART OF SPEECH

The word **key** can be a noun, an adjective or a verb, as you can see in the entry at the top of the page. To translate **key in your number**, you need a French verb, so scan down to the verb section, which is number 3. The word **fast** can be an adjective (section 1): **she's got a fast car**, or an adverb (section 2): **she drives too fast.**

> **fast** [fɑ:st] 1 (ADJ) ⓐ *(= speedy)* rapide • **she's a ~ walker/reader** elle marche/lit vite • **to pull a ~ one on sb*** rouler qn* • **my watch is five minutes ~** ma montre avance de cinq minutes
> ⓑ *[colour]* **is the dye ~?** est-ce que ça déteindra ?
> 2 (ADV) ⓐ *(= quickly)* vite • **the environment is ~ becoming a major political issue** l'environnement prend une place de plus en plus importante dans les débats politiques • **he ran off as ~ as his legs could carry him** il s'est sauvé à toutes jambes • **not so ~!** *(interrupting)* pas si vite !*
> ⓑ *(= firmly)* **to be ~ asleep** dormir à poings fermés • **to be stuck ~** être coincé • **to stand ~** tenir bon

Some words such as **can**[1] *(= to be able)* and **can**[2] *(for oil, petrol)* are so different that they are treated in different entries, with the numbers to distinguish them. Some of these words look the same but are pronounced differently, such as **lead**[1] *(verb)* and **lead**[2] *(= metal)*.

3. THERE ARE DIFFERENT KINDS OF VERB

If you look up **grow** you will find that the entry is divided into two sections: VI (intransitive verb) and VT (transitive verb). A verb with no object is VI: **lettuces grow fast**; a verb with an object is VT: **the farmers grow wheat**. For the VI example the translation is **pousser**, for the VT example it is **cultiver**. Remember this distinction, so that you can go immediately to the correct section.

4. PHRASES AREN'T ALWAYS TRANSLATED WORD FOR WORD

Look carefully at example phrases – they are there to help you get not just the word, but the whole sentence right. In the entry **key** you will find:

> **key** [ki:] 1 (N) ⓐ clé *f* • **leave the ~ in the door** laisse la clé sur la porte

You might not have expected **sur** as a translation of **in**.

> **the ~ to ending this recession** la solution pour mettre fin à la récession

Here **clé** is not used at all.

5. USE BOTH SIDES OF THE DICTIONARY

When you are translating into French you naturally use the English side first. You can find additional information on the French side. The English side, for example, tells you that one translation for **to take out** is **sortir**. If you then look up **sortir** you will also learn how to pronounce the word, where to find it in the verb tables if you need to form a particular tense, and whether to use **avoir** or **être** with it.

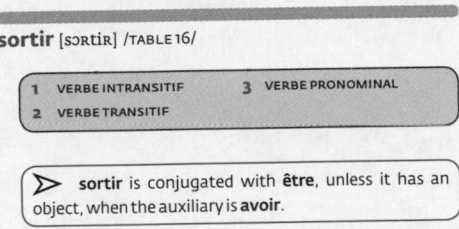

> **sortir** [sɔrtir] /TABLE 16/
>
> 1 VERBE INTRANSITIF
> 2 VERBE TRANSITIF
> 3 VERBE PRONOMINAL
>
> ➢ **sortir** is conjugated with **être**, unless it has an object, when the auxiliary is **avoir**.

6. SUIT LANGUAGE TO SITUATION

The dictionary uses * to mark language which is colloquial, ‡ indicates slang, and ** indicates rude language. You wouldn't use colloquial language, such as **my mates**, in a formal situation. In French, **boulot** and **travail** both mean **work**, but **boulot** is colloquial, so would be unsuitable in a job application:

> **boulot**²* [bulo] (NM) ⓐ (= *travail*) work *NonC* • **on a du ~** we've got work to do; (= *tâche difficile*) we've got our work cut out • **elle a fait du bon ~** she's done a good job • **se mettre au ~** to get down to work • **allez, au ~!** OK, let's get cracking!*
> ⓑ (= *emploi*) job • **il a trouvé du ~ ou un ~** he's found a job • **j'ai fait des petits ~s** I did casual work
> ⓒ (= *lieu de travail*) work *NonC* • **aller au ~** to go to work • **je sors du ~ à 18 h** I finish work at 6 o'clock

7. DON'T USE YOUR DICTIONARY JUST FOR LOOKING UP WORDS!

* The practical language section, **FRENCH IN ACTION**, will help you to express yourself in correct, natural French. It will be very useful when you're writing reports, emails and letters, making phone calls, and preparing to take part in discussions.
* Use the **FRENCH VERB TABLES** to get your tenses right.
* If you meet an unfamiliar **ABBREVIATION**, consult the list inside the cover. It shows you, for instance, that **sb** means **somebody**, **n** means **noun** and **m** means **masculine**.
* If you're unsure of the meaning of phonetic symbols, consult **FRENCH PHONETIC SYMBOLS**.

8. NOT SURE WHERE TO LOOK?

Entries often have COMP (compound) sections. Under COMP you will find items that consist of more than one word – such as **ice cream** in the entry **ice** and **boîte vocale** in the entry **boîte**: the entry to look up in such cases is the first word. Look for phrasal verbs such as **break down** and **put up with** at the end of the entry for the main verb

▸ **put up with** VT INSEP supporter • **he has a lot to ~ up with** il a beaucoup de problèmes

(in these cases, **break** and **put**).

FRENCH PHONETIC SYMBOLS

Vowels

[i]	il, vie, lyre
[e]	blé, jouer
[ɛ]	lait, jouet, merci
[a]	plat, patte
[ɑ]	bas, pâte
[ɔ]	mort, donner
[o]	mot, dôme, eau, gauche
[u]	genou, roue
[y]	rue, vêtu
[ø]	peu, deux
[œ]	peur, meuble
[ə]	le, premier
[ɛ̃]	matin, plein
[ɑ̃]	sans, vent
[ɔ̃]	bon, ombre
[œ̃]	lundi, brun

Semi-consonants

[j]	yeux, paille, pied
[w]	oui, nouer
[ɥ]	huile, lui

Consonants

[p]	père, soupe
[t]	terre, vite
[k]	cou, qui, sac, képi
[b]	bon, robe
[d]	dans, aide
[g]	gare, bague
[f]	feu, neuf, photo
[s]	sale, celui, ça, dessous, tasse, nation
[ʃ]	chat, tache
[v]	vous, rêve
[z]	zéro, maison, rose
[ʒ]	je, gilet, geôle
[l]	lent, sol
[ʀ]	rue, venir
[m]	main, femme
[n]	nous, tonne, animal
[ɲ]	agneau, vigne
[h]	hop ! (exclamative)
[']	haricot (no liaison)
[ŋ]	words borrowed from English: camping

REGULAR FEMININE ENDINGS

On the English-French side the feminine forms are given for French adjectives only if they are irregular. The following are considered regular adjective inflections:

MASC	FEM	MASC	FEM
-	-e	-ien	-ienne
-ef	-ève	-ier	-ière
-eil	-eille	-if	-ive
-er	-ère	-il	-ille
-et	-ette	-on	-onne
-eur	-euse	-ot	-otte
-eux	-euse		

SYMBOLES PHONÉTIQUES ANGLAIS

Voyelles et diphtongues

[iː]	bead, see
[ɑː]	bard, calm
[ɔː]	born, cork
[uː]	boon, fool
[ɜː]	burn, fern, work
[ɪ]	sit, pity
[e]	set, less
[æ]	sat, apple
[ʌ]	fun, come
[ɒ]	fond, wash
[ʊ]	full, soot
[ə]	composer, above
[eɪ]	bay, fate
[aɪ]	buy, lie
[ɔɪ]	boy, voice
[əʊ]	no, ago
[aʊ]	now, plough
[ɪə]	tier, beer
[ɛə]	bare, fair
[ʊə]	tour

Divers

[ʳ]	représente un [r] entendu s'il forme une liaison avec la voyelle du mot suivant
[ˈ]	accent tonique
[ˌ]	accent secondaire

Consonnes

[p]	pat, pope
[b]	bat, baby
[t]	tab, strut
[d]	dab, mended
[k]	cot, kiss, chord
[g]	got, agog
[f]	fine, raffle
[v]	vine, river
[s]	pots, sit, rice
[z]	pods, buzz
[θ]	thin, maths
[ð]	this, other
[ʃ]	ship, sugar
[ʒ]	measure
[tʃ]	chance
[dʒ]	just, edge
[l]	little, place
[r]	ran, stirring
[m]	ram, mummy
[n]	ran, nut
[ŋ]	rang, bank
[h]	hat, reheat
[j]	yet, million
[w]	wet, bewail
[x]	loch

LES RECTIFICATIONS DE L'ORTHOGRAPHE DE 1990

Le 6 décembre 1990 paraissait au *Journal officiel* un texte du Conseil supérieur de la langue française proposant un certain nombre de rectifications orthographiques.

▶ Elles portent sur les 5 points principaux suivants :

* **le trait d'union** disparaît dans un certain nombre de mots au profit de la soudure (ex. : *chauvesouris, contrallée*) mais est ajouté dans tous les numéraux composés (ex. : *vingt-et-un-mille-six-cent-deux*)
* **les mots composés** de type forme verbale + nom, ou préposition + nom prennent la marque du pluriel au deuxième élément (ex. : *un essuie-main, des essuie-mains ; un garde-côte, des garde-côtes ; un après-midi, des après-midis*)
* **l'accent circonflexe** n'est plus obligatoire sur les lettres *i* et *u* (ex. : *flute, traitre*), sauf dans certaines formes verbales (ex. : *qu'il fût*), et dans quelques mots qui pourraient devenir ambigus (ex. : *mûr*)
* **le participe passé** est invariable dans le cas de *laisser* suivi d'un infinitif (ex. : *elle s'est laissé convaincre*)
* **les mots empruntés** suivent les règles d'accentuation et de formation du pluriel des mots français (ex. : *à contrario ; un imprésario, des imprésarios*)

▶ Par ailleurs :

* **les graphies de mots de la même famille** sont harmonisées (ex. : *boursouffler* comme *souffler, charriot* comme *charrette*) et rendues conformes aux règles de l'écriture du français (ex. : *douçâtre*)
* **une consonne qui suit un *e* muet est simple** : on écrit *lunette/lunetier, prunelle/prunelier*, sur le modèle de *noisette/noisetier*
* **les verbes en *-eler* et en *-eter*** s'écrivent avec un accent grave et une consonne simple devant une syllabe contenant un *e* muet. Les dérivés en *-ment* de ces verbes suivent la même règle (ex. : *il détèle* sur le modèle de *il pèle*, *il étiquètera* sur le modèle de *il achètera* ; *nivèlement, renouvèlement*)
  Exceptions : *appeler*, *jeter* et leurs composés (y compris *interpeler*) bien implantés dans l'usage
* **les verbes en *-otter*** s'écrivent avec une consonne simple, de même que leurs dérivés (ex. : *frisoter, frisotis*)

▶ Certaines conjugaisons sont modifiées :

* **les formes conjuguées** des verbes du type *céder* s'écrivent avec un accent grave au futur et au conditionnel (ex. : *il cèdera*, sur le modèle de *il lèvera*)
* **dans les inversions interrogatives**, la première personne du singulier en *e* suivie du pronom personnel *je* porte un accent grave (ex. : *aimè-je*)

Ces propositions ont reçu un avis favorable de l'Académie française, l'accord du Conseil de la langue française du Québec et celui du Conseil de la langue de la Communauté française de Belgique. Largement débattues depuis plus de 20 ans, ces propositions voient leur diffusion et leur caractère obligatoire varier au sein de la francophonie. Il n'en reste pas moins que les graphies rectifiées sont censées être acceptées au même titre que les graphies traditionnelles, et ne pas être sanctionnées comme fautives.

Ce dictionnaire signale par le symbole ○ les mots-vedettes de la partie français-anglais pour lesquels une graphie rectifiée existe, mais n'est pas enregistrée dans des ouvrages de référence tels que *Le Petit Robert de la langue française*. La graphie rectifiée peut être soit celle de la forme principale, soit celle de ses flexions féminines, plurielles ou verbales. La liste des mots-vedettes français concernés par les rectifications orthographiques de 1990 vous est présentée ci-après.

THE 1990 FRENCH SPELLING REFORM

On 6 December 1990 the *Journal officiel* of the Conseil supérieur de la langue française (Superior Council of the French Language) set out proposals for a number of spelling reforms.

▶ They concerned the following 5 main points:

* a certain number of words drop their hyphen and become solid forms (e.g. *chauvesouris, contrallée*), but all compound numbers are hyphenated (e.g. *vingt-et-un-mille-six-cent-deux*)
* compound words consisting of verb + noun, or preposition + noun are pluralized by changing the ending of the second element (e.g. *un essuie-main, des essuie-mains; un garde-côte, des garde-côtes; un après-midi, des après-midis*)
* a circumflex accent is no longer required on the letters *i* and *u* (e.g. *flute, traitre*) except for some conjugated forms (e.g. *qu'il fût*), and in some words that could be ambiguous (e.g. *mûr*)
* when the verb *laisser* is followed by an infinitive, its past participle is invariable (e.g.: *elle s'est laissé convaincre*)
* loan words are accented and pluralized according to French rules (e.g. *à contrario; un imprésario, des imprésarios*)

▶ In addition:

* **the written forms of related words** are harmonized (e.g.: *boursouffler* like *souffler*, *charriot* like *charrette*), and brought into line with French spelling rules (e.g. *douçâtre*)
* **silent *e* is followed by a single consonant**: hence *lunette/lunetier*, *prunelle/prunelier*, on the model of *noisette/noisetier*
* **verbs ending in *-eler* and *-eter*** have a grave accent and a single consonant before a syllable containing a silent *e*. The nouns ending in *-ment* formed from these verbs follow the same rule (e.g. *il détèle* on the model of *il pèle*, *il étiquètera* on the model of *il achètera; nivèlement, renouvèlement*)
  Exceptions : *appeler*, *jeter* and their compounds (including *interpeler*), whose usage is firmly established
* **verbs previously ending in *-otter*** are now spelled with a single consonant, as are their derivatives (e.g. *frisoter, frisotis*)

▶ Some conjugations are modified:

* **the conjugated forms** of *céder*-type verbs take a grave accent in the future and in the conditional (e.g. *il cèdera*, on the model of *il lèvera*)
* **in interrogative inversions**, a first person singular ending in *e* and followed by the pronoun *je* takes a grave accent (e.g. *aimè-je*)

These proposals were approved by the Académie française, and have the agreement of the Conseil de la langue française du Québec and of the Conseil de la langue de la Communauté française de Belgique. The proposals have been widely debated for more than 20 years, but across the French-speaking world they are encountering variations as regards their adoption, and their status as compulsory rules. Nonetheless, the reformed spellings are intended to be accepted as equal to the traditional spellings, and not to be penalized as incorrect.

On the French-English side of this dictionary the symbol ○ shows that a reformed spelling exists for a headword but is not recorded in reference works such as *le Petit Robert de la langue française*. The reformed spelling may either be that of the main form, or that of its feminine, plural or conjugated form. The list of French headwords affected by the 1990 spelling reform appears on the following pages.

GRAPHIE TRADITIONNELLE	GRAPHIE RECTIFIÉE
abîme	abime
abîmé, ée	abimé, ée
abîmer	abimer
accroître	accroitre
a contrario	à contrario
affût	affut
affûté, ée	affuté, ée
affûter	affuter
a fortiori	à fortiori
aigu, uë	aigu, üe
aîné, ée	ainé, ée
ambigu, uë	ambigu, üe
ambiguïté	ambigüité
amoncellement	amoncèlement
août	aout
aoûtat	aoutat
aoûtien, ienne	aoutien, ienne
a posteriori	à postériori
apparaître	apparaitre
après-dîner, *pl* après-dîners	après-diner, *pl* après-diners
a priori ADV.	à priori
a priori N. M. INV.	apriori, *pl* aprioris
arrache-pied (d')	arrachepied (d')
arrière-goût, *pl* arrière-goûts	arrière-gout, *pl* arrière-gouts
asseoir	assoir
assidûment	assidument
avant-goût, *pl* avant-goûts	avant-gout, *pl* avant-gouts
bas-fond, *pl* bas-fonds	basfond, *pl* basfonds
bêta N. M. INV.	*pl* bêtas
black-out N. M. inv	blackout, *pl* blackouts
boîte	boite
boîtier	boitier
bonhomie	bonhommie
boom	boum
boomer	boumeur
booster N. M.	boosteur
boute-en-train N. M. INV.	boutentrain, *pl* boutentrains
boxer-short, *pl* boxer shorts	boxershort, *pl* boxershorts
box-office, *pl* box-offices	boxoffice, *pl* boxoffices
brûlant, ante	brulant, ante
brûlé, ée	brulé, ée
brûle-parfum, *pl* brûle-parfums	brule-parfum, *pl* brule-parfums
brûle-pourpoint (à)	brulepourpoint (à)
brûler	bruler
brûlerie	brulerie
brûleur, euse	bruleur, euse
brûlis	brulis
brûlot	brulot
brûlure	brulure
bûche	buche
bûcher N. M., V.	bucher
bûcheron, onne	bucheron, onne
bûcheur, euse	bucheur, euse
bulldozer	bouledozeur
cache-cache N. M. INV.	cachecache, *pl* cachecaches
cachotterie	cachoterie
cachottier, ière	cachotier, ière
cahin-caha	cahincaha
casse-croûte, *pl* casse-croûte(s)	casse-croute, *pl* casse-croutes
céleri	cèleri
chaîne	chaine
chaîner	chainer
chaînette	chainette
chaînon	chainon
chausse-pied, *pl* chausse-pieds	chaussepied, *pl* chaussepieds
chauve-souris, *pl* chauves-souris	chauvesouris, *pl* chauvesouris
check-list, *pl* check-lists	checklist, *pl* checklists
check-up N. M. INV.	checkup, *pl* checkups
chou-fleur, *pl* choux-fleurs	choufleur, *pl* choufleurs
chow-chow, *pl* chows-chows	chowchow, *pl* chowchows
ci-gît	ci-git
ciguë	cigüe
cloître	cloitre
cloîtrer	cloitrer
clopin-clopant	clopinclopant
coin-coin N. M. INV.	coincoin, *pl* coincoins
comparaître	comparaitre
connaître	connaitre
contigu, uë	contigu, üe
contre-allée, *pl* contre-allées	contrallée, *pl* contrallées
contre-argument, *pl* contre-arguments	contrargument, *pl* contrarguments
contre-attaque, *pl* contre-attaques	contrattaque, *pl* contrattaques
contre-attaquer	contrattaquer
contre-courant, *pl* contre-courants	contrecourant, *pl* contrecourants
contre-culture, *pl* contre-cultures	contreculture, *pl* contrecultures
contre-emploi, *pl* contre-emplois	contremploi, *pl* contremplois
contre-exemple, *pl* contre-exemples	contrexemple, *pl* contrexemples
contre-expert, *pl* contre-experts	contrexpert, *pl* contrexperts
contre-expertise, *pl* contre-expertises	contrexpertise, *pl* contrexpertises
contre-indication, *pl* contre-indications	contrindication, *pl* contrindications
contre-indiquer	contrindiquer
contre-interrogatoire, *pl* contre-interrogatoires	contrinterrogatoire, *pl* contrinterrogatoires
contremaître	contremaitre
contre-offensive, *pl* contre-offensives	controffensive, *pl* controffensives
contre-performance, *pl* contre-performances	contreperformance, *pl* contreperformances
contre-pouvoir, *pl* contre-pouvoirs	contrepouvoir, *pl* contrepouvoirs
contre-valeur, *pl* contre-valeurs	contrevaleur, *pl* contrevaleurs
corollaire	corolaire
corolle	corole
couci-couça	coucicouça
coupe-coupe N. M. INV.	coupecoupe, *pl* coupecoupes
coût	cout
coûtant	coutant
coûter	couter
coûteux, euse	couteux, euse
couvre-pied, *pl* couvre-pieds	couvrepied, *pl* couvrepieds

GRAPHIE TRADITIONNELLE	GRAPHIE RECTIFIÉE
crémerie	crèmerie
croche-pied, *pl* croche-pieds	crochepied, *pl* crochepieds
croître	croitre
croque-madame N. M. INV.	croquemadame, *pl* croquemadames
croque-monsieur N. M. INV.	croquemonsieur, *pl* croquemonsieurs
cross-country, *pl* cross-countrys	crosscountry, *pl* crosscountrys
croûte	croute
croûton	crouton
crûment	crument
dare-dare	daredare
déboîter	déboiter
déchaîné, ée	déchainé, ée
déchaînement	déchainement
déchaîner	déchainer
décroître	décroitre
défraîchi, ie	défraichi, ie
dégoût	dégout
dégoûtant, ante	dégoutant, ante
dégoûté, ée	dégouté, ée
dégoûter	dégouter
déréglementation	dérèglementation
déréglementer	dérèglementer
désambiguïser	désambigüiser
dessoûler	dessouler
dîner V., N. M.	diner
dînette	dinette
disparaître	disparaitre
don juan, *pl* dons juans ; don Juan, INV.	donjuan, *pl* donjuans
dûment	dument
ego N. M. INV.	égo, *pl* égos
emboîter	emboiter
embûche	embuche
en-but, *pl* en-buts	enbut, *pl* enbuts
enchaînement	enchainement
enchaîner	enchainer
encroûter	encrouter
entraînant, ante	entrainant, ante
entraînement	entrainement
entraîner	entrainer
entraîneur, euse	entraineur, euse
envoûtant, ante	envoutant, ante
envoûter	envouter
erratum, *pl* errata	*pl* erratums ou erratas
essuie-tout N. M. INV.	essuietout, *pl* essuietouts
et cætera	etcétéra
exigu, uë	exigu, üe
exiguïté	exigüité
fac-similé, *pl* fac-similés	facsimilé, *pl* facsimilés
faire-part N. M. INV.	fairepart, *pl* faireparts
fair-play N. M. INV.	fairplay, *pl* fairplays
faîte	faite
fan-club, *pl* fan-clubs	fanclub, *pl* fanclubs
ferry-boat, *pl* ferry-boats	ferryboat, *pl* ferryboats
flûte	flute
flûtiste	flutiste
fourre-tout N. M. INV.	fourretout, *pl* fourretouts
fraîche (à la)	fraiche (à la)
fraîchement	fraichement
fraîcheur	fraicheur
fraîchir	fraichir
frais, fraîche	frais, fraiche

GRAPHIE TRADITIONNELLE	GRAPHIE RECTIFIÉE
fût	fut
gageure	gageüre
gaîment	gaiment
gaîté	gaité
garde-barrière, *pl* gardes-barrières	*pl* garde-barrières
garde-chasse, *pl* gardes-chasses	*pl* garde-chasses
garde-frontière, *pl* gardes-frontières	*pl* garde-frontières
garde-malade, *pl* gardes-malades	*pl* garde-malades
garde-pêche, *pl* gardes-pêches (*personne*)	*pl* garde-pêches
girolle	girole
gît	git
gîte N. M., N. F.	gite
goulûment	goulument
goût	gout
goûter V., N. M.	gouter
goûteux, euse	gouteux, euse
groseillier	groseiller
haut-parleur, *pl* haut-parleurs	hautparleur, *pl* hautparleurs
hold-up N. M. INV.	holdup, *pl* holdups
huître	huitre
île	ile
îlot	ilot
îlotier, ière	ilotier, ière
indûment	indument
in extremis	in extrémis
intra-muros	intramuros
iota N. M. INV.	*pl* iotas
jeûner	jeuner
kilo-octet, *pl* kilo-octets	kilooctet, *pl* kilooctets
lambda N. M. et ADJ. INV.	*pl* lambdas
leadership	leadeurship
live ADJ. INV.	*pl* lives
maître, maîtresse	maitre, maitresse
maître-autel, *pl* maîtres-autels	maitre-autel, *pl* maitres-autels
maître-chien, *pl* maîtres-chiens	maitre-chien, *pl* maitres-chiens
maîtrise	maitrise
maîtriser	maitriser
maïzena	maïzéna
mal-aimé, ée, *pl* mal-aimés, ées	malaimé, ée, *pl* malaimés, ées
mal-être N. M. INV.	malêtre
mange-tout N. M. INV.	mangetout, *pl* mangetouts
maraîcher, ère	maraicher, ère
marketing	markéting
mass media	mass médias
méconnaître	méconnaitre
Melba ADJ. INV.	*pl* Melbas
micro-casque, *pl* micros-casques	microcasque, *pl* microcasques
microchaîne	microchaine
micro-cravate, *pl* micros-cravates	microcravate, *pl* microcravates
micro-trottoir, *pl* micros-trottoirs	microtrottoir, *pl* microtrottoirs
minichaîne	minichaine
mû, mue	mu, mue
mûr, mûre	mûr, mure

GRAPHIE TRADITIONNELLE	GRAPHIE RECTIFIÉE
mûre	mure
mûrement	murement
mûrier	murier
mûrir	murir
naître	naitre
nivellement	nivèlement
numerus clausus	numérus clausus
oméga N. M. INV.	*pl* omégas
open ADJ. et N. M. INV.	*pl* opens
outsider	outsideur
ouvre-boîte, *pl* ouvre-boîtes	ouvre-boite, *pl* ouvre-boites
paella, paëlla	paélia
paître	paitre
paraître	paraitre
parebrise, *pl* parebrises ; pare-brise INV.	*pl* pare-brises
pare-soleil N. M. INV.	*pl* pare-soleils
passe-partout N. M. INV.	passepartout, *pl* passepartouts
passe-passe	passepasse
passe-temps	passetemps
pécheur, pécheresse	pècheresse
péquenaud, aude ; péquenot	pèquenaud, aude ; pèquenot
pète-sec N. et ADJ. INV.	pètesec, *pl* pètesecs
ping-pong N. M. INV.	pingpong, *pl* pingpongs
piqûre	piqure
post-scriptum N. M. INV.	postscriptum, *pl* postscriptums
pot-pourri, *pl* pots-pourris	potpourri, *pl* potpourris
pousse-pousse N. M. INV.	poussepousse, *pl* poussepousses
premix	prémix
presqu'île	presqu'ile
prorata N. M. INV.	*pl* proratas
protège-dents N. M. INV.	protège-dent, *pl* protège-dents
pull-over, *pl* pull-overs	pullover, *pl* pullovers
punch (boisson)	ponch
quantum, *pl* quanta	quanta, *pl* quantas
quote-part, *pl* quotes-parts	quotepart, *pl* quoteparts
rafraîchir	rafraichir
rafraîchissant, ante	rafraichissant, ante
rafraîchissement	rafraichissement
ragoût	ragout
rasseoir	rassoir
réapparaître	réapparaitre
reconnaître	reconnaitre
réglementaire	règlementaire
réglementairement	règlementairement
réglementation	règlementation
réglementer	règlementer
renaître	renaitre
renouvellement	renouvèlement
reparaître	reparaitre
résoudre (p. p. résolu ; résous, oute)	*p. p.* résout, oute
ric-rac	ricrac
rond-point, *pl* ronds-points	rondpoint, *pl* rondpoints

GRAPHIE TRADITIONNELLE	GRAPHIE RECTIFIÉE
ruissellement	ruissèlement
saccharine	saccarine
sacro-saint, -sainte, *pl* sacro-saints, -saintes	sacrosaint, -sainte, *pl* sacrosaints, -saintes
sage-femme, *pl* sages-femmes	sagefemme, *pl* sagefemmes
sauf-conduit, *pl* sauf-conduits	saufconduit, *pl* saufconduits
scooter	scooteur
sécheresse	sècheresse
show-business	showbizness
side-car, *pl* side-cars	sidecar, *pl* sidecars
soûl, soûle	soul, soule
soûlant, ante	soulant, ante
soûlard, arde	soulard, arde
soûler	souler
soûlerie	soulerie
statu quo N. M. INV.	statuquo, *pl* statuquos
supertanker	supertankeur
sûr, sûre	sûr, sure
suraigu, uë	suraigu, üe
surcoût	surcout
surcroît	surcroit
sûrement	surement
surentraînement	surentrainement
surentraîner	surentrainer
sûreté	sureté
surseoir	sursoir
tagliatelles	taliatelles
tam-tam N. M. INV.	tamtam, *pl* tamtams
tchin-tchin	tchintchin
technico-commercial, iale, *pl* technico-commerciaux, iales	technicocommercial, iale, *pl* technicocommerciaux, iales
terre-plein, *pl* terre-pleins	terreplein, *pl* terrepleins
thriller	thrilleur
tic-tac N. M. INV.	tictac, *pl* tictacs
tohu-bohu N. M. INV.	tohubohu, *pl* tohubohus
traînailler	trainailler
traînant, ante	trainant, ante
traînard, arde	trainard, arde
traînasser	trainasser
traîne	traine
traîneau	traineau
traînée	trainée
traîner	trainer
traîneries	traineries
traître, traîtresse	traitre, traitresse
traîtrise	traitrise
transparaître	transparaitre
va-tout N. M. INV.	vatout, *pl* vatouts
vénerie	vènerie
vide-ordures N. M. INV.	vide-ordure, *pl* vide-ordures
volte-face, *pl* volte-face(s)	volteface, *pl* voltefaces
voûte	voute
voûté, ée	vouté, ée
voûter	vouter

LIST OF CULTURAL BOXES

LISTE DES ENCADRÉS CULTURELS

Français – Anglais

French – English

Aa

A [ɑ] **1** (NM) (= *lettre*) **de A à Z** from A to Z • **prouver** *ou* **démontrer qch par A + B** to prove sth conclusively **2** (NF) (ABR DE **autoroute**) **l'A10** the A10 motorway (*Brit*) *ou* highway (*US*)

à [a] PRÉPOSITION

> à + le = au, à + les = aux

> Lorsque **à** se trouve dans une locution du type **obéir à qn, lent à s'habiller**, reportez-vous à l'autre mot.

a (lieu : position) in • **habiter à Paris** to live in Paris • **habiter au Canada** to live in Canada • **je suis à la cuisine** I'm in the kitchen • **vivre à Paros** to live on Paros • **habiter au 4ᵉ étage** to live on the 4th floor • **j'habite au 26 de la rue Pasteur** I live at number 26 rue Pasteur • **l'avion a atterri à Luton** the plane landed at Luton • **être à l'école** [*élève*] to be at school; (*de passage*) to be at the school • **être à l'hôpital** [*malade*] to be in hospital; (*en visite*) to be at the hospital

b (lieu : direction) to • **aller à Lille/au Canada/aux Açores** to go to Lille/to Canada/to the Azores • **aller au marché/au théâtre/au bureau** to go to the market/the theatre/the office • **entrez au salon** come into the lounge • **aller à l'école** [*élève*] to go to school; (*en visite*) to go to the school • **aller à l'hôpital** [*malade*] to go into hospital; [*visiteur*] to go to the hospital

c (lieu : provenance) from • **je l'ai eu à la bibliothèque** I got it from the library

d (temps) at; (*époque*) in • **à 6 heures** at 6 o'clock • **je vous verrai à Noël** I'll see you at Christmas • **à sa naissance** at birth • **la poésie au 19ᵉ siècle** poetry in the 19th century • **au Moyen Âge** in the Middle Ages • **je n'étais pas là à leur arrivée** I wasn't there when they arrived

e (= jusqu'à) to • **de Paris à Londres** from Paris to London • **du lundi au vendredi** from Monday to Friday • **du troisième au cinquième** from the third to the fifth • **il leur faut quatre à cinq heures** they need four to five hours • **à la semaine prochaine!** see you next week! • **on a fait 8 à 9 kilomètres** we did 8 or 9 kilometres

f (distance) **Paris est à 400 km de Londres** Paris is 400 km from London • **c'est à cinq minutes** it's five minutes away

g (appartenance) **c'est à moi** it's mine • **ce livre est à Luc** this book is Luc's • **à qui est ce stylo?** whose pen is this? • **c'est une amie à eux** she is a friend of theirs • **ils n'ont pas de maison à eux** they haven't got a house of their own • **la voiture à Paul*** Paul's car • **je suis à vous dans deux minutes** I'll be with you in a couple of minutes

h (responsabilité) **c'était à toi d'y aller** it was up to you to go • **ce n'est pas à moi de décider** it's not for me to decide

i (dédicace) to • **à mon fils, pour ses 20 ans** to my son, on his 20th birthday • **à Julie!** (= *toast*) to Julie!

j (ordre de passage) **à toi!** your turn!; (*aux échecs, aux dames*) your move! • **c'est à qui?** (*dans un jeu*) whose turn is it?; (*dans une file d'attente*) who's next? • **à vous les studios** over to you in the studio

k (au nombre de) **nous y sommes allés à cinq** five of us went • **nous y sommes allés à plusieurs** several of us went • **ils couchent à trois dans la même chambre** they sleep three to a room • **à trois, nous irons plus vite** it'll be quicker if three of us do it • **nous n'entrerons jamais à six dans sa voiture** the six of us will never get into his car

l (= par) **faire du 90 à l'heure** to do 90 km an hour • **être payé au mois** to be paid monthly • **gagner 2 à 1** to win by 2 goals to 1

m (= avec) with • **robe à manches** dress with sleeves • **un enfant aux yeux bleus** a child with blue eyes • **couper qch au couteau** to cut sth with a knife • **il l'a joué au piano** he played it on the piano

n (+ infinitif) to • **je n'ai rien à lire** I have nothing to read • **lourd à porter** heavy to carry • **c'est à faire aujourd'hui** it needs to be done today • **ces journaux sont à jeter** these papers are to be thrown out • **à l'entendre, on dirait qu'il est ivre** to hear him you'd think he was drunk • **c'est à vous rendre fou** it's enough to drive you crazy • **à le fréquenter, on se rend compte que ...** when you've been with him for a while, you realize that ...

o (manière)

▸ **à la ...** **cuisiné à la japonaise** cooked Japanese-style • **le socialisme à la française** French-style socialism

AB [abe] **a** (ABR DE **assez bien**) quite good, ≈ C+ **b** (ABR DE **agriculture biologique**) *label certifying produce is organic*

abaissement [abɛsmɑ̃] (NM) [*de température, valeur, taux*] fall (**de** in) • **l'~ de l'âge de la retraite** lowering the retirement age

abaisser [abese] /TABLE 1/ **1** VT to lower; [+ *levier*] (= *tirer*) to pull down; (= *pousser*) to push down; [+ *siège*] to put down **2** VPR **s'abaisser** (= *s'humilier*) to humble o.s. • **je ne m'abaisserai pas à lui présenter des excuses** I won't stoop so low as to apologize to him

abandon [abɑ̃dɔ̃] NM **a** (= *délaissement*) abandonment • **~ du domicile conjugal** desertion • **~ scolaire** (*Can*) school dropout
▸ **à l'abandon jardin à l'~** neglected garden • **laisser qch à l'~** to neglect sth
b (= *renonciation*) giving up; (*Sport*) withdrawal (**de** from)
c (*Informatique*) abort

abandonné, e [abɑ̃dɔne] *ptp de* **abandonner** ADJ **a** [*maison*] deserted; [*jardin*] neglected; [*route, usine*] disused **b** (= *délaissé*) [*conjoint*] abandoned • **les enfants étaient ~s à eux-mêmes** the children were left to their own devices • **tout colis ~ sera détruit** any package left unattended will be destroyed

abandonner [abɑ̃dɔne] /TABLE 1/ **1** VT **a** (= *délaisser*) to abandon • **ses forces l'abandonnèrent** his strength failed him • **je t'abandonne** (*en prenant congé*) I'm off • **le soldat a abandonné son poste** the soldier deserted his post • **~ qn à** to leave sb to • **~ qn à son (triste) sort** to leave sb to their fate
b (= *renoncer à*) to abandon; [+ *matière*] to drop; [+ *droit, privilège*] to give up • **le joueur a dû ~** the player had to retire • **~ le pouvoir** to give up power • **~ la partie** to give up the fight • **~ les poursuites** to drop the charges • **j'abandonne!** I give up!
c (*Informatique*) to abort
2 VPR **s'abandonner elle s'abandonna dans mes bras** she sank into my arms
▸ **s'abandonner à** [+ *passion, joie, débauche*] to give o.s. up to; [+ *paresse, désespoir*] to give way to • **s'~ à la rêverie** to slip into daydreams

abasourdi, e [abazuʀdi] ADJ stunned

> The **s** is pronounced like a **z**.

abat-jour [abaʒuʀ] NM lampshade

abats [aba] NMPL [*de volaille*] giblets; [*de bœuf, porc*] offal

abattage [abataʒ] NM [*d'animal*] slaughter; [*d'arbre*] cutting down

abattant [abatɑ̃] NM [*de table*] leaf; [*de WC*] lid

abattement [abatmɑ̃] NM **a** (= *rabais*) reduction; (*fiscal*) tax allowance **b** (= *dépression*) dejection

abattis [abati] NMPL [*de volaille*] giblets

abattoir [abatwaʀ] NM abattoir • **envoyer des hommes à l'~*** to send men to the slaughter

abattre [abatʀ] /TABLE 41/ **1** VT **a** [+ *maison, mur*] to pull down; [+ *arbre*] to cut down; [+ *avion*] to shoot down; [+ *adversaire*] to bring down • **~ du travail** to get through a lot of work
b (= *tuer*) [+ *personne, animal*] to shoot; [+ *animal de boucherie*] to slaughter • **c'est l'homme à ~** he's the one that needs to be got rid of
c (= *épuiser*) to weaken; [*mauvaise nouvelle, échec*] to demoralize • **ne te laisse pas ~** don't let things get you down
d [+ *carte*] to lay down • **~ son jeu ou ses cartes** to lay one's cards on the table
2 VPR **s'abattre** [*pluie*] to beat down; [*ennemi, oiseau de proie*] to swoop down; [*coups*] to rain down

abattu, e [abaty] *ptp de* **abattre** ADJ (= *fatigué*) worn out; (= *déprimé*) downcast

abbaye [abei] NF abbey

abbé [abe] NM [*d'abbaye*] abbot; (= *prêtre*) priest

abbesse [abɛs] NF abbess

abc [ɑbese] NM **c'est l'~ du métier** it's basic to this job

abcès [apsɛ] NM abscess • **vider** *ou* **crever l'~** (*dans un conflit*) to clear the air

abdiquer [abdike] /TABLE 1/ **1** VI [*roi*] to abdicate • **la justice abdique devant le terrorisme** justice gives way in the face of terrorism **2** VT [+ *responsabilités*] to abdicate

abdomen [abdɔmɛn] NM abdomen

abdominal, e (*mpl* **-aux**) [abdɔminal, o] **1** ADJ abdominal **2** NMPL **abdominaux** abdominals • **faire des abdominaux** (*au sol*) to do sit-ups

abdos* [abdo] NMPL (ABR DE **abdominaux**) abs*

abeille [abɛj] NF bee

aberrant, e [abeʀɑ̃, ɑ̃t] ADJ [*conduite*] aberrant; [*histoire*] absurd

aberration [abeʀasjɔ̃] NF aberration

abêtir [abetiʀ] /TABLE 2/ VT **ça va vous ~** it'll addle your brain

abêtissant, e [abetisɑ̃, ɑ̃t] ADJ [*travail*] mind-numbing

abîme○ [abim] NM (= *gouffre*) abyss • **au bord de l'~** (*ruine*) on the verge of ruin; (*désespoir*) on the verge of despair • **être au fond de l'~** [*personne*] to be in the depths of despair; [*pays*] to have reached rock-bottom

abîmé○**, e** [abime] *ptp de* **abîmer** ADJ (= *détérioré*) damaged • **le matériel est très ~** the equipment is seriously damaged

abîmer○ [abime] /TABLE 1/ **1** VT (= *endommager*) to damage • **~ qn*** to beat sb up* **2** VPR **s'abîmer** to get damaged; (*fruit*) to go bad; (*en mer*) to come down • **s'~ les yeux** to strain one's eyes

abject, e [abʒɛkt] ADJ despicable • **être ~ envers qn** to behave despicably towards sb

abjection [abʒɛksjɔ̃] NF abjection, abjectness

ablation [ablasjɔ̃] NF removal

ablutions [ablysjɔ̃] NFPL **faire ses ~** to perform one's ablutions

abnégation [abnegasjɔ̃] NF abnegation • **avec ~** selflessly

aboiements [abwamɑ̃] NMPL barking *sg*

abois [abwa] NMPL **aux ~** [*animal*] at bay; [*personne*] in desperate straits; (*financièrement*) hard-pressed

abolir [abɔliʀ] /TABLE 2/ VT to abolish

abolition [abɔlisjɔ̃] NF abolition

abolitionniste [abɔlisjɔnist] ADJ, NMF abolitionist

> Le mot anglais s'écrit avec un seul **n** et sans **e** à la fin.

abominable [abɔminabl] ADJ abominable; (*sens affaibli*) awful

abominablement [abɔminabləmɑ̃] ADV **~ cher/laid** dreadfully expensive/ugly

abomination [abɔminasjɔ̃] NF (= *horreur, crime*) abomination

abondamment [abɔ̃damɑ̃] ADV abundantly; [*rincer*] thoroughly; [*illustré*] lavishly • **manger/boire ~** to eat/

drink a great amount • **ce problème a été ~ commenté** much has been said about this issue

abondance [abɔ̃dɑ̃s] NF **a** (= *profusion*) abundance • **des fruits en ~** an abundance of fruit **b** (= *richesse*) affluence • **vivre dans l'~** to have an affluent lifestyle

abondant, e [abɔ̃dɑ̃, ɑ̃t] ADJ [*documentation, bibliographie*] extensive; [*récolte*] abundant; [*réserves*] plentiful; [*végétation*] lush; [*chevelure*] thick; [*pluies*] heavy; (*Méd*) [*règles*] heavy • **une ~e production littéraire** a prolific literary output • **recevoir un ~ courrier** to receive a large quantity of mail

abonder [abɔ̃de] /TABLE 1/ VI **a** (= *être nombreux*) to abound • **les erreurs abondent dans ce devoir** this essay is full of mistakes **b** (= *être plein*) **~ en** to be full of • **les forêts abondent en gibier** the forests are full of game **c** (= *être d'accord*) **je ne peux qu'~ dans son sens** I agree absolutely

abonné, e [abɔne] *ptp de* **abonner** **1** ADJ **être ~ à un journal** to have a subscription to a paper • **être ~ au câble** to have cable • **il est ~ à la dernière place** he always comes last **2** NM,F [*de journal, magazine, télévision*] subscriber; [*de messagerie électronique, radiotéléphone*] user; [*de gaz, électricité*] consumer; [*de transports, matchs, spectacles*] season-ticket holder • **il n'y a plus d'~ au numéro que vous avez demandé** the number you have dialled has been disconnected

abonnement [abɔnmɑ̃] NM (*à journal, magazine*) subscription; (*pour transports, matchs, spectacles*) season ticket • **prendre** *ou* **souscrire un ~ à un journal** to take out a subscription to a paper • **(coût de l')~** (*au téléphone*) rental; (*au gaz, à l'électricité*) standing charge

abonner [abɔne] /TABLE 1/ **1** VT **~ qn (à qch)** (*journal, magazine*) to take out a subscription (to sth) for sb; (*transports, matchs, spectacles*) to buy sb a season ticket (for sth) **2** VPR **s'abonner** (*à un journal*) to subscribe (**à** to); (*pour transports, matchs, théâtre*) to buy a season ticket (**à** for) • **s'~ au câble** to get cable television • **s'~ à Internet** to get connected to the Internet

abord [abɔʀ] **1** NM **être d'un ~ facile** [*personne*] to be approachable; [*lieu*] to be easy to get to • **au premier ~** at first sight

▸ **d'abord** (= *en premier lieu*) first; (= *au commencement*) at first; (= *essentiellement*) primarily; (*introduisant une restriction*) for a start • **allons d'~ chez le boucher** let's go to the butcher's first • **cette ville est d'~ un centre touristique** this town is primarily a tourist centre • **d'~, il n'a même pas 18 ans** for a start, he's not even 18

2 NMPL **abords** (= *environs*) surroundings

▸ **aux abords de** [*de lieu*] in the area around; [*d'âge*] about • **aux ~s de la soixantaine, il prit sa retraite** he retired when he was about sixty

abordable [abɔʀdabl] ADJ [*prix*] reasonable; [*marchandise, menu*] affordable; [*personne*] approachable; [*lieu, auteur, texte*] accessible

aborder [abɔʀde] /TABLE 1/ **1** VT **a** (= *arriver à*) to reach • **les coureurs abordent la ligne droite** the runners are coming into the home straight • **nous abordons une période difficile** we're about to enter a difficult phase **b** [*+ personne*] to approach **c** [*+ sujet*] to broach; [*+ problème*] to tackle • **j'aborde maintenant le second point** I'll now come on to the second point **d** [*+ bateau*] to board; (= *heurter*) to collide with

2 VI [*bateau*] to land • **ils ont abordé à Carnac** they landed at Carnac

aborigène [abɔʀiʒɛn] **1** ADJ aboriginal **2** NMF [*d'Australie*] Aborigine

abortif, -ive [abɔʀtif, iv] ADJ abortive

abouti, e [abuti] ADJ **très ~** [*produit*] very well-designed; [*spectacle, mise en scène*] highly polished • **ce n'est pas très ~** it's far from perfect

aboutir [abutiʀ] /TABLE 2/ VI **a** (= *réussir*) to succeed • **ses efforts n'ont pas abouti** his efforts have come to nothing • **faire ~ des négociations** to bring negotiations to a successful conclusion **b** (= *arriver à*) to end up • **~ en prison** to end up in prison • **les négociations n'ont abouti à rien** the negotiations have come to nothing • **en additionnant le tout, j'aboutis à 12 €** when it's all added up I get 12 euros

aboutissement [abutismɑ̃] NM (= *résultat*) outcome; (= *succès*) success

aboyer [abwaje] /TABLE 8/ VI [*chien*] to bark (**après** at)

abracadabrant, e [abʀakadabʀɑ̃, ɑ̃t] ADJ fantastic, preposterous • **histoire ~e** cock-and-bull story

abrasif, -ive [abʀɑzif, iv] ADJ, NM abrasive

abrégé [abʀeʒe] NM (= *résumé*) summary; (= *manuel*) short guide

abréger [abʀeʒe] /TABLE 3 et 6/ VT [*+ vie, durée, visite, texte*] to shorten; [*+ conversation, vacances*] to cut short; [*+ mot*] to abbreviate • **~ les souffrances de qn** to put an end to sb's suffering • **version abrégée** [*de livre*] abridged version • **forme abrégée** abbreviated form • **abrège !*** get to the point!

abreuver [abʀœve] /TABLE 1/ **1** VT [*+ animal*] to water • **le public est abreuvé de films d'horreur** the cinemas are inundated with horror films **2** VPR **s'abreuver** [*animal*] to drink

abreuvoir [abʀœvwaʀ] NM (= *mare*) watering place; (= *récipient*) drinking trough; (*Can*) (= *fontaine à eau*) drinking fountain

abréviation [abʀevjasjɔ̃] NF abbreviation

> Le mot anglais a deux **b**.

abri [abʀi] **1** NM (= *refuge*) shelter • **tous aux ~s !** take cover!

▸ **à l'abri** **être/mettre à l'~** (*des intempéries*) to be/put under cover; (*du vol, de la curiosité*) to be/put in a safe place • **être à l'~ de** [*+ pluie, vent, soleil*] to be sheltered from; [*+ danger*] to be safe from; [*+ mur*] to be sheltered by • **à l'~ des regards** hidden from view • **personne n'est à l'~ d'une erreur** we all make mistakes • **conserver à l'~ de la lumière/de l'humidité** store in a dark/dry place • **se mettre à l'~** to shelter

2 COMP ▸ **abri antiatomique** fallout shelter ▸ **abri à vélos** bicycle shed

Abribus® [abʀibys] NM bus shelter

abricot [abʀiko] NM apricot

> Le mot anglais s'écrit avec un **p** et non un **b**.

abricotier [abʀikɔtje] NM apricot tree

abriter [abʀite] /TABLE 1/ **1** VT **a** to shelter (**de** from); (*de radiations*) to screen (**de** from) **b** (= *héberger*) to shelter; [*+ criminel*] to harbour (*Brit*), to harbor (*US*) • **ce bâtiment abrite 100 personnes/nos bureaux** the building houses

100 people/our offices **2** (VPR) **s'abriter** to shelter (**de** from) • **s'~ derrière son chef/le règlement** to hide behind one's boss/the rules

abrogation [abʀɔgasjɔ̃] (NF) abrogation

abroger [abʀɔʒe] /TABLE 3/ (VT) to abrogate

abrupt, e [abʀypt] (ADJ) ⓐ [*pente*] steep; [*falaise*] sheer ⓑ [*personne, ton, manières*] abrupt • **de façon ~e** abruptly

abruptement [abʀyptəmɑ̃] (ADV) [*descendre*] steeply, abruptly; [*annoncer*] abruptly

abruti, e [abʀyti] *ptp de* **abrutir** **1** (ADJ) ⓐ (= *hébété*) stunned (**de** with) ⓑ (= *bête*)* idiotic **2** (NM,F)* idiot

abrutir [abʀytiʀ] /TABLE 2/ **1** (VT) ⓐ (= *abêtir*) to stupefy • **l'alcool l'avait abruti** he was stupefied with drink ⓑ (= *fatiguer*) to wear out • **ces discussions m'ont abruti** these discussions have worn me out • **leur professeur les abrutit de travail** their teacher grinds them down with work **2** (VPR) **s'abrutir** **s'~ à regarder la télévision** to go brain-dead* watching too much television

abrutissant, e [abʀytisɑ̃, ɑ̃t] (ADJ) [*travail*] mind-numbing • **ce bruit est ~** this noise really wears you down

abrutissement [abʀytismɑ̃] (NM) (= *fatigue extrême*) (mental) exhaustion; (= *abêtissement*) mindless state • **l'~ des masses par la télévision** the stupefying effect of television on the masses

abscisse [apsis] (NF) abscissa

absence [apsɑ̃s] (NF) ⓐ [*de personne*] absence (**à** from) • **il accumule les ~s** he's frequently absent
▸ **en l'absence de** in the absence of • **en mon ~, c'est lui qui fait la cuisine** he does the cooking when I'm not there ⓑ (= *manque*) absence ⓒ (= *défaillance*) **il a des ~s** at times his mind goes blank

absent, e [apsɑ̃, ɑ̃t] **1** (ADJ) ⓐ [*personne*] away (**de** from) • **être ~ de son travail** to be absent from work • **il est ~ de Paris en ce moment** he's not in Paris at the moment • **un discours d'où toute émotion était ~e** a speech in which there was no trace of emotion ⓑ (= *distrait*) [*air*] vacant **2** (NM,F) (= *élève*) absentee • (PROV) **les ~s ont toujours tort** it's always the people who aren't there that get the blame

absentéisme [apsɑ̃teism] (NM) absenteeism; (= *école buissonnière*) truancy

absentéiste [apsɑ̃teist] (NMF) absentee • **élève ~** truant

absenter (s') [apsɑ̃te] /TABLE 1/ (VPR) **s'~ quelques instants** to go out for a few moments • **j'ai dû m'~ une semaine** I had to go away for a week • **je m'étais absenté de Paris** I was not in Paris • **elle s'absente souvent de son travail** she is frequently off work

absolu, e [apsɔly] **1** (ADJ) absolute • **en cas d'~e nécessité** if absolutely necessary • **c'est une règle ~e** it's an unbreakable rule **2** (NM) **l'~** the absolute • **dans l'~** in the absolute

absolument [apsɔlymɑ̃] (ADV) absolutely • **il veut ~ revenir** he's determined to come back

absolution [apsɔlysjɔ̃] (NF) absolution (**de** from) • **donner l'~ à qn** to give sb absolution

absolutisme [apsɔlytism] (NM) absolutism

absorbant, e [apsɔʀbɑ̃, ɑ̃t] (ADJ) [*matière*] absorbent; [*tâche*] absorbing

absorber [apsɔʀbe] /TABLE 1/ (VT) ⓐ to absorb; [+ *tache*] to remove ⓑ [+ *attention, temps*] to occupy • **mon travail m'absorbe beaucoup** my work takes up a lot of my time • **absorbé par sa lecture, il ne m'entendit pas** he was engrossed in his book and he didn't hear me ⓒ [+ *médicament*] to take; [+ *aliment, boisson*] to swallow

absorption [apsɔʀpsjɔ̃] (NF) **l'~ d'alcool est fortement déconseillée** you are strongly advised not to drink alcohol

abstenir (s') [apstəniʀ] /TABLE 22/ (VPR) ⓐ [*électeur*] to abstain ⓑ **s'~ de qch** to refrain from sth • **s'~ de faire qch** to refrain from doing sth • **s'~ de boire du vin** not to drink wine

abstention [apstɑ̃sjɔ̃] (NF) (*dans un vote*) abstention; (= *non-intervention*) non-participation

abstentionnisme [apstɑ̃sjɔnism] (NM) abstaining

abstentionniste [apstɑ̃sjɔnist] (NMF) non-voter

abstinence [apstinɑ̃s] (NF) abstinence

abstraction [apstʀaksjɔ̃] (NF) abstraction • **faire ~ de** to disregard

abstrait, e [apstʀɛ, ɛt] (ADJ) abstract

absurde [apsyʀd] **1** (ADJ) absurd **2** (NM) **l'~** the absurd • **l'~ de la situation** the absurdity of the situation

absurdité [apsyʀdite] (NF) absurdity • **dire des ~s** to talk nonsense

abus [aby] (NM) abuse • **~ d'alcool** alcohol abuse • **nous avons fait quelques ~ hier soir** we overdid things last night • **il y a de l'~!*** that's going a bit too far!* ▸ **abus de biens sociaux** misuse of company property ▸ **abus de confiance** (*Droit*) breach of trust; (= *escroquerie*) confidence trick ▸ **abus de pouvoir** abuse of power ▸ **abus sexuels** sexual abuse *inv*

abuser [abyze] /TABLE 1/ **1** (VT) [*escroc*] to deceive **2** (VT INDIR) **~ de** (= *profiter de*) [+ *situation, crédulité*] to exploit; [+ *autorité, hospitalité, amabilité, confiance*] to abuse • **~ de ses forces** to overexert o.s. • **il ne faut pas ~ des médicaments** (= *prendre trop de*) you shouldn't take too many medicines • **il ne faut pas ~ des bonnes choses** you can have too much of a good thing • **il use et abuse des métaphores** he's too fond of metaphors • **je ne veux pas ~ de votre temps** I don't want to waste your time • **je ne voudrais pas ~ (de votre gentillesse)** I don't want to impose (upon your kindness) • **~ d'une femme** to take advantage of a woman • **alors là, tu abuses!** now you're going too far!

abusif, -ive [abyzif, iv] (ADJ) [*pratique*] improper; [*mère, père*] overpossessive; [*prix, punition*] excessive • **usage ~ d'un mot** improper use of a word

abusivement [abyzivmɑ̃] (ADV) (= *improprement*) wrongly; (= *excessivement*) excessively

abyssal, e (*mpl* **-aux**) [abisal, o] (ADJ) (*Géog*) abyssal; (*fig*) unfathomable • **des pertes ~es** huge losses

abysse [abis] (NM) (*Géog*) abyssal zone

AC [ase] (NF) (ABR DE **appellation contrôlée**) appellation contrôlée (*label guaranteeing district of origin of a wine*)

acabit [akabi] (NM) **ils sont tous du même ~** they're all much the same • **des gens de cet ~** people like that

acacia [akasja] (NM) (= *faux acacia*) false acacia; (*dans les pays chauds*) acacia

académicien, -ienne [akademisjɛ̃, jɛn] (NM,F) [*de l'Académie française*] *member of the Académie française*

académie [akademi] (NF) ⓐ (= *société savante*) learned society • **l'Académie (française)** the Académie française ⓑ (= *école*) academy ⓒ (= *circonscription*) *regional education authority*

ACADÉMIE

For educational administration purposes, France is divided into areas known as **académies**, each administered by a "recteur d'académie". Allocation of teaching posts is centralized, so that newly qualified teachers often begin their careers in **académies** other than the one in which they originally lived.

ACADÉMIE FRANÇAISE

Founded by Cardinal Richelieu in 1635, this prestigious learned society has forty elected life members, commonly known as "les Immortels". They meet in a building on the quai Conti in Paris. The building's ornate dome has given rise to the expression "être reçu sous la coupole", meaning to be admitted as a member of the **Académie française**. The **Académie** arbitrates on issues concerning correct French grammar, vocabulary and usage.

académique [akademik] ADJ academic; (*de l'Académie française*) of the Académie française; (*Scol*) of the regional education authority

ACADIE

This area of eastern Canada was under French rule until the early eighteenth century, when it passed into the hands of the British. Most French-speaking **Acadiens** were deported, those who went to Louisiana becoming known as "Cajuns". Many later returned to the Maritime Provinces of Canada, and formed a French-speaking community with a strong cultural identity that present-day **Acadiens** are eager to preserve.

acadien, -ienne [akadjɛ̃, jɛn] **1** ADJ Acadian **2** NM (*= variante du français*) Acadian **3** NM,F **Acadien(ne)** Acadian

acajou [akaʒu] NM (*à bois rouge*) mahogany

acalorique [akalɔʀik] ADJ calorie-free

acariâtre [akaʀjɑtʀ] ADJ cantankerous

acarien [akaʀjɛ̃] NM dust mite

accablant, e [akɑblɑ̃, ɑ̃t] ADJ [*chaleur*] oppressive; [*témoignage, responsabilité*] overwhelming; [*douleur*] excruciating; [*travail*] exhausting

accablement [akɑbləmɑ̃] NM (*= abattement*) despondency

accabler [akɑble] /TABLE 1/ VT ⓐ [*chaleur, fatigue*] to overwhelm • **accablé de chagrin** overwhelmed with grief ⓑ [*témoignage, déposition*] to condemn ⓒ (*= faire subir*) ~ **qn de reproches** to heap reproaches on sb • ~ **qn d'impôts/de travail** to overburden sb with taxes/with work

accalmie [akalmi] NF lull; (*après orage*) calm spell

accaparant, e [akapaʀɑ̃, ɑ̃t] ADJ demanding

accaparer [akapaʀe] /TABLE 1/ VT to monopolize; [*+ marché, vente*] to corner • **il accapare la salle de bains pendant des heures** he hogs* the bathroom for hours • **il est complètement accaparé par sa profession** his job takes up all his time and energy • **les enfants l'accaparent** the children take up all her time and energy

accédant, e [aksedɑ̃, ɑ̃t] NM,F ~ **(à la propriété)** first-time buyer

accéder [aksede] /TABLE 6/ VT INDIR ~ **à** ⓐ (*= arriver à*) [*+ lieu*] to reach; [*+ honneur, indépendance*] to attain; [*+ échelon*] to rise to; [*+ responsabilités*] to take on; [*+ trône*] to accede to • ~ **directement à** to have direct access to • **on accède au château par le jardin** access to the castle is through the garden • ~ **à la propriété** to become a homeowner ⓑ (*= consentir à*) [*+ requête, prière*] to grant; [*+ vœux*] to meet; [*+ demande*] to comply with ⓒ (*Informatique*) to access

accélérateur [akseleʀatœʀ] NM accelerator • **donner un coup d'~** to accelerate • **donner un coup d'~ aux réformes** to speed up the reforms

accélération [akseleʀasjɔ̃] NF acceleration; [*de travail*] speeding up

accéléré [akseleʀe] NM ⓐ **en ~** speeded-up; [*film*] in fast-forward • **faire défiler un film en ~** to fast-forward a film ⓑ (*Ciné*) (*= technique*) time-lapse photography

accélérer [akseleʀe] /TABLE 6/ **1** VT [*+ rythme*] to accelerate; [*+ processus, travail*] to speed up • ~ **le pas** to quicken one's pace • ~ **le mouvement** to get things moving **2** VI to accelerate **3** VPR **s'accélérer** [*rythme*] to accelerate; [*pouls*] to quicken; [*événements*] to gather pace

accent [aksɑ̃] NM ⓐ (*= prononciation*) accent • **parler sans ~** to speak without an accent ⓑ (*sur lettre*) accent • **e ~ grave/aigu** e grave/acute • ~ **circonflexe** circumflex ⓒ (*sur syllabe*) stress • **mettre l'~ sur** [*+ syllabe*] to stress; [*+ problème, phénomène*] to place the emphasis on

accentuation [aksɑ̃tɥasjɔ̃] NF ⓐ [*de lettre*] accentuation; [*de syllabe*] stressing ⓑ [*de contraste*] emphasizing; [*d'inégalités, chômage*] increase • **une ~ de la récession** a deepening of the recession

accentuer [aksɑ̃tɥe] /TABLE 1/ **1** VT to accentuate; [*+ goût*] to bring out; [*+ pression*] to increase; [*+ lettre*] to accent; [*+ syllabe*] to stress • **syllabe (non) accentuée** (un)stressed syllable **2** VPR **s'accentuer** [*tendance, contraste, traits, inégalités*] to become more marked; [*pression*] to increase

acceptable [aksɛptabl] ADJ acceptable; [*travail*] satisfactory

acceptation [aksɛptasjɔ̃] NF acceptance

accepter [aksɛpte] /TABLE 1/ VT ⓐ [*+ offre*] to accept • **acceptez-vous les chèques?** do you take cheques? • **acceptez-vous Jean Leblanc pour époux?** do you take Jean Leblanc to be your husband? • **elle accepte tout de sa fille** she puts up with anything from her daughter • **elle a été bien acceptée ici** she's been well received here ⓑ (*= être d'accord*) to agree (**de faire qch** to do sth) • **je n'accepterai pas que tu partes** I won't let you leave

> ⚠ Lorsqu'on parle d'une offre, **accepter** se traduit par **to accept**, mais il y a d'autres traductions importantes.

acception [aksɛpsjɔ̃] NF [*de mots*] meaning • **dans toute l'~ du mot** *ou* **terme** in every sense of the word

accès [aksɛ] NM ⓐ (*= possibilité d'approche*) access NonC • **d'~ facile** [*lieu*] accessible; [*personne*] approachable; [*manuel*] easily understood • **d'~ difficile** [*lieu*] hard to get to; [*personne*] not very approachable; [*manuel*] not easily understood ⓑ (*= entrée*) entrance ⓒ (*= crise*) [*de colère, folie*] fit; [*de fièvre*] attack ⓓ (*Informatique*) access • ~ **multiple** multiple access • ~ **protégé** restricted access

accessibilité [aksesibilite] NF accessibility

accessible [aksesibl] ADJ [*lieu*] accessible (**à** to); [*personne*] approachable; [*but*] attainable; [*auteur*] easily understood; [*prix*] affordable • **c'est ~ à tous** (*financièrement*) it's within everyone's pocket

accession [aksesjɔ̃] NF **~ à** [*+ pouvoir, fonction*] accession to; [*+ indépendance*] attainment of • **pour faciliter l'~ à la propriété** to facilitate home ownership

accessit [aksesit] NM (*Scol*) ≈ certificate of merit

accessoire [akseswaʀ] **1** ADJ of secondary importance **2** NM accessory; (*Théât*) prop

accessoirement [akseswaʀmɑ̃] ADV (*= secondairement*) secondarily; (*= si besoin est*) if need be

accessoiriser [akseswaʀize] /TABLE 1/ VT [*+ tailleur, costume*] to accessorize

accessoiriste [akseswaʀist] **1** NM prop man **2** NF prop woman

accident [aksidɑ̃] NM accident • **~ mortel** fatal accident • **~ cardiaque** heart attack ▸ **accident d'avion** plane crash ▸ **accident de la circulation** road accident ▸ **accidents domestiques** accidents in the home ▸ **accident de montagne** mountaineering accident ▸ **accident de parcours** hiccup ▸ **accident de la route** road accident ▸ **accident de terrain** undulation • **les ~s de terrain** the unevenness of the ground ▸ **accident du travail** accident at work ▸ **accident de voiture** car accident ▸ **accident vasculaire cérébral** stroke

accidenté, e [aksidɑ̃te] **1** ADJ ⓐ [*région*] hilly; [*terrain*] uneven ⓑ [*véhicule*] damaged **2** NM,F accident victim • **les ~s de la route** road accident victims

accidentel, -elle [aksidɑ̃tɛl] ADJ accidental

accidentellement [aksidɑ̃tɛlmɑ̃] ADV ⓐ (*= par hasard*) accidentally ⓑ [*mourir*] in an accident

accidentogène [aksidɑ̃tɔʒɛn] ADJ [*route, carrefour*] bad for accidents • **cette route est très ~** this road is a real accident blackspot • **la vitesse est un facteur ~** speed is a contributory factor in accidents

acclamation [aklamasjɔ̃] **1** NF **élire qn par ~** to elect sb by acclamation **2** NFPL **acclamations** cheers • **il est entré sous les ~s du public** he was cheered as he came in

acclamer [aklame] /TABLE 1/ VT to cheer

acclimatation [aklimatasjɔ̃] NF acclimatization, acclimation (*US*) → **jardin**

acclimater [aklimate] /TABLE 1/ **1** VT to acclimatize **2** VPR **s'acclimater** to become acclimatized

accointances [akwɛ̃tɑ̃s] NFPL (*hum*) contacts

accolade [akɔlad] NF ⓐ (*= embrassade*) embrace (*on formal occasion*) • **donner l'~ à qn** to embrace sb ⓑ (*Typo*) curly bracket

accoler [akɔle] /TABLE 1/ VT to place side by side • **être accolé à** to adjoin

accommodant, e [akɔmɔdɑ̃, ɑ̃t] ADJ accommodating

accommodement [akɔmɔdmɑ̃] NM (*littér = arrangement*) compromise • **trouver des ~s avec sa conscience** to square one's conscience

accommoder [akɔmɔde] /TABLE 1/ **1** VT [*+ plat*] to prepare • **~ les restes** to use up the leftovers **2** VI [*œil*] to focus **3** VPR **s'accommoder** ⓐ (*= supporter*) **s'~ de** to put up with ⓑ (*Cuisine*) **le riz peut s'~ de plusieurs façons** rice can be served in several ways

⚠ **accommoder ≠ to accommodate**

accompagnateur, -trice [akɔ̃paɲatœʀ, tʀis] NM,F (*= musicien*) accompanist; (*= guide*) guide; [*de sortie scolaire*] accompanying adult; [*de voyage organisé*] courier

accompagnement [akɔ̃paɲmɑ̃] NM ⓐ (*musical*) accompaniment ⓑ (*Cuisine*) accompaniment • **(servi) en ~ de** served with ⓒ (*= soutien*) support; [*de personnel, jeunes*] mentoring • **mesures d'~** (*Politique*) support measures • **~ thérapeutique** supportive therapy

accompagner [akɔ̃paɲe] /TABLE 1/ **1** VT to accompany; [*+ malade*] to give support to • **être accompagné de** *ou* **par qn** to be with sb **2** VPR **s'accompagner** ⓐ **s'~ de** to be accompanied by ⓑ (*Mus*) **s'~ à** to accompany o.s. on

accompli, e [akɔ̃pli] *ptp de* **accomplir** ADJ (*= parfait, expérimenté*) accomplished

accomplir [akɔ̃pliʀ] /TABLE 2/ **1** VT [*+ devoir, tâche, mission*] to carry out; [*+ exploit, rite*] to perform; [*+ service militaire*] to do • **la satisfaction du devoir accompli** the satisfaction of having done one's duty **2** VPR **s'accomplir** (*= se réaliser*) to come true • **la volonté de Dieu s'est accomplie** God's will was done

accomplissement [akɔ̃plismɑ̃] NM fulfilment

accord [akɔʀ] NM ⓐ (*= entente*) agreement; (*= concorde*) harmony • **nous avons son ~ de principe** he has agreed in principle

▸ **d'accord être d'~** to agree • **se mettre** *ou* **tomber d'~ avec qn** to agree with sb • **il est d'~ pour nous aider** he's willing to help us • **je ne suis pas d'~ avec toi** I don't agree with you • **c'est d'~** all right • **c'est d'~ pour demain** it's OK for tomorrow* • **d'~ !** OK!* • **alors là, (je ne suis) pas d'~ !*** no way!*

▸ **en accord avec en ~ avec le paysage** in harmony with the landscape • **en ~ avec vos instructions** in accordance with your instructions • **je l'ai fait en ~ avec lui** I did it with his agreement

ⓑ (*= traité*) agreement • **passer un ~ avec qn** to make an agreement with sb • **~ à l'amiable** informal agreement • **~ sur la réduction du temps de travail** agreement on the reduction of working hours

ⓒ (*= permission*) consent

ⓓ (*= harmonie*) [*de couleurs*] harmony

ⓔ [*d'adjectif, participe*] agreement • **~ en genre/nombre** agreement in gender/number

ⓕ (*= notes*) chord; (*= réglage*) tuning

accord-cadre (*pl* **accords-cadres**) [akɔʀkɑdʀ] NM outline agreement

accordéon [akɔʀdeɔ̃] NM accordion • **en ~*** [*voiture*] crumpled up; [*pantalon, chaussette*] wrinkled

accordéoniste [akɔʀdeɔnist] NMF accordionist

accorder [akɔʀde] /TABLE 1/ **1** VT ⓐ (*= donner*) [*+ faveur, permission*] to grant; [*+ importance, valeur*] to attach; [*+ allocation, pension*] to give (**à** to) • **pouvez-vous m'~ quelques minutes ?** can you spare me a few minutes?

ⓑ (*= admettre*) **~ à qn que ...** to admit to sb that ... • **c'est vrai, je vous l'accorde** I admit that it's true

ⓒ [*+ instrument*] to tune • **ils devraient ~ leurs violons*** they ought to get their story straight*

ⓓ **(faire) ~ un adjectif** to make an adjective agree

2 VPR **s'accorder** ⓐ to agree • **ils s'accordent à dire que ...** they agree that ... • **s'~ sur un point** to agree on a point

ⓑ (*= être en harmonie*) [*couleurs*] to go together; [*caractères*] to be in harmony

ⓒ [*mot*] to agree • **s'~ en nombre/genre** to agree in number/gender

ⓓ (*= se donner*) **il ne s'accorde jamais de répit** he never gives himself a rest

accordeur [akɔʀdœʀ] NM [*de piano*] tuner

accoster [akɔste] /TABLE 1/ VT [*+ personne*] to accost VI [*navire*] to berth

accotement [akɔtmɑ̃] NM (*sur route*) shoulder • **~ non stabilisé** soft verge

accouchement [akuʃmɑ̃] NM (*= naissance*) birth; (*= travail*) labour (*Brit*), labor (*US*) • **~ provoqué** induced labour • **~ sans douleur** natural childbirth

accoucher [akuʃe] /TABLE 1/ **1** VT **~ qn** to deliver sb's baby **2** VI (*= être en travail*) to be in labour (*Brit*) *ou* labor (*US*); (*= donner naissance*) to have a baby • **elle accouchera en octobre** her baby is due in October • **~ de** (*hum*) [*+ roman*] to produce (*with difficulty*) • **accouche!**‡ spit it out!‡

accoucheur, -euse [akuʃœʀ, øz] NM,F (*= médecin*) obstetrician

accouder (s') [akude] /TABLE 1/ VPR to lean on one's elbows • **il était accoudé à la fenêtre** he was leaning on the windowsill

accoudoir [akudwaʀ] NM armrest

accouplement [akupləmɑ̃] NM (*= copulation*) mating

accoupler [akuple] /TABLE 1/ **1** VT [*+ mots, images*] to link • **ils sont bizarrement accouplés*** they're an odd pair **2** VPR **s'accoupler** to mate

accourir [akuʀiʀ] /TABLE 11/ VI

> **accourir** is usually conjugated with **être**.

to rush up (**à, vers** to)

accoutrement [akutʀəmɑ̃] NM (*péj*) getup*

accoutrer (s') [akutʀe] /TABLE 1/ VPR (*péj*) to get o.s. up* (**de** in) • **il était bizarrement accoutré** he was wearing the strangest getup*

accoutumance [akutymɑ̃s] NF (*= habitude*) habituation (**à** to); (*= besoin*) addiction (**à** to)

accoutumé, e [akutyme] *ptp de* **accoutumer** ADJ usual • **(comme) à l'~e** as usual

accoutumer [akutyme] /TABLE 1/ **1** VT **~ qn à qch/à faire qch** to get sb used to sth/to doing sth **2** VPR **s'accoutumer s'~ à qch** to get used to sth

accra [akʀa] NM fritter (*in Creole cooking*)

accréditer [akʀedite] /TABLE 1/ VT [*+ rumeur*] to substantiate; [*+ idée, thèse*] to support; [*+ personne, organisme*] to accredit (**auprès de** to)

accro* [akʀo] (ABR DE **accroché**) **1** ADJ **être ~** to be hooked* (**à** on) **2** NMF addict

accroc [akʀo] NM (*= déchirure*) tear • **sans ~(s)** [*se dérouler*] without a hitch

accrochage [akʀɔʃaʒ] NM **a** (*= collision*) collision; (*= combat*) skirmish **b** (*= dispute*) brush; (*plus sérieux*) clash

accrocher [akʀɔʃe] /TABLE 1/ **1** VT **a** (*= suspendre*) [*+ chapeau, tableau*] to hang (**à** on); (*= attacher*) [*+ wagons*] to couple

b (*accidentellement*) [*+ vêtement*] to catch (**à** on); [*+ voiture*] to hit

c (*= attirer*) [*+ regard*] to catch; [*+ client*] to attract

2 VI (*= s'intéresser*)* **j'ai tout de suite accroché** I got into it straight away* • **elle n'accroche pas en physique** she can't get into physics*

3 VPR **s'accrocher a** (*= se cramponner*) to hang on • **s'~ à** [*+ branche, pouvoir, espoir, personne*] to cling to **b** (*= être tenace*)* [*malade*] to cling on; [*étudiant*] to stick at it* **c** [*voitures*] to hit each other **d** (*= se disputer*) to have an argument; (*plus sérieux*) to clash • **ils s'accrochent tout le temps** they're always quarrelling

accrocheur, -euse [akʀɔʃœʀ, øz] ADJ [*titre*] eye-catching; [*slogan*] catchy

accroissement [akʀwasmɑ̃] NM increase (**de** in); [*de nombre, production*] growth (**de** in)

accroître○ [akʀwatʀ] /TABLE 55/ **1** VT to increase **2** VPR **s'accroître** to increase

accroupir (s') [akʀupiʀ] /TABLE 2/ VPR to squat • **il était accroupi** he was sitting on his haunches

accueil [akœj] NM **a** (*= réception*) welcome; [*de sinistrés, film, idée*] reception • **faire bon ~ à** to welcome • **ils ont fait mauvais ~ à cette idée** they didn't welcome the idea • **faire mauvais ~ à qn** to make sb feel unwelcome • **le projet a reçu un ~ favorable** the plan was favourably received • **paroles d'~** words of welcome **b** (*= bureau*) reception • **adressez-vous à l'~** ask at reception

accueillant, e [akœjɑ̃, ɑ̃t] ADJ welcoming

accueillir [akœjiʀ] /TABLE 12/ VT **a** (*= aller chercher*) to meet; (*= recevoir*) to welcome; (*= donner l'hospitalité à*) to welcome; (*= héberger*) to accommodate • **j'ai été l'~ à la gare** I went to meet him at the station • **il m'a bien accueilli** he made me very welcome **b** [*+ film, nouvelle*] to receive • **être bien/mal accueilli** to be well/badly received • **comment ont-ils accueilli cette idée?** how did they react to the idea?

acculer [akyle] /TABLE 1/ VT **~ qn à** [*+ mur*] to drive sb back against; [*+ ruine, désespoir*] to drive sb to the brink of

accumulateur [akymylatœʀ] NM **~ de chaleur** storage heater

accumulation [akymylasjɔ̃] NF accumulation; [*d'erreurs*] series • **radiateur à ~** storage heater

accumuler [akymyle] /TABLE 1/ **1** VT to accumulate; [*+ énergie*] to store • **les intérêts accumulés** the interest accrued • **le retard accumulé** the delay that has built up **2** VPR **s'accumuler** [*objets, problèmes, travail*] to pile up

accusateur, -trice [akyzatœʀ, tʀis] ADJ [*doigt*] accusing; [*documents*] incriminating

accusatif [akyzatif] NM accusative case

accusation [akyzasjɔ̃] NF **a** accusation; (*Droit*) charge • **lancer une ~ contre** to make an accusation against • **mise en ~**† indictment **b** (*= ministère public*) **l'~** the prosecution

accusé, e [akyze] *ptp de* **accuser** **1** ADJ (*= marqué*) marked **2** NM,F defendant **3** COMP ▸ **accusé de réception** acknowledgement of receipt

accuser [akyze] /TABLE 1/ **1** VT **a** [*+ personne*] to accuse (**de** of) • **~ de** (*Droit*) to charge with **b** (*= rendre responsable*) to blame (**de** for) **c** (*= montrer*) to show • **~ le coup** to stagger under the blow • **elle accuse la fatigue de ces derniers mois** she's showing the strain of these last few months • **~ réception de qch** to acknowledge receipt of sth **2** VPR **s'accuser s'~ de qch/d'avoir fait qch** [*personne*] to admit to sth/to having done sth

acerbe [asɛʀb] ADJ caustic

acéré, e [aseʀe] ADJ sharp; [*critique*] scathing

acériculteur, -trice [aseʀikyltœʀ, tʀis] NM,F maple producer

acétate [asetat] NM acetate

acétique [asetik] ADJ acetic

achalandé, e [aʃalɑ̃de] ADJ **bien ~** well-stocked

achards [aʃaʀ] NMPL *spicy relish made with finely chopped fruit and vegetables*

acharné, e [aʃaʀne] *ptp de* **acharner** (ADJ) [*concurrence*] fierce; [*travail, efforts*] unremitting; [*travailleur*] determined; [*défenseur, partisan*] staunch

acharnement [aʃaʀnəmɑ̃] (NM) [*de combattant*] fierceness; (*au travail*) determination • **avec ~** [*travailler*] furiously; [*défendre*] staunchly • **~ thérapeutique** prolongation of life by medical means (*when a patient would otherwise die*)

acharner (s') [aʃaʀne] /TABLE 1/ (VPR) **s'~ sur** [+ *victime, adversaire*] to pursue mercilessly; [+ *calculs, texte*] to work away furiously at • **s'~ contre qn** [*malchance*] to dog sb • **il s'acharne inutilement** he's wasting his efforts

achat [aʃa] (NM) purchase • **faire un ~** to make a purchase • **faire des ~s** to shop • **faire ses ~s (de Noël)** to do one's (Christmas) shopping ▸ **achat en ligne** online purchase • **des ~s en ligne** e-shopping

acheminement [aʃ(ə)minmɑ̃] (NM) delivery (**vers** to) • **l'~ des secours aux civils** getting help to civilians

acheminer [aʃ(ə)mine] /TABLE 1/ **1** (VT) to dispatch (**vers** to) **2** (VPR) **s'acheminer s'~ vers** [+ *endroit*] to make one's way towards; [+ *conclusion, solution*] to move towards

acheter [aʃ(ə)te] /TABLE 5/ (VT) **a** to buy • **~ qch à qn** (*à un vendeur*) to buy sth from sb; (*pour qn*) to buy sth for sb • **je me suis acheté une montre** I bought myself a watch **b** (*en corrompant*) [+ *personne*] to bribe

acheteur, -euse [aʃ(ə)tœʀ, øz] (NM,F) buyer

achevé, e [aʃ(ə)ve] *ptp de* **achever 1** (ADJ) [*artiste*] accomplished; [*art*] perfect • **d'un ridicule ~** perfectly ridiculous **2** (NM) **~ d'imprimer** colophon

achèvement [aʃɛvmɑ̃] (NM) [*de travaux*] completion; (*littér = perfection*) culmination

achever [aʃ(ə)ve] /TABLE 5/ **1** (VT) **a** (*= terminer*) to finish • **cette remarque acheva de l'exaspérer** the remark brought his irritation to a head **b** (*= tuer, fatiguer*) to finish off* • **cette promenade m'a achevé!** that walk finished me off!* **2** (VPR) **s'achever** (*= se terminer*) to end (**par, sur** with); (*littér*) [*jour, vie*] to come to an end • **ainsi s'achèvent nos émissions de la journée** (*TV*) that brings to an end our programmes for today

achoppement [aʃɔpmɑ̃] (NM) **pierre** *ou* **point d'~** stumbling block

achopper [aʃɔpe] /TABLE 1/ (VT INDIR) **~ sur** [+ *difficulté*] to come up against

acide [asid] (ADJ, NM) acid • **~ aminé** amino acid • **~ gras** fatty acid

acidité [asidite] (NF) acidity

acidulé, e [asidyle] (ADJ) [*goût*] tangy; [*propos*] caustic

acier [asje] (NM) steel • **~ inoxydable/trempé** stainless/tempered steel • **d'~** [*poutre, colonne*] steel; [*regard*] steely

aciérie [asjeʀi] (NF) steelworks

acné [akne] (NF) acne • **~ juvénile** teenage acne

acnéique [akneik] **1** (ADJ) prone to acne *attrib* **2** (NMF) acne sufferer

acolyte [akɔlit] (NM) (*péj = associé*) associate

acompte [akɔ̃t] (NM) (*= arrhes*) deposit; (*sur somme due*) down payment

> ⚠ **acompte ≠ account**

acoquiner (s') [akɔkine] /TABLE 1/ (VPR) (*péj*) to get together

Açores [asɔʀ] (NFPL) **les ~** the Azores

à-côté (*pl* **à-côtés**) [akote] (NM) [*de problème*] side issue; [*de situation*] secondary aspect; (*= gain*) extra

à-coup (*pl* **à-coups**) [aku] (NM) jolt • **par ~s** by fits and starts • **sans ~s** smoothly

acouphène [akufɛn] (NM) tinnitus

acoustique [akustik] **1** (ADJ) acoustic **2** (NF) acoustics *sg*

acquéreur [akeʀœʀ] (NM) buyer • **se porter ~ de qch** to buy sth

acquérir [akeʀiʀ] /TABLE 21/ (VT) to acquire; [+ *réputation, importance, valeur, célébrité*] to gain • **~ la certitude de qch** to become certain of sth • **~ la preuve de qch** to obtain proof of sth • **il s'est acquis l'estime de ses chefs** he won his superiors' esteem

acquiescement [akjɛsmɑ̃] (NM) **a** (*= approbation*) approval **b** (*= consentement*) agreement

acquiescer [akjese] /TABLE 3/ (VI) to agree • **il acquiesça d'un signe de tête** he nodded in agreement

acquis, e [aki, iz] *ptp de* **acquérir 1** (ADJ) **a** [*droit*] acquired • **caractères ~** acquired characteristics **b** [*fait*] established • **tenir qch pour ~** (*comme allant de soi*) to take sth for granted **c** **être ~ à qn** to be a wholehearted supporter of sb • **être ~ à une cause** to be a committed supporter of a cause **2** (NM) (*= avantage*) asset; (*= connaissances*) knowledge

acquisition [akizisjɔ̃] (NF) acquisition • **faire l'~ de qch** to acquire sth • **l'~ du langage** language acquisition • **nouvelle ~** [*de bibliothèque*] accession

acquit [aki] (NM) **a** (*Commerce = décharge*) receipt • **« pour ~ »** "received"
b ▸ **par acquit de conscience** to set one's mind at rest

acquittement [akitmɑ̃] (NM) **a** [*d'accusé*] acquittal • **verdict d'~** verdict of not guilty **b** [*de facture*] payment; [*de dette*] settlement

acquitter [akite] /TABLE 1/ **1** (VT) **a** [+ *accusé*] to acquit **b** [+ *droit, impôt, dette, facture*] to pay **2** (VPR) **s'acquitter s'~ de** [+ *dette*] to pay; [+ *dette morale, devoir*] to discharge; [+ *promesse, obligation, fonction*] to fulfil; [+ *tâche*] to carry out

âcre [ɑkʀ] (ADJ) acrid

acrimonie [akʀimɔni] (NF) acrimony

acrobate [akʀɔbat] (NMF) acrobat

acrobatie [akʀɔbasi] (NF) (*= tour*) acrobatic feat; (*= art*) acrobatics *sg* • **faire des ~s** to perform acrobatics • **se livrer à des ~s financières** to juggle the accounts

acrobatique [akʀɔbatik] (ADJ) acrobatic

Acropole [akʀɔpɔl] (NF) **l'~** the Acropolis

acrosport [akʀɔspɔʀ] (NM) acrosport

acrylique [akʀilik] (ADJ, NM) acrylic

acte [akt] **1** (NM) **a** (*= action*) action • **~ de bravoure** act of bravery • **passer à l'~** to act; (*après menace*) to put one's threats into action
b [*de notaire*] deed; [*d'état civil*] certificate • **dont ~** (*Droit*) duly noted
c (*= partie de pièce de théâtre*) act
d [*de congrès*] **actes** proceedings
e (*locutions*)
▸ **prendre acte prendre ~ de qch** to note sth • **prendre ~ que ...** to record formally that ...
▸ **faire acte de faire ~ de citoyen** to act as a citizen • **faire ~ d'autorité** to make a show of authority • **faire ~ de candidature** to apply • **faire ~ de présence** to make a token appearance • **faire ~ de bonne volonté** to show goodwill
2 (COMP) ▸ **acte d'accusation** bill of indictment ▸ **acte de décès** death certificate ▸ **acte gratuit** gratuitous act

▸ **acte judiciaire** judicial document ▸ **acte manqué** subconsciously deliberate mistake ▸ **acte médical** medical treatment *NonC* ▸ **acte de naissance** birth certificate ▸ **acte notarié** deed executed by notary ▸ **acte sexuel** sex act ▸ **acte de vente** bill of sale

acteur [aktœʀ] (NM) (*= comédien*) actor; (*fig*) player • **~ de cinéma** film actor • **~ de théâtre** stage actor • **tous les ~s du film sont excellents** the entire cast is excellent

actif, -ive [aktif, iv] **1** (ADJ) active; [*population*] working; [*marché*] buoyant • **prendre une part active à qch** to take an active part in sth • **entrer dans la vie active** to begin one's working life **2** (NM) **a** (*Gram*) active voice • **à l'~** in the active voice **b** (*Finance*) assets; [*de succession*] credits • **il a plusieurs crimes à son ~** he has already committed several crimes • **elle a trois records du monde à son ~** she has three world records to her credit

action [aksjɔ̃] (NF) **a** (*= acte*) action • **faire une bonne ~** to do a good deed • **commettre une mauvaise ~** to do something wrong • **~ d'éclat** brilliant feat • **~ de grâce(s)** thanksgiving • **~ revendicative** [*d'ouvriers*] industrial action *NonC*; [*d'étudiants*] protest *NonC* • **~!** (*Ciné*) action! • **l'~ se passe en Grèce** the action takes place in Greece • **passer à l'~** to take action • **mettre en ~** [*+ mécanisme*] to set going; [*+ plan*] to put into action
b (*= effet*) [*d'éléments naturels, médicament*] effect • **ce médicament est sans ~** this medicine has no effect • **sous l'~ du gel** under the action of frost
c (*= politique, mesures*) policies • **l'~ gouvernementale** the government's policies • **l'~ économique et sociale** economic and social policy • **l'~ humanitaire** humanitarian aid
d (*Droit*) action • **~ en diffamation** libel action
e (*Sport*) **il a été blessé au cours de cette ~** he was injured during that bit of play • **revoyons l'~** let's have an action replay
f (*Finance*) share • **~ nominative/au porteur** registered/bearer share

actionnaire [aksjɔnɛʀ] (NMF) shareholder

actionnariat [aksjɔnaʀja] (NM) (*= détention d'actions*) shareholding; (*= personnes*) shareholders

actionner [aksjɔne] /TABLE 1/ (VT) [*+ levier, manette*] to operate; [*+ mécanisme*] to activate; [*+ machine*] to work

activement [aktivmɑ̃] (ADV) actively • **participer ~ à qch** to take an active part in sth

activer [aktive] /TABLE 1/ **1** (VT) [*+ travaux*] to speed up; [*+ dispositif*] to set going **2** (VI) (*= se dépêcher*)* **active! tu vas rater ton train** get a move on!* you'll miss your train **3** (VPR) **s'activer** (*= s'affairer*) to bustle about • **active-toi!*** get a move on!*

activisme [aktivism] (NM) activism

activiste [aktivist] (ADJ, NMF) activist

activité [aktivite] (NF) **a** activity • **cesser ses ~s** [*entreprise*] to cease trading • **pratiquer une ~ physique régulière** to take regular exercise • **elle déborde d'~** [*personne*] she's incredibly active
▸ **en activité être en ~** [*volcan*] to be active; [*centrale nucléaire*] to be in operation • **être en pleine ~** [*usine*] to be operating at full capacity; [*personne*] to be very busy
b (*= emploi*) job • **~ professionnelle** occupation • **avoir une ~ salariée** to be in paid employment • **en ~** [*salarié*] working • **cesser son ~** [*salarié*] to stop working; [*médecin*] to stop practising
c (*= domaine d'intervention*) [*d'entreprise*] business • **notre ~ principale est l'informatique** our main business is computing

actrice [aktʀis] (NF) actress

actualisation [aktɥalizasjɔ̃] (NF) (*= mise à jour*) updating

actualiser [aktɥalize] /TABLE 1/ (VT) [*+ ouvrage, règlement*] to update; [*+ salaires*] to review

actualité [aktɥalite] **1** (NF) **a** (*= événements*) **l'~** current events • **l'~ sportive** the sports news **b** [*de livre, sujet*] topicality • **livre d'~** topical book • **cette pièce est toujours d'~** this play is still relevant today **2** (NFPL) **actualités** (*Ciné, Presse*) **les ~s** the news

> ⚠ actualité ≠ actuality

actuariel, -elle [aktɥaʀjɛl] (ADJ) **taux ~ brut** gross annual interest return

actuel, -elle [aktɥɛl] (ADJ) **a** (*= présent*) present • **à l'heure ~le** at the present time • **à l'époque ~le** nowadays **b** (*= d'actualité*) [*livre, problème*] topical

> ⚠ actuel ≠ actual

actuellement [aktɥɛlmɑ̃] (ADV) at the moment

> ⚠ actuellement ≠ actually

acuité [akɥite] (NF) [*de problème, sens*] acuteness • **~ visuelle** visual acuity

acuponcteur, -trice, acupuncteur, -trice [akypɔ̃ktœʀ, tʀis] (NM,F) acupuncturist

acuponcture, acupuncture [akypɔ̃ktyʀ] (NF) acupuncture

> 🔈 The **pun** is pronounced like **pont**.

adage [adaʒ] (NM) (*= maxime*) saying

adaptateur, -trice [adaptatœʀ, tʀis] **1** (NM,F) (*Ciné, Théât*) adapter **2** (NM) (*= dispositif*) adapter

adaptation [adaptasjɔ̃] (NF) adaptation (**à** to) • **faire un effort d'~** to try to adapt • **capacité** *ou* **faculté d'~** adaptability (**à** to)

adapter [adapte] /TABLE 1/ **1** (VT) **a** [*+ conduite, méthode*] to adapt (**à** to); [*+ roman, pièce*] to adapt (**pour** for) **b** [*+ mécanisme*] to fit **c être adapté à** to be suited to • **mesures adaptées à la situation** measures suited to the situation **2** (VPR) **s'adapter a** (*= s'habituer*) to adapt (o.s.) (**à** to) **b** [*objet, prise*] **s'~ à** *ou* **sur qch** to fit sth

additif [aditif] (NM) (*= note, clause*) rider; (*= substance*) additive

addition [adisjɔ̃] (NF) **a** (*= calcul*) addition • **faire une ~** to do a sum **b** (*= facture*) bill • **payer** *ou* **régler l'~** to pay the bill; (*fig*) to pick up the tab*

additionnel, -elle [adisjɔnɛl] (ADJ) additional

> ✎ Le mot anglais s'écrit avec un seul **n** et **al** à la fin.

additionner [adisjɔne] /TABLE 1/ **1** (VT) to add up • **~ qch à** to add sth to • **additionné d'un peu d'eau** with a little water added **2** (VPR) **s'additionner** to add up

adduction [adyksjɔ̃] (NF) **~ d'eau** water supply

adepte [adɛpt] (NMF) [*de doctrine*] follower; [*d'activité*] enthusiast • **faire des ~s** to gain followers

⚠ **adepte ≠ adept**

adéquat, e [adekwa(t), at] (ADJ) appropriate

adéquation [adekwasjɔ̃] (NF) adequacy • **~ entre … et …** balance between … and … • **un rapport sur l'~ entre besoins et effectifs** a report on the balance between requirements and available staff
▸ **être en adéquation avec qch** to match sth • **son discours n'est pas tout à fait en ~ avec son comportement** what he does does not exactly match what he says

adhérence [adeʀɑ̃s] (NF) adhesion (**à** to); [*de pneus, semelles*] grip (**à** on) • **~ à la route** roadholding

adhérent, e [adeʀɑ̃, ɑ̃t] **1** (NM,F) member • **carte d'~** membership card **2** (ADJ) **pays ~** member state

adhérer [adeʀe] /TABLE 6/ (VT INDIR) **~ à** ⓐ (= *coller*) to stick to • **~ à la route** [*pneu*] to grip the road; [*voiture*] to hold the road ⓑ (= *se rallier à*) to subscribe to ⓒ (= *devenir membre de*) to join; (= *être membre de*) to be a member of

adhésif, -ive [adezif, iv] **1** (ADJ) adhesive • **pansement ~** sticking plaster (*Brit*), Band-Aid ® **2** (NM) adhesive

adhésion [adezjɔ̃] (NF) ⓐ (= *accord*) support (**à** for) ⓑ (= *fait d'être membre*) membership (**à** of) • **ils ont demandé leur ~ à l'UE** they've applied for EU membership

⚠ **adhésion ≠ adhesion**

ad hoc [adɔk] (ADJ INV) ⓐ (= *approprié*) appropriate ⓑ (= *nommé spécialement*) ad hoc • **commission ~** ad hoc committee

adieu (*pl* **adieux**) [adjø] **1** (NM) (= *salut*) goodbye • **dire ~ à** to say goodbye to • **repas/visite d'~** farewell meal/visit • **~ la tranquillité!** goodbye to peace and quiet! • **tu peux dire ~ à ton argent!** you can kiss your money goodbye!* **2** (NMPL) **adieux** farewells • **faire ses ~x (à qn)** to say one's farewells (to sb) • **il a fait ses ~x à la scène** he bade farewell to the stage

adjectif [adʒɛktif] (NM) adjective • **~ qualificatif** qualifying adjective

adjectival, e (*mpl* **-aux**) [adʒɛktival, o] (ADJ) adjectival • **locution ~e** adjectival phrase

adjoindre [adʒwɛ̃dʀ] /TABLE 49/ **1** (VT) **~ qn à une équipe** to give sb a place in a team **2** (VPR) **s'adjoindre** **s'~ un collaborateur** to take on an assistant

adjoint, e [adʒwɛ̃, wɛ̃t] *ptp de* **adjoindre** **1** (ADJ) deputy **2** (NM,F) deputy

adjonction [adʒɔ̃ksjɔ̃] (NF) addition (**à** to) • **sans ~ de sel** with no added salt

adjudant, e [adʒydɑ̃, ɑ̃t] (NM,F) warrant officer

adjudication [adʒydikasjɔ̃] (NF) ⓐ (= *marché*) invitation to tender ⓑ (= *attribution*) awarding

adjuger [adʒyʒe] /TABLE 3/ **1** (VT) (*aux enchères*) to sell (**à** to) • **~ qch à qn** to knock sth down to sb • **une fois, deux fois, trois fois, adjugé!** going, going, gone! • **le document a été adjugé pour 3 000 €** the document was sold for 3,000 euros **2** (VPR) **s'adjuger** [+ *place, titre*] to win; (= *s'approprier*) to take for o.s. • **leur parti s'est adjugé 60% des sièges** their party have won 60% of the seats

adjuvant [adʒyvɑ̃] (NM) (= *additif*) additive

admettre [admɛtʀ] /TABLE 56/ (VT) ⓐ to admit • **il a été admis à l'hôpital** he was admitted to hospital • **les chiens ne sont pas admis dans le magasin** dogs are not allowed in the shop; (*sur écriteau*) no dogs allowed • **il n'admet jamais ses torts** he never admits he's in the wrong
ⓑ (*à un examen*) to pass • **ils ont admis 30 candidats** they passed 30 of the candidates • **il a été admis au concours** he passed the exam • **il n'a pas été admis en classe supérieure** he's got to repeat the year
ⓒ (= *accepter*) [+ *excuses, raisons, thèse*] to accept
ⓓ (= *supposer*) to suppose • **en admettant que** supposing that • **admettons qu'elle soit venue** let's suppose that she came • **admettons!** if you say so! • **admettons qu'il ne l'ait pas fait exprès** let's say he didn't do it on purpose
ⓔ (= *tolérer*) to allow • **je n'admets pas qu'il se conduise ainsi** I won't allow him to behave like that • **règle qui n'admet aucune exception** rule which admits of no exception

administrateur, -trice [administʀatœʀ, tʀis] (NM,F) administrator; [*de banque, entreprise*] director; [*de fondation*] trustee ▸ **administrateur de biens** property manager ▸ **administrateur judiciaire** receiver ▸ **administrateur système(s)** (*Informatique*) systems administrator

administratif, -ive [administʀatif, iv] (ADJ) administrative

administration [administʀasjɔ̃] (NF) ⓐ (= *gestion*) management; [*de pays, commune*] running • **l'~ d'un département est une lourde tâche** running a department is a big job • **être placé sous ~ judiciaire** to go into receivership • **sous ~ de l'ONU** under UN administration ⓑ [*de médicament, sacrement*] administering ⓒ (= *service public*) public service • **l'~ pénitentiaire** the prison service • **l'Administration** ≈ the Civil Service • **être** *ou* **travailler dans l'~** to work in the public services ⓓ (= *gouvernement*) administration • **l'~ Clinton** the Clinton administration

administré, e [administʀe] (NM,F) [*de maire*] citizen • **le député a informé ses ~s** the MP informed his constituents

administrer [administʀe] /TABLE 1/ (VT) ⓐ (= *gérer*) to manage; [+ *fondation*] to administer; [+ *pays, commune*] to run ⓑ (= *donner*) to administer

admirable [admiʀabl] (ADJ) admirable

admirablement [admiʀabləmɑ̃] (ADV) admirably

admirateur, -trice [admiʀatœʀ, tʀis] (NM,F) admirer

admiratif, -ive [admiʀatif, iv] (ADJ) admiring • **d'un air ~** admiringly

admiration [admiʀasjɔ̃] (NF) admiration • **faire l'~ de qn** to fill sb with admiration • **tomber/être en ~ devant** to be filled with/lost in admiration for

admirer [admiʀe] /TABLE 1/ (VT) to admire

admis, e [admi, admiz] *ptp de* **admettre**

admissibilité [admisibilite] (NF) [*de postulant*] eligibility (**à** for); (*à un examen*) *eligibility to sit the oral part of an exam*

admissible [admisibl] (ADJ) ⓐ acceptable • **ce comportement n'est pas ~** this behaviour is quite unacceptable ⓑ [*postulant*] eligible (**à** for); (= *qui a réussi à l'écrit*) *eligible to sit the oral part of an exam*

admission [admisjɔ̃] (NF) (*dans un lieu, club*) admission (**à** to) • **faire une demande d'~ à un club** to apply for membership of a club • **le nombre des ~s au concours** the number of successful candidates in the exam

admonester [admɔnɛste] /TABLE 1/ (VT) (*gén, Droit*) to admonish

ADN [adeɛn] (NM) (ABR DE **acide désoxyribonucléique**) DNA

ado* [ado] (NMF) (ABR DE **adolescent, e**) teenager

adolescence [adɔlesɑ̃s] (NF) adolescence

adolescent, e [adɔlesɑ̃, ɑ̃t] (NM,F) adolescent, teenager

adonner (s') [adɔne] /TABLE 1/ (VPR) ⓐ **s'~ à** [+ *art, études, sport, passe-temps*] to devote o.s. to; [+ *pratiques*] to indulge in • **venez vous ~ aux joies du ski** come and experience the joys of skiing ⓑ (*Can*) (= *s'entendre, se plaire*) to get along well, to hit it off*

adoptant, e [adɔptɑ̃, ɑ̃t] (NM,F) *person wishing to adopt*

adopter [adɔpte] /TABLE 1/ (VT) ⓐ to adopt • **elle a su se faire ~ par ses nouveaux collègues** she's got her new colleagues to accept her • **«l'essayer c'est l'~!»** "try it - you'll love it!" ⓑ [+ *loi, motion*] to pass • **cette proposition a été adoptée à l'unanimité** the proposal was carried unanimously

adoptif, -ive [adɔptif, iv] (ADJ) **enfant ~** adopted child; (*dans une famille d'accueil*) ≈ foster child • **parent ~** adoptive parent; (= *nourricier*) ≈ foster parent

adoption [adɔpsjɔ̃] (NF) ⓐ [*d'enfant*] adoption • **pays d'~** adoptive country • **un Londonien d'~** a Londoner by adoption ⓑ [*de loi, motion*] passing

adorable [adɔʀabl] (ADJ) [*personne*] adorable; [*robe, village*] lovely

adorateur, -trice [adɔʀatœʀ, tʀis] (NM,F) worshipper

adoration [adɔʀasjɔ̃] (NF) adoration • **être en ~ devant** to worship

adorer [adɔʀe] /TABLE 1/ (VT) to adore

adosser [adose] /TABLE 1/ **1** (VT) **~ qch à** *ou* **contre qch** to stand sth against sth **2** (VPR) **s'adosser s'~ à** *ou* **contre qch** [*personne*] to lean back against sth • **le village est adossé à la montagne** the village is perched on the mountainside

adoucir [adusiʀ] /TABLE 2/ **1** (VT) [+ *saveur, acidité*] to make milder; (*avec sucre*) to sweeten; [+ *peau*] to soften; [+ *personne*] to mellow; [+ *conditions*] to ease **2** (VPR) **s'adoucir** [*voix, couleur, peau*] to soften; [*personne*] to mellow • **la température s'est adoucie** the weather has got milder

adoucissant, e [adusisɑ̃, ɑ̃t] **1** (ADJ) [*crème, lotion*] for smoother skin **2** (NM) fabric conditioner

adoucisseur [adusisœʀ] (NM) **~ (d'eau)** water softener

adrénaline [adʀenalin] (NF) adrenalin

adressage [adʀesaʒ] (NM) [*de courrier*] mailing; (*Informatique*) addressing

adresse [adʀɛs] **1** (NF) ⓐ (= *domicile*) address • **partir sans laisser d'~** to go without leaving a forwarding address • **je connais quelques bonnes ~s de restaurants** I know some good restaurants to go to • **~ électronique** email address • **à l'~ de** (= *à l'intention de*) for the benefit of ⓑ (= *habileté*) skill • **jeu d'~** game of skill **2** (COMP) ▸ **adresse IP** IP address ▸ **adresse réticulaire** *ou* **universelle** URL

> Le mot anglais s'écrit avec deux **d** et sans **e** à la fin.

adresser [adʀese] /TABLE 1/ **1** (VT) ⓐ to address • **la lettre m'était personnellement adressée** the letter was addressed to me personally • **~ une remarque à** to address a remark to • **~ un reproche à** to level a reproach at • **~ un compliment à** to pay a compliment to • **~ un sourire à qn** to smile at sb • **~ la parole à qn** to speak to sb ⓑ (= *envoyer*) to send • **je vous adresse mes meilleurs vœux** please accept my best wishes • **mon médecin m'a adressé à un spécialiste** my doctor sent me to a specialist **2** (VPR) **s'adresser s'~ à** (= *parler à*) to speak to; (= *aller trouver*) to go and see; (*dans une administration*) to apply to; (= *viser*) to be aimed at • **il s'adresse à un public féminin** [*discours, magazine*] it is aimed at a female audience; [*auteur*] he writes for a female readership • **adressez-vous au secrétariat** enquire at the office • **et cela s'adresse aussi à vous!** and that goes for you too!

Adriatique [adʀijatik] (ADJ F, NF) **(mer) ~** Adriatic (Sea)

adroit, e [adʀwa, wat] (ADJ) (= *habile*) skilful; (= *subtil*) clever; (= *plein de tact*) adroit • **~ de ses mains** clever with one's hands • **c'était très ~ de sa part** it was very clever of him

adroitement [adʀwatmɑ̃] (ADV) (= *habilement*) skilfully; (= *subtilement*) cleverly; (= *avec tact*) adroitly

ADSL [adeɛsɛl] (NM) (ABR DE **asymmetrical digital subscriber line**) ADSL, broadband

aduler [adyle] /TABLE 1/ (VT) (= *admirer*) to adulate; (= *flatter*) to flatter

adulte [adylt] **1** (ADJ) [*animal, plante*] fully-grown; [*attitude, comportement*] adult • **un homme ~** an adult man **2** (NMF) adult

adultère [adyltɛʀ] **1** (NM) (*acte*) adultery **2** (ADJ) [*relations, désir*] adulterous

advenir [advəniʀ] /TABLE 22/ (VB IMPERS) ⓐ (= *survenir*) **~ que ...** to happen that ... • **~ à** to happen to • **qu'est-il advenu?** what has happened? ⓑ (= *devenir*) **~ de** to become of • **qu'est-il advenu du projet?** what has become of the project?

adventiste [advɑ̃tist] (ADJ, NMF) Adventist

adverbe [advɛʀb] (NM) adverb

adverbial, e (*mpl* **-iaux**) [advɛʀbjal, jo] (ADJ) adverbial

adversaire [advɛʀsɛʀ] (NMF) adversary; [*de théorie, traité*] opponent

adverse [advɛʀs] (ADJ) opposing • **la partie ~** the other side

adversité [advɛʀsite] (NF) adversity

ad vitam æternam* [advitameteʀnam] (LOC ADV) for ever

AEE [aəə] (NF) (ABR DE **Agence européenne pour l'environnement**) EEA

AELE [aəɛlə] (NF) (ABR DE **Association européenne de libre-échange**) EFTA

aérateur [aeʀatœʀ] (NM) (= *ventilateur*) ventilator

aération [aeʀasjɔ̃] (NF) [*de pièce, literie*] airing; (= *circulation d'air*) ventilation

aéré, e [aeʀe] *ptp de* **aérer** (ADJ) [*pièce*] airy; [*texte*] well spaced out → **centre**

aérer [aeʀe] /TABLE 6/ **1** (VT) [+ *pièce, literie*] to air; [+ *terre*] to aerate; [+ *présentation*] to lighten **2** (VPR) **s'aérer** [*personne*] to get some fresh air

aérien, -ienne [aeʀjɛ̃, jɛn] (ADJ) ⓐ [*attaque, espace, droit*] air; [*navigation, photographie*] aerial • **base aérienne** air base ⓑ [*circuit, câble*] overhead

aérobic [aeʀɔbik] (NF) aerobics *sg*

aéro-club (*pl* **aéro-clubs**) [aeʀoklœb] (NM) flying club

aérodrome [aeʀodʀom] (NM) aerodrome (*Brit*), airdrome (*US*)

aérodynamique [aeʀodinamik] **1** (ADJ) [*ligne, véhicule*] aerodynamic **2** (NF) aerodynamics *sg*

aérodynamisme [aeʀodinamism] (NM) aerodynamic shape
aérogare [aeʀogaʀ] (NF) air terminal
aérogel [aeʀoʒɛl] (NM) aerogel
aéroglisseur [aeʀoglisœʀ] (NM) hovercraft
aéronautique [aeʀonotik] 1 (ADJ) [*équipement, ingénieur*] aeronautical • **construction/constructeur ~** aircraft construction/builder • **l'industrie ~** the aviation industry 2 (NF) aeronautics *sg*
aéronaval, e (*pl* **aéronavals**) [aeʀonaval] 1 (ADJ) **forces ~es** air and sea forces • **base ~e** naval air base 2 (NF) **aéronavale** **l'aéronavale** ≈ the Fleet Air Arm (*Brit*), ≈ Naval Aviation (*US*)
aéronef [aeʀɔnɛf] (NM) aircraft
aérophagie [aeʀɔfaʒi] (NF) **il a** *ou* **fait de l'~** he suffers from wind
aéroport [aeʀɔpɔʀ] (NM) airport
aéroporté, e [aeʀɔpɔʀte] (ADJ) [*troupes, division, opération*] airborne; [*missile*] air-launched
aéroportuaire [aeʀɔpɔʀtɥɛʀ] (ADJ) [*installations, autorités*] airport *épith*
aérosol [aeʀɔsɔl] (NM) aerosol • **bombe ~** spray can • **déodorant/peinture en ~** spray deodorant/paint
aérospatial, e (*mpl* **-iaux**) [aeʀospasjal, jo] 1 (ADJ) aerospace 2 (NF) **aérospatiale** aerospace technology
affable [afabl] (ADJ) affable
affabuler [afabyle] /TABLE 1/ (VI) to make up stories
affadir [afadiʀ] /TABLE 2/ (VT) [*+ aliment*] to make tasteless
affaiblir [afebliʀ] /TABLE 2/ 1 (VT) to weaken 2 (VPR) **s'affaiblir** [*personne, autorité*] to weaken; [*facultés*] to deteriorate; [*vue*] to grow dim; [*son*] to fade; [*vent*] to die down • **utiliser un mot dans son sens affaibli** to use a word in a weakened sense
affaiblissement [afeblismɑ̃] (NM) weakening; [*de facultés*] deterioration • **l'~ de notre pays au plan international** our country's waning influence on the international scene

---

affaire [afɛʀ]

1 NOM FÉMININ
2 NOM FÉMININ PLURIEL
3 COMPOSÉS

1 NOM FÉMININ

ⓐ (= *problème, question*) matter • **ce n'est pas une petite** *ou* **une mince ~** it's no small matter • **c'est une ~ de goût** it's a matter of taste • **j'ai une ~ urgente à régler** I've got some urgent business to deal with • **le sport ne devrait pas être une ~ d'argent** sport shouldn't be about money • **comment je fais ? — c'est ton ~ !** what do I do? — that's your problem! • **avec les ordinateurs, il est à son ~** when it comes to computers, he knows his stuff* • **aller à Glasgow, c'est toute une ~** it's quite a business getting to Glasgow • **c'est une autre ~** that's another matter • **c'est l'~ de quelques minutes** it'll only take a few minutes • **la belle ~ !** big deal! • **tirer qn d'~** to help sb out • **il est tiré d'~** he's come through

▸ **avoir affaire à** [*+ cas, problème*] to have to deal with; [*+ personne*] (= *s'occuper de*) to be dealing with; (= *être reçu ou examiné par*) to be dealt with by • **nous avons ~ à un dangereux criminel** we are dealing with a dangerous criminal • **tu auras ~ à moi !** you'll be hearing from me!

▸ **faire + affaire** **cet ordinateur fera l'~** this computer will do fine • **cet employé ne fait pas l'~** this employee won't do for the job • **ça fait mon ~** that's just what I need • **il en a fait une ~ personnelle** he took it personally • **il en a fait toute une ~** he made a dreadful fuss about it

ⓑ (= *faits connus du public*) affair; (= *scandale*) scandal • **l'~ Dreyfus** the Dreyfus affair • **l'~ du sang contaminé** the contaminated blood scandal • **une grave ~ de corruption** a serious corruption scandal • **c'est une sale ~** it's a nasty business

ⓒ (*Droit, Police*) case • **être sur une ~** to be on a case • **une ~ de vol** a case of theft

ⓓ (= *transaction*) deal; (= *achat avantageux*) bargain • **une bonne ~** a bargain • **faire une ~** to get a bargain • **faire ~ avec qn** to clinch a deal with sb • **l'~ est faite !** that's the deal settled!

ⓔ (= *entreprise*) business • **une ~ d'import-export** an import-export business • **c'est une ~ qui marche** it's a going concern

2 NOM FÉMININ PLURIEL

affaires

ⓐ (= *intérêts publics et privés*) affairs • **les ~s culturelles** cultural affairs • **les ~s publiques** public affairs • **les Affaires étrangères** Foreign Affairs • **occupe-toi** *or* **mêle-toi de tes ~s !** mind your own business!

ⓑ (= *activités commerciales*) business *sg* • **être dans les ~s** to be in business • **il est dur en ~s** he's a tough businessman • **les ~s sont les ~s** business is business

▸ **d'affaires** [*repas, voyage, relations*] business • **les milieux d'~s sont optimistes** the business community is optimistic

ⓒ (= *vêtements, objets personnels*) things • **mes ~s de tennis** my tennis things • **range tes ~s !** put your things away!

3 COMPOSÉS

▸ **affaire d'État** affair of state • **il en a fait une ~ d'État*** he made a great song and dance about it ▸ **affaire de famille** (= *entreprise*) family business; (= *problème*) family problem ▸ **affaire de mœurs** sex scandal

---

affairé, e [afeʀe] *ptp de* **affairer** (ADJ) busy
affairer (s') [afeʀe] /TABLE 1/ (VPR) to busy o.s.
affairisme [afeʀism] (NM) (political) racketeering
affairiste [afeʀist] (NM) (*péj*) huckster, wheeler-dealer*
affaissement [afɛsmɑ̃] (NM) [*de route, sol*] subsidence; [*de poutre*] sagging • **~ de terrain** subsidence *NonC*
affaisser (s') [afese] /TABLE 1/ (VPR) ⓐ [*route, sol*] to subside; [*corps, poutre*] to sag; [*plancher*] to cave in ⓑ [*personne*] to collapse
affaler [afale] /TABLE 1/ 1 (VT) [*+ voile*] to lower 2 (VPR) **s'affaler** (= *tomber*) to collapse • **affalé dans un fauteuil** slumped in an armchair
affamé, e [afame] *ptp de* **affamer** (ADJ) starving
affamer [afame] /TABLE 1/ (VT) to starve
affectation [afɛktasjɔ̃] (NF) ⓐ (*à un usage*) allocation (à to) ⓑ (*à un poste*) appointment; (*dans une région, un pays*) posting • **rejoindre son ~** to take up one's posting ⓒ (= *manque de naturel*) affectation • **avec ~** affectedly
affecté, e [afɛkte] *ptp de* **affecter** (ADJ) affected
affecter [afɛkte] /TABLE 1/ (VT) ⓐ (= *feindre*) to affect • **~ de faire qch** to pretend to do sth ⓑ (= *destiner*) to allocate (à to) • **~ des crédits à la recherche** to allocate funds to research ⓒ (= *nommer*) (*à une fonction, un bureau*)

to appoint; (*à une région, un pays*) to post (**à** to) **d** (= *affliger*) to affect • **il a été très affecté par leur mort** he was deeply affected by their deaths • **les oreillons affectent surtout les jeunes enfants** it's mostly young children who get mumps

affectif, -ive [afɛktif, iv] (ADJ) emotional; [*troubles*] affective

affection [afɛksjɔ̃] (NF) **a** (= *tendresse*) affection • **avoir de l'~ pour qn** to be fond of sb • **se prendre d'~ pour qn** to become fond of sb **b** (= *maladie*) ailment

affectionner [afɛksjɔne] /TABLE 1/ (VT) to be fond of

affectivement [afɛktivmɑ̃] (ADV) emotionally

affectivité [afɛktivite] (NF) affectivity

affectueusement [afɛktɥøzmɑ̃] (ADV) affectionately • **~ vôtre** yours affectionately

affectueux, -euse [afɛktɥø, øz] (ADJ) affectionate

affermir [afɛʀmiʀ] /TABLE 2/ (VT) to strengthen; [*+ muscles*] to tone up

affermissement [afɛʀmismɑ̃] (NM) strengthening

affichable [afiʃabl] (ADJ) viewable

affichage [afiʃaʒ] (NM) **a** [*d'affiche, résultats*] posting • **« ~ interdit »** "post no bills" • **campagne d'~** poster campaign **b** (*sur écran*) display • **~ du numéro** caller display • **montre à ~ numérique** digital watch

affiche [afiʃ] (NF) **a** (*gén*) poster; (*officielle*) public notice **b** (*Ciné, Théât*) **quitter l'~** to close • **tenir longtemps l'~** to have a long run • **ce spectacle est resté à l'~ plus d'un an** the show ran for over a year • **il y a une belle ~ pour cette pièce** this play has an excellent cast

afficher [afiʃe] /TABLE 1/ **1** (VT) to display; [*+ résultats*] to put up • **« défense d'~ »** "post no bills" • **~ complet** to be sold out • **~ ses opinions politiques** to make no secret of one's political views **2** (VPR) **s'afficher** **a** (= *apparaître*) to be displayed • **un menu s'affiche à l'écran** a menu is displayed on the screen **b** (= *se montrer*) to flaunt o.s. • **s'~ avec son amant** to carry on in public with one's lover

affichette [afiʃɛt] (NF) (*officielle*) small public notice; (*Admin, Théât*) small bill *ou* poster; (*publicitaire, électorale*) small poster

afficheur, -euse [afiʃœʀ, øz] **1** (NM,F) billsticker **2** (NM) (= *machine*) display

affilé, e [afile] *ptp de* **affiler** **1** (ADJ) [*outil, couteau*] sharp **2** **d'affilée** (LOC ADV) in a row • **8 heures d'~e** 8 hours at a stretch • **boire plusieurs verres d'~e** to drink several glasses in succession

affiler [afile] /TABLE 1/ (VT) to sharpen

affiliation [afiljasjɔ̃] (NF) affiliation

affilié, e [afilje] *ptp de* **affilier** (NM,F) affiliated member

affilier [afilje] /TABLE 7/ **1** (VT) to affiliate (**à** to) **2** (VPR) **s'affilier** to become affiliated (**à** to)

affiner [afine] /TABLE 1/ **1** (VT) **a** (= *rendre plus subtil*) to refine; [*+ sens*] to sharpen **b** (= *rendre plus mince*) [*+ taille, hanches*] to slim down; [*+ chevilles*] to make slender • **ce maquillage vous affinera le visage** this make-up will make your face look thinner **c** **fromage affiné en cave** cheese matured in a cellar **2** (VPR) **s'affiner** **a** (= *devenir plus subtil*) to become more refined; [*odorat, goût*] to become sharper **b** (= *devenir plus mince*) [*taille*] to become slimmer; [*visage*] to get thinner

affinité [afinite] (NF) (*entre personnes*) affinity • **avoir des ~s avec qn** to have a natural affinity with sb • **« plus si ~s »** "maybe more"

affirmatif, -ive [afiʀmatif, iv] **1** (ADJ) affirmative **2** (NM) **à l'~** in the affirmative **3** (NF) **affirmative** affirmative • **répondre par l'affirmative** to answer yes • **dans l'affirmative** if the answer is yes

affirmation [afiʀmasjɔ̃] (NF) assertion

affirmer [afiʀme] /TABLE 1/ (VT) **a** (= *proclamer*) to assert • **il affirme que c'est de votre faute** he maintains that it is your fault **b** (= *manifester*) to assert • **talent/personnalité qui s'affirme** talent/personality which is asserting itself • **il s'affirme comme l'un de nos meilleurs romanciers** he is establishing himself as one of our best novelists

affleurer [aflœʀe] /TABLE 1/ (VI) [*rochers, couche*] to show on the surface; [*sentiment, sensualité*] to rise to the surface

affligeant, e [afliʒɑ̃, ɑ̃t] (ADJ) distressing; (= *déplorable*) pathetic

affliger [afliʒe] /TABLE 3/ (VT) **a** (= *attrister*) to distress **b** **être affligé de** [*+ maladie*] to be afflicted with

affluence [aflyɑ̃s] (NF) **l'~ était telle que ...** there were so many people that ... • **les heures d'~** [*de trains, circulation*] the rush hour; [*de magasin*] the peak shopping period

affluent [aflyɑ̃] (NM) tributary

affluer [aflye] /TABLE 1/ (VI) [*fluide, sang*] to rush (**à, vers** to); [*foule*] to flock • **les dons affluaient de partout** donations came flooding in from all over

afflux [afly] (NM) inrush • **~ de capitaux** capital inflow • **~ de main-d'œuvre** labour influx

affolant, e [afɔlɑ̃, ɑ̃t] (ADJ) (= *effrayant*) frightening; (= *troublant*) distressing • **c'est ~!** it's alarming!

affolé, e [afɔle] *ptp de* **affoler** (ADJ) (= *effrayé*) panic-stricken • **je suis ~ de voir ça** I'm appalled at that • **air ~** look of panic

affolement [afɔlmɑ̃] (NM) **a** (= *effroi*) panic • **pas d'~!** don't panic! **b** [*de boussole*] wild fluctuations

affoler [afɔle] /TABLE 1/ **1** (VT) (= *effrayer*) to throw into a panic **2** (VPR) **s'affoler** [*personne*] to lose one's head; [*Bourse*] to panic • **ne nous affolons pas** let's not panic

affranchir [afʀɑ̃ʃiʀ] /TABLE 2/ **1** (VT) **a** (*avec des timbres*) to put a stamp *ou* stamps on; (*à la machine*) to frank • **lettre affranchie/non affranchie** stamped/unstamped letter **b** (= *libérer*) to free • **~ qn de** to free sb from **c** (= *mettre au courant*) to put in the picture* **2** (VPR) **s'affranchir** **s'~ de** to free o.s. from

affranchissement [afʀɑ̃ʃismɑ̃] (NM) **a** (*avec des timbres*) stamping; (*à la machine*) franking; (= *prix payé*) postage **b** (= *libération*) freeing

affres [ɑfʀ] (NFPL) (*littér*) **les ~ de la création** the agony of creation • **les ~ de la mort** the throes of death

affréter [afʀete] /TABLE 6/ (VT) to charter

affréteur [afʀetœʀ] (NM) charterer

affreusement [afʀøzmɑ̃] (ADV) **a** (= *horriblement*) horribly **b** (= *très*) terribly • **on est ~ mal assis** these seats are terribly uncomfortable • **~ en retard** dreadfully late

affreux, -euse [afʀø, øz] (ADJ) (= *très laid*) hideous; (= *abominable*) dreadful • **quel temps ~!** what dreadful weather!

affriolant, e [afʀijɔlɑ̃, ɑ̃t] (ADJ) [*perspective, programme*] exciting; [*femme, vêtement*] alluring

affront [afʀɔ̃] (NM) (= *insulte*) affront

affrontement [afʀɔ̃tmɑ̃] (NM) confrontation

affronter [afʀɔ̃te] /TABLE 1/ **1** (VT) [*+ adversaire, danger*] to confront • **~ la mort** to face death • **~ le mauvais**

temps to brave the bad weather 2 (VPR) **s'affronter** [*adversaires*] to confront each other

affubler [afyble] /TABLE 1/ (VT) ~ **qn de** [+ *vêtement*] to deck sb out in • ~ **qn d'un sobriquet** to attach a nickname to sb • **affublé d'un vieux chapeau** wearing an old hat

affût○ [afy] (NM) **chasser à l'~** to hunt game from a hide (*Brit*) *ou* blind (*US*) • **être à l'~** to be lying in wait • **être à l'~ de qch** (*fig*) to be on the look-out for sth

affûté○**, e** [afyte] (ADJ) [*lame*] sharpened; [*argument, stratégie*] well-honed; [*artiste*] superb • **elle est très ~e musicalement** she is a superb musician • **il est très ~ physiquement** he is in top physical form

affûter○ [afyte] /TABLE 1/ (VT) to sharpen

afghan, e [afgɑ̃, an] 1 (ADJ) Afghan 2 (NM,F) **Afghan(e)** Afghan

Afghanistan [afganistɑ̃] (NM) Afghanistan

aficionado [afisjɔnado] (NM) aficionado

afin [afɛ̃] (PRÉP) ~ **de** in order to • ~ **que nous le sachions** in order that we should know

AFNOR [afnɔʀ] (NF) (ABR DE **Association française de normalisation**) *French Industrial Standards Authority*

a fortiori○ [afɔʀsjɔʀi] (ADV) all the more

AFP [aɛfpe] (NF) (ABR DE **Agence France-Presse**) French Press Agency

africain, e [afʀikɛ̃, ɛn] 1 (ADJ) African 2 (NM,F) **Africain(e)** African

africain-américain, africaine-américaine [afʀikɛ̃-ameʀikɛ̃, afʀikɛnameʀikɛn] (*mpl* **africains-américains**) 1 (ADJ) African-American 2 (NM,F) **Africain(e)-Américain(e)** African-American

afrikaans [afʀikɑ̃s] (NM, ADJ INV) Afrikaans

afrikaner [afʀikanɛʀ] (NMF) Afrikaner

Afrique [afʀik] (NF) Africa • **l'~ australe/du Nord** Southern/North Africa • **l'~ du Sud** South Africa • **l'~ noire** *ou* **sub-saharienne** Black Africa

afro* [afʀo] (ADJ INV) Afro

afro-américain, e [afʀoameʀikɛ̃, ɛn] 1 (ADJ) African-American 2 (NM,F) **Afro-Américain(e)** African-American

afro-européen, -enne [afʀoøʀɔpeɛ̃, ɛn] 1 (ADJ) African-European 2 (NM,F) **Afro-européen(ne)** African-European

after [aftœʀ] (NM) afterparty

AG* [aʒe] (NF) (ABR DE **assemblée générale**) EGM

agaçant, e [agasɑ̃, ɑ̃t] (ADJ) irritating

agacement [agasmɑ̃] (NM) irritation

agacer [agase] /TABLE 3/ (VT) (= *énerver*) to irritate; (= *taquiner*) to pester • **ça m'agace!** it's getting on my nerves!

agate [agat] (NF) agate

âge [ɑʒ] 1 (NM) ⓐ age • **quel ~ avez-vous?** how old are you? • **à l'~ de 8 ans** at the age of 8 • **ils sont du même ~** they're the same age • **il ne paraît pas son ~** he doesn't look his age • **il fait plus vieux que son ~** he looks older than he is • **amusez-vous, c'est de votre ~** enjoy yourself, you're young • **à son ~** at his age • **j'ai passé l'~** I'm too old for that • **être en ~ de se marier** to be old enough to get married • **c'est l'~ bête** *ou* **ingrat** it's an awkward age • **porto de 15 ans d'~** 15-year-old port

ⓑ (= *ère*) age • **l'~ de la pierre/du bronze** the Stone/Bronze Age

2 (COMP) ▸ **l'âge adulte** adulthood • **à l'~ adulte** in adulthood ▸ **l'âge légal** the legal age • **avoir l'~ légal** to be legally old enough ▸ **âge mental** mental age ▸ **l'âge mûr** maturity ▸ **l'âge d'or** the golden age ▸ **l'âge de raison** the age of reason ▸ **l'âge de la retraite** retirement age

âgé, e [ɑʒe] (ADJ) **être ~** to be old • **être ~ de 9 ans** to be 9 years old • **enfant ~ de 4 ans** 4-year-old child • **dame ~e** elderly lady • **les personnes ~es** the elderly

agence [aʒɑ̃s] (NF) (= *succursale*) branch; (= *locaux*) office; (= *organisme*) agency ▸ **agence commerciale** sales office ▸ **Agence européenne pour l'environnement** European Environment Agency ▸ **agence immobilière** estate agent's (*Brit*), real estate agency (*US*) ▸ **agence d'intérim** temping agency ▸ **agence matrimoniale** marriage bureau ▸ **Agence nationale pour l'emploi** *French national employment office*, ≈ job centre (*Brit*) ▸ **agence de placement** employment agency ▸ **agence de presse** press agency ▸ **agence de publicité** advertising agency ▸ **agence de tourisme** tourist agency ▸ **agence de voyages** travel agency

agencé, e [aʒɑ̃se] *ptp de* **agencer** (ADJ) **bien ~** (*en meubles*) well-equipped; (*en espace*) well laid-out • **mal ~** (*en meubles*) poorly-equipped; (*en espace*) badly laid-out

agencement [aʒɑ̃smɑ̃] (NM) ⓐ [*d'éléments*] organization ⓑ [*de local*] (= *disposition*) arrangement; (= *équipement*) equipment

agencer [aʒɑ̃se] /TABLE 3/ (VT) ⓐ [+ *éléments, phrase*] to put together ⓑ [+ *local*] (= *disposer*) to lay out; (= *équiper*) to equip

agenda [aʒɛ̃da] 1 (NM) ⓐ (= *carnet*) diary (*Brit*), datebook (*US*) ⓑ (= *activités*) schedule • ~ **très chargé** very busy schedule 2 (COMP) ▸ **agenda de bureau** desk diary (*Brit*) *ou* calendar (*US*) ▸ **agenda électronique** electronic organizer

> ⚠ **agenda** ne se traduit pas par le mot anglais **agenda**.

agender [aʒɛ̃de, aʒɑ̃de] /TABLE 1/ (VT) (*Helv*) to schedule

agenouiller (s') [aʒ(ə)nuje] /TABLE 1/ (VPR) to kneel (down) • **être agenouillé** to be kneeling

agent [aʒɑ̃] 1 (NM) ⓐ ~ **(de police)** policeman • ~ **de la circulation** ≈ traffic policeman • **pardon monsieur l'~** excuse me, officer • **elle est ~ (de police)** she's a policewoman

ⓑ (= *représentant*) agent

ⓒ (*en grammaire, science*) agent • ~ **de sapidité** flavour enhancer

2 (COMP) ▸ **agent artistique** artistic agent ▸ **agent d'assurances** insurance agent ▸ **agent commercial** sales rep* ▸ **agent conversationnel** (*Informatique*) chatbot ▸ **agent double** double agent ▸ **agent d'entretien** cleaner ▸ **agent de l'État** public sector employee ▸ **agent du fisc** tax official ▸ **agent de la force publique** member of the police force ▸ **agent du gouvernement** government official ▸ **agent immobilier** estate agent (*Brit*), real estate agent (*US*) ▸ **agent de liaison** liaison officer ▸ **agent littéraire** literary agent ▸ **agent logiciel** (*Informatique*) software agent ▸ **agent de maîtrise** supervisor ▸ **agent provocateur** agent provocateur ▸ **agent public** public sector employee ▸ **agent de publicité** advertising agent ▸ **agent secret** secret agent ▸ **agent de sécurité** security agent ▸ **agent technique** technician

agglomération [aglɔmeʀasjɔ̃] NF ⓐ (= *ville*) town • **l'~ parisienne** Paris and its suburbs • **la vitesse est limitée à 50 km/h en ~** the speed limit is 50km/h in built-up areas ⓑ [*de matériaux*] conglomeration
aggloméré [aglɔmeʀe] NM (= *bois*) chipboard, Masonite® (US)
agglutiner (s') [aglytine] /TABLE 1/ VPR **les passants s'agglutinaient devant la vitrine** passers-by gathered in front of the window
aggravant, e [agʀavɑ̃, ɑ̃t] ADJ [*facteur*] aggravating
aggravation [agʀavasjɔ̃] NF worsening; [*d'impôt, chômage*] increase
aggraver [agʀave] /TABLE 1/ **1** VT to make worse; (= *renforcer*) to increase • **tu aggraves ton cas** you're making things worse for yourself • **il a aggravé la marque** *ou* **le score à la 35e minute** he increased their lead in the 35th minute **2** VPR **s'aggraver** to get worse; (= *se renforcer*) to increase • **le chômage s'est fortement aggravé** there has been a sharp increase in unemployment
agile [aʒil] ADJ agile
agilement [aʒilmɑ̃] ADV nimbly, with agility
agilité [aʒilite] NF agility
agios [aʒjo] NMPL (= *frais*) (bank) charges
agir [aʒiʀ] /TABLE 2/ **1** VI ⓐ to act; (= *se comporter*) to behave • **il a agi en toute liberté** he acted quite freely • **il a bien/mal agi envers sa mère** he behaved well/badly towards his mother
ⓑ (= *exercer une influence*) **~ sur qn** to bring pressure to bear on sb • **~ auprès de qn** to use one's influence with sb
2 VPR **s'agir**
▸ **il s'agit de** (= *il est question de*) it is a matter of ...; (= *il est nécessaire de faire*) **il s'agit de faire vite** we must act quickly • **de quoi s'agit-il ?** what's it about? • **s'agissant de ...** as regards ... • **quand il s'agit de critiquer, il est toujours là** he's always ready to criticize • **voilà ce dont il s'agit** that's what it's about • **il ne s'agit pas d'argent** it's not a question of money • **il ne s'agit pas de ça !** that's not it! • **il s'agit bien de ça !** (*iro*) that's hardly the problem! • **avec la sécurité, il ne s'agit pas de plaisanter** safety is no joking matter • **il s'agirait de s'entendre** let's get things straight
agissements [aʒismɑ̃] NMPL (*péj*) activities • **surveiller les ~ de qn** to keep an eye on what sb is up to*
agitateur, -trice [aʒitatœʀ, tʀis] NM,F (*Politique*) agitator
agitation [aʒitasjɔ̃] NF ⓐ [*de personne*] (*ayant la bougeotte*) restlessness; (*troublé*) agitation ⓑ [*de lieu, rue*] hustle and bustle ⓒ (*Politique*) unrest
agité, e [aʒite] ADJ *ptp de* **agiter** ⓐ [*personne*] (= *ayant la bougeotte*) restless; (= *troublé*) agitated ⓑ [*mer*] rough; [*vie*] hectic; [*époque*] troubled; [*nuit*] restless • **mer peu ~e** slight swell • **avoir le sommeil ~** to toss and turn in one's sleep
agiter [aʒite] /TABLE 1/ **1** VT ⓐ (= *secouer*) [+ *bras*] to wave; [+ *queue*] to wag; [+ *liquide*] to shake • **~ le spectre de qch** to raise the spectre of sth ⓑ (= *inquiéter*) to trouble ⓒ (= *débattre*) [+ *question, problème*] to discuss **2** VPR **s'agiter** [*serveur*] to bustle about; [*malade*] to be agitated; [*enfant, élève*] to fidget; [*foule*] to stir • **s'~ sur sa chaise** to wriggle about on one's chair
agneau (*pl* **agneaux**) [aɲo] NM lamb
agnostique [agnɔstik] ADJ, NMF agnostic
agonie [agɔni] NF death pangs • **être à l'~** to be dying • **longue ~** slow death
agonir [agɔniʀ] /TABLE 2/ VT **~ qn d'injures** to hurl abuse at sb
agoniser [agɔnize] /TABLE 1/ VI to be dying
agoraphobe [agɔʀafɔb] ADJ, NMF agoraphobic
agoraphobie [agɔʀafɔbi] NF agoraphobia
agouti [aguti] NM agouti
agrafe [agʀaf] NF [*de vêtement*] hook and eye; [*de papiers*] staple; (*en chirurgie*) clip
agrafer [agʀafe] /TABLE 1/ VT [+ *vêtement*] to fasten; [+ *papiers*] to staple
agrafeuse [agʀaføz] NF stapler
agrammatical, e (*mpl* **-aux**) [agʀamatikal, o] ADJ ungrammatical
agrandir [agʀɑ̃diʀ] /TABLE 2/ **1** VT to extend; [+ *trou*] to make bigger; [+ *écart*] to increase; [+ *photographie*] to enlarge **2** VPR **s'agrandir** [*ville, famille, écart*] to grow; [*trou*] to get bigger
agrandissement [agʀɑ̃dismɑ̃] NM [*d'un local*] extension; [*d'une ville*] expansion; (*Photo*) enlargement
agréable [agʀeabl] ADJ nice • **~ à voir** nice to see • **~ à vivre** [*personne*] easy to live with; [*lieu*] nice to live in • **il est toujours ~ de ...** it is always nice to ... • **si ça peut lui être ~** if that will please him
agréablement [agʀeabləmɑ̃] ADV pleasantly • **~ surpris** pleasantly surprised
agréé, e [agʀee] *ptp de* **agréer** ADJ [*bureau, infirmière*] registered • **fournisseur ~** authorized dealer
agréer [agʀee] /TABLE 1/ VT (*frm*) (*formule épistolaire*) **veuillez ~, Monsieur** *ou* **je vous prie d'~, Monsieur, l'expression de mes sentiments distingués** yours sincerely
agrég* [agʀɛg] NF (ABR DE **agrégation**) *French teaching qualification*
agrégat [agʀega] NM aggregate
agrégateur [agʀegatœʀ] NM aggregator, feed reader • **~ de liens/d'informations** link/news aggregator
agrégation [agʀegasjɔ̃] NF *French teaching qualification*

> **AGRÉGATION**
> The **agrégation** or "agrég", as it is known informally, is the highest qualification available for teachers at secondary level. Many university lecturers are also "agrégés".
> → CAPES

agrégé, e [agʀeʒe] NM,F *qualified teacher (holder of the "agrégation")*
agréger [agʀeʒe] /TABLE 3/ VT [+ *données, résultats*] to combine, to aggregate
agrément [agʀemɑ̃] NM ⓐ charm • **les ~s de la vie** the pleasures of life • **faire un voyage d'~** to go on a pleasure trip ⓑ (*frm* = *consentement*) consent
agrémenter [agʀemɑ̃te] /TABLE 1/ VT **~ qch de** (= *décorer*) to embellish sth with • **~ un récit d'anecdotes** to enliven a story with anecdotes
agrès [agʀɛ] NMPL (*Sport*) apparatus *sg*
agresser [agʀese] /TABLE 1/ VT to attack • **il s'est senti agressé** he felt he was under attack • **il l'a agressée verbalement et physiquement** he subjected her to verbal and physical abuse
agresseur, -euse [agʀesœʀ, øz] NM,F attacker

agressif, -ive [agʀesif, iv] ADJ aggressive (**envers** towards) • **d'un ton ~** aggressively

agression [agʀesjɔ̃] NF (*contre une personne*) attack; (*dans la rue*) mugging • **être victime d'une ~** to be mugged • **les ~s de la vie moderne** the stresses of modern life

agressivement [agʀesivmɑ̃] ADV aggressively

agressivité [agʀesivite] NF aggressiveness

agricole [agʀikɔl] ADJ agricultural

agriculteur, -trice [agʀikyltœʀ, tʀis] NM,F farmer

agriculture [agʀikyltyʀ] NF agriculture • **~ biologique** organic farming • **~ intégrée** integrated farming • **~ raisonnée** reasoned agriculture

agripper [agʀipe] /TABLE 1/ 1 VT to grab 2 VPR **s'agripper** **s'~ à qch** to cling on to sth

agritourisme [agʀituʀism] NM agri(-)tourism

agroalimentaire [agʀoalimɑ̃tɛʀ] 1 ADJ [*industrie*] food-processing • **produits ~s** processed foodstuffs 2 NM **l'~** the food-processing industry

agrocarburant [agʀokaʀbyʀɑ̃] NM agrofuel

agrochimie [agʀoʃimi] NF agrochemistry

agroforestier, -ière [agʀofɔʀɛstje, jɛʀ] ADJ [*domaine, projet*] agro(-)forest *épith*

agro-industrie (*pl* **agro-industries**) [agʀoɛ̃dystʀi] NF agribusiness

agro-industriel, -elle [agʀoɛ̃dystʀijɛl] ADJ agro-industrial

agronome [agʀɔnɔm] NMF agronomist • **ingénieur ~** agricultural engineer

agronomie [agʀɔnɔmi] NF agronomy, agronomics *sg*

agrume [agʀym] NM citrus fruit

aguerrir [ageʀiʀ] /TABLE 2/ VT to harden • **s'~** to become hardened

aguets [agɛ] NMPL **aux ~** on the look-out

aguicher [agiʃe] /TABLE 1/ VT to entice

aguicheur, -euse [agiʃœʀ, øz] 1 ADJ enticing, tantalizing 2 NM (= *enjôleur*) seducer 3 NF **aguicheuse** (= *allumeuse*) tease, vamp

ah [ˈɑ] EXCL oh! • **ah bon** *ou* **oui?** is that so? • **ah bon** (*résignation*) oh well • **ah oui** yes indeed • **ah non** certainly not • **ah! j'allais oublier** oh! I nearly forgot • **ah, ah! je t'y prends** aha! I've caught you at it

ahuri, e [ayʀi] ADJ (= *stupéfait*) stunned • **ne prends pas cet air ~** don't look so surprised

ahurissant, e [ayʀisɑ̃, ɑ̃t] ADJ astounding

aide [ɛd] 1 NF ⓐ (= *assistance*) help • **apporter son ~ à qn** to help sb • **à l'~!** help!

▸ **à l'aide de** with the help of • **ouvrir qch à l'~ d'un couteau** to open sth with a knife

ⓑ (*en équipement, en argent etc*) aid • **l'~ humanitaire** humanitarian aid

2 NMF (= *personne*) assistant

3 COMP ▸ **aide au développement** development aid ▸ **aide à l'embauche** employment incentive ▸ **aide familiale** (= *personne*) home help (*Brit*), home helper (*US*) ▸ **aide judiciaire** legal aid ▸ **aide maternelle, aide ménagère** (= *personne*) home help (*Brit*), home helper (*US*) ▸ **aide personnalisée au logement** ≈ housing benefit (*Brit*) *ou* subsidy (*US*) ▸ **aide aux personnes âgées** care for the elderly ▸ **aide sociale** social security (*Brit*), welfare (*US*)

aide-éducateur, -trice [ɛdedykatœʀ, tʀis] NM,F classroom assistant

[ai]de-mémoire [ɛdmemwaʀ] NM INV aide-mémoire

aider [ede] /TABLE 1/ 1 VT to help • **~ qn (à faire qch)** to help sb (to do sth) • **~ qn à monter** to help sb up • **il m'aide beaucoup** he helps me a lot • **je me suis fait ~ par mon frère** I got my brother to help me • **il n'est pas aidé!*** nature hasn't been kind to him!

2 VI to help • **~ à la cuisine** to help in the kitchen • **ça aide à passer le temps** it helps pass the time • **l'alcool aidant, il se mit à parler** helped on by the alcohol, he began to speak

3 VPR **s'aider** **s'~ de** to use • **vous pouvez vous ~ d'un dictionnaire** you can use a dictionary

aide-soignant, e (*mpl* **aides-soignants**) [ɛdswanjɑ̃, ɑ̃t] NM,F nursing auxiliary (*Brit*), nurse's aide (*US*)

aie [ɛ] VB → **avoir**

aïe [aj] EXCL (*douleur*) ouch! • **aïe aïe aïe!** (*contrariété*) dear oh dear!

aïeul [ajœl] NM (*littér*) grandfather • **les ~s** the grandparents

aïeule [ajœl] NF (*littér*) grandmother

aïeux [ajø] NMPL (*littér*) forefathers

aigle [ɛgl] NM (= *oiseau*) eagle

aiglefin [ɛgləfɛ̃] NM haddock

aigre [ɛgʀ] ADJ ⓐ [*goût, odeur*] sour • **tourner à l'~** to turn sour ⓑ [*propos*] harsh

aigre-doux, aigre-douce (*mpl* **aigres-doux**, *fpl* **aigres-douces**) [ɛgʀədu, dus] ADJ [*sauce*] sweet and sour; [*fruit, propos*] bitter-sweet

aigrefin [ɛgʀəfɛ̃] NM swindler, crook

aigrette [ɛgʀɛt] NF (= *plume*) feather; (= *oiseau*) egret

aigreur [ɛgʀœʀ] 1 NF ⓐ sourness ⓑ (= *acrimonie*) sharpness 2 NFPL **aigreurs** **avoir des ~s (d'estomac)** to have heartburn

aigri, e [egʀi] *ptp de* **aigrir** ADJ embittered

aigrir [egʀiʀ] /TABLE 2/ 1 VT [+ *personne*] to embitter 2 VPR **s'aigrir** [*caractère*] to sour

aigu, -uë [egy] 1 ADJ ⓐ [*son*] high-pitched ⓑ [*douleur, crise*] acute; [*intelligence*] keen 2 NMPL **les ~s** the high notes

aiguillage [egɥijaʒ] NM (*Rail*) points (*Brit*), switch (*US*) • **erreur d'~** signalling error (*Brit*)

> The **guill** is pronounced **gwee**.

aiguille [egɥij] NF ⓐ (*Bot, Couture, Méd*) needle • **~ à coudre/à tricoter** sewing/knitting needle ⓑ [*de compteur, boussole*] needle; [*de balance*] pointer; [*de clocher*] spire; (= *cime*) peak • **la petite/grande ~** [*d'horloge*] the hour/minute hand

> The **guill** is pronounced **gwee**.

aiguiller [egɥije] /TABLE 1/ VT (= *orienter*) to direct • **~ la police sur une mauvaise piste** to put the police on the wrong track

aiguilleur [egɥijœʀ] NM **~ du ciel** air-traffic controller

aiguillon [egɥijɔ̃] NM [*d'insecte*] sting; (*fig*) spur

aiguillonner [egɥijɔne] /TABLE 1/ VT to spur on

aiguiser [egize] /TABLE 1/ VT ⓐ [+ *couteau, outil*] to sharpen ⓑ [+ *appétit*] to whet; [+ *sens*] to excite; [+ *esprit*] to sharpen

aiguisoir [egizwaʀ] NM sharpener, sharpening tool; (*Can* = *taille-crayon*) pencil sharpener

aïkibudo [aikibudo] NM aikibudo

aïkido [aikido] NM aikido

ail [aj] NM garlic

aile [ɛl] NF ⓐ [*d'oiseau, de château, du nez*] wing; [*de moulin*] sail; [*d'hélice*] blade; [*de voiture*] wing (*Brit*), fender (*US*) • **l'espoir lui donnait des ~s** hope gave him wings • **prendre sous son ~ (protectrice)** to take under one's wing • **avoir un coup dans l'~*** (= *être ivre*) to have had one too many* ⓑ (*Sport*) wing ⓒ (*Mil, Politique*) wing • **l'~ dure du parti** the hardliners in the party

ailé, e [ele] ADJ winged

aileron [ɛlʀɔ̃] NM [*de poisson*] fin; [*d'avion*] aileron; [*de voiture*] aerofoil

ailette [ɛlɛt] NF [*de missile, radiateur*] fin; [*de turbine, ventilateur*] blade

ailier, -ière [elje, jɛʀ] NM,F winger

aille [aj] VB → **aller**

ailleurs [ajœʀ] ADV (= *autre part*) somewhere else • **nulle part ~** nowhere else • **partout ~** everywhere else • **il a l'esprit ~** his thoughts are elsewhere • **une envie d'~** a yearning for travel

▸ **par ailleurs** (= *autrement*) otherwise; (= *en outre*) moreover

▸ **d'ailleurs** besides • **lui non plus d'~** neither does (*ou* is, has *etc*) he, for that matter

ailloli [ajɔli] NM garlic mayonnaise

aimable [ɛmabl] ADJ (= *gentil*) kind • **c'est un homme ~** he's a nice man • **tu es bien ~ de m'avoir attendu** it was very kind of you to wait for me • **c'est très ~ à vous** *ou* **de votre part** it's very kind of you

aimablement [ɛmabləmɑ̃] ADV kindly; [*répondre, recevoir*] nicely; [*refuser*] politely

aimant¹ [ɛmɑ̃] NM magnet

aimant², e [ɛmɑ̃, ɑ̃t] ADJ loving

aimanté, e [ɛmɑ̃te] ADJ magnetic

aimer [eme] /TABLE 1/ 1 VT ⓐ (*d'amour*) to love; (*d'amitié, goût*) to like • **~ beaucoup** to like very much • **~ bien** to like • **je t'aime** I love you • **il l'aime à la folie** he's crazy about her* • **les hortensias aiment l'ombre** hydrangeas like shade • **un enfant mal aimé** a child who doesn't get enough love • **je n'aime pas beaucoup cet acteur** I don't like that actor very much • **elle n'aime pas qu'il sorte le soir** she doesn't like him going out at night • **~ faire qch** to like doing sth *ou* to do sth • **j'aime à penser** *ou* **à croire que ...** I like to think that ...

ⓑ (*avec assez, autant, mieux*) **j'aime autant vous dire que je n'irai pas!** I may as well tell you that I'm not going! • **il aimerait autant ne pas sortir aujourd'hui** he'd just as soon not go out today • **j'aimerais autant que ce soit elle qui m'écrive** I'd rather it was she who wrote to me • **j'aime autant qu'elle ne soit pas venue** it's just as well she didn't come • **j'aime mieux ça!*** (*ton menaçant*) I'm pleased to hear it!; (*soulagement*) what a relief! • **on lui apporte des fleurs, elle aimerait mieux des livres** they bring her flowers but she'd rather have books • **j'aime mieux te dire qu'il va m'entendre!*** I'm going to give him a piece of my mind, I can tell you! • **elle aime assez** *ou* **bien bavarder avec les voisins** she enjoys chatting with the neighbours

ⓒ (*au conditionnel* = *vouloir*) **elle aimerait bien aller se promener** she'd like to go for a walk • **j'aimerais vraiment venir** I'd love to come • **je n'aimerais pas être dehors par ce temps** I wouldn't like to be out in this weather

2 VPR **s'aimer** to be in love

aine [ɛn] NF groin

aîné○, e [ene] 1 ADJ (= *plus âgé*) older; (= *le plus âgé*) oldest

2 NM ⓐ [*de famille*] **l'~ (des garçons)** the oldest boy • **mon (frère) ~** (*plus âgé*) my older brother; (*le plus âgé*) my oldest brother

ⓑ (*relation d'âges*) **il est mon ~** he's older than me • **il est mon ~ de deux ans** he's two years older than me

3 NF **aînée** ⓐ [*de famille*] **l'~e des filles** the oldest girl • **mon ~e** (*plus âgée*) my older sister; (*la plus âgée*) my oldest sister

ⓑ (*relation d'âge*) **elle est mon ~e** she's older than me • **elle est mon ~e de deux ans** she's two years older than me

ainsi [ɛ̃si] ADV ⓐ (= *de cette façon*) this way • **je préfère agir ~** I prefer to do it this way • **il faut procéder ~** you have to proceed as follows • **pourquoi me traites-tu ~?** why do you treat me this way? • **s'il en était ~** if this were the case • **il en sera ~ et pas autrement** that's the way it's going to be and that's that

ⓑ (= *en conséquence*) thus; (= *donc*) so • **~ tu vas partir!** so, you're leaving!

ⓒ (*locutions*)

▸ **ainsi que** (*avec verbe*) as; (*avec nom*) as well as • **~ que nous le disions hier** (*littér*) as we were saying yesterday

▸ **pour ainsi dire** so to speak

▸ **ainsi soit-il** so be it; (*Rel*) amen

▸ **et ainsi de suite** and so on

aïoli [ajɔli] NM garlic mayonnaise

air [ɛʀ] 1 NM ⓐ (= *gaz, espace*) air; (= *brise*) breeze; (= *courant d'air*) draught (*Brit*), draft (*US*) • **l'~ de la ville ne lui convient pas** town air doesn't suit him • **on manque d'~ ici** it's stuffy in here • **sortir prendre l'~** to go out for some fresh air • **s'élever dans l'~** *ou* **dans les ~s** to rise into the air • **regarder en l'~** to look up • **ces idées étaient dans l'~** those ideas were in the air • **il y a de l'orage dans l'~** there's a storm brewing • **vivre** *ou* **se nourrir de l'~ du temps** to live on air • **c'est dans l'~ du temps** it's part of the current climate

▸ **en plein air** [*piscine, spectacle, cirque*] open-air; [*jouer*] outdoors

▸ **de plein air** [*activité, jeux*] outdoor

▸ **en l'air** [*paroles, promesses*] empty; [*dire*] rashly • **ce ne sont encore que des projets en l'~** the plans are still very much up in the air • **tout était en l'~ dans la pièce** (*désordre*) the room was in a total mess • **flanquer*** *ou* **foutre‡ tout en l'~** (= *jeter*) to chuck* it all away; (= *gâcher*) to ruin everything • **ce contretemps a fichu en l'~ mon week-end*** this stupid business has completely messed up my weekend*

ⓑ (= *apparence, manière*) air • **d'un ~ décidé** in a resolute manner • **ils ont un ~ de famille** there's a family likeness between them • **ça lui donne l'~ d'un clochard** it makes him look like a tramp • **elle a l'~ d'une enfant** she looks like a child • **ça m'a l'~ d'être assez facile** it looks fairly easy to me • **elle a l'~ intelligent(e)** she seems intelligent • **il a eu l'~ de ne pas comprendre** he looked as if he didn't understand • **il est très ambitieux sans en avoir l'~** he might not look it but he's very ambitious • **de quoi j'ai l'~ maintenant!*** • **j'ai l'~ fin maintenant!*** I look a right fool now* • **il n'a l'~ de rien, mais il sait ce qu'il fait** you wouldn't think it to look at him but he knows what he's doing

ⓒ (= *expression*) look • **je lui trouve un drôle d'~** I think he looks funny • **prendre un ~ entendu** to put on a knowing air

ⓓ (= *mélodie*) tune; [*d'opéra*] aria
2 COMP ▸**air comprimé** compressed air ▸**air conditionné** air conditioning
airbag® [ɛʀbag] NM air bag
aire [ɛʀ] NF (= *zone*) area ▸**aire d'atterrissage** landing strip; (*pour hélicoptère*) landing pad ▸**aire d'embarquement** boarding area ▸**aire de jeux** playground ▸**aire de lancement** launch site ▸**aire de repos** (*sur autoroute*) rest area ▸**aire de service** service station ▸**aire de stationnement** parking area
airelle [ɛʀɛl] NF (= *baie rouge*) cranberry
aisance [ɛzɑ̃s] NF ⓐ (= *facilité*) ease • **avec une parfaite ~** with great ease ⓑ (= *richesse*) affluence • **vivre dans l'~** to be comfortably off
aise [ɛz] 1 NF (*littér*) joy • **sourire d'~** to smile with pleasure • **tous ces compliments la comblaient d'~** she was overjoyed at all these compliments
▸**à l'aise, à ton/votre** *etc* **aise être à l'~** to be comfortable • **être mal à l'~** to be uncomfortable • **mettez-vous à l'~** *ou* **à votre ~** make yourself comfortable • **vous en prenez à votre ~!** you're being rather cavalier about it! • **tu en parles à ton ~!** it's easy for you to talk! • **à votre ~!** please yourself!
2 ADJ (*littér*) **bien ~** delighted (**de** to)
aisé, e [eze] ADJ ⓐ (= *facile*) easy ⓑ (= *riche*) well-to-do
aisément [ezemɑ̃] ADV (= *sans peine*) easily; (= *sans réserves*) readily
aisselle [ɛsɛl] NF armpit
ajonc [aʒɔ̃] NM gorse bush • **des ~s** gorse *NonC*
ajournement [aʒuʀnəmɑ̃] NM [*d'assemblée*] adjournment; [*de réunion, élection, décision, rendez-vous*] postponement; [*de candidat*] referral
ajourner [aʒuʀne] /TABLE 1/ VT [+ *assemblée*] to adjourn; [+ *réunion, décision, rendez-vous*] to put off; [+ *candidat*] to refer • **la réunion a été ajournée au lundi suivant** the meeting was put off until the following Monday
ajout [aʒu] NM [*de texte*] addition
ajouter [aʒute] /TABLE 1/ 1 VT ⓐ (= *mettre, faire ou dire en plus*) to add • **je dois ~ que ...** I should add that ... • **sans ~ un mot** without another word ⓑ **~ foi aux dires de qn** to believe sb's statements 2 VPR **s'ajouter s'~ à** to add to • **à ces dépenses viennent s'~ les impôts** on top of these expenses there are taxes
ajustable [aʒystabl] ADJ [*taux, longueur, hauteur*] adjustable
ajusté, e [aʒyste] *ptp de* **ajuster** ADJ tight-fitting
ajustement [aʒystəmɑ̃] NM adjustment • **~ monétaire** currency adjustment
ajuster [aʒyste] /TABLE 1/ VT ⓐ (= *régler*) [+ *ceinture*] to adjust; [+ *vêtement*] to alter ⓑ (= *adapter*) [+ *tuyau*] to fit (**à** into) • **~ l'offre à la demande** to adjust supply to demand ⓒ (= *viser*) **~ son tir** to adjust one's aim ⓓ [+ *cravate*] to straighten
ajusteur [aʒystœʀ] NM metal worker
Aladin [aladɛ̃] NM Aladdin
alaise [alɛz] NF undersheet
alambic [alɑ̃bik] NM still
alambiqué, e [alɑ̃bike] ADJ (*péj*) [*style, discours*] convoluted; [*personne, esprit*] oversubtle
alangui, e [alɑ̃gi] ADJ languid
alarmant, e [alaʀmɑ̃, ɑ̃t] ADJ alarming
alarme [alaʀm] NF (= *signal de danger, inquiétude*) alarm **donner** *ou* **sonner l'~** to give *ou* sound the alarm
alarmer [alaʀme] /TABLE 1/ 1 VT to alarm 2 VPR **s'alarmer** to become alarmed (**de, pour** about, at) • **il n'a aucune raison de s'~** he has no cause for alarm
alarmiste [alaʀmist] ADJ, NMF alarmist
Alaska [alaska] NM Alaska • **la chaîne de l'~** the Alaska Range
albacore [albakɔʀ] NM albacore
albanais, e [albanɛ, ɛz] 1 ADJ Albanian 2 NM (= *langue*) Albanian 3 NM,F **Albanais(e)** Albanian
Albanie [albani] NF Albania
albâtre [albɑtʀ] NM alabaster
albatros [albatʀos] NM (= *oiseau*) albatross
albinos [albinos] ADJ INV, NMF albino
Albion [albjɔ̃] NF **(la perfide) ~** (perfidious) Albion
album [albɔm] NM (= *livre, disque*) album • **~ (de) photos/de timbres** photo/stamp album • **~ à colorier** colouring (*Brit*) *ou* coloring (*US*) book
albumine [albymin] NF albumin
alcalin, e [alkalɛ̃, in] ADJ alkaline
alchimie [alʃimi] NF alchemy
alchimiste [alʃimist] NMF alchemist
alcool [alkɔl] NM ⓐ (= *boisson*) alcohol *NonC* • **l'~ au volant** drinking and driving • **il ne prend jamais d'~** he never drinks alcohol • **le cognac est un ~** cognac is a spirit • **~ de prune/poire** plum/pear brandy • **~ de menthe** medicinal mint spirit • **bière/boisson sans ~** non-alcoholic beer/drink ⓑ (*Chim*) alcohol • **~ à brûler** methylated spirits • **~ à 90°** surgical spirit • **lampe à ~** spirit lamp
alcoolémie [alkɔlemi] NF **taux d'~** alcohol level
alcoolique [alkɔlik] ADJ, NMF alcoholic
alcoolisé [alkɔlize] ADJ **boissons ~es/non ~es** alcoholic/soft drinks
alcoolisme [alkɔlism] NM alcoholism • **~ festif** *ou* **mondain** social drinking
alcoologue [alkɔlɔg] NMF **médecin ~** *doctor specializing in the treatment of alcoholism*
alcootest® [alkɔtɛst] NM (= *objet*) Breathalyser® (*Brit*), Breathalyzer® (*US*); (= *épreuve*) breath test • **ils m'ont fait un ~** they breathalysed me
alcopop [alkopɔp] NM alcopop
alcôve [alkov] NF alcove
aléa [alea] NM **les ~s de l'existence** the vagaries of life • **après bien des ~s** after many ups and downs
aléatoire [aleatwaʀ] ADJ ⓐ (= *risqué*) uncertain ⓑ (*Math*) random
aléatoirement [aleatwaʀmɑ̃] ADV randomly
alentour [alɑ̃tuʀ] ADV around • **les villages d'~** the surrounding villages
alentours [alɑ̃tuʀ] NMPL (= *environs*) surroundings • **aux ~ de** around
alerte [alɛʀt] 1 ADJ [*personne, geste*] nimble; [*esprit*] alert; [*vieillard*] spry; [*style*] brisk 2 NF ⓐ (= *signal de danger, durée du danger*) alert • **donner l'~** to give the alert • **~ à la bombe** bomb scare • **~ aérienne** air raid warning • **~ à la pollution** pollution alert ⓑ (= *avertissement*) warning sign • **à la première ~** at the first warning sign • **l'~ a été chaude** *ou* **vive** there was intense alarm • **~ cardiaque** heart flutter 3 EXCL watch out!
alerter [alɛʀte] /TABLE 1/ VT (= *donner l'alarme à*) to alert; (= *informer*) to inform; (= *prévenir*) to warn
alèse [alɛz] NF undersheet
alevin [alvɛ̃] NM young fish (*bred artificially*)
alexandrin [alɛksɑ̃dʀɛ̃] NM (= *vers*) alexandrine

alezan, e [alzɑ̃, an] (ADJ, NM,F) chestnut
alfalfa [alfalfa] (NM) (*Bot*) alfalfa
algarade [algaʀad] (NF) quarrel
algèbre [alʒɛbʀ] (NF) algebra
Alger [alʒe] (N) Algiers
Algérie [alʒeʀi] (NF) Algeria
algérien, -ienne [alʒeʀjɛ̃, jɛn] **1** (ADJ) Algerian **2** (NM,F) **Algérien(ne)** Algerian
algoculture [algɔkyltyʀ] (NF) seaweed farming
algonkin, e, algonquin, e [algɔ̃kɛ̃, in] **1** (ADJ) Algonqui(a)n **2** (NM) (= *langue*) Algonqui(a)n **3** (NM,F) **Algonkin(e)** Algonqui(a)n
algorithme [algɔʀitm] (NM) algorithm
algues [alg] (NFPL) (*de mer*) seaweed *NonC*; (*d'eau douce*) algae
alias [aljas] (ADV) alias
alibi [alibi] (NM) alibi
aliénation [aljenasjɔ̃] (NF) alienation • **~ (mentale)** (*Méd*) insanity
aliéné, e [aljene] *ptp de* **aliéner** (NM,F) insane person
aliéner [aljene] /TABLE 6/ **1** (VT) (*Droit* = *céder*) to alienate; [*+ droits*] to give up **2** (VPR) **s'aliéner** [*+ partisans, opinion publique*] to alienate
alignement [aliɲ(ə)mɑ̃] (NM) alignment • **ils demandent l'~ de leurs salaires sur ceux des techniciens** they are asking for their salaries to be brought into line with those of the technicians
aligner [aliɲe] /TABLE 1/ **1** (VT) **a** [*+ objets*] to align (**sur** with); [*+ chiffres*] to string together; [*+ arguments*] to reel off • **il n'arrivait pas à ~ deux mots** he couldn't string two words together* **b** (*Politique*) to bring into alignment (**sur** with) • **~ sa conduite sur** to bring one's behaviour into line with **2** (VPR) **s'aligner** **s'~ sur** [*+ politique*] to follow the line on; [*+ pays, parti*] to align o.s. with • **tu peux toujours t'~!**‡ beat that!*
aliment [alimɑ̃] (NM) (= *nourriture*) food • **~ riche/complet** rich/whole food • **~s pour chiens/chats** dog/cat food
alimentaire [alimɑ̃tɛʀ] (ADJ) [*aide, hygiène*] food; [*besoins*] dietary; [*habitudes*] eating • **c'est de la littérature ~** these books are just potboilers
alimentation [alimɑ̃tasjɔ̃] (NF) **a** (= *régime*) diet • **~ de base** staple diet • **~ lactée** milk diet **b** (*Commerce*) **l'~** the food trade • **magasin d'~** food shop, grocery store (*US*) • **rayon ~** food section **c** (= *action*) [*de personne, chaudière*] feeding; [*de moteur*] supplying • **l'~ en eau des grandes villes** the supply of water to large towns **d** (*Internet*) **~ en nouvelles** news feed
alimenter [alimɑ̃te] /TABLE 1/ **1** (VT) **a** [*+ personne, animal*] to feed **b** [*+ chaudière*] to feed; [*+ moteur*] to supply; [*+ compte bancaire*] to put money into; [*+ marché*] to supply (**en** with) • **~ une ville en gaz/électricité** to supply a town with gas/electricity **c** [*+ conversation*] [*personne*] to keep going; [*+ curiosité*] to feed; [*+ inflation, polémique, rumeurs, soupçons*] to fuel • **ces faits vont ~ notre réflexion** these facts will provide food for thought **2** (VPR) **s'alimenter** [*personne*] to eat • **le malade recommence à s'~** the patient is starting to eat again
alinéa [alinea] (NM) (= *passage*) paragraph • **nouvel ~** new line
aliter (s') [alite] /TABLE 1/ (VPR) to take to one's bed • **alité** in bed; (*pour longtemps*) bedridden
alizé [alize] (NM) trade wind
alkékenge [alkekɑ̃ʒ] (NM) Chinese lantern, winter *ou* ground cherry

Allah [ala] (NM) Allah
allaitement [alɛtmɑ̃] (NM) [*de bébé*] feeding; [*d'animal*] suckling • **~ maternel** breast-feeding
allaiter [alete] /TABLE 1/ (VT) [*femme*] to breast-feed; [*animal*] to suckle
allant [alɑ̃] (NM) **avoir de l'~** to have plenty of energy • **avec ~** energetically
alléchant, e [aleʃɑ̃, ɑ̃t] (ADJ) tempting; [*prix*] attractive
allécher [aleʃe] /TABLE 6/ (VT) to tempt
allée [ale] **1** (NF) [*de forêt, jardin, parc*] path; [*de ville*] avenue; (*menant à une maison*) drive; [*de cinéma, autobus*] aisle • **les ~s du pouvoir** the corridors of power
▸ **allées et venues** comings and goings • **cela l'oblige à de constantes ~s et venues** this means he has to keep shuttling back and forth
2 (COMP) ▸ **allée cavalière** bridle path
allégation [a(l)legasjɔ̃] (NF) allegation
allégé, e [aleʒe] *ptp de* **alléger** **1** (ADJ) low-fat **2** (NMPL) **~s** low-fat products
allégement, allègement [alɛʒmɑ̃] (NM) **a** [*de fardeau, véhicule*] lightening **b** (= *réduction*) reduction (**de** in); [*de contrôles*] easing; [*de formalités*] simplification • **~ de la dette** debt relief
alléger [aleʒe] /TABLE 6 *et* 3/ (VT) **a** (= *rendre moins lourd*) to make lighter **b** (= *réduire*) to reduce; [*+ contrôles*] to ease; [*+ formalités*] to simplify • **~ les effectifs** (*scolaires*) to reduce class sizes • **~ les programmes scolaires** to cut the number of subjects on the school syllabus
allégorie [a(l)legɔʀi] (NF) allegory
allégorique [a(l)legɔʀik] (ADJ) allegorical
allègre [a(l)lɛgʀ] (ADJ) [*personne, humeur*] cheerful, light-hearted; [*démarche, musique*] lively
allégrement, allègrement [a(l)lɛgʀəmɑ̃] (ADV) cheerfully • **le coût de l'opération dépasse ~ les 50 millions** the cost of the operation is well over 50 million
allégresse [a(l)legʀɛs] (NF) joy • **ce fut l'~ générale** there was general rejoicing
alléguer [a(l)lege] /TABLE 6/ (VT) [*+ fait, raison*] to put forward • **il allégua comme prétexte qu'il pleuvait** he put forward as a pretext that it was raining
Allemagne [almaɲ] (NF) Germany • **l'~ fédérale** the Federal German Republic • **l'ex-~ de l'Ouest/de l'Est** the former West/East Germany
allemand, e [almɑ̃, ɑ̃d] **1** (ADJ) German **2** (NM) (= *langue*) German **3** (NM,F) **Allemand(e)** German

aller [ale] /TABLE 9/

1 VERBE INTRANSITIF	4 VERBE PRONOMINAL
2 VERBE IMPERSONNEL	5 NOM MASCULIN
3 VERBE AUXILIAIRE	

> **aller** is conjugated with **être**.

1 VERBE INTRANSITIF

a (*déplacement*) to go • **où vas-tu ?** where are you going? • **vas-y!** go on! • **on y va ?** (*avant un départ*) shall we go?; (*avant d'agir*) shall we start? • **allons-y!** let's go!

> **aller** se traduit souvent par un verbe plus spécifique en anglais.

• **j'allais par les rues désertes** I wandered through the empty streets • **~ quelque part en voiture** to drive somewhere • **~ quelque part en avion** to fly somewhere
▸ **aller et venir** (*entre deux endroits*) to come and go; (*dans une pièce*) to pace up and down
▸ **aller** + *préposition* **~ à** to go to • **il est allé à Caen** he went to Caen • **ils sont allés à la campagne** they went to the country • **~ à l'école** to go to school • **l'argent ira à la restauration du clocher** the money will go towards restoring the bell tower • **~ chez le boucher** to go to the butcher's • **~ chez un ami** to go to a friend's • **~ en France** to go to France • **je vais sur** *ou* **vers Lille** (*en direction de*) I'm going towards Lille; (*but du voyage*) I'm going to Lille

> Lorsque **être allé à/en** signifie **avoir visité**, il se traduit par **to have been to**.

• **je ne suis jamais allé à New York** I've never been to New York • **étiez-vous déjà allés en Sicile?** had you been to Sicily before?
b (*évolution*) **on va à la catastrophe** we're heading for disaster • **~ sur ses 30 ans** to be getting on for 30 (*Brit*), to be going on 30 (*US*)
▸ **plus ça va** **plus ça va, plus les gens s'inquiètent** people are getting more and more worried • **plus ça va, plus je me dis que j'ai eu tort** the more I think about it, the more I realize how wrong I was
▸ **aller en** + *participe présent* **~ en empirant** to get worse and worse • **~ en augmentant** to keep increasing
c (*= durer*) **l'abonnement va jusqu'en juin** the subscription lasts till June • **la période qui va du 22 mai au 15 juillet** the period from 22 May to 15 July
d (*état, santé*) **comment allez-vous?** how are you? • **il va bien** he's fine • **il va mal** he's in a bad way • **comment ça va? — ça va** how are you doing? — fine • **ça va mieux maintenant** I'm feeling better now • **non mais ça va pas!*** are you out of your mind?* • **comment vont les affaires? — elles vont bien** how's business? — fine • **ça va mal en Russie** Russia is in a bad way • **ça va mal ~ si tu continues** there's going to be trouble if you carry on like that • **l'économie va mieux** the economy is doing better
e (*= convenir*) **ça ira comme ça?** is it all right like that? • **~ avec** to go well with • **~ bien ensemble** [*couleurs, styles*] to go well together • **ils vont bien ensemble** [*personnes*] they make a nice couple
▸ **aller à qn** (*forme, mesure*) to fit sb; (*style, genre*) to suit sb • **cette robe te va très bien** (*couleur, style*) that dress really suits you; (*taille*) that dress fits you perfectly • **rendez-vous demain 4 heures? — ça me va*** tomorrow at 4? — OK, fine* • **ça lui va mal de critiquer les autres** he's got a nerve* criticizing other people
f (*exclamations*) **allons! • allez!** go on! • **allez la France!** come on France! • **allons, allons, il ne faut pas pleurer** come on, don't cry • **ce n'est pas grave, allez!** come on, it's not so bad! • **va donc, eh crétin!** you stupid idiot!* • **allez-y, c'est votre tour** go on, it's your turn • **allez-y, vous ne risquez rien** go on, you've nothing to lose • **non mais vas-y, insulte-moi!*** go on, insult me!
▸ **allons bon!** **allons bon! qu'est-ce qui t'est encore arrivé?** now what's happened? • **allons bon, j'ai oublié mon sac!** oh dear, I've left my bag behind!
▸ **ça va!*** (*= assez*) that's enough!; (*= d'accord*) OK, OK!* • **tes remarques désobligeantes, ça va comme ça!** I've had just about enough of your nasty comments! • **alors, tu viens? — ça va, j'arrive!** are you coming then? — OK, OK*, I'm coming! • **ça fait dix fois que je te le dis — ça va, je vais le faire!** I've told you ten times — look, I'll do it, OK?*
▸ **va pour*** **va pour 30 €!** OK, 30 euros then! • **j'aimerais ~ à Tokyo — alors va pour Tokyo!** I'd like to go to Tokyo — Tokyo it is then!

2 VERBE IMPERSONNEL

il y va de votre vie your life is at stake • **il en va de même pour tous les autres** the same goes for all the others • **ça y va le whisky chez eux!** they certainly get through a lot of whisky! • **ça y allait les insultes!** you should have heard the abuse!

3 VERBE AUXILIAIRE

▸ **aller** + *infinitif*
a (*futur*)

> Lorsque **aller** + infinitif sert à exprimer le futur, il se traduit par **will** + infinitif ; **will** est souvent abrégé en **'ll**.

• **il va descendre dans une minute** he'll come down in a minute • **je vais le faire tout de suite** I'll do it right away

> La forme du futur **to be going to** s'utilise pour mettre qn en garde.

• **tu vas être en retard** you're going to be late • **je vais le dire à ton père** I'll tell your father; (*= menace*) I'm going to tell your father
b (*intention*) **il est allé se renseigner** he's gone to get some information; (*a obtenu les informations*) he went and got some information • **~ voir qn à l'hôpital** to go and visit sb in hospital
c (*locutions*) **n'allez pas vous imaginer que ...** don't you go imagining that ... • **allez savoir!*** who knows? • **va lui expliquer ça, toi!** you try explaining that to him!

4 VERBE PRONOMINAL

s'en aller
a (*= partir*) to go • **bon, je m'en vais** right, I'm going • **elle s'en va en vacances demain** she is going on holiday tomorrow • **va-t'en!** go away!
b (*= disparaître*) [*tache*] to come off; (*sur tissu*) to come out • **ça s'en ira au lavage** [*boue*] it'll wash off; [*tache*] it'll wash out

5 NOM MASCULIN

a (*= billet*) single (ticket) (*Brit*), one-way ticket (*US*)
b (*= trajet*) outward journey • **l'~ s'est bien passé** the outward journey went well • **trois ~s (simples) pour Tours** three singles (*Brit*) *ou* one-way tickets (*US*) to Tours
▸ **aller et retour** return (ticket) (*Brit*), round-trip ticket (*US*) • **l'~ et retour Paris-New York coûte 2 500 €** Paris-New York is 2,500 euros return (*Brit*) *ou* round-trip (*US*) • **je ne fais que l'~ et retour** I'm just going there and back • **j'ai fait plusieurs ~s et retours entre chez moi et la pharmacie** I made several trips to the chemist's • **le dossier a fait plusieurs ~s et retours entre nos services** the file has been shuttled between departments

allergène [alɛʀʒɛn] 1 (ADJ) allergenic 2 (NM) allergen
allergénique [alɛʀʒenik] (ADJ) allergenic
allergie [alɛʀʒi] (NF) allergy • **faire une ~** to be allergic (à to)
allergique [alɛʀʒik] (ADJ) allergic (**à** to)
aller-retour [aleʀtuʀ] (NM) = **aller et retour**
alliage [aljaʒ] (NM) alloy
alliance [aljɑ̃s] (NF) a (= *coalition*) alliance • **faire** *ou* **conclure une ~ avec un pays** to enter into an alliance with a country • **oncle par ~** uncle by marriage b (= *bague*) wedding ring
allié, e [alje] *ptp de* **allier** 1 (ADJ) [*pays, forces*] allied 2 (NM,F) ally
allier [alje] /TABLE 7/ 1 (VT) [+ *efforts*] to combine • **elle allie l'élégance à la simplicité** she combines elegance with simplicity 2 (VPR) **s'allier** to become allies • **la France s'allia à l'Angleterre** France became allied to England
alligator [aligatɔʀ] (NM) alligator
allô [alo] (EXCL) hello!
allocation [alɔkasjɔ̃] 1 (NF) a [*d'argent, temps*] allocation; [*d'indemnité*] granting b (= *somme*) allowance • **toucher les ~s*** to get family allowance 2 (COMP) ▸ **allocation chômage, allocation de chômage** unemployment benefit *NonC* (*Brit*), unemployment insurance *NonC* (*US*) ▸ **allocations familiales** (= *argent*) ≈ child benefit (*Brit*), ≈ welfare (*US*) ▸ **allocation logement** ≈ housing benefit
allocution [a(l)lɔkysjɔ̃] (NF) short speech • **~ télévisée** short televised speech
allonge [alɔ̃ʒ] (NF) extension; [*de table*] leaf
allongé, e [alɔ̃ʒe] *ptp de* **allonger** (ADJ) a (= *étendu*) **être ~** to be lying down (**sur** on) • **il était ~ sur le dos** he was lying on his back b (= *long*) long; (= *étiré*) elongated
allongement [alɔ̃ʒmɑ̃] (NM) lengthening; [*de durée*] extension • **avec l'~ des jours** with the days getting longer • **pour éviter l'~ des listes d'attente** to prevent waiting lists getting any longer
allonger [alɔ̃ʒe] /TABLE 3/ 1 (VT) a [+ *vêtement*] to lengthen (**de** by); (*en défaisant l'ourlet*) to let down; [+ *délai, durée*] to extend • **~ le pas** to quicken one's pace
b [+ *bras, jambe*] to stretch out
c [+ *somme*]* to fork out* • **il lui a allongé une claque/un coup de poing** he slapped/punched him
d [+ *sauce*] to thin down • **~ la sauce*** (*fig*) to spin it out
2 (VI) [*jours*] to get longer
3 (VPR) **s'allonger** a (= *devenir plus long*) to get longer; [*enfant*] to grow taller
b (= *s'étendre*) to lie down • **s'~ dans l'herbe** to lie down on the grass
allouer [alwe] /TABLE 1/ (VT) [+ *argent*] to allocate; [+ *indemnité*] to grant; [+ *temps*] to allot
allumage [alymaʒ] (NM) [*de voiture*] ignition
allumé, e* [alyme] (ADJ) (= *fou*) crazy*; (= *ivre*) smashed*
allume-cigare (*pl* **allume-cigares**) [alymsigaʀ] (NM) cigarette lighter
allume-feu (*pl* **allume-feu(x)**) [alymfø] (NM) firelighter
allume-gaz [alymgɑz] (NM INV) gas lighter
allumer [alyme] /TABLE 1/ 1 (VT) a [+ *feu, bougie, poêle, cigare*] to light • **le feu était allumé** the fire was lit b [+ *électricité, gaz, lampe, radio*] to turn on • **laisse la lumière allumée** leave the light on c (= *éclairer*) **~ une pièce** to turn the lights on in a room • **sa fenêtre était allumée** there was a light at his window d (= *aguicher*)* to tease 2 (VPR) **s'allumer** [*lumière, radiateur*] to come on • **ça s'allume comment ?** how do you switch it on?
allumette [alymɛt] (NF) match • **~ de sûreté** *ou* **suédoise** safety match • **~ au fromage** cheese straw (*Brit*) *ou* stick (*US*)
allumeuse* [alymøz] (NF) **c'est une vraie ~** she's a real tease
allure [alyʀ] (NF) a (= *vitesse*) speed; [*de piéton*] pace • **à toute ~** [*rouler*] at top speed; [*réciter, dîner*] as fast as one can • **à cette ~, nous n'aurons jamais fini** at this rate we'll never be finished b (= *démarche*) walk; [*de cheval*] gait; (= *prestance*) bearing; (= *aspect*)* look • **avoir de l'~** to have style • **avoir fière ~** to look really good • **avoir une drôle d'~** to look odd • **d'~ sportive** sporty-looking • **d'~ louche** suspicious-looking • **ça a pas d'~ !*** (*Can*) that's nonsense
allusion [a(l)lyzjɔ̃] (NF) (= *référence*) allusion (**à** to); (*avec sous-entendu*) hint (**à** at) • **faire ~ à** to allude to
alluvions [a(l)lyvjɔ̃] (NFPL) alluvial deposits, alluvia
aloès [alɔɛs] (NM) aloe
aloi [alwa] (NM) **de bon ~** [*plaisanterie*] respectable • **faire preuve d'un optimisme de bon ~** to be suitably optimistic • **de mauvais ~** [*plaisanterie*] off colour; [*scepticisme, patriotisme*] misplaced
alors [alɔʀ] (ADV) a (= *à cette époque*) at that time • **il était ~ étudiant** he was a student at that time • **les femmes d'~ portaient la crinoline** the women in those days wore crinolines • **le ministre d'~, M. Dupont** the minister at that time, Mr Dupont
b (= *en conséquence*) then • **vous ne voulez pas de mon aide ? ~ je vous laisse** you don't want my help? I'll leave you to it then • **~ qu'est-ce qu'on va faire ?** what are we going to do then? • **~ tu viens (oui ou non) ?** well, are you coming (or not)? • **~ ça, ça m'étonne** now that really does surprise me • **~ là je ne peux pas vous répondre** well that I really can't tell you • **il pleut — et ~ ?** it's raining — so?*
c ▸ **alors que** though • **elle est sortie ~ que le médecin le lui avait interdit** she went out though the doctor had told her not to
alouette [alwɛt] (NF) lark
alourdir [aluʀdiʀ] /TABLE 2/ 1 (VT) to make heavy; [+ *véhicule*] to weigh down; [+ *dette, facture*] to increase 2 (VPR) **s'alourdir** [*personne, paupières*] to become heavy • **le bilan s'est encore alourdi** the death toll has risen again
alourdissement [aluʀdismɑ̃] (NM) [*de dette, facture*] increase (**de** in)
aloyau [alwajo] (NM) sirloin
alpaga [alpaga] (NM) alpaca
alpage [alpaʒ] (NM) (= *pré*) high mountain pasture
alpaguer* [alpage] /TABLE 1/ (VT) to collar*
Alpes [alp] (NFPL) **les ~** the Alps
alpha ○ [alfa] (NM INV) alpha • **l'~ et l'oméga** (*Rel, fig*) the alpha and omega • **particule ~** (*Physique*) alpha particle
alphabet [alfabɛ] (NM) alphabet • **~ phonétique** phonetic alphabet • **~ des sourds-muets** sign language alphabet, signing alphabet
alphabétique [alfabetik] (ADJ) alphabetical • **par ordre ~** in alphabetical order
alphabétisation [alfabetizasjɔ̃] (NF) **l'~ d'une population** teaching a population to read and write • **campagne d'~** literacy campaign • **taux d'~** literacy rate

alphabétisé, e [alfabetize] ADJ literate • **population faiblement ~e** population with a low level of literacy

alphabétiser [alfabetize] /TABLE 1/ VT [+ *pays*] to eliminate illiteracy in; [+ *population*] to teach how to read and write

alphanumérique [alfanymeʀik] ADJ alphanumeric

alphapage® [alfapaʒ] NM alphanumeric pager

alpin, e [alpɛ̃, in] ADJ alpine

alpinisme [alpinism] NM mountaineering

alpiniste [alpinist] NMF mountaineer

alsacien, -ienne [alzasjɛ̃, jɛn] **1** ADJ Alsatian **2** NM,F **Alsacien(ne)** Alsatian

altération [alteʀasjɔ̃] NF ⓐ (= *falsification*) [*de fait, texte, vérité*] distortion; [*de vin, aliment, qualité*] adulteration ⓑ (= *détérioration*) deterioration • **l'~ de leurs relations** the deterioration of their relationship ⓒ (= *modification*) modification

altercation [altɛʀkasjɔ̃] NF altercation

alterconsommateur, -trice [altɛʀkɔ̃sɔmatœʀ, tʀis] NM,F alternative *ou* ethical consumer

alterconsommation [altɛʀkɔ̃sɔmasjɔ̃] NF alternative *ou* ethical consumption

alter ego [altɛʀego] NM INV alter ego

altérer [alteʀe] /TABLE 6/ **1** VT ⓐ (= *abîmer*) to affect ⓑ (= *modifier*) to alter ⓒ (= *falsifier*) to falsify; [+ *vin, aliments*] to adulterate **2** VPR **s'altérer** [*vin*] to become spoiled; [*viande*] to go bad; [*visage*] to change; [*relations*] to deteriorate • **sa santé s'altère de plus en plus** his health is getting worse and worse

altermondialisme [altɛʀmɔ̃djalism] NM anti-globalism

altermondialiste [altɛʀmɔ̃djalist] ADJ, NMF anti-globalist

alternance [altɛʀnɑ̃s] NF alternation • **l'~ politique** the alternation of two parties in government
▸ **en alternance** in turn • **faire qch en ~** to take it in turns to do sth • **les deux pièces sont jouées en ~** the two plays are performed alternately

alternateur [altɛʀnatœʀ] NM alternator

alternatif, -ive [altɛʀnatif, iv] **1** ADJ ⓐ (= *périodique, successif*) alternating ⓑ [*médecine*] alternative **2** NF (= *autre solution*) alternative

alternativement [altɛʀnativmɑ̃] ADV alternately

alterné, e [altɛʀne] *ptp de* **alterner** ADJ **circulation ~e** (*pour travaux*) contraflow (system); (*pour pollution*) *selective ban on vehicle use, based on registration numbers, during periods of heavy pollution*

alterner [altɛʀne] /TABLE 1/ VTI to alternate

Altesse [altɛs] NF (= *titre*) **votre ~** your Highness • **Son ~ royale** His *ou* Her Royal Highness

altier, -ière [altje, jɛʀ] ADJ [*caractère*] haughty

altimètre [altimɛtʀ] NM altimeter

altitude [altityd] NF altitude; (*par rapport au sol*) height • **à 2800 mètres d'~** at an altitude of 2,800 metres • **en ~** at high altitude • **perdre/prendre de l'~** to lose/gain altitude

alto [alto] **1** NM (= *instrument*) viola **2** NF (= *personne*) contralto **3** ADJ alto

altruisme [altʀɥism] NM altruism

altruiste [altʀɥist] ADJ altruistic

alu* [aly] NM (ABR DE **aluminium**)

aluminium [alyminjɔm] NM aluminium (*Brit*), aluminum (*US*)

alunir [alyniʀ] /TABLE 2/ VI to land on the moon

alvéole [alveɔl] NF *ou* M [*de ruche*] cell; [*de roche*] cavity

alvéolé, e [alveɔle] ADJ honeycombed, alveolate (*SPÉC*)

Alzheimer [alzajmœʀ] NM **maladie d'~** Alzheimer's disease

alzheimérien, -ienne [alzajmeʀjɛ̃, jɛn] **1** ADJ associated with Alzheimer's disease; [*patient*] suffering from Alzheimer's disease **2** NM,F patient suffering from Alzheimer's disease

amabilité [amabilite] NF kindness • **ayez l'~ de ...** would you be so kind as to ...? • **échanger des ~s** (*iro* = *des insultes*) to hurl abuse at one another

amadouer [amadwe] /TABLE 1/ VT (= *enjôler*) to coax; (= *apaiser*) to mollify

amaigrir [amegʀiʀ] /TABLE 2/ VT **je l'ai trouvé très amaigri** I thought he looked much thinner

amaigrissant, e [amegʀisɑ̃, ɑ̃t] ADJ [*produit, régime*] slimming (*Brit*), reducing (*US*)

amaigrissement [amegʀismɑ̃] NM (*pathologique*) loss of weight; (*volontaire*) slimming

amalgame [amalgam] NM amalgam • **faire l'~ entre deux idées** to confuse two ideas • **il ne faut pas faire l'~ entre parti de droite et parti fasciste** you shouldn't lump the right-wing and fascist parties together

amalgamer [amalgame] /TABLE 1/ VT (= *mélanger*) to combine; (= *confondre*) to confuse

amande [amɑ̃d] NF ⓐ (= *fruit*) almond ⓑ (= *noyau*) kernel

amandier [amɑ̃dje] NM almond tree

amandine [amɑ̃din] NF (= *gâteau*) almond tart

amant [amɑ̃] NM lover

AMAP [amap] NF (ABR DE **Association pour le maintien d'une agriculture paysanne**) *French association promoting community-supported agriculture*

amarre [amaʀ] NF (= *cordage*) rope (*for mooring*) • **les ~s** the moorings

amarrer [amaʀe] /TABLE 1/ **1** VT [+ *navire*] to moor **2** VPR **s'amarrer la navette s'est amarrée à la station orbitale** the shuttle has docked with the space station

amas [amɑ] NM mass

amasser [amɑse] /TABLE 1/ **1** VT to amass **2** VPR **s'amasser** [*foule*] to gather

amateur, -trice [amatœʀ, tʀis] NM,F ⓐ (= *non-professionnel*) amateur • **équipe ~** amateur team • **photographe ~** amateur photographer • **faire qch en ~** to do sth on a non-professional basis • **travail d'~** amateurish work ⓑ (= *connaisseur*) **~ de** lover of • **~ d'art/de musique** art/music lover • **être ~ de films** to be an avid filmgoer • **le jazz, je ne suis pas ~** I'm not a jazz fan • **il reste des carottes, il y a des ~s?** there are some carrots left, are there any takers? • **avis aux ~s!** if anyone's interested

amateurisme [amatœʀism] NM amateurism

Amazone [amazon] NF (= *rivière*) Amazon

amazone [amazon] NF **monter en ~** to ride sidesaddle

Amazonie [amazɔni] NF **l'~** Amazonia

amazonien, -ienne [amazɔnjɛ̃, jɛn] ADJ Amazonian

ambages [ɑ̃baʒ] NMPL **sans ~** without beating about the bush

ambassade [ɑ̃basad] NF embassy; (= *charge*) ambassadorship • **l'~ de France** the French Embassy • **être envoyé en ~ auprès de qn** to be sent on a mission to sb

ambassadeur [ɑ̃basadœʀ] NM ambassador (**auprès de** to)

ambassadrice [ɑ̃basadʀis] NF ambassador (**auprès de** to)

ambiance [ɑ̃bjɑ̃s] NF (= *atmosphère*) atmosphere; (= *environnement*) surroundings • **il y a de l'~!*** there's a great atmosphere here!* • **l'~ est à la fête** there's a real party atmosphere • **l'~ est à la décontraction** the atmosphere is very relaxed • **mettre de l'~** to liven things up* • **mettre qn dans l'~** to put sb in the mood

ambiant, e [ɑ̃bjɑ̃, jɑ̃t] ADJ [*air*] surrounding; [*température*] ambient; [*idéologie, scepticisme*] prevailing

ambidextre [ɑ̃bidɛkstʀ] ADJ ambidextrous

ambigu○, -uë [ɑ̃bigy] ADJ ambiguous

ambiguïté○ [ɑ̃bigɥite] NF ambiguity

ambitieux, -ieuse [ɑ̃bisjø, jøz] **1** ADJ ambitious **2** NM,F ambitious person

ambition [ɑ̃bisjɔ̃] NF ambition • **il a l'~** *or* **il a pour ~ de devenir ...** it's his ambition to become ...

ambitionner [ɑ̃bisjɔne] /TABLE 1/ VT **il ambitionne de devenir ...** it's his ambition to become ...

ambivalence [ɑ̃bivalɑ̃s] NF ambivalence

ambivalent, e [ɑ̃bivalɑ̃, ɑ̃t] ADJ ambivalent

amblyope [ɑ̃blijɔp] **1** ADJ **il est ~** he has a lazy eye, he is amblyopic (*SPÉC*) **2** NMF person with a lazy eye *ou* amblyopia (*SPÉC*)

ambre [ɑ̃bʀ] NM amber • **~ gris** ambergris

ambulance [ɑ̃bylɑ̃s] NF ambulance

ambulancier, -ière [ɑ̃bylɑ̃sje, jɛʀ] NM,F (= *conducteur*) ambulance driver; (= *infirmier*) ambulance man (*ou* woman)

ambulant, e [ɑ̃bylɑ̃, ɑ̃t] ADJ [*comédien, musicien*] itinerant; [*cirque, théâtre*] travelling • **c'est un squelette/dictionnaire ~*** he's a walking skeleton/dictionary

ambulatoire [ɑ̃bylatwaʀ] (*Méd*) **1** ADJ **chirurgie ~** outpatient *ou* day surgery • **médecine ~** outpatient medicine **2** NM **se faire opérer en ~** to have outpatient *ou* day surgery

âme [ɑm] NF soul • **il est là comme une ~ en peine** he looks like a lost soul • **il a trouvé l'~ sœur** he has found a soul mate • **ce film n'est pas pour les ~s sensibles** this film is not for the squeamish • **en mon ~ et conscience** in all honesty • **il est musicien dans l'~** he's a musician through and through • **avoir** *ou* **être une ~ sensible** to be a sensitive soul, to be very sensitive • **grandeur** *ou* **noblesse d'~** high- *ou* noble-mindedness • **il y a mis toute son ~** he put his heart and soul into it

amélioration [ameljɔʀasjɔ̃] NF improvement • **l'~ de son état de santé** the improvement in his health • **une ~ de la conjoncture** an improvement in the state of the economy • **apporter des ~s à** to carry out improvements to

améliorer [ameljɔʀe] /TABLE 1/ **1** VT to improve **2** VPR **s'améliorer** to improve

amen [amɛn] NM INV amen

aménageable [amenaʒabl] ADJ [*horaire*] flexible; [*grenier*] suitable for conversion

aménagement [amenaʒmɑ̃] NM ⓐ [*de locaux*] fitting-out; [*d'un endroit, d'une région*] development; [*de route*] building; [*de placard*] building-in • **l'~ du territoire** national and regional development ⓑ **~s** (= *équipements*) facilities ⓒ (= *ajustement*) adjustment • **~ du temps de travail** (= *réforme*) reform of working hours; (= *gestion*) flexible time management

aménager [amenaʒe] /TABLE 3/ VT ⓐ [+ *locaux*] to fit out; [+ *parc*] to lay out; [+ *territoire*] to develop; [+ *horaire*] to plan; (= *modifier*) to adjust • **horaire aménagé** (*travail*) flexible working hours; (*à l'école*) flexible timetable • **~ une chambre en bureau** to convert a bedroom into a study ⓑ [+ *route*] to build; [+ *placard*] to build in • **~ un bureau dans une chambre** to fix up a study in a bedroom

amende [amɑ̃d] NF fine • **il a eu 500 € d'~** he got a 500-euro fine

amendement [amɑ̃dmɑ̃] NM [*de loi*] amendment

amender [amɑ̃de] /TABLE 1/ VT [+ *loi*] to amend; [+ *conduite*] to improve; [+ *terre*] to enrich

amener [am(ə)ne] /TABLE 5/ **1** VT ⓐ to bring • **amène-la à la maison** bring her home • **~ la conversation sur un sujet** to bring the conversation round to a subject ⓑ (= *inciter*) to lead • **~ qn à faire qch** [*circonstances*] to lead sb to do sth; [*personne*] to get sb to do sth • **je suis amené à croire que ...** I am led to believe that ... • **c'est ce qui m'a amené à cette conclusion** this is what led me to that conclusion ⓒ (= *préparer*) [+ *transition, conclusion, dénouement*] to lead up to **2** VPR **s'amener*** (= *venir*) to come along • **amène-toi!** get over here!* • **tu t'amènes?** get a move on!*

> ➢ Generally **amener** is used with people, **apporter** with things.

aménorrhée [amenɔʀe] NF amenorrhoea

amenuiser (s') [amənɥize] /TABLE 1/ VPR [*avance, espoir, ressources*] to dwindle; [*chances*] to grow slimmer; [*risque, différences*] to diminish

amer, -ère [amɛʀ] ADJ bitter

amérasien, -ienne [ameʀazjɛ̃, jɛn] **1** ADJ Amerasian **2** NM,F **Amérasien(ne)** Amerasian

amèrement [amɛʀmɑ̃] ADV bitterly

américain, e [ameʀikɛ̃, ɛn] **1** ADJ American **2** NM (= *langue*) American English **3** NM,F **Américain(e)** American **4** NF **américaine** (= *automobile*) American car • **à l'~e** in the American style

américanisation [ameʀikanizasjɔ̃] NF Americanization

américaniser [ameʀikanize] /TABLE 1/ **1** VT to Americanize **2** VPR **s'américaniser** to become Americanized

américanisme [ameʀikanism] NM Americanism

amérindien, -ienne [ameʀɛ̃djɛ̃, jɛn] **1** ADJ Amerindian **2** NM,F **Amérindien(ne)** Amerindian

Amérique [ameʀik] NF **l'~** America ▸ **Amérique centrale** Central America ▸ **Amérique latine** Latin America ▸ **Amérique du Nord** North America ▸ **Amérique du Sud** South America

amerrir [ameʀiʀ] /TABLE 2/ VI [*avion*] to land on the sea; [*capsule spatiale*] to splash down

amertume [amɛʀtym] NF bitterness • **plein d'~** very bitter

améthyste [ametist] NF amethyst

ameublement [amœbləmɑ̃] NM (= *meubles*) furniture; (= *action*) furnishing • **articles d'~** furnishings

ameublir [amœbliʀ] /TABLE 2/ VT to loosen

ameuter [amøte] /TABLE 1/ VT (= *attrouper*) [+ *curieux, passants*] to draw a crowd of • **elle a ameuté l'opinion internationale contre les pollueurs** she mobilized international opinion against the polluters • **tu n'as pas besoin d'~ tout le quartier!*** you don't have to tell the whole neighbourhood!

ami, e [ami] 1 (NM,F) ⓐ friend • ~ **d'enfance** childhood friend • ~ **intime** close friend • **parents et ~s** friends and relations • **se faire un ~ de qn** to make friends with sb • **nous sommes entre ~s** we're among friends • **il ne s'est pas fait que des ~s** he has not made himself popular with everyone • **les ~s des bêtes/de la nature** animal/nature lovers • ~ **des arts** patron of the arts • **mes chers ~s** ladies and gentlemen ⓑ (= *compagnon*) boyfriend; (= *compagne*) girlfriend • **il m'a présenté son ~e** he introduced his girlfriend to me ⓒ (*Internet*) **ajouter qn à sa liste d'~s** to friend sb • **supprimer qn de sa liste d'~s** to unfriend sb 2 (ADJ) friendly • **être très ~ avec qn** to be great friends with sb

amiable [amjabl] (ADJ) **à l'~** [*divorce, solution*] amicable • **accord** *ou* **règlement à l'~** out-of-court settlement • **régler une affaire à l'~** to settle a difference out of court

amiante [amjɑ̃t] (NM) asbestos

amical, e (*mpl* **-aux**) [amikal, o] 1 (ADJ) friendly 2 (NF) **amicale** club

amicalement [amikalmɑ̃] (ADV) in a friendly way • **(bien) ~, Pierre** kind regards, Pierre

amidon [amidɔ̃] (NM) starch

amidonner [amidɔne] /TABLE 1/ (VT) to starch

amincir [amɛ̃siʀ] /TABLE 2/ (VT) to make thinner • **cette robe l'amincit** this dress makes her look slimmer

amincissant, e [amɛ̃sisɑ̃, ɑ̃t] (ADJ) slimming (*Brit*), reducing (*US*)

amincissement [amɛ̃sismɑ̃] (NM) thinning (down) • **l'~ de la couche de glace a causé l'accident** the ice had got thinner and that was what caused the accident

amiral, e (*mpl* **-aux**) [amiʀal, o] 1 (ADJ) **vaisseau** *ou* **bateau ~** flagship 2 (NM) admiral

amitié [amitje] (NF) friendship • **se prendre d'~ pour qn** to befriend sb • **se lier d'~ avec qn** to make friends with sb • **~s, Marie** kind regards, Marie • **elle vous fait ses ~s** she sends her best wishes

ammoniac [amɔnjak] (NM) ammonia

ammoniaque [amɔnjak] (NF) (*liquide*) ammonia

amnésie [amnezi] (NF) amnesia

amnésique [amnezik] (ADJ) amnesic

amniocentèse [amnjosɛ̃tɛz] (NF) amniocentesis

amniotique [amnjɔtik] (ADJ) amniotic

amnistie [amnisti] (NF) amnesty

> **AMNISTIE**
> There is an **amnistie** in France when a new president takes office. Penalties for minor offences (especially parking fines) are waived.

amnistier [amnistje] /TABLE 7/ (VT) [+ *personne*] to grant an amnesty to

amocher* [amɔʃe] /TABLE 1/ (VT) [+ *objet, personne*] to mess up*; [+ *véhicule*] to bash up* • **la voiture était drôlement amochée** the car was a terrible mess*

amoindrir [amwɛ̃dʀiʀ] /TABLE 2/ (VT) [+ *autorité*] to weaken; [+ *personne*] (*physiquement*) to make weaker; (*moralement, mentalement*) to diminish

amollir [amɔliʀ] /TABLE 2/ (VT) to soften

amonceler [amɔ̃s(ə)le] /TABLE 4/ 1 (VT) [+ *choses, document, preuves*] to pile up; [+ *richesses*] to amass 2 (VPR) **s'amonceler** to pile up; [*nuages*] to bank up

amoncellement° [amɔ̃sɛlmɑ̃] (NM) ⓐ (= *tas*) [*d'objets*] pile; [*de problèmes*] series • ~ **de nuages** cloudbank ⓑ (= *accumulation*) accumulation

amont [amɔ̃] (NM) [*de cours d'eau*] upper reaches ▸ **en amont** (*rivière*) upstream • **en ~ de** upstream of; (*fig*) before • **en ~ de cette opération** prior to this operation

amoral, e (*mpl* **-aux**) [amɔʀal, o] (ADJ) amoral

amoralité [amɔʀalite] (NF) amorality

amorce [amɔʀs] (NF) ⓐ [*d'hameçon*] bait ⓑ [*de cartouche*] cap ⓒ (= *début*) beginning

amorcer [amɔʀse] /TABLE 3/ (VT) ⓐ [+ *hameçon, ligne*] to bait ⓑ [+ *pompe*] to prime ⓒ [+ *travaux*] to begin; [+ *réformes, évolution*] to initiate; [+ *dialogue, négociations*] to start; [+ *virage*] to go into • **le gouvernement a amorcé un virage à gauche** there has been a leftward shift in government policy

amorphe [amɔʀf] (ADJ) [*personne*] passive

amortir [amɔʀtiʀ] /TABLE 2/ (VT) ⓐ (= *diminuer*) [+ *choc*] to absorb; [+ *coup, chute*] to cushion; [+ *bruit*] to deaden ⓑ [+ *dette*] to pay off; [+ *matériel*] to write off the cost of

amortissement [amɔʀtismɑ̃] (NM) [*de dette*] paying off; (= *provision comptable*) reserve for depreciation • **l'~ de ce matériel se fait en trois ans** it takes three years to recoup the cost of this equipment

amortisseur [amɔʀtisœʀ] (NM) shock absorber

amour [amuʀ] (NM) ⓐ (= *sentiment*) love • **j'ai rencontré le grand ~** I have met the love of my life • **vivre un grand ~** to be passionately in love • **lettre/mariage/roman d'~** love letter/match/story • ~ **fou** wild passion • **pour l'~ de Dieu** for God's sake • **faire qch avec ~** to do sth with loving care • **tomber en ~** (*Can*) to fall in love ⓑ (= *acte*) **l'~** lovemaking *NonC* • **faire l'~** to make love ⓒ (= *personne*) love; (= *aventure*) love affair • **des ~s de rencontre** casual affairs • **à tes ~s!*** (*quand on trinque*) here's to you! ⓓ (= *terme d'affection*) **mon ~** my love • **cet enfant est un ~** that child's a darling • **un ~ de bébé/de petite robe** a lovely little baby/dress ⓔ (*Art*) cupid

amouracher (s') [amuʀaʃe] /TABLE 1/ (VPR) (*péj*) **s'~ de** to become infatuated with

amourette [amuʀɛt] (NF) (= *relation*) brief affair

amoureusement [amuʀøzmɑ̃] (ADV) lovingly

amoureux, -euse [amuʀø, øz] 1 (ADJ) ⓐ (= *épris*) [*personne*] in love (**de** with) • **tomber ~** to fall in love (**de** with) ⓑ (= *d'amour*) love • **leurs rapports ~** their relationship • **vie amoureuse** love life 2 (NM,F) lover • **un ~ de la nature** a nature-lover • ~ **transi** bashful lover • **partir en vacances en ~** to go off on a romantic holiday

amour-propre (*pl* **amours-propres**) [amuʀpʀɔpʀ] (NM) self-esteem

amovible [amɔvibl] (ADJ) removable

AMP [ɑɛmpe] (NF) (ABR DE **assistance médicale à la procréation**) MAP (= *medically assisted procreation*)

ampère [ɑ̃pɛʀ] (NM) amp

amphétamine [ɑ̃fetamin] (NF) amphetamine

amphi* [ɑ̃fi] (NM) (ABR DE **amphithéâtre**)

amphibie [ɑ̃fibi] (ADJ) amphibious

amphibiens [ɑ̃fibjɛ̃] (NMPL) amphibia, amphibians

amphithéâtre [ɑ̃fiteɑtʀ] (NM) amphitheatre (*Brit*), amphitheater (*US*); (*Univ*) lecture hall

amphore [ɑ̃fɔʀ] (NF) amphora

ample [ɑ̃pl] (ADJ) [*manteau*] loose-fitting; [*jupe*] full; [*geste*] sweeping • **veuillez m'envoyer de plus ~s ren-**

seignements sur ... please send me further information about ...

amplement [ɑ̃pləmɑ̃] (ADV) *[expliquer, mériter]* fully • **ça suffit ~** that's more than enough

ampleur [ɑ̃plœʀ] (NF) **a** (= *importance*) *[de crise, problème, dégâts]* scale; *[de sujet, projet]* scope • **de grande/faible ~** large-/small-scale • **ces manifestations prennent de l'~** the demonstrations are increasing in scale **b** *[de vêtement]* fullness; *[de geste]* expansiveness; *[de style, récit]* richness

ampli * [ɑ̃pli] (NM) (ABR DE **amplificateur**) amp* • **~-tuner** tuner amplifier

amplificateur [ɑ̃plifikatœʀ] (NM) (*Physique, Radio*) amplifier

amplification [ɑ̃plifikasjɔ̃] (NF) (= *développement*) development; (= *augmentation*) increase (**de** in); (= *exagération*) exaggeration

amplifier [ɑ̃plifje] /TABLE 7/ **1** (VT) **a** [+ *tendance*] to accentuate; [+ *mouvement, échanges, coopération*] to cause to develop **b** (= *exagérer*) to exaggerate **c** [+ *son, courant*] to amplify **2** (VPR) **s'amplifier** (= *se développer*) to develop; (= *s'aggraver*) to get worse

amplitude [ɑ̃plityd] (NF) **a** (*Astron, Physique*) amplitude **b** *[de températures]* range

ampoule [ɑ̃pul] (NF) **a** (*électrique*) bulb • **~ à vis** screw-fitting bulb • **~ à baïonnette** bayonet bulb **b** *[de médicament]* phial **c** (*à la main, au pied*) blister

ampoulé, e [ɑ̃pule] (ADJ) *[style]* pompous

amputation [ɑ̃pytasjɔ̃] (NF) *[de membre]* amputation; (*fig*) drastic reduction (**de** in); *[de budget]* drastic cutback (**de** in)

amputer [ɑ̃pyte] /TABLE 1/ (VT) [+ *membre*] to amputate; (*fig*) to cut back (**de** by)

amusant, e [amyzɑ̃, ɑ̃t] (ADJ) (= *distrayant*) *[jeu]* entertaining; (= *drôle*) *[film, remarque, convive]* amusing • **c'est (très) ~** *[jeu]* it's (great) fun

amusé, e [amyze] (ADJ) *[regard, air]* amused

amuse-bouche (*pl* **amuse-bouche(s)**) [amyzbuʃ] (NM) appetizer, snack

amuse-gueule (*pl* **amuse-gueule(s)**) [amyzgœl] (NM) appetizer

amusement [amyzmɑ̃] (NM) **a** (= *divertissement*) amusement *NonC* **b** (= *activité*) pastime

amuser [amyze] /TABLE 1/ **1** (VT) to amuse • **tu m'amuses avec tes grandes théories** you make me laugh with your great theories • **~ la galerie** to amuse the crowd • **si vous croyez que ces réunions m'amusent !** if you think I enjoy these meetings! **2** (VPR) **s'amuser** **a** (= *jouer*) to play **b** (= *se divertir*) to have fun; (= *rire*) to have a good laugh • **nous nous sommes bien amusés** we had a great time* • **c'était juste pour s'~** it was just for fun

amuseur, -euse [amyzœʀ, øz] (NM,F) entertainer

amygdales [amidal] (NFPL) tonsils • **se faire opérer des ~** to have one's tonsils out

> The **g** is not pronounced.

an [ɑ̃] (NM) year • **après cinq ans de prison** after five years in prison • **dans trois ans** in three years • **une amitié de 20 ans** a friendship of 20 years' standing • **un enfant de six ans** a six-year-old child • **il a 22 ans** he's 22 • **il n'a pas encore 10 ans** he's not yet 10 • **quatre fois par an** four times a year • **le jour** *ou* **le premier de l'an** • **le nouvel an** New Year's Day • **en l'an 300 de notre ère** in 300 AD • **en l'an 300 avant Jésus-Christ** in 300 BC

anabolisant [anabɔlizɑ̃] (NM) anabolic steroid

anachronique [anakʀɔnik] (ADJ) anachronistic

anachronisme [anakʀɔnism] (NM) anachronism

anaconda [anakɔ̃da] (NM) anaconda

anagramme [anagʀam] (NF) anagram

anal, e (*mpl* **-aux**) [anal, o] (ADJ) anal

analgésique [analʒezik] (ADJ, NM) analgesic

analogie [analɔʒi] (NF) analogy • **par ~ avec** by analogy with

analogique [analɔʒik] (ADJ) analogical

analogiquement [analɔʒikmɑ̃] (ADV) analogically

analogue [analɔg] (ADJ) analogous (**à** to)

analphabète [analfabɛt] (ADJ, NMF) illiterate

analphabétisme [analfabetism] (NM) illiteracy

analyse [analiz] (NF) **a** (= *examen*) analysis • **faire l'~ de** to analyze • **avoir l'esprit d'~** to have an analytical mind • **en dernière ~** in the final analysis • **~ grammaticale** parsing **b** (*médical*) test • **~ de sang/d'urine** blood/urine test **c** (*Psych*) analysis

analyser [analize] /TABLE 1/ (VT) to analyze; (*Psych*) to psychoanalyze; [+ *sang, urine*] to test

analyste [analist] (NMF) analyst • **~ financier/de marché** financial/market analyst

analytique [analitik] (ADJ) analytic

ananas [anana(s)] (NM) pineapple

anaphorique [anafɔʀik] (ADJ) anaphoric

anarchie [anaʀʃi] (NF) anarchy

anarchique [anaʀʃik] (ADJ) anarchic • **de façon** *ou* **manière ~** anarchically

anarchiste [anaʀʃist] **1** (ADJ) anarchistic **2** (NMF) anarchist

anathème [anatɛm] (NM) (= *excommunication, excommunié*) anathema • **frapper qn d'~** to excommunicate sb • **jeter l'~ sur** (*fig*) to curse

anatomie [anatɔmi] (NF) anatomy

anatomique [anatɔmik] (ADJ) anatomical • **oreiller ~** contour pillow

ancestral, e (*mpl* **-aux**) [ɑ̃sɛstʀal, o] (ADJ) ancestral

ancêtre [ɑ̃sɛtʀ] (NMF) ancestor

anche [ɑ̃ʃ] (NF) *[d'instrument]* reed

anchoïade [ɑ̃ʃɔjad] (NF) anchovy paste

anchois [ɑ̃ʃwa] (NM) anchovy

ancien, -ienne [ɑ̃sjɛ̃, jɛn] **1** (ADJ) **a** (= *vieux*) old; *[objet d'art]* antique • **dans l'~ temps** in the olden days **b** (= *précédent*) former

> When it means **former**, **ancien** comes before the noun.

• **son ~ patron** his former boss • **son ancienne femme** his ex-wife **c** (= *antique*) ancient

2 (NM) **l'~** (= *mobilier*) antiques; (= *bâtiments*) old buildings

3 (NM,F) **a** (= *personne âgée*) elder **b** (= *personne expérimentée*) senior person • **c'est un ~ dans la maison** he has been with the firm a long time **c** (= *élève*) former pupil **d** ▸ **à l'ancienne** made in the traditional way

4 (COMP) ▸ **ancien combattant** war veteran

anciennement [ɑ̃sjɛnmɑ̃] (ADV) (= *autrefois*) formerly

ancienneté [ɑ̃sjɛnte] (NF) ⓐ (= *durée de service*) length of service; (= *privilèges obtenus*) seniority • **à l'~** by seniority ⓑ [*de maison, objet d'art*] age; [*d'amitié, relation*] length

ancrage [ɑ̃kʀaʒ] (NM) (= *attache*) anchoring • **le vote confirme l'~ à gauche de la région** the polls confirm that the region is a left-wing stronghold • **point d'~** anchorage point; [*de politique*] foundation stone

ancre [ɑ̃kʀ] (NF) ~ **(de marine)** anchor • **jeter l'~** to drop anchor

ancrer [ɑ̃kʀe] /TABLE 1/ (VT) to anchor • **cette croyance est ancrée dans les mentalités** this is a deeply-rooted belief • **la région reste profondément ancrée à gauche** the region remains a left-wing stronghold

Andalousie [ɑ̃daluzi] (NF) Andalusia

Andes [ɑ̃d] (NFPL) **les ~** the Andes

Andorre [ɑ̃dɔʀ] (NF) Andorra

andouille [ɑ̃duj] (NF) ⓐ (= *saucisse*) *sausage made of chitterlings, eaten cold* ⓑ (= *imbécile*)* dummy* • **faire l'~** to act the fool

andouillette [ɑ̃dujɛt] (NF) *sausage made of chitterlings, eaten hot*

androgyne [ɑ̃dʀɔʒin] (ADJ) androgynous

androïde [ɑ̃dʀɔid] (NM) android

âne [ɑn] (NM) ⓐ donkey ⓑ (= *personne*)* ass*

anéantir [aneɑ̃tiʀ] /TABLE 2/ (VT) ⓐ (= *détruire*) to destroy ⓑ [*chagrin*] to crush • **la nouvelle l'a anéanti** the news completely broke him

anéantissement [aneɑ̃tismɑ̃] (NM) (= *destruction*) destruction

anecdote [anɛkdɔt] (NF) anecdote • **pour l'~** as a matter of interest

anecdotique [anɛkdɔtik] (ADJ) [*histoire, description*] anecdotal; [*intérêt*] minor

anémie [anemi] (NF) (*Méd*) anaemia (*Brit*), anemia (*US*)

anémié, e [anemje] (ADJ) (*Méd*) anaemic (*Brit*), anemic (*US*)

anémier [anemje] /TABLE 7/ **1** (VT) (*Méd*) to make anaemic (*Brit*) *ou* anemic (*US*); (*fig*) to weaken **2** (VPR) **s'anémier** (*Méd*) to become anaemic (*Brit*) *ou* anemic (*US*)

anémone [anemɔn] (NF) anemone

ânerie [ɑnʀi] (NF) (= *parole*) stupid remark • **arrête de dire des ~s!** stop talking nonsense!

ânesse [ɑnɛs] (NF) female donkey

anesthésie [anɛstezi] (NF) (= *opération*) anaesthetic (*Brit*), anesthetic (*US*) • **sous ~** under anaesthetic

anesthésier [anɛstezje] /TABLE 7/ (VT) to anaesthetize (*Brit*), to anesthetize (*US*)

anesthésique [anɛstezik] (NM) anaesthetic (*Brit*), anesthetic (*US*)

anesthésiste [anɛstezist] (NMF) anaesthetist (*Brit*), anesthesiologist (*US*)

aneth [anɛt] (NM) dill

anévrisme [anevʀism] (NM) aneurism

anfractuosité [ɑ̃fʀaktɥozite] (NF) crevice

ange [ɑ̃ʒ] (NM) angel • **oui mon ~** yes, darling • **va me chercher mes lunettes tu seras un ~** be an angel and get me my glasses • **avoir une patience d'~** to have the patience of a saint • **être aux ~s** to be in seventh heaven ▸ **ange gardien** guardian angel

angélique [ɑ̃ʒelik] (ADJ) angelic

angélisme [ɑ̃ʒelism] (NM) (*Rel*) angelism • **l'~ du gouvernement** the government's naïve optimism

angelot [ɑ̃ʒ(ə)lo] (NM) cherub

angélus [ɑ̃ʒelys] (NM) angelus

angine [ɑ̃ʒin] (NF) (= *amygdalite*) tonsillitis; (= *pharyngite*) pharyngitis • ~ **de poitrine** angina

anglais, e [ɑ̃glɛ, ɛz] **1** (ADJ) English
2 (NM) ⓐ **Anglais** Englishman • **les Anglais** English people; (*abusivement* = *Britanniques*) British people ⓑ (= *langue*) English • ~ **canadien/britannique/américain** Canadian/British/American English • **parler ~** to speak English
3 (NF) **anglaise** ⓐ **Anglaise** Englishwoman ⓑ (*Coiffure*) ~es ringlets ⓒ ▸ **à l'anglaise** [*parc, jardin*] landscaped

angle [ɑ̃gl] **1** (NM) ⓐ [*de meuble, rue*] corner • **à l'~ de ces deux rues** on the corner of these two streets • **le magasin qui fait l'~** the shop on the corner ⓑ (*Math*) angle ⓒ (= *aspect*) angle • **voir qch sous un autre ~** to see sth from another angle **2** (COMP) ▸ **angle d'attaque** (*lit, fig*) angle of attack ▸ **angle de champ** angle of view ▸ **angle mort** blind spot ▸ **angle de vue** = **angle de champ**

Angleterre [ɑ̃glətɛʀ] (NF) England; (*abusivement* = *Grande Bretagne*) Britain

anglican, e [ɑ̃glikɑ̃, an] (ADJ, NM,F) Anglican

anglicisant, e [ɑ̃glisizɑ̃, ɑ̃t] (ADJ) Englishy*

anglicisme [ɑ̃glisism] (NM) anglicism

angliciste [ɑ̃glisist] (NMF) (= *étudiant*) student of English (*language and civilization*); (= *spécialiste*) English specialist

anglo-américain, e (*pl* **anglo-américains**) [ɑ̃gloameʀikɛ̃, ɛn] (ADJ) Anglo-American

anglomanie [ɑ̃glɔmani] (NF) anglomania

anglo-normand, e (*mpl* **anglo-normands**) [ɑ̃glonɔʀmɑ̃, ɑ̃d] (ADJ) Anglo-Norman → **île**

anglophone [ɑ̃glɔfɔn] **1** (ADJ) [*personne*] English-speaking; [*littérature*] in English **2** (NMF) English speaker

anglo-saxon, -onne (*mpl* **anglo-saxons**) [ɑ̃glosaksɔ̃, ɔn] **1** (ADJ) Anglo-Saxon • **les pays ~s** Anglo-Saxon countries **2** (NM) (= *langue*) Anglo-Saxon

angoissant, e [ɑ̃gwasɑ̃, ɑ̃t] (ADJ) [*situation, silence*] stressful

angoisse [ɑ̃gwas] (NF) ⓐ anguish • **crises d'~** anxiety attacks • **vivre des jours d'~** to go through days of agony • **c'est l'~*** it's nerve-racking ⓑ (= *peur*) dread NonC

angoissé, e [ɑ̃gwase] *ptp de* **angoisser** **1** (ADJ) [*geste, visage, voix*] anguished; [*question, silence*] agonized; [*personne*] distressed • **être ~** (= *inquiet*) to be distressed; (= *oppressé*) to feel suffocated **2** (NM,F) anxious person

angoisser [ɑ̃gwase] /TABLE 1/ (VT) (= *inquiéter*) to distress • **être angoissé** to be worried sick*

Angola [ɑ̃gɔla] (NM) Angola

angolais, e [ɑ̃gɔlɛ, ɛz] **1** (ADJ) Angolan **2** (NM,F) **Angolais(e)** Angolan

angora [ɑ̃gɔʀa] (ADJ, NM) angora

anguille [ɑ̃gij] (NF) eel • **il y a ~ sous roche** there's something going on

anguleux, -euse [ɑ̃gylø, øz] (ADJ) [*menton, visage*] angular

anicroche [anikʀɔʃ] (NF) hitch • **sans ~s** [*se passer*] without a hitch

animal, e (*mpl* **-aux**) [animal, o] **1** (ADJ) animal **2** (NM) animal • ~ **de compagnie** pet • **nouveaux animaux de compagnie** exotic pets • **où est parti cet ~*?** where did that devil* go?

animalerie [animalʀi] (NF) (= *magasin*) pet shop (*Brit*) *ou* store (*US*)

animalier, -ière [animalje, jɛʀ] ADJ [*film, photographie*] wildlife

animateur, -trice [animatœʀ, tʀis] NM,F (*= professionnel*) [*de spectacle, émission de jeux*] host; [*d'émission culturelle*] presenter; [*de camp de vacances*] activity leader • ~ **(de) radio** radio presenter

animathèque [animatɛk] NF animation library

animation [animasjɔ̃] NF ⓐ [*de quartier, discussion*] liveliness; [*de rue, bureau*] hustle and bustle • **son arrivée provoqua une grande ~** his arrival caused a great deal of excitement • **mettre de l'~** to liven things up ⓑ (*= activités*) activities • **chargé de l'~ culturelle/sportive** in charge of cultural/sports activities ⓒ [*d'équipe, groupe de travail*] leading ⓓ (*Ciné*) animation • **~ satellite** (animated) satellite picture

animé, e [anime] *ptp de* **animer** 1 ADJ [*rue, quartier*] (*= affairé*) busy; (*= plein de vie*) lively; [*discussion*] lively → **dessin** 2 NM anime

animer [anime] /TABLE 1/ 1 VT ⓐ (*= mener*) [*+ spectacle, émission de jeux*] to host; [*+ émission culturelle*] to present; [*+ discussion, réunion*] to lead
ⓑ (*= dynamiser*) [*+ parti*] to be the driving force in; [*+ équipe*] to lead
ⓒ (*= donner de la vie à*) [*+ ville, soirée, conversation*] to liven up; [*+ visage*] to animate; [*+ peinture, statue*] to bring to life
ⓓ (*= stimuler*) [*haine, désir*] to drive; [*foi, espoir*] to sustain • **animé par** *ou* **de** [*+ volonté*] driven by; [*+ désir*] prompted by • **animé des meilleures intentions** motivated by the best intentions
ⓔ (*= mouvoir*) to drive • **l'objet est animé d'un mouvement de rotation** the object rotates
2 VPR **s'animer** [*personne, rue*] to come to life; [*conversation*] to become animated; [*match*] to liven up; [*yeux, traits*] to light up

animosité [animozite] NF (*= hostilité*) animosity (**contre** towards, against)

anis [ani(s)] NM (*= plante*) anise; (*= graines*) aniseed; (*= bonbon*) aniseed ball • **~ étoilé** star anise

ankyloser [ɑ̃kiloze] /TABLE 1/ 1 VT to stiffen • **être tout ankylosé** to be stiff all over 2 VPR **s'ankyloser** [*membre*] to stiffen up

annales [anal] NFPL annals • **ça restera dans les ~*** that'll go down in history

anneau (*pl* **anneaux**) [ano] 1 NM ⓐ (*= cercle, bague*) ring; (*= boucle d'oreille*) hoop earring; [*de chaîne*] link ⓑ (*Sport*) **les ~x** the rings • **exercices aux ~x** ring exercises
2 COMP ▸ **anneau de croissance** [*d'arbre*] annual ring

année [ane] NF year • **tout au long de l'~** throughout the year • **payé à l'~** paid annually • **l'~ universitaire** the academic year • **l'~ académique** (*Can, Belg, Helv*) the academic year • **de première/deuxième ~** (*Scol, Univ*) first-/second-year • **les ~s de guerre** the war years • **~ de naissance** year of birth • **les ~s 60** the sixties ▸ **année bissextile** leap year ▸ **année budgétaire** financial year ▸ **année calendaire, année civile** calendar year

année-lumière (*pl* **années-lumière**) [anelymjɛʀ] NF light year • **à des années-lumière de** light years away from

annexe [anɛks] 1 ADJ (*= secondaire*) [*activités, services*] ancillary; [*considérations*] secondary; [*budget, revenu*] supplementary • **avantages ~s** fringe benefits • **frais ~s** incidental expenses 2 NF ⓐ [*de document*] (*= pièces complémentaires*) appendix; (*= pièces additives*) annex (**de, à** to) • **en ~** in the appendix ⓑ (*= bâtiment*) annex

annexer [anɛkse] /TABLE 1/ 1 VT ⓐ [*+ territoire*] to annex ⓑ [*+ document*] to append (**à** to) 2 VPR **s'annexer** [*+ bureau, personne*] to commandeer (*hum*)

annexion [anɛksjɔ̃] NF annexation

annihiler [aniile] /TABLE 1/ VT [*+ efforts*] to wreck; [*+ espoirs, résistance*] to destroy; [*+ personne*] to crush

anniversaire [anivɛʀsɛʀ] 1 ADJ [*date*] anniversary 2 NM [*de naissance*] birthday; [*d'événement, mariage, mort*] anniversary • **bon** *ou* **joyeux ~!** happy birthday! • **cadeau/carte d'~** birthday present/card

annonce [anɔ̃s] NF ⓐ (*= publicité*) advertisement; (*pour emploi*) job advertisement • **petites ~s** • **~s classées** classified advertisements • **passer une ~ (dans un journal)** to put an advertisement in a paper • **journal d'~s** free sheet ⓑ [*d'accord, décision, résultat*] announcement • **il cherche l'effet d'~** he wants to make an impact • **« ~ personnelle »** "personal message" • **~ judiciaire** *ou* **légale** legal notice ⓒ (*Cartes*) declaration; (*Bridge*) bid

annoncer [anɔ̃se] /TABLE 3/ 1 VT ⓐ (*= informer de*) [*+ fait, décision, nouvelle*] to announce • **~ à qn que ...** to tell sb that ... • **je lui ai annoncé la nouvelle** I told her the news • **les journaux ont annoncé leur mariage** their marriage has been announced in the papers
ⓑ (*= prédire*) [*+ pluie, détérioration*] to forecast • **la défaite annoncée du parti** the predicted defeat of the party
ⓒ (*= signaler*) [*présage*] to foreshadow; [*signe avant-coureur*] to herald; [*sonnerie, pas*] to announce • **les nuages qui annoncent une tempête** clouds that herald a storm • **ça n'annonce rien de bon** it bodes ill
ⓓ (*= introduire*) [*+ personne*] to announce • **qui dois-je ~?** what name shall I say?
ⓔ (*Cartes*) to declare; (*Bridge*) to bid • **~ la couleur** to declare trumps; (*fig*) to lay one's cards on the table
2 VPR **s'annoncer** ⓐ [*situation*] **comment est-ce que ça s'annonce?** how is it looking? • **ça s'annonce bien** that looks promising
ⓑ [*événement, crise*] to approach • **l'hiver s'annonçait** winter was on its way
ⓒ (*= donner son nom*) to announce o.s.

annonceur [anɔ̃sœʀ] NM (*= publicité*) advertiser

annonciateur, -trice [anɔ̃sjatœʀ, tʀis] ADJ **signe ~** [*de maladie, crise*] warning sign; [*de catastrophe*] portent; [*d'amélioration*] sign

Annonciation [anɔ̃sjasjɔ̃] NF **l'~** (*= événement*) the Annunciation; (*= fête*) Annunciation Day

annotation [anɔtasjɔ̃] NF annotation

annoter [anɔte] /TABLE 1/ VT to annotate

annuaire [anɥɛʀ] NM [*d'organisme*] yearbook; [*de téléphone*] phone book • **~ électronique** electronic directory

annualisation [anɥalizasjɔ̃] NF **l'~ du temps de travail** the calculation of working hours on a yearly basis

annuel, -elle [anɥɛl] ADJ annual

annuellement [anɥɛlmɑ̃] ADV annually

annuité [anɥite] NF annual payment • **avoir toutes ses ~s** [*de pension*] to have made all one's years' contributions

annulaire [anylɛʀ] NM ring finger

annulation [anylasjɔ̃] NF [*de contrat*] invalidation; [*de jugement, décision*] quashing; [*d'engagement, réservation,* *commande*] cancellation; [*d'élection, acte, examen*] nullification; [*de mariage*] annulment

annuler [anyle] /TABLE 1/ 1 (VT) [+*contrat*] to invalidate; [+*jugement, décision*] to quash; [+*engagement*] to call off; [+*élection, examen*] to nullify; [+*mariage*] to annul; [+*réservation, commande, dette*] to cancel • **annule et remplace** supersedes 2 (VPR) **s'annuler** [*poussées, efforts*] to cancel each other out

anoblir [anɔbliʀ] /TABLE 2/ (VT) to ennoble

anodin, e [anɔdɛ̃, in] (ADJ) [*détail*] trivial; [*propos*] innocuous • **ce n'est pas un acte ~** it's not a trivial matter • **s'il a dit cela, ce n'est pas ~** if he said that, he meant something by it

anomalie [anɔmali] (NF) anomaly; (*biologique*) abnormality; (*technique*) technical fault

ânonner [anɔne] /TABLE 1/ (VTI) **~ sa leçon** to mumble one's way through one's lesson

anonymat [anɔnima] (NM) anonymity • **garder** *ou* **conserver l'~** to remain anonymous • **respecter l'~ de qn** to respect sb's desire to remain anonymous

anonyme [anɔnim] (ADJ) (= *sans nom*) [*auteur*] anonymous; (= *impersonnel*) impersonal → **société**

anonymement [anɔnimmɑ̃] (ADV) anonymously

anonymiser [anɔnimize] /TABLE 1/ (VT) to anonymize

anorak [anɔʀak] (NM) anorak

anorexie [anɔʀɛksi] (NF) anorexia

anorexique [anɔʀɛksik] (ADJ, NMF) anorexic

anormal, e (*mpl* **-aux**) [anɔʀmal, o] (ADJ) **a** (*Sciences, Méd*) abnormal; (= *insolite*) [*situation, comportement*] unusual • **si vous voyez quelque chose d'~, signalez-le** if you notice anything unusual, report it **b** (= *injuste*) unfair • **il est ~ que ...** it's not fair that ...

anormalement [anɔʀmalmɑ̃] (ADV) [*se développer*] [*chaud, grand*] abnormally; [*se conduire, agir*] unusually

ANPE [aɛnpe] (NF) (ABR DE **Agence nationale pour l'emploi**) ≈ job centre

anse [ɑ̃s] (NF) [*de panier, tasse*] handle; (*Géog*) cove

antagonisme [ɑ̃tagɔnism] (NM) antagonism

antagoniste [ɑ̃tagɔnist] 1 (ADJ) [*forces, intérêts*] opposing 2 (NMF) antagonist

antalgique [ɑ̃talʒik] (ADJ, NM) analgesic

antarctique [ɑ̃taʀktik] 1 (ADJ) [*région*] Antarctic • **l'océan Antarctique** the Antarctic Ocean 2 (NM) **Antarctique l'Antarctique** (= *océan*) the Antarctic; (= *continent*) Antarctica

antécédent [ɑ̃tesedɑ̃] 1 (NM) [*de mot*] antecedent 2 (NMPL) **antécédents** past history; (*Méd*) medical history • **avoir de bons/mauvais ~s** to have a good/bad previous history • **avez-vous des ~s familiaux de maladies cardiaques?** is there a history of heart disease in your family? • **~s judiciaires** criminal record

antenne [ɑ̃tɛn] (NF) **a** [*d'insecte*] antenna • **avoir des ~s** (*fig*) to have a sixth sense **b** (*Radio, TV*) aerial; [*de radar*] antenna • **~ parabolique** *ou* **satellite** satellite dish **c** (*Radio, TV*) **garder l'~** to stay on the air • **nous devons bientôt rendre l'~** we have to go back to the studio soon • **temps d'~** airtime • **hors ~** off the air • **être/passer à l'~** to be/go on the air • **sur notre ~** on our station **d** (= *succursale*) branch • **~ médicale** medical unit ▸ **antenne relais** relay antenna; (*pour téléphonie mobile*) mobile phone mast

antépénultième [ɑ̃tepenyltjɛm] 1 (ADJ) antepenultimate 2 (NF) antepenultimate syllable, antepenult

antépisode [ɑ̃tepizɔd] (NM) (*Ciné*) prequel

antérieur, e [ɑ̃teʀjœʀ] (ADJ) **a** (*dans le temps*) [*époque, situation*] previous • **c'est ~ à la guerre** it was prior to the war • **cette décision était ~e à son départ** that decision was taken prior to his departure • **dans une vie ~e** in a former life **b** (*dans l'espace*) [*partie*] front • **membre ~** forelimb • **patte ~e** [*de cheval, vache*] forefoot; [*de chien, chat*] forepaw

antérieurement [ɑ̃teʀjœʀmɑ̃] (ADV) earlier • **~ à** prior to

antériorité [ɑ̃teʀjɔʀite] (NF) **ils ne reconnaissent pas l'~ de la découverte française** they deny that the French discovered it first

anthologie [ɑ̃tɔlɔʒi] (NF) anthology

anthracite [ɑ̃tʀasit] 1 (NM) anthracite 2 (ADJ INV) dark grey (*Brit*) *ou* gray (*US*)

anthropologie [ɑ̃tʀɔpɔlɔʒi] (NF) anthropology

anthropologue [ɑ̃tʀɔpɔlɔg] (NMF) anthropologist

anthropomorphisme [ɑ̃tʀɔpɔmɔʀfism] (NM) anthropomorphism

anthropophage [ɑ̃tʀɔpɔfaʒ] 1 (ADJ) cannibalistic 2 (NMF) cannibal

anti [ɑ̃ti] 1 (PRÉF) **anti(-)** anti- • **loi ~casseurs** *law against looting* • **bombe ~crevaison** instant puncture sealant • **flash ~-yeux rouges** flash with red-eye reduction feature 2 (NM) (*hum*) **le parti des ~s** those who are against

antiadhésif, -ive [ɑ̃tiadezif, iv] (ADJ) [*poêle, revêtement*] non-stick

antiaérien, -ienne [ɑ̃tiaeʀjɛ̃, jɛn] (ADJ) [*batterie, canon, missile*] anti-aircraft; [*abri*] air-raid

antiâge [ɑ̃tiɑʒ] (ADJ INV) anti-ageing

antiagression [ɑ̃tiagʀɛsjɔ̃] (ADJ INV) [*arme, bombe, dispositif*] self-defence *épith* (*Brit*), self-defense *épith* (*US*)

anti-allergène [ɑ̃tialɛʀʒɛn] 1 (ADJ) anti-allergenic 2 (NM) anti-allergen

antiatomique [ɑ̃tiatɔmik] (ADJ) antiradiation • **abri ~** fallout shelter

antiavortement [ɑ̃tiavɔʀtəmɑ̃] (ADJ INV) anti-abortion, pro-life

antibiotique [ɑ̃tibjɔtik] (ADJ, NM) antibiotic • **être/mettre sous ~s** to be/put on antibiotics

antibogue [ɑ̃tibɔg] 1 (ADJ) debugging 2 (NM) debugging tool

antibrouillard [ɑ̃tibʀujaʀ] (ADJ, NM) **(phare) ~** fog lamp (*Brit*), fog light (*US*)

antibruit [ɑ̃tibʀɥi] (ADJ INV) **mur ~** noise-reducing wall • **campagne ~** campaign against noise pollution

anticalcaire [ɑ̃tikalkɛʀ] (ADJ) anti-scale

anticancéreux, -euse [ɑ̃tikɑ̃seʀø, øz] (ADJ) cancer *épith* • **centre ~** (= *laboratoire*) cancer research centre; (= *hôpital*) cancer hospital • **médicament ~** anti-cancer drug

anticapitalisme [ɑ̃tikapitalism] (NM) anti-capitalism

anticapitaliste [ɑ̃tikapitalist] (ADJ, NMF) anti-capitalist

anticerne [ɑ̃tisɛʀn] (NM) concealer (*to cover shadows under the eyes*)

antichambre [ɑ̃tiʃɑ̃bʀ] (NF) antechamber

antichoc [ɑ̃tiʃɔk] (ADJ) [*montre*] shockproof

anticipation [ɑ̃tisipasjɔ̃] (NF) anticipation • **par ~** [*rembourser*] in advance • **littérature d'~** science fiction • **roman/film d'~** science-fiction novel/film

anticipé, e [ɑ̃tisipe] *ptp de* **anticiper** (ADJ) [*élections, retour, retraite*] early • **remboursement ~** repayment before due date • **avec mes remerciements ~s** thanking you in advance

anticiper [ɑ̃tisipe] /TABLE 1/ **1** (VI) (*= prévoir*) to anticipate; (*en imaginant*) to look ahead; (*en racontant*) to jump ahead • **n'anticipons pas!** let's not look too far ahead • **mais j'anticipe!** but I'm getting ahead of myself! • **il anticipe bien** (*sur les balles*) he's got good anticipation
▸ **anticiper sur** [*+ récit, rapport*] to anticipate • **sans vouloir ~ sur ce que je dirai tout à l'heure** without wishing to go into what I'll be saying later
2 (VT) to anticipate

anticlérical, e (*mpl* **-aux**) [ɑ̃tiklerikal, o] **1** (ADJ) anticlerical **2** (NM,F) anticleric(al)

anticoagulant, e [ɑ̃tikɔagylɑ̃, ɑ̃t] (ADJ, NM) anticoagulant

anticommercial, e (*mpl* **-iaux**) [ɑ̃tikɔmɛrsjal, jo] (ADJ) anti-commercial, anti-trade *épith*

anticonformiste [ɑ̃tikɔ̃fɔrmist] (ADJ, NMF) nonconformist

anticonstitutionnel, -elle [ɑ̃tikɔ̃stitysjɔnɛl] (ADJ) unconstitutional

anticorps [ɑ̃tikɔr] (NM) antibody

anticyclone [ɑ̃tisiklon] (NM) anticyclone

antidater [ɑ̃tidate] /TABLE 1/ (VT) to backdate

antidémocratique [ɑ̃tidemɔkratik] (ADJ) (*= opposé à la démocratie*) antidemocratic; (*= peu démocratique*) undemocratic

antidépresseur [ɑ̃tidepresœr] (ADJ M, NM) antidepressant

antidiscrimination [ɑ̃tidiskriminasjɔ̃] (ADJ INV) [*loi, mesure*] anti-discrimination *épith*

antidopage [ɑ̃tidɔpaʒ] (ADJ) [*loi, contrôle*] antidoping • **subir un contrôle ~** to be dope-tested

antidote [ɑ̃tidɔt] (NM) antidote (**contre, de** for, against)

antidouleur [ɑ̃tidulœr] (ADJ INV) [*médicament, traitement*] painkilling • **centre ~** pain control unit

antidrogue [ɑ̃tidrɔg] (ADJ INV) [*lutte*] against drugs; [*campagne*] antidrug

antiémeute, antiémeutes [ɑ̃tiemøt] (ADJ) [*police, brigade, unité*] riot

antiesclavagiste [ɑ̃tiesklavaʒist] **1** (ADJ) antislavery; (*Hist US*) abolitionist **2** (NMF) opponent of slavery; (*Hist US*) abolitionist

anti-g [ɑ̃tiʒe] (ADJ INV) **combinaison ~** G-suit

antigang [ɑ̃tigɑ̃g] (ADJ INV, NM) **la brigade ~** • **l'~** the police commando squad

antigaspi [ɑ̃tigaspi] (ADJ) anti-waste *épith*

antigel [ɑ̃tiʒɛl] (ADJ INV, NM) antifreeze

antigène [ɑ̃tiʒɛn] (NM) antigen

antigravitationnel, -elle [ɑ̃tigravitasjɔnɛl] (ADJ) antigravity *épith*

antigrippe [ɑ̃tigrip] (ADJ INV) **vaccin ~** flu vaccine

Antigua-et-Barbuda [ɑ̃tigwaebarbyda] (NPL) Antigua and Barbuda

antiguais, e [ɑ̃tigwɛ, ɛz] **1** (ADJ) Antiguan **2** (NM,F) **Antiguais(e)** Antiguan

antihéros [ɑ̃tiero] (NM) antihero

antihistaminique [ɑ̃tiistaminik] (ADJ, NM) antihistamine

anti-indépendantiste [ɑ̃tiɛ̃depɑ̃dɑ̃tist] (ADJ, NMF) anti-independentist

anti-inflammatoire [ɑ̃tiɛ̃flamatwar] (ADJ, NM) anti-inflammatory

antijeu [ɑ̃tijø] (NM) foul play

antijeune [ɑ̃tiʒœn] (ADJ) anti-youth *épith*

antillais, e [ɑ̃tijɛ, ɛz] **1** (ADJ) West Indian **2** (NM,F) **Antillais(e)** West Indian

Antilles [ɑ̃tij] (NFPL) **les ~** the West Indies • **les Grandes/Petites ~** the Greater/Lesser Antilles • **les ~ françaises** the French West Indies • **la mer des ~** the Caribbean Sea

antilope [ɑ̃tilɔp] (NF) antelope

antimatière [ɑ̃timatjɛr] (NF) antimatter

antimilitariste [ɑ̃timilitarist] (ADJ, NMF) antimilitarist

antimite [ɑ̃timit] **1** (ADJ) moth **2** (NM) moth repellent; (*= boules de naphtaline*) mothballs

antimondialisation [ɑ̃timɔ̃djalizasjɔ̃] (NF) antiglobalization

antimondialiste [ɑ̃timɔ̃djalist] (ADJ, NMF) antiglobalist

antimoustique [ɑ̃timustik] (ADJ, NM) **(crème) ~** mosquito repellent (cream)

antinucléaire [ɑ̃tinykleɛr] (ADJ) antinuclear • **les (militants) ~s** antinuclear campaigners

antioxydant, e [ɑ̃tiɔksidɑ̃, ɑ̃t] (ADJ, NM) antioxidant

antiparasite [ɑ̃tiparazit] (ADJ) anti-interference • **dispositif ~** suppressor

antipathie [ɑ̃tipati] (NF) antipathy • **avoir de l'~ pour qn** to dislike sb

antipathique [ɑ̃tipatik] (ADJ) [*personne*] unpleasant • **il m'est ~** I don't like him

antipelliculaire [ɑ̃tipelikylɛr] (ADJ) antidandruff

antipersonnel [ɑ̃tipɛrsɔnɛl] (ADJ INV) antipersonnel

antiphrase [ɑ̃tifrɑz] (NF) **par ~** ironically

antipiraterie [ɑ̃tipiratri] (ADJ INV) anti-piracy *épith* • **loi ~** anti-piracy law

antipode [ɑ̃tipɔd] (NM) **les ~s** the antipodes • **votre théorie est aux ~s de la mienne** our theories are poles apart

antipoison [ɑ̃tipwazɔ̃] (ADJ INV) **centre ~** treatment centre for poisoning cases

antipollution [ɑ̃tipɔlysjɔ̃] (ADJ INV) antipollution

antiquaire [ɑ̃tikɛr] (NMF) antique dealer

antique [ɑ̃tik] (ADJ) ancient • **objets d'art ~s** antiquities

antiquité [ɑ̃tikite] (NF) **a** (*= période*) **l'Antiquité** antiquity **b** (*= objet de l'Antiquité*) piece of classical art; (*= objet ancien*) antique • **~s** (*= œuvres de l'Antiquité*) antiquities; (*= meubles anciens*) antiques • **magasin d'~s** antique shop

antirabique [ɑ̃tirabik] (ADJ) **vaccin ~** rabies vaccine

antirides [ɑ̃tirid] (ADJ) antiwrinkle

antirouille [ɑ̃tiruj] **1** (ADJ INV) antirust **2** (NM INV) rust inhibitor

antisèche* [ɑ̃tisɛʃ] (NF) crib sheet*

antisémite [ɑ̃tisemit] **1** (ADJ) anti-Semitic **2** (NMF) anti-Semite

antisémitisme [ɑ̃tisemitism] (NM) anti-Semitism

antiseptique [ɑ̃tisɛptik] (ADJ, NM) antiseptic

antisida [ɑ̃tisida] (ADJ INV) AIDS

antisismique [ɑ̃tisismik] (ADJ) earthquake-proof

antispam [ɑ̃tispam] (ADJ, NM) **(logiciel) ~** anti-spam software, spam filter

antistatique [ɑ̃tistatik] (ADJ, NM) antistatic

antistress [ɑ̃tistrɛs] (ADJ) [*régime*] anti-stress *épith*, stress-busting*; [*cure, jeu, massage*] anti-stress *épith* • **balle ~** stress ball

antitabac [ɑ̃titaba] (ADJ INV) **campagne ~** antismoking campaign • **loi ~** *law prohibiting smoking in public places*

antitache, antitaches [ɑ̃titaʃ] (ADJ) [*traitement*] stain-repellent

antithèse [ɑ̃titɛz] (NF) antithesis

antitrust [ɑ̃titʀœst] (ADJ INV) [*loi, mesures*] antimonopoly (*Brit*), antitrust (*US*)

antiviral, e (*mpl* **-aux**) [ɑ̃tiviʀal, o] (ADJ, NM) antiviral

antivirus [ɑ̃tiviʀys] (NM) (*Méd*) antiviral drug; (*Informatique*) antivirus

antivol [ɑ̃tivɔl] (NM, ADJ INV) **(dispositif) ~** antitheft device; [*de cycle*] lock; (*sur volant de voiture*) steering lock

antonyme [ɑ̃tɔnim] (NM) antonym

antre [ɑ̃tʀ] (NM) den

anus [anys] (NM) anus

Anvers [ɑ̃vɛʀ] (N) Antwerp

anxiété [ɑ̃ksjete] (NF) anxiety • **avec ~** anxiously

anxieusement [ɑ̃ksjøzmɑ̃] (ADV) anxiously

anxieux, -ieuse [ɑ̃ksjø, jøz] **1** (ADJ) [*personne, regard*] anxious • **~ de** anxious to **2** (NM,F) worrier

anxiogène [ɑ̃ksjɔʒɛn] (ADJ) [*situation, effet*] stressful, anxiety-provoking (*SPÉC*)

anxiolytique [ɑ̃ksjɔlitik] **1** (ADJ) tranquillizing **2** (NM) tranquillizer

AOC [aose] (NF) (ABR DE **appellation d'origine contrôlée**) **fromage/vin ~** AOC cheese/wine (*with a guarantee of origin*)

> **AOC**
> AOC is the highest French wine classification. It indicates that the wine meets strict requirements regarding the vineyard, the grapes, the method of production, and the alcoholic strength. → VDQS

aorte [aɔʀt] (NF) aorta

août° [u(t)] (NM) August → **septembre**

> **août** is pronounced **oo** or **oot**.

> Les noms de mois s'écrivent avec une majuscule en anglais.

aoûtat° [auta] (NM) harvest tick

aoûtien°**, -ienne** [ausjɛ̃, jɛn] (NM,F) August holiday-maker (*Brit*) *ou* vacationer (*US*)

ap. (ABR DE **après**) after • **en 300 ~ J.-C.** in 300 AD

apache [apaʃ] **1** (ADJ) (= *indien*) Apache **2** (NMF) **Apache** Apache

apaisant, e [apɛzɑ̃, ɑ̃t] (ADJ) [*musique, silence, crème*] soothing; [*discours*] conciliatory

apaisement [apɛzmɑ̃] (NM) **a** [*de passion, désir, faim*] appeasement; [*de soif*] slaking **b** (= *soulagement*) relief; (= *assurance*) reassurance • **une politique d'~** a policy of appeasement

apaiser [apeze] /TABLE 1/ **1** (VT) **a** [+ *personne, foule, animal*] to calm down **b** [+ *faim*] to appease; [+ *soif*] to slake; [+ *conscience*] to salve; [+ *scrupules*] to allay; [+ *douleur*] to soothe • **pour ~ les esprits** to calm people down **2** (VPR) **s'apaiser** **a** [*personne, malade, animal*] to calm down **b** [*vacarme, excitation, tempête, douleur*] to die down; [*passion, désir*] to cool; [*soif, faim*] to be assuaged • **sa colère s'est un peu apaisée** he's calmed down a bit

apanage [apanaʒ] (NM) (= *privilège*) privilege • **être l'~ de qn/qch** to be the privilege of sb/sth • **avoir l'~ de qch** to have the exclusive right to sth

aparté [apaʀte] (NM) aside; (= *entretien*) private conversation (*in a group*) • **en ~** in an aside

apartheid [apaʀtɛd] (NM) apartheid • **politique d'~** apartheid policy

apathie [apati] (NF) apathy

apathique [apatik] (ADJ) apathetic

apatride [apatʀid] **1** (ADJ) stateless **2** (NMF) stateless person

APE [apeə] (NF) (ABR DE **Assemblée parlementaire européenne**) EP

Apennins [apenɛ̃] (NMPL) **les ~** the Apennines

apercevoir [apɛʀsəvwaʀ] /TABLE 28/ **1** (VT) to see; (*brièvement*) to catch sight of; (= *remarquer*) to notice • **on apercevait au loin un clocher** a church tower could be seen in the distance **2** (VPR) **s'apercevoir** [*personnes*] to see each other • **s'~ de** [+ *erreur, omission, présence, méfiance*] to notice • **s'~ que ...** to notice that ... • **sans s'en ~** without realizing • **ça s'aperçoit à peine** it's hardly noticeable

aperçu [apɛʀsy] (NM) **a** (= *idée générale*) general survey • **cela vous donnera un bon ~ de ce que vous allez visiter** that will give you a good idea of what you are about to visit **b** (= *point de vue personnel*) insight (**sur** into) **c** (*Informatique*) **~ avant impression** print preview

apéritif [apeʀitif] (NM) aperitif • **prendre l'~** to have an aperitif • **venez prendre l'~** come for drinks

apéro* [apeʀo] (NM) (ABR DE **apéritif**) aperitif

apesanteur [apəzɑ̃tœʀ] (NF) weightlessness • **être en ~** to be weightless

à-peu-près [apøpʀɛ] (NM INV) **c'est de l'~** it's a rough approximation

apeuré, e [apœʀe] (ADJ) frightened

aphasique [afazik] (ADJ, NMF) aphasic

aphone [afɔn] (ADJ) voiceless • **je suis presque ~ d'avoir tant crié** I've nearly lost my voice from shouting so much

aphorisme [afɔʀism] (NM) aphorism

aphrodisiaque [afʀɔdizjak] (ADJ, NM) aphrodisiac

aphte [aft] (NM) ulcer

à-pic [apik] (NM) cliff

apiculteur, -trice [apikyltœʀ, tʀis] (NM,F) beekeeper

apiculture [apikyltyʀ] (NF) beekeeping

apitoyer [apitwaje] /TABLE 8/ **1** (VT) to move to pity • **~ qn sur le sort de qn** to make sb feel sorry for sb • **regard/sourire apitoyé** pitying look/smile **2** (VPR) **s'apitoyer** **s'~ sur qn** *ou* **le sort de qn** to feel sorry for sb • **s'~ sur son propre sort** to feel sorry for o.s.

ap. J.-C. (ABR DE **après Jésus-Christ**) AD

aplanir [aplaniʀ] /TABLE 2/ (VT) [+ *terrain, surface*] to level; [+ *difficultés*] to iron out

aplati, e [aplati] *ptp de* **aplatir** (ADJ) [*forme, objet, nez*] flat

aplatir [aplatiʀ] /TABLE 2/ **1** (VT) [+ *objet*] to flatten; [+ *cheveux*] to smooth down; [+ *pli*] to smooth out; [+ *surface*] to flatten out **2** (VPR) **s'aplatir** [*personne*] **s'~ contre un mur** to flatten o.s. against a wall • **s'~ devant qn*** to grovel to sb

aplomb [aplɔ̃] (NM) **a** (= *assurance*) composure; (= *insolence*) nerve* • **perdre son ~** to lose one's composure • **tu ne manques pas d'~!** you've got a nerve*! **b** (= *équilibre*) balance; (= *verticalité*) perpendicularity • **à l'~ du mur** at the base of the wall

▸ **d'aplomb** [*corps*] steady; [*bâtiment, mur*] plumb • **se tenir d'~ (sur ses jambes)** to be steady on one's feet • **être d'~** [*objet*] to be balanced; [*mur*] to be plumb • **ne pas être d'~** [*mur*] to be out of plumb • **mettre** *ou* **poser qch d'~** to straighten sth • **remettre d'~** [*+ entreprise*] to put back on its feet • **ça va te remettre d'~*** that'll put you back on your feet again

APN [apeɛn] NM (ABR DE **appareil photo numérique**) digital camera

apnée [apne] NF **être en ~** to be holding one's breath • **plonger en ~** to dive without breathing apparatus • **travailler en ~** (*fig*) to work like crazy* • **~ du sommeil** sleep apnoea (*Brit*) *ou* apnea (*US*)

apocalypse [apɔkalips] NF apocalypse • **paysage/vision d'~** apocalyptic landscape/vision

apocope [apɔkɔp] NF apocope

apogée [apɔʒe] NM [*de carrière, art, mouvement*] peak • **être à son ~** to reach its peak • **artiste à son ~** artist at his (*ou* her) peak • **à l'~ de sa gloire/carrière** at the height of his (*ou* her) fame/career

apologie [apɔlɔʒi] NF **faire l'~ de** (= *défendre*) to try and justify; (= *faire l'éloge de*) to praise

apoplexie [apɔplɛksi] NF apoplexy • **attaque d'~** stroke

a posteriori○ [apɔsterjɔri] LOC ADV, LOC ADJ after the event • **il est facile, ~, de dire que ...** it is easy enough, with hindsight, to say that ...

apostrophe [apɔstʀɔf] NF ⓐ (= *interpellation*) rude remark (*shouted at sb*) ⓑ (*derrière une lettre*) apostrophe

apostropher [apɔstʀɔfe] /TABLE 1/ **1** VT (= *interpeller*) to shout at **2** VPR **s'apostropher** to shout at each other

apothéose [apɔteoz] NF ⓐ (= *consécration*) apotheosis ⓑ [*de spectacle*] grand finale • **se terminer en ~** to end in a blaze of glory

apôtre [apotʀ] NM apostle • **se faire l'~ de** to make o.s. the apostle of

Appalaches [apalaʃ] NMPL **les (monts) ~** the Appalachian Mountains

apparaître○ [apaʀɛtʀ] /TABLE 57/

> ➢ **apparaître** can be conjugated with either **avoir** or **être**, except when used impersonally, when the auxiliary is always **être**.

1 VI ⓐ (= *se montrer*) to appear (**à** to); [*fièvre, boutons*] to break out ⓑ (= *sembler*) to seem • **ces remarques m'apparaissent fort judicieuses** these comments seem very reasonable to me **2** VB IMPERS **il apparaît que ...** it appears that ...

apparat [apaʀa] NM (= *pompe*) pomp • **d'~** [*dîner, habit, discours*] ceremonial

apparatchik [apaʀatʃik] NM apparatchik

appareil [apaʀɛj] **1** NM ⓐ (= *machine, instrument*) piece of apparatus; (*électrique, ménager*) appliance; (= *poste de radio, de télévision*) set; (*Photo*) camera ⓑ (= *téléphone*) phone • **qui est à l'~?** who's speaking? • **Patrick à l'~** Patrick speaking ⓒ (= *avion*) aircraft *inv* ⓓ (*Méd*) appliance; (*auditif*) hearing aid; (*de contention dentaire*) brace; (= *dentier*)* dentures ⓔ (*Anatomie*) **~ digestif/respiratoire** digestive/respiratory system ⓕ (= *structures*) **l'~ policier/du parti** the police/the party apparatus • **l'~ industriel/militaire** the industrial/military apparatus ⓖ (*Gym*) **~s** apparatus *sg* • **exercices aux ~s** exercises on the apparatus **2** COMP ▸ **appareil électroménager** household appliance ▸ **appareil de mesure** measuring device ▸ **appareil photo** camera

appareillage [apaʀɛjaʒ] NM ⓐ [*de navire*] casting off ⓑ (= *équipement*) equipment • **~ électrique** electrical equipment ⓒ [*de handicapé*] fitting with a prosthesis; [*de sourd*] fitting with a hearing aid

appareiller [apaʀeje] /TABLE 1/ **1** VI [*navire*] to cast off **2** VT ⓐ [*+ navire*] to fit out ⓑ [*+ handicapé*] to fit with an artificial limb; [*+ sourd*] to fit with a hearing aid ⓒ (= *assortir*) to match up

apparemment [apaʀamɑ̃] ADV apparently

apparence [apaʀɑ̃s] **1** NF appearance • **homme d'~** *ou* **à l'~ sévère** stern-looking man • **ce n'est qu'une ~** it's a mere façade

▸ **en apparence en ~, leurs critiques semblent justifiées** on the face of it, their criticism seems justified • **une remarque en ~ pertinente** an apparently relevant remark

2 NFPL **les apparences** appearances • **sauver les ~s** to keep up appearances

apparent, e [apaʀɑ̃, ɑ̃t] ADJ ⓐ (= *visible*) obvious • **sans raison ~e** for no obvious reason • **plafond avec poutres ~es** ceiling with exposed beams • **coutures ~es** topstitched seams ⓑ (= *superficiel*) apparent • **sous son ~e gentillesse** (= *trompeur*) beneath his kind-hearted façade

apparenté, e [apaʀɑ̃te] *ptp de* **apparenter** ADJ (= *de la même famille*) related; (= *semblable*) similar (**à** to)

apparenter (s') [apaʀɑ̃te] /TABLE 1/ VPR **s'~ à** (= *ressembler à*) to be similar to

apparier [apaʀje] /TABLE 7/ VT (*littér*) (= *assortir*) to match; (= *coupler*) to pair; (= *accoupler*) to mate

appariteur [apaʀitœʀ] NM (*Univ*) ≈ proctor (*Brit*), ≈ campus policeman (*US*)

apparition [apaʀisjɔ̃] NF ⓐ (= *manifestation*) appearance; [*de boutons, fièvre*] outbreak • **faire son ~** to appear • **il n'a fait qu'une (courte** *ou* **brève) ~** he only made a brief appearance • **par ordre d'~ à l'écran** (*au générique*) in order of appearance ⓑ (= *vision*) apparition

appartement [apaʀtəmɑ̃] NM ⓐ [*de maison, immeuble*] flat (*Brit*), apartment (*US*) → **plante** ⓑ **~s** [*de château*] apartments ⓒ (*Can* = *pièce*)* room

> ✎ Le mot anglais s'écrit avec un seul **p** et sans **e** après le **t**.

appartenance [apaʀtənɑ̃s] NF (*à une famille, un ensemble, un parti*) membership (**à** of) • **leur sentiment d'~ à cette nation** their sense of belonging to the nation

appartenir [apaʀtəniʀ] /TABLE 22/ **1** VT INDIR **~ à** to belong to **2** VB IMPERS **il appartient au comité de décider si ...** it is up to the committee to decide if ...

appât [apɑ] NM (*Pêche*) bait • **l'~ du gain** the lure of gain

appâter [apɑte] /TABLE 1/ VT [*+ poissons, gibier, personne*] to lure; [*+ piège, hameçon*] to bait

appauvrir [apovʀiʀ] /TABLE 2/ **1** VT [*+ personne, sol, langue*] to impoverish **2** VPR **s'appauvrir** [*personne, sol, pays*] to grow poorer; [*langue*] to become impoverished

appauvrissement [apovʀismɑ̃] NM [*de personne, sol, langue, pays*] impoverishment

appel [apɛl] **1** NM ⓐ (= *cri*) call • **~ à l'aide** *ou* **au secours** call for help • **l'~ du large** the call of the sea

ⓑ *(= sollicitation)* call **• dernier ~ pour le vol AF 850** *(dans aéroport)* last call for flight AF 850 **• ~ aux armes/aux urnes** call to arms/to vote **• lancer un ~ au calme** to appeal for calm **• lancer un ~ à témoins** to appeal for witnesses **• manifestation à l'~ d'une organisation** demonstration called by an organization **• faire un ~ de phares** to flash one's headlights **• offre/prix d'~** introductory offer/price **• article** *ou* **produit d'~** loss leader
ⓒ **faire ~ à** *(= invoquer)* to appeal to; *(= avoir recours à)* to call on; *(= nécessiter)* to call for **• faire ~ au bon sens/à la générosité de qn** to appeal to sb's common sense/generosity **• faire ~ à ses souvenirs** to call up one's memories **• faire ~ à l'armée** to call out the army **• on a dû faire ~ aux pompiers** they had to call the fire brigade **• ce problème fait ~ à des connaissances qu'il n'a pas** this problem calls for knowledge he hasn't got
ⓓ *(= vérification de présence) (en classe)* register; *(à l'armée)* roll call **• faire l'~** *(en classe)* to call the register *(Brit)*, to take attendance *(US)*; *(à l'armée)* to call the roll **• absent/présent à l'~** *[élève]* absent/present
ⓔ *(= recours en justice)* appeal **• faire ~ d'un jugement** to appeal against a judgment **• faire ~** to lodge an appeal **• sans ~** *[décision]* final
ⓕ *(Mil) (= mobilisation)* call-up
ⓖ **~ (téléphonique)** call
ⓗ *(Cartes)* signal **(à** for) **• faire un ~ à pique** to signal for a spade
ⓘ *(= élan)* take-off **• pied d'~** take-off foot
ⓙ *(Informatique)* call
2 COMP **▸ appel d'air** intake of air **• ça fait ~ d'air** there's a draught *(Brit) ou* draft *(US)* **▸ appel de fonds** call for capital **▸ appel d'offres** invitation to tender **• répondre à un ~ d'offres** to submit a tender **▸ appel du pied** veiled appeal **▸ appel vidéo** video call

appelé [ap(ə)le] NM *(Mil)* conscript **• il y a beaucoup d'~s et peu d'élus** many are called but few are chosen

appeler [ap(ə)le] /TABLE 4/ **1** VT ⓐ *(= interpeller, faire venir, au téléphone)* to call **• ~ le nom de qn** to call out sb's name **• ~ qn à l'aide** *ou* **au secours** to call to sb for help **• le devoir m'appelle** *(hum)* duty calls **• le patron l'a fait ~** the boss sent for him **• ~ qn par son prénom** to call sb by their first name **• ~ les choses par leur nom** to call things by their rightful name **• ~ un chat un chat** to call a spade a spade **• ~ qn en justice** *ou* **à comparaître** to summon sb before the court
ⓑ *(= désigner)* **~ qn à** *[+ poste]* to appoint sb to **• être appelé à de nouvelles fonctions** to be assigned new duties **• être appelé à un brillant avenir** to be destined for a brilliant future **• la méthode est appelée à se généraliser** the method looks set to become widely used
ⓒ *(= réclamer) [situation, conduite]* to call for **• j'appelle votre attention sur ce problème** I call your attention to this problem **• les affaires l'appellent à Lyon** he has to go to Lyon on business
ⓓ *[+ carte]* to call for
ⓔ *(Informatique) [+ fichier]* to call
2 VI *(= crier)* to call out **• ~ à l'aide** *ou* **au secours** to call for help **• j'en appelle à votre bon sens** I appeal to your common sense
3 VPR **s'appeler** ⓐ *(= être nommé)* to be called **• il s'appelle Paul** his name is Paul **• comment s'appelle cet oiseau?** what's the name of this bird? **• comment ça s'appelle en français?** what's that called in French? **• voilà ce qui s'appelle une gaffe!** now that's what I call a blunder! **• je te prête ce livre, mais il s'appelle Reviens!*** I'll lend you this book but I want it back! **• elle ne sait plus comment elle s'appelle*** *(= elle est désorientée)* she's totally confused, she doesn't know what day it is*
ⓑ *[personnes]* **on s'appelle ce soir (au téléphone)** you ring me or I'll ring you this evening

appellation [apelasjɔ̃] NF appellation; *(littér = mot)* term **• ~ d'origine** label of origin **• ~ (d'origine) contrôlée** *label guaranteeing the origin of wine and cheese* **• vin d'~** wine carrying a guarantee of origin

appendice [apɛ̃dis] NM appendix

appendicectomie [apɛ̃disɛktɔmi] NF appendectomy

appendicite [apɛ̃disit] NF appendicitis **• se faire opérer de l'~** to have one's appendix out

appentis [apɑ̃ti] NM *(= bâtiment)* lean-to; *(= auvent)* sloping roof

appesantir (s') [apəzɑ̃tiʀ] /TABLE 2/ VPR **s'~ sur un sujet** to dwell at length on a subject **• inutile de s'~** no need to dwell on that

appétissant, e [apetisɑ̃, ɑ̃t] ADJ *[nourriture]* appetizing; *(hum) [personne]* delectable **• peu ~** unappetizing

appétit [apeti] NM appetite **• avoir de l'~** *ou* **bon ~** to have a hearty appetite **• bon ~!** *(hôte)* bon appétit!; *(serveur)* enjoy your meal! **• perdre l'~** to lose one's appetite **• ouvrir l'~ de qn** to give sb an appetite **• manger avec ~** to eat heartily **• ~ sexuel** sexual appetite

applaudimètre [aplodimɛtʀ] NM applause meter

applaudir [aplodiʀ] /TABLE 2/ **1** VT to applaud **• applaudissons notre sympathique gagnant** let's give the winner a big hand **2** VI to clap **• ~ à tout rompre** to bring the house down

applaudissements [aplodismɑ̃] NMPL applause *NonC*, clapping *NonC* **• un tonnerre d'~** thunderous applause

appli [apli] NF (ABR DE **application**) app

applicable [aplikabl] ADJ applicable **• être ~ à** to apply to **• ce règlement est difficilement ~** this rule is difficult to apply

applicateur [aplikatœʀ] NM *(= dispositif)* applicator

application [aplikasjɔ̃] NF ⓐ *(= pose) [de peinture, pommade]* application **• renouveler l'~ tous les jours** apply every day ⓑ *(= mise en pratique)* application; *[de peine, loi]* enforcement; *[de règlement, décision]* implementation **• mettre en ~** *[+ décision]* to implement; *[+ loi]* to enforce; *[+ théorie]* to put into practice **• entrer en ~** to come into force **• champ d'~** area of application ⓒ *(= attention)* application **• travailler avec ~** to work diligently ⓓ *(Informatique)* application

applique [aplik] NF *(= lampe)* wall light

appliqué, e [aplike] *ptp de* **appliquer** ADJ ⓐ *[personne]* hard-working; *[écriture]* careful ⓑ *[linguistique, mathématiques]* applied

appliquer [aplike] /TABLE 1/ **1** VT ⓐ *(= poser) [+ peinture, revêtement, cataplasme]* to apply **(sur** to) **• ~ une échelle sur** *ou* **contre un mur** to lean a ladder against a wall ⓑ *(= mettre en pratique)* to apply; *[+ règlement, décision]* to implement; *[+ peine, loi]* to enforce; *[+ remède]* to administer; *[+ recette]* to use **2** VPR **s'appliquer** ⓐ *(= correspondre)* **s'~ à** to apply to ⓑ *(= s'acharner)* **s'~ à faire qch** to make every effort to do sth **• applique-toi!** make an effort!

appliquette [aplikɛt] (NF) (*Internet*) applet

appoint [apwɛ̃] (NM) **a** (= *monnaie*) **l'~** the right money • **« prière de faire l'~ »** "exact change only please" **b radiateur d'~** extra heater • **salaire d'~** secondary *ou* extra income • **travail d'~** second job

appointements [apwɛ̃tmɑ̃] (NMPL) salary

apport [apɔʀ] (NM) (= *contribution*) contribution • **l'~ de notre civilisation à l'humanité** our civilization's contribution to humanity • **~ calorique** calorie content

apporter [apɔʀte] /TABLE 1/ (VT) to bring; [+ *preuve, solution*] to provide

> **apporter** se traduira par **to bring** ou par **to take** suivant que le locuteur se trouve ou non à l'endroit en question.

• **apporte-le-moi** bring it to me • **apporte-le-lui** take it to him • **~ des modifications à un texte** to make changes to a text • **~ du soin à qch/à faire qch** to exercise care in sth/in doing sth • **leur enseignement m'a beaucoup apporté** I got a lot out of their teaching • **c'est le genre de commentaire qui n'apporte rien** it's the sort of comment that doesn't help

> Generally **apporter** is used with things, **amener** with people.

apposer [apoze] /TABLE 1/ (VT) (*frm*) [+ *sceau, plaque*] to affix; [+ *signature*] to append (*frm*)

apposition [apozisjɔ̃] (NF) **a** [*de mots*] apposition **b** [*de signature*] appending (*frm*)

appréciable [apʀesjabl] (ADJ) **a** (= *assez important*) appreciable • **un nombre ~ de gens** a good many people **b** (= *agréable*) [*qualité, situation*] pleasant • **c'est ~ de pouvoir se lever tard** it's nice to be able to get up late

appréciation [apʀesjasjɔ̃] (NF) **a** (= *évaluation*) [*de distance, importance*] estimation; [*de prix*] estimate **b** (= *jugement*) **soumettre qch à l'~ de qn** to ask for sb's assessment of sth • **je laisse cela à votre ~** I leave you to judge for yourself • **commettre une erreur d'~** to be mistaken in one's assessment • **les ~s du professeur sur un élève** the teacher's assessment of a pupil **c** (= *augmentation*) [*de monnaie*] appreciation

apprécier [apʀesje] /TABLE 7/ **1** (VT) **a** (= *évaluer*) [+ *distance, prix, importance*] to estimate **b** (= *discerner*) [+ *nuance*] to perceive **c** (= *aimer*) [+ *qualité, repas*] to appreciate • **~ qn** (= *le trouver sympathique*) to like sb; (= *l'estimer*) to appreciate sb • **je n'apprécie guère votre attitude** I don't like your attitude • **il n'a pas apprécié!** he didn't like that one bit!
2 (VPR) **s'apprécier** **a** (= *s'estimer*) to like each other **b** [*monnaie*] to appreciate

appréhender [apʀeɑ̃de] /TABLE 1/ (VT) **a** (= *arrêter*) to apprehend **b** (= *redouter*) to dread • **~ (de faire) qch** to dread (doing) sth **c** (= *comprendre*) to grasp

appréhension [apʀeɑ̃sjɔ̃] (NF) **a** (= *crainte*) apprehension • **envisager qch avec ~** to be apprehensive about sth **b** (= *compréhension*) apprehension

apprendre [apʀɑ̃dʀ] /TABLE 58/ (VT) **a** [+ *leçon, métier*] to learn • **~ à lire/à nager** to learn to read/to swim • **~ à se servir de qch** to learn to use sth • **~ à connaître qn** to get to know sb • **il apprend vite** he's a quick learner **b** [+ *nouvelle*] to hear; [+ *événement, fait*] to hear of; [+ *secret*] to be told (**de qn** by sb) • **j'ai appris hier que ...** I heard yesterday that ... • **j'ai appris son arrivée par des amis** I heard of his arrival through friends **c** (= *annoncer*) **~ qch à qn** to tell sb sth • **il m'a appris la nouvelle** he told me the news • **il m'apprend à l'instant qu'il va partir** he has just told me that he's going to leave • **vous ne m'apprenez rien!** you haven't told me anything I didn't know already! **d** (= *enseigner*) **~ qch à qn** to teach sb sth, to teach sth to sb • **~ à qn à faire qch** to teach sb to do sth • **ça lui apprendra (à vivre)!** that'll teach him a lesson!

apprenti, e [apʀɑ̃ti] (NM,F) [*de métier*] apprentice; (= *débutant*) beginner • **jouer à l'~ sorcier** to play God

apprentissage [apʀɑ̃tisaʒ] (NM) (= *formation*) apprenticeship • **l'~ de l'anglais/de la lecture** learning English/to read • **être en ~** to be an apprentice (**chez** to) • **faire son ~** to do one's training (**chez** with) • **centre d'~** training school • **faire l'~ de la vie active** to have one's first experience of work • **~ en ligne** e-learning • **~ mobile** m-learning

apprêt [apʀɛ] (NM) **a couche d'~** (= *peinture*) coat of primer **b** (= *affectation*) **sans ~** unaffected • **elle est d'une beauté sans ~** she has a kind of natural beauty

apprêté, e [apʀete] *ptp de* **apprêter** (ADJ) [*manière, style*] affected

apprêter [apʀete] /TABLE 1/ **1** (VT) [+ *nourriture*] to prepare
2 (VPR) **s'apprêter** **a s'~ à qch/à faire qch** (= *se préparer*) to get ready for sth/to do sth • **nous nous apprêtions à partir** we were getting ready to leave **b** (= *faire sa toilette*) to get ready

appris, e [apʀi, apʀiz] *ptp de* **apprendre**

apprivoisé, e [apʀivwaze] *ptp de* **apprivoiser** (ADJ) tame

apprivoiser [apʀivwaze] /TABLE 1/ **1** (VT) [+ *animal, personne difficile*] to tame; [+ *personne timide*] to bring out of his (*ou* her) shell **2** (VPR) **s'apprivoiser** [*animal*] to become tame

approbateur, -trice [apʀɔbatœʀ, tʀis] (ADJ) approving

approbation [apʀɔbasjɔ̃] (NF) approval • **donner son ~ à un projet** to give one's approval to a project

approchable [apʀɔʃabl] (ADJ) [*personne*] approachable

approchant, e [apʀɔʃɑ̃, ɑ̃t] (ADJ) similar • **quelque chose d'~** something like that

approche [apʀɔʃ] (NF) **a** (= *arrivée*) approach • **à mon ~ il sourit** he smiled as I came up to him • **à l'~ de l'hiver** as winter approached • **à l'~ de la cinquantaine, il ...** as he approached fifty, he ... **b** (= *abord*) **être d'~ difficile** [*personne*] to be unapproachable **c** (= *façon d'envisager*) approach • **l'~ de ce problème** the approach to this problem

approcher [apʀɔʃe] /TABLE 1/ **1** (VT) **a** [+ *objet*] to bring nearer • **~ une table d'une fenêtre** to move a table near to a window • **approche ta chaise** bring your chair nearer
b [+ *personne*] to approach
▸ **approcher de** [+ *lieu*] to approach • **nous approchons du but** we're getting there • **il approche de la cinquantaine** he's getting on for (*Brit*) *ou* going on (*US*) fifty
2 (VI) to approach • **le jour approche où ...** the day is near when ... • **approchez, approchez!** come closer!
3 (VPR) **s'approcher** to approach • **il s'est approché pour me parler** he came up to speak to me • **l'enfant s'approcha de moi** the child came up to me • **ne t'approche pas de moi** don't come near me • **approche-toi!** come here!

approfondi, e [apʀɔfɔ̃di] *ptp de* **approfondir** (ADJ) *[connaissances, étude]* thorough; *[débat]* in-depth

approfondir [apʀɔfɔ̃diʀ] /TABLE 2/ (VT) *[+ question]* to go into; *[+ connaissances]* to improve • **il vaut mieux ne pas ~ le sujet** it's better not to go into the matter too closely • **sans ~** superficially

appropriation [apʀɔpʀijasjɔ̃] (NF) *(Droit)* appropriation

approprié, e [apʀɔpʀije] *ptp de* **approprier** (ADJ) appropriate

approprier (s') [apʀɔpʀije] /TABLE 7/ (VPR) *[+ bien, droit]* to appropriate

approuver [apʀuve] /TABLE 1/ (VT) **a** *(= être d'accord avec)* to approve of • **il a démissionné et je l'approuve** he resigned, and I think he was right to **b** *(= avaliser) [+ comptes, médicament, procès-verbal, nomination]* to approve

approvisionnement [apʀɔvizjɔnmɑ̃] (NM) *(= action)* supplying (**en, de** of) • **~s** *(= réserves)* supplies

approvisionner [apʀɔvizjɔne] /TABLE 1/ **1** (VT) *[+ magasin, commerçant]* to supply (**en, de** with); *[+ compte bancaire]* to pay money into • **ils sont bien approvisionnés en fruits** they are well supplied with fruit **2** (VPR) **s'approvisionner** to stock up (**en** with) • **je m'approvisionne au supermarché** I shop at the supermarket

approximatif, -ive [apʀɔksimatif, iv] (ADJ) *[calcul, évaluation, traduction]* rough; *[nombre, prix]* approximate; *[termes]* vague • **parler un français ~** to speak broken French

approximation [apʀɔksimasjɔ̃] (NF) rough estimate • **par ~s successives** by trial and error

approximativement [apʀɔksimativmɑ̃] (ADV) *[calculer, évaluer]* roughly; *[compter]* approximately

appui [apɥi] (NM) support • **prendre ~ sur** *[personne]* to lean on; *[objet]* to rest on • **avoir l'~ de qn** to have sb's support

▸ **à l'appui** to back this up • **avec preuves à l'~** with evidence to back this up

appuie-tête *(pl* **appuie-tête(s)***)* [apɥitɛt] (NM) *[de voiture]* headrest

appuyé, e [apɥije] *ptp de* **appuyer** (ADJ) **il m'a lancé un regard ~** he looked at me intently • **il a rendu un hommage ~ à son collègue** he paid a glowing tribute to his colleague

appuyer [apɥije] /TABLE 8/ **1** (VT) **a** *(= poser) [+ objet, coudes]* to lean • **~ une échelle contre un mur** to lean a ladder against a wall

b *(= presser)* to press • **appuie ton doigt sur le pansement** press your finger on the dressing

c *(= soutenir) [+ personne, candidature]* to back • **~ la demande de qn** to back sb's request

2 (VI) **a** *(= presser sur)* **~ sur** *[+ bouton]* to press; *[+ gâchette]* to pull • **~ sur le champignon*** to step on the gas*

b *(= reposer sur)* **~ sur** to rest on

c *(= insister sur)* **~ sur** *[+ mot, syllabe]* to stress

3 (VPR) **s'appuyer** **a** *(= s'accoter)* **s'~ sur/contre** to lean on/against

b *(= compter)* **s'~ sur** *[+ personne, autorité]* to lean on • **s'~ sur des découvertes récentes pour démontrer …** to use recent discoveries to demonstrate …

âpre [ɑpʀ] (ADJ) **a** *[goût]* acrid; *[son, voix]* harsh; *[discussion]* difficult; *[concurrence]* fierce • **après d'~s marchandages** after some intense haggling **b** **~ au gain** grasping

âprement [ɑpʀəmɑ̃] (ADV) *[lutter]* bitterly; *[critiquer]* fiercely

---

après [apʀɛ]

1 PRÉPOSITION	2 ADVERBE

1 PRÉPOSITION

a *(temps)* after • **venez ~ 8 heures** come after 8 • **~ tout ce que j'ai fait pour lui** after everything I've done for him • **il est entré ~ elle** he came in after her • **jour ~ jour** day after day

▸ **après** + *infinitif* **~ avoir lu ta lettre, j'ai téléphoné à maman** when I'd read your letter, I phoned mother • **~ être rentré chez lui, il a bu un whisky** when he got home he had a whisky • **~ manger** after eating

▸ **après que** after • **~ que je l'ai quittée, elle a ouvert une bouteille de champagne** after I left her she opened a bottle of champagne

▸ **après coup** later • **~ coup, j'ai eu des remords** later I felt guilty • **il n'a réagi qu'~ coup** he didn't react until later

▸ **et après?** *(pour savoir la suite)* and then what?; *(pour marquer l'indifférence)* so what?*

b *(ordre)* **sa famille passe ~ ses malades** his family comes second to his patients • **~ vous, je vous en prie** after you

▸ **après tout** after all • **~ tout, ce n'est qu'un enfant** after all he is only a child

c *(lieu)* after • **sa maison est juste ~ la mairie** his house is just after the town hall

d *(objet)* after • **le chien court ~ sa balle** the dog's running after his ball

e *(personne)** at • **le chien aboyait ~ eux** the dog was barking at them • **il est furieux ~ eux** he's mad at them* • **~ qui en a-t-il?** who has he got it in for?* • **il est toujours ~ elle** *(harcèlement)* he's always on at her*

f ▸ **d'après** **portrait peint d'~ nature** portrait painted from life • **scénario d'~ un roman de Balzac** screenplay adapted from a novel by Balzac • **d'~ lui** according to him • **d'~ moi** in my opinion • **d'~ ce qu'il a dit** from what he said • **d'~ la météo** according to the weather forecast • **d'~ ma montre** by my watch

2 ADVERBE

a *(temps)* *(= ensuite)* afterwards; *(= ensuite dans une série)* next; *(= plus tard)* later • **venez me voir ~** come and see me afterwards • **longtemps ~** a long time afterwards • **le film ne dure qu'une demi-heure, qu'allons-nous faire ~?** the film only lasts half an hour, what are we going to do afterwards? • **~, je veux faire un tour de manège** next I want to go on the merry-go-round • **~, c'est ton tour** it's your turn next • **la semaine d'~** the following week • **deux jours ~** two days later • **deux semaines ~** two weeks later

b *(lieu)* **tu vois la poste? sa maison est juste ~** do you see the post office? his house is just a bit further on • **c'est la rue d'~** it's the next street along

c *(ordre)* **qu'est-ce qui vient ~?** what next?

---

après-demain [apʀɛd(ə)mɛ̃] (ADV) the day after tomorrow

après-guerre *(pl* **après-guerres***)* [apʀɛgɛʀ] (NM) **l'~** the post-war years • **d'~** post-war

après-midi [apʀɛmidi] (NM INV *ou* NF INV) afternoon • **dans l'~** in the afternoon

après-rasage (*pl* **après-rasages**) [apʀεʀɑzaʒ] **1** ADJ INV **lotion/mousse ~** aftershave lotion/mousse **2** NM aftershave

après-shampo(o)ing (*pl* **après-shampo(o)ings**) [apʀεʃɑ̃pwɛ̃] NM (hair) conditioner

après-ski (*pl* **après-ski(s)**) [apʀεski] NM ⓐ (*= chaussure*) snow boot ⓑ (*= loisirs*) **l'~** après-ski

après-soleil [apʀεsɔlεj] **1** ADJ INV after-sun **2** NM INV after-sun cream

après-vente [apʀεvɑ̃t] ADJ INV **service ~** after-sales service

âpreté [ɑpʀəte] NF ⓐ [*de goût, vin*] pungency; [*d'hiver, vent, temps*] bitterness, harshness; [*de son, voix, ton*] harshness ⓑ [*de discussion*] bitterness; [*de concurrence, critique*] fierceness • **~ au gain** greed

a priori° [apʀijɔʀi] **1** ADV at first sight • **refuser qch ~** to refuse sth out of hand • **tu es libre samedi ? — ~ oui** are you free on Saturday? — I should be **2** NM INV prejudice • **avoir des ~** to be prejudiced • **sans ~** with an open mind

à-propos [apʀɔpo] NM (*= présence d'esprit*) presence of mind; [*de remarque, acte*] aptness • **avoir beaucoup d'~** to have the knack of saying the right thing • **avoir l'esprit d'~** to be quick off the mark

apte [apt] ADJ **~ à qch** capable of sth • **~ à faire qch** capable of doing sth • **~ à exercer une profession** (*intellectuellement*) (suitably) qualified for a job; (*physiquement*) capable of doing a job • **~ (au service)** (*Mil*) fit for service

aptitude [aptityd] NF (*= faculté*) ability; (*= don*) gift • **test d'~** aptitude test • **avoir de grandes ~s** to be very gifted

apurer [apyʀe] /TABLE 1/ VT [*+ comptes*] to audit

APVA [apeva] (ABR DE **apportez votre propre appareil**) BYOD (*= bring your own device*)

aquaculture [akwakyltyʀ] NF (*gén*) aquiculture, aquaculture; [*de poissons*] fish farming

aquagym [akwaʒim] NM aquaerobics *sg*

aquaparc [akwapaʀk] NM water park, aquapark

aquarelle [akwaʀεl] NF (*= technique*) watercolours (*Brit*), watercolors (*US*); (*= tableau*) watercolour (*Brit*), watercolor (*US*)

aquarelliste [akwaʀelist] NMF watercolourist (*Brit*), watercolorist (*US*)

aquarium [akwaʀjɔm] NM aquarium

aquatique [akwatik] ADJ [*plante, oiseau*] aquatic • **parc ~** water park

aqueduc [ak(ə)dyk] NM (*pour eau*) aqueduct

aquilin, e [akilɛ̃, in] ADJ aquiline

AR [aεʀ] NM (ABR DE **accusé** *ou* **avis de réception**) acknowledgement of receipt

arabe [aʀab] **1** ADJ [*nation, peuple*] Arab; [*art, langue, littérature*] Arabic • **(cheval) ~** Arab (horse) **2** NM (*= langue*) Arabic **3** NM **Arabe** Arab **4** NF **Arabe** Arab woman (*ou* girl)

arabica [aʀabika] NM arabica

Arabie [aʀabi] NF Arabia • **~ Saoudite** Saudi Arabia • **le désert d'~** the Arabian desert

arabisant, e [aʀabizɑ̃, ɑ̃t] NM,F Arabist, Arabic scholar

arable [aʀabl] ADJ arable

arachide [aʀaʃid] NF peanut

araignée [aʀeɲe] NF ⓐ (*= animal*) spider • **~ de mer** spider crab ⓑ (*= crochet*) grapnel

araser [aʀɑze] /TABLE 1/ VT ⓐ (*= mettre de niveau*) to level; (*en rabotant*) to plane down ⓑ [*+ relief*] to erode

arbalète [aʀbalεt] NF crossbow

arbitrage [aʀbitʀaʒ] NM ⓐ (*dans différend*) arbitration; (*= sentence*) ruling ⓑ (*Boxe, Football, Rugby*) refereeing; (*Hockey, Tennis*) umpiring • **erreur d'~** refereeing error, umpiring error

arbitraire [aʀbitʀεʀ] ADJ arbitrary

arbitrairement [aʀbitʀεʀmɑ̃] ADV arbitrarily

arbitre [aʀbitʀ] NM ⓐ (*Boxe, Football, Rugby*) referee; (*Hockey, Tennis*) umpire • **faire l'~** to referee *ou* umpire • **~ de chaise** (*Tennis*) umpire ⓑ (*= conciliateur*) arbiter

arbitrer [aʀbitʀe] /TABLE 1/ VT ⓐ [*+ conflit*] to arbitrate; [*+ personnes*] to arbitrate between ⓑ (*Boxe, Football, Rugby*) to referee; (*Hockey, Tennis*) to umpire

arboré, e [aʀbɔʀe] ADJ [*région*] wooded; [*jardin*] planted with trees

arborer [aʀbɔʀe] /TABLE 1/ VT [*+ sourire*] to wear; [*+ air*] to display; [*+ décoration*] to sport

arborescence [aʀbɔʀesɑ̃s] NF (*Agric*) arborescence; (*Ling, Math*) tree (diagram); (*Informatique*) tree (structure)

arborescent, e [aʀbɔʀesɑ̃, ɑ̃t] ADJ [*plante*] arborescent • **réseau ~** tree network • **menu ~** (*Informatique*) menu tree, tree-structured menu

arboretum [aʀbɔʀetɔm] NM arboretum

arboriculteur, -trice [aʀbɔʀikyltœʀ, tʀis] NM,F tree grower, arboriculturist (*SPÉC*)

arboriculture [aʀbɔʀikyltyʀ] NF tree growing

arbouse [aʀbuz] NF arbutus berry

arbre [aʀbʀ] NM tree • **~ fruitier/d'ornement** fruit/ornamental tree ▸ **arbre à cames** camshaft ▸ **arbre généalogique** family tree • **faire son ~ généalogique** to draw up one's family tree ▸ **arbre de Noël** (*= sapin*) Christmas tree; (*= fête d'entreprise*) *Christmas party for employees' children* ▸ **arbre de transmission** propeller shaft

arbrisseau (*pl* **arbrisseaux**) [aʀbʀiso] NM shrub

arbuste [aʀbyst] NM shrub

arc [aʀk] NM (*= arme*) bow; (*Archit*) arch ▸ **arc brisé** Gothic arch ▸ **arc de cercle** (*= figure géométrique*) arc of a circle • **en ~ de cercle** [*disposés*] in an arc ▸ **arc en plein cintre** Roman arch ▸ **arc de triomphe** triumphal arch

arcade [aʀkad] NF arch • **~s** arches • **se promener sous les ~s** to walk underneath the arches ▸ **arcade sourcilière** arch of the eyebrows • **il a une entaille à l'~ sourcilière** he's got a cut over his eye

arcane [aʀkan] NM (*= mystère*) mystery

arc-boutant (*pl* **arcs-boutants**) [aʀkbutɑ̃] NM flying buttress

arc-bouter (s') [aʀkbute] /TABLE 1/ VPR to lean (**à, contre** against, **sur** on)

arceau (*pl* **arceaux**) [aʀso] NM (*Archit*) arch; (*Croquet*) hoop

arc-en-ciel (*pl* **arcs-en-ciel**) [aʀkɑ̃sjεl] NM rainbow

archaïque [aʀkaik] ADJ archaic

archaïsme [aʀkaism] NM archaism

arche [aʀʃ] NF ⓐ (*= voûte*) arch ⓑ **l'~ de Noé** Noah's Ark

archéologie [aʀkeɔlɔʒi] NF archaeology (*Brit*), archeology (*US*)

archéologique [aʀkeɔlɔʒik] ADJ archaeological (*Brit*), archeological (*US*)

archéologue [aʀkeɔlɔg] NMF archaeologist (*Brit*), archeologist (*US*)

archet [aʀʃε] NM bow

archétype [aʀketip] (NM) archetype
archevêché [aʀʃəveʃe] (NM) (= *palais*) archbishop's palace
archevêque [aʀʃəvɛk] (NM) archbishop
archi* [aʀʃi] (PRÉF) (= *extrêmement*) incredibly • **~bondé** • **~comble** • **~plein** chock-a-block* • **~connu** incredibly well-known
archipel [aʀʃipɛl] (NM) archipelago
architecte [aʀʃitɛkt] (NMF) architect • **~ d'intérieur** interior designer
architectural, e (*mpl* **-aux**) [aʀʃitɛktyʀal, o] (ADJ) architectural
architecture [aʀʃitɛktyʀ] (NF) architecture; (*fig*) structure
archiver [aʀʃive] /TABLE 1/ (VT) to archive
archives [aʀʃiv] (NFPL) archives • **je vais chercher dans mes ~** I'll look through my files
archiviste [aʀʃivist] (NMF) archivist
arctique [aʀktik] 1 (ADJ) [*région*] Arctic • **l'océan (glacial) Arctique** the Arctic ocean 2 (NM) **l'Arctique** the Arctic
ardemment [aʀdamɑ̃] (ADV) ardently, fervently • **désirer ~ qch** to yearn for sth
ardent, e [aʀdɑ̃, ɑ̃t] (ADJ) [*soleil*] blazing; [*foi*] passionate; [*passion, désir*] burning; [*prière*] fervent; [*jeunesse*] fiery; [*partisan*] ardent
ardeur [aʀdœʀ] (NF) ardour (*Brit*), ardor (*US*); [*de partisan*] zeal • **son ~ au travail** his enthusiasm for work
ardoise [aʀdwaz] (NF) (= *matière*) slate; (= *dette*)* unpaid bill
ardu, e [aʀdy] (ADJ) [*travail*] arduous; [*problème*] difficult
are [aʀ] (NM) 100m²
aréna [aʀena] (NF) (*Can*) ice rink
arène [aʀɛn] (NF) ⓐ (= *piste*) arena • **descendre dans l'~** (*fig*) to enter the arena ⓑ **~s** (*Archit*) amphitheatre (*Brit*), amphitheater (*US*)
arête [aʀɛt] (NF) ⓐ [*de poisson*] fishbone • **c'est plein d'~s** it's full of bones ⓑ [*de cube, pierre*] edge; [*de toit*] ridge
argent [aʀʒɑ̃] 1 (NM) ⓐ money *NonC* • **il a de l'~** (= *il est riche*) he's got money • **il l'a fait pour l'~** he did it for money • **il se fait un ~ fou*** he makes pots* of money • **l'~ de la drogue** drug money • **on en a pour son ~** it's good value for money • **jeter l'~ par les fenêtres** to throw money down the drain • (PROV) **l'~ ne fait pas le bonheur** money can't buy happiness
ⓑ (= *métal, couleur*) silver • **en ~** • **d'~** silver
2 (COMP) ▸ **argent comptant** cash • **prendre qch pour ~ comptant** to take sth at face value ▸ **argent liquide** cash ▸ **argent de poche** pocket money ▸ **argent sale** dirty money
argenté, e [aʀʒɑ̃te] (ADJ) [*couleur, cheveux*] silvery • **en métal ~** [*couverts*] silver-plated
argenterie [aʀʒɑ̃tʀi] (NF) silverware; (*de métal argenté*) silver plate • **faire l'~** to clean the silver
argentin, e [aʀʒɑ̃tɛ̃, in] 1 (ADJ) (= *d'Argentine*) Argentinian (*Brit*), Argentinean (*US*) 2 (NM,F) **Argentin(e)** Argentinian (*Brit*), Argentinean (*US*)
Argentine [aʀʒɑ̃tin] (NF) Argentina
argentique [aʀʒɑ̃tik] 1 (ADJ) [*photo*] conventional 2 (NM) (= *appareil photo*) film camera
argh [aʀg] (EXCL) argh!
argile [aʀʒil] (NF) clay
argot [aʀgo] (NM) slang • **~ de métier** jargon
argotique [aʀgɔtik] (ADJ) (= *de l'argot*) slang; (= *très familier*) slangy
argouse [aʀguz] (NF) (= *fruit*) sea buckthorn
argousier [aʀguzje] (NM) (= *arbuste*) sea buckthorn
argument [aʀgymɑ̃] (NM) argument • **~ de vente** selling point
argumentaire [aʀgymɑ̃tɛʀ] (NM) argument; (*Commerce*) sales leaflet
argumentation [aʀgymɑ̃tasjɔ̃] (NF) argumentation
argumenter [aʀgymɑ̃te] /TABLE 1/ (VI) (= *donner des raisons*) to argue (**sur** about)
argus [aʀgys] (NM) **l'~ (de l'automobile)** *guide to secondhand car prices*
arguties [aʀgysi] (NFPL) quibbling
aride [aʀid] (ADJ) dry; [*sol*] arid
aridité [aʀidite] (NF) dryness; [*de sol*] aridity
aristocrate [aʀistɔkʀat] (NMF) aristocrat
aristocratie [aʀistɔkʀasi] (NF) aristocracy
aristocratique [aʀistɔkʀatik] (ADJ) aristocratic
arithmétique [aʀitmetik] 1 (NF) (= *science*) arithmetic 2 (ADJ) arithmetical
armada [aʀmada] (NF) **une ~ de** a host of
armagnac [aʀmaɲak] (NM) Armagnac
armateur [aʀmatœʀ] (NM) (= *propriétaire*) shipowner
armature [aʀmatyʀ] (NF) ⓐ [*de tente, parapluie*] frame; (= *infrastructure*) framework • **soutien-gorge à ~** underwired bra • **soutien-gorge sans ~** soft-cup bra ⓑ (*Mus*) key signature
arme [aʀm] 1 (NF) ⓐ (= *instrument*) weapon; (= *fusil, revolver*) gun • **~s** weapons • **l'~ du crime** the murder weapon • **~ atomique** atomic weapon • **avoir l'~ nucléaire** to have nuclear weapons • **soldats en ~s** armed soldiers • **aux ~s!** to arms! • **~ à double tranchant** double-edged weapon
ⓑ (= *section d'armée*) arm • **dans quelle ~ sert-il?** which branch of the army does he serve in?
ⓒ (*locutions*) **prendre les ~s** (= *se soulever*) to rise up in arms; (*pour défendre son pays*) to take up arms • **déposer les ~s** to lay down one's arms • **faire ses premières ~s** to begin one's career • **à ~s égales** on equal terms • **passer qn par les ~s** to shoot sb by firing squad
2 (NFPL) **armes** (= *blason*) coat of arms
3 (COMP) ▸ **arme blanche** knife • **se battre à l'~ blanche** to fight with knives ▸ **arme à feu** firearm ▸ **arme de poing** handgun ▸ **arme de service** service revolver
armé, e [aʀme] *ptp de* **armer** 1 (ADJ) [*personne, forces, conflit*] armed • **~ de** armed with • **être bien ~ pour faire qch/contre qch** to be well-equipped to do sth/against sth
2 (NF) **armée** army • **l'~e d'occupation/de libération** the occupying/liberating army • **être à l'~e** to be doing one's military service 3 (COMP) ▸ **l'armée de l'air** the Air Force ▸ **armée de métier** professional army ▸ **l'Armée républicaine irlandaise** the Irish Republican Army ▸ **l'Armée rouge** the Red Army ▸ **l'Armée du Salut** the Salvation Army ▸ **l'armée de terre** the Army
armement [aʀməmɑ̃] (NM) ⓐ (= *action*) [*de pays, armée*] armament; [*de personne*] arming; [*de fusil*] cocking; [*d'appareil photo*] winding-on ⓑ (= *armes*) arms • **la limitation des ~s** arms limitation ⓒ (= *équipement*) fitting-out
Arménie [aʀmeni] (NF) Armenia
arménien, -ienne [aʀmenjɛ̃, jɛn] 1 (ADJ) Armenian 2 (NM) (= *langue*) Armenian 3 (NM,F) **Arménien(ne)** Armenian

armer [aʀme] /TABLE 1/ **1** (VT) ⓐ to arm (**de** with, **contre** against) • **~ qn contre les difficultés de la vie** to equip sb to deal with life's difficulties ⓑ [*+ navire*] to fit out ⓒ [*+ fusil*] to cock; [*+ appareil-photo*] to wind on **2** (VPR) **s'armer** to arm o.s. (**de** with, **contre** against) • **s'~ de courage** to summon up one's courage • **il faut s'~ de patience** you have to be patient

armistice [aʀmistis] (NM) armistice • **l'Armistice** (= *fête*) Armistice Day

armoire [aʀmwaʀ] (NF) cupboard; (= *penderie*) wardrobe ▸ **armoire frigorifique** cold store ▸ **armoire à glace** wardrobe with a mirror; (= *homme*)* great big guy* ▸ **armoire à linge** linen cupboard (*Brit*) *ou* closet (*US*) ▸ **armoire à pharmacie** medicine cabinet ▸ **armoire de toilette** bathroom cabinet

armoiries [aʀmwaʀi] (NFPL) coat of arms

armure [aʀmyʀ] (NF) [*de soldat*] armour *NonC* (*Brit*), armor *NonC* (*US*) • **une ~** a suit of armour

armurerie [aʀmyʀʀi] (NF) (= *magasin*) [*d'armes à feu*] gunsmith; [*d'armes blanches*] armourer (*Brit*), armorer (*US*)

armurier [aʀmyʀje] (NM) [*d'armes à feu*] gunsmith; [*d'armes blanches*] armourer (*Brit*), armorer (*US*)

ARN [aɛʀɛn] (NM) (ABR DE **acide ribonucléique**) RNA

arnaque* [aʀnak] (NF) con* • **il a monté plusieurs ~s immobilières** he organized several property frauds • **c'est (de) l'~** it's a rip-off*

arnaquer* [aʀnake] /TABLE 1/ (VT) to swindle • **je me suis fait ~ de 200 €** I was cheated out of 200 euros

arnaqueur, -euse* [aʀnakœʀ, øz] (NM,F) con artist*

arnica [aʀnika] (NF) arnica

arobase [aʀɔbaz] (NF) (= *symbole*) at symbol • **« paul ~ société point fr »** "paul at société dot fr"

aromate [aʀɔmat] (NM) (= *herbe*) herb; (= *épice*) spice • **~s** seasoning *NonC* • **ajoutez quelques ~s** add some seasoning

aromathérapeute [aʀɔmateʀapøt] (NMF) aromatherapist

aromathérapie [aʀɔmateʀapi] (NF) aromatherapy

aromatique [aʀɔmatik] (ADJ) aromatic

aromatiser [aʀɔmatize] /TABLE 1/ (VT) to flavour (*Brit*), to flavor (*US*) • **aromatisé à la vanille** vanilla-flavoured

arôme, arome [aʀom] (NM) [*de plat, café, vin*] aroma; [*de fleur*] fragrance; (= *goût*) flavour (*Brit*), flavor (*US*); (*ajouté à un aliment*) flavouring (*Brit*), flavoring (*US*) • **crème ~ chocolat** chocolate-flavoured cream

arpège [aʀpɛʒ] (NM) arpeggio

arpent [aʀpɑ̃] (NM) (*Hist*) arpent (*about an acre*); (*Can*) (= *mesure de longueur de 58,47 m*) arpent (*unit of length*); (*Can*) (= *mesure de superficie d'env. 34,2 ares*) arpent (*unit of area*) • **il a quelques ~s de terre** (*fig*) he's got a few acres

arpenter [aʀpɑ̃te] /TABLE 1/ (VT) [*+ pièce, couloir*] to pace up and down

arpenteur [aʀpɑ̃tœʀ] (NM) land surveyor

arqué, e [aʀke] (ADJ) [*objet, sourcils*] arched • **il a les jambes ~es** he's bandy-legged

arrachage [aʀaʃaʒ] (NM) [*de légume*] lifting; [*de plante, arbre*] uprooting; [*de dent*] extracting • **l'~ des mauvaises herbes** weeding

arraché [aʀaʃe] (NM) (*Sport*) snatch • **il soulève 130 kg à l'~** he can do a snatch using 130kg • **obtenir la victoire à l'~** to snatch victory

arrachement [aʀaʃmɑ̃] (NM) ⓐ (= *chagrin*) wrench ⓑ (= *déchirement*) tearing

arrache-pied° [aʀaʃpje] (NM) **d'~** [*travailler*] flat out • **on a travaillé d'~ pendant deux mois** we worked for two months flat out

arracher [aʀaʃe] /TABLE 1/ **1** (VT) ⓐ [*+ légume*] to lift; [*+ plante*] to pull up; [*+ cheveux, poil, clou*] to pull out; [*+ dent*] to take out • **je vais me faire ~ une dent** I'm going to have a tooth out • **~ des mauvaises herbes** to pull up weeds

ⓑ (= *enlever*) [*+ chemise, membre*] to tear off; [*+ affiche*] to tear down; [*+ feuille, page*] to tear out (**de** of) • **je vais lui ~ les yeux** I'll scratch his eyes out • **ça arrache (la gueule)***‡ [*plat*] it'll blow your head off!*; [*boisson*] it's really rough!

ⓒ (= *prendre*) **~ à qn** [*+ portefeuille, arme*] to snatch from sb • **~ des larmes/un cri à qn** to make sb cry/cry out • **ils ont arraché la victoire à la dernière minute** they snatched victory at the last minute • **il lui arracha son sac à main** he snatched her handbag from her • **je lui ai arraché cette promesse** I dragged this promise out of him

ⓓ (= *soustraire*) **~ qn à** [*+ famille, pays*] to tear sb away from; [*+ passion, vice, soucis*] to rescue sb from; [*+ sommeil, rêve*] to drag sb out of; [*+ sort, mort*] to snatch sb from

2 (VPR) **s'arracher** ⓐ **s'~ les cheveux** to tear one's hair out

ⓑ **on s'arrache leur dernier CD** everybody is desperate to get hold of their latest CD • **les cinéastes se l'arrachent** film directors are falling over themselves to get him to act in their films

ⓒ **s'~ de** *ou* **à** [*+ pays*] to tear o.s. away from; [*+ lit*] to drag o.s. from

arraisonner [aʀɛzɔne] /TABLE 1/ (VT) [*+ bateau*] to board

arrangeant, e [aʀɑ̃ʒɑ̃, ɑ̃t] (ADJ) accommodating

arrangement [aʀɑ̃ʒmɑ̃] (NM) ⓐ (= *action*) [*de fleurs, coiffure, voyage*] arranging ⓑ (= *agencement*) [*de mobilier, maison*] arrangement; [*de mots*] order ⓒ (= *accord*) arrangement • **arriver** *ou* **parvenir à un ~** to come to an arrangement ⓓ (*Mus*) arrangement

arranger [aʀɑ̃ʒe] /TABLE 3/ **1** (VT) ⓐ (= *disposer*) to arrange; [*+ coiffure*] to tidy up • **~ sa cravate/sa jupe** to straighten one's tie/skirt

ⓑ (= *organiser*) to arrange • **il a tout arrangé pour ce soir** he has arranged everything for tonight

ⓒ (= *régler*) [*+ différend*] to settle • **il a essayé d'~ les choses** *ou* **le coup*** he tried to sort things out • **tout est arrangé** everything is settled • **et il est en retard, ce qui n'arrange rien!** and he's late, which doesn't help!

ⓓ (= *contenter*) to suit • **ça ne m'arrange pas tellement** it doesn't really suit me

ⓔ (= *réparer*) to fix; (= *modifier*) to alter

ⓕ (*Mus*) to arrange

2 (VPR) **s'arranger** ⓐ (= *se mettre d'accord*) to come to an arrangement

ⓑ (= *s'améliorer*) [*querelle*] to be settled; [*santé*] to get better • **le temps n'a pas l'air de s'~** it doesn't look as though the weather is getting any better • **tout va s'~** everything will work out all right • **il ne fait rien pour s'~** he doesn't do himself any favours

ⓒ (= *se débrouiller*) to manage • **arrangez-vous comme vous voudrez mais je les veux demain** I don't mind how you do it but I want them for tomorrow

ⓓ (= *se faire mal*)* **tu t'es bien arrangé!** you do look a mess!*

arrangeur, -euse [aʀɑ̃ʒœʀ, øz] NM,F (= *musicien*) arranger

arrestation [aʀɛstasjɔ̃] NF arrest • **ils ont procédé à une douzaine d'~s** they made a dozen arrests • **procéder à l'~ de qn** to arrest sb • **être/mettre en état d'~** to be/place under arrest

arrêt [aʀɛ] 1 NM ⓐ [*de machine, véhicule, développement, croissance*] stopping • **attendez l'~ complet du train** wait until the train has come to a complete stop • **cinq minutes d'~** a five-minute stop • **«~s fréquents»** (*sur véhicule*) "frequent stops" • **être à l'~** [*véhicule, conducteur*] to be stationary • **faire un ~** [*train*] to stop; [*gardien de but*] to make a save • **marquer un ~ avant de continuer à parler** to pause before speaking again • **~ pipi*** loo stop* (*Brit*), bathroom break (*US*) • **donner un coup d'~ à** to check • **il a gagné par ~ de l'arbitre** (*Boxe*) he won on a stoppage

▸ **en arrêt** **rester** *ou* **tomber en ~** [*chien*] to point; [*personne*] to stop short • **être en ~** [*chien*] to be pointing (**devant** at); [*personne*] to stand transfixed (**devant** before)

▸ **sans arrêt** (= *sans interruption*) [*travailler, pleuvoir*] without stopping; (= *très fréquemment*) [*se produire, se détraquer*] constantly

ⓑ (= *lieu*) stop • **~ d'autobus** bus stop • **~ facultatif** request stop

ⓒ (*Can*) (= *panneau stop*) stop sign

ⓓ (= *décision juridique*) judgment

ⓔ (*sur magnétoscope*) **~ sur image** freeze frame

2 NMPL **arrêts** **mettre aux ~s** [+ *soldat*] to put under arrest

3 COMP ▸ **arrêt du cœur** cardiac arrest ▸ **l'arrêt des hostilités** the cessation of hostilities ▸ **arrêt de jeu** stoppage • **jouer les ~s de jeu** to play injury time ▸ **arrêt de maladie, arrêt maladie** sick leave • **être en ~ maladie** to be on sick leave ▸ **arrêt de mort** death warrant ▸ **arrêt de travail** (= *grève*) stoppage; (= *congé de maladie*) sick leave; (= *certificat*) medical certificate

arrêté, e [aʀete] *ptp de* **arrêter** 1 ADJ firm 2 NM (= *décision administrative*) order • **~ ministériel** ministerial order • **~ municipal** ≈ bylaw

arrêter [aʀete] /TABLE 1/ 1 VT ⓐ (= *immobiliser*) to stop • **arrêtez-moi près de la poste** drop me off by the post office

ⓑ (= *entraver*) to stop • **on n'arrête pas le progrès!** the wonders of modern science!

ⓒ (= *abandonner*) [+ *études, compétition, sport*] to give up • **on a dû ~ les travaux à cause de la neige** we had to stop work because of the snow

ⓓ (= *faire prisonnier*) to arrest • **je vous arrête!** you're under arrest!

ⓔ (= *fixer*) [+ *jour, lieu, plan*] to decide on • **il a arrêté son choix** he's made his choice

ⓕ [+ *malade*] to give sick leave to • **elle est arrêtée depuis trois semaines** she's been on sick leave for three weeks

ⓖ [+ *compte*] (= *fermer*) to settle; (= *relever*) to make up • **les comptes sont arrêtés chaque fin de mois** statements are made up at the end of every month

2 VI to stop • **~ de fumer** to stop smoking • **il n'arrête pas** he just never stops • **il n'arrête pas de critiquer tout le monde** he never stops criticizing people • **arrête!** stop it!

3 VPR **s'arrêter** ⓐ (= *s'immobiliser*) to stop • **s'~ net** to stop suddenly • **le train ne s'arrête pas à toutes les gares** the train doesn't stop at every station

ⓑ (= *s'interrompre*) to stop • **s'~ pour se reposer/pour manger** to stop for a rest/to eat • **sans s'~** without stopping

ⓒ (= *cesser*) [*développement, croissance*] to stop • **s'~ de manger/fumer** to stop eating/smoking • **l'affaire ne s'arrêtera pas là!** you (*ou* they *etc*) haven't heard the last of this!

ⓓ **s'~ sur** [*choix, regard*] to fall on • **s'~ à des détails** to worry about details • **arrêtons-nous un instant sur ce tableau** let us pause over this picture for a moment

arrhes [aʀ] NFPL deposit • **verser des ~** to pay a deposit

arriération [aʀjeʀasjɔ̃] NF retardation

arrière [aʀjɛʀ] 1 NM ⓐ [*de voiture*] back; [*de bateau*] stern; [*de train*] rear • **à l'~** (*d'un bateau*) at the stern • **se balancer d'avant en ~** to rock backwards and forwards

ⓑ (= *joueur*) fullback • **~ gauche/droit** (*Football*) left/right back; (*Basket*) left/right guard

▸ **en arrière** (= *derrière*) behind; (= *vers l'arrière*) backwards • **être/rester en ~** to be/lag behind • **regarder en ~** to look back • **faire un pas en ~** to step back • **se pencher en ~** to lean back • **en ~ toute!** (*sur bateau*) full astern! • **revenir en ~** to go back; (*avec magnétophone*) to rewind; (*dans ses pensées*) to look back • **renverser la tête en ~** to tilt one's head back • **le chapeau en ~** his hat tilted back • **avoir les cheveux en ~** to have one's hair brushed back • **en ~! vous gênez** stand back! you're in the way

2 NFPL **arrières** (*d'une armée*) the rear • **assurer ses ~s** (*fig*) to leave o.s. a way out

3 ADJ INV **roue/feu ~** rear wheel/light • **siège ~** [*de voiture*] back seat; [*de moto*] pillion → **machine, marche**

arriéré, e [aʀjeʀe] 1 ADJ [*région, pays*] backward; [*méthodes*] out-of-date 2 NM (= *choses à faire, travail*) backlog; (= *paiement*) arrears

arrière-boutique (*pl* **arrière-boutiques**) [aʀjɛʀbutik] NF **l'~** the back of the shop

arrière-cuisine (*pl* **arrière-cuisines**) [aʀjɛʀkɥizin] NF scullery

arrière-garde (*pl* **arrière-gardes**) [aʀjɛʀgaʀd] NF rearguard • **livrer un combat d'~** to fight a rearguard action

arrière-goût ° (*pl* **arrière-goûts**) [aʀjɛʀgu] NM aftertaste

arrière-grand-mère (*pl* **arrière-grands-mères**) [aʀjɛʀgʀɑ̃mɛʀ] NF great-grandmother

arrière-grand-père (*pl* **arrière-grands-pères**) [aʀjɛʀgʀɑ̃pɛʀ] NM great-grandfather

arrière-grands-parents [aʀjɛʀgʀɑ̃paʀɑ̃] NMPL great-grandparents

arrière-pays [aʀjɛʀpei] NM INV hinterland • **dans l'~ niçois** in the countryside inland of Nice

arrière-pensée (*pl* **arrière-pensées**) [aʀjɛʀpɑ̃se] NF (= *motif inavoué*) ulterior motive; (= *réserves, doute*) reservation • **je l'ai dit sans ~** I had no ulterior motive when I said it

arrière-petite-fille (*pl* **arrière-petites-filles**) [aʀjɛʀpətitfij] NF great-granddaughter

arrière-petit-fils (*pl* **arrière-petits-fils**) [aʀjɛʀpətifis] NM great-grandson

arrière-petits-enfants [aʀjɛʀpətizɑ̃fɑ̃] NMPL great-grandchildren

arrière-plan (*pl* **arrière-plans**) [aʀjɛʀplɑ̃] NM background • **à l'~** in the background

arrière-saison (*pl* **arrière-saisons**) [aʀjɛʀsɛzɔ̃] NF end of autumn (Brit), late fall (US)

arrière-salle (*pl* **arrière-salles**) [aʀjɛʀsal] NF back room; [*de café, restaurant*] inner room

arrière-train (*pl* **arrière-trains**) [aʀjɛʀtʀɛ̃] NM hindquarters

arrimer [aʀime] /TABLE 1/ VT (*sur bateau*) to stow

arrivage [aʀivaʒ] NM [*de marchandises*] consignment

arrivant, e [aʀivɑ̃, ɑ̃t] NM,F newcomer • **nouvel ~** newcomer

arrivée [aʀive] NF **a** arrival; [*de course, coureur*] finish • **« ~s »** "arrivals" • **contactez-nous à votre ~ à l'aéroport** contact us when you arrive at the airport • **à son ~ chez lui** when he arrived home • **à l'~** [*de course*] at the finish • **j'irai l'attendre à l'~ du train** I'll go and get him at the station • **à leur ~ au pouvoir** when they came to power **b ~ d'air/d'eau/de gaz** (= *robinet*) air/water/gas inlet; (= *processus*) inflow of air/water/gas

arriver [aʀive] /TABLE 1/

> **arriver** is conjugated with **être**.

1 VI **a** (*au terme d'un voyage*) to arrive • **~ à** [+ *ville*] to get to • **~ en France** to arrive in France • **nous sommes arrivés** we're here • **le train doit ~ à 6 heures** the train is due to arrive at 6 o'clock • **réveille-toi, on arrive!** wake up, we're almost there! • **~ le premier** (*à une course*) to come in first; (*à une soirée, une réception*) to arrive first • **les premiers arrivés** the first to arrive

b (= *approcher*) [*saison, nuit, personne, véhicule*] to come • **~ en courant** to run up • **j'arrive!** I'm coming! • **le train arrive en gare** the train is coming into the station • **l'air arrive par ce trou** the air comes in through this hole

c (= *atteindre*) **~ à** to reach • **la nouvelle est arrivée jusqu'à nous** the news has reached us • **le lierre arrive jusqu'au 1ᵉʳ étage** the ivy goes up to the 1st floor • **l'eau lui arrivait (jusqu')aux genoux** the water came up to his knees • **et le problème des salaires? — j'y arrive** and what about the wages problem? — I'm just coming to that • **il ne t'arrive pas à la cheville** he can't hold a candle to you • **~ au pouvoir** to come to power

d (= *réussir*) **~ à** (+ *infinitif*) to manage to • **pour ~ à lui faire comprendre qu'il a tort** to get him to understand he's wrong • **il n'arrive pas à le comprendre** he can't understand it • **je n'arrive pas à faire ce devoir** I can't do this exercise • **tu y arrives?** how are you getting on? • **je n'y arrive pas** I can't manage it • **~ à ses fins** to achieve one's ends • **il n'arrivera jamais à rien** he'll never achieve anything

e (= *atteindre une réussite sociale*) to succeed • **il se croit arrivé** he thinks he's arrived*

f (= *se produire*) to happen • **c'est arrivé hier** it happened yesterday • **ce sont des choses qui arrivent** these things happen • **tu n'oublies jamais? — ça m'arrive** don't you ever forget? — yes, sometimes • **cela ne m'arrivera plus!** I won't let it happen again! • **ça devait lui ~** he had it coming to him*

g ▸ **en arriver à** (= *finir par*) to come to • **on n'en est pas encore arrivé là!** (*résultat négatif*) we've not reached that stage yet!; (*résultat positif*) we've not got that far yet! • **on en arrive à se demander si …** it makes you wonder whether … • **c'est triste d'en ~ là** it's sad to be reduced to that

2 VB IMPERS **il est arrivé un accident** there's been an accident • **il lui est arrivé un accident** he's had an accident • **quoi qu'il arrive** whatever happens • **comme il arrive souvent** as often happens

▸ **il arrive que/de il m'arrive d'oublier** I sometimes forget • **il peut lui ~ de se tromper** she does occasionally make a mistake • **il m'est arrivé plusieurs fois de le voir** I have seen him *ou* it several times • **il ne lui arrive pas souvent de mentir** he doesn't often lie

arriviste [aʀivist] NMF careerist; (*social*) social climber

arrobase [aʀɔbɑz] NF = **arobase**

arrogance [aʀɔgɑ̃s] NF arrogance • **avec ~** arrogantly

arrogant, e [aʀɔgɑ̃, ɑ̃t] ADJ arrogant

arroger (s') [aʀɔʒe] /TABLE 3/ VPR [+ *pouvoirs, privilèges*] to assume (without right); [+ *titre*] to claim • **s'~ le droit de …** to assume the right to …

arrondi, e [aʀɔ̃di] *ptp de* **arrondir** ADJ round

arrondir [aʀɔ̃diʀ] /TABLE 2/ **1** VT **a** [+ *objet, contour*] to make round; [+ *rebord, angle*] to round off; [+ *visage, taille, ventre*] to fill out • **~ les angles** (*fig*) to smooth things over **b** (= *accroître*) **~ ses fins de mois** to supplement one's income **c** (= *simplifier*) [+ *somme, nombre*] to round off • **~ à l'euro inférieur/supérieur** to round down/up to the nearest euro **2** VPR **s'arrondir** [*taille, ventre, personne*] to fill out

arrondissement [aʀɔ̃dismɑ̃] NM district

> **ARRONDISSEMENT**
>
> Marseilles, Lyon and Paris are divided into city districts known as **arrondissements**, each with its own local council (the "conseil d'arrondissement") and mayor. The number of the **arrondissement** appears in addresses at the end of the post code.
>
> The French metropolitan and overseas "départements" are divided into over 300 smaller administrative areas. These are also known as **arrondissements** (départementaux).

arrosage [aʀozaʒ] NM [*de pelouse*] watering; [*de voie publique*] spraying • **cette plante nécessite des ~s fréquents** this plant needs frequent watering

arroser [aʀoze] /TABLE 1/ VT **a** [*personne*] [+ *plante, terre*] to water; [+ *champ*] to spray; [+ *rôti*] to baste • **~ qch d'essence** to pour petrol (Brit) *ou* gasoline (US) over sth • **arrosez d'huile d'olive** drizzle with olive oil • **c'est la ville la plus arrosée de France** it is the wettest city in France • **se faire ~*** to get drenched

b [*fleuve*] to water

c [+ *événement, succès*]* to drink to; [+ *repas*]* to wash down* • **après un repas bien arrosé** after a meal washed down with plenty of wine • **tu as gagné, ça s'arrose!** you've won – that calls for a drink!

d [*satellite*] to cover

e (= *soudoyer*)* to grease the palm of

arroseur [aʀozœʀ] NM [*de jardin*] waterer; (= *tourniquet*) sprinkler

arrosoir [aʀozwaʀ] NM watering can

arsenal (*pl* **-aux**) [aʀsənal, o] NM arsenal • **~ (de la marine** *ou* **maritime)** naval dockyard

arsenic [aʀsənik] NM arsenic

> The final **c** is pronounced.

art [aʀ] 1 (NM) ⓐ (= *esthétique, technique*) art • **l'~ pour l'~** art for art's sake • **livre/critique d'~** art book/critic • **un homme de l'~** a man in the profession • **le septième ~** cinema • **le huitième ~** television • **le neuvième ~** comic strips
ⓑ (= *adresse*) skill • **c'est tout un ~** it's quite an art • **il a l'~ et la manière** he knows what he's doing and he does it in style • **il a l'~ de dire des bêtises** he has a talent for talking nonsense
2 (COMP) ▸ **art déco** Art Deco ▸ **l'art dramatique** drama ▸ **art nouveau** Art Nouveau ▸ **arts appliqués** decorative arts ▸ **arts décoratifs** decorative arts ▸ **arts graphiques** graphic arts ▸ **arts martiaux** martial arts ▸ **arts martiaux mixtes** mixed martial arts ▸ **les Arts ménagers** (*salon*) ≈ the Ideal Home Exhibition ▸ **les Arts et Métiers** *higher education institute for industrial art and design* ▸ **les arts plastiques** the visual arts ▸ **les arts de la rue** street performance ▸ **art de vivre** way of life

Arte [aʀte] (N) *Franco-German cultural television channel*

artère [aʀtɛʀ] (NF) [*de corps*] artery • **(grande) ~** (= *route*) main road

artériel, -ielle [aʀteʀjɛl] (ADJ) arterial

arthrite [aʀtʀit] (NF) arthritis • **avoir de l'~** to have arthritis

arthrose [aʀtʀoz] (NF) osteoarthritis

Arthur [aʀtyʀ] (NM) Arthur • **le roi ~** King Arthur

artichaut [aʀtiʃo] (NM) artichoke

article [aʀtikl] 1 (NM) ⓐ (= *produit*) item • **nous ne faisons plus cet ~** we don't stock that item any more • **faire l'~** (*pour vendre qch*) to give the sales pitch
ⓑ [*de journal*] article; [*de dictionnaire*] entry
ⓒ (= *chapitre*) point; [*de loi, traité*] article
ⓓ (= *déterminant*) article • **~ défini** definite article • **~ indéfini** indefinite article
ⓔ **à l'~ de la mort** at death's door
2 (COMP) ▸ **article de fond** [*de journal*] feature ▸ **articles de bureau** office accessories ▸ **articles de consommation courante** convenience goods ▸ **articles de mode** fashion accessories ▸ **articles de sport** (= *vêtements*) sportswear; (= *objets*) sports equipment ▸ **articles de toilette** toiletries ▸ **articles de voyage** travel goods

articulation [aʀtikylasjɔ̃] (NF) ⓐ [*d'os*] joint; [*de pièces*] articulation ⓑ (= *prononciation*) articulation

articulé, e [aʀtikyle] *ptp de* **articuler** (ADJ) [*objet*] jointed; [*poupée*] pos(e)able • **autobus ~** articulated bus

articuler [aʀtikyle] /TABLE 1/ 1 (VT) ⓐ [+ *mot*] (= *prononcer clairement*) to articulate; (= *dire*) to pronounce • **il articule mal** he doesn't articulate clearly • **articule !** speak clearly! ⓑ (= *joindre*) [+ *idées*] to link 2 (VPR) **s'articuler son discours s'articule autour de deux thèmes** his speech centres on two themes

artifice [aʀtifis] (NM) trick • **~ de calcul** trick of arithmetic • **sans ~(s)** [*présentation*] simple; [*s'exprimer*] straightforwardly

artificiel, -ielle [aʀtifisjɛl] (ADJ) artificial; [*fibre*] man-made

> ✎ Le mot anglais se termine par **-ial**.

artificiellement [aʀtifisjɛlmɑ̃] (ADV) artificially

artificier [aʀtifisje] (NM) (= *fabricant*) firework manufacturer; (*pour désamorçage*) bomb disposal expert

artillerie [aʀtijʀi] (NF) artillery • **~ lourde** heavy artillery

artisan, e [aʀtizɑ̃, an] (NM,F) ⓐ (= *patron*) artisan, craftsman (*ou* craftswoman) • **~ boulanger** baker ⓑ [*d'accord, politique, victoire*] architect • **~ de la paix** peacemaker

artisanal, e (*mpl* **-aux**) [aʀtizanal, o] (ADJ) [*production*] (= *limitée*) small-scale; (= *traditionnelle*) traditional • **entreprise ~e** small company • **foire ~e** craft fair • **il exerce une activité ~e** he's a self-employed craftsman • **la fabrication se fait de manière très ~e** (*traditionnellement*) the style of production is very traditional; (*à petite échelle*) the style of production is very much that of a cottage industry • **bombe de fabrication ~e** home-made bomb • **produits artisanaux** handicrafts

artisanalement [aʀtizanalmɑ̃] (ADV) **fabriqué ~** [*pain, fromage*] made using traditional methods; [*objet*] hand-crafted

artisanat [aʀtizana] (NM) (= *métier*) craft industry • **l'~ local** (= *industrie*) local handicrafts • **l'~ d'art** arts and crafts

artiste [aʀtist] (NMF) artist; (= *interprète*) performer • **~ de cinéma** film actor *ou* actress • **~ peintre** artist

artiste-interprète (*pl* **artistes-interprètes**) [aʀtistɛ̃tɛʀpʀɛt] (NMF) writer and performer

artistique [aʀtistik] (ADJ) artistic

ARTT (NM) (ABR DE **accord sur la réduction du temps de travail**) agreement on the reduction of working hours

art-thérapie [aʀteʀapi] (NF) art therapy

arum [aʀɔm] (NM) arum lily

as [ɑs] (NM) ⓐ (= *carte, dé*) ace • **l'as** (*Hippisme, au loto*) number one • **être plein aux as*** to be loaded* ⓑ (= *champion*)* ace* • **un as de la route** a crack driver

ASA [aza] (NM INV) (ABR DE **American Standards Association**) (*Photo*) ASA

asbestose [asbɛstoz] (NF) asbestosis

ascendance [asɑ̃dɑ̃s] (NF) (*généalogique*) ancestry

ascendant, e [asɑ̃dɑ̃, ɑ̃t] 1 (ADJ) [*mouvement, direction*] upward; [*courant, trait*] rising 2 (NM) ⓐ (= *influence*) ascendancy (**sur** over) • **subir l'~ de qn** to be under sb's influence ⓑ (= *famille*) **~s** ancestors ⓒ (*Astrol*) ascendant

ascenseur [asɑ̃sœʀ] (NM) lift (*Brit*), elevator (*US*); (*en informatique*) scroll bar

ascension [asɑ̃sjɔ̃] (NF) ascent; (*sociale*) rise • **l'Ascension** the Ascension; (= *jour férié*) Ascension Day • **~ professionnelle** professional advancement • **faire l'~ d'une montagne** to climb a mountain

> **L'ASCENSION**
> The **fête de l'Ascension** is a public holiday in France. It always falls on a Thursday, usually in May. Many French people take the following Friday off work too and enjoy a long weekend.

ascensionnel, -elle [asɑ̃sjɔnɛl] (ADJ) **vitesse ~le** climbing speed

ascèse [asɛz] (NF) asceticism

ascète [asɛt] (NMF) ascetic

ASCII [aski] (NM) (ABR DE **American Standard Code for Information Interchange**) ASCII

aseptisé, e [asɛptize] *ptp de* **aseptiser** (ADJ) [*univers, images, produit*] sanitized; [*document, discours*] impersonal; [*relation entre personnes*] sterile

aseptiser [asɛptize] /TABLE 1/ (VT) [+ *pansement, ustensile*] to sterilize; [+ *plaie*] to disinfect

asexué, e [asɛksɥe] ADJ (*Bio*) asexual; [*personne*] sexless, asexual

ashkénaze [aʃkenɑz] ADJ Ashkenazi NMF Ashkenazi (Jew)

asiatique [azjatik] 1 ADJ Asian • **le Sud-Est ~** South-East Asia • **la communauté ~ de Paris** the Far Eastern community in Paris 2 NMF **Asiatique** Asian

Asie [azi] NF Asia • **~ Mineure** Asia Minor • **~ centrale** Central Asia

asilage [azilaʒ] NM (*Commerce*) piggyback mailing

asile [azil] NM ⓐ (= *institution*) • **~ de nuit** night shelter ⓑ (= *refuge*) refuge; (*dans une église*) sanctuary • **demander ~ à qn** to ask sb for refuge • **demander l'~ politique** to seek political asylum • **droit d'~** (*politique*) right of asylum • **sans ~** homeless

asocial, e (*mpl* **-iaux**) [asɔsjal, jo] 1 ADJ [*comportement*] antisocial 2 NM,F social misfit

aspartame [aspaʀtam] NM aspartame

aspect [aspɛ] NM ⓐ (= *allure*) [*de personne, objet, paysage*] appearance ⓑ [*de question*] aspect • **vu sous cet ~** seen from that angle • **j'ai examiné le problème sous tous ses ~s** I considered all aspects of the problem ⓒ [*de verbe*] aspect

asperge [aspɛʀʒ] NF asparagus • **(grande) ~*** (= *personne*) beanpole*

asperger [aspɛʀʒe] /TABLE 3/ VT [+ *surface*] to spray; [+ *personne*] to splash (**de** with) • **s'~ le visage** to splash one's face with water • **se faire ~*** (*par une voiture*) to get splashed; (*par un arroseur*) to get wet

aspérité [aspeʀite] NF (= *partie saillante*) bump

asphalte [asfalt] NM asphalt

asphyxie [asfiksi] NF suffocation; (*Méd*) asphyxia • **l'économie est au bord de l'~** the economy is at its last gasp

asphyxier [asfiksje] /TABLE 7/ 1 VT [+ *personne*] to suffocate; [+ *économie*] to stifle • **mourir asphyxié** to die of suffocation 2 VPR **s'asphyxier** (*accident*) to suffocate

aspic [aspik] NM ⓐ (= *serpent*) asp ⓑ (= *plat en gelée*) **~ de volaille** chicken in aspic

aspirant, e [aspiʀɑ̃, ɑ̃t] 1 NM,F (= *candidat*) candidate (**à** for) 2 NM (= *militaire*) officer cadet

aspirateur [aspiʀatœʀ] NM (*domestique*) vacuum cleaner; (*à usage médical, technique*) aspirator • **passer l'~** to vacuum • **passer** *ou* **donner un coup d'~ dans la voiture** to give the car a quick going-over with the vacuum cleaner ▸ **aspirateur web** offline reader

aspiration [aspiʀasjɔ̃] NF ⓐ (*en inspirant*) inhaling *NonC* • **de longues ~s** long deep breaths ⓑ [*de liquide*] sucking ⓒ (= *ambition*) aspiration (**à** for, after); (= *souhait*) desire (**à** for)

aspiré, e [aspiʀe] *ptp de* **aspirer** ADJ **h ~** aspirate h

aspirer [aspiʀe] /TABLE 1/ 1 VT [+ *air, odeur*] to inhale; [+ *liquide*] to suck up 2 VT INDIR **~ à** [+ *honneur, titre*] to aspire to; [+ *genre de vie, tranquillité*] to desire

aspirine [aspiʀin] NF aspirin • **(comprimé** *ou* **cachet d')~** aspirin

assagir [asaʒiʀ] /TABLE 2/ 1 VT (= *calmer*) [+ *personne*] to quieten (*Brit*) *ou* quiet (*US*) down 2 VPR **s'assagir** [*personne*] to quieten (*Brit*) *ou* quiet (*US*) down

assaillant, e [asajɑ̃, ɑ̃t] NM,F assailant

assaillir [asajiʀ] /TABLE 13/ VT to assail • **assailli de questions** bombarded with questions

assainir [aseniʀ] /TABLE 2/ VT [+ *quartier, logement*] to clean up; [+ *marécage*] to drain; [+ *air, eau*] to purify; [+ *finances, marché*] to stabilize • **la situation s'est assainie** the situation has become healthier

assainissement [asenismɑ̃] NM [*de quartier, logement*] cleaning up; [*de marécage*] draining; [*d'air, eau*] purification; [*de finances, marché*] stabilization • **des travaux d'~** drainage work

assaisonnement [asɛzɔnmɑ̃] NM seasoning

assaisonner [asɛzɔne] /TABLE 1/ VT (*avec sel, poivre, épices*) to season (**de, avec** with); (*avec huile, citron*) to dress (**de, avec** with)

assassin [asasɛ̃] NM murderer; [*d'homme politique*] assassin • **à l'~!** murder!

assassinat [asasina] NM murder; [*d'homme politique*] assassination

assassiner [asasine] /TABLE 1/ VT to murder; [+ *homme politique*] to assassinate

assaut [aso] NM assault (**de** on); (*Boxe, Escrime*) bout • **donner l'~ à** • **monter à l'~ de** to launch an attack on • **à l'~!** charge! • **partir à l'~ de** to attack • **prendre d'~** [*armée*] to take by storm • **les librairies étaient prises d'~** the bookshops were besieged

assèchement [asɛʃmɑ̃] NM (*avec pompe*) draining; (= *processus naturel*) [*de terrain*] drying out; [*de réservoir*] drying up

assécher [aseʃe] /TABLE 6/ 1 VT [+ *terrain*] (*avec pompe*) to drain; [*vent, évaporation*] to dry out; [+ *réservoir*] (*avec pompe*) to drain; [*vent, évaporation*] to dry up 2 VPR **s'assécher** [*cours d'eau, réservoir*] to dry up

assedics [asedik] NMPL (= *allocations chômage*) *unemployment benefit* • **toucher les ~** to receive unemployment benefit

assemblage [asɑ̃blaʒ] NM ⓐ (= *action*) assembling; [*de robe, pull-over*] sewing together ⓑ (= *structure*) structure ⓒ (= *réunion*) [*de couleurs, choses, personnes*] collection

assemblée [asɑ̃ble] NF gathering; (= *réunion convoquée*) meeting; (*politique*) assembly • **l'~ des fidèles** the congregation • **~ générale** general meeting • **l'Assemblée (nationale)** the French National Assembly • **l'Assemblée parlementaire européenne** the European Parliament

> **ASSEMBLÉE NATIONALE**
>
> The term **Assemblée nationale** has been used to refer to the lower house of the French parliament since 1946, though the old term "la Chambre des députés" is sometimes still used. Its members are elected in the "élections législatives" for a five-year term. It has similar legislative powers to the House of Commons in Britain and the House of Representatives in the United States. Sittings of the **Assemblée nationale** are public, and take place in a semicircular amphitheatre ("l'hémicycle") in the Palais Bourbon. → DÉPUTÉ, ÉLECTION

assembler [asɑ̃ble] /TABLE 1/ 1 VT ⓐ (= *réunir*) [+ *données, matériaux*] to gather; [+ *comité*] to assemble ⓑ (= *joindre*) [+ *idées, meuble, machine, puzzle*] to assemble; [+ *pull, robe*] to sew together; [+ *couleurs, sons*] to put together 2 VPR **s'assembler** [*foule*] to gather; [*conseil, groupe*] to assemble

assener, asséner [asene] /TABLE 5/ VT [+ *argument*] to put forward • **~ un coup à qn** to deal sb a blow

assentiment [asɑ̃timɑ̃] NM (= *consentement*) assent; (= *approbation*) approval • **donner son ~ à** to give one's assent to

asseoir○ [aswaʀ] /TABLE 26/ 1 (VT) ⓐ (= *mettre assis*) ~ **qn** (*personne debout*) to sit sb down; (*personne couchée*) to sit sb up • ~ **un enfant sur ses genoux** to sit a child on one's knee • **faire ~ qn** to ask sb to sit down • **faire ~ ses invités** to ask one's guests to sit down
ⓑ (= *affermir*) [+ *réputation, autorité, théorie*] to establish • ~ **sa réputation sur qch** to build one's reputation on sth
ⓒ (= *stupéfier*)* to stagger
2 (VPR) **s'asseoir** [*personne debout*] to sit down; [*personne couchée*] to sit up • **asseyez-vous donc** do sit down • **asseyez-vous par terre** sit on the floor • **il n'y a rien pour s'~** there's nothing to sit on • **le règlement, je m'assieds dessus!*** you know what you can do with the rules!‡

assermentation [asɛʀmɑ̃tasjɔ̃] (NF) (*Can, Helv*) (= *prestation de serment*) attestation

assermenté, e [asɛʀmɑ̃te] (ADJ) [*témoin*] sworn

assertion [asɛʀsjɔ̃] (NF) assertion

asservir [asɛʀviʀ] /TABLE 2/ (VT) [+ *personne*] to enslave; [+ *pays*] to subjugate

asservissement [asɛʀvismɑ̃] (NM) (= *action*) enslavement; (*lit, fig* = *état*) slavery, subservience (**à** to)

assesseur [asesœʀ] (NM) assessor

assez [ase] (ADV) ⓐ (= *suffisamment*) enough • **tu as ~ mangé** you've eaten enough • **c'est bien ~ grand** it's quite big enough • **il est ~ idiot pour refuser!** he's stupid enough to refuse! • **il n'est pas ~ sot pour le croire** he's not stupid enough to believe it • **ça a ~ duré!** this has gone on long enough! • **est-ce que 50 € c'est ~?** is 50 euros enough? • ~ **parlé!** that's enough talk!
▸ **assez de** enough • **avez-vous acheté ~ de pain/d'oranges?** have you bought enough bread/oranges? • **j'en ai ~ de trois** three will be enough for me
▸ **en avoir assez** to have had enough • **j'en ai (plus qu')~ de tes jérémiades*** I've had (more than) enough of your moaning
ⓑ (= *plutôt*) quite • **la situation est ~ inquiétante** the situation is quite worrying

assidu, e [asidy] (ADJ) [*présence, client, lecteur*] regular; [*soins, effort*] constant; [*travail, personne*] diligent; [*relations*] sustained • **élève/employé ~** pupil/employee with a good attendance record

assiduité [asidɥite] (NF) (= *ponctualité*) regularity • **son ~ aux cours** his regular attendance at classes

assidûment○ [asidymɑ̃] (ADV) assiduously

assiéger [asjeʒe] /TABLE 3 *et* 6/ (VT) to besiege; (= *harceler*) to mob • **à Noël les magasins sont assiégés** the shops are mobbed at Christmas

assiette [asjɛt] 1 (NF) ⓐ (= *plat*) plate ⓑ [*de cavalier*] seat • **il n'est pas dans son ~ aujourd'hui*** he's not feeling himself today ⓒ (= *base*) ~ **fiscale** *ou* **de l'impôt/de la TVA** tax/VAT base • **l'~ des cotisations sociales** *the basis on which social security contributions are assessed* 2 (COMP)
▸ **assiette anglaise** *ou* **de charcuterie** assorted cold meats ▸ **assiette composée** mixed salad (*of cold meats and vegetables*) ▸ **assiette creuse** soup plate ▸ **assiette à dessert** dessert plate ▸ **assiette plate** dinner plate ▸ **assiette à soupe** soup plate

assignation [asiɲasjɔ̃] (NF) ~ **(en justice)** writ • ~ **(à comparaître)** [*de prévenu*] summons; [*de témoin*] subpoena • ~ **à résidence** house arrest

assigner [asiɲe] /TABLE 1/ (VT) ⓐ (= *attribuer*) to assign; [+ *valeur, importance*] to attach; [+ *cause, origine*] to ascribe (**à** to) ⓑ (= *fixer*) [+ *limite*] to set (**à** to) • ~ **un objectif à qn** to set sb a goal ⓒ (= *citer*) ~ **qn (à comparaître)** to summons sb • ~ **qn (en justice)** to serve a writ on sb • ~ **qn à résidence** to put sb under house arrest

assimilation [asimilasjɔ̃] (NF) assimilation

assimilé, e [asimile] *ptp de* **assimiler** 1 (ADJ) (= *similaire*) similar • **farines et produits ~s** flour and related products 2 (NM) **les cadres et ~s** management and employees of similar status

assimiler [asimile] /TABLE 1/ 1 (VT) ⓐ (= *absorber*) to assimilate • **un élève qui assimile bien** a pupil who assimilates things easily ⓑ (= *identifier*) ~ **qn/qch à** to compare sb/sth to; (= *classer comme*) to put sb/sth into the same category as 2 (VPR) **s'assimiler** [*aliments, personnes*] to assimilate

assis, e [asi, iz] *ptp de* **asseoir** (ADJ) sitting • **position** *ou* **station ~e** sitting position • **être ~** to be sitting down • **nous étions très bien/mal ~** (*sur des chaises*) we had very comfortable/uncomfortable seats; (*par terre*) we were very comfortably/uncomfortably seated • **rester ~** to remain seated • **nous sommes restés ~ pendant des heures** we sat for hours • **reste ~!** (= *ne bouge pas*) sit still!; (= *ne te lève pas*) don't get up! • ~**!** (*à un chien*) sit!

assises [asiz] (NFPL) [*de tribunal*] assizes; (= *congrès*) conference

assistanat [asistana] (NM) ⓐ (= *enseignement*) assistantship ⓑ (= *soutien*) support; (*péj*) mollycoddling; (= *aide financière*) assistance; (*péj*) handouts

assistance [asistɑ̃s] 1 (NF) ⓐ (= *assemblée*) audience; [*de messe*] congregation ⓑ (= *aide*) assistance • **donner** *ou* **prêter ~ à qn** to give sb assistance 2 (COMP) ▸ **assistance judiciaire** legal aid ▸ **assistance médicale** medical care ▸ **assistance médicale gratuite** free medical care ▸ **l'Assistance publique** ≈ the health and social security services • **les hôpitaux de l'Assistance publique** ≈ NHS hospitals ▸ **assistance respiratoire** artificial respiration ▸ **assistance technique** technical aid

assistant, e [asistɑ̃, ɑ̃t] (NM,F) (= *aide*) assistant; (*à l'université*) ≈ assistant lecturer (*Brit*), ≈ teaching assistant (*US*) • ~ **(de langue)** language assistant • **le directeur et son ~e** the manager and his personal assistant ▸ **assistant d'éducation** classroom assistant ▸ **assistante maternelle** child minder (*Brit*) ▸ **assistant personnel** (= *ordinateur de poche*) PDA ▸ **assistante sociale** social worker; (*dans une école*) school counsellor

assisté, e [asiste] *ptp de* **assister** 1 (ADJ) ⓐ [*personne*] on benefit (*Brit*), on welfare (*US*) ⓑ ~ **par ordinateur** computer-assisted 2 (NM,F) **les ~s** (*recevant une aide financière*) people on benefit (*Brit*) *ou* welfare (*US*) • **il a une mentalité d'~** he can't do anything for himself

assister [asiste] /TABLE 1/ 1 (VT) (= *aider*) to assist; (*financièrement*) to give aid to 2 ~ **à** [+ *cérémonie, conférence*] to attend; [+ *match, spectacle*] to be at; [+ *dispute*] to witness • **il a assisté à l'accouchement de sa femme** he was there when his wife had the baby • **vous pourrez ~ en direct à cet événement** you'll be able to see the event live • **on assiste à ...** there is ... • **on assiste à une augmentation de la violence** violence is on the increase

⚠ **assister à ≠ to assist at**

associatif, -ive [asɔsjatif, iv] (ADJ) [*réseau*] of charities • **le mouvement ~** charities • **la vie associative** community life

association [asɔsjasjɔ̃] (NF) ⓐ (*= société*) association • **~ de consommateurs** consumer group • **~ de malfaiteurs** criminal conspiracy ⓑ [*d'idées, images*] association; [*de couleurs, intérêts*] combination ⓒ (*= participation*) association; (*= partenariat*) partnership • **travailler en ~** to work in partnership

associé, e [asɔsje] *ptp de* **associer** 1 (ADJ) [*assistant, professeur*] visiting • **membre ~** associate member 2 (NM,F) associate • **~ principal** senior partner

associer [asɔsje] /TABLE 7/ 1 (VT) ⓐ to associate; (*= allier*) to combine ⓑ (*= faire participer*) **~ qn à** [*+ profits*] to give sb a share of; [*+ affaire*] to make sb a partner in • **~ qn à une décision** to bring sb in on a decision 2 (VPR) **s'associer** ⓐ (*= s'allier*) [*entreprises*] to form a partnership • **s'~ à** *ou* **avec** to join with ⓑ (*= participer*) **s'~ à** [*+ projet*] to join in; [*+ douleur*] to share in ⓒ (*= s'adjoindre*) **s'~ qn** to take sb on as a partner

assoiffé, e [aswafe] (ADJ) thirsty

assombrir [asɔ̃bʀiʀ] /TABLE 2/ 1 (VT) ⓐ (*= obscurcir*) to darken ⓑ (*= attrister*) [*+ personne*] to fill with gloom; [*+ visage, avenir, voyage*] to cast a shadow over 2 (VPR) **s'assombrir** ⓐ [*ciel, pièce, couleur*] to darken ⓑ [*personne*] to become gloomy; [*visage, regard*] to cloud over • **la situation s'est assombrie** the situation has become gloomier

assommant, e* [asɔmɑ̃, ɑ̃t] (ADJ) (*= ennuyeux*) deadly boring*

assommer [asɔme] /TABLE 1/ (VT) [*+ animal*] to stun; [*+ personne*] to knock out; (*moralement*) to crush; (*= ennuyer*)* to bore stiff*

Assomption [asɔ̃psjɔ̃] (NF) **l'~** the Assumption; (*= jour férié*) Assumption Day

> **L'ASSOMPTION**
>
> The **fête de l'Assomption**, more commonly known as "le 15 août" is a public holiday in France. Traditionally, large numbers of French people go away on holiday on 15 August.

assorti, e [asɔʀti] *ptp de* **assortir** (ADJ) ⓐ (*= en harmonie*) **un couple bien/mal ~** a well-/badly-matched couple • **être ~ à** to match • **chemise avec cravate ~e** shirt with matching tie ⓑ [*bonbons*] assorted • **« hors-d'œuvre ~s »** "assortment of hors d'œuvres"

assortiment [asɔʀtimɑ̃] (NM) assortment; [*de livres*] collection

assortir [asɔʀtiʀ] /TABLE 2/ (VT) ⓐ (*= accorder*) to match (**à** to) ⓑ (*= accompagner*) **~ qch de** to accompany sth with ⓒ [*+ magasin*] to stock (**de** with)

assoupi, e [asupi] *ptp de* **assoupir** (ADJ) dozing

assoupir (s') [asupiʀ] /TABLE 2/ (VPR) to doze off

assouplir [asupliʀ] /TABLE 2/ (VT) [*+ cuir, membre, corps*] to make supple; [*+ règlements, mesures*] to relax • **~ les horaires** to produce a more flexible timetable

assouplissant [asuplisɑ̃] (NM) **~ textile** fabric softener

assouplissement [asuplismɑ̃] (NM) **faire des exercices d'~** to limber up • **l'~ de la politique monétaire** the relaxing of monetary policy

assourdir [asuʀdiʀ] /TABLE 2/ (VT) ⓐ (*= rendre sourd*) to deafen ⓑ (*= amortir*) to deaden

assourdissant, e [asuʀdisɑ̃, ɑ̃t] (ADJ) deafening

assouvir [asuviʀ] /TABLE 2/ (VT) to satisfy

assujetti, e [asyʒeti] (ADJ) [*peuple*] subjugated • **~ à** subject to • **~ à l'impôt** liable to tax

assujettir [asyʒetiʀ] /TABLE 2/ 1 (VT) (*= contraindre*) [*+ peuple*] to subjugate, to bring into subjection • **~ qn à une règle** to subject sb to a rule 2 (VPR) **s'assujettir** (*à une règle*) to submit (**à** to)

assujettissement [asyʒetismɑ̃] (NM) (*= contrainte*) constraint; (*= dépendance*) subjection • **~ à l'impôt** tax liability

assumer [asyme] /TABLE 1/ 1 (VT) ⓐ (*= prendre*) [*+ responsabilité, rôle*] to assume; [*+ tâche*] to take on; [*+ commandement*] to take over; [*+ rôle*] to fulfil • **~ la responsabilité de faire qch** to take it upon oneself to do sth • **~ les frais de qch** to meet the cost of sth ⓑ (*= accepter*) to accept • **tu as voulu te marier, alors assume !** you wanted to get married, so you'll just have to take the consequences! 2 (VPR) **s'assumer** to come to terms with o.s.

assurance [asyʀɑ̃s] 1 (NF) ⓐ (*= contrat*) insurance • **contrat d'~** insurance policy • **compagnie d'~s** insurance company • **prendre une ~ contre qch** to take out insurance against sth

ⓑ (*= garantie*) assurance • **donner à qn l'~ que ...** to assure sb that ... • **il veut avoir l'~ que tout se passera bien** he wants to be sure that everything will go well • **veuillez agréer l'~ de ma considération distinguée** *ou* **de mes sentiments dévoués** yours faithfully

ⓒ (*= confiance en soi*) self-assurance • **avoir de l'~** to be self-assured • **prendre de l'~** to gain self-assurance • **parler avec ~** to speak confidently

2 (COMP) ▸ **assurance automobile** car insurance ▸ **assurance chômage** unemployment insurance • **le régime d'~ chômage** the state unemployment insurance scheme ▸ **assurance incendie** fire insurance ▸ **assurance maladie** health insurance • **régime d'~ maladie** health insurance scheme ▸ **assurances sociales** ≈ social security ▸ **assurance tous risques** comprehensive insurance ▸ **assurance vie** life insurance ▸ **assurance vieillesse** pension scheme

assuré, e [asyʀe] *ptp de* **assurer** 1 (ADJ) ⓐ (*= certain*) certain; [*situation, fortune*] assured • **son avenir est ~** his future is assured ⓑ (*= sûr de soi*) [*air, démarche*] confident; [*voix, main, pas*] steady • **mal ~** [*voix*] shaky 2 (NM,F) policyholder • **~ social** *person paying social security contributions*

assurément [asyʀemɑ̃] (ADV) (*frm*) most certainly • **~, cela présente des difficultés** this does indeed present difficulties

assurer [asyʀe] /TABLE 1/ 1 (VT) ⓐ (*= affirmer*) to assure • **~ à qn que ...** to assure sb that ... • **cela vaut la peine, je vous assure** it's worth it, I assure you • **je t'assure !** really! • **~ qn de qch** to assure sb of sth • **sa participation nous est assurée** we have been assured he will take part ⓑ (*par contrat*) to insure • **~ qn sur la vie** to give sb life insurance • **faire ~ qch** to insure sth • **être assuré** to be insured

ⓒ (*= garantir*) to ensure; [*+ avenir, fortune*] to secure; [*+ revenu*] to provide • **ce but leur a assuré la victoire** this goal ensured their victory

ⓓ (*= effectuer*) [*+ contrôles, travaux*] to carry out • **l'avion qui assure la liaison entre Genève et Aberdeen** the plane that operates between Geneva and Aberdeen • **~ sa propre défense** (*au tribunal*) to conduct one's own defence • **~ la direction d'un service** to be in charge of a department

ⓔ [*+ alpiniste*] to belay

2 (VI) (*= être à la hauteur*)* to be very good • **ne pas ~** to be no good* • **je n'assure pas du tout en allemand** I'm absolutely useless* at German
3 (VPR) **s'assurer** ⓐ (*= vérifier*) **s'~ que/de qch** to make sure that/of sth • **assure-toi qu'on n'a rien volé** make sure nothing has been stolen • **je vais m'en ~** I'll make sure
ⓑ (*= contracter une assurance*) to insure o.s. • **s'~ sur la vie** to take out life insurance
ⓒ (*= obtenir*) to secure • **s'~ le contrôle de** to take control of
ⓓ [*alpiniste*] to belay o.s.

assureur [asyʀœʀ] (NM) (*= agent*) insurance agent; (*= société*) insurance company

astérisque [asteʀisk] (NM) asterisk

astéroïde [asteʀɔid] (NM) asteroid

asthmatique [asmatik] (ADJ, NMF) asthmatic

asthme [asm] (NM) asthma

asticot [astiko] (NM) maggot

asticoter* [astikɔte] /TABLE 1/ (VT) to needle

astigmate [astigmat] (ADJ) astigmatic

astiquer [astike] /TABLE 1/ (VT) to polish

astrakan [astʀakɑ̃] (NM) astrakhan

astral, e (*mpl* **-aux**) [astʀal, o] (ADJ) astral

astre [astʀ] (NM) star

astreignant, e [astʀɛɲɑ̃, ɑ̃t] (ADJ) [*travail*] demanding

astreindre [astʀɛ̃dʀ] /TABLE 49/ **1** (VT) **~ qn à faire qch** to oblige sb to do sth • **~ qn à une discipline sévère** to force a strict code of discipline on sb **2** (VPR) **s'astreindre s'~ à faire qch** to force o.s. to do sth

astreinte [astʀɛ̃t] (NF) (*= obligation*) constraint • **être d'~** to be on call

astringent, e [astʀɛ̃ʒɑ̃, ɑ̃t] (ADJ, NM) astringent

astrologie [astʀɔlɔʒi] (NF) astrology

astrologique [astʀɔlɔʒik] (ADJ) astrological

astrologue [astʀɔlɔg] (NMF) astrologer

astronaute [astʀonot] (NMF) astronaut

astronautique [astʀonotik] (NF) astronautics *sg*

astronef† [astʀɔnɛf] (NM) spaceship, spacecraft

astronome [astʀɔnɔm] (NMF) astronomer

astronomie [astʀɔnɔmi] (NF) astronomy

astronomique [astʀɔnɔmik] (ADJ) astronomical

astroparticule [astʀopaʀtikyl] (NF) astroparticle

astrophysique [astʀofizik] (NF) astrophysics *sg*

astuce [astys] (NF) (*= truc*) trick • **c'est ça l'~!** that's the clever part!

astucieusement [astysjøzmɑ̃] (ADV) cleverly

astucieux, -ieuse [astysjø, jøz] (ADJ) clever

asymétrique [asimetʀik] (ADJ) asymmetrical

atchoum [atʃum] (EXCL) atishoo!

atelier [atəlje] (NM) ⓐ [*d'artisan, usine*] workshop; [*d'artiste*] studio; [*de couturières*] workroom; [*d'haute couture*] atelier • **~ de fabrication** workshop ⓑ [*d'élèves*] work-group; (*dans un colloque*) workshop • **les enfants travaillent en ~s** the children work in small groups

atermoyer [atɛʀmwaje] /TABLE 8/ (VI) to procrastinate

athée [ate] **1** (ADJ) atheistic **2** (NMF) atheist

athénée [atene] (NM) (*Belg = lycée*) ≈ secondary school (*Brit*), ≈ high school (*US*)

Athènes [atɛn] (N) Athens

athlète [atlɛt] (NMF) athlete • **corps d'~** athletic body

athlétique [atletik] (ADJ) athletic

athlétisme [atletism] (NM) athletics *NonC* (*Brit*), track and field events (*US*) • **~ sur piste** track athletics

atlantique [atlɑ̃tik] **1** (ADJ) Atlantic **2** (NM) **l'Atlantique** the Atlantic

atlas [atlɑs] (NM) ⓐ (*= livre*) atlas ⓑ **l'Atlas** the Atlas Mountains

atmosphère [atmɔsfɛʀ] (NF) atmosphere • **~ de fête** festive atmosphere

atmosphérique [atmɔsfeʀik] (ADJ) atmospheric

atoll [atɔl] (NM) atoll

atome [atom] (NM) atom • **avoir des ~s crochus avec qn** to hit it off with sb*

atomique [atɔmik] (ADJ) atomic

atomisé, e [atɔmize] *ptp de* **atomiser** (NM,F) **les ~s d'Hiroshima** the victims of the Hiroshima bomb

atomiser [atɔmize] /TABLE 1/ (VT) [*+ marché, société*] to break up

atomiseur [atɔmizœʀ] (NM) spray

atout [atu] (NM) ⓐ (*Cartes*) trump • **on jouait ~ cœur** hearts were trumps ⓑ (*= avantage*) asset; (*= carte maîtresse*) trump card • **avoir tous les ~s (dans son jeu)** to hold all the aces

âtre [ɑtʀ] (NM) hearth

atroce [atʀɔs] (ADJ) atrocious; [*douleur*] excruciating; [*mort, sort, vengeance*] terrible

atrocement [atʀɔsmɑ̃] (ADV) atrociously; [*mauvais, ennuyeux*] excruciatingly

atrocité [atʀɔsite] (NF) atrocity; [*de spectacle*] ghastliness • **dire des ~s sur qn** to say awful things about sb

atrophie [atʀɔfi] (NF) atrophy

atrophié, e [atʀɔfje] *ptp de* **atrophier** (ADJ) atrophied

atrophier (s') [atʀɔfje] /TABLE 7/ (VPR) [*membres, muscle*] to waste away; (*fig*) to degenerate

attabler (s') [atable] /TABLE 1/ (VPR) (*pour manger*) to sit down at the table • **s'~ à la terrasse d'un café** to sit at a table outside a café

attachant, e [ataʃɑ̃, ɑ̃t] (ADJ) [*enfant*] endearing; [*film, roman*] captivating

attache [ataʃ] (NF) ⓐ (*en ficelle*) piece of string; (*en métal*) clip; (*= courroie*) strap ⓑ (*= lien*) tie • **avoir des ~s dans une région** to have family ties in a region • **point d'~** [*de bateau*] mooring; (*fig*) base

attaché, e [ataʃe] *ptp de* **attacher** **1** (ADJ) ⓐ (*= lié d'affection*) **~ à** attached to • **pays très ~ à son indépendance** country that sets great store by its independence ⓑ (*= inhérent*) **les avantages ~s à ce poste** the benefits that go with the position **2** (NM,F) attaché **3** (COMP) ▸ **attaché culturel** cultural attaché ▸ **attaché de presse** press attaché

attaché-case (*pl* **attachés-cases**) [ataʃekɛz] (NM) attaché case

attachement [ataʃmɑ̃] (NM) attachment (**à** to); (*à une politique, à une cause*) commitment (**à** to)

attacher [ataʃe] /TABLE 1/ **1** (VT) ⓐ (*= lier*) [*+ animal, plante, prisonnier*] to tie up; (*plusieurs choses ensemble*) to tie together; [*+ papiers*] to attach • **~ une étiquette à une valise** to tie a label onto a case • **il attacha sa victime sur une chaise** he tied his victim to a chair • **~ les mains d'un prisonnier** to tie a prisoner's hands together • **est-ce bien attaché ?** is it securely tied?
ⓑ (*= fermer*) [*+ ceinture, robe, volets*] to fasten; [*+ lacets, chaussures*] to tie; [*+ fermeture, bouton*] to do up • **veuillez ~ votre ceinture** please fasten your seatbelts
ⓒ (*= attribuer*) to attach • **~ de la valeur** *ou* **du prix à qch** to attach great value to sth

2 (VI) [*plat*] to stick • **poêle qui n'attache pas** non-stick frying pan
3 (VPR) **s'attacher** ⓐ to fasten • **ça s'attache derrière** it fastens at the back
ⓑ (*= se prendre d'affection pour*) **s'~ à** to become attached to
ⓒ (*= s'appliquer*) **s'~ à faire qch** to make every effort to do sth

attaquant, e [atakɑ̃, ɑ̃t] (NM,F) attacker

attaque [atak] **1** (NF) ⓐ attack (**contre, de** on); [*de banque, train, magasin*] raid • **lancer** *ou* **mener une ~ contre** to launch an attack on • **aller** *ou* **monter à l'~** to go into the attack • **à l'~!** attack! • **passer à l'~** to move onto the attack • **elle a été l'objet de violentes ~s dans la presse** she came in for severe criticism from the press • **avoir une ~** (*cardiaque*) to have a heart attack; (*hémorragie cérébrale*) to have a stroke; (*d'épilepsie*) to have a fit
ⓑ (*Sport*) attack; [*de coureur*] spurt • **il a lancé une ~ à 15 km de l'arrivée** he put on a spurt 15km from the finishing line • **repartir à l'~** to go back on the attack
ⓒ ▸ **d'attaque*** on form • **il n'est pas d'~ ce matin** he's not on form this morning • **se sentir d'~ pour faire qch** to feel up to doing sth
2 (COMP) ▸ **attaque aérienne** air raid ▸ **attaque cardiaque** heart attack ▸ **attaque à main armée** hold-up • **commettre une ~ à main armée contre une banque** to hold up a bank ▸ **attaque par déni de service** (*Internet*) denial of service attack

attaquer [atake] /TABLE 1/ **1** (VT) ⓐ to attack; [*+ jugement, testament*] to contest • **~ qn en justice** to take sb to court
ⓑ (*= affronter*) [*+ difficulté*] to tackle; [*+ chapitre*] to make a start on; [*+ discours*] to launch into; [*+ dossier, projet*] to start work on; [*+ morceau de musique*] to strike up • **il a attaqué les hors-d'œuvre*** he got going on* the hors d'œuvres **2** (VI) (*Sport*) to attack; [*coureur*] to put on a spurt **3** (VPR) **s'attaquer** **s'~ à** to attack • **s'~ à plus fort que soi** to take on someone who is more than one's match

attarder (s') [ataʀde] /TABLE 1/ (VPR) to linger behind • **s'~ chez des amis** to stay on at friends' • **s'~ au café** to linger at a café • **ne nous attardons pas ici** let's not stay any longer • **s'~ sur une description** to linger over a description • **je ne m'~ai pas sur le sujet** I won't dwell on that

atteindre [atɛ̃dʀ] /TABLE 49/ (VT) ⓐ to reach; [*pierre, balle, tireur*] to hit • **~ son but** [*personne*] to reach one's goal; [*mesure*] to fulfil its purpose; [*missile*] to hit its target • **il a atteint la cible** he hit the target • **cette tour atteint 30 mètres** the tower is 30 metres high • **la corruption y atteint des proportions incroyables** corruption there has reached incredible proportions ⓑ (*= toucher psychologiquement*) [*événement, maladie, reproches*] to affect • **les reproches ne l'atteignent pas** criticism bounces off him • **il a été atteint dans son amour-propre** his pride has been hurt

atteint, e [atɛ̃, ɛ̃t] **1** (ADJ) ⓐ (*= malade*) ill • **être ~ de leucémie** to be suffering from leukaemia • **le poumon est légèrement ~** the lung is slightly affected • **il est gravement ~** he is seriously ill • **les malades les plus ~s** the worst cases
ⓑ (*= fou*)* touched*
2 (NF) **atteinte** (*= préjudice*) attack • **~e à l'ordre public** breach of the peace • **~e à la sûreté de l'État** offence against national security • **~e à la vie privée** invasion of privacy • **porter ~e à** [*+ vie privée*] to invade; [*+ ordre public*] to disrupt • **porter ~e à la réputation de qn** to damage sb's reputation
▸ **hors d'atteinte** out of reach; (*fig*) beyond reach • **hors d'~e de** [*+ projectile*] out of range of

attelage [at(ə)laʒ] (NM) ⓐ (*= harnachement*) [*de chevaux*] harness; [*de remorque*] coupling ⓑ (*= équipage de chevaux*) team

atteler [at(ə)le] /TABLE 4/ **1** (VT) [*+ cheval*] to harness; [*+ bœuf*] to yoke; [*+ charrette, remorque*] to hitch up • **~ qn à un travail** to put sb on a job **2** (VPR) **s'atteler** **s'~ à** [*+ travail*] to get down to

attelle [atɛl] (NF) (*pour membre*) splint

attenant, e [at(ə)nɑ̃, ɑ̃t] (ADJ) (*= contigu*) adjoining • **la maison ~e à la mienne** the house next door

attendre [atɑ̃dʀ] /TABLE 41/ **1** (VT) ⓐ [*personne*] to wait for • **il attend de voir** he's waiting to see • **attends la fin du film** wait until the film is over • **nous attendons qu'il vienne** we are waiting for him to come • **aller ~ qn au train** to go and meet sb off the train • **il est venu m'~ à la gare** he came to meet me at the station • **j'attends le week-end avec impatience** I'm looking forward to the weekend • **j'ai attendu deux heures** I waited for two hours • **attendez un instant** wait a moment • **attendez un peu!** wait a second!; (*menace*) just you wait! • **qu'est-ce qu'on attend pour partir?** what are we waiting for? • **on ne t'attendait plus** we had given up on you • **êtes-vous attendu?** are you expected? • **il attend son heure** he's biding his time • **l'argent qu'il me doit, je l'attends toujours** I'm still waiting for the money he owes me
▸ **en attendant** (*= pendant ce temps*) in the meantime; (*= en dépit de cela*) all the same • **on ne peut rien faire en attendant de recevoir sa lettre** we can't do anything until we get his letter • **en attendant qu'il revienne, je vais vite faire une course** while I'm waiting for him to come back I'm going to go down to the shop • **en attendant, c'est moi qui fais tout!** all the same, it's me that does everything!
ⓑ [*voiture*] to be waiting for; [*mauvaise surprise, sort*] to be in store for
ⓒ (*= escompter*) [*+ personne, chose*] to expect • **~ qch de qn/qch** to expect sth from sb/sth • **on attendait beaucoup de ces pourparlers** great things were expected of the talks • **j'attendais mieux de cet élève** I expected better of this pupil
ⓓ **~ un enfant** *ou* **un bébé** • **~ famille** (*Belg*) to be expecting a baby • **ils attendent la naissance pour le 10 mai** the baby is due on 10 May
ⓔ ▸ **attendre après*** [*+ chose*] to be in a hurry for; [*+ personne*] to be waiting for • **l'argent que je t'ai prêté, je n'attends pas après** I'm not desperate for the money I lent you • **je n'attends pas après lui!** I can get along without him!
2 (VI) to wait; (*= se conserver*) to keep • **attends, je vais t'expliquer** wait, let me explain • **attendez voir*** let me see • **vous attendez ou vous voulez rappeler plus tard?** will you hold or do you want to call back later? • **tu peux toujours ~!** you'll be lucky! • **ce travail peut ~** this work can wait • **sans plus ~** straight away • **il faut agir sans plus ~** we must act straight away
▸ **faire attendre** **faire ~ qn** to keep sb waiting • **se faire ~** to be a long time coming • **il aime se faire ~** he likes to keep people waiting • **leur riposte ne se fit pas ~** they didn't take long to retaliate

3 (VPR) **s'attendre** ⓐ [*personnes*] to wait for each other ⓑ **s'~ à qch** to expect sth • **il ne s'attendait pas à gagner** he wasn't expecting to win • **avec lui on peut s'~ à tout** you never know what to expect with him • **Lionel ! si je m'attendais (à te voir ici) !*** Lionel, fancy meeting you here! • **elle s'y attendait** she expected this • **il fallait s'y ~** it was to be expected

attendri, e [atɑ̃dʀi] *ptp de* **attendrir** (ADJ) [*air, regard*] tender

attendrir [atɑ̃dʀiʀ] /TABLE 2/ 1 (VT) [+ *viande*] to tenderize; [+ *personne*] to move • **il s'est laissé ~ par ses prières** her pleadings made him relent 2 (VPR) **s'attendrir** to be moved (**sur** by) • **s'~ sur qn** to feel sorry for sb

attendrissant, e [atɑ̃dʀisɑ̃, ɑ̃t] (ADJ) moving

attendrissement [atɑ̃dʀismɑ̃] (NM) (*tendre*) tender feelings; (*apitoyé*) pity • **pas d'~ !** let's not be emotional!

attendu, e [atɑ̃dy] *ptp de* **attendre** (ADJ) [*personne, événement, jour*] long-awaited; (= *prévu*) expected • **être très ~** to be eagerly awaited

attentat [atɑ̃ta] (NM) murder attempt; (*Politique*) assassination attempt; (*contre un bâtiment*) attack (**contre** on) ▸ **attentat à la bombe** bomb attack ▸ **attentat à la pudeur** indecent assault ▸ **attentat à la voiture piégée** car-bombing

attentatoire [atɑ̃tatwaʀ] (ADJ) prejudicial (**à** to), detrimental (**à** to)

attente [atɑ̃t] (NF) ⓐ (= *expectative*) wait • **dans l'~ de vos nouvelles** looking forward to hearing from you
▸ **d'attente** **une heure d'~** an hour's wait • **il y a 10 minutes d'~** there's a 10-minute wait • **temps d'~** waiting time • **adopter une position d'~** to wait and see • **solution d'~** temporary solution
▸ **en attente** **demande en ~** request pending • **le projet est en ~** the project is on hold • **laisser un dossier en ~** to leave a file pending • **mettre qn en ~** (*au téléphone*) to put sb on hold • **malade en ~ de greffe** patient waiting for a transplant • **détenu en ~ de jugement** prisoner awaiting trial
ⓑ (= *espoir*) expectation • **répondre à l'~** *ou* **aux ~s de qn** to come up to sb's expectations • **contre toute ~** contrary to all expectations

attenter [atɑ̃te] /TABLE 1/ (VT) **~ à** [+ *liberté, droits*] to violate • **~ à la vie de qn** to make an attempt on sb's life • **~ à ses jours** to attempt suicide • **~ à la sûreté de l'État** to conspire against the security of the state

attentif, -ive [atɑ̃tif, iv] (ADJ) ⓐ (= *vigilant*) [*personne, air*] attentive • **regarder qn d'un œil ~** to look at sb attentively • **écouter d'une oreille attentive** to listen attentively • **être ~ à tout ce qui se passe** to pay attention to everything that's going on • **sois donc ~ !** pay attention!
ⓑ (= *scrupuleux*) [*examen*] careful; [*soin*] scrupulous

attention [atɑ̃sjɔ̃] (NF) ⓐ (= *concentration*) attention; (= *soin*) care • **avec ~** [*écouter, examiner*] carefully • **fixer son ~ sur** to focus one's attention on • **demander un effort d'~** to require careful attention • **ce cas mérite toute notre ~** this case deserves our undivided attention • **« à l'~ de M. Dupont »** "for the attention of Mr Dupont" • **votre candidature a retenu notre ~** we considered your application carefully • **prêter ~ à** to pay attention to
▸ **faire attention** (= *prendre garde*) to be careful • **faire ~ à** (= *remarquer*) to pay attention to • **faire bien** *ou* **très ~** to pay careful attention • **il n'a même pas fait ~ à moi** he didn't (even) take any notice of me • **ne faites pas ~ à lui** pay no attention to him • **fais ~ à ta ligne** you'd better watch your waistline • **fais ~ à ne pas trop manger** be careful you don't eat too much • **fais bien ~ à toi** (= *prends soin de toi*) take good care of yourself; (= *sois vigilant*) be careful
▸ **attention !** watch out! • **~ ! tu vas tomber** watch out! you're going to fall • **« ~ travaux »** "caution, work in progress" • **« ~ à la marche »** "mind the step" (*Brit*) • **~ au départ !** the train is about to leave! • **« ~, peinture fraîche »** "wet paint"
ⓑ (= *prévenance*) attention • **être plein d'~s pour qn** to be very attentive towards sb • **quelle charmante ~ !** how very thoughtful!

attentionné, e [atɑ̃sjɔne] (ADJ) (= *prévenant*) thoughtful (**pour, avec** towards)

attentisme [atɑ̃tism] (NM) wait-and-see policy

attentiste [atɑ̃tist] 1 (NMF) partisan of a wait-and-see policy 2 (ADJ) [*politique*] wait-and-see *épith*

attentivement [atɑ̃tivmɑ̃] (ADV) [*lire, écouter*] attentively; [*examiner*] carefully

atténuation [atenɥasjɔ̃] (NF) ⓐ (= *fait d'atténuer*) [*de responsabilité*] lightening; [*de coup, effet*] softening; [*de peine*] mitigation ⓑ (= *fait de s'atténuer*) [*de douleur, sensation, bruit*] dying down

atténuer [atenɥe] /TABLE 1/ 1 (VT) ⓐ [+ *douleur*] to alleviate; [+ *propos, reproches*] to tone down; [+ *rides*] to smooth out ⓑ [+ *responsabilité*] to lighten; [+ *coup, effets*] to soften; [+ *risques*] to limit; [+ *lumière*] to dim; [+ *couleur, son*] to soften 2 (VPR) **s'atténuer** [*douleur, sensation*] to die down; [*bruit, couleur*] to soften

atterrer [ateʀe] /TABLE 1/ (VT) to appal (*Brit*), to appall (*US*) • **air atterré** look of utter dismay

atterrir [ateʀiʀ] /TABLE 2/ (VI) ⓐ [*avion*] to land ⓑ (= *arriver*)* **~ en prison** to land up* (*Brit*) *ou* land* (*US*) in prison • **~ dans un village perdu** to land up* (*Brit*) *ou* land* (*US*) in a village in the middle of nowhere • **le travail a finalement atterri sur mon bureau** the work finally landed on my desk

atterrissage [ateʀisaʒ] (NM) landing • **à l'~** at the moment of landing • **~ forcé/en catastrophe** emergency/crash landing

attestation [atɛstasjɔ̃] (NF) (= *document*) certificate • **~ d'assurance** insurance certificate

attester [atɛste] /TABLE 1/ (VT) to testify to • **~ que ...** to testify that ... • **~ l'innocence de qn** to prove sb's innocence • **comme en attestent les sondages** as the polls show • **mot non attesté dans les dictionnaires** word not attested by dictionaries

attifer* [atife] /TABLE 1/ 1 (VT) (= *habiller*) to get up* (**de** in) • **regarde comme elle est attifée !** look at her get-up!* • **attifée d'une robe à volants** dolled up* in a flounced dress 2 (VPR) **s'attifer** to get o.s. up* (**de** in)

attirail [atiʀaj] (NM) gear* • **~ de pêche** fishing tackle

attirance [atiʀɑ̃s] (NF) attraction • **éprouver de l'~ pour** to be attracted to • **l'~ du vide** the lure of the abyss

attirant, e [atiʀɑ̃, ɑ̃t] (ADJ) attractive

attirer [atiʀe] /TABLE 1/ (VT) ⓐ (= *faire venir*) to attract; (*en appâtant*) to lure • **il m'attira dans un coin** he drew me into a corner • **~ qn dans un piège** to lure sb into a trap • **ce spectacle va ~ la foule** this show will really draw the crowds • **~ l'attention de qn sur qch** to draw sb's attention to sth
ⓑ (= *plaire à*) [*pays, projet*] to appeal to; [*personne*] to attract

• **être attiré par** to be attracted to • **il est très attiré par elle** he finds her very attractive
c (*= causer*) **tu vas t'~ des ennuis** you're going to cause trouble for yourself • **s'~ des critiques** to attract criticism • **s'~ la colère de qn** to make sb angry

attiser [atize] /TABLE 1/ (VT) **a** [+ *feu*] (*avec tisonnier*) to poke; (*en éventant*) to fan **b** [+ *curiosité, haine*] to stir; [+ *convoitise*] to arouse; [+ *désir, querelle*] to stir up

attitré, e [atitʀe] (ADJ) (*= habituel*) [*marchand, place*] regular; (*= agréé*) [*marchand*] registered; [*photographe, couturier*] official

attitude [atityd] (NF) attitude; (*= maintien*) bearing

attouchement [atuʃmɑ̃] (NM) touching *NonC* • **se livrer à des ~s sur qn** to fondle sb; (*sans consentement*) to interfere with sb

attractif, -ive [atʀaktif, iv] (ADJ) attractive

attraction [atʀaksjɔ̃] (NF) **a** attraction **b** (*= partie d'un spectacle*) number **c** **~ universelle** gravitation

attrait [atʀɛ] (NM) appeal • **attraits** (*= charmes*) attractions

attrape-mouche (*pl* **attrape-mouches**) [atʀapmuʃ] (NM) flytrap; (*= papier collant*) flypaper

attrape-nigaud* (*pl* **attrape-nigauds**) [atʀapnigo] (NM) con*

attraper [atʀape] /TABLE 1/ (VT) **a** (*= saisir*) to catch • **tu vas ~ froid** you'll catch cold • **j'ai attrapé un rhume** I've caught a cold • **j'ai attrapé mal à la gorge** I've got a sore throat • **il a attrapé un coup de soleil** he got sunburnt **b** (*= acquérir*) **il faut ~ le coup** *ou* **le tour de main** you have to get the knack **c** (*= gronder*)* to tell off* • **se faire ~** to be told off*

attrape-touriste (*pl* **attrape-touristes**) [atʀapturist] (NM) tourist trap

attrayant, e [atʀɛjɑ̃, ɑ̃t] (ADJ) attractive • **peu ~** [*proposition*] unattractive

attribuer [atʀibɥe] /TABLE 1/ (VT) **a** [+ *prix*] to award; [+ *avantages*] to grant; [+ *place, rôle, biens, part*] to allocate (**à** to) • **le numéro que vous avez demandé n'est plus attribué** the number you have dialled is no longer available **b** [+ *faute, invention, mérite*] to attribute (**à** to) • **à quoi attribuez-vous cet échec?** what do you put this failure down to? • **~ de l'importance à qch** to attach importance to sth

attribut [atʀiby] (NM) (*= caractéristique, symbole*) attribute • **adjectif ~** predicative adjective

attribution [atʀibysjɔ̃] **1** (NF) [*de prix*] awarding; [*d'avantages*] granting; [*de place, rôle, part*] allocation; [*d'œuvre, invention*] attribution **2** (NFPL) **attributions** (*= pouvoirs*) remit • **cela n'entre pas dans mes ~s** that's not part of my remit

attristant, e [atʀistɑ̃, ɑ̃t] (ADJ) saddening

attrister [atʀiste] /TABLE 1/ (VT) to sadden • **cette nouvelle nous a profondément attristés** we were greatly saddened by the news

attroupement [atʀupmɑ̃] (NM) crowd

attrouper (s') [atʀupe] /TABLE 1/ (VPR) to form a crowd

atypique [atipik] (ADJ) atypical

au [o] → **à**

aubaine [obɛn] (NF) godsend; (*financière*) windfall; (*Can = bonne affaire*) bargain

aube [ob] (NF) **a** (*= lever du jour*) dawn • **à l'~** at dawn • **à l'~ de** at the dawn of **b** [*de bateau*] paddle; [*de moulin*] vane • **roue à ~s** paddle wheel

aubépine [obepin] (NF) hawthorn

auberge [obɛʀʒ] (NF) inn • **~ de jeunesse** youth hostel

aubergine [obɛʀʒin] **1** (NF) (*= légume*) aubergine (*Brit*), eggplant (*US*) **2** (ADJ INV) aubergine-coloured

aubergiste [obɛʀʒist] (NMF) [*d'hôtel*] hotel-keeper; [*d'auberge*] innkeeper

aubette [obɛt] (NF) (*Belg*) bus shelter

auburn [obœʀn] (ADJ INV) auburn

aucun, e [okœ̃, yn] **1** (ADJ) **a** (*négatif*) no, not any • **~ historien n'en a parlé** no historian spoke of it • **il n'a ~e preuve** he has no proof, he doesn't have any proof **b** (*interrogatif, positif*) any • **il lit plus qu'~ autre enfant** he reads more than any other child
2 (PRON) **a** (*négatif*) none • **~ de ses enfants ne lui ressemble** none of his children are like him • **combien de réponses avez-vous eues? — ~e** how many answers did you get? — none • **il n'aime ~ de ces films** he doesn't like any of these films
b (*interrogatif, positif*) any • **il aime ses chiens plus qu'~ de ses enfants** he is fonder of his dogs than of any of his children

aucunement [okynmɑ̃] (ADV) not in the least • **il n'est ~ à blâmer** he's not in the least to blame

audace [odas] (NF) (*= témérité*) daring; (*= effronterie*) audacity • **avoir l'~ de** to dare to

audacieusement [odasjøzmɑ̃] (ADV) boldly

audacieux, -ieuse [odasjø, jøz] (ADJ) daring • **un geste ~** a bold gesture • **les plus ~** the boldest among them

au-dehors [odəɔʀ] (ADV) → **dehors**

au-delà [od(ə)la] (ADV) → **delà**

au-dessous [od(ə)su] (ADV) → **dessous**

au-dessus [od(ə)sy] (ADV) → **dessus**

au-devant [od(ə)vɑ̃] (ADV) → **devant**

audible [odibl] (ADJ) audible

audience [odjɑ̃s] (NF) **a** (*= public*) audience • **faire de l'~** to attract a large audience • **taux d'~** (*TV*) viewing figures; (*Radio*) listening figures • **9,4 points d'~** 9.4 points in the ratings • **cette série a battu tous les records d'~** the series has broken all viewing (*ou* listening) records **b** (*= séance*) hearing • **l'~ reprendra à 14 heures** the court will reconvene at 2 o'clock **c** (*= entretien*) audience • **donner ~ à qn** to grant sb an audience

audimat® [odimat] (NM INV) **a** (*= appareil*) audience research device **b** (*= taux d'écoute*) ratings • **faire de l'~** to have good ratings

audimètre [odimɛtʀ] (NM) audience research device

audio [odjo] (ADJ INV) audio

audioconférence [odjokɔ̃feʀɑ̃s] (NF) audioconference

audiodescription [odjodɛskʀipsjɔ̃] (NF) audio description

audioguide [odjogid] (NM) tape guide

audiophone [odjofɔn] (NM) hearing aid

audioprothésiste [odjopʀɔtezist] (NMF) hearing-aid specialist

audio-vidéo [odjovideo] (ADJ INV) audio-visual

audiovision [odjovizjɔ̃] (NF) audio description

audiovisuel, -elle [odjovizɥɛl] **1** (ADJ) audiovisual **2** (NM) **l'audiovisuel** **a** (*= équipement*) audiovisual aids **b** (*= méthodes*) audiovisual techniques **c** (*= radio et télévision*) radio and television

audit [odit] (NM) (*= contrôle*) audit

auditeur, -trice [oditœʀ, tʀis] **1** (NM,F) **a** listener • **le conférencier avait charmé ses ~s** the lecturer

had captivated his audience **b** (*= contrôleur*) auditor
2 (COMP) ▸ **auditeur libre** *person who registers to sit in on lectures*, auditor (*US*)

auditif, -ive [oditif, iv] (ADJ) auditory • **troubles ~s** hearing problems

audition [odisjɔ̃] (NF) **a** (*= essai*) audition; (*= récital*) recital • **passer une ~** to audition **b** (*au tribunal*) hearing • **procéder à l'~ d'un témoin** to hear a witness **c** (*= ouïe*) hearing

auditionner [odisjɔne] /TABLE 1/ (VTI) to audition

auditoire [oditwaʀ] (NM) audience

auditorium [oditɔʀjɔm] (NM) auditorium

augmentation [ɔgmɑ̃tasjɔ̃] (NF) increase (**de** in) • **~ de salaire** pay rise (*Brit*) *ou* raise (*US*) • **réclamer une ~** (*collectivement*) to make a wage claim; (*individuellement*) to put in for a pay rise (*Brit*) *ou* raise (*US*)

augmenter [ɔgmɑ̃te] /TABLE 1/ 1 (VT) to increase • **~ les prix de 10 %** to increase prices by 10% • **~ qn (de 500 €)** to increase sb's salary (by 500 euros) 2 (VI) to increase • **~ de volume** to increase in volume

augure [ogyʀ] (NM) (*= présage*) omen • **c'est de bon ~** this augurs well • **c'est de mauvais ~** this augurs badly

augurer [ogyʀe] /TABLE 1/ (VT) **cela augure bien de la suite** this augurs well for the future • **cela augure mal de la suite** this augurs badly for the future • **cela laisse ~ d'une élection difficile** this suggests the election will be difficult

aujourd'hui [oʒuʀdɥi] (ADV) today • **je le ferai dès ~** I'll do it this very day • **ça ne date pas d'~** [*objet*] it's not exactly new; [*situation, attitude*] it's nothing new • **les jeunes d'~** the young people of today

aulne [o(l)n] (NM) alder

aumône [omon] (NF) (*= don*) alms • **demander l'~** to beg for alms; (*fig*) to beg

aumônier [omonje] (NM) chaplain

auparavant [opaʀavɑ̃] (ADV) (*= d'abord*) beforehand

auprès [opʀɛ] (ADV) **~ de** (*= à côté de*) next to; (*= aux côtés de*) with; (*= dans l'opinion de*) in the opinion of • **faire une demande ~ des autorités** to apply to the authorities • **rester ~ d'un malade** to stay with an invalid • **s'asseoir ~ de qn** to sit down by sb • **il passe pour un incompétent ~ de ses collègues** his colleagues regard him as incompetent

auquel [okɛl] → **lequel**

aura [ɔʀa] (NF) aura

aurait [ɔʀɛ] (VB) → **avoir**

auréole [ɔʀeɔl] (NF) **a** (*= couronne*) halo **b** (*= tache*) ring

auréoler [ɔʀeɔle] /TABLE 1/ (VT) **tête auréolée de cheveux blancs** head with a halo of white hair • **auréolé de gloire** crowned with glory • **être auréolé de prestige** to have an aura of prestige

auriculaire [ɔʀikylɛʀ] (NM) little finger

aurifère [ɔʀifɛʀ] (ADJ) gold-bearing

aurochs ○ [ɔʀɔk] (NM) aurochs

aurore [ɔʀɔʀ] (NF) (*= lever du jour*) dawn • **se lever aux ~s** to get up at the crack of dawn ▸ **l'aurore boréale** the aurora borealis

auscultation [ɔskyltasjɔ̃] (NF) auscultation

ausculter [ɔskylte] /TABLE 1/ (VT) to sound the chest of • **le médecin m'a ausculté** the doctor listened to my chest

auspices [ɔspis] (NMPL) auspices

aussi [osi] 1 (ADV) **a** (*= également*) too, also • **il parle ~ l'anglais** he also speaks English • **faites bon voyage — vous ~** have a good journey — you too • **je suis fatigué et eux ~** I'm tired and they are too • **il travaille bien et moi ~** he works well and so do I

b (*comparaison*)
▸ **aussi ... que** as ... as • **~ grand que** as tall as • **il est ~ bête que méchant** he's as stupid as he is ill-natured • **~ vite que possible** as quickly as possible

c (*= si, tellement*) so • **je ne te savais pas ~ bête** I didn't think you were so stupid • **je ne savais pas que cela se faisait ~ facilement** I didn't know that could be done so easily • **~ idiot que ça puisse paraître** silly though it may seem

d (*= tout autant*) **~ bien** just as well

2 (CONJ) (*conséquence*) therefore • **je suis faible, ~ ai-je besoin d'aide** I'm weak, therefore I need help

aussitôt [osito] (ADV) straight away • **~ après son retour** straight after his return • **~ arrivé il s'attabla** as soon as he arrived he sat down at the table • **~ dit, ~ fait** no sooner said than done • **~ que** as soon as • **~ que je l'ai vu** as soon as I saw him

austère [ostɛʀ] (ADJ) austere

austérité [osteʀite] (NF) austerity • **mesures d'~** austerity measures

austral, e (*mpl* **australs**) [ɔstʀal] (ADJ) southern

Australasie [ɔstʀalazi] (NF) Australasia • **d'~** [*produit, habitant*] Australasian

Australie [ostʀali] (NF) Australia

australien, -ienne [ostʀaljɛ̃, jɛn] 1 (ADJ) Australian 2 (NM,F) **Australien(ne)** Australian

australopithèque [ɔstʀalɔpitɛk] (NM) Australopithecus

autant [otɑ̃] (ADV) **a** ▸ **autant de** (*quantité*) as much; (*nombre*) as many • **il n'y a pas ~ de neige que l'année dernière** there isn't as much snow as last year • **nous avons ~ de médailles qu'eux** we have as many medals as they have • **ils sont ~ à plaindre l'un que l'autre** you have to feel just as sorry for both of them • **ils ont ~ de talent l'un que l'autre** they are both equally talented • **j'en voudrais encore ~** I'd like as much again • **tous ~ que vous êtes** every single one of you

b (*intensité*) as much • **il mange toujours ~** he eats as much as ever • **courageux ~ que compétent** courageous as well as competent • **il travaille toujours ~** he works as hard as ever • **intelligent, il l'est ~ que vous** he's just as intelligent as you are

c (*= tant*) ▸ **autant de** (*quantité*) so much; (*nombre*) so many • **elle ne pensait pas qu'il aurait ~ de succès** she never thought that he would have so much success • **vous invitez toujours ~ de gens ?** do you always invite so many people? • **j'ai rarement vu ~ de monde** I've seldom seen so many people

d (*= la même chose : avec « en »*) the same • **je ne peux pas en dire ~** I can't say the same for myself • **il en a fait ~** he did the same

e (*= il est préférable de*) **~ prévenir la police** it would be as well to tell the police • **~ dire qu'il est fou** you might as well say that he's mad

f (*locutions*) **~ que je sache** as far as I know • **~ pour moi !** my mistake!
▸ **pour autant** for all that • **il a gagné, cela ne signifie pas pour ~ qu'il est le meilleur** he won, but that doesn't mean that he's the best
▸ **autant ... autant** **~ il aime les chiens, ~ il déteste les chats** he likes dogs as much as he hates cats

▸ **autant que possible** as much as possible • **je voudrais éviter les grandes routes ~ que possible** I'd like to avoid the major roads as much as possible
▸ **d'autant plus** **d'~ plus que** all the more so since • **c'est d'~ plus dangereux qu'il n'y a pas de parapet** it's all the more dangerous since there is no parapet • **écrivez-lui, d'~ (plus) que je ne suis pas sûr qu'il vienne demain** you'd better write to him, especially as I'm not sure if he's coming tomorrow • **d'~ plus!** all the more reason!

autarcie [otaʀsi] (NF) autarchy

autarcique [otaʀsik] (ADJ) autarchic

autel [otɛl] (NM) altar • **dresser un ~ à qn** to put sb on a pedestal • **sacrifier qch sur l'~ de** to sacrifice sth on the altar of

auteur, e [otœʀ] (NM,F) [*de texte, roman*] author; [*d'opéra*] composer; [*de procédé*] originator; [*de crime, coup d'état*] perpetrator • **l'~ de ce canular** the hoaxer • **l'~ de l'accident** the person who caused the accident • **l'~ de ce tableau** the artist who painted the picture • **«~ inconnu»** "artist unknown" • **qui est l'~ des paroles?** who wrote the words? • **cinéma d'~** art-house films
▸ **auteur-compositeur, auteur-compositeur-interprète** singer-songwriter

authenticité [otɑ̃tisite] (NF) [*d'œuvre, document*] authenticity

authentification [otɑ̃tifikasjɔ̃] (NF) authentication

authentifier [otɑ̃tifje] /TABLE 7/ (VT) to authenticate

authentique [otɑ̃tik] (ADJ) authentic • **un ~ Van Gogh** a genuine Van Gogh • **c'est vrai? — ~!*** really? — really!

authentiquement [otɑ̃tikmɑ̃] (ADV) genuinely, authentically

autisme [otism] (NM) autism

autiste [otist] (ADJ, NMF) autistic

auto [oto] (NF) car ▸ **autos tamponneuses** bumper cars

auto- [oto] (PRÉF) self- • **~adhésif** self-adhesive

autoapprentissage [otoapʀɑ̃tisaʒ] (NM) self-training

autobiographie [otobjɔgʀafi] (NF) autobiography

autobiographique [otobjɔgʀafik] (ADJ) autobiographical

autobronzant, e [otobʀɔ̃zɑ̃, ɑ̃t] **1** (ADJ) self-tanning **2** (NM) self-tanning cream

autobus [ɔtobys] (NM) bus ▸ **autobus scolaire** (*Can*) school bus

autocar [ɔtɔkaʀ] (NM) coach (*Brit*), bus (*US*)

autocensure [otosɑ̃syʀ] (NF) self-censorship

autocensurer (s') [otosɑ̃syʀe] /TABLE 1/ (VPR) to practise self-censorship

autochtone [ɔtɔktɔn] **1** (ADJ) native **2** (NMF) native

autocollant, e [otokɔlɑ̃, ɑ̃t] **1** (ADJ) self-adhesive **2** (NM) sticker

autocongratuler (s') [otokɔ̃gʀatyle] /TABLE 1/ (VPR) to congratulate o.s.

autocrate [otokʀat] (NM) autocrat

autocritique [otokʀitik] (NF) self-criticism • **faire son ~** to criticize o.s.

autocuiseur [otokɥizœʀ] (NM) pressure cooker

autodafé [otodafe] (NM) auto-da-fé

autodéfense [otodefɑ̃s] (NF) self-defence • **groupe d'~** vigilante group

autodéfinir (s') [otodefiniʀ] /TABLE 2/ (VPR) to self-define, define o.s.

autodérision [otodeʀizjɔ̃] (NF) self-mockery • **pratiquer l'~** to mock o.s.

autodestructeur, -trice [otodɛstʀyktœʀ, tʀis] (ADJ) self-destructive

autodestruction [otodɛstʀyksjɔ̃] (NF) self-destruction

autodétermination [otodetɛʀminasjɔ̃] (NF) self-determination

autodétruire (s') [otodetʀɥiʀ] /TABLE 38/ (VPR) [*bande*] to self-destruct; [*personne*] to destroy o.s.

autodidacte [otodidakt] **1** (ADJ) self-taught **2** (NMF) self-taught person

autodiscipline [otodisiplin] (NF) self-discipline

auto-école (*pl* **auto-écoles**) [otoekɔl] (NF) driving school • **moniteur d'~** driving instructor

autoentrepreneur, -euse [otoɑ̃tʀəpʀənœʀ, øz] (NM,F) self-employed businessman (*ou* business-woman)

autoévaluation [otoevalɥasjɔ̃] (NF) self-assessment

autoévaluer (s') [otoevalɥe] /TABLE 1/ (VPR) to assess o.s.

autofocus [otofɔkys] (ADJ, NM) autofocus

autoformer (s') [otofɔʀme] /TABLE 1/ (VPR) to self-train

auto-immune [otoi(m)myn] (ADJ F) autoimmune

automate [ɔtɔmat] (NM) (= *robot, personne*) automaton

automatique [ɔtɔmatik] **1** (ADJ) automatic → **distributeur** **2** (NM) (= *revolver*) automatic

automatiquement [ɔtɔmatikmɑ̃] (ADV) automatically

automatiser [ɔtɔmatize] /TABLE 1/ (VT) to automate

automatisme [ɔtɔmatism] (NM) automatism • **acquérir des ~s** to learn to do things automatically

automédication [otomedikasjɔ̃] (NF) self-medication • **faire de l'~** to medicate o.s.

automitrailleuse [otomitʀɑjøz] (NF) armoured (*Brit*) *ou* armored (*US*) car

automnal, e (*mpl* **-aux**) [ɔtɔnal, o] (ADJ) autumnal

automne [ɔtɔn] (NM) autumn (*Brit*), fall (*US*) • **en ~** in the autumn (*Brit*), in the fall (*US*)

> The **mn** is pronounced **n**.

automobile [ɔtɔmɔbil] **1** (NF) (= *voiture*) motor car (*Brit*), automobile (*US*) • **l'automobile** (= *industrie*) the car industry **2** (ADJ) [*course, sport*] motor; [*assurance, industrie*] car

automobiliste [ɔtɔmɔbilist] (NMF) driver

automutilation [otomytilasjɔ̃] (NF) self-harm

automutiler (s') [otomytile] /TABLE 1/ (VPR) to mutilate o.s.

autoneige [otonɛʒ] (NF) (*Can*) snowmobile

autonettoyant, e [otonetwajɑ̃, ɑ̃t] (ADJ) self-cleaning

autonome [ɔtɔnɔm] (ADJ) **a** [*territoire*] autonomous • **groupuscule ~** group of political extremists **b** [*personne*] self-sufficient

autonomie [ɔtɔnɔmi] (NF) **a** autonomy **b** [*de véhicule*] range • **cette voiture a une ~ de 100 kilomètres** the car has a range of 100 kilometres • **~ en communication** [*de téléphone*] talk time • **~ en veille** [*d'appareil, téléphone*] standby time

auto-partage [otopaʀtaʒ] (NM) (= *location de voiture*) car-pooling (*via a car club*)

autopont [otopɔ̃] (NM) flyover (*Brit*), overpass (*US*)

autoportrait [otopɔʀtʀɛ] (NM) self-portrait

autoproclamé, e [otopʀɔklame] *ptp de* **autoproclamer** (ADJ) self-proclaimed

autoproclamer (s') [otopʀɔklame] /TABLE 1/ (VPR) [*personne*] to proclaim o.s. • **il s'est autoproclamé expert** he has proclaimed himself to be an expert

autopsie [ɔtɔpsi] (NF) autopsy • **pratiquer une ~** to carry out an autopsy (**sur** on)

autopsier [ɔtɔpsje] /TABLE 7/ (VT) [+ *corps*] to carry out an autopsy on

autoradio [otoʀadjo] (NM) car radio

autorail [otoʀaj] (NM) railcar

autorégulation [otoʀegylasjɔ̃] (NF) self-regulation

autorisation [ɔtɔʀizasjɔ̃] (NF) (= *permission*) permission; (*officielle*) authorization (**de qch** for sth); (= *permis*) permit • **avoir l'~ de faire qch** to have permission to do sth; (*officiellement*) to be authorized to do sth • **le projet doit recevoir l'~ du comité** the project must be authorized by the committee ▸ **autorisation d'absence** leave of absence ▸ **autorisation de vol** flight clearance ▸ **autorisation parentale** parental consent

autorisé, e [ɔtɔʀize] *ptp de* **autoriser** (ADJ) [*agent, version*] authorized; [*opinion*] authoritative • **dans les milieux ~s** in official circles • **nous apprenons de source ~e que ...** we have learnt from official sources that ...

autoriser [ɔtɔʀize] /TABLE 1/ **1** (VT) ⓐ (= *permettre*) to authorize • **~ qn à faire qch** (= *donner la permission de*) to give sb permission to do sth; (*officiellement*) to authorize sb to do sth • **il nous a autorisés à sortir** he has given us permission to go out • **se croire autorisé à dire que ...** to feel one is entitled to say that ... • **« stationnement autorisé sauf le mardi »** "car parking every day except Tuesday" ⓑ (= *rendre possible*) to allow
2 (VPR) **s'autoriser** (= *se permettre*) **s'~ un cigare de temps en temps** to allow o.s. a cigar from time to time

autoritaire [ɔtɔʀitɛʀ] (ADJ) authoritarian

autoritarisme [ɔtɔʀitaʀism] (NM) authoritarianism

autorité [ɔtɔʀite] **1** (NF) authority (**sur** over) • **avoir de l'~ sur qn** to have authority over sb • **il n'a aucune ~ sur ses élèves** he has no control over his pupils • **être déchu de l'~ parentale** to lose one's parental rights • **l'une des grandes ~s en la matière** one of the great authorities on the subject • **faire ~** to be authoritative • **représentant de l'~** representative of authority
2 (NFPL) **les autorités** the authorities • **les ~s civiles et religieuses** the civil and religious authorities • **les ~s judiciaires** the judicial authorities
3 (COMP) ▸ **Autorité des marchés financiers** ≈ Financial Services Authority (*Brit*), ≈ Securities and Exchange Commission (*US*)

autoroute [otoʀut] (NF) motorway (*Brit*), highway (*US*) • **l'~ du soleil** *the A6 motorway to the south of France* ▸ **autoroutes de l'information** information highways ▸ **autoroute à péage** toll motorway (*Brit*), turnpike (*US*)

> **AUTOROUTE**
> Motorways in France, indicated by blue road signs with the letter A followed by a number, are toll roads. The speed limit is 130 km/h (110 km/h when it is raining). At the tollgate, the lanes marked "réservé" and with an orange "t" are reserved for people who subscribe to "télépéage", an electronic payment system.

autoroutier, -ière [otoʀutje, jɛʀ] (ADJ) motorway (*Brit*), highway (*US*)

autosatisfaction [otosatisfaksjɔ̃] (NF) self-satisfaction

auto-stop [otostɔp] (NM) hitch-hiking • **pour rentrer, il a fait de l'~** he hitched* home • **j'ai pris quelqu'un en ~** I picked up a hitch-hiker

auto-stoppeur, -euse (*mpl* **auto-stoppeurs**) [otostɔpœʀ, øz] (NM,F) hitch-hiker • **prendre un ~** to pick up a hitch-hiker

autosuggestion [otosygʒɛstjɔ̃] (NF) autosuggestion

autotransfusion [ototʀɑ̃sfyzjɔ̃] (NF) autologous transfusion

autour [otuʀ] (ADV) around • **tout ~** all around • **maison avec un jardin ~** house surrounded by a garden ▸ **autour de** around • **il regarda ~ de lui** he looked around • **~ d'un bon café** over a nice cup of coffee

autre [otʀ] **1** (ADJ INDÉF) ⓐ other • **je préfère l'~ robe** I prefer the other dress • **c'est un ~ problème** that's another problem • **ils ont un (tout) ~ point de vue** they have a (completely) different point of view • **en d'~s lieux** elsewhere • **elle a deux ~s enfants** she has two other children • **donnez-moi un ~ livre** give me another book • **il y a beaucoup d'~s solutions** there are many other solutions • **~ chose, Madame?** anything else, madam? • **de l'~ côté de la rue** on the other side of the street • **dans l'~ sens** in the other direction • **l'~ jour** the other day • **tu me le diras une ~ fois** tell me another time
ⓑ (*avec pron pers*) **nous ~s, on est prudents*** WE'RE careful • **taisez-vous, vous ~s*** be quiet, you lot* (*Brit*)
ⓒ ▸ **autre chose** c'est ~ chose that's another matter • **parlons d'~ chose** let's talk about something else • **ce n'est pas ~ chose que de la jalousie** that's just jealousy • **ah ~ chose! j'ai oublié de vous dire que ...** oh, one more thing! I forgot to tell you that ...
2 (PRON INDÉF) ⓐ (= *qui est différent*) another • **il en aime une ~** he's in love with another woman • **aucun ~** nobody else • **nul ~** nobody else • **les deux ~s** the other two • **prendre qn pour un ~** to mistake sb for sb else • **un ~ que moi aurait refusé** anyone else would have refused • **et l'~*, il vient avec nous?** what about him, is he coming with us? • **et l'~ qui n'arrête pas de klaxonner!*** and then there's that idiot who keeps blowing his horn!
▸ **d'autres** others • **il en a vu d'~s!** he's seen worse! • **à d'~s!*** a likely story!
ⓑ (= *qui vient en plus*) **donnez m'en un ~** give me another one • **qui d'~?** who else? • **quoi d'~?** what else? • **quelqu'un d'~** somebody else • **quelque chose d'~** something else • **personne d'~** nobody else
ⓒ (*marque une opposition*) **l'~** the other one • **les ~s** the others • **il se moque de l'opinion des ~s** he doesn't care what other people think
ⓓ (*dans le temps*) **d'une minute à l'~** (= *bientôt*) any minute now • **le temps peut changer d'un instant à l'~** the weather can change from one minute to the next • **il sera ici d'un instant à l'~** he'll get here any minute now
3 (NM) (*Philo*) **l'~** the other

autrefois [otʀəfwa] (ADV) in the past • **d'~** of the past

autrement [otʀəmɑ̃] (ADV) ⓐ (= *différemment*) differently • **il faut s'y prendre ~** we'll have to go about it differently • **cela ne peut s'être passé ~** it can't have happened any other way • **comment aller à Londres ~ que par le train?** how can we get to London other than by train? • **tu pourrais me parler ~!** don't you talk to me like that! • **il n'y a pas moyen de faire ~** it's impossible to do otherwise • **il n'a pas pu faire ~ que de me voir** he couldn't help seeing me • **~ dit** (*= en d'autres mots*) in other words

ⓑ (*= sinon*) otherwise • **travaille bien, ~ tu auras de mes nouvelles!** work hard, otherwise you'll be hearing a few things from me! • **la viande était bonne, ~ le repas était quelconque*** the meat was good but otherwise the meal was pretty nondescript

Autriche [otʀiʃ] (NF) Austria

autrichien, -ienne [otʀiʃjɛ̃, jɛn] **1** (ADJ) Austrian **2** (NM,F) **Autrichien(ne)** Austrian

autruche [otʀyʃ] (NF) ostrich • **faire l'~** to bury one's head in the sand

autrui [otʀɥi] (PRON) others • **respecter le bien d'~** to respect other people's property

auvent [ovɑ̃] (NM) [*de maison*] canopy; [*de tente*] awning

aux [o] → **à**

auxiliaire [ɔksiljɛʀ] **1** (ADJ) auxiliary • **mémoire ~** additional memory **2** (NMF) (*= assistant*) assistant **3** (NM) auxiliary

av. ⓐ (ABR DE **avenue**) Ave ⓑ (ABR DE **avant**) **en 300 ~ J.-C.** in 300 BC

avachi, e [avaʃi] *ptp de* **avachir** (ADJ) ⓐ [*chaussure, vêtement*] misshapen ⓑ [*personne*] (*= fatigué*) drained; (*= indolent*) sloppy • **~ sur son bureau** slumped over his desk

avachir (s') [avaʃiʀ] /TABLE 2/ (VPR) [*vêtement*] to lose its shape; [*personne*] (*physiquement*) to become flabby; (*moralement*) to become sloppy

avait [avɛ] (VB) → **avoir**

aval (*pl* **avals**) [aval] (NM) ⓐ (*= autorisation*) authorization

ⓑ [*de cours d'eau*] water downstream • **ski ~** downhill ski

▸ **en aval** [*de cours d'eau*] downstream; [*de pente*] downhill; (*dans une hiérarchie*) lower down • **les opérations en ~** operations further down the line

▸ **en aval de** [*+ cours d'eau*] downstream from; [*+ pente*] downhill from • **les opérations en ~ de la production** post-production operations

avalanche [avalɑ̃ʃ] (NF) [*de neige, réclamations*] avalanche; [*de coups*] shower; [*de compliments*] flood

avaler [avale] /TABLE 1/ (VT) ⓐ [*+ nourriture, boisson*] to swallow • **~ la fumée** [*fumeur*] to inhale • **~ qch d'un trait** to swallow sth in one gulp • **~ son café à petites gorgées** to sip one's coffee • **~ sa salive** to swallow • **il a avalé de travers** it went down the wrong way • **il n'a rien avalé depuis deux jours** he hasn't eaten a thing for two days • **la machine a avalé ma carte de crédit** the machine swallowed up my credit card

ⓑ [*+ mensonge, histoire*]* to swallow; [*+ mauvaise nouvelle*]* to accept • **on lui ferait ~ n'importe quoi** he would swallow anything • **il a eu du mal à ~ la pilule** it was a bitter pill for him to swallow • **c'est difficile à ~** it's hard to swallow

avance [avɑ̃s] **1** (NF) ⓐ (*= marche, progression*) advance

ⓑ (*sur un concurrent*) lead • **avoir de l'~ sur qn** to have the lead over sb • **prendre de l'~ sur qn** to take the lead over sb • **10 minutes d'~** a 10-minute lead • **avoir une longueur d'~** to be a length ahead • **il a un an d'~** he's a year ahead • **avoir toujours un coup d'~** to be one step ahead

ⓒ (*sur un horaire*) **avoir de l'~** to be ahead of schedule; (*dans son travail*) to be ahead with one's work • **le train a dix minutes d'~** the train is ten minutes early • **le train a pris de l'~** the train is running ahead of schedule • **arriver avec cinq minutes d'~** to arrive five minutes early • **avec cinq minutes d'~ sur les autres** five minutes earlier than the others • **ma montre a dix minutes d'~** my watch is ten minutes fast • **ma montre prend de l'~** my watch is fast

ⓓ (*= acompte*) advance • **faire une ~ de 800 € à qn** to advance sb 800 euros • **~ sur salaire** advance on one's salary

ⓔ (*locutions*)

▸ **en avance** (*sur l'heure fixée*) early; (*sur l'horaire*) ahead of schedule • **être en ~ sur qn** to be ahead of sb • **être en ~ d'une heure** (*sur l'heure fixée*) to be an hour early; (*sur l'horaire*) to be an hour ahead of schedule • **dépêche-toi, tu n'es pas en ~!** hurry up, you haven't got much time! • **les crocus sont en ~ cette année** the crocuses are early this year • **leur fils est très en ~ sur les autres enfants** their son is well ahead of the other children • **il est en ~ pour son âge** he's advanced for his age • **leur pays est en ~ dans le domaine scientifique** their country leads in the field of science • **il était très en ~ sur son temps** he was well ahead of his time • **nous sommes en ~ sur le programme** we're ahead of schedule

▸ **à l'avance, d'avance** in advance • **réserver une place un mois à l'~** to book a seat one month in advance • **prévenir qn deux heures à l'~** to warn sb two hours in advance • **payable à l'~** *ou* **d'~** payable in advance • **en vous remerciant à l'~** thanking you in anticipation • **merci d'~** thanks (in anticipation)

2 (NFPL) **avances** (*galantes*) advances • **faire des ~s à qn** to make advances to sb

avancé, e [avɑ̃se] *ptp de* **avancer** **1** (ADJ) ⓐ [*élève, civilisation, technique*] advanced • **la journée était ~e** it was late in the day • **il est très ~ dans son travail** he's well ahead with his work • **à une heure ~e de la nuit** late at night • **elle a travaillé jusqu'à une heure ~e de la nuit** she worked late into the night • **son roman est déjà assez ~** he's already quite far ahead with his novel • **être d'un âge ~** to be getting on in years • **dans un état ~ de ...** in an advanced state of ... • **sa maladie est à un stade très ~** his illness is at a very advanced stage • **après toutes ses démarches, il n'est pas plus ~** after all the steps he has taken, he's no further forward than he was before • **nous voilà bien ~s!*** a fat lot of good that's done us!*

ⓑ [*fruit, fromage*] overripe

2 (NF) **avancée** ⓐ (*= progression*) advance

ⓑ (*= surplomb*) overhang

avancement [avɑ̃smɑ̃] (NM) ⓐ (*= promotion*) promotion • **avoir de l'~** to be promoted ⓑ [*de travaux*] progress

avancer [avɑ̃se] /TABLE 3/ **1** (VT) ⓐ [*+ objet, tête*] to move forward; [*+ main*] to hold out • **~ le cou** to crane forward • **~ un siège à qn** to draw up a seat for sb • **~ une pendule** to put a clock forward

ⓑ [*+ opinion, hypothèse*] to advance • **ce qu'il avance paraît vraisemblable** what he is suggesting seems quite plausible

c [+ *date, départ*] to bring forward • **il a dû ~ son retour** he had to bring forward the date of his return

d [+ *travail*] to speed up • **est-ce que cela vous avancera si je vous aide?** will it speed things up for you if I help? • **ça n'avance pas nos affaires** that doesn't improve matters for us • **cela t'avancera à quoi de courir?** what good will it do you to run? • **cela ne t'avancera à rien de crier** shouting won't get you anywhere

e [+ *argent*] to advance; (= *prêter*) to lend

2 VI **a** (*dans l'espace*) to advance; [*bateau*] to make headway • **il avança d'un pas** he took a step forward • **mais avance donc!** move on will you! • **ça n'avançait pas sur la route** the traffic was almost at a standstill

b (= *progresser*) to make progress • **faire ~** [+ *travail*] to speed up; [+ *science, recherche*] to further • **~ vite dans son travail** to make good progress in one's work • **et les travaux, ça avance?*** how's the work coming on?* • **son livre n'avance guère** he's not making much headway with his book • **tout cela n'avance à rien** that doesn't get us any further

c [*montre, horloge*] to be fast • **ma montre avance de dix minutes** my watch is ten minutes fast

d [*cap, promontoire*] to jut out (**dans** into); [*lèvre, menton*] to protrude

3 VPR **s'avancer** **a** (= *aller en avant*) to move forward; (= *progresser*) to advance • **il s'avança vers nous** he came towards us

b (= *aller trop loin*) to get carried away, to get ahead of oneself • **je ne crois pas trop m'~ en disant que ...** I don't think I'm going too far if I say that ...

avant [avɑ̃]

1 PRÉPOSITION	3 NOM MASCULIN
2 ADVERBE	4 ADJECTIF INVARIABLE

1 PRÉPOSITION

a temps before • **il est parti ~ nous** he left before us • **il est parti ~ la fin** he left before the end • **peu ~ mon mariage** shortly before I got married • **il n'est pas arrivé ~ 9 heures** he didn't arrive until 9 • **il me le faut ~ demain** I must have it before tomorrow • **ça doit être terminé ~ une semaine** it has to be done within a week • **rien ne sera plus jamais comme ~** nothing will ever be the same

▸ **avant de** (+ *infinitif*) before • **il a téléphoné ~ de partir** he phoned before he left • **consultez-moi ~ de prendre une décision** consult me before you decide • **à prendre ~ de manger** to be taken before meals

▸ **avant que** (+ *subjonctif*) before • **je veux lire sa lettre ~ qu'elle ne l'envoie** I want to read her letter before she sends it • **n'envoyez pas cette lettre ~ que je l'aie lue** don't send the letter until I have read it

b durée for • **il n'arrivera pas ~ une demi-heure** he won't be here for another half hour yet • **on ne le reverra pas ~ longtemps** we won't see him again for a long time • **~ peu** shortly

c lieu before • **sa maison est juste ~ la poste** his house is just before the post office

d priorité before; (*dans une liste, un classement*) ahead of

▸ **avant tout, avant toute chose** (= *ce qui est le plus important*) above all; (= *tout d'abord*) first • **~ tout, il faut éviter la guerre** above all war must be avoided • **il faut ~ tout vérifier l'état du toit** the first step is to see what state the roof is in

2 ADVERBE

a (= *auparavant*) first • **venez me parler ~** come and talk to me first • **le voyage sera long, mangez ~** it's going to be a long journey so have something to eat first

▸ **d'avant** (= *précédent*) previous • **la semaine d'~** the previous week

b (= *autrefois*)

> Lorsque l'adverbe **avant** signifie **autrefois**, cette notion est généralement exprimée en anglais par **used to**, qui est suivi de l'infinitif.

• **~, c'était très beau ici** it used to be very beautiful here • **~, je n'aimais pas la physique** I didn't use to like physics

c durée before • **quelques mois ~** some months before • **bien ~** long before

d lieu **tu vois la boulangerie? le fleuriste est juste ~** you see the baker's? the florist's is just this side of it

▸ **en avant** [*mouvement*] forward; [*position*] in front • **la voiture fit un bond en ~** the car lurched forward • **en ~, marche!** forward march! • **être en ~** (*d'un groupe*) to be in front • **partez en ~, on vous rejoindra** you go on ahead, we'll catch up with you • **mettre qch en ~** to put sth forward • **il aime se mettre en ~** he likes to push himself forward

3 NOM MASCULIN

a (= partie antérieure) [*d'avion, voiture, train*] front; [*de navire*] bows • **aller de l'~** to forge ahead

▸ **à l'avant** in the front • **dans cette voiture on est mieux à l'~** it's more comfortable in the front of this car • **voyager à l'~ du train** to travel in the front section of the train

b (= joueur) forward • **la ligne des ~s** the forward line

4 ADJECTIF INVARIABLE

(= antérieur) front • **les sièges ~** the front seats • **la partie ~** the front part

avantage [avɑ̃taʒ] NM **a** (= *intérêt*) advantage • **cette solution a l'~ de ne léser personne** this solution has the advantage of not hurting anyone • **j'ai ~ à acheter en gros** it's worth it for me to buy in bulk • **tourner une situation à son ~** to turn the situation to one's advantage

b (= *supériorité*) advantage • **avoir un ~ sur qn** to have an advantage over sb • **avoir l'~** to have the advantage (**sur** over)

c (= *gain*) benefit • **~s en nature** fringe benefits • **~ pécuniaire** financial benefit • **~s sociaux** benefits • **~ fiscal** tax break

d ▸ **à son avantage** **être à son ~** (*sur une photo*) to look one's best; (*dans une conversation*) to be at one's best • **il s'est montré à son ~** he was seen in a favourable light

avantager [avɑ̃taʒe] /TABLE 3/ VT **a** (= *donner un avantage à*) to give an advantage to • **il a été avantagé par rapport à ses frères** he has been given an advantage over his brothers • **être avantagé dès le départ** to have a head start **b** (= *mettre en valeur*) to flatter • **cette robe l'avantage** she looks good in that dress

avantageusement [avɑ̃taʒøzmɑ̃] ADV [*vendre*] at a good price; [*décrire*] favourably (*Brit*), favorably (*US*), flatteringly • **les bandes adhésives remplacent ~ les épingles** adhesive strips are superseding pins

avantageux, -euse [avɑ̃taʒø, øz] (ADJ) ⓐ (*= profitable*) [*affaire*] worthwhile; [*prix*] attractive • **ce serait plus ~ de ...** it would be more worthwhile to ... • **en grands paquets, c'est plus ~** large packets are better value ⓑ (*= présomptueux*) **il a une idée assez avantageuse de lui-même** he has a very high opinion of himself ⓒ (*= flatteur*) [*portrait, robe*] flattering • **prendre des poses avantageuses** to show o.s. off to one's best advantage

avant-bras [avɑ̃bʀɑ] (NM INV) forearm

avant-centre (*pl* **avants-centres**) [avɑ̃sɑ̃tʀ] (NM) centre-forward (*Brit*), center-forward (*US*) • **il joue ~** he plays centre-forward

avant-coureur (*pl* **avant-coureurs**) [avɑ̃kuʀœʀ] (ADJ M) **signe ~** forerunner

avant-dernier, -ière (*mpl* **avant-derniers**) [avɑ̃dɛʀnje, jɛʀ] (ADJ, NM,F) last but one

avant-garde (*pl* **avant-gardes**) [avɑ̃gaʀd] (NF) ⓐ [*d'armée*] vanguard ⓑ [*d'artistes, politiques*] avant-garde • **être à l'~ de** to be in the vanguard of • **d'~** avant-garde

avant-gardiste (*pl* **avant-gardistes**) [avɑ̃gaʀdist] (ADJ) avant-gardist

avant-goût○ (*pl* **avant-goûts**) [avɑ̃gu] (NM) foretaste

avant-guerre (*pl* **avant-guerres**) [avɑ̃gɛʀ] **1** (NF) pre-war years • **d'~** pre-war **2** (ADV) before the war

avant-hier [avɑ̃tjɛʀ] (ADV) the day before yesterday

avant-midi [avɑ̃midi] (NF ou M) (*Can, Belg*) morning

avant-première (*pl* **avant-premières**) [avɑ̃pʀəmjɛʀ] (NF) preview • **j'ai vu le film en ~** I saw a preview of the film • **ce film sera projeté en ~ au Rex** the film will be previewing at the Rex

avant-propos [avɑ̃pʀɔpo] (NM INV) foreword

avant-scène (*pl* **avant-scènes**) [avɑ̃sɛn] (NF) (*= partie de la scène*) proscenium

avant-veille (*pl* **avant-veilles**) [avɑ̃vɛj] (NF) **l'~** two days before • **c'était l'~ de Noël** it was two days before Christmas

avare [avaʀ] **1** (ADJ) [*personne*] miserly • **~ de compliments** sparing with compliments **2** (NMF) miser

avarice [avaʀis] (NF) miserliness

avarie [avaʀi] (NF) damage *NonC*

avarié, e [avaʀje] (ADJ) [*aliment*] rotting; [*navire*] damaged • **cette viande est ~e** this meat has gone bad

avatar [avataʀ] (NM) ⓐ (*= difficulté*) problem ⓑ (*= manifestation*) **le dernier ~ de qch** the latest manifestation of sth

AVC [avese] (NM) (ABR DE **accident vasculaire cérébral**) stroke

avec [avɛk] **1** (PRÉP) ⓐ with • **il a commandé une pizza ~ des frites!** he ordered a pizza with chips! • **son mariage ~ Marc a duré huit ans** her marriage to Marc lasted eight years • **elle est ~ Robert** (*= elle le fréquente*) she's going out with Robert; (*= ils vivent ensemble*) she's living with Robert ▸ **avec cela, avec ça*** **et ~ ça, madame?** (*dans un magasin*) would you like anything else? • **il conduit mal et ~ ça il conduit trop vite** he drives badly and too fast as well • **~ tout ça j'ai oublié le pain** with all this I forgot about the bread

ⓑ (*= à l'égard de*)

> ➢ Lorsque **avec** signifie **à l'égard de**, sa traduction dépend de l'adjectif qu'il accompagne. Reportez-vous à l'autre mot.

• **il est très gentil ~ moi** he's very kind to me

ⓒ (*manière*)

> ➢ Lorsque **avec** + nom exprime le moyen ou la manière, l'anglais utilise souvent un adverbe. Reportez-vous à l'autre mot.

• **parler ~ colère** to speak angrily

2 (ADV)* **tiens mes gants, je ne peux pas conduire ~** hold my gloves, I can't drive with them on • **rends-moi mon stylo, tu allais partir ~!** give me back my pen, you were going to walk off with it! • **il faudra bien faire ~** he (*ou* we *etc*) will have to make do

avenant [av(ə)nɑ̃] (NM) ⓐ [*de police d'assurance*] endorsement; [*de contrat*] amendment (**à** to) • **faire un ~ à** [*+ police d'assurance*] to endorse; [*+ contrat*] to amend ⓑ ▸ **à l'avenant la maison était luxueuse, et le mobilier était à l'~** the house was luxurious, and the furniture was equally so • **la table coûtait 8 000 €, et tout était à l'~** the table cost 8,000 euros and everything else was just as expensive

avènement [avɛnmɑ̃] (NM) advent; [*de roi*] accession (**à** to)

avenir [av(ə)niʀ] (NM) future • **à l'~** in future • **avoir des projets d'~** to have plans for the future • **dans un proche ~** in the near future • **elle m'a prédit mon ~** she told my fortune • **l'~ le dira** time will tell • **il a de l'~** he has a good future • **entreprise pleine d'~** up-and-coming company • **métier d'~** job with a future

Avent [avɑ̃] (NM) **l'~** Advent

aventure [avɑ̃tyʀ] (NF) ⓐ adventure • **film d'~s** adventure film ⓑ (*= liaison amoureuse*) affair • **~ amoureuse** love affair • **avoir une ~ avec qn** to have an affair with sb ⓒ **dire la bonne ~** to tell fortunes • **dire la bonne ~ à qn** to tell sb's fortune

aventurer (s') [avɑ̃tyʀe] /TABLE 1/ (VPR) to venture • **s'~ à faire qch** to venture to do sth • **s'~ sur un terrain glissant** to tread on dangerous ground

aventureux, -euse [avɑ̃tyʀø, øz] (ADJ) adventurous; [*projet, entreprise*] risky

aventurier [avɑ̃tyʀje] (NM) adventurer

aventurière [avɑ̃tyʀjɛʀ] (NF) adventuress

avenue [av(ə)ny] (NF) avenue • **les ~s du pouvoir** the roads to power

avérer (s') [aveʀe] /TABLE 6/ (VPR) **il s'avère que ...** it turns out that ... • **ce remède s'est avéré inefficace** this remedy proved to be ineffective

averse [avɛʀs] (NF) shower

aversion [avɛʀsjɔ̃] (NF) aversion • **avoir de l'~ pour** to have an aversion to • **prendre en ~** to take a strong dislike to

averti, e [avɛʀti] *ptp de* **avertir** (ADJ) [*public*] informed • **des spectateurs ~s** an informed audience • **~ de** [*+ problèmes*] aware of

avertir [avɛʀtiʀ] /TABLE 2/ (VT) (*= prévenir*) to inform; (*= mettre en garde*) to warn • **avertissez-moi dès que possible** let me know as soon as possible

avertissement [avɛʀtismɑ̃] (NM) ⓐ warning (**à** to); (*à joueur*) caution ⓑ (*= préface*) foreword

avertisseur [avɛʀtisœʀ] (NM) (*= klaxon*) horn

aveu (*pl* **aveux**) [avø] (NM) [*de crime, amour*] confession; [*de fait, faiblesse*] admission • **faire des ~x complets** to make a full confession • **passer aux ~x** to make a confession • **je dois vous faire un ~** I have a confession to make • **de l'~**

de qn according to sb • **de l'~ même du témoin** on the witness's own testimony

aveuglant, e [avœglɑ̃, ɑ̃t] (ADJ) *[lumière]* blinding

aveugle [avœgl] **1** (ADJ) blind; *[attentat, violence]* random • **devenir ~** to go blind • **~ d'un œil** blind in one eye • **l'amour est ~** love is blind • **avoir une confiance ~ en qn** to have blind faith in sb **2** (NM) blind man • **les ~s** the blind **3** (NF) blind woman

aveuglement [avœgləmɑ̃] (NM) *(= égarement)* blindness

aveuglément [avœglemɑ̃] (ADV) blindly

aveugler [avœgle] /TABLE 1/ **1** (VT) to blind **2** (VPR) **s'aveugler s'~ sur qn** to be blind to sb's defects • **s'~ sur qch** to be blind to sth

aveuglette [avœglɛt] (NF) **avancer à l'~** to grope along • **descendre à l'~** to grope one's way down

aviateur, -trice [avjatœʀ, tʀis] (NM,F) aviator

aviation [avjasjɔ̃] (NF) **a** *(= corps d'armée)* air force **b** *(= activité)* **l'~** flying **c** *(= secteur)* aviation

aviculteur, -trice [avikyltœʀ, tʀis] (NM,F) poultry farmer

aviculture [avikyltyʀ] (NF) poultry farming

avide [avid] (ADJ) *(= cupide)* *[personne, yeux]* greedy; *(= passionné)* *[lecteur]* avid • **~ de** *[plaisir, sensation]* eager for; *[+ argent]* greedy for; *[+ pouvoir, honneurs, connaissances]* hungry for • **~ de faire qch** eager to do sth • **~ de sang** bloodthirsty

avidement [avidmɑ̃] (ADV) *[écouter, regarder]* eagerly; *[lire]* avidly; *[compter, manger]* greedily

avidité [avidite] (NF) *(= passion)* eagerness; *(= cupidité, voracité)* greed • **lire avec ~** to read avidly • **manger avec ~** to eat greedily

Avignon

> **AVIGNON**
> The **Festival d'Avignon** is one of the most important events in the French cultural calendar. The town is taken over by theatre-goers for the month of July and many of its historic buildings are transformed into performance spaces. The most prestigious shows of the festival take place in the courtyard of the "Palais des Papes".
> Note that when translating the phrase "in Avignon" the preposition "en" can be used instead of the usual "à" (for example, "ce spectacle a été créé en Avignon").

avilir [aviliʀ] /TABLE 2/ **1** (VT) *[+ personne]* to demean **2** (VPR) **s'avilir** *[personne]* to demean o.s.

avilissant, e [avilisɑ̃, ɑ̃t] (ADJ) demeaning; *[spectacle]* degrading

avion [avjɔ̃] (NM) plane • **ils sont venus en ~** they came by plane • **par ~** *(sur lettre)* by airmail ▸ **avion de chasse** fighter plane ▸ **avion de ligne** airliner ▸ **avion à réaction** jet ▸ **avion sanitaire** air ambulance ▸ **avion de tourisme** private aircraft

aviron [aviʀɔ̃] (NM) **a** *(= rame)* oar **b** *(= sport)* **l'~** rowing • **faire de l'~** to row

avironner [aviʀɔne] /TABLE 1/ (VI) *(Can)* to row

avis [avi] **1** (NM) **a** *(= opinion)* opinion • **donner son ~** to give one's opinion • **les ~ sont partagés** opinion is divided • **être du même ~ que qn** to be of the same opinion as sb • **être de l'~ de qn** to be of the same opinion as sb • **on ne te demande pas ton ~ !** who asked you? • **je ne suis pas de votre ~** I don't agree • **à mon ~** in my opinion • **c'est bien mon ~** I quite agree • **à mon humble ~** in my humble opinion • **je suis d'~ de partir immédiatement** I think we should leave straight away • **émettre un ~ favorable** to give a favourable verdict **b** *(= conseil)* advice *NonC* • **suivre l'~ de qn** to follow sb's advice • **sur l'~ de qn** on sb's advice **c** *(= notification)* notice • **~ de débit** debit advice • **jusqu'à nouvel ~** until further notice • **sauf ~ contraire** unless otherwise informed; *(sur étiquette)* unless otherwise indicated • **~ aux amateurs !*** any takers?*

2 (COMP) ▸ **avis de coup de vent** gale warning ▸ **avis d'imposition** tax notice ▸ **avis au public** public notice; *(= en-tête)* notice to the public ▸ **avis de réception** acknowledgement of receipt ▸ **avis de recherche** *(= affiche)* *[de criminel]* wanted poster; *[de disparu]* missing person poster • **lancer un ~ de recherche** *(pour criminel)* to issue a description of a wanted person; *(pour disparu)* to issue a description of a missing person

avisé, e [avize] *ptp de* **aviser** (ADJ) sensible • **être bien ~ de faire qch** to be well-advised to do sth • **être mal ~ de faire qch** to be ill-advised to do sth

aviser [avize] /TABLE 1/ **1** (VT) *(= avertir)* to notify • **il ne m'en a pas avisé** he didn't notify me **2** (VI) **nous aviserons sur place** we'll see once we're there **3** (VPR) **s'aviser a** *(= remarquer)* **s'~ de qch** to realize sth suddenly • **il s'avisa que ...** he suddenly realized that ... **b** *(= s'aventurer à)* **s'~ de faire qch** to take it into one's head to do sth • **et ne t'avise pas d'aller lui dire !** and don't you dare go and tell him!

aviver [avive] /TABLE 1/ (VT) *[+ douleur physique, appétit]* to sharpen; *[+ regrets, chagrin]* to deepen; *[+ intérêt, désir, passion]* to arouse; *[+ colère, querelle]* to stir up

avocat, e [avɔka, at] **1** (NM,F) **a** *(= juriste)* lawyer • **l'accusé et son ~** the accused and his counsel **b** *(= défenseur)* advocate • **se faire l'~ d'une cause** to champion a cause • **se faire l'~ du diable** to play devil's advocate **2** (NM) *(= fruit)* avocado **3** (COMP) ▸ **avocat d'affaires** business lawyer ▸ **avocat de la défense** counsel for the defence ▸ **avocat général** counsel for the prosecution ▸ **l'avocat de la partie civile** the counsel for the plaintiff

avoine [avwan] (NF) oats

---

avoir [avwaʀ] /TABLE 34/

> **1** VERBE TRANSITIF
> **2** VERBE AUXILIAIRE
> **3** VERBE IMPERSONNEL
> **4** NOM MASCULIN
> **5** NOM MASCULIN PLURIEL

> Lorsque **avoir** fait partie d'une locution comme **avoir faim, avoir raison**, reportez-vous à l'autre mot.

1 VERBE TRANSITIF

a *(possession)* to have

> En anglais britannique, **I've got, he's got** etc remplace souvent **I have, he has** etc.

• **j'ai trois frères** I have *ou* I've got three brothers • **il n'a pas d'argent** he hasn't got any money, he doesn't have any money • **j'ai la réponse** I have *ou* I've got the answer • **il n'avait pas d'argent** he had no money *ou* didn't have any money • **il a les yeux bleus** he has blue eyes • **il a du courage** he has got courage • **ils ont leur fille qui**

part au Québec* they've got their daughter going to Quebec • **son regard a quelque chose de méchant** he's got a nasty look in his eye • **en ~**** (= *être courageux*) to have balls** • **il avait les mains qui tremblaient** his hands were shaking

b *localisation*

> Lorsque **avoir** est utilisé pour localiser un bâtiment, un objet etc, il peut se traduire par **to have (got)**, mais l'anglais préférera souvent une tournure avec **to be**.

• **vous avez la gare tout près** the station is nearby • **vous avez un parc au bout de la rue** there's a park down the road

c *(= obtenir)* to get • **je n'ai pas pu ~ l'horaire du car** I couldn't get the bus times • **pouvez-vous nous ~ ce livre?** can you get this book for us? • **je n'ai pas pu ~ Luc au téléphone** I couldn't get through to Luc

d *(= porter)* [+ *vêtements*] to wear • **il avait un pantalon beige** he was wearing beige trousers • **la femme qui a le corsage bleu** the woman in the blue blouse

e *dimensions* to be • **~ 3 mètres de haut** to be 3 metres high • **ici, le lac a 2km de large** the lake is 2km wide here

f *âge* (= *avoir*) to be; (= *atteindre*) to turn • **il a dix ans** he is ten • **j'ai l'impression d'~ 20 ans** I feel as if I were 20 • **il a dans les cinquante ans** he's about 50 • **des bâtiments qui ont plus de 250 ans** buildings that are more than 250 years old • **elle venait d'~ 38 ans** she had just turned 38

g *(= souffrir de)* [+ *rhume, maladie*] to have • **il a la rougeole** he's got measles • **il a eu la rougeole à dix ans** he had measles when he was ten • **il ne veut pas dire ce qu'il a** he won't say what's wrong with him • **qu'est-ce que tu as?** what's wrong with you? • **il a qu'il est jaloux** he's jealous, that's what's wrong with him • **qu'est-ce qu'il a à pleurer?** what's he crying for?

h *(= faire)* to make • **il a eu un geste d'énervement** he made an irritated gesture • **elle a eu un sourire malin** she smiled knowingly • **ils ont eu des remarques malheureuses** they made some unfortunate remarks

i *(= recevoir chez soi)* to have • **~ des amis à dîner** to have friends to dinner

j *(= avoir un cours de, avoir à faire)* to have • **j'ai français à 10 heures** I've got French at 10 • **le vendredi, j'ai trois heures d'anglais** I have three hours of English on Fridays • **je n'ai rien ce soir** I haven't got anything on this evening

k *(= atteindre, attraper)* to get • **ils ont fini par ~ le coupable** they got the culprit in the end • **je l'ai eu!** (*cible*) got it! • **on les aura!** we'll get them!* • **je t'aurai!** I'll get you!* • **elle m'a eu au sentiment** she took advantage of my better nature

l *(= duper)** [*escroc*] to have*; [*plaisantin*] to fool • **ils m'ont eu** I've been had* • **je t'ai bien eu!** got you there!* • **se faire ~** (*par escroc*) to be had*; (*par un plaisantin*) to be fooled • **je me suis fait ~ de 300€** I was conned out of 300 euros*

2 VERBE AUXILIAIRE

to have

> Le passé composé français peut se traduire soit par le prétérit, soit par le parfait anglais, selon le contexte.

• **hier, j'ai mangé trois bananes** yesterday, I ate three bananas • **as-tu faim? — non, j'ai mangé trois bananes** are you hungry? — no, I've eaten three bananas • **j'étais pressé, alors j'ai couru** I was in a hurry so I ran • **il a fini hier** he finished yesterday • **je n'ai pas encore fini** I haven't finished yet • **il a été renvoyé deux fois** he has been dismissed twice • **je l'ai vu le 13 février** I saw him on 13 February • **nous aurons terminé demain** we'll have finished tomorrow • **si je l'avais vu** if I had seen him

▸ **avoir à** + *infinitif* (= *devoir*) **j'ai à travailler** I've got work to do • **Patrick a des lettres à écrire** Patrick has got letters to write

▸ **n'avoir qu'à tu n'as qu'à me téléphoner demain** just give me a ring tomorrow • **c'est simple, vous n'avez qu'à lui écrire** it's simple, just write to him • **tu n'avais qu'à ne pas y aller** you shouldn't have gone in the first place • **s'il n'est pas content, il n'a qu'à partir** if he doesn't like it, he can always leave

3 VERBE IMPERSONNEL

▸ **il y a**

a *général* (*suivi d'un singulier*) there is; (*suivi d'un pluriel*) there are • **il y a un homme à la porte** there's a man at the door • **il y a des gens qui attendent** there are people waiting • **il y a eu trois blessés** three people were injured • **il y a voiture et voiture!** there are cars and cars! • **qu'y a-t-il?** what is it? • **qu'est-ce qu'il y a?** what's the matter? • **il y a que nous sommes mécontents!*** we're annoyed, that's what!* • **il y a eu un accident** there has been an accident • **qu'est-ce qu'il y a eu?** what's happened? • **il n'y a pas que toi!** you're not the only one! • **il n'y a que lui pour faire cela!** trust him to do that! • **il n'y a pas que nous à le dire** we're not the only ones who say this

▸ **il y en a** (*antécédent au singulier*) there is some; (*antécédent au pluriel*) there are some • **j'achète du pain? — non, il y en a encore** shall I buy some bread? — no, there's some left • **il y en a qui disent ...** there are those who say ... • **il y en a qui feraient mieux de se taire!** some people would do better to keep quiet! • **il y en a, je vous jure!*** really, some people!*

▸ **il n'y en a que pour il n'y en a que pour mon petit frère, à la maison** my little brother gets all the attention at home • **il n'y en a eu que pour lui pendant l'émission** the whole programme revolved around him

▸ **y a pas*** **il y a pas, faut que je parte** it's no good, I've got to go • **y a pas, il faut qu'il désobéisse** he just won't do as he's told • **il y a pas à dire, il est très intelligent** there's no denying he's very intelligent

▸ **il n'y a qu'à** (+ *infinitif*), **y a qu'à*** (+ *infinitif*) **il n'y a qu'à les laisser partir** just let them go • **il n'y a qu'à protester** we'll just have to protest • **y a qu'à lui dire*** why don't we just tell him?

b *temps*

> Lorsque **il y a** se rapporte à une action non révolue, l'anglais utilise **for**.

> Pour exprimer une durée, le présent français devient un parfait en anglais, l'imparfait un pluperfect.

• **il y a dix ans que je le connais** I've known him for ten years • **il y avait longtemps qu'elle désirait le**

rencontrer she had wanted to meet him for a long time

> Dans le cas d'une action révolue, on emploie **ago** et le prétérit.

• **il y a dix ans, j'ai obtenu mon diplôme** I graduated ten years ago • **il est né il y a tout juste un an** he was born just one year ago • **il y a dix jours que nous sommes rentrés** we got back ten days ago • **il n'y a pas un quart d'heure qu'il est parti** it's less than a quarter of an hour since he left

c (*distance*) **il y a 10 km d'ici à Paris** it is 10km from here to Paris • **combien y a-t-il d'ici à Lille?** how far is it from here to Lille?

4 NOM MASCULIN

a (*= bien*) assets • **il a investi tout son ~ dans l'entreprise** he invested all his assets in the firm

b (*= actif*) credit; (= *billet*) credit note • **~ fiscal** tax credit

5 NOM MASCULIN PLURIEL

avoirs assets • **~s criminels** criminal assets • **~s financiers** financial resources

---

avoisinant, e [avwazinɑ̃, ɑ̃t] (ADJ) neighbouring (*Brit*), neighboring (*US*) • **dans les rues ~es** in the nearby streets

avoisiner [avwazine] /TABLE 1/ (VT) [*+ lieu*] (= *être proche de*) to be near; (= *être contigu à*) to border on; [*prix, température, taux*] to be close to

avortement [avɔʀtəmɑ̃] (NM) abortion • **campagne contre l'~** anti-abortion campaign ▸ **avortement thérapeutique** termination of pregnancy (*for medical reasons*)

avorter [avɔʀte] /TABLE 1/ (VI) a [*femme*] to have an abortion • **se faire ~** to have an abortion b [*tentative*] to fail • **faire ~ un projet** to wreck a plan • **projet avorté** abortive plan

avorton [avɔʀtɔ̃] (NM) (= *personne*) little runt

avouable [avwabl] (ADJ) blameless • **procédés peu ~s** disreputable methods

avoué, e [avwe] *ptp de* **avouer** 1 (ADJ) [*ennemi, revenu, but*] avowed 2 (NM) (= *avocat*) ≈ solicitor (*Brit*), ≈ attorney-at-law (*US*)

avouer [avwe] /TABLE 1/ 1 (VT) [*+ amour*] to confess; [*+ crime*] to confess to; [*+ fait*] to acknowledge; [*+ faiblesse, vice*] to admit to • **~ avoir menti** to admit that one has lied • **~ que ...** to admit that ... • **elle est douée, je l'avoue** she is gifted, I must admit 2 (VI) a (= *se confesser*) [*coupable*] to confess b (= *admettre*) to admit • **tu avoueras, c'est un peu fort!** you must admit, it is a bit much! 3 (VPR) **s'avouer s'~ coupable** to admit one's guilt • **s'~ vaincu** to admit defeat

avril [avʀil] (NM) April → **septembre**

> Les noms de mois s'écrivent avec une majuscule en anglais.

axe [aks] (NM) a (= *route*) trunk road (*Brit*), main highway (*US*) • **les grands ~s routiers** the main roads • **les vols réguliers sur l'~ Paris-Marseille** the regular flights on the Paris-Marseilles route b [*de débat, théorie, politique*] main line c (*Math*) axis

axer [akse] /TABLE 1/ (VT) **~ qch sur** to centre (*Brit*) *ou* center (*US*) sth on • **~ qch autour de** to centre (*Brit*) *ou* center (*US*) sth around • **il est très axé sur la politique** he's very interested in politics • **leur rapport est axé sur l'environnement** their report focuses on the environment

axiome [aksjom] (NM) axiom

ayant [ɛjɑ̃] (VB) → **avoir**

ayant droit (*pl* **ayants droit**) [ɛjɑ̃dʀwa] (NM) [*de prestation, pension*] eligible party

ayatollah [ajatɔla] (NM) ayatollah • **les ~s de la morale** moral zealots

ayons [ɛjɔ̃] (VB) → **avoir**

azalée [azale] (NF) azalea

Azerbaïdjan [azɛʀbaidʒɑ̃] (NM) Azerbaijan

azerbaïdjanais, e [azɛʀbaidʒanɛ, ɛz] 1 (ADJ) Azerbaijani 2 (NM) (= *langue*) Azerbaijani 3 (NM,F) **Azerbaïdjanais(e)** Azerbaijani

AZERTY [azɛʀti] (ADJ INV) **clavier ~** ≈ French keyboard

azimut [azimyt] (NM) azimuth • **tous ~s** (= *dans toutes les directions*) everywhere; [*offensive, campagne*] all-out; [*réformes*] wholesale • **la banque a connu une expansion tous ~s** the bank has undergone a dramatic expansion

azimuté, e* [azimyte] (ADJ) crazy*

azote [azɔt] (NM) nitrogen

azur [azyʀ] (NM) (*littér*) a (= *couleur*) sky blue b (= *ciel*) sky

azyme [azim] (ADJ) unleavened

Bb

b2e [bitui] ADJ, NM INV (ABR DE **business to employee**) B2E

B2I [bedøzi] NM (ABR DE **Brevet informatique et internet**) *certificate of competence in ICT*

B.A. [bea] NF (ABR DE **bonne action**) good deed • **faire sa ~ (quotidienne)** to do one's good deed for the day

B.A.-BA [beaba] NM **le ~** the ABC

baba* [baba] **1** NM **a** (= *gâteau*) baba **b** (= *hippy*) **~ cool** ≈ hippy **2** ADJ **j'en suis resté ~** I was flabbergasted

babil [babil] NM (*littér*) [*de bébé*] babble; [*d'enfant*] prattle

babillard [babijaʀ] NM (*Can*) notice board

babiller [babije] /TABLE 1/ VI [*bébé*] to babble; [*enfant*] to prattle

babines [babin] NFPL [*d'animal*] chops

babiole [babjɔl] NF (= *vétille*) trifle

bâbord [bɑbɔʀ] NM port (side) • **à ~** on the port side

babouche [babuʃ] NF babouche, slipper (*worn in North African countries and the Middle East*)

babouin [babwɛ̃] NM baboon

baby-blues○ [babibluz] NM INV baby blues*, postnatal depression • **avoir le ~** to have the baby blues*, to be suffering from postnatal depression

baby-boom○ (*pl* **baby-booms**) [babibum] NM baby boom • **les enfants du ~** the baby-boomers

baby-foot (*pl* **baby-foots**) [babifut] NM INV (= *jeu*) table football • **jouer au ~** to play table football

Babylone [babilɔn] N Babylon

baby-sitter (*pl* **baby-sitters**) [babisitœʀ] NMF baby-sitter

baby-sitting (*pl* **baby-sittings**) [babisitiŋ] NM baby-sitting • **faire du ~** to baby-sit

bac[1] [bak] NM **a** (= *bateau*) ferry; (*pour voitures*) car-ferry **b** (= *récipient*) tub; [*d'évier*] sink; [*de courrier, imprimante*] tray; (= *présentoir*) display stand • **dans les ~s** (*à disques*) in the racks • **dans les ~s à partir de septembre** available from September • **~ à douche** shower tray • **~ (à fleurs)** tub • **~ à glace** ice-tray • **~ à légumes** vegetable compartment

bac[2] [bak] NM (ABR DE **baccalauréat**) **a** (*en France*) **formation ~ + 3** ≈ 3 years' higher education → **baccalauréat** **b** (*au Canada* = *licence*) ≈ BA

baccalauréat [bakalɔʀea] NM **a** (*en France*) baccalauréat **b** (*au Canada*) (= *licence*) ≈ BA

> **BACCALAURÉAT**
> The **bac**, as it is popularly known, is the school-leaving examination all French "lycée" students take in their final year. Before beginning their **baccalauréat** studies, pupils choose a specialization known as a "série", represented by an initial letter: a **bac** with a scientific bias is known as a "**bac** S" (for "scientifique") while an arts-oriented **bac** is referred to as a "**bac** L" (for "littéraire"), for example. Pupils who pass the **bac** can go on to study at university.

bâche [bɑʃ] NF (= *toile*) canvas cover; [*de piscine*] cover

bachelier, -ière [baʃəlje, jɛʀ] **1** NM,F *person who has passed the baccalauréat* **2** NM (*Belgique Univ*) ≈ (bachelor's) degree

bâcher [bɑʃe] /TABLE 1/ VT to cover with a canvas sheet

bachot †* [baʃo] NM = **baccalauréat**; → **boîte**

bachotage [baʃɔtaʒ] NM (*Scol*) cramming

bachoter [baʃɔte] /TABLE 1/ VI (*Scol*) to cram (for an exam)

bacille [basil] NM germ • **le ~ de Koch** Koch's bacillus

> The **ille** is pronounced **eel**.

bâcler [bɑkle] /TABLE 1/ VT [+ *travail*] to botch • **c'est du travail bâclé** it's slapdash work

bacon [bekɔn] NM (= *lard*) bacon; (= *jambon fumé*) smoked loin of pork

bactérie [bakteʀi] NF bacterium • **~s** bacteria

bactérien, -ienne [bakteʀjɛ̃, jɛn] ADJ bacterial

bactériologique [bakteʀjɔlɔʒik] ADJ [*arme, examen*] bacteriological

badaud, e [bado, od] NM,F (*qui regarde*) curious onlooker

badge [badʒ] NM badge; (*pour visiteur*) visitor's badge; (= *carte électronique*) swipe card • **~ de télépéage** *prepayment sticker for French motorways*

badger [badʒe] /TABLE 1/ VI to badge, to swipe one's badge

badgeuse [badʒøz] NF time clock

badiane [badjan] NF star anise

badigeonner [badiʒɔne] /TABLE 1/ VT [+ *mur intérieur*] to paint; [+ *mur extérieur*] to whitewash (*Brit*); [+ *plaie, gorge*] to paint (**à, avec** with)

badin, e[1] [badɛ̃, in] ADJ [*humeur, propos*] playful

badine[2] [badin] NF switch

badiner [badine] /TABLE 1/ VI **il ne faut pas ~ avec ce genre de maladie** this sort of illness should be taken seriously

badminton [badmintɔn] (NM) badminton • **jouer au ~** to play badminton

BAFA [bafa] (NM) (ABR DE **brevet d'aptitude à la fonction d'animateur**) *certificate for activity leaders in a holiday camp*

baffe* [baf] (NF) slap • **recevoir une ~** to get slapped

baffle [bafl] (NM) (*de chaîne hi-fi*) speaker

bafouer [bafwe] /TABLE 1/ (VT) to flout

bafouille* [bafuj] (NF) (*= lettre*) letter, note

bafouiller [bafuje] /TABLE 1/ (VI) to stammer

bâfrer* [bɑfʀe] /TABLE 1/ (VI) to guzzle*

bagage [bagaʒ] (NM) ⓐ (*= valises*) **~s** luggage *NonC*, baggage *NonC* • **faire ses ~s** to pack (one's bags) • **« (livraison des) ~s »** (*dans un aéroport*) "baggage claim *ou* reclaim (*Brit*)" ⓑ (*= valise*) bag • **~ à main** piece of hand luggage, carry-on ⓒ (*= connaissances*) stock of knowledge; (*= diplômes*) qualifications • **un bon ~ technique** a good technical background

bagagerie [bagaʒʀi] (NF) (*= magasin*) luggage shop; (*= consigne de bagages*) left-luggage (office) (*Brit*), check-room (*US*)

bagagiste [bagaʒist] (NMF) baggage handler

bagarre* [bagaʀ] (NF) ⓐ **la ~** fighting • **il cherche la ~** he's looking for a fight ⓑ (*= rixe*) fight; (*entre ivrognes*) brawl • **de violentes ~s ont éclaté** violent scuffles broke out

bagarrer (se)* [bagaʀe] /TABLE 1/ (VPR) (*= se battre*) to fight

bagarreur, -euse* [bagaʀœʀ, øz] (ADJ) [*caractère*] aggressive • **il est ~** (*= batailleur*) he's always getting into fights; (*= ambitieux*) he's a real fighter

bagatelle [bagatɛl] (NF) ⓐ little thing • **perdre son temps à des ~s** to fritter away one's time on little things ⓑ (*= somme*) trifling sum • **être porté sur la ~** († *ou hum*) to be a bit of a philanderer

Bagdad [bagdad] (N) Baghdad

bagnard [baɲaʀ] (NM) convict

bagne [baɲ] (NM) (*= prison*) penal colony; (*= peine*) hard labour • **c'est le ~!*** it's slavery!

bagnole* [baɲɔl] (NF) car

bagou*, bagout* [bagu] (NM) **avoir du ~** to have the gift of the gab • **quel ~ elle a!** what a chatterbox!

bague [bag] (NF) ⓐ ring • **~ de fiançailles** engagement ring ⓑ (*Tech*) collar

baguer [bage] /TABLE 1/ (VT) to ring

baguette [bagɛt] **1** (NF) ⓐ (*= bâton*) stick • **~s** (*pour manger*) chopsticks • **~ de chef d'orchestre** baton • **mener qn à la ~** to rule sb with a rod of iron ⓑ (*= pain*) baguette **2** (COMP) ▸ **baguette magique** magic wand • **ça ne se fait pas d'un coup de ~ magique!** you can't just wave your magic wand! ▸ **baguette de tambour** drumstick

bah [bɑ] (EXCL) (*indifférence*) pooh!; (*doute*) well!

Bahamas [baamas] (NFPL) **les (îles) ~** the Bahamas

bahamien, -ienne [baamjɛ̃, ɛn] **1** (ADJ) Bahamian **2** (NM,F) **Bahamien(ne)** Bahamian

Bahreïn [baʀɛn] (NM) Bahrain • **à ~** in Bahrain

bahreïni, e [baʀɛ(j)ni] **1** (ADJ) Bahraini, Bahreini **2** (NM,F) **Bahreïni(e)** Bahraini, Bahreini

bahut [bay] (NM) ⓐ (*= coffre*) chest; (*= buffet*) sideboard ⓑ (*arg Scol*) school ⓒ (*= camion*)* lorry (*Brit*), truck (*US*)

bai, e[1] [bɛ] (ADJ) [*cheval*] bay

baie[2] [bɛ] (NF) ⓐ (*= anse*) bay • **la ~ d'Hudson** Hudson Bay • **la ~ des Cochons** the Bay of Pigs ⓑ (*Archit*) opening • **~ vitrée** (*= fenêtre*) plate glass window ⓒ (*= fruit*) berry

baignade [bɛɲad] (NF) swimming • **« ~ interdite »** "no swimming"

baigner [beɲe] /TABLE 1/ **1** (VT) ⓐ [*+ bébé, chien*] to bath (*Brit*), to bathe (*US*); [*+ pieds, visage, yeux*] to bathe ⓑ [*mer, rivière*] to wash; [*lumière*] to bathe **2** (VI) **la victime baignait dans son sang** the victim was lying in a pool of blood • **ça baigne!*** great!* **3** (VPR) **se baigner** (*dans la mer, une piscine*) to go swimming; (*dans une baignoire*) to have a bath

baigneur, -euse [bɛɲœʀ, øz] **1** (NM,F) swimmer **2** (NM) (*= jouet*) baby doll

baignoire [bɛɲwaʀ] (NF) ⓐ [*de salle de bains*] bath, tub (*US*) • **~ sabot** ≈ hip-bath • **~ à remous** whirlpool bath ⓑ (*Théât*) ground floor box

bail (*pl* **baux**) [baj, bo] (NM) lease • **prendre à ~** to lease • **ça fait un ~ que je ne l'ai pas vu!*** I haven't seen him for ages!

bâillement [bɑjmɑ̃] (NM) yawn

bâiller [bɑje] /TABLE 1/ (VI) ⓐ [*personne*] to yawn • **~ d'ennui** to yawn with boredom ⓑ (*= être trop large*) [*col, chaussure*] to be too loose

bailleur, bailleresse [bajœʀ, bajʀɛs] (NM,F) [*de local*] lessor • **~ de fonds** backer

bâillon [bɑjɔ̃] (NM) gag

bâillonner [bɑjɔne] /TABLE 1/ (VT) to gag

bain [bɛ̃] **1** (NM) ⓐ (*dans une baignoire*) bath; (*dans une piscine, la mer*) swim • **~ de boue** mud bath • **~ de sang** blood bath • **prendre un ~** (*dans une baignoire*) to have a bath; (*dans la mer, une piscine*) to have a swim • **tu seras vite dans le ~*** you'll soon get the hang of it* • **se (re)mettre dans le ~*** to get (back) into the swing of things

ⓑ (*= liquide*) bath

ⓒ (*= piscine*) **petit/grand ~** shallow/deep end • **~s** (*= lieu*) baths

2 (COMP) ▸ **bain de bouche** **faire des ~s de bouche** to rinse one's mouth out ▸ **bain de foule** walkabout • **prendre un ~ de foule** to go on a walkabout ▸ **bain linguistique** immersion ▸ **bain moussant** bubble bath ▸ **bain de minuit** midnight swim ▸ **bain de pieds** foot-bath ▸ **bains publics** public baths ▸ **bain à remous** whirlpool spa bath ▸ **bain de soleil** **prendre un ~ de soleil** to sunbathe • **robe ~ de soleil** sun dress

bain-marie (*pl* **bains-marie**) [bɛ̃maʀi] (NM) bain-marie • **réchauffer une boîte de conserve au ~** to heat a tin up by standing it in simmering water

baïonnette [bajɔnɛt] (NF) [*d'ampoule, fusil*] bayonet

baise** [bɛz] (NF) screwing**

baisemain [bɛzmɛ̃] (NM) **il lui fit le ~** he kissed her hand

baiser [beze] **1** (NM) kiss • **bons ~s** (*en fin de lettre*) love • **donner un ~ à qn** to give a kiss to sb **2** /TABLE 1/ (VT) ⓐ (*frm*) [*+ main, visage, sol*] to kiss ⓑ** to screw** • **c'est une mal(-)baisée** (*péj*) she could do with a good lay* ⓒ (*= tromper, vaincre*)* to have* • **il s'est fait ~** he was really had* **3** (VI)** to screw** • **il/elle baise bien** he's/she's a good fuck** *ou* lay**

baisse [bɛs] (NF) fall (**de** in); [*de popularité*] decline (**de** in) • **~ de l'activité économique** decline in economic activity • **sans ~ de salaire** without cutting salaries • **revoir les chiffres à la ~** to revise figures downwards • **être en ~** [*prix, chômage, actions*] to be going down; [*niveau, natalité*] to be falling; [*popularité*] to be declining

• **la production est en ~ de 8% par rapport à l'année dernière** production is 8% down on last year

baisser [bese] /TABLE 1/ **1** (VT) **a** to lower • **une fois le rideau baissé** (*au théâtre*) once the curtain was down • **~ la tête** to bend one's head; (*de honte*) to hang one's head • **~ les yeux** to look down • **elle entra, les yeux baissés** she came in with downcast eyes • **~ les bras** (*fig*) to give up
b [*+ chauffage, éclairage, radio, son*] to turn down; [*+ voix*] to lower • **~ le feu** (*Cuisine*) turn down the heat
c [*+ prix*] to lower • **faire ~ la tension/le chômage** to reduce tension/unemployment
2 (VI) **a** [*température, prix, baromètre, Bourse*] to fall; [*pression*] to drop; [*marée*] to go out; [*eaux*] to subside; [*réserves, provisions*] to run low; [*popularité*] to decline; [*soleil*] to go down
b [*vue, mémoire, forces, santé*] to fail; [*talent*] to wane • **le jour baisse** the light is fading
3 (VPR) **se baisser** (*pour ramasser*) to bend down; (*pour éviter*) to duck • **il n'y a qu'à se ~ (pour les ramasser)** there are masses of them

bajoues [baʒu] (NFPL) [*d'animal*] cheeks

bakchich [bakʃiʃ] (NM) baksheesh

bakélite® [bakelit] (NF) Bakelite®

bal (*pl* **bals**) [bal] (NM) (*= réunion*) dance; (*habillé*) ball • **aller au ~** to go dancing • **ouvrir le ~** to lead the dancing • **mener le ~** (*fig*) to call the shots* ▸ **bal champêtre** open-air dance ▸ **bal costumé** fancy dress ball (*Brit*), costume ball (*US*) ▸ **bal masqué** masked ball ▸ **bal musette** popular dance (*to the accordion*) ▸ **bal populaire** ≈ local dance

balade* [balad] (NF) (*à pied*) walk; (*en voiture*) drive; (*à vélo*) ride; (*en bateau*) trip • **faire une ~** to go for a walk (*ou* a drive *etc*)

balader* [balade] /TABLE 1/ **1** (VT) (*= promener*) [*+ personne, animal*] to take for a walk; (*en voiture*) to take for a drive *ou* a ride • **~ qn*** (*= le tromper*) to string sb along* **2** (VPR) **se balader** **a** (*à pied*) to go for a walk • **la lettre s'est baladée de bureau en bureau** the letter was sent from one office to another **b** (*= être en désordre*) **des câbles se baladent partout** there are cables trailing all over the place

baladeur, -euse [baladœʀ, øz] **1** (ADJ) [*main*] wandering • **un micro ~ circulait dans le public** a microphone circulated round the audience **2** (NM) (*= magnétophone*) Walkman®, personal stereo **3** (NF) **baladeuse** (*= lampe*) hand lamp **4** (COMP) ▸ **baladeur numérique** MP3 player

baladodiffusion [baladodifyzjɔ̃] (NF) (*surtout Can*) podcasting

balafre [balafʀ] (NF) (*= blessure*) gash; (*= cicatrice*) scar

balafré [balafʀe] (ADJ) scarred

balai [balɛ] (NM) **a** broom; [*d'essuie-glace*] blade • **donner un coup de ~** to sweep the floor; (*fig*) to make a clean sweep • **du ~!*** clear off!* **b** (*= an*)‡ **il a 80 ~s** he's 80

balai-brosse (*pl* **balais-brosses**) [balɛbʀɔs] (NM) long-handled scrubbing brush

balance [balɑ̃s] **1** (NF) **a** (*= instrument*) scales; (*pour salle de bains*) (bathroom) scales; (*pour cuisine*) (kitchen) scales • **mettre tout son poids dans la ~** to use one's power to tip the scales **b** (*= équilibre*) balance • **mettre en ~ le pour et le contre** to weigh up the pros and cons **c** (*Astron*) **la Balance** Libra • **être (de la) Balance** to be Libra *ou* a Libran **d** (*arg Crime*) grass‡ (*Brit*), fink‡ (*US*) **2** (COMP) ▸ **balance commerciale** balance of trade ▸ **balance des paiements** balance of payments

> ⚠ **balance** ne se traduit pas toujours par le mot anglais **balance**.

balancement [balɑ̃smɑ̃] (NM) (*= mouvement*) swaying

balancer [balɑ̃se] /TABLE 3/ **1** (VT) **a** [*+ chose, bras, jambe*] to swing; [*+ bébé*] to rock; (*sur une balançoire*) to push
b (*= lancer*)* to chuck*
c (*= dire*) [*+ méchanceté, insanités*]* to come out with* • **il m'a balancé que j'étais nul** he told me I was pathetic*
d (*= se débarrasser de*) [*+ vieux meubles*]* to chuck out* • **j'ai envie de tout ~** (*travail*) I feel like chucking* it all in
e (*= équilibrer*) [*+ compte*] to balance
f (*arg Crime = dénoncer*) to finger‡
2 (VPR) **se balancer** **a** (*= osciller*) [*bras, jambes*] to swing; [*bateau*] to rock; [*branches*] to sway; [*personne*] (*sur une balançoire*) to swing; (*sur une bascule*) to seesaw • **ne te balance pas sur ta chaise!** don't tip your chair back!
b (*= se jeter*)* to throw o.s.
c **s'en ~*** (*= s'en ficher*) **je m'en balance** I don't give a damn*

balancier [balɑ̃sje] (NM) [*d'équilibriste*] balancing pole; [*de bateau*] outrigger

balançoire [balɑ̃swaʀ] (NF) (*suspendue*) swing; (*sur pivot*) seesaw • **faire de la ~** to have a go on a swing (*ou* a seesaw)

balayage [balɛjaʒ] (NM) (*= nettoyage*) sweeping; (*Élec, Radio*) scanning; [*de cheveux*] highlighting • **se faire faire un ~** (*cheveux*) to have highlights put in one's hair

balayer [baleje] /TABLE 8/ (VT) **a** (*= ramasser*) [*+ poussière, feuilles mortes*] to sweep up **b** (*= nettoyer*) to sweep (out) • **ils feraient mieux de ~ devant leur porte** (*fig*) they should clean up their own back yard **c** (*= chasser*) [*+ feuilles mortes*] to sweep away; [*+ obstacles*] to brush aside **d** (*= parcourir*) [*phares*] to sweep across; [*vague, regard*] to sweep over; [*radar*] to scan • **le vent balayait la plaine** the wind swept across the plain

balayette [balɛjɛt] (NF) small handbrush

balayeur, -euse [balɛjœʀ, øz] **1** (NM,F) roadsweeper (*Brit*), streetsweeper (*US*) **2** (NF) **balayeuse** (*= machine*) roadsweeper (*Brit*), streetsweeper (*US*)

balbutiement [balbysimɑ̃] (NM) (*= paroles confuses*) stammering; [*de bébé*] babbling • **~s** (*= débuts*) beginnings

balbutier [balbysje] /TABLE 7/ (VI) to stammer; [*bébé*] to babble

balcon [balkɔ̃] (NM) (*= terrasse*) balcony • **premier ~** (*au théâtre*) lower circle • **deuxième ~** (*au théâtre*) upper circle

balconnet [balkɔnɛ] (NM) **(soutien-gorge à) ~** half-cup bra

baldaquin [baldakɛ̃] (NM) → **lit**

Bâle [bɑl] (N) Basel

Baléares [baleaʀ] (NFPL) **les (îles) ~** the Balearics

baleine [balɛn] (NF) **a** (*= animal*) whale • **~ blanche/bleue/franche** white/blue/right whale • **~ à bosse** humpback whale • **~ grise/à bec** grey/beaked whale • **rire comme une ~*** to laugh like a drain* **b** (*= fanon*) (piece of) whalebone • **~ de parapluie** umbrella rib

baleineau (*pl* **baleineaux**) [balɛno] (NM) whale calf

baleinier, -ière [balenje, jɛʀ] **1** (NM) (*= pêcheur, bateau*) whaler **2** (NF) **baleinière** whaler

balèze‡ [balɛz] (ADJ) (*= musclé*) brawny; (*= excellent*) terrific*

balise [baliz] (NF) (*pour bateaux*) marker buoy; (*pour avions*) beacon • ~ **de détresse** distress beacon

baliser [balize] /TABLE 1/ **1** (VT) (*pour bateaux*) to mark out with buoys; (*pour avions*) to mark out with beacons; [+ *sentier, piste de ski*] to mark out • **sentier balisé** waymarked footpath • ~ **le terrain** (*fig*) to prepare the ground **2** (VI) (= *avoir peur*)⁑ to have the jitters*

balistique [balistik] **1** (ADJ) ballistic **2** (NF) ballistics *sg*

balivernes [balivɛʀn] (NFPL) **dire des** ~ to talk nonsense

balkanique [balkanik] (ADJ) Balkan

Balkans [balkɑ̃] (NMPL) **les** ~ the Balkans

ballade [balad] (NF) (= *poème court, Mus*) ballade; (= *poème long*) ballad

ballant, e [balɑ̃, ɑ̃t] (ADJ) **les bras ~s** with arms dangling

ballast [balast] (NM) (*Rail*) ballast; [*de bateau*] ballast tank

balle [bal] (NF) **a** (= *projectile*) bullet • ~ **à blanc** blank • ~ **perdue** stray bullet • **tué par ~s** shot dead **b** (= *ballon*) ball • ~ **de ping-pong** ping-pong ball • **jouer à la** ~ to play (with a) ball • **la ~ est dans leur camp** the ball is in their court • **c'est de la ~ !*** it's fab!* **c** (*Sport* = *coup*) shot • ~ **de jeu/match/set** game/match/set point • ~ **de service** service ball • **faire quelques ~s** to knock the ball around a bit **d** (= *franc*)* franc • **à deux ~s** [*argument, plaisanterie*] pathetic*

ballerine [bal(ə)ʀin] (NF) (= *danseuse*) ballerina; (= *chaussure*) ballet shoe

ballet [balɛ] (NM) (= *spectacle*) ballet; (= *musique*) ballet music • ~ **aquatique** water ballet • ~ **sur glace** (*gén*) ice ballet; (= *discipline olympique*) ice dancing

ballon [balɔ̃] **1** (NM) **a** (= *balle*) ball • ~ **de football** football (*Brit*), soccer ball (*US*) • ~ **de rugby** rugby ball • **le ~ rond** (= *football*) soccer • **le ~ ovale** (= *rugby*) rugby • ~ (**en** *ou* **de baudruche**) balloon **b** (= *montgolfière*) balloon **c** (= *verre*) (*à vin*) round wineglass; (*à cognac*) balloon glass • **un ~ de rouge*** a glass of red wine **d** (= *Alcootest*)* **souffler dans le** ~ to take a breath test **2** (COMP) ▸ **ballon dirigeable** airship ▸ **ballon d'eau chaude** hot-water tank ▸ **ballon d'essai** trial balloon ▸ **ballon d'oxygène** (*fig*) lifesaver

ballonné, e [balɔne] (ADJ) [*ventre*] bloated • **je suis** ~ I feel bloated

ballonnements [balɔnmɑ̃] (NMPL) flatulence

ballon-panier [balɔ̃panje] (NM INV) (*Can*) basketball

ballon-sonde (*pl* **ballons-sondes**) [balɔ̃sɔ̃d] (NM) meteorological balloon

ballon-volant [balɔ̃vɔlɑ̃] (NM INV) (*Can*) volleyball

ballot [balo] (NM) **a** (= *paquet*) bundle **b** (= *nigaud*)* nitwit*

ballottage [balɔtaʒ] (NM) (*dans une élection*) **il y a** ~ there will have to be a second ballot

ballotter [balɔte] /TABLE 1/ **1** (VI) [*objet*] to roll around; [*poitrine*] to bounce **2** (VT) **a** (= *secouer*) [+ *personne*] to shake about; [+ *bateau*] to toss (about) **b** (= *déplacer sans ménagement*) to shunt (around) • **cet enfant a été ballotté entre plusieurs écoles** this child has been shunted around from school to school

ballottine [balɔtin] (NF) ≈ meat loaf (*made with poultry*)

balltrap (*pl* **balltraps**), **ball-trap** (*pl* **ball-traps**) [baltʀap] (NM) (= *sport*) clay-pigeon shooting

balluchon [balyʃɔ̃] (NM) **faire son ~*** to pack one's bags

balnéaire [balneɛʀ] (ADJ) swimming → **station**

balnéothérapie [balneoteʀapi] (NF) balneotherapy

balourd, e [baluʀ, uʀd] (NM,F) (= *lourdaud*) oaf

balsamique [balzamik] (ADJ) balsamic

balte [balt] (ADJ) [*pays, peuple*] Baltic • **les pays ~s** the Baltic States

baltique [baltik] **1** (ADJ) [*mer, région*] Baltic **2** (NF) **Baltique la Baltique** the Baltic

baluchon [balyʃɔ̃] (NM) **faire son ~*** to pack one's bags

balustrade [balystʀad] (NF) (= *garde-fou*) railing

bambin* [bɑ̃bɛ̃] (NM) small child

bambou [bɑ̃bu] (NM) (= *plante*) bamboo • **avoir le coup de ~*** (= *être fatigué*) to be bushed* • **dans ce restaurant, c'est le coup de ~*** (= *prix exorbitant*) they really fleece* you in that restaurant

ban [bɑ̃] (NM) **a** [*de mariage*] **~s** banns **b** [*d'applaudissements*] round of applause • **faire un** ~ to applaud **c** **mettre au ~ de la société** to ostracize • **le ~ et l'arrière-~ de sa famille** all of his relatives

banal, e (*mpl* **banals**) [banal] (ADJ) **a** (= *sans originalité*) banal • **un personnage peu** ~ an unusual character • **ça, ce n'est pas ~ !** that's rather out of the ordinary! **b** (= *courant*) commonplace • **une grippe ~e** a common-or-garden case of flu

banalisation [banalizasjɔ̃] (NF) trivialization

banaliser [banalize] /TABLE 1/ **1** (VT) **a** (= *rendre courant*) to make commonplace **b** **voiture banalisée** unmarked police car **2** (VPR) **se banaliser** [*pratiques*] to become commonplace; [*violence*] to become routine

banalité [banalite] (NF) **a** (= *caractère*) banality • **d'une ~ affligeante** appallingly trite **b** (= *propos*) platitude • **on a échangé des ~s** we made small talk

banane [banan] (NF) **a** (= *fruit*) banana **b** (*Coiffure*) quiff (*Brit*), pompadour (*US*) **c** (= *sac*) bumbag* (*Brit*), fanny pack* (*US*) **d** (= *idiot*)* ~ ! you silly twit!* (*Brit*), you dork!* (*US*) **e** (*locutions*) **avoir la ~*** to have a great beam on one's face • **10 € et des ~s*** just over €10 • **il était 23 heures et des ~s*** it was just gone *ou* a little after 11 o'clock

bananer⁑ [banane] /TABLE 1/ (VT) **il s'est fait ~** (= *disputer*) he got told off*; (= *battre*) he got thrashed*

bananeraie [bananʀɛ] (NF) banana plantation

bananier [bananje] (NM) (= *arbre*) banana tree

banc [bɑ̃] **1** (NM) **a** (= *siège*) seat • ~ **public** park bench • **nous nous sommes connus sur les ~s de l'école** we've known each other since we were at school together • **les ~s de l'opposition** (*Politique*) the opposition benches **b** ~ **de brouillard** fog patch; (*en mer*) fog bank **c** [*de poissons*] school **2** (COMP) ▸ **banc des accusés** dock • **être au ~ des accusés** to be in the dock ▸ **banc d'église** pew ▸ **banc d'essai** (*lit*) test bench; (*fig*) testing ground • **mettre qch au ~ d'essai** to put sth to the test ▸ **banc de musculation** weight bench ▸ **banc de neige** (*Can*) snowdrift ▸ **banc de sable** sandbank ▸ **banc des témoins** witness box ▸ **banc de touche** bench (*where substitutes sit*)

bancaire [bɑ̃kɛʀ] (ADJ) [*système*] banking • **chèque ~** (bank) cheque (*Brit*) *ou* check (*US*)

bancal, e (*mpl* **bancals**) [bɑ̃kal] (ADJ) **a** [*table, chaise*] wobbly **b** [*raisonnement*] shaky

bancassurance [bɑ̃kasyʀɑ̃s] (NF) banking and insurance

bandage [bɑ̃daʒ] (NM) bandage

bandana [bɑ̃dana] (NM) banda(n)na

bandant, e⁑ [bɑ̃dɑ̃, ɑ̃t] (ADJ) [*film, livre*] sexy* • **elle est vachement ~e** she's a real turn-on⁑ • **ce n'est**

pas très ~ it's not exactly thrilling

bande [bɑ̃d] 1 (NF) ⓐ (= *ruban*) strip; (*Ciné*) film; [*de magnétophone*] tape • ~ **de terre** strip of land • **la ~ de Gaza** the Gaza strip

ⓑ (= *dessin, motif*) stripe

ⓒ (*Billard*) cushion • **apprendre qch par la ~** to hear of sth on the grapevine*

ⓓ **donner de la ~** [*bateau*] to list

ⓔ (*Élec, Physique, Radio*) band • ~ **(de fréquence)** waveband

ⓕ (= *groupe*) group • **une ~ d'amis** a group of friends • **ils sont partis en ~** they set off in a group • ~ **d'imbéciles!** you're a bunch of fools!*

ⓖ (= *gang*) gang • ~ **armée** armed gang • **faire ~ à part** to go off on one's own

2 (COMP) ▸ **bande d'arrêt d'urgence** hard shoulder (*Brit*), berm (*US*) ▸ **bande dessinée** comic strip; (= *livre*) comic book ▸ **bande magnétique** magnetic tape ▸ **bande organisée** organized gang ▸ **bande originale** (original) soundtrack ▸ **bande passante** (*Informatique*) bandwidth ▸ **bandes rugueuses** rumble strips ▸ **bande son, bande sonore** [*de film*] soundtrack ▸ **bande Velpeau**® crêpe bandage (*Brit*), Ace® bandage (*US*) ▸ **bande vidéo** videotape

> **BANDE DESSINÉE**
> The **bande dessinée** or **BD** enjoys a huge following in France and Belgium amongst adults as well as children. The comic strip is accorded both literary and artistic status, and is known as "le neuvième art". An international comic strip festival takes place in the French town of Angoulême at the end of January each year.

bande-annonce (*pl* **bandes-annonces**) [bɑ̃danɔ̃s] (NF) [*de film*] trailer

bandeau (*pl* **bandeaux**) [bɑ̃do] (NM) (= *ruban*) headband; (*pour les yeux*) blindfold • **mettre un ~ à qn** to blindfold sb • **avoir un ~ sur l'œil** to wear an eye patch ▸ **bandeau publicitaire** (*Internet*) banner ad

bandelette [bɑ̃dlɛt] (NF) strip of cloth, (narrow) bandage; [*de momie*] wrapping, bandage

bander [bɑ̃de] /TABLE 1/ 1 (VT) ⓐ [+ *genou, plaie*] to bandage • **les yeux bandés** blindfold(ed) ⓑ [+ *arc*] to bend; [+ *muscles*] to tense 2 (VI)** to have a hard-on**

banderole [bɑ̃dʀɔl] (NF) banderole

bande-son (*pl* **bandes-son**) [bɑ̃dsɔ̃] (NF) [*de film*] soundtrack

bandit [bɑ̃di] (NM) (= *brigand*) bandit; (= *escroc*) crook • ~ **de grand chemin** highwayman

banditisme [bɑ̃ditism] (NM) crime *NonC* • **le grand ~** organized crime

bandonéon [bɑ̃dɔneɔ̃] (NM) bandoneon

bandoulière [bɑ̃duljɛʀ] (NF) shoulder strap • **en ~** slung across the shoulder

Bangladesh [bɑ̃gladɛʃ] (NM) Bangladesh

bangladeshi [bɑ̃gladeʃi] 1 (ADJ) Bangladeshi 2 (NMF) **Bangladeshi** Bangladeshi

banjo [bɑ̃(d)ʒo] (NM) banjo

banlieue [bɑ̃ljø] (NF) suburbs • **proche/grande ~** inner *ou* near/outer suburbs • **Paris et sa ~** Greater Paris • **habiter en ~** to live in the suburbs • **de ~** [*maison, ligne de chemin de fer*] suburban; [*train*] commuter

> **BANLIEUE**
> For historical, economic and social reasons, many suburbs of large French towns have become severely depressed in recent years; the word **banlieue** thus tends to conjure up images of violence and urban decay, and has similar connotations to the English term "inner city". Young people in many such suburbs have developed a strong cultural identity that includes rap music and "verlan". → VERLAN

b

banlieusard, e [bɑ̃ljøzaʀ, aʀd] (NM,F) commuter

bannière [banjɛʀ] (NF) (= *drapeau*) banner • **la ~ étoilée** the Star-Spangled Banner ▸ **bannière publicitaire** (*Internet*) banner ad

bannir [baniʀ] /TABLE 2/ (VT) [+ *mot, sujet, aliment*] to banish; [+ *usage*] to prohibit

banque [bɑ̃k] 1 (NF) bank • **il a de l'argent à la ~** he's got money in the bank 2 (COMP) ▸ **banque alimentaire** food bank ▸ **banque de données** data bank ▸ **banque d'organes** organ bank ▸ **banque du sang** blood bank ▸ **banque de sons** sound library

banqueroute [bɑ̃kʀut] (NF) bankruptcy • **faire ~** to go bankrupt

banquet [bɑ̃kɛ] (NM) banquet

banquette [bɑ̃kɛt] (NF) bench seat

banquier [bɑ̃kje] (NM) banker

banquise [bɑ̃kiz] (NF) ice field; (*flottante*) ice floe

baobab [baɔbab] (NM) baobab

baptême [batɛm] 1 (NM) ⓐ (= *sacrement*) baptism; (= *cérémonie*) christening • **recevoir le ~** to be baptized ⓑ [*de navire*] naming 2 (COMP) ▸ **baptême de l'air** maiden flight ▸ **baptême de la ligne** (*en franchissant l'équateur*) (first) crossing of the line ▸ **baptême de plongée** first dive

baptiser [batize] /TABLE 1/ (VT) ⓐ (*Rel*) to baptize • **faire ~ un enfant** to have a child baptized • **on le baptisa Patrick** he was christened Patrick ⓑ [+ *navire, rue*] to name ⓒ (= *surnommer*) to christen

baptiste [batist] (ADJ, NMF) Baptist

baquer (se)* [bake] /TABLE 1/ (VPR) (*dans la mer, une piscine*) to go for a dip*; (*dans une baignoire*) to go for a soak*

baquet [bakɛ] (NM) tub

bar [baʀ] (NM) bar • ~ **à vin(s)/à huîtres** wine/oyster bar

baragouiner* [baʀagwine] /TABLE 1/ 1 (VI) to talk gibberish 2 (VT) [+ *langue*] to speak badly • **il baragouine un peu l'espagnol** he can speak Spanish after a fashion • **qu'est-ce qu'il baragouine?** what's he jabbering on about?*

baraka* [baʀaka] (NF) luck • **avoir la ~** to be lucky

baraque [baʀak] (NF) ⓐ (= *cabane*) shed • ~ **foraine** fairground stall ⓑ (= *maison*)* place*; (*péj* = *entreprise*)* dump* ⓒ (= *homme*)* beefy* guy

baraqué, e* [baʀake] (ADJ) well-built

baraquement [baʀakmɑ̃] (NM) (*Mil*) camp

baratin* [baʀatɛ̃] (NM) (= *boniment*) sweet talk*; (*commercial*) sales talk

baratiner* [baʀatine] /TABLE 1/ (VT) ~ **qn** (= *amadouer*) to sweet-talk sb*; (= *draguer*) to chat sb up* (*Brit*), to feed sb some lines* (*US*) • ~ **le client** to sweet-talk a customer

baratineur, -euse* [baʀatinœʀ, øz] 1 (NM,F) (= *beau parleur, menteur*) smooth talker; (= *bavard*) gasbag* 2 (NM) (= *dragueur*) smooth talker

Barbade [baʀbad] (NF) **la ~** Barbados

barbadien, -ienne [baʀbadjɛ̃, ɛn] 1 (ADJ) Barbadian

2 (NM,F) **Barbadien(ne)** Barbadian

barbant, e* [barbɑ̃, ɑ̃t] (ADJ) boring • **qu'il est ~!** he's such a bore!

barbare [barbar] 1 (ADJ) [*invasion, peuple*] barbarian; (*péj*) [*mœurs, crime*] barbaric 2 (NM) barbarian

barbarie [barbari] (NF) barbarity

barbarisme [barbarism] (NM) (= *faute de langage*) barbarism

barbe [barb] (NF) ⓐ [*d'animal, personne*] beard • **porter la** *ou* **une ~** to have a beard ▸ **barbe à papa** candy-floss (*Brit*), cotton candy (*US*) ⓑ (= *aspérités*) **~s** [*de papier*] ragged edge; [*de métal*] jagged edge ⓒ (*locutions*) **la ~!*** damn!* • **il faut que j'y retourne, quelle ~!*** I've got to go back - what a drag!* • **oh toi, la ~!*** oh shut up, you!*

barbecue [barbəkju] (NM) (= *repas, cuisine*) barbecue • **faire un ~** to have a barbecue • **faire cuire qch au ~** to barbecue sth

barbelé, e [barbəle] (ADJ, NM) **(fil de fer) ~** barbed wire *NonC* • **les ~s** the barbed wire fence

barber* [barbe] /TABLE 1/ 1 (VT) **ça me barbe** it bores me to tears* 2 (VPR) **se barber** to be bored to tears* (**à faire qch** doing sth)

barbet [barbɛ] (NM) **(rouget) ~** red mullet, goatfish (*US*)

barbichette* [barbiʃɛt] (NF) (small) goatee (beard) • **se tenir par la ~** (*fig*) to have each other backed into a corner

barbillon [barbijɔ̃] (NM) [*de poisson*] barbel

barbiturique [barbityrik] (NM) barbiturate

barboter [barbɔte] /TABLE 1/ 1 (VT) (= *voler*)* to pinch* (**à** from, off) 2 (VI) to paddle; (*en éclaboussant*) to splash about; [*canard*] to dabble

barboteuse [barbɔtøz] (NF) (= *vêtement*) rompers

barbouiller [barbuje] /TABLE 1/ (VT) ⓐ (= *couvrir, salir*) to smear (**de** with), to cover (**de** with, in) • **il a le visage tout barbouillé de chocolat** his face is covered in chocolate ⓑ (*péj* = *peindre*) [+ *mur*] to daub paint on ⓒ (*péj* = *écrire, dessiner*) to scribble • **~ du papier** to cover a piece of paper with scribbles ⓓ **être barbouillé*** • **avoir l'estomac barbouillé*** to feel queasy

barbu, e [barby] 1 (ADJ) [*personne*] bearded 2 (NM) man with a beard

Barcelone [barsəlɔn] (N) Barcelona

barda* [barda] (NM) gear*; (*Mil*) kit • **il a tout un ~ dans la voiture** he's got a whole load* of stuff in the car

barde[1] [bard] (NF) (= *lard*) bard

barde[2] [bard] (NM) (= *poète*) bard

barder [barde] /TABLE 1/ 1 (VT) (*avec du lard*) to bard • **être bardé de diplômes** to have a whole string of qualifications 2 (VB IMPERS)* **ça va ~** all hell is going to break loose* • **ça a bardé!** (*dans une réunion*) the sparks really flew!; (*dans les rues*) things got pretty hot!

barème [barɛm] (NM) (= *table de référence*) table; (= *tarif*) price list • **~ de correction** (*Scol*) marking (*Brit*) *ou* grading (*US*) scheme

barge[1] [barʒ] (NF) (= *bateau*) barge

barge[2]* [barʒ] (ADJ) crazy*

baril [bari(l)] (NM) [*de pétrole, vin*] barrel; [*de poudre*] keg; [*de lessive*] drum

barillet [barijɛ] (NM) [*de serrure, revolver*] cylinder

bariolé, e [barjɔle] (ADJ) [*vêtement, tissu*] rainbow-coloured

barjo*, **barjot*** [barʒo] (ADJ) crazy*

barmaid [barmɛd] (NF) barmaid

barman [barman] (*pl* **barmans** *ou* **barmen** [barmɛn]) (NM) barman

barniques* [barnik] (NFPL) (*Can* = *lunettes*) specs* *pl*

baromètre [barɔmɛtr] (NM) barometer

baron [barɔ̃] (NM) baron • **les ~s de la presse** the press barons

baronne [barɔn] (NF) baroness

baroque [barɔk] 1 (ADJ) baroque; (*péj*) [*idée*] weird 2 (NM) **le ~** the baroque

baroudeur, -euse [barudœr, øz] (NM,F) **c'est un ~** he travels from one trouble spot to the next

barque [bark] (NF) small boat • **~ à moteur** (small) motorboat • **~ de pêche** small fishing boat • **il mène bien sa ~** he manages his affairs very well

barquette [barkɛt] (NF) ⓐ (= *tarte*) tartlet (*in the shape of a boat*) ⓑ (= *récipient*) container; (*pour fruits*) punnet

barrage [baraʒ] (NM) ⓐ [*de rivière, lac*] dam • **~ de retenue** flood barrier ⓑ (= *barrière*) barrier; [*d'artillerie, questions*] barrage • **~ de police** roadblock; (= *cordon d'agents*) police cordon; (= *chevaux de frise*) police barricade • **établir un ~ (routier)** [*manifestants*] to set up a roadblock • **faire ~ à** to stand in the way of

barre [bar] 1 (NF) ⓐ (= *tige*) bar; (*de fer*) rod, bar; (*de bois*) piece • **~ (transversale)** (*Football, Rugby*) crossbar • **j'ai un coup de ~*** I feel shattered*

ⓑ (*Danse*) barre • **~s asymétriques/parallèles** (*gymnastique*) asymmetric/parallel bars • **~ fixe** horizontal bar

ⓒ [*de navire*] helm; [*de petit bateau*] tiller • **être à la** *ou* **tenir la ~** to be at the helm • **redresser la ~** to right the helm; (*fig*) to get things back on an even keel

ⓓ (*Droit*) **~ du tribunal** bar • **~ (des témoins)** witness box (*Brit*), witness stand (*US*) • **être appelé à la ~** to be called as a witness

ⓔ (= *trait*) line; (*du t, f*) cross • **~ oblique** slash

ⓕ (= *niveau*) mark • **franchir la ~ des 10%** to pass the 10% mark • **placer la ~ à 10** (*Scol*) to set the pass mark at 10 • **mettre** *ou* **placer la ~ plus haut** to raise the stakes • **vous placez la ~ trop haut** you set your standards too high

ⓖ (= *douleur*) pain • **j'ai une ~ sur la poitrine** my chest feels tight

2 (COMP) ▸ **barre d'appui** window rail ▸ **barre de céréales** muesli (*Brit*) *ou* granola (*US*) bar ▸ **barre chocolatée** bar of chocolate (*Brit*), candy bar (*US*) ▸ **barre HLM** low-rise council block (*Brit*), low-rise project (*US*) ▸ **barre de menu** (*Informatique*) menu bar ▸ **barre de mesure** bar line ▸ **barre d'outils** tool bar ▸ **barre tendre** (*Can*) cereal bar

barré, e* [bare] *ptp de* **barrer** (ADJ) ⓐ (= *engagé, parti*) **il/c'est mal ~** he's/it's off to a bad start • **il est mal ~ pour avoir son examen** his chances of passing the exam are slim • **on est bien ~ avec un chef comme lui!** (*iro*) we won't get far with a boss like him! ⓑ (= *fou*)* crazy, nuts* • **c'est un film bien ~** it's a really wacky* film

barreau (*pl* **barreaux**) [baro] (NM) ⓐ [*d'échelle*] rung; [*de cage, fenêtre*] bar • **être derrière les ~x** [*prisonnier*] to be behind bars ⓑ (*Droit*) Bar • **entrer** *ou* **être admis** *ou* **reçu au ~** to be called to the Bar

barrer [bare] /TABLE 1/ 1 (VT) ⓐ [+ *porte*] to bar; [+ *chemin, route*] (*par accident*) to block; (*pour travaux, par la police*) to close; (*par barricades*) to barricade • **~ le passage** *ou* **la route à qn** to stand in sb's way • **«rue barrée»** "road closed"

b (= *rayer*) [+ *mot, phrase*] to cross out; [+ *surface, feuille*] to cross
c (*Naut*) to steer • **quatre/deux barré** (*Aviron*) coxed four/pair
2 (VI) (*Naut*) to steer
3 (VPR) **se barrer*** [*personne*] to clear off*; [*fixations*] to come out; [*bouton*] to come off • **le tuyau se barre** the pipe is falling off • **il s'est barré de chez lui** he walked out on his family*

barrette [baʀɛt] (NF) **a** (*pour cheveux*) slide (*Brit*), barrette (*US*); (= *bijou*) brooch; (= *médaille*) bar **b** (*arg Drogue*) **~ (de haschisch)** bar of hashish

barreur, -euse [baʀœʀ, øz] (NM,F) (*homme*) helmsman; (*femme*) helmswoman; (*Aviron*) cox

barricade [baʀikad] (NF) barricade

barricader [baʀikade] /TABLE 1/ 1 (VT) to barricade
2 (VPR) **se barricader** to barricade o.s. • **se ~ chez soi** to lock o.s. in

barrière [baʀjɛʀ] (NF) (= *obstacle*) barrier; (= *clôture*) fence; (= *porte*) gate • **~ (de passage à niveau)** level (*Brit*) *ou* grade (*US*) crossing gate • **franchir la ~ de la langue** to break through the language barrier • **la Grande Barrière** [*de corail*] the Great Barrier Reef ▸ **barrière de sécurité** (*dans les rues*) crowd barrier

barrir [baʀiʀ] /TABLE 2/ (VI) [*éléphant*] to trumpet

barrissement [baʀismɑ̃] (NM) trumpeting

baryton [baʀitɔ̃] (ADJ, NM) baritone

bas¹, basse¹ [bɑ, bɑs]

1 ADJECTIF	3 NOM MASCULIN
2 ADVERBE	

1 ADJECTIF

a (= *peu élevé*) [*siège, porte, colline, nuages*] low; [*ciel*] overcast; [*maison*] low-roofed; [*terrain*] low-lying • **le soleil est ~ sur l'horizon** the sun is low on the horizon • **les branches basses d'un arbre** the lower branches of a tree • **~ sur pattes** short-legged • **les ~ salaires** low salaries • **à marée basse** at low tide • **un enfant en ~ âge** a small child

b (= *grave*) [*voix*] deep

c (= *mesquin*) [*jalousie, vengeance*] petty; [*action*] base • **c'était ~ de sa part** it was a despicable thing for him to do

d (*en géographie*) Bas Lower • **la Basse Seine** the Lower Seine • **le Bas Languedoc** Lower Languedoc

2 ADVERBE

a low
▸ **plus bas** **mets tes livres plus ~** put your books lower down • **ma maison est plus ~ dans la rue** my house is further down the street • **comme l'auteur le dit plus ~** as the author says further on • **voir plus ~** see below
▸ **être au plus bas** to be at an all-time low • **son image est au plus ~ dans l'opinion** his public image is at an all-time low

b (= *doucement*) [*parler*] softly • **parler tout ~** to speak in a very low voice • **mettez la radio plus ~** turn the radio down

c (*locutions*) **mettre ~** to give birth
▸ **à bas!** **à ~ le fascisme!** down with fascism! • **à ~ les tyrans!** down with tyrants!

3 NOM MASCULIN

(*de page, escalier, colline, mur*) foot; [*de visage*] lower part; [*de jupe, pantalon*] bottom
▸ **dans le bas** at the bottom • **la colonne est évasée dans le ~** the pillar is wider at the bottom
▸ **dans le bas de** at the bottom of • **dans le ~ du corps** in the lower part of the body • **j'ai mal dans le ~ du dos** I've got a pain in my lower back • **dans le ~ de la ville** at the lower end of the town
▸ **au bas de** **l'équipe se retrouve au ~ du classement** the team is at the bottom of the league
▸ **de bas en haut** from the bottom up • **il la contempla de ~ en haut** he looked her up and down
▸ **d'en bas** **les dents d'en ~** the lower teeth • **les chambres d'en ~** the downstairs rooms • **le supermarché d'en ~ vend du pain** the supermarket below sells bread • **le bruit vient d'en ~** the noise is coming from downstairs
▸ **du bas** [*dents, mâchoire*] lower • **l'étagère du ~** the bottom shelf • **les chambres du ~** the downstairs rooms
▸ **en bas** (*dans une maison*) downstairs • **il habite en ~** he lives downstairs • **la tête en ~** upside down
▸ **en bas de** at the bottom of • **il m'attend en ~ de l'immeuble** he's waiting for me outside the building • **en ~ de 100 dollars** (*Can*) under 100 dollars

bas² [bɑ] (NM) stocking; (*de footballeur*) sock; (*de bandit masqué*) stocking mask

basalte [bazalt] (NM) basalt

basané, e [bazane] (ADJ) (= *bronzé*) tanned; (= *au teint basané*) dark-skinned

bas-côté (*pl* **bas-côtés**) [bakote] (NM) **a** [*de route*] verge (*Brit*), shoulder (*US*) **b** [*d'église*] side aisle

bascule [baskyl] (NF) **a** (= *balance*) [*de marchandises*] weighing machine • **~ (automatique)** [*de personne*] scales **b** (= *balançoire*) seesaw • **cheval/fauteuil à ~** rocking horse/chair

basculer [baskyle] /TABLE 1/ 1 (VI) **a** [*personne, objet*] to fall over; [*benne, planche, wagon*] to tip up; [*tas*] to topple over • **il bascula dans le vide** he toppled over the edge **b** [*match, débat*] to take a sudden turn • **ma vie a basculé** my life was turned upside down **c** (*Informatique*) to toggle 2 (VT) **(faire) ~** [+ *benne*] to tip up; [+ *contenu*] to tip out; [+ *personne*] to knock off balance; [+ *appel téléphonique*] to divert

bas-culotte (*pl* **bas-culottes**) [bakylɔt] (NM) (*Can* = *collants*) tights *pl* (*Brit*), pantihose *pl* (*US*)

base [bɑz] 1 (NF) **a** (= *lieu*) base • **~ navale/aérienne** naval/air base • **~ de lancement** launching site
b (= *fondement*) basis • **les ~s de l'accord** the basis of the agreement • **~ de départ** starting point • **il a des ~s solides en anglais** he has a good grounding in English
c (*Politique*) **la ~** the grass roots • **militant de ~** grassroots activist
d (*locutions*)
▸ **à base de** **cocktail à ~ de gin** gin-based cocktail
▸ **à la base** (= *fondamentalement*) basically • **être à la ~ de** to be at the root of
▸ **de base** basic; [*employé*] low-ranking
2 (COMP) ▸ **base de données** database ▸ **base d'imposition** taxable amount ▸ **base de loisirs** sports and recreation park

base(-)ball (*pl* **base(-)balls**) [bɛzbol] (NM) baseball

baser [baze] /TABLE 1/ 1 (VT) [+ *théorie*] to base (**sur** on) • **être basé à** to be based at *ou* in • **économie basée sur**

le pétrole oil-based economy 2 (VPR) **se baser se ~ sur** to base one's judgement on • **sur quoi vous basez-vous?** what is the basis of your argument?

bas-fond○ (*pl* **bas-fonds**) [bɑfɔ̃] (NM) (*= haut-fond*) shallow • **les ~s de la ville** (*péj*) the seediest parts of the town

basilic [bazilik] (NM) (*= plante*) basil

basilique [bazilik] (NF) basilica

basique [bɑzik] 1 (ADJ) basic 2 (NM) (*= vêtement*) basic item

basket [baskɛt] (NM) (*= sport*) basketball • **~s** trainers (*Brit*), sneakers (*US*); (*pour joueur*) basketball boots (*Brit*), high-tops (*US*) • **être à l'aise dans ses ~s*** to be at ease with o.s.

basket-ball (*pl* **basket-balls**) [baskɛtbol] (NM) basketball

basketteur, -euse [basketœʀ, øz] (NM,F) basketball player

basque¹ [bask] 1 (ADJ) Basque • **le Pays ~** the Basque Country 2 (NM) (*= langue*) Basque 3 (NMF) **Basque** Basque

basque² [bask] (NF) [*de robe*] basque → **pendu**

bas-relief (*pl* **bas-reliefs**) [bɑʀəljɛf] (NM) bas relief

basse² [bɑs] (NF) (*= chanteur, instrument*) bass

basse-cour (*pl* **basses-cours**) [bɑskuʀ] (NF) (*= lieu*) farmyard

bassement [bɑsmɑ̃] (ADV) **~ commercial** crudely commercial • **parlons de choses ~ matérielles** let's talk about practicalities

bassesse [bɑsɛs] (NF) (*= mesquinerie*) baseness

basset [basɛ] (NM) basset hound

bassin [basɛ̃] (NM) **a** (*= pièce d'eau*) ornamental lake; (*plus petit*) pond; [*de piscine*] pool; [*de fontaine*] basin; [*de port*] dock • **~ de retenue** reservoir **b** (*= cuvette*) bowl; [*de malade alité*] bedpan **c** (*= région*) basin • **le Bassin parisien** the Paris Basin • **~ d'emploi(s)** labour market area **d** (*Anatomie*) pelvis

bassine [basin] (NF) (*= cuvette*) bowl

bassiner* [basine] /TABLE 1/ (VT) (*= ennuyer*) **elle nous bassine** she's a pain in the neck*

bassiste [basist] (NMF) (*= contrebassiste*) double bass player; (*= guitariste*) bass guitarist

basson [bɑsɔ̃] (NM) (*= instrument*) bassoon; (*= musicien*) bassoonist

bastide [bastid] (NF) (*= maison*) country house (*in Provence*)

bastion [bastjɔ̃] (NM) bastion

baston‡ [bastɔ̃] (NM *ou* F) fight, punch-up* (*Brit*) • **il va y avoir du ~** things are going to get nasty

bastonner (se)‡ [bastɔne] /TABLE 1/ (VPR) to fight

bastos [bastos] (NF) (*arg Crime = balle*) slug*

bastringue* [bastʀɛ̃g] (NM) (*= objets*) junk* • **et tout le ~** the whole caboodle* (*Brit*) *ou* kit and caboodle* (*US*)

bas-ventre (*pl* **bas-ventres**) [bɑvɑ̃tʀ] (NM) groin; (*= abdomen*) lower abdomen • **il a reçu un coup de genou dans le ~** he was kneed in the groin

bât [bɑ] (NM) [*de mule, âne*] packsaddle • **c'est là que le ~ blesse** there's the rub

bataille [bataj] (NF) **a** (*Mil*) battle; (*= rixe, querelle*) fight • **~ navale** (*Mil*) naval battle; (*= jeu*) battleships • **~ de rue** street fight • **~ de boules de neige** snowball fight • **~ juridique** legal battle **b** (*Cartes*) beggar-my-neighbour

batailler [bataje] /TABLE 1/ (VI) (*= lutter*) to fight

bataillon [batajɔ̃] (NM) (*Mil*) battalion; (*fig*) crowd

bâtard, e [bɑtaʀ, aʀd] 1 (ADJ) [*œuvre, solution*] hybrid • **chien ~** mongrel 2 (NM) **a** (*péj*) (*= chien*) mongrel **b** (*= pain*) (short) loaf of bread

batavia [batavja] (NF) Webb's lettuce

bateau (*pl* **bateaux**) [bato] 1 (NM) boat; (*grand*) ship • **~ à moteur/à rames/à voiles** motor/rowing/sailing boat • **prendre le ~** (*= embarquer*) to embark (**à** at); (*= voyager*) to go by boat • **faire du ~** (*à voiles*) to go sailing; (*à rames, à moteur*) to go boating • **mener qn en ~** (*fig*) to take sb for a ride* 2 (ADJ INV) (*= banal*)* hackneyed • **c'est ~** (*sujet, thème*) it's a cliché 3 (COMP) ▸ **bateau de commerce** merchant ship ▸ **bateau de pêche** fishing boat ▸ **bateau de plaisance** yacht ▸ **bateau pneumatique** inflatable dinghy ▸ **bateau de sauvetage** lifeboat ▸ **bateau à vapeur** steamer

bateau-bus (*pl* **bateaux-bus**), **batobus** [batobys] (NM) water bus

bateau-mouche (*pl* **bateaux-mouches**) [batomuʃ] (NM) river boat (*for sightseeing, especially in Paris*)

bâti, e [bɑti] *ptp de* **bâtir** 1 (ADJ) **a** **être bien ~** [*personne*] to be well-built **b** **terrain ~/non ~** developed/undeveloped site 2 (NM) (*Couture*) tacking *NonC*

batifoler* [batifɔle] /TABLE 1/ (VI) **a** (*= folâtrer*) to frolic about **b** (*= flirter*) to flirt

batik [batik] (NM) batik

bâtiment [bɑtimɑ̃] (NM) **a** (*= édifice*) building • **le ~** (*= industrie*) the building trade **b** (*= navire*) ship

bâtir [bɑtiʀ] /TABLE 2/ (VT) **a** (*Constr*) to build • **(se) faire ~ une maison** to have a house built **b** [*+ hypothèse, réputation, fortune*] to build (**sur** on) **c** (*Couture*) to tack

bâtisse [bɑtis] (NF) (*= maison*) building

bâtisseur, -euse [bɑtisœʀ, øz] (NM,F) builder • **~ d'empire** empire builder

bâton [bɑtɔ̃] (NM) **a** (*= morceau de bois, canne*) stick; (*= trique*) club; [*d'agent de police*] baton • **~ de ski** ski pole • **il m'a mis des ~s dans les roues** he put a spoke in my wheel • **parler à ~s rompus** to talk about this and that • **donner** *ou* **tendre le ~ pour se faire battre** to be the author of one's own demise ▸ **bâton télescopique** telescopic baton **b** [*de craie, encens, réglisse*] stick • **~ de rouge (à lèvres)** lipstick **c** (*= trait*) vertical stroke **d** (*= million de centimes*)* ten thousand francs

bâtonnet [bɑtɔnɛ] (NM) stick • **~ glacé** ice pop • **~s de poisson pané** fish fingers (*Brit*), fish sticks (*US*)

bâtonnier, -ière [bɑtɔnje, jɛʀ] (NM,F) ≈ president of the Bar

batracien [batʀasjɛ̃] (NM) batrachian

battage [bataʒ] (NM) **~ (publicitaire)** hype* • **~ médiatique** media hype* • **faire du ~ autour de qch/qn** to give sth/sb a lot of hype*

battant, e [batɑ̃, ɑ̃t] 1 (NM) [*de volet*] shutter • **~ (de porte)** (left-hand *ou* right-hand) door (*of a double door*) • **~ (de fenêtre)** (left-hand *ou* right-hand) window • **porte à double ~** *ou* **à deux ~s** double door(s) 2 (NM,F) (*= personne*) fighter

batte [bat] (NF) [*de base-ball, cricket*] bat

battement [batmɑ̃] (NM) **a** [*d'ailes*] flapping *NonC*; [*de cils*] fluttering *NonC* • **~s de jambes** leg movements **b** [*de cœur*] beat **c** (*= intervalle*) **deux minutes de ~** (*= pause*) a two-minute break; (*= attente*) two minutes' wait; (*= temps libre*) two minutes to spare • **j'ai une heure de ~ de 10 à 11** I've got an hour to spare between 10 and 11

batterie [batʀi] NF ⓐ (= *percussions*) drum kit • **Luc à la ~** Luc on drums • **~ électronique** electronic drum kit ⓑ (= *pile*) battery ⓒ [*de tests, radars, mesures*] battery ⓓ **~ de cuisine** kitchen utensils ⓔ (*Agric*) battery • **poulets de ~** battery hens

batteur [batœʀ] NM ⓐ (= *ustensile*) whisk ⓑ (= *musicien*) drummer

battre [batʀ] /TABLE 41/ **1** VT ⓐ [+ *personne*] to beat • **elle ne bat jamais ses enfants** she never hits her children • **~ qn à mort** to beat sb to death • **femmes battues** battered women

ⓑ (= *vaincre*) to beat • **se faire ~** to be beaten • **~ qn (par) 6 à 3** to beat sb 6-3 • **~ qn à plate(s) couture(s)** to beat sb hands down

ⓒ [+ *tapis*] to beat; [+ *blanc d'œuf*] to whisk; [+ *crème*] to whip; [+ *cartes*] to shuffle • **les côtes battues par le vent** the windswept coast

ⓓ (*Mus*) **~ la mesure** to beat time

ⓔ (*locutions*) **son cœur battait la chamade** his heart was pounding • **~ son plein** [*saison touristique*] to be at its height; [*fête*] to be going full swing • **~ pavillon britannique** to sail under the British flag • **j'en ai rien à ~!*** I couldn't give a toss!*

2 VT INDIR **battre de ~ des mains** to clap one's hands • **~ du tambour** to beat the drum • **l'oiseau bat des ailes** the bird is flapping its wings • **~ de l'aile** (*fig*) to be in a bad way

3 VI [*cœur, tambour*] to beat; [*porte, volets*] to bang; [*voile, drapeau*] to flap • **le cœur battant** with pounding heart

4 VPR **se battre** to fight • **se ~ au couteau** to fight with knives • **notre armée/équipe s'est bien battue** our army/team put up a good fight

battue [baty] NF (*Chasse*) beat; (*pour retrouver qn*) search

baudruche [bodʀyʃ] NF (= *caoutchouc*) rubber → **ballon**

baume [bom] NM balm • **~ pour les lèvres** lip balm • **ça lui a mis du ~ au cœur** (*consolé*) it was a great comfort to him; (*rassuré*) it heartened him

baux [bo] NMPL *de* **bail**

bavard, e [bavaʀ, aʀd] **1** ADJ [*personne*] **elle est ~e** she talks all the time • **il est ~ comme une pie** he's a real chatterbox **2** NM,F chatterbox; (*péj*) gossip

bavardage [bavaʀdaʒ] NM (= *papotage*) chatting; (= *jacasserie*) chattering • **~s** (= *commérages*) gossiping • **j'entendais leur(s) ~(s)** I could hear them chattering

bavarder [bavaʀde] /TABLE 1/ VI (= *papoter*) to chat; (= *jacasser*) to chatter; (= *commérer*) to gossip • **arrêtez de ~!** stop that chattering!

bavarois, e [bavaʀwa, waz] **1** ADJ Bavarian **2** NM,F **Bavarois(e)** Bavarian **3** NM (= *gâteau*) bavarois • **~ aux fraises** strawberry bavarois

bave [bav] NF [*de personne*] dribble; [*d'animal*] slaver; [*de chien enragé*] foam; [*d'escargot*] slime

baver [bave] /TABLE 1/ VI [*personne*] to dribble; (*beaucoup*) to slobber; [*animal*] to slobber; [*chien enragé*] to foam at the mouth; [*stylo*] to leak • **en ~*** to have a hard time of it* • **il m'en a fait ~** he really gave me a hard time*

bavette [bavɛt] NF ⓐ [*d'enfant*] bib ⓑ (= *viande*) *kind of steak*

Bavière [bavjɛʀ] NF Bavaria

bavoir [bavwaʀ] NM bib

bavure [bavyʀ] NF (= *tache*) smudge; (= *erreur*) blunder • **~ policière** police blunder • **sans ~(s)** [*travail*] flawless

bayer [baje] /TABLE 1/ VI **~ aux corneilles** to stand and gape

bazar [bazaʀ] NM ⓐ (= *magasin*) general store; (*oriental*) bazaar ⓑ (= *effets personnels*)* stuff* *NonC* ⓒ (= *désordre*)* **quel ~!** what a shambles!* • **il y a du ~ dans ta chambre** your room's a mess • **il a mis le ~ dans mes photos** he jumbled my photos up • **ils ont fichu le ~ en classe** they caused havoc in the classroom • **et tout le ~** and all the rest

bazarder* [bazaʀde] /TABLE 1/ VT to get rid of

BCBG [besebeʒe] ADJ (ABR DE **bon chic bon genre**)

BCD [besede] NF (ABR DE **bibliothèque centre de documentation**) school library

BCE [beseə] NM (ABR DE **Banque centrale européenne**) ECB (= *European Central Bank*)

BCG [beseʒe] NM (ABR DE **bacille Bilié Calmette et Guérin**) BCG

BD [bede] NF (ABR DE **bande dessinée**) **la BD** comic strips • **une BD** (*dans un journal*) a comic strip; (= *livre*) a comic book • **auteur de BD** comic strip writer

bê [bɛ] EXCL baa!

béant, e [beɑ̃, ɑ̃t] ADJ [*blessure, bouche, gouffre*] gaping

béarnaise [beaʀnɛz] ADJ F, NF **(sauce) ~** Béarnaise sauce

béat, e [bea, at] ADJ ⓐ (*hum = heureux*) [*personne*] blissfully happy ⓑ (= *niais*) [*sourire, air*] blissful; [*optimisme, admiration*] blind • **être ~ d'admiration** to be struck dumb with admiration • **regarder qn d'un air ~** to look at sb in open-eyed wonder

béatitude [beatityd] NF (= *bonheur*) bliss

beau, belle [bo, bɛl]

1 ADJECTIF	**3** NOM FÉMININ
2 NOM MASCULIN	

➢ **bel**, instead of **beau**, is used before a masculine noun beginning with a vowel or silent **h**.

1 ADJECTIF

ⓐ beautiful; [*homme*] good-looking • **il est ~ garçon** he's good-looking • **se faire ~** to get dressed up • **il a fait du ~ travail** he did a beautiful job • **il m'a fait un très ~ cadeau** he gave me a lovely present • **les ~x quartiers** the smart part of town

ⓑ *moralement* **un ~ geste** a noble act • **ce n'est pas ~ de mentir** it isn't nice to tell lies

ⓒ *= agréable* [*voyage, journée*] lovely • **il fait ~** the weather's nice • **il fait très ~** the weather's lovely • **il est arrivé un ~ matin** he turned up one fine morning • **c'est le bel âge!** it's nice to be young!

ⓓ *= réussi* successful; [*résultat*] excellent • **elle a fait une belle carrière** she had a successful career • **c'est le plus ~ jour de ma vie!** this is the best day of my life! • **c'est une belle mort** it's a good way to go • **ce serait trop ~!** that would be too much to hope for!

ⓔ *= grand* [*revenu, profit*] handsome; [*brûlure, peur*] nasty • **ça fait une belle somme!** that's a tidy* sum! • **ça a fait un ~ scandale** it caused quite a scandal • **il a attrapé une belle bronchite** he's got a bad chest infection • **c'est un ~ menteur** he's a terrible liar • **c'est un ~ salaud*** he's a real bastard*

ⓕ *locutions*

▸ **avoir beau on a ~ faire, ils n'apprennent rien** no matter what you do, they don't learn anything • **il a eu ~ essayer, il n'a pas réussi** despite his efforts, he was unsuccessful • **on a ~ dire, il n'est pas bête** say what you like, he's not stupid

▸ **bel et bien** really • **cet homme a bel et bien existé** the man really did exist • **il s'est bel et bien trompé** he got it well and truly wrong

▸ **de plus belle** [*crier, rire*] even louder • **reprendre de plus belle** [*combat, polémique, violence*] to start up again with renewed vigour • **continuer de plus belle** [*discrimination, répression*] to be worse than ever

2 NOM MASCULIN

ⓐ **le ~** the beautiful • **elle n'achète que du ~** she only buys the best • **c'est du ~!** (*reproche*) charming!; (*consternation*) this is a fine mess!

ⓑ (*temps*) **être au ~ fixe** [*baromètre*] to be set fair; [*relations*] to be excellent

ⓒ **faire le ~** [*chien*] to sit up and beg

3 NOM FÉMININ

belle

ⓐ (*= femme*) **ma belle!*** sweetheart! • **La Belle au bois dormant** Sleeping Beauty • **La Belle et la Bête** Beauty and the Beast • **se faire la belle*** to break out of jail

ⓑ (*= partie décisive*) decider • **on fait la belle?** shall we play a decider?

ⓒ (*= action, parole*)* **il en a fait de belles quand il était jeune** he was a bit wild when he was young • **en apprendre de belles sur qn** to hear things about sb

beaucoup [boku] ADV ⓐ (*modifiant verbe*) a lot; (*modifiant adverbe*) much • **il mange ~** he eats a lot • **pas ~** not much • **elle ne lit pas ~** she doesn't read much • **il y a ~ à voir** there's a lot to see • **~ plus rapide** much quicker • **elle travaille ~ trop** she works far too much • **se sentir ~ mieux** to feel much better • **~ plus d'eau** much more water • **~ pensent que ...** a lot of people think that ... • **~ d'entre eux** a lot *ou* many of them

▸ **beaucoup de** (*quantité*) a lot of • **~ de monde** a lot of people • **avec ~ de soin** with great care • **il ne reste pas ~ de pain** there isn't much bread left • **j'ai ~ (de choses) à faire** I have a lot (of things) to do • **il en reste ~/il n'en reste pas ~** there is a lot left/there isn't much left • **il a eu ~ de chance** he's been very lucky

▸ **pas beaucoup de** (*quantité*) not much; (*nombre*) not many

▸ **de beaucoup** by far • **de ~ la meilleure** by far the best • **il est de ~ supérieur** he is far superior • **il préférerait de ~ s'en aller** he'd much rather leave • **il s'en faut de ~ qu'il soit au niveau** he's nowhere near up to standard

ⓑ (*locutions*) **c'est déjà ~** it's quite something • **c'est ~ dire** that's an exaggeration • **il y est pour ~** he's had a lot to do with it

beauf‡ [bof] NM ⓐ (*= beau-frère*) brother-in-law ⓑ (*péj*) *narrow-minded Frenchman with conservative attitudes and tastes*

> **BEAUF**
> The word **beauf** is an abbreviation of "beau-frère" (brother-in-law). It is also used to refer to a stereotypical Frenchman who is somewhat vulgar, narrow-minded and chauvinistic.

beau-fils (*pl* **beaux-fils**) [bofis] NM (*= gendre*) son-in-law; (*d'un remariage*) stepson

beau-frère (*pl* **beaux-frères**) [bofʀɛʀ] NM brother-in-law

beau-père (*pl* **beaux-pères**) [bopɛʀ] NM (*= père du conjoint*) father-in-law; (*= nouveau mari de la mère*) stepfather

beauté [bote] NF beauty; [*d'un homme*] handsomeness • **de toute ~** very beautiful • **se (re)faire une ~** to do one's face* • **finir en ~** to end with a flourish

beaux [bo] ADJ MPL → **beau**

beaux-arts [bozaʀ] NMPL **les ~** fine arts • **il fait les ~** (*= école*) he's at art college

beaux-parents [bopaʀɑ̃] NMPL in-laws*

bébé [bebe] NM (*= enfant, animal*) baby • **avoir** *ou* **faire un ~** to have a baby • **faire le ~** to act like a baby • **~ éléphant/girafe** baby elephant/giraffe • **~-éprouvette** test-tube baby • **on lui a refilé le ~*** he was left holding the baby

bebelle* [bəbɛl], **bébelle*** [bebɛl] NF (*Can = bibelot*) knick-knack • **range tes ~s** tidy away your things

bec [bɛk] NM ⓐ [*d'oiseau*] beak • **coup de ~** peck • **rester le ~ dans l'eau*** be left high and dry • **défendre qch ~ et ongles** to fight tooth and nail for sth ⓑ (*= pointe*) [*de carafe*] lip; [*de théière*] spout; [*de flûte, trompette*] mouthpiece ▸ **bec verseur** pourer ⓒ (*= bouche*)* mouth • **clouer le ~ à qn** to shut sb up* ⓓ (*Can, Belg, Helv = baiser*)* kiss

bécane* [bekan] NF (*= vélo, moto*) bike; (*= ordinateur*) computer

bécarre [bekaʀ] NM natural • **sol ~** G natural

bécasse [bekas] NF (*= oiseau*) woodcock; (*= sotte*)* silly goose*

bec-de-lièvre (*pl* **becs-de-lièvre**) [bɛkdəljɛvʀ] NM harelip

béchamel [beʃamɛl] NF **(sauce) ~** béchamel (sauce)

bêche [bɛʃ] NF spade

bêcher [beʃe] /TABLE 1/ VT to dig

bêcheur, -euse* [bɛʃœʀ, øz] NM,F stuck-up* person

bécoter* [bekɔte] /TABLE 1/ **1** VT to kiss **2** VPR **se bécoter*** to smooch*

becquée [beke] NF beakful • **donner la ~ à** to feed

becqueter‡ [bɛkte] /TABLE 4/ VT (*= manger*) to eat

bedaine* [bədɛn] NF paunch

bédé* [bede] NF = **BD**

bédéthèque [bedetɛk] NF comics library

bedon* [bədɔ̃] NM paunch, potbelly

bedonnant, e* [bədɔnɑ̃, ɑ̃t] ADJ potbellied

bée [be] ADJ F **rester bouche ~** (*d'admiration*) to be lost in wonder; (*de surprise*) to be flabbergasted (**devant** at)

beffroi [befʀwa] NM belfry

bégaiement [begɛmɑ̃] NM stammering

bégayer [begeje] /TABLE 8/ VI to stammer

bégonia [begɔnja] NM begonia

bègue [bɛg] ADJ, NMF **être ~** to have a stutter

bégueule [begœl] ADJ prudish

béguin* [begɛ̃] NM **avoir le ~ pour qn** to have a crush on sb*

behaviorisme, béhaviorisme [bievjɔʀism] NM behaviourism

beige [bɛʒ] ADJ, NM beige

beigne[1]‡ [bɛɲ] NF (*= gifle*) slap • **donner une ~ à qn** to slap sb

beigne[2] [bɛɲ] NM (*Can = beignet*) doughnut

beignet [bɛɲɛ] NM [*de fruits, légumes*] fritter; (*= pâte frite*) doughnut • **~s de crevettes** prawn crackers

bel [bɛl] ADJ → **beau**

Belarus [belaʀys] NM Belarus

bêlement [bɛlmɑ̃] (NM) bleat(ing)
bêler [bele] /TABLE 1/ (VI) to bleat
belette [bəlɛt] (NF) weasel
belge [bɛlʒ] 1 (ADJ) Belgian 2 (NMF) **Belge** Belgian

> **FÊTE NATIONALE BELGE**
> The **fête nationale belge**, on 21 July, marks the day in 1831 when Leopold of Saxe-Cobourg Gotha was crowned King Leopold I.

belgicisme [bɛlʒisism] (NM) Belgian-French word (*ou* phrase)
Belgique [bɛlʒik] (NF) Belgium
Belgrade [bɛlgʀad] (N) Belgrade
bélier [belje] (NM) ram • **le Bélier** (*Astron*) Aries • **être (du) Bélier** to be Aries
Belize [beliz] (NM) Belize
belizien, -ienne [belizjɛ̃, jɛn] 1 (ADJ) Belizean 2 (NM,F) **Belizien(ne)** Belizean
belle [bɛl] (ADJ, NF) → **beau**
belle-famille (*pl* **belles-familles**) [bɛlfamij] (NF) in-laws*
belle-fille (*pl* **belles-filles**) [bɛlfij] (NF) (= *bru*) daughter-in-law; (*d'un remariage*) stepdaughter
belle-mère (*pl* **belles-mères**) [bɛlmɛʀ] (NF) (= *mère du conjoint*) mother-in-law; (= *nouvelle épouse du père*) stepmother
belle-sœur (*pl* **belles-sœurs**) [bɛlsœʀ] (NF) sister-in-law
belligérant, e [beliʒeʀɑ̃, ɑ̃t] (ADJ, NM,F) belligerent
belliqueux, -euse [belikø, øz] (ADJ) [*humeur, personne*] aggressive; [*peuple*] warlike
belote [bəlɔt] (NF) (= *jeu*) belote (*card game popular in France*)
bélouga, béluga [beluga] (NM) beluga
belvédère [bɛlvedɛʀ] (NM) belvedere
bémol [bemɔl] (NM) flat • **en si ~** in B flat • **mettre un ~ à qch*** to tone sth down*
ben* [bɛ̃] (ADV) well • **~ oui/non** well, yes/no • **~ quoi?** so what? • **eh ~** well
bénédictin, e [benediktɛ̃, in] (ADJ, NM,F) Benedictine
bénédiction [benediksjɔ̃] (NF) blessing • **~ nuptiale** marriage ceremony • **~ (du ciel)** blessing
bénef* [benɛf] (NM) (ABR DE **bénéfice**) profit • **c'est tout ~** (= *lucratif*) it's to your (*ou* our *etc*) advantage
bénéfice [benefis] (NM) ⓐ (*financier*) profit • **réaliser de gros ~s** to make big profits ⓑ (= *avantage*) advantage • **c'est tout ~** it's to your (*ou* our *etc*) advantage • **concert donné au ~ des aveugles** concert given in aid of the blind • **le ~ du doute** the benefit of the doubt
bénéficiaire [benefisjɛʀ] 1 (ADJ) [*opération*] profitable 2 (NMF) beneficiary; [*de chèque*] payee • **être le ~ de qch** to benefit by sth
bénéficier [benefisje] /TABLE 7/ 1 (VT INDIR) ~ **de** [+ *avantage*] to have; [+ *remise*] to get; [+ *situation, mesure*] to benefit from • **~ d'un non-lieu** to be discharged • **il a bénéficié de circonstances atténuantes** there were mitigating circumstances in his case • **faire ~ qn de certains avantages** to enable sb to enjoy certain advantages 2 (VT INDIR) **bénéficier à** (= *profiter à*) to benefit
bénéfique [benefik] (ADJ) [*effet, aspect*] beneficial
Bénélux [benelyks] (NM) **le ~** Benelux
benêt [bənɛ] (NM) simpleton • **grand ~** big ninny*
bénévolat [benevɔla] (NM) voluntary help • **faire du ~** to do voluntary work
bénévole [benevɔl] 1 (ADJ) voluntary 2 (NMF) volunteer
bénévolement [benevɔlmɑ̃] (ADV) [*travailler*] for nothing
Bengale [bɛ̃gal] (NM) Bengal
bénigne [beniɲ] (ADJ F) → **bénin**
Bénin [benɛ̃] (NM) Benin • **République populaire du ~** People's Republic of Benin
bénin, -igne [benɛ̃, iɲ] (ADJ) [*accident, maladie*] minor; [*tumeur*] benign
béninois, e [beninwa, waz] 1 (ADJ) Beninese 2 (NM,F) **Béninois(e)** Beninese
bénir [beniʀ] /TABLE 2/ (VT) (*Rel*) to bless; (= *remercier*) to be eternally grateful to • **~ le ciel de qch** to thank God for sth
bénit, e [beni, it] (ADJ) [*pain*] consecrated; [*eau*] holy
bénitier [benitje] (NM) [*d'église*] stoup
benjamin, e [bɛ̃ʒamɛ̃, in] (NM,F) [*de famille*] youngest child; (*Sport*) ≈ junior (12-13 *years old*)
benne [bɛn] (NF) [*de camion*] (*basculante*) tipper; (*amovible*) skip
béotien, -ienne [beɔsjɛ̃, jɛn] (NM,F) philistine
BEP [beəpe] (NM) (ABR DE **brevet d'études professionnelles**) *technical school certificate*
béquille [bekij] (NF) ⓐ [*d'infirme*] crutch • **marcher avec des ~s** to walk on crutches ⓑ [*de motocyclette*] stand
berbère [bɛʀbɛʀ] 1 (ADJ) Berber 2 (NM) (= *langue*) Berber 3 (NMF) **Berbère** Berber
bercail [bɛʀkaj] (NM) fold • **rentrer au ~** to return to the fold
berçante* [bɛʀsɑ̃t] (NF) (*Can*) rocking chair
berceau (*pl* **berceaux**) [bɛʀso] (NM) [*de bébé*] cradle
bercer [bɛʀse] /TABLE 3/ 1 (VT) to rock • **les chansons qui ont bercé notre enfance** the songs we grew up with 2 (VPR) **se bercer** **se ~ d'illusions** to delude o.s.
berceuse [bɛʀsøz] (NF) (= *chanson*) lullaby
béret [beʀɛ] (NM) beret
Bérézina [beʀezina] (NF) **c'est la ~!** it's a complete disaster!
bergamote [bɛʀgamɔt] (NF) bergamot orange • **thé à la ~** Earl Grey tea
berge [bɛʀʒ] (NF) ⓐ [*de rivière*] bank • **voie sur ~** riverside expressway ⓑ (= *année*)* **il a 50 ~s** he's 50 years old
berger [bɛʀʒe] (NM) shepherd • **(chien de) ~** sheepdog • **~ allemand** German shepherd, alsatian (*Brit*)
bergère [bɛʀʒɛʀ] (NF) shepherdess
bergerie [bɛʀʒəʀi] (NF) sheepfold
bergeronnette [bɛʀʒəʀɔnɛt] (NF) wagtail
berk* [bɛʀk] (EXCL) yuk!*
Berlin [bɛʀlɛ̃] (N) Berlin
berline [bɛʀlin] (NF) saloon (*Brit*), sedan (*US*)
berlingot [bɛʀlɛ̃go] (NM) ⓐ (= *bonbon*) ≈ boiled sweet (*Brit*), ≈ piece of hard candy (*US*) ⓑ (= *emballage*) carton; (*pour shampooing*) sachet
berlinois, e [bɛʀlinwa, waz] 1 (ADJ) of *ou* from Berlin 2 (NM,F) **Berlinois(e)** Berliner
berlue* [bɛʀly] (NF) **t'as la ~!** you must be seeing things!
bermuda [bɛʀmyda] (NM) bermuda shorts
Bermudes [bɛʀmyd] (NFPL) Bermuda
bernache [bɛʀnaʃ] (NF) (= *oie*) barnacle goose
Berne [bɛʀn] (N) Bern

berne [bɛʀn] (LOC ADJ) **en ~** [*drapeau*] ≈ at half-mast; [*croissance, secteur*] sluggish

berner [bɛʀne] /TABLE 1/ (VT) to fool

berzingue* [bɛʀzɛ̃g] (ADV) **à tout(e) ~** flat out*

besace [bəzas] (NF) satchel

bésef* [bezɛf] (ADV) **il n'y en a pas ~** there's not much

besogne [bəzɔɲ] (NF) (= *travail*) work *NonC*, job • **se mettre à la ~** to get to work • **une sale ~** a nasty job • **aller vite en ~** to be hasty

besogneux, -euse [bəzɔɲø, øz] (ADJ) industrious

besoin [bəzwɛ̃] (NM) need (**de** for) • **nos ~s en énergie** our energy requirements • **subvenir aux ~s de qn** to provide for sb's needs • **éprouver le ~ de faire qch** to feel the need to do sth • **en cas de ~** if the need arises • **pour les ~s de la cause** for the purpose in hand • **le ~** (= *pauvreté*) need • **être dans le ~** to be in need • **faire ses ~s** [*personne*] to relieve o.s. (*Brit*); [*animal domestique*] to do its business

▸ **au besoin** if necessary

▸ **avoir besoin de** to need • **je n'ai pas ~ de vous rappeler que ...** there's no need for me to remind you that ... • **il a grand ~ d'aide** he needs help badly • **il avait bien ~ de ça!** (*iro*) that's just what he needed! (*iro*)

▸ **si besoin est** if need be

bestial, e (*mpl* **-iaux**) [bɛstjal, jo] (ADJ) [*violence*] brutal; [*personne, plaisir*] bestial

bestiaux [bɛstjo] (NMPL) livestock

bestiole* [bɛstjɔl] (NF) (= *animal*) creature; (= *insecte*) creepy-crawly* • **il y a une ~ dans mon verre** there's a bug in my glass

best of* [bɛstɔf] (NM INV) **un ~ des Beatles** a compilation of the greatest hits of the Beatles • **un ~ de leurs émissions** a selection of highlights of their programmes

best-seller○ (*pl* **best-sellers**) [bɛstsɛlœʀ] (NM) best seller

bêta○**, -asse*** [bɛta, as] (NM,F) **gros ~!** big silly!*

bétail [betaj] (NM) livestock; (= *bovins, fig*) cattle • **petit ~** small livestock

bête [bɛt] **1** (NF) **a** (= *animal*) animal; (= *insecte*) insect • **~ (sauvage)** (wild) beast • **nos amies les ~s** our four-legged friends • **pauvre petite ~** poor little thing* • **travailler comme une ~*** to work like a dog • **on s'est éclatés comme des ~s*** we had a whale of a time*
b (= *personne*) (*bestial*) beast • **c'est une brave** *ou* **une bonne ~!** (*hum*) he's a good-natured chap
2 (ADJ) **a** (= *stupide*) [*personne, idée, sourire*] stupid • **ce qu'il peut être ~!** he's such a fool! • **il est plus ~ que méchant** he's not really nasty, just stupid • **être ~ comme ses pieds*** to be as thick as a brick* • **lui, pas si ~, est parti à temps** he's no fool, so he left in time • **c'est ~, on n'a pas ce qu'il faut pour faire des crêpes** it's too bad we haven't got the ingredients for making pancakes • **que je suis ~!** how stupid of me! • **ce n'est pas ~** that's not a bad idea
b (= *simple*) **c'est tout ~** it's dead* simple • **~ comme chou** as easy as pie*
3 (COMP) ▸ **bête à bon dieu** ladybird ▸ **bête à concours** swot* (*Brit*), grind* (*US*) ▸ **bête à cornes** horned animal ▸ **bête curieuse** (*iro*) strange animal • **ils nous ont regardés comme des ~s curieuses** they looked at us as if we were two-headed monsters ▸ **bête féroce** wild animal ▸ **bête noire c'est ma ~ noire** (*chose*) that's my pet hate; (*personne*) I just can't stand him ▸ **bête sauvage** wild animal ▸ **bête de scène** great performer ▸ **bête de somme** beast of burden

bêtement [bɛtmɑ̃] (ADV) stupidly • **tout ~** quite simply

Bethléem [betleɛm] (N) Bethlehem

bêtise [betiz] (NF) **a** (= *stupidité*) stupidity • **j'ai eu la ~ d'accepter** I was stupid enough to accept **b** (= *action stupide*) silly thing; (= *erreur*) blunder • **ne dis pas de ~s** don't talk nonsense • **ne faites pas de ~s, les enfants** don't get up to any mischief, children • **faire une ~** (= *action stupide, tentative de suicide*) to do something stupid; (= *erreur*) to make a blunder **c** (= *bagatelle*) **se disputer pour des ~s** to argue about nothing **d** (= *bonbon*) **~ de Cambrai** ≈ mint humbug (*Brit*), ≈ piece of hard mint candy (*US*) **e** (*Can* = *insulte*) insult

bêtisier [betizje] (NM) collection of out-takes

béton [betɔ̃] (NM) concrete • **~ armé** reinforced concrete • **en ~** concrete • **(en) ~*** [*alibi, argument*] cast-iron • **un dossier en ~** (*en justice*) a watertight case • **laisse ~!*** forget it!*

bétonner [betɔne] /TABLE 1/ **1** (VT) to concrete • **ils bétonnent nos côtes** our coastline is disappearing under concrete **2** (VI) (*Sport*) to play defensively

bétonneuse [betɔnøz], **bétonnière** [betɔnjɛʀ] (NF) cement mixer

betterave [bɛtʀav] (NF) **~ (rouge)** beetroot (*Brit*), beet (*US*)

bettes [bɛt] (NFPL) (Swiss) chard

beugler [bøgle] /TABLE 1/ (VI) **a** [*vache*] to moo; [*taureau*] to bellow **b** [*personne*]* to bawl **c** [*radio, TV*] to blare

beur [bœʀ] **1** (NMF) *second-generation North African living in France* **2** (ADJ) [*culture, musique*] *of second-generation North Africans living in France*

> **BEUR**
> **Beur** is the term used to refer to a person born in France of North African immigrant parents. It is not a racist term and is often used by the media, anti-racist groups and second-generation North Africans themselves. The word itself originally came from the "verlan" rendering of the word "arabe". → VERLAN

beurre [bœʀ] (NM) **a** (*laitier*) butter • **~ demi-sel** slightly salted butter • **~ doux** unsalted butter • **au ~** [*plat*] (cooked) in butter; [*pâtisserie*] made with butter • **ça va mettre du ~ dans les épinards*** the extra money will come in handy • **faire son ~*** to make a packet* • **on ne peut pas avoir le ~ et l'argent du ~*** you can't have your cake and eat it **b** (= *pâte*) paste • **~ d'anchois** anchovy paste • **~ de cacao/de cacahuètes** (= *substance végétale*) cocoa/peanut butter

beurré, e [bœʀe] *ptp de* **beurrer** **1** (ADJ) (= *ivre*)* plastered* **2** (NF) **beurrée** (*Can*) slice of bread and butter

beurrer [bœʀe] /TABLE 1/ **1** (VT) to butter • **tartine beurrée** slice of bread and butter **2** (VPR) **se beurrer*** to get plastered*

beurrier [bœʀje] (NM) butter dish

beuverie [bøvʀi] (NF) drinking bout

bévue [bevy] (NF) blunder • **commettre une ~** to make a blunder

Beyrouth [beʀut] (N) Beirut

bézef* [bezɛf] (ADV) **il n'y en a pas ~** there's not much

Bhoutan, Bhutân [butɑ̃] (NM) Bhutan

bhoutanais, e [butanɛ, ɛz] **1** (ADJ) Bhutanese **2** (NM,F) **Bhoutanais(e)** Bhutanese

bi [bi] PRÉF bi • **bidimensionnel** two-dimensional

biais, e [bjɛ, jɛz] NM **a** (*= moyen*) way • **par le ~ de** (*= par l'intermédiaire de*) through; (*= au moyen de*) by means of • **réserver par le ~ d'une agence** to book through an agency
b (*= aspect*) way • **c'est par ce ~ qu'il faut aborder le problème** the problem should be approached in this way
c (*= sens du tissu*) bias; (*= bande*) bias binding • **coupé** *ou* **taillé dans le ~** cut on the bias *ou* the cross
▸ **en** *or* **de biais** [*poser*] at an angle • **une allée traverse le jardin en ~** a path cuts diagonally across the garden

biaisé, e [bjeze] *ptp de* **biaiser** ADJ biased

biaiser [bjeze] /TABLE 1/ **1** VI (*= louvoyer*) to sidestep the issue **2** VT [*+ résultat*] to skew

biathlon [biatlɔ̃] NM biathlon

bibelot [biblo] NM (*sans valeur*) knick-knack; (*de valeur*) ornament

biberon [bibʀɔ̃] NM feeding bottle • **l'heure du ~** feeding time • **nourrir au ~** to bottle-feed

bible [bibl] NF bible • **la Bible** the Bible

bibliobus [biblijobys] NM mobile library

bibliographie [biblijɔgʀafi] NF bibliography

bibliophile [biblijɔfil] NMF booklover

bibliothécaire [biblijɔtekɛʀ] NMF librarian

bibliothèque [biblijɔtɛk] NF (*= édifice, pièce*) library; (*= meuble*) bookcase

> **BIBLIOTHÈQUE NATIONALE DE FRANCE**
> The **BNF**, as it is popularly known, is a copyright deposit library holding important historic collections of printed and manuscript material. The original building became too small and most of the collection has been transferred to a vast new library complex in the south-east of Paris.

biblique [biblik] ADJ biblical

bic ® [bik] NM **(pointe) ~** ball-point pen

bicaméralisme [bikameʀalism], **bicamérisme** [bikameʀism] NM bicameral *ou* two-chamber system

bicarbonate [bikaʀbɔnat] NM bicarbonate • **~ de soude** bicarbonate of soda

bicentenaire [bisɑ̃t(ə)nɛʀ] NM bicentenary

biceps [bisɛps] NM biceps

biche [biʃ] NF doe • **ma ~** (*terme d'affection*) darling

bichonner [biʃɔne] /TABLE 1/ **1** VT [*+ personne*] to pamper **2** VPR **se bichonner** to preen o.s.

bicolore [bikɔlɔʀ] ADJ two-colour (*Brit*), two-color (*US*)

bicombustible [bikɔ̃bystibl] **1** ADJ dual-fuel *épith* **2** NM dual-fuel technology

bicoque * [bikɔk] NF (*péj*) dump* • **ils ont une petite ~ au bord de la mer** (*hum*) they've got a little place at the seaside

bicorne [bikɔʀn] NM cocked hat

bicross [bikʀɔs] NM (*= vélo*) BMX (bike); (*= sport*) BMX

bicycle [bisikl] NM (*Can*) bicycle

bicyclette [bisiklɛt] NF (*= véhicule*) bicycle • **aller au travail à** *ou* **en ~** to cycle to work • **faire de la ~** to go cycling

bidasse * [bidas] NM (*= conscrit*) soldier

bide * [bid] NM **a** (*= ventre*) belly* • **avoir du ~** to have a potbelly **b** (*= échec*) flop*

bidet [bidɛ] NM (*= cuvette*) bidet

bidoche ‡ [bidɔʃ] NF meat

bidon [bidɔ̃] **1** NM **a** (*= récipient*) can; [*de cycliste, soldat*] water bottle **b** (*= ventre*)* belly* **c** (*= bluff*)* **ce n'est pas du ~** I'm (*ou* he's *etc*) not kidding!* **2** ADJ INV* [*prétexte*] phoney* (*Brit*), phony* (*US*); [*élection*] rigged; [*maladie*] sham

bidonnant, e * [bidɔnɑ̃, ɑ̃t] ADJ hilarious

bidonner (se) * [bidɔne] /TABLE 1/ VPR to laugh one's head off*

bidonville [bidɔ̃vil] NM shanty town

bidouillage * [bidujaʒ] NM, **bidouille** * [biduj] NF **c'est du ~** it's just been cobbled together

bidouiller * [biduje] /TABLE 1/ VT **a** (*= réparer*) to tinker with; [*informaticien*] to hack up **b** (*péj = truquer*) to fiddle with

bidule * [bidyl] NM (*= machin*) thingumajig*

biélorusse [bjelɔʀys] **1** ADJ Byelorussian **2** NMF **Biélorusse** Byelorussian

Biélorussie [bjelɔʀysi] NF Byelorussia

---

bien [bjɛ̃]

1 ADVERBE	3 NOM MASCULIN
2 ADJECTIF INVARIABLE	4 COMPOSÉS

1 ADVERBE

a (*= de façon satisfaisante*) well • **nous avons ~ travaillé aujourd'hui** we've done some good work today • **cette porte ne ferme pas ~** this door doesn't shut properly • **la télé ne marche pas ~** the TV isn't working properly • **il s'habille ~** he dresses well • **il parle ~ l'anglais** he speaks good English • **il a ~ pris mes remarques** he took my remarks quite well • **il s'y est ~ pris** he went about it the right way • **si je me rappelle ~** if I remember rightly • **ni ~ ni mal** so-so* • **pour ~ faire il faudrait partir maintenant** we really ought to leave now
▸ **aller bien** to be well • **comment vas-tu ? — très ~ merci** how are you? — fine, thanks

b (*= selon la morale, la raison*) [*se conduire, agir*] well • **il pensait ~ faire** he thought he was doing the right thing • **vous avez ~ fait** you did the right thing • **il a ~ fait de partir** he was quite right to go • **faire ~ les choses** to do things properly • **vous faites ~ de me le dire !** you did well to tell me! • **ça commence à ~ faire !*** this is getting beyond a joke!

c (*= sans difficulté*) [*supporter, se rappeler*] well • **on comprend très ~ pourquoi** you can easily understand why • **il peut très ~ le faire** he's perfectly capable of doing it

d (*exprimant le degré*) (*= très*) very; (*= beaucoup*) very much; (*= trop*) rather • **~ mieux** much better • **~ souvent** quite often • **nous sommes ~ contents de vous voir** we're very glad to see you • **~ plus heureux** much happier • **~ plus cher** much more expensive • **nous avons ~ ri** we had a good laugh • **les enfants se sont ~ amusés** the children had a great time • **elle est ~ jeune pour se marier** she is very young to be getting married • **il me paraît ~ sûr de lui** he seems to be very sure of himself to me

e (*= effectivement*) definitely • **j'avais ~ dit que je ne viendrais pas** I definitely said that I wouldn't come • **je trouve ~ que c'est un peu cher mais tant pis** yes, it is rather expensive but never mind • **c'est ~ à ton frère que je pensais** yes, it was your brother I was thinking of • **c'est ~ mon manteau ?** this is my coat, isn't it?

• **il s'agit ~ de ça!** as if that's the point! • **voilà ~ les femmes!** that's women for you!

f (*= correctement*) **écoute-moi ~** listen to me carefully • **regardez ~ ce qu'il va faire** watch what he does carefully • **dis-lui ~ que ...** make sure you tell him that ... • **mets-toi ~ en face** stand directly opposite • **percez un trou ~ au milieu** drill a hole right in the centre • **tiens-toi ~ droit** stand quite straight • **c'est ~ compris?** is that quite clear? • **il arrivera ~ à se débrouiller** he'll manage all right • **j'espère ~!** I should hope so! • **où peut-il ~ être?** where on earth can he be? • **~ à vous** (*dans une lettre*) yours

g (*= malgré tout*) **il fallait ~ que ça se fasse** it just had to be done • **il pourrait ~ venir nous voir de temps en temps!** he could at least come and see us now and then!

h (*= volontiers*) (*après un verbe au conditionnel*) **je mangerais ~ un morceau** I'd like a bite to eat • **j'irais ~ mais j'ai cours** I'd like to go but I've got a class • **je voudrais ~ t'y voir!** I'd like to see you try! • **je te verrais ~ en jaune** I think you'd look good in yellow

i (*= au moins*) at least • **il y a ~ trois jours que je ne l'ai pas vu** I haven't seen him for at least three days

j (*locutions*)

▸ **bien du, bien de la, bien des** a lot of • **elle a eu ~ du mal à le trouver** she had a lot of difficulty finding it • **ils ont eu ~ de la chance** they had a lot of luck • **je connais ~ des gens qui auraient protesté** I know a lot of people who would have protested

▸ **bien que** although • **~ que je ne puisse pas venir** although I can't come

▸ **bien sûr** of course • **~ sûr qu'il viendra!** of course he'll come!

2 ADJECTIF INVARIABLE

a (*= satisfaisant*) good • **elle est très ~ comme secrétaire** she's a very good secretary • **ce serait ~ s'il venait** it would be good if he came

▸ **bien!** (*approbation*) good!; (*pour changer de sujet, par exaspération*) all right!

b (*travail scolaire*) good • **assez ~** quite good • **très ~** very good

c (*= en bonne forme*) well • **je me sens ~** I feel well • **je ne me sens pas ~** I don't feel well • **tu n'es pas ~?** are you feeling OK?

d (*= beau*) [*femme*] pretty; [*homme*] good-looking; [*chose*] nice • **elle était très ~ quand elle était jeune** she was very pretty when she was young • **il est ~, ce nouveau canapé** the new sofa's nice

e (*= à l'aise*) **on est ~ à l'ombre** it's nice in the shade • **on est ~ ici** it's nice here • **je suis ~ dans ce fauteuil** I'm very comfortable in this chair • **laisse-le, il est ~ où il est!** leave him alone - he's fine where he is! • **vous voilà ~!** now you've done it!

f (*= convenable*) nice; (*moralement*) right • **c'est pas ~ de dire ça** it's not nice to say that • **ce n'est pas ~ de faire ça** it's not nice to do that • **c'est un type ~*** he's a good guy* • **des gens ~** posh* people

g (*= en bons termes*) **être ~ avec qn** to get on well with sb

3 NOM MASCULIN

a (*= ce qui est bon*) good • **faire le ~** to do good • **le ~ public** the public good • **c'est pour ton ~!** it's for your own good!

▸ **faire du bien** **faire du ~ à qn** to do sb good • **ce massage m'a fait du ~** the massage did me good • **ça fait du ~ de se confier** it's good to talk • **ses paroles m'ont fait du ~** what he said made me feel better

▸ **dire du bien** **dire du ~ de qn** to speak well of sb • **on dit beaucoup de ~ de ce restaurant** this restaurant has a very good name

▸ **en bien** **il a changé en ~** he has changed for the better • **parler en ~ de qn** to speak well of sb

b (*= possession*) possession; (*= argent*) fortune; (*= terre*) estate • **~s** goods • **les ~s de ce monde** material possessions

4 COMPOSÉS

▸ **biens de consommation** consumer goods ▸ **biens d'équipement** capital goods ▸ **biens immobiliers** real estate ▸ **biens meubles, biens mobiliers** movable property

---

bien-aimé, e (*mpl* **bien-aimés**) [bjɛ̃neme] (ADJ, NM,F) beloved

bien-être [bjɛ̃nɛtʀ] (NM INV) (*physique, psychologique*) well-being; (*matériel*) comfort

bienfaisance [bjɛ̃fəzɑ̃s] (NF) charity • **association** *ou* **œuvre de ~** charity

bienfaisant, e [bjɛ̃fəzɑ̃, ɑ̃t] (ADJ) beneficial

bienfait [bjɛ̃fɛ] (NM) (*= faveur*) kindness; (*= avantage*) benefit • (PROV) **un ~ n'est jamais perdu** a good turn never goes amiss • **les ~s d'un traitement** the beneficial effects of a course of treatment

bienfaiteur, -trice [bjɛ̃fɛtœʀ, tʀis] (NM,F) benefactor

bien-fondé (*pl* **bien-fondés**) [bjɛ̃fɔ̃de] (NM) [*d'opinion, assertion*] validity

bienheureux, -euse [bjɛ̃nœʀø, øz] (ADJ) **a** (*Rel*) blessed **b** (*littér*) happy

biennale [bjenal] (NF) biennial event • **la Biennale de Venise** the Venice Biennale

bien-pensance [bjɛ̃pɑ̃sɑ̃s] (NF) right thinking

bien-pensant, e (*mpl* **bien-pensants**) [bjɛ̃pɑ̃sɑ̃, ɑ̃t] **1** (ADJ) right-thinking **2** (NM,F) **les ~s** right-thinking people

bienséance [bjɛ̃seɑ̃s] (NF) propriety

bienséant, e [bjɛ̃seɑ̃, ɑ̃t] (ADJ) proper

bientôt [bjɛ̃to] (ADV) soon • **à ~!** see you soon! • **on est ~ arrivé** we'll soon be there • **c'est pour ~?** will it be long?; (*naissance*) is the baby due soon? • **il est ~ minuit** it's nearly midnight • **il aura ~ 30 ans** he'll soon be 30

bienveillance [bjɛ̃vɛjɑ̃s] (NF) kindness (**envers** to) • **avec ~** kindly • **examiner un cas avec ~** to give favourable consideration to a case

bienveillant, e [bjɛ̃vɛjɑ̃, ɑ̃t] (ADJ) kindly

bienvenu, e [bjɛ̃v(ə)ny] **1** (ADJ) **remarque ~e** apposite remark **2** (NM,F) **vous êtes le ~** • **soyez le ~** you're very welcome • **une tasse de café serait la ~e** a cup of coffee would be welcome **3** (NF) **bienvenue** welcome • **souhaiter la ~e à qn** to welcome sb • **~e!** welcome!; (*Can = je vous en prie*) you're welcome! • **allocution de ~e** welcoming speech

bière[1] [bjɛʀ] (NF) (*= boisson*) beer • **~ blonde** ≈ lager • **~ brune** ≈ brown ale

bière[2] [bjɛʀ] (NF) (*= cercueil*) coffin • **mettre qn en ~** to put sb in their coffin

biffer [bife] /TABLE 1/ (VT) to cross out

bifteck [biftɛk] (NM) steak

bifurcation [bifyʀkasjɔ̃] (NF) [*de route, voie ferrée*] fork

bifurquer [bifyʀke] /TABLE 1/ (VI) **a** [*route, voie ferrée*] to fork **b** [*véhicule*] to turn off (**vers, sur** for, towards); (*fig*) to branch off (**vers** into) • **~ sur la droite** to turn right

bigarré, e [bigaʀe] (ADJ) ⓐ (= *bariolé*) [*tissu*] rainbow-coloured; [*groupe*] colourfully dressed ⓑ [*foule*] motley
Big Bang○**, big bang** [bigbɑ̃g] (NM INV) (*Astron*) big bang; (*fig* = *réorganisation*) shake-up
bigleux, -euse* [biglø, øz] (ADJ) (= *myope*) short-sighted • **quel ~ tu fais!** you need glasses!
bigorneau (*pl* **bigorneaux**) [bigɔʀno] (NM) winkle
bigot, e [bigo, ɔt] (NM,F) sanctimonious person
bigoudi [bigudi] (NM) hair-curler • **elle était en ~s** she had her hair in curlers
bijou (*pl* **bijoux**) [biʒu] (NM) jewel; (= *chef-d'œuvre*) gem • **~x (de) fantaisie** costume jewellery
bijouterie [biʒutʀi] (NF) (= *boutique*) jeweller's (*Brit*), jeweler's (*US*)
bijoutier, -ière [biʒutje, jɛʀ] (NM,F) jeweller (*Brit*), jeweler (*US*)
bikini® [bikini] (NM) bikini
bilan [bilɑ̃] (NM) ⓐ [*de comptes*] balance sheet ⓑ (= *évaluation*) assessment; (= *résultats*) results; (= *conséquences*) consequences • **le ~ du gouvernement** the government's track record • **quel a été le ~ de ces négociations?** what was the end result of the negotiations? • **faire le ~ d'une situation** to take stock of a situation • **quand on arrive à 50 ans on fait le ~** when you reach 50 you take stock of your life ▸ **bilan de compétences** skills assessment
ⓒ (= *nombre de morts*) death toll • **d'après un premier ~** according to the first reports coming in • **~ provisoire : 300 blessés** so far, 300 people are known to have been injured
ⓓ (*Méd*) ~ **(de santé)** checkup • **se faire faire un ~ de santé** to have a checkup
bile [bil] (NF) bile • **se faire de la ~ (pour)*** to worry o.s. sick (about)*
biler (se)* [bile] /TABLE 1/ (VPR) (*gén nég*) to worry o.s. sick* (**pour** about) • **ne vous bilez pas!** don't get all worked up!* *ou* het up!*, don't get yourself all worried!
bilingue [bilɛ̃g] (ADJ) bilingual
bilinguisme [bilɛ̃gɥism] (NM) bilingualism
billard [bijaʀ] (NM) (= *jeu*) billiards *sg*; (= *table*) billiard table • **faire une partie de ~** to play billiards • **passer sur le ~*** to have an operation ▸ **billard américain** pool ▸ **billard électrique** pinball machine
bille [bij] (NF) [*d'enfant*] marble; [*de billard*] billiard ball • **jouer aux ~s** to play marbles • **déodorant à ~** roll-on deodorant • **il a attaqué** *ou* **foncé ~ en tête*** he didn't beat about the bush* • **reprendre** *ou* **récupérer ses ~s** (*fig*) to pull out • **toucher sa ~ au tennis/en histoire*** to know a thing or two* about tennis/history → **roulement, stylo**
billet [bijɛ] 1 (NM) ⓐ (= *ticket*) ticket ⓑ (= *argent*) note (*Brit*), bill (*US*) • **~ de 100 euros** 100-euro note 2 (COMP) ▸ **billet de banque** banknote ▸ **billet de retard** (*Scol*) late slip ▸ **le billet vert** (*Écon*) the greenback (*US*)
billetterie [bijɛtʀi] (NF) [*d'argent*] cash dispenser; [*de tickets*] ticket machine
billettique [bijetik] (NF) automatic ticketing
bimoteur [bimɔtœʀ] 1 (ADJ) twin-engined 2 (NM) twin-engined plane
binaire [binɛʀ] 1 (ADJ) binary 2 (NM) binary code • **codé en ~** binary coded
biner [bine] /TABLE 1/ (VT) to hoe
binette [binɛt] (NF) ⓐ (= *outil*) hoe ⓑ (= *visage*)* face
biniou [binju] (NM) (= *instrument*) Breton bagpipes
binôme [binom] (NM) binomial • **travailler en ~** to work in pairs
bio* [bjo] 1 (NF) (ABR DE **biologie**) 2 (ADJ) (ABR DE **biologique**)
biocarburant [bjokaʀbyʀɑ̃] (NM) biofuel
biochimie [bjoʃimi] (NF) biochemistry
biochimiste [bjoʃimist] (NMF) biochemist
biocombustible [bjokɔ̃bystibl] (NM) biofuel
biocompatibilité [bjokɔ̃patibilite] (NF) biocompatibility
biocompatible [bjokɔ̃patibl] (ADJ) biocompatible
biodéchets [bjodeʃɛ] (NMPL) biowaste
biodégradable [bjodegʀadabl] (ADJ) biodegradable
biodégrader [bjodegʀade] /TABLE 1/ 1 (VT) to biodegrade 2 (VPR) **se biodégrader** to biodegrade
biodiesel, biodiésel [bjodjezɛl] (NM) biodiesel
biodiversité [bjodivɛʀsite] (NF) biodiversity
bioéthique [bjoetik] (NF) bioethics *sg*
biofibre [bjofibʀ] (NF) biofibre (*Brit*), biofiber (*US*)
biogaz [bjogaz] (NM) biogas
biogénétique [bjoʒenetik] 1 (NF) biogenetics *sg* 2 (ADJ) biogenetic
biographe [bjɔgʀaf] (NMF) biographer
biographie [bjɔgʀafi] (NF) biography • **~ romancée** biographical novel
biographique [bjɔgʀafik] (ADJ) biographical
bioingénierie [bjoɛ̃ʒeniʀi] (NF) bioengineering
biologie [bjɔlɔʒi] (NF) biology
biologique [bjɔlɔʒik] (ADJ) biological; [*agriculture*] organic • **produits ~s** (= *aliments*) organic food; (= *non-polluants*) eco-friendly products
biologiquement [bjɔlɔʒikmɑ̃] (ADV) biologically
biologiste [bjɔlɔʒist] (NMF) biologist
biomasse [bjomas] (NF) biomass
biomédical, e (*mpl* **-aux**) [bjomedikal, o] (ADJ) biomedical
biométrie [bjɔmetʀi] (NF) biometrics
biométrique [bjometʀik] (ADJ) biometric • **passeport ~** biometric passport
bionique [bjɔnik] (ADJ) bionic
biopesticide [bjopɛstisid] (NM) biopesticide
biopsie [bjɔpsi] (NF) biopsy
biorythme [bjoʀitm] (NM) biorhythm
biosécurité [bjosekyʀite] (NF) biosecurity
biosphère [bjosfɛʀ] (NF) biosphere
bioterroriste [bjotɛʀɔʀist] (NMF) bioterrorist
biothèque [bjɔtɛk] (NF) biobank
biotope [bjɔtɔp] (NM) biotope
bip [bip] (NM) ⓐ (= *son*) (*court*) beep; (*continu*) beeping • **faire ~** to beep • **parlez après le ~ sonore** speak after the tone ⓑ (= *appareil*) pager
bipartisme [bipaʀtism] (NM) (*Politique*) bipartisanship
bipède [bipɛd] (ADJ, NM) biped
biper¹ [bipe] /TABLE 1/ (VT) to page
biper² [bipœʀ] (NM) (*radiomessagerie*) pager
biplace [biplas] (ADJ, NM) two-seater
biplan [biplɑ̃] (ADJ M, NM) **(avion) ~** biplane
bipolaire [bipɔlɛʀ] (ADJ) bipolar • **troubles ~s** bipolar disorder • **souffrir de troubles ~s** to be bipolar
bique [bik] (NF) nanny-goat • **vieille ~*** (*péj*) old hag • **grande ~*** beanpole
biquet, -ette [bikɛ, ɛt] (NM,F) (= *animal*) kid • **mon ~** (*terme d'affection*) love
biréacteur [biʀeaktœʀ] (NM) twin-engined jet

birman, e [biʀmɑ̃, an] **1** (ADJ) Burmese **2** (NM) (= *langue*) Burmese **3** (NM,F) **Birman(e)** Burmese

Birmanie [biʀmani] (NF) Burma

bis [bis] **1** (ADV) ~! encore! • **12** ~ 12a → **itinéraire 2** (NM) (*Théât*) encore

bisannuel, -elle [bizanɥɛl] (ADJ) biennial

biscornu, e [biskɔʀny] (ADJ) [*forme, maison*] crooked; [*idée, esprit, raisonnement*] quirky • **un chapeau tout** ~ an oddly-shaped hat

biscoteaux * [biskɔto] (NMPL) biceps • **avoir des** ~ to have a good pair of biceps

biscotte [biskɔt] (NF) *toasted bread sold in packets*

biscuit [biskɥi] (NM) (= *pâte*) sponge cake; (= *gâteau sec*) biscuit (*Brit*), cookie (*US*) • ~ **salé** cracker ▸ **biscuit à apéritif, biscuit apéritif** cracker ▸ **biscuit à la cuiller** sponge finger (*Brit*), lady finger (*US*) ▸ **biscuit de Savoie** sponge cake

bise[1] [biz] (NF) (= *vent*) North wind

bise[2] [biz] (NF) (= *baiser*) kiss • **faire une** *ou* **la** ~ **à qn** to kiss sb • **grosses ~s** (*sur lettre*) lots of love

biseau (*pl* **biseaux**) [bizo] (NM) ⓐ (= *bord*) bevel; (*à 45°*) chamfer • **en** ~ bevelled; (*à 45°*) chamfered ⓑ (= *outil*) bevel

biseauter [bizote] /TABLE 1/ (VT) to bevel; (*à 45 degrés*) to chamfer

bisexuel, -elle [bisɛksɥɛl] (ADJ, NM,F) bisexual

bison [bizɔ̃] (NM) bison

bisou * [bizu] (NM) kiss • **faire un** ~ **à qn** to give sb a kiss • **gros ~s** (*sur lettre*) lots of love (**de** from)

Bisounours [bizunuʀs] (NMPL) **on n'est pas chez les** ~ *ou* **au pays des** ~* this isn't la-la land*

bisque [bisk] (NF) bisque (*kind of soup*) • ~ **de homard** lobster bisque

bissau-guinéen, -enne [bisaoginẽ, ɛn] **1** (ADJ) of Guinea-Bissau **2** (NM,F) **Bissau-Guinéen(ne)** Bissau-Guinean

bisser [bise] /TABLE 1/ (VT) [+ *acteur, chanson*] to encore; (= *rejouer*) [+ *morceau*] to play again; [+ *chanson*] to sing again

bissextile [bisɛkstil] (ADJ F) **année** ~ leap year

bistouri [bistuʀi] (NM) surgical knife

bistre [bistʀ] (ADJ) blackish-brown

bistro * [bistʀo] (NM) (= *café*) ≈ bar • **faire les ~s** to go on a pub-crawl

bistronomie [bistʀɔnɔmi] (NF) *bistro-style fine dining*

bistrot * [bistʀo] (NM) = **bistro**

bit [bit] (NM) (*Informatique*) bit

bitcoin [bitkɔjn] (NM) bitcoin

bite ** [bit] (NF) (= *pénis*) cock**

bithérapie [biteʀapi] (NF) double therapy

bitmap [bitmap] (ADJ, NM) bitmap

bitoniau * [bitɔnjo] (NM) whatsit*

bitte [bit] (NF) ⓐ [*d'amarrage*] mooring post ⓑ ** = **bite**

bitume [bitym] (NM) bitumen; (= *revêtement*) asphalt

bitumé, e [bityme] (ADJ) [*route*] asphalt

bitumineux, -euse [bityminø, øz] (ADJ) → **sable**

biture ‡ [bityʀ] (NF) **prendre une** ~ to get drunk *ou* plastered‡

biturer (se) ‡ [bityʀe] /TABLE 1/ (VPR) to get drunk *ou* plastered‡

bivouac [bivwak] (NM) bivouac

bivouaquer [bivwake] /TABLE 1/ (VI) to bivouac

bizarre [bizaʀ] (ADJ) strange • **tiens, c'est** ~ that's strange

bizarrement [bizaʀmɑ̃] (ADV) strangely • ~**, il n'a rien dit** strangely enough, he said nothing

bizarrerie [bizaʀʀi] (NF) strangeness • **~s** [*de langue, règlement, système*] peculiarities

bizarroïde * [bizaʀɔid] (ADJ) weird

bizness * [biznɛs] (NM) business

bizut [bizy(t)] (NM) freshman

bizutage [bizytaʒ] (NM) ragging (*Brit*), hazing (*US*) (*of new student etc*)

BIZUTAGE

New arrivals at certain "grandes écoles" and other educational institutions are called "bizuts" or "bizuths". When they start school in September, they are often subjected to an initiation ceremony known as **bizutage**. This sometimes turns nasty, and the tradition has become more controversial in recent years, with many schools outlawing it.

bizuter [bizyte] /TABLE 1/ (VT) to rag (*Brit*), to haze (*US*) (*new student*)

bizuth [bizy(t)] (NM) freshman

blabla * [blabla], **blablabla** * [blablabla] (NM) twaddle* • **il y a beaucoup de** ~ **dans sa dissertation** there's a lot of waffle* (*Brit*) in his paper

black * [blak] **1** (ADJ) [*personne, culture, musique*] black **2** (NMF) black person

blackbouler [blakbule] /TABLE 1/ (VT) (*à une élection*) to blackball; (*à un examen*) * to fail

black-out ○ [blakaut] (NM) blackout • **faire le** ~ **sur qch** to impose a news blackout on sth

blafard, e [blafaʀ, aʀd] (ADJ) pale

blague * [blag] (NF) ⓐ (= *histoire, plaisanterie*) joke; (= *farce*) practical joke • **faire une** ~ **à qn** to play a joke on sb • **sans** ~ ? you're kidding!* • **non mais sans** ~**, tu me prends pour qui ?** come on, what do you take me for? • **ne me raconte pas de ~s !** you're having (*Brit*) *ou* putting (*US*) me on!* • **c'est de la** ~ **tout ça !** it's all talk ⓑ (= *erreur*) **attention, pas de ~s !** be careful!

blaguer * [blage] /TABLE 1/ **1** (VI) to be joking (**sur** about) • **on ne blague pas avec ça** you shouldn't joke about that **2** (VT) to tease

blagueur, -euse [blagœʀ, øz] **1** (ADJ) [*sourire, air*] teasing; [*ton, manière*] jokey* • **il est (très)** ~ he's really good fun **2** (NM,F) joker

blaireau (*pl* **blaireaux**) [blɛʀo] (NM) ⓐ (= *animal*) badger ⓑ (*pour barbe*) shaving brush ⓒ (*péj*)‡ nerd* (*péj*)

blairer ‡ [bleʀe] /TABLE 1/ (VT) **je ne peux pas le** ~ I can't stand him

blâme [blɑm] (NM) (= *désapprobation*) blame; (= *réprimande, punition*) reprimand • **donner un** ~ **à qn** to reprimand sb

blâmer [blɑme] /TABLE 1/ (VT) (= *désavouer*) to blame; (= *réprimander*) to reprimand • **je ne te blâme pas de** *ou* **pour l'avoir fait** I don't blame you for doing it

blanc, blanche [blɑ̃, blɑ̃ʃ] **1** (ADJ) ⓐ (= *sans couleur, pâle*) white • ~ **comme un cachet d'aspirine** white as a sheet • ~ **cassé** off-white → **arme**
ⓑ [*page, bulletin de vote*] blank; [*papier*] plain • **il a rendu copie blanche** *ou* **sa feuille blanche** he handed in a blank paper • **prenez une feuille blanche** take a blank piece of paper • **voter** ~ to return a blank vote → **carte**
ⓒ [*année*] lost
ⓓ [*opération*] break-even

e [*domination, justice, pouvoir*] white
f (*Tennis*) **jeu ~** love game
2 (NM) **a** (= *couleur*) white • **peindre qch en ~** to paint sth white
b (= *linge*) **le ~** whites
c (= *espace non écrit, non enregistré*) blank • **il y a eu un ~ (dans la conversation)** there was a lull in the conversation; (*dû à la gêne*) there was an embarrassed silence • **il faut laisser le nom en ~** the name must be left blank • **j'ai eu un ~** (= *trou de mémoire*) my mind went blank
d (= *vin*) white wine
e **~ (d'œuf)** egg white • **~ (de poulet)** breast of chicken • **le ~ (de l'œil)** the white of the eye
f (= *personne*) **un Blanc** a white man • **les Blancs** white people
g ▸ **à blanc tirer à ~** to fire blanks • **balle à ~** blank
3 (NF) **blanche** **a** (= *femme*) **une Blanche** a white woman
b (*Mus*) minim (*Brit*), half-note (*US*)
c (*arg*) (*Drogue*) smack*

blanchâtre [blɑ̃ʃɑtʀ] (ADJ) whitish
blanche [blɑ̃ʃ] (ADJ, NF) → **blanc**
Blanche-Neige [blɑ̃ʃnɛʒ] (NF) Snow White • **~ et les Sept Nains** Snow White and the Seven Dwarfs
blancheur [blɑ̃ʃœʀ] (NF) whiteness
blanchiment [blɑ̃ʃimɑ̃] (NM) [*d'argent*] laundering; (*Cuisine*) [*de légumes*] blanching • **~ dentaire** tooth whitening
blanchir [blɑ̃ʃiʀ] /TABLE 2/ 1 (VT) **a** to whiten; [+ *mur*] to whitewash • **(faire) ~** [+ *légumes*] to blanch **b** [+ *linge, argent*] to launder **c** (= *disculper*) [+ *personne, réputation*] to clear 2 (VI) [*personne, cheveux*] to turn white 3 (VPR) **se blanchir** to clear one's name
blanchisserie [blɑ̃ʃisʀi] (NF) laundry
blanquette [blɑ̃kɛt] (NF) **a** (*Cuisine*) **~ de veau** blanquette of veal (*veal in white sauce*) **b** (= *vin*) sparkling white wine
blase*, **blaze*** [blɑz] (NM) **a** (= *nez*) beak*, hooter* (*Brit*) **b** (= *nom*) name, handle*
blasé, e [blɑze] (ADJ) blasé • **faire le ~** to affect indifference
blason [blɑzɔ̃] (NM) (= *armoiries*) coat of arms
blasphématoire [blasfematwaʀ] (ADJ) [*parole*] blasphemous
blasphème [blasfɛm] (NM) blasphemy
blasphémer [blasfeme] /TABLE 6/ (VTI) to blaspheme
blatte [blat] (NF) cockroach
blazer [blazɛʀ] (NM) blazer
blé [ble] (NM) **a** (= *céréale*) wheat • **~ noir** buckwheat ▸ **blé d'Inde** (*Can*) corn **b** (= *argent*)* dough*
bled* [blɛd] (NM) (= *village*) village • **c'est un ~ perdu** *ou* **paumé** (*péj*) it's a godforsaken place*
blême [blɛm] (ADJ) [*teint*] pallid; [*lumière*] pale • **~ de rage** white with rage
blêmir [blemiʀ] /TABLE 2/ (VI) [*personne*] to turn pale • **~ de colère** to go white with rage
blennorragie [blenɔʀaʒi] (NF) gonorrhoea
blessant, e [blesɑ̃, ɑ̃t] (ADJ) (= *offensant*) hurtful
blessé, e [blese] *ptp de* **blesser** 1 (ADJ) hurt; (*plus sérieusement*) injured • **être ~ à la tête** to have a head injury 2 (NM) casualty • **les ~s** (*dans un accident*) the injured • **l'accident a fait dix ~s** ten people were injured in the accident • **grand ~** seriously injured person 3 (NF) **blessée** casualty 4 (COMP) ▸ **blessé grave** seriously injured person ▸ **les blessés de guerre** the war wounded ▸ **blessé léger** slightly injured person • **l'attentat a fait 30 ~s légers** 30 people were slightly injured in the bomb attack
blesser [blese] /TABLE 1/ 1 (VT) to hurt; (*plus sérieusement*) to injure • **il a été blessé d'un coup de couteau** he received a knife wound • **être blessé dans un accident de voiture** to be injured in a car accident • **mes chaussures me blessent les pieds** my shoes hurt • **des paroles qui blessent** hurtful remarks 2 (VPR) **se blesser** (= *se faire mal*) to hurt o.s.; (*plus sérieusement*) to injure o.s. • **il s'est blessé en tombant** he fell and hurt himself • **il s'est blessé (à) la jambe** he hurt his leg
blessure [blesyʀ] (NF) (*accidentelle*) injury; (*intentionnelle, morale*) wound
blet, blette [blɛ, blɛt] (ADJ) [*fruit*] overripe
blettes [blɛt] (NFPL) (Swiss) chard
bleu, e [blø] 1 (ADJ) **a** [*couleur*] blue • **~ de froid** blue with cold → **fleur, peur**
b (= *meurtri*) bruised
c [*steak*] very rare
2 (NM) **a** (= *couleur*) blue • **le grand ~** (= *mer*) the blue depths of the sea
b (*sur la peau*) bruise • **être couvert de ~s** to be covered in bruises • **se faire un ~ au bras** to bruise one's arm
c (= *vêtement*) **~(s) de travail** overalls
d (= *jeune soldat*)* new recruit; (= *débutant*)* beginner
e (= *fromage*) blue cheese
3 (COMP) ▸ **bleu acier** steel blue ▸ **bleu ciel** sky blue ▸ **bleu marine** navy blue ▸ **bleu pétrole** petrol blue ▸ **bleu roi** royal blue ▸ **bleu vert** blue-green

> When **bleu** is combined with another word, such as **clair** or **ciel**, to indicate a shade, there is no agreement with the noun: **des yeux bleus**, but **des yeux bleu clair**.

bleuâtre [bløɑtʀ] (ADJ) bluish
bleuet [bløɛ] (NM) cornflower; (*Can*) blueberry
bleuir [bløiʀ] /TABLE 2/ (VTI) to turn blue
bleuté, e [bløte] (ADJ) [*reflet*] bluish; [*verre*] blue-tinted
blindage [blɛ̃daʒ] (NM) [*de porte*] reinforcement; [*de tank*] armour plating
blindé, e [blɛ̃de] *ptp de* **blinder** 1 (ADJ) **a** [*division, engin*] armoured; [*porte*] reinforced; [*voiture, verre*] bulletproof **b** (= *endurci*)* immune (**contre** to) **c** (= *comble*)* packed **d** (= *ivre*)* plastered* **e** (= *plein*)* **le restaurant est ~ (de monde)** the restaurant is packed *ou* heaving (*Brit*)* (with people) 2 (NM) tank
blinder [blɛ̃de] /TABLE 1/ 1 (VT) **a** [+ *porte*] to reinforce **b** (= *endurcir*)* to make immune (**contre** to) 2 (VPR) **se blinder*** to become immune (**contre** to)
bling-bling* [bliŋbliŋ] (ADJ INV) (*péj*) flashy
blinis [blinis] (NM) blini • **des ~** blinis
blizzard [blizaʀ] (NM) blizzard
bloc [blɔk] (NM) **a** [*de pierre, marbre, bois*] block • **fait d'un seul ~** made in one piece
b [*de papier*] pad • **~ de papier à lettres** writing pad
c (= *système d'éléments*) unit; (*Informatique*) block
d (= *groupe*) group; (*Politique*) bloc
e (*Méd*) **~ opératoire** operating theatre
f (= *prison*)* **mettre qn au ~** to clap sb in jail
g (*locutions*)
▸ **à bloc serrer** *ou* **visser qch à ~** to screw sth up as tight as possible • **fermer un robinet à ~** to turn a tap right off
▸ **en bloc** [*acheter, vendre*] as a whole; [*refuser, nier*] point-blank
▸ **faire bloc** to join forces

blocage [blɔkaʒ] (NM) ⓐ [*de prix, salaires, compte bancaire*] freezing ⓑ (*psychologique*) block • **avoir** *ou* **faire un ~** to have a mental block

bloc-cuisine (*pl* **blocs-cuisines**) [blɔkkɥizin] (NM) compact kitchen unit (*sink, fridge and hob*)

blockbuster [blɔkbœstœʀ] (NM) (= *film, jeu*) blockbuster

blockhaus [blɔkos] (NM) blockhouse

bloc-notes (*pl* **blocs-notes**) [blɔknɔt] (NM) note pad

blocus [blɔkys] (NM) blockade • **faire le ~ de** to blockade

blog [blɔg] (NM) blog ▸ **blog vidéo** video blog, vlog

bloggeur, -euse [blɔgœʀ, øz] (NM,F) blogger

blogging [blɔgiŋ] (NM) = **bloguing**

blogosphère [blɔgɔsfɛʀ] (NF) blogosphere

blogue [blɔg] (NM) = **blog**

bloguer [blɔge] /TABLE 1/ (VI) to blog

blogueur, -euse [blɔgœʀ, øz] (NM,F) blogger

bloguing [blɔgiŋ] (NM) blogging

blond, blonde [blɔ̃, blɔ̃d] 1 (ADJ) [*cheveux*] fair; [*personne*] fair-haired; [*blé, sable*] golden • **~ cendré** ash-blond • **~ roux** light auburn 2 (NM) (= *homme*) fair-haired man 3 (NF) **blonde** ⓐ (= *femme*) blonde • **une vraie ~e** a natural blonde • **c'est une fausse ~e** she's not a real blonde ⓑ (= *bière*) ≈ lager ⓒ (= *cigarette*) Virginia cigarette ⓓ (*Can*) (= *compagne*)* girlfriend

blondir [blɔ̃diʀ] /TABLE 2/ 1 (VI) [*cheveux*] to go fairer • **faire ~ des oignons** to fry onions lightly (until they are transparent) 2 (VT) [*+ cheveux, poils*] to bleach

bloquant, e [blɔkɑ̃, ɑ̃t] (ADJ) **point ~** (*dans un débat, une discussion*) sticking point • **ce n'est pas ~** it's not necessarily a problem

bloquer [blɔke] /TABLE 1/ 1 (VT) ⓐ (*accidentellement*) [*+ freins, machine, porte*] to jam; [*+ roue*] to lock • **le mécanisme est bloqué** the mechanism is jammed • **être bloqué par un accident** to be held up by an accident • **je suis bloqué chez moi** I'm stuck at home • **je suis bloqué** (*physiquement*) I can't move

ⓑ (*volontairement*) [*+ objet en mouvement*] to stop; [*+ roue*] (*avec une cale*) to put a block under; (*avec une pierre*) to wedge; [*+ porte*] (*avec une cale*) to wedge • **j'ai bloqué la porte avec une chaise** (*ouverte*) I pushed the door open with a chair; (*fermée*) I pushed a chair against the door to keep it shut

ⓒ (= *obstruer*) to block • **des manifestants bloquent la circulation** demonstrators are blocking the traffic

ⓓ [*+ processus*] to bring to a standstill • **la situation est complètement bloquée** things are at a complete standstill

ⓔ (= *grouper*) **les cours sont bloqués sur six semaines** the classes are spread over six weeks

ⓕ (*Sport*) [*+ ballon*] to block

ⓖ [*+ crédit, salaires*] to freeze

ⓗ (*psychologiquement*) **ça me bloque d'être devant un auditoire** I freeze if I have to speak in public

ⓘ (= *réserver*) [*+ jour, heures*] to set aside

2 (VPR) **se bloquer** ⓐ [*porte, frein, machine*] to jam

ⓑ [*genou, roue*] to lock

ⓒ [*clé*] to get stuck

ⓓ (*psychologiquement*) to have a mental block • **devant un auditoire, il se bloque** in front of an audience he goes blank

3 (VI) (*Belg*) (= *potasser*)* to swot* (*Brit*)

blottir (se) [blɔtiʀ] /TABLE 2/ (VPR) to curl up • **se blottir contre qn** to snuggle up to sb • **se blottir dans les bras de qn** to nestle in sb's arms • **blottis les uns contre les autres** huddled together

blouse [bluz] (NF) (= *tablier*) overall; (= *chemisier*) blouse; [*de médecin*] white coat

blouser[1] [bluze] /TABLE 1/ (VI) [*robe, chemisier*] to be loose-fitting (*and gathered at the waist*)

blouser[2]** [bluze] /TABLE 1/ (VT) to con** • **se faire ~** to be conned**

blouson [bluzɔ̃] (NM) jacket • **~ d'aviateur** flying jacket

blues [bluz] (NM INV) ⓐ (= *chanson*) blues song • **le ~** the blues • **écouter du ~** to listen to blues music ⓑ (= *mélancolie*)* **le ~** the blues* • **avoir le ~** *ou* **un coup de ~** to have the blues*

bluff* [blœf] (NM) bluff • **c'est du ~** *ou* **un coup de ~!** he's (*ou* they're *etc*) just bluffing!

bluffant, -e* [blœfɑ̃, ɑ̃t] (ADJ) amazing

bluffer* [blœfe] /TABLE 1/ 1 (VI) to bluff 2 (VT) ⓐ (= *tromper*) to fool; (*Cartes*) to bluff ⓑ (= *impressionner*) to impress

bluffeur, -euse* [blœfœʀ, øz] (NM,F) bluffer

Blu-ray® [bluʀɛ] (NM) Blu-ray® • **film (en) ~** Blu-ray movie

blush [blœʃ] (NM) blusher

BMX [beɛmiks] (NM) (= *sport*) BMX; (= *vélo*) BMX (bike)

BNF [beɛnɛf] (NF) (ABR DE **Bibliothèque nationale de France**) → BIBLIOTHÈQUE NATIONALE DE FRANCE

boa [bɔa] (NM) boa

bob [bɔb] (NM) ⓐ (*Sport*) bobsleigh ⓑ (= *chapeau*) cotton sunhat

bobard* [bɔbaʀ] (NM) (= *mensonge*) fib*; (= *histoire*) tall story

bobettes* [bɔbɛt] (NFPL) (*Can* = *sous-vêtements*) underwear

bobine [bɔbin] (NF) [*de fil*] bobbin; [*de machine à coudre*] spool; (*Élec*) coil • **tu en fais une drôle de ~!*** you look a bit put out!*

bobo[1] [bobo] (NM) (*langage enfantin*) (= *plaie*) sore; (= *coupure*) cut • **avoir ~** to be hurt • **ça (te) fait ~?** does it hurt? • **les petits ~s de la vie** life's (little) knocks

bobo[2]* [bobo] (NMF) (ABR DE **bourgeois bohème**) middle-class bohemian (*Brit*), boho (*US*)

boboïsation [boboizasjɔ̃] (NF) [*d'un quartier, d'une ville*] **le quartier est en phase de ~** the area is becoming more bohemian *ou* boho*

boboïser (se) [boboize] (VPR) [*quartier, ville*] to become more bohemian *ou* boho*

bobsleigh [bɔbslɛg] (NM) bobsleigh

bocal (*pl* **-aux**) [bɔkal, o] (NM) jar • **~ à poissons rouges** goldfish bowl • **mettre en bocaux** to bottle

bochiman, e, boschiman, e [bɔʃiman] 1 (ADJ) Bushman *épith* 2 (NM,F) **Bochiman(e)** • **Boschiman(e)** Bushman

body [bɔdi] (NM) body; (*de sport*) leotard

bodybuildeur, -euse [bɔdibildœʀ, øz] (NM,F) body-builder

bœuf (*pl* **bœufs**) [bœf, bø] (NM) ⓐ (= *bête*) ox; (*de boucherie*) bullock; (= *viande*) beef • **~ mode** stewed beef with carrots • **~ en daube** beef stew ⓑ [*de jazz*] jam session

> The **f** of **bœuf** is pronounced, but the **fs** of **bœufs** is silent.

bof [bɔf] (EXCL) **il est beau! — ~** he's good-looking! — do you think so? • **qu'en penses-tu? — ~** what do you think of it? — not a lot • **ça t'a plu? — ~** did you like it? — not really

bogue [bɔg] (NM) (*Informatique*) bug
bogué, e [bɔge] (ADJ) (*Informatique*) bug-ridden
boguer [bɔge] /TABLE 1/ (VI) [*logiciel*] (= *dysfonctionner*) to malfunction
bohème [bɔɛm] 1 (ADJ) Bohemian 2 (NMF) Bohemian • **mener une vie de ~** to lead a Bohemian life 3 (NF) (= *milieu*) **chez eux, c'est la ~** they're very Bohemian
bohémien, -ienne [bɔemjɛ̃, jɛn] 1 (ADJ) Bohemian 2 (NM,F) (= *gitan*) gipsy • **Bohémien(ne)** (= *de Bohême*) Bohemian
boire [bwaʀ] /TABLE 53/ 1 (VT) ⓐ (= *ingurgiter*) to drink • **offrir à ~ à qn** to get sb a drink • **~ à la santé de qn** to drink sb's health • **~ la tasse*** (*en nageant*) to swallow a mouthful of water • **ce vin se laisse ~** this wine is very drinkable
ⓑ (= *absorber*) to soak up • **ce papier boit l'encre** the ink soaks into this paper • **la plante a déjà tout bu** the plant has already soaked up all the water
ⓒ (*locutions*) **~ les paroles de qn** to drink in sb's words • **il y a à ~ et à manger là-dedans** (= *vérités et mensonges*) you shouldn't believe it all
2 (VI) (= *s'enivrer*) to drink • **il s'est mis à ~** he has started drinking • **~ comme un trou*** to drink like a fish
bois [bwa] 1 (NM) ⓐ (= *forêt, matériau*) wood • **c'est en ~** it's made of wood • **chaise en ~** wooden chair • **touchons du ~!*** touch wood!* (*Brit*), knock on wood!* (*US*) ⓑ [*de cerf*] antler ⓒ (= *instruments*) **les ~** the woodwind 2 (COMP) ▸ **bois blanc** deal ▸ **bois de charpente** timber ▸ **bois de chauffage** firewood ▸ **bois(-)énergie** firewood ▸ **bois mort** deadwood ▸ **bois d'œuvre** timber
boisé, e [bwaze] (ADJ) [*région, parc*] wooded
boiserie [bwazʀi] (NF) **~(s)** panelling (*Brit*), paneling (*US*)
boisson [bwasɔ̃] (NF) drink • **être pris de ~** (*littér*) to be the worse for drink • **être en ~** (*Can*) (= *être ivre*) to be drunk • **~ alcoolisée/non alcoolisée** alcoholic/soft drink • **~ énergisante** energy drink • **~ fraîche/chaude** cold/hot drink
boîte○ [bwat] 1 (NF) ⓐ (= *récipient*) box; (*en métal*) tin; [*de conserves*] can, tin (*Brit*) • **des tomates en ~** canned *ou* tinned (*Brit*) tomatoes • **mettre qn en ~*** to pull sb's leg*
ⓑ (= *cabaret*)* nightclub • **sortir en ~** to go clubbing*
ⓒ (= *lieu de travail, firme*)* company; (= *école*)* school • **elle travaille pour une ~ de pub** she works for an advertising company
ⓓ (*Can*) (= *bouche*)* gob* • **ferme ta ~!** shut your gob!*
2 (COMP) ▸ **boîte d'allumettes** box of matches ▸ **boîte à bachot** crammer ▸ **boîte de conserve** tin (*Brit*) *ou* can (*US*) of food ▸ **boîte crânienne** cranium ▸ **boîte de dialogue** dialog box ▸ **boîte d'envoi** (*pour courriels*) outbox ▸ **boîte à gants** glove compartment ▸ **boîte à** *ou* **aux lettres** (*publique*) post box (*Brit*), mailbox (*US*); (*privée*) letter box (*Brit*), mailbox (*US*) • **mettre une lettre à la ~ (aux lettres)** to post (*Brit*) *ou* mail (*US*) a letter ▸ **boîte à lettres électronique** electronic mailbox ▸ **boîte à messages** (*Informatique*) message board ▸ **boîte noire** black box ▸ **boîte de nuit** nightclub ▸ **boîte à outils** toolbox ▸ **boîte à ouvrage** workbox ▸ **boîte postale** PO Box ▸ **boîte de réception** (*pour courriels*) inbox ▸ **boîte à thé** tea caddy ▸ **boîte de vitesses** gearbox ▸ **boîte vocale** voice mail *NonC*
boiter [bwate] /TABLE 1/ (VI) to limp
boiteux, -euse [bwatø, øz] (ADJ) [*personne, explication*] lame; [*projet, compromis, raisonnement*] shaky; [*union*] ill-assorted
boîtier○ [bwatje] (NM) case; (*pour appareil photo*) body • **~ de montre** watchcase
boitiller [bwatije] /TABLE 1/ (VI) to limp slightly, to have a slight limp
bol [bɔl] (NM) ⓐ (= *récipient, contenu*) bowl • **prendre un (bon) ~ d'air** to get a breath of fresh air • **cheveux coupés au ~** pudding-basin haircut (*Brit*), bowl cut (*US*) • **avoir du ~*** to be lucky • **pas de ~!*** bad luck! ⓑ **~ alimentaire** bolus
bolée [bɔle] (NF) bowl
boléro [bɔleʀo] (NM) (= *vêtement, musique*) bolero
bolide [bɔlid] (NM) racing car • **passer comme un ~** to go by at top speed
Bolivie [bɔlivi] (NF) Bolivia
bolivien, -ienne [bɔlivjɛ̃, jɛn] 1 (ADJ) Bolivian 2 (NM,F) **Bolivien(ne)** Bolivian
bolognais, e [bɔlɔɲɛ, ɛz] (ADJ) [*sauce*] bolognese • **spaghetti (à la) ~e** spaghetti bolognese
boloss*, **bolosse***, **bolos*** [bɔlɔs] 1 (ADJ) lame* 2 (NMF) loser*
bombardement [bɔ̃baʀdəmɑ̃] (NM) (*avec bombes*) bombing; (*avec obus*) shelling
bombarder [bɔ̃baʀde] /TABLE 1/ (VT) ⓐ (*avec bombes*) to bomb; (*avec obus*) to shell ⓑ **~ de** [+ *tomates*] to pelt with; [+ *questions, appels*] to bombard with ⓒ (= *catapulter*)* **on l'a bombardé directeur** he was thrust into the position of manager
bombardier [bɔ̃baʀdje] (NM) (= *avion*) bomber
bombasse* [bɔ̃bas] (NF) stunner*, knockout*
bombe [bɔ̃b] 1 (NF) ⓐ (= *engin explosif*) bomb • **attentat à la ~** bombing • **faire la ~*** to have a wild time • **c'est de la ~!*** wicked!*, awesome!*
ⓑ (= *atomiseur*) spray • **déodorant/insecticide en ~** deodorant/insect spray
ⓒ (*Équitation*) riding hat
2 (COMP) ▸ **bombe aérosol** aerosol can ▸ **bombe anti-crevaison** can of instant puncture sealant ▸ **bombe atomique** atom bomb ▸ **bombe H** H-bomb ▸ **bombe incendiaire** fire bomb ▸ **bombe insecticide** fly spray ▸ **bombe lacrymogène** teargas grenade ▸ **bombe de laque** hair spray ▸ **bombe de peinture** paint spray ▸ **bombe radiologique** dirty bomb ▸ **bombe à retardement** time bomb ▸ **bombe sale** dirty bomb ▸ **bombe sexuelle*** sex bomb*
bombé, e [bɔ̃be] *ptp de* **bomber** (ADJ) [*forme*] rounded
bomber [bɔ̃be] /TABLE 1/ (VT) ⓐ **~ le torse** *ou* **la poitrine** to stick out one's chest; (*fig*) to swagger about ⓑ (*Peinture*) to spray

bon, bonne [bɔ̃, bɔn]

1 ADJECTIF	4 NOM FÉMININ
2 ADVERBE	5 COMPOSÉS
3 NOM MASCULIN	

1 ADJECTIF
ⓐ good • **une bonne idée** a good idea • **il a fait du ~ travail** he's done a good job • **outils de bonne qualité** good quality tools • **être ~ en anglais** to be good at English • **juger ~ de faire qch** to see fit to do sth • **quand ~ vous semble** when you think best • **~ pour la santé** good for your health • **c'est ~ pour ce que tu as!** it'll do

you good! • **la télévision, c'est ~ pour ceux qui n'ont rien à faire** television is all right for people who have nothing to do • **~ pour le service** (*militaire*) fit for service • **je suis ~!** I've had it!* • **le voilà ~ pour une contravention** he's in for a fine now* • **c'est tout ~!*** everything's fine

▸ **pour de bon** (= *définitivement*) for good; (= *vraiment*) really

b (= *agréable*) nice • **un ~ petit vin** a nice little wine • **une bonne tasse de thé** a nice cup of tea • **c'était vraiment ~** (*à manger, à boire*) it was delicious • **l'eau est bonne** the water's warm • **elle est bien bonne celle-là!** that's a good one! • **j'en connais une bien bonne** here's a good one • **tu en as de bonnes, toi!*** you're kidding!*

c (= *charitable*) kind • **vous êtes trop ~** you're too kind • **vous êtes ~ vous!*** you're a great help!*

d (= *utilisable*) okay; [*billet, timbre*] valid • **ce yaourt est encore ~** this yoghurt is still okay • **est-ce que ce pneu est encore ~?** is this tyre still all right? • **la balle est bonne** (*Tennis*) the ball is in

▸ **bon à cette eau est-elle bonne à boire?** is this water all right to drink? • **c'est ~ à savoir** that's useful to know • **c'est toujours ~ à prendre** it's better than nothing • **tout n'est pas ~ à dire** some things are better left unsaid • **ce drap est tout juste ~ à faire des mouchoirs** this sheet is only fit to be made into handkerchiefs • **c'est ~ à jeter** it needs throwing out

e (= *correct*) [*solution, méthode, réponse, calcul*] right • **au ~ moment** at the right time • **le ~ usage** correct usage • **cette fois-ci devrait être la bonne** this has to be the one

f (*gros*) good • **un ~ kilomètre** a good kilometre • **une bonne semaine** a good week • **ça fait un ~ bout de chemin!** that's quite a distance! • **il est tombé une bonne averse** there has been a heavy shower • **après un ~ moment** after quite some time • **ça aurait besoin d'une bonne couche de peinture** it could do with a good coat of paint • **une bonne moitié** at least half

g (*souhaits*) **bonne année!** happy New Year! • **bonne chance!** good luck! • **~ courage!** good luck! • **~ dimanche!** have a nice Sunday! • **bonne route!** safe journey! • **~ retour!** safe journey back! • **~ voyage!** safe journey! • **bonnes vacances!** have a good holiday! (*Brit*) *ou* vacation! (*US*) • **au revoir et bonne continuation!** goodbye and all the best!

2 ADVERBE

sentir ~ to smell nice

▸ **faire bon il fait ~ ici** it's nice here • **une ville où il fait ~ vivre** a town that's a good place to live

▸ **bon!** (= *d'accord*) all right!; (*énervement*) right! • **~! ça suffit maintenant!** right! that's enough!

3 NOM MASCULIN

a (= *personne*) **les ~s et les méchants** good people and bad people; (*dans western, conte de fées*) the good guys and the bad guys*

b (= *aspect positif*) **avoir du ~** to have its advantages • **il y a du ~ et du mauvais dans ce projet** this project has its good and bad points

c (= *formulaire*) slip; (= *coupon d'échange*) voucher; (= *titre*) bond

4 NOM FÉMININ

bonne

a (= *servante*) maid • **je ne suis pas ta bonne!** I'm not your slave!

b ▸ **avoir qn à la bonne*** to like sb

5 COMPOSÉS

▸ **bon de caisse** NM cash voucher ▸ **bon chic bon genre** ADJ [*personne*] chic but conservative ▸ **bon de commande** NM order form ▸ **bon enfant** ADJ [*personne, sourire*] good-natured; [*atmosphère*] friendly ▸ **bonne femme** NF (*péj*) woman ▸ **bon de garantie** NM guarantee ▸ **une bonne pâte** NF a good sort ▸ **bon de réduction** NM money-off coupon ▸ **bon à rien, bonne à rien** NM,F good-for-nothing ▸ **bonne sœur*** NF nun ▸ **bon à tirer** NM **donner le ~ à tirer** to pass for press ▸ **bonne à tout faire** NF maid of all work ▸ **bon du Trésor** NM Government Treasury bill ▸ **bon vivant** NM bon viveur

bonard, e* [bɔnaʀ, aʀd] ADJ **c'est ~** (= *facile*) it's no sweat*; (= *bien*) it's great*

bonbec* [bɔ̃bɛk] NM (= *bonbon*) sweetie* (*Brit*), candy (*US*)

bonbon [bɔ̃bɔ̃] NM sweet (*Brit*), piece of candy (*US*) ▸ **bonbon fourré** sweet (*Brit*) *ou* piece of candy (*US*) with soft centre ▸ **bonbon à la menthe** mint

bonbonne [bɔ̃bɔn] NF (*à usage industriel*) carboy • **~ de gaz** gas bottle

bonbonnière [bɔ̃bɔnjɛʀ] NF (= *boîte*) sweet (*Brit*) *ou* candy (*US*) box

bond [bɔ̃] NM **a** [*de personne, animal*] leap; (*de la position accroupie*) spring • **faire des ~s** to leap up • **se lever d'un ~** to leap up • **j'ai saisi l'occasion au ~** I jumped at the opportunity **b** (= *progression*) **les prix ont fait un ~** prices have shot up • **la science a fait un grand ~ en avant** science has taken a great leap forward

bonde [bɔ̃d] NF [*de tonneau*] bung; [*d'évier, baignoire*] plug

bondé, e [bɔ̃de] ADJ packed

bondir [bɔ̃diʀ] /TABLE 2/ VI **a** (= *sauter*) [*homme, animal*] to jump up • **~ de joie** to jump for joy • **cela me fait ~!*** it makes my blood boil!* **b** (= *sursauter*) to start **c** (= *se précipiter*) **il a bondi vers moi** he rushed towards me • **~ sur sa proie** to pounce on one's prey

bonheur [bɔnœʀ] NM **a** (= *félicité*) happiness; (= *joie*) joy • **trouver le ~** to find happiness • **le ~ de vivre** the joy of living • **faire le ~ de qn** to make sb happy • **alors, tu as trouvé ton ~?** so, did you find what you wanted? • (PROV) **le ~ des uns fait le malheur des autres** one man's meat is another man's poison (PROV) • **(c'est) que du ~!*** wicked!*, awesome!*

b (= *chance*) luck • **il ne connaît pas son ~!** he doesn't know how lucky he is! • **avoir le ~ de faire qch** to be lucky enough to do sth • **porter ~ à qn** to bring sb luck • **ça porte ~ de ...** it's lucky to ...

▸ **par bonheur** luckily

▸ **au petit bonheur (la chance)*** [*répondre*] off the top of one's head*; [*faire*] haphazardly

bonhomie○ [bɔnɔmi] NF affability

bonhomme [bɔnɔm] **1** NM (*pl* **bonshommes**) **a** (= *homme*)* guy* • **dessiner des bonshommes** to draw little men • **dis-moi, mon ~** tell me, sonny* • **aller son petit ~ de chemin** to carry on in one's own sweet way **b** (*Can* = *père*)* old man* **2** COMP ▸ **bonhomme de neige** snowman ▸ **bonhomme Sept Heures** bogeyman

boniche* [bɔniʃ] NF (*péj*) maid • **je ne suis pas ta ~!** I'm not your slave!

bonification [bɔnifikasjɔ̃] NF **a** [*de terre, vins*] improvement **b** (*Sport*) bonus points **c** (= *remise*) discount

bonifier (se) [bɔnifje] /TABLE 7/ VPR to improve

b

boniment [bɔnimɑ̃] (NM) sales talk *NonC* • **raconter des ~s*** to spin yarns

bonjour [bɔ̃ʒuʀ] (NM) hello; (*matin*) good morning; (*après-midi*) good afternoon; (*Can = au revoir*) goodbye • **~ chez vous!** hello to all the family! • **donnez-lui le ~ de ma part** give him my regards • **dire ~ à qn** to say hello to sb • **le bus aux heures de pointe, ~ (les dégâts)!*** taking the bus in the rush hour is absolute hell!* • **si tu l'invites, ~ l'ambiance!*** if you invite him, it'll ruin the atmosphere! • **pour l'ouvrir, ~!*** there's no way to get it open

bonne-maman (*pl* **bonnes-mamans**) [bɔnmamɑ̃] (NF) granny*

bonnement [bɔnmɑ̃] **tout bonnement** (LOC ADV) just

bonnet [bɔnɛ] **1** (NM) **a** (*= coiffure*) bonnet • **prendre qch sous son ~** to make sth one's responsibility • **c'est ~ blanc et blanc ~** it's the same thing **b** [*de soutien-gorge*] cup **2** (COMP) ▸ **bonnet d'âne** dunce's cap ▸ **bonnet de bain** bathing cap ▸ **bonnet à poils** bearskin

bonsoir [bɔ̃swaʀ] (NM) (*en arrivant*) good evening; (*en partant, en se couchant*) good night • **souhaiter le ~ à qn** to say good night to sb

bonté [bɔ̃te] (NF) kindness • **auriez-vous la ~ de m'aider** would you be so kind as to help me? • **avec ~** kindly • **~ divine!** good heavens!*

bonus [bɔnys] (NM) **a** (*Assurances*) no-claims bonus; (*= prime*) bonus **b** [*de DVD*] extra **c** (*= avantage*) plus ▸ **bonus écologique** environmental bonus

bonze [bɔ̃z] (NM) Buddhist monk

boom° [bum] (NM) (*= expansion*) boom • **être en plein ~*** (*= en plein travail*) to be really busy

boomer° [bumœʀ] (NM) (*Hi-Fi*) woofer

boomerang [bumʀɑ̃g] (NM) boomerang

booster°[1] [bustœʀ] (NM) [*de fusée, autoradio*] booster

booster[2] [buste] /TABLE 1/ (VT) [*+ économie, ventes*] to boost; [*+ moteur*] to soup up*

booter [bute] /TABLE 1/ (VT) to boot (up)

boots [buts] (NMPL) ankle boots

bord [bɔʀ] (NM) **a** [*de route*] side; [*de rivière*] bank; [*de cratère*] rim; [*de lac, table, précipice, assiette*] edge; [*de verre, tasse*] rim • **le ~ du trottoir** the edge of the pavement • **au ~ du lac/de la rivière** by the lake/the river • **au ~ de la mer** at the seaside • **au ~** *ou* **sur le ~ de la route** by the roadside • **se promener au ~ de l'eau** to go for a walk by the water • **le verre était rempli jusqu'au ~** *ou* **à ras ~** the glass was full to the brim • **au ~ du désespoir/des larmes** on the verge of despair/of tears • **il est un peu sadique sur les ~s*** he's a bit of a sadist

b [*de vêtement, mouchoir*] edge; [*de chapeau*] brim • **~ à ~** [*coudre, coller*] edge to edge

c [*de bateau*] side • **jeter qn/qch par-dessus ~** to throw sb/sth overboard • **à ~** (*d'un avion, d'un bateau*) on board • **monter à ~** to go on board • **M. Morand, à ~ d'une voiture bleue** Mr Morand, driving a blue car • **journal** *ou* **livre de ~** log

d (*= bordée*) **tirer un ~** to tack

e (*= camp*) side • **nous sommes du même ~** we are on the same side; (*socialement*) we are all of a kind

bordeaux [bɔʀdo] **1** (NM) (*= vin*) Bordeaux **2** (ADJ INV) maroon

bordée [bɔʀde] (NF) (*= salve*) broadside • **~ d'injures** torrent of abuse

bordel‡ [bɔʀdɛl] (NM) (*= hôtel*) brothel; (*= chaos*) mess • **mettre le ~** to create havoc • **arrête de gueuler, ~ (de merde)!** stop shouting for Christ's sake!‡

bordelais, e [bɔʀdəlɛ, ɛz] **1** (ADJ) of *ou* from Bordeaux **2** (NM,F) **Bordelais(e)** inhabitant *ou* native of Bordeaux **3** (NM) (*= région*) **le Bordelais** the Bordeaux region

bordélique‡ [bɔʀdelik] (ADJ) chaotic, shambolic* (*Brit*)

border [bɔʀde] /TABLE 1/ (VT) **a** (*= longer*) [*arbres, immeubles, maisons*] to line • **l'allée était bordée de fleurs** the path was bordered with flowers **b** [*+ personne, couverture*] to tuck in • **~ un lit** to tuck the blankets in

bordereau (*pl* **bordereaux**) [bɔʀdəʀo] (NM) (*= formulaire*) note; (*= relevé*) statement ▸ **bordereau de livraison** delivery note

bordure [bɔʀdyʀ] (NF) (*= bord*) edge; (*= cadre*) surround; [*de gazon, fleurs*] border; [*d'arbres*] line; (*Couture*) border • **~ de trottoir** kerb (*Brit*), curb (*US*) • **en ~ de route** [*maison, champ, arbre*] by the roadside • **un restaurant en ~ de route** a roadside restaurant

boréal, e (*mpl* **-aux**) [bɔʀeal, o] (ADJ) **l'aurore ~e** the aurora borealis

borgne [bɔʀɲ] (ADJ) **a** [*personne*] blind in one eye **b** [*hôtel, rue*] seedy

borne [bɔʀn] (NF) **a** (*kilométrique*) kilometre-marker, ≈ milestone; [*de terrain*] boundary marker • **~ d'incendie** fire hydrant **b** (*= limite*) **bornes** limit(s) • **dépasser les ~s** to go too far • **sans ~s** unlimited **c** (*= écran*) terminal • **~ interactive/Internet** interactive/Internet terminal • **~ wifi** wireless hotspot • **~ d'appel** (*= téléphone*) emergency telephone

borné, e [bɔʀne] *ptp de* **borner** (ADJ) [*personne*] narrow-minded

Bornéo [bɔʀneo] (N) Borneo

borner [bɔʀne] /TABLE 1/ **1** (VT) [*+ terrain*] to mark out **2** (VPR) **se borner** **se ~ à faire qch/à qch** (*= se limiter à*) [*personne*] to confine o.s. to doing sth/to sth

bosniaque [bɔsnjak] **1** (ADJ) Bosnian **2** (NMF) **Bosniaque** Bosnian

Bosnie-Herzégovine [bɔsniɛʀzegɔvin] (NF) Bosnia and Herzegovina

boson [bozɔ̃] (NM) (*Physique*) **le ~ de Higgs** the Higgs boson

bosquet [bɔskɛ] (NM) grove

bosse [bɔs] (NF) bump; [*de chameau, bossu*] hump • **avoir la ~ des maths*** to be good at maths

bosseler [bɔsle] /TABLE 4/ (VT) (*= déformer*) to dent; (*= marteler*) to emboss • **tout bosselé** battered

bosser* [bɔse] /TABLE 1/ **1** (VI) (*= travailler*) to work **2** (VT) [*+ examen*] to swot for (*Brit*)

bosseur, -euse* [bɔsœʀ, øz] (NM,F) hard worker

bossu, e [bɔsy] **1** (ADJ) [*personne*] hunchbacked • **dos ~** hunchback **2** (NM,F) hunchback

bot [bo] (ADJ) **pied ~** club-footed

botanique [bɔtanik] **1** (ADJ) botanical **2** (NF) botany

botaniste [bɔtanist] (NMF) botanist

Botswana [bɔtswana] (NM) Botswana

botswanais, e [bɔtswanɛ, ɛz] **1** (ADJ) of *ou* from Botswana **2** (NM,F) **Botswanais(e)** inhabitant *ou* native of Botswana

botte [bɔt] (NF) **a** (*= chaussure*) boot • **~ de caoutchouc** wellington (*Brit*), rubber boot (*US*) • **~ de cheval** riding boot • **être à la ~ de qn** to be under sb's thumb • **lécher les ~s de qn*** to lick sb's boots **b** [*de fleurs, légumes*] bunch; [*de foin*] bundle **c** (*Escrime*) thrust • **~ secrète** (*fig*) secret weapon

botter [bɔte] /TABLE 1/ **1** VT (a) (= *plaire*)* **ça me botte** I like that • **si elle te botte, tu n'as qu'à lui filer ton numéro** if you like her, just give her your number (b) ~ **les fesses de qn*** to give sb a kick up the backside** **2** VI (*Rugby*) to kick • ~ **en touche** (*lit*) to kick the ball into touch; (*fig*) to duck the issue

bottier [bɔtje] NM [*de bottes*] bootmaker; [*de chaussures*] shoemaker

bottillon [bɔtijɔ̃] NM ankle boot; [*de bébé*] bootee

bottin ® [bɔtɛ̃] NM **le Bottin** the phone book • **le Bottin mondain** ≈ Who's Who

bottine [bɔtin] NF ankle boot

botulisme [bɔtylism] NM botulism

boubou [bubu] NM boubou, bubu (*traditional African dress*)

bouc [buk] NM (= *animal*) billy goat; (= *barbe*) goatee beard • ~ **émissaire** scapegoat

boucan* [bukɑ̃] NM racket* • **faire du ~** to make a racket*

boucane** [bukan] NF (*Can*) smoke

bouche [buʃ] **1** NF mouth • **parler la ~ pleine** to talk with one's mouth full • **j'ai la ~ sèche** my mouth is dry • **provisions de ~** provisions • **il n'a que ce mot-là à la ~** that's all he ever talks about • ~ **cousue!*** don't breathe a word! • **son nom est dans toutes les ~s** his name is on everyone's lips • **faire la fine ~** to turn one's nose up ▸ **de bouche à oreille** by word of mouth

2 COMP ▸ **bouche d'aération** air vent ▸ **bouche d'égout** manhole ▸ **bouche d'incendie** fire hydrant ▸ **bouche de métro** metro entrance

bouché, e[1] [buʃe] *ptp de* **boucher** ADJ (a) [*temps, ciel*] cloudy (b) (= *obstrué*) [*passage*] blocked • **j'ai le nez ~** my nose is blocked • **il n'a devant lui qu'un horizon ~** his prospects don't look very bright (c) (= *stupide*) [*personne*]* stupid

bouche-à-bouche [buʃabuʃ] NM INV **faire du ~ à qn** to give sb mouth-to-mouth resuscitation (*Brit*) *ou* respiration (*US*)

bouchée[2] [buʃe] NF (a) (= *quantité*) mouthful • **pour une ~ de pain** for a song • **mettre les ~s doubles** to put on a spurt • **ne faire qu'une ~ d'un adversaire** to make short work of an opponent (b) (*Cuisine*) ~ **à la reine** *vol-au-vent filled with chopped sweetbreads in a rich sauce*

boucher[1] [buʃe] /TABLE 1/ **1** VT (a) [+ *bouteille*] to cork (b) [+ *trou, fente*] to fill in; [+ *fuite*] to stop • **ça** (*ou* **elle** *etc*) **lui en a bouché un coin*** he was staggered* (c) [+ *fenêtre, porte*] to block up (d) [+ *lavabo*] to block up • ~ **le passage** to be in the way • ~ **la vue** to block the view **2** VPR **se boucher** [*évier*] to get blocked; [*temps*] to become overcast • **se ~ le nez** to hold one's nose • **se ~ les oreilles** to put one's hands over one's ears; (= *refuser d'entendre*) to turn a deaf ear

boucher[2] [buʃe] NM butcher

bouchère [buʃɛʀ] NF butcher; (= *épouse*) butcher's wife

boucherie [buʃʀi] NF (= *magasin*) butcher's shop • ~ **charcuterie** butcher's shop and delicatessen

bouche-trou (*pl* **bouche-trous**) [buʃtʀu] NM stand-in

bouchon [buʃɔ̃] NM (a) (*en liège*) cork; (*en plastique*) stopper; (*en chiffon, papier*) plug; [*de bidon, réservoir*] cap • ~**s d'oreilles** earplugs (b) (*Pêche*) float (c) (= *embouteillage*) traffic jam • **un ~ de 12 km** a 12-km tailback

bouchonner [buʃɔne] /TABLE 1/ **1** VT [+ *cheval*] to rub down **2** VI **ça bouchonne** there's a traffic jam

boucle [bukl] NF [*de ceinture, soulier*] buckle; [*de cheveux*] curl; [*de ruban, rivière*] loop • **être dans la ~** to be in the loop • ~ **d'oreille** earring • ~ **d'oreille à clip** clip-on (earring)

bouclé, e [bukle] *ptp de* **boucler** ADJ [*cheveux*] curly

boucler [bukle] /TABLE 1/ **1** VT (a) [+ *ceinture*] to buckle • ~ **sa valise** to close one's suitcase; (*fig*) to pack one's bags • **tu vas la ~!**** will you shut up!** (b) [+ *affaire*] to settle; [+ *circuit*] to complete; [+ *budget*] to balance; [+ *article*] to finish • **arriver à ~ ses fins de mois** to manage to stay in the black • **la boucle est bouclée** we've (*ou* they've) come full circle (c) (= *enfermer*)* to lock up (d) (= *encercler*) [+ *quartier*] to seal off **2** VI [*cheveux*] to curl

bouclette [buklɛt] NF small curl

bouclier [buklije] NM shield

bouddhisme [budism] NM Buddhism

bouddhiste [budist] ADJ, NMF Buddhist

bouder [bude] /TABLE 1/ **1** VI to sulk **2** VT [+ *personne*] to refuse to talk to; [+ *produit*] to be reluctant to buy; [+ *conférence, exposition*] to stay away from • ~ **son plaisir** to deny o.s. a good thing • **le public a boudé sa pièce** hardly anybody went to see his play

boudeur, -euse [budœʀ, øz] ADJ sulky

boudin [budɛ̃] NM (a) ~ **(noir)** ≈ black pudding (*Brit*), ≈ blood sausage (*US*) (b) (*gonflable*) tube (c) (= *fille*)* fatty** (*péj*)

boudiné, e [budine] ADJ (a) [*doigt*] podgy (b) (= *serré*) **elle était ~e dans sa robe** she was bursting out of her dress

boudoir [budwaʀ] NM (= *salon*) boudoir; (= *biscuit*) sponge (*Brit*) *ou* lady (*US*) finger

boue [bu] NF mud; (= *dépôt*) sediment • **traîner qn dans la ~** (*fig*) to drag sb's name through the mud

bouée [bwe] NF (*de signalisation*) buoy; (*d'enfant*) rubber ring • ~ **de sauvetage** life belt; (*fig*) lifeline

boueux, -euse [bwø, øz] **1** ADJ muddy **2** NM (= *éboueur*)* binman (*Brit*), garbage man (*US*)

bouffant, e [bufɑ̃, ɑ̃t] ADJ [*manche*] full; [*pantalon*] baggy

bouffe** [buf] NF food • **faire la ~** to do the cooking

bouffée [bufe] NF [*de parfum*] whiff; [*de pipe, cigarette*] puff; [*de colère*] outburst • **une ~ d'air pur** a breath of fresh air • ~ **de chaleur** hot flush (*Brit*) *ou* flash (*US*)

bouffer** [bufe] /TABLE 1/ VT (a) to eat; (= *engloutir*) to gobble up* • **on a bien bouffé** the food was great* • **ils n'arrêtent pas de se ~ le nez** they're always at each other's throats • **je l'aurais bouffé!** I could have murdered him! • **j'en ai bouffé des polars cet été*** I read loads* of detective novels over the summer (b) (= *accaparer*) **il ne faut pas se laisser ~ par son travail** you shouldn't let your work take up all your time and energy • **ça me bouffe tout mon temps** it takes up all my time

bouffi, e [bufi] ADJ puffy

bouffon [bufɔ̃,] NM (a) (= *pitre*) buffoon • **le ~ du roi** the court jester (b) (= *idiot*)* nerd*

bougainvillée [bugɛ̃vile] NF, **bougainvillier** [bugɛ̃vilje] NM bougainvillea

bouge [buʒ] NM (= *taudis*) hovel

bougeoir [buʒwaʀ] NM candle-holder

bougeotte* [buʒɔt] NF **avoir la ~** (= *voyager*) to be always on the move; (= *remuer*) to fidget

bouger [buʒe] /TABLE 3/ **1** VI (a) (= *remuer*) to move • **ne bouge pas** keep still • **il n'a pas bougé (de chez lui)** he stayed in • **la terre a bougé** (*tremblement de terre*) the ground shook

ⓑ (= *changer*) to change • **les prix n'ont pas bougé** prices have stayed the same • **les couleurs ne bougeront pas** the colours won't fade

ⓒ (= *être actif*)* [*personne*] to get out and about • **c'est un secteur qui bouge** it's a fast-moving sector • **c'est une ville qui bouge** it's a lively town

2 (VT) [+ *objet*] to move • **il n'a pas bougé le petit doigt** he didn't lift a finger to help

3 (VPR) **se bouger*** to move • **bouge-toi de là!** shift over!* • **si tu veux trouver du travail, il faut que tu te bouges** if you want to find a job, you'd better get a move on* • **se ~ le cul** *ou* **les fesses*** to get off one's backside*

bougie [buʒi] (NF) (= *chandelle*) candle; [*de voiture*] spark plug • **elle a soufflé ses 70 ~s** she celebrated her 70th birthday

bougon, -onne [bugɔ̃, ɔn] (ADJ) grumpy

bougonner [bugɔne] /TABLE 1/ (VI) to grumble

bougre* [bugʀ] (NM) (= *type*) guy* • **bon ~** good sort* • **pauvre ~** poor devil* • **~ d'idiot!** stupid idiot!*

bouiboui*, boui-boui* (*pl* **bouis-bouis**) [bwibwi] (NM) unpretentious little restaurant

bouillabaisse [bujabɛs] (NF) bouillabaisse

bouillant, e [bujɑ̃, ɑ̃t] (ADJ) boiling; [*tempérament*] fiery; [*personne*] (= *emporté*) hotheaded; (= *fiévreux*) boiling*

bouille* [buj] (NF) (= *visage*) face

bouillie [buji] (NF) [*de bébé*] baby's cereal; [*de vieillard*] porridge • **réduire en ~** [+ *légumes, fruits*] to reduce to a pulp; [+ *adversaire*] to beat to a pulp • **c'est de la ~ pour les chats** it's rubbish*

bouillir [bujiʀ] /TABLE 15/ (VI) to boil • **commencer à ~** to be nearly boiling • **l'eau bout** the water is boiling • **faire ~ de l'eau** to boil water • **~ à gros bouillons** to boil fast • **~ d'impatience** to seethe with impatience

bouilloire [bujwaʀ] (NF) kettle

bouillon [bujɔ̃] 1 (NM) ⓐ (= *soupe*) stock • **~ de légumes** vegetable stock • **prendre un ~*** (*en nageant*) to swallow a mouthful; (*financièrement*) to take a tumble*

ⓑ (= *bouillonnement*) bubble (*in boiling liquid*) • **au premier ~** as soon as it starts to boil 2 (COMP) ▸ **bouillon cube** stock cube ▸ **bouillon de culture** culture fluid

bouillonnant, e [bujɔnɑ̃, ɑ̃t] (ADJ) [*liquide chaud*] bubbling; [*torrent*] foaming • **bain ~** whirlpool bath

bouillonnement [bujɔnmɑ̃] (NM) [*de liquide chaud*] bubbling; [*de torrent*] foaming • **~ d'idées** ferment of ideas

bouillonner [bujɔne] /TABLE 1/ (VI) [*liquide chaud*] to bubble; [*torrent*] to foam; [*idées*] to bubble up

bouillotte [bujɔt] (NF) hot-water bottle

boulanger [bulɑ̃ʒe] (NM) baker

boulangère [bulɑ̃ʒɛʀ] (NF) woman baker; (= *épouse*) baker's wife

boulangerie [bulɑ̃ʒʀi] (NF) (= *magasin*) bakery • **~-pâtisserie** bread and pastry shop

boule [bul] 1 (NF) ⓐ (*Billard, Croquet*) ball; (*Boules*) bowl • **jouer à la ~** (*Casino*) to play boule • **roulé en ~** [*animal*] curled up in a ball; [*paquet*] rolled up in a ball • **être en ~*** [*personne*] to be in a temper • **se mettre en ~** [*hérisson*] to roll up into a ball; [*personne*]* to fly off the handle* • **ça me met en ~*** it drives me mad*

ⓑ (= *grosseur*)* lump • **avoir la ~ au ventre** to have a knot in one's stomach

ⓒ (= *tête*)* **perdre la ~** to go bonkers* • **coup de ~*** headbutt

2 (COMP) ▸ **boule de cristal** crystal ball ▸ **boule de loto** lottery ball • **yeux en ~s de loto** big round eyes ▸ **boule de neige** snowball • **faire ~ de neige** to snowball ▸ **boule de pain** round loaf ▸ **boule puante** stink bomb ▸ **boule Quiès®** wax earplug

3 (NFPL) **boules** ⓐ (= *jeu*) boules • **jouer aux ~s** to play boules

ⓑ • **j'ai les ~s*** (= *anxieux*) I'm scared stiff*; (= *déçu*) I'm gutted*; (= *furieux*) I'm fuming* • **ça fout les ~s*** (= *ça angoisse*) it scares the hell out of you*; (= *ça énerve*) it drives you mad*

> **BOULES**
> This popular French game takes several forms, including "pétanque", which originated in the South of France. The idea of the game is to throw steel balls towards a small wooden ball called the "cochonnet", if necessary knocking one's opponent's **boules** out of the way in the process. The winner is the player who finishes closest to the "cochonnet".

bouleau (*pl* **bouleaux**) [bulo] (NM) silver birch

bouledogue [buldɔg] (NM) bulldog

bouler [bule] /TABLE 1/ (VI) **envoyer ~ qn*** to send sb packing*

boulet [bulɛ] (NM) ⓐ **~ (de canon)** cannonball • **traîner un ~** (*fig*) to have a millstone around one's neck • **quel ~ celui-là!** he's such a drag*! ⓑ [*de charbon*] nut

boulette [bulɛt] (NF) ⓐ [*de papier*] pellet; (*Cuisine*) meatball ⓑ (= *bévue*)* blunder

boulevard [bulvaʀ] (NM) boulevard • **il a un ~ devant lui** (*fig*) he's got a clear road ahead • **pièce** *ou* **comédie de ~** light comedy → **périphérique**

bouleversant, e [bulvɛʀsɑ̃, ɑ̃t] (ADJ) very moving

bouleversement [bulvɛʀsəmɑ̃] (NM) [*d'habitudes, vie politique*] disruption • **ce fut un vrai ~** it was a real upheaval • **cela risque d'entraîner de grands ~s politiques** it is likely to cause a political upheaval • **une société en plein ~** a society undergoing profound changes

bouleverser [bulvɛʀse] /TABLE 1/ (VT) ⓐ (= *émouvoir*) to move deeply; (= *causer un choc à*) to shatter • **la nouvelle les a bouleversés** they were deeply upset by the news

ⓑ [+ *plan, habitude*] to disrupt

boulgour [bulguʀ] (NM) bulg(h)ur (wheat)

boulier [bulje] (NM) abacus

boulimie [bulimi] (NF) bulimia • **il fait de la ~*** he's bulimic

boulimique [bulimik] (ADJ, NMF) bulimic

bouliste [bulist] (NMF) bowls player

boulon [bulɔ̃] (NM) bolt; (*avec son écrou*) nut and bolt • **serrer** *ou* **resserrer les ~s** (*fig*) to tighten a few screws

boulot¹, -otte [bulo, ɔt] (ADJ) (= *trapu*) plump

boulot²* [bulo] (NM) ⓐ (= *travail*) work *NonC* • **on a du ~** we've got work to do; (= *tâche difficile*) we've got our work cut out • **elle a fait du bon ~** she's done a good job • **se mettre au ~** to get down to work • **allez, au ~!** OK, let's get cracking!*

ⓑ (= *emploi*) job • **il a trouvé du ~** *ou* **un ~** he's found a job • **j'ai fait des petits ~s** I did casual work

ⓒ (= *lieu de travail*) work *NonC* • **aller au ~** to go to work • **je sors du ~ à 18 h** I finish work at 6 o'clock

boulotter* [bulɔte] /TABLE 1/ (VTI) to eat • **qu'est-ce qu'elle boulotte!** you should see what she can put away!*

boum [bum] 1 (EXCL) (*chute*) bang!; (*explosion*) boom! • **faire ~** (= *exploser*) to go bang*; (= *tomber*) to crash to the ground 2 (NM) (= *explosion*) bang 3 (NF) (= *fête*)* party

bouquet[1] [bukɛ] (NM) ⓐ [*de fleurs*] bunch of flowers; (*soigneusement composé, grand*) bouquet • **~ d'arbres** clump of trees • **faire un ~** to make up a bouquet • **~ garni** bouquet garni (*bunch of mixed herbs*) ⓑ [*de feu d'artifice*] finale (*in a firework display*) • **c'est le ~!*** that takes the cake!* ⓒ [*de vin*] bouquet • **vin qui a du ~** wine which has a good bouquet ⓓ (*TV*) multichannel package; (*Commerce*) **~ de services** range of services

bouquet[2] [bukɛ] (NM) (= *crevette*) prawn

bouquetin [buk(ə)tɛ̃] (NM) ibex

bouquin* [bukɛ̃] (NM) book

bouquiner* [bukine] /TABLE 1/ (VTI) to read

bouquinerie [bukinʀi] (NF) (= *magasin*) second-hand bookshop

bouquiniste [bukinist] (NMF) secondhand bookseller (*esp along the Seine in Paris*)

bourde* [buʀd] (NF) (= *gaffe*) blunder; (= *faute*) slip • **faire une ~** (= *gaffe*) to make a blunder; (= *faute*) to make a silly mistake

bourdon [buʀdɔ̃] (NM) ⓐ (= *insecte*) bumblebee • **avoir le ~*** to have the blues* ⓑ (= *cloche*) great bell

bourdonnement [buʀdɔnmɑ̃] (NM) [*d'insecte*] buzzing *NonC*; [*d'avion*] drone *NonC* • **j'ai des ~s d'oreilles** my ears are buzzing

bourdonner [buʀdɔne] /TABLE 1/ (VI) [*insecte*] to buzz • **ça bourdonne dans mes oreilles** I've got a buzzing in my ears

bourg [buʀ] (NM) market town; (*petit*) village

bourgade [buʀgad] (NF) small town

bourge* [buʀʒ] (ADJ, NMF) (ABR DE **bourgeois**) (*péj*) bourgeois (*péj*)

bourgeois, e [buʀʒwa, waz] **1** (ADJ) middle-class; [*appartement*] plush; (*péj*) [*culture, préjugé, goûts*] bourgeois • **mener une petite vie ~e** to lead a comfortable middle-class existence **2** (NM,F) middle-class person • **grand ~** upper middle-class person • **les ~** (*péj*) the well-off

bourgeoisie [buʀʒwazi] (NF) **la ~** the middle class • **la petite/moyenne ~** the lower middle/middle class • **la grande ~** the upper middle class

bourgeon [buʀʒɔ̃] (NM) [*de fleur, feuille*] bud

bourgeonner [buʀʒɔne] /TABLE 1/ (VI) [*arbre, plante*] to bud

bourgogne [buʀgɔɲ] **1** (NM) (= *vin*) burgundy **2** (NF) **la Bourgogne** Burgundy

bourguignon, -onne [buʀgiɲɔ̃, ɔn] **1** (ADJ) Burgundian • **(bœuf) ~** beef stewed in red wine **2** (NM,F) **Bourguignon(ne)** Burgundian

bourlinguer [buʀlɛ̃ge] /TABLE 1/ (VI) (= *naviguer*) to sail; (= *voyager*)* to travel around a lot*

bourrage [buʀaʒ] (NM) [*d'imprimante, photocopieur*] **il y a un ~ (de papier)** the paper is jammed • **~ de crâne*** brainwashing; (*Scol*) cramming • **~ d'urne(s)** ballot-box stuffing

bourrasque [buʀask] (NF) gust of wind • **~ de neige** flurry of snow • **le vent souffle en ~s** the wind is blowing in gusts

bourrasser* [buʀase] /TABLE 1/ (*Can*) **1** (VT) to bully **2** (VI) to grumble

bourratif, -ive [buʀatif, iv] (ADJ) stodgy

bourre [buʀ] (NF) [*de coussin*] stuffing • **à la ~*** (= *en retard*) late; (= *pressé*) pushed for time*

bourré, e [buʀe] *ptp de* **bourrer** (ADJ) ⓐ (= *plein à craquer*) [*salle, compartiment*] packed (**de** with); [*sac*] crammed (**de** with) • **portefeuille ~ de billets** wallet stuffed with notes • **devoir ~ de fautes** exercise riddled with mistakes • **il est ~ de tics** he's always twitching • **il est ~ de complexes** he's got loads of hang-ups* • **c'est ~ de vitamines** it's packed with vitamins ⓑ (= *ivre*)* sloshed*

bourreau (*pl* **bourreaux**) [buʀo] (NM) (= *tortionnaire*) torturer; (*Hist*) executioner ▸ **bourreau des cœurs** ladykiller ▸ **bourreau d'enfants** child-batterer ▸ **bourreau de travail** workaholic*

bourrelet [buʀlɛ] (NM) **~ (de chair)** roll of flesh • **~ (de graisse)** roll of fat; (*à la taille*) spare tyre* (*Brit*) *ou* tire* (*US*)

bourrer [buʀe] /TABLE 1/ **1** (VT) [*+ coussin*] to stuff; [*+ pipe*] to fill; [*+ valise*] to cram full • **~ un sac de papiers** to cram papers into a bag • **ne te bourre pas de gâteaux** don't stuff* yourself with cakes • **~ le crâne à qn*** (= *endoctriner*) to brainwash sb; (= *en faire accroire*) to feed sb a lot of eyewash*; (*Scol*) to cram sb • **~ qn de coups** to beat sb up • **se ~ la gueule**** (= *se soûler*) to get sloshed* • **~ les urnes** to stuff the ballot box **2** (VI) [*papier*] to jam

bourrique [buʀik] (NF) ⓐ (= *âne*) donkey ⓑ (= *têtu*)* pigheaded* person • **faire tourner qn en ~** to drive sb up the wall*

bourru, e [buʀy] (ADJ) [*personne, air*] surly; [*voix*] gruff

bourse [buʀs] (NF) ⓐ (= *porte-monnaie*) purse • **ils font ~ commune** they share expenses ⓑ (= *marché boursier*) **la Bourse** the Stock Exchange ⓒ [*d'objets d'occasion*] sale • **~ aux livres** second-hand book sale ⓓ **~ (d'études)** (*Scol*) school maintenance allowance *NonC*; (*Univ*) grant; (*obtenue par concours*) scholarship

boursicoter [buʀsikɔte] /TABLE 1/ (VI) to dabble on the stock exchange

boursier, -ière [buʀsje, jɛʀ] **1** (ADJ) ⓐ (*Scol, Univ*) **étudiant ~** grant holder; (*par concours*) scholarship holder ⓑ (*Bourse*) stock-exchange • **marché ~** stock market • **valeurs boursières** stocks and shares **2** (NM,F) ⓐ (= *étudiant*) grant holder; (*par concours*) scholarship holder ⓑ (= *agent de change*) stockbroker

boursouflé, e [buʀsufle] *ptp de* **boursoufler** (ADJ) [*visage*] puffy; [*main*] swollen

boursoufler (se) [buʀsufle] /TABLE 1/ (VPR) [*peinture*] to blister; [*visage, main*] to swell up

boursouflure [buʀsuflyʀ] (NF) [*de visage*] puffiness; (= *cloque*) blister; (= *enflure*) swelling

bousculade [buskylad] (NF) (= *remous*) crush; (= *hâte*) rush • **dans la ~** in the crush

bousculer [buskyle] /TABLE 1/ **1** (VT) ⓐ [*+ personne*] (= *pousser*) to jostle; (= *heurter*) to bump into; (= *presser*) to rush • **je n'aime pas qu'on me bouscule** I don't like to be rushed ⓑ [*+ objet*] (= *heurter*) to bump into; (= *faire tomber*) to knock over ⓒ [*+ idées, traditions*] to shake up; [*+ habitudes, emploi du temps*] to upset **2** (VPR) **se bousculer** (= *se heurter*) to jostle each other • **les idées se bousculaient dans sa tête** his head was buzzing with ideas • **on se bouscule pour aller voir ce film** there's a mad rush on* to see the film

bouse [buz] (NF) cow pat

bousiller* [buzije] /TABLE 1/ (VT) ⓐ (= *détériorer*) [*+ appareil, moteur*] to wreck; [*+ voiture, avion*] to smash up* • **ça a bousillé sa vie** it wrecked his life • **se ~ la santé** to ruin one's health ⓑ (= *tuer*) [*+ personne*] to bump off*

boussole [busɔl] (NF) compass • **perdre la ~*** to go off one's head

boustifaille* [bustifaj] (NF) grub*

bout [bu]

1 NOM MASCULIN 2 COMPOSÉS

1 NOM MASCULIN

a (= *extrémité, fin*) end; [*de nez, langue, oreille, canne*] tip • ~ **du doigt** fingertip • ~ **du sein** nipple • **à l'autre ~ du couloir** at the other end of the corridor • **on ne sait pas par quel ~ le prendre** it's hard to know how to tackle him • **on n'en voit pas le ~** there seems no end to it • **tenir le bon ~*** (= *être sur la bonne voie*) to be on the right track

b (= *morceau*) [*de ficelle, pain, papier*] piece • **un ~ de terrain** a plot of land • **un petit ~ de chou*** a little kid* • **jusqu'à Paris, cela fait un ~ de chemin** it's quite a long way to Paris • **il est resté un bon ~ de temps** he stayed quite some time • **mettre les ~s*** to skedaddle*

c (locutions) **à ~ portant** point-blank • **au ~ du compte** all things considered • **lire un livre de ~ en ~** to read a book from cover to cover

▸ **à bout** être à ~ (= *fatigué*) to be exhausted; (= *en colère*) to have had enough • **ma patience est à ~** I'm at the end of my patience • **pousser qn à ~** to push sb to the limit

▸ **à bout de** être à ~ **d'arguments** to have run out of arguments • **à ~ de forces** exhausted • **être à ~ de souffle** to be out of breath; [*entreprise, gouvernement*] to be on its last legs* • **venir à ~ de** [*+ travail, repas, gâteau*] to get through; [*+ adversaire*] to get the better of • **à ~ de bras** at arm's length • **ils ont porté le projet à ~ de bras pendant deux ans** they struggled to keep the project going for two years

▸ **à tout bout de champ** all the time • **il m'interrompt à tout ~ de champ** he interrupts me all the time • **il m'interrompait à tout ~ de champ** he kept on interrupting me

▸ **au bout de** (*dans l'espace*) at the end of; (*dans le temps*) after • **au ~ de la rue** at the end of the street • **au ~ du jardin** at the bottom of the garden • **la poste est tout au ~ du village** the post office is at the far end of the village • **au ~ d'un mois** after a month • **au ~ d'un moment** after a while • **il est parti au ~ de trois minutes** he left after three minutes • **il n'est pas au ~ de ses peines** his troubles aren't over yet • **être au ~ du rouleau*** to be exhausted

▸ **bout à bout** end to end • **mettre ~ à ~** [*+ tuyaux*] to lay end to end; [*+ phrases*] to put together

▸ **du bout de** manger du ~ des dents to pick at one's food • **du ~ des doigts** [*effleurer, pianoter*] with one's fingertips • **du ~ des lèvres** [*accepter, approuver*] reluctantly

▸ **d'un bout à l'autre** from one end to the other • **il a traversé le pays d'un ~ à l'autre** he travelled the length and breadth of the country • **je l'ai lu d'un ~ à l'autre sans m'arrêter** I read it from cover to cover without stopping

▸ **en bout de** at the end of • **assis en ~ de table** sitting at the end of the table

▸ **jusqu'au bout** nous sommes restés jusqu'au ~ we stayed right to the end • **ce travail lui déplaît mais il ira jusqu'au ~** he doesn't like this job but he'll see it through • **il faut aller jusqu'au ~ de ce qu'on entreprend** if you take something on you must see it through • **aller jusqu'au ~ de ses idées** to follow one's ideas through

▸ **sur le bout de** j'ai son nom sur le ~ **de la langue** his name is on the tip of my tongue • **il sait sa leçon sur le ~ des doigts** he knows his lesson backwards • **elle connaît la question sur le ~ des doigts** she knows the subject inside out

2 COMPOSÉS

▸ **bout d'essai** screen test • **tourner un ~ d'essai** to do a screen test ▸ **bout filtre** filter tip

boutade [butad] (NF) witticism; (= *plaisanterie*) joke

boute-en-train○ [butɑ̃tʀɛ̃] (NM INV) fun person* • **c'était le ~ de la soirée** he was the life and soul of the party

bouteille [butɛj] (NF) bottle; [*de gaz, air comprimé*] cylinder • **boire à la ~** to drink from the bottle • ~ **de vin** (= *récipient*) wine bottle; (= *contenu*) bottle of wine • **prendre de la ~*** to be getting on in years • **il a de la ~*** (*dans son métier*) he's been around a long time

boutique [butik] (NF) shop; [*de grand couturier*] boutique

boutiquier, -ière [butikje, jɛʀ] (NM,F) shopkeeper (*Brit*), storekeeper (*US*)

bouton [butɔ̃] (NM) a [*de vêtement*] button • ~ **de manchette** cufflink b (*électrique*) switch; [*de porte, radio*] knob; [*de sonnette*] bell push • **appuyer sur le ~** (*lit, fig*) to press the button c [*de fleur*] bud • **en ~** in bud • ~ **de rose** rosebud d (*sur la peau*) spot • **ça me donne des ~s*** it makes my skin crawl • ~ **de fièvre** cold sore

bouton-d'or (*pl* **boutons-d'or**) [butɔ̃dɔʀ] (NM) buttercup

boutonner [butɔne] /TABLE 1/ 1 (VT) [*+ vêtement*] to button 2 (VPR) **se boutonner** [*vêtement*] to button; [*personne*] to button one's coat (*ou* trousers *etc*)

boutonneux, -euse [butɔnø, øz] (ADJ) pimply

boutonnière [butɔnjɛʀ] (NF) (*Couture*) buttonhole • **porter une décoration à la ~** to wear a decoration on one's lapel

bouton-pression (*pl* **boutons-pression**) [butɔ̃pʀesjɔ̃] (NM) snap fastener

bouture [butyʀ] (NF) cutting • **faire des ~s** to take cuttings

bouturer [butyʀe] /TABLE 1/ (VT) to take a cutting from, to propagate (by cuttings)

bouvreuil [buvʀœj] (NM) bullfinch

bovidé [bɔvide] (NM) bovid

bovin, e [bɔvɛ̃, in] 1 (ADJ) **l'élevage ~** cattle farming • **viande ~e** beef 2 (NM) bovine • ~**s** cattle

bowling [buliŋ] (NM) (= *jeu*) bowling; (= *salle*) bowling alley • **faire un ~** to go bowling

box [bɔks] (NM) [*d'écurie*] loose box; (= *garage*) lock-up • ~ **des accusés** dock • **dans le ~ des accusés** in the dock

boxe [bɔks] (NF) boxing • **match de ~** boxing match • ~ **anglaise** boxing • ~ **française** ≈ kick boxing • **faire de la ~** to box

boxer[1] [bɔkse] /TABLE 1/ 1 (VI) to box 2 (VT) (*Sport*) ~ **qn** to box against sb

boxer[2] [bɔksɛʀ] (NM) boxer (*dog*)

boxer-short○ (*pl* **boxer-shorts**) [bɔksœʀʃɔʀt] (NM) boxer shorts, boxers

boxeur, -euse [bɔksœʀ, øz] (NM,F) boxer

box-office○ (*pl* **box-offices**) [bɔksɔfis] (NM) box office • **film en tête du ~** box-office hit

boyau (*pl* **boyaux**) [bwajo] (NM) a (= *intestins*) ~**x** guts b (= *corde*) ~ **(de chat)** catgut c [*de bicyclette*] tubeless tyre (*Brit*) *ou* tire (*US*)

boycott [bɔjkɔt], **boycottage** [bɔjkɔtaʒ] (NM) boycott

boycotter [bɔjkɔte] /TABLE 1/ (VT) to boycott

boy-scout (*pl* **boy-scouts**), **boyscout** [bɔjskut] (NM) **avoir une mentalité de ~** to be naïve

BP [bepe] (ABR DE **boîte postale**) PO Box

bracelet [bʀaslɛ] (NM) [*de poignet*] bracelet; [*de bras*] bangle; [*de cheville*] ankle bracelet; [*de montre*] strap; [*de nouveau-né*] identity bracelet

bracelet-montre (*pl* **bracelets-montres**) [bʀaslɛmɔ̃tʀ] (NM) wristwatch

braconnage [bʀakɔnaʒ] (NM) poaching

braconner [bʀakɔne] /TABLE 1/ (VI) to poach

braconnier, -ière [bʀakɔnje, jɛʀ] (NM,F) poacher

brader [bʀade] /TABLE 1/ (VT) (= *vendre à prix réduit*) to sell cut-price (*Brit*) *ou* cut-rate (*US*); (= *vendre en solde*) to have a clearance sale of; (= *se débarrasser de*) to sell off

braderie [bʀadʀi] (NF) (= *magasin*) discount centre; (= *marché*) market (*held once or twice a year, where goods are sold at reduced prices*)

bradeur, -euse [bʀadœʀ, øz] (NM,F) discounter

braguette [bʀagɛt] (NF) [*de pantalon*] flies • **ta ~ est ouverte** your flies are undone

brahmane [bʀaman] (NM) Brahmin

braillard, e* [bʀajaʀ, aʀd] **1** (ADJ) bawling **2** (NM,F) bawler

braille [bʀaj] (NM) Braille

braillement* [bʀajmɑ̃] (NM) (= *cris*) bawling *NonC*

brailler* [bʀaje] /TABLE 1/ **1** (VI) (= *crier*) to bawl • **il faisait ~ sa radio** he had his radio on full blast **2** (VT) [+ *chanson, slogan*] to bawl out

braire [bʀɛʀ] /TABLE 50/ (VI) to bray

braise [bʀɛz] (NF) [*de feu*] **la ~** • **les ~s** the embers • **yeux de ~** fiery eyes

braiser [bʀeze] /TABLE 1/ (VT) to braise • **bœuf braisé** braised beef

bramer [bʀame] /TABLE 1/ (VI) [*cerf*] to bell

brancard [bʀɑ̃kaʀ] (NM) (= *civière*) stretcher

brancardier, -ière [bʀɑ̃kaʀdje, jɛʀ] (NM,F) stretcher-bearer

branchages [bʀɑ̃ʃaʒ] (NMPL) branches

branche [bʀɑ̃ʃ] (NF) **a** [*d'arbre*] branch **b** [*de rivière, canalisation*] branch; [*de lunettes*] side-piece; [*de compas*] leg; [*de famille*] branch **c** (= *secteur*) branch • **il s'est orienté vers une ~ technique** he's specialized in technical subjects • **la ~ politique/militaire de l'organisation** the political/military arm of the organization

branché, e* [bʀɑ̃ʃe] *ptp de* **brancher** (ADJ) **a** (= *dans le vent*) [*personne, café*] trendy • **en langage ~** in trendy slang **b** (= *enthousiasmé*) **elle est très ~e jazz/informatique** she's really into* jazz/computers

branchement [bʀɑ̃ʃmɑ̃] (NM) **a** (= *fils connectés*) connection • **vérifiez les ~s** check the connections **b** (= *action*) [*d'appareil à gaz, tuyau*] connecting; [*d'eau, gaz, électricité, réseau*] linking up

brancher [bʀɑ̃ʃe] /TABLE 1/ **1** (VT) **a** [+ *appareil électrique*] to plug in
b [+ *appareil à gaz, tuyau, eau, gaz, électricité*] to connect • **être branché sur un réseau** to be connected to a network
c (= *allumer*) [+ *télévision*] to turn on
d (= *orienter*) **~ qn sur un sujet** to start sb off on a subject • **quand il est branché là-dessus il est intarissable** once he gets started on that he can go on forever
e (= *intéresser*)* **ça ne me branche pas** [*idée, matière scolaire*] it doesn't grab me*; [*musique, activité*] it doesn't do anything for me* • **ça te brancherait d'aller au ciné?** do you fancy going to see a film?*
2 (VPR) **se brancher** (= *se connecter*) **ça se branche où?** where does this plug in? • **où est-ce que je peux me ~?** where can I plug it in? • **se ~ sur un réseau/Internet** to get onto a network/the Internet

branchies [bʀɑ̃ʃi] (NFPL) gills

branchouille* [bʀɑ̃ʃuj] (ADJ) (*hum, péj*) very now*

brandade [bʀɑ̃dad] (NF) **~ (de morue)** brandade (*dish made with cod*)

brandir [bʀɑ̃diʀ] /TABLE 2/ (VT) to brandish

branlant, e [bʀɑ̃lɑ̃, ɑ̃t] (ADJ) [*dent*] loose; [*mur*] shaky; [*escalier, meuble*] rickety

branle [bʀɑ̃l] (NM) **mettre en ~** [+ *cloche*] to set swinging; [+ *processus, machine*] to set in motion • **se mettre en ~** [*personnes, convoi*] to get going

branle-bas, branlebas [bʀɑ̃lbɑ] (NM INV) commotion • **être en ~** to be in a state of commotion • **~ de combat** (*sur navire*) preparations for action • **~ de combat!** action stations! • **ça été le ~ de combat** it was action stations

branler [bʀɑ̃le] /TABLE 1/ **1** (VT) (= *faire*)** **qu'est-ce qu'ils branlent?** what the hell are they up to?* • **il n'en branle pas une** he does fuck all** • **j'en ai rien à ~** I don't give a fuck** **2** (VI) [*échafaudage, dent*] to be shaky; [*dent*] to be loose **3** (VPR) **se branler**** to wank** • **je m'en branle** I don't give a fuck**

branlette** [bʀɑ̃lɛt] (NF) **se faire une ~**** to have a wank**

branleur, -euse* [bʀɑ̃lœʀ, øz] (NM,F) (= *paresseux*) lazy swine*

braquage [bʀakaʒ] (NM) **a** (= *hold-up*)* stick-up* **b** [*de voiture*] steering lock

braquer [bʀake] /TABLE 1/ **1** (VT) **a** (= *diriger*) **~ une arme sur** to point a weapon at • **~ un télescope/un projecteur sur** to train a telescope/a spotlight on • **~ son attention sur** to turn one's attention towards • **tous les regards étaient braqués sur eux** all eyes were upon them
b [+ *roue*] to swing
c [+ *banque, personne*]* to hold up; (= *menacer avec une arme*)* to pull one's gun on
d (= *buter*) **~ qn** to make sb dig in his heels • **~ qn contre qch** to turn sb against sth
2 (VI) (= *conducteur*) to turn the (steering) wheel • **~ bien/mal** [*voiture*] to have a good/bad lock • **~ à fond** to put on the full lock • **braque vers la** *ou* **à gauche** turn hard left
3 (VPR) **se braquer** to dig one's heels in • **se ~ contre qch** to set one's face against sth

braquet [bʀakɛ] (NM) [*de bicyclette*] gear ratio • **changer de ~** to change gear

braqueur, -euse* [bʀakœʀ, øz] (NM,F) [*de banque*] bank robber

bras [bʀɑ] **1** (NM) **a** (= *membre*) arm • **être au ~ de qn** to be on sb's arm • **se donner le ~** to link arms • **~ dessus, ~ dessous** arm in arm • **les ~ croisés** with one's arms folded • **rester les ~ croisés** (*fig*) to sit idly by • **tendre** *ou* **allonger le ~ vers qch** to reach out for sth • **tomber dans les ~ de qn** to fall into sb's arms • **le ~ armé du parti** the military arm of the party
b [*de fauteuil*] arm; [*d'électrophone*] arm; [*de croix*] limb; [*de fleuve*] branch
c (*locutions*) **en ~ de chemise** in shirt sleeves • **saisir qn**

à ~-le-corps to grab sb round the waist • **avoir le ~ long** to have a long arm • **à ~ ouverts** with open arms • **lever les ~ au ciel** to throw up one's arms • **les ~ m'en tombent** I'm stunned • **avoir** *ou* **se retrouver avec qch/qn sur les ~*** to be landed* with sth/sb • **faire un ~ d'honneur à qn** ≈ to put two fingers up at sb* *(Brit)*, ≈ to give sb the finger* *(US)* • **manquer de ~** to be short-handed, to be short of manpower *ou* labour

2 COMP ▸ **bras droit** *(fig)* right-hand man ▸ **bras de fer** *(= jeu)* arm-wrestling *NonC*; *(fig)* trial of strength ▸ **bras de mer** sound

brasier [bʀɑzje] NM *(= incendie)* blaze

brassage [bʀasaʒ] NM **a** *[de bière]* brewing **b** *[de cultures]* mixing • ~ **des peuples** intermixing of ethnic groups

brassard [bʀasaʀ] NM armband

brasse [bʀas] NF *(= nage)* ~ **(coulée)** breast-stroke • ~ **papillon** butterfly • **nager la ~** to swim breast-stroke • **faire quelques ~s** to do a few strokes

brassée [bʀase] NF armful

brasser [bʀase] /TABLE 1/ VT **a** *(= remuer)* to stir; *(= mélanger)* to mix • **ils brassent beaucoup d'argent** they handle a lot of money • ~ **des affaires** to be in business in a big way • ~ **du vent** *(péj)* to blow hot air* **b** *[+ bière]* to brew

brasserie [bʀasʀi] NF **a** *(= café)* brasserie *(large bar serving food)* **b** *(= fabrique)* brewery

brasseur, -euse [bʀasœʀ, øz] NM,F **a** *[de bière]* brewer **b** ~ **d'affaires** big businessman *(ou* businesswoman)

brassière [bʀasjɛʀ] NF **a** *[de bébé]* vest *(Brit) ou* undershirt *(US)* • ~ **(de sauvetage)** life jacket **b** *(= soutien-gorge)* bra top

bravade [bʀavad] NF act of bravado • **par ~** out of bravado

brave [bʀav] **1** ADJ **a** *(= courageux)* brave • **faire le ~** to act brave **b** *(= bon)* good; *(= honnête)* decent

> When it means **good**, **decent** etc, **brave** comes before the noun.

• **c'est une ~ fille** she's a nice girl • **c'est un ~ garçon** he's a nice guy • **ce sont de ~s gens** they're decent people • **il est bien ~** he's a good sort **2** NM brave man

bravement [bʀavmɑ̃] ADV bravely

braver [bʀave] /TABLE 1/ VT *(= défier)* *[+ personne]* to stand up to; *[+ autorité, tabou, règle]* to defy; *[+ danger, mort]* to brave • ~ **l'opinion** to fly in the face of opinion

bravo○ [bʀavo] **1** EXCL *(= félicitations)* bravo!; *(= approbation)* hear! hear!; *(iro)* well done! **2** NM cheer • **un grand ~ pour ...!** let's hear it for ...!

bravoure [bʀavuʀ] NF bravery

break [bʀɛk] NM **a** *(= voiture)* estate (car) *(Brit)*, station wagon *(US)* **b** *(= pause)* break • **faire un ~** to take a break **c** *(Boxe, Tennis)* break • **balle de ~** break point • **faire le ~** to break

breaker [bʀɛke] /TABLE 1/ VT *(Tennis)* to break • **il s'est fait ~ d'entrée de jeu** he had his serve broken at the outset

brebis [bʀəbi] NF ewe • ~ **galeuse** black sheep

brèche [bʀɛʃ] NF *[de mur]* breach • **s'engouffrer dans la ~** to step into the breach • **il est toujours sur la ~** he's always beavering away*

bréchet [bʀeʃɛ] NM wishbone

bredouille [bʀəduj] ADJ empty-handed

bredouiller [bʀəduje] /TABLE 1/ VTI to stammer • ~ **des excuses** to stammer excuses

bref, brève [bʀɛf, ɛv] **1** ADJ *[rencontre, discours, lettre]* brief; *[voyelle, syllabe]* short • **d'un ton ~** sharply • **soyez ~ et précis** be brief and to the point **2** ADV **(enfin) ~** *(= pour résumer)* in short; *(= donc)* anyway • **en ~** in short **3** NF **brève** *(Journalisme)* news *sg* in brief

brelan [bʀəlɑ̃] NM *(Cartes)* three of a kind • ~ **d'as** three aces

brêle‡ [bʀɛl] NF loser* • **jouer comme une ~** to be a crappy‡ player • **quelle ~ ce gardien de but!** that goalie's a wanker**!

breloque [bʀəlɔk] NF charm

Brésil [bʀezil] NM Brazil

brésilien, -ienne [bʀeziljɛ̃, jɛn] **1** ADJ Brazilian **2** NM,F **Brésilien(ne)** Brazilian

Bretagne [bʀətaɲ] NF Brittany

> Le nom anglais **Brittany** s'écrit avec deux **t**.

bretelle [bʀətɛl] NF **a** *[de sac, soutien-gorge, robe]* strap; *[de fusil]* sling • ~**s** *[de pantalon]* braces *(Brit)*, suspenders *(US)* • **robe à ~s** strappy dress **b** *(= route)* slip road *(Brit)*, on *(ou* off) ramp *(US)* • ~ **de raccordement** access road

breton, -onne [bʀətɔ̃, ɔn] **1** ADJ Breton **2** NM *(= langue)* Breton **3** NM,F **Breton(ne)** Breton

breuvage [bʀœvaʒ] NM beverage; *(magique)* potion

brève [bʀɛv] ADJ, NF → **bref**

brevet [bʀəvɛ] **1** NM **a** *(= diplôme)* diploma • ~ **(des collèges)** *exam taken at the age of 16* **b** *[de pilote]* licence **c** ~ **(d'invention)** patent **2** COMP ▸ **brevet d'aptitude à la fonction d'animateur** *certificate for activity leaders in a holiday camp* ▸ **brevet d'études professionnelles** *technical school certificate* ▸ **brevet informatique et internet** *certificate of competence in ICT* ▸ **brevet de secourisme** first aid certificate ▸ **brevet de technicien** *vocational training certificate taken at age of 16* ▸ **brevet de technicien supérieur** *vocational training certificate taken after the age of 18*

breveté, e [bʀəv(ə)te] ptp de **breveter** ADJ *[invention]* patented

breveter [bʀəv(ə)te] /TABLE 4/ VT *[+ invention]* to patent • **faire ~ qch** to take out a patent for sth

bribe [bʀib] NF *(= fragment)* ~**s de conversation** snatches of conversation • ~**s de nourriture** scraps of food

bric-à-brac [bʀikabʀak] NM INV *(= objets)* bric-a-brac

bricolage [bʀikɔlaʒ] NM **a** *(= passe-temps)* do-it-yourself • **j'ai du ~ à faire** I've got a few odd jobs to do • **rayon ~** do-it-yourself department **b** *(= réparation)* makeshift job • **c'est du ~!** *(péj)* it's a rush job!*

bricole* [bʀikɔl] NF *(= babiole)* trifle • **il ne reste que des ~s** there are only a few bits and pieces left • **j'ai mangé une petite ~** I had a bite to eat • **je lui ai acheté une petite ~ pour son anniversaire** I bought him a little something for his birthday • **il va lui arriver des ~s** he's going to run into trouble

bricoler [bʀikɔle] /TABLE 1/ **1** VI *(menus travaux)* to do odd jobs; *(passe-temps)* to potter about *(Brit)*, to putter around *(US)* • **j'aime bien ~ dans la maison** I like doing odd jobs around the house **2** VT *(= réparer)* to mend; *(= mal réparer)* to tinker with; *(= fabriquer)* to cobble together

bricoleur [bʀikɔlœʀ] NM handyman • **il est ~** he's good with his hands • **je ne suis pas très ~** I'm not much of a handyman

bricoleuse [bʀikɔløz] (NF) handywoman • **je ne suis pas très ~** I'm not much of a handywoman

BRICS [bʀiks] (NMPL) (ABR DE **Brésil, Russie, Inde, Chine, Afrique du Sud**) BRICS

bride [bʀid] (NF) ⓐ [*de cheval*] bridle • **tenir un cheval en ~** to rein in a horse • **laisser** *ou* **mettre la ~ sur le cou à un cheval** to give a horse its head • **laisser la ~ sur le cou à qn** to give sb a free hand • **tu lui laisses trop la ~ sur le cou** you don't keep a tight enough rein on him ⓑ [*de chaussure*] strap

bridé, e [bʀide] *ptp de* **brider** (ADJ) **avoir les yeux ~s** to have slanting eyes

brider [bʀide] /TABLE 1/ (VT) [+ *cheval*] to bridle; [+ *moteur*] to restrain; [+ *imagination, liberté*] to curb; [+ *personne*] to keep in check • **logiciel bridé** restricted-access software

bridge [bʀidʒ] (NM) ⓐ (*Cartes*) bridge • **faire un ~** to play a game of bridge ⓑ (= *prothèse*) bridge

brief [bʀif] (NM) briefing • **envoyer un ~ à qn** to send sb a brief

briefer [bʀife] /TABLE 1/ (VT) to brief

brièvement [bʀijɛvmɑ̃] (ADV) briefly

brièveté [bʀijɛvte] (NF) brevity

brigade [bʀigad] (NF) (*Police*) squad ▸ **brigade antigang** antiterrorist squad ▸ **brigade financière** Fraud Squad ▸ **brigade de gendarmerie** gendarmerie squad ▸ **brigade des mœurs** Vice Squad ▸ **brigade de sapeurs-pompiers** fire brigade

brigadier, -ière [bʀigadje, jɛʀ] (NM,F) (*Police*) ≈ sergeant

brigand [bʀigɑ̃] (NM) (= *bandit*)† brigand; (*péj* = *filou*) crook

brigandage [bʀigɑ̃daʒ] (NM) armed robbery

briguer [bʀige] /TABLE 1/ (VT) [+ *poste*] to bid for; [+ *honneur, faveur*] to crave; [+ *suffrages*] to canvass

brillamment [bʀijamɑ̃] (ADV) brilliantly • **réussir ~ un examen** to pass an exam with flying colours

brillant, e [bʀijɑ̃, ɑ̃t] **1** (ADJ) ⓐ (= *luisant*) shiny; (= *étincelant*) sparkling; [*couleur*] bright ⓑ (= *remarquable, intelligent*) brilliant; [*conversation*] sparkling • **sa santé n'est pas ~e** his health isn't too good • **ce n'est pas ~** [*travail*] it's not wonderful; [*situation*] it's far from satisfactory **2** (NM) (= *diamant*) brilliant

briller [bʀije] /TABLE 1/ (VI) to shine; [*diamant, eau, yeux*] to sparkle • **faire ~ ses chaussures** to polish one's shoes • **ses yeux brillaient de joie** his eyes sparkled with joy • **il ne brille pas par la modestie** modesty is not his strong point • **~ par son absence** to be conspicuous by one's absence

brimades [bʀimad] (NFPL) harassment

brimer [bʀime] /TABLE 1/ (VT) (= *soumettre à des vexations*) to bully • **il se sent brimé** he feels he's being got at* (*Brit*) *ou* gotten at* (*US*)

brin [bʀɛ̃] (NM) [*d'herbe*] blade; [*de bruyère, mimosa, muguet*] sprig; [*d'osier*] twig; [*de paille*] wisp; [*de chanvre, lin*] yarn; [*de corde, fil, laine*] strand
▸ **un brin de** a bit of • **faire un ~ de causette** to have a bit of a chat* • **faire un ~ de toilette** to have a quick wash • **un beau ~ de fille*** a fine-looking girl

brindille [bʀɛ̃dij] (NF) twig

bringue* [bʀɛ̃g] (NF) ⓐ (= *personne*) **grande ~** beanpole* ⓑ **faire la ~** to have a wild time

bringuebaler* [bʀɛ̃g(ə)bale] /TABLE 1/ **1** (VI) (*avec bruit*) to rattle **2** (VT) to cart about*

brio [bʀijo] (NM) (= *virtuosité*) brilliance; (*Mus*) brio

brioche [bʀijɔʃ] (NF) brioche • **prendre de la ~*** to develop a paunch

brioché, e [bʀijɔʃe] (ADJ) **pain ~** brioche

brique [bʀik] (NF) ⓐ [*de construction*] brick • **mur de** *ou* **en ~(s)** brick wall ⓑ [*de lait*] carton ⓒ (= *dix mille euros*)* **une ~** ten thousand euros

briquer [bʀike] /TABLE 1/ (VT) to polish up

briquet [bʀikɛ] (NM) cigarette lighter

briqueterie [bʀik(ə)tʀi] (NF) brickyard

bris [bʀi] (NM) breaking • **~ de glaces** broken windows

brisant [bʀizɑ̃] (NM) ⓐ (= *vague*) breaker ⓑ (= *écueil*) reef

brise [bʀiz] (NF) breeze

brisé, e [bʀize] *ptp de* **briser** (ADJ) broken • **~ (de chagrin)** brokenhearted

brisées [bʀize] (NFPL) **marcher sur les ~ de qn** to trespass on sb's territory

brise-glace (*pl* **brise-glaces**) [bʀizglas] (NM) icebreaker

brise-lame, brise-lames (*pl* **brise-lames**) [bʀizlam] (NM) breakwater

briser [bʀize] /TABLE 1/ **1** (VT) to break; [+ *carrière, vie*] to ruin; [+ *amitié*] to put an end to • **~ qch en mille morceaux** to smash sth to smithereens • **~ la glace** to break the ice • **d'une voix brisée par l'émotion** in a voice breaking with emotion **2** (VPR) **se briser** [*vitre, verre, vagues, cœur*] to break

briseur, -euse [bʀizœʀ, øz] (NM,F) **~ de grève** strikebreaker

brise-vent (*pl* **brise-vent(s)**) [bʀizvɑ̃] (NM) windbreak

bristol [bʀistɔl] (NM) (= *papier*) Bristol board • **fiche Bristol** card

britannique [bʀitanik] **1** (ADJ) British **2** (NMF) **Britannique** Briton, Britisher (*US*) • **c'est un Britannique** he's British • **les Britanniques** the British

broc [bʀo] (NM) pitcher

brocante [bʀɔkɑ̃t] (NF) (= *commerce*) secondhand trade; (= *magasin*) secondhand shop; (= *marché*) flea market; (= *vide-grenier*) garage sale

brocanteur, -euse [bʀɔkɑ̃tœʀ, øz] (NM,F) secondhand goods dealer

brocarder [bʀɔkaʀde] /TABLE 1/ (VT) to criticize

brocart [bʀɔkaʀ] (NM) brocade

broche [bʀɔʃ] (NF) ⓐ (= *bijou*) brooch ⓑ (*Cuisine*) spit; (*Élec, Méd*) pin • **faire cuire à la ~** to spit-roast

broché, e [bʀɔʃe] (ADJ) **livre ~** paperback

brochet [bʀɔʃɛ] (NM) (= *poisson*) pike

brochette [bʀɔʃɛt] (NF) (= *ustensile*) skewer; (= *plat*) kebab • **~ de personnalités** bunch* of VIPs

brochure [bʀɔʃyʀ] (NF) brochure • **~ touristique** tourist brochure

brocoli [bʀɔkɔli] (NM) broccoli

> Le mot anglais s'écrit avec deux **c**.

brodequin [bʀɔd(ə)kɛ̃] (NM) boot (*with laces*)

broder [bʀɔde] /TABLE 1/ (VT) to embroider • **soie brodée d'or** silk embroidered with gold

broderie [bʀɔdʀi] (NF) (= *art*) embroidery; (= *objet*) piece of embroidery • **faire de la ~** to do embroidery

bromure [bʀɔmyʀ] (NM) bromide • **~ d'argent** silver bromide

bronca [bʀɔ̃ka] (NF) outcry

broncher [bʀɔ̃ʃe] /TABLE 1/ (VI) **personne n'osait ~** no one dared say a word • **sans ~** meekly

bronches [bʀɔ̃ʃ] NFPL bronchial tubes • **se faire souffler dans les ~*** to get hauled over the coals*

bronchite [bʀɔ̃ʃit] NF bronchitis *NonC* • **j'ai une ~** I've got bronchitis

bronzage [bʀɔ̃zaʒ] NM tan

bronze [bʀɔ̃z] NM (= *métal, objet*) bronze

bronzé, e [bʀɔ̃ze] *ptp de* **bronzer** ADJ tanned

bronzer [bʀɔ̃ze] /TABLE 1/ VI [*peau, personne*] to get a tan • **je bronze vite** I tan easily

brosse [bʀɔs] 1 NF ⓐ (= *ustensile*) brush; [*de peintre*] paintbrush • **il sait manier la ~ à reluire** he really knows how to butter people up* ⓑ (*Coiffure*) crew cut • **avoir les cheveux en ~** to have a crew cut 2 COMP ▸ **brosse à chaussures** shoebrush ▸ **brosse à cheveux** hairbrush ▸ **brosse à dents** toothbrush ▸ **brosse à habits** clothesbrush

brosser [bʀɔse] /TABLE 1/ 1 VT ⓐ (= *nettoyer*) to brush; (= *gratter*) to scrub ⓑ (= *peindre*) to paint • **~ le portrait de qn** to paint sb's portrait 2 VPR **se brosser** **se ~ les dents** to brush *ou* clean one's teeth • **se ~ les cheveux** to brush one's hair • **tu peux (toujours) te ~ !*** you'll have to do without!

brou [bʀu] NM **~ de noix** walnut stain

brouette [bʀuɛt] NF wheelbarrow

brouhaha [bʀuaa] NM (= *tintamarre*) hubbub

brouillage [bʀujaʒ] NM (*Radio*) (*intentionnel*) jamming; (*accidentel*) interference; (*TV*) scrambling

brouillard [bʀujaʀ] NM (*dense*) fog; (*léger*) mist • **~ givrant** freezing fog • **il y a du ~** it's foggy • **être dans le ~** (*fig*) to be in the dark

brouillasser [bʀujase] /TABLE 1/ VI to drizzle

brouille [bʀuj] NF quarrel

brouillé, e [bʀuje] *ptp de* **brouiller** ADJ (= *fâché*) **être ~ avec qn** to have fallen out with sb • **être ~ avec l'orthographe** to be useless* at spelling → **œuf**

brouiller [bʀuje] /TABLE 1/ 1 VT ⓐ (= *troubler*) [*+ contour, vue*] to blur; [*+ idées*] to mix up; [*+ émission*] to scramble • **~ les pistes** *ou* **cartes** to confuse the issue ⓑ (= *fâcher*) to set at odds ⓒ (*Radio*) [*+ émission*] (*volontairement*) to jam; (*par accident*) to cause interference to; (*TV*) to scramble 2 VPR **se brouiller** ⓐ [*vue*] to become blurred; [*souvenirs, idées*] to become confused ⓑ (= *se fâcher*) **se ~ avec qn** to fall out with sb

brouilleur [bʀujœʀ] NM [*de signaux*] scrambler

brouillon, -onne [bʀujɔ̃, ɔn] 1 ADJ messy • **élève ~** careless pupil • **avoir l'esprit ~** to be muddle-headed 2 NM rough draft

broussaille [bʀusɑj] NF **~s** scrub • **sourcils en ~** bushy eyebrows

broussailleux, -euse [bʀusɑjø, øz] ADJ [*terrain*] scrubby; [*sourcils, barbe*] bushy

brousse [bʀus] NF **la ~** the bush • **c'est en pleine ~*** it's in the middle of nowhere

brouter [bʀute] /TABLE 1/ 1 VT [*+ herbe*] to graze on 2 VI ⓐ [*mouton, vache, cerf*] to graze ⓑ [*voiture, embrayage*] to judder

broutille [bʀutij] NF (= *bagatelle*) trifle • **perdre son temps à des ~s** to waste one's time on unimportant things

broyer [bʀwaje] /TABLE 8/ VT [*+ aliments, grain*] to grind; [*+ membre*] to crush • **~ du noir** to feel gloomy

broyeur [bʀwajœʀ] NM (= *machine*) waste disposal unit

bru [bʀy] NF daughter-in-law

brugnon [bʀyɲɔ̃] NM nectarine

bruine [bʀɥin] NF fine drizzle

bruiner [bʀɥine] /TABLE 1/ VI to drizzle

bruire [bʀɥiʀ] /TABLE 2/ VI [*feuilles, tissu, vent*] to rustle

bruissement [bʀɥismɑ̃] NM [*de feuilles, tissu, vent*] rustling

bruit [bʀɥi] NM ⓐ sound; (*désagréable*) noise • **j'ai entendu un ~** I heard a noise • **un ~ de moteur/voix** the sound of an engine/of voices • **un ~ de pas** the sound of footsteps • **les ~s de la rue** street noises • **~ de fond** background noise • **~ sourd** thud • **~ strident** screech ⓑ (*opposé à silence*) **le ~** noise • **j'ai entendu du ~** I heard a noise • **il y a trop de ~** there's too much noise • **je ne peux pas travailler dans le ~** I can't work if it's noisy • **sans ~** without a sound • **faire du ~** [*objet, machine*] to make a noise; [*personne*] to be noisy
ⓒ (= *agitation*) **beaucoup de ~ pour rien** a lot of fuss about nothing • **faire grand ~** [*affaire, déclaration*] to cause a stir
ⓓ (= *nouvelle*) rumour • **~s de couloir** rumours • **c'est un ~ qui court** it's a rumour that's going around • **répandre de faux ~s (sur)** to spread false rumours (about)

bruitage [bʀɥitaʒ] NM sound effects

bruiteur, -euse [bʀɥitœʀ, øz] NM,F sound-effects engineer

bruitiste [bʀɥitist] ADJ **musique ~** noise music

brûlant○**, e** [bʀylɑ̃, ɑ̃t] ADJ ⓐ (= *chaud*) [*objet*] red-hot; [*plat*] piping hot; [*liquide*] boiling hot • **il a le front ~ (de fièvre)** his forehead is burning (with fever) ⓑ (= *controversé*) highly topical • **c'est d'une actualité ~e** it's a burning issue

brûlé○**, e** [bʀyle] *ptp de* **brûler** 1 NM,F (= *personne*) person suffering from burns • **grand ~** badly burnt person 2 NM **ça sent le ~** there's a smell of burning; (*fig*) there's trouble brewing

brûle-parfum○ (*pl* **brûle-parfums**) [bʀylpaʀfœ̃] NM oil burner

brûle-pourpoint○ [bʀylpuʀpwɛ̃] **à brûle-pourpoint** LOC ADV point-blank

brûler○ [bʀyle] /TABLE 1/ 1 VT ⓐ to burn; [*eau bouillante*] to scald; [*+ maison, village*] to burn down • **être brûlé vif** to be burnt to death • **j'irai ~ un cierge pour toi** (*hum*) I'll cross my fingers for you • **j'ai les yeux qui me brûlent** my eyes are smarting • **l'argent lui brûle les doigts** money burns a hole in his pocket • **cette question me brûlait les lèvres** I was dying to ask that question
ⓑ (= *ignorer*) **~ un stop** to ignore a stop sign • **~ un feu rouge** to go through a red light (*Brit*), to run a red light (*US*) • **~ les étapes** (= *trop se précipiter*) to cut corners
2 VI ⓐ to burn; [*maison, forêt*] to be on fire • **j'ai laissé ~ le rôti** I burnt the roast
ⓑ (= *être très chaud*) to be burning • **ne touche pas, ça brûle** don't touch that, you'll burn yourself • **tu brûles !** (*jeu, devinette*) you're getting hot!
ⓒ **~ d'impatience** to seethe with impatience • **~ d'envie de faire qch** to be dying to do sth
3 VPR **se brûler** ⓐ to burn o.s.; (= *s'ébouillanter*) to scald o.s. • **je me suis brûlé la langue** I burnt my tongue • **se ~ la cervelle** to blow one's brains out*
ⓑ (*Can* = *se fatiguer*)* to exhaust o.s.

brûleur○ [bʀylœʀ] NM (= *dispositif*) burner • **~ d'encens** incense burner

brûlis○ [bʀyli] NM slash-and-burn technique

brûlot○ [brylo] NM **lancer un ~ contre** to launch a scathing attack on
brûlure○ [brylyr] NF (= *lésion*) burn; (= *sensation*) burning sensation • **~ (d'eau bouillante)** scald • **~ de cigarette** cigarette burn • **~s d'estomac** heartburn *NonC*
brume [brym] NF (= *brouillard*) (*léger*) mist; (*de chaleur*) haze; (*sur mer*) fog
brumeux, -euse [brymø, øz] ADJ hazy; [*temps*] misty
brumisateur® [brymizatœr] NM spray
brumiser [brymize] /TABLE 1/ VT to mist
brun, brune [brœ̃, bryn] **1** ADJ [*yeux, couleur*] brown; [*cheveux, peau, tabac, bière*] dark • **il est ~** (*cheveux*) he's got dark hair • **il est ~ (de peau)** he's dark-skinned **2** NM (= *couleur*) brown; (= *homme*) dark-haired man **3** NF **brune** ⓐ (= *bière*) dark beer ⓑ (= *cigarette*) *cigarette made of dark tobacco* ⓒ (= *femme*) brunette
brunante [brynɑ̃t] NF (*Can*) **à la ~** at dusk
brunâtre [brynɑtr] ADJ brownish
brunch [brœ(t)ʃ] NM brunch
Brunéi [brynei] NM Brunei
brunéien, -ienne [brynejẽ̥, jɛn] **1** ADJ of *ou* from Brunei **2** NM,F **Brunéien(ne)** inhabitant *ou* native of Brunei
brunir [brynir] /TABLE 2/ VI [*personne, peau*] to get a tan
brushing [brœʃiŋ] NM blow-dry • **se faire un ~** to blow-dry one's hair
brusque [brysk] ADJ ⓐ (= *rude, sec*) [*personne, manières, geste*] brusque; [*ton*] curt ⓑ (= *soudain*) [*départ, changement*] abrupt; [*virage*] sharp; [*envie*] sudden
brusquement [bryskəmɑ̃] ADV ⓐ (= *sèchement*) brusquely ⓑ (= *subitement*) suddenly
brusquer [bryske] /TABLE 1/ VT to rush • **il ne faut rien ~** we mustn't rush things
brusquerie [bryskəri] NF brusqueness
brut, e [bryt] **1** ADJ ⓐ [*pétrole, minerai*] crude; [*métal, donnée*] raw • **les faits ~s** the bare facts • **à l'état ~** [*matière*] untreated • **informations à l'état ~** raw data • **~ de décoffrage** *or* **de fonderie** (*fig*) rough and ready • **force ~e** brute force
ⓑ [*champagne*] brut; [*cidre*] dry
ⓒ [*bénéfice, poids, salaire*] gross • **il touche 3 000 € ~s par mois** he earns 3,000 euros gross per month
2 NM (= *pétrole*) crude oil
3 NF **brute** (= *homme brutal*) brute; (= *homme grossier*) lout • **travailler comme une ~e*** to work like a dog • **~e épaisse*** lout • **tu es une grosse ~e!*** you're a big bully!
brutal, e (*mpl* **-aux**) [brytal, o] ADJ ⓐ (= *violent*) [*personne, caractère*] brutal; [*jeu*] rough • **être ~ avec qn** to be rough with sb ⓑ (= *soudain*) [*mort, changement*] sudden; [*choc, coup*] brutal
brutalement [brytalmɑ̃] ADV ⓐ (= *violemment*) brutally ⓑ (= *subitement*) suddenly
brutalisation [brytalizasjɔ̃] NF ill-treatment, brutalization
brutaliser [brytalize] /TABLE 1/ VT [+ *personne*] to ill-treat; (*physiquement*) to beat; [+ *enfant*] (*à l'école*) to bully
brutalité [brytalite] NF ⓐ (= *violence*) violence; (*plus cruelle*) brutality; (*Sport*) rough play *NonC* ⓑ (= *acte*) brutality • **~s policières** police brutality
Bruxelles [bry(k)sɛl] N Brussels
bruxellois, e [bryksɛlwa, waz] **1** ADJ of *ou* from Brussels **2** NM,F **Bruxellois(e)** inhabitant *ou* native of Brussels
bruyamment [brɥijamɑ̃] ADV [*rire, parler*] loudly
bruyant, e [brɥijɑ̃, ɑ̃t] ADJ noisy; [*rire*] loud
bruyère [bryjɛr] NF (= *plante*) heather • **pipe en (racine de) ~** briar pipe
BTP [betepe] NMPL (ABR DE **bâtiments et travaux publics**) *public buildings and works sector*
BTS [beteɛs] NM (ABR DE **brevet de technicien supérieur**) *vocational training certificate taken after the age of 18*
bu, e [by] *ptp de* **boire**
buanderie [bɥɑ̃dri] NF laundry
Bucarest [bykarɛst] N Bucharest
buccal, e (*mpl* **-aux**) [bykal, o] ADJ oral
bûche○ [byʃ] NF [*de bois*] log • **~ de Noël** Yule log
bûcher○1 [byʃe] NM ⓐ (= *tas de bois*) woodpile ⓑ (*funéraire*) funeral pyre; (= *supplice*) stake
bûcher○2 [byʃe] /TABLE 1/ **1** VT ⓐ (= *travailler*)* to swot up* (*Brit*), to cram (*US*) ⓑ (*Can* = *couper*) to fell **2** VI (= *travailler*)* to swot* (*Brit*), to cram (*US*)
bûcheron○**, -onne** [byʃrɔ̃, ɔn] NM,F woodcutter
bûcheur○**, -euse*** [byʃœr, øz] NM,F slogger*
bucolique [bykɔlik] ADJ bucolic
Budapest [bydapɛst] N Budapest
budget [bydʒɛ] NM budget • **~ de fonctionnement** operating budget • **~ publicitaire** advertising budget • **le client au ~ modeste** the customer on a tight budget • **vacances pour petits ~s** *ou* **~s modestes** low-cost holidays • **film à gros ~** big-budget film
budgétaire [bydʒetɛr] ADJ [*dépenses, crise, politique*] budget
budgéter [bydʒete] /TABLE 6/ VT, **budgétiser** [bydʒetize] /TABLE 1/ VT to budget for
buée [bɥe] NF [*d'haleine, eau chaude*] steam; (*sur vitre, miroir*) mist
Buenos Aires [bwenɔzɛr] N Buenos Aires
buffet [byfɛ] NM ⓐ (= *meuble*) sideboard • **~ de cuisine** dresser ⓑ [*de réception*] buffet • **~ campagnard** ≈ cold table • **~ (de gare)** station buffet
buffle [byfl] NM buffalo
bug [bœg] NM (*Informatique*) bug • **le ~ de l'an 2000** the millennium bug
buis [bɥi] NM box
buisson [bɥisɔ̃] NM bush
buissonnière [bɥisɔnjɛr] ADJ F → **école**
bulbe [bylb] NM [*de plante*] bulb • **il est atrophié** *ou* **ramolli** *ou* **mou du ~*** he's slow on the uptake*, he's slow to catch on*
bulgare [bylgar] **1** ADJ Bulgarian **2** NM (= *langue*) Bulgarian **3** NMF **Bulgare** Bulgarian
Bulgarie [bylgari] NF Bulgaria
bulldozer○ [buldozɛr] NM bulldozer
bulle [byl] **1** NF ⓐ [*d'air, de boisson, savon, verre*] bubble • **faire des ~s** [*liquide*] to bubble • **~ d'air** air bubble • **vivre dans une ~** to live in a bubble ⓑ (= *espace protégé*) cocoon ⓒ [*de bande dessinée*] balloon **2** COMP ▸ **bulle d'aide** tooltip ▸ **la bulle Internet** the Internet *ou* dotcom bubble • **la ~ Internet a explosé** the Internet *ou* dotcom bubble has burst
bulletin [byltɛ̃] **1** NM ⓐ (= *communiqué, magazine*) bulletin; (= *formulaire*) form; (= *certificat*) certificate; (= *billet*) ticket; (*Scol*) report ⓑ (*Politique*) ballot paper • **voter à ~ secret** to vote by secret ballot **2** COMP ▸ **bulletin de commande** order form ▸ **bulletin d'information** news bulletin ▸ **bulletin météorologique** weather forecast ▸ **bulletin**

de naissance birth certificate ▸ **bulletin nul** spoiled *ou* spoilt (*Brit*) ballot paper ▸ **bulletin de salaire** pay-slip ▸ **bulletin de santé** medical bulletin ▸ **bulletin scolaire** (school) report (*Brit*), report (card) (*US*) ▸ **bulletin de vote** (*Politique*) ballot paper

buraliste [byʀalist] (NMF) [*de bureau de tabac*] tobacconist (*Brit*), tobacco dealer (*US*); [*de poste*] clerk

bureau (*pl* **bureaux**) [byʀo] **1** (NM) ⓐ (= *meuble*) desk; (*sur écran d'ordinateur*) desktop
ⓑ (= *cabinet de travail*) study
ⓒ (= *lieu de travail, pièce*) office • **pendant les heures de ~** during office hours • **nos ~x seront fermés** the office will be closed • **emploi de ~** office job
ⓓ (= *section*) department
ⓔ (= *comité*) committee; (*exécutif*) board • **élire le ~** [*syndicats*] to elect the officers of the committee
2 (COMP) ▸ **bureau d'accueil** reception ▸ **bureau d'aide sociale** welfare office ▸ **bureau de change** bureau de change (*Brit*), foreign exchange office (*US*) ▸ **bureau d'études** [*d'entreprise*] research department; (= *cabinet*) research consultancy ▸ **Bureau international du travail** International Labour Office ▸ **bureau des objets trouvés** lost property office (*Brit*), lost and found (*US*) ▸ **bureau politique** [*de parti*] party executives ▸ **bureau de poste** post office ▸ **bureau de renseignements** information service ▸ **bureau de tabac** tobacconist's (*Brit*), tobacco shop (*US*) (*selling stamps and newspapers*) ▸ **bureau de vote** polling station

bureaucrate [byʀokʀat] (NMF) bureaucrat

bureaucratie [byʀokʀasi] (NF) bureaucracy

bureaucratique [byʀokʀatik] (ADJ) bureaucratic

bureauticien, -ienne [byʀɔtisjɛ̃, jɛn] (NM,F) information systems manager, MIS manager

bureautique [byʀotik] (NF) office automation

burette [byʀɛt] (NF) [*de mécanicien*] oilcan

burin [byʀɛ̃] (NM) chisel

buriné, e [byʀine] (ADJ) [*visage*] lined

burka [buʀka] (NF) = **burqa**

burkinabé [byʀkinabe] **1** (ADJ) of *ou* from Burkina-Faso **2** (NMF) **Burkinabé** inhabitant *ou* native of Burkina-Faso

Burkina Faso [byʀkina faso] (NM) Burkina-Faso

burlesque [byʀlɛsk] (ADJ) (= *ridicule*) ludicrous

burnous [byʀnu(s)] (NM) [*d'Arabe*] burnous; [*de bébé*] baby's cape

burqa [byʀka] (NF) burqa

burundais, e [buʀundɛ, ɛz] **1** (ADJ) Burundian **2** (NM,F) **Burundais(e)** Burundian

Burundi [buʀundi] (NM) Burundi

bus [bys] (NM) ⓐ (= *véhicule*) bus • **j'irai en ~** I'll go by bus ⓑ (*Informatique*) bus

buse [byz] (NF) ⓐ (= *oiseau*) buzzard ⓑ (= *tuyau*) pipe

busqué, e [byske] (ADJ) [*nez*] hooked

buste [byst] (NM) (= *torse*) chest; (= *seins, sculpture*) bust

bustier [bystje] (NM) bustier

but [by(t)] (NM) ⓐ (= *objectif*) aim, goal • **aller droit au ~** to come straight to the point • **nous touchons au ~** the end is in sight • **être encore loin du ~** to have a long way to go • **errer sans ~** to wander aimlessly • **à ~ non lucratif** non-profit-making (*Brit*), non-profit (*US*)
ⓑ (= *intention*) aim; (= *raison*) reason • **dans le ~ de faire qch** with the aim of doing sth • **c'était le ~ de l'opération** that was the point of the operation • **complément de ~** (*Gram*) purpose clause
ⓒ (*Sport, Football*) goal • **gagner (par) 3 ~s à 2** to win by 3 goals to 2 • **marquer un ~** to score a goal
▸ **de but en blanc** point-blank

butane [bytan] (NM) **(gaz) ~** butane; (*à usage domestique*) Calor gas ®

buté, e [byte] *ptp de* **buter** (ADJ) [*personne, air*] stubborn

buter [byte] /TABLE 1/ **1** (VI) ⓐ (= *achopper*) to stumble • **~ contre qch** (= *trébucher*) to stumble over sth; (= *cogner*) to bang against sth • **~ sur un mot** to stumble over a word ⓑ (*Football*) to score a goal **2** (VT) (= *tuer*)* to bump off* **3** (VPR) **se buter** (= *s'entêter*) to dig one's heels in

buteur [bytœʀ] (NM) (*Football*) striker

butin [bytɛ̃] (NM) [*de voleur*] loot; (*fig*) booty • **~ de guerre** spoils of war

butiner [bytine] /TABLE 1/ **1** (VT) [*abeilles*] to gather pollen from; [+ *informations*] to gather **2** (VI) **~ sur la toile** (*Internet*) to surf the web

butineur, -euse [bytinœʀ, øz] **1** (ADJ) foraging **2** (NM) (*Can*) (= *navigateur Internet*) browser **3** (NF) **butineuse** forager bee

butte [byt] (NF) (= *tertre*) mound
▸ **être en butte à** [+ *difficultés*] to be exposed to

buvable [byvabl] (ADJ) drinkable • **ampoule ~** phial to be taken orally

buvait [byvɛ] (VB) → **boire**

buvard [byvaʀ] (NM) (= *papier*) blotting paper *NonC*

buvette [byvɛt] (NF) (= *café*) refreshment room; (*en plein air*) refreshment stall

buveur, -euse [byvœʀ, øz] (NM,F) drinker • **~ de bière** beer drinker

buzz [bœz] (NM) hype* • **créer** *ou* **faire le ~** to create hype*

Byzance [bizɑ̃s] (N) Byzantium • **c'est ~!*** what luxury!

byzantin, e [bizɑ̃tɛ̃, in] (ADJ) Byzantine • **des querelles ~es** (*péj*) protracted wrangling

Cc

c', ç' [s] = **ce**

ça [sa] PRON DÉM **a** (= *objet proche*) this; (= *objet moins proche*) that • **qu'est-ce que c'est que ça, sur ma cravate?** what's this on my tie? • **qu'est-ce que c'est que ça, par terre?** what's that on the floor? **b** (= *ce qui a été dit*) that, it • **flexibilité, qu'est-ce que ça veut dire?** flexibility, what does that mean? • **ça m'agace de l'entendre se plaindre** it gets on my nerves hearing him complain • **ça ne fait rien** it doesn't matter • **faire des études, ça ne le tentait guère** studying didn't really appeal to him • **ça alors!** goodness! • **c'est ça** that's right • **c'est ça ou rien!** take it or leave it! • **j'ai cinq jours de congé, c'est déjà ça** I've got five days off, that's something at least

▸ **qui ça? j'ai vu Pierre Borel — qui ça?** I saw Pierre Borel — who?

▸ **quand ça?** when was that?

▸ **où ça?** where was that?

▸ **ça y est ça y est, il a signé le contrat** that's it, he's signed the contract • **ça y est, il a cassé le verre** there you are, he's broken the glass • **ça y est, oui, je peux parler?** is that it then, can I talk now?

çà [sa] ADV **çà et là** here and there

cabale [kabal] NF (= *complot*) conspiracy

caban [kabɑ̃] NM three-quarter length coat; [*de marin*] reefer jacket

cabane [kaban] NF hut; (*pour outils, animaux*) shed ▸ **cabane à outils** toolshed

cabaret [kabaʀɛ] NM (= *boîte de nuit*) cabaret club

cabas [kabɑ] NM (= *sac*) shopping bag

cabillaud [kabijo] NM cod

cabine [kabin] NF [*de bateau, véhicule spatial*] cabin; [*de train, grue*] cab; [*de laboratoire de langues*] booth; (*à la piscine*) cubicle ▸ **cabine de douche** shower cubicle (*Brit*) *ou* stall (*US*) ▸ **cabine d'essayage** fitting room ▸ **cabine de pilotage** cockpit; (*dans avion de ligne*) flight deck ▸ **cabine téléphonique** telephone booth

cabinet [kabinɛ] **1** NM **a** [*de médecin, dentiste*] surgery (*Brit*), office (*US*); [*de notaire, d'avocat*] office **b** (= *gouvernement*) cabinet; (= *collaborateurs*) staff **c** (= *meuble*) cabinet **2** NMPL **cabinets** (= *toilettes*) toilet, bathroom (*US*) **3** COMP ▸ **cabinet d'affaires** consultancy firm ▸ **cabinet d'architectes** firm of architects ▸ **cabinet-conseil, cabinet de consultants, cabinet d'études** consultancy firm ▸ **cabinet de toilette** bathroom

câble [kɑbl] NM (= *fil, TV*) cable • **la télévision par ~** cable (television) • **le ~** cable (television) ▸ **câble de démarrage** jump lead (*Brit*), jumper cable (*US*) ▸ **câble électrique** (electric) cable ▸ **câble de frein** brake cable ▸ **câble de remorquage** towrope

câblé, e [kɑble] ADJ [*chaîne, réseau*] cable *épith* • **la ville est ~e** the town has cable television

câblodistribution [kablodistʀibysjɔ̃] NF cable television

cabossé, e [kabɔse] *ptp de* **cabosser** ADJ battered

cabosser [kabɔse] /TABLE 1/ VT to dent

cabot* [kabo] NM (= *chien*) mutt*

cabotage [kabɔtaʒ] NM coastal navigation • **faire du ~** to sail along the coast

cabotin, e [kabɔtɛ̃, in] ADJ theatrical • **il est très ~** he's a real show-off

cabrer (se) [kɑbʀe] /TABLE 1/ VPR [*cheval*] to rear (up); [*personne*] to rebel

cabriole [kabʀijɔl] NF [*d'enfant, cabri*] caper • **faire des ~s** to caper about

cabriolet [kabʀijɔlɛ] NM (= *voiture décapotable*) convertible

CAC [kak] NF (ABR DE **compagnie des agents de change**) *institute of stockbrokers* • **l'indice ~40** *the French stock exchange price index*

caca* [kaka] NM poo* (*Brit*), poop* (*US*) • **faire ~** to do a poo* (*Brit*) *ou* a poop* (*US*) ▸ **caca d'oie** ADJ INV (*couleur*) greenish-yellow

cacahuète [kakawɛt] NF peanut • **il est payé des ~s** *ou* **trois ~s*** he earns peanuts*

cacao [kakao] NM cocoa

cacatoès [kakatɔɛs] NM cockatoo

cachalot [kaʃalo] NM sperm whale

cache¹ [kaʃ] NM (*Ciné, Photo*) mask; (*Informatique*) cache

cache² [kaʃ] NF **~ d'armes** arms cache

cache-cache ○ [kaʃkaʃ] NM INV hide-and-seek • **jouer à ~** to play hide-and-seek

cachemire [kaʃmiʀ] NM **a** (= *laine*) cashmere • **écharpe en ~** cashmere scarf **b** **motif ~** paisley pattern

cache-pot (*pl* **cache-pots**) [kaʃpo] NM plant-pot holder

cacher [kaʃe] /TABLE 1/ **1** VT to hide • **~ qch à qn** to hide sth from sb • **les arbres nous cachent le fleuve** we can't see the river because of the trees • **~ son jeu** (*fig*) to keep one's cards close to one's chest • **tu caches bien ton jeu!** you're a bit of a dark horse, aren't you? • **son silence cache quelque chose** there's something he's keeping quiet about • **pour ne rien vous ~** to be perfectly honest

with you • **il n'a pas caché que ...** he made no secret of the fact that ...
2 (VPR) **se cacher** ⓐ (= *se dissimuler*) to hide • **il se cache pour fumer** he smokes in secret • **faire qch sans se ~** to do sth openly • **je ne m'en cache pas** I make no secret of it
ⓑ (= *être caché*) [*personne*] to be hiding; [*malfaiteur, évadé*] to be in hiding; [*chose*] to be hidden

cache-sexe (*pl* **cache-sexes**) [kaʃsɛks] (NM) G-string

cachet [kaʃɛ] (NM) ⓐ (= *comprimé*) tablet • **un ~ d'aspirine** an aspirin ⓑ (= *timbre*) ~ **(de la poste)** postmark • **à envoyer le 15 septembre au plus tard, le ~ de la poste faisant foi** to be postmarked 15 September at the latest ⓒ (= *caractère*) character • **cette petite église a du ~** that little church has great character ⓓ (= *rétribution*) fee

cacheter [kaʃte] /TABLE 4/ (VT) to seal

cachette [kaʃɛt] (NF) hiding-place
▸ **en cachette** secretly • **en ~ de qn** (*action répréhensible*) behind sb's back; (*action non répréhensible*) unknown to sb

cachot [kaʃo] (NM) (= *prison*) dungeon • **trois jours de ~** three days' solitary confinement

cachotterie○ [kaʃɔtʀi] (NF) **faire des ~s** to be secretive • **faire des ~s à qn** to keep things from sb

cachottier○**, -ière** [kaʃɔtje, jɛʀ] (ADJ) secretive

cacophonie [kakɔfɔni] (NF) cacophony

cacou * [kaku] (NM) layabout*, shirker

cactus [kaktys] (NM INV) cactus

c.-à-d. (ABR DE **c'est-à-dire**) i.e.

cadastre [kadastʀ] (NM) (= *registre*) property register; (= *service*) land registry

cadavérique [kadaveʀik] (ADJ) [*teint*] deathly pale

cadavre [kadɑvʀ] (NM) (*humain*) body, corpse; (*animal*) carcass • **un ~ ambulant** a living corpse

caddie [kadi] (NM) ⓐ (*Golf*) caddie ⓑ ® (*pour achats*) shopping trolley (*Brit*), grocery cart (*US*)

cadeau (*pl* **cadeaux**) [kado] (NM) present, gift • **faire un ~ à qn** to give sb a present *ou* gift • **~ de Noël** Christmas present • **en ~** as a present; (*Commerce*) as a free gift • **c'était un ~ empoisonné** it was a poisoned chalice • **faire ~ de qch à qn** to give sb sth • **je vous fais ~ des détails** I'll spare you the details • **ils ne font pas de ~*** they don't let you off lightly • **cette fille, c'est pas un ~!*** that girl is a real pain!*

cadenas [kadna] (NM) padlock

cadenasser [kadnɑse] /TABLE 1/ (VT) to padlock

cadence [kadɑ̃s] (NF) ⓐ (= *rythme*) rhythm • **marquer la ~** to beat out the rhythm
▸ **en cadence** (= *régulièrement*) rhythmically; (= *ensemble, en mesure*) in time
ⓑ (= *vitesse, taux*) rate • **à la ~ de 10 par jour** at the rate of 10 a day • **à une ~ infernale** at a furious rate

cadet, -ette [kadɛ, ɛt] 1 (ADJ) (*de deux*) younger; (*de plusieurs*) youngest 2 (NM) ⓐ [*de famille*] **le ~** the youngest child • **le ~ des garçons** the youngest boy ⓑ (*relation d'âge*) **il est de deux ans mon ~** he's two years younger than me • **c'est le ~ de mes soucis** that's the least of my worries 3 (NF) **cadette** ⓐ [*de famille*] **la cadette** the youngest child • **la cadette des filles** the youngest girl ⓑ (*relation d'âge*) **elle est ma cadette de deux ans** she's two years younger than me

cadran [kadʀɑ̃] (NM) [*d'horloge, compteur, téléphone*] dial
▸ **cadran solaire** sundial

cadre [kɑdʀ] 1 (NM) ⓐ [*de tableau, porte, bicyclette*] frame • **~ numérique** digital (photo *ou* picture) frame
ⓑ (= *décor*) setting; (= *entourage*) surroundings • **vivre dans un ~ luxueux** to live in luxurious surroundings • **quel ~ magnifique!** what a magnificent setting! • **~ de vie** living environment
ⓒ (= *contexte*) framework • **le ~ juridique/institutionnel** the legal/institutional framework • **dans le ~ de** within the framework of
ⓓ (= *limites*) scope • **être dans le ~ de** to be within the scope of • **cette décision sort du ~ de notre accord** this decision is beyond the scope of our agreement
ⓔ (= *responsable*) manager • **les ~s** management
2 (COMP) ▸ **cadre moyen** middle manager • **les ~s moyens** middle management ▸ **cadre supérieur** senior manager • **les ~s supérieurs** senior management

cadrer [kɑdʀe] /TABLE 1/ 1 (VI) (= *coïncider*) to tally 2 (VT) ⓐ (*Ciné, Photo*) to frame ⓑ (*Football*) **~ un tir** to place a shot

cadreur, -euse [kɑdʀœʀ, øz] (NM,F) cameraman (*ou* camerawoman)

caduc, caduque [kadyk] (ADJ) ⓐ **à feuilles caduques** deciduous ⓑ (= *nul*) null and void; (= *périmé*) lapsed

cafard [kafaʀ] (NM) ⓐ (= *insecte*) cockroach ⓑ (= *mélancolie*)* **avoir le ~** to be feeling down • **ça lui donne le ~** it gets him down

cafarder * [kafaʀde] /TABLE 1/ 1 (VT) (= *dénoncer*) to tell tales on, to sneak on* (*Brit*), to tattle on (*US*) 2 (VI) ⓐ (= *rapporter*) to tell tales, to sneak* (*Brit*), to tattle (*US*) ⓑ (= *être déprimé*) to be feeling down* *ou* low*, to be down in the dumps*

café [kafe] 1 (NM) ⓐ (= *boisson*) coffee ⓑ (= *lieu*) café
2 (COMP) ▸ **café crème** coffee with milk ▸ **café filtre** filter coffee ▸ **café au lait** milky coffee; (*couleur*) coffee-coloured ▸ **café liégeois** *coffee ice cream with coffee and whipped cream* ▸ **café soluble** instant coffee

café-concert (*pl* **cafés-concerts**) [kafekɔ̃sɛʀ] (NM) *café where singers entertain customers*

caféiculteur, -trice [kafeikyltœʀ, tʀis] (NM,F) coffee grower

caféiculture [kafeikyltyʀ] (NF) coffee growing

caféine [kafein] (NF) caffeine

café-tabac (*pl* **cafés-tabacs**) [kafetaba] (NM) café (*where cigarettes, stamps and newspapers may be purchased*)

cafétéria [kafeteʀja] (NF) cafeteria

café-théâtre (*pl* **cafés-théâtres**) [kafeteɑtʀ] (NM) (= *endroit*) small theatre (*Brit*) *or* theater (*US*)

cafetière [kaftjɛʀ] (NF) (= *pot*) coffeepot; (= *machine*) coffee-maker • **~ électrique** electric coffee-maker • **~ italienne** espresso maker

cafouillage * [kafujaʒ], **cafouillis** * [kafuji] (NM) muddle, shambles *sg* • **un ~ informatique** a glitch • **il y a eu un ~ devant les buts** there was some confusion in front of the goal

cafouiller * [kafuje] /TABLE 1/ (VI) [*candidat*] to be struggling; [*organisation*] to be in a mess

cage [kaʒ] (NF) (*pour animaux*) cage ▸ **cage d'ascenseur** lift (*Brit*) *ou* elevator (*US*) shaft ▸ **cage d'escalier** stairwell ▸ **cage à lapins** rabbit hutch ▸ **cage à oiseaux** birdcage ▸ **cage thoracique** ribcage

cageot [kaʒo] (NM) [*de légumes, fruits*] crate

cagette [kaʒɛt] (NF) [*de légumes, fruits*] crate

cagibi [kaʒibi] (NM) (= *débarras*) boxroom (*Brit*), storage room (*US*)

cagnard * [kaɲaʀ] (NM) **en plein ~** in the blazing sun

cagneux, -euse [kaɲø, øz] ADJ [*jambes*] crooked • **genoux ~** knock knees
cagnotte [kaɲɔt] NF kitty
cagoule [kagul] NF [*de bandit*] hood; (*= passe-montagne*) balaclava
cahier [kaje] NM (*d'exercices*) exercise book ▸ **cahier d'appel** register ▸ **cahier de brouillon** jotter (*Brit*), notebook (for rough drafts) (*US*) ▸ **cahier des charges** [*de production*] specifications ▸ **cahier d'exercices** exercise book ▸ **cahier de textes** homework diary
cahin-caha ○* [kaɛ̃kaa] ADV **aller ~** to hobble along • **comment ça va ? — ~** how are things? — so-so*
cahot [kao] NM (*= secousse*) jolt
cahoter [kaɔte] /TABLE 1/ VI [*véhicule*] to trundle along
caïd* [kaid] NM [*de pègre*] boss; [*de classe, bureau*] hard man*; (*= as*) ace* • **jouer les ~s** *ou* **au ~** to swagger about
caillasse [kajas] NF loose stones
caille [kaj] NF (*= oiseau*) quail
cailler [kaje] /TABLE 1/ **1** VI (a) [*lait*] to curdle (b) (*= avoir froid*)* to be freezing • **ça caille** it's freezing **2** VPR **se cailler*** (*= avoir froid*) to be freezing • **on se les caille !** it's freezing!
caillera* [kajʀa] NF chav* (*Brit*), punk* (*US*)
caillot [kajo] NM blood clot
caillou (*pl* **cailloux**) [kaju] NM stone; (*= petit galet*) pebble
Caire [kɛʀ] NM **Le ~** Cairo
caisse [kɛs] **1** NF (a) (*pour emballage*) box; [*de fruits, légumes*] crate; [*de bouteilles*] case; [*de plantes*] tub; (*= litière de chat*) litter tray • **en faire des ~s*** to make a big deal of things*
(b) (*Finance*) (*= tiroir*) till; (*portable*) cashbox • **les ~s de l'État** the state coffers • **tenir la ~** to be the cashier • **partir avec la ~** to go off with the contents of the till • **les ~s sont vides** the coffers are empty
(c) (*= guichet*) [*de boutique*] till; [*de banque*] cashier's desk; [*de supermarché*] check-out • **être à la ~** to be at the till
(d) (*= établissement, bureau*) office; (*= organisme*) fund
(e) (*= voiture*)* motor* (*Brit*), auto* (*US*)
2 COMP ▸ **caisse claire** snare drum ▸ **caisse enregistreuse** cash register ▸ **caisse d'épargne** savings bank ▸ **caisse noire** secret funds ▸ **caisse à outils** toolbox ▸ **caisse de résonance** [*d'instrument*] sound box • **servir de ~ de résonance à qch** to act as a platform for sth ▸ **caisse de retraite** pension fund
caissier, -ière [kesje, jɛʀ] NM,F [*de banque*] cashier; [*de supermarché*] check-out assistant (*Brit*), checker (*US*); [*de cinéma*] person in the box office
caisson [kɛsɔ̃] NM (*sous l'eau*) diving bell
cajoler [kaʒɔle] /TABLE 1/ VT (*= câliner*) to cuddle
cajoleur, -euse [kaʒɔlœʀ, øz] ADJ (*= flatteur*) coaxing
cajou [kaʒu] NM **noix de ~** cashew nut
cake [kɛk] NM fruit cake
cal [kal] NM callus
calamar [kalamaʀ] NM squid
calamité [kalamite] NF (*= malheur*) calamity; (*hum*) disaster
calandre [kalɑ̃dʀ] NF [*d'automobile*] radiator grill
calanque [kalɑ̃k] NF (*= crique*) rocky inlet (*in the Mediterranean*)
calcaire [kalkɛʀ] **1** ADJ (a) [*roche, plateau, relief*] limestone (b) (*= qui contient de la chaux*) [*sol, terrain*] chalky; [*eau*] hard **2** NM limestone; [*de bouilloire*] limescale (*Brit*), scale (*US*)

calcifier (se) [kalsifje] /TABLE 7/ VPR to calcify
calciné, e [kalsine] ADJ [*débris, os*] charred; [*rôti*] burned to a cinder
calcium [kalsjɔm] NM calcium
calcul [kalkyl] **1** NM (a) (*= opération*) calculation; (*= exercice scolaire*) sum • **se tromper dans ses ~s** to make a mistake in one's calculations • **si on fait le ~** when you add it all up
(b) (*= discipline*) **le ~** arithmetic • **fort en ~** good at sums
(c) (*= estimation*) **~s** reckoning • **d'après mes ~s** by my reckoning
(d) (*= plan*) calculation *NonC*; (*= arrière-pensée*) ulterior motive • **faire un bon ~** to judge correctly • **faire un mauvais ~** to miscalculate
(e) (*Méd*) stone
2 COMP ▸ **calcul algébrique** calculus ▸ **calcul biliaire** gallstone ▸ **calcul différentiel** differential calculus ▸ **calcul intégral** integral calculus ▸ **calcul mental** (*= discipline*) mental arithmetic; (*= opération*) mental calculation ▸ **calcul rénal** kidney stone
calculateur, -trice [kalkylatœʀ, tʀis] **1** ADJ (*= intéressé*) calculating **2** NF **calculatrice** pocket calculator
calculer [kalkyle] /TABLE 1/ **1** VT (a) [*+ prix, quantité, surface*] to calculate • **il calcula mentalement la distance** he calculated the distance in his head
(b) (*= évaluer*) [*+ chances, conséquences*] to weigh up • **~ son élan** to judge one's run-up • **~ que ...** to calculate that ... • **tout bien calculé** all things considered
(c) (*= préméditer*) [*+ geste, effets*] to calculate; [*+ action*] to plan • **~ son coup** to plan one's move carefully • **mal ~ son coup** to miscalculate • **avec une gentillesse calculée** with calculated kindness • **je ne le calcule même pas*** I take no notice of him
2 VI (a) (*= compter*) **il calcule vite** he works things out quickly
(b) (*= économiser*) to budget carefully
calculette [kalkylet] NF pocket calculator
cale NF (a) (*= soute*) hold (b) (*= chantier*) **~ sèche** *ou* **de radoub** dry dock (c) (*= coin*) wedge
calé, e* [kale] *ptp de* **caler** ADJ (*= savant*) [*personne*] brilliant* • **être ~ en chimie** to be brilliant* at chemistry
calèche [kalɛʃ] NF horse-drawn carriage
caleçon [kalsɔ̃] **1** NM (a) [*d'homme*] boxer shorts • **trois ~s** three pairs of boxer shorts (b) [*de femme*] leggings **2** COMP ▸ **caleçon de bain** swimming trunks ▸ **caleçon long, caleçons longs** long johns*
calembour [kalɑ̃buʀ] NM pun
calendrier [kalɑ̃dʀije] **1** NM (a) (*= jours et mois*) calendar (b) (*= programme*) schedule **2** COMP ▸ **calendrier d'amortissement** repayment schedule ▸ **calendrier de l'avent** Advent calendar ▸ **calendrier électoral** electoral calendar ▸ **calendrier d'examens** exam timetable ▸ **calendrier des rencontres** (*Sport*) fixture list
cale-pied [kalpje] NM INV [*de vélo*] toe clip
calepin [kalpɛ̃] NM notebook
caler [kale] /TABLE 1/ **1** VT (a) [*+ meuble, roue*] to put a wedge under; [*+ fenêtre, porte ouverte*] to wedge open (b) [*+ malade*] to prop up (c) (*= appuyer*) **~ qch contre qch** to prop sth up against sth **2** VI (a) [*véhicule, moteur, conducteur*] to stall (b) (*= être bloqué*)* to be stuck; (*= abandonner*) to give up • **~ sur un exercice difficile** to be stuck on a difficult exercise • **il a**

calé avant le dessert he gave up before the dessert 3 VPR **se caler se ~ dans un fauteuil** to settle o.s. comfortably in an armchair

calfeutrer [kalføtʀe] /TABLE 1/ 1 VT [+ *pièce, porte*] to draughtproof (*Brit*) *ou* draftproof (*US*) 2 VPR **se calfeutrer** (= *s'enfermer*) to shut o.s. away; (*pour être au chaud*) to get cosy

calibre [kalibʀ] NM a (= *diamètre*) [*de fusil, canon, obus, balle*] calibre (*Brit*), caliber (*US*); [*de tuyau, câble*] diameter; [*d'œufs, de fruits*] grade; [*de boule*] size • **de gros ~** [*pistolet*] large-bore b (= *instrument*) (*pour mesurer*) gauge; (*pour reproduire*) template c (= *envergure*) calibre (*Brit*), caliber (*US*) • **son père est d'un autre ~** his father is a man of a different calibre d (*arg* = *pistolet*) pistol

calibrer [kalibʀe] /TABLE 1/ VT a [+ *œufs, fruits*] to grade; [+ *cylindre, fusil*] to calibrate b [+ *pièce travaillée*] to gauge

calice [kalis] NM a (*Rel*) chalice b [*de fleur*] calyx

calicot [kaliko] NM (= *tissu*) calico; (= *banderole*) banner

Californie [kalifɔʀni] NF California

califourchon [kalifuʀʃɔ̃] LOC ADJ, LOC ADV **à ~** astride • **monter à ~** to ride astride

câlin, e [kɑlɛ̃, in] 1 ADJ affectionate 2 NM cuddle • **faire un ~** *ou* **des ~s à qn** to give sb a cuddle

câliner [kɑline] /TABLE 1/ VT to cuddle

calligramme [kaligʀam] NM (= *poème*) calligramme

calligraphie [ka(l)ligʀafi] NF (= *technique*) calligraphy

calmant [kalmɑ̃] NM (= *tranquillisant*) tranquillizer; (= *sédatif*) sedative; (= *antidouleur*) painkiller

calmar [kalmaʀ] NM squid

calme [kalm] 1 ADJ quiet; [*personne, mer*] calm; [*nuit, air*] still; (= *paisible*) peaceful 2 NM a (= *sang-froid*) composure • **garder son ~** to keep calm b (= *tranquillité*) peace and quiet; [*de nuit*] stillness; [*d'endroit*] peacefulness • **il me faut du ~ pour travailler** I need peace and quiet to work • **du ~ !** (*restez tranquille*) calm down!; (= *pas de panique*) keep calm! • **~ plat** (*en mer*) dead calm • **c'est le ~ plat dans les affaires** business is practically at a standstill

calmement [kalməmɑ̃] ADV calmly

calmer [kalme] /TABLE 1/ 1 VT a [+ *personne*] to calm down; [+ *nerfs*] to calm • **~ les esprits** to calm people down • **~ le jeu** to calm things down • **ça calme !*** that'll bring you back down to earth* b [+ *douleur*] to ease; [+ *impatience*] to curb; [+ *faim*] to satisfy; [+ *soif*] to quench; [+ *ardeur*] to cool 2 VPR **se calmer** a (= *s'apaiser*) [*personne*] to calm down; [*tempête*] to die down; [*mer*] to become calm b (= *diminuer*) [*inquiétude, douleur*] to ease; [*crainte*] to subside

calomnie [kalɔmni] NF slander *NonC*; (*écrite*) libel

calomnier [kalɔmnje] /TABLE 7/ VT (= *diffamer*) to slander; (*par écrit*) to libel

calomnieux, -ieuse [kalɔmnjø, jøz] ADJ [*propos*] slanderous

calorie [kalɔʀi] NF calorie

calorifique [kalɔʀifik] ADJ calorific

calorique [kalɔʀik] ADJ (*diététique*) calorie • **valeur ~** calorific value

calotte [kalɔt] NF **~ glaciaire** icecap

calque [kalk] NM a (= *dessin*) tracing • **(papier) ~** tracing paper b (*Ling*) loan translation

calquer [kalke] /TABLE 1/ VT (= *copier*) to copy exactly

calumet [kalymɛ] NM **fumer le ~ de la paix** to smoke the pipe of peace; (*fig*) to bury the hatchet

calvaire [kalvɛʀ] NM calvary

calviniste [kalvinist] ADJ, NMF Calvinist

calvitie [kalvisi] NF baldness *NonC* • **~ précoce** premature baldness *NonC*

camaïeu [kamajø] NM (= *peinture*) monochrome • **en ~** [*paysage, motif*] monochrome • **un ~ de roses** various shades of pink

camarade [kamaʀad] NMF friend • **le ~ Durand** (*Politique*) comrade Durand ▸ **camarade de classe** classmate ▸ **camarade d'école** school friend ▸ **camarade de jeu** playmate ▸ **camarade de promotion** fellow student ▸ **camarade de régiment** friend from one's army days

camaraderie [kamaʀadʀi] NF (*entre deux personnes*) companionship; (*dans un groupe*) camaraderie

camarguais, e [kamaʀgɛ, ɛz] ADJ from the Camargue

cambiste [kɑ̃bist] NMF foreign exchange dealer

Cambodge [kɑ̃bɔdʒ] NM **le ~** Cambodia

cambodgien, -ienne [kɑ̃bɔdʒjɛ̃, jɛn] 1 ADJ Cambodian 2 NM,F **Cambodgien(ne)** Cambodian

cambouis [kɑ̃bwi] NM dirty oil

cambré, e [kɑ̃bʀe] ADJ [*personne*] **être ~** • **avoir les reins ~s** to have a hollow back • **avoir le pied très ~** to have very high arches

cambriolage [kɑ̃bʀijɔlaʒ] NM burglary

cambrioler [kɑ̃bʀijɔle] /TABLE 1/ VT to burgle (*Brit*), to burglarize (*US*)

cambrioleur, -euse [kɑ̃bʀijɔlœʀ, øz] NM,F burglar

cambrousse* [kɑ̃bʀus] NF (= *campagne*) country • **en pleine ~** out in the sticks*

cambrure [kɑ̃bʀyʀ] NF a (= *courbe*) [*de poutre, taille, reins*] curve; [*de semelle, pied*] arch b (= *partie*) **~ du pied** instep • **~ des reins** small of the back

came[1] [kam] NF → **arbre**

came[2]* [kam] NF (= *drogue*) dope*

camé, e[1]* [kame] ptp de **camer** 1 ADJ high* 2 NM,F junkie*

camée[2] [kame] NM cameo

caméléon [kameleɔ̃] NM chameleon

camélia [kamelja] NM camellia

camelot [kamlo] NM street vendor

camelote* [kamlɔt] NF **c'est de la ~** it's junk*

camembert [kamɑ̃bɛʀ] NM a (= *fromage*) Camembert b (= *graphique*)* pie chart

caméo [kameo] NM (*Ciné*) cameo

camer (se)* [kame] /TABLE 1/ VPR to do drugs*

caméra [kameʀa] NF camera; [*d'amateur*] cine-camera (*Brit*), movie camera (*US*) • **face ~** in front of the camera • **passer derrière la ~** to turn director ▸ **caméra numérique** digicam ▸ **caméra vidéo** video camera

cameraman [kameʀaman] (*pl* **cameramen** [kameʀamɛn]) NM cameraman

Cameroun [kamʀun] NM **le ~** Cameroon

camerounais, e [kamʀunɛ, ɛz] 1 ADJ Cameroonian 2 NM,F **Camerounais(e)** Cameroonian

caméscope [kameskɔp] NM camcorder

camion [kamjɔ̃] NM lorry (*Brit*), truck ▸ **camion de déménagement** removal (*Brit*) *ou* moving (*US*) van ▸ **camion frigorifique** refrigerated lorry

camion-citerne (*pl* **camions-citernes**) [kamjɔ̃sitɛʀn] NM tanker (lorry) (*Brit*), tank truck (*US*)

camionnette [kamjɔnɛt] NF van (*Brit*), small truck (*US*)

camionneur [kamjɔnœʀ] NM (= *chauffeur*) lorry

C

(*Brit*) *ou* truck driver; (*= entrepreneur*) road haulier (*Brit*), trucking contractor (*US*)
camisole [kamizɔl] NF **~ de force** straitjacket
camomille [kamɔmij] NF (*= plante*) camomile; (*= infusion*) camomile tea
camouflage [kamuflaʒ] NM (*= dispositif*) camouflage • **tenue de ~** camouflage fatigues
camoufler [kamufle] /TABLE 1/ **1** VT (*Mil*) to camouflage; (*= cacher*) to conceal; (*= déguiser*) to disguise • **~ un crime en accident** to make a crime look like an accident **2** VPR **se camoufler** to camouflage o.s.
camp [kɑ̃] **1** NM **a** (*= emplacement*) camp **b** (*= séjour*) **faire un ~ d'une semaine** to go on a camp for a week **c** (*= parti, faction*) (*Jeux, Sport*) side; (*Politique*) camp **2** COMP ▸ **camp de concentration** concentration camp ▸ **camp d'extermination** extermination camp ▸ **camp de la mort** death camp ▸ **camp de travail** labour (*Brit*) *ou* labor (*US*) camp
campagnard, e [kɑ̃paɲaʀ, aʀd] **1** ADJ [*vie, manières*] country **2** NM countryman; (*péj*) peasant (*péj*) **3** NF **campagnarde** countrywoman; (*péj*) peasant (*péj*)
campagne [kɑ̃paɲ] NF **a** (*= habitat*) country; (*= paysage*) countryside • **la ville et la ~** town and country • **la ~ anglaise** the English countryside • **à la ~** in the country • **en pleine ~** out in the country • **auberge de ~** country inn **b** (*= action*) campaign • **faire ~** to fight (a campaign) • **faire ~ pour un candidat** to canvass for a candidate • **partir en ~** to launch a campaign • **~ de vaccination** vaccination campaign ▸ **campagne électorale** election campaign ▸ **campagne publicitaire** *ou* **de publicité** publicity campaign
campagnol [kɑ̃paɲɔl] NM vole
campanule [kɑ̃panyl] NF campanula
campement [kɑ̃pmɑ̃] NM (*= lieu*) camp
camper [kɑ̃pe] /TABLE 1/ **1** VI to camp • **~ sur ses positions** to stand one's ground **2** VT [*+ caractère, personnage*] to portray • **personnage bien campé** vividly drawn character **3** VPR **se camper se ~ devant qn** to plant o.s. in front of sb
campeur, -euse [kɑ̃pœʀ, øz] NM,F camper
camphre [kɑ̃fʀ] NM camphor
camping [kɑ̃piŋ] NM **a** (*= activité*) **le ~** camping • **faire du ~** to go camping • **faire du ~ sauvage** (*illégal*) to camp on unauthorized sites; (*dans la nature*) to camp in the wild **b** (*= lieu*) campsite
camping-car (*pl* **camping-cars**) [kɑ̃piŋkaʀ] NM camper
camping-gaz® [kɑ̃piŋgɑz] NM INV camp stove
campus [kɑ̃pys] NM campus
camus, e [kamy, yz] ADJ **nez ~** pug nose
Canada [kanada] NM Canada
Canadair® [kanadɛʀ] NM INV fire-fighting plane
canadien, -ienne [kanadjɛ̃, jɛn] **1** ADJ Canadian **2** NM,F **Canadien(ne)** Canadian **3** NF **canadienne** (*= veste*) fur-lined jacket; (*= tente*) ridge tent
canaille [kanɑj] NF (*= escroc*) crook
canal (*pl* **-aux**) [kanal, o] **1** NM **a** (*artificiel*) canal; (*= détroit*) channel • **le ~ de Panama/Suez** the Panama/Suez Canal **b** (*TV*) channel **c** (*= intermédiaire*) **par le ~ d'un collègue** through a colleague **2** COMP ▸ **canal lacrymal** tear duct ▸ **Canal Plus, Canal +** *French pay TV channel*
canalisation [kanalizasjɔ̃] NF (*= tuyau*) pipe
canaliser [kanalize] /TABLE 1/ VT **a** [*+ cours d'eau*] to canalize **b** [*+ foule, demandes, énergie*] to channel
canapé [kanape] NM **a** (*= meuble*) settee • **~ convertible** sofa bed **b** (*= sandwich*) open sandwich; (*pour apéritif*) canapé
canapé-lit (*pl* **canapés-lits**) [kanapeli] NM sofa bed
canaque [kanak] **1** ADJ Kanak **2** NMF **Canaque** Kanak
canard [kanaʀ] NM **a** (*= oiseau*) duck ▸ **canard boiteux*** lame duck ▸ **canard laqué** Peking duck **b** (*= journal*)* rag*
canarder* [kanaʀde] /TABLE 1/ VT (*au fusil*) to take potshots at
canari [kanaʀi] NM, ADJ INV canary • **(jaune) ~** canary yellow
Canaries [kanaʀi] NFPL **les (îles) ~** the Canary Islands
cancan [kɑ̃kɑ̃] NM **a** (*= racontar*) piece of gossip • **~s** gossip **b** (*= danse*) cancan
cancaner [kɑ̃kane] /TABLE 1/ VI **a** to gossip **b** [*canard*] to quack
cancer [kɑ̃sɛʀ] NM **a** (*= maladie*) cancer • **avoir un ~ du sein/du poumon** to have breast/lung cancer **b** (*Astrol*) **le Cancer** Cancer • **il est (du) Cancer** he's Cancer
cancéreux, -euse [kɑ̃seʀø, øz] **1** ADJ [*tumeur*] cancerous **2** NM,F (*à l'hôpital*) cancer patient
cancérigène [kɑ̃seʀiʒɛn], **cancérogène** [kɑ̃seʀɔʒɛn] ADJ carcinogenic
cancérologie [kɑ̃seʀɔlɔʒi] NF (*= recherche*) cancer research; (*= section*) cancer ward
cancérologue [kɑ̃seʀɔlɔg] NMF cancer specialist
cancre [kɑ̃kʀ] NM (*péj = élève*) dunce
cancrelat [kɑ̃kʀəla] NM cockroach
candélabre [kɑ̃delɑbʀ] NM (*= chandelier*) candelabra
candeur [kɑ̃dœʀ] NF ingenuousness
candi [kɑ̃di] ADJ M → **sucre**
candidat, e [kɑ̃dida, at] NM,F candidate (**à** at); (*à un poste*) applicant (**à** for) • **~ sortant** present incumbent • **les ~s à l'embauche** job applicants • **les ~s au permis de conduire** people taking their driving test • **se porter ~ à un poste** to apply for a job • **je ne suis pas ~** (*fig*) I'm not interested
candidater [kɑ̃didate] /TABLE 1/ VI, VT INDIR to apply • **~ à un poste** to apply for a job • **~ à une élection** to stand for election (*Brit*), to run for election (*US*)
candidature [kɑ̃didatyʀ] NF (*dans une élection*) candidacy; (*à un poste*) application (**à** for) • **~ spontanée** (*à un poste*) unsolicited application • **poser sa ~ à un poste** to apply for a job
Candide [kɑ̃did] NM **jouer les ~** • **être le ~** (*dans une émission, un débat*) to act deliberately naïve
candide [kɑ̃did] ADJ ingenuous
cane [kan] NF (female) duck
caneton [kantɔ̃] NM duckling
canette [kanɛt] NF **a ~ (de bière)** (*= bouteille*) bottle of beer; (*= boîte*) can of beer **b** [*de machine à coudre*] spool
canevas [kanvɑ] NM **a** (*Couture*) canvas **b** [*de livre, discours*] basic structure
caniche [kaniʃ] NM poodle
caniculaire [kanikylɛʀ] ADJ [*chaleur, jour*] scorching
canicule [kanikyl] NF (*= forte chaleur*) boiling heat; (*= vague de chaleur*) heatwave • **quelle ~ !** it's boiling!
canif [kanif] NM penknife
canin, e [kanɛ̃, in] **1** ADJ canine • **exposition ~e** dog show **2** NF **canine** (*= dent*) canine; [*de vampire*] fang

caniveau (*pl* **caniveaux**) [kanivo] NM gutter
cannabis [kanabis] NM cannabis
canne [kan] NF (*= bâton*) (walking) stick ▸ **canne blanche** [*d'aveugle*] white stick ▸ **canne à pêche** fishing rod ▸ **canne à sucre** sugar cane
canné, e [kane] ADJ **siège ~** cane chair
canneberge [kanbɛʀʒ] NF cranberry
cannelle [kanɛl] NF cinnamon
cannette [kanɛt] NF = **canette**
cannibale [kanibal] NMF cannibal
cannibaliser [kanibalize] /TABLE 1/ VT **ce produit risque de ~ l'autre** this product could damage sales of the other
cannibalisme [kanibalism] NM cannibalism
canoë [kanɔe] NM **a** (*= bateau*) canoe **b** (*= sport*) canoeing • **faire du ~** to go canoeing
canoë-kayak [kanɔekajak] NM INV **faire du ~** to go canoeing
canon [kanɔ̃] **1** NM **a** (*= arme*) gun; (*Hist*) cannon **b** (*= tube*) [*de revolver, fusil*] barrel **c** (*Mus*) canon • **chanter en ~** to sing in a round **d** (*= modèle*) model; (*= norme*) canon **2** ADJ INV **elle/il est ~*** she/he's gorgeous* **3** COMP ▸ **canon à eau** water cannon ▸ **canon à neige** snow cannon
cañon [kaɲɔn] NM canyon
canonique [kanɔnik] ADJ canonical
canoniser [kanɔnize] /TABLE 1/ VT to canonize
canot [kano] NM (*= barque*) dinghy; (*Can*) Canadian canoe ▸ **canot pneumatique** rubber dinghy ▸ **canot de sauvetage** lifeboat
canotage [kanɔtaʒ] NM boating
canotier [kanɔtje] NM (*= chapeau*) boater
cantal [kɑ̃tal] NM **a** (*= fromage*) Cantal **b** (*= région*) **le Cantal** the Cantal
cantate [kɑ̃tat] NF cantata
cantatrice [kɑ̃tatʀis] NF singer; [*d'opéra*] opera singer
cantine [kɑ̃tin] NF **a** (*= réfectoire*) canteen • **manger à la ~** to eat at the canteen; [*élève*] to have school meals **b** (*= malle*) tin trunk
cantinière [kɑ̃tinjɛʀ] NF (*Hist Mil*) canteen woman
cantique [kɑ̃tik] NM (*= chant*) hymn
canton [kɑ̃tɔ̃] NM canton

> **CANTON**
> A French **canton** is the administrative division represented by a councillor in the "Conseil départemental". It comprises a number of "communes" and is, in turn, a subdivision of an "arrondissement départemental". In Switzerland the **cantons** are the 23 autonomous political divisions which make up the Swiss Confederation. → ARRONDISSEMENT, COMMUNE

cantonade [kɑ̃tɔnad] NF **parler à la ~** to speak to the company at large • **« c'est à qui ? » dit-elle à la ~** "whose is this?" she asked the assembled company
cantonais, e [kɑ̃tɔnɛ, ɛz] ADJ Cantonese → **riz**
cantonal, e (*mpl* **-aux**) [kɑ̃tɔnal, o] **1** ADJ cantonal **2** NFPL **les cantonales** the cantonal elections
cantonnement [kɑ̃tɔnmɑ̃] NM (*Mil*) (*= lieu*) quarters
cantonner [kɑ̃tɔne] /TABLE 1/ **1** VT **a** (*= reléguer*) to confine • **~ qn à** *ou* **dans un rôle** to restrict sb to a role **b** (*Mil*) (*= établir*) to station; (*chez l'habitant*) to billet (**chez** on) **2** VPR **se cantonner se ~ à** *ou* **dans** to confine o.s. to
cantonnier [kɑ̃tɔnje] NM (*= ouvrier*) roadman
canular [kanylaʀ] NM hoax
canyon [kanjɔ̃, kanjɔn] NM canyon • **le Grand Canyon** the Grand Canyon
CAO [seao] NF (ABR DE **conception assistée par ordinateur**) CAD
caoua* [kawa] NM coffee
caoutchouc [kautʃu] NM **a** (*= matière*) rubber • **en ~** rubber ▸ **caoutchouc mousse**® foam rubber **b** (*= élastique*) rubber band **c** (*= plante*) rubber plant
caoutchouteux, -euse [kautʃutø, øz] ADJ rubbery
CAP [seape] NM (ABR DE **certificat d'aptitude professionnelle**) *vocational training certificate* • **il a un ~ de menuisier** he's a qualified joiner
cap [kap] NM **a** (*Géog*) cape; (*= promontoire*) headland • **le ~ Horn** Cape Horn • **le ~ de Bonne Espérance** the Cape of Good Hope • **Le Cap** Cape Town • **passer** *ou* **doubler un ~** [*bateau*] to round a cape • **passer** *ou* **franchir le ~ des 40 ans** to turn 40 • **dépasser** *ou* **franchir le ~ des 50 millions** to pass the 50-million mark **b** (*= direction*) course • **changer de ~** to change course • **mettre le ~ sur** to head for • **tenir** *ou* **maintenir le ~** (*fig*) to steer a steady course
capable [kapabl] ADJ capable • **~ de faire qch** capable of doing sth • **tu n'en es pas ~** you're not up to it • **c'est quelqu'un de très ~** he's very capable • **~ de qch** capable of sth • **il est ~ de tout** he's capable of anything
capacité [kapasite] NF **a** (*= contenance*) capacity • **de grande ~** [*avion, stade*] with a large seating capacity • **~ hôtelière** hotel capacity • **~ de mémoire/de stockage** (*Informatique*) memory/disk capacity **b** (*= aptitude*) ability • **~s intellectuelles** intellectual abilities • **il a une grande ~ d'adaptation** he's very adaptable ▸ **capacité en droit** *basic legal qualification*
cape [kap] NF (*courte*) cape; (*longue*) cloak • **un film de ~ et d'épée** a swashbuckler
capé, e [kape] ADJ (*Sport*) [*joueur*] capped
CAPES [kapɛs] NM (ABR DE **certificat d'aptitude au professorat de l'enseignement secondaire**) *secondary school teacher's diploma*

> **CAPES**
> The **CAPES** is a competitive examination for the recruitment of French secondary school teachers. It is taken after the "licence". Successful candidates become fully qualified teachers (professeurs certifiés). → CONCOURS

CAPET [kapɛt] NM (ABR DE **certificat d'aptitude au professorat de l'enseignement technique**) *technical teaching diploma*
capharnaüm* [kafaʀnaɔm] NM (*= désordre*) mess
capillaire [kapilɛʀ] ADJ **soins ~s** hair care • **lotion ~** hair lotion
capillotracté, e [kapilotʀakte] ADJ (*hum*) far-fetched
capitaine [kapitɛn] NM captain; [*d'armée de l'air*] flight lieutenant (*Brit*), captain (*US*) ▸ **capitaine d'industrie** captain of industry ▸ **capitaine des pompiers** fire chief
capitainerie [kapitɛnʀi] NF harbour (*Brit*) *ou* harbor (*US*) master's office
capital, e (*mpl* **-aux**) [kapital, o] **1** ADJ **a** (*= principal*) major • **d'une importance ~e** of major importance **b** (*= essentiel*) essential **c** (*Droit*) **peine ~e** capital

punishment **2** (NM) **a** (= *avoirs*) capital • **le ~ de connaissances acquis à l'école** the stock of knowledge acquired at school • **le ~ artistique de la région** the artistic wealth of the region • **accroître son ~ santé** to build up one's health ▸ **capital social** share capital **b** (= *placements*) **capitaux** capital • **la fuite des capitaux** the flight of capital **3** (NF) **capitale a** (= *métropole*) capital **b** (= *majuscule*) capital • **en ~es d'imprimerie** in capitals

capital-décès (*pl* **capitaux-décès**) [kapitaldesɛ] (NM) death benefit

capitaliser [kapitalize] /TABLE 1/ (VTI) to capitalize • **~ sur qch** to capitalize on sth

capitalisme [kapitalism] (NM) capitalism

capitaliste [kapitalist] (ADJ, NMF) capitalist

capiteux, -euse [kapitø, øz] (ADJ) [*vin, parfum*] heady

Capitole [kapitɔl] (NM) **le ~** the Capitol

capitonné, e [kapitɔne] (ADJ) padded

capitulation [kapitylasjɔ̃] (NF) surrender

capituler [kapityle] /TABLE 1/ (VI) to surrender (**devant** to)

capodastre [kapodastʀ] (NM) (*Mus*) capo

capoeira [kapue(i)ʀa] (NF) capoeira

caporal, e (*mpl* **-aux**) [kapɔʀal, o] (NM,F) lance corporal (*Brit*), private first class (*US*)

capot [kapo] (NM) [*de voiture*] bonnet (*Brit*), hood (*US*)

capote [kapɔt] (NF) **a** [*de voiture*] top **b** (= *préservatif*)* condom

capoter [kapɔte] /TABLE 1/ (VI) [*négociations*] to founder; (*Can*) (= *perdre la tête, devenir fou*)* to lose the plot

câpre [kɑpʀ] (NF) caper

caprice [kapʀis] (NM) **a** (= *lubie*) whim • **les ~s de la mode** the vagaries of fashion **b** [*d'enfant*] tantrum • **faire un ~** to throw a tantrum

capricieux, -ieuse [kapʀisjø, jøz] (ADJ) capricious; [*appareil*] temperamental

Capricorne [kapʀikɔʀn] (NM) Capricorn • **il est (du) ~** he's (a) Capricorn

capsule [kapsyl] (NF) capsule

captcha [kaptʃa] (NM) (ABR DE **Completely Automated Public Turing test to tell Computers and Humans Apart**) captcha

capter [kapte] /TABLE 1/ (VT) [+ *énergie, cours d'eau*] to harness; [+ *lumière*] to catch; [+ *atmosphère, attention*] to capture; [+ *confiance*] to gain; (*TV, Radio*) to pick up • **on capte mal la BBC ici** it's difficult to pick up the BBC here • **je ne te capte plus** (*sur téléphone mobile*) you're breaking up

capteur [kaptœʀ] (NM) sensor ▸ **capteur solaire** solar panel

captif, -ive [kaptif, iv] (ADJ, NM,F) captive

captivant, e [kaptivɑ̃, ɑ̃t] (ADJ) fascinating

captiver [kaptive] /TABLE 1/ (VT) [+ *personne*] to fascinate

captivité [kaptivite] (NF) captivity

capture [kaptyʀ] (NF) (= *action*) capture • **~ de carbone** carbon capture • **~ d'écran** screenshot

capturer [kaptyʀe] /TABLE 1/ (VT) **a** [+ *homme, bête*] to catch **b** (*Informatique*) [+ *écran, image*] to capture

capuche [kapyʃ] (NF) hood

capuchon [kapyʃɔ̃] (NM) **a** [*de vêtement*] hood; [*de moine*] cowl **b** [*de stylo, tube*] cap

capucin [kapysɛ̃] (NM) (= *moine*) Capuchin

capucine [kapysin] (NF) nasturtium

cap verdien, -ienne [kapvɛʀdjɛ̃, jɛn] **1** (ADJ) Cape Verdean **2** (NM,F) **Cap verdien(ne)** Cape Verdean

Cap-Vert [kapvɛʀ] (NM) **le ~** Cape Verde • **les îles du ~** the Cape Verde Islands

caquelon [kaklɔ̃] (NM) fondue dish

caquet* [kakɛ] (NM) **rabattre** *ou* **rabaisser le ~ de qn** to take sb down a peg

caqueter [kakte] /TABLE 4/ (VI) [*poule*] to cackle

car[1] [kaʀ] (NM) bus, coach (*Brit*) • **~ de police** police van • **~ (de ramassage) scolaire** school bus

car[2] [kaʀ] (CONJ) because • **j'ai deviné qu'elle mentait ~ elle a rougi** I realized she was lying because she blushed

carabine [kaʀabin] (NF) rifle

carabiné, e* [kaʀabine] (ADJ) [*fièvre*] raging; [*rhume*] stinking*; [*migraine*] terrible

caracoler [kaʀakɔle] /TABLE 1/ (VI) **~ en tête** to be well ahead of the others • **il caracole en tête des sondages** he's riding high in the polls

caractère [kaʀaktɛʀ] (NM) **a** (= *tempérament*) character • **avoir bon ~** to be good-tempered • **avoir mauvais ~** to be bad-tempered • **il a un sale ~** *ou* **un ~ de cochon*** he's an awkward so-and-so* • **ce n'est pas dans son ~ d'agir ainsi** it is not like him to act in this way

b (= *fermeté*) character • **il a du ~** he's got character

c (= *cachet*) character • **la maison a du ~** the house has got character

d (= *genre*) nature • **mission à ~ humanitaire** humanitarian mission

e (= *caractéristique*) characteristic • **~ héréditaire/acquis** hereditary/acquired characteristic

f (= *lettre*) character • **en gros/petits ~s** in large/small letters

> ✎ Le mot anglais commence par **ch-** et se termine par **-er**.

caractériel, -elle [kaʀaktɛʀjɛl] **1** (ADJ) **il est un peu ~** he's got personality problems • **troubles ~s** emotional problems • **enfant ~** problem child **2** (NM,F) emotionally disturbed person

caractérisé, e [kaʀakteʀize] *ptp de* **caractériser** (ADJ) [*erreur*] glaring • **c'est de l'insubordination ~e** it's downright insubordination

caractériser [kaʀakteʀize] /TABLE 1/ (VT) to characterize • **avec l'enthousiasme qui le caractérise** with his characteristic enthusiasm

caractéristique [kaʀakteʀistik] (ADJ, NF) characteristic

> ✎ Le mot anglais commence par **ch-**.

carafe [kaʀaf] (NF) (= *récipient*) decanter; [*d'eau, vin ordinaire*] carafe

carafon [kaʀafɔ̃] (NM) small decanter; [*de vin*] small carafe

caraïbe [kaʀaib] **1** (ADJ) Caribbean **2** (NFPL) **les Caraïbes** the Caribbean • **la mer des Caraïbes** the Caribbean

carambolage [kaʀɑ̃bɔlaʒ] (NM) [*de voitures*] pile-up

caramboler (se) [kaʀɑ̃bɔle] /TABLE 1/ (VPR) to run into each other • **cinq voitures se sont carambolées** five cars ran into each other

caramel [kaʀamɛl] (NM) (= *sucre fondu*) caramel; (= *bonbon*) (*mou*) caramel; (*dur*) toffee

caraméliser [kaʀamelize] /TABLE 1/ VT [+ *sucre*] to caramelize; [+ *moule, pâtisserie*] to coat with caramel

carapace [kaʀapas] NF shell

carapater (se)* [kaʀapate] /TABLE 1/ VPR to run off

carat [kaʀa] NM carat

caravane [kaʀavan] NF ⓐ (= *véhicule*) caravan (*Brit*), trailer (*US*) ⓑ (= *convoi*) caravan

caravaning [kaʀavaniŋ] NM **faire du ~** to go caravanning (*Brit*), to go on vacation in an RV (*US*)

carbone [kaʀbɔn] NM carbon • **dater qch au ~ 14** to carbon-date sth • **Bilan Carbone®** carbon audit

carbonique [kaʀbɔnik] ADJ → **gaz, neige**

carbonisé, e [kaʀbɔnize] *ptp de* **carboniser** ADJ [*arbre, restes*] charred • **il est mort ~** he was burned to death

carboniser [kaʀbɔnize] /TABLE 1/ VT [+ *bois, substance*] to carbonize; [+ *forêt, maison*] to reduce to ashes; [+ *rôti*] to burn to a cinder

carburant [kaʀbyʀɑ̃] NM fuel

carburateur [kaʀbyʀatœʀ] NM carburettor (*Brit*), carburetor (*US*)

carbure [kaʀbyʀ] NM carbide

carburer* [kaʀbyʀe] /TABLE 1/ VI **elle carbure aux amphétamines/au café** she lives on amphetamines/on coffee • **ça carbure au bureau en ce moment** we're working flat out* at the office at the moment

carcan [kaʀkɑ̃] NM (= *contrainte*) straitjacket

carcasse [kaʀkas] NF ⓐ [*d'animal*] carcass; [*de bâtiment*] shell ⓑ (= *armature*) **pneu à ~ radiale** radial tyre

carcéral, e (*mpl* **-aux**) [kaʀseʀal, o] ADJ prison • **l'univers ~** prison life

cardiaque [kaʀdjak] 1 ADJ cardiac • **être ~** to have a heart condition 2 NMF heart patient

cardigan [kaʀdigɑ̃] NM cardigan

cardinal, e (*mpl* **-aux**) [kaʀdinal, o] 1 ADJ [*nombre*] cardinal 2 NM (*Rel*) cardinal

cardiologie [kaʀdjɔlɔʒi] NF cardiology

cardiologue [kaʀdjɔlɔg] NMF heart specialist

cardiopathologie [kaʀdjopatɔlɔʒi] NF heart disease, cardiopathy (*SPÉC*)

cardiovasculaire [kaʀdjovaskylɛʀ] ADJ cardiovascular

Carême [kaʀɛm] NM (= *période*) **le ~** Lent

carence [kaʀɑ̃s] NF ⓐ (*Méd*) deficiency ⓑ (= *manque*) shortage ⓒ (= *défaut*) shortcoming

carène [kaʀɛn] NF [*de bateau*] (lower part of the) hull

caréner [kaʀene] /TABLE 6/ VT [+ *véhicule*] to streamline

caresse [kaʀɛs] NF (= *câlinerie*) caress; (*à un animal*) stroke • **faire des ~s à** [+ *personne*] to caress; [+ *animal*] to stroke

caresser [kaʀese] /TABLE 1/ VT ⓐ to stroke • **elle lui caressait les jambes** she was stroking his legs ⓑ [+ *espoir*] to entertain

cargaison [kaʀgɛzɔ̃] NF cargo; (= *grande quantité*)* load • **des ~s de*** loads of*

cargo [kaʀgo] NM cargo ship

caribou [kaʀibu] NM ⓐ (= *renne*) caribou ⓑ (*Can*) (= *boisson*) *alcoholic drink popular in Quebec consisting of red wine mixed with a spirit, usually whisky, and sweetened with sugar or maple syrup*

caricatural, e (*mpl* **-aux**) [kaʀikatyʀal, o] ADJ [*manière*] ridiculous; [*exemple*] classic • **une image ~e** a caricature

caricature [kaʀikatyʀ] NF (= *dessin, description*) caricature; (*politique*) cartoon • **faire la ~ de** to caricature

carie [kaʀi] NF [*de dent*] **la ~ dentaire** tooth decay • **j'ai une ~** I need a filling

carié, e [kaʀje] ADJ [*dent*] decayed

carillon [kaʀijɔ̃] NM [*d'église*] (= *cloches*) bells; [*d'horloge, sonnette d'entrée*] chime

carillonner [kaʀijɔne] /TABLE 1/ 1 VI [*cloches*] to ring; (*à toute volée*) to peal out 2 VT [+ *nouvelle*] to broadcast

caritatif, -ive [kaʀitatif, iv] ADJ **association** *ou* **organisation caritative** charity

carlingue [kaʀlɛ̃g] NF [*d'avion*] cabin

carmélite [kaʀmelit] NF Carmelite nun

carnage [kaʀnaʒ] NM carnage

carnassier, -ière [kaʀnasje, jɛʀ] 1 ADJ [*animal*] carnivorous • **sourire ~** predatory smile 2 NM carnivore

carnaval (*pl* **carnavals**) [kaʀnaval] NM (= *fête*) carnival

> ✎ En anglais, il y a un **i** à la place du deuxième **a**.

carne* [kaʀn] NF (= *viande*) tough meat

carnet [kaʀnɛ] NM (= *calepin*) notebook ▸ **carnet d'adresses** address book ▸ **carnet de bord** logbook ▸ **carnet de chèques** chequebook (*Brit*), checkbook (*US*) ▸ **carnet de commandes** order book ▸ **carnet de notes** (= *calepin*) notebook; [*d'élève*] school report (*Brit*), report card (*US*) ▸ **carnet à souches** counterfoil book ▸ **carnet be tickets** 10 tickets ▸ **carnet de timbres** book of stamps

carnivore [kaʀnivɔʀ] 1 ADJ carnivorous 2 NM carnivore

Caroline [kaʀɔlin] NF **la ~ du Nord/Sud** North/South Carolina

carotide [kaʀɔtid] NF carotid

carotte [kaʀɔt] NF carrot • **manier la ~ et le bâton** to use the carrot and stick approach

> ✎ Le mot anglais s'écrit avec deux **r** et un seul **t**.

carotter* [kaʀɔte] /TABLE 1/ VT (= *voler*) to pinch*

carpe [kaʀp] NF (= *poisson*) carp

carpette [kaʀpɛt] NF (= *tapis*) rug; (= *personne*) wimp

carre [kaʀ] NF [*de ski*] edge

carré, e [kaʀe] 1 ADJ ⓐ square • **mètre/kilomètre ~** square metre/kilometre ⓑ (= *franc*) straightforward 2 NM ⓐ (= *surface*) square • **avoir une coupe au ~** to have one's hair in a bob ⓑ (*Naut*) wardroom ⓒ (*Math*) square • **4 au ~** 4 squared • **élever au ~** to square ⓓ (*Cartes*) **un ~ d'as** four aces ⓔ **~ d'agneau** rack of lamb

carreau (*pl* **carreaux**) [kaʀo] NM ⓐ (*par terre, au mur*) tile • **il est resté sur le ~*** (*bagarre*) he was knocked out • **se tenir à ~*** to keep one's nose clean*
ⓑ (= *vitre*) (window) pane • **faire les ~x** to clean the windows
ⓒ (*sur un tissu*) check; (*sur du papier*) square
▸ **à carreaux** [*tissu*] checked; [*papier*] squared • **veste à grands/petits ~x** jacket with a large/small check
ⓓ (*Cartes*) diamond

carrefour [kaʀfuʀ] NM crossroads *sg*

carrelage [kaʀlaʒ] NM (= *carreaux*) tiles • **laver le ~** to wash the floor

carreler [kaʀle] /TABLE 4/ VT [+ *mur, sol*] to tile

carrelet [kaʀlɛ] NM (= *poisson*) plaice

carrément [kaʀemɑ̃] ADV straight out • **il est ~ nul*** he's completely useless*

carrière [kaʀjɛʀ] NF ⓐ (= *profession*) career • **militaire de ~** career soldier • **faire ~ dans l'enseignement** to make one's career in teaching ⓑ [*de roches*] quarry
carriériste [kaʀjeʀist] NMF careerist
carriole [kaʀjɔl] NF (= *charrette*) cart
carrossable [kaʀɔsabl] ADJ [*route*] suitable for motor vehicles
carrosse [kaʀɔs] NM horse-drawn coach
carrosserie [kaʀɔsʀi] NF (= *coque*) body; (= *métier*) coachbuilding (*Brit*), car-body making (*US*) • **atelier de ~** body shop
carrossier [kaʀɔsje] NM (= *constructeur*) coachbuilder (*Brit*), car-body maker (*US*)
carrousel [kaʀuzɛl] NM ⓐ (*Équitation*) carousel ⓑ [*de diapositives*] Carousel ® ⓒ (*Belg* = *manège*) merry-go-round
carrure [kaʀyʀ] NF ⓐ (= *largeur d'épaules*) build ⓑ (= *envergure*) calibre (*Brit*), caliber (*US*)
cartable [kaʀtabl] NM (*à poignée*) schoolbag; (*à bretelles*) satchel • **~ électronique** *e-learning package designed for use in schools*
carte [kaʀt] 1 NF ⓐ card; (*de crédit*) credit card • **payer par ~** to pay by credit card ⓑ (*Jeux*) card • **~ à jouer** playing card • **battre les ~s** to shuffle the cards • **tirer les ~s à qn** to read sb's cards • **jouer ~s sur table** to put one's cards on the table ⓒ [*de pays, région*] map; [*de mer, ciel, météo*] chart ⓓ (*au restaurant*) menu • **on prend le menu ou la ~?** shall we have the set menu or shall we eat à la carte? • **une très bonne ~** a very good menu
▸ **à la carte** [*repas*] à la carte; [*service*] personalized; [*voyage*] tailor-made; [*télévision*] on demand
2 COMP ▸ **carte d'abonnement** season ticket ▸ **carte d'acquisition (vidéo)** (video) capture card ▸ **carte bancaire** bank card ▸ **carte blanche** **avoir ~ blanche** to have a free hand • **donner ~ blanche à qn** to give sb a free hand ▸ **Carte bleue**® Visa card® (*functioning as a debit card*) ▸ **carte de crédit** credit card ▸ **carte d'électeur** voting card ▸ **carte d'étudiant** student card ▸ **carte de fidélité** loyalty card ▸ **carte grise** *car registration papers* ▸ **carte heuristique** mind map ▸ **carte d'identité** identity card ▸ **la carte judiciaire** *network of different courts and their locations in France* ▸ **carte à mémoire, carte mémoire** smart card; [*d'appareil photo numérique*] memory card ▸ **carte de paiement** credit card ▸ **carte postale** postcard ▸ **carte professionnelle** business card, professional ID card ▸ **carte à puce** smart card ▸ **carte de réduction** discount card ▸ **carte de résident** residence permit ▸ **la carte scolaire** *map of school catchment areas* ▸ **carte de séjour** residence permit ▸ **carte téléphonique, carte de téléphone** phonecard ▸ **carte TV** TV (tuner) card ▸ **carte vermeil** ≈ senior citizen's rail card ▸ **carte verte** [*de véhicule*] green card (*Brit*), certificate of insurance (*US*) ▸ **carte des vins** wine list ▸ **carte de visite** visiting card ▸ **carte de vœux** greetings card (*Brit*), greeting card (*US*)

CARTE VITALE
The French national healthcare system issues everyone over the age of 16 with a **carte Vitale**®, a smartcard that usually has a photo ID and a chip containing the medical insurance details of its holder. Doctors, pharmacies and other healthcare services use a card reader to submit costs incurred directly to health insurance providers so that the patient can later be reimbursed.

cartel [kaʀtɛl] NM cartel
carter [kaʀtɛʀ] NM [*de voiture*] sump (*Brit*), oilpan (*US*)
carte-réponse (*pl* **cartes-réponses**) [kaʀt(ə)ʀepɔ̃s] NF reply card
carterie [kaʀt(ə)ʀi] NF card shop
cartésien, -ienne [kaʀtezjɛ̃, jɛn] ADJ, NM,F Cartesian • **elle est très ~ne** she's very rational
cartilage [kaʀtilaʒ] NM cartilage; [*de viande*] gristle
cartographier [kaʀtɔgʀafje] /TABLE 7/ VT to map
cartomancien, -ienne [kaʀtɔmɑ̃sjɛ̃, jɛn] NM,F fortune-teller (*who uses cards*)
carton [kaʀtɔ̃] 1 NM ⓐ (= *matière*) cardboard • **de** *ou* **en ~** cardboard ⓑ (= *boîte*) (cardboard) box • **le projet a dormi** *ou* **est resté dans les ~s plusieurs années** the project was shelved for several years • **faire un ~*** to do brilliantly* 2 COMP ▸ **carton à dessin** portfolio ▸ **carton d'invitation** invitation card ▸ **carton jaune** (*Football*) yellow card ▸ **carton rouge** (*Football*) red card
cartonné, e [kaʀtɔne] ADJ card *épith* • **feuille ~e** sheet of card • **couverture ~e** cardboard binding, stiff paper binding • **livre ~** cardboard bound book
carton-pâte [kaʀtɔpɑt] NM pasteboard • **en ~** cardboard
cartouche [kaʀtuʃ] NF cartridge; [*de cigarettes*] carton • **~ amovible** removable hard disk
cas [kɑ] 1 NM case • **~ urgent** emergency • **~ social** person with social problems • **c'est vraiment un ~!** he's (*ou* she's) a real case!* • **au ~ par ~** case by case • **faire grand ~ de/peu de ~ de** to attach great/little importance to • **c'est (bien) le ~ de le dire!** you said it!
▸ **en aucun cas** under no circumstances
▸ **en tout cas** anyway
▸ **le cas échéant** if need be
▸ **au cas où** **au ~ où il pleuvrait** in case it rains • **je prends un parapluie au ~ où*** I'm taking an umbrella just in case
▸ **en cas de** **en ~ de besoin** if need be • **en ~ d'absence** in case of absence • **en ~ d'urgence** in an emergency
2 COMP ▸ **cas de conscience** moral dilemma ▸ **cas d'école** textbook case ▸ **cas de figure** scenario ▸ **cas de force majeure** case of absolute necessity; (= *événement*) act of God
casanier, -ière [kazanje, jɛʀ] ADJ [*personne, habitudes, vie*] stay-at-home* *épith* • **il est très ~** he's a real homebody*
cascade [kaskad] NF [*d'eau*] waterfall • **~ de glace** (*sport*) ice climbing
cascadeur, -euse [kaskadœʀ, øz] NM,F [*de film*] stuntman; (*femme*) stuntwoman
case [kɑz] 1 NF ⓐ (*sur papier, échiquier*) square; [*de formulaire*] box • **il lui manque une ~*** he's got a screw loose* ⓑ (= *hutte*) hut 2 COMP ▸ **case départ** start • **nous voilà revenus à la ~ départ** we're back to square one ▸ **case postale** (*Can, Helv*) PO box
caser* [kɑze] /TABLE 1/ 1 VT (= *placer*) [+ *objets*] to shove*; (= *marier*) [+ *fille*] to find a husband for; (= *pourvoir d'une situation*) to find a job for 2 VPR **se caser** [*célibataire*] to find a partner
caserne [kazɛʀn] NF barracks • **~ de pompiers** fire station
cash* [kaʃ] 1 ADV (= *comptant*) **payer ~** to pay cash; (*fig*)* to pay for it 2 NM cash *NonC*
casher [kaʃɛʀ] ADJ INV kosher

casier [kazje] 1 (NM) ⓐ (= *compartiment*) compartment; (= *tiroir*) drawer; (*fermant à clé*) locker; [*de courrier*] pigeonhole (*Brit*), mail box (*US*) ⓑ (*Pêche*) lobster pot 2 (COMP) ▸ **casier à bouteilles** bottle rack ▸ **casier judiciaire** criminal record • **avoir un ~ judiciaire vierge/chargé** to have a clean/long record

casino [kazino] (NM) casino

Caspienne [kaspjɛn] (ADJ F, NF) **la (mer) ~** the Caspian Sea

casque [kask] 1 (NM) ⓐ [*de soldat, alpiniste*] helmet; [*de motocycliste*] crash helmet; [*d'ouvrier*] hard hat ⓑ (*pour sécher les cheveux*) hair-drier ⓒ (*à écouteurs*) headphones 2 (COMP) ▸ **les Casques bleus** the blue berets ▸ **casque de chantier** hard hat ▸ **casque intégral** full-face helmet

casquer* [kaske] /TABLE 1/ (VTI) (= *payer*) to fork out*

casquette [kaskɛt] (NF) cap • **avoir plusieurs ~s** (*fig*) to wear several hats

cassant, e [kasɑ̃, ɑ̃t] (ADJ) ⓐ [*bois, ongles*] brittle ⓑ [*ton*] curt

casse [kas] 1 (NF) ⓐ [*de voitures*]* scrapyard • **bon pour la ~** fit for the scrapheap ⓑ (*Typo*) **bas de ~** lower-case letter 2 (NM) (= *cambriolage*)* break-in • **faire un ~** to do a robbery

cassé, e [kase] *ptp de* **casser** (ADJ) [*voix*] cracked • **je suis ~*** (= *fatigué*) I'm whacked

casse-bonbons* [kasbɔ̃bɔ̃] (ADJ INV) (*euph*) **qu'est-ce qu'elle peut être ~ celle-là !** she can be such a pain!

casse-cou* [kasku] (NMF INV) (= *personne*) daredevil

casse-croûte○ [kaskʀut] (NM INV) ⓐ (= *repas*) snack ⓑ (*Can* = *restaurant*) snack bar

casse-gueule*̶* [kasgœl] (ADJ INV) dangerous

casse-noisette (*pl* **casse-noisettes**) [kasnwazɛt] (NM), **casse-noix** [kasnwa] (NM INV) nutcrackers (*Brit*), nutcracker (*US*)

casse-pieds* [kaspje] (ADJ INV) **ce qu'elle est ~ !** she's such a pain!*

---

casser [kase] /TABLE 1/

1 VERBE TRANSITIF	3 VERBE PRONOMINAL
2 VERBE INTRANSITIF	

1 VERBE TRANSITIF

ⓐ (= **briser**) [+ *objet, appareil, rythme, grève*] to break; [+ *noix*] to crack • **~ qch en deux/en morceaux** to break sth in two/into pieces • **il s'est mis à tout ~ autour de lui** he started smashing up everything in sight • **~ du facho**⁑ to go after fascists*

ⓑ (**fig**) [+ *volonté, moral*] to break • **~ qn** to cause sb's downfall • **~ les prix** to slash prices • **je veux ~ l'image de jeune fille sage qu'on a de moi** I want to change the "good girl" image people have of me

ⓒ (= **destituer**) [+ *militaire*] to reduce to the ranks; [+ *fonctionnaire*] to demote

ⓓ (= **annuler**) [+ *jugement*] to quash; [+ *arrêt*] to revoke • **~ un jugement pour vice de forme** to quash a sentence on a technicality

ⓔ (**locutions**) **~ la baraque*** (= *avoir du succès*) to bring the house down • **~ la croûte*** *ou* **la graine*** to have something to eat • **~ la figure*** *ou* **la gueule**⁑ **à qn** to smash sb's face in* • **~ les pieds à qn*** (= *irriter*) to get on sb's nerves; (= *ennuyer*) to bore sb stiff • **il nous les casse !**⁑ he's a pain in the neck!* • **~ sa pipe*** to kick the bucket⁑ • **ça ne casse rien*** it's nothing to write home about* • **~ du sucre sur le dos de qn** to talk about sb behind his (*ou* her) back • **il nous casse les oreilles*** he makes a terrible racket

▸ **à tout casser** (= *extraordinaire*)* fantastic* • **tu en auras pour 100 € à tout ~** (= *tout au plus*) that'll cost you 100 euros at the most

2 VERBE INTRANSITIF

ⓐ (= **se briser**) [*objet*] to break • **ça casse facilement** it breaks easily

ⓑ (= **rompre**) [*couple*] to split up

3 VERBE PRONOMINAL

se casser

ⓐ (= **se briser**) [*objet*] to break • **la tasse s'est cassée en tombant** the cup broke when it fell • **l'anse s'est cassée** the handle came off

ⓑ (= **se blesser**) [*personne*] **se ~ la jambe** to break one's leg • **se ~ une jambe** to break a leg • **se ~ la figure*** *ou* **la gueule**⁑ (= *tomber*) to fall flat on one's face; (= *faire faillite*) to go bankrupt • **se ~ le nez** (= *trouver porte close*) to find no one in

ⓒ (= **se fatiguer**)* **il ne s'est pas cassé pour écrire cet article** he didn't exactly overexert himself writing this article • **il ne s'est pas cassé la tête*** *ou* **le cul**⁑**!** he didn't exactly overexert himself! • **cela fait deux jours que je me casse la tête sur ce problème** I've been racking my brains over this problem for two days

ⓓ (= **partir**)⁑ to split⁑ • **casse-toi !** quick, go!; (*menace*) get lost!⁑

---

casserole [kasʀɔl] (NF) (= *ustensile*) saucepan

casse-tête (*pl* **casse-têtes**) [kastɛt] (NM) (= *problème difficile*) headache; (= *jeu*) brain-teaser

cassette [kasɛt] (NF) ⓐ (= *bande*) cassette • **j'ai son album en ~** I've got his album on cassette ▸ **cassette vidéo** video ⓑ (= *coffret*) casket

casseur [kasœʀ] (NM) ⓐ (*dans manifestation*) rioter ⓑ (= *cambrioleur*)* burglar

cassis [kasis] (NM) blackcurrant; (= *liqueur*) cassis

> The final **s** is pronounced.

cassonade [kasɔnad] (NF) brown sugar

cassoulet [kasulɛ] (NM) cassoulet (*meat and bean casserole, a specialty of SW France*)

cassure [kasyʀ] (NF) break

castagne⁑ [kastaɲ] (NF) fighting

castagner (se)⁑ [kastaɲe] /TABLE 1/ (VPR) to fight, to have a punch-up* (*Brit*)

castagnettes [kastaɲɛt] (NFPL) castanets

castagneur, -euse* [kastaɲœʀ, øz] (NM,F) **c'est un ~** he loves a good fight *ou* punch-up* (*Brit*)

caste [kast] (NF) caste

casting [kastiŋ] (NM) casting • **il y a eu une erreur de ~** (*fig*) he *ou* she is not the right person for the job

castor [kastɔʀ] (NM) beaver

castrer [kastʀe] /TABLE 1/ (VT) [+ *homme, animal mâle*] to castrate; [+ *animal femelle*] to spay; [+ *cheval*] to geld

cataclysme [kataklism] (NM) cataclysm

cataclysmique [kataklismik] (ADJ) cataclysmic

catacombes [katakɔ̃b] (NFPL) catacombs

catadioptre [katadjɔptʀ] (NM) (*sur voiture*) reflector; (*sur chaussée*) cat's eye

catalan, e [katalɑ̃, an] 1 (ADJ) Catalan 2 (NM) (= *langue*) Catalan

Catalogne [katalɔɲ] NF Catalonia
catalogue [katalɔg] NM catalogue, catalog (US)
cataloguer [katalɔge] /TABLE 1/ VT [+ *livres*] to catalogue, to catalog (US); [+ *personne*] to label
catalogueur, -euse [katalɔgœʀ, øz] NM,F (*Informatique*) cataloguer (Brit), cataloger (US)
catalyseur [katalizœʀ] NM catalyst
catalytique [katalitik] ADJ → **pot**
catamaran [katamaʀɑ̃] NM (= *voilier*) catamaran
cataplasme [kataplasm] NM poultice
catapulter [katapylte] /TABLE 1/ VT to catapult
cataracte [kataʀakt] NF cataract
catastrophe [katastʀɔf] NF disaster • **atterrir en ~** to make an emergency landing • **partir en ~** to leave in a terrible rush • **scénario ~** nightmare scenario ▸ **catastrophe naturelle** natural disaster
catastrophé, e* [katastʀɔfe] ADJ appalled
catastrophique [katastʀɔfik] ADJ disastrous
catastrophisme [katastʀɔfism] NM (= *pessimisme*) gloom-mongering • **faire du ~** to spread doom and gloom
catch [katʃ] NM wrestling
catéchisme [kateʃism] NM catechism • **aller au ~** to go to catechism, ≈ to go to Sunday school
catégorie [kategɔʀi] NF category; (*Boxe, Hôtellerie*) class • **~ socioprofessionnelle** socioprofessional group • **hors ~** outstanding
catégorique [kategɔʀik] ADJ categorical
catégoriquement [kategɔʀikmɑ̃] ADV categorically; [*refuser*] point-blank
cathare [kataʀ] ADJ, NM,F Cathar
cathédrale [katedʀal] NF cathedral
catho* [kato] ADJ, NMF (ABR DE **catholique**)
cathodique [katɔdik] ADJ → **tube**
catholicisme [katɔlisism] NM (Roman) Catholicism
catholique [katɔlik] 1 ADJ (Roman) Catholic • **pas très ~*** a bit fishy* 2 NMF (Roman) Catholic
catimini [katimini] LOC ADV **en ~** on the quiet
catogan [katɔgɑ̃] NM (= *nœud*) bow (*tying hair on the neck*)
Caucase [kɔkaz] NM **le ~** the Caucasus
cauchemar [koʃmaʀ] NM nightmare • **faire des ~s** to have nightmares • **~ éveillé** living nightmare
cauchemarder [koʃmaʀde] /TABLE 1/ VI to have nightmares • **faire ~ qn** to give sb nightmares
causant, e* [kozɑ̃, ɑ̃t] ADJ talkative • **il n'est pas très ~** he's not very talkative
cause [koz] NF ⓐ (= *raison*) cause
ⓑ (*Droit*) case
ⓒ (= *intérêts*) cause • **~ perdue** lost cause • **pour la bonne ~** for a good cause
ⓓ (*locutions*)
▸ **à cause de** because of
▸ **en cause être en ~** [*personne*] to be involved; [*intérêts*] to be at stake • **son honnêteté n'est pas en ~** his honesty is not in question • **mettre en ~** [+ *innocence, nécessité, capacité*] to call into question • **remettre en ~** [+ *principe, tradition*] to question
▸ **pour cause fermé pour ~ d'inventaire** closed for stocktaking (Brit) *ou* inventory (US) • **fermé pour ~ de maladie** closed on account of illness • **et pour ~!** and for good reason!
causer [koze] /TABLE 1/ 1 VT ⓐ (= *provoquer*) to cause; (= *entraîner*) to bring about • **~ des ennuis à qn** to cause trouble for sb ⓑ (= *parler de*) to talk • **~ politique/travail** to talk politics/shop 2 VI (= *parler*) to talk • **~ de qch** to talk about sth • **assez causé!** that's enough talk!
causerie [kozʀi] NF (= *discours*) talk
causette [kozɛt] NF **faire la ~** to have a chat
caustique [kostik] ADJ caustic
cautériser [kɔteʀize] /TABLE 1/ VT to cauterize
caution [kosjɔ̃] NF ⓐ (= *somme d'argent*) security; (*pour appartement, véhicule loué*) deposit • **~ bancaire** bank guarantee • **verser une ~ de 1000 €** to put down a deposit of €1,000 ⓑ (*Droit*) bail • **libérer qn sous ~** to release sb on bail • **payer la ~ de qn** to stand (Brit) *ou* put up (US) bail for sb ⓒ (= *appui*) backing • **apporter** *ou* **donner sa ~ à qn/qch** to give one's backing to sb/sth ⓓ (= *personne*) guarantor • **se porter ~ pour qn** to stand surety for sb
cautionner [kosjɔne] /TABLE 1/ VT (= *soutenir*) to give one's backing to
cavalcade [kavalkad] NF (= *course*) stampede
cavale* [kaval] NF **être en ~** to be on the run
cavaler* [kavale] /TABLE 1/ VI to rush
cavalerie [kavalʀi] NF cavalry
cavalier, -ière [kavalje, jɛʀ] 1 NM,F ⓐ (*Équitation*) rider • **faire ~ seul** to go it alone ⓑ (= *danseur*) partner 2 NM (*Échecs*) knight 3 ADJ ⓐ (= *impertinent*) cavalier ⓑ **allée** *ou* **piste cavalière** bridle path
cave [kav] NF ⓐ (= *pièce*) cellar ⓑ (*à vin*) cellar • **avoir une bonne ~** to keep a good cellar ⓒ (*Can, Helv*) [*de maison*] basement
caveau (*pl* **caveaux**) [kavo] NM ⓐ (= *sépulture*) vault ⓑ (= *cave*) cellar
caverne [kavɛʀn] NF (= *grotte*) cave • **c'est la ~ d'Ali Baba!** it's an Aladdin's cave!
caverneux, -euse [kavɛʀnø, øz] ADJ [*voix*] cavernous
caviar [kavjaʀ] NM caviar ▸ **caviar d'aubergines** aubergine (Brit) *ou* eggplant (US) dip
caviste [kavist] NM (= *responsable de cave*) cellarman; (= *marchand de vin*) wine merchant
cavité [kavite] NF cavity
CB [sibi] NF ⓐ (ABR DE **Citizens' Band**) **la CB** CB radio ⓑ (ABR DE **carte bancaire**) bank card
CCI [sesei] NF ⓐ (ABR DE **Chambre de commerce et d'industrie**) → **chambre** ⓑ (ABR DE **copie conforme invisible**) BCC
CCP [sesepe] NM (ABR DE **compte chèque postal**) post office account
CD [sede] NM ⓐ (ABR DE **compact disc**) CD • **double CD** double CD ⓑ (ABR DE **corps diplomatique**) CD
CDD [sedede] NM (ABR DE **contrat à durée déterminée**) fixed-term contract
CDI [sedei] NM ⓐ (ABR DE **compact disc interactif**) CDI ⓑ (ABR DE **contrat à durée indéterminée**) permanent contract ⓒ (ABR DE **centre de documentation et d'information**) school library
CDIser [sedeize] VT [+ *salarié*] to give a permanent employment contract to • **ils m'ont CDIsé** they've made my job permanent
CD-ROM [sedeʀɔm] NM INV (ABR DE **compact disc read only memory**) CD-ROM
CE [seə] 1 NM ⓐ (ABR DE **comité d'entreprise**) ⓑ (ABR DE **cours élémentaire**) 2 NF (ABR DE **Communauté européenne**) EC

C

ce [sə]

1 ADJECTIF DÉMONSTRATIF 2 PRONOM DÉMONSTRATIF

1 ADJECTIF DÉMONSTRATIF

> Feminine = **cette**, plural = **ces**, masculine before vowel and silent **h** = **cet**.

> L'anglais distingue plus nettement que le français les objets ou personnes qui sont proches de ceux qui sont moins proches (dans l'espace ou dans le temps, ou subjectivement). Pour les objets et personnes qui sont proches, on choisira **this**, pour les moins proches, on préférera **that**.

a (*dans l'espace ou subjectivement*) (*proche*) this; (*moins proche*) that • **j'aime beaucoup ces boucles d'oreille** (*que je porte*) I really like these earrings; (*que tu portes*) I really like those earrings • **je ne vois rien avec ces lunettes** I can't see a thing with these glasses • **ce chapeau lui va bien** that hat suits him • **si seulement ce mal de tête s'en allait** if only this headache would go away • **que faisais-tu avec ce type?*** what were you doing with that guy?* • **ce Paul Durat est un drôle de personnage!** that Paul Durat is quite a character! • **ces messieurs sont en réunion** the gentlemen are in a meeting • **cette idée!** what an idea!
b (*dans le temps*) (*proche*) this; (*moins proche*) that • **venez cet après-midi** come this afternoon • **le 8 de ce mois** the 8th of this month • **le 8 de ce mois** (= *ce mois-là*) the 8th of that month • **il m'a semblé fatigué ces derniers jours** he's been looking tired these past few days • **ces années furent les plus heureuses de ma vie** those were the happiest years of my life • **cette nuit** (*qui vient*) tonight; (*passée*) last night

2 PRONOM DÉMONSTRATIF

> **ce** becomes **c'** before **en** and forms of the verb **être** that begin with a vowel.

> Pour les locutions **c'est**, **ce sont**, **c'est lui qui** etc, voir **être**.

▸ **ce qui** what; (*reprenant une proposition*) which • **ce qui est important, c'est ...** what really matters is ... • **nous n'avons pas de jardin, ce qui est dommage** we haven't got a garden, which is a pity
▸ **ce que** what; (*reprenant une proposition*) which • **elle fait ce qu'on lui dit** she does what she is told • **ce qu'elle m'a dit, c'est qu'elle n'a pas le temps** what she told me was that she hasn't got time • **il pleut beaucoup, ce que j'aime bien** it rains a lot, which I like • **il est resté insensible à ce que je lui ai dit** he remained unmoved by what I said • **à ce qu'on dit** from what they say • **on ne s'attendait pas à ce qu'il parle** they were not expecting him to speak • **ce que les gens sont bêtes!** people are so stupid! • **ce qu'elle joue bien!** she's such a good player! • **ce qu'il m'agace!** he's so annoying!

> **all** n'est jamais suivi de **what**, mais peut être suivi de **that**.

• **tout ce que je sais** all (that) I know • **voilà tout ce que j'ai pu savoir** that's all (that) I managed to find out
▸ **ce dont**

> Notez la place de la préposition en anglais.

• **c'est exactement ce dont je parle** that's precisely what I'm talking about • **ce dont j'ai peur** what I'm afraid of
▸ **ce faisant** in doing so
▸ **pour ce faire** to do this • **on utilise pour ce faire une pince** to do this you use a pair of pliers

céanothe [seanɔt] NM (*Bot*) ceanothus

ceci [səsi] PRON DÉM this • **à ~ près que ...** except that ...

cécité [sesite] NF blindness • **atteint de ~** blind

cédéiser [sedeize] /TABLE 1/ VT = **CDIser**

céder [sede] /TABLE 6/ 1 VT a (= *donner*) to give up • **~ qch à qn** to let sb have sth • **et maintenant je cède l'antenne à notre correspondant à Paris** and now I'll hand you over to our Paris correspondent • **~ le passage à qn** to give way to sb • **« cédez le passage »** "give way" b (= *vendre*) to sell • **« bail à ~ »** "lease for sale" • **« cède maison avec jardin »** "house with garden for sale" 2 VI a (= *capituler*) to give in b (= *se rompre*) to give way

cédérom [sedeʀɔm] NM CD-ROM

cédéthèque [sedetɛk] NF CD library

Cedex [sedɛks] NM (ABR DE **courrier d'entreprise à distribution exceptionnelle**) *postcode used for express business service*

cédille [sedij] NF cedilla

cèdre [sɛdʀ] NM cedar

CEE [seəə] NF (ABR DE **Communauté économique européenne**) EEC

Cegep [seʒɛp] NM (*Can*) (ABR DE **Collège d'enseignement général et professionnel**) ≈ sixth-form college (*Brit*), ≈ junior college (*US*)

CEI [seəi] NF (ABR DE **Communauté des États indépendants**) CIS

ceint, e [sɛ̃, t] ADJ (*littér*) **il avait le front ~ d'un bandeau** he was wearing a headband • **le maire, ~ de l'écharpe tricolore** the mayor, wearing a tricolour sash

ceinture [sɛ̃tyʀ] 1 NF a belt • **se serrer la ~*** to tighten one's belt b (= *taille*) waist; [*de vêtement*] waistband • **l'eau lui arrivait à la ~** the water came up to his waist c [*de métro, bus*] **petite/grande ~** inner/outer circle 2 COMP ▸ **ceinture de sauvetage** life belt (*Brit*), life preserver (*US*) ▸ **ceinture de sécurité** seat belt

ceinturer [sɛ̃tyʀe] /TABLE 1/ VT [+ *personne*] to grasp by the waist; [+ *ville*] to surround

ceinturon [sɛ̃tyʀɔ̃] NM (wide) belt

cela [s(ə)la] PRON DÉM a (*objet proche*) this; (*objet moins proche*) that • **qu'est-ce que c'est que ~, sur ma cravate?** what's this on my tie? • **qu'est-ce que c'est que ~, par terre?** what's that on the floor?
b (*sujet du verbe*) it; (*ce qui a été dit*) that • **flexibilité, qu'est-ce que ~ veut dire?** flexibility, what does that mean? • **c'est ~** that's right • **~ dit** that said • **~ m'agace de l'entendre se plaindre** it gets on my nerves hearing him complain • **faire des études, ~ ne le tentait guère** studying didn't really appeal to him
c (*locutions*) **quand/où ~?** when/where was that? • **à ~ près que ...** except that ... • **il y a deux jours de ~** two days ago

célébration [selebʀasjɔ̃] (NF) celebration
célèbre [selɛbʀ] (ADJ) famous
célébrer [selebʀe] /TABLE 6/ (VT) to celebrate
célébrissime* [selɛbʀisim] (ADJ) very famous
célébrité [selebʀite] (NF) ⓐ (*= renommée*) fame ⓑ (*= personne*) celebrity
céleri○ [sɛlʀi] (NM) **~ (en branches)** celery **• ~(-rave)** celeriac
céleste [selɛst] (ADJ) ⓐ (*= du ciel*) celestial ⓑ (*= merveilleux*) heavenly
célibat [seliba] (NM) [*d'homme, femme*] single life; (*par abstinence*) celibacy
célibataire [selibatɛʀ] 1 (ADJ) single; [*prêtre*] celibate **• mère/père ~** single mother/father 2 (NM) single man 3 (NF) single woman **• ~ géographique** *married person who is forced, for reasons of work, to live away from home*
celle [sɛl] (PRON DÉM) → **celui**
celle-ci [sɛlsi] (PRON DÉM) → **celui-ci**
celle-là [sɛlla] (PRON DÉM) → **celui-là**
cellier [selje] (NM) storeroom (*for wine and food*)
cellophane ® [selɔfan] (NF) Cellophane ® **• sous ~** wrapped in Cellophane ®
cellulaire [selylɛʀ] (ADJ) ⓐ (*Bio, Téléc*) cellular ⓑ (*= pénitentiaire*) **régime ~** confinement **• voiture** *ou* **fourgon ~** prison van
cellule [selyl] (NF) cell **• six jours de ~** six days in the cells ▸ **cellule de crise** emergency committee ▸ **cellule familiale** family unit ▸ **cellule photoélectrique** photoelectric cell ▸ **cellule de réflexion** think tank* ▸ **cellule souche** stem cell
cellulite [selylit] (NF) (*= graisse*) cellulite
celluloïd [selylɔid] (NM) celluloid
cellulose [selyloz] (NF) cellulose **• ~ végétale** dietary fibre
Celsius [sɛlsjys] (NM) **degré ~** degree Celsius
celte [sɛlt] 1 (ADJ) Celtic 2 (NMF) **Celte** Celt
celtique [sɛltik] (ADJ) Celtic
celui [səlɥi] (PRON DÉM)

> Feminine = **celle**, masculine plural = **ceux**, feminine plural = **celles**.

• cette marque est celle recommandée par les fabricants de lave-linge this brand is the one recommended by washing machine manufacturers
▸ **celui de/des c'est ~ des trois frères que je connais le mieux** of the three brothers he's the one I know the best **• je n'aime pas cette version, celle de Piaf est meilleure** I don't like this version, the one by Piaf is better **• l'horloge de la mairie et celle de la gare** the town-hall clock and the one at the station **• pour ceux d'entre vous qui ...** for those of you who ...
▸ **celui qui/que/dont ses romans sont ceux qui se vendent le mieux** his novels are the ones that sell best **• donnez-lui la balle rouge, c'est celle qu'il préfère** give him the red ball, that's the one he likes best **• celui dont je t'ai parlé** the one I told you about **• ceux dont je t'ai parlé** the ones I told you about
celui-ci [səlɥisi] (PRON DÉM)

> Feminine = **celle-ci**, masculine plural = **ceux-ci**, feminine plural = **celles-ci**.

ⓐ (*par opposition à celui-là*) this one **• ceux-ci • celles-ci** these (ones) **• lequel voulez-vous ? — ~** which one would you like? — this one **• celles-ci sont moins chères** these (ones) are cheaper ⓑ (*référence à un antécédent*) **elle écrivit à son frère, ~ ne répondit pas** she wrote to her brother - he did not answer
celui-là [səlɥila] (PRON DÉM)

> Feminine = **celle-là**, masculine plural = **ceux-là**, feminine plural = **celles-là**.

ⓐ (*= celui-ci*) this one **• ceux-là** these (ones) **• lequel voulez-vous ? — ~** which one would you like? — this one ⓑ (*par opposition à celui-ci*) **lequel voulez-vous, celui-ci ? — non, ~** which one would you like, this one? — no, that one **• celles-là sont moins chères** those (ones) are cheaper **• il a vraiment de la chance, ~ !** that guy* certainly has a lot of luck! **• elle est bien bonne, celle-là !** that's a bit much!
cendre [sɑ̃dʀ] (NF) ⓐ (*= substance*) ash **• réduire en ~s** to reduce to ashes **• cuire qch sous la ~** to cook sth in the embers ⓑ [*de mort*] **~s** ashes **• le mercredi des Cendres** Ash Wednesday **• les Cendres** Ash Wednesday
cendré, e [sɑ̃dʀe] 1 (ADJ) (*= couleur*) ashen **• gris/blond ~** ash grey/blond 2 (NF) **cendrée** (*= piste*) cinder track
cendrier [sɑ̃dʀije] (NM) [*de fumeur*] ashtray
Cendrillon [sɑ̃dʀijɔ̃] (NF) Cinderella
cène [sɛn] (NF) ⓐ **la Cène** the Last Supper ⓑ (*= communion protestante*) Communion
cenne [sɛn] (NF) (*Can = pièce d'un cent, sou*) cent
censé, e [sɑ̃se] (ADJ) **être ~ faire qch** to be supposed to do sth **• je suis ~ travailler** I'm supposed to be working **• nul n'est ~ ignorer la loi** ignorance of the law is no excuse
censément [sɑ̃semɑ̃] (ADV) supposedly
censeur [sɑ̃sœʀ] (NM) (*Ciné, Presse*) censor
censure [sɑ̃syʀ] (NF) (*Ciné, Presse*) censorship; (*= censeurs*) (board of) censors
censurer [sɑ̃syʀe] /TABLE 1/ (VT) to censor
cent [sɑ̃] 1 (ADJ) ⓐ (*= 100*) a hundred

> When **cent** is preceded by a plural number, **s** is added, unless another number follows.

• ça coûtait ~ euros et non deux ~s it was one hundred euros, not two hundred **• quatre ~ treize** four hundred and thirteen **• sept ~ un** seven hundred and one **• en l'an treize ~** in the year thirteen hundred **• ~ chaises** a hundred chairs **• deux ~s chaises** two hundred chairs **• courir un ~ mètres** to run a one-hundred-metre race **• (course de) quatre ~s mètres haies** 400 metres hurdles **• piquer un ~ mètres*** (*pour rattraper qn*) to sprint; (*pour s'enfuir*) to leg it* **• faire les ~ pas** to pace up and down **• il vit à ~ à l'heure*** he leads a very hectic life
ⓑ (*= beaucoup de*) **je te l'ai dit ~ fois** I've told you a hundred times **• il a ~ fois raison** he's absolutely right **• ~ fois mieux** a hundred times better **• c'est ~ fois trop grand** it's far too big
2 (NM) ⓐ (*= monnaie*) cent
ⓑ (*= nombre*) a hundred **• multiplier par ~** to multiply by a hundred **• il y a ~ contre un à parier que ...** it's a hundred to one that ...

▸ **pour cent** per cent • **cinq pour ~** five per cent • **je suis ~ pour ~ sûr** I'm a hundred per cent certain • **à ~ pour ~** a hundred per cent

> The **t** is pronounced before a noun beginning with a vowel sound, eg **cent ans**.

> Le mot anglais **hundred** est invariable, sauf quand il signifie **centaines**.

centaine [sɑ̃tɛn] NF ⓐ (*= environ cent*) **une ~ de** about a hundred • **plusieurs ~s (de)** several hundred • **des ~s de personnes** hundreds of people ⓑ (*= cent unités*) hundred • **10 € la ~** 10 euros a hundred

centenaire [sɑ̃t(ə)nɛʀ] 1 ADJ hundred-year-old *épith* • **cet arbre est ~** this tree is a hundred years old 2 NMF (*= personne*) centenarian 3 NM (*= anniversaire*) centenary

centennal, e [sɑ̃t(ə)nal] ADJ → **crue**

centième [sɑ̃tjɛm] ADJ, NM hundredth • **je n'ai pas retenu le ~ de ce qu'il a dit** I scarcely remember a word of what he said → **sixième**

centigrade [sɑ̃tigʀad] ADJ centigrade

centilitre [sɑ̃tilitʀ] NM centilitre (*Brit*), centiliter (*US*)

centime [sɑ̃tim] NM centime • **je n'ai pas un ~** I haven't got a penny (*Brit*) *or* a cent (*US*) ▸ **centime d'euro** euro cent

centimètre [sɑ̃timɛtʀ] NM ⓐ (*= mesure*) centimetre (*Brit*), centimeter (*US*) ⓑ (*= ruban*) tape measure

centrafricain, e [sɑ̃tʀafʀikɛ̃, ɛn] 1 ADJ from the Central African Republic • **la République ~e** the Central African Republic 2 NM,F **Centrafricain(e)** Central African

Centrafrique [sɑ̃tʀafʀik] NM **le ~** the Central African Republic

central, e (*mpl* **-aux**) [sɑ̃tʀal, o] 1 ADJ central • **l'Amérique/l'Asie ~e** Central America/Asia • **le personnage ~ du roman** the novel's central character 2 NM **~ (téléphonique)** (telephone) exchange 3 NF **centrale** ⓐ (*électrique, thermique*) power station ⓑ (*= prison*) prison 4 COMP ▸ **centrale électrique** power station ▸ **centrale nucléaire** nuclear power station

centraliser [sɑ̃tʀalize] /TABLE 1/ VT to centralize

centre [sɑ̃tʀ] 1 NM ⓐ centre (*Brit*), center (*US*) • **il habite en plein ~** he lives right in the centre • **il se croit le ~ du monde** he thinks the world revolves around him • **les grands ~s urbains/industriels** the great urban/industrial centres • **~ gauche/droit** (*Politique*) centre left/right

ⓑ (*Football = passe*) centre (*Brit*) *ou* center (*US*) pass

2 COMP ▸ **centre aéré** day centre ▸ **centre d'appels** call centre ▸ **centre commercial** shopping centre ▸ **centre culturel** arts centre ▸ **centre de documentation et d'information** (school) library ▸ **centre de gravité** centre of gravity ▸ **centre hospitalier** hospital • **~ hospitalier universitaire** teaching *ou* university hospital ▸ **centre d'information et d'orientation** careers advisory centre ▸ **centre d'interprétation** [*d'écomusée etc*] interpretation centre ▸ **centre de loisirs** leisure centre ▸ **Centre national d'enseignement à distance** *centre for distance learning* ▸ **Centre national de la recherche scientifique** *scientific research body* ▸ **centres nerveux** (*Physiol, fig*) nerve centres ▸ **centre de rétention (administrative)** detention centre (*for illegal immigrants*) ▸ **centre de tri** (*Poste*) sorting office

centrer [sɑ̃tʀe] /TABLE 1/ 1 VT ⓐ to centre (*Brit*), to center (*US*) • **le sujet est mal centré sur la photo** the subject of the photo is off-centre (*Brit*) *ou* off-center (*US*) ⓑ (*= orienter*) to focus • **être centré sur** [*débat, politique*] to focus on 2 VI [*footballeur*] to centre (*Brit*) *ou* center (*US*) the ball

centre-ville (*pl* **centres-villes**) [sɑ̃tʀəvil] NM town *ou* city centre (*Brit*) *ou* center (*US*) • **au ~** in the town *ou* city centre

centrifuge [sɑ̃tʀifyʒ] ADJ centrifugal

centrifugeuse [sɑ̃tʀifyʒøz] NF (*de cuisine*) juice extractor

centripète [sɑ̃tʀipɛt] ADJ centripetal

centriste [sɑ̃tʀist] ADJ, NMF centrist

centuple [sɑ̃typl] NM **au ~** a hundredfold

cep [sɛp] NM **~ (de vigne)** (vine) stock

cépage [sepaʒ] NM (variety of) grape

cèpe [sɛp] NM cep (*kind of wild mushroom*)

cependant [s(ə)pɑ̃dɑ̃] CONJ (*= mais*) however • **je préfère ~ rester** I'd rather stay, however

céphalée [sefale] NF headache

céramique [seʀamik] 1 ADJ ceramic 2 NF (*= matière, objet*) ceramic • **la ~** ceramics • **vase en ~** ceramic *ou* pottery vase

cerceau (*pl* **cerceaux**) [sɛʀso] NM [*d'enfant, tonneau*] hoop

cercle [sɛʀkl] NM ⓐ (*= forme, figure*) circle • **l'avion décrivait des ~s** the plane was circling • **entourer d'un ~** to circle ▸ **cercle polaire** polar circle • **~ polaire arctique/antarctique** Arctic/Antarctic Circle ▸ **cercle vicieux** vicious circle ⓑ (*= groupe*) circle; (*= club*) club • **le ~ de famille** the family circle • **un ~ d'amis** a circle of friends • **~ littéraire** literary circle

cercler [sɛʀkle] /TABLE 1/ VT to ring • **lunettes cerclées d'écaille** horn-rimmed spectacles

cercueil [sɛʀkœj] NM coffin, casket (*US*)

céréale [seʀeal] 1 NF cereal 2 NFPL **céréales** (*pour petit-déjeuner*) cereal

céréalier, -ière [seʀealje, jɛʀ] 1 ADJ cereal 2 NM (*= producteur*) cereal grower

cérébral, e (*mpl* **-aux**) [seʀebʀal, o] ADJ (*Méd*) cerebral; [*travail*] mental • **c'est un ~** he's brainy

cérémonial (*pl* **cérémonials**) [seʀemɔnjal] NM ceremonial

cérémonie [seʀemɔni] NF ceremony • **sans ~** [*recevoir*] informally; [*proposer*] unceremoniously; [*réception*] informal • **ne fais pas tant de ~s** there's no need to be so formal • **~ de clôture** closing ceremony • **~ d'ouverture** opening ceremony

cérémonieux, -ieuse [seʀemɔnjø, jøz] ADJ [*ton, accueil*] ceremonious; [*personne*] formal

cerf [sɛʀ] NM stag

cerfeuil [sɛʀfœj] NM chervil

cerf-volant (*pl* **cerfs-volants**) [sɛʀvɔlɑ̃] NM (*= jouet*) kite • **jouer au ~** to fly a kite

cerise [s(ə)ʀiz] 1 NF cherry • **la ~ sur le gâteau** (*fig*) the icing on the cake 2 ADJ INV cherry-red

cerisier [s(ə)ʀizje] NM (*= arbre*) cherry tree; (*= bois*) cherry wood

cerne [sɛʀn] NM ring • **les ~s sous ses yeux** the rings under his eyes

C

cerné, e [sɛʀne] (ADJ) **avoir les yeux ~s** to have rings *ou* shadows under one's eyes

cerneau (*pl* **cerneaux**) [sɛʀno] (NM) shelled walnut

cerner [sɛʀne] /TABLE 1/ (VT) ⓐ (= *entourer*) to surround • **ils étaient cernés de toutes parts** they were completely surrounded ⓑ (= *comprendre*) [+ *problème*] to identify; [+ *personne*] to figure out

certain, e [sɛʀtɛ̃, ɛn] **1** (ADJ) ⓐ (= *convaincu*) [*personne*] sure, certain • **es-tu ~ de rentrer ce soir?** are you sure *ou* certain you'll be back this evening? • **elle est ~e qu'ils viendront** she's sure *ou* certain they'll come

ⓑ (= *incontestable*) certain; [*indice*] sure; [*date, prix*] definite • **il a fait des progrès ~s** he has made definite progress • **la victoire est ~e** victory is assured • **c'est une chose ~e** it's absolutely certain • **c'est ~** there's no doubt about it

ⓒ (= *plus ou moins défini: avant le nom*) **un ~ ...** a (certain) ... • **un ~ ministre disait même que ...** a certain minister even said that ... • **un ~ M. Leblanc vous a demandé** a Mr Leblanc was asking for you • **dans une ~e mesure** to a certain extent • **dans un ~ sens** in a certain sense • **jusqu'à un ~ point** up to a point • **un ~ nombre d'éléments font penser que ...** a number of things lead one to think that ...

ⓓ (*intensif: avant le nom*) some • **c'est à une ~e distance d'ici** it's some distance from here • **cela demande un ~ courage** it takes some courage • **au bout d'un ~ temps** after a while • **il a un ~ âge** he's getting on • **une personne d'un ~ âge** an elderly person

ⓔ **certains** (= *quelques*) some, certain • **dans ~s cas** in some *ou* certain cases • **~es personnes ne l'aiment pas** some people don't like him • **sans ~es notions de base** without some *ou* certain basic notions

2 (PRON INDÉF PL) **certains** (= *personnes*) some people; (= *choses*) some • **dans ~s de ces cas** in some of these cases • **parmi ses récits ~s sont amusants** some of his stories are amusing • **pour ~s** for some people • **~s disent que ...** some people say that ... • **~s d'entre vous** some of you • **il y en a ~s qui ...** there are some who ...

certainement [sɛʀtɛnmɑ̃] (ADV) (= *très probablement*) most probably; (= *sans conteste, bien sûr*) certainly

certes [sɛʀt] (ADV) certainly

certif* [sɛʀtif] (NM) (ABR DE **certificat d'études primaires**)

certifiant, e [sɛʀtifjɑ̃, ɑ̃t] (ADJ) **formation ~e** training that leads to a qualification

certificat [sɛʀtifika] (NM) (= *diplôme, attestation*) certificate ▸ **certificat d'aptitude professionnelle** vocational training certificate ▸ **certificat de concubinage** *document certifying that a couple are living as husband and wife* ▸ **certificat de décès** death certificate ▸ **certificat d'études primaires** (*autrefois*) *certificate obtained by pupils at the end of primary school* ▸ **certificat de mariage** marriage certificate ▸ **certificat médical** medical certificate ▸ **certificat de travail** attestation of employment

certifié, e [sɛʀtifje] *ptp de* **certifier** (NM,F, ADJ) **(professeur) ~** *qualified secondary school (Brit) ou high-school (US) teacher, holder of the CAPES* → CAPES

certifier [sɛʀtifje] /TABLE 7/ (VT) ⓐ (= *assurer*) **~ qch à qn** to assure sb of sth ⓑ (= *authentifier*) to certify • **copie certifiée conforme (à l'original)** certified copy

certitude [sɛʀtityd] (NF) certainty • **avoir la ~ de qch/de faire** to be certain *ou* sure of sth/of doing

cérumen [seʀymɛn] (NM) (ear) wax

cerveau (*pl* **cerveaux**) [sɛʀvo] (NM) brain • **fais travailler ton ~** use your brain • **la fuite** *ou* **l'exode des ~x** the brain drain • **c'était le ~ de l'affaire** he was the brains behind the job

cervelas [sɛʀvəla] (NM) saveloy

cervelle [sɛʀvɛl] (NF) brain; (= *viande*) brains • **~ d'agneau** lamb's brains • **qu'est-ce que tu as dans la ~?*** are you stupid or what?*

cervical, e (*mpl* **-aux**) [sɛʀvikal, o] (ADJ) cervical

cervoise [sɛʀvwaz] (NF) barley beer

ces [se] (PRON DÉM) → **ce**

César [sezaʀ] (NM) ⓐ Caesar ⓑ (= *récompense*) *French film award*

césarienne [sezaʀjɛn] (NF) Caesarean • **ils lui ont fait une ~** they gave her a Caesarean

cessation [sesasjɔ̃] (NF) (*frm*) cessation • **~ d'activité** [*d'entreprise*] closing down; (= *retraite*) retirement; (= *chômage*) redundancy • **être en ~ de paiements** to be insolvent

cesse [sɛs] (LOC ADV) **sans ~** (= *tout le temps*) constantly; (= *sans interruption*) continuously • **elle est sans ~ après lui** she nags him constantly • **la pluie tombe sans ~ depuis hier** it's been raining non-stop since yesterday

cesser [sese] /TABLE 1/ **1** (VT) to stop • **~ de faire qch** to stop doing sth • **il a cessé de fumer** he's stopped smoking • **il n'a pas cessé de pleuvoir** it hasn't stopped raining • **~ le travail** to stop work • **nous avons cessé la fabrication de cet article** we have stopped making this item • **il ne cesse de m'importuner** (*frm*) he's constantly bothering me **2** (VI) to stop • **faire ~** to stop

cessez-le-feu [sesel(ə)fø] (NM INV) ceasefire

cession [sesjɔ̃] (NF) transfer

c'est-à-dire [sɛtadiʀ] (CONJ) (= *à savoir*) that is, i.e. • **je ne l'ai plus — ~?** I haven't got it — what do you mean? • **tu viendras? — ~ que j'ai du travail** will you come? — well, actually I've got some work to do

césure [sezyʀ] (NF) (*fig*) division

cet [sɛt] (ADJ DÉM) → **ce**

cétacé [setase] (NM) cetacean

cette [sɛt] (ADJ DÉM) → **ce**

ceux [sø] (PRON DÉM) → **celui**

Ceylan [selɑ̃] (NM) Ceylon

cf [seɛf] (ABR DE **confer**) cf

CFDT [seɛfdete] (NF) (ABR DE **Confédération française démocratique du travail**) *trade union*

CFF [seɛfɛf] (NMPL) (ABR DE **Chemins de fer fédéraux**) (*Helv*) → **chemin**

CFTC [seɛftese] (NF) (ABR DE **Confédération française des travailleurs chrétiens**) *trade union*

CGC [seʒese] (NF) (ABR DE **Confédération générale des cadres**) *management union*

CGT [seʒete] (NF) (ABR DE **Confédération générale du travail**) *trade union*

CGV [seʒeve] (NFPL) (ABR DE **conditions générales de vente**) T&C, terms and conditions *pl*

chacal (*pl* **chacals**) [ʃakal] (NM) jackal

chacun, e [ʃakœ̃, yn] (PRON INDÉF) ⓐ (*d'un ensemble bien défini*) each • **~ d'entre eux** each of them • **~ des deux** each *ou* both of them • **ils me donnèrent ~ 10 €** each of them gave me 10 euros • **il leur donna (à) ~ 10 €** he gave them 10 euros each **b** (*d'un ensemble indéfini*) everyone, everybody • **comme ~ sait** as everyone *ou* everybody knows • **~ son tour!** wait your turn! • **~ son goût** *ou* **ses goûts** each to his own • **~ pour soi** every man for himself

chagrin [ʃagʀɛ̃] (NM) (*= affliction*) grief • **avoir un ~ d'amour** to be disappointed in love • **faire du ~ à qn** to cause sb grief • **avoir du ~** to be grieved

chagriner [ʃagʀine] /TABLE 1/ (VT) (*= tracasser*) to bother

chahut [ʃay] (NM) (*= tapage*) uproar • **faire du ~** to create an uproar

chahuter [ʃayte] /TABLE 1/ **1** (VI) (*= faire du bruit*) to make a racket; (*= faire les fous*) to mess around **2** (VT) **a** [*+ professeur*] to play up; [*+ ministre*] to heckle • **il se fait ~ par ses élèves** his pupils create mayhem in his class **b** [*+ emploi du temps*] to disrupt

chahuteur, -euse [ʃaytœʀ, øz] (ADJ, NM, F) rowdy

chaîne○ [ʃɛn] **1** (NF) **a** (*de métal*) chain • **~ de bicyclette** bicycle chain • **briser ses ~s** to throw off one's chains **b** (*= ensemble, suite*) chain; [*de montagnes*] range • **la ~ des Alpes** the Alpine range • **des catastrophes en ~** a series of disasters
c (*Industrie*) assembly line • **travailler à la ~** to work on an assembly line
d (*TV*) channel • **sur la première/deuxième ~** on the first/second channel
e (*stéréo*) stereo system • **~ hi-fi** hi-fi system
2 (COMP) ▸ **chaîne alimentaire** food chain ▸ **chaîne câblée** cable channel ▸ **chaîne de caractères** character string ▸ **chaîne compacte** mini-system ▸ **chaîne de fabrication, chaîne de montage** assembly line ▸ **chaîne payante** *ou* **à péage** pay TV channel ▸ **chaîne stéréo** stereo system

chaînette○ [ʃɛnɛt] (NF) chain

chaînon○ [ʃɛnɔ̃] (NM) link

chair [ʃɛʀ] **1** (NF) flesh • **en ~ et en os** in the flesh • **avoir la ~ de poule** to have goosepimples • **j'en ai la ~ de poule** (*chose effrayante*) it makes my flesh creep • **bien en ~** plump **2** (ADJ INV) flesh-coloured (*Brit*), flesh-colored (*US*) **3** (COMP) ▸ **chair à canon** cannon fodder ▸ **chair à saucisse** sausage meat

chaire [ʃɛʀ] (NF) **a** (*= estrade*) [*de prédicateur*] pulpit; [*de professeur*] rostrum **b** (*= poste universitaire*) chair

chaise [ʃɛz] (NF) chair • **être assis** *ou* **avoir le cul*** **entre deux ~s** to be caught between two stools ▸ **chaise pour bébé** highchair ▸ **chaise électrique** electric chair ▸ **chaise haute** highchair ▸ **chaise longue** deckchair ▸ **chaise à porteurs** sedan-chair ▸ **chaise roulante** wheelchair

chaland [ʃalɑ̃] (NM) **a** (*= bateau*) barge **b** (*= client*) customer

châle [ʃɑl] (NM) shawl

chalet [ʃalɛ] (NM) chalet; (*Can*) summer cottage

chaleur [ʃalœʀ] (NF) **a** (*= température*) heat; (*modérée*) warmth • **quelle ~!** isn't it hot! • **les grandes ~s** the hot weather • **« craint la ~ »** "keep in a cool place" **b** [*d'un accueil*] warmth • **manquer de ~ humaine** to lack the human touch **c** **en ~** [*femelle*] on (*Brit*) *ou* in (*US*) heat

chaleureusement [ʃalœʀøzmɑ̃] (ADV) warmly

chaleureux, -euse [ʃalœʀø, øz] (ADJ) warm

challenge [ʃalɑ̃ʒ] (NM) (*= épreuve*) contest; (*= défi*) challenge

challenger [ʃalɑ̃ʒɛʀ], **challengeur** [ʃalɑ̃ʒœʀ] (NM) challenger

chaloupe [ʃalup] (NF) launch; (*Can: à rames*)* rowing boat (*Brit*), rowboat (*US, Can*)

chalumeau (*pl* **chalumeaux**) [ʃalymo] (NM) **a** (*= outil*) blowtorch **b** (*= instrument de musique*) pipe

chalut [ʃaly] (NM) **pêcher au ~** to trawl

chalutier [ʃalytje] (NM) **a** (*= bateau*) trawler **b** (*= pêcheur*) trawlerman

chamailler (se) [ʃamɑje] /TABLE 1/ (VPR) to squabble

chamallow® [ʃamalo] (NM) marshmallow

chaman, shaman [ʃaman] (NM) shaman

chamanisme, shamanisme [ʃamanism] (NM) shamanism

chamarré, e [ʃamaʀe] (ADJ) richly coloured (*Brit*) *ou* colored (*US*)

chambardement* [ʃɑ̃baʀdəmɑ̃] (NM) upheaval

chambarder* [ʃɑ̃baʀde] /TABLE 1/ (VT) (*= bouleverser*) to turn upside down

chamboulement* [ʃɑ̃bulmɑ̃] (NM) upheaval

chambouler* [ʃɑ̃bule] /TABLE 1/ (VT) [*+ maison*] to turn upside down; [*+ personne*] to shatter • **~ les habitudes de qn** to upset sb's routine • **ça a chamboulé tous nos projets** it upset all our plans

chambranle [ʃɑ̃bʀɑ̃l] (NM) [*de porte*] door frame; [*de fenêtre*] window frame

chambre [ʃɑ̃bʀ] **1** (NF) **a** (*pour dormir*) bedroom • **~ à un lit/deux lits** single/twin room • **~ double** *ou* **pour deux personnes** double room • **~ individuelle** single room • **faire ~ à part** to sleep in separate rooms
b (*Politique*) House • **Chambre haute/basse** Upper/Lower House
2 (COMP) ▸ **chambre à air** inner tube • **sans ~ à air** tubeless ▸ **chambre d'amis** spare room ▸ **chambre de bonne** maid's room; (*sous les toits*) garret ▸ **chambre de commerce** Chamber of Commerce ▸ **chambre de commerce et d'industrie** Chamber of Commerce and Industry ▸ **la Chambre des communes** the House of Commons ▸ **chambre à coucher** (*= pièce*) bedroom; (*= mobilier*) bedroom furniture ▸ **la Chambre des députés** the Chamber of Deputies ▸ **chambre d'enfant** child's bedroom ▸ **chambre d'étudiant** student room ▸ **chambre frigorifique, chambre froide** cold room ▸ **chambre à gaz** gas chamber ▸ **chambre d'hôpital** hospital room ▸ **chambre d'hôte** ≈ bed and breakfast ▸ **chambre d'hôtel** hotel room ▸ **la Chambre des lords** the House of Lords ▸ **chambre noire** darkroom ▸ **la Chambre des représentants** the House of Representatives

chambrer [ʃɑ̃bʀe] /TABLE 1/ (VT) **a** [*+ vin*] to bring to room temperature **b** (*= taquiner*)* to tease

chambreur, -euse [ʃɑ̃bʀœʀ, øz] **1** (NM, F) **a** (*= moqueur*)* tease, wind-up merchant* (*Brit*) **b** (*Can, Helv*) [*d'appartement*] flatmate (*Brit*), roommate (*US*); [*de maison*] housemate **2** (ADJ)* mocking

chameau (*pl* **chameaux**) [ʃamo] (NM) **a** (*= animal*) camel **b** (*= femme*)* cow*

chamois [ʃamwa] (NM) (*= animal*) chamois

champ[1] [ʃɑ̃] **1** (NM) **a** field • **~ de blé** field of wheat • **laisser le ~ libre à qn** to leave the field clear for sb
b (*= domaine*) field • **élargir le ~ de ses recherches** to broaden the scope of one's research
c (*Photo, Ciné*) field • **hors ~** off-camera
2 (NMPL) **champs** (*= campagne*) countryside • **fleurs des ~s** wild flowers
3 (COMP) ▸ **champ d'action** *ou* **d'activité** sphere of

C

activity ▸**champ de bataille** battlefield ▸**champ de courses** racecourse ▸**champ de foire** fairground ▸**champ d'honneur mourir** *ou* **tomber au ~ d'honneur** to be killed in action ▸**champ magnétique** magnetic field ▸**champ des mines** minefield ▸**champ de tir** (*= terrain*) shooting range ▸**champ visuel** field of vision

champ[2] * [ʃɑ̃p] NM (ABR DE **champagne**) bubbly*

champagne [ʃɑ̃paɲ] **1** NM champagne • **~ rosé** pink champagne **2** NF **la Champagne** the Champagne region

champenois, e [ʃɑ̃pənwa, waz] ADJ from the Champagne region

champêtre [ʃɑ̃pɛtʀ] ADJ rural; [*odeur, route*] country; [*bal, fête*] village

champignon [ʃɑ̃piɲɔ̃] NM mushroom; (*vénéneux*) toadstool; (*Bot, Méd*) fungus • **aller aux ~s** to go mushroom-picking • **pousser comme des ~s** to mushroom • **appuyer sur le ~*** to step on it* ▸**champignon atomique** mushroom cloud ▸**champignon hallucinogène** magic mushroom ▸**champignon de Paris** cultivated mushroom

champion, -ionne [ʃɑ̃pjɔ̃, jɔn] NM,F champion • **~ du monde** world champion • **~ du monde de boxe** world boxing champion • **se faire le ~ d'une cause** to champion a cause

championnat [ʃɑ̃pjɔna] NM championship

champlure [ʃɑ̃plyʀ] NF (*Can = robinet*) tap (*Brit*), faucet (*US*)

chance [ʃɑ̃s] NF ⓐ (*= bonne fortune, hasard*) luck • **avec un peu de ~** with a bit of luck • **c'est une ~ que ...** it's lucky that ... • **par ~** luckily • **quelle ~ !** wasn't that lucky! • **pas de ~ !** hard luck! • **un coup de ~** a stroke of luck • **ce n'est pas mon jour de ~ !** it's not my day! • **courir** *ou* **tenter sa ~** to try one's luck • **la ~ a tourné** his (*ou* her *etc*) luck has changed • **la ~ lui sourit** fortune is smiling on him • **mettre toutes les ~s de son côté** to take no chances

ⓑ (*= possibilité de succès*) chance • **donner sa ~** *ou* **ses ~s à qn** to give sb his chance • **quelles sont ses ~s ?** what are his chances? • **c'est la ~ de ma/sa vie** it's the opportunity of a lifetime

▸**avoir + chance(s) tu as de la ~ (d'y aller)** you're lucky (to be going) • **il n'a pas de ~** he's unlucky • **elle a des ~s (de gagner)** she stands a good chance (of winning) • **il n'a aucune ~** he hasn't got *ou* doesn't stand a chance • **elle a une ~ sur deux de s'en sortir** she's got a fifty-fifty chance of pulling through • **il y a une ~ sur cent que ...** there's a one-in-a-hundred chance that ... • **il y a toutes les ~s que ...** there's every chance that ... • **il y a des ~s*** I wouldn't be surprised

chanceler [ʃɑ̃s(ə)le] /TABLE 4/ VI [*personne*] to stagger; [*objet*] to wobble; [*autorité*] to falter; [*régime*] to totter • **il s'avança en chancelant** he staggered forward

chancelier, -ière [ʃɑ̃səlje, jɛʀ] NM,F (*en Allemagne, Autriche*) chancellor; [*d'ambassade*] secretary

chancellerie [ʃɑ̃sɛlʀi] NF (*en France*) ≈ Ministry of Justice

chanceux, -euse [ʃɑ̃sø, øz] ADJ lucky

chandail [ʃɑ̃daj] NM sweater

Chandeleur [ʃɑ̃dlœʀ] NF **la ~** Candlemas

chandelier [ʃɑ̃dəlje] NM (*à une branche*) candlestick; (*à plusieurs branches*) candelabra

chandelle [ʃɑ̃dɛl] NF ⓐ (*= bougie*) candle • **un dîner aux ~s** a candlelit dinner • **voir trente-six ~s*** to see stars ⓑ (*= acrobatie*) shoulder stand

change [ʃɑ̃ʒ] NM [*de devises*] exchange • **faire le ~** to change money • **opération de ~** foreign exchange transaction • **le ~ est avantageux** the exchange rate is favourable • **au cours actuel du ~** at the current rate of exchange • **gagner/perdre au ~** to gain/lose on the deal • **donner le ~** to allay suspicion

changeant, e [ʃɑ̃ʒɑ̃, ɑ̃t] ADJ changing; [*temps*] changeable

changement [ʃɑ̃ʒmɑ̃] **1** NM ⓐ change • **il n'aime pas le ~** he doesn't like change • **il y a eu du ~** things have changed • **il y a eu un ~ de propriétaire** it has changed hands • **~ de direction** (*sens*) change of direction; (*dirigeants*) change of management; (*sur un écriteau*) under new management • **le ~ de température** the change in temperature • **la situation reste sans ~** the situation remains unchanged

ⓑ (*Transports*) **avec ~ à Paris** changing at Paris • **j'ai trois ~s** (*en métro, bus*) I have to change three times

2 COMP ▸**changement d'air** change of air ▸**changement climatique** climate change ▸**changement de décor** (*Théât*) scene-change; (*fig*) change of scene ▸**changement de programme** [*de projet*] change of plan; [*de spectacle*] change of programme ▸**changement de vitesse** (*= dispositif*) gears; (*= action*) change of gear

⚠ Le mot **changement** n'existe pas en anglais.

changer [ʃɑ̃ʒe] /TABLE 3/ **1** VT ⓐ (*= modifier*) to change • **ce chapeau la change** that hat makes her look different • **on ne le changera pas** nothing will make him change • **ça change tout !** that changes everything! • **une promenade lui changera les idées** a walk will take his mind off things

ⓑ (*= remplacer, échanger*) to change • **~ 100 € contre des livres** to change €100 into pounds • **~ les draps/une ampoule** to change the sheets/a bulb

ⓒ (*= déplacer*) **~ qn/qch de place** to move sb/sth (to a different place) • **~ qn de poste** to move sb to a different job

ⓓ (*= transformer*) **~ qch/qn en** to turn sth/sb into

ⓔ (*= mettre d'autres vêtements à*) **~ un enfant/malade** to change a child/patient • **~ un bébé** to change a baby's nappy (*Brit*) *ou* diaper (*US*)

ⓕ (*= procurer un changement à*) **ils vont en Italie, ça les changera de l'Angleterre !** they're going to Italy, it will make a change for them after England!

ⓖ ▸**changer de** to change • **~ d'adresse/de voiture** to change one's address/car • **elle a changé de coiffure** she's changed her hairstyle • **~ d'avis** *ou* **d'idée** to change one's mind • **il change d'avis comme de chemise*** he's always changing his mind • **~ de train/compartiment** to change trains/compartments • **j'ai besoin de ~ d'air** I need a change of air • **changeons de sujet** let's change the subject • **~ de place avec qn** to change places with sb

2 VI ⓐ (*= se transformer*) to change • **il n'a pas du tout changé** he hasn't changed at all • **~ en bien/mal** to change for the better/worse

ⓑ (*Transports*) to change • **j'ai dû ~ à Rome** I had to change at Rome

ⓒ (= *procurer un changement*) **pour ~!** that makes a change! • **ça change des films à l'eau de rose** it makes a change from sentimental films

3 (VPR) **se changer** ⓐ (= *mettre d'autres vêtements*) to change • **va te ~!** go and change!

ⓑ (= *se transformer*) **se ~ en** to turn into

changeur [ʃɑ̃ʒœʀ] (NM) **~ de monnaie** change machine

chanoine [ʃanwan] (NM) canon

chanson [ʃɑ̃sɔ̃] (NF) song ▸**chanson d'amour** love song ▸**la chanson populaire** popular songs ▸**chanson à succès** hit (song)

LA CHANSON FRANÇAISE

French **chansons** gained international renown in the forties thanks to stars like Edith Piaf and Charles Trénet, and in the fifties and sixties thanks to Yves Montand, Charles Aznavour and Juliette Gréco. **La chanson française** has always been characterized by the quality of its lyrics, exemplified by the work of singer-poets like Jacques Brel, Georges Brassens, Léo Ferré and Barbara.

chansonnier [ʃɑ̃sɔnje] (NM) (= *artiste*) cabaret singer

chant [ʃɑ̃] 1 (NM) ⓐ [*de personne, oiseau*] singing; (= *mélodie habituelle*) song; [*d'insecte*] chirping; [*de coq*] crowing • **cours/professeur de ~** singing lesson/teacher ⓑ (= *chanson*) song ⓒ (= *côté*) edge • **de** *ou* **sur ~** on its edge 2 (COMP) ▸**chant du cygne** swan song ▸**chant grégorien** Gregorian chant ▸**chant de Noël** carol

chantage [ʃɑ̃taʒ] (NM) blackmail • **faire du ~** to use blackmail • **c'est du ~ à l'emploi** it's economic blackmail ▸**chantage affectif** emotional blackmail

chantant, e [ʃɑ̃tɑ̃, ɑ̃t] (ADJ) [*accent, voix*] lilting

chanter [ʃɑ̃te] /TABLE 1/ 1 (VT) to sing • **chante-nous quelque chose!** sing us something! • **~ les louanges de qn** to sing sb's praises • **qu'est-ce qu'il nous chante là?** (= *raconte*) what's he on about now?* 2 (VI) ⓐ [*personne, oiseau*] to sing; [*coq*] to crow • **~ juste/faux** to sing in tune/out of tune ⓑ (*chantage*) **faire ~ qn** to blackmail sb ⓒ (= *plaire*)* **si ça te chante** if you feel like it • **quand ça lui chante** when he feels like it

chanterelle [ʃɑ̃tʀɛl] (NF) chanterelle (*kind of mushroom*)

chanteur, -euse [ʃɑ̃tœʀ, øz] (NM,F) singer

chantier [ʃɑ̃tje] 1 (NM) ⓐ (*Constr*) building site; [*de plombier, peintre*] job • **« ~ interdit au public »** "no entry" ▸**en chantier à la maison nous sommes en ~** we've got work going on in the house • **mettre un projet en ~** to undertake a project • **il a deux livres en ~** he's working on two books

ⓑ (= *entrepôt*) depot

2 (COMP) ▸**chantier de construction** building site ▸**chantier naval** shipyard

chantilly [ʃɑ̃tiji] (NF) **(crème) ~** whipped cream

chantonner [ʃɑ̃tɔne] /TABLE 1/ (VTI) to hum

chantre [ʃɑ̃tʀ] (NM) (*Rel*) cantor; (= *poète*) bard; (= *laudateur*) eulogist

chanvre [ʃɑ̃vʀ] (NM) hemp

chaos [kao] (NM) chaos

chaotique [kaɔtik] (ADJ) chaotic

chaparder* [ʃapaʀde] /TABLE 1/ (VTI) to pilfer

chapardeur, -euse* [ʃapaʀdœʀ, øz] 1 (ADJ) light-fingered 2 (NM,F) pilferer, petty thief

chape [ʃap] (NF) **une ~ de béton** a layer of concrete

chapeau (*pl* **chapeaux**) [ʃapo] (NM) (= *coiffure*) hat • **ça mérite un coup de ~** it's quite an achievement • **~, mon vieux!*** well done, mate!* • **démarrer sur les ~x de roues*** [*véhicule, personne*] to shoot off at top speed; [*affaire*] to get off to a good start ▸**chapeau haut-de-forme** top hat ▸**chapeau melon** bowler hat (*Brit*), derby (*US*) ▸**chapeau de paille** straw hat ▸**chapeau de plage, chapeau de soleil** sun hat

chapeauter [ʃapote] /TABLE 1/ (VT) (= *superviser*) to head

chapelain [ʃaplɛ̃] (NM) chaplain

chapelet [ʃaplɛ] (NM) rosary • **réciter** *ou* **dire son ~** to say a rosary • **un ~ de** (= *succession*) a string of

chapelle [ʃapɛl] (NF) chapel ▸**chapelle ardente** chapel of rest

chapelure [ʃaplyʀ] (NF) dried breadcrumbs

chaperon [ʃapʀɔ̃] (NM) (= *personne*) chaperone

chaperonner [ʃapʀɔne] /TABLE 1/ (VT) [+ *personne*] to chaperone

chapiteau (*pl* **chapiteaux**) [ʃapito] (NM) ⓐ [*de colonne*] capital ⓑ [*de cirque*] big top

chapitrage [ʃapitʀaʒ] (NM) [*de DVD*] scene selection

chapitre [ʃapitʀ] (NM) ⓐ [*de livre*] chapter ⓑ (= *sujet*) subject • **sur ce ~** on that subject ⓒ (*Rel*) chapter

chapitrer [ʃapitʀe] /TABLE 1/ (VT) (= *réprimander*) to admonish; (= *faire la morale à*) to lecture

chapon [ʃapɔ̃] (NM) capon

chaque [ʃak] (ADJ) every; (= *chacun en particulier*) each • **~ élève** every pupil • **~ jour** every day • **elle avait choisi pour ~ enfant un cadeau différent** she had bought a carefully-chosen present for each child • **il m'interrompt à ~ instant** he keeps interrupting me • **~ chose en son temps** everything in its own time

char [ʃaʀ] 1 (NM) ⓐ (= *tank*) tank • **arrête ton ~**‡ (*raconter des histoires*) shut up!*; (*se vanter*) stop showing off! ⓑ (*romain*) chariot; [*de carnaval*] float ⓒ (*Can* = *voiture*)* car 2 (COMP) ▸**char d'assaut, char de combat** tank ▸**char à voile** land yacht • **faire du ~ à voile** to go land yachting

charabia* [ʃaʀabja] (NM) gobbledygook*

charade [ʃaʀad] (NF) (*parlée*) riddle; (*mimée*) charade

charançon [ʃaʀɑ̃sɔ̃] (NM) weevil

charbon [ʃaʀbɔ̃] (NM) ⓐ (= *combustible*) coal *NonC* • **être sur des ~s ardents** to be like a cat on hot bricks • **aller au ~*** to go to work ⓑ (= *maladie*) [*de blé*] black rust; [*d'animal, homme*] anthrax ⓒ (*Pharm*) charcoal ▸**charbon de bois** charcoal • **faire cuire qch au ~ de bois** to cook sth over charcoal

charcutage [ʃaʀkytaʒ] (NM) **~ électoral** gerrymandering

charcuter* [ʃaʀkyte] /TABLE 1/ (VT) to butcher*

charcuterie [ʃaʀkytʀi] (NF) (= *magasin*) *pork butcher's shop and delicatessen*; (= *produits*) cooked pork meats • **assiette de ~** assorted cold meats

CHARCUTERIE

Charcuterie is a generic term referring to a wide variety of products made with pork, such as pâté, "rillettes", ham and sausages. The terms **charcuterie** or "boucherie-**charcuterie**" also refer to the shop where these products are sold. The "charcutier-traiteur" sells ready-prepared dishes to take away as well as **charcuterie**.

charcutier, -ière [ʃaʀkytje, jɛʀ] (NM,F) pork butcher

chardon [ʃaʀdɔ̃] NM (*= plante*) thistle • **le Chardon écossais** • **le XV du Chardon** (*Rugby*) the Scottish team

chardonneret [ʃaʀdɔnʀɛ] NM goldfinch

charentaise [ʃaʀɑ̃tɛz] NF carpet slipper

charge [ʃaʀʒ] 1 NF **a** (*= fardeau*) load; (*fig*) burden
b (*= rôle*) responsibility; (*Admin*) office • **avoir la ~ de faire qch** to have the responsibility of doing sth • **à ~ de revanche** on condition that you let me return the favour sometime
c (*financièrement*) **il a sa mère à (sa) ~** he has a dependent mother • **enfants à ~** dependent children • **personnes à ~** dependents
d (*= obligation financière*) **charges** expenses; [*de locataire*] maintenance charges; [*d'employeur*] contributions
e (*Droit*) charge • **les ~s qui pèsent contre lui** the charges against him
f (*= attaque*) charge
g (*Sport*) **~ irrégulière** illegal tackle
h [*d'explosifs, électrique*] charge
i (*locutions*)
▸ **à la charge de être à la ~ de qn** [*frais, réparations*] to be payable by sb; [*personne*] to be dependent upon sb
▸ **en charge être en ~ de** [*+ dossier, problème, département*] to be in charge of • **mettre une batterie en ~** to charge a battery • **prendre en ~** [*+ frais, remboursement, personne*] to take care of; [*+ passager*] to take on • **se prendre en ~** to take responsibility for oneself • **prise en ~** (*par un taxi*) (*= prix*) minimum fare; (*par la Sécurité sociale*) *reimbursement of medical expenses*
2 COMP ▸ **charges de famille** dependents ▸ **charge fiscale** tax burden • **~s fiscales** taxes ▸ **charges locatives** maintenance charges ▸ **charges patronales** employers' contributions ▸ **charge publique** public office ▸ **charges sociales** social security contributions ▸ **charge de travail** workload ▸ **charge utile** payload

chargé, e [ʃaʀʒe] *ptp de* **charger** 1 ADJ **a** [*personne, véhicule*] loaded (**de** with) • **un mot ~ de sens** a word heavy with meaning • **un regard ~ de menaces** a menacing look **b** (*= responsable de*) **être ~ de** to be responsible for **c** [*emploi du temps*] full • **avoir un programme ~** to have a very busy schedule **d** [*style*] overelaborate **e** [*langue*] coated **f** [*arme*] loaded 2 COMP ▸ **chargé d'affaires** chargé d'affaires ▸ **chargé de cours** junior lecturer ▸ **chargé de mission** project leader; (*Politique*) representative

chargement [ʃaʀʒəmɑ̃] NM **a** (*= action*) loading **b** (*= marchandises*) load; [*de navire*] freight

charger [ʃaʀʒe] /TABLE 3/ 1 VT **a** to load; [*+ batterie*] to charge • **trop ~** to overload • **~ un client** [*taxi*] to pick up a passenger
b (*= donner une responsabilité*) **~ qn de (faire) qch** to give sb the responsibility of (doing) sth • **il m'a chargé d'un petit travail** he gave me a little job to do • **il m'a chargé de mettre une lettre à la poste** he asked me to post a letter • **il m'a chargé de vous transmettre ses amitiés** he asked me to give you his regards
c (*= caricaturer*) to overdo
2 VPR **se charger se ~ de** [*+ tâche*] to see to • **c'est lui qui se chargera de faire les réservations** he'll deal with the reservations • **je m'en charge** I'll see to it

chargeur [ʃaʀʒœʀ] NM [*d'arme*] magazine; (*Photo*) cartridge; [*de téléphone portable*] charger ▸ **chargeur de batterie** battery charger

chariot [ʃaʀjo] NM (*= table à roulettes*) trolley (*Brit*), cart (*US*) ▸ **chariot à bagages** luggage trolley (*Brit*) *ou* cart (*US*) ▸ **chariot élévateur** fork-lift truck

charismatique [kaʀismatik] ADJ charismatic

charisme [kaʀism] NM charisma

charitable [ʃaʀitabl] ADJ kind; (*Rel*) charitable • **organisation ~** charity organization

charité [ʃaʀite] NF **a** (*Rel*) charity; (*= gentillesse*) kindness **b** (*= aumône*) **faire la ~ à** to give (something) to • **fête de ~** charity event

charivari [ʃaʀivaʀi] NM hullabaloo

charlatan [ʃaʀlatɑ̃] NM charlatan

charlot [ʃaʀlo] NM **a Charlot** (*= personnage*) Charlie Chaplin; (*= film*) Charlie Chaplin film **b** (*= rigolo*) phoney*

charlotte [ʃaʀlɔt] NF (*= gâteau*) charlotte

charmant, e [ʃaʀmɑ̃, ɑ̃t] ADJ **a** (*= aimable*) charming **b** (*= ravissant*) lovely

charme [ʃaʀm] NM **a** (*= attrait*) charm • **faire du ~** to turn on the charm* • **faire du ~ à qn** to use one's charm on sb • **offensive de ~** charm offensive • **hôtel de ~** *attractive privately-run hotel* • **magazine de ~** girlie magazine* **b** (*= envoûtement*) spell • **le ~ est rompu** the spell is broken • **être sous le ~ de qn** to be under sb's spell • **se porter comme un ~** to be as fit as a fiddle **c** (*= arbre*) hornbeam

charmer [ʃaʀme] /TABLE 1/ VT to charm

charmeur, -euse [ʃaʀmœʀ, øz] 1 NM,F charmer • **~ de serpents** snake charmer 2 ADJ [*personne*] charming; [*sourire*] winning

charnel, -elle [ʃaʀnɛl] ADJ carnal

charnier [ʃaʀnje] NM [*de cadavres*] mass grave

charnière [ʃaʀnjɛʀ] NF [*de porte, fenêtre*] hinge • **époque ~** pivotal period

charnu, e [ʃaʀny] ADJ [*lèvres*] fleshy

charognard [ʃaʀɔɲaʀ] NM carrion eater; (*péj*) vulture

charogne [ʃaʀɔɲ] NF (*= cadavre*) decaying carcass • **~s** carrion *NonC*

charpente [ʃaʀpɑ̃t] NF [*de construction*] frame • **~ métallique** metal frame

charpenté, e [ʃaʀpɑ̃te] ADJ **bien** *ou* **solidement ~** [*personne*] well built

charpentier [ʃaʀpɑ̃tje] NM carpenter

charpie [ʃaʀpi] NF **mettre** *ou* **réduire en ~** to pull to bits

charrette [ʃaʀɛt] NF **a** (*= char*) cart **b** (*= licenciements*) series of lay-offs

charrier [ʃaʀje] /TABLE 7/ 1 VT **a** (*= transporter*) to cart along **b** (*= entraîner*) to carry along **c** (*= taquiner*)* to tease 2 VI (*= exagérer*)‡ to go too far

charrue [ʃaʀy] NF plough (*Brit*), plow (*US*) • **mettre la ~ avant les bœufs** to put the cart before the horse

charte [ʃaʀt] NF (*= convention*) charter

charter [ʃaʀtɛʀ] 1 NM (*= vol*) charter flight; (*= avion*) charter plane 2 ADJ INV charter

chas [ʃɑ] NM eye (*of needle*)

chasse[1] [ʃas] 1 NF **a** hunting • **aller à la ~** to go hunting • **aller à la ~ aux papillons** to go catching butterflies • (PROV) **qui va à la ~ perd sa place** he who leaves his place loses it
b (*= période*) hunting season • **la ~ est ouverte/fermée** it's the open/close season (*Brit*), it's open/closed season (*US*)
c (*= domaine*) hunting ground
d (*= poursuite*) chase • **faire la ~ à** [*+ abus, erreurs*] to track down • **prendre en ~** to give chase to

2 COMP ▸ **chasse à courre** (= *sport*) hunting with hounds; (= *partie de chasse*) hunt ▸ **chasse gardée** private hunting ground; (*fig*) exclusive preserve *ou* domain • **« ~ gardée »** (*panneau*) "private, trespassers will be prosecuted" ▸ **chasse à l'homme** manhunt ▸ **chasse aux sorcières** witch hunt ▸ **chasse sous-marine** harpooning ▸ **chasse au trésor** treasure hunt

chasse² [ʃas] NF **~ d'eau** *ou* **des cabinets** (toilet) flush • **actionner** *ou* **tirer la ~** to flush the toilet

châsse [ʃɑs] NF (= *reliquaire*) reliquary

chassé-croisé (*pl* **chassés-croisés**) [ʃasekʀwaze] NM **avec tous ces chassés-croisés nous ne nous sommes pas vus depuis six mois** with all these to-ings and fro-ings we haven't seen each other for six months • **une période de chassés-croisés sur les routes** a period of heavy two-way traffic • **le ~ des vacanciers** the flow of holidaymakers

chasse-neige (*pl* **chasse-neige(s)**) [ʃasnɛʒ] NM snowplough (*Brit*), snowplow (*US*) • **descendre (une pente) en ~** to snowplough (*Brit*) *ou* snowplow (*US*) down a slope

chasser [ʃase] /TABLE 1/ 1 VT ⓐ (*pour tuer*) to hunt • **~ à l'affût/au filet** to hunt from a hide (*Brit*) *ou* blind (*US*)/with a net ⓑ (= *faire partir*) [+ *importun, animal, ennemi*] to chase out; [+ *enfant*] to throw out; [+ *touristes, clients*] to drive away; [+ *nuages, pluie*] to drive • (PROV) **~ le naturel, il revient au galop** what's bred in the bone comes out in the flesh (PROV) ⓒ (= *dissiper*) to dispel; [+ *idée*] to dismiss
2 VI ⓐ (= *aller à la chasse*) to go hunting • **~ sur les terres de qn** (*fig*) to poach on sb's territory ⓑ (= *déraper*) to skid

chasseur [ʃasœʀ] 1 NM ⓐ hunter ⓑ (= *avion*) fighter ⓒ (= *garçon d'hôtel*) porter 2 COMP ▸ **chasseur alpin** mountain infantryman ▸ **chasseur-cueilleur** hunter-gatherer ▸ **chasseur d'images** roving amateur photographer ▸ **chasseur de têtes** headhunter

châssis [ʃɑsi] NM ⓐ [*de véhicule*] chassis; [*de machine*] sub-frame ⓑ [*de fenêtre*] frame; [*de toile, tableau*] stretcher ⓒ (= *corps féminin*)*‡ body ⓓ (*pour plantations*) cold frame

chaste [ʃast] ADJ chaste; (*hum*) [*oreilles*] delicate

chasteté [ʃastəte] NF chastity

chasuble [ʃazybl] NF chasuble • **robe ~** pinafore dress

chat¹ [ʃa] 1 NM ⓐ (= *animal*) cat • **il n'y avait pas un ~ dehors** (= *personne*) there wasn't a soul outside • **avoir un ~ dans la gorge** to have a frog in one's throat • **jouer au ~ et à la souris** to play cat and mouse • **j'ai d'autres ~s à fouetter** I've got other fish to fry • **il n'y a pas de quoi fouetter un ~** it's nothing to make a fuss about • (PROV) **~ échaudé craint l'eau froide** once bitten, twice shy (PROV) • (PROV) **quand le ~ n'est pas là les souris dansent** when the cat's away the mice will play (PROV) ⓑ (= *jeu*) tag • **jouer à ~** to play tag
2 COMP ▸ **le Chat botté** Puss in Boots ▸ **chat de gouttière** ordinary cat ▸ **chat perché** (= *jeu*) off-ground tag ▸ **chat sauvage** wildcat

chat² [tʃat] NM (*Internet*) chat

châtaigne [ʃatɛɲ] NF ⓐ (= *fruit*) (sweet) chestnut ⓑ (= *décharge électrique*)* (electric) shock ⓒ (= *coup*)* **il lui a filé une ~** he belted him one*

châtaignier [ʃateɲe] NM (= *arbre*) (sweet) chestnut tree; (= *bois*) chestnut

châtain [ʃatɛ̃] ADJ M [*cheveux*] chestnut (brown)

château (*pl* **châteaux**) [ʃato] NM (= *forteresse*) castle; (= *résidence royale*) palace; (*en France*) château • **bâtir des ~x en Espagne** to build castles in Spain ▸ **château de cartes** house of cards ▸ **château d'eau** water tower ▸ **château fort** castle

châtelain, e [ʃat(ə)lɛ̃, ɛn] NM,F lord of the manor; (*femme*) lady of the manor

châtié, e [ʃatje] ptp de **châtier** ADJ [*langage*] refined

châtier [ʃatje] /TABLE 7/ VT (*littér* = *punir*) to chastise

chatière [ʃatjɛʀ] NF (= *porte*) cat flap

châtiment [ʃatimɑ̃] NM punishment • **~ corporel** corporal punishment

chaton [ʃatɔ̃] NM ⓐ (= *animal*) kitten ⓑ (= *fleur*) catkin

chatouille* [ʃatuj] NF tickle • **faire des ~s à qn** to tickle sb • **craindre les ~s** *or* **la ~** to be ticklish

chatouiller [ʃatuje] /TABLE 1/ VT to tickle

chatouilleux, -euse [ʃatujø, øz] ADJ ticklish; (= *susceptible*) touchy

chatouillis* [ʃatuji] NM little tickle

chatoyant, e [ʃatwajɑ̃, ɑ̃t] ADJ glistening; [*étoffe*] shimmering

châtrer [ʃɑtʀe] /TABLE 1/ VT [+ *taureau, cheval*] to geld; [+ *chat*] to neuter; [+ *homme*] to castrate

chatte [ʃat] NF ⓐ (= *animal*) (female) cat • **ma (petite) ~** (*terme d'affection*) pet* ⓑ (= *vagin*)*** pussy***

chatter [tʃate] /TABLE 1/ VI (*Internet*) to chat

chaud, chaude [ʃo, ʃod] 1 ADJ ⓐ warm; (*très chaud*) hot • **repas ~** hot meal
ⓑ [*partisan*] strong; [*discussion*] heated • **la bataille a été ~e** it was a fierce battle • **je n'étais pas très ~* pour le faire** I wasn't very keen on doing it
ⓒ (= *difficile*) **les banlieues ~es** problem estates • **les points ~s du globe** the world's hot spots • **la rentrée sera ~e** there's going to be a lot of trouble in the autumn • **l'alerte a été ~e** it was a close thing
ⓓ (= *mal famé*) **quartier ~*** red-light district
2 NM (= *chaleur*) **le ~** the heat • **restez donc au ~** stay in the warm • **garder un plat au ~** to keep a dish warm ▸ **à chaud reportage à ~** on-the-spot report • **il a été opéré à ~** he had an emergency operation
3 ADV **avoir ~** to be warm; (*très chaud*) to be hot • **on a trop ~ ici** it's too hot in here • **j'ai eu ~ !*** (= *de la chance*) I had a narrow escape • **il fait ~** it's hot • **ça ne me fait ni ~ ni froid** I couldn't care less • **ça fait ~ au cœur** it's heart-warming • **manger ~** to have a hot meal • **« servir ~ »** "serve hot"
4 COMP ▸ **chaud lapin**‡ horny devil‡

chaudement [ʃodmɑ̃] ADV warmly

chaudière [ʃodjɛʀ] NF [*de locomotive, chauffage central*] boiler • **~ à condensation** condensing boiler • **~ à gaz** gas-fired boiler

chaudron [ʃodʀɔ̃] NM cauldron

chauffage [ʃofaʒ] NM heating • **~ au charbon/au gaz/à l'électricité** solid fuel/gas/electric heating • **~ central** central heating • **~ par le sol** underfloor heating

chauffagiste [ʃofaʒist] NM heating engineer

chauffant, e [ʃofɑ̃, ɑ̃t] ADJ [*surface, élément*] heating

chauffard* [ʃofaʀ] NM (*péj*) reckless driver; (*qui s'enfuit*) hit-and-run driver • **(espèce de) ~ !** roadhog!*

chauffe-biberon (*pl* **chauffe-biberons**) [ʃofbibʀɔ̃] NM bottle-warmer

chauffe-eau (*pl* **chauffe-eau(x)**) [ʃofo] NM water-heater; (*électrique*) immersion heater

chauffe-plat (*pl* **chauffe-plats**) [ʃofpla] NM hot plate

chauffer [ʃofe] /TABLE 1/ **1** (VT) **a** to heat; [*soleil*] to warm; [*soleil brûlant*] to make hot
b **(faire) ~** [*+ soupe*] to heat up; [*+ assiette*] to warm; [*+ eau du bain*] to heat; [*+ eau du thé*] to boil • **mets l'eau à ~** put the water on; (*dans une bouilloire*) put the kettle on • **faire ~ sa carte de crédit*** to go a bit mad with one's credit card*, to go mad with the plastic*
c [*+ salle, public*] to warm up
2 (VI) **a** (*= être sur le feu*) [*aliment*] to be heating up; [*eau du thé*] to be boiling
b (*= devenir chaud*) [*moteur, télévision*] to warm up; [*four, chaudière*] to heat up
c (*= devenir trop chaud*) to overheat
d (*= donner de la chaleur*) **le soleil chauffe** the sun's really hot • **le poêle chauffe bien** the stove gives out a lot of heat • **ils chauffent au charbon** they use coal for heating • **ça chauffe*** (*= il y a de la bagarre*) things are getting heated; (*= il y a de l'ambiance*) things are livening up • **ça va ~!*** sparks will fly! • **tu chauffes!** (*cache-tampon*) you're getting warm!
3 (VPR) **se chauffer** **a** (*près du feu*) to warm o.s. • **se ~ au soleil** to warm o.s. in the sun
b (*= avoir comme chauffage*) **se ~ au bois/charbon** to use wood/coal for heating • **se ~ à l'électricité** to have electric heating

chauffeur [ʃofœʀ] (NM) (*= conducteur*) driver; (*privé*) chauffeur • **~ d'autobus** bus driver • **~ de camion** lorry (*Brit*) *ou* truck driver • **~ de taxi** taxi driver

chaume [ʃom] (NM) thatch

chaumière [ʃomjɛʀ] (NF) cottage; (*à toit de chaume*) thatched cottage • **ça fait pleurer dans les ~s** it's a real tear-jerker*

chaussée [ʃose] (NF) (*= route*) road • **l'entretien de la ~** road maintenance • **«~ glissante»** "slippery road" • **«~ déformée»** "uneven road surface"

chausse-pied○ (*pl* **chausse-pieds**) [ʃospje] (NM) shoehorn

chausser [ʃose] /TABLE 1/ **1** (VT) **a** [*+ personne*] to put shoes on **b** [*+ chaussures, lunettes, skis*] to put on **2** (VI) **~ du 40** to take size 40 in shoes • **ces chaussures chaussent grand** these shoes are big-fitting **3** (VPR) **se chausser** to put one's shoes on • **j'ai du mal à me ~** I find it difficult to get shoes to fit me

chaussette [ʃosɛt] (NF) sock • **j'étais en ~s** I was in my socks • **elle m'a laissé tomber comme une vieille ~*** she ditched me*

chausseur [ʃosœʀ] (NM) (*= fabricant*) shoemaker; (*= fournisseur*) footwear specialist

chausson [ʃosɔ̃] (NM) **a** (*= pantoufle*) slipper; [*de bébé*] bootee; [*de danseur*] ballet shoe **b** (*= viennoiserie*) turnover • **~ aux pommes** apple turnover

chaussure [ʃosyʀ] (NF) (*= soulier*) shoe • **rayon ~s** footwear department • **trouver ~ à son pied** to find a suitable match • **regarder ses ~s** (*fig*) to look down at one's shoes
▸ **chaussures basses** flat shoes ▸ **chaussures montantes** ankle boots ▸ **chaussures de ski** ski boots ▸ **chaussures de sport** sports shoes ▸ **chaussures à talon haut** high-heeled shoes ▸ **chaussures de ville** smart shoes

chauve [ʃov] (ADJ) bald

chauve-souris○ (*pl* **chauves-souris**) [ʃovsuʀi] (NF) bat

chauvin, e [ʃovɛ̃, in] **1** (ADJ) (*= nationaliste*) chauvinistic; (*en sport, dans ses goûts*) prejudiced **2** (NM,F) (*= nationaliste*) chauvinist

chauvinisme [ʃovinism] (NM) (*= nationalisme*) chauvinism; (*en sport, dans ses goûts*) prejudice

chaux [ʃo] (NF) lime • **blanchi** *ou* **passé à la ~** whitewashed

chavirer [ʃaviʀe] /TABLE 1/ (VI) [*bateau*] to capsize; [*charrette*] to overturn • **j'en étais tout chaviré*** I was quite overwhelmed

check-list○ (*pl* **check-lists**) [(t)ʃɛklist] (NF) check list

check-up○ [(t)ʃɛkœp] (NM INV) check-up

chef [ʃɛf] **1** (NMF) **a** (*= patron*) boss; [*de tribu*] chief(tain) • **la ~*** the boss • **grand ~*** big boss* • **faire le** *ou* **jouer au petit ~** to throw one's weight around
▸ **en chef** **général en ~** general-in-chief • **ingénieur en ~** chief engineer
b [*d'expédition, révolte, syndicat*] leader
c (*= champion*)* **tu es un ~** you're the greatest* • **elle se débrouille comme un ~** she's doing a brilliant* job
d (*= cuisinier*) chef
e **~ d'accusation** (*Droit*) charge
f **de son propre ~** (*frm*) on his own initiative
2 (ADJ INV) **gardien/médecin ~** chief warden/consultant
3 (COMP) ▸ **chef d'atelier** foreman ▸ **chef de bande** gang leader ▸ **chef de cabinet** principal private secretary (**de** to) ▸ **chef de chantier** foreman ▸ **chef de classe** ≈ class prefect (*Brit*) *ou* president (*US*) ▸ **chef d'entreprise** company director ▸ **chef d'équipe** team manager ▸ **chef d'établissement** head teacher ▸ **chef d'État** head of state • **le ~ de l'État** the Head of State ▸ **chef d'état-major** chief of staff ▸ **chef de famille** head of the family; (*Admin*) householder ▸ **chef de file** leader; (*Politique*) party leader ▸ **chef de gare** station master ▸ **chef de gouvernement** head of government ▸ **chef d'orchestre** conductor; (*jazz*) band leader ▸ **chef de plateau** (*Ciné, TV*) floor manager ▸ **chef de projet** project manager ▸ **chef de rayon** departmental manager ▸ **chef de service** departmental head; (*= médecin*) ≈ consultant

chef-d'œuvre (*pl* **chefs-d'œuvre**) [ʃɛdœvʀ] (NM) masterpiece • **c'est un ~ d'hypocrisie** it is the ultimate hypocrisy

chef-lieu (*pl* **chefs-lieux**) [ʃɛfljø] (NM) ≈ county town

cheftaine [ʃɛftɛn] (NF) [*de louveteaux*] Akela (*Brit*), Den Mother (*US*); [*de jeunes éclaireuses*] Brown Owl (*Brit*), troop leader (*US*); [*d'éclaireuses*] guide captain

cheik [ʃɛk] (NM) sheik

chelem [ʃlɛm] (NM) **le grand ~** the grand slam

chelou, e* [ʃəlu] (ADJ) shady*, dodgy* (*Brit*)

chemin [ʃ(ə)mɛ̃] **1** (NM) **a** path; (*= route*) lane; (*= piste*) track
b (*= parcours, trajet, direction*) way (**de, pour** to) • **demander son ~** to ask one's way • **le ~ le plus court entre deux points** the shortest distance between two points • **ils ont fait tout le ~ à pied/en bicyclette** they walked/cycled the whole way • **poursuivre son ~** to continue on one's way • **en ~** on the way • **le ~ des écoliers** the long way round • **nos ~s se sont croisés** our paths crossed • (PROV) **tous les ~s mènent à Rome** all roads lead to Rome (PROV)
c (*locutions*) **faire son ~ dans la vie** to make one's way in life • **il a fait du ~!** he has come a long way • **cette idée a fait son ~** this idea has gained ground • **il est toujours sur mon ~** he turns up wherever I go; (*comme obstacle*) he always stands in my way • **montrer le ~** to lead the way

• **être sur le bon ~** to be on the right track • **ne t'arrête pas en si bon ~!** don't stop now when you're doing so well • **cela n'en prend pas le ~** it doesn't look very likely
2 COMP ▸ **chemin d'accès** (*Informatique*) access path ▸ **le chemin de croix, le chemin de croix du Christ** the Way of the Cross; (*dans une église*) the Stations of the Cross ▸ **chemin de fer** railway (*Brit*), railroad (*US*); (*= moyen de transport*) rail • **employé des ~s de fer** railway (*Brit*) *ou* railroad (*US*) worker ▸ **Chemins de fer fédéraux** Swiss Railways ▸ **chemin de halage** towpath ▸ **chemin de ronde** rampart walk ▸ **chemin de terre** dirt track ▸ **chemin de traverse** path across the fields

cheminée [ʃ(ə)mine] NF ⓐ (*extérieure*) [*de maison, usine*] chimney; [*de paquebot, locomotive*] funnel ⓑ (*intérieure*) fireplace; (*= encadrement*) mantelpiece ⓒ [*de volcan*] vent

cheminement [ʃ(ə)minmɑ̃] NM (*= progression*) [*de caravane, marcheurs*] progress; [*de sentier, eau*] course; [*d'idées, pensée*] development • **~ intellectuel** line of thought

cheminer [ʃ(ə)mine] /TABLE 1/ VI (*frm*) ⓐ (*= marcher*) to walk along ⓑ [*sentier*] to make its way; [*eau*] to follow its course; [*idées*] to follow their course

cheminot [ʃ(ə)mino] NM railwayman (*Brit*), railroad man (*US*) • **grève des ~s** rail strike

chemise [ʃ(ə)miz] NF ⓐ [*d'homme*] shirt • **être en bras de ~** to be in one's shirt sleeves • **je m'en moque comme de ma première ~*** I couldn't care less* ▸ **chemise de nuit** [*de femme*] nightdress; [*d'homme*] nightshirt ⓑ (*= dossier*) folder

chemiserie [ʃ(ə)mizʀi] NF (*= magasin*) shirt shop; (*= rayon*) shirt department

chemisette [ʃ(ə)mizɛt] NF [*d'homme*] short-sleeved shirt

chemisier [ʃ(ə)mizje] NM (*= vêtement*) blouse

chenal (*pl* **-aux**) [ʃənal, o] NM channel; [*de moulin*] millrace

chenapan [ʃ(ə)napɑ̃] NM rogue

chêne [ʃɛn] NM oak ▸ **chêne vert** holm oak

chenet [ʃ(ə)nɛ] NM firedog

chenil [ʃ(ə)nil] NM kennels (*Brit*), kennel (*US*)

chenille [ʃ(ə)nij] NF ⓐ (*animal, pour véhicules*) caterpillar • **véhicule à ~s** tracked vehicle ⓑ (*= laine*) **pull ~** chenille sweater

cheptel [ʃɛptel] NM livestock

chèque [ʃɛk] 1 NM ⓐ [*de banque*] cheque (*Brit*), check (*US*) • **faire/toucher un ~** to write/cash a cheque • **~ de 100 €** cheque for €100 ⓑ (*= bon*) voucher • **~-déjeuner®** *ou* **~-restaurant®** luncheon voucher (*Brit*), meal ticket (*US*) • **~-cadeau** gift token 2 COMP ▸ **chèque bancaire** cheque ▸ **chèque de voyage** traveller's cheque ▸ **chèque en blanc** blank cheque ▸ **chèque en bois*** rubber* cheque ▸ **chèque emploi service** *pay cheque for domestic help* ▸ **chèque postal** *cheque drawn on a post office account* • **les ~s postaux** (*= service*) the banking departments of the post office ▸ **chèque sans provision** bad cheque ▸ **chèque voyage** traveller's cheque

chéquier [ʃekje] NM chequebook (*Brit*), checkbook (*US*)

cher, chère[1] [ʃɛʀ] 1 ADJ ⓐ (*= coûteux*) expensive • **c'est vraiment pas ~!** it's really cheap! • **la vie est chère à Paris** Paris is an expensive place to live • **c'est trop ~ pour ce que c'est** it's overpriced
ⓑ (*= aimé*) [*personne, souvenir, vœu*] dear (**à** to) • **c'est mon vœu le plus ~** it's my dearest wish • **selon une formule chère au président** as a favourite saying of the president goes
ⓒ (*avant le nom*) dear • **(mes) ~s auditeurs** dear listeners • **ses chères habitudes** the old habits she holds so dear • **~s tous** (*sur lettre*) dear all
2 NM,F (*frm ou hum*) **mon ~** • **ma chère** my dear
3 ADV [*valoir, coûter, payer*] a lot • **le caviar vaut** *or* **coûte ~** caviar costs a lot • **il prend ~** he charges a lot • **ça s'est vendu ~** it fetched a high price • **je l'ai eu pour pas ~*** I got it cheap* • **je donnerais ~ pour savoir ce qu'il fait*** I'd give anything to know what he's doing • **je ne donne pas ~ de sa vie/de sa réussite** I wouldn't rate his chances of survival/succeeding very highly • **son imprudence lui a coûté ~** his rashness cost him dear (*Brit*) *ou* a great deal (*US*) • **il a payé ~ son imprudence** he paid dearly for his rashness

chercher [ʃɛʀʃe] /TABLE 1/ 1 VT ⓐ to look for; [*+ ombre, lumière, tranquillité, gloire, succès, faveur*] to seek; [*+ danger, mort*] to court; [*+ citation, heure de train*] to look up; [*+ nom, terme*] to try to remember • **~ un mot dans un dictionnaire** to look up a word in a dictionary • **~ qch à tâtons** to grope for sth • **attends, je cherche** wait a minute, I'm trying to think • **~ partout qch/qn** to search everywhere for sth/sb • **~ sa voie** to look for a path in life • **il cherchait ses mots** he was struggling to find the right words • **~ midi à quatorze heures** to complicate the issue • **~ la petite bête** to split hairs • **~ une aiguille dans une botte** *ou* **meule de foin** to look for a needle in a haystack • **~ des poux dans la tête de qn*** to try to make trouble for sb • **~ querelle à qn** to try to pick a quarrel with sb • **~ la difficulté** to look for difficulties • **~ la bagarre** to be looking for a fight • **il l'a bien cherché** he asked for it • **tu me cherches ?*** are you looking for trouble?
ⓑ (*= prendre, acheter*) **aller ~ qch** to go for sth • **aller ~ qn** to go to get sb • **qu'est-ce que tu vas ~ là ?** how do you make that out? • **il est venu le ~ à la gare** he came to meet him at the station • **aller ~ les enfants à l'école** to pick up the children from school • **envoyer ~ le médecin** to send for the doctor • **ça va ~ dans les 300 €** it'll come to around 300 euros • **ça peut aller ~ loin** (*amende*) it could mean a heavy fine
ⓒ (*= essayer*) **~ à faire qch** to try to do sth • **~ à savoir qch** to try to find out sth
2 VPR **se chercher** (*= chercher sa voie*) to search for an identity

chercheur, -euse [ʃɛʀʃœʀ, øz] NM,F (*= scientifique*) researcher • **~ d'or** gold digger

⚠ chercheur ≠ searcher

chère[2] [ʃɛʀ] NF **aimer la bonne ~** to love one's food

chèrement [ʃɛʀmɑ̃] ADV dearly

chéri, e [ʃeʀi] *ptp de* **chérir** 1 ADJ (*= bien-aimé*) darling • **maman ~e** dear mummy • **« à notre père ~ »** (*sur tombe*) "to our dearly beloved father" 2 NM,F darling • **mon ~** darling

chérir [ʃeʀiʀ] /TABLE 2/ VT (*littér*) to cherish

chérot* [ʃeʀo] ADJ M (*= coûteux*) expensive

cherté [ʃɛʀte] NF [*d'article*] high price • **la ~ de la vie** the high cost of living

chérubin [ʃeʀybɛ̃] NM cherub

chétif, -ive [ʃetif, iv] ADJ scrawny

cheval (*pl* **-aux**) [ʃ(ə)val, o] **1** NM ⓐ (= *animal*) horse; (= *viande*) horsemeat • **faire du ~** to go horse-riding • **monter sur ses grands chevaux** to get on one's high horse • **de ~*** [*remède*] drastic; [*fièvre*] raging
▸ **à cheval** on horseback • **à ~ sur** astride • **à ~ sur deux mois** running from one month into the next • **être (très) à ~ sur le règlement** to be a stickler for the rules
ⓑ (*puissance*) horsepower *NonC* • **elle fait combien de chevaux?** what horsepower is it? • **c'est une 6 chevaux** it's a 6 horsepower car
2 COMP ▸ **cheval d'arçons** horse ▸ **cheval à bascule** rocking horse ▸ **cheval de bataille** hobby-horse ▸ **cheval de course** racehorse ▸ **cheval fiscal** horsepower (*for tax purposes*) ▸ **cheval de selle** saddle horse ▸ **cheval de trait** draught horse (*Brit*), draft horse (*US*)

chevaleresque [ʃ(ə)valʀɛsk] ADJ [*caractère, conduite*] chivalrous

chevalerie [ʃ(ə)valʀi] NF chivalry

chevalet [ʃ(ə)valɛ] NM [*de peintre*] easel; [*de violon*] bridge

chevalier [ʃ(ə)valje] NM knight • **~ de la Légion d'honneur** Knight of the Legion of Honour

chevalière [ʃ(ə)valjɛʀ] NF signet ring

chevalin, e [ʃ(ə)valɛ̃, in] ADJ of horses • **boucherie ~e** horse butcher

cheval-vapeur (*pl* **chevaux-vapeur**) [ʃ(ə)valvapœʀ] NM horsepower

chevauchée [ʃ(ə)voʃe] NF (= *course*) ride

chevauchement [ʃ(ə)voʃmɑ̃] NM overlapping

chevaucher [ʃ(ə)voʃe] /TABLE 1/ **1** VT [+ *cheval, âne*] to be astride; [+ *chaise*] to sit astride **2** VPR **se chevaucher** [*dents, tuiles, lettres*] to overlap

chevelu, e [ʃəv(ə)ly] ADJ [*personne*] hairy

chevelure [ʃəv(ə)lyʀ] NF ⓐ (= *cheveux*) hair *NonC* • **une ~ abondante** thick hair ⓑ [*de comète*] tail

chevet [ʃ(ə)vɛ] NM [*de lit*] bedhead • **au ~ de qn** at sb's bedside

cheveu (*pl* **cheveux**) [ʃ(ə)vø] NM ⓐ **cheveux** (= *chevelure*) hair *NonC* • **une femme aux ~x blonds/frisés** a woman with fair/curly hair • **(les) ~x au vent** hair streaming in the wind • **il n'a pas un ~ sur la tête** *ou* **le caillou*** he hasn't a hair on his head
ⓑ (*locutions*) **il s'en est fallu d'un ~ qu'ils ne se tuent** they escaped death by a whisker • **avoir un ~ (sur la langue)*** to have a lisp • **se faire des ~x (blancs)*** to worry o.s. sick* • **arriver comme un ~ sur la soupe*** [*personne*] to turn up at the most awkward moment; [*remarque*] to be completely irrelevant • **tiré par les ~x** [*histoire*] far-fetched

cheville [ʃ(ə)vij] NF ⓐ [*de pied*] ankle • **aucun ne lui arrive à la ~** he's head and shoulders above the others ⓑ (= *fiche*) (*en bois*) peg; (*en métal*) pin; (*pour vis*) Rawlplug® • **~ ouvrière** (*fig*) kingpin ⓒ (*locutions*) **être en ~ avec qn pour faire qch** to be in cahoots* with sb to do sth

chèvre [ʃɛvʀ] **1** NF goat • **devenir ~*** to go crazy **2** NM (= *fromage*) goat's cheese

chevreau (*pl* **chevreaux**) [ʃəvʀo] NM kid

chèvrefeuille [ʃɛvʀəfœj] NM honeysuckle

chevreuil [ʃəvʀœj] NM roe deer; (*Can* = *cerf de Virginie*) deer; (= *viande*) venison

chevron [ʃəvʀɔ̃] NM (= *poutre*) rafter • **à ~s** (= *motif*) herringbone

chevronné, e [ʃəvʀɔne] ADJ experienced

chevrotant, e [ʃəvʀɔtɑ̃, ɑ̃t] ADJ [*voix*] quavering

chevrotine [ʃəvʀɔtin] NF buckshot *NonC*

chewing-gum (*pl* **chewing-gums**) [ʃwiŋgɔm] NM chewing gum *NonC*

chez [ʃe] PRÉP ⓐ (*à la maison*) **~ soi** at home • **être/rester ~ soi** to be/stay at home, to be/stay in • **venez ~ moi** come to my place • **nous rentrons ~ nous** we are going home • **j'ai des nouvelles de ~ moi** I have news from home • **faites comme ~ vous!** make yourself at home! • **on n'est plus ~ soi avec tous ces touristes!** it doesn't feel like home any more with all these tourists around!
ⓑ **~ qn** (*maison*) at sb's house; (*appartement*) at sb's flat (*Brit*) *ou* apartment (*US*) • **près de ~ qn** near sb's house • **près de ~ nous** near our house • **~ moi, c'est tout petit** my place is tiny • **il séjourne ~ moi** he is staying at my house *ou* with me • **la personne ~ qui j'ai habité** the person I lived with • **~ M. Lebrun** (*sur une adresse*) c/o Mr Lebrun • **~ Rosalie** (*enseigne de café*) Rosalie's • **~ nous** at home • **~ nous au Canada** (*là-bas*) back (home) in Canada; (*ici*) here in Canada • **c'est une coutume (bien) de ~ nous** it is one of our typical local customs • **il a été élevé ~ les Jésuites** he was brought up by the Jesuits
ⓒ (*avec nom de métier*) **~ l'épicier** at the grocer's • **il va ~ le dentiste** he's going to the dentist's
ⓓ (*avec groupe humain ou animal*) among • **~ les Romains** among the Romans • **~ les fourmis/le singe** in ants/monkeys • **~ les jeunes** among young people • **~ les hommes/les femmes** (*Sport*) in the men's/women's event
ⓔ (*avec personne, œuvre*) **~ Balzac** in Balzac • **c'est rare ~ un enfant de cet âge** it's rare in a child of that age • **~ lui, c'est une habitude** it's a habit with him • **~ lui c'est le foie qui ne va pas** it's his liver that gives him trouble

chez-soi [ʃeswa] NM INV home

chiadé, e* [ʃjade] *ptp de* **chiader** ADJ (= *difficile*) tough*; (= *approfondi*) thorough

chiader* [ʃjade] /TABLE 1/ VT (= *bien préparer*) [+ *leçon*] to swot up* (*Brit*); [+ *examen*] to cram for*; [+ *exposé, lettre*] to work on

chialer* [ʃjale] /TABLE 1/ VI ⓐ (= *pleurer*) to blubber* ⓑ (*Can*) (= *se plaindre*) to whine

chiant, chiante* [ʃjɑ̃, ʃjɑ̃t] ADJ (= *ennuyeux*) boring • **c'est ~** (= *pénible*) it's a real pain* • **il est ~** he's a real pain*

chiard* [ʃjaʀ] NM brat

chiasse* [ʃjas] NF **avoir/attraper la ~** (= *diarrhée*) to have/get the runs*

chic [ʃik] **1** NM (= *élégance*) [*de toilette, chapeau*] stylishness; [*de personne*] style • **avoir le ~ pour faire qch** to have the knack of doing sth **2** ADJ INV ⓐ (= *élégant, de la bonne société*) smart ⓑ (= *gentil*)* nice • **c'est une ~ fille** she's a nice girl • **c'est un ~ type** he's a nice guy* • **c'est très ~ de sa part** that's very nice of him **3** EXCL **~ (alors)!*** great!*

chicane [ʃikan] NF ⓐ [*de circuit automobile*] chicane ⓑ (= *querelle*) squabble

chicaner [ʃikane] /TABLE 1/ VI **~ (sur)** (= *ergoter*) to quibble (about)

chiche[1] [ʃiʃ] ADJ → **pois**

chiche[2] [ʃiʃ] ADJ ⓐ (= *mesquin*) mean ⓑ (= *capable*)* **tu n'es pas ~ (de le faire)** you wouldn't dare (do it) • **chiche?**

— **chiche!** are you on?* — you're on!*

chichi* [ʃiʃi] (NM) ⓐ **~(s)** (= *manières*) fuss *NonC* • **faire des ~s** *ou* **du ~** to make a fuss • **sans ~(s)** informally ⓑ (= *beignet*) ≈ doughnut

chicorée [ʃikɔʀe] (NF) chicory

chicos* [ʃikos] (ADJ) posh*

chicot [ʃiko] (NM) [*de dent, arbre*] stump

chié, e‡ [ʃje] (ADJ) ⓐ (= *bien*) great* ⓑ (= *difficile*) tough* ⓒ (= *qui exagère*) **il est ~, lui** he's a pain in the arse‡ (*Brit*) *ou* ass‡ (*US*)

chien [ʃjɛ̃] 1 (NM) ⓐ (= *animal*) dog • **« (attention) ~ méchant »** "beware of the dog"
ⓑ (*locutions*) **en ~ de fusil** curled up • **quel ~ de temps!** what foul weather! • **c'est une vie de ~!*** it's a dog's life! • **comme un ~** [*mourir, traiter*] like a dog • **elle a du ~*** she's striking • **c'est pas fait pour les ~s!*** it's there to be used • **s'entendre comme ~ et chat** to fight all the time • **ils se sont regardés en ~s de faïence** they just glared at each other • **arriver comme un ~ dans un jeu de quilles** to turn up when least wanted • **les ~s écrasés*** human interest stories • **entre ~ et loup** at dusk
2 (ADJ INV) (= *avare*) mean
3 (COMP) ▸ **chien d'arrêt** pointer ▸ **chien d'aveugle** guide dog ▸ **chien de berger** sheepdog ▸ **chien de chasse** gun dog ▸ **chien chaud** (*hum*) hot dog ▸ **chien de garde** guard dog ▸ **chien policier** police dog ▸ **chien de race** pedigree dog ▸ **chien savant** performing dog ▸ **chien de traîneau** husky

chien-assis (*pl* **chiens-assis**) [ʃjɛ̃asi] (NM) ≈ dormer window (*Brit*), ≈ dormer (*US*)

chiendent [ʃjɛ̃dɑ̃] (NM) couch grass • **ça pousse comme du ~** it grows like weeds

chien-loup (*pl* **chiens-loups**) [ʃjɛ̃lu] (NM) wolfhound

chienne [ʃjɛn] (NF) bitch • **c'est une ~** it's a she • **quelle ~ de vie!*** it's a dog's life!

chier** [ʃje] /TABLE 7/ (VI) (= *déféquer*) to shit** • **faire ~ qn** [*personne*] (= *tracasser, harceler*) to piss sb off** • **ça me fait ~** it pisses me off** • **envoyer ~ qn** to tell sb to piss off** • **ça va ~!** there's going to be one hell of a row!* • **y a pas à ~, c'est lui le meilleur** say what the hell you like*, he's the best • **(nul) à ~** (= *mauvais*) crap**

chiffe [ʃif] (NF) **~ (molle)** (*sans volonté*) drip* • **je suis comme une ~ (molle)** (*fatigué*) I feel like a wet rag

chiffon [ʃifɔ̃] (NM) (*usagé*) rag; (*pour essuyer*) duster (*Brit*), dust cloth (*US*) • **donner un coup de ~ à qch** • **passer un coup de ~ sur qch** to give sth a wipe • **parler ~s*** to talk about clothes

chiffonné, e [ʃifɔne] *ptp de* **chiffonner** (ADJ) [*visage*] worn-looking

chiffonner [ʃifɔne] /TABLE 1/ (VT) ⓐ [+ *papier*] to crumple; [+ *étoffe*] to crease ⓑ (= *contrarier*) **ça me chiffonne*** it bothers me

chiffonnier [ʃifɔnje] (NM) (= *personne*) ragman • **se battre comme des ~s** to fight like cat and dog

chiffre [ʃifʀ] (NM) ⓐ (= *caractère*) figure; (= *nombre*) number • **donne-moi un ~ entre 1 et 8** give me a number between 1 and 8 • **~ arabe/romain** Arab/Roman numeral • **numéro de 7 ~s** 7-figure number • **écrire un nombre en ~s** to write a number in figures ⓑ (= *résultat*) figure; (= *montant*) total • **je n'ai pas les ~s en tête** I can't recall the figures • **selon les ~s officiels** according to official figures • **les ~s du chômage** the number of unemployed • **en ~s ronds** in round figures ⓒ **~ (d'affaires)** turnover • **~s de vente** sales figures

chiffré, e [ʃifʀe] *ptp de* **chiffrer** (ADJ) ⓐ (= *évalué*) backed up by figures • **données ~es** detailed facts and figures • **le rapport fixe des objectifs ~s** the report sets targets of precise figures • **faire une proposition ~e** to propose a figure ⓑ **message ~** coded message

chiffrer [ʃifʀe] /TABLE 1/ 1 (VT) (= *évaluer*) [+ *dépenses, dommages*] to assess 2 (VI), **se chiffrer** (VPR) **se ~ à** to come to • **ça commence à ~!** it's starting to mount up!

chiffrier [ʃifʀije] (NM) (*Can* = *tableur*) spreadsheet

chignon [ʃiɲɔ̃] (NM) bun • **~ banane** French pleat • **se faire un ~** to put one's hair into a bun

chiite [ʃiit] (ADJ, NMF) Shiite

Chili [ʃili] (NM) Chile

chili [(t)ʃili] (NM) chili • **~ con carne** chili con carne

chilien, -ienne [ʃiljɛ̃, jɛn] 1 (ADJ) Chilean 2 (NM,F) **Chilien(ne)** Chilean

chimère [ʃimɛʀ] (NF) (= *illusion*) dream • **poursuivre** *ou* **caresser des ~s** to chase rainbows

chimérique [ʃimeʀik] (ADJ) ⓐ (= *utopique*) fanciful ⓑ (= *imaginaire*) [*personnage*] imaginary

chimie [ʃimi] (NF) chemistry

chimio [ʃimjo] (NF) (ABR DE **chimiothérapie**) chemo*

chimiothérapie [ʃimjoteʀapi] (NF) chemotherapy

chimique [ʃimik] (ADJ) chemical → **produit**

chimiste [ʃimist] (NMF) chemist (*scientist*)

chimpanzé [ʃɛ̃pɑ̃ze] (NM) chimpanzee

chinchilla [ʃɛ̃ʃila] (NM) chinchilla

Chine [ʃin] (NF) China • **~ populaire** Communist China • **la République populaire de ~** the People's Republic of China

chiné, e [ʃine] *ptp de* **chiner** (ADJ) mottled

chiner [ʃine] /TABLE 1/ (VI) to hunt for antiques

chinois, e [ʃinwa, waz] 1 (ADJ) Chinese → **ombre** 2 (NM) ⓐ (= *langue*) Chinese • **c'est du ~*** it's all Greek to me* ⓑ **Chinois** Chinese man • **les Chinois** the Chinese
3 (NF) **Chinoise** Chinese woman

chinoiser [ʃinwaze] /TABLE 1/ (VI) to split hairs

chinoiserie [ʃinwazʀi] (NF) ⓐ (= *subtilité excessive*) hair-splitting *NonC* ⓑ (= *complications*) **~s** unnecessary fuss ⓒ (= *objet*) Chinese ornament

chiot [ʃjo] (NM) puppy

chiotte** [ʃjɔt] (NF *ou* M) (= *toilettes*) **~s** bog‡ (*Brit*), john‡ (*US*) • **avoir un goût de ~** [*personne*] to have crap taste**

chiper* [ʃipe] /TABLE 1/ (VT) to pinch*

chipie* [ʃipi] (NF) vixen • **petite ~!** you little devil!*

chipoter* [ʃipɔte] /TABLE 1/ (VI) (= *ergoter*) to quibble (**sur** about, over) • **~ sur la nourriture** to pick at one's food • **vous n'allez pas ~ pour 2 €!** you're not going to quibble about 2 euros!

chips [ʃips] (NFPL) crisps (*Brit*), chips (*US*)

chiqué* [ʃike] (NM) (= *bluff*) **c'est du ~** it's all a pretence • **ces combats de catch c'est du ~** these wrestling matches are faked

chiquenaude [ʃiknod] (NF) (= *pichenette*) flick

chiquer [ʃike] /TABLE 1/ 1 (VT) [+ *tabac*] to chew 2 (VI) to chew tobacco

chiromancie [kiʀɔmɑ̃si] (NF) palmistry

chiropracteur [kiʀɔpʀaktœʀ] (NM) chiropractor

chirurgical, e (*mpl* **-aux**) [ʃiʀyʀʒikal, o] (ADJ) surgical • **acte ~** surgical procedure • **frappe ~e** surgical strike

chirurgie [ʃiʀyʀʒi] (NF) surgery (*science*) • **~ esthétique/réparatrice** cosmetic/reconstructive surgery

chirurgien, -ienne [ʃiʀyʀʒjɛ̃, jɛn] (NM,F) surgeon • **~-dentiste** dental surgeon

chlore [klɔʀ] (NM) chlorine

chlorer [klɔʀe] /TABLE 1/ (VT) to chlorinate

chlorhydrique [klɔʀidʀik] (ADJ) hydrochloric

chlorofluorocarbone [klɔʀoflyɔʀokaʀbɔn] (NM) chlorofluorocarbon

chloroforme [klɔʀɔfɔʀm] (NM) chloroform

chlorophylle [klɔʀɔfil] (NF) chlorophyll

chlorure [klɔʀyʀ] (NM) chloride • **~ de sodium** sodium chloride

chnoque* [ʃnɔk] (NM) **quel vieux ~!** what an old fart!* • **eh! du ~!** hey! you!

choc [ʃɔk] **1** (NM) **a** (= *heurt*) impact • **au moindre ~** at the slightest bump • **« résiste aux ~s »** "shock-resistant" • **sous le ~** under the impact
▸ **de choc** [*troupe, unité, traitement, tactique*] shock; [*patron*] high-powered
b (= *collision*) crash
c (= *affrontement*) clash
d (= *émotion*) shock • **le ~ est rude** it's quite a shock • **il est encore sous le ~** (*à l'annonce d'une nouvelle*) he's still in a state of shock; (*après un accident*) he's still in shock • **tenir le ~*** [*personne*] to cope; [*machine*] to hold out
2 (ADJ INV) (= *à sensation*) **argument(-)~** overwhelming argument
3 (COMP) ▸ **choc culturel** culture shock ▸ **choc nerveux** (nervous) shock ▸ **choc opératoire** postoperative shock ▸ **choc pétrolier** oil crisis ▸ **choc psychologique** psychological shock ▸ **choc en retour** backlash ▸ **choc thermique** thermal shock

chochotte* [ʃɔʃɔt] **1** (NF) fusspot* (*Brit*), fussbudget* (*US*) • **arrête de faire la** *ou* **ta ~!** stop making such a fuss about nothing!* **2** (ADJ INV) **elle est très ~** she makes a great fuss about things

chocolat [ʃɔkɔla] (NM) chocolate • **mousse/crème au ~** chocolate mousse/cream • **~ au lait/aux noisettes** milk/hazelnut chocolate ▸ **chocolat à croquer** plain chocolate ▸ **chocolat à cuire** cooking chocolate ▸ **chocolat liégeois** chocolate sundae ▸ **chocolat noir** dark chocolate ▸ **chocolat en poudre** drinking chocolate

chocolaté, e [ʃɔkɔlate] (ADJ) chocolate-flavoured (*Brit*) *ou* -flavored (*US*)

chocolatier, -ière [ʃɔkɔlatje, jɛʀ] (NM,F) (= *fabricant*) chocolate maker; (= *commerçant*) chocolate seller

chocottes* [ʃɔkɔt] (NFPL) **avoir les ~** to have the jitters*

chœur [kœʀ] (NM) (= *chanteurs*) choir; [*d'opéra, de théâtre*] chorus; (= *endroit*) choir; (= *hymne*) chorale
▸ **en chœur** in chorus • **tous en ~!** all together now!

choisi, e [ʃwazi] *ptp de* **choisir** (ADJ) **a** (= *sélectionné*) selected **b** (= *raffiné*) carefully chosen

choisir [ʃwaziʀ] /TABLE 2/ (VT) to choose • **choisissez une carte/un chiffre** pick a card/a number • **se ~ qch** to choose sth • **on l'a choisi parmi des douzaines de candidats** he was chosen from dozens of applicants • **~ de faire qch** to choose to do sth • **à toi de ~** it's up to you to choose

choix [ʃwa] (NM) **a** (= *décision*) choice • **je n'avais pas le ~** *ou* **d'autre ~** I had no choice • **avoir le ~** to have the choice • **faire son ~** to make one's choice • **mon ~ est fait** I've made my choice • **~ de vie** life choice • **laisser le ~ à qn** to leave sb (free) to choose (**de faire qch** to do sth) • **donner le ~ à qn** to give sb the choice (**de faire qch** of doing sth) • **fixer** *ou* **porter son ~ sur qch** to settle on sth
b (= *variété*) choice • **il y a du ~** there is a big choice
c (= *échantillonnage*) **~ de** selection of
d (*locutions*)
▸ **de choix** (= *de qualité*) choice • **morceau de ~** (*viande*) prime cut
▸ **de + choix de premier ~** [*fruits*] class one; [*agneau, bœuf*] prime • **de second ~** low-quality; [*fruits, viande*] class two (*Brit*), market grade (*US*)
▸ **au choix** as you prefer • **« dessert au ~ »** "choice of desserts" • **au ~ du client** as the customer chooses

choléra [kɔleʀa] (NM) cholera

cholestérol [kɔlɛsteʀɔl] (NM) cholesterol

chômage [ʃomaʒ] (NM) unemployment • **le ~ des jeunes** youth unemployment • **le taux de ~** the unemployment rate • **être au ~** to be unemployed • **s'inscrire au ~** to apply for unemployment benefit (*Brit*) *ou* welfare (*US*) • **toucher le ~*** to be on the dole* (*Brit*), to be on welfare (*US*) ▸ **chômage de longue durée** long-term unemployment ▸ **chômage partiel** short-time working ▸ **chômage technique mettre en ~ technique** to lay off (*temporarily*) ▸ **chômage temporaire** temporary layoff(s)

chômé, e [ʃome] *ptp de* **chômer** (ADJ) **jour ~** non-work day

chômedu* [ʃomdy] (NM) unemployment • **être au ~** to be unemployed

chômer [ʃome] /TABLE 1/ (VI) (= *être inactif*) to be idle • **on n'a pas chômé** we didn't just sit around doing nothing

chômeur, -euse [ʃomœʀ, øz] (NM,F) unemployed person • **les ~s** the unemployed • **les ~s de longue durée** the long-term unemployed

chope [ʃɔp] (NF) (= *récipient*) tankard

choper* [ʃɔpe] /TABLE 1/ (VT) (= *attraper*) to catch

chopper [(t)ʃɔpœʀ] (NM) (= *moto*) chopper

choquant, e [ʃɔkɑ̃, ɑ̃t] (ADJ) shocking

choqué, e [ʃɔke] (ADJ) shocked • **être ~** [*patient*] to be in shock • **sous le regard ~ des passants** while passers-by looked on in shock

choquer [ʃɔke] /TABLE 1/ (VT) **a** (= *scandaliser*) to shock; (*plus fort*) to appal; (= *blesser*) to offend • **ce roman risque de ~** some people may find this novel shocking **b** [+ *délicatesse, pudeur, goût*] to offend; [+ *raison, goût*] to go against; [+ *vue*] to offend; [+ *oreilles*] [*son, musique*] to jar on **c** (= *commotionner*) to shake up

choral, e (*mpl* **chorals**) [kɔʀal] **1** (NM) choral(e) **2** (NF) **chorale** choir

chorégraphe [kɔʀegʀaf] (NMF) choreographer

chorégraphie [kɔʀegʀafi] (NF) choreography

choriste [kɔʀist] (NMF) [*d'église*] choir member; [*d'opéra*] member of the chorus

chorus [kɔʀys] (NM) **faire ~ (avec qn)** to be in agreement (with sb)

chose [ʃoz] **1** (NF) **a** thing • **je viens de penser à une ~** I've just thought of something • **il a un tas de ~s à faire** he has a lot of things to do • **~ étrange** *ou* **curieuse, il a accepté** strangely *ou* curiously enough, he accepted • **j'ai plusieurs ~s à vous dire** I've got several things to tell you • **vous lui direz bien des ~s de ma part** give him my regards • **c'est ~ faite** it's done • **voilà une bonne ~ de faite** that's one thing out of the way • **c'est bien peu de ~** it's nothing really • **avant toute ~** above all else • **de deux ~s l'une : soit ..., soit ...** there are two possibilities: either ..., or ... • (PROV) **~ promise, chose due** promises are made to be kept

ⓑ (= *événements, activités*) **les ~s** things • **les ~s se sont passées ainsi** it happened like this • **dans l'état actuel des ~s** as things stand (at present) • **ce sont des ~s qui arrivent** these things happen • **regarder les ~s en face** to face up to things • **prendre les ~s à cœur** to take things to heart • **mettons les ~s au point** let's get things straight • **en mettant les ~s au mieux/au pire** at best/worst • **parler de ~(s) et d'autre(s)** to talk about this and that

ⓒ (= *ce dont il s'agit*) **il va vous expliquer la ~** he'll tell you what it's all about • **il a très bien pris la ~** he took it very well • **c'est la ~ à ne pas faire** that's the very thing not to do • **ils font bien les ~s** they really do things properly • **elle ne fait pas les ~s à moitié** she doesn't do things by halves

2 ADJ INV **être/se sentir tout ~*** (*bizarre*) to feel a bit peculiar; (*malade*) to be under the weather

chou (*pl* **choux**) [ʃu] 1 NM ⓐ (= *légume*) cabbage • **faire ~ blanc** to draw a blank • **faire ses ~x gras de qch** to capitalize on sth

ⓑ (= *gâteau*) choux bun

ⓒ (= *forme d'adresse*) darling

ⓓ (= *tête*)⁑ **il n'a rien dans le ~** he's got nothing up top* • **elle en a dans le ~** she's really brainy* • **se prendre le ~** to get in(to) a state* • **ça me prend le ~** it's doing my head in* • **être dans les ~x** [*projet*] to be up the spout* (*Brit*), to be a write-off; (*Sport*) to be right out of the running; [*candidat*] to have had it

2 COMP ▸ **chou de Bruxelles** Brussels sprout ▸ **chou à la crème** cream-puff ▸ **chou frisé** kale

choucas [ʃuka] NM jackdaw

chouchou, -te [ʃuʃu, ut] 1 NM,F (= *favori*)* pet 2 NM (= *élastique*) scrunchy

chouchouter* [ʃuʃute] /TABLE 1/ VT to pamper

choucroute [ʃukʀut] NF sauerkraut

chouette[1]* [ʃwɛt] 1 ADJ ⓐ (= *beau*) great* ⓑ (= *gentil*) nice 2 EXCL **~ (alors)!** great!*

chouette[2] [ʃwɛt] NF (= *animal*) owl ▸ **chouette effraie** barn owl

chou-fleur○ (*pl* **choux-fleurs**) [ʃuflœʀ] NM cauliflower

chouïa* [ʃuja] NM **un ~ trop grand/petit** a tad too big/small

choupinet, -ette* [ʃupinɛ, ɛt] 1 NM,F (*terme d'affection*) sweetheart, sweetie* 2 ADJ (= *joli, mignon*) sweet, cute

chou-rave (*pl* **choux-raves**) [ʃuʀav] NM kohlrabi

chouraver* [ʃuʀave], **chourer*** [ʃuʀe] /TABLE 1/ VT to pinch*, to swipe⁑, to nick⁑ (*Brit*)

choure* [ʃuʀ] NF (= *vol*) theft

choyer [ʃwaje] /TABLE 8/ VT (*frm* = *dorloter*) to cherish; (*avec excès*) to pamper

CHR [seaʃɛʀ] NM (ABR DE **centre hospitalier régional**) regional hospital

chrétien, -ienne [kʀetjɛ̃, jɛn] ADJ, NM,F Christian

chrétien-démocrate, chrétienne-démocrate (*mpl* **chrétiens-démocrates**) [kʀetjɛ̃demɔkʀat, kʀetjɛn-demɔkʀat] ADJ, NM,F Christian Democrat

chrétienté [kʀetjɛ̃te] NF Christendom

christ [kʀist] NM Christ • **le Christ** Christ

christianiser [kʀistjanize] /TABLE 1/ VT to convert to Christianity

christianisme [kʀistjanism] NM Christianity

chromatique [kʀɔmatik] ADJ (*Mus, Peinture*) chromatic

chrome [kʀom] NM (*Chim*) chromium • **les ~s** [*de voiture*] the chrome

chromé, e [kʀome] ADJ [*métal, objet*] chrome

chromosome [kʀomozom] NM chromosome

chromosomique [kʀomozomik] ADJ [*anomalie*] chromosomal

chronique [kʀɔnik] 1 ADJ chronic 2 NF (*Littérat*) chronicle; (*Presse*) column

chroniqueur, -euse [kʀɔnikœʀ, øz] NM,F (= *journaliste*) columnist • **~ sportif** sports editor

chrono* [kʀono] NM (ABR DE **chronomètre**) stopwatch • **faire du 80 (km/h) ~** *ou* **au ~** to be timed at 80km/h • **je reviens dans 3 minutes ~** I'll be back in just 3 minutes

chronobiologique [kʀonobjɔlɔʒik] ADJ chronobiological

chronologie [kʀɔnɔlɔʒi] NF chronology

chronologique [kʀɔnɔlɔʒik] ADJ chronological

chronomètre [kʀɔnɔmɛtʀ] NM stopwatch

chronométrer [kʀɔnɔmetʀe] /TABLE 6/ VT to time

chronophage [kʀonofaʒ] ADJ time-consuming

chrysalide [kʀizalid] NF chrysalis

chrysanthème [kʀizɑ̃tɛm] NM chrysanthemum

> **CHRYSANTHÈME**
> On All Saints' Day (November 1) people traditionally visit cemeteries to lay chrysanthemums on the graves of relatives and friends.

chtarbé, e⁑ [ʃtaʀbe] ADJ crazy

chtimi, ch'timi* [ʃtimi] ADJ of *ou* from northern France

CHU [seaʃy] NM (ABR DE **centre hospitalier universitaire**) teaching *ou* university hospital

chuchotement [ʃyʃɔtmɑ̃] NM whispering *NonC*

chuchoter [ʃyʃɔte] /TABLE 1/ VTI to whisper

chut [ʃyt] EXCL sh!

chute [ʃyt] NF ⓐ fall • **faire une ~ de 3 mètres/mortelle** to fall 3 metres/to one's death • **faire une ~ de cheval** to fall off a horse • **la loi de la ~ des corps** the law of gravity • **~ libre** (*en parachutisme*) free fall • **être en ~ libre** [*économie, ventes*] to be in free fall • **« attention, ~ de pierres »** "danger, falling rocks"

ⓑ [*de cheveux*] loss; [*de feuilles*] falling • **lotion contre la ~ des cheveux** hair restorer

ⓒ [*d'empire, roi, gouvernement*] fall; [*de monnaie, cours*] fall (**de** in)

ⓓ **~ (d'eau)** waterfall • **de fortes ~s de pluie/neige** heavy rainfall/snowfalls

ⓔ (= *déchet*) offcut

ⓕ [*d'histoire drôle*] punch line

ⓖ **la ~ des reins** the small of the back

chuter [ʃyte] /TABLE 1/ VI (= *tomber*) to fall • **faire ~ qn** to bring sb down

Chypre [ʃipʀ] N Cyprus • **à ~** in Cyprus

chypriote [ʃipʀiɔt] 1 ADJ Cypriot 2 NMF **Chypriote** Cypriot

ci [si] ADV ⓐ (*dans l'espace*) **ce livre-ci** this book • **cette table-ci** this table • **cet enfant-ci** this child • **ces tables-ci** these tables ⓑ (*dans le temps*) **à cette heure-ci** at this time; (= *à l'heure actuelle*) by now • **ces jours-ci** (*avenir*) in the next few days; (*passé*) in the last few days; (*présent*) these days ⓒ **de ci de là** here and there

CIA [seia] NF (ABR DE **Central Intelligence Agency**) CIA

ci-après [siapʀɛ] ADV below; (*Droit*) hereinafter

cible [sibl] NF target • **être la ~ de** to be a target for

cibler [sible] /TABLE 1/ VT to target

ciboulette [sibulɛt] (NF) chives
ciboulot* [sibulo] (NM) **il n'a rien dans le ~** he's an airhead*
cicatrice [sikatʀis] (NF) scar
cicatriser [sikatʀize] /TABLE 1/ **1** (VI) to heal up • **je cicatrise mal** I don't heal very easily **2** (VPR) **se cicatriser** to heal up
ci-contre [sikɔ̃tʀ] (ADV) opposite
CICR [seiseɛʀ] (NM) (ABR DE **Comité international de la Croix-Rouge**) International Committee of the Red Cross
ci-dessous [sidəsu] (ADV) below
ci-dessus [sidəsy] (ADV) above
CIDJ [seidеʒi] (NM) (ABR DE **centre d'information et de documentation de la jeunesse**) careers advisory centre
cidre [sidʀ] (NM) cider • **~ bouché** *fine bottled cider*
Cie (ABR DE **compagnie**) Co
ciel [sjɛl] (NM) **a** (*pl littér* **cieux**) (= *espace*) sky • **vers le ~** skywards • **entre ~ et terre** in mid-air • **tomber du ~** (*fig*) to be a godsend • **sous un ~ plus clément** in a more favourable climate • **sous le ~ de Paris** beneath the Parisian sky
▸ **à ciel ouvert** [*égout*] open; [*piscine*] open-air; [*mine*] opencast (*Brit*), open cut (*US*)
b (*pl* **ciels**) (= *paysage peint*) sky
c (*pl* **cieux**) (*Rel*) heaven • **le royaume des cieux** the kingdom of heaven
d (= *providence*) **~!** good heavens! • **c'est le ~ qui vous envoie!** you're heaven-sent!
cierge [sjɛʀʒ] (NM) (= *bougie*) candle
cieux [sjø] (NMPL) *de* **ciel**
cigale [sigal] (NF) cicada
cigare [sigaʀ] (NM) (*à fumer*) cigar
cigarette [sigaʀɛt] (NF) (*à fumer*) cigarette • **~ bout filtre** filter-tipped cigarette
ci-gît○ [siʒi] (ADV) here lies
cigogne [sigɔɲ] (NF) (= *oiseau*) stork
ciguë○ [sigy] (NF) hemlock
ci-inclus, e [siɛ̃kly, yz] (ADJ) enclosed
ci-joint, e (*mpl* **ci-joints**) [siʒwɛ̃] **1** (ADJ) enclosed • **les papiers ~s** the enclosed papers **2** (ADV) enclosed • **vous trouverez ~ …** please find enclosed …
cil [sil] (NM) [*d'œil*] eyelash
ciller [sije] /TABLE 1/ (VI) **~ (des yeux)** to blink (one's eyes) • **il n'a pas cillé** he didn't bat an eyelid • **sans ~** without batting an eyelid
cimaise [simɛz] (NF) (*pour tableaux*) picture rail
cime [sim] (NF) [*de montagne*] summit; (= *pic*) peak; [*d'arbre*] top
ciment [simɑ̃] (NM) cement • **~ armé** reinforced concrete • **~ social** glue of society, social glue
cimenter [simɑ̃te] /TABLE 1/ (VT) to cement
cimenterie [simɑ̃tʀi] (NF) cement works
cimetière [simtjɛʀ] (NM) [*de ville*] cemetery; [*d'église*] graveyard • **~ de voitures** scrapyard
ciné* [sine] (NM) (ABR DE **cinéma**) cinema; (= *salle*) cinema (*Brit*), movie theater (*US*) • **aller au ~** • **se faire un ~*** to go to the cinema (*Brit*) *ou* the movies (*US*)
cinéaste [sineast] (NMF) film-maker; (*connu*) film director
ciné-club (*pl* **ciné-clubs**) [sineklœb] (NM) film society
cinéma [sinema] **1** (NM) **a** (= *art, industrie*) cinema; (= *salle*) cinema (*Brit*), movie theater (*US*) • **faire du ~** to be a film actor (*ou* actress) • **de ~** [*studio*] film; [*projecteur, écran*] cinema • **acteur/vedette de ~** film actor/star • **aller au ~** to go to the cinema *ou* movies (*US*) • **elle se fait du ~*** she's deluding herself
b (= *simagrées*)* **c'est du ~** it's all an act • **arrête ton ~!** give it a rest!* • **faire tout un ~** to make a real fuss
c (= *complication*)* fuss • **c'est toujours le même ~!** it's always the same!
2 (COMP) ▸ **cinéma d'animation** (= *technique*) animation; (= *films*) animated films ▸ **cinéma d'art et d'essai** experimental cinema; (= *salle*) art house ▸ **cinéma à salles multiples** multiplex cinema
cinémathèque [sinematɛk] (NF) film archive; (= *salle*) film theatre (*Brit*), movie theater (*US*)
cinématographie [sinematɔɡʀafi] (NF) film-making
ciné-parc (*pl* **ciné-parcs**) [sinepaʀk] (NM) (*Can*) drive-in
cinéphile [sinefil] **1** (ADJ) [*public*] cinemagoing • **il est très ~** he loves the cinema **2** (NMF) film enthusiast
cinglant, e [sɛ̃ɡlɑ̃, ɑ̃t] (ADJ) [*vent*] bitter; [*pluie*] driving; [*propos, ironie*] scathing
cinglé, e* [sɛ̃ɡle] **1** (ADJ) crazy* **2** (NM,F) nut*
cingler [sɛ̃ɡle] /TABLE 1/ (VT) [*personne*] to lash; [*vent, pluie, branche*] to sting; [*pluie*] to lash
cinoche* [sinɔʃ] (NM) (= *salle*) cinema (*Brit*), movie theater (*US*) • **aller au ~** to go to the cinema (*Brit*) *ou* movies (*US*)
cinq [sɛ̃k] (NOMBRE) five → **six**

> The **q** is sometimes not pronounced before consonants, eg **cinq minutes**.

cinquantaine [sɛ̃kɑ̃tɛn] (NF) about fifty • **il a la ~** he's about fifty
cinquante [sɛ̃kɑ̃t] (NOMBRE) fifty → **soixante**
cinquantenaire [sɛ̃kɑ̃tnɛʀ] **1** (ADJ) fifty-year-old **2** (NM) (= *anniversaire*) fiftieth anniversary
cinquantième [sɛ̃kɑ̃tjɛm] (ADJ, NMF) fiftieth → **sixième**
cinquième [sɛ̃kjɛm] **1** (ADJ, NMF) fifth **2** (NF) **a** (*Scol*) ≈ second year (*Brit*), ≈ seventh grade (*US*) **b** (*Auto*) fifth gear **c** (*TV*) **la Cinquième** *French cultural TV channel broadcasting in the afternoon* → **sixième**
cintre [sɛ̃tʀ] (NM) (= *porte-manteau*) coat hanger
cintré, e [sɛ̃tʀe] (ADJ) [*veste, manteau*] fitted • **chemise ~e** close-fitting shirt
CIO [seio] (NM) **a** (ABR DE **centre d'information et d'orientation**) **b** (ABR DE **Comité international olympique**) IOC
cirage [siʀaʒ] (NM) (= *produit*) polish • **être dans le ~*** to be a bit woozy*
circa [siʀka] (ADV) circa
circoncire [siʀkɔ̃siʀ] /TABLE 37/ (VT) to circumcise
circoncis [siʀkɔ̃si] *ptp de* **circoncire** (ADJ) circumcised
circoncision [siʀkɔ̃sizjɔ̃] (NF) circumcision
circonférence [siʀkɔ̃feʀɑ̃s] (NF) circumference
circonflexe [siʀkɔ̃flɛks] (ADJ) **accent ~** circumflex
circonscription [siʀkɔ̃skʀipsjɔ̃] (NF) **~ (électorale)** constituency (*Brit*), district (*US*)
circonscrire [siʀkɔ̃skʀiʀ] /TABLE 39/ (VT) [*+ feu, épidémie*] to contain; [*+ territoire*] to mark out; [*+ sujet*] to define
circonspect, e [siʀkɔ̃spɛ(kt), ɛkt] (ADJ) [*personne*] circumspect; [*silence, remarque*] cautious
circonstance [siʀkɔ̃stɑ̃s] (NF) **a** (= *occasion*) **en la ~** in this case • **en pareille ~** in such circumstances **b** (= *situation*) **~s** circumstances • **étant donné les ~s** given the circumstances • **dans les ~s présentes** *ou* **actuelles** in the present circumstances **c** [*de crime, accident*] circumstance • **~s atténuantes** extenuating circumstances **d** **de ~**

[parole, habit] appropriate; *[œuvre, poésie]* occasional • **tout le monde avait une mine de ~** everyone looked suitably solemn

Le mot anglais s'écrit avec **-um-** à la place de **-on-**.

circonstancié, e [siʀkɔ̃stɑ̃sje] ADJ *[rapport]* detailed
circonstanciel, -ielle [siʀkɔ̃stɑ̃sjɛl] ADJ *(Gram)* adverbial • **complément ~ de lieu/temps** adverbial phrase of place/time
circonvenir [siʀkɔ̃v(ə)niʀ] /TABLE 22/ VT *(frm)* *[+ personne]* to get round
circuit [siʀkɥi] 1 NM ⓐ *(= itinéraire touristique)* tour • **il y a un très joli ~ à travers bois** there's a very nice walk through the woods • **faire le ~ des volcans d'Auvergne** to tour the volcanoes in Auvergne
ⓑ *(= parcours compliqué)* **j'ai dû refaire tout le ~ en sens inverse** I had to go all the way back the way I'd come
ⓒ *(Sport)* circuit • **~ automobile** race circuit
ⓓ *(Élec)* circuit • **mettre hors ~** *[+ appareil]* to disconnect; *[+ personne]* to push aside • **est-ce qu'il est toujours dans le ~?** is he still around?
ⓔ *(Commerce)* channel
2 COMP ▸ **circuit court** *(Commerce)* producer-to-consumer channel • **j'achète mes fruits en ~ court** I buy my fruit direct from the producer ▸ **circuit de distribution** *(Commerce)* distribution network ▸ **circuit électrique** electrical circuit; *[de jouet]* track ▸ **circuit fermé** closed circuit • **vivre en ~ fermé** to live in a closed world ▸ **circuit imprimé** printed circuit ▸ **circuit intégré** integrated circuit ▸ **circuit de refroidissement** cooling system
circulaire [siʀkylɛʀ] ADJ, NF circular
circulation [siʀkylasjɔ̃] NF *[d'air, sang, argent]* circulation; *[de marchandises]* movement; *[de voitures]* traffic • **avoir une bonne/mauvaise ~** *(Méd)* to have good/poor circulation • **la libre ~ des travailleurs** the free movement of labour • **la ~ des trains est perturbée** trains are being delayed • **route à grande ~** major road • **mettre en ~** *[+ argent]* to put into circulation; *[+ livre, produit, voiture]* to bring out • **mise en ~** *[d'argent]* circulation; *[de voiture]* registration • **retirer de la ~** *[+ argent]* to withdraw from circulation; *[+ médicament, produit, livre]* to withdraw • **~ aérienne** air traffic • « **~ interdite** » "no vehicular traffic" • **disparaître de la ~** to be out of circulation → **accident**
circulatoire [siʀkylatwaʀ] ADJ **troubles ~s** circulatory disorders
circuler [siʀkyle] /TABLE 1/ VI ⓐ to circulate • **l'information circule mal entre les services** communication between departments is poor • **faire ~** *[+ argent, document]* to circulate; *[+ bruits]* to spread ⓑ *[voiture]* to go; *[train]* to run; *[plat, lettre]* to be passed round • **un bus sur trois circule** one bus in three is running • **circulez!** move along! • **faire ~** *[+ voitures, piétons]* to move on; *[+ plat, pétition]* to pass round
cire [siʀ] NF wax; *(pour meubles, parquets)* polish • **~ d'abeille** beeswax • **~ à épiler** depilatory wax • **s'épiler les jambes à la ~** to wax one's legs • **personnage en ~** waxwork dummy
ciré [siʀe] NM oilskin
cirer [siʀe] /TABLE 1/ VT to polish • **j'en ai rien à ~**‡ I don't give a damn‡ • **~ les bottes** *ou* **pompes de qn*** to lick sb's boots* → **toile**
cireur, -euse [siʀœʀ, øz] 1 NM,F *(= personne) [de chaussures]* shoe-shiner 2 NF **cireuse** *(= appareil)* floor polisher
cirque [siʀk] NM ⓐ circus ⓑ *(= embarras)** **quel ~ pour garer sa voiture ici!** it's such a performance* finding somewhere to park around here! • **arrête ton ~!** give it a rest!* ⓒ *(Géog)* cirque
cirrhose [siʀoz] NF cirrhosis
cisaille [sizɑj] NF, **cisailles** [sizɑj] NFPL *(pour métal)* shears; *(pour fil métallique)* wire cutters; *[de jardinier]* shears
cisailler [sizɑje] /TABLE 1/ VT *[+ métal]* to cut; *[+ branches]* to clip
ciseau *(pl* **ciseaux)** [sizo] NM ⓐ **(paire de) ~x** *(pour tissu, papier)* (pair of) scissors; *(pour métal, laine)* shears; *(pour fil métallique)* wire cutters • **~x à ongles** nail scissors ⓑ *(pour bois, pierre)* chisel ⓒ *(Sport = prise)* scissors hold • **faire des ~x** to do scissor kicks
ciseler [siz(ə)le] /TABLE 5/ VT to chisel
Cisjordanie [sisʒɔʀdani] NF **la ~** the West Bank
citadelle [sitadɛl] NF citadel
citadin, e [sitadɛ̃, in] 1 ADJ town; *[de grande ville]* city 2 NM,F city dweller
citation [sitasjɔ̃] NF ⓐ *[d'auteur]* quotation • « **fin de ~** » "unquote" ⓑ **~ à comparaître** *(à accusé)* summons to appear; *(à témoin)* subpoena
cité [site] NF *(= grande ville)* city; *(= petite ville)* town; *(= immeubles)* housing estate *(Brit)*, project *(US)* • **le problème des ~s** the problem of social unrest in deprived estates *(Brit) ou* projects *(US)* • **~ universitaire** halls of residence

cité ne se traduit pas toujours par **city**.

cité-dortoir *(pl* **cités-dortoirs)** [sitedɔʀtwaʀ] NF dormitory *(Brit) ou* bedroom *(US)* town
citer [site] /TABLE 1/ VT ⓐ *(= rapporter) [+ texte, exemples, faits]* to quote • **il n'a pas pu ~ trois pièces de Sartre** he couldn't name three plays by Sartre ⓑ **~ (en exemple)** *[+ personne]* to hold up as an example ⓒ *(Droit)* **~ (à comparaître)** *[+ accusé]* to summon to appear; *[+ témoin]* to subpoena
citerne [sitɛʀn] NF tank
citoyen, -yenne [sitwajɛ̃, jɛn] 1 ADJ *(= faisant preuve de civisme)* socially aware; *(mouvement, rencontre)* citizens *épith* • **initiative citoyenne** citizens' initiative 2 NM,F citizen
citoyenneté [sitwajɛnte] NF citizenship • **l'éducation à la ~** citizenship education
citron [sitʀɔ̃] 1 NM *(= fruit)* lemon • **un** *ou* **du ~ pressé** a freshly-squeezed lemon juice • **~ vert** lime 2 ADJ INV lemon • **jaune ~** lemon-yellow
citronnade [sitʀɔnad] NF still lemonade *(Brit)*, lemonade *(US)*
citronné, e [sitʀɔne] ADJ *[goût, odeur]* lemony; *[eau de toilette]* lemon-scented
citronnelle [sitʀɔnɛl] NF lemongrass; *(= huile)* citronella
citronnier [sitʀɔnje] NM lemon tree
citrouille [sitʀuj] NF pumpkin; *(= tête)*‡ head • **j'ai la tête comme une ~*** I feel like my head's going to explode
citrus [sitʀys] NM citrus
civet [sivɛ] NM stew • **lapin en ~** • **~ de lapin** rabbit stew
civette [sivɛt] NF chives
civière [sivjɛʀ] NF stretcher

civil, e [sivil] 1 (ADJ) ⓐ *[guerre, mariage]* civil ⓑ *(= non militaire)* civilian 2 (NM) ⓐ *(= non militaire)* civilian • **policier en ~** plain-clothes policeman • **soldat en ~** soldier in civilian clothes • **dans le ~** in civilian life ⓑ *(Droit)* **poursuivre qn au ~** to take civil action against sb

civilement [sivilmɑ̃] (ADV) *(Droit)* **être ~ responsable** to be legally responsible

civilisation [sivilizasjɔ̃] (NF) civilization

civilisé, e [sivilize] *ptp de* **civiliser** (ADJ) civilized

civiliser [sivilize] /TABLE 1/ (VT) to civilize

civique [sivik] (ADJ) civic • **avoir le sens ~** to be public-spirited → **instruction**

civisme [sivism] (NM) public-spiritedness • **cours de ~** civics *sg*

cl (ABR DE **centilitre**) cl

clac [klak] (EXCL) *[de porte]* slam!; *[d'élastique, stylo]* snap!; *[de fouet]* crack!

clafoutis [klafuti] (NM) clafoutis *(tart made of fruit and batter)*

clair, e[1] [klɛʀ] 1 (ADJ) ⓐ *(= lumineux)* bright • **par temps ~** on a clear day

ⓑ *(= pâle) [teint, couleur]* light; *[tissu, robe]* light-coloured *(Brit) ou* light-colored *(US)* • **bleu ~** light blue

ⓒ *(= limpide) [eau, son]* clear • **d'une voix ~e** in a clear voice

ⓓ *(= peu consistant) [sauce, soupe]* thin

ⓔ *[exposé, pensée, position]* clear • **cette affaire n'est pas ~e** there's something suspicious about all this • **je serai ~ avec vous** I'll be frank with you • **c'est ~ et net** it's perfectly clear • **je n'y vais pas, c'est ~ et net!** I'm not going, that's for sure!

ⓕ *(= évident)* clear • **il est ~ qu'il se trompe** it is clear that he's mistaken • **c'est ~ comme de l'eau de roche** it's crystal-clear • **il passe le plus ~ de son temps à rêver** he spends most of his time daydreaming

2 (ADV) **il fait ~** it's light • **voir ~** to see well • **maintenant j'y vois plus ~** now I've got a better idea • **je vois ~ dans son jeu** I can see what he's up to* • **parlons ~** let's be frank

3 (NM) ▸ **au clair** **il faut tirer cette affaire au ~** we must get to the bottom of this • **être au ~ sur qch** to be clear about sth • **mettre ses idées au ~** to organize one's thoughts • **mettre les choses au ~** to make things clear • **mettre les choses au ~ avec qn** to get things straight with sb

▸ **en clair** *(= c'est-à-dire)* to put it plainly; *(= non codé) [message]* in clear; *[émission]* unscrambled

4 (COMP) ▸ **clair de lune** moonlight

claire[2] [klɛʀ] (NF) **(huître de) ~** fattened oyster → **fine**

clairement [klɛʀmɑ̃] (ADV) clearly

claire-voie *(pl* **claires-voies***)*, **clairevoie** [klɛʀvwa] (NF) *(= clôture)* openwork fence

clairière [klɛʀjɛʀ] (NF) clearing

clair-obscur *(pl* **clairs-obscurs***)* [klɛʀɔpskyʀ] (NM) *(Art)* chiaroscuro

clairon [klɛʀɔ̃] (NM) *(= instrument)* bugle

claironner [klɛʀɔne] /TABLE 1/ (VT) *[+ succès, nouvelle]* to shout from the rooftops

clairsemé, e [klɛʀsəme] (ADJ) *[arbres, maisons, applaudissements]* scattered; *[gazon, cheveux, population]* sparse

clairvoyance [klɛʀvwajɑ̃s] (NF) clear-sightedness

clairvoyant, e [klɛʀvwajɑ̃, ɑ̃t] (ADJ) clear-sighted

clamecer‡ [klamse] /TABLE 3/ (VI) *(= mourir)* to kick the bucket‡

clamer [klame] /TABLE 1/ (VT) to proclaim

clameur [klamœʀ] (NF) clamour • **les ~s de la foule** the clamour of the crowd

clampin* [klɑ̃pɛ̃] (NM) guy*, bloke* *(Brit)* • **n'importe quel ~** any Tom, Dick or Harry

clamser‡ [klamse] /TABLE 1/ (VI) *(= mourir)* to kick the bucket‡

clan [klɑ̃] (NM) clan • **esprit de ~** clannishness

clandestin, e [klɑ̃dɛstɛ̃, in] 1 (ADJ) clandestine; *[revue, organisation, imprimerie]* underground *épith*; *[travailleur, travail, immigration, avortement]* illegal 2 (NM) *(= ouvrier)* illegal worker • **(passager) ~** stowaway

clandestinement [klɑ̃dɛstinmɑ̃] (ADV) *(= secrètement)* secretly; *(= illégalement)* illegally • **faire entrer qn ~ dans un pays** to smuggle sb into a country

clandestinité [klɑ̃dɛstinite] (NF) **dans la ~** *(= en secret) [travailler]* clandestinely; *(= en se cachant) [vivre]* underground

clap [klap] (NM) *(Ciné)* clapperboard

clapet [klapɛ] (NM) *(Tech)* valve • **ferme ton ~!**‡ shut up!*

clapier [klapje] (NM) *(à lapins)* hutch

clapoter [klapɔte] /TABLE 1/ (VI) *[eau]* to lap

clapotis [klapɔti] (NM) lapping *NonC*

claquage [klakaʒ] (NM) **se faire un ~** to pull a hamstring

claque [klak] (NF) ⓐ *(= gifle)* slap • **donner** *ou* **flanquer*** *ou* **filer* une ~ à qn** to slap sb • **il a pris une ~ aux dernières élections** the last election was a slap in the face for him ⓑ *(locutions)* **il en a sa ~*** *(excédé)* he's fed up to the back teeth* *(Brit) ou* to the teeth* *(US)*; *(épuisé)* he's dead beat* ⓒ *(Théât)* claque • **faire la ~** to cheer

claqué, e* [klake] *ptp de* **claquer** (ADJ) *(= fatigué)* dead beat*

claquement [klakmɑ̃] (NM) ⓐ *(= bruit répété) [de porte]* banging *NonC*; *[de talons]* clicking *NonC*; *[de dents]* chattering *NonC*; *[de drapeau]* flapping *NonC* ⓑ *(= bruit isolé) [de porte]* bang • **la corde cassa avec un ~ sec** the rope broke with a sharp snap

claquemurer (se) [klakmyʀe] /TABLE 1/ (VPR) to shut o.s. away

claquer [klake] /TABLE 1/ 1 (VI) ⓐ *[porte, volet]* to bang; *[drapeau]* to flap

ⓑ *(= produire un bruit)* **~ des doigts** to snap one's fingers • **ça ne se fait pas en claquant des doigts!** it doesn't come about just by snapping your fingers *ou* just with a flick of the wrist • **il claquait des dents** his teeth were chattering • **faire ~ sa langue** to click one's tongue

ⓒ *(= casser) [ficelle]* to snap

ⓓ *[télévision, moteur, lampe]** to conk out*; *(= mourir)*‡ to kick the bucket‡

2 (VT) ⓐ *(= gifler)* to slap

ⓑ **~ la porte** to slam the door; *(fig)* to storm out • **il m'a claqué la porte au nez** he slammed the door in my face

ⓒ *(= fatiguer)** to tire out

ⓓ *(= dépenser) [+ argent]*‡ to blow*

3 (VPR) **se claquer** *(Sport)* **se ~ un muscle** to pull a muscle

claquettes [klakɛt] (NFPL) tap-dancing • **faire des ~** to tap-dance

clarification [klaʀifikasjɔ̃] (NF) clarification

clarifier [klaʀifje] /TABLE 7/ 1 (VT) to clarify 2 (VPR) **se clarifier** *[situation]* to become clearer

clarinette [klaʀinɛt] (NF) clarinet

clarinettiste [klaʀinetist] (NMF) clarinettist

clarté [klaʀte] (NF) ⓐ (= *lumière*) light • **à la ~ de la lampe** in the lamplight ⓑ (= *luminosité*) [*de pièce, jour, ciel*] brightness; [*d'eau, son, verre*] clearness ⓒ [*d'explication, pensée, attitude, conférencier*] clarity

clash [klaʃ] (NM) clash

clasher* [klaʃe] 1 (VT) to bad-mouth* 2 (VI) (*personnes*) to clash • **ça va ~!** it's going to kick off!

classe [klɑs] 1 (NF) ⓐ (= *catégorie*) class • **les ~s moyennes** the middle classes • **~ moyenne inférieure/supérieure** lower/upper middle class • **~ moyenne intermédiaire** middle middle class • **la ~ politique** the political community • **société sans ~** classless society • **hôtel de première ~** first-class hotel • **hors ~** exceptional

ⓑ (*Transports*) class • **compartiment de 1ère/2e ~** 1st/2nd class compartment • **voyager en 1ère ~** to travel 1st class • **~ affaires/économique** business/economy class

ⓒ (= *valeur*) class • **artiste de grande ~** artist of great distinction • **de ~ internationale** of international class • **elle a de la ~** *ou* **elle a la ~*** she's got class • **robe qui a de la ~** stylish dress • **ils sont descendus au Ritz, la ~ quoi !*** they stayed at the Ritz: classy, eh?*

ⓓ (*Scol*) (= *élèves*) class; (= *année d'études*) year • **les grandes/petites ~s** the senior/junior classes • **il est en ~ de 6e** ≈ he is in Year 7 (*Brit*) *ou* 6th grade (*US*) • **monter de ~** to go up a class • **partir en ~ de neige** ≈ to go on a school ski trip ▸ **classe inversée** flipped classroom, inverted classroom

ⓔ (*Scol*) (= *cours*) class • **aller en ~** to go to school • **pendant/après la ~** *ou* **les heures de ~** during/after school • **la ~ se termine** *ou* **les élèves sortent de ~ à 16 heures** school finishes at 4 o'clock • **il est en ~** (*en cours*) he is in class

ⓕ (*Scol*) (= *salle*) classroom; (*d'une classe particulière*) form room (*Brit*), homeroom (*US*)

ⓖ **militaire** *ou* **soldat de 2e ~** (*de terre*) private; (*de l'air*) aircraftman (*Brit*), airman basic (*US*) • **la ~ de 1997** (= *contingent*) the class of '97

2 (ADJ INV) [*personne, vêtements, voiture*]* classy* • **ça fait ~** it's classy-looking*

classé, e [klɑse] (ADJ) [*bâtiment, monument*] listed (*Brit*); [*vins*] classified • **joueur ~** (*Tennis*) ≈ ranked player

classement [klɑsmɑ̃] (NM) ⓐ [*de papiers, documents*] filing; [*de livres*] classification • **~ alphabétique** alphabetical classification • **j'ai fait du ~ toute la journée** I've spent all day filing • **j'ai fait un peu de ~ dans mes factures** I've put my bills into some kind of order

ⓑ (= *rang*) [*d'élève*] place (*Brit*) *ou* rank (*US*) (in class); [*de coureur*] placing; [*de joueur*] rank • **avoir un bon/mauvais ~** [*élève*] to come high/low in class (*Brit*), to be ranked high/low in class (*US*); [*coureur*] to be well/poorly placed • **le ~ des coureurs à l'arrivée** the placing of the runners at the finishing line

ⓒ (= *liste*) [*d'élèves*] class list (in order of merit); [*de coureurs*] finishing list; [*d'équipes*] league table • **~ général** overall rankings • **premier au ~ général** first overall • **premier au ~ de l'étape** first for the stage

ⓓ [*d'affaire, dossier*] closing

classer [klɑse] /TABLE 1/ 1 (VT) ⓐ (= *ranger*) [+ *papiers*] to file; [+ *livres*] to classify

ⓑ (= *classifier*) [+ *animaux, plantes*] to classify

ⓒ [+ *employé, élève, copie*] to grade; [+ *joueur*] to rank; [+ *hôtel*] to classify • **~ un édifice monument historique** to list a building (*Brit*), to put a building on the historical register (*US*)

ⓓ (= *clore*) [+ *affaire, dossier*] to close • **c'est une affaire classée maintenant** the matter is now closed

2 (VPR) **se classer** • **se ~ premier/parmi les premiers** to come (*Brit*) *ou* come in (*US*) first/among the first • **ce livre se classe au nombre des grands chefs-d'œuvre littéraires** this book ranks among the great works of literature

classeur [klɑsœʀ] (NM) (= *meuble*) filing cabinet; (= *dossier*) file; (*à tirette*) binder • **~ à anneaux** ring binder

classicisme [klasisism] (NM) classicism

classification [klasifikasjɔ̃] (NF) classification • **ce romancier échappe à toute ~** this novelist is in a class of his own

classifier [klasifje] /TABLE 7/ (VT) to classify

classique [klasik] 1 (ADJ) ⓐ classic; [*produit*] ordinary • **c'est le coup ~!*** it's the usual story • **c'est la question/la plaisanterie ~** it's the old question/joke ⓑ [*art, langue, musique*] classical ⓒ (= *littéraire*) **faire des études ~s** to study classics • **licence de lettres ~s** *degree in French, with Latin and Greek* 2 (NM) ⓐ (= *auteur*) classic; (*dans l'Antiquité*) classical author ⓑ (= *ouvrage*) classic ⓒ (= *genre*) **le ~** (= *musique*) classical music; (= *style*) the classical style

clause [kloz] (NF) clause

claustro* [klostʀo] (ADJ) (ABR DE **claustrophobe**)

claustrophobe [klostʀɔfɔb] (ADJ, NMF) claustrophobic

claustrophobie [klostʀɔfɔbi] (NF) claustrophobia

clavardage [klavaʀdaʒ] (NM) (*Can: Internet*) chat

clavarder [klavaʀde] /TABLE 1/ (VI) (*Can: Internet*) to chat

clavardeur, -euse [klavaʀdœʀ, øz] (NM,F) (*Can: Internet*) chatter

clavardoir [klavaʀdwaʀ] (NM) (*Can*) (*Internet*) chat room

clavecin [klav(ə)sɛ̃] (NM) harpsichord

clavicule [klavikyl] (NF) collarbone

clavier [klavje] (NM) keyboard; [*de télécommande, téléphone*] keypad • **aux ~s, Bob** (*Mus*) on keyboards, Bob

claviériste [klavjeʀist] (NMF) (*Mus*) keyboardist, keyboard player

claviste [klavist] (NMF) keyboarder

clé [kle] 1 (NF) ⓐ [*de serrure, pendule, boîte de conserve*] key • **mettre la ~ sous la porte** *ou* **le paillasson** (= *faire faillite*) to shut up shop → **fermer**

ⓑ (*Tech*) spanner (*Brit*), wrench (*US*)

ⓒ [*de guitare, violon*] peg; [*de clarinette*] key; [*de gamme*] clef • **il y a trois dièses à la ~** the key signature has three sharps

ⓓ [*de mystère, réussite, rêve*] key (**de** to); (= *indice*) clue

ⓔ (*Lutte*) lock • **il lui a fait une ~ au bras** he got him in an armlock

ⓕ (*locutions*) ▸ **à la clé** **il y a une récompense à la ~** there's a reward • **il y aura une restructuration avec des licenciements à la ~** the company is being restructured, which will mean redundancies

▸ **clé(s) en main** **prix ~s en main** [*voiture*] price on the road; [*appartement*] price with immediate entry • **solution/usine ~s en main** turnkey solution/factory

▸ **sous clé** under lock and key

2 (ADJ INV) [*industrie, mot, position, rôle*] key

3 (COMP) ▸ **clé de contact** ignition key ▸ **clé à molette** monkey wrench ▸ **clé plate** open-end spanner ▸ **clé RIB** personal code (*on official slip giving bank account details*) ▸ **clé universelle** adjustable spanner ▸ **clé USB** (*Informatique*) flash drive ▸ **clé de voûte** keystone

clean* [klin] (ADJ INV) ⓐ (= *BCBG*) [*personne*] wholesome-looking; [*vêtements*] smart; [*décor*] stark ⓑ (*arg Drogue*) clean

clef [kle] (NF) = **clé**

clématite [klematit] (NF) clematis

clémence [klemɑ̃s] (NF) clemency; [*de juge*] leniency

clément, e [klemɑ̃, ɑ̃t] (ADJ) [*temps*] mild; [*personne*] lenient

clémentine [klemɑ̃tin] (NF) clementine

clerc [klɛʀ] (NM) (*Rel*) cleric • ~ **de notaire** (*Droit*) notary's clerk

clergé [klɛʀʒe] (NM) clergy

clic [klik] 1 (NM) ⓐ (*Informatique, Internet*) click • **en un** ~ [*acheter, se procurer*] in a click • **détournement de** ~ click-jacking • **fraude au** ~ click fraud • **piège à** ~ click bait ⓑ (= *bruit*) click • **tout à coup, ça a fait** ~* (*fig*) suddenly it clicked 2 (EXCL) click!

cliché [kliʃe] (NM) (= *lieu commun*) cliché; (*Photo*) negative

clictivisme [kliktivism] (NM) clicktivism

client, cliente [klijɑ̃, klijɑ̃t] (NM,F) [*de magasin, restaurant*] customer; [*d'avocat*] client; [*d'hôtel*] guest; [*de taxi*] passenger; (*Informatique*) client • **le boucher me sert bien parce que je suis (une)** ~**e** the butcher gives me good service because I'm a regular customer

clientèle [klijɑ̃tɛl] (NF) [*de restaurant, hôtel, coiffeur*] clientele; [*de magasin*] customers; [*d'avocat*] clients; [*de médecin*] patients • **il a une bonne** ~ [*commerçant*] he has a lot of customers; [*médecin*] he has a lot of patients

clignement [kliɲ(ə)mɑ̃] (NM) **un** ~ **d'œil** a wink

cligner [kliɲe] /TABLE 1/ (VT) ~ **des yeux** to blink • ~ **de l'œil** to wink (**en direction de** at)

clignotant, e [kliɲɔtɑ̃, ɑ̃t] 1 (ADJ) (= *intermittent*) flashing 2 (NM) (*Auto*) indicator • **mettre son** ~ to indicate (*Brit*), to put one's turn signal on (*US*)

clignoter [kliɲɔte] /TABLE 1/ (VI) [*étoile, guirlande*] to twinkle; [*feux de détresse*] to flash

climat [klima] (NM) climate

climaticien, -ienne [klimatisjɛ̃, jɛn] (NM,F) air conditioning engineer

climatique [klimatik] (ADJ) **changement/migrant** ~ climate change/migrant

climatisation [klimatizasjɔ̃] (NF) air conditioning

climatisé, e [klimatize] (ADJ) air-conditioned

climatiseur [klimatizœʀ] (NM) air conditioner

climatologique [klimatɔlɔʒik] (ADJ) climatological

clin [klɛ̃] (NM) ~ **d'œil** wink; (*fig*) veiled reference • **c'est un** ~ **d'œil au lecteur** it's a veiled message to the reader • **faire un** ~ **d'œil** to wink (**à** at) • **en un** ~ **d'œil** in a flash

clinique [klinik] 1 (ADJ) clinical 2 (NF) (= *établissement*) private hospital; (= *section d'hôpital*) clinic

clinquant, e [klɛ̃kɑ̃, ɑ̃t] (ADJ) [*bijoux, décor, langage*] flashy

clip [klip] (NM) ⓐ (= *boucle d'oreille*) clip-on earring; (= *broche*) brooch ⓑ ~ **(vidéo)** video

clipart [klipaʀt] (NM) clip art

clique [klik] (NF) (*péj* = *bande*) clique • **prendre ses** ~**s et ses claques (et s'en aller)*** to pack up and go

cliquer [klike] /TABLE 1/ (VI) (*Informatique*) to click • ~ **deux fois** to double-click

cliqueter [klik(ə)te] /TABLE 4/ (VI) [*chaînes*] to clank; [*couverts*] to clink; [*moteur*] to pink

cliquetis [klik(ə)ti], **cliquettement** [klikɛtmɑ̃] (NM) [*de chaînes*] clanking *NonC*; [*de couverts*] clinking *NonC* • **on entend un** ~ **dans le moteur** the engine's pinking

clitoris [klitɔʀis] (NM) clitoris

clivage [klivaʒ] (NM) [*de groupes, partis*] split

clivant, e [klivɑ̃, ɑ̃t] (ADJ) divisive • **un sujet** ~ a wedge issue

clivé, e [klive] (ADJ) [*pays, société*] divided

cloaque [klɔak] (NM) (*Zool*) cloaca; (= *lieu de corruption*) cesspool; (= *endroit sale*) pigsty

clochard, e [klɔʃaʀ, aʀd] (NM,F) down-and-out

clochardiser (se) [klɔʃaʀdize] /TABLE 1/ (VPR) [*personne*] to become a down-and-out

cloche [klɔʃ] 1 (NF) ⓐ [*d'église*] bell ⓑ [*de plat*] dishcover; [*de plantes, légumes*] cloche • ~ **à fromage** cheese cover ⓒ (= *imbécile*)* idiot 2 (ADJ) (= *idiot*)* idiotic • **qu'il est** ~ **ce type!** what an idiot!

> **CLOCHES DE PÂQUES**
> In France, Easter eggs are said to be brought by the Easter bells or **cloches de Pâques** which fly from Rome and drop them in people's gardens.

cloche-pied, clochepied [klɔʃpje] (LOC ADV) **sauter à** ~ to hop

clocher[1] [klɔʃe] (NM) (*en pointe*) steeple; (*carré*) bell tower • **des querelles de** ~ petty squabbling

clocher[2]* [klɔʃe] /TABLE 1/ (VI) **qu'est-ce qui cloche?** what's up (with you)?* • **il y a quelque chose qui cloche** there's something not quite right • **il y a quelque chose qui cloche dans le moteur** there's something wrong with the engine

clochette [klɔʃɛt] (NF) small bell; [*de fleur*] bell • ~**s bleues** (= *jacinthes des bois*) bluebells

cloison [klwazɔ̃] (NF) (*Constr*) partition • ~ **mobile** screen • ~ **étanche** (*Naut*) watertight compartment; (*fig*) rigid distinction

cloisonné, e [klwazɔne] *ptp de* **cloisonner** (ADJ) [*sciences, services*] isolated from one another • **nous vivons dans une société** ~**e** we live in a compartmentalized society

cloisonnement [klwazɔnmɑ̃] (NM) [*de disciplines, tâches, société*] compartmentalization • **le** ~ **des services** the fact that the departments work in isolation (from one another)

cloisonner [klwazɔne] /TABLE 1/ (VT) [+ *pièce*] to partition off; [+ *activités, secteurs*] to compartmentalize

cloître○ [klwatʀ] (NM) cloister

cloîtrer (se)○ [klwatʀe] /TABLE 1/ (VPR) (= *s'enfermer*) to shut o.s. away; (*Rel*) to enter a convent *ou* monastery • **il est resté cloîtré dans sa chambre pendant deux jours** he stayed shut away in his room for two days • **il vit cloîtré chez lui** he spends his time shut away at home

clonage [klonaʒ] (NM) cloning

clone [klon] (NM) clone

cloner [klone] /TABLE 1/ (VT) to clone

clope* [klɔp] (NF) (= *cigarette*) fag* (*Brit*)

cloper* [klɔpe] /TABLE 1/ (VI) to smoke • **il était en train de** ~ he was having a smoke*

clopin-clopant○ [klɔpɛ̃klɔpɑ̃] (ADV) **marcher** ~ to hobble along

clopinettes* [klɔpinɛt] (NFPL) **travailler pour/gagner des** ~ to work for/earn peanuts*

cloporte [klɔpɔʀt] (NM) (= *insecte*) woodlouse; (*péj*) creep*

cloque [klɔk] (NF) [*de peau, peinture*] blister • **être en** ~‡ to be pregnant

clore [klɔʀ] /TABLE 45/ (VT) [+ *liste, débat, compte*] to close; [+ *livre, discours, spectacle*] to end • **la séance est close** the meeting is over • **l'incident est clos** the matter is closed • **les inscriptions sont closes depuis hier** yesterday was the closing date for registration • **le débat s'est clos sur cette remarque** the discussion ended with that remark

clos, close [klo, kloz] ptp de **clore** (ADJ) [*système, ensemble*] closed; [*espace*] enclosed • **les yeux ~** ou **les paupières ~es, il ...** with his eyes closed, he ... → **huis, maison**

clôture [klotyʀ] (NF) ⓐ fence • **mur de ~** outer wall ⓑ [*de congrès, liste, compte, scrutin*] closing; [*d'inscriptions*] closing date (**de** for) • **séance/date de ~** closing session/date • **cette pièce sera présentée en ~ du festival** this play will close the festival

clôturer [klotyʀe] /TABLE 1/ (VT) [+ *débats, liste, compte, festival, inscriptions*] to close; [+ *jardin, champ*] to enclose

clou [klu] 1 (NM) ⓐ nail; (*décoratif*) stud • **le ~ de la soirée** the highlight of the evening • **c'est le ~ du spectacle** it's the star attraction ⓑ (= *mont-de-piété*) **mettre sa montre au ~*** to pawn one's watch ⓒ (*vieux*) ~* (= *voiture*) old jalopy*; (= *vélo*) rickety old bike 2 (NMPL) **clous** (= *passage piétons*) **traverser aux** ou **dans les ~s** to cross at the pedestrian crossing • **des ~s!*** no way!* 3 (COMP) ▸ **clou de girofle** clove ▸ **clou de tapissier** tack

clouer [klue] /TABLE 1/ (VT) ⓐ [+ *planches, caisse, tapis*] to nail down ⓑ (= *immobiliser*) **ça l'a cloué sur place** [*étonnement, peur*] it left him rooted to the spot • **il est cloué au lit/dans un fauteuil roulant** he's confined to bed/a wheelchair • **~ au sol** [+ *personne*] to pin down; [+ *avion*] to ground

clouté, e [klute] (ADJ) [*ceinture, porte*] studded; [*chaussures*] hobnailed → **passage**

clown [klun] (NM) clown • **faire le ~** to clown around • **c'est un vrai ~** he's a real comic

club [klœb] (NM) club • **~ de gymnastique** gym • **~ de rencontre(s)** singles club • **~ du troisième âge** club for retired people • **~ de vacances** holiday centre (*Brit*), vacation center (*US*)

CM [seɛm] (NM) (ABR DE **cours moyen**) *fourth or fifth year in primary school*

cm (ABR DE **centimètre**) cm • **cm²** cm² • **cm³** cm³

CMR [seɛmɛʀ] (ADJ) (ABR DE **cancérogène, mutagène, reprotoxique**) CMR, carcinogenic, mutagenic and reprotoxic

CMU [seɛmy] (NF) (ABR DE **couverture maladie universelle**) *free health care for people on low incomes*

CNDP [seɛndepe] (NM) (ABR DE **Centre national de documentation pédagogique**) *national teachers' resource centre*

CNED [knɛd] (NM) (ABR DE **Centre national d'enseignement à distance**) *national centre for distance learning*

CNIL [knil] (NF) (ABR DE **Commission nationale de l'informatique et des libertés**) *French data protection watchdog*

CNPF [seɛnpeɛf] (NM) (ABR DE **Conseil national du patronat français**) ≈ CBI (*Brit*)

CNRS [seɛnɛʀɛs] (NM) (ABR DE **Centre national de la recherche scientifique**) *French scientific research institute*

coagulant, e [kɔagylɑ̃, ɑ̃t] 1 (ADJ) coagulative 2 (NM) coagulant

coagulation [kɔagylasjɔ̃] (NF) coagulation

coaguler (VTI), **se coaguler** (VPR) [kɔagyle] /TABLE 1/ [*sang*] to clot

coaliser (se) [kɔalize] /TABLE 1/ (VPR) to unite; [*pays*] to form a coalition

coalition [kɔalisjɔ̃] (NF) coalition • **gouvernement de ~** coalition government

coaltar [koltaʀ] (NM) coal tar • **être dans le ~*** to feel a bit groggy*

coasser [kɔase] /TABLE 1/ (VI) to croak

COB [kɔb] (NF) (ABR DE **Commission des opérations de Bourse**) *French stock exchange regulatory body*, ≈ SIB (*Brit*), ≈ SEC (*US*)

cobalt [kɔbalt] (NM) cobalt

cobaye [kɔbaj] (NM) guinea-pig

cobra [kɔbʀa] (NM) cobra

coca [kɔka] 1 (NM) (ABR DE **Coca-Cola**®) Coke® 2 (NM ou F) (= *plante*) coca

cocaïne [kɔkain] (NF) cocaine

cocard* [kɔkaʀ] (NM) black eye

cocarde [kɔkaʀd] (NF) cockade

COCARDE

The **cocarde** was originally a red, white and blue rosette used as an emblem by revolutionaries during the French Revolution. It became a symbol of the French republic and appears on military aircraft, uniforms and official vehicles.

cocasse [kɔkas] (ADJ) funny

coccinelle [kɔksinɛl] (NF) (= *insecte*) ladybird (*Brit*), ladybug (*US*)

coccyx [kɔksis] (NM) coccyx

coche [kɔʃ] (NM) **louper le ~** to miss one's chance

cocher [kɔʃe] /TABLE 1/ (VT) (*au crayon*) to check off; (*d'une entaille*) to notch

cochère [kɔʃɛʀ] (ADJ F) → **porte**

cochon, -onne [kɔʃɔ̃, ɔn] 1 (ADJ) ⓐ (= *obscène*)* [*chanson, histoire*] dirty; [*personne*] dirty-minded ⓑ (= *sale*)* **il est ~** (*sur lui*) he's filthy; (*dans son travail*) he's a messy worker 2 (NM) ⓐ (= *animal*) pig; (= *viande*)* pork *NonC* • **~ d'Inde** guinea-pig • **~ de lait** sucking-pig ⓑ (*péj*)* (= *personne*) (*sale, vicieux*) dirty pig*; (= *goujat*) swine* • **il mange/écrit comme un ~** he's a messy eater/writer • **petit ~!** you messy thing! 3 (NF) **cochonne** (*péj* = *personne*)* (*sale*) dirty pig*; (*vicieuse*) dirty cow*

cochonner* [kɔʃɔne] /TABLE 1/ (VT) [+ *travail*] to botch; [+ *vêtements, page*] to mess up

cochonnerie* [kɔʃɔnʀi] (NF) (= *marchandise*) rubbish *NonC*; (= *plaisanterie*) dirty joke • **manger des ~s** to eat junk food • **le chien a fait des ~s dans la cuisine** the dog has made a mess in the kitchen • **ne regarde pas ces ~s!** don't look at that filth!

cochonnet [kɔʃɔnɛ] (NM) (= *animal*) piglet; (*Boules*) jack

cocker [kɔkɛʀ] (NM) cocker spaniel

cockpit [kɔkpit] (NM) cockpit

cocktail [kɔktɛl] (NM) (= *réunion*) cocktail party; (= *boisson*) cocktail • **~ de fruits/de crevettes** fruit/prawn cocktail • **~ Molotov** Molotov cocktail • **~ explosif** explosive cocktail

coco [koko] (NM) ⓐ (*langage enfantin* = *œuf*) egg ⓑ (*terme d'affection*) **oui, mon ~** yes, poppet* ⓒ (*péj* = *type*)* guy* ⓓ (*péj* = *communiste*)* commie* ⓔ (= *noix*) **beurre de ~** coconut butter • **tapis en (fibre de) ~** coconut mat → **noix** ⓕ (= *réglisse*) liquorice powder

cocon [kɔkɔ̃] (NM) cocoon • **sortir du ~ familial** to leave the family nest

cocooning [kɔkuniŋ] (NM) staying at home • **j'ai envie d'une petite soirée ~** I feel like a nice cosy evening at home

cocorico [kɔkɔriko] **1** (NM) [*de coq*] cock-a-doodle-do; (*fig*) triumphant cheer • **faire ~** to crow **2** (EXCL) [*de coq*] cock-a-doodle-do!

cocotier [kɔkɔtje] (NM) coconut palm

cocotte [kɔkɔt] **1** (NF) **a** (= *marmite*) casserole dish • **faire un poulet à la ~** to casserole a chicken **b** (*langage enfantin* = *poule*) hen **c** **ça sent** *ou* **pue la ~*** it smells like a perfume factory **d** (*à un cheval*) **hue ~!** gee up! **e** (*terme d'affection*) **(ma) ~*** pet* **2** (COMP) ▸ **Cocotte Minute** ® pressure cooker ▸ **cocotte en papier** paper hen

cocotter* [kɔkɔte] /TABLE 1/ (VI) (= *sentir mauvais*) to stink

cocu, e* [kɔky] **1** (ADJ) deceived • **elle l'a fait ~** she was unfaithful to him **2** (NM) deceived husband

codage [kɔdaʒ] (NM) coding

code [kɔd] **1** (NM) **a** (*Droit*) code • **le ~ civil** the civil code, ≈ common law • **~ pénal** penal code • **~ du travail** labour regulations • **~ de la route** highway code • **il a eu le ~, mais pas la conduite** he passed the written test but failed on the driving

b (= *règles*) **~ de la politesse/de l'honneur** code of politeness/honour

c (= *écriture, message*) code • **~ secret** secret code

d [*de voiture*] **~s** dipped headlights (*Brit*), low beams (*US*) • **mettre ses ~s** *ou* **ses phares en ~(s)** • **se mettre en ~(s)** to dip one's headlights (*Brit*), to put on the low beams (*US*)

2 (COMP) ▸ **code d'accès** (*à un immeuble*) entry code; (*à une base de données*) access code ▸ **code à barres** bar code ▸ **code confidentiel** PIN number ▸ **code génétique** genetic code ▸ **code personnel** PIN number ▸ **code postal** postcode (*Brit*), zip code (*US*) ▸ **code QR** QR code

codé, e [kɔde] *ptp de* **coder** (ADJ) (*Informatique*) [*message*] coded; (*TV*) [*émission*] encrypted

code-barre, code-barres (*pl* **codes-barres**) [kɔdbaʀ] (NM) bar code

codec [kɔdek] (NM) (*Informatique*) codec

coder [kɔde] /TABLE 1/ (VT) to code

codétenu, e [kodet(ə)ny] (NM,F) fellow prisoner

codirecteur, -trice [kodiʀɛktœʀ, tʀis] (NM,F) co-director

coefficient [kɔefisjɑ̃] (NM) coefficient • **cette matière est à ~ trois** (*Scol*) marks (*Brit*) *ou* grades (*US*) in this subject are weighted by a factor of three

> **COEFFICIENT**
> French baccalauréat grades are weighted according to the type of baccalauréat being taken. In an arts-oriented "bac", for example, grades for arts subjects are multiplied by a set **coefficient** which gives them more weight than grades for science subjects.

coéquipier, -ière [koekipje, jɛʀ] (NM,F) team mate

coercitif, -ive [kɔɛʀsitif, iv] (ADJ) coercive

coercition [kɔɛʀsisjɔ̃] (NF) coercion

---

cœur [kœʀ]

1 NOM MASCULIN	2 COMPOSÉS

1 NOM MASCULIN

a heart • **ça vient du ~!** it comes straight from the heart! • **mettre tout son ~ dans qch** to put one's heart into sth • **il travaille mais le ~ n'y est pas** he does the work but his heart isn't in it • **ce geste lui est allé droit au ~** this gesture went straight to his heart • **d'un ~ léger** light-heartedly • **serrer qn contre son ~** to hold sb to one's heart • **je ne le porte pas dans mon ~** I am not exactly fond of him • **si le ~ t'en dit** if you feel like it • **donner du ~ au ventre à qn*** to buck sb up*

▸ **avoir** + **cœur** **avoir le ~ malade** to have a weak heart • **avoir bon ~** to be kind-hearted • **il a un ~ d'or** he has a heart of gold • **il n'a pas de ~** he's really heartless • **il a une pierre à la place du ~** he has a heart of stone • **avoir le ~ sur la main** to be open-handed • **je n'ai pas le ~ à rire** I don't feel like laughing • **avoir le ~ gros** *ou* **serré** to have a heavy heart • **je veux en avoir le ~ net** I want to be clear in my own mind • **avoir du ~ à l'ouvrage** to put one's heart into one's work • **il faut avoir le ~ bien accroché pour être infirmière** you need a strong stomach to be a nurse • **comment peut-on avoir le ~ de refuser?** how can one possibly refuse?

▸ **avoir qch sur le cœur** **je vais lui dire ce que j'ai sur le ~** I'm going to tell him what's on my mind; (*ce que je pense de lui*) I'm going to give him a piece of my mind

▸ **à cœur** **avoir à ~ de faire qch** to be very keen to do sth • **prendre les choses à ~** to take things to heart • **ce voyage me tient à ~** I've set my heart on this trip • **cette cause me tient à ~** this cause is close to my heart • **c'est un sujet qui me tient vraiment à ~** it's an issue I feel very strongly about

▸ **à cœur ouvert** **opération à ~ ouvert** open-heart surgery • **il m'a parlé à ~ ouvert** he opened his heart to me • **nous avons eu une conversation à ~ ouvert** we had a heart-to-heart

▸ **à cœur joie** **s'en donner à ~ joie** (= *s'amuser*) to have a whale of a time*; (= *critiquer*) to have a field day

▸ **de bon cœur** [*manger, rire*] heartily; [*faire, accepter*] willingly

▸ **de tout cœur** [*remercier, souhaiter*] from the bottom of one's heart • **je suis de tout ~ avec vous** my thoughts are with you

▸ **coup de cœur** **avoir un coup de ~ pour qch** to fall in love with sth • **nos coups de ~ parmi les livres du mois** our favourites among this month's new books

b (= *terme d'affection*) **mon ~** sweetheart

c (*Cartes*) heart • **roi de ~** king of hearts

d (= *partie centrale*) heart; [*de pile atomique*] core • **le ~ du problème** the heart of the problem • **fromage fait à ~** fully ripe cheese

▸ **au cœur de** [*de région, ville, forêt*] in the heart of • **au ~ de l'été** at the height of summer • **au ~ de l'hiver** in the depths of winter

e (= *mémoire*)

▸ **par cœur** [*réciter, apprendre*] by heart • **connaître par ~** to know by heart; [+ *endroit*] to know like the back of one's hand • **je te connais par ~** I know you inside out • **savoir qch par ~** to know sth off by heart

2 COMPOSÉS

▸ **cœur d'artichaut** artichoke heart • **il a un ~ d'artichaut** he falls in love with every girl he meets

▸ **cœur de palmier** heart of palm

---

coexister [kɔɛgziste] /TABLE 1/ (VI) to coexist

coffre [kɔfʀ] (NM) **a** (= *meuble*) chest • **~ à jouets** toybox

• **il a du ~*** he's got a good pair of lungs **b** [*de voiture*] boot (*Brit*), trunk (*US*) **c** [*de banque, hôtel*] safe; (*individuel*) safe deposit box • **les ~s de l'État** the coffers of the state • **la salle des ~s** the strongroom

coffre-fort (*pl* **coffres-forts**) [kɔfʀəfɔʀ] NM safe

coffrer * [kɔfʀe] /TABLE 1/ VT to throw in jail

coffret [kɔfʀɛ] NM casket; [*de disques, livres*] (= *contenant*) box; (= *contenu*) boxed set • **~ à bijoux** jewel box

cogestion [koʒɛstjɔ̃] NF joint management

cogiter [kɔʒite] /TABLE 1/ VI (*hum* = *réfléchir*) to cogitate

cognac [kɔɲak] NM cognac

cogner [kɔɲe] /TABLE 1/ **1** VT **a** (= *heurter*) to knock **b** (= *battre*)* to beat up

2 VI **a** [*personne*] **~ sur** [+ *clou, piquet*] to hammer on; [+ *mur*] to knock on; (*fort*) to hammer on • **~ à la porte/au plafond** to knock at the door/on the ceiling; (*fort*) to bang at the door/on the ceiling • **~ sur qn*** to lay into sb* • **il cogne dur*** he packs a mean punch*

b [*volet, branche*] to bang; [*grêle*] to drum • **~ contre** [*projectile*] to hit • **un caillou est venu ~ contre le pare-brise** a stone hit the windscreen

c [*soleil*] **ça cogne !*** it's scorching!*

3 VPR **se cogner** **se ~ la tête/le genou contre un poteau** to bang one's head/knee on a post • **c'est à se ~ la tête contre les murs** (*fig*) it's enough to drive you up the wall* • **se ~ (dessus)*** (= *se battre*) to lay into each other*

cognitif, -ive [kɔgnitif, iv] ADJ cognitive • **thérapie cognitive** cognitive (behavioural *ou* behavioral (*US*)) therapy

cohabitation [kɔabitasjɔ̃] NF (*Politique*) cohabitation

> **COHABITATION**
> This describes the situation when, as a result of a presidential or general election, the French people find themselves with a president from one political party and a government from another. An example of **cohabitation** was the combination of a Socialist Prime Minister, Lionel Jospin, with a Gaullist President, Jacques Chirac.

cohabiter [kɔabite] /TABLE 1/ VI to live together; (*Politique*) to cohabit; [*systèmes, valeurs*] to exist side by side

cohérence [kɔeʀɑ̃s] NF coherence

cohérent, e [kɔeʀɑ̃, ɑ̃t] ADJ [*ensemble, stratégie*] coherent • **~ avec** consistent with • **sois ~ (avec toi-même)** be true to yourself

cohésion [kɔezjɔ̃] NF cohesion

cohue [kɔy] NF crowd • **c'était la ~ à l'entrée** there was such a crush at the entrance

coi, coite [kwa, kwat] ADJ **se tenir ~** • **rester ~** to remain silent

coiffant, e [kwafɑ̃, ɑ̃t] ADJ [*gel, mousse*] hair

coiffé, e [kwafe] *ptp de* **coiffer** ADJ **il est toujours bien/mal ~** his hair always looks nice/a mess • **il était ~ en arrière** he had his hair brushed back • **elle est ~e (trop) court** her hair's (too) short • **comment était-elle ~e ?** what was her hair like?

coiffer [kwafe] /TABLE 1/ **1** VT **a** (= *peigner*) **~ qn** to do sb's hair • **cheveux difficiles à ~** unmanageable hair • **se faire ~ par qn** to have one's hair done by sb

b [+ *services*] to have overall responsibility for

c (= *dépasser*)* **~ qn à l'arrivée** *ou* **au poteau** to pip sb at the post* (*Brit*), to nose sb out* (*US*) • **se faire ~ au poteau** to be pipped at the post (*Brit*), to be nosed out (*US*)

2 VPR **se coiffer** (= *se peigner*) to do one's hair • **elle se coiffe toujours mal** she never gets her hair to look nice • **tu t'es coiffé avec un râteau** *ou* **un clou** (*hum*) you look like you've been dragged through a hedge backwards • **tu t'es coiffé avec un pétard** (*hum*) you look like you stuck your finger in a socket

coiffeur [kwafœʀ] NM hairdresser • **aller chez le ~** to go to the hairdresser's

coiffeuse [kwaføz] NF (= *personne*) hairdresser; (= *meuble*) dressing table

coiffure [kwafyʀ] NF (= *façon d'être peigné*) hairstyle • **la ~** (= *métier*) hairdressing

coin [kwɛ̃] NM **a** (= *angle*) corner • **la boulangerie fait le ~** the bakery is right on the corner • **regard en ~** sidelong glance • **regarder/surveiller qn du ~ de l'œil** to look at/watch sb out of the corner of one's eye • **au ~ du feu** by the fireside

b [*de village, maison*] part • **un ~ de ciel bleu** a patch of blue sky • **un ~ de plage** a spot on the beach • **le ~ jardinerie** (*dans un magasin*) the gardening section • **~-bureau/-repas** work/dining area • **rester dans son ~** to keep to oneself • **laisser qn dans son ~** to leave sb alone • **je l'ai mis dans un ~** I put it somewhere → **petit**

c (= *région*) area • **les gens du ~** the local people • **vous êtes du ~ ?** do you live locally? • **je ne suis pas du ~** I'm not from around here • **le supermarché du ~** the local supermarket • **un ~ perdu** *ou* **paumé*** a place miles from anywhere • **des quatre ~s du monde** from the four corners of the world • **des quatre ~s du pays** from all over the country

d (*pour coincer, écarter*) wedge

coincé, e * [kwɛ̃se] ADJ [*personne*] uptight* • **il est très ~** he's very uptight*

coincer [kwɛ̃se] /TABLE 3/ **1** VT **a** (*intentionnellement*) to wedge; (*accidentellement*) [+ *tiroir, fermeture éclair*] to jam • **le tiroir est coincé** the drawer is stuck • **il m'a coincé entre deux portes pour me dire ...** he cornered me to tell me ... • **nous étions coincés dans l'ascenseur** we were stuck in the lift • **je suis coincé à la maison/au bureau** I'm stuck at home/at the office

b (= *attraper*)* [+ *voleur*] to nab*; [+ *faussaire, fraudeur*] to catch up with • **je me suis fait ~ sur cette question** I was caught out on that question • **nous sommes coincés, nous ne pouvons rien faire** we're stuck, there's nothing we can do • **~ la bulle*** to bum around*

2 VI [*porte, tiroir*] to stick • **ça coince au niveau de la direction*** there are problems at management level

3 VPR **se coincer** [*fermeture, tiroir*] to jam • **se ~ le doigt dans une porte** to catch one's finger in a door • **se ~ une vertèbre*** to trap a nerve in one's spine

coïncidence [kɔɛ̃sidɑ̃s] NF coincidence

coïncider [kɔɛ̃side] /TABLE 1/ VI [*surfaces, opinions, dates*] to coincide; [*témoignages*] to tally

coin-coin ○ [kwɛ̃kwɛ̃] NM INV [*de canard*] quack • **coin-coin !** quack! quack!

coing [kwɛ̃] NM quince

coït [kɔit] NM coitus

coite [kwat] ADJ F → **coi**

coke * [kɔk] NF (= *cocaïne*) coke*

col [kɔl] **1** NM **a** [*de chemise, manteau*] collar • **pull à ~ rond** round-neck pullover

b (*Géog*) pass

ⓒ [*de carafe, vase*] neck • **elle s'est cassé le ~ du fémur** she has broken her hip • **~ de l'utérus** cervix
2 (COMP) ▸**col blanc** (= *personne*) white-collar worker • **la criminalité en ~ blanc** white-collar crime ▸**col bleu** (= *ouvrier*) blue-collar worker ▸**col châle** shawl collar ▸**col cheminée** high round neck ▸**col chemisier** shirt collar ▸**col Claudine** Peter Pan collar ▸**col en V** V-neck ▸**col Mao** Mao collar ▸**col marin** sailor's collar ▸**col ras du cou** round neck ▸**col roulé** polo neck (*Brit*), turtleneck (*US*) ▸**col V** V-neck

colchique [kɔlʃik] (NM) autumn crocus

coléoptère [kɔleɔptɛʀ] (NM) beetle

colère [kɔlɛʀ] (NF) anger • **être/se mettre en ~** to be/get angry • **mettre qn en ~** to make sb angry • **passer sa ~ sur qn** to take out one's anger on sb • **avec ~** angrily • **faire** *ou* **piquer une ~** to throw a tantrum

coléreux, -euse [kɔleʀø, øz], **colérique** [kɔleʀik] (ADJ) quick-tempered

colibri [kɔlibʀi] (NM) hummingbird

colin [kɔlɛ̃] (NM) (= *merlu*) hake

colin-maillard [kɔlɛ̃majaʀ] (NM) blind man's buff

colique [kɔlik] (NF) ⓐ (= *diarrhée*) diarrhoea • **avoir la ~** to have diarrhoea ⓑ (= *douleur*) **être pris de violentes ~s** to have violent stomach pains

colis [kɔli] (NM) parcel • **envoyer un ~ postal** to send a parcel through the post

colite [kɔlit] (NF) colitis

collabo* [kɔ(l)labo] (NMF) (ABR DE **collaborateur, -trice**) (*péj*) collaborator

collaborateur, -trice [kɔ(l)labɔʀatœʀ, tʀis] (NM,F) [*de collègue*] colleague; [*de journal*] contributor; [*de livre*] collaborator; [*d'ennemi*] collaborator

collaboratif, -ive [kɔlabɔʀatif, iv] (ADJ) [*logiciel, travail, encyclopédie*] collaborative

collaboration [kɔ(l)labɔʀasjɔ̃] (NF) collaboration (**à** on); (*à un journal*) contribution (**à** to) • **en ~ (étroite) avec** in (close) collaboration with

collaborer [kɔ(l)labɔʀe] /TABLE 1/ (VI) ⓐ **~ avec qn** to collaborate with sb • **~ à** [+ *travail, livre*] to collaborate on; [+ *journal*] to contribute to ⓑ (*Politique*) to collaborate

collage [kɔlaʒ] (NM) (*Art*) collage

collagène [kɔlaʒɛn] (NM) collagen

collant, e [kɔlɑ̃, ɑ̃t] 1 (ADJ) (= *ajusté*) tight-fitting; (= *poisseux*) sticky • **être ~*** [*importun*] to cling 2 (NM) ⓐ (= *bas*) tights (*Brit*), pantyhose (*US*); [*de danseuse*] tights ⓑ (= *maillot*) leotard 3 (NF) **collante** (*arg Scol*) (= *convocation*) notification; (= *résultats*) results slip

collatéral, e (*mpl* **-aux**) [kɔ(l)lateʀal, o] (ADJ) [*parent*] collateral • **dommages collatéraux** collateral damage

collation [kɔlasjɔ̃] (NF) (= *repas*) light meal; (= *en-cas*) snack

colle [kɔl] (NF) ⓐ glue • **~ à papiers peints** wallpaper paste • **~ blanche** paste ⓑ (= *question*)* teaser • **là, vous me posez une ~** you've stumped me there* ⓒ (*arg Scol*) (= *retenue*) detention; (= *examen blanc*) mock oral exam • **mettre une ~ à qn** to put sb in detention

collecte [kɔlɛkt] (NF) collection • **~ de fonds** fund-raising event

collecter [kɔlɛkte] /TABLE 1/ (VT) to collect

collecteur, -trice [kɔlɛktœʀ, tʀis] (NM,F) **~ d'impôts** tax collector • **~ de fonds** fund-raiser

collecticiel [kɔlɛktisjɛl] (NM) groupware

collectif, -ive [kɔlɛktif, iv] 1 (ADJ) [*travail, responsabilité, punition*] collective; [*sport*] team; [*billet, réservation*] group; [*hystérie, licenciements*] mass *épith*; [*installations*] public; [*terme, sens*] collective • **faire une démarche collective auprès de qn** to approach sb as a group • **immeuble ~** block of flats (*Brit*), apartment building (*US*) 2 (NM) (= *mot*) collective noun; (= *groupe de travail*) collective • **~ budgétaire** minibudget

collection [kɔlɛksjɔ̃] (NF) ⓐ [*de timbres, papillons*] collection • **objet/timbre de ~** collector's item/stamp • **faire (la) ~ de** to collect • **voiture de ~** classic car; (*de l'entre-deux-guerres*) vintage car; (*modèle réduit*) model car ⓑ (*Mode*) collection ⓒ [*de livres*] series • **notre ~ « jeunes auteurs »** our "young authors" series • **il a toute la ~ des Astérix** he's got the complete set of Asterix

collectionner [kɔlɛksjɔne] /TABLE 1/ (VT) to collect

collectionneur, -euse [kɔlɛksjɔnœʀ, øz] (NM,F) collector

collectivement [kɔlɛktivmɑ̃] (ADV) collectively

collectivité [kɔlɛktivite] (NF) group • **la ~** (= *le public*) the community • **les ~s locales** the local authorities • **~ d'outre-mer** *French overseas territory (formerly "Territoire d'outre-mer")*

collector [kɔlɛktɔʀ] (NM) collector's edition

collège [kɔlɛʒ] (NM) ⓐ (= *école*) **~ (d'enseignement secondaire)** secondary school (*Brit*), junior high school (*US*) • **~ (d'enseignement) technique** technical school • **~ d'enseignement général et professionnel** (*Can*) ≈ sixth-form college (*Brit*), ≈ junior college (*US*) ⓑ (*Politique, Rel* = *assemblée*) college • **~ électoral** electoral college

> **COLLÈGE**
>
> The term **collège** refers to the type of state secondary school French children attend between the ages of 11 and 15 (ie after "école primaire" and before "lycée"). **Collège** covers the school years "sixième", "cinquième", "quatrième" and "troisième". At the end of "troisième", pupils take the examination known as the "brevet des **collèges**". → LYCÉE

collégien [kɔleʒjɛ̃] (NM) schoolboy

collégienne [kɔleʒjɛn] (NF) schoolgirl

collègue [kɔ(l)lɛg] (NMF) colleague • **un ~ de travail/bureau** a colleague from work/the office

collembole [kɔlɑ̃bɔl] (NM) (*Zool*) springtail

coller [kɔle] /TABLE 1/ 1 (VT) ⓐ to stick; (*à la colle blanche*) to paste; [+ *affiche*] to stick up (**à, sur** on); [+ *enveloppe*] to stick down; [+ *papier peint*] to hang; (*Informatique*) to paste • **~ qch à** *ou* **sur qch** to stick sth onto sth
ⓑ (= *appliquer*) **~ son oreille à la porte/son nez contre la vitre** to press one's ear against the door/one's nose against the window
ⓒ (= *mettre*)* to stick* • **colle tes valises dans un coin** stick* your bags in a corner
ⓓ (= *donner*)* to give • **il m'a collé une contravention** he gave me a fine • **arrête de pleurer ou je t'en colle une!** stop crying or you'll get a smack!
ⓔ (*arg Scol*) (= *consigner*) to put in detention
ⓕ (*avec une question*)* to catch out
ⓖ (= *suivre*) [+ *personne*]* to cling to • **la voiture qui nous suit nous colle de trop près** the car behind is sitting right on our tail* • **ils nous collent au train*** they're right on our tail*

2 (VI) ⓐ (= être poisseux) to be sticky; (= adhérer) to stick (à to)
ⓑ **robe qui colle au corps** tight-fitting dress • **ce rôle lui colle à la peau** the part is tailor-made for him • **depuis, cette réputation lui colle à la peau** he's been stuck with this reputation ever since
ⓒ (= bien marcher)* **ça ne colle pas entre eux** they aren't getting along • **il y a quelque chose qui ne colle pas** there's something wrong
3 (VPR) **se coller** ⓐ (= se mettre)* **ils se collent devant la télé dès qu'ils rentrent** they plonk themselves* in front of the TV as soon as they come in • **on s'y colle ?** shall we get down to it?
ⓑ **se ~ à qn** [danseur] to cling to sb; [importun] to stick to sb like glue • **ces deux-là sont toujours collés ensemble*** those two always go around together

collet [kɔlɛ] (NM) (= piège) snare • **mettre la main au ~ de qn** to collar sb

colley [kɔlɛ] (NM) collie

collier [kɔlje] (NM) ⓐ [de femme] necklace; [de chien, chat] collar; (Boucherie) neck • **~ de fleurs** garland ⓑ **~ (de barbe)** beard (*along the line of the jaw*)

collimateur [kɔlimatœʀ] (NM) (= lunette) collimator • **avoir qn/qch dans le ~** to have sb/sth in one's sights • **être dans le ~ de qn** to be in sb's sights

colline [kɔlin] (NF) hill

collision [kɔlizjɔ̃] (NF) collision • **entrer en ~** to crash • **~ en chaîne** pile-up

colloque [kɔ(l)lɔk] (NM) colloquium

collusion [kɔlyzjɔ̃] (NF) collusion

collutoire [kɔlytwaʀ] (NM) oral medication *NonC*; (*en bombe*) throat spray

collyre [kɔliʀ] (NM) eye drops

colmater [kɔlmate] /TABLE 1/ (VT) [+ fuite] to stop; [+ fissure, trou] to fill in; [+ déficit] to make up

colo* [kɔlo] (NF) (ABR DE **colonie de vacances**) ≈ (children's) holiday camp (*Brit*), ≈ summer camp (*US*)

colobe [kɔlɔb] (NM) (*Zool*) colobus

coloc* [kɔlɔk] 1 (NMF) (ABR DE **colocataire**) 2 (NF) (ABR DE **colocation**)

colocataire [kɔlɔkatɛʀ] (NMF) [d'immeuble] fellow tenant, co-tenant (*Admin*); [d'appartement] flatmate (*Brit*), roommate (*US*); [de maison] housemate

colocation [kɔlɔkasjɔ̃] (NF) (dans un appartement) flat-sharing; (dans une maison) house-sharing • **ils sont en ~** they rent a flat (*ou* a house) together

colombage [kɔlɔ̃baʒ] (NM) **maison à ~(s)** half-timbered house

colombe [kɔlɔ̃b] (NF) dove

Colombie [kɔlɔ̃bi] (NF) Colombia • **~ britannique** British Columbia

colombien, -ienne [kɔlɔ̃bjɛ̃, jɛn] 1 (ADJ) Colombian 2 (NM,F) **Colombien(ne)** Colombian

colon [kɔlɔ̃] (NM) (= pionnier) colonist, homesteader (*US*)

côlon [kolɔ̃] (NM) (*Anatomie*) colon

colonel [kɔlɔnɛl] (NM) [d'armée de terre] colonel; [d'armée de l'air] group captain (*Brit*), colonel (*US*)

colonial, e (*mpl* **-iaux**) [kɔlɔnjal, jo] (ADJ) colonial

colonialisme [kɔlɔnjalism] (NM) colonialism • **~ culturel** cultural colonialism

colonialiste [kɔlɔnjalist] (ADJ, NMF) colonialist

colonie [kɔlɔni] (NF) colony • **~ de vacances** ≈ children's holiday camp (*Brit*), ≈ summer camp (*US*)

> **COLONIE DE VACANCES**
> The **colonie de vacances** – or **colo**, more colloquially – is an important part of life for many French children. **Colonies de vacances** are residential centres in the countryside, in the mountains or at the seaside where children, supervised by trained "moniteurs" and "monitrices", can participate in a range of open-air activities. The **colonie de vacances** helps break up the two-month summer holiday for parents and children alike.

C

colonisation [kɔlɔnizasjɔ̃] (NF) colonization

coloniser [kɔlɔnize] /TABLE 1/ (VT) to colonize

colonne [kɔlɔn] (NF) ⓐ column • **en ~ par deux** in twos • **mettez-vous en ~ par quatre** line up four abreast ⓑ (*Anatomie*) spine ▸ **colonne vertébrale** spine, spinal column; (*fig*) backbone • **la ~ vertébrale du mouvement** the backbone of the movement

colorant [kɔlɔʀɑ̃] (NM) colouring (*Brit*) *ou* coloring (*US*) agent; (*pour textiles*) dye • **« sans ~s artificiels »** (*sur étiquette*) "contains no artificial colouring"

coloration [kɔlɔʀasjɔ̃] (NF) ⓐ (= teinture) [de substance] colouring (*Brit*), coloring (*US*) ⓑ (*pour les cheveux*) colour (*Brit*), color (*US*) • **se faire faire une ~** to have one's hair coloured (*Brit*) *ou* colored (*US*) ⓒ (= nuance) colouring (*Brit*), coloring (*US*)

coloré, e [kɔlɔʀe] *ptp de* **colorer** (ADJ) [teint] ruddy; [objet] coloured (*Brit*), colored (*US*); [foule] colourful (*Brit*), colorful (*US*)

colorer [kɔlɔʀe] /TABLE 1/ (VT) to colour (*Brit*), to color (*US*) • **~ qch en bleu** to colour sth blue

coloriage [kɔlɔʀjaʒ] (NM) (= action) colouring *NonC* (*Brit*), coloring *NonC* (*US*); (= dessin) coloured (*Brit*) *ou* colored (*US*) drawing • **faire du ~** *ou* **des ~s** to do some colouring in

colorier [kɔlɔʀje] /TABLE 7/ (VT) to colour (*Brit*) *ou* color (*US*) in • **images à ~** pictures to colour in

coloris [kɔlɔʀi] (NM) colour (*Brit*), color (*US*)

coloscopie [kɔlɔskɔpi] (NF) colonoscopy

colossal, e (*mpl* **-aux**) [kɔlɔsal, o] (ADJ) colossal

colosse [kɔlɔs] (NM) colossus • **un ~ aux pieds d'argile** an idol with feet of clay

colporter [kɔlpɔʀte] /TABLE 1/ (VT) [+ marchandises, ragots] to hawk

coltiner (se)* [kɔltine] /TABLE 1/ (VPR) [+ colis] to lug around*; [+ travail, personne] to get stuck with* • **il va falloir se ~ ta sœur** we'll have to put up with your sister

columbarium [kɔlɔ̃baʀjɔm] (NM) (= cimetière) columbarium

colvert [kɔlvɛʀ] (NM) mallard

colza [kɔlza] (NM) rape

COM [kɔm] (NF) (ABR DE **collectivité d'outre-mer**) *French overseas territory (formerly "Territoire d'outre-mer")* → DOM-TOM, ROM and COM

coma [kɔma] (NM) coma • **être/tomber dans le ~** to be in/go into a coma • **dans un ~ dépassé** brain-dead

comateux, -euse [kɔmatø, øz] (ADJ) comatose

combat [kɔ̃ba] (NM) ⓐ (*Mil*) battle • **les ~s continuent** the fighting goes on • **~ aérien/naval** air/naval battle • **~ d'arrière-garde** rearguard action • **~ de rues** street battle • **de ~** combat • **aller au ~** to go into battle • **mort au ~** killed in action ⓑ (= action offensive) struggle • **la vie est un ~ quotidien** life is a daily struggle • **« étudiants, professeurs : même ~ ! »** "students and teachers fighting together" ⓒ (*Sport*) fight • ~ **de boxe/de catch** boxing/wrestling match

combatif, -ive, combattif, -ive [kɔ̃batif, iv] (ADJ) [*troupes*] ready to fight; [*personne*] with a fighting spirit; [*esprit, humeur*] fighting

combativité, combattivité [kɔ̃bativite] (NF) fighting spirit

combattant, e [kɔ̃batɑ̃, ɑ̃t] (NM,F) [*de guerre*] combatant; [*de bagarre*] brawler → **ancien**

combattre [kɔ̃batʀ] /TABLE 41/ (VT) [+ *incendie, adversaire*] to fight; [+ *théorie, politique, inflation, vice*] to combat; [+ *maladie*] [*malade*] to fight against; [*médecin*] to fight

combava [kɔ̃bava] (NM) (= *agrume*) kaffir lime

combien [kɔ̃bjɛ̃] **1** (ADV) ⓐ ~ **de** (*quantité*) how much; (*nombre*) how many • ~ **de bouteilles veux-tu ?** how many bottles do you want? • **tu en as pour ~ de temps ?** how long will you be? • **depuis ~ de temps travaillez-vous ici ?** how long have you been working here? • ~ **de fois ?** (*nombre*) how many times?; (*fréquence*) how often?
ⓑ ~ **(d'entre eux)** how many (of them) • ~ **sont-ils ?** how many of them are there?
ⓒ (*frm* = *à quel point*) **si tu savais ~ ça m'a agacé !** you can't imagine how annoyed I was! • **c'est étonnant de voir ~ il a changé** it's amazing to see how much he has changed
ⓓ (= *avec mesure*) ~ **est-ce ?** how much is it? • ~ **ça coûte ?** how much is it? • **ça fait ~ ?*** how much is it? • ~ **pèse ce colis ?** how much does this parcel weigh? • ~ **mesures-tu ?** how tall are you? • **ça va faire une différence de ~ ?** what will the difference be? • **ça fait ~ de haut ?** how high is it?
2 (NM)* **on est le ~ ?** what's the date? • **il y en a tous les ~ ?** (*fréquence*) [*de trains, bus*] how often do they run?

combinaison [kɔ̃binɛzɔ̃] (NF) ⓐ [*de coffre-fort*] combination • **la ~ gagnante** (*au loto*) the winning numbers ⓑ [*de femme*] slip; [*d'aviateur*] flying suit; [*de motard*] motorcycle suit • ~ **(de ski)** ski-suit • ~ **de plongée (sous-marine)** wetsuit • ~ **spatiale** spacesuit ⓒ [*de facteurs*] combination

combine* [kɔ̃bin] (NF) (= *astuce*) trick (**pour faire qch** to do sth); (*péj* = *manigance*) **la ~** scheming • **il est dans la ~** he knows all about it • **toutes leurs ~s** all their little schemes

combiné [kɔ̃bine] (NM) [*de téléphone*] handset

combiner [kɔ̃bine] /TABLE 1/ **1** (VT) ⓐ (= *grouper*) to combine (**à, avec** with) • **l'inquiétude et la fatigue combinées** a combination of anxiety and tiredness ⓑ [+ *affaire, mauvais coup*] to devise; [+ *horaires, emploi du temps*] to plan **2** (VPR) **se combiner** [*éléments*] to combine

comble [kɔ̃bl] **1** (ADJ) [*pièce, autobus*] packed **2** (NM) ⓐ (= *degré extrême*) height • **c'est le ~ du ridicule !** that's the height of absurdity! • **au ~ de la joie** overjoyed • **au ~ du désespoir** in the depths of despair • **être à son ~** [*joie, colère*] to be at its peak • **c'est le** *ou* **un ~ !** that's the last straw! • **le ~, c'est qu'il est parti sans payer** and to top it all* he left without paying ⓑ (= *charpente*) **les ~s** the attic • **loger sous les ~s** to live in a garret

combler [kɔ̃ble] /TABLE 1/ (VT) ⓐ [+ *trou, fente*] to fill in ⓑ [+ *déficit*] to make good; [+ *lacune, vide*] to fill • ~ **son retard** to make up lost time ⓒ [+ *désir, espoir, besoin*] to fulfil; [+ *personne*] to gratify • **je suis comblé !** I couldn't wish for anything more! ⓓ (= *couvrir*) ~ **qn de cadeaux** to shower sb with gifts

combo [kɔ̃bo] (NM) (*Mus*) combo • **boîte ~** combo box

combustible [kɔ̃bystibl] **1** (ADJ) combustible **2** (NM) fuel

combustion [kɔ̃bystjɔ̃] (NF) combustion

come-back [kɔmbak] (NM INV) comeback • **faire son ~** to make a comeback

comédie [kɔmedi] **1** (NF) ⓐ (*Théât*) comedy • ~ **de mœurs** comedy of manners • ~ **dramatique** drama ⓑ (= *simulation*) **c'est de la ~** it's all an act • **jouer la ~** to put on an act ⓒ (= *histoires*)* **faire la ~** to make a fuss • **c'est toujours la même ~** it's always the same palaver* **2** (COMP) ▸ **comédie de boulevard** light comedy ▸ **comédie musicale** musical

Comédie-Française [kɔmedifʀɑ̃sɛz] (NF) **la ~** the Comédie-Française (*the French National Theatre*)

> **COMÉDIE-FRANÇAISE**
> This historic theatre company, also known as "le Théâtre-Français" or just "le Français", is particularly associated with Molière. It was founded in 1680. It has a mainly classical repertoire, though contemporary plays are also staged.

comédien, -ienne [kɔmedjɛ̃, jɛn] **1** (NM) actor • **quel ~ tu fais !** you're always putting it on!* **2** (NF) **comédienne** actress

> ⚠ **comédien ≠ comedian**

comédon [kɔmedɔ̃] (NM) blackhead

comestible [kɔmɛstibl] **1** (ADJ) edible **2** (NMPL) **comestibles** fine foods

comète [kɔmɛt] (NF) comet

coming-out [kɔmiŋaut] (NM) **faire son ~** [*homosexuel*] to come out

comique [kɔmik] **1** (ADJ) [*acteur, film, genre*] comic • **c'était vraiment ~** it was really comical **2** (NM) ⓐ **le ~ de la chose, c'est que ...** the funny thing about it is that ... ⓑ (*Littérat*) **le ~** comedy • **le ~ de situation/de boulevard** situation/light comedy **3** (NM,F) (= *artiste*) comic; (*péj*) (= *charlot*)* clown

comité [kɔmite] (NM) committee • ~ **de défense/soutien** protection/support committee • **se réunir en petit ~** to meet in a small group; (*petite réception*) to have a small get-together ▸ **comité d'entreprise** works council ▸ **comité de gestion** board of management

> **COMITÉ D'ENTREPRISE**
> All French companies with more than fifty employees must have a **comité d'entreprise**, whose members are elected by the staff and whose budget is a mandatory percentage of the wage bill. In practice, its main function is to arrange company-subsidized benefits for the staff such as canteen lunches, cut-price cinema tickets, holidays and even Christmas presents for employees' children.

commandant, -e [kɔmɑ̃dɑ̃, ɑ̃t] (NM,F) commander • **« oui mon ~ »** "yes Sir" ▸ **commandant de bord** captain

commande [kɔmɑ̃d] (NF) ⓐ [*de produit*] order • **passer (une) ~** to place an order (**de** for) ⓑ [*d'œuvre artistique*] commission • **passer une ~ à qn** to commission sb

• **ouvrage de ~** commissioned work **c** [*d'avion, appareil*] **les ~s** the controls • **~ à distance** remote control • **à ~ vocale** voice-activated • **à ~ par effleurement** touch-controlled • **être aux/prendre les ~s** to be in/take control

commandement [kɔmɑ̃dmɑ̃] (NM) **a** (= *direction*) [*d'armée, navire*] command • **prendre le ~ de** to take command of **b** (= *état-major*) command **c** (= *ordre*) command; (*Rel*) commandment

commander [kɔmɑ̃de] /TABLE 1/ (VT) **a** (= *ordonner*) to order • **~ à qn de faire qch** to order sb to do sth • **sans vous ~, pourriez-vous taper cette lettre?** if it's no trouble, could you type this letter? • **l'amour ne se commande pas** you don't choose who you love

b [+ *respect, admiration*] to command

c [+ *marchandise, repas, boisson*] to order; (*à un artiste*) to commission • **avez-vous déjà commandé?** (*au café*) have you ordered?

d [+ *armée, navire, expédition, attaque*] to command • **je n'aime pas qu'on me commande** I don't like to be ordered about • **à la maison, c'est elle qui commande** she's the boss* at home

e (= *contrôler*) to control • **ce bouton commande la sirène** this switch controls the siren

commanditaire [kɔmɑ̃ditɛʀ] (NM) sleeping (*Brit*) *ou* silent (*US*) partner

commanditer [kɔmɑ̃dite] /TABLE 1/ (VT) (= *financer*) to finance • **ceux qui ont commandité l'attentat** the people behind the attack

commando [kɔmɑ̃do] (NM) commando

---

comme [kɔm]

1 CONJONCTION	2 ADVERBE

1 CONJONCTION

a (temps) as • **elle est entrée juste ~ je sortais** she came in just as I was leaving

b (cause) as • **~ il pleuvait, j'ai pris la voiture** as it was raining I took the car

c (= en tant que) as • **nous l'avons eu ~ président** we had him as president

d (comparaison) like

> Avec un nom, on utilise **like**; avec un verbe, **as** et **the way** sont plus corrects que **like**, mais **like** est couramment utilisé.

• **c'est un homme ~ lui qu'il nous faut** we need a man like him • **il veut une moto ~ celle de son frère** he wants a motorbike like his brother's • **il pense ~ nous** he thinks as we do, he thinks like us • **faites ~ vous voulez** do as you like • **il écrit ~ il parle** he writes the way he speaks, he writes like he speaks • **c'est une excuse ~ une autre** it's as good an excuse as any • **il était ~ fasciné par ces oiseaux** he seemed fascinated by these birds • **il y a ~ un problème*** there's a bit of a problem

e (= tel que) like • **les fleurs ~ la rose et l'iris sont fragiles** flowers like roses and irises are fragile • **bête ~ il est ...** stupid as he is ...

f (locutions)

▸ **comme ça, comme cela** (= *ainsi*) like that • **il est ~ ça!** he's like that! • **il a pêché un saumon ~ ça!** he caught a salmon this big! • **on a vu un film ~ ça!** we saw a great* film! • **je l'ai enfermé, ~ ça il ne peut pas nous suivre** I locked him in - that way he can't follow us • **c'est ~ ça et pas autrement** that's just the way it is • **si c'est ~ ça, je m'en vais!** if that's the way it is, I'm leaving! • **alors, ~ ça, vous nous quittez?** so you're leaving us just like that? • **le docteur m'a dit ~ ça*, prenez des calmants** the doctor just told me to take tranquillizers

▸ **comme quoi** ~ **quoi tout le monde peut se tromper** which just goes to show that anybody can make a mistake

▸ **comme ci comme ça** so-so*

▸ **comme il faut** properly • **mange ~ il faut** eat properly • **c'est quelqu'un de très ~ il faut*** he's very proper

▸ **comme si** as if • **il se conduit ~ si de rien n'était** he behaves as if nothing had happened • **~ si nous ne le savions pas!** as if we didn't know! • **tu n'es pas content mais tu peux faire ~ si*** you're not happy but you can pretend to be

▸ **comme tout** **elle est gentille ~ tout** she's so nice • **c'est facile ~ tout** it's as easy as can be

▸ **comme tout le monde** like everybody else • **il fume pour faire ~ tout le monde** he smokes to be like everybody else • **je veux vivre ~ tout le monde** I want to lead a normal life

▸ **comme les autres** • **c'est un métier ~ les autres** it's just like any other job • **il n'est pas ~ les autres** he's not like the others • **faire ~ les autres** to do as everybody else does

2 ADVERBE

~ ils sont bruyants! they're so noisy! • **~ il fait beau!** isn't it a lovely day! • **tu sais ~ elle est** you know what she's like • **écoute ~ elle chante bien!** isn't she a wonderful singer!

---

commémoration [kɔmemɔʀasjɔ̃] (NF) commemoration

commémorer [kɔmemɔʀe] /TABLE 1/ (VT) to commemorate

commencement [kɔmɑ̃smɑ̃] (NM) (= *début*) beginning; (= *départ*) start • **il y a eu un ~ d'incendie** a small fire broke out • **au/dès le ~** in/from the beginning • **il y a un ~ à tout** you've got to start somewhere

commencer [kɔmɑ̃se] /TABLE 3/ **1** (VT) **a** [+ *travail, repas*] to begin, to start • **j'ai commencé un nouveau chapitre** I've started a new chapter • **je vais ~ le judo** I'm going to take up judo

b (= *entamer*) [+ *bouteille, produit*] to open

c [*chose*] to begin • **la phrase qui commence le chapitre** the opening sentence of the chapter

2 (VI) **a** (= *débuter*) to begin, to start • **le concert va ~** the concert is about to start • **tu ne vas pas ~!** (*ton irrité*) don't start! • **ça commence bien!** that's a good start! • **ça commence mal!** that's not a very good start! • **pour ~** to begin *ou* start with • **elle commence demain chez Legrand** she is starting work tomorrow at Legrand's

b **~ à** (*ou* **de**) **faire qch** to begin *ou* start to do sth • **il commençait à neiger** it was starting to snow • **il commençait à s'inquiéter** he was beginning to get nervous • **je commence à en avoir assez!** I've had just about enough! • **ça commence à bien faire*** it's getting a bit much*

c ~ **par qch/par faire qch** to begin *ou* start with sth/by doing sth • **commençons par le commencement** let's begin at the beginning • **ils m'ont tous déçu, à ~ par Jean** they all let me down, especially Jean

comment [kɔmɑ̃] ADV **a** (= *de quelle façon*) how • **~ a-t-il fait?** how did he do it? • **~ s'appelle-t-il?** what's his name? • **~ appelles-tu cela?** what do you call that? • **~ vas-tu?** how are you? • **~ est-il, ce type?*** what sort of guy* is he? • **~ faire?** how shall we do it? • **~ se fait-il que ...?** how is it that ...? • **~ se peut-il que ...?** how can it be that ...? **b** (*répétition, surprise*) **~?** I beg your pardon? • **~ ça?** what do you mean? • **~, il est mort?** what? he's dead?

commentaire [kɔmɑ̃tɛʀ] NM **a** (= *remarque*) comment • **faire des ~s sur qch** to comment on sth • **je vous dispense de vos ~s** I can do without your comments **b** (*Radio, TV*) commentary • **faire le ~ d'un texte** to do a commentary on a text

commentateur, -trice [kɔmɑ̃tatœʀ, tʀis] NM,F commentator

commenter [kɔmɑ̃te] /TABLE 1/ VT to comment on; (*Radio, TV*) [+ *match*] to commentate on; [+ *cérémonie officielle*] to provide the commentary for • **le match sera commenté par André Leduc** André Leduc will be commentating on the match

commérage [kɔmeʀaʒ] NM piece of gossip • **~s** gossip *NonC*

commerçant, e [kɔmɛʀsɑ̃, ɑ̃t] **1** ADJ [*quartier, rue*] shopping *épith* • **rue très ~e** busy shopping street • **il est très ~** he's got good business sense • **ce n'est pas très ~** it's not a very good way to do business **2** NM shopkeeper **3** NF **commerçante** shopkeeper

commerce [kɔmɛʀs] NM **a** (= *magasin*) shop • **« proche ~s »** "handy for shops" • **tenir** *ou* **avoir un ~** to have a shop **b** **le ~** (= *activité*) trade • **~ extérieur/international** foreign/international trade • **~ de gros/détail** wholesale/retail trade • **~ électronique** e-commerce • **~ équitable** fair trade • **faire du ~ (avec)** to trade (with) • **ça se trouve dans le ~** you can buy it (*ou* them) in the shops **c** (= *commerçants*) **le petit ~** small shopkeepers

> ⚠ **commerce** ne se traduit pas par le mot anglais **commerce**.

commercer [kɔmɛʀse] /TABLE 3/ VI to trade

commercial, e (*mpl* **-iaux**) [kɔmɛʀsjal, jo] **1** ADJ commercial; [*déficit, stratégie, guerre*] trade • **service ~** [*d'entreprise*] sales department • **anglais ~** business English **2** NM (*marketing*) marketing man; (*ventes*) salesman **3** NF **commerciale** (= *véhicule*) estate car (*Brit*), station wagon (*US*)

commercialisation [kɔmɛʀsjalizasjɔ̃] NF marketing

commercialiser [kɔmɛʀsjalize] /TABLE 1/ VT to market

commère [kɔmɛʀ] NF (*péj* = *bavarde*) gossip

commettre [kɔmɛtʀ] /TABLE 56/ VT [+ *crime, injustice*] to commit; [+ *erreur*] to make • **il a commis deux romans** (*hum*) he's responsible for two novels (*hum*)

commis [kɔmi] NM (= *vendeur*) shop assistant; (= *employé de bureau*) office clerk • **~ de cuisine** apprentice chef

commissaire [kɔmisɛʀ] **1** NM **a** **~ (de police)** ≈ (police) superintendent (*Brit*), ≈ (police) captain (*US*) • **~ principal** *ou* **divisionnaire** ≈ chief superintendent (*Brit*), ≈ police chief (*US*) **b** [*de rencontre sportive, fête*] steward; [*d'exposition*] organizer • **~ de courses** marshal **c** [*de commission*] commission member **2** COMP ▸ **commissaire aux comptes** auditor ▸ **commissaire européen** European Commissioner

commissaire-priseur (*pl* **commissaires-priseurs**) [kɔmisɛʀpʀizœʀ] NM auctioneer

commissariat [kɔmisaʀja] NM **~ (de police)** police station • **Commissariat à l'énergie atomique** Atomic Energy Agency

commission [kɔmisjɔ̃] **1** NF **a** (= *comité restreint*) committee; (= *bureau nommé*) commission **b** (= *message*) message • **est-ce qu'on vous a fait la ~?** were you given the message? **c** (= *course*) errand • **faire des ~s** to run errands **d** (= *emplettes*) **~s** shopping • **faire les/des ~s** to do the/some shopping • **partir en ~s** to go shopping **e** (= *pourcentage*) commission • **toucher 10 % de ~** to get a 10% commission • **travailler à la ~** to work on commission

2 COMP ▸ **commission d'enquête** commission of inquiry ▸ **Commission européenne** European Commission ▸ **commission d'examen** board of examiners ▸ **Commission nationale de l'informatique et des libertés** *French data protection watchdog* ▸ **Commission des opérations de Bourse** *French stock exchange regulatory body*

commissure [kɔmisyʀ] NF [*de lèvres*] corner

commode [kɔmɔd] **1** ADJ **a** (= *pratique*) convenient **b** (= *facile*) **ce n'est pas ~** it's not easy (**à faire** to do) • **il n'est pas ~** (= *sévère*) he's so strict; (= *difficile*) he's really awkward **2** NF (= *meuble*) chest of drawers

commodité [kɔmɔdite] NF (= *confort*) convenience

commotion [komosjɔ̃] NF **~ cérébrale** concussion

> ⚠ **commotion** ne se traduit pas par le mot anglais **commotion**.

commuer [kɔmɥe] /TABLE 1/ VT [+ *peine*] to commute (**en** to)

commun, e[1] [kɔmœ̃, yn] **1** ADJ **a** (= *collectif, de tous*) common; (= *fait ensemble*) [*décision, effort, réunion*] joint • **dans l'intérêt ~** in the common interest • **d'un ~ accord** of one accord **b** (= *partagé*) [*élément*] common; [*pièce, cuisine*] communal • **le jardin est ~ aux deux maisons** the garden is shared by the two houses • **les parties ~es de l'immeuble** the communal parts of the building • **un ami ~** a mutual friend • **la vie ~e** [*de couple*] conjugal life; [*de communauté*] communal life → **point**

c (= *comparable*) [*goût, intérêt, caractère*] common • **Paul et Virginie n'ont rien de ~** Paul and Virginie have nothing in common

d (= *ordinaire*) [*erreur*] common; [*opinion*] commonly held • **peu ~** uncommon → **lieu**

e (*péj* = *vulgaire*) common

2 NM **le ~ des mortels** ordinary mortals

▸ **en commun** in common • **faire la cuisine en ~** to share the cooking • **mettre ses ressources en ~** to pool one's resources

▸ **hors du commun** extraordinary

communal, e (*mpl* **-aux**) [kɔmynal, o] ADJ council

(Brit), community (US); [fête, école] local

communautaire [kɔmynotɛʀ] (ADJ) (*Politique*) Community

communautariste [kɔmynotaʀist] (ADJ) [*modèle, politique*] communitarian

communauté [kɔmynote] (NF) (*= groupe*) community • **la ~ internationale** the international community • **la ~ scientifique** the scientific community • **la Communauté économique européenne** the European Economic Community • **la Communauté des États indépendants** the Commonwealth of Independent States • **vivre en ~** to live in a commune

commune² [kɔmyn] (NF) ⓐ (*= ville*) town; (*= village*) village; (*= administration*) town council ⓑ (*Politique*) **la Chambre des ~s** • **les Communes** the House of Commons

> **COMMUNE**
> The **commune** is the smallest administrative subdivision in France. There are over 35,000 **communes**, 85% of which have fewer than 2,000 inhabitants. Several small villages may make up a single **commune**. Each **commune** is administered by a "maire", who is elected by the "conseil municipal". The inhabitants of the **commune** vote for the "conseil municipal" in the "élections municipales". → ARRONDISSEMENT, CANTON, DÉPARTEMENT, ÉLECTIONS, MAIRE

communément [kɔmynemɑ̃] (ADV) commonly

communiant, e [kɔmynjɑ̃, jɑ̃t] (NM,F) **(premier) ~** young boy making his first communion

communicatif, -ive [kɔmynikatif, iv] (ADJ) [*rire, ennui*] infectious; [*personne*] communicative

communication [kɔmynikasjɔ̃] (NF) ⓐ (*= relation*) communication • **être en ~ avec** [*+ ami, société savante*] to be in contact with; [*+ esprit*] to be in communication with • **entrer en ~ avec** [*+ esprit, extraterrestre*] to communicate with; [*+ personne*] to get in contact with
ⓑ (*= transmission*) **demander ~ d'une pièce** to ask for a document • **~ interne** (*en entreprise*) internal communications
ⓒ (*= message*) message; (*à une conférence*) paper • **j'ai une ~ importante à vous faire** I have an important announcement to make
ⓓ **~ (téléphonique)** phone call • **être en ~** to be on the phone (**avec qn** to sb) • **entrer en ~ avec qn** to get through to sb on the phone • **mettre qn en ~** to put sb through (**avec** to), connect sb (**avec** with) • **~ interurbaine** inter-city call • **~ longue distance** long-distance call • **~ en PCV** reverse charge call (*Brit*), collect call (*US*) • **je n'ai pas pu avoir la ~** I couldn't get through
ⓔ (*= moyen de liaison*) communication • **moyens de ~** means of communication
ⓕ (*= relations publiques*) **la ~** public relations • **conseiller en ~** communications consultant • **opération de ~** public relations exercise

communier [kɔmynje] /TABLE 7/ (VI) (*Rel*) to receive communion

communion [kɔmynjɔ̃] (NF) (*Rel, fig*) communion • **faire sa (première) ~** *ou* **sa ~ privée** to make one's first communion

communiqué [kɔmynike] (NM) communiqué • **~ de presse** press release

communiquer [kɔmynike] /TABLE 1/ **1** (VT) ⓐ [*+ nouvelle, renseignement, demande*] to pass on; [*+ dossier, document*] to give ⓑ [*+ enthousiasme, peur, maladie*] to pass on ⓒ [*+ mouvement*] to transmit **2** (VI) [*pièces, salles*] to communicate • **pièces qui communiquent** connecting rooms **3** (VPR) **se communiquer se ~ à** [*feu, maladie*] to spread to

communisme [kɔmynism] (NM) communism

communiste [kɔmynist] (ADJ, NMF) communist

commutateur [kɔmytatœʀ] (NM) switch

commuter [kɔmyte] /TABLE 1/ (VT) to commute

Comores [kɔmɔʀ] (NFPL) **les (îles) ~** the Comoros Islands

comorien, -ienne [kɔmɔʀjɛ̃, jɛn] **1** (ADJ) of *ou* from the Comoros **2** (NM,F) **Comorien(ne)** inhabitant *ou* native of the Comoros

compact, e [kɔ̃pakt] **1** (ADJ) [*substance*] dense; [*véhicule, appareil, meuble*] compact; [*poudre*] pressed • **disque ~** • **Compact Disc®** compact disc → **chaîne 2** (NM) ⓐ (*= disque*) compact disc ⓑ [*de poudre*] powder compact ⓒ (*= appareil photo*) compact camera

compacter [kɔ̃pakte] /TABLE 1/ (VT) to compact

compagne [kɔ̃paɲ] (NF) companion; (*= petite amie*) friend

compagnie [kɔ̃paɲi] (NF) ⓐ (*= présence*) company • **en ~ de** with • **en bonne/mauvaise/joyeuse ~** in good/bad/cheerful company • **tenir ~ à qn** to keep sb company • **être de bonne ~** to be good company ⓑ (*= entreprise*) company • **~ d'assurances/théâtrale** insurance/theatrical company • **~ aérienne** airline company ⓒ (*Mil*) company ▸ **compagnies républicaines de sécurité** *state security police force in France*

compagnon [kɔ̃paɲɔ̃] (NM) (*= camarade, concubin*) companion • **~ de jeu** playmate • **~ de route** fellow traveller

comparable [kɔ̃paʀabl] (ADJ) comparable (**à** to) • **ce n'est pas ~** there's no comparison

comparaison [kɔ̃paʀɛzɔ̃] (NF) comparison (**à** to) • **faire une ~ entre X et Y** to compare X and Y • **en ~ (de)** in comparison (with) • **par ~** by comparison (**avec, à** with) • **c'est sans ~ avec ...** it cannot be compared with ... • **adjectif de ~** comparative adjective

> ✎ Le mot anglais se termine par **-rison**.

comparaître○ [kɔ̃paʀɛtʀ] /TABLE 57/ (VI) (*Droit*) to appear in court • **~ devant un juge** to appear before a judge

comparateur [kɔ̃paʀatœʀ] (NM) **~ de prix** shopbot, price comparison website

comparatif, -ive [kɔ̃paʀatif, iv] **1** (ADJ) [*publicité*] comparative • **essai ~** comparison test **2** (NM) comparative • **au ~** in the comparative • **~ d'infériorité/de supériorité** comparative of lesser/greater degree

comparativement [kɔ̃paʀativmɑ̃] (ADV) comparatively • **~ à** in comparison to

comparé, e [kɔ̃paʀe] *ptp de* **comparer** (ADJ) [*étude, littérature*] comparative

comparer [kɔ̃paʀe] /TABLE 1/ (VT) ⓐ (*= confronter*) to compare (**à, avec** with) • **comparé à** compared with ⓑ (*= identifier*) to compare (**à** to)

comparse [kɔ̃paʀs] (NMF) (*= acteur*) walk-on; (*péj*) stooge*

compartiment [kɔ̃paʀtimɑ̃] (NM) compartment • **~ à glace** freezer compartment • **dans tous les ~s du jeu** in every area of the game
compartimenter [kɔ̃paʀtimɑ̃te] /TABLE 1/ (VT) to compartmentalize
comparution [kɔ̃paʀysjɔ̃] (NF) appearance in court
compas [kɔ̃pɑ] (NM) pair of compasses; [*de navigation*] compass • **~ à pointes sèches** dividers
compassé, e [kɔ̃pɑse] (ADJ) (= *guindé*) formal
compassion [kɔ̃pɑsjɔ̃] (NF) compassion
compatibilité [kɔ̃patibilite] (NF) compatibility
compatible [kɔ̃patibl] **1** (ADJ) compatible **2** (NM) (= *ordinateur*) compatible computer
compatir [kɔ̃patiʀ] /TABLE 2/ (VI) to sympathize
compatriote [kɔ̃patʀijɔt] (NMF) compatriot
compensation [kɔ̃pɑ̃sasjɔ̃] (NF) (= *dédommagement*) compensation • **en ~ de qch** in compensation for sth
compenser [kɔ̃pɑ̃se] /TABLE 1/ (VT) to compensate for • **les gains et les pertes se compensent** the gains and losses cancel each other out
compète* [kɔ̃pɛt] (NF) = **compétition**
compétence [kɔ̃petɑ̃s] (NF) **a** (= *expérience*) competence (**en** in) • **avoir des ~s** to be competent • **faire appel aux ~s d'un spécialiste** to call upon the skills of a specialist **b** (= *rayon d'activité*) scope of activities; [*de tribunal*] competence • **ce n'est pas de ma ~** that's not my area
compétent, e [kɔ̃petɑ̃, ɑ̃t] (ADJ) **a** (= *capable*) competent (**en** in) • **je ne suis pas ~ pour vous répondre** I'm not qualified to answer **b** (= *concerné*) relevant; (*Droit*) competent • **adressez-vous à l'autorité ~e** apply to the relevant authority
compétiteur, -trice [kɔ̃petitœʀ, tʀis] (NM,F) competitor
compétitif, -ive [kɔ̃petitif, iv] (ADJ) competitive
compétition [kɔ̃petisjɔ̃] (NF) **a** (*Sport* = *activité*) **la ~** competitive sport • **j'ai fait du ski de ~** I did competitive skiing • **la ~ automobile** motor racing • **sport de ~** competitive sport **b** (= *épreuve*) **~ (sportive)** sporting event • **une ~ automobile** a motor-racing event **c** (= *rivalité*) competition *NonC* • **entrer en ~ avec** to compete with • **être en ~** to be competing
compétitivité [kɔ̃petitivite] (NF) competitiveness
compil* [kɔ̃pil] (NF) (ABR DE **compilation**)
compilateur [kɔ̃pilatœʀ] (NM) (= *programme*) compiler
compilation [kɔ̃pilasjɔ̃] (NF) **une ~ de Brel** the best of Brel
compiler [kɔ̃pile] /TABLE 1/ (VT) to compile
complainte [kɔ̃plɛ̃t] (NF) lament
complaire (se) [kɔ̃plɛʀ] /TABLE 54/ (VPR) **se ~ dans qch/à faire qch** to take pleasure in sth/in doing sth
complaisance [kɔ̃plɛzɑ̃s] (NF) **a** (= *obligeance*) kindness (**envers** to, towards) **b** (= *indulgence coupable*) indulgence; (= *connivence*) connivance • **sourire de ~** polite smile • **certificat de ~** medical certificate (*given to sb who isn't really ill*)
complaisant, e [kɔ̃plɛzɑ̃, ɑ̃t] (ADJ) **a** (= *obligeant*) kind; (= *arrangeant*) accommodating **b** (= *trop indulgent*) indulgent **c** (= *suffisant*) self-satisfied
complément [kɔ̃plemɑ̃] (NM) complement; (= *reste*) rest • **~ alimentaire** dietary *ou* food supplement • **~ d'information** additional information *NonC* • **~ circonstanciel de lieu** adverbial phrase of place • **~ (d'objet) direct/indirect** direct/indirect object • **~ d'agent** agent • **~ de nom** possessive phrase
complémentaire [kɔ̃plemɑ̃tɛʀ] (ADJ) complementary; (= *additionnel*) supplementary • **pour tout renseignement ~** for any additional information
complémentarité [kɔ̃plemɑ̃taʀite] (NF) complementarity
complémenter [kɔ̃plemɑ̃te] /TABLE 1/ (VT) [+ *alimentation*] to supplement • **on l'a complémenté en calcium** they added calcium to his diet
complet, -ète [kɔ̃plɛ, ɛt] **1** (ADJ) **a** (= *entier*) complete; (= *exhaustif*) comprehensive • **procéder à un examen ~ de qch** to make a thorough examination of sth • **il reste encore trois jours ~s** there are still three full days to go • **les œuvres complètes de Voltaire** the complete works of Voltaire → **pension, aliment, riz**
b (= *total*) [*échec, obscurité, découragement*] complete • **l'aviron est un sport très ~** rowing exercises your whole body
c [*homme, acteur*] complete • **c'est un athlète ~** he's an all-rounder
d (= *plein*) [*autobus, train*] full; (*écriteau*) « ~ » [*hôtel*] "no vacancies"; [*parking*] "full"; [*cinéma*] "sold out"; [*match*] "ground full" • **le théâtre affiche ~ tous les soirs** the theatre has a capacity audience every evening
2 (NM) (= *costume*) **~(-veston)** suit
▸ **au complet** **maintenant que nous sommes au ~** now that we are all here • **le groupe au grand ~** the whole group
complètement [kɔ̃plɛtmɑ̃] (ADV) completely • **~ équipé** fully equipped
compléter [kɔ̃plete] /TABLE 6/ **1** (VT) **a** [+ *somme, effectifs*] to make up; [+ *mobilier, collection, dossier*] to complete **b** [+ *études, formation*] to complement; [+ *connaissances, documentation, collection*] to supplement; [+ *mobilier, garde-robe*] to add to **2** (VPR) **se compléter** [*caractères, personnes, fonctions*] to complement one another
complexe [kɔ̃plɛks] **1** (ADJ) complex **2** (NM) **a** (*Psych*) complex • **~ d'infériorité** inferiority complex • **il fait un ~** he's got a complex • **être bourré de ~s*** to have loads of hang-ups* **b** (*industriel, universitaire, touristique*) complex • **~ routier** road network • **~ hôtelier** hotel complex
complexé, e [kɔ̃plɛkse] (ADJ) **être très ~** to be full of hang-ups (**par** about)
complexer [kɔ̃plɛkse] /TABLE 1/ (VT) **ça le complexe terriblement** it gives him a terrible complex
complexifier [kɔ̃plɛksifje] /TABLE 7/ **1** (VT) to make more complex **2** (VPR) **se complexifier** to become more complex
complexité [kɔ̃plɛksite] (NF) complexity
complication [kɔ̃plikasjɔ̃] (NF) (= *complexité*) complexity; (= *ennui*) complication • **~s** (*pendant maladie*) complications • **faire des ~s** to make life difficult
complice [kɔ̃plis] **1** (ADJ) **a** **être ~ de qch** to be a party to sth **b** [*regard, sourire*] knowing; [*attitude*] conniving • **on est très ~s** [*amis*] we're very close **2** (NMF) **a** (= *criminel*) accomplice • **être ~ d'un meurtre** to be an accessory to murder **b** [*de farce, projet*] partner
complicité [kɔ̃plisite] (NF) **a** (= *participation à délit*) complicity • **accusé de ~ de vol** accused of aiding and abetting a theft **b** (= *bonne entente*) **la ~ qui existe entre eux** the rapport they have
compliment [kɔ̃plimɑ̃] (NM) **a** (= *félicitations*) **~s** congratulations • **faire des ~s à qn** to congratulate sb (**pour**

on) • **mes ~s!** well done! ⓑ (= *louange*) compliment • **faire un ~ à qn** to pay sb a compliment ⓒ (= *formule de politesse*) ~s compliments • **faites-lui mes ~s** give him my regards

complimenter [kɔ̃plimɑ̃te] /TABLE 1/ (VT) (= *féliciter*) to congratulate (**pour, sur, de** on); (= *louanger*) to compliment (**pour, sur, de** on)

compliqué, e [kɔ̃plike] *ptp de* **compliquer** (ADJ) complicated • **ne sois pas si ~!** don't make life so difficult! • **puisque tu refuses, ce n'est pas ~, moi je pars** since you refuse, that simplifies things - I'm leaving • **il ne m'écoute jamais, c'est pas ~!*** it's quite simple, he never listens to a word I say!

compliquer [kɔ̃plike] /TABLE 1/ **1** (VT) to complicate • **il nous complique l'existence** *ou* **la vie** he makes life difficult for us **2** (VPR) **se compliquer** [*situation, problème*] to become complicated • **ça se complique** things are getting complicated • **se ~ l'existence** to make life difficult for o.s.

complot [kɔ̃plo] (NM) plot

comploter [kɔ̃plɔte] /TABLE 1/ (VTI) to plot (**de faire** to do, **contre** against) • **qu'est-ce que vous complotez?*** what are you up to?*

comportement [kɔ̃pɔʀtəmɑ̃] (NM) [*de personne*] behaviour (*Brit*), behavior (*US*) (**envers, avec** towards); [*de matériel, pneus, monnaie*] performance

comporter [kɔ̃pɔʀte] /TABLE 1/ **1** (VT) ⓐ (= *consister en*) to comprise • **ce roman comporte deux parties** this novel is in two parts ⓑ (= *être muni de*) to have • **cette règle comporte des exceptions** there are exceptions to this rule ⓒ (= *impliquer*) [+ *inconvénients, risques*] to involve **2** (VPR) **se comporter** ⓐ (= *se conduire*) to behave • **il s'est comporté d'une façon odieuse** he behaved horribly (**avec** to) ⓑ (= *réagir*) [*personne*] to behave; [*machine, voiture, monnaie*] to perform • **notre équipe s'est très bien comportée** our team played very well

composant [kɔ̃pozɑ̃] (NM) component • **~s électroniques** electronic components

composante [kɔ̃pozɑ̃t] (NF) component • **les diverses ~s du parti** the various elements in the party

composé, e [kɔ̃poze] *ptp de* **composer** **1** (ADJ) compound; [*fleur*] composite; [*salade*] mixed → **passé** **2** (NM) compound; (*fig*) combination

composer [kɔ̃poze] /TABLE 1/ **1** (VT) ⓐ (= *faire*) [+ *plat*] to make; [+ *médicament*] to make up; [+ *équipe sportive*] to put together; [+ *poème*] to write; [+ *musique*] to compose; [+ *tableau*] to paint; [+ *programme*] to work out; [+ *bouquet*] to arrange

ⓑ [+ *numéro de téléphone*] to dial; [+ *code*] to enter

ⓒ (= *constituer*) [+ *ensemble, produit, groupe*] to make up; [+ *assemblée*] to form • **composé à 50% de papier recyclé** made of 50% recycled paper

2 (VI) ⓐ (*à un examen*) to do a test • **~ en anglais** to take an English test

ⓑ (= *traiter*) to compromise

3 (VPR) **se composer** (= *consister en*) **se ~ de** • **être composé de** to comprise • **notre équipe est composée à 70% de femmes** 70% of our team are women

composite [kɔ̃pozit] **1** (ADJ) (= *hétérogène*) composite; [*public*] mixed **2** (NM) (= *matériau*) composite

compositeur, -trice [kɔ̃pozitœʀ, tʀis] (NM,F) (= *musicien*) composer

composition [kɔ̃pozisjɔ̃] (NF) ⓐ (= *confection*) [*d'assemblée*] formation; [*d'équipe sportive*] selection; [*d'équipe de chercheurs*] setting-up; [*de bouquet*] arranging; [*de symphonie, tableau*] composition • **une œuvre de ma ~** a work of my own composition • **les boissons qui entrent dans la ~ du cocktail** the drinks that go into the cocktail ⓑ (= *œuvre musicale, picturale*) composition • **~ florale** flower arrangement ⓒ (= *constituants*) composition • **quelle est la ~ de l'équipe?** who is on the team? ⓓ (= *examen*) test • **~ de français** (*en classe*) French test; (*à l'examen*) French paper • **~ française** (= *rédaction*) French essay

compost [kɔ̃pɔst] (NM) compost

compostage [kɔ̃pɔstaʒ] (NM) (*avec date*) date stamping; (= *poinçonnage*) punching

composter [kɔ̃pɔste] /TABLE 1/ (VT) (= *dater*) to date stamp; (= *poinçonner*) to punch • **n'oubliez pas de ~ votre billet** don't forget to get your ticket punched

> **COMPOSTER**
> In France you have to punch your ticket on the platform to validate it before getting onto the train. Travellers who fail to do so may be asked to pay a supplementary fare once on board. Tickets bought online and printed out at home are not subject to this rule as they are scanned before passengers board the train.

composteur [kɔ̃pɔstœʀ] (NM) (= *timbre dateur*) date stamp; (= *poinçon*) ticket punching machine

compote [kɔ̃pɔt] (NF) stewed fruit • **~ de pommes** stewed apples • **j'ai les jambes en ~*** (*de fatigue*) my legs are killing me*; (*par l'émotion, la maladie*) my legs are like jelly

compréhensible [kɔ̃pʀeɑ̃sibl] (ADJ) (= *clair*) comprehensible; (= *concevable*) understandable

compréhensif, -ive [kɔ̃pʀeɑ̃sif, iv] (ADJ) (= *tolérant*) understanding

> ⚠ **compréhensif ≠ comprehensive**

compréhension [kɔ̃pʀeɑ̃sjɔ̃] (NF) (= *indulgence, intelligence*) understanding • **~ orale/écrite** listening/reading comprehension • **exercice de ~** comprehension exercise

comprendre [kɔ̃pʀɑ̃dʀ] /TABLE 58/ (VT) ⓐ (= *être composé de*) to comprise; (= *être muni de, inclure*) to include • **ce manuel comprend trois parties** this textbook has three parts • **le loyer ne comprend pas le chauffage** the rent doesn't include heating

ⓑ [+ *problème, langue, plaisanterie*] to understand • **vous m'avez mal compris** you've misunderstood me • **il ne comprend pas la plaisanterie** he can't take a joke • **c'est à n'y rien ~** it's completely baffling • **se faire ~** to make o.s. understood • **j'espère que je me suis bien fait ~** I hope I've made myself quite clear • **il comprend vite** he catches on fast • **tu comprends, ce que je veux c'est ...** you see, what I want is ... • **il n'a pas encore compris la gravité de son acte** he still hasn't grasped the seriousness of what he has done • **j'ai compris ma douleur*** I realized what I'd let myself in for*

compresse [kɔ̃pʀɛs] (NF) compress

compresser [kɔ̃pʀese] /TABLE 1/ (VT) [+ *données*] to compress; [+ *fichier*] to zip

compression [kɔ̃pʀesjɔ̃] (NF) [*de dépenses, personnel*] reduction (**de** in); [*de données*] compression • **~s budgétaires**

C

budget restrictions ▸**compression thoracique** chest compression

comprimé [kɔ̃pʀime] (NM) tablet

comprimer [kɔ̃pʀime] /TABLE 1/ (VT) **a** (= *presser*) to compress • **ces chaussures me compriment les pieds** these shoes pinch my toes **b** [+ *dépenses, personnel*] to reduce; [+ *données*] to compress

compris, e [kɔ̃pʀi, iz] *ptp de* **comprendre** (ADJ) **a** (= *inclus*) **10 € emballage ~/non ~** 10 euros including/not including packaging • **service ~/non ~** service included/not included • **tout ~** all in • **moi y ~** including me • **700 € y ~ l'électricité** 700 euros including electricity **b** (= *situé*) **être ~ entre** to be between • **la zone ~e entre les falaises et la mer** the area between the cliffs and the sea **c** (= *d'accord*) **(c'est) ~!** agreed! • **tu t'y mets tout de suite, ~!** start right away, OK?

compromettant, e [kɔ̃pʀɔmetɑ̃, ɑ̃t] (ADJ) compromising

compromettre [kɔ̃pʀɔmɛtʀ] /TABLE 56/ **1** (VT) to compromise **2** (VPR) **se compromettre** (= *s'avancer*) to commit o.s.; (= *se discréditer*) to compromise o.s. • **se ~ dans une affaire louche** to get involved in shady business

compromis, e [kɔ̃pʀɔmi, iz] *ptp de* **compromettre** **1** (ADJ) **être ~** [*personne, réputation*] to be compromised; [*avenir, projet, chances*] to be jeopardized • **notre sortie me semble bien** *ou* **très ~e** our trip looks very doubtful to me • **un ministre serait ~ dans cette affaire** a minister is alleged to be involved in the affair **2** (NM) compromise • **solution de ~** compromise solution • **trouver un ~** to reach a compromise

compta* [kɔ̃ta] (NF) (ABR DE **comptabilité**)

comptabiliser [kɔ̃tabilize] /TABLE 1/ (VT) (= *compter*) to count

comptabilité [kɔ̃tabilite] (NF) (= *science, profession*) accountancy; (*d'une petite entreprise*) book-keeping; (= *comptes*) accounts • **le service ~** the accounts department

comptable [kɔ̃tabl] **1** (ADJ) **nom ~** countable noun **2** (NMF) accountant

comptant [kɔ̃tɑ̃] **1** (ADV) [*payer*] cash; [*acheter*] for cash • **verser 100 € ~** to pay 100 euros down **2** (NM) (= *argent*) cash • **payer au ~** to pay cash • **acheter qch au ~** to pay cash for sth → **argent**

compte [kɔ̃t]

1 NOM MASCULIN **2** COMPOSÉS

1 NOM MASCULIN

a (= *calcul*) **faire le ~ des erreurs** to count the mistakes • **faire le ~ des dépenses** to calculate the expenditure • **comment as-tu fait ton ~ pour arriver si tard?** how did you manage to get here so late? • **prendre qch en ~** to take sth into account

b (= *nombre exact*) right number • **le ~ y est** (*paiement*) that's the right amount; (*inventaire*) that's the right number • **j'ai ajouté 15 € pour faire le ~** I've added 15 euros to make up the full amount

c (*Comptab*) account • **faire ses ~s** to do one's accounts • **tenir les ~s** to do the accounts • **être laissé pour ~** [*personne*] to be left by the wayside

d (*Banque*) account • **~ en banque** bank account • **avoir un ~ dans une banque** to have an account with a bank

e (*Informatique*) account • **~ utilisateur** user account

f (= *facture*) invoice; [*d'hôtel, restaurant*] bill (*Brit*), check (*US*) • **pourriez-vous me faire mon ~?** would you make out my bill? • **mettez-le sur mon ~** put it on my bill

g (= *dû*) **il y a trouvé son ~** he did well out of it • **chacun y trouve son ~** there's something in it for everybody • **il a son ~*** (*épuisé, mort*) he's had it*; (*ivre*) he's had more than he can take • **son ~ est bon** his number's up*

h (= *explication*) **demander des ~s à qn** to ask sb for an explanation • **rendre des ~s à qn** to explain o.s. to sb • **je n'ai de ~s à rendre à personne** I'm accountable to nobody • **rendre ~ de qch à qn** to give sb an account of sth

i (*locutions*)

▸ **à ce compte-là** (= *dans ce cas*) in that case; (= *à ce train-là*) at this rate

▸ **tout compte fait** all things considered

▸ **se rendre compte de qch/que** (= *réaliser*) to realize sth/that • **est-ce que tu te rends ~ de ce que tu dis?** do you realize what you are saying? • **il a osé dire ça, tu te rends ~!** he dared say that - can you believe it!

▸ **tenir compte de qn/qch** to take sb/sth into account • **il n'a pas tenu ~ de nos avertissements** he didn't take any notice of our warnings

▸ **compte tenu de** considering

▸ **à son compte** **s'installer à son ~** to set up one's own business • **travailler à son ~** to be self-employed

▸ **pour le compte de qn** (= *au nom de*) on behalf of sb

▸ **sur le compte de** (= *à propos de*) about • **on m'en a raconté de belles sur son ~!** I was told a few interesting stories about him! • **verser de l'argent sur le ~ de qn** to pay money into sb's account • **mettre qch sur le ~ de qch** (= *attribuer à*) to put sth down to sth

2 COMPOSÉS

▸ **compte chèque postal** post office account ▸ **compte chèques, compte courant** current (*Brit*) *ou* checking (*US*) account ▸ **compte à rebours** countdown ▸ **compte rendu** account; [*de livre, film*] review; (*sur travaux en cours*) progress report • **faire le ~ rendu d'une réunion** to give an account of a meeting ▸ **compte sur livret** deposit account

compte-gouttes [kɔ̃tgut] (NM INV) (= *pipette*) dropper • **au ~** [*distribuer*] sparingly; [*sortir*] in dribs and drabs

compter [kɔ̃te] /TABLE 1/

1 VERBE TRANSITIF **2** VERBE INTRANSITIF

1 VERBE TRANSITIF

a (= *calculer*) to count • **combien en avez-vous compté?** how many did you count? • **40 cm? j'avais compté 30** 40cm? I made it 30 • **on peut ~ sur les doigts de la main ceux qui comprennent vraiment** you can count on the fingers of one hand the people who really understand • **~ les points** (*fig*) to sit back and watch • **ses jours sont comptés** he hasn't long to live

b (= *prévoir*) to reckon • **j'ai compté qu'il nous en fallait 10** I reckoned we'd need 10 • **je compte 150 grammes de pâtes par personne** I allow 150 grammes of pasta per person • **il faut bien ~ 10 jours** you must allow at least 10 days

c (= *inclure*) to include • **cela fait un mètre en**

comptant l'ourlet that makes one metre including the hem • **nous étions dix, sans ~ le professeur** there were ten of us, not counting the teacher • **la ville compte quelques très belles églises** the town has some very beautiful churches

d (*= facturer*) to charge for • **~ qch à qn** to charge sb for sth • **ils n'ont pas compté le café** they didn't charge for the coffee

e (*= prendre en considération*) to take into account • **ta bonne volonté te sera comptée** your helpfulness will be taken into account • **il aurait dû venir, sans ~ qu'il n'avait rien à faire** he ought to have come, especially as he had nothing to do

f (*= classer*) to consider • **on compte ce livre parmi les meilleurs de l'année** this book is considered among the best of the year

g (*= avoir l'intention de*) to intend to; (*= s'attendre à*) to expect to • **ils comptent partir demain** they intend to leave tomorrow • **j'y compte bien!** I should hope so!

2 VERBE INTRANSITIF

a (*= calculer*) to count • **il sait ~ jusqu'à 10** he can count up to 10 • **~ de tête** to count in one's head • **tu as mal compté** you counted wrong

b (*= être économe*) to economize • **dépenser sans ~** (*= être dépensier*) to spend extravagantly; (*= donner généreusement*) to give without counting the cost

c (*= avoir de l'importance*) to count • **c'est le résultat qui compte** it's the result that counts • **sa mère compte beaucoup pour lui** his mother is very important to him

d (*= valoir*) to count • **~ double** to count double

e (*= figurer*) **~ parmi** to rank among • **~ au nombre de** to be one of • **ça a compté pour beaucoup dans sa décision** that was an important factor in his decision

f (*locutions*)

▸ **à compter de** as from • **cette loi prendra effet à ~ du 30 septembre** this law will take effect as from 30 September

▸ **compter avec** (*= tenir compte de*) to take account of • **il faut ~ avec l'opinion** you've got to take account of public opinion • **un nouveau parti avec lequel il faut ~** a new party that has to be taken into account

▸ **compter sans on avait compté sans la grève** we hadn't reckoned on there being a strike

▸ **compter sur ~ sur ses doigts** to count on one's fingers • **nous comptons sur vous pour demain** we're expecting you tomorrow • **ne comptez pas sur moi** (*pour agir*) don't count on me; (*pour participer*) you can count me out • **ne comptez pas trop là-dessus** don't count on it

---

compte-tours [kɔ̃ttuʀ] (NM INV) rev counter

compteur [kɔ̃tœʀ] (NM) **a** meter • **~ d'eau/électrique/à gaz** water/electricity/gas meter • **~ Geiger** Geiger counter • **~ (kilométrique)** milometer (*Brit*), odometer (*US*) • **~ (de vitesse)** speedometer

b ▸ **au compteur** (*= à son actif*) under one's belt, to one's name • **elle a plusieurs victoires au ~** she has several victories to her name • **vin au ~** *wine served by the bottle in a bar or restaurant, with customers paying only for the amount they drink*

comptine [kɔ̃tin] (NF) (*= chanson*) nursery rhyme

comptoir [kɔ̃twaʀ] (NM) [*de magasin*] counter; [*de bar*] bar

comte [kɔ̃t] (NM) count

comté [kɔ̃te] (NM) (*= région*) county

comtesse [kɔ̃tɛs] (NF) countess

con, conne* [kɔ̃, kɔn] 1 (ADJ) (*= stupide*) damned* *ou* bloody* (*Brit*) stupid • **qu'il est ~!** what an idiot! • **c'est pas ~ comme idée** it's not a bad idea 2 (NM,F) (*= crétin*)* damn fool* • **sale ~!**** bastard!* • **faire le ~** to mess around*

conard* [kɔnaʀ] (NM) stupid bastard*

conasse* [kɔnas] (NF) silly bitch* (*injurieux*)

concasser [kɔ̃kase] /TABLE 1/ (VT) to crush

concave [kɔ̃kav] (ADJ) concave

concéder [kɔ̃sede] /TABLE 6/ (VT) [*+ privilège, droit, exploitation*] to grant; [*+ point, but, corner*] to concede • **je vous concède que c'est une idée originale, mais ...** I'll grant you that the idea's original, but ...

concentration [kɔ̃sɑ̃tʀasjɔ̃] (NF) concentration • **les grandes ~s urbaines des Midlands** the great conurbations of the Midlands

concentré, e [kɔ̃sɑ̃tʀe] *ptp de* **concentrer** 1 (ADJ) **a** [*personne*] **être ~** to be concentrating hard **b** [*acide*] concentrated; [*lait*] condensed 2 (NM) (*chimique*) concentrated solution • **~ de tomates** tomato purée

concentrer [kɔ̃sɑ̃tʀe] /TABLE 1/ 1 (VT) to concentrate • **~ son attention sur qch** to concentrate one's attention on sth 2 (VPR) **se concentrer** to concentrate • **je me concentre!** I'm concentrating!

concept [kɔ̃sɛpt] (NM) concept

concepteur, -trice [kɔ̃sɛptœʀ, tʀis] (NM,F) designer

conception [kɔ̃sɛpsjɔ̃] (NF) **a** [*d'enfant, projet*] conception; [*de produit*] design • **~ assistée par ordinateur** computer-aided design **b** (*= idée*) idea; (*= réalisation*) creation

conceptualiser [kɔ̃sɛptɥalize] /TABLE 1/ (VT) to conceptualize

concernant [kɔ̃sɛʀnɑ̃] (PRÉP) with regard to • **~ ce problème, des mesures seront bientôt prises par la direction** with regard to this problem, steps will soon be taken by management

concerner [kɔ̃sɛʀne] /TABLE 1/ (VT) **cela ne vous concerne pas** (*= ce n'est pas votre affaire*) it's no concern of yours; (*= on ne parle pas de vous*) it's not about you; (*= ça n'a pas d'incidence sur vous*) it doesn't affect you • **je ne me sens pas concerné par sa remarque** I don't feel his remark applies to me

concert [kɔ̃sɛʀ] (NM) concert • **en ~** in concert

concertation [kɔ̃sɛʀtasjɔ̃] (NF) (*= échange de vues*) dialogue

concerté, e [kɔ̃sɛʀte] *ptp de* **concerter** (ADJ) concerted

concerter [kɔ̃sɛʀte] /TABLE 1/ 1 (VT) [*+ entreprise, projet*] to devise 2 (VPR) **se concerter** (*= délibérer*) to consult each other

concertiste [kɔ̃sɛʀtist] (NMF) concert performer

concerto [kɔ̃sɛʀto] (NM) concerto

concession [kɔ̃sesjɔ̃] (NF) **a** (*= faveur*) concession (**à** to) • **faire des ~s** to make concessions **b** (*= exploitation, terrain*) concession

concessionnaire [kɔ̃sesjɔnɛʀ] (NMF) (*= marchand agréé*) dealer • **~ automobile** car dealer

concevable [kɔ̃s(ə)vabl] (ADJ) conceivable • **il est très ~ que ...** it's quite conceivable that ...

concevoir [kɔ̃s(ə)vwaʀ] /TABLE 28/ (VT) **a** (*= penser*) to imagine; [*+ fait, concept, idée*] to conceive of • **je n'arrive pas à ~ que c'est fini** I can't believe it's finished **b** (*= élaborer*) [*+ voiture, maison, produit*] to design; [*+ solution, projet, moyen*] to devise • **bien/mal conçu** [*projet, livre*] well/badly thought out; [*voiture, maison*] well/badly designed **c** (*= envisager*) **voilà comment je conçois la chose** that's how I see it **d** (*= comprendre*) to understand • **cela se conçoit facilement** it's easy to understand **e** [*+ enfant*] to conceive

conchyliculture [kɔ̃kilikyltyʀ] (NF) shellfish farming

concierge [kɔ̃sjɛʀʒ] (NMF) [*d'immeuble*] caretaker; [*d'hôtel*] porter; (*en France*) concierge

> **CONCIERGE**
> Some apartment buildings in urban neighbourhoods still have a "loge" near the entrance where the **concierge** lives with his or her family. Nowadays the term **concierge** is considered slightly demeaning, and "gardien/gardienne d'immeuble" are often preferred.

conciliabule [kɔ̃siljabyl] (NM) **tenir de grands ~s** (*iro*) to have great consultations

conciliant, e [kɔ̃siljɑ̃, jɑ̃t] (ADJ) conciliatory

conciliation [kɔ̃siljasjɔ̃] (NF) conciliation; (*entre époux*) attempt at reconciliation

concilier [kɔ̃silje] /TABLE 7/ **1** (VT) (*= rendre compatible*) to reconcile **2** (VPR) **se concilier** [*+ soutien, faveurs*] to win • **se ~ les bonnes grâces de qn** to win sb's favour

concis, e [kɔ̃si, iz] (ADJ) concise • **en termes ~** concisely

concision [kɔ̃sizjɔ̃] (NF) concision

concitoyen, -yenne [kɔ̃sitwajɛ̃, jɛn] (NM,F) fellow citizen

concluant, e [kɔ̃klyɑ̃, ɑ̃t] (ADJ) conclusive

conclure [kɔ̃klyʀ] /TABLE 35/ (VT) **a** (*= signer*) [*+ affaire, accord*] to conclude • **~ un marché** to conclude a deal • **marché conclu!** it's a deal! **b** (*= terminer*) [*+ débat, discours, texte*] to conclude **c** (*= déduire*) to conclude • **j'en conclus que …** I therefore conclude that …

conclusion [kɔ̃klyzjɔ̃] (NF) conclusion; [*de discours*] close • **~s** [*d'enquête, rapport*] findings • **en ~** in conclusion • **~, il n'est pas venu*** the net result was that he didn't come • **~, on s'était trompé*** in other words, we had made a mistake

concocter* [kɔ̃kɔkte] /TABLE 1/ (VT) to concoct

concombre [kɔ̃kɔ̃bʀ] (NM) cucumber

concomitant, e [kɔ̃kɔmitɑ̃, ɑ̃t] (ADJ) concomitant

concordance [kɔ̃kɔʀdɑ̃s] (NF) [*de témoignages*] agreement; [*de résultats*] similarity

concorder [kɔ̃kɔʀde] /TABLE 1/ (VI) [*faits, dates, témoignages*] to tally; [*idées*] to coincide • **faire ~ des chiffres** to make figures tally

concourir [kɔ̃kuʀiʀ] /TABLE 11/ **1** (VI) [*concurrent*] to compete **2** (VT INDIR) **~ à qch/à faire qch** [*personnes*] to work towards sth/towards doing sth; [*circonstances*] to contribute to sth/to doing sth • **tout concourt à notre réussite** everything is working in our favour

concours [kɔ̃kuʀ] (NM) **a** (*= jeu, compétition*) competition; (*= examen*) competitive examination • **~ agricole** agricultural show • **~ hippique** (*= sport*) show-jumping • **un ~ hippique** (*= épreuve*) a horse show • **~ de beauté** beauty contest • **~ d'entrée (à)** competitive entrance examination (for) • **être présenté hors ~** to be shown outside the competition (*because of outstanding merit*) • **être mis hors ~** to be disqualified **b** (*= participation*) help • **prêter son ~ à qch** to lend one's support to sth • **avec le ~ de** (*participation*) with the participation of; (*aide*) with the help of **c** (*= rencontre*) **~ de circonstances** combination of circumstances

> **CONCOURS**
> In France, the cultural significance of competitive examinations with a predetermined quota of successful candidates is considerable. Gruelling "classes préparatoires" after secondary-school level are designed to prepare high-flying students for the "grandes écoles" entrance exams, and have tended to promote a competitive and elitist approach to learning in these schools. Other examples of the importance of **concours** are the competitive recruitment procedures for public-sector teaching posts ("CAPES" and "agrégation"), civil service appointments in ministries, and even jobs in the Post Office. → AGRÉGATION, CAPES, GRANDES ÉCOLES

concret, -ète [kɔ̃kʀɛ, ɛt] **1** (ADJ) **a** [*situation, détail, objet*] concrete **b** [*avantage, problème*] real **2** (NM) **le ~ et l'abstrait** the concrete and the abstract • **je veux du ~** I want something concrete

concrètement [kɔ̃kʀɛtmɑ̃] (ADV) in concrete terms

concrétisation [kɔ̃kʀetizasjɔ̃] (NF) [*de promesse*] fulfilment • **la ~ du projet** the fact that the project went ahead

concrétiser [kɔ̃kʀetize] /TABLE 1/ **1** (VT) **~ un projet** to make a project happen **2** (VI) (*Sport = marquer*) to score **3** (VPR) **se concrétiser** [*espoir, projet*] to materialize • **ses promesses/menaces ne se sont pas concrétisées** his promises/threats didn't come to anything

concubin, e [kɔ̃kybɛ̃, in] (NM,F) common-law husband (*ou* wife)

concubinage [kɔ̃kybinaʒ] (NM) cohabitation • **ils vivent en ~** they're living together

concurrence [kɔ̃kyʀɑ̃s] (NF) **a** competition • **prix défiant toute ~** unbeatable price • **~ déloyale** unfair trading *ou* competition • **faire ~ à qn** • **être en ~ avec qn** to be in competition with sb **b** (*limite*) **jusqu'à ~ de 500 €** up to €500

> ⚠ **concurrence** ne se traduit pas par le mot anglais **concurrence**.

concurrencer [kɔ̃kyʀɑ̃se] /TABLE 3/ (VT) to compete with • **leurs produits risquent de ~ les nôtres** their products could well pose a serious threat to ours

concurrent, e [kɔ̃kyʀɑ̃, ɑ̃t] **1** (ADJ) (*= rival*) competing **2** (NM,F) (*Commerce, Sport*) competitor; [*de concours*] candidate

concurrentiel, -elle [kɔ̃kyʀɑ̃sjɛl] (ADJ) (*Commerce*) competitive

condamnable [kɔ̃dɑnabl] (ADJ) [*action, opinion*] reprehensible

condamnation [kɔ̃dɑnasjɔ̃] (NF) **a** (*Droit*) (*= action*) sentencing; (*= peine*) sentence • **il a trois ~s à son actif** he already has three convictions • **~ à mort** death sentence • **~ à perpétuité** life sentence **b** [*de livre, délit, conduite, idée*] condemnation **c** (*Auto*) **~ centralisée des portes** central-locking device

condamné, e [kɔ̃dɑne] *ptp de* **condamner** (NM,F) convict • **un ~ à mort** a condemned man

condamner [kɔ̃dɑne] /TABLE 1/ (VT) **a** [*+ coupable*] to sentence (**à** to, **pour** for) • **~ qn à mort/pour meurtre** to sentence sb to death/for murder • **~ qn à une amende** to impose a fine on sb • **~ qn à cinq ans de prison** to sentence sb to five years' imprisonment • **condamné**

pour vol convicted of theft
ⓑ (= *interdire, blâmer*) [+ *livre, action, idées, personne*] to condemn • **ces délits sont sévèrement condamnés** these offences carry heavy penalties
ⓒ [+ *théorie*] to put an end to • **il est condamné par les médecins** the doctors have given up hope (for him)
ⓓ (= *obliger*) ~ **à** [+ *silence, attente*] to condemn to
ⓔ (= *fermer*) [+ *porte, fenêtre*] to block; (*avec briques*) to brick up; (*avec planches*) to board up; [+ *pièce*] to lock up; [+ *portière de voiture*] to lock

condensation [kɔ̃dɑ̃sasjɔ̃] (NF) condensation

condensé, e [kɔ̃dɑ̃se] *ptp de* **condenser** 1 (ADJ) condensed 2 (NM) summary

condenser [kɔ̃dɑ̃se] /TABLE 1/ (VT) to condense

condescendance [kɔ̃desɑ̃dɑ̃s] (NF) condescension • **avec** ~ condescendingly

condescendant, e [kɔ̃desɑ̃dɑ̃, ɑ̃t] (ADJ) condescending (**avec, envers** to, towards)

condescendre [kɔ̃desɑ̃dʀ] /TABLE 41/ (VT INDIR) ~ **à** to condescend to • ~ **à faire qch** to condescend to do sth

condiment [kɔ̃dimɑ̃] (NM) seasoning

condisciple [kɔ̃disipl] (NMF) (*Scol*) schoolmate; (*Univ*) fellow student

condition [kɔ̃disjɔ̃] (NF) ⓐ (= *stipulation*) condition • ~ **préalable** prerequisite • **il ne remplit pas les ~s requises (pour le poste)** he doesn't fulfil the requirements (for the job) • **~s d'admission** terms *ou* conditions of admission (**dans** to) • **à une** ~ on one condition • **je le ferai, à la seule ~ que tu m'aides** I'll do it but only on one condition - you have to help me • **tu peux rester, à ~ d'être sage** you can stay provided (that) *ou* so long as you're good
ⓑ (= *circonstances*) **~s** conditions • **~s de travail/vie** working/living conditions • **dans ces ~s, je refuse** under these conditions, I refuse
ⓒ (*Commerce*) term • **~s de paiement** terms (of payment) • **~s générales de vente** terms and conditions
ⓓ (= *état*) condition • **en bonne** ~ in good condition • **en mauvaise ~ (physique)** out of condition
▸ **mettre en condition** [+ *sportif*] to get fit; [+ *candidat*] to prepare (mentally); [+ *spectateurs*] to condition
ⓔ (= *sort*) condition • **~s de vie** living conditions

conditionnel, -elle [kɔ̃disjɔnɛl] (ADJ, NM) conditional • **au** ~ in the conditional

> Le mot anglais s'écrit avec un seul **n** et se termine par **-al**.

conditionnement [kɔ̃disjɔnmɑ̃] (NM) (= *emballage*) packaging; [*d'air, personne*] conditioning

conditionner [kɔ̃disjɔne] /TABLE 1/ (VT) (= *emballer*) to package; (= *influencer*) to condition

condoléances [kɔ̃dɔleɑ̃s] (NFPL) condolences • **toutes mes** ~ please accept my deepest sympathy • **lettre de** ~ letter of condolence

conducteur, -trice [kɔ̃dyktœʀ, tʀis] (NM,F) (*Auto, Rail*) driver; [*de machine*] operator

conduire [kɔ̃dɥiʀ] /TABLE 38/ 1 (VT) ⓐ (= *emmener*) ~ **qn quelque part** to take sb somewhere; (*en voiture*) to take *ou* drive sb somewhere • ~ **un enfant à l'école/chez le médecin** to take a child to school/to the doctor • **il me conduisit à ma chambre** he showed me *ou* took me to my room
ⓑ (= *guider*) to lead • **il nous a conduits à travers Paris** he guided us through Paris
ⓒ [+ *véhicule*] to drive; [+ *embarcation*] to steer • **il conduit bien/mal** (*Auto*) he is a good/bad driver
ⓓ (= *mener*) **où conduit ce chemin?** where does this road lead *ou* go? • **cela nous conduit à penser que ...** that leads us to think that ...
ⓔ [+ *affaires, pays*] to run; [+ *travaux*] to supervise; [+ *négociations, enquête*] to lead
ⓕ [+ *chaleur, électricité*] to conduct
2 (VPR) **se conduire** [*personne*] to behave • **il s'est mal conduit** he behaved badly

conduit [kɔ̃dɥi] (NM) (*Tech*) conduit • ~ **d'aération** air duct • ~ **auditif** (*Anatomie*) auditory canal

conduite [kɔ̃dɥit] 1 (NF) ⓐ [*de véhicule*] driving • ~ **accompagnée** *driving as a learner accompanied by an experienced driver* • ~ **en état d'ivresse** drink driving • **en Angleterre la ~ est à gauche** in England you drive on the left ⓑ [*d'affaires, pays*] running; [*de négociations, enquête*] conducting ⓒ (= *comportement*) behaviour, behavior (US); (*Scol*) conduct • **quelle ~ adopter?** what course of action shall we take? • **zéro de** ~ zero *ou* no marks (*Brit*) for conduct • **relâché** *ou* **libéré pour bonne** ~ (*Prison*) released for good behaviour ⓓ (= *tuyau*) pipe • ~ **d'eau/de gaz** water/gas main 2 (COMP) ▸ **conduite intérieure** (*Auto*) saloon (car) (*Brit*), sedan (US)

cône [kon] (NM) cone

confection [kɔ̃fɛksjɔ̃] (NF) ⓐ [*d'appareil, vêtement*] making • **un plat de ma** ~ a dish that I prepared myself ⓑ (*Habillement*) **la** ~ (= *activité*) the clothing industry; (= *vêtements*) ready-made clothes

confectionner [kɔ̃fɛksjɔne] /TABLE 1/ (VT) [+ *mets*] to prepare; [+ *appareil, vêtement*] to make

confédération [kɔ̃fedeʀasjɔ̃] (NF) confederation • **la Confédération helvétique** the Swiss Confederation

Confédérés [kɔ̃fedeʀe] (NMPL) (*Hist US*) **les** ~ the Confederates

conférence [kɔ̃feʀɑ̃s] (NF) ⓐ (= *exposé*) lecture • **faire une ~ sur qch** to give a lecture on sth ⓑ (= *réunion*) conference • ~ **au sommet** summit (meeting) • ~ **de presse** press conference

conférencier, -ière [kɔ̃feʀɑ̃sje, jɛʀ] (NM,F) speaker

conférer [kɔ̃feʀe] /TABLE 6/ (VT) [+ *dignité*] to confer (**à** on); (*frm*) [+ *autorité*] to impart (**à** to) • **ce titre lui confère un grand prestige** the title confers great prestige on him

confesser [kɔ̃fese] /TABLE 1/ 1 (VT) [+ *péchés, erreur*] to confess • ~ **qn** (*Rel*) to hear sb's confession 2 (VPR) **se confesser se ~ à** to confess to • **se ~ de** [+ *péché*] to confess

confession [kɔ̃fesjɔ̃] (NF) (= *aveu*) confession; (= *religion*) denomination

confessionnel, -elle [kɔ̃fesjɔnɛl] (ADJ) denominational

confetti [kɔ̃feti] (NM) piece of confetti • **des ~s** confetti *NonC*

confiance [kɔ̃fjɑ̃s] (NF) (*en l'honnêteté de qn*) trust; (*en la valeur de qn, le succès de qch, la solidité d'un appareil*) faith (**en** in) • **avoir ~ en** • **faire ~ à** to trust • **aie ~!** trust me! • **quelqu'un en qui on peut avoir ~** someone you can trust • **avoir ~ en l'avenir** to look to the future (with confidence) • **c'est l'homme de ~ du ministre** he's the minister's right-hand man • **voter la ~ (au gouvernement)** to pass a vote of confidence (in the government) • ~ **en soi** self-confidence

C

confiant, e [kɔ̃fjɑ̃, jɑ̃t] ADJ ⓐ (= *assuré*) confident ⓑ (= *sans défiance*) [*caractère, regard*] confiding

confidence [kɔ̃fidɑ̃s] NF (= *secret*) little secret • **je vais vous faire une ~** let me tell you a secret • **faire des ~s à qn** to confide in sb • **~ pour ~, je ne l'aime pas non plus** since we're speaking frankly, I don't like him either • **~s sur l'oreiller** pillow talk

confident [kɔ̃fidɑ̃, ɑ̃t] NM,F (= *homme*) confidant; (= *femme*) confidante

confidentialité [kɔ̃fidɑ̃sjalite] NF confidentiality

confidentiel, -ielle [kɔ̃fidɑ̃sjɛl] ADJ (= *secret*) confidential; (*sur une enveloppe*) private (and confidential)

> Le mot anglais se termine par **-ial**.

confier [kɔ̃fje] /TABLE 7/ **1** VT ⓐ (= *dire*) to confide (à to) ⓑ (= *laisser*) ~ **qn/qch aux soins/à la garde de qn** to confide *ou* entrust sb/sth to sb's care/safekeeping **2** VPR **se confier** se ~ **à qn** to confide in sb

configuration [kɔ̃figyʀasjɔ̃] NF ⓐ (= *aspect général*) configuration • **la ~ des lieux** the layout of the premises ⓑ (*Informatique*) configuration

configurer [kɔ̃figyʀe] /TABLE 1/ VT (*Informatique*) to configure

confiné, e [kɔ̃fine] ADJ [*atmosphère*] enclosed; [*air*] stale • **vivre ~ chez soi** to live shut away at home

confins [kɔ̃fɛ̃] NMPL **aux ~ de la Bretagne et de la Normandie/du rêve et de la réalité** on the borders of Brittany and Normandy/dream and reality • **aux ~ de l'univers** at the outermost bounds of the universe

confirmation [kɔ̃fiʀmasjɔ̃] NF (*gén, Rel*) confirmation • **apporter ~ de** to confirm

confirmé, -e [kɔ̃fiʀme] ADJ experienced

confirmer [kɔ̃fiʀme] /TABLE 1/ VT to confirm • **il m'a confirmé que ...** he confirmed that ... • **je souhaite ~ ma réservation du ...** (*dans une lettre*) I wish to confirm my reservation of ... • **cela l'a confirmé dans son opinion** it strengthened his opinion • **~ qn dans ses fonctions** to confirm sb's appointment

confiscation [kɔ̃fiskasjɔ̃] NF confiscation

confiserie [kɔ̃fizʀi] NF (= *magasin*) sweetshop (*Brit*), candy store (*US*); (= *bonbon*) sweet (*Brit*), candy *NonC* (*US*)

confiseur, -euse [kɔ̃fizœʀ, øz] NM,F confectioner

confisquer [kɔ̃fiske] /TABLE 1/ VT to confiscate

confit, e [kɔ̃fi, it] **1** ADJ [*fruit*] candied • **gésiers ~s** confit of gizzards **2** NM ~ **d'oie/de canard** goose/duck confit

confiture [kɔ̃fityʀ] NF jam

conflictuel, -elle [kɔ̃fliktɥɛl] ADJ [*intérêts, rapports*] conflicting • **situation ~le** situation of conflict

conflit [kɔ̃fli] NM conflict; (*Industrie* = *grève*) dispute • **entrer en ~ avec qn** to come into conflict with sb • **~ de générations** generation gap • **~ d'intérêts** conflict of interests • **~ social** industrial dispute

confondre [kɔ̃fɔ̃dʀ] /TABLE 41/ VT ⓐ (= *mêler*) [+ *choses, dates*] to confuse • **~ qch/qn avec qch/qn d'autre** to mistake sth/sb for sth/sb else ⓑ (= *déconcerter*) to astound ⓒ (= *démasquer*) [+ *ennemi, menteur*] to confound ⓓ (= *réunir*) **toutes classes d'âge confondues** taking all age groups into account

conforme [kɔ̃fɔʀm] ADJ ⓐ (= *semblable*) true (**à** to) • **ce n'est pas ~ à l'original** it does not match the original • **photocopie certifiée ~** certified copy ⓑ (= *fidèle*) **être ~ à** [+ *règle, commande, loi*] to be in accordance with • **être ~ aux normes de sécurité** to conform to *ou* meet safety standards ⓒ (= *en harmonie avec*) **un niveau de vie ~ à nos moyens** a standard of living in keeping with our means • **ces mesures sont ~s à notre politique** these measures are in line with our policy

conformément [kɔ̃fɔʀmemɑ̃] ADV ~ **à** in accordance with

conformer [kɔ̃fɔʀme] /TABLE 1/ **1** VT (= *calquer*) ~ **qch à** to model sth on **2** VPR **se conformer** se ~ **à** to conform to

conformisme [kɔ̃fɔʀmism] NM conformism

conformiste [kɔ̃fɔʀmist] ADJ, NMF conformist

conformité [kɔ̃fɔʀmite] NF ⓐ (= *fidélité*) faithfulness (**à** to) • **en ~ avec le plan prévu** in accordance with the proposed plan ⓑ (= *harmonie*) conformity • **sa conduite est en ~ avec ses idées** his conduct is in keeping with his ideas

confort [kɔ̃fɔʀ] NM comfort • **avec tout le ~ moderne** with all modern conveniences *ou* mod cons (*Brit*) • **améliorer le ~ d'écoute** (*Audiovisuel*) to improve the sound quality

confortable [kɔ̃fɔʀtabl] ADJ comfortable • **peu ~** [*fauteuil, situation*] rather uncomfortable

> Le mot anglais s'écrit avec un **m** à la place du **n**.

confortablement [kɔ̃fɔʀtabləmɑ̃] ADV comfortably

conforter [kɔ̃fɔʀte] /TABLE 1/ VT [+ *thèse*] to back up • **ceci me conforte dans mon analyse** this backs up my analysis

confrère [kɔ̃fʀɛʀ] NM [*de profession*] colleague; [*d'association*] fellow member • **selon notre ~ Le Monde** (= *journal*) according to Le Monde

confrérie [kɔ̃fʀeʀi] NF brotherhood

confrontation [kɔ̃fʀɔ̃tasjɔ̃] NF ⓐ [*d'opinions, personnes*] confrontation • **au cours de la ~ des témoins** when the witnesses were brought face to face ⓑ (= *conflit*) clash

confronter [kɔ̃fʀɔ̃te] /TABLE 1/ VT [+ *opinions, personnes*] to confront; [+ *textes*] to compare • **être confronté à** to be confronted with

confus, e [kɔ̃fy, yz] ADJ ⓐ (= *peu clair*) confused ⓑ (= *honteux*) embarrassed • **je suis ~!** (= *désolé*) I'm so sorry!

confusément [kɔ̃fyzemɑ̃] ADV [*distinguer, comprendre, ressentir*] vaguely; [*parler*] confusedly

confusion [kɔ̃fyzjɔ̃] NF ⓐ (= *honte*) embarrassment • **à ma grande ~** to my great embarrassment ⓑ (= *erreur*) [*de noms, personnes, dates*] confusion (**de** in) • **cela peut prêter à ~** this can lead to confusion ⓒ (= *désordre*) [*d'esprits, idées, pièce*] confusion (**de** in) • **mettre *ou* jeter la ~ dans les esprits** to throw people into confusion *ou* disarray ⓓ (*Droit*) ~ **des peines** concurrency of sentences

congé [kɔ̃ʒe] **1** NM ⓐ (= *vacances*) holiday (*Brit*), vacation (*US*); (= *arrêt momentané, Mil*) leave *NonC* • **c'est son jour de ~** it's his day off • **avoir ~ le mercredi** to have Wednesdays off • **j'ai pris deux semaines de ~ à Noël** I took two weeks off at Christmas • **en ~** on holiday (*Brit*) *ou* vacation (*US*)

ⓑ (= *avis de départ*) notice • **donner (son) ~ à qn** to give sb (his) notice

ⓒ (= *adieu*) **prendre ~** to take one's leave (**de qn** of sb)

2 COMP ▸ **congé de formation** training leave ▸ **congé de maladie, congé maladie** sick leave ▸ **congé de maternité, congé maternité** maternity leave ▸ **congé individuel de formation** personal training leave

▸ **congé parental, congé parental d'éducation** (unpaid) extended maternity (*ou* paternity) leave ▸ **congés payés** (annual) paid holidays (*Brit*) *ou* vacation (*US*) *ou* leave ▸ **congés scolaires** school holidays (*Brit*) *ou* vacation (*US*)

congédier [kɔ̃ʒedje] /TABLE 7/ (VT) to dismiss

congélateur [kɔ̃ʒelatœʀ] (NM) freezer

congélation [kɔ̃ʒelasjɔ̃] (NF) freezing • **sac de ~** freezer bag

congeler [kɔ̃ʒ(ə)le] /TABLE 5/ (VT) [+ *aliments*] to freeze • **produits congelés** frozen foods

congénère [kɔ̃ʒenɛʀ] (NMF) (= *semblable*) fellow (creature)

congénital, e (*mpl* **-aux**) [kɔ̃ʒenital, o] (ADJ) congenital

congère [kɔ̃ʒɛʀ] (NF) snowdrift

congestion [kɔ̃ʒɛstjɔ̃] (NF) congestion • **~ (cérébrale)** stroke • **~ (pulmonaire)** congestion of the lungs

conglomérat [kɔ̃glɔmeʀa] (NM) (*Écon, Géol*) conglomerate

Congo [kɔ̃gɔ] (NM) **le ~** (= *pays, fleuve*) the Congo • **au ~** in the Congo • **la République démocratique du ~** the Democratic Republic of Congo

congolais, e [kɔ̃gɔlɛ, ɛz] **1** (ADJ) Congolese **2** (NM,F) **Congolais(e)** Congolese **3** (NM) (= *gâteau*) coconut cake

congre [kɔ̃gʀ] (NM) conger (eel)

congrégation [kɔ̃gʀegasjɔ̃] (NF) (*Rel*) congregation

congrès [kɔ̃gʀɛ] (NM) congress; (*Politique* = *conférence*) conference • **le Congrès** (*aux États-Unis*) Congress

congressiste [kɔ̃gʀesist] (NMF) participant at a congress; (*Politique*) participant at a conference

conifère [kɔnifɛʀ] (NM) conifer

conique [kɔnik] (ADJ) conical

conjecture [kɔ̃ʒɛktyʀ] (NF) conjecture • **se perdre en ~s** to lose o.s. in conjectures • **nous en sommes réduits aux ~s** we can only guess

conjecturer [kɔ̃ʒɛktyʀe] /TABLE 1/ (VT) (*frm*) [+ *causes, résultat*] to speculate about • **~ que ...** to surmise that ...

conjoint, e [kɔ̃ʒwɛ̃, wɛ̃t] (NM,F) (*Admin* = *époux*) spouse • **les (deux) ~s** the husband and wife

conjointement [kɔ̃ʒwɛ̃tmɑ̃] (ADV) **~ avec** together with

conjonctif, -ive [kɔ̃ʒɔ̃ktif, iv] (ADJ) **a** (*Gram*) conjunctive **b** (*Anatomie*) **tissu ~** connective tissue

conjonction [kɔ̃ʒɔ̃ksjɔ̃] (NF) conjunction • **~ de coordination/de subordination** coordinating/subordinating conjunction

conjonctivite [kɔ̃ʒɔ̃ktivit] (NF) conjunctivitis • **il a une ~** he's got conjunctivitis

conjoncture [kɔ̃ʒɔ̃ktyʀ] (NF) (= *circonstances*) situation • **dans la ~ (économique) actuelle** in the present (economic) situation

conjoncturel, -elle [kɔ̃ʒɔ̃ktyʀɛl] (ADJ) [*chômage*] cyclical; [*difficulté, raisons, situation*] economic

conjugaison [kɔ̃ʒygɛzɔ̃] (NF) (*Gram*) conjugation • **tableaux de ~** conjugation tables

conjugal, e (*mpl* **-aux**) [kɔ̃ʒygal, o] (ADJ) [*amour, devoir, union*] conjugal • **vie ~e** married life

conjugateur [kɔ̃ʒygatœʀ], **conjugueur** [kɔ̃ʒygœʀ] (NM) conjugator

conjuguer [kɔ̃ʒyge] /TABLE 1/ (VT) (*Gram*) to conjugate • **ce verbe se conjugue avec « avoir »** this verb is conjugated with "avoir"; (*fig*) **se ~ au féminin/masculin** to cross over into the female/male preserve

conjurer [kɔ̃ʒyʀe] /TABLE 1/ (VT) **a** [+ *démons*] to ward off • **essayer de ~ le sort** to try to ward off ill fortune **b** (= *implorer*) **~ qn de faire qch** to beg sb to do sth

connaissance [kɔnɛsɑ̃s] **1** (NF) **a** (= *savoir*) **la ~** knowledge • **la ~ de soi** self-knowledge **b** (= *personne*) acquaintance • **faire de nouvelles ~s** to meet new people **c** (= *conscience, lucidité*) consciousness • **être sans ~** to be unconscious • **perdre/reprendre ~** to lose/regain consciousness **d** (*locutions*) **à ma ~** as far as I know • **venir à la ~ de qn** to come to sb's knowledge • **en (toute) ~ de cause** with full knowledge of the facts • **faire la ~ de qn** to make sb's acquaintance • **(je suis) heureux de faire votre ~** (I am) pleased to meet you • **prendre ~ de** [+ *lettre*] to read; [+ *faits*] to become acquainted with **2** (NFPL) **connaissances** (= *choses connues*) knowledge • **avoir des ~s en** to have some knowledge of • **il a de bonnes/vagues ~s en anglais** he has a good command of/a smattering of English

connaisseur, -euse (NM,F) connoisseur (**en** of) • **être ~ en vins** to be a connoisseur of wines

connaître○ [kɔnɛtʀ] /TABLE 57/ **1** (VT) **a** to know • **connais-tu un bon restaurant ?** do you know of a good restaurant? • **~ qn de vue/nom/réputation** to know sb by sight/name/reputation • **il l'a connu à l'université** he met *ou* knew him at university • **je ne lui connaissais pas ces talents** I didn't know he had these talents • **je ne lui connais pas d'ennemis** I'm not aware of his having any enemies • **tu le connais mal** • **c'est mal le ~** you're misjudging him • **vous connaissez la dernière (nouvelle) ?** have you heard the latest (news)? **b** [+ *langue, science, auteur*] to know • **~ les oiseaux/les plantes** to know about birds/plants • **il n'y connaît rien** he doesn't know anything *ou* a thing about it • **je ne connais pas bien les coutumes du pays** I'm not really familiar with the country's customs • **il ne connaît pas son bonheur** he doesn't know how lucky he is **c** (= *éprouver*) [+ *faim, privations*] to know; [+ *humiliations*] to experience • **le pays connaît une crise économique grave** the country is going through a serious economic crisis **d** (= *avoir*) [+ *succès*] to enjoy • **~ un échec** to fail • **cette règle ne connaît qu'une exception** there is only one exception to this rule **e** **faire ~** [+ *idée, sentiment*] to make known; [+ *décision*] to announce • **faire ~ qn à qn** to introduce sb to sb • **cette pièce l'a fait ~ en Angleterre** this play brought him to the attention of the English public • **se faire ~** (*par le succès*) to make a name for o.s.; (*aller voir qn*) to introduce o.s. **2** (VPR) **se connaître** **a** **se ~ (soi-même)** to know o.s. **b** (= *se rencontrer*) to meet • **ils se sont connus en Grèce** they met in Greece **c** **s'y ~ en qch** to know (a lot) about sth • **il s'y connaît en voitures** he knows all about cars • **quand il s'agit d'embêter les autres, il s'y connaît !*** when it comes to annoying people he's an expert!*

connard‡ [kɔnaʀ] (NM) stupid bastard‡

connasse‡ [kɔnas] (NF) silly bitch‡ (*injurieux*)

conne‡ [kɔn] (ADJ F, NF) → **con**

connecter [kɔnɛkte] /TABLE 1/ **1** (VT) (*Élec, Informatique*) to connect (**à** to, **avec** with) **2** (VPR) **se connecter** (*à un serveur*) to log on (**à** to) • **se ~ sur Internet** to log onto *ou* into the Internet

connecteur [kɔnɛktœʀ] (NM) (*Logique, Ling*) connective; (*Élec*) connector • **~ d'extension** expansion slot

C

connectique [kɔnɛktik] NF **a** (= *industrie*) connector technology **b** (= *connexions*) connectors

connectivité [kɔnɛktivite] NF connectivity

connement* [kɔnmɑ̃] ADV stupidly

connerie* [kɔnʀi] NF **a** damned *ou* bloody (*Brit*) stupidity* **b** (= *livre, film*) piece of crap* • **arrête de dire des ~s** stop talking crap* • **il a encore fait une ~** he's gone and done another bloody thing*

connexe [kɔnɛks] ADJ (closely) related

connexion [kɔnɛksjɔ̃] NF connection

> En anglais, ce mot s'écrit avec **ct**.

connexité [kɔnɛksite] NF connectivity

connivence [kɔnivɑ̃s] NF **ils sont de ~** they're in league with each other • **un sourire de ~** a smile of complicity

connotation [kɔ(n)nɔtasjɔ̃] NF connotation

connoter [kɔ(n)nɔte] /TABLE 1/ VT to connote

connu, e [kɔny] *ptp de* **connaître** ADJ (= *non ignoré*) [*terre, animal*] known; (= *célèbre*) [*auteur, livre*] well-known • **très ~** very well-known

conquérir [kɔ̃keʀiʀ] /TABLE 21/ VT [+ *pays*] to conquer; [+ *part de marché*] to capture; [+ *femme, cœur*] to win; [+ *public*] to win over

conquête [kɔ̃kɛt] NF conquest • **faire la ~ de** [+ *femme*] to win • **partir à la ~ de** to set out to conquer; [+ *record*] to set out to break

conquis, e [kɔ̃ki, kiz] *ptp de* **conquérir**

consacré, e [kɔ̃sakʀe] *ptp de* **consacrer** ADJ **a** (= *béni*) consecrated **b** (= *habituel*) [*coutume, écrivain*] established • **c'est l'expression ~e** it's the accepted way of saying it • **selon la formule ~e** as the expression goes

consacrer [kɔ̃sakʀe] /TABLE 1/ VT **a** ~ **à** (= *dédier à*) to devote to • **~ son temps à faire qch** to devote one's time to doing sth • **pouvez-vous me ~ un instant?** can you spare me a moment? **b** (*Rel*) to consecrate • **temple consacré à Apollon** temple dedicated to Apollo **c** (= *entériner*) [+ *coutume, droit*] to establish • **expression consacrée par l'usage** expression which has become accepted through use

consanguin, e [kɔ̃sɑ̃gɛ̃, in] ADJ **mariage ~** intermarriage

consciemment [kɔ̃sjamɑ̃] ADV consciously

conscience [kɔ̃sjɑ̃s] NF **a** (= *faculté psychologique*) consciousness • **~ collective/politique** collective/political consciousness • **~ de soi** self-awareness • **avoir ~ que ...** to be aware that ... • **prendre ~ de qch** to become aware of sth • **il faut qu'il y ait une prise de ~ du problème** people must be made aware of the problem **b** (= *éveil*) consciousness • **perdre/reprendre ~** to lose/regain consciousness **c** (= *faculté morale*) conscience • **avoir la ~ tranquille** to have a clear conscience • **avoir qch sur la ~** to have sth on one's conscience • **se donner bonne ~** to ease one's conscience **d** ~ **(professionnelle)** conscientiousness

consciencieusement [kɔ̃sjɑ̃sjøzmɑ̃] ADV conscientiously

consciencieux, -ieuse [kɔ̃sjɑ̃sjø, jøz] ADJ conscientious

conscient, e [kɔ̃sjɑ̃, jɑ̃t] **1** ADJ (= *non évanoui*) conscious; (= *lucide*) [*personne*] lucid; [*décision*] conscious • **~ de/que** conscious *ou* aware of/that **2** NM (*Psych*) **le ~** the conscious

conscription [kɔ̃skʀipsjɔ̃] NF conscription, draft (*US*)

conscrit [kɔ̃skʀi] NM conscript, draftee (*US*)

consécration [kɔ̃sekʀasjɔ̃] NF **a** (*Rel*) consecration **b** [*de coutume, droit, artiste*] establishment • **cette exposition fut la ~ de son œuvre** this exhibition established his reputation as an artist

consécutif, -ive [kɔ̃sekytif, iv] ADJ (= *successif*) consecutive • **pendant trois jours ~s** for three days running • **trois victoires consécutives** three wins in a row

consécutivement [kɔ̃sekytivmɑ̃] ADV consecutively

conseil [kɔ̃sɛj] **1** NM **a** (= *recommandation*) piece of advice • **donner des ~s à qn** to give sb some advice • **demander ~ à qn** to ask sb's advice • **c'est un ~ d'ami** it's just a friendly piece of advice • **il est de bon ~** he gives good *ou* sound advice

b (= *profession*) consultancy • **cabinet** *ou* **société de ~** firm of consultants

c (= *personne*) consultant (**en** in) • **~ juridique** legal consultant *ou* adviser • **~ en communication** communications *ou* media consultant • **ingénieur-~** engineering consultant

d (= *assemblée*) board

2 COMP ▸ **conseil d'administration** [*de société anonyme*] board of directors; [*d'hôpital, école*] board of governors ▸ **conseil de classe** staff meeting (*to discuss the progress of individual members of a class*) ▸ **Conseil constitutionnel** Constitutional Council ▸ **conseil départemental** (French) departmental council, ≈ county council (*Brit*), ≈ county commission (*US*) ▸ **conseil de discipline** (*Scol*) disciplinary committee ▸ **conseil d'établissement** (*Scol*) ≈ governing board (*Brit*), ≈ board of education (*US*) ▸ **Conseil économique et social** Economic and Social Council ▸ **Conseil d'État** Council of State ▸ **Conseil de l'Europe** Council of Europe ▸ **Conseil européen** European Council ▸ **Conseil fédéral** (*en Suisse*) Federal Council ▸ **Conseil des ministres** council of ministers ▸ **conseil municipal** town council ▸ **conseil régional** regional council ▸ **Conseil de sécurité** Security Council ▸ **Conseil supérieur de l'audiovisuel** *French broadcasting regulatory body*

> **CONSEIL**
>
> In France, the "**Conseil** constitutionnel" is an official body that ensures that the constitution is respected in matters of legislation and during elections. The "**Conseil** d'État" examines bills before they are submitted to the "**Conseil** des ministres", a weekly meeting which some or all ministers attend. → ARRONDISSEMENT, COMMUNE, DÉPARTEMENT, RÉGION

> **CONSEIL DÉPARTEMENTAL**
>
> Each "département" of France is run by a **conseil départemental**, whose remit covers transport, housing, secondary schools, social welfare, and cultural and economic development. The council is made up of "conseillers départementaux", each serving a six-year term and elected under a specific voting system that ensures that each "canton" is jointly represented by two "conseillers", a man and a woman.

conseiller[1] [kɔ̃seje] /TABLE 1/ VT **a** (= *recommander*) to recommend (**à qn** to sb) • **prix conseillé** recommended price • **~ à qn de faire qch** to advise sb to do sth • **il est conseillé aux parents de ...** parents are advised to ...

ⓑ (= *guider*) to advise • **il a été bien/mal conseillé** he has been given good/bad advice

conseiller², -ère [kɔ̃seje, ɛʀ] **1** NM,F ⓐ (= *expert*) consultant (**en** in) ⓑ (*Admin, Politique*) councillor **2** COMP ▸ **conseiller d'éducation, conseiller principal d'éducation** year head (*Brit*), dean (*US*) ▸ **conseiller d'État** senior member of the Council of State ▸ **conseiller général** (French) departmental councillor ▸ **conseiller municipal** town councillor (*Brit*), city council man (*US*) ▸ **conseiller d'orientation** (*Scol*) careers adviser (*Brit*), (school) counselor (*US*) ▸ **conseiller pédagogique** educational adviser ▸ **conseiller régional** regional councillor

consensuel, -elle [kɔ̃sɑ̃sɥɛl] ADJ [*gouvernement*] consensus; [*volonté, société, accord*] consensual

consensus [kɔ̃sɛ̃sys] NM consensus

consentant, e [kɔ̃sɑ̃tɑ̃, ɑ̃t] ADJ [*partenaire, victime*] willing • **entre adultes ~s** between consenting adults • **si les parents sont ~s** if the parents consent to it

consentement [kɔ̃sɑ̃tmɑ̃] NM consent

consentir [kɔ̃sɑ̃tiʀ] /TABLE 16/ **1** VI (= *accepter*) to agree • **~ à faire qch** to agree to do sth **2** VT (= *accorder*) to grant

conséquence [kɔ̃sekɑ̃s] NF ⓐ (= *résultat*) consequence • **cela pourrait avoir** *ou* **entraîner des ~s graves pour ...** this could have serious consequences for ... • **c'est une erreur lourde de ~s** this mistake will have serious consequences • **sans ~** (= *sans suite fâcheuse*) without repercussions; (= *sans importance*) of no consequence • **cela ne porte** *ou* **ne prête pas à ~** it's of no consequence ▸ **en conséquence** (= *donc*) consequently; (= *comme il convient*) accordingly • **en ~ de** (= *par suite de*) as a result of; (= *selon*) according to
ⓑ (= *conclusion*) conclusion (**de** to be drawn from) • **tirer les ~s** to draw conclusions

conséquent, e [kɔ̃sekɑ̃, ɑ̃t] ADJ (= *important*) sizeable ▸ **par conséquent** consequently

conservateur, -trice [kɔ̃sɛʀvatœʀ, tʀis] **1** ADJ conservative, Conservative (*Brit*) **2** NM,F ⓐ [*de musée*] curator; [*de bibliothèque*] librarian ⓑ (*Politique*) conservative, Conservative (*Brit, Can*) **3** NM (= *produit chimique*) preservative

conservation [kɔ̃sɛʀvasjɔ̃] NF [*d'aliments, monuments*] preserving • **date limite de ~** use-by date; [*d'aliments*] best-before date • **en bon état de ~** well-preserved

conservatisme [kɔ̃sɛʀvatism] NM conservatism

conservatoire [kɔ̃sɛʀvatwaʀ] NM (= *école*) school (*of music, drama etc*)

conserve [kɔ̃sɛʀv] NF **les ~s** (*en boîtes*) canned food(s); (*en bocaux*) preserves
▸ **en conserve** (= *en boîtier*) tinned; (= *en bocaux*) bottled • **mettre en ~** to can

conserver [kɔ̃sɛʀve] /TABLE 1/ **1** VT ⓐ (= *garder dans un endroit*) [+ *objets, papiers*] to keep • « **~ à l'abri de la lumière** » "store away from light" • « **à ~ au froid** » "keep refrigerated" ⓑ (= *ne pas perdre*) to keep; [+ *usage*] to keep up; [+ *espoir, droits*] to retain; (*Sport*) [+ *titre*] to retain • **~ son calme** to keep calm ⓒ (= *maintenir en bon état*) [+ *aliments, monument*] to preserve; [+ *santé*] to maintain • **bien conservé pour son âge** well-preserved for one's age ⓓ (*en conserve*) to preserve; (*dans du vinaigre*) to pickle; (*en bocal*) to bottle **2** VPR **se conserver** [*aliments*] to keep

conserverie [kɔ̃sɛʀvəʀi] NF (= *usine*) canning factory

considérable [kɔ̃sideʀabl] ADJ [*somme, nombre*] considerable; [*rôle*] major; [*risque, dégâts*] significant

considérablement [kɔ̃sideʀabləmɑ̃] ADV considerably

considération [kɔ̃sideʀasjɔ̃] NF ⓐ consideration • **ceci mérite ~** this is worth considering • **n'entrons pas dans ces ~s** let's not go into this • **~s d'ordre personnel** personal reasons
▸ **en considération** **prendre qch en ~** to take sth into consideration • **en ~ des services rendus** for services rendered
ⓑ (= *observation*) **considérations** reflections
ⓒ (= *respect*) respect

considérer [kɔ̃sideʀe] /TABLE 6/ VT ⓐ to consider • **il faut ~ les avantages et les inconvénients** one must consider the advantages and disadvantages • **tout bien considéré** all things considered • **je le considère comme mon fils** I think of him as my son • **je considère qu'il a raison** I think that he is right • **c'est très mal considéré (d'agir ainsi)** that's not an acceptable way to act • **considérant que ...** considering that ...; (*Droit*) whereas ... ⓑ (= *respecter*) to respect • **il est très bien considéré au bureau** people think a lot of him at the office

consignataire [kɔ̃siɲatɛʀ] NM [*de navire*] consignee

consigne [kɔ̃siɲ] NF ⓐ (= *instructions*) instructions • **donner/laisser les ~s** to give/leave instructions ⓑ (*pour les bagages*) left-luggage (office) (*Brit*), checkroom (*US*) • **~ automatique** left-luggage lockers ⓒ (= *punition*) detention ⓓ (= *somme remboursable*) deposit • **il y a une ~ de 2 € sur la bouteille** there's a 2-euro deposit on the bottle

consigné, e [kɔ̃siɲe] *ptp de* **consigner** ADJ [*bouteille, emballage*] returnable • **les bouteilles sont ~es 2 €** there is a deposit of 2 euros on the bottles

consigner [kɔ̃siɲe] /TABLE 1/ VT ⓐ to record • **~ qch par écrit** to put sth down in writing ⓑ [+ *troupe*] to confine to barracks ⓒ [+ *emballage, bouteille*] to put a deposit on

consistance [kɔ̃sistɑ̃s] NF [*de sauce*] consistency • **manquer de ~** [*sauce*] to be thin; [*idée, personnage, texte, film*] to lack substance • **prendre ~** [*liquide*] to thicken; [*idée, projet, texte, personnage*] to take shape • **sans ~** [*caractère*] colourless

consistant, e [kɔ̃sistɑ̃, ɑ̃t] ADJ [*repas*] substantial; [*nourriture*] solid; [*mélange, peinture, sirop*] thick

consister [kɔ̃siste] /TABLE 1/ VI ⓐ (= *se composer de*) **~ en** to consist of • **en quoi consiste votre travail ?** what does your work consist of? ⓑ (= *résider dans*) **~ dans** to consist in • **~ à faire qch** to consist in doing sth

consœur [kɔ̃sœʀ] NF (woman) colleague

consolation [kɔ̃sɔlasjɔ̃] NF comfort *NonC* • **lot** *ou* **prix de ~** consolation prize

console [kɔ̃sɔl] NF console ▸ **console de jeu** games console • **~ de jeu vidéo** video game console ▸ **console de mixage** mixing desk

consoler [kɔ̃sɔle] /TABLE 1/ **1** VT [+ *personne*] to console; [+ *chagrin*] to soothe • **si ça peut te ~ ...** if it is any consolation to you ... • **le temps console** time heals **2** VPR **se consoler** to console o.s. • **il ne s'en consolera jamais** he'll never get over it

consolidation [kɔ̃sɔlidasjɔ̃] NF strengthening • **~ de la dette** debt consolidation

C

consolidé, e [kɔ̃sɔlide] *ptp de* **consolider** (ADJ) [*bilan*] consolidated

consolider [kɔ̃sɔlide] /TABLE 1/ **1** (VT) [+ *mur, meuble*] to reinforce; [+ *fracture*] to set; [+ *accord, amitié, parti, fortune*] to consolidate; [+ *monnaie*] to strengthen • **~ son avance** to extend one's lead **2** (VPR) **se consolider** [*régime, parti*] to strengthen its position; [*fracture*] to set

consommable [kɔ̃sɔmabl] (NM) consumable

consommateur, -trice [kɔ̃sɔmatœʀ, tʀis] (NM,F) (= *acheteur*) consumer; (= *client d'un café*) customer • **ce sont de gros ~s d'énergie** they consume a lot of energy • **défense des ~s** consumer protection

consommation [kɔ̃sɔmasjɔ̃] (NF) **a** consumption • **faire une grande ~ de** to get through a lot of • **~ aux 100 km** consumption per 100km • **la ~ des ménages** domestic consumption

▸ **de consommation** [*biens, société*] consumer • **produits de ~** consumer goods • **article** *ou* **produit de ~ courante** *ou* **de grande ~** staple

b (*dans un café*) drink

consommé, e [kɔ̃sɔme] *ptp de* **consommer** **1** (ADJ) [*habileté*] consummate; [*écrivain, artiste*] accomplished **2** (NM) (= *potage*) consommé

consommer [kɔ̃sɔme] /TABLE 1/ (VT) **a** [+ *nourriture*] to eat; [+ *boissons*] to drink • **« à ~ de préférence avant le »** "best before" • **« à ~ avec modération »** "to be drunk in moderation" **b** [+ *combustible, matière première*] to use • **elle consomme beaucoup d'huile** [*voiture*] it uses a lot of oil **c** (*frm* = *accomplir*) [+ *mariage*] to consummate • **la rupture est consommée** the break-up is complete

consonance [kɔ̃sɔnɑ̃s] (NF) consonance *NonC* • **un nom aux ~s étrangères** a foreign-sounding name

consonne [kɔ̃sɔn] (NF) consonant

> ✎ Le mot anglais n'a qu'un seul **n**.

consortium [kɔ̃sɔʀsjɔm] (NM) consortium

conspirateur, -trice [kɔ̃spiʀatœʀ, tʀis] (NM,F) conspirator

conspiration [kɔ̃spiʀasjɔ̃] (NF) conspiracy

conspirationniste [kɔ̃spiʀasjɔnist] **1** (ADJ) [*théories, thèses*] conspiracy *épith* **2** (NMF) conspiracy theorist

conspirer [kɔ̃spiʀe] /TABLE 1/ (VI) (= *comploter*) to conspire

conspuer [kɔ̃spɥe] /TABLE 1/ (VT) to boo

constamment [kɔ̃stamɑ̃] (ADV) constantly

constance [kɔ̃stɑ̃s] (NF) constancy • **travailler avec ~** to work steadfastly

constant, e [kɔ̃stɑ̃, ɑ̃t] **1** (ADJ) **a** (= *continu*) constant **b** (*littér* = *persévérant*) steadfast • **être ~ dans ses efforts** to be constant in one's efforts **2** (NF) **constante** (= *donnée*) constant; (= *caractéristique*) permanent feature

constat [kɔ̃sta] (NM) **a** (= *procès-verbal*) **~ (d'huissier)** affidavit drawn up by a bailiff • **~ (d'accident)** (accident) report • **~ (à l')amiable** *jointly-agreed statement for insurance purposes* **b** (= *constatation*) **~ d'échec/d'impuissance** acknowledgement of failure/impotence

constatation [kɔ̃statasjɔ̃] (NF) (= *observation*) observation • **~s** [*d'enquête*] findings • **c'est une simple ~** it's just an observation • **procéder aux ~s d'usage** (*Police*) to make a routine report

constater [kɔ̃state] /TABLE 1/ (VT) **a** (= *remarquer*) to notice • **je ne critique pas, je ne fais que ~** I'm not criticizing, I'm merely stating a fact • **vous pouvez ~ par vous-même** you can see for yourself **b** (*frm*) [+ *effraction, authenticité, dégâts*] to record; [+ *décès*] to certify

constellation [kɔ̃stelasjɔ̃] (NF) constellation

constellé, e [kɔ̃stele] (ADJ) **~ (d'étoiles)** star-studded

consternant, e [kɔ̃stɛʀnɑ̃, ɑ̃t] (ADJ) disquieting • **d'une bêtise ~e** incredibly stupid

consternation [kɔ̃stɛʀnasjɔ̃] (NF) consternation

consterner [kɔ̃stɛʀne] /TABLE 1/ (VT) to dismay • **air consterné** air of dismay

constipation [kɔ̃stipasjɔ̃] (NF) constipation

constipé, e [kɔ̃stipe] (ADJ) constipated • **avoir l'air** *ou* **être ~** (*péj* = *guindé*) to look stiff

constituant, e [kɔ̃stitɥɑ̃, ɑ̃t] **1** (ADJ) [*élément, assemblée*] constituent **2** (NM) (*Gram*) constituent

constituer [kɔ̃stitɥe] /TABLE 1/ **1** (VT) **a** (= *créer*) [+ *comité*] to set up; [+ *gouvernement, société*] to form; [+ *collection*] to build up; [+ *dossier*] to make up **b** (= *composer, être, représenter*) to constitute • **ceci constitue un délit** that constitutes an offence **2** (VPR) **se constituer** **a** **se ~ prisonnier** to give o.s. up **b** **se ~ en société** to form o.s. into a company **c** (= *amasser*) **se ~ un capital** to build up capital

constitutif, -ive [kɔ̃stitytif, iv] (ADJ) constituent

constitution [kɔ̃stitysjɔ̃] (NF) **a** (= *création*) [*de comité*] setting-up; [*de gouvernement, société*] forming; [*de dossier*] making-up • **~ de stocks** stockpiling **b** (= *éléments*) [*de substance, ensemble, organisation*] composition **c** (= *santé*) constitution **d** (*Politique*) constitution

constitutionnel, -elle [kɔ̃stitysjɔnɛl] (ADJ) constitutional

> ✎ Le mot anglais s'écrit avec un seul **n** et se termine par **-al**.

constricteur [kɔ̃stʀiktœʀ], **constrictor** [kɔ̃stʀiktɔʀ] (ADJ M, NM) **(boa) ~** (boa) constrictor

constructeur, -trice [kɔ̃stʀyktœʀ, tʀis] (NM) (= *fabricant*) manufacturer; (= *bâtisseur*) builder • **~ automobile** car manufacturer

constructible [kɔ̃stʀyktibl] (ADJ) **terrain ~** building land • **terrain non ~** *land where no building is permitted*

constructif, -ive [kɔ̃stʀyktif, iv] (ADJ) constructive

construction [kɔ̃stʀyksjɔ̃] (NF) **a** (= *action*) construction • **la ~ européenne** European construction • **la ~ navale** the shipbuilding industry • **entreprise de ~** construction company • **matériaux de ~** building materials • **de ~ récente** recently built • **de ~ française** French-built • **en (cours de) ~** under construction **b** [*de phrase*] structure • **c'est une ~ de l'esprit** it's just theory **c** (= *édifice, bâtiment*) building

construire [kɔ̃stʀɥiʀ] /TABLE 38/ **1** (VT) to build; [+ *théorie, phrase*] to construct; [+ *famille*] to start • **~ l'Europe** to build Europe • **ils font ~** they're having a house built • **un devoir bien construit** a well-constructed essay **2** (VPR) **se construire ça s'est beaucoup construit ici** there's been a lot of building here • **il s'est construit un personnage** he created a personality for himself • **ça se construit avec le subjonctif** [*verbe*] it takes the subjunctive

consul, -e [kɔ̃syl] (NM,F) consul

consulaire [kɔ̃sylɛʀ] (ADJ) consular

consulat [kɔ̃syla] (NM) consulate

consultable [kɔ̃syltabl] (ADJ) (= *disponible*) available for consultation • **cette carte est trop grande pour être aisément** ~ this map is too big to be used easily

consultant, e [kɔ̃syltɑ̃, ɑ̃t] **1** (ADJ) [*avocat*] consultant • **médecin** ~ consulting physician **2** (NM,F) (= *conseiller*) consultant

consultatif, -ive [kɔ̃syltatif, iv] (ADJ) consultative

consultation [kɔ̃syltasjɔ̃] (NF) ⓐ (= *action*) consulting • ~ **électorale** (= *élection*) election ⓑ (= *séance: chez le médecin, un expert*) consultation • **aller à la** ~ [*patient*] to go to the surgery (Brit) *ou* doctor's office (US) • **les heures de** ~ [*de médecin*] consulting *ou* surgery (Brit) hours ⓒ (= *échange de vues*) consultation

consulter [kɔ̃sylte] /TABLE 1/ **1** (VT) to consult **2** (VI) [*médecin*] to hold surgery (Brit), to be in the office (US) **3** (VPR) **se consulter** (= *s'entretenir*) to confer

consumer [kɔ̃syme] /TABLE 1/ **1** (VT) to consume • **des débris à demi consumés** charred debris **2** (VPR) **se consumer** ⓐ (= *brûler*) to burn ⓑ (*littér* = *dépérir*) to waste away (**de** with) • **il se consume à petit feu** he is slowly wasting away

consumérisme [kɔ̃symeʀism] (NM) consumerism

consumériste [kɔ̃symeʀist] (ADJ, NMF) consumerist

contact [kɔ̃takt] (NM) ⓐ contact • **le ~ de deux surfaces** contact between two surfaces • **dès le premier ~, ils ...** from their first meeting, they ... • **en ~ étroit avec** in close touch with • **garder le ~ avec qn** to keep in touch with sb • **elle a besoin de ~ humain** she needs human contact • **j'ai un bon/mauvais ~ avec eux** I have a good/bad relationship with them • **notre ~ à Moscou** our contact in Moscow • **prise de** ~ (= *entrevue*) first meeting • **perdre (le)** ~ to lose touch; (*Aviat, Mil, Radio*) to lose contact • **faire des ~s** (*relations*) to network

▸ **en contact** • **entrer en** ~ to get in touch; (*Aviat, Mil, Radio*) to make contact • **rester en** ~ to keep in touch; (*Aviat, Mil, Radio*) to remain in contact • **se mettre en ~ avec** to contact • **entrer/être en** ~ [*fils électriques*] to make/be making contact • **mettre en** ~ [+ *objets*] to bring into contact; [+ *relations d'affaires*] to put in touch; (*Aviat, Radio*) to put in contact

▸ **au contact de au ~ de l'air** on contact with air • **au ~ des jeunes** through his contact with young people

▸ **sans contact** contactless; **payer sans** ~ to pay with contactless

ⓑ (*Élec*) contact • **il y a un faux** ~ there's a loose connection • **mettre/couper le** ~ (*en voiture*) to switch on/switch off the ignition

contacter [kɔ̃takte] /TABLE 1/ (VT) to get in touch with

contagieux, -ieuse [kɔ̃taʒjø, jøz] (ADJ) infectious

container [kɔ̃tɛnɛʀ] (NM) container

contaminant [kɔ̃taminɑ̃] (NM, ADJ) **(produit)** ~ contaminant

contamination [kɔ̃taminasjɔ̃] (NF) contamination

contaminer [kɔ̃tamine] /TABLE 1/ (VT) (= *polluer*) to contaminate

conte [kɔ̃t] (NM) (= *récit*) story • ~ **de fée** fairy tale

contemplatif, -ive [kɔ̃tɑ̃platif, iv] (ADJ, NM) contemplative

contemplation [kɔ̃tɑ̃plasjɔ̃] (NF) contemplation • **rester en ~ devant qch** to stand gazing at sth

contempler [kɔ̃tɑ̃ple] /TABLE 1/ (VT) (= *regarder*) to contemplate • **se ~ dans un miroir** to gaze at o.s. in a mirror

contemporain, e [kɔ̃tɑ̃pɔʀɛ̃, ɛn] (ADJ, NM) contemporary

contenance [kɔ̃t(ə)nɑ̃s] (NF) ⓐ (= *capacité*) capacity ⓑ (= *attitude*) **pour se donner une** ~ to try to appear at ease • **faire bonne** ~ to put on a bold front • **perdre** ~ to lose one's composure

contenant [kɔ̃t(ə)nɑ̃] (NM) **le ~ (et le contenu)** the container (and the contents)

conteneur [kɔ̃t(ə)nœʀ] (NM) container

contenir [kɔ̃t(ə)niʀ] /TABLE 22/ **1** (VT) ⓐ (= *avoir une capacité de*) [*récipient*] to hold; [*cinéma, avion*] to seat ⓑ (= *renfermer*) to contain ⓒ (= *maîtriser*) [+ *colère*] to contain; [+ *larmes*] to hold back; [+ *foule*] to keep back **2** (VPR) **se contenir** to contain o.s.

content, e [kɔ̃tɑ̃, ɑ̃t] (ADJ) (= *heureux*) pleased, happy • **avoir l'air** ~ to look happy *ou* pleased

▸ **content de** (= *satisfait de*) [+ *élève, voiture, situation*] pleased *ou* happy with • **être ~ de soi** to be pleased with o.s. • **je suis très ~ d'être ici** I'm very glad to be here • **non ~ d'être ...** not content with being ...

contentement [kɔ̃tɑ̃tmɑ̃] (NM) contentment

contenter [kɔ̃tɑ̃te] /TABLE 1/ **1** (VT) to satisfy • **facile à** ~ easy to please • **il est difficile de ~ tout le monde** it's difficult to please everyone **2** (VPR) **se contenter se ~ de qch/de faire qch** to content o.s. with sth/with doing sth • **se ~ de peu** to be content with very little • **il se contenta de sourire** he merely smiled

contentieux [kɔ̃tɑ̃sjø] (NM) (= *litige*) dispute; (*Commerce*) litigation; (= *service*) legal department

contenu, e [kɔ̃t(ə)ny] *ptp de* **contenir** **1** (ADJ) [*colère, sentiments*] suppressed **2** (NM) [*de récipient, dossier*] contents; [*de loi, texte*] content

conter [kɔ̃te] /TABLE 1/ (VT) [+ *histoire*] to recount

contestable [kɔ̃tɛstabl] (ADJ) questionable

contestataire [kɔ̃tɛstatɛʀ] (ADJ, NMF) rebel

contestation [kɔ̃tɛstasjɔ̃] (NF) ⓐ (= *opposition*) **la** ~ protest ⓑ (= *objection*) dispute • **donner lieu à ~** to give rise to dispute • **il n'y a aucune ~ possible** it's beyond dispute

conteste [kɔ̃tɛst] (NM) **sans** ~ unquestionably

contester [kɔ̃tɛste] /TABLE 1/ **1** (VT) (*Droit*) [+ *droit, compétence, résultat*] to contest; [+ *légitimité, bien-fondé, fait*] to question; [+ *décision*] to challenge • **cet écrivain est très contesté** this writer is very controversial **2** (VI) to disagree; (*Politique*) to protest • **il ne conteste jamais** he never questions anything

conteur, -euse [kɔ̃tœʀ, øz] (NM,F) (= *écrivain*) writer; (= *narrateur*) storyteller

contexte [kɔ̃tɛkst] (NM) context

contigu○**, -uë** [kɔ̃tigy] (ADJ) [*maison, pièce, jardin*] adjoining • **être ~ à qch** to be next to sth

continent [kɔ̃tinɑ̃] (NM) continent; (*par rapport à une île*) mainland • **le ~ noir** Africa

continental, e (*mpl* **-aux**) [kɔ̃tinɑ̃tal, o] (ADJ) [*région, climat*] continental; (*opposé à côtier, insulaire*) mainland

contingences [kɔ̃tɛ̃ʒɑ̃s] (NFPL) contingencies • **les ~ de la vie quotidienne** the chance happenings of everyday life

contingent, e [kɔ̃tɛ̃ʒɑ̃, ɑ̃t] **1** (ADJ) contingent **2** (NM) ⓐ (= *soldats*) contingent ⓑ (= *quota*) quota

contingenter [kɔ̃tɛ̃ʒɑ̃te] /TABLE 1/ (VT) [+ *importations, exportations*] to place a quota on

continu, e [kɔ̃tiny] (ADJ) [*mouvement, bruit*] continuous

▸ **en continu** continuously

continuation [kɔ̃tinɥasjɔ̃] (NF) continuation • **bonne ~!** all the best!

continuel, -elle [kɔ̃tinɥɛl] (ADJ) (= *continu*) continuous; (= *très fréquent*) continual

continuellement [kɔ̃tinɥɛlmɑ̃] (ADV) (= *sans interruption*) continuously; (= *très fréquemment*) continually • **elle se plaint ~** she's always complaining

continuer [kɔ̃tinɥe] /TABLE 1/ **1** (VT) **a** [+ *travaux, politique*] to continue (with) **b** [+ *route*] to continue **2** (VI) **a** [*bruit, spectacle, guerre*] to continue • **je continuerai par le saumon** (*au restaurant*) I'll have the salmon to follow • **«mais» continua-t-il** "but," he continued • **si ça continue, je vais ...** if this continues, I'm going to ... **b** **~ de** *ou* **à faire qch** to continue doing sth

continuité [kɔ̃tinɥite] (NF) [*de politique, tradition*] continuation; [*d'action*] continuity

continuum [kɔ̃tinɥɔm] (NM) continuum

contondant, e [kɔ̃tɔ̃dɑ̃, ɑ̃t] (ADJ) [*instrument*] blunt

contorsion [kɔ̃tɔʀsjɔ̃] (NF) contortion

> Le mot anglais se termine par **-tion**.

contorsionner (se) [kɔ̃tɔʀsjɔne] /TABLE 1/ (VPR) [*acrobate*] to contort o.s.

contorsionniste [kɔ̃tɔʀsjɔnist] (NMF) contortionist

> Le mot anglais s'écrit **-tion** et non **-sion** et n'a qu'un seul **n**.

contour [kɔ̃tuʀ] (NM) outline • **le ~ des yeux** the area around the eyes

contournement [kɔ̃tuʀnəmɑ̃] (NM) [*d'obstacle*] bypassing • **autoroute de ~** bypass

contourner [kɔ̃tuʀne] /TABLE 1/ (VT) [+ *ville*] to bypass; [+ *véhicule*] to walk (*ou* drive *etc*) round; [+ *règle, difficulté*] to get round

contraceptif, -ive [kɔ̃tʀasɛptif, iv] (ADJ, NM) contraceptive

contraception [kɔ̃tʀasɛpsjɔ̃] (NF) contraception • **moyens de ~** methods of contraception • **être sous ~ orale** to use oral contraception

contractant, e [kɔ̃tʀaktɑ̃, ɑ̃t] **1** (ADJ) (*Droit*) contracting **2** (NM,F) contracting party

contracté, e [kɔ̃tʀakte] *ptp de* **contracter** (ADJ) tense

contracter¹ [kɔ̃tʀakte] /TABLE 1/ **1** (VT) [+ *muscle*] to tense; [+ *personne*] to make tense **2** (VPR) **se contracter** [*muscle*] to tense up; [*gorge*] to tighten; [*traits, visage*] to tense; [*personne*] to become tense; (*Physique*) to contract

contracter² [kɔ̃tʀakte] /TABLE 1/ (VT) to contract; [+ *obligation*] to incur • **~ une assurance** to take out an insurance policy • **j'ai contracté cette maladie en Afrique** I contracted the disease in Africa

contraction [kɔ̃tʀaksjɔ̃] (NF) **a** (= *action*) contraction **b** (= *état*) [*de muscles, visage*] tenseness **c** (= *spasme*) contraction • **elle a des ~s** [*femme enceinte*] she's having contractions **d** (= *résumé*) **~ de texte** summary

contractuel, -elle [kɔ̃tʀaktɥɛl] **1** (ADJ) [*obligation*] contractual **2** (NM) ≈ traffic warden (Brit), ≈ traffic policeman (US) **3** (NF) **contractuelle** ≈ traffic warden (Brit), ≈ meter maid* (US)

contracture [kɔ̃tʀaktyʀ] (NF) **~ musculaire** cramp

contradiction [kɔ̃tʀadiksjɔ̃] (NF) **a** (= *contestation*) **je ne supporte pas la ~** I can't bear to be contradicted **b** (= *incohérence*) contradiction • **~ dans les termes** contradiction in terms • **être en ~ avec soi-même** to contradict o.s. • **leurs témoignages sont en ~** their testimonies contradict each other

contradictoire [kɔ̃tʀadiktwaʀ] (ADJ) [*idées, théories, récits*] contradictory • **débat ~** debate

contraignant, e [kɔ̃tʀɛɲɑ̃, ɑ̃t] (ADJ) [*obligation*] binding • **des horaires très ~s** a very heavy schedule

contraindre [kɔ̃tʀɛ̃dʀ] /TABLE 52/ (VT) **~ qn à faire qch** to force sb to do sth

contraint, e¹ [kɔ̃tʀɛ̃, ɛ̃t] *ptp de* **contraindre** (ADJ) **~ et forcé** under duress

contrainte² [kɔ̃tʀɛ̃t] (NF) **a** (= *violence*) constraint • **agir sous la ~** to act under duress **b** (= *entrave*) constraint

contraire [kɔ̃tʀɛʀ] **1** (ADJ) **a** (= *inverse*) [*sens, effet, mouvement*] opposite; (*Naut*) [*vent*] contrary • **dans le cas ~** otherwise

▸ **contraire à** [+ *loi*] against • **c'est ~ à mes principes** it is against my principles

b (= *contradictoire*) [*opinions, propositions, intérêts*] conflicting

c (= *nuisible*) [*forces, action*] contrary; [*destin*] adverse

2 (NM) [*de mot, concept*] opposite • **c'est tout le ~** it's just the reverse

▸ **au contraire** on the contrary • **(bien** *ou* **tout) au ~** quite the reverse • **au ~ de** unlike

contrairement [kɔ̃tʀɛʀmɑ̃] (ADV) **~ à** contrary to • **~ aux autres ...** (*dans une comparaison*) unlike the others ...

contralto [kɔ̃tʀalto] (NM) contralto

contrariant, e [kɔ̃tʀaʀjɑ̃, jɑ̃t] (ADJ) [*personne*] awkward; [*incident*] annoying

contrarier [kɔ̃tʀaʀje] /TABLE 7/ (VT) **a** (= *irriter*) to annoy; (= *ennuyer*) to bother **b** (= *gêner*) [+ *projets*] to frustrate; [+ *amour*] to thwart **c** [+ *gaucher*] to force to write with his (*ou* her) right hand

contrariété [kɔ̃tʀaʀjete] (NF) (= *irritation*) annoyance • **éprouver une ~** to feel annoyed • **j'ai eu beaucoup de ~s ces derniers temps** I've had a lot of annoying little problems lately

contraste [kɔ̃tʀast] (NM) contrast • **par ~** by contrast

contrasté, e [kɔ̃tʀaste] *ptp de* **contraster** (ADJ) [*bilan, résultats*] uneven • **couleurs très ~es** strongly contrasting colours • **ce n'est pas assez ~** there is not enough contrast

contraster [kɔ̃tʀaste] /TABLE 1/ **1** (VT) [+ *éléments, caractères*] to contrast; [+ *photographie*] to give contrast to **2** (VI) to contrast

contrat [kɔ̃tʀa] (NM) (= *convention, document*) contract; (= *accord*) agreement • **passer un ~ (avec qn)** to sign a contract (with sb) • **être sous ~** to be under contract • **remplir son ~** to keep one's promises ▸ **contrat d'assurance** insurance policy ▸ **contrat à durée déterminée** fixed-term contract ▸ **contrat à durée indéterminée** permanent contract ▸ **contrat de location** (*pour locaux*) tenancy agreement (Brit), rental agreement (US); (*pour voiture*) rental agreement ▸ **contrat de mission** (temporary) project contract ▸ **contrat de travail** employment contract

contravention [kɔ̃tʀavɑ̃sjɔ̃] (NF) **a** (*pour infraction au code*) fine; (*pour stationnement interdit*) parking ticket **b** (*Droit* = *infraction*) **~ à** contravention of

contre [kɔ̃tʀ] **1** PRÉP ⓐ *(contact, juxtaposition)* against • **s'appuyer ~ un arbre** to lean against a tree • **il s'est cogné la tête ~ le mur** he banged his head against the wall • **face ~ terre** face downwards • **il la serrait ~ lui** he clasped her to him • **pousse la table ~ la fenêtre** push the table up against the window • **elle se blottit ~ sa mère** she cuddled up to her mother • **elle s'assit (tout) ~ lui** she sat down (right) next to him • **les voitures étaient pare-chocs ~ pare-chocs** the cars were bumper to bumper

ⓑ *(opposition, hostilité)* against • **se battre/voter ~ qn** to fight/vote against sb • **Poitiers ~ Lyon** *(Sport)* Poitiers versus Lyon • **être en colère ~ qn** to be angry with sb • **je n'ai rien ~ (cela)** *ou* **là** ~ *(frm)* I have nothing against it

ⓒ *(défense, protection)* **des comprimés ~ la grippe** flu tablets • **sirop ~ la toux** cough mixture • **s'assurer ~ l'incendie** to insure (o.s.) against fire

ⓓ *(échange)* (in exchange) for • **échanger qch ~** to exchange sth for

ⓔ *(proportion, rapport)* **9 voix ~ 4** 9 votes to 4 • **à 100 ~ 1** at 100 to 1

2 ADV **il a voté ~** he voted against it • **je suis ~** I'm against it

▸ **par contre** on the other hand

3 PRÉF **contre(-)** counter

contre-allée○ [kɔ̃tʀale] NF *parking area parallel to a road*

contre-argument○ [kɔ̃tʀaʀgymɑ̃] NM counter-argument

contre-attaque○ [kɔ̃tʀatak] NF counterattack

contre-attaquer○ [kɔ̃tʀatake] /TABLE 1/ VI to counterattack

contrebalancer [kɔ̃tʀəbalɑ̃se] /TABLE 3/ VT [*poids*] to counterbalance; (= *égaler, compenser*) to offset

contrebande [kɔ̃tʀəbɑ̃d] NF (= *activité*) smuggling; (= *marchandises*) contraband

contrebandier, -ière [kɔ̃tʀəbɑ̃dje, jɛʀ] NM,F smuggler

contrebas [kɔ̃tʀəba] NM **en ~** below

contrebasse [kɔ̃tʀəbas] NF (= *instrument*) double bass; (= *musicien*) double bass player

contrebassiste [kɔ̃tʀəbasist] NMF double bass player

contrecarrer [kɔ̃tʀəkaʀe] /TABLE 1/ VT [+ *projets*] to thwart

contrechamp [kɔ̃tʀəʃɑ̃] NM *(Ciné)* reverse shot

contrecœur [kɔ̃tʀəkœʀ] LOC ADV **à ~** reluctantly

contrecoup [kɔ̃tʀəku] NM (= *répercussion*) repercussions • **par ~** as an indirect consequence

contre-courant○ [kɔ̃tʀəkuʀɑ̃] NM [*de cours d'eau*] counter-current

▸ **à contre-courant** against the current • **aller à ~ de la tendance générale** to go against the general trend

contre-culture○ [kɔ̃tʀəkyltyʀ] NF counterculture

contredanse* [kɔ̃tʀədɑ̃s] NF parking ticket

contredire [kɔ̃tʀədiʀ] /TABLE 37/ **1** VT [*personne*] to contradict; [*faits*] to be at variance with **2** VPR **se contredire** [*personne*] to contradict o.s.; [*témoins, témoignages*] to contradict each other

contrée [kɔ̃tʀe] NF *(littér)* (= *pays*) land; (= *région*) region

contre-emploi○ [kɔ̃tʀɑ̃plwa] NM **il est utilisé à ~** his skills aren't being used properly

contre-exemple○ [kɔ̃tʀɛgzɑ̃pl] NM counterexample

contre-expertise○ [kɔ̃tʀɛkspɛʀtiz] NF second estimate

contrefaçon [kɔ̃tʀəfasɔ̃] NF (= *faux*) [*de produit*] imitation; [*de billets, signature*] forgery • **méfiez-vous des ~s** beware of imitations

contrefaire [kɔ̃tʀəfɛʀ] /TABLE 60/ VT ⓐ (= *imiter*) to imitate ⓑ (= *déguiser*) [+ *voix, écriture*] to disguise ⓒ (= *falsifier*) to counterfeit

contreficher (se)* [kɔ̃tʀəfiʃe] /TABLE 1/ VPR **je m'en contrefiche** I don't give a damn*

contrefort [kɔ̃tʀəfɔʀ] NM ⓐ *(Archit)* buttress ⓑ [*de montagnes*] **~s** foothills

contre-indication○ [kɔ̃tʀɛ̃dikasjɔ̃] NF contraindication

contre-indiqué○**, e** [kɔ̃tʀɛ̃dike] ADJ **c'est ~** it is not recommended

contre-interrogatoire○ [kɔ̃tʀɛ̃teʀɔgatwaʀ] NM cross-examination • **faire subir un ~ à qn** to cross-examine sb

contre-jour, contrejour [kɔ̃tʀəʒuʀ] NM (= *éclairage*) backlighting

▸ **à contre-jour** [*se profiler*] against the sunlight; [*photographier*] into the light; [*travailler*] with one's back to the light

contremaître○ [kɔ̃tʀəmɛtʀ] NM foreman

contremarque [kɔ̃tʀəmaʀk] NF *(Transports)* free pass

contre-offensive○ [kɔ̃tʀɔfɑ̃siv] NF counteroffensive

contre-ordre, contrordre [kɔ̃tʀɔʀdʀ] NM counter order • **il y a ~** there has been a change of orders • **sauf ~** unless otherwise directed

contrepartie [kɔ̃tʀəpaʀti] NF (= *compensation*) compensation

▸ **en contrepartie** (= *en échange, en retour*) in return; (= *en compensation*) in compensation

contre-performance○ [kɔ̃tʀəpɛʀfɔʀmɑ̃s] NF *(Sport, Écon)* poor performance

contrepied, contre-pied (*pl* **contre-pieds**) [kɔ̃tʀəpje] NM [*d'opinion, attitude*] (exact) opposite • **prendre le ~** *(d'une opinion)* to take the opposite view; *(d'une action)* to take the opposite course

▸ **à contre-pied** *(Sport)* on the wrong foot • **prendre qn à ~** to wrong-foot sb

contreplaqué [kɔ̃tʀəplake] NM plywood • **en ~** plywood

contrepoids [kɔ̃tʀəpwa] NM counterweight; [*d'acrobate*] balancing-pole • **faire ~** to act as a counterbalance

contrepoint [kɔ̃tʀəpwɛ̃] NM counterpoint • **en ~** in counterpoint

contre-pouvoir○ [kɔ̃tʀəpuvwaʀ] NM opposition force

contre-productif, -ive, contreproductif, -ive [kɔ̃tʀəpʀɔdyktif, iv] ADJ counter-productive

contrer [kɔ̃tʀe] /TABLE 1/ **1** VT [+ *personne, menées*] to counter • **se faire ~** to be countered (**par** by); *(Cartes)* to double **2** VI *(Cartes)* to double

contresens [kɔ̃tʀəsɑ̃s] NM ⓐ (= *erreur*) misinterpretation; *(de traduction)* mistranslation; (= *absurdité*) nonsense *NonC*, piece of nonsense

ⓑ ▸ **à contresens** *(sur route)* the wrong way

contretemps [kɔ̃tʀətɑ̃] NM ⓐ (= *complication, retard*) hitch

ⓑ *(Mus)* off-beat rhythm

C

▸ **à contretemps** off the beat; (*fig*) at the wrong moment

contre-valeur○ [kɔ̃tʀəvalœʀ] NF exchange value

contrevenant, e [kɔ̃tʀəv(ə)nɑ̃, ɑ̃t] NM,F offender

contrevenir [kɔ̃tʀəv(ə)niʀ] /TABLE 22/ VT INDIR ~ **à** [+ *loi, règlement*] to contravene

contrevérité [kɔ̃tʀəveʀite] NF untruth, falsehood

contribuable [kɔ̃tʀibɥabl] NMF taxpayer

contribuer [kɔ̃tʀibɥe] /TABLE 1/ VT INDIR ~ **à** [+ *résultat, effet*] to contribute to; [+ *effort, dépense*] to contribute towards

contributif, -ive [kɔ̃tʀibytif, iv] ADJ **encyclopédie contributive** user-generated encyclopedia • **logiciel ~** shareware

contribution [kɔ̃tʀibysjɔ̃] NF **a** (= *participation*) contribution • **mettre qn à ~** to call upon sb's services • **apporter sa ~ à qch** to make one's contribution to sth **b** (= *impôts*) **~s directes/indirectes** direct/indirect taxation • **~ sociale généralisée** *supplementary social security contribution in aid of the underprivileged*

contrit, e [kɔ̃tʀi, it] ADJ contrite

contrôle [kɔ̃tʀol] NM **a** (= *vérification*) check • **~ antidopage** drugs test • **~ d'identité** identity check • **~ de police** police check • **~ fiscal** tax inspection • **le ~ des passeports** passport control • **~ de qualité** quality control • **~ sanitaire** health check

b (= *surveillance*) [*d'opérations, gestion*] supervision; [*de prix, loyers*] controlling • **sous ~ judiciaire** ≈ on probation • **sous ~ médical** under medical supervision • **~ des changes** exchange control • **~ des naissances** birth control • **~ radar** radar speed trap • **~ technique** [*de véhicule*] MOT (*Brit*), inspection (*US*)

c (= *maîtrise*) control • **~ de soi** self-control • **garder/perdre le ~ de son véhicule** to remain in/lose control of one's vehicle • **prendre le ~ d'une entreprise** to take control of *ou* take over a firm • **sous ~ étranger** [*firme*] foreign-owned; [*territoire*] under foreign control • **~ de gestion** management control; (*Informatique*) **~ de flux** flow control

d (= *épreuve*) (written) test • **~ des connaissances** assessment • **le ~ continu** continuous assessment • **avoir un ~ de chimie** to have a chemistry test

contrôler [kɔ̃tʀole] /TABLE 1/ **1** VT **a** (= *vérifier*) to check; [+ *billets, passeports, comptes*] to inspect; [+ *connaissances*] to test • **~ le bon fonctionnement d'un appareil** to check that a machine is working properly **b** (= *surveiller*) [+ *opérations, gestion*] to supervise; [+ *prix, loyers*] to control **c** (= *maîtriser*) to control; [+ *véhicule, situation, pays*] to be in control of **2** VPR **se contrôler** to control o.s.

> ⚠ **to control** n'est pas la traduction la plus courante de **contrôler**.

contrôleur, -euse [kɔ̃tʀolœʀ, øz] NM,F **a** (*dans le train, le métro, le bus*) ticket inspector • **~ de la navigation aérienne** air-traffic controller **b** [*de contributions*] inspector • **~ de gestion** management controller

contrordre [kɔ̃tʀɔʀdʀ] NM = **contre-ordre**

controverse [kɔ̃tʀɔvɛʀs] NF controversy • **prêter à ~** to be debatable

controversé, e [kɔ̃tʀɔvɛʀse] ADJ **(très) ~** [*théorie, question*] much debated

contumace [kɔ̃tymas] NF **par ~** in absentia

contusion [kɔ̃tyzjɔ̃] NF bruise

convaincant, e [kɔ̃vɛ̃kɑ̃, ɑ̃t] ADJ convincing

convaincre [kɔ̃vɛ̃kʀ] /TABLE 42/ VT **a** [+ *personne sceptique*] to convince (**de qch** of sth); [+ *personne hésitante*] to persuade (**de faire qch** to do sth) • **se laisser ~** to let o.s. be persuaded **b** [+ *coupable*] **il a été convaincu de meurtre/de trahison** he was convicted of murder/treason

convaincu, e [kɔ̃vɛ̃ky] *ptp de* **convaincre** ADJ convinced • **d'un ton ~** with conviction

convalescence [kɔ̃valesɑ̃s] NF convalescence • **être en ~** to be convalescing

convalescent, e [kɔ̃valesɑ̃, ɑ̃t] ADJ, NM,F convalescent

convecteur [kɔ̃vɛktœʀ] NM convector heater

convenable [kɔ̃vnabl] ADJ **a** (= *approprié*) suitable **b** (= *décent*) [*personne, famille*] respectable • **peu ~** inappropriate **c** (= *acceptable*) [*devoir*] adequate; [*salaire, logement*] decent

convenablement [kɔ̃vnabləmɑ̃] ADV [*placé, choisi*] suitably; [*s'exprimer*] properly; [*payé, logé*] decently

convenance [kɔ̃vnɑ̃s] NF **a** (*frm* = *ce qui convient*) **choisissez un jour à votre ~** choose a day to suit you • **pour ~s personnelles** for personal reasons **b** (= *étiquette*) **les ~s** the proprieties • **c'est contraire aux ~s** it is not socially acceptable

convenir [kɔ̃vniʀ] /TABLE 22/

> ➢ **convenir** is conjugated with **avoir**, except in the case of **convenir de**, where **être** is considered more correct.

1 VT **~ que ...** to agree that ... • **il est convenu que ...** it is agreed that ...

2 VT INDIR **~ à** to suit • **le climat ne lui convient pas** the climate doesn't suit him • **si l'heure vous convient** if the time suits you • **ça me convient tout à fait** it suits me fine • **j'espère que cela vous conviendra** I hope you will find this acceptable

3 VT INDIR **~ de** (= *avouer*) to admit; (= *s'accorder sur*) to agree on • **tu as eu tort, conviens-en** you were wrong, admit it • **~ d'une date** to agree on a date

4 VB IMPERS **il convient de ...** (= *il vaut mieux*) it is advisable to ... • **il convient de faire remarquer ...** we should point out ...

convention [kɔ̃vɑ̃sjɔ̃] NF convention; (= *pacte*) agreement • **~ collective** collective agreement • **les ~s sociales** social conventions • **la Convention de Genève** the Geneva Convention

conventionné, e [kɔ̃vɑ̃sjɔne] ADJ [*établissement, médecin*] *linked to the state health scheme*

conventionnel, -elle [kɔ̃vɑ̃sjɔnɛl] ADJ conventional

> ✎ Le mot anglais s'écrit avec un seul **n** et se termine par **-al**.

conventuel, -elle [kɔ̃vɑ̃tɥɛl] ADJ [*de moines*] monastic; [*de nonnes*] convent *épith*

convenu, e [kɔ̃vny] *ptp de* **convenir** ADJ **a** (= *décidé*) agreed • **comme ~** as agreed **b** (*littér péj* = *conventionnel*) conventional

convergence [kɔ̃vɛʀʒɑ̃s] NF convergence • **point de ~** point of convergence

convergent, e [kɔ̃vɛʀʒɑ̃, ɑ̃t] ADJ convergent

converger [kɔ̃vɛʀʒe] /TABLE 3/ (VI) *[lignes, rayons, routes]* to converge • **~ sur** *[regards]* to focus on
conversation [kɔ̃vɛʀsasjɔ̃] (NF) conversation • **en (grande) ~ avec** (deep) in conversation with • **dans la ~ courante** in everyday speech • **avoir de la ~** to be a good conversationalist
converser [kɔ̃vɛʀse] /TABLE 1/ (VI) to converse
conversion [kɔ̃vɛʀsjɔ̃] (NF) conversion • **taux de ~** conversion rate
converti, e [kɔ̃vɛʀti] *ptp de* **convertir** (NM,F) convert
convertible [kɔ̃vɛʀtibl] **1** (ADJ) convertible (**en** into) **2** (NM) (*= canapé*) sofa bed
convertir [kɔ̃vɛʀtiʀ] /TABLE 2/ **1** (VT) **a** (*à une religion*) to convert (**à** to); (*à une théorie*) to win over **b** (*= transformer*) to convert (**en** into) **2** (VPR) **se convertir** (*à une religion*) to convert
convertisseur [kɔ̃vɛʀtisœʀ] (NM) converter
convexe [kɔ̃vɛks] (ADJ) convex
conviction [kɔ̃viksjɔ̃] **1** (NF) conviction • **j'en ai la ~** I'm convinced of it • **parler avec ~** to speak with conviction **2** (NFPL) **convictions** (*= opinions*) convictions
conviendra [kɔ̃vjɛ̃dʀa] (VB) → **convenir**
convier [kɔ̃vje] /TABLE 7/ (VT) (*frm*) **~ à** *[+ soirée, concert]* to invite to
convive [kɔ̃viv] (NMF) guest (*at a meal*)
convivial, e (*mpl* **-iaux**) [kɔ̃vivjal, jo] (ADJ) *[ambiance, lieu]* convivial; (*Informatique*) user-friendly
convivialité [kɔ̃vivjalite] (NF) (*= rapports*) social interaction; (*= jovialité*) conviviality; (*Informatique*) user-friendliness
convoc* [kɔ̃vɔk] (NF) (ABR DE **convocation**)
convocation [kɔ̃vɔkasjɔ̃] (NF) **a** *[d'assemblée]* convening; *[de témoin, prévenu, subordonné]* summoning **b** (*= lettre, carte*) (written) notification to attend; (*Droit*) summons • **je n'ai pas encore reçu ma ~** I haven't had notification yet
convoi [kɔ̃vwa] (NM) **a** (*= cortège funèbre*) funeral procession **b** *[de véhicules, navires, prisonniers]* convoy • **~ exceptionnel** ≈ wide (*ou* long *ou* dangerous) load
convoiter [kɔ̃vwate] /TABLE 1/ (VT) to covet
convoitise [kɔ̃vwatiz] (NF) (*= désir*) longing • **regarder avec ~** to cast covetous looks at • **l'objet de toutes les ~s** the object of everyone's desire
convoler [kɔ̃vɔle] /TABLE 1/ (VI) **~ en justes noces**† to be wed
convoquer [kɔ̃vɔke] /TABLE 1/ (VT) *[+ assemblée]* to convene; *[+ témoin, prévenu, subordonné]* to summon • **~ qn (pour une entrevue)** to call sb for an interview • **~ un candidat (à un examen)** to send a candidate written notification (of an exam) • **j'ai été convoqué à dix heures (pour mon oral)** I've been asked to attend at ten o'clock (for my oral) • **le chef m'a convoqué** the boss sent for me
convoyer [kɔ̃vwaje] /TABLE 8/ (VT) (*= escorter*) to escort; (*= transporter*) to convey
convoyeur [kɔ̃vwajœʀ] (NM) (*= tapis roulant*) conveyor • **~ de fonds** security guard
convulsion [kɔ̃vylsjɔ̃] (NF) convulsion
cookie [kuki] (NM) (*Internet*) cookie
cool* [kul] (ADJ) *finv* cool*
coopérant, e [kɔɔpeʀɑ̃, ɑ̃t] **1** (ADJ) cooperative **2** (NM) overseas development worker
coopératif, -ive [k(ɔ)ɔpeʀatif, iv] **1** (ADJ) cooperative **2** (NF) **coopérative** (*= organisme*) cooperative; (*= magasin*) co-op
coopération [kɔɔpeʀasjɔ̃] (NF) **a** (*= collaboration*) cooperation **b** (*Politique*) overseas development work
coopérer [kɔɔpeʀe] /TABLE 6/ (VI) to cooperate
coordinateur, -trice [kɔɔʀdinatœʀ, tʀis] (NM,F) coordinator
coordination [kɔɔʀdinasjɔ̃] (NF) coordination • **~ ouvrière/étudiante** (*= syndicat*) workers'/students' committee
coordonnateur, -trice [kɔɔʀdɔnatœʀ, tʀis] (NM,F) coordinator
coordonné, e [kɔɔʀdɔne] *ptp de* **coordonner** **1** (ADJ) coordinated **2** (NMPL) **coordonnés** (*Habillement*) separates **3** (NFPL) **coordonnées** **a** (*Math*) coordinates **b** *[de personne]* **donnez-moi vos ~es** can I have your name and address *or* contact details please?
coordonner [kɔɔʀdɔne] /TABLE 1/ (VT) to coordinate
copain* [kɔpɛ̃] (NM) (*= ami*) friend • **son (petit) ~** (*= amoureux*) her boyfriend • **de bons ~s** good friends
copeau (*pl* **copeaux**) [kɔpo] (NM) *[de bois]* shaving • **~x de chocolat/de parmesan** chocolate/parmesan shavings
Copenhague [kɔpənag] (N) Copenhagen
copie [kɔpi] (NF) **a** (*= reproduction, exemplaire*) *[de diplôme, film]* copy; *[d'œuvre d'art]* reproduction • **~ certifiée conforme** certified copy • **~ conforme invisible** (*Informatique*) blind carbon copy • **~ d'écran** (*Informatique*) screenshot • **~ papier** (*Informatique*) hard copy • **~ privée** copy for personal use, private copy **b** (*= reproduction frauduleuse*) fake • **une pâle ~** a pale imitation **c** (*= devoir*) paper • **rendre ~ blanche** to hand in a blank sheet of paper • **rendre** *ou* **remettre sa ~** to hand in one's paper; (*fig*) to turn in one's report
copier [kɔpje] /TABLE 7/ **1** (VT) to copy • **~ coller** (*Informatique*) to copy and paste **2** (VI) (*= tricher*) to copy (**sur** from)
copieur, -euse [kɔpjœʀ, øz] **1** (NM,F) (*= élève*) cheat **2** (NM) (*= machine*) copier
copieusement [kɔpjøzmɑ̃] (ADV) *[manger, boire]* copiously • **le repas était ~ arrosé** the meal was washed down with lots of wine
copieux, -ieuse [kɔpjø, jøz] (ADJ) *[repas]* copious; *[portion]* generous
copilote [kopilɔt] (NMF) (*en avion*) copilot; (*en voiture*) navigator
copinage* [kɔpinaʒ] (NM) nepotism
copinaute* [kɔpinot] (NMF) internet friend, online friend
copine* [kɔpin] (NF) (*= amie*) friend; (*= amoureuse*) girlfriend • **~ de classe** school friend • **elles sont très ~s** they're great friends
copiste [kɔpist] (NMF) copyist
coproduction [kopʀɔdyksjɔ̃] (NF) joint production
copropriétaire [kopʀɔpʀijetɛʀ] (NMF) joint owner
copropriété [kopʀɔpʀijete] (NF) (*= statut*) joint ownership; (*= propriétaires*) co-owners • **immeuble en ~** jointly owned building
copuler [kɔpyle] /TABLE 1/ (VI) to copulate
copyright [kɔpiʀajt] (NM) copyright
coq [kɔk] (NM) *[de basse-cour]* cock • **(poids) ~** (*Boxe*) bantam-weight • **être comme un ~ en pâte** to live the life of Riley* • **passer du ~ à l'âne** to jump from one subject to another ▸ **coq de bruyère** capercaillie ▸ **le coq gaulois** the French cockerel (*emblem of the French fighting spirit*) ▸ **coq au vin** coq au vin

C

coque [kɔk] (NF) ⓐ [*de bateau*] hull ⓑ [*de noix, amande*] shell • **œuf à la ~** boiled egg • **~ de noix** cockleshell ⓒ (= *mollusque*) cockle
coquelet [kɔklɛ] (NM) cockerel
coquelicot [kɔkliko] (NM) poppy
coqueluche [kɔklyʃ] (NF) whooping cough • **avoir la ~** to have whooping cough • **être la ~ de*** to be the idol of
coquet, -ette [kɔkɛ, ɛt] (ADJ) ⓐ (= *soucieux de son apparence*) **elle est coquette** she likes to look nice ⓑ [*logement*] charming ⓒ [*somme d'argent, revenu*]* tidy*
coquetier [kɔk(ə)tje] (NM) egg cup
coquetterie [kɔkɛtʀi] (NF) (= *élégance*) interest in one's appearance
coquillage [kɔkijaʒ] (NM) (= *mollusque*) shellfish *NonC*; (= *coquille*) shell
coquille [kɔkij] 1 (NF) ⓐ [*de mollusque, œuf, noix*] shell • **sortir de sa ~** to come out of one's shell • **~ vide** (*fig*) empty chamber; (= *entreprise*) empty shell ⓑ (= *décoration*) scallop ⓒ (*Typo*) misprint ⓓ (= *protection*) box 2 (COMP) ▸**coquille d'œuf** (= *couleur*) eggshell ▸**coquille Saint-Jacques** scallop
coquillettes [kɔkijɛt] (NFPL) pasta shells
coquin, e [kɔkɛ̃, in] 1 (ADJ) ⓐ (= *malicieux*) [*enfant, air*] mischievous ⓑ (= *polisson*) saucy 2 (NM,F) (= *enfant*) rascal • **tu es un petit ~!** you little rascal!
cor [kɔʀ] (NM) ⓐ (= *instrument*) horn • **~ anglais** cor anglais (*Brit*), English horn (*US*) • **~ de chasse** hunting horn ▸**à cor et à cri** **réclamer qch/qn à ~ et à cri** to clamour for sth/sb
ⓑ (= *cor au pied*) corn
corail (*pl* **-aux**) [kɔʀaj, o] 1 (NM) coral 2 (ADJ INV) ⓐ (= *couleur*) coral pink ⓑ **(train) Corail**® ≈ express (train)
Coran [kɔʀɑ̃] (NM) **le ~** the Koran
coranique [kɔʀanik] (ADJ) Koranic
corbeau (*pl* **corbeaux**) [kɔʀbo] (NM) (= *oiseau*) crow
corbeille [kɔʀbɛj] 1 (NF) ⓐ (= *panier*) basket; (*pour courrier*) tray; (*Informatique*) recycle bin • **~ arrivée/départ** in/out tray; (*Informatique*) trash (basket) ⓑ (*Théât*) (dress) circle 2 (COMP) ▸**corbeille à ouvrage** workbasket ▸**corbeille à pain** breadbasket ▸**corbeille à papier, corbeille à papiers** wastepaper bin
corbillard [kɔʀbijaʀ] (NM) hearse
cordage [kɔʀdaʒ] (NM) ⓐ (= *corde, lien*) rope • **cordages** rigging ⓑ [*de raquette de tennis*] strings
corde [kɔʀd] 1 (NF) ⓐ (= *câble, cordage*) rope • **attacher qn avec une ~** to tie sb up with a piece of rope • **grimper** *ou* **monter à la ~** to climb a rope • **de ~** • **en ~** [*tapis*] whipcord • **à semelle de ~** [*sandales*] rope-soled • **être sur la ~ raide** to be walking a tightrope • **tirer sur la ~** (*fig*) to push one's luck* • **avoir plusieurs ~s à son arc** to have more than one string to one's bow
ⓑ (*sur instrument de musique, raquette*) string • **toucher la ~ sensible de qn** to find sb's soft spot
ⓒ (*Courses*) rails • **à la ~** on the inside • **prendre un virage à la ~** to take a bend on the inside • **tenir la ~** (*fig*) to be in the lead
2 (NFPL) ⓐ (*Mus*) **instruments à ~s** stringed instruments • **les ~s** the strings • **orchestre/quatuor à ~s** string orchestra/quartet
ⓑ (*Boxe*) **être envoyé dans les ~s** to be thrown against the ropes • **envoyer qn dans les ~s** (*fig*) to cut sb down to size
ⓒ (*fig*) **c'est dans ses ~s** it's right up his street (*Brit*) *ou* alley (*US*) • **ils m'ont confié un travail qui n'était pas du tout dans mes ~s** they gave me a job that was completely beyond me • **est-ce que c'est dans ses ~s?** can he handle this? • **il pleut** *ou* **il tombe des ~s** it's pouring with rain
3 (COMP) ▸**corde à linge** clothes line ▸**corde lisse** (climbing) rope ▸**corde à nœuds** knotted rope ▸**corde à sauter** skipping rope, jump rope (*US*) ▸**cordes vocales** vocal cords
cordeau (*pl* **cordeaux**) [kɔʀdo] (NM) (= *corde*) string ▸**tiré au cordeau** as straight as a die
cordée [kɔʀde] (NF) [*d'alpinistes*] roped party • **premier de ~** leader
cordial, e (*mpl* **-iaux**) [kɔʀdjal, jo] (ADJ) [*accueil, sentiment, personne*] warm
cordialement [kɔʀdjalmɑ̃] (ADV) [*recevoir*] warmly • **vous êtes tous ~ invités** you are all cordially invited • **il le détestait ~** he heartily detested him • **~ (vôtre)** (*en fin de lettre*) kind regards • **bien ~** (*en fin de lettre*) kindest regards
cordialité [kɔʀdjalite] (NF) warmth
cordillère [kɔʀdijɛʀ] (NF) mountain range • **la ~ des Andes** the Andes cordillera
cordon [kɔʀdɔ̃] 1 (NM) ⓐ [*de rideau*] cord; [*de tablier*] tie; [*de sac, bourse*] string; [*de chaussures*] lace • **~ de sonnette** bell pull • **tenir les ~s de la bourse** to hold the purse strings ⓑ (= *décoration*) sash 2 (COMP) ▸**cordon littoral** offshore bar ▸**cordon ombilical** umbilical cord ▸**cordon sanitaire** cordon sanitaire
cordonnerie [kɔʀdɔnʀi] (NF) (= *boutique*) shoe-repair shop
cordonnier, -ière [kɔʀdɔnje, jɛʀ] (NM,F) cobbler
Corée [kɔʀe] (NF) Korea • **~ du Sud/du Nord** South/North Korea
coréen, -enne [kɔʀeɛ̃, ɛn] 1 (ADJ) Korean 2 (NM) (= *langue*) Korean 3 (NM,F) **Coréen(ne)** Korean
coriace [kɔʀjas] (ADJ) tough
coriandre [kɔʀjɑ̃dʀ] (NF) coriander
cormoran [kɔʀmɔʀɑ̃] (NM) cormorant
cornac [kɔʀnak] (NM) [*d'éléphant*] elephant driver
corne [kɔʀn] 1 (NF) ⓐ horn; [*de cerf*] antler; [*de narval*] tusk • **à ~s** horned • **sa femme lui fait porter des ~s*** his wife cheats on him* ⓑ (= *coin*) [*de page*] dog-ear ⓒ (= *peau dure*)* **avoir de la ~** to have patches of hard skin 2 (COMP) ▸**corne d'abondance** horn of plenty ▸**corne de brume** foghorn
cornée [kɔʀne] (NF) cornea
corneille [kɔʀnɛj] (NF) crow
cornélien, -ienne [kɔʀneljɛ̃, jɛn] (ADJ) [*situation*] *where love and duty conflict*
cornemuse [kɔʀnəmyz] (NF) bagpipes • **joueur de ~** piper
corner[1] [kɔʀne] /TABLE 1/ (VT) [+ *page*] to turn down the corner of
corner[2] [kɔʀnɛʀ] (NM) (*Football*) corner kick • **tirer un ~** to take a corner
cornet [kɔʀnɛ] (NM) **~ (en papier)** paper cone • **~ de frites** ≈ bag of chips • **~ de glace** ice-cream cone
corniche [kɔʀniʃ] (NF) [*de montagne*] ledge; (= *côte*) coast road
cornichon [kɔʀniʃɔ̃] (NM) gherkin; (*en condiment*) gherkin (*Brit*), pickle (*US*); (= *personne*)* nitwit*
Cornouailles [kɔʀnwaj] (NF) **la ~** Cornwall
cornu, e [kɔʀny] 1 (ADJ) [*animal, démon*] horned 2 (NF) **cornue** (= *récipient*) retort
corollaire ○ [kɔʀɔlɛʀ] (NM) corollary

corolle○ [kɔʀɔl] (NF) corolla
coronaire [kɔʀɔnɛʀ] (ADJ) coronary
corporation [kɔʀpɔʀasjɔ̃] (NF) corporate body • **dans notre ~** in our profession
corporel, -elle [kɔʀpɔʀɛl] (ADJ) [*châtiment*] corporal; [*sévices*] physical; [*accident*] involving physical injury; [*besoin*] bodily • **lait ~** body lotion
corps [kɔʀ] **1** (NM) **a** (*Anatomie*) body; (= *cadavre*) corpse • **robe près du ~** close-fitting dress
b (*Sciences*) body • **~ étranger** foreign body • **~ gras** fat
c [*d'article, ouvrage*] main body; [*de meuble*] main part
d [*de vin*] body
e (= *groupe*) body; (*Mil*) corps • **le ~ politique** the body politic • **le ~ enseignant/médical** the teaching/medical profession • **les grands ~ de l'État** the senior branches of the civil service
f (*locutions*) **se jeter** *ou* **se lancer à ~ perdu dans une entreprise** to throw o.s. wholeheartedly into a venture • **disparaître ~ et biens** to go down with all hands; (*fig*) to sink without trace • **donner ~ à qch** to give substance to sth • **il fait ~ avec sa moto** his motorbike is like an extension of his body • **prendre ~** to take shape • **il faudra qu'ils me passent sur le ~!** over my dead body! • **faire qch à son ~ défendant** to do sth unwillingly • **ça tient au ~*** it's filling
2 (COMP) ▸ **corps d'armée** army corps ▸ **corps de ballet** corps de ballet ▸ **corps à corps** clinch • **se battre (au) ~ à ~** to fight hand-to-hand ▸ **le Corps diplomatique** the Diplomatic Corps ▸ **corps électoral** electorate ▸ **corps expéditionnaire** task force ▸ **corps de métier** trade association
corpulence [kɔʀpylɑ̃s] (NF) stoutness • **(être) de forte ~** (to be) stout
corpulent, e [kɔʀpylɑ̃, ɑ̃t] (ADJ) stout
corpuscule [kɔʀpyskyl] (NM) corpuscle
correct, e [kɔʀɛkt] (ADJ) **a** (= *exact*) [*plan*] accurate; [*phrase*] correct; [*emploi, fonctionnement*] proper • **~!** (*en réponse*) correct! **b** (= *convenable*) [*tenue*] proper **c** (= *courtois*) polite • **ce n'est pas très ~ de sa part** that's rather rude of him **d** (= *honnête*) correct **e** (= *acceptable*) [*repas, hôtel, salaire*] reasonable
correctement [kɔʀɛktəmɑ̃] (ADV) [*fonctionner, parler, écrire, se nourrir*] properly; [*évaluer*] accurately; [*rémunérer*] decently • **vivre ~** to live reasonably well
correcteur, -trice [kɔʀɛktœʀ, tʀis] **1** (NM,F) [*d'examen*] examiner **2** (NM) **a ~ d'orthographe** *ou* **orthographique** spellchecker **b** (= *substance*) **~ d'acidité** acidity regulator • **~ liquide** correcting fluid • **~ de teint** concealer
correctif [kɔʀɛktif] (NM) **a** (= *mise au point*) qualifying statement • **apporter un ~ à qch** (= *corriger*) to correct an error in sth; (= *ajouter une précision à*) to qualify sth **b** (*Informatique*) patch
correction [kɔʀɛksjɔ̃] (NF) **a** (= *action*) [*de manuscrit*] correction; [*d'examen*] marking (*Brit*), grading (*US*) • **faire des ~s sur un texte** to correct a text • **apporter une ~ aux propos de qn** to amend what sb has said • **j'ai fait la ~ du devoir avec les élèves** I went through the pupils' essays with them **b** (= *châtiment*) (corporal) punishment • **recevoir une bonne ~** to get a good hiding* **c** [*de conduite*] **il a fait preuve d'une parfaite ~** he behaved impeccably • **je l'ai fait par ~** it was the polite thing to do
correctionnel, -elle [kɔʀɛksjɔnɛl] **1** (ADJ) **tribunal ~** ≈ magistrate's court (*dealing with criminal matters*) **2** (NF) **correctionnelle** ≈ magistrate's court • **passer en ~le** to go before the magistrate
corrélation [kɔʀelasjɔ̃] (NF) correlation • **être en ~ étroite avec** to be closely related to • **mettre en ~** to correlate
correspondance [kɔʀɛspɔ̃dɑ̃s] (NF) **a** (= *échange, lettres*) correspondence **b** (*Transports*) connection • **vols en ~** connecting flights • **l'autobus n'assure pas la ~ avec le train** the bus does not connect with the train

> Le mot anglais se termine par **-ence**.

correspondant, e [kɔʀɛspɔ̃dɑ̃, ɑ̃t] **1** (ADJ) corresponding (à to) **2** (NM,F) **a** correspondent; [*d'élève*] penfriend • **~ de guerre/à l'étranger** war/foreign correspondent • **de notre ~ permanent à Londres** from our correspondent in London **b** (*Téléc*) **mon ~** (= *appelé*) the person I was calling; (= *appelant*) the caller • **le numéro de votre ~ a changé** the number you have dialled has changed • **nous recherchons votre ~** we are trying to connect you

> Le mot anglais se termine par **-ent**.

correspondre [kɔʀɛspɔ̃dʀ] /TABLE 41/ **1** (VI) (= *écrire*) to correspond **2** (VT INDIR) **~ à** (= *être équivalent*) to correspond to; (= *s'accorder avec*) [+ *goûts*] to suit; [+ *capacités, description*] to fit • **sa version des faits ne correspond pas à la réalité** his version of the facts doesn't tally with what really happened
corrida [kɔʀida] (NF) bullfight
corridor [kɔʀidɔʀ] (NM) corridor
corrigé [kɔʀiʒe] (NM) [*d'exercice*] correct version; [*de traduction*] fair copy • **~s** (*en fin de manuel*) key to exercises; (*livre du professeur*) answer book; [*d'examens*] past papers
corriger [kɔʀiʒe] /TABLE 3/ (VT) **a** [+ *dictée*] to correct; [+ *examen*] to mark (*Brit*), to grade (*US*) **b** [+ *erreur, défaut*] to correct; [+ *abus*] to remedy; [+ *manières*] to improve; [+ *trajectoire, vue*] to correct **c ~ qn de** [+ *défaut*] to cure sb of • **tu ne le corrigeras pas à son âge** it's too late to make him change his ways **d** (= *punir*) to thrash
corroborer [kɔʀɔbɔʀe] /TABLE 1/ (VT) to corroborate
corroder (se) [kɔʀɔde] /TABLE 1/ (VPR) to corrode
corrompre [kɔʀɔ̃pʀ] /TABLE 41/ (VT) to corrupt; (= *soudoyer*) to bribe
corrompu, e [kɔʀɔ̃py] *ptp de* **corrompre** (ADJ) corrupt
corrosif, -ive [kɔʀozif, iv] (ADJ) corrosive; [*ironie, œuvre, écrivain*] caustic
corrosion [kɔʀozjɔ̃] (NF) corrosion
corrupteur, -trice [kɔʀyptœʀ, tʀis] (NM,F) (= *qui soudoie*) briber
corruption [kɔʀypsjɔ̃] (NF) corruption; (*en soudoyant*) bribery
corsage [kɔʀsaʒ] (NM) (= *chemisier*) blouse; [*de robe*] bodice
corsaire [kɔʀsɛʀ] (NM) **a** (*Hist = marin, navire*) privateer; (= *pirate*) pirate **b** **(pantalon) ~** breeches
Corse [kɔʀs] (NF) Corsica
corse [kɔʀs] **1** (ADJ) Corsican **2** (NMF) **Corse** Corsican
corsé, e [kɔʀse] *ptp de* **corser** (ADJ) **a** [*vin*] full-bodied; [*café*] (= *parfumé*) full-flavoured (*Brit*) *ou* -flavored (*US*); (= *fort*) strong **b** [*histoire*] spicy **c** [*addition*]* steep*; [*exercice*]* tough

corser [kɔʀse] /TABLE 1/ (VT) [+ *difficulté*] to intensify • **l'affaire se corse!** the plot thickens!
corset [kɔʀsɛ] (NM) corset
corso [kɔʀso] (NM) ~ **(fleuri)** flower parade
cortège [kɔʀtɛʒ] (NM) [*de fête, manifestants*] procession; (*officiel*) cortège • ~ **nuptial** bridal procession • ~ **funèbre** funeral procession • ~ **de** [+ *malheurs, faillites*] trail of
cortex [kɔʀtɛks] (NM) cortex
cortisone [kɔʀtizɔn] (NF) cortisone
corvée [kɔʀve] (NF) (*Mil*) (= *travail*) fatigue • **être de** ~ to be on fatigue • **être de ~ de vaisselle*** to be on dishwashing duty • **quelle ~!** what a chore!
coryza [kɔʀiza] (NM) head cold
cosinus [kɔsinys] (NM) cosine
cosmétique [kɔsmetik] 1 (ADJ, NM) cosmetic 2 (NF) **la ~** the cosmetics industry
cosmique [kɔsmik] (ADJ) cosmic
cosmonaute [kɔsmɔnot] (NMF) cosmonaut
cosmopolite [kɔsmɔpɔlit] (ADJ) cosmopolitan
cosmos [kɔsmos] (NM) **le ~** (= *l'univers*) the cosmos; (= *l'espace*) space
cosse [kɔs] (NF) [*de pois, haricots*] pod
cossu, e [kɔsy] (ADJ) [*personne*] well-off; [*maison*] grand; [*quartier*] wealthy
costar*, **costard*** [kɔstaʀ] (NM) suit
Costa Rica [kɔstaʀika] (NM) Costa Rica
costaricain, e [kɔstaʀikɛ̃, ɛ̃n], **costaricien, -ienne** [kɔstaʀisjɛ̃, jɛn] 1 (ADJ) Costa Rican 2 (NM,F) **Costaricain(e), Costaricien(ne)** Costa Rican
costaud, e* [kɔsto, od] (ADJ) strong • **c'est ~ comme voiture** it's a sturdy car
costume [kɔstym] (NM) ⓐ (= *complet*) suit • ~ **trois pièces** three-piece suit • **en ~-cravate** in a suit and tie ⓑ (*régional, d'acteur*) costume
costumé, e [kɔstyme] (ADJ) [*personne*] (*dans un bal*) in fancy dress; (*au théâtre*) in costume
cotation [kɔtasjɔ̃] (NF) valuation • ~ **en Bourse** listing on the stock exchange
cote [kɔt] 1 (NF) ⓐ [*de valeur boursière*] quotation; [*de voiture d'occasion*] quoted value; (*aux courses*) odds (**de** on) • **la ~ de Banjo est de 3 contre 1** the odds on Banjo are 3 to 1 ⓑ (= *popularité*) rating • **avoir la ~*** to be very popular (**auprès de** with), to be highly rated (**auprès de** by) • **elle a/n'a pas la ~* auprès du patron** she is/isn't in the boss's good books • ~ **de popularité** *ou* **de confiance** approval rating ⓒ (*pour classement*) classification mark; [*de livre de bibliothèque*] classification mark (*Brit*), call number (*US*) 2 (COMP) ▸ **cote d'alerte** [*de rivière*] flood level • **atteindre la ~ d'alerte** [*chômage, épidémie*] to reach crisis point; [*pollution*] to reach dangerous levels
coté, e [kɔte] *ptp de* **coter** (ADJ) (= *apprécié*) **être très ~** to be highly rated
côte [kot] (NF) ⓐ (*Anatomie*) rib • ~ **à ~** side by side ⓑ (*Boucherie*) chop; [*de bœuf*] rib • ~ **première** loin chop ⓒ [*de chou, tissu*] rib • **veste à ~s** ribbed jacket • **faire les poignets en ~s** (*Tricot*) to do the cuffs in rib ⓓ (= *pente*) slope • **il a dû s'arrêter dans la ~** he had to stop on the hill ⓔ (= *littoral*) coast; (= *ligne du littoral*) coastline • **les ~s de France** the French coastline • **la Côte (d'Azur)** the (French) Riviera • **sur la ~, il fait plus frais** it is cooler on the coast • **la route qui longe la ~** the coast road ▸ **la Côte d'Ivoire** Côte d'Ivoire, the Ivory Coast

côté [kote] (NM) ⓐ (= *partie du corps*) side • **être couché sur le ~** to be lying on one's side • **à son ~** at his side ⓑ [*d'objet, route, feuille*] side • **de chaque ~** *ou* **des deux ~s de la cheminée** on each side *ou* on both sides of the fireplace • **il a sauté de l'autre ~ du ruisseau** he jumped across the stream • **de l'autre ~ de la barricade** *ou* **de la barrière** on the other side of the fence • **changer de ~** (*Tennis*) to change ends ⓒ (= *aspect*) side • **le ~ pratique** the practical side • **les bons et les mauvais ~s** (*de qn*) the good and bad sides; (*de qch*) the pros and cons • **il a un ~ sympathique** there's a likeable side to him • **prendre qch du bon ~** to take sth well • **par certains ~s** in some ways • **(du) ~ santé tout va bien** healthwise everything is fine ⓓ (= *parti, branche familiale*) side • **de mon ~** on my side • **du ~ paternel** on his father's side ⓔ (*direction*) side • **de ce ~-ci** this way • **de ce ~-là** that way • **de l'autre ~** the other way • **nous habitons du ~ de la poste** we live near the post office • **ils se dirigeaient du ~ de l'église/du ~ opposé** they were heading towards the church/in the opposite direction • **venir de tous ~s** to come from all directions • **renseigne-toi de ton ~, je me renseignerai du mien** you find out what you can and I'll do the same • **voir de quel ~ vient le vent** to see which way the wind is blowing • ~ **du vent** windward side • ~ **sous le vent** leeward side ⓕ (= *donnant sur*) **une chambre ~ rue** a bedroom overlooking the street • ~ **cour/jardin** (*Théât*) stage left/right
▸ **à côté** (*proximité*) nearby; (= *pièce ou maison adjacente*) next door; (= *en comparaison*) in comparison • **l'hôtel est à ~** the hotel is close • **la maison (d')à ~** the house next door • **nos voisins d'à ~** our next-door neighbours • **les bombes sont tombées à ~** the bombs fell wide • **je suis tombé à ~** (= *me suis trompé*) I got it all wrong • **elle a été très malade, ton rhume n'est rien à ~** she's been very ill, your cold is nothing in comparison
▸ **à côté de** (= *à proximité de*) next to; (= *en comparaison de*) compared to • **tu es passé juste à ~ du château** you were right by the castle • **à ~ de la cible** wide of the target • **il a répondu à ~ de la question** (*sans le faire exprès*) his answer was off the point; (*intentionnellement*) he avoided the question • **on passe à ~ de beaucoup de choses en ne voyageant pas** you miss a lot by not travelling • **on est passé à ~ de la médaille d'or** we just missed winning the gold medal • **leur maison est grande à ~ de la nôtre** their house is big compared to ours • **il est paresseux, à ~ de ça il aime son travail*** he's lazy, but on the other hand he does like his work
▸ **aux côtés de** (*à proximité de, avec*) by the side of; [*travailler, s'engager*] alongside
▸ **de côté** (= *de biais*) [*regarder, se tourner, faire un pas*] sideways; (= *en réserve*) [*mettre, garder*] aside • **mettre de l'argent de ~** to put money by • **laisser qn/qch de ~** (= *à l'écart*) to leave sb/sth out
coteau (*pl* **coteaux**) [kɔto] (NM) (= *colline*) hill; (= *versant*) slope
côtelé, e [kot(ə)le] (ADJ) ribbed
côtelette [kotlɛt] (NF) cutlet
coter [kɔte] /TABLE 1/ 1 (VT) **coté en Bourse** quoted on the stock exchange • **être coté (à l'Argus)** [*voiture*] to be listed (*in the secondhand car directory*) 2 (VI) (*Bourse*) **valeur qui cote 500 €** share quoted at €500
côtier, -ière [kotje, jɛʀ] (ADJ) coastal; [*pêche*] inshore

cotillons [kɔtijɔ̃] NMPL party novelties (*confetti, streamers, paper hats etc*)

cotisation [kɔtizasjɔ̃] NF [*de club*] subscription; [*de pension, mutuelle*] contributions *pl* • **~s sociales** social security contributions

cotiser [kɔtize] /TABLE 1/ **1** VI (*dans un club*) to pay one's subscription; (*à la Sécurité sociale*) to pay one's contributions (**à** to) • **tu as cotisé pour le cadeau?** did you chip in* for the present? **2** VPR **se cotiser** **ils se sont cotisés pour lui faire un cadeau** they clubbed together to get him a present

coton [kɔtɔ̃] NM **a** (*= plante, fil*) cotton • **~ à broder** embroidery thread • **~ à repriser** darning thread • **~ hydrophile** cotton wool (*Brit*), absorbent cotton (*US*) • **robe de** *ou* **en ~** cotton dress **b** (*= tampon*) swab **c** (*locutions*) **j'ai les jambes en ~** my legs feel like jelly • **c'est ~*** it's tricky*

> Le mot anglais s'écrit avec deux **t**.

Coton-tige® (*pl* **Cotons-tiges**) [kɔtɔ̃tiʒ] NM cotton bud (*Brit*), Q-tip® (*US*)

côtoyer [kotwaje] /TABLE 8/ **1** VT (*= fréquenter*) to mix with • **je l'ai peu côtoyé** I didn't see much of him • **~ le danger** to flirt with danger **2** VPR **se côtoyer** [*individus*] to mix; [*genres, extrêmes*] to meet

cou [ku] NM neck • **porter qch au ~** *ou* **autour du ~** to wear sth round one's neck • **endetté jusqu'au ~** up to one's eyes in debt • **il est impliqué jusqu'au ~** he's in it up to his neck* • **sauter** *ou* **se jeter au ~ de qn** to throw one's arms around sb's neck

couac [kwak] NM false note; (*fig*) tricky moment

couchage [kuʃaʒ] NM (*= matelas, draps*) bedding *NonC* • **pour ~ 90** (*= matelas*) for mattress size 90cm

couchant [kuʃɑ̃] **1** ADJ **soleil ~** setting sun • **au soleil ~** at sunset **2** NM (*= ouest*) west; (*= aspect du ciel, à l'ouest*) sunset

couche [kuʃ] NF **a** [*de peinture*] coat; [*de beurre, fard, neige*] layer • **en tenir une ~*** to be really thick* • **en remettre** *ou* **en rajouter une ~*** to lay it on thick* **b** (*= zone*) layer • **la ~ d'ozone** the ozone layer • **~s sociales** social strata • **dans toutes les ~s de la société** at all levels of society **c** [*de bébé*] nappy (*Brit*), diaper (*US*)

couché, e [kuʃe] *ptp de* **coucher** ADJ (*= étendu*) lying down; (*au lit*) in bed • **Rex, ~!** lie down, Rex!

couche-culotte (*pl* **couches-culottes**) [kuʃkylɔt] NF disposable nappy (*Brit*) *ou* diaper (*US*)

coucher [kuʃe] /TABLE 1/ **1** VT **a** (*= mettre au lit*) to put to bed; (*= donner un lit à*) to put up
b (*= étendre*) [*+ blessé*] to lay down; [*+ bouteille*] to lay on its side • **il y a un arbre couché en travers de la route** there's a tree lying across the road • **le vent a couché les blés** the wind has flattened the corn
2 VI **a** (*= passer la nuit*) to sleep • **nous avons couché à l'hôtel** we spent the night at a hotel • **nous couchions chez des amis** we were staying with friends • **on peut ~ à cinq dans le bateau** the boat sleeps five
b (*= avoir des rapports sexuels*) **~ avec qn** to sleep with sb
3 VPR **se coucher** **a** (*= aller au lit*) to go to bed
b (*= s'étendre*) to lie down • **un poteau s'est couché au travers de la route** there's a telegraph pole lying across the road
c [*soleil, lune*] to set
4 NM **a** (*= moment*) **à prendre au ~** [*médicament*] to be taken at bedtime
b (*= tombée de la nuit*) **~ de soleil** sunset • **au ~ du soleil** at sunset

couche-tard* [kuʃtaʀ] NMF INV night owl*

couche-tôt* [kuʃto] NMF INV **c'est un ~** he always goes to bed early

couchette [kuʃɛt] NF (*dans un train*) berth; [*de marin*] bunk

couci-couça○* [kusikusa] ADV so-so*

coucou [kuku] **1** NM **a** (*= oiseau*) cuckoo; (*= pendule*) cuckoo clock **b** (*= fleur*) cowslip **c** (*= bonjour*)* **faire un petit ~** to say hello (**à** to) **2** EXCL (*à cache-cache*) peek-a-boo!; (*= bonjour*) hello! • **~, c'est moi!** hello!, it's me!

coude [kud] NM **a** [*de personne*] elbow • **se serrer les ~s** to stick together • **donner un coup de ~ à qn** (*légèrement*) to give sb a nudge; (*plus brutalement*) to elbow sb • **être au ~ à ~** [*coureurs, candidats*] to be neck and neck • **j'ai** *ou* **je garde votre dossier sous le ~** I am holding on to your file • **j'ai toujours ce dictionnaire sous le ~** I always keep this dictionary handy **b** [*de rivière, route, tuyau, barre*] bend

coudée [kude] NF **avoir les ~s franches** to have elbow room

cou-de-pied (*pl* **cous-de-pied**) [kud(ə)pje] NM instep

coudre [kudʀ] /TABLE 48/ **1** VT to sew; [*+ pièce, bouton*] to sew on; [*+ plaie*] to sew up; [*+ vêtement*] to sew together • **~ un bouton/une pièce à une veste** to sew a button/patch on a jacket • **~ à la main/à la machine** to sew by hand/by machine **2** VI to sew

Coué [kwe] NM **il faut pratiquer** *ou* **utiliser la méthode ~** you need to try self-persuasion

couette [kwɛt] NF **a** [*de cheveux*] **~s** bunches **b** (*= couverture*) duvet

couffin [kufɛ̃] NM [*de bébé*] Moses basket

couille** [kuj] NF **a** (*= testicule*) ball** • **avoir des ~s** (*courage*) to have balls** **b** (*= erreur, problème*) balls-up** (*Brit*), ball-up** (*US*)

couillon* [kujɔ̃] **1** ADJ M damn* stupid **2** NM damn* idiot

couillonnade* [kujɔnad] NF bullshit** • **c'est de la ~** it's a load of bullshit**

couillonner* [kujɔne] /TABLE 1/ VT to con*

couinement [kwinmɑ̃] NM [*de porc, freins*] squeal; [*de souris*] squeak; [*de porte, ressort*] creak

couiner* [kwine] /TABLE 1/ VI [*porc, freins*] to squeal; [*souris*] to squeak; [*porte, ressort*] to creak

coulant, e [kulɑ̃, ɑ̃t] ADJ **a** [*pâte, fromage*] runny **b** (*= indulgent*) [*personne*]* easy-going

coulé, e [kule] *ptp de* **couler** **1** ADJ (*bataille navale*) **(touché) ~!** she's gone under! **2** NF **coulée ~e de lave** lava flow • **~e de boue** mudslide • **~e de neige** snowslide • **~e verte** pedestrian zone (*with trees and grass*)

couler [kule] /TABLE 1/ **1** VI **a** [*liquide, fromage*] to run; [*sang, larmes, rivière*] to flow; [*bougie*] to drip • **la sueur coulait sur son visage** he had sweat running down his face • **~ à flots** [*vin, champagne*] to be flowing freely • **le sang a coulé** (*fig*) blood has been shed • **~ de source** (*= être clair*) to be obvious; (*= s'enchaîner*) to follow naturally
b **faire ~** [*+ eau*] to run • **faire ~ un bain** to run a bath • **faire ~ le sang** (*fig*) to cause bloodshed • **ça a fait ~ beaucoup d'encre** it has caused a lot of ink to flow

c [robinet] to run; (= fuir) to leak • **il a le nez qui coule** he's got a runny nose

d [bateau, personne] to sink; [entreprise] to go under • **~ à pic** to sink straight to the bottom

2 VT a [+ cire, ciment] to pour; [+ métal, statue, cloche] to cast

b (= passer) **~ des jours heureux** to have a happy time

c [+ bateau] to sink; (= faire échouer)* [+ candidat] to bring down; [+ entreprise] to wreck • **c'est la chimie qui l'a coulé*** it was the chemistry test that brought him down

3 VPR **se couler** a (= se glisser) **se ~ dans/à travers** to slip into/through

b **se la ~ douce*** (= avoir la belle vie) to have an easy time of it*; (= paresser) to take it easy

couleur [kulœʀ] 1 NF a (= coloris) colour (Brit), color (US); (= nuance) shade • **une robe de ~ bleue** a blue dress • **de ~ sombre** dark-coloured • **film en ~s** colour film • **vêtements noirs ou de ~** dark or colourful clothes • **la ~** • **les ~s** (= linge de couleur) coloureds • **se faire faire une ~** to have one's hair coloured

b (= peinture) paint • **~s à l'eau** watercolours • **~s à l'huile** oils • **boîte de ~s** paintbox

c (= carnation) **avoir des ~s** to have a good colour • **tu as pris des ~s** (bronzage) you've got a tan

d (= caractère) colour (Brit), color (US) • **~ politique** political colour • **ces costumes font très ~ locale** these costumes give plenty of local colour

e (Cartes) suit

f (Sport) **~s** [de club, écurie] colours (Brit), colors (US)

g (locutions) **homme/femme de ~** coloured man/woman (injurieux) • **elle n'a jamais vu la ~ de son argent*** she's never seen the colour of his money* • **il m'a promis un cadeau mais je n'en ai jamais vu la ~*** he promised me a present but I've yet to see it

2 ADJ INV **~ mousse** moss-green • **~ prune** plum-coloured (Brit) ou colored (US)

couleuvre [kulœvʀ] NF **~ (à collier)** grass snake

coulis [kuli] NM (= sauce) coulis • **~ de framboises/de tomates** raspberry/tomato coulis

coulissant, e [kulisɑ̃, ɑ̃t] ADJ [porte, panneau] sliding • **ceinture ~e** drawstring belt

coulisse [kulis] NF a (Théât: gén pl) wings • **en ~** • **dans les ~s** (Théât) in the wings; (fig) behind the scenes • **les ~s de la politique** what goes on behind the political scenes • **rester dans la ~** to work behind the scenes

b **porte à ~** sliding door

coulisser [kulise] /TABLE 1/ VI [porte, tiroir] to slide

couloir [kulwaʀ] NM [de bâtiment] corridor (Brit), hall (US); [d'avion, train] aisle; [de piscine, piste, bus, taxi] lane; (Géog) gully; (Tennis) tramlines (Brit), alley (US); (Ski) corridor • **~ aérien** air (traffic) lane • **~ humanitaire** safe corridor • **~ d'avalanches** avalanche corridor • **bruits de ~(s)** rumours

---

coup [ku]

> Lorsque **coup** est suivi d'un complément de nom désignant une partie du corps ou un instrument, par exemple **coup de pied**, **coup de téléphone**, reportez-vous à l'autre mot.

NOM MASCULIN

a (= heurt, choc) blow • **il a pris un ~ sur la tête** (= il s'est cogné) he banged his head; (= on l'a frappé) he was hit on the head • **la voiture a reçu un ~** the car has had a bump • **donner des ~s dans la porte** to bang on the door • **en prendre un sacré ~*** [carrosserie] to have a nasty bang; [personne, confiance, moral] to take a (real) knock • **ça lui a fichu un ~*** it's given him a shock • **~ dur** hard blow • **il m'a donné un ~** he hit me • **en venir aux ~s** to come to blows • **~s et blessures** assault and battery

b (Sport, Jeux, Cricket, Golf, Tennis) stroke; (Boxe) punch; (Tir) shot; (Échecs) move; (aux dés) throw • **~ droit** (Tennis) drive • **faire un ~ droit** to do a forehand drive • **~ bas** blow below the belt • **c'était un ~ bas** it was below the belt • **~ franc** (Football, Rugby) free kick; (Basket) free-throw shot • **tous les ~s sont permis** no holds barred

c (d'arme à feu) shot • **il jouait avec le fusil quand le ~ est parti** he was playing with the rifle when it went off

d (= habileté) **avoir le ~** to have the knack • **attraper** ou **prendre le ~** to get the knack

e (= bruit) knock • **sonner 3 ~s** to ring 3 times • **les douze ~s de minuit** the twelve strokes of midnight • **sur le ~ de minuit*** on the stroke of midnight

f (= événement) **~ du sort** blow dealt by fate • **~ de chance** ou **de bol*** stroke of luck

g (= action) [de cambrioleurs] job* • **il est sur un ~*** he's up to something • **elle voulait cette maison, mais ils étaient plusieurs sur le ~*** she wanted that house but there were several people after it* • **c'est un ~ à tenter** it's worth a go* • **il a raté son ~** he blew it* • **c'est un ~ à se tuer!*** you could get yourself killed doing that! • **c'est encore un ~ de 1 000 €*** that'll be another 1,000 euros to fork out* • **~ monté** set-up* • **tu ne vas pas nous faire le ~ d'être malade** you're not going to go and be ill on us* • **il nous fait le ~ chaque fois** he always does that • **faire un ~ en vache à qn*** to pull a dirty trick on sb*

h (= fois)* time • **à tous les ~s** every time • **du même ~** at the same time • **pleurer un bon ~** to have a good cry

i (= boisson)* **aller boire un ~** to go and have something to drink; (au café) to go for a drink • **j'ai bu un ~ de rouge** I had a glass of red wine • **il a bu un ~ de trop** he's had one too many*

j (= partenaire sexuel)** **être un bon ~** to be a good lay**

k (locutions) **en mettre un ~*** to pull out all the stops*

▸ **à coup(s) de** **le théâtre ne fonctionne qu'à ~s de subventions** (= au moyen de) the theatre can only function thanks to subsidies

▸ **à coup sûr** definitely

▸ **après coup** afterwards

▸ **au coup par coup** [agir] on an ad hoc basis; [embaucher, acheter] as and when the need arises

▸ **dans le coup** **être dans le ~** (impliqué) to be in on it*; (au courant) to know all about it; (à la page) to be with it* • **mettre qn dans le ~** to get sb involved

▸ **du coup** as a result

▸ **d'un seul coup** (= soudain) all at once; (= en une seule fois) in one go

▸ **du premier coup** [reconnaître, voir] straight away • **il a eu son permis de conduire du premier ~** he passed his driving test first time

▸ **pour le coup** **là, pour le ~, il m'a étonné** he really surprised me there

▸ **sous le coup de** **être sous le ~ d'une forte émotion** to be in a highly emotional state • **il l'a fait sous le ~ de la colère** he did it in a fit of anger • **être sous le ~ d'une**

condamnation to have a current conviction • **tomber sous le ~ de la loi** to be a statutory offence

▸ **coup sur coup** in quick succession • **deux victoires ~ sur ~** two successive wins

▸ **sur le coup** (*= instantanément*) outright • **mourir sur le ~** to be killed outright • **sur le ~ je n'ai pas compris** at the time I didn't understand

▸ **tout à coup** all of a sudden

▸ **tout d'un coup** all of a sudden

▸ **valoir le coup ça vaut le ~** it's worth it • **c'est un film qui vaut le ~** the film is worth seeing

---

coupable [kupabl] **1** ADJ [*personne, désirs, amour*] guilty; [*faiblesse*] reprehensible **2** NMF culprit

coupant, e [kupɑ̃, ɑ̃t] ADJ sharp

coupe¹ [kup] NF **a** (*à dessert, à glace*) dish • **une ~ de champagne** a glass of champagne • **une ~ de fruits/de glace** a dish of fruit/of ice cream **b** (*Sport*) **la ~ du monde** the World Cup • **la ~ de France de football** the French football (*Brit*) *ou* soccer (*US*) cup

coupe² [kup] NF **a** (*= façon d'être coupé*) cut • **robe de belle ~** beautifully cut dress • **beurre vendu à la ~** butter sold loose

b [*de cheveux*] ~ **(de cheveux)** (hair)cut • **~ au rasoir** razor-cut • **faites-moi une ~ toute simple** just do something simple

c (*au microscope*) section

d (*= dessin*) section • **le navire vu en ~** a cross section of the ship

e (*= réduction*) cut • **faire des ~s dans qch** to make cuts in sth • **faire des ~s claires** *ou* **sombres dans qch** to make drastic cuts in sth

f (*locutions*) **être sous la ~ de qn** [*personne*] to be under sb's thumb

coupé, e [kupe] *ptp de* **couper 1** ADJ **a** [*vêtement*] **bien/mal ~** well/badly cut **b** [*communications, routes*] cut off *attrib* **2** NM (*= voiture*) coupé

coupe-circuit (*pl* **coupe-circuits**) [kupsiʀkɥi] NM circuit breaker

coupe-coupe○ [kupkup] NM INV machete

coupe-faim (*pl* **coupe-faim(s)**) [kupfɛ̃] NM appetite suppressant

coupe-feu (*pl* **coupe-feu(x)**) [kupfø] NM **porte ~** fire door

coupe-frites [kupfʀit] NM INV chip-cutter (*Brit*), French-fry-cutter (*US*)

coupe-gorge (*pl* **coupe-gorge(s)**) [kupgɔʀʒ] NM (*= quartier*) dangerous area; (*= rue*) dangerous back-alley

coupe-ongle, coupe-ongles (*pl* **coupe-ongles**) [kupɔ̃gl] NM nail clippers

coupe-papier [kuppapje] NM INV paper knife

couper [kupe] /TABLE 1/ **1** VT **a** (*= sectionner*) to cut; [*+ bois*] to chop; [*+ arbre*] to cut down; [*+ rôti*] to carve • **~ qch en (petits) morceaux** to cut sth into (little) pieces • **~ qch en deux** to cut sth in two • **~ coller** (*Informatique*) to cut and paste • **~ la tête à qn** to cut sb's head off • **se faire ~ les cheveux** to get one's hair cut

b [*+ vêtement*] to cut out

c [*+ passages inutiles, émission*] to cut

d [*+ eau, gaz, courant*] to cut off; (*au compteur*) to turn off; [*+ communications, crédits, téléphone*] to cut off • **coupez!** (*Ciné*) cut! • **~ le contact** (*Auto*) to switch off the ignition • **~ l'appétit à qn** to spoil sb's appetite • **~ la route à qn** [*automobiliste*] to cut in front of sb

e (*= interrompre*) ~ **la parole à qn** [*personne*] to cut sb short • **~ le sifflet** *ou* **la chique à qn*** to shut sb up*

f [*+ voyage*] to break; [*+ journée*] to break up

g (*= isoler*) ~ **qn de qch** to cut sb off from sth

h (*= traverser*) [*ligne*] to intersect; [*route*] to cut across

i (*Cartes*) [*+ jeu*] to cut; (*avec l'atout*) to trump

j (*Sport*) [*+ balle*] to slice

k (*= mélanger*) [*+ lait, vin*] (*à table*) to add water to; [*+ vin*] (*à la production*) to blend; (*= altérer*) [*+ drogue, vin*] to cut

l (*locutions*) ~ **les cheveux en quatre** to split hairs • **~ la respiration à qn** to wind sb; (*fig*) to take sb's breath away

2 VT INDIR ~ **à qch** (*= échapper à qch*) to get out of sth • **tu n'y couperas pas** you won't get out of it

3 VI **a** [*couteau, verre*] to cut

b (*= prendre un raccourci*) ~ **à travers champs** to cut across country

c (*Cartes*) (*= diviser le jeu*) to cut; (*= jouer atout*) to trump • **~ à trèfle** to trump clubs

4 VPR **se couper a** (*= s'entailler*) to cut o.s. • **se ~ les cheveux/les ongles** to cut one's hair/nails

b se ~ de [*+ amis, famille, pays*] to cut o.s. off from

c (*= se trahir*) to give o.s. away

couperet [kupʀɛ] NM [*de boucher*] chopper; [*de guillotine*] blade

couperose [kupʀoz] NF **avoir de la ~** to have blotches on one's face

couperosé, e [kupʀoze] ADJ blotchy

coupe-vent (*pl* **coupe-vent(s)**) [kupvɑ̃] NM (*= vêtement*) windcheater (*Brit*), windbreaker (*US*)

couple [kupl] NM **a** couple • **ils ont des problèmes de ~** things aren't going well between them • **la vie de ~, ce n'est pas toujours facile** it isn't always easy being in a relationship **b** [*de patineurs, animaux*] pair

couplet [kuplɛ] NM (*= strophe*) verse

coupole [kupɔl] NF (*Archit*) dome • **être reçu sous la Coupole** to become a member of the Académie française → ACADÉMIE

coupon [kupɔ̃] NM **a** (*= reste de tissu*) remnant; (*= rouleau de tissu*) roll **b** (*= billet de transport*) **~ hebdomadaire/mensuel** ≈ weekly/monthly pass **c ~ de réduction** coupon

coupon-réponse (*pl* **coupons-réponse**) [kupɔ̃ʀepɔ̃s] NM reply coupon

coupure [kupyʀ] NF **a** (*= blessure, suppression*) cut **b ~ (de presse** *ou* **de journal)** (newspaper) cutting **c** (*= billet de banque*) note (*Brit*), bill (*US*) • **petites/grosses ~s** small/big notes (*Brit*) *ou* bills (*US*) • **en petites ~s** in small notes (*Brit*) *ou* bills (*US*) **d** (*= interruption*) **~ (de courant)** power cut • **il y aura des ~s ce soir** (*électricité*) there'll be power cuts tonight; (*gaz, eau*) the gas (*ou* water) will be cut off tonight

e (*= arrêt, pause*) break • **~ publicitaire** commercial break

cour [kuʀ] **1** NF **a** [*de bâtiment*] courtyard • **~ d'école** schoolyard • **~ de récréation** playground • **jouer dans la ~ des grands** (*fig*) to play with the big boys*

b (*= tribunal*) court • **la Cour suprême** the Supreme Court

c [*de roi*] court • **à la ~** at court

d faire la ~ à une femme to court a woman

2 COMP ▸ **cour d'appel** ≈ Court of Appeal, ≈ appellate court (*US*) ▸ **cour d'assises** ≈ court of assizes ▸ **cour de cassation** Court of Cassation; (*final*) Court of Appeal ▸ **Cour européenne des droits de l'homme** European Court of Human Rights ▸ **Cour européenne de justice**

European Court of Justice ▸ **cour martiale** court martial • **passer en ~ martiale** to be court-martialled

courage [kuʀaʒ] (NM) ⓐ *(= bravoure)* courage • **avoir du ~** to be brave • **~ politique** political courage • **je n'ai pas eu le ~ de refuser** I didn't have the heart to refuse • **avoir le ~ de ses opinions** to have the courage of one's convictions ⓑ *(= ardeur)* **je voudrais finir ce travail, mais je ne m'en sens pas** *ou* **je n'en ai pas le ~** I'd like to get this work finished, but I don't feel up to it • **~ ! nous y sommes presque !** take heart! we're almost there! • **perdre ~** to lose heart • **reprendre ~** to take fresh heart

courageusement [kuʀaʒøzmɑ̃] (ADV) bravely

courageux, -euse [kuʀaʒø, øz] (ADJ) brave • **je ne suis pas très ~ aujourd'hui** I don't feel up to much today

couramment [kuʀamɑ̃] (ADV) ⓐ *(parler une langue)* fluently ⓑ *(= souvent)* **~ employé** commonly used • **ça se dit ~** it's a common expression • **cela arrive ~** it's a common occurrence • **cela se fait ~** it's common practice

courant, e [kuʀɑ̃, ɑ̃t] **1** (ADJ) ⓐ *(= normal)* [*dépenses*] everyday; [*modèle, taille*] standard • **l'usage ~** everyday usage

ⓑ *(= fréquent)* common • **c'est un procédé ~** it's common practice

ⓒ *(= en cours)* [*année, semaine*] current • **votre lettre du 5 ~** your letter of the 5th of this month

2 (NM) ⓐ [*de cours d'eau, mer, atmosphère*] current • **~ d'air** draught *(Brit)*, draft *(US)* • **plein de ~s d'air** very draughty • **~ d'air froid/chaud** *(Météo)* cold/warm air current • **il y a trop de ~** the current's too strong • **remonter le ~** to go against the current

ⓑ *(= mouvement)* movement • **le ~ surréaliste** the surrealist movement • **les ~s de l'opinion** the trends of public opinion • **un ~ de sympathie** a wave of sympathy

ⓒ *(Élec)* current • **il n'y a plus de ~** the electricity has gone off • **couper le ~** to cut off the power • **on s'est rencontré un soir et le ~ est tout de suite passé** we met one evening and hit it off straight away* • **le ~ ne passe pas entre nous** we don't get on

ⓓ *(= cours)* **dans le ~ du mois** in the course of the month • **je dois le voir dans le ~ de la semaine** I'm to see him some time during the week • **dans le ~ de la conversation** in the course of the conversation • **le projet doit être fini ~ mai** the project is due to finish some time in May

ⓔ ▸ **au courant être au ~ de qch** to know about sth • **oui, je suis au ~** yes, I know • **mettre qn au ~ de qch** to tell sb about sth • **tenir qn au ~ de qch** to keep sb informed of sth • **si jamais ça recommence, tenez-moi au ~** if it happens again let me know

3 (NF) **courante*̣ la ~e** the runs*̣

courbature [kuʀbatyʀ] (NF) ache • **plein de ~s** stiff all over

courbaturé, e [kuʀbatyʀe] (ADJ) stiff

courbe [kuʀb] **1** (NF) curve • **~ de niveau** contour line • **la ~ du chômage** unemployment figures • **la ~ du chômage est toujours ascendante** unemployment is still rising **2** (NFPL) *(d'une femme)* curves • **des ~s généreuses** generous curves **3** (ADJ) curved

courber [kuʀbe] /TABLE 1/ **1** (VT) *(= pencher)* **~ la tête** to bow one's head **2** (VPR) **se courber** [*personne*] *(pour entrer, passer)* to bend down; *(signe de déférence)* to bow • **se ~ en deux** to bend double

courbure [kuʀbyʀ] (NF) curve

coureur, -euse [kuʀœʀ, øz] **1** (NM,F) runner • **~ automobile** racing driver • **~ cycliste** racing cyclist • **~ motocycliste** motorbike racer • **~ de fond** long-distance runner **2** (NM) *(péj)* **~ (de jupons)** womanizer • **il est assez ~** he's a bit of a womanizer

courge [kuʀʒ] (NF) *(= plante, fruit)* gourd; *(Cuisine)* marrow *(Brit)*, squash *(US)*

courgette [kuʀʒɛt] (NF) courgette *(Brit)*, zucchini *(US)*

courir [kuʀiʀ] /TABLE 11/ **1** (VI) ⓐ to run; *(Auto, Cyclisme)* to race • **entrer/sortir en courant** to run in/out • **~ sur Ferrari** to race with Ferrari • **le voleur court toujours** the thief is still at large

ⓑ *(= se précipiter)* to rush • **~ chez le docteur** to rush to the doctor's • **ce spectacle fait ~ tout Paris** all Paris is rushing to see the show • **faire qch en courant** to do sth in a rush • **elle est toujours en train de ~** she's always rushing about • **~ partout pour trouver qch** to hunt everywhere for sth • **tu peux toujours ~ !*** you can whistle for it!* • **pour enlever les taches, tu peux toujours ~*** if you think you'll get rid of those stains you've got another think coming*

ⓒ *(locutions)* **~ à l'échec** to be heading for failure • **~ à sa perte** to be on the road to ruin • **~ à la catastrophe** to be rushing headlong into disaster • **~ après un ballon** to run after a ball • **les épinards, je ne cours pas après*** I'm not that keen on spinach • **~ après qn** to run after sb • **~ sur le système** *ou* **le haricot à qn*̣** to get on sb's nerves*

ⓓ [*nuages, reflets*] to race; [*eau*] to rush • **sa plume courait sur le papier** his pen was racing across the paper

ⓔ *(= se répandre)* **le bruit court que ...** rumour has it that ... • **laisser ~*** to let things alone • **laisse ~ !*** forget it!*

ⓕ [*intérêt*] to accrue; [*bail*] to run

2 (VT) ⓐ *(Sport)* [*+ épreuve*] to compete in • **~ un 100 mètres** to run in a 100 metres race • **~ le Grand Prix** to race in the Grand Prix

ⓑ *(= s'exposer à)* **~ de grands dangers** to be in great danger • **~ un risque** to run a risk • **c'est un risque à ~** it's a risk we'll have to take • **~ sa chance** to try one's luck

ⓒ *(= parcourir)* [*+ magasins, bureaux*] to go round • **des gens comme lui, ça ne court pas les rues*** there aren't many like him

ⓓ *(= fréquenter)* **~ les filles** to chase the girls

ⓔ *(= ennuyer)*̣* **~ qn** to bug sb*̣

couronne [kuʀɔn] (NF) ⓐ [*de mariée*] headdress • **~ (funéraire** *ou* **mortuaire)** *(fleurs)* (funeral) wreath • **~ de lauriers** laurel wreath • **~ d'épines** crown of thorns ⓑ [*de roi, pape*] crown • **la ~ d'Angleterre** the English crown ⓒ *(= pain)* ring-shaped loaf ⓓ [*de dent*] crown ⓔ *(= périphérie)* **la grande/petite ~** the outer/inner suburbs (of Paris) ⓕ *(= monnaie)* crown

couronnement [kuʀɔnmɑ̃] (NM) [*de roi, empereur*] coronation; [*de carrière, œuvre*] crowning achievement

couronner [kuʀɔne] /TABLE 1/ (VT) ⓐ [*+ souverain*] to crown • **on le couronna roi** he was crowned king ⓑ [*+ ouvrage, auteur*] to award a prize to ⓒ *(= parachever)* **cela couronne sa carrière** it is the crowning achievement of his career • **et pour ~ le tout** *(iro)* and to cap it all • **ses efforts ont été couronnés de succès** his efforts were crowned with success

courre [kuʀ] (VT) → **chasse**

courriel [kuʀjɛl] (NM) email • **envoyer qch par ~** to email sth

courrier [kuʀje] (NM) ⓐ (= *lettres reçues*) mail; (= *lettres à écrire*) letters • **~ électronique** email • **envoyer qch par ~ électronique** to email sth • **~ indésirable** (*Informatique*) spam, junk email ⓑ (= *rubrique*) column • **~ du cœur** problem page • **~ des lecteurs** letters to the Editor

courroie [kuʀwa] (NF) (= *attache*) strap; (*Tech*) belt • **~ de transmission/de ventilateur** driving/fan belt

cours [kuʀ] (NM) ⓐ (= *leçon*) class; (*Univ* = *conférence*) lecture; (= *série de leçons*) course • **faire** *ou* **donner un ~ sur** to give a class (*ou* lecture *ou* course) on • **il donne des ~ en fac*** he lectures at the university • **qui vous fait ~ en anglais?** who takes you for English? • **je ne ferai pas ~ demain** I won't be teaching tomorrow • **j'ai (un) ~ d'histoire à quatorze heures** I've got a history class at two o'clock • **~ accéléré** crash course (**de in**) • **~ du soir** (*pl*) evening classes • **~ par correspondance** correspondence course • **~ de vacances** summer school • **donner/prendre des ~ particuliers** to give/have private lessons • **~ particuliers de piano** private piano lessons
ⓑ (= *enseignement*) class • **~ préparatoire/élémentaire/moyen** *first/second or third/fourth or fifth year in primary school*
ⓒ (= *établissement*) school • **~ de danse** dancing school
ⓓ [*de rivière*] **avoir un ~ rapide** to be fast-flowing • **sur une partie de son ~** on *ou* along part of its course • **descendre le ~ de la Seine** to go down the Seine • **~ d'eau** watercourse
ⓔ [*de valeurs, matières premières*] price; [*de devises*] rate • **avoir ~** [*monnaie*] to be legal tender • **ne plus avoir ~** [*monnaie*] to be out of circulation; [*expression*] to be obsolete • **~ du change** foreign exchange rate
ⓕ (= *déroulement*) course • **donner libre ~ à** [+ *imagination*] to give free rein to; [+ *joie, sentiment*] to give vent to • **il donna libre ~ à ses larmes** he let his tears flow freely
▸ **au cours de** during
▸ **en cours** [*année*] current; [*affaires, essais*] in progress
▸ **en cours de** in the process of • **c'est en ~ de réparation/réfection** it's being repaired/rebuilt • **le projet est en ~ d'étude** the project is under consideration • **en ~ de route** on the way

course [kuʀs] 1 (NF) ⓐ (= *action de courir*) running • **la ~ folle de la voiture s'est terminée dans le ravin** the car careered out of control and ended up in the ravine • **c'est la ~*** it's a race against the clock
ⓑ (= *discipline*) racing • **la ~ (à pied)** running • **~ de fond** long-distance running • **~ de demi-fond** middle-distance running • **faire la ~ avec qn** to race with sb
ⓒ (= *compétition*) race • **~ de fond/sur piste** long-distance/track race • **~ autour du monde (à la voile)** round-the-world (yacht) race • **les ~s** [*de chevaux*] horse racing • **aller aux ~s** to go to the races • **être/ne plus être dans la ~** [*candidat*] to be in the running/out of the running • **il n'est plus dans la ~*** (*dépassé*) he's out of touch
ⓓ (*pour l'obtention de qch*) race • **la ~ aux armements** the arms race • **la ~ au pouvoir** the race for power • **la ~ à la productivité** the drive to be ultraproductive
ⓔ (*en taxi*) ride • **payer (le prix de) la ~** to pay the fare
ⓕ (= *commission*) errand • **~s** (*dans un magasin*) shopping *NonC* • **faire une ~** to get something from the shops (*Brit*) *ou* stores (*US*) • **faire les ~s** to do the shopping
ⓖ [*de pièce mobile*] movement • **à** *ou* **en bout de ~** [*institution, industrie, machine*] on its last legs*; [*personne*] on one's last legs*
2 (COMP) ▸ **course automobile** motor race ▸ **course de chevaux** horse-race ▸ **course contre la montre** (*Cyclisme*) time trial; (*fig*) race against the clock ▸ **course de haies** hurdling *NonC* ▸ **course hippique** horse-race ▸ **course d'obstacles** (*Sport*) obstacle race; (*Hippisme*) steeplechase ▸ **course d'orientation** orienteering race ▸ **course de relais** relay race ▸ **course en sac** sack race

courser* [kuʀse] /TABLE 1/ (VT) to chase after

coursier, -ière [kuʀsje, jɛʀ] (NM,F) courier; (*à moto*) dispatch rider

court¹, e [kuʀ, kuʀt] 1 (ADJ) ⓐ short • **il connaît un chemin plus ~** he knows a shorter way • **la journée m'a paru ~e** the day seemed to go very quickly
ⓑ (= *insuffisant*) [*avance, majorité*] small • **il lui a donné 10 jours, c'est ~** he's given him 10 days, which is a bit tight
ⓒ (*locutions*) **tirer à la ~e paille** to draw straws • **prendre au plus ~** to go the shortest way • **aller au plus ~** to cut corners
2 (ADV) ⓐ [*se coiffer, s'habiller*] **elle s'habille très ~** she wears very short skirts • **avoir les cheveux coupés ~** to have short hair
ⓑ (*locutions*) **s'arrêter ~** to stop short • **couper ~ à** [+ *débat, rumeur, critiques*] to put a stop to • **il faut faire ~*** (= *être concis*) you (*ou* we) need to be brief • **prendre qn de ~** to catch sb unawares • **tourner ~** [*projet, débat*] to come to a sudden end • **être à ~ de qch** to be short of sth • **appelez-moi Bob tout ~** just call me Bob

court² [kuʀ] (NM) (*Sport*) court • **~ de tennis/badminton** tennis/badminton court

court-bouillon (*pl* **courts-bouillons**) [kuʀbujɔ̃] (NM) court-bouillon • **au ~** in a court-bouillon

court-circuit (*pl* **courts-circuits**) [kuʀsiʀkɥi] (NM) short-circuit

court-circuiter [kuʀsiʀkɥite] /TABLE 1/ (VT) (*Élec*) to short-circuit; [+ *personne, service*] to bypass

court-courrier (*pl* **courts-courriers**) [kuʀkuʀje] 1 (ADJ) [*vol*] short-haul *épith* 2 (NM) (= *avion*) short-range aircraft

courtier, -ière [kuʀtje, jɛʀ] (NM,F) broker • **~ d'assurances** *ou* **en assurances** insurance broker

courtiser [kuʀtize] /TABLE 1/ (VT) [+ *femme*] to court

court-jus* (*pl* **courts-jus**) [kuʀʒy] (NM) short-circuit

court-métrage (*pl* **courts-métrages**) [kuʀmetʀaʒ] (NM) → **métrage**

courtois, e [kuʀtwa, waz] (ADJ) courteous

courtoisie [kuʀtwazi] (NF) courtesy

court-vêtu, e (*mpl* **court-vêtus**) [kuʀvety] (ADJ) wearing a short skirt

couru, e [kuʀy] *ptp de* **courir** (ADJ) ⓐ [*restaurant, spectacle*] popular ⓑ **c'est ~ (d'avance)*** it's a foregone conclusion

couscous [kuskus] (NM) couscous

couscoussier [kuskusje] (NM) couscous-maker

cousin¹, e [kuzɛ̃, in] (NM,F) cousin • **~ germain** first cousin

cousin² [kuzɛ̃] (NM) (= *insecte*) cranefly, daddy-longlegs (*Brit*)

coussin [kusɛ̃] (NM) cushion • **~ d'air** air cushion

cousu, e [kuzy] *ptp de* **coudre** (ADJ) sewn • **c'est ~ de fil blanc** (*fig*) it's so obvious • **~ main** handsewn • **c'est du ~ main*** (*fig*) it's top quality stuff • **~ machine** machine-sewn

coût ○ [ku] (NM) cost • **à bas ~** [*compagnie aérienne, vol, produit*] low-cost, budget • **le ~ de la vie** the cost of living • **~ salarial** wage bill

coûtant○ [kutɑ̃] (ADJ M) **prix ~** cost price • **vendre à prix ~** to sell at cost price
couteau (*pl* **couteaux**) [kuto] (NM) knife • **~ à beurre/huîtres** butter/oyster knife • **vous me mettez le ~ sous** *ou* **sur la gorge** you're holding a gun to my head • **être à ~(x) tiré(s)** to be at daggers drawn • **remuer** *ou* **retourner le ~ dans la plaie** to twist the knife in the wound ▸ **couteau de cuisine** kitchen knife ▸ **couteau électrique** electric carving knife ▸ **couteau à éplucher, couteau à légumes** potato peeler ▸ **couteau à pain** breadknife ▸ **couteau suisse** Swiss Army knife
coûter○ [kute] /TABLE 1/ (VTI) to cost • **combien ça coûte ?** how much is it? • **ça coûte cher ?** is it expensive? • **ça m'a coûté 10 €** it cost me 10 euros • **ça coûte une fortune** *ou* **les yeux de la tête*** it costs a fortune • **ça coûte un bras*** *ou* **la peau des fesses*** it costs an arm and a leg* • **ça va lui ~ cher** it'll cost him a lot; [*erreur, impertinence*] it will cost him dearly • **tu pourrais le faire, pour ce que ça te coûte !** you could easily do it – it wouldn't make any difference to you • **ça ne coûte rien d'essayer** it costs nothing to try • **ça lui a coûté la vie** it cost him his life ▸ **coûte que coûte** at all costs
coûteux○**, -euse** [kutø, øz] (ADJ) costly
coutume [kutym] (NF) ⓐ (= *usage*) custom ⓑ (= *habitude*) **avoir ~ de** to be in the habit of • **comme de ~** as usual
coutumier, -ière [kutymje, jɛʀ] (ADJ) **droit ~** customary law • **il est ~ du fait** (*péj*) that's what he usually does
couture [kutyʀ] (NF) ⓐ (= *action, ouvrage*) sewing; (= *profession*) dressmaking • **faire de la ~** to sew • **veste/robe (haute) ~** designer jacket/dress → **haut** ⓑ (= *points*) seam • **sans ~(s)** seamless • **regarder qch/qn sous toutes les ~s** to examine sth/sb from every angle
couturier [kutyʀje] (NM) (= *personne*) fashion designer • **grand ~** top designer
couturière [kutyʀjɛʀ] (NF) (= *personne*) dressmaker
couvée [kuve] (NF) [*de poussins*] brood; [*d'œufs*] clutch
couvent [kuvɑ̃] (NM) ⓐ [*de sœurs*] convent; [*de moines*] monastery • **entrer au ~** to enter a convent ⓑ (= *internat*) convent school
couver [kuve] /TABLE 1/ **1** (VI) [*feu, passion*] to smoulder; [*émeute*] to be brewing **2** (VT) ⓐ [+ *œufs*] [*poule*] to sit on; [*appareil*] to hatch ⓑ [+ *enfant*] to cosset • **~ qn/qch des yeux** (*tendresse*) to gaze lovingly at sb/sth; (*convoitise*) to look longingly at sb/sth • **il couve quelque chose** (*maladie*) he's sickening for something
couvercle [kuvɛʀkl] (NM) [*de casserole, boîte, bocal*] lid; [*d'aérosol*] top
couvert, e [kuvɛʀ, ɛʀt] *ptp de* **couvrir** **1** (ADJ) ⓐ (= *habillé*) **tu n'es pas assez ~** you're not dressed warmly enough
ⓑ **~ de** [+ *boutons, taches*] covered in *ou* with • **~ de bleus** covered in bruises • **pics ~s de neige** snow-covered peaks
ⓒ [*ciel*] overcast • **par temps ~** when the sky is overcast
ⓓ [*piscine, court de tennis*] indoor
ⓔ (*par une assurance*) covered → **mot**
2 (NM) ⓐ (= *ustensiles*) place setting; (= *couteaux, fourchettes, cuillères*) cutlery (*Brit*), silverware (*US*) • **des ~s en plastique** plastic knives and forks
ⓑ (*à table*) **mettre le ~** to lay the table • **mettre quatre ~s** to lay the table for four • **mets un ~ de plus** lay another place
ⓒ (*au restaurant* = *prix*) cover charge
ⓓ **sous (le) ~ de la plaisanterie** under the guise of a joke
couverture [kuvɛʀtyʀ] (NF) ⓐ (*literie*) blanket • **~ chauffante** *ou* **électrique** electric blanket • **tirer la ~ à soi** (= *s'attribuer tout le succès*) to take all the credit; (= *monopoliser la parole*) to hog* the stage ⓑ [*de cahier, livre*] cover; (= *jaquette*) dust cover • **en ~** on the cover ⓒ (= *toiture*) roofing ⓓ (= *protection*) cover • **~ médicale universelle** universal health care • **~ sociale** social security cover ⓔ (*Journalisme*) coverage • **assurer la ~ d'un événement** to cover an event ⓕ (*Police*) **servir de ~ à qn** to cover sb ⓖ **~ nuageuse** cloud cover *NonC*
couveuse [kuvøz] (NF) [*de bébé*] incubator • **être en ~** to be in an incubator
couvre-feu (*pl* **couvre-feux**) [kuvʀəfø] (NM) curfew
couvre-lit (*pl* **couvre-lits**) [kuvʀəli] (NM) bedspread
couvre-livre (*pl* **couvre-livres**) [kuvʀəlivʀ] (NM) book cover
couvre-pied○ (*pl* **couvre-pieds**) [kuvʀəpje] (NM) quilt
couvre-théière (*pl* **couvre-théières**) [kuvʀətejɛʀ] (NM) tea cosy
couvrir [kuvʀiʀ] /TABLE 18/ **1** (VT) ⓐ to cover (**de, avec** with) • **couvre bien les enfants** wrap the children up well • **un châle lui couvrait les épaules** she had a shawl around her shoulders • **~ qn** (*dans une affaire*) to cover up for sb • **~ une erreur** to cover up a mistake
ⓑ **~ qch/qn de** to cover sth/sb with • **~ qn de cadeaux** to shower sb with gifts • **~ qn de baisers** to cover sb with kisses • **~ qn d'injures/d'éloges** to heap insults/praise on sb • **cette aventure l'a couvert de ridicule** this affair has covered him with ridicule
ⓒ (= *masquer*) [+ *son, voix*] to drown out
ⓓ [+ *frais, dépenses, risque*] to cover • **~ l'enchère de qn** to make a higher bid than sb
ⓔ [+ *kilomètres, distance*] to cover
ⓕ (*Journalisme*) [+ *événement*] to cover
2 (VPR) **se couvrir** ⓐ [*arbre*] **se ~ de fleurs/feuilles** to come into bloom/leaf • **se ~ de gloire** to cover o.s. with glory • **se ~ de honte/ridicule** to bring shame/ridicule upon o.s.
ⓑ (= *s'habiller*) to cover up
ⓒ (= *se protéger*) to cover o.s.
ⓓ [*ciel*] to cloud over • **le temps se couvre** it's clouding over
covoiturage [kovwatyʀaʒ] (NM) car sharing
cow-boy (*pl* **cow-boys**), **cowboy** (*pl* **cowboys**) [kobɔj] (NM) cowboy • **jouer aux ~s et aux Indiens** to play cowboys and Indians
coyote [kɔjɔt] (NM) coyote
CP [sepe] (NM) (ABR DE **cours préparatoire**) *first year in primary school*
CPI [sepei] (NF) (ABR DE **Cour pénale internationale**) ICC (= *International Criminal Court*)
CQFD [sekyɛfde] (ABR DE **ce qu'il fallait démontrer**) QED
crabe [kʀɑb] (NM) crab • **marcher en ~** to walk crab-wise
crac [kʀak] (EXCL) [*de bois, glace*] crack; [*d'étoffe*] rip
crachat [kʀaʃa] (NM) spit *NonC*
craché, e* [kʀaʃe] *ptp de* **cracher** (ADJ) **c'est son père tout ~** he's the spitting image of his father • **c'est lui tout ~** that's just like him
cracher [kʀaʃe] /TABLE 1/ **1** (VI) ⓐ [*personne*] to spit • **~ sur qn** to spit at sb; (*fig*) to despise sb • **il ne crache pas sur le caviar*** he doesn't turn his nose up at caviar • **il ne faut pas ~ sur cette offre*** this offer is not to be sneezed at • **~ dans la soupe*** to bite the hand that feeds you

ⓑ [*micro*] to crackle **2** VT ⓐ [*personne*] [+ *sang*] to spit; [+ *bouchée*] to spit out; [+ *argent*]‡ to cough up* ⓑ [*cheminée, volcan*] to belch; [*dragon*] to breathe

cracheur, -euse [kʀaʃœʀ, øz] NM,F **~ de feu** *ou* **de flammes** fire-eater

crachin [kʀaʃɛ̃] NM drizzle

crack¹* [kʀak] NM (= *personne*) ace • **un ~ en informatique** an ace at computing

crack² [kʀak] NM (*Drogue*) crack

cracra‡ [kʀakʀa] ADJ INV, **crade**‡ [kʀad], **cradingue**‡ [kʀadɛ̃g], **crado**‡ [kʀado] ADJ [*personne, vêtement, endroit, meuble*] scuzzy‡

craie [kʀɛ] NF chalk • **à la ~** in chalk

craignait [kʀɛɲɛ] VB → **craindre**

craignos‡ [kʀɛɲos] ADJ INV [*personne, quartier*] shady*

craindre [kʀɛ̃dʀ] /TABLE 52/ **1** VT ⓐ [*personne*] to be afraid of • **oui, je le crains!** yes, I'm afraid so! • **je crains le pire** I fear the worst • **~ de faire qch** to be afraid of doing sth • **il craint de se faire mal** he's afraid of hurting himself • **je crains d'avoir bientôt à partir** I'm afraid I'll have to leave soon • **~ que ...** to be afraid that ... • **je crains qu'il (n')attrape froid** I'm afraid he'll catch cold • **il est à ~ que ...** it is to be feared that ... • **je crains que vous ne vous trompiez** I fear you are mistaken • **~ pour** [+ *vie, réputation, personne*] to fear for

ⓑ [*aliment, produit*] **~ le froid** to be easily damaged by cold • **« craint l'humidité/la chaleur »** "keep in a dry place/cool place"

2 VI‡ **il craint, ce type** that guy's a real creep* • **ça craint dans ce quartier** (*louche*) this is a really shady* area • **ça craint, leur émission** that programme's the pits‡

crainte [kʀɛ̃t] NF (= *peur*) fear • **soyez sans ~** have no fear • **sans ~** [*affronter, parler*] fearlessly • **(par) ~ d'être suivi, il courut** he ran for fear of being followed • **de ~ que ...** fearing that ...

craintif, -ive [kʀɛ̃tif, iv] ADJ timid

cramé, e‡ [kʀame] **1** ADJ burnt **2** NM **ça sent le ~** I can smell burning • **ça a un goût de ~** it tastes burnt

cramer‡ [kʀame] /TABLE 1/ **1** VI [*maison, mobilier*] to go up in flames; [*tissu, papier, rôti*] to burn **2** VT to burn

cramoisi, e [kʀamwazi] ADJ crimson

crampe [kʀɑ̃p] NF cramp • **avoir une ~ au mollet** to have cramp (*Brit*) *ou* a cramp (*US*) in one's calf • **avoir des ~s d'estomac** to have stomach cramps

crampon [kʀɑ̃pɔ̃] NM ⓐ [*de chaussures de football*] stud; [*d'alpiniste*] crampon ⓑ (= *personne*)* leech • **elle est ~** she clings like a leech

cramponner (se) [kʀɑ̃pɔne] /TABLE 1/ VPR (*pour ne pas tomber*) to hold on; (*dans son travail*) to stick at it* • **elle se cramponne** (= *ne vous lâche pas*) she clings like a leech; (= *ne veut pas mourir*) she's hanging on • **se cramponner à** [+ *branche, volant, bras*] to clutch; [+ *personne, vie, espoir*] to cling to

cran [kʀɑ̃] NM ⓐ [*de pièce dentée, crémaillère*] notch; [*d'arme à feu*] catch; [*de ceinture, courroie*] hole • **~ de sûreté** safety catch • **(couteau à) ~ d'arrêt** flick-knife

ⓑ [*de cheveux*] wave • **le coiffeur lui avait fait un ~** *ou* **des ~s** the hairdresser had waved her hair

ⓒ (= *courage*)* **il faut du ~ pour faire ça** you need guts* to do that sort of thing • **elle a un drôle de ~*** she's got a lot of guts*

ⓓ (*locutions*) **monter/descendre d'un ~** (*dans la hiérarchie*) to move up/come down a rung • **elle est monté/descendu d'un ~ dans mon estime** she's gone up/down a notch in my estimation • **être à ~** to be very edgy

crâne [kʀɑn] NM skull • **avoir mal au ~*** to have a headache • **n'avoir rien dans le ~*** to be empty-headed

crâner* [kʀɑne] /TABLE 1/ VI to show off*

crâneur, -euse* [kʀɑnœʀ, øz] NM,F show-off* • **elle est un peu crâneuse** she's a bit of a show-off*

crânien, -ienne [kʀɑnjɛ̃, jɛn] ADJ cranial → **boîte**

crapahuter* [kʀapayte] /TABLE 1/ VI (= *randonner*) **on a crapahuté dans la montagne toute la journée** we trudged through the mountains all day

crapaud [kʀapo] NM (= *animal*) toad

crapule [kʀapyl] NF crook

crapuleux, -euse [kʀapylø, øz] ADJ [*action*] motivated by a desire for gain

craquant, e* [kʀakɑ̃, ɑ̃t] ADJ [*biscuit*] crunchy; (= *séduisant*)* lovely

craquelé, e [kʀakle] *ptp de* **craqueler** ADJ [*terre, chemin*] covered with cracks; [*glace, peinture, cuir*] cracked

craqueler [kʀakle] VT, **se craqueler** VPR /TABLE 4/ to crack

craquelure [kʀaklyʀ] NF crack

craquement [kʀakmɑ̃] NM crack; [*de plancher, boiserie*] creak; [*de feuilles sèches*] crackle; [*de chaussures*] squeak

craquer [kʀake] /TABLE 1/ **1** VI ⓐ (= *produire un bruit*) [*parquet*] to creak; [*feuilles mortes, disque*] to crackle; [*chaussures*] to squeak • **faire ~ ses doigts** to crack one's knuckles

ⓑ (= *céder*) [*collant*] to rip; [*bois*] to crack • **ma veste craque aux coutures** my jacket is coming apart at the seams → **plein**

ⓒ (= *s'écrouler*) [*accusé, malade*] to collapse • **ils ont craqué en deuxième mi-temps** they collapsed in the second half • **je craque*** (= *je n'en peux plus*) I've had enough; (= *je deviens fou*) I'm cracking up*

ⓓ (= *être enthousiasmé*)* **j'ai craqué** I couldn't resist it (*ou* them *ou* him *etc*)

2 VT ⓐ [+ *pantalon*] to rip

ⓑ **~ une allumette** to strike a match

crash [kʀaʃ] NM crash

crasher (se)* [kʀaʃe] /TABLE 1/ VPR to crash • **se crasher en moto** to crash one's motorbike

crasse [kʀas] **1** NF ⓐ (= *saleté*) grime ⓑ (= *sale tour*)* **faire une ~ à qn** to play a dirty trick on sb* **2** ADJ [*bêtise*] crass • **être d'une ignorance ~** to be pig ignorant*

crasseux, -euse [kʀasø, øz] ADJ grimy

cratère [kʀatɛʀ] NM crater

cravache [kʀavaʃ] NF riding crop

cravacher [kʀavaʃe] /TABLE 1/ VT ⓐ [+ *cheval*] to whip ⓑ (= *travailler*)* to work like mad*

cravate [kʀavat] NF [*de chemise*] tie • **en ~** wearing a tie

cravaté [kʀavate] ADJ M wearing a tie

crawl [kʀol] NM (= *nage*) crawl • **nager le ~** to do the crawl

crawler [kʀole] /TABLE 1/ VI to do the crawl • **dos crawlé** backstroke

crayon [kʀɛjɔ̃] **1** NM ⓐ (*pour écrire*) pencil • **écrire au ~** to write with a pencil • **écrivez cela au ~** write that in pencil • **coup de ~** pencil stroke • **il a un bon coup de ~** he has a gift for drawing

ⓑ (= *bâtonnet*) pencil

ⓒ (= *matière*) crayon; (= *dessin*) crayon drawing

C

2 COMP ▸**crayon de couleur** crayon ▸**crayon feutre** felt-tip pen ▸**crayon gomme** pencil with rubber (*Brit*) *ou* eraser (*US*) ▸**crayon gras** soft lead pencil ▸**crayon khôl** eyeliner pencil ▸**crayon à lèvres** lip pencil ▸**crayon noir** *ou* **à papier** lead pencil ▸**crayon optique** light pen ▸**crayon à sourcils** eyebrow pencil ▸**crayon pour les yeux** eyeliner pencil

crayonner [kʀɛjɔne] /TABLE 1/ VT [+ *notes*] to jot down; [+ *dessin*] to sketch

CRDP [seɛʀdepe] NM (ABR DE **Centre régional de documentation pédagogique**) *national teachers' resource centre*

CRDS [seɛʀdeɛs] NF (ABR DE **contribution au remboursement de la dette sociale**) *tax introduced in 1996 in order to help pay off the deficit in the French social security budget*

créance [kʀeɑ̃s] NF debt (*seen from the creditor's point of view*); (= *titre*) letter of credit

créancier, -ière [kʀeɑ̃sje, jɛʀ] NM,F creditor

créateur, -trice [kʀeatœʀ, tʀis] **1** ADJ creative • **les secteurs ~s d'emplois** the areas in which jobs are being created **2** NM,F creator; (= *artiste*) designer • **~ de mode** fashion designer • **les ~s d'entreprise** people who set up companies

créatif, -ive [kʀeatif, iv] ADJ creative

création [kʀeasjɔ̃] NF **a** creation; [*d'entreprise*] setting up • **il y a eu 200 ~s d'emplois** 200 jobs were created **b** [*de pièce de théâtre*] first production

créationnisme [kʀeasjɔnism] NM creationism

créativité [kʀeativite] NF creativity

créature [kʀeatyʀ] NF creature

crécelle [kʀesɛl] NF rattle

crèche [kʀɛʃ] NF **a** (= *établissement*) crèche • **~ familiale** *crèche in the home of a registered child minder* • **~ parentale** *crèche run by parents* • **mettre son bébé à la ~** to put one's baby in a crèche **b** (*de Noël*) crib (*Brit*), crèche (*US*)

> **CRÈCHE**
>
> In French villages, the Christmas crib (**crèche**) traditionally contains figurines representing a miller, a wood-cutter and other villagers as well as the Holy Family and the traditional cow, donkey and shepherds. The Three Wise Men are added to the nativity scene at Epiphany (6 January, Twelfth Night).

crécher‡ [kʀeʃe] /TABLE 6/ VI to live

crédibiliser [kʀedibilize] /TABLE 1/ VT to lend credence to

crédibilité [kʀedibilite] NF credibility (**auprès de** with)

crédible [kʀedibl] ADJ credible • **peu ~** unconvincing • **il n'est plus ~** he's lost his credibility

crédit [kʀedi] NM **a** (= *paiement différé*) credit • **faire ~ à qn** to give sb credit • **faites-moi ~, je vous paierai la semaine prochaine** let me have it on credit - I'll pay you next week • **« la maison ne fait pas ~ »** "no credit" • **acheter/vendre qch à ~** to buy/sell sth on credit **b** (= *prêt*) loan • **~ immobilier** mortgage • **prendre un ~ sur dix ans** to take out a ten-year loan **c** (= *excédent d'un compte*) credit • **vous avez 3500€ à votre ~** you are 3,500 euros in credit **d** (*gén pl* = *fonds*) **~s** funds • **~s budgétaires** budget allocation • **débloquer un ~ de 35 millions d'euros** to release 35 million euros of funding **e** (= *confiance*) credit; (= *réputation*) reputation • **ça donne du ~ à ce qu'il affirme** that lends credence to what he says • **c'est à mettre** *ou* **porter à son ~** it's to his credit • **perdre tout ~ auprès de qn** to lose all credit with sb **f** (= *unité de valeur*) credit

crédit-bail (*pl* **crédits-bails**) [kʀedibaj] NM (= *système*) leasing; (= *contrat*) lease

créditer [kʀedite] /TABLE 1/ VT **a** **~ qn/un compte de** [+ *somme*] to credit sb/an account with **b** (= *complimenter*) **~ qn de qch** to give sb credit for sth

créditeur, -trice [kʀeditœʀ, tʀis] **1** ADJ [*banque, pays*] creditor • **leur compte est ~** their account is in credit **2** NM,F customer in credit

credo [kʀedo] NM (= *principes*) credo

crédule [kʀedyl] ADJ credulous

crédulité [kʀedylite] NF credulity

créer [kʀee] /TABLE 1/ VT **a** to create • **~ des ennuis/difficultés à qn** to create problems/difficulties for sb **b** [+ *pièce de théâtre*] to produce (for the first time)

crémaillère [kʀemajɛʀ] NF **a** [*de cheminée*] *hook for kettle* → **pendre** **b** (*Rail, Tech*) rack

crémation [kʀemasjɔ̃] NF cremation

crématoire [kʀematwaʀ] **1** ADJ crematory **2** NM crematorium

crématorium [kʀematɔʀjɔm] NM crematorium

crème [kʀɛm] **1** NF **a** (= *produit laitier*) cream; (= *peau sur le lait*) skin; (= *entremets*) cream dessert • **~ d'asperges** (= *potage*) cream of asparagus (soup) • **~ de cassis** crème de cassis • **~ fleurette** ≈ single cream (*Brit*), ≈ light cream (*US*) • **~ de marron** sweetened chestnut purée • **fraises à la ~** strawberries and cream • **gâteau à la ~** cream cake **b** [*cosmétique*] cream • **~ pour chaussures** shoe cream **c** (= *les meilleurs*) **la ~** the crème de la crème

2 ADJ INV cream

3 NM (= *café au lait*) coffee with milk • **un grand/petit ~** a large/small cup of white coffee

4 COMP ▸**crème anglaise** *thin custard made with eggs* ▸**crème au beurre** butter cream ▸**crème brûlée** crème brûlée ▸**crème caramel, crème au caramel** crème caramel ▸**crème fouettée** (sweetened) whipped cream ▸**crème fraîche** crème fraîche • **~ fraîche épaisse** ≈ double cream (*Brit*), ≈ heavy cream (*US*) ▸**crème glacée** ice cream ▸**crème pâtissière** confectioner's custard ▸**crème à raser** shaving cream ▸**crème renversée** cup custard

crémerie○ [kʀɛmʀi] NF *shop selling dairy products* • **changeons de ~*** let's take our custom (*Brit*) *ou* business (*US*) elsewhere!

crémeux, -euse [kʀemø, øz] ADJ creamy

crémone [kʀemɔn] NF window catch

créneau (*pl* **créneaux**) [kʀeno] NM **a** [*de rempart*] **les ~x** the battlements • **monter au ~ pour défendre sa politique** to leap to the defence of one's policies **b** **faire un ~** [*conducteur*] to parallel park **c** (*dans un marché, un emploi du temps*) gap • **~ (horaire)** (*TV*) (time) slot • **~ de lancement** [*de fusée*] launch window

créole [kʀeɔl] **1** ADJ creole **2** NM (= *langue*) Creole **3** NMF Creole **4** NF (= *boucle d'oreille*) large hoop earring

crêpe[1] [kʀɛp] NF (= *galette*) pancake (*Brit*), crêpe

crêpe[2] [kʀɛp] NM **a** (= *tissu, caoutchouc*) crepe **b** (*de deuil*) black mourning crepe

crêper [kʀepe] /TABLE 1/ **1** VT [+ *cheveux*] to backcomb **2** VPR **se crêper** **se ~ les cheveux** to backcomb one's hair • **se ~ le chignon*** to tear each other's hair out

crêperie [kʀɛpʀi] NF crêperie

crépi, e [kʀepi] *ptp de* **crépir** ADJ, NM roughcast

crêpier, -ière [kʀepje, jɛʀ] NM,F (= *personne*) crêpe maker

crépir [kʀepiʀ] /TABLE 2/ VT to roughcast

crépitement [kʀepitmɑ̃] NM [*de feu*] crackling *NonC*; [*de bougie, friture*] sputtering *NonC* • **sous le ~ des flashs** with flashguns going off all around

crépiter [kʀepite] /TABLE 1/ VI [*feu, électricité*] to crackle; [*bougie, friture*] to sputter; [*pluie*] to patter; [*flashs*] to go off; [*mitrailleuse*] to rattle out • **les applaudissements crépitèrent** there was a ripple of applause

crépon [kʀepɔ̃] NM → **papier**

crépu, e [kʀepy] ADJ [*cheveux*] frizzy • **elle est toute ~e** her hair's all frizzy

crépuscule [kʀepyskyl] NM dusk • **au ~** at dusk • **au ~ de sa vie** in his twilight years

crescendo [kʀeʃɛndo] **1** ADV **aller ~** [*vacarme, acclamations*] to rise in a crescendo; [*colère, émotion*] to grow ever greater **2** NM crescendo

cresson [kʀesɔ̃] NM watercress

Crète [kʀɛt] NF Crete

crête [kʀɛt] NF **a** [*de coq*] comb; [*d'oiseau*] crest **b** [*de toit, montagne*] ridge; [*de vague*] crest

crétin, e [kʀetɛ̃, in] **1** ADJ (*péj*) cretinous* **2** NM,F (*péj*) cretin*

creuser [kʀøze] /TABLE 1/ **1** VT **a** [+ *bois, falaise*] to hollow out; [+ *sol, roc*] to dig a hole in; (*au marteau-piqueur*) to drill a hole in

b [+ *puits, fondations, canal, tranchée*] to dig; [+ *sillon*] to plough (*Brit*), to plow (*US*); [+ *trou*] to dig; (*au marteau-piqueur*) to drill • **~ un tunnel sous une montagne** to bore a tunnel under a mountain • **~ un terrier** to make a burrow

c (= *approfondir*) [+ *problème, sujet*] to go into • **c'est une idée à ~** it's an idea worth pursuing

d **~ les reins** to throw out one's chest • **la promenade, ça creuse (l'estomac)*** walking gives you a real appetite • **~ l'écart** to establish a convincing lead (**par rapport à** over)

2 VPR **se creuser** **a** [*joues, visage*] to become gaunt • **la mer se creuse** there's a swell coming on • **l'écart se creuse entre eux** the gap between them is widening

b [*personne*] **se ~ (la cervelle** *ou* **la tête)*** to rack one's brains • **il ne s'est pas beaucoup creusé !*** he didn't exactly overexert himself!

creuset [kʀøzɛ] NM crucible; (= *lieu de brassage*) melting pot

Creutzfeldt-Jakob [kʀɔjtsfɛldʒakɔb] NM **maladie de ~** Creutzfeldt-Jakob disease

creux, creuse [kʀø, kʀøz] **1** ADJ **a** [*objet, joues, paroles*] hollow; [*idées*] futile

b (= *sans activité*) **les jours ~** slack days • **les heures creuses** slack periods; (*métro, électricité, téléphone*) off-peak periods • **période creuse** slack period; (*Tourisme*) low season

2 NM **a** (= *cavité*) hole • **avoir un ~*** to feel hungry

b (= *dépression*) hollow • **au ~ des reins** in the small of one's back • **ça tient dans le ~ de la main** it's small enough to hold in your hand • **manger dans le ~ de la main de qn** (*lit, fig*) to eat out of sb's hand • **le ~ de l'estomac** the pit of the stomach

c (= *activité réduite*) slack period • **j'ai un ~ entre 12 et 13 h** I'm free between midday and one o'clock

d [*de vague*] trough • **il y avait des ~ de 10 mètres** the waves were 10 metres high • **être au ~ de la vague** [*marché*] to have hit rock bottom; [*économie, entreprise*] to be in the doldrums • **il est au ~ de la vague** he's at his lowest ebb

crevaison [kʀəvɛzɔ̃] NF flat tyre (*Brit*) *ou* tire (*US*)

crevant, e* [kʀəvɑ̃, ɑ̃t] ADJ (= *fatigant*) gruelling

crevasse [kʀəvas] NF [*de mur, rocher, sol, peau*] crack; [*de glacier*] crevasse • **avoir des ~s aux mains** to have chapped hands

crevassé, e [kʀəvase] ADJ [*sol*] cracked; [*mains, peau*] chapped

crevé, e [kʀəve] *ptp de* **crever** ADJ **a** [*pneu*] punctured • **j'ai un pneu (de) ~** I've got a flat tyre (*Brit*) *ou* tire (*US*) **b*** (= *mort*) dead; (= *fatigué*) exhausted

crève* [kʀɛv] NF bad cold • **j'ai la ~** I've got a bad cold

crever [kʀəve] /TABLE 5/ **1** VT **a** [+ *pneu*] to puncture; [+ *ballon*] to burst • **~ un œil à qn** to poke sb's eye out • **ça crève les yeux** it's as plain as the nose on your face • **il crève l'écran** he has a tremendous screen presence

b (= *exténuer*)* **~ qn** [*personne*] to wear sb out

c **~ la faim** *ou* **la dalle*** to be starving*

2 VI **a** [*fruit, sac, abcès*] to burst

b **~ d'orgueil** to be bursting with pride • **~ de jalousie** to be sick with jealousy • **~ d'envie de faire qch** to be dying to do sth*

c (= *mourir*)* to die • **~ de faim/froid** to starve/freeze to death • **on crève de froid ici** it's freezing in here • **on crève de chaud ici** it's boiling in here* • **je crève de faim** I'm starving* • **je crève de soif** I'm dying of thirst*

d [*automobiliste*] to have a flat tyre (*Brit*) *ou* tire (*US*); [*pneu*] to go flat

3 VPR **se crever*** (= *se fatiguer*) to kill o.s.* (**à faire qch** doing sth) • **se ~ au travail** to work o.s. to death • **se ~ le cul**** to slog one's guts out* (**à faire qch** doing sth)

crevette [kʀəvɛt] NF **~ (rose)** prawn • **~ grise** shrimp

cri [kʀi] NM **a** (= *éclat de voix*) [*de personne*] cry; (*très fort*) scream; (*ton aigu*) shriek; (*de douleur, de peur*) cry • **pousser des ~s (de joie/triomphe)** to cry out (in joy/triumph) • **~ aigu** *ou* **perçant** piercing cry • **~ du cœur** cry from the heart **b** [*d'animal*] noise; [*d'oiseau*] call; [*de canard*] quack; [*de cochon*] squeal **c** (*locutions*) **c'est le dernier ~** it's the latest thing • **un ordinateur dernier ~** a state-of-the-art computer

criant, e [kʀijɑ̃, ɑ̃t] ADJ striking

criard, e [kʀijaʀ, aʀd] ADJ [*couleurs, vêtement*] loud

crible [kʀibl] NM riddle • **passer au ~** to put through a riddle; (*fig*) to examine closely

criblé, e [kʀible] *ptp de* **cribler** ADJ **~ de** [+ *balles, flèches, trous*] riddled with; [+ *taches*] covered in • **visage ~ de boutons** face covered in spots • **~ de dettes** crippled by debt

cribler [kʀible] /TABLE 1/ VT **~ qch/qn de balles** to riddle sth/sb with bullets • **~ qn de questions** to bombard sb with questions • **~ qn d'injures** to heap insults on sb

cric [kʀik] NM **~ (d'automobile)** (car) jack • **soulever qch au ~** to jack sth up

> The second **c** is pronounced.

cricket [kʀikɛt] NM cricket

criée [krije] (NF) (= *salle*) fish market • **(vente à la) ~** (sale by) auction

crier [krije] /TABLE 7/ **1** (VI) **a** [*personne*] to shout; (*très fort*) to scream; (*ton aigu*) to shriek; (= *vagir*) to cry; (*de peur*) to cry out • **~ de douleur** to cry out in pain • **« oh non ! » cria-t-il** "oh no!" he cried • **tes parents vont ~** your parents are going to make a fuss

b [*oiseau, singe*] to call; [*mouette*] to cry; [*perroquet*] to squawk; [*souris*] to squeak

c (*avec préposition*) **~ contre** *ou* **après* qn** to nag sb • **~ contre qch** to shout about sth • **~ au scandale** to call it a scandal • **~ au miracle** to call it a miracle • **~ à l'assassin** *ou* **au meurtre** to shout "murder"

2 (VT) **a** [+ *ordre, injures*] to shout; [+ *indignation*] to express; [+ *innocence*] to protest

b (*locutions*) **sans ~ gare** without warning • **~ grâce** to beg for mercy

crieur, -euse [krijœr, øz] (NM,F) **~ de journaux** newspaper vendor

crime [krim] (NM) **a** (= *meurtre*) murder • **la victime/l'arme du ~** the murder victim/weapon • **~ crapuleux** crime motivated by a desire for gain • **~ passionnel** crime of passion • **~ sexuel** sex crime **b** (= *délit grave*) crime • **~s et délits** crimes • **~ de guerre** war crime • **~ contre l'humanité** crime against humanity • **il est parti avant l'heure ? ce n'est pas un ~ !** he left early? well, that's hardly a crime!

Crimée [krime] (NF) **la ~** the Crimea • **la guerre de ~** the Crimean War

criminaliser [kriminalize] /TABLE 1/ (VT) to criminalize

criminalité [kriminalite] (NF) (= *actes criminels*) crime • **la grande/petite ~** serious/petty crime • **la ~ d'entreprise** corporate crime

criminel, -elle [kriminɛl] **1** (ADJ) criminal **2** (NM,F) (= *meurtrier*) murderer; [*de délit grave*] criminal • **~ de guerre** war criminal **3** (NM) (= *juridiction*) **poursuivre qn au ~** to take criminal proceedings against sb **4** (NF) **criminelle la ~le** (= *police*) the crime squad

> Le mot anglais se termine par **-al**.

crin [krɛ̃] (NM) [*de cheval*] hair *NonC* → **gant**

crinière [krinjɛr] (NF) mane

crique [krik] (NF) cove

criquet [krikɛ] (NM) locust; (= *sauterelle*) grasshopper

crise [kriz] **1** (NF) **a** [*d'appendicite, asthme, rhumatisme*] attack • **~ d'épilepsie** epileptic fit

b [*de colère, rage, jalousie*] fit • **être pris d'une ~ de rire** to be in fits* • **la ~ (de rire) !*** what a scream!* • **piquer une** *ou* **sa ~*** to fly off the handle

c (= *bouleversement*) crisis • **~ de confiance/conscience** crisis of confidence/conscience • **~ économique/d'identité** economic/identity crisis • **en période de ~** in times of crisis • **en (état de) ~** in (a state of) crisis

2 (COMP) ▸ **crise cardiaque** heart attack ▸ **crise de foie** bad attack of indigestion ▸ **crise du logement** housing shortage ▸ **crise de nerfs** fit of hysterics • **il nous a fait une ~ de nerfs parce qu'il n'en voulait pas** he threw a tantrum because he didn't want any ▸ **crise de la quarantaine** midlife crisis

criser* [krize] /TABLE 1/ (VI) to fly off the handle*

crispant, e [krispɑ̃, ɑ̃t] (ADJ) (= *énervant*) irritating • **ce qu'il est ~ !*** he really gets on my nerves!*

crispation [krispasjɔ̃] (NF) **a** (= *spasme*) twitch • **des ~s nerveuses** nervous twitching **b** (= *tension*) tension

crispé, e [krispe] *ptp de* **crisper** (ADJ) tense

crisper [krispe] /TABLE 1/ **1** (VT) **a** (= *contracter*) **la douleur crispait son visage** his face was contorted with pain • **les mains crispées sur le volant** clutching the wheel **b** (= *agacer*)* **~ qn** to get on sb's nerves* **2** (VPR) **se crisper** [*visage*] to tense; [*sourire*] to become strained; [*poings*] to clench; [*personne*] to become tense • **ses mains se crispèrent sur le volant** he clutched the wheel

crissement [krismɑ̃] (NM) [*de neige, gravier*] crunch *NonC*; [*de pneus, freins*] screech *NonC* • **s'arrêter dans un ~ de pneus** to screech to a halt • **le ~ de la craie sur le tableau** the squeaking of chalk on the blackboard

crisser [krise] /TABLE 1/ (VI) [*neige, gravier*] to crunch; [*pneus, freins*] to screech; [*plume*] to scratch; [*craie*] to squeak

cristal (*pl* **-aux**) [kristal, o] (NM) crystal • **de** *ou* **en ~** crystal • **cristaux de givre** ice crystals; (*sur vitre*) ice patterns • **à cristaux liquides** liquid crystal • **cristaux (de soude)** washing soda

cristallin, e [kristalɛ̃, in] **1** (ADJ) crystal-clear **2** (NM) crystalline lens

cristallisé, e [kristalize] *ptp de* **cristalliser** (ADJ) [*minerai, sucre*] crystallized

cristalliser (VTI), **se cristalliser** (VPR) [kristalize] /TABLE 1/ to crystallize

critère [kritɛr] (NM) **a** (= *référence, preuve*) criterion • **~s de sélection** selection criteria **b** (= *stipulation*) requirement • **~s de qualité** quality requirements • **il n'y a pas de ~ d'âge** there are no age requirements

critiquable [kritikabl] (ADJ) open to criticism *attrib*

critique [kritik] **1** (ADJ) **a** [*période, situation, vitesse, point*] critical **b** [*jugement, notes, édition*] critical **c** (= *sévère*) critical • **il s'est montré très ~ (au sujet de ...)** he was very critical (of ...) **2** (NF) **a** (= *blâme*) criticism • **il ne supporte pas la ~** *ou* **les ~s** he can't take criticism • **une ~ que je lui ferais est qu'il ...** one criticism I would make of him is that he ... **b** (= *analyse*) [*de texte, œuvre*] appreciation; [*de livre, spectacle*] review • **la ~ littéraire** literary criticism **c** (= *personnes*) **la ~** the critics **3** (NMF) (= *commentateur*) critic

critiquer [kritike] /TABLE 1/ (VT) **a** (= *blâmer*) to criticize **b** (= *juger*) [+ *livre, œuvre*] to assess

croasser [krɔase] /TABLE 1/ (VI) to caw

croate [krɔat] **1** (ADJ) Croatian **2** (NM) (= *langue*) Croatian **3** (NMF) **Croate** Croatian

Croatie [krɔasi] (NF) Croatia

croc [kro] (NM) (= *dent*) fang • **montrer les ~s** [*animal*] to bare its teeth • **avoir les ~s*** to be starving*

croc-en-jambe (*pl* **crocs-en-jambe**) [krɔkɑ̃ʒɑ̃b] (NM) **faire un ~ à qn** to trip sb up

croche [krɔʃ] (NF) (= *note*) quaver (*Brit*), eighth (note) (*US*) • **double ~** semiquaver (*Brit*), sixteenth (note) (*US*)

croche-patte* (*pl* **croche-pattes**) [krɔʃpat] (NM) **faire un ~ à qn** to trip sb up

croche-pied° (*pl* **croche-pieds**) [krɔʃpje] (NM) **faire un ~ à qn** to trip sb up

crochet [krɔʃɛ] (NM) **a** (= *fer recourbé*) hook • **~ de boucher** meat hook • **vivre aux ~s de qn*** to sponge off* sb **b** (= *aiguille*) crochet hook; (= *technique*) crochet • **faire du ~** to crochet • **faire qch au ~** to crochet sth **c** (*Boxe*) **~ du gauche/du droit** left/right hook **d** [*de voyage*] detour • **on a fait un ~ par Caen** we make a detour through Caen

• **il a fait un ~ pour éviter l'obstacle** he swerved to avoid the obstacle ⓔ (*= parenthèse*) square bracket • **entre ~s** in square brackets

crocheter [kʀɔʃte] /TABLE 5/ (VT) ⓐ [*+ serrure*] to pick; [*+ porte*] to pick the lock of ⓑ [*+ napperon, vêtement*] to crochet

crochu, e [kʀɔʃy] (ADJ) [*nez*] hooked; [*mains, doigts*] claw-like • **au nez ~** hook-nosed → **atome**

croco* [kʀɔko] (NM) (ABR DE **crocodile**) crocodile skin • **en ~** crocodile

crocodile [kʀɔkɔdil] (NM) (*= animal, peau*) crocodile • **sac en ~** crocodile handbag

crocus [kʀɔkys] (NM) crocus

---

croire [kʀwaʀ] /TABLE 44/

1 VERBE TRANSITIF	2 VERBE PRONOMINAL

1 VERBE TRANSITIF

ⓐ to believe • **~ qn** to believe sb • **auriez-vous cru cela de lui?** would you have believed that of him? • **je veux bien le ~** I can well believe it • **je n'en crois rien** I don't believe a word of it • **croyez moi** believe me • **on l'a cru mort** he was believed to be dead • **je vous crois!*** you bet!*

ⓑ (*= penser*) to think • **elle croyait avoir perdu son sac** she thought she had lost her bag • **il a cru bien faire** he thought he was doing the right thing • **je crois que oui** I think so • **je crois que non** I don't think so • **il n'est pas là? — je crois que si** isn't he in? — yes I think he is • **non, mais qu'est-ce que vous croyez?** what do you think? • **je ne suis pas celle que vous croyez!** I'm not that sort of person! • **c'est à ~ qu'il est amoureux** anyone would think he was in love • **il n'a pas cru utile de me prévenir** he didn't think it necessary to warn me • **je la croyais avec vous** I thought she was with you • **où vous croyez-vous?** where do you think you are?

ⓒ (*locutions*)

▸ **on croirait** **on croirait une hirondelle** it looks like a swallow • **on croirait entendre une clarinette** it sounds like a clarinet

▸ **croire à** to believe in • **non, mais tu crois au Père Noël!** get real!* • **on a cru d'abord à un accident** at first they thought it was accident • **pour faire ~ à un suicide** to make people think it was suicide • **veuillez ~ à mes sentiments dévoués** yours sincerely

▸ **croire en** to believe in • **~ en Dieu** to believe in God

▸ **en croire** **à l'en ~ ...** to listen to him ... • **s'il faut en ~ les journaux** if the papers are anything to go by • **il n'en croyait pas ses oreilles** he couldn't believe his ears

2 VERBE PRONOMINAL

se croire **se ~ malin** to think one is clever • **elle se croit tout permis** she thinks she can get away with anything • **on se croirait en été** you'd almost think it was summer • **il s'y croit*** he thinks he's really something*

---

croisade [kʀwazad] (NF) crusade • **partir en ~ contre/pour** to launch a crusade against/for

croisée [kʀwaze] (NF) **à la ~ des chemins** at a crossroads

croisement [kʀwazmɑ̃] (NM) ⓐ (*= carrefour*) crossroads ⓑ [*de races*] crossbreeding *NonC*; (*= résultat*) cross

croiser [kʀwaze] /TABLE 1/ **1** (VT) ⓐ [*+ bras, jambes, fils*] to cross • **les jambes croisées** cross-legged • **~ les doigts** to cross one's fingers; (*fig*) to keep one's fingers crossed • **croisons les doigts!** fingers crossed! • **se ~ les bras** (*fig*) to lounge around

ⓑ (*= couper*) [*+ route, ligne*] to cross

ⓒ (*= passer à côté de*) [*+ véhicule, passant*] to pass • **j'ai croisé Jean dans la rue** I saw Jean in the street • **son regard croisa le mien** his eyes met mine • **je l'ai croisé plusieurs fois dans des réunions** I've seen him several times at meetings

ⓓ [*+ races*] to crossbreed

ⓔ (*Sport*) [*+ tir, coup droit*] to angle • **un coup droit croisé** (*Tennis*) a cross-court forehand drive • **un tir croisé** (*Football*) a shot to the far post

2 (VI) [*bateau*] to cruise

3 (VPR) **se croiser** ⓐ [*chemins, lignes*] to cross • **se ~ à angle droit** to cross at right angles • **nos regards** *ou* **nos yeux se croisèrent** our eyes met

ⓑ [*personnes, véhicules*] to pass each other • **nous nous sommes croisés plusieurs fois dans des réunions** we've seen each other several times at meetings

croisette [kʀwazɛt] (NF) **la Croisette** *famous promenade running along the Cannes seafront*

croisière [kʀwazjɛʀ] (NF) cruise • **partir en ~** • **faire une ~** to go on a cruise • **régime** *ou* **rythme** *ou* **vitesse de ~** cruising speed

croissance [kʀwasɑ̃s] (NF) growth • **en pleine ~** [*économie*] booming

croissant¹ [kʀwasɑ̃] (NM) ⓐ (*= forme*) crescent • **~ de lune** crescent moon ⓑ (*= viennoiserie*) croissant

croissant², e [kʀwasɑ̃, ɑ̃t] (ADJ) [*succès, intérêt*] growing; [*rôle*] increasingly important; [*nombre, tension*] growing • **aller ~** [*peur, enthousiasme, demande, intérêt*] to grow; [*bruit*] to grow louder • **le rythme ~ des accidents** the increasing number of accidents

croissanterie [kʀwasɑ̃tʀi] (NF) croissant shop

croître ○ [kʀwatʀ] /TABLE 55/ (VI) ⓐ to grow • **~ en nombre/volume** to increase in number/volume ⓑ [*rivière*] to swell; [*lune*] to wax; [*vent*] to rise

croix [kʀwa] (NF) ⓐ (*= objet, décoration*) cross • **~ gammée** swastika • **mettre les bras en ~** to stretch one's arms out sideways • **pour le faire sortir, c'est la ~ et la bannière*** it's a devil of a job to get him to go out*

ⓑ (*= marque*) cross • **faire** *ou* **mettre une ~ devant un nom** to put a cross by a name • **si tu lui prêtes ton livre, tu peux faire une ~ dessus!*** if you lend him your book, you'll never see it again!

ⓒ (*= souffrance*) **chacun a** *ou* **porte sa ~** we all have our cross to bear

Croix-Rouge [kʀwaʀuʒ] (NF) **la ~** the Red Cross

croquant, e [kʀɔkɑ̃, ɑ̃t] (ADJ) [*salade*] crisp; [*fruit, biscuit*] crunchy

croque* [kʀɔk] (NM) *toasted ham and cheese sandwich*

croque-madame ○ [kʀɔkmadam] (NM INV) *toasted ham and cheese sandwich with a fried egg on top*

croque-monsieur ○ [kʀɔkməsjø] (NM INV) *toasted ham and cheese sandwich*

croque-mort* (*pl* **croque-morts**) [kʀɔkmɔʀ] (NM) undertaker's (*Brit*) *ou* mortician's (*US*) assistant

croquer [kʀɔke] /TABLE 1/ **1** (VT) ⓐ [*+ biscuits, noisettes, bonbons*] to crunch; [*+ fruit*] to bite into • **~ la vie à pleines dents** to live life to the full ⓑ (*= dépenser*)* to squander ⓒ (*= dessiner*) to sketch • **être (joli) à ~** to be as pretty as a picture **2** (VI) ⓐ [*fruit*] to be crunchy; [*salade*] to be crisp ⓑ (*= mordre*) to bite • **~ dans une pomme** to bite into an apple

croquette [kʀɔkɛt] (NF) croquette • **~s pour chiens/chats** dry dog food/cat food
croquis [kʀɔki] (NM) sketch
cross [kʀɔs] (NM) (= *course*) cross-country run; (= *sport*) cross-country running • **faire du ~(-country)** to do cross-country running
crosse [kʀɔs] (NF) [*de fusil*] butt; [*de revolver*] grip; [*de violon*] head • **~ de hockey** hockey stick • **s'il me cherche des ~s ...*** if he's looking for trouble ...
crotale [kʀɔtal] (NM) rattlesnake
crotte [kʀɔt] **1** (NF) **a** [*de brebis, lapin, souris*] dropping • **~ de nez*** bogey* (*Brit*), booger* (*US*) • **c'est plein de ~(s) de chien** it's covered in dog mess • **c'est de la ~*** it's a load of rubbish* **b** (= *bonbon*) **~ de chocolat** chocolate **2** (EXCL)* oh heck!*
crotté, e [kʀɔte] (ADJ) muddy
crottin [kʀɔtɛ̃] (NM) **a** [*de cheval*] manure *NonC* **b** (= *fromage*) *small, round goat's milk cheese*
croulant* [kʀulɑ̃] (NM) (*péj*) **vieux ~** old fogey*
crouler [kʀule] /TABLE 1/ (VI) [*maison, mur*] to collapse • **la salle croulait sous les applaudissements** the auditorium resounded with applause • **~ sous le poids de qch** to collapse under the weight of sth • **ils croulent sous les dettes** they are crippled by debts
croupe [kʀup] (NF) **a** [*de cheval*] croup • **monter en ~** to ride pillion **b** [*de personne*]* rump*
croupi, e [kʀupi] *ptp de* **croupir** (ADJ) stagnant
croupier, -ière [kʀupje, jɛʀ] (NM,F) croupier
croupion [kʀupjɔ̃] (NM) [*de volaille*] parson's nose (*Brit*), pope's nose (*US*) • **parlement ~** rump parliament
croupir [kʀupiʀ] /TABLE 2/ (VI) [*eau*] to stagnate; [*feuilles*] to rot • **je n'ai pas envie de ~ dans ce bled*** I don't want to stay and rot in this dump* • **~ en prison** to rot in prison
CROUS [kʀus] (NM) (ABR DE **centre régional des œuvres universitaires et scolaires**) *students' welfare office*
croustillant, e [kʀustijɑ̃, ɑ̃t] (ADJ) **a** [*aliment*] crisp **b** (= *grivois*) spicy
croustiller [kʀustije] /TABLE 1/ (VI) to be crisp
croûte○ [kʀut] (NF) **a** [*de pain, pâté*] crust; [*de fromage*] rind • **jambon en ~** ham en croute • **~s de pain** (= *quignons*) hunks of bread **b** (= *couche*) layer; (*sur plaie*) scab; (*sur pot de peinture*) skin • **la ~ terrestre** the earth's crust **c ~ (de cuir)** undressed leather • **sac en ~** hide bag **d** (*péj* = *tableau*) lousy painting
croûton○ [kʀutɔ̃] (NM) (= *bout du pain*) crust; (*frit*) crouton • **(vieux) ~*** (*péj*) old fuddy-duddy*
croyable [kʀwajabl] (ADJ) **ce n'est pas ~!** it's incredible! • **c'est à peine ~** it's hard to believe
croyance [kʀwajɑ̃s] (NF) belief
croyant, e [kʀwajɑ̃, ɑ̃t] **1** (ADJ) **être ~** to be a believer **2** (NM,F) believer • **les ~s** people who believe in God
CRS [seɛʀɛs] (NM) (ABR DE **Compagnie républicaine de sécurité**) ≈ member of the riot police • **les ~** ≈ the riot police
cru[1], e[1] [kʀy] (ADJ) **a** (= *non cuit*) raw **b** [*lumière, couleur*] harsh **c** (= *franc*) [*mot, description, réponse*] blunt **d** (= *choquant*) [*histoire, chanson, langage*] crude **e** (*à cheval*) **monter à ~** to ride bareback
cru[2] [kʀy] (NM) **a** (= *vignoble*) vineyard • **un vin d'un bon ~** a good vintage • **du ~** local **b** (= *vin*) wine • **un grand ~** a great wine
cru[3] [kʀy] *ptp de* **croire**
crû [kʀy] *ptp de* **croître**
cruauté [kʀyote] (NF) cruelty (**envers** to)
cruche [kʀyʃ] (NF) **a** (= *récipient*) jug (*Brit*), pitcher (*US*) **b** (= *imbécile*)* twit*
crucial, e (*mpl* **-iaux**) [kʀysjal, jo] (ADJ) crucial
crucifier [kʀysifje] /TABLE 7/ (VT) to crucify
crucifix [kʀysifi] (NM) crucifix
crucifixion [kʀysifiksjɔ̃] (NF) crucifixion
cruciforme [kʀysifɔʀm] (ADJ) **tournevis ~** Phillips screwdriver® • **vis ~** Phillips screw®
cruciverbiste [kʀysivɛʀbist] (NMF) (= *joueur*) crossword-puzzle enthusiast
crudités [kʀydite] (NFPL) mixed raw vegetables
crue[2] [kʀy] (NF) (= *montée des eaux*) rise in the water level; (= *inondation*) flood • **en ~** in spate ▸ **crue centennale** 100-year flood
cruel, -elle [kʀyɛl] (ADJ) cruel (**envers** towards); [*manque*] desperate
cruellement [kʀyɛlmɑ̃] (ADV) **a** (= *méchamment*) cruelly **b** (= *douloureusement*) [*déçu*] bitterly; [*souffrir*] terribly • **manquer ~ de qch** to be desperately short of sth • **~ éprouvé par ce deuil** greatly distressed by this loss
crûment○ [kʀymɑ̃] (ADV) (= *nettement*) bluntly; (= *grossièrement*) crudely
crustacé [kʀystase] (NM) crustacean • **~s** (*cuisinés*) seafood
cryogénie [kʀijɔʒeni] (NF) cryogenics *sg*
crypte [kʀipt] (NF) crypt
crypter [kʀipte] /TABLE 1/ (VT) to encrypt • **chaîne/émission cryptée** encrypted channel/programme
cryptogramme [kʀiptɔgʀam] (NM) cryptogram
cryptomonnaie [kʀiptɔmɔnɛ] (NF) cryptocurrency
CSA [seɛsa] (NM) (ABR DE **Conseil supérieur de l'audiovisuel**) *French broadcasting regulatory body*
CSG [seɛsʒe] (NF) (ABR DE **contribution sociale généralisée**) *supplementary social security contribution*
Cuba [kyba] (N) Cuba • **à ~** in Cuba
cubain, e [kybɛ̃, ɛn] **1** (ADJ) Cuban **2** (NM,F) **Cubain(e)** Cuban
cube [kyb] **1** (NM) cube; [*de jeu*] building block • **gros ~*** (= *moto*) big bike* **2** (ADJ) **centimètre/mètre ~** cubic centimetre/metre
cubique [kybik] (ADJ) cubic
cubisme [kybism] (NM) Cubism
cubiste [kybist] (ADJ, NMF) Cubist
cubitus [kybitys] (NM) ulna
cucu*, **cucul*** [kyky] (ADJ) [*personne*] silly; [*film, livre*] corny*
cueillette [kœjɛt] (NF) **a** [*de fleurs, fruits*] picking **b** (= *récolte*) harvest
cueillir [kœjiʀ] /TABLE 12/ (VT) **a** [+ *fleurs, fruits*] to pick **b** (= *arrêter*)* to nab* • **il s'est fait ~ par la police*** he was nabbed by the police*
cui-cui [kɥikɥi] (EXCL, NM) tweet-tweet • **faire ~** to go tweet-tweet
cuillère, cuiller [kɥijɛʀ] (NF) (= *ustensile*) spoon; (= *contenu*) spoonful • **faire manger qn à la ~** to spoonfeed sb • **petite ~** • **~ à café** teaspoon • **prenez une ~ à café de sirop** take a teaspoonful of cough mixture • **~ à dessert** dessert-spoon • **~ à soupe** soup spoon; (*pour mesurer*) tablespoon
cuillerée [kɥijʀe] (NF) spoonful • **~ à soupe** ≈ tablespoonful • **~ à café** ≈ teaspoonful
cuir [kɥiʀ] (NM) leather; (*sur animal vivant*) hide; (= *blouson*)* leather jacket • **de** *ou* **en ~** leather • **objets** *ou* **articles en ~** leather goods ▸ **cuir chevelu** scalp

cuirasse [kɥiʀas] (NF) [*de chevalier*] breastplate; (*fig*) armour (Brit), armor (US)
cuirassé [kɥiʀase] (NM) battleship
cuire [kɥiʀ] /TABLE 38/ **1** (VT) **(faire) ~** to cook • **~ à feu doux** *ou* **à petit feu** to cook gently • **~ au four** [+ *pain, gâteau, pommes*] to bake; [+ *viande*] to roast; [+ *pommes de terre*] (*avec matière grasse*) to roast; (*sans matière grasse*) to bake • **~ qch à la vapeur/au gril/à la poêle/à l'eau** to steam/grill/fry/boil sth • **~ au beurre/à l'huile** to cook in butter/in oil • **faire trop ~ qch** to overcook sth **2** (VI) **a** [*aliment*] to cook • **on cuit ici!*** it's boiling* in here! **b** (= *brûler*) **les mains/yeux me cuisaient** my hands/eyes were smarting
cuisant, e [kɥizɑ̃, ɑ̃t] (ADJ) [*défaite, échec, souvenir*] bitter
cuisine [kɥizin] **1** (NF) **a** (= *pièce*) kitchen **b** (= *art culinaire*) cookery; (= *préparation*) cooking; (= *nourriture apprêtée*) cooking • **la ~ française** French cooking • **~ légère** low-fat foods • **faire la ~** to do the cooking • **il sait bien faire la ~** he's a good cook • **une ~ épicée** spicy food **c** (*fig*) (*péj*) **~ électorale** electoral schemings *ou* jiggery-pokery* (Brit) • **faire sa petite ~** to do one's own thing • **psychologie de ~** pop psychology* **2** (COMP) ▸ **cuisine américaine** open-plan kitchen ▸ **cuisine bourgeoise** traditional cooking ▸ **cuisine moléculaire** molecular gastronomy ▸ **cuisine de rue** street food
cuisiner [kɥizine] /TABLE 1/ **1** (VT) **a** [+ *plat*] to cook **b** [+ *personne*]* to grill* **2** (VI) to cook • **il cuisine bien** he's a good cook
cuisinier, -ière [kɥizinje, jɛʀ] **1** (NM,F) (= *personne*) cook **2** (NF) **cuisinière** (*à gaz, électrique*) stove
cuissardes [kɥisaʀd] (NFPL) [*de pêcheur*] waders; [*de femme*] thigh boots
cuisse [kɥis] (NF) thigh • **~ de poulet** chicken leg • **~s de grenouilles** frogs' legs
cuisson [kɥisɔ̃] (NF) [*d'aliments*] cooking; [*de pain, gâteau*] baking; [*de gigot*] roasting • **temps de ~** cooking time • **~ à la vapeur/au four** steam/oven cooking • **quelle ~?** (*au restaurant*) how would you like it cooked?
cuistot* [kɥisto] (NM) cook
cuit, e [kɥi, kɥit] *ptp de* **cuire** **1** (ADJ) **a** [*aliment, plat*] cooked; [*viande*] done *attrib*; [*pomme*] baked • **bien ~** well done • **une baguette bien ~e** a well-baked baguette • **trop ~** overdone • **pas assez ~** underdone • **~ à point** (= *peu saignant*) medium-cooked; (*parfaitement*) done to a turn
b (= *perdu*)* **il est ~** he's had it* • **c'est ~ (pour ce soir)** we've had it (for tonight)*
c (= *ivre*)* plastered*
d (*locutions*) **c'est du tout ~*** it's a cinch* • **il attend toujours que ça lui tombe tout ~ (dans le bec)*** he expects everything to be handed to him on a plate
2 (NF) **cuite** **prendre une ~e*** to get plastered*
cuiter (se)* [kɥite] /TABLE 1/ (VPR) to get plastered*
cuit-tout [kɥitu] (NM INV) multi-steamer
cuivre [kɥivʀ] (NM) **a** **~ (rouge)** copper • **~ jaune** brass **b** **~s** (= *ustensiles*) (*de cuivre*) copper; (*de cuivre et laiton*) brasses **c** (= *instrument*) brass instrument • **les ~s** the brass section
cuivré, e [kɥivʀe] (ADJ) [*reflets*] coppery; [*teint*] bronzed; [*voix*] resonant
cul [ky] **1** (NM) **a** (= *postérieur*)** bum* (Brit), butt* (US) • **~ nu** bare-bottomed • **gros ~*** (*camion*) heavy truck **b** [*de bouteille*] bottom **c** (= *sexe*)** **le ~** sex • **film de ~** porn movie* • **revue** *ou* **magazine de ~** porn mag* • **une histoire de ~** (= *plaisanterie*) a dirty joke
d (*locutions*) **faire ~ sec*** to down one's drink in one go* • **~ sec!** bottoms up!* • **on l'a dans le ~**** that's really screwed us (up)** • **en tomber** *ou* **rester sur le ~*** to be gobsmacked* • **avoir du ~**** to be a lucky bastard*
2 (ADJ) (= *stupide*)* silly
culasse [kylas] (NF) **a** [*de moteur*] cylinder head **b** [*de canon, fusil*] breech
culbute [kylbyt] (NF) **faire une ~** (*cabriole*) to turn a somersault; (*chute*) to take a tumble
culbuter [kylbyte] /TABLE 1/ (VT) [+ *chaise*] to knock over
cul-de-jatte (*pl* **culs-de-jatte**) [kyd(ə)ʒat] (NM) double amputee
cul-de-sac (*pl* **culs-de-sac**) [kyd(ə)sak] (NM) (= *rue*) cul-de-sac; (*fig*) blind alley
culinaire [kylinɛʀ] (ADJ) culinary • **l'art ~** cookery
culminant, e [kylminɑ̃, ɑ̃t] (ADJ) **point ~** [*de montagne*] peak; [*de carrière, gloire, crise*] height; [*d'affaire, scandale*] culmination • **c'est le point ~ du Jura** it's the highest peak in the Jura • **atteindre son point ~** [*crise*] to reach its height
culminer [kylmine] /TABLE 1/ (VI) **a** [*sommet*] **le Mont Blanc culmine à 4807 mètres** Mont Blanc is 4,807 metres high **b** [*salaire, bénéfice, récession*] to peak (**à** at) **c** [*astre*] to reach its highest point
culot [kylo] (NM) **a** (= *effronterie*)* nerve* • **il a du ~** he's got a nerve* • **tu ne manques pas de ~!** you've got a nerve!* • **il y est allé au ~** he bluffed his way through it **b** [*d'ampoule*] cap
culotte [kylɔt] **1** (NF) **a** (= *slip*) pants (Brit), panties (US); [*d'homme*] underpants • **petite ~** [*de femme*] panties **b** (*locutions*) **baisser sa ~** to back down • **c'est elle qui porte la ~** she wears the trousers • **faire dans sa ~** (= *uriner*) to wet oneself; (= *déféquer*) to dirty one's pants **2** (COMP) ▸ **culotte de cheval, culottes de cheval** riding breeches • **avoir une ~ de cheval** (*aux hanches*) to have saddlebags ▸ **culotte court, culottes courtes** short trousers
culotté, e* [kylɔte] (ADJ) (= *effronté*) cheeky* (Brit), sassy* (US)
culpabilisant, e [kylpabilizɑ̃, ɑ̃t] (ADJ) [*discours, idée*] guilt-producing • **c'est un peu ~ de laisser les enfants seuls** you feel a bit guilty about leaving the children on their own
culpabilisation [kylpabilizasjɔ̃] (NF) (= *action*) making guilty; (= *état*) guilt
culpabiliser [kylpabilize] /TABLE 1/ **1** (VT) **~ qn** to make sb feel guilty **2** (VPR) **se culpabiliser** to feel guilty
culpabilité [kylpabilite] (NF) guilt
culte [kylt] **1** (NM) **a** (= *vénération*) worship • **~ de la personnalité** personality cult **b** (= *pratiques*) form of worship; (= *religion*) religion • **le ~ catholique** Catholic religious practice • **les objets du ~** liturgical objects • **lieu de ~** place of worship **c** (= *office protestant*) service **2** (ADJ) [*film, livre*] cult
cultivateur, -trice [kyltivatœʀ, tʀis] **1** (NM,F) farmer **2** (NM) (= *machine*) cultivator
cultivé, e [kyltive] *ptp de* **cultiver** (ADJ) (= *instruit*) cultured
cultiver [kyltive] /TABLE 1/ **1** (VT) **a** [+ *champ*] to cultivate • **terres cultivées** arable land **b** [+ *céréales, légumes,*

vigne] to grow; [+ *moules, huîtres*] to farm ⓒ [+ *goût, don, image*] to cultivate • **il cultive le paradoxe** he goes out of his way to do the unexpected • **elle cultive sa différence** she sets out to be different ⓓ [+ *personne, amitié*] to cultivate 2 (VPR) **se cultiver** to improve one's mind

cultuel, -elle [kyltɥɛl] (ADJ) religious • **édifice ~** place of worship

culture [kyltyʀ] 1 (NF) ⓐ (= *connaissances*) **la ~** culture • **il manque de ~** he's not very cultured • **~ générale** general knowledge ⓑ [*de champ*] cultivation; [*de légumes*] growing; [*de moules, huîtres*] farming • **~ biologique/conventionnelle** organic/conventional farming • **~ génétiquement modifiée** GM farming ⓒ (= *espèce cultivée*) crop • **~ vivrière** food crop ⓓ (*en laboratoire*) culture • **mettre en ~** to culture 2 (NFPL) **cultures** (= *terres cultivées*) arable land 3 (COMP) ▸ **culture d'entreprise** corporate *or* company culture ▸ **culture physique** physical training

culturel, -elle [kyltyʀɛl] (ADJ) cultural

cultureux, -euse [kyltyʀø, øz] (*péj*) 1 (ADJ) culture-obsessed 2 (NM,F) culture vulture*

culturisme [kyltyʀism] (NM) body-building

culturiste [kyltyʀist] (NMF) body-builder

cumin [kymɛ̃] (NM) cumin

cumul [kymyl] (NM) **pour limiter le ~ des mandats** in order to limit the number of mandates that may be held at one time • **avec ~ de peines** (*Droit*) sentences to run concurrently

cumuler [kymyle] /TABLE 1/ (VT) [+ *fonctions*] to hold concurrently; [+ *salaires*] to draw concurrently • **intérêts cumulés** interests accrued

cumulus [kymylys] (NM) ⓐ (= *nuage*) cumulus ⓑ (= *chauffe-eau*) water heater

cupide [kypid] (ADJ) greedy

cupidité [kypidite] (NF) greed

curable [kyʀabl] (ADJ) curable

curare [kyʀaʀ] (NM) curare

curatif, -ive [kyʀatif, iv] (ADJ) curative

cure [kyʀ] (NF) ⓐ (= *traitement*) course of treatment • **~ (thermale)** ≈ course of treatment at a spa • **faire une ~ à Vichy** to take the waters at Vichy • **suivre une ~ d'amaigrissement** to go on a slimming course (*Brit*), to have reducing treatment (*US*) • **faire une ~ de sommeil** to have sleep therapy • **~ de thalassothérapie** course of seawater therapy ⓑ (= *consommation*) diet • **faire une ~ de fruits** to go on a fruit diet

curé [kyʀe] (NM) parish priest

cure-dent (*pl* **cure-dents**) [kyʀdɑ̃] (NM) toothpick

curer [kyʀe] /TABLE 1/ (VT) to clean out • **se ~ les dents/le nez** to pick one's teeth/nose • **se ~ les ongles/oreilles** to clean one's nails/ears

curieusement [kyʀjøzmɑ̃] (ADV) curiously

curieux, -ieuse [kyʀjø, jøz] 1 (ADJ) ⓐ (= *intéressé, indiscret*) curious • **esprit ~** inquiring mind • **~ de tout** curious about everything • **je serais ~ de savoir** I'd be interested to know ⓑ (= *bizarre*) curious • **ce qui est ~, c'est que ...** the curious thing is that ... 2 (NM,F) ⓐ (= *indiscret*) inquisitive person • **petite curieuse!** nosy little thing!* ⓑ (= *badaud*) onlooker • **venir en ~** to come just to have a look

curiosité [kyʀjozite] (NF) curiosity • **par ~** out of curiosity • (PROV) **la ~ est un vilain défaut** curiosity killed the cat (PROV)

curiste [kyʀist] (NMF) person taking the waters (*at a spa*)

curriculum [kyʀikylɔm], **curriculum vitæ** [kyʀikylɔmvite] (NM INV) curriculum vitae (*Brit*), résumé (*US*)

curry [kyʀi] (NM) curry • **poulet au ~** chicken curry

curseur [kyʀsœʀ] (NM) [*de règle, ordinateur*] cursor

cursus [kyʀsys] (NM) (*Univ*) ≈ degree course; [*de carrière*] career path

cutané, e [kytane] (ADJ) skin • **affection ~e** skin trouble

cuti-réaction [kytiʀeaksjɔ̃] (NF) skin test

cutter [kœtœʀ] (NM) (*petit*) craft knife; (*gros*) Stanley knife ®

cuve [kyv] (NF) [*de fermentation, teinture*] vat; [*de mazout, eau*] tank • **~ de développement** (*Photo*) developing tank

cuvée [kyve] (NF) (= *cru, année*) vintage; [*d'étudiants, films*] crop • **la ~ 1937** the 1937 vintage

cuver [kyve] /TABLE 1/ (VT) **~ (son vin)*** to sleep it off*

cuvette [kyvɛt] (NF) ⓐ (= *récipient*) basin; (*pour la toilette*) washbowl ⓑ [*de lavabo, évier*] basin; [*de WC*] pan ⓒ (= *vallée*) basin

CV [seve] (NM) ⓐ (ABR DE **curriculum vitæ**) CV ⓑ (ABR DE **cheval-vapeur**) hp

cyanure [sjanyʀ] (NM) cyanide

cyber [sibɛʀ] (PRÉF) cyber

cyberattaque [sibɛʀatak] (NF) cyberattack

cybercafé [sibɛʀkafe] (NM) internet café

cyberconsommation [sibɛʀkɔ̃sɔmasjɔ̃] (NF) cybershopping

cybercrime [sibɛʀkʀim] (NM) cybercrime

cybercriminalité [sibɛʀkʀiminalite] (NF) cybercrime

cyberculture [sibɛʀkyltyʀ] (NF) cyberculture

cyberdélinquance [sibɛʀdelɛ̃kɑ̃s] (NF) cybercrime

cyberespace [sibɛʀɛspas] (NM) cyberspace

cyberfraude [sibɛʀfʀod] (NF) cyberfraud

cyberfraudeur, -euse [sibɛʀfʀodœʀ, øz] (NM,F) cyberfraudster

cyberharcèlement [sibɛʀaʀsɛlmɑ̃] (NM) cyberbullying, cyberstalking

cyberharceleur, -euse [sibɛʀaʀsəlœʀ, øz] (NM,F) cyberbully, cyberstalker

cyberintimidation [sibɛʀɛ̃timidasjɔ̃] (NF) cyberbullying

cybermarchand [sibɛʀmaʀʃɑ̃] (NM) e-tailer, cyberstore, cybershop

cybermonde [sibɛʀmɔ̃d] (NM) cyberspace

cybernaute [sibɛʀnot] (NMF) cybernaut

cybernétique [sibɛʀnetik] (NF) cybernetics *sg*

cyberpunk * [sibɛʀpœ̃k] (ADJ, NMF, NM) cyberpunk

cybersécurité [sibɛʀsekyʀite] (NF) cybersecurity

cybersexe [sibɛʀsɛks] (NM) cybersex

cybersquatting [sibɛʀskwatiŋ] (NM) cybersquatting

cyberterrorisme [sibɛʀteʀɔʀism] (NM) cyberterrorism

cyberterroriste [sibɛʀteʀɔʀist] (NMF) cyberterrorist

cyborg [sibɔʀg] (NM) cyborg

cyclable [siklabl] (ADJ) **piste ~** cycle track

cyclamen [siklamɛn] (NM) cyclamen

cycle [sikl] (NM) ⓐ (= *bicyclette*) cycle • **magasin de ~s** cycle shop ⓑ (= *processus*) cycle • **~ menstruel** menstrual cycle • **le ~ infernal de la violence** the cycle of violence ⓒ (*Scol*) **premier ~** *first four years of secondary education* • **second** *ou* **deuxième ~** *last three years of secondary education* • **~ court** *two-year vocational course (taken after the baccalauréat)* • **~ long** higher education course

ⓓ (*Univ*) **premier ~** ≈ first and second year **• deuxième** *ou* **second ~** ≈ Final Honours **• troisième ~** ≈ postgraduate studies **• diplôme de troisième ~** ≈ postgraduate degree, ≈ PhD **• étudiant de troisième ~** ≈ postgraduate student

cyclique [siklik] (ADJ) cyclical

cyclisme [siklism] (NM) cycling **• faire du ~** to go cycling

cycliste [siklist] **1** (ADJ) **course/champion ~** cycle race/champion **• coureur ~** racing cyclist **2** (NMF) cyclist **3** (NM) (= *short*) cycling shorts

cyclomoteur [siklomɔtœʀ] (NM) moped

cyclomotoriste [siklomɔtɔʀist] (NMF) moped rider

cyclone [siklon] (NM) (= *typhon*) cyclone; (= *basse pression*) zone of low pressure; (= *vent violent*) hurricane

cyclothymique [siklotimik] (ADJ, NMF) manic-depressive

cyclotourisme [sikloturism] (NM) bicycle touring **• faire du ~** (*vacances*) to go on a cycling holiday

cygne [siɲ] (NM) swan

cylindre [silɛ̃dʀ] (NM) ⓐ (= *forme*) cylinder ⓑ (= *rouleau*) roller ⓒ [*de moteur*] cylinder **• une 6 ~s** a 6-cylinder car

cylindrée [silɛ̃dʀe] (NF) capacity **• une grosse/petite ~** a big-engined/small-engined car

cymbale [sɛ̃bal] (NF) cymbal

cynique [sinik] (ADJ) cynical

cynisme [sinism] (NM) cynicism

cyprès [sipʀɛ] (NM) cypress

cystite [sistit] (NF) cystitis *NonC* **• avoir une ~** to have cystitis

Dd

D, d [de] (NM) (= *lettre*) D, d → **système**
d' [d] → **de**
DAB [dab] (NM) (ABR DE **distributeur automatique de billets**) ATM
d'abord [dabɔʀ] (LOC ADV) → **abord**
d'accord [dakɔʀ] (LOC ADV, LOC ADJ) → **accord**
dactylo [daktilo] (NF) ⓐ typist ⓑ (ABR DE **dactylographie**)
dactylographie [daktilɔgʀafi] (NF) typing
dactylographier [daktilɔgʀafje] /TABLE 7/ (VT) to type
dada [dada] (NM) ⓐ (*langage enfantin*) (= *cheval*) horsey ⓑ (= *passe-temps*)* hobby
dadais [dadɛ] (NM) **(grand) ~** great lump (*person*)
dague [dag] (NF) (= *arme*) dagger
dahlia [dalja] (NM) dahlia
daigner [deɲe] /TABLE 1/ (VT) to deign • **il n'a pas daigné répondre** he didn't deign to reply
daim [dɛ̃] (NM) ⓐ deer; (*mâle*) buck ⓑ (= *cuir suédé*) suede • **chaussures en ~** suede shoes
dais [dɛ] (NM) canopy
Dakar [dakaʀ] (N) Dakar
dallage [dalaʒ] (NM) paving
dalle [dal] (NF) (= *pavement*) paving stone; (*Constr*) slab • **~ de béton** concrete slab • **~ funéraire** tombstone • **avoir** *ou* **crever la ~*** (= *avoir faim*) to be starving
▸ **que dalle*** nothing at all • **j'y pige que ~** I don't get it*
dalmatien [dalmasjɛ̃] (NM) (= *chien*) dalmatian
daltonien, -ienne [daltɔnjɛ̃, jɛn] (ADJ) colour-blind (*Brit*), color-blind (*US*)
dam [dɑ̃] (NM) **au grand ~ de qn** to sb's great displeasure
Damas [damas] (N) Damascus
damassé, e [damase] (ADJ, NM) damask
dame [dam] **1** (NF) ⓐ (= *femme*) lady • **il y a une ~ qui vous attend** there is a lady waiting for you • **vous savez, ma bonne ~ !*** you know, my dear! • **une grande ~** a great lady • **la grande ~ du roman policier** the doyenne of crime fiction • **la première ~ de France** France's first lady • **la finale ~s** (*Sport*) the women's final
ⓑ (*Cartes, Échecs*) queen; (*Dames*) crown • **le jeu de ~s** • **les ~s** draughts *sg* (*Brit*), checkers *sg* (*US*) • **jouer aux ~s** to play draughts (*Brit*) *ou* checkers (*US*)
2 (COMP) ▸ **dame de compagnie** (lady's) companion ▸ **dame d'honneur** lady-in-waiting ▸ **dame pipi*** lady toilet attendant
damer [dame] /TABLE 1/ (VT) ⓐ [+ *terre, neige*] to pack ⓑ **~ le pion à qn** to get the better of sb

dameuse [damøz] (NF) (*Ski*) snow-grooming machine
damier [damje] (NM) (*Dames*) draughtboard (*Brit*), checkerboard (*US*) • **en** *ou* **à ~** [*motif*] chequered (*Brit*), checkered (*US*)
damner [dɑne] /TABLE 1/ (VT) to damn • **à se ~*** (= *merveilleux*) fabulous*

> The **mn** is pronounced **nn**.

dan [dan] (NM) (*Arts martiaux*) dan
dancing [dɑ̃siŋ] (NM) dance hall
dandiner (se) [dɑ̃dine] /TABLE 1/ (VPR) to waddle • **marcher en se dandinant** to waddle along
Danemark [danmaʀk] (NM) Denmark
danger [dɑ̃ʒe] (NM) danger • **courir un ~** to run a risk • **en cas de ~** in case of emergency • **il est hors de ~** he is out of danger • **sans ~** [*opération, expérience*] safe; [*utiliser, agir*] safely • **c'est sans ~** it's quite safe • **cet automobiliste est un ~ public** that driver is a danger to the public • **les ~s de la route** road hazards • **attention ~ !** look out! • **« ~ de mort »** "danger of death" • **(il n'y a) pas de ~ !*** no fear!* • **pas de ~ qu'il vienne !*** there's no danger that he'll come
▸ **en danger être en ~** to be in danger • **ses jours sont en ~** his life is in danger • **mettre en ~** [+ *personne*] to put in danger; [+ *vie, espèce*] to endanger; [+ *chances, réputation, carrière*] to jeopardize • **il est en ~ de mort** he is in danger of his life
dangereusement [dɑ̃ʒʀøzmɑ̃] (ADV) dangerously
dangereux, -euse [dɑ̃ʒʀø, øz] (ADJ) dangerous; [*opération*] risky • **zone dangereuse** danger zone
dangerosité [dɑ̃ʒʀozite] (NF) dangerousness
danois, e [danwa, waz] **1** (ADJ) Danish **2** (NM) (= *langue*) Danish **3** (NM,F) **Danois(e)** Dane

dans [dɑ̃] PRÉPOSITION

> Pour les expressions comme **dans sa hâte**, **dans le temps**, reportez-vous à l'autre mot.

ⓐ (*lieu : position*) in • **mon revolver est ~ le tiroir** my gun is in the drawer • **il a plu ~ toute la France** there has been rain throughout France • **ils ont voyagé ~ le même train** they travelled on the same train • **ce n'est pas ~ ses projets** he's not planning to do that
ⓑ (*lieu : mouvement*) into • **mettre qch ~ un tiroir** to put sth into a drawer • **s'enfoncer ~ la forêt** to plunge deep

into the forest • **verser du vin ~ un verre** to pour wine into a glass • **jeter l'eau sale ~ l'évier** to pour the dirty water down the sink

c (*lieu : origine*) out of • **prendre qch ~ un tiroir** to take sth out of a drawer • **boire du café ~ un verre** to drink coffee out of a glass • **il l'a copié ~ un livre** he copied it out of a book • **le chien a mangé ~ mon assiette** the dog ate off my plate

d (*temps*) in • **~ ma jeunesse** in my youth • **~ le courant de l'année** in the course of the year • **il part ~ une semaine** he's leaving in a week • **il sera là ~ un instant** he'll be here in a minute • **je l'attends ~ la matinée** I'm expecting him some time this morning • **il est mort ~ l'heure qui a suivi** he died within the hour • **~ combien de temps serez-vous prêt?** how long will it be before you are ready?

e (*= dans des limites de*) within • **~ un périmètre très restreint** within a very restricted radius

f ▸ **dans les** (= *environ*) about • **cela coûte ~ les 50 €** it costs about 50 euros • **il a ~ les 30 ans** he's about 30 • **il faut compter ~ les trois ou quatre mois** you have to allow three to four months • **cette pièce fait ~ les 8 m²** this room is about 8m²

danse [dɑ̃s] (NF) (= *valse, tango etc*) dance • **la ~** (= *art*) dance; (= *action*) dancing • **~ classique** ballet • **~ de salon** ballroom dancing • **la ~ du ventre** belly dancing • **professeur de ~** dance teacher

> Le mot anglais s'écrit avec un **c**.

danser [dɑ̃se] /TABLE 1/ **1** (VI) to dance • **elle danse bien** she's a good dancer • **faire ~ qn** to dance with sb • **voulez-vous ~ (avec moi)? • vous dansez?** would you like to dance? • **personne ne savait sur quel pied ~** nobody knew what to do **2** (VT) to dance • **~ un rock** to jive

danseur, -euse [dɑ̃sœʀ, øz] **1** (NM,F) dancer; (= *partenaire*) partner • **~ classique** *ou* **de ballet** ballet dancer • **~ étoile** principal dancer • **danseuse étoile** prima ballerina **2** (NF) **danseuse pédaler en danseuse** to pedal standing up

Danube [danyb] (NM) Danube

dard [daʀ] (NM) [*d'animal*] sting

darder [daʀde] /TABLE 1/ (VT) **le soleil dardait ses rayons sur la maison** the sun was beating down on the house

dare-dare○* [daʀdaʀ] (LOC ADV) double-quick*

darne [daʀn] (NF) [*de poisson*] steak

daron, onne [daʀɔ̃, ɔn] (NM,F) (*arg*) (= *homme*) old man*; (= *femme*) old dear* (*Brit*), old lady* (*US*) • **mes ~s** my old dears* (*Brit*), my rents* (*US*)

darwinisme [daʀwinism] (NM) Darwinism

datation [datasjɔ̃] (NF) dating • **~ au carbone 14** carbon dating

date [dat] **1** (NF) date • **à quelle ~ cela s'est-il produit?** on what date did that happen? • **à cette ~-là il était déjà mort** by then he was already dead • **le comité se réunit à ~ fixe** the committee meets on a fixed date • **sans ~** undated • **le dernier en ~** the most recent • **lettre en ~ du 23 mai** letter dated 23 May

▸ **prendre date j'ai pris ~ avec M. Lavie pour le 18 décembre** I have made a date with Mr Lavie for 18 December

▸ **faire date cet événement fait ~ dans l'histoire** this event is a milestone in history

▸ **de longue date** [*amitié*] long-standing • **je le connais de longue ~** I've known him for a long time

▸ **de fraîche date** [*ami*] new

2 (COMP) ▸ **date butoir** deadline ▸ **date limite** deadline • **~ limite de consommation** use-by date • **~ limite de fraîcheur** *ou* **de conservation** best-before date ▸ **date de naissance** date of birth ▸ **date de péremption** expiry date ▸ **date de valeur** [*de chèque*] processing date

dater [date] /TABLE 1/ **1** (VT) to date • **lettre datée du 6** letter dated the 6th • **non daté** undated **2** (VI) **a ~ de** (= *remonter à*) to date back to • **ça ne date pas d'hier** *ou* **d'aujourd'hui** [*amitié, situation*] it goes back a long way; [*objet*] it's far from new • **à ~ de demain** from tomorrow • **de quand date votre dernière rencontre?** when did you last meet? **b** (= *être démodé*) to be dated

datte [dat] (NF) (= *fruit*) date

dattier [datje] (NM) date palm

daube [dob] (NF) **a** casserole • **bœuf en ~** beef casserole **b c'est de la ~**‡ it's crap‡

dauber‡ [dobe] /TABLE 1/ (VI) (= *puer*) to stink • **ça daube ici!** it stinks in here!

dauphin [dofɛ̃] (NM) **a** (= *animal*) dolphin **b** (= *successeur*) heir apparent

daurade [dɔʀad] (NF) sea bream

davantage [davɑ̃taʒ] (ADV) **a** (= *plus*) [*gagner, acheter*] more • **bien/encore/même ~** much/still/even more • **je n'en sais pas ~** I don't know any more about it

b (= *plus longtemps*) longer • **sans s'attarder ~** without lingering any longer

c (= *de plus en plus*) more and more • **les prix augmentent chaque jour ~** prices go up every day

d (*locutions*)

▸ **davantage de** more • **vouloir ~ de temps** to want more time • **veux-tu ~ de viande?** would you like some more meat?

▸ **davantage que** (= *plus*) more than; (= *plus longtemps*) longer than

DDASS [das] (NF) (ABR DE **Direction départementale de l'action sanitaire et sociale**) local social services department • **un enfant de la ~** (*orphelin*) an orphan; (*retiré de la garde de ses parents*) a child in care (*Brit*), a child in court custody (*US*)

de [də]

1 PRÉPOSITION	2 ARTICLE

1 PRÉPOSITION

> **de** + **le** = **du**; **de** + **les** = **des**; **de** becomes **d'** before a vowel or silent **h**.

> Lorsque **de** fait partie d'une locution du type **décider de**, **content de**, **de plus en plus**, reportez-vous à l'autre mot.

a (*provenance*) from • **s'échapper de** to escape from • **il arrive du Japon** he has just arrived from Japan • **nous recevons des amis du Canada** we've got friends from Canada staying with us • **l'avion de Londres** the plane from London • **je l'ai vu en sortant de la maison** I saw him as I was coming out of the house

b *lieu* in • **les magasins de Londres** the shops in London • **les voisins du 2e étage** the neighbours on the 2nd floor

c *destination* to • **l'avion de Bruxelles** the plane to Brussels • **la route de Tours** the road to Tours

d *appartenance* of

> Lorsque **de** sert à exprimer l'appartenance, il se traduit par **of**; on préférera toutefois souvent le génitif lorsque le possesseur est une personne ou un animal.

• **les oreilles du lapin** the rabbit's ears • **la maison de David** David's house • **la maison de notre ami** our friend's house • **un ami de la famille** a friend of the family • **un ami de mon père** a friend of my father's • **la porte de la maison** the door of the house

> Après un pluriel se terminant par un **s**, l'apostrophe s'utilise sans **s**.

• **la maison de nos amis** our friends' house

> On ajoute cependant le **'s** après un nom commun se terminant par **ss**.

• **la loge de l'actrice** the actress's dressing-room

> Dans le cas où le possesseur est une chose, l'anglais supprime parfois le **'s**.

• **le pied de la table** the table leg • **le bouton de la porte** the door knob • **les romanciers du 20e siècle** 20th-century novelists

e *contenu* of • **une bouteille de vin** a bottle of wine • **une pincée de sel** a pinch of salt • **une collection de timbres** a collection of stamps

f *matière*

> En anglais, un nom en apposition sert souvent à décrire la matière dont quelque chose est fait.

• **un vase de cristal** a crystal vase • **une table de chêne** an oak table

g *qualité* **un homme de goût** a man of taste • **quelque chose de beau** something lovely • **rien d'intéressant** nothing interesting

h *agent* by • **un film de Fellini** a Fellini film • **un concerto de Brahms** a concerto by Brahms • **c'est de qui?** who is it by? • **ce poème n'est pas de moi** I didn't write the poem

i *= avec*

> Lorsque **de** signifie **avec, au moyen de, à l'aide de**, ou exprime la manière ou la cause, la traduction dépend du contexte ; reportez-vous à l'autre mot.

• **il l'attrapa de la main gauche** he caught it with his left hand • **marcher d'un pas lent** to walk slowly • **rougir de honte** to go red with embarrassment • **être fatigué de répéter** to be tired of repeating • **couvert de boue** covered in mud

j *= par* **il gagne 30 € de l'heure** he earns 30 euros an hour

k *= durant* **de jour** during the day • **de nuit** during the night • **3 heures du matin** 3 o'clock in the morning • **je ne l'ai pas vu de la soirée** I haven't seen him all evening

l *locutions* **il y a deux verres de cassés** there are two broken glasses • **j'ai une semaine de congé** I've got a week's holiday • **il est d'une bêtise!** he's so stupid! • **tu as de ces idées!** you have the strangest ideas! • **le jour de Noël** Christmas Day • **cette saleté de temps** this rotten weather • **la ville de Paris** the city of Paris • **le mois de juin** the month of June • **une pièce de 6 m²** a room 6 metres square • **un enfant de 5 ans** a 5-year-old child • **un voyage de trois jours** a three-day journey • **il y aura une attente de quelques heures** you will have to wait a few hours • **un chèque de 100 €** a cheque for 100 euros • **il est professeur d'anglais** he's an English teacher

▸ **de ... à** from ... to • **de chez moi à la gare, il y a 5 km** it's 5km from my house to the station • **du 2 au 7 mai** from 2 to 7 May • **les enfants de 9 à 12 ans** children from 9 to 12

▸ **de ... en** from ... to • **il va de village en village** he goes from village to village • **de jour en jour** from day to day • **le nombre diminue d'année en année** the number is decreasing every year • **nous allions de surprise en surprise** we had one surprise after another

2 ARTICLE

a *affirmation*

> L'article **de** n'est souvent pas traduit mais il peut parfois être rendu par **some**.

• **au déjeuner, nous avons eu du poulet** we had chicken for lunch • **j'ai du travail à faire** I've got work to do • **j'ai des voisins charmants** I've got lovely neighbours • **boire de l'eau** to drink water • **ils vendent des pommes** they sell apples • **il mange des biscuits toute la journée** he eats biscuits all day • **elle a de jolies mains** she's got lovely hands • **il portait des lunettes** he was wearing glasses • **il a joué du Chopin** he played Chopin • **cela demande de la patience** it takes patience • **c'est du vol!** that's robbery! • **j'ai acheté des pommes** I bought some apples

b *interrogation, hypothèse*

> Dans les questions et les hypothèses, **de** soit ne se traduit pas, soit est rendu par **any** ou **some**.

• **accepteriez-vous de l'argent liquide?** would you take cash? • **as-tu de l'argent?** have you got any money? • **as-tu rencontré des randonneurs?** did you meet any hikers? • **si tu achètes du vin, j'en prendrai aussi** if you buy some wine, I'll buy some too • **s'il y a des problèmes** if there are any problems

> Dans les offres polies, on utilise plus souvent **some**.

• **tu veux de l'aide?** do you want any help?; (*plus poli*) would you like some help? • **voulez-vous des œufs?** would you like some eggs? • **vous ne voulez vraiment pas de vin?** are you sure you don't want some wine?

c ▸ **pas ... de ...** not any ..., no ... • **je n'ai pas acheté de pommes** I didn't buy any apples • **je n'ai pas de voisins** I haven't got any neighbours • **il n'y a pas de pain** there isn't any bread, there's no bread

dé [de] (NM) ⓐ **dé (à coudre)** thimble ⓑ *(Jeux)* dice • **dés (à jouer)** dice • **jouer aux dés** to play dice • **les dés sont jetés** the die is cast • **couper des carottes en dés** to dice carrots

DEA [deəɑ] (NM) (ABR DE **diplôme d'études approfondies**) *postgraduate diploma taken before completing a PhD*

dealer, dealeur, -euse [dilœʀ] (NM,F) *(Drogue)* drug dealer

déambulateur [deɑ̃bylatœʀ] (NM) Zimmer ®

déambuler [deɑ̃byle] /TABLE 1/ (VI) to wander; [*promeneur*] to stroll

débâcle [debɑkl] (NF) [*d'armée*] rout; [*de régime*] collapse; [*de glaces*] breaking up • **c'est une vraie ~!** it's a complete disaster!

déballer [debale] /TABLE 1/ (VT) [+ *objets*] to unpack; [+ *marchandises*] to display • **il m'a déballé* toute l'histoire/toute sa vie** he told me the whole story/his life story

débandade [debɑ̃dad] (NF) (= *déroute*) headlong flight; (= *dispersion*) scattering

débander [debɑ̃de] /TABLE 1/ (VT) to take the bandages off • **~ les yeux de qn** to remove a blindfold from sb's eyes

débarbouiller [debaʀbuje] /TABLE 1/ **1** (VT) to wash *(quickly)* **2** (VPR) **se débarbouiller** to wash one's face

débarbouillette [debaʀbujɛt] (NF) *(Can)* face cloth

débarcadère [debaʀkadɛʀ] (NM) landing stage

débardeur [debaʀdœʀ] (NM) (= *T-shirt*) sleeveless T-shirt

débarquement [debaʀkəmɑ̃] (NM) landing • **péniche de ~** landing craft *inv* • **le ~** *(Hist: en Normandie)* the Normandy landings

débarquer [debaʀke] /TABLE 1/ **1** (VT) to land **2** (VI) ⓐ [*passagers*] to disembark (**de** from); [*troupes*] to land ⓑ (= *arriver subitement*)* to turn up • **il a débarqué chez moi hier soir** he turned up at my place last night ⓒ (= *ne pas être au courant*)* **tu débarques!** where have you been?*

débarras [debaʀɑ] (NM) cupboard • **bon ~!** good riddance!

débarrasser [debaʀɑse] /TABLE 1/ **1** (VT) [+ *local*] to clear (**de** of) • **~ (la table)** to clear the table • **~ qn de** [+ *fardeau, manteau*] to relieve sb of; [+ *liens*] to release sb from **2** (VPR) **se débarrasser se ~ de** [+ *objet, personne*] to get rid of; (= *ôter*) [+ *vêtement*] to take off • **débarrassez-vous** take your coat off

débarrer [debaʀe] /TABLE 1/ (VT) *(Can)* [+ *porte*] to unlock

débat [deba] (NM) (= *discussion*) discussion; (= *polémique*) debate • **~s** *(Droit, Politique = séance)* proceedings • **un grand ~ de société** a major public debate • **faire ~** to be the subject of debate

débattre [debatʀ] /TABLE 41/ **1** (VT) to discuss • **à vendre 1000 € à ~** *(petite annonce)* for sale: 1,000 euros or nearest offer

▸ **débattre de** *ou* **sur** to discuss

2 (VPR) **se débattre** to struggle

débauche [deboʃ] (NF) ⓐ (= *vice*) debauchery • **mener une vie de ~** to lead a life of debauchery ⓑ (= *abondance*) **~ de** wealth of • **une ~ de couleurs** a riot of colour

débauché, e† [deboʃe] *ptp de* **débaucher** (NM,F) debauched individual

débaucher [deboʃe] /TABLE 1/ (VT) ⓐ (= *embaucher un salarié d'une autre entreprise*) to poach (**de** from); [*chasseur de tête*] to head-hunt ⓑ (= *licencier*) to lay off

débecter‡ [debɛkte] /TABLE 1/ (VT) **ça me débecte** it makes me sick

débile [debil] **1** (ADJ) ⓐ (= *faible*) feeble ⓑ (= *stupide*)* [*personne*] moronic*; [*film, raisonnement*] pathetic* **2** (NMF) **~ mental** person with learning difficulties • **~ léger/profond** person with mild/severe learning difficulties • **quel ~, celui-là!** what a moron!* *(injurieux)*

débilitant, e [debilitɑ̃, ɑ̃t] (ADJ) (= *anémiant*) debilitating; (= *abêtissant*)* mind-numbing

débilité [debilite] (NF) *(péj)* [*de propos, attitude*] stupidity

débiner* [debine] /TABLE 1/ **1** (VT) (= *dénigrer*) to run down **2** (VPR) **se débiner** (= *se sauver*) to clear off*

débit [debi] **1** (NM) ⓐ *(Finance)* debit; [*de relevé de compte*] debit side • **porter 100 € au ~ de qn** to charge 100 euros to sb's account ⓑ (= *vente*) turnover • **il n'y a pas assez de ~** there isn't a quick enough turnover ⓒ [*de fleuve*] (rate of) flow; [*de gaz, électricité, machine*] output; [*de pompe*] flow; [*d'eau*] pressure ⓓ (= *élocution*) delivery • **elle a un sacré ~*** she's a great talker* **2** (COMP) ▸ **débit de boissons** (= *petit bar ou café*) bar; *(Admin)* drinking establishment ▸ **débit de tabac** tobacconist's (Brit), tobacco shop (US)

débiter [debite] /TABLE 1/ (VT) ⓐ [+ *personne, compte*] to debit • **j'ai été débité de 300 €** 300 euros has been debited from my account ⓑ [+ *marchandises*] to sell ⓒ [*usine, machine*] to produce ⓓ *(péj)* (= *dire*) [+ *sottises, banalités*] to utter ⓔ (= *découper*) to cut up

débiteur, -trice [debitœʀ, tʀis] **1** (ADJ) [*compte, solde*] debit • **l'organisme ~** the organization that owes the money **2** (NM,F) debtor • **être le ~ de qn** to be in sb's debt

déblais [deblɛ] (NMPL) (= *gravats*) rubble; (= *terre*) earth

déblatérer* [deblateʀe] /TABLE 6/ (VI) to rant and rave (**contre** about)

déblayer [debleje] /TABLE 8/ (VT) ⓐ (= *retirer*) to clear away; [+ *pièce*] to tidy up ⓑ [+ *travail*] to prepare • **~ le terrain** to clear the ground

débloquer [deblɔke] /TABLE 1/ **1** (VT) ⓐ [+ *crédits*] to release; [+ *prix*] to unfreeze; [+ *compte*] to free ⓑ *(Tech)* [+ *machine*] to unjam; [+ *écrou*] to release; [+ *négociations, situation*] to break the deadlock in **2** (VI) (= *dire des bêtises*)* to talk nonsense; (= *être fou*)* to be off one's rocker* **3** (VPR) **se débloquer** [*personne*] to loosen up • **la situation commence à se ~** things are starting to get moving again

déboires [debwaʀ] (NMPL) (= *déceptions*) disappointments; (= *échecs*) setbacks; (= *ennuis*) trials

déboisement [debwazmɑ̃] (NM) deforestation

déboiser [debwaze] /TABLE 1/ (VT) [+ *montagne, région*] to deforest; [+ *forêt*] to clear of trees

déboîter○ [debwate] /TABLE 1/ **1** (VT) [+ *épaule, cheville, mâchoire*] to dislocate; [+ *objet*] to dislodge **2** (VI) [*voiture*] to change lanes

débonnaire [debɔnɛʀ] (ADJ) easy-going

débordant, e [debɔʀdɑ̃, ɑ̃t] (ADJ) [*joie*] unbounded; [*imagination*] overactive • **elle était ~e de vie** she was bursting with vitality

débordé, e [debɔʀde] *ptp de* **déborder** (ADJ) **~ (de travail)** snowed under with work • **les hôpitaux sont ~s** the hospitals are snowed under

débordement [debɔʀdəmɑ̃] **1** (NM) ⓐ *(dans une manifestation)* **afin d'éviter les ~s** to prevent things from getting out of hand ⓑ [*de joie, violence*] outburst; [*d'énergie*] burst **2** (NMPL) **débordements** (= *excès*) excesses

déborder [debɔʀde] /TABLE 1/ **1** (VI) **a** [*récipient, liquide*] to overflow; [*fleuve*] to burst its banks; [*liquide bouillant*] to boil over • **faire ~ le lait** to let the milk boil over • **tasse/boîte pleine à ~** cup/box full to overflowing • **c'est la goutte qui a fait ~ le vase** that was the last straw
b (*en coloriant*) to go over the line
c **~ de santé** to be bursting with health • **~ de joie** to be bursting with joy • **~ d'activité** [*personne*] to be bursting with vitality • **~ d'imagination** to be full of imagination • **il débordait de tendresse pour elle** his heart was overflowing with tenderness for her
2 (VT) (= *dépasser*) to extend beyond • **cette remarque déborde le cadre du sujet** that remark goes beyond the subject in hand • **se laisser ~ sur la droite** (*Mil, Politique, Sport*) to allow o.s. to be outflanked on the right • **le service d'ordre s'est laissé ~** the police were unable to cope

débouché [debuʃe] (NM) **a** (= *marché, créneau*) outlet; (= *carrière*) opening **b** (= *sortie, ouverture*) opening • **la Suisse n'a aucun ~ sur la mer** Switzerland is landlocked

déboucher [debuʃe] /TABLE 1/ **1** (VT) **a** [+ *lavabo, tuyau*] to unblock **b** [+ *bouteille de vin*] to uncork; [+ *carafe, flacon*] to take the stopper out of; [+ *tube*] to take the top off **2** (VI) to emerge • **~ de** [*voiture*] to emerge from • **~ sur** *ou* **dans** [*rue*] to run into; [*voiture*] to come out onto • **~ sur des mesures concrètes** to lead to concrete measures • **ne ~ sur rien** to lead nowhere **3** (VPR) **se déboucher** [*tuyau*] to unblock

débouler [debule] /TABLE 1/ **1** (VI) (= *surgir*) [*personne, animal*] to appear suddenly; [*voiture*] to come out of nowhere • **~ chez qn** to turn up at sb's home **2** (VT) (= *dévaler*)* to charge down • **~ l'escalier** to come charging down the stairs*

déboulonner [debulɔne] /TABLE 1/ (VT) (= *dévisser*) to take the bolts out of • **~ la statue de qn** to knock sb off their pedestal

débourrer [debuʀe] /TABLE 1/ **1** (VT) [+ *cheval*] to break in **2** (VI) (= *dessoûler*)‡ to sober up • **il n'a pas débourré pendant trois jours** he was drunk for three days

débourser [debuʀse] /TABLE 1/ (VT) to pay out

déboussoler* [debusɔle] /TABLE 1/ (VT) to disorientate • **il est complètement déboussolé** he is completely lost

debout [d(ə)bu] (ADV, ADJ INV) **a** [*personne*] (= *en position verticale*) standing; (= *levé*) up • **être** *ou* **se tenir ~** to stand • **être ~** (= *levé*) to be up; (= *guéri*) to be up and about • **se mettre ~** to stand up • **je préfère rester ~** I prefer to stand • **hier, nous sommes restés ~ jusqu'à minuit** yesterday we stayed up till midnight • **je ne tiens plus ~** I'm ready to drop* • **elle est ~ toute la journée** she's on her feet all day • **~ ! get up! • ~ là-dedans !*** get up, you guys!
b [*bouteille, meuble*] standing up(right) • **mettre qch ~** to stand sth up • **tenir ~** [*objet*] to stay upright
c [*édifice, mur*] standing *attrib* • **son histoire ne tient pas ~** his story doesn't make sense

débouter [debute] /TABLE 1/ (VT) **~ qn de sa plainte** ≈ to dismiss sb's case

déboutonner [debutɔne] /TABLE 1/ **1** (VT) to unbutton **2** (VPR) **se déboutonner*** (= *se confier*) to open up*

débraillé, e [debʀaje] (ADJ) [*tenue, personne*] untidy

débrancher [debʀɑ̃ʃe] /TABLE 1/ (VT) [+ *appareil électrique*] to unplug; [+ *prise*] to pull out; [+ *téléphone, perfusion*] to disconnect

débrayage [debʀɛjaʒ] (NM) **a** (= *grève*) stoppage **b** [*de moteur*] **au ~** when you let the clutch in

débrayer [debʀeje] /TABLE 8/ (VI) **a** [*conducteur*] to disengage the clutch **b** (= *faire grève*) to stop work

débridé, e [debʀide] (ADJ) unbridled

débriefer [debʀife] /TABLE 1/ (VT) to debrief

débris [debʀi] (NM) **a** (*pl* = *morceaux*) fragments; (= *décombres*) debris *sg* • **des ~ de métal** scraps of metal **b** (*péj*) (= *personne*) **un (vieux) ~** an old wreck

débrouillard, e [debʀujaʀ, aʀd] **1** (ADJ) resourceful **2** (NM,F) **c'est un ~** he's resourceful

débrouillardise [debʀujaʀdiz], **débrouille*** [debʀuj] (NF) resourcefulness

débrouiller [debʀuje] /TABLE 1/ **1** (VT) **a** [+ *affaire, problème*] to sort out; [+ *énigme*] to unravel **b** (= *éduquer*)* **~ qn en informatique** to give sb a grounding in computing
2 (VPR) **se débrouiller** to manage • **il s'est débrouillé pour obtenir des billets** he managed to get tickets • **il m'a laissé me ~ tout seul** he left me to cope alone • **c'est toi qui as fait l'erreur, maintenant débrouille-toi pour la réparer** you made the mistake so now you can sort it out yourself • **pour les boissons, je me débrouillerai avec mon frère*** I'll look after the drinks with my brother • **elle se débrouille en allemand*** she can get by in German • **elle se débrouille bien*** (= *elle gagne bien sa vie*) she does well for herself

débroussailler [debʀusɑje] /TABLE 1/ (VT) [+ *terrain*] to clear

débroussailleuse [debʀusɑjøz] (NF) edge trimmer

débusquer [debyske] /TABLE 1/ (VT) [+ *animal, personne*] to drive out

début [deby] **1** (NM) beginning • **j'ai un ~ de grippe** I've got a cold coming on • **un ~ de solution** the beginnings of a solution • **il y a** *ou* **il faut un ~ à tout** there's a first time for everything • **~ mai** at the beginning of May • **dès le ~** from the start • **du ~ à la fin** from start to finish • **en ~ de soirée** early on in the evening
▸ **au début** at first • **au ~ du mois prochain** at the beginning of next month
2 (NMPL) **débuts à mes ~s** when I started • **ce projet n'en est qu'à ses ~s** the project is still in its early stages • **faire ses ~s sur la scène** to make one's début on the stage

débutant, e [debytɑ̃, ɑ̃t] **1** (NM,F) beginner; (= *acteur*) debutant actor • **cours pour ~s** beginners' course • **grand/faux ~ en anglais** absolute/false beginner in English **2** (NF) **débutante** (= *actrice*) debutant actress

débuter [debyte] /TABLE 1/ **1** (VI) **a** [*personne*] to start out • **~ bien/mal** to start well/badly • **il a débuté comme livreur** he started his working life as a delivery boy • **elle a débuté dans mon film** she made her début in my film **b** [*livre, concert, manifestation*] to start, to begin (**par** with) **2** (VT) to start (**par** with) • **il a bien débuté l'année** he has started the year well

DEC [dɛk] (NM) (*Québec*) (ABR DE **diplôme d'études collégiales**) *exam taken at the age of 18*, ≈ A levels (*Brit*)

deçà [dəsa] **en deçà de** (LOC ADV) (= *de ce côté-ci de*) on this side of; [+ *limite, prévisions*] below • **ce qu'il dit est très en ~ de la vérité** what he says is well short of the truth

déca* [deka] (NM) (ABR DE **décaféiné**) decaf*

décacheter [dekaʃ(ə)te] /TABLE 4/ (VT) [+ *lettre*] to open

décade [dekad] (NF) period of ten days

décadence [dekadɑ̃s] (NF) (= *processus*) decline; (= *état*) decadence • **tomber en ~** to fall into decline
décadent, e [dekadɑ̃, ɑ̃t] (ADJ, NM,F) decadent
décaféiné, e [dekafeine] **1** (ADJ) decaffeinated **2** (NM) decaffeinated coffee
décalage [dekalaʒ] (NM) **a** (= *écart*) gap; (*entre deux actions successives*) interval • **le ~ entre le rêve et la réalité** the gap between dream and reality • **le ~ horaire entre l'est et l'ouest des USA** the time difference between the east and west of the USA • **(fatigue due au) ~ horaire** (*en avion*) jet lag • **je supporte mal le ~ horaire** I suffer from jet lag • **ses créations sont en ~ avec son époque/par rapport aux tendances actuelles** his designs are out of step with the times/with contemporary trends
b (= *déplacement*) move forward • **il y a eu un ~ de date pour cette réunion** (*avance*) the date of this meeting has been brought forward; (*retard*) the date of this meeting has been put back
décalcifier (VT), **se décalcifier** (VPR) [dekalsifje] /TABLE 7/ to decalcify
décalcomanie [dekalkɔmani] (NF) transfer
décaler [dekale] /TABLE 1/ **1** (VT) **a** [+ *horaire, départ, repas*] (= *avancer*) to bring forward; (= *retarder*) to put back • **décalé d'une heure** (= *avancé*) brought forward an hour; (= *retardé*) put back an hour **b** [+ *pupitre, meuble*] (= *avancer*) to move forward; (= *reculer*) to move back • **décale le tableau (de 20 cm) vers la droite** move the picture (20cm) to the right • **il est complètement décalé par rapport à la réalité** he's completely out of touch with reality **2** (VPR) **se décaler décalez-vous d'un rang** move forward (*ou* back) a row • **décalez-vous d'une place** move up a seat
décalquer [dekalke] /TABLE 1/ (VT) (= *reproduire*) (*avec papier transparent*) to trace; (*par pression, à chaud*) to transfer
décamper* [dekɑ̃pe] /TABLE 1/ (VI) (= *déguerpir*) to clear out*
décan [dekɑ̃] (NM) (*Astrol*) decan
décantation [dekɑ̃tasjɔ̃] (NF) [*de liquide, vin*] settling (and decanting) • **bassin de ~** settling *ou* sedimentation tank
décanter [dekɑ̃te] /TABLE 1/ **1** (VT) [+ *liquide, vin*] to allow to settle **2** (VPR) **se décanter** [*liquide, vin*] to settle; [*idées*] to become clear • **attendre que la situation se décante** to wait until the situation becomes clearer
décapant [dekapɑ̃] **1** (ADJ) caustic **2** (NM) (= *abrasif*) scouring agent; (*pour peinture, vernis*) paint stripper
décaper [dekape] /TABLE 1/ (VT) (*à l'abrasif*) to scour; (*à la brosse*) to scrub; (*à la sableuse*) to sandblast; (= *enlever la peinture*) to strip
décapiter [dekapite] /TABLE 1/ (VT) [+ *personne*] to behead; (*accidentellement*) to decapitate
décapotable [dekapɔtabl] (ADJ, NF) **(voiture) ~** convertible
décapsuler [dekapsyle] /TABLE 1/ (VT) [+ *bouteille*] to take the top off
décapsuleur [dekapsylœʀ] (NM) bottle-opener
décarcasser (se)* [dekaʀkase] /TABLE 1/ (VPR) to go to a lot of trouble (**pour faire** to do)
décathlon [dekatlɔ̃] (NM) decathlon
décati, e [dekati] (ADJ) [*vieillard*] decrepit
décéder [desede] /TABLE 6/ (VI) to die • **M. Leblanc, décédé le 14 mai** Mr Leblanc, who died on 14 May • **il est décédé depuis 20 ans** he died 20 years ago

> **décéder** is conjugated with **être**.

déceler [des(ə)le] /TABLE 5/ (VT) **a** (= *repérer*) to detect **b** (= *indiquer*) to indicate
décélérer [deseleʀe] /TABLE 1/ (VI) to decelerate
décembre [desɑ̃bʀ] (NM) December → **septembre**

> Les noms de mois s'écrivent avec une majuscule en anglais.

décemment [desamɑ̃] (ADV) decently • **je ne peux ~ pas accepter** it wouldn't be right for me to accept
décence [desɑ̃s] (NF) decency • **il aurait pu avoir la ~ de ...** he might have had the decency to ...
décennie [deseni] (NF) decade
décent, e [desɑ̃, ɑ̃t] (ADJ) (= *bienséant*) decent; (= *discret, digne*) proper; (= *acceptable*) [*logement, salaire*] decent; [*prix*] reasonable
décentralisation [desɑ̃tʀalizasjɔ̃] (NF) decentralization
décentraliser [desɑ̃tʀalize] /TABLE 1/ **1** (VT) to decentralize **2** (VPR) **se décentraliser** to be decentralized
déception [desɛpsjɔ̃] (NF) disappointment • **~ sentimentale** unhappy love affair • **j'ai eu la ~ de voir que ...** I was disappointed to see that ...
décerner [desɛʀne] /TABLE 1/ (VT) [+ *prix, titre*] to award
décès [desɛ] (NM) death • **« fermé pour cause de ~ »** "closed owing to bereavement"
décevant, e [des(ə)vɑ̃, ɑ̃t] (ADJ) disappointing
décevoir [des(ə)vwaʀ] /TABLE 28/ (VT) to disappoint
déchaîné○, e [deʃene] *ptp de* **déchaîner** (ADJ) [*flots, éléments*] raging; [*passion*] unbridled; [*personne, foule*] wild; [*opinion publique*] furious
déchaînement○ [deʃɛnmɑ̃] (NM) outburst
déchaîner○ [deʃene] /TABLE 1/ **1** (VT) **a** [+ *tempête, violence, passions, colère*] to unleash; [+ *enthousiasme*] to arouse; [+ *opinion publique*] to rouse • **~ l'hilarité générale** to cause great hilarity • **~ les huées/les cris/les rires** to raise a storm of booing/shouting/laughter • **~ les critiques** to unleash a barrage of criticism **b** [+ *chien*] to let loose **2** (VPR) **se déchaîner** [*fureur, passions*] to explode; [*personne*] to fly into a rage; [*foule*] to go wild • **il s'est déchaîné contre elle** he let fly at her • **la presse se déchaîna contre lui** the press railed against him • **la tempête se déchaînait** the storm was raging
déchanter [deʃɑ̃te] /TABLE 1/ (VI) to become disillusioned
décharge [deʃaʀʒ] (NF) **a ~ (électrique)** electrical discharge • **il a pris une ~ dans les doigts** he got an electric shock in his fingers • **~ d'adrénaline** rush of adrenalin **b** (= *salve*) volley of shots **c** (*Droit*) discharge; (*à l'hôpital*) (= *action*) discharge; (= *document*) discharge form • **il faut dire à sa ~ que ...** it must be said in his defence that ... → **témoin** **d** (= *dépôt*) **~ (publique** *ou* **municipale)** rubbish tip → **sauvage**
déchargement [deʃaʀʒəmɑ̃] (NM) [*de cargaison, véhicule, arme*] unloading • **commencer le ~ d'un véhicule** to start unloading a vehicle
décharger [deʃaʀʒe] /TABLE 3/ **1** (VT) **a** [+ *véhicule, animal, bagages, marchandises*] to unload (**de** from) • **je vais te ~ : donne-moi tes sacs** let me take your bags off you **b ~ qn de** [+ *responsabilité, fonction, tâche*] to relieve sb of • **le juge a été déchargé du dossier** the judge was taken off the case **c** [+ *arme*] (= *enlever le chargeur*) to unload;

(= *tirer*) to discharge • **il déchargea son revolver sur la foule** he emptied his revolver into the crowd **2** (VPR) **se décharger** ⓐ [*pile, batterie*] to run down ⓑ **se ~ de** [+ *responsabilité, problème*] to offload (**sur qn** onto sb)

décharné, e [deʃaʀne] (ADJ) emaciated

déchaussé, e [deʃose] *ptp de* **déchausser** (ADJ) [*personne*] barefoot(ed)

déchausser [deʃose] /TABLE 1/ **1** (VT) **~ qn** to take sb's shoes off • **~ ses skis** to take one's skis off **2** (VI) (*Ski*) to lose one's skis **3** (VPR) **se déchausser** [*personne*] to take one's shoes off; [*dent*] to come loose

dèche* [dɛʃ] (NF) **on est dans la ~** we're flat broke*

déchéance [deʃeɑ̃s] (NF) ⓐ (*morale*) decay; (*physique*) degeneration; (*intellectuelle*) decline ⓑ [*de souverain*] deposition • **~ de nationalité** deprivation of nationality

déchet [deʃɛ] **1** (NM) ⓐ (= *reste*) [*de viande, tissu, métal*] scrap ⓑ (= *perte*) waste • **il y a du ~** (*dans une marchandise*) there is some waste; (*dans un examen*) there are some failures **2** (NMPL) **déchets** waste *NonC* • **~s domestiques/industriels** household/industrial waste • **~s radioactifs/toxiques** radioactive/toxic waste

déchétarien, ne [deʃetaʀjɛ̃, jɛn] (NM,F) freegan

déchèterie, déchetterie [deʃɛtʀi] (NF) waste collection centre

déchiffrer [deʃifʀe] /TABLE 1/ (VT) [+ *écriture, message*] to decipher; [+ *code*] to decode; [+ *partition*] to sight-read; [+ *énigme*] to unravel

déchiqueté, e [deʃikte] *ptp de* **déchiqueter** (ADJ) [*montagne, relief, côte*] jagged

déchiqueter [deʃikte] /TABLE 4/ (VT) to tear to pieces • **elle a été déchiquetée par l'explosion** she was blown to pieces by the explosion

déchirant, e [deʃiʀɑ̃, ɑ̃t] (ADJ) heartrending; [*douleur*] agonizing

déchiré, e* [deʃiʀe] (ADJ) (= *drogué*) high*; (= *ivre*) smashed*, plastered*

déchirement [deʃiʀmɑ̃] (NM) ⓐ [*de tissu, muscle, tendon*] tearing ⓑ (= *peine*) wrench • **pour lui, l'exil fut un véritable ~** exile was a heartrending experience for him ⓒ **~s** (= *divisions*) rifts

déchirer [deʃiʀe] /TABLE 1/ **1** (VT) ⓐ [+ *papier*] to tear up; [+ *vêtement*] to tear; (= *arracher*) [+ *page*] to tear out (**de** from); (= *ouvrir*) [+ *sac, enveloppe*] to tear open • **~ un papier en deux** to tear a piece of paper in half

ⓑ (*fig*) **leurs cris déchirèrent le silence** their cries pierced the silence • **elle est déchirée par le remords/la douleur** she is torn by remorse/racked by pain • **les dissensions continuent à ~ le pays** dissension is still tearing the country apart • **ça déchire!*** (= *c'est génial!*) it's great!

2 (VPR) **se déchirer** ⓐ [*vêtement*] to tear; [*sac*] to burst • **se ~ un muscle** to tear a muscle

ⓑ [*personnes*] **ils ne cessent de se ~** they are constantly tearing each other apart

déchirure [deʃiʀyʀ] (NF) [*de tissu*] tear; [*de ciel*] break in the clouds • **se faire une ~ musculaire** to tear a muscle

déchoir [deʃwaʀ] /TABLE 25/ (*frm*) (VT) **~ qn de sa nationalité/son titre** to strip sb of their nationality/title • **être déchu de ses droits** to be deprived of one's rights

déchu, e [deʃy] *ptp de* **déchoir** (ADJ) [*président, champion*] deposed

décibel [desibɛl] (NM) decibel

décidé, e [deside] *ptp de* **décider** (ADJ) ⓐ (= *résolu, volontaire*) determined; (= *net, marqué*) definite • **maintenant je suis ~** now I have made up my mind • **il est bien ~ à agir** he is determined to act ⓑ (= *fixé*) **bon, c'est ~** right, that's settled then

décidément [desidemɑ̃] (ADV) (= *en fait*) indeed • **c'est ~ une question de jours** it is indeed a matter of days • **~, tu m'ennuies aujourd'hui** (*intensif*) you're really annoying me today • **~, il est fou** he's really crazy

décider [deside] /TABLE 1/ **1** (VT) ⓐ [*personne*] (= *déterminer, établir*) **~ qch** to decide on sth • **~ que** to decide that • **c'est à lui de ~** it's up to him to decide

▸ **décider de** to decide • **~ de faire qch** to decide to do sth • **~ de l'importance de qch** to decide how important sth is • **le sort en a décidé autrement** fate has decided otherwise

ⓑ (= *persuader*) [*personne*] to persuade; [*conseil, événement*] to decide • **~ qn à faire qch** to persuade sb to do sth

ⓒ [*chose*] (= *provoquer*) to cause

2 (VPR) **se décider** ⓐ [*personne*] to come to a decision • **se ~ à qch** to decide on sth • **se ~ à faire qch** to make up one's mind to do sth • **allez, décide-toi!** come on, make up your mind! • **la voiture ne se décide pas à partir** the car just won't start

ⓑ [*problème, affaire*] to be decided • **leur départ s'est décidé très vite** they very quickly decided to leave

décideur, -euse [desidœʀ, øz] (NM,F) decision-maker

décimal, e (*mpl* **-aux**) [desimal, o] **1** (ADJ) decimal **2** (NF) **décimale** decimal place • **jusqu'à la deuxième ~e** to two decimal places

décimer [desime] /TABLE 1/ (VT) to decimate

décimètre [desimɛtʀ] (NM) decimetre (*Brit*), decimeter (*US*)

décisif, -ive [desizif, iv] (ADJ) decisive • **tournant ~** watershed • **le facteur ~** the deciding factor • **porter un coup ~ au terrorisme** to deal terrorism a decisive blow → **jeu**

décision [desizjɔ̃] (NF) ⓐ (= *choix*) decision • **prendre une ~** to take *ou* make a decision • **prendre la ~ de faire qch** to take *ou* make the decision to do sth • **parvenir à une ~** to come to a decision • **la ~ t'appartient** it's your decision ⓑ (= *verdict*) decision • **par ~ de justice** by court order • **poste de ~** decision-making job • **faire la ~** (*Sport*) to win the match • **leurs trois voix ont fait la ~** their three votes swung the result

décisionnaire [desizjɔnɛʀ] **1** (ADJ) decision-making **2** (NMF) decision-maker

déclamer [deklame] /TABLE 1/ (VT) to declaim; (*péj*) to spout

déclaration [deklaʀasjɔ̃] (NF) ⓐ (= *proclamation*) declaration; (= *discours, commentaire*) statement; (= *aveu*) admission; (= *révélation*) revelation • **dans une ~ télévisée** in a televised statement • **le ministre n'a fait aucune ~** the minister did not make a statement • **je n'ai aucune ~ à faire** I have no comment to make • **Déclaration (universelle) des droits de l'homme** (Universal) Declaration of Human Rights

ⓑ **~ (d'amour)** declaration of love • **faire une** *ou* **sa ~ à qn** to declare one's love to sb

ⓒ [*de naissance, décès*] registration; [*de vol, perte, changement de domicile*] notification • **faire une ~ d'accident** (*à l'assurance*) to file an accident claim; (*à la police*) to report an accident • **~ en douane** customs declaration • **~ de guerre** declaration of war • **~ d'impôts** *ou* **de revenus** tax declaration; (*formulaire*) tax return • **faire sa ~ d'impôts** to fill in one's tax return → IMPÔTS

> **LA DÉCLARATION DES DROITS DE L'HOMME**
> Written in 1789, this document is of great cultural and historical significance in France, reflecting as it does the Republican ideals upon which modern France is founded. Drawing on philosophical ideas that developed during the Enlightenment, it declares the natural and inalienable right of all people to freedom, ownership of property and equality before the law, as well as the universal right of all nations to sovereignty and the separation of powers. It has always been used as a basis for the French Constitution.

déclaré, e [deklaʀe] *ptp de* **déclarer** ADJ [*opinion*] professed; [*athée, révolutionnaire, intention*] declared; [*ennemi*] sworn; [*travailleur*] registered • **revenus non ~s** undeclared income

déclarer [deklaʀe] /TABLE 1/ 1 VT ⓐ (= *annoncer, proclamer*) to declare; (= *avouer*) to admit • **~ son amour (à qn)** to declare one's love (to sb) • **~ la guerre à une nation/à la pollution** to declare war on a nation/on pollution • **~ qn coupable/innocent** to find sb guilty/innocent
ⓑ [+ *naissance, décès*] to register; [+ *marchandises, revenus, employés*] to declare • **avez-vous quelque chose à ~?** (*à la douane*) do you have anything to declare?
2 VPR **se déclarer** ⓐ (= *se prononcer*) **se ~ satisfait** to declare o.s. satisfied • **il s'est déclaré prêt à signer ce document** he said he was ready to sign the document
ⓑ [*incendie, épidémie*] to break out
ⓒ [*amoureux*] to declare one's love

déclasser [deklɑse] /TABLE 1/ VT ⓐ [+ *coureur*] to relegate (*in the placing*); (*dans une hiérarchie*) to lower in status; [+ *hôtel*] to downgrade ⓑ [+ *fiches, livres*] to put back in the wrong order

déclenchement [deklɑ̃ʃmɑ̃] NM ⓐ [*de ressort, mécanisme*] release; [*de sonnerie, alarme*] setting off ⓑ [*d'insurrection*] starting; [*de catastrophe, guerre, crise, grève, processus, polémique*] triggering off; [*d'accouchement*] inducement ⓒ [*de tir*] opening; [*d'attaque*] launching

déclencher [deklɑ̃ʃe] /TABLE 1/ 1 VT ⓐ [+ *ressort, mécanisme*] to release; [+ *sonnerie, alarme*] to set off • **ce bouton déclenche l'ouverture de la porte** this button opens the door ⓑ (= *provoquer*) [+ *insurrection*] to start; [+ *catastrophe, guerre, crise, processus, polémique*] to trigger off; [+ *accouchement*] to induce • **~ une grève** [*meneur*] to start a strike; [*incident*] to trigger off a strike ⓒ (*Mil*) [+ *attaque*] to launch 2 VPR **se déclencher** [*ressort, mécanisme*] to release itself; [*sonnerie, alarme*] to go off; [*attaque, grève*] to start

déclencheur [deklɑ̃ʃœʀ] NM [*d'appareil-photo*] shutter release

déclic [deklik] NM (= *bruit*) click • **ça a été le ~** (*mentalement*) it triggered something off in my (*ou his etc*) mind

déclin [deklɛ̃] NM [*d'activité économique*] decline (**de** in); [*de parti*] decline (**de** of); [*de malade, santé, vue*] deterioration; [*de talent, forces, beauté, sentiment*] fading • **être sur le ~** to be in decline

déclinaison [deklinɛzɔ̃] NF [*de mot*] declension

déclinant, e [deklinɑ̃, ɑ̃t] ADJ [*santé*] deteriorating

décliner [dekline] /TABLE 1/ 1 VT ⓐ [+ *offre, invitation, honneur*] to decline • **la direction décline toute responsabilité en cas de perte ou de vol** the management accepts no responsibility for loss or theft of articles ⓑ [+ *mot*] to decline ⓒ (*frm*) **~ son identité** to give one's personal particulars ⓓ [+ *produit*] to offer in a variety of forms 2 VI ⓐ (= *s'affaiblir*) to decline; [*malade, santé, vue*] to deteriorate; [*forces, beauté, sentiment, prestige, popularité*] to wane; [*ventes, marché, secteur*] to be on the decline ⓑ [*jour*] to draw to a close; [*soleil*] to be setting

déclinisme [deklinizm] NM declinism

décliniste [deklinizt] ADJ declinist

déclivité [deklivite] NF incline

déco [deko] 1 ADJ INV (ABR DE **décoratif**) → **art** 2 NF* (ABR DE **décoration**)

décocher [dekɔʃe] /TABLE 1/ VT [+ *flèche*] to shoot; [+ *coup de pied*] to give; [+ *coup de poing*] to throw; [+ *ruade*] to let fly; [+ *œillade, sourire*] to flash; [+ *remarque*] to fire

décodage [dekɔdaʒ] NM decoding

décoder [dekɔde] /TABLE 1/ VT to decode; [+ *poème, comportement*] to understand

décodeur [dekɔdœʀ] NM decoder

décoiffer [dekwafe] /TABLE 1/ VT (= *ébouriffer*) **~ qn** to mess up sb's hair • **je suis toute décoiffée** my hair is in a mess • **ça décoiffe!*** it really takes your breath away!

décoincer [dekwɛ̃se] /TABLE 3/ 1 VT to loosen • **~ qn*** to help sb to shake off their hang-ups* 2 VPR **se décoincer** [*objet*] to come loose; [*personne*]* to shake off one's hang-ups*

déçoit [deswa] VB → **décevoir**

décolérer [dekɔleʀe] /TABLE 6/ VI **il ne décolère pas depuis hier** he hasn't calmed down since yesterday

décollage [dekɔlaʒ] NM [*d'avion*] takeoff; [*de fusée*] lift-off • **au ~** at takeoff • **depuis le ~ économique de la région** since the region's economy took off

décoller [dekɔle] /TABLE 1/ 1 VT (= *enlever*) to unstick; (*en trempant*) to soak off; (*à la vapeur*) [+ *timbre, papier peint*] to steam off; [+ *lettre*] to steam open • **~ qn de*** [+ *livre, télévision*] to drag sb away from 2 VI [*avion, pays, industrie*] to take off; [*fusée*] to lift off (**de** from) 3 VPR **se décoller** to come unstuck; [*papier peint*] to peel

décolleté, e [dekɔlte] 1 ADJ [*robe*] low-cut • **robe ~e dans le dos** dress cut low at the back 2 NM [*de robe*] low neckline; [*de femme*] bare neck and shoulders; (*plongeant*) cleavage • **~ en pointe** V-neck • **~ rond** round-neck

décolorant, e [dekɔlɔʀɑ̃, ɑ̃t] 1 ADJ bleaching 2 NM bleaching agent

décoloration [dekɔlɔʀasjɔ̃] NF discolouration (*Brit*), discoloration (*US*); [*de tissu*] fading • **se faire faire une ~** to have one's hair lightened; (*en blond*) to have one's hair bleached

décoloré, e [dekɔlɔʀe] *ptp de* **décolorer** ADJ [*cheveux*] bleached • **une blonde ~e** a peroxide blonde

décolorer [dekɔlɔʀe] /TABLE 1/ 1 VT to discolour (*Brit*), to discolor (*US*); [+ *tissu*] to fade; [+ *cheveux*] to lighten; (*en blond*) to bleach 2 VPR **se décolorer** **il s'est décoloré (les cheveux)** he has lightened his hair; (*en blond*) he has bleached his hair

décombres [dekɔ̃bʀ] NMPL rubble

décommander [dekɔmɑ̃de] /TABLE 1/ 1 VT [+ *marchandise*] to cancel (an order for); [+ *invités*] to put off; [+ *invitation*] to cancel • **j'ai décommandé le restaurant** I've cancelled our reservation at the restaurant 2 VPR **se décommander** to cancel one's appointment

décomplexé, e [dekɔ̃plɛkse] ADJ comfortable with o.s.

décomplexer [dekɔ̃plɛkse] /TABLE 1/ VT **~ qn** to rid sb of their complexes

décomposer [dekɔ̃poze] /TABLE 1/ **1** (VT) ⓐ (*= diviser*) to split up into its component parts; [*+ lumière*] to break up; [*+ phrase, problème*] to break down • **le professeur de danse a décomposé le mouvement devant nous** the dance teacher went through the movement slowly for us
ⓑ (*= altérer*) **la douleur décomposait ses traits** his face was contorted with pain • **il était décomposé** he looked distraught
ⓒ [*+ viande*] to cause to decompose
2 (VPR) **se décomposer** ⓐ [*viande, cadavre*] to decompose; [*société*] to break down; [*parti*] to break up • **à cette nouvelle son visage se décomposa** when he heard this news his face fell
ⓑ (*= être constitué*) **se ~ en trois parties** to be divided into three parts

décomposition [dekɔ̃pozisjɔ̃] (NF) (*= pourriture*) decomposition; [*de société*] breakdown • **cadavre en ~** corpse in a state of decomposition • **système en complète ~** system in decay

décompresser [dekɔ̃pʀese] /TABLE 1/ **1** (VT) to decompress **2** (VI) (*= se détendre*)* to relax

décompression [dekɔ̃pʀesjɔ̃] (NF) decompression; (*= détente*)* relaxation

décompte [dekɔ̃t] (NM) ⓐ (*= calcul*) detailed account ⓑ (*= déduction*) deduction • **faire le ~ des points** to count up the points • **faire le ~ des voix** to count the votes

déconcentration [dekɔ̃sɑ̃tʀasjɔ̃] (NF) [*de personne*] loss of concentration

déconcentré, e [dekɔ̃sɑ̃tʀe] *ptp de* **déconcentrer** (ADJ) [*personne*] **être ~** to have lost one's concentration • **j'étais un peu ~** I wasn't really concentrating

déconcentrer [dekɔ̃sɑ̃tʀe] /TABLE 1/ **1** (VT) [*+ personne*] **ça m'a déconcentré** it made me lose my concentration **2** (VPR) **se déconcentrer** to lose one's concentration

déconcertant, e [dekɔ̃sɛʀtɑ̃, ɑ̃t] (ADJ) disconcerting

déconcerter [dekɔ̃sɛʀte] /TABLE 1/ (VT) (*= décontenancer*) to disconcert

déconfit, e [dekɔ̃fi, it] (ADJ) (*= dépité*) crestfallen

déconfiture [dekɔ̃fityʀ] (NF) (*= déroute*) collapse; [*de parti, armée*] defeat; (*financière*) ruin

décongélation [dekɔ̃ʒelasjɔ̃] (NF) defrosting

décongeler [dekɔ̃ʒ(ə)le] /TABLE 5/ (VT) to defrost

décongestionner [dekɔ̃ʒɛstjɔne] /TABLE 1/ (VT) [*+ poumons, malade, rue*] to relieve congestion in; [*+ service, aéroport*] to relieve the pressure on

déconnade‡ [dekɔnad] (NF) **il aime la ~** he likes to mess around* *ou* to fool around* • **il se moquait d'elle pour la ~** he was teasing her for a laugh* *ou* just for the hell of it*

déconnecter [dekɔnɛkte] /TABLE 1/ **1** (VT) ⓐ [*+ appareil*] to disconnect ⓑ [*+ problème*] to dissociate (**de** from) • **il est complètement déconnecté de la réalité** he's completely out of touch with reality **2** (VI) [*personne*]* to switch off* **3** (VPR) **se déconnecter** (*Informatique*) to log off

déconner‡ [dekɔne] /TABLE 1/ (VI) [*personne*] (*= faire des bêtises*) to mess around*; (*= dire des bêtises*) to talk nonsense; (*= plaisanter*) to joke; [*machine*] to act up* • **sans ~, c'était super!** no joke*, it was great! • **faut pas ~!** come off it!*

déconneur‡ [dekɔnœʀ] (NM) fun-loving* guy

déconneuse‡ [dekɔnøz] (NF) fun-loving* girl

déconnexion [dekɔnɛksjɔ̃] (NF) disconnection • **le droit à la ~** *an employee's right not to have to check emails, take calls or do other work from home during non-work hours*

déconseiller [dekɔ̃seje] /TABLE 1/ (VT) to advise against • **~ qch à qn/à qn de faire qch** to advise sb against sth/sb against doing sth • **c'est déconseillé** it's not advisable

déconsidérer [dekɔ̃sideʀe] /TABLE 6/ (VT) to discredit • **il s'est déconsidéré en agissant ainsi** he has discredited himself by doing this

décontamination [dekɔ̃taminasjɔ̃] (NF) decontamination

décontaminer [dekɔ̃tamine] /TABLE 1/ (VT) to decontaminate

décontenancer [dekɔ̃t(ə)nɑ̃se] /TABLE 3/ **1** (VT) to disconcert **2** (VPR) **se décontenancer** to lose one's composure

décontracté, e [dekɔ̃tʀakte] *ptp de* **décontracter** (ADJ) ⓐ [*muscles, corps*] relaxed ⓑ [*personne, atmosphère, attitude*] relaxed; (*= sans-gêne*) offhand; [*vêtements, style*] casual

décontracter (se) (VPR) [dekɔ̃tʀakte] /TABLE 1/ to relax

décontraction [dekɔ̃tʀaksjɔ̃] (NF) ⓐ [*de muscle, corps*] relaxation ⓑ (*= désinvolture*) **sa ~ m'a étonné** I was amazed that he was so relaxed

décor [dekɔʀ] (NM) ⓐ (*Théât*) **le ~** • **les ~s** the scenery *NonC* • **~ de cinéma** film set • **planter le ~** to set the scene • **je fais partie du ~!** I'm just part of the furniture! • **partir dans le(s) ~(s)*** [*véhicule, conducteur*] to go off the road ⓑ (*= paysage*) scenery; (*= arrière-plan*) setting; (*= intérieur de maison*) décor *NonC*

décorateur, -trice [dekɔʀatœʀ, tʀis] (NM,F) (*au théâtre, au cinéma*) set designer; (*d'intérieurs*) interior decorator

décoratif, -ive [dekɔʀatif, iv] (ADJ) decorative

décoration [dekɔʀasjɔ̃] (NF) decoration • **~s de Noël** Christmas decorations

décoré, e [dekɔʀe] *ptp de* **décorer** (ADJ) decorated • **un vase très ~** an ornate vase

décorer [dekɔʀe] /TABLE 1/ (VT) to decorate (**de** with)

décortiquer [dekɔʀtike] /TABLE 1/ (VT) [*+ crevettes, amandes*] to shell; [*+ texte*] to dissect

décorum [dekɔʀɔm] (NM) decorum

découcher [dekuʃe] /TABLE 1/ (VI) to spend the night away from home

découdre [dekudʀ] /TABLE 48/ **1** (VT) [*+ vêtement*] to take the stitches out of; [*+ bouton*] to take off; [*+ couture*] to take out **2** (VPR) **se découdre** [*vêtement*] to come unstitched; [*bouton*] to come off; [*couture*] to come apart

découler [dekule] /TABLE 1/ (VI) (*= dériver*) to follow (**de** from) • **il découle de cela que …** it follows that …

découpage [dekupaʒ] (NM) ⓐ [*de papier, gâteau*] cutting; [*de viande*] carving ⓑ (*= image*) cut-out • **faire des ~s** to make cut-out figures ⓒ (*Politique*) **~ électoral** division into constituencies

découper [dekupe] /TABLE 1/ (VT) to cut; [*+ viande, volaille*] to carve; [*+ papier, tissu*] to cut up; [*+ bois*] to cut to shape; [*+ images*] to cut out • **« découpez suivant le pointillé »** "cut along the dotted line" • **sa silhouette se découpait dans la lumière** his figure was silhouetted against the light

découragé, e [dekuʀaʒe] (ADJ) discouraged

décourageant, e [dekuʀaʒɑ̃, ɑ̃t] (ADJ) disheartening

découragement [dekuʀaʒmɑ̃] (NM) discouragement

décourager [dekuʀaʒe] /TABLE 3/ **1** (VT) to discourage • **~ qn de qch/de faire qch** to put sb off sth/doing sth **2** (VPR) **se décourager** to lose heart

décousu, e [dekuzy] *ptp de* **découdre** (ADJ) ⓐ (*vêtement*) unstitched • **ton bouton est ~** your button is coming off

b [*idées*] disconnected; [*paroles*] disjointed; [*conversation*] desultory

découvert, e¹ [dekuvɛʀ, ɛʀt] *ptp de* **découvrir** 1 (ADJ)
a (= *mis à nu*) bare
b (= *sans protection*) open • **en terrain ~** in open country
2 (NM) (*à la banque*) overdraft • **j'ai un ~ de 700 €** I'm 700 euros overdrawn
▸ **à découvert** **mon compte est à ~** my account is overdrawn • **agir à ~** to act openly

découverte² [dekuvɛʀt] (NF) discovery • **partir à la ~ de** to go in search of

découvrir [dekuvʀiʀ] /TABLE 18/ 1 (VT) **a** (= *trouver*) to discover • **~ que ...** to discover that ... • **faire ~ la musique à qn** to introduce sb to music • **quand ils découvriront le pot aux roses*** when they find out what's been going on
b (= *enlever ce qui couvre*) [+ *casserole*] to take the lid off; [+ *poitrine, tête*] to bare; (= *mettre au jour*) [+ *ruines*] to uncover
c (= *laisser voir*) to reveal • **une robe qui découvre le dos** a dress cut low at the back
d (= *voir*) to see • **du haut de la falaise on découvre toute la baie** from the top of the cliff you can see the whole bay
2 (VPR) **se découvrir** **a** (= *ôter son chapeau*) to take off one's hat; (= *ôter des habits*) to take off some of one's clothes; (= *perdre ses couvertures*) to throw off the bedclothes
b (*Boxe, Escrime*) to leave o.s. open; (*Mil, fig*) to expose o.s.
c [*ciel, temps*] to clear • **ça va se ~** it will soon clear
d (= *trouver*) **elle s'est découvert un talent pour la peinture** she discovered she had a gift for painting

décrasser [dekʀase] /TABLE 1/ (VT) to clean; (*en frottant*) to scrub • **se ~ le visage** to give one's face a good wash • **le bon air, ça décrasse les poumons** fresh air cleans out the lungs

décrépit, e [dekʀepi, it] (ADJ) [*personne*] decrepit; [*maison, mur*] dilapidated

décrépitude [dekʀepityd] (NF) [*de personne*] decrepitude; [*d'institution, civilisation*] decay

décret [dekʀɛ] (NM) decree • **~ d'application** *decree specifying how a law should be enforced*

décréter [dekʀete] /TABLE 6/ (VT) [+ *état d'urgence*] to declare; [+ *mesure*] to decree • **~ que** [*gouvernement, patron*] to decree that • **j'ai décrété que je n'irai pas** I have decided that I won't go

décrier [dekʀije] /TABLE 7/ (VT) to disparage

décriminaliser [dekʀiminalize] /TABLE 1/ (VT) to decriminalize

décrire [dekʀiʀ] /TABLE 39/ (VT) **a** (= *dépeindre*) to describe **b** [+ *trajectoire*] to follow; [+ *cercle, ellipse*] to describe • **l'oiseau décrivait des cercles au-dessus de nos têtes** the bird circled overhead

décrochage [dekʀɔʃaʒ] (NM) **a** (*Scol*) [*d'élève*] dropping out ▸ **décrochage scolaire** dropping out of school • **il est en ~ scolaire** he has dropped out of school **b** [*d'exposition, tableaux, nacelle*] taking down **c** (*Écon*) [*de Bourse, marché, salaires*] fall

décrochement [dekʀɔʃmɑ̃] (NM) (*en retrait*) recess; (*en saillie*) projection

décrocher [dekʀɔʃe] /TABLE 1/ 1 (VT) **a** (= *détacher*) to take down; [+ *wagon*] to uncouple **b** [+ *téléphone*] (*pour répondre*) to pick up; (*pour l'empêcher de sonner*) to pick up the receiver • **quand j'ai décroché** when I answered • **ne décroche pas!** don't answer it! **c** (= *obtenir*) [+ *prix, contrat, poste*]* to get • **~ le gros lot** to hit the jackpot
2 (VI) **a** (= *abandonner*)* to fail to keep up; (= *cesser d'écouter*)* to switch off* **b** (*arg Drogue*) to come off 3 (VPR) **se décrocher** to fall down

décrocheur, -euse [dekʀɔʃœʀ, øz] (ADJ) **les élèves/les étudiants ~s** school/university dropouts

décroiser [dekʀwaze] /TABLE 1/ (VT) [+ *jambes*] to uncross; [+ *bras*] to unfold

décroissance [dekʀwasɑ̃s] (NF) (= *diminution*) decline, decrease (**de** in); (*Écon*) de-growth

décroissant, e [dekʀwasɑ̃, ɑ̃t] (ADJ) decreasing • **par ordre ~** in descending order

décroître○ [dekʀwatʀ] /TABLE 55/ (VI) to decrease; [*popularité*] to decline; [*vitesse*] to drop; [*force*] to diminish; [*lune*] to wane; [*bruit*] to die away; [*lumière*] to fade

décrotter [dekʀɔte] /TABLE 1/ (VT) to scrape the mud off; [+ *rustre*] to take the rough edges off

décrue [dekʀy] (NF) [*d'eaux, rivière*] drop in level

décrypter [dekʀipte] /TABLE 1/ (VT) (= *décoder*) [+ *message, code*] to decipher; (*Informatique, TV*) to decrypt

déçu, e [desy] *ptp de* **décevoir** (ADJ) disappointed • **j'ai été très ~ d'apprendre que ...** I was very disappointed to find out that ... • **elle ne va pas être ~e du voyage!*** (*iro*) she's going to be over the moon!* (*iro*)

déculotter (se) [dekylɔte] /TABLE 1/ (VPR) to take down one's trousers; (= *s'humilier*)‡ to lie down and take it*

déculpabiliser [dekylpabilize] /TABLE 1/ (VT) **~ qn** to rid sb of their guilt

décuple [dekypl] 1 (ADJ) tenfold 2 (NM) **il me l'a rendu au ~** he paid me back tenfold

décupler [dekyple] /TABLE 1/ (VTI) to increase tenfold • **la colère décuplait ses forces** anger gave him the strength of ten

dédaignable [dedɛɲabl] (ADJ) **ce n'est pas ~** it's not to be sniffed at

dédaigner [dedeɲe] /TABLE 1/ (VT) **a** (= *mépriser*) to scorn • **il ne dédaigne pas un verre de vin de temps à autre** he's not averse to the occasional glass of wine
b (= *négliger*) [+ *offre*] to spurn

dédaigneusement [dedɛɲøzmɑ̃] (ADV) scornfully

dédaigneux, -euse [dedɛɲø, øz] (ADJ) [*personne, air*] scornful

dédain [dedɛ̃] (NM) contempt

dédale [dedal] (NM) maze

dedans [dədɑ̃] 1 (ADV) inside • **elle cherche son sac, tout son argent est ~** she is looking for her bag - it's got all her money in it • **prenez ce fauteuil, on est bien ~** have this chair, you'll find it comfortable • **de** *ou* **du ~ on n'entend rien** when you're inside you can't hear a sound • **la crise? on est en plein ~!** the crisis? we're right in the middle of it! • **il s'est fichu*** *ou* **foutu‡ ~** he got it all wrong* • **un bus lui est rentré ~*** a bus hit him
▸ **en dedans** (= *à l'intérieur*) inside; (= *vers l'intérieur*) inwards • **marcher les pieds en ~** to walk with one's toes turned in
2 (NM) [*d'objet, bâtiment*] inside

dédiaboliser [dedjabɔlize] /TABLE 1/ (VT) [+ *parti, métier*] to clean up the image of

dédicace [dedikas] (NF) dedication

dédicacer [dedikase] /TABLE 3/ (VT) [+ *livre, photo*] (= *signer*) to sign (**à qn** for sb); (= *dédier*) to dedicate (**à** to)

dédié, e [dedje] *ptp de* **dédier** (ADJ) [*équipement, ordinateur*] dedicated

dédier [dedje] /TABLE 7/ (VT) to dedicate
dédire (se) [dediʀ] /TABLE 37/ (VPR) ⓐ (= *manquer à ses engagements*) to go back on one's word ⓑ (= *se rétracter*) to retract
dédommagement [dedɔmaʒmɑ̃] (NM) compensation • **en ~, ...** as compensation, ...
dédommager [dedɔmaʒe] /TABLE 3/ (VT) (= *indemniser*) **~ qn** to compensate sb (**de** for) • **~ qn d'une perte** to compensate sb for a loss
dédouaner [dedwane] /TABLE 1/ (VT) [+ *objets transportés*] to clear through customs; (= *réhabiliter*) to clear
dédoublement [dedubləmɑ̃] (NM) [*de classe*] dividing in two • **souffrir d'un ~ de la personnalité** to have a split personality
dédoubler [deduble] /TABLE 1/ (VT) [+ *classe*] to divide in two • **~ un train** to put on another train
dédramatiser [dedʀamatize] /TABLE 1/ (VT) [+ *problème*] to play down; [+ *débat*] to take the heat out of • **il faut ~ la situation** we mustn't overdramatize the situation
déductible [dedyktibl] (ADJ) (*somme*) deductible (**de** from) • **~ du revenu imposable** tax-deductible
déduction [dedyksjɔ̃] (NF) deduction • **~ faite de** after deducting
déduire [dedɥiʀ] /TABLE 38/ (VT) [+ *somme*] to deduct; (= *conclure*) to deduce • **tous frais déduits** after deduction of expenses
deejay [di(d)ʒɛ] (NM) DJ, deejay
déesse [deɛs] (NF) goddess
défaillance [defajɑ̃s] **1** (NF) ⓐ (= *faiblesse*) weakness • **avoir une ~** to feel faint ⓑ (= *mauvais fonctionnement*) fault (**de** in) ⓒ (= *insuffisance*) weakness • **élève qui a des ~s (en histoire)** pupil who has weak points (in history) **2** (COMP) ▸ **défaillance cardiaque** heart failure ▸ **défaillance mécanique** mechanical fault
défaillant, e [defajɑ̃, ɑ̃t] (ADJ) ⓐ (= *affaibli*) [*santé, mémoire, raison*] failing; [*cœur*] weak ⓑ (= *tremblant*) faltering ⓒ (= *près de s'évanouir*) faint (**de** with) ⓓ [*matériel, installation*] faulty
défaillir [defajiʀ] /TABLE 13/ (VI) ⓐ (= *s'évanouir*) to faint ⓑ [*forces, mémoire*] to fail; [*courage, volonté*] to falter
défaire [defɛʀ] /TABLE 60/ **1** (VT) to undo; [+ *valise*] to unpack • **~ ses bagages** to unpack (one's luggage) • **~ le lit** (*pour changer les draps*) to strip the bed; (*mettre en désordre*) to unmake the bed
2 (VPR) **se défaire** [*nœud, coiffure, couture*] to come undone ▸ **se défaire de** (= *se débarrasser de*) [+ *gêneur*] to get rid of; [+ *image, idée*] to put out of one's mind; [+ *habitude*] to break; [+ *défaut*] to cure o.s. of
défait, e[1] [defɛ, ɛt] *ptp de* **défaire** (ADJ) ⓐ [*visage*] haggard • **il était complètement ~** he looked terribly haggard ⓑ [*lit*] unmade
défaite[2] [defɛt] (NF) defeat
défaitiste [defetist] (ADJ, NMF) defeatist
défalquer [defalke] /TABLE 1/ (VT) to deduct
défausser (se) [defose] /TABLE 1/ (VPR) **se défausser (d'une carte)** to discard
défaut [defo] **1** (NM) ⓐ [*de métal, verre, système*] flaw; [*de machine, personne*] fault; [*de caractère*] defect (**de** in) • **sans ~** flawless • **chacun a ses petits ~s** we've all got our faults • **~ de construction** structural defect
ⓑ (= *désavantage*) drawback • **le ~ de cette voiture, c'est que ...** the trouble with this car is that ...
ⓒ **faire ~** [*temps, argent*] to be lacking; (*Droit*) [*prévenu, témoin*] to default • **si ma mémoire ne me fait pas ~** if my memory serves me right
ⓓ (*locutions*)
▸ **à défaut, à défaut de à ~ de vin, ...** if there's no wine, ... • **une table ovale, ou, à ~, ronde** an oval table, or, failing that, a round one
▸ **en défaut être en ~** to be at fault • **prendre qn en ~** to catch sb out
▸ **par défaut** by default • **juger qn par ~** (*Droit*) to judge sb in absentia • **le lecteur par ~** (*Informatique*) the default drive
2 (COMP) ▸ **le défaut de la cuirasse** the chink in the armour ▸ **défaut de fabrication** manufacturing defect ▸ **défaut de prononciation** speech defect
défaveur [defavœʀ] (NF) disfavour (*Brit*), disfavor (*US*) (**auprès de** with)
défavorable [defavɔʀabl] (ADJ) unfavourable (*Brit*), unfavorable (*US*) • **voir qch d'un œil ~** to view sth with disfavour (*Brit*) *ou* disfavor (*US*)
défavorisé, e [defavɔʀize] (ADJ) [*milieu, personne*] underprivileged; [*région, pays*] disadvantaged • **les classes ~es** the underprivileged
défavoriser [defavɔʀize] /TABLE 1/ (VT) (= *désavantager*) [*décision, loi*] to penalize; [*défaut, timidité*] to put at a disadvantage • **j'ai été défavorisé par rapport aux autres candidats** I was put at an unfair disadvantage with respect to the other candidates
défection [defɛksjɔ̃] (NF) [*d'amis, alliés politiques*] defection; [*de candidats*] failure to appear • **faire ~** [*partisans*] to fail to support; [*invités*] to fail to appear • **il y a eu plusieurs ~s** (*membres d'un parti*) there have been several defections; (*invités, candidats*) several people failed to appear
défectueux, -euse [defɛktɥø, øz] (ADJ) faulty
défendable [defɑ̃dabl] (ADJ) [*conduite*] defensible; [*position*] tenable
défendeur, -deresse [defɑ̃dœʀ, dʀɛs] (NM,F) (*Droit*) defendant
défendre [defɑ̃dʀ] /TABLE 41/ **1** (VT) ⓐ (= *protéger*) to defend; (= *soutenir*) to stand up for; [+ *cause*] to champion • **~ son bifteck*** to stand up for one's rights
ⓑ (= *interdire*) **~ qch à qn** to forbid sb sth • **~ à qn de faire qch** *ou* **qu'il fasse qch** to forbid sb to do sth • **ne fais pas ça, c'est défendu** don't do that, it's not allowed • **il est défendu de fumer** smoking is not allowed
2 (VPR) **se défendre** ⓐ (= *se protéger*) to defend o.s.
ⓑ (= *se débrouiller*)* to manage • **elle se défend au tennis/au piano** she's not bad at tennis/on the piano
ⓒ (= *se justifier*) **se ~ d'avoir fait qch** to deny doing sth • **son point de vue se défend** his point of view is quite tenable • **ça se défend!** (*raisonnement*) it hangs together
ⓓ **se ~ de** (= *s'empêcher de*) to refrain from
défense [defɑ̃s] (NF) ⓐ defence (*Brit*), defense (*US*) • **~s** (= *fortifications*) defences • **prendre la ~ de qn** to stand up for sb • **~s immunitaires** immune defence system • **sans ~** (= *trop faible*) defenceless; (= *non protégé*) unprotected
ⓑ (= *protection*) protection • **la ~ de l'emploi** job protection
ⓒ (*Sport*) defence (*Brit*), defense (*US*) • **jouer en ~** to play in defence
ⓓ (*Droit*) defence (*Brit*), defense (*US*); (= *avocat*) counsel for the defence (*Brit*), defense attorney (*US*) • **la parole est à la ~** the counsel for the defence may now speak • **qu'avez-vous à dire pour votre ~ ?** what have you to say in your defence?

ⓔ (= *interdiction*) « ~ **d'entrer** » "no entrance" • « **danger : ~ d'entrer** » "danger - keep out" • « ~ **de fumer/stationner** » "no smoking/parking" • « ~ **d'afficher** » "stick no bills"
ⓕ [*d'éléphant, sanglier*] tusk

défenseur [defɑ̃sœʀ] (NM) defender; [*de cause*] champion • ~ **de l'environnement** conservationist

défensif, -ive [defɑ̃sif, iv] **1** (ADJ) defensive **2** (NF) **défensive il est toujours sur la défensive** he's always on the defensive

déféquer [defeke] /TABLE 6/ (VI) to defecate

déférence [defeʀɑ̃s] (NF) deference • **par ~ pour** in deference to

déférent, e [defeʀɑ̃, ɑ̃t] (ADJ) deferential

déférer [defeʀe] /TABLE 6/ (VT) ~ **un coupable à la justice** to hand a guilty person over to the law

déferlante [defɛʀlɑ̃t] (ADJ F, NF) **(vague)** ~ breaker

déferlement [defɛʀləmɑ̃] (NM) [*de vagues*] breaking; [*de violence*] surge; [*de touristes*] flood

déferler [defɛʀle] /TABLE 1/ (VI) [*vagues*] to break • **la violence déferla sur le pays** violence swept through the country • **la foule déferla dans la rue** the crowd flooded into the street

défi [defi] (NM) challenge; (= *bravade*) defiance • **relever un ~** to take up a challenge • **mettre qn au ~** to challenge sb • **c'est un ~ au bon sens** it goes against common sense

défiance [defjɑ̃s] (NF) mistrust

déficience [defisjɑ̃s] (NF) deficiency • ~ **immunitaire** immunodeficiency

déficient, e [defisjɑ̃, jɑ̃t] (ADJ) (*Méd*) deficient; [*raisonnement*] weak; [*matériel*] faulty

déficit [defisit] (NM) deficit • **être en ~** to be in deficit • ~ **en main d'œuvre** labour (*Brit*) *ou* labor (*US*) shortage • ~ **en magnésium** magnesium deficiency

déficitaire [defisitɛʀ] (ADJ) (*Finance*) in deficit; [*récolte, année*] poor (**en** in)

défier [defje] /TABLE 7/ **1** (VT) ⓐ [+ *adversaire*] to challenge • ~ **qn de faire qch** to defy sb to do sth ⓑ [+ *autorité, adversité, opinion publique*] to defy • **à des prix défiant toute concurrence** at absolutely unbeatable prices **2** (VPR) **se défier** (*littér*) **se ~ de** to distrust

défigurer [defigyʀe] /TABLE 1/ (VT) ⓐ [*blessure, maladie*] to disfigure ⓑ (= *altérer*) [+ *vérité*] to distort; [+ *texte*] to deface; [+ *paysage*] to spoil

défilé [defile] (NM) ⓐ (= *cortège*) procession; (= *manifestation*) march; (*militaire*) march-past • ~ **de mode** fashion show ⓑ (= *succession*) [*de visiteurs*] stream ⓒ (*en montagne*) gorge

défiler [defile] /TABLE 1/ **1** (VI) ⓐ [*soldats*] to march past; [*manifestants*] to march (**devant** past) ⓑ [*bande magnétique*] to unreel • **faire ~ un document** (*Informatique*) to scroll through a document • **les souvenirs défilaient dans sa tête** a succession of memories passed through his mind • **les visiteurs défilaient devant le mausolée** the visitors filed past the mausoleum **2** (VPR) **se défiler il s'est défilé** (= *se dérober*) he wriggled out of it

défini, e [defini] *ptp de* **définir** (ADJ) ⓐ (= *déterminé*) precise ⓑ (*Gram*) **article ~** definite article

définir [definiʀ] /TABLE 2/ (VT) to define; [+ *conditions*] to specify • **il se définit comme un humaniste** he sees himself as a humanist

définissable [definisabl(ə)] (ADJ) definable

définitif, -ive [definitif, iv] **1** (ADJ) ⓐ (= *final*) [*résultat, solution*] final; [*mesure, fermeture*] permanent ⓑ (= *sans appel*) [*décision*] final; [*refus*] definite **2** (NF) **définitive en définitive** (= *à la fin*) eventually; (= *somme toute*) in fact

définition [definisjɔ̃] (NF) definition; [*de mots croisés*] clue • **(de) haute ~** high-definition

définitivement [definitivmɑ̃] (ADV) [*partir, exclure, s'installer*] for good; [*résoudre*] conclusively; [*refuser, décider*] definitely; [*nommer*] on a permanent basis

défiscalisation [defiskalizasjɔ̃] (NF) tax exemption

défiscaliser [defiskalize] /TABLE 1/ (VT) to make tax-exempt

déflagration [deflagʀasjɔ̃] (NF) explosion

déflation [deflasjɔ̃] (NF) deflation

déflationniste [deflasjɔnist] (ADJ) [*politique, effets*] deflationary

déflecteur [deflɛktœʀ] (NM) (*de voiture*) quarter-light (*Brit*), vent (*US*)

déflocage [deflɔkaʒ] (NM) removal of asbestos

déflorer [deflɔʀe] /TABLE 1/ (VT) [+ *jeune fille*] to deflower; (*littér*) [+ *sujet, moments*] to spoil the charm of

défoncé, e [defɔ̃se] *ptp de* **défoncer** (ADJ) ⓐ [*canapé, fauteuil*] sagging; [*chemin, route*] full of potholes *attrib* ⓑ (*arg Drogue*) high* • **il était complètement ~** he was completely out of it*

défoncer [defɔ̃se] /TABLE 3/ **1** (VT) [+ *porte, clôture*] to smash in; [+ *route, terrain*] to plough up **2** (VPR) **se défoncer** ⓐ (= *travailler dur*)* to work like a dog* ⓑ (*arg Drogue*) to get high* (**à** on)

déforestation [defɔʀɛstasjɔ̃] (NF) deforestation

déformant, e [defɔʀmɑ̃, ɑ̃t] (ADJ) [*miroir*] distorting

déformation [defɔʀmasjɔ̃] (NF) ⓐ [*d'objet, métal*] distortion; [*de bois*] warping • **par ~ professionnelle** because of the job one does ⓑ (*Méd*) deformation

déformer [defɔʀme] /TABLE 1/ **1** (VT) [+ *objet, métal*] to bend; [+ *chaussures, vêtements*] to stretch; [+ *corps*] to deform; [+ *visage, image, vérité, pensée*] to distort; [+ *esprit*] to warp • **mes propos ont été déformés** (*involontairement*) I've been misquoted; (*volontairement*) my words have been twisted **2** (VPR) **se déformer** [*objet*] to be bent; [*bois*] to warp; [*vêtement*] to lose its shape

défoulement [defulmɑ̃] (NM) [*d'instincts, sentiments*] release

défouler [defule] /TABLE 1/ **1** (VT) **ça (me) défoule** it helps me to unwind **2** (VPR) **se défouler** to let off steam* • **se ~ sur qn/qch** to take it out on sb/sth

défouloir [defulwaʀ/] (NM) **c'est un ~** it's a way of letting off steam*

défragmenter [defʀagmɑ̃te] /TABLE 1/ (VT) (*Informatique*) [+ *disque dur*] to defragment, to defrag

défraîchi○**, e** [defʀeʃi] (ADJ) [*article*] shopsoiled; [*fleur, couleur*] faded; [*tissu*] worn

défraiement [defʀɛmɑ̃] (NM) payment of expenses

défrayer [defʀeje] /TABLE 8/ (VT) ⓐ (= *payer*) ~ **qn** to pay sb's expenses ⓑ ~ **la chronique** to be widely talked about

défricher [defʀiʃe] /TABLE 1/ (VT) [+ *forêt, terrain*] to clear; [+ *sujet, question*] to open up • ~ **le terrain** (*fig*) to prepare the ground

défriser [defʀize] /TABLE 1/ (VT) ⓐ [+ *cheveux*] to straighten ⓑ (= *contrarier*)* to bug* • **et alors, ça te défrise?** what's it to you?*

défroisser [defʀwase] /TABLE 1/ (VT) to smooth out

défroqué, e [defʀɔke] (ADJ) defrocked

d

défunt, e [defœ̃, œ̃t] **1** ADJ (*frm*) [*personne*] late • **son ~ père** his late father **2** NM,F **le ~** the deceased

dégagé, e [degaʒe] *ptp de* **dégager** ADJ ⓐ [*route, ciel*] clear; [*espace, site*] open; [*vue*] uninterrupted; [*front, nuque*] bare ⓑ [*ton*] airy

dégagement [degaʒmɑ̃] NM ⓐ (= *action de libérer*) freeing; [*de crédits*] release ⓑ (= *production*) [*de fumée, gaz, chaleur*] emission ⓒ (*Football, Rugby*) clearance • **faire un ~ au pied** to kick a ball clear ⓓ (= *placard*) storage space; (= *couloir*) passage ⓔ (*Tech*) clearance

dégager [degaʒe] /TABLE 3/ **1** VT ⓐ (= *libérer*) to free; [+ *crédits*] to release (*for a specific purpose*) • **~ sa responsabilité d'une affaire** to deny responsibility in a matter
ⓑ [+ *passage, table, gorge, nez*] to clear • **dégagez s'il vous plaît!** move away please! • **dégage!**‡ clear off!‡
ⓒ (= *exhaler*) [+ *odeur, fumée, chaleur*] to give off; [+ *enthousiasme*] to radiate
ⓓ (= *extraire*) [+ *conclusion*] to draw; [+ *idée, sens*] to bring out; [+ *bénéfice, marge*] to show
ⓔ (*Football, Rugby*) [+ *ballon*] to clear • **~ (le ballon) en touche** to kick the ball into touch
2 VPR **se dégager** ⓐ [*personne*] to get free (**de** from) • **se ~ de** [+ *obligation*] to release o.s. from; [+ *affaire*] to get out of
ⓑ [*ciel, rue, nez*] to clear
ⓒ [*odeur, fumée, gaz, chaleur*] to be given off; [*enthousiasme*] to radiate; [*impression*] to emanate (**de** from) • **il se dégage d'elle une telle vitalité** she exudes such vitality
ⓓ [*conclusion, morale*] to be drawn; [*impression, idée, sens*] to emerge (**de** from)

dégagisme [degaʒism] NM (*Politique*) *rejection of the ruling political class*

dégaine* [degɛn] NF **il a une drôle de ~** he's got an odd look about him

dégainer [degene] /TABLE 1/ VI to draw one's gun

dégarni, e [degaʀni] *ptp de* **dégarnir** ADJ [*front, arbre, rayon*] bare; [*compte en banque*] low; [*portefeuille*] empty; [*tête, personne*] balding • **il est un peu ~ sur le dessus** he's a bit thin on top

dégarnir (se) [degaʀniʀ] /TABLE 2/ VPR [*personne*] to go bald; [*arbre*] to lose its leaves; [*rayons de magasin*] to be cleared

dégât [degɑ] NM damage *NonC* • **faire beaucoup de ~(s)** [*grêle, inondation, personne etc*] to do a lot of damage; [*alcool*] to do a lot of harm

dégazer [degɑze] /TABLE 1/ VI [*navire*] to empty its tanks

dégel [deʒɛl] NM thaw • **tu attends le ~ ou quoi?*** what on earth are you waiting for?

dégeler [deʒ(ə)le] /TABLE 5/ **1** VT [+ *invité*] to thaw out • **pour ~ l'atmosphère** to break the ice **2** VI [*lac*] to thaw out • **faire ~** [+ *aliment*] to thaw **3** VPR **se dégeler** [*personne*] to thaw; [*public*] to warm up

dégénéré, e [deʒeneʀe] *ptp de* **dégénérer** ADJ, NM,F degenerate

dégénérer [deʒeneʀe] /TABLE 6/ VI to degenerate • **leur dispute a dégénéré en rixe** their quarrel degenerated into a brawl • **ça a rapidement dégénéré** [*débat, manifestation*] it soon got out of hand

dégénérescence [deʒeneʀesɑ̃s] NF degeneracy

dégingandé, e* [deʒɛ̃gɑ̃de] ADJ gangling

dégivrage [deʒivʀaʒ] NM [*de réfrigérateur*] defrosting; [*de pare-brise*] de-icing • **~ automatique** auto-defrost

dégivrer [deʒivʀe] /TABLE 1/ VT [+ *réfrigérateur*] to defrost; [+ *pare-brise*] to de-ice

déglacer [deglase] /TABLE 3/ VT to deglaze

déglingué, e* [deglɛ̃ge] *ptp de* **déglinguer** ADJ [*mécanisme*] kaput*; [*valise*] battered • **la chaise était toute ~e** the chair was falling apart • **une voiture toute ~e** a ramshackle car

déglinguer* [deglɛ̃ge] /TABLE 1/ **1** VT [+ *objet, appareil*] to bust* **2** VPR **se déglinguer** [*appareil*] to be on the blink*; [*chaise*] to fall to pieces; [*serrure, robinet*] to break • **se ~ l'estomac/la santé** to ruin one's stomach/one's health

déglutir [deglytiʀ] /TABLE 2/ VTI to swallow

dégobiller‡ [degɔbije] /TABLE 1/ VTI (= *vomir*) to puke‡

dégommer‡ [degɔme] /TABLE 1/ VT [+ *avion*] to down*; [+ *quille*] to knock flying*; [+ *bille*] to knock out of the way; [+ *cible sur écran*] to zap*; [+ *cible sur stand de tir*] to hit

dégonflé, e [degɔ̃fle] *ptp de* **dégonfler** **1** ADJ ⓐ [*pneu*] flat ⓑ (= *lâche*)‡ chicken* *attrib* **2** NM,F chicken*

dégonfler [degɔ̃fle] /TABLE 1/ **1** VT [+ *pneu, ballon*] to deflate; [+ *enflure, chiffres, effectif*] to reduce **2** VI [*chiffre, effectifs*] to fall • **ses jambes ont dégonflé** the swelling in his legs has gone down **3** VPR **se dégonfler** ⓐ [*ballon, pneu*] to deflate; [*enflure*] to go down ⓑ (= *avoir peur*)‡ to chicken out*

dégorger [degɔʀʒe] /TABLE 3/ **1** VT (= *déverser*) [+ *eau*] to discharge **2** VI **faites ~ le concombre** sprinkle the cucumber with salt and leave to drain

dégoter*, **dégotter*** [degɔte] /TABLE 1/ VT (= *trouver*) to dig up*

dégouliner [deguline] /TABLE 1/ VI (*en filet*) to trickle; (*goutte à goutte*) to drip • **je dégoulinais (de sueur)*** I was dripping with sweat • **un gâteau dégoulinant de crème** a cake oozing with cream

dégoupiller [degupije] /TABLE 1/ VT [+ *grenade*] to pull the pin out of • **grenade dégoupillée** grenade with the pin pulled out

dégourdi, e* [deguʀdi] *ptp de* **dégourdir** ADJ (= *malin*) smart

dégourdir [deguʀdiʀ] /TABLE 2/ **1** VT [+ *membres*] (*ankylosés*) to bring the circulation back to; (*gelés*) to warm up **2** VPR **se dégourdir** **il est sorti pour se ~ un peu (les jambes)** he went out to stretch his legs a bit

dégoût○ [degu] NM (= *répugnance*) disgust *NonC* (**pour, de** for) • **avoir du ~ pour** to feel disgust for • **il a fait une grimace de ~** he screwed up his face in disgust

dégoûtant○**, e** [degutɑ̃, ɑ̃t] **1** ADJ disgusting • **il a été ~ avec elle** the way he treated her was disgusting **2** NM,F (= *personne sale*) pig‡; (= *personne injuste*) (*homme*) swine‡; (*femme*) cow‡ • **espèce de vieux ~!*** you dirty old man!‡

dégoûté○**, e** [degute] *ptp de* **dégoûter** **1** ADJ **je suis ~!** (*scandalisé*) I'm disgusted!; (*lassé*) I'm sick and tired of it! • **~ de la vie** weary of life • **il n'est pas ~!** (*hum*) he's not fussy!* **2** NM,F **il a fait le ~** (*devant un mets, une offre*) he turned his nose up at it

dégoûter○ [degute] /TABLE 1/ VT ⓐ (= *écœurer*) to disgust ⓑ **~ qn de qch** (= *ôter l'envie de*) to put sb right off sth; (= *remplir de dégoût pour*) to make sb feel disgusted with sth • **je suis dégoûté par ces procédés** I'm disgusted by this behaviour • **ça m'a dégoûté de fumer** it put me right off smoking

dégoutter [degute] /TABLE 1/ VI to drip • **dégouttant de sueur** dripping with sweat • **dégouttant de pluie** dripping wet

dégradant, e [degʀadɑ̃, ɑ̃t] (ADJ) degrading

dégradation [degʀadasjɔ̃] (NF) **a** [*de personne*] degradation **b** [*de mur, bâtiment*] damage; [*de relations, situation, qualité, santé, temps*] deterioration; [*de pouvoir d'achat*] weakening **c** (= *dégâts*) **~s** damage *NonC* • **les ~s causées au bâtiment** the damage caused to the building

dégradé [degʀade] (NM) [*de couleurs*] gradation; (*coiffure*) layered cut • **un ~ de rouges** a gradation of reds • **couper des cheveux en ~** to layer hair

dégrader [degʀade] /TABLE 1/ **1** (VT) **a** (= *détériorer*) to damage **b** (= *avilir*) [+ *personne*] to degrade **c** **tons dégradés** shaded tones **2** (VPR) **se dégrader** **a** [*personne*] (*moralement*) to degrade o.s.; (*physiquement*) to lose one's physical powers **b** [*relations, situation, qualité, santé*] to deteriorate; [*mémoire*] to fail; [*pouvoir d'achat*] to shrink • **le temps se dégrade** the weather is deteriorating

dégrafer [degʀafe] /TABLE 1/ **1** (VT) to unfasten; [+ *papiers*] to unstaple • **tu peux me ~?** can you undo me? **2** (VPR) **se dégrafer** [*vêtement, collier*] to come undone

dégraissage [degʀɛsaʒ] (NM) [*d'effectifs*] cutback (**de** in) • **opérer des ~s** to cut back the workforce

dégraisser [degʀese] /TABLE 1/ (VT) [+ *personnel, effectifs*] to cut back

degré [dəgʀe] (NM) **a** (= *niveau*) degree; (= *stade de développement*) stage; (= *échelon*) grade • **à un moindre ~** to a lesser degree • **par ~(s)** by degrees • **c'est le dernier ~ de la perfection/passion** it's the height of perfection/passion

b (*de température*) degree • **il fait 20 ~s dans la chambre** it's 20 degrees (centigrade) in the room • **~ Fahrenheit/Celsius** degree Fahrenheit/Celsius

c (= *proportion*) **~ d'alcool d'une boisson** proof of an alcoholic drink • **du cognac à 40 ~s** 70° proof cognac • **ce vin fait 11 ~s** this wine is 11° (*on Gay-Lussac scale*)

d (*dans un classement*) degree • **brûlure du deuxième ~** second degree burn • **~ de parenté** degree of kinship • **prendre qch au premier ~** to take sth literally • **c'est à prendre au second ~** it's not to be taken literally

dégressif, -ive [degʀesif, iv] (ADJ) [*impôt*] degressive • **appliquer un tarif ~** to use a sliding scale of charges

dégrèvement [degʀɛvmɑ̃] (NM) **~ fiscal** tax relief

dégrever [degʀəve] /TABLE 5/ (VT) [+ *produit*] to reduce the tax(es) on; [+ *contribuable*] to grant tax relief to

dégriffé, e [degʀife] **1** (ADJ) **robe ~e** unlabelled designer dress • **voyage ~** discount holiday **2** (NMPL) **dégriffés** designer seconds

dégringolade [degʀɛ̃gɔlad] (NF) [*de personne, objet*] fall; [*de prix, firme*] tumble; [*de cours, monnaie*] collapse • **après son divorce, ça a été la ~** after his divorce he went downhill

dégringoler [degʀɛ̃gɔle] /TABLE 1/ **1** (VI) [*personne, objet*] to tumble down; [*monnaie, prix, entreprise, réputation*] to take a tumble • **il a dégringolé jusqu'en bas** he tumbled all the way down • **elle a fait ~ toute la pile de livres** she brought the whole pile of books crashing down • **il a dégringolé à la 15e place/dans les sondages** he tumbled to 15th place/in the polls **2** (VT) [+ *escalier, pente*] (*en courant*) to tear down; (*en tombant*) to tumble down

dégriser (VT), **se dégriser** (VPR) [degʀize] /TABLE 1/ to sober up

dégrossir [degʀosiʀ] /TABLE 2/ (VT) [+ *bois*] to trim; [+ *projet, travail*] to do the spadework on; [+ *personne*] to knock the rough edges off • **individu mal dégrossi** coarse individual

dégrouiller (se)* [degʀuje] /TABLE 1/ (VPR) (= *se dépêcher*) to hurry up • **se dégrouiller pour faire qch** to hurry to do sth

dégroupage [degʀupaʒ] (NM) (*Téléc*) degrouping

dégrouper [degʀupe] /TABLE 1/ (VT) to put *ou* divide into groups

déguenillé, e [deg(ə)nije] (ADJ) ragged

déguerpir* [degɛʀpiʀ] /TABLE 2/ (VI) to clear off*

dégueu* [degø] (ADJ) (ABR DE **dégueulasse**)

dégueulasse* [degœlas] **1** (ADJ) disgusting • **il est vraiment ~, ce type** he's a filthy swine* • **il a fait un temps ~** the weather was lousy* • **c'est ~ de faire ça** that's a rotten* thing to do • **il a vraiment été ~ avec elle** he was really rotten* to her • **c'est pas ~** it's not bad at all **2** (NMF) [*personne*] (*sale*) dirty pig*; (*mauvais, vicieux*) (*homme*) swine*; (*femme*) bitch* (*injurieux*) • **c'est un vieux ~** he's a dirty old man*

dégueulasser* [degœlase] /TABLE 1/ (VT) to mess up*

dégueuler* [degœle] /TABLE 1/ (VTI) (= *vomir*) to throw up*

dégueulis* [degœli] (NM) puke*

déguisé, e [degize] *ptp de* **déguiser** (ADJ) **a** [*personne*] (*pour tromper*) in disguise *attrib*; (*pour s'amuser*) in fancy dress (Brit), in costume (US) • **~ en** disguised as • **~ en Zorro** dressed up as Zorro **b** [*voix, chômage, subvention, sentiment*] disguised • **avec une hostilité à peine ~e** with thinly veiled hostility

déguisement [degizmɑ̃] (NM) (*pour tromper*) disguise; (*pour s'amuser*) fancy dress (Brit), costume (US)

déguiser [degize] /TABLE 1/ **1** (VT) [+ *voix, pensée*] to disguise; [+ *poupée, enfant*] to dress up (**en** as) **2** (VPR) **se déguiser** (*pour tromper*) to disguise o.s.; (*pour s'amuser*) to dress up • **se ~ en Zorro** to dress up as a Zorro

> Le mot anglais commence par **dis-**.

dégustation [degystasjɔ̃] (NF) [*de coquillages, fromages*] sampling • **une ~ de vin(s)** a wine-tasting session

déguster [degyste] /TABLE 1/ **1** (VT) [+ *vins*] to taste; [+ *coquillages, fromages*] to sample; [+ *repas, café, spectacle*] to enjoy **2** (VI) (= *souffrir*)* **il a dégusté!** he didn't half have a rough time!* • **j'ai mal aux dents, je déguste!** I've got toothache and it's agony!*

déhanchement [deɑ̃ʃmɑ̃] (NM) (= *démarche*) swaying walk; (= *posture*) standing with one's weight on one hip

déhancher (se) [deɑ̃ʃe] /TABLE 1/ (VPR) (*en marchant*) to sway one's hips; (*immobile*) to stand with one's weight on one hip

dehors [dəɔʀ] **1** (ADV) (= *à l'extérieur*) outside; (= *pas chez soi*) out • **attendez-le ~** wait for him outside • **je serai ~ toute la journée** I'll be out all day • **il fait plus frais dedans que ~** it is cooler inside than outside • **cela ne se voit pas de ~** it can't be seen from the outside • **passez par ~ pour aller au jardin** go round the outside of the house to get to the garden • **jeter** *ou* **mettre** *ou* **foutre*** **qn ~** to chuck* sb out; [*patron*] to fire* sb

▸ **en dehors de** outside; (= *excepté*) apart from • **en ~ de cela, il n'y a rien de neuf** apart from that there's nothing new • **il a voulu rester en ~ de cette affaire** he didn't want to get involved • **fabriquer qch en ~ de tout contrôle** to manufacture sth without any form of control

2 (NM) (= *extérieur*) outside • **on n'entend pas les bruits du ~** you can't hear the noise from outside

▸ **au-dehors** • **«défense de se pencher au-~»** "don't lean out" • **au-~, elle paraît calme, mais c'est une nerveuse** outwardly she looks relaxed, but actually she's quite highly strung

3 (NMPL) **dehors** (= *apparences*) **sous des ~ aimables, il est dur** under his friendly exterior, he's a hard man

déjà [deʒa] (ADV) ⓐ (= *dès maintenant, dès ce moment*) already • **il a ~ fini** he has already finished • **est-il ~ rentré?** has he come home yet?; (*surprise*) has he come home already? • **~ à cette époque** even then

ⓑ (= *auparavant*) before • **je suis sûr de l'avoir ~ rencontré** I'm sure I've met him before • **c'est du ~-vu** we've seen it all before • **impression de ~-vu** sense of déjà vu

ⓒ (*intensif*) **1000 €, c'est ~ pas mal*** 1,000 euros, that's not bad at all • **30 tonnes, c'est ~ un gros camion** 30 tons, that's quite a big truck

ⓓ (*interrogatif*)* **c'est combien, ~?** how much is it again?

→ **ores**

déjanté, e* [deʒɑ̃te] *ptp de* **déjanter** (ADJ) [*musique, film*] crazy • **tu es complètement ~!** you're off your rocker*!

déjanter* [deʒɑ̃te] /TABLE 1/ (VI) (= *devenir fou*) to go crazy* • **non mais tu déjantes!** you must be off your rocker!*

déjeuner [deʒœne] /TABLE 1/ 1 (VI) to have lunch • **nous avons déjeuné de fromage et de pain** we had bread and cheese for lunch • **rester à ~ chez qn** to stay and have lunch with sb • **inviter qn à ~** to invite sb to lunch

2 (NM) ⓐ (= *repas de midi*) lunch • **~ d'affaires** business lunch • **prendre son ~** to have lunch • **j'ai eu du poulet au ~** I had chicken for lunch ⓑ (= *tasse et soucoupe*) breakfast cup and saucer

déjouer [deʒwe] /TABLE 1/ (VT) [+ *complot, plan*] to thwart; [+ *surveillance*] to elude

delà [dəla] (ADV) ▸ **au-delà** beyond • **au-~ il y a l'Italie** beyond that is Italy • **vous avez droit à dix bouteilles mais au-~ vous payez une taxe** you're entitled to ten bottles but above that you pay duty • **n'allez pas au-~** (*somme, prix*) don't go beyond that

▸ **au-delà de** [+ *lieu, frontière*] beyond; [+ *somme, limite*] over • **c'est au-~ de mes forces** I'm not strong enough to do that

▸ **l'au-delà** the beyond

▸ **par-delà** beyond

délabré, e [delɑbʀe] *ptp de* **délabrer** (ADJ) [*bâtiment*] dilapidated

délabrement [delɑbʀəmɑ̃] (NM) dilapidation; [*de santé, affaires*] poor state • **dans un tel état de ~ que ...** in such a poor state that ...

délabrer [delɑbʀe] /TABLE 1/ 1 (VT) to ruin 2 (VPR) **se délabrer** [*maison, mur, matériel*] to fall into decay

délacer [delase] /TABLE 3/ (VT) [+ *chaussures*] to undo

délai [delɛ] 1 (NM) ⓐ (= *temps accordé*) time limit • **vous êtes dans les ~s** you're within the time limit • **c'est un ~ trop court pour ...** it's too short a time for ... • **avant l'expiration du ~** before the deadline • **dans un ~ de six jours** within six days • **respecter** *ou* **tenir les ~s** to meet the deadline

ⓑ (= *période d'attente*) waiting period • **il faut compter un ~ de huit jours** you'll have to allow a week

ⓒ (= *sursis*) extension • **il va demander un ~ pour achever le travail** he's going to ask for more time to finish off the job

ⓓ (*locutions*) **dans les plus brefs ~s** • **dans les meilleurs ~s** as soon as possible • **il faut payer avant le 15, dernier ~** it must be paid by the 15th at the latest • **le 15 octobre, dernier ~ pour les inscriptions** 15 October is the closing date for registration

2 (COMP) ▸ **délai de livraison** delivery time ▸ **délai de paiement** term of payment ▸ **délai de prescription** (*Droit*) statutory limitation period ▸ **délai de réflexion** (*avant réponse*) time to think; (*avant sanctions*) cooling-off period

⚠ **délai ≠ delay**

délaisser [delese] /TABLE 1/ (VT) (= *négliger*) [+ *famille, ami, travail*] to neglect • **c'est un métier délaissé par les jeunes** young people don't go in for this kind of work

délassant, e [delasɑ̃, ɑ̃t] (ADJ) relaxing

délassement [delasmɑ̃] (NM) relaxation

délasser [delase] /TABLE 1/ 1 (VT) (= *reposer*) [+ *membres*] to refresh; (= *divertir*) [+ *personne, esprit*] to entertain • **un bon bain, ça délasse** a good bath is very relaxing

2 (VPR) **se délasser** (= *se détendre*) to relax (**en faisant qch** by doing sth)

délateur, -trice [delatœʀ, tʀis] (NM,F) (*frm*) informer

délation [delasjɔ̃] (NF) (*frm*) denouncement • **lettre de ~** denunciatory letter

délavé, e [delave] (ADJ) [*tissu*] faded; [*inscription*] washed-out • **jeans ~s** prewashed jeans

délayage [delɛjaʒ] (NM) [*de farine, poudre*] mixing (*to a certain consistency*) (**dans** with) • **faire du ~** (*péj*) to waffle*

délayer [deleje] /TABLE 8/ (VT) [+ *couleur*] to thin down; [+ *farine, poudre*] to mix (**dans** with); (*péj*) [+ *idée*] to drag out; [+ *exposé*] to pad out • **~ 100 g de farine dans un litre d'eau** mix 100g of flour with a litre of water

delco [dɛlko] (NM) distributor

délectation [delɛktasjɔ̃] (NF) delight

délecter (se) [delɛkte] /TABLE 1/ (VPR) **se délecter de qch/à faire qch** to delight in sth/in doing sth • **il se délectait** he was thoroughly enjoying it

délégation [delegasjɔ̃] (NF) (= *groupe, mandat*) delegation • **~ de pouvoirs** delegation of powers

délégué, e [delege] *ptp de* **déléguer** 1 (ADJ) **membre ~** delegate • **producteur ~** associate producer • **~ à qch** responsible for sth → **ministre** 2 (NM,F) (= *représentant*) representative; (*à une réunion, une conférence*) delegate • **~ de classe/de parents d'élèves** class/parents' representative • **~ du personnel/syndical** staff/union representative

> **DÉLÉGUÉS**
> At the start of the new school year in state "collèges" and "lycées", pupils elect two class representatives known as "**délégués** de classe", as well as two deputies. The role of the **délégués** is to represent the interest of the class as a whole by liaising with teachers and the school administration. The **délégués** of the whole school elect two "**délégués** d'établissement" who attend the "Conseil d'établissement", where they participate in discussions on the general running of the school and vote on decisions to be made.

déléguer [delege] /TABLE 6/ (VT) to delegate (**à** to)

délestage [delɛstaʒ] (NM) **itinéraire de ~** relief route

délester [delɛste] /TABLE 1/ (VT) [+ *navire, ballon*] to remove ballast from • **on a délesté la route nationale** a diversion has been set up to relieve traffic congestion on the main road

Delhi [dɛli] (N) Delhi

délibération [deliberasjɔ̃] (NF) deliberation • **après ~ du jury** after the jury's due deliberation

délibéré, e [delibere] *ptp de* **délibérer** **1** (ADJ) (= *intentionnel*) deliberate • **de manière ~e** deliberately • **avec la volonté ~e de …** with the deliberate intention of … **2** (NM) (*Droit*) deliberation (*of court at end of trial*) • **mettre un jugement en ~** to postpone a judgment

délibérément [deliberemɑ̃] (ADV) (= *volontairement*) deliberately; (= *après avoir réfléchi*) with due consideration

délibérer [delibere] /TABLE 6/ (VI) to deliberate (**sur** over, upon)

délicat, e [delika, at] (ADJ) **a** (= *fin, fragile, précis*) delicate; [*mets*] dainty • **d'un geste ~** delicately **b** (= *difficile*) [*situation, question, opération, sujet*] delicate • **c'est ~ de lui dire ça** it's a bit awkward to tell him that **c** (= *raffiné*) [*sentiment, goût, esprit, style*] delicate • **c'était une attention ~e de sa part** it was very thoughtful of him **d** (= *plein de tact*) tactful (**envers** to, towards) • **des procédés peu ~s** unscrupulous methods **e** (= *exigeant*) fussy • **faire le ~** (*nourriture*) to be fussy

délicatement [delikatmɑ̃] (ADV) delicately

délicatesse [delikatɛs] (NF) delicacy (= *tact*) tact • **manquer de ~** to be tactless • **par ~ il se retira** he withdrew tactfully • **il prit le vase avec ~** he delicately picked up the vase

délice [delis] (NM) (= *plaisir*) delight • **ce dessert est un vrai ~** this dessert is quite delicious

délicieusement [delisjøzmɑ̃] (ADV) exquisitely

délicieux, -ieuse [delisjø, jøz] (ADJ) [*fruit, goût*] delicious; [*lieu, personne, sensation, anecdote*] charming

délié, e [delje] *ptp de* **délier** (ADJ) [*doigts*] nimble • **avoir la langue ~e** to be very talkative

délier [delje] /TABLE 7/ **1** (VT) to untie • **~ la langue de qn** to loosen sb's tongue **2** (VPR) **se délier sous l'effet de l'alcool les langues se délient** alcohol loosens people's tongues

délimitation [delimitasjɔ̃] (NF) [*de terrain, frontière, sujet, rôle*] delimitation; [*de responsabilités, attributions*] determination

délimiter [delimite] /TABLE 1/ (VT) [+ *terrain, frontière, sujet, rôle*] to delimit; [+ *responsabilités, attributions*] to determine

délinquance [delɛ̃kɑ̃s] (NF) crime • **la petite/la grande ~** petty/serious crime • **~ juvénile/sexuelle** juvenile/sexual delinquency • **acte de ~** crime • **il a sombré dans la ~** he slid into crime

délinquant, e [delɛ̃kɑ̃, ɑ̃t] **1** (ADJ) delinquent • **la jeunesse ~e** juvenile delinquents **2** (NM,F) delinquent • **~ sexuel** sex offender • **~ en col blanc** white-collar criminal

déliquescence [delikesɑ̃s] (NF) (= *décadence*) decay • **en ~** [*régime, structure*] in decline

délirant, e [delirɑ̃, ɑ̃t] (ADJ) **a** (= *enthousiaste*) [*public*] frenzied • **tu n'es pas d'un optimisme ~!** you're not exactly overflowing with optimism! **b** (= *extravagant*) [*idée, architecture*] extraordinary; [*prix, propos, projet*] outrageous; [*comédie, film*] whacky*

délire [delir] (NM) **a** [*de malade*] delirium • **~ de persécution** persecution mania • **c'est du ~!*** (= *extravagant*) it's sheer madness! **b** (= *frénésie*) frenzy • **une foule en ~** a frenzied crowd • **quand l'acteur parut, ce fut du ~*** when the actor appeared the crowd went crazy

délirer [delire] /TABLE 1/ (VI) [*malade*] to be delirious • **il délire!*** he's out of his mind!*

délit [deli] (NM) offence • **commettre un ~** to commit an offence • **~ de fuite** hit-and-run offence • **il a été arrêté pour ~ de faciès** they arrested him because of the colour of his skin • **~ d'ingérence** abuse of office • **~ d'initié** insider dealing • **~ sexuel** sexual offence • **être poursuivi pour ~ d'opinion** to be prosecuted for one's beliefs → **flagrant**

délitement [delitmɑ̃] (NM) disintegration

déliter [delite] /TABLE 1/ **1** (VT) [+ *pierre*] to cleave **2** (VPR) **se déliter** (*lit*) to disintegrate (*because of exposure to moisture*); [*certitudes, valeurs*] to crumble; [*État, structure*] to fall apart

délivrance [delivrɑ̃s] (NF) **a** [*de prisonniers*] release **b** (= *soulagement*) relief **c** [*de passeport, reçu, ordonnance, brevet*] issue

délivrer [delivre] /TABLE 1/ (VT) **a** [+ *prisonnier*] to set free • **~ qn de** [+ *rival, crainte*] to rid sb of; [+ *obligation*] to free sb from **b** [+ *passeport, reçu, ordonnance*] to issue; [+ *lettre, marchandise*] to deliver; [+ *médicament*] [*pharmacien*] to dispense

> ⚠ **to deliver** n'est pas la traduction la plus courante de **délivrer**.

délocalisation [delɔkalizasjɔ̃] (NF) relocation

délocaliser (VT), **se délocaliser** (VPR) [delɔkalize] /TABLE 1/ to relocate

déloger [delɔʒe] /TABLE 3/ (VT) [+ *locataire*] to throw out; [+ *fugitif*] to flush out; [+ *objet*] to dislodge (**de** from)

déloyal, e (*mpl* **-aux**) [delwajal, o] (ADJ) [*ami, conduite*] disloyal (**envers** towards); [*adversaire*] underhand • **concurrence ~e** unfair competition • **un coup ~** (*Sport*) a foul

delta [dɛlta] (NM) (*Géog*) delta

deltaplane® [dɛltaplan] (NM) (= *appareil*) hang-glider; (= *sport*) hang-gliding • **faire du ~** to go hang-gliding

déluge [delyʒ] (NM) (= *pluie*) deluge; [*de larmes, paroles, injures*] flood; [*de compliments, coups*] shower

déluré, e [delyre] (ADJ) (= *débrouillard*) smart; (= *impertinent*) forward

démagnétiser (VT), **se démagnétiser** (VPR) [demaɲetize] /TABLE 1/ to demagnetize

démago* [demago] **1** (ADJ) (ABR DE **démagogique**) **2** (NMF) (ABR DE **démagogue**)

démagogie [demagɔʒi] (NF) demagogy • **ils font de la ~** they're just trying to win support

démagogique [demagɔʒik] (ADJ) [*discours, réforme*] demagogic

démagogue [demagɔg] **1** (NMF) demagogue **2** (ADJ) **être ~** to be a demagogue

demain [d(ə)mɛ̃] (ADV) tomorrow • **à ~!** see you tomorrow; (= *je téléphonerai*) I'll talk to you tomorrow • **le monde de ~** tomorrow's world

demande [d(ə)mɑ̃d] (NF) **a** (= *requête*) request (**de qch** for sth); (= *revendication*) claim (**de** for); [*d'autorisation, naturalisation*] application; [*de dédommagement*] claim; [*de renseignement*] enquiry • **faire une ~ de remboursement** to make a claim for reimbursement (**à qn** to sb) • **~ d'adhésion** application for membership • **~ d'asile** application for asylum • **~ de rançon** ransom demand

d

• ~ **d'emploi** job application • **« ~s d'emploi »** (*rubrique de journal*) "situations wanted" • ~ **(en mariage)** proposal (of marriage) • **à** *ou* **sur la ~ de qn** at sb's request • **à la ~** • **sur ~** on request • **et maintenant, à la ~ générale ...** and now, by popular request ...
ⓑ (*Écon*) **la ~** demand (**de** for)
ⓒ (= *besoins*) ~ **d'affection** need for affection

demandé, e [d(ə)mɑ̃de] *ptp de* **demander** (ADJ) in demand • **être très ~** to be very much in demand • **c'est une destination très ~e** it's a very popular destination

demander [d(ə)mɑ̃de] /TABLE 1/ **1** (VT) ⓐ (= *solliciter*) to ask for; [+ *indemnité*] to claim • ~ **qch à qn** to ask sb for sth • ~ **un service** *ou* **une faveur à qn** to ask sb a favour • ~ **à voir qn/à parler à qn** to ask to see sb/to speak to sb • ~ **à qn de faire** *ou* **qu'il fasse qch** to ask sb to do sth • **puis-je vous ~ (de me passer) du pain ?** would you mind passing me some bread?
ⓑ (= *appeler*) [+ *médecin, prêtre*] to send for
ⓒ (*au téléphone, au bureau*) [+ *personne, numéro*] to ask for • **qui demandez-vous ?** who do you wish to speak to? • **on le demande au téléphone** he is wanted on the phone
ⓓ (= *désirer*) to be asking for • **ils demandent 80 €** **de l'heure** they are asking for 80 euros an hour • **je demande à voir !*** I'll believe it when I see it! • **il ne demande qu'à apprendre** all he wants is to learn • **je ne demande pas mieux !** I'll be only too pleased!
ⓔ (= *s'enquérir de*) [+ *nom, chemin*] to ask • ~ **l'heure à qn** to ask sb the time • ~ **un renseignement à qn** to ask sb for some information • ~ **des nouvelles de qn** to ask after sb • **je ne t'ai rien demandé !** I didn't ask you! • **on ne t'a pas demandé l'heure qu'il est*** *ou* **ton avis*** who asked you?
ⓕ (= *nécessiter*) [*travail, décision*] to require • **ça demande un effort** it requires an effort • **ce travail va (lui) ~ six heures** the job will take (him) six hours
ⓖ (= *exiger*) ~ **qch à** *ou* **de qn** to ask sth of sb • **il ne faut pas trop lui en ~ !** you mustn't ask too much of him!
ⓗ [*commerçant*] **il (en) demande 500 €** he's asking 500 euros (for it) • **ils demandent trois vendeuses** (*par annonce*) they are advertising for three shop assistants • **« on demande : électricien »** "electrician required"
2 (VPR) **se demander** (= *douter*) to wonder • **je me demandais si ...** I was wondering whether ... • **c'est à se ~ s'il a perdu la tête** it makes you wonder if he isn't out of his mind

> ⚠ **demander ≠ to demand**

demandeur, -euse [d(ə)mɑ̃dœʀ, øz] (NM,F) ~ **d'emploi** job seeker • ~ **d'asile** asylum seeker

démangeaisons [demɑ̃ʒɛzɔ̃] (NFPL) itching *NonC* • **avoir des ~** to be itching • **j'ai des ~ dans le dos** my back is itching

démanger [demɑ̃ʒe] /TABLE 3/ (VT) (= *gratter*) **où est-ce que ça vous démange ?** where does it itch? • **ça me démange** it itches • **la main me démange !** (*fig*) I'm itching* to hit him (*ou* her *etc*) • **ça me démangeait de lui dire** I was itching to tell him

démantèlement [demɑ̃tɛlmɑ̃] (NM) [*d'armes, centrale nucléaire, entreprise*] dismantling; [*de gang, réseau d'espionnage, de trafiquants*] breaking up

démanteler [demɑ̃t(ə)le] /TABLE 5/ (VT) [+ *armes, centrale nucléaire, entreprise*] to dismantle; [+ *gang, réseau d'espionnage, de trafiquants*] to break up

démantibuler* [demɑ̃tibyle] /TABLE 1/ (VT) [+ *objet*] to break up

démaquillant, e [demakijɑ̃, ɑ̃t] **1** (ADJ) **lait** *ou* **lotion ~(e)** make-up remover **2** (NM) make-up remover

démaquiller [demakije] /TABLE 1/ **1** (VT) [+ *yeux, visage*] to remove the make-up from • ~ **qn** to take off sb's make-up **2** (VPR) **se démaquiller** to take one's make-up off • **se ~ les yeux** to remove one's eye make-up

démarcation [demaʀkasjɔ̃] (NF) demarcation (**entre** between)

démarchage [demaʀʃaʒ] (NM) (= *vente*) door-to-door selling • ~ **électoral** canvassing • ~ **téléphonique** telephone selling • **faire du ~** [*de produits*] to do door-to-door selling; (*pour élection*) to canvass

démarche [demaʀʃ] (NF) ⓐ (= *façon de marcher*) walk • **avoir une ~ pesante** to walk heavily ⓑ (= *intervention*) step • **faire une ~ auprès de qn (pour obtenir qch)** to approach sb (to obtain sth) • **entreprendre des ~s auprès d'un service** to apply to a department • **les ~s nécessaires pour obtenir qch** the necessary steps to obtain sth ⓒ ~ **intellectuelle** intellectual reasoning • **expliquez-moi votre ~** explain your reasoning to me

démarcher [demaʀʃe] /TABLE 1/ (VT) [+ *clients*] to canvass; [+ *produit*] to sell door-to-door

démarcheur, -euse [demaʀʃœʀ, øz] (NM,F) (= *vendeur*) door-to-door salesman (*ou* saleswoman); (*pour élection*) canvasser

démarque [demaʀk] (NF) [*d'article*] markdown

démarqué, e [demaʀke] *ptp de* **démarquer** (ADJ) ⓐ (*sport collectif*) [*joueur*] unmarked ⓑ (*Commerce*) **robe ~e** unlabelled designer dress

démarquer [demaʀke] /TABLE 1/ **1** (VT) (= *solder*) to mark down; (= *retirer l'étiquette de*) to remove the designer label from **2** (VPR) **se démarquer** ⓐ [*joueur*] to lose *ou* shake off one's marker ⓑ **se ~ de** (= *marquer sa différence avec*) to distinguish o.s. from

démarrage [demaʀaʒ] (NM) ⓐ (*de voiture*) **il a calé au ~** he stalled as he moved off • ~ **en côte** hill start ⓑ (= *début*) start

démarrer [demaʀe] /TABLE 1/ **1** (VI) [*moteur, conducteur*] to start; [*véhicule*] to move off; [*affaire, campagne, projet*] to get going • **l'affaire a bien démarré** things got off to a good start • ~ **en trombe** to shoot off • **faire ~** [+ *véhicule*] to start **2** (VT) [+ *véhicule*] to start; [+ *travail*] to get going on* • ~ **qn en anglais** to get sb started in English

démarreur [demaʀœʀ] (NM) [*de voiture*] starter

démasquer [demaske] /TABLE 1/ **1** (VT) to unmask **2** (VPR) **se démasquer** [*imposteur*] to drop one's mask

démâter [demɑte] /TABLE 1/ (VI) [*bateau*] to lose its mast

dématérialisation [demateʀjalizasjɔ] (NF) going paperless • **la ~ des factures** the move to paperless invoices • **la ~ a de nombreux avantages pour les entreprises** going paperless has many advantages for companies

dématérialisé [demateʀjalize] (ADJ) [*documents*] paperless; [*économie*] virtual; [*produit numérique, musique*] online

démazouter [demazute] /TABLE 1/ (VT) [+ *plage*] to remove the oil from

démêlant [demɛlɑ̃] (NM) hair conditioner

démêler [demele] /TABLE 1/ (VT) ⓐ [+ *ficelle, écheveau, cheveux*] to untangle; (*avec un peigne*) to comb out ⓑ [+ *problème, situation*] to sort out • ~ **le vrai du faux** to sort out the truth from the lies

démêlés [demele] (NMPL) (= *ennuis*) problems • **il a eu des ~ avec la justice** he has had some problems with the law
démembrement [demɑ̃bʀəmɑ̃] (NM) [*de pays, empire*] break-up
démembrer [demɑ̃bʀe] /TABLE 1/ (VT) [+ *pays, empire*] to break up; [+ *entreprise*] to asset-strip
déménagement [demenaʒmɑ̃] (NM) **a** [*de meubles*] moving; [*de pièce*] emptying (of furniture) *NonC* • **camion de ~** removal (*Brit*) *ou* moving (*US*) van **b** (= *changement de domicile, de bureau*) move • **faire un ~** to move
déménager [demenaʒe] /TABLE 3/ **1** (VT) [+ *meubles, affaires*] to move; [+ *maison, pièce*] to move the furniture out of **2** (VI) to move • **tu déménages!*** you're off your rocker* • **ça déménage!** (= *c'est excellent*) it's brill!* (*Brit*) *ou* awesome!* (*US*)
déménageur [demenaʒœʀ] (NM) (= *entrepreneur*) furniture remover (*Brit*), moving company (*US*); (= *ouvrier*) removal man (*Brit*), furniture mover (*US*)
démence [demɑ̃s] (NF) (*Méd*) dementia; (*Droit*) mental disorder, madness • **c'est de la ~!** it's madness!
démener (se) [dem(ə)ne] /TABLE 5/ (VPR) to exert o.s. • **se démener comme un beau diable** (*pour obtenir qch*) to move heaven and earth • **il faut que tu te démènes si tu veux des billets** you'll have to get a move on* if you want tickets
dément, e [demɑ̃, ɑ̃t] (ADJ) (= *fou*) mad; (= *incroyable*) incredible; (= *extravagant*)* [*type, musique*] weird*; [*prix, projet*] mad
démenti [demɑ̃ti] (NM) (= *déclaration*) denial; (*apporté par les faits, les circonstances*) refutation • **opposer un ~ à** [+ *nouvelle, allégations, rumeurs*] to deny formally
démentiel, -ielle [demɑ̃sjɛl] (ADJ) [*projet, prix*] crazy
démentir [demɑ̃tiʀ] /TABLE 16/ **1** (VT) **a** [*personne*] [+ *nouvelle, rumeur*] to deny **b** [*faits*] [+ *témoignage*] to refute; [+ *apparences*] to belie; [+ *espoirs*] to disappoint • **les résultats ont démenti les pronostics** the results have proved the predictions wrong **2** (VPR) **se démentir** (*au négatif*) (= *ne pas cesser*) **son amitié ne s'est jamais démentie** his friendship has never failed • **c'est un roman dont le succès ne s'est jamais démenti** the novel has always maintained its popularity
démerdard, e* [demɛʀdaʀ, aʀd] (ADJ) resourceful
démerde* [demɛʀd] (NF) **la ~** (= *ingéniosité*) resourcefulness; (= *astuce*) smartness
démerder (se)* [demɛʀde] /TABLE 1/ (VPR) (= *se débrouiller*) to manage • **elle se démerde (pas mal) au ski** she's pretty good at skiing • **si je m'étais mieux démerdé, j'aurais gagné** if I'd handled things better, I'd have won • **qu'il se démerde tout seul!** just leave him to it!
démériter [demeʀite] /TABLE 1/ **1** (VI) **l'équipe perdante n'a pas démérité** the losing team put up a creditable performance **2** (VT INDIR) **~ de** [+ *patrie, institution*] to show o.s. unworthy of
démesure [dem(ə)zyʀ] (NF) [*de personnage, propos, exigences*] outrageousness
démesuré, e [dem(ə)zyʀe] (ADJ) huge; (= *excessif*) excessive
démesurément [dem(ə)zyʀemɑ̃] (ADV) inordinately
démettre [demɛtʀ] /TABLE 56/ **1** (VT) **~ qn de ses fonctions** to dismiss sb from his duties **2** (VPR) **se démettre** (= *se disloquer*) **se ~ le poignet** to dislocate one's wrist
demeurant [d(ə)mœʀɑ̃] (NM) **au ~** incidentally
demeure [d(ə)mœʀ] (NF) (= *maison*) residence
▸ **à demeure** [*installations*] permanent • **s'installer à ~ dans une ville** to settle permanently in a town
▸ **en demeure** • **mettre qn en ~ de faire qch** to instruct sb to do sth • **mettre qn en ~ de payer** to give sb notice to pay
demeuré, e [d(ə)mœʀe] *ptp de* **demeurer** **1** (ADJ) (= *fou*) half-witted **2** (NM,F) half-wit
demeurer [d(ə)mœʀe] /TABLE 1/

> When **demeurer** means **to live**, it is conjugated with **avoir**, when it means **to remain**, it is conjugated with **être**.

(VI) **a** **~ quelque part** to live somewhere **b** (*frm*) (= *rester*) to remain • **~ fidèle** to remain faithful
demi, e [d(ə)mi] **1** (ADJ) **une heure et ~e** one and a half hours • **un kilo et ~** one and a half kilos • **à six heures et ~e** at half past six • **deux fois et ~e plus grand** two and a half times greater
2 (PRÉF) **a** (= *moitié*) **une ~-livre** half a pound • **un ~-verre** half a glass
b (= *incomplet*) **c'est un ~-succès** it's a partial success
3 (NM) **a** (= *bière*) glass of beer, ≈ half-pint
b (*Sport*) half-back • **~ gauche/droit** left/right half • **~ de mêlée** (*Rugby*) scrum half
c ▸ **à demi** half • **il n'était qu'à ~ rassuré** he was only half reassured • **ouvrir une porte à ~** to half open a door
4 (NF) **demie** (*à l'horloge*) **la ~e** the half-hour • **la ~e a sonné** the half-hour has struck • **on part à la ~e** we're leaving at half past
demi-bouteille [d(ə)mibutɛj] (NF) half-bottle
demi-cercle [d(ə)misɛʀkl] (NM) semicircle • **en ~** semicircular
demi-douzaine [d(ə)miduzɛn] (NF) **une ~** half-a-dozen
demi-échec [d(ə)mieʃɛk] (NM) **c'est un ~** it's a bit of a failure
demi-écrémé [dəmiekʀeme] (ADJ M, NM) **(lait) ~** semi-skimmed milk
demi-finale [d(ə)mifinal] (NF) semifinal • **arriver en ~** to reach the semifinals
demi-finaliste [d(ə)mifinalist] (NMF) semifinalist
demi-fond [d(ə)mifɔ̃] (NM) **le ~** middle-distance running
demi-frère [d(ə)mifʀɛʀ] (NM) half-brother
demi-gros [d(ə)migʀo] (NM INV) (*Commerce*) retail-wholesale
demi-heure [d(ə)mijœʀ, dəmjœʀ] (NF) **une ~** half an hour
demi-journée [d(ə)miʒuʀne] (NF) **une ~** half a day • **il travaille deux ~s par semaine** he works two half-days a week
démilitariser [demilitaʀize] /TABLE 1/ (VT) to demilitarize
demi-litre [d(ə)militʀ] (NM) **un ~ (de)** half a litre (of)
demi-longueur [d(ə)milɔ̃gœʀ] (NF) (*Sport*) **une ~** half a length
demi-mal [d(ə)mimal] (*pl* **demi-maux**) [d(ə)mimo] (NM) **ce n'est que ~** it could have been worse
demi-mesure [d(ə)mim(ə)zyʀ] (NF) (= *compromis*) half-measure • **elle n'aime pas les ~s** she doesn't do things by halves
demi-mot [d(ə)mimo] (NM) **à ~** without having to spell things out • **ils se comprenaient à ~** they didn't have to spell things out to each other

déminage [deminaʒ] (NM) mine clearance • **équipe de ~** (*pour mines*) mine-clearing team; (*pour bombes*) bomb disposal unit

déminer [demine] /TABLE 1/ (VT) to clear of mines

déminéralisé, e [demineralize] (ADJ) **eau ~e** distilled water

démineur [deminœʀ] (NM) [*de mines*] mine-clearing expert; [*de bombes*] bomb disposal expert

demi-pension [d(ə)mipɑ̃sjɔ̃] (NF) (*à l'hôtel*) half-board (*Brit*); (*à l'école*) half-board • **être en ~** [*élève*] to take school lunches

demi-pensionnaire [d(ə)mipɑ̃sjɔnɛʀ] (NMF) day pupil • **être ~** to take school lunches

demi-point (*pl* **demi-points**) [d(ə)mipwɛ̃] (NM) (*dans statistiques*) half point

démis, e [demi, iz] *ptp de* **démettre** (ADJ) [*membre*] dislocated

demi-saison [d(ə)misɛzɔ̃] (NF) spring (*ou* autumn) • **un manteau de ~** a spring (*ou* an autumn) coat

demi-sel [d(ə)misɛl] (ADJ INV) slightly salted

demi-sœur [d(ə)misœʀ] (NF) half-sister

demi-sommeil [d(ə)misɔmɛj] (NM) half-sleep

démission [demisjɔ̃] (NF) (*d'un poste*) resignation; (*de ses responsabilités*) abdication • **donner sa ~** to hand in one's resignation • **la ~ des parents** the abdication of parental responsibility

démissionner [demisjɔne] /TABLE 1/ (VI) [*employé*] to resign; (= *abandonner*) to give up

demi-tarif [d(ə)mitaʀif] (NM) half-price; (*Transports*) half-fare • **voyager à ~** to travel half-fare

demi-teinte [d(ə)mitɛ̃t] (NF) **en ~** (= *nuancé, discret*) low-key

demi-tour [d(ə)mituʀ] (NM) about-turn; (*sur la route*) U-turn • **à un ~ de ses concurrents** (= *moitié d'un tour*) half a lap behind the other competitors

demi-volée [d(ə)mivɔle] (NF) half-volley

démobilisation [demɔbilizasjɔ̃] (NF) (*Mil*) demobilization

démobiliser [demɔbilize] /TABLE 1/ (VT) (*Mil*) to demobilize; (= *démotiver*) to demotivate

démocrate [demɔkʀat] (NMF) democrat

démocrate-chrétien, -ienne (*mpl* **démocrates-chrétiens**) [demɔkʀatkʀetjɛ̃, jɛn] (ADJ, NM, F) Christian Democrat

démocratie [demɔkʀasi] (NF) democracy • **~ populaire** people's democracy

démocratique [demɔkʀatik] (ADJ) democratic

démocratiquement [demɔkʀatikmɑ̃] (ADV) democratically

démocratisation [demɔkʀatizasjɔ̃] (NF) democratization

démocratiser [demɔkʀatize] /TABLE 1/ **1** (VT) to democratize **2** (VPR) **se démocratiser** to become more democratic

démodé, e [demɔde] *ptp de* **démoder** (ADJ) old-fashioned

démoder (se) [demɔde] /TABLE 1/ (VPR) [*vêtement, style*] to go out of fashion

démodulateur [demɔdylatœʀ] (NM) demodulator

démographe [demɔgʀaf] (NMF) demographer

démographie [demɔgʀafi] (NF) demography • **~ galopante** massive population growth

démographique [demɔgʀafik] (ADJ) demographic • **poussée ~** increase in population

demoiselle [d(ə)mwazɛl] (NF) (*jeune*) young lady; (*d'un certain âge*) single lady ▸ **demoiselle de compagnie** lady's companion ▸ **demoiselle d'honneur** (*à un mariage*) bridesmaid; (*d'une reine*) maid of honour

démolir [demɔliʀ] /TABLE 2/ (VT) **a** (= *détruire*) [+ *maison, quartier*] to demolish **b** (= *abîmer*) [+ *jouet, radio, voiture*] to wreck • **cet enfant démolit tout!** that child wrecks everything! **c** [+ *autorité, influence*] to destroy; [+ *doctrine*] to demolish **d** [+ *personne*]* (= *frapper*) to bash up* (*Brit*); (= *critiquer*) to tear to pieces • **ce travail/cette maladie l'avait démoli** this work/this illness had just about done for him* • **je vais lui ~ le portrait** I'm going to smash his face in*

démolisseur, -euse [demɔlisœʀ, øz] (NM,F) demolition worker

démolition [demɔlisjɔ̃] (NF) [*d'immeuble, quartier*] demolition • **entreprise de ~** demolition company; (*fig*) demolition job

démon [demɔ̃] (NM) demon • **petit ~** (= *enfant*) little devil • **le ~ de midi** middle-aged lust • **le ~ du jeu** gambling fever • **réveiller les vieux ~s du racisme** to reawaken the old demons of racism

démoniaque [demɔnjak] (ADJ) fiendish

démonstrateur, -trice [demɔ̃stʀatœʀ, tʀis] (NM,F) demonstrator (*of commercial products*)

démonstratif, -ive [demɔ̃stʀatif, iv] (ADJ) demonstrative • **peu ~** undemonstrative

démonstration [demɔ̃stʀasjɔ̃] (NF) **a** demonstration; [*de théorème*] proof • **faire une ~** to give a demonstration • **disquette de ~** demo disk **b** (= *manifestation*) [*de joie, tendresse*] show • **~ de force** show of force

démontable [demɔ̃tabl] (ADJ) **armoire ~** wardrobe that can be taken to pieces

démonté, e [demɔ̃te] *ptp de* **démonter** (ADJ) [*mer*] raging; [*personne*] disconcerted

démonte-pneu (*pl* **démonte-pneus**) [demɔ̃t(ə)pnø] (NM) tyre lever (*Brit*), tire iron (*US*)

démonter [demɔ̃te] /TABLE 1/ **1** (VT) **a** (= *désassembler*) [+ *échafaudage, étagères, tente*] to take down; [+ *moteur, arme*] to strip down; [+ *armoire, appareil*] to take to pieces **b** (= *enlever*) [+ *pneu, porte*] to take off **c** (= *déconcerter*) to disconcert • **il ne se laisse jamais ~** he never gets flustered **d** [+ *argumentation, raisonnement*] (*pour contrecarrer*) to demolish **2** (VPR) **se démonter** **a** [*assemblage, pièce*] **est-ce que ça se démonte?** can it be taken apart? **b** (= *perdre son calme*) to get flustered • **répondre sans se ~** to reply without getting flustered

démontrable [demɔ̃tʀabl] (ADJ) demonstrable

démontrer [demɔ̃tʀe] /TABLE 1/ (VT) to demonstrate; [+ *théorème*] to prove; (= *faire ressortir*) [+ *urgence, nécessité*] to show

démoralisant, e [demɔʀalizɑ̃, ɑ̃t] (ADJ) demoralizing

démoraliser [demɔʀalize] /TABLE 1/ **1** (VT) to demoralize **2** (VPR) **se démoraliser** to lose heart

démordre [demɔʀdʀ] /TABLE 41/ (VI) **il ne veut pas en ~** he won't budge an inch

démotiver [demɔtive] /TABLE 1/ (VT) to demotivate

démouler [demule] /TABLE 1/ (VT) [+ *gâteau*] to turn out

démultiplication [demyltiplikasjɔ̃] (NF) (= *procédé*) reduction; (= *rapport*) reduction ratio

démultiplier [demyltiplije] /TABLE 7/ (VT) [+ *force*] to reduce, to gear down; [+ *moyens*] to increase

démuni, e [demyni] *ptp de* **démunir** (ADJ) ⓐ (= *sans ressources*) destitute • **nous sommes ~s** (*sans argent*) we are destitute; (*sans défense*) we are powerless (**devant** in the face of) ⓑ (= *privé de*) **~ de** without • **~ de tout** destitute • **les plus ~s** the very poor

démunir [demyniʀ] /TABLE 2/ **1** (VT) **~ qn de** to deprive sb of • **~ qch de** to divest sth of **2** (VPR) **se démunir se ~ de** (= *se défaire de*) to part with

démystifier [demistifje] /TABLE 7/ (VT) (= *banaliser*) to demystify

démythifier [demitifje] /TABLE 7/ (VT) to demystify

dénatalité [denatalite] (NF) fall in the birth rate

dénationaliser [denasjɔnalize] /TABLE 1/ (VT) to denationalize

dénaturé, e [denatyʀe] *ptp de* **dénaturer** (ADJ) ⓐ [*alcool*] denatured ⓑ [*goût*] unnatural

dénaturer [denatyʀe] /TABLE 1/ (VT) ⓐ [+ *vérité, faits*] to distort; [+ *propos*] to twist ⓑ [+ *alcool, substance alimentaire*] to denature; (= *altérer*) [+ *goût, aliment*] to alter completely

déneiger [deneʒe] /TABLE 3/ (VT) to clear of snow

déni [deni] (NM) denial • **~ de justice** denial of justice • **~ de service** (*Internet*) denial of service

dénicher* [deniʃe] /TABLE 1/ (VT) (= *trouver*) to discover

denier [dənje] (NM) **le ~ du culte** the contribution to parish costs (*paid yearly*) • **les ~s publics** *ou* **de l'État** public monies

dénier [denje] /TABLE 7/ (VT) ⓐ to deny ⓑ (= *refuser*) **~ qch à qn** to refuse sb sth

dénigrement [denigʀəmɑ̃] (NM) denigration • **campagne de ~** smear campaign

dénigrer [denigʀe] /TABLE 1/ (VT) to denigrate

dénivelé [deniv(ə)le] (NM) difference in height

dénivellation [denivelasjɔ̃] (NF) (= *pente*) slope; (= *différence de niveau*) difference in level *ou* altitude

dénombrable [denɔ̃bʀabl] (ADJ) countable • **non ~** uncountable

dénombrer [denɔ̃bʀe] /TABLE 1/ (VT) (= *compter*) to count; (= *énumérer*) to list • **on dénombre trois morts et cinq blessés** there are three dead and five wounded

dénominateur [denɔminatœʀ] (NM) denominator • **(plus petit) ~ commun** (lowest) common denominator

dénomination [denɔminasjɔ̃] (NF) (= *nom*) designation

dénommé, e [denɔme] *ptp de* **dénommer** (ADJ) **le ~ X** (*parfois péj*) a certain X

dénommer [denɔme] /TABLE 1/ (VT) to name

dénoncer [denɔ̃se] /TABLE 3/ **1** (VT) ⓐ (= *révéler*) [+ *coupable*] to denounce; [+ *forfait, abus*] to expose • **~ qn à la police** to inform against sb ⓑ (= *signaler publiquement*) [+ *danger, injustice*] to point out ⓒ (= *annuler*) [+ *contrat, traité*] to terminate ⓓ (*littér*) (= *dénoter*) to announce **2** (VPR) **se dénoncer** [*criminel*] to give o.s. up

dénonciation [denɔ̃sjasjɔ̃] (NF) ⓐ [*de criminel*] denunciation; [*de forfait, abus*] exposure *NonC* ⓑ [*de traité, contrat*] termination

dénoter [denɔte] /TABLE 1/ (VT) (= *révéler*) to indicate

dénouement [denumɑ̃] (NM) [*d'affaire, aventure*] outcome • **~ heureux** [*de film*] happy ending

dénouer [denwe] /TABLE 1/ **1** (VT) ⓐ [+ *nœud, lien*] to untie; [+ *cravate, cheveux*] to undo • **elle avait les cheveux dénoués** she had her hair loose ⓑ [+ *situation*] to resolve **2** (VPR) **se dénouer** ⓐ [*lien, nœud*] to come undone ⓑ [*intrigue, situation*] to be resolved

dénoyauter [denwajote] /TABLE 1/ (VT) [+ *fruit*] to stone (*Brit*), to pit (*US*)

denrée [dɑ̃ʀe] (NF) commodity • **~s alimentaires** foodstuffs • **~s de base** basic foods • **~s périssables** perishable foodstuffs

dense [dɑ̃s] (ADJ) dense; [*brouillard*] thick; [*circulation*] heavy

densité [dɑ̃site] (NF) density; [*de brouillard*] thickness; [*de circulation*] heaviness; [*de foule*] denseness • **région à forte/faible ~ de population** densely/sparsely populated area

dent [dɑ̃] (NF) ⓐ [*d'homme, animal*] tooth • **~s du haut/de devant** upper/front teeth • **~ de lait/de sagesse** milk/wisdom tooth • **avoir la ~*** to be hungry • **avoir la ~ dure** to be scathing (**envers** about) • **garder une ~ contre qn** to hold a grudge against sb • **avoir les ~s longues** (= *être ambitieux*) to be very ambitious • **être sur les ~s** (*fébrile*) to be keyed up; (*très occupé*) to be under great pressure • **faire ses ~s** to teethe • **se faire les ~s** [*animal*] to cut its teeth; (= *s'exercer*) to cut one's teeth (**sur** on) • **parler entre ses ~s** to talk between one's teeth • **ils n'ont rien à se mettre sous la ~** they have nothing to eat

ⓑ [*de fourche, fourchette*] prong; [*de râteau, scie, peigne, engrenage*] tooth; [*de feuille*] serration; [*de timbre*] perforation

▸ **en dents de scie** [*couteau*] serrated; [*montagne*] jagged • **carrière en ~s de scie** switchback career

dentaire [dɑ̃tɛʀ] (ADJ) dental

dentelé, e [dɑ̃t(ə)le] (ADJ) jagged; [*timbre*] perforated; [*feuille*] dentate

dentelle [dɑ̃tɛl] (NF) lace *NonC* • **de** *ou* **en ~** lace • **crêpe ~** thin pancake • **il ne fait pas dans la ~*** he's not fussy about details

dentier [dɑ̃tje] (NM) dentures *pl* • **porter un ~** to wear dentures

dentifrice [dɑ̃tifʀis] **1** (NM) toothpaste **2** (ADJ) **eau ~** mouthwash • **pâte ~** toothpaste

dentiste [dɑ̃tist] (NMF) dentist

dentition [dɑ̃tisjɔ̃] (NF) (= *dents*) teeth *pl*; (= *croissance*) dentition

denturologie [dɑ̃tyʀɔlɔʒi] (NF) (*Can*) prosthetic dentistry

denturologiste [dɑ̃tyʀɔlɔʒist], **denturologue** [dɑ̃tyʀɔlɔg] (NMF) (*Can*) dental technician

dénucléariser [denykleaʀize] /TABLE 1/ (VT) to denuclearize

dénudé, e [denyde] *ptp de* **dénuder** (ADJ) bare

dénuder [denyde] /TABLE 1/ **1** (VT) to strip **2** (VPR) **se dénuder** ⓐ [*personne*] to strip ⓑ [*arbre*] to become bare; [*crâne*] to be balding

dénudeur [denydœʀ] (NM) **~ de fil** wire stripper

dénué, e [denɥe] (ADJ) **~ de** devoid of • **~ de bon sens** senseless • **~ d'intérêt** devoid of interest • **~ d'imagination** unimaginative • **~ de tout fondement** completely unfounded

dénuement [denymɑ̃] (NM) [*de personne*] destitution • **dans le ~ le plus total** in utter destitution

déodorant [deɔdɔʀɑ̃] (ADJ M, NM) **(produit) ~** deodorant • **~ (corporel)** deodorant

déontologie [deɔ̃tɔlɔʒi] (NF) professional code of ethics

déontologique [deɔ̃tɔlɔʒik] ADJ ethical, deontological (*SPÉC*)

dépannage [depanaʒ] NM [*de véhicule, appareil*] repair • **camion de ~** breakdown lorry (*Brit*), tow truck (*US*) • **service de ~** (*pour véhicules*) breakdown service; (*pour appareils*) repair service • **c'est une lampe de ~** it's a spare lamp

dépanner [depane] /TABLE 1/ VT ⓐ (*= réparer*) [*+ véhicule, appareil*] to repair • **~ qn** to repair sb's car • **j'ai dû me faire ~ sur l'autoroute** I had to call the breakdown service on the motorway ⓑ (*= tirer d'embarras*) [*+ personne*]* to help out • **il m'avait donné 100 € pour me ~** he had given me 100 euros to help me out

dépanneur [depanœʀ] NM ⓐ (*= personne*) repairman; (*pour voitures*) breakdown mechanic ⓑ (*Can = épicerie*) convenience store

dépanneuse [depanøz] NF breakdown lorry (*Brit*), tow truck (*US*)

dépareillé, e [depaʀeje] ADJ [*collection*] incomplete; [*objet*] odd • **articles ~s** oddments

déparer [depaʀe] /TABLE 1/ VT [*+ paysage*] to spoil; [*+ beauté, qualité*] to detract from

départ [depaʀ] NM ⓐ [*de voyageur, véhicule, excursion*] departure; [*de fusée*] launch; (*= endroit*) point of departure • **le ~ est à huit heures** the train (*ou* coach *etc*) leaves at eight o'clock • **être sur le ~** to be about to leave • **excursions au ~ de Chamonix** day trips from Chamonix • **« ~ des grandes lignes »** (*Rail*) "main-line departures" • **peu après mon ~ de l'hôtel** soon after I had left the hotel • **son ~ précipité** his hasty departure

ⓑ (*Sport*) start • **un faux ~** a false start • **~ lancé/arrêté** flying/standing start • **donner le ~ aux coureurs** to start the race • **prendre le ~ d'une course** to take part in a race • **prendre un bon/mauvais ~** to get off to a good/bad start

ⓒ [*de salarié, ministre*] departure • **réduire le personnel par ~s naturels** to reduce the staff gradually by natural wastage • **indemnité de ~** severance pay • **~ en préretraite** early retirement • **~ à la retraite** retirement

ⓓ (*= origine*) [*de processus, transformation*] start

▸ **au départ** at the start

▸ **de départ** [*hypothèse*] initial • **salaire de ~** starting salary

départager [depaʀtaʒe] /TABLE 3/ VT [*+ concurrents*] to decide between; [*+ votes*] to decide

département [depaʀtəmɑ̃] NM department; (*= division du territoire*) département • **~ d'outre-mer** French overseas département

> **DÉPARTEMENT**
>
> France is divided into 96 metropolitan **départements** and 5 overseas **départements**. Each is run by its own local council, the "conseil départemental", and headed by a state-appointed "préfet". → ARRONDISSEMENT, CANTON, COMMUNE, DOM-TOM, RÉGION

départemental, e (*mpl* **-aux**) [depaʀtəmɑ̃tal, o] ADJ *of a département* • **(route) ~e** secondary road

départir (se) [depaʀtiʀ] /TABLE 16/ VPR **se ~ de** (*= abandonner*) to abandon • **il a répondu sans se ~ de son calme** he answered without losing his composure

dépassé, e [depɑse] *ptp de* **dépasser** ADJ (*= périmé*) out of date; (*= désorienté*)* out of one's depth *attrib* • **il est complètement ~ par les événements** he's completely overwhelmed

dépassement [depɑsmɑ̃] NM ⓐ [*de véhicule*] overtaking (*Brit*) *NonC*, passing (*US*) *NonC* • **« ~ interdit »** "no overtaking" ⓑ [*de limite, prix*] (*= action*) exceeding; (*= excès*) excess • **~ d'honoraires** charge exceeding the statutory fee • **il a eu une amende pour ~ de vitesse** he was fined for speeding • **ça demande un ~ de soi-même** you have to push yourself to the limit

dépasser [depɑse] /TABLE 1/ **1** VT ⓐ (*= aller plus loin que*) to pass; (*= passer devant*) [*+ véhicule, personne*] to pass, to overtake (*Brit*)

ⓑ (*= excéder*) [*+ limite, quantité mesurable*] to exceed • **~ qch en hauteur/largeur** to be higher *ou* taller/wider than sth • **~ en nombre** to outnumber • **tout colis qui dépasse 20 kg** all parcels over 20kg • **la réunion ne devrait pas ~ trois heures** the meeting shouldn't last longer than three hours • **ça va ~ 100 €** it'll be more than 100 euros • **« ne pas ~ la dose prescrite »** "do not exceed the prescribed dose"

ⓒ (*= surpasser*) [*+ valeur, prévisions*] to exceed; [*+ rival*] to outmatch • **~ qn en intelligence** to be more intelligent than sb • **sa bêtise dépasse tout ce qu'on peut imaginer** his stupidity beggars belief • **les résultats ont dépassé notre attente** the results exceeded our expectations • **cela dépasse toutes mes espérances** it is beyond my wildest dreams

ⓓ (*= outrepasser*) [*+ attributions*] to go beyond; [*+ crédits*] to exceed • **il a dépassé les bornes** *ou* **la mesure** he has really gone too far • **les mots ont dû ~ sa pensée** he must have got carried away • **cela dépasse mes forces** it's too much for me

ⓔ (*= dérouter*) **ça me dépasse!** it is beyond me!

2 VI ⓐ [*véhicule*] to overtake (*Brit*), to pass (*US*) • **« défense de ~ »** "no overtaking" (*Brit*), "no passing" (*US*)

ⓑ (*= faire saillie*) [*bâtiment, planche, balcon, rocher, clou*] to stick out; [*jupon*] to show (**de, sous** below); [*chemise*] to be hanging out (**de** of)

3 VPR **se dépasser** to excel o.s.

dépassionner [depasjɔne] /TABLE 1/ VT [*+ débat*] to take the heat out of

dépatouiller (se)* [depatuje] /TABLE 1/ VPR **se dépatouiller de** [*+ situation difficile*] to get out of

dépaysé, e [depeize] *ptp de* **dépayser** ADJ disoriented • **il ne sera pas ~** he'll feel quite at home

dépaysement [depeizmɑ̃] NM (*= changement salutaire*) change of scene; (*= désorientation*) disorientation

dépayser [depeize] /TABLE 1/ VT ⓐ (*= désorienter*) to disorientate ⓑ (*= changer agréablement*) **ça nous a dépaysé** it gave us a change of scenery

dépecer [depəse] /TABLE 5/ VT [*+ animal*] [*boucher*] to cut up; [*fauve*] to tear limb from limb

dépêche [depɛʃ] NF dispatch • **~ (télégraphique)** telegram • **envoyer une ~ à qn** to send sb a telegram • **~ (d'agence)** (agency) story

dépêcher [depeʃe] /TABLE 1/ **1** VT to dispatch (**auprès de** to) **2** VPR **se dépêcher** to hurry • **dépêche-toi!** hurry up! • **se ~ de faire qch** to hurry to do sth

dépeindre [depɛ̃dʀ] /TABLE 52/ VT to depict

dépénalisation [depenalizasjɔ̃] NF [*de délit, drogue*] decriminalization

dépénaliser [depenalize] /TABLE 1/ VT to decriminalize

dépendamment [depɑ̃damɑ̃] (ADV) (*Can*) **~ de** depending on • **~ que** depending on whether

dépendance [depɑ̃dɑ̃s] (NF) **a** (= *interdépendance*) dependence *NonC* **b** (= *asservissement, subordination*) subordination (**à l'égard de** to) • **être sous la ~ de qn** to be subordinate to sb **c** (= *bâtiment*) outbuilding **d** (*Hist, Politique* = *territoire*) dependency **e** (*à une drogue, à l'alcool*) dependency (**à** on), addiction (**à** to)

dépendant, e [depɑ̃dɑ̃, ɑ̃t] (ADJ) **a** (= *non autonome*) dependent (**de** (up)on) • **personnes âgées ~es** elderly dependents **b** [*drogué*] addicted (**à** to)

dépendre [depɑ̃dʀ] /TABLE 41/ (VT INDIR) **~ de** [*employé*] to be answerable to; [*organisation*] to be dependent on; [*territoire*] to be a dependency of; [*décision, résultat, phénomène*] to depend on • **~ (financièrement) de ses parents** to be financially dependent on one's parents • **ne ~ que de soi-même** to be answerable only to oneself • **ça va ~ du temps** it'll depend on the weather • **ça dépend** it depends

dépens [depɑ̃] **1** (NMPL) **être condamné aux ~** to be ordered to pay costs **2** (LOC PRÉP) **aux ~ de** at the expense of • **je l'ai appris à mes ~** I learnt this to my cost

dépense [depɑ̃s] (NF) **a** (= *argent dépensé, frais*) spending *NonC* • **j'hésite, c'est une grosse ~** I can't decide, it's a lot of money • **~s diverses** sundries • **~s publiques/de santé** public/health spending *ou* expenditure • **pousser qn à la ~** to make sb spend money • **ne pas regarder à la ~** to spare no expense **b** [*d'électricité*] consumption • **~ physique** (physical) exercise

dépenser [depɑ̃se] /TABLE 1/ **1** (VT) **a** [+ *argent*] to spend (**pour** on); [+ *électricité*] to use • **~ sans compter** to spend without counting the cost **b** [+ *forces, énergie*] to expend **2** (VPR) **se dépenser** (= *faire des efforts*) to exert o.s.; (= *se défouler*) to let off steam* • **les enfants ont besoin de se ~** children need to expend their energy

dépensier, -ière [depɑ̃sje, jɛʀ] **1** (ADJ) extravagant **2** (NM,F) **c'est une dépensière** • **elle est dépensière** she's a spendthrift

dépérir [depeʀiʀ] /TABLE 2/ (VI) [*personne*] to waste away; [*santé, forces*] to fail; [*plante*] to wither; [*commerce*] to decline; [*affaire, région, économie*] to be in decline

dépersonnaliser [depɛʀsɔnalize] /TABLE 1/ **1** (VT) to depersonalize **2** (VPR) **se dépersonnaliser** [*relations, ville*] to become depersonalized

dépêtrer [depetʀe] /TABLE 1/ **1** (VT) **~ qn de** to extricate sb from **2** (VPR) **se dépêtrer** to extricate o.s.

dépeuplement [depœpləmɑ̃] (NM) [*de région, ville*] depopulation

dépeupler (se) [depœple] /TABLE 1/ (VPR) [*région, ville*] to become depopulated

déphasage [defazaʒ] (NM) (= *perte de contact*) **il y a ~ entre les syndicats et leurs dirigeants** the unions and their leaders are out of phase

déphasé, e [defaze] (ADJ) (= *désorienté*) out of phase

dépilatoire [depilatwaʀ] (ADJ) hair-removing

dépistage [depistaʒ] (NM) [*de maladie, dopage*] screening (**de** for) • **centre de ~ du sida** HIV testing centre • **examen** *ou* **test de ~** screening test • **test de ~ du sida** AIDS test

dépister [depiste] /TABLE 1/ (VT) [+ *maladie, virus, dopage*] to detect; (= *faire passer un test à*) to screen

dépit [depi] (NM) pique • **il l'a fait par ~** he did it in a fit of pique

▸ **en dépit de** in spite of, despite • **faire qch en ~ du bon sens** to do sth any old how

dépité, e [depite] (ADJ) piqued

déplacé, e [deplase] *ptp de* **déplacer** **1** (ADJ) **a** [*intervention*] misplaced; [*remarque*] uncalled-for **b** [*personne*] displaced **2** (NM,F) **les ~s** displaced persons

déplacement [deplasmɑ̃] (NM) **a** (= *voyage*) trip • **les ~s coûtent cher** travel is expensive • **être en ~ (pour affaires)** to be away on business • **ça vaut le ~*** it's worth the trip → **frais** **b** [*d'objet, meuble*] moving; [*d'os, organe*] displacement • **~ d'air** displacement of air • **~ de vertèbre** slipped disc **c** [*de fonctionnaire*] transfer

déplacer [deplase] /TABLE 3/ **1** (VT) **a** (= *bouger*) [+ *objet, meuble*] to move

b [+ *os*] to displace

c [+ *fonctionnaire*] to transfer

d (= *attirer*) **le spectacle a déplacé plus de 60 000 personnes** the show attracted more than 60,000 people

e [+ *problème*] to shift the emphasis of

2 (VPR) **se déplacer** **a** [*pièce mobile, air*] to move

b [*personne, animal*] to move • **il est interdit de se ~ pendant la classe** no moving around during class • **pouvez-vous vous ~ sur la droite ?** can you move to the right?

c (= *se déranger*) [*médecin*] to come out • **il ne s'est même pas déplacé pour le mariage de sa sœur** he didn't even bother to go to his sister's wedding

d (= *voyager*) to travel • **il se déplace fréquemment** he travels a lot

e **se ~ une vertèbre** to slip a disc

déplaire [deplɛʀ] /TABLE 54/ (VT INDIR) **~ à qn** to be disliked by sb • **il déplaît à tout le monde** he is disliked by everyone • **cette ville me déplaît** I don't like this town • **ça ne me déplairait pas de le faire** I wouldn't mind doing it • **ça a profondément déplu aux professeurs** teachers did not like this at all

déplaisant, e [deplɛzɑ̃, ɑ̃t] (ADJ) disagreeable

déplaisir [deplezir] (NM) (= *contrariété*) displeasure • **je le ferai sans ~** I don't mind doing it

déplâtrer [deplatʀe] /TABLE 1/ (VT) [+ *personne, membre*] to take the plaster cast off • **je me fais ~ lundi** I'm going to have my cast taken off on Monday

dépliant [deplijɑ̃] (NM) (= *prospectus*) leaflet; (= *grande page*) fold-out page • **~ touristique** travel brochure

déplier [deplije] /TABLE 7/ (VT) to unfold • **~ les jambes** to stretch one's legs out

déploiement [deplwamɑ̃] (NM) [*de troupes*] deployment; [*de richesses, forces*] display • **~ de force** deployment of troops (*ou* police)

déplomber [deplɔ̃be] /TABLE 1/ (VT) [+ *logiciel*] to hack into

déplorable [deplɔʀabl] (ADJ) deplorable • **il faisait un temps ~** the weather was appalling

déplorer [deplɔʀe] /TABLE 1/ (VT) (= *trouver fâcheux*) to deplore • **on déplore la mort de 300 personnes** 300 people have died • **aucun mort n'est à ~** there have been no fatalities • **~ que ...** to find it deplorable that ...

déployer [deplwaje] /TABLE 8/ **1** (VT) **a** [+ *carte, tissu*] to open out; [+ *voile, drapeau*] to unfurl; [+ *ailes*] to spread **b** [+ *troupes, forces de police*] to deploy **c** [+ *richesses, forces*] to display • **~ beaucoup d'efforts/d'énergie** to expend a lot of effort/energy **2** (VPR) **se déployer** [*ailes*] to spread; [*troupes*] to deploy

déplumé, e [deplyme] *ptp de* **déplumer** (ADJ) **a** [*oiseau*] featherless **b** (= *chauve*)* bald • **il est un peu ~ sur le dessus** he's a bit thin on top

déplumer (se) [deplyme] /TABLE 1/ VPR [*oiseau*] to moult; (= *perdre ses cheveux*)* to lose one's hair

dépolluant, e [depɔlɥɑ̃, ɑ̃t] **1** ADJ [*produit*] depolluting, anti-pollutant **2** NM depollutant, anti-pollutant

dépolluer [depɔlɥe] /TABLE 1/ VT to clean up

dépollution [depɔlysjɔ̃] NF getting rid of pollution (**de** from) • **la ~ des plages souillées par le mazout** the cleaning (up) of oil-polluted beaches

déportation [depɔʀtasjɔ̃] NF (= *exil*) deportation; (= *internement*) imprisonment (in a concentration camp) • **il est mort en ~** he died in a Nazi concentration camp

déporté, e [depɔʀte] *ptp de* **déporter** NM,F (= *exilé*) deportee; (= *interné*) prisoner (in a concentration camp)

déporter [depɔʀte] /TABLE 1/ VT **a** (= *exiler*) to deport; (= *interner*) to send to a concentration camp **b** (= *faire dévier*) to carry off course • **le vent l'a déporté** the wind blew him off course • **se ~ sur la gauche** [*voiture*] to swerve to the left

déposer [depoze] /TABLE 1/ **1** VT **a** (= *poser*) to put down; [+ *ordures*] to dump • **« défense de ~ des ordures »** "no dumping" • **~ les armes** to lay down one's arms

b (= *laisser*) [+ *chose*] to leave; [+ *personne*] to drop • **on a déposé un paquet pour vous** somebody left a parcel for you • **~ une valise à la consigne** to leave a suitcase at the left-luggage office (*Brit*) *ou* baggage check (*US*) • **je te dépose à la gare** I'll drop you off at the station • **est-ce que je peux vous ~ quelque part ?** can I drop you anywhere?

c [+ *argent*] to deposit • **~ de l'argent sur un compte** to deposit money in an account

d [+ *plainte*] to lodge; [+ *réclamation*] to file; [+ *conclusions*] to present; [+ *brevet, marque de fabrique*] to register; [+ *projet de loi*] to bring in • **~ son bilan** to go into voluntary liquidation

e [+ *souverain*] to depose

f [+ *sable, lie*] to deposit

g (= *démonter*) [+ *tenture, moquette*] to take up; [+ *moteur*] to take out

2 VI (*Droit*) to give evidence

3 VPR **se déposer** [*poussière, sédiments*] to settle

dépositaire [depozitɛʀ] NMF **a** (= *agent commercial*) agent (**de** for) • **~ exclusif** sole agent (**de** for) **b** [*d'objet confié*] depository

déposition [depozisjɔ̃] NF **a faire une ~** (*à un procès*) to give evidence; (*écrite*) to write a statement **b** [*de souverain*] deposition

déposséder [deposede] /TABLE 6/ VT **~ qn de qch** [+ *terres*] to dispossess sb of sth; [+ *place, biens*] to deprive sb of sth • **ils se sentaient dépossédés** they felt dispossessed

dépôt [depo] **1** NM **a** (= *action de déposer*) [*d'argent, valeurs*] deposit(ing) • **~ de bilan** (voluntary) liquidation • **~ légal** catalogue record (*of book*)

b (= *garde*) **avoir qch en ~** to hold sth in trust

c ~ (bancaire) (bank) deposit

d (= *garantie*) deposit • **verser un ~** to put down a deposit

e [*de liquide, lie*] deposit • **~ de sable** silt *NonC* • **~ de tartre** fur (*Brit*) *NonC*

f (= *entrepôt*) warehouse; [*d'autobus, trains*] depot

g (= *point de vente*) **il y a un ~ de pain/de lait à l'épicerie** bread/milk can be bought at the grocer's

h (= *prison*) jail • **il a passé la nuit au ~** he spent the night in jail

2 COMP ▸ **dépôt de marchandises** goods (*Brit*) *ou* freight (*US*) depot ▸ **dépôt de munitions** munitions dump ▸ **dépôt d'ordures** rubbish tip (*Brit*), garbage dump (*US*)

dépoter [depɔte] /TABLE 1/ VT [+ *plante*] to take out of its pot

dépotoir [depɔtwaʀ] NM (= *décharge*) dumping ground • **classe ~** class of rejects • **c'est devenu une banlieue ~** it's become a suburban dumping ground

dépôt-vente (*pl* **dépôts-ventes**) [depovɑ̃t] NM second-hand shop (*Brit*) *ou* store (*US*) (*where items are sold on commission*)

dépouille [depuj] NF **a** (= *peau*) skin; (*de mue*) cast; [*de serpent*] slough **b** (*littér*) (= *cadavre*) **~ (mortelle)** (mortal) remains

dépouillé, e [depuje] *ptp de* **dépouiller** ADJ [*décor*] bare; [*style*] bald

dépouillement [depujmɑ̃] NM **a** [*de documents*] going through • **le ~ du courrier a pris trois heures** it took three hours to go through the mail • **le ~ du scrutin** counting the votes • **lors du ~** when the votes are (*ou* were) being counted **b** (= *pauvreté*) asceticism; (= *sobriété*) sobriety • **vivre dans le ~** to lead an ascetic life

dépouiller [depuje] /TABLE 1/ VT **a** [+ *documents, courrier*] to go through • **~ un scrutin** to count the votes **b ~ qn/qch de** to strip sb/sth of **c** [+ *lapin*] to skin

dépourvu, e [depuʀvy] **1** ADJ **~ de** lacking in; [+ *méchanceté, mauvaises intentions*] without • **~ d'argent** penniless • **ce récit n'est pas ~ d'intérêt** this story is not without interest • **des gens ~s de tout** destitute people **2** NM **prendre qn au ~** to catch sb off their guard

dépoussiérer [depusjeʀe] /TABLE 6/ VT to dust; [+ *texte, institution*] to brush away the cobwebs from • **~ l'image d'un parti** to revamp a party's image

dépravé, e [depʀave] *ptp de* **dépraver** **1** ADJ depraved **2** NM,F depraved person

dépraver [depʀave] /TABLE 1/ VT to deprave • **les mœurs se dépravent** morals are becoming depraved

déprécier [depʀesje] /TABLE 7/ **1** VT (= *faire perdre de la valeur à*) to depreciate; (= *dénigrer*) to belittle **2** VPR **se déprécier** [*monnaie, objet*] to depreciate; [*personne*] to belittle o.s.

déprédations [depʀedasjɔ̃] NFPL **commettre des ~** to cause damage

dépressif, -ive [depʀesif, iv] ADJ, NM,F depressive

dépression [depʀesjɔ̃] NF **a ~ (atmosphérique)** (atmospheric) depression • **une ~ centrée sur le nord** an area of low pressure in the north **b** (= *état nerveux*) depression • **elle fait de la ~** she suffers from depression • **~ (nerveuse)** nervous breakdown • **il a fait une ~** he had a nervous breakdown **c ~ (économique)** (economic) depression **d ~ (de terrain)** depression

dépressurisation [depʀesyʀizasjɔ̃] NF depressurization • **en cas de ~ de la cabine** should the pressure drop in the cabin

dépressuriser [depʀesyʀize] /TABLE 1/ VT to depressurize

déprimant, e [depʀimɑ̃, ɑ̃t] ADJ (*moralement*) depressing

déprime* [depʀim] NF depression • **faire de la ~** to be depressed • **c'est la ~ dans les milieux financiers** financial circles are depressed • **période de ~** low period

déprimé, e [depʀime] *ptp de* **déprimer** ADJ (*moralement*) depressed

déprimer [depʀime] /TABLE 1/ **1** (VT) *(moralement)* to depress; *(physiquement)* to debilitate **2** (VI)* to be depressed

déprogrammer [depʀɔgʀame] /TABLE 1/ (VT) [+ *émission*] *(définitivement)* to take off the air; *(temporairement)* to cancel; [+ *rendez-vous, visite*] to cancel

déprotéger [depʀɔteʒe] /TABLE 6 *et* 3/ (VT) *(Informatique)* to remove the write protection from

dépuceler* [depys(ə)le] /TABLE 4/ (VT) to take the virginity of

depuis [dəpɥi]

1 PRÉPOSITION 2 ADVERBE

1 PRÉPOSITION

> Notez l'emploi de **for** lorsqu'on parle d'une durée, et de **since** lorsqu'on parle d'un point de départ dans le temps.

> Pour exprimer une durée, le présent français devient un parfait en anglais, l'imparfait un "pluperfect".

a (durée) for • **il est malade ~ une semaine** he has been ill for a week • **il était malade ~ une semaine** he had been ill for a week • **elle cherche du travail ~ plus d'un mois** she's been looking for a job for over a month

> Dans les questions, **for** est généralement omis.

• **~ combien de temps travaillez-vous ici ? — ~ cinq ans** how long have you been working here? — five years • **tu le connais ~ longtemps ? — ~ toujours** have you known him long? — I've known him all my life

b (point de départ dans le temps) since • **~ le 3 octobre** since 3 October • **il attend ~ ce matin** he has been waiting since this morning • **elle joue du violon ~ son plus jeune âge** she has played the violin since early childhood • **~ quand le connaissez-vous?** how long have you known him? • **~ cela** since then

▸ **depuis que ~ qu'il habite ici, il n'a cessé de se plaindre** he hasn't stopped complaining since he came to live here • **~ que je fais de la natation, je me sens mieux** I've been feeling better since I started swimming • **~ le temps qu'on ne s'était pas vus!** it's ages since we last saw each other! • **~ le temps que je dis que je vais lui écrire!** I've been saying I'll write to him for ages!

▸ **depuis peu je le connais ~ peu** I haven't known him long • **~ peu nous déjeunons ensemble** we've started having lunch together

c (lieu) (= *à partir de*) from • **le concert est retransmis ~ Paris** the concert is broadcast from Paris • **j'ai mal au cœur ~ Dijon** I've been feeling sick since Dijon

d ▸ **depuis ... jusqu'à** from ... to • **robes ~ 200 euros jusqu'à 600 euros** dresses from 200 euros to 600 euros

2 ADVERBE

since then • **~, nous sommes sans nouvelles** since then we have had no news

députation [depytasjɔ̃] (NF) [*de député*] post of deputy • **se présenter à la ~** to stand *(Brit)* *ou* run *(US)* for parliament

député, e [depyte] (NM,F) *(au parlement)* deputy; *(en Grande-Bretagne)* Member of Parliament • **elle a été élue ~e de Metz** she has been elected as deputy *ou* member for Metz • **~ au Parlement européen** Member of the European Parliament, MEP

> **DÉPUTÉ**
> 577 **députés**, elected in the "élections législatives" held every five years, make up the lower house of the French parliament (the "Assemblée nationale"). Each **député** represents a constituency ("circonscription"). Their role is comparable to that of Members of Parliament in Britain and Congressmen and Congresswomen in the United States. From 2022, the total number of **députés** will be reduced from 577 to 404. → ASSEMBLÉE NATIONALE, ÉLECTIONS, MAIRE

déqualifié, e [dekalifje] (ADJ) [*personnel, emploi*] deskilled

déracinement [deʀasinmɑ̃] (NM) [*d'arbre, personne*] uprooting

déraciner [deʀasine] /TABLE 1/ (VT) [+ *arbre, personne*] to uproot

déradicalisation [deʀadikalizasjɔ̃] (NF) deradicalization

déradicaliser [deʀadikalize] /TABLE 1/ **1** (VT) to deradicalize **2** (VPR) **se déradicaliser** to become deradicalized

déraillement [deʀɑjmɑ̃] (NM) derailment

dérailler [deʀɑje] /TABLE 1/ (VI) **a** [*train*] to derail • **faire ~** [+ *train, négociations*] to derail **b** (= *divaguer*)* to talk nonsense; (= *mal fonctionner*)* to be on the blink* • **tu dérailles!** (= *tu es fou*) you're crazy!*; (= *tu te trompes*) you're talking nonsense! • **son père déraille complètement** (= *est gâteux*) his father has lost his marbles*

dérailleur [deʀɑjœʀ] (NM) [*de bicyclette*] derailleur

déraisonnable [deʀɛzɔnabl] (ADJ) unreasonable

dérangé, e [deʀɑ̃ʒe] *ptp de* **déranger** (ADJ) **il a l'estomac ~** he has an upset stomach • **il est (un peu) ~** he has (a bit of) diarrhoea • **il a le cerveau** *ou* **l'esprit ~** he's deranged

dérangeant, e [deʀɑ̃ʒɑ̃, ɑ̃t] (ADJ) disturbing

dérangement [deʀɑ̃ʒmɑ̃] (NM) **a** (= *gêne*) trouble • **mes excuses pour le ~** my apologies for the inconvenience **b** (= *déplacement*) **pour vous éviter un autre ~** to save you another trip **c** **en ~** [*machine, téléphone*] out of order

déranger [deʀɑ̃ʒe] /TABLE 3/ **1** (VT) **a** [+ *papiers, affaires*] to disturb

b (= *importuner*) to disturb • **je ne vous dérange pas?** I hope I'm not disturbing you? • **je viendrai demain, si cela ne vous dérange pas** I'll come tomorrow, if that's all right by you* • **ne me dérangez pas toutes les cinq minutes** don't come bothering me every five minutes • **ça vous dérange si je fume?** do you mind if I smoke? • **et alors, ça te dérange?*** *(ton irrité)* what's it to you?* • **« ne pas ~ »** "do not disturb" • **ses films dérangent** his films are disturbing

c (= *dérégler*) [+ *projets, routine*] to disrupt • **ça lui a dérangé l'esprit** it has affected his mind

2 (VPR) **se déranger a** [*médecin, réparateur*] to come out • **surtout, ne vous dérangez pas pour moi** (= *s'embarrasser*) please don't go to any inconvenience on my account

b *(pour une démarche, une visite)* **je me suis dérangé pour rien, c'était fermé** it was a wasted trip - it was closed

c (= *changer de place*) to move • **il s'est dérangé pour me laisser passer** he stepped aside to let me pass

dérapage [deʀapaʒ] NM ⓐ [*de véhicule*] skid; (*Ski*) side-slipping • **faire un ~ contrôlé** to do a controlled skid • **descendre une piste en ~** (*Ski*) to sideslip down a slope ⓑ [*de prix*] unexpected increase; (= *propos incontrôlés*) provocative remarks • **~s budgétaires** overspending

déraper [deʀape] /TABLE 1/ VI ⓐ [*véhicule*] to skid; [*piéton, semelles, échelle*] to slip; (*Ski*) to sideslip • **ça dérape** [*chaussée*] it's slippery ⓑ [*prix, salaires*] to soar; [*conversation*] to veer onto slippery ground; [*personne*] to make provocative statements

dératisation [deʀatizasjɔ̃] NF rat extermination

derby [dɛʀbi] NM (*Football, Rugby*) derby; (*Équitation*) Derby; (= *chaussure*) lace-up shoe

déréférencement [deʀefeʀɑ̃smɑ̃] NM ⓐ (*Commerce*) [*produit*] withdrawal from sale ⓑ (*Internet*) [*site*] de-indexing

déréférencer [deʀefeʀɑ̃se] /TABLE 3/ VT ⓐ (*Commerce*) [+ *produit*] to withdraw from sale ⓑ (*Internet*) [+ *site*] to de-index

déréglé, e [deʀegle] *ptp de* **dérégler** ADJ ⓐ [*mécanisme*] out of order *attrib*; [*esprit, temps*] unsettled ⓑ (= *corrompu*) dissolute

dérèglement [deʀɛgləmɑ̃] NM [*de machine*] disturbance; [*de mœurs*] dissoluteness *NonC* • **~ hormonal** hormonal imbalance • **~ climatique** climatic upheaval

déréglementation○ [deʀɛgləmɑ̃tasjɔ̃] NF deregulation

déréglementer○ [deʀɛgləmɑ̃te] /TABLE 1/ VT to deregulate

dérégler [deʀegle] /TABLE 6/ **1** VT ⓐ [+ *mécanisme, système*] to upset; [+ *machine*] to affect the working of; [+ *esprit*] to unsettle • **ça a déréglé le temps** it has affected the weather ⓑ (= *corrompre*) to make dissolute **2** VPR **se dérégler** [*mécanisme, machine, appareil*] to go wrong • **cette montre se dérègle tout le temps** this watch keeps going wrong

dérégulation [deʀegylasjɔ̃] NF deregulation

déréguler [deʀegyle] /TABLE 1/ VT to deregulate

dérembourser [deʀɑ̃buʀse] /TABLE 1/ VT [+ *médicament*] to stop reimbursing the cost of

déresponsabiliser [deʀɛspɔ̃sabilize] /TABLE 1/ VT [+ *personne*] to take away responsibility from

dérider [deʀide] /TABLE 1/ **1** VT [+ *personne*] to brighten up **2** VPR **se dérider** [*personne*] to cheer up

dérision [deʀizjɔ̃] NF derision • **par ~** derisively • **tourner en ~** (= *ridiculiser*) to ridicule; (= *minimiser*) to make a mockery of

dérisoire [deʀizwaʀ] ADJ derisory • **pour une somme ~** for a derisory sum

dérivatif [deʀivatif] NM distraction • **dans son travail il cherche un ~ à sa douleur** he throws himself into his work to try and take his mind off his grief

dérivation [deʀivasjɔ̃] NF ⓐ [*de circuit électrique*] shunt ⓑ [*de mot*] derivation

dérive [deʀiv] NF ⓐ (= *déviation*) drift • **~ des continents** continental drift • **à la ~** adrift • **partir à la ~** (*fig*) to go drifting off • **être à la ~** [*personne*] to be drifting ⓑ (= *dispositif sur bateau*) centre-board (*Brit*), center-board (*US*) ⓒ (= *abus*) excess; (= *évolution*) drift • **~ totalitaire** drift towards totalitarianism

dérivé, e [deʀive] *ptp de* **dériver** **1** ADJ derived • **produit ~** by-product **2** NM derivative; (= *produit*) by-product

dériver [deʀive] /TABLE 1/ **1** VT ⓐ [+ *mot, produit*] to derive ⓑ (*Élec*) to shunt **2** VT INDIR **~ de** to derive from **3** VI [*bateau, avion*] to drift • **la conversation a dérivé sur ...** the conversation drifted onto ...

dériveur [deʀivœʀ] NM (= *bateau*) sailing dinghy (*with centre-board*)

dermato* [dɛʀmato] **1** NMF (= *médecin*) dermatologist **2** NF (= *dermatologie*) dermatology

dermatologie [dɛʀmatɔlɔʒi] NF dermatology

dermatologique [dɛʀmatɔlɔʒik] ADJ dermatological

dermatologue [dɛʀmatɔlɔg] NMF dermatologist

dermographe [dɛʀmɔgʀaf] NM (= *appareil*) tattoo machine

dernier, -ière [dɛʀnje, jɛʀ] **1** ADJ ⓐ (*dans le temps, dans une hiérarchie*) last • **arriver ~** to come in last • **être reçu ~** (*élève*) to come last (**à** in) • **le ~ détenteur du record était américain** the last record holder was American • **le mois ~** last month • **samedi ~** last Saturday • **son ~ roman** his last novel • **ces ~s jours** over the last few days • **ces ~s incidents** these latest incidents • **jusqu'à mon ~ jour** until the day I die • **après un ~ regard/effort** after one last look/effort • **c'est du ~ chic** it's the last word in elegance

ⓑ (= *le plus haut, le plus bas, le plus lointain*) **le ~ étage** the top floor • **le ~ rang** the back row • **la dernière marche de l'escalier** (*en bas*) the bottom step; (*en haut*) the top step • **le ~ mouchoir de la pile** (*dessus*) the top handkerchief in the pile; (*dessous*) the bottom handkerchief in the pile • **en dernière page** (*Presse*) on the back page

> ➢ Notez l'ordre des mots lorsque **last** est employé avec un nombre.

• **les cent dernières pages** the last hundred pages • **les trois ~s jours** the last three days

2 NM,F last • **sortir le ~** to leave last • **les ~s arrivés n'auront rien** the last ones to arrive will get nothing • **~ entré, premier sorti** last in, first out • **son (petit) ~** her youngest child • **il est le ~ de sa classe** he's at the bottom of the class • **ils ont été tués jusqu'au ~** every last one of them was killed • **le ~ des imbéciles** (*péj*) an absolute imbecile

▸ **ce dernier, cette dernière** the latter • **Luc, Marc et Jean étaient là et ce ~ a dit que ...** Luc, Marc and Jean were there, and Jean said that ... • **Paul, Pierre et Maud sont venus ; cette dernière ...** Paul, Pierre and Maud came; she ...

3 NM (= *dernier étage*) top floor

▸ **en dernier** last

4 NF **dernière** ⓐ (*Théât*) last performance

ⓑ (= *nouvelle*)* **vous connaissez la dernière ?** have you heard the latest?

dernièrement [dɛʀnjɛʀmɑ̃] ADV (= *il y a peu de temps*) recently; (= *ces derniers temps*) lately

dernier-né, dernière-née (*mpl* **derniers-nés**) [dɛʀnjene, dɛʀnjɛʀne] NM,F (= *enfant*) youngest child • **le ~ de leurs logiciels** the latest in their line of software

dérobé, e [deʀɔbe] *ptp de* **dérober** **1** ADJ [*escalier, porte*] secret

2 NF ▸ **à la dérobée** secretly • **regarder qch à la ~e** to sneak a look at sth

dérober [deʀɔbe] /TABLE 1/ **1** VT ⓐ (= *voler*) to steal • **~ qch à qn** to steal sth from sb ⓑ (= *cacher*) **~ qch à la vue de qn** to conceal sth from sb **2** VPR **se dérober** ⓐ (= *refuser d'assumer*) to shy away (**à** from) • **je lui ai**

posé la question mais il s'est dérobé I put the question to him but he side-stepped it Ⓑ (*= se libérer*) to slip away Ⓒ (*= s'effondrer*) [*sol*] to give way • **ses genoux se dérobèrent (sous lui)** his knees gave way (beneath him) Ⓓ [*cheval*] to refuse

dérogation [deRɔgasjɔ̃] NF special dispensation

déroger [deRɔʒe] /TABLE 3/ VI (*= enfreindre*) ~ **à qch** to go against sth • ~ **aux règles** to depart from the rules

dérouillée* [deRuje] NF thrashing*

dérouiller [deRuje] /TABLE 1/ 1 VT **je vais me ~ les jambes** I'm going to stretch my legs 2 VI (*= souffrir*)* to have a hard time of it • **j'ai mal aux dents, qu'est-ce que je dérouille!** I've got toothache, it's agony!*

déroulant, e [deRulɑ̃, ɑ̃t] ADJ [*menu*] pull-down *épith*

déroulement [deRulmɑ̃] NM ~ **de carrière** career development • **pendant le ~ des opérations** during the course of the operations • **rien n'est venu troubler le ~ de la manifestation** the demonstration passed off without incident • **veiller au bon ~ des élections** to make sure the elections go smoothly

dérouler [deRule] /TABLE 1/ 1 VT [*+ fil, bobine, pellicule, ruban*] to unwind; [*+ cordage*] to uncoil; [*+ tapis*] to roll out; [*+ store*] to roll down 2 VPR **se dérouler** Ⓐ (*= avoir lieu*) to take place • **la ville où la cérémonie s'est déroulée** the town where the ceremony took place Ⓑ (*= progresser*) [*histoire*] to unfold Ⓒ (*= se passer*) to go • **la manifestation s'est déroulée dans le calme** the demonstration went peacefully Ⓓ [*fil, bobine, pellicule*] to unwind; [*cordage*] to unreel; [*store*] to roll down • **le paysage se déroulait devant nos yeux** the landscape unfolded before our eyes

déroutant, e [deRutɑ̃, ɑ̃t] ADJ disconcerting

déroute [deRut] NF [*d'armée, équipe*] rout; [*de régime, entreprise*] collapse • **mettre en ~** [*+ armée, adversaire*] to rout

dérouter [deRute] /TABLE 1/ 1 VT [*+ avion, navire*] to reroute; [*+ personne*] to disconcert 2 VPR **se dérouter** [*avion, navire*] to divert

derrick [deRik] NM derrick

derrière [dɛRjɛR] 1 PRÉP Ⓐ (*= à l'arrière de, à la suite de*) behind • **passe ~ la maison** go round the back of the house • **marcher l'un ~ l'autre** to walk one behind the other • **il a laissé les autres loin ~ lui** he left the others a long way behind him

Ⓑ (*fig*) behind • **le président avait tout le pays ~ lui** the president had the whole country behind him • **dire du mal ~ (le dos de) qn** to say (unkind) things behind sb's back • **il faut toujours être ~ lui** *ou* **son dos** you've always got to keep an eye on him → **idée**

2 ADV Ⓐ (*= en arrière*) behind • **on l'a laissé (loin) ~** we have left him (a long way) behind • **il est assis trois rangs ~** he's sitting three rows back • **il a préféré monter ~** (*voiture*) he preferred to sit in the back • **chemisier qui se boutonne ~** blouse which does up at the back • **regarde ~** (*au fond de la voiture*) look in the back; (*derrière un objet*) look behind it

Ⓑ (*dans le bateau*) aft; (*sur la mer*) astern

3 NM Ⓐ [*de personne*] bottom; [*d'animal*] hindquarters • **donner un coup de pied au ~ de qn** to give sb a kick up the backside*

Ⓑ [*d'objet, tête, maison*] back • **roue de ~** back wheel • **porte de ~** [*de maison*] back door; [*de véhicule*] rear door → **patte**

▸ **par-derrière c'est fermé, passe par-~** it's locked, go in the back way • **attaquer par-~** to attack from behind • **dire du mal de qn par-~** to say unkind things behind sb's back

DES [deəɛs] NM (*Québec*) (ABR DE **diplôme d'études secondaires**) *exam taken at the age of 16*, ≈ GCSE (*Brit*)

des [de] → **de**

dès [dɛ] PRÉP Ⓐ (*dans le temps*) from • ~ **le début** from the start • **il a été remplacé ~ son départ** he was replaced as soon as he left • ~ **son enfance il a collectionné les papillons** he has collected butterflies ever since he was a child

▸ **dès que** as soon as • ~ **qu'il aura fini il viendra** he'll come as soon as he's finished

Ⓑ (*dans l'espace*) ~ **l'entrée on voit que c'est très beau** you can see how lovely it is as soon as you walk in the door

désabusé, e [dezabyze] ADJ [*personne, air*] disenchanted • **d'un ton ~** in a disillusioned voice

désaccord [dezakɔR] NM Ⓐ (*= mésentente*) discord • **être en ~ avec qn** to be at odds with sb • **les deux versions sont en ~ sur bien des points** the two versions are at variance on many points Ⓑ (*= divergence*) (*entre personnes, points de vue*) disagreement; (*entre intérêts*) conflict

désaccordé, e [dezakɔRde] *ptp de* **désaccorder** ADJ [*instrument*] out of tune

désaccorder (se) [dezakɔRde] /TABLE 1/ VPR to go out of tune

désacraliser [desakRalize] /TABLE 1/ VT [*+ institution, profession*] to take away the sacred aura of • **la médecine se trouve désacralisée** medicine has lost its mystique

désactiver [dezaktive] /TABLE 1/ VT (*Informatique*) to disable

désaffecté, e [dezafɛkte] ADJ [*usine, gare*] disused; [*église*] deconsecrated

désaffection [dezafɛksjɔ̃] NF loss of interest (**pour** in); (*Politique*) disaffection (**pour** with)

désagréable [dezagReabl] ADJ unpleasant

désagréablement [dezagReabləmɑ̃] ADV unpleasantly

désagréger (se) [dezagReʒe] /TABLE 3 et 6/ VPR to break up; [*roche*] to crumble

désagréments [dezagRemɑ̃] NMPL (*= inconvénients*) trouble *NonC* • **malgré tous les ~ que cela entraîne** despite all the trouble it involves • **cette voiture m'a valu bien des ~** this car has given me a great deal of trouble

désaltérant, e [dezalteRɑ̃, ɑ̃t] ADJ thirst-quenching

désaltérer (se) [dezalteRe] /TABLE 6/ VPR to quench one's thirst

désambiguïser○ [dezɑ̃bigɥize] /TABLE 1/ VT to disambiguate

désamorcer [dezamɔRse] /TABLE 3/ VT [*+ bombe, situation, crise*] to defuse; [*+ mouvement de revendication*] to forestall

désappointé, e [dezapwɛ̃te] ADJ disappointed

désapprobateur, -trice [dezapRɔbatœR, tRis] ADJ disapproving

désapprobation [dezapRɔbasjɔ̃] NF disapproval

désapprouver [dezapRuve] /TABLE 1/ VT [*+ acte, conduite*] to disapprove of

désarçonner [dezaRsɔne] /TABLE 1/ VT [*cheval*] to throw • **sa réponse m'a désarçonné** I was completely thrown* by his reply

désargenté, e [dezaRʒɑ̃te] ADJ (*= sans un sou*) broke* *attrib*

désarmant, e [dezaRmɑ̃, ɑ̃t] ADJ disarming

désarmé, e [dezaʀme] *ptp de* **désarmer** (ADJ) *(fig)* helpless (**devant** before)

désarmement [dezaʀməmɑ̃] (NM) [*de pays*] disarmament

désarmer [dezaʀme] /TABLE 1/ **1** (VT) ⓐ [+ *adversaire, pays*] to disarm ⓑ [+ *bateau*] to lay up ⓒ [*sourire, réponse*] to disarm **2** (VI) **il ne désarme pas** he won't give in

désarroi [dezaʀwa] (NM) [*de personne*] feeling of helplessness • **être en plein ~** [*personne*] (= *être troublé*) to be utterly distraught; [*pays*] to be in total disarray

désarticuler [dezaʀtikyle] /TABLE 1/ **1** (VT) [+ *membre*] to dislocate; [+ *mécanisme*] to upset **2** (VPR) **se désarticuler** [*acrobate*] to contort o.s.

désassembleur [dezasɑ̃blœʀ] (NM) *(Informatique)* disassembler

désastre [dezastʀ] (NM) disaster • **courir au ~** to be heading for disaster

désastreux, -euse [dezastʀø, øz] (ADJ) [*décision, récolte, influence*] disastrous; [*bilan, conditions*] terrible

désavantage [dezavɑ̃taʒ] (NM) disadvantage • **tourner au ~ de qn** to turn to sb's disadvantage

désavantager [dezavɑ̃taʒe] /TABLE 3/ (VT) to put at a disadvantage • **cette mesure nous désavantage** this measure puts us at a disadvantage • **cela désavantage les plus pauvres** this penalizes the very poor • **les couches sociales les plus désavantagées** the most disadvantaged sectors of society

désavantageux, -euse [dezavɑ̃taʒø, øz] (ADJ) unfavourable

désaveu [dezavø] (NM) (= *reniement*) rejection

désavouer [dezavwe] /TABLE 1/ (VT) to disown

désaxé, e [dezakse] **1** (ADJ) [*personne*] unhinged **2** (NM,F) lunatic • **ce crime est l'œuvre d'un ~** this crime is the work of a lunatic

desceller [desele] /TABLE 1/ **1** (VT) [+ *pierre*] to pull free; [+ *grille*] to pull up **2** (VPR) **se desceller** [*objet*] to come loose

descendance [desɑ̃dɑ̃s] (NF) (= *enfants*) descendants • **avoir une nombreuse ~** to have lots of children

descendant, e [desɑ̃dɑ̃, ɑ̃t] **1** (ADJ) **marée ~e** ebb tide • **à marée ~e** when the tide is going out **2** (NM,F) descendant (**de** of)

descendre [desɑ̃dʀ] /TABLE 41/

> **descendre** is conjugated with **être**, unless it has an object, when the auxiliary is **avoir**.

1 (VI) ⓐ (= *aller vers le bas*) to go down; (*venir d'en haut*) to come down (**à, vers** to, **dans** into) • **aidez-la à ~** (*de sa chaise*) help her down; (*dans l'escalier*) help her downstairs • **~ à pied/à bicyclette** to walk/cycle down • **on descend par un sentier étroit** the way down is by a narrow path • **~ en courant** to run down • **~ par l'ascenseur** to go down in the lift (*Brit*) *ou* elevator (*US*) • **~ à Marseille** to go down to Marseilles • **~ en ville** to go into town

ⓑ (*d'un lieu élevé*) **~ de** [+ *toit, colline, échelle, arbre*] to come down from • **fais ~ le chien du fauteuil** get the dog off the chair

ⓒ (*d'un moyen de transport*) **~ de voiture** to get out of the car • **« tout le monde descend ! »** "all change!" • **vous descendez à la prochaine ?** are you getting off at the next stop? • **~ à terre** to go ashore • **~ de cheval** to dismount • **~ de bicyclette** to get off one's bicycle

ⓓ (= *atteindre*) [*habits, cheveux*] **~ à** *ou* **jusqu'à** to come down to

ⓔ (= *loger*) **~ dans un hôtel** *ou* **à l'hôtel** to stay at a hotel

ⓕ (= *s'étendre de haut en bas*) [*colline, route*] **~ en pente douce** to slope gently down • **~ en pente raide** to drop away sharply

ⓖ (= *tomber*) [*obscurité, neige*] to fall; [*soleil*] to go down • **le brouillard descend sur la vallée** the fog is coming down over the valley

ⓗ (= *baisser*) to fall; [*mer, marée*] to go out • **il est descendu à la dixième place** he's fallen back into tenth position • **l'équipe est descendue en seconde division** the team has gone down into the second division

ⓘ (= *faire irruption*) **la police est descendue dans cette boîte de nuit** the police raided the night club

ⓙ (= *être avalé ou digéré*)* **ça descend bien** [*vin, repas*] that goes down well • **il a bu une bière pour faire ~ son sandwich** he washed his sandwich down with a beer

2 (VT INDIR) **~ de** (= *avoir pour ancêtre*) to be descended from • **l'homme descend du singe** man is descended from the apes

3 (VT) ⓐ (= *parcourir vers le bas*) [+ *escalier, colline, pente*] to go down • **~ une rivière en canoë** to go down a river in a canoe

ⓑ (= *porter, apporter en bas*) [+ *valise*] to get down; [+ *meuble*] to take down • **tu peux me ~ mes lunettes ?** can you bring my glasses down for me? • **il faut ~ la poubelle tous les soirs** the rubbish (*Brit*) *ou* garbage (*US*) has to be taken down every night • **je te descends en ville** I'll take you into town • **le bus me descend à ma porte** the bus drops me at my front door

ⓒ (= *baisser*) [+ *étagère, rayon*] to lower • **descends les stores** pull the blinds down

ⓓ (= *tuer*) [+ *personne*]* to do in‡ • **l'auteur s'est fait ~ en beauté (par la critique)** the author was shot down in flames (by the critics)

ⓔ (= *boire*) [+ *bouteille*]* to down* • **qu'est-ce qu'il descend !** he drinks like a fish!*

descente [desɑ̃t] **1** (NF) ⓐ (= *action*) descent • **la ~** • **l'épreuve de ~** (*Ski*) the downhill race • **~ en slalom** slalom descent • **~ en rappel** (*Alpinisme*) abseiling • **accueillir qn à la ~ du train** to meet sb off the train

ⓑ (= *raid, incursion*) raid • **~ de police** police raid

ⓒ (= *partie descendante*) (downward) slope • **freiner dans les ~s** to brake going downhill • **les freins ont lâché au milieu de la ~** the brakes went halfway down **2** (COMP) ▸ **descente de lit** bedside rug

déscolarisé, e [deskɔlaʀize] (ADJ) [*enfant*] who is outside the school system

descriptif, -ive [dɛskʀiptif, iv] **1** (ADJ) descriptive **2** (NM) (= *brochure*) brochure; [*de travaux*] specifications; [*de projet*] outline • **les prestations ne sont pas conformes au ~** the facilities are not as described

description [dɛskʀipsjɔ̃] (NF) description • **faire la ~ de** to describe • **d'après ta ~ je le croyais plus jeune** from what you'd told me I thought he was younger

désélection [deselɛksjɔ̃] (NF) *(Informatique)* deselect

désélectionner [deselɛksjɔne] /TABLE 1/ (VT) to deselect

désemparé, e [dezɑ̃paʀe] *ptp de* **désemparer** (ADJ) [*personne, air*] helpless

désemparer [dezɑ̃paʀe] /TABLE 1/ (VI) **sans ~** without stopping

désemplir [dezɑ̃pliʀ] /TABLE 2/ (VI) **le magasin ne désemplit jamais** the shop is never empty

désenchanté, e [dezɑ̃ʃɑ̃te] (ADJ) disillusioned

désenchantement [dezɑ̃ʃɑ̃tmɑ̃] (NM) disillusionment

désenclaver [dezɑ̃klave] /TABLE 1/ (VT) [*+ région, quartier*] to open up

désencombrer [dezɑ̃kɔ̃bʀe] /TABLE 1/ (VT) [*+ passage*] to clear

désendettement [dezɑ̃dɛtmɑ̃] (NM) [*d'entreprise, pays*] reduction in debt

désenfler [dezɑ̃fle] /TABLE 1/ (VI) to go down

désengagement [dezɑ̃gaʒmɑ̃] (NM) withdrawal • **le ~ de l'État** the withdrawal of state funding

désengager (se) [dezɑ̃gaʒe] /TABLE 3/ (VPR) to withdraw (**de** from)

désengorger [dezɑ̃gɔʀʒe] /TABLE 3/ (VT) [*+ service*] to relieve the burden on

désensabler [dezɑ̃sable] /TABLE 1/ (VT) [*+ voiture*] to dig out of the sand; [*+ chenal*] to dredge

désensibilisation [desɑ̃sibilizasjɔ̃] (NF) desensitization

désensibiliser [desɑ̃sibilize] /TABLE 1/ (VT) to desensitize • **se faire ~ au pollen** to be desensitized to pollen

désépaissir [dezepesiʀ] /TABLE 2/ (VT) [*+ cheveux*] to thin

désépargne [dezepaʀɲ] (NF) **on enregistre une tendance à la ~** there is a tendency for people to save less

désépargner [dezepaʀɲe] /TABLE 1/ (VI) to save less

déséquilibre [dezekilibʀ] (NM) (= *inégalité*) imbalance; (*mental, nerveux*) unbalance • **être en ~** [*objet*] to be unsteady

déséquilibré, e [dezekilibʀe] *ptp de* **déséquilibrer** **1** (ADJ) [*budget*] unbalanced; [*esprit*] disordered **2** (NM,F) mentally disturbed person

déséquilibrer [dezekilibʀe] /TABLE 1/ (VT) to throw off balance; [*+ esprit, personne*] to unbalance

désert, e [dezɛʀ, ɛʀt] **1** (ADJ) deserted → **île** **2** (NM) desert ▸ **désert culturel** cultural desert ▸ **désert médical** medical desert

déserter [dezɛʀte] /TABLE 1/ (VTI) to desert

déserteur [dezɛʀtœʀ] (NM) deserter

désertification [dezɛʀtifikasjɔ̃] (NF) desertification; [*de campagnes, région*] depopulation

désertifier (se) [dezɛʀtifje] /TABLE 7/ (VPR) (= *devenir aride*) to turn into a desert; (= *perdre sa population*) to become depopulated

désertion [dezɛʀsjɔ̃] (NF) desertion

désertique [dezɛʀtik] (ADJ) desert; (= *aride*) barren • **une zone ~** an area of desert

désespérant, e [dezɛspeʀɑ̃, ɑ̃t] (ADJ) [*lenteur, nouvelle, bêtise*] appalling; [*enfant*] hopeless

désespéré, e [dezɛspeʀe] *ptp de* **désespérer** (ADJ) desperate; [*cas*] hopeless • **appel/regard ~** cry/look of despair

désespérément [dezɛspeʀemɑ̃] (ADV) (= *avec acharnement*) desperately; (= *sans espoir de changement*) hopelessly

désespérer [dezɛspeʀe] /TABLE 6/ **1** (VT) (= *décourager*) to drive to despair **2** (VI) (= *se décourager*) to despair • **c'est à ~** it's hopeless **3** (VT INDIR) **~ de** to despair of • **~ de faire qch** to despair of doing sth **4** (VPR) **se désespérer** to despair • **elle passe ses nuits à se ~** at night she gives way to despair

désespoir [dezɛspwaʀ] (NM) despair • **il fait le ~ de ses parents** he is the despair of his parents • **être au ~** to be in despair
▸ **en désespoir de cause** in desperation

déshabillé [dezabije] (NM) négligé

déshabiller [dezabije] /TABLE 1/ **1** (VT) to undress **2** (VPR) **se déshabiller** to undress; (= *ôter son manteau, sa veste*)* to take off one's coat

déshabituer (se) [dezabitɥe] /TABLE 1/ (VPR) **se déshabituer de qch/de faire qch** to break o.s. of the habit of sth/of doing sth

désherbant [dezɛʀbɑ̃] (NM) weed-killer

désherber [dezɛʀbe] /TABLE 1/ (VT) to weed

déshérité, e [dezeʀite] *ptp de* **déshériter** **1** (ADJ) [*quartier, région*] deprived; [*famille, population*] destitute **2** (NM,F) **les ~s** the underprivileged

déshériter [dezeʀite] /TABLE 1/ (VT) [*+ héritier*] to disinherit

déshonneur [dezɔnœʀ] (NM) disgrace

déshonorant, e [dezɔnɔʀɑ̃, ɑ̃t] (ADJ) degrading • **être éboueur, ce n'est pas ~!** there's nothing wrong with being a dustman! • **perdre 3 à 1, ce n'est pas ~** losing 3-1 is nothing to be ashamed of

déshonorer [dezɔnɔʀe] /TABLE 1/ **1** (VT) to be a disgrace to **2** (VPR) **se déshonorer** to disgrace o.s.

déshumaniser [dezymanize] /TABLE 1/ (VT) to dehumanize

déshydratation [dezidʀatasjɔ̃] (NF) dehydration

déshydraté, e [dezidʀate] *ptp de* **déshydrater** (ADJ) [*peau, aliment*] dehydrated

déshydrater (se) (VPR) [dezidʀate] /TABLE 1/ to dehydrate

desiderata [dezideʀata] (NMPL) (= *souhaits*) wishes

design [dizajn] **1** (NM) **le ~** (= *style*) the designer look • **le ~ industriel** industrial design **2** (ADJ INV) designer

désignation [deziɲasjɔ̃] (NF) (= *appellation*) name; (= *élection*) naming

designer [dizajnœʀ] (NMF) (= *décorateur*) designer

désigner [deziɲe] /TABLE 1/ (VT) **a** (= *montrer*) to point out • **~ qn du doigt** to point sb out **b** (= *nommer*) to appoint • **le gouvernement a désigné un nouveau ministre** the government has appointed a new minister **c** (= *qualifier*) to mark out • **c'était le coupable désigné** he was the classic culprit • **être tout désigné pour faire qch** [*personne*] to be cut out to do sth **d** (= *dénommer*) to refer to • **~ qn par son nom** to refer to sb by name

désillusion [dezi(l)lyzjɔ̃] (NF) disillusion

désincarcérer [dezɛ̃kaʀseʀe] /TABLE 6/ (VT) [*+ accidenté*] to free (*from a wrecked vehicle*)

désincrustant, e [dezɛ̃kʀystɑ̃, ɑ̃t] (ADJ) [*crème, masque*] cleansing

désinence [dezinɑ̃s] (NF) [*de mot*] ending

désinfectant, e [dezɛ̃fɛktɑ̃, ɑ̃t] (ADJ, NM) disinfectant

désinfecter [dezɛ̃fɛkte] /TABLE 1/ (VT) to disinfect

désinfection [dezɛ̃fɛksjɔ̃] (NF) disinfection

désinformation [dezɛ̃fɔʀmasjɔ̃] (NF) disinformation

désinhiber [dezinibe] /TABLE 1/ (VT) **~ qn** to rid sb of his (*ou* her) inhibitions

désinscrire [dezɛskʀiʀ] /TABLE 39/ **1** (VT) to unsubscribe **2** (VPR) **se désinscrire** to unsubscribe

désinstaller [dezɛ̃stale] (VT) to uninstall

désintégration [dezɛ̃tegʀasjɔ̃] (NF) [*de groupe*] splitting-up; [*de fusée*] self-destructing • **la ~ de la matière** the disintegration of matter

désintégrer [dezɛ̃tegʀe] /TABLE 6/ **1** (VT) [*+ atome, matière*] to disintegrate **2** (VPR) **se désintégrer** [*groupe*] to split up; [*roche*] to crumble; [*fusée*] to self-destruct

désintéressé, e [dezɛ̃teʀese] *ptp de* **désintéresser** (ADJ) (= *généreux*) unselfish; (= *impartial*) disinterested

désintéressement [dezɛ̃teʀɛsmɑ̃] (NM) (= *générosité*) unselfishness; (= *impartialité*) disinterestedness • **avec ~** unselfishly

désintéresser (se) [dezɛ̃teʀese] /TABLE 1/ (VPR) **se désintéresser de** to lose interest in

désintérêt [dezɛ̃teʀɛ] (NM) lack of interest (**pour** in)

désintoxication [dezɛ̃tɔksikasjɔ̃] (NF) detoxification • **il fait une** *ou* **est en cure de ~** he's in detox* • **centre de ~** detoxification centre (*Brit*) *ou* center (*US*)

désintoxiquer [dezɛ̃tɔksike] /TABLE 1/ (VT) ⓐ [+ *alcoolique*] to treat for alcoholism ⓑ [+ *drogué*] to treat for drug addiction • **pour ~ les enfants de la télévision** to wean children off the television

désinvestir (se) [dezɛ̃vɛstiʀ] /TABLE 2/ (VPR) to lose interest (**de** in)

désinvolte [dezɛ̃vɔlt] (ADJ) casual

désinvolture [dezɛ̃vɔltyʀ] (NF) casualness • **avec ~** casually

désir [deziʀ] (NM) ⓐ (= *souhait*) wish (**de qch** for sth) • **le ~ de faire qch** the desire to do sth • **vos ~s sont des ordres** your wish is my command • **prendre ses ~s pour des réalités** to indulge in wishful thinking ⓑ (= *convoitise, sensualité*) desire (**de qch** for sth) • **éprouver du ~ pour qn** to feel desire for sb

désirable [deziʀabl] (ADJ) desirable • **peu ~** undesirable

désirer [deziʀe] /TABLE 1/ (VT) ⓐ (= *vouloir*) to want • **~ faire qch** to want to do sth • **que désirez-vous ?** (*dans un magasin*) what can I do for you? • **son travail laisse à ~** his work leaves something to be desired • **ça laisse beaucoup à ~** it leaves a lot to be desired ⓑ (*sexuellement*) to desire • **se faire ~*** to play hard-to-get*

désireux, -euse [deziʀø, øz] (ADJ) **~ de faire qch** anxious to do sth • **il est très ~ de faire votre connaissance** he is very anxious to make your acquaintance

désistement [dezistəmɑ̃] (NM) withdrawal

désister (se) [deziste] /TABLE 1/ (VPR) to withdraw (**en faveur de qn** in sb's favour)

desktop [dɛsktɔp] (NM) desktop computer

désobéir [dezɔbeiʀ] /TABLE 2/ (VI) to disobey • **~ à qn/à un ordre** to disobey sb/an order • **il désobéit tout le temps** he never does what he's told

désobéissance [dezɔbeisɑ̃s] (NF) disobedience *NonC* (**à** to)

désobéissant, e [dezɔbeisɑ̃, ɑ̃t] (ADJ) disobedient

désobligeant, e [dezɔbliʒɑ̃, ɑ̃t] (ADJ) disagreeable

désodorisant, e [dezɔdɔʀizɑ̃, ɑ̃t] **1** (ADJ) deodorizing • **bombe ~e** air freshener **2** (NM) air freshener

désodoriser [dezɔdɔʀize] /TABLE 1/ (VT) to deodorize

désœuvré, e [dezœvʀe] (ADJ) idle

désœuvrement [dezœvʀəmɑ̃] (NM) idleness

désolant, e [dezɔlɑ̃, ɑ̃t] (ADJ) [*nouvelle, situation, spectacle*] distressing • **ce serait ~ qu'elle ne puisse pas venir** it would be a terrible shame if she couldn't come

désolation [dezɔlasjɔ̃] (NF) ⓐ (= *consternation*) grief • **être plongé dans la ~** to be grief-stricken ⓑ (= *dévastation*) devastation

désolé, e [dezɔle] *ptp de* **désoler** (ADJ) ⓐ [*personne, air*] sorry • **(je suis) ~ de vous avoir dérangé** (I'm) sorry to have disturbed you • **~, je dois partir** sorry, I have to go ⓑ [*endroit*] desolate

désoler [dezɔle] /TABLE 1/ (VT) (= *affliger*) to distress; (= *contrarier*) to upset • **cet enfant me désole !** I despair of that child!

désolidariser [desɔlidaʀize] /TABLE 1/ **1** (VT) to separate **2** (VPR) **se désolidariser se ~ de** [*personne*] to dissociate o.s. from

désopilant, e [dezɔpilɑ̃, ɑ̃t] (ADJ) hilarious

désordonné, e [dezɔʀdɔne] (ADJ) [*personne*] untidy; [*mouvements*] uncoordinated; [*esprit*] disorganized; (*littér*) [*vie*] disorderly

désordre [dezɔʀdʀ] **1** (NM) ⓐ (= *état*) [*de pièce, vêtements, cheveux*] untidiness; [*d'affaires publiques, service*] disorder • **quel ~ !** what a mess! • **mettre du ~ dans une pièce** to mess up a room • **ça fait ~** it doesn't look good

▸ **en désordre être en ~** [*pièce, affaires, cheveux, vêtements*] to be untidy • **il a tout mis en ~** he messed everything up

ⓑ (= *agitation*) disorder • **arrêté pour ~ sur la voie publique** arrested for disorderly conduct

ⓒ (= *problème*) **~ hépatique** liver disorder

2 (NMPL) **désordres** (= *émeutes*) disturbances • **~s monétaires** (= *perturbations*) monetary chaos

désorganisation [dezɔʀganizasjɔ̃] (NF) disorganization

désorganiser [dezɔʀganize] /TABLE 1/ (VT) to disorganize; [+ *service*] to disrupt

désorienter [dezɔʀjɑ̃te] /TABLE 1/ (VT) (= *égarer*) to disorientate; (= *déconcerter*) to bewilder

désormais [dezɔʀmɛ] (ADV) (*au présent*) from now on; (*au passé*) from then on

désosser [dezɔse] /TABLE 1/ (VT) [+ *viande*] to bone

despote [dɛspɔt] (NM) despot

despotique [dɛspɔtik] (ADJ) despotic

despotisme [dɛspɔtism] (NM) despotism

desquamation [dɛskwamasjɔ̃] (NF) desquamation

desquamer (se) [dɛskwame] /TABLE 1/ (VPR) to flake off

desquels, desquelles [dekɛl] → **lequel**

DESS [deəɛsɛs] (NM) (ABR DE **diplôme d'études supérieures spécialisées**) *one-year postgraduate diploma in an applied subject*

dessaisir [desezir] /TABLE 2/ (VT) **~ un tribunal d'une affaire** to remove a case from a court • **être dessaisi du dossier** to be taken off the case

dessaler [desale] /TABLE 1/ **1** (VT) [+ *eau de mer*] to desalinate; [+ *poisson*] to soak (*to remove the salt*) **2** (VI) [*bateau*] to capsize

dessèchement [desɛʃmɑ̃] (NM) (= *action*) drying; (= *état*) dryness

dessécher [deseʃe] /TABLE 6/ **1** (VT) ⓐ [+ *terre, végétation*] to parch; [+ *plante, feuille*] to wither • **le vent dessèche la peau** the wind dries the skin • **lèvres desséchées** parched lips • **cheveux desséchés** dry and damaged hair ⓑ [+ *cœur*] to harden **2** (VPR) **se dessécher** [*terre*] to dry out; [*plante, feuille*] to wither; [*aliments*] to go dry; [*peau*] to get dry

dessein [desɛ̃] (NM) (*littér*) (= *intention*) intention; (= *projet*) plan • **son ~ est de partir** he intends to leave • **former le ~ de faire qch** to make up one's mind to do sth • **c'est dans ce ~ que ...** it is with this in mind that ... • **faire qch à ~** to do sth on purpose

desseller [desele] /TABLE 1/ (VT) to unsaddle

desserré, e [deseʀe] *ptp de* **desserrer** (ADJ) loose

desserrer [deseʀe] /TABLE 1/ **1** (VT) [+ *nœud, ceinture, ficelle, écrou*] to loosen; [+ *poing, dents*] to unclench; [+ *frein*] to release; [+ *étreinte*] to relax • **~ sa ceinture de deux crans** to let one's belt out two notches • **~ les cordons de la**

bourse to loosen the purse strings • **il n'a pas desserré les dents de toute la soirée** he didn't open his mouth all evening • **~ l'étau** (*fig*) to loosen one's grip (**autour de** on) **2** VPR **se desserrer** to come loose

dessert [desɛʀ] NM dessert • **qu'est-ce qu'il y a en** *ou* **comme ~?** what's for dessert?

desserte [desɛʀt] NF ⓐ (*= meuble*) sideboard ⓑ (*Transports*) **la ~ de la ville est assurée par un car** there is a bus service to the town

desservir [desɛʀviʀ] /TABLE 14/ VT ⓐ [*+ table*] to clear away ⓑ (*= nuire à*) [*+ personne, cause*] to do a disservice to; [*+ intérêts*] to harm • **son mauvais caractère le dessert** his bad temper goes against him ⓒ (*Transports*) to serve • **ville bien desservie** a town with good public transport

dessin [desɛ̃] **1** NM ⓐ (*= image*) drawing • **~ à la plume/au fusain** pen-and-ink/charcoal drawing ⓑ (*= art*) **le ~** drawing • **professeur de ~** art teacher • **table/planche à ~** drawing table/board ⓒ (*= motif*) pattern ⓓ (*= contour*) outline **2** COMP ▸ **dessin animé** cartoon (film) ▸ **dessin humoristique** cartoon (*in a newspaper or magazine*) ▸ **dessin industriel** draughtsmanship (*Brit*), draftsmanship (*US*)

dessinateur, -trice [desinatœʀ, tʀis] NM,F (*= homme*) draughtsman (*Brit*), draftsman (*US*); (*= femme*) draughtswoman (*Brit*), draftswoman (*US*) • **il est ~** (*= artiste*) he draws ▸ **dessinateur humoristique** cartoonist ▸ **dessinateur industriel** draughtsman (*Brit*), draftsman (*US*) ▸ **dessinateur de mode** fashion designer

dessiner [desine] /TABLE 1/ **1** VT ⓐ to draw • **~ qch à grands traits** to make a rough sketch of sth • **~ au crayon/à l'encre** to draw in pencil/ink ⓑ (*= faire le plan de*) [*+ véhicule, meuble*] to design; [*+ maison*] to draw; [*+ jardin*] to lay out **2** VPR **se dessiner** ⓐ [*contour, forme*] to stand out ⓑ [*tendance*] to become apparent; [*projet*] to take shape • **un sourire se dessina sur ses lèvres** a smile played over his lips

dessoûler○* [desule] /TABLE 1/ VTI to sober up • **il n'a pas dessoûlé depuis deux jours** he's been drunk for the past two days

dessous [d(ə)su] **1** ADV (*= sous*) [*placer, passer*] underneath; (*= plus bas*) below • **mettez votre valise ~** put your suitcase underneath • **passez (par) ~** go under it • **retirer qch de ~ la table** to get sth from under the table

▸ **en dessous** (*= sous*) underneath; (*= plus bas*) below; (*= hypocritement*) in an underhand manner • **regarder qn en ~** to give sb a shifty look • **faire qch en ~** to do sth in an underhand manner

▸ **en dessous de** below • **il est très en ~ de la moyenne** he's well below average

2 NM ⓐ [*d'objet*] bottom; [*de pied*] sole; [*de tapis*] back

▸ **du dessous** [*feuille, drap*] bottom • **les voisins du ~** the people downstairs • **à l'étage du ~** on the floor below

ⓑ **avoir le ~** (*dans une confrontation*) to get the worst of it

ⓒ (*= côté secret*) **le ~ de l'affaire** *ou* **l'histoire** the hidden side of the affair • **connaître le ~ des cartes** to have inside information

ⓓ (*Habillement*) undergarment • **les ~** underwear

ⓔ ▸ **au-dessous** below • **ils habitent au-~** they live downstairs

▸ **au-dessous de** below; [*+ possibilités, limite*] below; (*= indigne de*) beneath • **les enfants au-~ de 7 ans ne paient pas** children under 7 don't pay • **20° au-~ de zéro** 20° below zero • **il est au-~ de tout!** he's the absolute limit! • **le service est au-~ de tout** the service is hopeless

dessous-de-plat [d(ə)sud(ə)pla] NM INV table mat (*for hot serving dishes*)

dessous-de-table [d(ə)sud(ə)tabl] NM INV bribe

dessous-de-verre [d(ə)sud(ə)vɛʀ] NM INV coaster

dessus [d(ə)sy] **1** ADV (*= sur*) [*placer, poser, monter*] on top; [*coller, écrire, fixer*] on it; [*passer, lancer*] over it; (*= plus haut*) above • **mettez votre valise ~** put your suitcase on top • **c'est écrit ~** it's written on it • **montez ~** [*+ tabouret, échelle*] get up on it • **passez (par) ~** go over it • **il a sauté par ~** he jumped over it • **il lui a tapé/tiré ~** he hit him/shot at him • **il nous sont tombés ~ à l'improviste** they dropped in on us unexpectedly

2 NM ⓐ [*d'objet, pied, tête*] top • **le ~ du panier** (*= les meilleurs*) the pick of the bunch; (*= l'élite sociale*) the upper crust

▸ **du dessus** [*feuille, drap*] top • **les voisins du ~** the people upstairs • **à l'étage du ~** on the floor above

▸ **au-dessus** above; (*= à l'étage supérieur*) upstairs; (*= posé sur*) on top; (*= plus cher*) over

▸ **au-dessus de** (*= plus haut que, plus au nord que*) above; (*= sur*) on top of; [*+ prix, limite*] over; [*+ possibilités*] beyond • **les enfants au-~ de 7 ans paient** children over 7 pay • **20° au-~ de zéro** 20° above zero • **c'est au-~ de mes moyens** (*prix*) it's more than I can afford; (*capacités*) it's more than I can manage • **c'est au-~ de mes forces** it's too much for me • **être au-~ de tout soupçon** to be above suspicion

ⓑ (*dans une confrontation*) **avoir/prendre le ~** to have/get the upper hand • **reprendre le ~** to get over it

3 COMP ▸ **dessus de cheminée** (*= tablette*) mantelpiece; (*= bibelots*) mantelpiece ornaments

dessus-de-lit [d(ə)syd(ə)li] NM INV bedspread

déstabiliser [destabilize] /TABLE 1/ VT to destabilize

destin [dɛstɛ̃] NM (*= fatalité*) fate; (*= avenir*) destiny • **c'est le ~!** it was meant to be!

destinataire [dɛstinatɛʀ] NMF [*de lettre*] addressee; [*de marchandise*] consignee; [*de mandat*] payee

destination [dɛstinasjɔ̃] NF (*= direction*) destination • **à ~ de** [*avion, train, bateau*] bound for; [*voyageur*] travelling to • **arriver à ~** to reach one's destination • **train/vol 702 à ~ de Paris** train number 702/flight 702 to Paris

destiné, e[1] [dɛstine] *ptp de* **destiner** ADJ ⓐ (*= prévu pour*) **~ à faire qch** intended to do sth • **ce livre est ~ aux enfants** this book is intended for children ⓑ (*= voué à*) **~ à qch** destined for sth • **~ à faire qch** destined to do sth • **il était ~ à une brillante carrière** he was destined for a brilliant career

destinée[2] [dɛstine] NF (*= fatalité*) fate; (*= avenir*) destiny

destiner [dɛstine] /TABLE 1/ VT ⓐ (*= attribuer*) **il vous destine ce poste** he means you to have this job • **cette lettre ne t'était pas destinée** the letter was not meant for you ⓑ (*= affecter*) **~ une somme à qch** to earmark a sum for sth • **les fonds seront destinés à la recherche** the money will be used for research ⓒ (*= vouer*) to destine • **~ qn à une fonction** to destine sb for a post • **il se destine à l'enseignement** he intends to go into teaching

destituer [dɛstitɥe] /TABLE 1/ VT [*+ ministre*] to dismiss; [*+ roi*] to depose; [*+ officier*] to discharge • **~ qn de ses fonctions** to relieve sb of his duties

destitution [destitysjɔ̃] (NF) [*de ministre*] dismissal; [*d'officier*] discharge; [*de roi*] deposition

déstresser [destʀese] /TABLE 1/ (VTI) to de-stress

destroy* [dɛstʀɔj] (ADJ INV) [*musique*] wild • **il avait une allure complètement ~** he looked wild and wasted

destructeur, -trice [dɛstʀyktœʀ, tʀis] (ADJ) destructive

destruction [dɛstʀyksjɔ̃] (NF) destruction *NonC*

déstructurer [destʀyktyʀe] /TABLE 1/ (VT) [+ *société, organisation*] to dismantle

désuet, -ète [dezɥɛ, ɛt] (ADJ) outdated

désuétude [desɥetyd] (NF) **tomber en ~** [*loi*] to fall into abeyance; [*expression, coutume*] to fall into disuse

désuni, e [dezyni] (ADJ) [*couple, famille*] divided; [*amants*] estranged • **l'équipe était un peu ~e** the team wasn't really working together

détachable [detaʃabl] (ADJ) detachable

détachant [detaʃɑ̃] (NM) stain remover

détaché, e [detaʃe] *ptp de* **détacher** (ADJ) **a** (= *indifférent*) detached • **« peut-être », dit-il d'un ton ~** "maybe," he said with detachment • **elle prit un air ~** she assumed an indifferent air **b** [*fonctionnaire*] on temporary assignment (**auprès de** to)

détachement [detaʃmɑ̃] (NM) **a** (= *indifférence*) detachment (**envers, à l'égard de** from) • **avec ~** with (an air of) detachment **b** [*de soldats*] detachment **c** [*de fonctionnaire*] temporary assignment • **être en ~** to be on a temporary assignment

détacher [detaʃe] /TABLE 1/ **1** (VT) **a** (= *délier*) to untie; [+ *wagon, remorque*] to take off
b [+ *vêtement*] to undo
c [+ *peau, papier collé*] to remove (**de** from); [+ *reçu, bon*] to tear out (**de** of) • **~ des feuilles d'un bloc** to take some sheets out of a pad • **détachez bien les bras du corps** keep your arms well away from your body • **il ne pouvait ~ son regard du spectacle** he could not take his eyes off what was happening • **« ~ suivant le pointillé »** "tear off along the dotted line"
d (= *envoyer*) [+ *personne*] to send; (*à un ministère, une organisation*) to assign temporarily (**à** to)
e (= *mettre en relief*) [+ *lettres*] to separate; [+ *syllabes, mots*] to articulate
2 (VPR) **se détacher** **a** (= *se délier*) to free o.s. (**de** from); [*paquet, barque*] to come untied (**de** from)
b [*ceinture, chaussure, lacet, ficelle*] to come undone
c [*fruit, peau, papier collé*] to come off; [*page, épingle*] to come out • **un bloc de pierre s'est détaché de la falaise** a block of stone broke away from the cliff
d [*coureur*] to pull *ou* break away (**de** from)
e (= *ressortir*) to stand out • **la forêt se détache sur le ciel bleu** the forest stands out against the blue sky
f **se ~ de** (= *renoncer à*) to turn one's back on; (= *se désintéresser de*) to grow away from

détail [detaj] (NM) **a** (= *particularité*) detail • **dans les (moindres) ~s** in (minute) detail • **entrer dans les ~s** to go into detail • **c'est un ~!** that's just a minor detail! **b** [*de facture, compte*] breakdown • **en ~** • **dans le ~** in detail • **il ne fait pas de** *ou* **le ~!*** he doesn't make any exceptions! **c** (*Commerce*) retail • **vendre au ~** [+ *marchandise, vin*] to (sell) retail; [+ *articles, couverts*] to sell separately

détaillant, e [detajɑ̃, ɑ̃t] (NM,F) retailer

détaillé, e [detaje] *ptp de* **détailler** (ADJ) detailed; [*facture*] itemized

détailler [detaje] /TABLE 1/ (VT) [+ *plan d'action*] to explain in detail; [+ *facture*] to itemize; [+ *incidents, raisons*] to give details of • **il m'a détaillé (de la tête aux pieds)** he examined me (from head to foot)

détaler [detale] /TABLE 1/ (VI) [*lapin*] to bolt; [*personne*]* to clear off*

détartrage [detaʀtʀaʒ] (NM) [*de dents*] scaling • **se faire faire un ~** to have one's teeth scaled (and polished)

détartrant [detaʀtʀɑ̃] (NM) descaling agent

détartrer [detaʀtʀe] /TABLE 1/ (VT) [+ *dents*] to scale (and polish); [+ *lave-vaisselle, WC*] to remove limescale from

détaxe [detaks] (NF) (= *réduction*) reduction in tax; (= *suppression*) removal of tax (**de** from); (= *remboursement*) tax refund • **marchandises en ~** duty-free *ou* tax-free goods

détaxer [detakse] /TABLE 1/ (VT) (= *réduire*) to reduce the tax on; (= *supprimer*) to remove the tax on • **produits détaxés** duty-free *ou* tax-free goods

détecter [detɛkte] /TABLE 1/ (VT) to detect

détecteur [detɛktœʀ] (NM) detector ▸ **détecteur de fatigue** (*Auto*) driver fatigue detector ▸ **détecteur de faux billets** counterfeit banknote detector ▸ **détecteur de fumée** smoke detector ▸ **détecteur de mensonges** lie detector

détection [detɛksjɔ̃] (NF) detection

détective [detɛktiv] (NM) **~ (privé)** private detective

déteindre [detɛ̃dʀ] /TABLE 52/ **1** (VT) to take the colour out of **2** (VI) (*au lavage*) [*étoffe*] to lose its colour; [*couleur*] to run; (*par l'humidité*) [*couleur*] to come off; (*au soleil*) [*étoffe, couleur*] to fade • **~ sur** [*couleur*] to run into; (= *influencer*) [*trait de caractère*] to rub off on • **le pantalon a déteint sur la chemise** some of the colour has come out of the trousers onto the shirt • **elle a déteint sur sa fille** something of her character rubbed off on her daughter

dételer [det(ə)le] /TABLE 4/ (VT) [+ *chevaux*] to unharness

détendre [detɑ̃dʀ] /TABLE 41/ **1** (VT) [+ *ressort*] to release; [+ *corde*] to loosen; [+ *corps, esprit*] to relax • **ces vacances m'ont détendu** this holiday has made me more relaxed • **il n'arrivait pas à ~ l'atmosphère** he couldn't ease the tense atmosphere **2** (VPR) **se détendre** **a** [*visage, personne*] to relax; [*atmosphère*] to become less tense • **détendez-vous!** relax! **b** [*ressort*] to lose its tension; [*corde*] to become slack

détendu, e [detɑ̃dy] *ptp de* **détendre** (ADJ) [*personne, visage, atmosphère*] relaxed; [*câble*] slack

détenir [det(ə)niʀ] /TABLE 22/ (VT) to hold; [+ *prisonnier*] to detain • **~ le pouvoir** to be in power

détente [detɑ̃t] (NF) **a** (= *délassement*) relaxation • **avoir besoin de ~** to need to relax • **la ~** (*Politique*) détente **b** [*de sauteur*] spring; [*de lanceur*] thrust • **avoir une bonne ~** [*sauteur*] to have plenty of spring **c** (= *gâchette*) trigger

détenteur, -trice [detɑ̃tœʀ, tʀis] (NM,F) holder

détention [detɑ̃sjɔ̃] (NF) **a** (= *captivité*) detention • **en ~ préventive** *ou* **provisoire** remanded in custody • **mettre** *ou* **placer qn en ~ préventive** to remand sb in custody • **~ abusive** false imprisonment **b** [*de drogue, faux passeport, arme*] possession; [*de titre, bien*] holding

détenu, e [det(ə)ny] *ptp de* **détenir** (NM,F) prisoner

détergent, e [detɛʀʒɑ̃, ɑ̃t] (ADJ, NM) detergent

détérioration [deteʀjɔʀasjɔ̃] (NF) deterioration (**de** in); [*d'objet*] damage (**de** to)

détériorer [deteʀjɔʀe] /TABLE 1/ **1** VT to damage **2** VPR **se détériorer** to deteriorate

déterminant, e [detɛʀminɑ̃, ɑ̃t] **1** ADJ (*= décisif*) determining *épith* • **ça a été ~** that was the determining factor **2** NM (*= article*) determiner

détermination [detɛʀminasjɔ̃] NF ⓐ (*= résolution*) determination ⓑ [*de cause, sens, date, quantité*] determining

déterminé, e [detɛʀmine] *ptp de* **déterminer** ADJ ⓐ [*personne, air*] determined ⓑ (*= précis*) [*but, intentions*] specific; [*quantité, distance, date*] given

déterminer [detɛʀmine] /TABLE 1/ VT to determine • **~ qn à faire qch** to determine sb to do sth

déterminisme [detɛʀminism] NM determinism

déterrer [deteʀe] /TABLE 1/ VT to dig up; (*= retrouver*)* to dig out*

détestable [detɛstabl] ADJ [*personne*] detestable; [*attitude*] appalling; [*habitude, caractère*] foul

détester [detɛste] /TABLE 1/ VT to hate • **elle déteste attendre** she hates having to wait

détiendra [detjɛ̃dʀa] VB → **détenir**

détonant, e [detɔnɑ̃, ɑ̃t] ADJ **cocktail** *ou* **mélange ~** explosive mixture

détonateur [detɔnatœʀ] NM detonator • **être le ~ de** (*fig*) to trigger off

détonation [detɔnasjɔ̃] NF [*de bombe, obus*] detonation; [*de fusil*] report • **j'ai entendu une ~** I heard a bang

détonner [detɔne] /TABLE 1/ VI [*couleurs*] to clash; [*meuble, bâtiment, personne*] to be out of place

détour [detuʀ] NM ⓐ (*= déviation*) detour • **au ~ de la conversation** in the course of the conversation • **faire un ~** to make a detour (**par** via) • **le musée valait le ~** the museum was worth the detour ⓑ (*= moyen indirect*) roundabout means • **explique-toi sans ~(s)** just say straight out what you mean ⓒ (*= sinuosité*) bend • **au ~ du chemin** at the bend in the path

détourage [detuʀaʒ] NM [*d'illustration, de photo*] cropping

détourer [detuʀe] /TABLE 1/ VI to cut out

détourné, e [detuʀne] *ptp de* **détourner** ADJ [*chemin, moyen*] roundabout

détournement [detuʀnəmɑ̃] NM [*de rivière*] diversion • **~ d'avion** hijacking • **~ de fonds** embezzlement • **~ de mineur** corruption of a minor

détourner [detuʀne] /TABLE 1/ **1** VT ⓐ [*+ route, ruisseau, circulation*] to divert; [*pirate de l'air*] to hijack; [*+ soupçon*] to divert (**sur** on to); [*+ coup, ballon, tir*] to deflect • **~ l'attention de qn** to distract sb's attention • **~ la conversation** to change the subject

ⓑ (*= tourner d'un autre côté*) to turn away • **~ les yeux** *ou* **le regard** to look away • **~ la tête** to turn one's head away

ⓒ (*= écarter*) to divert • **~ qn de sa route** to divert sb • **~ qn d'un projet** to dissuade sb from a plan • **~ qn de qn** to put sb off sb • **~ qn du droit chemin** to lead sb astray

ⓓ [*+ loi, réglementation*] to twist • **elle a détourné le sens de mes paroles** she twisted my words

ⓔ [*+ fonds*] to embezzle; [*+ marchandises*] to misappropriate

2 VPR **se détourner** to turn away (**de** from) • **le public s'est détourné de ce produit** the public have lost interest in this product

détox* [detɔks] ADJ [*thé, aliments*] detox*, cleansing • **régime ~** detox diet*

détoxifier [detɔksifje] VT to detoxify

détracteur, -trice [detʀaktœʀ, tʀis] NM,F detractor

détraqué, e [detʀake] *ptp de* **détraquer** ADJ [*machine*] broken down; [*personne*]* cracked*; [*temps*] unsettled; [*nerfs, santé*] shaky • **cette horloge est ~e** this clock is on the blink* • **il a l'estomac ~** he's got an upset stomach • **c'est un ~*** he's completely crazy

détraquer [detʀake] /TABLE 1/ **1** VT [*+ machine*] to put out of order; [*+ personne*] (*physiquement*) to put out of sorts; [*+ estomac*] to upset; [*+ nerfs*] to shake up **2** VPR **se détraquer** [*machine*] to break down • **le temps se détraque** the weather is becoming unsettled

détremper [detʀɑ̃pe] /TABLE 1/ VT [*+ terre, pain*] to soak • **chemins détrempés** waterlogged paths • **ma chemise est détrempée** my shirt is soaking

détresse [detʀɛs] NF distress • **être dans la ~** to be in distress • **bateau/avion en ~** boat/plane in distress • **entreprise en ~** business in dire straits • **signal de ~** distress signal → **feu**

détriment [detʀimɑ̃] NM **au ~ de** to the detriment of

détritus [detʀity(s)] NMPL litter *NonC*

détroit [detʀwa] NM strait • **le ~ de Gibraltar** the Strait of Gibraltar

détromper [detʀɔ̃pe] /TABLE 1/ **1** VT [*+ personne*] to disabuse (**de** of) **2** VPR **se détromper** • **détrompez-vous, il n'est pas venu** you're quite mistaken, he didn't come • **si tu crois que je vais accepter, détrompe-toi !** if you think I'm going to accept, you've got another think coming*

détrôner [detʀone] /TABLE 1/ VT [*+ champion*] to oust; [*+ mode, produit*] to supplant

détruire [detʀɥiʀ] /TABLE 38/ VT to destroy; [*+ santé, réputation*] to ruin • **un incendie a détruit l'hôtel** the hotel was destroyed by fire • **tu te détruis la santé** you're ruining your health

dette [dɛt] NF debt • **avoir des ~s** to be in debt • **faire des ~s** to get into debt • **avoir 10 000 € de ~s** to be 10,000 euros in debt • **la ~ publique** *ou* **de l'État** the national debt • **il a payé sa ~ envers la société** he has paid his debt to society

deuil [dœj] NM (*= perte*) bereavement; (*= affliction*) mourning *NonC* • **en ~** in mourning • **décréter un ~ national de trois jours** to declare three days of national mourning • **faire son ~ de qch** to say goodbye to sth*

DEUST [døst] NM (ABR DE **diplôme d'études universitaires scientifiques et techniques**) *diploma gained by students after two years of university studies in science*

deux [dø] NOMBRE ⓐ two • **les ~ yeux** both eyes • **montrez-moi les ~** show me both of them • **~ fois** twice • **tous les ~ mois** every other month • **~ t** (*en épelant*) double t • **couper en ~** to cut in two *ou* in half

ⓑ (*= quelques*) **c'est à ~ minutes d'ici** it's just a couple of minutes from here • **vous y serez en ~ secondes** you'll be there in no time

ⓒ (*= deuxième*) second • **le ~ janvier** the second of January • **volume/acte ~** volume/act two

ⓓ (*locutions*) **marcher ~ par ~** to walk two abreast • **essayer et réussir, cela fait ~** to try is one thing but to succeed is another thing altogether • **lui et les maths, ça fait ~ !*** he hasn't got a clue about maths! • **faire** *ou* **avoir ~ poids ~ mesures** to have double standards • **il ne reste pas les ~ pieds dans le même sabot** he doesn't just sit back and wait for things to happen • (PROV) **~ précautions valent mieux qu'une** better safe than sorry (PROV) • (PROV) ~ **avis valent mieux qu'un** two heads are better than one (PROV) • **quand il y en a pour ~, il y en a pour trois** there's always enough to go around

▸ **à nous deux!** (= *parlons sérieusement*) let's talk!; (= *je m'occupe de vous*) I'm all yours!; (*à un ennemi*) now let's fight it out! → **six**

deuxième [døzjɛm] (ADJ, NMF) second → **sixième**

deuxièmement [døzjɛmmɑ̃] (ADV) secondly

deux-pièces [døpjɛs] (NM INV) ⓐ (= *ensemble*) two-piece suit; (= *maillot*) two-piece (swimsuit) ⓑ (= *appartement*) two-room flat (*Brit*) *ou* apartment (*US*) • **« à louer : ~ cuisine »** "for rent: two-room flat with separate kitchen"

deux-points [døpwɛ̃] (NM INV) colon

deux-roues [døʀu] (NM INV) two-wheeled vehicle • **~ motorisé** motorcycle

deux-temps [døtɑ̃] (ADJ INV) [*moteur*] two-stroke

devait [d(ə)vɛ] (VB) → **devoir**

dévaler [devale] /TABLE 1/ (VT) (*en courant*) to hurtle down; (*en tombant*) to tumble down • **il a dévalé les escaliers quatre à quatre** he came hurtling down the stairs four at a time

dévaliser [devalize] /TABLE 1/ (VT) [+ *maison*] to burgle, to burglarize (*US*); [+ *banque*] to rob • **~ qn** to strip sb of what he has on him • **~ un magasin** [*clients*] to buy up a shop • **~ le réfrigérateur** to raid the fridge

dévalorisant, e [devalɔʀizɑ̃, ɑ̃t] (ADJ) [*emploi, tâche*] demeaning

dévaloriser [devalɔʀize] /TABLE 1/ **1** (VT) [+ *marchandises, collection*] to reduce the value of; [+ *monnaie, diplôme*] to undermine the value of • **son patron le dévalorise sans cesse** his boss is forever putting him down • **ce type de publicité dévalorise les femmes** this type of advertising degrades women **2** (VPR) **se dévaloriser** [*monnaie, marchandise*] to fall in value; [*personne*] to run o.s. down

dévaluation [devalɥasjɔ̃] (NF) devaluation

dévaluer [devalɥe] /TABLE 1/ **1** (VT) [+ *monnaie, métier, diplôme*] to devalue; [+ *rôle, statut*] to undermine **2** (VPR) **se dévaluer** [*idées*] to become devalued

devancer [d(ə)vɑ̃se] /TABLE 3/ (VT) ⓐ (= *distancer*) to get ahead of • **il m'a devancé de trois minutes/points** he beat me by three minutes/points ⓑ (= *précéder*) to arrive before • **il m'a devancé aux feux** he got to the lights before me ⓒ [+ *question, désir*] to anticipate • **j'allais le faire mais il m'a devancé** I was going to do it but he got there first

devant [d(ə)vɑ̃] **1** (PRÉP) ⓐ (= *en face de*) in front of; (= *le long de*) past • **ma voiture est ~ la porte** my car is just outside • **il est passé ~ moi sans me voir** he walked past me without seeing me

ⓑ (= *en avant de*) (*proximité*) in front of; (*distance*) ahead of • **il marchait ~ moi** he was walking in front of *ou* ahead of me • **il est loin ~ nous** he is a long way ahead of us • **regarde ~ toi** look in front *ou* ahead of you • **elle est passée ~ moi chez le boucher** she pushed (in) in front of me at the butcher's • **avoir du temps ~ soi** to have time to spare • **il a toute la vie ~ lui** he has his whole life ahead of him

ⓒ (= *en présence de*) in front of • **ne dis pas cela ~ les enfants** don't say that in front of the children • **cela s'est passé juste ~ nous** *ou* **nos yeux** it happened before our very eyes • **reculer ~ ses responsabilités** to shrink from one's responsibilities

ⓓ (= *face à*) faced with; (= *étant donné*) in view of • **~ la gravité de la situation** in view of the gravity of the situation • **tous égaux ~ la loi** everyone (is) equal in the eyes of the law

2 (ADV) ⓐ (*position*) in front • **vous êtes juste ~** you're right in front of it • **vous êtes passé ~** you came past it • **je suis garé juste ~** I'm parked just outside • **corsage qui se boutonne ~** blouse which buttons up at the front • **tu as mis ton pull ~ derrière** you've put your sweater on back-to-front (*Brit*) *ou* backwards (*US*)

ⓑ (= *en avant*) ahead • **il est parti ~** he went on ahead • **il est loin ~** he's a long way ahead • **il est assis trois rangs ~** he's sitting three rows in front of us • **il a pris des places ~** he has got seats at the front • **il a préféré monter ~** (*en voiture*) he preferred to sit in the front • **marchez ~, les enfants** walk in front, children • **passe ~, je te rejoindrai** go on ahead and I'll catch up with you • **passez ~, je ne suis pas pressé** you go first, I'm in no hurry

3 (NM) front • **de ~** [*roue, porte*] front → **patte**

▸ **au-devant je suis allé au-~ de lui** I went to meet him • **courir au-~ du danger** to court danger • **aller au-~ des ennuis** to be asking for trouble • **aller au-~ des désirs de qn** to anticipate sb's wishes

4 (NMPL) **devants prendre les ~s** to take the initiative

devanture [d(ə)vɑ̃tyʀ] (NF) ⓐ (= *étalage*) display; (= *vitrine*) shop *ou* store (*US*) window • **en ~** on display; (*dans la vitrine*) in the window ⓑ (= *façade*) (shop *ou* store) front

dévastateur, -trice [devastatœʀ, tʀis] (ADJ) devastating; [*passion*] destructive

dévastation [devastasjɔ̃] (NF) devastation • **les ~s de la guerre/de la tempête** the ravages of war/the storm

dévasté, e [devaste] *ptp de* **dévaster** (ADJ) devastated; [*maison*] ruined; [*visage*] ravaged

dévaster [devaste] /TABLE 1/ (VT) to devastate

dévédéthèque [devedetɛk] (NF) DVD library

déveine* [devɛn] (NF) **quelle ~!** what rotten luck!*

développé, e [dev(ə)lɔpe] *ptp de* **développer** (ADJ) [*pays*] developed; [*sens, intuition, musculature*] well-developed • **bien ~** well-developed • **peu ~** underdeveloped

développement [dev(ə)lɔpmɑ̃] (NM) ⓐ (= *croissance*) development • **un secteur en plein ~** a fast-developing sector • **l'entreprise a connu un ~ important** the firm has developed greatly • **le ~ durable** sustainable development → **pays** ⓑ **~s** [*d'affaire, enquête*] developments • **cette affaire pourrait connaître de nouveaux ~s** there could be some new developments in this affair ⓒ [*de sujet*] exposition • **entrer dans des ~s inutiles** to go into unnecessary details ⓓ [*de produit*] development ⓔ [*de photos*] developing ⓕ [*de bicyclette*] **choisir un grand/petit ~** to choose a high/low gear

> Le mot anglais n'a qu'un seul **p**.

développer [dev(ə)lɔpe] /TABLE 1/ **1** (VT) to develop • **envoyer une pellicule à ~** to send a film to be developed **2** (VPR) **se développer** to develop; [*habitude, procédé*] to spread

> Le mot anglais n'a qu'un seul **p**.

devenir [dəv(ə)niʀ] /TABLE 22/ **1** (VI) **a** (*= passer d'un état à un autre*) to become • **~ médecin** to become a doctor • **il est devenu tout rouge** he went quite red • **il devient de plus en plus agressif** he's becoming *ou* getting more and more aggressive • **~ vieux/grand** to grow old/tall
b (*= advenir de*) **bonjour, que devenez-vous?*** hullo, how are you doing?* • **et Chantal, qu'est-ce qu'elle devient?** what's Chantal up to these days? • **qu'étais-tu devenu? nous te cherchions partout** where were you? we were looking for you everywhere • **que sont devenus tes grands projets?** what has become of your great plans? • **qu'allons-nous ~?** what will become of us?
2 (NM) (*= progression*) evolution; (*= futur*) future • **quel est le ~ de l'homme?** what is man's destiny? • **en ~** constantly evolving

dévergondé, e [devɛʀgɔ̃de] (ADJ) shameless

déverrouiller [deveʀuje] /TABLE 1/ (VT) **a** [*+ porte*] (*avec un verrou*) to unbolt; (*avec une serrure*) to unlock **b** [*+ mécanisme*] to release

déverser [devɛʀse] /TABLE 1/ **1** (VT) [*+ sable, ordures*] to tip out • **des tonnes de pommes de terre ont été déversées sur la route** tons of potatoes were dumped on the road **2** (VPR) **se déverser** [*liquide*] to pour out • **la rivière se déverse dans le lac** the river flows into the lake

dévêtir [devetiʀ] /TABLE 20/ **1** (VT) to undress **2** (VPR) **se dévêtir** to get undressed

déviant, e [devjɑ̃, jɑ̃t] **1** (ADJ) [*comportement*] deviant; [*discours, opinion*] dissenting **2** (NM,F) **~ sexuel** sexual deviant

déviation [devjasjɔ̃] (NF) **a** [*de projectile, navire, aiguille aimantée*] deviation; [*de circulation*] diversion • **~ par rapport à la norme** departure from the norm **b** (*= détour obligatoire*) diversion (Brit), detour (US)

dévider [devide] /TABLE 1/ (VT) [*+ pelote, bobine*] to unwind; [*+ cordage, câble*] to unreel

dévier [devje] /TABLE 7/ **1** (VI) **a** [*aiguille magnétique*] to deviate; [*bateau, projectile*] to veer off course **b** [*conversation*] to turn (**sur to**) • **nous avons dévié par rapport au projet initial** we have moved away from the original plan **2** (VT) [*+ route, circulation*] to divert (Brit), to detour (US); [*+ projectile, coup, ballon*] to deflect

devin, devineresse [dəvɛ̃, dəvin(ə)ʀɛs] (NM,F) soothsayer • **je ne suis pas ~!** I can't see into the future!

deviner [d(ə)vine] /TABLE 1/ (VT) **a** [*+ secret, raison*] to guess; [*+ avenir*] to foresee • **devine qui** guess who • **tu devines le reste** you can imagine the rest **b** (*= apercevoir*) [*+ forme, sourire*] to make out

devinette [d(ə)vinɛt] (NF) riddle • **poser une ~ à qn** to ask sb a riddle • **jouer aux ~s** to play at riddles • **arrête de jouer aux ~s*** stop talking in riddles

devis [d(ə)vi] (NM) estimate • **il a établi un ~ de 3 000 €** he drew up an estimate for 3,000 euros

dévisager [devizaʒe] /TABLE 3/ (VT) to stare at

devise [dəviz] (NF) **a** (*= monnaie*) currency • **payer en ~s** to pay in foreign currency **b** (*= formule*) motto; [*de maison de commerce, parti*] slogan

dévisser [devise] /TABLE 1/ **1** (VT) to unscrew • **se ~ le cou** to crane one's neck **2** (VI) [*alpiniste*] to fall

dévitaliser [devitalize] /TABLE 1/ (VT) [*+ dent*] to remove the nerve from

dévoiler [devwale] /TABLE 1/ (VT) to reveal

devoir [d(ə)vwaʀ] /TABLE 28/

1 VERBE TRANSITIF	**3** VERBE PRONOMINAL
2 VERBE AUXILIAIRE	**4** NOM MASCULIN

> The past participle **dû** takes a circumflex to distinguish it from the article **du**. Only the masculine singular has this accent.

1 VERBE TRANSITIF

to owe • **~ qch à qn** to owe sb sth • **elle lui doit 200 €** she owes him 200 euros • **c'est à son courage qu'elle doit la vie** she owes her life to his courage • **je dois à mes parents d'avoir réussi** I owe my success to my parents • **c'est à lui que l'on doit cette découverte** it is to him that we owe this discovery • **~ obéissance à qn** to owe sb obedience • **il lui doit bien cela!** it's the least he can do for him! • **à qui doit-on la découverte du radium?** who discovered radium? • **il ne veut rien ~ à personne** he doesn't want to be indebted to anyone

2 VERBE AUXILIAIRE

a *obligation*

> Lorsque **devoir** exprime une obligation, il se traduit généralement par **to have (got) to** lorsqu'il s'agit de contraintes extérieures ; notez que **to have got to** ne s'utilise qu'au présent. **Must** a généralement une valeur plus impérative ; **must** étant défectif, on utilise **to have to** aux temps où il ne se conjugue pas.

• **je ne peux pas aller au cinéma, je dois travailler** I can't go to the cinema, I've got to work • **si je rentre tard, je dois téléphoner à ma mère** if I stay out late, I have to phone my mother • **je dois téléphoner à ma mère!** I must phone my mother! • **Stéphanie doit partir ce soir** Stéphanie has to go tonight • **Martin avait promis, il devait le faire** Martin had promised, so he had to do it • **David a cru ~ accepter** David thought he should agree • **dois-je comprendre par là que ...** am I to understand from this that ...

b *conseil*

> Lorsque **devoir** est au conditionnel et qu'il exprime une suggestion, il se traduit par **should**.

• **tu devrais t'habiller plus chaudement** you should dress more warmly • **il aurait dû la prévenir** he should have warned her

c *fatalité*

> Lorsque **devoir** exprime une fatalité, il se traduit généralement par **to be bound to**.

• **nos chemins devaient se croiser un jour ou l'autre** our paths were bound to cross some time • **cela devait arriver!** it was bound to happen! • **les choses semblent ~ s'arranger** things seem to be sorting themselves out • **elle ne devait pas les revoir vivants** she was never to see them alive again

d *prévision*

> ➢ Lorsque **devoir** exprime une prévision, il est souvent traduit par **to be going to**.

• **elle doit vous téléphoner demain** she's going to ring you tomorrow

> ➢ Notez l'emploi de **to be due to** dans les contextes où la notion de temps est importante.

• **son train doit** *ou* **devrait arriver dans cinq minutes** his train is due to arrive in five minutes • **Antoinette devait partir à six heures mais la réunion s'est prolongée** Antoinette was due to leave at six but the meeting went on longer

e *hypothèse*

> ➢ Lorsque **devoir** exprime une hypothèse, il se traduit par **must** dans les phrases affirmatives.

• **il doit faire froid ici en hiver** it must be cold here in winter • **il a dû se tromper de chemin** he must have lost his way

> ➢ Au conditionnel, on utilise **should**.

• **ça devrait pouvoir se faire** it should be feasible

> ➢ Dans les phrases négatives, on utilise généralement **can't**.

• **elle ne doit pas être bête** she can't be stupid • **il ne doit pas faire chaud en hiver** it can't be warm in winter

3 VERBE PRONOMINAL

se devoir les époux se doivent fidélité husband and wife have a duty to be faithful to one another

▸ **se devoir de** (*= être obligé de*) **nous nous devons de le lui dire** it is our duty to tell him • **je me devais d'essayer** I had to try for my own sake

▸ **comme il se doit j'en ai informé mon chef, comme il se doit** I informed my boss, of course • **on a fêté l'événement, comme il se doit** and naturally, we celebrated the event

4 NOM MASCULIN

a *= obligation* duty • **faire son ~** to do one's duty • **agir par ~** to act from a sense of duty • **se faire un ~ de faire qch** to make it one's duty to do sth • **il est de mon ~ de ...** it is my duty to ...

b *scolaire* (*= dissertation*) essay; (*= exercice fait en classe*) exercise; (*fait à la maison*) homework *NonC* • **faire ses ~s** to do one's homework • **~s de vacances** holiday homework • **~ surveillé** *ou* **sur table** written test

---

dévolu, e [devɔly] 1 ADJ **être ~ à qch** [*budget*] to be allotted to sth 2 NM **jeter son ~ sur qn/qch** to set one's heart on sb/sth

dévorant, e [devɔʀɑ̃, ɑ̃t] ADJ [*passion*] consuming

dévorer [devɔʀe] /TABLE 1/ VT **a** (*= manger*) to devour • **cet enfant dévore!** this child has a huge appetite! • **~ un livre** to devour a book • **~ qn/qch des yeux** to eye sb/sth hungrily **b** [*jalousie, maladie*] to consume • **dévoré par l'ambition** consumed with ambition

dévot, e [devo, ɔt] ADJ devout

dévotion [devosjɔ̃] NF **a** (*= piété*) devoutness **b** (*= culte*) devotion • **avoir une ~ pour qn** to worship sb

dévoué, e [devwe] *ptp de* **dévouer** ADJ devoted (**à** to)

dévouement [devumɑ̃] NM devotion • **elle a fait preuve d'un grand ~ pour lui** she was very devoted to him

dévouer (se) [devwe] /TABLE 1/ VPR **a** (*= se sacrifier*) to sacrifice o.s. • **c'est toujours moi qui me dévoue!** it's always me who makes the sacrifices! **b** (*= se consacrer à*) **se dévouer à qn/qch** to devote o.s. to sb/sth

dévoyé, e [devwaje] *ptp de* **dévoyer** 1 ADJ [*personne*] depraved 2 NM,F corrupt person • **une bande de jeunes ~s** a gang of young delinquents

dévoyer [devwaje] /TABLE 8/ VT to lead astray

dextérité [dɛksteʀite] NF skill • **avec ~** skilfully

dézipper [dezipe] /TABLE 1/ VT (*Informatique*) to unzip

DG [deʒe] 1 NM (ABR DE **directeur général**) CEO 2 NF (ABR DE **direction générale**) (*= siège social*) head office

DGSE [deʒeɛsə] NF (ABR DE **Direction générale de la sécurité extérieure**) ≈ MI6 (*Brit*), ≈ CIA (*US*)

diabète [djabɛt] NM diabetes *sg* • **avoir du ~** to have diabetes

diabétique [djabetik] ADJ, NMF diabetic

diable [djɑbl] NM **a** (*= démon*) devil • **le ~** the Devil • **j'ai protesté comme un beau ~** I protested as loudly as I could • **c'est bien le ~ si on ne trouve pas à les loger** it would be very surprising if we couldn't find anywhere for them to stay • **tirer le ~ par la queue*** to live from hand to mouth • **où/pourquoi ~ ...?** where/why the devil* ...? • **envoyer qn au ~** to tell sb to go to the devil* • **au ~ l'avarice!** hang the expense! **b** (*= enfant*)* devil • **pauvre ~*** (*= personne*) poor devil • **ce n'est pas un mauvais ~** he's not a bad sort* **c** (*= chariot*) hand truck • **~ (à ressort)** (*= jouet*) jack-in-the-box

diablement* [djɑbləmɑ̃] ADV (*= très*) darned*

diablotin [djɑblɔtɛ̃] NM imp; (*= pétard*) Christmas cracker (*Brit*), favor (*US*)

diabolique [djabɔlik] ADJ devilish

diaboliser [djabɔlize] /TABLE 1/ VT [*+ personne, État*] to demonize

diabolo [djabɔlo] NM **a** (*= jouet*) diabolo **b** (*= boisson*) **~ menthe** mint cordial and lemonade

diacre [djakʀ] NM deacon

diadème [djadɛm] NM diadem

diagnostic [djagnɔstik] NM diagnosis • **erreur de ~** error in diagnosis

diagnostiquer [djagnɔstike] /TABLE 1/ VT to diagnose

diagonale [djagɔnal] NF diagonal • **couper un tissu dans la ~** to cut a fabric on the bias

▸ **en diagonale** diagonally • **lire qch en ~** to skim through sth

diagramme [djagʀam] NM (*= schéma*) diagram; (*= courbe, graphique*) chart • **~ à barres** *ou* **en tuyaux d'orgue** bar chart • **~ en secteurs** pie chart

dialecte [djalɛkt] NM dialect

dialectique [djalɛktik] 1 ADJ dialectical 2 NF dialectics *sg*

dialogue [djalɔg] NM dialogue (*Brit*), dialog (*US*) • **le ~ social** the dialogue between employers (*ou* government) and unions • **c'est un homme de ~** he is a man who is prepared to discuss matters

dialoguer [djalɔge] /TABLE 1/ VI to talk • **~ avec un ordinateur** to interact with a computer

dialyse [djaliz] NF dialysis • **être en ~** to be on dialysis

diamant [djamɑ̃] NM diamond

diamantaire [djamɑ̃tɛʀ] NM (*= marchand*) diamond merchant

diamétralement [djametʀalmɑ̃] ADV diametrically

diamètre [djamɛtʀ] NM diameter • **10 m de ~** 10m in diameter

diapason [djapazɔ̃] NM (*en métal*) tuning fork; (*à vent*) pitch pipe • **il s'est vite mis au ~** he soon got in step with the others

diaphragme [djafʀagm] NM diaphragm; [*d'appareil photo*] aperture

diapo* [djapo] NF (ABR DE **diapositive**) slide

diaporama [djapɔʀama] NM slide show

diapositive [djapozitiv] NF slide

diarrhée [djaʀe] NF diarrhoea *NonC*, diarrhea (*US*) *NonC* • **avoir la ~** to have diarrhoea

diaspora [djaspɔʀa] NF diaspora

diatribe [djatʀib] NF diatribe (**contre** against)

dichotomie [dikɔtɔmi] NF dichotomy

dico* [diko] NM (ABR DE **dictionnaire**)

dictateur [diktatœʀ] NM dictator

dictatorial, e (*mpl* **-iaux**) [diktatɔʀjal, jo] ADJ dictatorial

dictature [diktatyʀ] NF dictatorship • **c'est de la ~ !** this is tyranny!

dictée [dikte] NF dictation

dicter [dikte] /TABLE 1/ VT [*+ lettre, action*] to dictate • **sa réponse (lui) est dictée par la peur** his reply was dictated by fear

diction [diksjɔ̃] NF (*= débit*) diction; (*= art*) elocution • **professeur de ~** elocution teacher

dictionnaire [diksjɔnɛʀ] NM dictionary • **~ analogique** thesaurus • **~ de données** (*Informatique*) data directory *ou* dictionary • **~ électronique** electronic dictionary • **traduire (un livre) à coups de ~** to translate (a book) with a dictionary in one hand • **c'est un ~ ambulant** (*personne*) he's a walking encyclopaedia

> Le mot anglais s'écrit avec un seul **n**.

dicton [diktɔ̃] NM saying • **il y a un ~ qui dit ...** there's a saying that goes ...

didacticiel [didaktisjɛl] NM educational software *NonC*

didactique [didaktik] **1** ADJ [*ouvrage*] educational; [*exposé, style*] didactic • **matériel ~** teaching aids **2** NF didactics *sg*

dièse [djɛz] NM hash mark; (*Mus*) sharp • **sol ~** G sharp

diesel, diésel [djezɛl] NM diesel

diète [djɛt] NF (*= jeûne*) starvation diet; (*= régime*) diet • **il est à la ~** he has been put on a starvation diet

diététicien, -ienne [djetetisjɛ̃, jɛn] NM,F dietician

diététique [djetetik] **1** ADJ health-food **2** NF dietetics *sg*

dieu (*pl* **dieux**) [djø] NM god • **Dieu** God • **Dieu le père** God the Father • **le bon Dieu** the good Lord • **on lui donnerait le bon Dieu sans confession** he looks as if butter wouldn't melt in his mouth • **mon Dieu !** my God! • **grands Dieux !** good God! • **Dieu vous bénisse !** God bless you! • **Dieu seul le sait** God only knows • **Dieu merci, il n'a pas plu** it didn't rain, thank goodness

diffamation [difamasjɔ̃] NF defamation; (*en paroles*) slander; (*par écrit*) libel • **campagne de ~** smear campaign

diffamatoire [difamatwaʀ] ADJ defamatory; [*propos*] slanderous; [*écrit*] libellous

différé [difeʀe] *ptp de* **différer** NM **(émission en) ~** recording • **le match sera retransmis en ~** the match will be broadcast at a later time

différemment [difeʀamɑ̃] ADV differently

différence [difeʀɑ̃s] NF difference • **~ d'âge** difference in age • **quelle ~ avec les autres !** what a difference from the others! • **ne pas faire de ~** to make no distinction • **marquer sa ~** (*= identité*) to assert one's distinctive identity • **à cette ~ que ...** except that ... • **à la ~ de** unlike

différenciation [difeʀɑ̃sjasjɔ̃] NF differentiation

différencier [difeʀɑ̃sje] /TABLE 7/ VT to differentiate

différend [difeʀɑ̃] NM difference of opinion

différent, e [difeʀɑ̃, ɑ̃t] ADJ ⓐ (*= dissemblable*) different (**de** from) ⓑ (*avant le nom*) (*= divers*) various • **à ~es reprises** on various occasions • **pour ~es raisons** for various reasons

différentiel, -ielle [difeʀɑ̃sjɛl] ADJ, NM differential

différer [difeʀe] /TABLE 6/ **1** VI to differ (**de** from, **en, par** in) • **la mode diffère de pays à pays** fashions differ from one country to the next **2** VT [*+ jugement, paiement, départ*] to defer

difficile [difisil] ADJ ⓐ difficult • **il nous est ~ de prendre une décision** it is difficult for us to make a decision • **~ à faire** difficult to do • **ils ont des fins des mois ~s** they have a hard time making ends meet ⓑ [*personne*] (*= exigeant*) hard to please *attrib* • **un enfant ~** a difficult child • **elle a un caractère ~** she's difficult • **être ~ sur la nourriture** to be fussy about one's food ⓒ [*banlieue, quartier*] tough

difficilement [difisilmɑ̃] ADV [*marcher, s'exprimer*] with difficulty • **c'est ~ croyable** it's difficult to believe

difficulté [difikylte] NF difficulty • **avoir des ~s pour faire qch** to have difficulty doing sth • **avoir des ~s financières** to be in financial difficulties • **cela ne présente aucune ~** that is no problem • **c'est là la ~** that's the problem • **sans ~** without any difficulty • **en cas de ~** in case of difficulty

▸ **en difficulté** **être** *ou* **se trouver en ~** [*personne*] to find o.s. in difficulties; [*entreprise*] to be having problems • **navire en ~** ship in distress • **un enfant en ~** (*Scol*) a child with learning difficulties • **mettre qn en ~** to put sb in a difficult position

difforme [difɔʀm] ADJ deformed

diffus, e [dify, yz] ADJ diffuse

diffuser [difyze] /TABLE 1/ **1** VT ⓐ [*+ lumière, chaleur*] to diffuse ⓑ [*+ rumeur, nouvelle, connaissances*] to spread; [*+ signalement*] to issue ⓒ (*Radio, TV*) [*+ émission*] to broadcast • **le concert était diffusé en direct** the concert was broadcast live ⓓ (*= distribuer*) [*+ livres, revues, tracts*] to distribute • **ce magazine est diffusé à 80 000 exemplaires** this magazine has a circulation of 80,000 **2** VPR **se diffuser** [*chaleur, lumière*] to be diffused; [*rumeur, nouvelle*] to spread

diffuseur [difyzœʀ] NM ⓐ (*= distributeur*) distributor ⓑ [*de parfum*] diffuser (*for room fragrance*)

d

diffusion [difyzjɔ̃] (NF) ⓐ *[de lumière, chaleur]* diffusion ⓑ *[de rumeur, nouvelle, connaissances]* spreading ⓒ *(Radio, TV)* broadcasting ⓓ *[de livres, revues]* distribution; *[de journaux]* circulation ⓔ *[de maladie, virus]* spread

digérer [diʒeʀe] /TABLE 6/ (VT) *[+ aliment, connaissance]* to digest • **je l'ai bien digéré** I had no trouble digesting it • **je n'ai jamais digéré* ce qu'il m'avait dit** what he said still rankles with me

digeste [diʒɛst] (ADJ) *[aliment]* easily digestible • **c'est un livre peu ~*** this book's rather heavy going

digestif, -ive [diʒɛstif, iv] **1** (ADJ) digestive **2** (NM) *(= liqueur)* liqueur

digestion [diʒɛstjɔ̃] (NF) digestion • **j'ai une ~ difficile** I get indigestion

digicode ® [diʒikɔd] (NM) door code

digital, e[1] *(mpl* **-aux***)* [diʒital, o] (ADJ) digital

digitale[2] [diʒital] (NF) foxglove

digitopuncture [diʒitopɔ̃ktyʀ] (NF) acupressure

digne [diɲ] (ADJ) ⓐ *(= auguste)* dignified ⓑ *(= qui mérite)* **~ de** *[+ admiration, intérêt]* worthy of • **~ de ce nom** worthy of the name • **~ d'éloges** praiseworthy • **~ de foi** trustworthy ⓒ *(= à la hauteur)* worthy • **son ~ représentant** his worthy representative • **tu es ~ de ton père** you take after your father • **une attitude peu ~ d'un juge** an attitude unworthy of a judge • **un dessert ~ d'un si fin repas** a fitting dessert for such a fine meal

dignement [diɲ(ə)mɑ̃] (ADV) ⓐ *(= noblement)* with dignity ⓑ *(= justement)* fittingly

dignitaire [diɲitɛʀ] (NM) dignitary

dignité [diɲite] (NF) dignity • **la ~ de la personne humaine** human dignity • **manquer de ~** to be undignified

digression [digʀesjɔ̃] (NF) digression

digue [dig] (NF) dyke; *(pour protéger la côte)* sea wall

diktat ○ [diktat] (NM) diktat

dilapider [dilapide] /TABLE 1/ (VT) *[+ héritage, fortune]* to squander; *[+ fonds publics, biens]* to embezzle

dilatation [dilatasjɔ̃] (NF) *[de pupille, vaisseau]* dilation; *[de gaz, liquide]* expansion

dilater [dilate] /TABLE 1/ **1** (VT) *[+ pupille, vaisseau]* to dilate; *[+ métal, gaz, liquide]* to cause to expand **2** (VPR) **se dilater** *[pupille, narine]* to dilate; *[métal, gaz, liquide]* to expand

dilatoire [dilatwaʀ] (ADJ) **manœuvres ~s** delaying tactics

dilemme [dilɛm] (NM) dilemma • **sortir du ~** to resolve the dilemma

dilettante [diletɑ̃t] (NMF) dilettante • **faire qch en ~** *(en amateur)* to dabble in sth • **je fais de la peinture en ~** I do a bit of painting

dilettantisme [diletɑ̃tism] (NM) amateurishness

diligence [diliʒɑ̃s] (NF) ⓐ **faire ~** to make haste ⓑ *(= voiture)* stagecoach

diligent, e [diliʒɑ̃, ɑ̃t] (ADJ) diligent

diluant [dilɥɑ̃] (NM) thinner

diluer [dilɥe] /TABLE 1/ (VT) to dilute; *[+ peinture]* to thin

dilution [dilysjɔ̃] (NF) dilution

diluvien, -ienne [dilyvjɛ̃, jɛn] (ADJ) *[pluie]* torrential

dimanche [dimɑ̃ʃ] (NM) Sunday • **le ~ de Pâques** Easter Sunday • **mettre ses habits du ~** to put on one's Sunday best • **promenade du ~** Sunday walk • **peintre du ~** Sunday painter • **sauf ~ et jours fériés** Sundays and holidays excepted • **ici, c'est pas tous les jours ~!** life isn't always much fun here! → **samedi**

✎ Les noms de jours s'écrivent avec une majuscule en anglais.

dimension [dimɑ̃sjɔ̃] (NF) ⓐ *(= taille)* *[de pièce, terrain]* size • **avoir la même ~** to be the same size • **de grande ~** large-sized • **de petite ~** small-sized ⓑ *(= mesure)* **dimensions** dimensions • **quelles sont les ~s de la pièce?** what are the measurements of the room? ⓒ *(= importance)* **une entreprise de ~ internationale** a company of international standing • **une tâche à la ~ de son talent** a task to match one's talent • **prendre la ~ d'un problème** to size a problem up ⓓ *(= valeur physique)* dimension • **la quatrième ~** the fourth dimension • **en 3 ~s** 3-dimensional

diminué, e [diminɥe] *ptp de* **diminuer** (ADJ) *(= affaibli)* **il est très ~ depuis son accident** he's not the man he was since his accident

diminuer [diminɥe] /TABLE 1/ **1** (VT) ⓐ *(= réduire)* to reduce ⓑ *(= rabaisser)* *[+ mérite, talent]* to belittle ⓒ *(Tricot)* to decrease **2** (VI) ⓐ *[violence, intensité, intérêt, ardeur]* to diminish; *[lumière]* to fade; *[bruit]* to die down; *[pluie]* to let up • **le bruit diminue d'intensité** the noise is dying down ⓑ *[effectifs, nombre, valeur, pression]* to decrease; *[provisions]* to run low; *[forces]* to decline • **les jours diminuent** the days are getting shorter

diminutif [diminytif] (NM) diminutive; *(= petit nom)* pet name

diminution [diminysjɔ̃] (NF) ⓐ reduction • **une ~ très nette du nombre des accidents** a marked decrease in the number of accidents • **être en nette ~** to be falling rapidly ⓑ *[de violence, intensité]* diminishing ⓒ *[de lumière, bruit]* fading; *[d'ardeur]* decrease (**de** in) ⓓ *(Tricot)* decreasing • **faire une ~** to decrease

dinde [dɛ̃d] (NF) *(= animal)* turkey • **~ de Noël** Christmas turkey

dindon [dɛ̃dɔ̃] (NM) turkey • **être le ~ (de la farce)*** to be the fall guy*

dindonneau *(pl* **dindonneaux***)* [dɛ̃dɔno] (NM) turkey

dîner ○ [dine] /TABLE 1/ **1** (VI) ⓐ *(le soir)* to have dinner • **avoir qn à ~** to have sb round to dinner ⓑ *(Can, Helv, Belg)* *(= déjeuner)* to have lunch **2** (NM) ⓐ *(= repas du soir)* dinner • **ils donnent un ~ demain** they are having a dinner party tomorrow • **avant le ~** before dinner ⓑ *(Can, Helv, Belg)* *(= déjeuner)* lunch

dînette ○ [dinɛt] (NF) *(= jeu d'enfants)* doll's tea party • **jouer à la ~** to play at having a tea party

dingue* [dɛ̃g] (ADJ) *[personne]* nuts* • **tu verrais les prix, c'est ~!** you should see the prices, they're crazy! • **un vent ~** a hell of* a wind • **il est ~ de cette fille** he's crazy* about that girl

dinosaure [dinɔzɔʀ] (NM) dinosaur

diocèse [djɔsɛz] (NM) diocese

diode [djɔd] (NF) diode

dioxine [diɔksin] (NF) dioxin

dioxyde [diɔksid] (NM) dioxide

diphtérie [difteʀi] (NF) diphtheria

diphtongue [diftɔ̃g] (NF) diphthong

diplomate [diplɔmat] **1** (ADJ) diplomatic **2** (NMF) diplomat

diplomatie [diplɔmasi] (NF) diplomacy • **entrer dans la ~** to enter the diplomatic service

diplomatique [diplɔmatik] (ADJ) diplomatic

diplôme [diplom] (NM) (= *titre*) diploma; (*Univ*) ≈ degree • **avoir des ~s** to have qualifications

DIPLÔMES
In French universities, students doing science courses can take the "DEUST" after two years and gain a diploma before taking the "licence" after the third year. The one-year "maîtrise" follows the "licence", and involves a dissertation known as a "mémoire". Higher postgraduate study usually begins with a "DEA", a research qualification that precedes the "doctorat".

diplômé, e [diplome] (ADJ) qualified • **il est ~ d'Harvard** he has a Harvard degree

dire [diʀ] /TABLE 37/

1 VERBE TRANSITIF
2 VERBE PRONOMINAL
3 NOM MASCULIN PLURIEL

1 VERBE TRANSITIF

to say se construit, comme **dire**, avec un complément d'objet direct et un complément d'objet indirect : **to say sth to sb**, alors que **to tell** se construit avec deux compléments d'objet directs : **to tell sb sth**; **to tell** ne peut pas s'employer sans objet.

ⓐ to say; [+ *mensonges, nouvelle, nom*] to tell; [+ *sentiment*] to express • **~ qch à qn** to say sth to sb, to tell sb sth • **~ bonjour à qn** to say hello to sb, to tell sb hello (*US*) • **~ quelques mots à qn** to say a few words to sb • **qu'est-ce que vous avez dit?** what did you say? • **comment dit-on ça en anglais?** how do you say that in English? • **il dit qu'il nous a écrit** he says that he wrote to us • **vous nous dites dans votre lettre que ...** you say in your letter that ... • **j'ai quelque chose à vous ~** there's something I want to tell you • **je ne te le dirai pas deux fois** I won't tell you again • **je vous l'avais bien dit!** I told you so! • **dites-lui de venir ce soir** tell him to come tonight • **fais ce qu'on te dit!** do as you are told! • **on dit que ...** people say that ... • **il faut bien ~ que ...** (= *admettre*) I must say that ... • **il sait ce qu'il dit** he knows what he's talking about • **Jean-François ne sait pas ce qu'il dit** (= *il déraisonne*) Jean-François doesn't know what he's saying • **ce n'est pas une chose à ~** you can't say that kind of thing • **venez bientôt, disons demain** come soon, let's say tomorrow • **je ne vous le fais pas ~!** you said it! • **laisser ~** to let people talk • **laisse ~!** let them talk! • **~ la messe** to say mass • **~ des bêtises** to talk nonsense • **qu'est-ce qui me dit que c'est vrai?** how do I know it's the truth? • **faire ~ qch à qn** to send word of sth to sb • **je me suis laissé ~ que ...** I heard that ... • **ça suffit, j'ai dit!** I said that's enough!
▸ **ceci dit** having said this
▸ **cela dit** having said this
▸ **cela va sans dire** it goes without saying
▸ **comme on dit** as they say

ⓑ (= *penser*) to think • **qu'est-ce que tu dis de ça?** what do you think about that? • **que diriez-vous d'une promenade?** how about a walk? • **on dirait qu'il le fait exprès!** you'd almost think he does it on purpose! • **on dirait qu'il va pleuvoir** it looks like rain • **on dirait du poulet** it tastes like chicken

ⓒ (= *objecter*) **je n'ai rien à ~ sur son travail** I can't complain about his work • **rien à ~!** you can't argue with that! • **il n'y a pas à ~*** there's no doubt about it • **c'est pas pour ~, mais il n'est pas très sympathique** I don't want to go on about him, but he's not very nice

ⓓ (= *évoquer*) **ce nom me dit quelque chose** the name rings a bell • **Lucien Josse? ça ne me dit rien du tout** Lucien Josse? I've never heard of him

ⓔ (= *plaire*) **ça vous dit de sortir?** do you feel like going out? • **ça ne me dit rien** I don't feel like it

ⓕ (*locutions*) **dis Papa, quand est-ce qu'on part?** when are we going, daddy? • **dites donc!** (= *à propos*) by the way; (= *holà*) hey! • **ça lui a rapporté 100 000 € — ben dis donc!*** that earned him 100,000 euros — goodness me! • **c'est moi qui vous le dis** take my word for it • **c'est vous qui le dites** that's what you say • **c'est beaucoup ~** that's saying a lot • **c'est peu ~** that's an understatement • **que tu dis!*** that's your story! • **à qui le dites-vous!** you're telling me!* • **qui dit mieux?** any advance?
▸ **vouloir dire** (= *signifier*) to mean • **qu'est-ce que ça veut ~?** what does that mean? • **cette phrase ne veut rien ~** this sentence doesn't mean anything • **que veux-tu ~ par là?** what do you mean? • **ça veut tout ~!** that says it all!
▸ **comment dirais-je?** how shall I put it?
▸ **soit dit en passant** by the way
▸ **entre nous soit dit** between you and me
▸ **pour tout dire** actually

2 VERBE PRONOMINAL

se dire

ⓐ (= *penser*) to think to o.s. • **je me suis dit que c'était dommage** I thought to myself it was a pity • **je me dis que j'aurais dû l'acheter** I feel now that I should have bought it • **il faut bien se ~ que ...** one has to realize that ...

ⓑ (= *se prétendre*) to claim to be • **il se dit malade** he claims to be ill

ⓒ (*mutuellement*) **elles se sont dit au revoir** they said goodbye

ⓓ (= *être exprimé*) **ça ne se dit pas** (*inusité*) you don't say that; (*impoli*) it's not polite • **comment ça se dit en français?** how do you say that in French?

3 NOM MASCULIN PLURIEL

dires selon ses ~s according to him • **aux ~s de** according to

direct, e [diʀɛkt] 1 (ADJ) direct; [*train*] non-stop 2 (NM) ⓐ (= *train*) express train • **le ~ Paris-Dijon** the Paris-Dijon express ⓑ (*Radio, TV*) **c'est du ~** it's live • **émission en ~** live broadcast 3 (ADV)* straight • **on l'a emmené ~ à l'hôpital** he was taken straight to hospital

directement [diʀɛktəmɑ̃] (ADV) directly • **la maison ~ en face** the house directly opposite • **~ du producteur au consommateur** direct from the producer to the consumer • **il est allé se coucher ~** he went straight to bed

directeur, -trice [diʀɛktœʀ, tʀis] 1 (ADJ) [*idée, principe*] main
2 (NM) (= *responsable, gérant*) [*de banque, usine*] manager • **~ général** [*d'entreprise*] general manager; (*au conseil d'administration*) managing director; [*d'organisme international*] director general • **~ de département** head of department

• **~ des ressources humaines/commercial** human resources/sales manager • **~ (d'école)** headmaster, principal (*US*)
3 (NF) **directrice** [*d'entreprise*] manager; (= *propriétaire*) director; [*de département*] head • **directrice (d'école)** headmistress, principal (*US*)
4 (COMP) ▸ **directeur artistique** artistic director ▸ **directeur de cabinet** (*d'un ministre*) principal private secretary ▸ **directeur de la communication** head of communications ▸ **directeur de journal** newspaper editor ▸ **directeur de prison** prison governor (*Brit*), head warden (*US*) ▸ **directeur de théâtre** theatre (*Brit*) *ou* theater (*US*) manager ▸ **directeur de thèse** supervisor (*Brit*), dissertation director (*US*)

direction [diʀɛksjɔ̃] (NF) ⓐ (= *sens*) direction • **vous n'êtes pas dans la bonne ~** you're going in the wrong direction • **dans quelle ~ est-il parti ?** which way did he go? • **aller en ~ de Paris** to go in the direction of Paris • **prendre la ~ Châtelet** (*en métro*) take the line that goes to Châtelet • **train en ~ de ...** train for ... • **« autres ~s »** (*panneau*) "all other routes" • **« toutes ~s »** (*panneau*) "all routes"
ⓑ (= *action de diriger*) [*d'entreprise, usine, théâtre*] management; [*de journal, pays, gouvernement, parti*] running; [*d'orchestre*] conducting; [*d'acteurs*] directing; [*d'opération, manœuvre*] supervision • **prendre la ~ de** [+ *service*] to become head of; [+ *usine, entreprise*] to become manager of; [+ *équipe, travaux*] to take charge of; [+ *mouvement, pays*] to become leader of; [+ *journal*] to take over the editorship of • **orchestre placé sous la ~ de Luc Petit** orchestra conducted by Luc Petit
ⓒ (= *personnel*) management; [*de journal*] editorial board • **la ~ générale** the general management
ⓓ [*de voiture*] steering • **~ assistée** power steering

> ⚠ Un seul des sens de **direction** se traduit par le mot anglais **direction**.

directive [diʀɛktiv] (NF) directive
directrice [diʀɛktʀis] (NF) → **directeur**
dirigeable [diʀiʒabl] (ADJ, NM) **(ballon) ~** airship
dirigeant, e [diʀiʒɑ̃, ɑ̃t] 1 (ADJ) [*classe*] ruling 2 (NM,F) [*de parti, syndicat, pays*] leader; (= *monarche, dictateur*) ruler • **~ d'entreprise** company director
diriger [diʀiʒe] /TABLE 3/ 1 (VT) ⓐ [+ *service, journal*] to run; [+ *entreprise, usine, théâtre*] to manage; [+ *pays, mouvement, parti*] to lead; [+ *orchestre*] to conduct
ⓑ [+ *opération, manœuvre*] to direct; [+ *recherches, travaux*] to supervise; [+ *enquête, procès, débat*] to conduct
ⓒ [+ *voiture*] to steer; [+ *avion*] to pilot; [+ *bateau*] to steer; [+ *cheval*] to guide
ⓓ [+ *marchandises, convoi*] to send (**vers, sur** to)
ⓔ (= *orienter*) to direct (**sur, vers** to) • **~ une critique contre qn/qch** to direct a criticism at sb/sth
ⓕ (= *braquer*) **~ une arme sur qn** to point a weapon at sb • **~ un télescope sur qch** to point a telescope at sth • **~ une lampe de poche sur qch** to shine a torch on sth • **~ son attention sur qn/qch** to turn one's attention to sb/sth
ⓖ [+ *acteurs*] to direct
2 (VPR) **se diriger** ⓐ **se ~ vers** (= *aller vers*) to make for • **se ~ droit sur qch/qn** to make straight for sth/sb • **on se dirige vers un match nul** we seem to be heading towards a draw • **se ~ vers les sciences** [*étudiant*] to specialize in science
ⓑ (= *se guider*) to find one's way • **se ~ au radar** to navigate by radar
dirigisme [diʀiʒism] (NM) (*Écon*) state intervention
disait [dizɛ] (VB) → **dire**
discernement [disɛʀnəmɑ̃] (NM) (= *sagesse*) discernment • **agir sans ~** to act without proper judgment
discerner [disɛʀne] /TABLE 1/ (VT) ⓐ (= *distinguer*) [+ *forme*] to discern; [+ *bruit, nuance*] to detect ⓑ (= *différencier*) to distinguish (**entre** between)
disciple [disipl] (NM) disciple
disciplinaire [disiplinɛʀ] (ADJ) disciplinary
discipline [disiplin] (NF) ⓐ (= *règle*) discipline → **conseil** ⓑ (= *matière*) discipline; (*Sport*) sport • **~ olympique** Olympic sport • **c'est le meilleur dans sa ~** he's the best in his field
discipliné, e [disipline] *ptp de* **discipliner** (ADJ) disciplined
discipliner [disipline] /TABLE 1/ (VT) to discipline • **il faut apprendre à se ~** one must learn self-discipline
disc-jockey (*pl* **disc-jockeys**) [diskʒɔkɛ] (NM) disc jockey, DJ
disco [disko] 1 (ADJ) disco 2 (NM *ou* F) **le** *ou* **la ~** disco 3 (NF)* (ABR DE **discothèque**) disco
discontinu, e [diskɔ̃tiny] (ADJ) discontinuous; (= *intermittent*) [*trait*] broken; [*bruit, effort*] intermittent • **bande** *ou* **ligne blanche ~e** (*sur route*) broken white line
discordant, e [diskɔʀdɑ̃, ɑ̃t] (ADJ) [*opinions, témoignages*] conflicting; [*sons, couleurs*] discordant; [*voix*] harsh
discorde [diskɔʀd] (NF) discord • **mettre** *ou* **semer la ~** to sow discord (**chez, parmi** among)
discothèque [diskɔtɛk] (NF) (= *club*) discotheque; (= *collection*) record collection; (= *bâtiment*) record library
discount [diskunt] (NM) (= *rabais*) discount • **billets/vols en ~** discount tickets/flights • **(magasin) ~** discount store • **à des prix ~** at discount prices
discounter, discounteur [diskuntœʀ] (NM) discount dealer
discourir [diskuʀiʀ] /TABLE 11/ (VI) (= *faire un discours*) to make a speech (**sur, de** about); (*péj*) to hold forth
discours [diskuʀ] (NM) ⓐ (= *allocution*) speech • **le ~ du trône** the Queen's (*ou* King's) speech • **le ~ sur l'état de l'Union** the State of the Union Address • **faire** *ou* **prononcer un ~** to make a speech
ⓑ (*péj*) **tous ces beaux ~ n'y changeront rien** all these fine words won't make any difference • **assez de ~, des faits !** that's enough talk, let's see some action!
ⓒ (= *idées exprimées*) views • **le ~ des intellectuels** the views expressed by intellectuals • **c'est le ~ officiel** it's the official line • **changer de ~** to change one's position • **il m'a déjà tenu ce ~** he's already told me that
ⓓ **le ~** (= *expression verbale*) speech • **au ~ direct/indirect** in direct/indirect speech
discourtois, e [diskuʀtwa, waz] (ADJ) discourteous
discrédit [diskʀedi] (NM) discredit • **jeter le ~ sur qch/qn** to discredit sth/sb
discréditer [diskʀedite] /TABLE 1/ 1 (VT) to discredit 2 (VPR) **se discréditer** [*personne*] to bring discredit upon o.s. (**aux yeux de qn, auprès de qn** in sb's eyes)
discret, -ète [diskʀɛ, ɛt] (ADJ) discreet
discrètement [diskʀɛtmɑ̃] (ADV) discreetly
discrétion [diskʀesjɔ̃] (NF) ⓐ [*de personne*] discretion • **« ~ assurée »** "discretion assured" ⓑ **vin/pain à ~** as

much wine/bread as you want • **être à la ~ de qn** to be in sb's hands

discrimination [diskʀiminasjɔ̃] (NF) discrimination (**contre, à l'égard de, envers** against) • **sans ~ d'âge ni de sexe** regardless of age or sex

discriminatoire [diskʀiminatwaʀ] (ADJ) [*mesures*] discriminatory

discriminer [diskʀimine] /TABLE 1/ (VT) [*+ personnes*] to discriminate against

disculper [diskylpe] /TABLE 1/ **1** (VT) to exonerate (**de** from) **2** (VPR) **se disculper** to exonerate o.s. (**auprès de qn** in sb's eyes)

discussion [diskysjɔ̃] (NF) discussion • **le projet de loi est en ~** the bill is under discussion • **avoir une violente ~ avec qn** to have a violent disagreement with sb

discutable [diskytabl] (ADJ) [*solution, théorie*] debatable; [*goût*] doubtful • **il est compétent — c'est tout à fait ~** he's competent — that's debatable

discutailler* [diskytaje] /TABLE 1/ (VI) (*péj*) (*= bavarder*) to chat (away), to natter (away)* (*Brit*); (*= débattre sans fin*) to argue (**sur** over), to go on* (**sur** about); (*= ergoter*) to wrangle, to quibble (**sur** over)

discute* [diskyt] (NF) **taper la ~** to have a chin-wag*

discuté, e [diskyte] *ptp de* **discuter** (ADJ) **très ~** [*ministre, théorie*] very controversial • **une question très ~e** a much debated question

discuter [diskyte] /TABLE 1/ **1** (VT) **a** (*= débattre*) to discuss; [*+ prix*] to argue about
b (*= contester*) [*+ ordre, droits de qn*] to question • **ça se discute** that's debatable
2 (VI) **a** (*= parler*) to talk (**avec** with); (*= parlementer*) to argue (**avec** with) • **~ de** *ou* **sur qch** to discuss sth • **j'en ai discuté avec lui et il est d'accord** I have discussed the matter with him and he agrees • **~ politique/affaires** to discuss politics/business • **on ne peut pas ~ avec lui!** you just can't argue with him!
b (*= protester*) to argue • **suivez-moi sans ~** follow me and don't argue • **il a obéi sans ~** he obeyed without question

disette [dizɛt] (NF) famine

diseuse [dizøz] (NF) **~ de bonne aventure** fortune-teller

disgrâce [disgʀɑs] (NF) (*= défaveur*) disgrace • **tomber en ~** to fall into disgrace

disgracieux, -ieuse [disgʀasjø, jøz] (ADJ) [*geste, démarche*] awkward; [*visage, forme, objet*] ugly

disjoncter [disʒɔ̃kte] /TABLE 1/ (VI) **ça a disjoncté** the trip-switch has gone • **il disjoncte*** he's cracking up*

disjoncteur [disʒɔ̃ktœʀ] (NM) circuit-breaker

dislocation [dislɔkasjɔ̃] (NF) [*de pays, empire*] dismantling • **~ de la cellule familiale** breakdown of the family unit

disloquer [dislɔke] /TABLE 1/ **1** (VT) **a** [*+ articulation*] to dislocate • **avoir l'épaule disloquée** to have a dislocated shoulder **b** [*+ pays, empire*] to dismantle **2** (VPR) **se disloquer** **a** **se ~ le bras** to dislocate one's arm **b** [*meuble*] to come apart; [*empire*] to break up

disparaître○ [disparɛtʀ] /TABLE 57/ (VI) **a** (*= ne plus être visible*) to disappear; (*= mourir*) [*personne*] to die; [*race, civilisation*] to die out • **~ à l'horizon** to disappear over the horizon • **il a disparu de la circulation*** he dropped out of circulation • **~ en mer** to be lost at sea **b** **faire ~** [*prestidigitateur*] to make disappear; [*+ document*] to get rid of; [*+ tache, trace, obstacle, difficulté*] to remove; [*+ personne*] to eliminate; [*+ crainte*] to dispel • **cela a fait ~ la douleur** it made the pain go away

disparate [disparat] (ADJ) disparate; [*couple, couleurs*] badly matched

disparité [disparite] (NF) disparity (**de** in); [*d'objets, couleurs*] mismatch *NonC* • **il y a des ~s salariales entre les régions** salaries are not the same from region to region

disparition [disparisjɔ̃] (NF) **a** [*de personne, cicatrice, rougeur, tache*] disappearance **b** (*= mort, perte*) [*de personne*] death; [*d'espèce*] extinction; [*de coutume, langue, objet, bateau*] disappearance • **menacé** *ou* **en voie de ~** [*espèce*] endangered; [*civilisation, langue, tradition, métier*] dying

disparu, e [dispary] *ptp de* **disparaître** **1** (ADJ) **a** (*= révolu*) [*monde, époque*] bygone; [*bonheur, jeunesse*] lost **b** (*= mort*) [*personne, race, coutume, langue*] dead; [*espèce*] extinct; (*= dont on est sans nouvelles*) [*personne*] missing • **il a été porté ~** [*soldat*] he has been reported missing; (*dans une catastrophe*) he is missing, believed dead • **marin ~ en mer** sailor lost at sea **2** (NM,F) (*= mort*) dead person; (*= dont on a perdu la trace*) missing person • **le cher ~** the dear departed

dispendieux, -ieuse [dispɑ̃djø, jøz] (ADJ) (*frm*) [*goûts, luxe*] expensive

dispensaire [dispɑ̃sɛʀ] (NM) health centre (*Brit*) *ou* center (*US*)

dispense [dispɑ̃s] (NF) (*= permission*) special permission • **les élèves demandent une ~ de cours le samedi** the pupils have asked for permission not to attend classes on Saturday

dispenser [dispɑ̃se] /TABLE 1/ **1** (VT) **a** (*= exempter*) to exempt (**de faire qch** from doing sth, **de qch** from sth) • **je vous dispense de vos réflexions** I can do without your comments • **il est dispensé de gymnastique** he's excused from gym **b** [*+ bienfaits, lumière*] to dispense; [*+ enseignement, formation, soins*] to give **2** (VPR) **se dispenser je me dispenserais bien d'y aller** I'd gladly save myself the bother of going if I could • **il peut se ~ de travailler** he doesn't need to work

dispersé, e [dispɛʀse] *ptp de* **disperser** (ADJ) [*habitat, famille*] scattered • **tous nos amis sont maintenant ~s** all our friends are now scattered • **en ordre ~** in a disorganised manner • **nos efforts sont trop ~s** our efforts aren't focused enough • **il est trop ~** [*élève*] he tries to do too many things at once

disperser [dispɛʀse] /TABLE 1/ **1** (VT) **a** [*+ papiers, feuilles, foule, cendres de qn*] to scatter; [*+ brouillard*] to disperse; [*+ collection*] to break up **b** **~ ses forces** to spread oneself too thin • **~ son attention** to lack concentration • **il ne faut pas ~ tes efforts** you shouldn't spread yourself too thin **2** (VPR) **se disperser** [*foule*] to scatter; [*élève, artiste*] to overdiversify • **ne vous dispersez pas trop!** don't attempt to do too many things at once!

dispersion [dispɛʀsjɔ̃] (NF) [*de produit*] dispersion; [*de papiers, feuilles*] scattering; [*de collection*] breaking up; [*de foule, manifestation*] dispersal

disponibilité [dispɔnibilite] **1** (NF) **a** [*de choses*] availability • **en fonction des ~s de chacun** depending on each person's availability **b** **mettre en ~** [*+ fonctionnaire*] to free from duty temporarily; [*+ officier*] to place on reserve **c** [*d'élève, auditoire*] receptiveness **2** (NFPL) **disponibilités** (*financières*) liquid assets

disponible [dispɔnibl] (ADJ) **a** (*= libre*) available • **avez-vous des places ~s pour ce soir?** are there any

d

seats available for this evening? • **il n'y a plus une seule place ~** there's not a single seat left • **je ne suis pas ~ ce soir** I'm not free tonight • **elle est toujours ~ pour écouter ses étudiants** she's always ready to listen to her students ⓑ [*élève, esprit, auditoire*] alert

dispos, e [dispo, oz] (ADJ) → **frais**

disposé, e [dispoze] *ptp de* **disposer** (ADJ) ⓐ (= *prêt*) **être ~/peu ~ à faire qch** to be willing/unwilling to do sth ⓑ **bien/mal ~** in a good/bad mood • **bien ~ à l'égard de** *ou* **envers qn** well-disposed towards sb • **mal ~ à l'égard de** *ou* **envers qn** ill-disposed towards sb ⓒ **pièces mal ~es** badly laid-out rooms

disposer [dispoze] /TABLE 1/ **1** (VT) ⓐ (= *arranger*) to arrange • **~ des objets en cercle** to arrange things in a circle

ⓑ **~ qn à faire qch/à qch** (= *engager à*) to incline sb to do sth/towards sth; (= *préparer à*) to prepare sb to do sth/for sth

2 (VT INDIR) ⓐ **~ de** (= *avoir l'usage de*) [+ *somme d'argent*] to have at one's disposal; [+ *matériel, voiture*] to have the use of • **il disposait de quelques heures pour visiter Lille** he had a few hours free in which to visit Lille • **il peut ~ de son temps** his time is his own • **avec les moyens dont il dispose** with the means at his disposal

ⓑ (*Sport* = *se débarrasser de*) to dispose of • **il a disposé de son adversaire en trois sets** he disposed of his opponent in three sets

3 (VI) (*frm*) (= *partir*) to leave • **vous pouvez ~** you may go now

4 (VPR) **se disposer se ~ à faire qch** (= *se préparer à*) to prepare to do sth • **il se disposait à quitter le bureau** he was preparing to leave the office

> ⚠ **disposer de ≠ to dispose of**

dispositif [dispozitif] (NM) ⓐ (= *mécanisme*) device • **~ d'alarme** alarm device • **~ de contrôle** control mechanism • **~ intra-utérin** intra-uterine device ⓑ (= *moyens prévus*) **~ d'attaque** plan of attack • **~ de contrôle/défense/surveillance** control/defence/surveillance system • **~ de lutte contre le chômage** measures to combat unemployment • **renforcer le ~ militaire** to increase the military presence • **un important ~ de sécurité a été mis en place** a major security operation has been mounted

disposition [dispozisjɔ̃] **1** (NF) ⓐ (= *arrangement*) arrangement; [*de pièces d'une maison*] layout • **selon la ~ des pions** according to how the pawns are placed • **ils ont changé la ~ des objets dans la vitrine** they have changed the way the things in the window are laid out

ⓑ (= *usage*) disposal • **mettre qch/être à la ~ de qn** to put sth/be at sb's disposal • **je me tiens à votre entière ~ pour de plus amples renseignements** I am entirely at your disposal should you require further information • **il a été mis à la ~ de la justice** he was handed over to the law

ⓒ (= *mesure*) measure • **~s** (= *préparatifs*) arrangements; (= *précautions*) measures • **prendre des** *ou* **ses ~s pour que qch soit fait** to make arrangements for sth to be done

ⓓ (= *manière d'être*) mood • **être dans de bonnes ~s** to be in a good mood • **être dans de bonnes ~s pour faire qch** to be in the right mood to do sth • **est-il toujours dans les mêmes ~s à l'égard de ce projet/candidat?** does he still feel the same way about this plan/candidate? • **~ d'esprit** mood

ⓔ (= *tendance*) [*de personne*] tendency (**à** to) • **avoir une ~ au rhumatisme** to have a tendency to rheumatism

ⓕ [*de contrat*] clause • **~s testamentaires** provisions of a will

2 (NFPL) **dispositions** (= *inclinations, aptitudes*) aptitude • **avoir des ~s pour la musique/les langues** to have a gift for music/languages

disproportionné, e [dispʀɔpɔʀsjɔne] (ADJ) disproportionate (**par rapport à, avec** to)

dispute [dispyt] (NF) (= *querelle*) argument • **~ d'amoureux** lovers' tiff

disputé, e [dispyte] *ptp de* **disputer** (ADJ) **très ~** [*match*] close; [*course, élection, siège de député*] hotly contested

disputer [dispyte] /TABLE 1/ **1** (VT) ⓐ (= *contester*) **~ qch/qn à qn** to fight with sb over sth/sb • **~ la première place à son rival** to fight for first place with one's rival

ⓑ [+ *combat*] to fight; [+ *match*] to play • **le match a été disputé en Angleterre** the match was played in England

ⓒ (= *gronder*) to tell off* • **se faire ~ par qn** to get a telling-off* from sb

2 (VPR) **se disputer** (= *se quereller*) to argue; (= *se brouiller*) to fall out • **se ~ qch** to fight over sth • **ils se disputent le titre de champion d'Europe** they're fighting for the title of European champion

disquaire [diskɛʀ] (NMF) (= *commerçant*) record dealer

disqualification [diskalifikasjɔ̃] (NF) (*Sport*) disqualification

disqualifier [diskalifje] /TABLE 7/ (VT) (*Sport*) to disqualify

disque [disk] (NM) disc; (*d'ordinateur*) disk; (*Sport*) discus; (*vinyle*) record • **mettre/passer un ~** (*compact*) to put on/play a CD ▸ **disque compact** compact disc ▸ **disque dur** hard disk

disquette [diskɛt] (NF) diskette

dissemblable [disɑ̃blabl] (ADJ) dissimilar

disséminer [disemine] /TABLE 1/ **1** (VT) [+ *graines*] to scatter; [+ *idées*] to disseminate • **les points de vente sont très disséminés** the sales outlets are scattered over a wide area **2** (VPR) **se disséminer** [*personnes*] to scatter

dissension [disɑ̃sjɔ̃] (NF) dissension (**entre, au sein de** between)

disséquer [diseke] /TABLE 6/ (VT) to dissect

dissertation [disɛʀtasjɔ̃] (NF) essay

disserter [disɛʀte] /TABLE 1/ (VI) **~ sur** (= *parler*) to speak on; (= *écrire*) to write an essay on

dissidence [disidɑ̃s] (NF) (= *sécession*) dissidence; (= *dissidents*) dissidents

dissident, e [disidɑ̃, ɑ̃t] **1** (ADJ) dissident • **une fraction ~e de l'organisation** a dissident minority in the organization • **groupe ~** breakaway group **2** (NM,F) dissident

dissimulation [disimylasjɔ̃] (NF) (= *duplicité, cachotterie*) dissimulation; (= *action de cacher*) concealment • **~ de preuve(s)** withholding of evidence

dissimulé, e [disimyle] *ptp de* **dissimuler** (ADJ) **sentiments mal ~s** ill-concealed feelings • **avec un plaisir non ~** with undisguised pleasure

dissimuler [disimyle] /TABLE 1/ **1** (VT) (= *cacher*) to conceal (**à qn** from sb) • **il parvenait mal à ~ sa joie** he had difficulty concealing how happy he was **2** (VPR) **se dissimuler** to hide

dissipation [disipasjɔ̃] (NF) ⓐ (= *indiscipline*) misbehaviour (*Brit*), misbehavior (*US*) ⓑ [*de fumée, nuages, brouillard*] clearing; [*de craintes*] dispelling • **après ~ des brumes matinales** after the early morning fog has lifted

dissipé, e [disipe] *ptp de* **dissiper** (ADJ) [*élève*] undisciplined

dissiper [disipe] /TABLE 1/ **1** (VT) ⓐ [+ *soupçon, crainte*] to dispel; [+ *malentendu*] to clear up ⓑ **~ qn** to lead sb astray • **il dissipe ses camarades en classe** he distracts his classmates **2** (VPR) **se dissiper** ⓐ [*brouillard, fumée, nuages*] to clear; [*inquiétude*] to vanish; [*malaise, fatigue*] to disappear ⓑ [*élève*] to misbehave

dissocier [disɔsje] /TABLE 7/ **1** (VT) to dissociate **2** (VPR) **se dissocier** [*éléments, groupe, équipe*] to break up • **nous tenons à nous ~ de ce groupe** we are anxious to dissociate ourselves from this group

dissolu, e [disɔly] (ADJ) dissolute

dissolution [disɔlysjɔ̃] (NF) ⓐ [*d'assemblée, gouvernement, mariage, parti*] dissolution ⓑ [*de substance*] dissolving • **jusqu'à ~ complète du cachet** until the tablet has completely dissolved

dissolvant [disɔlvɑ̃] (NM) (= *produit*) solvent • **~ (gras)** (*pour les ongles*) nail polish remover

dissonant, e [disɔnɑ̃, ɑ̃t] (ADJ) [*sons*] dissonant; [*couleurs*] clashing

dissoudre [disudʀ] /TABLE 51/ **1** (VT) ⓐ (*dans un liquide*) **(faire) ~** to dissolve ⓑ [+ *assemblée, gouvernement, mariage, parti*] to dissolve **2** (VPR) **se dissoudre** ⓐ (*dans un liquide*) to dissolve ⓑ [*association*] to disband

dissuader [disɥade] /TABLE 1/ (VT) [*personne*] to dissuade (**de qch** from sth, **de faire** from doing); [*circonstances*] to deter (**de faire** from doing) • **il m'a dissuadé d'y aller** he persuaded me not to go

dissuasif, -ive [disɥazif, iv] (ADJ) [*argument*] dissuasive; [*armes, mesures*] deterrent • **avoir un effet ~ sur** to have a deterrent effect on • **à un prix ~** at a prohibitive price

dissuasion [disɥazjɔ̃] (NF) dissuasion • **la ~ (nucléaire)** (nuclear) deterrence • **de ~** [*mesures, force, stratégie*] deterrent

distance [distɑ̃s] (NF) ⓐ (= *éloignement*) distance • **parcourir de grandes ~s** to cover great distances • **respectez les ~s (de freinage)** keep your distance • **à quelle ~ est la gare?** how far away is the station? • **c'est le meilleur sur cette ~** [*coureur*] he's the fastest over this distance • **habiter à quelques kilomètres de ~** to live a few kilometres away (**de** from) • **communication/vol longue ~** long-distance call/flight • **garder ses ~s** to keep one's distance (**vis à vis de** from) • **prendre ses ~s** (*dans un rang*) to space out; (*fig*) to stand aloof (**à l'égard de** from) • **tenir la ~** [*coureur*] to go the distance
▸ **à distance** from a distance • **tenir qn à ~** to keep sb at a distance • **se tenir à ~** to keep one's distance
ⓑ (= *écart*) gap

distancer [distɑ̃se] /TABLE 3/ (VT) [+ *coureur, voiture*] to outdistance; [+ *concurrent, élève*] to outstrip • **se laisser** *ou* **se faire ~** to be outdistanced (*ou* outstripped) (**par** by) • **ne nous laissons pas ~** let's not fall behind

distanciation [distɑ̃sjasjɔ̃] (NF) distance • **sa ~ par rapport aux événements** the way he has distanced himself from events

distancier (se) [distɑ̃sje] /TABLE 7/ (VPR) to distance o.s. (**de** from)

distant, e [distɑ̃, ɑ̃t] (ADJ) distant • **il s'est montré très ~** he was very distant • **une ville ~e de 10 km** a town 10km away • **deux villes ~es de 10 km (l'une de l'autre)** two towns 10km apart

distendre [distɑ̃dʀ] /TABLE 41/ **1** (VT) [+ *peau*] to distend; [+ *corde, pull, col*] to stretch **2** (VPR) **se distendre** [*lien*] to slacken; [*ventre, peau*] to become distended

distillation [distilasjɔ̃] (NF) distillation

distiller [distile] /TABLE 1/ (VT) [+ *alcool*] to distil • **eau distillée** distilled water

distillerie [distilʀi] (NF) (= *usine*) distillery; (= *industrie*) distilling

distinct, e [distɛ̃(kt), ɛ̃kt] (ADJ) (= *indépendant*) distinct (**de** from); (= *net*) distinct

distinctement [distɛ̃ktəmɑ̃] (ADV) distinctly

distinctif, -ive [distɛ̃ktif, iv] (ADJ) distinctive

distinction [distɛ̃ksjɔ̃] (NF) distinction • **faire la ~ entre** to make a distinction between • **sans ~ de race/d'âge** irrespective of race/age

distingué, e [distɛ̃ge] *ptp de* **distinguer** (ADJ) distinguished • **notre ~ collègue, le professeur Borel** our distinguished colleague, Professor Borel

distinguer [distɛ̃ge] /TABLE 1/ **1** (VT) ⓐ (= *repérer, différencier*) to distinguish • **~ une chose d'une autre** *ou* **d'avec une autre** to distinguish one thing from another • **~ qn dans la foule** to spot sb in the crowd • **les deux sœurs sont difficiles à ~ (l'une de l'autre)** the two sisters are difficult to tell apart
ⓑ (= *honorer*) to distinguish • **l'Académie française l'a distingué pour son œuvre poétique** the Académie Française has honoured him for his poetry
2 (VPR) **se distinguer** to distinguish o.s. • **il s'est distingué par ses découvertes en physique** he has become famous for his discoveries in physics • **il s'est particulièrement distingué en maths** [*étudiant*] he has done particularly well in maths

distorsion [distɔʀsjɔ̃] (NF) distortion; (*entre des chiffres, salaires, taux*) imbalance (**entre** between) • **~ du temps** time warp

> Le mot anglais se termine par **-tion**.

distraction [distʀaksjɔ̃] (NF) ⓐ (= *inattention*) absent-mindedness • **cette ~ lui a coûté la vie** this one lapse in concentration cost him his life ⓑ (= *passe-temps*) leisure activity • **ça manque de ~** there's not much in the way of entertainment • **c'est sa seule ~** it's his only form of entertainment

distraire [distʀɛʀ] /TABLE 50/ **1** (VT) ⓐ (= *divertir*) to entertain
ⓑ (= *déranger*) to distract (**de** from) • **~ l'attention de qn** to distract sb's attention • **il distrait ses camarades de classe** he distracts his classmates • **se laisser facilement ~ de son travail** to be easily distracted from one's work • **~ qn de ses soucis** to take sb's mind off his worries
2 (VPR) **se distraire** to amuse o.s. • **je vais au cinéma, j'ai besoin de me ~** I'm going to the cinema, I need to take my mind off things • **je lis des romans pour me ~** I read novels for entertainment

distrait, e [distʀɛ, ɛt] *ptp de* **distraire** (ADJ) absent-minded • **d'un air ~** absent-mindedly • **d'une oreille ~e** with only half an ear

distraitement [distʀɛtmɑ̃] (ADV) absent-mindedly

distrayant, e [distʀɛjɑ̃, ɑ̃t] (ADJ) entertaining

distribuer [distʀibɥe] /TABLE 1/ (VT) to distribute; [+ *courrier*] to deliver; [+ *cartes*] to deal

distributeur, -trice [distʀibytœʀ, tʀis] **1** (NM,F) [*de films*] distributor **2** (NM) (= *appareil*) machine; [*de savon, papier absorbant*] dispenser • **~ (automatique)** vending machine • **~ (automatique) de billets** cash dispenser

distribution [distʀibysjɔ̃] (NF) **a** distribution; [*de cartes*] deal; [*de courrier*] delivery • **~ de prospectus** leafleting • **(jour de la) ~ des prix** prize-giving (day) • **la grande ~** (*Commerce*) major retailers **b** (= *acteurs*) cast **c** [*d'eau, électricité*] supply • **~ par câble** (*TV*) cable distribution

district [distʀikt] (NM) district

dit, e [di, dit] *ptp de* **dire** (ADJ) **a** (= *appelé*) **Jean Petit, ~ le Chacal** Jean Petit, also known as the Jackal • **une émission ~e culturelle** a so-called cultural programme **b** (= *fixé*) **à l'heure ~e** at the appointed time

dithyrambique [ditiʀɑ̃bik] (ADJ) [*commentaire*] laudatory

DIU [deiy] (NM) (ABR DE **dispositif intra-utérin**) IUD

diurétique [djyʀetik] (ADJ, NM) diuretic

diurne [djyʀn] (ADJ) diurnal

divaguer [divage] /TABLE 1/ (VI) (= *délirer*) to ramble; (= *dire des bêtises*) to rave

divan [divɑ̃] (NM) divan; [*de psychanalyste*] couch

divergence [divɛʀʒɑ̃s] (NF) difference

divergent, e [divɛʀʒɑ̃, ɑ̃t] (ADJ) differing

diverger [divɛʀʒe] /TABLE 3/ (VI) **a** [*opinions*] to differ **b** [*chemins, rayons*] to diverge

divers, e [divɛʀ, ɛʀs] (ADJ) **a** (*pl*) (= *varié*) [*couleurs, opinions*] various; [*coutumes*] diverse; (= *différent*) [*sens d'un mot, moments, occupations*] different • **frais ~** miscellaneous expenses **b** (*pl*) (= *plusieurs*) various • **à ~ endroits** in various places

diversement [divɛʀsəmɑ̃] (ADV) in various ways • **son discours a été ~ apprécié** there were mixed reactions to his speech

diversification [divɛʀsifikasjɔ̃] (NF) diversification

diversifier [divɛʀsifje] /TABLE 7/ **1** (VT) [+ *méthodes, exercices*] to vary; [+ *activités, production*] to diversify **2** (VPR) **se diversifier** [*entreprise*] to diversify; [*activités*] to be diversified; [*clientèle, public*] to become more diverse

diversion [divɛʀsjɔ̃] (NF) diversion • **faire ~** to create a diversion

diversité [divɛʀsite] (NF) (= *grand nombre*) range; (= *variété*) variety

divertir [divɛʀtiʀ] /TABLE 2/ **1** (VT) (= *amuser*) to amuse **2** (VPR) **se divertir** to amuse o.s.

divertissant, e [divɛʀtisɑ̃, ɑ̃t] (ADJ) (= *qui fait rire*) amusing; (= *qui occupe agréablement*) entertaining

divertissement [divɛʀtismɑ̃] (NM) entertainment • **la boxe est un ~ populaire** boxing is a popular form of entertainment • **les ~s sont rares dans ce village** there isn't much to do in this village

dividende [dividɑ̃d] (NM) dividend

divin, e [divɛ̃, in] (ADJ) divine • **la ~e Providence** divine Providence

diviniser [divinize] /TABLE 1/ (VT) to deify

divinité [divinite] (NF) (= *dieu*) deity

diviser [divize] /TABLE 1/ **1** (VT) to divide; [+ *gâteau*] to cut up • **~ une somme en trois** to divide a sum of money in three • **~ une somme entre plusieurs personnes** to share a sum among several people • **« ~ pour (mieux) régner »** "divide and rule" • **une famille divisée** a broken family • **l'opinion est divisée en deux par cette affaire** opinion is divided over this matter • **~ 4 par 2** to divide 4 by 2 **2** (VPR) **se diviser** **a** (= *se scinder*) [*groupe*] to split up (**en** into); [*cellules*] to divide **b** [*route*] to fork • **ce livre se divise en plusieurs chapitres** this book is divided into several chapters

divisible [divizibl] (ADJ) divisible

division [divizjɔ̃] (NF) division • **~ cellulaire** cellular division • **faire une ~** to do a division • **club de première ~** first division club

divisionnaire [divizjɔnɛʀ] (ADJ, NM) **(commissaire) ~** ≈ chief superintendent (*Brit*), ≈ police chief (*US*)

divorce [divɔʀs] (NM) divorce • **demander le ~** to ask for a divorce • **~ par consentement mutuel** divorce by consent (*Brit*), no-fault divorce (*US*)

divorcé, e [divɔʀse] *ptp de* **divorcer** (ADJ) divorced (**de** from)

divorcer [divɔʀse] /TABLE 3/ (VI) to get divorced

divulgâcher [divylgaʃe] /TABLE 1/ (VT) (*Can*) [+ *intrigue, histoire*] to spoil

divulgation [divylgasjɔ̃] (NF) disclosure

divulguer [divylge] /TABLE 1/ (VT) to divulge

dix [dis] (NOMBRE) ten • **elle a eu ~ sur ~** [*élève*] she got ten out of ten • **avoir ~ dixièmes à chaque œil** to have twenty-twenty vision → **six**

> When **dix** is used alone, **x** is pronounced **s**, eg **compter jusqu'à dix**; it is pronounced **z** before a vowel sound, eg **j'ai dix ans**, and not pronounced at all before a consonant, eg **dix personnes**.

dix-huit [dizɥit] (NOMBRE) eighteen • **un (golf) ~ trous** an eighteen-hole golf course → **six**

dix-huitième [dizɥitjɛm] (ADJ, NMF) eighteenth • **un fauteuil fin ~** a late eighteenth-century armchair → **sixième**

dixième [dizjɛm] (ADJ, NMF) tenth → **sixième**

dix-neuf [diznœf] (NOMBRE) nineteen → **six**

dix-neuvième [diznœvjɛm] (ADJ, NMF) nineteenth • **les romans du ~** nineteenth-century novels → **sixième**

dix-sept [di(s)sɛt] (NOMBRE) seventeen → **six**

dix-septième [di(s)sɛtjɛm] (ADJ, NMF) seventeenth • **les auteurs du ~** seventeenth-century writers → **sixième**

dizaine [dizɛn] (NF) (= *dix*) ten; (= *quantité voisine de dix*) about ten • **des ~s et des ~s de fois** over and over again

DJ [didʒɛ, didʒi] (NM) DJ

Djakarta [dʒakaʀta] (N) Djakarta

Djibouti [dʒibuti] (NM) Djibouti, Djibouti

djiboutien, -ienne [dʒibusjɛ̃, jɛn] **1** (ADJ) of *ou* from Djibouti **2** (NM,F) **Djiboutien(ne)** inhabitant *ou* native of Djibouti

djihad [dʒi(j)ad] (NF) jihad

djihadisme [dʒi(j)adism] (NM) jihadism

djihadiste [dʒi(j)adist] (NMF) jihadist

dl (ABR DE **décilitre**) dl

DLC [deɛlse] (NF) (ABR DE **date limite de consommation**) UBD (= *use-by date*)

DLUO [deɛlyo] (NF) (ABR DE **date limite d'utilisation optimale**) BBD (= *best-before date, best-by date*)

do [do] (NM INV) (= *note*) C; (*en chantant la gamme*) doh

doberman [dɔbɛʀman] (NM) Doberman pinscher

doc* [dɔk] (NF) (ABR DE **documentation**)

docile [dɔsil] (ADJ) docile
docilité [dɔsilite] (NF) docility
dock [dɔk] (NM) **a** (= *bassin*) dock; (= *cale de construction*) dockyard **b** (*Informatique*) (= *station d'accueil*) docking station, dock
docker [dɔkɛʀ] (NM) docker
docte [dɔkt] (ADJ) (*littér, hum*) learned
docteur [dɔktœʀ] (NM) doctor (**ès, en** of) • **le ~ Lebrun** Dr Lebrun • **aller chez le ~** to go to the doctor
doctoral, e (*mpl* **-aux**) [dɔktɔʀal, o] (ADJ) (*Univ*) doctoral; (*péj* = *pédant*) pompous
doctorat [dɔktɔʀa] (NM) doctorate (**ès, en** in) • **~ d'État** doctorate

> **DOCTORAT**
> Students who hold a "master" and wish to go on to do a further postgraduate degree can study for a **doctorat**. This involves three or four years of intensive research and the writing of a thesis.

doctoresse [dɔktɔʀɛs] (NF) woman doctor
doctrine [dɔktʀin] (NF) doctrine
docu* [dɔky] (NM) (ABR DE **documentaire**)
docudrame [dɔkydʀam] (NM) docudrama
document [dɔkymɑ̃] (NM) document • **~ d'information** information sheet (*ou* leaflet *etc*) • **~s d'archives** (*Ciné, TV*) archive footage *NonC*
documentaire [dɔkymɑ̃tɛʀ] **1** (ADJ) [*intérêt*] documentary • **à titre ~** for your (*ou* his *etc*) information **2** (NM) (= *film*) documentary
documentaliste [dɔkymɑ̃talist] (NMF) (*Presse, TV*) researcher; (*Scol*) librarian
documentariste [dɔkymɑ̃taʀist] (NMF) documentary maker
documentation [dɔkymɑ̃tasjɔ̃] (NF) documentation
documenter [dɔkymɑ̃te] /TABLE 1/ **1** (VT) to document • **(bien) documenté** [+ *personne*] well-informed; [+ *livre, thèse*] well-documented **2** (VPR) **se documenter** to gather material (**sur** on, about)
dodeliner [dɔd(ə)line] /TABLE 1/ (VI) **il dodelinait de la tête** his head was nodding gently
dodo [dodo] (NM) (*langage enfantin*) beddy-byes • **il fait ~** he's sleeping • **il est temps d'aller au ~** *ou* **d'aller faire ~** it's time to go to beddy-byes
dodu, e [dɔdy] (ADJ) [*volaille*] plump; [*enfant*] chubby
dogmatique [dɔgmatik] (ADJ) dogmatic
dogme [dɔgm] (NM) dogma
dogue [dɔg] (NM) **~ (anglais)** mastiff
doigt [dwa] (NM) **a** [*de main, gant*] finger; [*d'animal*] digit • **~ de pied** toe • **le petit ~** the little finger • **montrer qn du ~** to point sb out; (*fig*) to point the finger at sb
b (= *mesure*) **un ~ de vin** a drop of wine • **un ~ de whisky/vodka** a finger of whisky/vodka
c (*locutions*) **il ne sait rien faire de ses dix ~s** he's useless • **mener qn au ~ et à l'œil** to keep a tight rein on sb • **avec lui, ils obéissent au ~ et à l'œil** with him, they have to toe the line • **mon petit ~ me l'a dit** a little bird told me • **se mettre le ~ dans l'œil (jusqu'au coude)*** to be kidding o.s.* • **il n'a pas levé** *ou* **bougé le petit ~ pour nous aider** he didn't lift a finger to help us • **toucher qch du ~** to touch sth (with one's finger) • **faire toucher du ~ qch (à qn)** (*fig*) to bring sth home (to sb) • **filer** *ou* **glisser entre les ~s de qn** to slip through sb's fingers • **il a gagné les ~s dans le nez*** he won hands down* • **être à deux ~s** *ou* **un ~ de faire qch** to come very close to doing sth
doigté [dwate] (NM) **a** (*Mus*) fingering **b** (= *tact*) tact • **avoir du ~** to be tactful
doit [dwa] (VB) → **devoir**
doléances [dɔleɑ̃s] (NFPL) complaints
dollar [dɔlaʀ] (NM) dollar
DOM [dɔm] (NM) (ABR DE **département d'outre-mer**)
domaine [dɔmɛn] (NM) **a** (= *propriété*) estate • **dans le ~ public/privé** in public/private ownership • **ses œuvres sont maintenant dans le ~ public** his works are now out of copyright **b** (= *sphère*) field • **dans tous les ~s** in every field • **c'est son ~ réservé** it's his preserve
domanial, e (*mpl* **-iaux**) [dɔmanjal, jo] (ADJ) [*forêt*] national
dôme [dom] (NM) dome
domestique [dɔmɛstik] **1** (NMF) servant **2** (ADJ) **a** [*travaux*] domestic; [*soucis, querelle*] family • **accidents ~s** accidents in the home • **déchets ~s** kitchen waste **b** [*animal*] domestic
domestiquer [dɔmɛstike] /TABLE 1/ (VT) [+ *animal*] to domesticate
domicile [dɔmisil] (NM) place of residence • **~ légal** official domicile • **~ conjugal** marital home • **dernier ~ connu** last known address • **le travail à ~** home-working • **travailler à ~** to work from home • **jouer à ~** (*Sport*) to play at home
domicilier [dɔmisilje] /TABLE 7/ (VT) **être domicilié** to live (**à** in)
dominant, e [dɔminɑ̃, ɑ̃t] **1** (ADJ) dominant; [*idéologie, opinion, vent*] prevailing *avant le nom*; [*idée, trait, préoccupation*] main *épith*; [*position*] leading *épith* **2** (NF) **dominante** (= *caractéristique*) dominant characteristic; (= *couleur*) dominant colour
dominateur, -trice [dɔminatœʀ, tʀis] (ADJ) domineering
domination [dɔminasjɔ̃] (NF) domination • **les pays sous (la) ~ britannique** countries under British rule • **exercer sa ~ sur qn** to exert one's influence on sb • **un besoin de ~** a need to dominate
dominer [dɔmine] /TABLE 1/ **1** (VT) **a** to dominate; [+ *adversaire, concurrent*] to outclass; [+ *sentiment*] to control; [+ *sujet*] to master • **il voulait ~ le monde** he wanted to rule the world • **se laisser ~ par ses passions** to let o.s. be ruled by one's passions • **se faire ~ par l'équipe adverse** to be outclassed by the opposing team • **elle ne put ~ son trouble** she couldn't overcome her confusion
b (= *surplomber*) to overlook • **la terrasse domine la mer** the terrace overlooks the sea • **de là-haut on domine la vallée** from there you look down over the whole valley
2 (VI) **a** (= *être le meilleur*) [*nation*] to hold sway; [*équipe sportive*] to be on top • **~ de la tête et des épaules** (*fig*) to be head and shoulders above the others
b (= *prédominer*) [*caractère, défaut, qualité*] to predominate; [*idée, théorie*] to prevail; [*préoccupation, intérêt*] to be dominant; [*couleur*] to stand out • **c'est l'ambition qui domine chez lui** ambition is his dominant characteristic • **c'est le jaune qui domine** the predominant colour is yellow

3 (VPR) **se dominer** to control o.s. • **il ne sait pas se ~** he has no self-control

dominicain, e [dɔminikɛ̃, ɛn] 1 (ADJ) Dominican • **République ~e** Dominican Republic 2 (NM,F) **Dominicain(e)** Dominican

dominical, e (*mpl* **-aux**) [dɔminikal, o] (ADJ) Sunday

Dominique [dɔminik] (NF) (= *île*) **la ~** Dominica

domino [dɔmino] (NM) ⓐ domino • **jouer aux ~s** to play dominoes ⓑ (*Élec*) connecting block

dommage [dɔmaʒ] 1 (NM) (= *préjudice*) harm *NonC* • **s'en tirer sans ~(s)** to escape unharmed • **(c'est) ~!** • **(quel) ~!** what a pity! • **(c'est** *ou* **quel) ~ que tu ne puisses pas venir** it's a pity you can't come 2 (NMPL) **dommages** (= *ravages*) damage *NonC* 3 (COMP) ▸ **dommage corporel, dommages corporels** physical injury ▸ **dommages de guerre** war damages ▸ **dommages et intérêts** damages

dommageable [dɔmaʒabl] (ADJ) harmful (**à** to)

dommages-intérêts [dɔmaʒɛ̃teʀɛ] (NMPL) damages

domoticien, -ienne [dɔmɔtisjɛ̃, jɛn] (NM,F) home automation specialist

domotique [dɔmɔtik] (NF) home automation

dompter [dɔ̃(p)te] /TABLE 1/ (VT) [+ *fauve, nature, fleuve*] to tame; [+ *cheval*] to break in; [+ *enfant insoumis*] to subdue; [+ *sentiments, passions*] to control

dompteur, -euse [dɔ̃(p)tœʀ, øz] (NM,F) tamer • **~ (de lions)** lion tamer

DOM-TOM [dɔmtɔm] (NMPL) (ABR DE **départements et territoires d'outre-mer**) *French overseas departments and territories*

> **DOM-TOM, ROM and COM**
> There are five "départements d'outre-mer" or **DOM**: Guadeloupe, Martinique, La Réunion, French Guyana (Guyane) and Mayotte. They are administered in the same way as metropolitan "départements" and their inhabitants are French citizens. In administrative terms they are also "régions", and in this regard are also referred to as **ROM** (régions d'outre-mer). The term **DOM-TOM** is still commonly used, but the term "territoire d'outre-mer" has been superseded by that of "collectivité d'outre-mer" (**COM**). There are five **COM** (French Polynesia, Saint-Barthélemy, Saint-Martin, Saint-Pierre and Miquelon, and Wallis and Futuna). Each of them is independent but they are represented in the French Parliament and can take part in presidential elections. New Caledonia is a French territory that is neither a "département" nor a "collectivité" but has special status.

don [dɔ̃] (NM) ⓐ (= *aptitude*) gift • **avoir des ~s** to be gifted • **elle a le ~ de m'énerver** she has a knack of getting on my nerves ⓑ (= *cadeau*) gift; (= *offrande*) donation • **~ du sang** blood donation • **faire ~ de** [+ *fortune, maison*] to donate • **faire (le) ~ de sa vie pour sauver qn** to give one's life to save sb • **c'est un ~ du ciel** it's a godsend

donateur, -trice [dɔnatœʀ, tʀis] (NM,F) donor

donation [dɔnasjɔ̃] (NF) (*Droit*) ≈ settlement

donc [dɔ̃ *ou* dɔ̃k] (CONJ) ⓐ (= *par conséquent*) (*après une digression*) so • **je n'étais pas d'accord, ~ j'ai refusé** I didn't agree so I refused • **je disais ~ que ...** so, as I was saying ... • **j'étais ~ en train de travailler quand ...** so, I was working when ...

ⓑ (*intensif*) (*marque la surprise*) then • **c'était ~ un espion?** he was a spy then?

ⓒ (*de renforcement*) **allons ~!** come on! • **écoute-moi ~** do listen to me • **demande-lui ~** go on, ask him • **tais-toi ~!** do be quiet! • **pensez ~!** just imagine! • **comment ~?** how do you mean? • **quoi ~?** what was that? • **dis ~** (*introduit une question*) tell me; (*introduit un avertissement*) look ...; (*ton indigné*) well really ... • **non mais dis ~, ne te gêne pas!** well, don't mind me! • **tiens ~!** well, well! • **et moi ~!** me too!

> The **c** is pronounced when **donc** begins a phrase, comes before a vowel sound, or is being stressed.

donf (à)‡ [dɔ̃f] (LOC ADV) **rouler à ~** to drive like crazy* • **on s'est éclaté à ~** we had a fantastic time* • **elle est jolie? — à ~!** is she pretty? — fantastic!*

dongle [dɔ̃gl] (NM) dongle

donjon [dɔ̃ʒɔ̃] (NM) keep

don Juan○ [dɔ̃ʒɥɑ̃] (NM) Don Juan

donnant-donnant [dɔnɑ̃dɔnɑ̃] (LOC ADV) **avec lui, c'est ~** he always wants something in return • **~: je te prête mon livre, tu me prêtes ton stylo** fair's fair - I lend you my book and you lend me your pen

donne [dɔn] (NF) (*Cartes*) deal • **il y a fausse ~** it's a misdeal • **la nouvelle ~ politique** the new political order • **cela change complètement la ~** it puts a new light on everything

donné, e [dɔne] *ptp de* **donner** 1 (ADJ) ⓐ [*lieu, date*] given ▸ **étant donné étant ~ la situation** given the situation ▸ **étant donné que** given that

ⓑ (= *pas cher*)* cheap • **cette veste est vraiment ~e!** this jacket is a real bargain!

2 (NFPL) **données** data • **il nous manque quelques ~es** we haven't got all the data • **~es ouvertes** open data • **~es personnelles** personal data

donner [dɔne] /TABLE 1/

> 1 VERBE TRANSITIF
> 2 VERBE INTRANSITIF
> 3 VERBE PRONOMINAL

1 VERBE TRANSITIF

ⓐ to give • **~ qch à qn** to give sth to sb, to give sb sth • **~ à boire à qn** to give sb something to drink • **~ son corps à la science** to donate one's body to science • **~ sa vie pour une cause** to give one's life for a cause • **donnez-moi un kilo d'oranges** I'd like a kilo of oranges • **j'ai déjà donné!** I've already made a donation!; (= *on ne m'y reprendra plus!*) I've been there! • (PROV) **~ c'est ~, reprendre c'est voler** a gift is a gift • **~ quelque chose à faire à qn** to give sb something to do • **~ ses chaussures à ressemeler** to take one's shoes to be resoled • **le médecin lui donne 3 mois** the doctor has given him 3 months • **je vous le donne en mille!*** you'll never guess! • **~ une punition à qn** to punish sb • **~ un coup de balai à la pièce** to give the room a quick sweep

ⓑ (= *céder*) [+ *vieux vêtements*] to give away • **~ sa place à une dame** to give up one's seat to a lady

ⓒ (= *distribuer*) to hand out; [+ *cartes*] to deal • **c'est à vous de ~** (*les cartes*) it's your deal

ⓓ (= *indiquer*) [+ *détails, idée, avis, ton*] to give; [+ *sujet de devoir, tempo*] to set • **pouvez-vous me ~ l'heure?** can you tell me the time?

ⓔ (= *causer*) [+ *plaisir, courage*] to give; [+ *peine, mal*] to cause • **ça donne faim** it makes you hungry • **~ le vertige à qn** to make sb giddy • **mangez ça, ça va vous ~**

des forces eat this, it'll give you some energy
f (*= organiser*) [*+ réception, bal*] to give; [*+ pièce*] to perform
g (*= attribuer*) **quel âge lui donnez-vous ?** how old would you say he was? • **je lui donne 50 ans** I'd say he was 50
h (*= produire*) [*+ fruits, récolte*] to yield; [*+ résultat*] to produce • **elle lui a donné un fils** she gave him a son • **cette méthode ne donne rien** this method is totally ineffective • **qu'est-ce que ça donne ?*** how's it going?
i (*locutions*) ~ **un fait pour certain** to present a fact as a certainty • **on l'a donné pour mort** he was given up for dead • **tout donne à croire que ...** everything suggests that ... • **c'est ce qu'on m'a donné à entendre** that's what I was given to understand

2 VERBE INTRANSITIF
a (*= produire*) **les pommiers ont bien donné cette année** the apple trees have produced a good crop this year
b (*locutions*)
▸ **donner de je ne sais plus où ~ de la tête** I don't know which way to turn
▸ **donner dans** [*+ piège*] to fall into • **il donne dans le sentimentalisme** he's got to be rather sentimental
▸ **donner sur** [*pièce, porte*] to open onto; [*fenêtre*] to overlook • **la maison donne sur la mer** the house overlooks the sea

3 VERBE PRONOMINAL
se donner
a (*= se consacrer*) **se ~ à** to devote o.s. to • **il s'est donné à fond** he gave his all
b (*= échanger*) **ils se donnaient des baisers** they were kissing each other
c (*à soi-même*) **donne-toi un coup de peigne** give your hair a comb • **se ~ bien du mal** to go to a lot of trouble • **il s'est donné la peine de me prévenir** he took the trouble to warn me • **se ~ bonne conscience** to ease one's conscience • **se ~ un président** to choose a president • **s'en ~ à cœur joie** to have a whale of a time*

---

donneur, -euse [dɔnœʀ, øz] (NM,F) **a** giver • **~ d'ordre** (*Commerce*) principal • **~ de leçons** (*péj*) sermonizer (*péj*) **b** (*= dénonciateur*)* informer **c** [*d'organe*] donor • **~ de sang** blood donor • **~ universel** universal donor

> Le mot anglais s'écrit avec un seul **n** et se termine par **-or**.

dont [dɔ̃] (PRON REL) **a** (*provenant d'un complément de nom : indique la possession, la qualité etc*) whose • **la femme ~ vous apercevez le chapeau** the woman whose hat you can see • **les enfants ~ la mère travaille sont plus indépendants** children with working mothers are more independent
b (*indiquant la partie d'un tout*) **il y a eu plusieurs blessés, ~ son frère** there were several casualties, including his brother • **ils ont trois filles ~ deux sont mariées** they have three daughters, of whom two are married
c (*indique la manière, la provenance*) **la façon ~ elle marche/s'habille** the way she walks/dresses • **des mines ~ on extrait la bauxite** mines from which bauxite is extracted • **la classe sociale ~ elle est issue** the social class she came from
d (*provenant d'un complément prépositionnel d'adjectif, de verbe : voir aussi les adjectifs et verbes en question*) **l'outil ~ il se sert** the tool he is using • **la maladie ~ elle souffre** the illness she suffers from • **le film/l'acteur ~ elle parle tant** the film/actor she talks about so much • **l'accident ~ il a été responsable** the accident he was responsible for *ou* for which he was responsible • **le collier/l'enfant ~ elle est si fière** the necklace/child she is so proud of

dopage [dɔpaʒ] (NM) [*d'athlète*] illegal drug use; [*de cheval*] doping

dopant, e [dɔpɑ̃, ɑ̃t] **1** (ADJ) **produit ~** drug **2** (NM) drug

doper [dɔpe] /TABLE 1/ **1** (VT) [*+ athlète, cheval*] to dope; [*+ économie, ventes*] to boost **2** (VPR) **se doper** to take drugs • **il se dope aux amphétamines** he takes amphetamines

dorade [dɔʀad] (NF) sea bream

doré, e [dɔʀe] *ptp de* **dorer** (ADJ) **a** (*= couvert d'une dorure*) gilded **b** (*= couleur d'or*) [*peau*] bronzed; [*blé, cheveux, lumière*] golden

dorénavant [dɔʀenavɑ̃] (ADV) from now on

dorer [dɔʀe] /TABLE 1/ **1** (VT) **a** (*= couvrir d'or*) [*+ objet*] to gild • **faire ~ un cadre** to have a frame gilded • **~ la pilule à qn*** to sweeten the pill for sb **b** [*+ peau*] to tan • **se ~ au soleil** • **se ~ la pilule*** to sunbathe **2** (VI) [*rôti*] to brown • **faire ~ un poulet** to brown a chicken

d'ores et déjà [dɔʀzedeʒa] (LOC ADV) → **ores**

dorloter [dɔʀlɔte] /TABLE 1/ (VT) to pamper

dormant, e [dɔʀmɑ̃, ɑ̃t] **1** (ADJ) [*eau*] still **2** (NM) [*de porte, châssis*] frame

dormeur, -euse [dɔʀmœʀ, øz] (NM,F) sleeper • **c'est un gros ~** he likes his sleep

dormir [dɔʀmiʀ] /TABLE 16/ (VI) **a** to sleep; (*= être en train de dormir*) to be asleep • **~ d'un sommeil léger** to sleep lightly • **parler en dormant** to talk in one's sleep • **je n'ai pas dormi de la nuit** I didn't sleep a wink • **avoir envie de ~** to feel sleepy • **ça m'empêche de ~** [*café*] it keeps me awake; [*soucis*] I'm losing sleep over it • **il n'en dort pas** *ou* **plus** he's losing sleep over it
b (*= rester inactif*) [*eau*] to be still; [*argent, capital*] to lie idle • **ce n'est pas le moment de ~ !** this is no time for slacking! • **voilà six ans que le projet dort dans un tiroir** the project has been lying dormant for six years
c (*locutions*) **je dors debout** I'm asleep on my feet • **une histoire à ~ debout** a cock-and-bull story • **~ comme un loir** *ou* **une souche** to sleep like a log • **il dort à poings fermés** he is sound asleep • **~ tranquille** *ou* **sur ses deux oreilles** to sleep soundly

dorsal, e (*mpl* **-aux**) [dɔʀsal, o] (ADJ) dorsal; [*douleur*] back

dortoir [dɔʀtwaʀ] (NM) dormitory • **banlieue(-)~** dormitory suburb

dorure [dɔʀyʀ] (NF) gilt

doryphore [dɔʀifɔʀ] (NM) Colorado beetle

dos [do] (NM) **a** [*d'être animé, main, vêtement, siège*] back; [*de livre*] spine; [*de lame*] blunt edge • **couché sur le ~** lying on one's (*ou* its) back • **écrire au ~ d'une enveloppe** to write on the back of an envelope • **robe décolletée dans le ~** low-backed dress • **« voir au ~ »** "see over" • **les vivres sont portés à ~ de chameau/d'homme** the supplies are carried by camel/men • **ils partirent, sac au ~** they set off, their rucksacks on their backs • **avoir les cheveux dans le ~** to wear one's hair loose • **le chat fait le gros ~** the cat is arching its back
b (*= nage*) **~ (crawlé)** backstroke
c (*locutions*) **il s'est mis tout le monde à ~** he has turned everybody against him • **être ~ à ~** to be back to back • **renvoyer deux adversaires ~ à ~** to send away

two opponents without pronouncing in favour of either • **ta mère a bon ~*** that's right, blame your mother! (*iro*) • **il n'y va pas avec le ~ de la cuiller*** he certainly doesn't do things by halves • **faire qch dans le ~ de qn** to do sth behind sb's back • **on l'a dans le ~!‡** we've had it!* • **j'ai toujours mon patron sur le ~** my boss is always standing over me • **il s'est mis une sale affaire sur le ~** he has got himself mixed up in a nasty business • **faire des affaires sur le ~ de qn** to make money at sb's expense • **je n'ai rien à me mettre sur le ~** I haven't a thing to wear • **tomber sur le ~ de qn** (= *arriver à l'improviste*) to drop in on sb; (= *attaquer*) (*physiquement*) to go for sb • **tourner le ~ à** to turn one's back on • **dès qu'il a le ~ tourné** as soon as his back is turned

dosage [dozaʒ] (NM) [*d'ingrédient, élément*] measuring out; [*de remède*] dosage • **se tromper dans le ~ de qch** to mix sth in the wrong proportions • **tout est question de ~** (= *équilibre*) it's all a matter of striking a balance

dos-d'âne [dodan] (NM INV) hump

dose [doz] (NF) ⓐ [*de médicament*] dose • **~ mortelle** lethal dose ⓑ (= *proportion*) amount • **forcer la ~** (*fig*) to overdo it • **pour faire cela, il faut une ~ de courage peu commune** you need an extraordinary amount of courage to do that • **j'aime bien la poésie mais seulement à petites ~s** I like poetry but only in small doses

doser [doze] /TABLE 1/ (VT) ⓐ (= *mesurer*) [+ *ingrédient, élément*] to measure out; [+ *remède*] to measure out a dose of ⓑ (= *proportionner*) [+ *mélange*] to proportion correctly • **gélules dosées à 100 mg** 100mg capsules • **pilule faiblement dosée (en œstrogènes)** low-dose (oestrogen) pill ⓒ (= *équilibrer*) to strike a balance between; [+ *exercices, difficultés*] to grade • **~ ses efforts** to pace o.s.

doseur [dozœʀ] (NM) measure • **bouchon ~** measuring cap

dossard [dosaʀ] (NM) (*Sport*) number (*worn by competitor*) • **avec le ~ numéro 9** wearing number 9

dossier [dosje] (NM) ⓐ [*de siège*] back ⓑ (= *documents*) file • **~ d'inscription** (*Scol, Univ*) registration forms • **~ médical** medical records • **~ de presse** press kit • **~ scolaire** school record • **connaître ses ~s** to know what one is about • **être sélectionné sur ~** to be selected on the basis of one's application ⓒ (*Droit* = *affaire*) case ⓓ (= *question à traiter*) issue; (*Scol, Univ* = *travail de recherche*) project ⓔ (*Presse* = *article*) special report ⓕ (= *classeur*) file

dot [dɔt] (NF) dowry

doter [dɔte] /TABLE 1/ (VT) ⓐ [+ *fille à marier*] to provide with a dowry; [+ *institution*] to endow; [+ *université, organisme*] to grant money to • **doté de** [*équipement, dispositif*] equipped with ⓑ **~ qn/qch de** (= *pourvoir de*) to equip sb/sth with

douane [dwan] (NF) ⓐ (= *service*) Customs • **marchandises (entreposées) en ~** bonded goods ⓑ (*à la frontière*) customs • **poste** *ou* **bureau de ~** customs house • **passer (à) la ~** to go through customs • **(droits de) ~** duty • **exempté de ~** duty-free

douanier, -ière [dwanje, jɛʀ] **1** (ADJ) customs **2** (NM,F) customs officer

doublage [dublaʒ] (NM) [*de film*] dubbing • **le ~ d'un acteur** (*voix*) dubbing an actor; (*rôle*) using a double for an actor

double [dubl] **1** (ADJ) double • **feuille ~** double sheet of paper • **vous avez fait une ~ erreur** you have made two mistakes • **faire qch en ~ exemplaire** to make two copies of sth • **faire ~ emploi** to be redundant • **fermer une porte à ~ tour** to double-lock a door • **enfermer qn à ~ tour** to put sb under lock and key • **à ~ tranchant** double-edged • **valise à ~ fond** case with a false bottom • **accusé de jouer un ~ jeu** accused of double-dealing • **phrase à ~ sens** sentence with a double meaning • **mener une ~ vie** to lead a double life

2 (NM) ⓐ (= *quantité*) **gagner le ~ (de qn)** to earn twice as much (as sb) • **il pèse le ~ de toi** he weighs twice as much as you do

ⓑ [*de facture, acte*] copy; [*de timbre*] duplicate; [*de personne*] double • **se faire faire un ~ de clé** to have a second key cut • **mettre un fil en ~** to use a double thread • **mettre une couverture en ~** to put a blanket on double • **il a toutes les photos en ~** he has copies of all the photos

ⓒ (*Sport*) doubles • **le ~ dames/mixte** the ladies'/mixed doubles • **faire un ~** • **jouer en ~** to play a doubles match

ⓓ [*de dés, dominos*] double

3 (ADV) [*payer, compter*] double

4 (COMP) ▸ **double page** double page spread ▸ **double peine** double jeopardy ▸ **doubles rideaux** double curtains (*Brit*) *ou* drapes (*US*)

doublé, e [duble] *ptp de* **doubler** **1** (ADJ) lined (**de** with) **2** (NM) (= *victoire, réussite*) double

double-clic (*pl* **doubles-clics**) [dubləklik] (NM) double click

double-cliquer [dubləklike] /TABLE 1/ (VI) to double-click • **~ sur un dossier** to double-click on a folder

double-croche (*pl* **doubles-croches**) [dubləkʀɔʃ] (NF) semiquaver (*Brit*), sixteenth note (*US*)

double-décimètre (*pl* **doubles-décimètres**) [dublə-desimɛtʀ] (NM) ruler (*measuring 20cm*)

doublement [dubləmɑ̃] **1** (ADV) (= *pour deux raisons*) for two reasons; (= *à un degré double*) doubly **2** (NM) [*de somme, quantité, lettre*] doubling

doubler [duble] /TABLE 1/ **1** (VT) ⓐ [+ *fortune, dose, longueur, salaire*] to double

ⓑ [+ *fil, ficelle*] to double

ⓒ [*étudiant*] [+ *classe, année*] to repeat

ⓓ [+ *film*] to dub; [+ *acteur*] (= *remplacer*) to act as an understudy for; (*dans une scène dangereuse*) to stand in for • **il s'est fait ~ par un cascadeur** a stuntman stood in for him • **~ (la voix de) qn** to dub sb's voice

ⓔ [+ *boîte, paroi, tableau, veste*] to line (**de** with)

ⓕ [+ *véhicule*] to overtake (*Brit*); [+ *cap*] to round

2 (VI) ⓐ (= *augmenter*) [*nombre, quantité, prix*] to double • **~ de volume/valeur** to double in size/value

ⓑ [*véhicule*] to overtake (*Brit*)

3 (VPR) **se doubler** **se ~ de** to be coupled with • **ce dispositif se double d'un système d'alarme** this device works in conjunction with an alarm system

doublonner [dublɔne] /TABLE 1/ (VI) **~ avec** to duplicate

doublure [dublyʀ] (NF) ⓐ (= *étoffe*) lining ⓑ (= *remplaçant*) (*au théâtre*) understudy; (*au cinéma*) stand-in; (*pour scènes dangereuses*) stuntman (*ou* stuntwoman)

douce [dus] (ADJ F, NF) → **doux**

doucement [dusmɑ̃] **1** (ADV) ⓐ (= *légèrement*) gently; [*éclairer*] softly • **allez-y ~!** easy does it!* ⓑ (= *graduellement*) [*monter, progresser*] gently; (= *lentement*) [*rouler, avancer*] slowly; [*démarrer*] smoothly • **la route monte ~** the road climbs gently **2** (EXCL) easy! • **~ avec le whisky!** go easy on the whisky!*

doucereux, -euse [dus(ə)ʀø, øz] (ADJ) ⓐ [*goût, saveur*] sickly sweet ⓑ (*péj*) [*ton, paroles*] sugary; [*personne, manières*] suave

douceur [dusœʀ] (NF) [*de peau, tissu, brosse, voix, lumière, couleur*] softness; [*de temps, saveur, fromage*] mildness; [*de parfum, fruit, liqueur, son, musique*] sweetness; [*de caractère, personne, sourire, geste*] gentleness • **c'est un homme d'une grande ~** he's a very gentle man • **prendre qn par la ~** to deal gently with sb; (*pour convaincre*) to use gentle persuasion on sb • **~ de vivre** gentle way of life
▸ **en douceur** [*démarrage*] smooth; [*démarrer*] smoothly; [*commencer, manœuvrer*] gently • **il faut y aller en ~** we must go about it gently • **ça s'est passé en ~** it went off smoothly

douche [duʃ] (NF) shower • **prendre une ~** to have *ou* take a shower • **il est sous la ~** he's in the shower ▸ **douche écossaise** **ça a été la ~ écossaise** it came as a bit of a shock

doucher [duʃe] /TABLE 1/ **1** (VT) **~ qn** to give sb a shower **2** (VPR) **se doucher** to have *ou* take a shower

douchette [duʃɛt] (NF) [*de douche*] shower rose

doudou [dudu] (NM) (*langage enfantin*) ≈ security blanket

doudoune [dudun] (NF) ⓐ (= *anorak*) down jacket ⓑ (= *sein*)* boob*, breast

doué, e [dwe] (ADJ) ⓐ (= *talentueux*) gifted (**en** in) • **être ~ pour** to have a gift for ⓑ (= *pourvu de*) **~ de** endowed with

douille [duj] (NF) [*de cartouche*] cartridge; [*de fil électrique*] socket; (= *ustensile de cuisine*) piping socket

douiller* [duje] /TABLE 1/ (VI) ⓐ (= *payer cher*) to pay through the nose*, to fork out* a lot • **ça douille** it's damn expensive *ou* pricey* ⓑ (= *avoir mal*) to have a hard time of it • **j'ai une rage de dents, qu'est-ce que je douille!** I've got a toothache, it's agony!* *ou* it's killing me!* • **quand je me suis cassé le pied, qu'est-ce que j'ai douillé!** when I broke my foot, it hurt like hell*

douillet, -ette [dujɛ, ɛt] **1** (ADJ) ⓐ [*personne*] soft (*péj*) • **je ne suis pas ~** I can take it ⓑ (= *confortable*) cosy **2** (NF) **douillette** [*de bébé*] quilted coat

douillettement [dujɛtmɑ̃] (ADV) cosily

douleur [dulœʀ] (NF) (*physique*) pain; (*morale*) grief • **« nous avons la ~ de vous faire part du décès de ... »** "it is with great sorrow that we have to tell you of the death of ..."

douloureusement [duluʀøzmɑ̃] (ADV) (= *physiquement*) painfully; (= *moralement*) grievously

douloureux, -euse [duluʀø, øz] **1** (ADJ) painful; [*regard, expression*] pained **2** (NF) **douloureuse*** (*hum*) (= *addition*) bill (*Brit*), check (*US*); (= *facture*) bill

doute [dut] (NM) doubt • **être dans le ~** to be doubtful • **dans le ~, abstiens-toi** when in doubt, don't! • **laisser qn dans le ~** to leave sb in a state of uncertainty • **je n'ai pas le moindre ~ à ce sujet** I haven't the slightest doubt about it • **avoir des ~s sur** *ou* **au sujet de qch/qn** to have one's doubts about sth/sb • **il ne fait aucun ~ que ...** there is no doubt that ... • **mettre en ~** [+ *affirmation, honnêteté de qn*] to question
▸ **sans doute** (= *sûrement*) no doubt; (= *probablement*) probably • **il s'est sans ~ trompé** he's no doubt mistaken • **il arrivera sans ~ demain** he'll probably arrive tomorrow • **tu viendras demain? — sans ~** are you coming tomorrow — yes, probably • **sans (aucun) ~** without a doubt

> When **sans doute** begins a phrase, verb and subject are inverted.

• **sans ~ s'est-il trompé** he's no doubt mistaken
▸ **hors de doute** **il est hors de ~ qu'il a raison** he's undoubtedly right • **mettre hors de ~** [+ *authenticité*] to prove beyond doubt

douter [dute] /TABLE 1/ **1** (VT INDIR) **douter de** to doubt; [+ *réussite*] to be doubtful of • **il le dit mais j'en doute** he says so but I doubt it • **je n'ai jamais douté du résultat** I never had any doubts about the result • **je doute qu'il vienne** I doubt if he'll come • **il ne doute de rien!** he's got some nerve!* • **il doute de lui(-même)** he has feelings of self-doubt
2 (VPR) **se douter** **se ~ de qch** to suspect sth • **je ne m'en suis jamais douté** I never suspected it for a moment • **ça, je m'en doutais depuis longtemps** I've suspected as much for a long time • **il ne se doutait pas qu'elle serait là** he had no idea she would be there • **on s'en serait douté!** (*hum*) surprise, surprise! (*iro*)

> ⚠ **se douter de qch** ne se traduit pas par **to doubt sth**.

douteux, -euse [dutø, øz] (ADJ) ⓐ (= *incertain*) doubtful • **il est ~ que ...** it is doubtful whether ... • **il n'est pas ~ que ...** there is no doubt that ... • **d'origine douteuse** of doubtful origin ⓑ (*péj*) [*propreté, qualité, mœurs*] dubious • **d'un goût ~** [*décoration, cravate, plaisanterie*] in dubious taste

Douvres [duvʀ] (N) Dover

doux, douce [du, dus] (ADJ) ⓐ [*peau, tissu, brosse*] soft
ⓑ [*eau*] (= *non calcaire*) soft; (= *non salé*) fresh
ⓒ [*temps, climat, températures*] mild; [*brise, chaleur*] gentle • **il fait ~ aujourd'hui** it's mild today
ⓓ [*fruit, saveur, liqueur*] sweet; (= *pas fort*) [*moutarde, fromage, tabac, piment*] mild
ⓔ [*son, musique*] sweet; [*voix, lumière, couleur*] soft
ⓕ (= *modéré*) **en pente douce** gently sloping → **médecine**
ⓖ (= *gentil*) [*caractère, manières, reproche, personne, sourire*] gentle; [*punition*] mild • **elle a eu une mort douce** she died peacefully
ⓗ (= *agréable*) [*tranquillité, pensées*] sweet
▸ **en douce*** on the quiet*

doux-amer, douce-amère (*mpl* **doux-amers**, *fpl* **douces-amères**) [du(z)amɛʀ, dusamɛʀ] (ADJ) bittersweet

douzaine [duzɛn] (NF) (= *douze*) dozen • **une ~** (= *environ douze*) about twelve • **une ~ d'huîtres** a dozen oysters • **il y a une ~ d'années** about twelve years ago • **elle a une ~ d'années** she's about twelve

douze [duz] (NOMBRE) twelve → **six**

douzième [duzjɛm] (ADJ, NMF) twelfth → **sixième**

doyen, -enne [dwajɛ̃, jɛn] (NM,F) (*Univ*) ≈ dean; [*d'équipe, groupe*] most senior member • **la doyenne des Français** France's oldest citizen

Dr (ABR DE **docteur**) Dr

draconien, -ienne [dʀakɔnjɛ̃, jɛn] (ADJ) draconian; [*régime alimentaire*] strict

dragée [dʀaʒe] (NF) (= *friandise*) sugared almond; (= *médicament*) sugar-coated pill • **tenir la ~ haute à qn** to hold out on sb

dragon [dʀagɔ̃] (NM) dragon

drague* [dʀag] (NF) (*pour séduire*) **la ~** trying to pick people up*

draguer [dʀage] /TABLE 1/ **1** (VT) ⓐ [+ *rivière, port, canal*] to dredge; [+ *mines*] to sweep ⓑ (*pour séduire*)* **~ qn** to try and pick sb up* • **elle s'est fait ~ par un mec** some guy tried to pick her up* **2** (VI)* to try and pick up* girls (*ou* guys)

dragueur, -euse* [dʀagœʀ, øz] (NM,F) **c'est un sacré ~** he's a great one for trying to pick up* girls • **quelle dragueuse!** she's always trying to pick up* guys

drain [dʀɛ̃] (NM) (*Méd*) drain • **poser un ~ à qn** to insert a drain in sb

drainer [dʀene] /TABLE 1/ (VT) ⓐ [+ *sol, plaie*] to drain ⓑ [+ *main-d'œuvre, capitaux*] to bring in; [+ *public, clientèle*] to attract

dramatique [dʀamatik] **1** (ADJ) ⓐ (= *tragique*) tragic • **ce n'est pas ~!** it's not the end of the world! ⓑ (*Théât*) **artiste ~** stage actor (*ou* actress) • **auteur ~** playwright • **centre ~** drama school • **critique ~** drama critic → **art, comédie** ⓒ (= *épique*) dramatic **2** (NF) (*TV*) (television) play

> ⚠ Lorsque l'adjectif **dramatique** signifie **tragique**, il ne se traduit jamais par **dramatic**.

dramatiser [dʀamatize] /TABLE 1/ (VT) to dramatize • **il ne faut pas ~ (la situation)** you shouldn't dramatize things

dramaturge [dʀamatyʀʒ] (NMF) playwright

drame [dʀam] (NM) drama • **ce n'est pas un ~!** it's not the end of the world!

drap [dʀa] (NM) ⓐ (= *pièce de tissu*) **~ (de lit)** sheet • **~ de bain** bath sheet • **~ de plage** beach towel • **être dans de beaux** *ou* **sales ~s** to be in a right mess* ⓑ (= *tissu*) woollen cloth

drapeau (*pl* **drapeaux**) [dʀapo] (NM) flag • **le ~ tricolore** the (French) tricolour • **être sous les ~x** to be doing one's military service

draper [dʀape] /TABLE 1/ **1** (VT) to drape • **un foulard de soie drapait ses épaules** she had a silk scarf draped over her shoulders **2** (VPR) **se draper se ~ dans sa dignité** to stand on one's dignity

drap-housse (*pl* **draps-housses**) [dʀaus] (NM) fitted sheet

drastique [dʀastik] (ADJ) drastic

dressage [dʀesaʒ] (NM) [*d'animal sauvage*] taming; [*de jeune cheval*] breaking in; (*pour le cirque*) training • **épreuve de ~** (*Équitation*) dressage event

dresser [dʀese] /TABLE 1/ **1** (VT) ⓐ [+ *inventaire, liste, plan, carte*] to draw up • **il a dressé un bilan encourageant de la situation** he gave an encouraging review of the situation

ⓑ [+ *échafaudage, barrière, échelle, lit, tente*] to put up • **nous avons dressé un buffet dans le jardin** we laid out a buffet in the garden • **~ le couvert** *ou* **la table** to lay *ou* set the table • **dressez les filets sur un plat** arrange the fillets on a dish

ⓒ [+ *tête*] to raise • **~ l'oreille** to prick up one's ears • **~ l'oreille** *ou* **ses oreilles** [*chien*] to prick up its ears • **une histoire à faire ~ les cheveux sur la tête** a tale to make your hair stand on end

ⓓ (= *braquer*) **~ qn contre** to set sb against

ⓔ (= *dompter*) [+ *animal sauvage*] to tame; [+ *jeune cheval*] to break (in); (*pour le cirque*) to train • **~ un chien à rapporter** to train a dog to retrieve

2 (VPR) **se dresser** ⓐ [*personne*] (*debout*) to stand up; (*assis*) to sit up straight • **se ~ sur la pointe des pieds** to stand on tiptoe • **se ~ sur ses pattes de derrière** [*cheval*] to rear up; [*autre animal*] to stand up on its hind legs

ⓑ [*oreille*] to prick up

ⓒ [*statue, bâtiment, obstacle*] to stand; (*de façon imposante*) to tower (up)

ⓓ (= *s'insurger*) to rise up (**contre, face à** against)

dresseur, -euse [dʀesœʀ, øz] (NM,F) trainer; [*d'animaux sauvages*] tamer • **~ de chevaux** (*débourrage*) horse-breaker

DRH [deɛʀaʃ] **1** (NF) (ABR DE **direction des ressources humaines**) HR department **2** (NMF) (ABR DE **directeur, -trice des ressources humaines**) HR manager

dribble [dʀibl] (NM) (*Sport*) dribble

dribbler [dʀible] /TABLE 1/ **1** (VI) to dribble **2** (VT) [+ *joueur*] to dribble past

dring [dʀiŋ] (EXCL, NM) ding!

drive [dʀajv] (NM) (*Golf, Informatique*) drive

driver [dʀajve, dʀive] /TABLE 1/ **1** (VT) [*jockey*] to drive **2** (VI) (*Golf*) to drive

drogue [dʀɔg] (NF) drug • **la ~** drugs • **une ~ dure/douce** a hard/soft drug • **il prend de la ~** he takes drugs

drogué, e [dʀɔge] *ptp de* **droguer** (NM,F) drug addict

droguer [dʀɔge] /TABLE 1/ **1** (VT) to drug **2** (VPR) **se droguer** ⓐ (*de stupéfiants*) to take drugs • **il se drogue** he takes drugs • **se ~ à la cocaïne** to take cocaine ⓑ (*de médicaments*) to dose o.s. up (**de** with)

droguerie [dʀɔgʀi] (NF) (= *magasin*) hardware shop

droguiste [dʀɔgist] (NMF) owner of a hardware shop

droit¹, e¹ [dʀwa, dʀwat] **1** (ADJ) right • **du côté ~** on the right-hand side → **bras**

2 (NM) (*Boxe*) (= *poing*) **crochet du ~** right hook

3 (NF) **droite** ⓐ (*opposé à la gauche*) **la ~e** the right • **à ~e** on the right; (*direction*) to the right • **à ma ~e** on my right • **le tiroir/chemin de ~e** the right-hand drawer/path • **à ~e de la fenêtre** to the right of the window • **de ~e à gauche** from right to left • **il a couru à ~e et à gauche pour se renseigner** he tried everywhere to get some information

ⓑ (*sur route*) **rouler à ~e** to drive on the right • **garder** *ou* **tenir sa ~e** to keep to the right

ⓒ (*Politique*) **la ~e** the right wing • **candidat/idées de ~e** right-wing candidate/ideas • **un homme de ~e** a man of the right • **membre de la ~e** right-winger

droit², e² [dʀwa, dʀwat] **1** (ADJ) ⓐ (= *sans déviation, non courbe*) [*barre, ligne, route, nez*] straight • **ça fait 4 km en ligne ~e** it's 4 km as the crow flies → **coup**

ⓑ (= *vertical, non penché*) [*arbre, mur*] straight • **ce tableau n'est pas ~** this picture isn't straight • **tiens ta tasse ~e** hold your cup straight • **être** *ou* **se tenir ~ comme un i** to stand bolt upright • **tiens-toi ~** (*debout*) stand up straight; (*assis*) sit up straight

ⓒ (= *honnête, loyal*) [*personne*] upright

2 (NF) **droite** (= *ligne*) straight line

3 (ADV) [*viser, couper, marcher*] straight • **aller/marcher ~ devant soi** to go/walk straight ahead • **c'est ~ devant vous** it's right in front of you • **aller ~ à la faillite** to be heading straight for bankruptcy • **aller ~ au but** *ou* **au fait** to go straight to the point

droit³ [dʀwa] **1** (NM) ⓐ (= *prérogative*) right • **le ~ des peuples à disposer d'eux-mêmes** the right of peoples to self-determination • **~ de pêche/chasse** fishing/hunting rights • **le ~ au logement** the right to have somewhere to live • **~ du sang/du sol** *right to nationality based on parentage/on place of birth* • **avoir le ~ de faire**

qch (*simple permission, possibilité*) to be allowed to do sth; (*autorisation juridique*) to have the right to do sth • **avoir ~ à** [+ *allocation*] to be entitled to • **il a eu ~ à une bonne raclée*** (*hum*) he got a good hiding* • **avoir (le) ~ de vie ou de mort sur** to have power of life and death over • **avoir ~ de regard sur** [+ *documents*] to have the right to examine; [+ *affaires, décision*] to have a say in • **avoir des ~s sur** to have rights over • **cette carte vous donne ~ à des places gratuites** this card entitles you to free seats • **être en ~ de faire qch** to be entitled to do sth • **être dans son ~** to be within one's rights • **c'est votre ~** you are perfectly entitled to do so • **de quel ~ est-il entré ?** what right did he have to come in?
ⓑ (*Droit*) **le ~** law • **faire son ~** (*Univ*) to study law • **~ civil/pénal** civil/criminal law • **~ écrit** statute law • **~ des affaires** company law
ⓒ (= *taxe*) **~ d'entrée** entrance fee • **~s d'inscription/d'enregistrement** enrolment/registration fee
2 (COMP) ▸ **droit d'asile** right of asylum ▸ **droit d'auteur** (= *propriété artistique, littéraire*) copyright • **~s d'auteur** (= *rémunération*) royalties ▸ **droit de cité** **avoir ~ de cité parmi/dans** to be established among/in ▸ **droits civils** civil rights ▸ **droits civiques** civic rights ▸ **droit commun** **condamné/délit de ~ commun** common law criminal/crime ▸ **droits de douane** customs duties ▸ **les droits de la femme** women's rights ▸ **le droit de grève** the right to strike ▸ **les droits de l'homme** human rights ▸ **droit à l'image** *privacy rights concerning the publication of one's photograph* ▸ **droit de passage** right of way ▸ **droit de propriété** right of property ▸ **droits de reproduction** reproduction rights • **« tous ~s (de reproduction) réservés »** "all rights reserved" ▸ **droits de succession** inheritance tax ▸ **droit de visite** (right of) access ▸ **le droit de vote** the right to vote

droit-de-l'hommiste (*pl* **droit-de-l'hommistes**) [dʀwad(ə)lɔmist] (*souvent péj*) 1 (ADJ) human rights *épith* 2 (NMF) human rights activist

droitier, -ière [dʀwatje, jɛʀ] 1 (ADJ) (= *non gaucher*) right-handed 2 (NM,F) right-handed person • **c'est un ~** (= *sportif*) he's a right-handed player

droiture [dʀwatyʀ] (NF) [*de personne*] uprightness

drôle [dʀol] (ADJ) ⓐ (= *amusant, bizarre*) funny • **je ne trouve pas ça ~** I don't find that funny • **la vie n'est pas ~** life's no joke • **tu es ~, je ne pouvais pourtant pas l'insulter!** you must be joking - I could hardly insult him! • **avoir un ~ d'air** to look funny • **un ~ de type** a strange guy • **il a fait une ~ de tête!** he pulled such a face! • **ça me fait (tout) ~ (de le voir)*** it gives me a funny feeling (to see him)
ⓑ (*intensif*)* **un ~ d'orage** a fantastic* storm • **de ~s de muscles/progrès** fantastic* muscles/progress • **une ~ de correction** a hell of a punishment* • **on en a vu de ~s pendant la guerre** we had a hard time of it during the war

drôlement [dʀolmɑ̃] (ADV) ⓐ (= *bizarrement*) strangely • **il m'a regardé ~** he gave me a strange *ou* funny look ⓑ (= *extrêmement*) [*bon, sage, froid*]* terribly • **il est ~ musclé** he's really muscular • **il a ~ changé** he's changed an awful lot* • **ça lui a fait ~ plaisir** it pleased him no end*

drôlerie [dʀolʀi] (NF) funniness • **c'est d'une ~!** it's so funny!

dromadaire [dʀɔmadɛʀ] (NM) dromedary

drop [dʀɔp], **drop-goal** (*pl* **drop-goals**) [dʀɔpgol] (NM) (= *coup de pied*) drop kick; (= *but*) drop goal • **passer un ~** to score a drop goal

dru, e [dʀy] 1 (ADJ) [*herbe, barbe, haie*] thick 2 (ADV) [*pousser*] thickly

drugstore, drug-store (*pl* **drug-stores**) [dʀœgstɔʀ] (NM) drugstore

druide [dʀɥid] (NM) druid

DST [deɛste] (NF) (ABR DE **Direction de la surveillance du territoire**) ≈ MI5 (*Brit*), ≈ CIA (*US*)

du [dy] → **de**

dû, due [dy] *ptp de* **devoir** 1 (ADJ) ⓐ (= *à restituer*) owing; (= *arrivé à échéance*) due • **la somme qui lui est due** the sum owing to him
ⓑ ▸ **dû à** due to • **ces troubles sont dus à ...** these troubles are due to ...
2 (NM) due; (= *somme*) dues

duathlon [dɥatlɔ̃] (NM) duathlon

dubitatif, -ive [dybitatif, iv] (ADJ) doubtful • **d'un air ~** doubtfully

Dublin [dyblɛ̃] (N) Dublin

dublinois, e [dyblinwa, waz] 1 (ADJ) of *ou* from Dublin 2 (NM,F) **Dublinois(e)** Dubliner

duc [dyk] (NM) duke

duchesse [dyʃɛs] (NF) (= *noble*) duchess

duel [dɥɛl] (NM) duel • **se battre en ~** to fight a duel (avec with) • **le ~ qui opposera Reims à Lyon** (*Sport*) the forthcoming battle between Reims and Lyon

dugong [dygɔ̃g] (NM) dugong

dûment ○ [dymɑ̃] (ADV) duly

dumping [dœmpiŋ] (NM) dumping • **faire du ~** to dump goods • **~ social** social dumping

dune [dyn] (NF) dune • **~ de sable** sand dune

Dunkerque [dœ̃kɛʀk] (N) Dunkirk

duo [dɥo] (NM) (= *chanson*) duet; (= *spectacle*) duo • **chanter en ~** to sing a duet

dupe [dyp] 1 (NF) dupe 2 (ADJ) **être ~ (de)** to be taken in (by)

duper [dype] /TABLE 1/ (VT) to dupe

duplex [dyplɛks] 1 (ADJ INV) (*Téléc*) duplex 2 (NM) (= *appartement*) split-level apartment; (*Can* = *house*) maisonette (*Brit*), duplex (*US*) • **(émission en) ~** link-up

duplicata [dyplikata] (NM INV) duplicate

duplicité [dyplisite] (NF) duplicity

dupliquer [dyplike] /TABLE 1/ (VT) to duplicate

duquel → **lequel**

dur, e [dyʀ] 1 (ADJ) ⓐ [*roche, métal, lit, crayon, sol*] hard; [*carton, col, brosse, porte*] stiff; [*viande*] tough • **être ~ d'oreille** to be hard of hearing
ⓑ [*problème, travail, parcours*] hard • **~ à manier/croire** hard to handle/believe • **c'est un enfant très ~** he's a very difficult child
ⓒ [*climat, punition, combat, couleur*] harsh; [*leçon*] hard; [*eau*] hard • **la vie est ~e** it's a hard life • **les temps sont ~s** times are hard • **il nous mène la vie ~e** he gives us a hard time • **le plus ~ est passé** the worst is over
ⓓ (= *sévère*) hard; [*loi, critique*] harsh • **être ~ avec** *ou* **pour** *ou* **envers qn** to be hard on sb
ⓔ (= *insensible*) [*personne*] hard
2 (ADV) [*travailler, frapper*]* hard • **croire à qch ~ comme fer** to have a blind belief in sth
3 (NM) **c'est un ~*** he's a tough guy* • **c'est un ~ à cuire*** he's a tough nut* • **jouer les ~s** to act tough

▸**en dur** **une construction en ~** a permanent structure • **un court (de tennis) en ~** a hard court
4 (NF) ▸**à la dure** **être élevé à la ~e** to be brought up the hard way • **vivre à la ~e** to live rough
durable [dyʀabl] (ADJ) lasting; [*emploi*] long-term
durablement [dyʀabləmɑ̃] (ADV) [*s'installer*] on a long-term basis • **bâtir ~** to build something to last
durant [dyʀɑ̃] (PRÉP) (= *pendant*) for; (= *au cours de*) during • **deux heures ~** for a full two hours • **des années ~** for years and years • **sa vie ~** throughout his life
durcir [dyʀsiʀ] /TABLE 2/ 1 (VT) [+ *attitude*] to harden; [+ *contrôle, embargo, sanctions*] to tighten • **~ ses positions** to take a tougher stand • **~ un mouvement de grève** to step up strike action 2 (VI) to harden 3 (VPR) **se durcir** [*sol, colle, visage, attitude, ton*] to harden; [*conflit*] to become more serious • **le mouvement de grève s'est durci** the strikers have stepped up their action
durcissement [dyʀsismɑ̃] (NM) [*d'attitude, positions*] hardening; [*de sanctions, embargo*] tightening • **~ des mouvements de grève** stepping up of strike action
durée [dyʀe] (NF) [*de spectacle, opération*] length; [*de bail*] term; [*de prêt*] period; [*de pile, ampoule*] life • **pendant une ~ d'un mois** for one month • **pendant la ~ des réparations** while repairs are being carried out • **de courte ~** [*séjour*] short; [*bonheur, répit*] short-lived • **(de) longue ~** [*chômage, visa*] long-term; [*pile*] long-life • **pour une ~ illimitée** for an unlimited period • **la ~ légale du travail** (*Droit*) statutory working hours
durement [dyʀmɑ̃] (ADV) ⓐ (= *sévèrement, brutalement*) harshly • **la manifestation a été ~ réprimée** the demonstration was suppressed using force ⓑ [*éprouvé, ressenti*] sorely • **la région a été ~ touchée par la crise** the region was hard hit by the recession
durer [dyʀe] /TABLE 1/ (VI) to last • **combien de temps cela dure-t-il ?** how long does it last? • **le festival dure (pendant) deux semaines** the festival lasts (for) two weeks • **la fête a duré toute la nuit/jusqu'au matin** the party went on all night/until morning • **ça fait deux mois que ça dure** it has been going on for two months
dureté [dyʀte] (NF) ⓐ [*de métal, crayon*] hardness; [*de brosse*] stiffness; [*de viande*] toughness ⓑ (= *sévérité*) hardness; [*de loi, critique*] harshness • **sa ~ de ton m'a surpris** his harsh tone surprised me ⓒ (= *insensibilité*) hard-heartedness • **traiter qn avec ~** to treat sb harshly ⓓ [*d'eau, problème, travail*] hardness; [*de climat, punition, combat*] harshness
durillon [dyʀijɔ̃] (NM) callus
durit(e) [dyʀit] (NF) (radiator) hose • **il a pété une ~*** (*fig*) he flipped his lid*
DUT [deyte] (NM) (ABR DE **diplôme universitaire de technologie**) *two-year diploma taken at a technical college after the baccalauréat*
duty-free [djutifʀi] 1 (ADJ) duty-free 2 (NM) duty-free (shop) • **en ~** duty-free • **j'ai acheté du parfum en ~** I bought some duty-free perfume
duvet [dyvɛ] (NM) ⓐ [*de fruit, oiseau, joues*] down ⓑ (= *sac de couchage*) sleeping bag
duveteux, -euse [dyv(ə)tø, øz] (ADJ) downy
DVD [devede] (NM) (ABR DE **digital versatile disc**) DVD • **lecteur ~** DVD drive • **~ musical** music DVD
DVD-Rom [devedeʀɔm] (NM) DVD-ROM
dynamique [dinamik] 1 (ADJ) dynamic 2 (NF) dynamics *sg*; (*fig*) dynamic • **créer une ~ de croissance** to create a dynamic of growth • **la ~ de groupe** group dynamics
dynamiser [dinamize] /TABLE 1/ (VT) [+ *économie, marché*] to stimulate; [+ *personnel*] to energize; [+ *affiche, image de marque*] to make more dynamic
dynamisme [dinamism] (NM) dynamism
dynamite [dinamit] (NF) dynamite • **faire sauter qch à la ~** to blow sth up with dynamite
dynamiter [dinamite] /TABLE 1/ (VT) to dynamite; (*fig*) to destroy
dynamo [dinamo] (NF) dynamo
dynastie [dinasti] (NF) dynasty
dysenterie [disɑ̃tʀi] (NF) dysentery
dysfonctionnement [disfɔ̃ksjɔnmɑ̃] (NM) [*d'organisation, système*] poor running *NonC* • **il y a des ~s dans la gestion du service** there are problems in the management of the department
dyslexie [dislɛksi] (NF) dyslexia
dyslexique [dislɛksik] (ADJ, NMF) dyslexic
dyspraxie [dispʀaksi] (NF) dyspraxia
dyspraxique [dispʀaksik] (ADJ) dyspraxic

Ee

eau (*pl* **eaux**) [o] **1** NF **a** water; (= *pluie*) rain • **sans ~** [*alcool*] neat • **passer qch sous l'~** to give sth a quick rinse • **laver à grande ~** [+ *sol*] to wash down; (*avec un tuyau*) to hose down; [+ *légumes*] to wash thoroughly
▸ **à l'eau cuire à l'~** to boil • **se passer les mains à l'~** to rinse one's hands • **aller à l'~** to go for a dip* • **mettre à l'~** [+ *bateau*] to launch • **mise à l'~** launching • **se mettre à l'~** (= *nager*) to get into the water • **notre projet est tombé à l'~** our project has fallen through
b (*locutions*) **tout cela apporte de l'~ à son moulin** it's all grist to his mill • **aller sur l'~** (= *flotter*) to be buoyant; (= *naviguer*) to sail • **j'en avais l'~ à la bouche** it made my mouth water • **être en ~** to be bathed in sweat • **faire ~** to leak • **mettre de l'~ dans son vin** (= *modérer ses prétentions*) to climb down; (= *faire des concessions*) to make concessions • **prendre l'~** to let in water • **il y a de l'~ dans le gaz*** things aren't running too smoothly
2 NFPL **eaux a** [*de fleuve*] **basses ~x** low water • **hautes ~x** high water • **la Compagnie des Eaux et de l'Ozone** *the French water utility* • **dans ces ~x-là*** or thereabouts • **entre deux ~x** just below the surface • **nager entre deux ~x** to keep a foot in both camps
b elle a perdu les ~x her waters have broken
3 COMP ▸ **eau de Cologne** eau de Cologne ▸ **eau courante** running water ▸ **eau de cuisson** cooking water ▸ **eau douce** fresh water ▸ **les Eaux et Forêts** ≈ the Forestry Commission (*Brit*), ≈ the Forest Service (*US*) ▸ **eau gazeuse** sparkling mineral water ▸ **eaux grises** grey water ▸ **eau de Javel** bleach ▸ **eaux ménagères** household waste water ▸ **eau de mer** sea water ▸ **eau minérale** mineral water ▸ **eau oxygénée** hydrogen peroxide ▸ **eau de parfum** eau de parfum ▸ **eau plate** still water ▸ **eau de pluie** rainwater ▸ **eau potable** drinking water ▸ **eau du robinet** tap water ▸ **eau de rose** rose water • **roman à l'~ de rose** sentimental novel ▸ **eau salée** salt water ▸ **eau de source** spring water ▸ **eaux territoriales** territorial waters • **dans les ~x territoriales françaises** in French territorial waters ▸ **eaux thermales** thermal springs ▸ **eau de toilette** eau de toilette ▸ **eaux usées** waste water ▸ **eau de vaisselle** dishwater ▸ **eau vive sport en ~ vive** white-water sport

eau-de-vie (*pl* **eaux-de-vie**) [od(ə)vi] NF eau de vie • **cerises à l'~** cherries in brandy

eau-forte (*pl* **eaux-fortes**) [ofɔʀt] NF etching

ébahi, e [ebai] *ptp de* **ébahir** ADJ dumbfounded

ébahir [ebaiʀ] /TABLE 2/ VT to dumbfound

ébats [eba] NMPL frolics • **~ amoureux** lovemaking

ébattre (s') [ebatʀ] /TABLE 41/ VPR to frolic

ébauche [eboʃ] NF [*de livre, projet*] outline; [*de tableau, dessin*] sketch; [*de statue*] rough shape

ébaucher [eboʃe] /TABLE 1/ VT [+ *livre, plan, tableau*] to sketch out; [+ *programme d'action*] to outline; [+ *conversation*] to start up; [+ *relations*] to open up • **~ un sourire** to give a faint smile • **~ un geste** to start to make a movement

ébène [ebɛn] NF ebony

ébéniste [ebenist] NMF cabinetmaker

ébénisterie [ebenist(ə)ʀi] NF (= *métier*) cabinetmaking; (= *façon, meuble*) cabinetwork

éberlué, e [ebɛʀlɥe] ADJ flabbergasted

éblouir [ebluiʀ] /TABLE 2/ VT to dazzle

éblouissant, e [ebluisɑ̃, ɑ̃t] ADJ dazzling

éblouissement [ebluismɑ̃] NM **a** [*de lampe*] dazzle **b** (= *émerveillement*) bedazzlement; (= *spectacle*) dazzling sight **c** (= *vertige*) **avoir un ~** to have a dizzy spell

e-book [ibuk] NM e-book

éborgner [ebɔʀɲe] /TABLE 1/ VT **~ qn** to poke sb's eye out • **j'ai failli m'~ contre la cheminée*** I nearly poked my eye out on the corner of the mantelpiece

éboueur [ebwœʀ] NM binman (*Brit*), garbage man (*US*)

ébouillanter [ebujɑ̃te] /TABLE 1/ **1** VT to scald; [+ *théière*] to warm **2** VPR **s'ébouillanter** to scald o.s.

éboulement [ebulmɑ̃] NM **a** [*de falaise*] collapsing; [*de mur*] falling in • **~ de rochers** rock fall • **~ de terrain** landslide **b** (= *éboulis*) [*de rochers*] heap of rocks; [*de terre*] heap of earth

ébouler (s') [ebule] /TABLE 1/ VPR [*falaise*] to collapse; [*mur*] to fall in; [*terre*] to slip

éboulis [ebuli] NM [*de rochers*] mass of fallen rocks; [*de terre*] mass of fallen earth

ébouriffé, e [ebuʀife] *ptp de* **ébouriffer** ADJ [*cheveux, personne*] dishevelled; [*plumes, poils*] ruffled • **il était tout ~** his hair was all dishevelled

ébouriffer [ebuʀife] /TABLE 1/ VT **a** [+ *cheveux*] to tousle; [+ *plumes, poil*] to ruffle **b** (= *surprendre*)* to amaze

ébranler [ebʀɑ̃le] /TABLE 1/ **1** VT to shake • **le monde entier a été ébranlé par cette nouvelle** the whole world was shaken by the news • **se laisser ~ par qch** to allow o.s. to be swayed by sth **2** VPR **s'ébranler** [*train, véhicule, cortège*] to move off

ébréché, e [ebʀeʃe] /TABLE 6/ ADJ [*assiette*] chipped • **la lame est ~e** the blade has got a nick in it

ébriété [ebʀijete] (NF) **en état d'~** inebriated

ébrouer (s') [ebʀue] /TABLE 1/ (VPR) [*oiseau, chien*] to shake itself; [*cheval*] to snort; [*personne*] to shake o.s.

ébruiter [ebʀɥite] /TABLE 1/ **1** (VT) [+ *nouvelle, rumeur*] to spread **2** (VPR) **s'ébruiter il ne faut pas que ça s'ébruite** people mustn't get to know about this • **l'affaire s'est ébruitée** news of the affair got out

ébullition [ebylisjɔ̃] (NF) [*d'eau*] boiling; (= *agitation*) turmoil • **avant l'~** before boiling point is reached • **portez à ~** bring to the boil • **maintenir à ~ trois minutes** simmer for three minutes

▸ **en ébullition être en ~** [*liquide*] to be boiling; [*ville, pays, maison*] to be in turmoil; [*personne surexcitée*] to be bubbling over with excitement

écaille [ekɑj] (NF) scale; [*de tortue, huître*] shell; [*de peinture*] flake • **en ~** tortoiseshell • **lunettes d'~** tortoiseshell glasses

écaillé, e [ekɑje] *ptp de* **écailler** (ADJ) [*peinture, surface, baignoire*] chipped; [*façade*] peeling

écailler[1] [ekɑje] /TABLE 1/ **1** (VT) [+ *poisson*] to scale; [+ *huîtres*] to open; [+ *peinture*] to chip **2** (VPR) **s'écailler** [*peinture*] to flake; [*vernis à ongles*] to chip

écailler[2], -ère [ekɑje, jɛʀ] (NM,F) (= *marchand*) oyster seller; (= *restaurateur*) *owner of an oyster bar*

écarlate [ekaʀlat] (ADJ) scarlet • **devenir ~** to turn scarlet (**de** with)

écarquiller [ekaʀkije] /TABLE 1/ (VT) **~ les yeux** to stare wide-eyed (**devant** at)

écart [ekaʀ] **1** (NM) **a** (= *différence*) (*entre objets, dates*) gap; (*entre chiffres, températures, opinions*) difference; (*entre explications*) discrepancy • **l'~ de prix entre les deux modèles est important** there's a big difference in price between the two models • **il y a un gros ~ d'âge entre eux** there's a big age gap between them • **ils ont 11 ans d'~** there are 11 years between them • **réduire l'~ entre** to narrow the gap between • **réduire l'~ à la marque** to narrow the gap

b (= *action*) **faire un ~** [*cheval*] to shy; [*voiture*] to swerve; [*personne surprise*] to jump out of the way • **faire un ~ de régime** to break one's diet • **faire le grand ~** to do the splits; (*fig*) to do a balancing act

c ▸ **à l'écart être à l'~** [*hameau*] to be isolated • **tirer qn à l'~** to take sb to one side • **mettre** *ou* **tenir qn à l'~** (= *empêcher de participer*) to keep sb on the sidelines; (= *empêcher d'approcher*) to hold sb back • **rester à l'~** (= *s'isoler*) to remain aloof; (= *ne pas approcher*) to stay in the background; (= *ne pas participer*) to stay on the sidelines

▸ **à l'écart de la maison est à l'~ de la route** the house is off the road • **ils habitent un peu à l'~ du village** they live just outside the village • **tenir qn à l'~ d'un lieu** to keep sb away from a place • **tenir qn à l'~ d'une affaire** to keep sb out of a deal • **rester à l'~ des autres** to keep out of the way of the others • **rester à l'~ de la politique** to steer clear of politics

2 (COMP) ▸ **écart de conduite** misdemeanour ▸ **écart de langage** bad language *NonC* • **faire un ~ de langage** to use unacceptable language

écarté, e [ekaʀte] *ptp de* **écarter** (ADJ) [*lieu, hameau*] remote; [*yeux*] set far apart • **avoir les dents ~es** to have gappy teeth • **il se tenait debout, les jambes ~es** he stood with his legs apart

écarteler [ekaʀtəle] /TABLE 5/ (VT) (= *supplicier*) to quarter • **écartelé entre ses obligations familiales et professionnelles** torn between family and professional obligations

écartement [ekaʀtəmɑ̃] (NM) gap

écarter [ekaʀte] /TABLE 1/ **1** (VT) **a** (= *séparer*) [+ *objets*] to move apart; [+ *bras, jambes, doigts*] to spread; [+ *rideaux*] to draw • **il écarta la foule pour passer** he pushed his way through the crowd

b (= *rejeter*) [+ *objection, idée, candidature*] to dismiss; [+ *personne*] to remove (**de** from)

c (= *éloigner*) [+ *meuble*] to move away; [+ *personne*] to push back (**de** from) • **tout danger est maintenant écarté** the danger's passed now

2 (VPR) **s'écarter a** [*foule*] to draw aside • **la foule s'est écartée pour le laisser passer** the crowd drew aside to let him through

b (= *s'éloigner*) to step back (**de** from) • **écartez-vous!** move out of the way! • **s'~ de sa route** to stray from one's path • **s'~ du droit chemin** to wander from the straight and narrow • **s'~ de la norme** to deviate from the norm • **s'~ du sujet** to get off the subject

ecchymose [ekimoz] (NF) bruise

ecclésiastique [eklezjastik] (NM) ecclesiastic

écervelé, e [esɛʀvəle] **1** (ADJ) (= *étourdi*) scatterbrained **2** (NM,F) scatterbrain

échafaud [eʃafo] (NM) (*pour l'exécution*) scaffold • **monter à l'~** to mount the scaffold

échafaudage [eʃafodaʒ] (NM) (*de construction*) scaffolding *NonC* • **ils ont mis un ~** they have put up scaffolding

échafauder [eʃafode] /TABLE 1/ (VT) [+ *projet, théorie*] to construct • **il a échafaudé toute une histoire pour ne pas venir** he made up a whole story so he wouldn't have to come

échalas* [eʃɑlɑ] (NM) (= *personne*) beanpole*

échalote [eʃalɔt] (NF) shallot

échancré, e [eʃɑ̃kʀe] (ADJ) **une robe très ~e** a dress with a plunging neckline • **une robe ~e dans le dos** a dress cut low in the back

échancrure [eʃɑ̃kʀyʀ] (NF) [*de robe*] neckline

échange [eʃɑ̃ʒ] (NM) **a** exchange; (= *troc*) swap • **~ de vues** exchange of views • **~ scolaire** school exchange • **~s de coups avec la police** scuffles with the police • **c'est un ~ de bons procédés** one good turn deserves another • **faire l'~ standard d'un moteur** to replace an engine with a new one • **~s commerciaux** trade

▸ **en échange** (= *par contre*) on the other hand; (= *en guise de troc*) in exchange; (= *pour compenser*) to make up for it • **en ~ de** in exchange for

b (*Tennis, Ping-Pong*) rally • **faire des ~s** to warm up

échangeable [eʃɑ̃ʒabl] (ADJ) exchangeable (**contre** for)

échanger [eʃɑ̃ʒe] /TABLE 3/ **1** (VT) to exchange (**contre** for) • **« les articles soldés ne sont ni repris ni échangés »** "sale goods can neither be returned nor exchanged" • **ils ont échangé des remerciements** they thanked one another • **~ des balles** (*Tennis, Ping-Pong*) to warm up **2** (VPR) **s'échanger le dollar s'échangeait à 0,75 €** the dollar was trading at 0.75 euros

échangeur [eʃɑ̃ʒœʀ] (NM) (= *route*) interchange

échantillon [eʃɑ̃tijɔ̃] (NM) sample; (*pour tester*) tester; (= *exemple*) example • **~ de sang** blood sample • **~ représentatif** representative sample

échantillonnage [eʃɑ̃tijɔnaʒ] (NM) **a** (= *collection*) selection of samples • ~ **d'outils** selection of tools **b** (*en statistique*) sampling

échappatoire [eʃapatwaʀ] NF (= *faux-fuyant*) way out • **sa réponse n'était qu'une ~** his answer was just a way of evading the issue

échappé, e [eʃape] *ptp de* **échapper** 1 NM,F (= *coureur*) breakaway • **les ~s** the breakaway group 2 NF **échappée** [*de course*] breakaway • **faire une ~e de 100 km** to be ahead of the pack for 100km

échappement [eʃapmɑ̃] NM **a** [*de voiture*] exhaust • **rouler en ~ libre** to drive without a silencer (*Brit*) *ou* a muffler (*US*) **b** (*en informatique*) escape

échapper [eʃape] /TABLE 1/ 1 VI to escape • ~ **des mains de qn** to slip out of sb's hands • **il l'a échappé belle** he had a narrow escape

▸ **échapper à** [+ *danger, destin, punition, mort*] to escape; [+ *poursuivants*] to escape from; (*par ruse*) to evade; [+ *obligations, responsabilités*] to evade; [+ *corvée*] to get out of; [+ *ennuis*] to avoid • ~ **à l'impôt** to be exempt from tax; (*illégalement*) to avoid paying tax • ~ **à la règle** to be an exception to the rule • **il échappe à tout contrôle** he is beyond control • **tu ne m'échapperas pas!** you won't get away from me! • **son fils lui échappe** (*en grandissant*) her son is growing away from her • ~ **aux regards de qn** to escape sb's notice • **son nom m'échappe** his name escapes me • **ce détail m'avait échappé** this detail had escaped my notice • **ce détail ne lui a pas échappé** this detail was not lost on him • **ce qu'il a dit m'a échappé** (= *je n'ai pas entendu*) I didn't catch what he said; (= *je n'ai pas compris*) I didn't understand what he said • **rien ne lui échappe** nothing escapes him • **l'intérêt de la chose m'échappe** I don't see the point • **ça m'a échappé** (*parole malheureuse*) it just slipped out • **faire ~ un prisonnier** to help a prisoner to escape

▸ **laisser échapper** [+ *gros mot, cri*] to let out; [+ *objet*] to drop; [+ *occasion*] to let slip; [+ *détail*] to overlook • **laisser ~ un prisonnier** to let a prisoner escape

2 VPR **s'échapper** **a** [*prisonnier*] to escape (**de** from); [*cheval*] to get out (**de** of); [*oiseau*] to fly away • **l'oiseau s'est échappé de sa cage** the bird escaped from its cage • **j'ai pu m'~ de bonne heure** I managed to get away early • **le coureur s'est échappé dans la côte** the runner drew ahead on the uphill stretch

b [*gaz*] to escape; [*odeur*] to come (**de** from) • **des flammes s'échappaient du toit** flames were coming out of the roof

écharde [eʃaʀd] NF splinter

écharpe [eʃaʀp] NF (= *cache-nez*) scarf; (= *bandage*) sling; [*de maire*] sash • **avoir le bras en ~** to have one's arm in a sling

écharper [eʃaʀpe] /TABLE 1/ VT to tear to pieces • **se faire ~** to be torn to pieces

échasse [eʃas] NF (= *bâton*) stilt • **marcher avec des ~s** to walk on stilts

échassier [eʃasje] NM wading bird

échauder [eʃode] /TABLE 1/ VT (= *faire réfléchir*) ~ **qn** to teach sb a lesson • **les marchés boursiers ont été échaudés par le krach** the crash left the stock markets nervous

échauffement [eʃofmɑ̃] NM (*Sport*) warm-up • **exercices d'~** warm-up exercises

échauffer [eʃofe] /TABLE 1/ 1 VT **a** [+ *moteur, machine*] to overheat **b** [+ *imagination*] to fire • **les esprits étaient échauffés** people were getting worked up* • **tu commences à m'~* les oreilles** you're getting on my nerves 2 VPR **s'échauffer** **a** (*Sport*) to warm up **b** (= *s'animer*) [*personne*] to get worked up*; [*conversation*] to become heated

échauffourée [eʃofuʀe] NF [*de soldats*] skirmish; (*avec la police*) clash

échéance [eʃeɑ̃s] 1 NF **a** (= *date limite*) [*de délai*] expiry date; [*d'emprunt*] redemption date; [*de loyer*] date of payment; [*de facture, dette*] due date • **venir à ~** to fall due **b** (= *règlement à effectuer*) **faire face à ses ~s** to meet one's financial obligations **c** (= *laps de temps*) term • **à longue ~** in the long run • **à brève ~** before long • **à plus ou moins brève ~** sooner or later 2 COMP ▸ **échéances politiques** elections

échéancier [eʃeɑ̃sje] NM [*d'emprunt*] schedule of repayments; [*de travaux*] schedule

échec [eʃɛk] 1 NM **a** (= *insuccès*) failure; (= *défaite*) defeat; (= *revers*) setback • **subir un ~** to suffer a setback • **après l'~ des négociations** after negotiations broke down • **sa tentative s'est soldée par un ~** his attempt has ended in failure • **voué à l'~** bound to fail • **avoir une conduite d'~** to be self-defeating • **être en situation d'~** to be in a hopeless situation • **l'~ scolaire** academic failure • **tenir qn en ~** to hold sb in check

b (*Échecs*) **faire ~ au roi** to put the king in check • ~ **au roi!** check! • ~ **et mat** checkmate

2 NMPL **échecs** (= *activité*) chess • **jeu d'~s** chess set • **jouer aux ~s** to play chess

échelle [eʃɛl] 1 NF **a** (= *objet*) ladder • **faire la courte ~ à qn** to give sb a leg up

b (= *dimension*) scale • **à l'~ 1/100 000** on a scale of 1 to 100,000 • **croquis à l'~** scale drawing • **le dessin n'est pas à l'~** the drawing is not to scale • **à l'~ mondiale** on a worldwide scale • **un monde à l'~ de l'homme** a world on a human scale

c (= *gradation, hiérarchie*) scale • **être au sommet de l'~** to be at the top of the ladder

2 COMP ▸ **échelle d'incendie** fire escape ▸ **échelle mobile** [*de pompiers*] extending ladder; (*Écon*) sliding scale ▸ **échelle de Richter** Richter scale ▸ **échelle des salaires** salary scale ▸ **échelle sociale** social scale ▸ **échelle de valeurs** scale of values

échelon [eʃ(ə)lɔ̃] NM **a** [*d'échelle*] rung; [*de hiérarchie*] grade • **monter d'un ~ dans la hiérarchie** to go up one rung in the hierarchy • **grimper rapidement les ~s** to climb the career ladder quickly **b** (= *niveau*) level • **à l'~ national** at the national level • **à tous les ~s** at every level

échelonner [eʃ(ə)lɔne] /TABLE 1/ VT **a** [+ *objets*] to space out (**sur** over) • **les policiers sont échelonnés tout au long du parcours** the police are positioned at intervals all along the route **b** [+ *paiements*] to spread out (**sur** over); [+ *congés, vacances*] to stagger (**sur** over) **c** [+ *exercices, difficultés*] (*dans la complexité*) to grade; (*dans le temps*) to introduce gradually

écheveau (*pl* **écheveaux**) [eʃ(ə)vo] NM [*de laine*] skein

échevelé, e [eʃəv(ə)le] ADJ **a** (= *décoiffé*) **il était tout ~** his hair was dishevelled **b** (= *effréné*) [*course, danse, rythme*] frenzied

échine [eʃin] NF [*de porc*] loin • **côte de porc dans l'~** pork loin chop

échiner (s') [eʃine] /TABLE 1/ VPR **s'~ à répéter qch** to wear o.s. out repeating sth

échiquier [eʃikje] (NM) **a** (*Échecs*) chessboard **b** **l'~ politique** the political scene • **notre place sur l'~ mondial** our place in the field of world affairs **c** **l'Échiquier** (*en Grande-Bretagne*) the Exchequer

écho [eko] (NM) **a** [*de son*] echo • **il y a de l'~** there's an echo • **avez-vous eu des ~s de la réunion?** did you get any inkling of what went on at the meeting? • **se faire l'~ de** [*+ souhaits, opinions, inquiétudes*] to echo; [*+ rumeurs*] to repeat • **cette nouvelle n'a eu aucun ~ dans la presse** this item got no coverage in the press **b** (*Presse*) miscellaneous news item • **échos** (*= rubrique*) gossip column

échographie [ekografi] (NF) (*= technique*) ultrasound; (*= examen*) ultrasound scan, sonogram (*US*) • **passer une ~** to have an ultrasound scan *ou* a sonogram (*US*)

échouer [eʃwe] /TABLE 1/ **1** (VI) **a** (*= ne pas réussir*) [*personne, tentative, plan*] to fail • **~ à un examen** to fail an exam • **~ dans une tentative** to fail in an attempt • **faire ~** [*+ complot*] to foil; [*+ projet*] to ruin **b** (*= aboutir*) to end up • **nous avons échoué dans un petit hôtel** we ended up in a small hotel **2** (VPR) **s'échouer** [*bateau*] to run aground; [*baleine*] to be beached • **le bateau s'est échoué sur un écueil** the boat ran onto a reef • **bateau échoué** boat lying high and dry

échu, e [eʃy] (ADJ) **intérêts ~s** outstanding interest • **à terme ~** at the expiry date

e-cigarette [isigarɛt] (NF) e-cigarette

éclabousser [eklabuse] /TABLE 1/ (VT) to splash • **~ de sang** to spatter with blood • **ils ont été éclaboussés par le scandale** their reputation has been smeared by the scandal

éclaboussure [eklabusyr] (NF) [*de boue*] splash; [*de sang*] spatter • **il y a des ~s sur la glace** there are smears *ou* spots on the mirror

éclair [eklɛr] **1** (NM) **a** [*de foudre*] flash of lightning • **des ~s** lightning • **passer comme un ~** to flash past • **en un ~** in a flash **b** [*de génie, intelligence*] flash • **~ de malice** mischievous glint • **dans un ~ de lucidité** in a moment of lucidity • **ses yeux lançaient des ~s** her eyes blazed with anger **c** (*= gâteau*) éclair **2** (ADJ INV) [*attaque, partie, victoire*] lightning • **voyage ~** flying visit • **son passage ~ au pouvoir** his brief spell in power

éclairage [eklɛraʒ] (NM) **a** (*artificiel*) lighting; (*= luminosité*) light • **l'~ public** street lighting **b** (*= point de vue*) light • **apporter un nouvel ~ sur qch** to throw new light on sth

éclairagiste [eklɛraʒist] (NMF) electrician; (*pour concert, film etc*) lighting engineer

éclaircie [eklɛrsi] (NF) (*en météo*) sunny spell

éclaircir [eklɛrsir] /TABLE 2/ **1** (VT) **a** [*+ teinte*] to lighten; [*+ pièce*] to brighten up • **cela éclaircit le teint** it brightens the complexion **b** (*= rendre moins épais*) [*+ soupe*] to thin down; [*+ plantes*] to thin out; [*+ arbres, cheveux*] to thin **c** (*= élucider*) [*+ mystère*] to clear up; [*+ question, situation*] to clarify; [*+ meurtre*] to solve • **pouvez-vous nous ~ sur ce point?** can you enlighten us on this point? **2** (VPR) **s'éclaircir** **a** [*ciel*] to clear; [*temps*] to clear up • **s'~ la voix** to clear one's throat **b** [*cheveux*] to thin **c** [*idées, situation*] to become clearer

éclaircissant, e [eklɛrsisɑ̃, ɑ̃t] **1** (ADJ) **shampooing ~** shampoo for lightening the hair **2** (NM) (hair) lightener

éclaircissement [eklɛrsismɑ̃] (NM) (*= explication*) explanation • **j'exige des ~s** I demand some explanation

éclairé, e [eklere] *ptp de* **éclairer** (ADJ) [*public, minorité, avis, despote*] enlightened

éclairer [eklere] /TABLE 1/ **1** (VT) **a** [*lampe*] to light up; [*soleil*] to shine down on • **une seule fenêtre était éclairée** there was a light in only one window • **café éclairé au néon** café with neon lights • **un sourire éclaira son visage** a smile lit up his face • **bien éclairé** well-lit • **mal éclairé** badly-lit

b [*+ problème, situation, texte*] to throw light on • **~ qch d'un jour nouveau** to throw new light on sth

c **~ qn** (*en montrant le chemin*) to light the way for sb; (*= renseigner*) to enlighten sb (**sur** about) • **~ la lanterne de qn** to put sb in the picture*

2 (VI) **~ bien** to give a good light • **~ mal** to give a poor light

3 (VPR) **s'éclairer** **a** **s'~ à l'électricité** to have electric light • **s'~ à la bougie** to use candlelight • **prends une lampe pour t'~** take a lamp to light the way

b [*visage*] to light up

c [*situation*] to get clearer • **tout s'éclaire!** it's all becoming clear!

éclaireur [eklɛrœr] (NM) scout • **partir en ~** to go and scout around; (*fig*) to go on ahead

éclaireuse [eklɛrøz] (NF) girl guide (*Brit*) *ou* scout (*US*)

éclat [ekla] (NM) **a** [*de grenade, pierre, os, verre*] fragment; [*de bois*] splinter • **~ d'obus** piece of shrapnel

b [*de couleur, lumière, métal, soleil*] brightness; (*aveuglant*) glare; [*de diamant*] sparkle

c [*d'yeux, sourire*] sparkle; [*de teint, beauté*] radiance • **dans tout l'~ de sa jeunesse** in the full bloom of her youth

d [*de cérémonie, époque*] splendour (*Brit*), splendor (*US*); [*de personnage*] glamour (*Brit*), glamor (*US*) • **donner de l'~ à qch** to lend glamour to sth • **coup d'~** (*= exploit*) glorious feat

e (*= scandale*) fuss *NonC* • **faire un ~** to make a fuss

f (*= bruit*) **~s de voix** shouts • **j'ai entendu des ~s de rire** I heard people laughing

éclatant, e [eklatɑ̃, ɑ̃t] (ADJ) [*lumière*] brilliant; (*= aveuglant*) glaring; [*couleur*] bright; [*soleil*] blazing; [*blancheur, sourire, succès*] dazzling; [*teint, beauté*] radiant; [*victoire*] resounding; [*exemple*] striking

éclatement [eklatmɑ̃] (NM) [*de bombe, mine*] explosion; [*de pneu, ballon*] bursting; [*de parti*] split (**de** in)

éclater [eklate] /TABLE 1/ **1** (VI) **a** (*= exploser*) [*pneu*] to burst; [*verre*] to shatter; [*parti, ville, services, structures familiales*] to break up • **j'ai cru que ma tête allait ~** I thought my head was going to burst • **faire ~** [*+ pétard*] to let off; [*+ ballon, tuyau*] to burst; [*+ verre*] to shatter

b (*= commencer*) [*incendie, épidémie, guerre*] to break out; [*orage, scandale, nouvelle*] to break

c (*= retentir*) **un coup de fusil a éclaté** there was the crack of a rifle • **des applaudissements ont éclaté** there was a burst of applause

d (*= se manifester*) [*vérité*] to shine out; [*mauvaise foi*] to be blatant • **laisser ~ sa joie** to give free rein to one's joy

e **~ de rire** to burst out laughing • **il a éclaté** (*= s'est mis en colère*) he exploded with rage • **~ en sanglots** to burst into tears

2 (VPR) **s'éclater** (*= se défouler*)* to have a ball* • **s'~ en faisant qch** to get one's kicks* doing sth

éclectique [eklɛktik] (ADJ) eclectic

éclipse [eklips] (NF) eclipse

éclipser [eklipse] /TABLE 1/ 1 (VT) to eclipse 2 (VPR) **s'éclipser** [*personne*] to slip away

éclopé, e [eklɔpe] (ADJ) lame

éclore [eklɔʀ] /TABLE 45/

> **éclore** can be conjugated with **avoir** or **être**.

(VI) ⓐ [*fleur*] to open ⓑ [*œuf, poussin, larve*] to hatch • **faire ~** to hatch

éclosion [eklozjɔ̃] (NF) ⓐ [*de fleur*] opening ⓑ [*d'œuf, poussin, larve*] hatching

écluse [eklyz] (NF) lock

écoblanchiment [ekoblɑ̃ʃimɑ̃] (NM) greenwashing

écocitoyen, -yenne [ekositwajɛ̃, jɛn] (NM,F) eco-citizen, eco-friendly person

écocitoyenneté [ekositwajɛnte] (NF) eco-citizenship

écoconstruction [ekokɔ̃stʀyksjɔ̃] (NF) eco-construction, eco-friendly building

écodéveloppement [ekodevlɔpmɑ̃] (NM) ecodevelopment

écoemballage [ekoɑ̃balaʒ] (NM) eco-packaging

écœurant, e [ekœʀɑ̃, ɑ̃t] (ADJ) ⓐ [*nourriture sucrée*] sickly • **les sauces à la crème, je trouve ça ~** I find cream sauces too rich ⓑ [*conduite*] disgusting; [*personne*] loathsome; [*richesse*] obscene; [*talent*] sickening • **elle a une chance ~e** she is so lucky it makes you sick

écœurement [ekœʀmɑ̃] (NM) (= *dégoût*) nausea; (*fig*) disgust; (= *lassitude*) disillusionment

écœurer [ekœʀe] /TABLE 1/ (VT) **~ qn** [*gâteau, boisson sucrée*] to make sb feel sick; [*conduite, personne*] to disgust sb; [*avantage, chance*] to make sb sick; [*échec, déception*] to sicken sb

éco-industrie (*pl* **éco-industries**) [ekoɛ̃dystʀi] (NF) green-technology industry

écolabel [ekolabɛl] (NM) eco-label

école [ekɔl] 1 (NF) ⓐ (= *établissement*) school • **l'~ reprend dans une semaine** school starts again in a week's time • **aller à l'~** [*élève*] to go to school; [*visiteur*] to go to the school • **envoyer** *ou* **mettre un enfant à l'~** to send a child to school • **grande ~** *prestigious higher education institute with competitive entrance examination* → GRANDES ÉCOLES • **il va à la grande ~*** (= *école primaire*) he goes to primary school

ⓑ (= *enseignement*) schooling; (= *système scolaire*) school system • **l'~ gratuite** free education • **l'~ en France** the French school system • **les partisans de l'~ laïque** the supporters of secular state education

ⓒ (= *mouvement artistique, de pensée*) school • **un peintre de l'~ florentine** a painter of the Florentine School

ⓓ (*fig*) **être à bonne ~** to be in good hands • **il a été à rude ~** he learned about life the hard way • **faire ~** [*personne*] to acquire a following; [*théorie*] to gain widespread acceptance • **il est de la vieille ~** he is one of the old school

2 (COMP) ▸ **école des Beaux-Arts** ≈ art college ▸ **école buissonnière faire l'~ buissonnière** to play truant (*Brit*) *ou* hooky (*US*) ▸ **École Centrale** *prestigious college of engineering* ▸ **école de commerce** business school ▸ **école de conduite** driving school ▸ **école de danse** dancing school; (*classique*) ballet school ▸ **école de dessin** art school ▸ **école élémentaire** elementary school ▸ **école hôtelière** catering school ▸ **école libre** denominational school ▸ **école maternelle** nursery school ▸ **école militaire** military academy ▸ **École nationale d'administration** *prestigious college training senior civil servants* ▸ **école de neige** ski school ▸ **École normale** ≈ teacher training college ▸ **École normale supérieure** *"grande école" for training of teachers* → GRANDES ÉCOLES ▸ **école de pensée** school of thought ▸ **école de police** police academy

> **ÉCOLE MATERNELLE**
> Nursery school (**l'école maternelle**) is publicly funded in France and, though not compulsory, is attended by most children between the ages of three and six. Statutory education begins with primary (grade) school ("l'école primaire") and is attended by children between the ages of six and 10 or 11.

> **ÉCOLE NATIONALE D'ADMINISTRATION**
> The **École nationale d'administration** or **ENA**, in Strasbourg (formerly in Paris), is a competitive-entrance college training top civil servants. Because so many ministers and high-ranking decision-makers are "énarques" (ex-students of **ENA**), the school has often been criticized for exercising too much influence, and French political life is perceived by some as being monopolized by the so-called "énarchie". → CONCOURS

écolier [ekɔlje] (NM) schoolboy

écolière [ekɔljɛʀ] (NF) schoolgirl

écolo* [ekɔlo] 1 (ADJ) (ABR DE **écologique**) **il est très ~** he's very ecology-minded 2 (NMF) (ABR DE **écologiste**) ecologist

écologie [ekɔlɔʒi] (NF) ecology

écologique [ekɔlɔʒik] (ADJ) ecological; [*produit*] eco-friendly

écologiste [ekɔlɔʒist] 1 (ADJ) green 2 (NMF) (= *spécialiste d'écologie*) ecologist; (= *partisan*) environmentalist

écomusée [ekomyze] (NM) eco-museum

éconduire [ekɔ̃dɥiʀ] /TABLE 38/ (VT) [+ *visiteur*] to dismiss; [+ *soupirant*] to reject; [+ *solliciteur*] to turn away

économe [ekɔnɔm] 1 (ADJ) thrifty • **elle est très ~** she's very careful with money 2 (NM) (= *couteau*) vegetable peeler

économie [ekɔnɔmi] 1 (NF) ⓐ (= *système*) economy ⓑ (= *science*) economics *sg* ⓒ (= *gain*) saving • **faire une ~ de temps** to save time ⓓ (= *épargne*) **par ~** to save money • **il a le sens de l'~** he's careful with money

2 (NFPL) **économies** (= *gains*) savings • **avoir des ~s** to have some savings • **faire des ~s** to save up • **faire des ~s de chauffage** to economize on heating • **les ~s d'énergie sont nécessaires** energy conservation is essential • **~s budgétaires** budget savings • **faire des ~s de bouts de chandelle** to make cheeseparing economies

3 (COMP) ▸ **économie collaborative** sharing economy ▸ **économie dirigée** state-controlled economy ▸ **économie de marché** free market economy ▸ **économie monétaire** monetary economics ▸ **économie réelle** real economy ▸ **économie sociale et solidaire** social economy

économique [ekɔnɔmik] (ADJ) ⓐ (= *de l'économie*) economic ⓑ (= *bon marché*) economical; [*voiture*] fuel-efficient • **cycle ~** [*de machine à laver*] economy cycle • **classe ~** (*en avion*) economy class

économiquement [ekɔnɔmikmɑ̃] (ADV) economically • **les ~ faibles** the lower-income groups

économiseur [ekɔnɔmizœʀ] NM **~ d'eau** water-saving tap head (*Brit*), water-saving faucet head (*US*) • **~ d'écran** screen saver

économiste [ekɔnɔmist] NMF economist

éco-organisme (*pl* **éco-organismes**) [ekoɔʀganism] NM *French environmental management standard organization for the recycling of waste*

écoparticipation [ekopaʀtisipasjɔ̃] NF eco(-)tax

écoper [ekɔpe] /TABLE 1/ VTI ⓐ (*en bateau*) to bail out ⓑ (= *prendre*) **~ d'une punition*** to be punished • **~ de trois ans de prison*** to get sent down* for three years • **c'est moi qui ai écopé** I was the one that took the rap*

écophysiologie [ekofizjɔlɔʒi] NF ecophysiology

écoproduit [ekopʀɔdɥi] NM eco-friendly product

écoquartier [ekokaʀtje] NM *area of a town run entirely according to eco-friendly principles*

écorce [ekɔʀs] NF [*d'arbre*] bark; [*d'orange*] peel • **l'~ terrestre** the earth's crust

écorcher [ekɔʀʃe] /TABLE 1/ VT ⓐ (= *égratigner*) to graze • **il s'est écorché les genoux** he grazed his knees ⓑ [+ *mot, nom*] to mispronounce • **il écorche l'allemand** his German's terrible • **~ les oreilles de qn** to grate on sb's ears

écorecharge [ekoʀ(ə)ʃaʀʒ] NF eco-refill

écoresponsable [ekoʀɛspɔ̃sabl] ADJ [*pratique, solution*] environmentally responsible

écorner [ekɔʀne] /TABLE 1/ VT [+ *meuble*] to chip the corner of; [+ *livre*] to turn down the corner of • **livre tout écorné** dog-eared book

écossais, e [ekɔsɛ, ɛz] **1** ADJ Scottish; [*whisky*] Scotch; [*tissu*] tartan **2** NM,F **Écossais(e)** Scot • **les Écossais** the Scots

Écosse [ekɔs] NF Scotland

écosser [ekɔse] /TABLE 1/ VT to shell • **petits pois à ~** peas in the pod

écosystème [ekosistɛm] NM ecosystem

écotaxe [ekotaks] NF eco(-)tax

écotourisme [ekotuʀism] NM eco-tourism

écotouriste [ekotuʀist] NMF eco-tourist

écotoxique [ekotɔksik] ADJ ecotoxic

écouler [ekule] /TABLE 1/ **1** VT [+ *marchandises, drogue*] to sell • **~ des faux billets** to dispose of counterfeit money **2** VPR **s'écouler** ⓐ [*liquide*] (= *couler*) to flow out; (= *fuir*) to leak out ⓑ [*temps*] to pass • **10 ans s'étaient écoulés** 10 years had passed

écourter [ekuʀte] /TABLE 1/ VT to shorten

écoute [ekut] NF ⓐ listening (**de** to) • **pour une meilleure ~** (*de musique*) for better sound quality • **être à l'~ de qn** to listen to sb • **être à l'~ de France Inter** to be listening to France Inter • **heures de grande ~** (*Radio*) peak listening hours; (*TV*) peak viewing hours • **avoir une grande ~** to have a large audience • **indice d'~** audience ratings • **ils préconisent une ~ attentive du patient** they advocate listening attentively to what the patient has to say ⓑ **écoutes téléphoniques** phone-tapping • **mettre qn sur ~** to tap sb's phone

écouter [ekute] /TABLE 1/ **1** VT to listen to • **écoute!** listen! • **allô, oui, j'écoute** hello! • **j'ai été ~ sa conférence** I went to hear his lecture • **~ qn jusqu'au bout** to hear sb out • **~ qn parler** to hear sb speak • **savoir ~** to be a good listener • **~ aux portes** to eavesdrop • **~ de toutes ses oreilles** to be all ears • **n'~ que d'une oreille** to listen with only half an ear • **faire ~ un disque à qn** to play sb a record • **bon, écoute!** listen! • **aide-moi, écoute!** come on - help me! • **écoute, c'est bien simple** listen - it's quite simple • **c'est quelqu'un de très écouté** his opinion is highly valued • **il sait se faire ~** he's good at getting people to do what he says • **il faut apprendre à ~ son corps** you must listen to what your body is telling you • **n'écoutant que son courage** letting his courage be his only guide

2 VPR **s'écouter elle s'écoute trop** [*malade*] she coddles herself • **si je m'écoutais je n'irais pas** if I were to take my own advice I wouldn't go • **il aime s'~ parler** he loves the sound of his own voice

écouteur [ekutœʀ] NM [*de téléphone*] receiver • **~s** (= *casque*) earphones

écoutille [ekutij] NF [*de bateau*] hatch

écovolontaire [ekovɔlɔ̃tɛʀ] NMF ecovolunteer

écrabouiller* [ekʀabuje] /TABLE 1/ VT to crush • **se faire ~ par une voiture** to get crushed by a car

écran [ekʀɑ̃] NM screen • **télévision grand ~** large-screen television • **~ plasma** plasma screen • **le petit ~** (= *la télévision*) the small screen • **une vedette du petit ~** a television star • **le grand ~** (= *le cinéma*) the big screen • **sur grand ~** on the big screen • **une vedette du grand ~** a film star • **~ de projection** projector screen • **sur ~ géant** on a giant screen • **prochainement sur vos ~s** coming soon to a cinema near you • **ce film sera la semaine prochaine sur les ~s londoniens** this film opens next week in London ▸ **écran de contrôle** monitor ▸ **écran plat** flatscreen • **à ~ plat** flatscreen ▸ **écran solaire** (= *crème*) sun screen ▸ **écran tactile** touch screen ▸ **écran total** total sunblock ▸ **écran de visualisation** display screen

écrasant, e [ekʀɑzɑ̃, ɑ̃t] ADJ overwhelming; [*impôts, mépris, poids*] crushing • **majorité ~e** landslide majority • **victoire ~e** landslide victory

écrasement [ekʀɑzmɑ̃] NM crushing; [*de données, fichier*] overwriting

écraser [ekʀɑze] /TABLE 1/ **1** VT ⓐ to crush; [+ *mouche*] to squash; [+ *mégot*] to stub out; (*en purée*) to mash; (*en poudre*) to grind; (*au pilon*) to pound; (*en aplatissant*) to flatten; (*en piétinant*) to trample down; (*Tennis*) [+ *balle*] to kill • **écrasé par la foule** crushed in the crowd • **vous m'écrasez les pieds!** you're standing on my feet! • **notre équipe s'est fait ~** we were hammered*

ⓑ [*voiture, train*] to run over • **il s'est fait ~ par une voiture** he was run over by a car

ⓒ (= *accabler*) to crush • **il nous écrase de son mépris** he crushes us with his scornful attitude • **écrasé de chaleur** overcome by the heat • **écrasé de travail** snowed under* with work

ⓓ (= *effacer*) [+ *données, fichiers*] to overwrite

2 VI (= *ne pas insister*)* to drop the subject • **oh écrase!** oh shut up!*

3 VPR **s'écraser** ⓐ [*avion, voiture*] to crash; [*objet, corps*] to be crushed

ⓑ (= *ne pas protester*)** to keep quiet • **il s'écrase toujours devant son chef** he never says a word when the boss is around • **il a intérêt à s'~!** he'd better keep quiet!

écrémer [ekʀeme] /TABLE 6/ VT ⓐ [+ *lait*] to skim • **lait écrémé** skimmed milk ⓑ **~ les candidats** to cream off the best candidates

écrevisse [ekʀəvis] NF crayfish (*Brit*), crawfish (*US*)

écrier (s') [ekʀije] /TABLE 7/ VPR to exclaim

écrin [ekʀɛ̃] (NM) case; [*de bijoux*] casket

écrire [ekʀiʀ] /TABLE 39/ **1** (VT) to write; (= *orthographier*) to spell; (= *inscrire, marquer*) to write down • **je lui ai écrit que je venais** I wrote and told him I would be coming • **c'est écrit noir sur blanc** it's written in black and white

2 (VI) to write • **vous écrivez très mal** your writing is really bad • ~ **gros** [*personne*] to have large writing; [*stylo*] to have a broad nib • ~ **au crayon** to write in pencil

3 (VPR) **s'écrire** ⓐ [*personnes*] to write to each other ⓑ **comment ça s'écrit ?** how do you spell it? • **ça s'écrit comme ça se prononce** you write it the same way as you pronounce it

écrit, e [ekʀi, it] *ptp de* **écrire** **1** (ADJ) **épreuve ~e** written exam **2** (NM) ⓐ (= *ouvrage*) piece of writing; (= *examen*) written exam; (= *document*) document • **être bon à l'~** to do well in the written papers ⓑ **par ~** in writing

écriteau (*pl* **écriteaux**) [ekʀito] (NM) notice

écriture [ekʀityʀ] (NF) writing *NonC* • **se consacrer à l'~** to devote one's time to writing • **il a une ~ illisible** his handwriting's illegible

écrivain [ekʀivɛ̃] (NM) writer • **femme-~** woman writer ▸ **écrivain public** public letter-writer

écrivait [ekʀivɛ] (VB) → **écrire**

écrou [ekʀu] (NM) ⓐ (*Tech*) nut • ~ **à ailettes** wing nut ⓑ (*Droit*) **mettre qn sous ~** to enter sb on the prison register

écrouer [ekʀue] /TABLE 1/ (VT) (= *incarcérer*) to imprison

écroulé, e [ekʀule] *ptp de* **écrouler** (ADJ) [*maison, mur*] ruined

écroulement [ekʀulmɑ̃] (NM) collapse

écrouler (s') [ekʀule] /TABLE 1/ (VPR) to collapse • **tous nos projets s'écroulent** all our plans are falling apart • **s'~ de fatigue** to be overcome with tiredness

écru, e [ekʀy] (ADJ) [*tissu*] raw; [*vêtement*] ecru • **couleur ~e** ecru • **toile ~e** unbleached linen • **soie ~e** raw silk

écu [eky] (NM) (= *bouclier*) shield

écueil [ekœj] (NM) reef; (= *piège, danger*) pitfall; (= *pierre d'achoppement*) stumbling block

éculé, e [ekyle] (ADJ) [*chaussure*] down-at-heel; [*plaisanterie*] old; [*mot*] overused

écume [ekym] (NF) [*de mer, bouche, bière*] foam; [*de confiture, bouillon*] scum; [*de cheval*] lather

écumer [ekyme] /TABLE 1/ **1** (VT) [*+ bouillon, confiture*] to skim **2** (VI) [*bouche*] to froth; [*cheval*] to lather • ~ **de rage** to foam at the mouth

écumoire [ekymwaʀ] (NF) skimmer

écureuil [ekyʀœj] (NM) squirrel ▸ **écureuil de Corée** chipmunk ▸ **écureuil gris/roux** grey/red squirrel

écurie [ekyʀi] (NF) stable • **mettre un cheval à l'~** to stable a horse • ~ **de course** racing stable

écusson [ekysɔ̃] (NM) (= *insigne*) badge; (= *armoiries*) escutcheon

écuyer [ekɥije] (NM) ⓐ (= *cavalier*) rider • ~ **de cirque** circus rider ⓑ (*d'un chevalier*) squire

écuyère [ekɥijɛʀ] (NF) rider • ~ **de cirque** circus rider

eczéma [ɛgzema] (NM) eczema • **avoir de l'~** to have eczema

Éden [edɛn] (NM) **le jardin d'~** the garden of Eden

édenté, e [edɑ̃te] (ADJ) (*totalement*) toothless; (*partiellement*) gap-toothed

EDF [ədeɛf] (NF) (ABR DE **Électricité de France**) **l'~** the French Electricity Board • **~-GDF** the French Electricity and Gas Board

édicter [edikte] /TABLE 1/ (VT) [*+ loi*] to decree

édifiant, e [edifjɑ̃, jɑ̃t] (ADJ) edifying

édification [edifikasjɔ̃] (NF) ⓐ [*de bâtiment*] construction ⓑ [*de personne*] edification

édifice [edifis] (NM) building

édifier [edifje] /TABLE 7/ (VT) ⓐ (= *construire*) to build ⓑ [*+ personne*] (*moralement*) to edify; (= *éclairer*) to enlighten

Édimbourg [edɛ̃buʀ] (N) Edinburgh

édit [edi] (NM) edict

éditer [edite] /TABLE 1/ (VT) ⓐ (= *publier*) to publish ⓑ (= *annoter, présenter*) to edit

éditeur, -trice [editœʀ, tʀis] **1** (NM,F) (= *annotateur*) editor **2** (NM) ⓐ (*qui publie*) publisher • ~ **de disques** record producer ⓑ (*Informatique*) ~ **de textes** text editor

> ⚠ **éditeur** ne se traduit pas toujours par **editor**.

édition [edisjɔ̃] (NF) ⓐ [*de livre, journal*] edition • ~ **spéciale** [*de journal*] special edition; [*de magazine*] special issue • **notre ~ de 13 heures** our 1 o'clock news bulletin • **dernière ~** (*Presse*) late edition; (*TV*) late news bulletin ⓑ [*de texte*] edition • ~ **revue et corrigée** revised edition ⓒ (= *action de publier*) publishing; [*de disques*] production ⓓ (*Informatique*) editing

édito* [edito] (NM) editorial

éditorial (*mpl* **-iaux**) [editɔʀjal, jo] (NM) editorial

éditorialiste [editɔʀjalist] (NMF) leader writer

édredon [edʀədɔ̃] (NM) eiderdown

éducateur, -trice [edykatœʀ, tʀis] (NM,F) teacher; (*en prison*) tutor; [*de maison de jeunes*] youth worker

éducatif, -ive [edykatif, iv] (ADJ) educational • **système ~** education system

éducation [edykasjɔ̃] **1** (NF) ⓐ (= *enseignement*) education • **les problèmes de l'~** educational problems • **il a reçu une ~ religieuse** he had a religious upbringing ⓑ (= *manières*) manners • **avoir de l'~** to be well brought up • **manquer d'~** to have bad manners • **sans ~** ill-mannered **2** (COMP) ▸ **éducation civique** civic education ▸ **l'Éducation nationale** (= *système*) state education; (= *ministère*) ≈ Department for Education and Employment (*Brit*), Department of Education (*US*) ▸ **éducation permanente** continuing education ▸ **éducation physique et sportive** physical education ▸ **éducation sexuelle** sex education

> **ÉDUCATION NATIONALE**
> State education in France is divided into four levels: "maternelle" (for children 3-6 years old), "primaire" (including "école élémentaire" and "école primaire", for 6- to 11-year-olds), "secondaire" (including "collège" and "lycée", for 11- to 18-year-olds) and "supérieur" (universities and other higher education establishments). Private education (mainly in Catholic schools) is structured in a similar way to the state system. → ACADÉMIE, COLLÈGE, CONCOURS, DOCTORAT, LICENCE, LYCÉE, MASTER

édulcorant [edylkɔʀɑ̃] (NM) sweetener • **sans ~** unsweetened

édulcorer [edylkɔʀe] /TABLE 1/ (VT) [*+ doctrine, propos*] to water down; [*+ texte osé*] to tone down • **une version édulcorée des thèses de l'extrême droite** a toned-down version of the ideas of the far right

éduquer [edyke] /TABLE 1/ (VT) [+ *enfant*] (*à l'école*) to educate; (*à la maison*) to bring up; [+ *peuple*] to educate; [+ *goût, volonté, œil, oreille*] to train • **bien éduqué** well brought up • **mal éduqué** badly brought up

EEI [əəi] (NM) (ABR DE **engin explosif improvisé**) IED

effacé, e [efase] *ptp de* **effacer** (ADJ) [*personne*] unassuming

effacement [efasmɑ̃] (NM) ⓐ (= *suppression*) erasing ⓑ [*de personne modeste*] unassuming manner

effacer [efase] /TABLE 3/ **1** (VT) ⓐ (= *enlever*) to erase; (*avec une gomme*) to rub out; (*sur ordinateur*) to delete • **cette crème efface les rides** this cream removes wrinkles • **~ une dette** to write off a debt **2** (VPR) **s'effacer** ⓐ to fade • **le crayon s'efface mieux que l'encre** it is easier to erase pencil than ink ⓑ [*personne*] (= *s'écarter*) to move aside; (= *se faire discret*) to keep in the background; (= *se retirer*) to withdraw • **l'auteur s'efface derrière ses personnages** the author hides behind his characters • **s'~ devant qn** to step aside in favour of sb

effaceur [efasœʀ] (NM) **~ d'encre** ink eraser pen

effarant, e [efaʀɑ̃, ɑ̃t] (ADJ) [*prix*] outrageous; [*vitesse*] alarming; [*bêtise*] astounding

effaré, e [efaʀe] *ptp de* **effarer** (ADJ) **son regard ~** his look of alarm • **je suis ~ par l'ampleur du déficit budgétaire** I'm alarmed by the size of the budget deficit

effarement [efaʀmɑ̃] (NM) alarm

effarer [efaʀe] /TABLE 1/ (VT) to alarm • **cette bêtise m'effare** I find such stupidity most alarming

effaroucher [efaʀuʃe] /TABLE 1/ **1** (VT) to frighten; (= *choquer*) to shock **2** (VPR) **s'effaroucher** [*animal, personne*] to take fright (**de** at); (*par pudeur*) to be shocked (**de** by)

effectif, -ive [efɛktif, iv] **1** (ADJ) real **2** (NM) [*d'armée*] strength *NonC*; [*de classe, parti*] size; [*d'entreprise*] staff • **~s** [*d'armée*] numbers • **augmenter ses ~s** [*parti, lycée*] to increase its numbers; [*entreprise*] to increase its workforce

effectivement [efɛktivmɑ̃] (ADV) ⓐ (= *en effet*) yes • **tu t'es trompé — ~** you made a mistake — yes, I did • **n'y a-t-il pas risque de conflit? — ~!** isn't there a risk of conflict? — yes, there is! • **c'est ~ plus rapide** yes, it's certainly faster • **~, quand ce phénomène se produit ...** yes, when this phenomenon occurs ... ⓑ (= *vraiment*) actually • **les heures ~ travaillées** the hours actually worked

⚠ **effectivement ≠ effectively**

effectuer [efɛktɥe] /TABLE 1/ **1** (VT) to carry out; [+ *mouvement, geste, paiement, trajet*] to make **2** (VPR) **s'effectuer le paiement peut s'~ de deux façons** payment may be made in two ways • **la rentrée s'est effectuée dans de bonnes conditions** the new school year got off to a good start

efféminé, e [efemine] (ADJ) effeminate

effervescence [efɛʀvesɑ̃s] (NF) (= *agitation*) agitation • **être en ~** to be bubbling with excitement

effervescent, e [efɛʀvesɑ̃, ɑ̃t] (ADJ) [*comprimé*] effervescent

effet [efɛ] **1** (NM) ⓐ (= *résultat*) effect • **produire l'~ voulu** to produce the desired effect • **créer un ~ de surprise** to create a surprise • **avoir pour ~ de faire qch** to have the effect of doing sth • **avoir pour ~ une augmentation de** to result in an increase in • **faire ~** [*médicament*] to take effect • **la bière me fait beaucoup d'~** beer goes straight to my head • **être sans ~** to have no effect • **prendre ~ le 2 juin** to take effect from 2 June

ⓑ (= *impression*) impression • **ça fait mauvais ~** it doesn't look good • **il a produit son petit ~** he managed to cause a bit of a stir • **c'est tout l'~ que ça te fait?** is that all it means to you? • **quel ~ ça te fait d'être revenu?** how does it feel to be back? • **ça m'a fait un drôle d'~ de le revoir après si longtemps** it felt really strange seeing him again after so long • **cela m'a fait de l'~ de le voir dans cet état** it really affected me to see him in that state

ⓒ (= *artifice, procédé*) effect • **~ de style** stylistic effect • **~ d'optique** visual effect • **~s spéciaux** special effects • **c'est un ~ d'annonce** it's hype*

ⓓ (*Sport*) spin • **donner de l'~ à une balle** to put spin on a ball

ⓔ (= *valeur*) **~ de commerce** bill of exchange

ⓕ (*locutions*)

▸ **à cet effet** for this purpose • **utilisez la boîte prévue à cet ~** use the box provided • **un bâtiment construit à cet ~** a building designed for that purpose

▸ **en effet nous étions en ~ persuadés d'y arriver** we really thought we could manage it • **cela me plaît beaucoup, en ~** yes indeed, I like it very much • **c'est en ~ plus rapide** it's true that it's faster • **étiez-vous absent mardi dernier? — en ~, j'avais la grippe** were you absent last Tuesday? — yes, I had flu • **tu ne travaillais pas? — en ~** you weren't working? — no, I wasn't

▸ **sous l'effet de** under the effects of • **il était encore sous l'~ de la colère** he was still angry

2 (NMPL) **effets** (= *affaires, vêtements*) things • **~s personnels** personal effects

3 (COMP) ▸ **effet de serre** greenhouse effect

efficace [efikas] (ADJ) [*remède, mesure*] effective; [*personne, machine*] efficient

efficacement [efikasmɑ̃] (ADV) efficiently

efficacité [efikasite] (NF) [*de remède, mesure*] effectiveness; [*de personne, machine*] efficiency

efficience [efisjɑ̃s] (NF) efficiency

efficient, e [efisjɑ̃, jɑ̃t] (ADJ) efficient

effigie [efiʒi] (NF) effigy • **à l'~ de** bearing the effigy of • **avec Napoléon en ~** with Napoleon's picture on

effilé, e [efile] (ADJ) ⓐ (= *allongé*) [*doigt, silhouette*] slender; [*lame*] thin; [*carrosserie*] streamlined ⓑ [*aliments*] **amandes ~es** flaked almonds • **poulet ~** oven-ready chicken

effilochée [efilɔʃe] (NF) **~ de poulet/de poireaux** shredded chicken/leeks

effilocher (s') [efilɔʃe] /TABLE 1/ (VPR) to fray • **veste effilochée** frayed jacket

efflanqué, e [eflɑ̃ke] (ADJ) raw-boned

effleurement [eflœʀmɑ̃] (NM) ⓐ (= *frôlement*) light touch ⓑ (*Informatique*) touch • **écran/touche à ~** touch-sensitive screen/key

effleurer [eflœʀe] /TABLE 1/ (VT) (= *frôler*) to brush against; (= *érafler*) to graze; [+ *sujet*] to touch on; (*Informatique*) to touch • **ça ne m'a pas effleuré** it didn't cross my mind

effluent [eflyɑ̃] (NM) effluent • **~s radioactifs** radioactive effluent *NonC*

effluves [eflyv] (NMPL) (*littér*) (*agréables*) fragrance; (*désagréables*) smell

effondré, e [efɔ̃dʀe] *ptp de* **effondrer** ADJ (= *abattu*) shattered (**de** by) • **les parents ~s** the grief-stricken parents • **il était complètement ~** he was in a terrible state

effondrement [efɔ̃dʀəmɑ̃] NM **a** collapse **b** (= *abattement*) utter dejection

effondrer (s') [efɔ̃dʀe] /TABLE 1/ VPR to collapse; [*espoirs*] to be dashed; [*rêves*] to come to nothing • **elle s'est effondrée en larmes** she broke down in tears • **effondré sur sa chaise** slumped on his chair

efforcer (s') [efɔʀse] /TABLE 3/ VPR **s'~ de faire qch** to try hard to do sth

effort [efɔʀ] NM effort • **faire un ~** to make an effort • **faire de gros ~s pour réussir** to try very hard to succeed • **faire un ~ sur soi-même pour rester calme** to make an effort to stay calm • **faire l'~ de** to make the effort to • **faire porter son ~ sur** to concentrate one's efforts on • **encore un ~!** come on, you're nearly there! • **bel ~!** well done! • **sans ~** effortlessly • **nécessiter un gros ~ financier** to require a large financial outlay • **~ de guerre** war effort • **~ de volonté** effort of will • **cela demande un ~ de réflexion** that requires careful thought • **tu dois faire un ~ d'imagination** you should try to use your imagination

effraction [efʀaksjɔ̃] NF breaking and entering • **entrer par ~** to break in • **~ informatique** computer hacking

effrayant, e [efʀɛjɑ̃, ɑ̃t] ADJ (= *qui fait peur*) frightening; (= *alarmant*) alarming

effrayé, e [efʀeje] *ptp de* **effrayer** ADJ frightened • **il me regarda d'un air ~** he looked at me in alarm

effrayer [efʀeje] /TABLE 8/ **1** VT (= *faire peur à*) to frighten **2** VPR **s'effrayer** to be frightened (**de** of)

effréné, e [efʀene] ADJ wild

effritement [efʀitmɑ̃] NM [*de roche, valeurs morales, majorité*] crumbling; [*de monnaie*] erosion; [*de fortune, valeurs boursières*] dwindling

effriter [efʀite] /TABLE 1/ **1** VT [+ *biscuit*] to crumble **2** VPR **s'effriter** [*roche, valeurs morales, majorité électorale*] to crumble; [*monnaie*] to decline in value; [*fortune, valeurs boursières*] to dwindle

effroi [efʀwa] NM terror • **saisi d'~** terror-stricken

effronté, e [efʀɔ̃te] **1** ADJ insolent **2** NM,F insolent person • **petit ~!** you cheeky little thing!

effrontément [efʀɔ̃temɑ̃] ADV [*mentir*] brazenly; [*sourire*] impudently

effronterie [efʀɔ̃tʀi] NF [*de réponse, personne*] insolence; [*de mensonge*] effrontery

effroyable [efʀwajabl] ADJ appalling

effroyablement [efʀwajabləmɑ̃] ADV appallingly

effusion [efyzjɔ̃] NF **a** **remercier qn avec ~** to thank sb effusively • **après ces ~s** after all this effusiveness **b** **~ de sang** bloodshed

égal, e (*mpl* **-aux**) [egal, o] **1** ADJ **a** (= *de même valeur*) equal (**à** to) • **à prix ~** for the same price • **à ~e distance de deux points** exactly halfway between two points • **Tours et Paris sont à ~e distance d'Orléans** Tours and Paris are the same distance from Orléans • **toutes choses ~es par ailleurs** all things being equal
▸ **être égal à qn** **ça m'est ~** (= *je n'y attache pas d'importance*) I don't mind; (= *je m'en fiche*) I don't care • **tout lui est ~** he doesn't feel strongly about anything
b (= *sans variation*) **de caractère ~** even-tempered • **marcher d'un pas ~** to walk with an even step • **rester ~ à soi-même** to remain true to form
2 NM,F equal • **nous parlions d'~ à ~** we talked to each other as equals • **sans ~** unequalled

égalable [egalabl] ADJ **difficilement ~** hard to match

également [egalmɑ̃] ADV **a** (= *aussi*) also • **elle lui a ~ parlé** (*elle aussi*) she also spoke to him; (*à lui aussi*) she spoke to him as well **b** (= *sans préférence*) equally

égaler [egale] /TABLE 1/ VT [+ *personne, record*] to equal (**en** in) • **2 plus 2 égalent 4** 2 plus 2 equals 4

égalisateur, -trice [egalizatœʀ, tʀis] ADJ **le but ~** the equalizer (*Brit*), the tying goal (*US*)

égalisation [egalizasjɔ̃] NF (*Sport*) equalization (*Brit*), tying (*US*) • **c'est l'~!** they've scored the equalizer (*Brit*) *ou* the tying goal (*US*)!

égaliser [egalize] /TABLE 1/ **1** VT [+ *chances*] to equalize; [+ *cheveux*] to straighten up; [+ *sol, revenus*] to level out **2** VI (*Sport*) to equalize (*Brit*), to tie (*US*)

égalitaire [egalitɛʀ] ADJ egalitarian

égalitarisme [egalitaʀism] NM egalitarianism

égalité [egalite] NF [*d'hommes*] equality; (*Math*) identity • **comparatif d'~** comparative of similar degree • **~ des chances** equal opportunities • **« ~ ! »** (*Tennis*) "deuce!"
▸ **à égalité** **être à ~** (*après un but*) to be equal; (*en fin du match*) to draw (*Brit*), to tie (*US*); (*Tennis*) to be at deuce • **ils sont à ~** [*équipe, joueurs*] the score is even • **à ~ de qualification on prend le plus âgé** in the case of equal qualifications we take the oldest

égard [egaʀ] NM **~s** consideration • **être plein d'~s pour qn** to be very considerate towards sb • **manquer d'~s envers qn** to be inconsiderate towards sb • **vous n'avez aucun ~ pour votre matériel** you have no respect for your equipment • **par ~ pour** out of consideration for • **sans ~ pour** without considering
▸ **à + égard(s)** **à cet ~** in this respect • **à certains ~s** in certain respects • **à bien des ~s** in many respects • **à tous les ~s** in all respects
▸ **à l'égard de** **il est très critique à l'~ de ses collègues** he's very critical of his colleagues • **sa méfiance à notre ~** his distrust of us • **leur politique à l'~ des sans-abri** their policy on homelessness • **des mesures ont été prises à son ~** measures have been taken against him • **son attitude à mon ~** his attitude towards me

égaré, e [egaʀe] *ptp de* **égarer** ADJ **a** (= *perdu*) [*voyageur*] lost **b** (= *hagard*) [*air, regard*] wild

égarement [egaʀmɑ̃] **1** NM (= *trouble*) distraction • **dans un moment d'~** in a moment of distraction **2** NMPL **égarements** (*littér* = *dérèglements*) aberrations • **elle est revenue de ses ~s** she's seen the error of her ways

égarer [egaʀe] /TABLE 1/ **1** VT **a** [+ *objet*] to mislay **b** [+ *enquêteurs*] to mislead; (*moralement*) to lead astray **2** VPR **s'égarer** [*voyageur*] to lose one's way; [*animal, colis, lettre*] to get lost; (*du troupeau*) to stray; [*discussion, auteur*] to wander from the point • **ne nous égarons pas!** let's stick to the point!

égayer [egeje] /TABLE 8/ VT [+ *personne*] to cheer up; [+ *pièce*] to brighten up; [+ *conversation*] to enliven

Égée [eʒe] ADJ **la mer ~** the Aegean Sea

égérie [eʒeʀi] NF [*de poète*] muse; (*en politique*) figurehead

égide [eʒid] NF **sous l'~ de** under the aegis of

églantier [eglɑ̃tje] NM wild rose

églantine [eglɑ̃tin] NF wild rose

églefin [egləfɛ̃] (NM) haddock
église [egliz] (NF) church • **aller à l'~** to go to church • **il est à l'~** *(pour l'office)* he's at church; *(en curieux)* he's in the church • **se marier à l'~** to get married in church • **à l'~ Sainte Anne** at St Anne's • **l'Église** the Church
ego [ego] (NM INV) ego
égocentrique [egosɑ̃tʀik] **1** (ADJ) egocentric, self-centered **2** (NMF) egocentric person
égocentrisme [egosɑ̃tʀism] (NM) egocentricity
égocentriste [egosɑ̃tʀist] (ADJ) egocentric
égoïsme [egɔism] (NM) selfishness
égoïste [egɔist] **1** (ADJ) selfish **2** (NMF) selfish person
égoïstement [egɔistəmɑ̃] (ADV) selfishly
égoportrait [egopɔʀtʀɛ] (NM) *(Can)* selfie
égorger [egɔʀʒe] /TABLE 3/ (VT) to slit the throat of
égosiller (s') [egozije] /TABLE 1/ (VPR) *(= crier)* to shout o.s. hoarse; *(= chanter fort)* to sing at the top of one's voice
égout [egu] (NM) sewer • **eaux d'~** sewage • **aller à l'~** *[eaux usées]* to go down the drain
égoutter [egute] /TABLE 1/ **1** (VT) *[+ légumes]* to strain; *[+ linge] (en le tordant)* to wring out; *[+ fromage]* to drain **2** (VI) *[vaisselle]* to drain; *[linge, eau]* to drip • **ne l'essore pas, laisse-le ~** don't wring it out, leave it to drip dry
égouttoir [egutwaʀ] (NM) *[de vaisselle] (intégré dans l'évier)* draining *(Brit)* ou drain *(US)* board; *(mobile)* drainer; *[de légumes]* colander
égratigner [egʀatiɲe] /TABLE 1/ (VT) *[+ peau]* to scratch; *(en tombant)* to graze • **il s'est égratigné le genou** he grazed his knee • **le film s'est fait ~ par la critique** the film was given a bit of a rough ride by the critics
égratignure [egʀatiɲyʀ] (NF) *[de peau]* scratch; *(accidentelle)* graze • **il s'en est sorti sans une ~** he came out of it without a scratch
égrillard, e [egʀijaʀ, aʀd] (ADJ) ribald
Égypte [eʒipt] (NF) Egypt
égyptien, -ienne [eʒipsjɛ̃, jɛn] **1** (ADJ) Egyptian **2** (NM,F) **Égyptien(ne)** Egyptian
égyptologue [eʒiptɔlɔg] (NMF) Egyptologist
eh [e] (EXCL) hey! • **eh oui!** I'm afraid so! • **eh non!** I'm afraid not! • **eh bien** well
éhonté, e [eɔ̃te] (ADJ) shameless
Eire [ɛʀ] (NF) Eire
éjaculation [eʒakylasjɔ̃] (NF) ejaculation • **~ précoce** premature ejaculation
éjaculer [eʒakyle] /TABLE 1/ (VI) to ejaculate
éjecter [eʒɛkte] /TABLE 1/ **1** (VT) **a** to eject • **le choc l'a éjecté de la voiture** he was thrown out of the car by the impact **b** *(= congédier)** to sack*; *(= expulser)** to kick out* • **se faire ~** *(de son travail)* to get the sack*; *(d'une boîte de nuit)* to get kicked out* **2** (VPR) **s'éjecter** *[pilote]* to eject
élaboration [elabɔʀasjɔ̃] (NF) elaboration
élaboré, e [elabɔʀe] *ptp de* **élaborer** (ADJ) elaborate
élaborer [elabɔʀe] /TABLE 1/ (VT) to elaborate; *[+ document]* to draw up
élaguer [elage] /TABLE 1/ (VT) to prune
élan [elɑ̃] (NM) **a** *(= vitesse acquise)* momentum • **prendre son ~** to take a run up • **prendre de l'~** *[coureur]* to gather speed • **il a continué sur son ~** he continued to run at the same speed **b** *[d'enthousiasme, colère]* surge • **dans un ~ de générosité** in a surge of generosity • **les rares ~s de tendresse qu'il avait vers elle** the few surges of affection he felt for her **c** *(= ardeur)* spirit • **~ patriotique** patriotic fervour **d** *(= dynamisme)* boost • **donner un nouvel ~ à une politique** to give new impetus to a policy **e** *(= animal)* moose
élancé, e [elɑ̃se] *ptp de* **élancer** (ADJ) slender
élancement [elɑ̃smɑ̃] (NM) sharp pain
élancer (s') [elɑ̃se] /TABLE 3/ (VPR) *(= se précipiter)* to rush forward; *(= prendre son élan)* to take a run up • **s'~ à la poursuite de qn** to rush off in pursuit of sb • **s'~ vers qn** to dash towards sb
élargir [elaʀʒiʀ] /TABLE 2/ **1** (VT) **a** *[+ rue]* to widen; *[+ vêtement, chaussures]* to stretch; *[+ robe] (= en cousant)* to let out **b** *[+ débat, connaissances]* to broaden • **~ son horizon** to widen one's horizons • **~ le débat** to broaden the discussion **c** *(= libérer)* to release **2** (VPR) **s'élargir** *[vêtement]* to stretch; *[route]* to widen; *[esprit, débat, idées]* to broaden
élargissement [elaʀʒismɑ̃] (NM) **a** *[de rue]* widening **b** *[de connaissances]* broadening
élasthanne® [elastan] (NM) elastane® *(Brit)*, spandex® *(US)*
élasticité [elastisite] (NF) **a** elasticity **b** *[de principes, règlement]* flexibility
élastique [elastik] **1** (ADJ) **a** elastic **b** *[principes, règlement]* flexible **2** (NM) **a** *(de bureau)* rubber band **b** *(pour couture, jeu etc)* elastic *NonC*; *(Sport)* bungee cord • **en ~** elasticated
élastomère [elastɔmɛʀ] (NM) elastomer • **en ~** man-made
Eldorado [ɛldɔʀado] (NM) El Dorado
e-learning [ilœʀniŋ] (NM) e-learning
électeur, -trice [elɛktœʀ, tʀis] (NM,F) voter; *(dans une circonscription)* constituent • **les ~s** the electorate
élection [elɛksjɔ̃] (NF) election • **se présenter aux ~s** to stand *(Brit)* ou run *(US)* as a candidate in the election • **patrie d'~** country of one's own choosing ▸ **élections législatives** legislative elections, ≈ general election ▸ **élection partielle** ≈ by-election ▸ **élection présidentielle** presidential election

> **ÉLECTIONS**
>
> French presidential elections used to be held every seven years; since 2000, however, they have instead been held every five years. Legislative elections (for the "députés" who make up the "Assemblée nationale") take place every five years. On a local level the most important elections are the "**élections** municipales" for the "Conseil municipal" (or the "Conseil d'arrondissement" in Paris, Marseille and Lyon): these take place every six years. All public elections take place on a Sunday in France, usually in school halls and "mairies". → CANTON, COMMUNE, DÉPARTEMENT

électoral, e *(mpl* **-aux***)* [elɛktɔʀal, o] (ADJ) *[campagne, réunion, affiche]* election • **pendant la période ~e** during the run-up to the election
électoralisme [elɛktɔʀalism] (NM) electioneering
électoraliste [elɛktɔʀalist] (ADJ) electioneering
électorat [elɛktɔʀa] (NM) *(= électeurs)* electorate; *(dans une circonscription)* constituency • **l'~ socialiste** the voters for the socialist party
électricien, -ienne [elɛktʀisjɛ̃, jɛn] (NM,F) electrician
électricité [elɛktʀisite] (NF) electricity • **allumer l'~** to switch the light on • **ça marche à l'~** it runs on electricity • **refaire l'~ d'une maison** to rewire a house • **être sans ~** to be without power • **il y a de l'~ dans l'air*** the atmosphere is electric ▸ **électricité statique** static

électrifier [elɛktʀifje] /TABLE 7/ VT to electrify
électrique [elɛktʀik] ADJ electric • **atmosphère ~** highly-charged atmosphere
électro [elɛktʀo] NF electro music
électrocardiogramme [elɛktʀokaʀdjɔgʀam] NM electrocardiogram • **faire un ~ à qn** to give sb an electrocardiogram
électrochoc [elɛktʀoʃɔk] NM (= *procédé*) electric shock treatment • **on lui a fait des ~s** he was given electric shock treatment • **sa démission a provoqué un ~ dans le pays** his resignation sent shock waves through the country
électrocuter [elɛktʀɔkyte] /TABLE 1/ **1** VT to electrocute **2** VPR **s'électrocuter** to electrocute o.s.
électrode [elɛktʀɔd] NF electrode
électroencéphalogramme [elɛktʀoɑ̃sefalɔgʀam] NM electroencephalogram
électrohypersensible [elɛktʀoipɛʀsɑ̃sibl] ADJ electrohypersensitive
électromagnétique [elɛktʀomaɲetik] ADJ electromagnetic
électroménager [elɛktʀomenaʒe] **1** ADJ **appareil ~** electrical appliance **2** NM **l'~** (= *appareils*) electrical appliances • **magasin d'~** electrical goods retailer
électron [elɛktʀɔ̃] NM electron ▸ **électron libre** (*fig*) free spirit • **l'~ libre de l'art** the free spirit of the art world
électronicien, -ienne [elɛktʀɔnisjɛ̃, jɛn] NM,F electronics engineer
électronique [elɛktʀɔnik] **1** ADJ electronic • **microscope ~** electron microscope • **industrie ~** electronics industry → **adresse, courrier** **2** NF electronics *sg*
électrophone [elɛktʀɔfɔn] NM record player
électro-rock [elɛktʀoʀɔk] NM electro-rock
électrosensible [elɛktʀosɑ̃sibl] ADJ electrosensitive
électrostimulation [elɛktʀostimylasjɔ̃] NF electrostimulation
élégamment [elegamɑ̃] ADV elegantly
élégance [elegɑ̃s] NF elegance • **il aurait pu avoir l'~ de s'excuser** he might have had the good grace to apologize
élégant, e [elegɑ̃, ɑ̃t] ADJ elegant • **user de procédés peu ~s** to use crude methods
élément [elemɑ̃] NM **a** (= *partie*) element; [*d'appareil*] part • **les ~s** (*naturels*) the elements • **les ~s se sont déchaînés** all hell broke loose* • **quand on parle d'électronique il est dans son ~*** when you talk about electronics he's in his element • **parmi ces artistes il ne se sentait pas dans son ~** he didn't feel at home among those artists ▸ **éléments de langage** stock phrases
b (= *meuble*) unit • **~s de cuisine/de rangement** kitchen/storage units
c (= *fait*) fact • **aucun ~ nouveau n'est survenu** no new facts have come to light
d (= *individu*) **~s subversifs** subversive elements • **bons et mauvais ~s** good and bad elements • **c'est le meilleur ~ de ma classe** he's the best in my class
élémentaire [elemɑ̃tɛʀ] ADJ elementary
éléphant [elefɑ̃] NM elephant • **~ d'Asie/d'Afrique** Indian/African elephant ▸ **éléphant de mer** elephant seal
élevage [el(ə)vaʒ] NM **a** [*d'animaux*] farming; [*d'animaux de race*] breeding • **faire de l'~** to farm cattle • **truite d'~** farmed trout **b** (= *ferme*) [*de bétail*] cattle farm • **~ de poulets** poultry farm • **~ de chiens** breeding kennels
élévation [elevasjɔ̃] **1** NF **a** (= *action de s'élever*) rise (**de** in) **b** (*en architecture*) elevation **2** COMP ▸ **élévation de terrain** hill
élevé, e [el(ə)ve] *ptp de* **élever** ADJ **a** (= *haut*) high; [*pertes*] heavy • **peu ~** low; [*pertes*] slight • **occuper une position ~e** to hold a high position **b** (= *éduqué*) **bien ~** well-mannered • **mal ~** bad-mannered • **espèce de mal ~!** you're so rude! • **c'est mal ~ de parler en mangeant** it's rude to talk with your mouth full
élève [elɛv] NMF pupil; [*de Grande École*] student • **~ infirmière** student nurse • **~ officier** officer cadet
élever [el(ə)ve] /TABLE 5/ **1** VT **a** [+ *enfant*] to bring up **b** [+ *animaux*] to farm; [+ *animaux de race*] to breed; [+ *abeilles*] to keep • **vin élevé dans nos chais** wine matured in our cellars
c [+ *mur, statue*] to erect • **~ des objections** to raise objections
d [+ *poids, objet*] to lift; [+ *niveau, taux, prix, voix*] to raise; [+ *débat*] to raise the tone of
2 VPR **s'élever** **a** to rise • **la tour s'élève à 50 mètres au-dessus du sol** the tower is 50 metres high • **s'~ jusqu'au sommet de l'échelle** to climb to the top of the ladder
b [*avion*] to go up; [*oiseau*] to fly up • **des voix se sont élevées** voices began to rise
c [*objections, doutes*] to be raised
d (= *protester*) **s'~ contre** to rise up against
e (= *se monter*) **s'~ à** [*prix, pertes*] to total
éleveur, -euse [el(ə)vœʀ, øz] NM,F stockbreeder; [*de vin*] producer; [*de bétail*] cattle farmer • **~ de chevaux** horse breeder • **~ de volailles** poultry farmer
elfe [ɛlf] NM elf
éligibilité [eliʒibilite] NF eligibility (**à** for)
éligible [eliʒibl] ADJ eligible (**à** for)
élimé, e [elime] *ptp de* **élimer** ADJ [*vêtement, tissu*] threadbare • **chemise ~e au col** shirt with a frayed collar
élimer (s') [elime] /TABLE 1/ VPR [*vêtement, tissu*] to become threadbare
élimination [eliminasjɔ̃] NF elimination • **procéder par ~** to work by a process of elimination
éliminatoire [eliminatwaʀ] **1** ADJ [*épreuve, match*] qualifying; [*note, temps*] disqualifying **2** NFPL **éliminatoires** qualifying rounds; (*Sport*) heats
éliminer [elimine] /TABLE 1/ VT to eliminate • **éliminé!** you're out! • **boire fait ~** drinking cleans out the system
élire [eliʀ] /TABLE 43/ VT to elect • **il a été élu président** he was elected president • **~ domicile** to take up residence
élisabéthain, e [elizabetɛ̃, ɛn] ADJ Elizabethan
élision [elizjɔ̃] NF elision
élite [elit] NF elite • **les ~s** the elite
▸ **d'élite** [*école, troupe*] élite • **un être d'~** an exceptional person • **tireur d'~** crack shot
élitisme [elitism] NM elitism • **faire de l'~** to be elitist
élitiste [elitist] ADJ, NMF elitist
élixir [eliksiʀ] NM elixir • **~ de longue vie** elixir of life • **~ d'amour** love potion
elle [ɛl] PRON PERS F **a** (*sujet*) (= *personne, animal femelle*) she; (= *chose ; animal ou bébé dont on ignore le sexe*) it • **~ est journaliste** she is a journalist • **prends cette chaise, ~ est plus confortable** have this chair - it's more

e

comfortable • **je me méfie de sa chienne, ~ mord** I don't trust his dog - she bites • **~, ~ n'aurait jamais fait ça** she would never have done that • **c'est ~ qui me l'a dit** she was the one who told me • **ta tante, ~ n'est pas très aimable!** your aunt isn't very nice!

▸ **elles** (*sujet*) they • **il est venu mais pas ~s** he came but they didn't

b (*objet*) (= *personne, animal femelle*) her; (= *chose; animal ou bébé dont on ignore le sexe*) it • **c'est ~ que j'avais invitée** it was her I had invited • **c'est à ~ que je veux parler** it's her I want to speak to • **je les ai bien vus, ~ et lui** I definitely saw both of them • **ce poème n'est pas d'~** this poem is not by her • **il veut une photo d'~** he wants a photo of her • **ce livre est à ~** this book belongs to her • **c'est à ~ de décider** it's up to her to decide • **un ami à ~** a friend of hers • **ses enfants à ~** her children • **~ a une maison à ~** she has a house of her own • **~ ne pense qu'à ~** she only thinks of herself

▸ **elles** (*objet*) them • **ces livres sont à ~s** these books belong to them

c (*comparaisons*) her • **il est plus grand qu'~** he is taller than she is *ou* than her • **je le connais aussi bien qu'~** (*aussi bien que je la connais*) I know him as well as I know her; (*aussi bien qu'elle le connaît*) I know him as well as she does • **ne faites pas comme ~s** don't do the same as them

d (*questions*) **Alice est-~ rentrée?** is Alice back? • **sa lettre est-~ arrivée?** has his letter come?

elle-même (*pl* **elles-mêmes**) [ɛlmɛm] (PRON) herself • **elles-mêmes** themselves

ellipse [elips] (NF) **a** (= *figure géométrique*) ellipse **b** (*en langue*) ellipsis

elliptique [eliptik] (ADJ) [*forme*] elliptical

élocution [elɔkysjɔ̃] (NF) (= *débit*) delivery; (= *clarté*) diction • **défaut d'~** speech impediment

éloge [elɔʒ] (NM) praise • **digne d'~** praiseworthy • **faire l'~ de** to praise

élogieux, -ieuse [elɔʒjø, jøz] (ADJ) laudatory • **parler de qn/qch en termes ~** to speak very highly of sb/sth

éloigné, e [elwaɲe] *ptp de* **éloigner** (ADJ) distant • **tenir ~ de** to keep away from • **se tenir ~ du feu** to keep away from the fire • **dans un avenir peu ~** in the not-too-distant future • **un cousin ~** a distant cousin • **la famille ~e** distant relatives

▸ **être éloigné de** to be far from • **~ de 3 km** 3km away • **est-ce très ~ de la gare?** is it very far from the station? • **sa version est très ~e de la vérité** his version is very far from the truth • **je suis très ~ de ses positions** my point of view is very far removed from his

éloignement [elwaɲmɑ̃] (NM) (*dans l'espace*) distance • **notre ~ de Paris complique le travail** being so far from Paris makes work more complicated • **à cause de l'~ du stade** because the stadium is so far away

éloigner [elwaɲe] /TABLE 1/ **1** (VT) **a** [+ *objet*] to move away (**de** from) • **la lentille éloigne les objets** the lens makes objects look further away

b [+ *personne*] to take away (**de** from); (= *exiler, écarter*) to send away (**de** from) • **pour ~ les moustiques** to keep the mosquitoes away • **~ qn de** [+ *être aimé, compagnons*] to estrange sb from; [+ *activité, carrière*] to take sb away from • **ce chemin nous éloigne du village** this path takes us away from the village

c [+ *crainte, danger, soupçons*] to remove (**de** from)

2 (VPR) **s'éloigner** to go away; [*objet, véhicule en mouvement*] to move away; [*cycliste*] to ride away; (*d'un danger*) to get away from • **ne t'éloigne pas trop** don't go too far away • **vous vous éloignez du sujet** you're getting off the subject • **je la sentais s'~ de moi** I felt her becoming more and more distant • **éloignez-vous, ça risque d'éclater!** stand back, it might explode!

élongation [elɔ̃gasjɔ̃] (NF) [*de muscle*] pulled muscle • **je me suis fait une ~ (à la jambe)** I've pulled a muscle (in my leg)

éloquence [elɔkɑ̃s] (NF) eloquence • **avec ~** eloquently

éloquent, e [elɔkɑ̃, ɑ̃t] (ADJ) eloquent; [*silence*] meaningful • **ces chiffres sont ~s** the figures speak for themselves

élu, e [ely] *ptp de* **élire** **1** (ADJ) (*Rel*) chosen; (*Politique*) elected **2** (NM,F) **a** (= *député*) ≈ member of parliament; (= *conseiller*) councillor • **les nouveaux ~s** the newly elected members • **les ~s locaux** the local councillors • **les citoyens et leurs ~s** the citizens and their elected representatives **b** (= *fiancé*) **l'~ de son cœur** her beloved • **quelle est l'heureuse ~e?** who's the lucky girl?

élucider [elyside] /TABLE 1/ (VT) to elucidate

élucubrations [elykybʀasjɔ̃] (NFPL) ramblings

éluder [elyde] /TABLE 1/ (VT) to evade

Élysée [elize] (NM) **l'~** the Élysée palace (*official residence of the French President*)

> **L'ÉLYSÉE**
>
> The "palais de **l'Élysée**", situated in the heart of Paris just off the Champs-Élysées, is the official residence of the French President. Built in the eighteenth century, it has performed its present function since 1874. A shorter form of its name, **l'Élysée**, is frequently used to refer to the presidency itself.

émacié, e [emasje] (ADJ) emaciated

émail (*pl* **-aux**) [emaj, o] (NM) enamel • **en ~** enamelled • **faire des émaux** to do enamel work

e-mail [imɛl] (NM) email • **envoyer qch par ~** to email sth

émaillé, e [emaje] (ADJ) **a** enamelled **b** (= *plein*) **~ de** [+ *fautes*] riddled with; [+ *citations*] peppered with • **voyage ~ d'incidents** journey punctuated by unforeseen incidents

émanations [emanasjɔ̃] (NFPL) (= *odeurs*) smells • **~ toxiques** toxic fumes

émancipation [emɑ̃sipasjɔ̃] (NF) emancipation

émancipé, e [emɑ̃sipe] *ptp de* **émanciper** (ADJ) emancipated

émanciper [emɑ̃sipe] /TABLE 1/ **1** (VT) to emancipate **2** (VPR) **s'émanciper** [*personne*] to become emancipated

émaner [emane] /TABLE 1/ (VT INDIR) **~ de** to come from • **le charme qui émane d'elle** the charm she exudes

émarger [emaʀʒe] /TABLE 3/ (VT) (= *signer*) to sign; (= *mettre ses initiales*) to initial

emballage [ɑ̃balaʒ] (NM) (= *boîte, carton*) package; (= *papier*) wrapping *NonC* • **carton d'~** cardboard packaging • **sous ~ (plastique)** plastic-wrapped

emballant, e* [ɑ̃balɑ̃, ɑ̃t] (ADJ) **pas très ~** not very inspiring

emballement [ɑ̃balmɑ̃] (NM) **a** (= *enthousiasme*)* flight of enthusiasm; (= *colère*)* flash of anger **b** [*de moteur*] racing; [*de cheval*] bolting • **ça a provoqué l'~ de l'économie** it caused the economy to race out of control

emballer [ɑ̃bale] /TABLE 1/ **1** (VT) **a** [+ *objet*] to pack; (*dans du papier*) to wrap • **emballé sous vide** vacuum-packed

b (= *plaire à*)* **ça m'a vraiment emballé** I thought it was great* • **je n'ai pas été très emballé par ce film** the film didn't do much for me* **c** (= *séduire*)* to pick up* **2** (VPR) **s'emballer** **a** [*personne*]* (*enthousiasme*) to get carried away*; (*colère*) to fly off the handle* **b** [*cheval*] to bolt **c** [*économie, monnaie*] to race out of control

embarcadère [ɑ̃baʀkadɛʀ] (NM) landing stage

embarcation [ɑ̃baʀkasjɔ̃] (NF) small boat

embardée [ɑ̃baʀde] (NF) [*de voiture*] swerve; [*de bateau*] yaw • **faire une ~** [*voiture*] to swerve; [*bateau*] to yaw

embargo [ɑ̃baʀgo] (NM) embargo • **lever l'~** to lift the embargo

embarqué, e [ɑ̃baʀke] (ADJ) [*équipement*] on-board *épith*; [*journaliste*] embedded

embarquement [ɑ̃baʀkəmɑ̃] (NM) **a** [*de marchandises*] loading **b** [*de passagers*] boarding • **vol 134, ~ porte 11** flight 134 now boarding at gate 11 • **carte d'~** boarding pass

embarquer [ɑ̃baʀke] /TABLE 1/ **1** (VT) **a** [+ *passagers*] to embark

b [+ *cargaison*] to load

c (= *emporter*)* to cart off*; (= *voler*)* to pinch* • **se faire ~ par la police** to get picked up by the police*

d (= *entraîner*)* **~ qn dans** to get sb mixed up in • **il s'est laissé ~ dans une sale histoire** he has got himself mixed up in a nasty business

2 (VI) **a** (= *monter à bord*) to go on board

b (= *partir en voyage*) to sail

3 (VPR) **s'embarquer** **a** (= *monter à bord*) to go on board **b** (= *s'engager*) **s'~ dans*** [+ *aventure, affaire*] to embark on; [+ *affaire louche*] to get mixed up in

embarras [ɑ̃baʀa] (NM) **a** (= *ennui*) trouble • **ne vous mettez pas dans l'~ pour moi** don't go to any trouble for me **b** (= *gêne*) embarrassment • **avoir l'~ du choix** to be spoilt for choice **c** (= *situation délicate*) **être dans l'~** (*en mauvaise position*) to be in an awkward position; (*dans un dilemme*) to be in a quandary **d** (*problèmes financiers*) **être dans l'~** to be in financial difficulties • **tirer qn d'~** to get sb out of an awkward position

embarrassant, e [ɑ̃baʀasɑ̃, ɑ̃t] (ADJ) [*situation*] embarrassing; [*problème*] awkward; [*paquets*] cumbersome

embarrassé, e [ɑ̃baʀase] *ptp de* **embarrasser** (ADJ) **a** (= *gêné*) embarrassed • **je serais bien ~ de choisir entre les deux** I'd be hard put to choose between the two **b** (= *encombré*) cluttered • **j'ai les mains ~es** my hands are full

embarrasser [ɑ̃baʀase] /TABLE 1/ **1** (VT) **a** (= *encombrer*) [*paquets*] to clutter; [*vêtements*] to hinder • **je ne t'embarrasse pas au moins?** are you sure I'm not bothering you? **b** (= *gêner*) to embarrass • **~ qn par des questions indiscrètes** to embarrass sb with indiscreet questions • **sa demande m'embarrasse** his request puts me in an awkward position **2** (VPR) **s'embarrasser** (= *se soucier*) to trouble o.s. (**de** about) • **il ne s'embarrasse pas de scrupules** he doesn't let scruples get in his way

embauche [ɑ̃boʃ] (NF) (= *action d'embaucher*) hiring; (= *travail disponible*) vacancies • **pour faciliter l'~ des jeunes** to ensure that more young people get jobs • **est-ce qu'il y a de l'~?** are there any vacancies? • **bureau d'~** employment office • **salaire d'~** starting salary • **entretien d'~** job interview

embaucher [ɑ̃boʃe] /TABLE 1/ **1** (VT) to hire • **je t'embauche pour nettoyer les carreaux** I'll put you to work cleaning the windows • **on embauche** [*entreprise*] we are recruiting new staff • **le nouvel embauché** the new recruit **2** (VI) (= *commencer le travail*) to start work

embaumer [ɑ̃bome] /TABLE 1/ **1** (VT) **a** (= *avoir l'odeur de*) to smell of • **l'air embaumait le lilas** the air was fragrant with lilac **b** (= *parfumer*) **le lilas embaumait l'air** the scent of lilac filled in the air **c** [+ *cadavre*] to embalm **2** (VI) to smell lovely; [*fromage*] to smell strong • **ça embaume!*** it stinks!

embellie [ɑ̃beli] (NF) [*de temps*] slight improvement in the weather

embellir [ɑ̃beliʀ] /TABLE 2/ **1** (VT) [+ *personne, jardin, ville*] to make more attractive; [+ *vérité, récit*] to embellish **2** (VI) [*femme, fille*] to get more attractive; [*homme, garçon*] to get better-looking

embellissement [ɑ̃belismɑ̃] (NM) [*de récit, vérité*] embellishment • **les récents ~s de la ville** the recent improvements to the town, the recent face-lift the town has been given*

emberlificoter* [ɑ̃bɛʀlifikɔte] /TABLE 1/ **1** (VT) (= *embrouiller*) to mix up* **2** (VPR) **s'emberlificoter** **il s'emberlificote dans ses explications** he gets himself tied up in knots trying to explain things*

embêtant, e* [ɑ̃bɛtɑ̃, ɑ̃t] (ADJ) annoying; [*situation, problème*] awkward • **c'est ~!** (*ennuyeux*) what a nuisance!; (*alarmant*) it's terrible!

embêté, e* [ɑ̃bete] *ptp de* **embêter** (ADJ) **je suis très ~** (= *je ne sais pas quoi faire*) I just don't know what to do • **elle a eu l'air ~ quand je lui ai demandé** she looked embarrassed when I asked her

embêtement* [ɑ̃bɛtmɑ̃] (NM) problem • **causer des ~s à qn** to cause problems for sb • **ce chien ne m'a causé que des ~s** this dog has been nothing but trouble

embêter* [ɑ̃bete] /TABLE 1/ **1** (VT) **a** (= *gêner, importuner*) to bother **b** (= *irriter*) to annoy **c** (= *lasser*) to bore **2** (VPR) **s'embêter** **a** (= *s'ennuyer*) to be bored • **qu'est-ce qu'on s'embête ici!** it's so boring here! **b** (= *s'embarrasser*) to bother o.s. (**à faire** doing) • **ne t'embête pas avec ça** don't bother about that • **pourquoi s'~ à le réparer?** why bother repairing it? • **il ne s'embête pas!** (= *il a de la chance*) he does all right for himself!*; (= *il ne se gêne pas*) he's got a nerve!*

emblée [ɑ̃ble] **d'emblée** (LOC ADV) at once • **détester qn d'~** to take an instant dislike to sb

emblématique [ɑ̃blematik] (ADJ) emblematic; (*fig*) symbolic • **c'est la figure ~ de l'opposition** he's the figurehead of the opposition

emblème [ɑ̃blɛm] (NM) emblem

embobiner* [ɑ̃bɔbine] /TABLE 1/ (VT) **a** (= *enjôler*) to get round* **b** (= *embrouiller*) to mix up* **c** (= *duper*) to hoodwink

emboîter° [ɑ̃bwate] /TABLE 1/ **1** (VT) [+ *pièces*] to fit together • **~ qch dans** to fit sth into **2** (VPR) **s'emboîter** [*pièces*] to fit together

embolie [ɑ̃bɔli] (NF) embolism • **~ pulmonaire** pulmonary embolism • **faire une ~** to have an embolism

embonpoint [ɑ̃bɔ̃pwɛ̃] (NM) stoutness • **avoir de l'~** to be rather stout

embouché, e [ɑ̃buʃe] (ADJ) **mal ~** (= *grossier*) foul-mouthed; (= *de mauvaise humeur*) in a foul mood

embouchure [ɑ̃buʃyʀ] (NF) **a** [*de fleuve*] mouth **b** [*de mors, instrument*] mouthpiece

embourber (s') [ɑ̃buʀbe] /TABLE 1/ (VPR) [*voiture*] to get stuck in the mud

embourgeoiser (s') [ɑ̃burʒwaze] /TABLE 1/ VPR to become middle-class
embout [ɑ̃bu] NM [*de tuyau*] nozzle
embouteillage [ɑ̃butɛjaʒ] NM (*Auto*) traffic jam
embouteiller [ɑ̃buteje] /TABLE 1/ VT **les routes étaient embouteillées** the roads were jammed (*Brit*) *or* gridlocked (*US*)
emboutir [ɑ̃butiʀ] /TABLE 2/ VT (= *endommager*) to crash into • **avoir une aile emboutie** to have a dented wing • **il s'est fait ~ par une voiture** he was hit by another car
embranchement [ɑ̃bʀɑ̃ʃmɑ̃] NM ⓐ [*de voies, routes, tuyaux*] junction • **à l'~ des deux routes** where the road forks ⓑ (= *route*) side road; (= *tuyau*) branch pipe
embraser [ɑ̃bʀɑze] /TABLE 1/ **1** VT ⓐ [+ *maison, forêt*] to set fire to; [+ *ciel*] to set ablaze ⓑ [+ *pays*] to cause unrest in **2** VPR **s'embraser** ⓐ [*maison*] to blaze up; [*ciel*] to be set ablaze ⓑ [*pays*] to be thrown into turmoil
embrassades [ɑ̃bʀasad] NFPL hugging and kissing *NonC*
embrasse [ɑ̃bʀas] NF tieback
embrasser [ɑ̃bʀase] /TABLE 1/ **1** VT ⓐ (= *donner un baiser à*) to kiss • **je t'embrasse** (*en fin de lettre*) with love; (*au téléphone*) take care! • **~ qn à bouche que veux-tu** (*hum*) to kiss sb greedily ⓑ (*frm*) [+ *cause*] to embrace; [+ *carrière*] to take up **2** VPR **s'embrasser** to kiss
embrasure [ɑ̃bʀɑzyʀ] NF **dans l'~ de la porte** in the doorway • **dans l'~ de la fenêtre** in the window
embrayage [ɑ̃bʀɛjaʒ] NM (= *mécanisme*) clutch
embrayer [ɑ̃bʀeje] /TABLE 8/ **1** VT to put into gear **2** VI [*conducteur*] to let out (*Brit*) the clutch, to clutch (*US*) • **~ sur un sujet** to switch to a subject
embrigader [ɑ̃bʀigade] /TABLE 1/ VT (= *endoctriner*) to indoctrinate; (= *recruter*) to recruit (**dans** into)
embringuer** [ɑ̃bʀɛ̃ge] /TABLE 1/ VT to mix up • **il s'est laissé ~ dans une sale histoire** he got himself mixed up in some nasty business
embrocher [ɑ̃bʀɔʃe] /TABLE 1/ VT (*sur broche*) to put on a spit; (*sur brochette*) to skewer • **~ qn** (*avec une épée*) to run sb through • **il m'a embroché avec son parapluie** he jabbed me with his umbrella
embrouillamini* [ɑ̃bʀujamini] NM muddle
embrouille* [ɑ̃bʀuj] NF **il y a de l'~ là-dessous** there's something funny going on • **toutes ces ~s** all this carry-on* • **il y a eu une ~ administrative** there was an administrative mix-up*
embrouillé, e [ɑ̃bʀuje] *ptp de* **embrouiller** ADJ muddled
embrouiller [ɑ̃bʀuje] /TABLE 1/ **1** VT [+ *fils*] to tangle; [+ *personne*] to confuse; [+ *problème*] to make more complicated **2** VPR **s'embrouiller** to get in a muddle
embruns [ɑ̃bʀœ̃] NMPL sea spray *NonC*
embryon [ɑ̃bʀijɔ̃] NM embryo • **à l'état d'~** in embryo • **un ~ de réseau** an embryonic network
embryonnaire [ɑ̃bʀijɔnɛʀ] ADJ embryonic • **à l'état ~** in embryo
embûche○ [ɑ̃byʃ] NF pitfall • **semé d'~s** full of pitfalls
embué, e [ɑ̃bɥe] /TABLE 1/ ADJ [*vitre*] misted-up • **yeux ~s de larmes** eyes misted with tears
embuscade [ɑ̃byskad] NF ambush • **être en ~** to lie in ambush • **tendre une ~ à qn** to lay an ambush for sb • **tomber dans une ~** to fall into an ambush
embusqué, e [ɑ̃byske] *ptp de* **embusquer** ADJ **être ~** [*soldats*] to lie in ambush • **tireur ~** sniper
embusquer (s') [ɑ̃byske] /TABLE 1/ VPR to lie in ambush

éméché, e* [emeʃe] ADJ tipsy*
émeraude [em(ə)ʀod] NF, ADJ INV emerald
émergent, e [emɛʀʒɑ̃, ɑ̃t] ADJ emergent
émerger [emɛʀʒe] /TABLE 3/ VI ⓐ (= *apparaître*) to emerge; (= *se réveiller*)* to surface • **il a émergé de sa chambre** he emerged from his room • **le pays émerge enfin de trois ans de guerre civile** the country is at last emerging from three years of civil war ⓑ (= *se distinguer*) [*rocher, fait, artiste*] to stand out
émeri [em(ə)ʀi] NM emery • **papier ~** emery paper
émérite [emeʀit] ADJ (= *remarquable*) outstanding • **professeur ~** emeritus professor
émerveillement [emɛʀvɛjmɑ̃] NM (= *sentiment*) wonder
émerveiller [emɛʀveje] /TABLE 1/ **1** VT to fill with wonder **2** VPR **s'émerveiller** to be filled with wonder • **s'~ de** to marvel at
émetteur, -trice [emetœʀ, tʀis] **1** ADJ ⓐ (*Radio*) transmitting ⓑ **banque émettrice** issuing bank **2** NM (*Radio*) transmitter **3** NM,F (*Finance*) issuer
émettre [emɛtʀ] /TABLE 56/ **1** VT ⓐ [+ *lumière, son, radiation*] to emit; [+ *odeur*] to give off ⓑ (*Radio, TV*) to transmit • **son bateau n'émet plus** he's no longer sending out signals ⓒ [+ *monnaie, actions, emprunt*] to issue; [+ *chèque*] to draw ⓓ [+ *idée, hypothèse*] to put forward; [+ *doute*] to express **2** VI **~ sur ondes courtes** to broadcast on shortwave
émeute [emøt] NF riot
émeutier, -ière [emøtje, jɛʀ] NM,F rioter
émietter [emjete] /TABLE 1/ VT [+ *pain, terre*] to crumble
émigrant, e [emigʀɑ̃, ɑ̃t] NM,F emigrant
émigration [emigʀasjɔ̃] NF emigration
émigré, e [emigʀe] *ptp de* **émigrer** NM,F exile • **travailleur ~** migrant worker
émigrer [emigʀe] /TABLE 1/ VI to emigrate
émincé [emɛ̃se] NM (= *plat*) émincé • **~ de veau** *dish made with finely sliced veal*
émincer [emɛ̃se] /TABLE 3/ VT to slice thinly
éminemment [eminamɑ̃] ADV eminently
éminence [eminɑ̃s] NF ⓐ [*de qualité, rang*] eminence ⓑ (= *cardinal*) **Son Éminence** his Eminence
éminent, e [eminɑ̃, ɑ̃t] ADJ eminent • **mon ~ collègue** my learned colleague
émir [emiʀ] NM emir
émirat [emiʀa] NM emirate • **les Émirats arabes unis** the United Arab Emirates
émis, e [emi, emiz] *ptp de* **émettre**
émissaire [emisɛʀ] NM emissary
émission [emisjɔ̃] NF ⓐ (= *programme*) programme (*Brit*), program (*US*) • **~ télévisée** *ou* **de télévision** television programme • **~ de radio** radio programme ⓑ [*de son, lumière, signaux*] emission; (= *transmission de sons, d'images*) broadcasting • **~ de gaz à effet de serre** greenhouse gas emission ⓒ [*de monnaie, actions, emprunt*] issue; [*de chèque*] drawing
emmagasiner [ɑ̃magazine] /TABLE 1/ VT (= *amasser*) to store up; [+ *chaleur*] to store; [+ *souvenirs, connaissances*] to amass
emmancher [ɑ̃mɑ̃ʃe] /TABLE 1/ VT **l'affaire est mal emmanchée*** the deal has got off to a bad start
emmanchure [ɑ̃mɑ̃ʃyʀ] NF armhole
emmêler [ɑ̃mele] /TABLE 1/ **1** VT [+ *cheveux, fil*] to tangle; [+ *affaire*] to confuse • **tes cheveux sont tout emmêlés**

your hair is all tangled • **tu emmêles tout** you're getting everything confused **2** (VPR) **s'emmêler** [*corde, cheveux*] to tangle • **s'~ les pieds dans le tapis** to trip over the rug • **s'~ dans ses explications** to get in a muddle trying to explain things • **s'~ les pinceaux*** to get all confused

emménagement [ɑ̃menaʒmɑ̃] (NM) moving in *NonC* • **au moment de leur ~ dans la maison** when they moved into the house

emménager [ɑ̃menaʒe] /TABLE 3/ (VI) to move in • **~ dans** to move into

emmener [ɑ̃m(ə)ne] /TABLE 5/ (VT) **a** [+ *personne*] to take; (*comme otage*) to take away • **~ qn au cinéma** to take sb to the cinema • **~ qn en promenade** to take sb for a walk • **~ déjeuner qn** to take sb out for lunch • **voulez-vous que je vous emmène?** (*en voiture*) would you like a lift (*Brit*) *ou* ride (*US*)? **b** [+ *chose*]* to take **c** (= *guider*) [+ *équipe*] to lead

emmerdant, e‡ [ɑ̃mɛʀdɑ̃, ɑ̃t] (ADJ) **a** (= *irritant, gênant*) bloody annoying‡ • **elle n'est pas trop ~e** she isn't too much of a pain* **b** (= *ennuyeux*) bloody boring‡ • **qu'est-ce qu'il est ~ avec ses histoires** he's such a pain with his stories*

emmerde‡ [ɑ̃mɛʀd] (NF) = **emmerdement**

emmerdement‡ [ɑ̃mɛʀdəmɑ̃] (NM) hassle* • **j'ai eu tellement d'~s avec cette voiture** that car has been nothing but trouble • **je n'ai que des ~s en ce moment** life's just non-stop hassle at the moment* • **ça risque de m'attirer des ~s** it's likely to get me into trouble

emmerder‡ [ɑ̃mɛʀde] /TABLE 1/ **1** (VT) **~ qn** (= *irriter*) to get on sb's nerves; (= *contrarier*) to bother sb; (= *lasser*) to bore the pants off sb‡; (= *mettre dans l'embarras*) to get sb into trouble • **on n'a pas fini d'être emmerdé avec ça** we haven't heard the last of it • **je suis drôlement emmerdé** I'm in deep trouble* • **il m'emmerde à la fin, avec ses questions** he really gets on my nerves with his questions • **ça m'emmerde qu'il ne puisse pas venir** it's a damned nuisance‡ that he can't come • **je les emmerde!** to hell with them!‡
2 (VPR) **s'emmerder** (= *s'ennuyer*) to be bored stiff*; (= *s'embarrasser*) to put o.s. out • **ne t'emmerde pas avec ça** don't worry about that • **on ne s'emmerde pas avec eux!** there's never a dull moment with them! • **tu ne t'emmerdes pas!** you've got a damn nerve!‡ • **elle a trois voitures — dis donc, elle ne s'emmerde pas!** she has three cars — it's all right for some!*

emmerdeur, -euse‡ [ɑ̃mɛʀdœʀ, øz] (NM,F) pain in the neck*

emmitoufler [ɑ̃mitufle] /TABLE 1/ **1** (VT) to wrap up warmly **2** (VPR) **s'emmitoufler s'~ (dans un manteau)** to wrap o.s. up (in a coat)

emmurer [ɑ̃myʀe] /TABLE 1/ **1** (VT) to wall up **2** (VPR) **s'emmurer s'~ dans** [+ *silence, sentiment*] to retreat into

émoi [emwa] (NM) (*littér*) (= *trouble*) emotion; (*de joie*) excitement; (= *tumulte*) commotion • **l'affaire a suscité un grand ~ dans le pays** the affair plunged the country into turmoil • **en ~** [*cœur*] in a flutter *attrib*; [*sens*] excited • **la rue était en ~** the street was in turmoil

emoji [emo(d)ʒi] (NM) emoji

émoluments [emɔlymɑ̃] (NMPL) [*d'officier ministériel*] fees; [*d'employé*] pay

émonder [emɔ̃de] /TABLE 1/ (VT) [+ *arbre*] to prune; [+ *amandes*] to blanch

émoticone [emɔtikɔn] (NM) smiley

émotif, -ive [emɔtif, iv] **1** (ADJ) emotional **2** (NM,F) emotional person • **c'est un ~** he's very emotional

émotion [emosjɔ̃] (NF) (= *sentiment*) emotion; (= *peur*) fright • **ce scandale a suscité une vive ~ dans le pays** this scandal has caused a real stir in the country • **pour nous remettre de nos ~s ...** to get over all the excitement ... • **pour les amateurs d'~s fortes** for those who are looking for thrills • **c'est avec une grande ~ que nous recevons ...** it is with great pleasure that we welcome ...

émotionnel, -elle [emosjɔnɛl] (ADJ) emotional

émotionnellement [emɔsjɔnɛlmɑ̃] (ADV) emotionally

émotivité [emɔtivite] (NF) emotionality • **d'une grande ~** very emotional

émoussé, e [emuse] *ptp de* **émousser** (ADJ) [*couteau*] blunt; [*goût, sensibilité*] dulled

émousser (s') [emuse] /TABLE 1/ (VPR) [*intérêt*] to wane; [*talent*] to lose its fine edge

émoustiller* [emustije] /TABLE 1/ (VT) to tantalize

émouvant, e [emuvɑ̃, ɑ̃t] (ADJ) (*nuance de compassion*) moving; (*nuance d'admiration*) stirring

émouvoir [emuvwaʀ] /TABLE 27/ **1** (VT) [+ *personne*] to move; (= *perturber, effrayer*) to disturb • **leurs menaces ne l'émurent pas le moins du monde** their threats didn't worry him in the slightest • **~ qn jusqu'aux larmes** to move sb to tears **2** (VPR) **s'émouvoir** to be moved; (= *être perturbé*) to be disturbed; (= *s'inquiéter*) to be worried • **il ne s'émeut de rien** nothing upsets him • **dit-il sans s'~** he said calmly • **s'~ à la vue de qch** to be moved at the sight of sth • **le gouvernement s'en est ému** the government was roused to action

empailler [ɑ̃paje] /TABLE 1/ (VT) [+ *animal*] to stuff; [+ *chaise*] to bottom (with straw)

empaler [ɑ̃pale] /TABLE 1/ **1** (VT) (= *supplicier*) to impale **2** (VPR) **s'empaler** to impale o.s. (**sur** on)

empaqueter [ɑ̃pakte] /TABLE 4/ (VT) to wrap up; (= *conditionner*) to pack

emparer (s') [ɑ̃paʀe] /TABLE 1/ (VPR) **a s'~ de** [+ *objet*] to grab; [+ *ville, territoire, ennemi, pouvoir, otage*] to seize; [+ *prétexte*] to seize on • **s'~ du ballon** (*Rugby*) to get possession of the ball • **les journaux se sont emparés de l'affaire** the papers got hold of the story **b s'~ de** [*jalousie, colère, remords*] to take hold of • **la peur s'est emparée d'elle** she suddenly became afraid

empâté, e [ɑ̃pɑte] *ptp de* **empâter** (ADJ) [*visage*] fleshy; [*personne, silhouette*] heavy; [*langue*] coated

empâter (s') [ɑ̃pɑte] /TABLE 1/ (VPR) [*personne, silhouette, visage*] to thicken out; [*traits*] to thicken

empathie [ɑ̃pati] (NF) empathy

empêchement [ɑ̃pɛʃmɑ̃] (NM) (= *obstacle*) unexpected difficulty • **il n'est pas venu, il a eu un ~** he couldn't come - something cropped up • **en cas d'~** if there's a hitch

empêcher [ɑ̃peʃe] /TABLE 1/ **1** (VT) **a** [+ *chose, action*] to prevent, to stop • **~ que qch (ne) se produise** • **~ qch de se produire** to prevent sth from happening • **~ que qn (ne) fasse qch** to prevent sb from doing sth
▸ **empêcher qn de faire qch** to prevent sb from doing sth • **rien ne nous empêche de partir** there's nothing preventing us from going • **s'il veut le faire, on ne peut pas l'en ~** if he wants to do it, we can't stop him • **ça ne m'empêche pas de dormir** it doesn't keep me awake; (*fig*) I don't lose any sleep over it

ⓑ il n'empêche qu'il a tort all the same, he's wrong • **j'ai peut-être tort, n'empêche, il a un certain culot!*** maybe I'm wrong, but even so he's got a nerve!*
2 VPR **s'empêcher s'~ de faire qch** to stop o.s. doing sth • **il n'a pas pu s'~ de rire** he couldn't help laughing • **je ne peux m'~ de penser que ...** I cannot help thinking that ... • **je n'ai pas pu m'en ~** I couldn't help it

empêcheur, -euse [ɑ̃pɛʃœʀ, øz] NM,F **~ de tourner en rond** (*= trouble-fête*) spoilsport; (*= gêneur*) troublemaker

empereur [ɑ̃pʀœʀ] NM emperor

empester [ɑ̃pɛste] /TABLE 1/ VT (*= sentir*) to stink of; (*= empuantir*) [*+ pièce*] to stink out (**de** with) • **ça empeste ici** it stinks in here

empêtrer (s') [ɑ̃petʀe] /TABLE 1/ VPR **s'~ dans** to get tangled up in; [*+ mensonges*] to get o.s. tangled up in • **s'~ dans des explications** to tie o.s. up in knots trying to explain*

emphase [ɑ̃fɑz] NF (*= solennité*) pomposity • **avec ~** pompously

emphatique [ɑ̃fatik] ADJ ⓐ (*= grandiloquent*) bombastic, pompous ⓑ (*Ling*) emphatic

empiéter [ɑ̃pjete] /TABLE 6/ VT INDIR **~ sur** to encroach on

empiffrer (s')* [ɑ̃pifʀe] /TABLE 1/ VPR to stuff o.s.* (**de** with)

empiler [ɑ̃pile] /TABLE 1/ 1 VT (*= mettre en pile*) to pile up
2 VPR **s'empiler** ⓐ (*= s'amonceler*) to be piled up (**sur** on) ⓑ (*= s'entasser*) **s'~ dans** [*+ local, véhicule*] to pile into

empire [ɑ̃piʀ] NM ⓐ empire • **~ industriel/financier** industrial/financial empire • **pas pour un ~!** not for all the tea in China!
ⓑ (*= autorité, emprise*) **avoir de l'~ sur** to hold sway over • **prendre de l'~ sur** to gain influence over
▸ **sous l'empire de** [*+ peur, colère*] in the grip of; [*+ jalousie*] possessed by • **sous l'~ de la boisson** under the influence of alcohol

empirer [ɑ̃piʀe] /TABLE 1/ 1 VI to get worse 2 VT to make worse

empirique [ɑ̃piʀik] ADJ empirical

emplacement [ɑ̃plasmɑ̃] NM (*= endroit*) place; (*= site*) site; [*de parking*] parking space • **à** *ou* **sur l'~ d'une ancienne cité romaine** on the site of an ancient Roman city • **pour indiquer l'~ du chemin** to show where the path is • **~ publicitaire** advertising space *NonC*

emplafonner* [ɑ̃plafɔne] /TABLE 1/ VT to smash* into • **il s'est fait ~ par un camion** a lorry smashed* into his car

emplâtre [ɑ̃plɑtʀ] NM plaster

emplette [ɑ̃plɛt] NF **faire des ~s** to do some shopping

emploi [ɑ̃plwa] 1 NM ⓐ (*= poste, travail*) job • **l'~** (*Écon*) employment • **créer de nouveaux ~s** to create new jobs • **la situation de l'~** the employment situation • **les ~s de service** jobs in the service industry • **le plein(-)~** full employment • **être sans ~** to be unemployed • **avoir le physique** *ou* **la tête de l'~*** to look the part
ⓑ (*= usage*) use 2 COMP ▸ **emploi fictif** (*Droit*) fictitious employment; (*= poste*) fictitious job ▸ **emploi du temps** timetable (*Brit*), schedule (*US*) • **un ~ du temps chargé** a busy timetable (*Brit*) *ou* schedule (*US*)

employabilité [ɑ̃plwajabilite] NF [*de personne*] employability

employable [ɑ̃plwajabl] ADJ [*personne*] employable

employé, e [ɑ̃plwaje] *ptp de* **employer** NM,F employee • **~ de banque/de maison** bank/domestic employee • **~ de bureau/municipal** office/council worker • **~ des postes/du gaz** postal/gas worker

employer [ɑ̃plwaje] /TABLE 8/ VT ⓐ (*= utiliser*) to use • **~ toute son énergie à faire qch** to devote all one's energies to doing sth • **~ son temps à faire qch/à qch** to spend one's time doing sth/on sth • **~ son argent à faire qch/à qch** to use one's money doing sth/on sth • **bien ~** [*+ temps, argent*] to make good use of; [*+ mot, expression*] to use properly • **mal ~** to misuse ⓑ [*+ main-d'œuvre*] to employ • **ils l'emploient comme vendeur** they employ him as a salesman

employeur, -euse [ɑ̃plwajœʀ, øz] NM,F employer

empocher* [ɑ̃pɔʃe] /TABLE 1/ VT (*= obtenir*) [*+ argent*] to pocket; [*+ prix*] to carry off; [*+ médaille*] to win

empoignade [ɑ̃pwaɲad] NF (*= bagarre*) fight; (*= altercation*) argument

empoigner [ɑ̃pwaɲe] /TABLE 1/ VT (*= saisir*) to grab

empoisonnant, e* [ɑ̃pwazɔnɑ̃, ɑ̃t] ADJ (*= irritant*) irritating; (*= contrariant*) aggravating* • **il est ~ avec ses questions** he's so irritating with his questions

empoisonnement [ɑ̃pwazɔnmɑ̃] NM poisoning

empoisonner [ɑ̃pwazɔne] /TABLE 1/ 1 VT ⓐ **~ qn** [*assassin*] to poison sb; [*aliments avariés*] to give sb food poisoning ⓑ [*+ relations, vie politique*] to poison; [*+ air*] to stink out • **elle empoisonne la vie de ses proches** she's making her family's life a misery ⓒ [*gêneur, situation*]* **~ qn** to get on sb's nerves 2 VPR **s'empoisonner** ⓐ (*volontairement*) to poison o.s.; (*par intoxication alimentaire*) to get food poisoning ⓑ (*= s'ennuyer*)* to be bored stiff* • **qu'est-ce qu'on s'empoisonne** this is such a drag* • **s'~ (l'existence) à faire qch** to go to the trouble of doing sth

emporté, e [ɑ̃pɔʀte] *ptp de* **emporter** ADJ [*personne*] quick-tempered

emportement [ɑ̃pɔʀtəmɑ̃] NM anger *NonC* • **avec ~** angrily

emporte-pièce [ɑ̃pɔʀt(ə)pjɛs] NM INV (*Tech*) punch; (*en cuisine*) pastry cutter
▸ **à l'emporte-pièce** [*déclaration, jugement*] cut-and-dried

emporter [ɑ̃pɔʀte] /TABLE 1/ 1 VT ⓐ (*= prendre avec soi*) [*+ vivres, vêtements*] to take • **plats chauds/boissons à ~** take-away (*Brit*) *ou* take-out (*US*) hot meals/drinks • **il ne l'emportera pas au paradis!** he'll soon be smiling on the other side of his face!
ⓑ (*= enlever*) to take away
ⓒ [*courant, vent, navire, train*] to carry along • **emporté par son élan** carried along by his own momentum • **emporté par son imagination/enthousiasme** carried away by his imagination/enthusiasm • **se laisser ~ par la colère** to lose one's temper
ⓓ (*= arracher*) [*+ jambe, bras*] to take off; [*+ cheminée, toit*] to blow off; [*+ pont, berge*] to carry away; [*maladie*] to carry off • **ça emporte la bouche** *ou* **la gueule*** it takes the roof of your mouth off*
ⓔ (*= gagner*) [*+ prix*] to carry off • **~ la décision** to win the day • **~ l'adhésion de qn** to win sb over
ⓕ **l'~ (sur)** [*personne*] to get the upper hand (over); [*solution, méthode*] to prevail (over) • **il a fini par l'~** he finally got the upper hand
2 VPR **s'emporter** (*= s'irriter*) to lose one's temper (**contre** with)

empoté, e* [ɑ̃pɔte] 1 ADJ awkward 2 NM,F awkward lump*

empreint, e[1] [ɑ̃pʀɛ̃, ɛ̃t] (ADJ) ~ **de** [+ *nostalgie, mélancolie*] tinged with • ~ **de mystère/poésie** with a certain mysterious/poetic quality • **d'un ton ~ de gravité** in a somewhat solemn voice

empreinte[2] [ɑ̃pʀɛ̃t] (NF) ⓐ [*d'animal*] track • ~ **carbone** carbon footprint • ~ **(de pas)** footprint • ~**s (digitales)** (finger)prints • ~ **écologique** ecological footprint • ~ **génétique** genetic fingerprint • ~ **vocale** voiceprint • **prendre l'~ d'une dent** to take an impression of a tooth • **relever** *ou* **prendre des ~s digitales** to take fingerprints ⓑ (= *influence*) mark

empressé, e [ɑ̃pʀese] *ptp de* **empresser** (ADJ) [*infirmière, serveur*] attentive; [*admirateur, prétendant*] assiduous, overattentive; [*subordonné*] overanxious to please *attrib*, overzealous

empressement [ɑ̃pʀɛsmɑ̃] (NM) ⓐ (= *hâte*) eagerness • **il montrait peu d'~ à ...** he seemed in no hurry to ... • **avec ~** eagerly ⓑ (= *prévenance*) attentiveness; [*d'admirateur, prétendant*] overattentiveness • **il me servait avec ~** he waited upon me attentively

empresser (s') [ɑ̃pʀese] /TABLE 1/ (VPR) ⓐ (= *se hâter*) **s'~ de faire qch** to hasten to do sth ⓑ to bustle about • **s'~ auprès** *ou* **autour de** [+ *blessé, invité*] to surround with attentions; [+ *femme courtisée*] to dance attendance upon

emprise [ɑ̃pʀiz] (NF) (= *influence*) ascendancy (**sur** over) • **avoir beaucoup d'~ sur qn** to hold sway over sb

▸ **emprise au sol** NF (*Constr*) (building) footprint

▸ **sous l'emprise de** **sous l'~ de la colère** in the grip of anger • **sous l'~ de l'alcool** under the influence of alcohol

emprisonnement [ɑ̃pʀizɔnmɑ̃] (NM) imprisonment • **condamné à 10 ans d'~** sentenced to 10 years in prison

emprisonner [ɑ̃pʀizɔne] /TABLE 1/ (VT) to imprison

emprunt [ɑ̃pʀœ̃] (NM) ⓐ (= *demande, somme*) loan • ~ **d'État/public** government/public loan • **faire un ~ pour payer sa voiture** to take out a loan to pay for one's car ⓑ (= *terme*) loan word • **c'est un ~ à l'anglais** it's a loan word from English

ⓒ ▸ **d'emprunt** [*nom, autorité*] assumed

emprunté, e [ɑ̃pʀœ̃te] *ptp de* **emprunter** (ADJ) [*air, personne*] awkward

emprunter [ɑ̃pʀœ̃te] /TABLE 1/ (VT) ⓐ [+ *argent, objet, mot, idée*] to borrow (**à** from) • **cette pièce emprunte son sujet à l'actualité** this play is based on a topical subject • **mot emprunté à l'anglais** loan word from English ⓑ [+ *escalier, route*] to take; [+ *itinéraire*] to follow • «**empruntez le passage souterrain**» "use the underpass"

emprunteur, -euse [ɑ̃pʀœ̃tœʀ, øz] (NM,F) borrower

ému, e [emy] *ptp de* **émouvoir** (ADJ) [*personne*] (*compassion*) moved; (*gratitude*) touched; (*timidité, peur*) nervous; [*voix*] emotional • ~ **jusqu'aux larmes** moved to tears (**devant** by) • **très ~ lors de la remise des prix** very moved at the prize giving • **dit-il d'une voix ~e** he said with emotion • **trop ~ pour les remercier** too overcome to thank them

émulation [emylasjɔ̃] (NF) emulation

émule [emyl] (NMF) (= *imitateur*) emulator; (= *égal*) equal • **il fait des ~s** people emulate him

émulsifiant [emylsifjɑ̃] (NM) emulsifier

émulsion [emylsjɔ̃] (NF) emulsion

EN (NF) (ABR DE **Éducation nationale**) ≈ Department for Education and Employment (*Brit*), Department of Education (*US*)

en [ɑ̃]

1 PRÉPOSITION 2 PRONOM

> Lorsque **en** fait partie d'une locution comme **en retard**, **en tout**, reportez-vous à l'autre mot.

1 PRÉPOSITION

ⓐ (*lieu : situation*) in • **vivre en France/Normandie** to live in France/Normandy • **il habite en banlieue/ville** he lives in the suburbs/the town • **être en ville** to be in town • **il voyage en Grèce/Corse** he's travelling around Greece/Corsica

ⓑ (*lieu : mouvement*) to • **aller** *ou* **partir en Angleterre/Normandie** to go to England/Normandy • **aller en ville** to go (in)to town

ⓒ (*temps*) in • **en été** in summer • **en mars 1999** in March 1999 • **en soirée** in the evenings • **il peut le faire en trois jours** he can do it in three days • **en semaine** during the week

ⓓ (*moyen de transport*) by • **en taxi** by taxi • **en train** by train • **en avion** by plane • **ils y sont allés en voiture** they went by car • **faire une promenade en bateau** to go for a trip in a boat • **ils sont arrivés en voiture** they arrived in a car • **aller à Londres en avion** to fly to London

ⓔ (= *chez*) **ce que j'aime en lui, c'est son courage** what I like about him is his courage • **on voit en lui un futur champion du monde** they see him as a future world champion

ⓕ (= *habillé de*) in • **être en blanc** to be dressed in white • **la femme en manteau de fourrure** the woman in the fur coat • **être en chaussettes** to be in one's stockinged feet • **il était en pyjama** he was in his pyjamas

ⓖ (*description, composition*) in • **en cercle** in a circle • **une pièce en trois actes** a play in three acts • **ça se vend en boîtes de douze** they are sold in boxes of twelve • **c'est écrit en anglais** it's written in English • **nous avons le même article en vert** we have the same item in green • **le plat est en argent** the dish is made of silver • **l'escalier sera en marbre** the staircase will be made of marble • **c'est en quoi ?*** what's it made of?

> En anglais, un nom en apposition remplace souvent l'adjectif pour décrire la matière dont quelque chose est fait.

• **une bague en or** a gold ring • **une jupe en soie** a silk skirt

▸ **en** + *comparatif* **c'est son frère en mieux** he's like his brother, only better • **je veux la même valise en plus grand** I want the same suitcase only bigger

ⓗ (= *comme un*) **agir en tyran** to act like a tyrant • **en bon politicien, il ...** being the skilled politician he is, he ... • **je le lui ai donné en souvenir** I gave it to him as a souvenir

ⓘ (= *dans le domaine de*) **en politique** in politics • **ce que je préfère en musique, c'est ...** what I like best in the way of music is ... • **être bon en géographie** to be good at geography • **être nul en maths** to be hopeless at maths • **diplôme en droit/histoire** law/history degree

ⓙ (*mesure*) in • **compter en euros** to calculate in euros

e

k ▸ **en** + *participe présent* **parler en mangeant** to talk while eating • **il s'est coupé en essayant d'ouvrir une boîte** he cut himself trying to open a tin • **j'ai écrit une lettre en vous attendant** I wrote a letter while I was waiting for you • **fermez la porte en sortant** shut the door when you go out • **elle est arrivée en chantant** she was singing when she arrived • **il m'a regardé en fronçant les sourcils** he looked at me with a frown • **«non» dit-il en haussant les épaules** "no", he said with a shrug • **endormir un enfant en le berçant** to rock a child to sleep • **monter en courant** to run up • **entrer en courant** to run in • **il a fait une folie en achetant cette bague** it was very extravagant of him to buy this ring

> Lorsque **en** exprime une cause, il est traduit par **by**.

• **en disant cela, il s'est fait des ennemis** he made enemies by saying that

2 PRONOM

a (lieu) **quand va-t-il à Nice ? — il en revient** when is he off to Nice? — he's just come back

b (cause) **je suis si inquiet que je n'en dors pas** I am so worried that I can't sleep • **nous en avons beaucoup ri** we had a good laugh about it • **en mourir** to die of it

c (quantitatif) of it • **voulez-vous des pommes ? il y en a encore** would you like some apples? there are still some left • **le vin est bon mais il n'y en a pas beaucoup** the wine is good but there isn't much of it • **si j'en avais** if I had any • **il n'y en a plus** (*NonC*) there isn't any left; (*pluriel*) there aren't any left

d (objet) **rendez-moi mon stylo, j'en ai besoin** give me back my pen - I need it • **qu'est-ce que tu en feras ?** what will you do with it (*ou* them)? • **il s'en souviendra de cette réception** he'll certainly remember that party • **tu en as eu de beaux jouets à Noël !** what lovely toys you got for Christmas! • **c'est une bonne classe, les professeurs en sont contents** they are a good class and the teachers are pleased with them • **je t'en donne 100 €** I'll give you 100 euros for it • **il en aime une autre** he loves somebody else

e ▸ **en être** **en être à la page 19** to be on page 19 • **où en est-il dans ses études ?** how far has he got with his studies? • **il en est à sa troisième année de médecine** he is in his third year in medicine • **l'affaire en est là** that's how the matter stands • **elle, mentir ? elle en est incapable** she couldn't lie if she tried • **je ne sais plus où j'en suis** I'm completely lost • **où en sommes-nous ?** (*livre, leçon*) where have we got to?; (*situation*) where do we stand? • **j'en suis à me demander si j'ai bien fait** I'm beginning to wonder if I did the right thing

---

ENA [ena] (NF) (ABR DE **École nationale d'administration**) *prestigious college training senior civil servants* → GRANDES ÉCOLES

énarque [enaʀk] (NMF) énarque (*student or former student of the École nationale d'administration*) → GRANDES ÉCOLES

en-avant [ɑ̃navɑ̃] (NM INV) (*Rugby*) knock-on

en-but○ [ɑ̃by(t)] (NM INV) (*Rugby*) in-goal area

encadré [ɑ̃kadʀe] *ptp de* **encadrer** (NM) box

encadrement [ɑ̃kadʀəmɑ̃] (NM) **a** (= *embrasure*) [*de porte, fenêtre*] frame • **il se tenait dans l'~ de la porte** he stood in the doorway **b** (= *cadre*) frame **c** [*d'étudiants, débutants, recrues*] training **d** (= *instructeurs*) training personnel; (= *cadres*) managerial staff

encadrer [ɑ̃kadʀe] /TABLE 1/ (VT) **a** [+ *tableau*] to frame **b** [+ *étudiants, débutants, recrues*] to train; (= *contrôler*) [+ *enfant*] to take in hand; [+ *équipe sportive, employés*] to manage **c** (= *entourer*) [+ *cour, plaine, visage*] to frame • **encadré de ses gardes du corps** surrounded by his bodyguards • **l'accusé, encadré de deux gendarmes** the accused, flanked by two policemen **d** **je ne peux pas l'~*** I can't stand* him

encaissé, e [ɑ̃kese] *ptp de* **encaisser** (ADJ) [*rivière, route*] steep-sided

encaissement [ɑ̃kɛsmɑ̃] (NM) [*d'argent, loyer*] receipt; [*de facture*] receipt of payment (**de** for); [*de chèque*] cashing

encaisser [ɑ̃kese] /TABLE 1/ (VT) **a** [+ *argent, loyer*] to receive; [+ *facture*] to receive payment for; [+ *chèque*] to cash

b [+ *coups, affront, défaite*]* to take • **savoir ~** [*boxeur*] to be able to take a lot of punishment; (*dans la vie*) to know how to roll with the punches • **~ le choc de qch** to come to terms with sth • **la population a du mal à ~ le choc** the population is finding it hard to come to terms with the situation

c (= *supporter*)* **je ne peux pas ~ ce type** I can't stand* that guy • **il n'a pas encaissé cette décision** he couldn't come to terms with the decision

encart [ɑ̃kaʀ] (NM) insert • **~ publicitaire** publicity insert

en-cas [ɑ̃ka] (NM INV) (= *nourriture*) snack

encastrable [ɑ̃kastʀabl] (ADJ) [*four, lave-vaisselle*] slot-in

encastré, e [ɑ̃kastʀe] *ptp de* **encastrer** (ADJ) [*four, placard*] built-in • **les boutons sont ~s dans le mur** the switches are flush with the wall • **l'aquarium est ~ dans le mur** the aquarium is built into the wall

encastrer [ɑ̃kastʀe] /TABLE 1/ (VT) (*dans un mur*) to embed (**dans** in(to)); (*dans un boîtier*) [+ *pièce*] to fit (**dans** into) • **la voiture s'est encastrée sous le train** the car jammed itself underneath the train

encaustique [ɑ̃kostik] (NF) wax polish

enceinte[1] [ɑ̃sɛ̃t] (ADJ F) pregnant • **tomber ~** to get pregnant • **~ de cinq mois** five months pregnant • **j'étais ~ de Paul** (= *Paul était le bébé*) I was expecting Paul; (= *Paul était le père*) I was pregnant by Paul

enceinte[2] [ɑ̃sɛ̃t] (NF) **a** (= *mur*) wall; (= *palissade*) fence • **mur d'~** outer walls **b** (= *espace clos*) enclosure; [*de couvent*] precinct • **dans l'~ de la ville** inside the town **c** **~ (acoustique)** speaker

encens [ɑ̃sɑ̃] (NM) incense

encenser [ɑ̃sɑ̃se] /TABLE 1/ (VT) (= *louanger*) to heap praise on

encéphalogramme [ɑ̃sefalɔgʀam] (NM) encephalogram • **présenter un ~ plat** (*lit, fig*) to flatline

encéphalopathie [ɑ̃sefalɔpati] (NF) encephalopathy • **~ bovine spongiforme** BSE

encercler [ɑ̃sɛʀkle] /TABLE 1/ (VT) to surround

enchaînement○ [ɑ̃ʃɛnmɑ̃] (NM) **a** [*de circonstances*] sequence • **~ d'événements** sequence of events **b** (*en danse*) enchaînement • **faire un ~** (*en gymnastique*) to do a sequence of movements

enchaîner○ [ɑ̃ʃene] /TABLE 1/ **1** (VT) **a** (= *lier*) to chain up • **~ qn à un arbre** to chain sb to a tree **b** [+ *paragraphes, pensées, mots*] to link • **elle enchaînait réunion sur réunion** she had one meeting after another **2** (VI) (*Ciné,*

Théât) to move on (to the next scene) • **on enchaîne** let's move on • **Paul enchaîna : « d'abord ... »** Paul went on: "first ..." **3** (VPR) **s'enchaîner** [*épisodes, séquences*] to follow on from each other

enchanté, e [ɑ̃ʃɑ̃te] *ptp de* **enchanter** (ADJ) **a** (= *ravi*) delighted (**de** with) • **~ (de vous connaître)** pleased to meet you **b** (= *magique*) [*forêt, demeure*] enchanted

enchantement [ɑ̃ʃɑ̃tmɑ̃] (NM) **a** (= *effet*) enchantment • **comme par ~** as if by magic **b** (= *ravissement*) enchantment • **ce spectacle fut un ~** it was an enchanting sight

enchanter [ɑ̃ʃɑ̃te] /TABLE 1/ (VT) **ça ne m'enchante pas beaucoup** it doesn't exactly thrill me

enchère [ɑ̃ʃɛʀ] **1** (NF) bid • **faire une ~** to make a bid • **faire monter les ~s** to raise the bidding; (*fig*) to raise the stakes **2** (NFPL) **enchères mettre qch aux ~s** to put sth up for auction • **vendre aux ~s** to sell by auction

enchérir [ɑ̃ʃeʀiʀ] /TABLE 2/ (VI) **~ sur une offre** to make a higher bid • **~ sur qn** to make a higher bid than sb

enchevêtrer [ɑ̃ʃ(ə)vetʀe] /TABLE 1/ **1** (VT) [+ *ficelle*] to tangle (up) **2** (VPR) **s'enchevêtrer a** [*ficelles, branches*] to become entangled **b** [*situations, paroles, idées*] to become confused • **s'~ dans ses explications** to tie o.s. up in knots* explaining (something)

enclave [ɑ̃klav] (NF) enclave

enclaver [ɑ̃klave] /TABLE 1/ (VT) (= *entourer*) to enclose • **pays enclavé** landlocked country

enclenchement [ɑ̃klɑ̃ʃmɑ̃] (NM) [*de mécanisme*] engaging • **l'~ du processus de paix** the start of the peace process

enclencher [ɑ̃klɑ̃ʃe] /TABLE 1/ **1** (VT) [+ *mécanisme*] to engage; [+ *affaire, processus*] to set in motion • **j'ai laissé une vitesse enclenchée** I left the car in gear • **l'affaire est enclenchée** things are under way **2** (VPR) **s'enclencher** [*mécanisme*] to engage; [*processus*] to get under way

enclin, e [ɑ̃klɛ̃, in] (ADJ) **~ à qch/à faire qch** inclined to sth/to do sth • **il est peu ~ à prendre des risques** he is little inclined to take risks

enclos [ɑ̃klo] (NM) (= *terrain, clôture*) enclosure; [*de chevaux*] paddock; [*de moutons*] pen

encoche [ɑ̃kɔʃ] (NF) notch • **faire une ~ à** *ou* **sur qch** to make a notch in sth

encodage [ɑ̃kɔdaʒ] (NM) encoding

encoder [ɑ̃kɔde] /TABLE 1/ (VT) to encode

encodeur [ɑ̃kɔdœʀ] (NM) encoder

encoller [ɑ̃kɔle] /TABLE 1/ (VT) to paste

encolure [ɑ̃kɔlyʀ] (NF) [*de cheval, personne, robe*] neck; [*de vêtement*] collar size

encombrant, e [ɑ̃kɔ̃bʀɑ̃, ɑ̃t] (ADJ) [*paquet*] cumbersome; [*présence*] burdensome

encombre [ɑ̃kɔ̃bʀ] **sans encombre** (LOC ADV) without incident

encombré, e [ɑ̃kɔ̃bʀe] *ptp de* **encombrer** (ADJ) **a** [*pièce*] cluttered (up); [*passage*] obstructed; [*lignes téléphoniques*] overloaded; [*marché*] glutted • **table ~e de papiers** table cluttered with papers • **les bras ~s de paquets** his arms laden with parcels • **j'ai les bronches ~es** my chest is congested **b** [*espace aérien, route*] congested

encombrement [ɑ̃kɔ̃bʀəmɑ̃] (NM) **a** (= *embouteillage*) traffic jam • **être pris dans un ~** to be stuck in a traffic jam **b** (= *volume*) bulk; (= *taille*) size • **objet de faible ~** small objet • **l'~ sur le disque** (*Informatique*) the amount of space used on the disk

encombrer [ɑ̃kɔ̃bʀe] /TABLE 1/ **1** (VT) **a** [+ *pièce*] to clutter up (**de** with); [+ *couloir*] to obstruct (**de** with); [+ *rue*] to congest; [+ *lignes téléphoniques*] to jam; [+ *marché*] to glut (**de** with); [+ *messagerie*] to overload • **~ le passage** to be in the way **b il m'encombre plus qu'il ne m'aide** he's more of a hindrance than a help (to me) • **je ne veux pas vous ~ avec ça** I don't want to load you down with this • **ces boîtes m'encombrent** these boxes are in my way **2** (VPR) **s'encombrer il ne s'encombre pas de scrupules** he's quite unscrupulous

encontre [ɑ̃kɔ̃tʀ] **à l'encontre de** (LOC PRÉP) (= *contre*) against; (= *au contraire de*) contrary to • **aller à l'~ de** [+ *décision, faits*] to go against • **cela va à l'~ du but recherché** it defeats the object

encore [ɑ̃kɔʀ] (ADV) **a** (= *toujours*) still • **il restait ~ quelques personnes** there were still a few people left • **ça ne s'était ~ jamais vu** it had never happened before

b ▸ **pas encore** not yet • **il n'est pas ~ prêt** he's not ready yet

c (= *pas plus tard que*) only • **il me le disait hier ~** he was saying that to me only yesterday

d (= *de nouveau*) again • **~ une fois** one more time • **~ une fois non!** how many times do I have to tell you: no! • **il a ~ laissé la porte ouverte** he has left the door open again • **~ vous!** you again! • **quoi ~?** what is it this time?

e (= *de plus, en plus*) more • **~ un!** one more! • **~ une tasse?** another cup? • **~ un peu de thé?** more tea? • **~ quelques gâteaux?** more cakes? • **j'en veux ~** I want some more • **~ un mot, avant de terminer** one more word before I finish • **que te faut-il ~?** what else do you want? • **pendant ~ deux jours** for two more days • **mais ~?** could you explain further?

f (*avec comparatif*) even • **il fait ~ plus froid qu'hier** it's even colder than yesterday • **pire ~** even worse • **~ autant** as much again

g (*restrictif*) **il en est sûrement capable, ~ faut-il qu'il le fasse** he's obviously capable, but whether he does it or not is another matter • **on t'en donnera peut-être 100 €, et ~** they might give you 100 euros for it, if that • **c'est passable, et ~!** it's passable but only just! • **si ~ je savais où ça se trouve** if only I knew where it was

▸ **encore que** (= *quoique*) even though • **~ que je n'en sache rien** though I don't really know

encornet [ɑ̃kɔʀnɛ] (NM) squid

encourageant, e [ɑ̃kuʀaʒɑ̃, ɑ̃t] (ADJ) encouraging

encouragement [ɑ̃kuʀaʒmɑ̃] (NM) (= *soutien*) encouragement • **message/mot d'~** message/word of encouragement • **mesures d'~** incentives

encourager [ɑ̃kuʀaʒe] /TABLE 3/ (VT) to encourage (**à faire** to do); [+ *équipe*] to cheer • **~ qn du geste et de la voix** to cheer sb on

encourir [ɑ̃kuʀiʀ] /TABLE 11/ (VT) to incur

encrasser [ɑ̃kʀase] /TABLE 1/ **1** (VT) [+ *arme*] to foul (up); [+ *cheminée, bougie de moteur*] to soot up; [+ *tuyau, machine*] to clog up **2** (VPR) **s'encrasser** to get dirty; [*arme*] to foul up; [*cheminée, bougie de moteur*] to soot up; [*piston, poêle, tuyau, machine*] to clog up

encre [ɑ̃kʀ] (NF) ink • **écrire à l'~** to write in ink • **d'un noir d'~** as black as ink • **calmars à l'~** (= *plat*) squid cooked in ink • **c'est la bouteille à l'~!** the whole business is clear as mud ▸ **encre de Chine** Indian (*Brit*) *ou* India (*US*) ink ▸ **encre électronique** electronic ink, e-ink

encrier [ɑ̃kʀije] NM (= *bouteille*) inkpot (*Brit*), ink bottle (*US*); (*décoratif*) inkstand

encroûter (s')○* [ɑ̃kʀute] /TABLE 1/ VPR [*personne*] to get into a rut • **s'~ dans** [+ *habitudes*] to become entrenched in

encrypter [ɑ̃kʀipte] /TABLE 1/ VT [+ *données*] to encrypt

enculé** [ɑ̃kyle] NM dickhead**

enculer** [ɑ̃kyle] /TABLE 1/ VT to bugger** (*Brit*), to ream** (*US*) • **va te faire ~!** fuck off!**

encyclopédie [ɑ̃siklɔpedi] NF encyclopedia

encyclopédique [ɑ̃siklɔpedik] ADJ encyclopedic

endémique [ɑ̃demik] ADJ endemic

endetté, e [ɑ̃dete] *ptp de* **endetter** ADJ in debt *attrib* • **très ~** heavily in debt • **l'un des pays les plus ~s** one of the biggest debtor countries • **l'entreprise est ~e à hauteur de 3 millions d'euros** the company has a debt amounting to 3 million euros

endettement [ɑ̃dɛtmɑ̃] NM debt • **notre ~ extérieur** our foreign debt • **le fort ~ des ménages** the high level of household debt

endetter [ɑ̃dete] /TABLE 1/ **1** VT to put into debt **2** VPR **s'endetter** to get into debt

endeuiller [ɑ̃dœje] /TABLE 1/ VT (= *toucher par une mort*) to plunge into mourning; (= *attrister*) to plunge into grief; [+ *épreuve sportive, manifestation*] to cast a pall over

endiguer [ɑ̃dige] /TABLE 1/ VT **a** [+ *fleuve*] to dyke up **b** [+ *foule, invasion*] to hold back; [+ *révolte, sentiments, progrès*] to check; [+ *inflation, chômage*] to curb

endimanché, e [ɑ̃dimɑ̃ʃe] ADJ [*personne*] in one's Sunday best

endive [ɑ̃div] NF chicory (*Brit*) *NonC*, endive (*US*) • **cinq ~s** five heads of chicory (*Brit*), five endives (*US*)

endoctrinement [ɑ̃dɔktʀinmɑ̃] NM indoctrination

endoctriner [ɑ̃dɔktʀine] /TABLE 1/ VT to indoctrinate

endolori, e [ɑ̃dɔlɔʀi] ADJ painful

endommager [ɑ̃dɔmaʒe] /TABLE 3/ VT to damage

endormi, e [ɑ̃dɔʀmi] *ptp de* **endormir** ADJ [*personne*] sleeping; (= *apathique*) sluggish; (= *engourdi*) numb • **j'ai la main tout ~e** my hand has gone to sleep • **à moitié ~** half asleep

endormir [ɑ̃dɔʀmiʀ] /TABLE 16/ **1** VT **a** [*somnifère, discours*] to send to sleep • **j'ai eu du mal à l'~** I had a job getting him off to sleep **b** (= *anesthésier*) to put to sleep; (= *hypnotiser*) to hypnotise **c** [+ *douleur*] to deaden; [+ *soupçons*] to allay **2** VPR **s'endormir a** [*personne*] to fall asleep **b** (= *se relâcher*) to slacken off • **ce n'est pas le moment de nous ~** now is not the time to slacken off

endosser [ɑ̃dose] /TABLE 1/ VT **a** (= *revêtir*) [+ *vêtement*] to put on • **~ l'uniforme/la soutane** to enter the army/the Church **b** (= *assumer*) [+ *responsabilité*] to shoulder (**de** for) **c** (*Finance*) to endorse

endroit [ɑ̃dʀwa] NM **a** (= *lieu*) place • **à quel ~?** where? • **à quel ~ du récit t'es-tu arrêté?** what part of the story did you stop at? • **à l'~ où** (at the place) where • **de/vers l'~ où** from/to where • **par ~s** in places • **au bon ~** in the right place
b (= *bon côté*) right side
▸ **à l'endroit** [*objet posé*] the right way round, the right way around (*US*); (*verticalement*) the right way up • **remets tes chaussettes à l'~** put your socks on the right way out • **une maille à l'~, une maille à l'envers** knit one, purl one

enduire [ɑ̃dɥiʀ] /TABLE 38/ VT **~ une surface de** to coat a surface with • **s'~ de crème** to cover o.s. with cream

enduit [ɑ̃dɥi] NM (*pour recouvrir, lisser*) coating; (*pour boucher*) filler

endurance [ɑ̃dyʀɑ̃s] NF [*de personne*] stamina • **course d'~** [*de voitures, motos*] endurance race; [*de coureur à pied*] long-distance race

endurci, e [ɑ̃dyʀsi] *ptp de* **endurcir** ADJ hardened • **célibataire ~** confirmed bachelor

endurcir [ɑ̃dyʀsiʀ] /TABLE 2/ **1** VT (*physiquement*) to toughen; (*psychologiquement*) to harden **2** VPR **s'endurcir** (*physiquement*) to become tough; (*moralement*) to become hardened

endurer [ɑ̃dyʀe] /TABLE 1/ VT to endure

enduriste [ɑ̃dyʀist] NMF endurance rider

enduro [ɑ̃dyʀo] NM enduro

énergétique [enɛʀʒetik] ADJ energy; [*aliment*] energy-giving • **aliment très ~** high-energy food

énergie [enɛʀʒi] NF energy • **dépenser beaucoup d'~ à faire qch** to use up a great deal of energy doing sth • **avec ~** energetically • **consommation d'~** [*de moteur, véhicule*] fuel consumption; [*d'industrie, pays*] energy consumption • **source d'~** source of energy ▸ **énergie atomique** atomic energy ▸ **les énergies douces** alternative energies ▸ **énergie électrique** electrical energy ▸ **énergie éolienne** wind power ▸ **les énergies fossiles** fossil fuels ▸ **énergies nouvelles** new energy sources ▸ **énergie nucléaire** nuclear energy ▸ **énergies renouvelables** renewable energy sources ▸ **énergie solaire** solar energy ▸ **les énergies de substitution** alternative energies

énergique [enɛʀʒik] ADJ energetic; [*refus, protestation, intervention*] forceful; [*mesures*] strong

énergiquement [enɛʀʒikmɑ̃] ADV [*agir, parler*] energetically; [*refuser*] emphatically; [*condamner*] vigorously

énergivore [enɛʀʒivɔʀ] ADJ [*secteur, activité, produit*] energy-guzzling

énergumène [enɛʀgymɛn] NMF bizarre individual • **qu'est-ce que c'est que cet ~?** who's that oddball?*

énervant, e [enɛʀvɑ̃, ɑ̃t] ADJ irritating

énervé, e [enɛʀve] *ptp de* **énerver** ADJ (= *agacé*) irritated; (= *agité*) nervous

énervement [enɛʀvəmɑ̃] NM (= *agacement*) irritation; (= *agitation*) nervousness

énerver [enɛʀve] /TABLE 1/ **1** VT **~ qn** (= *agiter*) to overexcite sb; (= *agacer*) to irritate sb • **ça m'énerve** it really gets on my nerves* **2** VPR **s'énerver** to get excited* • **ne t'énerve pas!*** don't get all worked up!*

enfance [ɑ̃fɑ̃s] NF (= *jeunesse*) childhood • **petite ~** infancy • **l'~ déshéritée** deprived children

enfant [ɑ̃fɑ̃] **1** NMF **a** child; (= *garçon*) boy; (= *fille*) girl • **quand il était ~** when he was a child • **c'est un grand ~** he's a big kid* • **ne faites pas l'~** don't be so childish • **il lui a fait un ~*** he got her pregnant
b (= *originaire*) **c'est un ~ du pays/de la ville** he's a native of these parts/of the town
c (= *adulte*)* **les ~s!** folks* • **bonne nouvelle, les ~s!** good news, folks!*
2 COMP ▸ **enfant de chœur** altar boy • **ce n'est pas un ~ de chœur!*** he's no angel!* ▸ **enfant gâté** spoilt child ▸ **l'Enfant Jésus** the baby Jesus ▸ **enfant naturel** natural child ▸ **enfant unique** only child

enfantillage [ɑ̃fɑ̃tijaʒ] NM childishness *NonC* • **arrête ces ~s!** don't be so childish!

enfantin, e [ɑ̃fɑ̃tɛ̃, in] (ADJ) *(= de l'enfance)* childlike; *(= puéril)* *[attitude, réaction]* childish • **c'est ~** *(= facile)* it's child's play*

enfarger (s')* [ɑ̃faʀʒe] /TABLE 3/ *(Can)* (VPR) ⓐ *(lit)* to stumble • **s'~ dans les escaliers** to stumble down the stairs ⓑ *(fig)* to get tangled up • **s'~ dans les menteries** to get tangled in a web of lies

enfer [ɑ̃fɛʀ] (NM) **l'~** hell • **cette vie est un ~** it's a hellish life • **l'~ de l'alcoolisme** the hellish world of alcoholism • **vivre un ~** to go through hell
▸ **d'enfer** **c'est d'~!*** *(= super)* it's great!* • **la pièce est menée à un rythme d'~** the play goes along at a furious pace

enfermement [ɑ̃fɛʀməmɑ̃] (NM) confinement

enfermer [ɑ̃fɛʀme] /TABLE 1/ **1** (VT) *(= mettre sous clé)* to lock up; *(par erreur)* to lock in; *[+ animaux]* to shut up • **~ qch dans** *[+ coffre]* to lock sth up in; *[+ boîte, sac]* to shut sth up in • **ne reste pas enfermé par ce beau temps** don't stay indoors in this lovely weather
2 (VPR) **s'enfermer** to shut o.s. in • **il s'est enfermé dans sa chambre** he shut himself away in his room • **je me suis enfermé!** *(à l'intérieur)* I've locked myself in!; *(à l'extérieur)* I've locked myself out! • **il s'est enfermé à clé dans son bureau** he has locked himself away in his office • **s'~ dans** *[+ mutisme]* to retreat into; *[+ rôle, attitude]* to stick to

enfilade [ɑ̃filad] (NF) **une ~ de** a row of • **pièces/couloirs en ~** series of linked rooms/corridors • **maisons en ~** houses in a row

enfiler [ɑ̃file] /TABLE 1/ **1** (VT) ⓐ *[+ aiguille, perles]* to thread • **~ des anneaux sur une tringle** to slip rings onto a rod ⓑ *[+ vêtement]* to put on ⓒ **~ qch dans qch*** *(= fourrer)* to shove* sth into sth **2** (VPR) **s'enfiler**⁑ *[+ verre de vin]* to knock back⁑; *[+ nourriture]* to wolf down*

enfin [ɑ̃fɛ̃] (ADV) ⓐ *(= à la fin, finalement)* at last • **il y est ~ arrivé** he has succeeded at last • **~ seuls!** alone at last! • **~, ils se sont décidés!** they've made up their minds at last! • **~ ça va commencer!** at long last it's going to begin!
ⓑ *(= en dernier lieu)* finally • **~, je voudrais te remercier pour …** finally, I'd like to thank you for …
ⓒ *(= en conclusion)* in a word • **rien n'était prêt, ~ bref, la vraie pagaille!** nothing was ready - in actual fact, it was absolute chaos!
ⓓ *(= ou plutôt)* well • **elle est assez grosse, ~, potelée** she's rather fat, well, chubby
ⓔ *(= toutefois)* still • **~, si ça vous plaît, prenez-le** still, if you like it, take it
ⓕ *(valeur exclamative)* **~! que veux-tu y faire!** still, what can you do! • **~, tu aurais pu le faire!** even so, you could have done it! • **(mais) ~! je viens de te le dire!** but I've just told you! • **~! un grand garçon comme toi!** oh, come on, a big boy like you!

enflammer [ɑ̃flame] /TABLE 1/ **1** (VT) ⓐ *[+ bois]* to set fire to ⓑ *[+ foule]* to inflame; *[+ imagination]* to fire ⓒ *[+ plaie]* to inflame **2** (VPR) **s'enflammer** ⓐ *(= prendre feu)* to catch fire ⓑ *[regard]* to blaze; *[imagination]* to be fired; *[foule, plaie]* to inflame

enflé, e [ɑ̃fle] *ptp de* **enfler** (ADJ) *[membre]* swollen

enfler [ɑ̃fle] /TABLE 1/ (VI) *[membre]* to swell up; *(= prendre du poids)** to fill out

enflure [ɑ̃flyʀ] (NF) ⓐ *(boursouflure)* swelling ⓑ *(= personne)*⁑ mean bastard⁑

enfoiré, e⁑ [ɑ̃fwaʀe] (NM,F) *(homme)* bastard⁑; *(femme)* bitch⁑ *(injurieux)*

enfoncer [ɑ̃fɔ̃se] /TABLE 3/ **1** (VT) ⓐ *(= faire pénétrer)* *[+ pieu, clou]* to drive in; *[+ épingle, punaise]* to stick in • **~ un couteau dans qch** to stick a knife into sth • **~ le clou** *(fig)* to drive the point home
ⓑ *(= mettre)* **~ les mains dans ses poches** to thrust one's hands into one's pockets • **~ son chapeau jusqu'aux yeux** to pull one's hat down over one's eyes • **qui a bien pu lui ~ ça dans le crâne?** *ou* **la tête?** who on earth put that idea into his head?
ⓒ *(= défoncer)* *[+ porte]* to break down; *[+ véhicule]* to smash in; *[+ lignes ennemies]* to break through • **~ le plancher** to make the floor cave in • **il a eu les côtes enfoncées** his ribs were broken • **le devant de sa voiture a été enfoncé** the front of his car has been smashed in • **~ les portes ouvertes** *(fig)* to state the obvious
ⓓ *(= battre)** to hammer*; *(= surpasser)** to lick* • **~ un candidat** to destroy a candidate
2 (VPR) **s'enfoncer** ⓐ *[lame, projectile]* **s'~ dans** to plunge into
ⓑ *(= disparaître)* *(dans l'eau, la vase etc)* to sink (**dans** into, in) • **s'~ dans** *[+ forêt, rue, brume]* to disappear into; *[+ fauteuil, coussins, misère, vice]* to sink into • **à mentir, tu ne fais que t'~ davantage** by lying, you're just getting yourself into deeper and deeper water
ⓒ *(= céder)* to give way • **le sol s'enfonce sous nos pas** the ground is giving way beneath us
ⓓ *(= faire pénétrer)* **s'~ une arête dans la gorge** to get a bone stuck in one's throat • **s'~ une aiguille dans la main** to stick a needle into one's hand • **enfoncez-vous bien ça dans le crâne*** now get this into your head

enfouir [ɑ̃fwiʀ] /TABLE 2/ **1** (VT) to bury • **la photo était enfouie sous des livres** the photo was buried under a pile of books **2** (VPR) **s'enfouir** **s'~ dans/sous** to bury o.s. (ou itself) in/under

enfouissement [ɑ̃fwismɑ̃] (NM) burying • **site d'~ de déchets industriels** landfill site for industrial waste

enfourcher [ɑ̃fuʀʃe] /TABLE 1/ (VT) *[+ cheval, bicyclette]* to get on • **~ son dada** to get on one's hobby-horse

enfourner [ɑ̃fuʀne] /TABLE 1/ (VT) ⓐ *[+ plat]* to put in the oven; *[+ poterie]* to put in the kiln ⓑ *(= avaler)** to wolf down ⓒ *(= enfoncer)** **~ qch dans qch** to shove* sth into sth

enfreindre [ɑ̃fʀɛ̃dʀ] /TABLE 52/ (VT) to infringe

enfuir (s') [ɑ̃fɥiʀ] /TABLE 17/ (VPR) to run away (**de** from)

enfumer [ɑ̃fyme] /TABLE 1/ (VT) *[+ pièce]* to fill with smoke; *[+ personne, animal]* to smoke out • **atmosphère/pièce enfumée** smoky atmosphere/room • **tu nous enfumes avec ta cigarette** you're smoking us out

engagé, e [ɑ̃gaʒe] *ptp de* **engager** **1** (ADJ) *[écrivain, littérature]* (politically) committed **2** (NM) *(= soldat)* enlisted man • **~ volontaire** volunteer

engageant, e [ɑ̃gaʒɑ̃, ɑ̃t] (ADJ) *[air, sourire, proposition]* appealing; *[repas, gâteau]* tempting

engagement [ɑ̃gaʒmɑ̃] (NM) ⓐ *(= promesse)* commitment; *(= accord)* agreement • **sans ~ de votre part** without commitment on your part • **prendre l'~ de** to make a commitment to • **manquer à ses ~s** to fail to honour one's commitments • **faire face à/honorer ses ~s** to meet/honour one's commitments ⓑ *[d'employé]* taking on; *(= recrutement)* *[de soldats]* enlistment • **lettre d'~** letter of appointment ⓒ *(= contrat d'artiste)* engagement ⓓ *[de capitaux]* investing; *[de dépenses]* incurring • **~s**

e

financiers financial commitments • **faire face à ses ~s (financiers)** to meet one's (financial) commitments ⓒ (= *coup d'envoi*) kick-off; (*au Ping-Pong*) service ⓕ (= *prise de position*) commitment (**dans** to) • **~ personnel/politique** personal/political commitment

engager [ɑ̃gaʒe] /TABLE 3/ **1** VT ⓐ (= *lier*) to commit • **ça n'engage à rien** it doesn't commit you to anything • **~ sa parole** *ou* **son honneur** to give one's word • **les frais engagés** the expenses incurred
ⓑ [+ *employé*] to take on; [+ *artiste*] to engage • **je vous engage (à mon service)** you've got the job
ⓒ (= *entraîner*) to involve
ⓓ (= *encourager*) **~ qn à faire qch** to urge sb to do sth
ⓔ (= *introduire*) to insert • **il engagea sa clé dans la serrure** he inserted his key into the lock • **~ sa voiture dans une ruelle** to enter a lane
ⓕ (= *amorcer*) [+ *discussion*] to start; [+ *négociations*] to enter into; [+ *procédure*] to institute • **~ la conversation** to engage in conversation • **l'affaire semble bien/mal engagée** things seem to have got off to a good/bad start
ⓖ [+ *concurrents*] to enter • **15 chevaux sont engagés dans cette course** 15 horses are running in this race • **~ la partie** to begin the match • **la partie est bien engagée** the match is well under way
ⓗ [+ *recrues*] to enlist
2 VPR **s'engager** ⓐ (= *promettre*) to commit o.s. • **s'~ à faire qch** to commit o.s. to doing sth • **sais-tu à quoi tu t'engages?** do you know what you're letting yourself in for?
ⓑ **s'~ dans** [+ *frais*] to incur; [+ *pourparlers*] to enter into; [+ *affaire*] to become involved in
ⓒ (= *pénétrer*) **s'~ dans** [*véhicule, piéton*] to turn into • **s'~ sur la chaussée** to step onto the road • **je m'étais déjà engagé (dans la rue)** (*automobiliste*) I had already pulled out (into the street)
ⓓ [*pourparlers*] to begin • **une conversation s'engagea entre eux** they struck up a conversation
ⓔ (*Sport*) to enter (**dans** for)
ⓕ [*recrues*] to enlist • **s'~ dans l'armée de l'air** to join the air force
ⓖ (*politiquement*) to commit o.s.

engelure [ɑ̃ʒ(ə)lyʀ] NF chilblain

engendrer [ɑ̃ʒɑ̃dʀe] /TABLE 1/ VT ⓐ (*frm*) [+ *enfant*] to father ⓑ [+ *dispute, malheurs*] to breed

engin [ɑ̃ʒɛ̃] **1** NM ⓐ (= *machine*) machine; (= *outil*) tool; (= *véhicule*) heavy vehicle; (= *avion*) aircraft; (= *missile*) missile ⓑ (= *objet*)* gadget; (= *bombe*)* bomb **2** COMP ▸ **engin blindé** armoured vehicle ▸ **engin explosif** explosive device ▸ **engin spatial** spacecraft

> **engin ≠ engine**

englober [ɑ̃glɔbe] /TABLE 1/ VT (= *inclure*) to include; (= *annexer*) to take in

engloutir [ɑ̃glutiʀ] /TABLE 2/ VT [+ *nourriture*] to wolf down; [+ *navire*] to swallow up; [+ *fortune*] [*personne*] to squander; [*dépenses*] to swallow up • **qu'est-ce qu'il peut ~!*** it's amazing what he puts away!* • **la ville a été engloutie par un tremblement de terre** the town was swallowed up by an earthquake

engluer (s') [ɑ̃glye] /TABLE 1/ VPR **s'~ dans ses problèmes/une situation** to get bogged down in one's problems/a situation

engoncé, e [ɑ̃gɔ̃se] ADJ **~ dans ses vêtements** (looking) cramped in his clothes • **~ dans cette petite vie bourgeoise** cooped up in this petty middle-class life

engorger [ɑ̃gɔʀʒe] /TABLE 3/ **1** VT [+ *tuyau*] to obstruct; [+ *marché*] to saturate **2** VPR **s'engorger** [*tuyau*] to become blocked; [*route*] to get congested; [*marché*] to become saturated

engouement [ɑ̃gumɑ̃] NM fad

engouffrer [ɑ̃gufʀe] /TABLE 1/ **1** VT [+ *fortune*] to swallow up; [+ *nourriture*] to wolf down • **qu'est-ce qu'il peut ~!*** it's amazing what he puts away!* **2** VPR **s'engouffrer** [*vent*] to rush • **s'~ dans un tunnel/dans une rue** to disappear into a tunnel/up a street • **s'~ dans une voiture** to dive into a car

engourdir [ɑ̃guʀdiʀ] /TABLE 2/ **1** VT ⓐ [+ *membres*] to numb • **être engourdi par le froid** [*membre*] to be numb with cold; [*animal*] to be sluggish with the cold • **j'ai la main engourdie** my hand is numb ⓑ [+ *esprit*] to dull; [+ *douleur*] to deaden • **la chaleur et le vin l'engourdissaient** the heat and the wine were making him sleepy **2** VPR **s'engourdir** [*corps, membre*] to go numb; [*esprit*] to grow dull

engrais [ɑ̃gʀɛ] NM (*chimique*) fertilizer; (*animal*) manure

engraisser [ɑ̃gʀese] /TABLE 1/ **1** VT to fatten up **2** VI [*personne*]* to get fatter **3** VPR **s'engraisser** **l'État s'engraisse sur le dos du contribuable** the state grows fat at the taxpayer's expense

engranger [ɑ̃gʀɑ̃ʒe] /TABLE 3/ VT [+ *moisson*] to gather in; [+ *bénéfices*] to reap; [+ *connaissances*] to amass

engrenage [ɑ̃gʀənaʒ] NM gears; [*d'événements*] chain • **quand on est pris dans l'~** (*fig*) when one is caught up in the system • **l'~ de la violence/de la drogue** the spiral of violence/drug-taking

engrosser* [ɑ̃gʀose] /TABLE 1/ VT **~ qn** to get sb pregnant

engueulade* [ɑ̃gœlad] NF (= *dispute*) row; (= *réprimande*) bawling out* • **avoir une ~ avec qn** to have a row with sb • **passer une ~ à qn** to bawl sb out*

engueuler* [ɑ̃gœle] /TABLE 1/ **1** VT **~ qn** to bawl sb out* • **se faire ~** to get bawled out* **2** VPR **s'engueuler** to have a row

enguirlander* [ɑ̃giʀlɑ̃de] /TABLE 1/ VT **~ qn** to give sb a telling-off* • **se faire ~** to get a telling-off*

enhardir [ɑ̃aʀdiʀ] /TABLE 2/ **1** VT to make bolder • **enhardi par** emboldened by **2** VPR **s'enhardir** to become bolder

énième [ɛnjɛm] ADJ (*Math*) nth; (*fig*)* umpteenth

énigmatique [enigmatik] ADJ enigmatic

énigme [enigm] NF (= *mystère*) enigma; (= *jeu*) riddle

enivrant, e [ɑ̃nivʀɑ̃, ɑ̃t] ADJ intoxicating

enivrer [ɑ̃nivʀe] /TABLE 1/ **1** VT to intoxicate • **le parfum m'enivrait** I was intoxicated by the perfume **2** VPR **s'enivrer** to get intoxicated

enjambée [ɑ̃ʒɑ̃be] NF stride • **faire de grandes ~s** to take big strides • **il allait à grandes ~s vers ...** he was striding towards ...

enjamber [ɑ̃ʒɑ̃be] /TABLE 1/ VT [+ *obstacle*] to step over; [+ *fossé*] to step across; [*pont*] to span

enjeu (*pl* **enjeux**) [ɑ̃ʒø] NM ⓐ [*de pari*] stake ⓑ (= *ce qui est en jeu*) what is at stake • **quel est le véritable ~ de ces élections?** what is really at stake in these elections? • **l'~ économique est énorme** there's a lot at stake in terms of the economy ⓒ (= *question*) issue • **c'est devenu un ~ politique** it's become a political issue

enjoindre [ɑ̃ʒwɛ̃dʀ] /TABLE 49/ VT (*frm*) **~ à qn de faire qch** to enjoin sb to do sth (*frm*)

enjôler [ɑ̃ʒole] /TABLE 1/ VT to seduce • **elle a si bien su l'~ qu'il a accepté** she cajoled him into accepting it

enjôleur, -euse [ɑ̃ʒolœʀ, øz] **1** ADJ [*sourire, paroles*] winning **2** NM,F (= *charmeur*) wheedler **3** NF **enjôleuse** wily woman

enjoliver [ɑ̃ʒɔlive] /TABLE 1/ VT to embellish

enjoliveur [ɑ̃ʒɔlivœʀ] NM [*de voiture*] hub cap

enjoué, e [ɑ̃ʒwe] ADJ cheerful • **d'un ton ~** cheerfully

enlacer [ɑ̃lase] /TABLE 3/ **1** VT (= *étreindre*) to embrace • **il enlaça sa cavalière** he put his arm round his partner's waist **2** VPR **s'enlacer** [*amants*] to embrace • **amoureux enlacés** lovers clasped in each other's arms

enlaidir [ɑ̃ledir] /TABLE 2/ **1** VT [+ *personne*] to make look ugly; [+ *paysage*] to deface **2** VI [*personne*] to become ugly **3** VPR **s'enlaidir** to make o.s. look ugly

enlevé, e [ɑ̃l(ə)ve] *ptp de* **enlever** ADJ [*récit*] spirited; [*scène, morceau de musique*] played with spirit

enlèvement [ɑ̃lɛvmɑ̃] NM ⓐ [*de personne*] kidnapping • **~ de bébé** babysnatching ⓑ [*de meuble, objet*] removal; [*de bagages, marchandises, ordures*] collection; [*de voiture en infraction*] towing away

enlever [ɑ̃l(ə)ve] /TABLE 5/ **1** VT ⓐ to remove • **enlève tes mains de tes poches/de là** take your hands out of your pockets/off there • **~ le couvert** to clear the table • **enlève tes coudes de la table** take your elbows off the table

ⓑ **~ à qn** [+ *objet, argent*] to take (away) from sb • **on lui a enlevé la garde de l'enfant** the child was taken from his care • **ça n'enlève rien à son mérite** that doesn't in any way detract from his worth • **enlève-toi cette idée de la tête** get that idea out of your head • **ça lui a enlevé tout espoir** it made him lose all hope

ⓒ (= *emporter*) [+ *objet, meuble*] to take away; [+ *ordures*] to collect; [+ *voiture en infraction*] to tow away

ⓓ (= *kidnapper*) to kidnap

2 VPR **s'enlever** [*tache, peinture, peau, écorce*] to come off • **enlève-toi de là*** get out of the way* • **comment est-ce que ça s'enlève?** [*étiquette, housse*] how do you remove it?; [*vêtement*] how do you take it off?

enliser [ɑ̃lize] /TABLE 1/ **1** VT **~ sa voiture** to get one's car stuck in the mud (*ou* sand *etc*) **2** VPR **s'enliser** ⓐ (*dans le sable, la boue*) to get stuck ⓑ (*dans les détails*) to get bogged down • **en mentant, tu t'enlises davantage** you're getting in deeper and deeper water with your lies

enneigé, e [ɑ̃neʒe] ADJ [*pente, montagne*] snow-covered; [*sommet*] snow-capped; [*maison, col, route*] snowbound

enneigement [ɑ̃nɛʒmɑ̃] NM snow coverage • **à cause du faible ~** because of the poor snow coverage • **bulletin d'~** snow report • **conditions d'~** snow conditions

ennemi, e [ɛn(ə)mi] **1** ADJ enemy • **en pays ~** in enemy territory **2** NM,F enemy • **se faire des ~s** to make enemies (for o.s.) • **passer à l'~** to go over to the enemy • **~ public numéro un** public enemy number one • **être ~ de qch** to be opposed to sth

> ✎ Le mot anglais s'écrit avec un seul **n** et se termine par **-y**.

ennui [ɑ̃nɥi] NM ⓐ (= *désœuvrement*) boredom; (= *monotonie*) tedium • **écouter avec ~** to listen wearily • **c'est à mourir d'~** it's enough to bore you to tears

ⓑ (= *tracas*) problem • **avoir des ~s** to have problems • **il a eu des ~s avec la police** he's been in trouble with the police • **avoir des ~s de santé** to have problems with one's health • **~s d'argent** money worries • **elle a des tas d'~s** she has a great many worries • **faire** *ou* **causer des ~s à qn** to make trouble for sb • **ça peut lui attirer des ~s** that could get him into trouble • **j'ai eu un ~ avec mon vélo** I had some trouble with my bike • **l'~, c'est que ...** the trouble is that ...

ennuyant, e [ɑ̃nɥijɑ̃, ɑ̃t] ADJ (*Can*) = **ennuyeux**

ennuyé, e [ɑ̃nɥije] *ptp de* **ennuyer** ADJ (= *préoccupé*) worried (**de** about); (= *contrarié*) annoyed (**de** at, about)

ennuyer [ɑ̃nɥije] /TABLE 8/ **1** VT ⓐ (= *lasser*) to bore ⓑ (= *préoccuper*) to worry; (= *importuner*) to bother • **ça m'ennuierait beaucoup de te voir fâché** I would be really upset to see you cross • **ça m'ennuie de te le dire, mais ...** I'm sorry to have to tell you but ... • **ça m'ennuierait beaucoup d'y aller** it would really put me out to go • **si cela ne vous ennuie pas trop** if it wouldn't put you to any trouble • **je ne voudrais pas vous ~** I don't want to put you to any trouble • **ça m'ennuie, ce que tu me demandes de faire** what you're asking me to do is rather awkward

ⓒ (= *irriter*) **~ qn** to annoy sb • **tu m'ennuies avec tes questions** I'm tired of your questions

2 VPR **s'ennuyer** ⓐ (= *se morfondre*) to be bored (**de, à** with) • **s'~ à mourir** to be bored to tears • **on ne s'ennuie jamais avec lui** there's never a dull moment when he's around

ⓑ **s'~ de qn** to miss sb

ennuyeux, -euse [ɑ̃nɥijø, øz] ADJ (= *lassant*) boring; (= *qui importune*) annoying; (= *préoccupant*) worrying • **ce qui t'arrive est bien ~** this is a very annoying thing to happen to you

énoncé [enɔ̃se] NM ⓐ (= *termes*) [*de sujet scolaire, loi*] wording; [*de problème*] terms • **pendant l'~ du sujet** while the subject is being read out ⓑ (= *discours*) utterance

énoncer [enɔ̃se] /TABLE 3/ VT [+ *idée*] to express; [+ *faits, conditions*] to state

énonciation [enɔ̃sjasjɔ̃] NF [*de faits*] statement; [*de phrase*] enunciation

enorgueillir (s') [ɑ̃nɔʀgœjiʀ] /TABLE 2/ VPR **s'~ de** (= *être fier de*) to pride o.s. on; (= *avoir*) to boast • **la ville s'enorgueillit de deux opéras** the town boasts two opera houses

énorme [enɔʀm] ADJ enormous • **mensonge ~** enormous lie • **ça lui a fait un bien ~** it's done him a great deal of good • **il a accepté, c'est déjà ~** he has accepted and that's quite something

énormément [enɔʀmemɑ̃] ADV enormously • **ça m'a ~ amusé** I was greatly amused by it • **ça m'a ~ déçu** I was tremendously disappointed by it • **il boit ~** he drinks an enormous amount

▸ **énormément de** [*d'argent, eau, bruit*] an enormous amount of • **~ de gens** a great many people

énormité [enɔʀmite] NF ⓐ [*de poids, somme*] hugeness; [*de demande, injustice*] enormity ⓑ (= *propos inconvenant*) outrageous remark; (= *erreur*) howler*

enquérir (s') [ɑ̃keʀiʀ] /TABLE 21/ VPR to inquire (**de** about) • **s'~ (de la santé) de qn** to inquire after sb

enquête [ɑ̃kɛt] NF inquiry; (*après un décès*) inquest; [*de police*] investigation; (= *sondage, étude*) survey • **ouvrir une ~** [*juge*] to open an inquiry • **faire une ~** [*police*] to make an investigation; *(sur un sujet)* to do a survey • **mener** *ou* **conduire une ~** *[police]* to lead an investigation • **j'ai fait** *ou* **mené ma petite ~** I've done a little investigating

enquêter [ɑ̃kete] /TABLE 1/ VI *[juge]* to hold an inquiry (**sur** into); *[police]* to investigate; *(sur un sujet)* to conduct a survey (**sur** on) • **ils enquêtent sur sa disparition** they're investigating his disappearance

enquêteur, -trice [ɑ̃kɛtœʀ, tʀis] NM **a** *(= policier)* officer in charge of the investigation • **les ~s poursuivent leurs recherches** the police are continuing their investigations **b** *(pour études)* investigator; *(pour sondages)* interviewer

enquiquinant, e* [ɑ̃kikinɑ̃, ɑ̃t] ADJ *(= qui importune)* annoying; *(= préoccupant)* worrying; *(= lassant)* boring

enquiquiner* [ɑ̃kikine] /TABLE 1/ **1** VT *(= importuner)* to annoy; *(= préoccuper)* to worry; *(= lasser)* to bore **2** VPR **s'enquiquiner** *(= se morfondre)* to be bored • **s'~ à faire** *(= se donner du mal)* to go to a heck of a lot of trouble to do* • **ne t'enquiquine pas avec ça** don't bother (yourself) with that

enquiquineur, -euse* [ɑ̃kikinœʀ, øz] NM,F pain in the neck*

enraciner [ɑ̃ʀasine] /TABLE 1/ **1** VT *[+ idée]* to cause to take root • **solidement enraciné** *[préjugé]* deep-rooted; *[arbre]* well-rooted **2** VPR **s'enraciner** *[arbre, préjugé]* to take root; *[importun]* to settle o.s. down; *[immigrant]* to put down roots

enragé, e [ɑ̃ʀaʒe] *ptp de* **enrager** ADJ **a** *[chasseur, joueur]** keen • **un ~ de la voiture** a car fanatic **b** *[animal]* rabid

enrager [ɑ̃ʀaʒe] /TABLE 3/ VI **a** **faire ~ qn*** *(= taquiner)* to tease sb; *(= importuner)* to pester sb **b** *(frm)* to be furious

enrayer [ɑ̃ʀeje] /TABLE 8/ **1** VT *[+ maladie, processus, chômage, inflation]* to check; *[+ machine, arme]* to jam **2** VPR **s'enrayer** *[machine, arme]* to jam

enrégimenter [ɑ̃ʀeʒimɑ̃te] /TABLE 1/ VT *(dans un parti)* to enlist • **se laisser ~ dans un parti** to let o.s. be dragooned into a party

enregistrable [ɑ̃ʀ(ə)ʒistʀabl] ADJ *[CD, DVD]* recordable, writable

enregistrement [ɑ̃ʀ(ə)ʒistʀəmɑ̃] NM **a** *[de son, images]* recording • **~ vidéo/magnétique** video/tape recording **b** **~ des bagages** *(à l'aéroport)* check-in • **se présenter à l'~** to go to the check-in desk • **comptoir d'~** check-in desk

enregistrer [ɑ̃ʀ(ə)ʒistʀe] /TABLE 1/ VT **a** *[+ son, film]* to record **b** *[+ acte, demande]* to register; *[+ commande]* to enter **c** *[+ profit, perte]* to show • **ils ont enregistré un bénéfice de 5 millions** they showed a profit of 5 million **d** *(= constater)* **on enregistre une progression de l'épidémie** the epidemic is spreading • **la plus forte hausse enregistrée** the biggest rise on record **e** *(= mémoriser) [+ information]* to take in • **d'accord, c'est enregistré*** all right, I'll make a mental note of it **f** **(faire) ~ ses bagages** *(à l'aéroport)* to check in *(Brit)* *or* check *(US)* one's luggage

enregistreur, -euse [ɑ̃ʀ(ə)ʒistʀœʀ, øz] **1** ADJ *[appareil]* recording **2** NM *(= instrument)* recorder • **~ de vol** flight recorder

enrhumé, e [ɑ̃ʀyme] *ptp de* **enrhumer** ADJ **être ~** to have a cold • **je suis un peu/très ~** I have a bit of a cold/a bad cold

enrhumer [ɑ̃ʀyme] /TABLE 1/ **1** VT to give a cold to **2** VPR **s'enrhumer** to catch a cold

enrichir [ɑ̃ʀiʃiʀ] /TABLE 2/ **1** VT *[+ œuvre, esprit, langue, collection]* to enrich; *[+ catalogue]* to expand; *(financièrement)* to make rich **2** VPR **s'enrichir** *(financièrement)* to get rich; *[collection]* to be enriched (**de** with)

enrichissant, e [ɑ̃ʀiʃisɑ̃, ɑ̃t] ADJ enriching

enrichissement [ɑ̃ʀiʃismɑ̃] NM enrichment *NonC*

enrobé, e [ɑ̃ʀɔbe] *ptp de* **enrober** ADJ *[personne]* plump

enrober [ɑ̃ʀɔbe] /TABLE 1/ VT *[+ bonbon]* to coat (**de** with); *[+ paroles]* to wrap up (**de** in)

enrôlement [ɑ̃ʀolmɑ̃] NM *[de soldat]* enlistment; *(dans un parti)* enrolment

enrôler (s') VPR [ɑ̃ʀole] /TABLE 1/ *(Mil)* to enlist; *(dans un parti)* to enrol

enroué, e [ɑ̃ʀwe] ADJ hoarse

enrouler [ɑ̃ʀule] /TABLE 1/ **1** VT *[+ tapis]* to roll up; *[+ cheveux]* to coil; *[+ corde, ruban, fil]* to wind (**sur, autour de** round) • **~ une feuille autour de** to roll a sheet of paper round **2** VPR **s'enrouler** *[serpent]* to coil up; *[film, fil]* to wind • **s'~ dans une couverture** to wrap o.s. up in a blanket

ENS [əɛnɛs] NF (ABR DE **École normale supérieure**) *"grande école" for training of teachers* → GRANDES ÉCOLES

ensabler (s') [ɑ̃sable] /TABLE 1/ VPR *[port]* to silt up; *[bateau]* to run aground

ensanglanter [ɑ̃sɑ̃glɑ̃te] /TABLE 1/ VT *[+ visage]* to cover with blood; *[+ vêtement]* to soak with blood • **manche ensanglantée** blood-soaked sleeve • **~ un pays** to drown a country in blood

enseignant, e [ɑ̃sɛɲɑ̃, ɑ̃t] **1** ADJ teaching **2** NM,F teacher • **poste d'~** teaching post

enseigne [ɑ̃sɛɲ] NF shop sign • **~ lumineuse** neon sign

enseignement [ɑ̃sɛɲ(ə)mɑ̃] NM **a** *(= cours, système scolaire)* education • **~ des langues** language teaching • **l'~ en France** education in France • **~ par correspondance** correspondence courses • **~ à distance** distance learning • **~ professionnel** professional training • **~ spécialisé** special education • **~ technique** technical education • **~ primaire/secondaire** primary/secondary education • **~ supérieur** higher education • **~ public** state education • **l'~ public et gratuit** free public education → ÉDUCATION NATIONALE **b** *(= carrière)* **l'~** teaching • **être dans l'~** to be a teacher **c** *(donné par l'expérience)* lesson • **on peut en tirer plusieurs ~s** we can draw several lessons from it

enseigner [ɑ̃seɲe] /TABLE 1/ VT to teach • **~ qch à qn** to teach sb sth • **~ à qn à faire qch** to teach sb how to do sth

ensemble [ɑ̃sɑ̃bl] **1** NM **a** *(= totalité)* whole • **l'~ du personnel** the whole staff

b *(= groupement)* set; *[de meubles]* suite; *[de lois]* body • **tout un ~ de choses** a whole combination of things • **bel ~ architectural** fine architectural grouping • **grand ~** high-rise estate

c *(= vêtement)* outfit • **~ pantalon** trouser suit

d *[de musiciens]* ensemble

e *(Math)* set

f *(locutions)*

▸ **dans l'ensemble** on the whole • **dans l'~ nous sommes d'accord** on the whole we agree • **les spectateurs dans leur ~** the audience as a whole • **examiner la question dans son ~** to examine the question as a whole

▸ **d'ensemble** [*vision, vue*] overall
2 (ADV) together • **ils sont partis ~** they left together • **tous ~** all together • **ils ont répondu ~** (*deux*) they both answered together; (*plusieurs*) they all answered together • **aller ~** to go together • **aller bien ~** [*couple*] to be well-matched • **être bien ~** to get along together

ensevelir [ɑ̃səv(ə)liʀ] /TABLE 2/ (VT) to bury • **enseveli sous la neige** buried under the snow

ensoleillé, e [ɑ̃sɔleje] (ADJ) sunny

ensoleillement [ɑ̃sɔlɛjmɑ̃] (NM) sunshine • **trois jours d'~** three days of sunshine

ensorceler [ɑ̃sɔʀsəle] /TABLE 4/ (VT) to bewitch

ensuite [ɑ̃sɥit] (ADV) then • **il nous dit ~ que ...** then he said that ... • **je le reçois d'abord et je vous verrai ~** I'll meet him first and then I'll see you • **d'accord mais ~?** all right but what now?

ensuivre (s') [ɑ̃sɥivʀ] /TABLE 40/ (VPR) **il s'ensuit que** it follows that • **et tout ce qui s'ensuit** and all that goes with it • **torturé jusqu'à ce que mort s'ensuive** tortured to death

ensuqué, e* [ɑ̃syke] (ADJ) droopy

ENT [øɛnte] (NM) (*Scol, Univ*) (ABR DE **espace numérique de travail**) VLE (= *virtual learning environment*)

entaille [ɑ̃taj] (NF) (*sur le corps*) cut; (*profonde*) gash; (*petite*) nick; (*sur un objet*) notch

entailler [ɑ̃taje] /TABLE 1/ (VT) [+ *corps*] to cut; (*profondément*) to gash; (*légèrement*) to nick; [+ *objet*] to notch • **s'~ la main** to cut one's hand

entame [ɑ̃tam] (NF) (= *tranche*) first slice

entamer [ɑ̃tame] /TABLE 1/ (VT) **a** to start; [+ *poursuites*] to institute • **la boîte est à peine entamée** the box has hardly been touched • **la journée est déjà bien entamée** the day is already well advanced **b** [+ *optimisme, moral*] to wear down

entartrer [ɑ̃taʀtʀe] /TABLE 1/ **1** (VT) [+ *chaudière, tuyau, bouilloire*] to fur up (*Brit*); [+ *dents*] to scale **2** (VPR) **s'entartrer** [*chaudière, tuyau, bouilloire*] to get covered with scale; [*dents*] to get covered in tartar

entasser [ɑ̃tase] /TABLE 1/ **1** (VT) (= *amonceler*) to pile up (**sur** onto); [+ *personnes, objets*] to cram (**dans** into) **2** (VPR) **s'entasser** [*déchets*] to pile up; [*personnes*] to cram (**dans** into) • **ils s'entassent à 10 dans cette pièce** there are 10 of them crammed into that room • **s'~ sur la plage** to pack onto the beach

entendement [ɑ̃tɑ̃dmɑ̃] (NM) understanding • **cela dépasse l'~** that's beyond all understanding

entendre [ɑ̃tɑ̃dʀ] /TABLE 41/ **1** (VT) **a** [+ *voix, bruit*] to hear • **il entendit du bruit** he heard a noise • **il entend mal de l'oreille droite** he can't hear very well with his right ear • **il ne l'entend pas de cette oreille** (*fig*) he's not prepared to accept that • **j'entendais quelqu'un parler** I could hear somebody talking • **faire ~ un son** to make a sound • **faire ~ sa voix** to make oneself heard • **qu'est-ce que j'entends?** am I hearing right? • **tu vas être sage, tu entends!** (*menace*) you're to be good, do you hear!
b (*par ouï-dire*) **~ parler de qn/qch** to hear of sb/sth • **on n'entend plus parler de lui** you don't hear anything of him these days • **il ne veut pas en ~ parler** he won't hear of it • **~ dire que ...** to hear it said that ... • **d'après ce que j'ai entendu dire** from what I have heard
c (= *écouter*) to listen to • **~ les témoins** (*au tribunal*) to hear the witnesses • **à l'~, c'est lui qui a tout fait** to hear him talk you'd think he had done everything • **il ne veut rien ~** he just won't listen • **si ça continue, il va m'~!** (*menace*) if he doesn't stop I'll give him a piece of my mind!
d (*frm* = *comprendre*) to understand • **oui, j'entends bien, mais ...** yes, I quite understand but ... • **laisser ~ à qn que ...** to give sb to understand that ...
e (*frm avec infinitif* = *vouloir*) to intend • **j'entends bien y aller** I certainly intend to go • **faites comme vous l'entendez** do as you see fit
f (= *vouloir dire*) to mean • **qu'entendez-vous par là?** what do you mean by that?
2 (VPR) **s'entendre** **a** (= *être en bons termes*) to get on • **ils ne s'entendent pas** they don't get on • **ils s'entendent à merveille** they get on extremely well
b (= *être d'accord*) to agree • **hier tu m'as dit le contraire, il faudrait s'~!** yesterday you told me exactly the opposite, make up your mind!
c (*soi-même*) **tu ne t'entends pas!** you don't realize what you sound like!
d (= *s'y connaître*) **s'y ~ pour faire qch** to be very good at doing sth
e (= *se comprendre*) **quand je dis magnifique, je m'entends, disons que c'est très joli** when I say it's magnificent, what I really mean is that it's very attractive • **entendons-nous bien!** let's be quite clear about this
f (= *être entendu*) **le bruit s'entendait depuis la route** the noise could be heard from the road • **on ne s'entend plus ici** you can't hear yourself think in here

entendu, e [ɑ̃tɑ̃dy] *ptp de* **entendre** (ADJ) **a** (= *convenu*) agreed • **il est bien ~ que vous n'en dites rien** of course you'll make no mention of it • **~!** agreed!
b (= *complice*) **d'un air ~** knowingly
c ▸ **bien entendu** (= *évidemment*) of course • **bien ~, tu dormais!** you were asleep of course!

entente [ɑ̃tɑ̃t] (NF) understanding • **vivre en bonne ~** to live in harmony

entériner [ɑ̃teʀine] /TABLE 1/ (VT) to ratify

enterrement [ɑ̃tɛʀmɑ̃] (NM) [*de mort*] (= *action*) burial; (= *cérémonie*) funeral • **~ civil/religieux** non-religious/religious funeral • **faire** *ou* **avoir une tête** *ou* **mine d'~*** to look gloomy

enterrer [ɑ̃teʀe] /TABLE 1/ **1** (VT) **a** to bury • **hier il a enterré sa mère** yesterday he went to his mother's funeral • **tu nous enterreras tous!** you'll outlive us all! **b** [+ *projet*] to forget about; [+ *scandale*] to hush up • **~ son passé** to put one's past behind one • **~ sa vie de garçon** to have a stag party **2** (VPR) **s'enterrer** **s'~ dans un trou perdu** to bury o.s. in the sticks

en-tête (*pl* **en-têtes**) [ɑ̃tɛt] (NM) heading • **papier à lettres à ~** headed notepaper

entêté, e [ɑ̃tete] *ptp de* **entêter** **1** (ADJ) stubborn **2** (NM,F) stubborn individual • **quel ~ tu fais!** you're so stubborn!

entêtement [ɑ̃tɛtmɑ̃] (NM) stubbornness

entêter (s') [ɑ̃tete] /TABLE 1/ (VPR) to persist (**dans qch** in sth, **à faire qch** in doing sth)

enthousiasmant, e [ɑ̃tuzjasmɑ̃, ɑ̃t] (ADJ) [*spectacle, livre, idée*] exciting

enthousiasme [ɑ̃tuzjasm] (NM) enthusiasm

> Le mot anglais s'écrit avec **u** et sans **e** à la fin.

enthousiasmer (s') [ɑ̃tuzjasme] /TABLE 1/ VPR to get enthusiastic (**pour** about)

enthousiaste [ɑ̃tuzjast] **1** ADJ enthusiastic (**de** about) **2** NMF enthusiast

enticher (s') [ɑ̃tiʃe] /TABLE 1/ VPR (*frm, péj*) **s'~ de** [*+ personne*] to become infatuated with; [*+ activité, théorie*] to get completely hooked* on

entier, -ière [ɑ̃tje, jɛʀ] **1** ADJ ⓐ (*= total*) whole • **boire une bouteille entière** to drink a whole bottle • **payer place entière** to pay the full price • **des heures entières** for hours on end • **dans le monde ~** in the whole world • **dans la France entière** throughout France

▸ **tout entier le pays tout ~** the whole country • **la France tout entière** the whole of France • **un système dominé tout ~ par les hommes** a system totally dominated by men • **il se consacre tout ~ à la cause de prisonniers politiques** he devotes all his energies to the cause of political prisoners

ⓑ (*= intact*) [*objet*] intact • **la question reste entière** the question still remains unresolved • **c'est un miracle qu'il en soit sorti ~** it's a miracle he escaped in one piece

ⓒ [*liberté, confiance*] absolute • **donner entière satisfaction** to give complete satisfaction

ⓓ [*personne, caractère*] uncompromising

2 NM ▸ **en entier boire une bouteille en ~** to drink a whole bottle • **lire un livre en ~** to read the whole of a book

entièrement [ɑ̃tjɛʀmɑ̃] ADV completely

entomologiste [ɑ̃tɔmɔlɔʒist] NMF entomologist

entonner [ɑ̃tɔne] /TABLE 1/ VT **~ une chanson** to start singing

entonnoir [ɑ̃tɔnwaʀ] NM funnel

entorse [ɑ̃tɔʀs] NF sprain • **se faire une ~ au poignet** to sprain one's wrist • **faire une ~ au règlement** to bend the rules

entortiller [ɑ̃tɔʀtije] /TABLE 1/ **1** VT ⓐ [*+ ruban*] to twist ⓑ (*= enjôler*)* to get round; (*= embrouiller*) to mix up; (*= duper*)* to hoodwink* **2** VPR **s'entortiller** [*liane*] to twist • **s'~ dans les couvertures** to get tangled up in the blankets

entourage [ɑ̃tuʀaʒ] NM (*= famille*) family circle; (*= compagnie*) circle; [*de roi, président*] entourage • **les gens de son ~** people around him • **les gens dans l'~ du président** people around the president

entouré, e [ɑ̃tuʀe] *ptp de* **entourer** ADJ ⓐ (*= admiré*) popular ⓑ (*= soutenu*) **elle a été très ~e lors du décès de son mari** she had a lot of support when her husband died

entourer [ɑ̃tuʀe] /TABLE 1/ **1** VT ⓐ (*= mettre autour*) **~ de** to surround with • **~ un champ d'une clôture** to put a fence round a field ⓑ (*= être autour*) to surround; [*couverture, écharpe*] to be round • **le monde qui nous entoure** the world around us ⓒ (*= soutenir*) [*+ personne souffrante*] to rally round • **~ qn de son affection** to surround sb with love **2** VPR **s'entourer s'~ de** [*+ amis, gardes du corps, luxe*] to surround o.s. with • **s'~ de précautions** to take a lot of precautions

entourloupe* [ɑ̃tuʀlup] NF mean trick • **faire une ~ à qn** to play a mean trick on sb

entournure [ɑ̃tuʀnyʀ] NF armhole

entracte [ɑ̃tʀakt] NM (*= pause*) interval

entraide [ɑ̃tʀɛd] NF mutual aid

entraider (s') [ɑ̃tʀede] /TABLE 1/ VPR to help one another

entrailles [ɑ̃tʀaj] NFPL [*d'animal*] entrails • **les ~ de la terre** the bowels of the earth

entrain [ɑ̃tʀɛ̃] NM **être plein d'~** to have plenty of drive • **avec ~** [*travailler*] enthusiastically • **sans ~** [*travailler*] half-heartedly • **ça manque d'~** (*soirée*) it's a bit dead*

entraînant○, e [ɑ̃tʀɛnɑ̃, ɑ̃t] ADJ [*paroles, musique*] stirring; [*rythme*] brisk

entraînement○ [ɑ̃tʀɛnmɑ̃] NM training • **terrain d'~** training ground • **manquer d'~** to be out of training • **il a de l'~** he's highly trained • **il est à l'~** he's training • **il est à l'~ de rugby** he's at rugby practice • **j'ai de l'~ !** (*hum*) I've had lots of practice!

entraîner○ [ɑ̃tʀene] /TABLE 1/ **1** VT ⓐ [*+ athlète, cheval*] to train (**à** for)

ⓑ (*= causer*) to bring about; (*= impliquer*) to entail

ⓒ (*= emmener*) [*+ personne*] to take • **il m'a entraîné vers la sortie** he took me towards the exit

ⓓ (*= influencer*) to lead • **se laisser ~ par ses camarades** to let o.s. be led by one's friends

ⓔ [*rythme*] to carry along; [*passion, enthousiasme*] to carry away • **se laisser ~** to get carried away

ⓕ (*= charrier*) [*+ objets arrachés*] to carry along; (*= mouvoir*) [*+ machine*] to drive • **le courant les entraîna vers les rapides** the current swept them along towards the rapids • **il a entraîné son camarade dans sa chute** he pulled his friend down with him

2 VPR **s'entraîner** to practise; [*sportif*] to train • **s'~ à utiliser l'Internet** to practise using the internet • **s'~ à la course** to train for running

entraîneur○ [ɑ̃tʀɛnœʀ] NM trainer

entraîneuse○ [ɑ̃tʀɛnøz] NF [*de bar*] hostess; (*Sport*) trainer

entrapercevoir [ɑ̃tʀapɛʀsəvwaʀ] /TABLE 28/ VT to catch a (brief) glimpse of

entrave [ɑ̃tʀav] NF (*= obstacle*) hindrance (**à** to) • **~ à la liberté d'expression** obstacle to freedom of expression

entraver [ɑ̃tʀave] /TABLE 1/ VT ⓐ (*= gêner*) [*+ circulation*] to hold up; [*+ mouvements*] to hamper; [*+ action, plans, processus*] to impede • **~ la carrière de qn** to hinder sb in his career ⓑ (*= comprendre*)* to get*

entre [ɑ̃tʀ] PRÉP ⓐ between • **~ Paris et Agen** between Paris and Agen • **choisir ~ deux options** to choose between two options • **~ la vie et la mort** between life and death • **~ nous** between you and me • **qu'y a-t-il exactement ~ eux?** what exactly is there between them?

ⓑ (*= parmi*) **l'un d'~ eux** one of them • **plusieurs d'~ nous** several of us • **je le reconnaîtrais ~ tous** I would know him anywhere • **nous sommes ~ nous** *ou* **~ amis** we're among friends • **ils préfèrent rester ~ eux** they prefer to keep themselves to themselves

▸ **entre autres lui, ~ autres, n'est pas d'accord** he, for one, doesn't agree • **~ autres** (*choses*) among other things; (*personnes*) among others

entrebâillé, e [ɑ̃tʀəbaje] ADJ ajar

entrechoquer (s') [ɑ̃tʀəʃɔke] /TABLE 1/ VPR to knock together; [*verres*] to clink; [*dents*] to chatter

entrecôte [ɑ̃tʀəkot] NF entrecôte steak

entrecouper [ɑ̃tʀəkupe] /TABLE 1/ VT **~ de** [*+ citations*] to intersperse with; [*+ rires, haltes*] to interrupt with • **voix entrecoupée de sanglots** voice broken with sobs • **parler d'une voix entrecoupée** to speak in a broken voice

entrecroiser (VT), **s'entrecroiser** (VPR) [ɑ̃tʀəkʀwaze] /TABLE 1/ [*fils, branches*] to intertwine; [*lignes, routes*] to intersect

entre-déchirer (s') [ɑ̃tʀədeʃiʀe] /TABLE 1/ (VPR) (*littér*) to tear one another *ou* each other to pieces

entre-deux-guerres [ɑ̃tʀədøɡɛʀ] (NM INV) **l'~** the interwar years

entrée [ɑ̃tʀe] **1** (NF) **a** (= *arrivée*) entry • **à son ~, tous se sont tus** when he came in, everybody fell silent • **elle a fait une ~ remarquée** she made quite an entrance • **faire son ~ dans le salon** to enter the lounge • **~ illégale dans un pays** illegal entry into a country • **l'~ de la Finlande dans l'Union européenne** Finland's entry into the European Union • **l'~ des jeunes dans la vie active est souvent difficile** young people often find it difficult to enter the job market
b [*comédien*] **faire son ~** to make one's entrance • **rater son ~** (*sur scène*) to miss one's entrance
c (= *accès*) entry (**de, dans** to) • **l'~ est gratuite/payante** there is no admission charge/there is an admission charge • «**~**» (*sur pancarte*) "way in" • «**~ libre**» (*dans boutique*) "come in and look round"; (*dans musée*) "admission free" • «**~ interdite**» "no entry" • «**~ interdite à tout véhicule**» "vehicles prohibited"
d (= *billet*) ticket • **billet d'~** entrance ticket • **ils ont fait 10 000 ~s** they sold 10,000 tickets • **le film a fait 10 000 ~s** 10,000 people went to see the film
e (= *porte, portail*) entrance • **~ principale** main entrance
f (= *vestibule*) entrance
g (= *plat*) first course
h [*de dictionnaire*] headword (*Brit*), entry word (*US*)
i (*Informatique*) input • **~-sortie** input-output
2 (COMP) ▸ **entrée des artistes** stage door ▸ **entrée de service** [*d'hôtel*] service entrance; [*de villa*] tradesmen's entrance

entrefaites [ɑ̃tʀəfɛt] (LOC ADV) **sur ces ~** at that moment

entrefilet [ɑ̃tʀəfilɛ] (NM) (= *petit article*) paragraph

entrejambe [ɑ̃tʀəʒɑ̃b] (NM) crotch

entrelacer (VT), **s'entrelacer** (VPR) [ɑ̃tʀəlase] /TABLE 3/ to intertwine • **lettres entrelacées** intertwined letters

entremêler [ɑ̃tʀəmele] /TABLE 1/ **1** (VT) [*+ choses*] to intermix **2** (VPR) **s'entremêler** [*branches, cheveux*] to become entangled (**à** with); [*idées*] to become intermingled

entremets [ɑ̃tʀəmɛ] (NM) dessert

entremetteur [ɑ̃tʀəmɛtœʀ] (NM) **a** (*péj*) go-between; (= *proxénète*) procurer **b** (= *intermédiaire*) mediator

entremetteuse [ɑ̃tʀəmɛtøz] (NF) (*péj*) go-between; (= *proxénète*) procuress

entreposer [ɑ̃tʀəpoze] /TABLE 1/ (VT) to store

entrepôt [ɑ̃tʀəpo] (NM) warehouse

entreprenant, e [ɑ̃tʀəpʀənɑ̃, ɑ̃t] (ADJ) enterprising; (*sexuellement*) forward

entreprenaute [ɑ̃tʀəpʀənot] (N) internet entrepreneur

entreprendre [ɑ̃tʀəpʀɑ̃dʀ] /TABLE 58/ (VT) (= *commencer*) to start; [*+ démarche*] to set about; [*+ voyage*] to set out on; [*+ recherches*] to undertake • **~ de faire qch** to undertake to do sth

entrepreneur [ɑ̃tʀəpʀənœʀ] (NM) **a** (= *patron*) businessman; (*en menuiserie etc*) contractor; (*en bâtiment*) building contractor • **~ de travaux publics** civil engineering contractor • **~ de pompes funèbres** undertaker **b** (= *brasseur d'affaires*) entrepreneur

entrepreneurial, e (*mpl* **-iaux**) [ɑ̃tʀəpʀənøʀjal, jo] (ADJ) entrepreneurial

entrepreneuriat [ɑ̃tʀəpʀənœʀja] (NM) entrepreneurship

entrepris, e [ɑ̃tʀəpʀi, pʀiz] *ptp de* **entreprendre**

entreprise [ɑ̃tʀəpʀiz] (NF) **a** (= *firme*) company • **~ agricole** farming business • **~ familiale** family business • **~ de construction** building firm • **~ de transport** haulage firm (*Brit*), trucker (*US*) • **~ de déménagement** removal (*Brit*) *ou* moving (*US*) firm • **~ de pompes funèbres** undertaker's (*Brit*), funeral parlor (*US*) • **~ de service public** public utility • **~ de travaux publics** civil engineering firm **b** (= *secteur d'activité*) **l'~** business • **le monde de l'~** the business world
c (= *dessein*) enterprise

> ⚠ **enterprise** n'est pas la traduction la plus courante d'**entreprise**.

entrer [ɑ̃tʀe] /TABLE 1/

1 VERBE INTRANSITIF	2 VERBE TRANSITIF

> **entrer** is conjugated with **être** unless it has an object, when the auxiliary is **avoir**.

1 VERBE INTRANSITIF

> **entrer** se traduira par **to come in** ou par **to go in** suivant que le locuteur se trouve ou non à l'endroit en question.

a to go (*ou* to come) in • **~ dans** [*+ pièce, jardin*] to go (*ou* come) into; [*+ voiture*] to get into • **entrez!** come in! • **entrons voir** let's go in and see • **je ne fais qu'~ et sortir** I can't stop • **~ en gare** to come into the station • **~ au port** to come into the harbour • **~ chez qn** to come (*ou* go) into sb's house • **~ en courant** to run in • **ils sont entrés par la fenêtre** they got in by the window • **entrez sans frapper** come straight in without knocking • **la boule est entrée dans le trou** the ball went into the hole • **la balle est entrée dans le poumon** the bullet went into the lung • **l'eau entre par le toit** the water comes in through the roof • **la lumière entre dans la pièce** light comes into the room • **sans ~ dans les détails** without going into details
b (*marchandises, devises*) to enter • **~ dans un fichier/système** (*légalement*) to enter a file/system; (*illégalement*) to hack into a file/system
c (*Théât*) «**entrent trois gardes**» "enter three guards"
d (*= tenir*) to go in • **ça n'entre pas dans la boîte** it won't go into the box • **ça n'entre pas** it won't go in • **nous n'entrerons jamais tous dans ta voiture** we'll never all get into your car • **il faut que je perde 3 kg pour ~ dans cette robe** I'll have to lose 3 kilos if I want to get into this dress
e (*= devenir membre de*) **~ dans** [*+ club, parti, entreprise*] to join • **~ dans l'Union européenne** to join the European Union • **~ dans l'armée** to join the army • **~ dans les**

affaires to go into business • **on l'a fait ~ comme serveur** they got him taken on as a waiter • **elle entre en dernière année** [*étudiante*] she's just going into her final year • **~ au lycée** to go to secondary school • **~ à l'université** to go to university • **~ dans l'histoire** to go down in history

f (*= heurter*) **~ dans** [*+ arbre, poteau*] to crash into

g (*= être une composante*) **~ dans** [*+ catégorie*] to fall into; [*+ mélange*] to go into • **tous ces frais entrent dans le prix de revient** all these costs go to make up the cost price

h (*= commencer à être*) **~ dans** [*+ phase, période*] to enter • **~ dans une colère noire** to get into a towering rage • **~ dans la vie active** *ou* **dans le monde du travail** to begin one's working life

i (*locutions*)

▸ **laisser entrer** to let in • **laisser ~ qn dans** to let sb into

▸ **faire entrer** [*+ pièce, objet à emballer*] to fit in; (*en fraude*) [*+ marchandises, immigrants*] to smuggle in; [*+ accusé, témoin*] to bring in; [*+ invité, visiteur*] to show in • **faire ~ une clé dans une serrure** to put a key in a lock

2 VERBE TRANSITIF

a (*= faire entrer*) **comment allez-vous ~ cette armoire dans la chambre?** how are you going to get that wardrobe into the bedroom?

b (*+ données*) to key in

entresol [ɑ̃tʀəsɔl] (NM) mezzanine (*between ground floor and first floor*)

entre-temps, entretemps [ɑ̃tʀətɑ̃] (ADV) meanwhile

entretenir [ɑ̃tʀət(ə)niʀ] /TABLE 22/ **1** (VT) a [*+ propriété, route, machine*] to maintain • **~ un jardin** to look after a garden • **~ le feu** to keep the fire going • **~ sa forme** to keep fit • **~ son bronzage** to keep *ou* to maintain one's tan

b (*financièrement*) to support • **c'est une femme entretenue** she's a kept woman

c (*= avoir*) [*+ relations*] to have • **~ des rapports suivis avec qn** to be in constant contact with sb • **~ une correspondance suivie avec qn** to keep up a regular correspondence with sb

d (*frm*) (*= converser*) **~ qn** to speak to sb • **il m'a entretenu pendant une heure** we talked for an hour

2 (VPR) **s'entretenir** (*= converser*) **s'~ avec qn** to speak to sb (**de** about) • **ils s'entretenaient à voix basse** they were talking quietly

entretenu, e [ɑ̃tʀət(ə)ny] *ptp de* **entretenir** (ADJ) [*personne*] kept • **jardin bien/mal ~** well-/badly-kept garden • **maison bien ~e** (*propre et rangée*) well-kept house; (*en bon état*) well-maintained house • **maison mal ~e** (*sale et mal rangée*) badly-kept house; (*en mauvais état*) badly-maintained house

entretien [ɑ̃tʀətjɛ̃] (NM) a (*= conversation*) conversation; (*= entrevue*) interview • **~(s)** (*Politique*) talks • **~ télévisé** televised interview • **~ téléphonique** telephone conversation • **~ d'embauche** job interview • **passer un ~** to have an interview • **il est en ~** he's in a meeting; (*avec un candidat*) he's interviewing b [*de jardin, maison, route*] upkeep; [*de machine, voiture*] maintenance • **cher à l'~** expensive to maintain • **d'un ~ facile** [*vêtement*] easy to care for; [*surface*] easy to clean; [*voiture, appareil*] easy to maintain • **agent d'~** cleaning operative • **le service d'~** (*maintenance*) the maintenance services; (*nettoiement*) the cleaning service

entretuer (s') [ɑ̃tʀətɥe] /TABLE 1/ (VPR) to kill one another

entrevoir [ɑ̃tʀəvwaʀ] /TABLE 30/ (VT) a (*= voir indistinctement*) to make out; (*= pressentir*) [*+ objections, solutions, complications*] to foresee; [*+ amélioration*] to glimpse • **je commence à ~ la vérité** I'm beginning to see the truth b (*= apercevoir brièvement*) to catch a glimpse of; [*+ visiteur*] to see briefly • **vous n'avez fait qu'~ les difficultés** you have only got half an idea of the difficulties

entrevue [ɑ̃tʀəvy] (NF) (*= discussion*) meeting; (*= audience*) interview; (*Politique*) talks • **se présenter à** *ou* **pour une ~** to come for *ou* to an interview

entrouvert, e [ɑ̃tʀuvɛʀ, ɛʀt] *ptp de* **entrouvrir** (ADJ) half-open • **ses lèvres ~es** her parted lips

entrouvrir (VT), **s'entrouvrir** (VPR) [ɑ̃tʀuvʀiʀ] /TABLE 18/ to half-open

entuber* [ɑ̃tybe] /TABLE 1/ (VT) (*= duper*) to con* • **se faire ~** to be conned* • **il m'a entubé de 500 €** he conned* me out of 500 euros

énumération [enymeʀasjɔ̃] (NF) enumeration

énumérer [enymeʀe] /TABLE 6/ (VT) to enumerate

env. (ABR DE **environ**) approx.

envahir [ɑ̃vaiʀ] /TABLE 2/ (VT) to invade; [*sentiment*] to overcome • **le jardin est envahi par les orties** the garden is overrun with nettles • **la foule envahit la place** the crowd swept into the square • **leurs produits envahissent notre marché** our market is being flooded with their products

envahissant, e [ɑ̃vaisɑ̃, ɑ̃t] (ADJ) [*personne, présence*] intrusive; [*passion*] all-consuming

envahisseur [ɑ̃vaisœʀ] (NM) invader

enveloppe [ɑ̃v(ə)lɔp] (NF) a (*= pli postal*) envelope • **~ autocollante** self-sealing envelope • **~ matelassée** padded envelope • **sous ~** [*envoyer*] under cover • **mettre une lettre sous ~** to put a letter in an envelope b (*= somme d'argent*) sum of money; (*= crédits*) budget • **toucher une ~** (*pot-de-vin*) to get a bribe; (*gratification*) to get a bonus • **~ budgétaire** budget • **le projet a reçu une ~ de 10 millions** the project was budgeted at 10 million

> Le mot anglais s'écrit avec un seul **p**.

envelopper [ɑ̃v(ə)lɔpe] /TABLE 1/ **1** (VT) a [*+ objet, enfant*] to wrap • **voulez-vous que je vous l'enveloppe?** shall I wrap it for you? • **elle est assez enveloppée** (*hum*) she's well-padded* • **c'était très bien enveloppé*** (*propos*) it was phrased nicely b [*brume*] to shroud • **le silence enveloppe la ville** the town is wrapped in silence

2 (VPR) **s'envelopper** (*dans une couverture, un châle*) to wrap o.s.

envenimer [ɑ̃v(ə)nime] /TABLE 1/ **1** (VT) [*+ querelle, situation*] to inflame **2** (VPR) **s'envenimer** [*blessure, plaie*] to get infected; [*querelle, situation*] to grow more bitter

envergure [ɑ̃vɛʀgyʀ] (NF) a [*d'oiseau, avion*] wingspan; [*de voile*] breadth

b [*de personne*] calibre; [*d'entreprise*] scale • **prendre de l'~** [*entreprise, projet*] to expand • **personnage sans ~** insignificant figure • **il a l'~ d'un chef d'État** he has the calibre of a head of state

▸ **d'envergure, de grande envergure** [*entreprise*] large-scale; [*auteur, politicien*] of great stature; [*projet,* *réforme*] far-reaching; [*opération*] ambitious • **projet d'~ européenne** project of European dimensions

enverra [ɑ̃vəra] (VB) → **envoyer**

envers [ɑ̃vɛʀ] **1** (NM) [*d'étoffe, vêtement*] wrong side; [*de papier*] back; [*de médaille*] reverse side; [*de feuille d'arbre*] underside; [*de peau d'animal*] inside • **quand on connaît l'~ du décor** (*fig*) when you know what is going on underneath it all

▸ **à l'envers** (*verticalement*) upside down; (*dans l'ordre inverse*) backwards • **mettre sa chemise à l'~** (*devant derrière*) to put one's shirt on back to front; (*dedans dehors*) to put one's shirt on inside out • **tout marche à l'~** everything is going wrong • **faire qch à l'~** (= *à rebours*) to do sth the wrong way round; (= *mal*) to do sth all wrong • **la faire à l'~ à qn*** to shaft sb*

2 (PRÉP) to • **cruel ~ qn** cruel to sb • **~ et contre tous** *ou* **tout** despite all opposition • **son attitude ~ moi** his attitude to me

enviable [ɑ̃vjabl] (ADJ) enviable • **peu ~** unenviable

envie [ɑ̃vi] (NF) **a** (= *inclination*) **avoir ~ de qch** to feel like sth • **avoir ~ de faire qch** to feel like doing sth • **j'ai ~ d'une bière** I feel like a beer • **j'ai ~ d'y aller** I feel like going • **avoir ~ de rire** to feel like laughing • **avoir bien ~ de faire qch** to have a good mind to do sth • **ce gâteau me fait ~** I like the look of that cake • **je vais lui faire passer l'~ de recommencer*** I'll make sure he thinks twice before he does it again • **avoir une furieuse ~ de qch** to have a craving for sth

b (= *désir*) **des ~s de femme enceinte*** pregnant women's cravings • **avoir ~ de qn** to desire sb

c (*euph*) **avoir ~*** to need the toilet • **être pris d'une ~ pressante** to be desperate for the toilet

d (= *convoitise*) envy

e (*sur la peau*)* birthmark

envier [ɑ̃vje] /TABLE 7/ (VT) [+ *personne, bonheur*] to envy • **je vous envie (de pouvoir le faire)** I envy you (being able to do it) • **ce pays n'a rien à ~ au nôtre** (*il est mieux*) that country has no cause to be jealous of us; (*il est aussi mauvais*) that country is just as badly off as we are

envieux, -ieuse [ɑ̃vjø, jøz] **1** (ADJ) envious **2** (NM,F) envious person • **faire des ~** to arouse envy

environ [ɑ̃viʀɔ̃] **1** (ADV) about • **c'est à 100 km ~ d'ici** it's about 100km from here • **il était ~ 3 heures** it was about 3 o'clock

2 (NMPL) **les environs** [*de ville*] the surroundings; (= *la banlieue*) the outskirts • **les ~s sont superbes** the surrounding area is gorgeous • **dans les ~s** in the vicinity • **qu'y a-t-il à voir dans les ~s?** what is there to see around here?

▸ **aux environs de** [+ *ville*] around • **aux ~s de 3 heures** some time around 3 o'clock • **aux ~s de 1000 €** in the region of €1,000

environnant, e [ɑ̃viʀɔnɑ̃, ɑ̃t] (ADJ) surrounding

environnement [ɑ̃viʀɔnmɑ̃] (NM) environment • **~ économique** economic environment • **~ familial** family background

> Le mot anglais s'écrit avec un seul **n** non suivi de **e**.

environnemental, e (*pl* **-aux**) [ɑ̃viʀɔnmɑ̃tal, o] (ADJ) environmental

environnementalisme [ɑ̃viʀɔnmɑ̃talism] (NM) environmentalism

environnementaliste [ɑ̃viʀɔnmɑ̃talist] (NMF) environmentalist

environner [ɑ̃viʀɔne] /TABLE 1/ (VT) to surround

envisageable [ɑ̃vizaʒabl] (ADJ) conceivable

envisager [ɑ̃vizaʒe] /TABLE 3/ (VT) to envisage • **~ de faire qch** to be thinking of doing sth • **nous envisageons des transformations** we are thinking of making some changes

envoi [ɑ̃vwa] (NM) **a** (= *action*) sending; (*par bateau*) shipment • **faire un ~ de vivres** to send supplies • **coup d'~** (*Sport*) kick-off; [*de festival*] opening; [*de série d'événements*] start • **le film qui donnera le coup d'~ du festival** the film which will open the festival **b** (= *colis*) parcel

envol [ɑ̃vɔl] (NM) [*d'avion*] takeoff • **prendre son ~** [*oiseau*] to take flight; (*fig*) to take off

envolée [ɑ̃vɔle] (NF) [*de chômage, prix*] surge (**de** in) • **dans une belle ~ lyrique, il a décrit les vertus du système** he waxed lyrical about the virtues of the system

envoler (s') [ɑ̃vɔle] /TABLE 1/ (VPR) **a** [*oiseau*] to fly away; [*avion*] to take off • **je m'envole pour Tokyo dans deux heures** I take off for Tokyo in two hours **b** [*chapeau*] to be blown off; [*fumée, feuille, papiers*] to blow away **c** [*temps*] to fly past; [*espoirs*] to vanish; (= *disparaître*) [*portefeuille, personne*]* to vanish into thin air **d** (= *augmenter*) [*prix, cours, chômage*] to soar • **il s'est envolé dans les sondages** his popularity rating has soared in the opinion polls

envoûtant○**, e** [ɑ̃vutɑ̃, ɑ̃t] (ADJ) entrancing

envoûter○ [ɑ̃vute] /TABLE 1/ (VT) to cast a spell on • **être envoûté par qn** to be under sb's spell

envoyé, e [ɑ̃vwaje] *ptp de* **envoyer** **1** (ADJ) [*remarque, réponse*] **(bien) ~** well-aimed • **ça, c'est ~!** well said!

2 (NM,F) (*politique*) envoy; (= *journaliste*) correspondent • **notre ~ spécial** (= *journaliste*) our special correspondent • **un ~ du ministère** a government official

envoyer [ɑ̃vwaje] /TABLE 8/ **1** (VT) **a** (= *expédier*) to send; (*par bateau*) to ship; [+ *argent*] to send • **~ sa candidature** to send in one's application • **envoie-moi un mot** drop me a line

b [+ *émissaire, troupes*] to send out; [+ *personne*] to send; (*en vacances, en courses*) to send (off) (**chez, auprès de** to) • **ils l'avaient envoyé chez sa grand-mère pour les vacances** they had sent him off to his grandmother's for the holidays • **envoie David à l'épicerie/aux nouvelles** send David to the grocer's/to see if there's any news • **~ qn à la mort** to send sb to their death • **~ qn à terre** *ou* **au tapis** to knock sb down • **~ qn sur les roses*** to send sb packing* • **~ un homme sur la Lune/Mars** to send a man to the moon/to Mars

c (= *lancer*) [+ *objet*] to throw; [+ *obus*] to fire; [+ *signaux*] to send out; (*Sport*) [+ *ballon*] to send • **~ le ballon au fond des filets** (*Football*) to send the ball into the back of the net • **ne m'envoie pas ta fumée dans les yeux** don't blow your smoke in my eyes • **~ des baisers à qn** to blow sb kisses • **~ des sourires à qn** to smile at sb • **~ des coups de pied/poing à qn** to kick/punch sb • **~ par le fond** (*Naut*) to send to the bottom • **~ du bois** *ou* **du lourd*** to pack a punch • **ça envoie!*** it blows you away!*

d [+ *infinitif*] **~ chercher qn/qch** to send for sb/sth • **~ promener qn*** to send sb packing* • **~ valser** *ou* **dinguer qch*** to send sth flying* • **il a tout envoyé promener*** he chucked the whole thing in

2 (VPR) **s'envoyer*** [+ *corvée*] to get stuck* with; [+ *bouteille*] to knock back* [+ *nourriture*] to scoff* • **s'~**

une fille/un mec* to have it off (*Brit*) *ou* get off (*US*) with a girl/a guy* • **s'~ en l'air*** to have it off* (*Brit*), to get some* (*US*)

envoyeur, -euse [ɑ̃vwajœʀ, øz] NM,F sender

éolien, -ienne [eɔljɛ̃, jɛn] **1** ADJ wind **2** NF **éolienne** wind turbine

épagneul, e [epaɲœl] NM,F spaniel • **~ breton** Brittany spaniel

épais, -aisse [epɛ, ɛs] ADJ thick • **cloison épaisse de 5 cm** partition 5cm thick • **tu n'es pas bien ~** you're not exactly fat

épaisseur [epɛsœʀ] NF thickness • **la neige a un mètre d'~** the snow is a metre deep • **creuser une niche dans l'~ d'un mur** to hollow out a niche in a wall • **prenez deux ~s de tissu** take two thicknesses of material • **plier une couverture en double ~** to fold a blanket double

épaissir [epesiʀ] /TABLE 2/ **1** VT [*+ substance*] to thicken **2** VI to thicken • **il a beaucoup épaissi** he has filled out a lot **3** VPR **s'épaissir** [*substance, brouillard*] to thicken; [*chevelure*] to get thicker • **le mystère s'épaissit** the plot thickens

épancher [epɑ̃ʃe] /TABLE 1/ **1** VT [*+ sentiments*] to pour forth **2** VPR **s'épancher** [*personne*] to open one's heart (**auprès de** to)

épandre [epɑ̃dʀ] /TABLE 41/ VT [*+ fumier*] to spread

épanoui, e [epanwi] *ptp de* **épanouir** ADJ [*fleur*] in full bloom *attrib*; [*visage, sourire*] radiant • **c'est quelqu'un de très ~** [*personne*] he's very much at one with himself

épanouir [epanwiʀ] /TABLE 2/ **1** VT **la maternité l'a épanouie** she really blossomed when she became a mother **2** VPR **s'épanouir** [*fleur*] to bloom; [*personne*] to blossom • **il s'épanouit dans son travail** he finds his job very fulfilling

épanouissant, e [epanwisɑ̃, ɑ̃t] ADJ fulfilling

épanouissement [epanwismɑ̃] NM [*de fleur*] blooming; [*de personne*] blooming • **c'est une industrie en plein ~** it's a booming industry

épargnant, e [epaʀɲɑ̃, ɑ̃t] NM,F saver • **petits ~s** small investors

épargne [epaʀɲ] NF (*= somme*) savings • **l'~** (*= action d'épargner*) saving • **~-logement** home-buyers' savings scheme • **~-retraite** retirement savings scheme • **~ salariale** employee savings plan

épargner [epaʀɲe] /TABLE 1/ VT **a** (*= économiser*) **~ sur la nourriture** to save on food **b** (*= éviter*) **~ qch à qn** to spare sb sth • **je vous épargne les détails** I'll spare you the details • **pour t'~ des explications inutiles** to save giving you useless explanations **c** (*= ménager*) [*+ ennemi*] to spare • **l'épidémie a épargné cette région** that region was spared the epidemic

éparpiller [epaʀpije] /TABLE 1/ **1** VT (*= disperser*) to scatter; [*+ efforts, talent*] to dissipate • **les papiers étaient éparpillés sur la table** the papers were scattered all over the table **2** VPR **s'éparpiller** **a** [*feuilles, foule*] to scatter **b** [*personne*] **il s'éparpille beaucoup trop** he spreads himself too thin • **tu t'es trop éparpillé dans tes recherches** you've spread yourself too thin in your research

épars, e [epaʀ, aʀs] ADJ (*littér*) scattered

épatant, e* [epatɑ̃, ɑ̃t] ADJ splendid*

épate* [epat] NF **faire de l'~** to show off*

épaté, e [epate] *ptp de* **épater** ADJ [*nez*] flat

épater [epate] /TABLE 1/ VT (*= étonner*) to amaze; (*= impressionner*) to impress • **ça t'épate, hein!** what do you think of that!

épaulard [epolaʀ] NM killer whale

épaule [epol] NF shoulder • **large d'~s** broad-shouldered • **~ d'agneau** shoulder of lamb • **donner un coup d'~ à qn** to knock sb with one's shoulder • **tout repose sur vos ~s** everything rests on your shoulders • **ils n'ont pas les ~s assez larges** *ou* **solides** (*financièrement*) they are not in a strong enough financial position

épauler [epole] /TABLE 1/ VT **a** [*+ personne*] to back up **b** [*+ fusil*] to raise • **il épaula puis tira** he raised his rifle and fired

épaulette [epolɛt] NF (*Mil*) epaulette; (*= bretelle*) shoulder strap; (*= rembourrage d'un vêtement*) shoulder pad

épave [epav] NF wreck

épeautre [epotʀ] NM spelt

épée [epe] NF sword; (*Escrime*) épée • **c'est un coup d'~ dans l'eau** it's a complete waste of time • **~ de Damoclès** Sword of Damocles

épeire [epɛʀ] NF garden spider

épeler [ep(ə)le] /TABLE 4/ VT [*+ mot*] to spell; [*+ texte*] to spell out

éperdu, e [epɛʀdy] ADJ [*personne, regard*] distraught; [*amour*] passionate; [*fuite*] frantic • **~ de douleur** distraught with grief

éperdument [epɛʀdymɑ̃] ADV [*aimer*] passionately • **je m'en moque ~** I couldn't care less

éperlan [epɛʀlɑ̃] NM smelt

éperon [ep(ə)ʀɔ̃] NM spur

éperonner [ep(ə)ʀɔne] /TABLE 1/ VT [*+ cheval*] to spur on

épervier [epɛʀvje] NM sparrowhawk

éphémère [efemɛʀ] **1** ADJ [*bonheur, succès*] fleeting; [*moment*] fleeting; [*mouvement, règne, publication*] short-lived; [*magasin, restaurant*] pop-up • **boutique ~** pop-up shop (*Brit*) *ou* store (*US*) **2** NF *ou* M mayfly

éphéméride [efemeʀid] NF (*= calendrier*) tear-off calendar

épi [epi] NM [*de blé, maïs*] ear; [*de cheveux*] tuft

épice [epis] NF spice • **quatre ~s** allspice

épicé, e [epise] ADJ spicy

épicéa [episea] NM spruce

épicerie [episʀi] NF (*= magasin*) grocery; (*= nourriture*) groceries; (*= métier*) grocery trade • **rayon ~** grocery counter • **aller à l'~** to go to the grocer's • **~ fine** delicatessen

épicier, -ière [episje, jɛʀ] NM,F grocer; (*en fruits et légumes*) greengrocer (*Brit*), grocer (*US*)

épidémie [epidemi] NF epidemic • **~ de grippe** flu epidemic

épiderme [epidɛʀm] NM skin

épidermique [epidɛʀmik] ADJ epidermal; [*réaction*] instinctive

épier [epje] /TABLE 7/ VT [*+ personne*] to spy on; [*+ geste*] to watch closely; [*+ bruit*] to listen out for; [*+ occasion*] to be on the look-out for

épieu [epjø] NM spear

épigraphe [epigʀaf] NF epigraph

épilation [epilasjɔ̃] NF removal of unwanted hair; [*de sourcils*] plucking • **~ à la cire** waxing

épilatoire [epilatwaʀ] ADJ depilatory

épilepsie [epilɛpsi] (NF) epilepsy

épiler [epile] /TABLE 1/ **1** (VT) [*+ jambes*] to remove the hair from; [*+ sourcils*] to pluck • **se faire ~ les aisselles** to have one's underarm hair removed **2** (VPR) **s'épiler** **s'~ les jambes** to remove the hair from one's legs • **s'~ les jambes à la cire** to wax one's legs • **s'~ les sourcils** to pluck one's eyebrows

épilogue [epilɔg] (NM) (*Littérat*) epilogue; (*fig*) conclusion

épiloguer [epilɔge] /TABLE 1/ (VI) to hold forth (**sur** on)

épinards [epinaʀ] (NMPL) spinach *NonC*

épine [epin] (NF) [*de buisson, rose*] thorn; [*de hérisson, d'oursin*] spine; [*de porc-épic*] quill • **~ dorsale** backbone

épinette [epinɛt] (NF) (*Can = arbre*) spruce

épineux, -euse [epinø, øz] **1** (ADJ) [*plante, problème*] thorny; [*situation*] tricky **2** (NM) prickly shrub

épingle [epɛ̃gl] (NF) pin • **~ à cheveux** hairpin • **virage en ~ à cheveux** hairpin bend (*Brit*) *ou* curve (*US*) • **~ de cravate** tiepin • **~ à linge** clothes peg (*Brit*) *ou* pin (*US*) • **~ de nourrice** *ou* **de sûreté** safety pin • **tirer son ~ du jeu** (*= bien manœuvrer*) to get out while the going's good

épingler [epɛ̃gle] /TABLE 1/ (VT) **a** (*= attacher*) to pin (on) (**à, sur** to) **b** (*= arrêter*)* to nab* • **se faire ~** to get nabbed* **c** (*= critiquer*) to criticize severely • **il a épinglé le gouvernement** he laid into* the government

épinière [epinjɛʀ] (ADJ F) **moelle ~** spinal cord

Épiphanie [epifani] (NF) **l'~** Epiphany, Twelfth Night • **à l'~** at Epiphany, on Twelfth Night

épique [epik] (ADJ) epic

épiscopal, e (*mpl* **-aux**) [episkɔpal, o] (ADJ) episcopal • **palais ~** Bishop's palace

épiscopat [episkɔpa] (NM) episcopate

épisode [epizɔd] (NM) episode • **roman/film à ~s** serialized novel/film • **~ dépressif/infectieux** depressive/infectious phase

épisodique [epizɔdik] (ADJ) (*= occasionnel*) [*événement*] occasional • **de façon ~** occasionally • **nous avons eu une relation ~ pendant deux ans** we had an on-off relationship for two years • **faire des apparitions ~s** to show up from time to time

épitaphe [epitaf] (NF) epitaph

épithète [epitɛt] (NF) **a** **adjectif ~** attributive adjective **b** (*= qualificatif*) epithet

éploré, e [eplɔʀe] (ADJ) tearful

épluche-légumes [eplyʃlegym] (NM INV) peeler

éplucher [eplyʃe] /TABLE 1/ (VT) **a** [*+ fruits, légumes, crevettes*] to peel; [*+ salade, radis*] to clean **b** [*+ journaux, comptes*] to go over with a fine-tooth comb

éplucheur [eplyʃœʀ] (ADJ, NM) **(couteau) ~** peeler

épluchure [eplyʃyʀ] (NF) **~ de pomme de terre** piece of potato peeling • **~s** peelings

EPO [ɛpo] (ABR DE **érythropoïétine**) (NF) EPO

éponge [epɔ̃ʒ] (NF) **a** sponge • **passer un coup d'~ sur qch** to wipe sth with a sponge • **passons l'~!** let's forget all about it! • **jeter l'~** to throw in the sponge • **~ métallique** scouring pad • **~ végétale** loofah (*Brit*), luffa (*US*) **b** **(tissu) ~** towelling

éponger [epɔ̃ʒe] /TABLE 3/ (VT) [*+ liquide*] to sponge up; [*+ plancher, visage*] to mop; [*+ dette*] to soak up • **s'~ le front** to mop one's brow

épopée [epɔpe] (NF) epic

époque [epɔk] (NF) time; (*= période historique*) era; (*en art, géologie*) period • **à des ~s différentes** at different times • **les chansons de l'~** the songs of the time • **j'étais jeune à l'~** I was young at the time • **à cette ~(-là)** at that time • **l'~ révolutionnaire** the revolutionary era • **à l'~ des Grecs** at the time of the Greeks • **la Belle Époque** the Belle Époque • **à l'~ glaciaire** in the ice age • **documents d'~** contemporary historical documents • **instruments/meubles d'~** period instruments/furniture • **est-ce que c'est d'~?** is it a genuine antique? • **être de son ~** to be in tune with one's time • **quelle ~!** what is the world coming to! • **nous vivons une drôle d'~** these are strange times we're living in

époumoner (s') [epumɔne] /TABLE 1/ (VPR) to shout o.s. hoarse

épouse [epuz] (NF) wife • **voulez-vous prendre pour ~ Jeanne Dumont?** do you take Jeanne Dumont to be your lawful wedded wife?

épouser [epuze] /TABLE 1/ (VT) **a** [*+ personne*] to marry; [*+ idée*] to embrace; [*+ cause*] to take up **b** [*vêtement*] to hug; [*route, tracé*] to follow • **cette robe épouse parfaitement les formes du corps** this dress hugs the curves of the body perfectly

épousseter [epuste] /TABLE 4/ (VT) [*+ meubles*] to dust; [*+ saleté*] to dust off

époustouflant, e* [epustuflɑ̃, ɑ̃t] (ADJ) amazing

époustoufler* [epustufle] /TABLE 1/ (VT) to stagger

épouvantable [epuvɑ̃tabl] (ADJ) dreadful • **il a un caractère ~** he has a foul temper

épouvantablement [epuvɑ̃tabləmɑ̃] (ADV) dreadfully

épouvantail [epuvɑ̃taj] (NM) (*à oiseaux*) scarecrow • **l'~ de la guerre/du chômage** the spectre of war/unemployment

épouvante [epuvɑ̃t] (NF) terror • **il voyait arriver ce moment avec ~** he saw with dread the moment approaching • **roman/film d'~** horror story/film

épouvanter [epuvɑ̃te] /TABLE 1/ (VT) to terrify

époux [epu] (NM) husband • **les ~** the married couple • **les ~ Durand** Mr and Mrs Durand • **voulez-vous prendre pour ~ Jean Legrand?** do you take Jean Legrand to be your lawful wedded husband?

éprendre (s') [epʀɑ̃dʀ] /TABLE 58/ (VPR) **s'~ de** to fall in love with

épreuve [epʀœv] (NF) **a** (*= essai, examen*) test • **~ d'effort** (*Méd*) stress test • **~ de force** trial of strength • **~ orale/écrite** oral/written test • **~ de vérité** litmus test

b (*Sport*) event • **~ contre la montre** time trial • **~ d'endurance** endurance test • **~ de sélection** heat • **~s sur piste** track events

c (*= malheur*) ordeal • **subir de rudes ~s** to suffer great hardships

d (*Photo*) print; (*= gravure*) proof; (*Typo*) proof • **corriger les ~s de** [*+ livre, article*] to proofread

e (*locutions*)

▸ **à l'épreuve** **mettre à l'~** to put to the test • **mise à l'~** (*Droit*) ≈ probation

▸ **à l'épreuve de** **à l'~ du feu** fireproof • **résister à l'~ du temps** to stand the test of time

▸ **à toute épreuve** [*amitié, foi*] staunch; [*mur*] solid as a rock • **il a un courage à toute ~** he has unfailing courage

épris, e [epʀi, iz] *ptp de* **éprendre** (ADJ) (*frm*) (*d'une personne*) in love (**de** with) • **être ~ de justice/liberté** to have a great love of justice/liberty

éprouvant, e [epʀuvɑ̃, ɑ̃t] (ADJ) [*travail, climat*] trying • **~ pour les nerfs** nerve-racking

éprouvé, e [epʀuve] *ptp de* **éprouver** (ADJ) proven

éprouver [epʀuve] /TABLE 1/ (VT) ⓐ [*+ sensation, sentiment*] to feel ⓑ [*+ perte*] to suffer; [*+ difficultés*] to meet with ⓒ [*+ personne*] to test ⓓ (*frm*) (*= affliger*) to afflict • **très éprouvé par la maladie** sorely afflicted by illness (*frm*) • **la ville a été durement éprouvée pendant la guerre** the city suffered greatly during the war

éprouvette [epʀuvɛt] (NF) test tube

EPS [əpeɛs] (NF) (ABR DE **éducation physique et sportive**) PE

épuisant, e [epɥizɑ̃, ɑ̃t] (ADJ) exhausting

épuisé, e [epɥize] *ptp de* **épuiser** (ADJ) [*personne, cheval, corps*] exhausted; (*Commerce*) [*article*] sold out *attrib*; [*stocks*] exhausted *attrib*; [*livre*] out of print • **~ de fatigue** exhausted

épuisement [epɥizmɑ̃] (NM) exhaustion • **jusqu'à ~ des stocks** while stocks last • **dans un grand état d'~** in a state of complete exhaustion

épuiser [epɥize] /TABLE 1/ **1** (VT) to exhaust **2** (VPR) **s'épuiser** [*réserves*] to run out; [*personne*] to exhaust o.s. (**à faire qch** doing sth) • **je m'épuise à vous le répéter** I'm sick and tired of telling you

épuisette [epɥizɛt] (NF) (*à crevettes*) shrimping net

épuration [epyʀasjɔ̃] (NF) **station d'~ des eaux** water purification plant

Équateur [ekwatœʀ] (NM) (*= pays*) Ecuador

équateur [ekwatœʀ] (NM) equator • **sous l'~** at the equator

équation [ekwasjɔ̃] (NF) equation • **cela ne rentre pas dans l'~** (*fig*) that doesn't come into the equation

équato-guinéen, -enne (*mpl* **équato-guinéens**) [ekwatoɡineɛ̃, ɛn] **1** (ADJ) of *ou* from Equatorial Guinea **2** (NM,F) **Équato-Guinéen(ne)** inhabitant *ou* native of Equatorial Guinea

équatorial, e (*mpl* **-iaux**) [ekwatɔʀjal, jo] (ADJ) equatorial

équatorien, -ienne [ekwatɔʀjɛ̃, jɛn] **1** (ADJ) Ecuadorian **2** (NM,F) **Équatorien(ne)** Ecuadorian

équerre [ekɛʀ] (NF) (*pour tracer*) (set) square; (*pour étagère*) bracket • **à l'~** *ou* **d'~** at right angles

équestre [ekɛstʀ] (ADJ) [*statue, activités*] equestrian • **centre ~** riding school • **les sports ~s** equestrian sports

équeuter [ekøte] /TABLE 1/ (VT) [*+ cerises*] to remove the stalk from; [*+ fraises*] to hull

équilibre [ekilibʀ] (NM) ⓐ balance • **perdre/garder l'~** to lose/keep one's balance • **atteindre l'~ financier** to break even (financially) • **~ des pouvoirs** balance of power • **trouver un ~ entre ... et ...** to find a balance between ... and ...

▸ **en équilibre** [*budget*] balanced • **se tenir** *ou* **être en ~ (sur)** [*personne*] to balance (on); [*objet*] to be balanced (on) • **mettre qch en ~** to balance sth

ⓑ **~ (mental)** (mental) equilibrium • **il manque d'~** he's rather unstable

ⓒ (*Sciences*) equilibrium • **solution en ~** (*Chim*) balanced solution

équilibré, e [ekilibʀe] *ptp de* **équilibrer** (ADJ) [*personne, régime alimentaire*] well-balanced; [*vie*] well-regulated • **mal ~** unbalanced

équilibrer [ekilibʀe] /TABLE 1/ (VT) ⓐ (*= mettre en équilibre, harmoniser*) to balance ⓑ (*= contrebalancer*) [*+ forces, poids, poussée*] to counterbalance • **les avantages et les inconvénients s'équilibrent** the advantages and the disadvantages counterbalance each other

équilibriste [ekilibʀist] (NMF) (*= funambule*) tightrope walker

équinoxe [ekinɔks] (NM) equinox

équipage [ekipaʒ] (NM) [*d'avion, bateau*] crew

équipe [ekip] (NF) ⓐ (*Sport*) team • **jeu** *ou* **sport d'~** team game • **jouer en** *ou* **par ~s** to play in teams • **il joue en ~ de France** he plays for the French team

ⓑ (*= groupe*) team • **~ de secours** *ou* **de sauveteurs** *ou* **de sauvetage** rescue team • **~ pédagogique** teaching staff • **l'~ de jour** [*d'usine*] the day shift • **travailler en** *ou* **par ~s** to work in teams; (*en usine*) to work in shifts • **on travaille en ~** we work as a team • **faire ~ avec** to team up with

ⓒ (*= bande*)* team; (*péj*) bunch* • **c'est la fine ~** they're a right bunch*

équipement [ekipmɑ̃] (NM) ⓐ (*= matériel*) equipment ⓑ (*= aménagement*) **~ électrique** electrical fittings • **~ hôtelier** hotel facilities • **~ industriel** industrial plant • **~s collectifs** [*de ville, région*] community facilities

> Le mot anglais s'écrit sans **e** après le **p**.

équiper [ekipe] /TABLE 1/ **1** (VT) to equip (**de** with) • **cuisine tout équipée** fully equipped kitchen • **~ une machine d'un dispositif de sécurité** to fit a machine with a safety device **2** (VPR) **s'équiper** to equip o.s. (**de, en** with) • **l'école s'équipe en micro-ordinateurs** the school is acquiring some computers

équipier, -ière [ekipje, jɛʀ] (NM,F) (*Sport*) team member; (*= rameur*) crew member

équitable [ekitabl] (ADJ) [*partage, jugement, commerce*] fair; [*personne*] impartial • **produits ~s** fair trade products

équitation [ekitasjɔ̃] (NF) horse-riding • **faire de l'~** to go horse-riding • **école d'~** riding school

équité [ekite] (NF) equity • **avec ~** fairly

équivalence [ekivalɑ̃s] (NF) equivalence • **j'ai eu ma licence par ~** I obtained my degree by transfer of credits

équivalent, e [ekivalɑ̃, ɑ̃t] **1** (ADJ) equivalent (**à** to) **2** (NM) equivalent (**de** of) • **vous ne trouverez l'~ nulle part** you won't find the like anywhere else

équivaloir [ekivalwaʀ] /TABLE 29/ (VI) to be equivalent (**à** to) • **ça équivaut à dire que ...** it amounts to saying that ...

équivaut [ekivo] (VB) → **équivaloir**

équivoque [ekivɔk] **1** (ADJ) (*= ambigu*) ambiguous; (*= louche*) dubious **2** (NF) (*= ambiguïté*) ambiguity; (*= incertitude*) doubt; (*= malentendu*) misunderstanding • **conduite sans ~** unequivocal behaviour • **pour lever l'~** to remove any doubt

érable [eʀabl] (NM) maple • **~ du Canada** red maple • **~ à sucre** sugar maple

éradiquer [eʀadike] /TABLE 1/ (VT) to eradicate

érafler [eʀɑfle] /TABLE 1/ (VT) to scratch

éraflure [eʀɑflyʀ] (NF) scratch

éraillé, e [eʀɑje] (ADJ) [*voix*] hoarse

ère [ɛʀ] (NF) era • **400 avant notre ~** 400 BC • **en l'an 1600 de notre ~** in the year 1600 AD • **une ~ nouvelle commence** it's the beginning of a new era • **l'~ Thatcher** the Thatcher era • **l'~ atomique** the atomic age

érection [eʀɛksjɔ̃] (NF) erection

éreintant, e [eʀɛ̃tɑ̃, ɑ̃t] (ADJ) [*travail*] exhausting

éreinter [eʀɛ̃te] /TABLE 1/ (VT) ⓐ (*= épuiser*) [*+ animal*] to exhaust; [*+ personne*]* to wear out • **être éreinté** to be worn out **b** (*= critiquer*) [*+ auteur, œuvre*] to pull to pieces

érémiste ['eʀemist] NMF *person receiving minimum welfare payment* → **RMI**

ergonome [ɛʀgɔnɔm] NMF ergonomist

ergonomie [ɛʀgɔnɔmi] NF ergonomics *sg*

ergonomique [ɛʀgɔnɔmik] ADJ ergonomic

ergot [ɛʀgo] NM [*de coq*] spur; [*de chien*] dewclaw

ergoter [ɛʀgɔte] /TABLE 1/ VI to quibble (**sur** about)

ergothérapeute [ɛʀgoteʀapøt] NMF occupational therapist

ergothérapie [ɛʀgoteʀapi] NF occupational therapy

ériger [eʀiʒe] /TABLE 3/ VT (*frm*) [*+ monument, bâtiment*] to erect; [*+ société*] to set up • **~ le dogmatisme en vertu** to make a virtue of dogmatism • **~ un criminel en héros** to set a criminal up as a hero • **il s'érige en juge** he sets himself up as a judge

ermite [ɛʀmit] NM hermit

éroder [eʀɔde] /TABLE 1/ VT to erode

érogène [eʀɔʒɛn] ADJ erogenous

érosion [eʀozjɔ̃] NF erosion • **~ monétaire** monetary depreciation

érotique [eʀɔtik] ADJ erotic

érotisme [eʀɔtism] NM eroticism

errant, e [eʀɑ̃, ɑ̃t] ADJ wandering • **chien ~** stray dog

errata [eʀata] NMPL errata

erratum ○ [eʀatɔm] (*pl* **errata** [eʀata]) NM erratum

errements [ɛʀmɑ̃] NMPL (*littér*) transgressions

errer [eʀe] /TABLE 1/ VI **a** (*= se promener*) to wander **b** (*= se tromper*) to err

erreur [eʀœʀ] NF **a** mistake, error; (*Statistiques*) error • **~ de calcul** mistake in calculation • **faire une ~ de date** to be mistaken about the date • **~ d'impression** • **~ typographique** typographical error • **~ de traduction** mistranslation • **~ de jugement** error of judgment • **~ judiciaire** miscarriage of justice • **~ système** (*Informatique*) system error

b (*locutions*) **par suite d'une ~** due to an error *ou* a mistake • **sauf ~** unless I'm mistaken • **sauf ~ ou omission** errors and omissions excepted • **par ~** by mistake • **commettre** *ou* **faire une ~** to make a mistake (**sur** about) • **faire ~** • **être dans l'~** to be wrong • **vous faites ~** (*au téléphone*) you've got the wrong number • **il y a ~** there's been a mistake • **il n'y a pas d'~ (possible)** there's no mistake! • **ce serait une ~ de croire que ...** it would be a mistake to think that ... • **il n'a pas droit à l'~** he's got to get it right • **l'~ est humaine** to err is human • **il y a ~ sur la personne** you've got the wrong person

c (*= dérèglements*) **~s** errors • **~s de jeunesse** youthful indiscretions • **retomber dans les ~s du passé** to lapse into bad habits

erroné, e [eʀɔne] ADJ erroneous

ersatz [ɛʀzats] NM ersatz • **~ de café** ersatz coffee

érudit, e [eʀydi, it] **1** ADJ erudite **2** NM,F scholar

érudition [eʀydisjɔ̃] NF erudition

éruption [eʀypsjɔ̃] NF **a** (*Géol*) eruption • **~ (solaire)** solar flare • **volcan en ~** erupting volcano • **entrer en ~** to erupt **b** (*Méd*) **~ de boutons** outbreak of spots • **~ cutanée** (skin) rash **c** (*= manifestation*) **~ de violence** outbreak of violence

érythème [eʀitɛm] NM rash • **~ fessier** nappy (*Brit*) *ou* diaper (*US*) rash • **~ solaire** sunburn

Érythrée [eʀitʀe] NF Eritrea

érythréen, -enne [eʀitʀeɛ̃, ɛn] **1** ADJ Eritrean **2** NM,F **Érythréen(ne)** Eritrean

esbroufe* [ɛsbʀuf] NF **faire de l'~** to show off

escabeau (*pl* **escabeaux**) [ɛskabo] NM (*= échelle*) stepladder

escadrille [ɛskadʀij] NF ≈ squadron

escadron [ɛskadʀɔ̃] NM squadron • **~ de gendarmerie** platoon of gendarmes • **~ de la mort** death squad

escalade [ɛskalad] NF **a** (*= action de gravir*) climbing • **faire l'~ d'une montagne** to climb a mountain • **l'~** (*= sport*) (rock) climbing • **faire de l'~** to go climbing **b** (*= aggravation*) escalation • **on craint une ~ de la violence en France** an escalation of violence is feared in France • **pour éviter l'~** to stop things getting out of control

escalader [ɛskalade] /TABLE 1/ VT to climb

escalator [ɛskalatɔʀ] NM escalator

escale [ɛskal] NF **a** (*= endroit*) (*en bateau*) port of call; (*en avion*) stop • **faire ~ à** [*bateau*] to call at; [*avion*] to stop over at **b** (*= temps d'arrêt*) (*en bateau*) call; (*en avion*) stop(over) • **vol sans ~** nonstop flight • **faire une ~ à Marseille** [*bateau*] to put in at Marseilles; [*avion*] to stop (over) at Marseilles • **~ technique** [*d'avion*] refuelling stop

escalier [ɛskalje] NM (*= marches*) stairs; (*= cage*) staircase • **assis dans l'~** sitting on the stairs • **on accède au grenier par un ~** a stairway leads to the attics ▸ **escalier mécanique** *ou* **roulant** escalator ▸ **escalier de secours** fire escape ▸ **escalier de service** [*de maison*] backstairs; [*d'hôtel*] service stairs

escalope [ɛskalɔp] NF escalope

escamotable [ɛskamɔtabl] ADJ [*antenne*] retractable; [*lit, siège*] collapsible; [*escalier*] foldaway

escamoter [ɛskamɔte] /TABLE 1/ VT **a** [*+ cartes, accessoire*] to conjure away **b** [*+ difficulté*] to get round; [*+ question*] to dodge; [*+ mot, repas*] to skip

escapade [ɛskapad] NF **faire une ~** [*enfant*] to run away • **~ de trois jours** (*congé*) three-day break • **on a fait une petite ~ ce week-end** we went for a little trip this weekend

escarbille [ɛskaʀbij] NF bit of grit

escargot [ɛskaʀgo] NM snail; (*= lambin*)* slowcoach* (*Brit*), slowpoke* (*US*) • **avancer comme un ~** *ou* **à une allure d'~** to go at a snail's pace • **opération ~** (*= manifestation*) go-slow (*Brit*), slow-down (*US*)

escarmouche [ɛskaʀmuʃ] NF skirmish

escarpé, e [ɛskaʀpe] ADJ steep

escarpement [ɛskaʀpəmɑ̃] NM (*= côte*) steep slope

escarpin [ɛskaʀpɛ̃] NM court shoe (*Brit*), pump (*US*)

escarre [ɛskaʀ] NF bedsore

escient [esjɑ̃] NM **à bon ~** advisedly • **à mauvais ~** ill-advisedly

esclaffer (s') [ɛsklafe] /TABLE 1/ VPR to burst out laughing

esclandre [ɛsklɑ̃dʀ] NM scandal • **faire** *ou* **causer un ~** to cause a scandal

esclavage [ɛsklavaʒ] NM slavery • **réduire en ~** to enslave • **tomber en ~** to become enslaved

esclavagisme [ɛsklavaʒism] NM proslavery

esclavagiste [ɛsklavaʒist] **1** ADJ proslavery • **États ~s** slave states **2** NMF person in favour of slavery; (*fig*) slave driver

esclave [ɛsklav] NMF slave • **être ~ de la mode/d'une habitude** to be a slave of fashion/to habit • **devenir l'~ de qn** to become enslaved to sb

e

escompte [ɛskɔ̃t] (NM) discount
escompter [ɛskɔ̃te] /TABLE 1/ (VT) ⓐ (*= s'attendre à*) to expect • ~ **faire qch** to expect to do sth ⓑ (*Banque*) to discount
escorte [ɛskɔʀt] (NF) escort • **sous bonne ~** under escort
escorter [ɛskɔʀte] /TABLE 1/ (VT) to escort • **il est toujours escorté de jolies femmes** he's always surrounded by pretty women
escrime [ɛskʀim] (NF) fencing • **faire de l'~** to fence
escrimer (s')* [ɛskʀime] /TABLE 1/ (VPR) **s'~ à faire qch** to wear o.s. out doing sth • **s'~ sur qch** to struggle away at sth
escrimeur, -euse [ɛskʀimœʀ, øz] (NM,F) fencer
escroc [ɛskʀo] (NM) swindler
escroquer [ɛskʀɔke] /TABLE 1/ (VT) to swindle • ~ **qn de qch** to swindle sb out of sth • **se faire ~ par qn** to be swindled by sb
escroquerie [ɛskʀɔkʀi] (NF) swindle; (*Droit*) fraud • **être victime d'une ~** to be swindled; (*Droit*) to be a victim of fraud • **10 € pour un café, c'est de l'~** 10 euros for a coffee is a real rip-off*
ésotérique [ezɔteʀik] (ADJ) esoteric
ésotérisme [ezɔteʀism] (NM) esotericism
espace [ɛspas] **1** (NM) ⓐ (*= dimension, place*) space • **avoir assez d'~ pour bouger/vivre** to have enough room to move/live • **l'Espace économique européen** the European Economic Area • ~ **disque** [*d'ordinateur*] disk space • ~ **vital** personal space
ⓑ (*= intervalle*) space • ~ **de temps** space of time • **laisser de l'~** to leave some space • **laisser un ~** to leave a space • **l'~ d'un instant** for a fleeting moment
▸ **en l'espace de** en l'~ **de trois minutes** within three minutes • **en l'~ d'un instant** in no time at all
2 (COMP) ▸ **espaces verts** parks
espacé, e [ɛspase] *ptp de* **espacer** (ADJ) [*arbres, objets*] spaced out • **des crises assez régulièrement ~es** attacks occurring at fairly regular intervals • **ses visites sont très ~es ces temps-ci** his visits are few and far between these days • **réunions ~es de huit à dix jours** meetings taking place every eight to ten days
espacer [ɛspase] /TABLE 3/ **1** (VT) to space out **2** (VPR) **s'espacer** [*visites, symptômes*] to become less frequent
espadon [ɛspadɔ̃] (NM) swordfish
espadrille [ɛspadʀij] (NF) espadrille
Espagne [ɛspaɲ] (NF) Spain
espagnol, e [ɛspaɲɔl] **1** (ADJ) Spanish **2** (NM) ⓐ (*= langue*) Spanish ⓑ **Espagnol** Spaniard • **les Espagnols** the Spanish **3** (NF) **Espagnole** Spanish woman
espalier [ɛspalje] (NM) espalier • **arbre en ~** espaliered tree
ESPE [øɛspeø] (NF) (ABR DE **École supérieure du professorat et de l'éducation**) ≈ teacher training college
espèce [ɛspɛs] **1** (NF) ⓐ [*d'animal, plante*] species • ~**s** species • ~ **humaine** human race ⓑ (*= sorte*) kind • **c'est une ~ de boîte** it's a kind of box • **ça n'a aucune ~ d'importance** that is of absolutely no importance • **une** *ou* **un*** ~ **d'excentrique est venu** some eccentric turned up • ~ **de maladroit!** you clumsy oaf!* **2** (NFPL) **espèces** (*= argent*) cash
espérance [ɛspeʀɑ̃s] (NF) (*= espoir*) hope • **au delà de toute ~** [*réussir*] beyond all expectations • **ça a dépassé toutes nos ~s** it was far more than we'd hoped for ▸ **espérance de vie** life expectancy
espérer [ɛspeʀe] /TABLE 6/ (VT) [*+ succès, récompense, aide*] to hope for • ~ **réussir** to hope to succeed • ~ **que** to hope that • **je n'en espérais pas tant** I wasn't hoping for as much • **viendra-t-il? — j'espère (bien)** will he come? — I (certainly) hope so
espiègle [ɛspjɛgl] (ADJ) mischievous
espièglerie [ɛspjɛgləʀi] (NF) ⓐ (*= caractère*) mischievousness ⓑ (*= tour*) piece of mischief
espiogiciel [ɛspjɔʒisjɛl] (NM) spyware
espion, -ionne [ɛspjɔ̃, jɔn] (NM,F) spy
espionnage [ɛspjɔnaʒ] (NM) espionage • **film/roman d'~** spy film/novel • ~ **industriel** industrial espionage
espionner [ɛspjɔne] /TABLE 1/ (VT) [*+ personne, actions*] to spy on • ~ **pour le compte de qn** to spy for sb
esplanade [ɛsplanad] (NF) esplanade
espoir [ɛspwaʀ] (NM) ⓐ hope • **dans l'~ de vous voir bientôt** hoping to see you soon • **avoir l'~ que** to be hopeful that • **avoir bon ~ de faire/que** to have great hopes of doing/that • **reprendre ~** to begin to feel hopeful again • **sans ~** [*amour, situation*] hopeless • **l'~ fait vivre** there's always hope • **tous les ~s sont permis** there's no limit to what we can hope for
ⓑ (*= personne*) **un jeune ~ du ski/de la chanson** a young hopeful of the skiing/singing world
esprit [ɛspʀi] **1** (NM) ⓐ (*= pensée*) mind • **avoir l'~ large** to be broad-minded • **avoir l'~ vif** to be quick-witted • **avoir l'~ clair** to have a clear head • **avoir l'~ mal tourné** to have a dirty mind • **il a l'~ ailleurs** his mind is on other things • **dans mon ~ ça voulait dire ...** to my mind it meant ... • **il m'est venu à l'~ que ...** it crossed my mind that ...
ⓑ (*= humour*) wit • **avoir de l'~** to be witty • **faire de l'~** to try to be witty
ⓒ (*= personne*) **un des plus grands ~s du siècle** one of the greatest minds of the century • **bel ~** wit • **les grands ~s se rencontrent** great minds think alike
ⓓ (*Rel, Spiritisme*) spirit • ~**, es-tu là?** is there anybody there?
ⓔ [*de loi, époque, texte*] spirit
ⓕ (*= aptitude*) **avoir l'~ d'analyse/critique** to have an analytical/critical mind
ⓖ (*= attitude*) spirit • **l'~ de cette classe** the general attitude of this class • **avoir mauvais ~** to be negative about things • **faire du mauvais ~** to make snide remarks
2 (COMP) ▸ **esprit de compétition** competitive spirit ▸ **esprit d'équipe** team spirit ▸ **esprit de famille** family feeling ▸ **esprit frappeur** poltergeist ▸ **l'Esprit saint** the Holy Spirit
esquimau, -aude (*mpl* **esquimaux**) [ɛskimo, od] **1** (ADJ) Eskimo (*souvent injurieux*) **2** (NM) ⓐ (*= langue*) Eskimo (*souvent injurieux*) ⓑ® (*= glace*) choc-ice (*Brit*), ice-cream bar (*US*) **3** (NM,F) **Esquimau(de)** Eskimo (*souvent injurieux*)
esquinter* [ɛskɛ̃te] /TABLE 1/ **1** (VT) [*+ objet*] to mess up*; [*+ yeux, santé*] to ruin; [*+ voiture*] to smash up • **se faire ~ par une voiture** [*automobiliste*] to have one's car bashed* into by another; [*cycliste, piéton*] to get badly bashed up* by a car **2** (VPR) **s'esquinter** (*= se blesser*) to hurt o.s. • **s'~ le bras** to hurt one's arm • **s'~ les yeux (à lire)** to strain one's eyes (reading) • **s'~ la santé à faire qch** to ruin one's health by doing sth
esquisse [ɛskis] (NF) sketch
esquisser [ɛskise] /TABLE 1/ (VT) to sketch • ~ **un geste** to make a vague gesture

esquive [ɛskiv] (NF) (*Boxe, Escrime*) dodge

esquiver [ɛskive] /TABLE 1/ **1** (VT) [*+ coup, question*] to dodge; [*+ difficulté*] to skirt round **2** (VPR) **s'esquiver** to slip away

essai [esɛ] (NM) **a** (*= tentative*) try • **coup d'~** first attempt • **faire plusieurs ~s** to have several tries
b (*= test*) test • **~s nucléaires** nuclear tests • **~s** (*sur voiture, avion*) trials
▸ **à l'essai être à l'~** to be on trial • **prendre qn à l'~** to take sb on for a trial period • **mettre à l'~** to test out
c (*Rugby*) try • **marquer un ~** to score a try
d (*écrit*) essay

essaim [esɛ̃] (NM) swarm

essaimer [eseme] /TABLE 1/ (VI) [*abeilles*] to swarm; [*famille*] to scatter

essayage [esɛjaʒ] (NM) [*de vêtements*] fitting

essayer [eseje] /TABLE 8/ **1** (VT) to try out; [*+ voiture*] to test; [*+ vêtement*] to try on; [*+ méthode*] to try • **~ de faire qch** to try to do sth • **je vais ~** I'll try • **essaie un peu pour voir*** (*si tu l'oses*) just you try!* **2** (VPR) **s'essayer s'~ à qch/à faire qch** to try one's hand at sth/at doing sth

essayiste [esejist] (NMF) essayist

essence [esɑ̃s] (NF) **a** (*= carburant*) petrol (*Brit*), gas (*US*); (*= solvant*) spirit • **~ ordinaire** two-star petrol (*Brit*), regular gas (*US*) • **~ sans plomb** unleaded petrol (*Brit*) *ou* gas (*US*) • **~ de térébenthine** turpentine • **à ~** petrol-driven (*Brit*), gasoline-powered (*US*) • **prendre** *ou* **faire* de l'~** to get petrol (*Brit*) *ou* gas (*US*) **b** [*de plantes*] essence • **~ de lavande/vanille** lavender/vanilla essence **c** [*de question, doctrine*] essence; [*de livre*] gist **d** (*= espèce d'arbre*) species

essentiel, -elle [esɑ̃sjɛl] **1** (ADJ) essential **2** (NM) **a l'~** (*= objets nécessaires*) the essentials • **c'est l'~** that's the main thing • **l'~ est de ...** the main thing is to ... **b l'~ de** the main part of • **l'~ de ce qu'il dit** most of what he says • **l'~ de leur temps** the best part of their time

> Le mot anglais se termine par **-ial**.

essentiellement [esɑ̃sjɛlmɑ̃] (ADV) essentially

essieu (*pl* **essieux**) [esjø] (NM) axle

essor [esɔʀ] (NM) [*d'oiseau, imagination*] flight; [*d'entreprise, pays*] rapid development; [*d'art, civilisation*] blossoming • **entreprise en plein ~** firm in full expansion • **prendre son ~** [*d'oiseau*] to soar up into the sky; [*d'entreprise*] to develop rapidly

essorage [esɔʀaʒ] (NM) (*à la main*) wringing out; (*par la force centrifuge*) spin-drying • **mettre sur la position « ~ »** to put on "spin"

essorer [esɔʀe] /TABLE 1/ (VT) (*à la main*) to wring out; (*par la force centrifuge*) to spin-dry

essoreuse [esɔʀøz] (NF) (*à tambour*) spin-dryer • **~ à salade** salad spinner

essoufflement [esufləmɑ̃] (NM) breathlessness *NonC*

essouffler [esufle] /TABLE 1/ **1** (VT) to make breathless • **il était essoufflé** he was out of breath **2** (VPR) **s'essouffler** [*coureur*] to get out of breath; [*roman*] to tail off; [*reprise économique, mouvement de grève*] to run out of steam

essuie [esɥi] (NM) (*Belg*) (*pour les mains*) hand towel; (*= serviette de bain*) bath towel; (*= torchon*) cloth

essuie-glace (*pl* **essuie-glaces**) [esɥiglas] (NM) windscreen (*Brit*) *ou* windshield (*US*) wiper

essuie-mains [esɥimɛ̃] (NM INV) hand towel

essuie-tout○ [esɥitu] (NM INV) kitchen paper (*Brit*), paper towels (*US*)

essuyer [esɥije] /TABLE 8/ **1** (VT) **a** (*= nettoyer*) to wipe; [*+ surface poussiéreuse*] to dust; [*+ liquide*] to wipe up • **essuie-toi les pieds avant d'entrer** wipe your feet before you come in • **~ la vaisselle** to dry the dishes • **nous avons essuyé les plâtres*** we had all the initial problems to put up with **b** (*= subir*) [*+ pertes, reproches, échec, insultes*] to endure; [*+ refus*] to meet with; [*+ tempête*] to weather • **~ le feu de l'ennemi** to come under enemy fire **2** (VPR) **s'essuyer** [*personne*] to dry o.s. • **s'~ les mains/les pieds** (*nettoyer*) to wipe one's hands/feet; (*sécher*) to dry one's hands/feet

est [ɛst] **1** (NM) **a** (*= point cardinal*) east • **un vent d'~** an east wind • **le vent est à l'~** the wind is blowing from the east • **le soleil se lève à l'~** the sun rises in the east • **à l'~ de** to the east of • **d'~ en ouest** from east to west **b** (*= régions orientales*) east • **l'~ (de la France)** the East (of France) • **les pays/le bloc de l'Est** the Eastern countries/bloc • **l'Europe de l'Est** Eastern Europe **2** (ADJ INV) [*région, partie, versant, côte*] eastern; [*côté, entrée, paroi*] east; [*direction*] easterly

est-allemand, e (*mpl* **est-allemands**) [ɛstalmɑ̃, ɑ̃d] (*Hist*) **1** (ADJ) East German **2** (NM,F) **Est-Allemand(e)** East German

estampe [ɛstɑ̃p] (NF) (*= image*) print

estampiller [ɛstɑ̃pije] /TABLE 1/ (VT) to stamp

esthète [ɛstɛt] (NMF) aesthete (*Brit*), esthete (*US*)

esthéticien, -ienne [ɛstetisjɛ̃, jɛn] (NM,F) (*de salon de beauté*) beautician

esthétique [ɛstetik] **1** (ADJ) aesthetic (*Brit*), esthetic (*US*) • **ce bâtiment n'a rien d'~** there is nothing attractive about this building **2** (NF) (*= apparence*) aesthetic (*Brit*), esthetic (*US*); (*= science*) aesthetics (*Brit*) *sg*, esthetics (*US*) *sg* • **l'~ du bâtiment** the look of the building

estimable [ɛstimabl] (ADJ) (*= digne d'estime*) estimable (*frm*)

estimation [ɛstimasjɔ̃] (NF) **a** (*= évaluation*) [*d'objet, propriété*] valuation; [*de dégâts, prix, distance, quantité*] estimation; (*= chiffre donné*) estimate • **d'après mes ~s** according to my estimations **b** (*= sondage d'opinion, prévision*) **~s** projections

estime [ɛstim] (NF) (*= considération*) esteem • **il a baissé dans mon ~** he has gone down in my estimation • **avoir de l'~ pour qn** to have respect for sb

estimer [ɛstime] /TABLE 1/ (VT) **a** (*= expertiser*) [*+ objet, propriété*] to assess; [*+ dégâts*] to estimate (**à** at) • **cette bague est estimée à 3000 €** this ring is valued at 3,000 euros
b (*= calculer approximativement*) [*+ prix, distance, quantité*] to estimate • **les pertes sont estimées à 2000 morts** 2,000 people are estimated to have died
c (*= respecter*) [*+ personne*] to respect • **notre estimé collègue** our esteemed colleague
d (*= considérer*) **~ que ...** to consider that ... • **j'estime qu'il est de mon devoir de ...** I consider it my duty to ... • **il estime avoir raison** he considers he is right • **~ inutile de faire** to see no point in doing • **s'~ heureux d'avoir/que** to consider o.s. fortunate to have/that

estival, e (*mpl* **-aux**) [ɛstival, o] (ADJ) summer; (*= agréable*) [*temps, température*] summery • **la période ~e** the summer season

estivant, e [ɛstivɑ̃, ɑ̃t] (NM,F) summer visitor

estomac [ɛstɔma] (NM) stomach • **avoir mal à l'~** to have a stomach ache • **partir l'~ vide** to set off on an empty stomach • **avoir de l'~** to have a bit of a paunch

estomaquer* [ɛstɔmake] /TABLE 1/ (VT) to flabbergast

estomper [ɛstɔ̃pe] /TABLE 1/ **1** (VT) [+ *dessin*] to shade off; [+ *contours, souvenir*] to blur **2** (VPR) **s'estomper** [*contours, souvenir*] to fade; [*différences*] to become less marked

Estonie [ɛstɔni] (NF) Estonia

estonien, -ienne [ɛstɔnjɛ̃, jɛn] **1** (ADJ) Estonian **2** (NM) (= *langue*) Estonian **3** (NM,F) **Estonien(ne)** Estonian

estouffade [ɛstufad] (NF) **~ de bœuf** ≈ beef stew

estourbir* [ɛstuʀbiʀ] /TABLE 2/ (VT) (= *assommer*) to stun

estrade [ɛstʀad] (NF) platform

estragon [ɛstʀagɔ̃] (NM) tarragon

estropié, e [ɛstʀɔpje] *ptp de* **estropier** (NM,F) cripple (*injurieux*)

estropier [ɛstʀɔpje] /TABLE 7/ (VT) [+ *personne*] to cripple; [+ *nom*] to mutilate

est-timorais, e [ɛsttimɔʀɛ, ɛz] **1** (ADJ) East Timorese **2** (NM,F) **Est-timorais(e)** East Timorese

estuaire [ɛstɥɛʀ] (NM) estuary

estudiantin, e [ɛstydjɑ̃tɛ̃, in] (ADJ) student

esturgeon [ɛstyʀʒɔ̃] (NM) sturgeon

et [e] (CONJ) ⓐ and • **c'est vert et rouge** it's green and red • **je n'ai rien vu, et toi?** I didn't see anything, what about you? • **une belle et grande maison** a beautiful, big house • **j'ai payé et je suis parti** I paid and left • **2 et 2 font 4** 2 and 2 make 4

ⓑ (*valeur emphatique*) **et ensuite?** and then? • **et alors?** (= *peu importe*) so what?* • **et moi alors?** and what about me then? • **et après?*** so what?* • **et moi, je peux venir?** can I come too? • **et vous osez revenir?** (*indignation*) and you dare to come back? • **et ces livres que tu devais me prêter?** and what's happened to those books that you were supposed to lend me? • **et vous, vous y allez?** and what about you, are you going?

étable [etabl] (NF) cowshed

établi [etabli] (NM) workbench

établir [etabliʀ] /TABLE 2/ **1** (VT) ⓐ [+ *usine*] to set up; [+ *liaisons, communications*] to establish • **~ son domicile à** to set up house in

ⓑ [+ *normes, règlement, usage*] to establish; [+ *gouvernement*] to form

ⓒ [+ *réputation*] to base (**sur** on); [+ *droits*] to establish; [+ *fortune*] to found

ⓓ [+ *autorité, paix, relations*] to establish

ⓔ [+ *liste, devis, plans*] to draw up; [+ *programme*] to arrange; [+ *facture, chèque*] to make out

ⓕ [+ *fait, comparaison*] to establish • **~ l'innocence de qn** to establish sb's innocence • **il est établi que ...** it's an established fact that ...

ⓖ (*Sport*) **~ un record** to establish a record

2 (VPR) **s'établir** ⓐ [*jeune couple*] to settle • **une usine s'est établie dans le village** a factory has been set up in the village • **l'ennemi s'est établi sur la colline** the enemy has taken up position on the hill

ⓑ (= *prendre un emploi*) **s'~ boulanger** to set o.s. up as a baker • **s'~ à son compte** to set up one's own business

ⓒ [*amitié, contacts*] to develop • **un consensus a fini par s'~** a consensus was eventually reached

établissement [etablismɑ̃] (NM) ⓐ (= *bâtiment, société*) establishment; (= *institution*) institution • **~ (scolaire)** school • **~ hospitalier** hospital • **~ pénitentiaire** prison • **~ religieux** religious institution • **~ bancaire** bank

ⓑ (= *mise en place*) establishing; [*de programme*] arranging; [*de gouvernement*] forming; [*de liste*] drawing up

étage [etaʒ] (NM) ⓐ [*de bâtiment*] floor • **au premier ~** (*en France*) on the first floor (*Brit*), on the second floor (*US*); (*au Canada*) on the ground floor (*Brit*), on the first floor (*US*) • **maison à deux ~s** three-storeyed (*Brit*) *ou* three-storied (*US*) house • **monter à l'~** to go upstairs • **les trois ~s de la tour Eiffel** the three levels of the Eiffel Tower ⓑ [*de fusée*] stage; [*de gâteau*] tier

étagère [etaʒɛʀ] (NF) (= *tablette, rayon*) shelf • **~s** (= *meuble*) shelves

étain [etɛ̃] (NM) (= *minerai*) tin; (= *matière travaillée*) pewter • **en** *ou* **d'~** pewter

étal (*pl* **étals**) [etal] (NM) [*de boucherie, marché*] stall

étalage [etalaʒ] (NM) (= *devanture*) shop window; (= *tréteaux*) stall; (= *articles exposés*) display • **faire ~ de** [+ *connaissances, luxe*] to flaunt

étale [etal] (ADJ) [*mer*] slack

étalement [etalmɑ̃] (NM) spreading; [*de journal, tissu*] spreading out (**sur** on); [*de vacances*] staggering (**sur** over)

étaler [etale] /TABLE 1/ **1** (VT) ⓐ [+ *papiers, objets*] to spread (**sur** over); [+ *journal, tissu*] to spread out (**sur** on); (*pour présenter*) to display (**sur** on) • **~ son jeu** *ou* **ses cartes** (*Cartes*) to lay down one's hand

ⓑ [+ *beurre, colle*] to spread (**sur** on); [+ *peinture, crème solaire*] to apply; (*Cuisine*) [+ *pâte*] to roll out

ⓒ [+ *paiements, travaux*] to spread (**sur** over); [+ *vacances*] to stagger (**sur** over) • **les paiements s'étalent sur quatre mois** payments are spread over a period of four months

ⓓ [+ *luxe, savoir, richesse*] to flaunt; [+ *malheurs*] to make a show of • **il faut toujours qu'il étale sa science** he doesn't miss an opportunity to display his knowledge

ⓔ (= *frapper*)* to floor • **se faire ~ à un examen** to flunk* an exam • **on s'est fait ~** (*Sport*) we got a real hammering*

2 (VPR) **s'étaler** ⓐ [*plaine, cultures*] to spread out • **le titre s'étale sur trois colonnes** the headline is spread across three columns

ⓑ (= *se vautrer*) **s'~ sur un divan** to sprawl on a divan • **étalé sur le tapis** stretched out on the carpet • **tu t'étales! je n'ai plus de place sur la table!** stop spreading yourself, you're not leaving me any room

ⓒ (= *tomber*)* **s'~ (par terre)** to fall flat on the ground

ⓓ (= *échouer*)* **s'~ à un examen/en chimie** to flunk* an exam/one's chemistry exam

étalon [etalɔ̃] (NM) ⓐ (= *cheval*) stallion ⓑ (= *mesure*) standard; (*fig*) yardstick • **~-or** gold standard

étalonner [etalɔne] /TABLE 1/ (VT) ⓐ (= *graduer*) to calibrate ⓑ (= *vérifier*) to standardize ⓒ [+ *test*] to set the standards for

étamine [etamin] (NF) [*de fleur*] stamen; (= *tissu*) muslin

étanche [etɑ̃ʃ] (ADJ) [*vêtements, chaussures, montre*] waterproof; [*bateau, compartiment*] watertight; [*cuve*] leakproof; [*toit, mur*] impermeable; (*fig*) watertight • **~ à l'air** airtight

étanchéité [etɑ̃ʃeite] (NF) (*à l'eau*) [*de bateau, compartiment*] watertightness • **pour assurer son ~** [*de vêtement, montre*] to make it waterproof • **~ (à l'air)** airtightness

étang [etɑ̃] (NM) pond

étape [etap] NF stage; (= *lieu d'arrêt*) stop • **faire ~ à** to stop off at • **ville-~** (*Cyclisme*) stopover town • **Valence est une ville-~ entre Lyon et Nice** Valence is a stopping-off point between Lyon and Nice • **les ~s de sa vie** the various stages of his life

état [eta] **1** NM **a** [*de personne*] state • **bon ~ général** good general state of health • **~ (de santé)** health • **en ~ d'ivresse** *ou* **d'ébriété** under the influence of alcohol • **il n'est pas en ~ de le faire** he's in no fit state to do it • **être dans un triste ~** to be in a sorry state • **il ne faut pas te mettre des ~s pareils!** you mustn't get yourself into such a state • **être dans tous ses ~s** to be in a terrible state • **il n'était pas dans son ~ normal** he wasn't his usual self • **être dans un ~ second** to be in a trance • **je ne suis pas en ~ de le recevoir** I'm in no fit state to see him

b [*d'objet, article d'occasion*] condition • **en bon/mauvais ~** in good/bad condition • **en ~** in (working) order • **en (parfait) ~ de marche** in (perfect) working order • **remettre en ~** [+ *voiture*] to repair; [+ *maison*] to renovate • **à l'~ neuf** as good as new

c [*de chose abstraite, substance*] state • **~ liquide/solide** liquid/solid state • **dans l'~ actuel de nos connaissances** in the present state of our knowledge • **dans l'~ actuel des choses** as things stand at present

d (= *nation*) État state • **un État de droit** a constitutional state • **être un État dans l'État** to be a law unto itself • **coup d'État** coup • **l'État-providence** the welfare state

e (= *registre, comptes*) statement; (= *inventaire*) inventory

f (*locutions*) **faire ~ de** [+ *ses services*] to instance; [+ *craintes, intentions*] to state; [+ *conversation, rumeur*] to report • **en tout ~ de cause** in any case • **c'est un ~ de fait** it is an established fact

2 COMP ▸ **état d'alerte** state of alert ▸ **états d'âme** (= *scrupules*) scruples; (= *hésitation*) doubts ▸ **état d'apesanteur** weightlessness • **être en ~ d'apesanteur** to be weightless ▸ **état de choc être en ~ de choc** to be in a state of shock ▸ **état de choses** state of affairs ▸ **état civil (le bureau de) l'~ civil** the registry office (*Brit*), the Public Records Office (*US*) ▸ **état de crise** state of crisis ▸ **état d'esprit** frame of mind ▸ **état de grâce** (*Rel*) state of grace • **en ~ de grâce** (*fig*) inspired ▸ **état de guerre** state of war ▸ **état des lieux** inventory of fixtures ▸ **états de service** service record ▸ **état de siège** state of siege ▸ **état d'urgence** state of emergency • **décréter l'~ d'urgence** to declare a state of emergency

étatique [etatik] ADJ [*structure, monopole, intervention*] state • **système ~** system of state control

étatiser [etatize] /TABLE 1/ VT to bring under state control • **entreprise étatisée** state-controlled firm

état-major (*pl* **états-majors**) [etamaʒɔʀ] NM **a** (= *officiers*) staff; (= *bureaux*) staff headquarters • **officier d'~** staff officer **b** [*de parti politique*] administrative staff

États-Unis [etazyni] NMPL **les ~ (d'Amérique)** the United States (of America)

étau (*pl* **étaux**) [eto] NM vice • **l'~ se resserre (autour des coupables)** the noose is tightening (around the guilty men)

étayer [eteje] /TABLE 8/ VT [+ *mur*] to prop up; [+ *théorie*] to support

etc. [ɛtseteʀa] LOC (ABR DE **et cætera**) etc

et cætera○**, et cetera** [ɛtseteʀa] LOC etcetera

été[1] [ete] NM summer • **~ indien** Indian summer • **~ comme hiver** summer and winter alike • **en ~** in summer • **jour d'~** summer's day • **mois d'~** summer month • **résidence d'~** summer residence

été[2] [ete] *ptp de* **être**

éteindre [etɛ̃dʀ] /TABLE 52/ **1** VT **a** [+ *gaz, lampe, électricité, chauffage, radio*] to switch off • **éteins dans la cuisine** switch off the lights in the kitchen **b** [+ *cigarette, incendie, poêle*] to put out; [+ *bougie*] to blow out **2** VPR **s'éteindre a** [*cigarette, feu, gaz*] to go out • **la fenêtre s'est éteinte** the light at the window went out **b** [*mourant*] to pass away

éteint, e [etɛ̃, ɛ̃t] *ptp de* **éteindre** ADJ [*race, volcan*] extinct; [*regard*] dull; [*voix*] feeble; (= *épuisé*) exhausted

étendard [etɑ̃daʀ] NM standard • **brandir** *ou* **lever l'~ de la révolte** to raise the standard of revolt

étendoir [etɑ̃dwaʀ] NM (= *corde*) clothes line; (*sur pied*) clotheshorse

étendre [etɑ̃dʀ] /TABLE 41/ **1** VT **a** [+ *journal, tissu*] to spread out; [+ *tapis, pâte*] to roll out; [+ *ailes*] to spread; [+ *bras, jambes, blessé*] to stretch out • **~ le linge** to hang out the washing

b* (= *frapper*) [+ *adversaire*] to floor; (= *vaincre*) to thrash*; [+ *candidat*] to fail • **se faire ~** [*adversaire*] to be laid out cold; [*candidat*] to flunk it*; (*aux élections*) to be hammered* • **il s'est fait ~ en anglais** he flunked* his English exam

c [+ *pouvoirs*] to extend (**sur** over); [+ *connaissances, cercle d'amis, recherches*] to broaden • **~ ses activités** [*firme*] to expand • **~ son action à d'autres domaines** to extend one's action to other fields

d [+ *vin*] to dilute; [+ *sauce*] to thin (**de** with) • **étendu d'eau** [*alcool*] watered down

2 VPR **s'étendre a** (= *s'allonger*) to stretch out (**sur** on); (= *se reposer*) to lie down • **s'~ sur son lit** to stretch out on one's bed

b [*côte, forêt, cortège*] to stretch (**jusqu'à** as far as, to); [*vacances, travaux*] to stretch (**sur** over)

c [*épidémie, feu, ville*] to spread; [*parti politique*] to expand; [*pouvoirs, domaine, fortune, connaissances*] to increase

d [*loi, mesure*] to apply (**à** to)

e (*insister*) to elaborate • **s'~ sur un sujet** to elaborate on a subject • **ne nous étendons pas là-dessus** let's not dwell on that

étendu, e[1] [etɑ̃dy] *ptp de* **étendre** ADJ **a** (= *vaste*) [*ville*] sprawling; [*domaine*] large; [*connaissances, pouvoirs, dégâts, vocabulaire*] extensive; [*sens d'un mot*] broad; [*famille*] extended **b** (= *allongé*) [*personne, jambes*] stretched out • **~ sur l'herbe** stretched out on the grass

étendue[2] [etɑ̃dy] NF **a** (= *surface*) expanse • **sur une ~ de 16 km** over an area of 16km • **~ d'eau** an expanse of water • **grande ~ de sable** large expanse of sand **b** [*de vie*] length • **sur une ~ de trois ans** over a period of three years **c** [*de pouvoir, dégâts, connaissances*] extent • **devant l'~ du désastre** faced with the scale of the disaster

éternel, -elle [etɛʀnɛl] **1** ADJ eternal • **je ne suis pas ~!** I won't live forever! • **c'est un ~ insatisfait** he's never happy with anything **2** NM **l'Éternel** God; (*Bible*) the Lord • **grand joueur devant l'Éternel** (*hum*) inveterate gambler • **l'~ féminin** the eternal feminine

> Le mot anglais se termine par **-al**.

éternellement [etɛʀnɛlmɑ̃] (ADV) eternally; [*attendre, durer, rester, jeune*] forever

éterniser (s') [etɛʀnize] /TABLE 1/ (VPR) [*situation, débat, attente*] to drag on; [*visiteur*] to stay too long • **on ne peut pas s'~ ici** we can't stay here for ever • **ne nous éternisons pas sur ce sujet** let's not dwell forever on that subject

éternité [etɛʀnite] (NF) eternity • **cela fait une ~ que je ne l'ai pas vu** it's ages since I last saw him • **ça a duré une ~** it lasted for ages

éternuement [etɛʀnymɑ̃] (NM) sneeze

éternuer [etɛʀnɥe] /TABLE 1/ (VI) to sneeze

éther [etɛʀ] (NM) ether

Éthiopie [etjɔpi] (NF) Ethiopia

éthiopien, -ienne [etjɔpjɛ̃, jɛn] **1** (ADJ) Ethiopian **2** (NM,F) **Éthiopien(ne)** Ethiopian

éthique [etik] **1** (ADJ) ethical **2** (NF) (*Philo*) ethics *sg*; (= *code moral*) code of ethics

éthiquement [etikmɑ̃] (ADV) ethically

ethnicité [ɛtnisite] (NF) ethnicity

ethnie [ɛtni] (NF) ethnic group

ethnique [ɛtnik] (ADJ) ethnic • **minorité ~** ethnic minority • **nettoyage** *ou* **purification ~** ethnic cleansing

ethnographie [ɛtnɔgʀafi] (NF) ethnography

ethnologie [ɛtnɔlɔʒi] (NF) ethnology

ethnologue [ɛtnɔlɔg] (NMF) ethnologist

éthylique [etilik] **1** (ADJ) [*coma*] alcoholic; [*délire*] alcohol-induced • **alcool ~** ethyl alcohol **2** (NMF) alcoholic

éthylotest [etilɔtɛst] (NM) breath test

étincelant, e [etɛ̃s(ə)lɑ̃, ɑ̃t] (ADJ) **a** [*lame, métal*] gleaming; [*étoile*] twinkling; [*diamant*] sparkling • **~ de propreté** sparkling clean **b** [*yeux*] (*de colère*) flashing; (*de joie*) shining

étinceler [etɛ̃s(ə)le] /TABLE 4/ (VI) **a** [*lame, métal*] to gleam; [*étoile*] to twinkle; [*diamant*] to sparkle **b** [*yeux*] **~ de colère** to flash with anger • **~ de joie** to sparkle with joy

étincelle [etɛ̃sɛl] (NF) **a** [*de feu*] spark • **~ de génie** spark of genius • **c'est l'~ qui a mis le feu aux poudres** (*fig*) it was this which sparked off the incident • **ça va faire des ~s*** sparks will fly **b** [*de lame, regard*] flash • **jeter** *ou* **lancer des ~s** [*diamant, regard*] to flash

étioler (s') [etjɔle] /TABLE 1/ (VPR) [*plante*] to wilt; [*personne*] to decline

étiopathe [etjopat] (NMF) etiopath

étiopathie [etjopati] (NF) etiopathy (*branch of osteopathy*)

étiquetage [etik(ə)taʒ] (NM) labelling

étiqueter [etik(ə)te] /TABLE 4/ (VT) to label

étiquette [etikɛt] (NF) **a** (*sur paquet*) label; (*de prix*) price tag • **~ politique** political label • **les sans ~** (*Politique*) the independents • **mettre une ~ à qn** to label sb **b** (= *protocole*) **l'~** etiquette

étirement [etiʀmɑ̃] (NM) stretching • **faire des ~s** to do stretching exercises

étirer [etiʀe] /TABLE 1/ **1** (VT) to stretch **2** (VPR) **s'étirer** [*personne*] to stretch; [*convoi, route*] to stretch out

étoffe [etɔf] (NF) material • **avoir l'~ de** to have the makings of • **il manque d'~** he lacks personality

étoffé, e [etɔfe] *ptp de* **étoffer** (ADJ) [*personne*] fleshy; [*discours*] meaty; [*catalogue, palmarès*] substantial

étoffer [etɔfe] /TABLE 1/ **1** (VT) [+ *discours, personnage*] to fill out; [+ *équipe*] to strengthen **2** (VPR) **s'étoffer** [*personne*] to fill out; [*carnet de commandes*] to fill up

étoile [etwal] (NF) star • **un trois ~s** (= *restaurant*) a three-star restaurant; (= *hôtel*) a three-star hotel • **l'~ du berger** the evening star • **une ~ du cinéma** a film star • **dormir** *ou* **coucher à la belle ~** to sleep under the stars • **l'~ montante de** the rising star of • **avec des ~s dans les yeux** *ou* **plein les yeux** [*regarder, contempler*] starry-eyed ▸ **étoile filante** shooting star ▸ **étoile de mer** starfish ▸ **étoile polaire** pole star

étoilé, e [etwale] (ADJ) [*nuit, ciel*] starry

étole [etɔl] (NF) stole

étonnamment [etɔnamɑ̃] (ADV) surprisingly

étonnant, e [etɔnɑ̃, ɑ̃t] (ADJ) **a** (= *surprenant*) surprising • **cela n'a rien d'~** there's nothing surprising about that • **vous êtes ~** you're incredible **b** (= *remarquable*) amazing

étonné, e [etɔne] *ptp de* **étonner** (ADJ) surprised • **il a pris un air ~** *ou* **a fait l'~** he acted surprised • **j'ai été très ~ de l'apprendre** I was really surprised to hear that • **il a été le premier ~ de sa réussite** nobody was more surprised than he was at his success

étonnement [etɔnmɑ̃] (NM) surprise; (*plus fort*) astonishment

étonner [etɔne] /TABLE 1/ **1** (VT) to surprise; (*plus fort*) to astonish • **ça m'étonne que ...** I am surprised that ... • **ça ne m'étonne pas** I'm not surprised • **vous serez étonnés du résultat** you'll be surprised by the result • **ça m'étonnerait** I'd be very surprised • **tu m'étonnes!*** (*iro*) you don't say!* (*iro*) **2** (VPR) **s'étonner** to be amazed (**de qch** at sth, **de voir** at seeing) • **je m'étonne que ...** I am surprised that ... • **il ne faut pas s'~ si** it's hardly surprising that

étouffant, e [etufɑ̃, ɑ̃t] (ADJ) stifling

étouffée [etufe] **à l'étouffée** **1** (LOC ADJ) [*poisson, légumes, viande*] stewed **2** (LOC ADV) • **cuire à l'~** to stew

étouffement [etufmɑ̃] (NM) **a** (= *mort*) suffocation • **mourir d'~** to die of suffocation **b** **sensation d'~** feeling of suffocation

étouffer [etufe] /TABLE 1/ **1** (VT) **a** [*assassin, chaleur, atmosphère*] to suffocate; [*sanglots, aliment*] to choke; (*fig*) to suffocate • **mourir étouffé** to die of suffocation • **les scrupules ne l'étouffent pas** he isn't over-burdened by scruples • **ce n'est pas la politesse qui l'étouffe!** politeness is not his forte! • **ça l'étoufferait de dire merci** it would kill him to say thank you • **ces plantes étouffent les autres** these plants choke others
b [+ *bruit*] to muffle; [+ *bâillement, sanglots, cris*] to stifle • **rires étouffés** suppressed laughter • **dit-il d'une voix étouffée** he said in a hushed tone
c [+ *scandale, affaire*] to hush up; [+ *rumeurs, scrupules, sentiments*] to smother; [+ *révolte*] to suppress
d [+ *flammes*] to smother
2 (VI) (= *mourir étouffé*) to die of suffocation; (= *être mal à l'aise*) to feel stifled • **~ de chaleur** to be overcome with the heat • **on étouffe dans cette pièce** it's stifling in here
3 (VPR) **s'étouffer** to suffocate • **s'~ en mangeant** to choke on something

étourderie [etuʀdəʀi] (NF) (= *caractère*) absent-mindedness • (**faute d'**)**~** careless mistake

étourdi, e [etuʀdi] *ptp de* **étourdir** **1** (ADJ) [*personne, action*] absent-minded **2** (NM,F) scatterbrain

étourdir [etuʀdiʀ] /TABLE 2/ (VT) **a** (= *assommer*) to stun **b** **~ qn** [*bruit*] to deafen sb; [*succès, parfum, vin*] to go to sb's head • **l'altitude m'étourdit** heights make me dizzy

étourdissement [etuʀdismɑ̃] (NM) (= *syncope*) blackout; (= *vertige*) dizzy spell • **ça me donne des ~s** it makes me feel dizzy

étourneau (*pl* **étourneaux**) [etuʀno] (NM) starling

étrange [etʀɑ̃ʒ] **1** (ADJ) strange • **et chose ~** strangely enough • **cela n'a rien d'~** there is nothing strange about that **2** (NM) **l'~ dans tout cela, c'est que ...** the strange thing is that ...

étrangement [etʀɑ̃ʒmɑ̃] (ADV) (= *bizarrement*) strangely; (= *étonnamment*) surprisingly • **ressembler ~ à** to be surprisingly like

étranger, -ère [etʀɑ̃ʒe, ɛʀ] **1** (ADJ) **a** (= *d'un autre pays*) foreign; [*politique, affaires*] foreign • **visiteurs ~s** foreign visitors **b** (= *d'un autre groupe*) strange (**à** to) • **être ~ à un groupe** to be an outsider **c** (= *inconnu*) [*nom, usage, milieu*] strange (**à** to); [*idée*] strange • **son nom/son visage ne m'est pas ~** his name/face is not unfamiliar to me **2** (NM,F) **a** (*d'un autre pays*) foreigner; (*péj, Admin*) alien **b** (= *inconnu*) stranger **3** (NM) (= *pays*) **l'~** foreign countries • **vivre/voyager à l'~** to live/travel abroad • **nouvelles de l'~** (*Journalisme*) news from abroad

étrangeté [etʀɑ̃ʒte] (NF) [*de conduite*] strangeness

étranglement [etʀɑ̃gləmɑ̃] (NM) **a** [*de victime*] strangulation **b** (*Judo*) stranglehold • **faire un ~ à qn** to get sb in a stranglehold

étrangler [etʀɑ̃gle] /TABLE 1/ **1** (VT) **a** (= *tuer*) [+ *personne*] to strangle; [+ *poulet*] to wring the neck of • **mourir étranglé (par son écharpe)** to be strangled (by one's scarf) • **la fureur l'étranglait** he was choking with rage • **voix étranglée par l'émotion** voice choking with emotion **b** [+ *presse, libertés*] to stifle **2** (VPR) **s'étrangler** [*personne*] to strangle o.s. • **s'~ de rire/colère** to choke with laughter/anger • **s'~ en mangeant** to choke on something

étrangleur, -euse [etʀɑ̃glœʀ, øz] (NM,F) strangler

étrave [etʀav] (NF) [*de bateau*] stem

être [ɛtʀ] /TABLE 61/

1 VERBE COPULE	**4** VERBE IMPERSONNEL
2 VERBE AUXILIAIRE	**5** NOM MASCULIN
3 VERBE INTRANSITIF	

> Pour les locutions comme **être en colère** ou **c'est dommage**, reportez-vous à l'autre mot.

1 VERBE COPULE

a to be • **le ciel est bleu** the sky is blue • **soyez sages!** be good! • **il était fatigué** he was tired • **elle est traductrice** she's a translator • **il est tout pour elle** he's everything to her • **il n'est plus rien pour moi** he doesn't mean anything to me any more • **nous sommes dix à vouloir partir** ten of us want to go

▸ **être de** **nous sommes de la même religion** we are of the same faith • **~ de l'expédition** to take part in the expedition • **~ de noce** to be at a wedding • **je ne serai pas du voyage** I won't be going • **elle est des nôtres** she's one of us; (= *elle vient avec nous*) she's coming with us • **serez-vous des nôtres demain?** will you be coming tomorrow?

b (*date*) **on est le 12 janvier** • **nous sommes le 12 janvier** it's 12 January • **on était en juillet** it was in July • **quel jour sommes-nous?** (*date*) what's the date today?; (*jour*) what day is it today?

2 VERBE AUXILIAIRE

a (*passif*) to be • **~ fabriqué par ...** to be made by ... • **il est soutenu par son patron** he is backed up by his boss • **elle n'a pas été invitée** she hasn't been invited

b (*temps composés*) to have

> Les temps composés anglais sont généralement formés avec le verbe **to have** et non **to be**.

> Les temps composés français ne se traduisent pas toujours par des temps composés anglais : le passé composé français peut se traduire soit par le prétérit, soit par le parfait anglais, selon le contexte.

• **il est mort hier** he died yesterday • **il est parti hier** he left yesterday • **est-il déjà passé?** has he been already? • **nous étions montés** we had gone upstairs

c (*verbes pronominaux*) **elle s'est regardée dans la glace** she looked at herself in the mirror • **elle s'était endormie** she had fallen asleep • **ils se sont regardés avec méfiance** they looked at each other suspiciously

3 VERBE INTRANSITIF

a to be • **elle n'est plus** she is no more • **le meilleur homme qui soit** the kindest man imaginable • **le village est à 10 km d'ici** the village is 10km from here • **où étais-tu?** where were you?

b (= *aller*)

> Lorsque **avoir été** décrit un déplacement, il est rendu le plus souvent par **to go** ; lorsqu'il exprime le fait de s'être trouvé quelque part, il se traduit par **to be**.

• **il n'avait jamais été à Londres** he'd never been to London • **as-tu déjà été à l'étranger? — oui j'ai été en Italie l'an dernier** have you ever been abroad? — yes I went to Italy last year • **elle a été lui téléphoner** she's gone to phone him • **il a été dire que c'était de ma faute** he went and said that it was my fault

4 VERBE IMPERSONNEL

a ▸ **il est** + *adjectif* it is • **il est étrange que ...** it's odd that ... • **il a été facile de le convaincre** it was easy to convince him

b ▸ **il est** (*pour dire l'heure*) it is • **il est 10 heures** it's 10 o'clock • **il était 8 heures quand il est arrivé** it was 8 o'clock when he arrived • **quelle heure est-il?** what time is it?

c ▸ **il est** + *nom* (*littér*) (*nom singulier*) there is; (*nom pluriel*) there are • **il est un pays où ...** there is a country where ... • **il est des gens qui ...** there are people who ... • **il était une fois ...** once upon a time there was ...

d ▸ **c'est, ce sont** + *nom ou pronom* **c'est le médecin** (*en désignant*) that's the doctor; (*au téléphone, à la porte*) it's the doctor • **c'est une voiture rapide** it's a fast car • **ce sont de bons souvenirs** they are happy memories

> En anglais, **to be** se met au temps de l'action décrite.

• **c'est une voiture rouge qui l'a renversé** it was a red car which knocked him down

> Notez l'emploi possible d'un auxiliaire en anglais pour traduire les propositions tronquées.

• **qui a crié ? — c'est lui** who shouted? — he did *ou* it was him

e ▸ **c'est** + *adjectif* it is • **c'est impossible** it's impossible • **c'était formidable** it was wonderful • **c'est vrai** that's true • **ça c'est vrai !** that's true! • **un hôtel pas cher, c'est difficile à trouver** it's not easy to find a cheap hotel • **voler, c'est quelque chose que je ne ferai jamais** stealing is something I'll never do

f *locutions*

▸ **c'est ... qui** **c'est le vent qui a emporté la toiture** it was the wind that blew the roof off • **c'est eux** *ou* **ce sont eux qui mentaient** they are the ones who were lying • **c'est toi qui le dis !** that's what you say! • **c'est moi qu'on attendait** it was me they were waiting for

▸ **c'est ... que** **c'est une bonne voiture que vous avez là** that's a good car you've got there • **c'est ici que je l'ai trouvé** this is where I found it • **c'était elle que je voulais rencontrer** she was the one I wanted to meet • **ne partez pas, c'est à vous que je veux parler** don't go, it's you I want to talk to

▸ **c'est que** (*pour expliquer*) **quand il écrit, c'est qu'il a besoin d'argent** when he writes, it's because he needs money • **c'est que je le connais bien !** I know him so well! • **c'est qu'elle n'a pas d'argent** it's because she has no money; (*exclamatif*) but she has no money!

▸ **ce n'est pas que** **ce n'est pas qu'il soit beau !** it's not that he's good-looking!

▸ **est-ce que ?** **est-ce que c'est vrai ?** is it true? • **est-ce que vous saviez ?** did you know? • **est-ce que tu m'entends ?** can you hear me? • **est-ce que c'est toi qui l'as battu ?** was it you who beat him? • **quand est-ce que ce sera réparé ?** when will it be fixed? • **où est-ce que tu l'as mis ?** where have you put it?

▸ **n'est-ce pas ?** → **n'est-ce pas**

▸ **ne serait-ce** if only • **ne serait-ce que pour quelques jours** if only for a few days • **ne serait-ce que pour nous ennuyer** if only to annoy us

5 NOM MASCULIN

a (= *créature*) being • **~ humain** human being • **~ vivant** living being

b (= *individu*) person • **les ~s qui nous sont chers** our loved ones • **un ~ cher** a loved one • **c'était un ~ merveilleux** he was a wonderful person

---

étreindre [etʀɛ̃dʀ] /TABLE 52/ VT (*frm*) (*dans ses bras*) [+ *ami*] to embrace; (*avec les mains*) to grip

étreinte [etʀɛ̃t] NF (*frm*) [*d'ami, amant*] embrace; [*de main, douleur*] grip • **l'armée resserre son ~ autour de...** the army is tightening its grip round ...

étrenner [etʀene] /TABLE 1/ VT to use (*ou* wear *etc*) for the first time

étrennes [etʀɛn] NFPL *present given at the end of the year*

étrier [etʀije] NM stirrup • **boire le coup de l'~** to have one for the road

étrille [etʀij] NF (= *brosse*) currycomb; (= *crabe*) velvet swimming crab

étriller [etʀije] /TABLE 1/ VT [+ *cheval*] to curry-comb

étriper [etʀipe] /TABLE 1/ **1** VT [+ *volaille*] to draw; [+ *poisson*] to gut; [+ *adversaire*]* to cut open **2** VPR **s'étriper*** to make mincemeat of each other*

étriqué, e [etʀike] ADJ [*habit*] tight; [*esprit, vie*] narrow • **il fait tout ~ dans son manteau** his coat looks too small for him

étroit, e [etʀwa, wat] **1** ADJ **a** [*rue, fenêtre, ruban, espace*] narrow; [*vêtement, chaussure*] tight • **être ~ des hanches** *ou* **du bassin** to have narrow hips

b [*vues*] narrow • **être ~ d'esprit** to be narrow-minded

c (= *intime*) [*liens*] close • **en collaboration ~e avec ...** in close collaboration with ...

d [*surveillance*] close • **au sens ~ du terme** in the narrow sense of the term

2 NM ▸ **à l'étroit** cramped • **vivre** *ou* **être logé à l'~** to live in cramped conditions • **être à l'~ dans ses vêtements** to be wearing clothes that are too small • **il se sent un peu à l'~** he feels a bit cramped

étroitement [etʀwatmɑ̃] ADV [*lier, unir, surveiller*] closely

étroitesse [etʀwatɛs] NF **~ d'esprit** narrow-mindedness

étude [etyd] **1** NF **a** (= *action*) study • **ce projet est à l'~** this project is under consideration • **mettre un projet à l'~** to study a project • **une ~ gratuite de vos besoins** a free assessment of your needs • **voyage/frais d'~** study trip/costs • **~ de marché** market research *NonC* • **~ de cas** case study

b (= *ouvrage*) study • **~s pour piano** studies for piano

c **(salle d')~** study room • **~ surveillée** study period (*Brit*), study hall (*US*) • **être en ~** to have a study period

d (= *bureau*) office; (= *charge, clientèle*) practice

2 NFPL **études** studies • **~s secondaires/supérieures** secondary/higher education • **faire ses ~s à Paris** to study in Paris • **travailler pour payer ses ~s** to work to pay for one's education • **faire des ~s de droit** to study law • **quand je faisais mes ~s** when I was studying

étudiant, e [etydjɑ̃, jɑ̃t] **1** ADJ [*vie, problèmes, mouvement*] student **2** NM,F student • **~ en médecine/en lettres** medical/arts student • **~ de première année** first-year student • **~ de troisième cycle** postgraduate student

étudié, e [etydje] *ptp de* **étudier** ADJ [*prix*] competitive • **à des prix très ~s** at the lowest possible prices

étudier [etydje] /TABLE 7/ VT to study • **~ qch de près** to study sth closely • **c'est étudié pour*** (= *conçu*) that's what it's for

étui [etɥi] NM [*de violon, cigares*] case; [*de parapluie*] cover; [*de revolver*] holster • **~ à lunettes** spectacle case

étuvée [etyve] **à l'étuvée** **1** LOC ADJ [*poisson, légumes, viande*] braised **2** LOC ADV • **cuire à l'~** to braise

étymologie [etimɔlɔʒi] NF etymology

étymologique [etimɔlɔʒik] ADJ etymological

EU (ABR DE **États-Unis**) US

eu, e [y] *ptp de* **avoir**

eucalyptus [økaliptys] NM eucalyptus

Eucharistie [økaʀisti] NF **l'~** the Eucharist

eugénisme [øʒenism] NM eugenics *sg*

euh [ø] EXCL er

eunuque [ønyk] NM eunuch

euphémisme [øfemism] NM euphemism

euphorie [øfɔʀi] NF euphoria

euphorique [øfɔʀik] ADJ euphoric

euphorisant, e [øfɔʀizɑ̃, ɑ̃t] **1** ADJ [*atmosphère*] stimulating **2** NM **(médicament) ~** antidepressant

eurasiatique [øʀazjatik] ADJ, NMF Eurasian

Eurasie [øʀazi] NF Eurasia

eurasien, -ienne [øʀazjɛ̃, jɛn] 1 ADJ Eurasian 2 NM,F **Eurasien(ne)** Eurasian
euro [øʀo] NM ⓐ (= *monnaie*) euro ⓑ **l'Euro** (= *championnat d'Europe*) the European championship
eurocent [øʀosɛnt] NM (euro)cent
eurochèque [øʀɔʃɛk] NM Eurocheque
Eurocorps [øʀɔkɔʀ] NM l'~ the Eurocorps
eurodéputé [øʀodepyte] NM Euro-MP
Euroland [øʀolɑ̃d] NM Euroland
Europe [øʀɔp] NF Europe • **l'~ centrale/occidentale** central/Western Europe • **l'~ de l'est** Eastern Europe • **l'~ des quinze** the fifteen countries of the European Union • **l'~ politique** political union in Europe • **il faut construire l'~ sociale** we must strive to build a Europe with a common social policy
européaniser [øʀɔpeanize] /TABLE 1/ 1 VT to Europeanize 2 VPR **s'européaniser** to become Europeanized
européen, -enne [øʀɔpeɛ̃, ɛn] 1 ADJ European • **les (élections) européennes** the European elections 2 NM,F **Européen(ne)** European
européiste [øʀɔpeist] ADJ, NMF pro-European
europhile [øʀofil] ADJ, NMF Europhile
europhobe [øʀofɔb] 1 ADJ Europhobic 2 NMF Europhobe
Europol [øʀɔpɔl] N Europol
eurosceptique [øʀosɛptik] ADJ, NMF Eurosceptic
Eurostar® [øʀɔstaʀ] NM Eurostar® • **voyager en ~** to travel by Eurostar
Eurovision [øʀɔvizjɔ̃] NF Eurovision
euthanasie [øtanazi] NF euthanasia
eux [ø] PRON PERS ⓐ (*sujet*) they • **nous y allons, ~ non** *ou* **pas ~** we are going but they aren't • **ils l'ont bien fait, ~, pourquoi pas nous?** they did it, why shouldn't we? • **~ mentir? ce n'est pas possible** them tell a lie? I can't believe it
ⓑ (*objet*) them • **les aider, ~? jamais!** help them? never! • **il n'obéit qu'à ~** they are the only ones he obeys • **cette maison est-elle à ~?** does this house belong to them?, is this house theirs? • **ils ont cette grande maison pour ~ seuls** they have this big house all to themselves • **ils ne pensent qu'à ~, ces égoïstes** those selfish people only think of themselves
eux-mêmes [ømɛm] PRON themselves
évacuation [evakɥasjɔ̃] NF [*de pays, personnes*] evacuation; [*de liquide*] draining • **procéder à l'~ de** to evacuate
évacué, e [evakɥe] *ptp de* **évacuer** NM,F evacuee
évacuer [evakɥe] /TABLE 1/ VT [+ *lieu, population*] to evacuate; [+ *problème*]* to dispose of • **faire ~** [+ *lieu*] to clear
évadé, e [evade] *ptp de* **évader** NM,F escaped prisoner
évader (s') [evade] /TABLE 1/ VPR ⓐ [*prisonnier*] to escape (**de** from) • **faire s'~ qn** to help sb escape ⓑ (*pour se distraire*) **s'~ de la réalité** to escape from reality • **la musique me permet de m'~** music is an escape for me
évaluation [evalɥasjɔ̃] NF assessment; (= *expertise*) valuation • **entretien d'~** [*d'employé*] appraisal
évaluer [evalɥe] /TABLE 1/ VT ⓐ [+ *risques, importance*] to assess • **on évalue à 60 000 le nombre des réfugiés** the number of refugees is estimated at 60,000 • **bien ~ qch** to be correct in one's assessment of sth • **mal ~ qch** to be mistaken in one's assessment of sth • **j'ai mal évalué la distance** I misjudged the distance ⓑ (= *expertiser*) [+ *maison, bijou*] to value (**à** at); [+ *dégâts, prix*] to assess
évangélique [evɑ̃ʒelik] ADJ evangelic(al)
évangélisateur, -trice [evɑ̃ʒelizatœʀ, tʀis] 1 ADJ evangelistic 2 NM,F evangelist
évangéliser [evɑ̃ʒelize] /TABLE 1/ VT to evangelize
évangéliste [evɑ̃ʒelist] NM evangelist; (*Bible*) Evangelist
évangile [evɑ̃ʒil] NM **l'Évangile** the Gospel • **l'Évangile selon saint Jean** the Gospel according to St John • **c'est parole d'~** it's the gospel truth
évanoui, e [evanwi] *ptp de* **évanouir** ADJ [*blessé*] unconscious • **tomber ~** to faint
évanouir (s') [evanwiʀ] /TABLE 2/ VPR [*personne*] to faint; [*rêves, apparition, craintes*] to vanish
évanouissement [evanwismɑ̃] NM blackout
évaporation [evapɔʀasjɔ̃] NF evaporation
évaporé, e [evapɔʀe] *ptp de* **évaporer** ADJ (*péj*) [*personne*] scatterbrained
évaporer (s') [evapɔʀe] /TABLE 1/ VPR to evaporate; (= *disparaître*)* to vanish *ou* disappear (into thin air)
évasé, e [evɑze] ADJ [*conduit*] which widens out; [*manches, jupe*] flared • **verre à bords ~s** glass with a bell-shaped rim
évasif, -ive [evazif, iv] ADJ evasive
évasion [evazjɔ̃] 1 NF ⓐ [*de prisonnier*] escape (**de** from) ⓑ (= *divertissement*) **l'~** escape; (= *tendance*) escapism • **rechercher l'~ dans la drogue** to seek escape in drugs 2 COMP ▸ **évasion des capitaux** flight of capital ▸ **évasion fiscale** tax evasion
évasivement [evazivmɑ̃] ADV evasively
Ève [ɛv] NF Eve
éveil [evɛj] NM (*littér*) [*de dormeur, intelligence*] awakening; [*de soupçons*] arousing • **être en ~** [*personne*] to be on the alert; [*sens*] to be alert • **donner l'~** to raise the alarm • **activités d'~** (*Scol*) early-learning activities
éveillé, e [eveje] *ptp de* **éveiller** ADJ (= *alerte*) [*enfant, esprit, air*] alert; (= *à l'état de veille*) wide-awake • **tenir qn ~** to keep sb awake
éveiller [eveje] /TABLE 1/ 1 VT ⓐ (= *réveiller*) to waken ⓑ [+ *curiosité, sentiment, souvenirs*] to awaken; [+ *passion*] to kindle • **pour ne pas ~ l'attention** so as not to attract attention • **sans ~ les soupçons** without arousing suspicion • **~ l'intelligence de l'enfant** to awaken the child's intelligence 2 VPR **s'éveiller** ⓐ (= *se réveiller*) to wake up ⓑ [*sentiment, curiosité, soupçons*] to be aroused; [*amour*] to be born ⓒ [*intelligence, esprit*] to develop ⓓ (*littér*) **s'~ à** [+ *amour*] to awaken to
événement, évènement [evɛnmɑ̃] NM event • **semaine chargée en ~s** eventful week • **l'~ de la semaine** the main story of the week • **faire** *ou* **créer l'~** [*personne, film*] to be big news • **les ~s de mai 68** the events of May 1968 • **film-~** blockbuster
événementiel, -ielle [evɛnmɑ̃sjɛl] 1 ADJ factual 2 NM (= *spectacles, grandes manifestations*) events *pl*
éventail [evɑ̃taj] NM ⓐ (= *instrument*) fan • **en ~** [*objet*] fan-shaped; [*plusieurs objets*] fanned out ⓑ [*de produits, prix, mesures*] range • **~ des salaires** salary range • **l'~ politique** the political spectrum • **il y a tout un ~ de possibilités** there is a whole range of possibilities
éventaire [evɑ̃tɛʀ] NM (= *étalage*) stall
éventer [evɑ̃te] /TABLE 1/ 1 VT ⓐ (= *rafraîchir*) to air; (*avec un éventail*) to fan ⓑ [+ *secret*] to let out 2 VPR **s'éventer** ⓐ [*boisson gazeuse*] to go flat; [*vin, parfum*] to go stale ⓑ (*avec éventail*) to fan o.s.
éventrer [evɑ̃tʀe] /TABLE 1/ 1 VT ⓐ (*avec un couteau*) to disembowel; (*d'un coup de corne*) to gore ⓑ [+ *boîte, sac*] to

tear open; [+ *muraille, coffre*] to smash open; [+ *matelas*] to rip open **2** (VPR) **s'éventrer** [*boîte, sac*] to burst open; [*samouraï*] to disembowel o.s.

éventreur [evɑ̃tʀœʀ] (NM) **Jack l'Éventreur** Jack the Ripper

éventualité [evɑ̃tɥalite] (NF) **a** (= *hypothèse*) possibility • **dans cette ~** if this happens • **dans l'~ d'un refus de sa part** should he refuse **b** (= *circonstance*) eventuality • **pour parer à toute ~** to guard against all eventualities

éventuel, -elle [evɑ̃tɥɛl] (ADJ) (= *possible*) possible; [*client*] potential • **nous déciderons d'éventuelles réformes plus tard** we'll decide on the possibility of reform later

> ⚠ **éventuel ≠ eventual**

éventuellement [evɑ̃tɥɛlmɑ̃] (ADV) possibly • **~, nous pourrions ...** we could possibly ... • **~ je prendrai ma voiture** if necessary I'll take my car

> ⚠ **éventuellement ≠ eventually**

évêque [evɛk] (NM) bishop

évertuer (s') [evɛʀtɥe] /TABLE 1/ (VPR) **s'~ à faire qch** to strive to do sth • **j'ai eu beau m'~ à lui expliquer ...** no matter how hard I tried to explain to him ...

éviction [eviksjɔ̃] (NF) (*Droit*) eviction; [*de rival*] supplanting • **procéder à l'~ de** [+ *locataires*] to evict

évidemment [evidamɑ̃] (ADV) obviously • **bien ~** of course

évidence [evidɑ̃s] (NF) **a** (= *caractère*) evidence • **c'est l'~ même!** it's obvious! • **se rendre à l'~** to bow to the evidence • **nier l'~** to deny the facts
▸ **de toute évidence** quite obviously
b (= *fait*) obvious fact • **c'est une ~ que de dire ...** it's stating the obvious to say ...
c ▸ **en évidence** (**être**) **en ~** (to be) in evidence • **mettre en ~** [+ *fait*] (= *souligner*) to bring to the fore; (= *révéler*) to reveal; [+ *objet*] to put in a prominent position • **se mettre en ~** to make one's presence felt • **la lettre était bien en ~** the letter was there for all to see

évident, e [evidɑ̃, ɑ̃t] (ADJ) obvious • **il est ~ que** it is obvious that • **ce n'est pas ~!*** (= *pas facile*) it's not that easy!

évider [evide] /TABLE 1/ (VT) to hollow out; [+ *pomme*] to core

évier [evje] (NM) sink

évincer [evɛ̃se] /TABLE 3/ (VT) [+ *concurrent*] to supplant

éviscérer [eviseʀe] /TABLE 6/ (VT) to eviscerate

éviter [evite] /TABLE 1/ **1** (VT) **a** to avoid • **~ de faire qch** to avoid doing sth • **évite de m'interrompre** try not to interrupt me **b** **~ qch à qn** to save sb sth • **ça lui a évité d'avoir à se déplacer** that saved him the bother of going **2** (VPR) **s'éviter** **a** (= *se fuir*) to avoid each other • **ils s'évitaient depuis quelque temps** they had been avoiding each other for some time **b** **je voudrais m'~ le trajet** I'd rather not have to make the trip • **s'~ toute fatigue** to avoid getting tired

évocation [evɔkasjɔ̃] (NF) **la simple ~ de cette question** the mere mention of this issue • **pouvoir** *ou* **puissance d'~ d'un mot** evocative power of a word

évolué, e [evɔlɥe] *ptp de* **évoluer** (ADJ) advanced; [*personne*] broad-minded; [*espèce animale*] evolved; [*langage informatique*] high-level

évoluer [evɔlɥe] /TABLE 1/ (VI) **a** (= *changer*) to evolve; [*personne, goûts*] to change; [*maladie, tumeur*] to develop • **la situation évolue dans le bon sens** the situation is moving in the right direction • **voyons comment les choses vont ~** let's wait and see how things develop • **faire ~** [+ *situation, société*] to bring about some change in; [+ *réglementation*] to make changes to **b** (*professionnellement*) [*personne*] to advance **c** (= *se mouvoir*) [*danseur*] to move; [*avion*] to fly around; [*bateau à voile*] to sail around; [*troupes*] to manoeuvre (Brit), to maneuvre (US) • **le monde dans lequel il évolue** the world in which he moves

évolutif, -ive [evɔlytif, iv] (ADJ) [*maladie*] progressive; [*poste*] with potential; [*structure*] (*en informatique*) upgradable

évolution [evɔlysjɔ̃] **1** (NF) **a** evolution; [*de goûts*] change; [*de maladie, tumeur*] development • **il faut tenir compte de l'~ des prix** price trends have to be taken into account • **~ positive** positive development; (*économique*) improvement **b** **~ de carrière** career advancement **2** (NFPL) **évolutions** (= *mouvements*) movements • **il regardait les ~s du danseur/de l'avion** he watched the dancer as he moved gracefully/the plane as it circled overhead

évolutionnisme [evɔlysjɔnism] (NM) evolutionism

> ✎ Le mot anglais s'écrit avec un seul **n** et sans **e** à la fin.

évoquer [evɔke] /TABLE 1/ (VT) **a** (= *remémorer*) to recall; (= *faire penser à*) to call to mind **b** (= *effleurer*) [+ *problème, sujet*] to bring up

ex* [ɛks] (NMF) ex*

ex. (ABR DE **exemple**) eg

ex- [ɛks] (PRÉF) ex- • **l'~URSS** the former Soviet Union

exacerber [ɛgzasɛʀbe] /TABLE 1/ **1** (VT) [+ *douleur, problème, tensions*] to exacerbate; [+ *émotion, passion, concurrence*] to intensify • **sensibilité exacerbée** heightened sensibility **2** (VPR) **s'exacerber** [*concurrence, passion, polémique*] to become more intense; [*tensions*] to increase

exact, e [ɛgza(kt), ɛgzakt(ə)] (ADJ) **a** (= *fidèle*) [*reproduction*] exact; [*compte rendu*] accurate • **réplique ~e** exact replica • **c'est l'~e vérité** that's the absolute truth
b (= *correct*) [*définition, raisonnement*] exact; [*réponse, calcul*] correct • **ce n'est pas le terme ~** that's not the right word • **est-il ~ que ...?** is it true that ...? • **ce n'est pas tout à fait ~** that's not altogether correct • **~!** exactly!
c (= *précis*) [*dimension, nombre, valeur*] exact; [*donnée*] accurate • **l'heure ~e** the exact time • **la nature ~e de son travail** the precise nature of his work
d (= *ponctuel*) punctual • **être ~ à un rendez-vous** to arrive at an appointment on time

exactement [ɛgzaktəmɑ̃] (ADV) exactly • **c'est à 57km ~** it's exactly 57km away • **au troisième top, il sera ~ huit heures** at the third stroke, it will be eight o'clock precisely • **c'est ~ ce que je pensais** that's exactly what I was thinking • **ce n'est pas ~ un expert** (*hum*) he's not exactly an expert

exactions [ɛgzaksjɔ̃] (NFPL) (= *abus de pouvoir*) abuses of power; (= *violences*) acts of violence

exactitude [ɛgzaktityd] (NF) **a** [*de reproduction, compte rendu*] accuracy **b** [*de définition, réponse, calcul*] correctness • **je ne mets pas en doute l'~ de vos informations** I'm not saying your information is wrong **c** [*de dimension, nombre, valeur*] exactness; [*de donnée, pendule*] accuracy **d** (= *ponctualité*) punctuality

ex æquo [ɛgzeko] 1 (ADJ INV) **ils sont ~** they tied 2 (NM INV) **les ~** those who are (*ou* were) placed equal • **il y a deux ~ pour la deuxième place** there is a tie for second place 3 (ADV) **être (classé) premier ~** to tie for first place

exagération [ɛgzaʒeʀasjɔ̃] (NF) exaggeration

exagéré, e [ɛgzaʒeʀe] *ptp de* **exagérer** (ADJ) (= *excessif*) excessive • **accorder une importance ~e à** to exaggerate the importance of • **d'un optimisme ~** overly optimistic • **venir se plaindre après ça, c'est un peu ~** it was too much to come and complain after all that • **il serait ~ de dire ça** it would be an exaggeration to say that

exagérément [ɛgzaʒeʀemɑ̃] (ADV) excessively

exagérer [ɛgzaʒeʀe] /TABLE 6/ 1 (VT) to exaggerate • **on a beaucoup exagéré leur rôle** their role has been greatly exaggerated • **n'exagérons rien!** let's not exaggerate! 2 (VI) **pourquoi tu lui as dit ça? tu exagères!** it was a bit much to say that to him! • **tu as deux heures de retard, tu exagères!** you're two hours late, this is just not on!* • **sans ~, ça a duré trois heures** without any exaggeration, it lasted three hours • **quand même il exagère!** he's gone too far! • **500 € pour ça? ils exagèrent!** 500 euros for that? - they must be joking

exaltant, e [ɛgzaltɑ̃, ɑ̃t] (ADJ) [*vie, aventure*] exciting

exaltation [ɛgzaltasjɔ̃] (NF) (= *surexcitation*) intense excitement; (*joyeuse*) elation; (*Psych*) overexcitement

exalté, e [ɛgzalte] *ptp de* **exalter** 1 (ADJ) [*imagination*] vivid 2 (NM,F) (= *impétueux*) hothead; (= *fanatique*) fanatic

exalter [ɛgzalte] /TABLE 1/ 1 (VT) **a** (= *surexciter*) [+ *esprit, imagination*] to fire • **exalté par cette nouvelle** (= *très excité*) excited by this news; (= *euphorique*) overjoyed by this news **b** (= *glorifier*) to exalt 2 (VPR) **s'exalter** [*personne*] to get excited; [*imagination*] to get carried away

exam* [ɛgzam] (NM) (ABR DE **examen**) exam

examen [ɛgzamɛ̃] 1 (NM) **a** (*Scol*) exam • **~ écrit/oral** written/oral examination • **passer un ~** to take an exam **b** **~ (médical)** [*de patient*] (medical) examination; (= *analyse de sang etc*) (medical) test • **se faire faire des ~s** to have some tests done • **subir un ~ médical complet** to have a complete checkup

c (= *analyse*) examination • **l'~ détaillé** *ou* **minutieux du rapport ...** detailed examination of the report ... • **la question est à l'~** the matter is under consideration • **son argument ne résiste pas à l'~** his argument doesn't stand up to scrutiny • **procéder à l'~ de** [+ *demande, question*] to look into; [+ *ordre du jour*] to go through

d (*Droit*) **mettre qn en ~** to indict sb • **mise en ~** indictment

2 (COMP) ▸ **examen blanc** mock exam (*Brit*), practice test (*US*) ▸ **examen de conscience** self-examination ▸ **examen de passage** (*Scol*) end-of-year exam (*Brit*), final exam (*US*); (*fig*) ultimate test • **il a réussi son ~ de passage** he has proved himself ▸ **examen de santé** checkup

examinateur, -trice [ɛgzaminatœʀ, tʀis] (NM,F) examiner

examiner [ɛgzamine] /TABLE 1/ 1 (VT) **a** (= *analyser*) to examine; [+ *question, demande, cas*] to look into; [+ *projet de loi*] to discuss • **~ qch dans le** *ou* **en détail** to examine sth in detail • **~ qch de près** to look closely at sth • **~ qch de plus près** to take a closer look at sth

b (= *regarder*) to examine; [+ *ciel, horizon*] to scan; [+ *appartement, pièce*] to look over • **~ les lieux** to have a look round • **se faire ~ par un spécialiste** to be examined by a specialist

2 (VPR) **s'examiner** [*personne*] to examine o.s. • **ils s'examinaient à la dérobée** they were looking at each other furtively

exaspérant, e [ɛgzaspeʀɑ̃, ɑ̃t] (ADJ) exasperating

exaspérer [ɛgzaspeʀe] /TABLE 6/ (VT) (= *irriter*) to exasperate

exaucer [ɛgzose] /TABLE 3/ (VT) [+ *vœu, prière*] to grant • **~ qn** to grant sb's wish

excédant, e [ɛksedɑ̃, ɑ̃t] (ADJ) (= *énervant*) exasperating

excédent [ɛksedɑ̃] (NM) surplus • **~ de poids/bagages** excess weight/baggage • **il y a 2kg d'~** *ou* **en ~** it's 2kg over (weight) • **~ commercial** trade surplus

excédentaire [ɛksedɑ̃tɛʀ] (ADJ) [*production*] excess • **budget ~** surplus budget • **ils ont une balance commerciale ~** they have a favourable trade balance

excéder [ɛksede] /TABLE 6/ (VT) **a** (= *dépasser*) [+ *longueur, temps, prix*] to exceed • **le prix excédait (de beaucoup) ses moyens** the price far exceeded his means • **l'apprentissage n'excède pas trois ans** the apprenticeship doesn't last more than three years **b** [+ *pouvoir, droits*] to exceed; [+ *forces*] to overtax **c** **excédé de travail** overworked **d** (= *agacer*) to exasperate • **je suis excédé** I'm furious

excellence [ɛkselɑ̃s] (NF) **a** excellence • **le poète surréaliste par ~** the surrealist poet par excellence **b** **Son Excellence** His (*ou* Her) Excellency

excellent, e [ɛkselɑ̃, ɑ̃t] (ADJ) excellent

exceller [ɛksele] /TABLE 1/ (VI) to excel (**dans** *ou* **en qch** at *ou* in sth, **à faire** in doing)

excentré, e [ɛksɑ̃tʀe] (ADJ) [*quartier, région*] outlying

excentricité [ɛksɑ̃tʀisite] (NF) eccentricity

excentrique [ɛksɑ̃tʀik] (ADJ, NMF) eccentric

excepté, e [ɛksɛpte] 1 (ADJ) **il n'a plus de famille sa mère ~e** he has no family left except his mother 2 (PRÉP) except • **~ que** except that • **tous ~ sa mère** everyone except his mother

exception [ɛksɛpsjɔ̃] (NF) exception • **à quelques ~s près** with a few exceptions • **c'est l'~ qui confirme la règle** it's the exception which proves the rule • **~ culturelle française** *the exclusion of French cinema, cheeses, and other specifically French items from the GATT trade agreement* • **faire une ~ à** [+ *règle*] to make an exception to • **faire ~ (à la règle)** to be an exception (to the rule)

▸ **exception faite de, à l'exception de** except for

▸ **sans exception** without exception

▸ **d'exception** [*tribunal, régime, mesure*] special

exceptionnel, -elle [ɛksɛpsjɔnɛl] (ADJ) exceptional • **offre exceptionnelle** (*Commerce*) special offer • **d'un talent ~** exceptionally talented

> ✎ Le mot anglais s'écrit avec un seul **n** et se termine par **-al**.

exceptionnellement [ɛksɛpsjɔnɛlmɑ̃] (ADV) exceptionally • **le magasin sera ~ ouvert dimanche** the store will open on Sunday just for this week • **~, je vous recevrai lundi** just this once I will see you on Monday

excès [ɛksɛ] 1 (NM) **a** (= *surplus*) excess; [*de marchandises, produits*] surplus • **~ de zèle** overzealousness **b** (= *abus*) excess • **tomber dans l'~** to go to extremes • **tomber dans l'~ inverse** to go to the opposite extreme

• ~ **de boisson** excessive drinking • **faire des ~ de table** to eat too much • **se laisser aller à des ~** to go overboard*
▸ **à l'excès** to excess • **généreux à l'~** overgenerous
▸ **excès de pouvoir** (*Droit*) abuse of power ▸ **excès de vitesse** breaking the speed limit • **coupable de plusieurs ~ de vitesse** guilty of having broken the speed limit on several occasions

excessif, -ive [ɛksesif, iv] (ADJ) excessive • **300 €, c'est ~!** 300 euros, that's far too much! • **500 €, ce n'est vraiment pas ~!** 500 euros isn't what you'd call expensive! • **elle est excessive (en tout)** she takes everything to extremes

excessivement [ɛksesivmɑ̃] (ADV) excessively; [*difficile, grave*] extremely

exciser [ɛksize] /TABLE 1/ (VT) to excise

excision [ɛksizjɔ̃] (NF) excision

excitant, e [ɛksitɑ̃, ɑ̃t] **1** (ADJ) ⓐ (= *enthousiasmant*) exciting • **ce n'est pas très ~!** it's not very exciting! ⓑ (= *stimulant*) stimulating ⓒ (*sexuellement*) sexy **2** (NM) stimulant

excitation [ɛksitasjɔ̃] (NF) ⓐ (= *enthousiasme, nervosité*) excitement • **dans un état de grande ~** in a state of great excitement ⓑ **~ (sexuelle)** (sexual) excitement ⓒ [*de nerf, muscle*] excitation

excité, e [ɛksite] *ptp de* **exciter 1** (ADJ) ⓐ (= *enthousiasmé*)* excited • **il ne semblait pas très ~ à l'idée de me revoir** he didn't seem too thrilled at the idea of seeing me again ⓑ (= *nerveux*) [*animal*] restless; [*enfant*] overexcited • **~ comme une puce** all excited ⓒ (= *irrité*)* worked up ⓓ (*sexuellement*) excited **2** (NM,F) (= *impétueux*)* hothead; (= *fanatique*)* fanatic

exciter [ɛksite] /TABLE 1/ **1** (VT) ⓐ (= *provoquer*) [+ *intérêt, désir*] to arouse; [+ *curiosité*] to excite; [+ *imagination*] to stimulate
ⓑ (= *aviver*) [+ *colère*] to intensify
ⓒ (= *rendre nerveux*) **~ un animal/un enfant** to get an animal/a child excited • **le café, ça m'excite trop** coffee makes me too nervous
ⓓ (*sexuellement*) to arouse
ⓔ (= *irriter*) [*situation, réunion*]* to get worked up • **il commence à m'~** he's getting on my nerves
ⓕ (= *encourager*) to spur on • **~ qn contre qn** to set sb against sb
ⓖ [+ *nerf, muscle*] to excite
2 (VPR) **s'exciter** ⓐ (= *s'enthousiasmer*)* to get excited (**sur, à propos de** about, over); (= *devenir nerveux*) to get worked up* • **t'excite pas!** (= *ne te fâche pas*) calm down!
ⓑ (*sexuellement*) to get excited

exclamatif, -ive [ɛksklamatif, iv] (ADJ) exclamatory

exclamation [ɛksklamasjɔ̃] (NF) exclamation

exclamer (s') [ɛksklame] /TABLE 1/ (VPR) to exclaim

exclu, e [ɛkskly] **1** (ADJ) ⓐ (= *non accepté*) [*personne*] excluded • **se sentir ~ de la société** to feel excluded from society
ⓑ (= *hors de question*) **c'est tout à fait ~** it's completely out of the question • **aucune hypothèse n'est ~e** no possibility has been ruled out • **il n'est pas ~ que ...** it is not impossible that ... • **une défaite n'est pas ~e** defeat cannot be ruled out
ⓒ (= *excepté*) **tous les jours, mardi ~** every day, except Tuesday
2 (NM,F) **les ~s (de la société)** victims of social exclusion • **les ~s de la croissance économique** those left out of the economic boom

exclure [ɛksklyʀ] /TABLE 35/ **1** (VT) ⓐ (*d'un parti, d'une équipe, d'un club, d'une école*) to expel; (*temporairement*) to suspend; (*d'une université*) to expel ⓑ [+ *solution*] to exclude; [+ *hypothèse*] to dismiss ⓒ (= *être incompatible avec*) to preclude **2** (VPR) **s'exclure s'~ mutuellement** [*idées*] to be mutually exclusive; [*actions, mesures*] to be mutually incompatible

exclusif, -ive [ɛksklyzif, iv] (ADJ) exclusive; [*représentant*] sole • **à l'usage/au profit ~ de** for the sole use/benefit of • **dans le but ~ de faire ...** with the sole aim of doing ...

exclusion [ɛksklyzjɔ̃] (NF) (= *expulsion*) expulsion; (*temporaire*) suspension (**de** from) • **l'~ (sociale)** social exclusion • **personne en voie d'~** person who is in danger of becoming a social outcast
▸ **à l'exclusion de** (= *en écartant*) to the exclusion of; (= *sauf*) with the exception of

exclusivement [ɛksklyzivmɑ̃] (ADV) (= *seulement*) exclusively • **~ réservé au personnel** reserved for staff only

exclusivité [ɛksklyzivite] (NF) ⓐ (*Commerce*) exclusive rights • **avoir l'~ de la couverture d'un événement** to have exclusive coverage of an event
ⓑ (= *reportage*) exclusive; (*à sensation*) scoop • **c'est une ~ de notre maison** it's exclusive to our company
▸ **en exclusivité en ~ dans notre journal** exclusive to our paper • **ce film passe en ~ à ...** this film is showing only at ...

excrément [ɛkskʀemɑ̃] (NM) excrement *NonC* • **~s** excrement

excroissance [ɛkskʀwasɑ̃s] (NF) growth

excursion [ɛkskyʀsjɔ̃] (NF) (*en car*) excursion; (*en voiture*) drive; (*à vélo*) ride; (*à pied*) walk • **~ en mer** boat trip • **~ de trois jours** three-day tour • **partir en ~** • **faire une ~** (*en car*) to go on an excursion; (*en voiture*) to go for a drive; (*à vélo*) to go for a ride; (*à pied*) to go for a walk

excursionner [ɛkskyʀsjɔne] /TABLE 1/ (VI) to go on an excursion *ou* trip

excusable [ɛkskyzabl] (ADJ) [*acte*] excusable • **il n'est pas ~** what he did is unforgivable

excuse [ɛkskyz] **1** (NF) excuse • **il a pris pour ~ qu'il avait à travailler** he gave the excuse that he had work to do **2** (NFPL) **excuses** (= *regrets*) apology • **faire des ~s** • **présenter ses ~s** to apologize • **je vous dois des ~s** I owe you an apology

excuser [ɛkskyze] /TABLE 1/ **1** (VT) ⓐ (= *pardonner*) [+ *personne, faute*] to forgive • **veuillez ~ mon retard** please forgive me for being late • **excusez-moi** (*je suis désolé*) I'm sorry; (*pour demander quelque chose*) excuse me • **vous êtes tout excusé** please don't apologize • **excusez-moi, vous avez l'heure s'il vous plaît?** excuse me, have you got the time please?
ⓑ (= *justifier*) to excuse • **cette explication n'excuse rien** this explanation is no excuse
ⓒ (= *dispenser*) to excuse • **il a demandé à être excusé pour la réunion** he asked to be excused from the meeting • **se faire ~** to ask to be excused
2 (VPR) **s'excuser** to apologize (**de qch** for sth, **auprès de qn** to sb)

exécrable [ɛgzekʀabl] (ADJ) execrable

exécrer [ɛgzekʀe] /TABLE 6/ (VT) to loathe

exécutable [ɛgzekytabl] (ADJ) (*Informatique*) executable

exécutant, e [ɛgzekytɑ̃, ɑ̃t] (NM,F) [*de musique*] performer; (*péj* = *agent*) underling

exécuter [ɛgzekyte] /TABLE 1/ VT ⓐ [+ *plan, ordre, mouvement, mission, instruction*] to carry out; [+ *travail*] to do; [+ *tâche*] to perform; (*Informatique*) [+ *programme*] to run ⓑ [+ *tableau*] to paint ⓒ [+ *morceau de musique*] to perform ⓓ (= *tuer*) to execute

exécutif, -ive [ɛgzekytif, iv] **1** ADJ executive **2** NM **l'~** the executive

exécution [ɛgzekysjɔ̃] NF ⓐ [*de plan, ordre, mouvement, mission, tâche*] carrying out • **~!** get on with it! • **mettre à ~** [+ *projet, menaces*] to carry out ⓑ [*de tableau*] painting ⓒ [*de morceau de musique*] performance ⓓ (= *mise à mort*) execution

exemplaire [ɛgzɑ̃plɛʀ] **1** ADJ exemplary **2** NM ⓐ [*de livre, formulaire*] copy • **en deux ~s** in duplicate • **25 ~s de cet avion ont été vendus** 25 aeroplanes of this type have been sold ⓑ (= *échantillon*) specimen

exemplarité [ɛgzɑ̃plaʀite] NF **les politiques ont un devoir d'~** politicians have a duty to lead by example

exemple [ɛgzɑ̃pl] NM example • **citer qn/qch en ~** to quote sb/sth as an example • **donner l'~** to set an example • **prendre ~ sur qn** to take sb as a model • **servir d'~ à qn** to serve as an example to sb • **faire un ~ de qn** (= *punir*) to make an example of sb

▸ **par exemple** (*explicatif*) for example • **ça par ~!** (*surprise*) well I never!; (*indignation*) well really!

> ✎ Le mot anglais s'écrit avec un **a** au milieu.

exemplifier [ɛgzɑ̃plifje] /TABLE 7/ VT to exemplify

exempt, e [ɛgzɑ̃, ɑ̃(p)t] ADJ **~ de** exempt from; [+ *dangers*] free from • **~ de taxes** tax-free • **~ de TVA** zero-rated for VAT

exempter [ɛgzɑ̃(p)te] /TABLE 1/ VT (= *dispenser*) to exempt (**de** from)

exercé, e [ɛgzɛʀse] *ptp de* **exercer** ADJ [*œil, oreille*] trained; [*personne*] experienced

exercer [ɛgzɛʀse] /TABLE 3/ **1** VT ⓐ [+ *métier*] to have; [+ *fonction*] to fulfil; [+ *talents*] to exercise • **dans le métier que j'exerce** in my profession • **il exerce encore** he's still practising ⓑ [+ *droit, pouvoir*] to exercise (**sur** over); [+ *contrôle, influence, pression*] to exert (**sur** on) ⓒ (= *aguerrir*) [+ *corps, mémoire, voix*] to train (**à** to, for) • **~ des élèves à lire** *ou* **à la lecture** to get pupils to practise their reading **2** VPR **s'exercer** [*personne*] to practise • **s'~ à** [+ *technique, mouvement*] to practise • **s'~ à faire qch** to train o.s. to do sth

exercice [ɛgzɛʀsis] NM ⓐ (= *travail d'entraînement*) exercise • **~s d'assouplissement** limbering up exercises • **~ d'évacuation** fire drill • **~ de style** (*littéraire*) stylistic composition

ⓑ (= *activité physique*) **l'~ (physique)** (physical) exercise • **faire de l'~** to do some exercise

ⓒ (= *pratique*) [*de métier*] practice • **l'~ du pouvoir** the exercise of power • **condamné pour ~ illégal de la médecine** sentenced for practising medicine illegally • **dans l'~ de ses fonctions** in the exercise of his duties

▸ **en exercice être en ~** [*médecin*] to be in practice; [*juge, fonctionnaire*] to be in office • **président en ~** serving chairman • **entrer en ~** to take up one's duties

ⓓ (= *période*) year • **l'~ 1996** the 1996 fiscal year • **~ comptable** accounting year

> ✎ Le mot anglais se termine par **-se**.

exerciseur [ɛgzɛʀsizœʀ] NM exercise machine; (*pour poitrine*) chest expander

exergue [ɛgzɛʀg] NM **mettre en ~** (= *mettre en évidence*) [+ *idée, phrase*] to bring out • **mettre une citation en ~ à un chapitre** to head a chapter with a quotation

exfiltrer [ɛksfiltʀe] /TABLE 1/ VT to exfiltrate

exfoliant, e [ɛksfɔljɑ̃, jɑ̃t] ADJ exfoliating

exhaler [ɛgzale] /TABLE 1/ **1** VT (*littér*) [+ *odeur, vapeur*] to give off; (= *souffler*) to exhale **2** VPR **s'exhaler** [*odeur*] to be given off (**de** by)

exhausteur [ɛgzostœʀ] NM **~ de goût** *ou* **de saveur** flavour enhancer

exhaustif, -ive [ɛgzostif, iv] ADJ exhaustive

exhaustivité [ɛgzostivite] NF exhaustiveness • **la liste ne prétend pas à l'~** the list doesn't claim to be exhaustive

exhiber [ɛgzibe] /TABLE 1/ **1** VT ⓐ (*frm*) [+ *document*] to show ⓑ [+ *animal*] to exhibit; (*péj*) [+ *partie du corps*] to show off; [+ *savoir, richesse*] to display **2** VPR **s'exhiber** (*péj*) (= *parader*) to parade around; [*exhibitionniste*] to expose o.s.

exhibition [ɛgzibisjɔ̃] NF (= *concours*) show • **match d'~** exhibition match

exhibitionnisme [ɛgzibisjɔnism] NM exhibitionism

> ✎ Le mot anglais s'écrit avec un seul **n** et sans **e** à la fin.

exhibitionniste [ɛgzibisjɔnist] NMF exhibitionist

> ✎ Le mot anglais s'écrit avec un seul **n** et sans **e** à la fin.

exhortation [ɛgzɔʀtasjɔ̃] NF exhortation

exhorter [ɛgzɔʀte] /TABLE 1/ VT to urge (**à faire qch** to do sth) • **~ qn à la patience** to urge sb to be patient

exhumer [ɛgzyme] /TABLE 1/ VT [+ *corps*] to exhume; [+ *ruines, vestiges*] to excavate; [+ *faits, vieux livres*] to unearth; [+ *souvenirs*] to recall

exigeant, e [ɛgziʒɑ̃, ɑ̃t] ADJ [*client, hôte*] demanding • **il est très ~ envers lui-même** he sets very high standards for himself

exigence [ɛgziʒɑ̃s] NF ⓐ (= *caractère*) high expectations • **il est d'une ~!** he's so demanding! • **~ morale** high moral standards ⓑ (= *revendication, condition*) demand • **les ~s du marché** the demands of the market • **~s (salariales)** salary expectations

exiger [ɛgziʒe] /TABLE 3/ VT ⓐ (= *réclamer*) to demand (**qch de qn** sth of *ou* from sb) • **j'exige que vous le fassiez** I insist that you do it • **j'exige des excuses** I demand an apology • **la loi l'exige** the law demands it ⓑ (= *nécessiter*) to require • **cette plante exige beaucoup d'eau** this plant requires a lot of water

exigible [ɛgziʒibl] ADJ [*dette*] payable • **~ le 15 mai** payable on 15 May

exigu○, -uë [ɛgzigy] ADJ [*lieu*] cramped

exiguïté○ [ɛgzigyite] NF [*de lieu*] smallness; [*de ressources*] meagreness

exil [ɛgzil] NM exile • **en ~** [*personne*] in exile • **envoyer qn en ~** to send sb into exile

exilé, e [ɛgzile] *ptp de* **exiler** NM,F exile ▸ **exilé fiscal** tax exile

exiler [ɛgzile] /TABLE 1/ **1** VT to exile **2** VPR **s'exiler** to go into exile • **s'~ à la campagne** to bury o.s. in the country

existant, e [ɛgzistɑ̃, ɑ̃t] (ADJ) existing
existence [ɛgzistɑ̃s] (NF) existence • **dans l'~** in life
existentialiste [ɛgzistɑ̃sjalist] (ADJ, NMF) existentialist
existentiel, -ielle [ɛgzistɑ̃sjɛl] (ADJ) existential
exister [ɛgziste] /TABLE 1/ **1** (VI) **a** (= *vivre, être réel*) to exist • **le bonheur ça existe** there is such a thing as happiness **b** (= *se trouver*) to be • **ce modèle existe-t-il en rose?** is this model available in pink? **2** (VB IMPERS) (= *il y a*) **il existe** (*avec sg*) there is; (*avec pl*) there are • **il n'existe pas de meilleur café** there is no better coffee • **il existe d'énormes insectes** some insects are huge
exit [ɛgzit] (VI, NM) (*Théât*) exit • **~ le directeur** (*hum*) out goes the manager
ex nihilo [ɛksniilo] (ADV) ex nihilo
exo* [ɛgzo] (NM) (ABR DE **exercice**) exercise
exode [ɛgzɔd] (NM) exodus • **l'Exode** (*Bible*) the Exodus • **~ rural** rural exodus • **~ des cerveaux** brain drain • **~ des capitaux** flight of capital
exonération [ɛgzɔneʀasjɔ̃] (NF) **~ fiscale** *ou* **d'impôt** tax exemption
exonérer [ɛgzɔneʀe] /TABLE 6/ (VT) to exempt (**de** from) • **placement exonéré d'impôts** investment free of tax
exoplanète [ɛgzoplanɛt] (NF) exoplanet
exorbitant, e [ɛgzɔʀbitɑ̃, ɑ̃t] (ADJ) exorbitant
exorbité, e [ɛgzɔʀbite] (ADJ) [*yeux*] bulging
exorciser [ɛgzɔʀsize] /TABLE 1/ (VT) to exorcize
exorciste [ɛgzɔʀsist] (NM) exorcist
exotique [ɛgzɔtik] (ADJ) exotic
exotisme [ɛgzɔtism] (NM) exoticism
expansif, -ive [ɛkspɑ̃sif, iv] (ADJ) (*de caractère*) outgoing • **il s'est montré peu ~** he was not very forthcoming
expansion [ɛkspɑ̃sjɔ̃] (NF) (= *extension*) expansion • **économie en pleine ~** booming economy
expansionnisme [ɛkspɑ̃sjɔnism] (NM) expansionism

> ✎ Le mot anglais s'écrit avec un seul **n** et sans **e** à la fin.

expansionniste [ɛkspɑ̃sjɔnist] (ADJ) (*Politique: péj*) expansionist

> ✎ Le mot anglais s'écrit avec un seul **n** et sans **e** à la fin.

expatrié, e [ɛkspatʀije] *ptp de* **expatrier** (NM,F) expatriate
expatrier [ɛkspatʀije] /TABLE 7/ **1** (VT) to expatriate **2** (VPR) **s'expatrier** to leave one's country
expectative [ɛkspɛktativ] (NF) (= *incertitude*) state of uncertainty; (= *attente prudente*) cautious approach • **être** *ou* **rester dans l'~** (*incertitude*) to be still waiting; (*attente prudente*) to wait and see
expectorant, e [ɛkspɛktɔʀɑ̃, ɑ̃t] (ADJ, NM) expectorant
expédient [ɛkspedjɑ̃] (NM) expedient • **vivre d'~s** [*personne*] to live by one's wits
expédier [ɛkspedje] /TABLE 7/ (VT) **a** [+ *lettre, paquet*] to send • **~ par la poste** to send through the post • **~ par bateau** [+ *lettres, colis*] to send surface mail; [+ *matières premières*] to ship • **je l'ai expédié en vacances chez sa grand-mère*** I sent him off to his grandmother's for the holidays **b** [+ *client, visiteur*] to dismiss • **~ une affaire** to dispose of a matter • **~ son déjeuner en cinq minutes** to polish off* one's lunch in five minutes **c** **~ les affaires courantes** to dispose of day-to-day matters
expéditeur, -trice [ɛkspeditœʀ, tʀis] (NM,F) [*de courrier*] sender; [*de marchandises*] shipper

expéditif, -ive [ɛkspeditif, iv] (ADJ) [*méthode, solution*] expeditious
expédition [ɛkspedisjɔ̃] (NF) **a** (= *voyage*) expedition • **~ de police** police raid • **quelle ~!** what an expedition! **b** [*de lettre, colis, renforts*] dispatch; (*par bateau*) shipping • **notre service ~** our shipping department
expérience [ɛkspeʀjɑ̃s] (NF) **a** (= *pratique*) experience • **avoir de l'~** to have experience (**en** in) • **sans ~** inexperienced • **savoir par ~** to know from experience • **il a une longue ~ de l'enseignement** he has a lot of teaching experience • **~ amoureuse** *ou* **sexuelle** sexual experience • **faire l'~ de qch** to experience sth **b** (= *essai scientifique*) experiment • **faire une ~ sur un cobaye** to carry out an experiment on a guinea-pig

> ⚠ Lorsqu'une **expérience** est scientifique, elle ne se traduit pas par **experience**.

expérimental, e (*mpl* **-aux**) [ɛkspeʀimɑ̃tal, o] (ADJ) experimental • **à titre ~** on an experimental basis
expérimentateur, -trice [ɛkspeʀimɑ̃tatœʀ, tʀis] (NM,F) experimenter; (*en laboratoire*) bench scientist
expérimentation [ɛkspeʀimɑ̃tasjɔ̃] (NF) experimentation • **~ animale** (= *pratique*) animal experimentation; (= *tests*) animal experiments
expérimenté, e [ɛkspeʀimɑ̃te] *ptp de* **expérimenter** (ADJ) experienced
expérimenter [ɛkspeʀimɑ̃te] /TABLE 1/ (VT) **a** (= *vivre*) to experience **b** [+ *appareil*] to test; [+ *remède*] to experiment with; [+ *méthode*] to test out • **~ en laboratoire** to experiment in a laboratory
expert, e [ɛkspɛʀ, ɛʀt] **1** (ADJ) expert • **être ~ en la matière** to be an expert in the subject **2** (NM,F) expert (**en** in, at); (*pour assurances*) assessor
expert-comptable, experte-comptable (*mpl* **experts-comptables**) [ɛkspɛʀkɔ̃tabl, ɛkspɛʀtkɔ̃tabl] (NM,F) chartered accountant (*Brit*), certified public accountant (*US*)
expertise [ɛkspɛʀtiz] (NF) **a** [*de bijou*] valuation; [*de dégâts*] assessment • **~ comptable** chartered accountancy (*Brit*) • **~ psychiatrique** psychiatric examination • **rapport d'~** valuer's *ou* assessor's *ou* expert's report **b** (= *compétence*) expertise
expertiser [ɛkspɛʀtize] /TABLE 1/ (VT) [+ *bijou*] to value; [+ *dégâts*] to assess
expier [ɛkspje] /TABLE 7/ (VT) [+ *péchés, crime*] to expiate
expiration [ɛkspiʀasjɔ̃] (NF) **a** (= *terme*) **venir à ~** to expire • **à l'~ du délai** when the deadline expires **b** (= *respiration*) exhalation
expirer [ɛkspiʀe] /TABLE 1/ **1** (VT) [+ *air*] to breathe out **2** (VI) **a** [*délai, passeport*] to expire • **la carte expire le 5 mai** the card expires on 5 May **b** (= *respirer*) to breathe out
explicable [ɛksplikabl] (ADJ) explicable • **difficilement ~** difficult to explain
explicatif, -ive [ɛksplikatif, iv] (ADJ) explanatory • **proposition relative explicative** non-restrictive relative clause
explication [ɛksplikasjɔ̃] (NF) **a** explanation (**de** of) • **~s** (= *marche à suivre*) instructions • **j'exige des ~s!** I demand an explanation **b** (= *discussion*) discussion; (= *dispute*) argument; (= *bagarre*) fight • **j'ai eu une petite ~ avec lui** I had a bit of an argument with him

ⓒ (Scol) [d'auteur, passage] commentary (**de** on) • **~ de texte** critical analysis of a text

explicite [ɛksplisit] ADJ explicit • **il n'a pas été très ~ sur ce point** he wasn't very clear on that point

expliciter [ɛksplisite] /TABLE 1/ VT [+ clause] to make explicit; [+ pensée] to explain

expliquer [ɛksplike] /TABLE 1/ **1** VT ⓐ to explain • **il m'a expliqué comment faire** he explained how to do it • **explique-moi pourquoi** explain why • **cela explique qu'il ne soit pas venu** that explains why he didn't come ⓑ (= élève) [+ texte] to analyse • **~ un texte de Flaubert** to give a critical analysis of a passage from Flaubert

2 VPR **s'expliquer** ⓐ (= donner des précisions) to explain o.s. • **je m'explique** let me explain • **s'~ sur ses projets** to explain one's plans • **s'~ devant qn** to explain one's actions to sb

ⓑ (= comprendre) to understand • **je ne m'explique pas bien qu'il soit parti** I can't understand why he should have left

ⓒ (= être compréhensible) **leur attitude s'explique: ils n'ont pas reçu notre lettre** that explains their attitude: they didn't get our letter • **tout s'explique!** it's all clear now!

ⓓ (= parler clairement) **s'~ bien/mal** to express o.s. well/badly • **je me suis peut-être mal expliqué** perhaps I didn't make myself clear

ⓔ **s'~ avec qn** (= discuter) to have a talk with sb; (= se disputer, se battre) to have it out with sb* • **ils sont allés s'~ dehors*** they went to fight it out outside

exploit [ɛksplwa] NM exploit • **~s amoureux** amorous exploits • **~ sportif** sporting achievement

exploitable [ɛksplwatabl] ADJ [gisement] exploitable; [données] usable

exploitant, e [ɛksplwatɑ̃, ɑ̃t] NM,F ⓐ (= fermier) **~ (agricole)** farmer • **petit ~ (agricole)** small farmer • **~ forestier** forestry developer ⓑ (Ciné) (= propriétaire) cinema owner; (= gérant) cinema manager

exploitation [ɛksplwatasjɔ̃] NF ⓐ (= entreprise) **~ familiale** family business • **~ (agricole)** farm • **~ vinicole** vineyard • **~ commerciale/industrielle** business/industrial concern ⓑ (= abus) exploitation • **l'~ de l'homme par l'homme** man's exploitation of man • **l'~ sexuelle des enfants** sexual exploitation of children ⓒ [de gisement, sol] exploitation; [de terres] farming; [d'entreprise] running ⓓ [d'idée, situation, renseignement] using • **la libre ~ de l'information** the free use of information

exploiter [ɛksplwate] /TABLE 1/ VT to exploit; [+ sol, terres] to farm; [+ entreprise] to run; [+ ligne aérienne, réseau] to operate; [+ don] to make use of • **richesses non exploitées** unexploited riches

exploiteur, -euse [ɛksplwatœʀ, øz] NM,F exploiter

explorateur, -trice [ɛksplɔʀatœʀ, tʀis] NM,F (= personne) explorer

exploration [ɛksplɔʀasjɔ̃] NF exploration

exploratoire [ɛksplɔʀatwaʀ] ADJ exploratory

explorer [ɛksplɔʀe] /TABLE 1/ VT to explore

exploser [ɛksploze] /TABLE 1/ **1** VI ⓐ [bombe, chaudière] to explode • **j'ai cru que ma tête allait ~** I thought my head was going to explode • **~ en vol** (fig) to come to an abrupt end • **faire ~** [+ bombe] to explode; [+ bâtiment] to blow up; [+ monopole, système] to break up • **~ (de colère)** to explode (with anger) • **laisser ~ sa colère** to give vent to one's anger ⓑ [chômage, demande, production, prix] to rocket; [marché] to boom **2** VT* ⓐ (= abîmer) to smash up* • **je vais lui ~ la tête!** I'm going to smash his face in!* • **il s'est explosé le genou** he smashed up his knee* ⓑ [+ adversaire] (= battre à plate couture) to thrash*, to hammer* • **on va les ~ en finale** we're going to hammer them in the final*

explosif, -ive [ɛksplozif, iv] **1** ADJ ⓐ [charge, situation] explosive • **dossier ~** highly sensitive file ⓑ [joueur] explosive **2** NM explosive

explosion [ɛksplozjɔ̃] NF explosion • **~ démographique** population explosion • **~ sociale** explosion of social unrest

explosivité [ɛksplozivite] NF ⓐ [d'une situation] explosiveness ⓑ [d'un joueur] explosive power

expo* [ɛkspo] NF (ABR DE **exposition**) expo*

export [ɛkspɔʀ] NM (ABR DE **exportation**) export • **se lancer dans l'~** to go into exports

exportateur, -trice [ɛkspɔʀtatœʀ, tʀis] **1** ADJ exporting • **être ~ de** to be an exporter of **2** NM,F exporter

exportation [ɛkspɔʀtasjɔ̃] NF export • **faire de l'~** to be in the export business • **produit d'~** export product

exporter [ɛkspɔʀte] /TABLE 1/ VT to export • **notre mode s'exporte bien** our fashions are popular abroad

exposant, e [ɛkspozɑ̃, ɑ̃t] **1** NM,F [de foire, salon] exhibitor **2** NM (= chiffre) exponent

exposé [ɛkspoze] NM account; (= conférence) talk; (devoir scolaire) (oral) presentation; (écrit) written paper • **faire un ~ oral sur** to give a presentation on • **faire un ~ de la situation** to give an account of the situation

exposer [ɛkspoze] /TABLE 1/ **1** VT ⓐ (= exhiber) [+ marchandises] to display; [+ tableaux] to exhibit • **elle expose dans cette galerie** she exhibits her work at that gallery • **les œuvres exposées** the works on show

ⓑ [+ faits, raisons] to state; [+ griefs] to air; [+ idées, théories] to set out; [+ situation] to explain

ⓒ (= mettre en danger) [+ personne] to expose (**à** to); [+ vie, réputation] to risk • **c'est une personnalité très exposée** his position makes him an easy target for criticism

ⓓ (= orienter, présenter) to expose • **maison exposée au sud** house facing south • **endroit très exposé** very exposed place

ⓔ (Littérat) [+ action] to set out; (Mus) [+ thème] to introduce

2 VPR **s'exposer** to expose o.s. • **s'~ (au soleil)** to expose o.s. (to the sun) • **s'~ à** [+ danger, sanction, critiques] to expose o.s. to

exposition [ɛkspozisjɔ̃] NF ⓐ (= foire, salon) exhibition • **l'Exposition universelle** the World Fair • **faire une ~** [artiste] to put on an exhibition ⓑ [de marchandises] display; [de faits, raisons, situation, idées] exposition; (au danger, à la chaleur) exposure (**à** to) ⓒ [de photo] exposure ⓓ [de maison] aspect

exposition-vente (pl **expositions-ventes**) [ɛkspozisjɔ̃vɑ̃t] NF show (with goods on display for sale); [d'artisanat] craft fair

expo-vente* (pl **expos-ventes**) [ɛkspovɑ̃t] NF (ABR DE **exposition-vente**)

exprès[1] [ɛkspʀɛ] ADV (= spécialement) specially; (= intentionnellement) on purpose • **je suis venu (tout) ~** I came specially • **il ne l'a pas fait ~** he didn't do it on purpose • **c'est fait ~** it's meant to be like that

exprès², -esse [ɛkspʀɛs] **1** ADJ [*interdiction, ordre*] express **2** NM, ADJ INV **(lettre/colis) ~** express (*Brit*) *ou* special delivery (*US*) letter/parcel • **envoyer qch en ~** to send sth by express post (*Brit*) *ou* special delivery (*US*)

express [ɛkspʀɛs] ADJ, NM **a (train) ~** fast train **b** (= *café*) espresso

expressément [ɛkspʀesemɑ̃] ADV (= *formellement*) [*dire, interdire*] expressly; (= *spécialement*) [*fait, conçu*] specially • **il ne l'a pas dit ~** he didn't say it in so many words

expressif, -ive [ɛkspʀesif, iv] ADJ expressive

expression [ɛkspʀesjɔ̃] NF **a** expression • **jouer avec beaucoup d'~** to play with great feeling • **~ corporelle** music and movement • **journal d'~ anglaise** English-language newspaper **b** (= *locution*) expression • **~ figée** set expression • **~ toute faite** stock phrase • **réduit à sa plus simple ~** reduced to a minimum

expressionnisme [ɛkspʀesjɔnism] NM expressionism

> Le mot anglais s'écrit avec un seul **n** et sans **e** à la fin.

expressionniste [ɛkspʀesjɔnist] ADJ, NM,F expressionist

> Le mot anglais s'écrit avec un seul **n** et sans **e** à la fin.

expresso [ɛkspʀeso] NM (= *café*) espresso

exprimer [ɛkspʀime] /TABLE 1/ **1** VT to express **2** VPR **s'exprimer** [*personne*] to express o.s.; [*talent*] to express itself • **je me suis peut-être mal exprimé** perhaps I have expressed myself badly • **si je peux m'~ ainsi** if I may put it like that

exproprier [ɛkspʀɔpʀije] /TABLE 7/ VT to expropriate • **ils ont été expropriés** their property has been expropriated

expulser [ɛkspylse] /TABLE 1/ VT [+ *élève, étranger*] to expel (**de** from); [+ *locataire*] to evict (**de** from); [+ *joueur*] to send off

expulsion [ɛkspylsjɔ̃] NF [*d'élève, étranger*] expulsion (**de** from); [*de locataire*] eviction (**de** from); [*de joueur*] sending off

expurgé, e [ɛkspyʀʒe] ADJ [*version*] expurgated

exquis, -ise [ɛkski, iz] ADJ exquisite; [*personne, temps*] delightful

extase [ɛkstɑz] NF ecstasy • **il est en ~ devant sa fille** he goes into raptures over his daughter • **tomber/rester en ~ devant un tableau** to go into ecstasies at/stand in ecstasy before a painting

extasier (s') [ɛkstɑzje] /TABLE 7/ VPR to go into raptures (**devant, sur** over)

extensible [ɛkstɑ̃sibl] ADJ [*matière*] extensible • **notre budget n'est pas ~ à l'infini** our budget is not inexhaustible

extensif, -ive [ɛkstɑ̃sif, iv] ADJ [*agriculture*] extensive

extension [ɛkstɑ̃sjɔ̃] NF **a** [*de ressort, membre*] stretching • **être en ~** [*personne*] to be stretching; [*bras*] to be stretched out **b** [*d'épidémie, grève, incendie*] spreading; [*de domaine*] expansion; [*de pouvoirs*] extension • **prendre de l'~** [*épidémie*] to spread; [*mouvement*] to expand **c** [*de loi, mesure, sens d'un mot*] extension (**à** to) • **par ~** by extension

exténuant, e [ɛkstenɥɑ̃, ɑ̃t] ADJ exhausting

exténuer [ɛkstenɥe] /TABLE 1/ **1** VT to exhaust **2** VPR **s'exténuer** to exhaust o.s. (**à faire qch** doing sth)

extérieur, e [ɛksteʀjœʀ] **1** ADJ **a** (*à un lieu*) [*bruit, paroi, escalier, collaborateur*] outside; [*quartier, cour, boulevard*] outer; [*décoration*] exterior • **apparence ~e** [*de personne*] outward appearance; [*de maison*] outside **b** (*à l'individu*) [*monde, influences, activité, intérêt*] outside **c** (= *étranger*) external; [*commerce, politique, nouvelles*] foreign **2** NM **a** [*d'objet, maison*] outside, exterior; [*de piste, circuit*] outside

▸ **à l'extérieur** (= *au dehors*) outside • **travailler à l'~** (*hors de chez soi*) to work outside the home • **téléphoner à l'~** to make an outside call • **jouer à l'~** to play an away match • **c'est à l'~ (de la ville)** it's outside (the town)

▸ **de l'extérieur juger qch de l'~** (*en tant que profane*) to judge sth from the outside

b l'~ the outside world; (= *pays étrangers*) foreign countries

c (*Ciné*) outdoor shot • **tourner en ~** to shoot outdoors

extérieurement [ɛksteʀjœʀmɑ̃] ADV **a** (= *du dehors*) externally **b** (= *en apparence*) outwardly

extérioriser [ɛksteʀjɔʀize] /TABLE 1/ **1** VT [+ *sentiment*] to express; (*Psych*) to exteriorize **2** VPR **s'extérioriser** [*personne*] to express o.s.; [*sentiment*] to be expressed

exterminateur, -trice [ɛkstɛʀminatœʀ, tʀis] NM,F exterminator

extermination [ɛkstɛʀminasjɔ̃] NF extermination

exterminer [ɛkstɛʀmine] /TABLE 1/ VT to exterminate

externaliser [ɛkstɛʀnalize] /TABLE 1/ VT [+ *activité, service*] to outsource

externat [ɛkstɛʀna] NM (= *école*) day school • **faire son ~ à** [*d'étudiant en médecine*] to be a non-resident student *ou* an extern (*US*) at

externe [ɛkstɛʀn] **1** ADJ [*surface*] external, outer; [*angle*] exterior; [*candidature, recrutement, croissance*] external **2** NMF (= *élève*) day pupil • **~ (des hôpitaux)** non-resident student at a teaching hospital, extern (*US*)

extincteur [ɛkstɛ̃ktœʀ] NM fire extinguisher

extinction [ɛkstɛ̃ksjɔ̃] NF extinction • **avoir une ~ de voix** to have lost one's voice • **avant l'~ des feux** before lights out • **espèce en voie d'~** endangered species

extirper [ɛkstiʀpe] /TABLE 1/ **1** VT **elle a extirpé un chéquier de son sac** she pulled a chequebook out of her bag • **~ qn de son lit** to drag sb out of bed **2** VPR **s'extirper s'~ du lit** to drag o.s. out of bed

extorquer [ɛkstɔʀke] /TABLE 1/ VT to extort (**à qn** from sb)

extorsion [ɛkstɔʀsjɔ̃] NF extortion • **~ de fonds** extortion of money

> Le mot anglais se termine par **-tion**.

extra [ɛkstʀa] **1** NM (= *serveur*) catering assistant; (= *gâterie*) treat • **il fait des ~s** [*serveur*] he does part-time catering work • **s'offrir un ~** to treat o.s. to something special **2** ADJ INV (= *supérieur*) [*fromage, vin*] first-rate; (= *excellent*) [*film, personne, week-end*]* great*

extracommunautaire [ɛkstʀakɔmynotɛʀ] ADJ non-EU

extraconjugal, e (*mpl* **-aux**) [ɛkstʀakɔ̃ʒygal, o] ADJ extramarital

extraction [ɛkstʀaksjɔ̃] NF [*de minerai, sable*] extraction

▸ **extraction de données** data retrieval

extrader [ɛkstʀade] /TABLE 1/ VT to extradite

extradition [ɛkstʀadisjɔ̃] (NF) extradition
extrafin, e [ɛkstʀafɛ̃, fin] (ADJ) [*haricots, petits pois*] superfine; [*aiguille*] extra fine
extrafort, e [ɛkstʀafɔʀ, fɔʀt] **1** (ADJ) [*carton, moutarde*] extrastrong **2** (NM) (= *ruban*) binding
extraire [ɛkstʀɛʀ] /TABLE 50/ **1** (VT) **a** [+ *minerai, sable*] to extract; [+ *charbon*] to mine; [+ *jus*] to extract; (*en pressant*) to squeeze out; (*en tordant*) to wring out **b** ~ **de** [+ *placard, poche*] to take out of • **passage extrait d'un livre** passage taken from a book **2** (VPR) **s'extraire s'~ de sa voiture** to climb out of one's car
extrait [ɛkstʀɛ] (NM) **a** [*de discours, journal*] extract; [*d'auteur, film, livre, chanson*] excerpt • **~ de naissance** birth certificate • **~ de compte** abstract of accounts • **un court ~ de l'émission** a clip from the programme **b** [*de plante*] extract • **~ de vanille** vanilla essence
extralucide [ɛkstʀalysid] (ADJ, NMF) clairvoyant
extra-marital, e (*mpl* **-aux**) [ɛkstʀamaʀital, o] (ADJ) extramarital
extra-muros, extramuros [ɛkstʀamyʀos] **1** (ADJ INV) extramural • **Paris ~** outer Paris **2** (ADV) outside the town
extranet [ɛkstʀanɛt] (NM) extranet
extraordinaire [ɛkstʀaɔʀdinɛʀ] (ADJ) extraordinary • **ce roman n'est pas ~** this isn't a particularly great novel
extraordinairement [ɛkstʀaɔʀdinɛʀmɑ̃] (ADV) extraordinarily
extraplat, e [ɛkstʀapla, at] (ADJ) [*télévision, montre, calculatrice*] slimline • **télévision à écran ~** flat screen television
extrapolation [ɛkstʀapɔlasjɔ̃] (NF) extrapolation
extrapoler [ɛkstʀapɔle] /TABLE 1/ (VTI) to extrapolate (**à partir de** from)
extrascolaire [ɛkstʀaskɔlɛʀ] (ADJ) [*activités*] extracurricular
extrasolaire [ɛkstʀasɔlɛʀ] (ADJ) [*planète*] extrasolar
extraterrestre [ɛkstʀatɛʀɛstʀ] (ADJ, NMF) extraterrestrial
extravagance [ɛkstʀavagɑ̃s] (NF) (= *caractère*) extravagance • **ses ~s** his extravagant behaviour
extravagant, e [ɛkstʀavagɑ̃, ɑ̃t] (ADJ) [*idée, théorie*] extravagant; [*prix*] outrageous
extraverti, e [ɛkstʀavɛʀti] (ADJ, NM,F) extrovert
extrême [ɛkstʀɛm] **1** (ADJ) **a** (*le plus éloigné*) extreme • **l'~ droite/gauche** (*Politique*) the far right/left
b (*le plus intense*) extreme • **c'est avec un plaisir ~ que** it is with the greatest pleasure that • **il m'a reçu avec une ~ amabilité** he received me with the utmost kindness • **d'une difficulté ~** extremely difficult
c (= *radical*) [*théories, moyens*] extreme • **ça l'a conduit à des mesures ~s** that drove him into taking extreme steps
2 (NM) (= *opposé*) extreme • **passer d'un ~ à l'autre** to go from one extreme to the other
▸ **à l'extrême cela lui répugnait à l'~** he was extremely reluctant to do it • **noircir une situation à l'~** to paint the blackest possible picture of a situation • **scrupuleux à l'~** scrupulous to a fault
extrêmement [ɛkstʀɛmmɑ̃] (ADV) extremely
Extrême-Orient [ɛkstʀɛmɔʀjɑ̃] (NM INV) Far East
extrémisme [ɛkstʀemism] (NM) extremism
extrémiste [ɛkstʀemist] (ADJ, NMF) extremist
extrémité [ɛkstʀemite] (NF) **a** (= *bout*) end; [*d'aiguille*] point; [*d'objet mince*] tip; [*de village, île*] head **b** (*frm*) (= *action excessive*) extremes • **pousser qn à des ~s** to drive sb to extremes **c** (= *pieds et mains*) **~s** extremities
exubérance [ɛgzybeʀɑ̃s] (NF) (= *caractère*) exuberance *NonC* • **parler avec ~** to speak exuberantly
exubérant, e [ɛgzybeʀɑ̃, ɑ̃t] (ADJ) exuberant
exulter [ɛgzylte] /TABLE 1/ (VI) to exult
exutoire [ɛgzytwaʀ] (NM) (= *dérivatif*) outlet (**à** for)
eye-liner (*pl* **eye-liners**) [ajlajnœʀ] (NM) eyeliner

e

Ff

F [ɛf] (NM) **a** (= *appartement*) **un F2** a 2-roomed flat (*Brit*) *ou* apartment (*US*) **b** (ABR DE **franc**) F
fa [fa] (NM INV) (*Mus*) F; (*en chantant la gamme*) fa
fable [fɑbl] (NF) (= *histoire*) fable
fabricant, e [fabʀikɑ̃, ɑ̃t] (NM,F) manufacturer
fabrication [fabʀikasjɔ̃] (NF) (*industrielle*) manufacture; (*artisanale, personnelle*) making • **la ~ en série** mass production • **de ~ française** made in France
fabrique [fabʀik] (NF) (= *établissement*) factory
fabriquer [fabʀike] /TABLE 1/ (VT) (*industriellement*) to manufacture; (*de façon artisanale, chez soi*) to make; [+ *cellules, anticorps*] to produce; [+ *faux document*] to forge; [+ *histoire*] to make up • **~ en série** to mass-produce • **qu'est-ce qu'il fabrique ?*** what on earth is he up to?*
fabuler [fabyle] /TABLE 1/ (VI) to make up *ou* invent stories • **tu fabules !*** you're talking rubbish!*
fabuleusement [fabyløzmɑ̃] (ADV) fabulously
fabuleux, -euse [fabylø, øz] (ADJ) fabulous
fac* [fak] (NF) (ABR DE **faculté**)
façade [fasad] (NF) [*de maison*] façade; [*de magasin*] front • **la ~ ouest** the west wall • **sur la ~ atlantique** (*Météo*) along the Atlantic coast • **ce n'est qu'une ~** (= *apparence*) it's just a façade • **se refaire la ~*** (= *se maquiller*) to redo one's face*; (= *se faire faire un lifting*) to have a face-lift
face [fas] (NF) **a** (= *visage, aspect*) face • **tomber ~ contre terre** to fall flat on one's face • **sauver/perdre la ~** to save/lose face • **changer la ~ du monde** to change the face of the world **b** (= *côté*) [*d'objet, organe*] side; [*de médaille, pièce de monnaie*] obverse; [*de cube, figure*] side; (*Alpinisme*) face • **~ B** [*de disque*] B-side • **la ~ de la terre** the face of the earth • **~ !** heads! **c** (*locutions*)

▸ **faire face** to face up to things • **faire ~ à** [+ *épreuve, adversaire, obligation*] to face up to; [+ *dette, engagement*] to meet • **se faire ~** [*maisons*] to be opposite each other

▸ **en face** (= *de l'autre côté de la rue*) across the street • **le trottoir d'en ~** the opposite pavement • **regarder la mort en ~** to look death in the face • **il faut regarder la réalité en ~** one must face facts

▸ **en face de** (= *en vis-à-vis de*) opposite; (= *en présence de*) in front of • **l'un en ~ de l'autre** • **en ~ l'un de l'autre** opposite *or* facing each other

▸ **de face** [*portrait*] fullface; [*attaque*] frontal • **vu de ~** seen from the front • **avoir le vent de ~** to have the wind in one's face

▸ **face à** facing • **~ à ces problèmes** faced with such problems

▸ **face à face** [*lieux, objets*] opposite each other; [*personnes, animaux*] face to face
face-à-face [fasafas] (NM INV) (= *rencontre*) face-to-face meeting • **~ télévisé** face-to-face TV debate
facétieux, -ieuse [fasesjø, jøz] (ADJ) [*personne, caractère*] mischievous
facette [fasɛt] (NF) facet • **à multiples ~s** multifaceted
fâché, e [fɑʃe] *ptp de* **fâcher** (ADJ) **a** (= *en colère*) angry (**contre** with) • **elle a l'air ~(e)** she looks angry **b** (= *brouillé*) **ils sont ~s** they have fallen out • **elle est ~e avec moi** she has fallen out with me • **il est ~ avec les chiffres** he's hopeless with numbers **c** (= *contrarié*) sorry (**de qch** about sth) • **je ne suis pas ~ d'avoir fini ce travail** I'm not sorry I've finished this job
fâcher (se) [fɑʃe] /TABLE 1/ (VPR) **a** (= *se mettre en colère*) to get angry • **se fâcher contre qn** to get angry with sb **b** (= *se brouiller*) to quarrel
fâcheux, -euse [fɑʃø, øz] (ADJ) (= *regrettable*) unfortunate • **avoir la fâcheuse habitude de ...** to have the unfortunate habit of ...
facho* [faʃo] (ADJ, NMF) fascist
fachosphère [faʃɔsfɛʀ] (NF) *online community of extreme-right individuals and groups*
faciès [fasjɛs] (NM) (= *visage*) features • **contrôle au ~** racial profiling → **délit**
facile [fasil] **1** (ADJ) **a** (= *aisé*) easy • **un livre ~ à lire** an easy book to read • **c'est** *ou* **il est ~ de ...** it's easy to ... • **~ d'accès** easy to get to • **avoir la vie ~** to have an easy life • **c'est ~ à dire !** that's easy to say! • **plus ~ à dire qu'à faire** easier said than done • **~ comme tout*** easy as pie* • **avoir la larme ~** to be easily moved to tears • **avoir la gâchette ~** to be trigger-happy • **l'argent ~** easy money • **ironie ~** facile irony
b [*caractère*] easy-going • **il est ~ à vivre** he's easy to get along with
c (*péj*) [*femme*] loose
2 (ADV) (= *facilement*)* easily; (= *au moins*)* at least
facilement [fasilmɑ̃] (ADV) easily; (= *au moins*)* at least • **on met ~ dix jours** it takes at least ten days
facilitateur, -trice [fasilitatœʀ, tʀis] (NM,F) facilitator
facilité [fasilite] **1** (NF) **a** (= *simplicité*) easiness • **d'une grande ~ d'emploi** [*outil*] very easy to use; [*logiciel*] very user-friendly **b** (= *aisance*) ease; [*d'expression, style*] fluency • **la ~ avec laquelle il a appris le piano** the ease with which he learnt the piano **c** (= *aptitude*) ability • **cet élève a beaucoup de ~** this pupil has great ability

2 (COMP) ▸ **facilités de paiement** easy terms

faciliter [fasilite] /TABLE 1/ (VT) to make easier • **ça ne va pas ~ les choses** that's not going to make things any easier • **pour lui ~ la tâche** to make his work easier

façon [fasɔ̃] **1** (NF) ⓐ (= *manière*) way • **il s'y prend d'une ~ curieuse** he has a strange way of going about things • **sa ~ d'agir** the way he behaves • **je le ferai à ma ~** I'll do it my own way • **c'est une ~ de parler** it's just a figure of speech • **je vais lui dire ma ~ de penser** I'll tell him what I think about it • **c'est une ~ de voir** it's one way of looking at things • **d'une certaine ~** in a way • **d'une ~ générale** generally speaking • **d'une ~ ou d'une autre** one way or another • **en aucune ~** in no way • **de telle ~ que ...** in such a way that ...

▸ **de façon à de ~ à ne pas le déranger** so as not to disturb him • **de ~ à ce qu'il puisse regarder** so that he can watch

▸ **sans façon accepter sans ~** to accept without any fuss • **merci, sans ~** no thanks, really

▸ **de toute façon** in any case

ⓑ (= *fabrication*) making; (= *facture*) workmanship; [*de vêtement*] cut

2 (NFPL) **façons** manners • **en voilà des ~s!** what a way to behave! • **faire des ~s** to make a fuss

façonner [fasɔne] /TABLE 1/ (VT) ⓐ [+ *matière*] to shape ⓑ [+ *objet*] (*industriellement*) to manufacture; (*artisanalement*) to make ⓒ [+ *caractère, personne*] to mould (*Brit*), to mold (*US*)

fac-similé○ (*pl* **fac-similés**) [faksimile] (NM) facsimile

facteur [faktœʀ] (NM) ⓐ (*Poste*) postman (*Brit*), mailman (*US*) ⓑ (= *élément*) factor • **~ de risque** risk factor • **~ X** X factor ⓒ (= *fabricant*) **~ de pianos** piano maker • **~ d'orgues** organ builder

factice [faktis] (ADJ) [*beauté*] artificial; [*articles exposés*] dummy; [*enthousiasme, amabilité, barbe*] false • **une arme à feu ~** an imitation firearm

faction [faksjɔ̃] (NF) (= *groupe*) faction • **être de** *ou* **en ~** [*soldat*] to be on guard duty; [*personne qui fait le guet*] to keep watch

factrice [faktʀis] (NF) (*Poste*) postwoman (*Brit*), mailwoman (*US*)

factuel, -elle [faktɥɛl] (ADJ) factual

facturation [faktyʀasjɔ̃] (NF) (= *opération*) invoicing • **~ détaillée** itemized billing

facture [faktyʀ] (NF) ⓐ (= *note*) bill; (*Commerce*) invoice • **~ d'électricité/de téléphone** electricity/(tele)phone bill • **fausse ~** false invoice • **payer la ~** to foot the bill ⓑ (= *style*) [*d'objet*] workmanship • **roman de ~ classique** classic novel

facturer [faktyʀe] /TABLE 1/ (VT) (= *établir une facture pour*) to invoice; (= *compter*) to charge for • **~ qch 200 € (à qn)** to charge (sb) 200 euros for sth

facturette [faktyʀɛt] (NF) credit card slip

facultatif, -ive [fakyltatif, iv] (ADJ) optional • **arrêt ~** [*de bus*] request stop

faculté [fakylte] (NF) ⓐ [*d'université*] faculty • **la ~ des sciences** the Science Faculty ⓑ (= *université*) **quand j'étais à la** *or* **en ~** when I was at university ⓒ (= *don*) faculty • **avoir une grande ~ de concentration** to have great powers of concentration • **avoir toutes ses ~s** to be in full possession of one's faculties ⓓ (= *droit*) right; (= *possibilité*) power

fadaises [fadɛz] (NFPL) **dire des ~** to say silly things

fadasse* [fadas] (ADJ) [*plat, boisson*] tasteless

fade [fad] (ADJ) [*nourriture*] tasteless; [*goût*] bland; [*couleur, personnalité*] dull

fadette [fadɛt] (NF) (*Téléc*) mobile phone records (*Brit*), cellphone records (*US*)

fagot [fago] (NM) bundle of sticks

fagoté, e* [fagɔte] (ADJ) **il est drôlement ~** he's very oddly dressed

FAI [ɛfai] (NM) (ABR DE **fournisseur d'accès à internet**) ISP

faiblard, e* [fɛblaʀ, aʀd] (ADJ) (*physiquement*) weak; [*démonstration*] feeble

faible [fɛbl] **1** (ADJ) weak; [*lumière*] dim; [*bruit, odeur, espoir*] faint; [*vent*] light; [*rendement, revenu*] low; [*marge, quantité*] small; [*débit*] slow; [*différence, avantage*] slight; [*majorité*] narrow • **il est ~ en français** he's weak in French • **à ~ teneur en sucre** with a low sugar content

2 (NM) ⓐ (= *personne*) weak person • **un ~ d'esprit** a feeble-minded person ⓑ (= *penchant*) weakness • **il a un ~ pour le chocolat** he has a weakness for chocolate

faiblement [fɛbləmɑ̃] (ADV) ⓐ (= *sans énergie*) weakly ⓑ (= *peu*) [*éclairer*] dimly • **~ radioactif** slightly radioactive • **zones ~ peuplées** sparsely populated areas

faiblesse [fɛblɛs] (NF) ⓐ (*physique, morale*) weakness • **sa ~ de caractère** his weak character • **avoir la ~ d'accepter** to be weak enough to agree • **chacun a ses petites ~s** we all have our little weaknesses ⓑ (= *niveau peu élevé*) **la ~ de la demande** the low level of demand ⓒ (= *défaut*) weak point • **le film présente quelques ~s** the film has several weak points

faiblir [fɛbliʀ] /TABLE 2/ (VI) [*malade, pouls, branche*] to get weaker; [*forces, courage*] to fail; [*voix*] to get fainter; [*bruit*] to die down; [*lumière*] to dim; [*vent*] to drop; [*espoir*] to diminish; [*demande*] to weaken

faïence [fajɑ̃s] (NF) (= *objets*) ceramics • **carreau de ~** ceramic tile

faille [faj] **1** (NF) ⓐ (= *crevasse*) fault ⓑ (= *point faible*) flaw • **il y a une ~ dans votre raisonnement** there's a flaw in your argument • **sans ~** [*fidélité, soutien*] unfailing; [*organisation*] faultless; [*volonté, détermination*] unwavering

2 (VB) → **falloir**

faillible [fajibl] (ADJ) fallible

faillir [fajiʀ] (VI) **j'ai failli tomber** I almost fell • **sans ~** unfailingly

▸ **faillir à** (*frm*) [+ *mission, devoir*] to fail in; [+ *promesse, parole*] to fail to keep • **il n'a pas failli à sa parole** he was true to his word

faillite [fajit] (NF) ⓐ (*Commerce*) bankruptcy • **en ~** [*entreprise*] bankrupt • **faire ~** to go bankrupt ⓑ (= *échec*) failure

faim [fɛ̃] (NF) hunger • **j'ai une ~ de loup** *ou* **une de ces ~s*** I'm starving* • **manger à sa ~** to eat one's fill • **ça m'a donné ~** it made me hungry • **la ~ dans le monde** world hunger • **son discours a laissé les journalistes sur leur ~** his speech left the journalists unsatisfied

▸ **avoir faim** to be hungry • **je n'ai plus ~** (*après un repas*) I'm full

fainéant, e [fɛneɑ̃, ɑ̃t] **1** (ADJ) idle **2** (NM,F) idler

fainéantise [fɛneɑ̃tiz] (NF) idleness

---

faire [fɛʀ] /TABLE 60/

1 VERBE TRANSITIF	**4** VERBE AUXILIAIRE
2 VERBE INTRANSITIF	**5** VERBE PRONOMINAL
3 VERBE IMPERSONNEL	

> Lorsque **faire** est suivi d'un nom dans une locution comme **faire une faute**, **se faire des idées**, reportez-vous à l'autre mot.

1 VERBE TRANSITIF

> Lorsque **faire** est utilisé pour parler d'une activité non précisée, ou qu'il remplace un verbe plus spécifique, il se traduit par **to do**. Lorsque **faire** veut dire **créer**, **préparer**, **fabriquer**, il se traduit souvent par **to make**.

a (*activité non précisée*) to do • **qu'est-ce que tu fais dans la vie ?** what do you do (for a living)? • **que fais-tu ce soir?** what are you doing tonight? • **je n'ai rien à ~** I have nothing to do • **que voulez-vous qu'on y fasse?** what can be done about it? • **~ la chambre** to do the room • **~ 10 km** to do 10km • **~ 100 km/h** to do 100km/h • **on a fait Lyon-Paris en cinq heures** we did Lyon to Paris in five hours • **je n'en ferai rien!** I'll do nothing of the sort!

▸ **faire de** (= *utiliser*) to do with • **je ne sais pas quoi ~ de mon temps libre** I don't know what to do with my spare time • **qu'avez-vous fait de votre sac?** what have you done with your bag?

▸ **ne faire que** **il ne fait que se plaindre** he's always complaining • **il ne fait que bavarder** he won't stop chattering • **je ne fais que passer** I'm just passing

▸ **ça va le faire*** that should do it • **il ne nous reste que deux semaines pour tout finir — tu crois que ça va le ~?*** we only have two more weeks to get everything finished — do you think that'll do it?

b (*Scol*) [+ *devoirs, matière, auteur*] to do • **~ de l'allemand** to do German • **~ l'école hôtelière** to go to a catering school

c (*= créer, préparer, fabriquer*) to make • **~ un film** to make a film • **~ de la confiture** to make jam

d (*= constituer*) **c'est ce qui fait tout son charme** that's what makes him so charming

e (*Sport*) [+ *football, tennis, rugby*] to play; [+ *sport de combat*] to do • **~ du sport** to do sport • **~ du judo** to do judo • **~ de la boxe** to box

f (*Mus*) (= *jouer*) to play • **~ du piano/du violon** to play the piano/the violin

g (*Méd*) [+ *diabète, attaque*] to have • **~ de la tension** to have high blood pressure

h (*= chercher dans*) **il a fait toute la ville pour en trouver** he's been all over town looking for some

i (*= vendre*) **nous ne faisons pas cette marque** we don't stock that make • **je vous le fais à 700 €** I'll let you have it for 700 euros

j (*= mesurer, peser, coûter*) to be • **la cuisine fait 6 mètres de large** the kitchen is 6 metres wide • **combien fait cette chaise?** how much is this chair? • **ça fait 130 €** that's 130 euros • **deux et deux font quatre** two and two is four • **cela fait combien en tout?** how much is that altogether?

k (*= agir sur, importer*) **ils ne peuvent rien me ~** they can't do anything to me • **on ne me la fait pas à moi!*** I wasn't born yesterday! • **qu'est-ce que cela peut bien te ~?** what's it to you? • **qu'est-ce que ça fait?** so what?* • **cela ne vous ferait rien de sortir?** would you mind leaving the room?

l (*= imiter*) **il a fait celui qui ne comprenait pas** he pretended not to understand • **ne fais pas l'enfant/l'idiot** don't be so childish/so stupid

m (*= être, servir de*) [*personne*] to be; [*acteur*] to play; [*objet*] to be used as • **tu fais l'arbitre?** will you be referee? • **cet hôtel fait aussi restaurant** the hotel has its own restaurant • **quel imbécile je fais!** what a fool I am! • **il fera un bon avocat** he'll make a good lawyer

n (*= dire*) to say • **« vraiment ? » fit-il** "really?" he said • **le chat fait miaou** the cat goes miaow

o (*Gram*) **« canal » fait « canaux » au pluriel** the plural of "canal" is "canaux"

2 VERBE INTRANSITIF

a (*remplaçant un autre verbe*) to do • **as-tu payé la note? — non, c'est lui qui l'a fait** did you pay the bill? — no, he did • **puis-je téléphoner? — faites, je vous en prie** could I use the phone? — yes, of course

b (*= agir*) **~ vite** to act quickly • **faites vite!** be quick! • **faites comme chez vous** make yourself at home

c (*= paraître*) to look • **ce vase fait bien sur la table** the vase looks nice on the table • **~ vieux** to look old • **~ jeune** to look young

d (*besoins naturels*)* [*personne*] to go; [*animal*] to do its business

3 VERBE IMPERSONNEL

▸ **il fait** **il fait nuit** it is dark • **il faut chaud** it is hot • **il fait bon vivre ici** this is a nice place to be

> **since** et **for** ne se construisent pas avec le même temps.

▸ **cela** *ou* **ça fait ... que** **cela fait très longtemps que je ne l'ai pas vu** I haven't seen him for a very long time, it's a long time since I saw him • **ça fait trois ans qu'il est parti** it's three years since he left, he's been gone for three years • **ça fait que ...** that means ...

4 VERBE AUXILIAIRE

a (*= pousser à*) to make • **ça m'a fait pleurer** it made me cry • **il lui a fait boire du whisky** he made her drink some whisky • **ce genre de musique me fait dormir** that kind of music puts me to sleep • **j'ai fait démarrer la voiture** I got the car started • **~ réparer une montre** to have a watch repaired • **elle a fait tomber une tasse** she knocked a cup over

▸ **faire faire** **~ ~ qch par qn** to get sth made (*ou* done) by sb • **~ ~ qch à qn** to get sb to do (*ou* to make) sth; (*en le forçant*) to make sb do (*ou* make) sth • **se ~ ~ une robe** to have a dress made

b (*= aider à*) **~ traverser la rue à un aveugle** to help a blind man across the road • **~ manger un patient** to feed a patient

c (*= laisser*) **~ entrer qn** (*qn que l'on attendait*) to let sb in; (*qn que l'on n'attendait pas*) to ask sb in • **~ venir le médecin** to call the doctor

5 VERBE PRONOMINAL

se faire

a (*pour soi*) **il s'est fait beaucoup d'ennemis** he has made a great many enemies

b (*= être fait*) **si ça doit se ~, ça se fera sans moi** if it's going to happen, it'll happen without me

c (*= être convenable, courant*) **ça se fait d'offrir des fleurs à un homme?** is it OK to give flowers to a man? • **cela ne se fait pas** it's not done

d (*locutions*)

▸ **se faire** + *adjectif* (*involontairement*) to get; (*volontairement*) to make o.s. • **se ~ vieux** to be getting old • **il se faisait tard** it was getting late • **se ~ beau** to make o.s. look nice • **sa voix se fit plus douce** his voice became softer

▸ **se faire** + *infinitif* **il se faisait apporter le journal tous les matins** he had the paper brought to him every morning • **fais-toi expliquer le règlement** get someone to explain the rules to you • **se ~ couper les cheveux** to have one's hair cut • **je me suis fait couper les cheveux** I've had my hair cut • **il s'est fait attaquer par deux jeunes** he was attacked by two youths • **elle s'est fait renvoyer** she was sacked • **tu vas te ~ gronder** you'll get yourself into trouble • **faut se le ~ !*** he's a real pain in the neck!*

▸ **se faire à** (= *s'habituer à*) to get used to • **il ne se fait pas au climat** he can't get used to the climate

▸ **s'en faire** to worry • **ne t'en fais pas** don't worry • **il ne s'en fait pas!** he's got a nerve!

▸ **il se fait que il pourrait se ~ qu'il pleuve** it might rain • **comment se fait-il qu'il soit absent?** how come he's not here?*

faire-part○ [fɛʀpaʀ] (NM INV) announcement • **~ de naissance/décès** birth/death announcement • **~ de mariage** wedding invitation

faire-valoir [fɛʀvalwaʀ] (NM INV) **servir de ~ à qn** to act as a foil to sb

fair-play○ [fɛʀplɛ] 1 (NM INV) fair play 2 (ADJ INV) **être ~** to play fair

faisabilité [fəzabilite] (NF) feasibility • **étude de ~** feasibility study

faisable [fəzabl] (ADJ) feasible

faisait [f(ə)zɛ] (VB) → **faire**

faisan [fəzɑ̃] (NM) pheasant

faisandé, e [fəzɑ̃de] (ADJ) [*gibier*] well hung

faisceau (*pl* **faisceaux**) [fɛso] (NM) (*Physique*) beam • **~ de preuves** body of evidence ▸ **faisceau hertzien** electromagnetic wave ▸ **faisceau laser** laser beam ▸ **faisceau lumineux** beam of light

faiseuse [fəzøz] (NF) **~ d'anges** backstreet abortionist

fait, faite [fɛ, fɛt] 1 *ptp de* **faire** (ADJ) ⓐ (= *constitué*) **tout ~** ready-made • **bien ~** [*femme*] shapely; [*homme*] well-built • **c'est bien ~ pour toi!** it serves you right! • **le monde est ainsi ~** that's the way of the world

▸ **être fait pour** to be made for • **ces chaussures ne sont pas ~es pour la marche** these are not walking shoes • **c'est ~ pour*** that's what it's for • **ce discours n'est pas ~ pour le rassurer** this sort of speech isn't likely to reassure him • **il n'est pas ~ pour être professeur** he's not cut out to be a teacher • **ils sont ~s l'un pour l'autre** they are made for each other

ⓑ (= *fini*) **c'en est ~ de notre tranquillité** it's goodbye to peace and quiet • **c'est toujours ça de ~** that's one thing out of the way • **il est ~ (comme un rat)*** he's in for it now*

ⓒ [*fromage*] ripe • **fromage bien ~** ripe cheese

ⓓ (= *maquillé*) **avoir les yeux ~s** to have one's eyes made up • **avoir les ongles ~s** to have painted nails

2 (NM) ⓐ (= *acte*) **le ~ de manger/bouger** eating/moving • **~s et gestes** actions

ⓑ (= *événement*) event; (= *donnée*) fact; (= *phénomène*) phenomenon • **aucun ~ nouveau n'est survenu** no new facts have come to light • **reconnaissez-vous les ~s?** do you accept the facts? • **les ~s qui lui sont reprochés** the charges against him • **les ~s sont là** there's no denying the facts • **c'est un ~** that's a fact • **c'est un ~ que** it's a fact that • **dire son ~ à qn** to tell sb what's what • **prendre ~ et cause pour qn** to take up the cudgels for sb

ⓒ (= *conséquence*) **c'est le ~ du hasard** it's the work of fate • **être le ~ de** (= *être typique de*) to be typical of; (= *être le résultat de*) to be the result of

ⓓ (*locutions*)

▸ **au fait** (= *à propos*) by the way • **en venir au ~** to get to the point • **au ~ de** (= *au courant*) informed of

▸ **de fait** [*gouvernement, dictature*] de facto; (= *en fait*) in fact

▸ **de ce fait** for this reason

▸ **en fait** in fact

▸ **en fait de** (= *en guise de*) by way of; (= *en matière de*) as regards • **en ~ de repas on a eu droit à un sandwich** we were allowed a sandwich by way of a meal • **en ~ de spécialiste, c'est plutôt un charlatan!** as for being a specialist - charlatan more like!*

▸ **le fait est que** the fact is that

3 (COMP) ▸ **fait accompli** fait accompli ▸ **fait divers** (= *nouvelle*) news item • **«~s divers»** "news in brief" ▸ **fait de société** social issue

faîte○ [fɛt] (NM) [*d'arbre*] top; [*de maison*] rooftop • **le ~ de la gloire** the height of glory

faitout [fɛtu] (NM) stewpot

falaise [falɛz] (NF) cliff

Falkland(s) [folklɑ̃d] (NPL) **les (îles) ~** the Falkland Islands, the Falklands • **la guerre des ~** the Falklands war

fallacieux, -ieuse [fa(l)lasjø, jøz] (ADJ) [*prétexte, promesse*] false; [*arguments, raisonnement*] fallacious

falloir [falwaʀ] /TABLE 29/

1 VERBE IMPERSONNEL 2 VERBE PRONOMINAL

1 VERBE IMPERSONNEL

ⓐ (*besoin*)

> Lorsque **falloir** exprime un besoin, il se traduit le plus souvent par **to need**, avec pour sujet la personne qui a besoin de quelque chose.

• **il faut de l'argent pour faire cela** you need money to do that • **il va nous ~ 10 000 €** we're going to need 10,000 euros • **il vous le faudrait pour quand?** when do you need it for? • **il t'en faudrait combien?** how many (*ou* much) do you you need? • **c'est juste ce qu'il faut** that's just what we need • **c'est plus qu'il n'en faut** that's more than we need • **il me le faut absolument** I absolutely must have it • **il me faudrait trois steaks, s'il vous plaît** I'd like three steaks, please • **il faut ce qu'il faut*** you've got to do things properly

▸ **s'il le faut, s'il le fallait** if necessary

> Lorsque **falloir** est suivi d'une expression de temps, il se traduit souvent par une tournure impersonnelle avec **to take**. Cette expression s'utilise aussi dans certaines généralisations.

• **il faut du temps pour faire cela** it takes time to do that • **il ne m'a pas fallu plus de dix minutes pour y aller** it didn't take me more than ten minutes to get there • **il n'en faut pas beaucoup pour qu'il se mette à pleurer** it doesn't take much to make him cry • **il faut de tout pour faire un monde** it takes all sorts to make a world

b *obligation*

> Lorsque **falloir** exprime une obligation, il se traduit généralement par **to have to**, avec pour sujet la personne qui doit faire quelque chose. Au présent, on peut également utiliser **must**, qui a une valeur plus impérative.

• **tu pars déjà ? — il le faut** are you leaving already? — I have to • **je le ferais s'il le fallait** I'd do it if I had to

▸ **falloir** *+ infinitif* **faut-il réserver à l'avance ?** do you have to book in advance? • **il faudra lui dire** we'll have to tell him • **il faut l'excuser, il ne savait pas** you must excuse him, he didn't know • **il a fallu le faire** we had to do it • **il va ~ le faire** we'll have to do it • **il faut bien vivre** you have to live

▸ **falloir que** *(+ subjonctif)* **il faut que je parte !** I must go! • **il faut que vous veniez nous voir à Toulouse !** you must come and see us in Toulouse! • **il va ~ qu'il parte bientôt** he'll have to go soon • **il faudra bien que tu me le dises un jour** you'll have to tell me some time

c *probabilité, hypothèse* **il faut être fou pour parler comme ça** you (*ou* he *etc*) must be mad to talk like that • **il ne faut pas être intelligent pour dire ça** that's a pretty stupid thing to say • **il faut être désespéré pour commettre un tel acte** you have to be desperate to do something like that

d *fatalité* **il a fallu qu'il arrive à ce moment-là** of course, he had to arrive just then • **il fallait bien que ça arrive** it had to happen • **il faut toujours qu'elle trouve des excuses** she always has to find some excuse

e *suggestion, exhortation* **il faut voir ce spectacle** this show must be seen • **il faut voir !** (*réserve*) we'll have to see! • **il faut le voir pour le croire** it has to be seen to be believed • **il s'est mis en colère — il faut le comprendre** he got angry — that's understandable

f *regret, réprimande*

> Pour exprimer un regret ou une réprimande, les expressions **il fallait** et **il aurait fallu** se traduisent par **should have**, avec pour sujet la personne qui aurait dû faire quelque chose.

• **il fallait me le dire** you should have told me • **il aurait fallu lui téléphoner** you (*ou* we *etc*) should have phoned him • **des fleurs ! il ne fallait pas !** flowers! you shouldn't have!

g *exclamations* **il faut le voir courir !** you should see him run! • **il faut voir comment il s'habille !** you should see the clothes he wears! • **faut le faire !*** (*admiratif*) that takes some doing!; (*péj*) that takes some beating!

2 VERBE PRONOMINAL

▸ **s'en falloir loin s'en faut !** far from it! • **il a fini, ou peu s'en faut** he has just about finished

▸ **s'en falloir de j'ai raté le train, il s'en est fallu de 5 minutes** I missed the train by 5 minutes • **il s'en faut de beaucoup !** far from it! • **il s'en est fallu de peu pour que ça arrive** it very nearly happened • **elle ne l'a pas injurié, mais il s'en est fallu de peu** she very nearly insulted him

---

falsification [falsifikasjɔ̃] NF falsification; [*de signature*] forgery

falsifier [falsifje] /TABLE 7/ VT to falsify; [*+ signature*] to forge

famé, e [fame] ADJ **mal ~** disreputable

famélique [famelik] ADJ scrawny

fameux, -euse [famø, øz] ADJ **a** (= *célèbre*) famous • **ah, c'est ce ~ Paul dont tu m'as tant parlé** so this is the famous Paul you've told me so much about **b** (= *excellent*)* excellent; [*idée*] great* • **pas ~** [*mets, travail, temps*] not very good

familial, e (*mpl* **-iaux**) [familjal, jo] **1** ADJ family **2** NF **familiale** estate car (Brit), station wagon (US)

familiariser (se) [familjarize] /TABLE 1/ VPR **se familiariser avec** [*+ méthode*] to familiarize o.s. with; [*+ personne*] to get to know

familiarité [familjarite] **1** NF **a** (= *désinvolture*) (over) familiarity **b** (= *habitude*) **~ avec** [*+ langue, auteur, méthode*] familiarity with **c** (= *atmosphère amicale*) informality **2** NFPL **familiarités** (= *privautés*) familiarities

familier, -ière [familje, jɛr] **1** ADJ **a** (= *bien connu*) familiar • **sa voix m'est familière** his voice is familiar **b** (= *désinvolte*) [*personne*] (over)familiar; [*surnom*] familiar; [*attitude, manières*] offhand **c** (= *non recherché*) [*style, registre*] informal • **expression familière** colloquialism **2** NM [*de club, théâtre*] regular visitor (**de** to)

familièrement [familjɛrmɑ̃] ADV (= *cavalièrement*) [*se conduire*] familiarly; (= *sans recherche*) [*s'exprimer*] informally • **comme on dit ~** as you say colloquially

famille [famij] **1** NF family • **~ éloignée/proche** distant/close relatives • **on a prévenu la ~** the next of kin have been informed • **~ nombreuse** large family • **comment va la petite ~ ?** how are the little ones? • **entrer dans une ~** to become part of a family • **elle fait partie de la ~** she is one of the family • **il est très ~*** he's a real family man • **c'est une ~ de musiciens** they're a family of musicians • **ils sont de la même ~ politique** they're of the same political persuasion

▸ **de famille** [*réunion, dîner*] family • **c'est de ~** it runs in the family

▸ **en famille** (= *avec la famille*) with the family; (= *comme une famille*) as a family • **il vaut mieux régler ce problème en ~** it's best to sort this problem out within the family • **passer ses vacances en ~** to spend one's holidays with the family

2 COMP ▸ **famille d'accueil** host family ▸ **famille de placement** foster family

famine [famin] NF (= *épidémie*) famine

fan* [fan] NMF (= *admirateur*) fan

fana* [fana] ADJ, NMF (ABR DE **fanatique**) fanatic • **~ de ski** skiing fanatic • **~ d'informatique/de cinéma** computer nerd/cinema buff*

fanatique [fanatik] **1** ADJ fanatical (**de** about) **2** NMF fanatic

fanatisé, e [fanatize] ADJ extremist

fanatisme [fanatism] NM fanaticism

fan-club° (*pl* **fan-clubs**) [fanklœb] NM [*de vedette*] fan club • **il fait partie de mon ~** (*hum*) he's one of my fans

fané, e [fane] *ptp de* **faner** ADJ [*fleur, bouquet*] wilted; [*couleur, beauté*] faded

faner (se) [fane] /TABLE 1/ VPR to wilt; [*peau*] to wither; [*teint, beauté, couleur*] to fade

fanes [fan] NFPL [*de légume*] tops • **~ de carottes** carrot tops

fanfare [fɑ̃far] NF (= *orchestre*) brass band; (= *musique*) fanfare

▸ **en fanfare** [*réveil, départ*] tumultuous; [*réveiller, partir*] noisily • **annoncer en ~** [+ *nouvelle, réforme*] to trumpet

fanfaron, -onne [fɑ̃faʀɔ̃, ɔn] (NM,F) braggart

fanfaronner [fɑ̃faʀɔne] /TABLE 1/ (VI) to brag

fanfreluches [fɑ̃fʀəlyʃ] (NFPL) trimmings

fange [fɑ̃ʒ] (NF) (*littér*) mire (*littér*)

fanion [fanjɔ̃] (NM) pennant

fantaisie [fɑ̃tezi] (NF) ⓐ (= *caprice*) whim • **elle lui passe toutes ses ~s** she gives in to his every whim • **je me suis payé une petite ~** (*bibelot, bijou*) I bought myself a little present ⓑ (= *extravagance*) extravagance ⓒ (*littér*) (= *bon plaisir*) **il lui a pris la ~ de ...** he took it into his head to ... ⓓ (= *imagination*) imagination • **manquer de ~** [*personne*] to be unimaginative • **c'est de la ~ pure** that is pure fantasy • **bijoux (de) ~** costume jewellery

fantaisiste [fɑ̃tezist] (ADJ) ⓐ [*explication*] fanciful; [*horaires*] unpredictable ⓑ [*personne*] (= *bizarre*) eccentric

fantasme [fɑ̃tasm] (NM) fantasy • **il vit dans ses ~s** he lives in a fantasy world

fantasmer [fɑ̃tasme] /TABLE 1/ (VI) to fantasize (**sur** about)

fantasque [fɑ̃task] (ADJ) capricious

fantastique [fɑ̃tastik] 1 (ADJ) ⓐ (= *excellent*) fantastic*; (= *énorme, incroyable*) incredible ⓑ (= *étrange*) [*atmosphère*] eerie • **roman ~** fantasy • **film ~** fantasy film 2 (NM) **le ~** the fantastic

fantoche [fɑ̃tɔʃ] (NM, ADJ) puppet

fantomatique [fɑ̃tomatik] (ADJ) ghostly

fantôme [fɑ̃tom] 1 (NM) (= *spectre*) ghost 2 (ADJ) **bateau ~** ghost ship • **cabinet ~** shadow cabinet • **société ~** bogus company

faon [fɑ̃] (NM) (= *animal*) fawn

FAQ [fak] (NF) (ABR DE **foire aux questions**) FAQ

faramineux, -euse* [faʀaminø, øz] (ADJ) [*prix*] astronomical*

farce [faʀs] (NF) ⓐ (= *tour*) practical joke • **faire une ~ à qn** to play a practical joke on sb • **~s (et) attrapes** (= *objets*) (assorted) tricks ⓑ (= *comédie*) farce • **ce procès est une ~** this trial is a farce ⓒ (*Cuisine*) filling; (*dans une volaille*) stuffing

farceur, -euse [faʀsœʀ, øz] 1 (NM,F) (*en actes*) practical joker; (*en paroles*) joker • **sacré ~!** you're (*ou* he's *etc*) a crafty one! 2 (ADJ) (= *espiègle*) mischievous • **il est très ~** he likes playing tricks

farcir [faʀsiʀ] /TABLE 2/ 1 (VT) (*Cuisine*) to stuff • **tomates farcies** stuffed tomatoes • **farci de fautes** littered with mistakes 2 (VPR) **se farcir** ⓐ **se ~ la tête de** to fill one's head with ⓑ [+ *lessive, travail, personne*]* to get landed with*; [+ *gâteaux*]* to scoff* (*Brit*) • **se ~ une fille/un mec**** to have it off with* (*Brit*) a girl/a guy • **il faut se le ~!** [+ *importun*] he's a real pain!*

fard [faʀ] (NM) (= *maquillage*) make-up • **~ (gras)** [*d'acteur*] greasepaint • **parler sans ~** to speak openly ▸ **fard à joues** blusher ▸ **fard à paupières** eye shadow

fardé, e [faʀde] *ptp de* **farder** (ADJ) [*personne*] wearing make-up

fardeau (*pl* **fardeaux**) [faʀdo] (NM) load; (*fig*) burden

farder [faʀde] /TABLE 1/ 1 (VT) [+ *acteur*] to make up 2 (VPR) **se farder** (= *se maquiller*) to put make-up on

fardoches [faʀdɔʃ] (NFPL) (*Can*) undergrowth, scrub

farfelu, e* [faʀfəly] (ADJ) [*idée, projet*] hare-brained; [*personne, conduite*] scatty* (*Brit*)

farfouiller* [faʀfuje] /TABLE 1/ (VI) to rummage about

farine [faʀin] (NF) [*de blé*] flour ▸ **farine complète** wholemeal flour (*Brit*) ▸ **farine de froment** wheat flour ▸ **farine de poisson** fish meal ▸ **farine de sarrasin** buckwheat flour ▸ **farines animales** bone meal

fariner [faʀine] /TABLE 1/ (VT) to flour

farineux, -euse [faʀinø, øz] (ADJ) [*consistance, aspect, goût*] floury; [*pomme*] dry

farniente [faʀnjɛnte] (NM) lazing about

farouche [faʀuʃ] (ADJ) ⓐ (= *timide*) shy ⓑ (= *acharné*) [*volonté*] unshakeable; [*partisan, défenseur*] staunch; [*haine, ennemi*] bitter

farouchement [faʀuʃmɑ̃] (ADV) fiercely

fart [faʀt] (NM) ski wax

farter [faʀte] /TABLE 1/ (VT) [+ *skis*] to wax

fascicule [fasikyl] (NM) instalment (*of publication*)

fascinant, e [fasinɑ̃, ɑ̃t] (ADJ) fascinating

fascination [fasinasjɔ̃] (NF) fascination • **exercer une grande ~ sur** to exert a great fascination over

fasciner [fasine] /TABLE 1/ (VT) to fascinate

fascisme [faʃism] (NM) fascism

fasciste [faʃist] (ADJ, NMF) fascist

fasse [fas] (VB) → **faire**

faste [fast] 1 (NM) splendour (*Brit*), splendor (*US*) • **sans ~** [*cérémonie*] simple; [*célébrer*] simply 2 (ADJ) [*année, période*] (= *de chance*) lucky; (= *prospère*) prosperous • **jour ~** lucky day

fast-food (*pl* **fast-foods**), **fastfood** (*pl* **fastfoods**) [fastfud] (NM) fast-food restaurant

fastidieux, -ieuse [fastidjø, jøz] (ADJ) tedious

fastueux, -euse [fastɥø, øz] (ADJ) luxurious • **réception fastueuse** lavish reception

fat, e [fa(t), fat] (ADJ) (*frm*) conceited

fatal, e (*mpl* **fatals**) [fatal] (ADJ) ⓐ (= *funeste*) [*accident, issue, coup*] fatal • **erreur ~e!** fatal mistake! • **être ~ à qn** [*chute, accident*] to kill sb; [*erreur, bêtise*] to prove fatal to sb ⓑ (= *inévitable*) inevitable • **c'était ~** it was bound to happen ⓒ (= *marqué par le destin*) [*instant, heure*] fateful

fatalement [fatalmɑ̃] (ADV) (= *inévitablement*) inevitably

> ⚠ **fatalement ≠ fatally**

fatalisme [fatalism] (NM) fatalism

fataliste [fatalist] 1 (ADJ) fatalistic 2 (NMF) fatalist

fatalité [fatalite] (NF) (= *destin*) fate • **c'est la ~** it's fate • **le chômage est-il une ~?** is unemployment inevitable?

fatidique [fatidik] (ADJ) fateful

fatigant, e [fatigɑ̃, ɑ̃t] (ADJ) (= *épuisant*) tiring; (= *agaçant*) tiresome

fatigue [fatig] (NF) [*de personne*] tiredness • **tomber** *ou* **être mort de ~** to be exhausted • **dans un état d'extrême ~** in a state of utter exhaustion • **~ oculaire** eyestrain

fatigué, e [fatige] *ptp de* **fatiguer** (ADJ) [*personne, voix, membres, traits*] tired; [*cœur*] strained; [*moteur, habits*] worn • **~ de** [+ *jérémiades, personne*] tired of • **~ de la vie** tired of life

fatiguer [fatige] /TABLE 1/ 1 (VT) ⓐ (*physiquement*) **~ qn** [*maladie, effort, études*] to make sb tired • **ça fatigue les yeux/le moteur** it puts a strain on the eyes/the engine ⓑ (= *agacer*) to annoy; (= *lasser*) to wear out • **tu commences à me ~** you're beginning to annoy me 2 (VI) [*moteur*] to labour (*Brit*), to labor (*US*); [*personne*] to grow tired • **je commence à ~** I'm starting to feel tired 3 (VPR) **se fatiguer** to get tired • **se ~ à faire qch** to tire o.s.

out doing sth • **il ne s'est pas trop fatigué** (*iro*) he didn't overdo it • **se ~ de qch/de faire qch** to get tired of sth/of doing sth • **se ~ à expliquer** to wear o.s. out explaining

fatras [fatʀa] (NM) jumble

fatuité [fatɥite] (NF) smugness

fatwa [fatwa] (NF) fatwa • **prononcer une ~ contre qn** to declare *ou* issue a fatwa against sb

faubourg [fobuʀ] (NM) (inner) suburb

fauche* [foʃ] (NF) (= *vol*) thieving • **il y a beaucoup de ~ par ici** there are a lot of thefts round here

fauché, e* [foʃe] *ptp de* **faucher** (ADJ) (= *sans argent*) hard up*

faucher [foʃe] /TABLE 1/ (VT) **a** [+ *blé*] to reap; [+ *herbe*] to cut **b** (= *abattre*) [*vent*] to flatten; [*véhicule*] to knock down • **la mort l'a fauché en pleine jeunesse** he was cut down in his prime **c** (= *voler*)* to pinch* • **elle fauche dans les magasins** she pinches* things from shops

faucheuse [foʃøz] (NF) (= *machine*) reaper

faucheux [foʃø] (NM) harvest spider

faucille [fosij] (NF) sickle

faucon [fokɔ̃] (NM) falcon; (*Politique*) hawk

faudra [fodʀa] (VB) → **falloir**

faufiler [fofile] /TABLE 1/ **1** (VT) to tack **2** (VPR) **se faufiler** **se ~ dans** to worm one's way into • **se ~ entre** to dodge in and out of • **se ~ entre les chaises** to squeeze between the rows of seats • **se ~ entre les voitures** to dodge in and out of the traffic

faune (NF) wildlife; (*péj* = *personnes*) crowd • **la ~ et la flore de l'île** the flora and fauna of the island

faussaire [fosɛʀ] (NMF) forger

fausse [fos] (ADJ F) → **faux**

faussement [fosmɑ̃] (ADV) wrongfully • **~ intéressé** pretending to be interested

fausser [fose] /TABLE 1/ (VT) [+ *jugement*] to distort; [+ *clé*] to bend; [+ *serrure*] to damage

▸ **fausser compagnie à qn** to give sb the slip

fausset [fosɛ] (NM) **(voix de) ~** falsetto (voice)

faut [fo] → **falloir**

faute [fot] **1** (NF) **a** (= *erreur*) mistake • **faire** *ou* **commettre une ~** to make a mistake • **~ de grammaire** grammatical mistake • **~ de prononciation** mispronunciation • **une dictée sans ~** an error-free dictation

b (= *mauvaise action*) misdeed; (*Droit*) offence • **commettre une ~** to commit a misdemeanour

c (*Sport*) foul; (*Tennis*) fault • **le joueur a fait une ~** the player committed a foul • **faire une ~ de main** to handle the ball • **~!** (*pour un joueur*) foul!; (*pour la balle*) fault!

d (= *responsabilité*) fault • **par sa ~** because of him • **c'est (de) la ~ de Richard/(de) sa ~** it's Richard's fault/his fault • **à qui la ~ ?** whose fault is it? • **c'est la ~ à pas de chance*** it's just bad luck

e (*locutions*)

▸ **en faute** **prendre qn en ~** to catch sb out

▸ **faute de** through lack of • **~ d'argent** for want of money • **~ de temps** for lack of time • **~ de mieux** for want of anything better • **~ de quoi** otherwise • **relâché ~ de preuves** released for lack of evidence

2 (COMP) ▸ **faute de français** grammatical mistake (*in French*) ▸ **faute de frappe** typing error ▸ **faute de goût** error of taste ▸ **faute directe** (*Tennis*) unforced error ▸ **faute grave** (*professionnelle*) gross misconduct *NonC* ▸ **faute d'impression** misprint ▸ **faute d'orthographe** spelling mistake ▸ **faute professionnelle** professional misconduct *NonC*

fauteuil [fotœj] (NM) armchair; [*de président*] chair; [*de théâtre, académicien*] seat ▸ **fauteuil à bascule** rocking chair ▸ **fauteuil de dentiste** dentist's chair ▸ **fauteuil de jardin** garden chair ▸ **fauteuil d'orchestre** seat in the front stalls (*Brit*) *ou* the orchestra (*US*) ▸ **fauteuil roulant** wheelchair

fauteur, -trice [fotœʀ, tʀis] (NM,F) **~ de troubles** troublemaker

fautif, -ive [fotif, iv] **1** (ADJ) **a** guilty; [*conducteur*] at fault *attrib* **b** [*citation*] inaccurate • **le texte est très ~** the text is full of mistakes **2** (NM,F) **c'est moi le ~** I'm the culprit

fauve [fov] **1** (ADJ) **a** [*tissu, couleur*] fawn **b** (*Art*) **la période ~** the Fauvist period **2** (NM) (= *animal*) wildcat; (= *bête sauvage*) wild animal • **la chasse aux ~s** big-game hunting • **ça sent le ~ ici*** there's a strong smell of BO in here*

fauvette [fovɛt] (NF) warbler

faux[1], fausse [fo, fos] **1** (ADJ) **a** [*billet, documents, signature*] forged; [*marbre, bijoux*] imitation; [*tableau*] fake; [*dent, nez, déclaration, prétexte, espoir, rumeur*] false; [*médecin, policier*] bogus • **fausse pièce** forged coin

b (= *inexact*) [*calcul, numéro, rue*] wrong; [*idée*] mistaken; [*affirmation*] untrue; [*instrument de musique, voix*] out of tune; [*raisonnement*] faulty • **c'est ~** [*résultat*] that's wrong • **ce que tu dis est ~** what you're saying is untrue • **faire fausse route** to take the wrong road; (*fig*) to be on the wrong track • **faire un ~ pas** to stumble • **avoir tout ~*** to get everything wrong

c (= *fourbe*) deceitful

2 (NM) **a** (= *mensonge*) **le ~** falsehood • **prêcher le ~ pour savoir le vrai** to tell a lie to get at the truth

b (= *contrefaçon*) forgery • **~ en écriture** false entry

3 (ADV) [*chanter, jouer*] out of tune

4 (COMP) ▸ **fausse alerte** false alarm ▸ **faux ami** false friend ▸ **faux bond** **faire ~ bond à qn** to let sb down ▸ **faux col** [*de chemise*] detachable collar; [*de bière*] head ▸ **fausse couche** miscarriage • **faire une fausse couche** to have a miscarriage ▸ **faux cul*** two-faced individual ▸ **faux départ** false start ▸ **fausse fourrure** fake fur ▸ **faux frais** NPL extras ▸ **faux frère** false friend ▸ **faux jeton*** two-faced person ▸ **faux jour** **sous un ~ jour** in a false light ▸ **faux mouvement** awkward movement ▸ **faux nom** assumed name ▸ **fausse note** (*Mus*) wrong note; (*fig*) sour note • **la réunion s'est passée sans fausse note** the meeting went off without a hitch ▸ **fausse nouvelle** false report ▸ **fausse piste** **être sur une fausse piste** to be on the wrong track ▸ **faux plat** slight incline ▸ **faux pli** crease ▸ **faux problème** non-issue ▸ **faux sens** mistranslation ▸ **faux témoignage** (= *déposition mensongère*) false evidence *NonC*; (= *délit*) perjury

faux[2] [fo] (NF) (= *outil*) scythe

faux-filet (*pl* **faux-filets**) [fofilɛ] (NM) sirloin

faux-fuyant (*pl* **faux-fuyants**) [fofɥijɑ̃] (NM) prevarication • **user de ~s** to evade the issue

faux-monnayeur (*pl* **faux-monnayeurs**) [fomɔnɛjœʀ] (NM) counterfeiter

faux-semblant (*pl* **faux-semblants**) [fosɑ̃blɑ̃] (NM) **user de ~s** to put up a pretence

faveur [favœʀ] (NF) favour (*Brit*), favor (*US*) • **fais-moi une ~** do me a favour • **gagner la ~ du public** to win public favour • **elle lui a refusé ses ~s** she refused him her favours

▸ **de faveur** [*prix, taux*] special • **billet de ~** complimentary ticket • **traitement de ~** preferential treatment
▸ **en faveur de** for • **en ma/sa ~** in my/his (*ou* her) favour
▸ **à la faveur de** thanks to • **à la ~ de la nuit** under cover of darkness

favorable [favɔʀabl] ADJ **a** [*moment, occasion*] right; [*terrain, position, vent*] favourable (*Brit*), favorable (*US*) • **avoir un préjugé ~ envers** to be biased in favour of • **se montrer sous un jour ~** to show o.s. in a favourable light • **voir qch d'un œil ~** to view sth favourably • **le change nous est ~** the exchange rate is in our favour **b** **être ~ à** [*personne*] to be favourable to

favorablement [favɔʀabləmɑ̃] ADV favourably (*Brit*), favorably (*US*)

favori, -ite [favɔʀi, it] **1** ADJ favourite (*Brit*), favorite (*US*) **2** NM,F (= *préféré, gagnant probable*) favourite (*Brit*), favorite (*US*) • **c'est le grand ~ de la course** (*Sport*) he's the hot favourite for the race **3** NM (*Internet*) bookmark, favorite **4** NMPL **favoris** (= *barbe*) sideburns

favoriser [favɔʀize] /TABLE 1/ VT **a** (= *avantager, encourager*) [+ *candidat, commerce, parti*] to favour (*Brit*), to favor (*US*) • **les classes les plus favorisées** the most favoured classes **b** (= *faciliter*) to make easier • **ces facteurs favorisent l'apparition du cancer** these factors contribute to the development of cancer

favoritisme [favɔʀitism] NM favouritism (*Brit*), favoritism (*US*)

fax [faks] NM (= *machine*) fax machine; (= *document*) fax • **envoyer qch par ~** to send sth by fax

faxer [fakse] /TABLE 1/ VT to fax

fayot [fajo] NM **a** (= *haricot*)* bean **b** (= *lèche-bottes*)* crawler*

fébrile [febʀil] ADJ feverish • **pour états ~s** [*médicament*] for fever

fébrilement [febʀilmɑ̃] ADV [*s'activer, attendre*] feverishly

fécal, e (*mpl* **-aux**) [fekal, o] ADJ **matières ~es** faeces

fécond, e [fekɔ̃, ɔ̃d] ADJ **a** (= *non stérile*) fertile **b** [*auteur*] prolific; [*sujet, idée*] fruitful; [*esprit*] creative

fécondation [fekɔ̃dasjɔ̃] NF [*de femme*] impregnation; [*d'animal*] fertilization; [*de fleur*] pollination • **~ in vitro** in vitro fertilization

féconder [fekɔ̃de] /TABLE 1/ VT [+ *femme*] to impregnate; [+ *animal*] to fertilize; [+ *fleur*] to pollinate

fécondité [fekɔ̃dite] NF fertility; [*de terre, idée*] richness

fécule [fekyl] NF starch • **~ (de pommes de terre)** potato flour

féculent [fekylɑ̃] NM starchy food • **évitez les ~s** avoid starchy foods

fédéral, e (*mpl* **-aux**) [fedeʀal, o] ADJ federal

fédération [fedeʀasjɔ̃] NF federation • **~ syndicale** trade union • **la Fédération française de football** the French football association • **la Fédération de Russie** the Russian Federation

fédérer [fedeʀe] /TABLE 6/ VT to federate

fée [fe] NF fairy • **une vraie ~ du logis** (*hum*) a real homebody • **la méchante ~** the wicked fairy

feeling [filiŋ] NM feeling • **faire qch au ~** to do sth intuitively

féerie [fe(e)ʀi] NF enchantment

féerique [fe(e)ʀik] ADJ magical

feignant, e [fɛɲɑ̃, ɑ̃t] **1** ADJ idle **2** NM,F idler

feindre [fɛ̃dʀ] /TABLE 52/ VT (= *simuler*) [+ *enthousiasme, ignorance, innocence*] to feign • **~ la colère** to pretend to be angry • **il feint de ne pas comprendre** he pretends not to understand

feint, e [fɛ̃, fɛ̃t] *ptp de* **feindre** **1** ADJ [*émotion, maladie*] feigned • **non ~** genuine **2** NF **feinte** (= *manœuvre*) dummy move; (*Football, Rugby*) dummy (*Brit*), fake (*US*); (*Boxe, Escrime*) feint

feinter [fɛ̃te] /TABLE 1/ **1** VT (*Football, Rugby*) to dummy (*Brit*) *ou* fake (*US*) (one's way past) **2** VI (*Football, Rugby*) to dummy (*Brit*), to fake (*US*)

fêlé, e [fele] *ptp de* **fêler** ADJ [*assiette, voix*] cracked • **tu es complètement ~ !*** you're completely crazy!*

fêler (se) [fele] /TABLE 1/ VPR to crack

félicitations [felisitasjɔ̃] NFPL congratulations (**pour** on) • **~ !** congratulations! • **avec les ~ du jury** (*Scol, Univ*) highly commended

féliciter [felisite] /TABLE 1/ **1** VT to congratulate (**qn de** *ou* **sur qch** sb on sth) • **je vous félicite !** congratulations! **2** VPR **se féliciter** to be very glad (**de** about) • **se ~ d'une décision** to welcome a decision • **je n'y suis pas allé et je m'en félicite** I didn't go and I'm glad I didn't

félin [felɛ̃] NM feline • **les ~s** felines • **les grands ~s** the big cats

fêlure [felyʀ] NF crack

femelle [fəmɛl] ADJ, NF female

féminicide [feminisid] NM femicide

féminin, e [feminɛ̃, in] **1** ADJ feminine; [*hormone, population, sexe*] female; [*mode, magazine, équipe*] women's • **elle est peu ~e** she's not very feminine • **ses conquêtes ~es** his conquests **2** NM feminine • **au ~** in the feminine

féminiser [feminize] /TABLE 1/ **1** VT to feminize; [+ *mot*] to find a feminine form for • **~ une profession** to increase the number of women in a profession • **profession féminisée** largely female profession **2** VPR **se féminiser** **la profession se féminise** an increasing number of women are entering the profession

féminisme [feminism] NM feminism

féministe [feminist] ADJ, NMF feminist

féminité [feminite] NF femininity

femme [fam] **1** NF **a** (= *individu*) woman • **la ~** (= *espèce*) woman • **une jeune ~** a young woman • **c'est la ~ de sa vie** she is the love of his life • **les ~s et les enfants d'abord !** women and children first!
b (= *épouse*) wife
c (*profession*) **~ médecin** woman doctor • **professeur ~** female teacher
2 ADJ INV **être très ~** (*féminine*) to be very womanly
3 COMP ▸ **femme d'affaires** businesswoman ▸ **femme battue** battered woman ▸ **femme de chambre** (*dans un hôtel*) chambermaid; (*de qn*) (lady's) maid ▸ **femme d'esprit** woman of wit and learning ▸ **femme fatale** femme fatale ▸ **la femme au foyer** the housewife ▸ **femme d'intérieur** housewife • **c'est une ~ d'intérieur** she's very house-proud ▸ **femme de lettres** woman of letters ▸ **femme de ménage** cleaning lady ▸ **femme du monde** society woman ▸ **femme de service** (*nettoyage*) cleaner; (*cantine*) dinner lady ▸ **femme de tête** strong-minded intellectual woman

fémur [femyʀ] NM thighbone

fendillé, e [fɑ̃dije] *ptp de* **fendiller** ADJ [*plâtre, porcelaine,*

f

terre] crazed; [*bois*] sprung; [*lèvres, peau*] chapped

fendiller (se) [fɑ̃dije] /TABLE 1/ (VPR) [*plâtre, porcelaine, terre*] to craze; [*bois*] to spring; [*lèvres, peau*] to chap

fendre [fɑ̃dʀ] /TABLE 41/ **1** (VT) **a** (*= couper en deux*) to split • **~ du bois** to chop wood

b [*+ rochers*] to cleave; [*+ mur, plâtre, meuble*] to crack • **~ la foule** to push one's way through the crowd • **ça me fend le cœur** *ou* **l'âme** it breaks my heart • **un spectacle à vous ~ le cœur** a heartbreaking sight

2 (VPR) **se fendre** **a** (*= se fissurer*) to crack

b [*+ partie du corps*] **il s'est fendu le crâne** he has cracked his skull open • **se ~ la pipe*** *ou* **la pêche*** *ou* **la poire*** *ou* **la gueule**** (*= rire*) to laugh one's head off*; (*= s'amuser*) to have a good laugh

c **se ~ de*** [*+ somme*] to shell out*; [*+ bouteille, cadeau*] to lash out on* • **il ne s'est pas fendu!** he didn't exactly break himself!*

fendu, e [fɑ̃dy] *ptp de* **fendre** (ADJ) [*crâne*] cracked; [*lèvre*] cut; [*veste*] with a vent; [*jupe*] slit

fenêtre [f(ə)nɛtʀ] (NF) window; [*de formulaire*] space • **regarder/sauter par la ~** to look/jump out of the window • **se mettre à la ~** to go to the window • **c'est une ~ ouverte sur ...** (*fig*) it's a window on ... • **~ active** active window • **~ pop-up** *ou* **intruse** *ou* **surgissante** pop-up window ▸**fenêtre de dialogue** dialogue box ▸**fenêtre à guillotine** sash window ▸**fenêtre de lancement** launch window

fennec [fenɛk] (NM) fennec

fenouil [fənuj] (NM) fennel

fente [fɑ̃t] (NF) **a** [*de mur, terre, rocher*] crack; [*de bois*] split

b [*de boîte à lettres, tirelire*] slot; [*de tête d'une vis*] groove; [*de jupe*] slit; [*de veste*] vent

féodal, e (*mpl* **-aux**) [feɔdal, o] (ADJ) feudal

fer [fɛʀ] **1** (NM) **a** (*= métal*) iron • **de ~** iron • **volonté de ~** iron will • **croire qch dur comme ~*** to believe sth firmly

b [*de cheval*] shoe; [*de chaussure*] steel tip; [*de flèche, lance*] point

c (*pour repasser*) iron • **donner un coup de ~ à qch** to give sth an iron; (*plus soigneusement*) to press sth

2 (COMP) ▸**fer à cheval** horseshoe • **en ~ à cheval** [*table, bâtiment*] U-shaped ▸**fer forgé** wrought iron ▸**fer à friser** curling tongs *pl* ▸**fer de lance** spearhead ▸**fer à lisser** (hair) straighteners ▸**fer à repasser** iron ▸**fer rouge** branding iron ▸**fer à souder** soldering iron ▸**fer à vapeur** steam iron

fera [f(ə)ʀa] (VB) → **faire**

fer-blanc (*pl* **fers-blancs**) [fɛʀblɑ̃] (NM) tin • **une boîte en ~** a tin

férié, e [fɛʀje] (ADJ) **jour ~** public holiday • **le lundi suivant est ~** the following Monday is a holiday → FÊTES LÉGALES

férir [feʀiʀ] (VT) **sans coup ~** without encountering any opposition

ferme¹ [fɛʀm] **1** (ADJ) firm; [*style, trait*] confident • **avec la ~ intention de faire qch** with the firm intention of doing sth • **prix ~s et définitifs** firm prices • **« prix : 200 000 € ~ »** "price: 200,000 euros (not negotiable)"

2 (ADV) **a** (*intensif*)* [*travailler, cogner*] hard • **discuter ~** to discuss vigorously • **s'ennuyer ~** to be bored stiff*

b **condamné à sept ans (de prison) ~** sentenced to seven years' imprisonment

ferme² [fɛʀm] (NF) (*= domaine*) farm; (*= habitation*) farmhouse • **~ d'élevage** cattle farm • **~ marine** fish farm ▸**ferme éolienne** wind farm ▸**ferme de serveurs** (*Informatique*) server farm

fermé, e [fɛʀme] *ptp de* **fermer** (ADJ) **a** closed; [*porte, magasin, valise*] shut; [*espace*] closed-in; [*voiture*] locked; [*robinet*] off *attrib* • **la porte est ~e à clé** the door is locked • **la station est ~e au public** the station is closed to the public **b** [*milieu, club*] exclusive **c** [*visage, air*] impenetrable; [*personne*] uncommunicative

▸**être fermé à** [*+ sentiment, qualité*] to be untouched by; [*+ science, art*] to have no interest in

fermement [fɛʀməmɑ̃] (ADV) firmly

ferment [fɛʀmɑ̃] (NM) (*= micro-organisme*) leaven *NonC*; (*fig*) ferment *NonC*

fermentation [fɛʀmɑ̃tasjɔ̃] (NF) fermentation

fermenter [fɛʀmɑ̃te] /TABLE 1/ (VI) to ferment

fermer [fɛʀme] /TABLE 1/ **1** (VT) to close; [*+ magasin, café, musée*] (*après le travail*) to shut; (*définitivement*) to close (down); [*+ manteau, gilet*] to do up; [*+ chemin, passage*] to block; [*+ accès*] to close off; [*+ aéroport*] to close; [*+ gaz, électricité, eau, robinet*] to turn off • **~ à clé** [*+ porte, chambre*] to lock • **~ (la porte) à double tour** to double-lock the door • **~ la porte au nez de qn** to shut the door in sb's face • **~ sa porte à qn** to close one's door to sb • **va ~** go and shut the door • **on ferme!** closing time! • **on ferme en juillet** we're closed in July • **la ferme!*** • **ferme-la!*** shut up!* • **je n'ai pas fermé l'œil de la nuit** I didn't get a wink of sleep • **~ les yeux sur** [*+ misère, scandale*] to close one's eyes to; [*+ abus, fraude, défaut*] to turn a blind eye to • **~ boutique** to close down • **~ le cortège** to bring up the rear of the procession

2 (VI) **a** [*fenêtre, porte, boîte*] to close • **cette porte/boîte ferme mal** this door/box doesn't close properly • **ce robinet ferme mal** this tap doesn't turn off properly

b [*magasin*] (*le soir*) to close; (*définitivement, pour les vacances*) to close down • **ça ferme à 7 heures** they close at 7 o'clock

3 (VPR) **se fermer** to close • **son visage se ferma** his face became expressionless • **il se ferme tout de suite** [*personne*] he just clams up*

fermeté [fɛʀməte] (NF) **a** [*de chair, fruit, sol, voix*] firmness **b** [*de main, écriture*] steadiness; [*de style, trait*] confidence • **avec ~** firmly

fermette [fɛʀmɛt] (NF) (small) farmhouse

fermeture [fɛʀmətyʀ] **1** (NF) **a** **« ne pas gêner la ~ des portes »** "do not obstruct the doors (when closing)"

b [*de magasin, musée, aéroport*] closing • **~ annuelle** annual closure; (*sur la devanture*) closed for the holidays • **à (l'heure de) la ~** at closing time • **« ~ pour (cause de) travaux »** "closed for refurbishment" • **faire la ~** to close • **on a fait la ~** (*clients d'un bar*) we stayed until closing time • **la ~ de la chasse** the end of the hunting season

c (*= cessation d'activité*) [*de magasin, restaurant, école*] closure • **~ définitive** permanent closure

d (*= mécanisme*) [*de vêtement, sac*] fastener

2 (COMP) ▸**fermeture éclair ®, fermeture à glissière** zip (fastener) (*Brit*), zipper (*US*)

fermier, -ière [fɛʀmje, jɛʀ] **1** (ADJ) **poulet ~** ≈ free-range chicken • **beurre ~** dairy butter • **fromage ~** farmhouse cheese **2** (NM,F) (*= cultivateur*) farmer

fermoir [fɛʀmwaʀ] (NM) [*de livre, collier, sac*] clasp

féroce [feʀɔs] (ADJ) fierce; [*répression, critique*] savage; [*appétit*] ravenous

férocité [feʀɔsite] (NF) [*d'animal, regard, personne*] ferocity; [*de répression, critique*] savagery; [*de satire, appétit*] ferociousness; [*de concurrence*] fierceness

ferraille [feʀɑj] (NF) ⓐ (= *déchets de fer*) scrap (iron) • **tas de ~** scrap heap • **bruit de ~** rattling noise • **bon à mettre à la ~** ≈ fit for the scrap heap ⓑ (= *monnaie*)* small *ou* loose change

ferrailleur [feʀɑjœʀ] (NM) (= *marchand de ferraille*) scrap (metal) merchant

ferré, e [feʀe] *ptp de* **ferrer** (ADJ) ⓐ [*canne, bâton*] steel-tipped; [*chaussure*] hobnailed; [*cheval*] shod ⓑ (= *calé*)* clued up* (**en, sur** about) • **être ~ sur un sujet** to know a subject inside out

ferrer [feʀe] /TABLE 1/ (VT) ⓐ [+ *cheval*] to shoe; [+ *chaussure*] to nail ⓑ [+ *poisson*] to strike

ferreux, -euse [feʀø, øz] (ADJ) ferrous

ferronnerie [feʀɔnʀi] (NF) (= *métier*) ironwork; (= *objets*) ironware • **faire de la ~ d'art** to be a craftsman in wrought iron

ferronnier [feʀɔnje] (NM) (= *artisan*) craftsman in (wrought) iron

ferroutage [feʀutaʒ] (NM) piggyback

ferrouter [feʀute] /TABLE 1/ (VT) to piggyback

ferroviaire [feʀɔvjɛʀ] (ADJ) [*réseau, trafic*] railway (Brit), railroad (US); [*transport*] rail

ferrure [feʀyʀ] (NF) (= *charnière*) (ornamental) hinge • **~s** [*de porte*] (door) fittings

ferry (*pl* **ferries**) [feʀi] (NM) (ABR DE **ferry-boat**)

ferry-boat ○ (*pl* **ferry-boats**) [feʀibot] (NM) [*de voitures*] (car) ferry; [*de trains*] (train) ferry

fertile [fɛʀtil] (ADJ) fertile • **journée ~ en événements** eventful day

fertiliser [fɛʀtilize] /TABLE 1/ (VT) to fertilize

fertilité [fɛʀtilite] (NF) fertility

féru, e [feʀy] (ADJ) (*frm*) **être ~ de** to be very interested in

férule [feʀyl] (NF) **être sous la ~ de qn** to be under sb's (iron) rule

fervent, e [fɛʀvɑ̃, ɑ̃t] 1 (ADJ) fervent 2 (NM,F) devotee

ferveur [fɛʀvœʀ] (NF) fervour (Brit), fervor (US) • **avec ~** fervently

fesse [fɛs] (NF) buttock • **les ~s** the bottom • **magazine de ~s*** porn magazine* • **histoire de ~s*** dirty story

fessée [fese] (NF) spanking • **donner une ~ à qn** to smack sb's bottom

fessier, -ière [fesje, jɛʀ] (ADJ) [*muscles*] buttock

festin [fɛstɛ̃] (NM) feast

festival (*pl* **festivals**) [fɛstival] (NM) festival

festivalier, -ière [fɛstivalje, jɛʀ] (NM,F) festival-goer

festivités [fɛstivite] (NFPL) festivities

festoyer [fɛstwaje] /TABLE 8/ (VI) to feast

fêtard, e* [fɛtaʀ, aʀd] (NM,F) reveller

fête [fɛt] 1 (NF) ⓐ (= *commémoration*) (*religieuse*) feast; (*civile*) holiday • **Noël est la ~ des enfants** Christmas is a time for children

ⓑ (= *jour du prénom*) saint's day • **la ~ de la Saint-Jean** Saint John's day • **souhaiter bonne ~ à qn** to wish sb a happy saint's day

ⓒ (= *congé*) holiday • **les ~s (de fin d'année)** the (Christmas and New Year) holidays

ⓓ (= *foire, kermesse*) fair • **~ paroissiale** parish fête • **~ de la bière** beer festival • **c'est la ~ au village** the fair is on in the village

ⓔ (= *réception*) party • **donner une ~** to throw a party • **faire une ~ (pour son anniversaire** *etc*) to have a (birthday *etc*) party

ⓕ (= *allégresse collective*) **la ~** celebration • **c'est la ~!** everyone's celebrating! • **toute la ville était en ~** the whole town was celebrating • **air/atmosphère de ~** festive air/atmosphere

ⓖ (*locutions*) **je n'étais pas à la ~** it was no picnic (for me)* • **être de la ~** to be one of the party • **ça va être ta ~*** you've got it coming to you* • **faire sa ~ à qn*** to beat sb up* • **faire la ~*** to live it up* • **faire ~ à qn** to give sb a warm welcome • **elle se faisait une ~ d'y aller** she was really looking forward to going • **ce n'est pas tous les jours ~** it's not every day that we have an excuse to celebrate

2 (COMP) ▸ **fête de famille** family celebration ▸ **fête foraine** fun fair ▸ **fête légale** public holiday ▸ **la fête des Mères** Mother's Day ▸ **fête nationale** national holiday ▸ **la fête des Pères** Father's Day ▸ **la fête des Rois** Twelfth Night ▸ **la fête du travail** Labour Day ▸ **fête de village** village fête

FÊTE DE LA MUSIQUE

The **Fête de la Musique** is a music festival which has taken place every year since 1981. On 21 June throughout France everybody is invited to play music in public places such as parks, streets and squares.

FÊTES LÉGALES

Holidays to which employees are entitled in addition to their paid leave in France are as follows:

Religious holidays: Easter Monday, Ascension Day, Pentecost, Assumption (15 August), All Saints' Day (1 November) and Christmas Day.

Other holidays: New Year's Day, 1 May ("la fête du travail"), 8 May (commemorating the end of the Second World War), 14 July (Bastille Day) and 11 November (Armistice Day).

fêter [fete] /TABLE 1/ (VT) [+ *anniversaire, victoire*] to celebrate; [+ *personne*] to fête • **il faut ~ cela!** this calls for a celebration!

fétiche [fetiʃ] (NM) fetish; (= *mascotte*) mascot • **son acteur ~** his favourite actor

fétichisme [fetiʃism] (NM) fetishism

fétide [fetid] (ADJ) fetid

fétu [fety] (NM) **~ (de paille)** wisp of straw

feu[1] [fø]

1 NOM MASCULIN
2 ADJECTIF INVARIABLE
3 COMPOSÉS

1 NOM MASCULIN

ⓐ (= *flammes, incendie*) fire • **~ de bois** wood fire • **allumer un ~** to light a fire • **faire un ~** to make a fire • **faire du ~** to make a fire • **jeter qch au ~** to throw sth on the fire • **avoir le ~ au derrière*** to be in a hell of a hurry* • **faire ~ de tout bois** to use all available means • **mettre le ~ à qch** to set fire to sth • **ça a mis le ~ aux poudres** it sparked things off • **prendre ~** to catch fire • **au ~!** fire! • **il y a le ~** there's a fire • **il n'y a pas le ~ (au lac)!*** no panic!* • **avoir le ~ sacré** to burn with zeal

▸ **à feu et à sang la région est à ~ et à sang** the region

is being torn apart by war
▸ **en feu** burning • **sa maison était en ~** his house was on fire • **devant la maison en ~** in front of the burning house • **il avait les joues en ~** his cheeks were burning
b (*pour un fumeur*) light • **vous avez du ~?** have you got a light? • **donner du ~ à qn** to give sb a light
c (*= brûleur*) burner; (*= plaque électrique*) ring (*Brit*), burner (*US*) • **cuisinière à trois ~x** stove with three rings • **faire cuire à ~ doux** to cook on a low heat; (*au four*) to cook in a low oven • **faire cuire à ~ vif** to cook on a high heat; (*au four*) to cook in a hot oven • **plat qui va au ~** flameproof dish
▸ **à petit feu** [*cuire*] gently • **tuer qn à petit ~** to kill sb by inches
d (*= sensation de brûlure*) **j'ai le ~ aux joues** my cheeks are burning • **le ~ du rasoir** shaving rash
e (*= ardeur*) **dans le ~ de la discussion** in the heat of the discussion
▸ **tout feu tout flamme** wildly enthusiastic
f (*= tir*) fire • **faire ~** to fire • **~!** fire! • **sous le ~ de l'ennemi** under enemy fire • **être pris entre deux ~x** to be caught in the crossfire • **un ~ roulant de questions** a barrage of questions
▸ **coup de feu** shot • **c'est le coup de ~** it's all go*
g (*= signal lumineux*) light • **le ~ était au rouge** the lights were on red • **s'arrêter aux ~x** to stop at the lights
h (*= éclairage*) light • **les ~x de la rampe** the footlights • **pleins ~x sur ...** spotlight on ... • **être sous le ~ des projecteurs** to be in the limelight • **les ~x de l'actualité sont braqués sur eux** they are in the full glare of the media spotlight
i ▸ **mise à feu** [*de fusée, moteur*] firing; [*d'explosif, bombe*] setting off • **au moment de la mise à ~ de la fusée** at blast-off
2 ADJECTIF INVARIABLE
(*couleur*) flame-coloured • **rouge ~** flame red
3 COMPOSÉS
▸ **feu antibrouillard** fog light ▸ **feu arrière** tail light ▸ **feu d'artifice** firework display ▸ **feu de camp** campfire ▸ **feu de cheminée** (*= flambée*) fire; (*= incendie*) chimney fire ▸ **feu clignotant** flashing light ▸ **feux de croisement** dipped headlights (*Brit*), low beams (*US*) ▸ **feux de détresse** hazard warning lights ▸ **feu follet** will-o'-the-wisp ▸ **feu de forêt** forest fire ▸ **feu de joie** bonfire ▸ **feu orange** amber light (*Brit*), yellow light (*US*) ▸ **feu de paille** (*fig*) flash in the pan ▸ **feu de position** sidelight ▸ **feux de recul** reversing lights (*Brit*), back-up lights (*US*) ▸ **feu rouge** (*= couleur*) red light; (*= objet*) traffic light ▸ **feux de route** headlights on full beam ▸ **feux de la Saint-Jean** *bonfires lit to celebrate the summer solstice* ▸ **feux de signalisation** traffic lights ▸ **feu de stop** brake light ▸ **feux tricolores** traffic lights ▸ **feu vert** green light • **donner le ~ vert à qn** to give sb the go-ahead

---

feu², e (ADJ) (*littér ou hum = décédé*) ~ **ma tante** my late aunt
feuillage [fœjaʒ] (NM) (*sur l'arbre*) foliage *NonC*; (*coupé*) greenery *NonC*
feuille [fœj] 1 (NF) **a** [*d'arbre, plante*] leaf • **~ de laurier** bay leaf • **à ~s caduques/persistantes** deciduous/evergreen
b [*de papier, plastique, acier*] sheet • **les ~s d'un cahier** the leaves of an exercise book • **or en ~s** gold leaf • **alimentation ~ à ~** sheet feed • **~ d'aluminium** (sheet of) aluminium foil
c (*= bulletin*) slip; (*= formulaire*) form; (*= journal*) paper
d (*Informatique*) ~ **de style** style sheet • **~ de calcul** spread sheet
2 (COMP) ▸ **feuille de chou** (*péj = journal*) rag ▸ **feuille d'impôt** tax form ▸ **feuille de maladie** *form given by doctor to patient for forwarding to the Social Security* ▸ **feuille de paye** ou **paie** pay slip ▸ **feuille de présence** attendance sheet ▸ **feuille de soins** *form given by doctor to patient for forwarding to the Social Security* ▸ **feuille de vigne** vine leaf; (*Art*) fig leaf ▸ **feuille volante** loose sheet
feuillet [fœjɛ] (NM) [*de cahier, livre*] page
feuilleté, e [fœjte] *ptp de* **feuilleter** 1 (ADJ) [*verre, pare-brise*] laminated → **pâte** 2 (NM) ≈ Danish pastry • **~ au jambon/aux amandes** ham/almond pastry
feuilleter [fœjte] /TABLE 4/ (VT) [*+ pages, livre*] to leaf through; (*= lire rapidement*) to skim through
feuilleton [fœjtɔ̃] (NM) serial • **~ télévisé** soap • **~ judiciaire** (*fig*) judicial saga
feuillu, e [fœjy] 1 (ADJ) leafy 2 (NM) broad-leaved tree
feutre [føtʀ] (NM) (*= matière*) felt; (*= chapeau*) felt hat; (*= stylo*) felt-tip pen
feutré, e [føtʀe] *ptp de* **feutrer** (ADJ) **a** [*lainage*] matted **b** [*atmosphère, bruit*] muffled • **marcher à pas ~s** to pad along
feutrer [føtʀe] /TABLE 1/ 1 (VT) [*+ lainage*] to mat; (*= amortir*) to muffle 2 (VPR) **se feutrer** [*lainage*] to become matted
feutrine [føtʀin] (NF) lightweight felt
fève [fɛv] (NF) **a** (*= légume*) broad bean • **~ de cacao** cocoa bean **b** [*de galette*] charm (*hidden in cake for Twelfth Night*) → LES ROIS
février [fevʀije] (NM) February → **septembre**

> Les noms de mois s'écrivent avec une majuscule en anglais.

FF (ABR DE **frères**) bros
FFF [ɛfɛfɛf] (N) (ABR DE **Fédération française de football**)
Fg (ABR DE **faubourg**)
fi [fi] (EXCL) **faire fi de** [*+ danger*] to snap one's fingers at; [*+ conventions, conseils*] to flout
fiabilité [fjabilite] (NF) reliability
fiable [fjabl] (ADJ) reliable
fiacre [fjakʀ] (NM) hackney cab
fiançailles [fjɑ̃saj] (NFPL) engagement
fiancé, e [fjɑ̃se] *ptp de* **fiancer** 1 (ADJ) engaged 2 (NM) (*= homme*) fiancé • **les ~s** (*= couple*) the engaged couple 3 (NF) **fiancée** fiancée
fiancer (se) [fjɑ̃se] /TABLE 3/ (VPR) to get engaged (**avec**, **à** to)
fiasco [fjasko] (NM) fiasco
fibre [fibʀ] (NF) fibre (*Brit*), fiber (*US*) • **~ de bois** wood fibre • **~ de verre** fibreglass (*Brit*), fiberglass (*US*) • **~ optique** (*= câble*) optical fibre; (*= procédé*) fibre optics • **riche en ~s (alimentaires)** high in (dietary) fibre • **avoir la ~ maternelle** to be a born mother
fibré, e [fibʀe] (ADJ) [*immeuble, foyers*] fitted with fibre optics
fibreux, -euse [fibʀø, øz] (ADJ) [*texture*] fibrous; [*viande*] stringy
fibrome [fibʀom] (NM) fibroid

ficeler [fis(ə)le] /TABLE 4/ VT [+ *paquet, rôti*] to tie up • **c'est bien ficelé*** it's well put together

ficelle [fisɛl] NF (= *matière*) string; (= *morceau*) piece of string; (= *pain*) stick (of French bread) • **tirer les ~s** to pull the strings • **connaître les ~s du métier** to know the ropes

fiche [fiʃ] 1 NF ⓐ (= *carte*) index card; (= *feuille*) slip; (= *formulaire*) form • **~ d'inscription** enrolment form • **mettre en ~** to index • **~-cuisine** [*de magazine*] pull-out recipe card ⓑ (= *cheville, broche*) pin; (= *prise électrique*) plug 2 COMP ▸ **fiche d'état civil** *record of civil status*, ≈ birth and marriage certificate ▸ **fiche de lecture** study notes (*on a set book*) ▸ **fiche de paie** pay slip ▸ **fiche technique** specification sheet

ficher[1] [fiʃe] /TABLE 1/ VT ⓐ (= *mettre en fiche*) [+ *renseignements*] to file; [+ *suspects*] to put on file ⓑ (= *enfoncer*) to drive in

ficher[2]* [fiʃe] /TABLE 1/ 1 VT ⓐ (= *faire*) to do • **qu'est-ce qu'il fiche?** what on earth is he doing? • **il n'a rien fichu de la journée** he hasn't done a thing all day* • **j'en ai rien à fiche, de leurs histoires** I couldn't care less what they're up to*
ⓑ (= *donner*) to give • **ça me fiche la trouille** it gives me the jitters* • **fiche-moi la paix!** leave me alone! • **qui est-ce qui m'a fichu un idiot pareil!** how stupid can you get!*
ⓒ (= *mettre*) to put • **~ qn à la porte** to kick* sb out • **~ qch par la fenêtre** to chuck* sth out of the window • **ça fiche tout par terre** (*fig*) that messes everything up • **~ qn dedans** (= *faire se tromper*) to get sb all confused • **ça m'a fichu en colère** that made me really mad*
ⓓ ▸ **ficher le camp** to clear off*
2 VPR **se ficher** ⓐ **je me suis fichu dedans** (= *me suis trompé*) I (really) boobed*
ⓑ **se ~ de qn** (= *rire de*) to make fun of sb; (= *raconter des histoires à*) to pull sb's leg • **se ~ de qch** to make fun of sth • **se ~ de qn/de qch/de faire qch** (= *être indifférent*) not to give a damn about sb/about sth/about doing sth* • **là, ils ne se sont vraiment pas fichus de nous** they really did us proud! • **je m'en fiche pas mal!** I couldn't care less! • **il s'en fiche comme de sa première chemise** *ou* **comme de l'an quarante** he couldn't care two hoots* (about it), what the heck does he care!* • **j'ai essayé, mais je t'en fiche!* ça n'a pas marché** I did try but blow me* (*Brit*), it didn't work, I did try but I'll be darned* (*US*) if it worked

fichier [fiʃje] NM file; [*de bibliothèque*] catalogue (*Brit*), catalog (*US*) • **~ d'adresses** mailing list • **~ (des) clients** customer file • **~ (informatisé)** data file

fichu, e* [fiʃy] *ptp de* **ficher** ADJ ⓐ (*avant le nom*) (= *mauvais*) rotten* • **il a un ~ caractère** he's got a rotten* temper • **~ téléphone!** that damn phone!*
ⓑ (= *perdu, détruit*) done for*
ⓒ (= *habillé*) **regarde comme il est ~!** look at the way he's dressed!
ⓓ (= *bâti*) **elle est bien ~e** she's got a nice body • **c'est bien ~, cette table pliante** that folding table is well designed
ⓔ **être mal ~** *ou* **pas bien ~** [*malade*] to feel rotten*
ⓕ (= *capable*) **il est ~ d'y aller, tel que je le connais** knowing him he's quite capable of going • **il n'est (même) pas ~ de réparer ça** he can't mend the darned thing*

fictif, -ive [fiktif, iv] ADJ fictitious

fiction [fiksjɔ̃] NF fiction; (= *film de télévision*) TV drama • **livre de ~** work of fiction

fidèle [fidɛl] 1 ADJ ⓐ (= *loyal*) faithful • **demeurer ~ au poste** to be faithful to one's post • **~ à lui-même** *ou* **à son habitude, il est arrivé en retard** true to form he arrived late ⓑ (= *habituel*) [*lecteur, client, spectateur*] regular ⓒ (= *exact*) [*récit, portrait, traduction*] accurate
2 NMF ⓐ (*Rel*) believer • **les ~s** (= *croyants*) the faithful ⓑ (= *client*) regular (customer); (= *lecteur*) regular reader

fidèlement [fidɛlmɑ̃] ADV faithfully

fidéliser [fidelize] /TABLE 1/ VT **~ un public** to build up a loyal audience • **~ sa clientèle** to build up customer loyalty

fidélité [fidelite] NF (= *loyauté*) faithfulness • **la ~ (conjugale)** fidelity

Fidji [fidʒi] NFPL **les (îles) ~** Fiji

fidjien, -ienne [fidʒjɛ̃, jɛn] 1 ADJ Fiji, Fijian 2 NM,F **Fidjien(ne)** Fiji, Fijian

fiduciaire [fidysjɛʀ] ADJ fiduciary • **monnaie ~** paper money

fief [fjɛf] NM (*Hist*) fief; [*de parti*] stronghold

fieffé, e [fjefe] ADJ **un ~ menteur** an out-and-out liar

fiente [fjɑ̃t] NF [*d'oiseau*] droppings

fier, fière [fjɛʀ] ADJ proud • **~ comme Artaban** *ou* **comme un coq** as proud as a peacock • **faire le ~** (= *être méprisant*) to be aloof; (= *faire le brave*) to be full of o.s. • **c'est quelqu'un de pas ~*** he's not stuck-up* • **avoir fière allure** to cut a fine figure • **~ de qch/de faire qch** proud of sth/to do sth • **il n'y a pas de quoi être ~** there's nothing to be proud of • **je n'étais pas ~ de moi** I didn't feel very proud of myself • **je te dois une fière chandelle** I'm extremely indebted to you

fier (se) [fje] /TABLE 7/ VPR **se fier à** [+ *promesses, discrétion, collaborateur, instinct, mémoire*] to trust; [+ *destin, hasard*] to trust to • **il a l'air calme mais il ne faut pas s'y fier** he looks calm but that's nothing to go by

fièrement [fjɛʀmɑ̃] ADV (= *dignement*) proudly

fierté [fjɛʀte] NF pride • **tirer ~ de** to get a sense of pride from

fiesta* [fjɛsta] NF rave-up* • **faire la** *ou* **une ~** to have a rave-up*

fièvre [fjɛvʀ] NF ⓐ (= *température*) temperature • **accès de ~** bout of fever • **avoir (de) la ~/beaucoup de ~** to have a temperature/a high temperature • **avoir 39 de ~** to have a temperature of 104(°F) *ou* 39(°C) • **une ~ de cheval*** a raging fever ⓑ (= *maladie*) fever • **~ jaune/typhoïde** yellow/typhoid fever ⓒ (= *agitation*) **dans la ~ du départ** in the excitement of going away

fiévreusement [fjevʀøzmɑ̃] ADV excitedly

fiévreux, -euse [fjevʀø, øz] ADJ feverish

figé, e [fiʒe] *ptp de* **figer** ADJ [*société, mœurs*] rigid; [*attitude, sourire*] fixed; [*forme, expression*] set

figer [fiʒe] /TABLE 3/ 1 VI [*sauce, huile*] to congeal; [*sang*] to clot 2 VPR **se figer** [*sauce, huile*] to congeal; [*sourire, regard, visage*] to freeze • **son sang se figea dans ses veines** his blood froze in his veins

fignoler* [fiɲɔle] /TABLE 1/ VT (= *soigner*) to put the finishing touches to

figue [fig] NF fig ▸ **figue de Barbarie** prickly pear

figuier [figje] NM fig tree

figurant, e [figyʀɑ̃, ɑ̃t] NM,F [*d'un film*] extra; [*d'une pièce*] walk-on

figuratif, -ive [figyʀatif, iv] ADJ (*Art*) representational

f

figuration [figyʀasjɔ̃] NF **faire de la ~** (*au théâtre*) to do walk-on parts; (*au cinéma*) to work as an extra

figure [figyʀ] **1** NF **a** (= *visage, mine*) face • **sa ~ s'allongea** his face fell
b (= *personnage*) figure • **les grandes ~s de l'histoire** the great figures of history
c (= *image*) (*en danse, en patinage*) figure • **~ géométrique** geometrical figure • **prendre ~** to take shape
d ▸ **faire figure** **faire ~ de favori** to be looked on as the favourite • **faire bonne ~** to put up a good show • **faire triste** *ou* **piètre ~** to look a sorry sight
2 COMP ▸ **figures imposées** compulsory figures ▸ **figures libres** freestyle (skating) ▸ **figure de proue** figurehead; (= *chef*) key figure ▸ **figure de style** stylistic device

figuré, e [figyʀe] *ptp de* **figurer** ADJ [*sens*] figurative • **au propre comme au ~** both literally and figuratively

figurer [figyʀe] /TABLE 1/ **1** VT to represent **2** VI (= *être mentionné*) to appear • **~ sur une liste/dans l'annuaire** to appear on a list/in the directory • **cet article ne figure plus sur votre catalogue** this item is no longer listed in your catalogue **3** VPR **se figurer** to imagine • **figurez-vous que j'allais justement vous téléphoner** it so happens I was just about to phone you • **je ne tiens pas à y aller, figure-toi!** believe it or not, I've no particular desire to go!

figurine [figyʀin] NF figurine

fil [fil] **1** NM

> The final l is pronounced.

a (= *brin*) [*de coton, nylon*] thread; [*de laine*] yarn; [*de cuivre, acier*] wire; [*de marionnette, haricot*] string; [*d'araignée*] silk; [*d'appareil électrique*] cord • **~ de trame/de chaîne** weft/warp yarn • **j'ai tiré un ~ à mon collant** I've laddered my tights (*Brit*), my hose have a run in them (*US*) • **~ (à pêche)** (fishing) line
b (= *téléphone*) **j'ai ta mère au bout du ~** I have your mother on the phone
▸ **coup de fil*** (phone) call • **donner** *ou* **passer un coup de ~ à qn** to give sb a call • **il faut que je passe un coup de ~** I've got to make a phone call
c (= *matière*) linen • **chaussettes pur ~ (d'Écosse)** lisle socks
d (= *tranchant*) edge • **être sur le ~ du rasoir** to be on a razor-edge
e (= *cours*) [*de discours, pensée*] thread • **suivre le ~ de ses pensées** to follow the thread of one's thoughts • **au ~ des jours/des ans** as the days/years go (*ou* went) by • **suivre le ~ de l'eau** to follow the current
f (*locutions*) **donner du ~ à retordre à qn** to make life difficult for sb • **avoir un ~ à la patte*** to be tied down • **ne tenir qu'à un ~** to hang by a thread • **de ~ en aiguille** one thing leading to another
2 COMP ▸ **fil conducteur** [*de récit*] main theme ▸ **fil à coudre** (sewing) thread ▸ **fil dentaire** dental floss ▸ **fil de discussion** (*Internet*) discussion thread ▸ **fil électrique** electric wire ▸ **fil de fer** wire ▸ **fil de fer barbelé** barbed wire ▸ **fil à plomb** plumbline ▸ **fils de la vierge** gossamer *NonC*

filament [filamɑ̃] NM filament

filandreux, -euse [filɑ̃dʀø, øz] ADJ [*viande, légume*] stringy

filasse [filas] **1** NF tow **2** ADJ INV **cheveux (blond) ~** tow-coloured hair

filature [filatyʀ] NF **a** (= *usine*) mill **b** (= *surveillance*) **prendre qn en ~** to shadow sb

file [fil] NF [*de personnes, objets*] line • **~ (d'attente)** queue (*Brit*), line (*US*) • **~ de voitures** line of cars • **prendre la ~ de gauche** [*véhicule*] to move into the left-hand lane • **se garer en double ~** to double-park • **prendre la ~** to join the queue (*Brit*) *ou* the line (*US*) • **en ~ indienne** in single file
▸ **à la file** **chanter plusieurs chansons à la ~** to sing several songs in a row

filer [file] /TABLE 1/ **1** VT **a** [+ *laine, coton, acier, verre*] to spin • **~ un mauvais coton** to get into bad ways
b (= *prolonger*) [+ *image, métaphore*] to extend; [+ *son, note*] to draw out • **~ le parfait amour** to spin out love's sweet dream
c (= *suivre*) to tail* • **~ le train à qn*** to be hard on sb's heels
d **navire qui file 20 nœuds** ship doing 20 knots
e (= *donner*)* **~ qch à qn** to give sb sth • **il m'a filé son rhume** he's given me his cold • **~ un coup de poing à qn** to punch sb
f (= *démailler*) [+ *bas, collant*] to get a run in
2 VI **a** (= *courir, passer*)* [*personne*] to dash; [*temps*] to fly (by) • **~ à toute allure** to go at top speed • **~ à la poste** to dash to the post office
b (= *s'en aller*)* to go off • **le voleur avait déjà filé** the thief had already made off* • **il faut que je file** I must dash • **~ à l'anglaise** to run off • **~ entre les doigts de qn** to slip through sb's fingers • **~ doux** to toe the line
c (= *se démailler*) [*bas, collant*] to run

filet [filɛ] NM **a** [*d'eau, sang*] trickle; [*de lumière*] thin shaft • **arrosez d'un ~ d'huile d'olive** drizzle with olive oil
b [*de poisson*] fillet; [*de viande*] fillet (*Brit*) *ou* filet (*US*) steak • **~ mignon** pork tenderloin
c [*de pas de vis*] thread
d (*Pêche, Sport*) net • **~ (à provisions)** string bag • **~ (à bagages)** (luggage) rack • **~ de pêche** fishing net • **~ dérivant** drift net • **~!** (*Tennis*) let! • **monter au ~** to go up to the net • **travailler sans ~** [*acrobates*] to perform without a safety net; (*fig*) to be out on one's own • **le ~ se resserre** the net is closing in
▸ **coup de filet** haul

fileter [filte] /TABLE 5/ VT [+ *vis, tuyau*] to thread

filial, e[1] (*mpl* **-iaux**) [filjal, jo] ADJ filial

filiale[2] [filjal] NF **(société) ~** subsidiary (company)

filiation [filjasjɔ̃] NF [*de personnes*] filiation; [*d'idées, mots*] relation

filière [filjɛʀ] NF **a** (= *succession d'étapes*) [*de carrière*] path; [*d'administration*] channels • **il a suivi la ~ classique pour devenir professeur** he followed the classic route into teaching **b** (= *domaine d'études spécifique*) course • **~s scientifiques/artistiques** science/arts courses • **nouvelles ~s** new subjects **c** (= *réseau*) network **d** (= *secteur d'activité*) industry • **~ agroalimentaire** food-processing industry

filiforme [filifɔʀm] ADJ threadlike; [*corps*] lanky

filigrane [filigʀan] NM [*de papier, billet*] watermark
▸ **en filigrane** as a watermark • **être en ~** (*fig*) to be implicit

filin [filɛ̃] NM rope

fille [fij] 1 (NF) ⓐ (*dans une famille*) daughter • **c'est bien la ~ de sa mère** she's very much her mother's daughter ⓑ (= *enfant*) girl; (= *femme*) woman • **c'est une grande/petite ~** she's a big/little girl • **c'est une brave ~** she's a nice girl ⓒ (= *prostituée*)† whore 2 (COMP) ▸ **fille de joie** prostitute ▸ **fille publique** streetwalker

fillette [fijɛt] (NF) (= *petite fille*) (little) girl • **rayon ~s** girls' department

filleul [fijœl] (NM) godson

filleule [fijœl] (NF) goddaughter

film [film] 1 (NM) ⓐ (= *pellicule, œuvre*) film • **le ~ d'avant-garde** (*genre*) avant-garde films • **le ~ des événements de la journée** the sequence of the day's events ⓑ (= *mince couche*) film • **~ alimentaire** Clingfilm® (*Brit*), Saran Wrap® (*US*) 2 (COMP) ▸ **film d'animation** animated film ▸ **film d'épouvante** *ou* **d'horreur** horror film ▸ **film muet** silent film ▸ **film parlant** talkie* ▸ **film policier** detective film

filmer [filme] /TABLE 1/ (VT) ⓐ to film ⓑ (= *emballer sous plastique*) to shrinkwrap

filon [filɔ̃] (NM) [*de minerai*] seam • **trouver le ~*** to strike it lucky • **c'est un bon ~*** there's a lot of money to be made in it

filou [filu] (NM) crook

filoutage [filutaʒ] (NM) (*Internet*) phishing

fils [fis] (NM) son • **M. Martin ~** young Mr Martin • **le ~ Martin** the Martin boy • **elle est venue avec ses deux ~** she came with her two sons • **c'est bien le ~ de son père** he's just like his father ▸ **fils de famille** young man of means

filtrant, e [filtʀɑ̃, ɑ̃t] (ADJ) [*substance*] filtering; [*verre*] filter

filtre [filtʀ] (NM) filter; [*de cigarette*] filter tip • **~ à air/huile/café** air/oil/coffee filter • **~ d'appels** call screening • **~ solaire** sunscreen

filtrer [filtʀe] /TABLE 1/ 1 (VT) [+ *liquide, lumière, son*] to filter; [+ *appels téléphoniques*] to screen 2 (VI) [*liquide*] to seep through; [*information*] to filter through • **rien n'a filtré de leur conversation** none of their conversation got out

fin¹, fine¹ [fɛ̃, fin] 1 (ADJ) ⓐ (= *mince*) thin; [*cheveux, sable, poudre, pointe, pinceau*] fine; [*taille, doigt, jambe*] slender • **petits pois très ~s** top-quality garden peas • **une petite pluie ~e** a fine drizzle

ⓑ (= *raffiné*) [*lingerie, porcelaine, silhouette, membres*] delicate; [*traits, visage, or*] fine; [*produits, aliments*] top-quality; [*mets*] exquisite • **faire un repas ~** to have a gourmet meal • **vins ~s** fine wines • **la ~e fleur de l'armée française** the pride of the French army • **le ~ du ~** the ultimate (**de** in)

ⓒ (= *très sensible*) [*vue, ouïe*] sharp; [*goût, odorat*] discriminating

ⓓ (= *subtil*) [*personne*] astute; [*esprit, observation*] sharp; [*allusion, nuance*] subtle • **il n'est pas très ~** he's not very bright • **ce n'est pas très ~ de sa part** that's not very clever of him • **comme c'est ~!** very clever! • **tu as l'air ~!** you look a right idiot!* • **jouer au plus ~ avec qn** to try to outsmart sb

ⓔ (*avant le nom* = *habile*) expert • **~ connaisseur** connoisseur • **~ gourmet** gourmet • **~ stratège** expert strategist

ⓕ (*avant le nom : intensif*) **au ~ fond de la campagne** right in the heart of the country • **savoir le ~ mot de l'histoire** to know the real story

ⓖ (*Can* = *gentil, aimable*) nice

2 (ADV) [*moudre, tailler*] finely • **~ prêt** all ready

3 (COMP) ▸ **fines herbes** fines herbes ▸ **fin limier** sleuth

fin² [fɛ̃] 1 (NF) ⓐ end • **« Fin »** [*de film, roman*] "The End" • **vers** *ou* **sur la ~** towards the end • **~ juin** • **à la ~ (de) juin** at the end of June • **jusqu'à la ~** to the very end • **la ~ du monde** the end of the world • **avoir des ~s de mois difficiles** to have difficulty making ends meet • **on n'en verra jamais la ~** we'll never see the end of this • **à la ~ il a réussi à se décider** in the end he managed to make up his mind • **tu m'ennuies, à la ~!*** you're beginning to get on my nerves! • **en ~ d'après-midi** in the late afternoon • **sans ~** [*discussion, guerre*] endless; [*errer, tourner*] endlessly • **un chômeur en ~ de droits** *an unemployed person no longer entitled to benefit* • **prendre ~** [*réunion*] to come to an end; [*contrat*] to expire (**le** on) • **toucher à** *ou* **tirer à sa ~** to be coming to an end • **mettre ~ à** to put an end to

▸ **en fin de compte** (= *tout bien considéré*) at the end of the day; (= *en conclusion*) finally

ⓑ (= *mort*) end • **il a eu une belle ~** he had a fine end

ⓒ (= *but*) aim • **ce n'est pas une ~ en soi** it's not an end in itself • **il est arrivé à ses ~s** he achieved his aim • **à cette ~** to this end • **à toutes ~s utiles** for your information

2 (COMP) ▸ **fin de semaine** (*Can*) weekend ▸ **fin de série** end-of-line stock *NonC*

final, e (*mpl* **finals** *ou* **-aux**) [final, o] 1 (ADJ) final • **la scène ~e** the final scene 2 (NM) **au ~** in the end 3 (NF) **finale** (*Sport*) final • **quart de ~e** quarterfinal • **demi-~e** semifinal • **il jouera la ~e** he's through to the final

finalement [finalmɑ̃] (ADV) in the end • **ce n'est pas si mal ~** (= *après tout*) it's not so bad after all

> ⚠ **finalement ≠ finally**

finaliser [finalize] /TABLE 1/ (VT) (= *achever*) to finalize

finaliste [finalist] (NMF) finalist

finalité [finalite] (NF) (= *but*) aim; (= *fonction*) purpose

finance [finɑ̃s] 1 (NF) finance • **le monde de la ~** the financial world 2 (NFPL) **finances** (= *recettes et dépenses*) finances • **~s publiques** public funds • **l'état de mes ~s*** the state of my finances

financement [finɑ̃smɑ̃] (NM) financing ▸ **financement participatif** crowdfunding

financer [finɑ̃se] /TABLE 3/ (VT) to finance

financiarisation [finɑ̃sjaʀizasjɔ̃] (NF) financialization

financiariser [finɑ̃sjaʀize] /TABLE 1/ (VT) to financialize

financier, -ière [finɑ̃sje, jɛʀ] 1 (ADJ) financial • **soucis ~s** financial worries 2 (NM) (= *personne*) financier

financièrement [finɑ̃sjɛʀmɑ̃] (ADV) financially

finasser* [finase] /TABLE 1/ (VI) to use trickery

finaud, e [fino, od] 1 (ADJ) wily 2 (NM,F) **c'est un petit ~** he's a crafty one*

fine² [fin] (NF) ⓐ (= *alcool*) liqueur brandy ⓑ (= *huître*) **~ de claire** green oyster

finement [finmɑ̃] (ADV) [*ciselé, brodé*] finely; [*faire remarquer*] subtly; [*agir, manœuvrer*] shrewdly

finesse [finɛs] 1 (NF) ⓐ (= *minceur*) [*de cheveux, poudre, pointe*] fineness; [*de taille*] slenderness; [*de couche, papier*] thinness ⓑ (= *raffinement*) delicacy ⓒ (= *sensibilité*) [*de sens*] sharpness ⓓ (= *subtilité*) [*d'esprit, observation*] subtlety 2 (NFPL) **finesses** [*de langue, art*] finer points

fini, e [fini] *ptp de* **finir** 1 ADJ ⓐ (= *terminé*) finished • **~e la rigolade!*** the fun is over! • **ça n'est pas un peu ~ ce bruit?** will you stop that noise! ⓑ [*acteur, homme politique*] finished ⓒ (= *complet*) [*menteur, salaud*] downright; [*ivrogne*] complete 2 NM [*d'ouvrage*] finish • **ça manque de ~** it needs a few finishing touches

finir [finiʀ] /TABLE 2/ 1 VT ⓐ (= *achever*) to finish; [+ *discours, affaire*] to end • **~ son verre** to finish one's glass • **finis ton pain!** finish your bread!
ⓑ (= *arrêter*) to stop (**de faire qch** doing sth) • **tu as fini de te plaindre?** have you quite finished?
2 VI ⓐ (= *se terminer*) to finish • **le sentier finit ici** the path comes to an end here • **il est temps que cela finisse** it is time it stopped • **tout cela va mal ~** it will all end in disaster • **et pour ~** and finally • **~ en qch** to end in sth • **mots finissant en « ble »** words ending in "ble" • **~ par une dispute** to end in an argument • **~ par un concert** to end with a concert
ⓑ [*personne*] to end up • **il finira mal** he will come to a bad end • **il a fini directeur/en prison** he ended up as director/in prison • **~ troisième/cinquième** to finish third/fifth • **ils vont ~ par avoir des ennuis** they'll end up getting into trouble • **il a fini par se décider** he eventually made up his mind
ⓒ (= *mourir*) to die
ⓓ ▸ **en finir** en **~ avec qch/qn** to be done with sth/sb • **j'en aurai bientôt fini** I'll soon be finished with it • **qui n'en finit pas** • **à n'en plus ~** [*route, discours, discussion*] endless

finissant, e [finisɑ̃, ɑ̃t] NM,F (*Can* = *étudiant en fin d'études*) final year student

finition [finisjɔ̃] NF (= *action*) finishing; (= *résultat*) finish • **faire les ~s** to finish off

finlandais, e [fɛ̃lɑ̃dɛ, ɛz] 1 ADJ Finnish 2 NM (= *langue*) Finnish 3 NM,F **Finlandais(e)** Finn

Finlande [fɛ̃lɑ̃d] NF Finland

finnois, e [finwa, waz] 1 ADJ Finnish 2 NM (= *langue*) Finnish

fiole [fjɔl] NF (= *flacon*) flask

fioriture [fjɔʀityʀ] NF [*de dessin*] flourish • **sans ~s** plain

fioul [fjul] NM (= *carburant*) fuel oil • **~ domestique** heating oil

firmament [fiʀmamɑ̃] NM **au ~ de** at the height of

firme [fiʀm] NF firm

fisc [fisk] NM ≈ Inland Revenue (*Brit*), ≈ Internal Revenue Service (*US*) • **avoir des ennuis avec le ~** to have tax problems

fiscal, e (*mpl* **-aux**) [fiskal, o] ADJ fiscal; [*abattement, avantage*] tax

fiscaliser [fiskalize] /TABLE 1/ VT [+ *revenus*] to make subject to tax; [+ *prestation sociale*] to fund by taxation

fiscaliste [fiskalist] NMF tax consultant *ou* adviser

fiscalité [fiskalite] NF (= *système*) tax system; (= *impôts*) taxes

fission [fisjɔ̃] NF fission

fissure [fisyʀ] NF crack

fissurer (se) [fisyʀe] /TABLE 1/ VPR to crack

fiston * [fistɔ̃] NM son

fitness [fitnɛs] NM (= *sport*) fitness • **salle de ~** gym

FIV [fiv] NF (ABR DE **fécondation in vitro**) IVF

FIVETE, Fivete [fivɛt] NF (ABR DE **fécondation in vitro et transfert d'embryon**) GIFT

fixateur [fiksatœʀ] NM (*Art*) fixative; (*Photo*) fixer

fixation [fiksasjɔ̃] NF ⓐ (= *obsession*) fixation • **faire une ~ sur qch** to have a fixation about sth ⓑ (= *attache*) fastening • **~s (de sécurité)** [*de ski*] (safety) bindings

fixe [fiks] 1 ADJ ⓐ (= *immobile*) [*point, panneau, regard*] fixed; [*personnel*] permanent; [*emploi*] steady • **~!** (*commandement*) eyes front! ⓑ (= *prédéterminé*) [*revenu*] fixed; [*jour, date*] set 2 NM ⓐ (= *salaire*) basic salary ⓑ (= *téléphone*) landline • **appelle-moi sur mon ~** call me on my landline

fixement [fiksəmɑ̃] ADV [*regarder*] fixedly

fixer [fikse] /TABLE 1/ 1 VT ⓐ (= *attacher*) to fix (**à, sur** to) ⓑ (= *décider*) [+ *date*] to set • **mon choix s'est fixé sur celui-ci** I settled on this one • **je ne suis pas encore fixé sur ce que je ferai** I haven't made up my mind what to do yet • **à l'heure fixée** at the appointed time
ⓒ [+ *regard, attention*] to fix • **~ les yeux sur qn/qch** to stare at sb/sth • **tous les regards étaient fixés sur lui** all eyes were on him • **~ son attention sur** to focus one's attention on
ⓓ (= *déterminer*) [+ *prix, impôt, délai*] to set; [+ *règle, principe, conditions*] to lay down
ⓔ (= *renseigner*) **être fixé sur le compte de qn** to be wise to sb* • **alors, tu es fixé maintenant?*** have you got the picture now?*
2 VPR **se fixer** ⓐ (= *s'installer*) to settle • **il s'est fixé à Lyon** he settled in Lyon
ⓑ (= *s'assigner*) **se ~ un objectif** to set o.s. a target

fjord [fjɔʀ(d)] NM fjord

flacon [flakɔ̃] NM (small) bottle

flagada * [flagada] ADJ INV **être ~** to be washed-out*

flageller [flaʒele] /TABLE 1/ VT to flog

flageoler [flaʒɔle] /TABLE 1/ VI **il flageolait (sur ses jambes)** • **ses jambes flageolaient** his legs were trembling

flageolet [flaʒɔlɛ] NM flageolet

flagornerie [flagɔʀnəʀi] NF (*frm, hum*) fawning *NonC*

flagrant, e [flagʀɑ̃, ɑ̃t] ADJ [*mensonge*] blatant; [*erreur, injustice*] glaring • **prendre qn en ~ délit** to catch sb in the act

flair [flɛʀ] NM [*de chien*] sense of smell; [*de personne*] intuition • **il a du ~ pour les affaires** he's got a flair for business

flairer [fleʀe] /TABLE 1/ VT ⓐ (= *humer*) to smell ⓑ (= *deviner*) to sense • **~ le danger** to sense danger

flamand, e [flamɑ̃, ɑ̃d] 1 ADJ Flemish 2 NM (= *langue*) Flemish 3 NM,F **Flamand(e)** **les Flamands** the Flemish

flamant [flamɑ̃] NM **~ (rose)** flamingo

flambant [flɑ̃bɑ̃, ɑ̃t] ADJ INV **~ neuf** brand new

flambeau (*pl* **flambeaux**) [flɑ̃bo] NM (= *torche*) (flaming) torch • **reprendre le ~** (*fig*) to take up the torch

flambée [flɑ̃be] NF ⓐ (= *feu*) blazing fire • **faire une ~ dans la cheminée** to light a fire in the fireplace ⓑ [*de violence*] outburst; [*de cours, prix*] explosion

flamber [flɑ̃be] /TABLE 1/ 1 VI ⓐ [*bois*] to burn; [*feu, incendie*] to blaze ⓑ [*joueur*]* to gamble huge sums ⓒ [*cours, prix, Bourse*] to rocket 2 VT [+ *aliment*] to flambé

flambeur, -euse * [flɑ̃bœʀ, øz] NM,F big-time gambler

flamboyant, e [flɑ̃bwajɑ̃, ɑ̃t] ADJ ⓐ [*lumière, ciel*] blazing ⓑ [*gothique*] flamboyant

flamenco [flamɛnko] ADJ, NM flamenco

flamme [flɑm] NF ⓐ [*de feu*] flame • **être en ~s** • **être la proie des ~s** to be on fire • **la ~ olympique** the

Olympic flame **b** (*= ardeur*) fervour (*Brit*), fervor (*US*) • **un discours plein de ~** a passionate speech • **il lui a déclaré sa ~** (*littér ou hum*) he declared his undying love to her **c** (*= éclat*) brilliance

flammèche [flamɛʃ] NF spark

flan [flɑ̃] NM (*= crème*) custard tart • **c'est du ~!*** it's a load of rubbish!* • **il en a fait tout un ~*** he made a song and dance* *ou* a great fuss* about it

flânage [flɑnaʒ] NM (*Can*) **a** (*= infraction*) loitering **b** (*= flânerie*) stroll

flanc [flɑ̃] NM [*d'animal, armée*] flank; [*de navire, montagne*] side • **à ~ de coteau** *ou* **de colline** on the hillside • **tirer au ~*** to skive* (*Brit*)

flancher* [flɑ̃ʃe] /TABLE 1/ VI [*cœur*] to give out • **c'est le moral qui a flanché** he lost his nerve • **ce n'est pas le moment de ~** this is no time for weakness

Flandre [flɑ̃dʀ] NF **la ~** • **les ~s** Flanders

flanelle [flanɛl] NF (*= tissu*) flannel

flâner [flɑne] /TABLE 1/ VI to stroll

flânerie [flɑnʀi] NF stroll

flâneur, -euse [flɑnœʀ, øz] NM,F **les ~s dans le parc** the people strolling in the park

flanquer [flɑ̃ke] /TABLE 1/ VT **a** (*= jeter*)* **~ qch par terre** to fling sth to the ground; [*+ projet*] to mess sth up • **~ qn à la porte** to chuck sb out*; (*= licencier*) to fire sb **b** (*= donner*)* **~ une gifle à qn** to give sb a slap • **~ la trouille à qn** to give sb a scare **c** (*= être à côté de*) to flank • **flanqué de ses gardes du corps** flanked by his bodyguards

flaque [flak] NF **~ de sang/d'huile** pool of blood/oil • **~ d'eau** puddle

flash (*pl* **flashs** *ou* **flashes**) [flaʃ] NM **a** (*Photo*) flash • **au ~** using a flash **b** **~ (d'informations)** (*Radio, TV*) newsflash • **~ publicitaire** (*Radio*) commercial break

flashcode® [flaʃkɔd] NM QR code®

flasher* [flaʃe] /TABLE 1/ **1** VI **j'ai flashé pour** *ou* **sur cette robe** I fell in love with this dress • **elle a tout de suite flashé sur lui** she was attracted to him straight away **2** VT **se faire ~** [*voiture*] to be caught on a speed camera

flasque [flask] **1** ADJ [*peau*] flabby **2** NF (*= bouteille*) flask

flatter [flate] /TABLE 1/ **1** VT to flatter • **sans vous ~** without meaning to flatter you **2** VPR **se flatter** **se ~ de qch** to pride o.s. on sth • **et je m'en flatte!** and I'm proud of it!

flatterie [flatʀi] NF flattery *NonC* • **je n'aime pas les ~s** I don't like flattery

flatteur, -euse [flatœʀ, øz] **1** ADJ flattering • **comparaison flatteuse** flattering comparison • **faire un tableau ~ de la situation** to paint a rosy picture of the situation **2** NM,F flatterer

flatulence [flatylɑ̃s] NF wind

fléau (*pl* **fléaux**) [fleo] NM (*= calamité*) scourge

fléchage [fleʃaʒ] NM signposting (*with arrows*)

flèche [flɛʃ] NF **a** arrow • **monter en ~** [*prix*] to rocket • **partir comme une ~** to be off like a shot **b** [*d'église*] spire; [*de grue*] jib • **faire ~ de tout bois** to use all available means

fléché, e [fleʃe] *ptp de* **flécher** ADJ **parcours ~** course signposted with arrows

flécher [fleʃe] /TABLE 1/ VT [*+ parcours*] to signpost with arrows

fléchette [fleʃɛt] NF dart • **jouer aux ~s** to play darts

fléchir [fleʃiʀ] /TABLE 2/ **1** VT **a** (*= plier*) to bend; [*+ articulation*] to flex **b** (*= faire céder*) to sway • **il s'est laissé ~** he let himself be swayed **2** VI **a** (*= plier*) to bend; [*poutre, genoux*] to sag **b** (*= faiblir*) to weaken • **sans ~** with unflinching determination **c** (*= diminuer*) [*attention*] to flag; [*cours de Bourse*] to drop **d** (*= céder*) to yield **e** **forme fléchie** [*de mot*] inflected form

fléchissement [fleʃismɑ̃] NM **a** [*d'objet, membre*] bending **b** [*de volonté*] weakening **c** [*d'attention*] flagging; [*de cours de Bourse, natalité, exportations*] drop (**de** in)

flegmatique [flɛgmatik] ADJ phlegmatic

flegme [flɛgm] NM composure • **le ~ britannique** (*hum*) the British stiff upper lip

flémingite [flemɛ̃ʒit] NF (*hum*) bone idleness • **il a une ~ aiguë** he's suffering from acute inertia

flemmard, e* [flemaʀ, aʀd] **1** ADJ lazy **2** NM,F lazybones

flemmarder* [flemaʀde] /TABLE 1/ VI to loaf about

flemme* [flɛm] NF laziness • **j'ai la ~ de le faire** I can't be bothered

flétan [fletɑ̃] NM halibut

flétrir [fletʀiʀ] /TABLE 2/ **1** VT (*= faner*) to wither **2** VPR **se flétrir** [*fleur*] to wilt; [*beauté*] to fade; [*peau, visage*] to become wizened

fleur [flœʀ] **1** NF **a** flower; [*d'arbre*] blossom • **en ~(s)** [*plante*] in bloom; [*arbre*] in blossom • **papier à ~s** flowery paper • **« ni ~s ni couronnes »** "no flowers by request" **b** **cuir pleine ~** finest quality leather **c** (*= le meilleur*) **la ~ de** the flower of • **la fine ~ des stars hollywoodiennes** the Hollywood A-list • **dans la ~ de l'âge** in one's prime **d** (*locutions*) **comme une ~*** (*= sans effort*) without trying; (*= sans prévenir*) unexpectedly • **à ~ de terre** just above the ground • **j'ai les nerfs à ~ de peau** I'm all on edge • **il a une sensibilité à ~ de peau** he's very touchy • **faire une ~ à qn*** to do sb a favour • **lancer des ~s à qn** (*fig*) to shower praise on sb • **s'envoyer des ~s** to pat o.s. on the back* • **~ bleue** (*hum*) naïvely sentimental **2** COMP ▸ **fleur de lys** (*= symbole*) fleur-de-lis ▸ **fleur d'oranger** orange blossom • **(eau de) ~ d'oranger** orange flower water ▸ **fleur de sel** *best quality unrefined salt*

fleurdelisé [flœʀdəlize] NM (*Can*) **le ~** the Quebec flag

fleurer [flœʀe] /TABLE 1/ VT (*littér*) to smell of • **~ bon la lavande** to smell of lavender

fleuret [flœʀɛ] NM (*= épée*) foil

fleuri, e [flœʀi] *ptp de* **fleurir** ADJ **a** [*fleur*] in bloom; [*branche*] in blossom; [*jardin, pré*] in flower; [*tissu, papier*] flowery • **« Annecy, ville ~e »** "Annecy, town in bloom" **b** [*style*] flowery

fleurir [flœʀiʀ] /TABLE 2/ **1** VI **a** [*arbre*] to blossom; [*fleur*] to bloom **b** [*commerce, arts*] to thrive **2** VT [*+ salon*] to decorate with flowers • **~ une tombe** to put flowers on a grave

fleuriste [flœʀist] NMF (*= personne*) florist; (*= boutique*) florist's

fleuron [flœʀɔ̃] NM [*de collection*] jewel • **l'un des ~s de l'industrie française** a flagship of French industry

fleuve [flœv] **1** NM river (*flowing into the sea*) • **~ de boue/de lave** river of mud/of lava **2** ADJ INV [*discours, film*] marathon

flexibiliser [flɛksibilize] /TABLE 1/ VT to make more flexible

flexibilité [flɛksibilite] NF flexibility
flexible [flɛksibl] ADJ flexible; [*branche, roseau*] pliable
flexion [flɛksjɔ̃] NF a [*de membre*] bending NonC; (*Ski*) knee-bend • **faites quelques ~s** do a few knee-bends b [*de mot*] inflection
flexitarien, -ienne [flɛksitaʀjɛ̃, jɛn] ADJ, NM,F flexitarian
flibustier [flibystje] NM (= *pirate*) buccaneer
flic* [flik] NM cop* • **les ~s** the cops*
flicaille* [flikɑj] NF **la ~** the police
flingue* [flɛ̃g] NM gun
flinguer* [flɛ̃ge] /TABLE 1/ VT (= *tuer*) to gun down
flipper¹ [flipœʀ] NM (= *billard électrique*) pinball machine
flipper²* [flipe] /TABLE 1/ VI (= *être déprimé*) to feel down*; (= *avoir peur*) to be scared stiff* • **ça fait ~** (= *ça déprime*) it's so depressing; (= *ça fait peur*) it's really scary
flippeur [flipœʀ] NM (= *billard électrique*) pinball machine • **jouer au ~** to play pinball
fliqué, e* [flike] ADJ [*endroit*] crawling with cops*
fliquer* [flike] /TABLE 1/ VT a [*police*] [+ *quartier*] to bring the cops* into b [+ *personne*] to keep under close surveillance • **ma mère n'arrête pas de me ~** my mother watches my every move
flirt [flœʀt] NM a (= *amourette*) brief romance b (= *amoureux*) boyfriend (*ou* girlfriend)
flirter [flœʀte] /TABLE 1/ VI to flirt
flocage [flɔkaʒ] NM **~ à l'amiante** asbestos fireproofing
flocon [flɔkɔ̃] NM **~ de neige** snowflake • **~s d'avoine** oatflakes • **~s de pommes de terre** instant mashed potato mix
flop* [flɔp] NM flop*
flopée* [flɔpe] NF **une ~ de** loads of*
floraison [flɔʀɛzɔ̃] NF a (= *épanouissement*) flowering; (= *époque*) flowering time b [*de talents*] blossoming; [*d'articles*] crop
floral, e (*mpl* **-aux**) [flɔʀal, o] ADJ flower • **parc ~** flower garden
floralies [flɔʀali] NFPL flower show
flore [flɔʀ] NF (= *plantes*) flora • **~ intestinale** intestinal flora
Florence [flɔʀɑ̃s] N (= *ville*) Florence
florentin, e [flɔʀɑ̃tɛ̃, in] 1 ADJ Florentine 2 NM,F **Florentin(e)** Florentine
Floride [flɔʀid] NF Florida
florilège [flɔʀilɛʒ] NM anthology
florin [flɔʀɛ̃] NM guilder
florissant, e [flɔʀisɑ̃, ɑ̃t] ADJ [*pays, économie, théorie*] flourishing; [*teint*] radiant; [*santé*] blooming • **les affaires étaient ~es** business was booming
flot [flo] NM a (= *grande quantité*) [*de véhicules, paroles, informations*] stream; [*de souvenirs, larmes, lettres*] flood • **l'argent coule à ~s** there's plenty of money around b [*de lac, mer*] **flots** waves c ▸ **à flot** **être à ~** [*bateau*] to be afloat; [*entreprise*] to be on an even keel; [*personne*] to have one's head above water • **remettre à ~** [+ *bateau*] to refloat; [+ *entreprise*] to bring back onto an even keel
flottaison [flɔtɛzɔ̃] NF a **(ligne de) ~** waterline b (*Finance*) flotation
flottant, e [flɔtɑ̃, ɑ̃t] ADJ a [*bois, glace*] floating b [*cheveux, cape*] flowing; [*vêtement*] loose c [*capitaux*] floating • **électorat ~** floating voters
flotte [flɔt] NF a [*de navires, avions*] fleet • **~ marchande** *ou* **de commerce** merchant fleet b (= *pluie*)* rain; (= *eau*)* water
flottement [flɔtmɑ̃] NM a (= *hésitation*) hesitation b (= *relâchement*) imprecision
flotter [flɔte] /TABLE 1/ 1 VI a (*sur l'eau*) to float • **faire ~ qch sur l'eau** to float sth on the water b [*parfum*] to hang; [*cheveux*] to stream (out); [*drapeau*] to fly • **~ au vent** to flap in the wind c (= *être trop grand*) [*vêtement*] to hang loose • **il flotte dans ses vêtements** his clothes are too big for him d (= *hésiter*) to hesitate 2 VB IMPERS (= *pleuvoir*)* to rain
flotteur [flɔtœʀ] NM float
flottille [flɔtij] NF [*de bateaux*] flotilla
flou, e [flu] 1 ADJ a [*dessin, trait, photo*] blurred; [*image, contour*] hazy b [*idée, pensée, théorie*] woolly 2 NM [*de photo, tableau*] fuzziness; [*de contours*] haziness • **c'est le ~ artistique!** it's all very vague! • **~ juridique** vagueness of the law • **sur ses intentions, il est resté dans le ~** he remained vague about his intentions
flouer* [flue] /TABLE 1/ VT (= *duper*) to swindle • **se faire ~** to be had*
floutage [flutaʒ] NM [*d'image*] blurring
flouter [flute] /TABLE 1/ VT [+ *image*] to blur
fluctuant, e [flyktɥɑ̃, ɑ̃t] ADJ [*prix, monnaie*] fluctuating; [*humeur*] changing
fluctuation [flyktɥasjɔ̃] NF [*de prix*] fluctuation; [*d'opinion publique*] swing (**de** in)
fluctuer [flyktɥe] /TABLE 1/ VI to fluctuate
fluet, -ette [flyɛ, ɛt] ADJ [*personne*] slender; [*voix*] reedy
fluide [flɥid] 1 ADJ [*liquide, substance*] fluid; [*style, mouvement, ligne, silhouette, robe*] flowing • **la circulation est ~** the traffic is moving freely 2 NM a (= *gaz, liquide*) fluid b (= *pouvoir*) (mysterious) power
fluidité [flɥidite] NF [*de liquide, style*] fluidity; [*de circulation*] free flow
fluo* [flyo] ADJ INV (ABR DE **fluorescent**) fluorescent
fluor [flyɔʀ] NM fluorine • **dentifrice au ~** fluoride toothpaste
fluoré, e [flyɔʀe] ADJ [*dentifrice*] fluoride; [*eau*] fluoridated
fluorescent, e [flyɔʀesɑ̃, ɑ̃t] ADJ fluorescent
flûte○ [flyt] 1 NF (= *instrument*) flute; (= *verre*) flute (glass); (= *pain*) baguette 2 EXCL* drat!* 3 COMP ▸ **flûte à bec** recorder ▸ **flûte de Pan** panpipes ▸ **flûte traversière** flute
flûtiste○ [flytist] NMF flautist, flutist (*US*)
fluvial, e (*mpl* **-iaux**) [flyvjal, jo] ADJ [*eaux, pêche, navigation*] river
flux [fly] NM a [*de récriminations*] stream; [*de personnes*] influx • **~ de capitaux** capital flow • **~ monétaire** flow of money • **~ de trésorerie** cash flow • **travailler en ~ tendus** to use just-in-time methods b (= *marée*) **le ~** the incoming tide • **le ~ et le reflux** the ebb and flow c (*Physique*) flux • **~ magnétique** magnetic flux d (*Méd*) **~ menstruel** menstrual flow e (*Informatique*) **~ de données** data flow • **~ RSS** RSS feed
FM [ɛfɛm] NF (ABR DE **fréquence modulée**) FM
FMI [ɛfɛmi] NM (ABR DE **Fonds monétaire international**) IMF
FO [ɛfo] NF (ABR DE **Force ouvrière**) *French trade union*
foc [fɔk] NM jib
focal, e (*mpl* **-aux**) [fɔkal, o] 1 ADJ focal 2 NF **focale** focal length

focaliser (se) [fɔkalize] /TABLE 1/ VPR [*personne*] to focus (**sur** on); [*attention*] to be focused (**sur** on)

focus [fɔkys] NM **a** (*Photo*) focus **b faire un ~ sur** [*+ thème, problème*] to focus on

fœtus [fetys] NM foetus (*Brit*), fetus (*US*)

foi [fwa] NF **a** (*= croyance, confiance*) faith • **perdre la ~** to lose one's faith • **sans ~ ni loi** fearing neither God nor man • **avoir ~ en l'avenir** to have faith in the future • **digne de ~** reliable

b (*= assurance*) word • **cette lettre en fait ~** this letter proves it • **sous la ~ du serment** under oath • **sur la ~ des témoins** on the testimony of witnesses • **être de bonne ~** to be sincere • **faire qch en toute bonne ~** to do sth in all good faith • **tu es de mauvaise ~** you're being dishonest

c ▸ **ma foi ...** well ... • **ça, ma ~, je n'en sais rien** well, I don't know anything about that

foie [fwa] NM liver • **~ de veau/de volaille** calves'/chicken liver • **~ gras** foie gras

foin [fwɛ̃] NM hay • **faire du ~*** (*= faire un scandale*) to kick up a fuss • **ça a fait du ~*** it caused a fuss

foire [fwaʀ] NF (*= marché, fête foraine*) fair; (*= exposition commerciale*) trade fair • **~ exposition** expo • **faire la ~*** to have a ball* • **c'est la ~ ici !*** it's bedlam in here!* • **~ d'empoigne** free-for-all

foirer* [fwaʀe] /TABLE 1/ VI [*projet*] to fall through

foireux, -euse* [fwaʀø, øz] ADJ [*idée, projet*] useless

fois [fwa] NF time • **une ~** once • **deux ~** twice • **trois ~** three times • **une ~, deux ~, trois ~, adjugé !** (*aux enchères*) going, going, gone! • **pour la toute première ~** for the very first time • **cette ~-ci** this time • **cette ~-là** that time • **plusieurs ~** several times • **bien des ~** many times • **autant de ~ que** as often as • **y regarder à deux ~ avant d'acheter qch** to think twice before buying sth • **s'y prendre à deux ~ pour faire qch** to take two goes to do sth • **payer en plusieurs ~** to pay in several instalments • **une ~ tous les deux jours** every second day • **trois ~ par an** three times a year • **neuf ~ sur dix** nine times out of ten • **quatre ~ plus d'eau/de voitures** four times as much water/as many cars • **quatre ~ moins de voitures** a quarter the number of cars • **3 ~ 5** 3 times 5 • **3 ~ 5 font 15** 3 times 5 is 15 • **il était une ~ ...** once upon a time there was ... • **pour une ~ !** for once! • **en une ~** in one go • **une ~ pour toutes** once and for all • **une ~ qu'il sera parti** once he has left • (PROV) **une ~ n'est pas coutume** just the once won't hurt

▸ **des fois*** (*= parfois*) sometimes • **non mais, des ~ !** (*scandalisé*) do you mind! • **des ~ que** just in case

▸ **à la fois** at the same time • **il était à la ~ grand et gros** he was both tall and fat • **faire deux choses à la ~** to do two things at the same time

foison [fwazɔ̃] NF **à ~** in plenty

foisonnement [fwazɔnmɑ̃] NM (*= abondance*) profusion, abundance • **le ~ culturel des années 70** the cultural explosion that took place in the 70s • **le ~ d'idées qu'on trouve dans ses romans** the wealth of ideas in his novels

foisonner [fwazɔne] /TABLE 1/ VI [*idées, erreurs*] to abound • **un texte foisonnant d'idées** a text packed with ideas

fol [fɔl] ADJ M → **fou**

folâtrer [fɔlɑtʀe] /TABLE 1/ VI to frolic

folichon, -onne* [fɔliʃɔ̃, ɔn] ADJ **ce n'est pas ~** it's nothing to write home about*

folie [fɔli] NF **a** (*= maladie*) insanity • **il a un petit grain de ~*** there's something eccentric about him • **c'est de la ~ douce** *ou* **furieuse** it's sheer madness • **~ meurtrière** killing frenzy • **avoir la ~ des grandeurs** to have delusions of grandeur • **aimer qn à la ~** to be madly in love with sb **b** (*= bêtise, erreur, dépense*) extravagance • **vous avez fait des ~s en achetant ce cadeau** you have been far too extravagant in buying this present

folioscope [fɔljɔskɔp] NM flip book

folk [fɔlk] **1** NM folk music **2** ADJ **musique ~** folk music

folklo* [fɔlklo] ADJ (ABR DE **folklorique**) (*= excentrique*) weird • **c'est très ~ chez eux** they're a crazy bunch

folklore [fɔlklɔʀ] NM folklore

folklorique [fɔlklɔʀik] ADJ **a** [*chant, costume*] folk **b** (*= excentrique*)* weird

folle [fɔl] ADJ F, NF → **fou**

follement [fɔlmɑ̃] ADV madly • **~ amoureux** madly in love

fomenter [fɔmɑ̃te] /TABLE 1/ VT to stir up

foncé, e [fɔ̃se] *ptp de* **foncer** ADJ dark

foncer¹ [fɔ̃se] /TABLE 3/ VI **a** (*= aller à vive allure*)* [*conducteur, voiture*] to tear* along; [*coureur*] to charge* along; (*dans un travail*) to get a move on* • **maintenant, il faut que je fonce** I must dash now **b** (*= se précipiter*) to charge (**vers** at, **dans** into) • **le camion a foncé sur moi** the truck drove straight at me • **~ sur un objet** to make straight for an object

foncer² [fɔ̃se] /TABLE 3/ **1** VT [*+ couleur*] to make darker **2** VI [*couleur, cheveux*] to go darker

fonceur, -euse* [fɔ̃sœʀ, øz] NM,F go-getter*

foncier, -ière [fɔ̃sje, jɛʀ] ADJ **a** [*impôt*] property • **propriétaire ~** property owner **b** [*qualité, différence*] basic

foncièrement [fɔ̃sjɛʀmɑ̃] ADV fundamentally

fonction [fɔ̃ksjɔ̃] NF **a** function • **remplir une ~** to fulfil a function • **être ~ de** to be a function of

▸ **en fonction de** according to

b (*= métier*) office • **~s** (*= tâches*) duties • **entrer en ~(s)** • **prendre ses ~s** [*employé*] to take up one's post; [*maire, président*] to take office • **ça n'entre pas dans mes ~s** it's not part of my duties • **faire ~ de directeur** to act as manager • **la ~ publique** the civil service • **logement de ~** [*de concierge, fonctionnaire*] on-site accommodation (*with low or free rent*) • **avoir une voiture de ~** to have a company car

> Le mot anglais s'écrit avec **-un-** au début.

FONCTION PUBLIQUE

The term **la fonction publique** has great cultural significance in France, and covers a much broader range of activities than the English term "civil service". There are almost 5.5 million "fonctionnaires" (also known as "agents de l'État") in France. They include teachers, social services staff, post office workers and employees of the French rail service.

Because this status theoretically guarantees total job security, "fonctionnaires" are sometimes stereotyped as being unfairly privileged compared to private sector employees. → CONCOURS

fonctionnaire [fɔ̃ksjɔnɛʀ] (NMF) state employee; (*dans l'administration*) civil servant • **haut ~** high-ranking civil servant

fonctionnalité [fɔ̃ksjɔnalite] (NF) practicality; (*Informatique*) functionality

fonctionnel, -elle [fɔ̃ksjɔnɛl] (ADJ) functional

> Le mot anglais s'écrit avec **-un-** au début, n'a qu'un seul **n** et se termine par **-al**.

fonctionnement [fɔ̃ksjɔnmɑ̃] (NM) [*d'appareil, organisme*] functioning; [*d'entreprise, institution*] running • **expliquer le ~ d'un moteur** to explain how a motor works • **pour assurer le bon ~ du service** to ensure the smooth running of the department • **dépenses** *ou* **frais de ~** running costs

fonctionner [fɔ̃ksjɔne] /TABLE 1/ (VI) [*mécanisme, machine*] to work; [*personne*]* to function • **faire ~** [*+ machine*] to operate • **notre télévision fonctionne mal** our television isn't working properly • **le courrier fonctionne mal** the mail isn't reliable • **ça ne fonctionne pas** it's out of order • **~ sur piles** to be battery-operated

fond [fɔ̃] **1** (NM) **a** [*de récipient, vallée, jardin*] bottom; [*de pièce*] back • **être au ~ de l'eau** to be at the bottom of the river (*ou* lake *etc*) • **le ~ de la gorge** the back of the throat • **envoyer un navire par le ~** to send a ship to the bottom • **l'épave repose par 10 mètres de ~** the wreck is lying 10 metres down • **les grands ~s** the ocean depths • **au ~ de la boutique** at the back of the shop • **sans ~** bottomless • **le ~ de l'air est frais** there's a nip in the air • **toucher le ~** (*dans l'eau*) to touch the bottom; (*= déprimer*) to hit rock bottom

b (*= tréfonds*) **merci du ~ du cœur** I thank you from the bottom of my heart • **il pensait au ~ de lui(-même) que ...** deep down he thought that ... • **je vais vous dire le ~ de ma pensée** I shall tell you what I really think • **il a un bon ~** he's basically a good person • **il y a un ~ de vérité dans ce qu'il dit** there's an element of truth in what he says

c (*= essentiel*) [*d'affaire, question, débat*] heart • **c'est là le ~ du problème** that's the core of the problem • **aller au ~ des choses** to do things thoroughly • **débat de ~** fundamental discussion • **problème de ~** basic problem • **article de ~** feature article

d (*= contenu*) content • **le ~ et la forme** content and form • **le ~ de l'affaire** the substance of the case

e (*= arrière-plan*) background • **~ sonore** *ou* **musical** background music

f (*= petite quantité*) drop • **il va falloir racler les ~s de tiroirs** we'll have to scrape together what we can

g (*Sport*) **le ~** long-distance running • **de ~** [*course, coureur*] long-distance

h [*de pantalon*] seat

i (*locutions*) **de ~ en comble** [*fouiller*] from top to bottom; [*détruire*] completely

▸ **au fond, dans le fond** (*= en fait*) basically

▸ **à fond** [*visser*] tightly; [*étudier*] thoroughly • **respirer à ~** to breathe deeply • **à ~ la caisse*** at top speed • **à ~ de train** at top speed

2 (COMP) ▸ **fond d'artichaut** artichoke heart ▸ **fond de court joueur de ~ de court** baseline player ▸ **fond d'écran** (*Informatique*) wallpaper ▸ **les fonds marins** the sea bed ▸ **fond de tarte** (*= pâte*) pastry base; (*= crème*) custard base ▸ **fond de teint** foundation (cream)

fondamental, e (*mpl* **-aux**) [fɔ̃damɑ̃tal, o] (ADJ) fundamental; [*vocabulaire*] basic; [*couleurs*] primary

> Le mot anglais s'écrit avec **-un-** au début.

fondamentalement [fɔ̃damɑ̃talmɑ̃] (ADV) [*vrai, faux*] fundamentally; [*modifier, opposer*] radically • **~ méchant/généreux** basically malicious/generous

> Le mot anglais s'écrit avec **-un-** au début.

fondamentalisme [fɔ̃damɑ̃talism] (NM) fundamentalism

> Le mot anglais s'écrit avec **-un-** au début et sans **e** à la fin.

fondamentaliste [fɔ̃damɑ̃talist] (ADJ, NMF) fundamentalist

> Le mot anglais s'écrit avec **-un-** au début et sans **e** à la fin.

fondant, e [fɔ̃dɑ̃, ɑ̃t] (ADJ) [*neige*] melting; [*fruit*] luscious; [*viande*] tender

fondateur, -trice [fɔ̃datœʀ, tʀis] **1** (ADJ) [*mythe, texte, idée*] seminal **2** (NM,F) founder

fondation [fɔ̃dasjɔ̃] **1** (NF) foundation **2** (NFPL) **fondations** [*de maison*] foundations

fondé, e [fɔ̃de] *ptp de* **fonder** **1** (ADJ) [*crainte, réclamation*] justified • **non ~** groundless **2** (NM) **~ de pouvoir** authorized representative

fondement [fɔ̃dmɑ̃] (NM) (*= base*) foundation • **sans ~** unfounded • **jeter les ~s de qch** to lay the foundations of sth

fonder [fɔ̃de] /TABLE 1/ **1** (VT) **a** [*+ ville, parti*] to found; [*+ famille*] to start • **« maison fondée en 1850 »** "Established 1850" **b** (*= baser*) to found • **~ tous ses espoirs sur qch/qn** to pin all one's hopes on sth/sb **c** (*= justifier*) [*+ réclamation*] to justify **2** (VPR) **se fonder** **se ~ sur** [*personne*] to go by; [*théorie, décision*] to be based on • **sur quoi vous fondez-vous pour l'affirmer ?** what grounds do you have for saying this?

fonderie [fɔ̃dʀi] (NF) foundry

fondeur, -euse [fɔ̃dœʀ, øz] (NM,F) (*Ski*) cross-country skier

fondre [fɔ̃dʀ] /TABLE 41/ **1** (VT) **a** (*= liquéfier*) to melt; [*+ minerai*] to smelt

b [*+ cloche, statue*] to cast

c (*= réunir*) to combine

d [*+ couleur, ton*] to blend

2 (VI) **a** (*à la chaleur*) to melt; (*dans l'eau*) to dissolve • **faire ~** [*+ beurre, neige*] to melt; [*+ sel, sucre*] to dissolve • **ça fond dans la bouche** it melts in your mouth

b [*provisions, réserves*] to vanish • **~ comme neige au soleil** to melt away • **~ en larmes** to burst into tears

c (*= maigrir*)* to slim down • **j'ai fondu de 5 kilos** I've lost 5 kilos

d (*= s'attendrir*) to melt

e (*= s'abattre*) **~ sur qn** [*vautour, ennemi*] to swoop down on sb

3 (VPR) **se fondre** (*= disparaître*) **se ~ dans le décor** [*personne*] to melt into the background; [*appareil, objet*] to blend in with the decor

fonds [fɔ̃] NM **a** (Commerce) ~ **de commerce** business; (= *source de revenus*) moneymaker **b** [*de musée, bibliothèque*] collection **c** (= *organisme*) ~ **de pension** pension fund • ~ **de prévoyance** contingency fund • **Fonds monétaire international** International Monetary Fund **d** (*pluriel*) (= *argent*) money; (= *capital*) capital; (*pour une dépense précise*) funds • **mise de** ~ capital outlay • **je lui ai prêté de l'argent à** ~ **perdus** I lent him some money, but I never got it back • ~ **publics** (= *recettes de l'État*) public funds • ~ **souverains** sovereign wealth funds, SWF • ~ **vautours** vulture funds

fondu, e [fɔ̃dy] *ptp de* **fondre 1** ADJ **a** [*beurre*] melted; [*métal*] molten • **neige ~e** slush **b** [*couleurs*] blending **2** NM ~ **enchaîné** (*Ciné*) fade in-fade out **3** NF **fondue** cheese fondue • **~e savoyarde** cheese fondue • **~e bourguignonne** *fondue made with cubes of meat dipped in boiling oil* **4** NM,F (= *fanatique*)* • **c'est un ~ de jazz/télévision** he's a jazz/television freak*

fongicide [fɔ̃ʒisid] NM fungicide

fontaine [fɔ̃tɛn] NF (*ornementale*) fountain; (*naturelle*) spring

fonte [fɔ̃t] NF **a** [*de neige*] melting • **à la ~ des neiges** when the snow melts **b** (= *métal*) cast iron • **en** ~ [*tuyau, radiateur*] cast-iron

fonts [fɔ̃] NMPL ~ **baptismaux** (baptismal) font

foot * [fut] NM (ABR DE **football**)

football [futbol] NM football (*Brit*), soccer • ~ **américain** American football (*Brit*), football (*US*) • **jouer au** ~ to play football

footballeur, -euse [futbolœʀ, øz] NM,F football (*Brit*) *ou* soccer player

footballistique [futbolistik] ADJ football (*épith*) (*Brit*), soccer (*épith*)

footeux, -euse* [futø, øz] NM,F **a** (= *joueur*) football player (*Brit*), soccer player **b** (= *amateur*) footie fan* (*Brit*), soccer fan

footing [futiŋ] NM jogging *NonC* • **faire du** ~ to go jogging

for [fɔʀ] NM **en mon ~ intérieur** in my heart of hearts

forage [fɔʀaʒ] NM [*de roche, paroi*] drilling; [*de puits*] boring

forain, e [fɔʀɛ̃, ɛn] **1** ADJ → **fête 2** NM stallholder • **les ~s** (*fête foraine*) fairground people

forçat [fɔʀsa] NM (= *bagnard*) convict • **travailler comme un** ~ to work like a slave

force [fɔʀs] **1** NF **a** (= *vigueur*) strength • **avoir de la** ~ to be strong • **je n'ai plus la ~ de parler** I have no strength left to talk • **à la ~ du poignet** [*obtenir qch, réussir*] by the sweat of one's brow • **c'est une ~ de la nature** he's a real Goliath • **dans la ~ de l'âge** in the prime of life • **c'est ce qui fait sa** ~ that is where his great strength lies • **être en position de** ~ to be in a position of strength • **coup de** ~ takeover by force • **affirmer avec** ~ to state firmly • **insister avec ~ sur un point** to emphasize a point strongly • **vouloir à toute** ~ to want at all costs

b (= *violence*) force • **recourir à la** ~ to resort to force

c (= *ressources physiques*) **~s** strength • **reprendre des ~s** to get one's strength back • **c'est au-dessus de mes ~s** it's too much for me • **frapper de toutes ses ~s** to hit as hard as one can • **désirer qch de toutes ses ~s** to want sth with all one's heart

d [*de coup, vent*] force; [*d'argument, sentiment, alcool, médicament*] strength • **vent de ~ 4** force 4 wind • **la ~ de l'habitude** force of habit • **par la ~ des choses** by force of circumstance; (= *nécessairement*) inevitably • **les ~s vives du pays** the lifeblood of the country • **avoir ~ de loi** to have force of law

e (*Mil*) **~s** forces • **d'importantes ~s de police** large numbers of police

f (*Physique*) force • ~ **de gravité** force of gravity • ~ **centripète/centrifuge** centripetal/centrifugal force

g (*locutions*)

▸ **à force à ~ de chercher on va bien trouver** if we keep on looking we'll find it eventually • **à ~, tu vas le casser** you'll end up breaking it

▸ **de force faire entrer qch de ~ dans qch** to force sth into sth

▸ **en force arriver** *ou* **venir en** ~ to arrive in force • **passer en** ~ [+ *projet*] to force through

2 COMP ▸ **les forces armées** the armed forces ▸ **force de caractère** strength of character ▸ **force de dissuasion** deterrent power ▸ **force de frappe** strike force ▸ **force d'inertie** force of inertia ▸ **forces d'intervention** rapid deployment force ▸ **forces de maintien de la paix** peace-keeping forces ▸ **les forces de l'ordre** the police

forcé, e [fɔʀse] *ptp de* **forcer** ADJ forced • **atterrissage** ~ emergency landing • **c'est ~ !** it's inevitable

forcément [fɔʀsemɑ̃] ADV inevitably • **il le savait** ~ he obviously knew • **c'est voué à l'échec — pas** ~ it's bound to fail — not necessarily

forcené, e [fɔʀsəne] **1** ADJ (= *fou*) deranged; (= *acharné*) frenzied **2** NM,F maniac

forceps [fɔʀsɛps] NM pair of forceps, forceps *pl* • **une victoire (obtenue) au** ~ a hard-won victory

forcer [fɔʀse] /TABLE 3/ **1** VT **a** (= *contraindre*) to force • ~ **qn à faire qch** to force sb to do sth • **sa conduite force le respect** his behaviour commands respect

b [+ *coffre, serrure, barrage*] to force; [+ *porte, tiroir*] to force open • ~ **le passage** to force one's way through • ~ **la porte** to force one's way in

c [+ *fruits, plantes*] to force; [+ *talent, voix*] to strain; [+ *allure*] to increase; [+ *destin*] to tempt • ~ **le pas** to quicken one's pace • **il a forcé la dose*** he overdid it

2 VI to overdo it • **ne force pas, tu vas casser la corde** don't force it or you'll break the rope • **il avait un peu trop forcé sur l'alcool*** he'd had a few too many*

3 VPR **se forcer** to force o.s. (**pour faire qch** to do sth)

forcing [fɔʀsiŋ] NM **faire le** ~ to pile on the pressure • **faire du ~ auprès de qn** to put the pressure on sb

forcir [fɔʀsiʀ] /TABLE 2/ VI [*personne*] to broaden out; [*vent*] to strengthen

forer [fɔʀe] /TABLE 1/ VT to drill

forestier, -ière [fɔʀɛstje, jɛʀ] **1** ADJ [*région, chemin*] forest • **sauce forestière** mushroom sauce **2** NM forester

foret [fɔʀɛ] NM (= *outil*) drill

forêt [fɔʀɛ] NF forest • ~ **vierge** virgin forest • ~ **domaniale** national forest • ~ **pluviale/tropicale** rain/tropical forest

forêt-noire (*pl* **forêts-noires**) [fɔʀɛnwaʀ] NF **a** (= *gâteau*) Black Forest gâteau **b la Forêt-Noire** the Black Forest

forfait [fɔʀfɛ] NM **a** (= *prix fixe*) fixed price; (= *prix tout compris*) all-inclusive price; (= *ensemble de prestations*) package; (*téléphonique*) contract • **travailler au** *ou* **à ~** to work for a flat rate • **~ avion-hôtel** flight and hotel package ▸**forfait hospitalier** *daily charge for receiving inpatient hospital care* ▸**forfait-skieur(s)** ski-pass ⓑ (= *abandon*) withdrawal • **déclarer ~** [*sportif*] to withdraw; (*fig*) to give up ⓒ (*littér*) (= *crime*) crime

forfaitaire [fɔʀfɛtɛʀ] (ADJ) (= *fixe*) [*somme*] fixed; (= *tout compris*) inclusive • **prix ~** fixed price

forfaitiser [fɔʀfɛtize] /TABLE 1/ (VT) **~ les coûts** to charge a flat rate • **les communications locales sont forfaitisées** there is a flat-rate charge for local calls

forge [fɔʀʒ] (NF) forge

forger [fɔʀʒe] /TABLE 3/ **1** (VT) ⓐ [+ *métal*] to forge • **~ des liens** to forge links • (PROV) **c'est en forgeant qu'on devient forgeron** practice makes perfect (PROV) ⓑ [+ *caractère*] to form ⓒ (= *inventer*) [+ *mot*] to coin • **cette histoire est forgée de toutes pièces** this story is a complete fabrication **2** (VPR) **se forger il s'est forgé une solide réputation** he has earned himself quite a reputation

forgeron [fɔʀʒəʀɔ̃] (NM) blacksmith

formaliser [fɔʀmalize] /TABLE 1/ **1** (VT) to formalize **2** (VPR) **se formaliser** to take offence (**de** at)

formaliste [fɔʀmalist] (ADJ) (*péj*) formalistic

formalité [fɔʀmalite] (NF) formality • **les ~s à accomplir** the necessary procedures • **ce n'est qu'une ~** it's a mere formality • **sans autre ~** without any further ado

format [fɔʀma] (NM) format; [*d'objet*] size • **papier ~ A4** A4 paper • **enveloppe grand ~** large envelope

formatage [fɔʀmataʒ] (NM) ⓐ [*d'un disque dur*] formatting ⓑ [*des esprits*] moulding

formater [fɔʀmate] /TABLE 1/ (VT) ⓐ [+ *disque dur*] to format ⓑ (*fig*) **ils sont formatés par les médias** they are moulded by the media

formateur, -trice [fɔʀmatœʀ, tʀis] **1** (ADJ) formative **2** (NM,F) trainer

formation [fɔʀmasjɔ̃] (NF) ⓐ (= *développement*) formation
ⓑ (= *apprentissage*) training; (= *stage, cours*) training course • **il a reçu une ~ littéraire** he received a literary education • **~ des maîtres** teacher training (*Brit*) *ou* education (*US*) • **~ pédagogique** teacher training (*Brit*) *ou* education (*US*) • **je suis juriste de ~** I trained as a lawyer • **~ professionnelle** vocational training • **~ permanente** continuing education • **~ continue** in-house training • **~ en alternance** [*d'élève en apprentissage*] *school course combined with work experience* • **stage de ~ accélérée** intensive training course
ⓒ (= *groupe*) formation • **~ musicale** music group • **~ politique** political formation

> ⚠ Lorsque **formation** se réfère à une activité professionnelle, il se traduit par **training**.

forme [fɔʀm] **1** (NF) ⓐ (= *contour, apparence*) shape • **en ~ de poire** pear-shaped • **en ~ de cloche** bell-shaped • **prendre la ~ d'un entretien** to take the form of an interview • **prendre ~** [*statue, projet*] to take shape • **sous ~ de comprimés** in tablet form • **sous toutes ses ~s** in all its forms
ⓑ [*de civilisation, gouvernement*] form • **~ d'énergie** form of energy
ⓒ (*Art, Droit, Littérat, Philo*) form • **soigner la ~** to be careful about style • **mettre en ~** [+ *texte*] to finalize the layout of; [+ *idées*] to formulate • **de pure ~** [*aide, soutien*] token • **pour la ~** as a matter of form • **ils sont d'accord sur la ~ comme sur le fond** they agree on both form and content • **en bonne (et due) ~** in due form • **sans autre ~ de procès** without further ado
ⓓ [*de verbe*] form • **mettre à la ~ passive** to put in the passive
ⓔ (*physique*) form • **être en (pleine** *ou* **grande) ~** to be on top form; (*physiquement*) to be very fit • **il n'est pas en ~** he's not on top form; [*sportif*] he's not on form • **ce n'est pas la grande ~*** I'm (*ou* he's *etc*) not feeling too good* • **il est en petite ~** he's not in great shape • **centre de remise en ~** ≈ health spa
2 (NFPL) **formes respecter les ~s** (= *convenances*) to respect the conventions • **faire une demande dans les ~s** to make a request in the proper way

formé, e [fɔʀme] (ADJ) ⓐ [*jeune fille*] fully developed ⓑ [*mer*] choppy

formel, -elle [fɔʀmɛl] (ADJ) ⓐ (= *catégorique*) definite • **interdiction formelle d'en parler à quiconque** you mustn't talk about this to anyone • **je suis ~!** I'm absolutely sure! ⓑ (*qui concerne la forme*) formal

formellement [fɔʀmɛlmɑ̃] (ADV) ⓐ (= *catégoriquement*) [*démentir, contester*] categorically; [*identifier*] positively; [*interdire*] strictly ⓑ (= *officiellement*) [*condamner*] officially

former [fɔʀme] /TABLE 1/ **1** (VT) ⓐ [+ *liens d'amitié*] to form; [+ *équipe*] to set up • **~ le projet de faire qch** to have the idea of doing sth
ⓑ (= *être le composant de*) to make up • **ceci forme un tout** this forms a whole • **ils forment un beau couple** they make a nice couple
ⓒ (= *dessiner*) to form • **ça forme un rond** it makes a circle
ⓓ (= *éduquer*) to train; [+ *caractère, goût*] to form • **les voyages forment la jeunesse** travel broadens the mind
2 (VPR) **se former** ⓐ (= *se développer*) to form
ⓑ (= *apprendre un métier*) to train o.s.; (= *éduquer son goût, son caractère*) to educate o.s.

formidable [fɔʀmidabl] (ADJ) ⓐ (= *très important*) [*obstacle, bruit*] tremendous ⓑ (= *très bien*) great* ⓒ (= *incroyable*)* incredible

formidablement [fɔʀmidabləmɑ̃] (ADV) (= *très bien*) fantastically*

formol [fɔʀmɔl] (NM) formalin

formulaire [fɔʀmylɛʀ] (NM) (*à remplir*) form • **~ de demande** application form

formulation [fɔʀmylasjɔ̃] (NF) formulation

formule [fɔʀmyl] (NF) ⓐ (*Chim, Math*) formula • **une (voiture de) ~ 1** a Formula-One car ⓑ (= *expression*) phrase; (*magique*) formula • **~ heureuse** happy turn of phrase • **~ de politesse** polite phrase; (*en fin de lettre*) letter ending • **avoir le sens de la ~** to be good at coming up with pithy expressions ⓒ (= *méthode*) system • **~ de paiement** method of payment • **~ de vacances** holiday schedule • **c'est la ~ idéale** it's the ideal solution • **ils proposent différentes ~s de crédit** they offer several different credit options

formuler [fɔʀmyle] /TABLE 1/ (VT) [+ *plainte, requête*] to make; [+ *critiques, sentiment*] to express • **il a mal formulé sa question** he didn't phrase his question very well

forniquer [fɔʀnike] /TABLE 1/ (VI) to fornicate

fort, e [fɔʀ, fɔʀt]

1 ADJECTIF
2 ADVERBE
3 NOM MASCULIN

1 ADJECTIF

ⓐ strong • **il est ~ comme un bœuf** he's as strong as an ox • **le dollar est une monnaie ~e** the dollar is a strong currency • **de la moutarde ~e** strong mustard • **un ~ accent anglais** a strong English accent • **un ~ vent du sud** a strong southerly wind • **c'est plus ~ que moi** I can't help it • **c'est une ~e tête** he (*ou* she) is a rebel

▸ **fort de une équipe ~e de 15 personnes** a team of 15 people • **~ de son expérience, il ...** wiser for this experience, he ...

ⓑ (*= gros*) [*personne, poitrine*] large; [*hanches*] broad

ⓒ (*= intense*) [*bruit, voix*] loud; [*dégoût, crainte*] great; [*douleur, chaleur*] intense; [*fièvre*] high • **il y a quelques moments ~s dans son film** there are some powerful scenes in his film • **au sens ~ du terme** in the strongest sense of the term

ⓓ (*= raide*) [*pente*] steep

ⓔ (*= violent*) [*secousse, coup*] hard; [*houle, pluies*] heavy • **mer très ~e** very rough sea

ⓕ (*= excessif*)* **c'est trop ~!** that's going too far! • **c'est un peu ~*** that's going a bit far • **et le plus ~, c'est que ...** and the best part of it is that ...

ⓖ (*= important*) (*avant le nom*) [*somme, dose*] large; [*baisse, différence, augmentation*] big; [*consommation*] high

ⓗ (*= doué*) good (**en** at) • **il est ~ en histoire** he's good at history • **être ~ sur un sujet** to be good at a subject • **ce n'est pas très ~ de sa part*** that's not very clever of him • **c'est trop ~ pour moi** it's beyond me

2 ADVERBE

ⓐ (*= intensément*) [*lancer, serrer, souffler, frapper*] hard • **sentir ~** to have a strong smell • **respirez bien ~** take a deep breath • **son cœur battait très ~** his heart was pounding • **le feu marche trop ~** the fire is burning too fast • **tu as fait ~!*** that was a bit much!*

ⓑ (*= bruyamment*) loudly • **parlez plus ~** speak up • **mets la radio moins ~** turn the radio down • **mets la radio plus ~** turn the radio up

ⓒ (*= beaucoup*) greatly • **j'en doute ~** I very much doubt it • **j'ai ~ à faire avec lui** I've got my work cut out with him

ⓓ (*= très*) (*frm*) very • **c'est ~ bon** it is exceedingly good • **il y avait ~ peu de monde** there were very few people

▸ **fort bien** [*dessiné, dit, conservé*] extremely well • **je peux ~ bien m'en passer** I can quite easily do without it • **~ bien!** excellent!

ⓔ ▸ **se faire fort de** to be confident that • **nos champions se font ~ de remporter la victoire** our champions are confident they will win • **je me fais ~ de le convaincre** I have every confidence I can convince him

3 NOM MASCULIN

ⓐ (*= forteresse*) fort

ⓑ (*= personne*) **un ~ en thème** a swot* (*Brit*), a grind* (*US*)

ⓒ (*= spécialité*) forte • **l'amabilité n'est pas son ~** kindness is not his strong point

ⓓ ▸ **au plus fort de ...** at the height of ...

fortement [fɔʀtəmɑ̃] (ADV) [*conseiller*] strongly; [*serrer*] tightly • **~ marqué/attiré** strongly marked/attracted • **il en est ~ question** it is being seriously considered

forteresse [fɔʀtəʀɛs] (NF) fortress; (*fig*) stronghold

fortifiant [fɔʀtifjɑ̃] (NM) (*= médicament*) tonic

fortification [fɔʀtifikasjɔ̃] (NF) (*= mur*) fortification, wall

fortifier [fɔʀtifje] /TABLE 7/ (VT) to strengthen; [*+ ville*] to fortify

fortiori [fɔʀsjɔʀi] → **a fortiori**

fortuit, e [fɔʀtɥi, it] (ADJ) fortuitous

fortune [fɔʀtyn] (NF) ⓐ (*= richesse*) fortune • **ça coûte une (petite) ~** it costs a fortune • **faire ~** to make one's fortune

ⓑ (*= chance*) luck *NonC*, fortune *NonC*; (*= destinée*) fortune • **chercher ~** to seek one's fortune • **connaître des ~s diverses** (*sujet pluriel*) to enjoy varying fortunes; (*sujet singulier*) to have varying luck • **faire contre mauvaise ~ bon cœur** to make the best of it

▸ **de fortune** [*moyen, réparation, installation*] makeshift; [*compagnon*] chance

fortuné, e [fɔʀtyne] (ADJ) wealthy

forum [fɔʀɔm] (NM) (*= place, colloque*) forum ▸ **forum de discussion** (*Internet*) message board • **participer à un ~ de discussion** to post a message (*on a message board*)

fosse [fos] (NF) (*= trou*) pit; (*= tombe*) grave ▸ **fosse commune** communal grave ▸ **fosse aux lions** lions' den ▸ **fosse d'orchestre** orchestra pit ▸ **fosse septique** septic tank

fossé [fose] (NM) ⓐ (*dans le sol*) ditch; ⓑ (*fig*) (*= écart*) gap • **le ~ entre les générations** the generation gap ▸ **fossé culturel** cultural gap ▸ **fossé numérique** digital divide

fossette [fosɛt] (NF) dimple

fossile [fosil] (NM, ADJ) fossil

fossoyeur [foswajœʀ] (NM) gravedigger

fou, folle [fu, fɔl]

> **fou** becomes **fol** before a vowel or silent **h**.

1 (ADJ) ⓐ mad • **~ furieux** raving mad • **ça l'a rendu ~** it drove him mad • **c'est à devenir ~** it's enough to drive you mad • **~ de colère/de joie** out of one's mind with anger/with joy • **amoureux ~ (de)** madly in love (with) • **elle est folle de lui** she's mad* about him

ⓑ [*rage, course*] mad; [*amour, joie, espoir*] insane; [*idée, désir, tentative, dépense*] crazy; [*imagination*] wild • **avoir le ~ rire** to have the giggles

ⓒ (*= énorme*)* [*courage, énergie, succès, peur*] tremendous • **j'ai eu un mal ~ pour venir** I had a terrible job* getting here • **tu as mis un temps ~** it took you ages* • **gagner un argent ~** to earn loads of money* • **payer un prix ~** to pay a ridiculous price • **il y a un monde ~** it's terribly crowded • **c'est ~ ce qu'on s'amuse!** we're having such a great time!* • **c'est ~ ce qu'il a changé** it's incredible how much he has changed

ⓓ [*véhicule*] runaway; [*mèche de cheveux*] unruly

2 (NM) ⓐ lunatic • **courir comme un ~** to run like a lunatic • **travailler comme un ~** to work like mad* • **arrêtez de faire les ~s** stop messing about* • **le ~ du Roi** the court jester

ⓑ (*= fanatique*)* fanatic • **c'est un ~ de jazz/tennis** he's a jazz/tennis fanatic

ⓒ (*Échecs*) bishop

3 (NF) **folle** ⓐ lunatic

ⓑ (*péj*) (*= homosexuel*)* **(grande) folle** queen*

foudre [fudʀ] (NF) lightning • **frappé par la ~** struck by lightning • **ce fut le coup de ~** it was love at first sight • **s'attirer les ~s de qn** to provoke sb's anger

foudroyant, e [fudʀwajɑ̃, ɑ̃t] (ADJ) [*progrès, vitesse, attaque*] lightning; [*poison, maladie*] violent; [*mort*] instant; [*succès*] stunning

foudroyer [fudʀwaje] /TABLE 8/ (VT) [*foudre*] to strike; [*coup de feu, maladie*] to strike down • **~ qn du regard** to glare at sb

fouet [fwɛ] (NM) (= *cravache*) whip; (= *ustensile de cuisine*) whisk • **coup de ~** lash; (*fig*) boost • **donner un coup de ~ à l'économie** to give the economy a boost

fouetter [fwete] /TABLE 1/ (VT) to whip; [+ *blanc d'œuf*] to whisk • **la pluie fouettait les vitres** the rain lashed against the window panes

fougère [fuʒɛʀ] (NF) fern

fougue [fug] (NF) [*de personne*] spirit; [*de discours, attaque*] fieriness • **plein de ~** fiery • **la ~ de la jeunesse** the hot-headedness of youth • **avec ~** spiritedly

fougueux, -euse [fugø, øz] (ADJ) [*tempérament, cheval*] fiery

fouille [fuj] **1** (NF) [*de personne, maison, bagages*] searching • **~ corporelle** body search **2** (NFPL) **fouilles** (*archéologiques*) excavation(s) • **faire des ~s** to carry out excavations

fouiller [fuje] /TABLE 1/ **1** (VT) [+ *pièce, mémoire, personne*] to search; [+ *poches*] to go through; [+ *terrain*] to excavate • **étude/analyse très fouillée** very detailed study/analysis **2** (VI) **~ dans** [+ *tiroir, armoire*] to rummage in; [+ *poches, bagages*] to go through; [+ *mémoire*] to delve into • **qui a fouillé dans mes affaires?** who's been rummaging about in my things? • **~ dans le passé de qn** to delve into sb's past

fouillis [fuji] (NM) [*de papiers, objets*] jumble; [*d'idées*] hotchpotch (*Brit*), hodgepodge (*US*) • **il y avait un ~ indescriptible** everything was in an indescribable mess

fouine [fwin] (NF) (= *animal*) stone marten

fouiner [fwine] /TABLE 1/ (VI) to nose around

fouineur, -euse [fwinœʀ, øz] (NM,F) nosey parker*

foulant, e* [fulɑ̃, ɑ̃t] (ADJ) **ce n'est pas trop ~** it won't kill you (*ou him etc*)*

foulard [fulaʀ] (NM) scarf • **~ islamique** chador

foule [ful] (NF) crowd; (*péj* = *populace*) mob • **la ~ des badauds** the crowd of onlookers • **il y avait ~ à la réunion** there were lots of people at the meeting • **il n'y avait pas ~!** there was hardly anyone there! • **une ~ de** [+ *livres, questions*] loads* of • **ils sont venus en ~ à l'exposition** they flocked to the exhibition

foulée [fule] (NF) stride • **courir à petites ~s** to jog along • **dans la ~** while I'm (*ou* he's *etc*) at it

fouler [fule] /TABLE 1/ **1** (VT) [+ *raisins*] to press • **~ le sol d'un pays** (*littér*) to tread the soil of a country **2** (VPR) **se fouler** ⓐ **se ~ la cheville** to sprain one's ankle ⓑ (= *travailler dur*)* **il ne se foule pas beaucoup** he doesn't exactly strain himself

foulure [fulyʀ] (NF) sprain

four [fuʀ] **1** (NM) ⓐ [*de boulangerie, cuisinière*] oven; [*de potier*] kiln; [*d'usine*] furnace • **plat allant au ~** ovenproof dish ⓑ (= *échec*) flop • **cette pièce a fait un ~** the play is a complete flop ⓒ (= *gâteau*) **(petit) ~** small pastry **2** (COMP) ▸ **four à micro-ondes** microwave oven ▸ **four à pyrolyse** pyrolytic oven

fourbe [fuʀb] (ADJ) deceitful

fourbi* [fuʀbi] (NM) (= *attirail*) gear* *NonC*; (= *fouillis*) mess

fourbu, e [fuʀby] (ADJ) exhausted

fourche [fuʀʃ] (NF) fork

fourchelangue* [fuʀʃlɑ̃g] (NM) tongue twister

fourcher [fuʀʃe] /TABLE 1/ (VI) **ma langue a fourché** it was a slip of the tongue

fourchette [fuʀʃɛt] (NF) ⓐ (*pour manger*) fork • **il a un bon coup de ~** he has a hearty appetite ⓑ (= *amplitude*) **~ d'âge** age bracket • **~ de prix** price range

fourchu, e [fuʀʃy] (ADJ) [*langue, branche*] forked • **cheveux ~s** split ends

fourgon [fuʀgɔ̃] (NM) (large) van • **~ blindé** armoured van • **~ cellulaire** police van (*Brit*), patrol wagon (*US*) • **~ postal** mail van

fourgonnette [fuʀgɔnɛt] (NF) delivery van

fourguer* [fuʀge] /TABLE 1/ (VT) (= *vendre*) to flog* (**à** to); (= *donner*) to unload (**à** onto)

fourmi [fuʀmi] (NF) ant • **avoir des ~s dans les jambes** to have pins and needles in one's legs

fourmilière [fuʀmiljɛʀ] (NF) (= *monticule*) ant hill; (*fig*) hive of activity

fourmillement [fuʀmijmɑ̃] **1** (NM) [*d'insectes, personnes*] swarming • **un ~ d'idées** a welter of ideas **2** (NMPL) **fourmillements** (= *picotement*) pins and needles

fourmiller [fuʀmije] /TABLE 1/ (VI) [*insectes, personnes*] to swarm • **~ de** [+ *insectes, personnes*] to be swarming with; [+ *idées, erreurs*] to be teeming with

fournaise [fuʀnɛz] (NF) (= *feu*) blaze; (= *endroit surchauffé*) oven

fourneau (*pl* **fourneaux**) [fuʀno] (NM) stove • **être aux ~x** to do the cooking

fournée [fuʀne] (NF) batch

fourni, e [fuʀni] *ptp de* **fournir** (ADJ) [*cheveux*] thick; [*barbe, sourcils*] bushy

fournir [fuʀniʀ] /TABLE 2/ **1** (VT) ⓐ (= *procurer*) to supply; [+ *pièce d'identité*] to produce; [+ *prétexte, exemple*] to give • **~ qch à qn** to provide sb with sth • **~ du travail à qn** to provide sb with work ⓑ [+ *effort*] to put in; [+ *prestation*] to give **2** (VPR) **se fournir** to provide o.s. (**de** with) • **je me fournis toujours chez le même épicier** I always shop at the same grocer's

fournisseur [fuʀnisœʀ] (NM) supplier; (= *détaillant*) retailer • **chez votre ~ habituel** at your local retailer's ▸ **fournisseur d'accès, fournisseur d'accès à Internet** Internet service provider

fourniture [fuʀnityʀ] (NF) ⓐ [*de matériel*] supply(ing) ⓑ (= *objet*) **~s (de bureau)** office supplies • **~s scolaires** school stationery

fourrage [fuʀaʒ] (NM) fodder

fourrager[1] [fuʀaʒe] /TABLE 3/ (VI) **~ dans** [+ *papiers, tiroir*] to rummage through

fourrager[2]**, -ère** [fuʀaʒe, ɛʀ] (ADJ) **betterave/culture fourragère** fodder beet/crop

fourré[1] [fuʀe] (NM) thicket

fourré[2]**, e** [fuʀe] *ptp de* **fourrer** (ADJ) [*bonbon, chocolat*] filled; [*manteau, gants*] fur-lined; (= *molletonné*) fleecy-lined • **gâteau ~ à la crème** cream cake • **coup ~** underhand trick

fourreau (*pl* **fourreaux**) [fuʀo] (NM) [*d'épée*] sheath • **(robe) ~** sheath dress

fourrer [fuʀe] /TABLE 1/ **1** (VT) ⓐ (= *mettre*)* to stick* • **où ai-je bien pu le ~?** where on earth did I put it?* • **qui t'a fourré ça dans le crâne?** who put that idea into your head? • **~ son nez partout** to stick* one's nose into everything ⓑ [+ *gâteau*] to fill ⓒ [+ *manteau*] to line with fur **2** (VPR) **se fourrer*** **se ~ une idée dans la tête** to get an idea into one's head • **où a-t-il encore été se ~?** where has he got to now? • **il ne savait plus où se ~** he didn't know where to put himself • **il est toujours fourré chez eux** he's always round at their place

fourre-tout ○ [fuʀtu] (NM INV) (= *sac*) holdall

fourreur [fuʀœʀ] (NM) furrier

fourrière [fuʀjɛʀ] (NF) pound; [*de chiens*] dog pound • **emmener une voiture à la ~** to tow away a car

fourrure [fuʀyʀ] (NF) (= *pelage*) coat; (= *matériau, manteau*) fur

fourvoyer [fuʀvwaje] /TABLE 8/ **1** (VT) **~ qn** to mislead sb **2** (VPR) **se fourvoyer** to go astray • **dans quelle aventure s'est-il encore fourvoyé?** what has he got involved in now?

foutage [futaʒ] (NM) **c'est du ~ de gueule!*** what the hell do they take us for!*

foutaise* [futɛz] (NF) **(c'est de la) ~!** (that's) bullshit!**

foutoir* [futwaʀ] (NM) shambles *sg* • **sa chambre est un vrai ~** his bedroom is a pigsty

foutraque* [futʀak] (ADJ) wacky*

foutre* [futʀ] **1** (VT) **a** (= *faire*) to do • **il n'a rien foutu de la journée** he hasn't done a damned* thing all day • **qu'est-ce que ça peut me ~?** what the hell do I care?*

b (= *donner*) **ça me fout la trouille** it gives me the creeps* • **fous-moi la paix!** piss off!**

c (= *mettre*) **~ qn à la porte** to give sb the boot* • **ça fout tout par terre** that screws** everything up • **ça la fout mal** it looks pretty bad*

d **~ le camp** [*personne*] to piss off**; [*bouton, rimmel, vis*] to come off • **fous-moi le camp!** get lost!* • **tout fout le camp** everything's falling apart

2 (VPR) **se foutre** **a** (= *se mettre*) **je me suis foutu dedans** I really screwed up**

b (= *se moquer*) **se ~ de qn/qch** to take the mickey* out of sb/sth; (= *être indifférent*) not to give a damn about sb/sth* • **se ~ de qn** (= *dépasser les bornes*) to mess* sb about • **100 € pour ça, ils se foutent du monde** 100 euros for that! - what the hell do they take us for!* • **ça, je m'en fous pas mal** I couldn't give a damn* about that

c **va te faire ~!**** fuck off!**

foutu, e* [futy] *ptp de* **foutre** (ADJ) **a** (*avant le nom: intensif*) [*objet, appareil*] damned*; (= *mauvais*) [*temps, pays, travail*] damned awful* • **il a un ~ caractère** he's got one hell of a temper*

b [*malade, vêtement*] done for* *attrib*; [*appareil*] buggered* (*Brit*) • **il est ~** he's had it*

c (= *bâti, conçu*) **bien ~** well-made • **mal ~** badly-made • **elle est bien ~e** she's got a nice body

d (= *malade*) **être mal ~** to feel lousy*

e (= *capable*) **il est ~ de le faire** he's liable to go and do it • **il est même pas ~ de réparer ça** he can't even mend the damned thing*

fox-terrier (*pl* **fox-terriers**) [fɔkstɛʀje] (NM) fox terrier

foyer [fwaje] (NM) **a** (= *maison*) home; (= *famille*) family • **~ fiscal** *household (as defined for tax purposes)* **b** (= *âtre*) hearth **c** (= *résidence*) [*de vieillards*] home; [*de jeunes*] hostel • **~ socio-éducatif** community home **d** (= *lieu de réunion*) [*de jeunes, retraités*] club; [*de théâtre*] foyer **e** (*optique*) focus • **verres à double ~** bifocal lenses **f** **~ de** [+ *incendie, agitation*] centre of; [+ *lumière, infection*] source of

fracas [fʀaka] (NM) [*d'objet qui tombe*] crash; [*de train, tonnerre, vagues*] roar • **la nouvelle a été annoncée à grand ~** the news was announced amid a blaze of publicity • **démissionner avec ~** to resign dramatically

fracassant, e [fʀakasɑ̃, ɑ̃t] (ADJ) [*déclaration*] sensational; [*succès*] resounding

fracasser [fʀakase] /TABLE 1/ (VT) [+ *objet, mâchoire, épaule*] to shatter; [+ *porte*] to smash down

fraction [fʀaksjɔ̃] (NF) fraction; [*de groupe, somme, terrain*] (small) part • **en une ~ de seconde** in a split second

fractionner [fʀaksjɔne] /TABLE 1/ (VT) to divide (up)

fracturation [fʀaktyʀasjɔ̃] (NF) **~ hydraulique** fracking

fracture [fʀaktyʀ] (NF) fracture; (*fig*) split (**entre** between) • **~ du crâne** fractured skull • **la ~ sociale** the gap between the haves and the have-nots • **~ numérique** digital gap

fracturer [fʀaktyʀe] /TABLE 1/ (VT) to fracture; [+ *coffre-fort, porte*] to break open

fragile [fʀaʒil] (ADJ) fragile; [*organe, peau, tissu, équilibre*] delicate; [*santé*] frail; [*surface, revêtement*] easily damaged • **« attention ~ »** (*sur étiquette*) "fragile, handle with care" • **être ~ de l'estomac** to have a weak stomach • **être de constitution ~** to have a weak constitution

fragiliser [fʀaʒilize] /TABLE 1/ (VT) [+ *position, secteur*] to weaken; [+ *régime politique*] to undermine

fragilité [fʀaʒilite] (NF) fragility; [*d'organe, peau*] delicacy; [*de santé*] frailty; [*de construction*] flimsiness

fragment [fʀagmɑ̃] (NM) **a** [*de vase, roche, os, papier*] fragment; [*de vitre*] bit **b** [*de conversation*] snatch

fragmentaire [fʀagmɑ̃tɛʀ] (ADJ) [*connaissances, études, exposé*] sketchy

fragmentation [fʀagmɑ̃tasjɔ̃] (NF) [*de matière*] breaking up, fragmentation; [*d'État, terrain*] fragmentation, splitting up, breaking up; [*d'étude, travail, livre, somme*] splitting up, division; [*de disque dur*] fragmentation

fragmenter [fʀagmɑ̃te] /TABLE 1/ (VT) [+ *matière*] to break up, to fragment; [+ *État, terrain*] to fragment, to split up, to break up; [+ *étude, travail, livre, somme*] to split up, to divide (up); [+ *disque dur*] to fragment

fraîche ○ [fʀɛʃ] (ADJ, NF) → **frais**

fraîchement ○ [fʀɛʃmɑ̃] (ADV) **a** (= *récemment*) newly • **~ arrivé** just arrived • **fruit ~ cueilli** freshly picked fruit **b** (= *froidement*) coolly • **comment ça va? — ~!*** how are you? — a bit chilly!*

fraîcheur ○ [fʀɛʃœʀ] (NF) **a** [*de boisson*] coolness; [*de pièce*] (*agréable*) coolness; (*trop froid*) chilliness • **la ~ du soir** the cool of the evening **b** [*d'aliment*] freshness • **de première ~** very fresh **c** [*d'accueil*] coolness **d** [*de sentiment, jeunesse, teint, couleurs*] freshness

fraîchir ○ [fʀeʃiʀ] /TABLE 2/ (VI) [*temps, température*] to get cooler; [*vent*] to freshen

frais[1]**, fraîche** ○ [fʀɛ, fʀɛʃ] **1** (ADJ) **a** (= *légèrement froid*) cool; [*vent*] fresh • **vent ~** (*en météo marine*) strong breeze

b (= *sans cordialité*) chilly

c (= *sain, éclatant*) fresh • **un peu d'air ~** a breath of fresh air

d (= *récent*) recent; [*peinture*] wet

e [*aliment*] fresh

f (= *reposé*) fresh • **~ et dispos** fresh (as a daisy) • **je ne suis pas très ~ ce matin** I'm feeling a bit under the weather this morning • **eh bien, nous voilà ~!** well, we're in a fine mess now!*

2 (ADV) **a** **il fait ~** (*agréable*) it's cool; (*froid*) it's chilly • **« servir ~ »** "serve chilled"

b (= *récemment*) newly • **~ émoulu de l'université** fresh from university • **rasé de ~** freshly shaven

3 (NM) ⓐ (= *fraîcheur*) **prendre le ~** to take a breath of fresh air • **mettre (qch) au ~** [+ *aliment, boisson*] to put (sth) in a cool place
ⓑ (= *vent*) **bon ~** strong breeze • **grand ~** near gale
4 (NF) **fraîche à la fraîche** in the cool of evening

frais² [fʀɛ] (NMPL) (= *débours*) expenses; (*facturés*) charges • **tous ~ compris** inclusive of all costs • **avoir de gros ~** to have heavy outgoings • **se mettre en ~** to go to great expense • **se mettre en ~ pour qn/pour recevoir qn** to put o.s. out for sb/to entertain sb • **faire les ~ de la conversation** (= *parler*) to keep the conversation going; (= *être le sujet*) to be the (main) topic of conversation • **rentrer dans ses ~** to recover one's expenses • **aux ~ de la maison** at the firm's expense • **à ses ~** at one's own expense • **aux ~ de la princesse*** (*de l'État*) at the taxpayer's expense; (*de l'entreprise*) at the firm's expense • **à grands ~** at great expense • **à peu de ~** cheaply ▸ **frais d'agence** agency fees ▸ **frais de déplacement** travelling expenses ▸ **frais divers** miscellaneous expenses ▸ **frais d'entretien** [*de jardin, maison*] (cost of) upkeep; [*de machine, équipement*] maintenance costs ▸ **frais d'envoi, frais d'expédition** forwarding charges ▸ **frais financiers** interest charges; [*de crédit*] loan charges ▸ **frais fixes** fixed charges ▸ **frais de fonctionnement** running costs ▸ **frais de garde** [*d'enfant*] childminding costs; [*de malade*] nursing fees ▸ **frais généraux** overheads (*Brit*), overhead (*US*) ▸ **frais d'hospitalisation** hospital fees ▸ **frais d'hôtel** hotel expenses ▸ **frais d'inscription** registration fees ▸ **frais médicaux** medical expenses ▸ **frais de notaire** legal fees ▸ **frais de port et d'emballage** postage and packing ▸ **frais professionnels** business expenses ▸ **frais réels** allowable expenses ▸ **frais de représentation** entertainment expenses ▸ **frais de scolarité** (*à l'école, au lycée*) school fees (*Brit*), tuition fees (*US*); (*pour un étudiant*) tuition fees ▸ **frais de transport** transportation costs

fraise [fʀɛz] (NF) ⓐ (= *fruit*) strawberry • **~ des bois** wild strawberry ⓑ [*de dentiste*] drill

fraiser [fʀeze] /TABLE 1/ (VT) (= *agrandir*) to ream

fraisier [fʀezje] (NM) ⓐ (= *plante*) strawberry plant ⓑ (= *gâteau*) strawberry gâteau

framboise [fʀɑ̃bwaz] (NF) raspberry

framboisier [fʀɑ̃bwazje] (NM) ⓐ (= *plante*) raspberry bush ⓑ (= *gâteau*) raspberry gateau

franc¹, franche [fʀɑ̃, fʀɑ̃ʃ] 1 (ADJ) ⓐ (= *loyal*) frank; [*rire*] hearty • **pour être ~ avec vous** to be frank with you ⓑ (= *net*) [*cassure*] clean; [*couleur*] pure • **cinq jours ~s** five clear days ⓒ (= *libre*) free • **boutique franche** duty-free shop • **~ de** (*Commerce*) free of • **(livré) ~ de port** [*marchandises*] carriage-paid; [*paquet*] postage paid
2 (ADV) **à vous parler ~** to be frank with you

franc² [fʀɑ̃] (NM) (= *monnaie*) franc • **~ français** French franc • **~ belge** Belgian franc • **~ suisse** Swiss franc • **~ CFA** CFA franc • **obtenir le ~ symbolique** to obtain token damages • **acheter qch pour un ~ symbolique** to buy sth for a nominal sum

français, e [fʀɑ̃sɛ, ɛz] 1 (ADJ) French 2 (ADV) **acheter ~** to buy French 3 (NM) ⓐ (= *langue*) French • **c'est une faute de ~** ≈ it's a grammatical mistake ⓑ **Français** Frenchman • **les Français** the French • **le Français moyen** the average Frenchman 4 (NF) **française** ⓐ **Française** Frenchwoman ⓑ **à la ~e** French-style

France [fʀɑ̃s] (NF) France • **histoire/équipe/ambassade de ~** French history/team/embassy • **le roi de ~** the King of France • **~2** • **~3** *state-owned channels on French television* • **la ~ d'en bas** ordinary French people • **la ~ d'en haut** the privileged classes (in France)

> **FRANCE TÉLÉVISIONS**
> **France Télévisions** is the national public television broadcaster, which currently operates the channels France 2, France 3, France 4, France 5 and France Ô. It also runs Outre-Mer 1re, a network of television and radio stations serving the overseas regions. In June 2018, the Minister for Culture announced that the channels France 4 and France Ô would cease terrestrial television transmission between 2019 and 2020 as a result of broadcasting reforms.

Francfort [fʀɑ̃kfɔʀ] (N) Frankfurt • **~-sur-le-Main** Frankfurt am Main

franche [fʀɑ̃ʃ] (ADJ) → **franc**

franchement [fʀɑ̃ʃmɑ̃] (ADV) ⓐ (= *honnêtement*) frankly • **pour vous parler ~** to be frank with you • **~, j'en ai assez!** quite frankly, I've had enough! • **~ non** frankly no ⓑ (= *sans ambiguïté*) clearly; (= *nettement*) definitely • **dis-moi ~ ce que tu veux** tell me straight out what you want • **c'est ~ au-dessous de la moyenne** it's definitely below average ⓒ (*intensif* = *tout à fait*) really • **ça m'a ~ dégoûté** it really disgusted me • **c'est ~ trop (cher)** it's much too expensive

franchir [fʀɑ̃ʃiʀ] /TABLE 2/ (VT) [+ *obstacle*] to get over; [+ *rivière, ligne d'arrivée, seuil*] to cross; [+ *porte*] to go through; [+ *distance*] to cover; [+ *mur du son*] to break through; [+ *borne, limite*] to overstep • **~ le cap de la soixantaine** to turn sixty • **le pays vient de ~ un cap important** the country has just passed an important milestone • **ne pas réussir à ~ la barre de ...** [*chiffres, vote*] to fall short of ... • **sa renommée a franchi les frontières** his fame has spread far and wide

franchise [fʀɑ̃ʃiz] (NF) ⓐ [*de personne*] frankness • **en toute ~** quite frankly ⓑ (= *exemption*) exemption • **~ (douanière)** exemption from (customs) duties • **importer qch en ~** to import sth duty-free • **« ~ postale »** ≈ "official paid" • **~ de bagages** baggage allowance ⓒ [*d'assurances*] excess (*Brit*), deductible (*US*) ⓓ (*Commerce*) franchise • **magasin en ~** franchised shop (*Brit*) *ou* store (*US*)

franchissable [fʀɑ̃ʃisabl] (ADJ) surmountable

francilien, -ienne [fʀɑ̃siljɛ̃, jɛn] 1 (ADJ) from the Île-de-France 2 (NM,F) **Francilien(ne)** inhabitant of the Île-de-France 3 (NF) **la Francilienne** (= *autoroute*) *motorway that encircles the Paris region*

franciser [fʀɑ̃size] /TABLE 1/ (VT) to Frenchify

franc-jeu [fʀɑ̃ʒø] (NM) fair-play • **jouer ~** to play fair

franc-maçon, -onne (*mpl* **francs-maçons**, *fpl* **franc-maçonnes**) [fʀɑ̃masɔ̃, ɔn] (NM,F) freemason

franc-maçonnerie (*pl* **franc-maçonneries**) [fʀɑ̃masɔnʀi] (NF) freemasonry

franco [fʀɑ̃ko] (ADV) **~ de port** carriage-paid • **~ de port et d'emballage** free of charge • **y aller ~*** to go straight to the point

franco-canadien, -ienne [fʀɑ̃kokanadjɛ̃, jɛn] (ADJ, NM,F) French Canadian

francophile [fʀɑ̃kɔfil] (ADJ, NMF) francophile

francophone [fʀɑ̃kɔfɔn] 1 (ADJ) French-speaking 2 (NMF) French speaker

francophonie [fʀɑ̃kɔfɔni] (NF) French-speaking world

franco-québécois [fʀɑ̃kɔkebekwa] (NM) (= *langue*) Quebec French

franc-parler [fʀɑ̃paʀle] (NM INV) outspokenness • **avoir son ~** to speak one's mind

franc-tireur (*pl* **francs-tireurs**) [fʀɑ̃tiʀœʀ] (NM) (= *combattant*) irregular; (*fig*) maverick • **agir en ~** to act independently

frange [fʀɑ̃ʒ] (NF) ⓐ [*de tissu*] fringe; [*de cheveux*] fringe (*Brit*), bangs (*US*) ⓑ (= *minorité*) fringe (group)

frangin* [fʀɑ̃ʒɛ̃] (NM) brother

frangine* [fʀɑ̃ʒin] (NF) sister

frangipane [fʀɑ̃ʒipan] (NF) almond paste

franquette* [fʀɑ̃kɛt] (NF) **à la bonne ~** [*inviter*] informally; [*recevoir*] without any fuss

frappant, e [fʀapɑ̃, ɑ̃t] (ADJ) striking

frappe [fʀap] (NF) ⓐ [*de dactylo, pianiste*] touch • **bonne vitesse de ~** good typing speed ⓑ *(= *voyou*) **petite ~** little thug ⓒ [*de boxeur*] punch; [*de footballeur*] kick; [*de joueur de tennis*] stroke ⓓ (*militaire*) (military) strike • **~ aérienne** airstrike

frappé, e [fʀape] *ptp de* **frapper** (ADJ) ⓐ (= *saisi*) struck • **j'ai été (très) ~ de voir que ...** I was (quite) amazed to see that ... ⓑ [*champagne, café*] iced

frapper [fʀape] /TABLE 1/ **1** (VT) ⓐ (= *cogner*) (*avec le poing, un projectile*) to strike; (*avec un couteau*) to stab • **~ qn à coups de poing/de pied** to punch/kick sb • **~ un grand coup** (*fig*) to pull out all the stops

ⓑ [*maladie*] to strike (down); [*coïncidence, détail*] to strike • **frappé par le malheur** stricken by misfortune • **cela l'a frappé de stupeur** he was dumbfounded • **~ l'imagination** to catch the imagination • **ce qui (me) frappe** what strikes me

ⓒ [*mesures, impôts*] to hit • **jugement frappé de nullité** judgment declared null and void

ⓓ [+ *monnaie, médaille*] to strike

2 (VI) to strike • **~ dans ses mains** to clap one's hands • **~ du pied** to stamp (one's foot) • **~ à la porte** to knock at the door • **on a frappé** there was a knock at the door • **frappez avant d'entrer** knock before you enter • **~ à toutes les portes** to try every door • **~ dur** *ou* **fort** to hit hard • **~ fort** (*pour impressionner*) to pull out all the stops

3 (VPR) **se frapper** ⓐ **se ~ le front** to tap one's forehead ⓑ (= *se tracasser*)* **ne te frappe pas!** don't worry!

frasques [fʀask] (NFPL) **faire des ~** to get up to mischief

fraternel, -elle [fʀatɛʀnɛl] (ADJ) brotherly

fraterniser [fʀatɛʀnize] /TABLE 1/ (VI) [*pays, personnes*] to fraternize

fraternité [fʀatɛʀnite] (NF) ⓐ (= *amitié*) fraternity *NonC* ⓑ (*religieuse*) brotherhood

fratricide [fʀatʀisid] (ADJ) fratricidal

fraude [fʀod] (NF) fraud; (*à un examen*) cheating • **en ~** [*fabriquer, vendre*] fraudulently • **passer qch/faire passer qn en ~** to smuggle sth/sb in • **~ électorale** electoral fraud • **~ fiscale** tax evasion

frauder [fʀode] /TABLE 1/ **1** (VT) to defraud • **~ le fisc** to evade taxation **2** (VI) to cheat • **il fraude souvent dans l'autobus** he often takes the bus without paying

fraudeur, -euse [fʀodœʀ, øz] (NM,F) person guilty of fraud; (*à la douane*) smuggler; (*envers le fisc*) tax evader; (*dans les transports*) fare dodger

frauduleux, -euse [fʀodylø, øz] (ADJ) [*pratiques, concurrence*] fraudulent

frayer [fʀeje] /TABLE 8/ **1** (VPR) **se ~ un passage (dans la foule)** to force one's way through (the crowd) • **se ~ un chemin dans la jungle** to cut a path through the jungle **2** (VI) ⓐ [*poisson*] to spawn ⓑ **~ avec** to associate with

frayeur [fʀɛjœʀ] (NF) fright • **cri de ~** cry of fear • **se remettre de ses ~s** to recover from one's fright

fredonner [fʀədɔne] /TABLE 1/ (VT) to hum

free-lance (*pl* **free-lances**) [fʀilɑ̃s] **1** (ADJ INV) freelance **2** (NMF) freelance • **travailler en ~** to work freelance

freezer [fʀizœʀ] (NM) freezer compartment

frégate [fʀegat] (NF) frigate

frein [fʀɛ̃] (NM) brake • **coup de ~** brake • **donner un coup de ~** to brake • **donner un coup de ~ à** [+ *dépenses, inflation*] to curb • **c'est un ~ à l'expansion** it acts as a brake on expansion ▸ **frein à disques** disc brake ▸ **frein à main** handbrake ▸ **frein moteur** engine braking ▸ **frein à tambour** drum brake

freinage [fʀenaʒ] (NM) (*de véhicule*) braking

freiner [fʀene] /TABLE 1/ **1** (VT) to slow down; [+ *dépenses, inflation, chômage*] to curb; [+ *enthousiasme*] to put a damper on **2** (VI) to brake; (*à ski, en patins*) to slow down • **~ à bloc** *ou* **à mort*** to slam on the brakes

frelaté, e [fʀəlate] (ADJ) [*aliment, drogue*] adulterated

frêle [fʀɛl] (ADJ) [*tige*] fragile; [*personne, corps, voix*] frail

frelon [fʀəlɔ̃] (NM) hornet

frémir [fʀemiʀ] /TABLE 2/ (VI) ⓐ (*d'horreur*) to shudder; (*de fièvre*) to shiver; (*de colère*) to shake; (*d'impatience*) to quiver (**de** with) • **histoire à vous faire ~** spine-chilling tale ⓑ [*lèvres, feuillage*] to quiver; [*eau chaude*] to simmer

frémissement [fʀemismɑ̃] (NM) ⓐ [*de corps*] trembling; [*de lèvres, narines*] quivering; (*de fièvre*) shivering; (*de colère, d'impatience*) trembling • **un ~ parcourut la salle** a frisson ran through the room ⓑ [*d'eau chaude*] simmering ⓒ (= *reprise*) **un ~ de l'économie** signs of economic recovery

frêne [fʀɛn] (NM) (= *arbre*) ash (tree); (= *bois*) ash

frénésie [fʀenezi] (NF) frenzy

frénétique [fʀenetik] (ADJ) [*applaudissements, rythme*] frenzied; [*activité*] frantic

fréquemment [fʀekamɑ̃] (ADV) frequently

fréquence [fʀekɑ̃s] (NF) frequency • **~ radio** radio frequency

fréquent, e [fʀekɑ̃, ɑ̃t] (ADJ) frequent • **il est ~ de voir ...** it is not uncommon to see ...

fréquentable [fʀekɑ̃tabl] (ADJ) **c'est quelqu'un de pas très ~** he's a bit of a dubious character

fréquentation [fʀekɑ̃tasjɔ̃] **1** (NF) (= *action*) **la ~ des églises** church attendance • **la ~ des salles de cinéma augmente** the number of people going to the cinema is rising **2** (NFPL) **fréquentations** (= *relations*) **il a de mauvaises ~s** he's in with a bad crowd

fréquenté, e [fʀekɑ̃te] *ptp de* **fréquenter** (ADJ) [*lieu, établissement*] busy • **c'est un établissement bien/mal ~** the right/wrong kind of people go there

fréquenter [fʀekɑ̃te] /TABLE 1/ **1** (VT) ⓐ [+ *école, musée*] to go to; [+ *lieu, milieu*] to frequent ⓑ [+ *voisins*] to do things with • **~ la bonne société** to move in fashionable circles • **il les fréquente peu** he doesn't see them very often ⓒ (= *courtiser*)† to go around with **2** (VPR) **se fréquenter** [*amoureux*] to go out together • **nous nous fréquentons beaucoup** we see quite a lot of each other

frère [fʀɛʀ] (NM) ⓐ brother • **ils sont devenus ~s ennemis** they've become rivals ⓑ (= *moine*) brother • **mes bien chers ~s** dearly beloved brethren • **on l'a mis**

f

en pension chez les ~s he has been sent to a Catholic boarding school

fresque [fʀɛsk] NF fresco

fret [fʀɛ(t)] NM **a** (= *prix*) freightage; (*en camion*) carriage **b** (= *cargaison*) freight; (*de camion*) load • **~ aérien** air freight

frétiller [fʀetije] /TABLE 1/ VI to wriggle • **le chien frétillait de la queue** the dog was wagging its tail • **~ d'impatience** to quiver with impatience

fretin [fʀətɛ̃] NM → **menu**

friable [fʀijabl] ADJ crumbly

friand, e [fʀijɑ̃, ɑ̃d] **1** ADJ **~ de** [+ *nourriture, compliments*] fond of **2** NM (*à la viande*) ≈ sausage roll (Brit)

friandises [fʀijɑ̃diz] NFPL sweet things

fric* [fʀik] NM (= *argent*) money • **il a du ~** he's loaded*

fricadelle [fʀikadɛl], **fricandelle** [fʀikɑ̃dɛl] NF (Belg) *minced (Brit) ou ground (US) meat formed into a sausage shape*

fricassée [fʀikase] NF fricassee

friche [fʀiʃ] NF fallow land NonC • **en ~** (lying) fallow • **être en ~** to lie fallow; [*talent, intelligence*] to go to waste; [*économie, pays*] to be neglected • **~ industrielle** industrial wasteland

fricoter* [fʀikɔte] /TABLE 1/ **1** VT to cook up* • **qu'est-ce qu'il fricote?** what's he up to?* **2** VI **~ avec qn** (= *avoir une liaison*) to sleep with sb

friction [fʀiksjɔ̃] NF **a** (= *désaccord*) friction **b** (= *massage*) rubdown • **point de ~** point of friction

frictionner [fʀiksjɔne] /TABLE 1/ VT to rub

frigidaire ® [fʀiʒidɛʀ] NM refrigerator • **mettre qch au ~** to put sth in the refrigerator

frigide [fʀiʒid] ADJ frigid

frigidité [fʀiʒidite] NF frigidity

frigo* [fʀigo] NM fridge

frigorifié, e* [fʀigɔʀifje] ADJ **être ~** (= *avoir froid*) to be frozen stiff

frigorifique [fʀigɔʀifik] ADJ [*camion, wagon*] refrigerated

frileux, -euse [fʀilø, øz] ADJ **a** [*personne*] sensitive to the cold • **il est très ~** he feels the cold **b** (= *trop prudent*) overcautious

frime* [fʀim] NF **c'est de la ~** it's all put on* • **c'est pour la ~** it's just for show

frimer* [fʀime] /TABLE 1/ VI to show off*

frimeur, -euse* [fʀimœʀ, øz] NM,F show-off*

frimousse [fʀimus] NF sweet little face

fringale* [fʀɛ̃gal] NF (= *faim*) raging hunger • **j'ai la ~** I'm ravenous*

fringant, e [fʀɛ̃gɑ̃, ɑ̃t] ADJ [*cheval*] frisky; [*personne, allure*] dashing

fringuer (se)* [fʀɛ̃ge] VPR (= *s'habiller*) to get dressed; (*élégamment*) to do o.s. up* • **mal fringué** badly-dressed

fringues* [fʀɛ̃g] NFPL clothes

friper [fʀipe] /TABLE 1/ VT to crumple

friperie [fʀipʀi] NF (= *boutique*) secondhand clothes shop

fripes* [fʀip] NFPL (*d'occasion*) secondhand clothes

fripon, -onne [fʀipɔ̃, ɔn] **1** ADJ [*air, allure*] mischievous **2** NM,F* rascal • **petit ~!** you little rascal!

fripouille [fʀipuj] NF (*péj*) scoundrel

friqué, e* [fʀike] ADJ rich

frire [fʀiʀ] VTI **(faire) ~** to fry; (*en friteuse*) to deep-fry

frisbee ® [fʀizbi] NM Frisbee ®

frise [fʀiz] NF frieze

frisé, e [fʀize] *ptp de* **friser** **1** ADJ [*cheveux*] curly; [*personne*] curly-haired **2** NF **frisée** (= *chicorée*) curly endive

friser [fʀize] /TABLE 1/ **1** VT **a** [+ *cheveux*] to curl; [+ *moustache*] to twirl **b** [+ *catastrophe, mort*] to be within a hair's breadth of; [+ *insolence, ridicule*] to verge on • **~ la soixantaine** to be getting on for sixty **2** VI [*cheveux*] to be curly; [*personne*] to have curly hair

frisette [fʀizɛt] NF **a** (= *cheveux*) little curl **b** (= *lambris*) panel • **~ de pin** pine panel

frison, -onne [fʀizɔ̃, ɔn] ADJ Frisian

frisquet, -ette* [fʀiskɛ, ɛt] ADJ [*vent*] chilly • **il fait ~** it's chilly

frisson [fʀisɔ̃] NM [*de froid, fièvre*] shiver; [*de répulsion, peur*] shudder • **ça me donne le ~** it makes me shudder

frissonner [fʀisɔne] VI /TABLE 1/ (*de peur*) to quake; (*d'horreur*) to shudder; (*de fièvre, froid*) to shiver (**de** with)

frit, e [fʀi, fʀit] *ptp de* **frire** **1** ADJ fried **2** NF **frite** **a** **(pommes) ~es** French fries, chips (Brit) **b** (= *forme*) **avoir la ~e*** to be feeling great*

friterie [fʀitʀi] NF (= *boutique*) ≈ chip shop (Brit), ≈ hamburger stand (US)

friteuse [fʀitøz] NF chip pan (Brit) • **~ électrique** electric fryer

friture [fʀityʀ] NF (= *graisse*) fat (*for frying*); (= *poisson, mets*) fried fish NonC • **ça sent la ~** it smells of fried food • **il y a de la ~ sur la ligne*** there's interference on the line

frivole [fʀivɔl] ADJ [*personne, occupation*] frivolous; [*argument*] trivial

frivolité [fʀivɔlite] NF [*de personne*] frivolity

froc [fʀɔk] NM **a** [*de moine*] habit **b** (= *pantalon*)* trousers, pants (US) • **baisser son ~** to take it lying down*

froid, e [fʀwa, fʀwad] **1** ADJ cold • **il fait ~** it's cold • **d'un ton ~** coldly • **ça me laisse ~** it leaves me cold • **garder la tête ~e** to keep a cool head **2** NM **a** **le ~** the cold • **j'ai ~** I'm cold • **j'ai ~ aux pieds** my feet are cold • **il fait ~/un ~ de canard*** it's cold/perishing* • **ça me fait ~ dans le dos** it sends shivers down my spine • **prendre (un coup de) ~** to catch a chill • **vague de ~** cold spell • **n'avoir pas ~ aux yeux** to be adventurous

▸ **à froid** **«laver** *ou* **lavage à ~»** "wash in cold water" • **opérer à ~** to let things cool down before acting • **cueillir qn à ~*** to catch sb off guard

b (= *brouille*) coolness • **nous sommes en ~** things are a bit strained between us

froidement [fʀwadmɑ̃] ADV [*accueillir, remercier*] coldly; [*calculer, réfléchir*] coolly; [*tuer*] in cold blood

froideur [fʀwadœʀ] NF coldness

froisser [fʀwase] /TABLE 1/ **1** VT **a** [+ *tissu, papier*] to crumple; [+ *herbe*] to crush **b** [+ *personne*] to hurt **2** VPR **se froisser** [*tissu*] to crease; [*personne*] to take offence (**de** at) • **se ~ un muscle** to strain a muscle

frôler [fʀole] /TABLE 1/ VT **a** (= *toucher*) to brush against; (= *passer près de*) to skim • **~ la catastrophe** to come within a hair's breadth of a catastrophe • **~ la victoire** to come close to victory **b** (= *confiner à*) to border on

fromage [fʀɔmaʒ] NM cheese • **il en a fait tout un ~*** he made a great song and dance about it ▸ **fromage blanc** fromage blanc ▸ **fromage de chèvre** goat's milk cheese ▸ **fromage frais** fromage frais ▸ **fromage à pâte cuite** cooked cheese ▸ **fromage à pâte molle** soft cheese ▸ **fromage à pâte persillée** veined cheese ▸ **fromage à tartiner** cheese spread ▸ **fromage de tête** pork brawn, head-cheese (US)

fromager, -ère [fʀɔmaʒe, ɛʀ] 1 (ADJ) [*industrie, production*] cheese 2 (NM,F) (= *commerçant*) cheese seller

fromagerie [fʀɔmaʒʀi] (NF) (= *fabrique*) cheese dairy; (= *magasin*) cheese shop; (= *rayon*) cheese counter

froment [fʀɔmɑ̃] (NM) wheat

froncement [fʀɔ̃smɑ̃] (NM) **~ de sourcils** frown

froncer [fʀɔ̃se] /TABLE 3/ (VT) (*Couture*) to gather • **~ les sourcils** to frown

fronces [fʀɔ̃s] (NFPL) gathers • **ça fait des ~** it's all puckered

fronde [fʀɔ̃d] (NF) ⓐ (= *arme*) sling; (= *jouet*) catapult (*Brit*), slingshot (*US*) ⓑ (= *révolte*) revolt

frondeur, -euse [fʀɔ̃dœʀ, øz] (ADJ) rebellious

front [fʀɔ̃] 1 (NM) ⓐ (*de personne*) forehead • **il peut marcher le ~ haut** he can hold his head up high ⓑ (*Mil, Politique, Météo*) front • **tué au ~** killed in action • **attaquer qn de ~** to attack sb head-on • **se heurter de ~** to collide head-on; (*fig*) to clash head-on • **marcher (à) trois de ~** to walk three abreast • **mener plusieurs tâches de ~** to have several tasks in hand • **aborder de ~ un problème** to tackle a problem head-on • **faire ~ aux difficultés** to face up to the difficulties • **faire ~ commun contre qn/qch** to take a united stand against sb/sth ⓒ **~ (de taille)** face; [*de houillère*] coalface
2 (COMP) ▸ **front de mer** sea front

frontal, e (*mpl* **-aux**) [fʀɔ̃tal, o] (ADJ) **choc ~** head-on crash

frontalement [fʀɔ̃talmɑ̃] (ADV) head-on • **le sujet a été abordé ~** the subject was tackled head-on

frontalier, -ière [fʀɔ̃talje, jɛʀ] (ADJ) [*ville, zone*] border • **travailleurs ~s** people who cross the border every day to work

frontière [fʀɔ̃tjɛʀ] 1 (NF) border • **~ naturelle/linguistique** natural/linguistic boundary • **à la ~ du rêve et de la réalité** on the borderline between dream and reality
2 (ADJ INV) **ville/zone ~** border town/zone

frontispice [fʀɔ̃tispis] (NM) frontispiece

frontiste [fʀɔ̃tist] (*Hist*) 1 (ADJ) (*du Front National*) National Front 2 (NMF) National Front supporter

fronton [fʀɔ̃tɔ̃] (NM) pediment

frottement [fʀɔtmɑ̃] (NM) rubbing; (*Tech*) friction

frotter [fʀɔte] /TABLE 1/ 1 (VT) ⓐ [+ *peau*] to rub • **frotte tes mains avec du savon** scrub your hands with soap • **~ une allumette** to strike a match
ⓑ (*pour nettoyer*) [+ *cuivres, meubles, chaussures*] to shine; [+ *plancher, casserole, linge*] to scrub
2 (VI) to rub • **la porte frotte (contre le plancher)** the door is rubbing (against the floor)
3 (VPR) **se frotter** ⓐ (= *se laver*) to rub o.s. • **se ~ les mains** to rub one's hands
ⓑ **se ~ à qn** (= *attaquer*) to cross swords with sb • **il vaut mieux ne pas s'y ~** I wouldn't cross swords with him

frottis [fʀɔti] (NM) (*Méd*) smear ▸ **frottis de dépistage** pap smear

froufrous [fʀufʀu] (NMPL) (= *dentelles*) frills

froussard, e* [fʀusaʀ, aʀd] (NM,F) (*péj*) chicken*, coward

frousse* [fʀus] (NF) **avoir la ~** to be scared stiff*

fructifier [fʀyktifje] /TABLE 7/ (VI) [*arbre, idée*] to bear fruit; [*investissement*] to yield a profit • **faire ~ son argent** to make one's money work for one

fructueux, -euse [fʀyktɥø, øz] (ADJ) [*collaboration, recherches*] fruitful; [*commerce*] profitable

frugal, e (*mpl* **-aux**) [fʀygal, o] (ADJ) frugal

fruit [fʀɥi] (NM) fruit *NonC* • **il y a des ~s/trois ~s dans la coupe** there is some fruit/there are three pieces of fruit in the bowl • **passez-moi un ~** pass me a piece of fruit • **petits ~s** (*Can, Helv*) (= *fruits rouges*) red berries • **c'est le ~ de l'expérience** it is the fruit of experience • **porter ses ~s** to bear fruit ▸ **fruits confits** candied fruits ▸ **fruit défendu** forbidden fruit ▸ **fruits de mer** seafood ▸ **fruit de la passion** passion fruit ▸ **fruits rouges** red berries ▸ **fruit sec** dried fruit

fruité, e [fʀɥite] (ADJ) fruity

fruitier, -ière [fʀɥitje, jɛʀ] 1 (ADJ) fruit 2 (NM,F) (= *marchand de fruits*) fruit seller; (= *fromager*) cheese maker

frusques [fʀysk] (NFPL) (*péj*) (= *vêtements*) gear* *NonC*

fruste [fʀyst] (ADJ) coarse

frustrant, e [fʀystʀɑ̃, ɑ̃t] (ADJ) frustrating

frustration [fʀystʀasjɔ̃] (NF) frustration

frustré, e [fʀystʀe] *ptp de* **frustrer** (ADJ) frustrated

frustrer [fʀystʀe] /TABLE 1/ (VT) ⓐ (= *priver*) **~ qn de** to deprive sb of ⓑ (= *décevoir*) [+ *attente, espoir*] to thwart ⓒ (*Psych*) to frustrate

FS (ABR DE **franc suisse**) SF

fuel [fjul] (NM) (= *carburant*) fuel oil • **~ domestique** heating oil

fugace [fygas] (ADJ) fleeting

fugitif, -ive [fyʒitif, iv] 1 (ADJ) (= *fugace*) fleeting
2 (NM,F) fugitive

fugue [fyg] (NF) ⓐ (= *fuite*) **faire une ~** to run away ⓑ (*Mus*) fugue

fuguer [fyge] /TABLE 1/ (VI) to run away

fuir [fɥiʀ] /TABLE 17/ 1 (VT) ⓐ [+ *personne, danger*] to avoid; [+ *responsabilité*] to evade • **~ qn comme la peste** to avoid sb like the plague ⓑ [+ *lieu*] to flee from 2 (VI) ⓐ [*prisonnier*] to escape • **~ devant** [+ *danger, obligations*] to run away from ⓑ [*récipient, robinet, liquide, gaz*] to leak

fuite [fɥit] (NF) ⓐ [*de fugitif*] flight • **~ des capitaux** flight of capital • **~ des cerveaux** brain drain • **dans sa ~** as he ran away • **prendre la ~** [*personne*] to run away; [*conducteur, voiture*] to drive away • **mettre qn en ~** to put sb to flight ⓑ (*littér*) [*de temps, heures, saisons*] (swift) passing ⓒ (= *perte de liquide*) leakage • **~ de gaz/d'huile** gas/oil leak ⓓ (= *indiscrétion*) leak ⓔ (= *trou*) [*de récipient, tuyau*] leak

fuiter [fɥite] /TABLE 1/ (VI) to leak out

fulgurant, e [fylgyʀɑ̃, ɑ̃t] (ADJ) [*vitesse, progrès*] lightning; [*succès, carrière*] dazzling; [*ascension*] meteoric

fulminer [fylmine] /TABLE 1/ (VI) (= *pester*) to thunder forth • **~ contre** to fulminate against

fumant, e [fymɑ̃, ɑ̃t] (ADJ) (= *chaud*) [*cendres, cratère*] smoking; [*soupe*] steaming • **un coup ~** a master stroke

fumasse* [fymas] (ADJ) livid*

fumé, e¹ [fyme] *ptp de* **fumer** (ADJ) [*jambon, saumon, verre*] smoked • **verres ~s** [*de lunettes*] tinted lenses

fume-cigarette (*pl* **fume-cigarettes**) [fymsigaʀɛt] (NM) cigarette holder

fumée [fyme] (NF) [*de combustion*] smoke • **la ~ ne vous gêne pas?** do you mind my smoking? • **~s** [*d'usine*] fumes • **partir en ~** to go up in smoke

fumer [fyme] /TABLE 1/ 1 (VI) to smoke; [*soupe*] to steam • **~ comme un pompier** to smoke like a chimney 2 (VT) ⓐ [+ *tabac, hachisch*] to smoke • **~ la cigarette/la pipe** to smoke cigarettes/a pipe ⓑ [+ *aliments*] to smoke ⓒ [+ *sol, terre*] to manure

fumerolles [fymʀɔl] NFPL (= *gaz*) smoke and gas (*coming from a volcano*)

fumet [fymɛ] NM aroma

fumeur, -euse [fymœʀ, øz] NM,F smoker • **(compartiment) ~s** smoking compartment (*Brit*) *ou* car (*US*) • **~ ou non-~?** smoking or non-smoking?

fumeux, -euse [fymø, øz] ADJ [*idées, explication*] woolly

fumier [fymje] NM ⓐ (= *engrais*) manure ⓑ (*péj* = *salaud*)** bastard*

fumigène [fymiʒɛn] ADJ [*engin, grenade*] smoke

fumiste [fymist] **1** NM (= *réparateur, installateur*) heating engineer; (= *ramoneur*) chimney sweep **2** NMF (*péj* = *paresseux*)* skiver* (*Brit*)

fumisterie [fymistəʀi] NF **c'est une** *ou* **de la ~** it's a con*

fun* [fœn] ADJ INV, NM fun *épith* • **c'est (le) ~!** it's great fun!

funambule [fynɑ̃byl] NMF tightrope walker

funèbre [fynɛbʀ] ADJ ⓐ (= *de l'enterrement*) funeral ⓑ [*ton, silence, allure*] funereal; [*atmosphère, décor*] gloomy

funérailles [fyneʀɑj] NFPL funeral

funéraire [fyneʀɛʀ] ADJ funerary

funérarium [fyneʀaʀjɔm] NM funeral home, funeral parlour (*Brit*) *ou* parlor (*US*)

funeste [fynɛst] ADJ (= *désastreux*) disastrous; [*influence*] harmful

funiculaire [fynikylɛʀ] NM funicular railway

fur [fyʀ] NM **au ~ et à mesure** [*classer, nettoyer*] as one goes along; [*dépenser*] as fast as one earns • **passe-moi les assiettes au ~ et à mesure** pass the plates to me as you go along • **donnez-les-nous au ~ et à mesure que vous les recevez** give them to us as you receive them • **au ~ et à mesure de leur progression** as they advanced

furax* [fyʀaks] ADJ INV (= *furieux*) livid*

furet [fyʀɛ] NM (= *animal*) ferret

fureter [fyʀ(ə)te] /TABLE 5/ VI (= *regarder*) to nose about; (= *fouiller*) to rummage (about)

fureur [fyʀœʀ] NF fury • **accès de ~** fit of rage • **avoir la ~ de vivre** to have a passion for life • **faire ~** to be all the rage

furibond, e [fyʀibɔ̃, ɔ̃d] ADJ [*personne*] furious • **il lui a lancé un regard ~** he glared at him

furie [fyʀi] NF ⓐ (= *mégère*) shrew ⓑ (= *violence, colère*) fury • **en ~** [*personne*] in a rage; [*mer*] raging

furieusement [fyʀjøzmɑ̃] ADV (= *avec fureur*) furiously; (*hum* = *extrêmement*) amazingly

furieux, -ieuse [fyʀjø, jøz] ADJ ⓐ (= *en colère*) furious (**contre** with, at) ⓑ (= *violent*) fierce • **avoir une furieuse envie de faire qch** to be dying to do sth*

furoncle [fyʀɔ̃kl] NM boil

furtif, -ive [fyʀtif, iv] ADJ furtive • **avion ~** stealth bomber

furtivement [fyʀtivmɑ̃] ADV furtively

fusain [fyzɛ̃] NM (= *crayon*) charcoal crayon; (= *arbrisseau*) spindle-tree

fuseau (*pl* **fuseaux**) [fyzo] NM ⓐ [*de fileuse*] spindle; [*de dentellière*] bobbin ⓑ **(pantalon) ~** • **~x** stretch ski pants (*Brit*), stirrup pants (*US*) ⓒ **~ horaire** time zone

fusée [fyze] NF (space) rocket ▸ **fusée de détresse** distress rocket

fuselage [fyz(ə)laʒ] NM fuselage

fuselé, e [fyz(ə)le] ADJ [*jambes*] spindly; [*colonne*] spindle-shaped; [*doigts*] tapering

fuser [fyze] /TABLE 1/ VI [*cris, rires*] to burst forth; [*questions*] to come from all sides; [*vapeur*] to spurt out • **les plaisanteries fusaient** the jokes came thick and fast

fusible [fyzibl] NM fuse • **les ~s ont sauté** the fuses have blown

fusil [fyzi] **1** NM ⓐ (= *arme*) (*de guerre, à canon rayé*) rifle; (*de chasse, à canon lisse*) shotgun • **changer son ~ d'épaule** (*fig*) to have a change of heart ⓑ (= *instrument à aiguiser*) steel **2** COMP ▸ **fusil à air comprimé** airgun ▸ **fusil à canon rayé** rifle ▸ **fusil à canon scié** sawn-off (*Brit*) *ou* sawed-off (*US*) shotgun ▸ **fusil de chasse** shotgun ▸ **fusil à lunette** rifle with telescopic sight ▸ **fusil sous-marin** underwater speargun

fusillade [fyzijad] NF (= *bruit*) shooting *NonC*; (= *combat*) shoot-out

fusiller [fyzije] /TABLE 1/ VT (= *exécuter*) to shoot • **~ qn du regard** to look daggers at sb

fusil-mitrailleur (*pl* **fusils-mitrailleurs**) [fyzimitʀɑjœʀ] NM machine gun

fusion [fyzjɔ̃] NF ⓐ [*de métal*] melting • **en ~** molten ⓑ (*Physique, Bio*) fusion • **~ nucléaire** nuclear fusion ⓒ [*de partis, fichiers*] merging; [*de systèmes, philosophies*] uniting; [*de sociétés*] merger

fusionner [fyzjɔne] /TABLE 1/ VTI to merge

fustiger [fystiʒe] /TABLE 3/ VT (*littér*) [+ *adversaire*] to flay; [+ *pratiques, mœurs*] to denounce

fût○ [fy] NM ⓐ [*d'arbre*] trunk; [*de colonne*] shaft ⓑ (= *tonneau*) barrel

futaie [fytɛ] NF forest (*of tall trees*)

futal* (*pl* **futals**) [fytal], **fute*** [fyt] NM trousers (*Brit*), pants (*US*)

futé, e [fyte] ADJ crafty • **il n'est pas très ~** he's not very bright

futile [fytil] ADJ [*entreprise, tentative*] futile; [*occupation, propos*] trivial; [*personne, esprit*] frivolous

futilité [fytilite] NF ⓐ [*d'entreprise, tentative*] futility; [*d'occupation, propos*] triviality ⓑ (= *propos, action*) **~s** trivialities

futur, e [fytyʀ] **1** ADJ (= *prochain*) future • **dans la vie ~e** in the afterlife • **~ mari** husband-to-be • **les ~s époux** the bride-and-groom-to-be • **~ directeur** future director • **~ client** prospective customer **2** NM ⓐ (= *avenir*) future • **le ~ proche** the immediate future ⓑ (*en grammaire*) **le ~** the future tense

> Le mot anglais se termine par **e**.

futuriste [fytyʀist] ADJ futuristic

futurologie [fytyʀɔlɔʒi] NF futurology

futurologue [fytyʀɔlɔg] NMF futurist, futurologist

fuyait [fɥiɛ] VB → **fuir**

fuyant, e [fɥijɑ̃, ɑ̃t] ADJ ⓐ [*regard, air*] evasive; [*personne, caractère*] elusive ⓑ [*menton, front*] receding

fuyard, e [fɥijaʀ, aʀd] NM,F runaway

Gg

G [ʒe] (NM) le G-8 the G8 nations • **3G** 3G
g (ABR DE **gramme**) g
gabardine [gabaʀdin] (NF) gabardine
gabarit [gabaʀi] (NM) **a** (*= dimension*) size **b** [*de personne*]* (*= taille*) size; (*= valeur*) calibre (*Brit*), caliber (*US*) • **ce n'est pas le petit ~!** he's not exactly small! **c** (*= maquette*) template
gabegie [gabʒi] (NF) bad management • **quelle ~!** what a waste!
Gabon [gabɔ̃] (NM) Gabon
gabonais, e [gabɔnɛ, ɛz] **1** (ADJ) Gabonese **2** (NM,F) **Gabonais(e)** Gabonese
gâcher [gɑʃe] /TABLE 1/ (VT) **a** to waste; [*+ jeunesse, séjour, chances*] to ruin • **une vie gâchée** a wasted life • **il nous a gâché le plaisir** he spoiled it for us **b** [*+ mortier, plâtre*] to mix
gâchette [gɑʃɛt] (NF) [*d'arme*] trigger • **appuyer sur la ~** to pull the trigger • **il a la ~ facile** he's trigger-happy
gâchis [gɑʃi] (NM) **a** (*= désordre*) mess **b** (*= gaspillage*) waste *NonC* • **quel ~!** what a waste!
gadelier [gadəlje] (NM) (*Can*) currant bush
gadellier [gadəlje] (NM) = **gadelier**
gadelle [gadɛl] (NF) (*Can*) redcurrant
gadget [gadʒɛt] (NM) (*= ustensile*) gadget; (*= procédé*) gimmick
gadgétisation [gadʒetizasjɔ̃] (NF) gimmicking*
gadgétiser [gadʒetize] /TABLE 1/ (VT) to equip with gadgets
gadin* [gadɛ̃] (NM) **prendre un ~** to fall flat on one's face
gadoue [gadu] (NF) (*= boue*) mud; (*= neige*) slush
gaélique [gaelik] (ADJ, NM) Gaelic
gaffe [gaf] (NF) **a** (*= bévue*) blunder • **faire une ~** (*action*) to make a blunder; (*parole*) to say the wrong thing **b** ▸ **faire gaffe*** **désolé, j'avais pas fait ~** sorry, I wasn't paying attention • **fais ~!*** watch out!
gaffer [gafe] /TABLE 1/ (VI) (*bévue*) to blunder; (*paroles*) to say the wrong thing • **j'ai gaffé?** did I say the wrong thing?
gaffeur, -euse [gafœʀ, øz] (NM,F) blundering idiot
gag [gag] (NM) joke; [*de comique*] gag • **ce n'est pas un ~** it's not a joke
gaga* [gaga] (ADJ) [*vieillard*] gaga* • **être ~ de qn** to be crazy about sb*
gage [gaʒ] (NM) **a** (*à un créancier, arbitre*) security; (*à un prêteur*) pledge • **mettre qch en ~** to pawn sth • **laisser qch en ~** to leave sth as (a) security **b** (*= garantie*) guarantee **c** (*= témoignage*) proof *NonC* • **donner à qn un ~ d'amour** to give sb a token of one's love • **en ~ de notre amitié** as a token *ou* in token of our friendship **d** (*Jeux*) forfeit
gager [gaʒe] /TABLE 3/ (VT) (*frm*) **gageons que ...** (*= parier*) I bet (you) that ...
gageure○ [gaʒyʀ] (NF) (*= entreprise difficile*) **c'est une véritable ~** it's a real challenge
gagnant, e [gaɲɑ̃, ɑ̃t] **1** (ADJ) [*numéro, combinaison*] winning • **il part ~ dans cette affaire** he's bound to be the winner in this deal **2** (NM,F) winner
gagne-pain* (*pl* **gagne-pain(s)**) [gaɲpɛ̃] (NM) source of income • **c'est son ~** it's his bread and butter*
gagner [gaɲe] /TABLE 1/ **1** (VT) **a** (*= acquérir par le travail*) to earn • **~ sa vie** to earn one's living **(en faisant qch** (by) doing sth) • **elle gagne bien sa vie** she earns a good living • **elle gagne bien*** she earns good money* • **~ de l'argent** (*par le travail*) to earn; (*dans une affaire*) to make money • **il ne gagne pas des mille et des cents*** he doesn't exactly earn a fortune • **~ sa croûte*** to earn one's crust • **j'ai gagné ma journée!** (*iro*) that really made my day! (*iro*)

b (*= mériter*) to earn • **il a bien gagné ses vacances** he's really earned his holiday

c (*= acquérir par le hasard*) [*+ prix*] to win • **~ le gros lot** to hit the jackpot

d (*= obtenir*) to gain; [*+ parts de marché*] to win • **avoir tout à ~ et rien à perdre** to have everything to gain and nothing to lose • **chercher à ~ du temps** (*= temporiser*) to play for time • **cela fait ~ beaucoup de temps** it saves a lot of time • **~ de la place** to save space • **c'est toujours ça de gagné!** that's always something! • **je n'y ai gagné que des ennuis** I only made trouble for myself

e (*= augmenter de*) **~ dix centimètres** [*plante, enfant*] to grow ten centimetres • **l'indice CAC 40 gagne 4 points** the CAC 40 index is up 4 points • **il a gagné 3 points dans les sondages** he has gained 3 points in the opinion polls

f (*= être vainqueur de*) to win • **ce n'est pas gagné d'avance** it's far from certain • **~ haut la main** to win hands down

g (*= se concilier*) [*+ gardiens, témoins*] to win over • **~ la confiance de qn** to win sb's confidence • **~ qn à sa cause** to win sb over

h (*= envahir*) to spread to • **le feu gagna rapidement les rues voisines** the fire quickly spread to the neighbouring streets • **~ du terrain** to gain ground • **la grève gagne tous les secteurs** the strike is spreading to all sectors f (= *atteindre*) to reach • ~ **le large** to get out into the open sea

2 VI a (= *être vainqueur*) to win • ~ **aux courses** to win on the horses • **il gagne sur tous les tableaux** he's winning on all fronts • **eh bien, tu as gagné!** (*iro*) well, you've got what you asked for!*

b (= *trouver un avantage*) **vous y gagnez** it's in your interest • **qu'est-ce que j'y gagne?** what do I get out of it? • **tu aurais gagné à te taire!** you would have done better to keep quiet! • **elle a gagné au change** she ended up better off

c (= *s'améliorer*) ~ **en hauteur** to increase in height • **ce vin gagnera à vieillir** this wine will improve with age • **il gagne à être connu** he improves on acquaintance

d (= *s'étendre*) [*incendie, épidémie*] to spread

gagneur, -euse [gaɲœʀ, øz] NM,F (= *battant*) go-getter*

gai, e [ge] 1 ADJ a cheerful; [*couleur, pièce*] bright • **on annonce une nouvelle grève des transports, c'est ~** *ou* **ça va être ~!** there's going to be another strike - just what we needed! • **c'est un ~ luron** he's a cheerful fellow • ~ **comme un pinson** happy as a lark b (= *ivre*) merry c (= *homosexuel*) gay 2 NM (= *homosexuel*) gay

gaiement, gaîment○ [gemɑ̃] ADV a (= *joyeusement*) cheerfully b (= *avec entrain*) **allons-y ~!** come on then, let's get on with it!

gaieté [gete] NF [*de personne, caractère, conversation*] cheerfulness; [*de couleur*] brightness • **plein de ~** cheerful • **retrouver sa ~** to recover one's good spirits • **ce n'est pas de ~ de cœur qu'il a accepté** it was with some reluctance that he accepted

gaillard [gajaʀ] NM a (= *costaud*) (**grand** *ou* **beau**) ~ strapping fellow b (= *type*)* guy* • **toi, mon ~, je t'ai à l'œil!** I've got my eye on you, chum!* c [*de bateau*] ~ **d'avant** fo'c'sle • ~ **d'arrière** quarter-deck

gaîment○ [gemɑ̃] ADV = **gaiement**

gain [gɛ̃] NM a (= *bénéfice*) [*de société*] profit; (*au jeu*) winnings b (= *salaire*) earnings c (= *lucre*) **le ~** gain d (= *économie*) saving • **le ~ de place est énorme** it saves a considerable amount of space • **ça permet un ~ de temps** it saves time e (= *accroissement*) gain • ~ **de productivité** productivity gain • ~ **de poids** weight gain f **avoir** *ou* **obtenir ~ de cause** (*Droit*) to win the case; (*fig*) to be proved right • **donner ~ de cause à qn** (*Droit*) to decide in sb's favour; (*fig*) to agree that sb is right

gaine [gɛn] NF a (= *vêtement*) girdle b (= *fourreau*) sheath • ~ **d'aération** *ou* **de ventilation** ventilation shaft

gainer [gene] /TABLE 1/ VT to cover; [+ *fil électrique*] to sheathe • **jambes gainées de soie** legs sheathed in silk

gaîté○ [gete] NF = **gaieté**

gala [gala] NM ~ **de bienfaisance** charity gala • **soirée de ~** gala evening

galant, e [galɑ̃, ɑ̃t] ADJ a (= *courtois*) polite • **c'est un ~ homme** he is a gentleman b [*scène*] romantic; [*poésie*] love • **en ~e compagnie** [*homme*] with a lady friend; [*femme*] with a gentleman friend • **rendez-vous ~** tryst

galanterie [galɑ̃tʀi] NF (= *courtoisie*) gallantry

Galapagos [galapagɔs] NFPL **les îles ~** the Galapagos Islands

galaxie [galaksi] NF galaxy; (= *monde, domaine*) world

galbe [galb] NM [*de meuble, mollet*] curve

galbé, e [galbe] ADJ [*meuble*] with curved outlines; [*mollet*] rounded • **bien ~** [*corps*] shapely

gale [gal] NF scabies; [*de chien, chat*] mange; [*de mouton*] scab • **je n'ai pas la ~!*** I haven't got the plague!

galère [galɛʀ] NF a (= *bateau*) galley • **qu'est-il allé faire dans cette ~?** why on earth did he have to get involved in that business? b (= *ennui, problème*)* **quelle ~!** • **c'est (la) ~!** what a drag!* • **c'était (vraiment) la ~** it was a nightmare

galérer* [galeʀe] /TABLE 6/ VI a (= *travailler dur*) to sweat blood* b (= *avoir des difficultés*) to have a lot of hassle*

galerie [galʀi] 1 NF a [*de mine*] level; [*de fourmilière*] gallery; [*de taupinière*] tunnel b (= *magasin*) gallery c (*Théât*) (= *balcon*) circle • **pour épater la ~** to show off*, to impress people d [*de voiture*] roof rack 2 COMP ▸ **galerie d'art** art gallery ▸ **la galerie des Glaces** the Hall of Mirrors ▸ **galerie marchande** shopping mall ▸ **galerie de peinture** art gallery

galet [galɛ] NM (= *pierre*) pebble • **plage de ~s** shingle beach

galette [galɛt] NF a (= *gâteau*) *round, flat biscuit* • ~ **(de sarrasin)** (= *crêpe*) (buckwheat) pancake • ~ **de maïs** tortilla • ~ **des Rois** *cake eaten in France on Twelfth Night* → LES ROIS b (= *disque compact, CD-Rom*)* disk

galeux, -euse [galø, øz] ADJ [*personne*] affected with scabies; [*chien*] mangy • **il m'a traité comme un chien ~** he treated me like dirt

galimatias [galimatja] NM (= *propos*) gibberish *NonC*; (= *écrit*) rubbish

galipette* [galipɛt] NF (= *cabriole*) somersault • **faire des ~s** (*cabrioles*) to do somersaults; (*hum*) (*ébats*) to have a romp

Galles [gal] NFPL → **pays, prince**

gallicisme [ga(l)lisism] NM (= *idiotisme*) French idiom; (*dans une langue étrangère* = *calque*) Gallicism

gallois, e [galwa, waz] 1 ADJ Welsh 2 NM a (= *langue*) Welsh b **Gallois** Welshman • **les Gallois** the Welsh 3 NF **Galloise** Welshwoman

galoche* [galɔʃ] NF French kiss* • **rouler une ~ à qn** to French-kiss sb*

galocher* [galɔʃe] /TABLE 1/ VT to French-kiss*

galon [galɔ̃] NM (*Couture*) braid *NonC*; (*Mil*) stripe • **il a gagné ses ~s d'homme d'État en faisant ...** he won his stripes as a statesman doing ... • **prendre du ~** to get promoted

galop [galo] NM gallop • **cheval au ~** galloping horse • **prendre le ~** to break into a gallop • **partir au ~** [*cheval*] to set off at a gallop; [*personne*] to go off like a shot • **au triple ~** [*partir, arriver*] at top speed ▸ **galop d'essai** trial gallop; (*fig*) trial run

galopant, e [galɔpɑ̃, ɑ̃t] ADJ [*inflation*] galloping • **démographie ~e** population explosion

galoper [galɔpe] /TABLE 1/ VI [*cheval*] to gallop; [*imagination*] to run wild; [*enfant*] to run • ~ **ventre à terre** to go at full gallop • **j'ai galopé toute la journée!*** I've been rushing around all day!

galopin* [galɔpɛ̃] NM (= *polisson*) urchin • **petit ~!** you little rascal!

galvaniser [galvanize] /TABLE 1/ VT to galvanize

galvaudé, e [galvode] ADJ [*expression*] hackneyed; [*mot*] overused

gambader [gɑ̃bade] /TABLE 1/ VI [*animal*] to gambol;

[*personne, enfant*] to caper (about); [*esprit*] to flit from one idea to another

gambas [gɑ̃bas] (NFPL) Mediterranean prawns

gamberger * [gɑ̃bɛʀʒe] /TABLE 3/ (VI) (= *réfléchir*) to think hard; (= *se faire du souci*) to brood

gambette * [gɑ̃bɛt] (NF) (= *jambe*) leg

Gambie [gɑ̃bi] (NF) Gambia

gambien, -ienne [gɑ̃bjɛ̃, jɛn] **1** (ADJ) Gambian **2** (NM,F) **Gambien(ne)** Gambian

gamelle [gamɛl] (NF) [*d'ouvrier, campeur*] billy-can; [*de chien*] bowl; (*hum* = *assiette*) dish • **(se) prendre une ~*** to come a cropper* (*Brit*)

gameur, -euse [gɛmœʀ, øz] (NM,F) gamer

gamin, e [gamɛ̃, in] **1** (ADJ) (= *puéril*) childish **2** (NM,F) (= *enfant*)* kid* • **quand j'étais ~** when I was a kid*

gaminerie [gaminʀi] (NF) (= *espièglerie*) playfulness *NonC*; (= *puérilité*) childishness *NonC* • **arrête tes ~s** stop being so childish

gamme [gam] (NF) **a** [*de couleurs, articles*] range; [*de sentiments*] gamut • **haut de ~** upmarket • **bas de ~** downmarket **b** (*Mus*) scale • **faire des ~s** to practise scales

gammée [game] (NF, ADJ F) → **croix**

Gand [gɑ̃] (N) Ghent

gang [gɑ̃g] (NM) gang (*of crooks*)

ganglion [gɑ̃glijɔ̃] (NM) ganglion • **~ lymphatique** lymph node • **il a des ~s** he has swollen glands

gangrène [gɑ̃gʀɛn] (NF) gangrene • **avoir la ~** to have gangrene

gangster [gɑ̃gstɛʀ] (NM) (= *criminel*) gangster; (*péj* = *escroc*) crook

gangstérisme [gɑ̃gsteʀism] (NM) gangsterism

gangue [gɑ̃g] (NF) [*de minerai, pierre*] gangue

gant [gɑ̃] (NM) glove • **~s de caoutchouc** rubber gloves • **cette robe lui va comme un ~** that dress fits her like a glove • **prendre des ~s avec qn** to go carefully with sb • **il va falloir prendre des ~s pour lui annoncer la nouvelle** we'll have to break the news to him gently • **relever le ~** to take up the gauntlet ▸ **gants de boxe** boxing gloves ▸ **gant de crin** massage glove ▸ **gant de toilette** ≈ facecloth (*Brit*), ≈ wash cloth (*US*)

garage [gaʀaʒ] (NM) garage • **as-tu rentré la voiture au ~?** have you put the car in the garage?

garagiste [gaʀaʒist] (NMF) (= *propriétaire*) garage owner; (= *mécanicien*) garage mechanic • **emmener sa voiture chez le ~** to take one's car to the garage

garant, e [gaʀɑ̃, ɑ̃t] (NM,F) (= *personne, état*) guarantor (**de** for); (= *chose*) guarantee • **se porter ~ de qch** to vouch for sth; (*Droit*) to be answerable for sth

garanti, e [gaʀɑ̃ti] *ptp de* **garantir** **1** (ADJ) guaranteed • **~ trois ans** guaranteed for three years **2** (NF) **garantie** **a** guarantee; (= *gage*) security; (= *protection*) safeguard • **sous ~e** under guarantee • **donner des ~es** to give guarantees • **il faut prendre des ~es** we have to find sureties • **cette entreprise présente toutes les ~es de sérieux** there is every indication that the firm is reliable • **je vous dis ça, mais c'est sans ~e** I can't guarantee that what I'm telling you is right **b** [*de police d'assurance*] cover *NonC* **3** (COMP) ▸ **garantie de l'emploi** job security

> Le mot anglais s'écrit **gua-** au début.

garantir [gaʀɑ̃tiʀ] /TABLE 2/ (VT) **a** (= *assurer*) to guarantee; [+ *emprunt*] to secure • **~ que** to guarantee that • **se ~ contre** [+ *vol, incendie, risque*] to insure o.s. against • **je te garantis que ça ne se passera pas comme ça!*** I can assure you things won't turn out like that! **b** (= *protéger*) **~ qch de** to protect sth from

garce ** [gaʀs] (NF) (*péj*) (= *méchante*) bitch** (*injurieux*); (= *dévergondée*) slut** (*injurieux*)

garçon [gaʀsɔ̃] **1** (NM) **a** (= *enfant, fils*) boy • **tu es un grand ~ maintenant** you're a big boy now • **c'est un ~ manqué** she's a real tomboy **b** (= *jeune homme*) young man • **il est beau** *ou* **joli ~** he's good-looking • **c'est un brave ~** he's a nice guy • **ce ~ ira loin** that young man will go far **c** (= *serveur*) waiter **2** (COMP) ▸ **garçon d'ascenseur** lift (*Brit*) *ou* elevator (*US*) attendant; (= *jeune homme*) lift (*Brit*) *ou* elevator (*US*) boy ▸ **garçon de café** waiter ▸ **garçon de courses** messenger; (= *jeune homme*) errand boy ▸ **garçon d'écurie** stable boy ▸ **garçon d'honneur** best man

garçonnet [gaʀsɔnɛ] (NM) small boy • **taille ~** boy's size • **rayon ~** boys' department

garçonnière [gaʀsɔnjɛʀ] (NF) bachelor flat (*Brit*) *ou* apartment (*US*)

garde[1] [gaʀd] **1** (NF) **a** (= *surveillance*) **confier qch/qn à la ~ de qn** to entrust sth/sb to sb's care • **ils nous ont laissé leur enfant en ~** they left their child in our care • **être sous la ~ de la police** to be under police guard • **être sous bonne ~** to be under guard

b (*après divorce*) custody • **elle a eu la ~ des enfants** she got custody of the children • **~ alternée** alternating custody

c (= *veille*) [*de soldat*] guard duty; [*d'infirmière*] ward duty; [*de médecin*] duty period • **être de ~** to be on duty; (*avec un bip*) to be on call • **pharmacie de ~** duty chemist (*Brit*) *ou* pharmacist (*US*)

d (= *groupe, escorte*) guard • **~ rapprochée** [*de président*] personal bodyguard

e (= *infirmière*) nurse • **~ de jour/de nuit** day/night nurse

f (*Boxe, Escrime*) guard • **en ~!** on guard!

g **page de ~** flyleaf

h (*locutions*)

▸ **en garde** **mettre qn en ~** to warn sb • **mise en ~** warning

▸ **prendre garde** **prendre ~ de** *ou* **à ne pas faire qch** to be careful not to do sth • **prends ~ à toi** watch yourself • **prends ~ aux voitures** mind the cars • **sans y prendre ~** without realizing it

▸ **sur ses gardes** **être/se tenir sur ses ~s** to be/stay on one's guard

2 (COMP) ▸ **garde d'enfants** child minder (*Brit*), daycare worker (*US*) ▸ **garde d'honneur** guard of honour ▸ **garde mobile** antiriot police ▸ **garde républicaine** Republican Guard ▸ **garde à vue** ≈ police custody • **être mis** *ou* **placé en ~ à vue** ≈ to be kept in police custody

garde[2] [gaʀd] (NM) [*de locaux, prisonnier*] guard; [*de domaine, château*] warden (*Brit*), keeper (*US*); [*de jardin public*] keeper ▸ **garde champêtre** rural policeman ▸ **garde du corps** bodyguard ▸ **garde forestier** forest warden (*Brit*), (park) ranger (*US*) ▸ **garde mobile** member of the antiriot police ▸ **garde municipal** municipal guard ▸ **garde républicain** Republican guard ▸ **Garde des Sceaux** French Minister of Justice

garde-à-vous [gaʀdavu] (NM INV) (= *cri*) **~ fixe!** attention! • **se mettre au ~** to stand to attention

garde-barrière[○] (*pl* **gardes-barrières**) [gaʀd(ə)baʀjɛʀ] (NMF) level-crossing keeper

garde-boue (*pl* **garde-boue(s)**) [gaʀdəbu] (NM) mudguard (*Brit*), fender (*US*)

garde-chasse[○] (*pl* **gardes-chasse(s)**) [gaʀdəʃas] (NM) gamekeeper

garde-corps [gaʀdəkɔʀ] (NM INV) (= *rambarde*) (*en fer*) railing; (*en pierre*) parapet

garde-côte (*pl* **garde-côtes**) [gaʀdəkot] (NM) (= *navire*) coastguard ship; (= *personne*) coastguard

garde-fou (*pl* **garde-fous**) [gaʀdəfu] (NM) (*en fer*) railing; (*en pierre*) parapet; (*fig*) safeguard

garde-frontière[○] (*pl* **gardes-frontières**) [gaʀd(ə)fʀɔ̃tjɛʀ] (NMF) border guard

garde-malade[○] (*pl* **gardes-malades**) [gaʀd(ə)malad] (NMF) home nurse

garde-manger [gaʀd(ə)mɑ̃ʒe] (NM INV) (= *armoire*) meat safe (*Brit*), cooler (*US*); (= *pièce*) pantry

garde-meuble (*pl* **garde-meubles**) [gaʀdəmœbl] (NM) storehouse

garde-pêche[○] [gaʀdəpɛʃ] **1** (NM) (= *personne*) water bailiff (*Brit*), fish and game warden (*US*) **2** (NM INV) (= *frégate*) fisheries protection vessel

garder [gaʀde] /TABLE 1/ **1** (VT) **ⓐ** to keep; [+ *droits*] to retain; [+ *habitudes, apparences*] to keep up; [*police*] to detain • **gardez la monnaie** keep the change • **gardez donc votre chapeau** (*sur vous*) do keep your hat on • **~ qn à vue** (*Droit*) ≈ to keep sb in custody • **~ qn à déjeuner** to have sb stay for lunch • **j'ai gardé de la soupe pour demain** I've kept some soup for tomorrow • **~ le meilleur pour la fin** to keep the best till the end • **~ les yeux baissés** to keep one's eyes down • **~ un chien en laisse** to keep a dog on a lead • **~ le secret** to keep the secret • **gardez cela pour vous** keep it to yourself • **il a gardé toutes ses facultés** *ou* **toute sa tête** he still has all his faculties • **~ son calme** to keep calm • **~ la tête froide** to keep one's head • **~ ses distances** to keep one's distance • **~ un bon souvenir de qch** to have happy memories of sth • **~ le silence** to keep silent • **~ l'espoir** to keep hoping • **~ l'anonymat** to remain anonymous • **~ la ligne** to keep one's figure • **j'ai eu du mal à ~ mon sérieux** I had a job keeping a straight face • **~ les idées claires** to keep a clear head

ⓑ (= *surveiller*) to look after; [+ *trésor, prisonnier, frontière, porte*] to guard • **le chien garde la maison** the dog guards the house • **~ des enfants** (*métier*) to be a child minder (*Brit*) *ou* daycare worker (*US*) • **toutes les issues sont gardées** all the exits are guarded • **Dieu vous garde** God be with you

ⓒ (= *ne pas quitter*) **~ la chambre** to stay in one's room • **~ le lit** to stay in bed

2 (VPR) **se garder** **ⓐ** [*denrées*] to keep • **ça se garde bien** it keeps well

ⓑ **se ~ de faire qch** to be careful not to do sth • **je m'en garderai bien!** that's the last thing I'd do!

garderie [gaʀdəʀi] (NF) **~ (d'enfants)** (*jeunes enfants*) day nursery (*Brit*), daycare center (*US*); (*à l'école*) ≈ after-school club (*Brit*), ≈ after-school center (*US*) (*childminding service operating outside school hours while parents are working*)

garde-robe (*pl* **garde-robes**) [gaʀdəʀɔb] (NF) (= *habits*) wardrobe

gardian [gaʀdjɑ̃] (NM) herdsman (*in the Camargue*)

gardien, -ienne [gaʀdjɛ̃, jɛn] **1** (NM,F) **ⓐ** [*de prisonnier,* *usine, locaux*] guard; [*de propriété, château*] warden (*Brit*), keeper (*US*); [*d'hôtel*] night porter; [*de jardin public, zoo*] keeper; [*d'immeuble*] caretaker **ⓑ** (= *défenseur*) guardian • **la constitution, gardienne des libertés** the constitution, guardian of freedom **2** (COMP) **▸ gardien de but** goalkeeper **▸ gardienne d'enfants** child minder (*Brit*), daycare worker (*US*) **▸ gardien d'immeuble** caretaker (*of a block of flats*) (*Brit*), (apartment house) manager (*US*) **▸ gardien de musée** museum attendant **▸ gardien de nuit** night watchman **▸ gardien de la paix** policeman **▸ gardien de prison** prison officer

> ✎ Le mot anglais commence par **gua-** et se termine par **-ian**.

gardiennage [gaʀdjenaʒ] (NM) [*d'immeuble*] caretaking; [*de locaux*] guarding • **société de ~ et de surveillance** security company

gardienne [gaʀdjɛn] (NF) (= *gardienne d'enfants*) child minder (*Brit*), daycare worker (*US*)

gardon [gaʀdɔ̃] (NM) roach

gare¹ [gaʀ] (NF) station • **le train entre en ~** the train is coming in • **le train est en ~** the train is in • **roman/ littérature de ~** (*péj*) pulp novel/literature **▸ gare de marchandises** goods (*Brit*) *ou* freight (*US*) station **▸ gare maritime** harbour station **▸ gare routière** [*de camions*] haulage depot; [*d'autocars*] coach (*Brit*) *ou* bus (*US*) station **▸ gare de triage** marshalling yard **▸ gare de voyageurs** passenger station

gare²* [gaʀ] (EXCL) (= *attention*) **~ à toi!** watch it!* • **et fais ce que je dis, sinon ~!** and do what I say, or else!* • **~ aux conséquences** beware of the consequences

garenne [gaʀɛn] (NF) rabbit warren

garer [gaʀe] /TABLE 1/ **1** (VT) [+ *véhicule*] to park **2** (VPR) **se garer** **ⓐ** [*automobiliste*] to park **ⓑ** (= *se ranger de côté*) [*véhicule, automobiliste*] to pull over; [*piéton*] to move aside

gargantuesque [gaʀgɑ̃tɥɛsk] (ADJ) [*appétit, repas*] gargantuan

gargariser (se) [gaʀgaʀize] /TABLE 1/ (VPR) to gargle • **se gargariser de grands mots** to revel in big words

gargarisme [gaʀgaʀism] (NM) gargle • **se faire un ~** to gargle

gargote [gaʀgɔt] (NF) cheap restaurant

gargouille [gaʀguj] (NF) gargoyle

gargouillement [gaʀgujmɑ̃] (NM) = **gargouillis**

gargouiller [gaʀguje] /TABLE 1/ (VI) [*eau*] to gurgle; [*intestin*] to rumble

gargouillis [gaʀguji] (NMPL) [*d'eau*] gurgling NonC; [*d'intestin*] rumbling NonC

garnement [gaʀnəmɑ̃] (NM) (= *gamin*) scamp; (= *adolescent*) tearaway (*Brit*), hellion (*US*) • **petit ~!** you little rascal!

garni, e [gaʀni] ptp de **garnir** (ADJ) **ⓐ** (= *rempli*) **bien ~** [*réfrigérateur, bibliothèque*] well-stocked; [+ *portefeuille*] well-lined **ⓑ** [*plat, viande*] served with vegetables

garnir [gaʀniʀ] /TABLE 2/ (VT) **ⓐ** (= *protéger, équiper*) **~ de** to fit out with

ⓑ [*chose*] (= *couvrir*) to cover • **le cuir qui garnit la poignée** the leather covering the handle • **coffret garni de velours** casket lined with velvet

ⓒ (= *remplir*) [+ *boîte, caisse, rayon*] to fill (**de** with); [+ *réfrigérateur*] to stock (**de** with); (= *recouvrir*) [+ *surface*] to cover • **boîte garnie de chocolats** box full of chocolates • **plats**

garnis de tranches de viande plates of sliced meat
d [+ *siège*] (= *rembourrer*) to pad
e [+ *vêtement*] to trim; [+ *étagère*] to decorate; [+ *aliment*] to garnish (**de** with) • **~ une jupe d'un volant** to trim a skirt with a frill • **~ une table de fleurs** to decorate a table with flowers • **des côtelettes garnies de cresson** chops garnished with cress

garnison [gaʀnizɔ̃] NF (= *troupes*) garrison • **être en ~ à** to be stationed at

garniture [gaʀnityʀ] NF (= *décoration*) [*de robe, chapeau*] trimming *NonC*; [*de table*] set of table linen; [*de coffret*] lining; (= *légumes*) vegetables; (= *sauce à vol-au-vent*) filling; [*de chaudière*] lagging *NonC*; [*de boîte*] covering *NonC* • **~ d'embrayage/de frein** clutch/brake lining

garrigue [gaʀig] NF scrubland

garrocher* [gaʀɔʃe] /TABLE 1/ (*Can*) **1** VT (= *lancer*) to chuck* **2** VPR to rush

garrot [gaʀo] NM **a** [*de cheval*] withers • **le cheval fait 1m10 au ~** the horse is 10 hands **b** (*Méd*) tourniquet • **poser un ~** to apply a tourniquet

garrotter [gaʀɔte] /TABLE 1/ VT (= *attacher*) to tie up

gars* [gɑ] NM **a** (= *enfant, fils*) boy • **les ~ du quartier** the local youths • **dis-moi mon ~** tell me son **b** (= *type*) guy*

gaspillage [gaspijaʒ] NM (= *action*) wasting; (= *résultat*) waste • **quel ~ !** what a waste!

gaspiller [gaspije] /TABLE 1/ VT to waste

gaspilleur, -euse [gaspijœʀ, øz] NM,F waster • **quel ~** he's so wasteful

gastrique [gastʀik] ADJ gastric

gastroentérite [gastʀoɑ̃teʀit] NF gastroenteritis *NonC*

gastro-intestinal, e (*mpl* **-aux**) [gastʀoɛ̃tɛstinal, o] ADJ gastrointestinal

gastronome [gastʀɔnɔm] NMF gourmet

gastronomie [gastʀɔnɔmi] NF gastronomy

gastronomique [gastʀɔnɔmik] ADJ gastronomic → **menu**

gâté, e [gɑte] *ptp de* **gâter** ADJ [*enfant, fruit*] spoilt • **dent ~e** bad tooth

gâteau (*pl* **gâteaux**) [gɑto] **1** NM (= *pâtisserie*) cake; (*au restaurant*) gateau; (*Helv* = *tarte*) tart • **~ d'anniversaire** birthday cake • **se partager le ~*** to share out the loot* • **c'est du ~*** it's a piece of cake* • **c'est pas du ~*** it's no picnic* **2** ADJ INV* **c'est un papa ~** he's a real softie* of a dad **3** COMP ▸ **gâteaux (à) apéritif** (small) savoury biscuits ▸ **gâteau de riz** rice pudding ▸ **gâteaux secs** biscuits (*Brit*), cookies (*US*) ▸ **gâteau de semoule** semolina pudding

gâter [gɑte] /TABLE 1/ **1** VT **a** (= *abîmer*) [+ *paysage, plaisir*] to ruin; [+ *esprit, jugement*] to have a harmful effect on • **et, ce qui ne gâte rien, elle est jolie** and she's pretty, which is an added bonus **b** (= *choyer*) [+ *enfant*] to spoil • **il pleut, on est gâté !** (*iro*) just our luck! - it's raining! • **il n'est pas gâté par la nature** he hasn't been blessed by nature • **la vie ne l'a pas gâté** life hasn't been very kind to him **2** VPR **se gâter** [*viande, fruit*] to go bad; [*temps, ambiance, relations*] to take a turn for the worse

gâterie [gɑtʀi] NF little treat

gâteux, -euse* [gɑtø, øz] **1** ADJ (= *sénile*) [*vieillard*] senile **2** NM **(vieux) ~** (= *sénile*) doddering old man; (*péj* = *radoteur, imbécile*) silly old duffer* **3** NF **(vieille) gâteuse** (= *sénile*) doddering old woman; (*péj*) silly old bag*

gâtisme [gɑtism] NM [*de vieillard*] senility

gauche [goʃ] **1** ADJ **a** (*opposé à droit*) left • **du côté ~** on the left-hand side
b (= *maladroit*) awkward
2 NM (*Boxe*) (= *coup*) left • **direct du ~** straight left • **crochet du ~** left hook
3 NF **a** (= *côté*) **la ~** the left, the left-hand side • **à ~** on the left, to the left • **à ma/sa ~** on my/his left, on my/his left-hand side • **le tiroir de ~** the left-hand drawer • **rouler à ~** *ou* **sur la ~** to drive on the left • **de ~ à droite** from left to right → **droit**
b (*Politique*) **la ~** the left • **la ~ caviar** champagne socialists • **homme de ~** left-winger • **candidat de ~** left-wing candidate • **elle est très à ~** she's very left-wing

gaucher, -ère [goʃe, ɛʀ] **1** ADJ left-handed **2** NM,F left-handed person; (*Sport*) left-hander • **~ contrarié** *left-handed person forced to use his right hand*

gauchisme [goʃism] NM leftism

gauchiste [goʃist] ADJ, NMF leftist

gaufre [gofʀ] NF (= *gâteau*) waffle

gaufrer [gofʀe] /TABLE 1/ VT [+ *papier, cuir*] (*en relief*) to emboss; (*en creux*) to figure; [+ *tissu*] to goffer

gaufrette [gofʀɛt] NF wafer

gaufrier [gofʀije] NM waffle iron

gaule [gol] NF (= *perche*) (long) pole; (*Pêche*) fishing rod

gauler [gole] /TABLE 1/ VT [+ *fruits*] to bring down (*with a pole*) • **il s'est fait ~*** he got caught

gaullisme [golism] NM Gaullism

gaulliste [golist] ADJ, NMF Gaullist

gaulois, e [golwa, waz] **1** ADJ Gallic • **esprit ~** bawdy Gallic humour **2** NM,F **Gaulois(e)** Gaul

gauloiserie [golwazʀi] NF (= *propos*) bawdy story

gausser (se) [gose] /TABLE 1/ VPR **se ~ de** to deride

gaver [gave] /TABLE 1/ **1** VT [+ *animal*] to force-feed; [+ *personne*] to fill up (**de** with) • **on les gave de connaissances inutiles** they cram their heads with useless knowledge • **ça me gave*** it really hacks me off* **2** VPR **se gaver** **se ~ de** [+ *nourriture*] to stuff o.s. with; [+ *romans*] to devour

gay* [gɛ] ADJ, NM gay

gaz [gɑz] **1** NM INV **a** gas • **l'employé du ~** the gasman • **se chauffer au ~** to have gas heating • **faire la cuisine au ~** to cook with gas • **suicide au ~** suicide by gassing • **mettre les ~*** (*en avion*) to throttle up • **avoir des ~** to have wind **b** (*Can*) (= *essence*) petrol (*Brit*), gas(oline) (*US*) **2** COMP ▸ **gaz asphyxiant** poison gas ▸ **gaz carbonique** carbon dioxide ▸ **gaz de combat** poison gas (*for use in warfare*) ▸ **gaz d'échappement** exhaust ▸ **gaz à effet de serre** greenhouse gas ▸ **gaz hilarant** laughing gas ▸ **gaz lacrymogène** teargas ▸ **gaz des marais** marsh gas ▸ **gaz naturel** natural gas ▸ **gaz de pétrole liquéfié** liquid petroleum gas ▸ **gaz de schiste** shale gas ▸ **gaz de ville** town gas

Gaza [gaza] N **la bande** *ou* **le territoire de ~** the Gaza Strip

gazaoui, e [gazawi], **gazaouite** [gazawit] **1** ADJ Gazan **2** NM,F **Gazaoui(e)** • **Gazaouite** Gazan

gaze [gɑz] NF gauze • **compresse de ~** gauze

gazelle [gazɛl] NF gazelle

gazer [gɑze] /TABLE 1/ **1** VI (= *aller*)* **ça gaze ?** (*affaires, santé*) how's things?* • **ça ne gaze pas fort** (*santé*) I'm not feeling too great*; (*affaires*) things aren't going too well **2** (VT) (*Mil*) to gas

gazeux, -euse [gazø, øz] (ADJ) gaseous • **boisson gazeuse** fizzy drink (*Brit*), soda (*US*)

gazinière [gazinjɛʀ] (NF) gas cooker

gazoduc [gazodyk] (NM) gas main

gazole [gazɔl] (NM) diesel oil

gazomètre [gazɔmɛtʀ] (NM) gasometer

gazon [gazɔ̃] (NM) (= *pelouse*) lawn • **le ~** (= *herbe*) the grass

gazonner [gazɔne] /TABLE 1/ (VT) [+ *talus, terrain*] to plant with grass

gazouillement [gazujmɑ̃] (NM) [*d'oiseau*] chirping *NonC*; [*de bébé*] gurgling *NonC*

gazouiller [gazuje] /TABLE 1/ (VI) [*oiseau*] to chirp; [*ruisseau*] to babble; [*bébé*] to gurgle

gazouillis [gazuji] (NM) [*d'oiseau*] chirping; [*de bébé*] gurgling

GDF [ʒedeɛf] (NM) (ABR DE **Gaz de France**) *French gas company*

geai [ʒɛ] (NM) jay

géant, e [ʒeɑ̃, ɑ̃t] **1** (ADJ) [*objet, animal, plante*] gigantic; [*écran*] giant • **c'est ~!*** it's great!* **2** (NM) giant

GED [ʒeøde] (NF) (ABR DE **gestion électronique de documents**) EDM (= *electronic document management*)

geignard, e* [ʒɛɲaʀ, aʀd] **1** (ADJ) [*personne*] moaning; [*voix*] whingeing, whining; [*musique*] whining **2** (NM,F) moaner

geindre [ʒɛ̃dʀ] /TABLE 52/ (VI) to moan (**de** with)

gel [ʒɛl] (NM) **a** (= *temps*) frost • **« craint le ~ »** "keep away from extreme cold" **b** [*de salaires, programme*] freeze **c** (= *substance*) gel • **~ coiffant** hair styling gel

gélatine [ʒelatin] (NF) gelatine

gélatineux, -euse [ʒelatinø, øz] (ADJ) gelatinous

gelé, e [ʒ(ə)le] *ptp de* **geler** **1** (ADJ) **a** [*eau, rivière, sol, tuyau*] frozen **b** [*membre*] frostbitten **c** (= *très froid*) **je suis ~** I'm frozen **d** [*crédits, prix, projet*] frozen **2** (NF) **gelée** **a** (= *gel*) frost • **~e blanche** white frost **b** [*de fruits, viande*] jelly • **~e royale** royal jelly

geler [ʒ(ə)le] /TABLE 5/ **1** (VT) to freeze; [+ *terres agricoles*] to set aside **2** (VPR) **se geler*** (= *avoir froid*) to freeze • **on se gèle ici** it's freezing here **3** (VI) **a** [*eau, lac, sol, linge, conduit*] to freeze; [*récoltes*] to be hit by frost; [*doigt, membre*] to be freezing **b** (= *avoir froid*) to be freezing • **on gèle ici** it's freezing here **4** (VB IMPERS) **il gèle** it's freezing

gélule [ʒelyl] (NF) capsule

Gémeaux [ʒemo] (NMPL) Gemini • **il est (du signe des) ~** he's (a) Gemini

gémir [ʒemiʀ] /TABLE 2/ (VI) **a** (= *geindre*) to groan • **~ sur son sort** to bemoan one's fate **b** [*ressort, gonds, plancher*] to creak; [*vent*] to moan

gémissement [ʒemismɑ̃] (NM) [*de voix*] groan; (*prolongé*) groaning *NonC*; [*de vent*] moaning *NonC*

gemme [ʒɛm] (NF) (= *pierre*) gem

gênant, e [ʒɛnɑ̃, ɑ̃t] (ADJ) **a** (= *irritant*) annoying • **c'est vraiment ~** it's a real nuisance • **ce n'est pas ~** it's OK **b** (= *embarrassant*) awkward

gencive [ʒɑ̃siv] (NF) gum • **il a pris un coup dans les ~s*** he got a sock on the jaw*

gendarme [ʒɑ̃daʀm] (NM) (= *policier*) policeman; (*en France*) gendarme • **faire le ~** to play the role of policeman • **jouer aux ~s et aux voleurs** to play cops and robbers • **~ mobile** member of the antiriot police • **les ~s du monde** the world's policemen

gendarmerie [ʒɑ̃daʀməʀi] (NF) police; (= *bureaux*) police station • **~ mobile** antiriot police

gendre [ʒɑ̃dʀ] (NM) son-in-law

gène [ʒɛn] (NM) gene

gêne [ʒɛn] (NF) **a** (= *malaise physique*) discomfort • **~ respiratoire** respiratory problems **b** (= *désagrément, dérangement*) trouble • **« nous vous prions de bien vouloir excuser la ~ occasionnée »** "we apologize to customers for any inconvenience caused" **c** (= *manque d'argent*) financial difficulties **d** (= *confusion, trouble*) embarrassment • **un moment de ~** a moment of embarrassment

gêné, e [ʒene] *ptp de* **gêner** (ADJ) **a** (= *à court d'argent*) short of money *attrib* **b** (= *embarrassé*) [*personne, sourire, air*] embarrassed; [*silence*] awkward • **j'étais ~!** I was so embarrassed! • **il n'est pas ~!** he's got a nerve!* **c** (*physiquement*) uncomfortable • **êtes-vous ~ pour respirer?** do you have trouble breathing?

généalogie [ʒenealɔʒi] (NF) genealogy

généalogique [ʒenealɔʒik] (ADJ) genealogical

gêner [ʒene] /TABLE 1/ **1** (VT) **a** (*physiquement*) [*fumée, bruit*] to bother; [*vêtement étroit, obstacle*] to hamper • **cela vous gêne-t-il si je fume?** do you mind if I smoke? • **~ le passage** to be in the way • **le bruit me gêne pour travailler** noise bothers me when I'm trying to work • **ces travaux gênent la circulation** these roadworks are holding up the traffic

b (= *déranger*) [+ *personne*] to bother; [+ *projet*] to hinder • **je ne voudrais pas (vous) ~** I don't want to bother you • **cela vous gênerait de ne pas fumer?** would you mind not smoking? • **ce qui me gêne, c'est que ...** what bothers me is that ... • **et alors, ça te gêne?*** so what?*

c (*financièrement*) to put in financial difficulties

d (= *mettre mal à l'aise*) to make feel uncomfortable • **ça me gêne de vous dire ça mais ...** I hate to tell you but ... • **sa présence me gêne** I feel uncomfortable when he's around

2 (VPR) **se gêner** **a** (= *se contraindre*) to put o.s. out • **ne vous gênez pas pour moi** don't mind me • **ne vous gênez pas!** (*iro*) do you mind! • **non mais! je vais me ~!** why shouldn't I! • **il y en a qui ne se gênent pas!** some people just don't care!

b (*dans un lieu*) **on se gêne à trois dans ce bureau** this office is too small for the three of us

général, e (*mpl* **-aux**) [ʒeneʀal, o] **1** (ADJ) general • **un tableau ~ de la situation** a general picture of the situation • **remarques d'ordre très ~** comments of a very general nature • **d'une façon** *ou* **manière ~e** in general • **dans l'intérêt ~** in the common interest • **devenir ~** [*crise, peur*] to become widespread • **à la surprise ~e** to everyone's surprise • **à la demande ~e** in response to popular demand

2 (NM,F) **a** [*d'armée*] general • **oui mon ~** yes sir

b ▸ **en général** (= *habituellement*) usually; (= *de façon générale*) in general • **je parle en ~** I'm speaking in general terms

3 (NF) **générale** (= *répétition*) dress rehearsal

4 (COMP) ▸ **général de brigade** brigadier (*Brit*), brigadier general (*US*) ▸ **général en chef** general-in-chief ▸ **général de corps d'armée** lieutenant-general ▸ **général de division** major general

généralement [ʒeneʀalmɑ̃] (ADV) generally

généralisation [ʒeneʀalizasjɔ̃] (NF) ⓐ (= *extension*) [*de maladie, grève*] spread; [*de mesures*] general implementation • **on craint une ~ du mouvement de grève** it is feared that the strike will spread ⓑ (= *énoncé*) generalization • **~s hâtives/abusives** hasty/excessive generalizations

généraliser [ʒeneʀalize] /TABLE 1/ **1** (VT) ⓐ (= *étendre*) [+ *méthode*] to bring into general use ⓑ (= *globaliser*) to generalize • **il ne faut pas ~** we mustn't generalize **2** (VPR) **se généraliser** [*infection, conflit*] to spread; [*procédé*] to become widespread • **l'usage du produit s'est généralisé** use of this product has become widespread • **crise généralisée** general crisis • **infection généralisée** systemic infection

généraliste [ʒeneʀalist] **1** (ADJ) [*radio, télévision*] general-interest; [*ingénieur*] non-specialized **2** (NM) **(médecin) ~** general practitioner

généralités [ʒeneʀalite] (NFPL) (= *introduction*) general points; (*péj* = *banalités*) general remarks

générateur, -trice [ʒeneʀatœʀ, tʀis] **1** (ADJ) [*force*] generating; [*fonction*] generative • **secteur ~ d'emplois** job-generating sector **2** (NM) generator • **~ électrique** electric generator **3** (NF) **génératrice** generator

génération [ʒeneʀasjɔ̃] (NF) generation • **la jeune ~** the younger generation • **immigré de la deuxième ~** second-generation immigrant

générer [ʒeneʀe] /TABLE 6/ (VT) to generate

généreusement [ʒeneʀøzmɑ̃] (ADV) generously

généreux, -euse [ʒeneʀø, øz] (ADJ) ⓐ (= *large*) generous • **c'est très ~ de sa part** it's very generous of him ⓑ (= *noble, désintéressé*) [*caractère*] generous; [*sentiment, idée*] noble ⓒ [*poitrine*] ample • **formes généreuses** generous curves

générique [ʒeneʀik] **1** (ADJ) [*médicament*] generic; [*produit*] unbranded **2** (NM) ⓐ (*Ciné*) credits • **il est au ~** his name appears in the credits ⓑ (*Méd*) generic

générosité [ʒeneʀozite] (NF) generosity • **avec ~** generously

Gênes [ʒɛn] (N) Genoa

genèse [ʒənɛz] (NF) genesis • **(le livre de) la Genèse** (the Book of) Genesis

genêt [ʒ(ə)nɛ] (NM) (= *plante*) broom • **~s** broom

généticien, -ienne [ʒenetisjɛ̃, jɛn] (NM,F) geneticist

génétique [ʒenetik] **1** (ADJ) genetic • **affection d'origine ~** genetically-transmitted disease **2** (NF) genetics *sg*

génétiquement [ʒenetikmɑ̃] (ADV) genetically → **organisme**

Genève [ʒ(ə)nɛv] (N) Geneva

genevois, e [ʒən(ə)vwa, waz] **1** (ADJ) Genevan **2** (NM,F) **Genevois(e)** Genevan

genévrier [ʒənevʀije] (NM) juniper

génial, e (*mpl* **-iaux**) [ʒenjal, jo] (ADJ) ⓐ (= *inspiré*) [*écrivain*] of genius; [*plan, idée, invention*] inspired ⓑ (= *formidable*)* [*atmosphère, soirée, personne*] great*; [*plan*] brilliant* • **c'est ~!** that's great!*

génie [ʒeni] **1** (NM) ⓐ (= *aptitude, personne*) genius • **trait de ~** stroke of genius • **idée de ~** brilliant idea • **ce n'est pas un ~!** he's no genius! • **le ~ de la langue française** the genius of the French language ⓑ (= *allégorie, être mythique*) spirit; [*de contes arabes*] genie • **être le bon/mauvais ~ de qn** to be sb's good/evil genius ⓒ (*Mil*) **le ~** ≈ the Engineers • **soldat du ~** engineer ⓓ (= *technique*) engineering **2** (COMP) ▸ **génie civil** (*branche*) civil engineering; (*corps*) civil engineers ▸ **génie génétique** genetic engineering ▸ **génie mécanique** mechanical engineering ▸ **génie rural** agricultural engineering

genièvre [ʒənjɛvʀ] (NM) (= *arbre*) juniper; (= *fruit*) juniper berry

génisse [ʒenis] (NF) heifer

génital, e (*mpl* **-aux**) [ʒenital, o] (ADJ) genital • **parties ~es** genitals

géniteur [ʒenitœʀ] (NM) father

génitif [ʒenitif] (NM) genitive • **au ~** in the genitive

génocide [ʒenɔsid] (NM) genocide

génois, e [ʒenwa, waz] **1** (ADJ) Genoese **2** (NM,F) **Génois(e)** Genoese **3** (NF) **génoise** (= *gâteau*) sponge cake

génome [ʒenɔm] (NM) **le ~ humain** the human genome

genou (*pl* **genoux**) [ʒ(ə)nu] (NM) knee • **dans l'eau jusqu'aux ~x** up to one's knees in water • **prendre qn sur ses ~x** to take sb on one's lap • **écrire sur ses ~x** to write on one's lap • **il m'a donné un coup de ~ dans le ventre** he kneed me in the stomach • **faire du ~ à qn*** to play footsie with sb*

▸ **à genoux** **il était à ~x** he was kneeling • **être à ~x devant qn** (*fig*) to idolize sb • **se mettre à ~x** to kneel down

▸ **sur les genoux*** **être sur les ~x** [*personne*] to be ready to drop

genouillère [ʒ(ə)nujɛʀ] (NF) (*Sport*) kneepad

genre [ʒɑ̃ʀ] **1** (NM) ⓐ (= *espèce*) kind, type • **~ de vie** lifestyle • **elle n'est pas du ~ à se laisser faire** she's not the kind to let people push her around • **c'est bien son ~!** that's just like him! • **tu vois le ~!** you know the type! • **les rousses, ce n'est pas mon ~** redheads aren't my type • **c'est le ~ grognon*** he's the grumpy sort* • **il n'est pas mal dans son ~** he's quite attractive in his way • **ce qui se fait de mieux dans le ~** the best of its kind • **réparations en tout ~** *ou* **en tous ~s** all kinds of repairs undertaken • **quelque chose de ce ~** something of the kind • **des remarques de ce ~** comments like that • **la plaisanterie était d'un ~ douteux** the joke was in dubious taste

ⓑ (= *allure*) appearance • **avoir bon/mauvais ~** to look respectable/disreputable • **je n'aime pas son ~** I don't like his style • **il a un drôle de ~** he's a bit weird • **c'est un ~ qu'il se donne** it's just something he puts on • **ce n'est pas le ~ de la maison*** that's not the way we (*ou* they) do things

ⓒ (= *style artistique*) genre • **tableau de ~** (*Peinture*) genre painting

ⓓ [*de mot*] gender • **s'accorder en ~** to agree in gender

2 (COMP) ▸ **le genre humain** the human race

gens [ʒɑ̃] **1** (NMPL) ⓐ people • **les ~ sont fous!** people are crazy! • **les ~ de la ville** the townsfolk • **les ~ du pays** *ou* **du coin*** the local people ⓑ (*avec accord féminin de l'adjectif antéposé*) **ce sont de petites ~** they are people of modest means • **vieilles/braves ~** old/good people **2** (COMP) ▸ **gens de lettres** men of letters ▸ **gens de mer** sailors ▸ **les gens de théâtre** the acting profession ▸ **les gens du voyage** (= *gitans*) travellers

gentiane [ʒɑ̃sjan] (NF) gentian

gentil, -ille [ʒɑ̃ti, ij] (ADJ) ⓐ (= *aimable*) kind, nice (**avec, pour** to) • **vous serez ~ de me le rendre** would you mind giving it back to me • **c'est ~ à toi** *ou* **de ta part de ...**

g

it's very kind of you to ... • **tout ça, c'est bien ~ mais ...** that's all very well but ... • **elle est bien gentille avec ses histoires mais ...** what she has to say is all very well but ... • **sois ~, va me le chercher** be a dear and go and get it for me

ⓑ (= *sage*) good • **il n'a pas été ~** he hasn't been a good boy

ⓒ (= *joli*) nice • **c'est ~ comme tout chez vous** you've got a lovely little place

> The l is not pronounced.

gentilhommière [ʒɑ̃tijɔmjɛʀ] NF country house

gentillesse [ʒɑ̃tijɛs] NF kindness • **auriez-vous la ~ de faire ...** would you be so kind as to do ... • **remercier qn de toutes ses ~s** to thank sb for all his kindness

gentillet, -ette [ʒɑ̃tijɛ, ɛt] ADJ **c'est ~** (= *mignon*) [*appartement*] it's a nice little place; (= *insignifiant*) [*film, roman*] it's nice enough

gentiment [ʒɑ̃timɑ̃] ADV (= *aimablement*) kindly; (= *gracieusement*) nicely • **on m'a ~ fait comprendre que ...** (*iro*) they made it quite clear to me that ...

génuflexion [ʒenyflɛksjɔ̃] NF genuflexion

géoblocage [ʒeɔblɔkaʒ] NM geo-blocking

géobloqué, e [ʒeɔblɔke] ADJ geo-blocked

géographe [ʒeɔɡʀaf] NMF geographer

géographie [ʒeɔɡʀafi] NF geography • **~ humaine/physique** human/physical geography

géographique [ʒeɔɡʀafik] ADJ geographical

géo-ingénierie [ʒeoɛ̃ʒeniʀi] NF geoengineering

géolocalisation [ʒeolokalizasjɔ̃] NF geolocation

géolocaliser [ʒeolokalize] /TABLE 1/ VT to geolocate

géologie [ʒeɔlɔʒi] NF geology

géologique [ʒeɔlɔʒik] ADJ geological

géologue [ʒeɔlɔɡ] NMF geologist

géomètre [ʒeɔmɛtʀ] NM (= *arpenteur*) surveyor

géométrie [ʒeɔmetʀi] NF geometry • **c'est à ~ variable** it changes according to the circumstances

géométrique [ʒeɔmetʀik] ADJ geometric

géopolitique [ʒeopɔlitik] **1** ADJ geopolitical **2** NF geopolitics *sg*

Géorgie [ʒeɔʀʒi] NF Georgia • **~ du Sud** South Georgia

géorgien, -ienne [ʒeɔʀʒjɛ̃, jɛn] **1** ADJ Georgian **2** NM (= *langue*) Georgian **3** NM,F **Géorgien(ne)** Georgian

géostationnaire [ʒeostasjɔnɛʀ] ADJ geostationary

géothermique [ʒeotɛʀmik] ADJ geothermal

gérable [ʒeʀabl] ADJ manageable • **difficilement ~** hard to handle

gérance [ʒeʀɑ̃s] NF [*de commerce, immeuble*] management • **prendre un commerce en ~** to take over the management of a business

géranium [ʒeʀanjɔm] NM geranium

gérant, e [ʒeʀɑ̃, ɑ̃t] NM,F [*d'usine, café, magasin, banque*] manager; [*d'immeuble*] managing agent

gerbe [ʒɛʀb] NF ⓐ [*de blé*] sheaf; [*de fleurs*] spray; [*d'étincelles*] shower • **déposer une ~ sur une tombe** to place a spray of flowers on a grave ⓑ **avoir la ~*** to want to puke* • **ça donne la ~*** it makes you want to puke*

gerber* [ʒɛʀbe] /TABLE 1/ VI (= *vomir*) to throw up*

gercer [ʒɛʀse] /TABLE 3/ VT [+ *peau, lèvres*] to chap • **avoir les lèvres gercées** to have chapped lips

gerçure [ʒɛʀsyʀ] NF small crack • **pour éviter les ~s** to avoid chapping

gérer [ʒeʀe] /TABLE 6/ VT to manage • **~ la crise** to handle the crisis

gériatrie [ʒeʀjatʀi] NF geriatrics *sg* • **service de ~** geriatric ward

gériatrique [ʒeʀjatʀik] ADJ geriatric

germain, e [ʒɛʀmɛ̃, ɛn] ADJ → **cousin**

germanique [ʒɛʀmanik] **1** ADJ Germanic **2** NM (= *langue*) Germanic

germaniste [ʒɛʀmanist] NMF (= *spécialiste*) German scholar; (= *étudiant*) German student

germanophone [ʒɛrmanɔfɔn] **1** ADJ [*personne*] German-speaking; [*littérature*] in German **2** NMF German speaker

germe [ʒɛʀm] NM germ; [*de pomme de terre*] sprout • **~s de blé** wheatgerm *NonC* • **~s de soja** bean sprouts • **~s pathogènes** pathogenic bacteria

germer [ʒɛʀme] /TABLE 1/ VI [*bulbe*] to sprout; [*graine*] to germinate; [*idée*] to form

gérondif [ʒeʀɔ̃dif] NM gerund

gérontologie [ʒeʀɔ̃tɔlɔʒi] NF gerontology

GES [ʒeəɛs] NM (ABR DE **gaz à effet de serre**) GHG (= *greenhouse gas*)

gésier [ʒezje] NM gizzard

gésir [ʒeziʀ] VI to lie

gestation [ʒɛstasjɔ̃] NF gestation • **être en ~** [*roman, projet*] to be in the pipeline

geste [ʒɛst] NM gesture • **~ d'approbation/d'effroi** gesture of approval/of terror • **pas un ~ ou je tire!** one move and I'll shoot! • **il parlait en faisant de grands ~s** he waved his hands about as he spoke • **il refusa d'un ~** he made a gesture of refusal • **faire un ~ de la main** to gesture with one's hand • **s'exprimer par ~s** to use one's hands to express o.s. • **~ de défi** gesture of defiance • **~ politique** political gesture • **beau ~** noble gesture • **dans un ~ de désespoir** out of sheer desperation

gesticuler [ʒɛstikyle] /TABLE 1/ VI to gesticulate

gestion [ʒɛstjɔ̃] NF management; [*de pays*] running • **mauvaise ~** bad management • **~ des stocks** inventory (*US*) *ou* stock (*Brit*) control • **~ de fichiers/base de données** file/database management • **la ~ des affaires publiques** the conduct of public affairs

gestionnaire [ʒɛstjɔnɛʀ] **1** NMF administrator **2** NM (= *logiciel*) manager • **~ de base de données/de fichiers** database/file manager • **~ d'impression** print monitor

gestuelle [ʒɛstɥɛl] NF body movements

geyser [ʒɛzɛʀ] NM geyser

Ghana [gana] NM Ghana

ghanéen, -enne [ganeɛ̃, ɛn] **1** ADJ Ghanaian **2** NM,F **Ghanéen(ne)** Ghanaian

ghetto [geto] NM ghetto

gibet [ʒibɛ] NM gallows

gibier [ʒibje] NM game • **gros ~** big game • **~ d'eau** waterfowl • **~ à plume** game birds

giboulée [ʒibule] NF sudden downpour • **~ de mars** ≈ April shower

giboyeux, -euse [ʒibwajø, øz] ADJ [*pays, forêt*] abounding in game

Gibraltar [ʒibʀaltaʀ] NM Gibraltar

GIC [ʒeise] NM (ABR DE **grand invalide civil**) disabled person

gicler [ʒikle] /TABLE 1/ VI ⓐ (= *jaillir*) to spurt ⓑ (= *être renvoyé*) [*personne*]* to get the boot*

gicleur [ʒiklœʀ] NM [*de moteur*] jet

GIE [ʒeiə] NM (ABR DE **groupement d'intérêt économique**) economic interest group

gifle [ʒifl] (NF) slap in the face • **flanquer* une ~ à qn** to give sb a slap in the face

gifler [ʒifle] /TABLE 1/ (VT) to slap

GIG [ʒeiʒe] (NM) (ABR DE **grand invalide de guerre**) disabled war veteran

gigantesque [ʒigɑ̃tɛsk] (ADJ) huge

gigantisme [ʒigɑ̃tism] (NM) (= *grandeur*) gigantic size

GIGN [ʒeiʒeɛn] (NM) (ABR DE **Groupe d'intervention de la Gendarmerie nationale**) *special task force of the Gendarmerie*, ≈ SAS (Brit), ≈ SWAT (US)

gigogne [ʒigɔɲ] (ADJ) → **lit, table**

gigolo* [ʒigɔlo] (NM) gigolo

gigot [ʒigo] (NM) ~ **d'agneau** leg of lamb

gigoter* [ʒigɔte] /TABLE 1/ (VI) to wriggle

gigue [ʒig] (NF) **a** (= *air, danse*) jig **b** **grande ~*** (= *fille*) beanpole* (Brit), string bean* (US) **c** ~ **de chevreuil** haunch of venison

gilet [ʒilɛ] (NM) (*de complet*) waistcoat (Brit), vest (US); (= *cardigan*) cardigan • ~ **(de corps** *ou* **de peau)** vest (Brit), undershirt (US) • ~ **pare-balles** bulletproof jacket • ~ **de sauvetage** life jacket; (*en avion*) life vest

gin [dʒin] (NM) gin • ~ **tonic** gin and tonic

gingembre [ʒɛ̃ʒɑ̃bʀ] (NM) ginger

gingivite [ʒɛ̃ʒivit] (NF) gingivitis

ginseng [ʒinsɛŋ] (NM) ginseng

girafe [ʒiʀaf] (NF) giraffe

> Le mot anglais s'écrit avec deux **f**.

giratoire [ʒiʀatwaʀ] (ADJ) → **sens**

girofle [ʒiʀɔfl] (NM) clove • **clou de ~** clove

giroflée [ʒiʀɔfle] (NF) wallflower

girolle○ [ʒiʀɔl] (NF) chanterelle

giron [ʒiʀɔ̃] (NM) (= *genoux*) lap; (= *sein*) bosom • **l'entreprise restera dans le ~ de l'État** the company will remain under state control • **quitter le ~ de l'Église** to leave the Church

girouette [ʒiʀwɛt] (NF) weather vane • **c'est une vraie ~** (*fig*) he changes his mind depending on which way the wind is blowing

gisait, gisaient [ʒizɛ] (VB) → **gésir**

gisement [ʒizmɑ̃] (NM) deposit • ~ **de pétrole** oilfield • ~ **d'emplois** source of employment • ~ **d'informations** mine of information

gisent [ʒiz], **gît**○ [ʒi] (VB) → **gésir**

gitan, e [ʒitɑ̃, an] **1** (ADJ) gipsy **2** (NM,F) **Gitan(e)** gipsy

gîte○[1] [ʒit] **1** (NM) **a** (= *abri*) shelter; (*Tourisme*) gîte • **rentrer au ~** to return home • **le ~ et le couvert** board and lodging (Brit) **b** (*Boucherie*) ~ **(à la noix)** topside (Brit), bottom round (US) **2** (COMP) ▸ **gîte d'étape** (*pour randonneurs*) accommodation ▸ **gîte rural** gîte

gîte○[2] [ʒit] (NF) **donner de la ~** to list

givre [ʒivʀ] (NM) (= *gelée blanche*) frost

givré, e [ʒivʀe] (ADJ) **a** [*arbre*] covered in frost; [*fenêtre, hélice*] iced-up • **orange ~e** orange sorbet served in the orange skin **b** (= *fou*)* nuts*

glabre [glabʀ] (ADJ) hairless

glace [glas] **1** (NF) **a** (= *eau congelée*) ice *NonC* • ~ **pilée** crushed ice • **sports de ~** ice sports • **briser** *ou* **rompre la ~** to break the ice • **rester de ~** to remain unmoved **b** (= *dessert*) ice cream • ~ **à la vanille/au café** vanilla/coffee ice cream **c** (= *miroir*) mirror; (= *vitre*) window **2** (NFPL) **glaces** (*Géog*) ice field(s) • **bateau pris dans les ~s** icebound ship

glacé, e [glase] *ptp de* **glacer** (ADJ) [*neige, lac*] frozen; [*vent, eau, chambre*] icy; [*boisson*] ice-cold; [*fruit*] glacé; [*accueil, attitude, sourire*] frosty • **j'ai les mains ~es** my hands are frozen • **à servir ~** to be served ice-cold • **café/thé ~** iced coffee/tea

glacer [glase] /TABLE 3/ **1** (VT) **a** (*de froid*) [+ *personne, membres*] to freeze • **ce vent vous glace** this wind chills you to the bone **b** ~ **qn** (= *intimider*) to turn sb cold • **cela l'a glacé d'horreur** he was frozen with terror • **son attitude vous glace** he has a chilling way about him **c** [+ *viande, papier*] to glaze; [+ *gâteau*] (*au sucre*) to ice (Brit), to frost (US) **2** (VPR) **se glacer** [*eau*] to freeze • **mon sang se glaça dans mes veines** my blood ran cold

glaciaire [glasjɛʀ] (ADJ) [*période, calotte*] ice; [*relief, vallée, érosion*] glacial

glacial, e (*mpl* **glacials** *ou* **glaciaux**) [glasjal, jo] (ADJ) [*froid*] icy; [*accueil, silence, regard*] frosty • **« non », dit-elle d'un ton ~** "no", she said frostily

glacier [glasje] (NM) **a** (*Géog*) glacier **b** (= *fabricant*) ice-cream maker; (= *vendeur*) ice-cream man

glacière [glasjɛʀ] (NF) cool box (Brit), cooler (US)

glaçon [glasɔ̃] (NM) [*de toit*] icicle; [*de boisson*] ice cube • **avec ou sans ~ ?** (*boisson*) with or without ice?

glaïeul [glajœl] (NM) gladiolus • **des ~s** gladioli

glaire [glɛʀ] (NF) phlegm • ~ **cervicale** cervical mucus

glaise [glɛz] (NF) clay

glaive [glɛv] (NM) two-edged sword

glamour* [glamuʀ] (ADJ) [*personne, tenue*] glamorous; [*émission*] glitzy*

gland [glɑ̃] (NM) [*de chêne*] acorn; (*Anatomie*) glans; (= *ornement*) tassel • **quel ~ !*** what a prick!**

glande [glɑ̃d] (NF) gland

glander* [glɑ̃de] /TABLE 1/ (VI) (= *traînailler*) to fart around* (Brit), to screw around* (US) • **qu'est-ce que tu glandes ?** what the hell are you doing?*

glandeur, -euse, glandu, e* [glɑ̃dœʀ, øz] (NM,F) **c'est un vrai ~** he's a lazy slob*

glaner [glane] /TABLE 1/ (VT) to glean

glapir [glapiʀ] /TABLE 2/ (VI) to yelp

glas [glɑ] (NM) knell *NonC* • **sonner le ~ de** (*fig*) to sound the knell of

glauque [glok] (ADJ) **a** (= *louche*)* [*quartier, hôtel*] shabby; [*atmosphère*] murky; [*individu*] shifty* **b** (= *lugubre*) dreary

glissade [glisad] (NF) (*par jeu*) slide; (= *chute*) slip • **faire des ~s sur la glace** to slide on the ice

glissant, e [glisɑ̃, ɑ̃t] (ADJ) slippery

glisse [glis] (NF) (*Ski*) glide • **sports de ~** *sports which involve sliding or gliding (eg skiing, surfing, skating)*

glissement [glismɑ̃] (NM) [*de porte, rideau*] sliding • ~ **électoral (à gauche)** electoral swing (to the left) • ~ **de sens** shift in meaning ▸ **glissement de terrain** landslide

glisser [glise] /TABLE 1/ **1** (VI) **a** (= *avancer*) to slide along; [*voilier, nuages, patineurs*] to glide along • **le pays glisse vers la droite** the country is moving towards the right **b** (= *tomber*) to slide • **il se laissa ~ le long du mur** he slid down the wall • **une larme glissa le long de sa joue** a tear trickled down his cheek **c** (= *déraper*) [*personne, objet*] to slip; [*véhicule, pneus*] to skid • **son pied a glissé** his foot slipped

g

ⓓ (*= être glissant*) [*parquet*] to be slippery • **attention, ça glisse** be careful, it's slippery
ⓔ (*= coulisser*) [*tiroir, rideau, curseur, anneau*] to slide
ⓕ (*= s'échapper*) ~ **des mains** to slip out of one's hands • **le voleur leur a glissé entre les mains** the thief slipped through their fingers
ⓖ (*= effleurer*) ~ **sur** [*+ sujet*] to skate over • **ses doigts glissaient sur les touches** his fingers slid over the keys • **glissons!** let's not dwell on that!
2 (VT) (*= introduire*) ~ **qch sous/dans qch** to slip sth under/into sth • ~ **une lettre sous la porte** to slip a letter under the door • **il me glissa un billet dans la main** he slipped a note into my hand • ~ **un mot à l'oreille de qn** to whisper a word in sb's ear
3 (VPR) **se glisser** [*personne, animal*] **se ~ quelque part** to slip somewhere • **le chien s'est glissé sous le lit** the dog crept under the bed • **se ~ dans les draps** to slip between the sheets • **une erreur s'est glissée dans le texte** there's a mistake in the text

glissière [glisjɛʀ] (NF) slide • **porte à ~** sliding door • ~ **de sécurité** (*sur une route*) crash barrier

global, e (*mpl* **-aux**) [glɔbal, o] (ADJ) [*somme*] total; [*résultat, idée*] overall; [*perspective, vue*] global

globalement [glɔbalmɑ̃] (ADV) (*= en bloc*) globally; (*= pris dans son ensemble*) taken as a whole • ~ **nous sommes d'accord** by and large we are in agreement • **les résultats sont ~ encourageants** by and large, the results are encouraging

globalisation [glɔbalizasjɔ̃] (NF) globalization

globalité [glɔbalite] (NF) **regardons le problème dans sa ~** let us look at the problem from every angle

globe [glɔb] (NM) ⓐ (*= sphère, monde*) globe • ~ **oculaire** eyeball • **le ~ terrestre** the globe • **faire le tour du ~** to go around the world ⓑ (*pour recouvrir*) glass cover

globule [glɔbyl] (NM) globule; [*de sang*] corpuscle • **~s rouges/blancs** red/white cells

globuleux, -euse [glɔbylø, øz] (ADJ) [*forme*] globular; [*œil*] protruding

gloire [glwaʀ] (NF) ⓐ (*= renommée*) fame; [*de vedette*] stardom • **être au sommet de la ~** to be at the height of one's fame • **elle a eu son heure de ~** she has had her hour of glory • **faire la ~ de qn** to make sb famous • **ce n'est pas la ~*** it's nothing to write home about*
ⓑ (*= mérite*) **(faire qch) pour la ~** (to do sth) for the glory of it • **s'attribuer toute la ~ de qch** to give o.s. all the credit for sth • **tirer ~ de qch** to revel in sth
ⓒ (*= louange*) praise • ~ **à Dieu** praise be to God • **poème à la ~ de qn/qch** poem in praise of sb/sth • **célébrer** *ou* **chanter la ~ de qn/qch** to sing the praises of sb/sth
ⓓ (*personne = célébrité*) celebrity • **cette pièce est la ~ du musée** this piece is the pride of the museum

glorieux, -ieuse [glɔʀjø, jøz] (ADJ) [*exploit, mort, personne, passé*] glorious • **ce n'est pas très ~!** it's nothing to be proud of!

glorifier [glɔʀifje] /TABLE 7/ 1 (VT) to extol 2 (VPR) **se glorifier se ~ de** to glory in

gloriole [glɔʀjɔl] (NF) misplaced vanity

glose [gloz] (NF) (*= annotation, commentaire*) gloss

glossaire [glɔsɛʀ] (NM) glossary

glotte [glɔt] (NF) glottis

glouglouter [gluglute] /TABLE 1/ (VI) [*eau*] to gurgle

glousser [gluse] /TABLE 1/ (VI) [*poule*] to cluck; (*péj*) [*personne*] to chuckle

glouton, -onne [glutɔ̃, ɔn] 1 (ADJ) [*personne*] gluttonous 2 (NM,F) glutton

gloutonnerie [glutɔnʀi] (NF) gluttony

glu [gly] (NF) (*pour prendre les oiseaux*) birdlime • **quelle ~, ce type!*** (*= personne*) the guy's such a leech!*

gluant, e [glyɑ̃, ɑ̃t] (ADJ) ⓐ [*substance*] sticky ⓑ (*= répugnant*) [*personne*] slimy

glucide [glysid] (NM) carbohydrate

glucose [glykoz] (NM) glucose

gluten [glytɛn] (NM) gluten

glycémie [glisemi] (NF) **taux de ~** blood sugar level

glycérine [gliseʀin] (NF) glycerine

glycéro* [gliseʀo] (ADJ) [*peinture*] oil-based

glycérophtalique [gliseʀoftalik] (ADJ) [*peinture*] oil-based

glycine [glisin] (NF) (*= plante*) wisteria

glyphosate [glifozat] (NM) glyphosate

gnagnagna* [ɲaɲaɲa] (EXCL) blah blah blah*

gnangnan* [ɲɑ̃ɲɑ̃] (ADJ INV) [*film, roman*] silly

gnognote* [ɲɔɲɔt] (NF) **c'est pas de la ~!** that's really something!*

gnôle* [ɲol] (NF) (*= eau-de-vie*) hooch*

gnome [gnom] (NM) gnome

gnon* [ɲɔ̃] (NM) (*= coup*) bash*; (*= marque*) dent

gnou [gnu] (NM) gnu, wildebeest

Go (ABR DE **gigaoctet**) Gb

goal [gol] (NM) goalkeeper

gobelet [gɔblɛ] (NM) cup • ~ **en plastique/papier** plastic/paper cup

gober [gɔbe] /TABLE 1/ (VT) [*+ huître, œuf*] to swallow whole; [*+ mensonge, histoire*]* to swallow hook, line and sinker

godasse* [gɔdas] (NF) shoe

godet [gɔdɛ] (NM) ⓐ (*= récipient*) pot ⓑ (*Couture*) gore ⓒ (*Tech*) bucket

godiche [gɔdiʃ] (ADJ) awkward • **quel ~!** you oaf!

godiller [gɔdije] /TABLE 1/ (VI) (*Ski*) to wedeln

godillot* [gɔdijo] (NM) (*= chaussure*) clumpy shoe

goéland [gɔelɑ̃] (NM) seagull

goélette [gɔelɛt] (NF) schooner

goémon [gɔemɔ̃] (NM) wrack

gogo* [gogo] (NM) (*= personne crédule*) sucker*
▸ **à gogo** (*= en abondance*) galore

goguenard, e [gɔg(ə)naʀ, aʀd] (ADJ) mocking

goguette* [gɔgɛt] (NF) **des touristes en ~** tourists out for a good time

goinfre* [gwɛ̃fʀ] (ADJ, NMF) **il est ~** • **c'est un ~** he's greedy

goinfrer (se)* [gwɛ̃fʀe] /TABLE 1/ (VPR) to stuff o.s.*

goitre [gwatʀ] (NM) goitre

golf [gɔlf] (NM) golf • **jouer au ~** to play golf

golfe [gɔlf] (NM) gulf; (*petit*) bay • **le ~ de Gascogne** the Bay of Biscay • **les États du Golfe** the Gulf States

golfeur, -euse [gɔlfœʀ, øz] (NM,F) golfer

gombo [gɔ̃bo] (NM) okra

gominé, e [gɔmine] (ADJ) slicked-back

gommage [gɔmaʒ] (NM) (*= exfoliation*) exfoliation • **se faire un ~** (*visage*) to use a facial scrub; (*corps*) to use a body scrub

gomme [gɔm] (NF) (*= substance*) gum; (*pour effacer*) rubber (*Brit*), eraser (*US*)

gommer [gɔme] /TABLE 1/ (VT) ⓐ [*+ mot, trait*] to rub out; [*+ souvenir*] to erase ⓑ **gommé** [*enveloppe, papier*] gummed

goncourable [gɔ̃kuʀabl] 1 (ADJ) **un auteur/un roman ~** an author/a novel that is a potential winner of the Prix Goncourt literary prize 2 (NMF) *potential winner of the Prix Goncourt literary prize* • **il est sur la liste des ~s** he is on the Prix Goncourt shortlist

gond [gɔ̃] (NM) hinge • **sortir de ses ~s** to fly off the handle

gondole [gɔ̃dɔl] (NF) (*= bateau*) gondola; [*de supermarché*] (supermarket) shelf

gondoler [gɔ̃dɔle] /TABLE 1/ 1 (VI) [*papier*] to crinkle; [*planche*] to warp; [*tôle*] to buckle 2 (VPR) **se gondoler*** (*= rire*) to split one's sides laughing*

gonflable [gɔ̃flabl] (ADJ) inflatable

gonflage [gɔ̃flaʒ] (NM) **vérifier le ~ des pneus** to check the tyre (*Brit*) *ou* tire (*US*) pressures

gonflé, e [gɔ̃fle] *ptp de* **gonfler** (ADJ) **a** [*pieds*] swollen; [*yeux*] puffy; [*ventre*] (*par un repas*) bloated **b** **il est ~!*** (*= impertinent*) he's got a nerve!*

gonfler [gɔ̃fle] /TABLE 1/ 1 (VT) **a** [*+ pneu, ballon*] (*avec une pompe*) to pump up; (*en soufflant*) to blow up; [*+ joues*] to puff out • **le vent gonfle les voiles** the wind fills out the sails **b** (*= dilater*) to swell • **son cœur était gonflé d'indignation** his heart was bursting with indignation • **il nous les gonfle!*̣** he's a pain in the neck* **c** (*= grossir*) [*+ prix, résultat*] to inflate; [*+ effectif*] (*= augmenter*) to swell; (*= exagérer*) to exaggerate; [*+ moteur*] to soup up* 2 (VI) (*= enfler*) [*genou, cheville, bois*] to swell; [*pâte*] to rise

gonflette* [gɔ̃flɛt] (NF) body building

gong [gɔ̃(g)] (NM) gong; (*Boxe*) bell

gonzesse*̣ [gɔ̃zɛs] (NF) (*péj*) girl

googler [gugle], **googliser** [guglize] /TABLE 1/ (VT) to Google ®

goret [gɔʀɛ] (NM) piglet

gorge [gɔʀʒ] (NF) **a** (*= cou, gosier*) throat; (*= poitrine*) breast • **rire à ~ déployée** to roar with laughter • **prendre qn à la ~** [*créancier*] to put a gun to sb's head; [*agresseur*] to grab sb by the throat; [*fumée, odeur*] to catch in sb's throat; [*peur*] to grip sb by the throat • **ça lui est resté en travers de la ~** (*fig*) he found it hard to take • **faire des ~s chaudes de qch** to laugh sth to scorn **b** (*= vallée, défilé*) gorge

gorgé, e[1] [gɔʀʒe] (ADJ) **la terre est ~e d'eau** the earth is saturated with water • **fruits ~s de soleil** fruit full of sunshine

gorgée[2] [gɔʀʒe] (NF) mouthful • **juste une ~** just a drop

gorille [gɔʀij] (NM) gorilla; (*= garde du corps*)* bodyguard

gosier [gozje] (NM) throat • **chanter à plein ~** to sing at the top of one's voice • **avoir le ~ sec*** to be parched*

gosse* [gɔs] (NMF) kid* • **sale ~** little brat* • **il est beau ~** he's good-looking

gosser* [gɔse] /TABLE 1/ (*Can*) 1 (VT) **a** [*+ morceau de bois*] to carve **b** (*= importuner*) to bother 2 (VI) to mess around*, to faff around* (*Brit*)

gotha [gɔta] (NM) (*= aristocratie*) **le ~** high society

gothique [gɔtik] (ADJ) Gothic

gouache [gwaʃ] (NF) gouache

gouaille [gwɑj] (NF) cheeky humour

goudron [gudʀɔ̃] (NM) tar

goudronner [gudʀɔne] /TABLE 1/ (VT) [*+ route, toile*] to tar

gouffre [gufʀ] (NM) gulf • **c'est un ~ (financier)** it just swallows up money • **nous sommes au bord du ~** we are on the edge of the abyss • **entre la théorie et la pratique, il y a un ~** there's a huge gap between theory and practice

gouine*̣ [gwin] (NF) (*péj*) dyke*̣ (*injurieux*)

goujat [guʒa] (NM) boor

goujon [guʒɔ̃] (NM) **a** (*= poisson*) gudgeon **b** (*= cheville*) pin

goulet [gulɛ] (NM) **~ d'étranglement** bottleneck

goulot [gulo] (NM) [*de bouteille*] neck • **boire au ~** to drink out of the bottle • **~ d'étranglement** bottleneck

goulu, e [guly] (ADJ) [*personne*] greedy

goulûment° [gulymɑ̃] (ADV) greedily

goupille [gupij] (NF) pin

goupillé, e* [gupije] *ptp de* **goupiller** (ADJ) (*= arrangé*) **bien/mal ~** well/badly thought out

goupiller* [gupije] /TABLE 1/ 1 (VT) (*= combiner*) to fix* • **il a bien goupillé son affaire** he did alright for himself there* 2 (VPR) **se goupiller** (*= s'arranger*) **tout s'est bien goupillé** everything went well

gourde [guʀd] (NF) **a** [*d'eau*] water bottle **b** (*= empoté*)* dope*

gourdin [guʀdɛ̃] (NM) club

gourer (se)*̣ [guʀe] /TABLE 1/ (VPR) to boob* (*Brit*), to goof up*̣ (*US*) • **se ~ de jour** to get the day wrong

gourmand, e [guʀmɑ̃, ɑ̃d] 1 (ADJ) [*personne*] greedy • **cette voiture est (très) ~e** this car's heavy on petrol (*Brit*) *ou* gas (*US*) 2 (NM,F) gourmand (*frm*) • **tu n'es qu'un ~!** (*enfant*) you greedy thing!*

gourmandise [guʀmɑ̃diz] (NF) fondness for food; (*péj*) greed

gourmet [guʀmɛ] (NM) gourmet

gourmette [guʀmɛt] (NF) chain bracelet

gourou [guʀu] (NM) guru

gousse [gus] (NF) [*de vanille, petits pois*] pod • **~ d'ail** clove of garlic

goût° [gu] (NM) **a** (*= sens*) taste

b (*= saveur*) taste • **ça a bon/mauvais ~** it tastes nice/nasty • **la soupe a un drôle de ~** the soup tastes funny • **sans ~** tasteless • **ça a un ~ de fraise** it tastes of strawberries • **donner du ~ à qch** [*épice, condiment*] to add flavour to sth

c (*= jugement*) taste • **(bon) ~** (good) taste • **avoir du/manquer de ~** to have/lack taste • **homme/femme de ~** man/woman of taste • **de bon ~** tasteful • **de mauvais ~** tasteless • **c'est une plaisanterie de mauvais ~** this joke is in bad taste • **il y en a pour tous les ~s** there's something for everybody

d (*= penchant*) taste (**de, pour** for) • **salez à votre ~** salt according to taste • **il a le ~ du risque** he likes taking risks • **faire qch par ~** to do sth because one likes doing it • **prendre ~ à qch** to get *ou* acquire a taste for sth • **elle a repris ~ à la vie** she has started to enjoy life again • **il n'avait ~ à rien** he didn't feel like doing anything • **à mon/son ~** for my/his taste • **ce n'est pas du ~ de tout le monde** it's not to everybody's taste • **avoir des ~s de luxe** to have expensive tastes • (PROV) **des ~s et des couleurs (on ne discute pas)** there's no accounting for taste(s)

e (*= style*) **ou quelque chose dans ce ~-là*** or something of that sort • **au ~ du jour** in accordance with current tastes

goûter°[1] [gute] /TABLE 1/ 1 (VT) **a** [*+ aliment*] to taste

▸ **goûter à** to taste • **il y a à peine goûté** he's hardly touched it • **goûtez-y** taste it

▸ **goûter de** (*= faire l'expérience de*) to have a taste of

b [*+ repos*] to enjoy

2 (VI) (*= faire une collation*) to have an after-school snack

g

goûter[2] [gute] NM [d'enfants] after-school snack; [d'adultes] afternoon tea • **l'heure du ~** afternoon snack time

goûteux, **-euse** [gutø, øz] ADJ [vin, viande] flavoursome (Brit), flavorful (US)

goutte [gut] 1 NF a drop • **gouttes** (= médicament) drops • **suer à grosses ~s** to be running with sweat • **pleuvoir à grosses ~s** to rain heavily • **il est tombé quelques ~s** there were a few drops of rain • **du lait? — une ~** milk? — just a drop • **avoir la ~ au nez** to have a runny nose b (= maladie) gout 2 COMP ▸ **goutte d'eau** drop of water • **c'est la ~ (d'eau) qui fait déborder le vase** it's the last straw

goutte-à-goutte [gutagut] NM INV drip (Brit), IV (US)

gouttelette [gut(ə)lɛt] NF droplet

goutter [gute] /TABLE 1/ VI to drip

gouttière [gutjɛʀ] NF (horizontale) gutter; (verticale) drainpipe

gouvernail [guvɛʀnaj] NM (= pale) rudder; (= barre) tiller

gouvernance [guvɛʀnɑ̃s] NF governance

gouvernant, e [guvɛʀnɑ̃, ɑ̃t] 1 ADJ [parti, classe] ruling 2 NF **gouvernante** (= institutrice) governess

gouverne [guvɛʀn] NF **pour ta ~** for your guidance

gouvernement [guvɛʀnəmɑ̃] NM (= régime) government; (= ensemble des ministres) Cabinet • **former un ~** to form a government • **il est au ~** he's a member of the government • **sous un ~ socialiste** under socialist rule

> Le mot anglais s'écrit avec **o** et non **ou** et n'a pas de **e** après le **n**.

gouvernemental, e (mpl **-aux**) [guvɛʀnəmɑ̃tal, o] ADJ [organe, politique] government • **l'équipe ~e** the government

gouverner [guvɛʀne] /TABLE 1/ VT a (Politique) to govern • **l'intérêt gouverne le monde** self-interest rules the world b [+ bateau] to steer

gouverneur [guvɛʀnœʀ] NM governor • **~ général** (Can) governor general

goyave [gɔjav] NF (= fruit) guava

GPA NF (ABR DE **gestation pour autrui**) GS (= gestational surrogacy)

GPL [ʒepeɛl] NM (ABR DE **gaz de pétrole liquéfié**) LPG

GPS [ʒepeɛs] NM (ABR DE **global positioning system**) **(système) ~** GPS (system), satnav (system)

GR [ʒeɛʀ] NM (ABR DE **(sentier de) grande randonnée**) way-marked route

graal [gʀa(a)l] NM a (Rel) **le Graal** the Holy Grail • **la quête du Graal** the quest for the Holy Grail b (fig) (sans majuscule) Holy Grail

grabataire [gʀabatɛʀ] NMF bedridden invalid

grabuge* [gʀabyʒ] NM **faire du ~** to create havoc

grâce [gʀɑs] NF a (= charme) grace • **plein de ~** graceful • **avec ~** gracefully
b (= faveur) favour (Brit), favor (US) • **trouver ~ aux yeux de qn** to find favour with sb • **être dans les bonnes ~s de qn** to be in sb's good books* • **délai de ~** days of grace
c (= miséricorde) mercy; (Droit) pardon • **~ présidentielle** presidential pardon • **demander ~** to beg for mercy • **de ~, laissez-le dormir** for pity's sake, let him sleep • **je vous fais ~ des détails** I'll spare you the details • **donner le coup de ~** to give the coup de grâce
d (Rel) grace • **à la ~ de Dieu!** it's in God's hands!
e (locutions) **faire qch de** ou **avec bonne/mauvaise ~** to do sth with good/bad grace • **il y a mis de la mauvaise ~** he did it very reluctantly • **il aurait mauvaise ~ à refuser** it would be bad form for him to refuse
▸ **grâce à** thanks to

gracier [gʀasje] /TABLE 7/ VT to grant a pardon to

gracieusement [gʀasjøzmɑ̃] ADV a (= élégamment) gracefully b (= aimablement) kindly c (= gratuitement) free of charge

gracieux, -ieuse [gʀasjø, jøz] ADJ a (= élégant) graceful b (= aimable) kindly

gracile [gʀasil] ADJ slender

gradation [gʀadasjɔ̃] NF gradation

grade [gʀad] NM a (Admin, Mil) rank • **monter en ~** to be promoted • **en prendre pour son ~*** to be hauled over the coals b (Math, Tech) grade

gradé, e [gʀade] NM,F officer

gradins [gʀadɛ̃] NMPL [de stade] terraces

graduation [gʀadɥasjɔ̃] NF [d'instrument] graduation

gradué, e [gʀadɥe] ptp de **graduer** ADJ [exercices] graded; [règle, thermomètre] graduated

graduel, -elle [gʀadɥɛl] ADJ gradual

graduer [gʀadɥe] /TABLE 1/ VT [+ exercices] to make gradually more difficult; [+ difficultés, efforts] to step up gradually; [+ règle, thermomètre] to graduate

graff [gʀaf] NM graffiti NonC

graffeur, -euse [gʀafœʀ, øz] NM,F graffiti artist

graffiteur, -euse [gʀafitœʀ, øz] NM,F (gén) graffitist; (= artiste) graffiti artist

graffiti [gʀafiti] NM graffiti NonC

graillon [gʀajɔ̃] NM **ça sent le ~** there's a smell of burnt fat

grain [gʀɛ̃] 1 NM a grain; [de poussière] speck; [de café] bean • **café en ~s** coffee beans • **~ de raisin** grape • **~ de poivre** peppercorn • **mettre son ~ de sel*** to put in one's two penn'orth (Brit) ou cents (US)* • **~ de sable** (fig) blip* • **un ~ de** (= un peu de) [+ fantaisie] a touch of; [+ bon sens] a grain of • **il a un ~*** he's a bit touched* b [de peau] texture; (Photo) grain c (= averse brusque) heavy shower; (en mer) squall • **essuyer un ~** to run into a squall 2 COMP ▸ **grain de beauté** mole

graine [gʀɛn] NF seed • **monter en ~** to go to seed • **prends-en de la ~*** (= ne le fais pas) let that be a lesson to you*

graisse [gʀɛs] NF fat; [de viande cuite] dripping (Brit), drippings (US); (= lubrifiant) grease

graisser [gʀese] /TABLE 1/ VT (= lubrifier) to grease; (= salir) to make greasy • **~ la patte à qn*** to grease sb's palm*

graisseux, -euse [gʀɛsø, øz] ADJ [main, objet] greasy; [tissu, tumeur] fatty

graminée [gʀamine] NF **une ~** a grass

grammaire [gʀamɛʀ] NF (= science, livre) grammar • **faute de ~** grammatical mistake

grammatical, e (mpl **-aux**) [gʀamatikal, o] ADJ grammatical

gramme [gʀam] NM gram(me) • **je n'ai pas perdu un ~** (de mon poids) I haven't lost an ounce

grand, e [gʀɑ̃, gʀɑ̃d] 1 ADJ a (= de haute taille) tall
b (= plus âgé) **son ~ frère** his older ou big* brother • **ils ont deux ~s enfants** they have two grown-up children • **quand il sera ~** [enfant] when he grows up • **il est assez ~ pour savoir** he's old enough to know • **tu es ~/~e maintenant** you're a big boy/girl now
c (en dimensions) big, large; [bras, distance, voyage, enjambées]

long; [*avenue, marge*] wide • **ouvrir de ~s yeux** to open one's eyes wide • **l'amour avec un ~ A** love with a capital L **d** (*en nombre, en quantité*) [*vitesse, poids, valeur, puissance*] great; [*nombre, quantité*] large; [*famille*] large, big • **la ~e majorité des gens** the great majority of people
e (= *intense*) [*bruit, cri*] loud; [*froid, chaleur*] intense; [*vent*] strong; [*danger, plaisir, pauvreté*] great • **avec un ~ rire** with a loud laugh • **à ma ~e surprise** to my great surprise
f (= *riche, puissant*) [*pays, firme, banquier, industriel*] leading
g (= *important*) great; [*ville, travail*] big • **je t'annonce une ~e nouvelle!** I've got some great news! • **c'est un ~ jour pour nous** this is a great day for us
h (= *principal*) main • **c'est la ~e nouvelle du jour** it's the main news of the day • **la ~e difficulté consiste à ...** the main difficulty lies in ...
i (*intensif*) [*travailleur, collectionneur, ami, rêveur*] great; [*buveur, fumeur*] heavy; [*mangeur*] big • **un ~ verre d'eau** a large glass of water • **les ~s malades** the very ill • **un ~ invalide** a seriously disabled person
j (= *remarquable*) great • **un ~ vin** a great wine • **une ~e année** a vintage year • **c'est du ~ jazz*** it's jazz at its best
k (= *de gala*) [*réception, dîner*] grand • **en ~e pompe** with great pomp
l (= *noble*) [*âme*] noble; [*pensée, principe*] lofty
m (= *exagéré*) **faire de ~es phrases** to voice high-flown sentiments • **tous ces ~s discours** all these high-flown speeches
n (= *beaucoup de*) **cela te fera (le plus) ~ bien** it'll do you the world of good • **~ bien vous fasse!** much good may it do you!
2 ADV **a** (*en taille*) **ces sandales chaussent ~** these sandals are big-fitting (*Brit*) *ou* run large (*US*)
b (= *largement*) **ouvrir (en) ~** [+ *porte*] to open wide; [+ *robinet*] to turn full on • **la fenêtre était ~(e) ouverte** the window was wide open • **voir ~** to think big • **il a vu trop ~** he was over-ambitious • **il fait toujours les choses en ~** he always does things on a large scale
3 NM **a** (= *élève*) senior boy • **jeu pour petits et ~s** game for old and young alike
b (*terme d'affection*) **viens, mon ~** come here, son
c (= *personne puissante*) **les ~s de ce monde** men in high places • **Alexandre le Grand** Alexander the Great
4 NF **grande** **a** (= *élève*) senior girl • **elle parle comme une ~e** she talks like a much older child
b (*terme d'affection*) **ma ~e** (my) dear
5 COMP ▸ **la grande Bleue** *ou* **bleue** the Med* ▸ **grande école** *prestigious higher education institute with competitive entrance examination* ▸ **grande personne** grown-up ▸ **la grande vie** the good life • **mener la ~e vie** to live the good life

> **GRANDES ÉCOLES**
>
> The **grandes écoles** are competitive-entrance higher education establishments where engineering, business administration and other subjects are taught to a very high standard. The most prestigious include "l'École Polytechnique" (engineering), the three "Écoles normales supérieures" (arts and sciences), "l'ENA" (the civil service college), and "HEC" (business administration).
>
> Pupils prepare for entrance to the **grandes écoles** after their "baccalauréat" in two years of "classes préparatoires". → CLASSES PRÉPARATOIRES, CONCOURS, ÉCOLE NATIONALE D'ADMINISTRATION

grand-angle (*pl* **grands-angles**) [gʀɑ̃tɑ̃gl, gʀɑ̃zɑ̃gl] NM wide-angle lens
grand-chose [gʀɑ̃ʃoz] PRON INDÉF **pas ~** not much • **cela ne vaut pas ~** it's not worth much • **il n'y a pas ~ à dire** there's not a lot to say • **il n'en sortira pas ~ de bon** not much good will come of this
grand-duché (*pl* **grands-duchés**) [gʀɑ̃dyʃe] NM grand duchy
Grande-Bretagne [gʀɑ̃dbʀətaɲ] NF Great Britain
grandement [gʀɑ̃dmɑ̃] ADV (= *largement*) [*aider, contribuer*] a great deal • **il a ~ le temps** he has plenty of time
grandeur [gʀɑ̃dœʀ] NF **a** (= *dimension*) size • **ils sont de la même ~** they are the same size • **~ nature** [*statue*] life-size; [*expérience*] in real conditions **b** (= *importance*) [*de sacrifice, œuvre, amour*] greatness • **avoir des idées de ~** to have delusions of grandeur **c** (= *dignité*) greatness; (= *magnanimité*) magnanimity • **~ d'âme** generosity of spirit **d** (= *gloire*) greatness • **~ et décadence de** rise and fall of
grandiloquent, e [gʀɑ̃dilɔkɑ̃, ɑ̃t] ADJ grandiloquent
grandiose [gʀɑ̃djoz] ADJ [*œuvre, spectacle*] magnificent; [*paysage*] spectacular
grandir [gʀɑ̃diʀ] /TABLE 2/ **1** VI to grow; [*bruit*] to grow louder; [*firme*] to expand • **il a grandi de 10 cm** he has grown 10cm • **en grandissant tu verras que ...** as you grow up you'll see that ... • **~ en sagesse** to grow in wisdom **2** VT **a** [*microscope*] to magnify • **ces chaussures te grandissent** those shoes make you look taller **b** (= *rendre prestigieux*) **la France n'en est pas sortie grandie** it did little for France's reputation
grandissant, e [gʀɑ̃disɑ̃, ɑ̃t] ADJ [*foule, bruit, sentiment*] growing
grand-mère (*pl* **grands-mères**) [gʀɑ̃mɛʀ] NF (= *aïeule*) grandmother
grand-oncle (*pl* **grands-oncles**) [gʀɑ̃tɔ̃kl, gʀɑ̃zɔ̃kl] NM great-uncle
grand-peine [gʀɑ̃pɛn] NF **à ~** with great difficulty
grand-père (*pl* **grands-pères**) [gʀɑ̃pɛʀ] NM (= *aïeul*) grandfather
grand-route (*pl* **grand-routes**) [gʀɑ̃ʀut] NF main road
grand-rue (*pl* **grand-rues**) [gʀɑ̃ʀy] NF **la ~** the high street (*Brit*), main street (*US*)
grands-parents [gʀɑ̃paʀɑ̃] NMPL grandparents
grand-tante (*pl* **grands-tantes**) [gʀɑ̃tɑ̃t] NF great-aunt
grand-voile (*pl* **grands-voiles**) [gʀɑ̃vwal] NF mainsail
grange [gʀɑ̃ʒ] NF barn
granit, granite [gʀanit] NM granite
granitique [gʀanitik] ADJ granite
granulaire [gʀanylɛʀ] ADJ granular
granularité [gʀanylaʀite] NF granularity
granule [gʀanyl] NM granule; (= *médicament*) small pill
granulé [gʀanyle] NM granule • **~s** (= *nourriture pour animaux*) pellets
granuleux, -euse [gʀanylø, øz] ADJ [*surface*] gritty
graphe [gʀaf] NM **a** (*Math*) graph **b** (= *graff*) graffiti *NonC*
graphène [gʀafɛn] NM graphene
grapheur, -euse [gʀafœʀ, øz] NM,F = **graffeur**
graphie [gʀafi] NF written form
graphique [gʀafik] **1** ADJ graphic **2** NM (= *courbe*) graph • **~ en barres** bar chart • **~ à secteurs** pie chart

graphisme [grafism] NM (= *technique*) graphic arts; (= *style*) [*de peintre, dessinateur*] style of drawing

graphiste [grafist] NMF graphic designer

graphite [grafit] NM graphite

graphologie [grafɔlɔʒi] NF graphology

graphologue [grafɔlɔg] NMF graphologist

grappe [grap] NF [*de fleurs*] cluster; [*de groseilles*] bunch • **~ de raisin** bunch of grapes • **en** *ou* **par ~s** in clusters

grappiller [grapije] /TABLE 1/ **1** VI (= *picorer*) **arrête de ~, prends la grappe** stop picking at it and take the whole bunch **2** VT [+ *renseignements, informations*] to glean; [+ *idées*] to lift • **~ quelques sous** to fiddle a few euros* • **réussir à ~ quelques voix/sièges** to manage to pick up a few votes/seats

grappin [grapɛ̃] NM [*de bateau*] grapnel • **mettre le ~ sur qn*** to grab sb

gras, grasse [grɑ, grɑs] **1** ADJ ⓐ [*substance, aliment*] fatty • **fromage ~** full fat cheese • **crème grasse pour la peau** rich moisturizing cream ⓑ (= *gros*) [*personne, animal, bébé*] fat; [*volaille*] plump ⓒ (= *graisseux, huileux*) [*mains, cheveux, surface*] greasy; [*boue, sol*] sticky ⓓ [*toux*] loose; [*voix, rire*] throaty ⓔ (= *vulgaire*) [*mot, plaisanterie*] crude ⓕ **faire la grasse matinée** to have a lie-in **2** NM ⓐ [*de viande*] fat ⓑ [*de jambe, bras*] **le ~ de** the fleshy part of ⓒ (*Typo*) **en (caractères) ~** in bold (type) **3** ADV **manger ~** to eat fatty foods

grassement [grɑsmɑ̃] ADV [*rétribuer*] handsomely • **~ payé** highly paid

grassouillet, -ette* [grɑsujɛ, ɛt] ADJ plump

gratifiant, e [gratifjɑ̃, jɑ̃t] ADJ [*expérience, travail*] rewarding

gratification [gratifikasjɔ̃] NF ⓐ (= *prime*) bonus ⓑ (= *satisfaction*) gratification

gratifier [gratifje] /TABLE 7/ VT **~ qn de** [+ *sourire, bonjour*] to favour (*Brit*) *ou* favor (*US*) sb with

gratin [gratɛ̃] NM ⓐ (*Cuisine*) (= *plat*) gratin • **~ de pommes de terre** potatoes au gratin • **~ dauphinois** *potatoes cooked in cream with a crispy topping* ⓑ (= *haute société*) **le ~*** the upper crust*

gratiné, e [gratine] ADJ ⓐ (*Cuisine*) au gratin ⓑ (*intensif*)* [*épreuve*] stiff; [*plaisanterie*] outrageous

gratis* [gratis] ADJ, ADV free

gratitude [gratityd] NF gratitude

grattage [grataʒ] NM **j'ai gagné au ~** I won on the scratch cards

gratte-ciel (*pl* **gratte-ciel(s)**) [gratsjɛl] NM skyscraper

gratte-papier (*pl* **gratte-papier(s)**) [gratpapje] NM (*péj*) penpusher (*Brit*), pencil pusher (*US*)

gratter [grate] /TABLE 1/ **1** VT ⓐ [+ *surface*] (*avec un ongle, une pointe*) to scratch; (*avec un outil*) to scrape; [+ *guitare*] to strum; [+ *allumette*] to strike ⓑ (= *enlever*) [+ *tache*] to scratch off ⓒ (= *irriter*) **ça (me) gratte** I've got an itch ⓓ (= *grappiller*)* **~ quelques euros** to make a bit extra on the side ⓔ (= *dépasser*)* to overtake **2** VI ⓐ [*plume*] to scratch • **ça gratte!** it's really itchy! ⓑ (= *écrire*)* to scribble **3** VPR **se gratter** to scratch (o.s.) • **se ~ la tête** to scratch one's head

grattoir [gratwar] NM scraper

gratuiciel [gratɥisjɛl] NM (*Can*) freeware

gratuit, e [gratɥi, ɥit] ADJ ⓐ (= *non payant*) free • **entrée ~e** admission free • **à titre ~** (*frm*) free of charge ⓑ (= *non motivé*) [*supposition, affirmation*] unwarranted; [*accusation*] unfounded; [*cruauté, insulte, violence*] gratuitous

gratuité [gratɥite] NF (= *caractère non payant*) **grâce à la ~ de l'éducation** thanks to free education

gratuitement [gratɥitmɑ̃] ADV ⓐ (= *gratis*) [*entrer, participer, soigner*] free (of charge) ⓑ (= *sans raison*) [*agir*] gratuitously

gravats [gravɑ] NMPL rubble

grave [grav] **1** ADJ ⓐ (= *solennel*) solemn ⓑ (= *important*) serious • **ce n'est pas ~!** it doesn't matter! ⓒ (= *alarmant*) serious • **il n'y a rien de ~** it's nothing serious ⓓ (= *bas*) [*note*] low; [*son, voix*] deep **2** NM (= *notes*) low register; (*Radio*) bass

gravement [gravmɑ̃] ADV ⓐ [*parler, regarder*] gravely ⓑ (= *de manière alarmante*) [*blesser, offenser*] seriously • **être ~ malade** to be gravely ill

graver [grave] /TABLE 1/ VT ⓐ [+ *signe, inscription, médaille*] to engrave ⓑ [+ *disque*] to cut; [+ *CD, DVD*] to burn

graveur, -euse [gravœr, øz] **1** NM,F (*sur pierre, métal, papier, bois*) engraver **2** NM **~ de CD/DVD** CD/DVD burner

gravier [gravje] NM (= *caillou*) bit of gravel • **allée de ~** gravel path

gravillon [gravijɔ̃] NM bit of gravel • **« ~s »** (*sur route*) "loose chippings"

gravir [gravir] /TABLE 2/ VT to climb

gravissime [gravisim] ADJ extremely serious

gravitation [gravitasjɔ̃] NF gravitation

gravitationnel, -elle [gravitasjɔnɛl] ADJ gravitational

gravité [gravite] NF ⓐ [*de problème, situation, blessure*] seriousness • **c'est un accident sans ~** it was a minor accident ⓑ [*d'air, ton*] gravity • **plein de ~** very solemn ⓒ (*Physique*) gravity • **les lois de la ~** the laws of gravity

graviter [gravite] /TABLE 1/ VI **~ autour de** [*astre*] to revolve round; [*personne*] to hang around • **il gravite dans les milieux diplomatiques** he moves in diplomatic circles

gravure [gravyr] **1** NF ⓐ (= *estampe*) engraving ⓑ (= *reproduction*) (*dans une revue*) plate; (*au mur*) print **2** COMP ▸ **gravure sur bois** wood engraving ▸ **gravure de mode** fashion plate ▸ **gravure sur pierre** stone carving

gré [gre] NM ▸ **au gré de flottant au ~ de l'eau** drifting with the current • **au ~ des événements** according to how things go • **au ~ des saisons** with the seasons
▸ **bon gré mal gré** whether you (*ou* we *etc*) like it or not
▸ **contre le gré de qn** against sb's will
▸ **de gré ou de force il le fera de ~ ou de force** he'll do it whether he likes it or not
▸ **de bon gré** willingly
▸ **de son plein gré** of one's own free will

grec, grecque [grɛk] **1** ADJ [*île, langue*] Greek; [*profil, traits*] Grecian **2** NM (= *langue*) Greek **3** NM,F **Grec(que)** Greek

Grèce [grɛs] NF Greece

gréco-romain, e (*mpl* **gréco-romains**) [grekorɔmɛ̃, ɛn] ADJ Graeco-Roman (*Brit*), Greco-Roman (*US*)

gréement [gremɑ̃] NM rigging • **les vieux ~s** (= *voiliers*) old sailing ships

greffe[1] [grɛf] NF ⓐ [*d'organe*] transplant; [*de tissu*] graft ⓑ [*d'arbre*] (= *action*) grafting; (= *pousse*) graft

greffe[2] [grɛf] NM (*au tribunal*) Clerk's Office

greffer [grefe] /TABLE 1/ **1** VT [+ *organe*] to transplant; [+ *tissu, arbre*] to graft **2** VPR **se greffer se ~ sur** [*problèmes*] to come on top of

greffier, -ière [grefje, jɛr] NM,F clerk (of the court)

greffon [gʀefɔ̃] (NM) graft

grégaire [gʀegɛʀ] (ADJ) gregarious • **avoir l'instinct ~** to be naturally gregarious

grège [gʀɛʒ] (ADJ) *[soie]* raw

grégorien, -ienne [gʀegɔʀjɛ̃, jɛn] (ADJ) Gregorian

grêle[1] [gʀɛl] (ADJ) *[jambes, tige]* spindly; *[voix]* shrill

grêle[2] [gʀɛl] (NF) hail • **averse de ~** hailstorm

grêlé, e [gʀele] *ptp de* **grêler** (ADJ) *[visage]* pockmarked

grêler [gʀele] /TABLE 1/ (VB IMPERS) **il grêle** it is hailing

grêlon [gʀɛlɔ̃] (NM) hailstone

grelot [gʀəlo] (NM) (small) bell

grelotter, greloter [gʀəlɔte] /TABLE 1/ (VI) to shiver (**de** with)

Grenade [gʀənad] **1** (N) (*= ville*) Granada **2** (NF) (*= État*) Grenada

grenade [gʀənad] (NF) ⓐ (*= fruit*) pomegranate ⓑ (*= explosif*) grenade • **~ lacrymogène** teargas grenade

grenadier [gʀənadje] (NM) ⓐ (*= arbre*) pomegranate tree ⓑ (*= soldat*) grenadier

grenadin, e[1] [gʀənadɛ̃, in] **1** (ADJ) Grenadian **2** (NM,F) **Grenadin(e)** Grenadian

grenadine[2] [gʀənadin] (NF) (*= sirop*) grenadine

grenaille [gʀənɑj] (NF) **de la ~** (*= projectiles*) shot

grenat [gʀəna] **1** (ADJ INV) dark red **2** (NM) (*= pierre*) garnet

grenier [gʀənje] (NM) attic; (*pour conserver le grain*) loft • **~ à blé** granary

grenouille [gʀənuj] (NF) frog • **~ de bénitier** churchy old man (*ou* woman)

grenouillère [gʀənujɛʀ] (NF) (*= pyjama*) sleepsuit

grenu, e [gʀəny] (ADJ) *[peau]* coarse-grained; *[cuir]* grained

grès [gʀɛ] (NM) ⓐ (*= pierre*) sandstone ⓑ (*= poterie*) stoneware

grésil [gʀezil] (NM) hail

grésillement [gʀezijmɑ̃] (NM) *[de friture]* sizzling; *[de poste de radio]* crackling

grésiller [gʀezije] /TABLE 1/ **1** (VI) *[friture]* to sizzle; *[poste de radio]* to crackle **2** (VB IMPERS) **il grésille** it's hailing

grève [gʀɛv] **1** (NF) ⓐ (*= arrêt du travail*) strike • **se mettre en ~** to go on strike • **être en ~** • **faire ~** to be on strike ⓑ (*= rivage*) shore **2** (COMP) ▸ **grève de la faim** hunger strike ▸ **grève générale** general strike ▸ **grève perlée** ≈ go-slow (*Brit*), ≈ slowdown strike (*US*) ▸ **grève sauvage** wildcat strike ▸ **grève de solidarité** sympathy strike ▸ **grève surprise** lightning strike ▸ **grève sur le tas** sit-down strike ▸ **grève du zèle** ≈ work-to-rule • **faire la ~ du zèle** to work to rule

grever [gʀəve] /TABLE 5/ (VT) *[+ budget]* to put a strain on • **sa maison est grevée d'hypothèques** his house is mortgaged to the hilt

gréviste [gʀevist] (NMF) striker

gribiche [gʀibiʃ] (ADJ) **sauce ~** *vinaigrette sauce with chopped boiled eggs, gherkins, capers and herbs*

gribouillage [gʀibujaʒ] (NM) (*= écriture*) scribble; (*= dessin*) doodle

gribouiller [gʀibuje] /TABLE 1/ **1** (VT) (*= écrire*) to scribble; (*= dessiner*) to scrawl **2** (VI) (*= dessiner*) to doodle

gribouillis [gʀibuji] (NM) (*= écriture*) scribble; (*= dessin*) doodle

grief [gʀijɛf] (NM) grievance • **faire ~ à qn de qch** to hold sth against sb

grièvement [gʀijɛvmɑ̃] (ADV) **~ blessé** seriously injured

griffe [gʀif] (NF) ⓐ *[de mammifère, oiseau]* claw • **rentrer/sortir ses ~s** to draw in/show one's claws • **arracher qn des ~s d'un ennemi** to snatch sb from the clutches of an enemy • **coup de ~** scratch; (*fig*) dig ⓑ (*= signature*) signature; (*= étiquette de couturier*) maker's label (*inside garment*) ⓒ (*sur bijou*) claw

griffé, e [gʀife] (ADJ) *[accessoire, vêtement]* designer

griffer [gʀife] /TABLE 1/ (VT) *[chat]* to scratch

griffon [gʀifɔ̃] (NM) (*= chien*) griffon

griffonnage [gʀifɔnaʒ] (NM) (*= écriture*) scribble; (*= dessin*) hasty sketch

griffonner [gʀifɔne] /TABLE 1/ (VT) (*= écrire*) to scribble

griffure [gʀifyʀ] (NF) scratch

grignoter [gʀiɲɔte] /TABLE 1/ **1** (VT) ⓐ (*= manger*) to nibble ⓑ (*= réduire*) to erode gradually • **~ du terrain** to gradually gain ground **2** (VI) (*= manger peu*) to pick at one's food • **~ entre les repas** to snack between meals

gril [gʀil] (NM) grill pan • **être sur le ~*** *[personne]* to be on tenterhooks • **faire cuire au ~** to grill

grillade [gʀijad] (NF) (*= viande*) grilled meat • **~ d'agneau** grilled lamb

grillage [gʀijaʒ] (NM) (*= treillis métallique*) wire netting *NonC*; (*= clôture*) wire fencing *NonC*

grillager [gʀijaʒe] /TABLE 3/ (VT) (*avec un treillis métallique*) to put wire netting on; (*= clôturer*) to put wire fencing around • **un enclos grillagé** an area fenced off with wire netting

grille [gʀij] (NF) ⓐ *[de parc]* (*= clôture*) railings; (*= portail*) gate; *[de magasin]* shutter; *[de cellule, fenêtre]* bars; *[d'égout, trou]* grating ⓑ *[de salaires, tarifs]* scale; *[de programmes de radio, horaires]* schedule • **~ de mots croisés** crossword puzzle grid • **~ de loto** loto card

grillé, e* [gʀije] *ptp de* **griller** (ADJ) **il est ~** his name is mud*; *[espion]* his cover's been blown*

grille-pain [gʀijpɛ̃] (NM INV) toaster

griller [gʀije] /TABLE 1/ **1** (VT) ⓐ *[+ pain, amandes]* to toast; *[+ poisson, viande]* to grill; *[+ café, châtaignes]* to roast

ⓑ *[+ visage, corps]* to burn • **se ~ au soleil** to roast in the sun

ⓒ *[+ plantes, cultures]* to scorch

ⓓ *[+ fusible, lampe]* to blow; *[+ moteur]* to burn out • **une ampoule grillée** a dud bulb

ⓔ (*= fumer*)* **~ une cigarette** • **en ~ une** to have a smoke*

ⓕ (*= ne pas respecter*)* **~ un feu rouge** to go through a red light • **~ un stop** to fail to stop (*at a stop sign*) • **~ la priorité à qn** (*à un automobiliste*) to cut sb up; (*à un concurrent*) to trump sb • **~ les étapes** to go too far too fast • **ils ont grillé la politesse à leurs concurrents*** they've pipped their competitors at the post*

2 (VI) **faire ~** *[+ pain]* to toast; *[+ viande]* to grill • **on a mis les steaks à ~** we've put the steaks on to grill

grillon [gʀijɔ̃] (NM) cricket

grimace [gʀimas] (NF) grimace; (*pour faire rire*) funny face • **faire des ~s** to make faces • **avec une ~ de dégoût** with a disgusted expression • **il a fait la ~ quand il a appris la décision** he pulled a long face when he heard the decision

grimacer [gʀimase] /TABLE 3/ (VI) (*= sourire*) to grin sardonically • **~ (de douleur)** to wince • **~ (de dégoût)** to pull a wry face (in disgust) • **~ (sous l'effort)** to screw one's face up (with the effort)

grimer [gʀime] /TABLE 1/ **1** (VT) (*= maquiller*) to make up **2** (VPR) **se grimer** to make o.s. up

g

grimoire [gʀimwaʀ] (NM) **(vieux)** ~ book of magic spells
grimpant, e [gʀɛ̃pɑ̃, ɑ̃t] (ADJ) **plante ~e** climbing plant
grimper [gʀɛ̃pe] /TABLE 1/ **1** (VI) **a** [*personne, animal*] to climb (up) • **~ aux rideaux** [*chat*] to climb up the curtains • **ça le fait ~ aux rideaux*** (*de colère*) it drives him up the wall* • **~ aux arbres** to climb trees • **allez, grimpe!** (*dans une voiture*) come on, get in! **b** [*route, plante*] to climb • **ça grimpe dur** it's a stiff climb **c** [*fièvre, prix*]* to soar **2** (VT) [*+ montagne, côte*] to climb
grimpeur, -euse [gʀɛ̃pœʀ, øz] (NM,F) (= *varappeur*) rock-climber; (= *cycliste*) hill specialist
grinçant, e [gʀɛ̃sɑ̃, ɑ̃t] (ADJ) [*comédie*] darkly humorous • **ironie ~e** dark irony
grincement [gʀɛ̃smɑ̃] (NM) [*d'objet métallique*] grating; [*de plancher, porte, ressort*] creaking; [*de freins*] squealing • **il y aura des ~s de dents** there will be gnashing of teeth
grincer [gʀɛ̃se] /TABLE 3/ (VI) [*objet métallique*] to grate; [*plancher, porte, ressort*] to creak; [*freins*] to squeal • **~ des dents (de colère)** to grind one's teeth (in anger) • **ce bruit vous fait ~ les dents** that noise really sets your teeth on edge
grincheux, -euse [gʀɛ̃ʃø, øz] (ADJ) grumpy
gringalet [gʀɛ̃galɛ] (NM) (*péj*) **(petit)** ~ puny little thing
griotte [gʀijɔt] (NF) (= *cerise*) Morello cherry
grippal, e (*mpl* **-aux**) [gʀipal, o] (ADJ) flu • **pour états grippaux** for flu
grippe [gʀip] (NF) flu • **avoir la ~** to have flu • **~ intestinale** gastric flu • **~ aviaire** bird flu • **~ A** influenza A • **~ porcine** swine flu
▸ **prendre qn/qch en grippe** to take a sudden dislike to sb/sth
grippé, e [gʀipe] (ADJ) **il est ~** he's got flu
gripper [gʀipe] /TABLE 1/ **1** (VT) to jam **2** (VI) (= *se bloquer*) to seize up
grippe-sou* (*pl* **grippe-sous**) [gʀipsu] (NM) skinflint
gris, e [gʀi, gʀiz] **1** (ADJ) **a** [*couleur, temps*] grey (*Brit*), gray (*US*) • **~ anthracite** anthracite grey • **~ vert** green-grey • **~-bleu** blue-grey • **aux cheveux ~** grey-haired • **il fait ~** it's a grey day • **faire ~e mine** to pull a long face **b** (= *morne*) colourless (*Brit*), colorless (*US*) **c** (= *éméché*) tipsy* **2** (NM) grey (*Brit*), gray (*US*)

> When **gris** is combined with another word, such as **vert**, to indicate a shade, there is no agreement with the noun, eg **une chemise gris vert**.

grisaille [gʀizaj] (NF) [*de temps, paysage*] greyness (*Brit*), grayness (*US*) • **pour échapper à la ~** to get away from the miserable weather
grisant, e [gʀizɑ̃, ɑ̃t] (ADJ) exhilarating
grisâtre [gʀizɑtʀ] (ADJ) greyish (*Brit*), grayish (*US*)
griser [gʀize] /TABLE 1/ (VT) [*alcool, vitesse*] to intoxicate • **se laisser ~ par le succès** to let success go to one's head
griserie [gʀizʀi] (NF) intoxication
grisonnant, e [gʀizɔnɑ̃, ɑ̃t] (ADJ) greying (*Brit*), graying (*US*) • **la cinquantaine ~e, il ...** a greying fifty-year-old, he ...
grisonner [gʀizɔne] /TABLE 1/ (VI) to be going grey (*Brit*) *ou* gray (*US*)
Grisons [gʀizɔ̃] (NMPL) **viande des ~** *dried beef served in thin slices*
grisou [gʀizu] (NM) firedamp • **coup de ~** firedamp explosion
grive [gʀiv] (NF) (= *oiseau*) thrush
grivois, e [gʀivwa, waz] (ADJ) saucy
grivoiserie [gʀivwazʀi] (NF) (= *attitude*) sauciness
grizzli, grizzly [gʀizli] (NM) grizzly bear
Groenland [gʀɔɛnlɑ̃d] (NM) Greenland
grog [gʀɔg] (NM) ≈ toddy (*usually made with rum*)
groggy* [gʀɔgi] (ADJ INV) (= *assommé*) groggy • **être ~** (*de fatigue*) to be completely washed out
grogne* [gʀɔɲ] (NF) **la ~ des syndicats** the simmering discontent in the unions
grognement [gʀɔɲmɑ̃] (NM) [*de personne*] grunt; [*de cochon*] grunting *NonC*; [*d'ours, chien*] growling *NonC* • **il m'a répondu par un ~** he grunted in reply
grogner [gʀɔɲe] /TABLE 1/ (VI) to grunt; [*ours, chien*] to growl; (= *se plaindre*) to grumble • **les syndicats grognent** there are rumblings of discontent among the unions
grognon, -onne [gʀɔɲɔ̃, ɔn] (ADJ) [*air*] grumpy; [*enfant*] grouchy
groin [gʀwɛ̃] (NM) snout
grommeler [gʀɔm(ə)le] /TABLE 4/ (VI) [*personne*] to mutter to o.s.
grondement [gʀɔ̃dmɑ̃] (NM) [*de canon, orage*] rumbling *NonC*; [*de torrent*] roar; [*de chien*] growling *NonC*; [*de foule*] muttering
gronder [gʀɔ̃de] /TABLE 1/ **1** (VT) (= *réprimander*) to tell off **2** (VI) **a** [*canon, orage*] to rumble; [*torrent*] to roar; [*chien*] to growl; [*foule*] to mutter **b** [*émeute*] to be brewing • **la colère gronde chez les infirmières** nursing staff are getting increasingly angry
groom [gʀum] (NM) bellboy

gros, grosse [gʀo, gʀos]

1 ADJECTIF	4 ADVERBE
2 NOM MASCULIN	5 COMPOSÉS
3 NOM FÉMININ	

1 ADJECTIF

a (dimension) big, large; [*personne, ventre, bébé*] fat; [*lèvres, corde, pull, manteau*] thick; [*chaussures, averse*] heavy • **le ~ bout** the thick end • **il pleut à grosses gouttes** it's raining heavily • **~ comme une tête d'épingle** the size of a pinhead • **je l'ai vu venir ~ comme une maison*** I could see it coming a mile off*

b (= important) [*travail, problème, ennui, erreur*] big; [*somme, entreprise*] large; [*soulagement, progrès*] great; [*dégâts*] extensive; [*fièvre*] high; [*rhume*] bad • **une grosse affaire** a large business • **un ~ industriel** a big industrialist • **pendant les grosses chaleurs** in the hottest part of the summer • **c'est un ~ morceau*** (= *travail*) it's a big job; (= *obstacle*) it's a big obstacle • **il a un ~ appétit** he has a big appetite • **acheter en grosses quantités** to buy in bulk

c (= houleux) [*mer*] rough

d (= sonore) [*soupir*] deep • **une grosse voix** a booming voice

e (intensif) **un ~ buveur** a heavy drinker • **un ~ mangeur** a big eater • **tu es un ~ paresseux*** you're such a lazybones • **~ nigaud!*** you big ninny!*

f (= rude) [*drap, laine, vêtement, plaisanterie, traits*] coarse • **le ~ travail** the heavy work • **nous dire ça, c'est un peu ~** saying that to us was a bit thick*

g (locutions) **faire les ~ yeux (à un enfant)** to glower (at a child) • **faire la grosse voix*** to speak gruffly • **c'est une**

grosse tête* he's brainy* • **avoir la grosse tête*** to be big-headed • **faire une grosse tête à qn*̣*** to bash sb up*

2 NOM MASCULIN

ⓐ (= *personne*) fat man • **un petit ~*** a fat little man

ⓑ (= *principal*) **le ~ du travail est fait** the bulk of the work is done • **le ~ de l'orage est passé** the worst of the storm is over • **j'ai fait le plus ~** I've done the bulk of it

ⓒ (*Commerce*) **le commerce de ~** the wholesale business • **prix de ~** wholesale price

ⓓ ▸ **en gros c'est écrit en ~** it's written in big letters • **papetier en ~** (*Commerce*) wholesale stationer • **commande en ~** bulk order • **acheter en ~** to buy wholesale • **évaluer en ~ la distance** to make a rough estimate of the distance • **dites-moi, en ~, ce qui s'est passé** tell me roughly what happened

3 NOM FÉMININ

grosse (= *personne*) fat woman • **ma grosse*** old girl*

4 ADVERBE

ⓐ (*dimension*) **écrire ~** to write in large letters

ⓑ (= *beaucoup*) **il risque ~** he's risking a lot • **je donnerais ~ pour ...** I'd give a lot to ... • **il y a ~ à parier que ...** it's a safe bet that ... • **jouer ~** to play for high stakes • **en avoir ~ sur la patate*̣*** to be upset*

5 COMPOSÉS

▸ **gros bonnet*** bigwig* ▸ **grosse caisse** (= *instrument*) bass drum ▸ **grosse légume*** bigwig* ▸ **gros mot** swearword • **il dit des ~ mots** he swears ▸ **gros œuvre** shell (*of a building*) ▸ **gros plan** (*Photo*) close-up ▸ **gros porteur** (= *avion*) jumbo jet • **(avion) très ~ porteur** superjumbo ▸ **gros rouge*** rough red wine ▸ **gros sel** cooking salt ▸ **gros temps** rough weather

---

groseille [gʀozɛj] (NF) **~ (rouge)** red currant • **~ blanche** white currant • **~ à maquereau** gooseberry

groseillier○ [gʀozeje] (NM) currant bush

grossesse [gʀosɛs] (NF) pregnancy • **~ nerveuse** false pregnancy

grosseur [gʀosœʀ] (NF) ⓐ [*d'objet*] size; [*de fil, bâton*] thickness; [*de personne*] weight ⓑ (= *tumeur*) lump

grossier, -ière [gʀosje, jɛʀ] (ADJ) ⓐ [*matière*] coarse; [*ornement, instrument*] crude ⓑ (= *sommaire*) [*travail*] sketchy; [*imitation*] crude; [*dessin, estimation*] rough ⓒ (= *lourd*) [*manières*] unrefined; [*ruse*] crude; [*plaisanterie, traits du visage*] coarse; [*erreur*] stupid ⓓ (= *insolent, vulgaire*) [*personne*] rude • **il s'est montré très ~ envers eux** he was very rude to them

grossièrement [gʀosjɛʀmɑ̃] (ADV) ⓐ (= *de manière sommaire*) [*réaliser*] sketchily; [*imiter*] crudely; [*hacher*] coarsely ⓑ (= *de manière vulgaire*) coarsely; (= *insolemment*) rudely ⓒ (= *lourdement*) **se tromper ~** to be grossly mistaken

grossièreté [gʀosjɛʀte] (NF) ⓐ (= *insolence*) rudeness ⓑ (= *vulgarité*) coarseness • **une ~** a coarse remark

grossir [gʀosiʀ] /TABLE 2/ 1 (VI) [*personne*] to put on weight; [*fruit*] to swell; [*tumeur*] to get bigger; [*foule*] to grow; [*bruit*] to get louder • **j'ai grossi de trois kilos** I've put on three kilos 2 (VT) ⓐ (= *faire paraître plus gros*) to make look fatter ⓑ [*microscope*] to magnify ⓒ (= *exagérer volontairement*) to exaggerate ⓓ [+ *foule*] to swell • **~ les rangs de** to swell the ranks of

grossissant, e [gʀosisɑ̃, ɑ̃t] (ADJ) [*verre*] magnifying

grossissement [gʀosismɑ̃] (NM) (= *pouvoir grossissant*) magnification

grossiste [gʀosist] (NMF) wholesaler

grosso modo [gʀosomɔdo] (ADV) roughly

grotesque [gʀɔtɛsk] 1 (ADJ) (= *ridicule*) [*personnage, idée*] ridiculous 2 (NM) (*Littérat*) **le ~** the grotesque

grotte [gʀɔt] (NF) cave

grouiller [gʀuje] /TABLE 1/ 1 (VI) **~ de** [+ *monde, insectes*] to be swarming with 2 (VPR) **se grouiller*** to get a move on*

groupe [gʀup] 1 (NM) ⓐ group; [*de touristes*] party; [*de musiciens*] band, group • **~ de maisons** cluster of houses • **~ de communication** communications group • **psychologie de ~** group psychology • **~ de rock** rock group *ou* band • **travailler en ~** to work in a group • **billet de ~** group ticket

ⓑ **~ nominal/verbal** noun/verb phrase

2 (COMP) ▸ **groupe d'âge** age group ▸ **groupe armé** armed group ▸ **groupe de discussion** (*Internet*) discussion group ▸ **groupe électrogène** generator ▸ **groupe d'intervention de la Gendarmerie nationale** crack unit of the Gendarmerie ▸ **groupe de mots** word group ▸ **groupe parlementaire** parliamentary group ▸ **groupe de parole** support group ▸ **groupe de presse** publishing conglomerate; (*spécialisé dans la presse*) press group ▸ **groupe de pression** pressure group ▸ **groupe sanguin** blood group ▸ **groupe scolaire** (= *établissement*) school complex ▸ **groupe de tête** (*Sport*) leaders; (= *élèves*) top pupils (in the class); (= *entreprises*) leading firms ▸ **groupe de travail** working party

groupement [gʀupmɑ̃] (NM) (= *groupe*) group; (= *organisation*) organization ▸ **groupement d'achats** bulk-buying organization ▸ **groupement d'intérêt économique** economic interest group

grouper [gʀupe] /TABLE 1/ 1 (VT) to group (together); [+ *efforts, ressources, moyens*] to pool 2 (VPR) **se grouper** [*foule*] to gather; (= *se coaliser*) to form a group • **restez groupés** keep together • **se ~ en associations** to form associations • **on s'est groupé pour lui acheter un cadeau** we all got together to buy him a present

groupuscule [gʀupyskyl] (NM) small group

grue [gʀy] (NF) (= *oiseau*) crane

gruge*̣* [gʀyʒ] (NF) (= *escroquerie*) **il y a eu de la ~** we (*ou* they) got ripped off*

gruger [gʀyʒe] /TABLE 3/ (VT) **se faire ~** (= *se faire duper*) to be duped; (= *se faire escroquer*) to be swindled

grumeau (*pl* **grumeaux**) [gʀymo] (NM) [*de sauce*] lump

grumeleux, -euse [gʀym(ə)lø, øz] (ADJ) [*sauce*] lumpy

grutier, -ière [gʀytje, jɛʀ] (NM,F) crane driver

gruyère [gʀyjɛʀ] (NM) gruyère (*Brit*), Swiss cheese (*US*)

GSM [ʒeɛsɛm] (NM) (*Téléc*) (ABR DE **Global System for Mobile Communications**) GSM

Guadeloupe [gwadlup] (NF) Guadeloupe

guadeloupéen, -enne [gwadlupeɛ̃, ɛn] 1 (ADJ) Guadelupian 2 (NM,F) **Guadeloupéen(ne)** inhabitant *ou* native of Guadeloupe

Guatemala [gwatemala] (NM) Guatemala

guatémaltèque [gwatemaltɛk] 1 (ADJ) Guatemalan 2 (NMF) **Guatémaltèque** Guatemalan

gué [ge] (NM) ford • **passer une rivière à ~** to ford a river

guenille [gənij] (NF) rag • **en ~s** in rags

guenon [gənɔ̃] (NF) (= *animal*) female monkey

guépard [gepaʀ] (NM) cheetah

guêpe [gɛp] (NF) wasp

guêpier [gepje] (NM) (= *piège*) trap

g

guère [gɛʀ] (ADV) hardly
▸ **ne ... guère** (*= pas beaucoup*) not much; (*= pas souvent*) hardly ever; (*= pas longtemps*) not long • **elle ne va ~ mieux** she's hardly any better • **il n'est ~ poli** he's not very polite • **il n'y a ~ plus de 2km** there is not much more than 2km to go • **il n'a ~ le temps** he has hardly any time • **il n'en reste plus ~** there's hardly any left • **il ne tardera ~** he won't be long now • **il n'y a ~ de monde** there's hardly *ou* scarcely anybody there • **il n'y a ~ que lui qui ...** he's about the only one who ...

guéridon [geʀidɔ̃] (NM) pedestal table

guérilla [geʀija] (NF) guerrilla war

> ✎ Le mot anglais s'écrit avec deux **r**.

guérillero [geʀijeʀo] (NM) guerrilla

> ✎ Le mot anglais s'écrit avec deux **r**.

guérir [geʀiʀ] /TABLE 2/ **1** (VT) to cure **2** (VI) ⓐ [*malade, maladie*] to get better; [*blessure*] to heal • **il est guéri (de son angine)** he has recovered (from his throat infection) ⓑ [*chagrin, passion*] to go **3** (VPR) **se guérir** [*malade, maladie*] to get better • **se ~ par les plantes** to cure o.s. by taking herbs • **se ~ d'une habitude** to cure o.s. of a habit

guérison [geʀizɔ̃] (NF) [*de malade*] recovery; [*de maladie*] curing *NonC*; [*de membre, plaie*] healing *NonC* • **sa ~ a été rapide** he made a rapid recovery • **~ par la foi** faith healing

guérissable [geʀisabl] (ADJ) curable

guérisseur, -euse [geʀisœʀ, øz] (NM,F) healer

guérite [geʀit] (NF) ⓐ [*de sentinelle*] sentry box ⓑ (*sur chantier*) workman's hut

Guernesey [gɛʀn(ə)zɛ] (NF) Guernsey

guerre [gɛʀ] **1** (NF) ⓐ (*= conflit*) war • **correspondant/criminel de ~** war correspondent/criminal • **~ civile/sainte** civil/holy war • **~ de religion/de libération** war of religion/of liberation • **la Première/Deuxième Guerre mondiale** the First/Second World War • **entre eux c'est la ~ (ouverte)** it's open war between them • **faire la ~ à** (*Mil*) to wage war on • **faire la ~ à l'injustice** to wage war on injustice
▸ **en guerre** at war • **dans les pays en ~** in the warring countries • **partir en ~ contre** to wage war on
▸ **de guerre lasse** weary of resisting
▸ **c'est de bonne guerre** that's fair enough
ⓑ (*= technique*) warfare • **la ~ atomique/psychologique/chimique** atomic/psychological/chemical warfare
2 (COMP) ▸ **la guerre de Cent Ans** the Hundred Years' War ▸ **guerre éclair** blitzkrieg ▸ **guerre économique** economic warfare ▸ **guerre d'embuscade** guerrilla warfare ▸ **la guerre des étoiles** Star Wars ▸ **guerre froide** cold war ▸ **la guerre du Golfe** the Gulf War ▸ **guerre des nerfs** war of nerves ▸ **la guerre de quatorze** the 1914-18 war ▸ **la guerre de quarante** the Second World War ▸ **la guerre de Sécession** the American Civil War ▸ **guerre de tranchées** trench warfare ▸ **guerre d'usure** war of attrition

guerrier, -ière [gɛʀje, jɛʀ] **1** (ADJ) [*nation, air*] warlike; [*danse, chants, exploits*] war **2** (NM,F) warrior

guerroyer [gɛʀwaje] /TABLE 8/ (VI) (*littér*) to wage war (contre on)

guet [gɛ] (NM) **faire le ~** to be on the lookout

guet-apens (*pl* **guets-apens**) [gɛtapɑ̃] (NM) (*= embuscade*) ambush; (*fig*) trap • **tomber dans un ~** to be caught in an ambush; (*fig*) to fall into a trap

guetter [gete] /TABLE 1/ (VT) ⓐ (*= épier*) to watch ⓑ (*= attendre*) to watch out for • **~ le passage du facteur** to watch out for the postman ⓒ (*= menacer*) to threaten • **la crise cardiaque le guette** he's heading for a heart attack • **c'est le sort qui nous guette tous** it's the fate that's in store for all of us

guetteur [getœʀ] (NM) (*Mil, Naut*) lookout

gueulante** [gœlɑ̃t] (NF) **pousser une ~** to kick up a stink*

gueule [gœl] **1** (NF) ⓐ (*= bouche*)** mouth • **(ferme) ta ~!** shut your trap!** • **s'en mettre plein la ~** to stuff o.s.* • **il nous laisserait crever la ~ ouverte** he wouldn't give a damn what happened to us** • **il est connu pour ses coups de ~*** he's known as a loudmouth
ⓑ (*= figure*)* face • **il a une bonne ~** I like the look of him • **avoir une sale ~** [*aliment*] to look horrible • **avoir la ~ de l'emploi** to look the part • **faire la ~** to sulk • **faire la ~ à qn** to be in a huff* with sb • **faire une ~ d'enterrement** to look really miserable • **il a fait une sale ~ quand il a appris la nouvelle**** he didn't half pull a face when he heard the news* • **bien fait pour sa ~!**** serves him right!* • **un fort en ~** • **une grande ~** a loudmouth • **avoir de la ~** to look great
ⓒ [*d'animal*] mouth • **se jeter dans la ~ du loup** to throw o.s. into the lion's jaws
2 (COMP) ▸ **gueule de bois*** hangover • **avoir la ~ de bois** to have a hangover

gueule-de-loup (*pl* **gueules-de-loup**) [gœldəlu] (NF) snapdragon

gueuler** [gœle] /TABLE 1/ (VI) (*= crier*) to shout; (*= parler fort*) to bawl; (*= chanter fort*) to bawl; (*= protester*) to kick up a stink* • **il fait ~ sa radio** he has his radio on full blast* • **~ après qn** to bawl sb out*

gueuleton* [gœltɔ̃] (NM) slap-up meal*

gui [gi] (NM) mistletoe

guibole*, **guibolle*** [gibɔl] (NF) (*= jambe*) leg

guichet [giʃɛ] (NM) (*= comptoir*) window; (*= bureau*) **~(s)** [*de banque, poste*] counter; [*de théâtre*] box office; [*de gare*] ticket office • **adressez-vous au ~ d'à côté** inquire at the next window • **« ~ fermé »** "position closed" • **on joue à ~s fermés** the performance is fully booked • **~ automatique (de banque)** cash dispenser

guichetier, -ière [giʃ(ə)tje, jɛʀ] (NM,F) [*de banque*] counter clerk

guide [gid] **1** (NM) ⓐ (*= livre*) guide(book) • **~ touristique/gastronomique** tourist/restaurant guide • **~ de voyage** travel guide ⓑ (*= idée, sentiment*) guide **2** (NMF) (*= personne*) guide • **~ (de montagne)** (mountain) guide • **« n'oubliez pas le ~ »** "please remember the guide" • **« suivez le ~! »** "this way, please!" **3** (NFPL) **guides** (*= rênes*) reins **4** (NF) (*= éclaireuse*) ≈ guide (*Brit*), ≈ girl scout (*US*)

guider [gide] /TABLE 1/ (VT) (*= conduire*) to guide • **il m'a guidé dans mes recherches** he guided me in my research • **se laissant ~ par son instinct** letting his instinct be his guide

guidon [gidɔ̃] (NM) handlebars • **avoir le nez** *ou* **la tête dans le ~** to keep one's nose to the grindstone

guigne [giɲ] (NF) ⓐ (*= cerise*) *type of cherry* ⓑ (*= malchance*)* rotten luck* • **avoir la ~** to be jinxed*

guignol [giɲɔl] (NM) ⓐ (= *marionnette*) *popular French glove puppet*; (= *spectacle*) puppet show • **c'est du ~!** it's a farce! ⓑ (*péj*) (= *personne*) clown • **arrête de faire le ~!** stop acting the clown!

guillemet [gijmɛ] (NM) quotation mark • **les gens entre ~s intellos*** so-called intellectuals

guilleret, -ette [gijʀɛ, ɛt] (ADJ) (= *enjoué*) perky

guillotine [gijɔtin] (NF) guillotine

guillotiner [gijɔtine] /TABLE 1/ (VT) to guillotine

guimauve [gimov] (NF) (= *friandise*) marshmallow • **c'est de la ~** (*sentimental*) it's sentimental twaddle

guimbarde [gɛ̃baʀd] (NF) (= *instrument*) Jew's harp • **(vieille) ~*** (= *voiture*) jalopy

guindé, e [gɛ̃de] (ADJ) [*personne, air*] stiff; [*style*] stilted

Guinée [gine] (NF) Guinea

Guinée-Bissau [ginebiso] (NF) Guinea-Bissau

Guinée-Équatoriale [gineekwatɔʀjal] (NF) Equatorial Guinea

guinéen, -enne [gineɛ̃, ɛn] **1** (ADJ) Guinean **2** (NM,F) **Guinéen(ne)** Guinean

guingois* [gɛ̃gwa] **de guingois** (LOC ADV) (= *de travers*) askew • **tout va de ~** everything's going haywire*

guinguette [gɛ̃gɛt] (NF) *open-air café with a dance floor*

guirlande [giʀlɑ̃d] (NF) [*de fleurs*] garland • **~ de Noël** tinsel garland • **~ électrique** string of Christmas lights

guise [giz] (NF) **n'en faire qu'à sa ~** to do as one pleases • **à ta ~!** as you wish!

▸ **en guise de** by way of

guitare [gitaʀ] (NF) guitar • **~ électrique** electric guitar • **~ acoustique** *ou* **sèche** acoustic guitar • **jouer de la ~** to play the guitar

> ✎ Le mot anglais s'écrit sans **e**.

guitariste [gitaʀist] (NMF) guitarist

gustatif, -ive [gystatif, iv] (ADJ) → **papille**

guttural, e (*mpl* **-aux**) [gytyʀal, o] (ADJ) guttural

Guyana [gɥijana] (NM) Guyana

guyanais, e [gɥijanɛ, ɛz] **1** (ADJ) Guyanese **2** (NM,F) **Guyanais(e)** Guyanese

Guyane [gɥijan] (NF) Guiana • **~ française** French Guiana • **~ britannique** (British) Guyana

gym* [ʒim] (NF) (ABR DE **gymnastique**) gym; (*Scol*) PE • **je vais à la ~** I go to the gym • **faire de la ~** (*sport*) to do gym; (*chez soi*) to do exercises

gymkhana [ʒimkana] (NM) rally

gymnase [ʒimnɑz] (NM) ⓐ (*Sport*) gym ⓑ (*Helv* = *lycée*) secondary school (*Brit*), high school (*US*)

gymnaste [ʒimnast] (NMF) gymnast

gymnastique [ʒimnastik] (NF) gymnastics *sg* • **~ intellectuelle** *ou* **de l'esprit** mental gymnastics *sg*

▸ **gymnastique aquatique** aquaerobics *sg* ▸ **gymnastique corrective** remedial gymnastics ▸ **gymnastique douce** ≈ Callanetics ® ▸ **gymnastique oculaire** eye exercises ▸ **gymnastique au sol** floor exercises

gynéco* [ʒineko] (NMF) (ABR DE **gynécologue**) gynaecologist (*Brit*), gynecologist (*US*)

gynécologie [ʒinekɔlɔʒi] (NF) gynaecology (*Brit*), gynecology (*US*)

gynécologique [ʒinekɔlɔʒik] (ADJ) gynaecological (*Brit*), gynecological (*US*)

gynécologue [ʒinekɔlɔg] (NMF) gynaecologist (*Brit*), gynecologist (*US*) • **~ obstétricien** obstetrician

gypse [ʒips] (NM) gypsum

gyrophare [ʒiʀofaʀ] (NM) revolving light (*on vehicle*)

gyropode [ʒiʀɔpɔd] (NM) gyropod, Segway ®

gyroskate [ʒiʀoskɛt] (NM) hoverboard

g

Hh

H, h [aʃ] NM **h aspiré** aspirate h • **h muet** silent h • **à l'heure H** at zero hour

ha ['a] EXCL oh! • **ha, ha!** (= *rire*) ha-ha!

habile [abil] ADJ skilful (*Brit*), skillful (*US*); [*manœuvre*] clever • **il est ~ de ses mains** he's good with his hands • **ce n'était pas bien ~ de sa part** that wasn't very clever of him

habilement [abilmɑ̃] ADV skilfully (*Brit*), skillfully (*US*); [*répondre, dissimuler*] cleverly • **il fit ~ remarquer que …** he cleverly pointed out that …

habileté [abilte] NF ⓐ [*de personne*] skill (**à faire** at doing) • **faire preuve d'une grande ~ politique** to show considerable political skill ⓑ [*de tactique, manœuvre*] skilfulness (*Brit*), skillfulness (*US*)

habiliter [abilite] /TABLE 1/ VT **être habilité à faire qch** to be authorized to do sth

habillage [abijaʒ] NM [*de personne*] dressing • **~ intérieur** [*de voiture*] interior trim

habillé, e [abije] *ptp de* **habiller** ADJ ⓐ (= *vêtu*) [*personne*] dressed • **bien ~** well dressed • **mal ~** badly dressed • **~ de noir** dressed in black ⓑ (= *chic*) smart

habillement [abijmɑ̃] NM (= *toilette*) clothes

habiller [abije] /TABLE 1/ **1** VT ⓐ (= *vêtir*) to dress (**de** in) • **un rien l'habille** she looks good in anything
ⓑ (= *fournir en vêtements*) to clothe • **Mlle Lenoir est habillée par Givenchy** (*dans un générique*) Miss Lenoir's wardrobe by Givenchy
ⓒ [*+ mur, fauteuil, livre*] to cover (**de** with); [*+ machine, radiateur*] to encase (**de** in)
2 VPR **s'habiller** [*personne*] to get dressed • **aider qn à s'~** to help sb get dressed • **s'~ chaudement** to dress warmly • **faut-il s'~ pour la réception?** do we have to dress up for the reception? • **comment t'habilles-tu ce soir?** what are you wearing tonight? • **elle ne sait pas s'~** she has no dress sense

habit [abi] **1** NM ⓐ (= *costume*) outfit • **~ d'arlequin** Harlequin suit ⓑ (= *jaquette*) morning coat; (= *queue-de-pie*) tails • **en ~** in evening dress ⓒ (*Rel*) habit **2** NMPL **habits** clothes

habitable [abitabl] ADJ habitable • **35 m^2 ~s** *ou* **de surface ~** 35 m^2 living space

habitacle [abitakl] NM [*de voiture*] passenger compartment; [*de bateau*] binnacle; [*d'avion*] cockpit; [*de véhicule spatial*] cabin

habitant, e [abitɑ̃, ɑ̃t] NM,F [*de maison*] occupant; [*de ville, pays*] inhabitant • **une ville de trois millions d'~s** a city with three million inhabitants • **les ~s du village** the people who live in the village • **loger chez l'~** [*touristes*] to stay with local people in their own homes

habitat [abita] NM habitat

habitation [abitasjɔ̃] NF (= *bâtiment*) house • **des ~s modernes** modern housing ▸ **habitation à loyer modéré** (= *appartement*) ≈ council flat (*Brit*), ≈ public housing unit (*US*); (= *immeuble*) ≈ council flats (*Brit*), ≈ housing project (*US*)

habité, e [abite] *ptp de* **habiter** ADJ [*maison*] occupied; [*planète, région*] inhabited; [*vol, engin, station orbitale*] manned • **cette maison est-elle ~e?** does anyone live in this house?

habiter [abite] /TABLE 1/ **1** VT ⓐ to live in; [*+ planète*] to live on • **cette région était habitée par les Celtes** this region was inhabited by the Celts ⓑ [*sentiment*] to haunt • **habité par la jalousie** filled with jealousy
2 VI to live • **~ à la campagne** to live in the country • **~ chez des amis** to live with friends • **~ en ville** to live in town • **il habite 17 rue Leblanc** he lives at number 17 rue Leblanc; (*fig*) **il ne sait plus où il habite*** he hasn't got a clue what's going on*

habitude [abityd] NF (= *accoutumance*) habit • **avoir l'~ de faire qch** to be used to doing sth • **prendre l'~ de faire qch** to get used to doing sth • **prendre de mauvaises ~s** to get into bad habits • **perdre une ~** to get out of a habit • **ce n'est pas dans ses ~s de faire cela** he doesn't usually do that • **j'ai l'~!** I'm used to it! • **je n'ai pas l'~ de cette voiture** I'm not used to this car • **il a ses petites ~s** he has his own little routine • **par ~** out of habit
▸ **d'habitude** usually • **c'est meilleur que d'~** it's better than usual • **comme d'~** as usual

habitué, e [abitɥe] *ptp de* **habituer** NM,F [*de maison, musée, bibliothèque*] regular visitor; [*de café, hôtel*] regular customer

habituel, -elle [abitɥɛl] ADJ usual

habituellement [abitɥɛlmɑ̃] ADV usually

habituer [abitɥe] /TABLE 1/ **1** VT **~ qn à qch** (= *accoutumer*) to get sb used to sth; (= *apprendre*) to teach sb sth • **~ qn à faire qch** (= *accoutumer*) to get sb used to doing sth; (= *apprendre*) to teach sb to do sth • **être habitué à qch** to be used to sth • **être habitué à faire qch** to be used to doing sth **2** VPR **s'habituer** **s'~ à qch** to get used to sth • **s'~ à faire qch** to get used to doing sth • **je ne m'y habituerai jamais** I'll never get used to it

hache ['aʃ] NF axe (*Brit*), ax (*US*) ▸ **hache de guerre** hatchet; [*d'indien*] tomahawk • **déterrer la ~ de guerre** to take up the hatchet • **enterrer la ~ de guerre** to bury the hatchet

haché, e ['aʃe] *ptp de* **hacher** 1 ADJ ⓐ [*viande*] minced (*Brit*), ground (*US*) • **bifteck ~** mince (*Brit*), ground beef (*US*) ⓑ [*phrases*] broken 2 NM mince (*Brit*), ground beef (*US*)

hacher ['aʃe] /TABLE 1/ VT (= *couper*) (*au couteau*) to chop; (*avec un appareil*) to mince (*Brit*), to grind (*US*) • **~ menu** to chop finely

hachich ['aʃiʃ] NM hashish

hachis ['aʃi] NM [*de légumes*] chopped vegetables; [*de viande*] mince (*Brit*), ground meat (*US*) ▸ **hachis Parmentier** ≈ shepherd's pie

hachisch ['aʃiʃ] NM hashish

hachoir ['aʃwaʀ] NM (= *couteau*) chopper; (= *appareil*) mincer (*Brit*), grinder (*US*)

hachurer ['aʃyʀe] /TABLE 1/ VT to hatch

hachures ['aʃyʀ] NFPL hatching

hacker [akœʀ] NM (*Informatique*) hacker

hacktiviste [aktivist] NMF hacktivist

haddock ['adɔk] NM smoked haddock

hagard, e ['agaʀ, aʀd] ADJ [*yeux*] wild; [*visage, air, gestes*] distraught

haie ['ɛ] NF ⓐ (= *clôture*) hedge ⓑ (*pour coureurs*) hurdle; (*pour chevaux*) fence • **course de ~s** (*coureur*) hurdles race; (*chevaux*) steeplechase • **110 mètres ~s** 110 metres hurdles ⓒ [*de spectateurs, policiers*] line • **faire une ~ d'honneur** to form a guard of honour

haillons ['ajɔ̃] NMPL rags

haine ['ɛn] NF hatred • **incitation à la ~ raciale** incitement to racial hatred • **avoir de la ~ pour** to feel hatred for • **j'avais vraiment la ~*** I was so angry • **des jeunes qui ont la ~*** angry young people

haineux, -euse ['ɛnø, øz] ADJ [*propos, personne*] full of hatred • **regard ~** look of hatred

haïr ['aiʀ] /TABLE 10/ VT to hate

haïssable ['aisabl] ADJ hateful

Haïti [aiti] NM Haiti

haïtien, -ienne [aisjɛ̃, jɛn] 1 ADJ Haitian 2 NM,F **Haïtien(ne)** Haitian

hâle ['ɑl] NM suntan

hâlé, e ['ɑle] *ptp de* **hâler** ADJ suntanned

haleine [alɛn] NF breath • **retenir son ~** to hold one's breath • **être hors d'~** to be out of breath • **reprendre ~** to get one's breath back • **avoir l'~ fraîche** to have fresh breath • **avoir mauvaise ~** to have bad breath • **tenir qn en ~** (*attention*) to hold sb spellbound; (*incertitude*) to keep sb in suspense • **travail de longue ~** long-term job

hâler ['ɑle] /TABLE 1/ VT to tan

haletant, e ['al(ə)tɑ̃, ɑ̃t] ADJ panting

haleter ['al(ə)te] /TABLE 5/ VI to pant

hall ['ol] NM [*d'immeuble*] hall; [*d'hôtel, cinéma, théâtre*] foyer; [*de gare, lycée, université*] concourse ▸ **hall d'accueil** reception hall ▸ **hall d'arrivée** arrivals lounge ▸ **hall des départs** departure lounge ▸ **hall d'entrée** entrance hall ▸ **hall d'exposition** exhibition hall

hal(l)al, e (*mpl* **hal(l)als**) ['alal] ADJ hal(l)al

hallali [alali] NM **sonner l'~** (*fig*) to go in for the kill

halle ['al] 1 NF ⓐ (= *marché*) covered market ⓑ (= *grande salle*) hall 2 NFPL **halles** covered market; (*pour alimentation en gros*) central food market

hallucinant, e [a(l)lysinɑ̃, ɑ̃t] ADJ incredible

hallucination [a(l)lysinasjɔ̃] NF hallucination • **avoir des ~s** to hallucinate

halluciner* [a(l)lysine] /TABLE 1/ VI **j'hallucine!** I must be seeing things!

hallucinogène [a(l)lysinɔʒɛn] 1 ADJ [*drogue*] hallucinogenic 2 NM hallucinogen

halo ['alo] NM halo • **~ de lumière** halo of light • **~ de mystère** aura of mystery

halogène [alɔʒɛn] 1 ADJ **lampe ~** halogen lamp 2 NM (= *lampe*) halogen lamp

halte ['alt] NF ⓐ (= *pause*) break • **faire ~** to stop (**à** in) ▸ **halte!** stop!; (*Mil*) halt! • **~ aux essais nucléaires!** no more nuclear testing! ⓑ (= *endroit*) stopping place

halte-garderie (*pl* **haltes-garderies**) ['alt(ə)gaʀdəʀi] NF crèche

haltère [altɛʀ] NM (*à boules*) dumbbell; (*à disques*) barbell • **faire des ~s** to do weight lifting

haltérophile [alteʀɔfil] NMF weight lifter

haltérophilie [alteʀɔfili] NF weight lifting • **faire de l'~** to do weight lifting

hamac ['amak] NM hammock

hamburger ['ɑ̃buʀgœʀ] NM hamburger

hameau (*pl* **hameaux**) ['amo] NM hamlet

hameçon [amsɔ̃] NM fish hook

hameçonnage [amsɔnaʒ] NM (*Internet*) phishing ▸ **hameçonnage vocal** vishing

hammam ['amam] NM hammam

hampe ['ɑ̃p] NF [*de drapeau*] pole

hamster ['amstɛʀ] NM hamster

hanche ['ɑ̃ʃ] NF [*de personne*] hip • **les mains sur les ~s, il ...** with his hands on his hips, he ...

hand* ['ɑ̃d] NM handball

handball ['ɑ̃dbal] NM handball

handicap ['ɑ̃dikap] NM handicap, disability • **avoir un sérieux ~** to be seriously handicapped • **~ léger/moyen/lourd** minor/moderate/severe disability

handicapant, e ['ɑ̃dikapɑ̃, ɑ̃t] ADJ [*maladie*] disabling • **c'est assez ~** (= *gênant*) it's a bit of a handicap

handicapé, e ['ɑ̃dikape] *ptp de* **handicaper** 1 ADJ disabled • **très ~** severely handicapped 2 NM,F disabled person 3 COMP ▸ **handicapé mental** mentally handicapped person ▸ **handicapé moteur** person with motor disability ▸ **handicapé physique** physically handicapped person

> Le mot anglais s'écrit avec deux **p**.

handicaper ['ɑ̃dikape] /TABLE 1/ VT to handicap

handisport ['ɑ̃dispɔʀ] ADJ [*tennis, basket-ball*] wheelchair *épith*; [*natation*] for the disabled

hangar ['ɑ̃gaʀ] NM [*de marchandises*] warehouse; [*de matériel*] shed; [*de fourrage*] barn; [*d'avions*] hangar ▸ **hangar à bateaux** boathouse

hanneton ['an(ə)tɔ̃] NM cockchafer

hanter ['ɑ̃te] /TABLE 1/ VT to haunt • **maison hantée** haunted house • **cette question hante les esprits** this question is preying on people's minds

hantise ['ɑ̃tiz] NF obsessive fear • **avoir la ~ de la maladie** to have an obsessive fear of illness • **vivre dans la ~ du chômage** to live in dread of unemployment

happer ['ape] /TABLE 1/ VT (*avec la gueule, le bec*) to snap up; (*avec la main*) to snatch • **être happé par une voiture** to be hit by a car

haptique [aptik] **1** ADJ haptic **2** NF haptics *sg*
harangue ['arɑ̃g] NF harangue
haranguer ['arɑ̃ge] /TABLE 1/ VT to harangue
haras ['aʀɑ] NM stud farm
harassant, e ['aʀasɑ̃, ɑ̃t] ADJ exhausting
harassé, e ['aʀase] ADJ exhausted • **~ de travail** overwhelmed with work
harcèlement ['aʀsɛlmɑ̃] NM [*de personne*] harassment • **guerre de ~** guerrilla warfare ▸ **harcèlement policier** police harassment ▸ **harcèlement sexuel** sexual harassment
harceler ['aʀsəle] /TABLE 5/ VT **a** [*+ personne*] (*de critiques, d'attaques*) to harass (**de** with); (*de questions, de réclamations*) to plague (**de** with) • **elle a été harcelée de coups de téléphone anonymes** she has been plagued by anonymous phone calls **b** [*+ ennemi*] to harry
hard* ['aʀd] **1** NM **a** (*Mus*) hard rock **b** (*= pornographie*) hard porn* **2** ADJ (*= pornographique*) hard-core
hardi, e ['aʀdi] ADJ daring
hardiesse ['aʀdjɛs] NF **a** (*= audace, originalité*) boldness • **avoir la ~ de faire qch** to be bold enough to do sth **b** (*= effronterie*) audacity
hardware ['aʀdwɛʀ] NM hardware
hareng ['aʀɑ̃] NM herring ▸ **hareng saur** kipper
hargne ['aʀɲ] NF **a** (*= colère*) spiteful anger **b** (*= ténacité*) fierce determination
hargneux, -euse ['aʀɲø, øz] ADJ [*personne, caractère*] bad-tempered; [*animal*] vicious • **un petit chien ~** a snappy little dog
haricot ['aʀiko] **1** NM **a** (*= plante*) bean **b** (*= ragoût*) **~ de mouton** lamb stew **2** COMP ▸ **haricot beurre** *type of yellow French bean*, wax bean (US) ▸ **haricot blanc** haricot bean ▸ **haricots à écosser** fresh beans (*for shelling*) ▸ **haricot grimpant** runner bean ▸ **haricot à rame** runner bean ▸ **haricot rouge** red kidney bean ▸ **haricot sec** dried bean ▸ **haricot vert** French bean
harissa ['aʀisa, aʀisa] NF harissa (*hot chilli sauce*)
harki ['aʀki] NM *Algerian soldier loyal to the French during the Algerian War of Independence*
harmonica [aʀmɔnika] NM harmonica
harmonie [aʀmɔni] NF **a** harmony • **être en ~ avec** to be in harmony with • **vivre en bonne ~** to live together in harmony **b** (*= fanfare*) wind band
harmonieusement [aʀmɔnjøzmɑ̃] ADV harmoniously
harmonieux, -ieuse [aʀmɔnjø, jøz] ADJ harmonious; [*couleurs*] well-matched
harmonisation [aʀmɔnizasjɔ̃] NF harmonization
harmoniser [aʀmɔnize] /TABLE 1/ VT to harmonize • **il faut ~ nos règlements avec les normes européennes** we must bring our rules into line with European regulations
harmonium [aʀmɔnjɔm] NM harmonium
harnachement ['aʀnaʃmɑ̃] NM [*de cheval de monte*] tack; [*de personne*]* gear*
harnacher ['aʀnaʃe] /TABLE 1/ **1** VT [*+ alpiniste*] to harness • **~ un cheval de monte** to saddle up a horse **2** VPR **se harnacher** [*alpiniste, parachutiste*] to put one's harness on
harnais ['aʀnɛ] NM [*de cheval de trait, bébé, alpiniste*] harness; [*de cheval de monte*] tack ▸ **harnais de sécurité** safety harness
harpe ['aʀp] NF harp
harpiste ['aʀpist] NMF harpist
harpon ['aʀpɔ̃] NM (*Pêche*) harpoon
harponner ['aʀpɔne] /TABLE 1/ VT [*+ poisson*] to harpoon
hasard ['azaʀ] NM **a** (*= événement fortuit*) **un ~ heureux** a piece of luck • **un ~ malheureux** a piece of bad luck • **quel ~ de vous rencontrer ici!** what a coincidence meeting you here! • **par un curieux ~** by a curious coincidence • **on l'a retrouvé par le plus grand des ~s** it was quite by chance that they found him • **les ~s de la vie** life's changing circumstances
b (*= destin*) **le ~** chance • **le ~ fait bien les choses!** what a stroke of luck! • **le ~ a voulu qu'il soit absent** as luck would have it he wasn't there
c (*= risque*) **hasards** hazards
d (*locutions*)
▸ **au hasard** [*tirer, choisir*] at random • **j'ai répondu au ~** I gave an answer off the top of my head* • **voici des exemples au ~** here are some random examples • **il ne laisse jamais rien au ~** he never leaves anything to chance
▸ **à tout hasard** (*= en cas de besoin*) just in case; (*= espérant trouver ce qu'on cherche*) on the off chance • **on avait emporté une tente à tout ~** we'd taken a tent just in case • **je suis entré à tout ~** I went in on the off chance • **à tout ~ est-ce que tu aurais ses coordonnées?** would you by any chance have his contact details?
▸ **par hasard** by chance • **si par ~ tu le vois** if you happen to see him • **je passais par ~** I happened to be passing by • **comme par ~!** what a coincidence! • **comme par ~, il était absent** he just happened to be away
hasarder ['azaʀde] /TABLE 1/ **1** VT [*+ remarque, hypothèse*] to hazard **2** VPR **se hasarder se ~ dans un endroit dangereux** to venture into a dangerous place • **se ~ à faire qch** to risk doing sth
hasardeux, -euse ['azaʀdø, øz] ADJ [*entreprise*] hazardous • **il serait ~ de prétendre que ...** it would be rash to claim that ...
hasch* ['aʃ] NM hash*
haschisch ['aʃiʃ] NM hashish
hâte ['ɑt] NF (*= empressement*) haste; (*= impatience*) impatience • **à la ~** hurriedly • **en ~** hurriedly • **avoir ~ de faire qch** to be eager to do sth • **je n'ai qu'une ~, c'est d'avoir terminé ce travail** I can't wait to get this work finished
hâter ['ɑte] /TABLE 1/ **1** VT [*+ fin, développement*] to hasten; [*+ départ*] to bring forward • **~ le pas** to quicken one's pace **2** VPR **se hâter** to hurry • **se ~ de faire qch** to hurry to do sth • **je me hâte de dire que ...** I hasten to say that ... • **ne nous hâtons pas de juger** let's not be too hasty in our judgments
hâtif, -ive ['ɑtif, iv] ADJ **a** [*développement*] precocious; [*fruit, saison*] early **b** [*décision, jugement*] hasty • **ne tirons pas de conclusions hâtives** let's not jump to conclusions
hâtivement ['ɑtivmɑ̃] ADV hastily • **dire qch un peu ~** to say sth rather hastily
hauban ['obɑ̃] NM (*Naut*) shroud; [*de pont*] stay • **pont à ~s** cable-stayed bridge
hausse ['os] NF rise (**de** in) • **~ de salaire** pay rise (*Brit*) *ou* raise (*US*) • **être en ~** [*monnaie, prix, actions, marchandises*] to be going up • **marché à la ~** bull market • **une ~ à la**

pompe a rise in pump prices • **revoir à la ~** to revise upwards

hausser ['ose] /TABLE 1/ **1** (VT) to raise • **~ les épaules** to shrug **2** (VPR) **se hausser se ~ sur la pointe des pieds** to stand on tiptoe • **se ~ au niveau de qn** to raise o.s. up to sb's level

haut, e ['o, 'ot]

1	ADJECTIF	4	NOM FÉMININ
2	NOM MASCULIN	5	ADVERBE
3	NOM MASCULIN PLURIEL	6	COMPOSÉS

1 ADJECTIF

ⓐ high; [*herbe, arbre, édifice*] tall • **un mur ~ de 3 mètres** a wall 3 metres high • **une pièce ~e de plafond** a room with a high ceiling • **avoir une ~e opinion de soi-même** to have a high opinion of o.s. • **c'est du plus ~ comique** it's highly amusing • **être ~ en couleur** (= *rougeaud*) to have a high colour; (= *coloré, pittoresque*) to be colourful • **la ~e couture** haute couture • **~ personnage** high-ranking person • **la mer est ~e** the tide is in • **pousser des ~s cris** to make a terrible fuss • **athlète de ~ niveau** top athlete • **discussions au plus ~ niveau** top-level discussions

ⓑ (= *ancien*) **le ~ Moyen Âge** the Early Middle Ages

ⓒ (*Géog*) **le Haut Rhin** the Upper Rhine

2 NOM MASCULIN

ⓐ (= *hauteur*) **le mur a 3 mètres de ~** the wall is 3 metres high • **combien fait-il de ~?** how high is it?

ⓑ (= *partie supérieure*) top • **le ~ du visage** the top part of the face • **« haut »** "this way up"

ⓒ (= *vêtement*) top • **je cherche un ~ assorti à ce pantalon** I'm looking for a top to go with these trousers

ⓓ (*locutions*)

▸ **au plus haut être au plus ~** (*dans les sondages*) [*personne*] to be riding high; [*cote, popularité*] to be at its peak • **le prix de l'or était au plus ~** the price of gold had reached a peak

▸ **de haut voir les choses de ~** (= *avec détachement*) to take a detached view of things • **prendre qch de ~** (= *avec mépris*) to react indignantly to sth • **prendre qn de ~** to look down on sb

▸ **de haut en bas, du haut en bas** [*couvrir, fouiller*] from top to bottom; [*s'ouvrir*] from the top downwards • **regarder qn de ~ en bas** to look sb up and down • **couvert de graffitis de ~ en bas** covered in graffiti from top to bottom • **ça se lit de ~ en bas** it reads vertically • **du ~ en bas de la hiérarchie** at all levels of the hierarchy

▸ **du haut** [*tiroir, étagère, dents*] top • **les pièces du ~** the upstairs rooms • **les voisins du ~** the neighbours upstairs • **du ~ d'un arbre** from the top of a tree • **parler du ~ d'un balcon** to speak from a balcony

▸ **d'en haut les chambres d'en ~** the upstairs bedrooms • **des ordres qui viennent d'en ~** orders from above

▸ **en haut** (= *au sommet*) at the top; (*dans un immeuble*) upstairs • **il habite en ~** he lives upstairs • **il habite tout en ~** he lives right at the top • **écris l'adresse en ~ à gauche** write the address in the top left-hand corner • **son manteau était boutonné jusqu'en ~** his coat was buttoned right up to the top • **en ~ de** [+ *immeuble, escalier, côte, écran*] at the top of • **en ~ de l'échelle sociale** high up the social ladder

3 NOM MASCULIN PLURIEL

hauts des ~s et des bas ups and downs

4 NOM FÉMININ

haute la ~e* the upper crust* • **les gens de la ~e*** the upper crust*

5 ADVERBE

ⓐ (= *en hauteur*) [*monter, sauter, voler*] high • **mettez vos livres plus ~** put your books higher up • **c'est lui qui saute le plus ~** he can jump the highest • **~ les mains!** hands up!

ⓑ (= *fort*) **lire tout ~** to read aloud • **penser tout ~** to think aloud • **mettez la radio plus ~** turn up the radio • **~ et fort** loud and clear

ⓒ (= *dans les aigus*) **monter ~** to hit the top notes • **chanter trop ~** to sing sharp

ⓓ (*socialement*) **des gens ~ placés** people in high places

ⓔ (= *en arrière*) **voir plus ~** see above • **comme je l'ai dit plus ~** as I said previously

6 COMPOSÉS

▸ **haut commandement** high command ▸ **le Haut commissariat des Nations unies pour les réfugiés** the UN High Commission for Refugees ▸ **haut débit** broadband ▸ **haut lieu un ~ lieu de la musique** a Mecca for music • **en ~ lieu** in high places ▸ **haute trahison** high treason

hautain, e ['otɛ̃, ɛn] (ADJ) haughty

hautbois ['obwa] (NM) (= *instrument*) oboe

hautboïste ['obɔist] (NMF) oboist

haut-commissaire (*pl* **hauts-commissaires**) ['okɔmisɛʀ] (NM) high commissioner (**à** for) • **~ des Nations unies pour les réfugiés** United Nations High Commissioner for Refugees

haut-commissariat (*pl* **hauts-commissariats**) ['okɔmisaʀja] (NM) (= *ministère*) high commission (**à** of)

haut-de-forme (*pl* **hauts-de-forme**) ['od(ə)fɔʀm] (NM) top hat

haute-fidélité (*pl* **hautes-fidélités**) ['otfidelite] **1** (ADJ) [*chaîne, son*] high-fidelity **2** (NF) high-fidelity

hautement ['otmɑ̃] (ADV) highly

hauteur ['otœʀ] (NF) ⓐ (= *taille*) height; [*de son*] pitch • **un mur d'une ~ de 4 mètres** a wall 4 metres high • **il l'a lâché d'une ~ de 150 mètres** he dropped it from a height of 150 metres • **« ~ maximum 3 mètres »** "headroom 3 metres" • **tomber de toute sa ~** [*personne*] to fall headlong • **perdre de la ~** to lose height • **prendre de la ~** to gain height; (*fig*) to distance o.s. • **à ~ des yeux** at eye level • **à ~ de 10 000 €** up to €10,000

▸ **à la hauteur arriver à la ~ de qn** to draw level with sb • **nous habitons à la ~ de la mairie** we live up by the town hall • **un accident à la ~ de Tours** an accident near Tours • **être à la ~ de la situation** to be equal to the situation • **il s'est vraiment montré à la ~*** he proved he was up to it* • **il ne se sent pas à la ~*** he doesn't feel up to it*

ⓑ (= *colline*) hill • **gagner les ~s** to make for the hills

ⓒ (= *arrogance*) **parler avec ~** to speak haughtily

haut-fond (*pl* **hauts-fonds**) ['ofɔ̃] (NM) shallow

haut-le-cœur ['ol(ə)kœʀ] (NM INV) **avoir un ~** to retch

haut-parleur○ (*pl* **haut-parleurs**) ['opaʀlœʀ] (NM) speaker • **~ aigu** tweeter • **~ grave** woofer

haut-relief (*pl* **hauts-reliefs**) ['oʀəljɛf] (NM) high relief

havre ['avʀ] (NM) haven • **~ de paix** haven of peace

Hawaï [awai] (N) Hawaii

h

hawaïen, -ïenne [awajɛ̃, jɛn] (ADJ) Hawaiian
Haye ['ɛ] (NF) **La ~** The Hague
hayon ['ɛjɔ̃] (NM) [*de camion*] tailboard; [*de voiture*] tailgate ▸ **hayon arrière** tailgate • **modèle avec ~ arrière** hatchback
HCR ['aʃseʀ] (NM) (ABR DE **Haut Commissariat des Nations Unies pour les réfugiés**) UNHCR
hé ['e] (EXCL) (*pour appeler*) hey!; (*pour renforcer*) well • **hé! hé!** well, well! • **hé non!** nope!* • **tu l'as fait? — hé oui!** did you do it? — I certainly did!
heavy metal [evimetal] (NM) heavy metal
hebdo* [ɛbdo] (NM) weekly
hebdomadaire [ɛbdɔmadɛʀ] (ADJ, NM) weekly
hébergement [ebɛʀʒəmɑ̃] (NM) ⓐ (= *lieu*) accommodation • **le prix comprend l'~** the price includes accommodation ⓑ (= *action*) housing; [*d'ami*] putting up; [*de réfugiés*] taking in • **~ d'urgence** emergency housing *ou* accommodation ⓒ [*de site internet*] hosting
héberger [ebɛʀʒe] /TABLE 3/ (VT) ⓐ (= *loger*) to house; [+ *ami*] to put up; [+ *touristes*] to accommodate • **il est hébergé par un ami** he's staying with a friend ⓑ (= *accueillir*) [+ *réfugiés*] to take in ⓒ [+ *site internet*] to host
hébergeur [ebɛʀʒœʀ] (NM) (*Internet*) host
hébété, e [ebete] (ADJ) ⓐ (= *étourdi*) dazed ⓑ (= *stupide*) [*regard, air*] vacant
hébraïque [ebʀaik] (ADJ) Hebrew
hébreu (*pl* **hébreux**) [ebʀø] **1** (ADJ M) Hebrew **2** (NM) (= *langue*) Hebrew • **pour moi, c'est de l'~*** it's all Greek to me!* **3** (NM) **Hébreu** Hebrew
HEC ['aʃese] (NF) (ABR DE **Hautes études commerciales**) *top French business school* → GRANDES ÉCOLES
hécatombe [ekatɔ̃b] (NF) (= *tuerie*) slaughter • **quelle ~ sur les routes ce week-end!** it was absolute carnage on the roads this weekend!
hectare [ɛktaʀ] (NM) hectare
hégémonie [eʒemɔni] (NF) hegemony
hégémonique [eʒemɔnik] (ADJ) hegemonic
hein* ['ɛ̃] (EXCL) what? • **qu'est-ce que tu feras, ~?** what are you going to do then, eh?* • **tu veux partir, ~, tu veux t'en aller?** you want to go, is that it, you want to leave? • **ça suffit, ~!** that's enough, OK?* • **arrête ~!** stop it, will you!
hélas [elɑs] (EXCL) alas! • **~ non!** I'm afraid not! • **~ oui!** I'm afraid so! • **~, ils n'ont pas pu en profiter** unfortunately they were unable to reap the benefits
héler ['ele] /TABLE 6/ (VT) to hail
hélice [elis] (NF) [*d'avion, bateau*] propeller
hélico* [eliko] (NM) chopper*
hélicoptère [elikɔptɛʀ] (NM) helicopter
héliport [elipɔʀ] (NM) heliport
héliporté, e [elipɔʀte] (ADJ) [*troupes*] helicopter-borne; [*évacuation, opération*] helicopter
hélitreuiller [elitʀœje] /TABLE 1/ (VT) **les passagers ont pu être hélitreuillés** they managed to winch the passengers into a helicopter
hélium [eljɔm] (NM) helium
helvète [ɛlvɛt] **1** (ADJ) Swiss **2** (NMF) **Helvète** Swiss
helvétique [ɛlvetik] (ADJ) Swiss
helvétisme [ɛlvetism] (NM) Swiss idiom
hématome [ematom] (NM) bruise
hémicycle [emisikl] (NM) ⓐ semicircle ⓑ (= *salle*) amphitheatre • **dans l'~ (de l'Assemblée nationale)** on the benches of the French National Assembly
hémiplégie [emipleʒi] (NF) hemiplegia
hémiplégique [emipleʒik] (ADJ, NMF) hemiplegic
hémisphère [emisfɛʀ] (NM) hemisphere
hémoglobine [emɔglɔbin] (NF) haemoglobin (*Brit*), hemoglobin (*US*)
hémophile [emɔfil] (NMF) haemophiliac (*Brit*), hemophiliac (*US*)
hémorragie [emɔʀaʒi] **1** (NF) ⓐ [*de sang*] haemorrhage (*Brit*), hemorrhage (*US*) • **il a eu une ~ interne** he suffered internal bleeding ⓑ [*de capitaux*] massive drain; [*de cadres, talents*] mass exodus **2** (COMP) ▸ **hémorragie cérébrale** brain haemorrhage
hémorroïdes [emɔʀɔid] (NFPL) haemorrhoids (*Brit*), hemorrhoids (*US*) • **avoir des ~** to have piles
henné ['ene] (NM) henna • **se faire un ~** to henna one's hair • **cheveux teints au ~** hennaed hair
hennir ['eniʀ] /TABLE 2/ (VI) to neigh
hennissement ['enismɑ̃] (NM) [*de cheval*] neigh
hep ['ɛp] (EXCL) hey!
hépatique [epatik] (ADJ) liver
hépatite [epatit] (NF) hepatitis
héraldique [eʀaldik] **1** (ADJ) heraldic **2** (NF) heraldry
herbe [ɛʀb] (NF) ⓐ (= *plante*) grass *NonC* • **arracher une ~** to pick a blade of grass • **le jardin est envahi par les ~s** the garden is overrun with weeds • **couper l'~ sous le pied de qn** to cut the ground from under sb's feet • **en ~** [*artiste, champion*] budding ⓑ (*comestible, médicale*) herb • **omelette aux ~s** omelette with herbs • **~s de Provence** ≈ mixed herbs ⓒ (= *drogue*)* grass*
herbicide [ɛʀbisid] (NM) weedkiller
herbier [ɛʀbje] (NM) (= *collection*) collection of dried flowers
herbivore [ɛʀbivɔʀ] **1** (ADJ) herbivorous **2** (NM) herbivore
herboriste [ɛʀbɔʀist] (NMF) herbalist
herboristerie [ɛʀbɔʀistəʀi] (NF) (= *magasin*) herbalist's
héréditaire [eʀeditɛʀ] (ADJ) hereditary • **c'est ~** it runs in the family
hérédité [eʀedite] (NF) heredity *NonC*
hérésie [eʀezi] (NF) (*Rel*) heresy; (*fig*) sacrilege • **c'est une véritable ~!** it's absolute sacrilege!
hérétique [eʀetik] **1** (ADJ) heretical **2** (NMF) heretic
hérissé, e ['eʀise] *ptp de* **hérisser** (ADJ) ⓐ [*poils, cheveux*] standing on end; [*barbe*] bristly ⓑ (= *garni*) **~ de poils** bristling with hairs • **~ de clous** spiked with nails • **traduction ~e de difficultés** translation riddled with difficulties
hérisser ['eʀise] /TABLE 1/ **1** (VT) **~ qn** (= *mettre en colère*) to get sb's back up* **2** (VPR) **se hérisser** [*personne*] to bridle
hérisson ['eʀisɔ̃] (NM) (= *animal*) hedgehog
héritage [eʀitaʒ] (NM) [*d'argent, biens*] inheritance; [*de coutumes, système*] heritage • **faire un ~** to come into an inheritance • **laisser qch en ~ à qn** to leave sth to sb • **l'~ du passé** the heritage of the past
hériter [eʀite] /TABLE 1/ (VT) to inherit • **elle a hérité de son oncle** she inherited her uncle's property • **ils ont hérité d'une situation catastrophique** they inherited a disastrous situation
héritier [eʀitje] (NM) heir (**de** to)
héritière [eʀitjɛʀ] (NF) heiress (**de** to)
hermétique [ɛʀmetik] (ADJ) ⓐ (*à l'air*) airtight; (*à l'eau*) watertight • **cela assure une fermeture ~ de**

la porte this makes the door close tightly ⓑ (= *impénétrable*) **visage ~** impenetrable expression • **être ~ à** to be impervious to • **il est ~ à ce genre de peinture** this kind of painting is a closed book to him ⓒ (= *obscur*) abstruse

hermétiquement [ɛʀmetikmɑ̃] (ADV) hermetically • **emballage ~ fermé** hermetically sealed package • **pièce ~ close** sealed room

hermine [ɛʀmin] (NF) (*brune*) stoat; (*blanche*) ermine

hernie ['ɛʀni] (NF) hernia ▸ **hernie discale** slipped disc

héro* [eʀo] (NF) heroin

héroïne [eʀɔin] (NF) ⓐ (= *femme*) heroine ⓑ (= *drogue*) heroin

héroïnomane [eʀɔinɔman] **1** (ADJ) addicted to heroin **2** (NMF) heroin addict

héroïnomanie [eʀɔinɔmani] (NF) heroin addiction

héroïque [eʀɔik] (ADJ) heroic • **l'époque ~** the pioneering days

héroïquement [eʀɔikmɑ̃] (ADV) heroically

héroïsme [eʀɔism] (NM) heroism

héron ['eʀɔ̃] (NM) heron

héros ['eʀo] (NM) hero • **mourir en ~** to die a hero's death • **ils ont été accueillis en ~** they were given a hero's welcome

herpès [ɛʀpɛs] (NM) herpes • **avoir de l'~** (*autour de la bouche*) to have a cold sore

herse ['ɛʀs] (NF) (*agricole*) harrow

hertz [ɛʀts] (NM) hertz

hertzien, -ienne [ɛʀtsjɛ̃, jɛn] (ADJ) [*ondes*] Hertzian; [*chaîne, diffusion, télévision*] terrestrial • **réseau ~** (*TV*) terrestrial network; (*Radio*) radio-relay network

hésitant, e [ezitɑ̃, ɑ̃t] (ADJ) hesitant

hésitation [ezitasjɔ̃] (NF) hesitation • **sans ~** without hesitation • **après bien des ~s** after much hesitation • **il a eu un moment d'~** he hesitated for a moment

hésiter [ezite] /TABLE 1/ (VI) to hesitate • **sans ~** without hesitating • **tu y vas ? — j'hésite** are you going? — I'm not sure • **il n'y a pas à ~** you shouldn't hesitate • **~ en récitant un poème** to recite a poem hesitantly

hétéro* [eteʀo] (ADJ, NMF) straight*

hétéroclite [eteʀɔklit] (ADJ) [*architecture, œuvre*] heterogeneous; [*objets*] ill-assorted • **pièce meublée de façon ~** room filled with an ill-assorted collection of furniture

hétérogène [eteʀɔʒɛn] (ADJ) heterogeneous

hétérogénéité [eteʀɔʒeneite] (NF) heterogeneousness

hétérosexualité [eteʀosɛksɥalite] (NF) heterosexuality

hétérosexuel, -elle [eteʀosɛksɥɛl] (ADJ, NM,F) heterosexual

hêtre ['ɛtʀ] (NM) (= *arbre*) beech tree; (= *bois*) beech

heu ['ø] (EXCL) (*doute*) h'm!; (*hésitation*) um!

---

heure [œʀ] NOM FÉMININ

ⓐ (= *60 minutes*) hour • **les ~s passaient lentement** the hours passed slowly • **il a parlé des ~s** he spoke for hours • **~ de cours** lesson • **une ~ de géographie** a geography lesson • **pendant les ~s de classe** during school hours • **pendant les ~s de bureau** during office hours • **gagner 30 € de l'~** to earn 30 euros an hour • **faire beaucoup d'~s** to put in long hours • **24 ~s sur 24** 24 hours a day • **c'est à une ~ de Paris** it's an hour from Paris

ⓑ (*sur une montre*) time • **savez-vous l'~ ?** do you know the time? • **quelle ~ est-il ?** what time is it? • **quelle ~ as-tu ?** what time do you make it? • **avez-vous l'~ ?** have you got the time? • **tu as vu l'~ ?** do you realize what time it is? • **il est six ~s** it's six o'clock • **il est six ~s dix** it's ten past (*Brit*) *ou* after (*US*) six • **il est six ~s moins dix** it's ten to (*Brit*) *ou* of (*US*) six • **il est six ~s et demie** it's six-thirty • **dix ~s du matin** ten in the morning • **dix ~s du soir** ten at night • **à 16 ~s 30** at 4.30 pm • **à 4 ~s juste** at 4 sharp • **les bus passent à l'~ et à la demie** there's a bus on the hour and on the half hour • **à une ~ avancée de la nuit** late at night • **demain, à la première ~** first thing in the morning

ⓒ (= *moment*) time • **c'est l'~ !** (*de rendre un devoir*) time's up! • **c'est l'~ d'aller au lit !** it's time for bed! • **~ de Greenwich** Greenwich Mean Time • **il est midi, ~ locale** it's noon, local time • **nous venons de passer à l'~ d'hiver** we have just put the clocks back • **passer à l'~ d'été** to put the clocks forward • **l'~ du déjeuner** lunchtime • **l'~ d'aller se coucher** bedtime • **l'~ du biberon** feeding time • **aux ~s des repas** at mealtimes • **à ~s fixes** at set times • **~s d'ouverture** opening times • **~s de fermeture** closing times • **l'~ de la sortie** going home time • **avant l'~** early • **un cubiste avant l'~** a cubist before the term was ever invented • **ce doit être Paul, c'est son ~** it must be Paul, it's his usual time • **votre ~ sera la mienne** name a time • **elle a eu son ~ de gloire** she has had her hour of glory • **la France à l'~ de l'ordinateur** France in the computer age

ⓓ (*locutions*)

▸ **d'heure en heure** hour by hour • **son inquiétude grandissait d'~ en ~** as the hours went by he grew more and more anxious

▸ **de bonne heure** (*dans la journée*) early

▸ **à l'heure** **être payé à l'~** to be paid by the hour • **faire du 100 à l'~** to do 100 km an hour • **arriver à l'~** to arrive on time • **être à l'~** to be on time • **ma montre n'est pas à l'~** my watch is wrong • **mettre sa montre à l'~** to put one's watch right

▸ **à l'heure qu'il est, à cette heure** at this moment in time • **à l'~ qu'il est, il devrait être rentré** he should be home by now

▸ **à toute heure** at any time • **repas chauds à toute ~** hot meals all day

▸ **à la bonne heure !** that's excellent!

▸ **pour l'heure** for the time being

---

heureusement [øʀøzmɑ̃] (ADV) (= *par bonheur, tant mieux*) luckily • **~ pour lui !** luckily for him! • **~ qu'il est parti** thank goodness he's gone

heureux, -euse [øʀø, øz] **1** (ADJ) ⓐ happy • **un homme ~** a happy man • **il a une heureuse nature** he's got a happy nature • **ils vécurent ~** they lived happily ever after • **~ comme un poisson dans l'eau** happy as a lark • **par un ~ hasard** by a happy coincidence • **attendre un ~ événement** to be expecting a happy event

ⓑ (= *satisfait*) pleased • **je suis très ~ d'apprendre la nouvelle** I am very pleased to hear the news • **M. et Mme Durand sont ~ de vous annoncer ...** Mr and Mrs Durand are pleased to announce ...

ⓒ (= *chanceux*) lucky • **~ au jeu** lucky at cards • **encore ~ que je m'en sois souvenu !*** it's just as well I remembered!

ⓓ [*décision, choix*] fortunate

2 (NM) **ces jouets vont faire des ~ !** these toys will make some children very happy! • **cette réforme ne fera pas que des ~** this reform won't make everybody happy

h

heurt ['œʀ] (NM) (= *conflit*) clash • **il y a eu des ~s entre la police et les manifestants** there were clashes between the police and the demonstrators • **se passer sans ~s** to go off smoothly
heurter ['œʀte] /TABLE 1/ **1** (VT) **a** (= *cogner*) [+ *objet*] to hit; [+ *personne*] to collide with; [+ *voiture*] to bump into; (= *bousculer*) to jostle • **la voiture a heurté un arbre** the car ran into a tree **b** (= *choquer*) [+ *personne, préjugés*] to offend; [+ *bon goût, bon sens*] to go against; [+ *amour-propre*] to injure; [+ *opinions*] to clash with • **~ qn de front** to clash head-on with sb **2** (VPR) **se heurter a** (= *s'en-trechoquer*) to collide **b** (= *s'opposer*) [*personnes, opinions*] to clash **c** (= *rencontrer*) **se ~ à un problème** to come up against a problem
hexagonal, e (*mpl* **-aux**) [ɛgzagɔnal, o] (ADJ) **a** (*Math*) hexagonal **b** (= *français*) [*politique, frontière*] national; (*péj*) [*conception*] chauvinistic
hexagone [ɛgzagɔn] (NM) **a** (*Math*) hexagon **b l'Hexagone** France
hiatus ['jatys] (NM) hiatus; (= *incompatibilité*) discrepancy
hibernation [ibɛʀnasjɔ̃] (NF) hibernation
hiberner [ibɛʀne] /TABLE 1/ (VI) to hibernate
hibiscus [ibiskys] (NM) hibiscus
hibou (*pl* **hiboux**) ['ibu] (NM) owl
hic* ['ik] (NM) **c'est là le ~** that's the trouble • **il y a un ~** there's a slight problem
hideux, -euse ['idø, øz] (ADJ) hideous
hidjab ['idʒab] (NM) hijab
hier [jɛʀ] (ADV) yesterday • **~ soir** yesterday evening • **toute la journée d'~** all day yesterday
hiérarchie ['jeʀaʀʃi] (NF) hierarchy; (= *supérieurs*) superiors
hiérarchique ['jeʀaʀʃik] (ADJ) hierarchical • **supérieur ~** superior
hiérarchiquement ['jeʀaʀʃikmɑ̃] (ADV) hierarchically
hiérarchiser ['jeʀaʀʃize] /TABLE 1/ (VT) **a** [+ *tâches*] to prioritize **b société hiérarchisée** hierarchical society
hiéroglyphe ['jeʀɔglif] (NM) hieroglyphic
hi-fi ['ifi] (ADJ, NF INV) hi-fi
high-tech ['ajtɛk] (ADJ, NM INV) hi-tech
hilare [ilaʀ] (ADJ) beaming
hilarité [ilaʀite] (NF) hilarity • **déclencher l'~ générale** to cause great hilarity
Himalaya [imalaja] (NM) **l'~** the Himalayas
himalayen, -yenne [imalajɛ̃, jɛn] (ADJ) Himalayan
hindou, e [ɛ̃du] **1** (ADJ) Hindu **2** (NM,F) **Hindou(e)** (= *croyant*) Hindu
hindouisme [ɛ̃duism] (NM) Hinduism
hindouiste [ɛ̃duist] (ADJ, NMF) Hindu
hip ['ip] (EXCL) **hip hip hip hourra!** hip hip hurray!
hippie ['ipi] (ADJ, NMF) hippy
hippique [ipik] (ADJ) horse
hippisme [ipism] (NM) horse riding
hippocampe [ipɔkɑ̃p] (NM) (= *poisson*) sea horse
hippodrome [ipodʀom] (NM) (= *champ de courses*) racecourse (*Brit*), racetrack (*US*)
hippopotame [ipɔpɔtam] (NM) hippopotamus • **c'est un vrai ~*** he is like a hippo*
hippy (*pl* **hippies**) ['ipi] (ADJ, NMF) hippy
hirondelle [iʀɔ̃dɛl] (NF) swallow
hirsute [iʀsyt] (ADJ) (= *ébouriffé*) [*tête*] tousled; [*personne*] shaggy-haired; [*barbe*] shaggy

hispanique [ispanik] (ADJ) Hispanic
hispano-américain, e (*mpl* **hispano-américains**) [ispanoameʀikɛ̃, ɛn] (ADJ) Spanish-American
hispanophone [ispanɔfɔn] **1** (ADJ) Spanish-speaking; [*littérature*] Spanish-language **2** (NMF) Spanish speaker
hisser ['ise] /TABLE 1/ **1** (VT) to hoist • **hissez les voiles!** hoist the sails! **2** (VPR) **se hisser** to heave o.s. up • **se ~ sur la pointe des pieds** to stand on tiptoe
histoire [istwaʀ] (NF) **a** (= *science, événements*) **l'~** history • **tout cela, c'est de l'~ ancienne** all that's ancient history • **l'~ de l'art** art history • **pour la petite ~** incidentally
b (= *leçon*) history lesson
c (= *récit, conte*) story • **une ~ vraie** a true story • **~ de revenants** ghost story • **~ d'amour** love story • **~ drôle** funny story • **~ à dormir debout** tall story • **c'est une ~ de fous!** it's absolutely crazy! • **qu'est-ce que c'est que cette ~?** just what is all this about?
d (= *mensonge*)* story • **tout ça, ce sont des ~s** that's just a lot of fibs* • **tu me racontes des ~s** you're pulling my leg
e (= *affaire, incident*)* **il vient de lui arriver une drôle d'~** something funny has just happened to him • **ils se sont disputés pour une ~ d'argent** they quarrelled about money • **ça, c'est une autre ~!** that's another story! • **j'ai pu avoir une place mais ça a été toute une ~** I managed to get a seat but it was a real struggle • **faire des ~s à qn** to make trouble for sb • **sans ~s** [*personne*] ordinary; [*vie, enfance*] uneventful; [*se dérouler*] uneventfully
f (= *chichis*) fuss • **quelle ~ pour si peu!** what a fuss over so little!* • **faire un tas d'~s** to make a whole lot of fuss • **au lit, et pas d'~s!** off to bed, and I don't want any fuss!
g (*locutions*)* **~ de faire** just to do • **~ de prendre l'air** just for a breath of fresh air • **~ de rire** just for a laugh
historien, -ienne [istɔʀjɛ̃, jɛn] (NM,F) historian
historique [istɔʀik] **1** (ADJ) [*étude, vérité, roman, temps*] historical; [*personnage, événement, monument*] historic **2** (NM) history • **faire l'~ de** to trace the history of
hit* ['it] (NM) hit*
hit-parade (*pl* **hit-parades**) ['itpaʀad] (NM) [*de chansons*] **le ~** the charts • **premier au ~** number one in the charts
hittite ['itit] (ADJ) Hittite
hiver [ivɛʀ] (NM) winter
hivernal, e (*mpl* **-aux**) [ivɛʀnal, o] (ADJ) (= *de l'hiver*) winter; (= *comme en hiver*) wintry • **un paysage ~** a winter landscape • **un temps ~** wintry weather
hiverner [ivɛʀne] /TABLE 1/ (VI) to winter
HLM ['aʃɛlɛm] (NM ou F) (ABR DE **habitation à loyer modéré**) **cité ~** council flats (*Brit*), housing project (*US*)
ho ['o] (EXCL) (*appel*) hey!; (*surprise, indignation*) oh!
hobby (*pl* **hobbies**) ['ɔbi] (NM) hobby
hochement ['ɔʃmɑ̃] (NM) **~ de tête** (*affirmatif*) nod; (*négatif*) shake of the head
hocher ['ɔʃe] /TABLE 1/ (VT) **~ la tête** (*affirmativement*) to nod; (*négativement*) to shake one's head
hochet ['ɔʃɛ] (NM) [*de bébé*] rattle
hockey ['ɔkɛ] (NM) hockey • **faire du ~** to play hockey
▸ **hockey sur gazon** hockey (*Brit*), field hockey (*US*)
▸ **hockey sur glace** ice hockey
hockeyeur, -euse ['ɔkɛjœʀ, øz] (NM,F) hockey player
holà ['ɔla] **1** (EXCL) (*pour attirer l'attention*) hello!; (*pour*

protester) hang on a minute! **2** (NM) **mettre le ~ à qch** to put a stop to sth

holding ['ɔldiŋ] (NM) holding company

hold-up○ ['ɔldœp] (NM INV) hold-up • **faire un ~** to stage a hold-up

hollandais, e ['ɔ(l)lɑ̃dɛ, ɛz] **1** (ADJ) Dutch **2** (NM) **a** (= *langue*) Dutch **b** (= *personne*) **Hollandais** Dutchman • **les Hollandais** the Dutch **3** (NF) **Hollandaise** Dutchwoman

Hollande ['ɔ(l)lɑ̃d] (NF) Holland

hollywoodien, -ienne ['ɔliwudjɛ̃, jɛn] (ADJ) Hollywood

holocauste [ɔlokost] (NM) (= *sacrifice*) sacrifice • **l'Holocauste** the Holocaust

hologramme [ɔlɔgʀam] (NM) hologram

homard ['ɔmaʀ] (NM) lobster

homéopathe [ɔmeɔpat] (NMF) homeopath

homéopathie [ɔmeɔpati] (NF) homeopathy • **se soigner à l'~** to take homeopathic medicine

homéopathique [ɔmeɔpatik] (ADJ) homoeopathic • **à dose ~** in small doses

homicide [ɔmisid] (NM) (= *crime*) murder ▸ **homicide involontaire** manslaughter ▸ **homicide volontaire** murder

hommage [ɔmaʒ] **1** (NM) (= *marque d'estime*) tribute • **rendre ~ à qn** to pay tribute to sb • **en ~ de ma gratitude** as a token of my gratitude **2** (NMPL) **hommages** (= *civilités*) (*frm*) respects • **mes ~s, Madame** my humble respects, madam • **présenter ses ~s à une dame** to pay one's respects to a lady • **présentez mes ~s à votre femme** give my regards to your wife

homme [ɔm] (NM) man • **les premiers ~s** early man • **approche si tu es un ~!** come on if you're a man! • **vêtements d'~** men's clothes • **montre d'~** man's watch • **métier d'~** male profession • **rayon ~s** menswear department • **elle a rencontré l'~ de sa vie** she's found Mr Right • **c'est l'~ de ma vie** he's the man of my life • **c'est l'~ de la situation** he's the right man for the job • **parler d'~ à ~** to have a man-to-man talk • (PROV) **un ~ averti en vaut deux** forewarned is forearmed (PROV) • **son ~** (= *mari*) her man* ▸ **homme d'action** man of action ▸ **homme d'affaires** businessman ▸ **homme des cavernes** caveman ▸ **homme d'équipage** crew member ▸ **homme d'esprit** man of wit ▸ **homme d'État** statesman ▸ **homme à femmes** ladies' man ▸ **homme au foyer** househusband ▸ **homme de paille** front man ▸ **l'homme de la rue** the man in the street ▸ **homme à tout faire** odd-job man

homme-grenouille (*pl* **hommes-grenouilles**) [ɔmgʀənuj] (NM) frogman

homme-orchestre (*pl* **hommes-orchestres**) [ɔmɔʀkɛstʀ] (NM) (= *musicien*) one-man band • **c'est l'~ de l'entreprise** he's the man who looks after everything in the company

homme-sandwich (*pl* **hommes-sandwichs**) [ɔmsɑ̃dwitʃ] (NM) sandwich man

homo* [omo] (ADJ, NM) gay

homogène [ɔmɔʒɛn] (ADJ) homogeneous • **pour obtenir une pâte ~** to obtain a mixture of an even consistency • **c'est une classe ~** they are all about the same level in that class

homogénéiser [ɔmɔʒeneize] /TABLE 1/ (VT) to homogenize

homogénéité [ɔmɔʒeneite] (NF) homogeneity

homographe [ɔmɔgʀaf] (NM) homograph

homologation [ɔmɔlɔgasjɔ̃] (NF) approval; (*Sport*) ratification

homologue [ɔmɔlɔg] (NM) (= *personne*) counterpart

homologuer [ɔmɔlɔge] /TABLE 1/ (VT) [+ *record*] to ratify; [+ *appareil, établissement*] to approve • **record homologué** official record

homonyme [ɔmɔnim] **1** (ADJ) homonymous **2** (NM) (= *mot*) homonym; (= *personne*) namesake

homoparental, e (*mpl* **-aux**) [ɔmɔpaʀɑ̃tal, o] (ADJ) [*famille*] same-sex, homoparental

homoparentalité [ɔmɔpaʀɑ̃talite] (NF) same-sex parenting, gay parenting

homophobe [ɔmɔfɔb] **1** (ADJ) [*personne*] homophobic **2** (NMF) homophobe

homophobie [ɔmɔfɔbi] (NF) homophobia

homophone [ɔmɔfɔn] **1** (ADJ) (*Ling*) homophonous; (*Mus*) homophonic **2** (NM) homophone

homosexualité [ɔmɔsɛksɥalite] (NF) homosexuality

homosexuel, -elle [ɔmɔsɛksɥɛl] (ADJ, NM,F) homosexual

Honduras ['ɔ̃dyʀas] (NM) Honduras

hondurien, -ienne ['ɔ̃dyʀjɛ̃, jɛn] **1** (ADJ) Honduran **2** (NM,F) **Hondurien(ne)** Honduran

Hongkong ['ɔ̃gkɔ̃g] (N) Hong Kong

Hongrie ['ɔ̃gʀi] (NF) Hungary

hongrois, e ['ɔ̃gʀwa, waz] **1** (ADJ) Hungarian **2** (NM) (= *langue*) Hungarian **3** (NM,F) **Hongrois(e)** Hungarian

honnête [ɔnɛt] (ADJ) **a** (= *intègre, franc*) honest • **ce sont d'~s gens** they are decent people • **des procédés peu ~s** dishonest practices • **pour être parfaitement ~** to be perfectly honest **b** (= *correct*) [*marché, prix, résultats*] fair; [*repas*] reasonable

> Le mot anglais s'écrit avec un seul **n**.

honnêtement [ɔnɛtmɑ̃] (ADV) **a** honestly; [*agir*] fairly • **~, vous le saviez bien!** come on, you knew! • **~, qu'en penses-tu?** be honest, what do you think? **b** (= *correctement*) reasonably • **il gagne ~ sa vie** he makes a decent living

> Le mot anglais s'écrit avec un seul **n**.

honnêteté [ɔnɛtte] (NF) honesty • **~ intellectuelle** intellectual honesty • **en toute ~** in all honesty • **il a l'~ de reconnaître que ...** he is honest enough to admit that ...

> Le mot anglais s'écrit avec un seul **n**.

honneur [ɔnœʀ] **1** (NM) **a** honour (*Brit*), honor (*US*) • **mettre un point d'~ à faire qch** to make it a point of honour to do sth • **invité d'~** guest of honour • **président d'~** honorary president • **votre Honneur** Your Honour • **être à l'~** [*personne, pays*] to have the place of honour; [*mode, style, produit*] to be much in evidence • **en l'~ de** in honour of

b (= *mérite*) credit • **avec ~** creditably • **c'est tout à son ~** it does him credit

c (*formules de politesse*) **je suis ravi de vous rencontrer — tout l'~ est pour moi** delighted to meet you — the pleasure is all mine • **j'ai l'~ de solliciter ...** I am writing to ask ... • **j'ai l'~ de vous informer** I am writing to inform you • **à vous l'~** after you • **à qui ai-je l'~?** who am I speaking to, please? • **faire ~ à** [+ *engagements, signature, traite*] to honour; [+ *sa famille*] to be a credit to; [+ *repas*] to do justice to

2 (NMPL) **honneurs** (= *marques de distinction*) honours • **faire les ~s de la maison à qn** to show sb round the house

> Le mot anglais s'écrit avec un seul **n**.

honorable [ɔnɔʀabl] (ADJ) **a** (= *respectable*) honourable (*Brit*), honorable (*US*) • **à cet âge ~** at this grand old age **b** (= *suffisant*) [*notes, résultats*] respectable

honorablement [ɔnɔʀabləmɑ̃] (ADV) **a** (= *de façon respectable*) honourably (*Brit*), honorably (*US*) **b** (= *convenablement*) decently • **il gagne ~ sa vie** he makes a decent living • **l'équipe s'est comportée ~** the team put up a creditable performance

honoraire [ɔnɔʀɛʀ] **1** (ADJ) [*membre, président*] honorary • **professeur ~** emeritus professor **2** (NMPL) **honoraires** fees

honorer [ɔnɔʀe] /TABLE 1/ (VT) **a** to honour (*Brit*), to honor (*US*) • **mon honoré collègue** my esteemed colleague • **~ qn de qch** to honour sb with sth • **je suis très honoré** I am greatly honoured **b** (= *faire honneur à*) to do credit to • **cette franchise l'honore** this frankness does him credit • **il honore sa profession** he's a credit to his profession

honorifique [ɔnɔʀifik] (ADJ) [*fonction*] honorary • **à titre ~** on an honorary basis

honoris causa [ɔnɔʀiskoza] (ADJ) **il a été nommé docteur ~** he has been awarded an honorary doctorate

honte ['ɔ̃t] (NF) shame • **couvrir qn de ~** to bring shame on sb • **être la ~ de la famille** to be the disgrace of one's family • **c'est une ~!** it's disgraceful! • **c'est la ~!*** it's awful!* • **à ma grande ~** to my great shame • **avoir ~ (de)** to be ashamed (of) • **tu devrais avoir ~!** you should be ashamed of yourself! • **tu me fais ~!** you make me feel so ashamed!

honteusement ['ɔ̃tøzmɑ̃] (ADV) **a** (= *scandaleusement*) shamefully; [*exploiter*] shamelessly **b** (= *avec gêne*) [*cacher*] in shame

honteux, -euse ['ɔ̃tø, øz] (ADJ) **a** (= *déshonorant*) shameful; (= *scandaleux*) disgraceful • **c'est ~!** it's disgraceful! **b** (= *qui a honte*) ashamed (**de** of) • **d'un air ~** shamefacedly

hop ['ɔp] (EXCL) **~ là!** (*pour faire sauter*) hup!; (*pour faire partir*) off you go!

hôpital (*pl* **-aux**) [ɔpital, o] (NM) hospital • **être à l'~** (*en visite*) to be at the hospital; [*patient*] to be in hospital (*Brit*), to be in the hospital (*US*) • **aller à l'~** to go to hospital • **entrer à l'~** to go into hospital ▸ **hôpital de jour** day hospital

hoquet ['ɔkɛ] (NM) **avoir le ~** to have the hiccups

hoqueter ['ɔk(ə)te] /TABLE 4/ (VI) (= *avoir le hoquet*) to hiccup; (= *pleurer*) to gasp

horaire [ɔʀɛʀ] **1** (NM) **a** [*de bus, train*] timetable (*Brit*), schedule (*US*); [*de bateau, vols*] schedule **b** [*d'élèves*] timetable; [*de personnel*] working hours • **quand on est directeur, on n'a pas d'~** when you are a manager, you don't have set working hours **2** (ADJ) hourly • **vitesse ~** speed per hour **3** (COMP) ▸ **horaires de bureau** office hours ▸ **horaires à la carte avoir des ~s à la carte** to have flexible working hours ▸ **horaires flexibles avoir des ~s flexibles** to have flexible working hours ▸ **horaires de travail** working hours

horde ['ɔʀd] (NF) horde

horizon [ɔʀizɔ̃] (NM) **a** horizon • **la ligne d'~** the horizon • **un bateau à l'~** a boat on the horizon • **personne à l'~? on y va!** nobody in sight? let's go then! • **se profiler à l'~** to loom on the horizon • **ça lui a ouvert de nouveaux ~s** it opened up new horizons for him • **l'~ économique du pays** the country's economic prospects • **à l'~ 2010** by the year 2010 **b** (= *paysage*) **changer d'~** to have a change of scenery • **venir d'~s divers** to come from different backgrounds

horizontal, e (*mpl* **-aux**) [ɔʀizɔ̃tal, o] **1** (ADJ) horizontal • **être en position ~e** to be in a horizontal position **2** (NF) **horizontale** horizontal • **placer qch à l'horizontale** to put sth in a horizontal position • **tendez vos bras à l'horizontale** stretch your arms out in front of you

horizontalement [ɔʀizɔ̃talmɑ̃] (ADV) horizontally; (*dans mots croisés*) across

horloge [ɔʀlɔʒ] (NF) clock ▸ **l'horloge parlante** the speaking clock (*Brit*), Time (*US*)

horloger, -ère [ɔʀlɔʒe, ɛʀ] (NM,F) watchmaker • **~ bijoutier** jeweller (*specializing in clocks and watches*)

horlogerie [ɔʀlɔʒʀi] (NF) (= *secteur*) watch-making

hormis ['ɔʀmi] (PRÉP) (*frm*) apart from • **personne ~ ses fils** nobody apart from his sons

hormonal, e (*mpl* **-aux**) [ɔʀmɔnal, o] (ADJ) hormonal • **traitement ~** hormone treatment

hormone [ɔʀmɔn] (NF) hormone • **veau aux ~s*** hormone-fed veal

horodateur [ɔʀɔdatœʀ] (NM) [*de parking*] ticket machine

horoscope [ɔʀɔskɔp] (NM) horoscope

horreur [ɔʀœʀ] (NF) **a** horror • **je me suis aperçu avec ~ que ...** to my horror I realized that ... • **l'esclavage dans toute son ~** slavery in all its horror • **les ~s de la guerre** the horrors of war • **c'est une ~*** [*tableau*] it's hideous; [*personne méchante*] he's (*ou* she's) ghastly* • **quelle ~!** how dreadful! • **cet individu me fait ~** that man disgusts me • **le mensonge me fait ~** I detest lying • **avoir en ~** to detest • **avoir ~ de** to detest **b** (= *acte, propos*)* **horreurs** dreadful things • **dire des ~s sur qn** to say dreadful things about sb

horrible [ɔʀibl] (ADJ) **a** horrible • **il a été ~ avec moi** he was horrible to me **b** [*chaleur, peur, temps, travail*] terrible

horriblement [ɔʀibləmɑ̃] (ADV) horribly

horrifier [ɔʀifje] /TABLE 7/ (VT) to horrify

horripilant, e [ɔʀipilɑ̃, ɑ̃t] (ADJ) exasperating

horripiler [ɔʀipile] /TABLE 1/ (VT) to exasperate

hors ['ɔʀ] **1** (PRÉP) (= *excepté*) except for
▸ **hors de** (*position*) outside; (*mouvement*) out of • **vivre ~ de la ville** to live outside the town • **le choc l'a projeté ~ de la voiture** the impact threw him out of the car • **vivre ~ de la réalité** to live in a dream world • **~ du temps** [*personnage, univers*] timeless • **~ d'ici!** get out of here! • **il est ~ d'affaire** he's over the worst • **mettre qn ~ d'état de nuire** to render sb harmless • **être ~ de soi** to be beside o.s. • **cette remarque l'a mise ~ d'elle** this remark enraged her

2 (COMP) ▸ **hors jeu** [*joueur*] offside; [*ballon*] out of play ▸ **hors ligne** (*Informatique*) off line ▸ **hors pair** outstanding ▸ **hors tout** overall • **longueur ~ tout** overall length

hors-bord ['ɔʀbɔʀ] (NM INV) (= *moteur*) outboard motor; (= *bateau*) speedboat
hors-d'œuvre ['ɔʀdœvʀ] (NM INV) hors d'œuvre • **~ variés** assorted hors-d'œuvres
hors-jeu ['ɔʀʒø] (NM INV) offside • **être en position de ~** to be offside → **hors**
hors-la-loi ['ɔʀlalwa] (NMF INV) outlaw
hors-piste ['ɔʀpist] **1** (ADV, ADJ INV) off-piste **2** (NM INV) off-piste skiing • **faire du ~** to ski off piste
hors-série ['ɔʀseʀi] (NM INV) (= *magazine*) special edition
hortensia [ɔʀtɑ̃sja] (NM) hydrangea
horticole [ɔʀtikɔl] (ADJ) horticultural
horticulteur, -trice [ɔʀtikyltœʀ, tʀis] (NM,F) horticulturist
horticulture [ɔʀtikyltyʀ] (NF) horticulture
hospice [ɔspis] (NM) [*de vieillards*] old people's home
hospitalier, -ière [ɔspitalje, jɛʀ] (ADJ) **a** (= *d'hôpital*) [*service, personnel, médecine*] hospital • **centre ~** hospital • **établissement ~** hospital **b** (= *accueillant*) hospitable
hospitalisation [ɔspitalizasjɔ̃] (NF) hospitalization • **~ à domicile** home medical care
hospitaliser [ɔspitalize] /TABLE 1/ (VT) to hospitalize • **être hospitalisé** to be admitted to hospital • **elle a été hospitalisée d'urgence** she was rushed to hospital
hospitalité [ɔspitalite] (NF) hospitality • **offrir l'~ à qn** to offer sb hospitality
hospitalo-universitaire (*pl* **hospitalo-universitaires**) [ɔspitaloynivɛʀsitɛʀ] (ADJ) **centre ~** teaching hospital
hostie [ɔsti] (NF) host
hostile [ɔstil] (ADJ) hostile (**à** to)
hostilité [ɔstilite] (NF) hostility • **reprendre les ~s** to re-open hostilities
hosto* [ɔsto] (NM) hospital
hot-dog (*pl* **hot-dogs**) ['ɔtdɔg] (NM) hot dog
hôte [ot] **1** (NM) (*qui reçoit*) host **2** (NMF) (= *invité*) guest

> ⚠ **hôte** ne se traduit pas toujours par **host**.

hôtel [ɔtɛl] (NM) hotel • **aller à l'~** to stay at a hotel • **descendre à l'~** to stay at a hotel ▸ **hôtel particulier** town house ▸ **hôtel de police** police station ▸ **hôtel des ventes** saleroom ▸ **hôtel de ville** town hall

> **HÔTELS**
> There are five categories of hotel in France, from 1 to 5 stars. A few luxury 5-star hotels are awarded the exclusive "palace" status. In many towns and communities, guests pay a small additional tourist tax, the "taxe de séjour", used to cover tourism-related costs incurred in the local area.

hôtelier, -ière [ɔtəlje, jɛʀ] **1** (ADJ) hotel → **école** **2** (NM,F) hotel-keeper **3** (COMP) ▸ **hôtelier restaurateur** hotel-and-restaurant owner
hôtellerie [ɔtɛlʀi] (NF) (= *profession*) hotel business; (= *matière enseignée*) hotel management ▸ **hôtellerie de plein air** camping and caravanning
hôtel-restaurant (*pl* **hôtels-restaurants**) [ɔtɛlʀɛstɔʀɑ̃] (NM) hotel with restaurant
hôtesse [otɛs] (NF) (= *maîtresse de maison*) hostess ▸ **hôtesse d'accueil** [*d'hôtel, bureau*] receptionist; [*d'exposition, colloque*] hostess ▸ **hôtesse de caisse** check-out assistant (*Brit*), checker (*US*) ▸ **hôtesse de l'air** flight attendant

hotline ['ɔtlajn] (NF) technical support
hotte ['ɔt] (NF) **a** (= *panier*) basket (*carried on the back*) • **la ~ du Père Noël** Santa Claus's sack **b** [*de cheminée, laboratoire*] hood • **~ aspirante** extractor hood
hou ['u] (EXCL) boo!
houblon ['ublɔ̃] (NM) (= *plante*) hop; (= *ingrédient de la bière*) hops
houille ['uj] (NF) coal ▸ **houille blanche** hydroelectric power
houiller, -ère ['uje, jɛʀ] **1** (ADJ) [*bassin, industrie*] coal **2** (NF) **houillère** coalmine
houle ['ul] (NF) swell
houlette ['ulɛt] (NF) **sous la ~ de** under the leadership of
houleux, -euse ['ulø, øz] (ADJ) [*mer, séance*] stormy; [*salle, foule*] turbulent
houlomoteur, -trice ['ulomɔœʀ, tʀis] (ADJ) [*force, énergie*] wave *épith*
hourra ['uʀa] **1** (EXCL) hurrah! **2** (NM) **pousser des ~s** to cheer • **salué par des ~s** greeted by cheers
house music [ausmjuzik] (NF) house music
houspiller ['uspije] /TABLE 1/ (VT) (= *réprimander*) to scold
housse ['us] (NF) cover • **~ de couette** quilt cover
houx ['u] (NM) holly
hovercraft [ɔvœʀkʀaft] (NM) hovercraft
HS [aʃɛs] (ADJ INV) **a*** (ABR DE **hors service**) [*appareil*] kaput*; [*personne*] (*par fatigue*) beat*; (*par maladie*) out of it* **b** (ABR DE **haute saison**) high season
HT (ABR DE **hors taxes**) exclusive of VAT
huard ['ɥaʀ] (NM) (*Can* = *oiseau*) diver (*Brit*), loon (*US*)
hublot ['yblo] (NM) [*de bateau*] porthole; [*d'avion, machine à laver*] window
huche ['yʃ] (NF) (= *coffre*) chest ▸ **huche à pain** bread bin
hue ['y] (EXCL) gee up!
huées [ɥe] (NFPL) (*de dérision*) boos • **il est sorti de scène sous les ~ du public** he was booed off the stage
huer ['ɥe] /TABLE 1/ **1** (VT) (*par dérision*) to boo **2** (VI) [*chouette*] to hoot
huile [ɥil] **1** (NF) **a** (= *liquide*) oil • **cuit à l'~** cooked in oil • **thon à l'~** tuna in oil • **vérifier le niveau d'~** [*de voiture*] to check the oil • **verser de l'~ sur le feu** to add fuel to the flames • **mer d'~** glassy sea
b (= *notable*)* bigwig*
c (= *tableau, technique*) oil painting • **peint à l'~** painted in oils
2 (COMP) ▸ **huile d'arachide** groundnut (*Brit*) *ou* peanut (*US*) oil ▸ **huile de colza** rapeseed oil ▸ **huile de coude*** elbow grease* ▸ **huile essentielle** essential oil ▸ **huile de foie de morue** cod-liver oil ▸ **huile de lin** linseed oil ▸ **huile d'olive** olive oil ▸ **huile de ricin** castor oil ▸ **huile solaire** suntan oil ▸ **huile vierge** virgin olive oil
huiler [ɥile] /TABLE 1/ (VT) to oil • **la mécanique est parfaitement huilée** it's a well-oiled machine
huileux, -euse [ɥilø, øz] (ADJ) oily
huis [ɥi] (NM) **à ~ clos** in camera
huissier, -ière [ɥisje, jɛʀ] (NM, F) [*de justice*] ≈ bailiff

> **HUISSIER**
> The main function of a **huissier** is to carry out decisions made in the courts, for example evictions for non-payment of rent and seizure of goods following bankruptcy proceedings. **Huissiers** can also be called upon to witness the signature of important documents, and to ensure that public competitions are judged fairly.

h

huit ['ɥi(t)] (NOMBRE) eight • **~ jours** (*= une semaine*) a week • **dans ~ jours** in a week • **lundi en ~** a week on (*Brit*) *ou* from (*US*) Monday → **six**

> The **t** is not pronounced before consonants, and mute **h**.

huitaine ['ɥitɛn] (NF) **une ~ de** about eight • **dans une ~ de jours** in a week or so

huitième ['ɥitjɛm] **1** (ADJ, NMF) eighth • **la ~ merveille du monde** the eighth wonder of the world **2** (NF) (*Scol*) *penultimate class of primary school*, fifth grade (*US*) **3** (NMPL) **huitièmes** (*Sport*) **être en ~s de finale** to be in the last sixteen → **sixième**

huitièmement ['ɥitjɛmmɑ̃] (ADV) eighthly

huître ○ [ɥitʀ] (NF) ⓐ oyster • **il a le QI d'une ~** he has the IQ of a cabbage ⓑ * (*= personne stupide*) dimwit*

hululer ['ylyle] /TABLE 1/ (VI) to hoot

hum ['œm] (EXCL) hem!

humain, e [ymɛ̃, ɛn] **1** (ADJ) ⓐ human • **il s'est sauvé — c'est ~** he ran away — it was only natural ⓑ (*= compatissant*) humane **2** (NM) (*= être*) human being

humainement [ymɛnmɑ̃] (ADV) humanly • **ce n'est pas ~ possible** it's not humanly possible • **une situation ~ insupportable** an unbearable situation for people to be in

humanisation [ymanizasjɔ̃] (NF) humanization

humaniser [ymanize] /TABLE 1/ **1** (VT) to humanize **2** (VPR) **s'humaniser** to become more human

humanisme [ymanism] (NM) humanism

humaniste [ymanist] (ADJ, NMF) humanist

humanitaire [ymanitɛʀ] (ADJ) humanitarian • **organisation ~** humanitarian organization

humanité [ymanite] (NF) ⓐ (*= genre humain*) **l'~** humanity ⓑ (*= bonté*) humaneness

humanoïde [ymanɔid] (ADJ, NM) humanoid

humble [œ̃bl(ə)] (ADJ) humble • **à mon ~ avis** in my humble opinion

humblement [œ̃bləmɑ̃] (ADV) humbly

humecter [ymɛkte] /TABLE 1/ **1** (VT) [*+ linge, herbe*] to dampen; [*+ front*] to moisten **2** (VPR) **s'humecter** **s'~ les lèvres** to moisten one's lips • **ses yeux s'humectèrent** his eyes grew moist with tears

humer ['yme] /TABLE 1/ (VT) [*+ plat*] to smell; [*+ air, parfum*] to breathe in

humérus [ymeʀys] (NM) humerus

humeur [ymœʀ] (NF) ⓐ (*= disposition momentanée*) mood • **être de bonne ~** to be in a good mood • **être de mauvaise ~** to be in a bad mood • **il est d'une ~ massacrante** he's in a foul mood • **~ noire** black mood ⓑ (*= tempérament*) temper • **d'~ changeante** moody • **d'~ égale** even-tempered ⓒ (*= irritation*) **mouvement d'~** fit of bad temper • **dire qch avec ~** to say sth with irritation

humide [ymid] (ADJ) damp; [*région ou climat chaud*] humid; [*saison, route*] wet • **il y règne une chaleur ~** it's very hot and humid there • **temps lourd et ~** muggy weather • **temps froid et ~** cold wet weather

humidificateur [ymidifikatœʀ] (NM) [*d'air*] humidifier

humidifier [ymidifje] /TABLE 7/ (VT) [*+ air*] to humidify; [*+ linge*] to dampen

humidité [ymidite] (NF) [*d'air, climat*] humidity; (*plutôt froide*) dampness • **air saturé d'~** air saturated with moisture • **dégâts causés par l'~** damage caused by damp • **taches d'~** damp patches • **« craint l'~ »** "keep in a dry place"

humiliant, e [ymiljɑ̃, jɑ̃t] (ADJ) humiliating

humiliation [ymiljasjɔ̃] (NF) humiliation

humilier [ymilje] /TABLE 7/ (VT) to humiliate

humilité [ymilite] (NF) humility • **en toute ~** in all humility

humoriste [ymɔʀist] (NMF) humorist

humoristique [ymɔʀistik] (ADJ) humorous → **dessin**

humour [ymuʀ] (NM) humour (*Brit*), humor (*US*) • **l'~ britannique** British humour • **avoir de l'~** to have a sense of humour • **manquer d'~** to have no sense of humour • **faire de l'~** to try to be funny ▸ **humour noir** black humour

humus [ymys] (NM) humus

huppé, e ['ype] (ADJ) ⓐ [*oiseau*] crested ⓑ (*= riche*)* posh*

hurlement ['yʀləmɑ̃] (NM) [*de loup, chien*] howl; [*de vent*] howling *NonC*; [*de sirènes*] wailing *NonC*; [*de pneus, freins*] screech • **pousser des ~s** (*de douleur, de rage*) to howl; (*de joie*) to whoop • **des ~s de rire** gales of laughter

hurler ['yʀle] /TABLE 1/ **1** (VI) ⓐ [*personne*] to scream; (*de rage*) to roar; [*foule*] to roar • **~ de rire** to roar with laughter • **cette réforme va faire ~ l'opposition** this reform will enrage the opposition ⓑ [*chien, vent*] to howl; [*freins*] to screech; [*sirène*] to wail; [*radio*] to blare • **faire ~ sa télé** to have the TV on full blast* **2** (VT) [*+ injures, slogans, ordres*] to yell • **« jamais ! » hurla-t-il** "never!" he yelled

hurluberlu, e [yʀlybɛʀly] (NM,F) crank*

husky (*pl* **huskies**) ['œski] (NM) husky

hutte ['yt] (NF) hut

hybride [ibʀid] (ADJ, NM) hybrid

hydratant, e [idʀatɑ̃, ɑ̃t] **1** (ADJ) moisturizing **2** (NM) moisturizer

hydratation [idʀatasjɔ̃] (NF) hydration; [*de peau*] moisturizing

hydrate [idʀat] (NM) hydrate ▸ **hydrate de carbone** carbohydrate

hydrater [idʀate] /TABLE 1/ **1** (VT) to hydrate; [*+ peau*] to moisturize **2** (VPR) **s'hydrater** (*= boire*) to take lots of fluids

hydraulique [idʀolik] (ADJ) hydraulic • **station ~** waterworks *sg*

hydravion [idʀavjɔ̃] (NM) seaplane

hydrocarbure [idʀokaʀbyʀ] (NM) hydrocarbon

hydroélectricité [idʀoelɛktʀisite] (NF) hydroelectricity

hydroélectrique [idʀoelɛktʀik] (ADJ) hydroelectric

hydrogène [idʀɔʒɛn] (NM) hydrogen

hydroglisseur [idʀoglisœʀ] (NM) jet-foil

hydrolienne [idʀɔljɛn] (NF) marine current turbine

hydrosoluble [idʀosɔlybl] (ADJ) water-soluble

hyène [jɛn] (NF) hyena

hygiaphone® [iʒjafɔn] (NM) Hygiaphone® (*for speaking through at ticket counters*)

hygiène [iʒjɛn] (NF) hygiene • **n'avoir aucune ~** to have no awareness of hygiene • **ça manque d'~** it's not very hygienic • **pour une meilleure ~ de vie** for a healthier life ▸ **hygiène alimentaire** food hygiene ▸ **hygiène corporelle** personal hygiene ▸ **hygiène mentale** mental health ▸ **hygiène publique** public health

hygiénique [iʒjenik] (ADJ) hygienic → **papier, serviette**

hymne [imn] (NM) hymn ▸**hymne national** national anthem

hyper [ipɛʀ] **1** (PRÉF) **hyper(-)** hyper; (= *très*)* really • **~-riche** mega* rich **2** (NM) (= *hypermarché*)* hypermarket

hyperactif, -ive [ipɛʀaktif, iv] (ADJ) hyperactive

hyperappel [ipɛʀapɛl] (NM) hypercall

hyperbole [ipɛʀbɔl] (NF) (*Math*) hyperbola; (*Littérat*) hyperbole

hypercalorique [ipɛʀkalɔʀik] (ADJ) high-calorie *épith*

hyperconnectivité [ipɛʀkɔnɛktivite] (NF) hyperconnectivity

hyperlibéral, e (*mpl* **-aux**) [ipɛʀliberal, o] (ADJ) extreme liberal *épith*

hyperlien [ipɛʀljɛ̃] (NM) hyperlink

hypermarché [ipɛʀmaʀʃe] (NM) hypermarket

hypermétrope [ipɛʀmetʀɔp] **1** (ADJ) long-sighted **2** (NMF) long-sighted person

hypernerveux, -euse [ipɛʀnɛʀvø, øz] (ADJ) very highly (*Brit*) *ou* high (*US*) strung

hyperpuissance [ipɛʀpɥisɑ̃s] (NF) hyperpower

hyperréalisme [ipɛʀʀealism] (NM) hyperrealism

hypersensible [ipɛʀsɑ̃sibl] (ADJ) hypersensitive

hypersympa [ipɛʀsɛ̃pa] (ADJ) really nice

hypertension [ipɛʀtɑ̃sjɔ̃] (NF) (*artérielle*) high blood pressure • **faire de l'~** to suffer from high blood pressure

hypertexte [ipɛʀtɛkst] (NM) hypertext • **lien ~** hypertext link • **navigation en ~** browsing hypertext

hypertrophie [ipɛʀtʀɔfi] (NF) (*Méd*) hypertrophy; [*de ville, secteur*] overdevelopment

hypertrophié, e [ipɛʀtʀɔfje] (ADJ) [*muscle*] abnormally enlarged; [*bureaucratie, secteur*] overdeveloped

hyperventilation [ipɛʀvɑ̃tilasjɔ̃] (NF) hyperventilation

hyperventiler [ipɛʀvɑ̃tile] (VI) to hyperventilate

hypnose [ipnoz] (NF) hypnosis • **sous ~** under hypnosis

hypnotique [ipnɔtik] (ADJ) hypnotic

hypnotiser [ipnɔtize] /TABLE 1/ (VT) to hypnotize

hypnotiseur [ipnɔtizœʀ] (NM) hypnotist

hypnotisme [ipnɔtism] (NM) hypnotism

hypoallergénique [ipoalɛʀʒenik], **hypoallergique** [ipoalɛʀʒik] (ADJ) hypoallergenic

hypocalorique [ipokalɔʀik] (ADJ) low-calorie

hypocondriaque [ipɔkɔ̃dʀijak] (ADJ, NMF) hypochondriac

hypocrisie [ipɔkʀizi] (NF) hypocrisy

hypocrite [ipɔkʀit] **1** (ADJ) hypocritical **2** (NMF) hypocrite

hypocritement [ipɔkʀitmɑ̃] (ADV) hypocritically

hypodermique [ipɔdɛʀmik] (ADJ) hypodermic

hypoglycémie [ipoglisemi] (NF) hypoglycaemia (*Brit*), hypoglycemia (*US*) • **faire une crise d'~** to suffer an attack of hypoglycaemia

hypokhâgne [ipɔkaɲ] (NF) *preparatory course for the École normale supérieure* → GRANDES ÉCOLES, CLASSES PRÉPARATOIRES, CONCOURS

hypotension [ipotɑ̃sjɔ̃] (NF) low blood pressure

hypoténuse [ipɔtenyz] (NF) hypotenuse

hypothalamus [ipɔtalamys] (NM) hypothalamus

hypothécaire [ipɔtekɛʀ] (ADJ) [*garantie, prêt*] mortgage

hypothèque [ipɔtɛk] (NF) **a** mortgage **b** (= *obstacle*) obstacle • **faire peser une ~ sur qch** to put an obstacle in sth's way

hypothéquer [ipɔteke] /TABLE 6/ (VT) [+ *maison*] to mortgage

hypothermie [ipɔtɛʀmi] (NF) hypothermia

hypothèse [ipɔtɛz] (NF) hypothesis • **émettre l'~ que ...** to suggest the possibility that ...; (*dans un raisonnement scientifique*) to theorize that ... • **prenons comme ~ que** let's suppose that • **l'~ du suicide n'a pas été écartée** the possibility of suicide has not been ruled out • **dans l'~ où ...** in the event that ... • **dans la pire des ~s** at worst

hypothétique [ipɔtetik] (ADJ) hypothetical

hystérie [isteʀi] (NF) (*Méd*) hysteria • **c'était l'~ dans le public** the audience went wild

hystérique [isteʀik] **1** (ADJ) hysterical **2** (NMF) **c'est un ~** he tends to get hysterical

Hz (ABR DE **hertz**) Hz

I i

ibérique [ibeʀik] ADJ Iberian

iceberg [ajsbɛʀg] NM iceberg • **la partie cachée de l'~** the invisible part of the iceberg; (*fig*) the hidden aspects of the problem • **la partie visible de l'~** the tip of the iceberg

ici [isi] ADV ⓐ (*dans l'espace*) here • **loin d'~** a long way from here • **près d'~** near here • **il y a 10 km d'~ à Paris** it's 10km from here to Paris • **c'est à 10 minutes d'~** it's 10 minutes away • **passez par ~** come this way • **par ~** around here • **par ~, s'il vous plaît** this way please • **~ même** on this very spot • **c'est ~ que ...** this is the place where ... • **vous êtes ~ chez vous** make yourself at home • **~ Chantal Barry** (*au téléphone*) Chantal Barry speaking • **~ et là** here and there • **~ comme ailleurs** here as elsewhere

ⓑ (*dans le temps*) **jusqu'~** until now

ⓒ ▸ **d'ici d'~ demain/la fin de la semaine** by tomorrow/the end of the week • **d'~ peu** before long • **d'~ là** before then • **d'~ à l'an 2050** by the year 2050 • **d'~ (à ce) qu'il se retrouve en prison, il n'y a pas loin** it won't be long before he lands up in jail • **le projet lui plaît, mais d'~ à ce qu'il accepte!** he likes the plan, but liking it isn't the same as agreeing to it! • **ils sont d'~/ne sont pas d'~** they are/aren't from around here • **les gens d'~** the people here • **je vois ça d'~!*** I can just see that!

icône [ikon] NF icon

iconoclaste [ikɔnɔklast] 1 ADJ iconoclastic 2 NMF iconoclast

iconographie [ikɔnɔgʀafi] NF (= *étude*) iconography; (= *images*) illustrations

idéal, e (*mpl* **-als** *ou* **-aux**) [ideal, o] ADJ, NM ideal • **l'~ serait qu'elle l'épouse** the ideal thing would be for her to marry him • **ce n'est pas l'~** it's not ideal • **dans l'~** ideally

idéalement [idealmɑ̃] ADV ideally

idéaliser [idealize] /TABLE 1/ VT to idealize

idéaliste [idealist] 1 ADJ idealistic 2 NMF idealist

idée [ide] 1 NF ⓐ idea • **l'~ que les enfants se font du monde** the idea children have of the world • **il a eu l'~ d'écrire** he had the idea of writing • **à l'~ de faire qch/de qch** at the idea of doing sth/of sth • **avoir une ~ derrière la tête** to have something at the back of one's mind • **tu te fais des ~s** you're imagining things • **ça pourrait lui donner des ~s** it might give him ideas • **quelle ~!** the idea! • **il a de ces ~s!** the things he thinks up! • **quelle bonne ~!** what a good idea! • **donner à qn/se faire une ~ des difficultés** to give sb/get an idea of the difficulties • **avez-vous une ~ de l'heure?** have you got any idea of the time? • **je n'en ai pas la moindre ~** I haven't the faintest idea • **j'ai mon ~** *ou* **ma petite ~ sur la question** I have my own ideas on the subject • **agir selon** *ou* **à son ~** to do as one sees fit • **il y a de l'~*** (*dessin, projet*) there's something in it

ⓑ (= *esprit*) **avoir dans l'~ que** to have it in one's mind that • **cela ne lui viendrait jamais à l'~** it would never occur to him • **il s'est mis dans l'~ de ...** he took it into his head to ...

2 NFPL **idées** (= *opinions*) ideas • **~s politiques** political ideas • **avoir des ~s avancées** to have progressive ideas • **avoir les ~s larges** to be broad-minded

3 COMP ▸ **idée directrice** driving principle ▸ **idée fixe** idée fixe ▸ **idée de génie, idée lumineuse** brilliant idea ▸ **idées noires** black thoughts ▸ **idée reçue** generally held belief ▸ **idée toute faite** preconception

idem [idɛm] ADV ditto • **il a mauvais caractère et son frère ~*** he's bad-tempered and so is his brother *ou* and his brother's the same • **une bière — ~ pour moi!*** a beer — same for me!

identifiant [idɑ̃tifjɑ̃] NM (*Informatique*) (= *nom d'utilisateur*) username, login; (= *code numérique*) identifier

identification [idɑ̃tifikasjɔ̃] NF identification (**à** with)

identifier [idɑ̃tifje] /TABLE 7/ 1 VT to identify (**à** with) 2 VPR **s'identifier s'~ à** to identify with

identique [idɑ̃tik] ADJ identical (**à** to)

identitaire [idɑ̃titɛʀ] ADJ **crise ~** identity crisis • **quête ~** search for identity • **sentiment ~** sense of identity • **les revendications ~s des multiples ethnies** the various ethnic groups' demands for recognition

identité [idɑ̃tite] NF identity

idéogramme [ideɔgʀam] NM ideogram

idéologie [ideɔlɔʒi] NF ideology

idéologique [ideɔlɔʒik] ADJ ideological

idiomatique [idjɔmatik] ADJ idiomatic

idiosyncrasie [idjɔsɛ̃kʀazi] NF idiosyncrasy

idiot, e [idjo, idjɔt] 1 ADJ stupid 2 NM,F idiot • **ne fais pas l'~*** stop acting stupid* • **l'~ du village** the village idiot

idiotie [idjɔsi] NF idiocy • **ne va pas voir ces ~s** don't go and see such trash • **ne fais pas d'~s** don't do anything stupid • **ne dis pas d'~s!** don't talk rubbish!

idolâtrer [idɔlɑtʀe] /TABLE 1/ (VT) to idolize
idole [idɔl] (NF) idol • **il est devenu l'~ des jeunes** he's become a teenage idol
idylle [idil] (NF) idyll
idyllique [idilik] (ADJ) idyllic
if [if] (NM) yew
IFOP [ifɔp] (NM) (ABR DE **Institut français d'opinion publique**) *French public opinion research institute*
igloo [iglu] (NM) igloo
igname [iɲam] (NF) yam
ignare [iɲaʀ] (*péj*) **1** (ADJ) ignorant **2** (NMF) ignoramus
ignifuge [iɲifyʒ] (ADJ) [*produit*] fire-retardant
ignifuger [iɲifyʒe] /TABLE 3/ (VT) to fireproof
ignoble [iɲɔbl] (ADJ) appalling
ignorance [iɲɔʀɑ̃s] (NF) ignorance • **tenir qn/être dans l'~ de qch** to keep sb/be in the dark about sth
ignorant, e [iɲɔʀɑ̃, ɑ̃t] **1** (ADJ) ignorant • **~ de** unaware of **2** (NM,F) ignoramus • **ne fais pas l'~** stop pretending you don't know
ignorer [iɲɔʀe] /TABLE 1/ **1** (VT) **a** (= *ne pas connaître*) not to know; [+ *incident, fait*] to be unaware of • **j'ignore comment/si ...** I don't know how/if ... • **vous n'ignorez pas que ...** you doubtless know that ... • **j'ignore tout de cette affaire** I don't know anything about this • **il ignore la souffrance** he has never experienced suffering **b** (= *être indifférent à*) [+ *personne, remarque, avertissement*] to ignore **2** (VPR) **s'ignorer a c'est un poète qui s'ignore** he should have been a poet **b** (*l'un l'autre*) to ignore each other
iguane [igwan] (NM) iguana
il [il] (PRON PERS M) **a** he; (= *chose, animal ou bébé dont on ignore le sexe*) it • **il était journaliste** he was a journalist • **prends ce fauteuil, il est plus confortable** have this chair - it's more comfortable • **ne touche pas ce chien, peut-être qu'il mord** don't touch this dog - it might bite • **le Japon a décidé qu'il n'accepterait pas** Japan decided they wouldn't agree
▸ **ils** they
b (*dans une question*) **est-il rentré?** is he back? • **Paul est-il rentré?** is Paul back? • **le courrier est-il arrivé?** has the mail come?
c (*impersonnel*) it • **il fait beau** it's a fine day • **il est vrai que ...** it is true that ... • **il faut que je le fasse** I've got to do it
île° [il] (NF) island • **~ déserte** desert island ▸ **les îles Anglo-Normandes** the Channel Islands ▸ **l'île de Beauté** Corsica ▸ **les îles Britanniques** the British Isles ▸ **île flottante** (= *dessert*) île flottante ▸ **l'île de Man** the Isle of Man ▸ **les îles Marshall** the Marshall Islands ▸ **l'île Maurice** Mauritius ▸ **l'île de Pâques** Easter Island ▸ **les îles Salomon** the Solomon Islands ▸ **les îles Sous-le-Vent/du Vent** the Leeward/Windward Islands ▸ **les îles Vierges** the Virgin Islands
Île-de-France [ildəfʀɑ̃s] (NF) **l'~** the Île-de-France (*Paris and the surrounding departments*)
iliaque [iljak] (ADJ) **os ~** hip bone
illégal, e (*mpl* **-aux**) [i(l)legal, o] (ADJ) illegal • **c'est ~** it's against the law
illégalement [i(l)legalmɑ̃] (ADV) illegally
illégalité [i(l)legalite] (NF) illegality • **se mettre dans l'~** to break the law
illégitime [i(l)leʒitim] (ADJ) **a** [*enfant, gouvernement*] illegitimate **b** [*prétention, revendication*] unjustified
illettré, e [i(l)letʀe] (ADJ, NM,F) illiterate • **les ~s** illiterate people
illettrisme [i(l)letʀism] (NM) illiteracy • **campagne contre l'~** literacy campaign
illicite [i(l)lisit] (ADJ) illicit
illico* [i(l)liko] (ADV) **~ (presto)** pronto*
illimité, e [i(l)limite] (ADJ) [*moyen, ressource*] unlimited; [*confiance*] unbounded; [*congé, durée*] indefinite
illisible [i(l)lizibl] (ADJ) (= *indéchiffrable*) illegible
illogique [i(l)lɔʒik] (ADJ) illogical
illumination [i(l)lyminasjɔ̃] (NF) **a** (= *éclairage*) lighting; (*avec des projecteurs*) floodlighting • **les ~s de Noël** the Christmas lights **b** (= *inspiration*) flash of inspiration
illuminé, e [i(l)lymine] *ptp de* **illuminer 1** (ADJ) lit up; (*avec des projecteurs*) floodlit **2** (NM,F) (*péj*) (= *visionnaire*) crank
illuminer [i(l)lymine] /TABLE 1/ **1** (VT) to light up; (*avec des projecteurs*) to floodlight • **un sourire illumina son visage** a smile lit up her face **2** (VPR) **s'illuminer** [*rue, vitrine*] to be lit up; [*visage*] to light up (**de** with)
illusion [i(l)lyzjɔ̃] (NF) illusion • **tu te fais des ~s** you're deluding yourself • **ça lui donne l'~ de servir à quelque chose** it makes him feel he's doing something useful • **ce stratagème ne fera pas ~ longtemps** this tactic won't fool people for long • **il a perdu ses ~s** he's become disillusioned ▸ **illusion d'optique** optical illusion
illusionner (s') [i(l)lyzjɔne] /TABLE 1/ (VPR) to delude o.s. (**sur qch** about sth)
illusionniste [i(l)lyzjɔnist] (NMF) conjurer
illusoire [i(l)lyzwaʀ] (ADJ) (= *trompeur*) illusory
illustrateur, -trice [i(l)lystʀatœʀ, tʀis] (NM,F) illustrator
illustration [i(l)lystʀasjɔ̃] (NF) illustration • **l'~ par l'exemple** illustration by example
illustre [i(l)lystʀ] (ADJ) illustrious
illustré, e [i(l)lystʀe] **1** (ADJ) illustrated **2** (NM) (= *journal*) comic
illustrer [i(l)lystʀe] /TABLE 1/ **1** (VT) to illustrate • **ça illustre bien son caractère** that's a good example of what he's like **2** (VPR) **s'illustrer** [*personne*] to become famous
îlot° [ilo] (NM) small island • **~ de verdure** oasis of greenery • **~ de résistance** pocket of resistance
îlotier° [ilɔtje] (NM) ≈ community policeman
ils [il] (PRON PERS) → **il**
image [imaʒ] **1** (NF) **a** picture • **l'~ est nette/floue** the picture is clear/fuzzy • **apparaître à l'~** (*TV*) to appear on screen
b (= *métaphore*) image • **s'exprimer par ~s** to express o.s. in images
c (= *reflet*) reflection; (*Physique*) image • **regarder son ~ dans l'eau** to gaze at one's reflection in the water • **~ virtuelle** virtual image
d (= *vision mentale*) image • **~ de soi** self-image • **l'~ du père** the father figure • **une ~ fidèle de la France** an accurate picture of France • **se faire une ~ fausse de qch** to have a false picture of sth • **le pays veut améliorer son ~ à l'étranger** the country wants to improve its image abroad
2 (COMP) ▸ **images d'archives** archive pictures ▸ **image de marque** public image ▸ **image satellite** satellite

picture ▸**image de synthèse** computer-generated image

> **IMAGES D'ÉPINAL**
> Distinctive prints depicting a variety of scenes in a realistic but stereotypical manner were produced in the town of Épinal, in the Vosges, in the early nineteenth century. The prints became so popular that the term **image d'Épinal** has passed into the language, and is now used to refer to any form of stereotypical representation.

imagé, e [imaʒe] (ADJ) [*langage, expression*] vivid

imagerie [imaʒʀi] (NF) ~ **par résonance magnétique/par ultrasons** magnetic resonance/ultrasound imaging

imageur [imaʒœʀ] (NM) imager • ~ **thermique/à résonance magnétique** thermal/magnetic resonance imager

imagiciel [imaʒisjɛl] (NM) graphics software

imaginable [imaʒinabl] (ADJ) conceivable • **un tel comportement n'était pas ~ il y a 50 ans** such behaviour was inconceivable 50 years ago

imaginaire [imaʒinɛʀ] **1** (ADJ) imaginary **2** (NM) **dans l'~ de Joyce** in Joyce's imaginative world • **l'~ collectif** the collective psyche

imaginatif, -ive [imaʒinatif, iv] (ADJ) imaginative

imagination [imaʒinasjɔ̃] (NF) imagination • **avoir de l'~** to be imaginative

imaginer [imaʒine] /TABLE 1/ **1** (VT) **a** to imagine • **tu imagines la scène!** you can imagine the scene! • **on imagine mal leurs conditions de travail** their working conditions are hard to imagine • **je l'imaginais plus vieux** I pictured him as being older
b (= *inventer*) [+ *système, plan*] to devise • **qu'est-il encore allé ~?*** now what has he dreamed up?
2 (VPR) **s'imaginer** to imagine • **imagine-toi une île** imagine an island • **il s'imaginait pouvoir faire cela** he imagined he could do that • **si tu t'imagines que je vais te laisser faire!** don't think I'm going to let you get away with that!

imam [imam] (NM) imam

imbattable [ɛ̃batabl] (ADJ) unbeatable

imbécile [ɛ̃besil] **1** (ADJ) stupid **2** (NMF) idiot • **ne fais pas l'~*** stop acting stupid* • **le premier ~ venu te le dira** any fool will tell you

imbécillité [ɛ̃besilite] (NF) idiocy • **tu racontes des ~s** you're talking nonsense

imberbe [ɛ̃bɛʀb] (ADJ) beardless

imbiber [ɛ̃bibe] /TABLE 1/ **1** (VT) ~ **qch de qch** to soak sth with sth • ~ **une compresse d'antiseptique** to soak a compress with antiseptic **2** (VPR) **s'imbiber** **s'~ de** to become soaked with

imbriqué, e [ɛ̃bʀike] *ptp de* **imbriquer** (ADJ) [*plaques, tuiles*] overlapping; [*problèmes*] interlinked; [*souvenirs*] interwoven

imbriquer (s') [ɛ̃bʀike] /TABLE 1/ (VPR) [*problèmes, affaires*] to be linked; [*plaques*] to overlap; [*lego*] to fit together

imbroglio [ɛ̃bʀɔljo] (NM) imbroglio

imbu, e [ɛ̃by] (ADJ) ~ **de lui-même** *ou* **de sa personne** full of himself

imbuvable [ɛ̃byvabl] (ADJ) [*boisson*] undrinkable; [*personne*]* unbearable

imitateur, -trice [imitatœʀ, tʀis] (NM,F) imitator; [*de voix, personne*] impersonator

imitation [imitasjɔ̃] (NF) **a** (= *reproduction*) imitation; [*de personnage célèbre*] impersonation **b** (= *contrefaçon*) forgery **c** (= *copie*) [*de bijou, fourrure*] imitation; [*de meuble, tableau*] copy

imiter [imite] /TABLE 1/ (VT) **a** to imitate; [+ *personnage célèbre*] to impersonate • **il se leva et tout le monde l'imita** he got up and everybody did likewise **b** [+ *signature*] to forge **c** (= *avoir l'aspect de*) [*matière, revêtement*] to look like • **un lino qui imite le marbre** marble-effect lino

immaculé, e [imakyle] (ADJ) spotless • **l'Immaculée Conception** the Immaculate Conception

immanent, e [imanɑ̃, ɑ̃t] (ADJ) immanent (**à** in)

immangeable [ɛ̃mɑ̃ʒabl] (ADJ) uneatable

immanquablement [ɛ̃mɑ̃kabləmɑ̃] (ADV) inevitably

immatriculation [imatʀikylasjɔ̃] (NF) registration

> **IMMATRICULATION**
> French **plaques d'immatriculation** (licence plates) can bear the number of a "département", if the owner of the vehicle so wishes. People with a strong sense of belonging to a "département" can put its number on the plate; it must then be displayed on the right-hand side. This "département" doesn't have to be the one in which the car owner lives.

immatriculer [imatʀikyle] /TABLE 1/ (VT) [+ *véhicule*] to register • **voiture immatriculée dans le Vaucluse** car with a Vaucluse registration (*Brit*) *ou* with a Vaucluse license plate (*US*)

immature [imatyʀ] (ADJ) immature

immédiat, e [imedja, jat] **1** (ADJ) immediate **2** (NM) **dans l'~** for the time being

immédiatement [imedjatmɑ̃] (ADV) immediately

immense [i(m)mɑ̃s] (ADJ) [*espace, désert*] vast; [*foule, fortune, pays*] huge; [*personne*] gigantic; [*sagesse*] boundless; [*avantage, succès, talent, chagrin*] tremendous • **dans l'~ majorité des cas** in the vast majority of cases

immensément [i(m)mɑ̃semɑ̃] (ADV) immensely

immensité [i(m)mɑ̃site] (NF) [*d'espace, horizon*] immensity; [*d'océan, désert, fortune, pays*] enormous size

immerger [imɛʀʒe] /TABLE 3/ **1** (VT) to immerse **2** (VPR) **s'immerger** **s'~ dans son travail** to immerse o.s. in one's work

immersion [imɛʀsjɔ̃] (NF) immersion • **par ~ totale dans la langue** by immersing oneself totally in the language

immettable [ɛ̃metabl] (ADJ) unwearable

immeuble [imœbl] (NM) building ▸**immeuble de bureaux** office block (*Brit*) *ou* building (*US*) ▸**immeuble d'habitation** block of flats (*Brit*), apartment building (*US*)

immigrant, e [imigʀɑ̃, ɑ̃t] (ADJ, NM,F) immigrant

immigration [imigʀasjɔ̃] (NF) immigration • ~ **clandestine** illegal immigration

immigré, e [imigʀe] *ptp de* **immigrer** (ADJ, NM,F) immigrant • ~ **de la deuxième génération** second-generation immigrant • ~ **clandestin** illegal immigrant

immigrer [imigʀe] /TABLE 1/ (VI) to immigrate

imminence [iminɑ̃s] (NF) imminence

imminent, e [iminɑ̃, ɑ̃t] (ADJ) imminent

immiscer (s') [imise] /TABLE 3/ (VPR) **s'~ dans** to interfere in

immobile [i(m)mɔbil] (ADJ) motionless; [*visage*] immobile • **rester ~** to stay still

immobilier, -ière [imɔbilje, jɛʀ] 1 (ADJ) property • **marché ~** property market • **biens ~s** real estate → **agent** 2 (NM) **l'~** (= *commerce*) the property business • **investir dans l'~** to invest in property

immobilisation [imɔbilizasjɔ̃] (NF) immobilization • **attendez l'~ complète de l'appareil** wait until the aircraft has come to a complete standstill • **la réparation nécessite l'~ de la voiture/l'avion** the car will have to be taken off the road/the plane will have to be grounded to be repaired • **~s** (*Finance*) fixed assets

immobiliser [imɔbilize] /TABLE 1/ 1 (VT) to immobilize; (*avec un sabot de Denver*) to clamp; (*Finance*) to tie up • **avions immobilisés par la neige** planes grounded by snow 2 (VPR) **s'immobiliser** [*personne*] to stop; [*véhicule, échanges commerciaux*] to come to a halt

immobilisme [imɔbilism] (NM) [*de gouvernement, entreprise*] failure to act • **faire de l'~** to try to maintain the status quo

immobilité [imɔbilite] (NF) stillness • **le médecin lui a ordonné l'~ complète** the doctor ordered him not to move at all

immodéré, e [imɔdeʀe] (ADJ) immoderate

immoler [imɔle] /TABLE 1/ 1 (VT) (= *sacrifier*) to sacrifice (**à** to) 2 (VPR) **s'immoler** to sacrifice o.s. • **s'~ par le feu** to set fire to o.s.

immonde [i(m)mɔ̃d] (ADJ) [*taudis*] squalid; [*action*] vile; [*crime*] hideous; [*personne*] (= *laid*) hideous; (= *ignoble*) vile

immondices [i(m)mɔ̃dis] (NFPL) filth *NonC*

immoral, e (*mpl* **-aux**) [i(m)mɔʀal, o] (ADJ) immoral

immortaliser [imɔʀtalize] /TABLE 1/ (VT) to immortalize

immortalité [imɔʀtalite] (NF) immortality

immortel, -elle [imɔʀtɛl] 1 (ADJ) immortal 2 (NM,F) **Immortel(le)** *member of the Académie française* → ACADÉMIE FRANÇAISE 3 (NF) **immortelle** (= *fleur*) everlasting flower

immuable [imɥabl] (ADJ) immutable

immunisation [imynizasjɔ̃] (NF) immunization

immuniser [imynize] /TABLE 1/ (VT) to immunize • **je suis immunisé** (*fig*) it no longer has any effect on me

immunitaire [imynitɛʀ] (ADJ) immune; [*défenses*] immunological

immunité [imynite] (NF) immunity

immunodéficience [imynodefisjɑ̃s] (NF) immunodeficiency

immunologique [imynɔlɔʒik] (ADJ) immunological

impact [ɛ̃pakt] (NM) impact • **le mur est criblé d'~s de balles** the wall is riddled with bullet holes

impacter [ɛ̃pakte] /TABLE 1/ (VT INDIR) **~ sur** [+ *résultats, situation*] to impact on, to have an impact on

impair, e [ɛ̃pɛʀ] 1 (ADJ) [*nombre, jour*] odd; [*page*] odd-numbered • **côté ~ d'une rue** *side of the street with odd numbers* 2 (NM) (= *gaffe*) blunder • **commettre un ~** to blunder

imparable [ɛ̃paʀabl] (ADJ) ⓐ [*coup, tir*] unstoppable ⓑ [*argument, riposte, logique*] unanswerable

impardonnable [ɛ̃paʀdɔnabl] (ADJ) unforgivable

imparfait, e [ɛ̃paʀfɛ, ɛt] 1 (ADJ) imperfect 2 (NM) (= *temps*) imperfect tense

impartial, e (*mpl* **-iaux**) [ɛ̃paʀsjal, jo] (ADJ) impartial

impartialité [ɛ̃paʀsjalite] (NF) impartiality • **faire preuve d'~** to show impartiality

impartir [ɛ̃paʀtiʀ] /TABLE 2/ (VT) [+ *mission*] to assign • **~ des pouvoirs à** to invest powers in • **dans les délais impartis** within the time allowed • **le temps qui vous était imparti est écoulé** your time is up

impasse [ɛ̃pɑs] (NF) ⓐ (= *rue*) cul-de-sac • **« impasse »** "no through road" ⓑ (= *situation sans issue*) impasse • **être dans l'~** [*négociations*] to have reached an impasse; [*relation*] to have reached a dead end • **pour sortir les négociations de l'~** to break the deadlock in the negotiations • **faire l'~ sur qch** to choose to overlook sth

impassible [ɛ̃pasibl] (ADJ) impassive

impatiemment [ɛ̃pasjamɑ̃] (ADV) impatiently

impatience [ɛ̃pasjɑ̃s] (NF) impatience

impatient, e [ɛ̃pasjɑ̃, jɑ̃t] (ADJ) impatient • **~ de faire qch** eager to do sth • **je suis si ~ de vous revoir** I can't wait to see you again

impatienter [ɛ̃pasjɑ̃te] /TABLE 1/ 1 (VT) to irritate 2 (VPR) **s'impatienter** to get impatient (**contre qch** at sth)

impayable* [ɛ̃pɛjabl] (ADJ) priceless* • **il est ~!** he's priceless!*

impayé, e [ɛ̃peje] 1 (ADJ) unpaid 2 (NMPL) **impayés** outstanding payments

impeccable [ɛ̃pekabl] (ADJ) impeccable • **parler un français ~** to speak perfect French • **(c'est) ~!*** great!*

impeccablement [ɛ̃pekabləmɑ̃] (ADV) impeccably; [*rangé, coupé, entretenu*] beautifully

impénétrable [ɛ̃penetʀabl] (ADJ) ⓐ (= *inaccessible*) impenetrable • **un marché quasi ~ pour les Européens** a market almost impossible for Europeans to break into ⓑ (= *insondable*) [*mystère, desseins*] impenetrable; [*personnage, caractère, visage, air*] inscrutable

impénitent, e [ɛ̃penitɑ̃, ɑ̃t] (ADJ) unrepentant • **fumeur ~** unrepentant smoker

impensable [ɛ̃pɑ̃sabl] (ADJ) unthinkable

imper* [ɛ̃pɛʀ] (NM) raincoat

impératif, -ive [ɛ̃peʀatif, iv] 1 (ADJ) [*besoin, consigne*] urgent; [*ton*] commanding • **il est ~ de .../que ...** it is absolutely essential to .../that ... 2 (NM) ⓐ (= *prescription*) [*de fonction, charge*] requirement; [*de mode*] demand; (= *nécessité*) [*de situation*] necessity • **des ~s d'horaire nous obligent à ...** we are obliged by the demands of our timetable to ... ⓑ (= *mode*) imperative mood • **à l'~** in the imperative (mood)

impérativement [ɛ̃peʀativmɑ̃] (ADV) **les personnes âgées doivent ~ se faire vacciner** it is imperative that old people get vaccinated • **je le veux ~ pour demain** it is imperative that I have it for tomorrow

impératrice [ɛ̃peʀatʀis] (NF) empress

imperceptible [ɛ̃pɛʀsɛptibl] (ADJ) imperceptible (**à** to)

imperceptiblement [ɛ̃pɛʀsɛptibləmɑ̃] (ADV) imperceptibly

imperfection [ɛ̃pɛʀfɛksjɔ̃] (NF) imperfection; [*de personne, caractère*] shortcoming; [*d'ouvrage, dispositif, mécanisme*] defect; [*de peau*] blemish

impérial, e (*mpl* **-iaux**) [ɛ̃peʀjal, jo] 1 (ADJ) imperial 2 (NF) **impériale** **autobus à ~e** ≈ double-decker bus

impérialisme [ɛ̃peʀjalism] (NM) imperialism

impérialiste [ɛ̃peʀjalist] (ADJ, NMF) imperialist

impérieusement [ɛ̃peʀjøzmɑ̃] (ADV) imperiously • **avoir ~ besoin de qch** to need sth urgently

impérieux, -ieuse [ɛ̃peʀjø, jøz] (ADJ) [*personne, ton, caractère*] imperious; [*besoin, nécessité*] urgent

i

impérissable [ɛ̃peRisabl] (ADJ) [*œuvre*] enduring; [*souvenir, gloire*] undying
imperméabiliser [ɛ̃pɛRmeabilize] /TABLE 1/ (VT) to waterproof
imperméable [ɛ̃pɛRmeabl] **1** (ADJ) [*terrain, roches*] impermeable; [*revêtement, tissu*] waterproof **2** (NM) (= *manteau*) raincoat
impersonnel, -elle [ɛ̃pɛRsɔnɛl] (ADJ) impersonal

> Le mot anglais s'écrit avec un seul **n** et se termine par **-al**.

impertinence [ɛ̃pɛRtinɑ̃s] (NF) cheek • **répondre avec ~** to reply cheekily • **arrête tes ~s!** that's enough of your cheek!
impertinent, e [ɛ̃pɛRtinɑ̃, ɑ̃t] (ADJ) cheeky
imperturbable [ɛ̃pɛRtyRbabl] (ADJ) [*sang-froid, sérieux*] unshakeable • **rester ~** to remain calm
impétueux, -euse [ɛ̃petɥø, øz] (ADJ) [*caractère, jeunesse*] impetuous; [*orateur*] fiery; [*torrent, vent*] raging
impitoyable [ɛ̃pitwajabl] (ADJ) merciless
impitoyablement [ɛ̃pitwajabləmɑ̃] (ADV) mercilessly
implacable [ɛ̃plakabl] (ADJ) implacable
implant [ɛ̃plɑ̃] (NM) implant • **~ capillaire** hair graft
implantation [ɛ̃plɑ̃tasjɔ̃] (NF) **a** [*d'immigrants*] settlement; [*d'usine, industrie*] setting up • **nous bénéficions d'une solide ~ à l'étranger** we have a number of offices abroad • **la forte ~ du parti dans la région** the party's strong presence in the region **b** [*de dents*] arrangement • **l'~ des cheveux** the way the hair grows
implanter [ɛ̃plɑ̃te] /TABLE 1/ **1** (VT) [*+ usage, mode*] to introduce; [*+ usine, industrie*] to set up • **une société implantée dans la région depuis plusieurs générations** a company that has been established in the area for generations • **la gauche est fortement implantée ici** the left is well-established here **2** (VPR) **s'implanter** [*usine, industrie*] to be set up; [*parti politique*] to become established
implémenter [ɛ̃plemɑ̃te] /TABLE 1/ (VT) to implement
implication [ɛ̃plikasjɔ̃] (NF) implication
implicite [ɛ̃plisit] (ADJ) implicit
implicitement [ɛ̃plisitmɑ̃] (ADV) implicitly
impliquer [ɛ̃plike] /TABLE 1/ **1** (VT) **a** (= *supposer*) to imply **b** (= *nécessiter*) to entail **c** (= *mettre en cause*) **~ qn dans** to involve sb in **2** (VPR) **s'impliquer** **s'~ dans un projet** to get involved in a project • **s'~ beaucoup dans qch** to put a lot into sth
implorer [ɛ̃plɔRe] /TABLE 1/ (VT) to implore • **~ le pardon de qn** to beg sb's forgiveness • **~ qn de faire qch** to implore sb to do sth
imploser [ɛ̃ploze] /TABLE 1/ (VI) to implode
implosion [ɛ̃plozjɔ̃] (NF) implosion
impoli, e [ɛ̃pɔli] (ADJ) rude (**envers** to)
impoliment [ɛ̃pɔlimɑ̃] (ADV) rudely
impolitesse [ɛ̃pɔlitɛs] (NF) rudeness
impondérable [ɛ̃pɔ̃deRabl] (ADJ, NM) imponderable
impopulaire [ɛ̃pɔpylɛR] (ADJ) unpopular (**auprès de** with)
importance [ɛ̃pɔRtɑ̃s] (NF) **a** importance • **avoir de l'~** to be important • **ça a beaucoup d'~ pour moi** it's very important to me • **accorder beaucoup/peu d'~ à qch** to attach a lot of/little importance to sth • **sans ~** unimportant • **c'est sans ~** • **ça n'a pas d'~** it doesn't matter • **quelle ~?** does it really matter? • **prendre de l'~** to become more important • **se donner de l'~** to act important **b** (= *taille*) [*de somme, effectifs*] size; (= *ampleur*) [*de dégâts, désastre, retard*] extent
important, e [ɛ̃pɔRtɑ̃, ɑ̃t] **1** (ADJ) **a** important • **rien d'~** nothing important • **quelqu'un d'~** somebody important **b** (*quantitativement*) [*somme*] large; [*différence*] big; [*retard*] considerable; [*dégâts*] extensive • **malgré une ~e présence policière** despite a large police presence **c** (= *prétentieux*) self-important **2** (NM) **l'~ est de ...** the important thing is to ... • **ce n'est pas le plus ~** that's not what's most important **3** (NM,F) **faire l'~(e)** (*péj*) to act important

> ⚠ Lorsque l'adjectif **important** indique une quantité, il ne se traduit pas par **important**.

importateur, -trice [ɛ̃pɔRtatœR, tRis] **1** (ADJ) importing • **pays ~ de blé** wheat-importing country **2** (NM,F) importer
importation [ɛ̃pɔRtasjɔ̃] (NF) import • **produits/articles d'~** imported products/items
importer[1] [ɛ̃pɔRte] /TABLE 1/ (VT) to import (**de** from)
importer[2] [ɛ̃pɔRte] /TABLE 1/ (VI) (= *être important*) to matter • **les conventions importent peu à ces gens-là** conventions matter little to those people • **peu importe** it doesn't matter • **qu'importe** it doesn't matter • **peu importe le temps, nous sortirons** we'll go out whatever the weather • **achetez des pêches ou des poires, peu importe** buy peaches or pears - it doesn't matter which ▸ **n'importe** + *adverbe/pronom* **n'importe comment** anyhow • **il a fait cela n'importe comment!** he did it any old how* (*Brit*) *ou* any which way* (*US*) • **n'importe lequel d'entre nous** any one of us • **n'importe où** anywhere • **n'importe quel docteur vous dira la même chose** any doctor will tell you the same thing • **venez à n'importe quelle heure** come at any time • **il cherche un emploi, mais pas n'importe lequel** he's looking for a job, but not just any job • **n'importe qui** anybody, anyone • **ce n'est pas n'importe qui** he's not just anybody • **n'importe quoi** anything • **il fait/dit n'importe quoi!*** he has no idea what he's doing!/saying!
import-export [ɛ̃pɔRɛkspɔR] (NM) import-export • **société d'~** import-export company
importun, e [ɛ̃pɔRtœ̃, yn] **1** (ADJ) (*frm*) [*présence*] troublesome; [*visite*] ill-timed **2** (NM,F) troublesome individual
importuner [ɛ̃pɔRtyne] /TABLE 1/ (VT) to bother • **je ne veux pas vous ~** I don't want to bother you
imposable [ɛ̃pozabl] (ADJ) [*personne, revenu*] taxable
imposant, e [ɛ̃pozɑ̃, ɑ̃t] (ADJ) **a** (= *majestueux*) [*personnage*] imposing **b** (= *impressionnant*) impressive • **un ~ service d'ordre** a large contingent of police
imposé, e [ɛ̃poze] *ptp* (ADJ) **a** [*personne, revenu*] taxable **b** (*Sport*) [*exercices, figures*] compulsory • **prix ~** fixed price
imposer [ɛ̃poze] /TABLE 1/ **1** (VT) **a** [*+ règle, conditions*] to lay down • **~ ses idées/sa présence à qn** to force one's ideas/one's company on sb • **~ des conditions à qch** to impose conditions on sth • **la décision leur a été imposée par les événements** the decision was forced on them by events • **il/sa conduite impose le respect** he/his behaviour compels respect
b (= *taxer*) [*+ marchandise, revenu*] to tax
c **~ les mains** [*guérisseur*] to lay on hands

ⓓ**en ~ à qn** to impress sb • **il en impose** he's an impressive individual

2 VPR **s'imposer** ⓐ*(= être nécessaire)* [*action*] to be essential • **une décision s'impose** a decision must be taken • **ces mesures ne s'imposaient pas** these measures were unnecessary • **quand on est à Paris une visite au Louvre s'impose** if you're in Paris, a visit to the Louvre is a must* ⓑ*(= montrer sa supériorité)* to assert o.s. • **s'~ par ses qualités** to stand out because of one's qualities • **il s'est imposé dans sa discipline** he has made a name for himself in his field • **le skieur s'est imposé dans le slalom géant** the skier won the giant slalom event ⓒ*(= imposer sa présence à)* **je ne voudrais pas m'~** I don't want to impose

imposition [ɛ̃pozisjɔ̃] NF *(Finance)* taxation

impossibilité [ɛ̃pɔsibilite] NF impossibility • **l'~ de réaliser ce plan** the impossibility of carrying out this plan • **en cas d'~** should it prove impossible • **être dans l'~ de faire qch** to be unable to do sth

impossible [ɛ̃pɔsibl] 1 ADJ impossible • **~ à faire** impossible to do • **il est ~ de .../que ...** it is impossible to .../that ... • **il est ~ qu'il soit déjà arrivé** he cannot possibly have arrived yet • **cela m'est ~** it's impossible for me to do it • **ce n'est pas ~** • **ça n'a rien d'~** *(= c'est probable)* it may well be the case • **rendre l'existence ~ à qn** to make sb's life a misery • **elle a des horaires ~s** she has terrible hours • **se lever à des heures ~s** to get up at a ridiculous time • **il lui arrive toujours des histoires ~s** impossible things are always happening to him

2 NM **l'~** the impossible • **demander/tenter l'~** to ask for/attempt the impossible • **je ferai l'~ (pour venir)** I'll do my utmost (to come) • (PROV) **à l'~ nul n'est tenu** no one can be expected to do the impossible

imposteur [ɛ̃pɔstœʀ] NM impostor

imposture [ɛ̃pɔstyʀ] NF imposture • **c'est une ~!** it's a sham!

impôt [ɛ̃po] NM *(= taxe)* tax • **payer des ~s** to pay tax • **je paye plus de 10 000 € d'~s** I pay more than 10,000 euros in tax • **~ direct/indirect/déguisé** direct/indirect/hidden tax • **~ retenu à la source** tax deducted at source • **faire un bénéfice de 10 000 € avant ~** to make a profit of 10,000 euros before tax ▸**impôt sur les bénéfices** tax on profits ▸**impôt sur le chiffre d'affaires** tax on turnover ▸**impôt foncier** ≈ land tax ▸**impôt sur les grandes fortunes** wealth tax ▸**impôts locaux** local taxes ▸**impôt sur les plus-values** ≈ capital gains tax ▸**impôt sur le revenu** income tax ▸**impôt sur les sociétés** corporation tax

> **IMPÔTS**
>
> The main taxes in France are income tax (**l'impôt sur le revenu**), value-added tax on consumer goods ("la TVA"), local taxes funding public amenities (**les impôts locaux**) and two kinds of company tax ("la taxe professionnelle", and **l'impôt sur les sociétés**).
>
> Income tax can be paid in three instalments (the first two, known as "tiers provisionnels", are estimates based on the previous year's tax, while the third makes up the actual tax due), or in monthly instalments (an option known as "mensualisation"). Late payment incurs a 10% penalty known as a "majoration". Since January 2019, **l'impôt sur le revenu** has been deducted directly from employees' salaries on a monthly basis.

impotent, e [ɛ̃pɔtɑ̃, ɑ̃t] 1 ADJ disabled • **l'accident l'a rendu ~** the accident left him unable to walk 2 NM,F disabled person

impraticable [ɛ̃pʀatikabl] ADJ [*idée*] impracticable; [*route, piste*] impassable

imprécation [ɛ̃pʀekasjɔ̃] NF curse • **se répandre en des ~s contre** to inveigh against

imprécis, e [ɛ̃pʀesi, iz] ADJ vague; [*tir*] inaccurate • **les causes du décès restent encore ~es** the cause of death remains unclear

imprécision [ɛ̃pʀesizjɔ̃] NF vagueness

imprégner [ɛ̃pʀeɲe] /TABLE 6/ 1 VT ⓐ[*+ tissu, matière*] *(de liquide)* to soak (**de** with); [*+ pièce, air*] *(d'une odeur, de fumée)* to fill (**de** with) • **l'odeur imprégnait toute la rue** the smell filled the whole street ⓑ[*+ esprit*] to imbue (**de** with) 2 VPR **s'imprégner** **s'~ de** *(de liquide)* to become soaked with; *(d'une odeur, de fumée)* to become impregnated with; [*pièce, air*] to be filled with; [*élèves*] to become imbued with

imprenable [ɛ̃pʀənabl] ADJ [*forteresse*] impregnable • **vue ~** unrestricted view

imprésario [ɛ̃pʀesaʀjo] NM [*d'acteur, chanteur*] manager; [*de troupe de théâtre, ballet*] impresario

imprescriptible [ɛ̃pʀɛskʀiptibl] ADJ [*droit*] inalienable • **c'est un crime ~** it is a crime to which the statute of limitations does not apply

impression [ɛ̃pʀesjɔ̃] 1 NF ⓐimpression • **se fier à sa première ~** to trust one's first impressions • **quelles sont vos ~s sur la réunion?** what did you think of the meeting? • **faire bonne/mauvaise/forte ~** to make a good/bad/strong impression • **avoir l'~ que ...** to have a feeling that ... ⓑ[*de livre, tissu, motif*] printing • **« ~ écran »** *(Informatique)* "print screen" • **ce livre en est à sa 3e ~** this book is in its 3rd reprint • **le livre est à l'~** the book is being printed ▸**impression 3D** 3D printing

impressionnable [ɛ̃pʀesjɔnabl] ADJ [*personne*] impressionable

impressionnant, e [ɛ̃pʀesjɔnɑ̃, ɑ̃t] ADJ impressive; *(= effrayant)* frightening

impressionner [ɛ̃pʀesjɔne] /TABLE 1/ VT ⓐto impress • **ne te laisse pas ~** don't let yourself be overawed • **tu ne m'impressionnes pas!** you don't scare me! ⓑ*(= effrayer)* to frighten ⓒ[*+ rétine*] to act on; [*+ pellicule, photo*] to expose

impressionnisme [ɛ̃pʀesjɔnism] NM impressionism

> Le mot anglais s'écrit avec un seul **n** et sans **e** à la fin.

impressionniste [ɛ̃pʀesjɔnist] ADJ, NMF impressionist

> Le mot anglais s'écrit avec un seul **n** et sans **e** à la fin.

imprévisible [ɛ̃pʀevizibl] ADJ unforeseeable; [*personne*] unpredictable

imprévoyant, e [ɛ̃pʀevwajɑ̃, ɑ̃t] ADJ lacking in foresight; *(en matière d'argent)* improvident

imprévu, e [ɛ̃pʀevy] 1 ADJ unexpected; [*dépenses*] unforeseen 2 NM **l'~** the unexpected • **j'aime l'~** I like the unexpected • **vacances pleines d'~** holidays full of surprises • **en cas d'~** if anything unexpected happens • **sauf ~** unless anything unexpected happens

imprimante [ɛ̃pʀimɑ̃t] NF printer ▸**imprimante 3D** 3D printer ▸**imprimante à jet d'encre** ink-jet printer ▸**imprimante matricielle** dot-matrix printer

imprimé, e [ɛ̃pʀime] *ptp de* **imprimer 1** (ADJ) [*tissu, feuille*] printed **2** (NM) ⓐ (= *formulaire*) form • « **~s** » (*Poste*) "printed matter" • **~ publicitaire** advertising leaflet ⓑ (= *tissu*) printed material

imprimer [ɛ̃pʀime] /TABLE 1/ (VT) ⓐ [+ *livre, tissu*] to print ⓑ (= *communiquer*) [+ *impulsion*] to transmit

imprimerie [ɛ̃pʀimʀi] (NF) (= *firme, usine*) printing works; (= *atelier*) printing house • **l'~** (= *technique*) printing • **en caractères** *ou* **lettres d'~** in block capitals

imprimeur [ɛ̃pʀimœʀ] (NM) printer • **~-éditeur** printer and publisher

improbable [ɛ̃pʀɔbabl] (ADJ) unlikely

improductif, -ive [ɛ̃pʀɔdyktif, iv] (ADJ) [*travail, terrain*] unproductive; [*capitaux*] non-productive

impromptu, e [ɛ̃pʀɔ̃pty] **1** (ADJ) impromptu • **faire un discours ~ sur un sujet** to speak off the cuff on a subject **2** (NM) (= *œuvre*) impromptu

imprononçable [ɛ̃pʀɔnɔ̃sabl] (ADJ) unpronounceable

impropre [ɛ̃pʀɔpʀ] (ADJ) [*terme*] inappropriate

‣ **impropre à** unsuitable for • **~ à la consommation** unfit for human consumption

improvisation [ɛ̃pʀɔvizasjɔ̃] (NF) improvisation • **faire une ~** to improvise

improvisé, e [ɛ̃pʀɔvize] *ptp de* **improviser** (ADJ) [*conférence de presse, pique-nique, représentation*] impromptu; [*discours*] off-the-cuff

improviser [ɛ̃pʀɔvize] /TABLE 1/ (VTI) to improvise • **être menuisier, ça ne s'improvise pas** you don't just suddenly become a carpenter

improviste [ɛ̃pʀɔvist] **à l'improviste** (LOC ADV) unexpectedly • **prendre qn à l'~** to catch sb unawares

imprudemment [ɛ̃pʀydamɑ̃] (ADV) carelessly; [*parler*] unwisely

imprudence [ɛ̃pʀydɑ̃s] (NF) ⓐ [*de conducteur, geste, action*] carelessness • **il a eu l'~ de mentionner ce projet** he was foolish enough to mention the project • **blessures par ~** injuries through negligence ⓑ (= *action, propos*) **(ne fais) pas d'~s** don't do anything foolish

imprudent, e [ɛ̃pʀydɑ̃, ɑ̃t] **1** (ADJ) [*conducteur, geste, action*] careless; [*remarque*] foolish **2** (NM,F) careless person

impubliable [ɛ̃pyblijabl] (ADJ) unpublishable

impudence [ɛ̃pydɑ̃s] (NF) (*frm*) effrontery • **il a eu l'~ d'exiger des excuses!** he had the effrontery to demand an apology!

impudent, e [ɛ̃pydɑ̃, ɑ̃t] (*frm*) **1** (ADJ) brazen **2** (NM,F) impudent person

impudique [ɛ̃pydik] (ADJ) shameless; [*décolleté*] daring

impuissance [ɛ̃pɥisɑ̃s] (NF) powerlessness; (*sexuelle*) impotence • **réduire qn à l'~** to render sb powerless

impuissant, e [ɛ̃pɥisɑ̃, ɑ̃t] (ADJ) powerless; (*sexuellement*) impotent

impulsif, -ive [ɛ̃pylsif, iv] **1** (ADJ) impulsive **2** (NM,F) impulsive person

impulsion [ɛ̃pylsjɔ̃] (NF) ⓐ impulse • **~s nerveuses** nerve impulses ⓑ (= *élan*) impetus • **l'~ donnée à l'économie** the boost given to the economy • **sous l'~ de leurs chefs/des circonstances** spurred on by their leaders/by circumstances

impulsivité [ɛ̃pylsivite] (NF) impulsiveness

impunément [ɛ̃pynemɑ̃] (ADV) with impunity

impuni, e [ɛ̃pyni] (ADJ) unpunished

impunité [ɛ̃pynite] (NF) impunity • **en toute ~** with complete impunity

impur, e [ɛ̃pyʀ] (ADJ) impure; (*Rel*) unclean

impureté [ɛ̃pyʀte] (NF) impurity

imputable [ɛ̃pytabl] (ADJ) ⓐ [*faute, accident*] **~ à** attributable to ⓑ (*Finance*) **~ sur** chargeable to

imputer [ɛ̃pyte] /TABLE 1/ (VT) ⓐ (= *attribuer à*) **~ à** to impute to ⓑ (*Finance*) **~ à** *ou* **sur** to charge to

imputrescible [ɛ̃pytʀesibl] (ADJ) rotproof

INA [ina] (NM) (ABR DE **Institut national de l'audiovisuel**) *library of radio and television archives*

inabordable [inabɔʀdabl] (ADJ) [*prix*] prohibitive • **les fruits sont ~s** fruit is terribly expensive

inacceptable [inaksɛptabl] (ADJ) unacceptable

inaccessible [inaksesibl] (ADJ) [*montagne, personne, but, endroit*] inaccessible

inachevé, e [inaʃ(ə)ve] (ADJ) unfinished • **une impression d'~** a feeling of incompleteness

inactif, -ive [inaktif, iv] **1** (ADJ) [*vie, personne, capitaux*] inactive; [*marché*] slack; [*population*] non-working **2** (NMPL) **les ~s** those not in active employment

inaction [inaksjɔ̃] (NF) inactivity

inactivité [inaktivite] (NF) inactivity

inadaptation [inadaptasjɔ̃] (NF) (*psychologique, sociale*) maladjustment • **~ à** failure to adjust to

inadapté, e [inadapte] (ADJ) [*personne, enfance*] maladjusted; [*outil, moyens*] unsuitable **(à** for) • **~ à** not adapted to • **un genre de vie complètement ~ à ses ressources** a way of life quite inappropriate to his resources

inadéquat, e [inadekwa(t), kwat] (ADJ) inadequate

inadéquation [inadekwasjɔ̃] (NF) inadequacy

inadmissible [inadmisibl] (ADJ) intolerable; [*propos*] unacceptable • **il est ~ de/que ...** it is unacceptable to/that ...

inadvertance [inadvɛʀtɑ̃s] (NF) oversight • **par ~** inadvertently

inaliénable [inaljenabl] (ADJ) inalienable

inaltérable [inalteʀabl] (ADJ) ⓐ [*métal, substance*] stable; [*ciel, cycle*] unchanging • **~ à l'air** unaffected by exposure to the air • **~ à la chaleur** heat-resistant ⓑ [*sentiments*] unchanging; [*principes, espoir*] steadfast

inamovible [inamɔvibl] (ADJ) [*juge, fonctionnaire*] irremovable

inanimé, e [inanime] (ADJ) [*matière*] inanimate; [*personne, corps*] unconscious

inanité [inanite] (NF) [*de conversation*] inanity; [*de querelle, efforts*] pointlessness

inanition [inanisjɔ̃] (NF) *weakness caused by lack of food* • **tomber/mourir d'~** to faint with/die of hunger

inaperçu, e [inapɛʀsy] (ADJ) unnoticed • **passer ~** to go unnoticed

inapplicable [inaplikabl] (ADJ) [*loi*] unenforceable • **dans ce cas, la règle est ~** in this case, the rule cannot be applied **(à** to)

inappréciable [inapʀesjabl] (ADJ) [*aide, service*] invaluable; [*avantage*] inestimable

inapproprié, e [inapʀɔpʀije] (ADJ) [*terme, mesure, équipement*] inappropriate

inapte [inapt] (ADJ) (= *incapable*) incapable • **~ aux affaires/à certains travaux** unsuited to business/certain kinds of work • **~ (au service)** (*Mil*) unfit (for military service)

inaptitude [inaptityd] (NF) incapacity **(à qch** for sth, **à faire qch** for doing sth)

inarticulé, e [inaʀtikyle] ADJ [*mots, cris*] inarticulate
inassouvi, e [inasuvi] ADJ [*haine, colère, désir*] unappeased
inattaquable [inatakabl] ADJ unassailable; [*preuve*] irrefutable; [*conduite, réputation*] irreproachable
inattendu, e [inatɑ̃dy] ADJ unexpected
inattentif, -ive [inatɑ̃tif, iv] ADJ inattentive
inattention [inatɑ̃sjɔ̃] NF lack of attention • **moment d'~** momentary lapse of concentration
inaudible [inodibl] ADJ inaudible
inaugural, e (*mpl* **-aux**) [inogyʀal, o] ADJ [*séance, cérémonie*] inaugural; [*vol, voyage*] maiden • **discours ~** opening speech
inauguration [inogyʀasjɔ̃] NF [*de monument, plaque*] unveiling; [*de route, bâtiment, manifestation, exposition*] opening • **cérémonie/discours d'~** inaugural ceremony/lecture
inaugurer [inogyʀe] /TABLE 1/ VT **a** [+ *monument, plaque*] to unveil; [+ *route, bâtiment, manifestation, exposition*] to open **b** (= *commencer*) [+ *politique, période*] to inaugurate • **~ la saison** [*spectacle*] to open the season
inavouable [inavwabl] ADJ [*procédé, motifs*] shameful
INC [iɛnse] NM (ABR DE **Institut national de la consommation**) ≈ CA (*Brit*), ≈ CPSC (*US*)
incalculable [ɛ̃kalkylabl] ADJ incalculable • **un nombre ~ de** countless numbers of
incandescence [ɛ̃kɑ̃desɑ̃s] NF incandescence • **porter qch à ~** to heat sth white-hot
incandescent, e [ɛ̃kɑ̃desɑ̃, ɑ̃t] ADJ white-hot
incantation [ɛ̃kɑ̃tasjɔ̃] NF incantation
incapable [ɛ̃kapabl] **1** ADJ **~ de faire qch** incapable of doing sth • **j'étais ~ de bouger** I was unable to move
2 NMF incompetent person • **c'est un ~** he's useless* • **bande d'~s!** you useless lot!*
incapacité [ɛ̃kapasite] NF **a** **~ de** *ou* **à faire qch** inability to do sth • **être dans l'~ de faire qch** to be unable to do sth **b** (= *invalidité*) disability • **~ totale/partielle/permanente** total/partial/permanent disability • **~ de travail** industrial disablement **c** (*Droit*) incapacity
incarcération [ɛ̃kaʀseʀasjɔ̃] NF imprisonment
incarcérer [ɛ̃kaʀseʀe] /TABLE 6/ VT to incarcerate
incarnation [ɛ̃kaʀnasjɔ̃] NF incarnation • **être l'~ de** to be the embodiment of
incarné, e [ɛ̃kaʀne] *ptp de* **incarner** ADJ **a** incarnate **b** [*ongle*] ingrown
incarner [ɛ̃kaʀne] /TABLE 1/ VT **a** (*Rel*) to incarnate **b** (= *représenter*) [*personne, œuvre*] to embody; [*acteur*] to play
incartade [ɛ̃kaʀtad] NF unacceptable behaviour *NonC*
incassable [ɛ̃kɑsabl] ADJ unbreakable
incendiaire [ɛ̃sɑ̃djɛʀ] **1** NMF arsonist **2** ADJ [*balle, bombe*] incendiary; [*discours, article*] inflammatory; [*lettre d'amour, œillade*] passionate
incendie [ɛ̃sɑ̃di] NM fire • **un ~ s'est déclaré dans ...** a fire broke out in ... ▸ **incendie criminel** arson *NonC* ▸ **incendie de forêt** forest fire
incendier [ɛ̃sɑ̃dje] /TABLE 7/ VT **a** [+ *bâtiment*] to burn down; [+ *voiture, ville, récolte, forêt*] to burn **b** (= *réprimander*)* **~ qn** to give sb a thorough telling-off* (*Brit*)
incertain, e [ɛ̃sɛʀtɛ̃, ɛn] ADJ uncertain • **~ de qch** uncertain about sth • **encore ~ sur la conduite à suivre** still uncertain about which course to follow
incertitude [ɛ̃sɛʀtityd] NF uncertainty • **être dans l'~** to feel uncertain • **être dans l'~ sur ce qu'on doit faire** to be uncertain about what one should do
incessamment [ɛ̃sesamɑ̃] ADV shortly • **il doit arriver ~** he'll be here any minute
incessant, e [ɛ̃sesɑ̃, ɑ̃t] ADJ (= *continuel*) constant
inceste [ɛ̃sɛst] NM incest
incestueux, -euse [ɛ̃sɛstɥø, øz] ADJ [*relations, personne*] incestuous; [*enfant*] born of incest
inchangé, e [ɛ̃ʃɑ̃ʒe] ADJ unchanged
incidemment [ɛ̃sidamɑ̃] ADV in passing; (= *à propos*) by the way
incidence [ɛ̃sidɑ̃s] NF (= *conséquence*) effect • **avoir une ~ sur** to affect
incident [ɛ̃sidɑ̃] NM incident • **~ imprévu** unexpected incident • **c'est un ~ sans gravité** it was not a serious incident • **l'~ est clos** that's the end of the matter • **se dérouler sans ~(s)** to go off without incident ▸ **incident cardiaque** slight heart attack ▸ **incident diplomatique** diplomatic incident ▸ **incident de frontière** border incident ▸ **incident de parcours** minor setback ▸ **incident technique** technical hitch
incinérateur [ɛ̃sineʀatœʀ] NM incinerator • **~ à ordures** refuse incinerator
incinération [ɛ̃sineʀasjɔ̃] NF incineration; (*au crématorium*) cremation
incinérer [ɛ̃sineʀe] /TABLE 6/ VT to incinerate; (*au crématorium*) to cremate • **se faire ~** to be cremated
inciser [ɛ̃size] /TABLE 1/ VT to make an incision in; [+ *abcès*] to lance
incisif, -ive [ɛ̃sizif, iv] **1** ADJ [*ton, style, réponse*] cutting
2 NF **incisive** (= *dent*) incisor
incision [ɛ̃sizjɔ̃] NF [*d'écorce, arbre*] incision; [*d'abcès*] lancing • **pratiquer une ~ dans** to make an incision in
incitatif, -ive [ɛ̃sitatif, iv] ADJ **mesures incitatives** incentives, incentive measures • **mesures fiscales incitatives** tax incentives
incitation [ɛ̃sitasjɔ̃] NF (*au meurtre, à la révolte*) incitement (**à** to); (*à l'effort, au travail*) incentive (**à** to, **à faire qch** to do sth) • **~ à la haine raciale** incitement to racial hatred • **~ financière/fiscale** financial/tax incentive
inciter [ɛ̃site] /TABLE 1/ VT **~ qn à faire qch** to encourage sb to do sth • **cela les incite à la violence** that incites them to violence
incivilité [ɛ̃sivilite] **1** NF (= *grossièreté*) incivility
2 NFPL **incivilités** antisocial behaviour *sg*
inclassable [ɛ̃klɑsabl] ADJ unclassifiable
inclinaison [ɛ̃klinɛzɔ̃] NF **a** (= *déclivité*) incline; [*de toit, barre, tuyau*] slope **b** (= *aspect*) [*de mur, mât, tour*] lean; [*d'appareil, de tête*] tilt; [*de navire*] list
inclination [ɛ̃klinasjɔ̃] NF (= *penchant*) inclination • **suivre son ~** to follow one's own inclination
incliné, e [ɛ̃kline] *ptp de* **incliner** ADJ [*toit*] sloping; [*mur*] leaning; [*siège*] tilted
incliner [ɛ̃kline] /TABLE 1/ **1** VT (= *pencher*) [+ *appareil, bouteille, dossier de siège*] to tilt • **~ la tête** to tilt one's head; (*pour saluer*) to give a slight bow
2 VI (*frm*) **~ à** to be inclined towards • **~ à penser/croire que ...** to be inclined to think/believe that ...
3 VPR **s'incliner** **a** to bow (**devant** before) • **s'~ jusqu'à terre** to bow to the ground
b (= *rendre hommage à*) **s'~ devant la supériorité de qn** to bow to sb's superiority • **il est venu s'~ devant la**

dépouille mortelle du président he came to pay his last respects at the coffin of the president

ⓒ (*= céder*) **s'~ devant l'autorité/la volonté de qn** to bow to sb's authority/wishes

ⓓ (*= s'avouer battu*) **Marseille s'est incliné devant Saint-Étienne (par) 2 buts à 3** Marseilles lost to Saint-Étienne by 2 goals to 3

ⓔ [*arbre*] to bend over; [*mur*] to lean; [*navire*] to heel; [*toit*] to be sloping

inclure [ɛ̃klyʀ] /TABLE 35/ VT to include; (*= joindre à un envoi*) [*+ billet, chèque*] to enclose

inclus, e [ɛ̃kly, yz] *ptp de* **inclure** ADJ ⓐ (*= joint à un envoi*) enclosed ⓑ (*= compris*) [*frais*] included • **jusqu'au 10 mars ~** until March 10 inclusive • **jusqu'au troisième chapitre ~** up to and including the third chapter ⓒ (*Math*) **~ dans** [*ensemble*] included in • **A est ~ dans B** A is the subset of B

inclusion [ɛ̃klyzjɔ̃] NF inclusion

incognito [ɛ̃kɔɲito] **1** ADV incognito **2** NM **garder l'~** • **rester dans l'~** to remain incognito

incohérence [ɛ̃kɔeʀɑ̃s] NF ⓐ [*de geste, propos, texte*] incoherence ⓑ (*= propos, acte, erreur*) inconsistency

incohérent, e [ɛ̃kɔeʀɑ̃, ɑ̃t] ADJ [*geste, propos, texte*] incoherent; [*comportement, politique*] inconsistent

incollable [ɛ̃kɔlabl] ADJ ⓐ **riz ~** non-stick rice ⓑ (*= imbattable*)* unbeatable • **il est ~** [*candidat*] he's got all the answers

incolore [ɛ̃kɔlɔʀ] ADJ [*liquide*] colourless; [*verre, vernis*] clear; [*cirage*] neutral

incomber [ɛ̃kɔ̃be] /TABLE 1/ VT INDIR **~ à** (*frm*) [*devoirs, responsabilité*] to be incumbent upon; [*frais, réparations, travail*] to be the responsibility of

incombustible [ɛ̃kɔ̃bystibl] ADJ incombustible

incommensurable [ɛ̃kɔmɑ̃syʀabl] ADJ (*= immense*) huge

incommodant, e [ɛ̃kɔmɔdɑ̃, ɑ̃t] ADJ [*odeur*] unpleasant; [*bruit*] annoying; [*chaleur*] uncomfortable

incommode [ɛ̃kɔmɔd] ADJ [*position, situation*] awkward

incommoder [ɛ̃kɔmɔde] /TABLE 1/ VT **~ qn** [*bruit*] to disturb sb; [*odeur, chaleur*] to bother sb • **être incommodé par** to be bothered by

incomparable [ɛ̃kɔ̃paʀabl] ADJ incomparable

incompatibilité [ɛ̃kɔ̃patibilite] NF incompatibility • **il y a ~ d'humeur entre les membres de cette équipe** the members of this team are temperamentally incompatible

incompatible [ɛ̃kɔ̃patibl] ADJ incompatible

incompétence [ɛ̃kɔ̃petɑ̃s] NF (*= incapacité*) incompetence; (*= ignorance*) ignorance

incompétent, e [ɛ̃kɔ̃petɑ̃, ɑ̃t] **1** ADJ incompetent; (*= ignorant*) ignorant **2** NM,F incompetent

incomplet, -ète [ɛ̃kɔ̃plɛ, ɛt] ADJ incomplete

incompréhensible [ɛ̃kɔ̃pʀeɑ̃sibl] ADJ incomprehensible

incompréhensif, -ive [ɛ̃kɔ̃pʀeɑ̃sif, iv] ADJ unsympathetic • **il s'est montré totalement ~** he was totally unsympathetic

incompréhension [ɛ̃kɔ̃pʀeɑ̃sjɔ̃] NF lack of understanding (**envers** of) • **cet article témoigne d'une ~ totale du problème** the article shows a total lack of understanding of the problem • **~ mutuelle** mutual incomprehension

incompressible [ɛ̃kɔ̃pʀesibl] ADJ (*Droit*) [*peine*] to be served in full • **nos dépenses sont ~s** our expenses cannot be reduced

incompris, e [ɛ̃kɔ̃pʀi, iz] ADJ misunderstood

inconcevable [ɛ̃kɔ̃s(ə)vabl] ADJ inconceivable

inconciliable [ɛ̃kɔ̃siljabl] ADJ incompatible

inconditionnel, -elle [ɛ̃kɔ̃disjɔnɛl] **1** ADJ unconditional • **nous avons son appui ~** we have his wholehearted support **2** NM,F [*d'homme politique, doctrine*] ardent supporter; [*d'écrivain, chanteur*] ardent admirer • **les ~s des sports d'hiver** winter sports enthusiasts

> Le mot anglais s'écrit avec un seul **n** et se termine par **-al**.

inconfort [ɛ̃kɔ̃fɔʀ] NM [*de logement*] lack of comfort; [*de situation, position*] unpleasantness • **vivre dans l'~** to live in uncomfortable surroundings

inconfortable [ɛ̃kɔ̃fɔʀtabl] ADJ ⓐ [*maison, meuble, position*] uncomfortable ⓑ [*situation*] awkward

inconfortablement [ɛ̃kɔ̃fɔʀtabləmɑ̃] ADV uncomfortably

incongru, e [ɛ̃kɔ̃gʀy] ADJ ⓐ (*= déplacé*) [*attitude, bruit*] unseemly; [*remarque*] inappropriate ⓑ (*= bizarre*) [*objet*] incongruous; [*situation*] strange

incongruité [ɛ̃kɔ̃gʀyite] NF ⓐ (*= caractère déplacé*) unseemliness; [*de propos*] incongruity ⓑ (*= bizarrerie*) [*de situation*] strangeness

inconnu, e [ɛ̃kɔny] **1** ADJ unknown (**de** to); [*odeur, sensation*] unfamiliar • **son visage ne m'est pas ~** I know his face • **~ à cette adresse** not known at this address **2** NM,F stranger • **ne parle pas à des ~s** don't talk to strangers **3** NM **l'~** the unknown **4** NF **inconnue** (*= élément inconnu*) unknown factor; (*Math*) unknown

inconsciemment [ɛ̃kɔ̃sjamɑ̃] ADV unconsciously

inconscience [ɛ̃kɔ̃sjɑ̃s] NF ⓐ (*physique*) unconsciousness • **sombrer dans l'~** to lose consciousness ⓑ (*morale*) thoughtlessness • **c'est de l'~ !** that's sheer madness!

inconscient, e [ɛ̃kɔ̃sjɑ̃, jɑ̃t] **1** ADJ (*= évanoui*) unconscious; (*= échappant à la conscience*) [*sentiment*] subconscious; (*= machinal*) [*mouvement*] unconscious; (*= irréfléchi*) [*décision, action, personne*] thoughtless • **~ de** [*événements extérieurs, danger*] unaware of **2** NM (*Psych*) **l'~** the unconscious • **l'~ collectif** the collective unconscious **3** NM,F reckless person • **c'est un ~ !** he must be mad!

inconséquent, e [ɛ̃kɔ̃sekɑ̃, ɑ̃t] ADJ (*= illogique*) [*comportement, personne*] inconsistent; (*= irréfléchi*) [*démarche, décision, personne*] thoughtless

inconsidéré, e [ɛ̃kɔ̃sideʀe] ADJ [*action, promesse*] rash; [*démarche*] ill-considered; [*propos*] thoughtless • **l'usage ~ d'engrais** the indiscriminate use of fertilizers • **prendre des risques ~s** to take unnecessary risks

inconsidérément [ɛ̃kɔ̃sideʀemɑ̃] ADV thoughtlessly

inconsistant, e [ɛ̃kɔ̃sistɑ̃, ɑ̃t] ADJ [*idée*] flimsy; [*argumentation, intrigue, personnage, caractère*] weak; [*personne*] colourless (*Brit*), colorless (*US*)

> ⚠ **inconsistant ≠ inconsistent**

inconsolable [ɛ̃kɔ̃sɔlabl] ADJ [*personne*] inconsolable

inconstance [ɛ̃kɔ̃stɑ̃s] NF (*en amour*) fickleness

inconstant, e [ɛ̃kɔ̃stɑ̃, ɑ̃t] ADJ fickle

inconstitutionnel, -elle [ɛ̃kɔ̃stitysjɔnɛl] ADJ unconstitutional

> ✎ Le mot anglais s'écrit avec un seul **n** et se termine par **-al**.

inconstructible [ɛ̃kɔ̃stʀyktibl] ADJ [*zone, terrain*] *unsuitable for building development*

incontestable [ɛ̃kɔ̃tɛstabl] ADJ indisputable

incontestablement [ɛ̃kɔ̃tɛstabləmɑ̃] ADV unquestionably

incontesté, e [ɛ̃kɔ̃tɛste] ADJ [*autorité, fait*] undisputed • **le maître ~** the undisputed master

incontinence [ɛ̃kɔ̃tinɑ̃s] NF incontinence

incontinent, e [ɛ̃kɔ̃tinɑ̃, ɑ̃t] ADJ [*personne*] incontinent

incontournable [ɛ̃kɔ̃tuʀnabl] ADJ [*réalité, fait*] inescapable; [*personnage, interlocuteur*] key; [*œuvre d'art*] major • **un argument ~** an argument that can't be ignored • **c'est un livre ~** the book is essential reading

incontrôlable [ɛ̃kɔ̃tʀolabl] ADJ (= *irrépressible*) uncontrollable

incontrôlé, e [ɛ̃kɔ̃tʀole] ADJ uncontrolled

inconvenance [ɛ̃kɔ̃v(ə)nɑ̃s] NF impropriety

inconvenant, e [ɛ̃kɔ̃v(ə)nɑ̃, ɑ̃t] ADJ [*comportement, parole, question*] improper; [*personne*] ill-mannered

inconvénient [ɛ̃kɔ̃venjɑ̃] NM drawback • **les avantages et les ~s** the advantages and disadvantages (**de** of) • **l'~ c'est que …** the one drawback is that … • **il n'y a qu'un ~, c'est le prix!** there's only one drawback and that's the price • **si vous n'y voyez pas d'~ …** if you have no objections …

incorporation [ɛ̃kɔʀpɔʀasjɔ̃] NF ⓐ (= *mélange*) [*de substance, aliment*] mixing ⓑ (= *intégration*) incorporation

incorporer [ɛ̃kɔʀpɔʀe] /TABLE 1/ **1** VT ⓐ (= *mélanger*) [+ *substance, aliment*] to mix (**à, avec** with, into) ⓑ (= *intégrer*) to incorporate (**dans** into) • **appareil photo avec flash incorporé** camera with built-in flash **2** VPR **s'incorporer** to integrate

incorrect, e [ɛ̃kɔʀɛkt] ADJ ⓐ [*terme*] incorrect; [*interprétation*] faulty ⓑ (= *impoli*) [*propos*] rude • **il a été très ~ avec moi** he was very rude to me

incorrectement [ɛ̃kɔʀɛktəmɑ̃] ADV [*prononcer*] incorrectly

incorrection [ɛ̃kɔʀɛksjɔ̃] NF ⓐ (= *terme impropre*) impropriety ⓑ (= *action inconvenante*) improper behaviour *NonC* (*Brit*) *ou* behavior *NonC* (*US*)

incorrigible [ɛ̃kɔʀiʒibl] ADJ [*enfant, distraction*] incorrigible • **être d'une ~ paresse** to be incorrigibly lazy

incorruptible [ɛ̃kɔʀyptibl] **1** ADJ incorruptible **2** NMF incorruptible person

incrédule [ɛ̃kʀedyl] ADJ incredulous • **d'un air ~** incredulously

incrédulité [ɛ̃kʀedylite] NF incredulity

increvable [ɛ̃kʀəvabl] ADJ ⓐ [*pneu*] puncture-proof ⓑ [*personne*]* tireless; [*moteur*]* indestructible

incriminer [ɛ̃kʀimine] /TABLE 1/ VT [+ *personne*] to incriminate

incrochetable [ɛ̃kʀɔʃ(ə)tabl] ADJ [*serrure*] burglar-proof

incroyable [ɛ̃kʀwajabl] ADJ incredible

incroyablement [ɛ̃kʀwajabləmɑ̃] ADV incredibly

incroyant, e [ɛ̃kʀwajɑ̃, ɑ̃t] NM,F non-believer

incrustation [ɛ̃kʀystasjɔ̃] NF ⓐ (= *technique*) inlaying; (= *ornement*) inlay ⓑ (*TV*) overlay

incruster [ɛ̃kʀyste] /TABLE 1/ **1** VT ⓐ (*Art*) **~ qch de** to inlay sth with • **incrusté de** inlaid with ⓑ (*TV*) [+ *nom, numéro*] to superimpose **2** VPR **s'incruster** ⓐ **s'~ dans** to become embedded in ⓑ (= *ne plus partir*) [*invité*]* to take root ⓒ [*radiateur, conduite*] to become incrusted (**de** with) ⓓ (*TV*) [*nom, numéro*] to be superimposed

incubateur [ɛ̃kybatœʀ] NM incubator

incubation [ɛ̃kybasjɔ̃] NF [*d'œuf, maladie*] incubation • **période d'~** incubation period

inculpation [ɛ̃kylpasjɔ̃] NF (= *chef d'accusation*) charge • **sous l'~ de** on a charge of • **notifier à qn son ~** to inform sb of the charge against him

inculper [ɛ̃kylpe] /TABLE 1/ VT to charge (**de** with)

inculquer [ɛ̃kylke] /TABLE 1/ VT **~ qch à qn** [+ *principes, politesse, notions*] to instil (*Brit*) *ou* instill (*US*) sth into sb

inculte [ɛ̃kylt] ADJ ⓐ [*terre*] unfarmable ⓑ [*esprit, personne*] uneducated

incurable [ɛ̃kyʀabl] ADJ incurable • **les malades ~s** the incurably ill

incursion [ɛ̃kyʀsjɔ̃] NF foray (**en, dans** into)

incurvé, e [ɛ̃kyʀve] *ptp de* **incurver** ADJ curved

incurver [ɛ̃kyʀve] /TABLE 1/ **1** VT to curve **2** VPR **s'incurver** to curve

Inde [ɛ̃d] NF India

indécelable [ɛ̃des(ə)labl] ADJ undetectable

indécemment [ɛ̃desamɑ̃] ADV indecently

indécence [ɛ̃desɑ̃s] NF [*de posture, tenue, geste*] indecency

indécent, e [ɛ̃desɑ̃, ɑ̃t] ADJ ⓐ [*posture, tenue, geste*] indecent ⓑ [*luxe*] obscene • **avoir une chance ~e** to be disgustingly lucky

indéchiffrable [ɛ̃deʃifʀabl] ADJ [*code, écriture, partition*] indecipherable; [*personne, regard*] inscrutable

indécis, e [ɛ̃desi, iz] **1** ADJ ⓐ [*personne*] (*par nature*) indecisive; (*temporairement*) undecided (**sur, quant à** about) ⓑ (= *vague*) [*sourire, pensée*] vague; [*contour*] indistinct **2** NM,F indecisive person; (*dans une élection*) floating voter

indécision [ɛ̃desizjɔ̃] NF (*chronique*) indecisiveness; (*temporaire*) indecision

indécrottable* [ɛ̃dekʀɔtabl] ADJ (= *incorrigible*) **c'est un paresseux ~** he's hopelessly lazy

indéfendable [ɛ̃defɑ̃dabl] ADJ indefensible

indéfini, e [ɛ̃defini] ADJ [*quantité, durée*] indeterminate; (*en grammaire*) indefinite

indéfiniment [ɛ̃definimɑ̃] ADV indefinitely • **je ne peux pas attendre ~** I can't wait forever

indéfinissable [ɛ̃definisabl] ADJ indefinable

indélébile [ɛ̃delebil] ADJ indelible

indélicat, e [ɛ̃delika, at] ADJ (= *grossier*) tactless; (= *malhonnête*) dishonest

indélicatesse [ɛ̃delikatɛs] NF (= *grossièreté*) tactlessness *NonC*; (= *acte malhonnête*) indiscretion • **commettre des ~s** to do something dishonest

indemne [ɛ̃dɛmn] ADJ (= *sain et sauf*) unscathed • **il est sorti ~ de l'accident** he came out of the accident unscathed

indemnisation [ɛ̃dɛmnizasjɔ̃] NF (= *action*) indemnification; (= *somme*) indemnity • **l'~ a été fixée à 1000 €** the indemnity was fixed at €1,000

indemniser [ɛ̃dɛmnize] /TABLE 1/ (VT) (*d'une perte*) to compensate (**de** for); (*de frais*) to reimburse (**de** for) • **se faire ~** to get compensation • **les victimes seront indemnisées** the victims will receive compensation

indemnité [ɛ̃dɛmnite] (NF) (= *dédommagement*) compensation *NonC*; [*de frais*] allowance ▸ **indemnité de chômage** unemployment benefit ▸ **indemnités journalières** daily allowance (*of sickness benefit*) ▸ **indemnité de licenciement** redundancy money ▸ **indemnité parlementaire** *MP's salary* ▸ **indemnité de rupture de contrat** contract termination penalty ▸ **indemnité de vie chère** cost of living allowance

indémodable [ɛ̃demɔdabl] (ADJ) [*livre*] classic • **des vêtements ~s** clothes that will never go out of fashion

indéniable [ɛ̃denjabl] (ADJ) undeniable • **c'est ~** there's no doubt about it

indéniablement [ɛ̃denjabləmɑ̃] (ADV) undeniably

indépendamment [ɛ̃depɑ̃damɑ̃] (ADV) **~ de** irrespective of

indépendance [ɛ̃depɑ̃dɑ̃s] (NF) independence (**par rapport à** from) • **~ d'esprit** independence of mind

> Le mot anglais se termine par **-ence**.

indépendant, e [ɛ̃depɑ̃dɑ̃, ɑ̃t] **1** (ADJ) **a** independent (**de** of) • **pour des raisons ~es de notre volonté** for reasons beyond our control **b** (= *séparé*) « **à louer : chambre ~e** » "to let: self-contained room" **c** **travailleur ~** (*non salarié*) freelancer; (*qui est son propre patron*) self-employed person **2** (NM,F) (= *non salarié*) freelancer; (= *petit patron*) self-employed person

> Le mot anglais se termine par **-ent**.

indépendantisme [ɛ̃depɑ̃dɑ̃tism] (NM) separatism

indépendantiste [ɛ̃depɑ̃dɑ̃tist] (ADJ) **le mouvement/le parti ~** the independence movement/party • **le leader ~** the leader of the independence movement

indéracinable [ɛ̃derasinabl] (ADJ) [*sentiment*] ineradicable

indescriptible [ɛ̃dɛskriptibl] (ADJ) indescribable

indésirable [ɛ̃dezirabl] (ADJ, NMF) undesirable • **effets ~s** [*de médicament*] side effects

indestructible [ɛ̃dɛstryktibl] (ADJ) [*objet, sentiment*] indestructible

indétectable [ɛ̃detɛktabl] (ADJ) undetectable

indéterminé, e [ɛ̃detɛrmine] (ADJ) **a** (= *non précisé*) [*date, cause, nature*] unspecified; [*forme, longueur, quantité*] indeterminate • **pour des raisons ~es** for reasons which were not specified **b** (= *imprécis*) [*impression, sentiment*] vague; [*contours, goût*] indeterminable

index [ɛ̃dɛks] (NM) **a** (= *doigt*) index finger **b** (= *liste alphabétique*) index • **mettre à l'~** (*fig*) to blacklist

indexation [ɛ̃dɛksasjɔ̃] (NF) indexation

indexé, e [ɛ̃dɛkse] *ptp de* **indexer** (ADJ) [*prix*] indexed (**sur** to) • **salaire ~ sur l'inflation** salary index-linked to inflation

indexer [ɛ̃dɛkse] /TABLE 1/ (VT) to index

indicateur, -trice [ɛ̃dikatœr, tris] **1** (NM,F) (*police*) informer **2** (NM) (= *compteur, cadran*) gauge; (*Écon, Finance*) indicator • **~ économique** economic indicator **3** (COMP) ▸ **indicateur des chemins de fer** railway timetable

indicatif, -ive [ɛ̃dikatif, iv] **1** (ADJ) indicative (**de** of); (*en grammaire*) indicative **2** (NM) **a** (*Radio* = *mélodie*) theme tune • **~ téléphonique** dialling code (*Brit*) **b** (*en grammaire*) **l'~** the indicative • **à l'~** in the indicative

indication [ɛ̃dikasjɔ̃] **1** (NF) **a** (= *renseignement*) information *NonC* **b** (= *mention*) **sans ~ de date/de prix** without a date stamp/price label **c** (= *directive*) instruction • **sauf ~ contraire** unless otherwise stated **2** (NFPL) **indications** [*de médicament*] indications

indice [ɛ̃dis] **1** (NM) **a** (= *élément d'information*) clue **b** (*en sciences, économie*) index **2** (COMP) ▸ **indice du coût de la vie** cost of living index ▸ **indice d'écoute** audience rating ▸ **indice des prix** price index

indicible [ɛ̃disibl] (ADJ) [*joie, peur*] inexpressible; [*souffrance*] unspeakable

indien, -ienne [ɛ̃djɛ̃, jɛn] **1** (ADJ) Indian **2** (NM,F) **Indien(ne)** (*d'Inde*) Indian; (*d'Amérique*) Native American

indifféremment [ɛ̃diferamɑ̃] (ADV) (= *sans faire de distinction*) indiscriminately • **fonctionner ~ au gaz ou à l'électricité** to run on either gas or electricity

indifférence [ɛ̃diferɑ̃s] (NF) indifference (**à, pour** to) • **avec ~** indifferently • **il a été renvoyé dans l'~ générale** nobody showed the slightest interest when he was dismissed

indifférenciable [ɛ̃diferɑ̃sjabl] (ADJ) indistinguishable

indifférent, e [ɛ̃diferɑ̃, ɑ̃t] (ADJ) [*spectateur*] indifferent (**à** to, towards) • **ça le laisse ~** he is quite unconcerned about it • **leur souffrance ne peut laisser personne ~** it's impossible to be unmoved by their suffering

indifférer [ɛ̃difere] /TABLE 6/ (VT) **ça/il m'indiffère totalement** I'm totally indifferent to it/him

indigence [ɛ̃diʒɑ̃s] (NF) **a** (= *misère*) destitution • **tomber/être dans l'~** to become/be destitute **b** (= *médiocrité*) [*de scénario*] mediocrity • **~ intellectuelle** intellectual poverty • **~ d'idées** dearth of ideas

indigène [ɛ̃diʒɛn] **1** (NMF) native; (*hum*) (= *personne du pays*) local **2** (ADJ) [*coutume*] native; [*animal, plante*] indigenous; [*population*] local

indigent, e [ɛ̃diʒɑ̃, ɑ̃t] **1** (ADJ) **a** (*matériellement*) [*personne*] destitute **b** (*intellectuellement*) [*film*] poor; [*imagination*] mediocre **2** (NM,F) pauper • **les ~s** the destitute

indigeste [ɛ̃diʒɛst] (ADJ) indigestible • **son livre est totalement ~** his book is really heavy going

indigestion [ɛ̃diʒɛstjɔ̃] (NF) indigestion *NonC* • **j'ai une ~ de films policiers** I've been watching too many detective films

indignation [ɛ̃diɲasjɔ̃] (NF) indignation • **avec ~** indignantly

indigne [ɛ̃diɲ] (ADJ) **a** **~ de** [+ *amitié, confiance, personne*] unworthy of • **c'est ~ de vous** [*travail, emploi*] it's beneath you; [*conduite, attitude*] it's unworthy of you **b** (= *abject*) [*acte*] shameful; [*mère*] unworthy

indigné, e [ɛ̃diɲe] *ptp de* **indigner** (ADJ) indignant • **je suis ~ !** I am outraged!

indigner [ɛ̃diɲe] /TABLE 1/ **1** (VT) **~ qn** to make sb indignant **2** (VPR) **s'indigner** to get indignant (**de** about)

indigo [ɛ̃digo] (ADJ INV) indigo

indiqué, e [ɛ̃dike] *ptp de* **indiquer** (ADJ) **a** (= *conseillé*) advisable • **ce n'est pas très ~** it's not really advisable **b** (= *adéquat, prescrit*) [*médicament, traitement*] appropriate • **pour ce travail M. Legrand est tout ~** Mr Legrand is the obvious choice for the job • **c'était un sujet tout ~** it was obviously an appropriate subject

indiquer [ɛ̃dike] /TABLE 1/ (VT) **a** (= *désigner*) to point out • **~ le chemin à qn** to give directions to sb **b** (= *montrer*) [*flèche, voyant, écriteau*] to show **c** (= *dire*) [*personne*] [+ *heure, solution*] to tell • **il m'a indiqué le mode d'emploi** he told me how to use it **d** (= *fixer*) [+ *heure, date, rendez-vous*] to give • **à l'heure indiquée, je ...** at the appointed time, I ... • **à la date indiquée** on the agreed day **e** (= *faire figurer*) [*étiquette, plan, carte*] to show • **c'est indiqué sur la facture ?** is it given on the invoice? **f** (= *dénoter*) to indicate • **tout indique que les prix vont augmenter** everything indicates that prices are going to rise • **cela indique une certaine hésitation de sa part** it shows a certain hesitation on his part

indirect, e [ɛ̃diʀɛkt] (ADJ) indirect • **d'une manière ~e** in a roundabout way

indirectement [ɛ̃diʀɛktəmɑ̃] (ADV) indirectly; [*savoir, apprendre*] in a roundabout way

indiscernable [ɛ̃disɛʀnabl] (ADJ) indiscernible

> Le mot anglais se termine par **-ible**.

indiscipline [ɛ̃disiplin] (NF) lack of discipline

indiscipliné, e [ɛ̃disipline] (ADJ) [*troupes, élève*] undisciplined

indiscret, -ète [ɛ̃diskʀɛ, ɛt] (ADJ) **a** (= *trop curieux*) [*personne*] inquisitive; [*question*] indiscreet • **à l'abri des regards ~s** away from prying eyes • **serait-ce ~ de vous demander ... ?** would it be indiscreet to ask you ...? **b** (= *bavard*) [*personne*] indiscreet

indiscrétion [ɛ̃diskʀesjɔ̃] (NF) **a** (= *curiosité*) [*de question*] indiscretion; [*de personne*] inquisitiveness • **excusez mon ~, mais quel âge avez-vous ?** I hope you don't mind me asking, but how old are you? • **elle pousse l'~ jusqu'à lire mon courrier** she's so inquisitive she even reads my mail • **sans ~, combien l'avez-vous payé ?** would you mind if I asked how much you paid for it? **b** (= *tendance à trop parler*) indiscretion **c** (= *parole*) indiscreet remark; (= *action*) indiscretion • **commettre une ~** to commit an indiscretion • **les ~s de la presse à scandale** tabloid revelations

indiscutable [ɛ̃diskytabl] (ADJ) indisputable

indiscutablement [ɛ̃diskytabləmɑ̃] (ADV) unquestionably

indiscuté, e [ɛ̃diskyte] (ADJ) undisputed

indispensable [ɛ̃dispɑ̃sabl] (ADJ) indispensable • **ces outils/précautions sont ~s** these tools/precautions are essential • **il est ~ que/de** it is vital that/to • **savoir se rendre ~** to make o.s. indispensable

indisponible [ɛ̃dispɔnibl] (ADJ) not available *attrib*

indisposé, e [ɛ̃dispoze] *ptp de* **indisposer** (ADJ) indisposed

indisposer [ɛ̃dispoze] /TABLE 1/ (VT) (= *rendre malade*) [*aliment, chaleur*] to upset; (= *mécontenter*) [*personne, remarque*] to antagonize • **tout l'indispose !** everything annoys him!

indisposition [ɛ̃dispozisjɔ̃] (NF) **elle a eu une légère ~** she didn't feel very well

indissociable [ɛ̃disɔsjabl] (ADJ) [*éléments, problèmes*] indissociable (**de** from) • **être un élément ~ de qch** to be an integral part of sth

indissoluble [ɛ̃disɔlybl] (ADJ) indissoluble

indistinct, e [ɛ̃distɛ̃(kt), ɛ̃kt] (ADJ) indistinct • **des voix ~es** a confused murmur of voices

indistinctement [ɛ̃distɛ̃ktəmɑ̃] (ADV) **a** (= *confusément*) indistinctly **b** (= *ensemble*) indiscriminately • **tuant ~ femmes et enfants** killing women and children indiscriminately

individu [ɛ̃dividy] (NM) individual • **c'est un drôle d'~** he's an odd sort

individualiser [ɛ̃dividɥalize] /TABLE 1/ (VT) [+ *solutions, horaire, enseignement*] to tailor to suit individual needs

individualiste [ɛ̃dividɥalist] **1** (ADJ) individualistic **2** (NMF) individualist

individuel, -elle [ɛ̃dividɥɛl] (ADJ) (= *propre à l'individu*) individual; [*responsabilité, ordinateur*] personal • **propriété individuelle** personal property • **chambre individuelle** (*dans un hôtel*) single room • **sport ~** individual sport

individuellement [ɛ̃dividɥɛlmɑ̃] (ADV) individually • **pris ~, ils sont très sages** taken individually, they're very well-behaved

indivisible [ɛ̃divizibl] (ADJ) indivisible

Indochine [ɛ̃dɔʃin] (NF) **l'~** Indo-China

indo-européen, -enne [ɛ̃doøʀɔpeɛ̃, ɛn] (ADJ) Indo-European

indolence [ɛ̃dɔlɑ̃s] (NF) idleness

indolent, e [ɛ̃dɔlɑ̃, ɑ̃t] (ADJ) [*personne*] idle; [*air, geste, regard*] indolent

indolore [ɛ̃dɔlɔʀ] (ADJ) painless

indomptable [ɛ̃dɔ̃(p)tabl] (ADJ) [*animal*] untameable; [*caractère, courage, volonté*] invincible

indompté, e [ɛ̃dɔ̃(p)te] (ADJ) [*animal*] untamed; [*cheval*] unbroken; [*énergie*] unharnessed

Indonésie [ɛ̃dɔnezi] (NF) Indonesia

indonésien, -ienne [ɛ̃dɔnezjɛ̃, jɛn] **1** (ADJ) Indonesian **2** (NM) (= *langue*) Indonesian **3** (NM,F) **Indonésien(ne)** Indonesian

indu, e [ɛ̃dy] (ADJ) [*avantage*] unwarranted • **à une heure ~e** at some ungodly hour

indubitable [ɛ̃dybitabl] (ADJ) [*preuve*] indubitable • **c'est ~** there is no doubt about it

indubitablement [ɛ̃dybitabləmɑ̃] (ADV) undoubtedly

induction [ɛ̃dyksjɔ̃] (NF) induction

induire [ɛ̃dɥiʀ] /TABLE 38/ (VT) **a** **~ qn en erreur** to mislead sb **b** (= *occasionner*) to lead to

induit, e [ɛ̃dɥi, it] (ADJ) **effet ~** side-effect • **emplois ~s** spinoff jobs

indulgence [ɛ̃dylʒɑ̃s] (NF) [*de parent, critique, commentaire*] indulgence; [*de juge, examinateur*] leniency • **il a demandé l'~ des jurés** he asked the jury to show leniency • **avec ~** leniently • **sans ~** [*jugement*] stern; [*portrait, critique*] brutally frank

indulgent, e [ɛ̃dylʒɑ̃, ɑ̃t] (ADJ) [*parent, juge, examinateur*] lenient (**envers** towards); [*critique, commentaire, regard*] indulgent • **se montrer ~** [*juge*] to show leniency; [*examinateur, parent*] to be lenient

indûment○ [ɛ̃dymɑ̃] (ADV) [*protester*] unduly; [*détenir*] wrongfully

industrialisation [ɛ̃dystʀijalizasjɔ̃] (NF) industrialization

industrialisé, e [ɛ̃dystʀijalize] *ptp de* **industrialiser** (ADJ) industrialized • **région fortement ~e** heavily industrialized area

industrialiser [ɛ̃dystʀijalize] /TABLE 1/ **1** (VT) to industrialize **2** (VPR) **s'industrialiser** to become industrialized

industrie [ɛ̃dystʀi] (NF) industry • **~ légère/lourde** light/heavy industry ▸ **l'industrie aéronautique** the aviation industry ▸ **l'industrie automobile** the car *ou* automobile (*US*) industry ▸ **l'industrie chimique** the chemical industry ▸ **l'industrie cinématographique** the film industry ▸ **l'industrie du luxe** the luxury goods industry ▸ **l'industrie pharmaceutique** the pharmaceutical industry ▸ **l'industrie du spectacle** the entertainment business

industriel, -elle [ɛ̃dystʀijɛl] **1** (ADJ) industrial • **aliments ~s** mass-produced food • **pain ~** factory-baked bread • **équipement à usage ~** heavy-duty equipment • **élevage ~** (= *système*) factory farming **2** (NM) (= *fabricant*) industrialist

Le mot anglais se termine par **-ial**.

inébranlable [inebʀɑ̃labl] (ADJ) [*personne, foi, résolution*] unshakeable; [*certitude*] unwavering; [*conviction*] steadfast

inédit, e [inedi, it] (ADJ) **a** (= *non publié*) previously unpublished • **ce film est ~ en France** this film has never been released in France **b** (= *nouveau*) new

ineffable [inefabl] (ADJ) ineffable

ineffaçable [inefasabl] (ADJ) indelible

inefficace [inefikas] (ADJ) [*remède, mesure, traitement*] ineffective; [*employé, machine*] inefficient

inefficacité [inefikasite] (NF) [*de remède, mesure*] ineffectiveness; [*de machine, employé*] inefficiency

inégal, e (*mpl* **-aux**) [inegal, o] (ADJ) **a** (= *différent*) unequal • **de force ~e** of unequal strength **b** (= *irrégulier*) [*sol, répartition*] uneven; [*sportif*] erratic • **de qualité ~e** of varying quality **c** (= *disproportionné*) [*lutte, partage*] unequal

inégalable [inegalabl] (ADJ) incomparable

inégalé, e [inegale] (ADJ) [*record*] unequalled; [*charme, beauté*] unrivalled

inégalitaire [inegalitɛʀ] (ADJ) unequal

inégalité [inegalite] (NF) **a** (= *différence*) inequality • **l'~ de traitement entre hommes et femmes** the unequal treatment of men and women • **les ~s sociales** social inequalities **b** (= *irrégularité*) [*de sol, répartition*] unevenness

inélégance [inelegɑ̃s] (NF) [*de procédé*] discourtesy

inélégant, e [inelegɑ̃, ɑ̃t] (ADJ) [*procédé*] discourteous

inéligibilité [ineliʒibilite] (NF) ineligibility

inéligible [ineliʒibl] (ADJ) ineligible

inéluctable [inelyktabl] (ADJ) inescapable

inéluctablement [inelyktabləmɑ̃] (ADV) inescapably

inemployable [inɑ̃plwajabl] (ADJ) unemployable

inénarrable [inenaʀabl] (ADJ) (= *désopilant*) hilarious

inenvisageable [inɑ̃vizaʒabl] (ADJ) unthinkable

inepte [inɛpt] (ADJ) inept

ineptie [inɛpsi] (NF) ineptitude; (= *idée*) nonsense *NonC* • **dire des ~s** to talk nonsense

inépuisable [inepɥizabl] (ADJ) inexhaustible • **il est ~ sur ce sujet** he could talk for ever on that subject

inéquitable [inekitabl] (ADJ) inequitable

inerte [inɛʀt] (ADJ) (= *immobile*) lifeless; (= *sans réaction*) passive; [*gaz*] inert

inertie [inɛʀsi] (NF) [*de personne*] inertia; [*d'administration*] apathy

inespéré, e [inɛspeʀe] (ADJ) unexpected

inesthétique [inɛstetik] (ADJ) [*construction, cicatrice*] unsightly

inestimable [inɛstimabl] (ADJ) [*objet, tableau*] priceless; [*aide*] invaluable

inévitable [inevitabl] (ADJ) [*accident*] unavoidable • **c'était ~!** it was inevitable!

inévitablement [inevitabləmɑ̃] (ADV) inevitably

inexact, e [inɛgza(kt), akt] (ADJ) [*renseignement, calcul, traduction*] inaccurate • **non, c'est ~** no, that's wrong

inexactitude [inɛgzaktityd] (NF) inaccuracy

inexcusable [inɛkskyzabl] (ADJ) [*faute, action*] inexcusable • **vous êtes ~** it was inexcusable of you

inexistant, e [inɛgzistɑ̃, ɑ̃t] (ADJ) [*service d'ordre, réseau téléphonique, aide*] nonexistent • **quant à son mari, il est ~** (*péj*) as for her husband, he's a complete nonentity

inexorable [inɛgzɔʀabl] (ADJ) inexorable

inexorablement [inɛgzɔʀabləmɑ̃] (ADV) inexorably

inexpérience [inɛkspeʀjɑ̃s] (NF) inexperience

inexpérimenté, e [inɛkspeʀimɑ̃te] (ADJ) [*personne*] inexperienced; [*gestes*] inexpert

inexplicable [inɛksplikabl(ə)] (ADJ, NM) inexplicable

inexplicablement [inɛksplikabləmɑ̃] (ADV) inexplicably

inexpliqué, e [inɛksplike] (ADJ) unexplained

inexploitable [inɛksplwatabl] (ADJ) unexploitable; [*filon*] unworkable

inexploité, e [inɛksplwate] (ADJ) unexploited; [*talent, ressources*] untapped

inexplorable [inɛksplɔʀabl] (ADJ) unexplorable

inexploré, e [inɛksplɔʀe] (ADJ) unexplored

inexpressif, -ive [inɛkspʀesif, iv] (ADJ) [*visage, regard*] expressionless

inexprimable [inɛkspʀimabl] (ADJ, NM) inexpressible

in extenso [inɛkstɛ̃so] (LOC ADV) [*publier*] in full

in extremis○ [inɛkstʀemis] **1** (LOC ADV) [*sauver, arriver*] at the last minute **2** (LOC ADJ) [*sauvetage, succès*] last-minute

inextricable [inɛkstʀikabl] (ADJ) inextricable

infaillible [ɛ̃fajibl] (ADJ) [*méthode, remède, personne*] infallible; [*instinct*] unerring

infailliblement [ɛ̃fajibləmɑ̃] (ADV) (= *à coup sûr*) without fail

infaisable [ɛ̃fəzabl] (ADJ) impossible

infamant, e [ɛ̃famɑ̃, ɑ̃t] (ADJ) [*accusation*] libellous; [*propos*] defamatory

infâme [ɛ̃fɑm] (ADJ) loathsome; [*action*] unspeakable; [*personne*] despicable; [*nourriture, odeur, taudis*] disgusting

infamie [ɛ̃fami] (NF) (= *honte*) infamy • **c'est une ~** it's absolutely scandalous • **dire des ~s sur le compte de qn** to make slanderous remarks about sb

infanterie [ɛ̃fɑ̃tʀi] (NF) infantry

infantile [ɛ̃fɑ̃til] (ADJ) (= *puéril*) childish • **maladies ~s** childhood illnesses

infantiliser [ɛ̃fɑ̃tilize] /TABLE 1/ (VT) to infantilize

infarctus [ɛ̃faʀktys] (NM) coronary • **~ du myocarde** coronary thrombosis

infatigable [ɛ̃fatigabl] (ADJ) [*personne*] tireless

infect, e [ɛ̃fɛkt] (ADJ) [*goût, nourriture, vin*] revolting; [*temps, odeur*] foul

infecter [ɛ̃fɛkte] /TABLE 1/ **1** (VT) [*+ atmosphère, eau*] to contaminate; [*+ personne*] to infect **2** (VPR) **s'infecter** [*plaie*] to become infected

infectieux, -ieuse [ɛ̃fɛksjø, jøz] (ADJ) infectious

infection [ɛ̃fɛksjɔ̃] (NF) infection • **~ sexuellement transmissible** sexually transmitted infection • **quelle ~!** (*= puanteur*) what a stench!

inférer [ɛ̃feʀe] /TABLE 6/ (VT) to infer (**de** from)

inférieur, e [ɛ̃feʀjœʀ] **1** (ADJ) ⓐ (*dans l'espace, dans une hiérarchie*) lower ⓑ [*qualité*] inferior (**à** to); [*nombre, quantité*] smaller • **~ à** less than • **il habite à l'étage ~** he lives on the floor below • **les notes ~es à 10** marks below 10 **2** (NM,F) inferior

infériorité [ɛ̃feʀjɔʀite] (NF) inferiority • **en position d'~** in an inferior position

infernal, e (*mpl* **-aux**) [ɛ̃fɛʀnal, o] (ADJ) ⓐ (*= intolérable*) [*bruit, chaleur*] infernal; [*allure, cadence*] furious; [*enfant*] impossible • **c'est ~!** it's sheer hell! ⓑ [*spirale, engrenage*] vicious ⓒ (*= de l'enfer*) [*divinité, puissances*] of hell

infertile [ɛ̃fɛʀtil] (ADJ) infertile

infester [ɛ̃fɛste] /TABLE 1/ (VT) to infest • **infesté de moustiques** infested with mosquitoes

infichu, e* [ɛ̃fiʃy] (ADJ) **~ de faire qch** totally incapable of doing sth • **je suis ~ de me rappeler où je l'ai mis** I can't remember where the hell I put it*

infidèle [ɛ̃fidɛl] **1** (ADJ) unfaithful (**à qn** to sb) **2** (NMF) (*Rel*) infidel

infidélité [ɛ̃fidelite] (NF) infidelity (**à** to) • **elle lui a pardonné ses ~s** she forgave him his infidelities • **faire une ~ à qn** to be unfaithful to sb

infiltration [ɛ̃filtʀasjɔ̃] (NF) [*d'espions*] infiltration; [*de liquide*] seepage • **il y a des ~s dans la cave** water is leaking into the cellar

infiltrer [ɛ̃filtʀe] /TABLE 1/ **1** (VT) [*+ groupe, réseau*] to infiltrate **2** (VPR) **s'infiltrer** [*liquide*] to seep in; [*lumière*] to filter through; [*espions, idées*] to infiltrate

infime [ɛ̃fim] (ADJ) (*= minuscule*) tiny

infini, e [ɛ̃fini] **1** (ADJ) infinite • **avec d'~es précautions** with infinite precautions **2** (NM) **l'~** (*Philo*) the infinite; (*Math, Photo*) infinity ▸ **à l'infini** [*multiplier*] to infinity; [*se diversifier, faire varier*] infinitely

infiniment [ɛ̃finimɑ̃] (ADV) ⓐ (*= immensément*) infinitely ⓑ (*= beaucoup*) **~ long** immensely long • **je vous suis ~ reconnaissant** I am extremely grateful • **je regrette ~** I'm extremely sorry

infinité [ɛ̃finite] (NF) infinity

infinitésimal, e (*mpl* **-aux**) [ɛ̃finitezimal, o] (ADJ) infinitesimal

infinitif, -ive [ɛ̃finitif, iv] (ADJ, NM) infinitive • **à l'~** in the infinitive

infirme [ɛ̃fiʀm] **1** (ADJ) [*personne*] disabled; (*avec l'âge*) infirm • **l'accident l'avait rendu ~** the accident had left him crippled • **être ~ de naissance** to be disabled from birth **2** (NMF) disabled person • **les ~s** the disabled

infirmer [ɛ̃fiʀme] /TABLE 1/ (VT) (*= démentir*) to invalidate; (*Droit*) [*+ jugement*] to quash

infirmerie [ɛ̃fiʀməʀi] (NF) infirmary; [*d'école*] sickroom; [*de navire*] sick bay

infirmier, -ière [ɛ̃fiʀmje, jɛʀ] (NM,F) nurse • **infirmière chef** sister (*Brit*), head nurse (*US*)

infirmité [ɛ̃fiʀmite] (NF) (*= invalidité*) disability

inflammable [ɛ̃flamabl] (ADJ) inflammable

inflammation [ɛ̃flamasjɔ̃] (NF) (*Méd*) inflammation

inflammatoire [ɛ̃flamatwaʀ] (ADJ) inflammatory

inflation [ɛ̃flasjɔ̃] (NF) inflation

inflationniste [ɛ̃flasjɔnist] (ADJ) inflationary

infléchir [ɛ̃fleʃiʀ] /TABLE 2/ **1** (VT) [*+ politique*] to change the emphasis of; [*+ tendance, stratégie*] to modify; [*+ position*] to soften; [*+ décision*] to affect • **pour ~ la courbe du chômage** to bring down unemployment **2** (VPR) **s'infléchir** [*politique*] to shift

inflexibilité [ɛ̃flɛksibilite] (NF) inflexibility

inflexible [ɛ̃flɛksibl] (ADJ) inflexible

inflexion [ɛ̃flɛksjɔ̃] (NF) [*de voix, courbe*] inflexion; [*de politique*] reorientation

infliger [ɛ̃fliʒe] /TABLE 3/ (VT) [*+ défaite, punition, supplice*] to inflict (**à** on); [*+ amende*] to impose (**à** on)

influençable [ɛ̃flyɑ̃sabl] (ADJ) easily influenced

influence [ɛ̃flyɑ̃s] (NF) influence • **avoir beaucoup d'~ sur qn** to have a lot of influence with sb • **avoir une ~ bénéfique/néfaste sur** [*climat, médicament*] to have a beneficial/harmful effect on • **sous l'~ de** under the influence of • **zone/sphère d'~** area/sphere of influence

influencer [ɛ̃flyɑ̃se] /TABLE 3/ (VT) to influence • **ne te laisse pas ~** don't let yourself be influenced

influenceur, -euse [ɛ̃flyɑ̃sœʀ, øz] (NM,F) influencer

influent, e [ɛ̃flyɑ̃, ɑ̃t] (ADJ) influential

influer [ɛ̃flye] /TABLE 1/ (VT INDIR) **~ sur** to influence

info* [ɛ̃fo] (NF) (ABR DE **information**) **les ~s** (*Presse, TV*) the news

infobulle [ɛ̃fobyl] (NF) (*Informatique*) tooltip

infographie ® [ɛ̃fɔgʀafi] (NF) computer graphics

infographiste [ɛ̃fɔgʀafist] (NMF) computer graphics artist, computer graphics designer

infondé, e [ɛ̃fɔ̃de] (ADJ) unfounded

infonuage [ɛ̃fonɥaʒ] (NM) (*Can*) (*Informatique*) cloud

informateur, -trice [ɛ̃fɔʀmatœʀ, tʀis] (NM,F) informant; (*Police*) informer; (*Presse*) source

informaticien, -ienne [ɛ̃fɔʀmatisjɛ̃, jɛn] (NM,F) computer scientist

information [ɛ̃fɔʀmasjɔ̃] (NF) ⓐ (*= renseignement*) piece of information; (*Presse, TV = nouvelle*) news item • **voilà une ~ intéressante** here's an interesting piece of information • **écouter/regarder les ~s** to listen to/watch the news • **nous recevons une ~ de dernière minute** we're just getting some breaking news • **bulletin/flash d'~s** news bulletin/flash ⓑ (*= action d'informer*) information • **pour votre ~, sachez que je suis avocat** for your information, I'm a lawyer • **réunion d'~** briefing • **journal d'~** quality newspaper ⓒ (*Informatique*) **traitement de l'~** data processing ⓓ **~ judiciaire** inquiry

informatique [ɛ̃fɔʀmatik] **1** (NF) computing; (*= sujet d'études*) computer studies • **il est dans l'~** he's in computers • **loi ~ et libertés** data protection law, ≈ Data Protection Act (*Brit*) **2** (ADJ) computer

informatisation [ɛ̃fɔʀmatizasjɔ̃] (NF) computerization

informatiser [ɛ̃fɔʀmatize] /TABLE 1/ (VT) to computerize

informe [ɛ̃fɔʀm] (ADJ) shapeless

informel, -elle [ɛ̃fɔʀmɛl] (ADJ) informal

informer [ɛ̃fɔʀme] /TABLE 1/ **1** (VT) to inform • **~ qn de qch** to inform sb of sth • **nous vous informons que nos bureaux ouvrent à 8 heures** for your information our offices open at 8 a.m. • **on vous a mal informé** you've been misinformed **2** (VPR) **s'informer** to find out (**de** about)

infortune [ɛ̃fɔʀtyn] (NF) misfortune • **le récit de ses ~s** his tale of woes • **compagnon/frère/sœur d'~** companion/brother/sister in misfortune

infortuné, e [ɛ̃fɔʀtyne] ADJ [*personne*] hapless
infospectacle [ɛ̃fospɛktakl] NM media spectacle
infra [ɛ̃fʀa] ADV **voir ~** see below
infraction [ɛ̃fʀaksjɔ̃] NF (*= délit*) offence • **~ à** [*+ loi, règlement, sécurité*] breach of • **~ au code de la route** driving offence • **être en ~** [*automobiliste*] to be committing an offence • **~ fiscale** breach of the tax code
infranchissable [ɛ̃fʀɑ̃ʃisabl] ADJ impassable; [*obstacle*] insurmountable
infrarouge [ɛ̃fʀaʀuʒ] ADJ infrared
infrastructure [ɛ̃fʀastʀyktyʀ] NF infrastructure
infréquentable [ɛ̃fʀekɑ̃tabl] ADJ **ce sont des gens ~s** they're people you don't want anything to do with
infroissable [ɛ̃fʀwasabl] ADJ crease-resistant
infructueux, -euse [ɛ̃fʀyktɥø, øz] ADJ [*tentative, démarche*] unsuccessful
infuser [ɛ̃fyze] /TABLE 1/ VI **(faire) ~** [*+ tisane*] to infuse; [*+ thé*] to brew
infusion [ɛ̃fyzjɔ̃] NF herb tea • **~ de tilleul** lime tea • **boire une ~** to drink some herb tea
ingénier (s') [ɛ̃ʒenje] /TABLE 7/ VPR **s'~ à faire qch** to do one's utmost to do sth
ingénierie [ɛ̃ʒeniʀi] NF engineering ▸ **ingénierie inverse** reverse engineering
ingénieur, e [ɛ̃ʒenjœʀ] NM engineer • **~ agronome/en génie chimique** agricultural/chemical engineer • **~ système** systems engineer • **~ du son** sound engineer • **~ des travaux publics** civil engineer
ingénieux, -ieuse [ɛ̃ʒenjø, jøz] ADJ clever
ingéniosité [ɛ̃ʒenjozite] NF cleverness
ingénu, e [ɛ̃ʒeny] **1** ADJ ingenuous **2** NM,F ingenuous person **3** NF **ingénue** (*Théât*) ingénue • **jouer les ~es** (*fig*) to pretend to be all sweet and innocent
ingénuité [ɛ̃ʒenɥite] NF naivety • **en toute ~** in all innocence
ingérable [ɛ̃ʒeʀabl] ADJ unmanageable
ingérence [ɛ̃ʒeʀɑ̃s] NF interference • **le devoir d'~** the duty to intervene • **le principe de non-~** the principle of non-interference
ingérer [ɛ̃ʒeʀe] /TABLE 6/ VT to ingest
ingrat, e [ɛ̃gʀa, at] **1** ADJ [*personne*] ungrateful (**envers** towards); [*tâche, métier, sujet*] unrewarding; [*sol*] barren; [*visage*] unprepossessing **2** NM,F ungrateful person • **tu n'es qu'un ~!** how ungrateful of you!
ingratitude [ɛ̃gʀatityd] NF ingratitude (**envers** towards)
ingrédient [ɛ̃gʀedjɑ̃] NM ingredient
ingurgiter [ɛ̃gyʀʒite] /TABLE 1/ VT [*+ nourriture*] to swallow; [*+ vin*] to gulp down • **faire ~ de la nourriture/une boisson à qn** to force food/a drink down sb • **faire ~ des connaissances à qn** to stuff knowledge into sb
inhabitable [inabitabl] ADJ uninhabitable
inhabité, e [inabite] ADJ [*région*] uninhabited; [*maison*] unoccupied
inhabituel, -elle [inabitɥɛl] ADJ unusual
inhalation [inalasjɔ̃] NF inhalation • **faire des ~s** to use steam inhalations
inhaler [inale] /TABLE 1/ VT to inhale
inhérent, e [ineʀɑ̃, ɑ̃t] ADJ inherent (**à** in)
inhiber [inibe] /TABLE 1/ VT (*Physiol, Psych*) to inhibit
inhibition [inibisjɔ̃] NF inhibition
inhospitalier, -ière [inɔspitalje, jɛʀ] ADJ inhospitable
inhumain, e [inymɛ̃, ɛn] ADJ inhuman
inhumation [inymasjɔ̃] NF burial
inhumer [inyme] /TABLE 1/ VT to bury
inimaginable [inimaʒinabl] ADJ unimaginable • **c'est ~ ce qu'il peut être têtu!** he's unbelievably stubborn!
inimitable [inimitabl] ADJ inimitable
inimitié [inimitje] NF enmity
ininflammable [inɛ̃flamabl] ADJ nonflammable
inintelligible [inɛ̃teliʒibl] ADJ unintelligible
inintéressant, e [inɛ̃teʀesɑ̃, ɑ̃t] ADJ uninteresting
ininterrompu, e [inɛ̃teʀɔ̃py] ADJ [*suite, ligne, file de voitures*] unbroken; [*flot, vacarme*] nonstop; [*effort, travail*] unremitting • **12 heures de sommeil ~** 12 hours' uninterrupted sleep
inique [inik] ADJ iniquitous
iniquité [inikite] NF iniquity
initial, e (*mpl* **-iaux**) [inisjal, jo] **1** ADJ initial **2** NF **initiale** initial • **mettre ses ~es sur qch** to initial sth
initialement [inisjalmɑ̃] ADV initially
initialiser [inisjalize] /TABLE 1/ VT (*Informatique*) to initialize
initiateur, -trice [inisjatœʀ, tʀis] NM,F initiator
initiation [inisjasjɔ̃] NF initiation (**à** into) • **~ à la linguistique** (*titre d'ouvrage*) introduction to linguistics • **stage d'~ à l'informatique** introductory course in computing
initiatique [inisjatik] ADJ [*rite, cérémonie*] initiation • **parcours** *ou* **voyage ~** initiatory voyage *ou* journey
initiative [inisjativ] NF initiative • **prendre l'~ de qch/de faire qch** to take the initiative for sth/in doing sth • **avoir de l'~** to have initiative • **~ de paix** peace initiative • **à** *ou* **sur l'~ de qn** on sb's initiative • **de sa propre ~** on his own initiative
initié, e [inisje] *ptp de* **initier** **1** ADJ initiated **2** NM,F initiated person • **les ~s** the initiated
initier [inisje] /TABLE 7/ **1** VT **a** [*+ personne*] to initiate (**à** into) • **~ qn aux joies de la voile** to introduce sb to the joys of sailing **b** [*+ enquête, dialogue, politique*] to initiate **2** VPR **s'initier** to become initiated (**à** into)
injectable [ɛ̃ʒɛktabl] ADJ injectable
injecté, e [ɛ̃ʒɛkte] *ptp de* **injecter** ADJ **yeux ~s de sang** bloodshot eyes
injecter [ɛ̃ʒɛkte] /TABLE 1/ VT to inject • **~ des fonds dans une entreprise** to inject money into a project
injection [ɛ̃ʒɛksjɔ̃] NF injection • **il s'est fait une ~ d'insuline** he injected himself with insulin • **~ d'argent frais** injection of fresh money • **moteur à ~** fuel-injection engine
injoignable [ɛ̃ʒwaɲabl] ADJ **il était ~** it was impossible to contact him
injonction [ɛ̃ʒɔ̃ksjɔ̃] NF order • **sur son ~** on his orders
injouable [ɛ̃ʒwabl] ADJ [*pièce*] unperformable; [*terrain*] unplayable
injure [ɛ̃ʒyʀ] NF **a** (*= insulte*) term of abuse • **bordée d'~s** stream of abuse **b** (*littér = affront*) **faire ~ à qn** to offend sb
injurier [ɛ̃ʒyʀje] /TABLE 7/ VT to abuse
injurieux, -ieuse [ɛ̃ʒyʀjø, jøz] ADJ offensive
injuste [ɛ̃ʒyst] ADJ (*= inéquitable*) unjust; (*= partial*) unfair (**avec, envers** to) • **ne sois pas ~!** be fair!
injustement [ɛ̃ʒystəmɑ̃] ADV [*accuser, punir*] unjustly
injustice [ɛ̃ʒystis] NF (*= iniquité*) injustice; (*= partialité*) unfairness • **il a éprouvé un sentiment d'~** he felt how unjust it was

injustifiable [ɛ̃ʒystifjabl] (ADJ) unjustifiable
injustifié, e [ɛ̃ʒystifje] (ADJ) unjustified
inlassable [ɛ̃lɑsabl] (ADJ) *[personne]* tireless
inlassablement [ɛ̃lɑsabləmɑ̃] (ADV) *[répéter]* endlessly
inné, e [i(n)ne] 1 (ADJ) innate 2 (NM) **l'~ et l'acquis** ≈ nature and nurture
innocemment [inɔsamɑ̃] (ADV) innocently
innocence [inɔsɑ̃s] (NF) innocence • **il l'a fait en toute ~** he did it in all innocence
innocent, e [inɔsɑ̃, ɑ̃t] 1 (ADJ) innocent • **être ~ de qch** to be innocent of sth • **remarque/petite farce bien ~e** harmless remark/prank 2 (NM,F) ⓐ (*Droit*) innocent person ⓑ (= *candide*) innocent • **ne fais pas l'~** don't act the innocent
innocenter [inɔsɑ̃te] /TABLE 1/ (VT) to clear (**de** of)
innocuité [inɔkɥite] (NF) (*frm*) harmlessness
innombrable [i(n)nɔ̃bʀabl] (ADJ) *[détails, péripéties, variétés]* innumerable; *[foule]* vast
innommable [i(n)nɔmabl] (ADJ) *[conduite, action]* unspeakable; *[nourriture, ordures]* foul
innovant, e [inɔvɑ̃, ɑ̃t] (ADJ) innovative
innovateur, -trice [inɔvatœʀ, tʀis] (NM,F) innovator
innovation [inɔvasjɔ̃] (NF) innovation
innover [inɔve] /TABLE 1/ (VI) to innovate
innumérisme [inymeʀism] (NM) innumeracy
inoccupé, e [inɔkype] (ADJ) *[appartement]* unoccupied; *[siège, emplacement, poste]* vacant
inoculer [inɔkyle] /TABLE 1/ (VT) **~ un virus/une maladie à qn** (*volontairement*) to inoculate sb with a virus/a disease; (*accidentellement*) to infect sb with a virus/a disease • **~ un malade** to inoculate a patient
inodore [inɔdɔʀ] (ADJ) *[gaz]* odourless; *[fleur]* scentless
inoffensif, -ive [inɔfɑ̃sif, iv] (ADJ) harmless
inondation [inɔ̃dasjɔ̃] (NF) flood • **la fuite a provoqué une ~ dans la salle de bains** the leak flooded the bathroom
inonder [inɔ̃de] /TABLE 1/ (VT) (= *submerger*) to flood • **inondé de soleil** bathed in sunshine • **la joie inonda son cœur** he was overcome with joy • **la sueur/le sang inondait son visage** the sweat/blood was pouring down his face • **inondé de larmes** [+ *visage*] streaming with tears
inopérable [inɔpeʀabl] (ADJ) inoperable
inopiné, e [inɔpine] (ADJ) unexpected
inopinément [inɔpinemɑ̃] (ADV) unexpectedly
inopportun, e [inɔpɔʀtœ̃, yn] (ADJ) *[remarque]* ill-timed • **le moment est ~** it's not the right moment
inoubliable [inublijabl] (ADJ) unforgettable
inouï, e [inwi] (ADJ) *[événement]* unprecedented; *[nouvelle]* extraordinary; *[vitesse, audace, force]* incredible • **c'est/il est ~!** it's/he's incredible!
inox [inɔks] (ADJ, NM) (ABR DE **inoxydable**) stainless steel • **couteau/évier (en) ~** stainless steel knife/sink
inoxydable [inɔksidabl] (ADJ) *[acier, alliage]* stainless; *[couteau]* stainless steel
inqualifiable [ɛ̃kalifjabl] (ADJ) *[conduite, propos]* unspeakable
inquiet, inquiète [ɛ̃kjɛ, ɛ̃kjɛt] (ADJ) *[personne]* worried; *[regards]* uneasy • **je suis ~ de ne pas le voir** I'm worried not to see him
inquiétant, e [ɛ̃kjetɑ̃, ɑ̃t] (ADJ) *[situation, tendance]* worrying; *[signe, phénomène, propos, personnage]* disturbing
inquiéter [ɛ̃kjete] /TABLE 6/ 1 (VT) to worry • **la santé de mon fils m'inquiète** I'm worried about my son's health • **ils n'ont jamais pu ~ leurs adversaires** (*Sport*) they never presented a real threat to their opponents • **il n'a pas été inquiété (par la police)** he wasn't bothered by the police
2 (VPR) **s'inquiéter** ⓐ (= *s'alarmer*) to worry • **ne t'inquiète pas** don't worry • **il n'y a pas de quoi s'~** there's nothing to worry about
ⓑ (= *s'enquérir*) **s'~ de** to inquire about • **s'~ de l'heure/de la santé de qn** to inquire what time it is/about sb's health
ⓒ (= *se soucier*) **s'~ de** to bother about • **sans s'~ de savoir si ...** without bothering to find out if ...
inquiétude [ɛ̃kjetyd] (NF) anxiety • **sujet d'~** cause for concern • **soyez sans ~** have no fear • **fou d'~** worried sick
inquisiteur, -trice [ɛ̃kizitœʀ, tʀis] 1 (ADJ) inquisitive 2 (NM) inquisitor
Inquisition [ɛ̃kizisjɔ̃] (NF) (*Hist*) **l'~** the Inquisition
INRA [inʀa] (NM) (ABR DE **Institut national de la recherche agronomique**) *national institute for agronomic research*
insaisissable [ɛ̃sezisabl] (ADJ) *[fugitif, ennemi]* elusive; *[personnage]* enigmatic
insalubre [ɛ̃salybʀ] (ADJ) *[climat]* unhealthy; *[logement]* unfit for habitation
insalubrité [ɛ̃salybʀite] (NF) unhealthiness • **l'immeuble a été démoli pour cause d'~** the building was demolished because it was unfit for habitation
insanité [ɛ̃sanite] (NF) insanity • **proférer des ~s** to talk nonsense
insatiable [ɛ̃sasjabl] (ADJ) insatiable
insatisfaction [ɛ̃satisfaksjɔ̃] (NF) dissatisfaction
insatisfait, e [ɛ̃satisfɛ, ɛt] (ADJ) *[personne]* unsatisfied (**de** with); *[désir, passion]* unsatisfied • **c'est un éternel ~** he's never satisfied
inscription [ɛ̃skʀipsjɔ̃] (NF) ⓐ (= *texte*) inscription • **le mur était couvert d'~s racistes** the wall was covered in racist graffiti ⓑ (= *action*) **l'~ d'une question à l'ordre du jour** putting a question on the agenda ⓒ (= *immatriculation*) registration (**à** at) • **l'~ à un parti/club** joining a party/club • **dossier d'~** registration form; (*Univ*) admission form • **droits d'~** registration fees • **~ électorale** registration on the electoral roll (*Brit*), voter registration (*US*)

> ⚠ **inscription** ne se traduit pas par le mot anglais **inscription** lorsqu'il désigne l'action d'inscrire.

inscrire [ɛ̃skʀiʀ] /TABLE 39/ 1 (VT) ⓐ (= *marquer*) [+ *nom, date*] to note down; [+ *but*] to score • **~ des dépenses au budget** to list expenses in the budget • **~ une question à l'ordre du jour** to put a question on the agenda
ⓑ (= *enregistrer*) [+ *étudiant*] to register • **~ qn sur une liste d'attente** to put sb on a waiting list • **~ un enfant à l'école** to put a child's name down for school
2 (VPR) **s'inscrire** ⓐ *[personne]* to register (**à** at) • **s'~ à un parti/club** to join a party/club • **je me suis inscrit pour des cours du soir** I've enrolled for some evening classes
ⓑ (= *apparaître*) **un message s'est inscrit sur l'écran** a message came up on the screen
ⓒ (= *s'insérer*) **cette mesure s'inscrit dans un ensemble** the measure is part of a package
ⓓ **s'~ en faux contre qch** to strongly deny sth

inscrit, e [ɛ̃skʀi, it] *ptp de* **inscrire** 1 (ADJ) [*étudiant, candidat, électeur*] registered 2 (NM,F) (= *électeur*) registered elector

insecte [ɛ̃sɛkt] (NM) insect

insecticide [ɛ̃sɛktisid] 1 (NM) insecticide 2 (ADJ) insecticidal

insécurité [ɛ̃sekyʀite] (NF) insecurity

INSEE [inse] (NM) (ABR DE **Institut national de la statistique et des études économiques**) *French national institute of economic and statistical information*

insémination [ɛ̃seminasjɔ̃] (NF) insemination • ~ **artificielle** artificial insemination

insensé, e [ɛ̃sɑ̃se] (ADJ) (= *fou*) crazy

insensibiliser [ɛ̃sɑ̃sibilize] /TABLE 1/ (VT) to anaesthetize (*Brit*), to anesthetize (*US*)

insensibilité [ɛ̃sɑ̃sibilite] (NF) (*morale*) insensitivity; (*physique*) numbness • ~ **à la douleur** insensitivity to pain

insensible [ɛ̃sɑ̃sibl] (ADJ) **a** (*moralement*) insensitive (**à** to); (*physiquement*) numb • ~ **au froid/à la douleur/à la poésie** insensitive to cold/pain/poetry • ~ **à la critique** impervious to criticism • **il n'est pas resté ~ à son charme** he was not impervious to her charm **b** (= *imperceptible*) imperceptible

inséparable [ɛ̃sepaʀabl] (ADJ) inseparable (**de** from) • **ils sont ~s** they are inseparable

insérer [ɛ̃seʀe] /TABLE 6/ 1 (VT) [+ *feuillet, clause, objet*] to insert (**dans** into, **entre** between) • ~ **une annonce dans un journal** to put an ad in a newspaper 2 (VPR) **s'insérer** (= *faire partie de*) **s'~ dans** to fit into

insertion [ɛ̃sɛʀsjɔ̃] (NF) insertion • **l'~ (sociale)** social integration

insidieusement [ɛ̃sidjøzmɑ̃] (ADV) insidiously

insidieux, -ieuse [ɛ̃sidjø, jøz] (ADJ) [*maladie*] insidious • **une question insidieuse** a trick question

insigne [ɛ̃siɲ] (NM) (= *cocarde*) badge • **l'~ de** • **les ~s de** (*frm*) (= *emblème*) the insignia of

insignifiant, e [ɛ̃siɲifjɑ̃, jɑ̃t] (ADJ) **a** (= *quelconque*) [*personne, œuvre*] insignificant **b** (= *dérisoire*) [*affaire, somme, détail, propos*] trivial

insinuation [ɛ̃sinɥasjɔ̃] (NF) insinuation

insinuer [ɛ̃sinɥe] /TABLE 1/ 1 (VT) to insinuate • **que voulez-vous ~?** what are you insinuating? 2 (VPR) **s'insinuer s'~ dans** [*personne*] to worm one's way into; [*eau, odeur*] to seep into

insipide [ɛ̃sipid] (ADJ) **a** [*plat, boisson*] tasteless **b** (= *ennuyeux*) insipid

insistance [ɛ̃sistɑ̃s] (NF) insistence (**sur qch** on sth, **à faire qch** on doing sth) • **avec ~** [*répéter, regarder*] insistently

insistant, e [ɛ̃sistɑ̃, ɑ̃t] (ADJ) insistent

insister [ɛ̃siste] /TABLE 1/ (VI) **a** ~ **sur** [+ *sujet, détail*] to stress • **j'insiste beaucoup sur la ponctualité** I attach great importance to punctuality • **frottez en insistant (bien) sur les taches** rub hard, paying particular attention to stains
b (= *s'obstiner*) to be insistent • **il insiste pour vous parler** he is insistent about wanting to talk to you • **comme ça ne l'intéressait pas, je n'ai pas insisté** since it didn't interest him, I didn't press the matter • **j'avais dit non, mais il a insisté** I had said no, but he wouldn't let the matter drop • **j'a dit non, n'insistez pas!** I said no, don't pester me!

insolation [ɛ̃sɔlasjɔ̃] (NF) (= *malaise*) sunstroke *NonC* • **attraper une ~** to get sunstroke

insolence [ɛ̃sɔlɑ̃s] (NF) insolence *NonC* • **répondre/rire avec ~** to reply/laugh insolently • **il a eu l'~ de la contredire** he was insolent enough to contradict her

insolent, e [ɛ̃sɔlɑ̃, ɑ̃t] (ADJ) (= *impertinent*) insolent

insolite [ɛ̃sɔlit] 1 (ADJ) unusual 2 (NM) **elle aime l'~** she likes things which are out of the ordinary

insoluble [ɛ̃sɔlybl] (ADJ) insoluble

insolvable [ɛ̃sɔlvabl] (ADJ) insolvent

insomniaque [ɛ̃sɔmnjak] (ADJ, NMF) insomniac • **c'est un ~** • **il est ~** he's an insomniac

insomnie [ɛ̃sɔmni] (NF) insomnia *NonC* • **ses ~s** his insomnia • **souffrir d'~** to suffer from insomnia

insondable [ɛ̃sɔ̃dabl] (ADJ) [*gouffre, mystère, douleur*] unfathomable; [*stupidité*] immense

insonoriser [ɛ̃sɔnɔʀize] /TABLE 1/ (VT) to soundproof

insouciance [ɛ̃susjɑ̃s] (NF) (= *nonchalance*) unconcern; (= *manque de prévoyance*) heedlessness • **vivre dans l'~** to live a carefree life

insouciant, e [ɛ̃susjɑ̃, jɑ̃t] (ADJ) (= *sans souci*) carefree; (= *imprévoyant*) heedless

insoumis, e [ɛ̃sumi, iz] 1 (ADJ) [*caractère, enfant*] rebellious; [*tribu, peuple, région*] undefeated • **soldat ~** draft-dodger 2 (NM) (= *soldat*) draft-dodger

insoumission [ɛ̃sumisjɔ̃] (NF) insubordination

insoupçonné, e [ɛ̃supsɔne] (ADJ) unsuspected

insoutenable [ɛ̃sut(ə)nabl] (ADJ) [*spectacle, douleur, chaleur, odeur*] unbearable

inspecter [ɛ̃spɛkte] /TABLE 1/ (VT) to inspect

inspecteur, -trice [ɛ̃spɛktœʀ, tʀis] (NM,F) inspector • ~ **des impôts** tax inspector • ~ **de police (judiciaire)** ≈ detective (*Brit*), ≈ police lieutenant (*US*) • ~ **d'Académie** chief education officer • ~ **du travail** health and safety officer

inspection [ɛ̃spɛksjɔ̃] (NF) **a** (= *examen*) inspection • **faire l'~ de** to inspect • **soumettre qch à une ~ en règle** to give sth a thorough inspection **b** (= *inspectorat*) inspectorship • ~ **académique** (= *service*) school inspectors • ~ **du travail** Health and Safety Executive

inspirateur, -trice [ɛ̃spiʀatœʀ, tʀis] (NM,F) inspirer

inspiration [ɛ̃spiʀasjɔ̃] (NF) inspiration • **selon l'~ du moment** according to the mood of the moment • **je manque d'~** I don't feel very inspired • **mouvement d'~ communiste** communist-inspired movement

inspiré, e [ɛ̃spiʀe] *ptp de* **inspirer** (ADJ) inspired • **je ne suis pas très ~** I'm not very inspired • **j'ai été bien ~ de refuser** I was truly inspired when I refused

inspirer [ɛ̃spiʀe] /TABLE 1/ 1 (VT) to inspire • **le sujet ne m'a pas vraiment inspiré** I didn't find the subject very inspiring • ~ **un sentiment à qn** to inspire sb with a feeling • **il ne m'inspire pas confiance** he doesn't inspire me with confidence • **l'horreur qu'il m'inspire** the horror he fills me with 2 (VI) (= *respirer*) to breathe in 3 (VPR) **s'inspirer s'~ de** [*artiste*] to draw one's inspiration from; [*mode, tableau, loi*] to be inspired by • **une mode inspirée des années cinquante** a style inspired by the Fifties

instabilité [ɛ̃stabilite] (NF) instability • **l'~ du temps** the unsettled weather

instable [ɛ̃stabl] (ADJ) unstable; [*meuble*] unsteady; [*temps*] unsettled

installateur [ɛ̃stalatœʀ] (NM) fitter • ~ **de cuisine** kitchen fitter

installation [ɛ̃stalasjɔ̃] NF **a** (= *mise en service, pose*) [*de chauffage central, téléphone, eau courante*] installation; [*de rideaux, étagère*] putting up • **frais/travaux d'~** installation costs/work **b** (= *aménagement*) [*de pièce, appartement*] fitting out **c** (= *établissement*) [*d'artisan, commerçant*] setting up **d** (*dans un logement*) settling; (= *emménagement*) settling in • **ils sont en pleine ~** they're moving in at the moment **e** (= *équipement*) (*gén pl*) fittings; (= *usine*) plant *NonC* • **~s sanitaires** sanitary fittings • **~s électriques** electrical fittings • **~s sportives** sports facilities • **~s portuaires** port facilities • **l'~ téléphonique** the phone system • **l'~ électrique est défectueuse** the wiring is faulty

installé, e [ɛ̃stale] *ptp de* **installer** ADJ (= *aménagé*) **bien/mal ~** [*appartement*] well/badly fitted out; [*atelier, cuisine*] well/badly equipped • **ils sont très bien ~s** they have a nice home

installer [ɛ̃stale] /TABLE 1/ **1** VT **a** (= *mettre en service*) to put in • **faire ~ le téléphone** to have the telephone put in

b (= *aménager*) to fit out • **ils ont très bien installé leur appartement** they've got their flat (*Brit*) *ou* apartment (*US*) well fitted out • **comment la cuisine est-elle installée?** what appliances does the kitchen have?

c (*Informatique*) to install

2 VPR **s'installer a** (= *s'établir*) [*artisan, commerçant*] to set o.s. up (**comme** as); [*dentiste, médecin*] to set up one's practice • **s'~ à son compte** to set up on one's own • **ils se sont installés à la campagne** (= *se sont fixés*) they've settled in the country

b (= *se loger*) to settle; (= *emménager*) to settle in • **laisse-leur le temps de s'~** give them time to settle in • **ils sont bien installés dans leur nouvelle maison** they have made themselves very comfortable in their new house

c (*sur un siège, à un emplacement*) to settle down • **s'~ par terre/dans un fauteuil** to settle down on the floor/in an armchair • **installe-toi comme il faut** (*confortablement*) make yourself comfortable; (= *tiens-toi bien*) sit properly • **les forains se sont installés sur un terrain vague** the fairground people have set themselves up on a piece of wasteland

d [*grève, maladie*] to take hold • **s'~ dans** [*personne*] [+ *inertie*] to sink into • **s'~ dans la guerre** to become accustomed to a state of war • **le doute s'installa dans mon esprit** I began to have doubts

installeur [ɛ̃stalœʀ] NM (*Informatique*) installer

instamment [ɛ̃stamɑ̃] ADV insistently

instance [ɛ̃stɑ̃s] NF **a** (= *autorité*) authority • **les ~s communautaires** the EU authorities • **la plus haute ~ judiciaire du pays** the country's highest legal authorities • **les plus hautes ~s du parti** the party leadership • **les ~s dirigeantes du football** football's governing bodies

b (= *prière, insistance*) **il l'a fait sur les ~s de ses parents** he did it because of pressure from his parents

c ▸ **en instance** (= *en cours*) **l'affaire est en ~** the matter is pending • **être en ~ de divorce** to be waiting for a divorce • **le train est en ~ de départ** the train is on the point of departure • **courrier en ~** mail ready for posting

instant [ɛ̃stɑ̃] NM moment, instant • **j'ai cru (pendant) un ~ que** I thought for a moment that • **(attendez) un ~!** wait a moment! • **dans un ~** in a moment • **dès l'~ où je l'ai vu** (*dès que*) from the moment I saw him • **il faut vivre dans l'~** (= *le présent*) you must live in the present

▸ **à l'instant je l'ai vu à l'~** I've just this minute seen him • **on me l'apprend à l'~ (même)** I've just heard about it • **à l'~ (présent)** at this very moment • **à l'~ où je vous parle** as I speak

▸ **à tout instant** (= *d'un moment à l'autre*) at any minute; (= *tout le temps*) all the time

▸ **d'un instant à l'autre** any minute now

▸ **en un instant** in no time (at all)

▸ **de tous les instants** constant

▸ **pour l'instant** for the time being

instantané, e [ɛ̃stɑ̃tane] **1** ADJ [*lait, café*] instant; [*mort, réponse, effet*] instantaneous **2** NM snapshot

instantanément [ɛ̃stɑ̃tanemɑ̃] ADV instantaneously

instar [ɛ̃staʀ] NM **à l'~ de** (*frm*) like

instauration [ɛ̃stɔʀasjɔ̃] NF [*de pratique*] institution; [*de régime, dialogue*] establishment; [*d'état d'urgence*] imposition

instaurer [ɛ̃stɔʀe] /TABLE 1/ VT [+ *usage, pratique*] to institute; [+ *paix, régime, dialogue*] to establish; [+ *méthode, quotas, taxe*] to introduce; [+ *couvre-feu, état d'urgence*] to impose

instigateur, -trice [ɛ̃stigatœʀ, tʀis] NM,F instigator

instigation [ɛ̃stigasjɔ̃] NF instigation • **à l'~ de qn** at sb's instigation

instiller [ɛ̃stile] /TABLE 1/ VT to instil (*Brit*), to instill (*US*)

instinct [ɛ̃stɛ̃] NM instinct • **~ maternel** maternal instinct • **~ de mort** death wish • **~ de vie** will to live • **~ grégaire** herd instinct • **~ de conservation** instinct of self-preservation • **il l'a fait d'~** he did it instinctively

instinctif, -ive [ɛ̃stɛ̃ktif, iv] ADJ instinctive

instinctivement [ɛ̃stɛ̃ktivmɑ̃] ADV instinctively

instit* [ɛ̃stit] NMF (ABR DE **instituteur, -trice**) primary school teacher

instituer [ɛ̃stitɥe] /TABLE 1/ VT [+ *règle, pratique, organisation*] to institute; [+ *relations commerciales*] to establish; [+ *impôt*] to introduce

institut [ɛ̃stity] NM institute • **~ de beauté** beauty salon *ou* parlor (*US*) • **~ de sondage** polling organization

▸ **Institut national de l'audiovisuel** *library of radio and television archives* ▸ **Institut universitaire de formation des maîtres** teacher training college ▸ **Institut universitaire de technologie** ≈ polytechnic (*Brit*), ≈ technical institute (*US*)

instituteur, -trice [ɛ̃stitytœʀ, tʀis] NM,F primary school teacher

institution [ɛ̃stitysjɔ̃] NF **a** (= *organisme, structure*) institution; (= *école*) private school • **~ religieuse** denominational school; (*catholique*) Catholic school, parochial school (*US*) **b** (= *instauration*) [*de pratique*] institution; [*de relations*] establishment

institutionnaliser [ɛ̃stitysjɔnalize] /TABLE 1/ VT to institutionalize

institutionnel, -elle [ɛ̃stitysjɔnɛl] ADJ institutional

> Le mot anglais s'écrit avec un seul **n** et se termine par **-al**.

instructeur, -trice [ɛ̃stʀyktœʀ, tʀis] **1** ADJ **juge ~** examining magistrate **2** NM,F (= *moniteur*) instructor

instructif, -ive [ɛ̃stʀyktif, iv] ADJ instructive

instruction [ɛ̃stʀyksjɔ̃] 1 (NF) ⓐ (= *éducation*) education • **l'~ que j'ai reçue** the education I received • **niveau d'~** academic standard • **~ civique** civics *sg* • **~ religieuse** religious education ⓑ (*Droit*) *pretrial investigation of a case* • **ouvrir une ~** to initiate an investigation into a crime ⓒ (= *directive*) directive ⓓ (*Informatique*) instruction 2 (NFPL) **instructions** (= *directives, mode d'emploi*) instructions • **conformément à vos ~s** in accordance with your instructions

instruire [ɛ̃stʀɥiʀ] /TABLE 38/ 1 (VT) ⓐ (= *former*) to teach; [+ *recrue*] to train ⓑ (*Droit*) [+ *affaire, dossier*] to conduct an investigation into 2 (VPR) **s'instruire** (= *apprendre*) to educate o.s. • **on s'instruit à tout âge** (*hum*) it's never too late to learn

instruit, e [ɛ̃stʀɥi, it] *ptp de* **instruire** (ADJ) educated • **peu ~** uneducated

instrument [ɛ̃stʀymɑ̃] (NM) instrument • **~ de musique/de mesure/à vent** musical/measuring/wind instrument • **~s de bord** controls • **~ de travail** tool • **être l'~ de qn** to be sb's tool

instrumental, e (*mpl* **-aux**) [ɛ̃stʀymɑ̃tal, o] (ADJ) instrumental

instrumentiste [ɛ̃stʀymɑ̃tist] (NMF) instrumentalist

insu [ɛ̃sy] (NM) **à l'~ de qn** without sb knowing • **à mon** (*ou* **ton** *etc*) **~** (= *inconsciemment*) without me (*ou* you *etc*) knowing it

insubmersible [ɛ̃sybmɛʀsibl] (ADJ) unsinkable

insubordination [ɛ̃sybɔʀdinasjɔ̃] (NF) insubordination

insubordonné, e [ɛ̃sybɔʀdɔne] (ADJ) insubordinate

insuffisamment [ɛ̃syfizamɑ̃] (ADV) (*en quantité*) insufficiently; (*en qualité, intensité, degré*) inadequately

insuffisance [ɛ̃syfizɑ̃s] (NF) ⓐ (= *médiocrité, manque*) inadequacy • **l'~ de nos ressources** the shortfall in our resources ⓑ **~(s) cardiaque(s)/thyroïdienne(s)** cardiac/thyroid insufficiency *NonC* • **~ rénale/respiratoire** kidney/respiratory failure

insuffisant, e [ɛ̃syfizɑ̃, ɑ̃t] 1 (ADJ) ⓐ (*en quantité*) insufficient ⓑ (*en qualité, intensité, degré*) inadequate; (*Scol: sur une copie*) poor 2 (NM) **les ~s cardiaques** people with cardiac insufficiency

insuffler [ɛ̃syfle] /TABLE 1/ (VT) ⓐ (= *inspirer*) **~ le courage à qn** to inspire sb with courage ⓑ [+ *air*] to blow (**dans** into)

insulaire [ɛ̃sylɛʀ] 1 (ADJ) [*administration, population*] island; [*conception, attitude*] insular 2 (NMF) islander

insularisation [ɛ̃sylaʀizasjɔ̃] (NF) insularization

insuline [ɛ̃sylin] (NF) insulin

insultant, e [ɛ̃syltɑ̃, ɑ̃t] (ADJ) insulting (**pour** to)

insulte [ɛ̃sylt] (NF) insult

insulter [ɛ̃sylte] /TABLE 1/ 1 (VT) to insult 2 (VPR) **s'insulter** to insult one another

insupportable [ɛ̃sypɔʀtabl] (ADJ) unbearable

insurgé [ɛ̃syʀʒe] (NM) rebel

insurger (s') [ɛ̃syʀʒe] /TABLE 3/ (VPR) to rebel

insurmontable [ɛ̃syʀmɔ̃tabl] (ADJ) [*difficulté, obstacle*] insurmountable

insurrection [ɛ̃syʀɛksjɔ̃] (NF) insurrection; (*fig*) revolt

intact, e [ɛ̃takt] (ADJ) intact *attrib* • **son enthousiasme reste ~** he's still as enthusiastic as ever

intangible [ɛ̃tɑ̃ʒibl] (ADJ) intangible

intarissable [ɛ̃taʀisabl] (ADJ) inexhaustible • **il est ~** he could talk for ever (**sur** about)

intégral, e (*mpl* **-aux**) [ɛ̃tegʀal, o] 1 (ADJ) full • **version ~e** [*de film*] uncut version • **texte ~** unabridged version • **« texte ~ »** "unabridged" 2 (NF) **intégrale** (*Mus*) complete works

intégralement [ɛ̃tegʀalmɑ̃] (ADV) in full

intégralité [ɛ̃tegʀalite] (NF) whole • **l'~ de mon salaire** the whole of my salary • **le match sera retransmis dans son ~** the match will be broadcast in full

intégration [ɛ̃tegʀasjɔ̃] (NF) integration

intègre [ɛ̃tɛgʀ] (ADJ) **être ~** to have integrity

intégré, e [ɛ̃tegʀe] *ptp de* **intégrer** (ADJ) [*circuit, système*] integrated; [*lecteur CD-ROM*] built-in • **cuisine ~e** fitted kitchen

intégrer [ɛ̃tegʀe] /TABLE 6/ 1 (VT) ⓐ to integrate (**à, dans** into) ⓑ (= *entrer dans*) [+ *entreprise, club*] to join 2 (VPR) **s'intégrer** to become integrated (**à, dans** into) • **cette maison s'intègre mal dans le paysage** this house doesn't really fit into the surrounding countryside

intégrisme [ɛ̃tegʀism] (NM) fundamentalism

intégriste [ɛ̃tegʀist] (ADJ, NMF) fundamentalist

intégrité [ɛ̃tegʀite] (NF) integrity

intellect [ɛ̃telɛkt] (NM) intellect

intellectuel, -elle [ɛ̃telɛktɥɛl] 1 (ADJ) intellectual; [*fatigue*] mental 2 (NM,F) intellectual

intellectuellement [ɛ̃telɛktɥɛlmɑ̃] (ADV) intellectually

intelligemment [ɛ̃teliʒamɑ̃] (ADV) intelligently • **c'est fait très ~** it's very cleverly done

intelligence [ɛ̃teliʒɑ̃s] (NF) ⓐ (= *facultés mentales*) intelligence • **faire preuve d'~** to show intelligence • **avoir l'~ de faire qch** to have the intelligence to do sth • **~ artificielle** artificial intelligence ⓑ (= *compréhension*) **pour l'~ du texte** for a clear understanding of the text • **vivre en bonne/mauvaise ~ avec qn** to be on good/bad terms with sb

intelligent, e [ɛ̃teliʒɑ̃, ɑ̃t] (ADJ) intelligent • **supérieurement ~** of superior intelligence • **c'est ~!** (*iro*) very clever! (*iro*)

intelligible [ɛ̃teliʒibl] (ADJ) intelligible • **à haute et ~ voix** loudly and clearly

intello * [ɛ̃telo] (ADJ, NMF) intellectual

intempéries [ɛ̃tɑ̃peʀi] (NFPL) bad weather • **affronter les ~** to brave the weather

intempestif, -ive [ɛ̃tɑ̃pɛstif, iv] (ADJ) untimely • **pas de zèle ~!** let's not go too far!

intenable [ɛ̃t(ə)nabl] (ADJ) [*chaleur, situation*] unbearable; [*position, théorie*] untenable

intendance [ɛ̃tɑ̃dɑ̃s] (NF) [*d'école*] school administration • **les problèmes d'~** the day-to-day problems of running a house (*ou* a company); (*Mil*) the problems of supply • **l'~ suivra** all material support will be provided

intense [ɛ̃tɑ̃s] (ADJ) intense; [*froid, douleur*] severe; [*circulation*] heavy

intensément [ɛ̃tɑ̃semɑ̃] (ADV) intensely

intensif, -ive [ɛ̃tɑ̃sif, iv] (ADJ) intensive

intensification [ɛ̃tɑ̃sifikasjɔ̃] (NF) intensification

intensifier [ɛ̃tɑ̃sifje] /TABLE 7/ 1 (VT) to intensify 2 (VPR) **s'intensifier** to intensify • **le froid va s'~** it's going to get colder

intensité [ɛ̃tɑ̃site] (NF) ⓐ [*de lumière, moment, activité*] intensity; [*de froid, douleur*] severity • **un moment d'une grande ~** a very intense moment ⓑ [*de courant électrique*] strength

intensivement [ɛ̃tɑ̃sivmɑ̃] (ADV) intensively

intenter [ɛ̃tɑ̃te] /TABLE 1/ VT • **~ un procès contre qn** to take sb to court • **~ une action contre qn** to bring an action against sb

intention [ɛ̃tɑ̃sjɔ̃] NF **a** (= *dessein*) intention • **c'est l'~ qui compte** it's the thought that counts • **avoir l'~ de faire qch** to intend to do sth • **dans l'~ de faire qch** with the intention of doing sth • **dans l'~ de tuer** with intent to kill • **déclaration d'~** declaration of intent
b ▸ **à l'intention de qn** [*collecte, cadeau, prière, messe*] for sb; [*fête*] in sb's honour • **je l'ai acheté à votre ~** I bought it specially for you

intentionné, e [ɛ̃tɑ̃sjɔne] ADJ **bien ~** well-meaning • **mal ~** ill-intentioned

> Le mot anglais s'écrit avec un seul **n**.

intentionnel, -elle [ɛ̃tɑ̃sjɔnɛl] ADJ intentional

> Le mot anglais s'écrit avec un seul **n** et se termine par **-al**.

intentionnellement [ɛ̃tɑ̃sjɔnɛlmɑ̃] ADV intentionally

interactif, -ive [ɛ̃tɛʀaktif, iv] ADJ interactive

interaction [ɛ̃tɛʀaksjɔ̃] NF interaction

interactivement [ɛ̃tɛʀaktivmɑ̃] ADV interactively

interactivité [ɛ̃tɛʀaktivite] NF interactivity

intercalaire [ɛ̃tɛʀkalɛʀ] NM (= *feuillet*) insert; (= *fiche*) divider

intercaler [ɛ̃tɛʀkale] /TABLE 1/ **1** VT to insert **2** VPR **s'intercaler s'~ entre** to come in between

intercéder [ɛ̃tɛʀsede] /TABLE 6/ VI to intercede (**en faveur de** on behalf of, **auprès de** with)

intercepter [ɛ̃tɛʀsɛpte] /TABLE 1/ VT to intercept

interception [ɛ̃tɛʀsɛpsjɔ̃] NF interception

interchangeable [ɛ̃tɛʀʃɑ̃ʒabl] ADJ interchangeable

interclasse [ɛ̃tɛʀklɑs] NM break (*between classes*) • **à l'~** during the break

interclasser [ɛ̃tɛʀklɑse] /TABLE 1/ VT to collate

interclubs [ɛ̃tɛʀklœb] ADJ INV [*tournoi*] interclub

intercommunautaire [ɛ̃tɛʀkɔmynotɛʀ] ADJ intercommunity

interconnexion [ɛ̃tɛʀkɔnɛksjɔ̃] NF interconnection

intercontinental, e (*mpl* **-aux**) [ɛ̃tɛʀkɔ̃tinɑ̃tal, o] ADJ intercontinental

intercostal, e (*mpl* **-aux**) [ɛ̃tɛʀkɔstal, o] ADJ intercostal

intercours [ɛ̃tɛʀkuʀ] NM break (*between classes*) • **à l'~** during the break

interdépendance [ɛ̃tɛʀdepɑ̃dɑ̃s] NF interdependence

interdépendant, e [ɛ̃tɛʀdepɑ̃dɑ̃, ɑ̃t] ADJ interdependent

interdiction [ɛ̃tɛʀdiksjɔ̃] NF ban (**de faire qch** on doing sth) • **l'~ de servir de l'alcool** the ban on serving alcohol • **l'~ de ce film en France** the banning of the film in France • **« ~ de coller des affiches »** "no bills" • **« ~ de tourner à droite »** "no right turn" • **« ~ de stationner »** "no parking" • **« ~ de déposer des ordures »** "no dumping" • **enfreindre une ~** to break a ban • **il a garé sa voiture malgré le panneau d'~** he parked his car in spite of the no parking sign ▸ **interdiction de séjour** *order denying former prisoner access to specified places*

interdire [ɛ̃tɛʀdiʀ] /TABLE 37/ **1** VT **a** (= *prohiber*) to forbid; [+ *stationnement, circulation*] to prohibit • **~ l'alcool à qn** to forbid sb to drink • **~ à qn de faire qch** to forbid sb to do sth • **elle nous a interdit d'y aller seuls** she forbade us to go on our own **b** [*contretemps, difficulté*] to prevent • **son état de santé lui interdit de voyager** his state of health prevents him from travelling **c** [+ *film, réunion, journal*] to ban **2** VPR **s'interdire s'~ toute remarque** to refrain from making any remark

interdisciplinaire [ɛ̃tɛʀdisiplinɛʀ] ADJ interdisciplinary

interdit, e [ɛ̃tɛʀdi, it] *ptp de* **interdire** **1** ADJ **a** (= *non autorisé*) banned • **film ~ aux moins de 18 ans** ≈ 18 (film) (*Brit*), ≈ NC-17 film (*US*) • **film ~ aux moins de 13 ans** ≈ 12 (film) (*Brit*), ≈ PG-13 film (*US*) • **« stationnement ~ »** "no parking" • **il est strictement ~ de ...** it is strictly prohibited to ... **b** (= *stupéfait*) dumbfounded **2** NM (= *interdiction*) ban; (*social*) prohibition • **~s alimentaires** dietary restrictions • **transgresser les ~s** to break taboos **3** COMP ▸ **interdit de séjour** *banned from entering specified areas*; (*fig*) persona non grata

intéressant, e [ɛ̃teʀesɑ̃, ɑ̃t] ADJ **a** (= *captivant*) [*livre, détail*] interesting • **peu ~** uninteresting • **personnage peu ~** worthless individual • **il faut toujours qu'il cherche à se rendre ~** *ou* **qu'il fasse son ~** he always has to draw attention to himself **b** (= *avantageux*) [*offre, affaire, prix*] attractive • **ce n'est pas très ~ pour nous** it's not really worth our while

> ⚠ Dans le sens financier, **intéressant** ne se traduit pas par **interesting**.

intéressé, e [ɛ̃teʀese] *ptp de* **intéresser** ADJ **a** (= *qui est en cause*) concerned • **les ~s** the interested parties **b** (= *qui cherche son intérêt personnel*) [*personne*] self-interested; [*motif*] interested • **sa visite était ~e** his visit was motivated by self-interest

intéressement [ɛ̃teʀɛsmɑ̃] NM (= *système*) profit-sharing scheme

intéresser [ɛ̃teʀese] /TABLE 1/ **1** VT **a** (= *captiver*) to interest • **~ qn à qch** to interest sb in sth • **cela m'intéresserait de le faire** I would be interested in doing it • **ça ne m'intéresse pas** I'm not interested • **rien ne l'intéresse** he isn't interested in anything • **ça pourrait vous ~** this might be of interest to you • **cette question n'intéresse pas (beaucoup) les jeunes** this matter is of no (great) interest to young people
b (= *concerner*) to concern • **la nouvelle loi intéresse les petits commerçants** the new law concerns small shopkeepers
2 VPR **s'intéresser s'~ à qch/qn** to be interested in sth/sb • **il ne s'intéresse à rien** he isn't interested in anything

intérêt [ɛ̃teʀɛ] NM **a** interest • **écouter avec ~/(un) grand ~** to listen with interest/with great interest • **prendre ~ à qch** to take an interest in sth • **il a perdu tout ~ à son travail** he has lost all interest in his work • **porter/témoigner de l'~ à qn** to take/show an interest in sb • **ce film est sans aucun ~** the film is devoid of interest • **ce n'est pas (dans) leur ~ de le faire** it is not in their interest to do it • **agir dans/contre son ~** to act in/against one's own interests • **dans l'~ général** in the general interest • **il y trouve son ~** he finds it worth his while • **il sait où est son ~** he knows where his interest lies • **il a (tout) ~ à accepter** it's in his interest to accept

• **quel ~ aurait-il à faire cela?** why would he want to do that? • **la défense de nos ~s** the defence of our interests • **il a des ~s dans l'affaire** he has a financial interest in the deal

b (= *recherche d'avantage personnel*) self-interest • **agir par ~** to act out of self-interest

c (= *importance*) importance • **une découverte du plus haut ~** a discovery of the utmost importance • **être déclaré d'~ public** to be officially recognized as being beneficial to the general public

interethnique [ɛ̃tɛʀɛtnik] ADJ inter-ethnic

interfaçable [ɛ̃tɛʀfasabl] ADJ (*Informatique*) interfaceable

interfaçage [ɛ̃tɛʀfasaʒ] NM (*Informatique*) interfacing

interface [ɛ̃tɛʀfas] NF interface

interfacer [ɛ̃tɛʀfase] /TABLE 1/ VT to interface

interférence [ɛ̃tɛʀfeʀɑ̃s] NF interference

interférer [ɛ̃tɛʀfeʀe] /TABLE 6/ VI to interfere

intérieur, e [ɛ̃teʀjœʀ] **1** ADJ **a** [*paroi, escalier*] interior; [*cour*] inner • **mer ~e** inland sea • **la poche ~e de son manteau** the inside pocket of his coat

b [*vie, monde, voix*] inner

c [*politique, dette, marché, vol*] domestic; [*communication, navigation*] inland • **le commerce ~** domestic trade • **les affaires ~es** domestic affairs

2 NM **a** [*de tiroir, piste, maison*] inside • **à l'~** inside • **à l'~ de l'entreprise** [*promotion, corruption*] within the company; [*stage, formation*] in-house • **rester à l'~** to stay inside • **fermé/vu de l'~** locked/viewed from the inside • **scènes tournées en ~** interior scenes

b [*de pays*] interior • **l'~ (du pays) est montagneux** the interior is mountainous • **en allant vers l'~** going inland • **à l'~ de nos frontières** within our frontiers

c (= *décor, mobilier*) interior • **un ~ douillet** a cosy interior

intérieurement [ɛ̃teʀjœʀmɑ̃] ADV inwardly • **rire ~** to laugh to o.s.

intérim [ɛ̃teʀim] NM **a** (= *période*) interim period • **président/ministre par ~** interim president/minister

b (= *travail*) temping • **agence d'~** temping agency • **faire de l'~** to temp

intérimaire [ɛ̃teʀimɛʀ] **1** ADJ [*directeur, ministre*] interim; [*secrétaire, personnel, fonctions, mesure, solution*] temporary **2** NMF temporary worker (*recruited from an employment agency*); (= *secrétaire*) temp • **travailler comme ~** to temp

intérioriser [ɛ̃teʀjɔʀize] /TABLE 1/ VT to internalize

interjection [ɛ̃tɛʀʒɛksjɔ̃] NF interjection

interjeter [ɛ̃tɛʀʒəte] /TABLE 4/ VT **~ appel** to lodge an appeal

interligne [ɛ̃tɛʀliɲ] NM (= *espace*) space between the lines • **double ~** double spacing

interlocuteur, -trice [ɛ̃tɛʀlɔkytœʀ, tʀis] NM,F speaker • **son/mon ~** the person he/I was speaking to • **~ valable** valid negotiator

interlope [ɛ̃tɛʀlɔp] ADJ **a** (= *équivoque*) shady **b** (= *illégal*) illicit

interloqué, e [ɛ̃tɛʀlɔke] ADJ taken aback

interlude [ɛ̃tɛʀlyd] NM interlude

intermède [ɛ̃tɛʀmɛd] NM interlude

intermédiaire [ɛ̃tɛʀmedjɛʀ] **1** ADJ [*niveau, choix, position*] intermediate • **trouver une solution ~** to find a compromise **2** NM **par l'~ de qn** through sb • **sans ~** [*vendre, négocier*] directly **3** NMF (= *médiateur*) intermediary; (*dans le commerce*) middleman

interminable [ɛ̃tɛʀminabl] ADJ never-ending

interministériel, -elle [ɛ̃tɛʀministeʀjɛl] ADJ interdepartmental

intermittence [ɛ̃tɛʀmitɑ̃s] NF **par ~** [*travailler*] sporadically; [*pleuvoir*] on and off

intermittent, e [ɛ̃tɛʀmitɑ̃, ɑ̃t] **1** ADJ intermittent; [*travail*] sporadic • **pluies ~es sur le nord** scattered showers in the north **2** NM,F contract worker • **les ~s du spectacle** *workers in the entertainment industry without steady employment*

internaliser [ɛ̃tɛʀnalize] VT [*+ activité*] to insource

internat [ɛ̃tɛʀna] NM **a** (= *école*) boarding school **b** (= *stage*) (*à l'hôpital*) hospital training (*as a doctor*)

international, e (*mpl* **-aux**) [ɛ̃tɛʀnasjɔnal, o] **1** ADJ international **2** NM,F (*Sport*) international player; (*Athlétisme*) international athlete **3** NMPL **internationaux** (*Sport*) internationals • **les Internationaux d'Australie de tennis** the Australian Open

internationalisation [ɛ̃tɛʀnasjɔnalizasjɔ̃] NF internationalization

internationaliser [ɛ̃tɛʀnasjɔnalize] /TABLE 1/ **1** VT to internationalize **2** VPR **s'internationaliser** [*entreprise, production*] to go international; [*crise*] to become international

internaute [ɛ̃tɛʀnot] NMF internet surfer, internet user

interne [ɛ̃tɛʀn] **1** ADJ [*partie, politique, organe, hémorragie*] internal; [*oreille*] inner • **médecine ~** internal medicine **2** NMF **a** (= *élève*) boarder • **être ~** to be at boarding school **b ~ (des hôpitaux)** houseman (*Brit*), intern (*US*) **c travail réalisé en ~** work carried out in-house

internement [ɛ̃tɛʀnəmɑ̃] NM (*Politique*) internment; (*Méd*) confinement (to a psychiatric hospital)

interner [ɛ̃tɛʀne] /TABLE 1/ VT (*Politique*) to intern • **~ qn (dans un hôpital psychiatrique)** to institutionalize sb

Internet [ɛ̃tɛʀnɛt] NM **(l')~** (the) internet, (the) Internet • **sur ~** on the internet ▸ **Internet des objets connectés** internet of things

interpellation [ɛ̃tɛʀpelasjɔ̃] NF (*Police*) **il y a eu une dizaine d'~s** about ten people were taken in for questioning

interpeller [ɛ̃tɛʀpəle] /TABLE 1/ VT **a** (= *appeler*) to call out to **b** (*au cours d'un débat*) to question **c** (*Police*) to take in for questioning **d** (= *concerner*) [*problème, situation*] to concern • **ça m'interpelle** I can relate to that

interphone [ɛ̃tɛʀfɔn] NM intercom

interplanétaire [ɛ̃tɛʀplanetɛʀ] ADJ interplanetary

Interpol [ɛ̃tɛʀpɔl] NM (ABR DE **International Criminal Police Organization**) Interpol

interposé, e [ɛ̃tɛʀpoze] *ptp de* **interposer** ADJ **par personne ~e** through an intermediary

interposer (s') [ɛ̃tɛʀpoze] /TABLE 1/ VPR [*personne*] to intervene

interposition [ɛ̃tɛʀpozisjɔ̃] NF (= *médiation*) intervention • **force d'~** intervention force

interprétariat [ɛ̃tɛʀpʀetaʀja] NM interpreting

interprétation [ɛ̃tɛʀpʀetasjɔ̃] NF **a** [*de pièce, film*] performance; [*de musique*] interpretation **b** (= *explication*) interpretation **c** (= *métier d'interprète*) interpreting • **~ simultanée** simultaneous translation

interprète [ɛ̃tɛʀpʀɛt] NMF ⓐ (= *musicien*) performer; (= *chanteur*) singer; (= *acteur*) performer ⓑ (= *traducteur*) interpreter • **servir d'~** to act as an interpreter

interpréter [ɛ̃tɛʀpʀete] /TABLE 6/ VT ⓐ [+ *musique, rôle*] to play; [+ *chanson*] to sing • **je vais maintenant vous ~ une sonate** I'm now going to play a sonata for you ⓑ (= *comprendre*) to interpret • **il a mal interprété mes paroles** he misinterpreted my words • **~ qch en bien/mal** to take sth the right/wrong way ⓒ (= *traduire*) to interpret

interprofession [ɛ̃tɛʀpʀɔfesjɔ̃] NF joint trade organization

interreligieux, -euse [ɛ̃tɛʀʀəliʒjø, øz] ADJ [*relations, dialogue*] interfaith

interrogateur, -trice [ɛ̃teʀɔgatœʀ, tʀis] ADJ [*regard*] inquiring • **d'un air** *ou* **ton ~** inquiringly

interrogatif, -ive [ɛ̃teʀɔgatif, iv] ADJ ⓐ [*air, regard*] inquiring ⓑ [*forme verbale*] interrogative

interrogation [ɛ̃teʀɔgasjɔ̃] NF ⓐ (= *examen*) examination • **~ (écrite)** short test (*Brit*), quiz (*US*) ⓑ (*Téléc*) **système d'~ à distance** remote access system ⓒ (= *question*) question • **~ directe** (*Gram*) direct question ⓓ (= *réflexions*) **~s** questioning

interrogatoire [ɛ̃teʀɔgatwaʀ] NM (*Police*) questioning; (*au tribunal*) cross-examination

interrogé, e [ɛ̃teʀɔʒe] 1 ADJ **15% des personnes ~es** 15% of those polled 2 NM,F respondent • **un ~ sur cinq** one respondent out of five, one person out of every five polled • **la majorité des ~s** the majority of those polled

interrogeable [ɛ̃teʀɔʒabl] ADJ **répondeur ~ à distance** answering machine with a remote access facility

interroger [ɛ̃teʀɔʒe] /TABLE 3/ 1 VT ⓐ (= *questionner*) to question; (*pour obtenir un renseignement*) to ask; (*Police*) to interview; (*sondage*) to poll • **15% des personnes interrogées** 15% of those polled • **~ qn du regard** to give sb a questioning look ⓑ (= *tester*) **~ un élève** to examine a pupil • **je vous interrogerai sur toute la leçon** I'm going to test you on the whole lesson ⓒ [+ *base de données*] to query • **~ son répondeur** to check calls on one's answering machine 2 VPR **s'interroger** (*sur un problème*) to wonder (**sur** about)

interrompre [ɛ̃teʀɔ̃pʀ] /TABLE 41/ 1 VT ⓐ [+ *voyage*] to break; [+ *conversation, émission*] to interrupt; [+ *études, négociations, traitement médical*] to break off • **le match a été interrompu par la pluie** the match was halted by rain ⓑ (= *couper la parole à, déranger*) **~ qn** to interrupt sb 2 VPR **s'interrompre** [*personne, conversation*] to break off

interrupteur [ɛ̃teʀyptœʀ] NM (*électrique*) switch

interruption [ɛ̃teʀypsjɔ̃] NF (= *action*) interruption (**de** of); (= *état*) break (**de** in); [*de négociations*] breaking off (**de** of) • **une ~ de deux heures** a break of two hours • **~ (volontaire) de grossesse** termination • **sans ~** [*parler*] without a break; [*pleuvoir*] continuously • **« ouvert sans ~ de 9 h à 19 h »** "open all day from 9am to 7pm"

intersection [ɛ̃tɛʀsɛksjɔ̃] NF [*de routes*] junction (*Brit*), intersection (*US*)

interstice [ɛ̃tɛʀstis] NM crack

intertitre [ɛ̃tɛʀtitʀ] NM (*Presse*) subheading

interurbain, e [ɛ̃tɛʀyʀbɛ̃, ɛn] ADJ interurban

intervalle [ɛ̃tɛʀval] NM (= *espace*) space; (= *temps*) interval • **c'est arrivé à deux jours d'~** it happened after an interval of two days • **ils sont nés à trois mois d'~** they were born three months apart • **à ~s réguliers** at regular intervals • **dans l'~** meanwhile

intervenant, e [ɛ̃tɛʀvənɑ̃, ɑ̃t] NM,F (= *conférencier*) contributor

intervenir [ɛ̃tɛʀvəniʀ] /TABLE 22/ VI ⓐ (= *entrer en action*) to intervene; (= *contribuer*) to play a part; (= *faire une conférence*) to give a talk • **il est intervenu en notre faveur** he intervened on our behalf • **~ militairement** to intervene militarily • **les pompiers n'ont pas pu ~** the firemen were unable to do anything ⓑ (= *opérer*) to operate ⓒ (= *survenir*) [*fait, événement*] to occur; [*accord*] to be reached; [*élément nouveau*] to arise

intervention [ɛ̃tɛʀvɑ̃sjɔ̃] NF ⓐ intervention; (= *discours*) speech • **son ~ en notre faveur** his intervention on our behalf • **~ armée** armed intervention • **plusieurs ~s aériennes** several air strikes • **~ de l'État** state intervention ⓑ (= *opération chirurgicale*) operation

interventionnisme [ɛ̃tɛʀvɑ̃sjɔnism] NM interventionism

> Le mot anglais s'écrit avec un seul **n** et sans **e** à la fin.

interventionniste [ɛ̃tɛʀvɑ̃sjɔnist] ADJ, NMF interventionist

> Le mot anglais s'écrit avec un seul **n** et sans **e** à la fin.

intervertir [ɛ̃tɛʀvɛʀtiʀ] /TABLE 2/ VT to reverse the order of • **~ les rôles** to reverse roles

interview [ɛ̃tɛʀvju] NF interview

interviewer[1] [ɛ̃tɛʀvjuve] /TABLE 1/ VT to interview

interviewer[2] [ɛ̃tɛʀvjuvœʀ] NMF (= *journaliste*) interviewer

intestin[1] [ɛ̃tɛstɛ̃] NM intestine • **~s** intestines • **~ grêle** small intestine • **gros ~** large intestine

intestin[2], e [ɛ̃tɛstɛ̃, in] ADJ [*lutte, rivalité*] internecine

intestinal, e (*mpl* **-aux**) [ɛ̃tɛstinal, o] ADJ intestinal

intime [ɛ̃tim] 1 ADJ ⓐ (= *privé*) [*hygiène*] personal; [*vie*] private; [*confidences*] intimate; [*salon, atmosphère*] cosy • **dîner ~** (*entre amis*) dinner with friends; (*entre amoureux*) romantic dinner ⓑ (= *étroit*) [*mélange, relation, rapport*] intimate; [*ami*] close • **avoir des relations ~s avec qn** to be on intimate terms with sb ⓒ (= *profond*) [*nature, sentiment*] innermost • **j'ai l'~ conviction que ...** I'm absolutely convinced that ... 2 NMF close friend

intimement [ɛ̃timmɑ̃] ADJ intimately • **~ persuadé** firmly convinced • **être ~ mêlé à qch** to be closely involved in sth

intimer [ɛ̃time] /TABLE 1/ VT **~ à qn (l'ordre) de faire qch** to order sb to do sth

intimidant, e [ɛ̃timidɑ̃, ɑ̃t] ADJ intimidating

intimidation [ɛ̃timidasjɔ̃] NF intimidation

intimider [ɛ̃timide] /TABLE 1/ VT to intimidate

intimité [ɛ̃timite] NF ⓐ (= *vie privée*) privacy • **la cérémonie a eu lieu dans la plus stricte ~** the ceremony took place in the strictest privacy ⓑ (= *familiarité*) intimacy • **dans l'~ conjugale** in the intimacy of one's married life ⓒ [*d'atmosphère, salon*] cosiness

intitulé [ɛ̃tityle] NM title

intituler [ɛ̃tityle] /TABLE 1/ 1 VT to title 2 VPR **s'intituler** to be titled

intolérable [ɛ̃tɔleʀabl] ADJ intolerable; [*douleur*] unbearable

intolérance [ɛ̃tɔleʀɑ̃s] NF intolerance

intolérant, e [ɛ̃tɔleʀɑ̃, ɑ̃t] ADJ intolerant

intonation [ɛ̃tɔnasjɔ̃] NF intonation
intouchable [ɛ̃tuʃabl] ADJ, NMF untouchable
intox*, **intoxe*** [ɛ̃tɔks] NF (ABR DE **intoxication**) (*Politique*) brainwashing; (= *désinformation*) disinformation
intoxication [ɛ̃tɔksikasjɔ̃] NF ⓐ (= *empoisonnement*) poisoning *NonC* • ~ **alimentaire** food poisoning *NonC* ⓑ (*Politique*) brainwashing
intoxiquer [ɛ̃tɔksike] /TABLE 1/ 1 VT ⓐ [*substance toxique*] to poison ⓑ [*propagande, publicité*] to brainwash 2 VPR **s'intoxiquer** to be poisoned
intraduisible [ɛ̃tʀadɥizibl] ADJ untranslatable
intraitable [ɛ̃tʀɛtabl] ADJ uncompromising
intra-muros ○ [ɛ̃tʀamyʀos] ADV **habiter** ~ to live inside the town • **Paris** ~ inner Paris
intramusculaire [ɛ̃tʀamyskylɛʀ] ADJ intramuscular
intranet [ɛ̃tʀanɛt] NM intranet
intransigeance [ɛ̃tʀɑ̃ziʒɑ̃s] NF intransigence • **faire preuve d'**~ to be intransigent
intransigeant, e [ɛ̃tʀɑ̃ziʒɑ̃, ɑ̃t] ADJ [*personne, attitude*] intransigent; [*morale*] uncompromising • **se montrer** ~ **envers qn** to take a hard line with sb
intransitif, -ive [ɛ̃tʀɑ̃zitif, iv] ADJ intransitive
intransportable [ɛ̃tʀɑ̃spɔʀtabl] ADJ [*objet*] untransportable • **elle est** ~ [*malade*] she cannot be moved
intraveineux, -euse [ɛ̃tʀavɛnø, øz] 1 ADJ intravenous 2 NF **intraveineuse** intravenous injection
intrépide [ɛ̃tʀepid] ADJ intrepid
intrépidité [ɛ̃tʀepidite] NF intrepidity
intrigant, e [ɛ̃tʀigɑ̃, ɑ̃t] NM,F schemer
intrigue [ɛ̃tʀig] NF (= *manœuvre*) intrigue; [*de film, roman*] plot
intriguer [ɛ̃tʀige] /TABLE 1/ VT to puzzle • **cela m'intrigue** it puzzles me
intrinsèque [ɛ̃tʀɛ̃sɛk] ADJ intrinsic
introduction [ɛ̃tʀɔdyksjɔ̃] NF ⓐ introduction • **en (guise d')**~ by way of introduction • **lettre d'**~ letter of introduction ⓑ [*d'objet*] insertion ⓒ (= *lancement*) launching
introduire [ɛ̃tʀɔdɥiʀ] /TABLE 38/ 1 VT ⓐ (= *faire entrer*) [+ *objet*] to place; [+ *visiteur*] to show in • **il a introduit sa clé dans la serrure** he put his key in the lock • **on m'a introduit dans le salon** I was shown into the lounge ⓑ (= *lancer*) [+ *mode*] to launch; [+ *idées nouvelles*] to bring in ⓒ (= *présenter*) to introduce • **il m'a introduit auprès du directeur** he introduced me to the manager 2 VPR **s'introduire** ⓐ (= *pénétrer*) **s'**~ **chez qn par effraction** to break into sb's home • **s'**~ **dans une pièce** to get into a room ⓑ [*usage, mode, idée*] to be adopted
introduit, e [ɛ̃tʀɔdɥi, it] *ptp de* **introduire** ADJ (*frm*) **être bien** ~ **dans un milieu** to be well connected in a certain milieu
introspection [ɛ̃tʀɔspɛksjɔ̃] NF introspection
introuvable [ɛ̃tʀuvabl] ADJ **il reste** ~ he has still not been found • **ces meubles sont ~s aujourd'hui** furniture like this is impossible to find these days
introverti, e [ɛ̃tʀɔvɛʀti] 1 ADJ introverted 2 NM,F introvert
intrus, e [ɛ̃tʀy, yz] 1 ADJ intruding 2 NM,F intruder • **cherchez l'**~ (*jeu*) find the odd one out
intrusion [ɛ̃tʀyzjɔ̃] NF intrusion
intuber [ɛ̃tybe] /TABLE 1/ VT (*Méd*) to intubate
intuitif, -ive [ɛ̃tɥitif, iv] ADJ intuitive • **c'est un** ~ he's very intuitive
intuition [ɛ̃tɥisjɔ̃] NF intuition
intuitivement [ɛ̃tɥitivmɑ̃] ADV intuitively
inusable [inyzabl] ADJ [*vêtement*] hard-wearing
inusité, e [inyzite] ADJ [*mot*] uncommon
inutile [inytil] ADJ ⓐ (= *qui ne sert pas*) [*objet*] useless; [*effort, parole, démarche*] pointless • **connaissances ~s** useless knowledge • ~ **d'insister!** there's no point insisting! • **je me sens** ~ I feel so useless • **vous voulez de l'aide? — non, c'est** ~ do you want some help? — no, there's no need ⓑ (= *superflu*) [*travail, effort, dépense, bagages*] unnecessary • **évitez toute fatigue** ~ avoid tiring yourself unnecessarily • ~ **de vous dire que je ne suis pas resté** needless to say I didn't stay
inutilement [inytilmɑ̃] ADV unnecessarily
inutilisable [inytilizabl] ADJ unusable
inutilisé, e [inytilize] ADJ unused
inutilité [inytilite] NF [*d'objet*] uselessness; [*d'effort, travail, démarche*] pointlessness
invaincu, e [ɛ̃vɛ̃ky] ADJ undefeated
invalide [ɛ̃valid] 1 NMF disabled person • ~ **de guerre** disabled ex-serviceman 2 ADJ disabled
invalider [ɛ̃valide] /TABLE 1/ VT to invalidate
invalidité [ɛ̃validite] NF disablement
invariable [ɛ̃vaʀjabl] ADJ invariable
invariablement [ɛ̃vaʀjabləmɑ̃] ADV invariably
invasion [ɛ̃vazjɔ̃] NF invasion
invective [ɛ̃vɛktiv] NF invective • **~s** abuse
invectiver [ɛ̃vɛktive] /TABLE 1/ VT to hurl abuse at
invendable [ɛ̃vɑ̃dabl] ADJ unsaleable
invendu [ɛ̃vɑ̃dy] NM unsold item
inventaire [ɛ̃vɑ̃tɛʀ] NM ⓐ inventory ⓑ [*de marchandises*] stocklist (*Brit*), inventory (*US*) • **faire un** ~ to do the stocktaking (*Brit*) *ou* inventory (*US*) ⓒ [*de monuments, souvenirs*] survey
inventer [ɛ̃vɑ̃te] /TABLE 1/ 1 VT to invent; [+ *moyen, procédé*] to devise; [+ *jeu, mot*] to make up • **qu'est-ce que tu vas ~ là!** whatever can you be thinking of! 2 VPR **s'inventer ce sont des choses qui ne s'inventent pas** people don't make up that sort of thing
inventeur, -trice [ɛ̃vɑ̃tœʀ, tʀis] NM,F inventor
inventif, -ive [ɛ̃vɑ̃tif, iv] ADJ inventive
invention [ɛ̃vɑ̃sjɔ̃] NF invention; (= *ingéniosité*) inventiveness • **un cocktail de mon** ~ a cocktail of my own creation
inventivité [ɛ̃vɑ̃tivite] NF inventiveness
inventorier [ɛ̃vɑ̃tɔʀje] /TABLE 7/ VT to make an inventory of
invérifiable [ɛ̃veʀifjabl] ADJ unverifiable • **des chiffres** ~ figures that cannot be checked
inverse [ɛ̃vɛʀs] 1 ADJ opposite; (*Logique, Math*) inverse • **arriver en sens** ~ to arrive from the opposite direction • **dans l'ordre** ~ in reverse order • **dans le sens** ~ **des aiguilles d'une montre** anticlockwise (*Brit*), counterclockwise (*US*) 2 NM **l'**~ the opposite; (*Philo*) the converse • **à l'**~ conversely
inversement [ɛ̃vɛʀsəmɑ̃] ADV conversely; (*Math*) inversely • **... et** ~ ... and vice versa
inverser [ɛ̃vɛʀse] /TABLE 1/ VT to reverse
inversion [ɛ̃vɛʀsjɔ̃] NF inversion
invertébré, e [ɛ̃vɛʀtebʀe] ADJ, NM invertebrate
investigation [ɛ̃vɛstigasjɔ̃] NF investigation • **champ d'**~ [*de chercheur*] field of research
investiguer [ɛ̃vɛstige] /TABLE 1/ VT INDIR ~ **sur qch** to investigate sth

investir [ɛ̃vɛstiʀ] /TABLE 2/ **1** (VT) **a** [+ *capital*] to invest **b** [*armée, police*] to surround **2** (VPR) **s'investir s'~ dans son travail/une relation** to put a lot into one's work/a relationship • **s'~ beaucoup pour faire qch** to put a lot of effort into doing sth

investissement [ɛ̃vɛstismɑ̃] (NM) investment; (= *efforts*) contribution

investisseur [ɛ̃vɛstisœʀ] (NM) investor

investiture [ɛ̃vɛstityʀ] (NF) [*de candidat*] nomination • **recevoir l'~ de son parti** to be endorsed by one's party; (*Politique US*) to be nominated by one's party

invétéré, e [ɛ̃veteʀe] (ADJ) [*fumeur, joueur*] inveterate; [*menteur*] downright

invincible [ɛ̃vɛ̃sibl] (ADJ) invincible

inviolable [ɛ̃vjɔlabl] (ADJ) [*droit*] inviolable; [*serrure*] burglar-proof

invisible [ɛ̃vizibl] (ADJ) (= *impossible à voir*) invisible; (= *minuscule*) barely visible (**à** to)

invitation [ɛ̃vitasjɔ̃] (NF) invitation • **carton d'~** invitation card • **« sur ~ (uniquement) »** "by invitation only" • **sur son ~** at his invitation • **ses photos sont une ~ au voyage** his pictures make us dream of faraway places

invité, e [ɛ̃vite] *ptp de* **inviter** (NM,F) guest • **~ de marque** distinguished guest

inviter [ɛ̃vite] /TABLE 1/ (VT) to invite (**à** to) • **~ qn chez soi/à dîner** to invite sb to one's house/to dinner • **c'est moi qui invite** (= *qui paie*) it's on me*

invivable [ɛ̃vivabl] (ADJ) unbearable

involontaire [ɛ̃vɔlɔ̃tɛʀ] (ADJ) [*sourire, mouvement*] involuntary; [*faute*] unintentional; [*héros, témoin*] unwitting

involontairement [ɛ̃vɔlɔ̃tɛʀmɑ̃] (ADV) [*sourire*] involuntarily; [*bousculer qn*] unintentionally

invoquer [ɛ̃vɔke] /TABLE 1/ (VT) [+ *argument*] to put forward; [+ *témoignage, Dieu*] to call upon; [+ *excuse, jeunesse, ignorance*] to plead; [+ *loi, texte*] to cite • **les raisons invoquées** the reasons given

invraisemblable [ɛ̃vʀɛsɑ̃blabl] (ADJ) [*histoire, nouvelle*] unlikely; [*argument*] implausible; [*insolence*] incredible • **c'est ~!** it's incredible!

invraisemblance [ɛ̃vʀɛsɑ̃blɑ̃s] (NF) [*de fait, nouvelle*] improbability • **plein d'~s** full of implausibilities

invulnérable [ɛ̃vylneʀabl] (ADJ) invulnerable

IOC [iose] (NM) (ABR DE **Internet des objets connectés**) IOT (= *internet of things*)

iode [jɔd] (NM) iodine

iodé, e [jɔde] (ADJ) [*air, sel*] iodized

ion [jɔ̃] (NM) ion

ioniseur [jɔnizøʀ] (NM) ionizer

iota° [jɔta] (NM INV) iota • **il n'a pas bougé d'un ~** he didn't move an inch

IRA [iʀa] (NF) (ABR DE **Irish Republican Army**) IRA

irait [iʀɛ] (VB) → **aller**

Irak [iʀak] (NM) Iraq

irakien, -ienne [iʀakjɛ̃, jɛn] **1** (ADJ) Iraqi **2** (NM) (= *langue*) Iraqi **3** (NM,F) **Irakien(ne)** Iraqi

Iran [iʀɑ̃] (NM) Iran

iranien, -ienne [iʀanjɛ̃, jɛn] **1** (ADJ) Iranian **2** (NM) (= *langue*) Iranian **3** (NM,F) **Iranien(ne)** Iranian

Iraq [iʀak] (NM) Iraq

irascible [iʀasibl] (ADJ) short-tempered

iris [iʀis] (NM) iris

irisé, e [iʀize] (ADJ) iridescent

irlandais, e [iʀlɑ̃dɛ, ɛz] **1** (ADJ) Irish **2** (NM) **a** (= *langue*) Irish **b** **Irlandais** Irishman • **les Irlandais** the Irish • **les Irlandais du Nord** the Northern Irish **3** (NF) **Irlandaise** Irishwoman

Irlande [iʀlɑ̃d] (NF) (= *pays*) Ireland; (= *État*) Irish Republic • **l'~ du Nord** Northern Ireland • **de l'~ du Nord** Northern Irish • **~ du Sud** Southern Ireland

IRM [iɛʀɛm] (NF) (ABR DE **imagerie par résonance magnétique**) MRI scan

ironie [iʀɔni] (NF) irony • **par une curieuse ~ du sort** by a strange irony of fate

ironique [iʀɔnik] (ADJ) ironic

ironiser [iʀɔnize] /TABLE 1/ (VI) to be ironic (**sur** about)

irradiation [iʀadjasjɔ̃] (NF) irradiation

irradier [iʀadje] /TABLE 7/ **1** (VT) (*Physique*) to irradiate • **combustible irradié** spent fuel **2** (VI) [*lumière, mal*] to radiate

irrationnel, -elle [iʀasjɔnɛl] **1** (ADJ) irrational **2** (NM) **l'~** the irrational

> Le mot anglais s'écrit avec un seul **n** et se termine par **-al**.

irréalisable [iʀealizabl] (ADJ) unrealizable; [*projet*] impracticable • **c'est ~** it's not feasible

irréaliste [iʀealist] (ADJ) unrealistic

irrecevable [iʀəs(ə)vabl] (ADJ) **a** (= *inacceptable*) [*argument, demande*] unacceptable **b** (*Droit*) inadmissible

irrécupérable [iʀekypeʀabl] (ADJ) irretrievable; [*créance*] irrecoverable • **il est ~** [*personne*] he's beyond redemption

irréductible [iʀedyktibl] (ADJ) [*volonté, opposition, ennemi*] implacable • **les ~s du parti** the hard core of the party

irréel, -elle [iʀeɛl] **1** (ADJ) unreal **2** (NM) **l'~** the unreal

irréfléchi, e [iʀefleʃi] (ADJ) [*geste, paroles, action*] thoughtless; [*personne*] impulsive

irréfutable [iʀefytabl] (ADJ) [*preuve, logique*] irrefutable; [*signe*] undeniable

irrégularité [iʀegylaʀite] (NF) irregularity; [*de terrain, travail, qualité, résultats*] unevenness • **des ~s ont été commises lors du scrutin** irregularities occurred during the ballot

irrégulier, -ière [iʀegylje, jɛʀ] (ADJ) irregular; [*travail, résultats*] uneven; [*élève, athlète*] erratic • **étranger en situation irrégulière** foreign national whose papers are not in order

irrégulièrement [iʀegyljɛʀmɑ̃] (ADV) irregularly; (= *sporadiquement*) sporadically; (= *illégalement*) illegally

irrémédiable [iʀemedjabl] (ADJ) **a** (= *irréparable*) irreparable **b** (= *incurable*) incurable **c** (= *irréversible*) irreversible

irrémédiablement [iʀemedjabləmɑ̃] (ADV) irreparably

irremplaçable [iʀɑ̃plasabl] (ADJ) irreplaceable • **nul** *ou* **personne n'est ~** nobody is irreplaceable

irréparable [iʀepaʀabl] (ADJ) **a** [*objet*] beyond repair *attrib* **b** [*dommage, perte, impair*] irreparable • **pour éviter l'~** to avoid doing something that can't be undone

irrépressible [iʀepʀesibl] (ADJ) irrepressible

irréprochable [iʀepʀɔʃabl] (ADJ) [*travail*] perfect; [*moralité, conduite*] irreproachable; [*tenue*] impeccable

irrésistible [iʀezistibl] (ADJ) irresistible; [*besoin, désir, logique*] compelling • **il est ~!** (= *amusant*) he's hilarious!

irrésistiblement [iʀezistibləmɑ̃] (ADV) irresistibly

irrésolu, e [iʀezɔly] (ADJ) [*personne*] irresolute

i

irrespectueux, -euse [irɛspɛktɥø, øz] (ADJ) disrespectful (**envers** to, towards)
irrespirable [irɛspirabl] (ADJ) unbreathable
irresponsabilité [irɛspɔ̃sabilite] (NF) irresponsibility

> Le mot anglais se termine par **-ibility**.

irresponsable [irɛspɔ̃sabl] (ADJ) irresponsible (**de** for) • **c'est un ~!** he's totally irresponsible!

> Le mot anglais se termine par **-ible**.

irrévérencieux, -ieuse [ireverɑ̃sjø, jøz] (ADJ) irreverent (**envers, à l'égard de** towards)
irréversible [ireversibl] (ADJ) irreversible
irrévocable [irevɔkabl] (ADJ) irrevocable
irrigation [irigasjɔ̃] (NF) irrigation
irriguer [irige] /TABLE 1/ (VT) to irrigate
irritabilité [iritabilite] (NF) irritability
irritable [iritabl] (ADJ) irritable
irritant, e [iritɑ̃, ɑ̃t] (ADJ) (= *agaçant*) irritating; (*Méd*) irritant
irritation [iritasjɔ̃] (NF) irritation
irrité, e [irite] *ptp de* **irriter** (ADJ) irritated • **être ~ contre qn** to be annoyed with sb
irriter [irite] /TABLE 1/ (VT) to irritate
irruption [irypsjɔ̃] (NF) [*de nouvelles technologies, doctrine*] sudden emergence
Islam [islam] (NM) l'~ Islam
islamique [islamik] (ADJ) Islamic • **la République ~ de ...** the Islamic Republic of ...
islamiste [islamist] 1 (ADJ) Islamic 2 (NMF) Islamist
islamophobe [islamɔfɔb] 1 (ADJ) Islamophobic 2 (NMF) Islamophobe
islamophobie [islamɔfɔbi] (NF) Islamophobia
islandais, e [islɑ̃dɛ, ɛz] 1 (ADJ) Icelandic 2 (NM) (= *langue*) Icelandic 3 (NM,F) **Islandais(e)** Icelander
Islande [islɑ̃d] (NF) Iceland
isolant, e [izɔlɑ̃, ɑ̃t] 1 (ADJ) insulating 2 (NM) insulator • **~ phonique** soundproofing material
isolation [izɔlasjɔ̃] (NF) insulation • **~ phonique** *ou* **acoustique** soundproofing • **~ thermique** heat insulation

> ⚠ **isolation** ne se traduit pas par le mot anglais **isolation**.

isolé, e [izɔle] *ptp de* **isoler** (ADJ) **a** isolated • **se sentir ~** to feel isolated • **vivre ~** to live in isolation • **phrase ~e de son contexte** sentence taken out of context **b** (*en électricité*) insulated

isolement [izɔlmɑ̃] (NM) isolation; [*de câble électrique*] insulation
isolément [izɔlemɑ̃] (ADV) in isolation • **chaque élément pris ~** each element considered separately
isoler [izɔle] /TABLE 1/ 1 (VT) **a** to isolate; [+ *prisonnier*] to place in solitary confinement; [+ *lieu*] to cut off **b** (*contre le froid, en électricité*) to insulate; (*contre le bruit*) to soundproof 2 (VPR) **s'isoler** (*dans un coin*) to isolate o.s.
isoloir [izɔlwar] (NM) polling booth
isotherme [izɔtɛrm] (ADJ) **sac ~** cool bag • **camion ~** refrigerated lorry (*Brit*) *ou* truck (*US*)
Israël [israɛl] (NM) Israel • **l'État d'~** the state of Israel
israélien, -ienne [israeljɛ̃, jɛn] 1 (ADJ) Israeli 2 (NM,F) **Israélien(ne)** Israeli
israélite [israelit] 1 (ADJ) Jewish 2 (NMF) Jew; (*Hist*) Israelite
issu, e[1] [isy] (ADJ) **être ~ de** (= *résulter de*) to stem from; (= *être né de*) [+ *parents*] to be born of; [+ *milieu familial*] to come from
issue[2] [isy] (NF) **a** (= *sortie*) exit; [*d'eau, vapeur*] outlet • **voie sans ~** dead end; (*panneau*) "no through road" • **~ de secours** emergency exit; (*fig*) fallback option **b** (= *solution*) way out **c** (= *fin*) outcome • **heureuse ~** happy outcome • **à l'~ de** at the end of
IST [iɛste] (NF) (ABR DE **infection sexuellement transmissible**) STI
Istanbul [istɑ̃bul] (N) Istanbul
isthme [ism] (NM) isthmus
Italie [itali] (NF) Italy
italien, -ienne [italjɛ̃, jɛn] 1 (ADJ) Italian 2 (NM) (= *langue*) Italian 3 (NM,F) **Italien(ne)** Italian
italique [italik] (NM) italics • **en ~(s)** in italics
itinéraire [itinerɛr] (NM) (= *chemin*) route • **~ bis** *ou* **de délestage** alternative route
itinérance [itinerɑ̃s] (NF) (*Téléc*) roaming
itinérant, e [itinerɑ̃, ɑ̃t] (ADJ) travelling • **exposition ~e** travelling exhibition • **bibliothèque ~e** mobile library
IUT [iyte] (NM) (ABR DE **Institut universitaire de technologie**) ≈ polytechnic (*Brit*), ≈ technical school *ou* institute (*US*)
IVG [iveʒe] (NF) (ABR DE **interruption volontaire de grossesse**) termination, abortion
ivoire [ivwar] (NM) **a** [*d'éléphant*] (= *matière, objet*) ivory • **en ~** ivory **b** [*de dent*] dentine
ivoirien, -ienne [ivwarjɛ̃, jɛn] 1 (ADJ) of *ou* from Côte d'Ivoire 2 (NM,F) **Ivoirien(ne)** inhabitant *ou* native of Côte d'Ivoire
ivre [ivr] (ADJ) drunk • **~ mort** blind drunk
ivresse [ivrɛs] (NF) (= *ébriété*) drunkenness • **l'~ de la vitesse** the thrill of speed
ivrogne [ivrɔɲ] (NMF) drunkard

Jj

J [ʒi] NM **le jour J** D-day
j' [ʒ] → **je**
jacasser [ʒakase] /TABLE 1/ VI to chatter
jachère [ʒaʃɛʀ] NF **laisser une terre en ~** to let a piece of land lie fallow
jacinthe [ʒasɛ̃t] NF hyacinth ▸**jacinthe des bois** bluebell
jackpot [(d)ʒakpɔt] NM jackpot; (*= machine*) slot machine • **toucher* le ~** to hit the jackpot
jacuzzi ® [ʒakyzi] NM Jacuzzi ®
jade [ʒad] NM jade
jadis [ʒadis] ADV in times past
jaguar [ʒagwaʀ] NM (*= animal*) jaguar
jaillir [ʒajiʀ] /TABLE 2/ VI **a** [*liquide, sang*] (*par à-coups*) to spurt out; (*abondamment*) to gush out; [*larmes*] to flow; [*vapeur, source*] to gush forth; [*flammes*] to shoot up; [*étincelles*] to fly out; [*lumière*] to flash; [*cris, rires*] to ring out; [*idée*] to occur **b** [*personne*] to spring out; [*voiture*] to shoot out • **des tours qui jaillissent de terre** soaring tower blocks
jais [ʒɛ] NM jet • **cheveux de ~** jet-black hair
jalon [ʒalɔ̃] NM **a** (*= piquet*) pole **b** (*= point de référence*) landmark • **poser les premiers ~s de qch** to prepare the ground for sth
jalonner [ʒalɔne] /TABLE 1/ VT **a** (*pour tracer*) to mark out **b** (*= border, s'espacer sur*) to line **c** (*= marquer*) **sa vie a été jalonnée de drames** there was a succession of tragedies in his life • **sa carrière a été jalonnée d'obstacles** he encountered many obstacles in the course of his career
jalousement [ʒaluzmɑ̃] ADV jealously
jalouser [ʒaluze] /TABLE 1/ VT to be jealous of
jalousie [ʒaluzi] NF jealousy • **être malade de ~** [*amant*] to be mad with jealousy; [*envieux*] to be green with envy
jaloux, -ouse [ʒalu, uz] **1** ADJ jealous **2** NM **c'est un ~** he's the jealous type • **faire des ~** to make people jealous
jamaïcain, e [ʒamaikɛ̃, ɛn] **1** ADJ Jamaican **2** NM,F **Jamaïcain(e)** Jamaican
Jamaïque [ʒamaik] NF Jamaica
jamais [ʒamɛ] ADV (*= un jour, une fois*) ever • **avez-vous ~ vu ça?** have you ever seen such a thing? • **c'est le plus grand que j'aie ~ vu** it's the biggest I've ever seen • **une symphonie ~ jouée** an unperformed symphony • **presque ~** hardly ever • **c'est maintenant ou ~** it's now or never • **~ deux sans trois!** (*choses agréables*) good things happen in threes!; (*malheurs*) bad things happen in threes! • **à tout ~** for ever • **leur amitié est à ~ compromise** their friendship will never be the same again
▸ **ne ... jamais** (*= à aucun moment*) never • **il n'a ~ avoué** he never confessed • **n'a-t-il ~ avoué?** didn't he ever confess? • **~ je n'ai vu un homme si égoïste** I've never seen such a selfish man • **il n'est ~ trop tard** it's never too late • **il ne lui a ~ plus écrit** he's never written to her since • **ça ne fait ~ que deux heures qu'il est parti** he hasn't been gone more than two hours • (PROV) **il ne faut ~ dire ~** never say never
▸ **plus jamais** never again • **je ne lui ai plus ~ parlé** I never spoke to him again • **plus ~!** never again!
▸ **jamais plus!** never again!
▸ **si jamais si ~ vous passez par Londres, venez nous voir** if ever you're passing through London come and see us • **si ~ tu rates le train, reviens** if by any chance you miss the train, come back here • **si ~ tu recommences, gare à toi!** don't ever do that again or you'll be in trouble!
▸ **c'est le moment ou jamais** it's now or never • **c'est le moment ou ~ d'acheter** now is the time to buy
▸ **jamais de la vie ~ de la vie je n'y retournerai** I shall never ever go back there • **viendrez-vous? — ~ de la vie!** will you come? — never!
jambe [ʒɑ̃b] NF leg • **ça me fait une belle ~!** a fat lot of good that does me!* • **se mettre en ~s** to warm up • **traîner la ~** (*par fatigue*) to drag one's feet; (*= boiter*) to limp along • **elle ne tient plus sur ses ~s** she can hardly stand • **prendre ses ~s à son cou** to take to one's heels • **traiter qn par-dessus la ~*** to be offhand with sb • **il m'a tenu la ~ pendant des heures*** he kept me hanging about talking for hours* • **elle est toujours dans mes ~s*** she's always under my feet • **j'en ai eu les ~s coupées!** it knocked me sideways*
jambette [ʒɑ̃bɛt] NF (*Can = croc-en-jambe*) **faire une ~ à qn** to trip sb up
jambière [ʒɑ̃bjɛʀ] NF (*gén*) legging, gaiter; (*Sport*) pad; [*d'armure*] greave • **~s** (*en laine*) leg-warmers
jambon [ʒɑ̃bɔ̃] NM ham • **un ~-beurre*** a ham sandwich (*made from baguette*) ▸**jambon blanc** boiled ham ▸**jambon cru** cured ham ▸**jambon cuit, jambon de Paris** boiled ham ▸**jambon de Parme** Parma ham ▸**jambon de pays** cured ham
jambonneau (*pl* **jambonneaux**) [ʒɑ̃bɔno] NM knuckle of ham

jante [ʒɑ̃t] NF [*de bicyclette, voiture*] rim • **~s en alliage** alloy wheels

janvier [ʒɑ̃vje] NM January → **septembre**

> Les noms de mois s'écrivent avec une majuscule en anglais.

Japon [ʒapɔ̃] NM Japan

japonais, e [ʒapɔnɛ, ɛz] **1** ADJ Japanese **2** NM (= *langue*) Japanese **3** NM,F **Japonais(e)** Japanese

japper [ʒape] /TABLE 1/ VI to yap

jaquette [ʒakɛt] NF **a** [*d'homme*] morning coat; [*de femme*] jacket **b** [*de livre*] jacket; [*de cassette vidéo*] insert

jardin [ʒaʀdɛ̃] NM garden • **c'est mon ~ secret** those are my private secrets ▸**jardin d'acclimatation** zoological gardens ▸**jardin à l'anglaise** landscaped garden ▸**jardin botanique** botanical garden ▸**jardin d'enfants** kindergarten ▸**jardin à la française** formal garden ▸**jardin d'hiver** [*de château*] winter garden; [*de maison*] conservatory ▸**jardin potager** vegetable garden ▸**jardin public** park ▸**jardin zoologique** zoological gardens

jardinage [ʒaʀdinaʒ] NM gardening • **faire du ~** to do some gardening

jardiner [ʒaʀdine] /TABLE 1/ VI to garden • **il aime ~** he likes gardening

jardinerie [ʒaʀdinʀi] NF garden centre

jardinet [ʒaʀdinɛ] NM small garden

jardinier, -ière [ʒaʀdinje, jɛʀ] **1** NM,F gardener **2** NF **jardinière** **a** (= *caisse à fleurs*) window box; (*d'intérieur*) jardinière **b** **jardinière de légumes** mixed vegetables

jargon [ʒaʀgɔ̃] NM **a** (= *langue professionnelle*) jargon *NonC* • **~ administratif** official jargon • **~ journalistique** journalese *NonC* **b** (= *baragouin*) gibberish *NonC*

jargonner [ʒaʀgɔne] /TABLE 1/ VI (= *utiliser un jargon*) to talk in *ou* use jargon; (*péj*) to talk gibberish

jarret [ʒaʀɛ] NM back of knee • **~ de veau** knuckle of veal

jarretelle [ʒaʀtɛl] NF suspender (*Brit*), garter (*US*)

jarretière [ʒaʀtjɛʀ] NF garter

jaser [ʒaze] /TABLE 1/ VI (= *médire*) to gossip; (*Can* = *bavarder*) to chatter • **cela va faire ~ les gens** that'll set tongues wagging

jasette* [ʒazɛt] NF (*Can*) **faire un brin de ~** to have a chat *ou* a natter* (*Brit*) • **avoir de la ~** to have the gift of the gab*

jasmin [ʒasmɛ̃] NM jasmine

jatte [ʒat] NF bowl

jauge [ʒoʒ] NF (= *instrument*) gauge ▸**jauge d'essence** petrol gauge ▸**jauge d'huile** dipstick

jauger [ʒoʒe] /TABLE 3/ VT [+ *personne*] to size up • **il le jaugea du regard** he looked him up and down

jaunâtre [ʒonɑtʀ] ADJ yellowish

jaune [ʒon] **1** ADJ yellow • **~ d'or** golden yellow **2** NM (= *couleur*) yellow; [*d'œuf*] egg yolk

> When **jaune** is combined with another word, such as **citron**, to indicate a shade, there is no agreement with the noun, eg **des chaussettes jaune citron**.

jaunir [ʒoniʀ] /TABLE 2/ **1** VT [+ *feuillage, draps*] to turn yellow • **doigts jaunis par la nicotine** nicotine-stained fingers • **photos jaunies** yellowed photos **2** VI to turn yellow

jaunisse [ʒonis] NF jaundice

java [ʒava] NF popular waltz • **faire la ~*** to live it up*

Javel [ʒavɛl] NF **eau de ~** bleach

javelliser [ʒavelize] /TABLE 1/ VT to chlorinate • **eau très javellisée** heavily chlorinated water

javelot [ʒavlo] NM javelin

jazz [dʒaz] NM jazz

J.-C. (ABR DE **Jésus-Christ**) **en 300 av./ap. ~** in 300 BC/AD

JDC [ʒidese] NF (ABR DE **journée défense et citoyenneté**) *one-day course which replaces military service*

> **JDC**
>
> All those between the ages of 16–25 who have participated in the national census, whether male or female, must register for a one-day training course, the **JDC** ("Journée défense et citoyenneté"). The course gives basic information on the principles and organization of defence in France, on citizens' duties and on career opportunities in the military and the voluntary sector. There is also an introduction to first aid and a French language test. This course is compulsory – without it, young people cannot take their driving test or any competitive examinations for the public sector.

je, j' [ʒ(ə)] PRON PERS I • **je sais** I know • **j'aime** I like

jean [dʒin] NM (= *tissu*) denim; (= *vêtement*) jeans

Jeanne [ʒan] NF **~ d'Arc** Joan of Arc • **coiffure à la ~ d'Arc** page boy haircut

jeggins [dʒɛginz] NMPL jeggings

Jéhovah [ʒeova] NM Jehovah

je-m'en-fichisme* [ʒ(ə)mɑ̃fiʃism] NM INV couldn't-care-less attitude*

je-m'en-fichiste* (*pl* **je-m'en-fichistes**) [ʒ(ə)mɑ̃fiʃist] **1** ADJ couldn't-care-less* *épith* **2** NMF couldn't-care-less type*

je-m'en-foutisme* [ʒ(ə)mɑ̃futism] NM don't-give-a-damn attitude*

je-m'en-foutiste* (*pl* **je-m'en-foutistes**) [ʒ(ə)mɑ̃futist] **1** ADJ don't-give-a-damn* **2** NMF don't-give-a-damn type*

je-ne-sais-quoi [ʒən(ə)sɛkwa] NM INV **un ~** a certain something • **un ~ de magique** a sort of magic

jérémiades* [ʒeʀemjad] NFPL moaning

jerrycan [(d)ʒeʀikan] NM jerry can

Jersey [ʒɛʀzɛ] NF Jersey

jersey [ʒɛʀzɛ] NM **a** (= *vêtement*) sweater **b** (= *tissu*) jersey • **point de ~** stocking stitch

Jérusalem [ʒeʀyzalɛm] N Jerusalem

jésuite [ʒezɥit] ADJ, NM Jesuit

Jésus [ʒezy] NM Jesus • **le petit ~** baby Jesus

Jésus-Christ [ʒezykʀist] NM Jesus Christ • **en 300 avant/après ~** in 300 BC/AD

jet[1] [ʒɛ] **1** NM **a** [*d'eau, liquide, gaz*] jet; [*de sang*] spurt • **~ de lumière** beam of light • **ça se trouve à un ~ de pierre du centre** it's a stone's throw away from the centre **b** **premier ~** [*de lettre, livre*] rough draft; [*de dessin*] rough sketch • **écrire d'un seul ~** to write in one go **2** COMP ▸**jet d'eau** (= *fontaine*) fountain; (= *gerbe*) spray

jet[2] [dʒɛt] NM (= *avion*) jet

jetable [ʒ(ə)tabl] ADJ disposable

jeté, e[1]* [ʒ(ə)te] ADJ (= *fou*) crazy*

jetée[2] [ʒ(ə)te] NF jetty; (*grande*) pier

jeter [ʒ(ə)te] /TABLE 4/ **1** VT **a** (= *lancer*) to throw • **~ qch à qn** (*pour qu'il l'attrape*) to throw sth to sb; (*agressivement*) to throw sth at sb • **le cheval l'a jeté à terre** the horse threw him • **~ dehors** to throw out • **~ qn en prison** to throw sb into prison • **~ qch par la fenêtre** to throw sth out of the window • **~ un papier par terre** to throw a piece of paper on the ground • **il a jeté son sac par terre** he threw down his bag • **~ les bras autour du cou de qn** to throw one's arms round sb's neck • **elle lui jeta un regard plein de mépris** she cast a withering look at him

b (= *mettre au rebut*) to throw away • **~ qch à la poubelle** to throw sth in the dustbin • **jette l'eau sale dans l'évier** pour the dirty water down the sink • **se faire ~*** (*d'une réunion, entreprise*) to get thrown out (**de** of); (*lors d'une requête*) to be sent packing*

c (= *mettre rapidement*) **~ des vêtements dans un sac** to throw some clothes into a bag • **~ une veste sur ses épaules** to throw a jacket over one's shoulders • **~ une idée sur le papier** to jot down an idea

d (= *établir*) [+ *fondations*] to lay; [+ *pont*] to build (**sur** over, across) • **~ les bases d'une nouvelle Europe** to lay the foundations of a new Europe

e (= *répandre*) [+ *lueur*] to give out; [+ *ombre*] to cast; [+ *cri*] to utter • **~ l'effroi parmi** to sow alarm and confusion among • **~ le trouble dans les esprits** (= *perturber*) to disturb people; (= *rendre perplexe*) to sow confusion in people's minds • **sa remarque a jeté un froid** his remark put a damper on things • **elle en jette, cette voiture !*** that's some car!*

f (= *dire*) to say • **« et pourquoi pas ? » jeta-t-il** "and why not?", he said

2 VPR **se jeter** **a** (= *s'élancer*) **se ~ par la fenêtre** to throw o.s. out of the window • **se ~ à l'eau** to jump into the water; (*fig*) to take the plunge • **se ~ à la tête de qn** to throw o.s. at sb • **se ~ dans les bras/aux pieds de qn** to throw o.s. into sb's arms/at sb's feet • **un chien s'est jeté sous mes roues** a dog ran out in front of my car • **il s'est jeté sous un train** he threw himself under a train

▸ **se jeter sur** [+ *personne*] to rush at; [+ *lit*] to throw o.s. onto; [+ *téléphone*] to rush to; [+ *journal, roman*] to pounce on; [+ *occasion, solution*] to jump at

b [*rivière*] to flow (**dans** into) • **l'Arve se jette dans le Rhône** the Arve flows into the Rhône

c [+ *projectiles*] to throw at each other

d (= *boire*)* **on va s'en ~ un ?** let's have a quick one*

jeton [ʒ(ə)tɔ̃] NM **a** (= *pièce*) token; [*de jeu*] counter; [*de roulette*] chip • **~ de téléphone** telephone token • **avoir les ~s*** to have the jitters* **b** (= *coup*)* **ma voiture a pris un ~** my car was dented

jet-set (*pl* **jet-sets**) [dʒɛtsɛt] NF jet set • **membre de la ~** jet setter

jet-ski (*pl* **jet-skis**) [dʒɛtski] NM jet-ski

jeu (*pl* **jeux**) [ʒø] **1** NM **a** (*avec règles*) game • **~ d'adresse** game of skill • **~ de cartes** card game • **~ d'échecs** chess set • **~ de boules** bowls set • **~ de 52 cartes** pack (*Brit*) *ou* deck (*US*) of 52 cards • **~ à 13** rugby league • **~ à 15** rugby union • **ce n'est pas du ~*** that's not fair • **le ~ n'en vaut pas la chandelle** the game is not worth the candle (PROV) • **~, set, et match** game, set and match • **faire ~ égal avec qn** to be evenly matched • **j'ai compris son petit ~ !** I know his little game! • **à quel ~ joues-tu ?** what are you playing at? • **entrer dans le ~ de qn** to play along with sb • **faire le ~ de qn** to play into sb's hands • **il s'est piqué au ~** he got hooked*

b (= *fait de jouer*) **le ~** play • **c'est un ~ d'enfant** it's child's play • **par ~** for fun

c (*Casino*) gambling • **il a perdu toute sa fortune au ~** he has gambled away his entire fortune • **faites vos ~x** place your bets • **les ~x sont faits** (*fig*) the die is cast

d (= *cartes*) hand • **je n'ai jamais de ~** I never have a good hand • **il a beau ~ de protester maintenant** it's easy for him to complain now

e (= *façon de jouer*) [*d'acteur*] acting; [*de sportif*] game; [*de musicien*] technique

f (= *fonctionnement*) working • **le ~ des pistons** the action of the pistons • **le ~ des alliances** the interplay of alliances

g (= *espace*) play • **donner du ~ à qch** to loosen sth up a bit • **la vis a du ~** the screw has worked loose • **la porte ne ferme pas bien, il y a du ~** the door isn't a tight fit

h [*de clés, aiguilles*] set

i ▸ **en jeu** (*Sport*) in play • **mettre en ~** [+ *balle*] to throw in; (*en action*) to bring into play • **mise en ~** (*Tennis*) serve; (*Hockey*) bully-off; (*sur glace*) face-off • **remettre en ~** [+ *balle*] to throw in • **les forces en ~** the forces at work • **entrer en ~** to come into play • **mettre en ~** to bring into play • **être en ~** (= *en cause*) to be at stake • **les intérêts en ~ sont considérables** there are considerable interests at stake

2 COMP ▸ **jeu d'arcade** video game ▸ **jeu d'argent** game played for money ▸ **jeu pour console** console game ▸ **jeu de construction** building set ▸ **jeu décisif** (*Tennis*) tie-break ▸ **jeux d'eau** fountains ▸ **jeu électronique** electronic game ▸ **jeu de hasard** game of chance ▸ **jeu de jambes** footwork ▸ **jeux de lumière** (*artificiels*) lighting effects; (*naturels*) play of light *NonC* ▸ **jeu de massacre** (*à la foire*) Aunt Sally; (*fig*) wholesale massacre ▸ **jeu de mots** play on words • **sans ~ de mots !** no pun intended! ▸ **jeu de l'oie** ≈ snakes and ladders ▸ **Jeux olympiques** Olympic Games ® • **les Jeux olympiques d'hiver** the Winter Olympics • **les Jeux olympiques handisports** the Paralympics ▸ **jeu de patience** puzzle ▸ **jeu de piste** treasure hunt ▸ **jeu radiophonique** radio game ▸ **jeu en réseau** (*Informatique*) multiplayer (online) game ▸ **jeu de rôles** role play ▸ **jeu de société** parlour game; (*avec dés, pions*) board game ▸ **jeu télévisé** television game; (*avec questions*) quiz show ▸ **jeu vidéo** video game

jeu-concours (*pl* **jeux-concours**) [ʒøkɔ̃kuʀ] NM competition; (*avec questions*) quiz

jeudi [ʒødi] NM Thursday • **le ~ de l'Ascension** Ascension Day → **samedi**

> Les noms de jours s'écrivent avec une majuscule en anglais.

jeun [ʒœ̃] NM **être à ~** (= *n'avoir rien mangé*) to have eaten nothing; (= *n'avoir rien bu*) to have drunk nothing • **à prendre à ~** to be taken on an empty stomach • **venez à ~** don't eat or drink anything before you come

jeune [ʒœn] **1** ADJ **a** (*en années*) young • **vu son ~ âge** in view of his youth • **il n'est plus tout ~** he's not as young as he used to be • **il est plus ~ que moi de cinq ans** he's five years younger than me • **il fait plus ~ que son âge** he doesn't look his age

b [*apparence, visage*] youthful; [*couleur, vêtement*] young

• **être ~ d'allure** to be young-looking • **être ~ de caractère** to be young in spirit
ⓒ (= *cadet*) younger • **Durand ~** Durand junior • **mon ~ frère** my younger brother • **mon plus ~ frère** my youngest brother
2 (NMF) ⓐ (= *personne*) youngster • **un petit ~** a young lad • **une bande de ~s** a gang of youths • **les ~s d'aujourd'hui** young people today • **club de ~s** youth club
ⓑ (= *animal*) young animal
ⓒ ▸ **donner un coup de jeune à*** [+ *bâtiment, local*] to give a face-lift to; [+ *émission*] to give a new look to
3 (NF) girl • **une petite ~** a young girl
4 (ADV) **s'habiller ~** to dress young
5 (COMP) ▸ **jeune femme** young woman ▸ **jeune fille** girl ▸ **jeune garçon** boy ▸ **jeune génération** younger generation ▸ **jeunes gens** young people; (= *garçons*) boys ▸ **jeune homme** young man ▸ **jeune loup** go-getter; (= *politicien*) young Turk ▸ **jeune marié** bridegroom • **les ~s mariés** the newlyweds ▸ **jeune mariée** bride ▸ **jeune premier** romantic male lead • **il a un physique de ~ premier** he has film-star looks

jeûne [ʒøn] (NM) fast

jeûner° [ʒøne] /TABLE 1/ (VI) to fast

jeunesse [ʒœnɛs] (NF) ⓐ (= *période*) youth • **dans ma ~** in my youth • **erreur de ~** youthful mistake • **péché de ~** youthful indiscretion • **il n'est plus de la première ~** he's not as young as he was ⓑ (= *personnes jeunes*) young people • **la ~ dorée** the gilded youth • **la ~ ouvrière** the young workers • **la ~ étudiante** young people at university • **livres pour la ~** books for young people

jeuniste [ʒœnist] (ADJ) (*en faveur des jeunes*) pro-youth; (*contre les jeunes*) anti-youth

jeunot* [ʒœno] (NM) young guy*

jf ⓐ (ABR DE **jeune fille**) ⓑ (ABR DE **jeune femme**)

jh (ABR DE **jeune homme**)

jihad [(d)ʒi(j)ad] (NM) jihad

jilbab [(d)ʒilbab] (NM) jilbab

JO [ʒio] (NMPL) (ABR DE **Jeux olympiques**) Olympics ®

joaillerie [ʒɔajʀi] (NF) ⓐ (= *magasin*) jeweller's (*Brit*) *ou* jeweler's (*US*) (shop) ⓑ (= *objets*) jewellery (*Brit*), jewelry (*US*) ⓒ (= *travail*) jewellery (*Brit*) *ou* jewelry (*US*) making

joaillier, -ière [ʒɔaje, jɛʀ] (NM,F) jeweller (*Brit*), jeweler (*US*)

job [dʒɔb] 1 (NM)* job • **il a trouvé un petit ~ pour l'été** he's found a summer job 2 (NF) (*Can*) job

jockey [ʒɔkɛ] (NM) jockey

Joconde [ʒɔkɔ̃d] (NF) **la ~** the Mona Lisa

jodhpurs [dʒɔdpyʀ] (NMPL) jodhpurs

joggeur, -euse [dʒɔgœʀ, øz] (NM,F) jogger

jogging [dʒɔgiŋ] (NM) ⓐ (= *sport*) jogging • **faire du ~** to go jogging ⓑ (= *survêtement*) jogging suit

joie [ʒwa] 1 (NF) joy • **à ma grande ~** to my great delight • **fou de ~** wild with joy • **quand aurons-nous la ~ de vous revoir?** when shall we have the pleasure of seeing you again? • **~ de vivre** joie de vivre • **il se faisait une telle ~ d'y aller** he was so looking forward to going • **je me ferai une ~ de le faire** I shall be delighted to do it • **c'est pas la ~!*** it's no fun!
2 (NFPL) **joies** **les ~s du mariage** the joys of marriage • **ce sont les ~s de la voiture!** that's the joy of car travel!

joignable [ʒwaɲabl] (ADJ) **être difficilement ~** to be difficult to contact • **il est ~ à tous moments** he can be contacted at any time

joindre [ʒwɛ̃dʀ] /TABLE 49/ 1 (VT) ⓐ (= *contacter*) to get in touch with • **essayez de le ~ par téléphone** try to get in touch with him by phone
ⓑ (= *ajouter*) to add (**à** to); (= *inclure*) to enclose (**à** with) • **pièce jointe** [*de lettre*] enclosure; (*Informatique*) attachment
ⓒ (= *mettre ensemble, relier*) to join • **~ deux tables** to put two tables together • **les mains jointes** with his (*ou* her *etc*) hands together
ⓓ (= *combiner*) to combine • **~ l'utile à l'agréable** to combine business with pleasure • **~ les deux bouts*** to make ends meet
2 (VI) **la fenêtre joint mal** the window doesn't shut properly
3 (VPR) **se joindre** **se ~ à** to join • **voulez-vous vous ~ à nous?** would you like to join us? • **se ~ à la discussion** to join in the discussion • **mon mari se joint à moi pour vous exprimer notre sympathie** my husband joins me in offering our sympathy

joint, e [ʒwɛ̃, ʒwɛ̃t] *ptp de* **joindre** 1 (NM) ⓐ (= *assemblage, articulation*) joint; (= *ligne de jonction*) join ⓑ (*Drogue*) joint* • **se faire un ~** to roll a joint* 2 (COMP) ▸ **joint d'étanchéité** seal ▸ **joint de robinet** washer

jointure [ʒwɛ̃tyʀ] (NF) joint; (= *ligne de jonction*) join • **~ du genou** knee joint

jojo* [ʒoʒo] 1 (ADJ) **il est pas ~** [*personne, objet*] he's (*ou* it's) not much to look at 2 (NM) **affreux ~** (= *enfant*) little horror; (= *adulte*) nasty piece of work*

joker [(d)ʒɔkɛʀ] (NM) (*aux cartes*) joker; (*en informatique*) wild card • **jouer son ~** to play one's joker; (*fig*) to play one's trump card

joli, e [ʒɔli] (ADJ) ⓐ [*enfant, femme, chanson, objet*] pretty; [*promenade, appartement*] nice • **il est ~ garçon** he's quite good-looking • **tout ça c'est bien ~ mais ...** that's all very well but ... • **vous avez fait du ~!** you've made a fine mess of things! ⓑ (= *non négligeable*) [*revenu, profit, résultat*]* nice • **ça fait une ~e somme** it's quite a tidy sum

joliment [ʒɔlimɑ̃] (ADV) nicely

jonc [ʒɔ̃] (NM) (= *plante*) rush; (= *canne*) cane

joncher [ʒɔ̃ʃe] /TABLE 1/ (VT) [*papiers*] to litter; [*cadavres, détritus, fleurs*] to be strewn over • **jonché de** littered with

jonction [ʒɔ̃ksjɔ̃] (NF) junction • **à la ~ des deux routes** at the junction of the two roads

jongler [ʒɔ̃gle] /TABLE 1/ (VI) to juggle

jonglerie [ʒɔ̃gləʀi] (NF) juggling

jongleur, -euse [ʒɔ̃glœʀ, øz] (NM,F) juggler

jonquille [ʒɔ̃kij] (NF) daffodil

Jordanie [ʒɔʀdani] (NF) Jordan

jordanien, -ienne [ʒɔʀdanjɛ̃, jɛn] 1 (ADJ) Jordanian
2 (NM,F) **Jordanien(ne)** Jordanian

Jorkyball ® [ʒɔʀkibol] (NM) Jorkyball ® (*a form of 2-a-side indoor soccer*)

jouabilité [ʒwabilite] (NF) playability

jouable [ʒwabl] (ADJ) playable • **ce sera difficile, mais c'est ~** [*projet*] it'll be difficult, but it's worth a try

jouasse‡ [ʒwas] (ADJ) pleased as Punch*, chuffed* (*Brit*) • **il n'était pas ~!** he wasn't too thrilled!

joue [ʒu] (NF) cheek • **~ contre ~** cheek to cheek • **tendre l'autre ~** to turn the other cheek • **en ~!** take aim! • **mettre en ~** to take aim at • **tenir qn en ~** to keep one's gun trained on sb

jouer [ʒwe] /TABLE 1/

1 VERBE INTRANSITIF
2 VERBE TRANSITIF
3 VERBE PRONOMINAL

1 VERBE INTRANSITIF

ⓐ to play • **les enfants aiment ~** children like playing • **faire qch pour ~** to do sth for fun • **à qui de ~?** whose go is it? • **bien joué!** well played!; (*fig*) well done!

▸ **jouer avec** to play with • **elle jouait avec son collier** she was fiddling with her necklace • **~ avec les sentiments de qn** to play with sb's feelings • **~ avec sa santé** to put one's health at stake • **~ avec le feu** to play with fire • **on ne joue pas avec ces choses-là** matters like these are not to be treated lightly

▸ **jouer à ~ à la poupée** to play with dolls • **~ au ping-pong** to play table tennis • **~ aux échecs** to play chess • **~ au docteur** to play doctors • **~ au chat et à la souris** to play cat and mouse • **~ au héros** to play the hero • **à quoi joues-tu?** what are you playing at? • **n'essaie pas de ~ au plus malin avec moi** don't try to be clever with me

▸ **jouer de ~ d'un instrument** to play an instrument • **~ du piano** to play the piano • **~ de son influence pour obtenir qch** to use one's influence to get sth • **~ des coudes pour entrer** to elbow one's way in • **~ de malchance** to be dogged by ill luck

▸ **jouer sur ~ sur les mots** to play with words • **~ sur l'effet de surprise** to use the element of surprise • **il a réussi en jouant sur les différences de législation** he succeeded by exploiting differences in legislation

ⓑ (*pour de l'argent*) to gamble • **~ aux courses** to bet on the horses • **~ en Bourse** to gamble on the Stock Exchange

ⓒ (*acteur, musicien*) to play • **il joue dans «Hamlet»** he's in "Hamlet" • **il joue au Théâtre des Mathurins** he's appearing at the Théâtre des Mathurins • **elle joue très bien** (*actrice*) she acts very well • **la troupe va ~ à Arles** the company is going to perform in Arles

ⓓ (*= bouger*) **faire ~ un ressort** to activate a spring

ⓔ (*= intervenir*) **l'âge ne joue pas** age doesn't come into it • **ses relations ont joué pour beaucoup dans la décision** his connections were an important factor in the decision • **cet élément a joué en ma faveur** this factor worked in my favour • **le temps joue contre lui** time is against him • **les distributeurs font ~ la concurrence** the distributors are playing the competitors off against each other • **il a fait ~ ses appuis politiques pour obtenir ce poste** he made use of his political connections to get this post

2 VERBE TRANSITIF

ⓐ (*gén*) to play • **il joue une pièce de Brecht** he's in a play by Brecht • **on joue «Macbeth» ce soir** "Macbeth" is on this evening • **~ les victimes** to play the victim • **~ la surprise** to act surprised • **~ un double jeu** to play a double game • **il va ~ du Bach** he is going to play some Bach • **~ la belle** to play the decider • **~ pique** to play a spade • **~ la montre** to play for time • **il faut ~ le jeu** you've got to play the game • **~ franc jeu** to play fair • **~ la prudence** to be cautious • **~ la sécurité** to play safe

▸ **jouer + tour(s) ~ un tour à qn** to play a trick on sb • **~ un mauvais tour à qn** to play a dirty trick on sb • **cela te jouera un mauvais tour** you'll be sorry • **ma mémoire me joue des tours** my memory's playing tricks on me

ⓑ (*= mettre en jeu*) [+ *argent*] (*au casino*) to stake; (*aux courses*) to bet (**sur** on); [+ *cheval*] to back • **~ gros jeu** to play for high stakes • **~ son poste sur qch** to stake one's job on sth • **il joue sa tête** he's risking his neck • **rien n'est encore joué** (*= décidé*) nothing is settled yet

ⓒ (*Informatique*) [+ *application*] to play

3 VERBE PRONOMINAL

se jouer

ⓐ (*= être joué*) **ce jeu se joue à quatre** this is a game for four people • **la pièce se joue au Théâtre des Mathurins** the play is on at the Théâtre des Mathurins

ⓑ (*= être décidé*) **tout va se ~ demain** everything will be decided tomorrow • **c'est l'avenir de l'entreprise qui se joue** the future of the company is at stake • **son sort se joue en ce moment** his fate is hanging in the balance at the moment

ⓒ (*= se moquer*) **se ~ de qn** to deceive sb • **se ~ des difficultés** to make light of the difficulties

jouet [ʒwɛ] (NM) ⓐ [*d'enfant*] toy ⓑ (*= victime*) plaything • **être le ~ des événements** to be at the mercy of events

joueur, joueuse [ʒwœʀ, ʒwøz] **1** (ADJ) playful **2** (NM,F) player; (*aux jeux d'argent*) gambler • **~ de cricket** cricketer • **~ de golf** golfer • **~ de cornemuse** piper • **être beau ~** to be a good loser • **être mauvais ~** to be a bad loser • **sois beau ~!** be a sport!

joufflu, e [ʒufly] (ADJ) chubby

joug [ʒu] (NM) yoke • **tomber sous le ~ de** to come under the yoke of

jouir [ʒwiʀ] /TABLE 2/ **1** (VI) (*sexuellement*)* to come* **2** (VT INDIR) **~ de** to enjoy; [+ *bien*] to have the use of • **~ de toutes ses facultés** to be in full possession of one's faculties • **la région jouit d'un bon climat** the region has a good climate • **il jouissait de leur embarras évident** he delighted in their obvious embarrassment

jouissance [ʒwisɑ̃s] (NF) ⓐ (*= volupté*) pleasure; (*= orgasme*) orgasm ⓑ (*= usage*) use

jouisseur, -euse [ʒwisœʀ, øz] **1** (ADJ) sensual **2** (NM,F) sensualist

jouissif, -ive* [ʒwisif, iv] (ADJ) fun

joujou* (*pl* **joujoux**) [ʒuʒu] (NM) toy • **faire ~ avec** to play with

jour [ʒuʀ]

1 NOM MASCULIN
2 NOM MASCULIN PLURIEL
3 COMPOSÉS

1 NOM MASCULIN

ⓐ day • **trois fois par ~** three times a day • **c'est à deux ~s de marche** it's a two-day walk • **faire 30 ~s** (*de prison*) to do 30 days* • **quel ~ sommes-nous?** what day is it today? • **le ~ de Noël** Christmas Day • **un ~ il lui a écrit** one day he wrote to her • **un ~ viendra où ...** the day will come when ... • **ils s'aiment comme au premier ~** they're as much in love as ever • **dès le premier ~** from day one • **être dans un bon ~** to be in a good mood • **décidément ce n'est pas mon ~!** it's just not my day today! • **ce n'est vraiment pas le ~!** you've (*ou* we've *etc*) picked the wrong day! • **au ~ d'au~d'hui** in this day and age • **du ~ où sa femme l'a quitté, il s'est mis à boire** he

started drinking the day his wife left him • **il y a deux ans ~ pour ~** two years ago to the day • **tes deux enfants, c'est le ~ et la nuit** your two children are chalk and cheese • **c'est le ~ et la nuit!** there's no comparison!
▸ **à jour** **être à ~** to be up to date • **mettre à ~** to bring up to date • **tenir à ~** to keep up to date • **ce tarif n'est plus à ~** this price list is out of date • **se mettre à ~ dans son travail** to catch up with one's work
▸ **du jour** **un œuf du ~** a new-laid egg • **les nouvelles du ~** the day's news • **le héros du ~** the hero of the day • **l'homme du ~** the man of the moment
▸ **de jour** [*crème, équipe, service*] day • **hôpital de ~** (*pour traitement*) outpatient clinic; (*psychiatrique*) day hospital; (*pour activités*) daycare centre • **être de ~** to be on day duty • **il travaille de ~ cette semaine** he's on day shifts this week • **voyager de ~** to travel by day • **de ~ comme de nuit** night and day
▸ **jour et nuit** day and night • **ils ont travaillé ~ et nuit** they worked day and night
▸ **tous les jours** every day • **de tous les ~s** everyday • **dans la vie de tous les ~s** in everyday life • **mon manteau de tous les ~s** my everyday coat
▸ **un beau jour** (*passé*) one fine day; (*futur*) one of these days
▸ **un de ces jours** one of these days • **à un de ces ~s!** see you again sometime!
▸ **un jour ou l'autre** sooner or later
▸ **à ce jour** to date • **il n'existe à ce ~ aucun traitement efficace** no effective treatment has been found to date
▸ **au jour le jour** [*existence, gestion*] day-to-day • **vivre au ~ le ~** (= *sans souci*) to live from day to day; (= *pauvrement*) to live from hand to mouth
▸ **jour après jour** day after day
▸ **de jour en jour** day by day
▸ **d'un jour à l'autre** **on l'attend d'un ~ à l'autre** (= *incessamment*) he's expected any day now • **il change d'avis d'un ~ à l'autre** (= *très rapidement*) he changes his mind from one day to the next
▸ **du jour au lendemain** overnight • **ça ne se fera pas du ~ au lendemain** it won't happen overnight
b (= *lumière, éclairage*) light • **il fait ~** it's light • **demain, il fera ~ à 7 heures** tomorrow it'll be light at 7 • **je fais ça le ~** I do it during the day • **se lever avant le ~** to get up before dawn
▸ **au petit jour** at dawn
▸ **jeter un jour nouveau sur** to throw new light on
▸ **mettre au jour** to bring to light
▸ **se faire jour** to become clear
▸ **sous un jour favorable** **montrer qch sous un ~ favorable** to show sth in a favourable light • **voir qch sous un ~ favorable** to see sth in a favourable light • **se présenter sous un ~ favorable** [*projet*] to look promising
c (= *naissance*) **donner le ~ à** to give birth to • **voir le ~** to be born; [*projet*] to see the light
d (= *ouverture*) gap

2 NOM MASCULIN PLURIEL

jours
a (= *période*) days • **il faut attendre des ~s meilleurs** we must wait for better days • **aux beaux ~s** in the summertime • **ces vedettes ont fait les beaux ~s de Broadway** these were the stars of the golden age of Broadway • **du Moyen Âge à nos ~s** from the Middle Ages right up until today • **de nos ~s** these days
▸ **ces jours-ci** **il a fait très beau ces ~s-ci** the weather's been very nice lately • **elle doit arriver ces ~s-ci** she'll be here any day now • **ceux qui veulent prendre l'avion ces ~s-ci** people wanting to fly now
b (= *vie*) **jusqu'à la fin de mes ~s** until I die • **finir ses ~s à l'hôpital** to end one's days in hospital • **mettre fin à ses ~s** to put an end to one's life • **nous gardons cela pour nos vieux ~s** we're keeping that for our old age

3 COMPOSÉS

▸ **le jour de l'An** New Year's Day ▸ **jour de congé** day off ▸ **jour de deuil** day of mourning ▸ **jour férié** public holiday ▸ **jour de fête** (= *férié*) holiday; (= *de joie*) day of celebration ▸ **jour de maladie** day off sick ▸ **jour mobile** discretionary holiday (*granted by company*) ▸ **le jour des Morts** All Souls' Day ▸ **jour de repos** [*de salarié*] day off • **après deux ~s de repos, il est reparti** after a two-day break, he set off again ▸ **le jour des Rois** Twelfth Night ▸ **jour de sortie** [*de domestique*] day off; [*d'élève*] day out ▸ **jour de travail** working day

---

journal (*pl* **-aux**) [ʒuʀnal, o] 1 (NM) **a** (*Presse*) newspaper; (= *magazine*) magazine; (= *bulletin*) journal • **grand ~** national paper **b** (= *émission*) news bulletin • **le ~ de 20 h** the 8 o'clock news **c** (*intime*) diary • **tenir un** *ou* **son ~ intime** to keep a diary 2 (COMP) ▸ **journal de bord** log; (*fig*) record • **tenir un ~ de bord** to keep a log ▸ **journal électronique** electronic newspaper ▸ **le Journal officiel** *official bulletin giving details of laws and official announcements* ▸ **journal télévisé** television news

> **JOURNAUX**
> The main French national dailies are "Le Monde" (centre-left), "Libération" (left) and "Le Figaro" (right). "Le Canard enchaîné" is a satirical weekly. There are also important regional papers, such as "Ouest-France". Although some newspapers are tabloid format, the British and American tabloid press has no real equivalent in France.

journalier, -ière [ʒuʀnalje, jɛʀ] (ADJ) (= *de chaque jour*) daily *épith* • **c'est ~** it happens every day

journalisme [ʒuʀnalism] (NM) journalism • **~ d'investigation** investigative journalism

journaliste [ʒuʀnalist] (NMF) journalist ▸ **journaliste d'investigation** investigative journalist ▸ **journaliste parlementaire** parliamentary correspondent ▸ **journaliste de presse** newspaper journalist ▸ **journaliste sportif** sports correspondent ▸ **journaliste de télévision** television journalist

journalistique [ʒuʀnalistik] (ADJ) journalistic

journée [ʒuʀne] (NF) day • **dans la ~** during the day • **pendant la ~** during the day • **passer sa ~ à faire qch** to spend the day doing sth • **une ~ d'action dans les transports publics** a day of action organized by the public transport unions • **~ de travail** day's work • **faire la ~ continue** [*bureau, magasin*] to remain open all day; [*personne*] to work over lunch • **~ de repos** day off • **c'est ma ~!** (*iro*) what a day I'm having! → JDC

journellement [ʒuʀnɛlmɑ̃] (ADV) (= *quotidiennement*) every day; (= *souvent*) all the time

joute [ʒut] (NF) joust • **~s électorales** pre-election skirmishing • **~ oratoire** (= *compétition*) debate; (*entre avocats, députés*) verbal jousting

jouxter [ʒukste] /TABLE 1/ VT to be next to

jovial, e (*mpl* **-iaux** *ou* **jovials**) [ʒɔvjal, jo] ADJ jovial • **d'humeur ~e** in a jovial mood

joyau (*pl* **joyaux**) [ʒwajo] NM jewel • **les ~x de la couronne** the crown jewels • **~ de l'art gothique** jewel of Gothic art

joyeusement [ʒwajøzmɑ̃] ADV [*célébrer*] joyfully; [*accepter*] gladly • **ils reprirent ~ le travail** they cheerfully went back to work

joyeux, -euse [ʒwajø, øz] ADJ [*personne, groupe, repas*] cheerful; [*cris, musique*] joyful • **c'est un ~ luron** he's a jolly fellow • **être en joyeuse compagnie** to be in cheerful company • **c'est ~!*** great!* • **joyeuses Pâques!** Happy Easter!

joystick [(d)ʒɔjstik] NM joystick

JT [ʒite] NM (ABR DE **journal télévisé**) television news

jubilation [ʒybilasjɔ̃] NF jubilation

jubilé [ʒybile] NM jubilee

jubiler* [ʒybile] /TABLE 1/ VI to be jubilant

jucher (se) [ʒyʃe] /TABLE 1/ VPR to perch • **juchée sur les épaules de son père** perched on her father's shoulders • **juchée sur des talons aiguilles** teetering on stiletto heels

judaïque [ʒydaik] ADJ [*loi*] Judaic; [*religion*] Jewish

judaïsme [ʒydaism] NM Judaism

judas [ʒyda] NM [*de porte*] spyhole

judéo-chrétien, -ienne [ʒydeɔkʀetjɛ̃, jɛn] ADJ Judeo-Christian

judiciaire [ʒydisjɛʀ] **1** ADJ judicial • **l'autorité ~** (= *concept*) the judiciary; (= *tribunal*) the judicial authority • **pouvoir ~** judicial power • **poursuites ~s** legal proceedings • **enquête ~** judicial inquiry • **procédure ~** legal procedure **→ casier, erreur, police** **2** NM **le ~** the judiciary

judiciariser [ʒydisjaʀize] /TABLE 1/ **1** VT [+ *question*] to legislate on **2** VPR **se judiciariser notre société se judiciarise de plus en plus** (= *légifère*) our society is producing more and more legislation; (*litiges*) our society is becoming ever more litigious

judicieusement [ʒydisjøzmɑ̃] ADV judiciously

judicieux, -ieuse [ʒydisjø, jøz] ADJ [*choix, idée, remarque*] judicious; [*conseils*] wise

judo [ʒydo] NM judo • **faire du ~** to do judo

judoka [ʒydɔka] NMF judoka

juge [ʒyʒ] NM judge • **oui, Monsieur le Juge** yes, your Honour • **madame le ~ Ledoux** Mrs Justice Ledoux • **monsieur le ~ Ledoux** Mr Justice Ledoux • **prendre qn pour ~** to ask sb to be the judge • **être mauvais ~** to be a bad judge (**en matière de** of) • **être à la fois ~ et partie** to be both judge and judged • **il est seul ~ en la matière** he is the only one who can judge • **aller devant le ~** to go before the judge ▸ **juge des enfants** children's judge ▸ **juge d'instruction** examining magistrate ▸ **juge de ligne** line judge ▸ **juge de touche** (*Rugby*) touch judge; (*Football*) linesman ▸ **juge de proximité** ≈ lay judge

jugé [ʒyʒe] NM **au ~** by guesswork • **tirer au ~** to fire blind

juge-arbitre (*pl* **juges-arbitres**) [ʒyʒaʀbitʀ] NM referee

jugement [ʒyʒmɑ̃] NM **a** [*d'affaire criminelle*] sentence; [*d'affaire civile*] decision • **prononcer un ~** to pass sentence • **rendre un ~** to pass sentence • **passer en ~** [*personne*] to stand trial; [*affaire*] to come to court **b** (= *opinion*) judgment • **~ de valeur** value judgment • **porter un ~ sur** to pass judgment on • **le Jugement dernier** the Last Judgment **c** (= *discernement*) judgment • **manquer de ~** to lack judgment

jugeote* [ʒyʒɔt] NF common sense • **un peu de ~!** use your head!

juger [ʒyʒe] /TABLE 3/ VT **a** to judge; [+ *accusé*] to try • **le tribunal jugera** the court will decide • **être jugé pour meurtre** to be tried for murder • **le jury a jugé qu'il n'était pas coupable** the jury found him not guilty • **l'affaire doit se ~ à l'automne** the case is to come before the court in the autumn • **à vous de ~** it's up to you to judge • **~ qn d'après les résultats** to judge sb on his results • **il ne faut pas ~ d'après les apparences** you mustn't judge by appearances • **~ qch à sa juste valeur** to recognize the true value of sth
b (= *estimer*) **~ qch/qn ridicule** to consider sth/sb ridiculous • **~ que** to consider that • **si vous le jugez bon** if you think it's a good idea • **il se juge capable de le faire** he thinks he is capable of doing it • **je n'ai pas jugé utile de le prévenir** I didn't think it was worth telling him
c (*locutions*)
▸ **juger de** to judge
▸ **à en juger par qch** judging by sth • **à en ~ par ce résultat** if this result is anything to go by

juguler [ʒygyle] /TABLE 1/ VT [+ *maladie*] to halt; [+ *envie, désirs*] to repress; [+ *inflation*] to curb

juif, juive [ʒɥif, ʒɥiv] **1** ADJ Jewish **2** NM Jew **3** NF **juive** Jew

juillet [ʒɥijɛ] NM July **→ septembre**

> Les noms de mois s'écrivent avec une majuscule en anglais.

> **LE QUATORZE JUILLET**
> Bastille Day, commemorating the fall of the Bastille in 1789, is the most important day of national celebration in France. The festivities actually begin on 13 July, with dances organized in the streets of many towns. On the day itself there is a large military parade in Paris in the morning, and firework displays take place throughout France in the evening.

juin [ʒɥɛ̃] NM June **→ septembre**

> Les noms de mois s'écrivent avec une majuscule en anglais.

juive [ʒɥiv] ADJ F, NF **→ juif**

juke-box (*pl* **juke-boxes**) [ʒykbɔks] NM jukebox

jules* [ʒyl] NM (= *amoureux*) boyfriend; (= *proxénète*) pimp

jumbo-jet (*pl* **jumbo-jets**) [dʒœmbodʒɛt] NM jumbo jet

jumeau, -elle (*mpl* **jumeaux**) [ʒymo, ɛl] **1** ADJ [*frère, sœur*] twin • **c'est mon frère ~** he's my twin brother • **maison jumelle** semi-detached house (*Brit*), duplex (*US*) **2** NM,F **a** (= *personne*) twin • **vrais ~x** identical twins • **faux ~x** fraternal twins **b** (= *sosie*) double **3** NF binoculars • **observer qch à la jumelle** to look at sth through binoculars **4** NFPL **jumelles (paire de) jumelles** (pair of) binoculars

jumelage [ʒym(ə)laʒ] (NM) twinning

jumelé, e [ʒym(ə)le] *ptp de* **jumeler** (ADJ) twin • **être ~ avec** [*ville*] to be twinned with

jumeler [ʒym(ə)le] /TABLE 4/ (VT) [+ *villes*] to twin

jumelle [ʒymɛl] (ADJ, NF) → **jumeau**

jument [ʒymɑ̃] (NF) mare

jungle [ʒœ̃gl] (NF) jungle • **~ urbaine** urban jungle

junior [ʒynjɔʀ] **1** (ADJ) junior • **Dupont ~** Dupont junior • **mode ~** junior fashion **2** (NMF) (*Sport*) junior

junkie* [dʒœnki] (ADJ, NMF) junkie*

junte [ʒœ̃t] (NF) junta

jupe [ʒyp] (NF) skirt • **~ crayon** pencil skirt • **~ plissée** pleated skirt • **~ portefeuille** wraparound skirt

jupe-culotte (*pl* **jupes-culottes**) [ʒypkylɔt] (NF) culottes

Jupiter [ʒypitɛʀ] (NM) Jupiter

jupon [ʒypɔ̃] (NM) petticoat

Jura [ʒyʀa] (NM) **le ~** the Jura

juré, e [ʒyʀe] *ptp de* **jurer** **1** (ADJ) (= *qui a prêté serment*) sworn • **ennemi ~** sworn enemy • **promis ? — ~, craché !*** do you promise? — cross my heart! **2** (NM,F) juror • **Mesdames et Messieurs les ~s apprécieront** the members of the jury will bear that in mind • **être convoqué comme ~** to be called for jury service

jurer [ʒyʀe] /TABLE 1/ **1** (VT) **a** (= *promettre*) to swear • **~ de** to swear to • **~ fidélité à qn** to swear loyalty to sb • **je jure que je me vengerai** I swear I'll get my revenge • **faire ~ à qn de garder le secret** to swear sb to secrecy • **jure-moi que tu reviendras** swear you'll come back • **~ sur la Bible** to swear on the Bible • **~ sur la tête de ses enfants** to swear by all that one holds dear • **je vous jure que ce n'est pas facile !** I can assure you that it isn't easy! • **ah ! je vous jure !** honestly! • **on ne jure plus que par ce nouveau remède** everyone swears by this new medicine • **j'en jurerais** I could swear to it • (PROV) **il ne faut ~ de rien** you never can tell

2 (VI) **a** (= *pester*) to swear

b [*couleurs*] to clash; [*propos*] to jar

3 (VPR) **se jurer** **a** (*à soi-même*) to vow • **il se jura que c'était la dernière fois** he vowed it was the last time

b (*réciproquement*) to vow • **ils se sont juré un amour éternel** they vowed eternal love

juridiction [ʒyʀidiksjɔ̃] (NF) (= *compétence*) jurisdiction; (= *tribunal*) court of law

juridique [ʒyʀidik] (ADJ) legal • **études ~s** law studies

juridiquement [ʒyʀidikmɑ̃] (ADV) legally

jurisprudence [ʒyʀispʀydɑ̃s] (NF) (= *source de droit*) ≈ jurisprudence; (= *décisions*) precedents • **faire ~** to set a precedent

juriste [ʒyʀist] (NMF) (= *auteur, légiste*) jurist • **~ d'entreprise** corporate lawyer

juron [ʒyʀɔ̃] (NM) swearword

jury [ʒyʀi] (NM) **a** (*au tribunal*) jury **b** (*d'enseignants*) jury; (*à un concours, pour un prix*) panel of judges • **~ de thèse** PhD examining board

jus [ʒy] (NM) **a** (= *liquide*) juice • **~ de fruit** fruit juice • **~ de viande** meat juices • **plein de ~** juicy **b** (= *café*)* coffee • **c'est du ~ de chaussette** it's like dishwater **c** (= *courant*)* juice* • **prendre un coup de ~** to get a shock • **je n'ai plus de ~** (= *je suis fatigué*) I'm worn out

jusqu'au-boutisme [ʒyskobutism] (NM) (= *politique*) hardline policy; (= *attitude*) extremist attitude

jusqu'au-boutiste (*pl* **jusqu'au-boutistes**) [ʒyskobutist] **1** (NMF) extremist • **c'est un ~** he takes things to the bitter end **2** (ADJ) [*attitude*] hardline; [*théorie*] extremist

jusque [ʒysk(ə)] (PRÉP) **a** (*lieu*) **j'ai couru jusqu'à la maison** I ran all the way home • **j'ai marché jusqu'au village** I walked as far as the village • **ils sont montés jusqu'à 2000 mètres** they climbed up to 2,000 metres • **il s'est avancé jusqu'au bord** he went up to the edge • **il avait de la neige jusqu'aux genoux** he had snow up to his knees

b (*temps*) **jusqu'à** until • **jusqu'en** until • **jusqu'à samedi** until Saturday • **jusqu'à cinq ans, il a vécu à la campagne** he lived in the country until he was five • **marchez jusqu'à ce que vous arriviez à la mairie** keep going until you get to the town hall • **rester jusqu'au bout** to stay till the end • **jusqu'à pas d'heure** into the wee small hours • **de la Révolution jusqu'à nos jours** from the Revolution to the present day • **jusqu'au moment où** until

c (*limite*) **jusqu'à 20 kg** up to 20 kg • **aller jusqu'à faire qch** to go so far as to do sth • **vrai jusqu'à un certain point** true up to a point

d (= *y compris*) even • **ils ont regardé ~ sous le lit** they even looked under the bed • **tous jusqu'au dernier l'ont critiqué** every single one of them criticized him

e (*avec préposition ou adverbe*) **accompagner qn ~ chez lui** to take sb home • **jusqu'où ?** how far? • **jusqu'à quand ?** until when? • **jusqu'ici** (*présent*) until now; (*passé*) until then; (*lieu*) up to here • **~-là** (*temps*) until then; (*lieu*) up to there • **j'en ai ~-là !** I'm sick and tired of it! • **jusqu'alors** until then • **jusqu'à maintenant** up to now • **jusqu'à présent** up to now

▸ **jusqu'à ce que** until • **il faudra le lui répéter jusqu'à ce qu'il ait compris** you'll have to keep on telling him until he understands

justaucorps [ʒystokɔʀ] (NM) [*de gymnaste*] leotard

juste [ʒyst] **1** (ADJ) **a** (= *équitable*) [*personne, notation*] fair; [*sentence, guerre, cause*] just • **être ~ envers qn** to be fair to sb

b (= *légitime*) [*revendication, vengeance, fierté*] just; [*colère*] justifiable • **la ~ récompense de son travail** the just reward for his work • **à ~ titre** rightly • **il en est fier, et à ~ titre** he's proud of it and rightly so

c (= *précis*) right; [*appareil, montre*] accurate • **à l'heure ~** right on time • **à 6 heures ~s** at 6 o'clock sharp* • **le mot ~** the right word

d (= *pertinent*) [*idée, raisonnement*] sound; [*remarque, expression*] apt • **il a dit des choses très ~s** he made some good points • **très ~ !** good point! • **c'est ~** that's right

e [*note, voix*] true; [*instrument*] in tune

f (= *insuffisant*) [*vêtement, chaussure*] tight; (*en longueur, hauteur*) on the short side • **1 kg pour six, c'est un peu ~** 1 kg for six people is not really enough • **trois heures pour faire cette traduction, c'est ~** three hours to do that translation is not really enough • **elle n'a pas raté son train mais c'était ~** she didn't miss her train but it was a close thing • **je suis un peu ~ actuellement*** I'm a bit strapped for cash* at the moment • **ses notes sont trop ~s** [*d'élève*] his marks aren't good enough

2 (ADV) **a** (= *avec précision*) [*compter, viser*] accurately; [*raisonner*] soundly; [*deviner*] correctly; [*chanter*] in tune • **tomber ~** (= *deviner*) to be right; [*calculs*] to come out right • **~ à temps** [*arriver*] just in time

b (= *exactement*) just • **~ au-dessus** just above • **~ au coin** just on the corner • **~ au moment où je suis entré** just when I came in • **j'arrive ~** I've only just arrived

• **je suis arrivé ~ quand il sortait** I arrived just when he was leaving • **3 kg ~** 3 kg exactly • **que veut-il au ~ ?** what exactly does he want?
c (= *seulement*) just • **j'ai ~ à passer un coup de téléphone** I just have to make a telephone call
d (= *pas assez*) [*compter, prévoir*] not quite enough
e ▸ **tout juste** (= *seulement*) only just; (= *à peine*) hardly; (= *exactement*) exactly • **c'est tout ~ s'il ne m'a pas frappé** he came this close to hitting me

justement [ʒystəmɑ̃] ADV **a** (= *précisément*) just • **on parlait ~ de vous** we were just talking about you • **~, j'allais le dire** yes, that's what I was going to say • **tu n'étais pas obligé d'accepter — si, ~!** you didn't have to agree — that's the problem, I did have to! **b** (= *avec justesse*) rightly • **comme l'a rappelé fort ~ Paul** as Paul has quite rightly pointed out **c** (= *à juste titre*) justly • **~ puni** justly punished • **~ fier** justifiably proud

justesse [ʒystɛs] NF **a** (= *exactitude*) accuracy; [*de réponse*] correctness; [*de comparaison*] exactness
b [*de note, voix, instrument*] accuracy
c (= *pertinence*) [*d'idée, raisonnement*] soundness; [*de remarque, expression*] appropriateness
d ▸ **de justesse** justice • **gagner de ~** to win by a narrow margin • **rattraper qn de ~** to catch sb just in time • **il s'en est tiré de ~** he got out of it by the skin of his teeth • **il a eu son examen de ~** he only just passed his exam

justice [ʒystis] NF **a** justice • **en toute ~** in all fairness • **ce n'est que ~** it's only fair • **~ sociale** social justice • **rendre la ~** to dispense justice • **passer en ~** to stand trial • **décision de ~** judicial decision • **aller en ~** to go to court • **traîner qn en ~** to take sb to court, to drag sb before the courts • **demander/obtenir ~** to demand/obtain justice • **se faire ~** (= *se venger*) to take the law into one's own hands; (= *se suicider*) to take one's own life • **rendre ~ à qn** to do sb justice • **il faut lui rendre cette ~ que ...** in fairness to him it must be said that ... • **on n'a jamais rendu ~ à son talent** his talent has never been properly recognized
b (= *loi*) **la ~** the law • **la ~ le recherche** he is wanted by the law

justiciable [ʒystisjabl] NMF person subject to trial • **les ~s** those to be tried

justicier, -ière [ʒystisje, jɛʀ] NM,F upholder of the law; (*dans les westerns*) lawman • **il veut jouer au ~** he wants to take the law into his own hands

justifiable [ʒystifjabl] ADJ justifiable • **cela n'est pas ~** that is unjustifiable

justificatif, -ive [ʒystifikatif, iv] **1** ADJ [*document*] supporting • **pièce justificative** (*officielle*) written proof; (= *reçu*) receipt **2** NM (= *pièce officielle*) written proof; (= *reçu*) receipt • **~ de domicile** proof of address

justification [ʒystifikasjɔ̃] NF **a** (= *explication*) justification **b** (= *preuve*) proof

justifier [ʒystifje] /TABLE 7/ **1** VT to justify • **rien ne justifie cette colère** such anger is quite unjustified • **craintes parfaitement justifiées** perfectly justified fears • **pouvez-vous ~ ce que vous affirmez?** can you prove what you are saying? **2** VT INDIR **~ de: ~ de son identité** to prove one's identity • **~ de son domicile** to show proof of one's address **3** VPR **se justifier** to justify o.s. • **se ~ d'une accusation** to clear o.s. of an accusation

jute [ʒyt] NM jute

juteux, -euse [ʒytø, øz] ADJ **a** [*fruit*] juicy **b** [*affaire*]* lucrative

juvénile [ʒyvenil] ADJ youthful; [*délinquance*] juvenile • **son allure ~** his youthful appearance • **plein de fougue ~** full of youthful enthusiasm

juxtaposer [ʒykstapoze] /TABLE 1/ VT to juxtapose

juxtaposition [ʒykstapozisjɔ̃] NF juxtaposition

J

K k

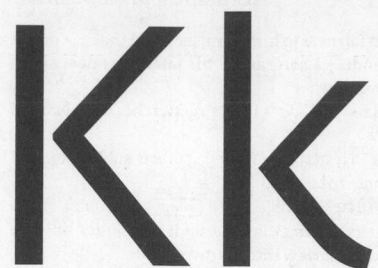

K7 [kasɛt] (NF) (ABR DE **cassette**) cassette
kabyle [kabil] **1** (ADJ) Kabyle **2** (NM) (= *langue*) Kabyle **3** (NMF) **Kabyle** Kabyle
Kabylie [kabili] (NF) Kabylia
kaki [kaki] **1** (ADJ INV) khaki **2** (NM) (= *fruit*) persimmon
kaléidoscope [kaleidɔskɔp] (NM) kaleidoscope
kamikaze [kamikaz] **1** (NM) kamikaze **2** (ADJ) **opération** ~ kamikaze mission • **il est ~*** he has a death wish • **ce serait ~!** it would be suicide!
kanak, e [kanak] (ADJ) Kanak
kangourou [kɑ̃guʀu] (NM) kangaroo • **poche ~** baby carrier
kaput* [kaput] (ADJ) [*personne*] shattered*; [*machine*] kaput*
karaoké [kaʀaɔke] (NM) karaoke • **bar ~** karaoke bar
karaté [kaʀate] (NM) karate
kart [kaʀt] (NM) go-cart
karting [kaʀtiŋ] (NM) go-carting • **faire du ~** to go-cart
kascher [kaʃɛʀ] (ADJ) kosher
kayak [kajak] (NM) ⓐ kayak ⓑ (= *sport*) canoeing • **faire du ~** to go canoeing
kayakiste [kajakist] (NMF) kayaker
kazakh [kazak] **1** (ADJ) Kazakh **2** (NM) (= *langue*) Kazakh **3** (NMF) **Kazakh** Kazakh
Kazakhstan [kazakstɑ̃] (N) Kazakhstan
kebab [kebab] (NM) kebab
kéké* [keke] (NMF) poser* • **faire le ~** to pose*
kendo [kɛndo] (NM) kendo
Kenya [kenja] (NM) Kenya
kényan, -ane [kenjɑ̃, jan] **1** (ADJ) Kenyan **2** (NM,F) **Kényan(e)** Kenyan
képi [kepi] (NM) kepi
kermesse [kɛʀmɛs] (NF) (= *fête populaire*) fair; (= *fête de charité*) charity fête
kérosène [keʀozɛn] (NM) [*d'avion*] kerosene; [*de jet*] jet fuel; [*de fusée*] rocket fuel
ketchup [kɛtʃœp] (NM) ketchup
keuf*̣ [kœf] (NM) cop*
kg (ABR DE **kilogramme**) kg
khmer, -ère [kmɛʀ] **1** (ADJ) Khmer **2** (NM) **Khmer** Khmer • **les Khmers rouges** the Khmer Rouge
khol, khôl [kol] (NM) kohl
kibboutz [kibuts] (NM INV) kibbutz
kick [kik] (NM) kick-starter
kidnapper [kidnape] /TABLE 1/ (VT) to kidnap
kidnappeur, -euse [kidnapœʀ, øz] (NM,F) kidnapper
kidnapping [kidnapiŋ] (NM) kidnapping
kifant, e*̣, kiffant, e*̣ [kifɑ̃, ɑ̃t] (ADJ) **c'est kif(f)ant** it's great!
kifer*̣, kiffer*̣ /TABLE 1/ [kife] **1** (VT) to like, to be into* **2** (VI) **ça me fait ~** I'm really into it
kif-kif* [kifkif] (ADJ INV) **c'est ~** it's all the same
kilo [kilo] (NM) kilo
kilobit [kilɔbit] (NM) kilobit
kilogramme [kilɔgʀam] (NM) kilogramme
kilométrage [kilɔmetʀaʒ] (NM) ≈ mileage ▸ **kilométrage alimentaire** food miles
kilomètre [kilɔmɛtʀ] (NM) kilometre (*Brit*), kilometer (*US*) • **200 ~s à l'heure** 200 kilometres an hour • **des ~s de** [+ *pellicule*] rolls and rolls of; [+ *tissu*] yards and yards of
kilomètre-heure (*pl* **kilomètres-heure**) [kilɔmɛtʀœʀ] (NM) kilometres per hour • **120 kilomètres-heure** 120 kilometres per hour
kilométrique [kilɔmetʀik] (ADJ) **borne ~** ≈ milestone • **distance ~** distance in kilometres (*Brit*) *ou* kilometers (*US*)
kilo-octet○ (*pl* **kilo-octets**) [kilɔɔktɛ] (NM) kilobyte
kilowatt [kilowat] (NM) kilowatt
kilt [kilt] (NM) kilt; (*pour femme*) pleated skirt
kimono [kimɔno] (NM) kimono
kiné* [kine], **kinési*** [kinezi] (NMF) physio*
kinésithérapeute [kineziteʀapøt] (NMF) physiotherapist (*Brit*), physical therapist (*US*)
kiosque [kjɔsk] (NM) [*de jardin*] summerhouse • **~ à musique** bandstand • **~ à journaux** newspaper kiosk • **en vente en ~** on sale at newsstands
kir [kiʀ] (NM) kir (*white wine with blackcurrant liqueur*) • **~ royal** kir royal
kirghiz [kiʀgiz] **1** (ADJ) Kirghiz **2** (NM) (= *langue*) Kirghiz **3** (NMF) **Kirghiz** Kirghiz
Kirghizistan [kiʀgizistɑ̃], **Kirghizstan** [kiʀgistɑ̃] (NM) Kirghizia
Kiribati [kiʀibati] (N) Kiribati
kirsch [kiʀʃ] (NM) kirsch
kit [kit] (NM) kit • **en ~** in kit form • **~ piéton** *ou* **mains libres** hands-free kit
kitch [kitʃ] (ADJ INV, NM) kitsch
kitchenette [kitʃ(ə)nɛt] (NF) kitchenette
kitesurf [kajtsœʀf] (NM) kitesurfing
kitsch [kitʃ] (ADJ INV, NM) kitsch
kiwi [kiwi] (NM) ⓐ (= *fruit*) kiwi fruit ⓑ (= *oiseau*) kiwi
klaxon® [klaksɔn] (NM) horn • **coup de ~** hoot; (*léger*) toot
klaxonner [klaksɔne] /TABLE 1/ **1** (VI) to hoot one's horn;

(*doucement*) to toot the horn **2** (VT) ~ **qn** to hoot at sb

Kleenex® [klinɛks] (NM) tissue

kleptomane [klɛptɔman] (ADJ, NMF) kleptomaniac

km (ABR DE **kilomètre**) km

km/h (ABR DE **kilomètres/heure**) km/h

KO [kao] **1** (NM) (*Boxe*) KO • **perdre par KO** to be knocked out • **gagner par KO** to win by a knockout • **mettre KO** to knock out • **être KO** to be out for the count **2** (ADJ) (= *fatigué*)* shattered*

Ko (ABR DE **kilo-octet**) kb

koala [kɔala] (NM) koala

kop [kɔp] (NM) (*Sport*) Kop

kora [kɔʀa] (NF) kora

kosovar [kɔsɔvaʀ] **1** (ADJ) Kosovar **2** (NMF) **Kosovar** Kosovar

Kosovo [kɔsɔvo] (NM) Kosovo

Koweït [kɔwɛt] (NM) Kuwait

koweïtien, -ienne [kɔwɛtjɛ̃, jɛn] **1** (ADJ) Kuwaiti **2** (NM,F) **Koweïtien(ne)** Kuwaiti

krach [kʀak] (NM) crash • ~ **boursier** stock market crash

kumquat [kɔmkwat] (NM) kumquat

kung-fu [kuŋfu] (NM INV) kung fu

kurde [kyʀd] **1** (ADJ) Kurdish **2** (NMF) **Kurde** Kurd

Kurdistan [kyʀdistɑ̃] (NM) Kurdistan

kW (ABR DE **kilowatt**) kW

K-way® [kawɛ] (NM) cagoule

kyrielle [kiʀjɛl] (NF) [*d'injures, réclamations*] string; [*de personnes*] crowd; [*d'objets*] pile

kyste [kist] (NM) cyst

kyudo [kjudo] (NM) kyudo

k

L

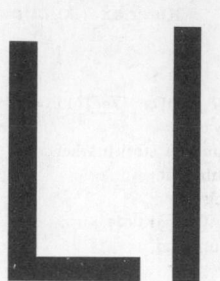

l' [l] → **le**
la¹ [la] → **le**
la² [la] (NM INV) (*Mus*) A; (*en chantant la gamme*) lah • **donner le la** to give an A

là [la]

1 ADVERBE	2 EXCLAMATION

1 ADVERBE

ⓐ (*par opposition à « ici »*) there • **je le vois là, sur la table** I can see it over there, on the table • **c'est là que je suis né** that's where I was born • **c'est là! je reconnais le portail!** there it is! I recognize the gate!

ⓑ (*= ici*) here • **n'ayez pas peur, je suis là** don't be afraid, I'm here • **qui est là?** who's there? • **M. Roche n'est pas là** Mr Roche isn't in • **c'est là qu'il est tombé** this is where he fell

ⓒ (*dans le temps*) then • **c'est là qu'il a compris que ...** that was when he realized that ...

ⓓ (*= à ce stade*) **restons-en là** we'll have to leave it at that • **les choses en sont là** that's how things stand at the moment • **ils en sont là** that's how far they've got; (*péj*) that's how low they've sunk • **je n'en suis pas encore là** I haven't got that far yet; (*péj*) I haven't come to that yet

ⓔ (*= en cela*) **c'est là que nous ne sommes plus d'accord** that's where I disagree with you • **là, ils exagèrent!** now they're really going too far! • **tout est là** that's the whole question

ⓕ (*intensif*) **que me racontes-tu là?** what on earth are you saying? • **que faites-vous là?** what on earth are you doing?

ⓖ (*locutions*)

▸ **ce ...-là** that ... • **ce jour-là** that day • **en ce temps-là** in those days

▸ **cette ...-là** that ... • **cette robe-là** that dress

▸ **ces ...-là** those ... • **ces gens-là** those people → **celui-là, celle-là**

▸ **de là il est allé à Paris, et de là à Londres** he went to Paris, and from there to London • **c'est à 3 km de là** it's 3km away • **à partir de là** (*dans le temps*) from then on • **de là vient que nous ne le voyons plus** that's why we no longer see him • **oui, mais de là à prétendre qu'il a tout fait!** there's a big difference between saying that and claiming that he did it all!

▸ **par là** **quelque part par là** somewhere near there • **passez par là** go that way • **c'est par là?** is it that way? • **que veux-tu dire par là?** what do you mean by that?

2 EXCLAMATION

hé là! (*appel*) hey!; (*surprise*) good grief! • **là, là, du calme!** now, now, calm down! • **alors là, ça ne m'étonne pas** now, that doesn't surprise me

▸ **oh là là!** (*surprise*) oh my goodness!; (*consternation*) oh dear! • **oh là là!, ce que j'ai froid!** God*, I'm so cold! • **oh là là! quel désastre!** oh no! what a disaster!

là-bas [laba] (ADV) over there • **~ aux USA** over in the USA • **~ dans le nord** up in the north • **~ dans la plaine** down there in the plain
label [labɛl] (NM) label • **~ de qualité** quality label; (*fig*) guarantee of quality
labo* [labo] (NM) (ABR DE **laboratoire**) lab* • **~ photo** photo lab
laborantin, e [labɔʀɑ̃tɛ̃] (NM,F) laboratory assistant
laboratoire [labɔʀatwaʀ] (NM) laboratory • **~ d'analyses (médicales)** (medical) analysis laboratory • **~ de langues** language laboratory ▸ **laboratoire d'idées** think tank
laborieusement [labɔʀjøzmɑ̃] (ADV) laboriously
laborieux, -ieuse [labɔʀjø, jøz] (ADJ) ⓐ [*recherches, style*] laborious • **il s'exprimait dans un français ~** his French was very laboured • **il a enfin fini, ça a été ~!*** he's finished at long last but he certainly made heavy weather of it! ⓑ (*= travailleur*) **les classes laborieuses** the working classes
labour [labuʀ] (NM) (*= champ*) ploughed (*Brit*) *ou* plowed (*US*) field
labourer [labuʀe] /TABLE 1/ (VT) (*avec une charrue*) to plough (*Brit*), to plow (*US*)
labrador [labʀadɔʀ] (NM) (*= chien*) Labrador
labyrinthe [labiʀɛ̃t] (NM) maze
lac [lak] (NM) lake • **le ~ Léman** Lake Geneva • **le ~ Majeur** Lake Maggiore • **les Grands Lacs** the Great Lakes
lacer [lase] /TABLE 3/ (VT) to tie
lacérer [laseʀe] /TABLE 6/ (VT) to tear to shreds; [+ *tableau*] to slash; [+ *corps, visage*] to lacerate • **il avait été lacéré de coups de couteau** he had been slashed with a knife
lacet [lasɛ] (NM) ⓐ [*de chaussure, botte*] lace • **chaussures à ~s** lace-up shoes ⓑ [*de route*] **en ~s** winding • **la route monte en ~s** the road winds steeply upwards
lâche [lɑʃ] 1 (ADJ) ⓐ (*= peu courageux*) cowardly;

[attentat] despicable; *[procédé]* low • **se montrer ~** to be a coward • **c'est assez ~ de sa part d'avoir fait ça** it was pretty cowardly of him to do that **b** (= *peu serré*) *[corde]* slack; *[nœud, vêtement, canevas]* loose **c** (= *peu sévère*) *[discipline, morale]* lax; *[règlement]* loose **2** NMF coward

lâchement [laʃmɑ̃] ADV (= *sans courage*) **il a ~ refusé** like a coward, he refused • **il a été ~ assassiné** he was killed in the most cowardly way

lâcher [laʃe] /TABLE 1/ VT **a** *[+ main, proie]* to let go of; *[+ bombes]* to drop; *[+ pigeon, ballon]* to release; *[+ chien]* to unleash; *[+ frein]* to release; *[+ juron]* to come out with • **lâche-moi!** let go of me! • **le prof nous a lâchés à 4 heures*** the teacher let us out at 4 • **~ un chien sur qn** to set a dog on sb • **~ prise** to let go (*fig*), to loosen one's grip • **tu me lâches!*** leave me alone! • **lâche-moi les baskets!*** get off my back!*
b (= *abandonner*) *[+ ami]* to drop; *[+ études]* to give up • **il ne l'a pas lâché** *[importun, représentant]* he wouldn't leave him alone • **il nous a lâchés en plein travail** he walked out on us right in the middle of the work • **ma voiture m'a lâché** my car gave up on me*

lâcheté [laʃte] NF (= *couardise*) cowardice • **par ~** out of cowardice • **je trouve ça d'une ~!** that's so cowardly!

lâcheur, -euse* [laʃœʀ, øz] NM,F unreliable so-and-so* • **alors, tu n'es pas venu, ~!** so you didn't come then, you old so-and-so!*

laconique [lakɔnik] ADJ *[personne, réponse]* laconic; *[style]* terse

lacté, e [lakte] ADJ **régime ~** milk diet

lacunaire [lakynɛʀ] ADJ *[informations, récit, caractère]* incomplete • **il a des connaissances ~s** there are gaps in his knowledge

lacune [lakyn] NF *[de texte, connaissances]* gap; *[de loi]* loophole • **les ~s du système éducatif** the shortcomings of the education system • **elle a de grosses ~s en histoire** there are big gaps in her knowledge of history

lacustre [lakystʀ] ADJ **cité ~** lakeside village (on piles)

là-dedans [lad(ə)dɑ̃] ADV inside • **il y a du vrai ~** there's some truth in that • **il n'a rien à voir ~** it's nothing to do with him

là-dessous [lad(ə)su] ADV under there • **il y a quelque chose ~** (*fig*) there's something odd about it

là-dessus [lad(ə)sy] ADV (= *sur cet objet*) on there; (= *sur ces mots*) at that point; (= *à ce sujet*) on that point

Lady [ledi] NF Lady

lagon [lagɔ̃] NM lagoon

Lagos [lagos] N Lagos

lagune [lagyn] NF lagoon

là-haut [lao] ADV up there; (= *dessus*) up on top; (= *à l'étage*) upstairs; (= *au ciel*) on high • **tout ~, au sommet de la montagne** way up there, at the top of the mountain • **~ dans les nuages** above in the clouds

laïc [laik] ADJ, NM = **laïque**

laïciser [laisize] /TABLE 1/ VT to secularize

laïcité [laisite] NF secularism; (= *caractère*) secularity

LAÏCITÉ

Laïcité, or secularism, is enshrined in the constitution of the French Republic. The Revolution introduced the separation of church and state, with two consequences: the obligation for the state not to interfere in private individuals' beliefs, and the principle of equality before the law regardless of religious beliefs. All French state schools are secular, both in their everyday running and in the national curriculum. In recent years, the concept of **laïcité** has been challenged by the need to accommodate a significant Muslim population whilst banning ostentatious displays of religious belief in state schools, for instance the wearing of the hijab.

laid, e [lɛ, lɛd] ADJ ugly

laideur [lɛdœʀ] NF ugliness • **c'est d'une ~!** it's so ugly!

lainage [lɛnaʒ] NM **a** (= *vêtement*) woollen *ou* woolen (*US*) garment **b** (= *étoffe*) woollen material

laine [lɛn] NF wool ▸ **laine à tricoter** knitting wool ▸ **laine de verre** glass wool ▸ **laine vierge** new wool

laïque [laik] **1** ADJ secular • **l'enseignement** *ou* **l'école ~** secular education; (*en France*) state education **2** NM layman • **les ~s** laymen

laisse [lɛs] NF *[de chien]* lead • **tenir en ~** to keep on a lead

laisser [lese] /TABLE 1/ **1** VT to leave • **~ sa clé au voisin** to leave one's key with the neighbour • **laisse-lui du gâteau** leave him some cake • **il m'a laissé ce vase pour 100 €** he let me have this vase for 100 euros • **laissez, je vais le faire/c'est moi qui paie** leave that, I'll do it/I'm paying • **laisse-moi devant la banque** leave me at the bank • **laisse-moi!** leave me alone! • **~ qn dans le doute** to leave sb in doubt • **~ qn debout** to keep sb standing • **vous laissez le village sur votre droite** you go past the village on your right • **~ la vie à qn** to spare sb's life • **~ la porte ouverte** to leave the door open • **~ le meilleur pour la fin** to leave the best till last
2 VB AUX to let • **~ qn faire qch** to let sb do sth • **laisse-le partir** let him go • **laissez-moi rire!** don't make me laugh! • **il n'en a rien laissé voir** he showed no sign of it • **laisse-le faire** (*à sa manière*) let him do it his own way • **on ne va pas le ~ faire sans réagir!** we're not going to let him get away with that!
3 VPR **se laisser se ~ persuader** to let o.s. be persuaded • **il ne faut pas se ~ décourager** you mustn't let yourself become discouraged • **ce petit vin se laisse boire*** this wine goes down nicely • **se ~ aller** to let o.s. go • **je n'ai pas l'intention de me ~ faire** I'm not going to let myself be pushed around

laisser-aller [leseale] NM INV carelessness; *[de travail, langage, vêtements]* sloppiness • **il y a beaucoup de ~ dans ce service** things are very lax in this department

laisser-faire [lesefɛʀ] NM INV (*Écon*) laissez-faire

laissés-pour-compte [lesepuʀkɔ̃t] NMPL **les ~ de la société** society's rejects • **ce sont les ~ de la reprise économique** the economic recovery has left these people out in the cold

laissez-passer [lesepɑse] NM INV pass

lait [lɛ] **1** NM **a** milk • **~ entier** whole milk **b** (*cosmétique*) lotion • **~ solaire** sun lotion **2** COMP ▸ **lait concentré sucré** condensed milk ▸ **lait fraise** strawberry-flavoured milk ▸ **lait en poudre** powdered milk

laitage [lɛtaʒ] NM (= *produit laitier*) dairy product

laiteux, -euse [lɛtø, øz] ADJ milky

laitier, -ière [letje, jɛʀ] **1** ADJ dairy **2** NM (= *livreur*) milkman

l

laiton [lɛtɔ̃] (NM) (= *alliage*) brass
laitue [lety] (NF) lettuce
laïus* [lajys] (NM INV) (= *discours*) long-winded speech
lama [lama] (NM) (= *animal*) llama; (= *religieux*) lama
lambda○ [lɑ̃bda] **1** (NM INV) (= *lettre*) lambda **2** (ADJ INV) (= *quelconque*) [*spectateur, lecteur*] average • **le citoyen ~** the average citizen, the man in the street
lambeau (*pl* **lambeaux**) [lɑ̃bo] (NM) [*de papier, tissu*] scrap • **~x de chair** strips of flesh • **en ~x** in tatters
lambin, e [lɑ̃bɛ̃, in] **1** (ADJ) slow • **que tu es ~!** you're such a dawdler! **2** (NM,F) dawdler
lambiner [lɑ̃bine] /TABLE 1/ (VI) to dawdle
lambris [lɑ̃bʀi] (NM) (*en bois*) panelling *NonC*
lambrisser [lɑ̃bʀise] /TABLE 1/ (VT) (*avec du bois*) to panel • **lambrissé de chêne** oak-panelled
lame [lam] **1** (NF) **a** (= *tranchant*) [*de couteau, scie*] blade **b** (= *bande*) strip; [*de store*] slat; (*pour microscope*) slide • **~ de parquet** floorboard **c** (= *vague*) wave **2** (COMP) ▸ **lame de fond** (*lit*) ground swell *NonC* ▸ **lame de rasoir** razor blade
lamelle [lamɛl] (NF) (small) strip; [*de persiennes*] slat • **couper en ~s** to cut into thin strips
lamentable [lamɑ̃tabl] (ADJ) appalling • **cette émission est ~!** what a pathetic* programme!
lamentablement [lamɑ̃tabləmɑ̃] (ADV) [*échouer*] miserably
lamentations [lamɑ̃tasjɔ̃] (NFPL) (= *cris de désolation*) wailing *NonC*; (= *jérémiades*) moaning *NonC*
lamenter (se) [lamɑ̃te] /TABLE 1/ (VPR) to moan • **se lamenter sur son sort** to moan about one's fate
laminer [lamine] /TABLE 1/ (VT) [+ *métal*] to laminate • **ils ont été laminés aux dernières élections** they were practically wiped out in the last election
lampadaire [lɑ̃padɛʀ] (NM) [*d'intérieur*] standard lamp; [*de rue*] street lamp; (= *pied*) lamppost
lampe [lɑ̃p] (NF) lamp; (= *ampoule*) bulb ▸ **lampe de bureau** desk lamp ▸ **lampe de chevet** bedside lamp ▸ **lampe électrique** torch (*Brit*), flashlight (*US*) ▸ **lampe à pétrole** oil lamp ▸ **lampe de poche** torch (*Brit*), flashlight (*US*) ▸ **lampe à souder** blowtorch ▸ **lampe témoin** warning light; [*de magnétoscope {etc}*] light
lampion [lɑ̃pjɔ̃] (NM) Chinese lantern
lance [lɑ̃s] (NF) **a** (= *arme*) spear **b** (= *tuyau*) **~ à eau** hose • **~ d'arrosage** garden hose • **~ à incendie** fire hose
lancée [lɑ̃se] (NF) **continuer sur sa ~** to keep going
lance-fusées [lɑ̃sfyze] (NM INV) (*Mil*) rocket launcher; [*de fusée éclairante*] flare gun
lance-grenades [lɑ̃sgʀənad] (NM INV) grenade launcher
lancement [lɑ̃smɑ̃] (NM) **a** [*d'entreprise, campagne*] launching; [*de fusée, produit*] launch; [*de processus*] starting; [*d'emprunt*] issuing • **lors du ~ du nouveau produit** when the new product was launched • **fenêtre** *ou* **créneau de ~** launch window • **~ d'alerte** whistle-blowing **b** (*Sport*) throwing • **~ du disque/javelot/marteau** throwing the discus/javelin/hammer • **~ du poids** putting the shot
lance-missiles [lɑ̃smisil] (NM INV) missile launcher
lance-pierre (*pl* **lance-pierres**) [lɑ̃spjɛʀ] (NM) catapult • **manger avec un ~*** to grab a quick bite to eat*
lancer [lɑ̃se] /TABLE 3/ **1** (VT) **a** (= *jeter*) to throw • **~ qch à qn** (*pour qu'il l'attrape*) to throw sth to sb; (*agressivement*) to throw sth at sb • **lance-moi mes clés** throw me my keys • **~ sa ligne** to cast one's line • **lance ta jambe en avant** kick your leg up • **~ le poids** to put the shot
b [+ *flèche, obus*] to fire; [+ *bombe*] to drop; [+ *fusée, torpille*] to launch • **ses yeux lançaient des éclairs** his eyes blazed with anger • **elle lui lança un coup d'œil furieux** she darted a furious glance at him
c (= *émettre*) [+ *accusations, injures*] to hurl; [+ *avertissement, mandat d'arrêt*] to issue; [+ *théorie*] to put forward; [+ *appel*] to launch; [+ *SOS, signal, invitation*] to send out • **~ un cri** to cry out
d (= *faire démarrer, déclencher*) [+ *navire, projet, entreprise, attaque*] to launch; [+ *voiture*] to get up to speed; [+ *processus, discussion*] to start; [+ *emprunt*] to issue; [+ *idée*] to come up with • **~ une application** to launch an application • **~ une impression** to print • **une fois lancé, on ne peut plus l'arrêter!** once he gets warmed up there's no stopping him!
e (= *faire connaître*) to launch • **~ qn dans la politique** to launch sb into politics • **c'est ce film qui l'a lancé** it was this film that launched his career
2 (VPR) **se lancer a** (*mutuellement*) [+ *balle*] to throw to each other; [+ *injures, accusations*] to exchange
b (= *sauter*) to leap; (= *se précipiter*) to rush • **se ~ dans le vide** to leap into space • **se ~ à l'assaut** to leap to the attack
c (= *s'engager*) **se ~ à la recherche de** to go off in search of • **se ~ dans** [+ *aventure, dépenses, travaux, grève*] to embark on; [+ *discussion*] to launch into; [+ *métier, politique*] to go into; [+ *bataille*] to pitch into • **se ~ dans la production de qch** to start producing sth
3 (NM) (*Sport*) throw • **~ franc** free throw • **le ~ du disque/du javelot/du marteau** the discus/javelin/hammer • **le ~ du poids** putting the shot • **pêche au ~** casting
lance-roquettes [lɑ̃sʀɔkɛt] (NM INV) rocket launcher
lance-torpilles [lɑ̃stɔʀpij] (NM INV) torpedo tube
lanceur, -euse [lɑ̃sœʀ, øz] **1** (NM,F) **a** (*Sport*) [*de disque, javelot, marteau, pierres*] thrower; (*Cricket*) bowler; (*Baseball*) pitcher • **~ de poids** shot putter **b** **~ d'alerte** whistleblower **2** (NM) (= *engin*) launcher • **~ d'engins/de satellites** missile/satellite launcher
lancinant, e [lɑ̃sinɑ̃, ɑ̃t] (ADJ) **a** [*douleur*] shooting **b** [*souvenir, musique*] haunting; [*question*] nagging
landau [lɑ̃do] (NM) (= *voiture d'enfant*) pram (*Brit*), baby carriage (*US*)
lande [lɑ̃d] **1** (NF) moor **2** (NFPL) **les Landes** the Landes (*area in south-west France*)
langage [lɑ̃gaʒ] (NM) language • **~ parlé** spoken language • **tenir un double ~** to use double talk ▸ **langage machine** machine language ▸ **langage de programmation** programming language

> Le mot anglais s'écrit avec un **u** après le premier **g**.

langer [lɑ̃ʒe] /TABLE 3/ (VT) [+ *bébé*] to change • **table/matelas à ~** changing table/mat
langoureusement [lɑ̃guʀøzmɑ̃] (ADV) languorously
langoureux, -euse [lɑ̃guʀø, øz] (ADJ) languorous
langouste [lɑ̃gust] (NF) lobster
langoustine [lɑ̃gustin] (NF) langoustine
langue [lɑ̃g] **1** (NF) **a** (= *organe*) tongue • **tirer la ~** to stick out one's tongue • **le chien lui a donné un coup de ~** the dog licked him • **avoir la ~ bien pendue** to be a

bit of a gossip • **il ne sait pas tenir sa ~** he can't hold his tongue • **il n'a pas la ~ dans sa poche** he's never at a loss for words • **tu as avalé ta ~?** has the cat got your tongue? • **je donne ma ~ au chat!** I give in! • **je l'ai sur le bout de la ~** it's on the tip of my tongue • **je ne voudrais pas être mauvaise ~ mais ...** I don't want to gossip but ... • **elle a une ~ de vipère** she's got a vicious tongue
b (= *langage*) language • **~ étrangère/parlée** foreign/spoken language • **elle a pris allemand en première ~** she's taken German as her first foreign language • **les gens de ~ anglaise** English-speaking people
2 (COMP) ▸**langue de bois** waffle* ▸**langue maternelle** mother tongue ▸**langue populaire** (*idiome*) popular language; (*usage*) popular speech ▸**langue de terre** strip of land ▸**langue verte** slang

languette [lɑ̃gɛt] (NF) [*de bois, cuir*] tongue; [*de papier*] narrow strip

languir [lɑ̃giʀ] /TABLE 2/ (VI) **a** (= *dépérir*) to languish • **~ d'amour pour qn** to be languishing with love for sb **b** (= *attendre*) **faire ~ qn** to keep sb waiting

lanière [lanjɛʀ] (NF) [*de cuir*] strap; [*d'étoffe*] strip • **découper qch en ~s** to cut sth into strips • **sandales à ~s** strappy sandals

lanterne [lɑ̃tɛʀn] (NF) lantern; (*électrique*) lamp • **éclairer la ~ de qn** to enlighten sb ▸**lanterne magique** magic lantern ▸**lanterne rouge** **être la ~ rouge** to lag behind

Laos [laɔs] (NM) Laos

laotien, -ienne [laɔsjɛ̃, jɛn] **1** (ADJ) Laotian **2** (NM) (= *langue*) Laotian **3** (NM,F) **Laotien(ne)** Laotian

lapalissade [lapalisad] (NF) **c'est une ~** it's stating the obvious

laper [lape] /TABLE 1/ (VT) to lap up

lapidaire [lapidɛʀ] (ADJ) [*style, formule*] terse

lapider [lapide] /TABLE 1/ (VT) (= *tuer*) to stone to death; (= *attaquer*) to throw stones at

lapin [lapɛ̃] (NM) (= *animal*) rabbit; (= *fourrure*) rabbit skin • **mon petit ~** my lamb • **poser un ~ à qn*** to stand sb up*

lapis-lazuli [lapislazyli] (NM INV) lapis lazuli

laps [laps] (NM) **~ de temps** period of time • **pendant ce ~ de temps** during this period

lapsus [lapsys] (NM) (*parlé*) slip of the tongue; (*écrit*) slip of the pen • **~ révélateur** Freudian slip • **faire un ~** to make a slip of the tongue (*ou* of the pen)

laque [lak] (NF) (= *vernis*) lacquer; (*pour les cheveux*) hairspray; (*pour les ongles*) nail varnish; (= *peinture*) gloss paint

laqué, e [lake] (ADJ) [*peinture*] gloss • **meubles (en) ~ blanc** furniture with a white gloss finish

laquelle [lakɛl] → **lequel**

larbin* [laʀbɛ̃] (NM) (*péj*) servant • **je ne suis pas ton ~!** I'm not your slave!

lard [laʀ] (NM) (= *gras*) pork fat; (= *viande*) bacon • **~ fumé** ≈ smoked bacon • **un gros ~*** a fat lump*

larder [laʀde] /TABLE 1/ (VT) [+ *viande*] to lard

lardon [laʀdɔ̃] (NM) (= *tranche de lard*) lardon • **petits ~s** diced bacon

largage [laʀgaʒ] (NM) dropping *NonC*; [*d'étage de fusée*] jettisoning *NonC*; [*de module, satellite*] release • **opération de ~** drop • **ils ont cessé les ~s de vivres** they are no longer dropping supplies

large [laʀʒ] **1** (ADJ) **a** (= *grand*) wide; [*lame, dos, visage, main, nez, front*] broad; [*jupe*] full; [*chemise*] loose-fitting; [*pantalon*] baggy • **~ de 3 mètres** 3 metres wide • **avec un ~ sourire** with a broad smile • **ce veston est trop ~** this jacket is too big across the shoulders • **être ~ d'épaules** to be broad-shouldered • **être ~ de hanches** to have wide hips
b [*pouvoirs, diffusion, extraits*] extensive; [*choix, gamme*] wide • **une ~ majorité** a big majority • **destiné à un ~ public** designed for a wide audience • **au sens ~ du terme** in the broad sense of the term
c (= *généreux*) generous
d (= *tolérant*) **il est ~ d'esprit** • **il a les idées ~s** he's very broad-minded
2 (ADV) **calculer ~** to allow a bit extra in one's calculations • **prends un peu plus d'argent, il vaut mieux prévoir ~** take a bit more money, it's better to allow a bit extra
3 (NM) **a** (= *largeur*) **une avenue de 8 mètres de ~** an avenue 8 metres wide
b (= *haute mer*) **le ~** the open sea • **le grand ~** the high seas • **gagner le ~** to reach the open sea • **au ~ de Calais** off Calais • **prendre le ~*** to clear off*

largement [laʀʒəmɑ̃] (ADV) **a** [*répandre, diffuser*] widely • **idée ~ répandue** widely held view **b** (= *amplement, de beaucoup*) greatly • **~ battu** heavily defeated • **ce succès dépasse ~ nos prévisions** this success greatly exceeds our expectations • **ce problème dépasse ~ ses compétences** this problem is way beyond his capabilities • **elle vaut ~ son frère** she's every bit as good as her brother • **vous avez ~ le temps** you have plenty of time • **c'est ~ suffisant** that's plenty **c** (= *au moins*) at least • **il a ~ 50 ans** he's at least fifty

largeur [laʀʒœʀ] (NF) width; [*de lame, dos, visage, main, nez, front*] breadth • **sur toute la ~** all the way across • **dans le sens de la ~** widthwise • **quelle est la ~ de la fenêtre?** how wide is the window? • **~ d'esprit** broad-mindedness

largué*, e [laʀge] *ptp de* **larguer** (ADJ) **être ~** to be all at sea* • **je suis complètement ~ en maths** I haven't got a clue about maths

larguer [laʀge] /TABLE 1/ (VT) **a** [+ *voile*] to let out • **~ les amarres** to cast off **b** [+ *parachutiste, bombe, vivres, tracts*] to drop; [+ *étage de fusée*] to jettison; [+ *cabine spatiale, satellite*] to release **c** (= *se débarrasser de*)* to drop • **il s'est fait ~** he was dumped*

larme [laʀm] (NF) tear • **en ~s** in tears • **avoir les ~s aux yeux** to have tears in one's eyes • **~s de crocodile** crocodile tears • **un peu de vin? — juste une ~** some wine? — just a drop

larve [laʀv] (NF) larva; (= *asticot*) grub • **~ humaine** worm

larvé, e [laʀve] (ADJ) latent

laryngite [laʀɛ̃ʒit] (NF) laryngitis *NonC* • **il a une ~** he's got laryngitis

larynx [laʀɛ̃ks] (NM) larynx

las, lasse [lɑ, lɑs] (ADJ) (*frm*) weary • **~ de faire qch** tired of doing sth

lasagnes [lazaɲ] (NFPL) lasagne

lascif, -ive [lasif, iv] (ADJ) lascivious

laser [lazɛʀ] (NM) laser • **disque/rayon ~** laser disc/beam • **au ~** [*nettoyer, détruire, découper*] using a laser • **guidé au ~** laser-guided

lassant, e [lasɑ̃, ɑ̃t] (ADJ) tiresome

L

lasser [lɑse] /TABLE 1/ **1** (VT) [+ *personne*] to tire **2** (VPR) **se lasser** **se ~ de qch/de faire qch** to grow tired of sth/of doing sth

lassitude [lɑsityd] (NF) weariness *NonC* • **avec ~** wearily

lasso [laso] (NM) lasso • **prendre au ~** to lasso

latent, e [latɑ̃, ɑ̃t] (ADJ) latent • **à l'état ~** latent

latéral, e (*mpl* **-aux**) [lateʀal, o] (ADJ) side

latéralement [lateʀalmɑ̃] (ADV) laterally; [*être situé*] on the side; [*arriver, souffler*] from the side

latex [latɛks] (NM INV) latex

latin, e [latɛ̃, in] **1** (ADJ) Latin **2** (NM) (= *langue*) Latin

latiniste [latinist] (NMF) (= *spécialiste*) Latin scholar; (= *enseignant*) Latin teacher

latino* [latino] (ADJ, NMF) Latino

latino-américain, e (*mpl* **latino-américains**) [latinoameʀikɛ̃, ɛn] **1** (ADJ) Latin-American **2** (NM,F) **Latino-Américain(e)** Latin-American

latitude [latityd] (NF) **a** (= *position*) latitude • **Paris est à 48° de ~ nord** Paris is situated at latitude 48° north **b** (= *liberté*) **avoir toute ~ pour faire qch** to have a free hand to do sth • **laisser/donner toute ~ à qn** to allow/give sb a free hand • **on a une certaine ~** we have some leeway

latte [lat] (NF) [*de plancher*] board; [*de fauteuil, sommier, store*] slat

laudatif, -ive [lodatif, iv] (ADJ) laudatory

lauréat, e [lɔʀea, at] **1** (ADJ) prize-winning **2** (NM,F) prize-winner • **les ~s du prix Nobel** the Nobel laureates

laurier [lɔʀje] (NM) (= *arbre*) bay tree • **feuille de ~** bayleaf • **se reposer sur ses ~s** to rest on one's laurels

laurier-rose (*pl* **lauriers-roses**) [lɔʀjeʀoz] (NM) oleander

lavable [lavabl] (ADJ) washable • **~ en machine** machine-washable

lavabo [lavabo] **1** (NM) washbasin (*Brit*), washbowl (*US*) **2** (NMPL) **les ~s** the toilets

lavage [lavaʒ] (NM) wash • **on a dû faire trois ~s** it had to be washed three times • **« ~ à la main »** "hand wash only" • **« ~ en machine »** "machine wash" • **ça a rétréci au ~** it shrunk in the wash • **ton chemisier est au ~** your blouse is in the wash • **on lui a fait un ~ d'estomac** he had his stomach pumped ▸ **lavage de cerveau** brainwashing

lavande [lavɑ̃d] (NF) lavender • **bleu ~** lavender blue

lave [lav] (NF) lava *NonC*

lave-auto (*pl* **lave-autos**) [lavoto] (NM) (*Can*) car wash

lave-glace (*pl* **lave-glaces**) [lavglas] (NM) windscreen (*Brit*) *ou* windshield (*US*) washer

lave-linge [lavlɛ̃ʒ] (NM INV) washing machine • **~ séchant** washer-dryer

lave-mains [lavmɛ̃] (NM INV) small washbasin (*Brit*) *ou* washbowl (*US*)

lavement [lavmɑ̃] (NM) enema

laver [lave] /TABLE 1/ **1** (VT) **a** (= *nettoyer*) to wash; [+ *plaie*] to clean • **~ à grande eau** [+ *sol*] to wash down; [+ *trottoir, pont de navire*] to sluice down • **~ la vaisselle** to wash the dishes • **il faut ~ son linge sale en famille** it doesn't do to wash one's dirty linen in public

b [+ *affront, injure*] to avenge; [+ *péchés, honte*] to expiate • **~ qn d'une accusation/d'un soupçon** to clear sb of an accusation/of suspicion

2 (VPR) **se laver** **a** [*personne*] to wash • **se ~ la figure/les mains** to wash one's face/one's hands • **se ~ les dents** to clean one's teeth • **se ~ d'une accusation** to clear o.s. of a charge • **je m'en lave les mains** I wash my hands of it

b [*vêtement, tissu*] **ça se lave en machine** it's machine-washable • **ça se lave à la main** it has to be hand-washed

laverie [lavʀi] (NF) laundry • **~ (automatique)** Launderette® (*Brit*), Laundromat® (*US*)

lavette [lavɛt] (NF) **a** (= *chiffon*) dishcloth; (*Belg, Helv* = *gant de toilette*) face flannel (*Brit*), washcloth (*US*) **b** (= *lâche*) wimp*

laveur [lavœʀ] (NM) **~ de carreaux** window cleaner

laveuse [lavøz] (NF) (*Can* = *lave-linge*) washing machine

lave-vaisselle [lavvɛsɛl] (NM INV) dishwasher

lavis [lavi] (NM) wash drawing

lavoir [lavwaʀ] (NM) (*découvert*) washing-place; (= *édifice*) wash house; (= *bac*) washtub

laxatif, -ive [laksatif, iv] (ADJ, NM) laxative

laxisme [laksism] (NM) (= *laisser-aller*) spinelessness • **le gouvernement est accusé de ~ à l'égard des syndicats** the government is accused of being too lax with the trade unions

laxiste [laksist] (ADJ) lax

layette [lɛjɛt] (NF) baby clothes • **rayon ~** [*de magasin*] babywear department • **bleu ~** baby blue

---

le [lə], **la** [la]

1 ARTICLE	2 PRONOM

1 ARTICLE

> ▷ **à + le = au, à + les = aux, de + le = du, de + les = des**

a the • **le propriétaire de la voiture** the owner of the car • **les parcs de la ville** the parks in the town • **l'hiver 1998** the winter of 1998 • **le premier lundi du mois** the first Monday in the month • **il est parti le 5 mai** he left on 5 May

b (= *par*) a • **50 € le mètre** 50 euros a metre • **50 € le litre** 50 euros a litre • **deux fois l'an** twice a year

c (*fraction*) a • **le quart de la population** a quarter of the population • **j'en ai fait à peine le dixième** I have hardly done a tenth of it

d (*dans les généralisations, avec les noms non comptables*)

> ▷ L'article défini français n'est pas traduit en anglais dans les généralisations, avec les noms non comptables et dans certaines expressions de temps.

• **j'aime la musique** I like music • **le thé et le café sont chers** tea and coffee are expensive • **je déteste le whisky** I hate whisky • **l'hiver dernier** last winter • **l'hiver prochain** next winter • **il ne travaille pas le samedi** he doesn't work on Saturdays

e (*possession*)

> ▷ Lorsque l'article se réfère à une partie du corps d'une personne définie, il se traduit généralement par le possessif, sauf après **to have**.

• **elle a ouvert les yeux** she opened her eyes • **il s'est cassé la jambe** he broke his leg • **il a les cheveux noirs** he has black hair

2 PRONOM

> L'anglais utilise **it** et non **him** ou **her** pour parler d'objets.

ⓐ (objet direct) (*= chose, animal dont on ignore le sexe*) it; (*= homme, enfant ou animal mâle*) him; (*= femme, enfant ou animal femelle*) her • **une araignée! tue-la!** a spider! kill it! • **je te prête cette robe, mets-la pour aller à la fête** I'll lend you this dress, you can wear it to the party • **je ne le connais pas** I don't know him • **je ne la connais pas** I don't know her • **voilà Jean, regarde-le, il est en pyjama** there's Jean, look at him, he's in his pyjamas

ⓑ (= cela) it • **il ne l'envisage plus** he's no longer considering it • **demande-le-lui** ask him • **il était ministre, il ne l'est plus** he used to be a minister but he isn't any longer

ⓒ ▸ **les** them • **je ne les connais pas** I don't know them • **appelle-les!** call them!

---

lé [le] (NM) [*de papier peint*] length

LEA [ɛlea] (NM) (ABR DE **langues étrangères appliquées**) modern languages

leader, leadeur [lidœʀ] (NM) ⓐ leader • **cette entreprise est ~ sur son marché** this company is the market leader; (*Commerce*) **produit ~** leader, leading product ⓑ (*Presse*) leader, leading article

leadership○ [lidœʀʃip] (NM) [*de parti*] leadership; [*d'entreprise*] leading position; (*= dirigeants*) leaders • **ils ont pris le ~ dans ce secteur** they have taken the lead in this sector

leasing [liziŋ] (NM) leasing • **acheter qch en ~** to buy sth leasehold

lèche* [lɛʃ] (NF) **faire de la ~** to be a bootlicker* • **faire de la ~ à qn** to lick sb's boots*

lèche-botte* (*pl* **lèche-bottes**) [lɛʃbɔt] (NMF) bootlicker*

lèche-cul** (*pl* **lèche-culs**) [lɛʃky] (NMF) arse-licker** (*Brit*), ass-kisser** (*US*)

lèchefrite [lɛʃfʀit] (NF) roasting tin

lécher [leʃe] /TABLE 6/ (VT) ⓐ (*= sucer*) to lick; [*vagues*] to lap against • **se ~ les doigts** to lick one's fingers • **~ les bottes de qn*** to lick sb's boots* • **~ le cul à qn**** to lick sb's arse** (*Brit*), to kiss sb's ass** (*US*) ⓑ (*= fignoler*)* **un article bien léché** a polished article • **trop léché** over-polished

lèche-vitrine* (*pl* **lèche-vitrines**) [lɛʃvitʀin] (NM) window-shopping • **faire du ~** to go window-shopping

leçon [l(ə)sɔ̃] (NF) ⓐ (*Scol*) (*= cours*) lesson; (*= devoirs*) homework *NonC* • **~ de piano** piano lesson • **~s particulières** private lessons • **elle a bien appris sa ~** she's learnt her homework thoroughly • **il pourrait vous donner des ~s** he could teach you a thing or two

ⓑ (*= conseil*) advice • **je n'ai pas de ~ à recevoir de toi** I don't need your advice • **je n'ai pas besoin de tes ~s de morale** I don't need your moralizing • **faire la ~ à qn** (*= le réprimander*) to give sb a lecture

ⓒ (*= enseignement*) lesson • **que cela te serve de ~** let that be a lesson to you • **cela m'a servi de ~** it taught me a lesson • **nous avons tiré la ~ de notre échec** we learnt a lesson from our failure • **ça a échoué, il faut en tirer la ~** it failed and we should learn from that

lecteur, -trice [lɛktœʀ, tʀis] 1 (NM,F) ⓐ [*de livre, magazine*] reader ⓑ (*à l'université*) foreign language assistant 2 (NM) **~ de cassettes/de CD/(de) MP3** cassette/CD player/MP3 • **~ de disquettes/de CD-ROM** disk/CD-ROM drive • **~ de DVD** [*de salon*] DVD player; [*d'ordinateur*] DVD drive • **~ optique** optical scanner

lecteur-enregistreur (*pl* **lecteurs-enregistreurs**) [lɛktœʀɑ̃ʀ(ə)ʒistʀœʀ] (NM) **~ de DVD** DVD player/recorder

lectorat [lɛktɔʀa] (NM) [*de magazine*] readership

lecture [lɛktyʀ] (NF) ⓐ [*de document, livre*] reading • **faire la ~ à qn** to read to sb • **le projet a été accepté en seconde ~** the bill passed its second reading ⓑ (*= livre*) **apportez-moi de la ~** bring me something to read • **quelles sont vos ~s favorites?** what do you like reading? ⓒ [*de CD, cassette, disque dur*] **appuyer sur « ~ »** press "play" • **~ optique** (*= procédé*) optical character recognition; (*= action*) optical scanning • **en ~ seule** read-only

> ⚠ **lecture** ne se traduit pas par le mot anglais **lecture**.

LED [lɛd] (NF) (ABR DE **light-emitting diode**) LED

légal, e (*mpl* **-aux**) [legal, o] (ADJ) legal • **cours ~ d'une monnaie** official rate of exchange of a currency • **monnaie ~e** legal tender → **fête, médecine**

légalement [legalmɑ̃] (ADV) legally

légalisation [legalizasjɔ̃] (NF) legalization

légaliser [legalize] /TABLE 1/ (VT) to legalize

légalité [legalite] (NF) legality • **rester dans la ~** to keep within the law • **en toute ~** quite legally

légendaire [leʒɑ̃dɛʀ] (ADJ) legendary

légende [leʒɑ̃d] (NF) ⓐ (*= histoire, mythe*) legend • **entrer dans la ~** to become a legend • **~ urbaine** urban myth, urban legend ⓑ [*de dessin*] caption; [*de carte*] key • **« sans ~ »** "no caption"

léger, -ère [leʒe, ɛʀ] 1 (ADJ) ⓐ (*= de faible poids, délicat*) light • **cuisine légère** low-fat cooking • **~ comme une plume** as light as a feather • **je me sens plus ~** (*= moins lourd*) I feel lighter; (*= soulagé*) that's a weight off my mind • **il est parti d'un pas ~** he walked away with a spring in his step

ⓑ (*= faible*) [*brise, accent, augmentation, amélioration*] slight; [*bruit*] faint; [*thé*] weak; [*vin, coup, maquillage*] light; [*blessure*] minor; [*punition, tabac*] mild

ⓒ (*= superficiel*) [*preuve, argument*] flimsy

ⓓ (*= frivole*) [*personne*] fickle; [*propos*] ribald; [*livre*] light

▸ **à la légère** [*parler, agir*] thoughtlessly • **il prend toujours tout à la légère** he never takes anything seriously

2 (ADV) **voyager ~** to travel light • **manger ~** to avoid fatty foods

légèrement [leʒɛʀmɑ̃] (ADV) ⓐ [*maquillé, parfumé*] lightly ⓑ (*= un peu*) slightly • **~ plus grand** slightly bigger • **~ surpris** slightly surprised • **il boite ~** he has a slight limp ⓒ (*= à la légère*) thoughtlessly

légèreté [leʒɛʀte] (NF) ⓐ [*d'objet, style, repas*] lightness ⓑ [*de punition*] mildness ⓒ [*de conduite, propos*] thoughtlessness • **faire preuve de ~** to behave thoughtlessly

légiférer [leʒifeʀe] /TABLE 6/ (VI) to legislate (**en matière de** on)

l

légion [leʒjɔ̃] (NF) legion • **la Légion (étrangère)** the Foreign Legion • **Légion d'honneur** Legion of Honour

LÉGION D'HONNEUR
Created by Napoleon in 1802, the **Légion d'honneur** is a prestigious order awarded for either civil or military achievements. The order is divided into five "classes": "chevalier" (the lowest), "officier", "commandeur", "grand officier" and "grand-croix" (the highest). Full regalia consists of medals and sashes but on less formal occasions these are replaced by a discreet red ribbon or rosette (according to rank) worn on the lapel.

légionnaire [leʒjɔnɛʀ] (NM) legionnaire
législateur, -trice [leʒislatœʀ, tʀis] (NM,F) (= *personne*) legislator
législatif, -ive [leʒislatif, iv] **1** (ADJ) legislative **2** (NF) **les législatives** the legislative elections **3** (NM) **le ~** legislature → ÉLECTIONS
législation [leʒislasjɔ̃] (NF) legislation • **~ du travail** labour laws
législature [leʒislatyʀ] (NF) (= *durée*) term of office; (= *corps*) legislature
légitime [leʒitim] (ADJ) legitimate; [*union, femme*] lawful; [*colère*] justified • **en état de ~ défense** in self-defence
légitimement [leʒitimmɑ̃] (ADV) rightfully; (= *juridiquement*) legitimately
légitimer [leʒitime] /TABLE 1/ (VT) to legitimate
légitimité [leʒitimite] (NF) legitimacy
legs [lɛg] (NM) legacy • **faire un ~ à qn** to leave sb a legacy
léguer [lege] /TABLE 6/ (VT) to bequeath; [+ *tradition*] to hand down
légume [legym] **1** (NM) vegetable • **~s secs** pulses • **~s verts** green vegetables **2** (NF) (= *personne*) **grosse ~*** bigwig*
leitmotiv [lɛtmɔtiv, lajtmɔtif] (NM) leitmotif
Léman [lemɑ̃] (NM) **le ~** Lake Geneva
lemme [lɛm] (NM) lemma
lémurien [lemyʀjɛ̃] (NM) lemur
lendemain [lɑ̃dmɛ̃] (NM) **le ~** the next day • **le ~ de son arrivée** the day after his arrival • **le ~ matin** the next morning • **au ~ des élections** just after the election • **penser au ~** to think of tomorrow • **succès sans ~** short-lived success • **ils vont connaître des ~s difficiles** they're in for a tough time
lénifiant, e [lenifjɑ̃, ɑ̃t] (ADJ) [*discours, propos*] emollient
lent, e[1] [lɑ̃, lɑ̃t] (ADJ) slow • **les résultats sont ~s à venir** the results are slow coming • **« véhicules ~s »** "slow-moving vehicles"
lente[2] [lɑ̃t] (NF) [*de pou*] nit
lentement [lɑ̃tmɑ̃] (ADV) slowly • **~ mais sûrement** slowly but surely
lenteur [lɑ̃tœʀ] (NF) slowness • **avec ~** slowly • **ce train est d'une ~ !** this train is so slow! • **des retards dus à des ~s administratives** delays due to slow administrative procedures
lentille [lɑ̃tij] **1** (NF) **a** (= *graine*) lentil • **~s d'eau** duckweed **b** (*optique*) lens **2** (COMP) ▸ **lentilles de contact** contact lenses ▸ **lentilles dures** hard contact lenses ▸ **lentilles souples** soft contact lenses
léopard [leɔpaʀ] (NM) leopard
LEP [lɛp] (NM) (ABR DE **lycée d'enseignement professionnel**) → **lycée**
lèpre [lɛpʀ] (NF) leprosy
lépreux, -euse [lepʀø, øz] (NM,F) leper
lequel [ləkɛl], **laquelle** [lakɛl]

> Masculine plural = **lesquels**, feminine plural = **lesquelles**.

> **à + lequel = auquel, à + lesquel(le)s = auxquel(le)s, de + lequel = duquel, de + lesquel(le)s = desquel(le)s**

(PRON) **a** (*relatif*) (*personne : sujet*) who; (*personne : objet*) whom; (*chose*) which • **j'ai écrit au directeur, ~ n'a jamais répondu** I wrote to the manager, who never answered • **la patience avec laquelle il écoute** the patience with which he listens

> **lequel** n'est souvent pas traduit en anglais lorsqu'il accompagne une préposition ; sans pronom relatif, la préposition est souvent renvoyée en fin de phrase.

• **c'est un problème auquel je n'avais pas pensé** that's a problem I hadn't thought of • **les gens chez lesquels j'ai logé** the people I stayed with
b (*interrogatif*) which • **~ des deux préférez-vous ?** which of the two do you prefer? • **dans ~ de ces hôtels avez-vous logé ?** which of these hotels did you stay in? • **laquelle des chambres est la sienne ?** which of the rooms is his? • **donnez-moi deux melons — lesquels ?** give me two melons — which ones?
les [le] → **le**
lesbien, -ienne [lɛsbjɛ̃, jɛn] (ADJ, NF) lesbian
léser [leze] /TABLE 6/ (VT) **a** [+ *personne*] to wrong; [+ *intérêts*] to damage • **la partie lésée** the injured party • **se sentir lésé** to feel cheated **b** [+ *organe*] to injure
lésiner [lezine] /TABLE 1/ (VI) **ne pas ~ sur les moyens** to use all the means at one's disposal; (*pour mariage, repas*) to pull out all the stops*
lésion [lezjɔ̃] (NF) lesion • **~s internes** internal injuries
lessivable [lesivabl] (ADJ) washable
lessive [lesiv] (NF) **a** (= *poudre*) washing powder (*Brit*), laundry detergent (*US*); (= *liquide*) liquid detergent **b** (= *lavage*) washing *NonC* • **faire la ~** to do the washing • **faire quatre ~s par semaine** to do four washes a week **c** (= *linge*) washing *NonC*
lessiver [lesive] /TABLE 1/ (VT) **a** (= *laver*) to wash **b** (= *fatiguer*)* to tire out • **être lessivé** to be dead-beat*
lest [lɛst] (NM) ballast • **lâcher du ~** to dump ballast, to make concessions
leste [lɛst] (ADJ) **a** (= *agile*) nimble **b** (= *grivois*) risqué
lester [lɛste] /TABLE 1/ (VT) **a** (= *garnir de lest*) to ballast **b** (= *remplir*) [+ *poches*]* to fill
let [lɛt] (NM) (*Tennis*) let • **balle ~** let ball
létal, e (*mpl* **-aux**) [letal, o] (ADJ) lethal
léthargie [letaʀʒi] (NF) lethargy
léthargique [letaʀʒik] (ADJ) lethargic
letton, -one [letɔ̃, ɔn] **1** (ADJ) Latvian **2** (NM) (= *langue*) Latvian **3** (NM,F) **Letton(e)** Latvian
Lettonie [lɛtɔni] (NF) Latvia
lettre [lɛtʀ] **1** (NF) **a** (= *caractère*) letter • **écrivez la somme en (toutes) ~s** write out the sum in full • **c'est en toutes ~s dans les journaux** it's there in black and white in the newspapers
b (= *missive*) letter • **prendre qch au pied de la ~** to

take sth literally • **rester ~ morte** to go unheeded • **Anne Lemoine, féministe avant la ~** Anne Lemoine, a feminist before the term existed

2 NFPL **lettres** ⓐ (*= littérature*) **les (belles) ~s** literature ⓑ (*à l'université, au collège*) arts subjects; (*= français*) French • **professeur de ~s** French teacher • **~s classiques** classics *sg* • **~s modernes** (*= discipline*) French

3 COMP ▸ **lettre d'amour** love letter ▸ **lettre de change** bill of exchange ▸ **lettres de noblesse donner ses ~s de noblesse à** to lend credibility to ▸ **lettre ouverte** open letter ▸ **lettre de rappel** reminder ▸ **lettre de recommandation** letter of recommendation ▸ **lettre de rupture** letter ending a relationship

lettré, e [letʀe] **1** ADJ well-read **2** NM,F man (*ou* woman) of letters

leucémie [løsemi] NF leukaemia (*Brit*), leukemia (*US*)

leucocyte [løkɔsit] NM white blood cell

leur [lœʀ] **1** PRON PERS them • **je le ~ ai dit** I told them • **il ~ est facile de le faire** it is easy for them to do it

2 ADJ POSS their • **~ jardin est très beau** their garden is very beautiful • **ils ont passé tout ~ dimanche à travailler** they spent all Sunday working

3 PRON POSS **le leur** • **la leur** theirs • **les leurs** theirs

4 NM ⓐ (*= énergie, volonté*) **ils y ont mis du ~** they pulled their weight

ⓑ **les ~s** (*= famille*) their family; (*= partisans*) their people • **nous étions des ~s** we were with them • **l'un des ~s** one of their people

leurre [lœʀ] NM (*= illusion*) delusion; (*= piège*) trap; (*Pêche*) lure; (*Chasse, Mil*) decoy

leurrer [lœʀe] /TABLE 1/ VT [*+ personne*] to delude • **ne vous leurrez pas** don't delude yourself

levain [ləvɛ̃] NM leaven • **sans ~** unleavened • **pain au ~** *traditionally made bread*

levant [ləvɑ̃] **1** NM (*= est*) east **2** ADJ **soleil ~** rising sun

levé, e[1] [l(ə)ve] *ptp de* **lever** ADJ (*= sorti du lit*) **être ~** to be up • **il n'est pas encore ~** he isn't up yet

levée[2] [l(ə)ve] **1** NF ⓐ [*de blocus, siège*] raising; [*de séance*] closing; [*d'interdiction, punition*] lifting • **ils ont voté la ~ de son immunité parlementaire** they voted to take away his parliamentary immunity ⓑ (*Poste*) collection ⓒ (*Cartes*) trick • **faire une ~** to take a trick **2** COMP ▸ **levée de boucliers** outcry

lever [l(ə)ve] /TABLE 5/ **1** VT ⓐ (*= soulever*) [*+ poids, objet*] to lift; [*+ main, bras, tête*] to raise; [*+ vitre*] to wind up • **levez la main** put your hand up • **lève les pieds quand tu marches** pick your feet up when you walk • **~ les yeux** to look up • **~ l'ancre** to weigh anchor; (*fig*)* to make tracks* • **~ les yeux au ciel** to raise one's eyes heavenwards • **~ le camp** to break camp; (*= partir*) to clear off* • **~ le siège** to raise the siege; (*= partir*) to clear off* • **~ la patte** (*pour uriner*) to lift its leg • **~ le pied** (*= ralentir*) to slow down • **~ la main sur qn** to raise one's hand to sb • **~ le rideau** to raise the curtain • **~ son verre à la santé de qn** to raise one's glass to sb

ⓑ (*= arrêter*) [*+ blocus*] to raise; [*+ séance, audience*] to bring to an end; [*+ obstacle, difficulté, scellés*] to remove; [*+ interdiction, sanction, restriction*] to lift; [*+ ambiguïté*] to clear up; [*+ immunité parlementaire*] to take away • **on lève la séance ?*** shall we call it a day?

ⓒ (*= prélever*) [*+ impôts*] to levy; [*+ fonds*] to raise; (*Cartes*) [*+ pli*] to take; [*+ morceau de viande*] to remove • **~ les filets d'un poisson** to fillet a fish

ⓓ (*= chasser*) [*+ lapin*] to start; [*+ perdrix*] to flush; [*+ femme*]*‡ to pick up*

ⓔ (*= sortir du lit*) [*+ enfant, malade*] to get up

2 VI [*plante, blé*] to come up; [*pâte*] to rise

3 VPR **se lever** ⓐ (*= se mettre debout*) to stand up • **se ~ de table/de sa chaise** to get down from the table/get up from one's chair • **le professeur les fit se ~** the teacher made them stand up • **levez-vous !** stand up!

ⓑ (*= sortir du lit*) to get up • **se ~ tôt** to get up early • **ce matin, il s'est levé du pied gauche** he got out of bed on the wrong side this morning • **il faut se ~ de bonne heure pour le convaincre !*** you'll have your work cut out to persuade him

ⓒ [*soleil, lune*] to rise; [*jour*] to break; [*vent*] to get up; [*brume*] to lift; [*rideau, main*] to go up • **le soleil n'était pas encore levé** the sun had not yet risen • **ça se lève** the weather is clearing

4 NM ⓐ **~ de soleil** sunrise • **le ~ du jour** daybreak • **il partit dès le ~ du jour** he left at daybreak • **le ~ du rideau** (*= commencement d'une pièce*) curtain up • **en ~ de rideau** as a curtain-raiser

ⓑ (*= réveil*) **prenez trois comprimés au ~** take three tablets when you get up

lève-tard [lɛvtaʀ] NMF INV late riser

lève-tôt [lɛvto] NMF INV early riser

lève-vitre (*pl* **lève-vitres**) [lɛvvitʀ] NM window winder • **~ électrique** electric window

levier [ləvje] NM lever • **~ de commande** control lever • **~ de changement de vitesse** gear lever (*Brit*), gearshift (*US*)

lévitation [levitasjɔ̃] NF levitation • **être en ~** to be levitating

lèvre [lɛvʀ] NF lip; [*de plaie*] edge • **le sourire aux ~s** with a smile on one's lips • **la cigarette aux ~s** with a cigarette between one's lips • **son nom est sur toutes les ~s** his name is on everyone's lips

lévrier [levʀije] NM greyhound

levure [l(ə)vyʀ] NF (*= ferment*) yeast • **~ de boulanger** baker's yeast • **~ chimique** baking powder

lexical, e (*mpl* **-aux**) [lɛksikal, o] ADJ lexical

lexique [lɛksik] NM (*= ouvrage*) glossary; (*= mots*) lexicon

lézard [lezaʀ] NM (*= animal*) lizard; (*= peau*) lizardskin • **y a pas de ~ !*** no problem!*

lézarde [lezaʀd] NF (*= fissure*) crack

lézarder* [lezaʀde] /TABLE 1/ **1** VI to bask in the sun **2** VPR **se lézarder** (*= craquer*) to crack

LGBT [ɛlʒebete] ADJ INV (ABR DE **lesbiennes, gays, bi et trans**) [*association*] LGBT

liaison [ljɛzɔ̃] NF ⓐ (*amoureuse*) affair • **avoir une ~ (avec qn)** to have an affair (with sb)

ⓑ (*= contact*) **assurer la ~ entre les différents services** to liaise between the different departments • **être en ~ avec qn** to be in contact with sb • **travailler en ~ étroite avec qn** to work closely with sb • **agent de ~** liaison officer

ⓒ (*= communication*) link • **~ aérienne/ferroviaire** air/rail link • **les ~s téléphoniques avec le Japon** telephone links with Japan • **je suis en ~ avec notre envoyé spécial à Moscou** I have our special correspondent on the line from Moscow

ⓓ (*entre des mots*) liaison • **faire la ~** to make a liaison

liane [ljan] (NF) creeper
liant, liante [ljɑ̃, ljɑ̃t] (ADJ) *[personne]* sociable
liasse [ljas] (NF) *[de billets]* wad; *[de papiers]* bundle
Liban [libɑ̃] (NM) **le ~** Lebanon
libanais, e [libanɛ, ɛz] 1 (ADJ) Lebanese 2 (NM,F) **Libanais(e)** Lebanese
libellé [libele] (NM) wording • **quel est le ~ du chèque?** who is the cheque made out to?
libeller [libele] /TABLE 1/ (VT) *[+ chèque]* to make out (**à l'ordre de** to) • **sa lettre était ainsi libellée** so went his letter
libellule [libelyl] (NF) dragonfly
libéral, e (*mpl* **-aux**) [libeʀal, o] 1 (ADJ) ⓐ (*Politique*) Liberal ⓑ **économie ~e** free-market economy • **travailler en ~** to be self-employed; *[médecin]* to have a private practice → **profession** ⓒ (*= tolérant*) liberal 2 (NM,F) (*Politique*) Liberal
libéralisation [libeʀalizasjɔ̃] (NF) liberalization
libéraliser [libeʀalize] /TABLE 1/ (VT) to liberalize • **~ la vente des seringues** to lift restrictions on the sale of syringes
libéralisme [libeʀalism] (NM) liberalism
libérateur, -trice [libeʀatœʀ, tʀis] (NM,F) liberator
libération [libeʀasjɔ̃] (NF) ⓐ *[de prisonnier, otage]* release; *[de soldat]* discharge; *[de pays, peuple]* liberation • **mouvement de ~** liberation movement • **la Libération** the Liberation (*of France after WW2*) • **~ conditionnelle** release on parole • **la ~ de la femme** Women's Liberation • **~ sexuelle** sexual liberation ⓑ **~ des prix** price deregulation ⓒ *[d'énergie, électrons]* release
libéré, e [libeʀe] *ptp de* **libérer** (ADJ) liberated
libérer [libeʀe] /TABLE 6/ 1 (VT) ⓐ *[+ prisonnier, otage]* to release; *[+ soldat]* to discharge; *[+ élèves, employés]* to let go; *[+ pays, peuple, ville]* to liberate • **être libéré sur parole** to be released on parole
ⓑ **~ qn de** *[+ liens, dette]* to free sb from; *[+ promesse]* to release sb from • **ça m'a libéré de lui dire ce que je pensais** it was a relief to tell him what I thought
ⓒ *[+ appartement]* to vacate; *[+ étagère]* to clear; *[+ tiroir]* to empty • **nous libérerons la salle à 11 heures** we'll clear the room at 11 o'clock • **~ le passage** to clear the way • **ça a libéré trois postes** it made three jobs available
ⓓ *[+ échanges commerciaux]* to ease restrictions on; *[+ prix]* to decontrol
ⓔ *[+ énergie, gaz]* to release
2 (VPR) **se libérer** ⓐ *[personne]* (*de ses liens*) to free o.s. • **désolé, jeudi je ne peux pas me ~** I'm sorry, I'm not free on Thursday • **je n'ai pas pu me ~ plus tôt** I couldn't get away any earlier
ⓑ *[appartement]* to become vacant; *[place, poste]* to become available
Libéria [libeʀja] (NM) Liberia
libérien, -ienne [libeʀjɛ̃, jɛn] 1 (ADJ) Liberian 2 (NM,F) **Libérien(ne)** Liberian
libériste [libeʀist] (NMF) (*= sportif*) hang-glider
libéro [libeʀo] (NM) libero
liberté [libɛʀte] 1 (NF) ⓐ freedom • **rendre la ~ à un prisonnier** to release a prisoner • **elle a quitté son mari et repris sa ~** she has left her husband and regained her freedom • **laisser en ~** to allow to remain at liberty • **mise en ~** *[de prisonnier]* release • **être/remettre en ~** to be/set free • **les animaux sont en ~ dans le parc** the animals roam free in the park • **~ de la presse** freedom of the press • **~ d'expression** freedom of thought • **~, égalité, fraternité** liberty, equality, fraternity • **~ d'association** right of association • **~s individuelles** individual freedoms • **~s civiles** civil liberties
ⓑ (*= loisir*) **moments de ~** free moments • **son travail ne lui laisse pas beaucoup de ~** his work doesn't leave him much free time
ⓒ (*= absence de contrainte*) **~ de langage** freedom of language • **la ~ de ton de l'émission a choqué** the frank approach of the programme shocked people • **prendre la ~ de faire qch** to take the liberty of doing sth • **prendre des ~s avec** to take liberties with
2 (COMP) ▸ **liberté conditionnelle** parole • **être mis en ~ conditionnelle** to be granted parole ▸ **liberté provisoire** temporary release ▸ **liberté surveillée** release on probation • **être en ~ surveillée** to be on probation
liberticide [libɛʀtisid] (ADJ) freedom-destroying
libertin, e [libɛʀtɛ̃, in] (NM,F) (*= dévergondé*) libertine; (*= libre-penseur*) libertine, freethinker
libido [libido] (NF) libido
libraire [libʀɛʀ] (NMF) bookseller • **en vente chez votre ~** available in all good bookshops
librairie [libʀeʀi] (NF) bookshop (*Brit*), bookstore (*US*) • **~-papeterie** bookseller's and stationer's

> ⚠ **librairie ≠ library**

libre [libʀ] 1 (ADJ) ⓐ (*= sans contrainte*) free; (*= non marié*) unattached • **être ~ de ses mouvements** to be free to do what one pleases • **la ~ circulation des personnes** the free movement of people • **le monde ~** the free world • **~ de faire qch** free to do sth • **être très ~ avec qn** to be very free with sb • **donner ~ cours à sa colère** to give free rein to one's anger • **le sujet de la dissertation est ~** students are free to choose the subject of the essay
ⓑ (*= non occupé*) *[passage, voie]* clear; *[taxi]* for hire; *[personne, place, salle]* free; *[toilettes]* vacant • **poste ~** vacancy • **la ligne n'est pas ~** the line is busy • **heure ~** *ou* **de ~*** free hour; (*à l'école*) free period • **avoir du temps ~** *ou* **de ~*** to have some free time • **êtes-vous ~ ce soir?** are you free this evening?
ⓒ (*= non étatisé*) *[enseignement]* private and Roman Catholic • **école ~** private Roman Catholic school → ÉDUCATION NATIONALE
2 (COMP) ▸ **libre arbitre** NM free will • **avoir son ~ arbitre** to have free will ▸ **libre concurrence, libre entreprise** NF free enterprise
libre-échange (*pl* **libres-échanges**) [libʀeʃɑ̃ʒ] (NM) free trade
librement [libʀəmɑ̃] (ADV) freely • **~ adapté** freely adapted
libre-service (*pl* **libres-services**) [libʀəsɛʀvis] (NM) (*= restaurant*) self-service restaurant; (*= magasin*) self-service store
Libye [libi] (NF) Libya
libyen, -enne [libjɛ̃, ɛn] 1 (ADJ) Libyan 2 (NM,F) **Libyen(ne)** Libyan
lice [lis] (NF) **entrer en ~** to come into contention • **les candidats encore en ~** candidates still in contention
licence [lisɑ̃s] (NF) ⓐ (*= diplôme*) degree • **~ ès lettres** Arts degree • **~ ès sciences** Science degree • **faire une ~ d'anglais** to do a degree in English ⓑ (*= autorisation*) licence (*Brit*), license (*US*); (*Sport*) membership card • ~

globale (*Internet*) blanket licence (*for content downloaded or streamed over the internet*) ⓒ (*= liberté*) ~ **poétique** poetic licence

⚠ Dans le sens de **diplôme**, **licence** ne se traduit pas par **licence**.

LICENCE
The **licence générale** is a three-year university course undertaken in a mainstream subject after completing secondary education. This is roughly equivalent to a bachelor's degree in Britain. The **licence professionnelle** is a one-year course in a vocational subject for students who have completed the first two years of a **licence générale** or who hold a university-level technical qualification.

licencié, e [lisɑ̃sje] 1 (ADJ) **professeur ~** graduate teacher • **elle est ~e** she is a graduate 2 (NM,F) ⓐ **~ ès lettres/en droit** arts/law graduate ⓑ (*Sport*) member

licenciement [lisɑ̃simɑ̃] (NM) redundancy; (*pour faute professionnelle*) dismissal • **lettre de ~** letter of dismissal ▸ **licenciement abusif** unfair dismissal ▸ **licenciement économique** lay-off

licencier [lisɑ̃sje] /TABLE 7/ (VT) to lay off; (*pour faute*) to dismiss

licencieux, -ieuse [lisɑ̃sjø, jøz] (ADJ) (*littér*) licentious

lichen [likɛn] (NM) lichen

licite [lisit] (ADJ) lawful

licorne [likɔʀn] (NF) unicorn

lie [li] (NF) [*de vin*] sediment • **la ~ de l'humanité** the scum of the earth ▸ **lie de vin** ADJ INV wine-coloured

lié, e [lje] *ptp de* **lier** (ADJ) **être très ~ avec qn** to be very close to sb

Liechtenstein [liʃtɛnʃtajn] (NM) Liechtenstein

liège [ljɛʒ] (NM) cork • **bouchon de ~** cork

liégeois, e [ljeʒwa, waz] 1 (ADJ) of *ou* from Liège • **café ~** coffee sundae 2 (NM,F) **Liégeois(e)** inhabitant *ou* native of Liège

lien [ljɛ̃] (NM) ⓐ (*= attache*) bond ⓑ (*= corrélation*) link • **il y a un ~ entre les deux événements** there's a link between the two events ⓒ (*= relation*) **avoir un ~ de parenté avec qn** to be related to sb • **~s du mariage** marriage bonds • **le ~ social** social cohesion

lier [lje] /TABLE 7/ 1 (VT) ⓐ (*= attacher*) to tie • **~ qn à un arbre** to tie sb to a tree ⓑ (*= relier*) to link • **tous ces événements sont étroitement liés** all these events are closely linked ⓒ (*= unir*) to unite • **l'amitié qui les lie** the friendship which unites them • **~ amitié/conversation** to strike up a friendship/a conversation ⓓ (*= obliger*) [*contrat, promesse*] to bind ⓔ [*+ sauce*] to thicken 2 (VPR) **se lier** se **~ d'amitié avec qn** to strike up a friendship with sb • **il ne se lie pas facilement** he doesn't make friends easily

lierre [ljɛʀ] (NM) ivy

liesse [ljɛs] (NF) **en ~** jubilant

lieu¹ (*pl* **lieux**) [ljø] 1 (NM) ⓐ (*= endroit*) place; [*d'événement*] scene • **adverbe de ~** adverb of place • **~ de résidence** place of residence • **sur le ~ de travail** in the workplace • **le club est devenu un ~ de vie important dans le quartier** the club has become a major social centre in the area • **en tous ~x** everywhere • **en ~ sûr** in a safe place

ⓑ (*locutions*) **en premier ~** in the first place • **en dernier ~** lastly • **donner ~ à des critiques** to give rise to criticism

▸ **avoir lieu** (*= se produire*) to take place • **il y a ~ d'être inquiet** there is cause for anxiety • **vous appellerez le médecin, s'il y a ~** send for the doctor if necessary

▸ **tenir lieu de elle lui a tenu ~ de mère** she was like a mother to him • **ce manteau tient ~ de couverture** this overcoat serves as a blanket

▸ **au lieu de** instead of • **tu devrais téléphoner au ~ d'écrire** you should phone instead of writing

2 (NMPL) **lieux** (*= locaux*) premises • **se rendre sur les ~x du crime** to go to the scene of the crime • **être sur les ~x de l'accident** to be at the scene of the accident

3 (COMP) ▸ **lieu commun** cliché ▸ **lieu de naissance** birthplace; (*Admin*) place of birth ▸ **lieu de passage** (*entre régions*) crossroads; (*dans un bâtiment*) place where there's a lot of coming and going ▸ **lieu de rendez-vous** meeting place

lieu² [ljø] (NM) (*= poisson*) **~ jaune** pollack • **~ noir** coley

lieu-dit (*pl* **lieux-dits**) [ljødi] (NM) place

lieutenant, e [ljøt(ə)nɑ̃, ɑ̃t] (NM,F) (*armée de terre*) lieutenant (*Brit*), first lieutenant (*US*); (*armée de l'air*) flying officer (*Brit*), first lieutenant (*US*); (*= adjoint*) second in command • **oui, mon ~!** yes sir!

lieutenant-colonel, lieutenante-colonelle (*mpl* **lieutenants-colonels**) [ljøt(ə)nɑ̃kɔlɔnɛl] (NM,F) (*armée de terre*) lieutenant colonel; (*armée de l'air*) wing commander (*Brit*), lieutenant colonel (*US*)

lièvre [ljɛvʀ] (NM) (*= animal*) hare • **courir deux ~s à la fois** to try to do two things at once

lift [lift] (NM) (*Sport*) topspin

liftier, -ière [liftje, jɛʀ] (NM,F) lift (*Brit*) *ou* elevator (*US*) attendant

lifting [liftiŋ] (NM) face-lift • **se faire faire un ~** to have a face-lift

ligament [ligamɑ̃] (NM) ligament ▸ **ligament croisé** cruciate ligament

light (*pl* **light(s)**) [lajt] (ADJ) light; [*boisson, chocolat*] diet

ligne [liɲ]

1 NOM FÉMININ 2 COMPOSÉS

1 NOM FÉMININ

ⓐ line; (*= rangée*) row • **~ pointillée** dotted line • **~ droite** straight line • **donner des ~s à faire à un élève** to give a pupil lines to do • **~ de conduite** line of conduct • **~ politique** political line • **c'est dans la droite ~ de leur politique** it's exactly in line with their policy • **~ d'arrivée** finishing line • **la ~ des 22 mètres** (*Rugby*) the 22 metre line • **passer la ~** to cross the line • **la première ~ de mêlée** the front row of the scrum • **la troisième ~ de mêlée** the back row of the scrum • **la dernière ~ droite avant l'arrivée** the home straight

▸ **franchir la ~ jaune** *ou* **rouge** to overstep the mark

ⓑ (*= contours*) [*de meuble, voiture*] lines • **voiture aux ~s aérodynamiques** streamlined car • **garder la ~** to keep one's figure • **les grandes ~s d'un programme** the broad outline of a programme

ⓒ (*= liaison*) **~ d'autobus** (*= service*) bus service; (*= parcours*) bus route • **~ aérienne** (*= compagnie*) airline; (*= service*) air link • **~ de chemin de fer** railway (*Brit*) *ou* railroad (*US*) line • **les grandes ~s** (= *voies*) main lines; (= *services*) main-line services • **~s intérieures/internationales** (*aériennes*) domestic/international flights • **nous espérons vous revoir prochainement sur nos ~s** we hope that you will fly with us again soon • **il faut prendre la ~ 12** (*en autobus*) you have to take the number 12 bus

d (*locutions*)

▸ **à la ligne** «à la ~» "new paragraph" • **aller à la ~** to start a new paragraph

▸ **en ligne** (*en informatique*) on-line • **services en ~** on-line services • **réseaux en ~** on-line networks • **apprentissage en ~** e-learning • **mettre en ~** (= *diffuser sur Internet*) to put online • **les coureurs sont en ~ pour le départ** the runners are lined up on the starting line • **se mettre en ~** to line up • **vous êtes en ~** (= *au téléphone*) you're through now • **merci de rester en ~** please hold the line • **il est en ~** (= *occupé*) his line is busy; (= *il veut vous parler*) I have him on the line for you • **descendre en ~ directe de ...** to be a direct descendant of ... • **en première ~** on the front line

▸ **en ligne de compte** **entrer en ~ de compte** to be taken into account • **prendre qch en ~ de compte** to take sth into account

▸ **sur toute la ligne** **il m'a menti sur toute la ~** he lied to me all along the line • **c'est une réussite sur toute la ~** it's a complete success

2 COMPOSÉS

▸ **ligne blanche** white line ▸ **ligne continue** [*de route*] solid line ▸ **ligne de but** (*Football*) goal line; (*Rugby*) try line ▸ **ligne de crédit** line of credit ▸ **ligne de défense** line of defence (*Brit*) *ou* defense (*US*) ▸ **ligne de démarcation** boundary ▸ **ligne de partage** (*fig*) dividing line, divide ▸ **ligne directrice** guiding line ▸ **ligne discontinue** broken line ▸ **ligne fixe** (*Téléc*) landline (phone) ▸ **ligne de flottaison** water line ▸ **ligne de fond** (*Pêche*) ledger line; (*Basket*) end line; (*Tennis*) baseline ▸ **ligne à haute tension** high-voltage line ▸ **ligne d'horizon** skyline ▸ **ligne médiane** centre line; (*Football, Rugby*) halfway line ▸ **ligne de mire** line of sight • **être dans la ~ de mire de qn** (*fig*) to be in sb's sights ▸ **ligne de partage des eaux** watershed ▸ **ligne de service** (*Tennis*) service line ▸ **ligne de touche** sideline; (*Football, Rugby*) touchline; (*Basket*) boundary line

---

lignée [liɲe] (NF) (= *postérité*) descendants; (= *race, famille*) line • **le dernier d'une longue ~** the last of a long line • **dans la ~ des grands romanciers** in the tradition of the great novelists

ligoter [ligɔte] /TABLE 1/ (VT) [+ *personne*] to bind hand and foot • **~ qn à un arbre** to tie sb to a tree

ligue [lig] (NF) league • **la Ligue des droits de l'homme** the League of Human Rights

liguer (se) [lige] /TABLE 1/ (VPR) to league (**contre** against)

lilas [lilɑ] (NM, ADJ INV) lilac

limace [limas] (NF) slug • **quelle ~!** (= *personne*) what a slowcoach! (*Brit*)* *ou* slowpoke (*US*)*

limande [limɑ̃d] (NF) (= *poisson*) dab • **~-sole** lemon sole

limbes [lɛ̃b] (NMPL) limbo • **dans les ~** in limbo

lime [lim] (NF) **a** (= *outil*) file • **~ à ongles** nail file **b** (= *fruit*) lime

limer [lime] /TABLE 1/ (VT) [+ *ongles*] to file; [+ *métal*] to file down; [+ *aspérité*] to file off

limier [limje] (NM) (= *chien*) bloodhound; (= *détective*) sleuth

limitation [limitasjɔ̃] (NF) limitation • **un accord sur la ~ des armements** an agreement on arms limitation • **~ des naissances** birth control • **sans ~ de durée** with no time limit • **une ~ de vitesse (à 60 km/h)** a (60km/h) speed limit • **~ de la circulation automobile** traffic restrictions

limite [limit] **1** (NF) limit; [*de pays, jardin*] boundary • **~ d'âge** age limit • **ma patience a des ~s!** there's a limit to my patience! • **la bêtise a des ~s!** you can only be so stupid! • **il dépasse les ~s!** he's going too far! • **sans ~(s)** [*patience, joie, confiance*] boundless; [*pouvoir*] unlimited • **tu peux t'inscrire jusqu'à demain dernière ~** you have until tomorrow to register

▸ **à la limite** **à la ~, j'accepterais 500 €, mais pas moins** at a pinch, I'd take 500 euros but no less • **à la ~ tout roman est réaliste** at a pinch you could say any novel is realistic • **c'est à la ~ de l'insolence** it verges on insolence • **jusqu'à la ~ de ses forces** to the point of exhaustion

▸ **dans + limite(s)** **dans une certaine ~** up to a point • **«dans la ~ des stocks disponibles»** "while stocks last" • **dans les ~s du possible/du sujet** within the limits of what is possible/of the subject • **l'entrée est gratuite dans la ~ des places disponibles** admission is free subject to availability

2 (ADJ) **a** (= *extrême*) **cas ~** borderline case • **âge/hauteur ~** maximum age/height **b** (= *juste*)* **elle a réussi son examen, mais c'était ~** she passed her exam, but only just • **ils ne se sont pas battus, mais c'était ~** they didn't actually come to blows but they came fairly close • **l'acoustique était ~** the acoustics were OK but only just

3 (ADV) (= *presque*)* **c'est ~ raciste** it's borderline racist

limité, e [limite] *ptp de* **limiter** (ADJ) limited • **je n'ai qu'une confiance ~e en lui** I only trust him so far • **il est un peu ~*** (*intellectuellement*) he's not very bright

limiter [limite] /TABLE 1/ **1** (VT) to limit (**à** to) • **on a réussi à ~ les dégâts** we managed to limit the damage • **la vitesse est limitée à 50 km/h** the speed limit is 50km/h **2** (VPR) **se limiter** **a** [*personne*] **il faut savoir se ~** you have to know when to stop • **je me limite à cinq cigarettes par jour** I only allow myself five cigarettes a day **b** [*connaissance, sanctions*] **se ~ à** to be limited to

limitrophe [limitʀɔf] (ADJ) neighbouring (*Brit*), neighboring (*US*)

limogeage [limɔʒaʒ] (NM) dismissal

limoger [limɔʒe] /TABLE 3/ (VT) to dismiss

limon [limɔ̃] (NM) silt

limonade [limɔnad] (NF) lemonade

limousine [limuzin] (NF) (= *voiture*) limousine

limpide [lɛ̃pid] (ADJ) [*eau, air, regard, explication*] clear • **tu as compris? — c'était ~!** do you get it? — it was crystal-clear!

limpidité [lɛ̃pidite] (NF) [*d'eau, air, regard*] clearness; [*d'explication*] clarity

lin [lɛ̃] (NM) (= *plante, fibre*) flax; (= *tissu*) linen

linceul [lɛ̃sœl] (NM) shroud

linéaire [lineɛʀ] (ADJ) linear

linge [lɛ̃ʒ] (NM) **a** (= *draps, serviettes*) linen; (= *sous-vêtements*) underwear • **~ de toilette** bathroom linen

b (= *lessive*) **le ~** the washing • **étendre le** *ou* **son ~** to hang out the *ou* one's washing **c** (= *morceau de tissu*) cloth • **blanc** *ou* **pâle comme un ~** as white as a sheet **d** (*Helv* = *serviette de toilette*) towel

lingerie [lɛ̃ʒʀi] NF (= *sous-vêtements féminins*) women's underwear • **~ fine** lingerie • **rayon ~** lingerie department

lingette [lɛ̃ʒɛt] NF wipe

lingot [lɛ̃go] NM **~ (d'or)** (gold) ingot

linguiste [lɛ̃gɥist] NMF linguist

> The **gui** is pronounced **gwee**.

linguistique [lɛ̃gɥistik] **1** NF linguistics *sg* **2** ADJ linguistic; [*barrière, politique*] language • **communauté ~** speech community

> The **gui** is pronounced **gwee**.

lino* [lino] NM lino

linoléum [linɔleɔm] NM linoleum

linteau (*pl* **linteaux**) [lɛ̃to] NM lintel

lion [ljɔ̃] NM **a** (= *animal*) lion • **~ de mer** sea lion **b** (*Astron*) **le Lion** Leo • **il est Lion** he's a Leo

lionceau (*pl* **lionceaux**) [ljɔ̃so] NM lion cub

lionne [ljɔn] NF lioness

lipide [lipid] NM lipid

liposuccion [liposy(k)sjɔ̃] NF liposuction

liposucer [liposyse] /TABLE 3/ VT [+ *graisse*] to remove by liposuction; [+ *personne*] to treat using liposuction • **se faire ~** to have liposuction

liquéfier [likefje] /TABLE 7/ **1** VT (*Chim*) to liquefy **2** VPR **se liquéfier** to liquefy; (= *avoir peur, être ému*)* to turn to jelly; (= *avoir chaud*)* to be melting

liquette [likɛt] NF [*d'homme*]* shirt; [*de femme*]* (woman's) shirt

liqueur [likœʀ] NF (= *boisson*) liqueur

liquidation [likidasjɔ̃] NF **a** [*de dettes, compte, succession*] settlement; [*de société*] liquidation • **~ judiciaire** compulsory liquidation • **« 50% de rabais jusqu'à ~ du stock »** "stock clearance, 50% discount" **b** (= *vente*) sale

liquide [likid] **1** ADJ liquid; [*sauce, peinture*] runny **2** NM **a** (= *substance*) liquid • **~ de refroidissement** coolant • **~ vaisselle*** washing-up liquid (*Brit*), dish soap (*US*) **b** (= *argent*) cash • **je n'ai pas beaucoup de ~** I haven't much cash • **payer en ~** to pay cash

liquider [likide] /TABLE 1/ VT **a** [+ *compte, succession, dettes*] to settle; [+ *société, biens, stock*] to liquidate **b** (= *vendre*) to sell **c** (= *tuer*)‡ to liquidate **d** (= *régler*)* to get rid of; (= *finir*)* to finish off • **c'est liquidé maintenant** it's all finished now

liquidités [likidite] NFPL liquid assets

liquoreux, -euse [likɔʀø, øz] ADJ [*vin*] syrupy

lire¹ [liʀ] /TABLE 43/ VT to read; [+ *message enregistré*] to listen to • **il sait ~ l'heure** he can tell the time • **là où il y a 634, ~ 643** for 634 read 643 • **nous espérons vous ~ bientôt** we hope to hear from you soon • **ce roman se lit facilement/très vite** the novel is easy/quick to read • **~ entre les lignes** to read between the lines • **la peur se lisait dans ses yeux** fear showed in his eyes • **elle m'a lu les lignes de la main** she read my palm

lire² [liʀ] NF (= *argent*) lira

lis [lis] NM lily

lisait [lizɛ] VB → **lire**

Lisbonne [lisbɔn] N Lisbon

liseré [liz(ə)ʀe] NM border

liseron [lizʀɔ̃] NM bindweed

liseur, -euse [lizœʀ, øz] **1** NM,F reader **2** NF **liseuse** (= *couvre-livre*) book jacket; (= *vêtement*) bed jacket; (= *lampe*) reading light; [*de livres électroniques*] reader

lisibilité [lizibilite] NF [*d'écriture*] legibility

lisible [lizibl] ADJ [*écriture*] legible • **une carte peu ~** a map that is difficult to read • **pour rendre leur stratégie plus ~** to make their strategy clearer

lisiblement [lizibləmɑ̃] ADV legibly

lisière [lizjɛʀ] NF [*de bois, village*] edge • **à la ~ de** *ou* **en ~ de la forêt** on the edge of the forest

lisse [lis] ADJ [*peau, surface, cheveux*] smooth; [*pneu*] bald

lisser [lise] /TABLE 1/ VT **a** [+ *cheveux, moustache*] to smooth; [+ *papier, drap froissé*] to smooth out • **l'oiseau lisse ses plumes** the bird is preening its feathers **b** [+ *résultats, variations, prix*] to even out

lisseur [lisœʀ] NM (hair) straighteners *pl*

liste [list] NF list • **faire** *ou* **dresser une ~** to make *ou* draw up a list • **faire la ~ de** to draw up a list of • **~ des courses** shopping list • **être inscrit sur les ~s électorales** to be on the electoral roll • **la ~ de la gauche** the list of left-wing candidates • **~ commune** joint list ▸ **liste d'attente** waiting list ▸ **liste de contrôle** checklist ▸ **liste de diffusion** (*Informatique*) mailing list, distribution list ▸ **liste de mariage** wedding list ▸ **liste noire** blacklist; (*pour élimination*) hit list ▸ **liste rouge il est sur ~ rouge** he's ex-directory (*Brit*), he's unlisted (*US*) ▸ **liste de vérification** checklist

lister [liste] /TABLE 1/ VT to list

listeria [listeʀja] NF INV listeria

listing [listiŋ] NM printout

lit [li] **1** NM **a** (= *meuble*) bed • **~ d'une personne** *ou* **à une place** single bed • **~ de deux personnes** *ou* **à deux places** double bed • **être au ~** to be in bed • **aller** *ou* **se mettre au ~** to go to bed • **garder le ~** to stay in bed • **mettre un enfant au ~** to put a child to bed • **faire le ~** to make the bed • **au ~, les enfants!** off to bed children! • **tirer qn du ~** to drag sb out of bed • **tu es tombé du ~!** you're up bright and early! • **sur un ~ de salade** on a bed of lettuce **b** (= *mariage*) **enfants du premier ~** children of the first marriage **c** [*de rivière*] bed • **les pluies ont fait sortir le fleuve de son ~** the heavy rain has made the river burst its banks **2** COMP ▸ **lit à baldaquin** canopied four-poster bed ▸ **lit de camp** campbed ▸ **lit conjugal** marriage bed ▸ **lit d'enfant** cot ▸ **lit gigogne** pullout bed ▸ **lits jumeaux** twin beds ▸ **lit de mort** deathbed ▸ **lit pliant** folding bed ▸ **lits superposés** bunk beds

litchi [litʃi] NM lychee

literie [litʀi] NF bedding

lithographie [litɔgʀafi] NF (= *technique*) lithography; (= *image*) lithograph

litière [litjɛʀ] NF litter *NonC*; (*pour cheval*) bedding

litige [litiʒ] NM (= *conflit*) dispute; (= *procès*) lawsuit • **être en ~** (*en conflit*) to be in dispute; (*en procès*) to be in litigation

litigieux, -ieuse [litiʒjø, jøz] ADJ [*point*] contentious; [*document*] controversial • **cas ~** contentious issue

litote [litɔt] NF understatement

litre [litʀ] NM (= *mesure*) litre (Brit), liter (US)
littéraire [liteʀɛʀ] **1** ADJ literary • **faire des études ~s** to study literature **2** NMF (*par don, goût*) literary person; (= *étudiant*) arts student; (= *enseignant*) arts teacher

> Le mot anglais s'écrit avec un seul **t**.

littéral, e (*mpl* **-aux**) [liteʀal, o] ADJ literal

> Le mot anglais s'écrit avec un seul **t**.

littéralement [liteʀalmɑ̃] ADV literally

> Le mot anglais s'écrit avec un seul **t** mais avec deux **l** à la fin.

littératie [liteʀasi] NF literacy ▸ **littératie informatique** computer literacy
littérature [liteʀatyʀ] NF literature; (= *profession*) writing • **il existe une abondante ~ sur ce sujet** there's a wealth of literature on the subject

> Le mot anglais s'écrit avec un seul **t**.

littérisme [liteʀism] NM literacy
littoral, e (*mpl* **-aux**) [litɔʀal, o] **1** ADJ coastal **2** NM coast
Lituanie [litɥani] NF Lithuania
lituanien, -ienne [litɥanjɛ̃, jɛn] **1** ADJ Lithuanian **2** NM,F **Lituanien(ne)** Lithuanian
liturgie [lityʀʒi] NF liturgy
liturgique [lityʀʒik] ADJ liturgical
live ○* [lajv] ADJ INV [*spectacle*] live • **partir en ~*** (= *dégénérer*) to go arse up*; (= *s'énerver*) to go up the wall*
livide [livid] ADJ pallid; (*de peur*) white
living [liviŋ] NM (= *pièce*) living room
livraison [livʀɛzɔ̃] NF delivery • **« ~ à domicile »** "we deliver" • **prendre ~ de qch** to take delivery of sth
livre[1] [livʀ] NM book • **~ de géographie** geography book • **il a toujours le nez dans les ~s** he's always got his nose in a book ▸ **livre audio** audio book ▸ **livre animé** *ou* **pop-up** pop-up book ▸ **livre de bord** logbook ▸ **livre de chevet** bedside book ▸ **livre de classe** schoolbook ▸ **livre de cuisine** cookbook ▸ **livre électronique** e-book ▸ **livre d'enfant** children's book ▸ **livre d'images** picture book ▸ **livre de lecture** reading book ▸ **livre d'or** visitors' book ▸ **livre de poche** paperback
livre[2] [livʀ] NF **a** (= *poids*) half a kilo; (*Can*) pound **b** (= *monnaie*) pound • **~ sterling** pound sterling • **ça coûte 6 ~s** it costs £6
livre-cassette (*pl* **livres-cassettes**) [livʀkasɛt] NM talking book
livrel [livʀɛl] NM (*Can*) e-book
livrer [livʀe] /TABLE 1/ **1** VT **a** [+ *commande, marchandises*] to deliver • **se faire ~ qch** to have sth delivered • **nous livrons à domicile** we deliver
b (*à la police, à l'ennemi*) to hand over (**à** to) • **~ qn à la mort** to send sb to their death • **le pays a été livré à l'anarchie** the country had descended into anarchy • **être livré à soi-même** to be left to one's own devices
c [+ *secret*] to tell
d **~ bataille** to do battle (**à** with)
2 VPR **se livrer** **a** (= *se rendre*) to give o.s. up (**à** to)
b (= *se confier*) to open up • **il ne se livre pas facilement** he doesn't open up easily
c (= *faire*) **se ~ à** [+ *exercice, analyse, expérience*] to do; [+ *recherches, étude*] to carry out
livresque [livʀɛsk] ADJ [*connaissances*] academic
livret [livʀɛ] **1** NM **a** (*Mus*) **~ d'opéra** libretto **b** (= *catalogue*) catalogue **2** COMP ▸ **livret de caisse d'épargne** (= *carnet*) bankbook; (= *compte*) savings account ▸ **livret de famille** *records of marriage, divorce, births and deaths* ▸ **livret scolaire** school report • **il a un bon ~ scolaire** his school reports are good
livreur [livʀœʀ] NM delivery man
livreuse [livʀøz] NF delivery woman
LMD ABBR (ABR DE **licence-master-doctorat**) *Bachelor-Master-Doctorate*
lob [lɔb] NM (*Tennis*) lob • **faire un ~** to hit a lob
lobby (*pl* **lobbies**) [lɔbi] NM (*Politique*) lobby
lobbying [lɔbiiŋ] NM lobbying • **faire du ~** to lobby (**auprès de** with)
lobbyiste [lɔbiist] NMF lobbyist
lobe [lɔb] NM **~ de l'oreille** earlobe
lober [lɔbe] /TABLE 1/ VTI (*Tennis*) to lob
local, e (*mpl* **-aux**) [lɔkal, o] **1** ADJ local • **averses ~es** scattered showers **2** NM (= *salle*) premises • **~ professionnel** business premises • **il a un ~ dans la cour qui lui sert d'atelier** he's got a place in the yard which he uses as a workshop **3** NMPL **locaux** (= *bureaux*) offices • **dans les locaux de la police** on police premises
localement [lɔkalmɑ̃] ADV (= *ici*) locally; (= *par endroits*) in places
localisation [lɔkalizasjɔ̃] NF location • **système de ~ par satellite** satellite locating system
localisé, e [lɔkalize] *ptp de* **localiser** ADJ localized
localiser [lɔkalize] /TABLE 1/ VT (= *repérer*) to locate
localité [lɔkalite] NF (= *ville*) town; (= *village*) village
locataire [lɔkatɛʀ] NMF tenant; (*habitant avec le propriétaire*) lodger • **nous sommes ~s de nos bureaux** we rent our office space • **le nouveau ~ de Matignon** the new French Prime Minister
locatif, -ive [lɔkatif, iv] ADJ [*marché, valeur*] rental • **local à usage ~** premises for rent
location [lɔkasjɔ̃] NF **a** (*par le locataire*) [*de maison, terrain*] renting; [*de matériel, voiture*] rental • **prendre en ~** [+ *maison*] to rent; [+ *voiture, matériel*] to rent, to hire (Brit) • **habiter en ~** to live in rented accommodation **b** (*par le propriétaire*) [*de maison, terrain*] renting out; [*de matériel, véhicule*] renting • **mettre en ~** [+ *maison*] to rent out; [+ *véhicule*] to rent • **« ~ de voitures »** "car rental" • **contrat de ~** [*de logement*] lease **c** [*de spectacle*] reservation • **bureau de ~** booking office

> ⚠ **location** ne se traduit pas par le mot anglais **location**.

location-vente (*pl* **locations-ventes**) [lɔkasjɔ̃vɑ̃t] NF instalment (Brit) *ou* installment (US) plan
locavore [lɔkavɔʀ] NMF locavore (*person who eats locally-sourced foods*)
locomotive [lɔkɔmɔtiv] NF (= *engin*) locomotive; (*fig*) driving force
locuteur, -trice [lɔkytœʀ, tʀis] NM,F speaker • **~ natif** native speaker
locution [lɔkysjɔ̃] NF phrase • **~ figée** set phrase

lof [lɔf] (NM) (*Naut*) windward side
loft [lɔft] (NM) loft
log [lɔg] (NM) (ABR DE **logarithme**) log
logarithme [lɔgaʀitm] (NM) logarithm
loge [lɔʒ] (NF) ⓐ [*de concierge, francs-maçons*] lodge ⓑ [*d'artiste*] dressing room; [*de spectateur*] box • **être aux premières ~s** (*fig*) to have a ringside seat
logé, e [lɔʒe] *ptp de* **loger** (ADJ) **être ~, nourri, blanchi** to get board and lodging and one's laundry done • **être bien ~** to be comfortably housed • **les personnes mal ~es** people in poor housing • **être ~ à la même enseigne** to be in the same boat
logement [lɔʒmɑ̃] (NM) ⓐ (= *appartement*) flat (*Brit*), apartment (*US*) • **je cherche un ~** I'm looking for somewhere to live • **~s sociaux** ≈ social housing ⓑ (= *hébergement*) **le ~** housing • **problèmes de ~** housing problems
loger [lɔʒe] /TABLE 3/ **1** (VI) to live • **~ à l'hôtel** to live in a hotel • **~ chez l'habitant** to stay with the local people **2** (VT) to accommodate; [+ *amis*] to put up • **l'hôtel peut ~ 500 personnes** the hotel can accommodate 500 people **3** (VPR) **se loger** to find somewhere to live; [*touristes*] to find accommodation • **il a trouvé à se ~ chez un ami** a friend put him up • **va-t-on tous pouvoir se ~ dans la voiture?** will we all fit into the car?
logeur [lɔʒœʀ] (NM) landlord
logeuse [lɔʒøz] (NF) landlady
loggia [lɔdʒja] (NF) (= *balcon*) [*d'immeuble*] small balcony
logiciel [lɔʒisjɛl] (NM) piece of software • **~ espion** (piece of) spyware • **~ gratuit** freeware *NonC* • **~s de jeu** game software *NonC* • **~ libre** open-source software *NonC* • **~ de navigation** browser • **~ partagé** shareware program • **~ de rançon** ransomware
logique [lɔʒik] **1** (NF) logic • **c'est dans la ~ des choses** it's in the nature of things • **en toute ~** logically • **le pays est entré dans une ~ de guerre** the country has embarked on a course that will inevitably lead to war **2** (ADJ) ⓐ logical • **tu n'es pas ~** you're not being logical • **il ne serait pas ~ de refuser** it wouldn't make sense to refuse ⓑ (= *normal*) **c'est toujours moi qui fais tout, ce n'est pas ~!*** I'm the one who does everything, it's not fair!
logiquement [lɔʒikmɑ̃] (ADV) ⓐ (= *rationnellement*) logically ⓑ (= *normalement*) **~, il devrait faire beau** the weather should be good
logistique [lɔʒistik] **1** (ADJ) logistic **2** (NF) logistics *sg*
logithèque [lɔʒitɛk] (NF) software library
logo [lɔgo] (NM) logo
loguer (se) [lɔge] /TABLE 1/ (VPR) to log on
loi [lwa] (NF) law • **la ~** the law • **la ~ du plus fort** the law of the strongest • **c'est la ~ de la jungle** it's the law of the jungle • **la ~ de l'offre et de la demande** the law of supply and demand • **la ~ du silence** the law of silence • **faire la ~** to lay down the law • **tomber sous le coup de la ~** to be a criminal offence • **être hors la ~** to be outlawed • **mettre hors la ~** to outlaw ▸ **loi martiale** martial law
loin [lwɛ̃] (ADV) ⓐ (*en distance*) far • **est-ce ~?** is it far? • **c'est assez ~ d'ici** it's quite a long way from here • **plus ~** further • **il est ~ derrière** he's a long way behind ⓑ (*dans le temps*) **le temps est ~ où cette banlieue était un village** it's a long time since this suburb was a village • **c'est ~ tout cela!** (*passé*) that was a long time ago!; (*futur*) that's a long way off! • **Noël est encore ~** Christmas is still a long way off • **voir ~** (*fig*) to be farsighted • **ne pas voir plus ~ que le bout de son nez** to see no further than the end of one's nose • **d'aussi ~ que je me rappelle** for as long as I can remember • **au ~** in the distance • **d'ici à l'accuser de vol il n'y a pas ~** it's practically an accusation of theft
ⓒ (*locutions*)
▸ **aller loin** to go a long way • **il est doué, il ira ~** he's very gifted, he'll go far • **tu vas trop ~!** you're going too far! • **on ne va pas ~ avec 100 €** 100 euros doesn't go very far
▸ **de loin** (*dans l'espace*) from a distance • **de très ~** from a great distance • **il voit mal de ~** he can't see distant objects clearly • **il est de (très) ~ le meilleur** (*pour insister*) he is by far the best • **c'est celui que je préfère, et de ~** it's by far the one I prefer
▸ **loin de** (*en distance*) far from; (*dans le temps*) a long way off from • **~ de là** (*lieu*) far from there; (*fig*) far from it • **non ~ de là** not far from there • **on est encore ~ d'un accord** we're still a long way from reaching an agreement • **on est ~ du compte** we're far short of the target • **être très ~ du sujet** to be way off the subject • **il ne doit pas y avoir ~ de 5 km** it can't be much less than 5km • **il n'est pas ~ de 10 heures** it's getting on for 10 o'clock • **il leur doit pas ~ de 1000 €** he owes them not far off 1,000 euros • **il n'y a pas ~ de cinq ans qu'ils sont partis** it's not far off five years since they left • (PROV) **~ des yeux, ~ du cœur** out of sight, out of mind (PROV)
lointain, e [lwɛ̃tɛ̃, ɛn] **1** (ADJ) distant; [*région*] remote **2** (NM) **dans le ~** in the distance
loir [lwaʀ] (NM) dormouse
Loire [lwaʀ] (NF) **la ~** (= *fleuve, département*) the Loire
loisir [lwaziʀ] **1** (NM) ⓐ (= *temps libre*) leisure *NonC* • **pendant mes heures de ~** in my spare time • **avoir le ~ de faire qch** (*frm*) to have time to do sth ⓑ (= *activités*) **~s** leisure activities • **la société de ~s** the leisure society ▸ **loisirs créatifs** crafts
LOL [lɔl] (ABR DE **laugh out loud**) lol
lombaire [lɔ̃bɛʀ] (NF) lumbar vertebra
lombalgie [lɔ̃balʒi] (NF) lumbago
lombric [lɔ̃bʀik] (NM) earthworm
londonien, -ienne [lɔ̃dɔnjɛ̃, jɛn] **1** (ADJ) London *épith* **2** (NM,F) **Londonien(ne)** Londoner
Londres [lɔ̃dʀ] (N) London
long, longue [lɔ̃, lɔ̃g] **1** (ADJ) long; [*amitié*] long-standing • **un pont ~ de 30 mètres** a bridge 30 metres long • **trop ~ de 2cm** 2cm too long • **version longue** [*de film*] uncut version • **lait longue conservation** longlife milk • **cinq heures, c'est ~** five hours is a long time • **ne sois pas trop ~** don't be too long • **capitaine au ~ cours** seagoing captain • **il n'a pas fait ~ feu à la tête du service** he didn't last long as head of department
▸ **long à c'est ~ à faire** it takes a long time • **il fut ~ à s'habiller** he took a long time to get dressed • **la réponse était longue à venir** the reply was a long time coming
2 (ADV) **s'habiller ~** to wear long clothes • **en savoir trop ~** to know too much • **en dire ~** [*attitude*] to speak volumes; [*images, regard*] to be eloquent • **son silence en dit ~** his silence speaks for itself
3 (NM) **un bateau de 7 mètres de ~** a boat 7 metres long • **en ~** lengthways • **(tout) le ~ de la route** (all)

along the road • **tout au ~ de sa carrière** throughout his career • **tout du ~** (*dans le temps*) all along • **tout au ~ du parcours** all along the route • **de ~ en large** back and forth • **en ~ et en large** in great detail • **je lui ai expliqué en ~, en large et en travers*** I explained it to him over and over again • **écrire qch au ~** to write sth in full

4 (NF) ▸ **à la longue** **à la longue, ça a fini par coûter cher** in the long run it turned out very expensive • **à la longue, il va s'user** it will wear out eventually

long-courrier (*pl* **long-courriers**) [lɔ̃kuʀje] 1 (ADJ) [*avion, vol*] long-haul, long distance 2 (NM) (= *avion*) long-haul aircraft; (= *bateau*) ocean liner

longe [lɔ̃ʒ] (NF) ⓐ (*pour attacher*) tether; (*pour mener*) lead ⓑ (= *viande*) loin

longer [lɔ̃ʒe] /TABLE 3/ (VT) ⓐ [*mur, sentier, voie ferrée*] to run alongside • **la voie ferrée longe la route** the railway line runs alongside the road ⓑ [*personne, voiture*] to go along • **naviguer en longeant la côte** to sail along the coast

longévité [lɔ̃ʒevite] (NF) ⓐ (= *longue vie*) longevity ⓑ (= *durée de vie*) life expectancy

longiligne [lɔ̃ʒiliɲ] (ADJ) [*objet, forme*] slender; [*personne*] tall and slender

longitude [lɔ̃ʒityd] (NF) longitude • **à** *ou* **par 50° de ~ ouest** at 50° longitude west

longtemps [lɔ̃tɑ̃] (ADV) for a long time; (*dans phrase négative ou interrogative*) for long • **pendant ~** for a long time • **absent pendant ~** absent for a long time • **~ avant/après** long before/after • **il n'en a plus pour ~** (*pour finir*) it won't be long before he's finished; (*avant de mourir*) he hasn't got long • **je n'en ai pas pour ~** I won't be long • **il a mis ~** it took him a long time • **tu peux le garder aussi ~ que tu veux** you can keep it as long as you want

▸ **depuis longtemps** **il habite ici depuis ~** he has been living here for a long time • **j'ai fini depuis ~** I finished a long time ago

▸ **ça fait** *ou* **il y a longtemps que** **ça fait** *ou* **il y a ~ qu'il habite ici** he has been living here for a long time • **il y a ~ que j'ai fini** I finished a long time ago • **ça fait ~ qu'il n'est pas venu** he hasn't come for a long time

longue [lɔ̃g] (ADJ, NF) → **long**

longuement [lɔ̃gmɑ̃] (ADV) (= *longtemps*) for a long time; (= *en détail*) at length • **elle a ~ insisté sur le fait que ...** she strongly emphasized the fact that ... • **je t'écrirai plus ~ plus tard** I'll write to you more fully later

longuet, -ette* [lɔ̃gɛ, ɛt] (ADJ) [*film, discours*] a bit long • **tu as été ~!** you took your time!

longueur [lɔ̃gœʀ] (NF) (= *espace*) length • **la pièce fait trois mètres de** *ou* **en ~** the room is three metres long • **dans le sens de la ~** lengthways • **pièce tout en ~** long, narrow room • **nous ne sommes pas sur la même ~ d'onde** we're not on the same wavelength • **ce film/livre a des ~s** parts of this film/book are overlong • **à ~ de journée** all day long • **traîner en ~** to drag on • **faire des ~s** [*nageur*] to do lengths • **avoir une ~ d'avance (sur qn)** to be one length ahead (of sb); (*fig*) to be ahead (of sb)

▸ **longueur d'onde** wavelength

longue-vue (*pl* **longues-vues**) [lɔ̃gvy] (NF) telescope

loofa, loofah [lufa] (NM) loofah

look* [luk] (NM) look • **il a un ~ d'enfer** he looks so cool*

looké, e [luke] (ADJ) [*produit*] sexy* • **la pochette de l'album est ~e sixties** the album cover has got a very sixties look • **je veux pas être ~ impeccable** I don't want to look too well-groomed

looping [lupiŋ] (NM) **faire des ~s** to loop the loop

looser ○* [luzœʀ] (NM) loser*

lopin [lɔpɛ̃] (NM) **~ de terre** plot of land

loquace [lɔkas] (ADJ) talkative

loque [lɔk] (NF) ⓐ (= *vêtements*) **loques** rags ⓑ (= *personne*) **~ humaine** wreck

loquet [lɔkɛ] (NM) latch

lorgner* [lɔʀɲe] /TABLE 1/ 1 (VT) to peer at; (*avec concupiscence*) to ogle*; [+ *poste, décoration, héritage, pays*] to have one's eye on 2 (VI) **~ sur** [+ *journal, copie*] to sneak a look at; [+ *entreprise, marché*] to have one's eye on

lorgnette [lɔʀɲɛt] (NF) opera glasses

lorrain, e [lɔʀɛ̃, ɛn] 1 (ADJ) of *ou* from Lorraine 2 (NM,F) **Lorrain(e)** inhabitant *ou* native of Lorraine 3 (NF) **Lorraine** (= *région*) Lorraine

lors [lɔʀ] (ADV) **~ de** (= *au moment de*) at the time of; (= *durant*) during • **~ de sa mort** at the time of his death

lorsque [lɔʀsk(ə)] (CONJ) when • **lorsqu'il est entré/entrera** when he came in/comes in

losange [lɔzɑ̃ʒ] (NM) diamond • **en forme de ~** diamond-shaped

loser* [luzœʀ] (NM), **loseur, -euse*** [luzœʀ, øz] (NM,F) loser*

lot [lo] (NM) ⓐ (*à la loterie*) prize • **le gros ~** the jackpot ⓑ (= *portion*) share • **chaque jour apporte son ~ de surprises** every day brings its share of surprises ⓒ [*de tablettes de chocolat, cassettes*] pack; [*de livres*] batch; [*de draps, vaisselle*] set; (*aux enchères*) lot; (*en informatique*) batch • **dans le ~, il n'y avait que deux candidats valables** in the whole batch there were only two worthwhile applicants • **se détacher du ~** to stand out ⓓ (= *destin*) lot

loterie [lɔtʀi] (NF) lottery; (*dans une kermesse*) raffle • **la Loterie nationale** the French national lottery • **gagner à la ~** to win the lottery

loti, e [lɔti] *ptp de* **lotir** (ADJ) **être mal ~** to be badly off • **être bien ~** to be well-off

lotion [losjɔ̃] (NF) lotion • **~ après rasage** after-shave lotion

lotir [lɔtiʀ] /TABLE 2/ (VT) **terrains à ~** plots for sale

lotissement [lɔtismɑ̃] (NM) (= *maisons*) housing estate; (= *parcelle*) plot

loto [lɔto] (NM) (= *jeu de société*) lotto; (= *loterie à numéros*) national lottery • **gagner au ~** to win the Lottery

lotte [lɔt] (NF) monkfish

louable [lwabl] (ADJ) praiseworthy

louange [lwɑ̃ʒ] (NF) praise • **chanter les ~s de qn** to sing sb's praises

loubard, e* [lubaʀ, aʀd] (NM,F) hooligan

louche[1] [luʃ] (ADJ) (= *suspect*) shady; [*histoire, conduite, acte*] dubious; [*bar, hôtel*] seedy • **c'est ~!** very suspicious!

louche[2] [luʃ] (NF) (= *ustensile*) ladle; (= *quantité*) ladleful • **il y en a environ 3000, à la ~*** there are about 3,000 of them, roughly

loucher [luʃe] /TABLE 1/ (VI) to squint • **~ sur*** [+ *objet*] to eye; [+ *poste, héritage*] to have one's eye on

louer [lwe] /TABLE 1/ (VT) ⓐ [*propriétaire*] [+ *logement*] to rent out; [+ *équipement, véhicule*] to hire out (*Brit*) ⓑ [*locataire*] [+ *logement*] to rent; [+ *équipement, véhicule*] to hire (*Brit*); [+ *place*] to reserve • **à ~** [*appartement, bureau*] to let (*Brit*), for rent (*US*); [*véhicule*] for hire (*Brit*), for rent (*US*) **c** (= *faire l'éloge de*) to praise • **Dieu soit loué!** thank God!

loueur, -euse [lwœʀ, øz] NM,F (= *entreprise*) rental *ou* hire (*Brit*) company • **~ de bateaux** (= *personne*) person who rents *ou* hires (*Brit*) out boats

loufoque* [lufɔk] ADJ zany*

loufoquerie* [lufɔkʀi] NF zaniness*

Louisiane [lwizjan] NF Louisiana

loukoum [lukum] NM **un ~** a piece of Turkish delight • **j'adore les ~s** I love Turkish delight

loup [lu] NM **a** (= *carnassier*) wolf • **le grand méchant ~** the big bad wolf • (PROV) **quand on parle du ~ (on en voit la queue)!** talk of the devil! **b** (= *poisson*) bass **c** (= *masque*) eye mask

loupe [lup] NF magnifying glass • **examiner qch à la ~** to look at sth through a magnifying glass; (*fig*) to examine sth in great detail

loupé* [lupe] *ptp de* **louper** NM (= *échec*) failure; (= *défaut*) defect

louper* [lupe] /TABLE 1/ **1** VT **a** [+ *occasion, train, balle, personne*] to miss • **loupé!** missed! • **il n'en loupe pas une!** he's forever putting his big foot in it!* • **la prochaine fois, je ne te louperai pas!** I'll get you next time!

b [+ *travail, gâteau*] to make a mess of; [+ *examen*] to flunk* • **il a loupé son coup** he bungled it

2 VI **je t'ai dit qu'il ferait une erreur, ça n'a pas loupé!** I told you that he'd make a mistake and sure enough he did! • **ça va tout faire ~** that'll muck everything up*

3 VPR **se louper*** **a** (= *ne pas se rencontrer*) **nous nous sommes loupés de peu** we just missed each other

b **il s'est loupé** (= *a raté son suicide*) he bungled his suicide attempt • **tu ne t'es pas loupée!** (*accident*) that's a nasty cut (*ou* bruise *etc*)!

loup-garou (*pl* **loups-garous**) [lugaʀu] NM werewolf

lourd, e [luʀ, luʀd] **1** ADJ **a** heavy; [*chagrin*] deep; [*plaisanterie*] unsubtle; [*faute*] serious; [*chirurgie*] extensive • **terrain ~** heavy ground • **c'est trop ~ à porter** it's too heavy to carry • **c'est ~ (à digérer)** it's heavy (on the stomach) • **se sentir ~** to feel bloated • **j'ai les jambes ~es** my legs feel heavy • **j'ai la tête ~e** my head feels fuzzy • **c'est du ~!*** it's heavy stuff

b (*temps*) **il fait ~** the weather is close • **marcher d'un pas ~** to walk with a heavy step • **tu es un peu ~*** you're just not funny

c (= *difficile à gérer*) [*dispositif*] unwieldy • **35 enfants par classe, c'est trop ~** 35 children per class is too much • **cette décision est ~e de conséquences** the decision is fraught with consequences

2 ADV* **il n'en fait pas ~** he doesn't do much • **il ne gagne pas ~** he doesn't earn much • **ça ne fait pas ~** it doesn't amount to much

lourdaud, e* [luʀdo, od] **1** ADJ clumsy **2** NM,F oaf

lourdement [luʀdəmɑ̃] ADV heavily • **se tromper ~** to make a big mistake • **insister ~ sur qch** to insist strenuously on sth

lourder* [luʀde] /TABLE 1/ VT to kick out* • **se faire ~** to get kicked out*

lourdeur [luʀdœʀ] NF [*d'objet, responsabilité*] weight; [*d'édifice, démarche, style*] heaviness; [*de bureaucratie, infrastructure*] cumbersome nature • **les ~s administratives** administrative red tape • **avoir des ~s d'estomac** to have indigestion • **j'ai des ~s dans les jambes** my legs feel heavy

loustic* [lustik] NM **un drôle de ~** (= *type*) an oddball*

loutre [lutʀ] NF (= *animal*) otter; (= *fourrure*) otter-skin • **~ de mer** sea otter

louve [luv] NF she-wolf

louveteau (*pl* **louveteaux**) [luv(ə)to] NM **a** (= *animal*) wolf cub **b** (= *scout*) cub scout

louvoyer [luvwaje] /TABLE 8/ VI **a** (*Naut*) to tack **b** (= *tergiverser*) to dither

lover (se) [lɔve] /TABLE 1/ VPR [*serpent*] to coil up; [*personne*] to curl up

low-cost [lokɔst] ADJ INV low-cost

loyal, e (*mpl* **-aux**) [lwajal, o] ADJ **a** (= *fidèle*) loyal • **après 50 ans de bons et loyaux services** after 50 years of good and faithful service **b** (= *honnête*) fair • **se battre à la ~e** to fight cleanly

loyalement [lwajalmɑ̃] ADV [*agir*] fairly; [*servir*] loyally; [*se battre*] cleanly

loyaliste [lwajalist] ADJ, NMF loyalist

loyauté [lwajote] NF (= *fidélité*) loyalty

loyer [lwaje] NM rent

LP [ɛlpe] NM (ABR DE **lycée professionnel**)

LSD [ɛlɛsde] NM (ABR DE **Lysergsäure Diethylamid**) LSD

lu, e [ly] *ptp de* **lire** ADJ read • **lu et approuvé** read and approved • **elle est très lue en Europe** she is widely read in Europe

lubie [lybi] NF (= *passe-temps*) fad; (= *idée*) hare-brained idea; (= *mode*) craze • **encore une de ses ~s!** another of his hare-brained ideas!

lubrifiant [lybʀifjɑ̃] NM lubricant

lubrifier [lybʀifje] /TABLE 7/ VT to lubricate

lubrique [lybʀik] ADJ [*personne, regard*] lecherous; [*propos*] lewd • **regarder qch d'un œil ~** to look at sth lecherously

lucarne [lykaʀn] NF [*de toit*] skylight; (*en saillie*) dormer window • **envoyer la balle dans la ~** (*Football*) to send the ball into the top corner of the net

lucide [lysid] ADJ lucid; [*accidenté*] conscious • **il a une vision plus ~ des choses** he has a clearer view of things • **sois ~!** don't delude yourself!

lucidement [lysidmɑ̃] ADV lucidly

lucidité [lysidite] NF lucidity; [*d'accidenté*] consciousness • **il a des moments de ~** he has moments of lucidity • **il a analysé la situation avec ~** he gave a very clear-headed analysis of the situation

luciole [lysjɔl] NF firefly

lucratif, -ive [lykʀatif, iv] ADJ lucrative • **association à but non ~** non-profit-making organization

ludiciel [lydisjɛl] NM computer game

ludique [lydik] ADJ playful • **activité ~** recreational activity; (*à l'école*) play activity • **il veut une émission plus ~** he wants the programme to be more entertaining

ludo-éducatif, -ive (*mpl* **ludo-éducatifs**) [lydoedykatif, iv] ADJ **CD ~** edutainment CD

ludospace [lydɔspas] NM MPV, multi-purpose vehicle

ludothèque [lydɔtɛk] NF games library

lueur [lɥœʀ] NF **a** [*d'étoile, lune, lampe*] faint light; [*de braises*] glow NonC • **à la ~ d'une bougie** by candlelight • **les premières ~s du jour** the first light of day **b** [*de colère*] gleam; [*d'intelligence*] glimmer • **pas la moindre ~**

l

d'espoir not the faintest glimmer of hope **c** (*= connaissances*) **il a quelques ~s sur le sujet** he knows a bit about the subject

luge [lyʒ] NF sledge (*Brit*), sled (*US*) • **faire de la ~** to sledge (*Brit*), to sled (*US*)

lugubre [lygybʀ] ADJ [*pensée, ambiance, récit, maison*] gloomy; [*paysage*] dreary; [*musique, cri*] mournful • **d'un ton ~** in a funereal voice

lui [lɥi] **1** PRON PERS (*= personne ou animal mâle*) him; (*= personne ou animal femelle*) her; (*= chose, animal dont on ne connaît pas le sexe*) it • **je le ~ ai dit** (*à un homme*) I told him; (*à une femme*) I told her • **tu ~ as donné de l'eau ?** (*à un animal*) have you given it (*ou* him *ou* her) some water?; (*à une plante*) have you watered it?

2 PRON M **a** (*objet*) (*= personne*) him; (*= chose*) it • **si j'étais ~, j'accepterais** if I were him I would accept **b** (*sujet*) (*= personne*) he; (*= chose*) it • **elle est vendeuse, ~ est maçon** she's a saleswoman and he's a bricklayer • **le Japon, ~, serait d'accord** Japan, for its part, would agree • **elle est venue mais pas ~** she came but he didn't • **mon frère et ~ sont partis ensemble** my brother and he went off together • **il n'aurait jamais fait ça, ~** he would never have done that • **~, se marier? jamais!** him get married? that'll be the day!

c (*comparaisons*) him • **elle est plus mince que ~** she is slimmer than him • **je ne la connais pas aussi bien que ~** (*que je le connais*) I don't know her as well as him; (*qu'il la connaît*) I don't know her as well as he does

d (*avec « qui », « que »*) **c'est à ~ que je veux parler** it's him I want to speak to • **ils ont trois chats, et ~ qui ne voulait pas d'animaux!** they have three cats and to think that he didn't want any animals!

lui-même [lɥimɛm] PRON himself

luire [lɥiʀ] /TABLE 38/ VI [*métal*] to shine; [*surface mouillée*] to glisten; (*en scintillant*) to glimmer; [*reflet intermittent*] to glint; [*étoile*] to twinkle; (*en rougeoyant*) to glow • **l'herbe luisait au soleil** the grass glistened in the sunlight • **yeux qui luisent de colère** eyes gleaming with anger

luisant, e [lɥizɑ̃, ɑ̃t] ADJ [*métal*] shining; [*surface mouillée*] glistening; (*reflet intermittent*) glinting; (*en scintillant*) glimmering; (*en rougeoyant*) glowing • **front ~ de sueur** forehead glistening with sweat • **yeux ~s de fièvre** eyes bright with fever

lumbago [lɔ̃bago] NM lumbago

lumière [lymjɛʀ] NF **a** (*= clarté*) light • **la ~ du jour** daylight • **la ~ du soleil** sunlight • **il y a de la ~ dans sa chambre** there's a light on in his room • **ce n'est pas une ~** (*personne*) he's no genius • **mettre qch en ~** to bring sth to light • **à la ~ des récents événements** in the light of recent events • **faire la ~ sur qch** to get to the bottom of sth **b** (*= connaissances*) **avoir des ~s sur** to know something about

luminaire [lyminɛʀ] NM light • **magasin de ~s** lighting shop

lumineux, -euse [lyminø, øz] ADJ **a** luminous; [*fontaine, enseigne*] illuminated; [*rayon*] of light • **source lumineuse** light source **b** [*teint*] radiant; [*ciel, couleur*] luminous; [*pièce, appartement*] bright

luminosité [lyminozite] NF **a** [*de teint*] radiance; [*de ciel, couleur*] luminosity **b** (*en photo, science*) luminosity

lump [lœ̃p] NM lumpfish

lunaire [lynɛʀ] ADJ lunar; [*visage*] moonlike • **roche ~** moon rock

lunatique [lynatik] ADJ moody

lundi [lœ̃di] NM Monday • **le ~ de Pâques/de Pentecôte** Easter/Whit Monday → **samedi**

> Les noms de jours s'écrivent avec une majuscule en anglais.

lune [lyn] NF, NF (*= astre*) moon • **pleine ~** full moon • **nouvelle ~** new moon • **être dans la ~** to have one's head in the clouds • **demander la ~** to ask for the moon ▸ **lune de miel** honeymoon

luné, e* [lyne] ADJ **être bien/mal ~** to be in a good/bad mood • **comment est-elle ~e ce matin ?** what sort of a mood is she in this morning?

lunetier, -ière [lyn(ə)tje, jɛʀ] NM,F (*= vendeur*) optician; (*= fabricant*) spectacle manufacturer

lunette [lynɛt] **1** NF **a** (*= télescope*) telescope; [*de fusil*] sights **b** **~ des WC** (*= cuvette*) toilet bowl; (*= siège*) toilet rim **2** NFPL **lunettes** (*correctives*) glasses; (*de protection*) goggles • **mets tes ~s!** put your glasses on! **3** COMP ▸ **lunette arrière** [*de voiture*] rear window ▸ **lunettes de soleil** sunglasses

lurette [lyʀɛt] NF **il y a belle ~!*** that was ages ago!

luron* [lyʀɔ̃] NM **joyeux ~** likely lad

lustre [lystʀ] NM **a** (*= luminaire*) centre light (*with several bulbs*); (*très élaboré*) chandelier **b** [*d'objet, personne, cérémonie*] lustre (*Brit*), luster (*US*)

lustrer [lystʀe] /TABLE 1/ VT (*= faire briller*) to shine; (*par l'usure*) to make shiny • **le chat lustre son poil** the cat is licking its fur

luth [lyt] NM lute

luthérien, -ienne [lyteʀjɛ̃, jɛn] **1** ADJ Lutheran **2** NM,F Lutheran

luthier, -ière [lytje, jɛʀ] NM,F stringed-instrument maker

lutin, e [lytɛ̃, in] NM imp

lutrin [lytʀɛ̃] NM (*sur pied*) lectern; (*sur table*) book-rest

lutte [lyt] **1** NF **a** (*= combat*) struggle • **~s politiques** political struggles • **la ~ antidrogue** the fight against drugs • **conquérir qch de haute ~** to win sth after a brave fight • **être en ~ (contre qn)** to be in conflict (with sb) • **travailleurs en ~** (*en grève*) striking workers **b** (*= sport*) wrestling • **faire de la ~** to wrestle **2** COMP ▸ **lutte armée** armed struggle ▸ **lutte des classes** class struggle ▸ **lutte d'influence** struggle for influence ▸ **lutte d'intérêts** conflict of interests

lutter [lyte] /TABLE 1/ VI **a** (*= se battre*) to fight • **~ contre un incendie** to fight a fire • **~ contre le sommeil** to fight off sleep • **~ contre la mort** to fight for one's life • **~ pour ses droits** to fight for one's rights **b** (*Sport*) to wrestle

lutteur, -euse [lytœʀ, øz] NM,F (*Sport*) wrestler

luxation [lyksasjɔ̃] NF dislocation • **elle a une ~ de l'épaule** she has dislocated her shoulder

luxe [lyks] NM **a** (*= richesse*) luxury; [*de maison, objet*] luxuriousness • **vivre dans le ~** to live in the lap of luxury • **produits de ~** de luxe products • **voiture de ~** luxury car • **modèle grand ~** de luxe model • **boutique de ~** shop selling luxury goods • **j'ai lavé la cuisine, ce n'était pas du ~!** I washed the kitchen floor, it badly needed it • **un ~ de détails** a wealth of detail **b** (*= plaisir*) luxury • **je ne peux pas me payer le ~ d'être malade** I can't afford the luxury of being ill

Luxembourg [lyksɑ̃buʀ] (NM) Luxembourg • **le palais du ~** *the seat of the French Senate*

luxembourgeois, e [lyksɑ̃buʀʒwa, waz] **1** (ADJ) of *ou* from Luxembourg **2** (NM,F) **Luxembourgeois(e)** inhabitant *ou* native of Luxembourg

luxer [lykse] /TABLE 1/ (VT) to dislocate • **se ~ un membre** to dislocate a limb • **avoir l'épaule luxée** to have a dislocated shoulder

luxueusement [lyksɥøzmɑ̃] (ADV) luxuriously

luxueux, -euse [lyksɥø, øz] (ADJ) luxurious

luxure [lyksyʀ] (NF) lust

luxuriant, e [lyksyʀjɑ̃, jɑ̃t] (ADJ) [*végétation*] luxuriant

luzerne [lyzɛʀn] (NF) lucerne

lycée [lise] (NM) ≈ secondary school (*Brit*), ≈ high school (*US*) • **~ professionnel** *secondary school for vocational training*

> **LYCÉE**
>
> **Lycées** are state secondary schools where pupils study for their "baccalauréat" after leaving the "collège" and before leaving school or going on to higher education. There are two types of **lycée**: **lycée d'enseignement général et technologique**, offering mainstream and technical courses, and **lycée professionnel**, offering vocational courses. → BACCALAURÉAT, COLLÈGE, ÉDUCATION NATIONALE

lycéen, -éenne [liseɛ̃, eɛn] (NM,F) secondary school (*Brit*) *ou* high-school (*US*) student • **lorsque j'étais ~** when I was at secondary school (*Brit*) *ou* in high school (*US*) • **quelques ~s étaient là** some students were there • **les ~s sont en grève** secondary school students are on strike

lychee [litʃi] (NM) lychee

Lycra ® [likʀa] (NM) Lycra ® • **en ~** Lycra

lymphatique [lɛ̃fatik] (ADJ) **a** (*Bio*) lymphatic **b** (= *phlegmatique*) lethargic

lymphe [lɛ̃f] (NF) lymph

lynchage [lɛ̃ʃaʒ] (NM) (= *exécution, pendaison*) lynching; (= *coups*) beating • **il a fait l'objet d'un ~ médiatique** he was torn to pieces by the media

lyncher [lɛ̃ʃe] /TABLE 1/ (VT) (= *tuer, pendre*) to lynch; (= *malmener*) to beat up • **je vais me faire ~ si je rentre en retard*** they'll lynch me if I come home late

lynx [lɛ̃ks] (NM) lynx

Lyon [ljɔ̃] (N) Lyon

lyonnais, e [ljɔnɛ, ɛz] **1** (ADJ) of *ou* from Lyon **2** (NM,F) **Lyonnais(e)** inhabitant *ou* native of Lyon

lyophilisé [ljɔfilize] (ADJ) freeze-dried

lyre [liʀ] (NF) lyre

lyrique [liʀik] **1** (ADJ) **a** (*Poésie*) lyric **b** (= *d'opéra*) [*ouvrage, répertoire, ténor*] operatic • **l'art ~** opera • **théâtre ~** opera house • **spectacle ~** opera **c** (= *exalté*) lyrical • **il a été ~ sur le sujet** he waxed lyrical on the topic **2** (NM) **le ~** opera

lyrisme [liʀism] (NM) lyricism • **plein de ~** lyrical

lys [lis] (NM) lily

l

Mm

M. (ABR DE **Monsieur**) Mr • **M. Martin** Mr Martin
m' [m] → **me**
ma [ma] (ADJ POSS) → **mon**
Maastricht [mastʀiʃt] (N) **le traité de ~** the Maastricht Treaty
macabre [makɑbʀ] (ADJ) macabre
macadam [makadam] (NM) [*de goudron*] tarmac® (*Brit*), blacktop (*US*)
macadamia [makadamja] (NM) **noix de ~** macadamia nut
macareux [makaʀø] (NM) puffin
macaron [makaʀɔ̃] (NM) ⓐ (= *gâteau*) macaroon ⓑ (= *autocollant*) sticker; (*publicitaire*)* publicity badge; (*sur voiture*) advertising sticker
maccarthysme [makkaʀtism] (NM) McCarthyism
Macédoine [masedwan] (NF) Macedonia
macédoine [masedwan] (NF) **~ de légumes** diced mixed vegetables • **~ de fruits** fruit salad; (*en boîte*) fruit cocktail
macérer [maseʀe] /TABLE 6/ (VTI) to macerate • **(faire) ~** to macerate • **laisser ~ qn*** (= *le faire attendre*) to let sb stew in his own juice*
mâche [mɑʃ] (NF) lamb's lettuce
mâcher [mɑʃe] /TABLE 1/ (VT) to chew; (*bruyamment*) to munch • **il faut lui ~ tout le travail** you have to do half his work for him • **il ne mâche pas ses mots** he doesn't mince his words
machette [maʃɛt] (NF) machete
machiavélique [makjavelik] (ADJ) Machiavellian
machin* [maʃɛ̃] (NM) ⓐ (= *chose*) thing • **passe-moi le ~** give me the thingy* ⓑ (= *personne*) **Machin** what's-his-name* • **Machin chouette** what's-his-name* • **hé! Machin!** hey you, what's-your-name!*
machinal, e (*mpl* **-aux**) [maʃinal, o] (ADJ) automatic
machinalement [maʃinalmɑ̃] (ADV) (= *automatiquement*) automatically; (= *instinctivement*) unconsciously • **il regarda ~ sa montre** he looked at his watch without thinking
machination [maʃinasjɔ̃] (NF) (= *complot*) plot; (= *coup monté*) put-up job* • **je suis victime d'une ~** I've been framed*
machine [maʃin] **1** (NF) ⓐ (= *appareil*) machine ▸ **à la machine** **fait à la ~** machine-made • **tricoté à la ~** machine-knitted
ⓑ (= *lave-linge*) machine • **faire une ~** to do a load of washing • **laver qch en** *ou* **à la ~** to wash sth in the machine
ⓒ (= *processus*) machinery • **la ~ politique** the political machine • **la ~ de l'État** the machinery of state
ⓓ [*de navire*] engine • **faire ~ arrière** to go astern; (*fig*) to back-pedal
ⓔ (= *personne*) **Machine** what's-her-name* • **hé! Machine!** hey! you - what's-your-name!*
2 (COMP) ▸ **machine à café** coffee machine ▸ **machine à calculer** calculating machine ▸ **machine à coudre** sewing machine ▸ **machine à écrire** typewriter ▸ **machine à laver** washing machine ▸ **machine à pain** breadmaker ▸ **machine à sous** (= *jeu*) slot machine ▸ **machine à tricoter** knitting machine
machine-outil (*pl* **machines-outils**) [maʃinutil] (NF) machine tool
machiniste [maʃinist] (NMF) ⓐ (*au théâtre*) scene shifter; (*au cinéma*) grip ⓑ (= *conducteur*) driver • **« faire signe au ~ »** ≈ "request stop"
machisme [ma(t)ʃism] (NM) (= *sexisme*) male chauvinism
machiste [ma(t)ʃist] (ADJ) male chauvinist
macho* [matʃo] **1** (ADJ) [*comportement*] macho • **il est ~** he's a male chauvinist* **2** (NM) (*d'apparence physique*) macho man; (*sexiste*) male chauvinist • **sale ~!** male chauvinist pig!*
mâchoire [mɑʃwaʀ] (NF) jaw
mâchonner [mɑʃɔne] /TABLE 1/ (VT) to chew
mâchouiller* [mɑʃuje] /TABLE 1/ (VT) to chew on
maçon [masɔ̃] (NM) builder; (*qui travaille la pierre*) mason; (*qui pose les briques*) bricklayer
maçonnerie [masɔnʀi] (NF) [*de pierres*] masonry; [*de briques*] brickwork • **entreprise de ~** building firm
maçonnique [masɔnik] (ADJ) Masonic
macramé [makʀame] (NM) macramé • **en ~** macramé
macrobiotique [makʀɔbjɔtik] **1** (ADJ) macrobiotic **2** (NF) macrobiotics *sg*
macrocosme [makʀɔkɔsm] (NM) macrocosm
macroéconomie [makʀoekɔnɔmi] (NF) macroeconomics *sg*
macroéconomique [makʀoekɔnɔmik] (ADJ) macroeconomic
maculer [makyle] /TABLE 1/ (VT) to stain (**de** with) • **chemise maculée de sang** shirt spattered with blood
Madagascar [madagaskaʀ] (N) Madagascar
Madame [madam] (*pl* **Mesdames**) [medam] (NF) ⓐ (*suivi d'un nom de famille*) Mrs

> En anglais, on utilise de plus en plus **Ms** à la place de **Miss** et de **Mrs** pour éviter la distinction traditionnelle entre femmes mariées et femmes non mariées.

• **entrez, ~ Smith** come in, Mrs Smith *ou* Ms Smith • **~ Dubois vous recevra** Mrs Dubois will see you, Ms Dubois will see you

b (*sans nom de famille*)

> Lorsque **Madame** n'est pas suivi d'un nom de famille, il ne se traduit généralement pas ; l'anglais **madam**, un peu désuet, s'utilise par exemple pour s'adresser à une cliente dans un restaurant ou dans un hôtel. À la troisième personne, on peut utiliser **the lady**.

• **merci, ~** thank you; (*au restaurant, à l'hôtel*) thank you, madam • **~, vous avez oublié quelque chose** excuse me, you've left something • **et pour ~?** (*au restaurant*) and for you, madam? • **~!** (*en classe*) please Miss! • **~ dit que c'est à elle** the lady says it belongs to her

▸ **Mesdames** (*devant un auditoire*) ladies • **merci, Mesdames** thank you • **Mesdames, Mesdemoiselles, Messieurs** ladies and gentlemen

c (*suivi d'un titre*) **~ la Présidente, je proteste** Madam Chairman, I object • **~ la Présidente a levé la séance** the Chairman closed the meeting

d (*en début de lettre*)

> Le français épistolaire est moins direct que l'anglais et l'équivalent anglais des formules de début de lettre sera donc toujours plus personnel que le français : **Madame** devient **Dear Madam**, si l'on ne connaît pas le nom de la dame, ou **Dear Mrs + nom de famille** ; **Chère Madame** devient **Dear Mrs + nom de famille**, par exemple **Dear Mrs Smith**.

• **Madame** Dear Madam • **Chère ~** Dear Mrs + *nom de famille* • **~, Mademoiselle, Monsieur** Dear Sir or Madam

madeleine [madlɛn] NF madeleine

Mademoiselle [madmwazɛl] (*pl* **Mesdemoiselles**) [medmwazɛl] NF **a** (*suivi d'un nom de famille*) Miss

> En anglais, on utilise de plus en plus **Ms** à la place de **Miss** et de **Mrs** pour éviter la distinction traditionnelle entre femmes mariées et femmes non mariées.

• **entrez, ~ Smith** come in, Miss Smith *ou* Ms Smith • **~ Dubois vous recevra** Miss *ou* Ms Dubois will see you

b (*sans nom de famille*)

> Lorsque **Mademoiselle** n'est pas suivi d'un nom de famille, il ne se traduit généralement pas ; l'anglais **madam**, un peu désuet, s'utilise par exemple pour s'adresser à une cliente dans un restaurant ou dans un hôtel. À la troisième personne, on peut utiliser **the lady**, ou **the young lady** lorsque l'on parle d'une fillette.

• **merci, ~** thank you • **~, vous avez oublié quelque chose** excuse me, you've left something • **et pour ~?** (*au restaurant*) and for you, madam?; (*à une enfant*) and for you, young lady? • **~ dit que c'est à elle** the lady says it belongs to her

▸ **Mesdemoiselles** (*devant un auditoire*) girls • **merci, Mesdemoiselles** thank you

c (*en début de lettre*)

> Le français épistolaire est moins direct que l'anglais et l'équivalent anglais des formules de début de lettre sera donc toujours plus personnel que le français : **Mademoiselle** devient **Dear Madam**, si l'on ne connaît pas le nom de la dame, ou **Dear Miss + nom de famille** ; **Chère Mademoiselle** devient **Dear Miss + nom de famille** ou **Dear Ms + nom de famille**, par exemple **Dear Miss Smith** ou **Dear Ms Smith**.

• **Mademoiselle** Dear Madam • **Chère ~** Dear Miss *ou* Ms + *nom de famille*

madère [madɛʀ] **1** NM Madeira **2** NF **Madère** (= *île*) Madeira

Madone [madɔn] NF Madonna

madras(s)a [madʀasa], **medersa** [medɛʀsa] NF madrasah, madras(s)a

Madrid [madʀid] N Madrid

madrier [madʀije] NM beam

madrilène [madʀilɛn] ADJ of *ou* from Madrid

maelström, maelstrom [malstʀɔm] NM maelstrom

maestria [maɛstʀija] NF skill • **avec ~** brilliantly

mafia, maffia [mafja] NF **a** **la Mafia** the Mafia **b** [*de bandits, trafiquants*] gang • **c'est une vraie ~!** what a bunch* of crooks!

mafieux, maffieux, -ieuse [mafjø, jøz] **1** ADJ Mafia • **pratiques mafieuses** Mafia-like practices **2** NM,F mafioso

mafioso, maffioso [mafjozo] (*pl* **mafiosi** [mafjozi]) NM mafioso

magasin [magazɛ̃] NM **a** (= *boutique*) shop • **grand ~** department store • **faire les ~s** to go shopping **b** (= *entrepôt*) warehouse **c** [*de fusil, appareil-photo*] magazine

magasinage [magazinaʒ] NM (*Can*) shopping

magasiner [magazine] /TABLE 1/ VI (*Can*) to go shopping

magasinier [magazinje] NM [*d'usine*] storekeeper; [*d'entrepôt*] warehouseman

magazine [magazin] NM magazine • **~ d'actualités** news magazine • **~ d'information** current affairs programme

mage [maʒ] NM **les Rois ~s** the Wise Men

Maghreb [magʀɛb] NM **le ~** North Africa

maghrébin, e [magʀebɛ̃, in] **1** ADJ of *ou* from North Africa **2** NM,F **Maghrébin(e)** North African

magicien, -ienne [maʒisjɛ̃, jɛn] **1** NM,F magician **2** NF **magicienne** (= *sorcière*) enchantress

magie [maʒi] NF magic • **comme par ~** as if by magic • **c'est de la ~** it's magic • **faire de la ~** [*prestidigitateur*] to perform magic tricks

magique [maʒik] ADJ magic; (= *enchanteur*) magical

magistère [maʒistɛʀ] NM ≈ master's degree

magistral, e (*mpl* **-aux**) [maʒistʀal, o] ADJ **a** [*œuvre*] masterly; [*réussite, démonstration*] brilliant; [*victoire*] magnificent • **elle est ~e dans le rôle de Phèdre** she's brilliant as Phèdre **b** **cours ~** lecture

m

magistrat, -e [maʒistʀa, at] (NM,F) magistrate; (= *juge*) judge

magistrature [maʒistʀatyʀ] (NF) ⓐ (*Droit*) magistrature • **la ~ assise** the judges • **la ~ debout** the state prosecutors • **entrer dans la ~** (= *devenir juge*) to be appointed a judge ⓑ (*Admin, Politique*) public office

magma [magma] (NM) magma; (= *mélange*) jumble

magnanime [maɲanim] (ADJ) magnanimous

magnat [magna] (NM) magnate • **~ de la presse** press baron • **~ du pétrole** oil magnate

magner (se)* [maɲe] /TABLE 1/ (VPR) to get a move on*

magnésium [maɲezjɔm] (NM) magnesium

magnétique [maɲetik] (ADJ) magnetic

magnétiseur, -euse [maɲetizœʀ, øz] (NM,F) (= *hypnotiseur*) hypnotist

magnétisme [maɲetism] (NM) magnetism

magnéto* [maɲeto] (NM) (ABR DE **magnétophone**)

magnétophone [maɲetɔfɔn] (NM) tape recorder • **~ à cassettes** cassette recorder • **enregistré au ~** taped

magnétoscope [maɲetɔskɔp] (NM) video recorder • **enregistrer au ~** to video

magnifier [maɲifje] /TABLE 7/ (VT) (= *louer*) to magnify; (= *idéaliser*) to idealize

magnifique [maɲifik] (ADJ) magnificent • **~!** fantastic!

magnifiquement [maɲifikmɑ̃] (ADV) magnificently

magnitude [maɲityd] (NF) magnitude

magnolia [maɲɔlja] (NM) magnolia

magot* [mago] (NM) (= *somme*) pile of money; (= *argent volé*) loot; (= *économies*) savings • **ils ont amassé un joli ~** they've made a nice little pile*; (*économies*) they've got a tidy sum put by

magouille* [maguj] (NF) scheming • **ça sent la ~** there's some funny business* going on • **~s politiques** political skulduggery • **~s financières** financial wheeling and dealing*

magouiller* [maguje] /TABLE 1/ **1** (VI) to wheel and deal* • **il a dû ~ pour avoir le permis de construire** he had to do a bit of wheeling and dealing* to get planning permission **2** (VT) **qu'est-ce qu'il magouille?** what's he up to?*

magouilleur, -euse* [magujœʀ, øz] (NM,F) schemer

magret [magʀɛ] (NM) **~ de canard** duck breast

mah-jong (*pl* **mah-jongs**), **majong** [maʒɔ̃g] (NM) mah-jong(g)

Mahomet [maɔmɛt] (NM) Mohammed

mai [mɛ] (NM) May → **septembre**

> ✎ Les noms de mois s'écrivent avec une majuscule en anglais.

> **LE PREMIER MAI/LE 8 MAI**
>
> **Le premier mai** is a public holiday in France. It is known as "la fête du Travail" ("Labor Day") and commemorates the trades union demonstrations in the United States in 1886 when workers demanded the right to an eight-hour working day. Sprigs of lily of the valley are traditionally exchanged.
>
> **Le 8 mai** is also a public holiday and commemorates the surrender of the German army to Eisenhower on 7 May, 1945. It is marked by parades of ex-servicemen and ex-servicewomen in most towns.

> **MAI 68**
>
> In 1968, unrest in French industry and among students resulted in huge demonstrations in May followed by a general strike. The events were perceived as a challenge to the established order and a cry for freedom. The government was not in fact overthrown and order soon returned. The term "soixante-huitard" literally means a person who participated in the events, but as an adjective it also describes the kind of ideals held by many of the demonstrators.

maïeuticien [majøtisjɛ̃] (NM) male midwife

maigre [mɛgʀ] **1** (ADJ) ⓐ [*personne, animal, membre*] thin • **~ comme un clou** thin as a rake ⓑ [*viande*] lean; [*fromage*] low-fat ⓒ (= *peu important*) meagre; [*espoir, chance*] slim; [*végétation*] thin • **comme dîner, c'est un peu ~** it's not much of a dinner **2** (NMF) **grand ~** tall thin person • **c'est une fausse ~** she's not as thin as she looks **3** (NM) ⓐ (= *viande*) lean meat ⓑ (*Rel*) **faire ~** to abstain from meat

maigreur [mɛgʀœʀ] (NF) [*de personne, animal*] thinness • **il est d'une ~!** he's so thin!

maigrichon, -onne* [megʀiʃɔ̃, ɔn] (ADJ) skinny

maigrir [megʀiʀ] /TABLE 2/ (VI) to lose weight • **il a maigri de 5 kg** he has lost 5 kg

mail [mel] (NM) (= *courrier électronique*) email

mailing [meliŋ] (NM) mailing

maille [maj] (NF) ⓐ (*de tricot*) stitch • **~ filée** run • **~ à l'endroit** plain stitch • **~ à l'envers** purl stitch • **une ~ à l'endroit, une ~ à l'envers** knit one, purl one ⓑ [*de filet*] mesh • **passer à travers les ~s du filet** to slip through the net • **avoir ~ à partir avec qn** to get into trouble with sb

maillet [majɛ] (NM) mallet

maillon [majɔ̃] (NM) link • **il n'est qu'un ~ de la chaîne** he's just one link in the chain

maillot [majo] (NM) vest; [*de danseur*] leotard; [*de footballeur*] shirt; [*de coureur, basketteur*] singlet • **~ jaune** yellow jersey • **~ une pièce** one-piece swimsuit • **~ deux pièces** two-piece swimsuit ▸ **maillot de bain** [*d'homme*] swimming trunks; [*de femme*] swimsuit ▸ **maillot de corps** vest (*Brit*), undershirt (*US*)

main [mɛ̃]

1 NOM FÉMININ	**3** COMPOSÉS
2 ADVERBE	

1 NOM FÉMININ

hand • **donner la ~ à qn** to hold sb's hand • **donne-moi la ~ pour traverser** give me your hand while we're crossing • **tenir la ~ de qn** to hold sb's hand • **ils se tenaient par la ~** they were holding hands • **il m'a pris le plateau des ~s** he took the tray from me • **~ dans la ~** hand in hand • **les ~s dans les poches** with one's hands in one's pockets; (= *sans rien faire*) without any effort • **les ~s vides** empty-handed • **être adroit de ses ~s** to be clever with one's hands • **si vous portez la ~ sur elle** if you lay a hand on her • **on reconnaît la ~ de l'artiste** it is easy to recognize the artist's touch • **il y a ~!** (*Football*) hand ball! • **les ~s en l'air!** hands up! • **haut les ~s!** hands up! • **avoir tout sous la ~** to have everything to hand • **j'ai pris ce qui m'est tombé sous la ~** I took whatever came to hand • **laisser les ~s libres à qn** to give sb a free hand • **il n'y va pas de ~ morte** he doesn't pull his punches • **demander la ~ d'une jeune fille** to ask for a girl's hand in marriage • **une ~ de fer dans un gant de velours** an iron hand in a velvet glove • **diriger d'une ~ de fer** to rule with an iron fist • **tomber aux ~s de l'ennemi** to fall into the hands of the enemy • **faire ~ basse sur qch** to help o.s. to sth; (*et prendre la fuite*) to run off with sth • **être entre les ~s de qn** to be in sb's hands • **se faire la ~** to get one's hand in • **garder la ~** to keep one's hand in • **perdre la ~** to lose one's touch • **à 65 ans, il est temps qu'il passe la ~** at 65 it's time he made way for someone else

▸ **coup de main** (= *aide*) helping hand; (= *habileté*) knack; (= *attaque*) raid • **donne-moi un coup de ~** give me a hand • **avoir le coup de ~ (pour faire qch)** to have the knack (of doing sth)

▸ **avoir + main(s)** **avoir la ~** (= *jouer le premier*) to lead; (= *distribuer les cartes*) to deal • **avoir la haute ~ sur qch** to have supreme control of sth • **il a eu la ~ heureuse** he was lucky • **avoir les ~s liées** to have one's hands tied • **le juge a eu la ~ lourde** the judge handed down a stiff sentence • **avoir la ~ verte** to have green fingers (*Brit*), to have a green thumb (*US*)

▸ **mettre + main(s)** **il lui a mis la ~ aux fesses*** he groped her behind* • **j'en mettrais ma ~ au feu** I'd stake my life on it • **mettre la ~ à la pâte** to lend a hand • **mettre la dernière ~ à qch** to put the finishing touches to sth • **mettre la ~ sur** to lay hands on • **ce livre n'est pas à mettre entre toutes les ~s** this book is not suitable for the general public

▸ **prendre + main** **il va prendre ma ~ sur la figure!*** he's going to get a smack in the face! • **prendre qn par la ~** to take sb by the hand • **tu n'as qu'à te prendre par la ~** you'll just have to sort things out yourself • **on l'a pris la ~ dans le sac** he was caught red-handed • **prendre qn/qch en ~** to take sb/sth in hand

▸ **à la main** **il entra le chapeau à la ~** he came in with his hat in his hand • **fait à la ~** handmade • **écrit à la ~** handwritten • **cousu à la ~** hand-sewn

▸ **à main armée** **attaque à ~ armée** armed attack • **vol à ~ armée** armed robbery

▸ **à main levée** [*vote*] [*voter*] by a show of hands; [*dessin*] [*dessiner*] freehand

▸ **à mains nues** [*combattre*] with one's bare hands; [*combat*] bare-fisted

▸ **de + main** **il me salua de la ~** he waved to me • **payer de la ~ à la ~** to pay cash in hand • **dessin de la ~ de Cézanne** drawing by Cézanne • **c'était écrit de sa ~** it was in his handwriting • **une lettre signée de sa ~** a personally signed letter • **de ~ de maître** masterfully • **de ~ en ~** [*passer, circuler*] from hand to hand • **de première ~** firsthand • **de seconde ~** secondhand • **acheter une voiture de première ~** to buy a car secondhand (*which has only had one previous owner*)

▸ **en + main(s)** **il se promenait, micro en ~** he walked around holding the microphone • **ce livre est en ~** (= *non disponible*) this book is in use • **avoir une voiture bien en ~** to have the feel of a car • **avoir la situation bien en ~** to have the situation well in hand • **être en de bonnes ~s** to be in good hands • **il me l'a remis en ~s propres** he gave it to me personally

2 ADVERBE

fait ~ handmade

3 COMPOSÉS

▸ **main courante** (= *câble*) handrail ▸ **mains libres** ADJ INV **kit ~s libres** hands-free kit

---

mainate [mɛnat] (NM) mynah bird

main-d'œuvre (*pl* **mains-d'œuvre**) [mɛ̃dœvʀ] (NF) (= *travail*) labour (*Brit*), labor (*US*); (= *personnes*) workforce

mainmise [mɛ̃miz] (NF) (= *prise de contrôle*) takeover; (= *emprise*) grip; (*autoritaire*) stranglehold • **avoir la ~ sur** to have a stranglehold on

maint, mainte [mɛ̃, mɛ̃t] (ADJ) (*frm*) (*avec pluriel*) numerous • **~ exemples** numerous examples • **à ~es reprises** time and time again • **en ~es occasions** on numerous occasions

maintenance [mɛ̃t(ə)nɑ̃s] (NF) maintenance • **assurer la ~ d'une machine** to service a machine

maintenant [mɛ̃t(ə)nɑ̃] (ADV) **a** now • **que fait-il ~?** what's he doing now? • **il doit être arrivé ~** he must have arrived by now • **~ qu'il est arrivé** now that he's here • **ils marchaient ~ depuis deux heures** by now they had been walking for two hours • **plus ~** not any longer **b** (= *actuellement*) today • **les jeunes de ~** young people today **c** (= *ceci dit*) now • **~ ce que j'en dis, c'est pour ton bien** now what I'm saying is for your own good

maintenir [mɛ̃t(ə)niʀ] /TABLE 22/ **1** (VT) **a** (= *soutenir*) to support • **~ qch en équilibre** to keep sth balanced
b (= *garder*) to keep; [+ *statu quo, tradition, décision, candidature*] to maintain • **~ qn en vie** to keep sb alive • **~ l'ordre** to maintain law and order • **~ les prix** to keep prices steady
c (= *affirmer*) to maintain • **je l'ai dit et je le maintiens** I've said it and I'm sticking to it • **~ que ...** to maintain that ...
2 (VPR) **se maintenir** [*temps*] to hold; [*amélioration*] to persist • **se ~ en bonne santé** to keep in good health • **il se maintient dans la moyenne** (*élève*) he gets average marks

maintien [mɛ̃tjɛ̃] (NM) **a** (= *sauvegarde*) [*de tradition*] maintenance • **assurer le ~ de** [+ *tradition*] to maintain • **le ~ de l'ordre** the maintenance of law and order • **ils veulent le ~ du pouvoir d'achat** they want purchasing power to be maintained **b** (= *soutien*) support **c** (= *posture*) bearing

maire [mɛʀ] (NM) mayor • **passer devant monsieur le ~** (= *se marier*) to get married

> **MAIRE**
> Each French "commune" has its **maire**, elected by the "conseil municipal". He or she has a wide range of administrative duties as the chief civic representative of the "commune", including maintaining public order through the municipal police. As a representative of the State, the **maire** is empowered to perform marriages.
> The **maire** is assisted in his or her functions by one or several "adjoints" (deputies). Note that a "député-**maire**" is not a deputy mayor but a **maire** who is also a member of parliament. → CONSEIL, COMMUNE

mairie [meʀi] (NF) (= *bâtiment*) town hall; (= *administration*) town council

mais [mɛ] **1** (CONJ) **a** (*opposition*) but • **il est gros ~ souple** he's big, but supple • **il est parti? ~ tu m'avais promis qu'il m'attendrait!** he's left? but you promised he'd wait for me!

m

b (*renforcement*) **tu me crois ? — ~ oui** *ou* **bien sûr** do you believe me? — of course • **~ je te jure que c'est vrai !** but I swear it's true! • **~ ne te fais pas de souci !** don't you worry! • **je vous dérange ? — ~ pas du tout** am I disturbing you? — not at all
c (*surprise*) **~ alors qu'est-ce qui est arrivé ?** so what happened? • **~ dites-moi, c'est intéressant tout ça !** well now that's all very interesting!
d (*protestation*) **non ~ !*** for goodness sake!* • **~ enfin, tu vas te taire ?*** look here, are you going to shut up?*
2 (NM) **il y a un ~** there's one snag • **il n'y a pas de ~ qui tienne** there are no buts about it

maïs [mais] (NM) maize (*Brit*), corn (*US*); (*en conserve*) sweet corn • **~ en épi** corn on the cob

maison [mɛzɔ̃] 1 (NF) **a** (= *bâtiment*) house • **~ individuelle** house
b (= *foyer*) home • **rester à la ~** to stay at home • **rentrer à la ~** to go home • **nous sommes sept à la ~** there are seven of us at home
c (= *entreprise*) company • **il a 15 ans de ~** he's been with the firm for 15 years • **la ~ n'est pas responsable de ...** the company accepts no responsibility for ... • **c'est offert par la ~** it's on the house • **« la ~ ne fait pas crédit »** "no credit"
d (= *famille royale*) **la ~ de Hanovre** the House of Hanover
2 (ADJ INV) **a** [*gâteau, confiture*] home-made; [*personne*] (= *formé sur place*)* trained by the firm; (= *travaillant exclusivement pour l'entreprise*)* in-house • **pâté ~** chef's own pâté • **est-ce que c'est fait ~ ?** do you make it yourself?
b (*intensif*)* first-rate • **il y a eu une bagarre quelque chose de ~** there was an almighty* fight • **il s'est fait engueuler‡ quelque chose de ~ !** he got one hell of a row!*
3 (COMP) ▸ **maison d'arrêt** prison ▸ **la Maison Blanche** the White House ▸ **maison de campagne** house in the country ▸ **maison close** brothel ▸ **maison de couture** couture house ▸ **maison de la culture** arts centre ▸ **maison de disques** record company ▸ **maison d'édition** publishing house ▸ **maison d'éducation surveillée** ≈ approved school (*Brit*), ≈ reform school (*US*) ▸ **maison de jeu** gambling club ▸ **maison des jeunes et de la culture** ≈ community arts centre ▸ **maison de maître** mansion ▸ **maison mère** parent company ▸ **maison de passe** brothel ▸ **maison de poupée** doll's house ▸ **maison de la presse** ≈ newsagent's (*Brit*), ≈ newsdealer (*US*) ▸ **maison de repos** convalescent home ▸ **maison de retraite** old people's home ▸ **maison de santé** (= *clinique*) nursing home

maisonnette [mɛzɔnɛt] (NF) small house

maître○**, maîtresse** [mɛtʀ, mɛtʀɛs] 1 (NM) **a** (= *patron*) master • **le ~ des lieux** the master of the house • **coup de ~** masterstroke • **rester ~ de soi** to keep one's self-control • (PROV) **tel ~, tel chien** like master *ou* like owner, like dog (PROV)
▸ **être + maître être son propre ~** to be one's own master • **être ~ de refuser** to be free to refuse • **être ~ de soi** to be in control • **être ~ de la situation** to be in control of the situation • **être ~ de sa destinée** to be the master of one's fate • **il est passé ~ dans l'art de mentir** he's a past master in the art of lying
b (= *enseignant*) teacher • **~ d'anglais** English teacher
c (= *titre*) **Maître** *term of address to lawyers etc*; (*à un musicien*) Maestro • **Maître X** (= *avocat*) Mr (*or* Mrs) X
2 (NF) **maîtresse** **a** (= *amante*) mistress
b (= *enseignante*) teacher • **maîtresse !** please Miss!
3 (ADJ) (= *principal*) main; [*carte*] master • **c'est son œuvre maîtresse** it's his masterwork • **c'est la pièce maîtresse de la collection** it's the jewel of the collection • **idée maîtresse** principal idea • **c'est le ~ mot** it's the key word • **en mode ~-esclave** (*en informatique*) in master-slave mode
4 (COMP) ▸ **maître d'armes** fencing master ▸ **maître artisan** master craftsman; (= *boulanger*) master baker ▸ **maître auxiliaire** non-certified teacher ▸ **maître/maîtresse de ballet** ballet master/mistress ▸ **maître de cérémonies** master of ceremonies ▸ **maître chanteur** blackmailer ▸ **maître de conférences** (*Univ*) ≈ lecturer (*Brit*), ≈ assistant professor (*US*) ▸ **maître/maîtresse d'école** teacher ▸ **maître d'hôtel** [*de maison*] butler; [*d'hôtel, restaurant*] head waiter ▸ **maître de maison** host ▸ **maîtresse de maison** housewife; (= *hôtesse*) hostess ▸ **maître nageur** swimming teacher ▸ **maître d'œuvre** (*Constr*) project manager ▸ **maître d'ouvrage** (*Constr*) owner

maître-autel○ (*pl* **maîtres-autels**) [mɛtʀotɛl] (NM) high altar

maître-chien○ (*pl* **maîtres-chiens**) [mɛtʀəʃjɛ̃] (NM) dog handler

maîtrise○ [metʀiz] (NF) **a** [*de domaine*] mastery; [*de budget*] control • **sa ~ du français** his command of French • **avoir la ~ d'un marché** to have control of a market
b (= *sang-froid*) **~ de soi** self-control **c** (= *habileté*) skill
d (= *diplôme*) ≈ master's degree

maîtriser○ [metʀize] /TABLE 1/ 1 (VT) **a** (= *dompter*) to control; [+ *adversaire*] to overcome; [+ *émeute*] to bring under control; [+ *inflation*] to curb • **nous maîtrisons la situation** the situation is under control **b** [+ *langue, technique*] to master • **il ne maîtrise pas du tout cette langue** he has no command of the language 2 (VPR) **se maîtriser** to control o.s. • **elle ne sait pas se ~** she has no self-control

maïzena○® [maizena] (NF) cornflour (*Brit*), cornstarch (*US*)

majesté [maʒɛste] (NF) majesty • **Sa Majesté** (= *roi*) His Majesty; (= *reine*) Her Majesty

majestueux, -euse [maʒɛstɥø, øz] (ADJ) majestic; [*taille*] imposing

majeur, e [maʒœʀ] 1 (ADJ) **a** (= *important*) major • **ils ont rencontré une difficulté ~e** they came up against a major difficulty • **c'est son œuvre ~e** it's his greatest work • **en ~e partie** for the most part • **la ~e partie des gens sont restés** the majority have stayed on
b (*Droit*) of age *attrib* • **il sera ~ en l'an 2005** he will come of age in the year 2005 • **il n'est pas encore ~** he's not yet of age
c (*Mus*) major • **en sol ~** in G major
2 (NM) (= *doigt*) middle finger
3 (NF) **majeure** (= *matière*) main subject (*Brit*), major (*US*)

major [maʒɔʀ] (NM) **a** (= *sous-officier*) ≈ warrant officer **b** (= *premier*) **être ~ de promotion** ≈ to be first in one's year

majoration [maʒɔʀasjɔ̃] (NF) (= *hausse*) increase (**de** in); (= *supplément*) surcharge → IMPÔTS

majorer [maʒɔʀe] /TABLE 1/ (VT) to increase (**de** by)

majorette [maʒɔʀɛt] (NF) majorette

majoritaire [maʒɔʀitɛʀ] (ADJ) **les femmes sont ~s dans cette profession** women are in the majority in this profession • **les socialistes sont ~s dans le pays** the socialists have most support in the country • **ils sont ~s à l'assemblée** they are the majority party

majoritairement [maʒɔʀitɛʀmɑ̃] (ADV) [*choisir, voter*] by a majority • **le lectorat est ~ féminin** the readership is predominantly female

majorité [maʒɔʀite] (NF) ⓐ (*électorale*) majority ⓑ (= *parti majoritaire*) party in power • **la ~ et l'opposition** the party in power and the opposition
ⓒ (= *majeure partie*) majority • **il y a des mécontents, mais ce n'est pas la ~** there are some dissatisfied people, but they're not in the majority • **être en ~** to be in the majority • **les étudiants dans leur grande ~** the great majority of students • **dans la ~ des cas** in the majority of cases • **groupe composé en ~ de ...** group mainly composed of ... • **les enseignants sont en ~ des femmes** the majority of teachers are women
ⓓ (= *âge légal*) **atteindre sa ~** to come of age • **jusqu'à sa ~** until he comes of age

Majorque [maʒɔʀk] (NF) Majorca

majuscule [maʒyskyl] **1** (ADJ) capital • **A ~** capital A • **lettre ~** capital letter **2** (NF) (= *lettre*) capital letter • **en ~s d'imprimerie** in block letters • **mettre une ~ à qch** to write sth with a capital

---

mal (*pl* **maux**) [mal, mo]

1 ADVERBE	3 NOM MASCULIN
2 ADJECTIF INVARIABLE	4 COMPOSÉS

1 ADVERBE

> Lorsque **mal** est suivi d'un participe passé ou d'un adjectif, par exemple **mal logé**, **mal aimé**, reportez-vous à l'autre mot.

ⓐ (= *de façon défectueuse*) [*organisé*] badly; [*entretenu*] poorly • **ce travail est ~ fait** this work hasn't been done properly • **il se nourrit ~** he doesn't eat properly • **il travaille ~** he doesn't do his work properly • **cette porte ferme ~** this door doesn't shut properly • **j'ai ~ dormi** I didn't sleep well • **il parle ~ l'anglais** his English is poor • **tout va ~** everything's going wrong
ⓑ (= *de façon répréhensible*) [*se conduire*] badly • **tu trouves ça ~ qu'il y soit allé?** do you think it was wrong of him to go?
ⓒ (= *de façon peu judicieuse*) **~ choisi** ill-chosen • **~ inspiré** ill-advised • **cette annonce tombe ~** this announcement couldn't have come at a worse moment
ⓓ (= *avec difficulté*) **il respire ~** he has difficulty in breathing • **ils vivent très ~ avec un seul salaire** they have difficulty living on a single income • **on s'explique ~ pourquoi** it is not easy to understand why
ⓔ (*locutions*)
▸ **pas mal** (= *assez bien*) quite well; (= *assez*) quite • **il ne s'est pas trop ~ débrouillé** he managed quite well • **on n'est pas ~ dans ces fauteuils** these armchairs are quite comfortable • **ça va? — pas ~** how are you? — not bad • **on a pas ~ travaillé aujourd'hui** we've done a lot of work today • **il a pas ~ vieilli** he's aged
▸ **pas mal de** (= *beaucoup*) a lot of • **pas ~ de gens pensent que ...** quite a lot of people think that ... • **il y a pas ~ de temps qu'il est parti** he's been away for quite a time

2 ADJECTIF INVARIABLE

ⓐ (= *contraire à la morale*) wrong • **c'est ~ de mentir** it is wrong to lie
ⓑ (= *laid*) **ce tableau n'est pas ~** this picture is quite nice • **tu n'es pas ~ sur cette photo** you look quite nice in this photo
ⓒ (= *malade*) ill • **j'ai été ~ toute la matinée** I felt ill all morning • **le malade est au plus ~** the patient's condition couldn't be worse • **je me sens ~ quand il fait trop chaud** too much heat doesn't agree with me • **elle s'est sentie ~** she felt faint • **~ en point** in a bad way
ⓓ (= *mal à l'aise*) uncomfortable • **vous devez être ~ sur ce banc** you can't be comfortable on that seat
ⓔ (= *en mauvais termes*) **se mettre ~ avec qn** to get on the wrong side of sb

3 NOM MASCULIN

ⓐ (*opposé au bien*) **le ~** evil • **distinguer le bien du ~** to tell right from wrong • **c'est un ~ nécessaire** it's a necessary evil • **les maux dont souffre notre société** the ills afflicting our society • **dire du ~ de** to speak ill of • **sans penser à ~** without meaning any harm
ⓑ (= *souffrance*) pain; (= *maladie*) illness • **faire du ~ à qn** to harm sb • **il ne ferait pas de ~ à une mouche** he wouldn't hurt a fly • **~ de tête** headache • **des maux d'estomac** stomach pains • **le ~ du siècle** (= *fléau*) the scourge of the age
▸ **avoir mal** **je suis tombé — tu as ~?** I've fallen — does it hurt? • **où avez-vous ~?** where does it hurt? • **avoir ~ partout** to be aching all over • **avoir ~ au cœur** to feel sick (*Brit*) *ou* nauseous (*US*) • **avoir ~ à la gorge** to have a sore throat • **avoir ~ à la tête** to have a headache • **j'ai ~ au pied** my foot hurts • **j'ai ~ au dos** I've got backache
▸ **faire mal** to hurt • **des critiques qui font ~** hurtful criticism • **ça va faire ~!*** (*confrontation, match*) it's going to be tough!
▸ **faire mal à** to hurt • **ces chaussures me font ~ au pied** these shoes hurt my feet • **se faire ~ au genou** to hurt one's knee • **ça me fait ~ au cœur** (= *ça me rend malade*) it makes me feel sick; (= *ça me fait de la peine*) it breaks my heart; (= *ça me révolte*) it makes me sick
ⓒ (= *dommage*) harm • **excusez-moi — il n'y a pas de ~** I'm sorry — no harm done • **il n'y a pas de ~ à ça** there's no harm in that • **ça fait du ~ au commerce** it's not good for business • **vouloir du ~ à qn** to wish sb ill • **mettre à ~** to harm
ⓓ (= *difficulté*) difficulty • **on n'a rien sans ~** you don't get anything without effort • **faire qch sans trop de ~** to do sth without undue difficulty • **j'ai obtenu son accord, mais non sans ~!** I got him to agree, but it wasn't easy! • **il a dû prendre son ~ en patience** (= *attendre*) he had to put up with the delay; (= *supporter*) he had to grin and bear it • **j'ai du ~** I find it hard
▸ **avoir du mal à faire qch** to have trouble doing sth
▸ **donner du mal à qn** to give sb trouble • **ce travail m'a donné bien du ~** this job gave me a lot of trouble • **se donner du ~ pour faire qch** to take trouble over sth • **ne vous donnez pas ce ~** don't bother
▸ **en mal de** [+ *argent, idées*] short of; [+ *tendresse, amour*] yearning for • **être en ~ d'inspiration** to be lacking in inspiration

m

4 COMPOSÉS
▸**mal de l'air** airsickness ▸**mal de l'espace** space sickness ▸**mal de mer** seasickness • **avoir le ~ de mer** to be seasick ▸**mal des montagnes** mountain sickness ▸**mal du pays** homesickness • **avoir le ~ du pays** to be homesick ▸**mal des transports** travel sickness • **pilule contre le ~ des transports** travel-sickness pill ▸**mal de vivre** profound discontent

malabar* [malabaʀ] (NM) muscle man*

malade [malad] **1** (ADJ) ⓐ (= *atteint*) [*personne*] ill; [*organe, plante*] diseased • **être gravement ~** to be seriously ill • **être ~ du cœur** to have heart trouble • **avoir le cœur ~** to have heart trouble • **tomber ~** to fall ill • **j'ai été ~** I was ill; (= *j'ai vomi*) I was sick • **être ~ comme un chien*** to be really ill; (= *vomir*) to be as sick as a dog* • **être ~ à crever**‡ to be dreadfully ill • **être ~ d'inquiétude** to be sick with worry • **rien que d'y penser j'en suis ~*** the very thought of it makes me sick
ⓑ (= *fou*) mad • **t'es ~ ?*** are you out of your mind?
ⓒ (= *en mauvais état*) [*pays*] in a sorry state • **notre économie est bien ~** our economy is in bad shape
2 (NMF) ⓐ (= *personne malade*) sick person; (*d'un médecin*) patient • **les ~s** the sick • **grand ~** seriously ill person • **faux ~** malingerer
ⓑ (= *fanatique*)* **un ~ de la moto** a motorbike fanatic‡
ⓒ (= *fou*)* maniac* • **il conduit comme un ~** he drives like a maniac* • **elle frappait comme une ~** she was knocking like mad*
3 (COMP) ▸**malade imaginaire** hypochondriac ▸**malade mental** mentally ill person

maladie [maladi] (NF) illness; [*de plante*] disease • **~ bénigne** minor illness • **~ grave** serious illness • **~ mortelle** fatal illness • **elle est en ~*** she's off sick* • **en longue ~** on extended sick leave • **c'est une ~ chez lui** it's a mania with him • **tu ne vas pas en faire une ~ !*** don't get in such a state over it! • **mes rosiers ont la ~*** my rose bushes are in a bad way* ▸**maladie du baiser** (= *mononucléose*) glandular fever, kissing disease* ▸**maladie infantile** childhood disease ▸**maladie du légionnaire** legionnaires' disease ▸**maladie mentale** mental illness ▸**maladie orpheline** orphan disease ▸**maladie de peau** skin disease ▸**maladie professionnelle** occupational disease ▸**maladie sexuellement transmissible** sexually transmitted disease

maladif, -ive [maladif, iv] (ADJ) ⓐ [*personne*] sickly ⓑ [*obsession, peur*] pathological • **il est d'une timidité maladive** he's pathologically shy

maladresse [maladʀɛs] (NF) ⓐ (= *gaucherie, indélicatesse*) clumsiness ⓑ (= *bévue*) blunder • **~s de style** awkward turns of phrase

maladroit, e [maladʀwa, wat] **1** (ADJ) ⓐ (= *malhabile*) clumsy • **il est vraiment ~ de ses mains** he's really clumsy ⓑ (= *inconsidéré*) **ce serait ~ de lui en parler** it would be tactless to mention it to him **2** (NM,F) (= *malhabile*) clumsy person • **quel ~ je fais !** how clumsy of me!

maladroitement [maladʀwatmɑ̃] (ADV) clumsily

mal-aimé○**, e** (*mpl* **mal-aimés**) [maleme] (NM,F) unpopular figure • **il est devenu le ~ de la presse** he has come to be the man the press love to hate

malaise [malɛz] (NM) ⓐ (= *étourdissement*) dizzy spell • **~ cardiaque** mild heart attack • **être pris d'un ~** to feel faint • **avoir un ~** to feel faint ⓑ (= *trouble*) uneasiness • **éprouver un ~** to feel uneasy • **il y a comme un ~*** there seems to be a bit of a problem ⓒ (= *crise*) **le ~ étudiant** student unrest • **~ social** social malaise

malaisé, e [maleze] (ADJ) difficult

Malaisie [malɛzi] (NF) Malaysia

malaisien, -ienne [malɛzjɛ̃, jɛn] **1** (ADJ) Malaysian **2** (NM,F) **Malaisien(ne)** Malaysian

malappris, e [malapʀi, iz] (NM) lout

malaria [malaʀja] (NF) malaria *NonC*

malavisé, e [malavize] (ADJ) ill-advised

Malawi [malawi] (NM) Malawi

malawien, -ienne [malawjɛ̃, jɛn] **1** (ADJ) Malawian **2** (NM,F) **Malawien(ne)** Malawian

malaxer [malakse] /TABLE 1/ (VT) ⓐ [+ *argile, pâte*] to knead; [+ *muscle*] to massage; [+ *beurre*] to cream ⓑ (= *mélanger*) to blend

malbouffe* [malbuf] (NF) **la ~** ≈ junk food

malchance [malʃɑ̃s] (NF) (= *déveine*) bad luck; (= *mésaventure*) misfortune • **il a eu beaucoup de ~** he's had a lot of bad luck • **j'ai eu la ~ de ...** I had the misfortune to ... • **par ~** as ill luck would have it • **il a joué de ~** he was out of luck; (*de manière répétée*) he had one bit of bad luck after another

malchanceux, -euse [malʃɑ̃sø, øz] (ADJ) unlucky

Maldives [maldiv] (NFPL) **les ~** the Maldives

maldonne [maldɔn] (NF) (*aux cartes*) misdeal

mâle [mɑl] **1** (ADJ) male; (= *viril*) manly **2** (NM) male • **c'est un beau ~*** he's a real hunk*

malédiction [malediksjɔ̃] (NF) curse

maléfice [malefis] (NM) evil spell

maléfique [malefik] (ADJ) evil • **les puissances ~s** the forces of evil

malencontreusement [malɑ̃kɔ̃tʀøzmɑ̃] (ADV) [*arriver*] at the wrong moment

malencontreux, -euse [malɑ̃kɔ̃tʀø, øz] (ADJ) ⓐ (= *malheureux*) unfortunate; [*geste*] awkward ⓑ (= *à contretemps*) untimely

malentendants [malɑ̃tɑ̃dɑ̃] (NMPL) **les ~** hearing-impaired people

malentendu [malɑ̃tɑ̃dy] (NM) misunderstanding

mal-être○ [malɛtʀ] (NM INV) malaise

malfaçon [malfasɔ̃] (NF) fault (*due to poor workmanship*)

malfaisant, e [malfəzɑ̃, ɑ̃t] (ADJ) [*personne, influence*] evil; [*théories*] harmful

malfaiteur [malfɛtœʀ] (NM) criminal; (= *gangster*) gangster; (= *voleur*) burglar

malformation [malfɔʀmasjɔ̃] (NF) malformation

malgache [malgaʃ] **1** (ADJ) Malagasy **2** (NMF) **Malgache** Malagasy

malgré [malgʀe] (PRÉP) (= *en dépit de*) in spite of • **j'ai signé ce contrat ~ moi** (*en hésitant*) I signed the contract against my better judgment; (*contraint et forcé*) I signed the contract against my will • **j'ai fait cela presque ~ moi** I did it almost in spite of myself • **il est devenu célèbre ~ lui** he became famous in spite of himself
▸**malgré tout** (= *en dépit de tout*) in spite of everything; (= *quand même*) all the same • **il a continué ~ tout** he went on in spite of everything • **je le ferai ~ tout** I'll do it all the same
▸**malgré que** + *subjonctif** in spite of the fact that

malhabile [malabil] (ADJ) clumsy • **~ à faire qch** bad at doing sth

malheur [malœʀ] (NM) ⓐ (= *événement pénible*) misfortune; (= *événement très grave*) calamity; (= *épreuve*) ordeal; (= *accident*) accident • **un ~ est si vite arrivé** accidents happen so easily • **en cas de ~** if anything happens • **cela a été le grand ~ de sa vie** it was the great tragedy of his life • **par ~** unfortunately • **le ~ c'est que ...** the trouble is that ... • **faire le ~ de ses parents** to bring grief to one's parents • **faire un ~** (= *avoir un gros succès*) to be a big hit • **s'il continue, je fais un ~!*** if he carries on like that, I'll do something I might regret • **quel ~ qu'il ne soit pas venu!** what a shame he didn't come! • **il a eu le ~ de dire que cela ne lui plaisait pas** he made the big mistake of saying he didn't like it • **ne parle pas de ~!** God forbid!
▸ **de malheur*** (= *maudit*) wretched • **cette pluie de ~ a tout gâché** this wretched rain has spoilt everything
ⓑ **le ~** (= *l'adversité*) adversity; (= *la malchance*) misfortune • **dans son ~** amid all his misfortune • **ils ont eu le ~ de perdre leur mère** they had the misfortune to lose their mother • **le ~ a voulu qu'un policier le voie** as ill luck would have it a policeman saw him • (PROV) **le ~ des uns fait le bonheur des autres** it's an ill wind that blows nobody any good (PROV)

malheureusement [maløʀøzmɑ̃] (ADV) unfortunately

malheureux, -euse [maløʀø, øz] **1** (ADJ) ⓐ (= *infortuné*) unfortunate
ⓑ (= *regrettable*) unfortunate • **pour un mot ~** because of an unfortunate remark • **c'est bien ~ qu'il ne puisse pas venir** it's most unfortunate that he can't come • **si c'est pas ~ d'entendre ça!*** it makes you sick to hear that!*
ⓒ (= *triste, qui souffre*) unhappy • **rendre qn ~** to make sb unhappy
ⓓ (= *malchanceux : toujours après le nom*) [*candidat, tentative*] unsuccessful • **être ~ au jeu** to be unlucky at gambling • **amour ~** unhappy love affair
ⓔ (= *insignifiant : toujours avant le nom*) wretched • **toute une histoire pour un ~ billet de 10 euros** such a fuss about a wretched 10-euro note • **toute une histoire pour une malheureuse erreur** such a fuss about a minor mistake • **il y avait deux ou trois ~ spectateurs** there was a miserable handful of spectators
2 (NM,F) (= *infortuné*) poor wretch; (= *indigent*) needy person • **il a tout perdu? le ~!** did he lose everything? the poor man! • **ne fais pas cela, ~!** don't do that, you fool!

malhonnête [malɔnɛt] **1** (ADJ) (= *déloyal*) dishonest; (= *crapuleux*) crooked **2** (NMF) (= *personne déloyale*) dishonest person; (= *escroc*) crook

malhonnêtement [malɔnɛtmɑ̃] (ADV) dishonestly

malhonnêteté [malɔnɛtte] (NF) (= *improbité*) dishonesty

Mali [mali] (NM) Mali

malice [malis] (NF) ⓐ (= *espièglerie*) mischievousness • **... dit-il non sans ~** ... he said somewhat mischievously ⓑ (= *méchanceté*) malice • **elle a dit ça sans ~** she meant no harm by it

malicieusement [malisjøzmɑ̃] (ADV) mischievously

malicieux, -ieuse [malisjø, jøz] (ADJ) mischievous

> ⚠ **malicieux ≠ malicious**

malien, -enne [maljɛ̃, ɛn] **1** (ADJ) Malian **2** (NM,F) **Malien(ne)** Malian

maligne [maliɲ] → **malin**

malin [malɛ̃], **maligne, maline*** [maliɲ, malin] **1** (ADJ) ⓐ (= *astucieux*) smart; (= *rusé*) crafty; [*produit*] smart, clever • **il est ~ comme un singe** [*adulte*] he's a crafty old devil*; [*enfant*] he's a crafty little devil* • **il n'est pas bien ~** he isn't very bright • **c'est ~!** oh, very clever! ⓑ (= *mauvais*) **prendre un ~ plaisir à faire qch** to take malicious pleasure in doing sth • **l'esprit ~** the devil ⓒ (*Méd*) malignant **2** (NM,F) **c'est un petit ~** he's a crafty one • **ne fais pas le ~*** don't try to show off

malingre [malɛ̃gʀ] (ADJ) puny

malintentionné, e [malɛ̃tɑ̃sjɔne] (ADJ) malicious

malle [mal] (NF) ⓐ (= *valise*) trunk • **ils se sont fait la ~*** they've cleared off* ⓑ [*de voiture*] boot (*Brit*), trunk (*US*) ⓒ (*Can = courrier*) mail

malléable [maleabl] (ADJ) malleable

mallette [malɛt] (NF) ⓐ (= *valise*) small suitcase; (= *porte-documents*) briefcase • **~ de voyage** overnight case ⓑ (*Belg = cartable*) schoolbag

mal-logé, e [mallɔʒe] (NM,F) *person living in substandard housing*

mal-logement [mallɔʒmɑ̃] (NM) poor housing

malmener [malməne] /TABLE 5/ (VT) [+ *personne*] to manhandle; [+ *adversaire*] to give a rough time • **être malmené par la critique** to be given a rough ride by the critics

malnutrition [malnytʀisjɔ̃] (NF) malnutrition

malodorant, e [malɔdɔʀɑ̃, ɑ̃t] (ADJ) smelly

malotru [malɔtʀy] (NM) lout

Malouines [malwin] (NFPL) **les ~** the Falkland Islands

malpoli, e [malpɔli] (ADJ) impolite

malpropre [malpʀɔpʀ] (ADJ) ⓐ (= *sale*) dirty; [*travail*] shoddy ⓑ (= *indécent*) smutty

malproprement [malpʀɔpʀəmɑ̃] (ADV) in a dirty way • **manger ~** to be a messy eater

malsain, e [malsɛ̃, ɛn] (ADJ) unhealthy • **ce travail est ~** this work is hazardous to health • **c'est un film ~** it's a pretty sick film • **l'atmosphère devient ~e au bureau** things are getting a bit unpleasant at work • **c'est quelqu'un de ~** he's an unsavoury character

malt [malt] (NM) malt • **whisky pur ~** malt whisky

maltais, e [maltɛ, ɛz] **1** (ADJ) Maltese **2** (NM,F) **Maltais(e)** Maltese

Malte [malt] (NF) Malta

maltraitance [maltʀɛtɑ̃s] (NF) **~ d'enfants** ill-treatment of children; (*sexuelle*) child abuse

maltraitant, e [maltʀɛtɑ̃, ɑ̃t] (ADJ) abusive

maltraiter [maltʀete] /TABLE 1/ (VT) ⓐ (= *brutaliser*) to ill-treat; [+ *enfant*] to abuse ⓑ [+ *langue, grammaire*] to misuse ⓒ (= *critiquer*) to tear apart

malus [malys] (NM) surcharge (*for vehicle insurance*)

malveillance [malvɛjɑ̃s] (NF) (= *méchanceté*) malevolence; (= *désobligeance*) ill will • **acte de ~** malevolent action • **c'est par ~ qu'il a agi ainsi** he did that out of sheer nastiness

malveillant, e [malvɛjɑ̃, ɑ̃t] (ADJ) malevolent

malvenu, e [malvəny] (ADJ) (= *déplacé*) inappropriate

malversations [malvɛʀsasjɔ̃] (NFPL) embezzlement *NonC*

mal-vivre [malvivʀ] (NM INV) malaise

malvoyance [malvwajɑ̃s] (NF) partial sight

malvoyant, e [malvwajɑ̃, ɑ̃t] (NM,F) person who is partially sighted • **les ~s** the partially sighted

m

malware [malwɛʀ] (NM) (*Informatique, Internet*) malware
maman [mamɑ̃] (NF) mum* (*Brit*), mom* (*US*)
mamelle [mamɛl] (NF) teat
mamelon [mam(ə)lɔ̃] (NM) [*de sein*] nipple
mamie* [mami] (NF) (= *grand-mère*) granny*
mammifère [mamifɛʀ] (NM) mammal
mammographie [mamɔgʀafi] (NF) mammography
mammouth [mamut] (NM) mammoth
mammy* [mami] (NF) granny*
Man [mɑ̃] (NF) **l'île de ~** the Isle of Man
management [manadʒmɛnt] (NM) management
manager¹ [manadʒɛʀ] (NM) manager; [*d'acteur*] agent
manager² [mana(d)ʒe] /TABLE 3/ (VT) to manage
manageur, -euse [manadʒœʀ, øz] (NM,F) = **manager¹**
Manche [mɑ̃ʃ] (NF) **la ~** (= *mer*) the English Channel • **des deux côtés de la ~** on both sides of the Channel • **de l'autre côté de la ~** across the Channel
manche¹ [mɑ̃ʃ] (NF) ⓐ [*de vêtement*] sleeve • **à ~s courtes** short-sleeved • **à ~s longues** long-sleeved • **sans ~s** sleeveless • **retrousser ses ~s** to roll up one's sleeves • **faire la ~*** [*mendiant*] to beg; [*artiste*] to perform in the streets ⓑ (= *partie*) round; (*Bridge*) game; (*Tennis*) set • **~ décisive** tie-break • **on a gagné la première ~** we've won the first round
manche² [mɑ̃ʃ] 1 (NM) ⓐ [*d'outil*] handle; (*long*) shaft; [*d'instrument de musique*] neck • **il ne faut pas jeter le ~ après la cognée!** don't give up so easily! ⓑ (= *incapable*)* **conduire comme un ~** to be a hopeless driver • **tu t'y prends comme un ~!** you're making a real mess of it!* 2 (COMP) ▸ **manche à balai** broomstick; [*d'avion, console de jeux*] joystick
manchette [mɑ̃ʃɛt] (NF) ⓐ [*de chemise*] cuff ⓑ (= *titre*) headline • **mettre en ~** to headline ⓒ (= *coup*) forearm blow
manchon [mɑ̃ʃɔ̃] (NM) ⓐ (*pour les mains*) muff ⓑ [*de volaille*] **~s de canard** duck wings (*preserved in fat*)
manchot, e [mɑ̃ʃo, ɔt] 1 (NM,F) **il est ~** (= *n'a qu'un bras*) he's only got one arm 2 (NM) (= *animal*) penguin • **~ royal** king penguin
mandarin [mɑ̃daʀɛ̃] (NM) mandarin; (= *langue*) Mandarin
mandarine [mɑ̃daʀin] (NF) satsuma
mandat [mɑ̃da] 1 (NM) ⓐ (= *fonction*) mandate • **donner à qn ~ de faire qch** to give sb a mandate to do sth • **obtenir le renouvellement de son ~** to be re-elected • **la durée du ~ présidentiel** the president's term of office ⓑ **~ postal** money order ⓒ (= *procuration*) proxy 2 (COMP) ▸ **mandat d'amener** (*Droit*) ≈ summons ▸ **mandat d'arrêt** ≈ warrant for arrest ▸ **mandat de dépôt** ≈ committal order ▸ **mandat d'expulsion** eviction order ▸ **mandat de perquisition** search warrant
mandataire [mɑ̃datɛʀ] (NMF) proxy; (= *représentant*) representative
mandater [mɑ̃date] /TABLE 1/ (VT) [+ *personne*] to appoint; [+ *député*] to elect
mandature [mɑ̃datyʀ] (NF) (*Politique*) term (of office)
mandoline [mɑ̃dɔlin] (NF) mandolin
mandrin [mɑ̃dʀɛ̃] (NM) (*pour serrer*) chuck
manège [manɛʒ] (NM) ⓐ [*de fête foraine*] fairground attraction; (*de chevaux de bois*) merry-go-round ⓑ (= *piste, salle d'équitation*) indoor school • **faire du ~** to do exercises in the indoor school ⓒ (= *agissements*) game • **j'ai deviné son petit ~** I guessed what he was up to
manette [manɛt] (NF) lever • **~ des gaz** throttle lever • **~ de jeux** joystick • **être aux ~s*** to be in charge
manga [mɑ̃ga] (NM) manga
mangeable [mɑ̃ʒabl] (ADJ) edible
mangeoire [mɑ̃ʒwaʀ] (NF) (*pour bétail*) trough
manger [mɑ̃ʒe] /TABLE 3/ 1 (VT) ⓐ to eat • **~ dans un bol** to eat out of a bowl • **il ne mange rien en ce moment** he's off his food at present • **faire ~ qn** to feed sb • **faire ~ qch à qn** to give sb sth to eat • **donner à ~ à un bébé** to feed a baby • **finis de ~!** eat up! • **on mange bien ici** the food is good here • **on mange mal ici** the food is bad here • **les enfants ne mangent pas à leur faim à l'école** the children don't get enough to eat at school • **~ au restaurant** to eat out • **c'est l'heure de ~** (*midi*) it's lunchtime; (*soir*) it's dinnertime • **inviter qn à ~** to invite sb for a meal • **boire en mangeant** to drink with one's meal • **~ à tous les râteliers** to cash in in every way possible* • **~ le morceau*** (= *parler*) to spill the beans* ⓑ [+ *fortune, économies*] to squander • **l'entreprise mange de l'argent** the business is swallowing up money • **~ ses mots** to swallow one's words
2 (VPR) **se manger** ⓐ (= *être mangé*) **le concombre se mange en salade** cucumbers are usually eaten as a salad • **cela se mange?** can you eat it? • **ce plat se mange très chaud** this dish should be eaten piping hot ⓑ (= *se cogner dans*) **se ~ une porte*** to walk into a door
mange-tout○ [mɑ̃ʒtu] (NM INV) (= *pois*) mangetout peas; (= *haricots*) string beans
mangeur, -euse [mɑ̃ʒœʀ, øz] (NM,F) eater • **c'est un gros ~ de pain** he eats a lot of bread
mangouste [mɑ̃gust] (NF) (= *animal*) mongoose
mangue [mɑ̃g] (NF) mango
maniabilité [manjabilite] (NF) [*d'objet*] manageability; [*de voiture*] driveability; [*d'avion, bateau*] manoeuvrability • **c'est une voiture d'une grande ~** this car is very easy to handle
maniable [manjabl] (ADJ) ⓐ [*objet, taille*] manageable; [*véhicule*] manoeuvrable • **peu ~** [*objet*] awkward; [*véhicule*] difficult to handle ⓑ (= *influençable*) [*personne*] impressionable
maniacodépressif, -ive [manjakodepʀesif, iv] (ADJ, NM,F) manic-depressive
maniaque [manjak] 1 (ADJ) [*personne*] fussy 2 (NMF) ⓐ (= *fou*) maniac • **~ sexuel** sex maniac ⓑ (= *fanatique*) fanatic ⓒ (= *méticuleux*) **quel ~ tu fais!** you're so fussy! • **c'est un ~ de la propreté** he's fanatical about cleanliness
maniaquerie [manjakʀi] (NF) fussiness
manichéen, -enne [manikeɛ̃, ɛn] (ADJ, NM,F) Manich(a)ean
manie [mani] (NF) ⓐ (= *habitude*) odd habit • **avoir ses petites ~s** to have one's little ways • **mais quelle ~ tu as de te ronger les ongles!** you've got a terrible habit of biting your nails! ⓑ (= *obsession*) mania • **~ de la persécution** persecution complex
maniement [manimɑ̃] (NM) handling • **d'un ~ difficile** difficult to handle
manier [manje] /TABLE 7/ (VT) to handle; (*péj*) to manipulate • **voiture facile à ~** car which is easy to handle • **savoir ~ la plume** to be a good writer • **savoir ~ l'ironie** to make skilful use of irony
manière [manjɛʀ] 1 (NF) (= *façon*) way • **sa ~ d'agir/de parler** the way he behaves/speaks • **il le fera à sa ~** he'll do it his own way • **~ de voir les choses** outlook on things • **c'est sa ~ d'être habituelle** that's just the way he is • **à la ~ de Racine** in the style of Racine • **démocrate**

nouvelle ~ new-style democrat • **employer la ~ forte** to use strong-arm methods

▸ **de + manière adverbe de ~** adverb of manner • **de toute ~** in any case • **de cette ~** in this way • **d'une ~ générale** generally speaking • **de telle ~ que ...** in such a way that ... • **de quelle ~ as-tu fait cela?** how did you do that? • **d'une ~ ou d'une autre** somehow or other • **d'une certaine ~** in a way • **de ~ à faire** so as to do • **de ~ à ce que nous arrivions à l'heure** so that we get there on time

2 NFPL **manières** manners • **avoir de bonnes ~s** to have good manners • **avoir de mauvaises ~s** to have bad manners • **il n'a pas de ~s** he has no manners • **en voilà des ~s!** what a way to behave! • **je n'aime pas ces ~s!** I don't like this kind of behaviour! • **faire des ~s** (*minauderies*) to put on airs; (*chichis*) to make a fuss • **ne fais pas de ~s avec nous** you needn't stand on ceremony with us

maniéré, e [manjeʀe] ADJ (= *affecté*) affected

manif* [manif] NF demo*

manifestant, e [manifɛstɑ̃, ɑ̃t] NM,F demonstrator

manifestation [manifɛstasjɔ̃] NF ⓐ (= *protestation*) demonstration ⓑ (= *réunion, fête*) event • **~ culturelle/sportive** cultural/sporting event ⓒ [*de sentiment*] expression; [*de maladie*] (= *apparition*) appearance; (= *symptômes*) sign • **~ de mauvaise humeur** show of bad temper • **~ de joie** expression of joy

manifeste [manifɛst] 1 ADJ [*vérité, injustice*] manifest; [*sentiment, différence*] obvious • **erreur ~** glaring error • **il est ~ que ...** it is quite obvious that ... 2 NM manifesto

manifestement [manifɛstəmɑ̃] ADV obviously • **~, ça n'a servi à rien** it was obviously a waste of time • **il est ~ ivre** he's obviously drunk

manifester [manifɛste] /TABLE 1/ 1 VT to show • **il m'a manifesté son désir de venir** he indicated to me that he wanted to come 2 VI (= *protester*) to demonstrate 3 VPR **se manifester** ⓐ [*émotion*] to express itself; [*phénomène*] to be apparent • **cette maladie se manifeste par l'apparition de boutons** the appearance of a rash is the first symptom of this disease • **la violence se manifeste partout** violence occurs everywhere ⓑ [*personne*] to appear; (*par écrit, par téléphone*) to get in touch; [*bénévole, candidat, témoin*] to come forward ⓒ [*élève*] to participate

manigancer [manigɑ̃se] /TABLE 3/ VT to plot • **qu'est-ce qu'il manigance maintenant?** what's he up to now? • **c'est lui qui a tout manigancé** he set the whole thing up*

manigances [manigɑ̃s] NFPL schemes

manioc [manjɔk] NM manioc

manip* [manip] NF (ABR DE **manipulation**)

manipulateur, -trice [manipylatœʀ, tʀis] 1 ADJ [*personne*] manipulative 2 NM,F ⓐ (= *technicien*) technician • **~ radio** radiographer ⓑ (= *malhonnête*) manipulator

manipulation [manipylasjɔ̃] NF ⓐ (= *maniement*) handling ⓑ (= *expérience*) experiment • **~ génétique** genetic manipulation ⓒ (*malhonnête*) manipulation *NonC* • **il y a eu des ~s électorales** there's been some vote-rigging

manipuler [manipyle] /TABLE 1/ VT ⓐ [+ *objet, produit*] to handle ⓑ (*malhonnêtement*) [+ *électeurs, presse, information*] to manipulate; [+ *statistiques*] to doctor

Manitoba [manitɔba] NM Manitoba

manivelle [manivɛl] NF handle; [*de voiture*] crank

mannequin [mankɛ̃] NM ⓐ (= *personne*) model • **être ~ chez qn** to model for sb ⓑ (= *objet*) dummy; [*de peintre*] model

mannequinat [mankina] NM modelling

manœuvre [manœvʀ] 1 NF manoeuvre (*Brit*), maneuver (*US*); (= *machination*) ploy • **faire une ~** to do a manoeuvre • **je ne sais pas faire les ~s** (*en voiture*) I'm not good at parking (*ou reversing etc*) • **fausse ~** mistake; (*fig*) wrong move • **terrain de ~s** parade ground • **être en ~s** to be on manoeuvres • **il a toute liberté de ~** he has complete freedom of manoeuvre • **~ de diversion** diversionary tactic • **~s électorales** vote-catching ploys • **les grandes ~s politiques** intense political manoeuvring • **être à la ~** to be in control 2 NM labourer; (*en usine*) unskilled worker

manœuvrer [manœvʀe] /TABLE 1/ 1 VT ⓐ [+ *véhicule*] to manoeuvre (*Brit*), to maneuver (*US*); [+ *machine*] to operate ⓑ [+ *personne*] to manipulate 2 VI to manoeuvre

manoir [manwaʀ] NM manor house

manquant, e [mɑ̃kɑ̃, kɑ̃t] ADJ missing • **la pièce ~e** (*fig*) the missing piece of the jigsaw

manque [mɑ̃k] 1 NM ⓐ lack • **par ~ de** through lack of • **c'est un ~ de respect** it shows a lack of respect • **son ~ de sérieux au travail** his unreliability at work • **~ de chance!** *ou* **de bol!*** what bad luck!

ⓑ (= *vide*) gap; (*Drogue*) withdrawal • **être en ~** to be suffering from withdrawal symptoms

ⓒ ▸ **à la manque*** crummy*

2 COMP ▸ **manque à gagner** loss of earnings • **cela représente un sérieux ~ à gagner pour les cultivateurs** that means a serious loss of income for the farmers

manqué, e [mɑ̃ke] *ptp de* **manquer** ADJ ⓐ [*essai*] failed; [*vie*] wasted • **occasion ~e** wasted opportunity • **c'est un écrivain ~** (*vocation ratée*) he should have been a writer ⓑ **gâteau ~** ≈ sponge cake

manquement [mɑ̃kmɑ̃] NM (*frm*) **~ à** [+ *règle*] breach of • **~ au devoir** dereliction of duty • **~ au respect des droits de l'homme** breach of human rights

manquer [mɑ̃ke] /TABLE 1/ 1 VT ⓐ [+ *but, occasion, personne, train*] to miss • **la gare est sur la place, tu ne peux pas la ~** the station's right on the square, you can't miss it • **~ une marche** to miss a step • **il l'a manqué de peu** he just missed him • **c'est un film à ne pas ~** it's a film that's not to be missed • **il n'en manque jamais une!*** he puts his foot in it every time!*

ⓑ [+ *photo, gâteau*] to spoil • **il a manqué sa vie** he has wasted his life

ⓒ (= *être absent de*) to miss • **~ l'école** to miss school

2 VT INDIR **~ de** (= *être dépourvu de*) to lack • **elle a manqué de se faire écraser** (= *faillir*) she nearly got run over • **nous manquons de personnel** we're short-staffed • **ils ne manquent de rien** they want for nothing • **la ville ne manque pas d'un certain charme** the town is not without a certain charm • **on manque d'air ici** there's no air in here • **tu ne manques pas de culot!*** you've got some nerve!* • **je ne manquerai pas de le lui dire** I'll be sure to tell him • **remerciez-la — je n'y manquerai pas** thank her — I won't forget

3 VI ⓐ (= *faire défaut*) to be lacking • **l'argent vint à ~** money ran out • **les occasions ne manquent pas** there

m

is no shortage of opportunities • **ce qui lui manque, c'est l'imagination** what he lacks is imagination • **les mots me manquent pour exprimer ...** I can't find the words to express ... • **j'irais bien, ce n'est pas l'envie qui m'en manque** I would like to go, it's not that I don't want to • **un carreau manquait à la fenêtre** there was a pane missing from the window

ⓑ (= *être absent*) to be absent; (= *avoir disparu*) to be missing • **il a souvent manqué l'an dernier** [*élève*] he was often absent last year • **~ à l'appel** to be absent from roll call; (*fig*) to be missing

ⓒ (= *être regretté*)

> Le sujet du verbe français devient l'objet du verbe anglais.

• **il nous manque** we miss him • **la campagne me manque** I miss the country

4 (VB IMPERS) **il manque un pied à la chaise** there's a leg missing from the chair • **il manque dix personnes** (= *elles ont disparu*) there are ten people missing; (= *on en a besoin*) we are ten people short • **il ne lui manque que la parole** if only he could talk • **il ne manquait plus que ça!** that's all we needed! • **il ne manquerait plus que ça!** that really would be the end!* • **j'avais prévu qu'il serait furieux, et ça n'a pas manqué!** I knew he'd be angry and sure enough he was!

5 (VPR) **se manquer** ⓐ **il s'est manqué** (= *a raté son suicide*) he bungled his suicide attempt • **cette fois-ci, il ne s'est pas manqué** he made a good job of it this time

ⓑ (*à un rendez-vous*) to miss each other • **ils se sont manqués à la gare** they missed each other at the station

mansardé, e [mɑ̃saʀde] (ADJ) [*chambre, étage*] attic *épith* • **la chambre est ~e** the room has a sloping ceiling

manteau (*pl* **manteaux**) [mɑ̃to] 1 (NM) ⓐ (= *vêtement*) coat • **sous le ~** on the sly ⓑ [*de neige*] blanket 2 (COMP) ▸ **manteau de cheminée** mantelpiece

mantra [mɑ̃tʀa] (NM) mantra

manucure [manykyʀ] 1 (NMF) (= *personne*) manicurist 2 (NM *ou* F) (= *soins*) manicure

manucurer [manykyʀe] /TABLE 1/ (VT) to manicure • **se faire ~** to have a manicure

manuel, -elle [manɥɛl] 1 (ADJ) manual • **passer en ~** (*en avion*) to switch over to manual; (*sur appareil photo*) to switch to manual 2 (NM,F) (= *travailleur*) manual worker • **ce n'est pas un ~** he's not very good with his hands 3 (NM) (= *livre*) manual 4 (COMP) ▸ **manuel de lecture** reader ▸ **manuel scolaire** textbook ▸ **manuel d'utilisation** instruction manual ▸ **manuel de l'utilisateur** user's manual

manuellement [manɥɛlmɑ̃] (ADV) manually

manufacture [manyfaktyʀ] (NF) ⓐ (= *usine*) factory ⓑ (= *fabrication*) manufacture

manufacturer [manyfaktyʀe] /TABLE 1/ (VT) to manufacture

manu militari [manymilitaʀi] (ADV) by force

manuscrit, e [manyskʀi, it] 1 (ADJ) (= *écrit à la main*) handwritten • **pages ~es** manuscript pages 2 (NM) manuscript

manutention [manytɑ̃sjɔ̃] (NF) (= *opération*) handling

manutentionnaire [manytɑ̃sjɔnɛʀ] (NMF) packer

maous, -ousse* [maus] (ADJ) [*personne*] hefty; [*animal, objet*] enormous

mappemonde [mapmɔ̃d] (NF) (= *carte*) map of the world; (= *sphère*) globe

maqué, e* [make] (ADJ) **il est déjà ~** he's already got a girlfriend

maquereau (*pl* **maquereaux**) [makʀo] (NM) ⓐ (= *poisson*) mackerel ⓑ (= *proxénète*)* pimp

maquette [makɛt] (NF) model; (= *mise en page*) layout

maquettiste [maketist] (NMF) [*de modèles réduits*] model maker; [*de livre*] dummy maker

maquillage [makijaʒ] (NM) (= *cosmétiques*) make-up

maquiller [makije] /TABLE 1/ 1 (VT) ⓐ [+ *visage, personne*] to make up • **très maquillé** heavily made-up ⓑ [+ *document, vérité, faits*] to fake; [+ *résultats, chiffres*] to massage; [+ *voiture*] to disguise • **le meurtre avait été maquillé en accident** the murder had been made to look like an accident 2 (VPR) **se maquiller** to put on one's make-up • **se ~ les yeux** to put eye make-up on

maquilleur, -euse [makijœʀ, øz] (NM,F) make-up artist

maquis [maki] (NM) scrub; (*deuxième guerre mondiale*) maquis • **prendre le ~** to go underground

maquisard [makizaʀ] (NM) member of the Resistance

marabout [maʀabu] (NM) ⓐ (= *oiseau*) marabou ⓑ (= *sorcier*) marabout; (= *envoûteur*) witch doctor

maraîcher○**, -ère** [maʀeʃe, ɛʀ] 1 (NM,F) market gardener (*Brit*), truck farmer (*US*) 2 (ADJ) **culture maraîchère** market gardening *NonC* (*Brit*), truck farming *NonC* (*US*) • **jardin ~** market garden (*Brit*), truck farm (*US*)

marais [maʀɛ] (NM) (= *terrain*) marsh • **~ salant** salt marsh; (*exploité*) saltern

marasme [maʀasm] (NM) slump

marathon [maʀatɔ̃] (NM) marathon • **réunion-~** marathon meeting • **négociations-~** marathon talks

marathonien, -ienne [maʀatɔnjɛ̃, jɛn] (NM,F) marathon runner

maraude [maʀod] (NF) ⓐ (= *ronde*) patrol ⓑ (= *vagabondage*) prowling • **en ~** on the prowl; [*taxi*] cruising ⓒ (= *vol*) pilfering; (*de volaille, légumes*) thieving; (*dans un verger*) scrumping

marauder [maʀode] /TABLE 1/ (VI) [*personne*] to pilfer; [*taxi*] to cruise for fares

marbre [maʀbʀ] (NM) ⓐ (= *pierre*) marble • **de *ou* en ~** marble • **rester de ~** to remain stony-faced • **ça l'a laissé de ~** it left him cold ⓑ (= *surface*) marble top; (= *statue*) marble statue

marbré, e [maʀbʀe] (ADJ) [*papier*] marbled; [*peau*] blotchy; [*fromage*] veined • **gâteau ~** marble cake

marbrure [maʀbʀyʀ] (NF) [*de papier, cuir*] marbling • **~s** [*de peau*] (*par le froid*) blotches; (*par un coup*) marks; [*de bois, surface*] mottling

marc [maʀ] (NM) marc • **~ de café** (coffee) grounds; (= *eau de vie*) marc brandy

marcassin [maʀkasɛ̃] (NM) young wild boar

marchand, e [maʀʃɑ̃, ɑ̃d] 1 (ADJ) [*valeur*] market; [*prix*] trade; [*rue*] shopping • **navire ~** merchant ship

2 (NM,F) ⓐ (= *boutiquier*) shopkeeper; (*sur un marché*) stallholder; [*de vins, fruits*] merchant; [*de meubles, bestiaux, cycles*] dealer • **la ~e de chaussures me l'a dit** the woman in the shoe shop told me • **jouer à la ~e** to play shop (*Brit*) *ou* store (*US*)

ⓑ (= *boutique*) shop (*Brit*), store (*US*) • **rapporte-le chez le ~** take it back to the shop

3 (COMP) ▸ **marchand ambulant** door-to-door salesman ▸ **marchand d'armes** arms dealer ▸ **marchand**

d'art art dealer ▸**marchand de biens** property agent ▸**marchand de canons** arms dealer ▸**marchand de frites** (= *camionnette*) chip van (*Brit*); (= *magasin*) chip shop (*Brit*) ▸**marchand de fromages** cheese vendor ▸**marchand de fruits** fruit seller ▸**marchand de glaces** ice cream vendor ▸**marchand de journaux** newsagent (*Brit*), newsdealer (*US*) ▸**marchand de légumes** greengrocer (*Brit*), produce dealer (*US*) ▸**marchand de meubles** furniture dealer ▸**marchand de poissons** fish seller, fishmonger (*Brit*) ▸**marchand des quatre saisons** *stallholder selling fresh fruit and vegetables* ▸**marchand de sable le ~ de sable est passé** it's bedtime ▸**marchand de sommeil** (*péj*) slum landlord, slumlord* (*US*) ▸**marchand de tableaux** art dealer ▸**marchand de tapis** carpet dealer • **c'est un vrai ~ de tapis** he drives a really hard bargain

marchandage [maʀʃɑ̃daʒ] (NM) haggling

marchander [maʀʃɑ̃de] /TABLE 1/ **1** (VT) [+ *objet*] to haggle over **2** (VI) to haggle

marchandise [maʀʃɑ̃diz] (NF) **a** (= *article, unité*) commodity • **~s** goods • **il a de la bonne ~** he has *ou* sells good stuff **b** (= *cargaison, stock*) **la ~** the merchandise • **vanter la ~*** to show o.s. off to advantage

marche [maʀʃ] **1** (NF) **a** (= *activité, Sport*) walking • **il fait de la ~** he goes walking • **chaussures de ~** walking shoes

b (= *trajet*) walk • **faire une longue ~** to go for a long walk • **le village est à deux heures de ~ d'ici** the village is a two-hour walk from here

c (= *mouvement*) march • **fermer la ~** to bring up the rear • **ouvrir la ~** to lead the way

d (= *fonctionnement*) running • **en état de ~** in working order • **en bon état de ~** in good working order • **assurer la bonne ~ d'un service** to ensure the smooth running of a service • **~/arrêt** on/off

e [*d'événements, opérations*] course; [*d'histoire, temps, progrès*] march

f (= *musique*) march

g (*d'escalier*) step • **attention à la ~** mind (*Brit*) *ou* watch (*US*) the step • **sur les ~s** (*de l'escalier*) on the stairs; (*de l'escalier extérieur, de l'escabeau*) on the steps

h ▸**en marche être en ~** [*personnes, armées*] to be on the move; [*moteur*] to be running; [*machine*] to be on • **se mettre en ~** [*personne*] to get moving; [*machine*] to start • **mettre en ~** [+ *moteur, voiture*] to start; [+ *machine*] to turn on • **remettre en ~** [+ *usine, machine*] to restart • **ne montez pas dans un véhicule en ~** do not board a moving vehicle • **j'ai pris le bus en ~** I jumped onto the bus while it was moving

2 (COMP) ▸**marche arrière** (*sur voiture*) reverse • **entrer en ~ arrière** to reverse in • **sortir en ~ arrière** to reverse out • **faire ~ arrière** [*en voiture*] to reverse; (*fig*) to back-pedal ▸**marche avant** forward ▸**marche blanche** *peaceful demonstration commemorating victims of violence* ▸**marche forcée** (*Mil*) forced march • **l'entreprise se modernise à ~ forcée** the company is undergoing a rapid modernization programme ▸**marche nordique** Nordic walking ▸**marche à suivre** (= *procédure*) correct procedure; (= *mode d'emploi*) directions for use

marché [maʀʃe] **1** (NM) **a** market • **~ aux fleurs** flower market • **~ au poissons** fish market • **aller au ~** to go to the market • **aller faire son ~** to go to the market; (*plus général*) to go shopping • **faire les ~s** to go round the markets • **lancer qch sur le ~** to launch sth on the market

b (= *transaction, contrat*) deal • **conclure un ~ avec qn** to make a deal with sb • **passer un ~ avec qn** to make a deal with sb • **~ conclu!** it's a deal! • **mettre le ~ en main à qn** to give sb an ultimatum • **mettre en ~** to launch • **mise en ~** launch

▸**bon marché** cheap

▸**meilleur marché** cheaper

2 (COMP) ▸**marché des changes** foreign exchange market ▸**le Marché commun** the Common Market ▸**marché de devises** foreign exchange market ▸**marché noir** black market • **faire du ~ noir** to buy and sell on the black market ▸**marché aux puces** flea market ▸**le marché du travail** the labour market ▸**le marché unique européen** the single European market

marchepied [maʀʃəpje] (NM) [*de train*] step • **servir de ~ à qn** to be a stepping stone for sb

marcher [maʀʃe] /TABLE 1/ (VI) **a** to walk; [*soldats*] to march • **on marche sur la tête!*** it's crazy! • **venez, on va ~ un peu** come on, let's go for a walk • **faire ~ un bébé** to help a baby walk • **c'est marche ou crève!*** it's sink or swim! • **~ dans une flaque d'eau** to step in a puddle • **« défense de ~ sur les pelouses »** "keep off the grass" • **~ sur les pieds de qn** to tread on sb's toes • **ne te laisse pas ~ sur les pieds** don't let anyone tread on your toes

b (= *progresser*) **~ vers le succès** to be on the road to success • **~ sur une ville** to advance on a town

c (= *être dupe*)* **on lui raconte n'importe quoi et il marche** you can tell him anything and he'll swallow it* • **il n'a pas voulu ~ dans la combine** he didn't want to be involved in the affair • **faire ~ qn** (= *taquiner*) to pull sb's leg; (= *tromper*) to take sb for a ride*

d (= *fonctionner*) to work; [*affaires, études*] to go well; [*train*] to run • **faire ~** [+ *appareil*] to work; [+ *entreprise*] to run • **ça fait ~ les affaires** it's good for business • **ça marche à l'électricité** it's electric • **est-ce que le métro marche aujourd'hui?** is the underground running today? • **les affaires marchent mal** business is bad • **son restaurant marche bien** his restaurant does good business • **le film a bien marché en Europe** the film was a big success in Europe • **il marche au whisky*** whisky keeps him going • **les études, ça marche?*** how's college going? • **ça marche!** (*dans un restaurant*) coming up!; (= *c'est d'accord*) OK!* • **ça marche pour lundi*** Monday is fine

marcheur, -euse [maʀʃœʀ, øz] (NM,F) **a** walker **b** (*Pol*) *member of the 'République en marche' party*

mardi [maʀdi] (NM) Tuesday • **Mardi gras** Shrove Tuesday, Mardi Gras → **samedi**

> Les noms de jours s'écrivent avec une majuscule en anglais.

mare [maʀ] (NF) **a** (= *étang*) pond **b** (= *flaque*) pool • **~ de sang** pool of blood

marécage [maʀekaʒ] (NM) marsh

marécageux, -euse [maʀekaʒø, øz] (ADJ) [*terrain, zone*] marshy

maréchal (*pl* **-aux**) [maʀeʃal, o] (NM) (*armée française*) marshal; (*armée britannique*) field marshal

maréchal-ferrant [maʀeʃalfeʀɑ̃] (*pl* **maréchaux-ferrants**) [maʀeʃofeʀɑ̃] (NM) blacksmith

marée [maʀe] (NF) **a** [*de mer*] tide • **à ~ montante** when the tide comes in • **à ~ descendante** when the tide goes out • **à ~ haute** at high tide • **à ~ basse** at low

m

tide • **grande ~** spring tide • **~ noire** oil slick • **ça sent la ~** it smells of the sea ⓑ [*de produits, touristes*] flood • **~ humaine** great flood of people ⓒ **la ~** (*= poissons de mer*) the fresh catch

marelle [maʀɛl] NF (*= jeu*) hopscotch

margarine [maʀgaʀin] NF margarine

marge [maʀʒ] 1 NF ⓐ [*de feuille*] margin • **dans la ~** in the margin

▸ **en marge** (*de page*) in the margin • **vivre en ~ de la société** to live on the fringe of society • **des réunions se sont déroulées en ~ de la conférence** fringe meetings took place during the conference • **événements en ~ du festival** fringe events

ⓑ (*= latitude*) **il y a de la ~** (*du temps*) there's time to spare; (*de l'espace*) there's plenty of room; (*de l'argent*) there's enough left over • **c'est une taille 42, j'ai de la ~!** it's size 14, it's easily big enough for me!

2 COMP ▸ **marge bénéficiaire** profit margin ▸ **marge d'erreur** margin of error ▸ **marge de manœuvre** room for manoeuvre ▸ **marge de sécurité** safety margin

marginal, e (*mpl* **-aux**) [maʀʒinal, o] 1 ADJ ⓐ (*= secondaire*) marginal • **ces critiques restent ~es** only a minority of people make these criticisms ⓑ (*= non conformiste*) unconventional • **groupe ~** marginal group • **les partis politiques plus marginaux** the more marginal political parties 2 NM,F (*= déshérité*) dropout; (*= non-conformiste*) unconventional figure

marginaliser [maʀʒinalize] /TABLE 1/ 1 VT to marginalize 2 VPR **se marginaliser** to become marginalized

marginalité [maʀʒinalite] NF marginality • **sombrer dans la ~** to become a dropout

marguerite [maʀgəʀit] NF (*= fleur*) daisy

mari [maʀi] NM husband

mariage [maʀjaʒ] 1 NM ⓐ (*= cérémonie*) wedding • **grand ~** society wedding • **cadeau de ~** wedding present

ⓑ (*= institution, union*) marriage • **ils ont fêté leurs 20 ans de ~** they celebrated their 20th wedding anniversary • **il l'a demandée en ~** he asked if he could marry her • **donner qn en ~ à** to give sb in marriage to • **faire un riche ~** to marry into money • **hors ~** [*cohabitation*] outside of marriage; [*naissance, né*] out of wedlock; [*relations sexuelles*] extramarital

ⓒ [*de couleurs, parfums, matières*] blend; [*d'entreprises*] merger

2 COMP ▸ **mariage d'amour** love match • **faire un ~ d'amour** to marry for love ▸ **mariage d'argent** marriage for money ▸ **mariage blanc** (*non consommé*) unconsummated marriage; (*de convenance*) marriage of convenience ▸ **mariage en blanc** white wedding ▸ **mariage civil** civil wedding ▸ **mariage de raison** marriage of convenience ▸ **mariage religieux** church wedding

> ✎ Le mot anglais s'écrit avec deux **r**.

> **LE MARIAGE POUR TOUS**
>
> Same-sex marriage and adoption have been legal in France since May 2013. The passing of the **Loi sur le mariage pour tous** led to major nationwide protests from conservative, mostly Catholic, citizens.

marié, e [maʀje] *ptp de* **marier** 1 ADJ married • **non ~** unmarried 2 NM groom • **les ~s** (*jour du mariage*) the bride and groom; (*après le mariage*) the newlyweds 3 NF **mariée** bride • **robe de ~e** wedding dress

> ✎ Le mot anglais s'écrit avec deux **r**.

marier [maʀje] /TABLE 7/ 1 VT ⓐ [*maire, prêtre*] to marry • **demain, je marie mon frère** my brother's getting married tomorrow • **nous sommes mariés depuis 15 ans** we have been married for 15 years ⓑ [*+ couleurs, goûts, parfums, styles*] to blend 2 VPR **se marier** ⓐ [*personne*] to get married • **se ~ à** *ou* **avec qn** to get married to sb ⓑ [*couleurs, goûts, parfums, styles*] to blend • **le rose se marie très bien avec le noir** pink goes very well with black

> ✎ Le mot anglais s'écrit avec deux **r**.

marihuana, marijuana [maʀiʒwana] NF marijuana

marin, e¹ [maʀɛ̃, in] 1 ADJ [*air*] sea; [*carte*] maritime; [*faune, flore*] marine • **costume ~** sailor suit 2 NM sailor • **~ pêcheur** fisherman

marina [maʀina] NF marina

marinade [maʀinad] NF marinade • **~ de viande** meat in a marinade

marine² 1 NF ⓐ (*= flotte, administration*) navy • **terme de ~** nautical term • **au temps de la ~ à voiles** in the days of sailing ships • **~ marchande** merchant navy ⓑ (*= tableau*) seascape 2 NM (*= soldat*) (*britannique*) Royal Marine; (*américain*) Marine • **les ~s** the Marines 3 ADJ INV (*couleur*) navy blue

mariner [maʀine] /TABLE 1/ 1 VT to marinade; (*dans la saumure*) to pickle • **harengs marinés** pickled herrings 2 VI ⓐ to marinade • **faire ~** to marinade ⓑ (*= attendre*)* to hang about* • **~ en prison** to stew* in prison • **faire ~ qn** (*à un rendez-vous*) to keep sb hanging about*; (*pour une décision*) to let sb stew*

maringouin [maʀɛ̃gwɛ̃] NM (*Can*) mosquito

mariole*, **mariolle*** [maʀjɔl] NM **c'est un ~** (*qui plaisante*) he's a bit of a joker; (*incompétent*) he's a bungling idiot* • **fais pas le ~!** stop trying to be clever!

marionnette [maʀjɔnɛt] NF (*= pantin*) puppet • **~ à fils** marionette • **~ à gaine** glove puppet • **(spectacle de) ~s** puppet show

marionnettiste [maʀjɔnetist] NMF puppeteer

maritalement [maʀitalmɑ̃] ADV **vivre ~** to live as husband and wife

maritime [maʀitim] ADJ ⓐ (*= de bord de mer*) [*climat, province*] maritime; [*ville*] seaside ⓑ (*= de mer*) [*navigation*] maritime; [*commerce, agence, droit*] shipping; [*assurance*] marine • **une grande puissance ~** a great sea power

marjolaine [maʀʒɔlɛn] NF marjoram

marketing ○ [maʀketiŋ] NM marketing • **~ téléphonique** telemarketing • **~ direct** direct marketing • **~ croisé** cross-marketing

marmaille* [maʀmɑj] NF gang of kids • **toute la ~ était là** (*péj*) the whole brood was there

marmelade [maʀməlad] NF stewed fruit • **~ de poires** stewed pears • **~ d'oranges** marmalade

▸ **en marmelade** [*légumes, fruits*] (*cuits*) cooked to a mush; (*crus*) reduced to a pulp • **avoir le nez en ~** to have one's nose reduced to a pulp

marmite [maʀmit] NF pot • **une ~ de soupe** a pot of soup

marmonner [marmɔne] /TABLE 1/ (VTI) to mutter • **~ dans sa barbe** to mutter into one's beard

marmot* [marmo] (NM) kid

marmotte [marmɔt] (NF) (= *animal*) marmot; (= *personne*) sleepyhead*

marmotter [marmɔte] /TABLE 1/ (VTI) to mutter • **qu'est-ce que tu marmottes?*** what are you muttering about?

marmouset [marmuzɛ] (NM) (*Zool*) marmoset

Maroc [marɔk] (NM) Morocco

marocain, e [marɔkɛ̃, ɛn] **1** (ADJ) Moroccan **2** (NM,F) **Marocain(e)** Moroccan

maroquin [marɔkɛ̃] (NM) (= *cuir*) morocco leather

maroquinerie [marɔkinri] (NF) (= *boutique*) shop selling fine leather goods; (= *métier*) fine leather craft; (= *préparation*) tanning; (= *articles*) fine leather goods

maroquinier [marɔkinje] (NM) (= *marchand*) dealer in fine leather goods; (= *fabricant*) leather craftsman

marotte [marɔt] (NF) (= *dada*) hobby • **encore une de ses ~s** another one of his daft ideas*

marquant, e [markɑ̃, ɑ̃t] (ADJ) [*figure, événement*] outstanding; [*souvenir*] vivid • **le fait le plus ~** the most significant fact

marque [mark] **1** (NF) **a** (= *repère, trace*) mark; (= *preuve*) token; [*de livre*] bookmark; [*de linge*] name tab • **~s de doigts** fingermarks • **il portait des ~s de coups** he showed signs of having been beaten • **~ de confiance** mark of confidence

b (= *estampille*) [*d'or, argent*] hallmark; [*de meubles, œuvre d'art*] mark; [*de viande, œufs*] stamp • **la ~ du génie** the hallmark of genius

c (*Commerce*) [*de nourriture, produits chimiques*] brand; [*d'automobiles, produits manufacturés*] make • **une grande ~ de vin** a well-known brand of wine • **produits de ~** high-class products • **personnage de ~** VIP • **visiteur de ~** important visitor

d (= *décompte de points*) **la ~** the score • **tenir la ~** to keep the score • **mener à la ~** to be in the lead • **ouvrir la ~** to open the scoring

e (*Sport*) **à vos ~s! prêts! partez!** (*athlètes*) on your marks! get set! go!; (*enfants*) ready, steady, go! (*Brit*), ready, set, go! (*US*) • **prendre ses ~s** (*fig*) to get one's bearings

2 (COMP) ▸ **marque de fabrique** trademark ▸ **marque d'origine** maker's mark ▸ **marque déposée** registered trademark

marqué, e [marke] *ptp de* **marquer** (ADJ) **a** (= *accentué*) marked **b** (= *signalé*) **le prix ~** the price on the label • **c'est un homme ~** he's a marked man

marque-page (*pl* **marque-pages**) [mark(ə)paʒ] (NM) bookmark

marquer [marke] /TABLE 1/ **1** (VT) **a** (*par un signe distinctif*) [+ *objet*] to mark; [+ *animal, criminel*] to brand; [+ *marchandise*] to label

b (= *indiquer*) to mark; [*thermomètre*] to show; [*balance*] to register • **~ sa page (avec un signet)** to mark one's page (with a bookmark) • **j'ai marqué ce jour-là d'une pierre blanche** I'll remember it as a red-letter day • **marquez d'une croix l'emplacement du véhicule** mark the position of the vehicle with a cross • **la pendule marque 6 heures** the clock shows 6 o'clock • **robe qui marque la taille** dress which shows off the waistline • **~ sa désapprobation** to show one's disapproval

c (= *écrire*) to write down • **~ les points** to keep the score • **j'ai marqué 3 heures sur mon agenda** I've got 3 o'clock down in my diary • **qu'y a-t-il de marqué?** what does it say?

d (= *affecter*) to mark • **il a marqué son époque** he really left his mark • **la souffrance l'a marqué** suffering has left its mark on him • **il est marqué par la vie** life has left its mark on him

e (*Sport*) [+ *joueur*] to mark; [+ *but, essai*] to score

f (*locutions*) **~ le coup*** (= *fêter un événement*) to mark the occasion • **~ un point (sur qn)** to score a point (against sb) • **~ la mesure** to keep the beat • **~ le pas** to mark time • **~ un temps d'arrêt** to pause momentarily

2 (VI) [*événement, personnalité*] to stand out • **ne pose pas le verre sur la table, ça marque** don't put the glass down on the table, it will leave a mark

marqueté, e [markəte] (ADJ) [*bois*] inlaid

marqueterie [markɛtri] (NF) marquetry • **table en ~** marquetry table

marqueur, -euse [markœr, øz] **1** (NM,F) [*de points*] score-keeper; (= *buteur*) scorer **2** (NM) **a** (= *stylo*) felt-tip pen; (*indélébile*) marker pen **b** (= *substance radioactive*) tracer • **~ génétique** genetic marker

marquis [marki] (NM) marquis

marquise [markiz] (NF) **a** (= *noble*) marchioness **b** (= *auvent*) glass canopy; (= *tente de jardin*) marquee (*Brit*), garden tent (*US*) **c** (= *gâteau*) chocolate charlotte

marraine [marɛn] (NF) [*d'enfant*] godmother; [*de navire*] christener; (*dans un club*) sponsor

marrant, e* [marɑ̃, ɑ̃t] (ADJ) funny • **il n'est pas ~** (*ennuyeux, triste*) he's not much fun; (*empoisonnant*) he's a pain in the neck* • **tu es ~, toi! comment vais-je faire sans voiture?** come on! what am I going to do without a car?

marre‡ [mar] (ADV) **en avoir ~** to be fed up* (**de** with) • **il y en a ~!** that's enough!

marrer (se)‡ [mare] /TABLE 1/ (VPR) to laugh • **on s'est bien marré!** (= *on a ri*) we had a good laugh!*; (= *on s'est bien amusés*) we had a great time! • **on ne se marre pas tous les jours au boulot!** work isn't always a laugh a minute! • **faire marrer qn** to make sb laugh

marron [marɔ̃] **1** (NM) **a** (= *fruit*) chestnut • **~s chauds** roast chestnuts **b** (= *couleur*) brown **c** (= *coup*)‡ thump • **tu veux un ~?** do you want a thick ear?* (*Brit*) **2** (ADJ INV) (= *couleur*) brown **3** (COMP) ▸ **marron glacé** marron glacé ▸ **marron d'Inde** horse chestnut

marronnier [marɔnje] (NM) chestnut tree • **~ d'Inde** horse chestnut tree

Mars [mars] (NM) Mars

mars [mars] (NM) (= *mois*) March → **septembre**

> Les noms de mois s'écrivent avec une majuscule en anglais.

marseillais, e [marsɛjɛ, ɛz] **1** (ADJ) of *ou* from Marseilles **2** (NM,F) **Marseillais(e)** inhabitant *ou* native of Marseilles **3** (NF) **la Marseillaise** the Marseillaise (*French national anthem*)

> **LA MARSEILLAISE**
>
> The **Marseillaise** was first established as France's national anthem from 1795 to 1804, and has held this status definitively since 1879. The words of the "Chant de guerre de l'armée du Rhin", as the song was originally called, were written to an anonymous tune by an army captain called Rouget de Lisle in 1792. Adopted as a marching song by the Marseille battalion, it was finally popularized as the **Marseillaise**.

Marseille [marsɛj] (N) Marseilles
marsouin [marswɛ̃] (NM) (= *animal*) porpoise
marsupial (*mpl* **-iaux**) [marsypjal, jo] (NM) marsupial
marte [mart] (NF) marten
marteau (*pl* **marteaux**) [marto] (NM) (= *outil*) hammer; [*de président, juge*] gavel • **il l'a cassé à coups de ~** he broke it with a hammer • **donner un coup de ~ sur qch** to hit sth with a hammer • **enfoncer qch à coups de ~** to hammer sth in ▸ **marteau pneumatique** pneumatic drill
marteau-pilon (*pl* **marteaux-pilons**) [martopilɔ̃] (NM) power hammer
marteau-piqueur (*pl* **marteaux-piqueurs**) [martopikœr] (NM) pneumatic drill
marteler [martəle] /TABLE 5/ (VT) to hammer; [+ *thème, message*] to drum out • **~ ses mots** to hammer out one's words
martial, e (*mpl* **-iaux**) [marsjal, jo] (ADJ) [*art*] martial
martien, -ienne [marsjɛ̃, jɛn] (ADJ, NM,F) Martian
martinet [martinɛ] (NM) (= *oiseau*) swift
martiniquais, e [martinikɛ, ɛz] **1** (ADJ) of *ou* from Martinique **2** (NM,F) **Martiniquais(e)** inhabitant *ou* native of Martinique
Martinique [martinik] (NF) Martinique
martin-pêcheur (*pl* **martins-pêcheurs**) [martɛ̃pɛʃœr] (NM) kingfisher
martre [martr] (NF) marten
martyr, e[1] [martir] **1** (ADJ) martyred • **enfant ~** battered child **2** (NM,F) martyr • **c'est le ~ de la classe** he's always being bullied by the rest of the class
martyre[2] [martir] (NM) (= *supplice*) martyrdom • **mettre au ~** to torture
martyriser [martirize] /TABLE 1/ (VT) **a** [+ *personne, animal*] to torture; [+ *élève*] to bully; [+ *enfant, bébé*] to batter **b** (*Rel*) to martyr
marxisme [marksism] (NM) Marxism
marxiste [marksist] (ADJ, NMF) Marxist
mas [mɑ(s)] (NM) *house in Provence*
mascara [maskara] (NM) mascara
mascarade [maskarad] (NF) (= *tromperie*) masquerade • **ce procès est une ~** this trial is a farce
mascotte [maskɔt] (NF) mascot
masculin, e [maskylɛ̃, in] **1** (ADJ) **a** (= *d'homme*) male; [*mode*] men's; [*femme, silhouette*] masculine • **voix ~e** [*d'homme*] male voice; (*virile*) manly voice; [*de femme*] masculine voice • **l'équipe ~e** the men's team **b** (*Gram*) masculine **2** (NM) masculine • **« fer » est ~** "fer" is masculine
maso* [mazo] **1** (ADJ) masochistic • **il est complètement ~!** he's a glutton for punishment! **2** (NMF) masochist
masochisme [mazɔʃism] (NM) masochism
masochiste [mazɔʃist] **1** (ADJ) masochistic **2** (NMF) masochist
masque [mask] (NM) **a** (= *objet*) mask • **~ de plongée** diving mask • **~ à gaz** gas mask • **~ à oxygène** oxygen mask **b** (= *cosmétique*) **~ de beauté** face mask • **~ nettoyant** cleansing mask • **se faire un ~** to put on a face mask **c** **avoir le ~** to sulk
masqué, e [maske] *ptp de* **masquer** (ADJ) [*bandit*] masked; [*personne déguisée*] wearing a mask • **s'avancer ~** (*fig*) to hide one's hand • **virage ~** blind corner
masquer [maske] /TABLE 1/ (VT) (= *cacher*) to mask (**à qn** from sb); [+ *lumière*] to screen; [+ *vue*] to block out • **ça masque le goût du poisson** it masks the fishy flavour

massacre [masakr] (NM) [*de personnes*] massacre; [*d'animaux*] slaughter *NonC* • **ce fut un véritable ~** it was sheer butchery • **envoyer des soldats au ~** to send soldiers to the slaughter • **le ~ des bébés phoques** seal culling • **c'est un vrai ~!*** (= *défaite sportive*) what a massacre!* • **faire un ~*** [*spectacle, chanteur*] to be a roaring success* • **je vais faire un ~!*** I'm going to kill somebody!
massacrer [masakre] /TABLE 1/ **1** (VT) **a** (= *tuer*) [+ *personnes*] to massacre; [+ *animaux*] to slaughter **b** (= *saboter*)* [+ *opéra, pièce*] to murder; [+ *travail*] to make a mess of; (= *mal découper, scier*) [+ *viande, planche*] to hack to bits **c** (= *vaincre*) [+ *adversaire*]* to massacre **d** (= *éreinter*) [+ *œuvre, auteur*]* to tear to pieces **2** (VPR) **se massacrer** to massacre one another
massage [masaʒ] (NM) massage • **faire un ~ à qn** to give sb a massage
masse [mas] **1** (NF) **a** (= *volume*) mass; (= *forme*) massive shape • **~ d'eau** [*de lac*] expanse of water; [*de chute*] mass of water • **~ de nuages** bank of clouds • **~ d'air** air mass • **~ musculaire** muscle mass • **taillé dans la ~** carved from the block • **tomber comme une ~** to slump down in a heap
b (= *foule*) **les ~s** the masses • **les ~s populaires** the masses • **la grande ~ des étudiants** the great majority of students • **psychologie des ~s** mass psychology • **tourisme de ~** mass tourism • **production de ~** mass production
c (*Élec*) earth (*Brit*), ground (*US*) • **mettre à la ~** to earth (*Brit*), to ground (*US*) • **faire ~** to act as an earth (*Brit*) *ou* a ground (*US*) • **être à la ~*** (= *fatigué*) to be out of it*
d (= *maillet*) sledgehammer • **ça a été le coup de ~!** (*choc émotif*) it was quite a blow!; (*prix excessif*) it cost a bomb!*
e (*locutions*)
▸ **des masses*** masses of • **tu as aimé ce film? — pas des ~s!** did you like that film? — not much! • **il n'y en a pas des ~s** [*d'eau, argent*] there isn't much; [*de chaises, spectateurs*] there aren't many
▸ **en masse** [*exécutions, production*] mass *épith* • **arrivée en ~** arrival en masse • **produire en ~** to mass-produce • **acheter en ~** to buy in huge quantities • **protester en ~** to hold a mass protest • **ils sont venus en ~ à son concert** people flocked to his concert
2 (COMP) ▸ **masse monétaire** money supply ▸ **masse salariale** wage bill
masser [mase] /TABLE 1/ **1** (VT) **a** (= *faire un massage à*) [+ *personne, muscle*] to massage • **se faire ~** to have a massage **b** (= *grouper*) to gather together; [+ *troupes*] to mass **2** (VPR) **se masser** **a** [*personne*] to massage o.s. • **se ~ la cheville** to massage one's ankle **b** [*foule*] to gather
masseur [masœr] (NM) (= *personne*) masseur; (= *machine*) massager • **~-kinésithérapeute** physiotherapist
masseuse [masøz] (NF) masseuse
massif, -ive [masif, iv] **1** (ADJ) **a** (*d'aspect*) [*meuble, bâtiment, porte*] massive; [*personne*] sturdily built **b** (= *pur*) **or ~** solid gold • **chêne ~** solid oak **c** (= *en masse*) [*afflux, bombardements, dose, vote*] massive **d** (= *de nombreuses personnes*) [*arrestations, licenciements, exode, manifestation*] mass • **armes de destruction massive** weapons of mass destruction • **l'arrivée massive des réfugiés** the mass influx of refugees **2** (NM) **a** (*montagneux*) massif • **le Massif central** the Massif Central

ⓑ [*d'arbres*] clump • ~ **de fleurs** flower bed

massivement [masivmɑ̃] (ADV) ⓐ [*démissionner, partir, répondre*] en masse • **ils ont ~ approuvé le projet** the overwhelming majority was in favour of the project ⓑ [*injecter, administrer*] in massive doses; [*investir*] heavily

mass media ○ [masmedja] (NMPL) mass media

massothérapie [masoteʀapi] (NF) massage therapy

massue [masy] (NF) club • **ça a été le coup de ~!*** (*très cher*) it cost a bomb!*; (*choc émotif*) it was quite a blow!

master[1] [mastɛʀ] (NM) ≈ master's degree (*two-year postgraduate qualification*)

> **MASTER**
> The **master** diploma is awarded to students who have completed two years of study (**master 1** and **master 2**) after the "licence". It includes an introduction to research and classes in theoretical and applied topics. Sometimes students undertake a period of work experience. A **master** is required to be able to enter some professions, most notably teaching.

master[2] [mastœʀ, mastɛʀ] (NM) (= *bande mère*) master tape

mastère [mastɛʀ] (NM) ≈ master's degree

mastérisation [masteʀizasjɔ̃] (NF) mastering

mastériser [masteʀize] (VT) /TABLE 1/ [+ *disque*] to master

mastic [mastik] (NM) [*de vitrier*] putty; [*de menuisier*] filler

mastiquer [mastike] /TABLE 1/ (VT) (= *mâcher*) to chew

mastoc* [mastɔk] (ADJ INV) hefty*

mastodonte [mastɔdɔ̃t] (NM) (= *personne*) colossus; (= *animal*) monster; (= *véhicule*) huge vehicle; (= *firme*) mammoth company

masturbation [mastyʀbasjɔ̃] (NF) masturbation

masturber (se) [mastyʀbe] /TABLE 1/ (VPR) to masturbate

m'as-tu-vu, e* [matyvy] (NM INV, NF INV) show-off* • **il est du genre ~** he's a real show-off*

mat[1] [mat] (ADJ INV) (*aux échecs*) **être ~** to be in checkmate • **~!** checkmate! • **il a fait ~ en 12 coups** he got checkmate in 12 moves

mat[2]**, e** [mat] (ADJ) (= *sans éclat*) matt • **bruit ~** dull noise • **avoir la peau ~e** to have a dark complexion • **avoir le teint ~** to have a dark complexion

mat'* [mat] (NM) (ABR DE **matin**)

mât [mɑ] (NM) [*de bateau*] mast • **grand ~** mainmast

match [matʃ] (NM) (*Sport*) match • **~ aller** first-leg match • **~ retour** return match • **~ nul** tie • **ils ont fait ~ nul** they tied • **ils ont fait ~ nul 0 à 0** it was a nil-nil (*Brit*) draw, they tied at zero all (*US*) • **ils ont fait ~ 2 à 2** it was a 2-all draw (*Brit*), they tied at 2-all (*US*) • **~ à l'extérieur** away match • **~ à domicile** home match • **faire un ~ de volley-ball** to play a volleyball match

matelas [mat(ə)lɑ] (NM) [*de lit*] mattress • **~ à ressorts** sprung mattress • **~ pneumatique** (= *lit*) air bed; (*de plage*) Lilo® (*Brit*), air mattress (*US*)

matelassé, e [mat(ə)lase] (ADJ) [*vêtement*] quilted

matelot [mat(ə)lo] (NM) (= *marin*) sailor

mater [mate] /TABLE 1/ (VT) ⓐ (= *réprimer*) [+ *rebelles*] to subdue; [+ *enfant*] to take in hand; [+ *révolution*] to suppress ⓑ (= *regarder*)* to eye up*

matérialiser [mateʀjalize] /TABLE 1/ 1 (VT) ⓐ [+ *projet*] to carry out; [+ *promesse, doute*] to realize ⓑ [+ *frontière*] to mark • **« chaussée non matérialisée »** "unmarked road" 2 (VPR) **se matérialiser** to materialize

matérialisme [mateʀjalism] (NM) materialism

matérialiste [mateʀjalist] (ADJ) materialistic

matériau (*pl* **matériaux**) [mateʀjo] (NM) material • **~x de construction** building materials

matériel, -elle [mateʀjɛl] 1 (ADJ) ⓐ [*dégâts, monde, preuve, bien-être, confort*] material; [*plaisirs, biens, préoccupations*] worldly ⓑ (= *financier*) [*gêne, problèmes*] financial; (= *pratique*) [*organisation, obstacles*] practical • **aide matérielle** material aid • **de nombreux avantages ~s** a large number of material advantages 2 (NM) equipment *NonC*; (= *documentation*) material • **~ de camping** camping equipment • **~ de bureau** office equipment • **~ pédagogique** teaching aids • **~ scolaire** (= *livres, cahiers*) school materials; (= *pupitres, projecteurs*) school equipment 3 (COMP) ▸ **matériel informatique** hardware

> ✎ Le mot anglais se termine par **-ial**.

matériellement [mateʀjɛlmɑ̃] (ADV) ⓐ (= *physiquement*) physically ⓑ (= *financièrement*) financially

maternel, -elle [matɛʀnɛl] 1 (ADJ) ⓐ (= *d'une mère*) [*instinct, amour*] maternal; (= *comme d'une mère*) [*geste, soin*] motherly • **lait ~** mother's milk • **école ~le** nursery school ⓑ (= *de la mère*) **du côté ~** on one's mother's side • **mon grand-père ~** my grandfather on my mother's side 2 (NF) **maternelle** (= *école*) nursery school • **il est à la** *ou* **en ~le** he's at nursery school

> ✎ Le mot anglais se termine par **-al**.

materner [matɛʀne] /TABLE 1/ (VT) (= *dorloter*) to mother; (= *mâcher le travail à*) to spoonfeed

maternité [matɛʀnite] (NF) ⓐ (= *hôpital*) maternity hospital ⓑ (= *état de mère*) maternity; (= *période*) pregnancy

math* [mat] (NFPL) (ABR DE **mathématiques**) maths* (*Brit*), math* (*US*) • **être en ~ sup** *to be in the first year advanced maths class preparing for the Grandes Écoles* • **être en ~ spé** *to be in the second year advanced maths class preparing for the Grandes Écoles*

mathématicien, -ienne [matematisjɛ̃, jɛn] (NM,F) mathematician

mathématique [matematik] 1 (ADJ) mathematical • **c'est ~!*** (= *sûr*) it's bound to happen!; (= *logique*) it's logical! 2 (NF) mathematics *sg* 3 (NFPL) **mathématiques** mathematics *sg*

mathématiquement [matematikmɑ̃] (ADV) mathematically • **~, il n'a aucune chance** statistically he hasn't a hope

matheux, -euse* [matø, øz] (NM,F) (= *étudiant*) maths (*Brit*) *ou* math (*US*) student • **je ne suis pas un ~** I'm no good at maths

maths* [mat] (NFPL) = **math**

Mathusalem [matyzalɛm] (NM) Methuselah • **ça date de ~*** [*situation*] it goes back a long way; [*objet*] it's as old as the hills

matière [matjɛʀ] 1 (NF) ⓐ (= *substance*) **la ~** matter • **~s dangereuses** hazardous materials

ⓑ (= *sujet*) matter
ⓒ (= *discipline scolaire*) subject • **il est bon dans toutes les ~s** he is good at all subjects • **il est très ignorant en la ~** he is completely ignorant on the subject • **en ~ commerciale** as far as trade is concerned • **il y a là ~ à réflexion** this is a matter for serious thought • **entrée en ~** introduction • **~ principale** (*à l'université*) main subject (*Brit*), major (*US*) • **~ secondaire** subsidiary (*Brit*), minor (*US*)
2 (COMP) ▸**matière grasse, matières grasses** fat • **yaourt à 15% de ~ grasse** yoghurt with 15% fat content ▸**matière grise** grey (*Brit*) *ou* gray (*US*) matter • **faire travailler sa ~ grise** to use one's grey matter ▸**matière plastique** plastic • **en ~ plastique** plastic ▸**matière première** raw material

Matignon [matiɲɔ̃] (NM) *the offices of the French Prime Minister*

> **HÔTEL MATIGNON**
> The **hôtel Matignon** is the Paris office and residence of the French Prime Minister. By extension, the term "Matignon" is often used to refer to the Prime Minister and his or her staff.

matin [matɛ̃] (NM) morning • **par un ~ de juin** one June morning • **le 10 au ~** on the morning of the 10th • **2 heures du ~** 2 am • **je suis du ~** (= *actif dès le matin*) I'm a morning person; (= *de l'équipe du matin*) I work mornings • **du ~ au soir** from morning till night • **je ne travaille que le ~** I only work in the morning • **à prendre ~, midi et soir** to be taken three times a day • **jusqu'au ~** until morning • **de bon ~** early in the morning • **nous avons parlé jusqu'au petit ~** we talked into the small hours

matinal, e (*mpl* **-aux**) [matinal, o] 1 (ADJ) ⓐ [*tâches, toilette*] morning • **gelée ~e** early-morning frost • **heure ~e** early hour ⓑ **être ~** to be an early riser • **il est bien ~ aujourd'hui** he's up early today 2 (NF) **matinale** (*Radio, TV*) morning show

matinée [matine] (NF) ⓐ (= *matin*) morning • **je le verrai demain dans la ~** I'll see him sometime tomorrow morning • **en début de ~** at the beginning of the morning • **en fin de ~** at the end of the morning ⓑ (*Ciné, Théât*) matinée • **j'irai en ~** I'll go to the matinée • **~ enfantine** children's matinée

matos* [matos] (NM) equipment *NonC*

matou [matu] (NM) tomcat

matraquage [matʀakaʒ] (NM) ⓐ (*par la police*) beating (*with a truncheon*) ⓑ (*par les médias*) plugging • **le ~ publicitaire** media hype*

matraque [matʀak] (NF) [*de police*] baton; [*de malfaiteur*] club • **coup de ~** blow with a baton • **ça a été le coup de ~*** (*cher*) it cost a bomb*; (*inattendu*) it was a bolt from the blue

matraquer [matʀake] /TABLE 1/ (VT) ⓐ [*police*] to beat up (*with a truncheon*); [*malfaiteur*] to club ⓑ (= *escroquer*)* **~ le client** to fleece* customers • **se faire ~*** to get ripped off* ⓒ (*Presse, Radio*) [+ *chanson, produit, publicité*] to plug; [+ *public*] to bombard (**de** with)

matriarcal, e (*mpl* **-aux**) [matʀijaʀkal, o] (ADJ) matriarchal

matrice [matʀis] (NF) (= *utérus*) womb

matricule [matʀikyl] (NM) reference number; [*de soldat*] regimental number

matrimonial, e (*mpl* **-iaux**) [matʀimɔnjal, jo] (ADJ) matrimonial → **agence**

Matthieu [matjø] (NM) Matthew

matu* [maty] (NF) (*Helv Scol*) (ABR DE **maturité**)

mature [matyʀ] (ADJ) [*personne, marché*] mature

maturité [matyʀite] (NF) ⓐ [*de personne*] maturity • **arriver à ~** [*fruit*] to become ripe; [*plante*] to reach maturity; [*idée*] to come to maturity • **manquer de ~** to be immature • **il fait preuve d'une grande ~** he's very mature ⓑ (*Helv* = *baccalauréat*) ≈ A-levels (*Brit*), ≈ high school diploma (*US*)

maudire [modiʀ] /TABLE 2/ (VT) to curse • **maudit soit le jour où ...** cursed be the day on which ... • **soyez maudit !** curse you!

maudit, e [modi, it] *ptp de* **maudire** 1 (ADJ) ⓐ (= *fichu*) (*avant le nom*)* blasted* ⓑ **poète ~** accursed poet 2 (NM,F) damned soul • **les ~s** the damned

maugréer [mogʀee] /TABLE 1/ (VI) to grumble (**contre** about)

maul [mol] (NM) (*Rugby*) maul • **faire un ~** to maul

maure, mauresque [mɔʀ, mɔʀɛsk] (ADJ) Moorish

mauricien, -ienne [mɔʀisjɛ̃, jɛn] 1 (ADJ) Mauritian 2 (NM,F) **Mauricien(ne)** Mauritian

Mauritanie [mɔʀitani] (NF) Mauritania

mauritanien, -ienne [mɔʀitanjɛ̃, jɛn] 1 (ADJ) Mauritanian 2 (NM,F) **Mauritanien(ne)** Mauritanian

mausolée [mozɔle] (NM) mausoleum

maussade [mosad] (ADJ) [*personne*] sullen; [*ciel, temps, paysage*] gloomy; [*conjoncture*] bleak; [*marché*] sluggish • **d'un air ~** sullenly

mauvais, e [mɔvɛ, ɛz] 1 (ADJ) ⓐ bad • **~e excuse** poor excuse • **un ~ contact** a faulty connection • **la balle est ~e** the ball is out • **il est ~ en géographie** he's bad at geography • **ce n'est pas ~ !** it's not bad! • **la soupe a un ~ goût** the soup has an unpleasant taste • **ce n'est qu'un ~ moment à passer** it's just a bad patch you've got to get through • **la mer est ~e** the sea is rough • **c'est ~ pour la santé** it's bad for your health • **il a fait une ~e grippe** he's had a bad attack of flu • **il l'a trouvée ~e*** he didn't appreciate it one little bit • **il fait ~ aujourd'hui** the weather's bad today
ⓑ (= *faux*) [*méthode, moyens, direction, date, choix*] wrong • **il roulait sur le ~ côté de la route** he was driving on the wrong side of the road • **il a choisi le ~ moment** he picked the wrong time
ⓒ (= *méchant*) [*sourire, regard*] nasty; [*personne, joie*] malicious • **ce n'est pas un ~ garçon** he's not a bad boy
2 (COMP) ▸**mauvais coup** **recevoir un ~ coup** to get a nasty blow • **faire un ~ coup** to play a mean trick (**à qn** on sb) ▸**mauvaise graine** **c'est de la ~e graine** he's (*ou* she's *ou* they're) a bad lot (*Brit*) *ou* seed (*US*) ▸**mauvaise herbe** weed • **enlever** *ou* **arracher les ~es herbes du jardin** to weed the garden ▸**mauvais pas** **tirer qn d'un ~ pas** to get sb out of a tight spot ▸**mauvais plaisant** hoaxer ▸**mauvaise plaisanterie** rotten trick ▸**mauvais sort** misfortune ▸**mauvaise tête** **c'est une ~e tête** he's headstrong • **faire la ~e tête** (= *être difficile*) to be awkward ▸**mauvais traitement** ill treatment • **subir de ~ traitements** to be ill-treated • **~ traitements à enfants** child abuse • **faire subir des ~ traitements à** to ill-treat

mauve [mov] (ADJ, NM) (= *couleur*) mauve

mauviette [movjɛt] (NF) wimp*

maux [mo] (NMPL) → **mal**
max* [maks] **1** (ADV) max* • **à 8 heures ~** at 8 o'clock at the latest
2 (NM) **il a pris le ~** [*condamné*] they threw the book at him*
▸ **un max** [*dépenser*] a hell of a lot* • **ça coûte un ~** it costs a packet* • **il se fait un ~ de fric** he makes loads* of money • **il m'agace un ~** he drives me up the wall*
maxi [maksi] **1** (PRÉF) **maxi(-)** maxi • **~bouteille** giant-size bottle **2** (ADJ INV) ⓐ (= *maximum*)* maximum ⓑ (= *long*) **jupe ~** maxi-skirt **3** (NM) (= *mode*) maxi; (= *disque*) EP
maximal, e (*mpl* **-aux**) [maksimal, o] (ADJ) maximum • **il a été condamné à la peine ~e** he was given the maximum sentence • **la température ~e a été de 33 degrés** the maximum temperature was 33°C
maxime [maksim] (NF) maxim
maximiser [maksimize] /TABLE 1/ (VT) to maximize
maximum [maksimɔm] **1** (ADJ) maximum • **la température ~** the maximum temperature • **j'en ai pour deux heures ~** I'll be two hours maximum • **dans un délai ~ de dix jours** within ten days at the latest
2 (NM) maximum; (= *peine*) maximum sentence • **faire son ~** to do one's utmost (**pour** to) • **atteindre son ~** [*production*] to reach its maximum; [*valeur*] to reach its maximum point • **il y a un ~ de frais sur un bateau** boats cost a fortune to run
▸ **au maximum** at the maximum • **sa radio était au ~** his radio was on full • **au ~ de ses capacités** [*employé, sportif*] stretched to one's limits; [*usine, chaîne hi-fi*] at maximum capacity
3 (ADV) at the maximum • **à six heures ~** at six o'clock at the latest
maya [maja] (ADJ) Mayan
mayonnaise [majɔnɛz] (NF) mayonnaise • **œufs ~** eggs mayonnaise
mazout [mazut] (NM) heating oil • **poêle à ~** oil-fired stove
mazouté, e [mazute] (ADJ) [*mer, plage*] oil-polluted; [*oiseaux*] oil-covered
MCJ [ɛmseʒi] (NF) (ABR DE **maladie de Creutzfeldt-Jakob**) CJD
m-commerce [ɛmkɔmɛʀs] (NM) m-commerce
MDR [ɛmdeɛʀ] (ABR DE **mort de dire**) LOL
Me (ABR DE **Maître**) *barrister's title* • **Me Marlon** ≈ Mr (*ou* Mrs) Marlon QC (*Brit*)
me, m' [m(ə)] (PRON PERS) ⓐ (*objet*) me • **me voyez-vous?** can you see me? • **elle m'attend** she is waiting for me • **il me l'a dit** he told me about it • **il me l'a donné** he gave it to me • **va me fermer cette porte!** shut the door, would you! ⓑ (*réfléchi*) myself • **je me regardais dans le miroir** I was looking at myself in the mirror
méandre [meɑ̃dʀ] (NM) [*de fleuve*] meander • **se perdre dans les ~s administratifs** to get lost in the maze of the administrative system
mec⁑ [mɛk] (NM) ⓐ (= *homme*) guy* • **ça va, les ~s?** how's it going guys?* • **ça c'est un ~!** he's a real man! • **c'est des histoires de ~s** it's man talk* ⓑ (= *compagnon*) **son ~** her man*
mécanicien, -ienne [mekanisjɛ̃, jɛn] (NM,F) ⓐ [*de voitures*] mechanic • **ouvrier ~** garage hand • **ingénieur ~** mechanical engineer ⓑ [*d'avion, bateau*] engineer ⓒ [*de train*] train driver (*Brit*), engineer (*US*)
mécanique [mekanik] **1** (ADJ) mechanical; [*jouet*] clockwork • **les industries ~s** mechanical engineering industries • **avoir des ennuis ~s** (*sur voiture*) to have engine trouble; (*sur avion*) to have mechanical problems • **sports ~s** motor sports • **un geste ~** a mechanical gesture **2** (NF) ⓐ (= *activité, discipline*) mechanical engineering; (= *système*) mechanics *sg* • **il fait de la ~ (sur sa voiture)** he's tinkering with his car ⓑ (= *mécanisme*) **c'est une belle ~** this car is a fine piece of engineering

> Le mot anglais s'écrit avec un **h**.

mécaniquement [mekanikmɑ̃] (ADV) mechanically

> Le mot anglais s'écrit avec un **h**.

mécanisation [mekanizasjɔ̃] (NF) mechanization

> Le mot anglais s'écrit avec un **h** et un **z**.

mécaniser [mekanize] /TABLE 1/ (VT) to mechanize

> Le mot anglais s'écrit avec un **h** et un **z**.

mécanisme [mekanism] (NM) mechanism
mécano* [mekano] (NM) (ABR DE **mécanicien**)
mécénat [mesena] (NM) patronage • **~ d'entreprise** corporate sponsorship
mécène [mesɛn] (NM) patron
méchamment [meʃamɑ̃] (ADV) ⓐ (= *cruellement*) spitefully ⓑ (= *très*)* **~ bon** fantastically* good • **~ abîmé** really badly damaged • **il a été ~ surpris** he got one hell* of a surprise
méchanceté [meʃɑ̃ste] (NF) ⓐ (= *caractère*) nastiness • **faire qch par ~** to do sth out of spite ⓑ (= *action*) nasty action; (= *parole*) nasty remark • **dire des ~s à qn** to say nasty things to sb
méchant, e [meʃɑ̃, ɑ̃t] **1** (ADJ) ⓐ [*personne*] nasty; [*enfant*] naughty; [*intention*] malicious • **devenir ~** to turn nasty • **arrête, tu es ~** stop it, you're being nasty • **il n'est pas ~** he's not such a bad fellow ⓑ (= *dangereux, désagréable*) **ce n'est pas bien ~*** it's nothing to worry about • **de ~e humeur** in a foul mood **2** (NM,F) **tais-toi, ~!** be quiet you naughty boy! • **les ~s** the wicked; (*dans un film*) the bad guys*
mèche [mɛʃ] (NF) ⓐ [*de cheveux*] tuft of hair; (*sur le front*) lock of hair • **~s folles** straggling wisps of hair • **~ rebelle** stray lock of hair • **se faire faire des ~s** to have highlights put in one's hair ⓑ [*de bougie, briquet, lampe*] wick; [*de bombe, mine*] fuse; [*de canon*] match ⓒ [*de perceuse*] bit ⓓ (*locutions*) **il a vendu la ~** he gave the game away* • **être de ~ avec qn*** to be in cahoots with sb* • **un employé de la banque devait être de ~** a bank employee must have been in on it*
méché, e [meʃe] (ADJ) [*cheveux*] with highlights, highlighted
méchoui [meʃwi] (NM) (= *repas*) *barbecue of a whole roast sheep*
méconnaissable [mekɔnɛsabl] (ADJ) unrecognizable
méconnaissance [mekɔnɛsɑ̃s] (NF) (= *ignorance*) ignorance • **il fait preuve d'une ~ totale de la situation** he knows absolutely nothing about the situation

m

méconnaître○ [mekɔnɛtʀ] /TABLE 57/ (VT) (*frm*) ⓐ (= *ignorer*) [+ *faits*] to be unaware of ⓑ (= *mésestimer*) to misjudge; [+ *mérites*] to underrate

méconnu, e [mekɔny] *ptp de* **méconnaître** (ADJ) [*talent, génie*] unrecognized; [*musicien, écrivain*] underrated

mécontent, e [mekɔ̃tɑ̃, ɑ̃t] **1** (ADJ) (= *insatisfait*) dissatisfied (**de** with); (= *contrarié*) annoyed (**de** with) • **il a l'air très ~** he looks very annoyed • **je ne suis pas ~ de cette voiture** I'm quite happy with this car **2** (NM,F) **cette décision va faire des ~s** this decision is going to make some people very unhappy

mécontentement [mekɔ̃tɑ̃tmɑ̃] (NM) discontent; (= *déplaisir*) dissatisfaction; (= *irritation*) annoyance • **motif de ~** cause for dissatisfaction • **provoquer un vif ~** to cause considerable discontent (**chez** among)

mécontenter [mekɔ̃tɑ̃te] /TABLE 1/ (VT) to displease

Mecque [mɛk] (NF) **La ~** Mecca • **ces îles sont la ~ des surfeurs** these islands are a Mecca for surfers

médaille [medaj] (NF) ⓐ (= *pièce, décoration*) medal • **elle est ~ d'argent** she's a silver medallist ⓑ [*de chien*] identification disc

médaillé, e [medaje] **1** (ADJ) decorated (*with a medal*); [*sportif*] holding a medal **2** (NM,F) medal-holder • **il est ~ olympique** he is an Olympic medallist

médaillon [medajɔ̃] (NM) ⓐ (= *portrait*) medallion; (= *bijou*) locket ⓑ (= *viande*) medallion

> ✎ Le mot anglais s'écrit avec un **i** derrière le double **l**, et non pas devant.

médecin [med(ə)sɛ̃] (NM) doctor • **femme ~** woman doctor • **votre ~ traitant** your doctor ▸ **médecin de famille** GP ▸ **médecin généraliste** general practitioner ▸ **médecin légiste** forensic scientist ▸ **médecin scolaire** school doctor ▸ **médecin du travail** company doctor

médecine [med(ə)sin] (NF) medicine • **faire des études de ~** to study *ou* do medicine • **faire (sa) ~** to study *ou* do medicine ▸ **médecine douce** alternative medicine ▸ **médecine générale** general medicine ▸ **médecine légale** forensic medicine ▸ **médecine libérale** *medicine as practised by doctors in private practice* ▸ **médecine du travail** occupational medicine ▸ **médecine de ville** *medicine as practised in general practices in towns*

> ✎ En anglais, le **d** est suivi d'un **i**.

médersa [medɛʀsa] (NF) madrasah

média [medja] (NM) medium • **les ~s** the media

médiateur, -trice [medjatœʀ, tʀis] (NM,F) mediator; (*entre partenaires sociaux*) arbitrator

médiathèque [medjatɛk] (NF) multimedia library

médiation [medjasjɔ̃] (NF) mediation; (*entre partenaires sociaux*) arbitration • **tenter une ~ entre deux parties** to attempt to mediate between two parties

médiatique [medjatik] (ADJ) [*image, couverture, battage*] media *épith* • **c'est quelqu'un de très ~** he comes across really well in the media • **sport très ~** sport that lends itself to media coverage

médiatisation [medjatizasjɔ̃] (NF) media coverage

médiatiser [medjatize] /TABLE 1/ (VT) **cet événement a été très médiatisé** the event was given a lot of media coverage

médical, e (*mpl* **-aux**) [medikal, o] (ADJ) medical

médicalement [medikalmɑ̃] (ADV) medically

médicaliser [medikalize] /TABLE 1/ (VT) ⓐ [+ *région, population*] to provide with medical care • **la distribution médicalisée de la drogue** the distribution of drugs under medical supervision • **en milieu médicalisé** in a medical environment • **maison de retraite médicalisée** nursing home ⓑ [+ *problème, grossesse*] to medicalize

médicament [medikamɑ̃] (NM) medicine • **prendre des ~s** to take medication • **~ de confort** ≈ pain-relieving medicine

médicinal, e (*mpl* **-aux**) [medisinal, o] (ADJ) [*plante, substance*] medicinal

médicolégal, e (*mpl* **-aux**) [medikolegal, o] (ADJ) [*expert, rapport*] forensic • **expertise ~e** forensic examination • **institut ~** mortuary (*where autopsies and forensic examinations are carried out*)

médicopédagogique [medikopedagɔʒik] (ADJ) **centre** *ou* **institut ~** special school (*for physically or mentally handicapped children*)

médicosocial [medikosɔsjal] (ADJ) [*mesure, structure*] for health care and social welfare

médiéval, e (*mpl* **-aux**) [medjeval, o] (ADJ) medieval

médiocre [medjɔkʀ] **1** (ADJ) mediocre; [*résultats, revenu*] poor • **« ~ »** "poor" **2** (NMF) nonentity

médiocrement [medjɔkʀəmɑ̃] (ADV) [*intéressé, intelligent*] not very • **gagner ~ sa vie** to earn a poor living • **~ satisfait** barely satisfied

médiocrité [medjɔkʀite] (NF) mediocrity; [*de copie d'élève*] poor standard

médire [mediʀ] /TABLE 37/ (VI) **elle est toujours en train de ~** she's always saying nasty things about people

médisance [medizɑ̃s] **1** (NF) **la ~** gossiping **2** (NFPL) **médisances** gossip *NonC* • **ce sont des ~s!** that's just malicious gossip!

médisant, e [medizɑ̃, ɑ̃t] (ADJ) [*personne*] malicious • **les gens sont ~s** people say nasty things

méditation [meditasjɔ̃] (NF) meditation • **après de longues ~s sur le sujet** after giving the subject much thought

méditer [medite] /TABLE 1/ **1** (VT) [+ *pensée*] to meditate on; [+ *livre, projet, vengeance*] to plan **2** (VI) to meditate • **~ sur qch** to ponder over sth

Méditerranée [mediteʀane] (NF) **la ~** the Mediterranean

méditerranéen, -enne [mediteʀaneɛ̃, ɛn] **1** (ADJ) Mediterranean **2** (NM,F) **Méditerranéen(ne)** inhabitant of a Mediterranean country

médium [medjɔm] (NM) medium

médius [medjys] (NM) middle finger

méduse [medyz] (NF) (= *animal*) jellyfish

méduser [medyze] /TABLE 1/ (VT) to transfix • **je suis resté médusé par ce spectacle** I was dumbfounded by what I saw

meeting [mitiŋ] (NM) meeting ▸ **meeting aérien** air show ▸ **meeting d'athlétisme** athletics meeting

méfait [mefɛ] **1** (NM) (= *faute*) wrongdoing **2** (NMPL) **méfaits** (= *ravages*) ravages • **les ~s de l'alcoolisme** the ill effects of alcohol

méfiance [mefjɑ̃s] (NF) mistrust • **regarder qn/qch avec ~** to look at sb/sth suspiciously

méfiant, e [mefjɑ̃, jɑ̃t] (ADJ) [*personne*] mistrustful • **air ~** look of mistrust

méfier (se) [mefje] /TABLE 7/ (VPR) ⓐ (= *ne pas avoir confiance*) **se méfier de qn/qch** to mistrust sb/sth • **je me méfie de lui** I don't trust him ⓑ (= *faire attention*) **se méfier de qch** to be careful about sth • **méfiez-vous des contrefaçons** beware of imitations • **méfie-toi, tu vas tomber** be careful or you'll fall

méforme [mefɔʀm] (NF) lack of fitness

méga [mega] (NM) megabyte

mégabit [megabit] (NM) megabit

mégadonnées [megadɔne] (NFPL) (*Informatique*) big data

mégalo* [megalo] (ADJ) [*personne*] megalomaniac; [*projet*] self-indulgent • **il est complètement ~** he thinks he's God

mégalomane [megalɔman] **1** (ADJ) [*personne*] megalomaniac; [*projet*] self-indulgent **2** (NMF) megalomaniac

mégalomaniaque [megalɔmanjak] (ADJ) (*Méd*) megalomaniac; [*projet*] self-indulgent

mégalomanie [megalɔmani] (NF) megalomania

méga-octet (*pl* **méga-octets**) [megaɔktɛ] (NM) megabyte

mégapole [megapɔl] (NF) megalopolis

mégarde [megaʀd] (NF) **par ~** (= *par erreur*) by mistake; (= *par négligence*) accidentally • **un livre que j'avais emporté par ~** a book that I had accidentally taken away with me

mégère [meʒɛʀ] (NF) shrew

mégot* [mego] (NM) [*de cigarette*] cigarette butt

mégoter* [megɔte] /TABLE 1/ (VI) to skimp

meilleur, e [mɛjœʀ] **1** (ADJ) ⓐ (*comparatif de* bon) better • **il est ~ que moi** (= *plus doué*) he's better than I am (**en** at); (= *plus charitable*) he's a better person than I am • **avoir ~ goût** [*aliment*] to taste better • **ce gâteau est ~ avec du rhum** this cake tastes better with rum • **il est ~ chanteur que compositeur** he is better at singing than at composing • **de ~e qualité** of better quality • **~ marché** cheaper • **~s vœux** best wishes • **ce sera pour des jours ~s** that will be for better days

ⓑ (*superlatif de* bon) **le ~, la ~e** the best • **le ~ joueur** the best player • **son ~ ami** his best friend • **le ~ des deux** the better of the two • **la ~e de toutes** the best of all • **c'est le ~ des hommes** he is the best of men • **les ~s spécialistes** the top specialists • **le ~ marché** the cheapest • **acheter au ~ prix** to buy at the best price

2 (ADV) **il fait ~ qu'hier** it's better weather than yesterday • **sentir ~** to smell better

3 (NM,F) (= *personne*) **le ~ • la ~e** the best one • **que le ~ gagne** may the best man win

4 (NM) (= *partie, chose*) **le ~** the best • **pour le ~ et pour le pire** for better or for worse • **garder le ~ pour la fin** to keep the best till last • **et le ~ dans tout ça, c'est qu'il avait raison!** and the best bit about it all was that he was right!

5 (NF) **meilleure* ça, c'est la ~e!** that's the best one yet! • **tu connais la ~e? il n'est même pas venu!** haven't you heard the best bit though? he didn't even come!

mél [mel] (NM) (ABR DE **message électronique**) email

mélancolie [melɑ̃kɔli] (NF) melancholy

mélancolique [melɑ̃kɔlik] (ADJ) melancholy

Mélanésie [melanezi] (NF) Melanesia

mélange [melɑ̃ʒ] (NM) ⓐ (= *opération*) mixing; [*de vins, tabacs*] blending • **quand on boit il ne faut pas faire de ~s** you shouldn't mix your drinks ⓑ (= *résultat*) mixture; [*de vins, tabacs, cafés*] blend • **~ détonant** *ou* **explosif** explosive mixture

mélanger [melɑ̃ʒe] /TABLE 3/ **1** (VT) ⓐ to mix; [+ *couleurs, vins, parfums, tabacs*] to blend; [+ *cartes*] to shuffle • **mélangez le beurre et la farine** mix the butter and flour together • **un public très mélangé** a very varied audience ⓑ (= *confondre*) to mix up • **tu mélanges tout!** you're getting it all mixed up! **2** (VPR) **se mélanger** ⓐ [*produits, personnes*] to mix ⓑ **se ~ les pédales*** to get mixed up

mélangeur [melɑ̃ʒœʀ] (NM) mixer; (= *robinet*) mixer tap (*Brit*), mixing faucet (*US*)

mélasse [melas] (NF) ⓐ (= *aliment*) treacle (*Brit*), molasses (*US*) ⓑ (= *boue*)* muck; (= *brouillard*)* murk • **être dans la ~** (= *avoir des ennuis*) to be in a sticky situation*

Melba ○ [mɛlba] (ADJ INV) **pêche ~** peach Melba

mêlé, e [mele] *ptp de* **mêler** **1** (ADJ) mixed; [*couleurs, tons*] mingled **2** (NF) **mêlée** ⓐ (= *bataille*) **~e générale** free-for-all • **se jeter dans la ~e** to plunge into the fray • **rester au-dessus de la ~e** to keep out of the fray ⓑ (*Rugby*) scrum • **faire une ~e** to go into a scrum

mêler [mele] /TABLE 1/ **1** (VT) ⓐ (= *unir*) to mix • **vin mêlé d'eau** wine mixed with water • **~ à** *ou* **avec** to mix with • **joie mêlée de remords** pleasure tinged with remorse

ⓑ (= *impliquer*) **~ qn à** to involve sb in • **il est mêlé au scandale** he is mixed up in the scandal • **~ qn à la conversation** to draw sb into the conversation

2 (VPR) **se mêler** (= *se mélanger*) [*odeurs, voix*] to mingle; [*cultures, races*] to mix

▸ **se mêler à** (= *se joindre à*) to join; (= *s'associer à*) to mix with; [*cris, sentiments*] to mingle with; (= *s'impliquer dans*) to get involved in; (= *s'ingérer dans*) to interfere with • **se ~ à la conversation** to join in the conversation • **il s'est mêlé à la foule** he mingled with the crowd • **il ne se mêle jamais aux autres enfants** he never mixes with other children • **des rires se mêlaient aux applaudissements** there was laughter mingled with the applause • **je ne veux pas me ~ de politique** I don't want to get involved in politics • **se ~ des affaires des autres** to interfere in other people's business • **mêle-toi de ce qui te regarde!** mind your own business! • **mêle-toi de tes oignons!*** mind your own business! • **de quoi je me mêle!*** what business is it of yours? • **quand l'amour s'en mêle** when love comes into it

mélèze [melɛz] (NM) larch

méli-mélo* (*pl* **mélis-mélos**) [melimelo] (NM) [*de situation*] mess; [*d'objets*] jumble

mélo* [melo] **1** (ADJ) [*film, roman*] sentimental **2** (NM) melodrama

mélodie [melɔdi] (NF) ⓐ (= *chanson*) melody ⓑ (= *qualité*) melodiousness

mélodieux, -ieuse [melɔdjø, jøz] (ADJ) melodious

mélodramatique [melɔdʀamatik] (ADJ) melodramatic

mélodrame [melɔdʀam] (NM) melodrama

mélomane [melɔman] **1** (ADJ) music-loving *épith* • **être ~** to be a music lover **2** (NMF) music lover

melon [m(ə)lɔ̃] (NM) ⓐ (*Bot*) melon • **~ d'Espagne** ≈ honeydew melon ⓑ **(chapeau) ~** bowler hat (*Brit*), derby hat (*US*)

membrane [mɑ̃bʀan] (NF) membrane; [*de haut-parleur*] diaphragm

membre [mɑ̃bʀ] (NM) ⓐ [*de corps*] limb ⓑ [*de famille, groupe, société savante*] member; [*d'académie*] fellow

m

• **devenir ~ d'un club** to join a club • **pays ~s** member countries • **États ~s de l'Union européenne** member states of the European Union

mème [mɛm] (NM) meme

même [mɛm] **1** (ADJ) **a** (*= identique*) (*avant le nom*) same • **des bijoux de ~ valeur** jewels of the same value • **ils ont la ~ taille** they are the same size • **ils sont de la ~ couleur** they are the same colour • **ils ont la ~ voiture que nous** they have the same car as us • **c'est la ~ chose** (*= c'est équivalent*) it amounts to the same • **c'est toujours la ~ chose!** it's always the same! • **arriver en ~ temps** to arrive at the same time • **en ~ temps que** at the same time as

b (*= exact, personnifié*) very • **ce sont ses paroles ~s** those are his very words • **il est la gentillesse ~** he is kindness itself

c **moi-~** myself • **toi-~** yourself • **lui-~** himself • **elle-~** herself • **nous-~s** ourselves • **vous-~** yourself • **vous-~s** yourselves • **eux-~s** themselves • **elles-~s** themselves • **s'apitoyer sur soi-~** to feel sorry for oneself • **elle fait ses habits elle-~** she makes her own clothes

2 (PRON INDÉF) **le ~** • **la ~** the same • **ce n'est pas le ~** it's not the same • **la réaction n'a pas été la ~ qu'à Paris** the reaction was not the same as in Paris

3 (ADV) **a** even • **ils sont tous malades, ~ les enfants** they are all ill, even the children • **il n'a ~ pas de quoi écrire** he hasn't even got anything to write with • **il est intéressant et ~ amusant** he's interesting and amusing too • **elle ne me parle ~ plus** she no longer even speaks to me • **personne ne sait, ~ pas lui** nobody knows, not even him • **~ si** even if • **c'est vrai, ~ que je peux le prouver!*** it's true, and what's more I can prove it!

b (*= précisément*) **aujourd'hui ~** this very day • **ici ~** in this very place • **c'est cela ~** that's exactly it

c (*locutions*)

▸ **à même coucher à ~ le sol** to lie on the bare ground • **à ~ la peau** next to the skin • **être à ~ de faire qch** to be able to do sth • **je ne suis pas à ~ de juger** I'm in no position to judge

▸ **de même il fera de ~** he'll do the same • **vous le détestez? moi de ~** you hate him? so do I • **de ~ qu'il nous a dit que ...** just as he told us that ... • **il en est de ~ pour moi** it's the same for me

▸ **quand même, tout de même** (*= en dépit de cela*) all the same • **tout de ~!** honestly! • **merci quand ~** thanks all the same • **c'est quand ~ agaçant** all the same it is annoying • **il a tout de ~ réussi à s'échapper** he managed to escape all the same • **c'est tout de ~ étonnant** it's quite surprising

mémé* [meme] (NF) (*= grand-mère*) grandma; (*= vieille dame*) granny* • **ça fait ~*** it looks dowdy

mémento [memɛ̃to] (NM) (*= aide-mémoire*) summary

mémère* [memɛʀ] (NF) granny*

mémo* [memo] (NM) memo

mémoire[1] [memwaʀ] (NF) memory • **citer de ~** to quote from memory • **~ visuelle** visual memory • **avoir de la ~** to have a good memory • **avoir une très bonne ~** to have a very good memory • **si j'ai bonne ~** if I remember right • **avoir la ~ courte** to have a short memory • **avoir une ~ de poisson rouge** to have a memory like a goldfish • **avoir une ~ d'éléphant** to have a memory like an elephant • **je n'ai pas la ~ des dates** I can never remember dates • **garder qch en ~** to remember sth • **son nom restera dans notre ~** his name will remain in our memories • **salir la ~ de qn** to sully the memory of sb • **à la ~ de** to the memory of • **mettre qch en ~** to store sth • **mise en ~** storage ▸ **mémoire morte** read-only memory ▸ **mémoire vive** random access memory

mémoire[2] [memwaʀ] **1** (NM) (*= requête*) memorandum; (*= rapport*) report; (*= exposé*) paper • **~ de maîtrise** ≈ master's thesis **2** (NMPL) **mémoires** (*= souvenirs*) memoirs

mémorable [memɔʀabl] (ADJ) memorable

mémorial (*pl* **-iaux**) [memɔʀjal, jo] (NM) memorial

mémorisation [memɔʀizasjɔ̃] (NF) memorization

mémoriser [memɔʀize] /TABLE 1/ (VT) to memorize

menaçant, e [mənasɑ̃, ɑ̃t] (ADJ) threatening • **elle se fit ~e** she started to make threats

menace [mənas] (NF) threat • **la ~ nucléaire** the nuclear threat • **~ d'épidémie** threat of an epidemic • **il y a des ~s de grève** there's a threat of strike action • **signer sous la ~** to sign under duress • **sous la ~ d'un couteau** at knifepoint • **sous la ~ d'un pistolet** at gunpoint • **être sous la ~ d'une expulsion** to be threatened with expulsion • **recevoir des ~s de mort** to receive death threats

menacer [mənase] /TABLE 3/ (VT) **a** (*= faire peur à*) to threaten • **~ qn de mort** to threaten sb with death • **~ qn d'un revolver** to threaten sb with a gun • **~ de faire qch** to threaten to do sth **b** [*+ équilibre, projet*] to jeopardize • **espèces menacées** endangered species • **le processus de paix est menacé** the peace process is in jeopardy **c** [*chômage, grève, guerre*] to loom large • **la pluie menace** it looks like rain • **l'orage menace** the storm is about to break • **cette chaise menace de se casser** this chair looks like it will break

ménage [menaʒ] (NM) **a** (*= nettoyage*) housework • **faire du ~** to do some housework • **faire le ~** (*= nettoyer*) to do the housework; (*= licencier*) to get rid of the deadwood • **faire le ~ dans ses archives** to tidy one's files • **faire des ~s** to work as a cleaning woman **b** (*= couple, communauté familiale*) household • **~ à trois** ménage à trois • **cela ne va pas dans leur ~** their marriage isn't working • **être heureux en ~** to have a happy married life • **se mettre en ~ avec qn** to set up house with sb • **faire bon ~** to go together well

ménagement [menaʒmɑ̃] (NM) (*= douceur*) care; (*= attention*) attention • **traiter qn avec ~** to treat sb considerately • **traiter qn sans ~** to show no consideration towards sb; (*avec brutalité*) to manhandle sb • **annoncer qch sans ~ à qn** to break the news of sth bluntly to sb

ménager[1]**, -ère** [menaʒe, ɛʀ] **1** (ADJ) [*ustensiles, appareils*] household • **travaux ~s** housework • **tâches ménagères** housework **2** (NF) **ménagère** **a** (*= femme d'intérieur*) housewife **b** (*= couverts*) canteen of cutlery

ménager[2] [menaʒe] /TABLE 3/ **1** (VT) **a** (*= traiter avec prudence*) [*+ personne*] to handle carefully; [*+ sentiments*] to show consideration for; [*+ appareil*] to go easy on • **elle est très sensible, il faut la ~** she's very sensitive, you must treat her gently • **afin de ~ les susceptibilités** so as not to offend people's sensibilities • **~ la chèvre et le chou** (*= être conciliant*) to keep both parties sweet*

b (*= épargner*) **~ ses forces** to save one's strength • **~ sa santé** to look after o.s. • **il n'a pas ménagé ses efforts** he spared no effort

c (*= préparer*) [*+ entretien, rencontre*] to arrange; [*+ transition*] to bring about • **il nous ménage une surprise** he's got a surprise in store for us • **il sait ~ ses effets** [*orateur*] he knows how to make the most of his effects

d (= *pratiquer*) ~ **un espace entre** to make a space between • ~ **une place pour** to make room for

2 VPR **se ménager** **a** (= *ne pas abuser de ses forces*) to take it easy • **vous devriez vous ~ un peu** you should take things easy

b (= *se réserver*) **se ~ une marge de manœuvre** to leave o.s. room for manoeuvre

ménagerie [menaʒʀi] NF menagerie

mendiant, e [mɑ̃djɑ̃, jɑ̃t] NM,F beggar

mendicité [mɑ̃disite] NF begging • **être réduit à la ~** to be reduced to begging

mendier [mɑ̃dje] /TABLE 7/ VI to beg

mener [m(ə)ne] /TABLE 5/ VT **a** (= *conduire*) to lead; (= *accompagner*) to take • ~ **un enfant à l'école** to take a child to school • ~ **un enfant chez le médecin** to take a child to see the doctor • **cette route mène à Chartres** this road goes to Chartres • **où tout cela va-t-il nous ~?** where does all this lead us? • **cela ne mène à rien** this won't get us anywhere • **le journalisme mène à tout** all roads are open to you in journalism • ~ **qn par le bout du nez** to lead sb by the nose

b (= *commander*) [+ *cortège*] to lead; [+ *pays, entreprise*] to run • ~ **la danse** to call the tune • ~ **les débats** to chair the discussion

c (= *être en tête*) to lead • **il mène 3 jeux à 1** he's leading 3 games to 1

d [+ *vie*] to lead; [+ *négociations, lutte, conversation*] to carry on; [+ *enquête*] to carry out; [+ *affaires*] to run; [+ *carrière*] to manage • ~ **qch à bien** to see sth through • ~ **qch à terme** to see sth through • ~ **la vie dure à qn** to rule sb with an iron hand • **il n'en menait pas large** his heart was in his boots

meneur, -euse [mənœʀ, øz] NM,F (= *chef*) leader; (= *agitateur*) agitator • ~ **d'hommes** born leader; (*Sport*) team leader ▸ **meneur de jeu** [*de spectacles, variétés*] master of ceremonies; [*de jeux-concours*] quizmaster

menhir [meniʀ] NM standing stone

méninges [menɛ̃ʒ] NFPL **se creuser les ~*** to rack one's brains

méningite [menɛ̃ʒit] NF meningitis *NonC*

ménopause [menopoz] NF menopause

ménora, menorah [menɔʀa] NF menorah

menottes [mənɔt] NFPL handcuffs • **passer les ~ à qn** to handcuff sb

mensonge [mɑ̃sɔ̃ʒ] NM lie • **dire des ~s** to tell lies

mensonger, -ère [mɑ̃sɔ̃ʒe, ɛʀ] ADJ false; [*publicité*] misleading

menstruation [mɑ̃stʀyasjɔ̃] NF menstruation

menstruel, -elle [mɑ̃stʀyɛl] ADJ menstrual

mensualisation [mɑ̃sɥalizasjɔ̃] NF [*de salaires, impôts, factures*] monthly payment → IMPÔTS

mensualiser [mɑ̃sɥalize] /TABLE 1/ VT [+ *employé*] to pay on a monthly basis

mensualité [mɑ̃sɥalite] NF (= *traite*) monthly payment; (= *salaire*) monthly salary • **payer par ~s** to pay in monthly instalments

mensuel, -elle [mɑ̃sɥɛl] **1** ADJ monthly **2** NM monthly magazine

mensurations [mɑ̃syʀasjɔ̃] NFPL (= *mesures*) vital statistics

mental, e (*mpl* **-aux**) [mɑ̃tal, o] ADJ mental

mentalement [mɑ̃talmɑ̃] ADV mentally • **calculer qch ~** to calculate sth in one's head

mentalité [mɑ̃talite] NF mentality • **les ~s ont changé** attitudes have changed • **jolie ~!** what an attitude! • **avoir une sale ~*** to be a nasty piece of work*

menteur, -euse [mɑ̃tœʀ, øz] **1** NM,F liar • **sale ~!*** you dirty liar! **2** NM (*Cartes*) cheat

menthe [mɑ̃t] NF **a** (= *plante*) mint • **à la** *ou* **de ~** mint **b** (= *boisson froide*) peppermint cordial • **une ~ à l'eau** a glass of peppermint cordial

menthol [mɑ̃tɔl] NM menthol

mention [mɑ̃sjɔ̃] NF **a** (= *note brève*) mention • **faire ~ de** to mention

b (= *annotation*) note • **« rayer la ~ inutile »** "delete as appropriate"

c (*à l'école, à l'université*) grade • ~ **très honorable** [*de doctorat*] with distinction • **être reçu avec ~** to pass with distinction • **être reçu sans ~** to get a pass • ~ **passable** ≈ pass • ~ **assez bien** (*à l'école*) ≈ B; (*à l'université*) ≈ lower second class honours (*Brit*), ≈ B (*US*) • ~ **bien** (*à l'école*) ≈ B+ *ou* A-; (*à l'université*) ≈ upper second class honours (*Brit*), cum laude (*US*) • ~ **très bien** (*à l'école*) ≈ A *ou* A+; (*à l'université*) ≈ first class honours (*Brit*), magna cum laude (*US*) • **son film a obtenu une ~ spéciale lors du dernier festival** his film received a special award at the last festival

mentionner [mɑ̃sjɔne] /TABLE 1/ VT to mention • **l'île n'est pas mentionnée sur la carte** the island doesn't appear on the map

mentir [mɑ̃tiʀ] /TABLE 16/ **1** VI to lie (**sur** about) • **tu mens!** you're lying! • **je t'ai menti** I lied to you • **sans ~** honestly • **il ment comme il respire** he's a compulsive liar • **ne me fais pas ~!** don't prove me wrong! **2** VPR **se mentir** **se ~ à soi-même** to fool o.s.

menton [mɑ̃tɔ̃] NM chin

menu[1] [məny] **1** NM **a** (= *carte*) menu • **quel est le ~?** what's on the menu? • **qu'y a-t-il au ~?** what's on the menu? • **vous prenez le ~ ou la carte?** are you having the set menu or the à la carte? **b** (= *programme*) **quel est le ~ de la réunion?*** what's the agenda for the meeting? • **au ~ de l'émission, il y a ...** lined up for you on the programme (*Brit*) *ou* program (*US*) is ... **c** (*informatique*) menu **2** COMP ▸ **menu déroulant** pull-down menu ▸ **menu enfant** children's menu ▸ **menu gastronomique** gourmet menu ▸ **menu touristique** set menu

menu[2], **e** [məny] **1** ADJ **a** [*personne*] slim; [*pied*] slender; [*écriture*] small • **en ~s morceaux** in tiny pieces **b** [*difficultés, incidents, préoccupations*] minor; [*détail*] minute • ~ **fretin** small fry • **raconter qch par le ~** to relate sth in great detail **2** ADV finely

menuiserie [mənɥizʀi] NF **a** (= *métier*) joinery; (*dans le bâtiment*) carpentry • ~ **d'art** cabinetwork • **faire de la ~** (*comme passe-temps*) to do woodwork **b** (= *atelier*) joiner's workshop

menuisier [mənɥizje] NM [*de meubles*] joiner; [*de bâtiment*] carpenter

méprendre (se) [mepʀɑ̃dʀ] /TABLE 58/ VPR to be mistaken (**sur** about) • **ils se ressemblent à s'y méprendre** they are so alike that you can't tell them apart

mépris [mepʀi] NM contempt • **avoir du ~ pour qn** to despise sb • **avec ~** contemptuously • **au ~ des lois** regardless of the law

m

méprisable [mepʀizabl] ADJ despicable

méprisant, e [mepʀizɑ̃, ɑ̃t] ADJ contemptuous; (= *hautain*) disdainful

méprise [mepʀiz] NF (= *erreur*) mistake; (= *malentendu*) misunderstanding

mépriser [mepʀize] /TABLE 1/ VT [+ *personne*] to despise; [+ *danger, conseil*] to scorn

mer [mɛʀ] NF sea • **en ~** at sea • **en haute ~** out at sea • **en pleine ~** out at sea • **prendre la ~** to put out to sea • **mettre une embarcation à la ~** to launch a boat • **par ~** by sea • **ce n'est pas la ~ à boire !*** it's no big deal! • **nous avons navigué sur une ~ d'huile** the sea was as calm as a millpond • **aller à la ~** to go to the seaside • **vent de ~** sea breeze • **coup de ~** heavy swell • **la ~ est basse** the tide is low ▸ **la mer des Antilles** the Caribbean Sea ▸ **la mer des Caraïbes** the Caribbean ▸ **la mer Caspienne** the Caspian Sea ▸ **la mer Égée** the Aegean Sea ▸ **la mer Morte** the Dead Sea ▸ **la mer Noire** the Black Sea ▸ **la mer du Nord** the North Sea ▸ **la mer Rouge** the Red Sea ▸ **les mers du Sud** the South Seas

mercenaire [mɛʀsənɛʀ] NM mercenary

mercerie [mɛʀsəʀi] NF (= *boutique*) haberdasher's shop (*Brit*), notions store (*US*); (= *articles*) haberdashery (*Brit*), notions (*US*)

merci [mɛʀsi] **1** EXCL thank you • **~ beaucoup** thank you very much • **~ de** *ou* **pour votre carte** thank you for your card • **~ d'avoir répondu** thank you for replying • **sans même me dire ~** without even saying thank you • **du lait ? — (oui) ~** some milk? — (yes) please • **cognac ? — non ~** cognac? — no thank you

2 NM thank you • **je n'ai pas eu un ~** I didn't get a word of thanks • **et encore un grand ~ pour votre cadeau** and once again thank you so much for your present

3 NF (= *pitié*) mercy • **crier ~** to cry for mercy • **sans ~** [*concurrence*] merciless; [*guerre, lutte*] ruthless

▸ **à la merci de à la ~ de qn** at sb's mercy • **tout le monde est à la ~ d'une erreur** anyone can make a mistake • **nous sommes toujours à la ~ d'un accident** accidents can happen at any time

mercier, -ière [mɛʀsje, jɛʀ] NM,F haberdasher (*Brit*), notions dealer (*US*)

mercredi [mɛʀkʀədi] NM Wednesday • **~ des Cendres** Ash Wednesday → **samedi**

> Les noms de jours s'écrivent avec une majuscule en anglais.

mercure [mɛʀkyʀ] NM mercury

mercurochrome® [mɛʀkyʀokʀom] NM liquid antiseptic

merde** [mɛʀd] **1** NF **a** (= *excrément*) shit**; (= *crotte*) turd** • **une ~ de chien** a dog turd**

b (= *chose sans valeur*) crap** • **son dernier bouquin est de la vraie ~** his latest book is a load of crap** • **quelle voiture de ~ !** what a shitty car!** • **il ne se prend pas pour de la ~** he thinks the sun shines out of his arse** (*Brit*) *ou* ass** (*US*)

c (= *ennuis*) **quelle ~ !** shit!** • **on est dans la ~** we're really in the shit** • **ils sont venus pour foutre la ~** they came to cause trouble • **il a foutu la ~ dans mes affaires** he messed up* my things • **foutre qn dans la ~** to land sb in the shit** • **il ne m'arrive que des ~s** I've had one goddamn* problem after another

d (*locutions*) **tu le veux, oui ou ~ ?** for Christ's sake *ou* for God's sake, do you want it or not?* • **tu as de la ~ dans les yeux !** are you blind or what?* • **il a de la ~ dans les oreilles** (= *aucun sens de la musique, aucun goût musical*) he's got cloth ears*

2 EXCL shit!** • **~ alors !** damn*! • **je te dis ~ !** you can go to hell!*; (*bonne chance*) good luck!

merder** [mɛʀde] /TABLE 1/ VI [*personne*] to cock up* • **le projet a merdé du début à la fin** the project was a bloody** (*Brit*) *ou* goddamn* (*US*) mess from start to finish • **j'ai merdé à l'écrit** I fucked up** the written paper

merdeux, -euse** [mɛʀdø, øz] NM,F twerp*

merdier** [mɛʀdje] NM (= *situation*) fuck-up**; (= *désordre*) shambles *sg* • **être dans un beau ~** to be really in the shit** • **c'est le ~ dans ses dossiers** his files are an absolute shambles

merdique* [mɛʀdik] ADJ [*film, discours, idée*] pathetic • **c'était ~, cette soirée** that party was the pits*

mère [mɛʀ] **1** NF mother • **elle est ~ de quatre enfants** she is the mother of four children • **la ~ Morand*** (*péj*) Mrs Morand • **oui, ma ~** (= *mère supérieure*) yes, Mother

2 COMP ▸ **mère biologique** biological mother ▸ **mère célibataire** single mother ▸ **mère de famille** mother ▸ **mère patrie** motherland ▸ **mère porteuse** surrogate mother ▸ **mère poule*** mother hen ▸ **mère de substitution** surrogate mother ▸ **Mère supérieure** Mother Superior

merguez [mɛʀgɛz] NF merguez sausage

méridien, -ienne [meʀidjɛ̃, jɛn] NM meridian • **le ~ de Greenwich** the Greenwich meridian

méridional, e (*mpl* **-aux**) [meʀidjɔnal, o] **1** ADJ (= *du Sud*) southern; (= *du sud de la France*) Southern French

2 NM,F **Méridional(e)** (= *du sud de la France*) Southern Frenchman (*ou* Frenchwoman)

meringue [məʀɛ̃g] NF meringue

merise [məʀiz] NF wild cherry

merisier [məʀizje] NM (= *arbre*) wild cherry tree; (= *bois*) cherry

méritant, e [meʀitɑ̃, ɑ̃t] ADJ deserving

mérite [meʀit] NM **a** (= *vertu intrinsèque*) merit; (= *respect accordé*) credit • **il n'y a aucun ~ à cela** there's no merit in that • **tout le ~ lui revient** he deserves all the credit • **il a au moins le ~ d'être franc** at least he's frank • **elle a bien du ~ de le supporter** she deserves a lot of credit for putting up with him **b** (= *valeur*) merit; (= *qualité*) quality • **promotion au ~** promotion on merit

mériter [meʀite] /TABLE 1/ VT to deserve; (= *exiger*) to call for • **tu mériterais qu'on t'en fasse autant** you deserve the same treatment • **cette action mérite une punition** this action merits punishment • **tu n'as que ce que tu mérites** you've got just what you deserved • **il mérite la prison** he deserves to go to prison • **repos bien mérité** well-deserved rest • **ça se mérite !** you have to earn it! • **le fait mérite d'être noté** the fact is worth noting • **cela mérite réflexion** (*exiger*) this calls for careful thought; (*valoir*) this deserves careful thought

méritocratie [meʀitɔkʀasi] NF meritocracy

merlan [mɛʀlɑ̃] NM (= *poisson*) whiting

merle [mɛʀl] NM (= *oiseau*) blackbird

merlu [mɛʀly] NM hake

mérou [meʀu] NM (= *poisson*) grouper

merroutage, meroutage [meʀutaʒ] NM short sea shipping

mérule [meʀyl] (NM OU F) dry rot fungus

merveille [mɛʀvɛj] (NF) (= *chose exceptionnelle*) marvel • **les ~s de la nature** the wonders of nature • **regarde ma bague — quelle ~!** look at my ring — it's beautiful! • **faire des ~s** to work wonders
▸ **à merveille** marvellously • **cela te va à ~** it suits you perfectly • **se porter à ~** to be in excellent health • **ça tombe à ~** this comes at an ideal moment

merveilleusement [mɛʀvɛjøzmɑ̃] (ADV) wonderfully; [*interpréter*] brilliantly • **l'endroit se prête ~ à ce genre de festival** the place is wonderful for this kind of festival

merveilleux, -euse [mɛʀvɛjø, øz] (ADJ) wonderful; (= *surnaturel*) magic

mes [me] (ADJ POSS) → **mon**

mésange [mezɑ̃ʒ] (NF) **~ bleue** blue tit • **~ charbonnière** great tit

mésaventure [mezavɑ̃tyʀ] (NF) misfortune

mesclun [mɛsklœ̃] (NM) mixed green salad

Mesdames [medam] (NFPL) → **Madame**

mesdames [medam] (NFPL) → **madame**

Mesdemoiselles [medmwazɛl] (NFPL) → **Mademoiselle**

mésentente [mezɑ̃tɑ̃t] (NF) (= *désaccord*) disagreement; (= *incompréhension*) misunderstanding • **il y a eu une ~ entre les deux joueurs** there was a misunderstanding between the two players

mésestimer [mezɛstime] /TABLE 1/ (VT) (= *sous-estimer*) to underestimate

mesquin, e [mɛskɛ̃, in] (ADJ) (= *avare*) stingy; (= *vil*) petty • **le repas faisait un peu ~** the meal was a bit stingy

mesquinerie [mɛskinʀi] (NF) (= *bassesse*) pettiness; (= *avarice*) stinginess

message [mesaʒ] (NM) message • **~ d'erreur** error message • **~ instantané** instant message • **~ publicitaire** advertisement • **~ SMS** text message • **film à ~** film with a message • **j'ai compris le ~!** I've got the message!

messager, -ère [mesaʒe, ɛʀ] (NM,F) messenger

messagerie [mesaʒʀi] (NF) **service de ~s** parcel service • **~ électronique** electronic mail; (*Internet*) bulletin board • **~ instantanée** instant messenger • **~ vocale** voice mail • **il était sur ~** he was on voicemail

messe [mɛs] (NF) mass • **aller à la ~** to go to mass

messie [mesi] (NM) messiah • **le Messie** the Messiah

Messieurs [mesjø] (NMPL) → **Monsieur**

messieurs [mesjø] (NMPL) → **monsieur**

mesure [m(ə)zyʀ] (NF) **a** (= *disposition, moyen*) measure • **~s d'hygiène** hygiene measures • **par ~ d'hygiène** in the interest of hygiene • **~s de rétorsion** reprisals • **prendre des ~s d'urgence** to take emergency action • **il faut prendre les ~s nécessaires pour ...** the necessary steps must be taken to ... • **être en ~ de faire qch** to be in a position to do sth
b (= *évaluation, dimension*) measurement • **appareil de ~** measuring instrument • **prendre les ~s de qch** to take the measurements of sth • **prendre les ~s de qn** to take sb's measurements • **ce costume est-il bien à ma ~?** is this suit my size? • **c'est du sur ~** it's made to measure • **trouver un adversaire à sa ~** to find one's match • **le résultat n'est pas à la ~ de nos espérances** the result is not up to our expectations • **prendre la ~ de qn/qch** to size sb/sth up • **cela ne me gêne pas outre ~** that doesn't bother me overmuch
c (= *unité, récipient*) measure • **pour faire bonne ~** for good measure
d (= *modération*) moderation • **avec ~** with moderation
e (= *cadence*) time; (= *division*) bar; (*en poésie*) metre • **en ~** in time • **être en ~** to be in time • **ne pas être en ~** to be out of time • **jouer quelques ~s** to play a few bars
f (*locutions*)
▸ **dans + mesure dans la ~ de mes moyens** as far as I am able • **dans la ~ du possible** as far as possible • **dans la ~ où** inasmuch as • **dans une certaine ~** to some extent • **dans une large ~** to a great extent
▸ **au fur et à mesure il les pliait et me les passait au fur et à ~** he folded them and handed them to me one by one • **au fur et à ~ que** as

mesuré, e [məzyʀe] *ptp de* **mesurer** (ADJ) **a** [*pas*] measured **b** (= *modéré*) [*personne, ton, propos*] moderate

mesurer [məzyʀe] /TABLE 1/ **1** (VT) **a** [+ *chose, personne*] to measure • **il a mesuré 3cl d'acide** he measured out 3cl of acid
b (= *avoir pour taille*) to measure • **cette pièce mesure 3 mètres sur 10** this room measures 3 metres by 10 • **il mesure 1 mètre 80** [*personne*] he's 1 metre 80 tall; [*objet*] (*en longueur*) it's 1 metre 80 long; (*en hauteur*) it's 1 metre 80 high
c (= *évaluer*) to assess • **vous n'avez pas mesuré la portée de vos actes!** you did not weigh up the consequences of your actions!
d (= *modérer*) **~ ses paroles** (= *savoir rester poli*) to moderate one's language; (= *être prudent*) to weigh one's words
2 (VPR) **se mesurer se ~ à** [+ *personne*] to pit o.s. against; [+ *difficulté*] to confront

métaboliser [metabɔlize] /TABLE 1/ (VT) to metabolize

métabolisme [metabɔlism] (NM) metabolism

métal (*pl* **-aux**) [metal, o] (NM) metal • **le ~ jaune** gold • **en ~ argenté** silver-plated • **en ~ doré** gold-plated

métallique [metalik] (ADJ) metallic; (= *en métal*) metal

métallisé, e [metalize] (ADJ) metallic

métallurgie [metalyʀʒi] (NF) (= *industrie*) metallurgical industry; (= *technique, travail*) metallurgy

métallurgiste [metalyʀʒist] (NM) **a** (= *ouvrier*) steelworker **b** (= *industriel*) metallurgist

métamorphose [metamɔʀfoz] (NF) metamorphosis

métamorphoser [metamɔʀfoze] /TABLE 1/ **1** (VT) to transform (**en** into) • **son succès l'a métamorphosé** his success has completely transformed him **2** (VPR) **se métamorphoser** to be transformed (**en** into)

métaphore [metafɔʀ] (NF) metaphor

métaphorique [metafɔʀik] (ADJ) metaphorical

métaphysique [metafizik] **1** (ADJ) metaphysical **2** (NF) metaphysics *sg*

métastase [metastɑz] (NF) metastasis • **il a des ~s** he's got secondaries

métayer [meteje] (NM) sharecropper

météo [meteo] **1** (ADJ) (ABR DE **météorologique**) **2** (NF) **a** (= *science*) meteorology **b** (= *bulletin*) weather forecast • **la ~ marine** the shipping forecast • **présentateur de la ~** weatherman

météore [meteɔʀ] (NM) meteor

météorite [meteɔʀit] (NM *ou* F) meteorite

météorologie [meteɔʀɔlɔʒi] (NF) meteorology • **la Météorologie nationale** the meteorological office

météorologique [meteɔʀɔlɔʒik] (ADJ) [*phénomène, observation*] meteorological; [*conditions, carte, prévisions, bulletin, station*] weather

m

météorologue [meteɔʀɔlɔg], **météorologiste** [meteɔʀɔlɔʒist] (NMF) meteorologist

méthadone [metadɔn] (NF) methadone

méthane [metan] (NM) methane

méthode [metɔd] (NF) ⓐ (*= moyen*) method • **la ~ douce** the softly-softly approach • **avoir une bonne ~ de travail** to have a good way of working • **avoir sa ~ pour faire qch** to have one's own way of doing sth • **elle n'a pas vraiment la ~ avec les enfants** she doesn't really know how to handle children ⓑ (*= ordre*) **il n'a aucune ~** he's not in the least methodical • **faire qch avec ~** to do sth methodically ⓒ (*= livre*) manual • **~s de langues** language courses ▸ **méthode syllabique** phonics

méthodique [metɔdik] (ADJ) methodical

méthodiste [metɔdist] (ADJ, NMF) Methodist

méthodologie [metɔdɔlɔʒi] (NF) methodology

méthodologique [metɔdɔlɔʒik] (ADJ) methodological

méticuleux, -euse [metikylø, øz] (ADJ) meticulous

métier [metje] 1 (NM) ⓐ (*= travail*) job; (*terme administratif*) occupation; (*commercial*) trade; (*artisanal*) craft; (*intellectuel*) profession • **~ manuel** manual job • **il a fait tous les ~s** he's done all sorts of jobs • **les ~s du livre** the publishing industry • **homme de ~** professional • **il est plombier de son ~** he is a plumber by trade • **il est du ~** he is in the trade • **il connaît son ~** he knows his job ⓑ (*= technique*) skill; (*= expérience*) experience • **avoir du ~** to have practical experience 2 (COMP) ▸ **métier à tisser** loom

métis, -isse [metis] (NM,F) (*= personne*) person of mixed race

métissage [metisaʒ] (NM) [*d'animaux*] crossbreeding, crossing; [*de plantes*] crossing; [*de musiques, genres*] mixing • **cette population est le produit d'un ~** these people are of mixed origins • **le ~ culturel** *ou* **de cultures** the mixing of cultures

métissé, e [metise] (ADJ) **une population fortement ~e** a very mixed population • **une culture ~e** an ethnically diverse culture • **une musique ~e** a musical style that draws from many cultural sources

métrage [metʀaʒ] (NM) ⓐ [*de tissu*] length • **quel ~ vous faut-il?** how many metres do you need? ⓑ (*Ciné*) footage • **court ~** short film • **long ~** feature film

mètre [mɛtʀ] 1 (NM) ⓐ metre (*Brit*), meter (*US*) ⓑ (*= instrument*) metre (*Brit*) *ou* meter (*US*) rule • **~ à ruban** tape measure ⓒ (*Sport*) **le 100/400 ~s** the 100/400 metres (*Brit*) *ou* meters (*US*) • **les 22 ~s** the 22 metre (*Brit*) *ou* meter (*US*) line • **les 50 ~s** the halfway line 2 (COMP) ▸ **mètre carré** square metre ▸ **mètre cube** cubic metre

métro [metʀo] (NM) underground (*Brit*), subway (*US*); (*à Paris*) metro; (*= station*) underground (*Brit*) *ou* subway (*US*) station • **~ aérien** elevated railway • **le ~ de Paris** the Paris metro • **le ~ de Londres** the London underground • **j'irai en ~** I'll go by underground • **le dernier ~** the last train • **c'est ~, boulot, dodo*** it's the same old routine day in day out • **il a toujours un ~ de retard*** he's always one step behind

métronome [metʀɔnɔm] (NM) metronome • **avec une régularité de ~** with clockwork regularity

métropole [metʀɔpɔl] (NF) ⓐ (*= ville*) metropolis • **~ régionale** large regional centre ⓑ **la Métropole** France (*as opposed to overseas territories*) • **en ~ comme à l'étranger** at home and abroad

métropolitain, e [metʀɔpɔlitɛ̃, ɛn] (ADJ) metropolitan • **la France ~e** France (*as opposed to overseas territories*)

métrosexualité [metʀɔsɛksɥalite] (NF) metrosexuality

métrosexuel, -elle [metʀɔsɛksɥɛl] (ADJ, NM,F) metrosexual

mets [mɛ] (NM) (*frm*) dish

mettable [metabl] (ADJ) wearable • **je n'ai rien de ~** I've got nothing to wear

metteur [metœʀ] (NM) **~ en ondes** producer • **~ en scène** director

---

mettre [mɛtʀ] /TABLE 56/

1 VERBE TRANSITIF **2** VERBE PRONOMINAL

1 VERBE TRANSITIF

> Lorsque **mettre** s'emploie dans des expressions telles que **mettre qch en place**, **se mettre à table**, reportez-vous à l'autre mot.

ⓐ (*= placer*) to put • **~ du sucre dans son thé** to put sugar in one's tea • **~ la balle dans le filet** to put the ball into the net • **~ qch debout** to stand sth up • **~ qch à terre** to put sth down • **~ qn dans le train** to put sb on the train • **mets le chat dehors** put the cat out • **~ qn au régime** to put sb on a diet • **cela m'a mis dans une situation difficile** that has put me in a difficult position • **où mets-tu tes verres?** where do you keep your glasses? • **~ un enfant à l'école** to send a child to school • **~ qn au pas** to bring sb into line • **il met qu'il est bien arrivé** he says that he arrived safely • **~ son poing sur la figure de qn** to punch sb in the face

▸ **mettre qch à** (*+ infinitif*) **~ qch à cuire** to put sth on to cook • **~ qch à chauffer** to put sth on to heat • **~ du linge à sécher** (*à l'intérieur*) to hang washing up to dry; (*à l'extérieur*) to hang washing out to dry

ⓑ (*= revêtir*) to put on • **~ une robe** to put on a dress • **~ du maquillage** to put on some make-up • **mets-lui son chapeau** put his hat on • **il avait mis un manteau** he was wearing a coat

ⓒ (*= consacrer*) to take • **j'ai mis deux heures à le faire** I took two hours to do it • **le train met trois heures** the train takes three hours • **il y a mis le temps!** he's taken his time! • **y ~ le prix** to pay the price • **~ de l'argent dans une affaire** to put money into a business • **je suis prêt à ~ 500 €** I'm willing to give 500 euros

ⓓ (*= faire fonctionner*) to put on • **~ le chauffage** to put the heating on • **~ les informations** to put the news on • **~ le réveil à 7 heures** to set the alarm for 7 o'clock • **mets France Inter** put on France Inter

ⓔ (*= installer*) [*+ eau*] to lay on; [*+ placards*] to put in; [*+ étagères, rideaux*] to put up; [*+ moquette*] to lay • **~ du papier peint** to hang wallpaper

ⓕ (*= supposer*) **mettons que je me sois trompé** let's say I've got it wrong • **si un pays, mettons la Norvège, décide ...** if a country, Norway say, decides ...

ⓖ (*locutions*) **~ les bouts** to clear off* • **~ les voiles*** to clear off* • **qu'est-ce qu'ils nous ont mis!*** (*bagarre, match*) they gave us a real hammering!* • **va te faire ~!**** fuck off!**

2 VERBE PRONOMINAL

se mettre

ⓐ (*= se placer*) [*objet*] to go • **mets-toi là** (*debout*) stand there; (*assis*) sit there • **se ~ au piano** to sit down at the piano • **se ~ à l'ombre** to go into the shade • **elle ne savait plus où se ~** she didn't know where to put herself • **il s'est mis dans une situation délicate** he's put himself in an awkward situation • **ces verres se mettent dans le placard** these glasses go in the cupboard • **il y a un bout de métal qui s'est mis dans l'engrenage** a piece of metal has got caught in the works

b (*= s'habiller*) **se ~ en short** to put on a pair of shorts • **se ~ une robe** to put on a dress • **elle n'a plus rien à se ~** she's got nothing left to wear

c (*= s'ajouter*) **il s'est mis de l'encre sur les doigts** he's got ink on his fingers • **il s'en est mis partout** he's covered in it

d (*= se grouper*) **ils se sont mis à plusieurs pour pousser la voiture** several of them joined forces to push the car • **se ~ avec qn** (*= faire équipe*) to team up with sb; (*en ménage*)* to move in with sb* • **se ~ mal avec qn** to get on the wrong side of sb

e (*= commencer*) to start • **il est temps de s'y ~** it's time we got down to it • **qu'est-ce que tu es énervant quand tu t'y mets!*** you can be a real pain once you get started!*

▸ **se mettre à** + *nom* **se ~ à une traduction** to start a translation • **se ~ à la peinture** to take up painting • **il s'est bien mis à l'anglais** he's really taken to English

▸ **se mettre à** + *infinitif* **se ~ à rire** to start laughing • **se ~ à traduire** to start translating • **voilà qu'il se met à pleuvoir!** and now it's starting to rain!

---

meuble [mœbl] **1** NM **a** (*= objet*) piece of furniture • **les ~s** the furniture *NonC* • **~ de rangement** storage unit • **il fait partie des ~s** he's part of the furniture **b** (*Droit*) movable **2** ADJ [*terre, sol*] soft

meublé, e [mœble] *ptp de* **meubler 1** ADJ furnished • **non ~** unfurnished **2** NM (*= appartement*) furnished apartment • **habiter en ~** to live in furnished accommodation

meubler [mœble] /TABLE 1/ VT [*+ pièce, appartement*] to furnish (**de** with); [*+ loisirs*] to fill (**de** with); [*+ dissertation*] to pad out (**de** with) • **~ la conversation** to keep the conversation going

meuf‡ [mœf] NF woman

meugler [møgle] /TABLE 1/ VI to moo

meuh [mø] EXCL moo • **faire ~** to moo

meule [møl] NF **a** (*à moudre*) millstone; (*de dentiste*) wheel; (*à aiguiser*) grindstone **b** **~ de foin** haystack • **~ de paille** stack of straw **c** (*de fromage*) **~ de gruyère** round of Gruyère **d** (*= motocyclette*)‡ bike

meuler [møle] /TABLE 1/ VT to grind down

meunier, -ière [mønje, jɛʀ] **1** NM miller **2** NF **meunière** **truite meunière** trout meunière (*with butter and lemon sauce*)

meurette [mœʀɛt] NF **œufs en ~** eggs in red wine sauce

meurt [mœʀ] VB → **mourir**

meurtre [mœʀtʀ] NM murder • **crier au ~** to scream blue murder

meurtrier, -ière [mœʀtʀije, ijɛʀ] **1** NM murderer **2** NF **meurtrière** **a** (*= criminelle*) murderess **b** [*de mur*] arrow slit **3** ADJ [*intention, fureur*] murderous; [*arme, combat*] deadly; [*épidémie*] fatal • **week-end ~** weekend of carnage on the roads • **c'est le séisme le plus ~ depuis 1995** it's the deadliest earthquake since 1995

meurtrir [mœʀtʀiʀ] /TABLE 2/ VT [*+ chair, fruit*] to bruise • **être tout meurtri** to be covered in bruises

meute [møt] NF pack

mexicain, e [mɛksikɛ̃, ɛn] **1** ADJ Mexican **2** NM,F **Mexicain(e)** Mexican

Mexico [mɛksiko] N Mexico City

Mexique [mɛksik] NM Mexico

mézigue‡ [mezig] PRON PERS yours truly* • **c'est pour ~** it's for yours truly*

mezzanine [mɛdzanin] NF mezzanine; (*= fenêtre*) mezzanine window

MF (ABR DE **modulation de fréquence**) FM

MGF [ɛmʒeɛf] NF (ABR DE **mutilation génitale féminine**) FGM (*= female genital mutilation*)

mi [mi] NM (*Mus*) E; (*en chantant la gamme*) mi

mi- [mi] PRÉF **la ~janvier** the middle of January • **à ~cuisson** half way through cooking

miam-miam* [mjammjam] EXCL yum-yum!*

miaou [mjau] EXCL miaow • **faire ~** to miaow

miaulement [mjolmɑ̃] NM meowing

miauler [mjole] /TABLE 1/ VI to meow

mi-bas [mibɑ] NM INV (*pour homme*) knee-length sock; (*pour femme*) pop sock (*Brit*), knee-high (*US*)

mi-carême [mikaʀɛm] NF **la ~** the third Thursday in Lent

miche [miʃ] **1** NF [*de pain*] round loaf **2** NFPL **miches** (*= fesses*)‡ bum* (*Brit*), butt‡ (*US*)

micheline [miʃlin] NF railcar

mi-chemin [miʃ(ə)mɛ̃] **à mi-chemin** LOC ADV **je l'ai rencontré à ~** I met him halfway there • **la poste est à ~** the post office is halfway there • **à ~ entre ...** halfway between ...

mi-clos, e [miklo, kloz] ADJ half-closed • **les yeux ~** with one's eyes half-closed

micmac* [mikmak] NM **a** (*= intrigue*) funny business* • **je devine leur petit ~** I can guess their little game* **b** (*= confusion*) mix-up • **tu parles d'un ~ pour aller jusqu'à chez elle!** it's such a hassle getting to her place!

micro [mikʀo] **1** NM **a** microphone • **ils l'ont dit au ~** (*dans un aéroport, une gare*) they announced it over the PA • **il était au ~ de France Inter** he was on France Inter **b** microcomputer **2** PRÉF micro • **~séisme** microseism

microbe [mikʀɔb] NM **a** germ **b** (*= enfant*)* pipsqueak*

microbiote [mikʀobjɔt] NM microbiota

microblog [mikʀoblɔg] NM microblog

micro-casque○ (*pl* **micros-casques**) [mikʀɔkask] NM headset

microchaîne○ [mikʀɔʃɛn] NF micro hi-fi (system)

microclimat [mikʀoklima] NM microclimate

microcosme [mikʀɔkɔsm] NM microcosm

micro-cravate○ (*pl* **micros-cravates**) [mikʀokʀavat] NM clip-on microphone

microéconomie [mikʀoekɔnɔmi] NF microeconomics *sg*

microéconomique [mikʀoekɔnɔmik] ADJ microeconomic

microédition [mikʀoedisjɔ̃] NF desktop publishing

microfibre [mikʀofibʀ] NF microfibre • **en ~s** microfibre

microfiction [mikʀofiksjɔ̃] NF microfiction

m

microfilm [mikʀofilm] (NM) microfilm
micro-informatique [mikʀoɛ̃fɔʀmatik] (NF) microcomputing
micro-ondes [mikʀoɔ̃d] (NM INV) (= *four*) microwave • **four à ~** microwave
micro-ordinateur (*pl* **micro-ordinateurs**) [mikʀoɔʀdinatœʀ] (NM) microcomputer
microphone [mikʀɔfɔn] (NM) microphone
microprocesseur [mikʀopʀɔsesœʀ] (NM) microprocessor
microscope [mikʀɔskɔp] (NM) microscope • **examiner qch au ~** to examine sth under a microscope; (*fig*) to put sth under the microscope • **~ électronique** electron microscope
microscopique [mikʀɔskɔpik] (ADJ) microscopic
microsillon [mikʀosijɔ̃] (NM) (= *disque*) LP
micro-trottoir○ (*pl* **micros-trottoirs**) [mikʀotʀɔtwaʀ] (NM) **faire un ~** to interview people in the street
mi-cuisses [mikyis] **à mi-cuisses** (LOC ADV) **ses bottes lui arrivaient à ~** his boots came up to his thighs • **l'eau leur arrivait à ~** they were thigh-deep in water
midi [midi] **1** (NM) **a** (= *heure*) 12 o'clock • **~ dix** 10 past 12 • **de ~ à 2 heures** from 12 to 2 • **hier à ~** yesterday at 12 o'clock
b (= *période du déjeuner*) lunchtime; (= *mi-journée*) midday • **à ~** at lunchtime • **demain ~** tomorrow lunchtime • **tous les ~s** every lunchtime • **le repas de ~** the midday meal • **qu'est-ce que tu as eu à ~?** what did you have for lunch? • **à ~ on va au restaurant** we're going to a restaurant for lunch
c (= *sud*) south • **le Midi** the South of France • **le ~ de la France** the South of France
2 (ADJ INV) [*chaîne, jupe*] midi
midinette [midinɛt] (NF) **elle a des goûts de ~** she has the tastes of a sixteen-year-old schoolgirl
mi-distance [midistɑ̃s] **à mi-distance (entre)** (LOC ADV) halfway (between)
mie [mi] (NF) inside of loaf; (*Cuisine*) bread with crusts removed • **faire une farce avec de la ~ de pain** to make stuffing with fresh white breadcrumbs
miel [mjɛl] (NM) honey
mielleux, -euse [mjelø, øz] (ADJ) [*personne*] slimy; [*paroles, ton*] honeyed
mien, mienne [mjɛ̃, mjɛn] **1** (PRON POSS) **le mien** • **la mienne** mine • **les miens** mine • **ce n'est pas le ~** this is not mine • **ton prix sera le ~** name your price
2 (NMPL) ▸ **les miens** (= *ma famille*) my family; (= *mon peuple*) my people
miette [mjɛt] (NF) crumb • **~s de thon** flaked tuna • **il ne perdait pas une ~ de la conversation** he didn't miss a scrap of the conversation
▸ **en miettes** in pieces • **leur voiture est en ~s** there's nothing left of their car • **mettre qch en ~s** to smash sth to bits
mieux [mjø] *comparatif et superlatif de* **bien** **1** (ADV) **a** better • **aller ~** to be better • **plus il s'entraîne, ~ il joue** the more he practises the better he plays • **elle joue ~ que lui** she plays better than him • **il n'écrit pas ~ qu'il ne parle** he writes no better than he speaks • **s'attendre à ~** to expect something better • **espérer ~** to hope for better things • **il peut faire ~** he can do better • **tu ferais ~ de te taire** you'd better shut up* • **~ vaut trop de travail que pas assez** too much work is better than not enough • (PROV) **~ vaut tard que jamais** better late than never (PROV) • (PROV) **~ vaut prévenir que guérir** prevention is better than cure (PROV)
▸ **de mieux en mieux il va de ~ en ~** he's getting better and better • **de ~ en ~!** that's great!
b **le ~, la ~** (*de plusieurs*) (the) best; (*de deux*) (the) better • **les ~** (*de plusieurs*) (the) best; (*de deux*) (the) better • **c'est ici qu'il dort le ~** this is where he sleeps best • **tout va le ~ du monde** everything's going beautifully • **j'ai fait du ~ que j'ai pu** I did the best I could • **des deux, c'est elle la ~ habillée** she is the better dressed of the two
2 (ADJ INV) **a** (= *plus satisfaisant*) better • **le ~** • **la ~** • **les ~** (*de plusieurs*) the best; (*de deux*) the better • **c'est la ~ de nos secrétaires** (*de toutes*) she is the best of our secretaries; (*de deux*) she's the better of our secretaries • **le ~ serait de ...** the best thing would be to ... • **c'est ce qu'il pourrait faire de ~** it's the best thing he could do • **c'est ce qui se fait de ~** it's the best there is • **tu n'as rien de ~ à faire?** haven't you got anything better to do? • **ce n'est pas mal, mais il y a ~** it's not bad, but I've seen better
b (= *en meilleure santé*) better; (= *plus à l'aise*) better • **je le trouve ~ aujourd'hui** I think he is looking better today • **ils seraient ~ à la campagne** they would be better off in the country
c (= *plus beau*) better looking • **elle est ~ avec les cheveux longs** she looks better with her hair long • **il est ~ que son frère** he's better looking than his brother • **c'est son frère, en ~** he's like his brother only better looking
3 (NM) **a** (= *ce qui est préférable*) **le ~ serait d'accepter** it would be best to agree • **j'ai fait pour le ~** I did it for the best • **tout allait pour le ~ avant qu'il n'arrive** everything was perfectly fine before he came
b (*avec adjectif possessif*) **faire de son ~** to do one's best • **aider qn de son ~** to do one's best to help sb • **j'ai essayé de répondre de mon ~ aux questions** I tried to answer the questions to the best of my ability
c (= *progrès*) improvement • **il y a un ~** there's been some improvement
d ▸ **au mieux** at best • **utiliser au ~ les ressources** to make best use of one's resources • **pour apprécier au ~ les charmes de la ville** to best enjoy the charms of the town • **il sera là au ~ à midi** he'll be there by midday at the earliest • **faites au ~** do what you think best • **au ~ de sa forme** in peak condition • **au ~ de nos intérêts** in our best interests
mieux-être [mjøzɛtʀ] (NM INV) greater welfare; (*matériel*) improved standard of living • **ils ressentent un ~ psychologique** they feel better in themselves
mièvre [mjɛvʀ] (ADJ) [*paroles, musique, roman, sourire*] soppy; [*tableau*] pretty-pretty* • **elle est un peu ~** she's a bit insipid
mi-figue mi-raisin [mifigmiʀɛzɛ̃] (ADJ INV) [*sourire, remarque*] wry • **on leur fit un accueil ~** they received a mixed reception
mignon, -onne [miɲɔ̃, ɔn] (ADJ) (= *joli*) cute; [*femme*] pretty; (= *gentil, aimable*) nice • **donne-le-moi, tu seras mignonne** give it to me, there's a dear* • **c'est ~ chez vous** you've got a nice little place
migraine [migʀɛn] (NF) migraine; (= *mal de tête*) headache • **j'ai la ~** I've got a bad headache
migrant, e [migʀɑ̃, ɑ̃t] (ADJ, NM,F) migrant

migrateur, -trice [migratœr, tris] (ADJ) migratory
migration [migrasjɔ̃] (NF) migration
migrer [migre] /TABLE 1/ (VI) to migrate
mi-hauteur [mihotœr] **à mi-hauteur** (LOC ADV) halfway up (*ou* down)
mi-jambe [miʒɑ̃b] **à mi-jambe** (LOC ADV) up (*ou* down) to the knees • **l'eau leur arrivait à ~** they were knee-deep in water
mijaurée [miʒɔre] (NF) affected woman • **regarde-moi cette ~!** just look at her with her airs and graces!
mijoter [miʒɔte] /TABLE 1/ **1** (VT) **a** [*+ plat, soupe*] to simmer; (*= préparer avec soin*) to cook lovingly • **il lui mijote des petits plats** he cooks tempting dishes for her **b** (*= tramer*)* to cook up* • **il mijote un mauvais coup** he's cooking up* some mischief • **qu'est-ce qu'il peut bien ~?** what's he up to?* **2** (VI) [*plat, soupe*] to simmer • **laissez ~ 20 minutes** leave to simmer for 20 minutes • **laisser qn ~ dans son jus*** to let sb stew in his own juice*
mikado [mikado] (NM) (*= jeu*) jackstraws *sg* • **jouer au ~** to play jackstraws
mildiou [mildju] (NM) mildew
mile [majl] (NM) mile
milice [milis] (NF) militia • **la Milice** the Milice (*collaborationist militia during the German occupation of France during World War II*)
milicien [milisjɛ̃] (NM) militiaman
milieu (*pl* **milieux**) [miljø] (NM) **a** (*= centre*) middle • **couper qch par le ~** to cut sth down the middle • **la porte du ~** the middle door • **je prends celui du ~** I'll take the one in the middle • **~ de terrain** midfield player • **le ~ du terrain** (*Football*) the midfield • **vers le ~ du 15e siècle** towards the mid-15th century • **en plein ~ de** right in the middle of

▸ **au milieu** in the middle

▸ **au milieu de** (*= au centre de*) in the middle of; (*= parmi*) among • **il est venu au ~ de la matinée** he came mid-morning • **au ~ de toutes ces difficultés** amidst all these difficulties • **au ~ de la nuit** in the middle of the night • **au ~ de la descente** halfway down • **au ~ de l'hiver** in mid-winter • **au ~ de l'été** in mid-summer • **au beau ~ de** right in the middle of • **il est parti au beau ~ de la réception** he left right in the middle of the party

b (*= état intermédiaire*) **il n'y a pas de ~** there is no middle way • **avec lui, il n'y a pas de ~** there's no in-between with him • **il faut trouver le juste ~** we must find a happy medium

c (*= environnement*) environment; (*Chim, Physique*) medium • **~ géographique** geographical environment • **les animaux dans leur ~ naturel** animals in their natural surroundings

d (*= entourage social, moral*) milieu; (*= groupe restreint*) circle; (*= provenance*) background • **le ~ familial** the family circle; (*Sociol*) the home environment • **il ne se sent pas dans son ~** he doesn't feel at home • **les ~x financiers** financial circles • **dans les ~x autorisés** in official circles • **dans les ~x bien informés** in well-informed circles • **c'est un ~ très fermé** it is a very closed circle • **il vient d'un ~ très modeste** he comes from a very humble background

e (*Crime*) **le ~** the underworld
militaire [militɛr] **1** (ADJ) military **2** (NM) soldier
militant, e [militɑ̃, ɑ̃t] (ADJ, NM,F) militant • **~ de base** grassroots militant • **~ pour les droits de l'homme** human rights activist
militariser [militarize] /TABLE 1/ **1** (VT) to militarize **2** (VPR) **se militariser** to become militarized
militariste [militarist] **1** (ADJ) militaristic **2** (NMF) militarist
militer [milite] /TABLE 1/ (VI) **a** [*personne*] to be a militant • **il milite au parti communiste** he is a communist party militant • **~ pour les droits de l'homme** to campaign for human rights **b** [*arguments, raisons*] **~ en faveur de** *ou* **pour** to militate in favour of • **~ contre** to militate against
mille[1] [mil] **1** (ADJ INV) **a** (*= nombre*) a thousand • **~ un** a thousand and one • **trois ~** three thousand • **deux ~ neuf cents** two thousand nine hundred • **page ~** page one thousand • **l'an ~** the year one thousand • **l'an deux ~** the year two thousand

b (*= beaucoup de*) **je lui ai dit ~ fois** I've told him a thousand times • **tu as ~ fois raison** you're absolutely right • **c'est ~ fois trop grand** it's far too big • **~ excuses** I'm terribly sorry • **le vase était en ~ morceaux** the vase was in smithereens • **~ et un problèmes** a thousand and one problems • **je vous le donne en ~*** you'll never guess

2 (NM INV) **a** (*= nombre*) a thousand • **cinq enfants sur ~** five children in every thousand

b [*de cible*] bull's-eye • **mettre dans le ~** to score a bull's-eye • **tu as mis dans le ~ en lui faisant ce cadeau** you were bang on target* with the present you gave him

c (*= mesure, mille marin*) nautical mile; (*Can = mile*) mile
mille[2] [mil] (NM) **a** (*= mesure*) **~ marin** nautical mile **b** (*Can = 1609 m*) mile
millefeuille [milfœj] (NM) **a** (*sucré*) millefeuille, ≈ cream slice (*Brit*), ≈ napoleon (*US*) **b** (*salé*) millefeuille • **un ~ de saumon** a salmon millefeuille
millénaire [milenɛr] (NM) (*= période*) millennium • **nous entrons dans le troisième ~** we're beginning the third millennium
millénarisme [milenarism] (NM) millenarianism
millénariste [milenarist] (ADJ, NMF) millenarian
millénium [milenjɔm] (NM) millennium
mille-pattes [milpat] (NM INV) centipede
millésime [milezim] (NM) [*de vin*] year • **un vin d'un bon ~** a wine from a good vintage
millésimé, e [milezime] (ADJ) vintage • **bouteille ~e** bottle of vintage wine
millet [mijɛ] (NM) millet
milliard [miljar] (NM) billion • **un ~ de personnes** a billion people • **10 ~s d'euros** 10 billion euros • **des ~s de** billions of
milliardaire [miljardɛr] **1** (NMF) multimillionaire **2** (ADJ) **il est ~** he's a multimillionaire
millibar [milibar] (NM) millibar
millième [miljɛm] (ADJ, NM) thousandth • **c'est la ~ fois que je te le dis!** I've told you a thousand times!
millier [milje] (NM) (*= mille*) thousand; (*= environ mille*) about a thousand • **par ~s** in their thousands • **il y en a des ~s** there are thousands of them
milligramme [miligram] (NM) milligramme
millilitre [mililitr] (NM) millilitre (*Brit*), milliliter (*US*)
millimètre [milimɛtr] (NM) millimetre (*Brit*), millimeter (*US*) • **calculer au ~** to calculate with pinpoint accuracy

m

millimétré, e [milimetʀe] (ADJ) ⓐ **papier ~** graph paper ⓑ (= *précis*) [*passe, tir*] right on target
million [miljɔ̃] (NOMBRE) million • **2 ~s d'euros** 2 million euros • **ça a coûté des ~s** it cost millions
millionnaire [miljɔnɛʀ] 1 (NMF) millionaire 2 (ADJ) **il est plusieurs fois ~** he's a millionaire several times over

> Le mot anglais s'écrit avec un seul **n**.

milliseconde [milisəgɔ̃d] (NF) millisecond
mi-long, mi-longue [milɔ̃, milɔ̃g] (ADJ) [*manteau, jupe*] calf-length; [*manche*] elbow-length; [*cheveux*] shoulder-length
mi-lourd [miluʀ] (NM, ADJ) (*Boxe*) light heavyweight
mime [mim] (NM) ⓐ (= *personne*) mime artist ⓑ (= *art, action*) mime • **il fait du ~** he's a mime artist • **spectacle de ~** mime show
mimer [mime] /TABLE 1/ (VT) to mime; (= *singer*) to mimic; (*pour ridiculiser*) to take off
mimétisme [mimetism] (NM) mimicry
mimi * [mimi] 1 (NM) (*langage enfantin*) (= *baiser*) little kiss; (= *câlin*) cuddle • **faire des ~s à qn** to kiss and cuddle sb 2 (ADJ INV) (= *mignon*) cute
mimique [mimik] (NF) ⓐ (= *grimace comique*) comical expression • **ce singe a de drôles de ~s!** that monkey makes such funny faces! ⓑ (= *gestes*) gesticulations
mi-mollet [mimɔlɛ] **à mi-mollet** (LOC ADV) [*jupe*] calf-length • **j'avais de l'eau jusqu'à ~** the water came up to just below my knees
mimosa [mimoza] (NM) mimosa
mi-moyen [mimwajɛ̃] (NM, ADJ) (*Boxe*) welterweight
minable [minabl] 1 (ADJ) ⓐ (= *décrépit*) shabby ⓑ (= *médiocre*) [*devoir, film, personne*] pathetic*; [*salaire, vie*] miserable; [*voyou*] wretched • **habillé de façon ~** shabbily dressed 2 (NMF) dead loss* • **espèce de ~!** you're so pathetic!*
minaret [minaʀɛ] (NM) minaret
minauder [minode] /TABLE 1/ (VI) to simper • **« oh oui », dit-elle en minaudant** "oh yes," she simpered
mince [mɛ̃s] 1 (ADJ) ⓐ (= *peu épais*) thin; [*personne*] slim • **avoir la taille ~** to be slim ⓑ (= *faible, insignifiant*) [*profit*] slender; [*chances*] slim • **l'intérêt du film est bien ~** the film is of very little interest • **ce n'est pas une ~ affaire** it's no easy task 2 (ADV) [*couper*] thinly 3 (EXCL) **~!*** (*contrariété*) drat!*; (*admiration*) wow!*
minceur [mɛ̃sœʀ] (NF) thinness; [*de personne*] slimness • **cuisine ~** cuisine minceur • **régime ~** slimming diet • **produits ~** slimming products
mincir [mɛ̃siʀ] /TABLE 2/ 1 (VI) to get slimmer 2 (VT) **cette robe te mincit** this dress makes you look slimmer
mine¹ [min] (NF) (= *physionomie*) expression • **... dit-il, la ~ réjouie** ... he said with a cheerful expression on his face • **ne fais pas cette ~-là** stop making that face • **tu as bonne ~** you're looking well • **ton rôti a bonne ~** your roast looks good • **tu as bonne ~ maintenant!** now you look a complete idiot! • **il a mauvaise ~** he doesn't look well • **avoir une sale ~*** to look awful* • **il a meilleure ~ qu'hier** he looks better than he did yesterday • **tu as une ~ superbe** you look wonderful
▸ **faire mine de** to pretend to • **faire ~ de faire qch** to pretend to do sth • **j'ai fait ~ de le croire** I pretended to believe it • **j'ai fait ~ de lui donner une gifle** I made as if to slap him
▸ **mine de rien*** **il est venu nous demander comment ça marchait, ~ de rien** he came and asked us all casually* how things were going • **~ de rien, il n'est pas bête** you wouldn't think it to look at him but he's no fool* • **~ de rien, ça nous a coûté 1500 €** believe it or not it cost us 1,500 euros
mine² [min] 1 (NF) ⓐ (= *gisement*) mine • **~ d'or** gold mine • **région de ~s** mining area • **travailler à la ~** to work in the mines ⓑ (= *source*) [*de renseignements*] mine • **une ~ inépuisable de documents** an inexhaustible source of documents • **cette bibliothèque est une vraie ~** this library is a real treasure trove ⓒ [*de crayon*] lead • **~ de plomb** graphite ⓓ (= *explosif*) mine 2 (COMP) ▸ **mine de charbon** coal mine ▸ **mine à ciel ouvert** opencast mine
miner [mine] /TABLE 1/ (VT) ⓐ (= *garnir d'explosifs*) to mine • **ce pont est miné** this bridge has been mined ⓑ (= *ronger*) [+ *falaise, fondations*] to erode; [+ *société, autorité, santé*] to undermine • **la maladie l'a miné** his illness has left him drained • **miné par l'inquiétude** worn down by anxiety • **miné par la jalousie** eaten up with jealousy • **tout ça le mine** all this is eating into him • **c'est un terrain miné** (*fig*) it's a highly sensitive area • **ça mine le moral** it's really demoralizing
minerai [minʀɛ] (NM) ore • **~ de fer** iron ore
minéral, e (*mpl* **-aux**) [mineʀal, o] 1 (ADJ) mineral; [*chimie*] inorganic; [*paysage*] stony 2 (NM) mineral
minéralogique [mineʀalɔʒik] (ADJ) ⓐ (*Géol*) mineralogical ⓑ **numéro ~** registration (*Brit*) *ou* license (*US*) number → **plaque**
minerve [minɛʀv] (NF) surgical collar
minet, -ette [minɛ, ɛt] 1 (NM,F) (= *chat: langage enfantin*) pussycat 2 (NM) (= *jeune homme*) young trendy* (*Brit*) 3 (NF) **minette** (= *jeune fille*)* cute chick*
mineur¹, e [minœʀ] 1 (ADJ) minor • **enfant ~** minor • **être ~** to be under age 2 (NM,F) minor • **« établissement interdit aux ~s »** "no person under 18 allowed on the premises" • **le film est interdit aux ~s de moins de 12 ans** the film is unsuitable for children under 12 3 (NF) **mineure** (= *matière*) subsidiary (*Brit*), minor (*US*)
mineur² [minœʀ] (NM) (= *ouvrier*) miner • **~ de fond** miner at the pitface
mini [mini] 1 (ADJ INV) ⓐ **la mode ~** the fashion for minis ⓑ (= *très petit*) **c'est ~ chez eux*** they've got a tiny little place 2 (NM INV) **elle s'habille en ~** she wears minis 3 (PRÉF) **mini(-)** mini • **~-conférence de presse** mini press-conference • **~budget** shoestring budget
miniature [minjatyʀ] 1 (NF) miniature • **en ~** in miniature • **cette région, c'est la France en ~** this region is like France in miniature 2 (ADJ) miniature • **train ~** miniature train
miniaturiser [minjatyʀize] /TABLE 1/ 1 (VT) to miniaturize 2 (VPR) **se miniaturiser** **les ordinateurs se miniaturisent** computers are getting smaller and smaller
minibar [minibaʀ] (NM) (= *réfrigérateur*) minibar; (= *chariot*) refreshments trolley (*Brit*) *ou* cart
minibus [minibys] (NM) minibus
minicassette [minikasɛt] (NF) minicassette
minichaîne ○ [miniʃɛn] (NF) mini music system
minidosée [minidoze] (ADJ F) **pilule ~** minipill
minier, -ière [minje, jɛʀ] (ADJ) mining
minigolf [minigɔlf] (NM) (= *jeu*) mini-golf; (= *lieu*) mini-golf course

minijupe [miniʒyp] (NF) miniskirt
minimal, e (*mpl* **-aux**) [minimal, o] (ADJ) (= *minimum*) minimum
minimaliste [minimalist] (ADJ) minimalistic
minime [minim] **1** (ADJ) (= *très petit*) minimal; [*somme*] paltry **2** (NMF) (*Sport*) junior (13-15 *years*)
minimiser [minimize] /TABLE 1/ (VT) [+ *risque, rôle*] to minimize; [+ *incident, importance*] to play down
minimum [minimɔm] **1** (ADJ) *f inv* minimum • **la température ~** the minimum temperature • **assurer un service ~** (*Transports*) to run a reduced service • **programme ~** restricted service
2 (NM) minimum; (*Droit*) minimum sentence • **en un ~ de temps** in the shortest time possible • **il faut un ~ de temps pour le faire** you need a minimum amount of time to be able to do it • **il faut un ~ d'intelligence pour le faire** you need a modicum of intelligence to be able to do it • **il faut quand même travailler un ~** you still have to do a minimum amount of work • **il n'a pris que le ~ de précautions** he took only minimal precautions • **c'est vraiment le ~ que tu puisses faire** it's the very least you can do • **dépenses réduites au ~** expenditure cut down to the minimum • **avoir tout juste le ~ vital** (*salaire*) to earn barely a living wage; (*subsistance*) to live at subsistence level • **il faut rester le ~ de temps au soleil** you must stay in the sun as little as possible
▸ **au minimum** at least • **ça coûte au ~ 100 €** it costs at least 100 euros
3 (ADV) at least • **ça dure quinze jours ~** it lasts at least fifteen days
4 (COMP) ▸ **minimum vieillesse** (= *allocation*) basic old age pension
mini-ordinateur (*pl* **mini-ordinateurs**) [miniɔʀdinatœʀ] (NM) minicomputer
minipilule [minipilyl] (NF) minipill
ministère [ministɛʀ] **1** (NM) **a** (= *département*) ministry • **~ de l'Agriculture** Ministry of Agriculture
b (= *cabinet*) government
c (*Droit*) **le ~ public** (= *partie*) the Prosecution; (= *service*) the public prosecutor's office
2 (COMP) ▸ **ministère des Affaires étrangères** Ministry of Foreign Affairs ▸ **ministère des Affaires européennes** Ministry of European Affairs ▸ **ministère des Affaires sociales** Social Services Ministry ▸ **ministère du Commerce et de l'Industrie** Department of Trade and Industry ▸ **ministère du Commerce extérieur** Ministry of Foreign Trade ▸ **ministère de la Culture** Ministry for the Arts ▸ **ministère de la Défense nationale** Ministry of Defence (*Brit*), Department of Defense (*US*) ▸ **ministère de l'Économie et des Finances** Ministry of Finance, ≈ Treasury (*Brit*) ▸ **ministère de l'Éducation nationale** Ministry of Education ▸ **ministère de l'Intérieur** Ministry of the Interior, ≈ Home Office (*Brit*) ▸ **ministère de la Justice** Ministry of Justice
ministériel, -elle [ministeʀjɛl] (ADJ) [*document, solidarité*] ministerial; [*crise, remaniement*] cabinet • **département ~** ministry • **équipe ~le** cabinet
ministre [ministʀ] **1** (NMF) [*de gouvernement*] minister • **Premier ~** Prime Minister • **les ~s** the members of the cabinet • **~ de l'Agriculture** minister of Agriculture • **le ~ délégué à la coopération et au développement** minister of state for cooperation and development • **le ~ délégué auprès du Premier ~ chargé des droits de l'homme** the human rights minister, reporting to the Prime Minister • **~ d'État** (*sans portefeuille*) minister without portfolio; (*de haut rang*) senior minister
2 (NM) (*Rel*) (*protestant*) minister
3 (COMP) ▸ **ministre des Affaires étrangères** Minister of Foreign Affairs ▸ **ministre des Affaires européennes** Minister of European Affairs ▸ **ministre des Affaires sociales** Social Services Minister ▸ **ministre du Commerce et de l'Industrie** Trade and Industry Minister (*Brit*), Secretary of Commerce (*US*) ▸ **ministre de l'Économie et des Finances** Finance Minister ▸ **ministre de l'Éducation nationale** Minister of Education ▸ **ministre de l'Intérieur** Minister of the Interior ▸ **ministre de la Justice** Minister of Justice
minois [minwa] (NM) (= *visage*) **son joli ~** her pretty little face
minoration [minɔʀasjɔ̃] (NF) (= *réduction*) reduction • **une ~ de 5 % des impôts** a 5% reduction in tax
minorer [minɔʀe] /TABLE 1/ (VT) [+ *taux, impôts*] to reduce (**de** by)
minoritaire [minɔʀitɛʀ] (ADJ) minority *épith* • **groupe ~** minority group • **ils sont ~s** they are a minority
minorité [minɔʀite] (NF) minority • **pendant sa ~** while he is under age • **~ nationale** national minority • **des jeunes issus des ~s** young people from minority backgrounds • **dans la ~ des cas** in the minority of cases • **je m'adresse à une ~ d'auditeurs** I'm speaking to a minority of listeners
▸ **en minorité être en ~** to be in the minority • **le gouvernement a été mis en ~ sur la question du budget** the government was defeated on the budget
Minorque [minɔʀk] (NF) Minorca
minoterie [minɔtʀi] (NF) (*usine*) flour-mill
minou [minu] (NM) (= *chat: langage enfantin*) pussycat
minuit [minɥi] (NM) midnight • **à ~** at midnight • **~ vingt** twenty past midnight • **soleil de ~** midnight sun • **messe de ~** midnight mass
minus* [minys] (NMF) dead loss* • **viens ici, ~!** come over here, you wimp!*
minuscule [minyskyl] **1** (ADJ) **a** (= *très petit*) minuscule **b** [*lettre*] small • **h ~** small h **2** (NF) **en ~s** in small letters
minutage [minytaʒ] (NM) timing
minute [minyt] **1** (NF) minute • **une ~ de silence** a minute's silence • **je n'ai pas une ~ à moi** I don't have a minute to myself • **une ~ d'inattention** a moment's inattention • **~ papillon!*** hey, just a minute!* • **une ~, j'arrive!** just a minute, I'm coming! • **une petite ~! je n'ai jamais dit ça!** hang on a minute! I never said that! • **elle va arriver d'une ~ à l'autre** she'll be here any minute now
▸ **à la minute 20 commandes à la ~** 20 orders a minute • **on me l'a apporté à la ~** it has just this moment been brought to me • **on n'est pas à la ~ près** there's no rush
2 (NFPL) **minutes** (= *compte rendu*) **les ~s de la réunion** the minutes of the meeting • **rédiger les ~s de qch** to minute sth
minuter [minyte] /TABLE 1/ (VT) (= *chronométrer, limiter*) to time • **dans son emploi du temps tout est minuté** everything's timed down to the last second in his timetable • **mon temps est minuté** I've got an extremely tight schedule

m

minuterie [minytʀi] (NF) [*de lumière*] time switch; [*d'horloge*] regulator; [*de four, bombe*] timer
minuteur [minytœʀ] (NM) [*de cafetière, four*] timer
minutie [minysi] (NF) [*de personne, travail*] meticulousness • **avec ~** (*= avec soin*) meticulously; (*= dans le détail*) in minute detail
minutieusement [minysjøzmɑ̃] (ADV) (*avec soin*) meticulously; (*dans le détail*) in minute detail
minutieux, -ieuse [minysjø, jøz] (ADJ) [*personne, soin*] meticulous; [*dessin*] minutely detailed; [*description, inspection*] minute • **c'est un travail ~** it's a job that demands painstaking attention to detail
mioche* [mjɔʃ] (NMF) (*= gosse*) kid* • **sale ~!** horrible little brat!*
mirabelle [miʀabɛl] (NF) **a** (*= prune*) yellow cherry plum **b** (*= alcool*) plum brandy
miracle [miʀɑkl] **1** (NM) **a** miracle • **cela tient du ~** it's a miracle • **faire des ~s** to work miracles • **par ~** miraculously **b** (*= pièce de théâtre*) miracle play **2** (ADJ INV) **solution ~** miracle solution • **il n'y a pas de recette ~** there's no miracle solution • **remède ~** miracle cure
miraculé, e [miʀakyle] (NM,F) *person who has been miraculously cured* • **les trois ~s de la route** the three people who miraculously survived the accident
miraculeusement [miʀakyløzmɑ̃] (ADV) miraculously
miraculeux, -euse [miʀakylø, øz] (ADJ) **a** [*guérison*] miraculous **b** [*progrès, réussite*] wonderful
mirador [miʀadɔʀ] (NM) watchtower; (*pour l'observation d'animaux*) raised observation hide
mirage [miʀaʒ] (NM) mirage
miraud, e* [miʀo, od] (ADJ) (*= myope*) short-sighted • **tu es ~!** you need glasses! • **il est complètement ~** he's as blind as a bat
mire [miʀ] (NF) **point de ~** target; (*fig*) focal point
mirobolant, e* [miʀɔbɔlɑ̃, ɑ̃t] (ADJ) [*contrat, salaire*] fantastic; [*résultats*] brilliant
miroir [miʀwaʀ] (NM) mirror • **un roman n'est jamais le ~ de la réalité** a novel is never a true reflection of reality • **passer de l'autre côté du ~** to step through the looking-glass ▸ **miroir aux alouettes** con* ▸ **miroir de courtoisie** (*Auto*) vanity mirror ▸ **miroir déformant** distorting mirror

> Le mot anglais s'écrit avec deux **r** et sans **i**.

miroiter [miʀwate] /TABLE 1/ (VI) (*= étinceler*) to sparkle; (*= chatoyer*) to shimmer • **il lui a fait ~ les avantages du poste** he described in glowing terms the advantages of the job
mis, e [mi, miʒ] *ptp de* **mettre**
misaine [mizɛn] (NF) **voile de ~** foresail
misanthrope [mizɑ̃tʀɔp] (NMF) misanthropist
mise [miz] **1** (NF) **a** (*= enjeu*) stake; (*Commerce*) outlay • **gagner 1000 € pour une ~ de 100 €** to make 1,000 euros on an outlay of 100 euros
b (*= habillement*) clothing • **juger qn à sa ~** to judge sb by what he wears • **ces propos ne sont pas de ~** those remarks are out of place
2 (COMP) ▸ **mise à l'épreuve** probation ▸ **mise de fonds** capital outlay ▸ **mise à jour** (*Informatique*) update ▸ **mise en ondes** production ▸ **mise en page** layout ▸ **mise à pied** dismissal ▸ **mise en plis** set • **se faire faire une ~ en plis** to have one's hair set ▸ **mise au point** (*Photo*) focusing; (*Tech*) adjustment; [*de procédé technique*] perfecting; (*= explication, correction*) clarification • **publier une ~ au point** to issue a clarification ▸ **mise à prix** (*enchères*) reserve price (*Brit*), upset price (*US*) ▸ **mise en scène** (*Ciné, Théât*) production
miser [mize] /TABLE 1/ (VT) **a** (*= parier*) [*+ argent*] to bet (**sur** on) • **~ sur un cheval** to bet on a horse • **~ à 8 contre 1** to bet at odds of 8 to 1 • **il a misé sur le mauvais cheval** he backed the wrong horse **b** (*= compter sur*) **~ sur** to bank on
misérabiliste [mizeʀabilist] (ADJ) [*livre, film*] miserablist
misérable [mizeʀabl] (ADJ) **a** (*= pauvre*) [*famille, personne*] destitute; [*région*] impoverished; [*logement*] seedy; [*vêtements*] shabby • **d'aspect ~** shabby-looking **b** (*= pitoyable*) [*existence, conditions*] miserable; [*personne*] pitiful **c** (*= faible*) [*somme*] miserable • **un salaire ~** a miserable salary
misérablement [mizeʀabləmɑ̃] (ADV) **a** (*= pitoyablement*) miserably **b** (*= pauvrement*) in great poverty
misère [mizɛʀ] (NF) **a** (*= pauvreté*) extreme poverty • **être dans la ~** to be destitute • **vivre dans la ~** to live in extreme poverty • **salaire de ~** starvation wage • **~ noire** utter destitution **b** (*= carence*) **~ culturelle** lack of culture • **~ sexuelle** sexual deprivation **c** (*= malheur*) **~s** miseries • **petites ~s*** (*= ennuis*) little problems • **faire des ~s à qn*** to be nasty to sb • **quelle ~!** what a wretched shame! **d** (*= somme négligeable*) **il l'a eu pour une ~** he got it for next to nothing **e** (*= plante*) tradescantia
miséreux, -euse [mizeʀø, øz] (NM,F) destitute person • **les ~** the destitute
miséricorde [mizeʀikɔʀd] (NF) (*= pitié*) mercy • **la ~ divine** divine mercy
misogyne [mizɔʒin] **1** (ADJ) misogynous **2** (NMF) misogynist
misogynie [mizɔʒini] (NF) misogyny
miss [mis] (NF) [*de concours de beauté*] beauty queen • **Miss France** Miss France
missile [misil] (NM) missile ▸ **missile balistique** ballistic missile ▸ **missile à longue portée** long-range missile ▸ **missile à moyenne portée** medium-range missile ▸ **missile nucléaire** nuclear missile
mission [misjɔ̃] (NF) mission; [*d'intérimaire*] assignment • **partir en ~** to go on an assignment; [*prêtre*] to go on a mission • **~ accomplie** mission accomplished • **~ impossible** mission impossible • **il s'est donné pour ~ de faire cela** he has made it his mission to do it
missionnaire [misjɔnɛʀ] (ADJ, NMF) missionary
mistral [mistʀal] (NM) mistral
mite [mit] (NF) clothes moth • **mangé aux ~s** moth-eaten
mité, e [mite] (ADJ) moth-eaten
mi-temps [mitɑ̃] **1** (NF INV) **a** (*= période*) half • **première ~** first half • **seconde ~** second half • **l'arbitre a sifflé la ~** the referee blew the whistle for half-time • **la troisième ~** the post-match celebrations **b** (*= repos*) half-time • **à la ~** at half-time **2** (NM) **travail à ~** part-time work • **avoir un ~** to work part-time • **à ~** part-time • **travailler à ~** to work part-time • **elle est serveuse à ~** she's a part-time waitress
miteux, -euse [mitø, øz] (ADJ) [*lieu*] seedy; [*vêtement, personne*] shabby

mitigé, e [mitiʒe] (ADJ) [*accueil, enthousiasme*] half-hearted • **sentiments ~s** mixed feelings
mitigeur [mitiʒœʀ] (NM) mixer tap (*Brit*) *ou* faucet (*US*)
mitonner [mitɔne] /TABLE 1/ **1** (VT) (*à feu doux*) to simmer; (*avec soin*) to cook with loving care • **elle lui mitonne des petits plats** she cooks tasty dishes for him **2** (VI) to simmer
mitoyen, -yenne [mitwajɛ̃, jɛn] (ADJ) [*bâtiments, jardins*] adjoining • **mur ~** party wall • **maisons mitoyennes** (*deux*) semidetached houses (*Brit*), duplex houses (*US*); (*plus de deux*) terraced houses (*Brit*), town houses (*US*)
mitraillade [mitʀɑjad] (NF) (= *coups de feu*) volley of shots; (= *échauffourée*) exchange of shots
mitrailler [mitʀɑje] /TABLE 1/ (VT) **a** [*soldat*] to machine-gun • **~ qn de cailloux** to pelt sb with stones • **~ qn de questions** to bombard sb with questions • **~ qn du regard** to shoot sb an angry glance **b** (= *photographier*) [+ *monument*]* to take shot after shot of • **les touristes mitraillaient la cathédrale** the tourists' cameras were clicking away madly at the cathedral • **se faire ~ par des photographes** to be mobbed by photographers
mitraillette [mitʀɑjɛt] (NF) submachine gun • **tirer à la ~** to shoot with a submachine gun
mitrailleuse [mitʀɑjøz] (NF) machine gun
mi-voix [mivwa] **à mi-voix** (LOC ADV) in a low voice
mix [miks] (NM) (= *mixage musical*) mix; (= *mélange*) mixture
mixage [miksaʒ] (NM) sound mixing
mixer[1] [mikse] /TABLE 1/ (VT) [+ *son, image*] to mix; [+ *aliments*] to blend
mixer[2]**, mixeur** [miksœʀ] (NM) (= *machine*) blender
mixité [miksite] (NF) (*Scol*) coeducation • **la ~ sociale** social diversity
mixte [mikst] (ADJ) **a** (= *des deux sexes, de races différentes*) mixed **b** (= *d'éléments divers*) [*équipe*] combined; [*tribunal, commission*] joint; [*rôle*] dual • **peau ~** combination skin • **cuisinière ~** combined gas and electric stove
mixture [mikstyʀ] (NF) concoction
MJC [ɛmʒise] (NF) (ABR DE **maison des jeunes et de la culture**) ≈ community arts centre
ml (ABR DE **millilitre**) ml
MLF [ɛmɛlɛf] (NM) (ABR DE **Mouvement de libération de la femme**) Women's Liberation Movement
Mlle (ABR DE **Mademoiselle**) **~ Martin** Miss Martin
Mlles (ABR DE **Mesdemoiselles**)
MM (ABR DE **Messieurs**) Messrs
mm (ABR DE **millimètre**) mm
Mme (ABR DE **Madame**) Mrs • **~ Martin** Mrs Martin
Mmes (ABR DE **Mesdames**)
MMS [ɛmɛmɛs] (NM) (ABR DE **multimedia messaging service**) MMS
mn (ABR DE **minute**) min
mnémonique [mnemɔnik] (ADJ) mnemonic
mnémotechnique [mnemotɛknik] **1** (ADJ) mnemonic **2** (NF) mnemonics *sg*
Mo (ABR DE **mégaoctet**) Mb
mob* [mɔb] (NF) (ABR DE **mobylette**) moped
mobile [mɔbil] **1** (ADJ) **a** (= *qui bouge*) moving **b** (= *qui peut bouger*) movable **c** [*main-d'œuvre, population, téléphone*] mobile **2** (NM) **a** (= *motif*) motive (**de** for) • **quel était le ~ de son action?** what was the motive for what he did? • **chercher le ~ du crime** to look for a motive **b** (= *objet*) mobile **c** (= *téléphone*) mobile phone (*Brit*), cellphone (*US*) **3** (COMP) ▸ **mobile home** motorhome

mobilier, -ière [mɔbilje, jɛʀ] **1** (ADJ) [*propriété, bien*] movable; [*valeurs*] transferable **2** (NM) (= *ameublement*) furniture • **le ~ du salon** the lounge furniture • **nous avons un ~ Louis XV** our furniture is Louis XV • **il fait partie du ~** he's part of the furniture • **~ de bureau** office furniture
mobilisation [mɔbilizasjɔ̃] (NF) mobilization • **il appelle à la ~ contre le racisme** he's calling on people to join forces to fight racism ▸ **mobilisation éclair** flash mob
mobiliser [mɔbilize] /TABLE 1/ **1** (VT) to mobilize • **tout le monde était mobilisé pour l'aider** everyone rallied round to help her **2** (VPR) **se mobiliser** [*personnes*] to join forces • **il faut se ~ contre le chômage** we must join forces and fight unemployment
mobilité [mɔbilite] (NF) mobility • **~ géographique** geographical mobility
mobinaute [mɔbinot] (NMF) mobile internet user
mobylette ® [mɔbilɛt] (NF) moped
mocassin [mɔkasɛ̃] (NM) moccasin
moche* [mɔʃ] (ADJ) **a** (= *laid*) ugly • **~ comme un pou** as ugly as sin **b** (= *mauvais, méchant*) rotten* • **tu es ~ avec elle** you're rotten* to her • **c'est ~ ce qu'il a fait** that was a nasty thing he did • **c'est ~ ce qui lui arrive** it's awful what's happening to him
modal, e (*mpl* **-aux**) [mɔdal, o] **1** (ADJ) modal **2** (NM) (= *verbe*) modal verb
modaliser [mɔdalize] /TABLE 1/ (VT) (*Ling*) [+ *discours, énoncé*] to add modality to
modalité [mɔdalite] (NF) **a** (= *formule*) mode; (= *méthode*) method • **~ d'application de la loi** mode of enforcement of the law • **~s de paiement** modes of payment **b** **adverbe de ~** modal adverb
mode[1] [mɔd] **1** (NF) fashion • **la ~ des années 60** Sixties' fashions • **c'est la dernière ~** it's the latest fashion • **c'est passé de ~** [*vêtement*] it's gone out of fashion; [*pratique*] it's outdated • **c'est la ~ des talons hauts** high heels are in fashion • **rédactrice de ~** fashion editor ▸ **à la mode** fashionable • **les jupes sont à la ~** skirts are in fashion • **être habillé à la ~** to be fashionably dressed • **très à la ~** very fashionable • **mettre qch à la ~** to make sth fashionable • **revenir à la ~** to come back into fashion
2 (ADJ INV) fashionable
mode[2] [mɔd] **1** (NM) **a** (= *moyen*) mode • **~ de transport** mode of transport • **~ de paiement** mode of payment • **~ de vie** way of life • **~ de scrutin** voting system • **~ texte** text mode • **je ne comprends pas le ~ de fonctionnement de cette organisation** I don't understand how this organization works • **quel est le ~ d'action de ce médicament?** how does this medicine work? **b** (*en grammaire*) mood • **au ~ subjonctif** in the subjunctive mood **2** (COMP) ▸ **mode d'emploi** directions for use; (= *document*) instructions leaflet
modelage [mɔd(ə)laʒ] (NM) (= *activité*) modelling
modèle [mɔdɛl] **1** (NM) model; (*de vêtement*) design; (= *corrigé de devoir*) fair copy • **son courage devrait nous servir de ~** his courage should be an example to us • **il restera pour nous un ~** he will remain an example to us • **prendre qn pour ~** to model o.s. upon sb **2** (ADJ) [*conduite, ouvrier, mari, usine*] model • **maison ~** (= *de référence*) show house • **petite fille ~** model child **3** (COMP) ▸ **modèle déposé** registered design ▸ **modèle réduit** small-scale model • **~ réduit d'avion** model plane

m

modeler [mɔd(ə)le] /TABLE 5/ **1** (VT) to model; [+ *corps, caractère*] to shape **2** (VPR) **se modeler se ~ sur** to model o.s. on
modélisme [mɔdelism] (NM) model making
modem [mɔdɛm] (NM) modem
modérateur, -trice [mɔdeʀatœʀ, tʀis] **1** (ADJ) moderating **2** (NM,F) moderator
modération [mɔdeʀasjɔ̃] (NF) **a** (= *retenue*) moderation • **avec ~** [*utiliser*] sparingly; [*consommer*] in moderation • **faire preuve de ~ dans ses propos** to weigh one's words **b** [*d'impôt, vitesse*] reduction (**de** in)
modéré, e [mɔdeʀe] *ptp de* **modérer** (ADJ) moderate
modérément [mɔdeʀemɑ̃] (ADV) [*boire, manger*] in moderation; [*satisfait*] moderately • **je n'apprécie que ~ ses plaisanteries** I don't find his jokes particularly funny • **je suis ~ optimiste** I'm cautiously optimistic
modérer [mɔdeʀe] /TABLE 6/ **1** (VT) [+ *colère, passion*] to restrain; [+ *ambitions, exigences*] to moderate; [+ *dépenses, désir, appétit*] to curb; [+ *vitesse, impact*] to reduce • **modérez vos propos!** mind your language! **2** (VPR) **se modérer** **a** (= *s'apaiser*) to calm down **b** (= *montrer de la mesure*) to restrain o.s.
moderne [mɔdɛʀn] **1** (ADJ) modern • **le héros ~** the modern-day hero • **la femme ~** the woman of today **2** (NM) **a** **le ~** (= *style*) the modern style; (= *meubles*) modern furniture **b** (= *peintre*) modern painter

> Le mot anglais s'écrit sans **e** à la fin.

modernisation [mɔdɛʀnizasjɔ̃] (NF) modernization
moderniser [mɔdɛʀnize] /TABLE 1/ **1** (VT) to modernize **2** (VPR) **se moderniser** to be modernized
modernité [mɔdɛʀnite] (NF) modernity • **ce texte est d'une ~ surprenante** this text is amazingly modern
modeste [mɔdɛst] (ADJ) modest • **être d'origine ~** to come from a modest background • **faire le ~** to put on a show of modesty
modestement [mɔdɛstəmɑ̃] (ADV) modestly
modestie [mɔdɛsti] (NF) (= *absence de vanité*) modesty; (= *réserve*) self-effacement • **en toute ~** with all modesty • **fausse ~** false modesty
modeux, -euse* [mɔdø, øz] (NM,F) fashionista*
modicité [mɔdisite] (NF) lowness
modifiable [mɔdifjabl] (ADJ) [*texte*] editable
modification [mɔdifikasjɔ̃] (NF) modification • **apporter des ~s à** to modify
modifier [mɔdifje] /TABLE 7/ **1** (VT) to modify **2** (VPR) **se modifier** to change
modique [mɔdik] (ADJ) [*prix*] modest • **pour la ~ somme de** for the modest sum of
modulable [mɔdylabl] (ADJ) [*mesure, siège, espace, salle*] adjustable; [*horaire, prêt*] flexible; [*tarif*] variable
modulaire [mɔdylɛʀ] (ADJ) modular
modulation [mɔdylasjɔ̃] (NF) modulation; [*de tarif, mesure*] adjustment ▸ **modulation de fréquence** frequency modulation
module [mɔdyl] (NM) module
moduler [mɔdyle] /TABLE 1/ (VT) [+ *voix*] to modulate; [+ *tarif, mesure*] to adjust
moelle [mwal] (NF) marrow ▸ **moelle épinière** spinal cord ▸ **moelle osseuse** bone marrow

> **moelle** is pronounced **mwall**.

moelleux, -euse [mwalø, øz] (ADJ) [*tapis, lit*] soft; [*viande*] tender; [*gâteau*] moist; [*couleur, son*] mellow • **vin ~** sweet wine

> **moelleux** is pronounced **mwalluh**.

mœurs [mœʀ(s)] (NFPL) **a** (= *habitudes*) [*de peuple*] customs • **c'était les ~ de l'époque** that was the way people lived then • **les ~ de la bourgeoisie** the lifestyle of the middle class • **c'est entré dans les ~** it's become normal practice • **les ~ politiques** political practices • **l'évolution des ~** (*comportement*) changes in behaviour; (*mentalités*) changes in the way people think • **ils ont de drôles de ~!** they have some peculiar ways! **b** (= *morale*) **affaire de ~** sex case • **la police des ~** ≈ the vice squad
mohair [mɔɛʀ] (NM) mohair • **en ~** mohair
Mohammed [mɔamɛd] (NM) Mohammed
Mohican [mɔikɑ̃] (NM) Mohican
moi [mwa] **1** (PRON PERS) **a** (*sujet*) me • **pas ~!*** not me!* • **qui a fait cela? — ~** who did this? — I did *ou* me • **mon mari et ~ pensons que c'est une bonne idée** my husband and I think it is a good idea • **~, je pense qu'il va neiger** I think that it is going to snow • **c'est ~ qui l'ai fait** I did it • **merci — c'est ~** thank you — thank you • **et ~ qui te croyais parti!** and I thought you'd gone! **b** (*objet*) me • **aide-~** help me • **donne-~ ton livre** give me your book • **donne-le-~** give it to me • **elle l'a dit à mon mari et à ~** she told my husband and me • **c'est ~ qu'elle veut voir** it's me she wants to see • **écoute-~ ça!*** just listen to that!
▸ **à moi!** (= *au secours*) help!; (*dans un jeu*) my turn!; (*passe de ballon*) over here!
c (*comparaisons*) me • **il est plus grand que ~** he is taller than me • **fais comme ~** do the same as me • **il skie mieux que ~** he skis better than I do • **il l'aime plus que ~** (*plus qu'il ne m'aime*) he loves her more than me; (*plus que je ne l'aime*) he loves her more than I do
2 (NM) **le ~** the ego
moignon [mwaɲɔ̃] (NM) stump
moi-même [mwamɛm] (PRON) myself
moindre [mwɛ̃dʀ] (ADJ) **a** (*comparatif*) (= *moins grand*) less; (= *inférieur*) lower • **à ~ prix** at a lower price • **de ~ qualité** of lower quality • **c'est un ~ mal** it's the lesser evil
b (*superlatif*) **le ~** • **la ~** the least; (*de deux*) the lesser • **les ~s** the least • **le ~ bruit** the slightest noise • **pas la ~ chance** not the slightest chance • **pas la ~ idée** not the slightest idea • **sans se faire le ~ souci** without worrying in the slightest • **merci — c'est la ~ des choses!** thank you — not at all! • **il n'a pas fait le ~ commentaire** he didn't make a single comment • **de deux maux il faut choisir le ~** you must choose the lesser of two evils
moine [mwan] (NM) (= *religieux*) monk
moineau (*pl* **moineaux**) [mwano] (NM) sparrow

moins [mwɛ̃]

1 ADVERBE	3 NOM MASCULIN
2 PRÉPOSITION	4 COMPOSÉS

1 ADVERBE

a (*comparatif*) less • **beaucoup ~** much less • **un peu ~** a little less • **tellement ~** so much less • **encore ~** even less • **trois fois ~** three times less • **non ~ célèbre** no less famous • **nous sortons ~** we go out less

> **moins** se traduit souvent par **not as**.

• **c'est ~ rapide** it's not as fast • **il fait ~ chaud ici** it's not as hot in here

▸ **moins ... que** less ... than • **il est ~ intelligent qu'elle** he's less intelligent than her • **cela m'a coûté ~ que rien** it cost me next to nothing • **je l'ai eu pour ~ que rien** I got it for next to nothing

> Les expressions du type **moins ... que** sont souvent traduites par l'équivalent anglais de **pas aussi ... que**.

• **c'est ~ grand que je ne croyais** it's not as big as I thought it was • **il travaille ~ que vous** he doesn't work as hard as you • **j'aime ~ la campagne en hiver qu'en été** I don't like the countryside as much in winter as in summer

▸ **moins de** + *nom non comptable* less • **je mange ~ de pain qu'avant** I eat less bread than I used to

▸ **moins de** + *nom comptable*

> Avec un nom comptable, la traduction correcte est **fewer**, mais la plupart des gens disent **less**.

fewer, less • **il y aura ~ de monde demain** there'll be fewer people tomorrow, there'll be less people tomorrow • **mange ~ de bonbons** don't eat so many sweets

▸ **moins de** + *nombre* **les ~ de 25 ans** the under-25s • **les enfants de ~ de quatre ans** children under four • **nous l'avons fait en ~ de cinq minutes** we did it in less than five minutes • **il y a ~ de deux ans qu'il vit ici** he's been living here for less than two years • **il était un peu ~ de 6 heures** it was just before 6 o'clock • **la frontière est à ~ de 3 km** the border is less than 3km away

▸ **deux fois moins**

> **deux fois moins** se traduit souvent par **half**.

• **c'est deux fois ~ grand** it's half the size • **cela coûtait deux fois ~** it was half the price

▸ **moins ... moins** the less ... the less; (*avec nom comptable*) the fewer ... the fewer • **~ je mange, ~ j'ai d'appétit** the less I eat, the less hungry I feel • **~ il y a de clients, ~ j'ai de travail** the fewer customers I have, the less work I have to do

▸ **moins ... plus ~ je fume, plus je mange** the less I smoke, the more I eat

▸ **moins ... mieux ~ je fume, mieux je me porte** the less I smoke, the better I feel • **~ j'ai de coups de fil, mieux je travaille** the fewer phone calls I get, the more work I can do

▸ **à moins** **vous ne l'obtiendrez pas à ~** you won't get it for less • **il est fatigué — on le serait à ~** he's tired — that's hardly surprising

▸ **à moins de** **à ~ d'un accident, ça devrait marcher** barring accidents, it should work • **il jouera, à ~ d'un imprévu** he'll be playing unless something unexpected happens • **à ~ de faire une bêtise, il devrait gagner** unless he does something silly he should win

▸ **à moins que** **à ~ qu'il ne vienne** unless he comes

▸ **de moins** **il gagne 500 euros de ~ qu'elle** he earns 500 euros less than she does • **vous avez cinq ans de ~ qu'elle** you're five years younger than her

▸ **de moins en moins** less and less • **c'est de ~ en ~ utile** it's less and less useful • **il entend de ~ en ~ bien** his hearing is getting worse and worse • **il a de ~ en ~ de clients** he has fewer and fewer customers • **j'ai de ~ en ~ de temps libre** I have less and less free time

▸ **en moins** **il y a trois verres en ~** there are three glasses missing • **ça me fera du travail en ~ !** that'll be less work for me! • **en ~ de rien** in next to no time • **en ~ de deux*** in next to no time

▸ **pas moins** **pas ~ de 40 km les sépare de la ville la plus proche** they're at least 40km from the nearest town • **gravement malade, il n'en continue pas ~ d'écrire** despite being seriously ill, he still continues to write • **il n'en reste pas ~ que ...** the fact remains that ... • **il n'en est pas ~ vrai que ...** it is no less true that ...

b (*superlatif*) least • **le ~** the least

▸ **le moins, la moins, les moins** (*de plusieurs*) the least; (*de deux*) the less • **c'est le ~ doué de mes élèves** he's the least gifted of my pupils • **c'est le ~ doué des deux** he's the less gifted of the two • **les fleurs les ~ chères** the least expensive flowers

▸ **le moins** + *verbe* the least • **c'est celle que j'aime le ~** it's the one I like the least • **l'émission que je regarde le ~** the programme I watch least often • **c'est bien le ~ qu'on puisse faire** it's the least one can do • **c'est le ~ qu'on puisse dire !** that's putting it mildly!

▸ **le moins possible** as little as possible • **je lui parle le ~ possible** I talk to him as little as possible • **j'y resterai le ~ de temps possible** I won't stay there any longer than I have to

2 PRÉPOSITION

a (*soustraction, nombre négatif*) minus • **6 ~ 2 font 4** 6 minus 2 equals 4 • **il fait ~ 5** it's minus 5°

b (*heure*) to • **il est 4 heures ~ 5** it's 5 to 4 • **il est ~ 10*** it's 10 to*

3 NOM MASCULIN

▸ **au moins** at least • **elle a payé cette robe au ~ 3 000 €** she paid at least 3,000 euros for that dress • **600 au ~** at least 600

▸ **du moins** (*restriction*) at least • **il ne pleuvra pas, du ~ c'est ce qu'annonce la radio** it's not going to rain, at least that's what it says on the radio • **j'arriverai vers 4 heures, du ~ si l'avion n'a pas de retard** I'll be there around 4 o'clock - if the plane's on time, that is

▸ **pour le moins** to say the least • **sa décision est pour le ~ bizarre** his decision is odd to say the least

4 COMPOSÉS

▸ **moins que rien*** NM (= *minable*) complete loser* • **on les traite comme des ~ que rien** they're treated like scum

▸ **moins-value** NF depreciation

moiré, e [mwaʀe] (ADJ) [*tissu, papier peint*] moiré; [*papier*] marbled

mois [mwa] (NM) **a** month • **au ~ de janvier** in January • **dans un ~** in a month • **le 10 de ce ~** the 10th of this month • **au ~** [*payer, louer*] monthly • **un bébé de 6 ~** a 6-month-old baby • **devoir trois ~ de loyer** to owe three months' rent **b** (= *salaire*) monthly pay • **~ double** extra month's pay (*as end-of-year bonus*)

m

Moïse [mɔiz] (NM) Moses
moisi, e [mwazi] *ptp de* **moisir 1** (ADJ) mouldy **2** (NM) mould *NonC* • **odeur de ~** musty smell • **goût de ~** musty taste • **ça sent le ~** it smells musty
moisir [mwaziʀ] /TABLE 2/ **1** (VI) ⓐ (= *se gâter*) to go mouldy ⓑ [*personne*] (*dans une prison, une entreprise*) to rot; (= *attendre*) to hang around • **on ne va pas ~ ici jusqu'à la nuit!*** we're not going to hang around here all day!* **2** (VT) to make mouldy
moisissure [mwazisyʀ] (NF) mould *NonC* • **enlever les ~s sur un fromage** to scrape the mould off a piece of cheese
moisson [mwasɔ̃] (NF) harvest • **ils font la ~** they're harvesting • **la ~ de médailles a été excellente** they got a good crop of medals
moissonner [mwasɔne] /TABLE 1/ (VT) [+ *céréale*] to harvest; [+ *récompenses*] to carry off; [+ *renseignements*] to gather
moissonneuse [mwasɔnøz] (NF) (= *machine*) harvester
▸ **moissonneuse-batteuse** combine harvester
moite [mwat] (ADJ) [*peau, mains*] sweaty; [*atmosphère, chaleur*] sticky
moitié [mwatje] (NF) half • **partager qch en deux ~s** to divide sth into halves • **quelle est la ~ de 40?** what is half of 40? • **donne-m'en la ~** give me half • **faire la ~ du chemin avec qn** to go halfway with sb • **la ~ des habitants** half the inhabitants • **la ~ du temps** half the time • **~ anglais, ~ français** half-English, half-French • **parvenu à la ~ du trajet** having completed half the journey • **arrivé à la ~ du travail** having done half the work • **de ~** by half • **réduire de ~** [+ *trajet, production, coût*] to reduce by half
▸ **moitié moitié on a partagé le pain ~ ~** we shared the bread between us • **ils ont fait ~ ~** they went halves
▸ **à moitié** half • **il a fait le travail à ~** he has only half done the work • **il a mis la table à ~** he's half set the table • **il ne fait jamais rien à ~** he never does things by halves • **à ~ plein** half-full • **à ~ prix** at half-price
moka [mɔka] (NM) ⓐ (= *gâteau à la crème*) cream cake; (= *gâteau au café*) mocha cake ⓑ (= *café*) mocha coffee
mol [mɔl] (ADJ M) → **mou**
molaire [mɔlɛʀ] (NF) molar
moldave [mɔldav] **1** (ADJ) Moldavian **2** (NMF) **Moldave** Moldavian
Moldavie [mɔldavi] (NF) Moldavia
môle [mol] (NM) (= *digue*) breakwater
moléculaire [mɔlekylɛʀ] (ADJ) molecular • **cuisine/gastronomie ~** molecular cooking/gastronomy
molécule [mɔlekyl] (NF) molecule
molester [mɔlɛste] /TABLE 1/ (VT) to manhandle • **molesté par la foule** mauled by the crowd
mollah [mɔ(l)la] (NM) mullah
mollasson, -onne* [mɔlasɔ̃, ɔn] (*péj*) **1** (ADJ) slow **2** (NM,F) great lump*
molle [mɔl] (ADJ F) → **mou**
mollement [mɔlmɑ̃] (ADV) [*tomber*] softly; [*défendre, protester*] feebly
mollesse [mɔlɛs] (NF) [*de marché*] sluggishness • **il est d'une ~!** he's so slow!
mollet [mɔlɛ] (NM) [*de jambe*] calf
molletonné, e [mɔltɔne] (ADJ) quilted
mollir [mɔliʀ] /TABLE 2/ (VI) ⓐ (= *devenir mou*) [*substance*] to soften ⓑ (= *céder*) [*ennemi*] to yield; [*père, créancier*] to relent; [*courage, personne*] to flag • **ce n'est pas le moment de ~!*** you (*ou we etc*) mustn't weaken now! ⓒ (= *devenir moins fort*) [*vent*] to die down
mollo* [mɔlo] (ADV) **vas-y ~!** take it easy!*
mollusque [mɔlysk] (NM) mollusc
molosse [mɔlɔs] (NM) big ferocious dog
môme* [mom] (NMF) (= *enfant*) kid* • **quels sales ~s!** horrible little brats!*
moment [mɔmɑ̃] (NM) ⓐ (= *court instant*) moment • **il réfléchit pendant un ~** he thought for a moment • **je n'en ai que pour un petit ~** it'll only take me a moment • **j'ai eu un ~ de panique** I had a moment's panic • **un ~, il arrive!** just a moment, he's coming!
ⓑ (= *longtemps*) while • **je ne l'ai pas vu depuis un ~** I haven't seen him for a while • **j'en ai pour un bon ~** it'll take me quite a while
ⓒ (= *période*) time • **le ~ présent** the present time • **à ses ~s perdus** in his spare time • **à quel ~ est-ce arrivé?** when did this happen? • **passer de bons ~s** to spend some happy times • **les ~s que nous avons passés ensemble** the times we spent together • **il a passé un mauvais ~** he had a rough time • **je n'ai pas un ~ à moi** I haven't got a moment to myself • **le succès du ~** the success of the moment • **n'attends pas le dernier ~** don't wait till the last minute
ⓓ (= *occasion*) time • **ce n'est pas le ~** this is not the right time • **tu arrives au bon ~** you've come just at the right time • **c'était le ~ de réagir** it was time to react
ⓔ (*locutions*)
▸ **d'un moment à l'autre** [*changer*] from one moment to the next • **on l'attend d'un ~ à l'autre** he is expected any moment now
▸ **du moment où** (*dans le temps*) since; (*pourvu que*) as long as
▸ **du moment que** (*dans le temps*) since; (*pourvu que*) as long as • **je m'en fiche, du ~ que c'est fait** I don't care, as long as it's done
▸ **en ce moment** at the moment
▸ **le moment venu** when the time comes • **il se prépare afin de savoir quoi dire le ~ venu** he's getting ready so that he'll know what to say when the time comes
▸ **par moments** now and then
▸ **pour le moment** for the moment
▸ **sur le moment** at the time
▸ **à + moment à ce ~-là** (*temps*) at that time; (*circonstance*) in that case • **à un ~ donné** at one point • **à un ~ donné j'ai cru que c'était fini** at one point, I thought it was over • **à tout ~** [*se produire*] any time • **il peut arriver à tout ~** he could arrive any time • **des voitures arrivaient à tout ~** cars were constantly arriving
▸ **au + moment au ~ de l'accident** at the time of the accident • **au ~ de partir** just as I (*ou he etc*) was about to leave • **au ~ où elle entrait, lui sortait** as she was going in he was coming out • **au ~ où il s'y attendait le moins** just when he was least expecting it
momentané, e [mɔmɑ̃tane] (ADJ) [*gêne*] momentary; [*espoir, effort, absence, arrêt*] brief • **l'arrêt ~ de nos programmes** the temporary break in transmission
momentanément [mɔmɑ̃tanemɑ̃] (ADV) ⓐ (= *en ce moment*) for the moment ⓑ (= *un court instant*) momentarily
momie [mɔmi] (NF) mummy
mon [mɔ̃], **ma** [ma] (*pl* **mes** [me]) (ADJ POSS) my • **~ fils et ma fille** my son and daughter • **mes amis** my friends • **j'ai eu ~ lundi** I got Monday off

monacal, e (*pl* **-aux**) [mɔnakal, o] ADJ monastic
Monaco [mɔnako] NM Monaco • **la principauté de ~** the principality of Monaco
monarchie [mɔnaʀʃi] NF monarchy
monarchiste [mɔnaʀʃist] ADJ, NMF monarchist
monarque [mɔnaʀk] NM monarch
monastère [mɔnastɛʀ] NM monastery
monceau (*pl* **-aux**) [mɔ̃so] NM heap
mondain, e [mɔ̃dɛ̃, ɛn] **1** ADJ [*réunion, vie*] society • **plaisirs ~s** pleasures of society • **chronique ~e** gossip column • **mener une vie ~e** to be a socialite • **leurs obligations ~es** their social obligations **2** NMF socialite
mondanités [mɔ̃danite] NFPL **a** (= *politesses*) polite small talk **b** (= *divertissements*) society life • **toutes ces ~ me fatiguent** I'm exhausted by this social whirl
monde [mɔ̃d] NM **a** world • **dans le ~ entier** all over the world • **le ~ des vivants** the land of the living • **si je suis encore de ce ~** if I'm still alive • **elle n'est plus de ce ~** she is no longer with us • **elle vit dans un ~ à elle** she lives in a world of her own • **où va le ~?** whatever is the world coming to? • **le Nouveau Monde** the New World • **l'autre ~** the next world • **envoyer** *ou* **expédier qn dans l'autre ~** to send sb to meet his (*ou* her) maker • **c'est le ~ à l'envers!** whatever next! • **le ~ est petit!** it's a small world! • **se faire tout un ~ de qch** to get worked up about sth • **c'est un ~!*** it's just not right!
▸ **du monde** in the world • **musique/cuisine du ~** world music/food • **ce produit est parmi les meilleurs du ~** this product is among the best in the world • **tout s'est passé le mieux du ~** everything went off perfectly • **pas le moins du ~!** not at all! • **il n'était pas le moins du ~ anxieux** he was not the slightest bit worried • **pour tout l'or du ~** for all the tea in China
▸ **au monde** in the world • **je ne m'en séparerais pour rien au ~** I wouldn't part with it for anything in the world • **venir au ~** to be born • **mettre un enfant au ~** to bring a child into the world
▸ **le bout du monde** ce village, c'est le bout du ~ that village is in the middle of nowhere • **il irait au bout du ~ pour elle** he would go to the ends of the earth for her • **ce n'est pas le bout du ~!** (= *ce n'est rien*) it won't kill you!
b (= *gens*) **est-ce qu'il y a du ~?** (= *quelqu'un*) is there anybody there?; (= *foule*) are there many people there? • **il y a du ~** (= *des gens*) there are some people there; (= *foule*) there's quite a crowd • **il y avait un ~ fou!*** the place was packed! • **ils voient beaucoup de ~** they have a busy social life • **ils reçoivent beaucoup de ~** they entertain a lot • **ce week-end nous avons du ~** we have people coming this weekend • **il se fout du ~*‡** he's got a nerve*
c (= *milieu social*) set • **le ~** (= *la bonne société*) society • **nous ne sommes pas du même ~** we don't move in the same circles • **cela ne se fait pas dans le ~** that isn't done in polite society • **femme du ~** society woman • **se conduire en parfait homme du ~** to be a perfect gentleman
mondé, e [mɔ̃de] ADJ [*amandes, noisettes*] blanched
mondial, e (*mpl* **-iaux**) [mɔ̃djal, jo] **1** ADJ [*guerre, population, production*] world; [*épidémie, tendance, réseau, crise*] worldwide • **une célébrité ~e** a world-famous celebrity **2** NM **le Mondial** the World Cup
mondialement [mɔ̃djalmɑ̃] ADV throughout the world • **~ connu** known throughout the world

mondialisation [mɔ̃djalizasjɔ̃] NF globalization • **pour éviter la ~ du conflit** to prevent the conflict from spreading throughout the world
mondialisé, e [mɔ̃djalize] ADJ [*marché, économie, société*] globalized, global; [*langage, capitalisme*] global
mondialiser [mɔ̃djalize] /TABLE 1/ **1** VT to globalize **2** VPR **se mondialiser** [*économie, offre*] to become globalized • **ce phénomène se mondialise** this is becoming a worldwide phenomenon
mondiovision [mɔ̃djɔvizjɔ̃], **mondovision** [mɔ̃dɔvizjɔ̃] NF worldwide satellite television broadcast • **retransmis en mond(i)ovision** broadcast by satellite worldwide
monégasque [mɔnegask] **1** ADJ of *ou* from Monaco **2** NMF **Monégasque** person from *or* inhabitant of Monaco
monétaire [mɔnetɛʀ] ADJ monetary • **le marché ~** the money market
monétisation [mɔnetizasjɔ̃] NF monetization
monétiser [mɔnetize] /TABLE 1/ VT to monetize
mongol, e [mɔ̃gɔl] **1** ADJ Mongolian **2** NM,F **Mongol(e)** (= *habitant ou originaire de la Mongolie*) Mongolian
Mongolie [mɔ̃gɔli] NF Mongolia
mongolien, -ienne† [mɔ̃gɔljɛ̃, jɛn] (*Méd*) **1** ADJ with Down's syndrome *attrib*, Down's syndrome *épith* **2** NM,F (= *enfant*) Down's syndrome baby (*ou* boy *ou* girl); (= *adulte*) person with Down's syndrome
moniteur, -trice [mɔnitœʀ] **1** NM,F (= *personne*) (*Sport*) instructor; [*de colonie de vacances*] supervisor (*Brit*), camp counselor (*US*) **2** NM (= *appareil*) monitor **3** COMP ▸ **moniteur d'auto-école** driving instructor ▸ **moniteur de ski** skiing instructor
monitorat [mɔnitɔʀa] NM (= *fonction*) instructorship • **il prépare son ~ de ski** he's training to be a ski instructor
monnaie [mɔnɛ] **1** NF **a** (= *espèces, devises*) currency • **la ~ américaine** the American dollar • **c'est ~ courante** [*fait, événement*] it's a common occurrence; [*action, pratique*] it's common practice • **les otages servent de ~ d'échange** the hostages are being used as bargaining chips
b (= *pièce*) coin
c (= *appoint, pièces*) change • **petite ~** small change • **vous n'avez pas de ~?** (*pour payer*) don't you have any change? • **faire de la ~** to get some change • **faire la ~ de 100 €** to get change for a 100-euro note • **elle m'a rendu la ~ sur 50 €** she gave me the change from 50 euros • **rendre à qn la ~ de sa pièce** to pay sb back in his own coin
2 COMP ▸ **monnaie électronique** plastic money ▸ **monnaie légale** legal tender ▸ **monnaie unique** single currency
monnayer [mɔneje] /TABLE 8/ VT [+ *titres*] to convert into cash • **~ ses capacités** to make money from one's abilities • **~ son silence** to sell one's silence
mono* [mɔno] NMF (ABR DE **moniteur, -trice**) [*de sport*] instructor; [*de colonie de vacances*] supervisor (*Brit*), camp counselor (*US*)
monochrome [mɔnokʀom] ADJ monochrome
monocoque [mɔnɔkɔk] **1** ADJ monocoque; [*yacht*] monohull **2** NM (= *voilier*) monohull
monocorde [mɔnɔkɔʀd] ADJ [*voix*] monotonous • **sur un ton ~** in a monotonous voice

m

monogame [mɔnɔgam] (ADJ) monogamous
monogamie [mɔnɔgami] (NF) monogamy
monologue [mɔnɔlɔg] (NM) monologue • **~ intérieur** stream of consciousness
mononucléose [mɔnonykleoz] (NF) **~ infectieuse** glandular fever (*Brit*), mono* (*US*)
monoparental, e (*mpl* **-aux**) [mɔnopaʀɑ̃tal, o] (ADJ) **famille ~e** single-parent family
monoplace [mɔnoplas] (ADJ, NM) single-seater
monopole [mɔnɔpɔl] (NM) monopoly • **avoir le ~ de** to have the monopoly of; [+ *vérité, savoir*] to have a monopoly on • **être en situation de ~** to have a monopoly
monopoliser [mɔnɔpɔlize] /TABLE 1/ (VT) to monopolize • **il a monopolisé la parole toute la soirée** he monopolized the conversation all evening
monoposte [mɔnɔpɔst] (ADJ) (*Informatique*) [*version, licence*] single-user
monoski [mɔnoski] (NM) monoski • **faire du ~** to go monoskiing
monospace [mɔnɔspas] (NM) people carrier (*Brit*), minivan (*US*)
monotone [mɔnɔtɔn] (ADJ) monotonous
monotonie [mɔnɔtɔni] (NF) monotony
Monseigneur [mɔ̃sɛɲœʀ] (*pl* **Messeigneurs** [mesɛɲœʀ]) (NM) (*à archevêque, duc*) Your Grace; (*à cardinal*) Your Eminence; (*à évêque*) Your Lordship; (*à prince*) Your Highness
Monsieur [məsjø] (*pl* **Messieurs** [mesjø]) (NM) **a** (*suivi d'un nom de famille*) Mr • **entrez, ~ Smith** come in, Mr Smith • **~ Dubois vous recevra** Mr Dubois will see you **b** (*sans nom de famille*)

> Lorsque **Monsieur** n'est pas suivi d'un nom de famille, il ne se traduit généralement pas ; l'anglais **sir** s'utilise pour s'adresser à quelqu'un qu'on ne connaît pas, par exemple un client dans un restaurant ou dans un hôtel. À la troisième personne, on peut utiliser **the gentleman**.

• **merci, ~** thank you • **~, vous avez oublié quelque chose** excuse me, you've left something • **et pour ~ ?** (*au restaurant*) and for you, sir? • **~ !** (*en classe*) please sir! • **~ dit que c'est à elle** the gentleman says it belongs to him
▸ **Messieurs** (*devant un auditoire*) gentlemen • **merci, Messieurs** thank you
▸ **Messieurs Dames** (*devant un auditoire*) ladies and gentlemen • **bonsoir, Messieurs Dames** good evening
c (*suivi d'un titre*) **~ le Président, je proteste** Mr Chairman, I object • **~ le Président a levé la séance** the Chairman closed the meeting
d (*en début de lettre*)

> Le français épistolaire est moins direct que l'anglais et l'équivalent anglais des formules de début de lettre sera donc toujours plus personnel que le français : **Monsieur** devient **Dear Sir**, si l'on ne connaît pas le nom du monsieur, ou **Dear Mr + nom de famille**; **Cher Monsieur** devient **Dear Mr + nom de famille**, par exemple **Dear Mr Smith**.

• **Monsieur** Dear Sir • **Cher ~** Dear Mr + *nom de famille*
• **Messieurs** Dear Sir
e (= *homme*) gentleman • **demande au monsieur** ask the gentleman • **ces messieurs désirent ?** what would you like, gentlemen? • **~ Tout-le-monde** the man in the street • **~ Météo** the weatherman

> The **on** is pronounced like the **e** in **the**.

monstre [mɔ̃stʀ] **1** (NM) monster • **c'est un ~** (*laid*) he's really ugly; (*méchant*) he's an absolute monster • **petit ~ !*** you little monster!* **2** (ADJ)* massive • **succès ~** runaway success • **elle a un culot ~** she's got a hell of a nerve* • **j'ai un boulot ~** I've got loads* of work to do **3** (COMP) ▸ **monstre sacré un ~ sacré du cinéma** a screen legend
monstrueusement [mɔ̃stʀyøzmɑ̃] (ADV) [*laid*] monstrously; [*intelligent*] prodigiously; [*riche*] enormously
monstrueux, -euse [mɔ̃stʀyø, øz] (ADJ) **a** (= *difforme*) [*bête*] monstrous; [*personne*] freakish; [*bâtiment*] hideous **b** (= *abominable*) [*guerre, massacre*] horrendous; [*crime*] monstrous **c** (= *gigantesque*) [*erreur, bruit*]* horrendous
mont [mɔ̃] (NM) (= *montagne*) mountain • **être toujours par ~s et par vaux*** to be always on the move* ▸ **le mont Blanc** Mont Blanc
montage [mɔ̃taʒ] (NM) **a** [*d'appareil*] assembly; [*de tente*] pitching • **~ financier** financial arrangement • **le ~ de l'opération a pris trois mois** it took three months to set up the operation **b** [*de film*] editing • **~ photographique** photomontage • **table de ~** cutting table
montagnard, e [mɔ̃taɲaʀ, aʀd] **1** (ADJ) mountain **2** (NM,F) mountain dweller
montagne [mɔ̃taɲ] (NF) mountain • **la ~** (= *région*) the mountains • **vivre à la ~** to live in the mountains • **une ~ de** (*fig*) a mountain of • **il se fait une ~ de cet examen** he's blown this exam out of all proportion • **déplacer des ~s** to move mountains • **c'est gros comme une ~*** it's plain for all to see ▸ **montagnes russes** roller-coaster
montagneux, -euse [mɔ̃taɲø, øz] (ADJ) mountainous; (= *accidenté*) hilly
montant, e [mɔ̃tɑ̃, ɑ̃t] **1** (ADJ) [*mouvement*] upward; [*col*] high **2** (NM) **a** (= *somme*) sum total • **le ~ s'élevait à ...** the total was ... • **chèque d'un ~ de 500 €** cheque for 500 euros • **emprunt d'un ~ de 2 millions de euros** loan of 2 million euros **b** [*d'échelle, fenêtre*] upright; [*de lit, but*] post; [*de porte*] jamb; [*d'échafaudage*] pole
mont-de-piété (*pl* **monts-de-piété**) [mɔ̃d(ə)pjete] (NM) pawnshop • **mettre qch au ~** to pawn sth
monte-charge (*pl* **monte-charges**) [mɔ̃tʃaʀʒ] (NM) hoist
montée [mɔ̃te] (NF) **a** (= *augmentation*) rise (**de** in) • **la ~ des eaux** the rise in the water level **b** [*de ballon, avion*] ascent • **pendant la ~ de l'ascenseur** while the lift is (*ou* was) going up **c** (= *escalade*) climb **d** (= *pente*) uphill slope
monténégrin, e [mɔ̃tenegʀɛ̃, in] **1** (ADJ) Montenegrin, from Montenegro **2** (NM,F) **Monténégrin(e)** Montenegrin
Monténégro [mɔ̃tenegʀo] (NM) Montenegro
monte-plat (*pl* **monte-plats**) [mɔ̃tpla] (NM) dumbwaiter
monter [mɔ̃te] /TABLE 1/

> When **monter** has an object it is conjugated with **avoir**; otherwise, the auxiliary is **être**.

1 (VI) ⓐ to go up (**dans** into); [*avion*] to climb • **~ à pied** to walk up • **~ en courant** to run up • **~ en titubant** to stagger up • **~ dans sa chambre** to go up to one's room • **monte me voir** come up and see me • **monte le prévenir** go up and tell him • **faites-le ~** (*visiteur*) ask him to come up • **~ aux arbres** to climb trees • **~ à Paris** to go up to Paris

▸ **monter sur** [+ *table, rocher, toit*] to climb onto • **monté sur une chaise, il accrochait un tableau** he was standing on a chair hanging a picture • **~ sur une colline** to go up a hill • **~ sur une bicyclette** to get on a bicycle • **monté sur un cheval gris** riding a grey horse

ⓑ (*dans un véhicule*) **~ en voiture** to get into a car • **~ dans un avion** to get on an aircraft • **je suis monté à Lyon** I got on at Lyon • **~ à bord (d'un navire)** to go on board (a ship) • **~ à bicyclette** (= *faire du vélo*) to ride a bicycle • **~ à cheval** (= *se mettre en selle*) to get on a horse; (= *faire de l'équitation*) to ride • **elle monte bien** she rides well

ⓒ (= *s'élever*) to rise; [*mer, marée*] to come in; [*voix*] to go up • **~ à** *ou* **jusqu'à** to come up to • **la vase lui montait jusqu'aux genoux** the mud came right up to his knees • **le chemin monte en lacets** the path winds upwards • **jusqu'où monte le téléphérique?** where does the cable car go up to? • **une odeur montait de la cave** there was a smell coming from the cellar • **le lait monte** (*sur le feu*) the milk's about to boil over • **ça a fait ~ les prix** it sent prices up • **la tension monte** tension is rising • **le ton monte** (*colère*) the discussion is getting heated • **la voiture peut ~ jusqu'à 250 km/h** the car can do up to 250km/h • **ce tableau peut ~ jusqu'à 30 000 €** this painting could fetch up to 30,000 euros • **les blancs n'arrivent pas à ~** the egg whites won't go stiff • **elle sentait la colère ~ en elle** she could feel herself getting angry • **les larmes lui montaient aux yeux** tears were welling up in her eyes • **le vin lui monte à la tête** wine goes to his head • **le succès lui monte à la tête** success is going to his head • **c'est l'artiste qui monte** he's the up-and-coming artist

2 (VT) ⓐ (= *gravir*) to go up • **~ l'escalier précipitamment** to rush upstairs • **~ une côte** (*en marchant*) to walk up a hill

ⓑ (= *porter*) to take up • **montez-lui son petit déjeuner** take his breakfast up to him • **faire ~ ses valises** to have one's luggage taken up

ⓒ **~ un cheval** to ride a horse

ⓓ (= *augmenter*) **~ le son** to turn the sound up

ⓔ (= *exciter*) **~ qn contre qn** to set sb against sb • **~ la tête à qn** to get sb worked up • **quelqu'un lui a monté la tête contre moi** someone has set him against me

ⓕ **~ la garde** [*soldat*] to mount guard; [*chien*] to be on guard • **«je monte la garde!»** "beware of the dog!"

ⓖ [+ *machine*] to assemble; [+ *tente*] to pitch; [+ *film*] to edit; [+ *robe*] to sew together • **~ des mailles** to cast on stitches

ⓗ [+ *pièce de théâtre*] to put on; [+ *affaire, opération, campagne publicitaire*] to set up; [+ *canular*] to play; [+ *complot*] to hatch

ⓘ [+ *diamant, perle*] to mount; [+ *pneu*] to put on • **~ qch en épingle** to blow sth up out of all proportion

3 (VPR) **se monter** ⓐ **se ~ à** [+ *prix*] to amount to
ⓑ **se ~ la tête** to get all worked up

monteur, -euse [mɔ̃tœʀ, øz] (NM,F) ⓐ (*Tech*) fitter ⓑ (*Ciné*) editor

montgolfière [mɔ̃gɔlfjɛʀ] (NF) hot-air balloon

monticule [mɔ̃tikyl] (NM) mound

montre [mɔ̃tʀ] 1 (NF) ⓐ watch • **~ de plongée** diver's watch • **il est 2 heures à ma ~** it is 2 o'clock by my watch • **j'ai mis deux heures ~ en main** it took me exactly two hours • **jouer la ~** (*fig*) to play for time (*Brit*), to kill the clock (*US*) ⓑ **faire ~ de** to show 2 (COMP) ▸ **montre-bracelet** wrist watch

Montréal [mɔ̃ʀeal] (N) Montreal

montrer [mɔ̃tʀe] /TABLE 1/ 1 (VT) to show (**à** to); (*par un geste*) to point to; (= *faire remarquer*) to point out (**à** to) • **~ un enfant au docteur** to let the doctor see a child • **~ à qn comment faire qch** to show sb how to do sth • **l'aiguille montre le nord** the needle points north • **je l'ai ici — montre!** I've got it here — show me! • **ce qui montre bien que j'avais raison** which just goes to show that I was right

2 (VPR) **se montrer** ⓐ (= *être vu*) to appear • **elle ne s'est pas montrée au dîner** she didn't appear at dinner • **montrez-vous!** come out where we can see you! • **il n'aime pas se ~ avec elle** he doesn't like to be seen with her • **j'y vais juste pour me ~** I'm going there just to put in an appearance

ⓑ (= *s'avérer*) **il s'est montré très désagréable** he was very unpleasant

monture [mɔ̃tyʀ] (NF) ⓐ [*de lunettes*] frame • **lunettes à ~ d'écaille** horn-rimmed glasses ⓑ (= *cheval*) mount

monument [mɔnymɑ̃] (NM) monument • **~ aux morts** war memorial • **~ historique** ancient monument • **la maison est classée ~ historique** the house is a listed building (*Brit*), the house is on the historical register (*US*) • **visiter les ~s de Paris** to go sightseeing in Paris

monumental, e (*mpl* **-aux**) [mɔnymɑ̃tal, o] (ADJ) monumental • **d'une bêtise ~e** incredibly stupid

mooc [muk] (NM) MOOC

moquer (se) [mɔke] /TABLE 1/ (VPR) **se moquer de** ⓐ (= *ridiculiser*) to make fun of • **on va se moquer de toi** people will make fun of you • **vous vous moquez du monde!** you've got a nerve! • **je n'aime pas qu'on se moque de moi!** I don't like being made a fool of • **le réparateur s'est vraiment moqué de nous** the repairman really took us for a ride* • **du champagne? ils ne se sont pas moqués de vous!*** champagne? they really treat you right!*

ⓑ (= *être indifférent*) **je m'en moque** I don't care • **je m'en moque pas mal*** I couldn't care less* • **je me moque de ne pas être cru** I don't care if nobody believes me

moquerie [mɔkʀi] (NF) (= *sarcasme*) mockery *NonC* • **les ~s continuelles de sa sœur** his sister's constant mockery

moquette [mɔkɛt] (NF) (= *tapis*) carpet • **faire poser de la ~** to have a wall-to-wall carpet laid

moquetter [mɔkete] /TABLE 1/ (VT) to carpet • **chambre moquettée** bedroom with wall-to-wall carpet

moqueur, -euse [mɔkœʀ, øz] (ADJ) [*remarque, sourire*] mocking • **il est très ~** he's always making fun of people

moral, e (*mpl* **-aux**) [mɔʀal, o] 1 (ADJ) moral • **j'ai pris l'engagement ~ de le faire** I'm morally committed to doing it • **n'avoir aucun sens ~** to have no sense of right and wrong • **sur le plan ~** mentally

2 (NM) ⓐ (= *état d'esprit*) morale • **les troupes ont bon**

m

~ the morale of the troops is high • **avoir le ~** to be in good spirits • **il n'a pas le ~** he is in low spirits • **avoir le ~ à zéro*** to be down in the dumps* • **garder le ~** to keep one's spirits up • **remonter le ~ de qn** to cheer sb up • **il faut remonter le ~ de l'équipe** we need to boost the team's morale

ⓑ (= *plan moral*) **au ~ comme au physique** mentally as well as physically

3 (NF) **morale** ⓐ (= *doctrine*) moral code; (= *mœurs*) morals; (= *valeurs traditionnelles*) morality • **la ~e** ethics • **faire la ~e à qn** to lecture sb

ⓑ [*de fable*] moral • **la ~e de cette histoire** the moral of this story

moralement [mɔʀalmɑ̃] (ADV) morally • **soutenir qn ~** to give moral support to sb • **physiquement et ~** physically and mentally

moralisateur, -trice [mɔʀalizatœʀ, tʀis] (ADJ) [*discours, ton*] sanctimonious

moraliser [mɔʀalize] /TABLE 1/ **1** (VI) to moralize **2** (VT) (= *rendre plus moral*) [+ *société*] to improve the morals of; [+ *vie politique, profession*] to make more ethical

moraliste [mɔʀalist] (NMF) moralist

moralité [mɔʀalite] (NF) ⓐ (= *mœurs*) morals • **d'une ~ douteuse** [*personne*] of doubtful morals • **il n'a aucune ~** he has no sense of right or wrong ⓑ [*d'histoire*] moral • **~: il ne faut jamais mentir!** the moral is: never tell lies! • **~, j'ai eu une indigestion*** the result was that I had indigestion

moratoire [mɔʀatwaʀ] (NM) moratorium

morbide [mɔʀbid] (ADJ) morbid

morceau (*pl* **morceaux**) [mɔʀso] (NM) ⓐ (= *bout*) piece; [*de sucre*] lump • **manger un ~** to have a bite to eat • **cracher le ~*** (= *dénoncer*) to spill the beans*; (= *avouer*) to come clean*

▸ **en morceaux** in pieces • **couper en ~x** to cut into pieces • **mettre qch en ~x** to pull sth to pieces

ⓑ (= *œuvre*) piece; (= *extrait*) passage • **~x choisis** selected passages • **c'est un ~ d'anthologie** it's a classic

morceler [mɔʀsəle] /TABLE 4/ (VT) to divide up

mordant, e [mɔʀdɑ̃, ɑ̃t] (ADJ) ⓐ (= *caustique*) scathing • **avec une ironie ~e** with caustic irony ⓑ [*froid*] biting

mordicus* [mɔʀdikys] (ADV) stubbornly

mordiller [mɔʀdije] /TABLE 1/ (VT) to nibble at

mordoré, e [mɔʀdɔʀe] (ADJ) bronze

mordre [mɔʀdʀ] /TABLE 41/ **1** (VT) ⓐ to bite • **~ qn à la main** to bite sb's hand • **il s'est fait ~ à la jambe par un chien** a dog bit him on the leg • **~ une pomme** to bite into an apple • **~ un petit bout de qch** to bite off a small piece of sth

ⓑ (= *toucher*) **la balle a mordu la ligne** the ball just touched the line • **~ la ligne blanche** to go over the white line

2 (VT INDIR) **~ sur** (= *empiéter sur*) [+ *vacances*] to eat into; [+ *espace*] to encroach onto • **ça va ~ sur l'autre semaine** that will go over into the following week

3 (VI) to bite (**dans** into); (= *être pris*) to rise to the bait • **ça mord aujourd'hui?** are the fish biting today? • **il a mordu aux maths*** he's taken to maths

4 (VPR) **se mordre se ~ la joue** to bite the inside of one's mouth • **se ~ la langue** to bite one's tongue; (= *se retenir*) to hold one's tongue • **maintenant il s'en mord les doigts** he could kick himself now*

mordu, e [mɔʀdy] *ptp de* **mordre** **1** (ADJ) ⓐ (= *amoureux*)* smitten • **il est vraiment ~** he's crazy* about her ⓑ (= *fanatique*)* **~ de jazz** crazy* about jazz **2** (NM,F) (= *fanatique*)* enthusiast • **~ de la voile** sailing enthusiast • **~ d'informatique** computer freak* • **c'est un ~ de football** he's crazy about football

morfler* [mɔʀfle] /TABLE 1/ (VI) (= *souffrir*) to have a hard time of it • **j'ai une rage de dents, qu'est-ce que je morfle!** I've got toothache, it's agony!* • **ça va ~!** there's going to be trouble!

morfondre (se) [mɔʀfɔ̃dʀ] /TABLE 41/ (VPR) (*tristement*) to languish

morgue [mɔʀg] (NF) [*de police*] morgue; [*d'hôpital*] mortuary

moribond, e [mɔʀibɔ̃, ɔ̃d] **1** (ADJ) [*personne*] dying; [*économie, marché, institution*] moribund **2** (NM,F) dying man (*ou* woman)

morille [mɔʀij] (NF) morel

mormon, e [mɔʀmɔ̃, ɔn] (ADJ, NM,F) Mormon

morne [mɔʀn] (ADJ) [*personne, visage*] glum; [*temps, silence*] gloomy; [*conversation, vie, paysage, ville*] dull

morose [mɔʀoz] (ADJ) [*humeur, personne, ton*] morose; [*marché, Bourse*] sluggish; [*journée*] dull

morosité [mɔʀozite] (NF) [*de personne*] moroseness; [*de temps*] dullness; [*de marché, économie*] sluggishness • **climat de ~ économique** gloomy economic climate

morphine [mɔʀfin] (NF) morphine

morphing [mɔʀfiŋ] (NM) morphing

morphologie [mɔʀfɔlɔʒi] (NF) morphology

morpion [mɔʀpjɔ̃] (NM) ⓐ (= *jeu*) ≈ noughts and crosses (*Brit*), ≈ tic-tac-toe (*US*) ⓑ (= *pou*)** crab* ⓒ (= *gamin*)* brat*

mors [mɔʀ] (NM) bit • **prendre le ~ aux dents** to take the bit between one's teeth; (= *s'emporter*) to fly off the handle*

morse¹ [mɔʀs] (NM) (= *animal*) walrus

morse² [mɔʀs] (NM) (= *code*) Morse (code)

morsure [mɔʀsyʀ] (NF) bite • **~ de serpent** snakebite

mort, e [mɔʀ, mɔʀt] *ptp de* **mourir** **1** (ADJ) dead; [*yeux*] lifeless • **il est ~ depuis deux ans** he's been dead for two years • **~ au combat** killed in action • **tu es un homme ~!*** you're a dead man!* • **la ville est ~e le dimanche** the town is dead on a Sunday • **je suis ~ de fatigue!** I'm dead tired! • **il était ~ de peur** he was frightened to death • **ils étaient ~s de rire** they were doubled up with laughter

2 (NM) dead man • **les ~s** the dead • **il y a eu un ~** one person was killed • **l'accident a fait cinq ~s** five people were killed in the accident • **fête des ~s** All Souls' Day • **c'est un ~ vivant** he's more dead than alive • **faire le ~** to pretend to be dead; (= *ne pas se manifester*) to lie low • **il va y avoir des ~s!** there will be casualties

3 (NF) death • **tu veux ma ~?** do you want to kill me or what?* • **trouver la ~ dans un accident** to be killed in an accident • **souhaiter la ~ de qn** to wish sb were dead • **se donner la ~** to take one's own life • **mourir de ~ violente** to die a violent death • **c'est une belle ~** it is a good way to go • **à la ~ de sa mère** when his mother died • **il a vu la ~ de près** he has looked death in the face • **il n'y a pas eu ~ d'homme** no one was killed • **~ au tyran!** death to the tyrant! • **ça coûte 100 €, ce n'est pas la ~!*** it's only 100 euros, it won't kill you (*ou me etc*)!* • **la ~ dans l'âme** with a heavy heart • **silence de ~** deathly hush • **d'une pâleur de ~** deathly pale • **engin de ~** deadly weapon

▸ **à mort** lutte à ~ fight to the death • **blessé à ~** (*dans un combat*) mortally wounded; (*dans un accident*) fatally injured • **mise à ~** [*de taureau*] kill • **nous sommes fâchés à ~** we're at daggers drawn • **il m'en veut à ~** he hates me for it • **freiner à ~*** to jam on the brakes
4 NF **morte** dead woman
5 COMP ▸ **mort subite du nourrisson** sudden infant death syndrome

mortadelle [mɔʀtadɛl] NF mortadella

mortalité [mɔʀtalite] NF mortality ▸ **mortalité infantile** infant mortality

mort-aux-rats [mɔʀ(t)oʀa] NF INV rat poison

mortel, -elle [mɔʀtɛl] **1** ADJ **a** (= *qui meurt*) mortal **b** (= *entraînant la mort*) fatal; [*poison*] deadly • **danger ~** mortal danger • **coup ~** fatal blow **c** (= *intense*) [*pâleur, silence, haine*] deadly; [*ennemi*] mortal • **allons, ce n'est pas ~!*** come on, it won't kill you! **d** (= *ennuyeux*) [*livre, soirée*]* deadly **2** NM,F mortal • **simple ~** mere mortal

mortellement [mɔʀtɛlmɑ̃] ADV mortally • **~ blessé** mortally wounded; (*dans un accident*) fatally injured • **~ ennuyeux** deadly boring

morte-saison (*pl* **mortes-saisons**) [mɔʀt(ə)sɛzɔ̃] NF off-season • **à la ~** in the off-season

mortier [mɔʀtje] NM mortar • **attaque au ~** mortar attack

mort-né, mort-née (*mpl* **mort-nés**, *fpl* **mort-nées**) [mɔʀne] ADJ stillborn

mortuaire [mɔʀtɥɛʀ] ADJ [*cérémonie*] funeral

morue [mɔʀy] NF (= *poisson*) cod

morve [mɔʀv] NF snot*

morveux, -euse [mɔʀvø, øz] **1** ADJ [*enfant*] snotty-nosed* **2** NM,F (= *enfant*)* nasty little brat*

mosaïquage [mɔzaikaʒ] NM pixelation

mosaïque [mɔzaik] NF mosaic; [*d'idées, peuples*] medley • **afficher en ~** (*Informatique*) to tile

Moscou [mɔsku] N Moscow

moscovite [mɔskɔvit] ADJ of *ou* from Moscow

mosquée [mɔske] NF mosque

mot [mo] **1** NM **a** (= *terme*) word • **ce ne sont que des ~s** it's just talk • **je n'en crois pas un ~** I don't believe a word of it • **paresseux, c'est bien le ~!** lazybones is the right word to describe him! • **tout de suite les grands ~s!** you always overdramatize things! • **génie, c'est un bien grand ~!** genius, that's a big word! • **à ces ~s** at that • **sur ces ~s** with that • **à ~s couverts** in veiled terms • **en un ~** in a word • **traduire ~ à ~** to translate word for word • **c'est du ~ à ~** it's a word for word translation • **rapporter une conversation ~ pour ~** to give a word for word report of a conversation • **avoir des ~s avec qn** to have words with sb • **avoir toujours le ~ pour rire** to be a born joker • **avoir le dernier ~** to have the last word • **c'est votre dernier ~?** (*dans négociations*) is that your final offer? • **je n'ai pas dit mon dernier ~** you (*ou* they *etc*) haven't heard the last of me • **sans ~ dire** without saying a word • **j'estime avoir mon ~ à dire dans cette affaire** I think I'm entitled to have my say in this matter • **je vais lui dire deux ~s!** I'll give him a piece of my mind! • **prendre qn au ~** to take sb at his word • **il ne sait pas le premier ~ de sa leçon** he doesn't know a word of his lesson • **il ne sait pas un ~ d'allemand** he doesn't know a word of German • **je n'ai pas pu lui tirer un ~** I couldn't get a word out of him • **il lui a dit le ~ de Cambronne** ≈ he said a four-letter word to him • **pas un ~ à qui que ce soit** don't breathe a word of this to anyone • **il n'a jamais un ~ plus haut que l'autre** he's very even-tempered • **j'ai dû dire un ~ de travers** I must have said something wrong • **au bas ~** at the very least • (PROV) **qui ne dit ~ consent** silence gives consent **b** (= *message*) word; (= *courte lettre*) note • **je vais lui en toucher un ~** I'll have a word with him about it • **se donner le ~** to pass the word round • **il ne m'a même pas dit un ~ de remerciement** he didn't even thank me **c** (= *expression frappante*) saying • **bon ~** witty remark
2 COMP ▸ **mot d'auteur** *witty remark from the author* ▸ **mot composé** compound ▸ **mots croisés** crossword • **faire des ~s croisés** to do crosswords ▸ **mot d'emprunt** loan word ▸ **mot d'enfant** child's funny remark ▸ **mot d'esprit** witty remark ▸ **mot d'excuse** letter of apology; [*d'élève*] absence note; (*pour maladie*) sick note ▸ **mots fléchés** crossword (*with clues given inside the boxes*) ▸ **mot d'ordre** slogan ▸ **mot de passe** password

motard [mɔtaʀ] NM motorcyclist; (= *policier*) motorcycle policeman

mot-clé (*pl* **mots-clés**) [mokle] NM keyword

mot-dièse (*pl* **mots-dièses**) [modjɛz] NM hashtag

motel [mɔtɛl] NM motel

moteur, -trice [mɔtœʀ, tʀis] **1** NM **a** (= *appareil*) engine; (*électrique*) motor • **à ~** power-driven • **~!** (*Ciné*) action! • **~ de recherche** search engine **b** (= *force*) mover • **être le ~ de qch** to be the driving force behind sth **2** ADJ [*muscle, nerf, troubles*] motor • **force motrice** driving force

motif [mɔtif] NM **a** (= *raison*) motive (**de** for); (= *but*) purpose (**de** of) • **quel est le ~ de votre visite?** what is the purpose of your visit? • **quel ~ as-tu de te plaindre?** what grounds have you got for complaining? • **~ d'inquiétude** cause for concern • **donner des ~s de satisfaction à qn** to give sb grounds for satisfaction **b** (= *ornement*) motif • **tissu à ~s** patterned material

motion [mosjɔ̃] NF motion • **déposer une ~ de censure** to raise a censure motion • **voter la ~ de censure** to pass a vote of no confidence

motivant, e [mɔtivɑ̃, ɑ̃t] ADJ [*travail*] rewarding • **rémunération ~e** attractive salary

motivation [mɔtivasjɔ̃] NF motivation (**de** for) • **quelles sont ses ~s?** (*raisons personnelles*) what are his motives? • **lettre de ~** covering letter

motivé, e [mɔtive] *ptp de* **motiver** ADJ **a** [*personne*] motivated **b** [*action*] (= *légitime*) well-founded • **non ~** unexplained • **absence ~e** genuine absence

motiver [mɔtive] /TABLE 1/ VT **a** (= *justifier*) to justify • **rien ne peut ~ une telle conduite** nothing can justify such behaviour **b** (= *pousser à agir*) to motivate

moto [moto] **1** NF **a** (= *véhicule*) motorbike • **je viendrai à** *ou* **en ~** I'll come on my bike* **b** (= *activité*) **la ~** motor-cycling **2** COMP ▸ **moto de course** racing motorcycle ▸ **moto de trial** trail bike (*Brit*), dirt bike (*US*)

motocross, moto-cross [motokʀɔs] NM INV (= *sport*) motocross; (= *épreuve*) motocross race

motoculteur [mɔtɔkyltœʀ] NM motorized cultivator

motocyclette [mɔtɔsiklɛt] NF motorcycle

motocyclisme [mɔtɔsiklism] NM motorcycle racing

motocycliste [mɔtɔsiklist] NMF motorcyclist

motoneige [motonɛʒ] NF snow-bike

motorisé, e [mɔtɔʀize] ADJ [*patrouille*] motorized • **sports ~s** motor sports • **être ~*** (= *posséder un véhicule*)

m

to have a car; (*= être en voiture*) to have transport (*Brit*) *ou* transportation (*US*) • **tu es ~? sinon je te ramène** have you got any transport? if not I'll drop you home

motoriste [mɔtɔʀist] NM (*= constructeur*) engine manufacturer

moto-taxi (*pl* **motos-taxis**) [mototaksi] NF motorcycle taxi

mot-outil (*pl* **mots-outils**) [mouti] NM grammatical word

motrice [mɔtʀis] ADJ → **moteur**

motricité [mɔtʀisite] NF motivity

motte [mɔt] NF [*de terre*] lump • **~ de gazon** turf • **~ de beurre** block of butter

motus* [mɔtys] EXCL **~ et bouche cousue!** don't breathe a word!

mou, molle [mu, mɔl]

> **mou** becomes **mol** before a vowel or silent **h**.

1 ADJ [*substance, oreiller*] soft; [*tige, tissu, geste, poignée de main*] limp • **j'ai les jambes molles** my legs feel weak • **il est ~ comme une chique** he's spineless

2 NM ⓐ (*= personne*) (*sans caractère*) spineless character; (*apathique*) lethargic person; (*trop indulgent*) soft person ⓑ [*de corde*] **avoir du ~** to be slack • **donner du ~** to give some slack • **donne un peu de ~ pour que je puisse faire un nœud** let the rope out a bit so that I can make a knot

mouchard [muʃaʀ] NM ⓐ (*= indicateur de police*) informer ⓑ (*= rapporteur*)* sneak* ⓒ (*= appareil*) [*d'avion, train*] black box; [*de camion*] tachograph

moucharder* [muʃaʀde] /TABLE 1/ 1 VT [*enfant*] to sneak on*; [*indicateur*] to inform on 2 VI to tell tales

mouche [muʃ] 1 NF ⓐ (*= insecte*) fly • **quelle ~ t'a piqué?** what's got into you? • **prendre la ~** to go into a huff* ⓑ **faire ~** [*tireur*] to score a bull's-eye; [*remarque*] to hit home 2 COMP ▸ **mouche à feu** (*Can*) firefly

moucher [muʃe] /TABLE 1/ 1 VT ⓐ **~ (le nez de) qn** to blow sb's nose • **mouche ton nez** blow your nose ⓑ (*= remettre à sa place*)* **~ qn** to put sb in his place ⓒ [*+ chandelle*] to snuff out 2 VPR **se moucher** to blow one's nose

moucheron [muʃʀɔ̃] NM (*= insecte*) small fly

moucheté, e [muʃ(ə)te] ADJ [*œuf*] speckled; [*poisson*] spotted

mouchoir [muʃwaʀ] NM (*en tissu*) handkerchief • **~ en papier** tissue • **leur jardin est grand comme un ~ de poche** their garden is tiny

moudjahidin○ [mudʒa(j)idin] NMPL mujaheddin

moudre [mudʀ] /TABLE 47/ VT to grind

moue [mu] NF pout • **faire la ~** to pout; (*= faire la grimace*) to pull a face • **faire une ~ de dédain** to give a disdainful pout

mouette [mwɛt] NF sea gull

mouffette [mufɛt] NF skunk

moufle [mufl] NF (*= gant*) mitten; (*pour plats chauds*) oven glove

mouflet, -ette* [muflɛ, ɛt] NM,F kid*

mouflon [muflɔ̃] NM mouflon

mouillage [mujaʒ] NM (*= abri*) anchorage • **au ~** lying at anchor

mouillasser [mujase] VB IMPERS (*Can*) to drizzle

mouillé, e [muje] *ptp de* **mouiller** ADJ wet • **tout ~** all wet

mouiller [muje] /TABLE 1/ 1 VT ⓐ **~ qch** [*+ linge, sol*] to dampen sth; (*accidentellement*) to get sth wet • **~ son doigt pour tourner la page** to moisten one's finger to turn the page • **se faire ~** to get wet • **~ sa chemise** to put in some hard work • **~ l'ancre** to drop anchor ⓑ [*+ vin*] to water down; [*+ rôti*] to baste ⓒ (*= compromettre*)* **plusieurs personnes ont été mouillées dans l'histoire** several people were mixed up in the affair

2 VI [*bateau*] to drop anchor • **ils ont mouillé à Papeete** they anchored at Papeete

3 VPR **se mouiller** ⓐ (*= se tremper*) to get o.s. wet • **se ~ les pieds** to get one's feet wet ⓑ (*= prendre des risques*)* to commit o.s.; (*= se compromettre*)* to get involved

mouillette [mujɛt] NF finger of bread

mouise‡ [mwiz] NF **être dans la ~** (*misère*) to be flat broke*; (*ennuis*) to be up the creek*

moulage [mulaʒ] NM ⓐ (*= reproduction*) cast • **~ en plâtre** plaster ⓑ (*= fabrication*) casting

moulant, e [mulɑ̃, ɑ̃t] ADJ [*robe*] figure-hugging; [*pantalon, pull*] tight-fitting

moule[1] [mul] 1 NM ⓐ (*= forme*) mould (*Brit*), mold (*US*) • **se couler dans un ~** to conform to a norm ⓑ (*pour gâteaux*) tin (*Brit*), pan (*US*) 2 COMP ▸ **moule à cake** loaf tin ▸ **moule à gâteaux** cake tin (*Brit*), cake pan (*US*) ▸ **moule à gaufres** waffle-iron ▸ **moule à tarte** pie dish

moule[2] [mul] NF (*= coquillage*) mussel • **~s marinières** moules marinières

mouler [mule] /TABLE 1/ VT ⓐ [*+ statue, buste*] to cast ⓑ [*+ corps*] **une robe qui moule** a figure-hugging dress • **pantalon qui moule** tight-fitting trousers

moulin [mulɛ̃] NM mill • **~ à paroles** chatterbox ▸ **moulin à café** coffee mill ▸ **moulin à eau** water mill ▸ **moulin à légumes** vegetable mill ▸ **moulin à poivre** pepper mill ▸ **moulin à vent** windmill

mouliner [muline] /TABLE 1/ VT ⓐ [*+ légumes, viande*] to put through a vegetable mill ⓑ (*Pêche*) to reel in ⓒ (*en informatique*)* to process

moulinette® [mulinɛt] NF vegetable mill • **passer qch à la ~** [*+ légumes*] to put sth through the vegetable mill; (*fig*) to subject sth to close scrutiny; (*en informatique*)* to process sth

moulu, e [muly] *ptp de* **moudre** ADJ ⓐ [*café, poivre*] ground ⓑ (*de fatigue*)* dead-beat*

moulure [mulyʀ] NF moulding (*Brit*), molding (*US*)

moumoune* [mumun] ADJ (*Can = peureux*) timid

moumoute* [mumut] NF (*= postiche pour hommes*) toupee

mourant, e [muʀɑ̃, ɑ̃t] NM,F **un ~** a dying man • **une ~e** a dying woman • **les ~s** the dying

mourir [muʀiʀ] /TABLE 1/

> **mourir** is conjugated with **être**.

VI to die; [*civilisation, empire, coutume, feu*] to die out • **~ avant l'âge** to die young • **~ assassiné** to be murdered • **~ empoisonné** (*crime*) to be poisoned; (*accident*) to die of poisoning • **~ en héros** to die a hero's death • **faire ~ qn** to kill sb • **c'est une simple piqûre, tu n'en mourras pas!** it's only a little injection, it won't kill you! • **s'ennuyer à ~** to be bored to death • **plus bête que lui, tu meurs!*** he's as stupid as they come!* • **elle est belle** à ~ she's heart-stoppingly beautiful, she's drop-dead gorgeous* • **triste à ~** deadly dull

▸ **mourir de** to die of • **~ de vieillesse** to die of old age • **~ de chagrin** to die of grief • **~ d'une maladie** to die of a disease • **~ de froid** to die of exposure • **on meurt de froid ici** it's freezing in here • **je meurs de sommeil** I'm dead on my feet • **~ de faim** to starve to death; (*= avoir très faim*) to be starving • **~ de soif** to die of thirst; (*= avoir très soif*) to be parched • **~ de sa belle mort** to die a natural death • **il me fera ~ d'inquiétude** he'll drive me to my death with worry • **~ d'ennui** to be bored to death • **il meurt d'envie de le faire** he's dying to do it

mouron [muʀɔ̃] NM **se faire du ~*** to worry o.s. sick*

mourra [muʀʀa] VB → **mourir**

mousquetaire [muskətɛʀ] NM musketeer

mousse[1] [mus] **1** NF (a) (*= plante*) moss (b) [*de bière, café, lait*] froth; [*de savon*] lather; [*de champagne*] bubbles • **la ~ sur le verre de bière** the head on the beer (c) (*= bière*)* pint* (d) (*= plat*) mousse • **~ au chocolat** chocolate mousse • **~ d'avocat** avocado mousse (e) (*= caoutchouc*) foam rubber • **balle ~** rubber ball • **collant ~** stretch tights (*Brit*) *ou* pantyhose (*US*) **2** COMP ▸ **mousse coiffante** styling mousse ▸ **mousse à raser** shaving foam

mousse[2] [mus] NM (*= marin*) ship's boy

mousseline [muslin] NF (a) (*= coton*) muslin; (*= soie*) chiffon (b) (*= mousse*) mousseline

mousser [muse] /TABLE 1/ VI [*bière*] to froth; [*champagne*] to bubble; [*savon, shampooing, crème à raser*] to lather • **faire ~** [*+ savon, détergent*] to lather up • **se faire ~*** to blow one's own trumpet (**auprès de** to); (*auprès d'un supérieur*) to sell o.s. hard* (**auprès de** to)

mousseur [musœʀ] NM water-saving tap head (*Brit*), water-saving faucet head (*US*)

mousseux, -euse [musø, øz] **1** ADJ [*vin*] sparkling; [*bière, chocolat*] frothy **2** NM sparkling wine

mousson [musɔ̃] NF monsoon

moustache [mustaʃ] NF moustache • **~s** [*d'animal*] whiskers • **porter la ~** to have a moustache • **avoir de la ~** to have a moustache

moustachu, e [mustaʃy] ADJ with a moustache • **c'est un ~** he has a moustache

moustiquaire [mustikɛʀ] NF (*= rideau*) mosquito net; [*de fenêtre, porte*] mosquito screen

moustique [mustik] NM (*= insecte*) mosquito ▸ **moustique tigre** tiger mosquito

moutard* [mutaʀ] NM brat*

moutarde [mutaʀd] **1** NF mustard • **il a senti la ~ lui monter au nez** he felt his temper flaring **2** ADJ INV mustard

mouton [mutɔ̃] **1** NM (a) (*= animal*) sheep • **revenons à nos ~s** let's get back to the subject (b) (*= viande*) mutton (c) (*= peau*) sheepskin (d) (*= personne*)* **c'est un ~** (*grégaire*) he's easily led • **ils se comportent comme des ~s de Panurge** they behave like sheep **2** NMPL **moutons** (*sur la mer*) white horses (*Brit*), white caps (*US*); (*sur le plancher*) fluff; (*dans le ciel*) fleecy clouds **3** COMP ▸ **mouton à cinq pattes** rare bird ▸ **mouton retourné** sheepskin

mouture [mutyʀ] NF (a) [*de café*] **une ~ fine** finely ground coffee (b) [*d'article, rapport*] **c'est la première ~** it's the first draft

mouvance [muvɑ̃s] NF **au sein de la ~ écologiste** among the different ecological parties

mouvant, e [muvɑ̃, ɑ̃t] ADJ [*situation*] unsettled; [*frontières, terrain*] shifting • **être sur un terrain ~** to be on shaky ground

mouvement [muvmɑ̃] NM (a) movement • **~s de gymnastique** physical exercises • **il approuva d'un ~ de tête** he gave a nod of approval • **elle refusa d'un ~ de tête** she shook her head in refusal • **elle eut un ~ de recul** she started back • **faire un ~** to move • **elle ne pouvait plus faire le moindre ~** she could no longer move at all • **suivre le ~** to follow the crowd • **presser le ~** to step up the pace • **le ~ perpétuel** perpetual motion • **~ de foule** movement in the crowd • **~s de population** shifts in population • **d'importants ~s de troupes à la frontière** large-scale troop movements along the border • **~ politique** political movement • **le ~ ouvrier** the labour movement • **Mouvement de libération de la femme** Women's Liberation Movement • **~ de grève** strike action *NonC* • **~ de protestation** protest movement

▸ **en mouvement** **être sans cesse en ~** to be constantly on the move • **mettre qch en ~** to set sth in motion • **se mettre en ~** to set off

(b) (*= impulsion, réaction*) **dans un ~ de colère** in a fit of anger • **des ~s dans l'auditoire** a stir in the audience • **allons, un bon ~ !** come on, just a small gesture!

(c) (*= activité*) **une rue pleine de ~** a busy street • **il aime le ~** (*= il est dynamique*) he likes to be on the go • **il n'y a pas beaucoup de ~ le dimanche** not much happens on Sundays

(d) (*= évolution*) **un parti du ~** a party in favour of change • **être dans le ~** to keep up-to-date • **un ~ d'opinion** a trend of opinion

mouvementé, e [muvmɑ̃te] ADJ (a) [*terrain*] rough (b) [*vie, récit*] eventful; [*séance*] stormy • **j'ai eu une journée assez ~e** I've had quite a hectic day

mouvoir [muvwaʀ] /TABLE 27/ **1** VT [*+ personne*] to drive **2** VPR **se mouvoir** to move

moyen[1], **-yenne** [mwajɛ̃, jɛn] **1** ADJ (a) (*= ni grand ni petit*) [*taille*] medium; [*ville, maison*] medium-sized; [*prix*] moderate • **les moyennes entreprises** medium-sized companies

(b) (*= intermédiaire*) middle • **il doit exister une voie moyenne** there must be a middle way

(c) (*= du type courant*) average • **le Français ~** the average Frenchman

(d) (*= ni bon ni mauvais*) average • **il est ~ en géographie** he is average at geography • **son devoir est très ~** his essay is pretty poor* • **comment as-tu trouvé le spectacle ? — très ~** what did you think of the show? — pretty average

(e) (*d'après des calculs*) average

2 NF **moyenne** average; (*= vitesse*) average speed • **la ~ne d'âge** the average age • **~ne générale de l'année** average for the year • **avoir la ~ne** (*à un devoir*) to get fifty per cent; (*à un examen*) to get a pass • **améliorer sa ~ne** to improve one's marks (*Brit*) *ou* grades (*US*) • **cet élève est dans la ~ne** this pupil is about average • **cet élève est dans la bonne ~ne** this pupil is above average • **faire du 100 de ~ne** to average 100km/h • **en ~ne** on average • **l'usine produit en ~ne 500 voitures par jour** the factory turns out 500 cars a day on average

moyen[2] [mwajɛ̃] **1** NM (a) (*= procédé, manière*) way • **il y a toujours un ~** there's always a way • **par quel ~ allez-vous le convaincre ?** how will you manage to

m

convince him? • **c'est le meilleur ~ de rater ton examen** it's the best way to fail your exam • **c'est l'unique ~ de s'en sortir** it's the only way out • **tous les ~s lui sont bons** he'll stop at nothing • **tous les ~s seront mis en œuvre pour réussir** we shall use all possible means to succeed • **se débrouiller avec les ~s du bord** to get by as best one can • **employer les grands ~s** to resort to drastic measures • **trouver le ~ de faire qch** to find some means of doing sth • **il a trouvé le ~ de se perdre** he managed to get lost • **adverbe de ~** adverb of means • **au ~ de** by means of

▸ **par tous les moyens** by all possible means; (*même malhonnêtes*) by fair means or foul • **j'ai essayé par tous les ~s de le convaincre** I've done everything to try and convince him

b ▸ **moyen de** means of • **~ d'action** means of action • **~ de communication** means of communication • **~ d'expression** means of expression • **~ de production** means of production • **~ de locomotion** means of transport • **~ de transport** means of transport • **~ de paiement** means of payment • **~ de pression** means of applying pressure • **nous n'avons aucun ~ de pression sur lui** we have no means of putting pressure on him • **est-ce qu'il y a ~ de lui parler?** is it possible to speak to him? • **pas ~ d'avoir une réponse claire!** there's no way you can get a clear answer!

2 NMPL **moyens** **a** (*= capacités intellectuelles, physiques*) **ça lui a fait perdre tous ses ~s** it left him completely at a loss • **il était en pleine possession de ses ~s** his powers were at their peak; [*personne âgée*] he was in full possession of his faculties • **par ses propres ~s** [*réussir*] all by oneself • **ils ont dû rentrer par leurs propres ~s** they had to make their own way home

b (*= ressources financières*) means • **il a les ~s** he can afford it • **c'est dans mes ~s** I can afford it • **il vit au-dessus de ses ~s** he lives beyond his means • **il n'a pas les ~s de s'acheter une voiture** he can't afford to buy a car • **c'est au-dessus de ses ~s** he can't afford it

Moyen Âge [mwajɛnɑʒ] NM **le ~** the Middle Ages • **au ~** in the Middle Ages

moyenâgeux, -euse [mwajɛnɑʒø, øz] ADJ **a** [*ville, costumes*] medieval **b** (*péj*) [*pratiques, théorie*] antiquated

moyen-courrier (*pl* **moyens-courriers**) [mwajɛ̃kuʀje] **1** ADJ [*vol*] medium-haul **2** NM medium-haul aircraft

moyennant [mwajɛnɑ̃] PRÉP [*+ argent*] for; [*+ service*] in return for; [*+ travail, effort*] with • **~ finances** for a fee • **~ quoi** in return for which

moyennement [mwajɛnmɑ̃] ADV **a** (*= médiocrement*) **c'est ~ bon** it's pretty average • **c'est ~ intéressant** it's not that interesting • **c'est très ~ payé** it's poorly paid • **j'ai réussi ~ en anglais** I didn't do that well in English • **j'aime ~ ça** I don't like it that much • **ça va? — ~*** how are things? — could be worse* **b** (*= dans la moyenne*) [*radioactif, sucré*] moderately • **~ intelligent** of average intelligence

Moyen-Orient [mwajɛnɔʀjɑ̃] NM **le ~** the Middle East • **au ~** in the Middle East • **les pays du ~** Middle Eastern countries

moyeu (*pl* **moyeux**) [mwajø] NM [*de roue*] hub

mozambicain, e [mɔzɑ̃bikɛ̃, ɛn] **1** ADJ Mozambican **2** NM,F **Mozambicain(e)** Mozambican

Mozambique [mɔzɑ̃bik] NM Mozambique

mp3 [ɛmpetʀwa] NM (*Mus, Informatique*) MP3 • **lecteur ~** MP3 player

MRAP [mʀap] NM (ABR DE **mouvement contre le racisme, l'antisémitisme et pour l'amitié des peuples**) *French antiracist and peace movement*

MST [ɛmɛste] NF (ABR DE **maladie sexuellement transmissible**) STD

mû○**, mue**[1] [my] *ptp de* **mouvoir**

mue[2] [my] NF (*= transformation*) [*d'oiseau*] moulting (Brit), molting (US); [*de serpent*] sloughing • **la ~ intervient vers 14 ans** the voice breaks (Brit) *ou* changes (US) at about 14 years of age

muer [mɥe] /TABLE 1/ **1** VI [*oiseau, mammifère*] to moult (Brit), to molt (US); [*serpent*] to slough • **sa voix mue** his voice is breaking (Brit) *ou* changing (US) • **il mue** his voice is breaking (Brit) *ou* changing (US) **2** VT **~ qch en** to change sth into **3** VPR **se muer** **se ~ en** to change into

muesli [myysli] NM muesli

muet, muette [mɥɛ, mɥɛt] **1** ADJ **a** mute • **~ de colère** speechless with anger • **~ de peur** dumb with fear • **rester ~** to remain silent **b** [*film, cinéma*] silent; [*rôle*] non-speaking **2** NM **a** (*= infirme*) mute **b** (*Ciné*) **le ~** silent movies **3** NF **muette** mute

mufle [myfl] **1** NM **a** [*de bovin*] muffle; [*de chien, lion*] muzzle **b** (*= goujat*)* lout **2** ADJ **ce qu'il est ~!** he's such a lout!

mugir [myʒiʀ] /TABLE 2/ VI **a** [*vache*] to moo; [*bœuf*] to bellow **b** [*vent*] to howl

muguet [mygɛ] NM lily of the valley

mulâtre, mulâtresse [mylɑtʀ, mylɑtʀɛs] NM,F mulatto (*injurieux*)

mule [myl] NF **a** (*= animal*) female mule • **charger la ~** (*fig*) to push it*, to go overboard* **b** (*= pantoufle*) mule

mulet [mylɛ] NM **a** (*= mammifère*) male mule **b** (*= poisson*) mullet

mulot [mylo] NM field mouse

multicolore [myltikɔlɔʀ] ADJ multicoloured (Brit), many-colored (US)

multicoque [myltikɔk] NM multihull

multiculturel, -elle [myltikyltyʀɛl] ADJ multicultural

multifenêtrage [myltifənɛtʀaʒ] NM (*Informatique*) multi-window interface

multifonction [myltifɔ̃ksjɔ̃] ADJ multifunction; (*en informatique*) multitasking

multigraines [myltigʀɛn] ADJ INV multigrain

multilingue [myltilɛ̃g] ADJ multilingual

multimarques [myltimaʀk] ADJ [*boutique, concessionnaire*] multi-brand *épith*

multimédia [myltimedja] **1** ADJ multimedia **2** NM **le ~** multimedia

multimédiatique [myltimedjatik] ADJ multimedia

multimilliardaire [myltimiljaʀdɛʀ] NMF multimillionaire

multinational, e (*mpl* **-aux**) [myltinasjɔnal, o] **1** ADJ multinational **2** NF **multinationale** multinational

multipartisme [myltipaʀtism] NM multiparty system

multiplateforme [myltiplatfɔʀm] ADJ cross-platform *épith* • **jeu ~** cross-platform game

multiple [myltipl] **1** ADJ **a** (*= nombreux*) numerous; [*fracture, grossesse*] multiple • **pour de ~s raisons** for many reasons • **à de ~s reprises** time and again • **outil**

à usages ~s multipurpose tool • **choix ~** multiple choice ⓑ (= *complexe*) [*problème*] many-sided **2** NM multiple

multiplex [myltiplɛks] ADJ, NM multiplex • **émission en ~** multiplex programme

multiplexe [myltiplɛks] NM (*Ciné*) multiplex cinema

multiplication [myltiplikasjɔ̃] NF multiplication; (= *prolifération*) increase in the number of • **la ~ des accidents** the growing number of accidents

multiplicité [myltiplisite] NF multiplicity

multiplier [myltiplije] /TABLE 7/ **1** VT to multiply • **les prix ont été multipliés par trois** prices have tripled • **les autorités multiplient les appels au calme** the authorities are issuing repeated appeals for calm • **je pourrais ~ les exemples** I could give you hundreds of examples **2** VPR **se multiplier** to multiply

multiprise [myltipʀiz] NF adaptor

multiprocesseur [myltipʀɔsesœʀ] NM multiprocessor

multipropriété [myltipʀɔpʀijete] NF timesharing • **acheter un appartement en ~** to buy a timeshare in a flat

multiracial, e (*mpl* **-iaux**) [myltiʀasjal, jo] ADJ multiracial

multirécidiviste [myltiʀesidivist] **1** NMF persistent offender **2** ADJ [*personne*] who has committed several criminal offences

multirisques [myltiʀisk] ADJ **assurance ~** ≈ comprehensive insurance

multisalles [myltisal] ADJ **(cinéma** *ou* **complexe) ~** multiplex cinema

multitâche [myltitaʃ] **1** ADJ ⓐ multitask *épith*, multitasking ⓑ **être ~** to multitask **2** NM multitasking **3** NMF (*personne*) multitasker

multitude [myltityd] NF **une ~ de** a vast number of

municipal, e (*mpl* **-aux**) [mynisipal, o] **1** ADJ municipal **2** NFPL **municipales les ~es** the local elections

municipalité [mynisipalite] NF ⓐ (= *ville*) town ⓑ (= *conseil*) town council

munir [myniʀ] /TABLE 2/ **1** VT **~ de** to provide with • **~ une machine de** to equip a machine with • **muni d'un bon dictionnaire** equipped with a good dictionary **2** VPR **se munir se ~ de** [*+ papiers*] to take with one; [*+ imperméable*] to take; [*+ argent, nourriture*] to take a supply of • **se ~ de courage** to pluck up courage

munitions [mynisjɔ̃] NFPL munitions

muqueuse [mykøz] NF mucous membrane

mur [myʀ] NM wall • **mettre qch au ~** to put sth on the wall • **faire le ~*** to go over the wall • **on va droit dans le ~** we're heading straight for disaster • **les ~s ont des oreilles!** walls have ears! • **faire le ~** (*Sport*) to make a wall • **faire du ~** (*Tennis*) to practise against a wall • **se heurter à un ~** to come up against a brick wall • **avoir le dos au ~** to have one's back to the wall • **on parle à un ~** it's like talking to a brick wall ▸ **le mur de Berlin** the Berlin Wall ▸ **mur d'escalade** climbing wall ▸ **mur pare-feu** (*Internet*) firewall ▸ **le mur du son** the sound barrier • **franchir le ~ du son** to break the sound barrier ▸ **mur végétal** *ou* **végétalisé** *ou* **vivant** living wall

mûr○, e[1] [myʀ] ADJ ⓐ [*fruit, projet*] ripe • **fruit pas ~** unripe fruit • **fruit trop ~** overripe fruit • **après ~e réflexion** after much thought ⓑ [*personne*] (= *sensé*) mature; (= *âgé*) middle-aged • **il est ~ pour le mariage** he is ready for marriage • **leur pays est-il ~ pour la démocratie ?** is their country ripe for democracy?

muraille [myʀɑj] NF wall • **la Grande Muraille de Chine** the Great Wall of China

mural, e (*mpl* **-aux**) [myʀal, o] ADJ wall • **peinture ~e** mural

mûre○² [myʀ] NF blackberry

mûrement○ [myʀmɑ̃] ADV **une décision ~ réfléchie** a carefully thought out decision • **après avoir ~ réfléchi** after much thought

murène [myʀɛn] NF moray eel

murer [myʀe] /TABLE 1/ **1** VT [*+ ouverture*] to wall up; [*+ lieu*] to wall in **2** VPR **se murer** (*chez soi*) to shut o.s. away • **se ~ dans son silence** to lock o.s. in silence • **se ~ dans la solitude** to retreat into solitude

murge* [myʀʒ] NF **se prendre une ~** (= *se saouler*) to get blind drunk*, to get pissed‡ (*Brit*)

murger (se)* [myʀʒe] /TABLE 3/ VPR (= *se soûler*) to get blind drunk*, to get pissed‡ (*Brit*)

mûrier○ [myʀje] NM blackberry bush

mûrir○ [myʀiʀ] /TABLE 2/ **1** VI [*fruit*] to ripen; [*idée, personne*] to mature; [*abcès, bouton*] to come to a head • **faire ~** [*+ fruit*] to ripen **2** VT ⓐ [*+ personne*] to make mature ⓑ [*+ idée, projet*] to nurture

murmure [myʀmyʀ] **1** NM murmur **2** NMPL **murmures** (= *protestations*) murmurings; (= *objections*) objections; (= *rumeurs*) rumours (*Brit*), rumors (*US*)

murmurer [myʀmyʀe] /TABLE 1/ VI ⓐ (= *chuchoter*) to murmur • **on murmure que ...** rumour has it that ... ⓑ (= *protester*) to mutter (**contre** about)

musaraigne [myzaʀɛɲ] NF shrew

musarder [myzaʀde] /TABLE 1/ VI (*en se promenant*) to dawdle; (*en perdant son temps*) to idle about

musc [mysk] NM musk

muscade [myskad] NF nutmeg

muscat [myska] NM ⓐ (= *raisin*) muscat grape ⓑ (= *vin*) muscat

muscle [myskl] NM muscle • **il a des ~s*** he's muscular

musclé, e [myskle] *ptp de* **muscler** ADJ ⓐ [*corps, personne*] muscular • **elle est très ~e des jambes** she's got very muscular legs ⓑ [*régime*] strong-arm; [*interrogatoire*] violent • **une intervention ~e de la police** a forceful intervention by the police

muscler [myskle] /TABLE 1/ **1** VT ⓐ [*+ corps, personne*] to develop the muscles of ⓑ [*+ économie, industrie*] to strengthen **2** VPR **se muscler** [*personne*] to develop one's muscles • **pour que vos jambes se musclent** to develop your leg muscles

muscu* [mysky] NF (ABR DE **musculation**)

musculaire [myskylɛʀ] ADJ [*force*] muscular • **fibre ~** muscle fibre

musculation [myskylasjɔ̃] NF body building • **exercices de ~** muscle-development exercises • **salle de ~** weights room • **faire de la ~** to do body building

musculature [myskylatyʀ] NF muscle structure • **il a une ~ imposante** he has an impressive set of muscles

muse [myz] NF Muse

museau (*pl* **museaux**) [myzo] NM ⓐ [*de chien*] muzzle; [*de bovin*] muffle; [*de porc*] snout; [*de souris*] nose ⓑ (= *plat*) brawn (*Brit*), headcheese (*US*) ⓒ (= *bouche*)* **essuie ton ~** wipe your mouth

musée [myze] NM [*d'art, peinture*] art gallery; (*technique, scientifique*) museum • **~ de cire** wax museum • **Nîmes**

m

est une ville-~ Nîmes is a historical town • **pièce de ~** museum piece

museler [myz(ə)le] /TABLE 4/ (VT) to muzzle

muselière [myzəljɛʀ] (NF) muzzle • **mettre une ~ à** to muzzle

muséum [myzeɔm] (NM) natural history museum

musher [mœʃœʀ] (NMF), **musheur, -euse** [mœʃœʀ, øz] (NM,F) (dog) musher

mushing [mœʃiŋ] (NM) (dog) mushing

musical, e (*mpl* **-aux**) [myzikal, o] (ADJ) music *épith* • **l'œuvre ~e de Debussy** Debussy's musical works • **avoir l'oreille ~e** to have a good ear for music • **spectacle ~** music show; (= *comédie*) musical

music-hall (*pl* **music-halls**) [myzikol] (NM) music hall • **faire du ~** to do variety • **spectacle de ~** variety show

musicien, -ienne [myzisjɛ̃, jɛn] (NM,F) musician

musique [myzik] (NF) music; (= *morceau*) piece of music • **~ folklorique** folk music • **~ sacrée** sacred music • **elle fait de la ~** she plays a musical instrument • **mettre un poème en ~** to set a poem to music • **travailler en ~** to work to music • **qui a écrit la ~ du film?** who wrote the film score? • **il compose beaucoup de ~s de film** he composes a lot of film music ▸**musique d'ambiance** background music ▸**musique d'ascenseur** elevator music ▸**musique de chambre** chamber music ▸**musique classique** classical music ▸**musique de fond** background music; [*de film*] incidental music ▸**musique légère** light music ▸**musique de supermarché** elevator music

musli [mysli] (NM) muesli

must* [mœst] (NM) **c'est un ~** it's a must*

musulman, e [myzylmɑ̃, an] (ADJ, NM,F) Muslim

mutant, e [mytɑ̃, ɑ̃t] (ADJ, NM,F) mutant

mutation [mytasjɔ̃] (NF) ⓐ (= *transfert*) transfer ⓑ (= *changement*) transformation; [*d'animal, cellule*] mutation • **société en ~** changing society • **entreprise en pleine ~** company undergoing massive changes

muter [myte] /TABLE 1/ **1** (VT) to transfer • **il a été muté à Caen** he has been transferred to Caen **2** (VI) to mutate

mutilation [mytilasjɔ̃] (NF) mutilation

mutilé, e [mytile] *ptp de* **mutiler** (NM,F) (= *infirme*) disabled person • **les grands ~s** the severely disabled ▸**mutilé de guerre** disabled ex-serviceman

mutiler [mytile] /TABLE 1/ **1** (VT) to mutilate **2** (VPR) **se mutiler** to mutilate o.s.

mutin, e [mytɛ̃, in] **1** (ADJ) (= *espiègle*) mischievous **2** (NM) (= *soldat, marin*) mutineer; (= *prisonnier*) rioter

mutiner (se) [mytine] /TABLE 1/ (VPR) (= *soldat, marin*) to mutiny; (= *prisonniers*) to riot

mutinerie [mytinʀi] (NF) [*de soldats, marins*] mutiny; [*de prisonniers*] riot

mutisme [mytism] (NM) ⓐ (= *silence*) silence • **elle s'enferma dans un ~ total** she withdrew into total silence ⓑ (*maladif*) mutism

mutuel, -elle [mytɥɛl] **1** (ADJ) (= *réciproque*) mutual **2** (NF) **mutuelle** mutual society • **prendre une mutuelle*** to take out supplementary private health insurance

> **MUTUELLE**
>
> In addition to standard health cover provided by the "Sécurité sociale", many French people contribute to complementary insurance schemes run by mutual benefit organizations known as **mutuelles**, often linked to specific professions. The **mutuelle** reimburses some or all of the medical expenses that cannot be met by the "Sécurité sociale". → SÉCURITÉ SOCIALE

mutuellement [mytɥɛlmɑ̃] (ADV) [*s'accuser, se renforcer*] one another • **s'aider ~** to help one another • **ces options s'excluent ~** these options are mutually exclusive

Myanmar [mijanmaʀ] (NM) Myanmar

mycose [mikoz] (NF) fungal disease

mygale [migal] (NF) trap-door spider

myopathie [mjɔpati] (NF) ≈ muscular dystrophy

myope [mjɔp] **1** (ADJ) short-sighted • **~ comme une taupe*** blind as a bat* **2** (NMF) short-sighted person

myopie [mjɔpi] (NF) short-sightedness

myosotis [mjɔzɔtis] (NM) forget-me-not

myrtille [miʀtij] (NF) bilberry (*Brit*), blueberry (*US*)

mystère [mistɛʀ] (NM) ⓐ mystery • **pas tant de ~s!** don't be so mysterious! • **faire ~ de** to make a mystery out of • **~ et boule de gomme!*** who knows! • **ce n'est un ~ pour personne** it's no secret • **il n'y a pas de ~!*** it's as simple as that!* ⓑ (= *pièce de théâtre*) mystery

mystérieusement [misteʀjøzmɑ̃] (ADV) mysteriously

mystérieux, -ieuse [misteʀjø, jøz] (ADJ) (= *secret, bizarre*) mysterious; (= *cachottier*) secretive

mystifier [mistifje] /TABLE 7/ (VT) to deceive

mystique [mistik] **1** (ADJ) mystical **2** (NMF) (= *personne*) mystic

mythe [mit] (NM) myth

mythifier [mitifje] /TABLE 7/ (VT) [+ *passé, personne*] to glamorize

mythique [mitik] (ADJ) ⓐ [*héros, récit*] mythical ⓑ [*acteur, concert, soirée*] legendary

mytho* [mito] (ADJ, NMF) (ABR DE **mythomane**)

mythologie [mitɔlɔʒi] (NF) mythology

mythologique [mitɔlɔʒik] (ADJ) mythological

mythomane [mitɔman] (ADJ, NMF) **elle est un peu ~** she has a tendency to embroider the truth • **il est complètement ~** he makes up the most incredible stories

Nn

n' [n] → **ne**
n° (ABR DE **numéro**) no. • **n°43** no. 43, #43
na* [na] (EXCL) so there!
NAC [nak] (NMPL) (ABR DE **nouveaux animaux de compagnie**) exotic pets
nacelle [nasɛl] (NF) [*de montgolfière*] gondola
nacre [nakʀ] (NF) mother-of-pearl
nacré, e [nakʀe] (ADJ) pearly
nage [naʒ] (NF) (= *activité*) swimming; (= *manière*) stroke • **~ sur le dos** backstroke • **~ indienne** sidestroke • **faire un 100 mètres ~ libre** to swim a 100 metres freestyle • **se sauver à la ~** to swim away • **traverser une rivière à la ~** to swim across a river • **~ en eau vive** white-water swimming • **~ en eau libre** open water swimming • **écrevisses à la ~** crayfish cooked in a court-bouillon • **cela m'a mis en ~** it made me sweat
nageoire [naʒwaʀ] (NF) [*de poisson*] fin; [*de phoque, dauphin*] flipper
nager [naʒe] /TABLE 3/ **1** (VI) to swim; [*objet*] to float • **elle nage bien** she's a good swimmer • **il nage dans le bonheur** he is overjoyed • **il nage dans ses vêtements** his clothes are miles too big for him • **en allemand, je nage complètement*** I'm completely at sea* in German • **on nage en plein délire!** things have gone completely pear-shaped* **2** (VT) to swim • **~ le 100 mètres** to swim the 100 metres
nageur, -euse [naʒœʀ, øz] (NM,F) swimmer
naguère [nagɛʀ] (ADV) (*frm*) (= *il y a peu de temps*) not long ago; (= *autrefois*) formerly
naïf, naïve [naif, naiv] **1** (ADJ) naïve **2** (NM,F) **c'est un ~** he's naïve
nain, e [nɛ̃, nɛn] **1** (ADJ) dwarf **2** (NM,F) dwarf (*souvent injurieux*) • **~ de jardin** garden gnome
naissance [nɛsɑ̃s] (NF) **a** birth • **à la ~** at birth • **il est aveugle de ~** he has been blind from birth • **français de ~** French by birth • **nouvelle ~** new baby • **donner ~ à** [*+ enfant*] to give birth to; [*+ rumeurs, mouvement*] to give rise to **b** [*de rivière*] source; [*d'ongles*] root; [*de cou*] base • **à la ~ des cheveux** at the roots of the hair • **la ~ des seins** the top of the cleavage • **la ~ du jour** daybreak • **prendre ~** [*projet, idée*] to originate; [*soupçon, sentiment*] to arise
naissant, e [nɛsɑ̃, ɑ̃t] (ADJ) [*calvitie*] incipient; [*passion, industrie, démocratie, talent*] burgeoning • **une barbe ~e** the beginnings of a beard
naître○ [nɛtʀ] /TABLE 59/

> **naître** is conjugated with **être**.

(VI) **a** to be born • **quand l'enfant doit-il ~?** when is the baby due? • **il vient tout juste de ~** he has only just been born • **il est né le 4** he was born on the 4th • **il est né poète** he is a born poet • **être né de parents français** to be born of French parents • **être né sous une bonne étoile** to be born under a lucky star • **il n'est pas né d'hier** he wasn't born yesterday • **il n'est pas né de la dernière pluie** he wasn't born yesterday • **je l'ai vu ~!** I've known him since he was a baby!
b [*sentiment, craintes, difficultés*] to arise; [*ville, industrie*] to spring up; [*jour*] to break • **faire ~** [*+ soupçons, désir*] to arouse • **~ de** to spring from • **de cette rencontre est né le mouvement qui ...** from this meeting sprang the movement which ...
naïvement [naivmɑ̃] (ADV) naïvely
naïveté [naivte] (NF) naïvety • **il a eu la ~ de ...** he was naïve enough to ... • **d'une grande ~** very naïve
Namibie [namibi] (NF) Namibia
namibien, -ienne [namibjɛ̃, jɛn] **1** (ADJ) Namibian **2** (NM,F) **Namibien(ne)** Namibian
nana* [nana] (NF) (= *femme*) woman; (= *petite amie*) girlfriend
nanoparticule [nanɔpaʀtikyl] (NF) nanoparticle

> Le mot anglais s'écrit sans **u**.

nanorobot [nanoʀɔbo] (NM) nanobot
nanti, e [nɑ̃ti] *ptp de* **nantir** **1** (ADJ) rich **2** (NMPL) **les ~s** the rich
nantir [nɑ̃tiʀ] /TABLE 2/ **1** (VT) (= *munir*) **~ qn de** to provide sb with • **nanti de** equipped with **2** (VPR) **se nantir se ~ de** to equip o.s. with
naphtaline [naftalin] (NF) (= *antimite*) mothballs
nappe [nap] **1** (NF) **a** [*de table*] tablecloth **b** (= *couche*) layer • **~ d'eau** expanse of water **2** (COMP) ▸ **nappe de brouillard** blanket of fog • **des ~s de brouillard** fog patches ▸ **nappe de mazout** oil slick ▸ **nappe de pétrole** oil slick ▸ **nappe phréatique** ground water *NonC*
napper [nape] /TABLE 1/ (VT) to top (**de** with) • **nappé de chocolat** topped with chocolate
napperon [napʀɔ̃] (NM) (*de table*) tablemat; (*pour vase, lampe*) mat
narcisse [naʀsis] (NM) (= *fleur*) narcissus
narcissique [naʀsisik] (ADJ) narcissistic

narcissisme [narsisism] (NM) narcissism
narcodollars [narkodɔlar] (NMPL) drug money • **3 millions de ~** 3 million dollars' worth of drug money
narcotique [narkɔtik] (ADJ, NM) narcotic
narcotrafic [narkotrafik] (NM) drug trafficking
narcotrafiquant, e [narkotrafikɑ̃, ɑ̃t] (NM,F) drug trafficker
narguer [narge] /TABLE 1/ (VT) ⓐ [+ *personne*] to scoff at ⓑ [+ *danger*] to scorn
narine [narin] (NF) nostril
narquois, e [narkwa, waz] (ADJ) mocking
narrateur, -trice [naratœr, tris] (NM,F) narrator
narration [narasjɔ̃] (NF) narration
NASA [naza] (NF) (ABR DE **National Aeronautics and Space Administration**) NASA
nasal, e (*mpl* **-aux**) [nazal, o] (ADJ) nasal
nase* [nɑz] (ADJ) ⓐ (= *hors d'usage*) kaput* *attrib*; (= *exténué*) exhausted ⓑ (= *nul*) useless
naseau (*pl* **naseaux**) [nazo] (NM) [*de cheval, bœuf*] nostril
nasillard, e [nazijar, ard] (ADJ) [*voix*] nasal
nasse [nɑs] (NF) (*de pêche*) fish trap
natal, e (*mpl* **natals**) [natal] (ADJ) native • **ma maison ~e** the house where I was born • **ma terre ~e** my native soil
nataliste [natalist] (ADJ) [*politique, argument*] pro-birth
natalité [natalite] (NF) (*chiffre*) birth rate • **taux de ~** birth rate
natation [natasjɔ̃] (NF) swimming • **faire de la ~** to go swimming
Natel ® [natɛl] (NM) (*Helv*) (= *téléphone portable*) mobile
natif, -ive [natif, iv] **1** (ADJ) native • **locuteur ~** native speaker • **je suis ~ de Nice** I was born in Nice **2** (NM,F) native • **les ~s du Lion** people born under the sign of Leo ▸ **natif numérique** digital native
nation [nasjɔ̃] (NF) nation • **les Nations unies** the United Nations
national, e (*mpl* **-aux**) [nasjɔnal, o] **1** (ADJ) national; [*économie, monnaie*] domestic • **au plan ~ et international** at home and abroad • **entreprise ~e** state-owned company • **obsèques ~es** state funeral • **route ~e** ≈ A road (*Brit*), ≈ state highway (*US*) **2** (NF) **nationale** (= *route*) ≈ A road (*Brit*), ≈ state highway (*US*)
nationalisation [nasjɔnalizasjɔ̃] (NF) nationalization
nationaliser [nasjɔnalize] /TABLE 1/ (VT) to nationalize • **entreprises nationalisées** nationalized companies
nationalisme [nasjɔnalism] (NM) nationalism
nationaliste [nasjɔnalist] (ADJ, NMF) nationalist
nationalité [nasjɔnalite] (NF) nationality • **les personnes de ~ française** French citizens • **il a la double ~, française et suisse** he has dual French and Swiss nationality
nativité [nativite] (NF) nativity; (*Art*) nativity scene
natte [nat] (NF) (= *tresse*) plait (*Brit*), braid (*US*), pigtail • **se faire des ~s** to plait (*Brit*) *ou* braid (*US*) one's hair • **porter des ~s** to have *ou* wear one's hair in pigtails
natter [nate] /TABLE 1/ (VT) [+ *cheveux*] to plait (*Brit*), to braid (*US*)
naturalisation [natyralizasjɔ̃] (NF) ⓐ naturalization ⓑ [*d'animaux morts*] stuffing
naturaliser [natyralize] /TABLE 1/ (VT) ⓐ to naturalize • **se faire ~ français** to be granted French citizenship • **il est naturalisé américain** he has American citizenship ⓑ [+ *animal mort*] to stuff
naturaliste [natyralist] (NMF) ⓐ (= *scientifique*) naturalist ⓑ (= *empailleur*) taxidermist

nature [natyr] **1** (NF) ⓐ (= *monde physique*) **la ~** nature • **peindre d'après ~** to paint from life • **plus grand que ~** larger than life • **vivre dans la ~** to live in the country • **en pleine ~** in the middle of nowhere • **lâcher qn dans la ~*** to leave sb to their own devices • **s'évanouir dans la ~*** to vanish into thin air • **crimes contre ~** unnatural crimes
ⓑ (= *caractère*) nature • **la ~ humaine** human nature • **ce n'est pas dans sa ~** it is not in his nature • **il a une heureuse ~** he has a happy disposition • **quelle petite ~ tu fais!** what a weakling you are! • **c'est dans la ~ des choses** it's in the nature of things • **il est arrogant de ~** he is arrogant by nature • **ce n'est pas de ~ à arranger les choses** it's not likely to make things easier
ⓒ (= *sorte*) kind • **il y a un problème — de quelle ~?** there's a problem — what kind of problem? • **de toute ~** of all kinds • **en ~** in kind
2 (ADJ INV) ⓐ (= *sans adjonction*) [*café*] black; [*eau, crêpe, omelette*] plain; [*thé*] without milk; [*yaourt*] natural; [*salade*] without dressing • **riz ~** boiled rice
ⓑ (= *sans artifice*) [*personne*]* natural
3 (COMP) ▸ **nature morte** still life
naturel, -elle [natyrɛl] **1** (ADJ) natural; [*besoins, fonction*] bodily *épith*; [*soie, laine*] pure • **je vous remercie! — c'est tout ~** thank you! — you're welcome! • **il trouve ça tout ~** he thinks it the most natural thing in the world • **il trouve tout ~ de ...** he thinks nothing of ...
2 (NM) ⓐ (= *caractère*) nature • **être d'un ~ optimiste** to be naturally optimistic
ⓑ (= *absence d'affectation*) naturalness • **avec ~** naturally • **il manque de ~** he's not very natural
ⓒ ▸ **au naturel** (= *sans assaisonnement*) [*thon*] in brine; [*salade, asperges*] without any dressing • **pêches au ~** peaches in natural fruit juice

> Le mot anglais se termine par **-al**.

naturellement [natyrɛlmɑ̃] (ADV) naturally
naturisme [natyrism] (NM) (= *nudisme*) naturism
naturiste [natyrist] (ADJ, NMF) (= *nudiste*) naturist
naturopathe [natyrɔpat] (NMF) naturopath
naturopathie [natyrɔpati] (NF) naturopathy
naufrage [nofraʒ] (NM) ⓐ [*de bateau*] wreck • **le ~ du Titanic** the sinking of the Titanic • **ils ont trouvé la mort dans un ~** they drowned in a shipwreck • **faire ~** [*bateau*] to be wrecked; [*personne*] to be shipwrecked ⓑ [*de projet, pays*] foundering; [*d'entreprise*] collapse • **sauver du ~** [+ *argent, biens*] to salvage; [+ *entreprise*] to save from collapse
naufragé, e [nofraʒe] **1** (ADJ) [*marin*] shipwrecked; [*bateau*] wrecked **2** (NM,F) shipwrecked person; (*sur une île*) castaway • **les ~s de la croissance économique** the casualties of economic growth
Nauru [nauru] (N) Nauru
nauséabond, e [nozeabɔ̃, ɔ̃d] (ADJ) [*odeur*] nauseating; [*effluves, fumées*] foul-smelling
nausée [noze] (NF) (= *sensation*) nausea *NonC*; (= *haut-le-cœur*) bout of nausea • **avoir la ~** to feel sick • **avoir des ~s** to have bouts of nausea • **ça me donne la ~** it makes me sick
nauséeux, -euse [nozeø, øz] (ADJ) sickening
nautique [notik] (ADJ) [*science, mille*] nautical • **ballet ~** water ballet • **club ~** watersports centre • **loisirs ~s**

water sports • **salon ~** boat show

nautisme [notism] NM (= *sports*) water sports; (= *navigation de plaisance*) boating

naval, e (*mpl* **navals**) [naval] ADJ [*bataille, force, base*] naval; [*industrie*] shipbuilding • **école ~e** naval college → **chantier, construction**

navarin [navaʀɛ̃] NM ≈ mutton stew

navel [navɛl] NF navel orange

navet [navɛ] NM ⓐ (= *légume*) turnip ⓑ (= *film*)* third-rate film • **quel ~!** what a load of trash!

navette [navɛt] NF ⓐ (= *service de transport*) shuttle service • **~ diplomatique** diplomatic shuttle • **faire la ~ entre** [*banlieusard, homme d'affaires*] to commute between; [*véhicule*] to operate a shuttle service between; [*bateau*] to ply between; [*projet de loi, circulaire*] to be sent backwards and forwards between • **elle fait la ~ entre la cuisine et la chambre** she comes and goes between the kitchen and the bedroom ⓑ (= *véhicule*) shuttle • **~ spatiale** space shuttle

navigable [navigabl] ADJ [*rivière*] navigable

navigant, e [navigɑ̃, ɑ̃t] 1 ADJ **le personnel ~** [*d'avion*] flying crew; [*de bateau*] seagoing personnel 2 NMPL **les ~s** [*d'avion*] flying personnel; [*de bateau*] seagoing personnel

navigateur, -trice [navigatœʀ, tʀis] 1 NM,F (= *marin*) sailor; (*chargé de l'itinéraire*) navigator 2 NM (*Internet*) browser

navigation [navigasjɔ̃] NF (= *trafic*) traffic *NonC*; (= *pilotage*) navigation *NonC* • **canal fermé à la ~** canal closed to shipping • **terme de ~** nautical term • **~ par satellite** satellite navigation • **~ sur Internet** browsing the internet ▸ **navigation aérienne** aerial navigation ▸ **navigation côtière** coastal navigation ▸ **navigation de plaisance** pleasure boating

naviguer [navige] /TABLE 1/ VI ⓐ (= *voyager*) [*bateau, passager, marin*] to sail; [*avion, passager, pilote*] to fly • **~ à la voile** to sail • **~ sur Internet** to surf the internet ⓑ (= *piloter*) to navigate • **~ à travers Detroit** (*en voiture*) to find one's way through Detroit

navire [naviʀ] NM (= *bateau*) ship ▸ **navire de guerre** warship ▸ **navire marchand** merchant ship

navire-école (*pl* **navires-écoles**) [naviʀekɔl] NM training ship

navire-usine (*pl* **navires-usines**) [naviʀyzin] NM factory ship

navrant, e [navʀɑ̃, ɑ̃t] ADJ (= *attristant*) [+ *spectacle, conduite, nouvelle*] distressing; (= *regrettable*) [*contretemps, malentendu*] unfortunate • **tu es ~!** you're hopeless! • **un spectacle ~ de bêtise** a depressingly silly show • **il n'écoute personne, c'est ~** he won't listen to anybody, it's such a shame

navré, e [navʀe] *ptp de* **navrer** ADJ sorry (**de** to) • **je suis (vraiment) ~** I'm (terribly) sorry • **~ de vous décevoir** sorry to disappoint you • **avoir l'air ~** to look sorry • **d'un ton ~** (*pour s'excuser*) apologetically; (*pour compatir*) in a sympathetic tone

navrer [navʀe] /TABLE 1/ VT (= *consterner*) to dismay

naze* [nɑz] ADJ = **nase**

nazi, e [nazi] ADJ, NM,F Nazi

nazisme [nazism] NM Nazism

NB [ɛnbe] NM (ABR DE **nota bene**) NB

NBIC [ɛnbeise] NFPL (ABR DE **nanotechnologies, biotechnologies, sciences de l'information et sciences cognitives**) NBIC (= *nanotechnology, biotechnology, information technology and cognitive science*)

NDLR (ABR DE **note de la rédaction**) editor's note

ne [nə] ADV

> **ne** becomes **n'** before a vowel or silent **h**.

> Pour les structures de type **ne ... pas, ne ... plus, rien ne**, reportez-vous aussi à l'autre mot.

ⓐ (*négatif*) **je ne sais pas** I don't know • **je n'aime pas les bananes** I don't like bananas • **il n'habite plus ici** he doesn't live here any more • **il ne cesse de se plaindre** he never stops complaining • **cela fait des années que je n'ai plus été au cinéma** it's years since I last went to the cinema • **il n'a rien dit** he didn't say anything • **personne n'a compris** nobody understood

▸ **ne ... que** only • **elle n'a confiance qu'en nous** she only trusts us • **c'est mauvais de ne manger que des conserves** it's bad to eat only canned foods • **il n'y a que lui pour dire des choses pareilles!** only he would say such things!

ⓑ (*après «que»*) **je crains qu'il ne soit vexé** I am afraid he is offended

né, e [ne] *ptp de* **naître** ADJ ⓐ [*femme mariée*] née • **Mme Durand, née Dupont** Mme Durand née Dupont ⓑ **acteur-né** born actor • **Paul est son dernier-né** Paul is her youngest child

néanmoins [neɑ̃mwɛ̃] ADV (= *pourtant*) nevertheless • **il était malade, il est ~ venu** he was ill, but nevertheless he came • **c'est incroyable mais ~ vrai** it's incredible but nonetheless true

néant [neɑ̃] NM **le ~** nothingness *NonC* • **et après c'est le ~** then there's a total blank • **signes particuliers : ~** distinguishing marks: none • **surgir du ~** to spring up out of nowhere

Nébraska [nebʀaska] NM Nebraska

nébuleux, -euse [nebylø, øz] 1 ADJ [*projet, idée, discours*] nebulous 2 NF **nébuleuse** ⓐ (*en astronomie*) nebula ⓑ (*de sociétés*) cluster

nécessaire [nesesɛʀ] 1 ADJ necessary • **il est ~ de le faire** it needs to be done • **il est ~ qu'on le fasse** we need to do it • **avoir le temps ~** to have the time • **avoir le temps ~ pour qch** to have the time for sth • **avoir le temps ~ pour faire qch** to have the time to do sth • **faire les démarches ~s** to take the necessary steps

2 NM **emporter le strict ~** to take the bare necessities • **faire le ~** to do what is necessary • **j'ai fait le ~** I've done what was necessary • **je vais faire le ~** I'll make the necessary arrangements

3 COMP ▸ **nécessaire de couture** sewing kit ▸ **nécessaire à ongles** manicure set ▸ **nécessaire de voyage** overnight bag

nécessairement [nesesɛʀmɑ̃] ADV necessarily • **dois-je ~ m'en aller?** must I leave? • **passeras-tu par Londres? — non, pas ~** will you go via London? — no, not necessarily • **il y a ~ une raison** there must be a reason

nécessité [nesesite] 1 NF (= *obligation*) necessity • **je n'en vois pas la ~** I don't see the need for it • **être dans la ~ de faire qch** to have no choice but to do sth • **je l'ai fait par ~** I did it because I had to • **articles de première**

n

~ essentials 2 (NFPL) **nécessités** necessities • **pour les ~s de l'enquête** for the purposes of the inquiry
nécessiter [nesesite] /TABLE 1/ (VT) (= *requérir*) to require • **l'intervention nécessite plusieurs jours d'hospitalisation** the operation involves a hospital stay of several days
nec plus ultra [nɛkplysyltra] (NM) **c'est le ~ (de)** it's the last word (in)
nécrologie [nekʀɔlɔʒi] (NF) obituary
nécrologique [nekʀɔlɔʒik] (ADJ) obituary
nécropole [nekʀɔpɔl] (NF) necropolis
nectar [nɛktaʀ] (NM) nectar
nectarine [nɛktaʀin] (NF) nectarine
néerlandais, e [neɛʀlɑ̃dɛ, ɛz] 1 (ADJ) Dutch 2 (NM) ⓐ (= *langue*) Dutch ⓑ **Néerlandais** Dutchman • **les Néerlandais** the Dutch 3 (NF) **Néerlandaise** Dutch woman
nef [nɛf] (NF) [*d'église*] nave
néfaste [nefast] (ADJ) (= *nuisible*) harmful
négatif, -ive [negatif, iv] 1 (ADJ) negative 2 (NM) negative • **au ~** in the negative 3 (NF) **négative** **répondre par la négative** to reply in the negative
négation [negasjɔ̃] (NF) negation; (*dans une phrase*) negative • **double ~** double negative
négationniste [negasjɔnist] (ADJ, NMF) revisionist
négativement [negativmɑ̃] (ADV) [*réagir*] negatively • **répondre ~** to reply in the negative • **juger qch ~** to be critical of sth
négativité [negativite] (NF) negativity
négligé, e [neglize] *ptp de* **négliger** 1 (ADJ) ⓐ (= *abandonné*) [*épouse, ami*] neglected ⓑ (= *peu soigné*) [*personne, tenue*] slovenly; [*travail*] careless 2 (NM) ⓐ (= *laisser-aller*) slovenliness ⓑ (= *déshabillé*) négligée
négligeable [negliʒabl] (ADJ) negligible; [*détail*] unimportant • **non ~** [*facteur, élément, détail, rôle, nombre*] not inconsiderable; [*aide, offre*] by no means insignificant • **une quantité non ~** an appreciable amount

> Le mot anglais se termine par **-ible**.

négligemment [negliʒamɑ̃] (ADV) ⓐ (= *sans soin*) negligently ⓑ (= *nonchalamment*) casually
négligence [negliʒɑ̃s] (NF) ⓐ (= *manque de soin*) negligence • **il est d'une telle ~!** he's so careless! • **faire preuve de ~** to be negligent ⓑ (= *faute*) act of negligence; (= *délit*) criminal negligence • **c'est une ~ de ma part** it's an oversight on my part
négligent, e [negliʒɑ̃, ɑ̃t] (ADJ) ⓐ (= *sans soin*) negligent ⓑ (= *nonchalant*) casual
négliger [negliʒe] /TABLE 3/ 1 (VT) to neglect; [+ *style, tenue*] to be careless about; [+ *conseil*] to pay no attention to • **un rhume négligé peut dégénérer en bronchite** a cold that's not treated can turn into bronchitis • **ce n'est pas à ~** (*offre*) it's not to be sneezed at; (*difficulté*) it mustn't be overlooked • **rien n'a été négligé** nothing has been left to chance • **~ de faire qch** to neglect to do sth 2 (VPR) **se négliger** (*sa santé*) to neglect o.s.; (*sa tenue*) to neglect one's appearance
négoce [negɔs] (NM) (= *commerce*) trade (**de** in)
négociable [negɔsjabl] (ADJ) negotiable
négociant, e [negɔsjɑ̃, jɑ̃t] (NM,F) merchant • **~ en vins** wine merchant
négociateur, -trice [negɔsjatœʀ, tʀis] (NM,F) negotiator

> En anglais, le mot ne s'écrit pas avec un **c** mais avec un **t**.

négociation [negɔsjasjɔ̃] (NF) negotiation • **engager des ~s** to enter into negotiations • **~s commerciales** trade talks • **~s salariales** wage negotiations

> En anglais, le mot ne s'écrit pas avec un **c** mais avec un **t**.

négocier [negɔsje] /TABLE 7/ (VTI) to negotiate

> En anglais, le mot ne s'écrit pas avec un **c** mais avec un **t**.

nègre [nɛgʀ] (NM) ⓐ (*injurieux*) Negro (*injurieux*) ⓑ (= *écrivain*) ghost writer
négrier [negʀije] (NM) (= *marchand d'esclaves*) slave trader; (= *patron*) slave driver*
neige [nɛʒ] (NF) snow • **le temps est à la ~** it looks like it's going to snow • **aller à la ~*** to go on a skiing holiday • **battre des blancs en ~** to whisk egg whites to form stiff peaks • **œufs battus en ~** stiffly beaten egg whites ▸ **neige carbonique** dry ice ▸ **neiges éternelles** eternal snows ▸ **neige fondue** (= *pluie*) sleet; (*par terre*) slush
neiger [neʒe] /TABLE 3/ (VB IMPERS) to snow • **il neige** it's snowing
nem [nɛm] (NM) Vietnamese spring roll
néné‡ [nene] (NM) tit‡
nénette* [nenɛt] (NF) (= *jeune femme*) chick‡
nénuphar [nenyfaʀ] (NM) water lily
néo-calédonien, -ienne [neokaledɔnjɛ̃, jɛn] 1 (ADJ) New Caledonian 2 (NM,F) **Néo-Calédonien(ne)** New Caledonian
néofasciste [neofaʃist] (ADJ, NMF) neofascist
néologisme [neɔlɔʒism] (NM) neologism
néon [neɔ̃] (NM) ⓐ (= *gaz*) neon ⓑ (= *éclairage*) neon lighting *NonC* • **des ~s** neon lights
néonazi, e [neonazi] (ADJ, NM,F) neo-Nazi
néophyte [neɔfit] 1 (ADJ) novice 2 (NMF) (= *nouvel adepte*) novice
néo-zélandais, e [neozelɑ̃dɛ, ɛz] 1 (ADJ) New Zealand 2 (NM,F) **Néo-Zélandais(e)** New Zealander
Népal [nepal] (NM) Nepal
népalais, e [nepalɛ, ɛz] 1 (ADJ) Nepalese 2 (NM,F) **Népalais(e)** Nepalese
nerf [nɛʀ] (NM) ⓐ nerve • **avoir les ~s fragiles** to be highly strung (*Brit*) *ou* high-strung (*US*) • **avoir les ~s à vif** to be very edgy • **avoir des ~s d'acier** to have nerves of steel • **être sur les ~s** to be all keyed up* • **taper sur les ~s de qn*** to get on sb's nerves • **passer ses ~s sur qn** to take it out on sb • **ça va te calmer les ~s** that will calm your nerves ⓑ (= *vigueur*) **allons, du ~!** come on, buck up!* ⓒ (= *tendon*)* nerve; [*de viande*] ~s gristle *NonC*
nerveusement [nɛʀvøzmɑ̃] (ADV) (= *d'une manière excitée*) nervously; (= *de façon irritable*) irritably
nerveux, -euse [nɛʀvø, øz] 1 (ADJ) ⓐ [*tension, dépression, fatigue, système*] nervous; [*cellule, centre, tissu*] nerve • **pourquoi pleures-tu ? — c'est ~!** why are you crying? — it's nerves! ⓑ (= *agité*) nervous • **ça me rend ~** (= *anxieux*)

it makes me nervous; (= *excité, tendu*) it puts me on edge Ⓒ[*moteur, voiture*] responsive; [*style*] energetic • **il n'est pas très ~** he's not very energetic Ⓓ(= *sec*) [*personne, main*] wiry; [*viande*] gristly 2 (NM,F) **c'est un grand ~** he's very highly strung (*Brit*) *ou* high-strung (*US*)

⚠ **nerveux** ne se traduit pas toujours par **nervous**.

nervosité [nɛʀvozite] (NF) Ⓐ(= *agitation*) nervousness • **dans un état de grande ~** in a highly nervous state Ⓑ[*de voiture*] responsiveness
nervure [nɛʀvyʀ] (NF) [*de feuille*] vein
Nescafé ® [nɛskafe] (NM) instant coffee
n'est-ce pas [nɛspɑ] (ADV)

➢ Il n'y a pas en anglais d'expression figée pour traduire **n'est-ce pas?** L'anglais utilise au mode interrogatif l'auxiliaire (exprimé ou non, modal ou non) du verbe de la phrase auquel se rapporte **n'est-ce pas**, et le met au négatif si la phrase est affirmative, à l'affirmatif si la phrase est négative.

• **il est fort, ~?** he's strong, isn't he? • **il ne gagne pas beaucoup d'argent, ~?** he doesn't earn much, does he? • **elle aime les fleurs, ~?** she likes flowers, doesn't she? • **cela risque d'être dangereux, ~?** that might be risky, mightn't it? • **il n'est pas trop tard, ~?** it's not too late, is it? • **tu iras, ~?** you will go, won't you? • **~ que c'est difficile?** it's difficult, isn't it?
Net [nɛt] (NM) (ABR DE **Internet**) **le ~** the Net
net, nette [nɛt] 1 (ADJ)

➢ **net** follows the noun except when it means **marked**.

Ⓐ(= *propre*) [*surface, ongles, mains*] clean; [*intérieur, travail, copie*] neat
▸ **mettre au net** [*rapport, devoir*] to copy out; [*plan, travail*] to tidy up
Ⓑ(*opposé à «brut»*) [*bénéfice, prix, poids*] net • **~ de** free of • **revenu ~** net income
Ⓒ(= *clair*) clear; [*refus*] flat *épith*; [*situation, position*] clear-cut; [*ligne, contour, image*] sharp; [*cassure, coupure*] clean • **j'ai un souvenir très ~ de sa visite** I have a very clear memory of his visit • **ce type n'est pas très ~*** (= *bizarre*) that guy's slightly odd
Ⓓ(= *marqué*) marked • **une ~te amélioration** a marked improvement • **on observe une ~te diminution du chômage** there has been a marked fall in unemployment • **il y a une très nette odeur de brûlé** there's a distinct smell of burning
2 (ADV) Ⓐ(= *brusquement*) [*s'arrêter*] dead • **se casser ~** to snap in two • **il a été tué ~** he was killed instantly
Ⓑ(= *franchement*) [*refuser*] flatly • **je vous le dis tout ~** I'm telling you straight*
Ⓒ(*Commerce*) net • **il gagne 40 000 € ~** he earns 40,000 euros net
nettement [nɛtmɑ̃] (ADV) Ⓐ(= *clairement*) clearly • **je lui ai dit ~ ce que j'en pensais** I told him frankly what I thought of it Ⓑ(= *incontestablement*) [*s'améliorer, se différencier*] distinctly; [*mériter*] definitely • **j'aurais ~ préféré ne pas venir** I would have definitely preferred not to come • **ça va ~ mieux** things are distinctly better • **coûter ~ moins cher** to cost much less • **ils sont ~ moins nombreux** there are far fewer of them • **arriver ~ en avance** to arrive well in advance
netteté [nɛtte] (NF) Ⓐ(= *propreté*) neatness Ⓑ(= *clarté*) clarity; [*d'écriture*] clearness
nettoiement [netwamɑ̃] (NM) cleaning
nettoyage [netwajaʒ] (NM) cleaning • **un ~ complet** a thorough cleanup • **entreprise de ~** cleaning firm • **produit de ~** cleaning agent • **faire le ~ par le vide*** to throw everything out • **ils ont fait du ~ dans l'entreprise** they've got rid of the deadwood in this company ▸ **nettoyage de peau** skin cleansing ▸ **nettoyage de printemps** spring-cleaning ▸ **nettoyage à sec** dry cleaning → **ethnique**
nettoyant, e [netwajɑ̃, ɑ̃t] 1 (ADJ) cleaning 2 (NM) (= *produit*) cleaner
nettoyer [netwaje] /TABLE 8/ (VT) Ⓐto clean • **~ à l'eau** to wash in water • **~ avec du savon** to wash with soap • **~ à la brosse** to brush • **~ à l'éponge** to sponge • **~ à sec** to dry-clean Ⓑ(= *ruiner*) [+ *personne*]* to clean out
nettoyeur, -euse [netwajœʀ, øz] (NM,F) cleaner
neuf[1] [nœf] (NOMBRE) nine → **six**
neuf[2], **neuve** [nœf, nœv] 1 (ADJ) new • **«TV (état ~)»** "TV (as new)" • **c'est tout ~** it's brand new • **regarder qch d'un œil ~** to look at sth with new eyes 2 (NM) new • **il y a du ~** something new has turned up • **quoi de ~?** what's new? • **remettre** *ou* **refaire qch à ~** to make sth as good as new • **remise à ~** restoration
neuneu* [nønø] 1 (ADJ) (= *stupide*) dumb* 2 (NM) (= *idiot*) dummy*
neuroleptique [nøʀɔlɛptik] (ADJ, NM) neuroleptic
neurologie [nøʀɔlɔʒi] (NF) neurology
neurologique [nøʀɔlɔʒik] (ADJ) neurological
neurologue [nøʀɔlɔg] (NMF) neurologist
neurone [nøʀɔn] (NM) neuron • **faire travailler ses ~s** to use one's grey matter
neutralisation [nøtʀalizasjɔ̃] (NF) neutralization
neutraliser [nøtʀalize] /TABLE 1/ (VT) to neutralize; [+ *gardien, agresseur*] to overpower
neutralité [nøtʀalite] (NF) neutrality
neutre [nøtʀ] 1 (ADJ) neutral; [*genre*] neuter 2 (NM) Ⓐ(= *genre*) neuter; (= *nom*) neuter noun Ⓑ(*Élec*) neutral
neutron [nøtʀɔ̃] (NM) neutron
neuve [nœv] (ADJ) → **neuf**
neuvième [nœvjɛm] (ADJ, NMF) ninth → **sixième**
neuvièmement [nœvjɛmmɑ̃] (ADV) ninthly
neveu (*pl* **neveux**) [n(ə)vø] (NM) nephew
névralgie [nevʀalʒi] (NF) neuralgia *NonC*; (= *mal de tête*) headache
névralgique [nevʀalʒik] (ADJ) neuralgic • **centre** *ou* **point ~** nerve centre
névrose [nevʀoz] (NF) neurosis
névrosé, e [nevʀoze] (ADJ, NM,F) neurotic
New York [njujɔʀk] 1 (N) (= *ville*) New York 2 (NM) **l'État de ~** New York State
new-yorkais, e [njujɔʀkɛ, ɛz] 1 (ADJ) New-York 2 (NM,F) **New-Yorkais(e)** New Yorker
nez [ne] (NM) Ⓐnose • **ça se voit comme le ~ au milieu de la figure** it's as plain as the nose on your face • **cela sent le brûlé à plein ~** there's a strong smell of burning • **où est mon sac? — sous ton ~!** where's my bag? — right under your nose! • **le ~ dans son assiette**

n

with his head bent over his plate • **il ne lève jamais le ~ de ses livres** he's always got his nose in a book • **mettre le ~ à la fenêtre** to show one's face at the window • **je n'ai pas mis le ~ dehors hier** I didn't put my nose outside the door yesterday • **rire au ~ de qn** to laugh in sb's face • **fermer la porte au ~ de qn** to shut the door in sb's face • **elle m'a raccroché au ~** she hung up on me; (*avec colère*) she slammed the phone down on me • **se trouver ~ à ~ avec qn** to find o.s. face to face with sb

ⓑ (= *flair*) **il a du ~** he has good instincts • **en affaires, il a le ~ fin** he has a flair for business

ⓒ (*fig*) **avoir qn dans le ~*** to have it in for sb* • **avoir un verre dans le ~*** to have had one too many* • **se bouffer le ~*** to be at each others' throats • **mettre son ~ dans qch** to poke one's nose into sth • **l'affaire lui est passée sous le ~*** the deal slipped through his fingers • **je vais lui mettre le ~ dans sa merde**** I'll rub his (*ou* her) nose in it* • **montrer le bout de son ~** (= *se manifester*) to make an appearance

NF [ɛnɛf] (ABR DE **norme française**) **avoir le label NF** *to comply with French standards*

ni [ni] CONJ (*après négation*) or • **sans amour ni affection** without love or affection • **personne ne l'a aidé ni même encouragé** nobody helped or even encouraged him • **il ne veut pas, ni moi non plus** he doesn't want to and neither do I

▸ **ni ... ni ...** neither ... nor ... • **il ne pouvait ni parler ni entendre** he could neither speak nor hear • **ni lui ni moi** neither of us • **ni l'un ni l'autre** neither of them • **il n'a dit ni oui ni non** he didn't say either yes or no • **elle est secrétaire, ni plus ni moins** she's just a secretary, no more no less • **ni vu ni connu** no-one'll be any the wiser*

niais, niaise [njɛ, njɛz] 1 ADJ silly 2 NM,F simpleton • **pauvre ~!** poor fool!

niaiser* [njeze] /TABLE 1/ VT (*Can*) to make an ass* of

niaiserie [njɛzʀi] NF ⓐ (= *caractère*) silliness ⓑ **dire des ~s** to talk rubbish • **ils regardent des ~s à la télé** they're watching some rubbish on TV

niaiseux, -euse [njɛzø, øz] ADJ (*Can*) stupid

Nicaragua [nikaʀagwa] NM Nicaragua

nicaraguayen, -enne [nikaʀagwajɛ̃, jɛn] 1 ADJ Nicaraguan 2 NM,F **Nicaraguayen(ne)** Nicaraguan

niche [niʃ] NF ⓐ [*de chien*] kennel • **à la ~!** into your kennel! ⓑ (= *alcôve*) niche ⓒ (*dans un marché*) niche

nichée [niʃe] NF [*d'oiseaux*] brood • **~ de chiens** litter of puppies

nicher [niʃe] /TABLE 1/ 1 VI [*oiseau*] to nest; [*personne*]* to hang out* 2 VPR **se nicher** [*oiseau*] to nest; [*village, maison*] to nestle

nichon* [niʃɔ̃] NM boob*

nickel [nikɛl] 1 NM nickel 2 ADJ (= *impeccable*)* spotless • **chez eux, c'est ~** their home is always spick and span

niçois, e [niswa, waz] ADJ of *ou* from Nice

nicotine [nikɔtin] NF nicotine

nid [ni] NM [*d'oiseau*] nest • **un ~ douillet** a cosy little nest ▸ **nid d'aigle** eyrie ▸ **nid de poule** pothole

nièce [njɛs] NF niece

nième [ɛnjɛm] ADJ umpteenth • **pour la ~ fois** for the umpteenth time

nier [nje] /TABLE 7/ VT to deny • **il nie les avoir vus** he denies having seen them • **~ l'évidence** to deny the obvious • **l'accusé a nié** the accused denied the charges

nigaud, e [nigo, od] 1 ADJ silly 2 NM,F simpleton • **grand ~!** you big silly!

Niger [niʒɛʀ] NM Niger

Nigéria [niʒeʀja] NM Nigeria

nigérian, e [niʒeʀjɑ̃, an] ADJ Nigerian

nigérien, -ienne [niʒeʀjɛ̃, jɛn] ADJ of *ou* from Niger

night-club (*pl* **night-clubs**) [najtklœb] NM nightclub

nihiliste [niilist(ə)] ADJ nihilistic

Nil [nil] NM **le ~** the Nile

n'importe [nɛ̃pɔʀt(ə)] → **importer**

nippé, e* [nipe] ADJ **bien ~** well dressed

nippes* [nip] NFPL **de vieilles ~** old clothes

nippon, -onne [nipɔ̃, ɔn] ADJ Japanese

niqab [nikab] NM niqab

niquer** [nike] VT (*sexuellement*) to fuck**; [+ *machine, ordinateur*] to fuck up** • **se faire ~** to get screwed**

nirvana [niʀvana] NM nirvana

nitrate [nitʀat] NM nitrate

nitroglycérine [nitʀogliseʀin] NF nitroglycerine

niveau (*pl* **niveaux**) [nivo] 1 NM ⓐ level • **le ~ de l'eau** the water level • **cent mètres au-dessus du ~ de la mer** a hundred metres above sea level • **de ~** level • **de ~ avec** level with • **au même ~ que** level with • **mettre qch de ~** to make sth level • **il faut se mettre au ~ des enfants** you have to put yourself on the same level as the children • **au ~ européen** at the European level • **négociations au plus haut ~** top-level negotiations • **athlète de haut ~** top athlete • **des candidats ayant le ~ licence** candidates at degree level • **le euro a atteint son ~ le plus haut depuis trois ans** the euro has reached its highest point for three years

▸ **au niveau de au ~ du sol** at ground level • **la neige m'arrivait au ~ des genoux** the snow came up to my knees • **une tache au ~ du coude** a mark on the elbow • **il s'arrêta au ~ du village** he stopped once he got to the village

ⓑ [*de connaissances, études*] standard • **le ~ d'instruction baisse** educational standards are falling • **cet élève est d'un bon ~** this pupil's work is of a high standard • **il n'est pas au ~** he isn't up to standard • **ils ne sont pas du même ~** they're not of the same standard • **il n'y a pas de cours à son ~** there are no courses at his level • **remettre à ~** to bring up to standard • **stage de remise à ~** refresher course • **les préparatifs de passage à l'euro au ~ de l'entreprise** preparations at company level for adopting the euro

ⓒ (= *instrument*) level; (= *jauge*) gauge

2 COMP ▸ **niveau de langue** register ▸ **niveau social** social standing ▸ **niveau sonore** noise level ▸ **niveau de vie** standard of living

niveler [niv(ə)le] /TABLE 4/ VT [+ *surface*] to level; [+ *fortunes, conditions sociales*] to level out • **~ par le bas** to level down

nivellement° [nivɛlmɑ̃] NM [*de surface*] levelling; [*de fortunes, conditions sociales*] levelling out • **~ par le bas** levelling down

Nobel [nɔbɛl] NM **le prix ~** the Nobel prize

nobélisé, e [nɔbelize] 1 ADJ Nobel prizewinning 2 NM,F Nobel prizewinner

noble [nɔbl] 1 ADJ noble 2 NM nobleman • **les ~s** the nobility 3 NF noblewoman

noblesse [nɔblɛs] NF nobility • **la petite ~** the minor nobility • **la ~ terrienne** the landed gentry

noce [nɔs] NF **a** (= *cérémonie*) wedding • **repas de ~s** wedding banquet • **nuit de ~s** wedding night • **~s d'argent** silver wedding • **~s d'or** golden wedding • **il l'avait épousée en premières ~s** she was his first wife • **faire la ~*** to live it up* • **je n'étais pas à la ~*** I wasn't exactly enjoying myself **b** (= *cortège, participants*) wedding party

nocif, -ive [nɔsif, iv] ADJ harmful (**pour** to)

nocivité [nɔsivite] NF harmfulness

noctambule [nɔktɑ̃byl] **1** NMF (*qui veille la nuit*) night owl **2** ADJ **il est ~** he's a night owl

nocturne [nɔktyʀn] **1** ADJ [*animal*] nocturnal; [*visite, sortie*] night • **la vie ~ à Paris** Parisian nightlife **2** NF (*Sport*) evening fixture; [*de magasin*] late night opening • **réunion en ~** evening meeting • **la rencontre sera jouée en ~** the game will be played under floodlights • **le magasin est ouvert en ~ le vendredi** the shop is open late on Fridays

Noé [noe] NM Noah

Noël [nɔɛl] NM Christmas • **à ~** at Christmas • **joyeux ~!** happy Christmas!

nœud [nø] **1** NM **a** knot; (*ornemental*) bow • **avoir un ~ dans la gorge** to have a lump in one's throat **b** **le ~ de** [*de problème, débat*] the crux of **2** COMP ▸ **nœud autoroutier** interchange ▸ **nœud coulant** slipknot ▸ **nœud de cravate** tie knot • **faire son ~ de cravate** to knot one's tie ▸ **nœud pap*** bow tie ▸ **nœud papillon** bow tie

noir, e [nwaʀ] **1** ADJ **a** black; [*yeux*] dark • **c'est écrit ~ sur blanc** it is in black and white • **les murs étaient ~s de crasse** the walls were black with dirt • **avoir les ongles ~s** to have dirty fingernails

b (= *obscur*) dark • **la rue était ~e de monde** the street was teeming with people

c (= *triste*) [*humeur, colère*] black; [*idée*] gloomy; [*jour, année*] dark

d (= *hostile*) **regarder qn d'un œil ~** to give sb a black look • **nourrir de ~s desseins** to be plotting dark deeds

e (= *policier*) **roman ~** thriller • **film ~** film noir

2 NM **a** (= *couleur*) black • **photo en ~ et blanc** black and white photo • **voir les choses en ~** to take a black view of things • **il voit tout en ~** he sees the black side of everything

b (= *matière*) **elle avait du ~ sur le menton** she had a black mark on her chin • **se mettre du ~ aux yeux** to put black eyeliner on

c (= *obscurité*) dark • **avoir peur du ~** to be afraid of the dark • **dans le ~** in the dark

d (= *café*)* **petit ~** cup of black coffee

e ▸ **au noir travailler au ~** (*deuxième emploi*) to moonlight; [*clandestin*] to work illegally • **le travail au ~** working on the side; (= *deuxième emploi*) moonlighting • **il se fait payer au ~** he gets paid cash in hand • **embaucher qn au ~** to hire sb without declaring him

3 NM,F **Noir(e)** black person • **les Noirs américains** black Americans

4 NF **noire** (= *note*) crotchet (*Brit*), quarter note (*US*)

noirâtre [nwaʀɑtʀ] ADJ blackish

noiraud, e [nwaʀo, od] ADJ swarthy

noirceur [nwaʀsœʀ] NF blackness

noircir [nwaʀsiʀ] /TABLE 2/ **1** VT **a** (= *salir*) [*fumée*] to blacken; [*encre, charbon*] to dirty • **murs noircis par la crasse** walls black with dirt **b** (= *colorer*) to blacken; (*à la cire, à la peinture*) to darken **2** VI [*ciel*] to darken

noise [nwaz] NF **chercher ~ à qn** to try to pick a quarrel with sb

noisetier [nwaz(ə)tje] NM hazel tree

noisette [nwazɛt] **1** NF **a** (= *fruit*) hazelnut **b** (= *morceau*) **~ de beurre** knob of butter • **~ d'agneau** noisette of lamb **2** ADJ INV [*couleur, yeux*] hazel

noix [nwa] NF (= *fruit*) walnut • **à la ~*** pathetic* ▸ **noix de beurre** knob of butter ▸ **noix du Brésil** Brazil nut ▸ **noix de cajou** cashew nut ▸ **noix de coco** coconut ▸ **noix de (coquille) Saint-Jacques** scallops (*with roe removed*) ▸ **noix de muscade** nutmeg ▸ **noix de pécan** pecan nut

nom [nɔ̃] **1** NM **a** (= *appellatif*) name • **vos ~ et prénom?** your surname and first name, please? • **un homme du ~ de Dupont** a man called Dupont • **je le connais de ~** I know him by name • **je n'arrive pas à mettre un ~ sur son visage** I can't put a name to his (*ou* her) face • **se faire un ~** to make a name for o.s. • **il appelle les choses par leur ~** he's not afraid to call a spade a spade • **il n'est spécialiste que de ~** he is an expert in name only • **crime sans ~** unspeakable crime • **en mon ~** in my name • **~ d'un chien!** heck!* • **~ de Dieu!**‡ God damn it!‡

▸ **au nom de il a parlé au ~ de tous les employés** he spoke on behalf of all the employees • **au ~ de la loi, ouvrez!** open up in the name of the law!

b (*en grammaire*) noun

c (*locutions*) **donner à qn des ~s d'oiseaux** to call sb names • **traiter qn de tous les ~s** to call sb everything under the sun

2 COMP ▸ **nom de baptême** Christian name ▸ **nom commun** common noun ▸ **nom déposé** registered trade name ▸ **nom d'emprunt** alias; [*d'écrivain*] pen name ▸ **nom de famille** surname ▸ **nom de guerre** nom de guerre ▸ **nom de jeune fille** maiden name ▸ **nom de lieu** place name ▸ **nom de marque** trade name ▸ **nom de plume** pen name ▸ **nom d'utilisateur** (*Internet*) username, login ▸ **nom propre** proper noun

nomade [nɔmad] **1** ADJ [*peuple, vie*] nomadic • **produits ~s** mobile devices • **salarié ~** roaming worker • **travail ~** roving work **2** NMF nomad; (= *gitan*) traveller

no man's land [nomanslɑ̃d] NM no-man's-land

nombre [nɔ̃bʀ] NM number • **s'accorder en ~** [*terme*] to agree in number • **dans bon ~ de pays** in a good many countries • **les gagnants sont au ~ de trois** there are three winners • **être supérieur en ~** to be superior in numbers • **être en ~ suffisant** to be in sufficient numbers • **venir en ~** to come in large numbers • **faire ~** to make up the numbers • **il y en avait dans le ~ qui riaient** there were some among them who were laughing • **pour le plus grand ~** for the great majority of people • **je le compte au ~ de mes amis** I consider him one of my friends • **est-il du ~ des reçus?** is he among those who passed?

nombreux, -euse [nɔ̃bʀø, øz] ADJ many; [*foule, assistance, collection*] large • **de ~ accidents** many accidents • **les cambriolages sont très ~ dans ce quartier** there are a great many burglaries in that area • **~ furent ceux qui ...** there were many who ... • **les gens étaient venus ~** a great number of people had come

• **venez ~!** all welcome! • **peu ~** few • **le public était moins ~ hier** there were fewer spectators yesterday • **le public était plus ~ hier** there were more spectators yesterday • **nous ne sommes pas si ~** there aren't so many of us • **ils étaient plus ~ que nous** there were more of them than of us • **parmi les nombreuses personnalités** amongst the many personalities

nombril [nɔ̃bʀi(l)] (NM) [*de personne*] navel • **se regarder le ~*** to contemplate one's navel

nombrilisme* [nɔ̃bʀilism] (NM) navel-gazing • **faire du ~** to contemplate one's navel

nomenclature [nɔmɑ̃klatyʀ] (NF) (*= liste*) list; [*de dictionnaire*] word list

nominal, e (*mpl* **-aux**) [nɔminal, o] (ADJ) nominal; [*groupe, phrase*] noun *épith* • **liste ~e** list of names • **procéder à l'appel ~** to call the register

nominatif, -ive [nɔminatif, iv] (ADJ) **liste nominative** list of names • **carte nominative** non-transferable card • **l'invitation n'est pas nominative** the invitation doesn't specify a name

nomination [nɔminasjɔ̃] (NF) (*= promotion*) nomination (à to) • **obtenir sa ~** to be nominated • **le film a reçu six ~s aux Oscars** the film has received six Oscar nominations

nominé, e [nɔmine] (ADJ) [*film, acteur, auteur*] nominated • **être ~ à qch** to be nominated for sth

nommément [nɔmemɑ̃] (ADV) ⓐ (*= par son nom*) by name ⓑ (*= spécialement*) notably

nommer [nɔme] /TABLE 1/ **1** (VT) ⓐ [*+ fonctionnaire*] to appoint; [*+ candidat*] to nominate • **~ qn à un poste** to appoint sb to a post • **il a été nommé ministre** he was appointed minister

ⓑ (*= appeler, citer*) to name • **ils l'ont nommé Richard** they named him Richard • **un homme nommé Martin** a man named Martin • **M. Sartin, pour ne pas le ~, ...** without mentioning any names, Mr Sartin ... • **quelqu'un que je ne nommerai pas** somebody who shall remain nameless

2 (VPR) **se nommer** (*= s'appeler*) to be called • **comment se nomme-t-il?** what is his name? • **il se nomme Paul** his name is Paul

nomophobe [nɔmɔfɔb] (NMF) nomophobe

nomophobie [nɔmɔfɔbi] (NF) nomophobia

non [nɔ̃]

1 ADVERBE	3 COMPOSÉS
2 NOM MASCULIN INV	

1 ADVERBE

ⓐ (*réponse négative*) no • **le connaissez-vous? — ~** do you know him? — no • **est-elle chez elle? — ~** is she at home? — no • **je ne dis pas ~** I wouldn't say no • **~ et ~!** no, no, no! • **répondre par ~ à toutes les questions** to answer no to all the questions • **faire ~ de la tête** to shake one's head

ⓑ (*remplaçant une proposition*) **est-ce que c'est nécessaire? — je pense que ~** is that necessary? — I don't think so • **je crains que ~** I'm afraid not • **je lui ai demandé s'il aimait le chocolat, il m'a répondu que ~** I asked him if he liked chocolate and he said he didn't • **je le crois — moi ~** I believe him — well, I don't • **il se demandait s'il irait ou ~** he wondered whether to go or not • **ah ça ~!** certainly not!

ⓒ (*= pas*) not • **c'est de la paresse et ~ de la prudence** it's laziness, not caution

ⓓ (*locutions*) **~ loin d'ici** not far from here • **~ pas que j'aie peur, mais ...** not that I'm afraid, but ... • **~ sans raison** not without reason • **~ qu'il soit stupide, mais ...** not that he's stupid, but ...

▸ **non plus** (*= ne plus*) no longer; (*= pas non plus*) neither • **il y avait ~ plus trois mais quinze personnes** there were now no longer three but fifteen people there • **ils sont désormais associés, et ~ plus rivaux** they're no longer rivals but associates • **nous ne l'avons pas vu — nous ~ plus** we didn't see him — neither did we • **il n'a pas compris lui ~ plus** he didn't understand either

▸ **non mais !*** oh for goodness sake!* • **~ mais des fois, tu me prends pour qui ?*** look here*, what do you take me for?

2 NOM MASCULIN INV

no • **il y a eu 30 ~** there were 30 noes

3 COMPOSÉS

> Nouns starting with **non** are hyphenated, eg **non-agression**, adjectives are not, eg **non spécialisé**.

▸ **non-dit** NM unspoken fact ▸ **non existant** nonexistent ▸ **non réclamé les objets ~ réclamés** unclaimed items ▸ **non-réponse** NF **en cas de ~-réponse** if there is no reply ▸ **non réservé toutes les places ~ réservées** all the unreserved seats ▸ **non spécialisé** non-specialized ▸ **non vérifié** unverified

non-agression [nɔnagʀesjɔ̃] (NF) non-aggression

non aligné, e [nɔnaliɲe] (ADJ) nonaligned

nonante [nɔnɑ̃t] (NOMBRE) (*Belg, Helv*) ninety → **soixante**

non-assistance [nɔnasistɑ̃s] (NF) **~ à personne en danger** failure to assist a person in danger

nonchalance [nɔ̃ʃalɑ̃s] (NF) nonchalance

nonchalant, e [nɔ̃ʃalɑ̃, ɑ̃t] (ADJ) nonchalant

non-combattant, e [nɔ̃kɔ̃batɑ̃, ɑ̃t] (NM,F) noncombatant

non conformiste [nɔ̃kɔ̃fɔʀmist] (ADJ) nonconformist

non-croyant, e [nɔ̃kʀwajɑ̃, ɑ̃t] (NM,F) non-believer

non-droit [nɔ̃dʀwa] (NM) **zone de ~** ≈ no-go area*

non-fumeur, -euse [nɔ̃fymœʀ, øz] (NM,F) non-smoker • **compartiment ~s** non-smoking compartment (*Brit*) *ou* car (*US*) • **place fumeur ou ~?** smoking or non-smoking?

non-initié, e [nɔninisje] (NM,F) lay person • **pour les ~s** for the uninitiated

non-intervention [nɔnɛ̃tɛʀvɑ̃sjɔ̃] (NF) nonintervention

non-lieu (*pl* **non-lieux**) [nɔ̃ljø] (NM) **il y a eu un ~** the case was dismissed • **bénéficier d'un ~** to have one's case dismissed for lack of evidence

non-paiement [nɔ̃pɛmɑ̃] (NM) nonpayment

non-prolifération [nɔ̃pʀɔlifeʀasjɔ̃] (NF) nonproliferation

non-résident, e [nɔ̃ʀezidɑ̃, ɑ̃t] (NM,F) nonresident

non-respect [nɔ̃ʀɛspɛ] (NM) [*de droit, engagement, règle*] failure to respect • **en cas de ~ des délais** if the deadlines are not met

non-salarié, e [nɔ̃salaʀje] (NM,F) self-employed person

non-sens [nɔ̃sɑ̃s] (NM INV) (= *absurdité*) piece of nonsense; (= *erreur de traduction*) unclear translation

non-spécialiste [nɔ̃spesjalist] (NMF) nonspecialist

non-stop [nɔnstɔp] (ADJ INV, ADV) non-stop

non-violence [nɔ̃vjɔlɑ̃s] (NF) nonviolence

non-voyant, e [nɔ̃vwajɑ̃, ɑ̃t] (NM,F) visually handicapped person

nord [nɔʀ] 1 (NM) north • **le vent du ~** the north wind • **au ~** (*situation*) in the north; (*direction*) to the north • **au ~ de** north of • **la maison est en plein ~** the house faces due north • **pays du ~** northern countries • **l'Europe du ~** Northern Europe • **la mer du Nord** the North Sea • **le ~ de la France** the North of France • **le Nord** the North of France • **les gens du Nord** Northerners • **le Grand Nord** the far North 2 (ADJ INV) northern; [*entrée, paroi*] north

nord-africain, e (*mpl* **nord-africains**) [nɔʀafʀikɛ̃, ɛn] 1 (ADJ) North African 2 (NM,F) **Nord-Africain(e)** North African

> The **d** is not pronounced.

nord-américain, e (*mpl* **nord-américains**) [nɔʀameʀikɛ̃, ɛn] (ADJ) North American

> The **d** is not pronounced.

nord-coréen, -enne (*mpl* **nord-coréens**) [nɔʀkɔʀeɛ̃, ɛn] 1 (ADJ) North Korean 2 (NM,F) **Nord-Coréen(ne)** North Korean

nord-est [nɔʀɛst] (ADJ INV, NM) northeast

> The **d** is not pronounced.

nordique [nɔʀdik] (ADJ) Nordic

nordiste [nɔʀdist] 1 (ADJ) Northern 2 (NMF) Northerner

nord-ouest [nɔʀwɛst] (ADJ INV, NM) northwest

> The **d** is not pronounced.

normal, e (*mpl* **-aux**) [nɔʀmal, o] 1 (ADJ) ⓐ normal; (= *habituel*) **c'est une chose très ~e** that's quite normal ⓑ (= *correct, logique*) **c'est ~!** it's quite natural! • **ce n'est pas ~** (= *c'est bizarre*) there must be something wrong; (= *ce n'est pas juste*) that's not right 2 (NF) **normale** ⓐ **revenir à la ~e** to get back to normal • **au-dessus de la ~e** above average ⓑ **Normale sup** (ABR DE **École normale supérieure**) *grande école for training teachers* → GRANDES ÉCOLES

> ⚠ Lorsque **normal** signifie **correct, logique**, il ne se traduit pas par **normal**.

normalement [nɔʀmalmɑ̃] (ADV) [*se dérouler, fonctionner*] normally • **~ il vient le jeudi** he normally comes on a Thursday • **tu pourras venir? — ~, oui** will you be able to come? — probably, yes • **~, il devrait être là demain** he should be here tomorrow

> ⚠ **normalement** ne se traduit pas toujours par **normally**.

normalien, -ienne [nɔʀmaljɛ̃, jɛn] (NM,F) (= *futur professeur*) *student at the École normale supérieure*; (= *diplômé*) *graduate of the École normale supérieure*

normalisation [nɔʀmalizasjɔ̃] (NF) ⓐ [*de situation, relations*] normalization • **on espère une ~ des relations diplomatiques** we are hoping diplomatic relations will be back to normal soon ⓑ [*de produit*] standardization

normaliser [nɔʀmalize] /TABLE 1/ 1 (VT) ⓐ [+ *situation, relations*] to normalize ⓑ [+ *produit*] to standardize 2 (VPR) **se normaliser** to get back to normal

normalité [nɔʀmalite] (NF) normality

normand, e [nɔʀmɑ̃, ɑ̃d] 1 (ADJ) ⓐ (= *de Normandie*) Normandy ⓑ (= *des Normands*) Norman 2 (NM) **Normand** (= *de Normandie*) **il est Normand** he's from Normandy 3 (NF) **Normande elle est Normande** she's from Normandy

Normandie [nɔʀmɑ̃di] (NF) Normandy

normatif, -ive [nɔʀmatif, iv] (ADJ) normative

norme [nɔʀm] (NF) norm; [*de production*] standard • **hors ~s** [*personnage*] unconventional ▸ **normes de fabrication** manufacturing standards ▸ **normes de sécurité** safety standards

Norvège [nɔʀvɛʒ] (NF) Norway

norvégien, -ienne [nɔʀveʒjɛ̃, jɛn] 1 (ADJ) Norwegian 2 (NM,F) **Norvégien(ne)** Norwegian

nos [no] (ADJ POSS) → **notre**

nostalgie [nɔstalʒi] (NF) nostalgia • **avoir la ~ de ...** to feel nostalgic for ...

nostalgique [nɔstalʒik] 1 (ADJ) nostalgic 2 (NMF) **les ~s des années 60** those who feel nostalgic for the 1960s • **les ~s de la monarchie** those who look back nostalgically to the monarchy

notable [nɔtabl] 1 (ADJ) notable 2 (NM) notable

notaire [nɔtɛʀ] (NMF) notary

notamment [nɔtamɑ̃] (ADV) notably • **toutes les grandes maisons d'édition, ~ HarperCollins** all the big publishers, such as HarperCollins

notation [nɔtasjɔ̃] (NF) ⓐ (= *symboles, système*) notation ⓑ (= *évaluation*) [*de devoir*] marking (*Brit*), grading (*US*); [*d'employé*] assessment

note [nɔt] 1 (NF) ⓐ (= *annotation, communication*) note • **prendre des ~s** to take notes • **prendre bonne ~ de qch** to take note of sth
ⓑ (= *appréciation chiffrée*) mark (*Brit*), grade (*US*) • **mettre une ~ à** [+ *dissertation*] to mark (*Brit*), to grade (*US*); [+ *élève*] to give a mark to (*Brit*), to grade (*US*) • **avoir une mauvaise ~ à un devoir** to get a bad mark for a homework exercise • **avoir une bonne ~ en histoire** to get a good mark for history
ⓒ (= *facture*) bill; [*de restaurant, hôtel*] bill (*Brit*), check (*US*) • **~ de frais** (= *argent dépensé*) expenses • **~ d'honoraires** bill
ⓓ (*Mus*) note • **donner la ~** (*fig*) to set the tone
ⓔ (= *touche*) note • **mettre une ~ de tristesse dans qch** to lend a note of sadness to sth
2 (COMP) ▸ **note en bas de page** footnote ▸ **note de service** memorandum

noter [nɔte] /TABLE 1/ (VT) ⓐ (= *inscrire*) to write down ⓑ (= *remarquer*) to notice • **on note une certaine amélioration** there has been some improvement • **notez bien que je n'ai rien dit** note that I didn't say anything ⓒ (= *évaluer*) [+ *devoir*] to mark (*Brit*), to grade (*US*); [+ *élève*] to give a mark to (*Brit*), to grade (*US*); [+ *employé*] to assess

n

• ~ **sur 20** to mark out of 20 • **elle note large** she is an easy marker

notice [nɔtis] NF (= *préface, résumé*) note; (= *mode d'emploi*) instructions ▸ **notice d'emploi** directions for use ▸ **notice explicative** directions for use ▸ **notice technique** specification sheet

notification [nɔtifikasjɔ̃] NF notification

notifier [nɔtifje] /TABLE 7/ VT to notify • ~ **qch à qn** to notify sb of sth • **il s'est vu ~ son licenciement** he received notice of his dismissal

notion [nosjɔ̃] NF ⓐ (= *conscience*) notion • **perdre la ~ du temps** to lose track of the time ⓑ (= *connaissance*) **notions** basic knowledge • **anglais : ~s** basic knowledge of English

notoire [nɔtwaʀ] ADJ [*criminel, méchanceté*] notorious; [*fait, vérité*] well-known

notoirement [nɔtwaʀmɑ̃] ADV [*insuffisant*] manifestly • ~ **connu pour** notorious for

notoriété [nɔtɔʀjete] NF [*de personne*] fame • **c'est de ~ publique** that's common knowledge

notre (*pl* **nos**) [nɔtʀ, no] ADJ POSS our • ~ **fils et ~ fille** our son and daughter • **nos amis** our friends

nôtre [notʀ] 1 PRON POSS

> When **nôtre** is a pronoun it is spelled with a circumflex.

• **le nôtre** • **la nôtre** ours • **les nôtres** ours • **ce n'est pas la ~** it's not ours • **leurs enfants et les ~s** their children and ours

2 NM ⓐ **nous y mettrons du ~** we'll do our bit*

ⓑ ▸ **les nôtres** (= *famille*) our family; (= *partisans*) our own people • **il est des ~s** he's one of us • **j'espère que vous serez des ~s ce soir** I hope you will join us tonight

Notre-Dame [nɔtʀdam] NF ~ **de Chartres** Our Lady of Chartres • ~ **de Paris** (= *cathédrale*) Notre Dame

nouer [nwe] /TABLE 1/ 1 VT ⓐ (= *faire un nœud avec*) to tie • **avoir la gorge nouée** to have a lump in one's throat • **j'ai l'estomac noué** my stomach is in knots ⓑ (= *entourer d'une ficelle*) to tie up ⓒ [+ *relations*] to strike up; [+ *amitié*] to form 2 VPR **se nouer** [*amitié*] to be formed • **sa gorge se noua** a lump came to his throat

noueux, -euse [nwø, øz] ADJ gnarled

nougat [nuga] NM nougat

nouille [nuj] NF ⓐ (= *pâte*) noodle • **nouilles** pasta; (*en rubans*) noodles ⓑ (= *imbécile*)* idiot; (= *mollasson*)* big lump*

nounou* [nunu] NF nanny

nounours [nunuʀs] NM teddy bear

nourri, e [nuʀi] *ptp de* **nourrir** ADJ [*applaudissements*] hearty

nourrice [nuʀis] NF (= *gardienne*) childminder

nourrir [nuʀiʀ] /TABLE 2/ 1 VT ⓐ [+ *animal, personne*] to feed; [+ *peau*] to nourish • ~ **au biberon** to bottle-feed • ~ **au sein** to breast-feed • ~ **à la cuiller** to spoon-feed ⓑ [+ *désir, espoir, illusion*] to cherish; [+ *haine*] to feel; [+ *rancune*] to harbour (Brit), to harbor (US) • ~ **le projet de faire qch** to plan to do sth 2 VI to be nourishing 3 VPR **se nourrir** to eat • **se ~ de** to live on • **il se nourrit de frites** he lives on chips

nourrissant, e [nuʀisɑ̃, ɑ̃t] ADJ nourishing

nourrisson [nuʀisɔ̃] NM infant

nourriture [nuʀityʀ] NF food • **il lui faut une ~ saine** he needs a healthy diet • **il ne supporte aucune ~ solide** he can't take solids • ~ **pour animaux** pet food

nous [nu] PRON PERS ⓐ (*sujet*) we • ~ **vous écrirons** we'll write to you • **eux ont accepté, pas ~** they agreed but we didn't • **qui l'a vu ? — pas ~** who saw him? — not us • ~, ~ **le connaissons bien — ~ aussi** we know him well — so do we • **merci — c'est ~ qui vous remercions !** thank you — it's we who should thank you!

ⓑ (*objet*) us • **écoutez-~** listen to us • **il ~ l'a donné** he gave it to us • **c'est ~ qu'elle veut voir** it's us she wants to see • **l'idée vient de ~** the idea comes from us • **l'un d'entre ~ doit le savoir** one of us must know • **nous avons une maison à ~** we have a house of our own • **un élève à ~** one of our pupils

ⓒ (*dans comparaisons*) us • **il est aussi fort que ~** he is as strong as us *ou* as we are • **faites comme ~** do the same as us, do as we do

ⓓ (*verbe pronominal*) ~ ~ **sommes bien amusés** we had a good time • ~ ~ **connaissons depuis le lycée** we have known each other since we were at school • **asseyons-~** let's sit down

nous-même (*pl* **nous-mêmes**) [numɛm] PRON ourselves

nouveau, nouvelle (*mpl* **nouveaux**) [nuvo, nuvɛl]

> **nouvel**, instead of **nouveau**, is used before a masculine noun beginning with a vowel or silent **h**.

1 ADJ ⓐ new • **pommes de terre nouvelles** new potatoes • **tout ~** brand-new • **les ~x pauvres** the new poor

ⓑ (= *autre, supplémentaire*) another • **il y a eu un ~ tremblement de terre** there has been another earthquake • **c'est là une nouvelle preuve que** it's fresh proof that

2 NM ⓐ (= *homme*) new man; (= *élève*) new boy

ⓑ (= *nouveauté*) **y a-t-il du ~ à ce sujet ?** is there anything new on this? • **il y a du ~ dans cette affaire** there has been a new development in this business • **à ~** again • **de ~** again • **faire qch de ~** to do sth again

3 NF **nouvelle** ⓐ (= *femme*) new woman; (= *élève*) new girl

ⓑ (= *événement*) news *NonC* • **une nouvelle** a piece of news • **une bonne nouvelle** some good news • **une mauvaise nouvelle** some bad news • **ce n'est pas une nouvelle !** that's nothing new! • **vous connaissez la nouvelle ?** have you heard the news? • **première nouvelle !** that's the first I've heard about it!

ⓒ (= *court récit*) short story

4 NFPL **nouvelles** news *NonC* • **les nouvelles** (*dans les médias*) the news *NonC* • **les nouvelles sont bonnes** the news is good • **voici les nouvelles** here is the news • **les dernières nouvelles** the latest news • **quelles nouvelles ?** what's new? • **aller aux nouvelles** to go and find out what is happening • **aux dernières nouvelles, il était à Paris** the last I (*ou* we *etc*) heard he was in Paris • **avez-vous de ses nouvelles ?** have you heard from him?; (*par un tiers*) have you had any news of him? • **j'irai prendre de ses nouvelles** I'll go and see how he's doing • **il ne donne plus de ses nouvelles** you never hear from him any more • **je suis sans nouvelles de lui depuis huit jours** I haven't heard anything of him for a week • **il aura de mes nouvelles !*** I'll give him a piece of my mind!

5 COMP ▸ **Nouvel An, Nouvelle Année** New Year ▸ **nouvelle cuisine** nouvelle cuisine ▸ **nouvelle lune** new moon ▸ **nouveaux mariés** newlyweds ▸ **le Nouveau Monde** the New World ▸ **nouveaux pays industrialisés** newly industrialized countries ▸ **nouveau riche** nouveau riche ▸ **nouveau venu, nouvelle venue** newcomer

Nouveau-Mexique [nuvomeksik] NM New Mexico

nouveau-né, nouveau-née (*mpl* **nouveau-nés**, *fpl* **nouveau-nées**) [nuvone] 1 ADJ newborn 2 NM,F (*= enfant*) newborn baby • **les ~s de notre gamme** the newest additions to our range

nouveauté [nuvote] NF ⓐ (*= objet*) new thing • **les ~s du mois** (*= disques*) the month's new releases; (*= livres*) the month's new titles • **les ~s du printemps** (*= vêtements*) new spring fashions • **les ~s du salon** (*= voitures*) the new models in the show • **la grande ~ de cet automne** the latest thing this autumn ⓑ (*= caractéristique*) novelty • **l'attrait de la ~** the charm of novelty • **il n'aime pas la ~** he hates anything new • **ce n'est pas une ~!** that's nothing new!

nouvel [nuvɛl] ADJ M → **nouveau**

nouvelle [nuvɛl] NF → **nouveau**

Nouvelle-Angleterre [nuvɛlɑ̃glətɛʀ] NF New England

Nouvelle-Calédonie [nuvɛlkaledɔni] NF New Caledonia

Nouvelle-Écosse [nuvɛlekɔs] NF Nova Scotia

Nouvelle-Guinée [nuvɛlgine] NF New Guinea

nouvellement [nuvɛlmɑ̃] ADV newly

Nouvelle-Orléans [nuvɛlɔʀleɑ̃] NF **La ~** New Orleans

Nouvelles-Galles du Sud [nuvɛlgaldysyd] NF New South Wales

Nouvelle-Zélande [nuvɛlzelɑ̃d] NF New Zealand

nouvelliste [nuvelist] NMF short story writer

novateur, -trice [nɔvatœʀ, tʀis] ADJ innovative

novembre [nɔvɑ̃bʀ] NM November → **septembre**

> ✎ Les noms de mois s'écrivent avec une majuscule en anglais.

> **LE 11 NOVEMBRE**
> **Le 11 novembre** is a public holiday in France and commemorates the signing of the armistice, near Compiègne, at the end of the First World War.

novice [nɔvis] 1 ADJ inexperienced 2 NMF novice

noyade [nwajad] NF drowning • **il y a eu de nombreuses ~s à cet endroit** many people have drowned here

noyau (*pl* **noyaux**) [nwajo] NM ⓐ [*de fruit*] stone; [*de cellule, atome*] nucleus ⓑ (*= personnes*) nucleus; (*= groupe de fidèles, de manifestants, d'opposants*) small group • **~ de résistance** hard core of resistance • **~ dur** (*= irréductibles*) hard core • **le ~ familial** the family unit

noyauter [nwajote] /TABLE 1/ VT to infiltrate

noyé, e [nwaje] *ptp de* **noyer** NM,F drowned person • **il y a eu beaucoup de ~s ici** a lot of people have drowned here

noyer[1] [nwaje] NM (*= arbre*) walnut tree; (*= bois*) walnut

noyer[2] [nwaje] /TABLE 8/ 1 VT to drown; [*+ moteur*] to flood • **les yeux noyés de larmes** eyes brimming with tears • **~ son chagrin dans l'alcool** to drown one's sorrows • **~ le poisson** to evade the issue • **quelques bonnes idées noyées dans des détails inutiles** a few good ideas lost in a mass of irrelevant detail • **être noyé dans la brume** to be shrouded in mist • **être noyé dans la foule** to be lost in the crowd

2 VPR **se noyer** (*accidentellement*) to drown; (*volontairement*) to drown o.s. • **se ~ dans les détails** to get bogged down in details • **se ~ dans la foule** to disappear into the crowd • **se ~ dans un verre d'eau** to make a mountain out of a molehill

NPA [ɛnpea] NM (*Helv*) (ABR DE **numéro postal d'acheminement**) postcode (*Brit*), zip code (*US*)

NTIC [ɛnteise] NFPL (ABR DE **nouvelles technologies de l'information et de la communication**) NICT (*= new information and communication technologies*)

nu, e [ny] 1 ADJ ⓐ (*= sans vêtement*) naked; [*crâne*] bald • **tout nu** stark naked • **pieds nus** barefoot • **la tête nue** bareheaded • **les jambes nues** barelegged • **les bras nus** barearmed • **torse nu** naked from the waist up • **se mettre nu** to take one's clothes off • **poser nu** to pose nude

ⓑ [*mur, chambre, plaine, fil électrique*] bare

ⓒ ▸ **mettre à nu** [*+ fil électrique*] to strip; [*+ erreurs, vices*] to lay bare • **mettre son cœur à nu** to lay bare one's heart

2 NM nude

nuage [nɥaʒ] NM cloud • **il y a des ~s noirs à l'horizon** there are dark clouds on the horizon • **le ciel se couvre de ~s** the sky is clouding over • **juste un ~ de lait** just a drop of milk • **il vit sur un petit ~** he's got his head in the clouds • **sans ~s** [*ciel*] cloudless; [*bonheur*] unclouded

nuageux, -euse [nɥaʒø, øz] ADJ cloudy • **zone nuageuse** area of cloud

nuance [nɥɑ̃s] NF ⓐ (*= degré*) [*de couleur*] shade • **~ de sens** nuance • **~ politique** shade of political opinion • **tout en ~s** very subtle • **sans ~** unsubtle ⓑ (*= différence*) slight difference • **il y a une ~ entre mentir et se taire** there's a slight difference between lying and keeping quiet • **tu saisis la ~?** do you see the difference? ⓒ (*= petit élément*) touch • **avec une ~ de tristesse** with a touch of sadness

nuancé, e [nɥɑ̃se] *ptp de* **nuancer** ADJ [*opinion*] qualified; [*attitude*] balanced

nuancer [nɥɑ̃se] /TABLE 3/ VT [*+ propos*] to qualify

nuciculteur, -trice [nusikyltœʀ, tʀis] NM,F walnut farmer

nuciculture [nusikyltyʀ] NF walnut farming

nucléaire [nykleɛʀ] 1 ADJ nuclear 2 NM **le ~** (*= énergie*) nuclear energy; (*= technologie*) nuclear technology

nudisme [nydism] NM nudism

nudiste [nydist] ADJ, NMF nudist

nudité [nydite] NF [*de personne*] nudity; [*de mur*] bareness

nuée [nɥe] NF [*d'insectes*] cloud; [*de personnes*] horde

nues [ny] NFPL **porter qn aux ~** to praise sb to the skies • **je suis tombé des ~** I was completely taken aback

nuire [nɥiʀ] /TABLE 38/ 1 VT INDIR **~ à** [*+ personne, santé, réputation*] to harm; [*+ action*] to prejudice • **chercher à ~ à qn** to try to harm sb 2 VPR **se nuire** (*à soi-même*) to do o.s. a lot of harm

nuisances [nɥizɑ̃s] NFPL nuisance *NonC* • **les ~ sonores** noise pollution

n

nuisette [nɥizɛt] (NF) short nightdress

nuisible [nɥizibl] (ADJ) harmful (**à** to) • **animaux ~s** vermin • **insectes ~s** pests • **~ à la santé** harmful to health

nuit [nɥi] **1** (NF) night • **il fait ~** it's dark • **il fait ~ à 5 heures** it gets dark at 5 o'clock • **il fait ~ noire** it's pitch dark • **la ~ tombe** night is falling • **à la ~ tombante** at nightfall • **rentrer avant la ~** to come home before dark • **dans la ~ de jeudi à vendredi** during Thursday night • **bonne ~!** goodnight! • **~ blanche** sleepless night • **au milieu de la ~** in the middle of the night • **en pleine ~** in the middle of the night • **ouvert la ~** open at night • **travailler la ~** to work at night • **ça remonte à la ~ des temps** that's as old as the hills • **leur bébé fait ses ~s*** their baby sleeps right through the night • (PROV) **la ~ porte conseil** it's best to sleep on it

▸ **nuit et jour** night and day

▸ **cette nuit** (*passée*) last night; (*qui vient*) tonight

▸ **de nuit** [*service, travail, garde, infirmière*] night • **conduire de ~ ne me gêne pas** I don't mind driving at night • **voyager de ~** to travel by night • **elle est de ~ cette semaine** she's working nights this week

2 (COMP) ▸ **nuit d'hôtel** night spent in a hotel ▸ **nuit de noces** wedding night ▸ **nuit de Noël** Christmas Eve

nuitée [nɥite] (NF) (*Tourisme*) night • **trois ~s** three nights

nul, nulle [nyl] **1** (ADJ INDÉF) **a** (= *aucun*) no • **il n'avait nulle envie de sortir** he had no desire to go out at all • **sans ~ doute** without any doubt

▸ **nulle part** nowhere • **il ne l'a trouvé nulle part** he couldn't find it anywhere • **je n'ai nulle part où aller** I've got nowhere to go

b (= *zéro*) [*résultat, différence, risque*] nil; (= *invalidé*) [*testament, bulletin de vote*] null and void • **~ et non avenu** null and void

c (*Sport*) **le score est ~** (*pour l'instant*) there's no score; (*en fin de match*) the match has ended in a nil-nil draw

d (= *qui ne vaut rien*) useless • **être ~ en géographie** to be useless at geography • **c'est ~ de lui avoir dit ça*** it was really stupid to tell him that

2 (NM,F) (= *imbécile*)* idiot

3 (PRON INDÉF) no one • **~ d'entre vous n'ignore que ...** none of you is ignorant of the fact that ... • **~ n'est censé ignorer la loi** ignorance of the law is no excuse • **à ~ autre pareil** unrivalled

nullard, e* [nylaʀ, aʀd] (NM,F) numskull*

nullement [nylmɑ̃] (ADV) not at all • **cela n'implique ~ que ...** this doesn't at all imply that ...

nullité [nylite] (NF) **a** [*de document*] nullity • **frapper de ~** to render void **b** (= *médiocrité*) uselessness • **ce film est d'une ~ affligeante** the film is absolutely dreadful **c** (= *personne*) waste of space

numéraire [nymerɛʀ] (NM) cash

numéral, e (*mpl* **-aux**) [nymeʀal, o] (ADJ, NM) numeral

numérique [nymeʀik] **1** (ADJ) numerical; [*affichage, son, télévision*] digital • **immigrant ~** digital immigrant • **natif ~** digital native **2** (NM) **le ~** digital technology

numériser [nymeʀize] /TABLE 1/ (VT) to digitize

numéro [nymeʀo] **1** (NM) **a** number • **j'habite au ~ 6** I live at number 6 • **notre problème ~ un** our number one problem • **le ~ un du textile** the number one textile producer • **le ~ deux du parti** the party's number two • **le bon ~** the right number • **le mauvais ~** the wrong number • **tirer le bon ~** (*dans une loterie*) to draw the lucky number; (*fig*) to strike lucky • **tirer le mauvais ~** to draw the short straw • **vieux ~** (*de journal*) back number • **~ spécial** special issue • **il nous a fait son petit ~** he put on his usual act

b (= *personne*) **quel ~!*** what a character! • **c'est un sacré ~!*** what a character!

2 (COMP) ▸ **numéro d'immatriculation** registration (*Brit*) *ou* license (*US*) number • **~ d'immatriculation à la Sécurité sociale** National Insurance number (*Brit*), Social Security number (*US*) ▸ **numéro minéralogique** registration (*Brit*) *ou* license (*US*) number ▸ **numéro de téléphone** telephone number ▸ **numéro vert** ® Freefone ® (*Brit*) *ou* toll-free (*US*) number

numérologie [nymeʀɔlɔʒi] (NF) numerology

numérotation [nymeʀɔtasjɔ̃] (NF) numbering • **~ téléphonique** telephone number system • **~ à 10 chiffres** 10-digit dialling

numéroter [nymeʀɔte] /TABLE 1/ (VT) to number

numerus clausus ○ [nymeʀysklozys] (NM) restricted intake

Nunavut [nunavut] (NM) Nunavut

nunuche* [nynyʃ] (ADJ) silly

nu-pieds [nypje] **1** (NM) (= *sandale*) flip-flop (*Brit*), thong (*US*) **2** (ADV) barefoot

nuptial, e (*mpl* **-iaux**) [nypsjal, jo] (ADJ) [*robe, marche, anneau, cérémonie*] wedding; [*lit, chambre*] bridal

nuque [nyk] (NF) nape of the neck • **j'ai mal à la ~** my neck hurts • **tué d'une balle dans la ~** killed by a bullet in the back of the neck

nurse [nœʀs] (NF) nanny

nursery (*pl* **nurseries**) [nœʀsəʀi] (NF) nursery

nutriment [nytʀimɑ̃] (NM) nutriment

nutrithérapeute [nutʀiteʀapøt] (NMF) nutritional therapist

nutrithérapie [nutʀiteʀapi] (NF) nutritional therapy

nutritif, -ive [nytʀitif, iv] (ADJ) **a** (= *nourrissant*) nourishing **b** [*besoins, fonction, appareil*] nutritive • **valeur nutritive** nutritional value

nutrition [nytʀisjɔ̃] (NF) nutrition

nutritionnel, -elle [nytʀisjɔnɛl] (ADJ) nutritional

> Le mot anglais s'écrit avec un seul **n** et se termine par **-al**.

nutritionniste [nytʀisjɔnist] (NMF) nutritionist

> Le mot anglais s'écrit avec un seul **n** et sans **e** à la fin.

nylon ® [nilɔ̃] (NM) nylon • **bas ~** nylon stockings

nymphe [nɛ̃f] (NF) nymph

nymphéa [nɛ̃fea] (NM) water lily

nymphomane [nɛ̃fɔman] (ADJ, NF) nymphomaniac

O

ô [o] EXCL oh!

oasis [ɔazis] NF oasis

obédience [ɔbedjɑ̃s] NF **d'~ communiste** of Communist allegiance

obéir [ɔbeiʀ] /TABLE 2/ VT INDIR **~ à** [*+ personne, ordre, principe, règle*] to obey; [*+ critère*] to meet; [*+ conscience, mode*] to follow • **il sait se faire ~ de ses élèves** he knows how to make his pupils obey him • **obéissez!** do as you're told! • **~ à une impulsion** to act on an impulse • **son comportement n'obéit à aucune logique** his behaviour is completely illogical

obéissance [ɔbeisɑ̃s] NF obedience (**à** to)

obéissant, e [ɔbeisɑ̃, ɑ̃t] ADJ obedient

obélisque [ɔbelisk] NM (*= monument*) obelisk

obèse [ɔbɛz] **1** ADJ obese **2** NMF obese person

obésité [ɔbezite] NF obesity

objecter [ɔbʒɛkte] /TABLE 1/ VT **~ que** to object that • **il m'a objecté que ...** he objected to me that ... • **il m'a objecté mon manque d'expérience** he objected on the grounds of my lack of experience

objecteur [ɔbʒɛktœʀ] NM **~ de conscience** conscientious objector

objectif, -ive [ɔbʒɛktif, iv] **1** ADJ objective **2** NM ⓐ (*= but, cible*) objective ⓑ [*de caméra, télescope*] lens

objection [ɔbʒɛksjɔ̃] NF objection • **ne faire aucune ~** to make no objection • **si vous n'y voyez pas d'~** if you've no objection

objectivement [ɔbʒɛktivmɑ̃] ADV objectively

objectivité [ɔbʒɛktivite] NF objectivity • **juger en toute ~** to judge with complete objectivity

objet [ɔbʒɛ] **1** NM ⓐ (*= chose*) object • **emporter quelques ~s de première nécessité** to take a few basic essentials • **je ne veux pas être une femme-~** I don't want to be a sex object • **~ sexuel** sex object

ⓑ [*de méditation, rêve, désir, mépris*] object; [*de discussion, recherches, science*] subject • **un ~ de raillerie** a laughing stock

ⓒ **faire** *ou* **être l'~ de** [*+ discussion, recherches*] to be the subject of; [*+ surveillance, enquête*] to be subjected to; [*+ pressions*] to be under; [*+ soins, dévouement*] to be given • **faire l'~ d'une attention particulière** to receive particular attention

ⓓ (*= but*) [*de visite, réunion, démarche*] purpose • **votre plainte est dès lors sans ~** you therefore have no grounds for complaint

2 COMP ▸ **objets trouvés** lost property (office) (*Brit*), lost and found (*US*) ▸ **objets de valeur** valuables ▸ **objet volant non identifié** unidentified flying object

obligation [ɔbligasjɔ̃] **1** NF ⓐ (*= contrainte*) obligation • **avoir l'~ de faire qch** to be obliged to do sth • **être dans l'~ de faire qch** to be obliged to do sth • **sans ~ d'achat** without obligation to buy ⓑ (*= dette*) obligation • **faire face à ses ~s** (*financières*) to meet one's liabilities ⓒ (*= titre*) bond **2** NFPL **obligations** (*= devoirs*) obligations; (*= engagements*) commitments • **~s professionnelles** professional obligations • **être dégagé des ~s militaires** to have completed one's military service • **~s familiales** family commitments • **avoir des ~s envers une autre entreprise** to have a commitment to another firm

obligatoire [ɔbligatwaʀ] ADJ ⓐ (*= à caractère d'obligation*) compulsory • **la scolarité est ~ jusqu'à 16 ans** schooling is compulsory until 16 • **réservation ~** reservations required ⓑ (*= inévitable*)* inevitable • **c'était ~ qu'il rate son examen** it was inevitable that he would fail his exam

obligatoirement [ɔbligatwaʀmɑ̃] ADV ⓐ (*= nécessairement*) necessarily • **il doit ~ passer une visite médicale** he's got to have a medical examination ⓑ (*= forcément*)* inevitably • **il aura ~ des ennuis** he's bound to have trouble

obligé, e [ɔbliʒe] *ptp de* **obliger** ADJ ⓐ (*= redevable*) **être ~ à qn** to be indebted to sb (**de qch** for sth) ⓑ (*= inévitable*) inevitable • **c'était ~!** it was bound to happen! ⓒ (*= indispensable*) necessary • **le parcours ~ pour devenir ministre** the track record necessary to become a minister

obligeance [ɔbliʒɑ̃s] NF **il a eu l'~ de me reconduire en voiture** he was kind enough to drive me back • **ayez l'~ de vous taire pendant que je parle** would you be good enough to keep quiet while I'm speaking

obliger [ɔbliʒe] /TABLE 3/ VT ⓐ (*= forcer*) **~ qn à faire qch** [*règlement, autorités*] to require sb to do sth; [*principes, circonstances, agresseur*] to oblige sb to do sth • **le règlement vous y oblige** you are required to by the regulations • **ses parents l'obligent à travailler dur** his parents make him work hard • **rien ne l'oblige à partir** he's under no obligation to leave • **je suis obligé de vous laisser** I must leave you • **il va accepter? — il est bien obligé!** is he going to agree? — he has no choice! • **crise économique oblige** given the constraints of the economic crisis • **prudence oblige, les gens mettent de l'argent de côté** people have to be cautious and put money aside

ⓑ (= *rendre service à*) (*frm*) to oblige • **je vous serais très obligé de bien vouloir ...** I should be greatly obliged if you would kindly ...

oblique [ɔblik] (ADJ) oblique • **regard ~** sidelong glance

obliquer [ɔblike] /TABLE 1/ (VI) to turn off • **~ à droite** to bear right

oblitération [ɔbliteʀasjɔ̃] (NF) [*de timbre*] cancelling • **cachet d'~** postmark

oblitérer [ɔblitere] /TABLE 6/ (VT) [+ *timbre*] to cancel

obnubiler [ɔbnybile] /TABLE 1/ (VT) to obsess • **obnubilée par** obsessed with

obole [ɔbɔl] (NF) (= *contribution*) offering • **verser son ~ à qch** to make one's small financial contribution to sth

obscène [ɔpsɛn] (ADJ) obscene • **il est si riche que c'en est ~*** he's obscenely rich

obscénité [ɔpsenite] (NF) obscenity • **dire des ~s** to make obscene remarks

obscur, e [ɔpskyʀ] (ADJ) ⓐ (= *sombre*) dark ⓑ (= *incompréhensible, mystérieux*) obscure • **pour des raisons ~es** for some obscure reason • **forces ~es** dark forces ⓒ [*pressentiment*] vague ⓓ (= *méconnu*) [*œuvre, auteur*] obscure

obscurcir [ɔpskyʀsiʀ] /TABLE 2/ **1** (VT) (= *assombrir*) to darken • **des nuages obscurcissaient le ciel** the sky was dark with clouds • **le second élément qui est venu ~ l'horizon pour le président** the second cloud on the horizon for the President **2** (VPR) **s'obscurcir** [*ciel, regard*] to darken

obscurément [ɔpskyʀemɑ̃] (ADV) obscurely

obscurité [ɔpskyʀite] (NF) ⓐ [*de nuit*] darkness • **dans l'~** in the dark • **la maison fut soudain plongée dans l'~** the house was suddenly plunged into darkness ⓑ (= *anonymat*) obscurity

obsédant, e [ɔpsedɑ̃, ɑ̃t] (ADJ) [*musique, souvenir*] haunting; [*question, idée*] obsessive

obsédé, e [ɔpsede] *ptp de* **obséder** (NM,F) obsessive • **c'est un ~ de propreté** he's obsessed with cleanliness ▸ **obsédé sexuel** sex maniac

obséder [ɔpsede] /TABLE 6/ (VT) to obsess • **cette pensée l'obsédait** he was obsessed by this thought • **être obsédé par** to be obsessed by • **il est obsédé!** (*sexuellement*) he's obsessed!

obsèques [ɔpsɛk] (NFPL) funeral

obséquieux, -ieuse [ɔpsekjø, jøz] (ADJ) obsequious

observateur, -trice [ɔpsɛʀvatœʀ, tʀis] **1** (ADJ) observant **2** (NM,F) observer

observation [ɔpsɛʀvasjɔ̃] (NF) ⓐ (= *chose observée*) observation ⓑ (= *remarque*) observation; (= *objection*) remark; (= *reproche*) reproof; (= *avertissement*) warning • **je lui en fis l'~** I pointed it out to him • **faire une ~ à qn** to reprove sb • **~s du professeur** teacher's comments ⓒ [*de règle*] observance ⓓ (= *surveillance*) observation • **mettre en ~** to put under observation

observatoire [ɔpsɛʀvatwaʀ] (NM) (*d'astronomie*) observatory ▸ **observatoire économique** economic research institute

observer [ɔpsɛʀve] /TABLE 1/ **1** (VT) to observe; [+ *adversaire, proie*] to watch; (*au microscope*) to examine • **se sentant observée, elle s'est retournée** feeling she was being watched, she turned round • **faire ~ que ...** to observe that ... • **« vous êtes en retard » observa-t-il** "you're late", he observed • **~ une minute de silence** to observe a minute's silence • **faire ~ un règlement** to enforce a rule **2** (VPR) **s'observer** ⓐ (*mutuellement*) to observe each other ⓑ [*maladie, phénomène*] to occur

obsession [ɔpsesjɔ̃] (NF) obsession • **ça tourne à l'~!** it's becoming an obsession!

obsessionnel, -elle [ɔpsesjɔnɛl] (ADJ) obsessive, obsessional

> Le mot anglais s'écrit avec un seul **n** et se termine par **-al**.

obsolescence [ɔpsɔlesɑ̃s] (NF) obsolescence ▸ **obsolescence programmée** planned obsolescence

obsolète [ɔpsɔlɛt] (ADJ) obsolete

obstacle [ɔpstakl] (NM) obstacle; (*Hippisme*) fence • **~ juridique** legal obstacle • **faire ~ à un projet** to hinder a project

obstétricien, -ienne [ɔpstetʀisjɛ̃, jɛn] (NM,F) obstetrician

obstétrique [ɔpstetʀik] (NF) obstetrics *sg*

obstination [ɔpstinasjɔ̃] (NF) obstinacy • **~ à faire qch** obstinate determination to do sth

obstiné, e [ɔpstine] *ptp de* **obstiner** (ADJ) [*personne, caractère, travail*] obstinate; [*refus, silence*] stubborn

obstinément [ɔpstinemɑ̃] (ADV) stubbornly • **le téléphone reste ~ muet** the telephone stubbornly refuses to ring

obstiner (s') [ɔpstine] /TABLE 1/ (VPR) to persist • **s'~ à faire qch** to persist in doing sth

obstruction [ɔpstʀyksjɔ̃] (NF) obstruction • **faire de l'~** (*en politique*) to obstruct legislation; (*en sport*) to obstruct

obstructionnisme [ɔpstʀyksjɔnism] (NM) obstructionism

> Le mot anglais s'écrit avec un seul **n** et sans **e** à la fin.

obstructionniste [ɔpstʀyksjɔnist] (ADJ, NMF) obstructionist

> Le mot anglais s'écrit avec un seul **n** et sans **e** à la fin.

obstruer [ɔpstʀye] /TABLE 1/ **1** (VT) to block **2** (VPR) **s'obstruer** [*passage*] to get blocked up; [*artère*] to become blocked

obtempérer [ɔptɑ̃peʀe] /TABLE 6/ (VT INDIR) **~ à** to obey • **il a refusé d'~** he refused to obey

obtenir [ɔptəniʀ] /TABLE 22/ (VT) ⓐ (= *avoir*) to get • **je peux vous ~ ce livre rapidement** I can get you this book quite quickly ⓑ (= *parvenir à*) [+ *résultat, température*] to obtain; [+ *total*] to reach • **~ un succès aux élections** to achieve success in the elections • **en additionnant tout cela, on obtient 2000** when you add it all up you get 2,000

obtention [ɔptɑ̃sjɔ̃] (NF) obtaining • **pour l'~ du visa** to obtain the visa • **mélangez le tout jusqu'à ~ d'une pâte onctueuse** mix everything together until the mixture is smooth

obtiendra [ɔptjɛ̃dʀa] (VB) → **obtenir**

obturation [ɔptyʀasjɔ̃] (NF) **vitesse d'~** (*Photo*) shutter speed

obturer [ɔptyʀe] /TABLE 1/ (VT) to block

obtus, e [ɔpty, yz] (ADJ) obtuse

obus [ɔby] (NM) shell

occase* [ɔkɑz] (NF) (ABR DE **occasion**)

occasion [ɔkazjɔ̃] (NF) ⓐ (= *circonstance*) occasion • **pour**

les grandes ~s for special occasions • **je l'ai rencontré à plusieurs ~s** I've met him on several occasions

b (= *conjoncture favorable*) opportunity • **avoir l'~ de faire qch** to have the opportunity to do sth • **sauter sur* l'~** to seize the opportunity • **manquer une ~ de faire qch** to miss an opportunity to do sth • **tu as raté* une belle ~ de te taire** you'd have done better to have kept quiet • **c'est l'~ rêvée** it's an ideal opportunity • **si l'~ se présente** if the opportunity arises • **à la première ~** at the earliest opportunity

c (*locutions*)

▸ **à l'occasion à l'~ venez dîner** come and have dinner some time • **tu me le rendras à l'~** give it back when you can • **à l'~ de son anniversaire** on the occasion of his birthday

▸ **par la même occasion** at the same time • **j'irai à Paris et, par la même ~, je leur rendrai visite** I'll go to Paris and while I'm there I'll go and see them

d (= *achat*) secondhand buy • **le marché de l'~** the secondhand market • **d'~** secondhand

occasionnel, -elle [ɔkazjɔnɛl] (ADJ) **a** (= *non régulier*) occasional; [*travaux, emploi*] casual **b** (= *fortuit*) [*incident, rencontre*] chance

> Le mot anglais s'écrit avec un seul **n** et se termine par **-al**.

occasionnellement [ɔkazjɔnɛlmɑ̃] (ADV) occasionally

> Le mot anglais s'écrit avec un seul **n** et se termine par **-ally**.

occasionner [ɔkazjɔne] /TABLE 1/ (VT) to cause • **cet accident va m'~ beaucoup de frais** this accident is going to cause me a great deal of expense

Occident [ɔksidɑ̃] (NM) **l'~** the West

occidental, e (*mpl* **-aux**) [ɔksidɑ̃tal, o] **1** (ADJ) western **2** (NM,F) **Occidental(e)** Westerner • **les Occidentaux** Westerners

occidentaliser [ɔksidɑ̃talize] /TABLE 1/ **1** (VT) to westernize **2** (VPR) **s'occidentaliser** to become westernized

occulte [ɔkylt] (ADJ) **a** (= *surnaturel*) occult **b** (= *secret*) [+ *financement, fonds, pouvoir, rôle*] secret; [+ *commission, prime*] hidden

occulter [ɔkylte] /TABLE 1/ (VT) to conceal • **n'essayez pas d'~ le problème** don't try to hide the problem

occupant, e [ɔkypɑ̃, ɑ̃t] **1** (NM,F) occupant **2** (NM) **l'~** (= *armée*) the occupying forces

occupation [ɔkypasjɔ̃] (NF) **a** occupation • **l'armée d'~** the occupying army • **l'Occupation** the Occupation (*of France during World War II*) • **~: boulanger** occupation: baker **b** [*de logement*] occupancy

occupé, e [ɔkype] *ptp de* **occuper** (ADJ) **a** (= *affairé*) busy • **je suis très ~ en ce moment** I'm very busy at the moment **b** [*ligne téléphonique*] engaged (Brit), busy (US); [*toilettes*] occupied; [*places, sièges*] taken • **ça sonne ~*** it's engaged (Brit) *ou* busy (US) **c** [*pays, territoire, usine*] occupied

occuper [ɔkype] /TABLE 1/ **1** (VT) **a** [+ *appartement, place, surface*] to occupy • **leurs bureaux occupent tout l'étage** their offices occupy the whole floor • **l'appartement qu'ils occupent est trop exigu** the flat they are living in is too small

b [+ *moment, temps*] to occupy • **la lecture occupe une grande partie de mon temps** reading occupies a great deal of my time • **comment ~ ses loisirs?** how should one occupy one's free time?

c [+ *poste, fonction, rang*] to hold

d [+ *personne*] to keep busy • **mon travail m'occupe beaucoup** my work keeps me very busy • **le sujet qui nous occupe aujourd'hui** the matter which concerns us today

e (= *envahir*) [+ *bâtiment, territoire*] to occupy • **~ le terrain** to get a lot of media attention

2 (VPR) **s'occuper** **a** **s'~ de qch** (= *se charger de*) to deal with sth; (= *être chargé de*) to be in charge of sth; (= *s'intéresser à*) to take an interest in sth • **je vais m'~ de ce problème** I'll deal with this problem • **c'est lui qui s'occupe de cette affaire** he's the one who is dealing with this • **je m'occuperai des boissons** I'll look after the drinks • **ne t'occupe pas de ça, c'est leur problème** don't worry about that, it's their problem • **occupe-toi de tes oignons*** mind your own business • **t'occupe!*** none of your business!*

b **s'~ de qn** (= *se charger de*) [+ *enfants, malades*] to look after sb; [+ *client*] to attend to sb; (= *être responsable de*) [+ *enfants, malades*] to be in charge of sb • **je m'occupe de vous tout de suite** I'll be with you in a moment • **est-ce qu'on s'occupe de vous, Madame?** are you being served?

c (= *s'affairer*) to occupy o.s. • **s'~ à faire qch** to busy o.s. doing sth • **s'~ à qch** to busy o.s. with sth • **il y a de quoi s'~** there is plenty to do • **s'~ l'esprit** to keep one's mind occupied

occurrence [ɔkyʀɑ̃s] (NF) **en l'~** as it happens

OCDE [ɔsedeə] (NF) (ABR DE **Organisation de coopération et de développement économique**) OECD

océan [ɔseɑ̃] (NM) ocean • **l'Océan** (= *l'Atlantique*) the Atlantic Ocean

Océanie [ɔseani] (NF) **l'~** Oceania

océanien, -ienne [ɔseanjɛ̃, jɛn] (ADJ) Oceanian

océanique [ɔseanik] (ADJ) oceanic

océanographe [ɔseanɔgʀaf] (NMF) oceanographer

OCR [ɔseɛʀ] (NM) (ABR DE **optical character recognition**) OCR

ocre [ɔkʀ] (NMF, ADJ INV) ochre

octane [ɔktan] (NM) octane

octave [ɔktav] (NF) octave

octet [ɔktɛ] (NM) byte

octobre [ɔktɔbʀ] (NM) October → **septembre**

> Les noms de mois s'écrivent avec une majuscule en anglais.

octogénaire [ɔktɔʒenɛʀ] (ADJ, NMF) octogenarian

octogonal, e (*mpl* **-aux**) [ɔktɔgɔnal, o] (ADJ) octagonal

octogone [ɔktɔgɔn] (NM) octagon

octroi [ɔktʀwa] (NM) [*de permission, délai*] granting • **l'~ d'une bourse n'est pas automatique** grants are not given automatically

octroyer [ɔktʀwaje] /TABLE 8/ **1** (VT) (*frm*) to grant (**à** to); [+ *bourse*] to give (**à** to) **2** (VPR) **s'octroyer** [+ *droit, pouvoirs*] to claim; (*Sport*) [+ *médaille, place*] to win • **s'~ une augmentation** to give o.s. a pay rise • **je vais m'~ quelques jours de congé** I'm going to allow myself a few days off

O

oculaire [ɔkylɛʀ] (ADJ) ocular
oculiste [ɔkylist] (NMF) eye specialist
ode [ɔd] (NF) ode
odeur [ɔdœʀ] (NF) smell • **sans ~** odourless (*Brit*), odorless (*US*) • **mauvaise ~** bad smell • **~ de brûlé** smell of burning • **~ de renfermé** musty smell • **avoir une mauvaise ~** to smell bad
odieusement [ɔdjøzmɑ̃] (ADV) odiously
odieux, -ieuse [ɔdjø, jøz] (ADJ) **a** (= *infâme*) odious • **tu as été ~ avec elle** you were horrible to her • **c'est ~ ce que tu viens de dire!** that's a horrible thing to say! **b** (= *insupportable*) unbearable • **cette femme m'est odieuse** I can't bear that woman
odorant, e [ɔdɔʀɑ̃, ɑ̃t] (ADJ) scented; [*herbes, essences*] aromatic
odorat [ɔdɔʀa] (NM) sense of smell • **avoir l'~ fin** to have a keen sense of smell
odyssée [ɔdise] (NF) odyssey
œcuménique [ekymenik] (ADJ) oecumenical
œdème [edɛm] (NM) oedema

œil [œj] (*pl* **yeux**)

1 NOM MASCULIN 2 COMPOSÉS

1 NOM MASCULIN

a (= *organe*) eye • **il a les yeux bleus** he has blue eyes • **elle a les yeux faits** she's wearing eye make-up • **avoir un ~ au beurre noir*** to have a black eye • **je l'ai vu de mes yeux** I saw it with my own eyes • **regarde-moi dans les yeux** look me in the eye • **il a les yeux plus gros que le ventre** (*gloutonnerie*) his eyes are bigger than his belly • (PROV) **~ pour ~, dent pour dent** an eye for an eye, a tooth for a tooth (PROV) • **à l'~ nu** [*visible, identifiable, invisible*] to the naked eye • **se regarder les yeux dans les yeux** to gaze into each other's eyes • **ouvrir des yeux ronds** to stare wide-eyed • **ouvrir de grands yeux** to stare wide-eyed

b (= *regard*) **attirer l'~ de qn** to catch sb's eye • **n'avoir d'yeux que pour qn/qch** to have one's attention focussed on sb/sth • **il n'a d'yeux que pour elle** he only has eyes for her • **jeter un ~* à** to have a look at • **vous avez l'article sous les yeux** the article is right there in front of you • **sous l'~ vigilant de** under the watchful eye of • **il le regardait l'~ mauvais** he gave him a nasty look • **faire les yeux doux à qn** to look amorously at sb • **faire de l'~ à qn*** to make eyes at sb • **garder un ~ sur** to keep an eye on • **je vous ai à l'~!** I've got my eye on you!

c (= *faculté de voir*) **avoir de bons yeux** to have good eyesight • **avoir de mauvais yeux** to have bad eyesight • **il a l'~*** he has sharp eyes • **il n'a pas les yeux dans sa poche** he doesn't miss a thing

d (= *jugement*) **voir qch d'un bon ~** to view sth favourably • **voir qch d'un mauvais ~** to view sth unfavourably • **aux yeux de l'opinion publique** in the eyes of the public • **à mes yeux** in my opinion

e (*locutions*) **coûter les yeux de la tête** to cost a fortune
▸ **mon œil!*** (= *je n'y crois pas*) my eye!*; (= *je ne le ferai pas*) not likely!*
▸ **les yeux fermés** (= *sans regarder*) with one's eyes closed; (= *avec confiance*) with complete confidence
▸ **à l'œil*** (= *gratuitement*) for nothing
▸ **coup d'œil** (= *regard rapide*) glance; (= *vue*) view • **d'ici, le coup d'~ est joli** there's a lovely view from here • **ça vaut le coup d'~** it's worth seeing • **au premier coup d'~** at first glance • **avoir le coup d'~ pour** to have an eye for • **jeter un coup d'~ à** to glance at • **allons jeter un coup d'~** let's go and have a look

2 COMPOSÉS

▸ **l'œil du cyclone** the eye of the cyclone; (*fig*) the eye of the storm

œillade [œjad] (NF) wink • **décocher une ~ à qn** to wink at sb
œillères [œjɛʀ] (NFPL) [*de cheval*] blinkers • **avoir des ~** to be blinkered
œillet [œjɛ] (NM) (= *fleur*) carnation ▸ **œillet d'Inde** French marigold
œnologue [enɔlɔg] (NMF) oenologist
œsophage [ezɔfaʒ] (NM) oesophagus (*Brit*), esophagus (*US*)
œstrogène [ɛstʀɔʒɛn] (NM) oestrogen (*Brit*), estrogen (*US*)
œuf (*pl* **œufs**) [œf, ø] 1 (NM)

> The **f** of **œuf** is pronounced, but the **fs** of **œufs** is silent.

a [*d'animal*] egg • **étouffer qch dans l'~** to nip sth in the bud • **mettre tous ses ~s dans le même panier** to put all one's eggs in one basket • **c'est l'~ et la poule** it's a chicken and egg situation • **va te faire cuire un ~!*** get lost!*
b (= *télécabine*) egg-shaped cablecar
2 (COMP) ▸ **œufs brouillés** scrambled eggs ▸ **œuf à la coque** soft-boiled egg ▸ **œuf dur** hard-boiled egg ▸ **œufs mimosa** *hors d'oeuvre made with chopped egg yolks* ▸ **œuf mollet** soft-boiled egg ▸ **œufs à la neige** floating islands ▸ **œuf de Pâques** Easter egg ▸ **œuf sur le plat** *ou* **au plat** fried egg ▸ **œuf poché** poached egg
œuvre [œvʀ] (NF) **a** (= *livre, tableau, film*) work; (= *ensemble d'une production*) works • **~ d'art** work of art **b** (= *tâche*) undertaking; (= *travail achevé*) work *NonC* • **ce beau gâchis, c'est l'~ des enfants** this fine mess is the children's doing • **se mettre à l'~** to get down to work • **voir qn à l'~** to see sb at work; (*iro*) to see sb in action • **faire ~ de pionnier** to be a pioneer • **mettre en ~** [+ *moyens*] to make use of • **il avait tout mis en ~ pour les aider** he had done everything possible to help them **c** (= *organisation*) **~ de bienfaisance** charity • **~ de charité** charity • **les ~s** charities
œuvrer [œvʀe] /TABLE 1/ (VI) to work (**à** for)
off [ɔf] (ADJ INV) [*festival, spectacle*] alternative • **voix ~** voice-over
offensant, e [ɔfɑ̃sɑ̃, ɑ̃t] (ADJ) offensive
offense [ɔfɑ̃s] (NF) (= *affront*) insult • **faire ~ à** to offend
offensé, e [ɔfɑ̃se] *ptp de* **offenser** (ADJ) offended
offenser [ɔfɑ̃se] /TABLE 1/ 1 (VT) to offend • **je n'ai pas voulu vous ~** I didn't want to offend you 2 (VPR) **s'offenser** to take offence (**de qch** at sth)
offensif, -ive [ɔfɑ̃sif, iv] 1 (ADJ) (*Mil*) offensive • **ils ont un jeu très ~** they play an attacking game 2 (NF) **offensive** offensive • **passer à l'offensive** to go on the offensive • **l'offensive de l'hiver** the onslaught of winter
offert, e [ɔfɛʀ, ɔfɛʀt] *ptp de* **offrir**

office [ɔfis] (NM) ⓐ (= *tâche*) office • ~ **ministériel** ministerial office • **bons ~s** good offices
ⓑ (= *usage*) **faire ~ de** [*personne*] to act as; [*objet*] to serve as • **faire ~ de chauffeur** to act as a chauffeur • **remplir son ~** [*appareil, loi*] to serve its purpose
ⓒ (= *bureau*) office • ~ **du tourisme** tourist office
ⓓ (= *messe*) service
ⓔ (= *pièce de rangement*) pantry
ⓕ ▸ **d'office** [*nommer, qualifier*] automatically; [*inscription, taxation*] automatic • **avocat commis d'~** ≈ legal-aid lawyer

officialiser [ɔfisjalize] /TABLE 1/ (VT) to make official

officiel, -elle [ɔfisjɛl] 1 (ADJ) official • **rendre ~** to make official • **à titre ~** officially 2 (NM,F) official

> Le mot anglais se termine par **-ial**.

officiellement [ɔfisjɛlmɑ̃] (ADV) officially

> Le mot anglais s'écrit **-iall-**.

officier[1] [ɔfisje] (NM) officer • ~ **de marine** naval officer • ~ **de police** senior police officer • ~ **de l'état civil** registrar (*usually the mayor*)

officier[2] [ɔfisje] /TABLE 7/ (VI) to officiate

officieusement [ɔfisjøzmɑ̃] (ADV) unofficially

officieux, -ieuse [ɔfisjø, jøz] (ADJ) unofficial • **à titre ~** unofficially

officine [ɔfisin] (NF) (= *laboratoire*) dispensary; (= *pharmacie*) pharmacy

offrande [ɔfʀɑ̃d] (NF) (= *don*) offering • **l'~** (*pendant la messe*) the offertory

offrant [ɔfʀɑ̃] (NM) **au plus ~** to the highest bidder

offre [ɔfʀ] 1 (NF) ⓐ offer; (*aux enchères*) bid • **il m'a fait une ~** he made me an offer • ~ **spéciale** special offer
ⓑ (*Écon*) supply • **l'~ et la demande** supply and demand
ⓒ (*Internet, Audiovisuel*) **l'~ gratuite** free content • **l'~ payante** paid-for content 2 (COMP) ▸ **offre d'emploi** job offer • **~s d'emploi** (*dans journal*) job advertisements • **il y a plusieurs ~s d'emploi pour des ingénieurs** there are several jobs advertised for engineers ▸ **offre publique d'achat** takeover bid (Brit), tender offer (US)

offrir [ɔfʀiʀ] /TABLE 18/ 1 (VT) ⓐ (= *donner*) to give (**à** to) • **c'est pour ~ ?** is it for a present? • **il nous a offert à boire** (*chez lui*) he gave us a drink; (*au café*) he bought us a drink • **c'est moi qui offre !** [+ *tournée*] it's my round!; [+ *repas*] this is on me!
ⓑ (= *proposer*) to offer • ~ **de faire qch** to offer to do sth • **combien m'en offrez-vous ?** how much are you offering for it?
ⓒ (= *présenter*) [+ *spectacle, image, résistance*] to offer • **ces ruines n'offrent guère d'intérêt** these ruins are of little interest
ⓓ (= *apporter*) [+ *avantage, inconvénient*] to have
2 (VPR) **s'offrir** ⓐ (= *se présenter*) **s'~ aux regards** [*personne*] to expose o.s. to the public gaze; [*spectacle*] to present itself • **il a saisi l'occasion qui s'offrait à lui** he seized the opportunity presented to him • **s'~ pour faire qch** to offer to do sth
ⓑ (= *se payer*) to treat o.s. to • **s'~ un vison** to buy o.s. a mink

> ⚠ Lorsque l'on parle d'un cadeau, **offrir** n'est jamais traduit par **to offer**.

offshore [ɔfʃɔʀ] 1 (ADJ INV) offshore 2 (NM INV) ⓐ (= *bateau*) powerboat ⓑ (= *activité*) powerboat racing • **faire du ~** to go powerboat racing

offusquer [ɔfyske] /TABLE 1/ 1 (VT) to offend 2 (VPR) **s'offusquer** to take offence (**de** at)

ogive [ɔʒiv] 1 (NF) ⓐ [*de voûte*] diagonal rib ⓑ [*de missile*] nose cone 2 (COMP) ▸ **ogive nucléaire** nuclear warhead

OGM [oʒeɛm] (NM) (ABR DE **organisme génétiquement modifié**) GMO

ognon [ɔɲɔ̃] (NM) = **oignon**

ogre [ɔgʀ] (NM) ogre

oh [o] (EXCL) oh! • **pousser des oh !** to exclaim

ohé [ɔe] (EXCL) hey!

oie [wa] (NF) ⓐ (= *oiseau*) goose ⓑ (= *femme niaise*) silly goose

oignon, ognon [ɔɲɔ̃] (NM) ⓐ (= *légume*) onion; (= *bulbe de fleur*) bulb • **petits ~s** pickling onions • **ce ne sont pas mes ~s*** it's none of my business • **occupe-toi de tes ~s*** mind your own business ⓑ (*Méd*) bunion

oiseau (*pl* **oiseaux**) [wazo] (NM) (= *animal*) bird • **trouver l'~ rare** to find the man (*ou* woman) in a million • **le petit ~ va sortir !** watch the birdie! ▸ **oiseau de malheur** bird of ill omen ▸ **oiseau de mauvais augure** bird of ill omen ▸ **oiseau de paradis** bird of paradise ▸ **oiseau de proie** bird of prey

oiseau-mouche (*pl* **oiseaux-mouches**) [wazomuʃ] (NM) hummingbird

oisellerie [wazɛlʀi] (NF) (= *magasin*) pet shop (*selling birds*)

oiseux, -euse [wazø, øz] (ADJ) pointless

oisif, -ive [wazif, iv] (ADJ) idle

oisiveté [wazivte] (NF) idleness

OK* [oke] (EXCL, ADJ INV) OK*

ola [ɔla] (NF) (*Sport*) Mexican wave

olé [ɔle] 1 (EXCL) olé! 2 (ADJ INV) **olé olé*** risqué

oléoduc [ɔleɔdyk] (NM) oil pipeline

olfactif, -ive [ɔlfaktif, iv] (ADJ) olfactory

oligarque [ɔligaʀk] (NMF) oligarch

oligoélément [ɔligoelemɑ̃] (NM) trace element

olive [ɔliv] 1 (NF) (= *fruit*) olive 2 (ADJ INV) olive-green

oliveraie [ɔlivʀɛ] (NF) olive grove

olivette [ɔlivɛt] (NF) (= *tomate*) plum tomato

olivier [ɔlivje] (NM) (= *arbre*) olive tree; (= *bois*) olive wood

OLP [ɔɛlpe] (NF) (ABR DE **Organisation de libération de la Palestine**) PLO

olympique [ɔlɛ̃pik] (ADJ) Olympic • **il est dans une forme ~** he's in great shape

Oman [ɔman] (NM) **(le Sultanat d')~** (the Sultanate of) Oman

omanais, e [ɔmanɛ, ɛz] 1 (ADJ) Omani 2 (NM,F) **Omanais(e)** Omani

ombilical, e (*mpl* **-aux**) [ɔ̃bilikal, o] (ADJ) umbilical

ombragé, e [ɔ̃bʀaʒe] (ADJ) shady

ombrageux, -euse [ɔ̃bʀaʒø, øz] (ADJ) [*personne*] easily offended

ombre [ɔ̃bʀ] 1 (NF) ⓐ (= *obscurité*) shade *NonC*; [*de personne, objet*] shadow • **25° à l'~** 25° in the shade • **tapi dans l'~** lurking in the shadows • **faire de l'~ à qn** (*fig*) to overshadow sb
ⓑ (= *anonymat*) **rester dans l'~** [*artiste*] to remain in obscurity; [*meneur*] to keep in the background • **laisser une question dans l'~** to leave a question unresolved

c (= *soupçon*) **ça ne fait pas l'~ d'un doute** there's not the shadow of a doubt • **tu n'as pas l'~ d'une chance** you haven't got a ghost of a chance • **sans l'~ d'une hésitation** without a moment's hesitation

2 COMP ▸ **ombres chinoises** shadow theatre ▸ **ombre à paupières** eye shadow

ombrelle [ɔ̃bʀɛl] NF (= *parasol*) parasol

oméga○ [ɔmega] 1 NM INV omega → **alpha** 2 NMPL **~(s) 3/6** omega 3/6 (fatty acids)

omelette [ɔmlɛt] NF omelette • **~ aux champignons** mushroom omelette • **~ norvégienne** baked Alaska • (PROV) **on ne fait pas d'~ sans casser des œufs** you can't make an omelette without breaking eggs (PROV)

omettre [ɔmɛtʀ] /TABLE 56/ VT to leave out • **~ de faire qch** to omit to do sth

omission [ɔmisjɔ̃] NF omission

omnibus [ɔmnibys] 1 NM (= *train*) local train 2 ADJ **le train est ~ jusqu'à Paris** the train stops at every station until Paris

omniprésence [ɔmnipʀezɑ̃s] NF omnipresence

omniprésent, e [ɔmnipʀezɑ̃, ɑ̃t] ADJ omnipresent • **son influence est ~e** his influence is felt everywhere

omniscient, e [ɔmnisjɑ̃, ɑ̃t] ADJ omniscient

omnisports [ɔmnispɔʀ] ADJ INV [*terrain*] general-purpose • **salle ~** games hall • **palais ~** sports centre

omnivore [ɔmnivɔʀ] 1 ADJ omnivorous 2 NM omnivore

omoplate [ɔmɔplat] NF shoulder blade

OMS [oɛmɛs] NF (ABR DE **Organisation mondiale de la santé**) WHO

---

on [ɔ̃] PRONOM

a (= *quelqu'un*) someone • **on vous demande au téléphone** there's someone on the phone for you • **on sonne!** there's someone at the door! • **qu'est-ce que je dis si on demande à vous parler?** what shall I say if someone asks to speak to you? • **on ne nous a pas demandé notre avis** nobody asked our opinion

> ➢ Lorsque **on** est indéterminé, l'anglais préfère souvent une tournure passive.

• **on les attendait** they were expected • **« on demande serveuse »** "waitress wanted"

b (= *nous*)* we • **on est partis** we left • **on est censé s'habiller pour le dîner?** are we expected to dress for dinner? • **on l'a fait tous les trois** the three of us did it • **on mange?** shall we have something to eat? • **on commence?** shall we begin?

c (= *les gens*) people • **en Chine on mange avec des baguettes** in China people eat with chopsticks • **je ne comprends pas qu'on ne vote pas** I don't understand why people don't vote • **on n'a pas un sou mais on s'achète une voiture!** they haven't a penny to their name but they go and buy a car!

d (*généralisations*) you • **de la fenêtre, on voit les collines** from the window, you can see the hills • **il est fâché et on comprend pourquoi** he's angry and you can see why • **on ne pense jamais à tout** you can't think of everything

e (= *tu, vous*)* **alors, on est content?** well, are you pleased? • **alors, on ne dit plus bonjour aux amis?** don't we say hello to our friends any more?

---

oncle [ɔ̃kl] NM uncle

onctueux, -euse [ɔ̃ktɥø, øz] ADJ **a** [*crème*] smooth **b** [*manières, voix*] unctuous

onde [ɔ̃d] NF wave • **~ de choc** shock wave • **~s courtes** short waves • **grandes ~s** long waves • **sur les ~s et dans la presse** on the radio and in the press • **il y a de bonnes/mauvaises ~s dans cette maison** there are good/bad vibes in this house

ondée [ɔ̃de] NF shower

on-dit [ɔ̃di] NM INV rumour • **ce ne sont que des ~** it's only hearsay

ondoyer [ɔ̃dwaje] /TABLE 8/ VI to ripple

ondulant, e [ɔ̃dylɑ̃, ɑ̃t] ADJ [*ligne, surface*] undulating; [*démarche*] supple

ondulation [ɔ̃dylasjɔ̃] NF [*de vagues, blés, terrain*] undulation • **ondulations** [*de cheveux*] waves

ondulé, e [ɔ̃dyle] ADJ [*surface*] undulating; [*cheveux*] wavy; [*carton, tôle*] corrugated

onéreux, -euse [ɔneʀø, øz] ADJ expensive

ONG [oɛnʒe] NF (ABR DE **organisation non gouvernementale**) NGO

ongle [ɔ̃gl] NM [*de personne*] nail; [*d'animal*] claw • **~ de pied** toenail • **se faire les ~s** to do one's nails

onglet [ɔ̃glɛ] NM **a** [*de livre*] (*dépassant*) tab; (*en creux*) thumb index **b** (= *viande*) *prime cut of beef* **c** (*en informatique*) thumbnail; (*Internet*) tab

onguent [ɔ̃gɑ̃] NM ointment

onirique [ɔniʀik] ADJ dreamlike

onlay [ɔnlɛ] NM onlay

onomatopée [ɔnɔmatɔpe] NF onomatopoeia

ont [ɔ̃] VB → **avoir**

Ontario [ɔ̃tarjo] NM Ontario • **le lac ~** Lake Ontario

ONU [ɔny] NF (ABR DE **Organisation des Nations unies**) UNO • **l'~** the UN

onusien, -ienne [ɔnyzjɛ̃, jɛn] ADJ UN *épith*

onyx [ɔniks] NM onyx

onze ['ɔ̃z] NOMBRE eleven • **le ~ novembre** Armistice Day • **le ~ de France** the French eleven → **six**

onzième ['ɔ̃zjɛm] ADJ, NMF eleventh → **sixième**

OPA [ɔpea] NF (ABR DE **offre publique d'achat**) takeover bid (*Brit*), tender offer (*US*) • **faire une ~ sur** to take over

opale [ɔpal] NF opal

opaline [ɔpalin] NF opaline

opaque [ɔpak] ADJ opaque; [*brouillard, nuit, forêt*] impenetrable

open○ [ɔpɛn] 1 ADJ INV open 2 NM (= *tournoi*) open tournament

OPEP [ɔpɛp] NF (ABR DE **Organisation des pays exportateurs de pétrole**) OPEC

opéra [ɔpeʀa] NM opera; (= *édifice*) opera house

opérable [ɔpeʀabl] ADJ operable • **le malade est-il ~** can the patient be operated on? • **ce cancer n'est plus ~** this cancer is too far advanced for an operation

opérateur, -trice [ɔpeʀatœʀ, tʀis] 1 NM,F operator ▸ **opérateur de saisie** keyboarder 2 NM (*Téléc*) **~ (de téléphone mobile)** network provider

opération [ɔpeʀasjɔ̃] NF **a** operation • **subir une ~ chirurgicale** to have an operation • **tu as fini tes ~s?** have you done your sums? • **~ de sauvetage** rescue operation • **~ promotionnelle** promotional campaign **b** (= *tractation*) transaction • **~ bancaire** banking transaction • **~ immobilière** property deal • **~s de Bourse** stock-exchange transactions • **notre équipe a**

réalisé une bonne ~ (*en affaires*) our team got a good deal; (*en sport*) our team did a really good job

opérationnel, -elle [ɔpeʀasjɔnɛl] ADJ operational

> Le mot anglais s'écrit avec un seul **n** et se termine par **-al**.

opercule [ɔpɛʀkyl] NM (*de protection*) protective cover; [*de pot de crème, carton de lait*] seal

opérer [ɔpeʀe] /TABLE 6/ **1** VT **a** [+ *malade, organe*] to operate on (**de** for); [+ *tumeur*] to remove • ~ **qn de l'appendicite** to remove sb's appendix • **se faire** ~ to have an operation **b** (= *exécuter*) to make; [+ *transformation, réforme*] to carry out • **un changement considérable s'était opéré** a major change had taken place **2** VI [*remède, charme*] to work; [*photographe, technicien*] to proceed • **les cambrioleurs qui opèrent dans cette région** the burglars who work this area

opérette [ɔpeʀɛt] NF operetta

ophtalmo * [ɔftalmo] **1** NMF (ABR DE **ophtalmologiste**) ophthalmologist **2** NF (ABR DE **ophtalmologie**) ophthalmology

ophtalmologie [ɔftalmɔlɔʒi] NF ophthalmology

ophtalmologiste [ɔftalmɔlɔʒist], **ophtalmologue** [ɔftalmɔlɔg] NMF ophthalmologist

opinel ® [ɔpinɛl] NM wooden-handled pen-knife

opiniâtre [ɔpinjɑtʀ] ADJ stubborn

opiniâtreté [ɔpinjɑtʀəte] NF stubbornness • **avec** ~ stubbornly

opinion [ɔpinjɔ̃] NF **a** (= *jugement, conviction, idée*) opinion (**sur** about) • **se faire une** ~ to form an opinion (**sur** on), make up one's mind (**sur** about) • **avoir bonne** ~ **de qn** to have a good opinion of sb • **avoir une mauvaise** ~ **de qn** to have a bad opinion of sb • ~**s politiques** political beliefs **b** (= *manière générale de penser*) **l'**~ **publique** public opinion • **alerter l'**~ to alert the public **c** (*dans sondage*) **le nombre d'**~**s favorables** the number of people who agreed

opium [ɔpjɔm] NM opium

opportun, e [ɔpɔʀtœ̃, yn] ADJ [*démarche, visite, remarque*] timely • **il serait** ~ **de ...** it would be appropriate to ... • **en temps** ~ at the appropriate time

opportunisme [ɔpɔʀtynism] NM opportunism

opportuniste [ɔpɔʀtynist] **1** ADJ **a** [*personne*] opportunist **b** [*maladie, infection*] opportunistic **2** NMF opportunist

opportunité [ɔpɔʀtynite] NF **a** [*de mesure, démarche*] (*qui vient au bon moment*) timeliness; (*qui est approprié*) appropriateness **b** (= *occasion*) opportunity

opposant, e [ɔpozɑ̃, ɑ̃t] NM,F opponent (**à** of)

opposé, e [ɔpoze] *ptp de* **opposer** **1** ADJ **a** [*rive, direction*] opposite; [*parti, équipe*] opposing • **venant en sens** ~ coming in the opposite direction • **l'équipe** ~**e à la nôtre** the team playing against ours

b (= *contraire*) [*intérêts, forces, opinions*] conflicting; [*caractères, angles*] opposite; [*couleurs, styles*] contrasting • **ils sont d'un avis** ~ (*au nôtre*) they are of the opposite opinion; (*l'un à l'autre*) they have conflicting opinions

c (= *hostile*) ~ **à** opposed to • **j'y suis tout à fait** ~ I'm completely opposed to it

2 NM **l'**~ the opposite

▸ **à l'opposé** (= *dans l'autre direction*) the opposite way (**de** from); (= *de l'autre côté*) on the opposite side (**de** from) • **ils sont vraiment à l'**~ **l'un de l'autre** they are totally unalike

opposer [ɔpoze] /TABLE 1/ **1** VT **a** [+ *équipes, joueurs*] to bring together; [+ *rivaux, pays*] to bring into conflict (**à** with); [+ *idées, personnages, couleurs*] to contrast (**à** with) • **le match opposant l'équipe de Lyon à celle de Caen** the match in which the Lyon team is pitted against Caen • **des questions d'intérêt les opposent** matters of personal interest divide them

b (= *utiliser comme défense*) [+ *raisons*] to put forward (**à** to) • ~ **qch à qn/qch** [+ *armée, tactique*] to set sth against sb/sth • ~ **son refus le plus net** to give an absolute refusal (**à** to) • **il nous a opposé une résistance farouche** he fiercely resisted us • **que va-t-il** ~ **à notre proposition ?** what objections will he make to our proposal?

2 VPR **s'opposer** **a** (*mutuellement*) [*équipes, joueurs*] to confront each other; [*rivaux, partis*] to clash (**à** with); [*opinions, théories*] to conflict; [*couleurs, styles*] to contrast (**à** with); [*immeubles*] to face each other

b (= *se dresser contre*) **s'**~ **à** [+ *parents*] to rebel against; [+ *mesure, mariage, progrès*] to oppose • **je m'oppose formellement à ce que vous y alliez** I am not going to allow you to go

opposition [ɔpozisjɔ̃] NF **a** (= *résistance*) opposition (**à** to) • **faire** ~ **à** [+ *loi, décision*] to oppose; [+ *chèque*] to stop **b** (= *conflit, contraste*) opposition; [*d'idées, intérêts*] conflict; [*de couleurs, styles, caractères*] contrast • **mettre en** ~ [+ *théories, styles*] to oppose • **par** ~ in contrast • **par** ~ **à** as opposed to **c** (*en politique*) **l'**~ the opposition • **les élus de l'**~ the members of the opposition parties

oppressant, e [ɔpʀesɑ̃, ɑ̃t] ADJ oppressive

oppresser [ɔpʀese] /TABLE 1/ VT [*chaleur, ambiance, angoisse*] to oppress • **se sentir oppressé** to feel suffocated

oppresseur [ɔpʀesœʀ] NM oppressor

oppression [ɔpʀesjɔ̃] NF (= *asservissement*) oppression; (= *malaise*) feeling of oppression

opprimé, e [ɔpʀime] *ptp de* **opprimer** **1** ADJ oppressed **2** NM,F **les** ~**s** the oppressed

opprimer [ɔpʀime] /TABLE 1/ VT to oppress

opter [ɔpte] /TABLE 1/ VI ~ **pour** to opt for

opticien, -ienne [ɔptisjɛ̃, jɛn] NM,F dispensing optician

optimal, e (*mpl* **-aux**) [ɔptimal, o] ADJ optimal

optimisation [ɔptimizasjɔ̃] NF optimization ▸ **optimisation fiscale** tax optimization

optimiser [ɔptimize] /TABLE 1/ VT to optimize

optimisme [ɔptimism] NM optimism • **faire preuve d'**~ to be optimistic

optimiste [ɔptimist] **1** ADJ optimistic **2** NMF optimist

optimum (*pl* **optimums** *ou* **optima**) [ɔptimɔm, a] **1** NM optimum **2** ADJ optimum

option [ɔpsjɔ̃] NF **a** (= *choix*) option • **matière à** ~ optional subject (*Brit*), elective (*US*) **b** (= *accessoire auto*) optional extra • **climatisation en** ~ air-conditioning available as an optional extra

optionnel, -elle [ɔpsjɔnɛl] ADJ optional • **matière** ~**le** optional subject (*Brit*), elective (*US*)

> Le mot anglais s'écrit avec un seul **n** et se termine par **-al**.

optique [ɔptik] **1** ADJ [*verre, disque*] optical; [*nerf*] optic **2** NF **a** (= *science, lentilles*) optics *sg* **b** (= *point de vue*) perspective • **dans cette** ~ seen from this point of view

opulence [ɔpylɑ̃s] (NF) wealth • **vivre dans l'~** to live an opulent life

opulent, e [ɔpylɑ̃, ɑ̃t] (ADJ) ⓐ (= *riche*) [*pays, personne*] wealthy; [*luxe, vie*] opulent ⓑ (= *ample*) [*formes*] full; [*poitrine*] ample

or[1] [ɔʀ] 1 (NM) gold • **bijoux en or massif** solid gold jewellery • **pour tout l'or du monde** for all the money in the world
▸ **en or** [*objet*] gold; [*occasion*] golden; [*mari, enfant, sujet*] marvellous • **c'est une affaire en or** (*achat*) it's a real bargain; (*commerce, magasin*) it's a gold mine
2 (COMP) ▸ **or noir** (= *pétrole*) black gold

or[2] [ɔʀ] (CONJ) ⓐ (*mise en relief*) **or, ce jour-là, il n'était pas là** now, on that particular day, he wasn't there • **il m'a téléphoné hier, or je pensais justement à lui** he phoned me yesterday, and it just so happened that I'd been thinking about him ⓑ (*opposition*) but • **nous l'attendions, or il n'est pas venu** we waited for him but he didn't come

orage [ɔʀaʒ] (NM) (= *tempête*) thunderstorm • **il va y avoir de l'~** there's going to be a thunderstorm • **il y a de l'~ dans l'air** there's a storm brewing • **laisser passer l'~** to let the storm blow over ▸ **orage de chaleur** summer storm

orageux, -euse [ɔʀaʒø, øz] (ADJ) ⓐ [*ciel, temps*] stormy ⓑ [*vie, discussion*] turbulent

oral, e (*mpl* **-aux**) [ɔʀal, o] 1 (ADJ) oral 2 (NM) (= *examen*) oral • **il est meilleur à l'~ qu'à l'écrit** his oral work is better than his written work

oralement [ɔʀalmɑ̃] (ADV) orally

orange [ɔʀɑ̃ʒ] 1 (NF) orange 2 (NM) (= *couleur*) orange • **le feu était à l'~** the lights were on amber (*Brit*), the light was yellow (*US*) 3 (ADJ INV) orange 4 (COMP) ▸ **orange sanguine** blood orange

orangé, e [ɔʀɑ̃ʒe] (ADJ) orangey

orangeade [ɔʀɑ̃ʒad] (NF) orangeade

oranger [ɔʀɑ̃ʒe] (NM) orange tree → **fleur**

orangeraie [ɔʀɑ̃ʒʀɛ] (NF) orange grove

orangiste [ɔʀɑ̃ʒist] (NM) Orangeman

orang-outan(g) (*pl* **orangs-outan(g)s**) [ɔʀɑ̃utɑ̃] (NM) orang-outang

orateur, -trice [ɔʀatœʀ, tʀis] (NM,F) speaker

orbite [ɔʀbit] (NF) ⓐ [*de yeux*] eye-socket ⓑ (*en astronomie, physique*) orbit • **être sur ~** [*satellite*] to be in orbit; [*auteur, produit, méthode, projet*] to be successfully launched; [*sportif*] to be out of reach • **un satellite en ~ à 900 km de la Terre** a satellite orbiting 900km above the earth • **mettre sur** *ou* **en ~** to put into orbit; (*fig*) to launch • **tomber dans l'~ d'un pays** to fall into a country's sphere of influence

orbiter [ɔʀbite] /TABLE 1/ (VI) [*satellite*] to orbit • **~ autour de la Terre** to orbit the earth

orchestre [ɔʀkɛstʀ] 1 (NM) ⓐ [*de musique classique, bal*] orchestra; [*de jazz, danse*] band ⓑ (*au cinéma, au théâtre*) (= *emplacement*) stalls (*Brit*), orchestra (*US*) 2 (COMP) ▸ **orchestre de chambre** chamber orchestra ▸ **orchestre symphonique** symphony orchestra

orchestrer [ɔʀkɛstʀe] /TABLE 1/ (VT) to orchestrate

orchidée [ɔʀkide] (NF) orchid

ordi* [ɔʀdi] (NM) computer

ordinaire [ɔʀdinɛʀ] 1 (ADJ) ⓐ (= *habituel*) ordinary • **un personnage peu ~** an unusual character ⓑ (= *courant*) [*vin*] ordinary; [*service de table*] everyday; [*qualité*] standard • **croissant ~** *croissant made with margarine instead of butter* • **un vin très ~** a very indifferent wine • **mener une existence très ~** to lead a humdrum existence 2 (NM) **ça sort de l'~** it's out of the ordinary • **il sort de l'~** he's one of a kind • **d'~** ordinarily

ordinal, e (*mpl* **-aux**) [ɔʀdinal, o] 1 (ADJ) ordinal 2 (NM) ordinal number

ordinateur [ɔʀdinatœʀ] (NM) computer • **~ de bord** onboard computer • **mettre sur ~** [+ *données*] to enter into a computer; [+ *système*] to computerize • **simulation par ~** computer simulation ▸ **ordinateur de bureau** desktop computer ▸ **ordinateur portable** laptop (computer)

ordination [ɔʀdinasjɔ̃] (NF) ordination

ordonnance [ɔʀdɔnɑ̃s] (NF) ⓐ [*de médicaments*] prescription • **faire une ~** to write a prescription • **délivré sur ~** available on prescription • **médicament vendu sans ~** over-the-counter medicine ⓑ (= *arrêté*) order

ordonné, e [ɔʀdɔne] *ptp de* **ordonner** 1 (ADJ) [*enfant, maison*] tidy; [*employé*] methodical; [*vie*] ordered; [*idées, discours*] well-ordered 2 (NF) **ordonnée** ordinate • **axe des ~es** Y-axis

ordonner [ɔʀdɔne] /TABLE 1/ (VT) ⓐ (= *arranger*) to organize ⓑ (= *commander*) to order • **~ à qn de faire qch** to order sb to do sth ⓒ [+ *prêtre*] to ordain

ordre [ɔʀdʀ] 1 (NM) ⓐ (= *succession régulière*) order • **par ~ alphabétique** in alphabetical order • **par ~ d'importance** in order of importance • **dans l'~** in order ⓑ (= *catégorie*) order • **c'est dans l'~ des choses** it's in the order of things • **dans le même ~ d'idées** similarly • **pour des motifs d'~ personnel** for reasons of a personal nature • **un chiffre du même ~** a figure of the same order • **un chiffre de l'~ de 2 millions** a figure of the order of 2 million • **donnez-nous un ~ de grandeur** give us a rough estimate • **considérations d'~ pratique** considerations of a practical nature
ⓒ (= *légalité*) l'~ order • **l'~ public** law and order • **quand tout fut rentré dans l'~** when order had been restored
ⓓ (= *bonne organisation*) [*de personne, chambre*] tidiness • **avoir de l'~** (*rangements*) to be orderly; (*travail*) to be methodical • **mettre de l'~ dans** to tidy up
▸ **en ordre** [*tiroir, maison, bureau*] tidy; [*comptes*] in order • **tenir en ~** [+ *chambre*] to keep tidy; [+ *comptes*] to keep in order • **mettre en ~** to tidy up
ⓔ (= *commandement*) order • **donner l'~ de** to give the order to • **j'ai reçu l'~ de ...** I've been given orders to ... • **je n'ai d'~ à recevoir de personne** I don't take orders from anyone • **être aux ~s de qn** to be at sb's disposal • **combattre sous les ~s de qn** to fight under sb's command • **~ de grève** strike call • **à l'~ de** (*Finance*) payable to
ⓕ (= *association*) order • **~ de chevalerie** order of chivalry • **les ~s** (*religieux*) holy orders
2 (COMP) ▸ **ordre du jour** [*de conférence, réunion*] agenda • **être à l'~ du jour** to be on the agenda; (= *être d'actualité*) to be topical

ordure [ɔʀdyʀ] 1 (NF) (= *saleté*) filth *NonC* • **ce type est une ~*** that guy's a real bastard* 2 (NFPL) **ordures** (= *détritus*) rubbish *NonC* (*Brit*), garbage *NonC* (*US*) • **jeter qch aux ~s** to throw sth into the dustbin (*Brit*) *ou* into the garbage can (*US*)

ordurier, -ière [ɔʀdyʀje, jɛʀ] (ADJ) [*propos*] filthy

oreille [ɔʀɛj] (NF) ear • **tirer les ~s à qn** (*fig*) to give sb a good telling off* • **se faire tirer l'~** to take a lot of persuading • **avoir l'~ fine** to have keen hearing • **avoir de l'~** to have a good ear • **n'écouter que d'une ~** to listen with half an ear • **écouter d'une ~ distraite** to listen with half an ear • **ouvre bien tes ~s** listen carefully • **dire qch à l'~ de qn** to whisper sth in sb's ear • **venir aux ~s de qn** to come to sb's attention • **l'~ absolue** (*Mus*) absolute pitch

oreiller [ɔʀeje] NM pillow

oreillette [ɔʀɛjɛt] NF ⓐ (= *écouteur*) earphone ⓑ [*de cœur*] auricle

oreillons [ɔʀɛjɔ̃] NMPL **les ~** mumps

ores [ɔʀ] ADV **d'~ et déjà** already

orfèvre [ɔʀfɛvʀ] NM (*d'argent*) silversmith; (*d'or*) goldsmith • **il est ~ en la matière** he's an expert (on the subject)

orfèvrerie [ɔʀfɛvʀəʀi] NF ⓐ (= *art, commerce*) silversmith's (*ou* goldsmith's) trade ⓑ (= *magasin*) silversmith's (*ou* goldsmith's) shop ⓒ (= *ouvrage*) silver (*ou* gold) plate

orfraie [ɔʀfʀɛ] NF white-tailed eagle • **pousser des cris d'~** to scream like a banshee

organe [ɔʀgan] 1 NM ⓐ (*du corps*) organ ⓑ (= *organisme*) organization ⓒ (= *porte-parole*) spokesman; (= *journal*) mouthpiece 2 COMP ▸ **organes génitaux** genitals ▸ **organe de presse** newspaper

organigramme [ɔʀganigʀam] NM organization chart; (*informatique*) flow chart

organique [ɔʀganik] ADJ organic

organisateur, -trice [ɔʀganizatœʀ, tʀis] NM,F organizer

organisation [ɔʀganizasjɔ̃] NF organization • **il manque d'~** he's not very organized • **une ~ sociale encore primitive** a still rather basic social structure ▸ **organisation humanitaire** humanitarian organization ▸ **Organisation de libération de la Palestine** Palestine Liberation Organization ▸ **Organisation des Nations unies** United Nations Organization ▸ **organisation non gouvernementale** non-governmental organization ▸ **organisation patronale** employers' organization ▸ **organisation syndicale** trade union (*Brit*), labor union (*US*)

organisationnel, -elle [ɔʀganizasjɔnɛl] ADJ [*problème, moyens*] organizational

> ✎ Le mot anglais s'écrit avec un seul **n** et se termine par **-al**.

organisé, e [ɔʀganize] *ptp de* **organiser** ADJ organized • **personne bien ~e** well-organized person → **voyage**

organiser [ɔʀganize] /TABLE 1/ 1 VT to organize • **j'organise une petite fête** I'm having a little party 2 VPR **s'organiser** [*personne*] to organize o.s. • **je m'organiserai en fonction de toi** I'll just fit in with you • **ils se sont organisés en association** they set up an association

organiseur [ɔʀganizœʀ] NM personal organizer

organisme [ɔʀganism] 1 NM ⓐ (= *corps*) body; (*animal, végétal*) organism ⓑ (= *institution*) organization 2 COMP ▸ **organisme génétiquement modifié** genetically modified organism

orgasme [ɔʀgasm] NM orgasm

orge [ɔʀʒ] NM barley

orgelet [ɔʀʒəlɛ] NM stye

orgie [ɔʀʒi] NF orgy

orgue [ɔʀg] 1 NM organ 2 NFPL **orgues** organ 3 COMP ▸ **orgue de Barbarie** barrel organ

orgueil [ɔʀgœj] NM pride • **tirer ~ de qch** to take pride in sth

orgueilleux, -euse [ɔʀgøjø, øz] 1 ADJ proud 2 NM,F proud person

Orient [ɔʀjɑ̃] NM **l'~** the East • **les pays d'~** Eastern countries • **tapis d'~** Oriental rugs

orientable [ɔʀjɑ̃tabl] ADJ adjustable

oriental, e (*mpl* **-aux**) [ɔʀjɑ̃tal, o] 1 ADJ ⓐ (= *de l'est*) [*côte, frontière, région*] eastern ⓑ (= *de l'Orient*) [*langue, produits, musique, arts*] oriental 2 NMPL **les Orientaux** people from Asia

orientation [ɔʀjɑ̃tasjɔ̃] NF ⓐ (= *ajustement*) adjusting ⓑ [*de touristes, voyageurs, recherches, enquête*] directing • **en ville, j'ai des problèmes d'~** I have problems finding my way around town

ⓒ (*Scol*) **l'~ professionnelle** careers advice • **l'~ scolaire** advice on courses to be followed • **ils lui suggèrent une ~ vers un lycée professionnel** they're suggesting he should go to a technical college • **ils lui suggèrent une ~ vers les sciences** they're suggesting he should specialize in science • **il veut changer d'~** he wants to change courses

ⓓ (= *position*) [*de maison*] aspect; [*de phare, antenne*] direction • **l'~ du jardin au sud** the fact that the garden faces south

ⓔ (= *tendance*) trend; [*de magazine*] leanings • **~ à la hausse** upward trend • **~ à la basse** downward trend

orienté, e [ɔʀjɑ̃te] *ptp de* **orienter** ADJ ⓐ (= *disposé*) **~ au sud** facing south • **bien ~** well positioned • **mal ~** badly positioned ⓑ (= *tendancieux*) [*article*] biased ⓒ (*Bourse*) **bien ~** [*marché*] on a rising trend • **mal ~** [*marché*] on a falling trend ⓓ (*en informatique*) **~ objet** object-oriented

orienter [ɔʀjɑ̃te] /TABLE 1/ 1 VT ⓐ [+ *lampe, rétroviseur, miroir, antenne*] to adjust • **~ qch vers qch** to turn sth towards sth • **~ une maison au sud** to build a house facing south

ⓑ [+ *touristes, voyageurs*] to direct (**vers** to); [+ *enquête, recherches*] to direct (**vers** towards) • **~ un élève** to advise a pupil on what courses to follow • **il a été orienté vers un lycée professionnel** he was advised to go to a technical college • **le patient a été orienté vers un service de cardiologie** the patient was referred to a cardiology unit

2 VPR **s'orienter** ⓐ (= *se repérer*) to find one's bearings ⓑ (= *se diriger vers*) **s'~ vers** to turn towards; [*parti, société*] to move towards • **s'~ vers les sciences** to specialize in science

orifice [ɔʀifis] NM opening

origami [ɔʀigami] NM origami

origan [ɔʀigɑ̃] NM oregano

originaire [ɔʀiʒinɛʀ] ADJ **il est ~ de Lille** he is from Lille

original, e (*mpl* **-aux**) [ɔʀiʒinal, o] 1 ADJ ⓐ original • **cela n'a rien d'~** there's nothing original about that ⓑ (= *bizarre*) odd 2 NM,F (= *excentrique*) eccentric • **c'est un ~** he's a real character 3 NM original • **l'~ est au Louvre** the original is in the Louvre

originalité [ɔʀiʒinalite] NF ⓐ (= *nouveauté*) originality • **d'une grande ~** very original ⓑ (= *particularité*) original feature

origine [ɔʀiʒin] (NF) origin • **les ~s de la vie** the origins of life • **tirer son ~ de** to originate in • **avoir son ~ dans** to originate in • **avoir pour ~** to be caused by
▸ **d'origine** of origin; [*langue, pays*] native; [*emballage*] original • **d'~ française** of French origin • **les pneus sont d'~** it still has its original tyres
▸ **à l'origine** originally • **être à l'~ de** to be the cause of; [*+ proposition, initiative, projet, attentat*] to be behind
originel, -elle [ɔʀiʒinɛl] (ADJ) original
orignal (*pl* **-aux**) [ɔʀiɲal, o] (NM) moose
ORL [ɔɛʀɛl] 1 (NF) (ABR DE **oto-rhino-laryngologie**) ENT
2 (NMF) (ABR DE **oto-rhino-laryngologiste**) ENT specialist
orme [ɔʀm] (NM) elm
ornement [ɔʀnəmɑ̃] (NM) ornament • **sans ~** unadorned • **plante d'~** ornamental plant
ornementer [ɔʀnəmɑ̃te] /TABLE 1/ (VT) to ornament
orner [ɔʀne] /TABLE 1/ (VT) to decorate (**de** with)
ornière [ɔʀnjɛʀ] (NF) rut • **il est sorti de l'~** he's out of the woods now
ornithologie [ɔʀnitɔlɔʒi] (NF) ornithology
ornithologique [ɔʀnitɔlɔʒik] (ADJ) ornithological • **réserve ~** bird reserve
ornithologiste [ɔʀnitɔlɔʒist], **ornithologue** [ɔʀnitɔlɔg] (NMF) ornithologist
orphelin, e [ɔʀfəlɛ̃, in] 1 (ADJ) orphaned • **être ~ de père** to have lost one's father 2 (NM,F) orphan
orphelinat [ɔʀfəlina] (NM) orphanage
orque [ɔʀk] (NF) killer whale
orteil [ɔʀtɛj] (NM) toe • **gros ~** big toe • **petit ~** little toe
orthodontiste [ɔʀtɔdɔ̃tist] (NMF) orthodontist
orthodoxe [ɔʀtɔdɔks] 1 (ADJ) ⓐ Orthodox ⓑ **pas très ~** [*méthode, pratiques*] rather unorthodox 2 (NMF) (*Rel*) Orthodox
orthodoxie [ɔʀtɔdɔksi] (NF) orthodoxy
orthographe [ɔʀtɔgʀaf] (NF) spelling • **ce mot a deux ~s** this word has two different spellings
orthographier [ɔʀtɔgʀafje] /TABLE 7/ (VT) to spell • **mal orthographié** wrongly spelt
orthographique [ɔʀtɔgʀafik] (ADJ) spelling *épith*, orthographical
orthopédie [ɔʀtɔpedi] (NF) orthopaedics *sg* (*Brit*), orthopedics *sg* (*US*)
orthopédique [ɔʀtɔpedik] (ADJ) orthopaedic (*Brit*), orthopedic (*US*)
orthopédiste [ɔʀtɔpedist] (NMF) (*= médecin*) orthopaedist (*Brit*), orthopedist (*US*)
orthophonie [ɔʀtɔfɔni] (NF) (*= traitement*) speech therapy
orthophoniste [ɔʀtɔfɔnist] (NMF) speech therapist
ortie [ɔʀti] (NF) stinging nettle ▸ **ortie blanche** white dead-nettle
orvet [ɔʀvɛ] (NM) slow worm
os (*pl* **os**) [ɔs, o] 1 (NM) ⓐ bone • **trempé jusqu'aux os** soaked to the skin ⓑ (*= problème*)* **il y a un os** there's a snag 2 (COMP) ▸ **os à moelle** marrowbone ▸ **os de seiche** cuttlebone
oscar [ɔskaʀ] (NM) (*Ciné*) Oscar (**de** for)
oscarisé, e [ɔskaʀize] (ADJ) (*Ciné*) Oscar-winning
oscillation [ɔsilasjɔ̃] (NF) oscillation; [*de cours, taux, opinion*] fluctuation (**de** in)
osciller [ɔsile] /TABLE 1/ (VI) to oscillate • **~ entre** (*= hésiter*) to waver between; [*prix, température*] to fluctuate between
osé, e [oze] *ptp de* **oser** (ADJ) daring
oseille [ozɛj] (NF) ⓐ (*= plante*) sorrel ⓑ (*= argent*)‡ dough‡
oser [oze] /TABLE 1/ (VT) to dare • **~ faire qch** to dare to do sth • **si j'ose dire** if I may say so • **j'ose espérer que ...** I hope that ... • **je n'ose y croire** it seems too good to be true • **il l'a fait — il fallait ~!** he did it — that was brave!
osier [ozje] (NM) (*= fibres*) wicker *NonC* • **en ~** wicker
Oslo [ɔslo] (N) Oslo
osmose [ɔsmoz] (NF) osmosis • **vivre en ~ avec** to live in harmony with
ossature [ɔsatyʀ] (NF) [*de corps*] frame
osselets [ɔslɛ] (NMPL) jacks
ossements [ɔsmɑ̃] (NMPL) bones
osseux, -euse [ɔsø, øz] (ADJ) ⓐ [*greffe, tissu, maladie*] bone ⓑ [*main, visage*] bony
ossifier (s') (VPR) [ɔsifje] /TABLE 7/ to ossify
ostensible [ɔstɑ̃sibl] (ADJ) conspicuous • **de façon ~** conspicuously
ostensiblement [ɔstɑ̃sibləmɑ̃] (ADV) conspicuously
ostentation [ɔstɑ̃tasjɔ̃] (NF) ostentation • **avec ~** ostentatiously
ostentatoire [ɔstɑ̃tatwaʀ] (ADJ) (*littér*) ostentatious • **port ~ de signes religieux** wearing of visible religious symbols
ostéopathe [ɔsteɔpat] (NMF) osteopath
ostéopathie [ɔsteɔpati] (NF) (*= pratique*) osteopathy
ostéoporose [ɔsteɔpɔʀoz] (NF) osteoporosis
ostraciser [ɔstʀasize] /TABLE 1/ (VT) to ostracize
ostracisme [ɔstʀasism] (NM) ostracism • **être frappé d'~** to be ostracized
ostréicole [ɔstʀeikɔl] (ADJ) [*production*] oyster; [*techniques*] oyster-farming
ostréiculteur, -trice [ɔstʀeikyltœʀ, tʀis] (NM,F) oyster-farmer
ostréiculture [ɔstʀeikyltyʀ] (NF) oyster-farming
otage [ɔtaʒ] (NM) hostage • **prendre qn en ~** to take sb hostage • **être pris en ~** to be held hostage • **prise d'~s** hostage-taking
OTAN [ɔtɑ̃] (NF) (ABR DE **Organisation du traité de l'Atlantique Nord**) NATO
otarie [ɔtaʀi] (NF) sea-lion
ôte-agrafe (*pl* **ôte-agrafes**) [otagʀaf] (NM) staple remover
ôter [ote] /TABLE 1/ 1 (VT) ⓐ (*= enlever*) to take off (**de** from) • **ôte tes pieds de là!** get your feet off that! • **on lui a ôté ses menottes** they took his handcuffs off
ⓑ [*+ somme*] to take away • **5 ôté de 8 égale 3** 5 from 8 equals 3
ⓒ (*= prendre*) **~ qch à qn** to take sth away from sb • **~ à qn ses illusions** to rob sb of his illusions • **ôte-lui le couteau des mains** take the knife away from him • **on ne m'ôtera pas de l'idée que ...** I can't get it out of my mind that ...
2 (VPR) **s'ôter** **ôtez-vous de là** move yourself! • **je ne peux pas m'~ ça de l'idée** I can't get it out of my mind
otite [ɔtit] (NF) ear infection
oto-rhino-laryngologiste (*pl* **oto-rhino-laryngologistes**) [ɔtɔʀinolaʀɛ̃gɔlɔʒist] (NMF) ear, nose and throat specialist
ou [u] (CONJ) or • **aujourd'hui ou demain** today or tomorrow • **avec ou sans sucre?** with or without sugar? • **as-tu des frères ou des sœurs?** have you got any brothers or sisters? • **à 5 ou 6 km d'ici** 5 or 6km from

here • **donne-moi ça ou je me fâche** give me that or I'll get cross

▸ **ou ... ou** either ... or • **ou il est malade ou bien il est fou** either he's sick or he's crazy

où [u] 1 (PRON) ⓐ *(lieu)* where • **la ville où j'habite** the town where I live • **le tiroir où tu a pris le livre** the drawer you took the book out of • **le chemin par où il est passé** the road he took • **l'endroit d'où je viens** the place I come from • **la pièce d'où il sort** the room he's just come out of • **dans l'état où il est** in the state he's in • **voilà où nous en sommes** that's where we stand at the moment

ⓑ *(temps)* **le jour où je l'ai rencontré** the day I met him • **à l'instant où il est arrivé** the moment he arrived • **mais là où je me suis fâché, c'est quand il a recommencé** but what made me mad was when he started doing it again

2 (ADV REL) where • **j'irai où il veut** I'll go where he wants • **je ne sais pas d'où il vient** I don't know where he comes from • **où cela devient grave, c'est lorsqu'il prétend que ...** where it gets serious is when he claims that ... • **d'où ma méfiance** hence my wariness

▸ **où que** *(+ subjonctif)* wherever • **où que tu ailles** wherever you go • **d'où que l'on vienne** wherever you come from

3 (ADV INTERROG) where • **où vas-tu?** where are you going? • **d'où viens-tu?** where have you come from? • **où ça?*** where? • **j'ai trouvé ton parapluie — où ça?** I found your umbrella — where? • **où en étais-je?** where was I? • **où en êtes-vous?** *(dans un travail)* where have you got to?; *(dans un couple, une négociation etc)* how do things stand? • **où voulez-vous en venir?** what are you getting at?

ouah [wa] (EXCL) ⓐ *(joie)** wow!* ⓑ *(aboiement)* **ouah! ouah!** woof! woof!

ouais* [wɛ] (EXCL) ⓐ *(= oui)* yeah* ⓑ *(sceptique)* oh yeah?*

ouaouaron* [wawaʀɔ̃] (NM) *(Can)* bullfrog

ouate [wat] (NF) cotton wool *(Brit)*, cotton *(US)*; *(pour rembourrage)* wadding

oubli [ubli] (NM) ⓐ *(= omission)* oversight ⓑ *(= trou de mémoire)* lapse of memory ⓒ **l'~** oblivion • **tomber dans l'~** to sink into oblivion • **l'~ de soi** selflessness • **le droit à l'~** *(Droit)* the right to be forgotten

oublier [ublije] /TABLE 7/ (VT) to forget; *[+ fautes d'orthographe]* to miss; *(= omettre)* *[+ virgule, phrase]* to leave out • **~ de faire qch** to forget to do sth • **~ pourquoi** to forget why • **j'ai oublié qui je dois prévenir** I've forgotten who I'm supposed to tell • **n'oublie pas que nous sortons ce soir** don't forget we're going out tonight • **j'oubliais, il faut que tu rappelles ton frère** I almost forgot, you've got to phone your brother • **c'est oublié, n'y pensons plus** it's all forgotten now, let's not think about it any more • **il essaie de se faire ~** he's trying to keep a low profile • **j'ai oublié mon parapluie** I forgot my umbrella, I left my umbrella behind • **j'ai oublié mon parapluie dans le train** I left my umbrella on the train • **tu as oublié de laver une vitre** you've missed a pane • **il ne faut pas ~ que ...** we must not forget that ... • **on l'a oublié sur la liste** he's been left off the list • **oublie-moi!*** leave me alone!

oubliettes [ublijɛt] (NFPL) oubliettes • **ce projet est tombé aux ~** this plan has been abandoned

oued [wɛd] (NM) wadi

ouest [wɛst] 1 (NM) ⓐ *(= point cardinal)* west • **le vent d'~** the west wind • **un vent d'~** a westerly wind • **à l'~** *(situation)* in the west; *(direction)* to the west • **le soleil se couche à l'~** the sun sets in the west • **à l'~ de** to the west of • **la maison est exposée à l'~** the house faces west • **il est à l'~*** *(= il ne sait plus quoi faire)* he's totally out of it*

ⓑ **l'Ouest** the West 2 (ADJ INV) *[région, partie, versant, côte]* western; *[entrée, paroi]* west; *[côté]* westward; *[direction]* westerly

ouest-allemand, e [wɛstalmɑ̃, ɑ̃d] (ADJ) *(Hist)* West German

ouf ['uf] (EXCL, NM) phew • **pousser un ~ de soulagement** to breathe a sigh of relief

Ouganda [ugɑ̃da] (NM) Uganda

ougandais, e [ugɑ̃dɛ, ɛz] 1 (ADJ) Ugandan 2 (NM,F) **Ougandais(e)** Ugandan

oui ['wi] 1 (ADV) ⓐ yes • **~ et non** yes and no • **il n'a pas encore dit ~** he hasn't said yes yet • **dire ~** *(pendant le mariage)* to say "I do" • **faire ~ de la tête** to nod • **ah ~?** really?

ⓑ *(remplaçant une proposition)* **est-il chez lui? — je pense que ~** is he at home? — I think so

ⓒ *(intensif)* **je suis surprise, ~ très surprise** I'm surprised, very surprised • **c'est un escroc, ~, un escroc** he's a rogue, an absolute rogue • **tu vas cesser de pleurer, ~?** will you stop crying? • **tu te presses, ~ ou non?** will you please hurry up?

2 (NM INV) yes • **il y a eu 30 ~** there were 30 yes votes • **pleurer pour un ~ ou pour un non** to cry over the slightest thing

ouï-dire ['widiʀ] (NM INV) hearsay *NonC* • **par ~** by hearsay

ouïe [wi] (NF) hearing *NonC* • **avoir l'~ fine** to have sharp hearing • **être tout ~** to be all ears

ouïes [wi] (NFPL) *[de poisson]* gills

ouille ['uj] (EXCL) ouch!

ouistiti ['wistiti] (NM) *(= animal)* marmoset

ouragan [uʀagɑ̃] (NM) hurricane

ourlet [uʀlɛ] (NM) *(Couture)* hem • **faire un ~ à** to hem

ours [uʀs] 1 (NM) ⓐ *(= animal)* bear • **il est un peu ~** he's a bit gruff ⓑ *(= jouet)* **~ en peluche** teddy bear 2 (COMP) ▸ **ours blanc** polar bear ▸ **ours brun** brown bear ▸ **ours polaire** polar bear

ourse [uʀs] (NF) ⓐ *(= animal)* she-bear ⓑ *(= constellation)* **la Grande Ourse** the Great Bear

oursin [uʀsɛ̃] (NM) sea urchin

ourson [uʀsɔ̃] (NM) bear cub

outarde [utaʀd] (NF) bustard; *(Can = bernache)* Canada goose

outil [uti] (NM) tool • **~ de travail** tool • **~ pédagogique** teaching aid • **l'~ informatique** computers

outillage [utijaʒ] (NM) tools

outiller [utije] /TABLE 1/ (VT) *[+ atelier]* to equip • **je suis mal outillé pour ce genre de travail** I'm poorly-equipped for this kind of work

outrage [utʀaʒ] (NM) insult • **faire ~ à** *[+ réputation, mémoire]* to dishonour *(Brit)*, to dishonor *(US)*; *[+ pudeur, honneur]* to outrage • **~ au bon sens** insult to common sense • **les ~s du temps** the ravages of time ▸ **outrage à agent** *insulting behaviour to police officer* ▸ **outrage aux bonnes mœurs** offence against public decency ▸ **outrage à magistrat** contempt of court ▸ **outrage à la pudeur** gross indecency

O

outragé, e [utʀaʒe] (ADJ) [*personne*] deeply offended • **d'un air ~** indignantly • **d'un ton ~** indignantly

outrageant, e [utʀaʒɑ̃, ɑ̃t] (ADJ) offensive

outrance [utʀɑ̃s] (NF) (= *excès*) excess • **pousser le raffinement à l'~** to take refinement to extremes
▸ **à outrance** [*urbanisation, automatisation*] excessive; [*raffiné*] excessively • **spécialisé à ~** over-specialized

outrancier, -ière [utʀɑ̃sje, jɛʀ] (ADJ) [*personne, propos*] extreme

outre[1] [utʀ] (NF) goatskin (*for carrying wine or water*)

outre[2] [utʀ] 1 (PRÉP) (= *en plus de*) as well as • **~ le fait que ...** besides the fact that ... • **passer ~** to carry on regardless • **en ~** moreover
▸ **outre mesure** particularly • **cela ne lui plaît pas ~ mesure** he doesn't like that particularly • **ma décision ne l'a pas étonné ~ mesure** he wasn't particularly surprised by my decision
2 (COMP) ▸ **outre-tombe** **d'une voix d'~-tombe** in a lugubrious voice

outré, e [utʀe] *ptp de* **outrer** (ADJ) ⓐ (= *indigné*) outraged ⓑ (= *exagéré*) exaggerated

outre-Atlantique [utʀatlɑ̃tik] (ADV) across the Atlantic • **les films d'~** American films

outrecuidance [utʀəkɥidɑ̃s] (NF) ⓐ (= *présomption*) presumptuousness ⓑ (= *effronterie*) impertinence • **avec ~** impertinently

outre-Manche [utʀəmɑ̃ʃ] (ADV) across the Channel • **nos voisins d'~** our British neighbours

outremer [utʀəmɛʀ] 1 (NM) (= *pierre*) lapis lazuli; (= *couleur*) ultramarine 2 (ADJ INV) ultramarine

outre-mer [utʀəmɛʀ] 1 (ADV) overseas 2 (NM) overseas territories

outrepasser [utʀəpɑse] /TABLE 1/ (VT) [+ *droits*] to go beyond; [+ *pouvoir, ordres*] to exceed; [+ *limites*] to overstep

outrer [utʀe] /TABLE 1/ (VT) (= *indigner*) to outrage • **ça m'a outré d'entendre ça** I was outraged when I heard it

outre-Rhin [utʀəʀɛ̃] (ADV) across the Rhine • **d'~** (= *allemand*) German

outsider° [autsajdœʀ] (NM) outsider

ouvert, e [uvɛʀ, ɛʀt] *ptp de* **ouvrir** (ADJ) open; [*angle*] wide; [*série, ensemble*] open-ended • **elle est restée la bouche ~e** she stood there open-mouthed • **entrez, c'est ~!** come in, it's not locked! • **laisser le gaz ~** to leave the gas on • **il a le crâne ~** he's split his head open • **c'est un match très ~** the match could go either way • **~ au public** open to the public • **je suis ~ à toute discussion** I'm open to discussion

ouvertement [uvɛʀtəmɑ̃] (ADV) openly

ouverture [uvɛʀtyʀ] (NF) ⓐ opening; [*de porte fermée à clé, verrou*] unlocking • **à ~ facile** easy to open • **l'~ de la porte est automatique** the door opens automatically • **les documents nécessaires à l'~ d'un compte bancaire** the papers required to open a bank account • **ils réclament l'~ immédiate de négociations** they want talks to be started immediately • **il a demandé l'~ d'une enquête** he has requested an enquiry • **c'est demain l'~ de la chasse** tomorrow sees the opening of the shooting season • **cérémonie d'~** opening ceremony • **match d'~** opening match • **jours d'~** days of opening • **heures d'~** opening hours • **il y a de petites ~s sur le couvercle** there are little holes in the lid • **il y a peut-être une ~ dans notre filiale** there may be an opening in our subsidiary • **avoir l'~** (*Échecs*) to have the opening move
ⓑ (= *proposition*) overture • **faire des ~s à qn** to make overtures to sb
ⓒ (= *tolérance*) **~ d'esprit** open-mindedness
ⓓ (= *rapprochement*) **leur manque d'~ sur le monde menace leur communauté** their reluctance to open up to other cultures poses a threat to their community • **être partisan de l'~ au centre** to be in favour of an alliance with the centre • **adopter une politique de plus grande ~ avec l'Ouest** to open up more to the West
ⓔ (*Mus*) overture
ⓕ (*Photo*) aperture

ouvrable [uvʀabl] (ADJ) **jour ~** weekday • **heures ~s** business hours

ouvrage [uvʀaʒ] (NM) ⓐ (= *œuvre*) work; (= *livre*) book ⓑ (= *travail*) **se mettre à l'~** to set to work ⓒ (*Constr*) work

ouvragé, e [uvʀaʒe] (ADJ) [*meuble, bois*] finely carved; [*métal, bijou*] finely worked

ouvré, e [uvʀe] (ADJ) **jour ~** working day

ouvre-boîte° (*pl* **ouvre-boîtes**) [uvʀəbwat] (NM) can-opener

ouvre-bouteille (*pl* **ouvre-bouteilles**) [uvʀəbutɛj] (NM) bottle opener

ouvreur, -euse [uvʀœʀ, øz] (NM,F) [*de cinéma, théâtre*] usher; (*femme*) usherette

ouvrier, -ière [uvʀije, ijɛʀ] 1 (NM) worker; (= *membre du personnel*) workman; (*d'usine*) factory worker 2 (NF) **ouvrière** female worker; (*d'usine*) female factory worker 3 (ADJ) [*éducation, quartier*] working-class; [*conflit, agitation, législation*] industrial; [*questions, mouvement*] labour • **association ouvrière** workers' association 4 (COMP) ▸ **ouvrier agricole** farm worker ▸ **ouvrier qualifié** skilled workman ▸ **ouvrier spécialisé** semiskilled worker

ouvrir [uvʀiʀ] /TABLE 18/ 1 (VT) ⓐ to open; [+ *verrou, porte fermée à clé*] to unlock; [+ *veste*] to undo; [+ *horizons, perspectives*] to open up; [+ *procession*] to lead; [+ *eau, électricité, gaz, radio, télévision*] to turn on • **~ la porte toute grande** to open the door wide • **il a ouvert brusquement la porte** he flung the door open • **~ sa maison à qn** to throw one's house open to sb • **ils ont ouvert le manoir au public** they have opened the house to the public • **~ le jeu** to open up the game • **~ le score** to open the score • **~ la voie** to lead the way • **~ le feu** to open fire • **~ la marque** to open the scoring • **il a ouvert à pique** he opened with spades • **l'~*** to open one's mouth • **~ sa gueule**** to open one's mouth • **~ l'œil** (*fig*) to keep one's eyes open • **ce voyage en Asie m'a ouvert les yeux** my trip to Asia was a real eye-opener • **~ les oreilles** to pin back one's ears* • **elle m'a ouvert son cœur** she opened her heart to me • **ça m'a ouvert l'appétit** that whetted my appetite • **ce séjour à l'étranger lui a ouvert l'esprit** that time he spent abroad has widened his horizons
2 (VI) to open • **on a frappé, va ~!** there's someone at the door, go and open it! • **le boulanger ouvre de 7 heures à 19 heures** the baker is open from 7 am till 7 pm
3 (VPR) **s'ouvrir** ⓐ to open; [*récit, séance*] to open (par with) • **la porte s'ouvrit violemment** the door flew open
ⓑ (= *se blesser*) to cut open • **elle s'est ouvert les veines** she slashed her wrists
ⓒ (= *devenir accessible*) **s'~ à** [+ *amour, art, problèmes économiques*] to open one's mind to • **pays qui s'ouvre sur le monde extérieur** country which is opening up to the outside world

d (= *se confier*) **s'~ à qn de qch** to open up to sb about sth • **il s'en est ouvert à un ami** he opened up to a friend about it

ouzbek [uzbɛk] **1** ADJ Uzbek **2** NM (= *langue*) Uzbek **3** NMF **Ouzbek** Uzbek

Ouzbékistan [uzbekistɑ̃] NM Uzbekistan

ovaire [ɔvɛʀ] NM ovary

ovale [ɔval] ADJ, NM oval

ovation [ɔvasjɔ̃] NF ovation • **faire une ~ à qn** to give sb an ovation • **sous les ~s du public** to rapturous applause

ovationner [ɔvasjɔne] /TABLE 1/ VT **~ qn** to give sb an ovation

overdose [ɔvœʀdoz] NF overdose

ovins [ɔvɛ̃] NMPL sheep

ovni [ɔvni] NM (ABR DE **objet volant non identifié**) UFO

ovulation [ɔvylasjɔ̃] NF ovulation

ovule [ɔvyl] NM (*Physiol*) ovum

ovuler [ɔvyle] /TABLE 1/ VI to ovulate

oxydable [ɔksidabl] ADJ liable to rust

oxydation [ɔksidasjɔ̃] NF oxidization

oxyde [ɔksid] NM oxide • **~ de carbone** carbon monoxide

oxyder [ɔkside] /TABLE 1/ **1** VT to oxidize **2** VPR **s'oxyder** to become oxidized

oxygénation [ɔksiʒenasjɔ̃] NF oxygenation

oxygène [ɔksiʒɛn] NM oxygen • **je sors, j'ai besoin d'~** I'm going out, I need some fresh air • **apporter une bouffée d'~ à l'économie** to give the economy a shot in the arm

oxygéner [ɔksiʒene] /TABLE 6/ **1** VT to oxygenate; [+ *cheveux*] to peroxide **2** VPR **s'oxygéner** to get some fresh air

ozone [ozon] NM ozone • **la couche d'~** the ozone layer • **« préserve la couche d'~ »** "ozone-friendly"

O

Pp

PAC [pak] (NF) (ABR DE **politique agricole commune**) CAP
pacha [paʃa] (NM) pasha
pachyderme [paʃidɛʀm] (NM) elephant
pacification [pasifikasjɔ̃] (NF) pacification
pacifier [pasifje] /TABLE 7/ (VT) to pacify
pacifique [pasifik] **1** (ADJ) **a** [*coexistence, règlement, intention*] peaceful; [*personne, peuple*] peace-loving **b** [*océan*] Pacific **2** (NM) **le Pacifique** the Pacific
pacifiste [pasifist] (NMF) pacifist
pack [pak] (NM) **a** [*de bière, yaourts*] pack **b** (*Rugby*) pack
packageur [paka(d)ʒœʀ] (NM) packager
packaging [paka(d)ʒiŋ] (NM) packaging
pacotille [pakɔtij] (NF) (*de mauvaise qualité*) cheap junk* • **de ~** cheap
PACS [paks] (NM) (ABR DE **pacte civil de solidarité**) ≈ civil partnership (*Brit*)

> **PACS**
> The "Pacte civil de solidarité", or **PACS**, is a contract that allows two single people of 18 or over, to formally and legally register their relationship and enter into a civil partnership. The parties can be a man and a woman or two people of the same sex. Although the contract offers rights similar to those of married couples, it is less advantageous in certain areas, for instance as far as inheritance is concerned.

pacser (se) [pakse] /TABLE 1/ (VPR) to sign a PACS contract
pacson ‡ [paksɔ̃] (NM) packet
pacte [pakt] (NM) pact
pactiser [paktize] /TABLE 1/ (VI) (*péj = se liguer*) to make a deal • **~ avec l'ennemi** to collude with the enemy
pactole * [paktɔl] (NM) (*= argent*) fortune • **un bon ~** a tidy sum*
paddle[1] [padœl] (NM) stand-up paddleboarding
paddle[2], **padel** [padœl] (NM) padel (*Brit*), paddle (*US*)
paella○, **paëlla** [paela] (NF) paella
PAF [paf] (NM) (ABR DE **Paysage audiovisuel français**) → **paysage**
paf ‡ [paf] (ADJ INV) (*= ivre*) drunk
pagaie [pagɛ] (NF) paddle
pagaille * [pagaj] (NF) (*= désordre*) mess; (*= manque d'organisation*) chaos *NonC* • **mettre/semer la ~** to mess things up • **il y en a en ~*** (*= beaucoup*) there are loads* of them
paganisme [paganism] (NM) paganism
pagayer [pageje] /TABLE 8/ (VI) to paddle
page[1] [paʒ] (NF) page • **(à la) ~ 35** (on) page 35 • **~ suivante/précédente** (*sur écran*) page down/up • **~ d'accueil/Web** (*Informatique*) home/web page • **tourner la ~** to turn the page • **mise en ~** layout • **être à la ~** to be with it* ▸ **page blanche** blank page ▸ **page de publicité** commercial break
page[2] [paʒ] (NM) (*= garçon*) page (boy)
pagination [paʒinasjɔ̃] (NF) (*= numérotation*) pagination; (*Informatique*) paging
paginer [paʒine] /TABLE 1/ (VT) to paginate
pagne [paɲ] (NM) (*en tissu*) loincloth
pagode [pagɔd] (NF) pagoda
paie [pɛ] (NF) pay • **feuille de ~** payslip • **toucher sa ~** to be paid
paiement [pɛmɑ̃] (NM) payment (**de** for) • **~ à la livraison** cash on delivery • **~ comptant** payment in full • **~ échelonné** payment in instalments • **~ sécurisé** secure payment
païen, païenne [pajɛ̃, pajɛn] (ADJ, NM,F) pagan
paillage [pɑjaʒ] (NM) **a** (*Agric*) mulching **b** (*de chaise*) straw seat
paillard, e* [pajaʀ, aʀd] (ADJ) bawdy
paillasse [pajas] (NF) **a** (*= matelas*) straw mattress **b** [*d'évier*] draining board, drainboard (*US*)
paillasson [pajasɔ̃] (NM) doormat
paille [pɑj] (NF) straw • **chapeau de ~** straw hat • **boire avec une ~** to drink through a straw • **être sur la ~*** to be penniless ▸ **paille de fer** steel wool ▸ **paille de riz** rice straw
paillé, e [pɑje] (ADJ) [*chaise*] straw-bottomed
paillette [pɑjɛt] (NF) **a** (*sur vêtement*) sequin **b** [*d'or*] speck; [*de lessive*] flake • **savon en ~s** soapflakes
paillis [pɑji] (NM) mulch
paillote [pɑjɔt] (NF) straw hut
pain [pɛ̃] **1** (NM) **a** bread *NonC* • **du ~ frais/dur/rassis** fresh/dry/stale bread • **on a du ~ sur la planche*** we've got a lot to do • **ôter le ~ de la bouche de qn** to take the bread out of sb's mouth
b (*= miche*) loaf • **un ~ (de 2 livres)** a (2-lb) loaf • **deux ~s** two loaves (of bread)
c [*de cire*] bar • **~ de poisson** fish loaf
2 (COMP) ▸ **pain azyme** unleavened bread ▸ **pain bis** brown bread ▸ **pain brioché** brioche; (*= miche*) brioche loaf ▸ **pain de campagne** farmhouse bread; (*= miche*) farmhouse loaf ▸ **pain complet** wholemeal (*Brit*) *ou* wholewheat (*US*) bread; (*= miche*) wholemeal (*Brit*) *ou* wholewheat (*US*) loaf ▸ **pain d'épice, pain d'épices**

gingerbread ▸ **pain grillé** toast ▸ **pain au levain** leavened bread ▸ **pain de mie** sandwich bread; (= *miche*) sandwich loaf ▸ **pain perdu** French toast ▸ **pain polaire** polar bread (*type of soft flatbread*) ▸ **pain de seigle** rye bread; (= *miche*) rye loaf ▸ **pain de son** bran bread; (= *miche*) bran loaf ▸ **pain suédois** = **pain polaire** ▸ **pain surprise** bread surprise (*assortment of mini-sandwiches, often served in a hollowed-out loaf*)

paintball [pɛntbol] (NM) paintball

pair[1] [pɛʀ] 1 (NM) ⓐ (= *Internet, Politique*) peer ▸ **de pair à pair** [*partage, échanges*] peer-to-peer ⓑ ▸ **au pair travailler au ~** to work as an au pair • **jeune fille au ~** au pair ▸ **aller de pair avec** to go hand in hand with 2 (NMPL) **pairs** (= *égaux*) peers

pair[2]**, e**[1] [pɛʀ] (ADJ) [*nombre*] even • **jours ~s** even dates

paire[2] [pɛʀ] (NF) pair • **les deux font la ~** (*personnes*) they're two of a kind • **c'est une autre ~ de manches*** that's another kettle of fish

paisible [pezibl] (ADJ) quiet

paisiblement [peziblәmɑ̃] (ADV) peacefully

paître ○ [pɛtʀ] /TABLE 57/ (VI) to graze • **envoyer ~ qn*** to send sb packing*

paix [pɛ] (NF) peace • **signer la ~** to sign a peace treaty • **en temps de ~** in peacetime • **pourparlers de ~** peace talks • **faire la ~ avec qn** to make up with sb • **est-ce qu'on pourrait avoir la ~?** could we have a bit of peace and quiet? • **~ à son âme** God rest his soul • **avoir la conscience en ~** • **être en ~ avec sa conscience** to have a clear conscience • **qu'il repose en ~** may he rest in peace • **laisser qn en ~** to leave sb alone • **fiche-moi la ~!*** stop pestering me!

Pakistan [pakistɑ̃] (NM) Pakistan

pakistanais, e [pakistanɛ, ɛz] 1 (ADJ) Pakistani 2 (NM,F) **Pakistanais(e)** Pakistani

palabrer [palabʀe] /TABLE 1/ (VI) (= *bavarder*) to chat away; (= *parlementer*) to argue endlessly

palabres [palabʀ] (NFPL) never-ending discussions

palace [palas] (NM) luxury hotel

palais [palɛ] 1 (NM) ⓐ (= *édifice*) palace ⓑ (*dans la bouche*) palate • **avoir le ~ fin** to have a discerning palate 2 (COMP) ▸ **palais des congrès** convention centre ▸ **Palais de justice** law courts ▸ **le palais du Luxembourg** *the seat of the French Senate* ▸ **Palais des sports** sports stadium

Palais-Bourbon [palɛbuʀbɔ̃] (NM) **le ~** (the seat of) the French National Assembly

palan [palɑ̃] (NM) hoist

Palaos [palaɔs] (NPL) Palau

pale [pal] (NF) [*d'hélice*] blade

pâle [pɑl] (ADJ) pale • **~ comme un linge** as white as a sheet • **se faire porter ~*** to go sick*

palefrenier, -ière [palfʀәnje, jɛʀ] (NM,F) groom

paléolithique [paleɔlitik] (NM) **le ~** the Palaeolithic (*Brit*) *ou* Paleolithic (*US*)

paléontologie [paleɔ̃tɔlɔʒi] (NF) palaeontology (*Brit*), paleontology (*US*)

Palerme [palɛʀm] (N) Palermo

Palestine [palɛstin] (NF) Palestine

palestinien, -ienne [palɛstinjɛ̃, jɛn] 1 (ADJ) Palestinian 2 (NM,F) **Palestinien(ne)** Palestinian

palet [palɛ] (NM) (metal *ou* stone) disc

paletot [palto] (NM) thick cardigan

palette [palɛt] (NF) ⓐ (*Peinture*) palette ⓑ [*de produits, services*] range ⓒ (= *viande*) shoulder ⓓ [*de chargement*] pallet

palétuvier [paletyvje] (NM) mangrove

pâleur [pɑlœʀ] (NF) paleness

pâlichon, -onne* [pɑliʃɔ̃, ɔn] (ADJ) [*personne*] a bit pale

palier [palje] (NM) ⓐ [*d'escalier*] landing • **être voisins de ~** to live on the same landing ⓑ (= *étape*) stage; [*de graphique*] plateau • **procéder par ~s** to proceed in stages

pâlir [pɑliʀ] /TABLE 2/ (VI) [*personne*] to go pale • **faire ~ qn d'envie** to make sb green with envy

palissade [palisad] (NF) boarding

palissandre [palisɑ̃dʀ] (NM) rosewood

palliatif [paljatif] (NM) palliative (**à** to, for)

pallier [palje] /TABLE 7/ (VT) [*+ difficulté*] to overcome; [*+ manque*] to compensate for

palm [palm] (NM) palm device

palmé, e [palme] (ADJ) ⓐ [*oiseau*] web-footed • **avoir les pieds ~s** to have webbed feet ⓑ (*Ciné*) [*actrice*] Golden Palm-winning *épith* • **il a été ~** he is a Golden Palm winner

palmarès [palmaʀɛs] (NM) ⓐ (= *classement*) [*de lauréats*] (list of) prizewinners; [*de sportifs*] (list of) medal winners; [*de chansons*] charts ⓑ (= *liste de victoires, de titres etc*) record of achievements • **il a de nombreuses victoires à son ~** he has a number of victories to his credit

palme [palm] (NF) ⓐ (= *feuille*) palm leaf; (= *symbole*) palm ⓑ (= *distinction*) prize • **la ~ revient à ...** the prize goes to ... • **remporter la ~** to win • **~s académiques** *decoration for services to education in France* ⓒ [*de nageur*] flipper

palmé, e [palme] (ADJ) [*oiseau*] web-footed • **avoir les pieds ~s** to have webbed feet

palmeraie [palmәʀɛ] (NF) palm grove

palmier [palmje] (NM) palm tree • **~-dattier** date palm

palombe [palɔ̃b] (NF) wood pigeon

pâlot, -otte* [pɑlo, ɔt] (ADJ) [*personne*] a bit pale

palourde [paluʀd] (NF) clam

palper [palpe] /TABLE 1/ (VT) [*+ objet*] to feel; (*Méd*) to palpate

palpitant, e [palpitɑ̃, ɑ̃t] (ADJ) (= *passionnant*) exciting

palpitations [palpitasjɔ̃] (NFPL) **avoir des ~** to have palpitations

palpiter [palpite] /TABLE 1/ (VI) [*cœur*] (= *battre rapidement*) to race

paluche* [palyʃ] (NF) (= *main*) hand

palucher (se)* [palyʃe] /TABLE 1/ (VPR) (= *faire manuellement*) to do by hand • **j'ai dû me palucher tout le tri des dossiers** I had to fart around* sorting out these files by hand

paludisme [palydism] (NM) malaria

pâmer (se) [pɑme] /TABLE 1/ (VPR) **se pâmer devant qch** to swoon over sth • **se pâmer d'admiration** to be overcome with admiration

pampa [pɑ̃pa] (NF) pampas *pl*

pamphlet [pɑ̃flɛ] (NM) satirical tract

pamplemousse [pɑ̃plәmus] (NM) grapefruit

pan[1] [pɑ̃] 1 (NM) ⓐ (= *morceau*) piece; (= *face, côté*) side ⓑ [*d'économie, industrie*] area; [*de société*] section • **un ~ de ma vie** a chapter of my life 2 (COMP) ▸ **pan de chemise** shirt-tail ▸ **pan de mur** section of wall

pan[2] [pɑ̃] (EXCL) (*coup de feu*) bang!

panacée [panase] (NF) panacea

panachage [panaʃaʒ] (NM) ⓐ (*Politique*) *voting for candidates from different parties instead of for the set list of one party* ⓑ (= *mélange*) combination

P

panache [panaʃ] (NM) ⓐ (= *plumet*) plume • **~ de fumée** plume of smoke ⓑ (= *brio*) panache
panaché, e [panaʃe] 1 (ADJ) ⓐ [*fleur*] many-coloured (*Brit*), many-colored (*US*); [*feuilles*] variegated ⓑ [*glace*] mixed-flavour (*Brit*), mixed-flavor (*US*); [*salade*] mixed 2 (NM) (= *boisson*) shandy
panade* [panad] (NF) **on est dans la ~** we're in a real mess*
panais [panɛ] (NM) parsnip
Panama [panama] (NM) **le ~** Panama
panaméen, -enne [panameɛ̃, ɛn] 1 (ADJ) Panamanian 2 (NM,F) **Panaméen(ne)** Panamanian
panard* [panaʀ] (NM) foot
panaris [panaʀi] (NM) whitlow
pan-bagnat (*pl* **pans-bagnats**) [pɑ̃baɲa] (NM) sandwich (*with tomatoes, lettuce, hard-boiled eggs, tuna and anchovies*)
pancarte [pɑ̃kaʀt] (NF) sign; (*sur la route*) roadsign
pancréas [pɑ̃kʀeɑs] (NM) pancreas
panda [pɑ̃da] (NM) panda
pandémie [pɑ̃demi] (NF) pandemic (disease)
pané, e [pane] (ADJ) [*escalope, poisson*] coated with breadcrumbs
panégyrique [paneʒiʀik] (NM) (*frm*) panegyric • **faire le ~ de qn** to extol sb's merits
panel [panɛl] (NM) (= *jury*) panel; (= *échantillon*) sample group
panier [panje] 1 (NM) ⓐ basket • **mettre qch au ~** to throw sth out • **marquer un ~** to score a basket ⓑ (*pour diapositives*) magazine 2 (COMP) ▸ **panier bio** (= *produits*) organic food box; (= *système*) ≈ organic food box delivery scheme ▸ **panier de crabes** **c'est un ~ de crabes** they're always at each other's throats ▸ **le panier de la ménagère** the housewife's shopping basket ▸ **panier à provisions** shopping basket ▸ **panier à salade** salad basket; (= *camion*)* police van
panier-repas (*pl* **paniers-repas**) [panjeʀəpa] (NM) packed lunch
panique [panik] 1 (NF) panic • **pris de ~** panic-stricken • **pas de ~!*** don't panic! 2 (ADJ) **peur ~** panic
paniquer [panike] /TABLE 1/ (VI) to panic • **commencer à ~** to get panicky • **être paniqué à l'idée de faire qch** to be scared stiff at the idea of doing sth
panne [pan] (NF) (= *incident*) breakdown • **~ de courant** power failure • **~ de secteur** local mains failure ▸ **en panne** être *ou* **tomber en ~** [*machine*] to break down • **je suis tombé en ~** (*en voiture*) my car has broken down • **je suis tombé en ~ sèche** *ou* **en ~ d'essence** I have run out of petrol (*Brit*) *ou* gas (*US*) • **« en ~ »** [*machine*] "out of order"; [*voiture*] "broken-down" • **le projet est en ~** work is at a standstill on this project • **je suis en ~ d'inspiration** I've run out of inspiration
panneau (*pl* **panneaux**) [pano] (NM) (= *surface*) panel; (= *écriteau*) sign; (*préfabriqué*) prefabricated section • **tomber dans le ~*** to fall for it* ▸ **panneau d'affichage** notice board (*Brit*), bulletin board (*US*); (*pour publicité*) billboard ▸ **panneau de configuration** (*Informatique*) control panel ▸ **panneau indicateur** signpost ▸ **panneau lumineux** electronic display board ▸ **panneau de particules** chipboard *NonC* ▸ **panneau publicitaire** billboard ▸ **panneau de signalisation, panneau de signalisation routière** roadsign ▸ **panneau solaire** solar panel
panoplie [panɔpli] (NF) ⓐ (= *jouet*) outfit ⓑ (= *gamme*) range
panorama [panɔʀama] (NM) panorama
panoramique [panɔʀamik] 1 (ADJ) [*appareil-photo, photo*] panoramic; [*restaurant*] with a panoramic view • **écran ~** wide screen 2 (NM) (*Ciné*) panoramic shot 3 (COMP) ▸ **panoramique dentaire** panoramic dental X-ray
panse [pɑ̃s] (NF) paunch • **s'en mettre plein la ~*** to stuff o.s.*
pansement [pɑ̃smɑ̃] (NM) [*de plaie, membre*] dressing; (= *bandage*) bandage; (= *sparadrap*) plaster (*Brit*), Band Aid ® • **faire un ~** to dress a wound; (*sur une dent*) to put in a temporary filling
panser [pɑ̃se] /TABLE 1/ (VT) ⓐ [+ *plaie*] to dress; (*avec un bandage*) to bandage; [+ *blessé*] to dress the wounds of • **~ ses blessures** (*fig*) to lick one's wounds ⓑ [+ *cheval*] to groom
pantacourt [pɑ̃takuʀ] (NM) three-quarter length trousers *pl*
pantalon [pɑ̃talɔ̃] (NM) trousers (*Brit*), pants (*US*) • **~ de golf** plus fours • **~ de pyjama** pyjama (*Brit*) *ou* pajama (*US*) bottoms • **~ de ski** ski pants • **~ taille basse** hipsters
pantelant, e [pɑ̃t(ə)lɑ̃, ɑ̃t] (ADJ) panting
panthéon [pɑ̃teɔ̃] (NM) pantheon
panthéoniser [pɑ̃teɔnize] /TABLE 1/ (VT) (*lit*) to lay to rest in the Panthéon; (*fig*) to induct into the Hall of Fame
panthère [pɑ̃tɛʀ] (NF) panther
pantin [pɑ̃tɛ̃] (NM) (= *jouet*) jumping jack; (*péj* = *personne*) puppet
pantois, e [pɑ̃twa, az] (ADJ) stunned • **j'en suis resté ~** I was stunned
pantomime [pɑ̃tɔmim] (NF) (= *art*) mime *NonC*; (= *spectacle*) mime show
pantouflage [pɑ̃tuflaʒ] (NM) *the act of leaving the civil service to take a job in the private sector*
pantouflard, e* [pɑ̃tuflaʀ, aʀd] (ADJ) **être ~** to be the stay-at-home type
pantoufle [pɑ̃tufl] (NF) slipper
pantoufler [pɑ̃tufle] /TABLE 1/ (VI) *to leave the civil service to work in the private sector*
pantoufleur, -euse [pɑ̃tuflœʀ, øz] (NM,F) *former civil servant who has taken a job in the private sector*
pantoute* [pɑ̃tut] (ADV) (*Can*) so not* • **as-tu vu Paul? — ~** have you seen Paul? — Nope!* • **je suis pas d'accord ~** I so don't agree*
panure [panyʀ] (NF) breadcrumbs
PAO [peao] (NF) (ABR DE **publication assistée par ordinateur**) DTP
paon [pɑ̃] (NM) peacock
papa [papa] (NM) dad; (*langage enfantin*) daddy • **la musique de ~*** old-fashioned music
papauté [papote] (NF) papacy
papaye [papaj] (NF) pawpaw, papaya
pape [pap] (NM) pope • **du ~** papal
paperasse [papʀas] (NF) **~(s)** (= *documents*) bumf* (*Brit*); (*à remplir*) forms • **j'ai de la ~ à faire** I've got some paperwork to do
paperasserie [papʀasʀi] (NF) (= *travail*) paperwork • **~ administrative** red tape
papeterie [papɛtʀi] (NF) (= *magasin*) stationer's (shop); (= *fourniture*) stationery
papetier, -ière [pap(ə)tje, jɛʀ] (NM,F) stationer
papi [papi] (NM) (*langage enfantin*) grandad*, grandpa*; (= *vieil homme*)* old man
papier [papje] 1 (NM) ⓐ (= *matière*) paper • **morceau/bout de ~** piece/bit of paper • **de** *ou* **en ~** paper • **mets-moi cela sur ~** let me have that in writing • **sur le ~** (= *théoriquement*) on paper

b (= *feuille écrite*) paper; (= *feuille blanche*) sheet of paper; (= *article de presse*) article • **être dans les petits ~s de qn** to be in sb's good books • **un ~ à signer/à remplir** a form to be signed/filled in
c (= *emballage*) paper
d **~s (d'identité)** (identity) papers • **ses ~s ne sont pas en règle** his papers are not in order
2 COMP ▸ **papier absorbant** kitchen paper ▸ **papier alu***, **papier aluminium** tinfoil ▸ **papier brouillon, papier de brouillon** rough paper ▸ **papier buvard** blotting paper ▸ **papier cadeau** wrapping paper ▸ **papier calque** tracing paper ▸ **papier à cigarettes** cigarette paper ▸ **papier crépon** crêpe paper ▸ **papier à dessin** drawing paper ▸ **papier électronique** electronic paper, e-paper ▸ **papier d'emballage** wrapping paper; (*brun, kraft*) brown paper ▸ **papier à en-tête** headed notepaper ▸ **papier glacé** glazed paper ▸ **papiers gras** (= *ordures*) litter ▸ **papier hygiénique** toilet paper ▸ **papier journal** newspaper ▸ **papier kraft®** brown wrapping paper ▸ **papier à lettres** writing paper ▸ **papier libre** plain unheaded paper ▸ **papier mâché** papier-mâché • **avoir une mine de ~ mâché** to have a pasty complexion ▸ **papier millimétré** graph paper ▸ **papier à musique** manuscript (*Brit*) *ou* music (*US*) paper ▸ **papier paraffiné** wax paper; (*de cuisine*) greaseproof (*Brit*) *ou* wax (*US*) paper ▸ **papier peint** wallpaper ▸ **papier sulfurisé** wax paper ▸ **papier toilette** toilet paper ▸ **papier de verre** sandpaper

papille [papij] NF **~s (gustatives)** taste buds

papillon [papijɔ̃] NM **a** (= *insecte*) butterfly • **~ de nuit** moth **b** (= *contravention*)* parking ticket; (= *autocollant*)* sticker **c** **(brasse) ~** (= *nage*) butterfly (stroke)

papillonner [papijɔne] /TABLE 1/ VI **a** (= *voltiger*) to flit about **b** (*entre activités diverses*) to switch back and forth; (*en amour*) to flit from one person to the other

papillote [papijɔt] NF (= *papier aluminium*) tinfoil • **poisson en ~** fish cooked in a parcel

papotage [papɔtaʒ] NM idle chatter *NonC*

papoter [papɔte] /TABLE 1/ VI to chatter

papou, e [papu] 1 ADJ Papuan 2 NM,F **Papou(e)** Papuan

Papouasie-Nouvelle-Guinée [papwazinuvɛlgine] NF Papua New Guinea

paprika [papʀika] NM paprika

papy-boom [papibum] NM *population boom among the over-50s*

papyrus [papiʀys] NM papyrus

pâque [pɑk] NF **la ~ juive** Passover

paquebot [pak(ə)bo] NM liner

pâquerette [pɑkʀɛt] NF daisy

Pâques [pɑk] 1 NM Easter • **le lundi de ~** Easter Monday • **l'île de ~** Easter Island 2 NFPL **Pâques bonnes** *ou* **joyeuses ~ !** Happy Easter!

paquet [pakɛ] NM **a** (*pour emballer*) [*de café, farine, lessive*] packet (*Brit*), package (*US*); [*de cigarettes*] packet, pack (*US*); [*de linge*] bundle • **c'est un vrai ~ de nerfs** he's a bundle of nerves • **c'est un vrai ~ de muscles** he's really muscly **b** (= *colis*) parcel • **faire un ~** to make up a parcel • **mettre le ~*** (*efforts, moyens*) to pull out all the stops **c** [*de mesures*] package ▸ **paquet fiscal** fiscal package **d** **~ de mer** big wave

paquetage [pak(ə)taʒ] NM (*Mil*) pack, kit • **faire son ~** to get one's pack *ou* kit ready

paquet-cadeau (*pl* **paquets-cadeaux**) [pakɛkado] NM giftwrapped parcel • **vous voulez un ~ ?** would you like it gift-wrapped?

paqueté, e [pakte] ADJ (*Can*) (= *bondé*) packed

---

par [paʀ] PRÉPOSITION

> Lorsque **par** fait partie d'une locution comme **par cœur**, **un par un**, reportez-vous à l'autre mot.

a *agent* by • **le carreau a été cassé ~ un enfant** the pane was broken by a child • **la découverte de la pénicilline ~ Fleming** Fleming's discovery of penicillin
b *moyen, manière* **~ le train** by train • **communiquer ~ fax** to communicate by fax • **communiquer ~ Internet** to communicate via the internet • **~ la poste** by mail • **il a appris la nouvelle ~ le journal** he learned the news from the paper • **obtenir qch ~ la force** to obtain sth by force • **obtenir qch ~ la ruse** to obtain sth through cunning • **ils diffèrent ~ bien des côtés** they differ in many aspects
c *motif* **faire qch ~ plaisir** to do sth for pleasure • **~ manque de temps** owing to lack of time • **~ habitude** out of habit
d *lieu, direction* (= *en passant par*) by; (= *en traversant*) through; (*suivi d'un nom propre*) via; (= *en longeant*) along • **nous sommes venus ~ un autre chemin** we came by a different route • **il est sorti ~ la fenêtre** he went out through the window • **nous sommes venus ~ la côte** we came along the coast • **nous sommes venus ~ Lyon** we came via Lyon • **sortez ~ ici** go out this way • **sortez ~ là** go out that way • **~ où sont-ils entrés ?** how did they get in? • **~ où est-il venu ?** which way did he come? • **l'épave repose ~ 20 mètres de fond** the wreck is lying 20 metres down • **arriver ~ la gauche** to arrive from the left
e *distribution* **gagner tant ~ mois** to earn so much a month • **trois fois ~ jour** three times a day • **marcher deux ~ deux** to walk in twos
f (= *pendant*) **~ une belle nuit d'été** on a beautiful summer night • **ne restez pas dehors ~ ce froid** don't stay out in this cold • **sortir ~ moins 10°** to go out when it's minus 10°
g ▸ **de par** (*frm*) **de ~ le monde** throughout the world • **de ~ ses activités** because of his activities

---

paraben, parabène [paʀabɛn] NM paraben

parabole [paʀabɔl] NF **a** (= *figure*) parabola; (*TV*) satellite dish **b** (*dans la bible*) parable

parabolique [paʀabɔlik] ADJ parabolic • **antenne ~** satellite dish

parachever [paʀaʃ(ə)ve] /TABLE 5/ VT to put the finishing touches to

parachute [paʀaʃyt] NM parachute • **~ ventral/dorsal** lap-pack/back-pack parachute • **~ de secours** reserve parachute • **descendre en ~** to parachute down

parachuter [paʀaʃyte] /TABLE 1/ VT to drop by parachute • **~ qn à un poste** to pitchfork sb into a job • **~ un candidat dans une circonscription** to field a candidate from outside a constituency

parachutisme [paʀaʃytism] NM parachuting • **~ ascensionnel** (*avec voiture*) parascending • **faire du ~** to go parachuting

parachutiste [paʀaʃytist] NMF (*Sport*) parachutist; (*Mil*) paratrooper

parade [paʀad] NF **a** (= *spectacle*) parade • **~ nuptiale** courtship display • **de ~** [*uniforme, épée*] ceremonial **b** (*Escrime, Boxe*) parry • **il faut trouver la (bonne) ~**

P

we must find the (right) answer ⓒ (= *ostentation*) show • **faire ~ de qch** to show sth off

parader [paʀade] /TABLE 1/ (VI) (*péj*) to strut about

paradis [paʀadi] (NM) heaven • **le Paradis terrestre** the Garden of Eden; (*fig*) heaven on earth • **~ fiscal** tax haven

paradisiaque [paʀadizjak] (ADJ) heavenly

paradoxal, e (*mpl* **-aux**) [paʀadɔksal, o] (ADJ) paradoxical

paradoxalement [paʀadɔksalmɑ̃] (ADV) paradoxically

paradoxe [paʀadɔks] (NM) paradox

paraffine [paʀafin] (NF) (*solide*) paraffin wax

parages [paʀaʒ] (NMPL) **dans les ~** (= *dans la région*) in the area; (= *pas très loin*)* round about • **est-ce que Sylvie est dans les ~?*** is Sylvie about?

paragraphe [paʀagʀaf] (NM) paragraph

Paraguay [paʀagwɛ] (NM) Paraguay

paraguayen, -enne [paʀagwajɛ̃, ɛn] 1 (ADJ) Paraguayan 2 (NM,F) **Paraguayen(ne)** Paraguayan

paraître ○ [paʀɛtʀ] /TABLE 57/

> **paraître** can be conjugated with **être** or **avoir**.

1 (VI) ⓐ (= *se montrer*) to appear • **~ en public** to appear in public

ⓑ (= *sembler*) to seem • **elle paraît heureuse** she seems happy • **cela me paraît être une erreur** it looks like a mistake to me • **le voyage a paru long** the journey seemed long

ⓒ [*journal, livre*] to be published • **faire ~ qch** [*éditeur*] to publish sth; [*auteur*] to have sth published • **« vient de ~ »** "just out" • **« à ~ »** "forthcoming"

ⓓ (= *briller*) to be noticed • **le désir de ~** the desire to be noticed

ⓔ (= *être visible*) to show • **laisser ~ son irritation** to let one's annoyance show

2 (VB IMPERS) ▸ **il paraît il me paraît difficile qu'elle puisse venir** it seems to me that it will be difficult for her to come • **il va se marier, paraît-il** *ou* **à ce qu'il paraît** apparently he's getting married • **il paraît que oui** so it seems • **il paraît que non** apparently not • **il n'y paraîtra bientôt plus** (*tache, cicatrice*) there will soon be no trace of it left; (*maladie*) soon no one will ever know you've had it

parallèle [paʀalɛl] 1 (ADJ) ⓐ parallel (**à** to) ⓑ (= *non officiel*) [*marché, police, économie*] unofficial; [*société, médecine*] alternative ⓒ (= *indépendant*) [*circuit*] parallel; [*vie*] separate 2 (NF) parallel 3 (NM) parallel • **mettre en ~** to compare • **faire un ~ entre X et Y** to draw a parallel between X and Y

parallèlement [paʀalɛlmɑ̃] (ADV) parallel (**à** to); (= *en même temps*) at the same time

parallélisme [paʀalelism] (NM) parallelism; [*de voiture*] wheel alignment

paralympique [paʀalɛ̃pik] (ADJ) Paralympic • **Jeux ~s** Paralympics, Paralympic Games

paralysé, e [paʀalize] *ptp de* **paralyser** (ADJ) paralyzed

paralyser [paʀalize] /TABLE 1/ (VT) to paralyze • **paralysé par la grève** strike-bound

paralysie [paʀalizi] (NF) paralysis

paralytique [paʀalitik] (ADJ, NMF) paralytic

paramédical, e (*mpl* **-aux**) [paʀamedikal, o] (ADJ) paramedical

paramètre [paʀamɛtʀ] (NM) parameter

paramoteur [paʀamɔtœʀ] (NM) paramotor • **faire du ~** to go paramotoring

parano* [paʀano] (ADJ) paranoid

paranoïaque [paʀanɔjak] (ADJ, NMF) paranoid

paranormal, e (*mpl* **-aux**) [paʀanɔʀmal, o] (ADJ) paranormal

parapente [paʀapɑ̃t] (NM) (= *sport*) **le ~** paragliding • **faire du ~** to go paragliding

parapet [paʀapɛ] (NM) parapet

parapharmacie [paʀafaʀmasi] (NF) personal hygiene products (*sold in pharmacies*)

paraphe [paʀaf] (NF) (= *initiales*) initials

parapher [paʀafe] /TABLE 1/ (VT) [+ *document*] to initial

paraphrase [paʀafʀɑz] (NF) paraphrase • **faire de la ~** to paraphrase

paraphraser [paʀafʀɑze] /TABLE 1/ (VT) to paraphrase

paraplégique [paʀapleʒik] (ADJ, NMF) paraplegic

parapluie [paʀaplɥi] (NM) umbrella

parapsychologie [paʀapsikɔlɔʒi] (NF) parapsychology

parapublic, -ique [paʀapyblik] (ADJ) (= *semi-public*) semi-public

parascolaire [paʀaskɔlɛʀ] (ADJ) extracurricular

parasite [paʀazit] 1 (NM) parasite 2 (NMPL) **parasites** (*Radio, TV*) interference

parasiter [paʀazite] /TABLE 1/ (VT) (*fig*) to get in the way of

parasol [paʀasɔl] (NM) parasol

paratonnerre [paʀatɔnɛʀ] (NM) lightning conductor

paravent [paʀavɑ̃] (NM) screen

parc [paʀk] 1 (NM) ⓐ (= *jardin public*) park; [*de château*] grounds ⓑ (= *ensemble*) stock • **~ automobile** [*de pays*] number of vehicles on the road; [*d'entreprise*] fleet • **~ immobilier** housing stock • **le ~ français des ordinateurs individuels** the total number of personal computers owned in France 2 (COMP) ▸ **parc d'attractions** amusement park ▸ **parc à bébé** playpen ▸ **parc des expositions** exhibition centre ▸ **parc à huîtres** oyster bed ▸ **parc de loisirs** leisure park ▸ **parc naturel** nature reserve ▸ **parc de stationnement** car park (*Brit*), parking lot (*US*)

parcelle [paʀsɛl] (NF) bit; (*sur un cadastre*) parcel (*of land*) • **~ de vérité** grain of truth

parce que [paʀs(ə)kə] (CONJ) because • **c'est bien ~ c'est toi!** only because it's you! • **pourquoi tu ne veux pas y aller? — ~!*** why don't you want to go? — because!

parchemin [paʀʃəmɛ̃] (NM) parchment

parcimonie [paʀsimɔni] (NF) **avec ~** sparingly

parcimonieux, -ieuse [paʀsimɔnjø, jøz] (ADJ) [*personne*] parsimonious; [*distribution*] miserly

par-ci par-là [paʀsipaʀla] (ADV) (*espace*) here and there; (*temps*) now and then

parcmètre [paʀkmɛtʀ] (NM) parking meter

parcourir [paʀkuʀiʀ] /TABLE 11/ (VT) ⓐ [+ *trajet, distance*] to cover; [+ *lieu*] to go all over; [+ *pays*] to travel up and down ⓑ (= *regarder rapidement*) to glance through

parcours [paʀkuʀ] 1 (NM) ⓐ (= *distance*) distance; (= *trajet*) journey; (= *itinéraire*) route; [*de fleuve*] course ⓑ (*Sport*) course • **~ de golf** (= *terrain*) golf course; (= *partie, trajet*) round of golf ⓒ (= *activités, progression*) **son ~ politique** his political career • **être en fin de ~** [*personne, régime*] to be at the end of the road

2 (COMP) ▸ **parcours du combattant** (*fig*) obstacle course ▸ **parcours de santé** fitness trail

par-delà [pardəla] (PRÉP) [+ *dans l'espace*] beyond; [+ *dans le temps*] across

par-derrière [pardɛrjɛr] (ADV) [*passer*] round the back; [*attaquer, emboutir*] from behind

par-dessous [pard(ə)su] (PRÉP, ADV) underneath

par-dessus [pard(ə)sy] **1** (PRÉP) over • **il a mis un pullover ~ sa chemise** he has put a pullover over his shirt • **~ tout** above all • **en avoir ~ la tête*** to be fed up to the back teeth* • **~ bord** overboard ▸ **par-dessus le marché** on top of all that **2** (ADV) over

pardessus [pardəsy] (NM) overcoat

par-devant [pard(ə)vɑ̃] **1** (PRÉP) **~ notaire** before a lawyer **2** (ADV) [*passer*] round the front; [*attaquer, emboutir*] from the front

pardon [pardɔ̃] (NM) ⓐ (= *grâce*) forgiveness • **demander ~ à qn d'avoir fait qch** to apologize to sb for doing sth • **demande ~!** say you're sorry! • **(je vous demande) ~** (I'm) sorry • **c'est Maud — ~?** it's Maud — pardon? ⓑ (= *fête religieuse*) pardon (*religious festival*) • **le Grand ~** • **le jour du Pardon** (= *fête juive*) the Day of Atonement ⓒ (*intensif*)* **je suis peut-être un imbécile mais alors lui, ~!** maybe I'm stupid but he's even worse

pardonnable [pardɔnabl] (ADJ) pardonable • **tu n'es pas ~** what you've done is inexcusable

pardonner [pardɔne] /TABLE 1/ **1** (VT) to forgive • **~ (à) qn** to forgive sb • **~ qch à qn/à qn d'avoir fait qch** to forgive sb for sth/for doing sth • **pardonnez-moi de vous avoir dérangé** excuse me for disturbing you • **on lui pardonne tout** he gets away with everything • **je ne me le pardonnerai jamais** I'll never forgive myself • **pardonnez-moi, mais je crois que ...** excuse me but I think that ... **2** (VI) to forgive • **c'est une erreur qui ne pardonne pas** it's a fatal mistake

paré, e [pare] *ptp de* **parer** (ADJ) (= *prêt*) ready; (= *préparé*) prepared

pare-balles [parbal] (ADJ INV) bulletproof

pare-brise○ (NM INV), **parebrise** (NM) [parbriz] windscreen (*Brit*), windshield (*US*)

pare-chocs [parʃɔk] (NM INV) [*de voiture*] bumper (*Brit*), fender (*US*)

pare-feu [parfø] (NM INV) ⓐ (*en forêt*) firebreak; [*de foyer*] fireguard ⓑ (*Internet*) firewall

pareil, -eille [parɛj] **1** (ADJ) ⓐ (= *identique*) the same • **il n'y en a pas deux ~s** no two are the same • **~ que** • **~ à** the same as • **c'est toujours ~** it's always the same • **il est ~ à lui-même** he's the same as ever • **tu as vu son sac? j'en ai un ~** have you seen her bag? I've got one the same ⓑ (= *tel*) such (a) • **je n'ai jamais entendu un discours ~** I've never heard a speech like it • **en ~ cas** in such a case **2** (NM,F) **nos ~s** (= *nos semblables*) our fellows; (= *nos égaux*) our equals • **ne pas avoir son ~ (ou sa pareille)** to be second to none • **sans ~** unequalled **3** (ADV) [*s'habiller*] the same • **faire ~** to do the same thing (**que** as)

pareillement [parɛjmɑ̃] (ADV) **~!** the same to you!

parement [parmɑ̃] (NM) (*Constr, Couture*) facing

parent, e [parɑ̃, ɑ̃t] **1** (NM,F) ⓐ (= *personne apparentée*) relative • **être ~ de qn** to be related to sb • **nous sommes ~s par alliance** we are related by marriage • **~s proches** close relatives • **~s et amis** friends and relatives • **~s d'élèves** parents • **~ pauvre** (*fig*) poor relation (**de** to) ⓑ (*biologique*) parent • **~ unique** single parent **2** (ADJ) related **3** (NMPL) **parents** (= *père et mère*) parents

parental, e (*mpl* **-aux**) [parɑ̃tal, o] (ADJ) parental

parentalité [parɑ̃talite] (NF) parenting • **apprendre la ~ positive** to learn positive parenting skills

parenté [parɑ̃te] (NF) (= *rapport*) relationship

parenthèse [parɑ̃tɛz] (NF) (= *digression*) digression; (= *signe*) parenthesis • **ouvrir/fermer la ~** to open/close the parentheses • **ouvrir une ~** (*fig*) to digress • **entre ~s** in brackets; (*fig*) incidentally • **mettre sa carrière entre ~s** to put one's career on hold

parer [pare] /TABLE 1/ **1** (VT) ⓐ (= *orner*) to adorn ⓑ (= *préparer*) to dress ⓒ (= *se protéger de*) [+ *coup, attaque*] to parry **2** (VT INDIR) **~ à** [+ *inconvénient*] to deal with; [+ *éventualité*] to prepare for • **~ au plus pressé** to attend to the most urgent things first

pare-soleil○ [parsɔlɛj] (NM INV) [*de voiture*] sun visor

paresse [parɛs] (NF) [*de personne*] laziness; (= *péché*) sloth • **~ intestinale** sluggishness of the digestive system

paresser [parese] /TABLE 1/ (VI) to laze about

paresseusement [paresøzmɑ̃] (ADV) (= *avec indolence*) lazily; (= *avec lenteur*) sluggishly

paresseux, -euse [paresø, øz] **1** (ADJ) lazy **2** (NM,F) lazy person

parfaire [parfɛr] /TABLE 60/ (VT) [+ *connaissances*] to perfect

parfait, e [parfɛ, ɛt] *ptp de* **parfaire** **1** (ADJ) ⓐ (= *impeccable*) perfect; (*péj*) [*crétin, crapule*] utter • **~ homme du monde** perfect gentleman • **(c'est) ~!** (that's) excellent!; (*iro*) (that's) great!* • **vous avez été ~!** you were fantastic! ⓑ (= *absolu*) [*bonne foi*] complete; [*ressemblance*] perfect **2** (NM) (*Cuisine*) parfait

parfaitement [parfɛtmɑ̃] (ADV) ⓐ (= *très bien, tout à fait*) perfectly; [*hermétique*] completely • **je comprends ~** I understand perfectly • **cela m'est ~ égal** it makes absolutely no difference to me ⓑ (= *certainement*) certainly • **tu as fait ce tableau tout seul? — ~!** you did this picture all on your own? — I certainly did!

parfois [parfwa] (ADV) sometimes

parfum [parfœ̃] (NM) ⓐ (= *substance*) perfume • **mettre du ~** to put perfume on ⓑ (= *odeur*) [*de fleur, herbe*] scent; [*de tabac, café, savon*] smell; [*de vin*] bouquet; [*de glace*] flavour (*Brit*), flavor (*US*) • **être au ~*** to be in the know*

parfumé, e [parfyme] *ptp de* **parfumer** (ADJ) [*savon*] scented; [*air, fleur, vin, fruit*] fragrant; [*bougie*] perfumed • **~ au citron** [*glace*] lemon-flavour (*Brit*) *ou* lemon-flavor (*US*); [*savon*] lemon-scented

parfumer [parfyme] /TABLE 1/ **1** (VT) [+ *pièce, air*] [*fleurs*] to perfume; [*café, tabac*] to fill with its aroma; (*Cuisine*) to flavour (*Brit*), to flavor (*US*) (**à** with) **2** (VPR) **se parfumer** to wear perfume

parfumerie [parfymri] (NF) (= *boutique*) perfume shop; (= *produits*) perfumes

pari [pari] (NM) bet • **faire un ~** to make a bet • **~ mutuel (urbain)** ≈ Tote® • **c'est un ~ sur l'avenir** it's a gamble on the future

paria [parja] (NM) outcast

parier [parje] /TABLE 7/ (VT) to bet • **qu'est-ce que tu paries?** what do you bet? • **je l'aurais parié** I might have known • **~ aux courses** to bet on the races

parieur, -ieuse [parjœr, jøz] (NM,F) punter

P

Paris [paʀi] (N) Paris
parisien, -ienne [paʀizjɛ̃, jɛn] **1** (ADJ) Paris *épith*, of Paris; [*société, goûts, ambiance*] Parisian **2** (NM,F) **Parisien(ne)** Parisian
paritaire [paʀitɛʀ] (ADJ) [*commission*] joint; [*représentation*] equal
parité [paʀite] (NF) parity • **la ~ (hommes-femmes)** male-female parity
parjure [paʀʒyʀ] (NM) betrayal
parjurer (se) [paʀʒyʀe] /TABLE 1/ (VPR) to break one's promise
parka [paʀka] (NF) parka
parking [paʀkiŋ] (NM) car park (*Brit*), parking lot (*US*) • **~ à vélos** bicycle park

> ⚠ **parking** ne se traduit pas par le mot anglais **parking**.

Parkinson [paʀkinsɔn] (NM) **la maladie de ~** Parkinson's disease
parkinsonien, -ienne [paʀkinsɔnjɛ̃, jɛn] **1** (ADJ) [*syndrome*] associated with Parkinson's disease; [*patient*] suffering from Parkinson's disease **2** (NM,F) patient suffering from Parkinson's disease
parkour [paʀkuʀ] (NM) freerunning, parkour
parlable [paʀlabl] (ADJ) (*Can*) **il n'est pas ~ en ce moment** there's no talking to him at the moment
parlant, e [paʀlɑ̃, ɑ̃t] (ADJ) **a** [*horloge*] speaking • **les films ~s** the talkies **b** [*exemple*] eloquent • **les chiffres sont ~s** the figures speak for themselves
parlé, e [paʀle] *ptp de* **parler** (ADJ) [*langue*] spoken; (= *familier*) colloquial
parlement [paʀləmɑ̃] (NM) parliament
parlementaire [paʀləmɑ̃tɛʀ] **1** (ADJ) parliamentary **2** (NMF) member of Parliament; (*aux USA*) member of Congress
parlementer [paʀləmɑ̃te] /TABLE 1/ (VI) (= *négocier*) to negotiate

---

parler [paʀle] /TABLE 1/

1 VERBE INTRANSITIF	3 VERBE PRONOMINAL
2 VERBE TRANSITIF	4 NOM MASCULIN

1 VERBE INTRANSITIF

a to speak • **~ avec les mains** to speak with one's hands • **~ distinctement** to speak distinctly • **~ du nez** to speak through one's nose • **parlez plus fort!** speak up! • **~ franc** to speak frankly • **les faits parlent d'eux-mêmes** the facts speak for themselves • **~ bien** to be a good speaker • **~ mal** not to be a very good speaker • **parle pour toi!** speak for yourself! • **il aime s'écouter ~** he likes the sound of his own voice • **~ à tort et à travers** to blether • **~ par gestes** to use sign language • **scientifiquement parlant** scientifically speaking • **n'en parlons plus!** let's forget about it! • **sans ~ de ...** not to mention ... • **~ à l'imagination** to appeal to the imagination

▸ **parler de qch à qn** to speak to sb about sth; (= *l'informer*) to tell sb about sth • **je lui parlerai de cette affaire** I'll speak to him about this • **il n'en a parlé à personne** he didn't tell anybody about it • **on m'a beaucoup parlé de vous** I've heard a lot about you • **ne m'en parlez pas!** you're telling me!*

▸ **tu parles!*** come off it!* • **tu parles d'une brute!** talk about a brute! • **tu parles si c'est pratique!*** a fat lot of use that is!*

b (= *faire la conversation*) to talk • **il ne me parle jamais** he never talks to me • **j'en ai parlé avec Marie** I talked to Marie about it • **les enfants commencent à ~ au cours de leur seconde année** babies start talking in their second year • **~ pour ne rien dire** to talk for the sake of talking • **tu peux ~!*** you can talk!*

▸ **parler à qn** to talk to sb • **moi qui vous parle** I myself • **trouver à qui ~** (*fig*) to meet one's match

▸ **parler de qch/qn** to talk about sth/sb • **~ de la pluie et du beau temps** to talk about this and that • **faire ~ de soi** to get o.s. talked about • **on ne parle que de ça** it's the only topic of conversation • **tout le monde en parle** everybody's talking about it • **il n'en parle jamais** he never mentions it • **de quoi ça parle, ton livre?** what is your book about?

▸ **parler de faire qch** to talk about doing sth • **on parle de construire une route** there's talk about building a road

c (= *révéler des faits*) to talk • **faire ~ qn** [+ *suspect*] to make sb talk; [+ *introverti, timide*] to draw sb out

2 VERBE TRANSITIF

a (+ *langue*) to speak • **~ anglais** • **~ l'anglais** to speak English

b (*avec qn*) to talk • **~ politique** to talk politics • **~ boutique*** to talk shop

3 VERBE PRONOMINAL

se parler

a (*à soi-même*) to talk to o.s.

b (*les uns aux autres*) to talk to each other

4 NOM MASCULIN

a (= *manière de parler*) speech • **le ~ vrai** straight talking • **le ~ de tous les jours** everyday speech

b (= *langue régionale*) dialect

---

parleur [paʀlœʀ] (NM) **beau ~** smooth talker
parloir [paʀlwaʀ] (NM) [*d'école, prison*] visiting room
Parme [paʀm] **1** (N) (= *ville*) Parma **2** (ADJ) (= *couleur*) **parme** violet
Parmentier [paʀmɑ̃tje] (NM) **hachis ~** shepherd's *ou* cottage pie (*Brit*)
parmesan [paʀməzɑ̃] (NM) (= *fromage*) Parmesan
parmi [paʀmi] (PRÉP) among • **je passerai ~ vous distribuer les questionnaires** I'll come round and give you each a questionnaire • **c'est un cas ~ d'autres** it's one case among many
parodie [paʀɔdi] (NF) parody • **une ~ de procès** a travesty of a trial
parodier [paʀɔdje] /TABLE 7/ (VT) to parody
paroi [paʀwa] (NF) wall • **~ rocheuse** rock face
paroisse [paʀwas] (NF) parish
paroissial, e (*mpl* **-iaux**) [paʀwasjal, jo] (ADJ) parish • **salle ~e** church hall
paroissien, -ienne [paʀwasjɛ̃, jɛn] (NM,F) parishioner
parole [paʀɔl] **1** (NF) **a** (= *mot*) word • **prêcher la bonne ~** to spread the word • **ce sont des ~s en l'air** it's just idle talk
b (= *promesse*) word • **tenir ~** to keep one's word • **c'est un homme de ~** • **il n'a qu'une ~** he's a man of his word

• **je l'ai cru sur ~** I took his word for it • **manquer à sa ~** to fail to keep one's word • **ma ~!*** (upon) my word! • **tu es fou ma ~!*** heavens - you're mad!

c (*= faculté d'expression*) speech • **doué de ~** capable of speech • **avoir la ~ facile** to have the gift of the gab* • **il n'a jamais droit à la ~** he's never allowed to get a word in edgeways

d (*dans un débat, une discussion*) **temps de ~** speaking time • **puis-je avoir la ~?** could I say something? • **vous avez la ~** it's your turn to speak; (*au parlement etc*) you have the floor • **prendre la ~** to speak

2 NFPL **paroles** (*= texte*) [*de chanson*] words • **« sans ~s »** "no caption"

parolier, -ière [paʀɔlje, jɛʀ] NM,F lyric writer

paroxysme [paʀɔksism] NM [*de maladie*] crisis; [*de crise, sentiment*] height • **le bruit était à son ~** the noise was at its loudest • **la crise avait atteint son ~** the crisis had reached a climax

parpaing [paʀpɛ̃] NM (*aggloméré*) breeze-block

parquer [paʀke] /TABLE 1/ VT [*+ moutons, bétail*] to pen up; (*péj*) [*+ personnes*] to pack in • **on les parquait dans des réserves** they were herded into reservations

parquet [paʀkɛ] NM **a** (*= plancher*) wooden floor; (*à chevrons etc*) parquet • **~ flottant** floating floor **b** **le ~** (*Droit*) public prosecutor's department

parrain [paʀɛ̃] NM **a** (*Rel, Mafia*) godfather **b** (*qui introduit dans un cercle, un club*) proposer; (*qui aide financièrement*) sponsor; [*d'entreprise, initiative*] promoter; [*d'œuvre, fondation*] patron

parrainer [paʀene] /TABLE 1/ VT **a** (*= introduire dans un cercle, un club*) to propose for membership • **se faire ~ par qn** to be proposed by sb **b** (*= aider financièrement*) to sponsor; [*+ entreprise, initiative*] to promote; (*= patronner*) [*+ œuvre, fondation, association*] to be the patron of

parricide [paʀisid] NM (*= crime*) parricide

parsemé, e [paʀsəme] ADJ **un ciel ~ d'étoiles** a star-studded sky • **un champ ~ de fleurs** a field dotted with flowers • **~ de difficultés** riddled with difficulties

parsemer [paʀsəme] /TABLE 5/ VT **~ de** to sprinkle with • **~ un texte de citations** to scatter a text with quotations

---

part [paʀ] NOM FÉMININ

a *dans un partage* share; (*= portion*) portion; (*= tranche*) slice • **sa ~ d'héritage** his share of the inheritance • **chacun paie sa ~** everyone pays his share • **prendre une ~ de gâteau** to take a piece *ou* slice of cake • **faire huit ~s dans un gâteau** to cut a cake into eight slices • **la ~ du lion** the lion's share • **la ~ du pauvre** the crumbs • **~ de marché** market share • **faire la ~ belle à qn** to give pride of place to sb

b *= participation, partie* part • **~ patronale** employer's contribution • **~ salariale** employee's contribution • **prendre une ~ importante dans ...** to play an important part in ...

c *locutions*

▸ **à part** (*= de côté*) on one side; (*= séparément*) separately; (*= excepté*) apart from; (*= exceptionnel*) special • **prendre qn à ~** to take sb on one side • **à ~ cela** apart from that • **un cas à ~** a special case • **c'est un homme à ~** he's in a class of his own

▸ **à part entière membre à ~ entière** full member

▸ **autre part** somewhere else

▸ **d'autre part** (*= de plus*) moreover; (*= par ailleurs*) on the other hand • **d'une ~ ... d'autre ~** on the one hand ... on the other hand

▸ **de la part de** (*provenance*) from; (*= au nom de*) on behalf of • **je viens de la ~ de Guy** I've been sent by Guy • **cela m'étonne de sa ~** I'm surprised at that from him • **dites-lui bonjour de ma ~** give him my regards • **c'est gentil de sa ~** that's nice of him • **c'est de la ~ de qui?** (*au téléphone*) who's speaking?

▸ **de part en part** right through

▸ **de part et d'autre** on both sides

▸ **de toutes parts** from all sides

▸ **pour ma part** for my part • **pour ma ~ je considère que ...** for my part, I consider that...

▸ **faire part de qch à qn** to announce sth to sb • **il m'a fait ~ de son inquiétude** he told me how worried he was

▸ **faire la part de qch** **faire la ~ du hasard** to take chance into account • **faire la ~ des choses** to make allowances

▸ **prendre part à** [*+ travail, débat*] to take part in; [*+ manifestation*] to join in

▸ **prendre qch en mauvaise part** to take offence at sth

---

partage [paʀtaʒ] NM **a** (*= division*) [*de terrain, surface*] division; [*de gâteau*] cutting • **le ~ du pays en deux camps** the division of the country into two camps **b** (*= distribution*) [*de butin, héritage*] sharing out • **en cas de ~ des voix** (*dans un vote*) in the event of a tie in the voting • **donner/recevoir qch en ~** to give/receive sth in a will • **~ de fichiers** file-sharing • **~ du travail** job sharing

partagé, e [paʀtaʒe] *ptp de* **partager** ADJ (*= divisé*) [*avis, opinion*] divided • **les experts sont très ~s sur la question** the experts are divided on the question • **~ entre l'amour et la haine** torn between love and hatred

partager [paʀtaʒe] /TABLE 3/ 1 VT **a** (*= fractionner*) [*+ terrain, feuille, gâteau*] to divide up • **~ en deux** to divide sth in two

b (*= distribuer, répartir*) [*+ butin, gâteau*] to share out; [*+ frais*] to share • **il partage son temps entre son travail et sa famille** he divides his time between his work and his family

c (*= avoir en commun*) [*+ héritage, gâteau, appartement, sentiments, goûts*] to share • **~ le lit de qn** to share sb's bed • **les torts sont partagés** there is fault on both (*ou* all) sides • **je partage votre surprise** I share your surprise • **amour partagé** mutual love

d (*= diviser*) to divide • **ce débat partage le monde scientifique** the scientific community is divided over this issue

2 VPR **se partager** **a** (*= se fractionner*) **le pouvoir ne se partage pas** power cannot be shared • **il se partage entre son travail et son jardin** he divides his time between his work and his garden

b (*= se distribuer*) **nous nous sommes partagé le travail** we shared the work between us

partageur, -euse [paʀtaʒœʀ, øz] ADJ **il n'est pas ~** he doesn't like sharing

partance [paʀtɑ̃s] NF **en ~** [*train*] due to leave; [*bateau*] sailing *attrib* • **le train en ~ pour Bath** the Bath train • **un avion en ~ pour Athènes** a plane bound for Athens

partant, e [paʀtɑ̃, ɑ̃t] 1 NM,F (= *coureur*) starter; (= *cheval*) runner • **tous ~s** all horses running • **non-~** non-runner
2 ADJ **je suis ~** count me in • **Philippe est toujours ~ pour un bon repas*** Philippe is always up for a good meal

partenaire [paʀtənɛʀ] NMF partner • **les ~s sociaux** ≈ unions and management

partenarial, e (*pl* **-iaux**) [paʀtənaʀjal, jo] ADJ [*accord*] partnership, joint; [*négociations*] joint

partenariat [paʀtənaʀja] NM partnership

parterre [paʀtɛʀ] NM ⓐ (= *plate-bande*) flowerbed
ⓑ (= *public*) stalls (*Brit*), orchestra (*US*)

parti[1] [paʀti] 1 NM ⓐ (= *groupe*) party
ⓑ (= *solution*) option • **prendre un ~** to make up one's mind • **prendre le ~ de faire qch** to make up one's mind to do sth • **prendre le ~ de qn** • **prendre ~ pour qn** (= *donner raison à qn*) to stand up for sb • **prendre ~ (dans une affaire)** (= *dire ce qu'on pense*) to take a stand (on an issue) • **prendre son ~ de qch** to come to terms with sth
ⓒ (= *personne à marier*) match • **beau** *ou* **bon** *ou* **riche ~** good match
ⓓ (*locutions*) **tirer ~ de** [+ *situation*] to take advantage of
2 COMP ▸ **parti pris** (= *préjugé*) prejudice • **il est de ~ pris** he's prejudiced • **~ pris artistique/esthétique** (= *choix*) artistic/aesthetic choice

> **PARTIS POLITIQUES FRANÇAIS**
> Among the many active right-wing political parties in France, one of the most prominent is "Les Républicains". On the centre right is the MODEM ("Mouvement démocrate"), and the foremost extreme right-wing party is "Rassemblement national", formerly called FN or "Front National". On the left, the most influential party is the PS ("Parti socialiste"). The PCF ("Parti communiste français") has lost a lot of ground and new parties such as the PG ("Parti de gauche") and the MRG ("Mouvement radical de gauche") have emerged. The LFI ("France Insoumise"), the LO ("Lutte ouvrière") and the NPA ("Nouveau parti anticapitaliste") are extreme left-wing parties. The most prominent of France's green parties is "Europe écologie-Les Verts". The party in office since 2017 is REM ("La République en marche"), and its members are known as "les marcheurs". → ÉLECTIONS

parti[2], e* [paʀti] *ptp de* **partir** ADJ (= *ivre*) tipsy

partial, e (*mpl* **-iaux**) [paʀsjal, jo] ADJ biased (**envers qn** against sb)

partialité [paʀsjalite] NF bias (**envers** *ou* **contre** against)

participant, e [paʀtisipɑ̃, ɑ̃t] NM,F (*à un concours, une course*) entrant (**à** in); (*à un débat, un projet*) participant (**à** in); (*à une cérémonie, un complot*) person taking part (**à** in)

participation [paʀtisipasjɔ̃] NF ⓐ (= *action*) participation (**à** in); [+ *aventure, complot*] involvement (**à** in) • **avec la ~ de Deneuve** with guest appearance by Deneuve • **~ électorale** turnout at the polls (*Brit*), voter turnout (*US*) • **fort/faible taux de ~** high/low turnout at the polls ⓑ (= *détention d'actions*) interest • **prise de ~s** acquisition of holdings ⓒ (*financière*) contribution • **~ aux frais : 50 €** contribution towards costs: 50 euros • **~ aux bénéfices** profit-sharing

participe [paʀtisip] NM participle • **~ passé/présent** past/present participle

> Le mot anglais se termine par **-ple**.

participer [paʀtisipe] /TABLE 1/ 1 VT INDIR **~ à** (= *prendre part à*) to take part in; [+ *aventure, complot*] to be involved in; (= *payer sa part de*) [+ *frais, dépenses*] to share in • **on demande aux élèves de ~ davantage pendant le cours** pupils are asked to take a more active part in class • **~ financièrement à** to make a financial contribution to 2 VI to take part • **l'essentiel est de ~** the main thing is to take part

particularisme [paʀtikylaʀism] NM (= *particularité*) **~(s)** specific characteristic • **~s régionaux** regional idiosyncrasies

particularité [paʀtikylaʀite] NF feature • **la ~ du logiciel réside dans ...** what makes this software different is ...

particule [paʀtikyl] NF particle ▸ **particules fines** fine particulate matter

> Le mot anglais s'écrit sans **u**.

particulier, -ière [paʀtikylje, jɛʀ] 1 ADJ ⓐ (= *spécifique*) [*aspect, point, exemple*] particular; [*trait, style, manière de parler*] characteristic • **dans ce cas ~** in this particular case • **signes ~s** (*sur un passeport*) distinguishing marks
ⓑ (= *spécial*) exceptional • **la situation est un peu particulière** the situation is somewhat exceptional • **rien de ~ à signaler** nothing special to report
ⓒ (= *étrange*) odd
ⓓ (= *privé*) private
2 NM ⓐ (= *personne*) person; (*Admin, Commerce*) private individual • **comme un simple ~** like any ordinary person • **vente de ~ à ~** (*petites annonces*) private sale
ⓑ (= *chose*) **le ~** the particular • **du général au ~** from the general to the particular
▸ **en particulier** (= *spécialement*) in particular

particulièrement [paʀtikyljɛʀmɑ̃] ADV particularly • **~ bon** particularly good • **je ne le connais pas ~** I don't know him particularly well • **~ difficile** particularly difficult • **~ drôle** exceptionally funny • **voulez-vous du café ? — je n'y tiens pas ~** would you like a coffee? — not particularly

partie[2] [paʀti] 1 NF ⓐ part • **diviser qch en trois ~s** to divide sth into three parts • **~s communes** (*d'un bâtiment*) common areas • **une bonne ~ du travail** a large part of the work • **la majeure ~ du pays** most of the country
▸ **faire partie de** [+ *ensemble, obligations, risques*] to be part of; [+ *club, association, catégorie, famille*] to belong to; [+ *élus, gagnants*] to be one of • **elle fait ~ de notre groupe** she belongs to our group • **faire ~ intégrante de** to be an integral part of
▸ **en partie** partly
▸ **en grande** *ou* **majeure partie** largely
ⓑ (= *spécialité*) field • **il n'est pas de la ~** it's not his field
ⓒ (*Cartes, Sport*) game; (*Golf*) round; (= *lutte*) fight • **faisons une ~ de ...** let's have a game of ... • **abandonner la ~** (*fig*) to give up the fight • **avoir la ~ belle** to be sitting pretty* • **je veux être de la ~** I don't want to miss this • **ce n'est que ~ remise** it will be for another time • **prendre qn à ~** (= *apostropher*) to take sb to task; (= *malmener*) to set on sb
ⓓ [*de contrat*] party; [*de procès*] litigant • **les ~s en présence** the parties • **avoir affaire à forte ~** to have a strong opponent to contend with • **être ~ prenante dans**

une négociation to be a party to a negotiation
2 COMP ▸ **partie civile se constituer ~ civile** *to associate in a court action with the public prosecutor* ▸ **partie de plaisir ce n'est pas une ~ de plaisir!** it's no picnic!* ▸ **partie de pêche** fishing trip

partiel, -elle [parsjɛl] 1 ADJ partial • **(élections) partielles** by-elections → **temps** 2 NM (= *examen*) mid-term exam

> Le mot anglais se termine par **-ial**.

partiellement [parsjɛlmɑ̃] ADV partially

partir [partir] /TABLE 16/

> **partir** is conjugated with **être**.

VI **a** (= *aller, quitter un lieu*) to go; (= *s'éloigner*) to go away • **il est parti** he's gone • **il est parti en Irlande** he has gone to Ireland • **ils doivent être partis** they must have gone away • **il a fini par ~** he eventually went away • **es-tu prêt à ~?** are you ready to go? • **nos voisins sont partis il y a six mois** our neighbours left *ou* went six months ago • **quand partez-vous pour Paris?** when are you leaving for Paris? • **il est parti acheter du pain** he has gone to buy some bread • **~ faire des courses** to go shopping • **~ en voyage** to go on a trip • **ma lettre ne partira pas ce soir** my letter won't go this evening • **sa femme est partie avec un autre** his wife has gone off with another man • **~ à pied** to set off on foot • **il est parti en courant** he ran off • **les voilà partis!** they're off!

▸ **partir de** [*personne*] to leave • **elle est partie de Nice à 9 heures** she left Nice at 9 o'clock • **un chemin qui part de l'église** a path leading from the church • **c'est le troisième en partant de la droite** it's the third from the right • **il est parti de rien** he started from nothing • **c'est de là que part notre analyse** this is what our analysis is based on • **partons de l'hypothèse que ...** let's assume that ... • **en partant de ce principe ...** on that basis ... • **cela part d'un bon sentiment** it's well meant

b (= *démarrer*) [*moteur*] to start; [*train*] to leave • **c'est parti!*** here we go!*

c (= *être lancé*) [*fusée*] to go up; [*coup de feu*] to go off • **le coup est parti tout seul** the gun went off accidentally • **faire ~** [+ *fusée*] to launch; [+ *pétard*] to set off

d (= *être engagé*) **~ sur une mauvaise piste** to start off on the wrong track • **~ mal** to get off to a bad start • **le pays est mal parti** the country is in a bad way • **~ bien** to get off to a good start • **son affaire est bien partie** his business has got off to a good start • **il est bien parti pour gagner** he seems all set to win • **quand ils sont partis à discuter, il y en a pour des heures*** once they've got going on one of their discussions, they're at it for hours* • **la pluie est partie pour (durer) toute la journée** the rain has set in for the day

e (= *disparaître*) [*tache*] to come out; [*bouton de vêtement*] to come off; [*douleur, rougeurs, boutons, odeur*] to go • **la tache est partie au lavage** the stain came out in the wash • **faire ~** [+ *tache*] to remove; [+ *odeur*] to get rid of

f ▸ **à partir de** from • **à ~ d'aujourd'hui** from today • **à ~ de 4 heures** from 4 o'clock onwards • **à ~ de maintenant** from now on • **à ~ de ce moment-là** from then on • **à ~ du moment où ...** (= *dès que*) as soon as ...; (= *pourvu que*) as long as ... • **c'est le troisième à ~ de la gauche** it's the third from the left • **pantalons à ~ de 100 €** trousers from 100 euros • **c'est fait à ~ de produits chimiques** it's made from chemicals

partisan, e [partizɑ̃, an] 1 ADJ **a** (= *partial*) partisan **b être ~ de qch** to be in favour (*Brit*) *ou* favor (*US*) of sth
2 NM,F supporter; [*de doctrine, réforme*] supporter • **c'est un ~ de la fermeté** he's a believer in firm measures

partition [partisjɔ̃] NF **a** [*de musique*] score **b** (= *division*) partition

partitionner [partisjɔne] /TABLE 1/ VT [+ *disque dur*] to partition

partout [partu] ADV everywhere • **~ où** everywhere (that) • **avoir mal ~** to ache all over • **2/15 ~** (*Sport*) 2/15 all • **40 ~** (*Tennis*) deuce

parure [paryr] NF (= *bijoux*) jewels; (*littér*) finery *NonC* • **~ de lit** set of bed linen • **~ de diamants** set of diamond jewellery

parution [parysjɔ̃] NF publication

parvenir [parvənir] /TABLE 22/

> **parvenir** is conjugated with **être**.

VT INDIR **~ à qn/qch** to reach sb/sth • **~ aux oreilles de qn** to reach sb's ears • **ma lettre lui est parvenue** my letter reached him • **faire ~ qch à qn** to send sth to sb • **~ à ses fins** to achieve one's ends
▸ **parvenir à faire qch** to manage to do sth

parvenu, e [parvəny] *ptp de* **parvenir** NM,F (*péj*) parvenu

parvis [parvi] NM square (*in front of church or public building*)

pas¹ [pɑ] 1 NM **a** step; (= *bruit*) footstep; (= *trace*) footprint • **faire un ~ en arrière** • **reculer d'un ~** to step back • **faire un ~ en avant** • **avancer d'un ~** to step forward • **revenir** *ou* **retourner sur ses ~** to retrace one's steps • **marcher à grands ~** to stride along • **~ à ~** step by step • **à chaque ~** at every step • **ne le quittez pas d'un ~** follow him wherever he goes • **faire ses premiers ~** to start walking • **~ de danse** dance step

b (= *distance*) pace • **c'est à deux ~ d'ici** it's only a minute away

c (= *vitesse*) pace; (*Mil*) step • **marcher d'un bon ~** to walk at a brisk pace • **presser le ~** to quicken one's pace • **ralentir le ~** to slow down • **marcher au ~** to march • **« roulez au ~ »** "dead slow" • **au ~ de course** at a run

d (= *démarche*) tread • **d'un ~ lourd** with a heavy tread

e (*locutions*) **la science avance à grands ~** science is taking great steps forward • **faire le(s) premier(s) ~** to take the initiative • **il n'y a que le premier ~ qui coûte** the first step is the hardest • **à ~ de loup** stealthily • **j'y vais de ce ~** I'll go at once • **prendre le ~ sur** [+ *considérations, préoccupations*] to override; [+ *théorie, méthode*] to supplant; [+ *personne*] to steal a march over • **sauter le ~** to take the plunge

2 COMP ▸ **le pas de Calais** (= *détroit*) the Straits of Dover ▸ **pas japonais** NMPL garden stepping stones ▸ **pas de l'oie** goose-step ▸ **le pas de la porte** the doorstep ▸ **pas de vis** thread (*of screw*)

pas² [pɑ] ADV **a** (*avec ne : formant négation verbale*) not • **ce n'est ~ vrai** • **c'est ~ vrai*** it's not true • **il n'est ~ allé à**

P

l'école he didn't go to school • **je ne trouve ~ mon sac** I can't find my bag • **ils n'ont ~ de voiture/d'enfants** they don't have a car/any children • **il m'a dit de (ne) ~ le faire** he told me not to do it • **je pense qu'il ne viendra ~** I don't think he'll come • **il n'y a ~ que ça** it's not just that • **il n'y a ~ que lui** he's not the only one • **je n'en sais ~ plus que vous** I don't know any more about it than you • **il n'y avait ~ plus de 20 personnes** there were no more than 20 people there • **ne me parle ~ sur ce ton** don't speak to me like that

ⓑ *(indiquant ou renforçant opposition)* **elle travaille, (mais) lui ~** she works, but he doesn't • **il aime ça, ~ toi ?** he likes it, don't you?

ⓒ *(dans réponses négatives)* not • **~ de sucre, merci !** no sugar, thanks! • **~ du tout** not at all • **~ encore** not yet • **~ tellement*** • **~ tant que ça** not that much • **qui l'a prévenu ? — ~ moi** who told him? — not me

ⓓ *(devant adjectif, nom, dans exclamations)** **il est dans une situation ~ ordinaire** he's in an unusual situation • **~ un n'est venu** not one came • **~ possible !** no! • **~ vrai ?** isn't that so? • **tu es content ? eh bien ~ moi !** are you satisfied? well I'm not! • **t'es ~ un peu fou ?** you're crazy!* • **si c'est ~ malheureux !** isn't that disgraceful! • **~ de ça !** we'll have none of that! • **ah non, ~ lui !** oh no, not him!

pas-de-porte [padpɔʀt] (NM INV) *(= argent)* ≈ key money *(for shop, flat etc)*

passable [pɑsabl] (ADJ) *(sur copie d'élève)* fair • **mention ~** ≈ pass

passablement [pɑsabləmɑ̃] (ADV) *(= assez)* rather

passade [pɑsad] (NF) passing fancy

passage [pɑsaʒ] **1** (NM) ⓐ *(= venue)* **guetter le ~ du facteur** to watch for the postman • **observer le ~ des oiseaux dans le ciel** to watch the birds fly over • **lors d'un récent ~ à Paris** on a recent trip to Paris • **« ~ interdit »** "no entry" • **il y a beaucoup de ~ l'été** a lot of people pass through here in the summer

▸ **de passage** **clients de ~** passing trade • **il est de ~ à Paris** he is in Paris at the moment

ⓑ *(= transfert)* **le ~ de l'enfance à l'adolescence** the transition from childhood to adolescence • **son ~ en classe supérieure est problématique** he may have to stay down • **~ à l'acte** taking action

ⓒ *(= lieu)* passage; *(= chemin)* way; *(= rue)* passage • **un ~ dangereux sur la falaise** a dangerous section of the cliff • **on se retourne sur son ~** people turn round and look when he goes past • **l'ouragan dévasta tout sur son ~** the hurricane demolished everything in its path • **va plus loin, tu gênes le ~** move along, you're blocking the way • **ne laissez pas vos valises dans le ~** don't leave your cases in the way

ⓓ *(= fragment)* *[de livre, symphonie]* passage • **il a eu un ~ à vide** *(baisse de forme)* he went through a bad patch • **j'ai toujours un petit ~ à vide vers 16 h** I always start to flag around 4 o'clock

ⓔ *(= traversée)* *[de rivière, limite, montagnes]* crossing

2 (COMP) ▸ **passage clouté** pedestrian crossing ▸ **passage à niveau** level crossing *(Brit)*, grade crossing *(US)* ▸ **passage obligé** **cette école est le ~ obligé pour les hauts fonctionnaires** this school is the place to go if you want to be a top civil servant ▸ **passage piétons, passage pour piétons** pedestrian walkway ▸ **passage protégé** *(Auto)* right of way *(over secondary roads)* ▸ **passage souterrain** underground passage; *(pour piétons)* underpass

passager, -ère [pɑsaʒe, ɛʀ] **1** (ADJ) ⓐ *[malaise, bonheur]* brief; *[inconvénient]* temporary • **pluies passagères** occasional showers ⓑ *[rue]* busy **2** (NM,F) passenger • **~ clandestin** stowaway

passagèrement [pɑsaʒɛʀmɑ̃] (ADV) temporarily

passant, e [pɑsɑ̃, ɑ̃t] **1** (ADJ) *[rue]* busy **2** (NM,F) passer-by

passation [pɑsasjɔ̃] (NF) **~ de pouvoirs** transfer of power

passe[1] [pɑs] (NF) ⓐ *(Sport)* pass • **faire une ~** to pass (à to) ⓑ *[de prostituée]* **c'est 200 € la ~** it is 200 euros a time ⓒ *(locutions)* **être en ~ de faire qch** to be on one's way to doing sth • **être dans une bonne ~** to be in a healthy situation • **traverser une mauvaise ~** to be having a rough time; *(santé)* to be in a poor state

passe[2] * [pɑs] (NM) (ABR DE **passe-partout**)

passé, e [pɑse] *ptp de* **passer** **1** (ADJ) ⓐ *(= dernier)* last • **au cours des semaines ~es** over the last few weeks

ⓑ *(= révolu)* *[action, conduite]* past • **ce qui est ~ est ~** what's done is done • **il a 60 ans ~s** he's over 60 • **il se rappelait le temps ~** he was thinking back to times gone by

ⓒ *(= fané)* *[couleur, fleur]* faded

ⓓ *(= plus de)* **il est 8 heures ~es** it's past 8 o'clock

2 (NM) ⓐ **le ~** the past • **il faut oublier le ~** we should forget the past • **c'est du ~** it's all in the past now

ⓑ *(= vie écoulée)* past

ⓒ *(Gram)* past tense • **les temps du ~** the past tenses • **~ composé** perfect • **~ simple** past historic

3 (PRÉP) after • **~ 6 heures on ne sert plus les clients** after 6 o'clock we stop serving

passe-droit (*pl* **passe-droits**) [pɑsdʀwa] (NM) favour *(Brit)*, favor *(US)*

passéiste [pɑseist] (ADJ) backward-looking

passementerie [pɑsmɑ̃tʀi] (NF) *(= objets)* soft furnishings

passe-montagne (*pl* **passe-montagnes**) [pɑsmɔ̃taɲ] (NM) balaclava

passe-partout ○ [pɑspaʀtu] **1** (ADJ INV) *[tenue]* for all occasions; *[formule]* all-purpose **2** (NM INV) ⓐ *(= clé)* master key ⓑ *(= encadrement)* passe-partout

passe-passe ○ [pɑspɑs] (NM INV) **tour de ~** trick

passeport [pɑspɔʀ] (NM) passport

passer [pɑse] /TABLE 1/

1 VERBE INTRANSITIF	3 VERBE PRONOMINAL
2 VERBE TRANSITIF	

> **passer** is conjugated with **être** unless it has an object, when the auxiliary is **avoir**.

> Lorsque **passer** fait partie d'une locution comme **passer sous le nez de qn**, reportez-vous à l'autre mot.

1 VERBE INTRANSITIF

ⓐ *(d'un endroit à un autre)* to go • **l'autobus vient de ~** the bus has just gone past • **~ en courant** to run past • **faire ~ les piétons** to let the pedestrians cross • **la balle n'est**

pas passée loin the bullet didn't miss by much • **où passe la route ?** where does the road go?

▸ **passer à** (*= passer par, aller à*) **la Seine passe à Paris** the Seine flows through Paris • **si nous passions au salon ?** shall we go into the sitting room? • **~ à table** to sit down to eat • **~ à l'ennemi** to go over to the enemy • **~ d'un extrême à l'autre** to go from one extreme to the other

▸ **passer après le confort, ça passe après** comfort is less important

▸ **passer avant le travail passe avant tout** work comes first

▸ **passer dans les camions ne passent pas dans notre rue** lorries don't go along our street • **~ dans les mœurs** to become the custom • **~ dans la langue** to enter the language • **l'alcool passe dans le sang** alcohol enters the bloodstream

▸ **passer derrière** to go behind

▸ **passer devant** to go in front of • **~ devant la maison de qn** to go past sb's house • **je passe devant vous pour vous montrer le chemin** I'll go in front to show you the way • **passez donc devant !** you go first! • **~ devant Monsieur le maire** to get married • **il est passé devant le conseil de discipline** he came up before the disciplinary committee

▸ **passer par** to go through • **pour y aller, je passe par Amiens** I go there via Amiens • **par où êtes-vous passé ?** (*pour venir ici*) which way did you come?; (*pour aller ailleurs*) which way did you go? • **pour téléphoner, il faut ~ par le standard** you have to go through the switchboard to make a call • **il est passé par des moments difficiles** he's been through some hard times • **~ par un lycée technique** to go through technical college • **nous sommes tous passés par là** we've all been through that • **il faudra bien en ~ par là** there's no way round it • **une idée m'est passée par la tête** an idea occurred to me • **ça fait du bien par où ça passe !*** that's just what the doctor ordered!*

▸ **passer sous** to go under • **il est passé sous l'autobus** he was run over by the bus • **l'air passe sous la porte** there's a draught from under the door

▸ **passer sur** to go over; (*= ignorer*) to ignore • **passons sur les détails** let's not worry about the details • **et je passe sur la saleté du lieu !** not to mention how dirty the place was!

▸ **laisser passer** [*+ air, lumière*] to let in; [*+ personne, procession*] to let through; [*+ erreur, occasion*] to miss • **nous ne pouvons pas laisser ~ ça** we cannot let this pass

b (*= faire une halte rapide*) **~ au bureau** to call in at the office • **~ chez un ami** to call in at a friend's • **je ne fais que ~** (*chez qn*) I can't stay long; (*dans une ville*) I'm just passing through • **le facteur est passé** the postman has been

▸ **passer** *+ infinitif* **~ prendre qn** to call for sb • **~ chercher qn** to call for sb • **~ voir qn** to call on sb • **puis-je ~ te voir en vitesse ?** can I pop round?

▸ **en passant** (*= sur le chemin*) on the way; (*= dans la conversation*) in passing • **j'irai le voir en passant** I'll call in and see him on the way • **il l'a dit en passant** he mentioned it in passing • **il aime tous les sports, du football à la boxe en passant par le golf** he likes all sports, from football to golf to boxing

c (*Auto*) **les vitesses passent mal** the gears are stiff • **~ en première** to go into first • **~ en marche arrière** to go into reverse

d (*= franchir un obstacle*) [*véhicule*] to get through; [*cheval, sauteur*] to get over • **ça passe ?** (*en manœuvrant*) have I got enough room?

e (*= s'écouler*) [*temps*] to go by • **comme le temps passe !** how time flies!

f (*= être digéré*) to go down • **ça ne passe pas** [*repas*] I've got indigestion

g (*= être accepté*) [*demande, proposition*] to be accepted • **je ne pense pas que ce projet de loi passera** I don't think this bill will be passed • **il est passé de justesse à l'examen** he only just passed the exam • **il est passé dans la classe supérieure** he's moved up to the next class (*Brit*), he's been promoted to the next grade (*US*) • **l'équipe est passée en 2ᵉ division** the team have moved up to the second division • **ça passe ou ça casse** it's make or break time

h (*= devenir*) to become • **~ directeur** to become director

i (*= être montré*) [*film, émission, personne*] to be on • **~ à la radio** to be on the radio • **~ à la télévision** to be on television

j (*= disparaître*) [*douleur*] to pass; [*orage*] to blow over; [*beauté, couleur*] to fade; [*colère*] to subside; [*mode*] to die out • **faire ~ à qn l'envie de faire qch** to cure sb of doing sth • **cela fera ~ votre rhume** that will help get rid of your cold • **le plus dur est passé** the worst is over • **il voulait être pompier mais ça lui est passé** he wanted to be a fireman but he grew out of it

k (*Cartes*) to pass

l (*locutions*) **qu'il soit menteur, passe encore, ...** he may be a liar, that's one thing, ...

▸ **passer pour il pourrait ~ pour un Allemand** you could take him for a German • **il passe pour intelligent** he's supposed to be intelligent • **se faire ~ pour** to pass o.s. off as • **tu veux me faire ~ pour un idiot !** do you want to make me look stupid?

▸ **y passer*** **on a eu la grippe, tout le monde y est passé** we've all had flu • **toute sa fortune y est passée** he spent all his fortune on it • **si elle veut une promotion, il faudra bien qu'elle y passe** (*sexuellement*) if she wants to be promoted, she'll have to sleep with the boss

▸ **passons** let's say no more about it

2 VERBE TRANSITIF

a (*= franchir*) [*+ frontière*] to cross; [*+ porte*] to go through • **~ la douane** to go through customs • **~ une rivière à la nage** to swim across a river

b (*= donner, transmettre*) to give; [*+ consigne, message*] to pass on • **~ qch à qn** to give sth to sb • **passe-moi une cigarette** give me a cigarette • **~ le ballon à qn** to pass the ball to sb • **tu fais ~** pass it round • **il m'a passé un livre** he's lent me a book • **je vous passe M. Duroy** [*standard*] I'm putting you through to Mr Duroy; (*= je lui passe l'appareil*) here's Mr Duroy • **~ qch en fraude** to smuggle sth • **~ sa mauvaise humeur sur qn** to take one's bad temper out on sb

c (*= mettre*) [*+ vêtement*] to put on • **~ la tête à la porte** to poke one's head round the door

d (*= dépasser*) [*+ gare, maison*] to pass • **tu as passé l'âge** you're too old • **il ne passera pas la nuit** he won't last the night

e (*= omettre*) [*+ mot, ligne*] to leave out • **~ son tour** to miss one's turn • **et j'en passe !** and that's not all!

P

f (= *permettre*) **~ un caprice à qn** to humour sb • **on lui passe tout** [+ *bêtises*] he gets away with anything; [+ *désirs*] he gets everything he wants • **passez-moi l'expression** if you'll pardon the expression
g (+ *examen*) to take • **~ son permis (de conduire)** to take one's driving test • **~ une visite médicale** to have a medical
h (+ *temps, vacances*) to spend • **~ sa vie à faire** to spend one's life doing • **j'ai passé la soirée chez Luc** I spent the evening at Luc's • **ça fait ~ le temps** it passes the time
i (+ *film, diapositives*) to show; [+ *disque*] to play
j (+ *commande*) to place • **~ un accord avec qn** to reach an agreement with sb • **~ un marché avec qn** to do a deal with sb
k (*à la passoire*) to sieve; (*au mixer*) to blend
l (*locutions*) **~ la serpillière dans la cuisine** to wash the kitchen floor • **~ le balai dans une pièce** to sweep a room • **~ l'aspirateur dans une pièce** to vacuum a room • **~ une couche de peinture sur qch** to give sth a coat of paint • **passe-toi de l'eau sur le visage** splash your face with water • **qu'est-ce qu'il lui a passé comme savon !*** he gave him a really rough time!*

3 VERBE PRONOMINAL
se passer
a (= *avoir lieu*) to happen • **qu'est-ce qui s'est passé ?** what happened? • **que se passe-t-il ?** what's going on? • **tout s'est bien passé** everything went off smoothly • **ça s'est mal passé** it turned out badly • **ça ne se passera pas comme ça !** I won't stand for that!
b (= *se mettre à soi-même*) **elle s'est passé de la crème solaire sur les épaules** she put some sun cream on her shoulders • **se ~ les mains sous l'eau** to rinse one's hands
c (*se transmettre*) [+ *ballon*] to pass to each other; [+ *notes de cours, livre, plat*] to pass around
d (= *finir*) **il faut attendre que ça se passe** you'll have to wait till it's over
e ▸ **se passer de** [+ *chose*] to do without; [+ *personne*] to manage without • **je peux me ~ de ta présence** I can manage without you around • **on peut se ~ d'aller au théâtre** we can do without going to the theatre

> ⚠ La traduction la plus courante de **passer** n'est pas **to pass**; **passer un examen** se traduit par **to take an exam**.

passerelle [pasʀɛl] (NF) (= *pont*) footbridge; (= *pont supérieur d'un bateau*) bridge; (= *voie d'accès*) gangway; (*fig*) bridge; (*Informatique*) gateway
passe-temps° [pastɑ̃] (NM INV) hobby
passette [pasɛt] (NF) tea strainer
passeur [pasœʀ] (NM) [*de rivière*] ferryman; [*de frontière*] smuggler (*of drugs, refugees etc*)
passible [pasibl] (ADJ) **~ d'une amende** [*personne*] liable to a fine; [*délit*] punishable by a fine
passif, -ive [pasif, iv] 1 (ADJ) passive 2 (NM) **a** (= *mode*) passive **b** [*financier*] liabilities
passion [pasjɔ̃] (NF) passion • **le tennis est une ~ chez lui** he is crazy* about tennis • **déclarer sa ~** to declare one's love • **débat sans ~** lifeless debate
passionnant, e [pasjɔnɑ̃, ɑ̃t] (ADJ) [*personne*] fascinating; [*livre, film*] gripping; [*métier, match*] exciting
passionné, e [pasjɔne] *ptp de* **passionner** 1 (ADJ) [*personne, tempérament, haine*] passionate; [*description*] impassioned • **être ~ de qch** to have a passion for sth • **un photographe ~** a keen photographer • **débat ~** heated debate 2 (NM,F) **a** (= *personne exaltée*) passionate person **b** (= *amateur*) enthusiast • **c'est un ~ de jazz** he's a jazz enthusiast

> ✎ Le mot anglais s'écrit avec un seul **n**.

passionnel, -elle [pasjɔnɛl] (ADJ) passionate

> ✎ Le mot anglais s'écrit avec un seul **n**.

passionnément [pasjɔnemɑ̃] (ADV) passionately

> ✎ Le mot anglais s'écrit avec un seul **n**.

passionner [pasjɔne] /TABLE 1/ 1 (VT) [+ *personne*] [*mystère, sujet*] to fascinate; [*livre, match*] to grip; [*sport, science*] to be a passion with • **ce roman m'a passionné** I found that novel fascinating • **la musique le passionne** music is his passion 2 (VPR) **se passionner se ~ pour** [+ *sport, science*] to have a passion for; [+ *métier, sujet*] to be deeply interested in
passivité [pasivite] (NF) passivity
passoire [paswaʀ] (NF) sieve; [*de thé*] strainer; [*de légumes*] colander
pastel [pastɛl] (NM, ADJ INV) pastel
pastèque [pastɛk] (NF) watermelon
pasteur [pastœʀ] (NM) minister • **le Bon Pasteur** the Good Shepherd
pasteuriser [pastœʀize] /TABLE 1/ (VT) to pasteurize
pastiche [pastiʃ] (NM) (= *imitation*) pastiche
pastille [pastij] (NF) [*de médicament*] pastille • **~s pour la gorge** throat lozenges
pastis [pastis] (NM) (= *boisson*) pastis
pastoral, e (*mpl* **-aux**) [pastɔʀal, o] (ADJ) pastoral
patate* [patat] (NF) (= *pomme de terre*) potato • **~ douce** sweet potato
patati* [patati] **et ~ et patata** (EXCL) and so on and so forth
pataud, e [pato, od] (ADJ) clumsy
pataugeoire [patoʒwaʀ] (NF) paddling pool
patauger [patoʒe] /TABLE 3/ (VI) **a** (= *marcher*) (*avec plaisir*) to paddle **b** (*dans un discours*) to get bogged down; (*dans une matière*) to struggle
patch [patʃ] (NM) patch
patchwork [patʃwœʀk] (NM) patchwork
pâte [pɑt] 1 (NF) **a** (*à tarte*) pastry; (*à gâteaux*) mixture; (*à pain*) dough; (*à frire*) batter **b** **(fromage à) ~ dure/molle/fermentée** hard/soft/fermented cheese **c** **~s (alimentaires)** pasta; (*dans la soupe*) noodles **d** (= *substance*) paste; (= *crème*) cream 2 (COMP) ▸ **pâte d'amandes** marzipan ▸ **pâte brisée** shortcrust (*Brit*) *ou* pie crust (*US*) pastry ▸ **pâte dentifrice** toothpaste ▸ **pâte feuilletée** puff pastry ▸ **pâte à frire** batter ▸ **pâte de fruits** fruit jelly ▸ **pâte à modeler** modelling clay ▸ **pâte à papier** wood pulp ▸ **pâte sablée** sweet pastry ▸ **pâte de verre** molten glass
pâté [pɑte] (NM) **a** (*Cuisine*) pâté • **~ en croûte** ≈ pork pie **b** (= *tache d'encre*) blot **c** **~ de maisons** block (*of houses*) **d** **~ (de sable)** sandcastle
pâtée [pɑte] (NF) **~ pour chiens** dog food

patelin* [patlɛ̃] (NM) village

patent, e¹ [patɑ̃, ɑ̃t] (ADJ) obvious

patente² [patɑ̃t] (NF) (= *licence*) trading licence; (*Can*) (= *truc, bidule*) thingumajig*

patenté, e [patɑ̃te] (ADJ) licensed • **c'est un imbécile ~** he's an utter idiot

patenter* [patɑ̃te] /TABLE 1/ (VT) (*Can*) ⓐ (= *bricoler*) to knock up* ⓑ (= *rafistoler*) to patch up

patenteux, -euse* [patɑ̃tø, øz] (NM,F) (*Can*) dab hand*

patère [patɛʀ] (NF) (= *portemanteau*) peg

paternalisme [patɛʀnalism] (NM) paternalism

paternaliste [patɛʀnalist] (ADJ) paternalistic

paternel, -elle [patɛʀnɛl] (ADJ) [*autorité, descendance*] paternal • **du côté ~** on one's father's side

> ✎ Le mot anglais se termine par **-al**.

paternité [patɛʀnite] (NF) paternity • **revendiquer la ~ de** [+ *livre*] to claim authorship of • **ils revendiquent la ~ de ce système de paiement** they claim to have created this payment system

pâteux, -euse [pɑtø, øz] (ADJ) pasty; [*langue*] coated; [*voix*] thick

pathétique [patetik] **1** (ADJ) (= *émouvant*) moving; (= *affligeant*) pathetic **2** (NM) **le ~** pathos

pathologie [patɔlɔʒi] (NF) pathology

pathologique [patɔlɔʒik] (ADJ) pathological • **c'est un cas ~*** he's (*ou* she's) sick*

patibulaire [patibylɛʀ] (ADJ) [*personnage*] sinister-looking

patidou [patidu] (NM) harlequin squash

patiemment [pasjamɑ̃] (ADV) patiently

patience [pasjɑ̃s] (NF) ⓐ patience • **perdre ~** to lose patience • **s'armer de ~** to be patient • **~, j'arrive!** wait a minute, I'm coming! • **encore un peu de ~** wait a bit longer ⓑ (*jeu de cartes*) game of patience (*Brit*) *ou* solitaire (*US*)

patient, e [pasjɑ̃, jɑ̃t] (ADJ, NM,F) patient

patientèle [pasjɑ̃tɛl] (NF) (number of) patients • **ces médecins ont vu décroître leur ~** these doctors have seen a drop in their number of patients

patienter [pasjɑ̃te] /TABLE 1/ (VI) to wait • **si vous voulez ~ un instant** could you wait a moment? • **patientez encore un peu** just wait a bit longer

patin [patɛ̃] (NM) [*de patineur*] skate • **~s à glace** ice-skates • **~s à roulettes** roller skates

patinage [patinaʒ] (NM) skating • **~ artistique** figure skating • **~ à roulettes** roller-skating • **~ sur glace** ice skating • **~ de vitesse** speed skating

patine [patin] (NF) (= *dépôt naturel*) patina; (= *coloration, vernis*) sheen • **la ~ du temps** the patina of age

patiner [patine] /TABLE 1/ **1** (VI) ⓐ (*Sport*) to skate ⓑ [*roue*] to spin **2** (VT) [+ *bois, bronze, meuble*] to give a patina to

patinette [patinɛt] (NF) scooter • **~ à pédale** pedal scooter • **faire de la ~** to ride a scooter

patineur, -euse [patinœʀ, øz] (NM,F) skater

patinoire [patinwaʀ] (NF) skating rink

pâtir [pɑtiʀ] /TABLE 2/ (VI) (*littér*) to suffer (**de** because of, on account of)

pâtisserie [pɑtisʀi] (NF) ⓐ (= *magasin*) cake shop; (= *gâteau*) cake; (*avec pâte à tarte*) pastry ⓑ **la ~** (= *art ménager*) cake-making; (= *métier, commerce*) ≈ confectionery

pâtissier, -ière [pɑtisje, jɛʀ] (NM,F) pastry chef, ≈ confectioner • **~-glacier** confectioner and ice-cream maker

patois [patwa] (NM) patois

patraque* [patʀak] (ADJ) **être/se sentir ~** to be/feel off-colour* (*Brit*) *ou* peaked* (*US*)

patriarcal, e (*mpl* **-aux**) [patʀijaʀkal, o] (ADJ) patriarchal

patriarche [patʀijaʀʃ] (NM) patriarch

patrie [patʀi] (NF) [*de personne*] (= *pays*) native land; (= *région*) native region; (= *ville*) native town

patrimoine [patʀimwan] (NM) inheritance; (*Droit*) patrimony; (*Finance*) (= *biens*) property; (= *bien commun*) heritage • **~ génétique** genetic inheritance • **~ culturel/naturel** cultural/natural heritage • **~ matériel/immatériel** material/intangible heritage

> **JOURNÉES DU PATRIMOINE**
>
> The term **les Journées du patrimoine** refers to an annual cultural event held throughout France, during which state properties are opened to the public for the weekend. The rare opportunity to visit the inside of such prestigious institutions as ministries and the Élysée Palace has made the **Journées du patrimoine** extremely popular.

patriote [patʀijɔt] **1** (ADJ) patriotic **2** (NMF) patriot

patriotique [patʀijɔtik] (ADJ) patriotic

patriotisme [patʀijɔtism] (NM) patriotism

patron [patʀɔ̃] **1** (NM) ⓐ (= *propriétaire*) owner; (= *gérant*) boss; (= *employeur*) employer • **le ~ est là ?** is the boss in? • **le ~ du restaurant** the restaurant owner • **un petit ~** a boss of a small company ⓑ (*Hist, Rel* = *protecteur*) patron • **saint ~** patron saint ⓒ (*Couture*) pattern • **(taille) demi-~/~/grand ~** small/medium/large (size) **2** (COMP) ▸ **patron d'industrie** captain of industry ▸ **patron de presse** press baron ▸ **patron de thèse** (*Univ*) supervisor (*of a doctoral thesis*) ▸ **patron voyou** (= *entreprise*) crooked company*; (= *chef d'entreprise*) crooked company boss*

patronage [patʀɔnaʒ] (NM) ⓐ (= *protection*) patronage • **sous le (haut) ~ de** under the patronage of ⓑ (= *organisation*) youth club; (*Rel*) youth fellowship

patronal, e (*mpl* **-aux**) [patʀɔnal, o] (ADJ) employer's

patronat [patʀɔna] (NM) **le ~** the employers

patronne [patʀɔn] (NF) ⓐ (= *propriétaire*) owner; (= *gérante*) boss ⓑ (= *sainte*) patron saint

patronner [patʀɔne] /TABLE 1/ (VT) to support; (*financièrement*) to sponsor

patronyme [patʀɔnim] (NM) patronymic

patrouille [patʀuj] (NF) patrol

patrouiller [patʀuje] /TABLE 1/ (VI) to patrol

patte [pat] **1** (NF) ⓐ (= *jambe d'animal*) leg; (= *pied*) [*de chat, chien*] paw; [*d'oiseau*] foot • **~s de devant** forelegs • **~s de derrière** hind legs • **faire ~ de velours** to be all sweetness and light • **montrer ~ blanche** to show one's credentials ⓑ (= *jambe*)* leg • **à ~s** on foot • **bas sur ~s** [*personne*] short-legged • **il est toujours dans mes ~s** he's always under my feet • **traîner la ~** to hobble along ⓒ (= *style*) [*d'auteur, peintre*] style ⓓ [*de poche*] flap; [*de vêtement*] strap **2** (COMP) ▸ **pattes d'éléphant, pattes d'ef*** **pantalon ~s d'éléphant** flares ▸ **pattes de mouche** (= *écriture*) spidery scrawl

patte-d'oie (*pl* **pattes-d'oie**) [patdwa] (NF) (= *rides*) crow's foot; (= *carrefour*) branching crossroads *ou* junction

pâturage [pɑtyʀaʒ] (NM) pasture

P

pâture [pɑtyʀ] (NF) ⓐ (= *nourriture*) food • **donner qn en ~ aux fauves** to throw sb to the lions ⓑ (= *pâturage*) pasture

paume [pom] (NF) [*de main*] palm

paumé, e* [pome] *ptp de* **paumer** 1 (ADJ) (*dans un lieu, une explication*) lost; (*dans un milieu inconnu*) bewildered • **habiter un trou ~** to live in a godforsaken place • **il est complètement ~** (= *socialement inadapté*) he's totally lost 2 (NM,F) (= *marginal*) misfit

paumer* [pome] /TABLE 1/ 1 (VT) (= *perdre*) to lose 2 (VPR) **se paumer** to get lost

paupière [popjɛʀ] (NF) eyelid

paupiette [popjɛt] (NF) **~ de veau** veal olive

pause [poz] (NF) (= *arrêt*) break; (*en parlant*) pause; (*Sport*) half-time • **faire une ~** to have a break • **~-café** coffee break • **la ~ de midi** the lunch break • **~ publicitaire** commercial break

pauvre [povʀ] 1 (ADJ) ⓐ poor • **l'air est ~ en oxygène** the air is low in oxygen • **le pays est ~ en ressources** the country is short of resources • **une nourriture ~ en calcium** (*par manque*) a diet lacking in calcium; (*par ordonnance*) a low-calcium diet

ⓑ (*avant le nom*) poor • **~ type !*** (= *malheureux*) poor guy!*; (= *crétin*) stupid bastard!** • **c'est un ~ type*** (= *mal adapté*) he's a sad case; (= *minable*) he's a dead loss* • **~ con !**** you stupid bastard!** • **tu es bien naïve ma ~ fille !** poor girl, you're so naïve! • **c'est une ~ fille** she's a sad case • **~ petit !** poor thing! • **mon ~ ami** my dear friend

2 (NMF) ⓐ (= *personne pauvre*) poor man *ou* woman • **les ~s** the poor

ⓑ (*commisération*) **le ~, il a dû en voir !*** the poor guy*, he must have had a hard time of it! • **les ~s !** the poor things!

pauvreté [povʀəte] (NF) poverty

pavaner (se) [pavane] /TABLE 1/ (VPR) to strut about

pavé, e [pave] 1 (ADJ) [*cour, rue*] cobbled 2 (NM) ⓐ [*de chaussée, cour*] cobblestone • **être sur le ~** (= *sans domicile*) to be homeless; (= *sans emploi*) to be out of a job • **jeter un ~ dans la mare** to set the cat among the pigeons ⓑ (= *livre épais*)* massive tome ⓒ (*Informatique*) **~ numérique** numeric keypad

paver [pave] /TABLE 1/ (VT) (*avec des pavés*) to cobble; (*avec des dalles*) to pave

pavillon [pavijɔ̃] 1 (NM) ⓐ (= *villa*) house; (= *section d'hôpital*) ward; (= *corps de bâtiment*) wing ⓑ (= *drapeau*) flag 2 (COMP) ▸ **pavillon de banlieue** suburban house ▸ **pavillon de chasse** hunting lodge ▸ **pavillon de complaisance** flag of convenience ▸ **pavillon de détresse** distress flag

pavillonnaire [pavijɔnɛʀ] (ADJ) **lotissement ~** private housing estate • **banlieue ~** residential suburb (*consisting of houses rather than apartment blocks*)

pavoiser [pavwaze] /TABLE 1/ (VI) to put out flags • **il n'y a pas de quoi ~ !** it's nothing to get excited about!

pavot [pavo] (NM) poppy

payable [pɛjabl] (ADJ) payable • **~ en trois fois** [*somme*] payable in three instalments

payant, e [pɛjɑ̃, ɑ̃t] (ADJ) [*spectateur*] paying • **« entrée ~e »** "admission fee payable" • **c'est ~ ?** do you have to pay? • **ce spectacle est ~** you have to pay to get in to this show • **ses efforts n'ont pas été ~s** his efforts didn't pay off

payer [peje] /TABLE 8/ 1 (VT) ⓐ [*+ facture, dette*] to pay • **~ comptant** to pay cash • **c'est lui qui paie** he's paying

ⓑ [*+ employé*] to pay; [*+ tueur*] to hire • **être payé par chèque/en espèces/en nature** to be paid by cheque/in cash/in kind • **il est payé pour le savoir !** (*fig*) he should know!

ⓒ [*+ travail, maison, marchandise*] to pay for • **il m'a fait ~ 50 €** he charged me 50 euros • **~ les pots cassés** to carry the can* • **travail mal payé** badly-paid work

ⓓ (= *offrir*) **~ qch à qn** to buy sth for sb • **~ à boire à qn** to buy sb a drink

ⓔ (= *récompenser*) to reward • **il a été payé de ses efforts** he was rewarded for his efforts

ⓕ (= *expier*) [*+ faute, crime*] to pay for • **il l'a payé de sa santé** it cost him his health • **il me le paiera !** (*en menace*) he'll pay for this!

2 (VI) ⓐ [*effort, tactique*] to pay off; [*métier*] to be well-paid • **~ pour qn** to pay for sb; (*fig*) to take the blame instead of sb

ⓑ (*locutions*) **~ de sa personne** to make sacrifices • **l'hôtel ne paie pas de mine** the hotel isn't much to look at

3 (VPR) **se payer** (= *s'offrir*) [*+ objet*] to treat o.s. to • **on va se ~ le restaurant** we're going to treat ourselves to a meal out • **se ~ la tête de qn** (= *ridiculiser*) to make fun of sb; (= *tromper*) to take sb for a ride* • **se ~ une bonne grippe*** to have a bad dose of flu • **il s'est payé un arbre*** he wrapped his car round a tree

payeur, -euse [pɛjœʀ, øz] (NM,F) payer • **mauvais ~** bad debtor

pays [pei] 1 (NM) ⓐ (= *contrée, habitants*) country • **des ~ lointains** far-off countries • **la France est le ~ du vin** France is the land of wine

ⓑ (= *région*) region • **c'est le ~ de la tomate** it's tomato-growing country • **revenir au ~** to go back home • **les gens du ~** the local people • **vin de ~** local wine

ⓒ (*locutions*) **voir du ~** to travel around • **il a vu du ~** he's been round a bit *ou* seen the world • **être en ~ de connaissance** (*dans une réunion*) to be among friends; (*sur un sujet, dans un lieu*) to be on home ground • **se comporter comme en ~ conquis** to lord it over everyone, to act all high and mighty

2 (COMP) ▸ **pays d'accueil** host country ▸ **le Pays basque** the Basque Country ▸ **le pays du matin calme** the Land of the Morning Calm ▸ **pays en développement** developing country ▸ **le pays de Galles** Wales ▸ **pays industrialisé** industrialized country *ou* nation • **nouveaux ~ industrialisés** newly industrialized countries ▸ **les pays moins avancés** less developed countries

paysage [peizaʒ] (NM) ⓐ landscape • **ce bâtiment nous gâche le ~** that building spoils our view • **le ~ urbain** the urban landscape • **mode ~** (*Informatique*) landscape ⓑ (= *situation*) scene • **le ~ politique** the political scene • **dans le ~ audiovisuel français** in French broadcasting

paysagé, e [peizaʒe], **paysager, -ère** [paizaʒe, ɛʀ] (ADJ) **parc ~** landscaped garden • **bureau ~** open-plan office

paysagiste [peizaʒist] (NMF) (= *peintre*) landscape painter; (= *jardinier*) landscape gardener • **architecte ~** landscape architect

paysan, -anne [peizɑ̃, an] 1 (ADJ) [*monde, problème*] farming; [*vie, coutumes*] country 2 (NM) farmer 3 (NF) **paysanne** farmer

Pays-Bas [peiba] (NMPL) **les ~** the Netherlands

paywall [pewol] (NM) paywall

PC [pese] (NM) ⓐ (ABR DE **parti communiste**) ⓑ (*Informatique*) (ABR DE **personal computer**) PC

PCB [pesebe] (NM) (ABR DE **polychlorobiphényle**) PCB

PCV [peseve] (NM) **appel en ~** reverse-charge call (*Brit*), collect call (*US*) • **appeler en ~** to make a reverse-charge call (*Brit*), to call collect (*US*)

PDA [pedea] (NM) (ABR DE **personal digital assistant**) PDA

PDG [pedeʒe] (NMF) (ABR DE **président-directeur général**) chair and managing director (*Brit*), chief executive officer (*US*)

péage [peaʒ] (NM) (= *droit*) toll; (= *barrière*) tollgate • **autoroute à ~** toll motorway (*Brit*), turnpike (*US*) • **poste de ~** tollbooth • **chaîne à ~** (*TV*) pay channel

peau (*pl* **peaux**) [po] **1** (NF) ⓐ [*de personne*] skin • **maladie de ~** skin disease • **faire ~ neuve** to adopt a new image ⓑ (= *corps, vie*)* **risquer sa ~** to risk one's neck* • **tenir à sa ~** to value one's life • **je ne donnerai pas cher de sa ~** he's dead meat* • **j'aurai sa ~ !** I'll kill him! • **être bien dans sa ~** to be happy in o.s. • **il est mal dans sa ~** he's not a happy person • **se mettre dans la ~ de qn** to put o.s. in sb's place • **avoir la ~ dure*** (= *être solide*) to be hardy; (= *résister à la critique*) [*personne*] to be thick-skinned; [*idées, préjugés*] to be difficult to get rid of
ⓒ [*d'animal*] skin; (= *cuir*) hide; (= *fourrure*) pelt • **vêtements de ~** leather clothes
ⓓ [*de fruit, lait, peinture*] skin; [*de fromage*] rind; (= *épluchure*) peel
2 (COMP) ▸ **peau de chagrin diminuer comme une ~ de chagrin** to shrink away ▸ **peau de mouton** sheepskin • **en ~ de mouton** sheepskin ▸ **peau d'orange** (= *cellulite*) orange peel effect ▸ **peau de vache*** (= *homme*) bastard*; (= *femme*) bitch* (*injurieux*)

peaufiner [pofine] /TABLE 1/ (VT) [+ *travail*] to put the finishing touches to; [+ *style*] to polish

Peau-Rouge (*pl* **Peaux-Rouges**) [poruʒ] (NMF) Red Indian (*injurieux*)

pécan, pecan [pekɑ̃] (NM) **(noix de) ~** pecan (nut)

peccadille [pekadij] (NF) (= *vétille*) trifle

péché [peʃe] (NM) sin • **commettre un ~** to sin ▸ **péché capital** deadly sin ▸ **péché mignon le whisky, c'est son ~ mignon** he's rather partial to whisky ▸ **le péché originel** original sin

pêche [pɛʃ] **1** (NF) ⓐ (= *fruit*) peach ⓑ (= *vitalité*)* **avoir la ~** to be on form • **il n'a pas la ~** he's feeling a bit low ⓒ (= *activité*) fishing; (= *saison*) fishing season • **la ~ à la ligne** (*en mer*) line fishing; (*en rivière*) angling • **la ~ aux moules** mussel gathering • **la ~ à la baleine** whaling • **la ~ à la crevette** shrimping • **aller à la ~** to go fishing • **aller à la ~ aux informations** to go fishing for information • **filet de ~** fishing net **2** (ADJ) peach-coloured (*Brit*) *ou* peach-colored (*US*)

pécher [peʃe] /TABLE 6/ (VI) to sin • **~ par négligence** to be careless • **ça pèche par bien des points** it has a lot of weaknesses

pêcher¹ [peʃe] /TABLE 1/ **1** (VT) (= *être pêcheur de*) to fish for; (= *attraper*) to catch • **~ des coquillages** to gather shellfish • **~ la truite/la morue** to fish for trout/cod • **où as-tu été ~ cette idée ?*** where did you dig that idea up from?* **2** (VI) to fish, to go fishing; (*avec un chalut*) to trawl • **~ à la ligne** to go angling • **~ à la mouche** to fly-fish

pêcher² [peʃe] (NM) (= *arbre*) peach tree

pécheur, pécheresse ○ [peʃœr, peʃrɛs] (NM,F) sinner

pêcheur [pɛʃœr] (NM) fisherman; (*à la ligne*) angler • **~ de perles** pearl diver

pécho [peʃo] (*arg*) (VT) ⓐ [+ *drogue*] to score* ⓑ (= *séduire*) to score with*, to pull* (*Brit*) ⓒ **se faire ~** to get nabbed*, to get nicked* (*Brit*)

pectoral, e (*mpl* **-aux**) [pɛktɔral, o] **1** (ADJ) ⓐ (= *du buste*) pectoral ⓑ [*sirop, pastille*] cough **2** (NM) pectoral muscle • **avoir des pectoraux** to have pecs*

pécule [pekyl] (NM) (= *économies*) nest egg • **se constituer un petit ~** to build up a little nest egg

pécuniaire [pekynjɛr] (ADJ) financial

pédagogie [pedagɔʒi] (NF) (= *éducation*) education; (= *art d'enseigner*) teaching skills; (= *méthodes d'enseignement*) educational methods

pédagogique [pedagɔʒik] (ADJ) educational • **outils ~s** teaching aids • **stage (de formation) ~** teacher-training course • **une approche plus ~** a more pupil-oriented approach

pédagogue [pedagɔg] (NMF) (= *professeur*) teacher • **il est bon ~** he's a good teacher

pédale [pedal] (NF) ⓐ pedal • **~ douce** soft pedal • **mettre la ~ douce*** to soft-pedal* ⓑ (*péj*) (= *homosexuel*)* queer* (*injurieux*)

pédaler [pedale] /TABLE 1/ (VI) to pedal • **~ dans la choucroute*** (= *ne rien comprendre*) to be all at sea*; (= *ne pas progresser*) to get nowhere (fast)*

pédalier [pedalje] (NM) pedal and gear mechanism

pédalo® [pedalo] (NM) pedalo • **faire du ~** to go out in a pedalo

pédant, e [pedɑ̃, ɑ̃t] **1** (ADJ) pedantic **2** (NM,F) pedant

pédantisme [pedɑ̃tism] (NM) pedantry

pédé* [pede] (NM) queer* (*injurieux*)

pédestre [pedɛstr] (ADJ) **circuit ~** walk • **sentier ~** footpath

pédiatre [pedjatr] (NMF) paediatrician (*Brit*), pediatrician (*US*)

pédiatrie [pedjatri] (NF) paediatrics *sg* (*Brit*), pediatrics *sg* (*US*)

pédicure [pedikyr] (NMF) chiropodist

pedigree, pédigrée [pedigre] (NM) pedigree

pédophile [pedɔfil] (NM) pedophile (*US*), paedophile (*Brit*)

pédopornographie [pedɔpɔrnɔgrafi] (NF) child pornography

peeling [piliŋ] (NM) (= *gommage*) facial scrub

pègre [pɛgr] (NF) **la ~** the underworld

peignait [peɲɛ] (VB) → **peindre**

peigne [pɛɲ] (NM) comb • **passer qch au ~ fin** to go through sth with a fine-tooth comb • **se donner un coup de ~** to run a comb through one's hair

peigner [peɲe] /TABLE 1/ **1** (VT) [+ *cheveux*] to comb **2** (VPR) **se peigner** to comb one's hair

peignoir [pɛɲwar] (NM) dressing gown • **~ (de bain)** bathrobe

peinard, e* [pɛnar, ard] (ADJ) ⓐ (= *sans tracas*) [*travail, vie*] cushy* • **se tenir ~** to keep out of trouble ⓑ (= *au calme*) [*coin*] quiet • **on va être ~s** (*pour se reposer*) we'll have a bit of peace; (*pour agir*) we'll be left in peace

peindre [pɛ̃dr] /TABLE 52/ (VT) to paint; (= *décrire*) to depict • **~ qch en jaune** to paint sth yellow • **~ au pinceau/au rouleau** to paint with a brush/a roller

peine [pɛn] (NF) ⓐ (= *chagrin*) sorrow • **avoir de la ~** to be sad • **faire de la ~ à qn** to upset sb • **avoir des ~s de cœur** to have an unhappy love life • **cela fait ~ à voir** it's sad to see that • **il faisait ~ à voir** he was a pitiful sight
ⓑ (= *effort*) effort • **se donner de la ~ pour faire qch** to go to a lot of trouble to do sth • **donnez-vous la ~ d'entrer** please come in • **c'est ~ perdue** it's a waste of time • **on lui a donné 500 € pour sa ~** he was given 500 euros for his trouble
▸ **être** *ou* **valoir la peine** est-ce que c'est la ~ d'y aller? is it worth going? • **ce n'est pas la ~** don't bother • **c'était bien la ~!** (*iro*) after all that trouble! • **cela vaut la ~** it's worth it • **cela ne vaut pas la ~ d'en parler** it's not worth mentioning
ⓒ (= *difficulté*) difficulty • **j'ai ~ à croire que ...** I find it hard to believe that ... • **avec ~** with difficulty • **sans ~** without difficulty • **j'ai eu toutes les ~s du monde à le convaincre** I had a real job convincing him • **je serais bien en ~ de vous le dire** I'd be hard pushed* to tell you
ⓓ (= *punition*) punishment; (*Droit*) sentence • **~ capitale** capital punishment • **~ de mort** death sentence • **sous ~ de mort** on pain of death • **~ de prison** prison sentence • **~ alternative** *ou* **de substitution** alternative sentence • **~ plancher** minimum sentence • **« défense d'entrer sous ~ de poursuites »** "trespassers will be prosecuted"
ⓔ ▸ **à peine** hardly • **c'est à ~ si on l'entend** you can hardly hear him • **il est à ~ 2 heures** it's only just 2 o'clock • **il gagne à ~ de quoi vivre** he hardly earns enough to live on • **il était à ~ rentré qu'il a dû ressortir** he had only just got in when he had to go out again

peiner [pene] /TABLE 1/ **1** (VI) [*personne*] to work hard; [*moteur*] to labour (*Brit*), to labor (*US*) • **~ sur un problème** to struggle with a problem • **le coureur peinait dans les derniers mètres** the runner was struggling over the last few metres **2** (VT) to sadden • **j'ai été peiné de l'apprendre** I was sad to hear it

peint, e [pɛ̃, pɛ̃t] *ptp de* **peindre**

peintre [pɛ̃tʀ] (NMF) painter • **~ en bâtiment** house painter

peinture [pɛ̃tyʀ] **1** (NF) ⓐ (= *action, art*) painting • **faire de la ~ (à l'huile/à l'eau)** to paint (in oils/in water-colours)
ⓑ (= *ouvrage*) painting
ⓒ (= *surface peinte*) paintwork *NonC* • **toutes les ~s sont à refaire** all the paintwork needs redoing
ⓓ (= *matière*) paint • **« ~ fraîche »** "wet paint"
ⓔ (= *description, action*) portrayal; (= *résultat*) portrait • **c'est une ~ des mœurs de l'époque** it depicts the social customs of the period
2 (COMP) ▸ **peinture à l'eau** water-based paint ▸ **peinture à l'huile** (= *tableau*) oil painting; (= *matière*) oil paint; (*pour le bâtiment*) oil-based paint ▸ **peinture laquée** gloss paint ▸ **peinture mate** matt emulsion ▸ **peinture métallisée** metallic paint ▸ **peinture satinée** satin-finish paint ▸ **peinture sur soie** silk painting

peinturer [pɛ̃tyʀe] /TABLE 1/ (VT) (*Can*) to paint

péjoratif, -ive [peʒɔʀatif, iv] (ADJ) derogatory

Pékin [pekɛ̃] (N) Beijing

pékinois [pekinwa] (NM) (= *chien*) pekinese

PEL [peəɛl] (NM) (ABR DE **plan d'épargne-logement**) *savings plan for property purchase*

pelage [pəlaʒ] (NM) [*d'animal*] coat

pelé, e [pəle] *ptp de* **peler** **1** (ADJ) [*animal*] hairless; [*terrain, montagne*] bare **2** (NM) **il n'y avait que trois ~s et un tondu*** there was hardly anyone there

pêle-mêle [pɛlmɛl] (ADV) any old how • **les livres étaient entassés ~** the books were in an untidy heap

peler [pəle] /TABLE 5/ (VTI) to peel • **je pèle dans le dos** my back is peeling • **on se les pèle!**‡ it's freezing!

pèlerin [pɛlʀɛ̃] (NM) pilgrim

pèlerinage [pɛlʀinaʒ] (NM) (= *voyage*) pilgrimage • **faire un ~ à Lourdes** to go on a pilgrimage to Lourdes

pèlerine [pɛlʀin] (NF) cape

pélican [pelikɑ̃] (NM) pelican

pelle [pɛl] (NF) shovel; [*d'enfant*] spade • **ramasser qch à la ~** to shovel sth up • **il y en a à la ~** there are loads of them* • **rouler une ~ à qn**‡ to give sb a French kiss ▸ **pelle mécanique** mechanical digger ▸ **pelle à tarte** cake slice

pellet [pelɛ] (NM) pellet

pelletée [pɛlte] (NF) shovelful • **des ~s de** masses of

pelleter [pɛlte] /TABLE 4/ (VT) to shovel up • **~ des nuages** (*Can* = *rêvasser*) to daydream

pelleteuse [pɛltøz] (NF) mechanical digger

pellicule [pelikyl] **1** (NF) (= *couche fine*) film; (*Photo*) film **2** (NFPL) **pellicules** (*dans les cheveux*) dandruff *NonC*

pelote [p(ə)lɔt] **1** (NF) ⓐ [*de laine*] ball ⓑ (*Sport*) **~ (basque)** pelota **2** (COMP) ▸ **pelote à épingles** pin cushion

peloter* [p(ə)lɔte] /TABLE 1/ (VT) to feel up* • **ils se pelotaient** they were petting*

peloton [p(ə)lɔtɔ̃] (NM) [*de pompiers, gendarmes*] squad ▸ **peloton d'exécution** firing squad ▸ **peloton de tête** (*Sport*) leaders • **être dans le ~ de tête** (*Sport*) to be up with the leaders; (*en classe*) to be among the top few; [*pays, entreprise*] to be one of the front runners

pelotonner (se) [p(ə)lɔtɔne] /TABLE 1/ (VPR) to curl (o.s.) up • **se pelotonner contre qn** to snuggle up to sb

pelouse [p(ə)luz] (NF) lawn; (*Football, Rugby*) field • **« ~ interdite »** "keep off the grass"

peluche [p(ə)lyʃ] (NF) ⓐ (= *poil*) fluff *NonC*, bit of fluff ⓑ **(jouet en) ~** soft toy • **lapin en ~** stuffed rabbit

pelucher [p(ə)lyʃe] /TABLE 1/ (VI) (*par l'aspect*) to pill; (= *perdre des poils*) to leave fluff

pelucheux, -euse [p(ə)lyʃø, øz] (ADJ) fluffy

pelure [p(ə)lyʀ] (NF) ⓐ (= *épluchure*) peel *NonC* • **~ d'oignon** (*Bot*) onion skin ⓑ **(papier) ~** flimsy paper

pénal, e (*mpl* **-aux**) [penal, o] (ADJ) criminal • **le droit ~** criminal law • **poursuivre qn au ~** to sue sb

pénalisant, e [penalizɑ̃, ɑ̃t] (ADJ) [*mesure, réforme*] disadvantageous

pénalisation [penalizasjɔ̃] (NF) (*Sport*) (= *action*) penalization; (= *sanction*) penalty • **points de ~** penalty points

pénaliser [penalize] /TABLE 1/ (VT) to penalize

pénalité [penalite] (NF) (= *sanction*) penalty • **coup de pied de ~** (*Football, Rugby*) penalty (kick)

pénaltouche [penaltuʃ] (NF) (*Rugby*) penalty kicked to touch

penalty [penalti] (*pl* **penalties** [penaltiz]) (NM) (*Football*) (= *coup de pied*) penalty kick; (= *sanction*) penalty • **tirer un ~** to take a penalty kick

pénates [penat] (NMPL) (*hum*) **regagner ses ~** to go back home

penaud, e [pəno, od] (ADJ) sheepish • **d'un air ~** sheepishly

penchant [pɑ̃ʃɑ̃] **1** (NM) (= *tendance*) tendency (**à faire qch** to do sth); (= *faible*) liking • **avoir un ~ pour la boisson** to be partial to a drink • **mauvais ~s** baser instincts

penché, e [pɑ̃ʃe] *ptp de* **pencher** ADJ [*tableau*] lopsided; [*poteau, arbre, colonne*] leaning; [*écriture*] sloping; [*tête*] tilted • **le corps ~ en avant** leaning forward

pencher [pɑ̃ʃe] /TABLE 1/ **1** VT [*+ meuble, bouteille*] to tip up • **~ la tête** (*en avant*) to bend one's head forward; (*sur le côté*) to tilt one's head

2 VI **a** (*= être incliné*) [*mur, arbre*] to lean; [*navire*] to list; [*objet en déséquilibre*] to tilt • **faire ~ la balance** to tip the scales

b (*= être porté à*) **je penche pour la première hypothèse** I lean towards the first hypothesis

3 VPR **se pencher** **a** (*= s'incliner*) to lean over; (*= se baisser*) to bend down • **se ~ en avant** to lean forward • **se ~ par-dessus bord** to lean overboard

b (*= examiner*) **se ~ sur un problème/cas** to look into a problem/case

pendaison [pɑ̃dɛzɔ̃] NF hanging • **~ de crémaillère** house-warming party

pendant¹, e [pɑ̃dɑ̃, ɑ̃t] ADJ **a** (*= qui pend*) [*bras, jambes*] dangling; [*langue*] hanging out **b** (*= en instance*) [*question*] outstanding; [*affaire*] pending

pendant² [pɑ̃dɑ̃] NM **a** **~ (d'oreille)** drop earring **b** (*= contrepartie*) **le ~ de** [*+ œuvre d'art, meuble*] the matching piece to; [*+ personne, institution*] the counterpart of

pendant³ [pɑ̃dɑ̃] PRÉP (*durée*) for; (*= au cours de*) during • **~ la journée** during the day • **~ son séjour** during his stay • **qu'est-ce qu'il faisait ~ ce temps-là?** what was he doing in the meantime? • **il a vécu en France ~ plusieurs années** he lived in France for several years • **~ quelques mois, il n'a pas pu travailler** for several months he was unable to work • **~ un moment on a cru qu'il n'y arriverait pas** for a while we thought he would not succeed

▸ **pendant que** while • **~ que vous serez à Paris** while you're in Paris • **~ que j'y pense** while I think of it • **arrosez le jardin et, ~ que vous y êtes, arrachez les mauvaises herbes** water the garden and do some weeding while you're at it • **finissez le plat ~ que vous y êtes!** (*iro*) why don't you eat it all while you're at it! (*iro*)

pendentif [pɑ̃dɑ̃tif] NM (*= bijou*) pendant

penderie [pɑ̃dʀi] NF (*= meuble*) wardrobe (*with hanging space only*)

pendouiller* [pɑ̃duje] /TABLE 1/ VI to dangle

pendre [pɑ̃dʀ] /TABLE 41/ **1** VT to hang; [*+ tableau*] to hang up (**à** on); [*+ lustre*] to hang (up) (**à** from) • **~ le linge** (*dans la maison*) to hang up the washing; (*dehors*) to hang out the washing • **~ la crémaillère** to have a house-warming party • **qu'il aille se faire ~ ailleurs!*** he can take a running jump!*

2 VI **a** (*= être suspendu*) to hang • **ça lui pend au nez*** he's got it coming to him*

b [*jambes*] to dangle; [*bras, robe*] to hang; [*langue*] to hang out

3 VPR **se pendre** **a** (*= se tuer*) to hang o.s.

b (*= se suspendre*) **se ~ à une branche** to hang from a branch • **se ~ au cou de qn** to throw one's arms round sb's neck

pendu, e [pɑ̃dy] *ptp de* **pendre** **1** ADJ (*= accroché*) hung up • **~ à** (*lit*) hanging from • **être toujours ~ aux basques de qn** to keep pestering sb • **elle est toujours ~e au téléphone** she spends all her time on the phone **2** NM,F hanged man (*ou* woman) • **jouer au ~** to play hangman

pendulaire [pɑ̃dylɛʀ] **1** ADJ pendular • **train ~** tilting train • **ULM ~** powered hang-glider **2** NM (*= ULM*) powered hang-glider

pendule [pɑ̃dyl] **1** NF clock • **remettre les ~s à l'heure*** (*fig*) to set the record straight **2** NM pendulum

pêne [pɛn] NM [*de serrure*] bolt

pénétrant, e [penetʀɑ̃, ɑ̃t] ADJ penetrating; [*pluie*] drenching; [*froid*] biting

pénétration [penetʀasjɔ̃] NF (*= action*) penetration

pénétré, e [penetʀe] *ptp de* **pénétrer** ADJ **être ~ de son importance** to be full of self-importance • **~ de son sujet, il ...** totally engrossed in his subject, he ...

pénétrer [penetʀe] /TABLE 6/ **1** VI to enter • **personne ne doit ~ ici** nobody must be allowed to enter • **~ chez qn par la force** to break into sb's house • **faire ~ une crème** to rub a cream in

▸ **pénétrer dans** [*personne, véhicule*] [*+ lieu*] to enter; [*+ groupe, milieu*] to penetrate; [*soleil*] to shine into; [*vent*] to blow into; [*air, liquide, insecte*] to come into; [*crème, balle*] to penetrate; [*aiguille*] to go into; [*huile, encre*] to soak into • **des voleurs ont pénétré dans la maison** thieves broke into the house

2 VT **a** (*= percer*) [*froid, air*] to penetrate; [*odeur*] to fill; [*liquide*] to soak through

b (*= découvrir*) [*+ mystère, secret*] to fathom

c [*+ marché*] to break into

d (*sexuellement*) to penetrate

3 VPR **se pénétrer** **se ~ d'une idée** to get an idea firmly fixed in one's mind

pénible [penibl] ADJ **a** (*= fatigant, difficile*) [*travail, voyage*] hard; [*personne*] tiresome • **~ à lire** hard to read • **ce bruit est ~ à supporter** this noise is difficult to put up with • **les derniers kilomètres ont été ~s** the last few kilometres were hard going • **tout effort lui est ~** he finds it hard to make the slightest effort • **il est vraiment ~** [*enfant*] he's a real nuisance; [*adulte*] he's a real pain in the neck*

b (*= douloureux*) [*sujet, séparation, moment, maladie*] painful (**à** to); [*nouvelle, spectacle*] sad • **il m'est ~ d'avoir à vous dire que ...** I'm sorry to have to tell you that ...

péniblement [penibləmɑ̃] ADV (*= difficilement*) with difficulty; (*= tout juste*) only just

péniche [peniʃ] NF (*= bateau*) barge • **~ de débarquement** landing craft

pénicilline [penisilin] NF penicillin

péninsulaire [penɛ̃sylɛʀ] ADJ peninsular

péninsule [penɛ̃syl] NF peninsula • **la ~ Ibérique** the Iberian Peninsula

pénis [penis] NM penis

pénitence [penitɑ̃s] NF (*= repentir*) penitence; (*= peine, sacrement*) penance • **faire ~** to repent (**de** of) • **pour ta ~** as a punishment (to you)

pénitencier [penitɑ̃sje] NM (*= prison*) prison

pénitent, e [penitɑ̃, ɑ̃t] ADJ, NM,F penitent

pénitentiaire [penitɑ̃sjɛʀ] ADJ penitentiary • **établissement ~** prison

pénombre [penɔ̃bʀ] NF (*= faible clarté*) half-light; (*= obscurité*) darkness

pense-bête (*pl* **pense-bêtes**) [pɑ̃sbɛt] NM reminder

pensée [pɑ̃se] NF **a** (*= idée*) thought • **la ~ marxiste** Marxist thought • **plongé dans ses ~s** deep in thought • **avoir une ~ pour qn** to think of sb • **j'ai eu une ~ émue pour toi** I spared a thought for you • **aller jusqu'au**

P

bout de sa ~ (= *raisonner*) to take one's line of thought to its logical conclusion; (= *dire ce qu'on pense*) to say what one thinks • **à la ~ de faire qch** at the thought of doing sth • **à la ~ que ...** to think that ... • **se représenter qch en ~** to conjure up a mental picture of sth • **j'ai essayé de chasser ce souvenir de ma ~** I tried to banish this memory from my mind
ⓑ (= *fleur*) pansy

penser [pɑ̃se] /TABLE 1/ **1** VI to think • **façon de ~** way of thinking • **~ tout haut** to think out loud • **ça me fait ~ qu'il ne m'a toujours pas répondu** that reminds me that he still hasn't replied • **il vient ? — penses-tu !** is he coming? — you must be joking!* • **mais vous n'y pensez pas, c'est bien trop dangereux !** don't even think about it, it's much too dangerous!
▸ **penser à** [+ *ami, problème, offre*] to think about; (= *prévoir*) to think of; (= *se souvenir de*) to remember • **~ aux autres** to think of others • **tu vois à qui/à quoi je pense ?** you see who/what I'm thinking of? • **faire ~ à** to make one think of • **il ne pense qu'à jouer** playing is all he ever thinks about • **il pense à tout** he thinks of everything • **~ à l'avenir** to think of the future • **pense à l'anniversaire de ta mère** remember your mother's birthday • **faire/dire qch sans y ~** to do/say sth without thinking • **n'y pensons plus !** let's forget it! • **c'est simple mais il fallait y ~** it's simple when you know how • **fais m'y ~** remind me
2 VT ⓐ (= *avoir une opinion*) to think (**de** of, about) • **~ du bien/du mal de qn** to have a high/poor opinion of sb • **que pense-t-il du film ?** what does he think of the film? • **je pense comme toi** I agree with you • **je ne dis rien mais je n'en pense pas moins** I am not saying anything but that doesn't mean that I don't have an opinion
ⓑ (= *supposer, imaginer*) to think • **je pense que non** I don't think so • **je pense que oui** I think so • **pensez-vous qu'il viendra ?** do you think he'll come? • **c'est bien ce que je pensais !** I thought as much! • **vous pensez bien qu'elle a refusé** as you might have thought, she refused • **j'ai pensé mourir** I thought I was going to die
ⓒ **~ faire qch** (= *avoir l'intention de*) to be thinking of doing sth; (= *espérer*) to hope to do sth • **il pense partir jeudi** he's thinking of going on Thursday
ⓓ (= *concevoir*) [+ *problème, projet*] to think out • **c'est bien pensé** it's well thought out

penseur [pɑ̃sœʀ] NM thinker

pensif, -ive [pɑ̃sif, iv] ADJ thoughtful • **d'un air ~** pensively

pension [pɑ̃sjɔ̃] **1** NF ⓐ (= *allocation*) pension • **~ d'invalidité** disablement pension • **~ de retraite** retirement pension ⓑ (= *hôtel*) boarding house ⓒ (= *école*) (boarding) school • **mettre qn en ~** to send sb to boarding school ⓓ (= *hébergement*) board and lodging • **chambre avec ~ complète** full board **2** COMP ▸ **pension alimentaire** [*de personne divorcée*] alimony ▸ **pension de famille** ≈ boarding house

pensionnaire [pɑ̃sjɔnɛʀ] NMF (= *élève*) boarder; (*dans une famille*) lodger; [*d'hôtel*] resident

pensionnat [pɑ̃sjɔna] NM boarding school

pentagone [pɛ̃tagɔn] NM pentagon • **le Pentagone** the Pentagon

pente [pɑ̃t] NF slope • **être en ~ douce/raide** to slope gently/steeply • **~ à 4%** [*de route*] 4% gradient • **être sur une mauvaise ~** to be going downhill • **remonter la ~** (*fig*) to get back on one's feet again
▸ **en pente** sloping

Pentecôte [pɑ̃tkot] NF (= *dimanche*) Whit Sunday; (= *période*) Whit • **lundi de ~** Whit Monday

pénurie [penyʀi] NF shortage • **~ de main-d'œuvre/sucre** labour/sugar shortage

people [pipɔl] **1** ADJ INV celebrity *épith* • **les magazines ~** celebrity magazines **2** NMF celebrity

pépé* [pepe] NM grandad*

pépée‡ [pepe] NF (= *fille*) girl

pépère* [pepɛʀ] ADJ [*vie*] quiet; [*travail*] easy

pépier [pepje] /TABLE 7/ VI to chirp

pépin [pepɛ̃] NM ⓐ [*de fruit*] pip • **sans ~s** seedless ⓑ (= *ennui*)* snag • **avoir un ~** to hit a snag* • **petit ~ de santé** slight health problem ⓒ (= *parapluie*)* umbrella

pépinière [pepinjɛʀ] NF tree nursery

pépiniériste [pepinjeʀist] **1** NM nurseryman **2** NF nurserywoman

pépite [pepit] NF [*d'or*] nugget • **~s de chocolat** chocolate chips

péplum [pepɔm] NM (= *film*) epic (*set in Roman times*)

péquenaud○**, e‡** [pɛkno, od] NM,F country bumpkin

perçant, e [pɛʀsɑ̃, ɑ̃t] ADJ [*cri, voix, regard*] piercing; [*froid*] bitter; [*vue*] keen

percée [pɛʀse] NF breakthrough

perce-neige (*pl* **perce-neige(s)**) [pɛʀsənɛʒ] NM OU F snowdrop

perce-oreille (*pl* **perce-oreilles**) [pɛʀsɔʀɛj] NM earwig

percepteur, -trice [pɛʀsɛptœʀ, tʀis] NM,F tax collector

perceptible [pɛʀsɛptibl] ADJ [*son, ironie*] perceptible (**à** to)

perception [pɛʀsɛpsjɔ̃] NF ⓐ perception • **nous n'avons pas la même ~ de la situation** we don't perceive the situation in quite the same way ⓑ [*d'impôt, amende, péage*] collection; (= *bureau*) tax office

percer [pɛʀse] /TABLE 3/ **1** VT ⓐ (= *perforer*) to pierce; (*avec perceuse*) to drill through; [+ *chaussette, chaussure*] to wear a hole in; [+ *coffre-fort*] to break open; [+ *abcès*] to lance • **avoir une poche percée** to have a hole in one's pocket
ⓑ [+ *fenêtre, ouverture*] to make; [+ *tunnel*] to bore (**dans** through)
ⓒ (= *traverser*) **~ les nuages** to break through the clouds
ⓓ (= *découvrir*) [+ *mystère*] to penetrate • **~ qch à jour** to see through sth
ⓔ [*bébé*] **~ ses dents** to be teething
2 VI ⓐ [*soleil*] to come out • **il a une dent qui perce** he's got a tooth coming through
ⓑ [*sentiment, émotion*] to show • **un ton où perçait l'ironie** a tone tinged with irony
ⓒ (= *réussir, acquérir la notoriété*) to make a name for o.s.

perceuse [pɛʀsøz] NF drill • **~ à percussion** hammer drill

percevoir [pɛʀsəvwaʀ] /TABLE 28/ VT ⓐ (= *ressentir*) [+ *objet, son, couleur*] to perceive; [+ *nuance, changement*] to detect; [+ *douleur, émotion*] to feel • **j'ai cru ~ une légère hésitation dans sa voix** I thought I detected a slight note of hesitation in his voice ⓑ (= *comprendre*) [+ *situation*] to perceive • **son action a été mal perçue** what he did was not well received ⓒ (= *faire payer*) [+ *taxe, loyer*] to collect; (= *recevoir*) [+ *indemnité, revenu*] to be paid

perche [pɛʀʃ] **1** (NF) ⓐ (= *poisson*) perch ⓑ (= *bâton*) pole; [*de tuteur*] stick; (*pour prise de son*) boom ⓒ (= *personne*)* **(grande) ~** beanpole* (Brit), stringbean* (US) **2** (COMP)
▸ **perche à selfie** selfie stick

perché, e [pɛʀʃe] *ptp de* **percher** (ADJ) **voix haut ~e** high-pitched voice • **~ sur des talons aiguillé** teetering on stilettos • **un village ~ sur la montagne** a village set high up *ou* perched in the mountains

percher [pɛʀʃe] /TABLE 1/ **1** (VI) [*oiseau*] to perch **2** (VT) to stick • **~ qch sur une armoire** to stick sth up on top of a cupboard **3** (VPR) **se percher** [*oiseau*] to perch

perchiste [pɛʀʃist] (NMF) (*Sport*) pole vaulter

perchoir [pɛʀʃwaʀ] (NM) perch; [*de volailles*] roost; (*Politique*) seat of the president of the French National Assembly

perclus, e [pɛʀkly, yz] (ADJ) (= *paralysé*) crippled **(de** with)

percolateur [pɛʀkɔlatœʀ] (NM) coffee machine

percussion [pɛʀkysjɔ̃] (NF) percussion • **les ~s** (= *instruments*) the percussion

percussionniste [pɛʀkysjɔnist] (NMF) percussionist

> ✎ Le mot anglais s'écrit avec un seul **n** et sans **e** à la fin.

percutant, e [pɛʀkytɑ̃, ɑ̃t] (ADJ) [*slogan, titre*] snappy; [*réponse*] trenchant; [*analyse*] incisive; [*argument, discours, pensée, images*] powerful

percuter [pɛʀkyte] /TABLE 1/ **1** (VT) to strike; [*conducteur, véhicule*] to smash into **2** (VI) (= *comprendre*)* to twig* • **il percute vite** he catches on fast

perdant, e [pɛʀdɑ̃, ɑ̃t] **1** (ADJ) [*numéro, cheval*] losing • **je suis ~** I've lost out **2** (NM,F) loser • **être mauvais ~** to be a bad loser

perdition [pɛʀdisjɔ̃] (NF) ⓐ perdition • **lieu de ~** den of iniquity
ⓑ ▸ **en perdition** [*bateau*] in distress; [*jeunesse*] on the wrong path

perdre [pɛʀdʀ(ə)] /TABLE 41/ **1** (VT) ⓐ to lose; (= *égarer*) to mislay; [+ *habitude*] to get out of; (*volontairement*) to break • **il a perdu son père à la guerre** he lost his father in the war • **j'ai perdu le goût de rire** I don't feel like laughing any more • **n'avoir rien à ~** to have nothing to lose • **l'ouvrage n'a rien perdu de son actualité** the work has lost none of its topicality • **le Président perd trois points dans le dernier sondage** the President is down three points in the latest poll • **~ sa page** (*en lisant*) to lose one's place • **~ du poids** to lose weight • **~ l'appétit/la mémoire/la vie** to lose one's appetite/one's memory/one's life • **~ l'équilibre** to lose one's balance • **~ espoir/patience** to lose hope/patience • **il perd son pantalon** his trousers are falling down
ⓑ (= *gaspiller*) [+ *temps, peine, argent*] to waste (**à qch** on sth); (= *abîmer*) [+ *aliments*] to spoil • **tu as du temps/de l'argent à ~!** you've got time to waste/money to burn! • **sans ~ une minute** without wasting a minute
ⓒ (= *manquer*) [+ *occasion*] to miss • **il n'a pas perdu une miette de la conversation** he didn't miss a single syllable of the conversation • **il ne perd rien pour attendre!** he's got it coming to him!* • **rien n'est perdu!** nothing is lost!
ⓓ (= *porter préjudice à*) to ruin • **son ambition l'a perdu** ambition was his downfall • **ta bonté te perdra!** (*iro*) you're too kind! (*iro*)
ⓔ (*locutions*) **~ le nord*** to lose one's way • **il ne perd pas le nord*** he keeps his wits about him • **~ les pédales*** (= *s'affoler*) to lose one's head • **~ ses moyens** to crack up* • **~ la tête** (= *s'affoler*) to lose one's head; [*vieillard*] to lose one's marbles*
2 (VI) to lose • **vous y perdez** (*dans une transaction*) you lose by it
3 (VPR) **se perdre** ⓐ (= *s'égarer*) to get lost • **se ~ dans les détails** to get bogged down in details • **je m'y perds** I'm all confused
ⓑ (= *disparaître*) to disappear; [*coutume*] to be dying out • **se ~ dans la foule** to disappear into the crowd
ⓒ (= *devenir inutilisable*) to be wasted; [*denrées*] to go bad • **rien ne se perd** nothing is wasted

perdreau (*pl* **perdreaux**) [pɛʀdʀo] (NM) partridge

perdrix [pɛʀdʀi] (NF) partridge

perdu, e [pɛʀdy] *ptp de* **perdre** (ADJ) ⓐ lost; [*balle, chien*] stray • **~ dans ses pensées** (= *absorbé*) lost in thought • **il est ~** [*malade*] there's no hope for him • **je suis ~!** I'm done for! • **rien n'est ~** there's no harm done • **ce n'est pas ~ pour tout le monde** somebody's made good use of it ⓑ (= *gaspillé*) [*occasion, temps*] wasted • **il y a trop de place ~e** there's too much space wasted • **à ses moments ~s** in his spare time ⓒ (= *abîmé*) [*aliment*] spoilt; [*récolte*] ruined ⓓ (= *écarté*) [*pays, endroit*] out-of-the-way ⓔ (= *non consigné*) [*emballage, verre*] non-returnable

perdurer [pɛʀdyʀe] /TABLE 1/ (VI) (*frm*) [*situation*] to continue; [*tradition, phénomène*] to endure

père [pɛʀ] **1** (NM) ⓐ father • **marié et ~ de trois enfants** married with three children • **il est ~ depuis hier** he became a father yesterday • **de ~ en fils** from father to son • **le ~ de la bombe H** the father of the H-bomb • **le ~ Benoit*** old Benoit* ⓑ (= *enfant*)* **un brave petit ~** a fine little fellow* **2** (NMPL) **pères** (= *ancêtres*) forefathers **3** (COMP) ▸ **père de famille** father ▸ **le père Noël** Father Christmas

péremption [peʀɑ̃psjɔ̃] (NF) (*Droit*) limitation period • **date de ~** (*d'un aliment*) sell-by date

péremptoire [peʀɑ̃ptwaʀ] (ADJ) [*argument, ton*] peremptory

pérenne [peʀɛn] (ADJ) ⓐ [*rivière*] perennial ⓑ [*solution*] long-term *épith* ⓒ [*institution, financement*] sustainable

pérennité [peʀenite] (NF) [*d'institution, goûts*] durability; [*de tradition*] continuity

perfection [pɛʀfɛksjɔ̃] (NF) perfection • **atteindre la ~** to attain perfection
▸ **à la perfection** [*jouer, fonctionner*] to perfection; [*connaître*] perfectly

perfectionné, e [pɛʀfɛksjɔne] *ptp de* **perfectionner** (ADJ) [*dispositif, machine*] sophisticated

perfectionnement [pɛʀfɛksjɔnmɑ̃] (NM) improvement (**de in**) • **des cours de ~ en anglais** an advanced English course • **les derniers ~s techniques** the latest technical developments

perfectionner [pɛʀfɛksjɔne] /TABLE 1/ **1** (VT) (= *améliorer*) to improve **2** (VPR) **se perfectionner** [*technique*] to improve • **se ~ en anglais** to improve one's English

perfectionnisme [pɛʀfɛksjɔnism] (NM) perfectionism

> ✎ Le mot anglais s'écrit avec un seul **n** et sans **e** à la fin.

perfectionniste [pɛʀfɛksjɔnist] **1** (NMF) perfectionist

P

2 ADJ **être ~** to be a perfectionist • **tu es trop ~** you're too much of a perfectionist

> ✎ Le mot anglais s'écrit avec un seul **n** et sans **e** à la fin.

perfide [pɛʀfid] ADJ (*littér*) treacherous
perfidie [pɛʀfidi] NF treachery
perforation [pɛʀfɔʀasjɔ̃] NF perforation; (*= trou*) punched hole
perforer [pɛʀfɔʀe] /TABLE 1/ VT (*= percer*) to pierce; (*Méd*) to perforate; (*= poinçonner*) to punch
performance [pɛʀfɔʀmɑ̃s] NF ⓐ [*de voiture, machine, économie, industrie*] performance *NonC* ⓑ (*= résultat*) result; (*= exploit*) feat • **c'était une vraie ~** it was quite a feat
performant, e [pɛʀfɔʀmɑ̃, ɑ̃t] ADJ [*machine, voiture*] high-performance; [*entreprise, économie*] successful; [*administrateur, procédé*] effective
perfusion [pɛʀfyzjɔ̃] NF drip (*Brit*), IV (*US*) • **être sous ~** to be on a drip (*Brit*) *ou* an IV (*US*)
péricliter [peʀiklite] /TABLE 1/ VI [*affaire, économie*] to be in a state of collapse
péridurale [peʀidyʀal] NF epidural
péril [peʀil] NM (*littér*) peril • **au ~ de sa vie** at the risk of one's life
‣ **en péril** [*monument, institution*] in peril • **mettre en ~** to imperil
périlleux, -euse [peʀijø, øz] ADJ perilous
périmé, e [peʀime] ADJ [*billet, bon*] out-of-date; [*nourriture*] past its use-by date • **ce passeport est ~** this passport has expired
périmètre [peʀimɛtʀ] NM perimeter; (*= zone*) area • **dans un ~ de 3 km** within a 3km radius • **~ de sécurité** safety zone
période [peʀjɔd] NF ⓐ period • **par ~s** from time to time • **en ~ scolaire** during termtime (*Brit*), while school is in session (*US*) • **pendant la ~ électorale** at election time • **~ d'essai** trial period • **~ ensoleillée** sunny spell • **elle a traversé une ~ difficile** she has been through a difficult patch • **~ bleue/blanche** (*Transports*) *slack/relatively slack period when discounts are available on tickets* • **~ rouge** *peak period when tickets are most expensive* ⓑ (*Sport*) **première/seconde ~** first/second half
périodique [peʀjɔdik] **1** ADJ periodic; (*Presse*) periodical **2** NM (*= journal*) periodical
périodiquement [peʀjɔdikmɑ̃] ADV periodically
péripétie [peʀipesi] NF (*= épisode*) event • **le voyage était plein de ~s** it was an eventful journey
périphérie [peʀifeʀi] NF (*= limite*) periphery; (*= banlieue*) outskirts • **la proche ~** (*= banlieue*) the inner suburbs • **à la ~ de la ville** on the outskirts
périphérique [peʀifeʀik] **1** ADJ peripheral; [*quartier*] outlying; [*activités*] associated **2** NM ⓐ (*Informatique*) peripheral ⓑ **(boulevard) ~** ring road (*Brit*), beltway (*US*)
périphrase [peʀifʀɑz] NF circumlocution
périple [peʀipl] NM (*par mer*) voyage; (*par terre*) tour
périr [peʀiʀ] /TABLE 2/ VI (*littér*) to perish • **~ noyé** to drown
périscolaire [peʀiskɔlɛʀ] ADJ extracurricular
périscope [peʀiskɔp] NM periscope
périssable [peʀisabl] ADJ perishable
péritel ® [peʀitɛl] ADJ F, NF **(prise) ~** SCART (socket)

péritonite [peʀitɔnit] NF peritonitis
perle [pɛʀl] NF ⓐ (*= bijou*) pearl; (*= boule*) bead • **~ de culture** cultured pearl • **~ fine** real pearl ⓑ (*littér*) [*d'eau, sang*] drop; [*de sueur*] bead ⓒ (*= personne, chose de valeur*) gem • **vous êtes une ~ rare** you're a gem ⓓ (*= erreur*) howler
perler [pɛʀle] /TABLE 1/ VI **la sueur perlait sur son front** there were beads of sweat on his forehead
perm * [pɛʀm] NF ⓐ (ABR DE **permanence**) ⓑ (*arg Mil*) (ABR DE **permission**)
permaculture [pɛʀmakyltyʀ] NF permaculture
permalien [pɛʀmaljɛ̃] NM permalink
permanence [pɛʀmanɑ̃s] NF ⓐ (*= durée*) permanence
‣ **en permanence** [*siéger*] permanently; [*crier*] continuously
ⓑ (*= service*) **être de ~** to be on duty • **une ~ est assurée le dimanche** there is someone on duty on Sundays
ⓒ (*= bureau*) duty office; (*Politique*) committee room; (*Scol*) study room *ou* hall (*US*) • **heure de ~** (*Scol*) private study period
permanent, e [pɛʀmanɑ̃, ɑ̃t] **1** ADJ permanent; [*armée, comité*] standing *épith*; [*spectacle, angoisse*] continuous; [*conflit, effort*] ongoing **2** NM (*Politique*) official (*of union, political party*); (*dans une entreprise*) permanent employee **3** NF **permanente** (*Coiffure*) perm • **se faire faire une ~e** to have one's hair permed
perméable [pɛʀmeabl] ADJ ⓐ (*Physique*) permeable (**à** to) ⓑ (*= ouvert*) [*frontière*] open (**à** to) • **~ à** [*personne*] receptive to
permettre [pɛʀmɛtʀ] /TABLE 56/ **1** VT ⓐ to allow • **~ à qn de faire qch** to allow sb to do sth • **il se croit tout permis** he thinks he can do what he likes • **est-il permis d'être aussi bête !** how can anyone be so stupid! • **ce diplôme va lui ~ de trouver du travail** this qualification will enable him to find a job • **mes moyens ne me le permettent pas** I can't afford it • **mes occupations ne me le permettent pas** I'm too busy to do that • **sa santé ne le lui permet pas** his state of health makes it impossible • **si le temps le permet** weather permitting
ⓑ (*sollicitation*) **vous permettez ?** may I? • **permettez-moi de vous présenter ma sœur** may I introduce my sister? • **vous permettez que je fume ?** do you mind if I smoke? • **permets-moi de te le dire** let me tell you
2 VPR **se permettre** ⓐ (*= s'offrir*) to allow o.s. • **je ne peux pas me ~ d'acheter ce manteau** I can't afford to buy this coat
ⓑ (*= risquer*) [*+ grossièreté, plaisanterie*] to dare to make • **il se permet bien des choses** he takes a lot of liberties • **je me permettrai de vous faire remarquer que ...** I'd like to point out (to you) that ... • **je me permets de vous écrire au sujet de ...** (*formule épistolaire*) I am writing to you in connection with ...
permis, e [pɛʀmi, miz] *ptp de* **permettre** NM permit • **~ de chasse** hunting licence • **~ (de conduire)** (*= carte*) driving licence (*Brit*), driver's license (*US*) • **~ à points** *driving licence with a penalty point system* • **~ blanc** *special temporary driving licence allowing someone who is otherwise banned to drive at certain times* • **~ de construire** planning permission *NonC* • **~ de séjour** residence permit • **~ de travail** work permit
permissif, -ive [pɛʀmisif, iv] ADJ permissive
permission [pɛʀmisjɔ̃] NF ⓐ (*= autorisation*) permission • **demander la ~** to ask permission (**de** to)

• **je lui ai demandé la ~** I asked his permission (**de** to) **b** (*Mil*) (= *congé*) leave • **~ de minuit** late pass

permuter [pɛʀmyte] /TABLE 1/ **1** VT to change round; (*Math*) to permutate **2** VI to change (seats *ou* positions *ou* jobs *etc*)

pernicieux, -ieuse [pɛʀnisjø, jøz] ADJ pernicious

pérorer [peʀɔʀe] /TABLE 1/ VI to hold forth (*péj*)

Pérou [peʀu] NM Peru

perpendiculaire [pɛʀpɑ̃dikylɛʀ] ADJ, NF perpendicular (**à** to)

perpendiculairement [pɛʀpɑ̃dikylɛʀmɑ̃] ADV perpendicularly • **~ à** at right angles to

perpète [pɛʀpɛt] **à perpète*** LOC ADV (= *longtemps*) forever; (= *loin*) miles away*

perpétrer [pɛʀpetʀe] /TABLE 6/ VT to perpetrate

perpétuel, -elle [pɛʀpetɥɛl] ADJ perpetual

perpétuellement [pɛʀpetɥɛlmɑ̃] ADV (= *constamment*) constantly

perpétuer [pɛʀpetɥe] /TABLE 1/ **1** VT to perpetuate **2** VPR **se perpétuer** [*usage, abus*] to be perpetuated

perpétuité [pɛʀpetɥite] NF perpetuity • **à ~** [*condamnation*] for life; [*concession*] in perpetuity

perplexe [pɛʀplɛks] ADJ perplexed

perplexité [pɛʀplɛksite] NF perplexity

perquisition [pɛʀkizisjɔ̃] NF search

perquisitionner [pɛʀkizisjɔne] /TABLE 1/ **1** VI to carry out a search **2** VT to search

perron [peʀɔ̃] NM steps (*leading to entrance*) • **sur le ~ de l'Élysée** on the steps of the Élysée Palace

perroquet [peʀɔkɛ] NM (= *oiseau*) parrot

perruche [peʀyʃ] NF budgerigar

perruque [peʀyk] NF (= *coiffure*) wig

persan, e [pɛʀsɑ̃, an] ADJ Persian

perse [pɛʀs] **1** ADJ Persian **2** NMF **Perse** Persian **3** NF **Perse** (= *région*) Persia

persécuter [pɛʀsekyte] /TABLE 1/ VT (= *opprimer*) to persecute; (= *harceler*) to harass

persécution [pɛʀsekysjɔ̃] NF persecution; (= *harcèlement*) harassment

persévérance [pɛʀseveʀɑ̃s] NF perseverance

persévérant, e [pɛʀseveʀɑ̃, ɑ̃t] ADJ persevering

persévérer [pɛʀseveʀe] /TABLE 6/ VI to persevere • **~ dans** [+ *effort, entreprise, recherches*] to persevere with; [+ *erreur, voie*] to persevere in

persienne [pɛʀsjɛn] NF (louvred) shutter

persiflage, persifflage [pɛʀsiflaʒ] NM mockery *NonC*

persifleur, persiffleur, -euse [pɛʀsiflœʀ, øz] ADJ mocking

persil [pɛʀsi] NM parsley

persillade [pɛʀsijad] NF (= *sauce*) parsley vinaigrette; (= *viande*) *cold beef served with parsley vinaigrette*

persillé, e [pɛʀsije] ADJ [*plat*] sprinkled with chopped parsley; [*viande*] marbled; [*fromage*] veined

persistance [pɛʀsistɑ̃s] NF persistence (**à faire** in doing)

persistant, e [pɛʀsistɑ̃, ɑ̃t] ADJ persistent; [*feuilles*] evergreen

persister [pɛʀsiste] /TABLE 1/ VI [*pluie*] to keep up; [*fièvre, douleur, odeur*] to linger; [*symptôme, personne*] to persist • **~ à faire qch** to persist in doing sth • **il persiste dans son refus** he's sticking to his refusal • **je persiste à croire que ...** I still believe that ... • **il persiste un doute** some doubt remains

personnage [pɛʀsɔnaʒ] NM **a** (= *individu*) character • **c'est un ~!** he's (*ou* she's) quite a character! • **jouer un ~** to play a part **b** (= *célébrité*) important person • **~ influent/haut placé** influential/highly placed person

personnalisable [pɛʀsɔnalisabl] ADJ customizable • **logiciel/interface ~** customizable software/interface

personnalisation [pɛʀsɔnalizasjɔ̃] NF personalization

> Le mot anglais s'écrit avec un seul **n**.

personnaliser [pɛʀsɔnalize] /TABLE 1/ VT to personalize; [+ *voiture, appartement*] to give a personal touch to • **crédit/service personnalisé** personalized loan/service

> Le mot anglais s'écrit avec un seul **n**.

personnalité [pɛʀsɔnalite] NF personality • **avoir une forte ~** to have a strong personality • **sans ~** lacking in personality

personne [pɛʀsɔn] **1** NF **a** (= *être humain*) person • **deux ~s** two people • **grande ~** adult • **le respect de la ~ humaine** respect for human dignity • **les ~s qui ...** those who ... • **trois gâteaux par ~** three cakes each • **100 € par ~** 100 euros each • **par ~ interposée** through an intermediary • **être bien de sa ~** to be good-looking

▸ **en personne** **je l'ai vu en ~** I saw him in person • **je m'en occupe en ~** I'll see to it personally • **c'est la bonté en ~** he's *ou* she's kindness itself

b (*Gram*) person • **à la première ~** in the first person

2 PRON **a** (= *quelqu'un*) anyone, anybody • **elle le sait mieux que ~** she knows that better than anyone *ou* anybody • **elle sait faire le café comme ~** she makes better coffee than anyone

b (*avec ne*) (= *aucun*) no one, nobody • **~ ne l'a vu** no one *ou* nobody saw him • **il n'a vu ~ d'autre** he didn't see anyone *ou* anybody else • **~ d'autre que lui** no one *ou* nobody but him • **il n'y a ~** there's no one *ou* nobody in • **presque ~** hardly anyone *ou* anybody • **ce n'est la faute de ~** it's no one's *ou* nobody's fault

3 COMP ▸ **personne âgée** elderly person ▸ **personne à charge** dependent ▸ **personne morale** (*Droit*) legal entity ▸ **personne(-)ressource** resource person

personnel, -elle [pɛʀsɔnɛl] **1** ADJ **a** (= *particulier, privé*) personal; [*appel téléphonique*] private • **fortune personnelle** personal fortune • **il a des idées très personnelles sur la question** he has his own ideas on the subject **b** (= *égoïste*) selfish **c** [*pronom, nom, verbe*] personal **2** NM staff; [*d'usine, service public*] personnel • **manquer de ~** to be short-staffed • **faire partie du ~** to be on the staff • **~ de maison** domestic staff • **~ à terre** ground personnel • **~ navigant** flight personnel • **le petit ~** low grade staff

> L'adjectif anglais s'écrit avec un seul **n** et se termine par **-al**.

personnellement [pɛʀsɔnɛlmɑ̃] ADV personally

> Le mot anglais s'écrit avec un seul **n** et se termine par **-ally**.

P

personnification [pɛʀsɔnifikasjɔ̃] NF personification • **c'est la ~ de la cruauté** he's the personification *ou* the embodiment of cruelty

> Le mot anglais s'écrit avec un seul **n**.

personnifier [pɛʀsɔnifje] /TABLE 7/ VT to personify • **être la bêtise personnifiée** to be stupidity itself

> Le mot anglais s'écrit avec un seul **n**.

perspective [pɛʀspɛktiv] NF **a** (*Art*) perspective **b** (= *point de vue*) view; (*fig*) viewpoint • **dans une ~ historique** from a historical viewpoint **c** (= *événement en puissance*) prospect • **il y a du travail en ~** there's a lot of work ahead • **des ~s d'avenir** future prospects • **quelle ~ !** what a thought!

perspicace [pɛʀspikas] ADJ clear-sighted

perspicacité [pɛʀspikasite] NF clear-sightedness

persuader [pɛʀsɥade] /TABLE 1/ **1** VT (= *convaincre*) to convince (**qn de qch** sb of sth) • **~ qn (de faire qch)** to persuade sb (to do sth) • **j'en suis persuadé** I'm quite sure (of it) **2** VPR **se persuader** **se ~ de qch** to convince o.s. of sth • **il s'est persuadé de l'innocence de son fils** he convinced himself his son was innocent

persuasif, -ive [pɛʀsɥazif, iv] ADJ persuasive

persuasion [pɛʀsɥazjɔ̃] NF persuasion

perte [pɛʀt] **1** NF **a** loss • **vendre à ~** to sell at a loss • **essuyer une ~ importante** to suffer heavy losses • **ce n'est pas une grosse ~** it's not a serious loss

▸ **à perte de vue** as far as the eye can see; (*fig*) interminably

b (= *ruine*) ruin • **elle a juré sa ~** she has sworn she'll ruin him • **il court à sa ~** he is on the road to ruin

c (= *gaspillage*) waste • **c'est une ~ de temps/d'énergie** it's a waste of time/of energy

2 COMP ▸ **pertes blanches** vaginal discharge ▸ **perte de poids** weight loss ▸ **perte sèche** absolute loss ▸ **perte de vitesse** **être en ~ de vitesse** [*mouvement*] to be losing momentum; [*entreprise, vedette*] to be going downhill

pertinemment [pɛʀtinamɑ̃] ADV **savoir ~ que ...** to know for a fact that ...

pertinence [pɛʀtinɑ̃s] NF pertinence

pertinent, e [pɛʀtinɑ̃, ɑ̃t] ADJ [*remarque, question, idée, analyse*] pertinent

perturbant, e [pɛʀtyʀbɑ̃, ɑ̃t] ADJ disturbing

perturbateur, -trice [pɛʀtyʀbatœʀ, tʀis] **1** ADJ disruptive **2** NM **perturbateur endocrinien** endocrine disruptor

perturbation [pɛʀtyʀbasjɔ̃] NF disruption • **semer la ~ dans** to disrupt • **~ (atmosphérique)** (atmospheric) disturbance

perturber [pɛʀtyʀbe] /TABLE 1/ VT **a** to disrupt **b** (= *déstabiliser*) [+ *personne*] to upset • **elle est très perturbée en ce moment** she's very upset at the moment

péruvien, -ienne [peʀyvjɛ̃, jɛn] **1** ADJ Peruvian **2** NM,F **Péruvien(ne)** Peruvian

pervenche [pɛʀvɑ̃ʃ] NF (= *fleur*) periwinkle; (= *contractuelle*)* female traffic warden (*Brit*), meter maid (*US*)

pervers, e [pɛʀvɛʀ, ɛʀs] **1** ADJ (= *diabolique*) perverse; (= *vicieux*) perverted • **les effets ~ de la publicité** the pernicious effects of advertising **2** NM,F pervert

perversion [pɛʀvɛʀsjɔ̃] NF perversion

perversité [pɛʀvɛʀsite] NF perversity

pervertir [pɛʀvɛʀtiʀ] /TABLE 2/ VT (= *dépraver*) to corrupt; (= *altérer*) to pervert

pesamment [pəzamɑ̃] ADV [*marcher*] with a heavy step

pesant, e [pəzɑ̃, ɑ̃t] ADJ heavy; [*sommeil*] deep; [*présence*] burdensome

pesanteur [pəzɑ̃tœʀ] NF **a** (*Physique*) gravity **b** (= *lourdeur*) heaviness • **les ~s administratives** cumbersome administrative procedures

pèse-bébé (*pl* **pèse-bébés**) [pɛzbebe] NM baby scales

pesée [pəze] NF (= *action*) weighing

pèse-personne (*pl* **pèse-personnes**) [pɛzpɛʀsɔn] NM scales; (*dans une salle de bains*) bathroom scales

peser [pəze] /TABLE 5/ **1** VT to weigh • **se faire ~** [*sportif*] to get weighed in • **~ le pour et le contre** to weigh the pros and cons • **~ ses mots/chances** to weigh one's words/chances • **tout bien pesé** all things considered

2 VI **a** to weigh; [*sportif*] to weigh in • **~ 60 kg** to weigh 60kg • **~ lourd** to be heavy

b (= *appuyer*) to press • **cela lui pèse sur le cœur** it makes him heavy-hearted • **la menace qui pèse sur sa tête** the threat which hangs over him • **toute la responsabilité pèse sur ses épaules** all the responsibility is on his shoulders

c (= *accabler*) **la solitude lui pèse** solitude is getting him down*

d (= *avoir de l'importance*) to carry weight • **cela va ~ (dans la balance)** that will carry some weight

3 VPR **se peser** to weigh o.s.

pessimisme [pesimism] NM pessimism

pessimiste [pesimist] **1** ADJ pessimistic (**sur** about) **2** NMF pessimist

peste [pɛst] NF plague; (*péj* = *personne*) pest

pester [pɛste] /TABLE 1/ VI to curse • **~ contre qn/qch** to curse sb/sth

pesticide [pɛstisid] NM pesticide

pestiféré, e [pɛstifeʀe] NM,F plague victim

pestilentiel, -elle [pɛstilɑ̃sjɛl] ADJ stinking

pet** [pɛ] NM (= *gaz*) fart** • **lâcher un ~** to fart**

pétale [petal] NM petal

pétanque [petɑ̃k] NF petanque (*type of bowls played in the South of France*) → BOULES

pétant, e* [petɑ̃, ɑ̃t] ADJ **à 2 heures ~(es)** at 2 on the dot*

pétarader [petaʀade] /TABLE 1/ VI [*moteur, véhicule*] to backfire

pétard [petaʀ] NM **a** (= *feu d'artifice*) banger (*Brit*); (= *accessoire de cotillon*) cracker • **être en ~** to be raging mad* (**contre** at) **b** (= *revolver*)** gun **c** (= *derrière*)** bottom* **d** (*Drogue*)* joint*

petchi* [pɛtʃi] NM (*Helv*) shambles *sg* • **semer le ~** to create havoc

pète* [pɛt] NM (= *coup, choc*) bash • **prendre un ~** to take a knock • **avoir un ~ au casque** to be a bit flaky*

pété, e** [pete] *ptp de* **péter** ADJ (= *ivre*) plastered**

péter [pete] /TABLE 6/ **1** VI **a** [*personne*]** to fart** **b** [*détonation*]* to go off; [*tuyau, ballon*]* to burst; [*ficelle*]* to snap • **un jour ça va ~** (= *mal aller*) one day all hell's going to break loose*

2 VT* **a** [+ *ficelle*] to snap • **~ la gueule à qn**** to smash sb's face in* • **se ~ la gueule**** (= *tomber*) to fall flat on one's face; (= *s'enivrer*) to get plastered**

b (*locutions*) **~ le feu** [*personne*] to be full of go* **• ~ la santé** to be bursting with health **• il pète la forme*** he's on top form **• ça va ~ des flammes** there's going to be a heck of a row*

pète-sec* [petsɛk] (NMF INV, ADJ INV) **il est très ~** he has a very abrupt manner

péteux, -euse* [petø, øz] (NM,F) (= *prétentieux*) pretentious twit*

pétillant, e [petijɑ̃, ɑ̃t] (ADJ) sparkling

pétiller [petije] /TABLE 1/ (VI) [*feu*] to crackle; [*champagne, vin, eau, yeux*] to sparkle (**de** with) **• ~ d'intelligence** to sparkle with intelligence

petit, e [p(ə)ti, it]

1 ADJECTIF	4 NOM FÉMININ
2 ADVERBE	5 COMPOSÉS
3 NOM MASCULIN	

1 ADJECTIF

> Lorsque **petit** fait partie d'une locution comme **entrer par la petite porte**, reportez-vous à l'autre mot.

a (dimension) [*personne, objet*] small; (*plus positif*) little **• la maison est trop ~e** the house is too small **• mon jardin est tout ~** my garden is very small **• j'ai un joli ~ jardin** I've got a pretty little garden **• les ~s voitures sont plus économiques** small cars are more economical **• il est ~ et gros** he's short and fat **• se faire tout ~** to keep a low profile

b (= *jeune*) little **• quand il était ~** when he was little **• un ~ Anglais** an English boy **• les ~s Anglais** English children **• tu es encore trop ~ pour comprendre** you're still too little to understand **• dans sa ~e enfance** when he was very young **• ~ garçon** little boy **• je ne suis plus un ~ garçon!** I'm not a child anymore!

c (= *cadet*) **son ~ frère** his little brother; (*très petit*) his baby brother

d (= *mince*) [*tranche*] thin **• une ~e pluie (fine) tombait** a (fine) drizzle was falling

e (= *court*) [*promenade, voyage*] short **• sur une ~e distance** over a short distance **• il en a pour une ~e heure** it will take him an hour at the most

f (= *miniature, jouet*) toy **• ~e voiture** toy car

g (= *faible*) [*bruit, cri*] faint; [*coup, tape*] gentle; [*somme d'argent*] small; [*loyer*] low **• il a un ~ appétit** he has a small appetite **• film à ~ budget** low-budget film

h (= *peu important*) [*commerçant, pays, entreprise, groupe*] small; [*opération, détail, romancier*] minor; [*amélioration, changement, inconvénient, odeur, rhume*] slight; [*espoir, chance*] faint; [*cadeau, soirée*] little **• le ~ commerce** small businesses **• les ~es et moyennes entreprises** small and medium-sized businesses **• avec un ~ effort** with a little effort

i (= *maladif*) **avoir une ~e mine** to look pale **• tu as de ~s yeux ce matin** you're a bit bleary-eyed this morning

j (= *mesquin*) [*attitude, action*] mean

k (locutions) **vous prendrez bien un ~ verre?** you'll have a little drink, won't you? **• juste une ~e signature** can I just have your signature **• un ~ coin tranquille** a nice quiet spot **• cela coûte une ~e fortune** it costs a small fortune **• il y a un ~ vent** (*agréable*) there's a bit of a breeze; (*désagréable*) it's a bit windy **• ~ con!**** stupid jerk!** **• ce n'est pas de la ~e bière** it's no small matter **• être aux ~s soins pour qn** to wait on sb hand and foot

2 ADVERBE

petit à petit little by little

3 NOM MASCULIN

a (= *enfant*) little boy **• les ~s** the children **• pauvre ~** poor little thing **• c'est un jeu pour ~s et grands** it's a game for old and young alike

b (Scol) junior (boy)

c (= *jeune animal*) **les ~s** the young **• la chatte et ses ~s** the cat and her kittens **• faire des ~s** to have kittens (*ou* puppies *ou* lambs *etc*)

d (= *homme de petite taille*) small man

4 NOM FÉMININ

petite (= *enfant*) little girl; (= *femme*) small woman **• pauvre ~e** poor little thing

5 COMPOSÉS

▸ **petit ami** boyfriend ▸ **petite amie** girlfriend ▸ **le petit coin*** the smallest room* ▸ **petit gâteau** biscuit ▸ **petit nom*** first name ▸ **petit pain** ≈ bread roll **• ça se vend comme des ~s pains*** they're selling like hot cakes* ▸ **petit pois** pea ▸ **le Petit Poucet** Tom Thumb ▸ **la petite reine** (= *vélo*) the bicycle ▸ **petit salé** (= *porc*) salt pork

petit-déjeuner (*pl* **petits-déjeuners**) [p(ə)tideʒœne] **1** (NM) breakfast **2** (VI)* to have breakfast

petite-fille (*pl* **petites-filles**) [p(ə)titfij] (NF) granddaughter

petitesse [p(ə)titɛs] (NF) smallness; [*d'esprit, acte*] meanness *NonC*

petit-fils (*pl* **petits-fils**) [p(ə)tifis] (NM) grandson

pétition [petisjɔ̃] (NF) (= *demande, requête*) petition **• faire signer une ~** to set up a petition

petit-lait [p(ə)tilɛ] (NM) whey

petit-nègre [pətinɛgʀ] (NM) (*péj*) pidgin French

petits-enfants [p(ə)tizɑ̃fɑ̃] (NMPL) grandchildren

petit-suisse (*pl* **petits-suisses**) [p(ə)tisɥis] (NM) petit-suisse (*kind of cream cheese eaten as a dessert*)

P

pétoche* [petɔʃ] (NF) **avoir la ~** to be scared stiff*

pétoncle [petɔ̃kl] (NM) queen scallop

pétri, e [petʀi] *ptp de* **pétrir** (ADJ) **~ d'orgueil** filled with pride

pétrifier [petʀifje] /TABLE 7/ **1** (VT) [+ *personne*] to paralyze **• être pétrifié de terreur** to be petrified **2** (VPR) **se pétrifier** [*sourire*] to freeze; [*personne*] to be petrified

pétrin [petʀɛ̃] (NM) **a** (= *ennui*)* mess* **• être dans le ~** to be in a mess* **• se mettre dans un beau ~** to get into a fine mess* **b** (*Boulangerie*) kneading trough

pétrir [petʀiʀ] /TABLE 2/ (VT) to knead

pétrochimie [petʀɔʃimi] (NF) petrochemistry

pétrodépendance [petʀɔdepɑ̃dɑ̃s] (NF) oil dependency

pétrodépendant, e [petʀɔdepɑ̃dɑ̃, ɑ̃t] (ADJ) oil-dependent

pétrole [petʀɔl] (NM) (*brut*) oil **• ~ brut** crude oil

> ⚠ **pétrole ≠ petrol**

pétrolier, -ière [petʀɔlje, jɛʀ] **1** (ADJ) [*industrie, produits*] petroleum; [*port, société*] oil **2** (NM) (= *navire*) oil tanker

pétulant, e [petylɑ̃, ɑ̃t] (ADJ) exuberant

pétunia [petynja] (NM) petunia

peu [pø]

1 ADVERBE
2 PRONOM INDÉFINI
3 NOM MASCULIN

Lorsque **peu** fait partie d'une locution comme **avant peu**, **sous peu**, reportez-vous à l'autre mot.

1 ADVERBE

peu se traduit souvent par l'équivalent anglais de **pas beaucoup**.

ⓐ (= *pas beaucoup*) not much • **il mange ~** he doesn't eat much • **il lit ~** he doesn't read much • **il lit assez ~** he doesn't read very much • **il lit très ~** he reads very little • **je le connais trop ~** I don't know him well enough
▸ **peu de** (*quantité*) not much; (*nombre*) not many • **nous avons eu ~ de soleil** we didn't have much sunshine • **nous avons eu très ~ de pluie** we've had very little rain • **~ de gens connaissent cet endroit** not many people know this place • **il y a ~ d'enfants dans cet immeuble** there aren't many children in this building • **en ~ de mots** in a few words • **il est ici pour ~ de temps** he's not staying long • **il faut ~ de chose pour le choquer** it doesn't take much to shock him • **~ de monde** few people
ⓑ (= *pas très*) not very • **il est ~ sociable** he's not very sociable • **c'est ~ probable** it's not very likely • **ils sont trop ~ nombreux** there are too few of them • **un auteur assez ~ connu** a relatively unknown author
ⓒ (= *pas longtemps*) shortly • **elle est arrivée ~ après** she arrived shortly afterwards • **~ avant 11 heures** shortly before 11 o'clock
ⓓ (= *rarement*) **ils se voient ~** they don't see each other very often • **elle sort ~** she doesn't go out much
ⓔ (*locutions*)
▸ **peu à peu** little by little • **~ à ~, l'idée a gagné du terrain** little by little the idea gained ground
▸ **à peu près** about • **il pèse à ~ près 50 kilos** he weighs about 50 kilos
▸ **de peu** **il est plus âgé de ~** he's a little older • **il l'a battu de ~** he just beat him • **il a manqué le train de ~** he just missed the train
▸ **pour peu que** + *subjonctif* if • **pour ~ qu'il soit sorti sans sa clé ...** if he should have come out without his key ...

2 PRONOM INDÉFINI

bien ~ le savent very few people know • **~ d'entre eux sont restés** not many of them stayed

3 NOM MASCULIN

(= *petite quantité*) little • **j'ai oublié le ~ de français que j'avais appris** I've forgotten the little French I'd learnt • **le ~ de cheveux qui lui reste** what little hair he has left
▸ **un (petit) peu** a bit, a little

un peu se traduit souvent par l'expression **a bit**, qui est plus familière que **a little** ; de même, on peut dire **a bit of** au lieu de **a little** pour traduire **un peu de**.

• **il te ressemble un ~** he looks a bit like you • **restez encore un ~** stay a bit longer • **essaie de manger un ~** try to eat a little • **il travaille un ~ trop** he works a bit too much • **c'est un ~ fort!** that's a bit much!* • **c'est un ~ grand** it's a bit big • **il y a un ~ moins de bruit** it is a little less noisy • **donnez-m'en juste un petit ~** just give me a little bit • **elle va un tout petit ~ mieux** she's a little better • **il y a un ~ plus d'un an** just over a year ago • **on trouve ce produit un ~ partout** you can get this product just about anywhere • **un ~ plus et il oubliait son rendez-vous** he very nearly forgot his appointment • **je me demande un ~ où sont les enfants** I'm just wondering where the children are • **un ~ !*** and how!* • **il nous a menti, et pas qu'un ~ !*** he lied to us bigtime!*
▸ **un peu de** a little, a bit of • **un ~ d'eau** a little water • **un ~ de patience** a little patience • **un ~ de silence, s'il vous plaît!** can we have a bit of quiet please!
▸ **pour un peu** **pour un ~, il m'aurait accusé** he all but accused me

peuplade [pœplad] (NF) people

peuple [pœpl] (NM) ⓐ (= *communauté*) people • **les ~s d'Europe** the peoples of Europe ⓑ (= *prolétariat*) **le ~** the people • **que demande le ~!** (*hum*) what more could anyone want! ⓒ (= *foule*) crowd (of people) • **il y a du ~ !*** there's a big crowd!

peuplé, e [pœple] *ptp de* **peupler** (ADJ) [*ville, région*] populated • **très/peu ~** densely/sparsely populated

peupler [pœple] /TABLE 1/ (VT) to populate • **peuplé de** populated with • **les souvenirs qui peuplent mon esprit** the memories that fill my mind

peuplier [pøplije] (NM) poplar tree

peur [pœʀ] (NF) fear • **être mort de ~** to be scared out of one's wits • **prendre ~** to take fright • **la ~ du gendarme*** the fear of being caught • **il a eu une ~ bleue** he had a bad fright • **il a une ~ bleue de sa femme** he's scared stiff* of his wife • **il m'a fait une de ces ~s!** he didn't half* give me a fright!
▸ **avoir peur** to be frightened (**de** of) • **avoir ~ pour qn** to be afraid for sb • **n'ayez pas ~** (*craindre*) don't be afraid; (*s'inquiéter*) don't worry • **il n'a ~ de rien** he's afraid of nothing • **j'ai bien ~/très ~ qu'il ne pleuve** I'm afraid/very much afraid it's going to rain • **il va échouer? — j'en ai (bien) ~** is he going to fail? — I'm afraid he is • **j'ai ~ qu'il ne vous ait menti** I fear that he might have lied to you • **il a eu plus de ~ que de mal** he was more frightened than hurt
▸ **faire peur à qn** (= *intimider*) to frighten sb; (= *causer une frayeur à*) to give sb a fright • **tout lui fait ~** he's frightened of everything • **le travail ne lui fait pas ~** he's not afraid of hard work
▸ **de peur de** for fear of • **il a accepté de ~ de les vexer** he accepted for fear of annoying them

peureux, -euse [pøʀø, øz] **1** (ADJ) fearful **2** (NM,F) **c'est un ~** he's afraid of everything

peut [pø] (VB) → **pouvoir**

peut-être [pøtɛtʀ] (ADV) perhaps, maybe

When **peut-être** starts a phrase, subject and verb are inverted.

• **il est ~ fou** • **~ est-il fou** maybe he's mad • **il n'est ~ pas beau mais il est intelligent** he may not be handsome but he is clever • **~ bien** it could well be • **~ pas** perhaps *ou* maybe not • **~ bien mais ...** that's as may be but ... • **~ que ...** perhaps ... • **~ bien qu'il pleuvra** it may well rain • **~ que oui** perhaps so • **tu le sais mieux que moi ~?** so you think you know more about it than I do, do you?

peuvent [pøv] (VB) → **pouvoir**

phablette [fablɛt] (NF) phablet

phacochère [fakɔʃɛʀ] (NM) warthog

phagocyter [fagɔsite] /TABLE 1/ (VT) (*fig*) to engulf

phalange [falɑ̃ʒ] (NF) [*de doigt*] phalanx

phallique [falik] (ADJ) phallic

phallocrate [falɔkʀat] **1** (ADJ) chauvinist **2** (NM) (male) chauvinist

phallus [falys] (NM) (= *pénis*) phallus

pharaon [faʀaɔ̃] (NM) Pharaoh

phare [faʀ] **1** (NM) **a** (= *tour*) lighthouse; (*Aviat*) beacon **b** [*de voiture*] headlight • **~ antibrouillard** fog lamp • **rouler en ~s** to drive with one's headlights on full beam (*Brit*) *ou* with high beams on (*US*) **2** (ADJ INV) [*entreprise, produit, secteur, pays, titre boursier*] leading • **c'est l'épreuve ~ de cette compétition** it's the main event of the competition

pharmaceutique [faʀmasøtik] (ADJ) pharmaceutical

pharmacie [faʀmasi] (NF) **a** (= *magasin*) pharmacy; [*d'hôpital*] dispensary **b** (= *produits*) medicines • **(armoire à) ~** medicine cabinet

pharmacien, -ienne [faʀmasjɛ̃, jɛn] (NM,F) pharmacist

pharyngite [faʀɛ̃ʒit] (NF) pharyngitis *NonC* • **avoir une ~** to have pharyngitis

pharynx [faʀɛ̃ks] (NM) pharynx

phase [fɑz] **a** (NF) phase • **~ terminale** (*Méd*) terminal stage • **être en ~** [*personnes*] to be on the same wavelength **b** (*en électricité*) **la ~** the live wire

phasme [fasm] (NM) stick insect

phénix [feniks] (NM) (*Mythol*) phoenix • **ce n'est pas un ~!** he's no genius

phénoménal, e (*mpl* **-aux**) [fenɔmenal, o] (ADJ) phenomenal

phénomène [fenɔmɛn] (NM) **a** phenomenon • **~s** phenomena • **~ de société/de mode** social/fashion phenomenon **b** (= *personne*)* (*génial*) phenomenon; (*excentrique*) character*

philanthrope [filɑ̃tʀɔp] (NMF) philanthropist

philatélie [filateli] (NF) philately, stamp collecting

philatéliste [filatelist] (NMF) philatelist

philharmonique [filaʀmɔnik] (ADJ) philharmonic

philippin, e [filipɛ̃, in] **1** (ADJ) Philippine **2** (NM,F) **Philippin(e)** Filipino

Philippines [filipin] (NFPL) **les ~** the Philippines

philo* [filo] (NF) (ABR DE **philosophie**)

philologie [filɔlɔʒi] (NF) philology

philosophe [filɔzɔf] **1** (NMF) philosopher **2** (ADJ) philosophical

philosophie [filɔzɔfi] (NF) philosophy • **il l'a accepté avec ~** he was philosophical about it

philosophique [filɔzɔfik] (ADJ) philosophical

philtre [filtʀ] (NM) philtre • **~ d'amour** love potion

phishing [fiʃiŋ] (NM) (*Informatique*) phishing

phlébite [flebit] (NF) phlebitis

phlébologue [flebɔlɔg] (NMF) vein specialist

phobie [fɔbi] (NF) phobia • **avoir la ~ de** to have a phobia about • **~ scolaire** school phobia

phobique [fɔbik] (ADJ) phobic

phocéen, -enne [fɔseɛ̃, ɛn] (ADJ) **la cité phocéenne** Marseilles

phonétique [fɔnetik] **1** (NF) phonetics *sg* **2** (ADJ) phonetic

phonologie [fɔnɔlɔʒi] (NF) phonology

phonothèque [fɔnɔtɛk] (NF) sound archives

phoque [fɔk] (NM) (= *animal*) seal; (= *fourrure*) sealskin

phosphate [fɔsfat] (NM) phosphate

phosphore [fɔsfɔʀ] (NM) phosphorus

phosphorescent, e [fɔsfɔʀesɑ̃, ɑ̃t] (ADJ) luminous

photo [fɔto] (NF) (ABR DE **photographie**) **a** (= *image*) photo; (*instantané, d'amateur*) snap; [*de film*] still • **faire une ~ de qn/qch • prendre qn/qch en ~** to take a photo of sb/sth • **ça rend bien en ~** it looks good in a photo • **elle est bien en ~** she looks good in photos • **~ d'identité** passport photo • **il n'y a pas ~*** there's no question about it **b** (= *art*) photography

photocompositeur [fɔtokɔ̃pozitœʀ] (NM) typesetter

photocomposition [fɔtokɔ̃pozisjɔ̃] (NF) filmsetting (*Brit*), photocomposition (*US*)

photocopie [fɔtɔkɔpi] (NF) photocopy

photocopier [fɔtɔkɔpje] /TABLE 7/ (VT) to photocopy • **~ qch en trois exemplaires** to make three photocopies of sth

photocopieur [fɔtɔkɔpjœʀ] (NM), **photocopieuse** [fɔtɔkɔpjøz] (NF) photocopier

photocopillage [fɔtɔkɔpijaʒ] (NM) *illegal photocopying of copyright material*

photodégradable [fɔtodegʀadabl] (ADJ) photodegradable

photogénique [fɔtɔʒenik] (ADJ) photogenic

photographe [fɔtɔgʀaf] (NMF) (= *artiste*) photographer; (= *commerçant*) camera dealer • **~ de mode** fashion photographer

photographie [fɔtɔgʀafi] (NF) **a** (= *art*) photography **b** (= *image*) photograph

photographier [fɔtɔgʀafje] /TABLE 7/ (VT) to take a photo of • **se faire ~** to have one's photograph taken

photographique [fɔtɔgʀafik] (ADJ) photographic

photograver [fɔtogʀave] /TABLE 1/ (VT) to photoengrave

photogravure [fɔtɔgʀavyʀ] (NF) photoengraving

Photomaton® [fɔtɔmatɔ̃] **1** (NM) automatic photo booth **2** (NF) photo (*taken in a photo booth*)

photophone [fɔtofɔn] (NM) camera phone

photoreportage [fɔtoʀəpɔʀtaʒ] (NM) photo story

photosatellite [fɔtosatelit] (NF) satellite picture *ou* photograph

photoshoper [fɔtoʃɔpe] (VT) to Photoshop

photosynthèse [fɔtosɛ̃tɛz] (NF) photosynthesis

photothèque [fɔtɔtɛk] (NF) picture library

photovoltaïque [fɔtovɔltaik] **1** (ADJ) photovoltaic **2** (NM) photovoltaics *sg*

phrase [fʀɑz] (NF) **a** (*Gram*) sentence; (= *propos*) words • **~ toute faite** stock phrase • **petite ~** (= *remarque*) soundbite **b** (*Mus*) phrase

phréatique [fʀeatik] (ADJ) → **nappe**

physiatre [fizjatʀ] (NMF) (*Can*) physiatrist

physiatrie [fizjatʀi] (NF) (*Can*) physiatry

physicien, -ienne [fizisjɛ̃, jɛn] (NM,F) physicist

physiologie [fizjɔlɔʒi] (NF) physiology

physiologique [fizjɔlɔʒik] (ADJ) physiological

physionomie [fizjɔnɔmi] (NF) (= *traits du visage*) facial appearance *NonC*; (= *aspect*) appearance • **la ~ de l'Europe a changé** the face of Europe has changed

P

physionomiste [fizjɔnɔmist] (ADJ) **il est (très) ~** he has a (very) good memory for faces

physiothérapie [fizjoteʀapi] (NF) natural medicine

physique [fizik] **1** (ADJ) physical **2** (NM) (*= aspect*) physical appearance; (*= stature, corps*) physique • **avoir un ~ agréable** to be good-looking • **avoir le ~ de l'emploi** to look the part **3** (NF) physics *sg*

physiquement [fizikmɑ̃] (ADV) physically • **il est plutôt bien ~** he's quite attractive

phytosanitaire [fitosanitɛʀ] (ADJ) [*certificat, contrôle*] phytosanitary • **(produit) ~** plant *ou* crop protection product

phytothérapie [fitoteʀapi] (NF) herbal medicine

piaf* [pjaf] (NM) sparrow

piaffer [pjafe] /TABLE 1/ (VI) [*cheval*] to stamp • **~ d'impatience** [*personne*] to be champing at the bit

piaillement* [pjɑjmɑ̃] (NM) cheeping

piailler* [pjɑje] /TABLE 1/ (VI) [*oiseau*] to cheep; [*enfant*] to whine

pianiste [pjanist] (NMF) pianist

piano [pjano] **1** (NM) piano • **~ droit/à queue** upright/grand piano • **jouer du ~** to play the piano • **se mettre au ~** (*= apprendre*) to take up the piano; (*= s'asseoir*) to sit down at the piano **2** (ADV) (*Mus*) piano; (*fig*)* gently

pianoter [pjanɔte] /TABLE 1/ (VI) (*= tapoter*) to drum one's fingers; (*sur un clavier*) to tap away

piastre [pjastʀ] (NF) (*Can*) dollar

piaule* [pjol] (NF) (*= chambre louée*) room

PIB [peibe] (NM) (ABR DE **produit intérieur brut**) GDP

pic [pik] **1** (NM) **a** [*de montagne, courbe*] peak • **atteindre un ~** to peak

▸ **à pic** [*rochers*] sheer; [*mont, chemin*] steep • **le chemin monte à ~** the path rises steeply • **arriver** *ou* **tomber à ~*** to come just at the right time

b (*= pioche*) pickaxe • **~ à glace** ice pick

c (*= oiseau*) **~(-vert)** (green) woodpecker

2 (COMP) ▸ **pic de fréquentation** [*d'un site Web*] peak traffic; [*d'un lieu*] peak visitor numbers ▸ **pic de froid** record low temperature ▸ **pic de pollution** pollution peak

pichenette* [piʃnɛt] (NF) flick • **il me l'a envoyé d'une ~** he flicked it over to me

pichet [piʃɛ] (NM) pitcher • **un ~ de vin** (*dans un restaurant*) ≈ a carafe of wine

pickpocket [pikpɔkɛt] (NM) pickpocket

picoler‡ [pikɔle] /TABLE 1/ (VI) to booze*

picorer [pikɔʀe] /TABLE 1/ (VI) to peck; (*= manger très peu*) to nibble

picotement [pikɔtmɑ̃] (NM) [*de peau, membres*] tingling • **j'ai des ~s dans les yeux** my eyes are stinging • **j'ai des ~s dans la gorge** I've got a tickle in my throat

picoter [pikɔte] /TABLE 1/ (VI) [*gorge*] to tickle; [*peau*] to tingle; [*yeux*] to sting

pictogramme [piktɔgʀam] (NM) pictogram

pictural, e (*mpl* **-aux**) [piktyʀal, o] (ADJ) pictorial

pie [pi] **1** (NF) (*= oiseau*) magpie **2** (ADJ INV) [*cheval*] piebald

PIE [peiə] (NM) (ABR DE **pistolet à impulsion électronique**) stun gun, Taser ®

pièce [pjɛs] **1** (NF) **a** (*= fragment*) piece • **en ~s** in pieces • **c'est inventé de toutes ~s** it's a complete fabrication

b (*= unité, objet*) piece • **se vendre à la ~** to be sold separately • **2 € ~** 2 euros each • **travail à la ~** piecework • **on n'est pas aux ~s !*** there's no rush! • **un deux-~s** (*= costume, tailleur*) a two-piece suit; (*= maillot de bain*) a two-piece swimsuit

c [*de machine, voiture*] component • **~s (de rechange)** (spare) parts

d [*de maison*] room • **un deux ~s** a two-room apartment (*US*) *ou* flat (*Brit*) • **un deux ~s cuisine** a two-room apartment (*US*) *ou* flat (*Brit*) with kitchen

e [*de théâtre*] play • **monter une ~ de Racine** to put on a play by Racine

f **~ (de monnaie)** coin • **une ~ de 2 euros** a 2-euro coin

g (*= document*) paper • **juger sur ~s** to judge on actual evidence • **~s justificatives** written proof

h (*en couture*) patch

2 (COMP) ▸ **pièce d'artillerie** gun ▸ **pièce de collection** collector's item ▸ **pièce à conviction** exhibit ▸ **pièce détachée** (spare) part ▸ **pièce d'eau** ornamental lake; (*petit*) ornamental pond ▸ **pièce d'identité** identity paper • **avez-vous une ~ d'identité ?** have you any identification? ▸ **pièce maîtresse** showpiece ▸ **pièce montée** (*à un mariage*) ≈ wedding cake (*made of caramelized profiteroles piled up into a pyramid*) ▸ **pièce rapportée** (*Couture*) patch; (*hum*) (*= belle-sœur, beau-frère etc*)* in-law* ▸ **pièce de théâtre** play ▸ **pièce à vivre** living room

---

pied [pje]

1 NOM MASCULIN **2** COMPOSÉS

1 NOM MASCULIN

a (de personne, animal) foot • **avoir de petits ~s** to have small feet • **j'ai mal au ~ droit** my right foot is hurting • **avoir ~** [*nageur*] to be able to touch the bottom • **je n'ai plus ~** I'm out of my depth • **perdre ~** to be out of one's depth • **avoir bon ~ bon œil** to be as fit as a fiddle • **avoir le ~ marin** to be a good sailor • **avoir les ~s sur terre** to have one's feet firmly on the ground • **faire le ~ de grue*** to stand about waiting • **faire des ~s et des mains pour obtenir qch*** to move heaven and earth to get sth • **ça lui fera les ~s*** that'll teach him* • **mettre les ~s chez qn** to set foot in sb's house • **mettre les ~s dans le plat*** to put one's foot in it • **partir du bon ~** to get off to a good start • **je ne sais pas sur quel ~ danser** I don't know what to do • **« au ~ ! »** (*à un chien*) "heel!"

▸ **coup de pied** kick • **un coup de ~ au derrière*** a kick up the backside* • **donner un coup de ~ à** *ou* **dans** to kick

▸ **à pied** on foot • **aller à ~** to walk • **aller à Chamonix à ~** to walk to Chamonix • **faire de la marche à ~** to go walking • **faire de la course à ~** to go running

▸ **à pied sec** without getting one's feet wet

▸ **sauter à pieds joints** to jump with one's feet together • **sauter à ~s joints dans qch** to jump into sth with both feet

b (= partie inférieure) [*d'arbre, colline, échelle, lit, mur*] foot; [*de table*] leg; [*d'appareil photo*] tripod; [*de lampe*] base; [*de verre*] stem • **être au ~ du mur** (*fig*) to have one's back to the wall

c (Agric) [*de salade, tomate*] plant • **~ de vigne** vine

d (Boucherie) **~ de porc** pig's trotter

e (mesure, en poésie) foot

f (= plaisir)** **prendre son ~** (*= s'amuser*) to have fun* • **c'est le ~ !** it's brilliant!* • **ce n'est pas le ~** it's no picnic*

g (locutions)

▸ **pied à pied** [*se défendre, lutter*] every inch of the way

▸ **à pied d'œuvre** ready to get down to the job

▸ **au pied levé** **remplacer qn au ~ levé** to stand in for sb at a moment's notice
▸ **au pied de la lettre** literally
▸ **comme un pied*** **jouer comme un ~** to be a useless* player • **il conduit comme un ~** he's a lousy* driver
▸ **de pied ferme** resolutely
▸ **en pied** **un portrait en ~** a full-length portrait
▸ **sur pied** **être sur ~** [*personne, malade*] to be up and about • **mettre qch sur ~** to set sth up
▸ **sur le pied de guerre** ready for action
▸ **sur un pied d'égalité** [*être, mettre*] on an equal footing; [*traiter*] as equals
2 COMPOSÉS
▸ **pied de lit** footboard ▸ **pied de nez** **faire un ~ de nez à qn** to thumb one's nose at sb

pied-à-terre [pjetatɛʀ] NM INV pied-à-terre
pied-de-biche (*pl* **pieds-de-biche**) [pjed(ə)biʃ] NM (= *arrache-clous*) nail extractor
pied-de-poule (*pl* **pieds-de-poule**) [pjed(ə)pul] NM hound's-tooth check *NonC*
piédestal (*pl* **-aux**) [pjedɛstal, o] NM pedestal • **placer qn sur un ~** to put sb on a pedestal
pied-noir (*pl* **pieds-noirs**) [pjenwaʀ] NMF pied-noir (*French colonial born in Algeria*)
piège [pjɛʒ] NM trap; (= *fosse*) pit; (= *collet*) snare • **~ à touristes** tourist trap • **prendre au ~** to (catch in a) trap • **tendre un ~ (à qn)** to set a trap (for sb) • **dictée pleine de ~s** dictation full of pitfalls
piégé, e [pjeʒe] *ptp de* **piéger** ADJ **engin ~** booby trap • **lettre ~e** letter bomb • **colis** *ou* **paquet ~** parcel *ou* mail bomb • **voiture ~e** car bomb
piéger [pjeʒe] /TABLE 3 *et* 6/ VT ⓐ to trap; (*par une question*) to trick • **l'eau se retrouve piégée dans la roche** the water gets trapped in the rock ⓑ (*avec des explosifs*) to booby-trap
piégeux, -euse [pjeʒø, øz] ADJ [*question*] tricky
piercing [piʀsiŋ] NM body piercing • **il a un ~ au nez** he has a pierced nose
pierraille [pjeʀaj] NF loose stones
pierre [pjɛʀ] NF stone • **maison en ~** house built of stone • **jeter la première ~** to cast the first stone • **je ne veux pas lui jeter la ~** I don't want to be too hard on him • **investir dans la ~** (= *immobilier*) to invest in bricks and mortar • **faire d'une ~ deux coups** to kill two birds with one stone • **jour à marquer d'une ~ blanche** red-letter day • **apporter sa ~ à qch** to add one's contribution to sth • **apporter sa ~ (à l'édifice)** to do one's bit ▸ **pierre à aiguiser** whetstone ▸ **pierre angulaire** cornerstone ▸ **pierre à briquet** flint ▸ **pierre ponce** pumice stone ▸ **pierre précieuse** precious stone ▸ **pierre de taille** freestone ▸ **pierre tombale** tombstone ▸ **pierre de touche** touchstone
pierreries [pjɛʀʀi] NFPL precious stones
pierreux, -euse [pjeʀø, øz] ADJ [*terrain*] stony
piété [pjete] NF piety • **~ filiale** filial devotion
piétiner [pjetine] /TABLE 1/ 1 VI ⓐ (= *trépigner*) to stamp (one's feet) ⓑ (= *ne pas avancer*) [*personne*] to stand about; [*discussion*] to make no progress 2 VT [+ *sol*] to trample on; [+ *parterres, fleurs*] to tread on
piéton, -onne [pjetɔ̃, ɔn] 1 ADJ pedestrian • **zone piétonne** pedestrian precinct 2 NM,F pedestrian
piétonnier, -ière [pjetɔnje, jɛʀ] ADJ pedestrian
piétonnisation [pjetɔnizasjɔ̃] NF [*de centre-ville*] pedestrianization

piètre [pjɛtʀ] ADJ (*frm*) very poor; [*excuse*] lame • **dans un ~ état** in a very poor state • **faire ~ figure** to cut a sorry figure
pieu (*pl* **pieux**) [pjø] NM ⓐ (= *poteau*) post; (*pointu*) stake; [*de construction*] pile ⓑ (= *lit*)* bed
pieuter (se)* [pjøte] /TABLE 1/ VPR to hit the sack*
pieuvre [pjœvʀ] NF (= *animal*) octopus
pieux, pieuse [pjø, pjøz] ADJ pious • **~ mensonge** white lie
pif* [pif] NM (= *nez*) conk* (*Brit*), schnozzle* (*US*)
▸ **au pif** (= *approximativement*) at a rough guess; (= *au hasard*) [*répondre, choisir*] at random • **faire qch au ~** to do sth by guesswork • **j'ai dit ça au ~** I was just guessing
pifer*, **piffer*** [pife] /TABLE 1/ VT **je ne peux pas le ~** I can't stand *ou* stick* (*Brit*) him
pifomètre* [pifɔmɛtʀ] NM instinct
▸ **au pifomètre** **faire qch au ~** to do sth by guesswork • **j'y suis allé au ~** I followed my nose*
pifométrique* [pifɔmetʀik] ADJ rough • **estimation ~** guesstimation*
pige [piʒ] NF ⓐ (= *année*)* **il a 50 ~s** he's 50 ⓑ **faire des ~s pour un journal** to do freelance work for a newspaper
pigeon [piʒɔ̃] 1 NM ⓐ (= *oiseau*) pigeon ⓑ (= *dupe*)* sucker* 2 COMP ▸ **pigeon ramier** wood pigeon ▸ **pigeon voyageur** carrier pigeon
pigeonnant, e [piʒɔnɑ̃, ɑ̃t] ADJ **soutien-gorge ~** uplift bra
pigeonner* [piʒɔne] /TABLE 1/ VT **se faire ~** to be done*
pigeonnier [piʒɔnje] NM pigeon loft
piger* [piʒe] /TABLE 3/ VI (= *comprendre*) to get it* • **il a pigé** he's got it*
pigiste [piʒist] NMF (= *journaliste*) freelance journalist
pigment [pigmɑ̃] NM pigment
pignon [piɲɔ̃] NM ⓐ [*de bâtiment*] gable • **avoir ~ sur rue** to be well-established ⓑ (= *petite roue*) pinion ⓒ **~ (de pin)** pine kernel
Pilates [pilatɛs] NM **le ~** *ou* **la méthode ~** Pilates
pile [pil] 1 NF ⓐ (= *tas*) pile
ⓑ [*de pont*] support
ⓒ (*électrique*) battery • **à ~(s)** battery-operated • **~ bouton** watch battery • **appareil fonctionnant sur ~s** battery-operated appliance
ⓓ [*de pièce*] **~ ou face?** heads or tails? • **tirer à ~ ou face pour savoir si …** to toss up to find out if …
2 ADV (= *net*)* **s'arrêter ~** to stop dead* • **je suis tombé ~ sur le numéro** I came up with the number right away • **tomber ~** [*personne*] to turn up* just at the right moment; [*chose*] to come just at the right time • **ça tombe ~!** that's exactly what I (*ou* we *etc*) need(ed)! • **il est 11 heures ~** it's 11 o'clock exactly
piler [pile] /TABLE 1/ 1 VT [+ *glace, graines*] to crush 2 VI (= *freiner*)* to slam on the brakes
pilier [pilje] NM pillar; [*d'organisation, parti*] mainstay
▸ **pilier de bar** barfly*
pillage [pijaʒ] NM [*de ville*] plundering; [*de magasin, maison*] looting
pillard, e [pijaʀ, aʀd] NM,F looter
piller [pije] /TABLE 1/ VT [+ *ville*] to pillage; [+ *magasin, maison*] to loot
pilleur, -euse [pijœʀ, øz] NM,F looter • **~ d'épaves** looter (*of wrecked ships*)
pilon [pilɔ̃] NM (= *instrument*) pestle; [*de poulet*] drumstick • **mettre un livre au ~** to pulp a book
pilonnage [pilɔnaʒ] NM (*Mil*) shelling

P

pilonner [pilɔne] /TABLE 1/ VT (*Mil*) to shell
pilori [pilɔʀi] NM pillory • **mettre au ~** (*fig*) to pillory
pilotage [pilɔtaʒ] NM ⓐ [*d'avion*] flying; [*de bateau*] piloting ⓑ [*d'entreprise, économie, projet*] running
pilote [pilɔt] 1 NM ⓐ [*d'avion, bateau*] pilot; [*de voiture*] driver ⓑ (*en apposition = expérimental*) [*école, ferme*] experimental; [*projet, entreprise, usine*] pilot 2 COMP ▸**pilote automatique** automatic pilot ▸**pilote automobile** racing driver ▸**pilote de chasse** fighter pilot ▸**pilote de course** racing driver ▸**pilote d'essai** test pilot ▸**pilote de ligne** airline pilot
piloter [pilɔte] /TABLE 1/ VT [*+ avion, navire*] to pilot; [*+ entreprise, projet*] to run • **~ qn** (*fig*) to show sb round • **je l'ai piloté dans Paris** I showed him round Paris
pilotis [pilɔti] NM pile
pilule [pilyl] NF pill • **prendre la ~** (*contraceptive*) to be on the pill • **il a eu du mal à avaler la ~** (*fig*) he found it a bitter pill to swallow
pimbêche [pɛ̃bɛʃ] NF stuck-up thing*
piment [pimɑ̃] NM ⓐ (*= plante*) pepper • **~ rouge** chilli ⓑ (*fig*) spice • **ça donne du ~ à la vie** it adds a bit of spice to life
pimenté, e [pimɑ̃te] ADJ [*plat*] hot and spicy; (*fig*) **~ de** spiced up with
pimenter [pimɑ̃te] /TABLE 1/ VT to put chilli in; (*fig*) to add spice to
pimpant, e [pɛ̃pɑ̃, ɑ̃t] ADJ [*robe, personne*] spruce
pin [pɛ̃] NM (*= arbre*) pine tree; (*= bois*) pine
pinacle [pinakl] NM pinnacle • **porter qn au ~** to praise sb to the skies
pinacothèque [pinakɔtɛk] NF art gallery
pinailler* [pinaje] /TABLE 1/ VI to split hairs
pinard‡ [pinaʀ] NM wine
pince [pɛ̃s] 1 NF ⓐ (*= outil*) **~(s)** pliers; (*à charbon*) tongs ⓑ [*de crabe, homard*] pincer; (*Cuisine*) claw • **aller à ~s*** to hoof it‡ ⓒ (*Couture*) dart • **pantalon à ~s** front-pleated trousers 2 COMP ▸**pince à cheveux** hair clip ▸**pince coupante** wire cutters ▸**pince crocodile** crocodile clip ▸**pince à épiler** tweezers ▸**pince à escargot** snail tongs ▸**pince à linge** clothes peg (*Brit*), clothespin (*US, Scot*) ▸**pince à sucre** sugar tongs ▸**pince universelle** pliers ▸**pince à vélo** bicycle clip
pincé, e¹ [pɛ̃se] *ptp de* **pincer** ADJ [*personne, air, sourire*] stiff • **d'un air ~** stiffly
pinceau (*pl* **pinceaux**) [pɛ̃so] NM brush; (*Peinture*) paintbrush
pincée² [pɛ̃se] NF [*de sel, poivre*] pinch
pincement [pɛ̃smɑ̃] NM **elle a eu un ~ de cœur** she felt a twinge of sorrow
pincer [pɛ̃se] /TABLE 3/ VT ⓐ (*accidentellement, pour faire mal*) to pinch; [*froid*] to nip • **se ~ le doigt dans une porte** to catch one's finger in a door ⓑ (*= tenir, serrer*) to grip • **se ~ le nez** to hold one's nose ⓒ [*+ cordes de guitare*] to pluck ⓓ (*= arrêter, prendre*)* to catch • **se faire ~** to get caught ⓔ **en ~ pour qn*** to be mad about sb*
pince-sans-rire [pɛ̃ssɑ̃ʀiʀ] ADJ INV deadpan
pincettes [pɛ̃sɛt] NFPL (*pour le feu*) tongs • **il n'est pas à prendre avec des ~** he's like a bear with a sore head
pinçon [pɛ̃sɔ̃] NM pinch-mark
pinède [pinɛd] NF pine forest
pingouin [pɛ̃gwɛ̃] NM auk; (*= manchot*) penguin
ping-pong○ [piŋpɔ̃g] NM INV table tennis • **faire du ~** to play table tennis
pingre [pɛ̃gʀ] ADJ stingy
pin's [pins] NM INV lapel badge

pinson [pɛ̃sɔ̃] NM chaffinch
pintade [pɛ̃tad] NF guinea-fowl
pinte [pɛ̃t] NF pint
pinté, e‡ [pɛ̃te] *ptp de* **pinter** ADJ smashed*, plastered‡
pinter (se)‡ [pɛ̃te] VPR /TABLE 1/ to booze*
pin up, pin-up, pinup [pinœp] NF INV (*= personne*) sexy-looking girl; (*= photo*) pinup
pioche [pjɔʃ] NF pickaxe
piocher [pjɔʃe] /TABLE 1/ 1 VT [*+ terre*] to pickaxe; (*= étudier*) [*+ sujet*]* to swot up* (*Brit*); (*Jeux*) [*+ carte, domino*] to take (from the pile) 2 VI (*= creuser*) to dig (with a pick); (*Jeux*) to pick up • **~ dans le tas** (*objets*) to dig into the pile; (*nourriture*) to dig in*
piolet [pjɔlɛ] NM ice axe
pion, pionne [pjɔ̃, pjɔn] 1 NM,F (*arg: Scol = surveillant*) supervisor (*student paid to supervise schoolchildren*) 2 NM (*Échecs*) pawn; (*Dames*) draught (*Brit*), checker (*US*)
pioncer‡ [pjɔ̃se] /TABLE 3/ VI to get some shut-eye*
pionnier, -ière [pjɔnje, jɛʀ] NM,F pioneer
pipe [pip] NF ⓐ (*à fumer*) pipe • **fumer la ~** to smoke a pipe ⓑ (*= acte sexuel*)** blow job**
pipeau (*pl* **pipeaux**) [pipo] NM reed-pipe • **c'est du ~*** that's a load of rubbish*
pipelette* [piplɛt] NF chatterbox
pipeline [piplin, pajplajn] NM pipeline
piper [pipe] /TABLE 1/ VT [*+ dés*] to load • **il n'a pas ~ (mot)*** he didn't breathe a word
pipi* [pipi] NM wee-wee (*langage enfantin*) • **faire ~** to have a wee-wee (*langage enfantin*) • **faire ~ au lit** to wet the bed
pipole [pipɔl] 1 ADJ INV celebrity *épith* • **la presse ~** the celebrity press • **les magazines ~** celebrity magazines 2 NMF celebrity
piquant, e [pikɑ̃, ɑ̃t] 1 ADJ ⓐ [*barbe*] prickly; [*tige*] thorny ⓑ [*goût, radis, sauce, moutarde*] hot; [*vin*] tart ⓒ [*air, froid*] biting ⓓ [*détail*] surprising 2 NM ⓐ [*de hérisson, oursin*] spine; [*de chardon*] prickle; [*de barbelé*] barb ⓑ **l'anecdote ne manque pas de ~** it's quite a funny story
pique [pik] 1 NF (*= arme*) pike; (*= parole blessante*) cutting remark 2 NM (*= carte*) spade; (*= couleur*) spades
piqué, e [pike] *ptp de* **piquer** 1 ADJ ⓐ (*= cousu*) machine-stitched ⓑ (*= aigre*) [*vin*] sour • **~ de rouille** [*métal*] pitted with rust; [*linge*] covered in rust spots • **pas ~ des vers*** (*= excellent*) brilliant*; (*= excentrique*) wild* 2 NM (*en avion*) dive • **descendre en ~** to dive
pique-assiette* (*pl* **pique-assiettes**) [pikasjɛt] NMF scrounger*
pique-nique, piquenique (*pl* **pique(-)niques**) [piknik] NM picnic • **faire un ~** to have a picnic • **partir en ~** to go for a picnic
pique-niquer, piqueniquer [piknike] /TABLE 1/ VI to have a picnic
piquer [pike] /TABLE 1/ 1 VT ⓐ [*guêpe, ortie*] to sting; [*moustique, serpent*] to bite; (*avec une épingle, une pointe*) to prick; [*barbe*] to prickle; (*Méd*) to give an injection to • **faire ~ un chien** to have a dog put down • **la fumée me pique les yeux** the smoke is making my eyes sting • **j'ai les yeux qui piquent** my eyes are stinging • **attention, ça pique** [*alcool sur une plaie*] careful, it's going to sting ⓑ [*+ aiguille, fléchette*] to stick (**dans** into) • **piquez la viande avec une fourchette** prick the meat with a fork ⓒ (*Couture*) **~ qch (à la machine)** to machine-stitch sth ⓓ [*+ curiosité, intérêt*] to arouse • **~ qn au vif** to cut sb to the quick

ⓔ (= *faire*)* ~ **un sprint** to sprint • ~ **un roupillon*** to have a nap • ~ **une crise** to throw a fit
ⓕ (= *voler*)* to pinch* (**à qn** from sb)
2 (VI) ⓐ [*avion*] to go into a dive; [*oiseau*] to swoop down • ~ **du nez** [*avion*] to nosedive; [*fleurs*] to droop; [*personne*] to fall headfirst; (*de sommeil*) to nod off*
ⓑ [*moutarde, radis*] to be hot; [*vin*] to have a sour taste; [*fromage*] to be sharp • **de l'eau qui pique*** fizzy water
3 (VPR) **se piquer** ⓐ (= *se blesser*) (*avec une aiguille*) to prick o.s.; (*dans les orties*) to get stung
ⓑ [*drogué*] to shoot up
ⓒ (= *prétendre pouvoir*) **se ~ de faire qch** to pride o.s. on one's ability to do sth • **il s'est piqué au jeu** he became quite taken with it

piquet [pikɛ] (NM) ⓐ (= *pieu*) post; [*de tente*] peg ⓑ ~ **(de grève)** picket line

piquette* [pikɛt] (NF) (= *mauvais vin*) cheap wine

piqûre° [pikyʀ] (NF) ⓐ [*d'insecte, moustique*] bite; [*de guêpe, ortie*] sting • ~ **d'épingle** pinprick ⓑ (*Méd*) injection • **faire une ~ à qn** to give sb an injection • ~ **de rappel** booster ⓒ [*de moisi, rouille*] speck ⓓ (*Couture*) (= *point*) stitch; (= *rang*) stitching *NonC*

piranha [piʀana] (NM) piranha

piratable [piʀatabl] (ADJ) piratable

piratage [piʀataʒ] (NM) [*de cassette, vidéo*] pirating • ~ **(informatique)** (computer) hacking

pirate [piʀat] **1** (ADJ) [*bateau, émission, radio, télévision*] pirate **2** (NM) pirate • ~ **de l'air** hijacker • ~ **(informatique)** hacker

pirater [piʀate] /TABLE 1/ (VT) [+ *disque, logiciel*] to make a pirate copy of • ~ **un ordinateur** to hack into a computer

piraterie [piʀatʀi] (NF) piracy; (= *acte*) act of piracy

pire [piʀ] **1** (ADJ) ⓐ (*comparatif*) worse • **c'est bien ~** it's much worse • **c'est ~ que jamais** it's worse than ever • **c'est ~ que tout** it's the worst thing you can imagine • **c'est de ~ en ~** it's getting worse and worse • **j'ai déjà entendu ~!** I've heard worse! ⓑ (*superlatif*) **le ~** • **la ~** the worst • **les ~s difficultés** the most severe difficulties
2 (NM) **le ~** the worst • **le ~ c'est que ...** the worst of it (all) is that ... • **je m'attends au ~** I expect the worst

pirogue [piʀɔg] (NF) dugout

pirouette [piʀwɛt] (NF) [*de danseuse, cheval*] pirouette • **répondre par une ~** to cleverly side-step the question

pis[1] [pi] (NM) [*de vache*] udder

pis[2] [pi] (*littér*) **1** (ADJ) worse • **qui ~ est** what is worse **2** (ADV) worse • **aller de ~ en ~** to get worse and worse

pis-aller [pizale] (NM INV) stopgap

piscicole [pisikɔl] (ADJ) fish *épith*

pisciculteur, -trice [pisikyltœʀ, tʀis] (NM,F) fish breeder *ou* farmer

pisciculture [pisikyltyʀ] (NF) fish breeding

piscine [pisin] (NF) (= *bassin*) swimming pool; [*de réacteur nucléaire*] cooling pond

pisciniste [pisinist], **piscinier** [pisinje] (NM) swimming pool manufacturer

pisse** [pis] (NF) pee*, piss**

pissenlit [pisɑ̃li] (NM) dandelion

pisser** [pise] /TABLE 1/ **1** (VI) (= *uriner*) [*personne*] to have a pee*; [*animal*] to pee*; (= *couler*) to gush • **il ne se sent plus ~** (*péj*) he thinks the sun shines out of his arse** (*Brit*) *ou* ass** (*US*) • **ça pisse** (= *il pleut*) it's pissing down** (*Brit*) **2** (VT) ~ **du sang** to pass blood (with the urine) • **il pissait le sang** the blood was gushing out of him

pistache [pistaʃ] (NF) pistachio

piste [pist] **1** (NF) ⓐ (= *traces*) [*d'animal, suspect*] track • **perdre la ~** to lose the trail • **être sur la (bonne) ~** to be on the right track ⓑ (*Police* = *indice*) lead ⓒ [*d'hippodrome*] course; [*de vélodrome, autodrome, stade*] track; [*de patinage*] rink; [*de danse*] dance floor; [*de cirque*] ring • **en ~!** into the ring!; (*fig*) off you go! ⓓ (*Ski*) piste; [*de ski de fond*] trail • ~ **artificielle** dry ski slope • **ski hors ~** off-piste skiing ⓔ (*d'aéroport*) runway; [*de petit aéroport*] airstrip ⓕ (= *sentier*) track; [*de désert*] trail ⓖ [*de magnétophone*] track **2** (COMP) ▸ **piste cavalière** bridle path ▸ **piste cyclable** cycle path

pistil [pistil] (NM) pistil

pistolet [pistɔlɛ] (NM) (= *arme*) gun; (= *jouet*) toy gun ▸ **pistolet d'alarme** alarm gun ▸ **pistolet à eau** water pistol ▸ **pistolet à impulsion électronique** stun gun, Taser® ▸ **pistolet à peinture** spray gun

piston [pistɔ̃] (NM) ⓐ (*Tech*) piston ⓑ (= *aide*)* string-pulling* • **avoir du ~** to have friends in the right places* ⓒ (= *instrument de musique*) cornet

pistonner* [pistɔne] /TABLE 1/ (VT) to pull strings for* • **il était pistonné** someone pulled strings for him

pistou [pistu] (NM) **soupe au ~** *vegetable soup with basil and garlic*

pitaya [pitaja] (NM) dragon fruit

pit-bull (*pl* **pit-bulls**) [pitbyl] (NM) pit bull (terrier)

piteux, -euse [pitø, øz] (ADJ) (= *minable*) [*apparence*] pitiful; (= *honteux*) [*personne, air*] shamefaced • **en ~ état** in a sorry state • **avoir piteuse mine** to be shabby-looking

pitié [pitje] (NF) ⓐ (= *compassion*) pity • **avoir ~ de qn** to feel pity for sb • **il me fait ~** I feel sorry for him • **quelle ~ de voir ça** it's pitiful to see (that) ⓑ (= *miséricorde*) pity • **avoir ~ d'un ennemi** to take pity on an enemy • ~**!** have mercy!; (= *assez*)* for goodness' sake!* • **par ~!** for pity's sake! • **faire qch sans ~** to do sth pitilessly • **un monde sans ~** a cruel world

piton [pitɔ̃] (NM) ⓐ (*à anneau*) eye; (*à crochet*) hook; (*Alpinisme*) peg ⓑ (= *sommet*) peak

pitonner [pitɔne] /TABLE 1/ (*Can*) **1** (VI) ⓐ (= *zapper*) to zap from channel to channel ⓑ (= *taper*) to keyboard • ~ **sur un clavier** to tap away on a keyboard **2** (VT) [+ *numéro de téléphone*] to dial

pitonneuse [pitɔnøz] (NF) (*Can* = *télécommande*) zapper*

pitoyable [pitwajabl] (ADJ) pitiful

pitre [pitʀ] (NM) clown • **faire le ~** to clown around

pitrerie [pitʀəʀi] (NF) tomfoolery *NonC*

pittoresque [pitɔʀɛsk] (ADJ) [*site*] picturesque; [*personnage, récit, style, détail*] colourful (*Brit*), colorful (*US*)

pivert [pivɛʀ] (NM) green woodpecker

pivoine [pivwan] (NF) peony

pivot [pivo] (NM) pivot; (= *chose essentielle*) linchpin; [*de dent*] post

pivoter [pivɔte] /TABLE 1/ (VI) [*porte, siège*] to revolve

pixel [piksɛl] (NM) pixel

pixélisation [pikselizasjɔ̃] (NF) pixelation

pixéliser [pikselize] (VT) /TABLE 1/ to pixelate

pixillation [piksilasjɔ̃] (NF) (*Ciné, TV*) pixil(l)ation

pizza [pidza] (NF) pizza ▸ **pizza américaine** deep-pan pizza

pizzeria [pidzeʀja] (NF) pizzeria

PJ [peʒi] (NF) (ABR DE **police judiciaire**) ≈ CID (*Brit*), ≈ FBI (*US*)

placage [plakaʒ] (NM) (*en bois*) veneer

P

placard [plakaʀ] NM **a** (= *armoire*) cupboard • **~ à balai** broom cupboard **b** **~ publicitaire** display advertisement

placarder [plakaʀde] /TABLE 1/ VT [+ *affiche*] to put up

placardisation [plakaʀdizasjɔ̃] NF sidelining

placardiser [plakaʀdize] /TABLE 1/ VT [+ *personne*] to sideline

place [plas] NOM FÉMININ

a (= *esplanade*) square • **la ~ du marché** the market square • **porter le débat sur la ~ publique** to bring the discussion into the public arena

b (= *emplacement*) place; (*assise*) seat • **changer qch de ~** to move sth • **ça n'a pas changé de ~** it hasn't moved • **changer de ~ avec qn** to change places with sb • **laisser sa ~ à qn** to give up one's seat to sb; (*fig*) to hand over to sb • **prenez ~** take a seat • **prendre la ~ de qn** to take sb's place; (= *remplacer qn*) to take over from sb • **trouver ~ parmi** to find a place among • **~ d'honneur** place of honour • **~s assises 20, ~s debout 40** seating capacity 20, standing passengers 40 • **une tente à 4 ~s** a tent that sleeps 4 • **elle tient une grande ~ dans ma vie** she means a great deal to me

c (= *espace*) room; (= *emplacement réservé*) space • **prendre de la ~** to take up a lot of room • **faire de la ~** to make room • **gagner de la ~** to save space • **~ de parking** parking space • **j'ai trouvé de la ~ pour me garer** I've found a parking place • **j'ai trois ~s dans ma voiture** I've room for three in my car • **~ aux jeunes!** make way for the younger generation! • **faire ~ nette** to make a clean sweep

d (= *billet*) seat; (= *prix, trajet*) fare • **réserver sa ~** to book one's seat • **il n'a pas payé sa ~** he hasn't paid for his seat • **payer ~ entière** (*au cinéma*) to pay full price; (*dans le bus*) to pay full fare

e (= *rang*) **il a eu une ~ de premier en histoire** he was first in history • **l'entreprise occupe la seconde ~ sur le marché des ordinateurs** the company ranks second in the computer market • **figurer en bonne ~** [*personne*] to be prominent

f (= *emploi*) job; [*de domestique*] position • **une ~ de serveuse** a job as a waitress • **dans les médias, les ~s sont chères** there's a lot of competition for jobs in the media

g (*Mil*) **~ forte** fortified town • **~ d'armes** parade ground • **s'introduire dans la ~** to get contacts on the inside

h (*Finance*) **~ boursière** stock market

i (*locutions*)

▸ **à la place** (= *en échange*) instead

▸ **à la place de** (= *au lieu de*) instead of • **se mettre à la ~ de qn** to put o.s. in sb's shoes

▸ **à sa** *etc* **place** (= *à l'endroit habituel*) **cette lampe n'est pas à sa ~** this lamp isn't in the right place • **remettre qch à sa ~** to put sth back where it belongs • **remettre qn à sa ~** to put sb in his place • **j'y suis allé à sa ~** I went instead of him • **je n'aimerais pas être à sa ~** I wouldn't like to be him • **à ma ~, tu aurais accepté?** if you were me, would you have agreed? • **à votre ~** if I were you

▸ **en place** **il ne tient pas en ~** he's always fidgeting • **les gens en ~** influential people • **le pouvoir en ~** (*maintenant*) the current government; (*à l'époque*) the government at the time • **être en ~** [*plan*] to be ready • **tout le monde est en ~** everyone is seated • **en ~ pour la photo!** everybody take up your positions for the photograph! • **mettre en ~** [+ *service d'ordre*] to deploy; [+ *mécanisme, dispositif*] to install • **mise en ~** [*de projet*] setting up

▸ **sur place** on the spot • **être sur ~** to be there • **se rendre sur ~** to go there • **les sauveteurs sont déjà sur ~** rescuers are already at the scene • **la situation sur ~** the situation on the ground • **vous trouverez des brochures sur ~** leaflets are available on site • **(à consommer) sur ~ ou à emporter?** sit in or take away?

placé, e [plase] *ptp de* **placer** ADJ **a** **être bien/mal ~** [*terrain*] to be well/badly situated; [*objet, concurrent*] to be well/badly placed; [*spectateur*] to have a good/a poor seat • **il est bien ~ pour le savoir** he should know **b** (*Courses*) **arriver ~** to be placed

placebo, placébo [plasebo] NM placebo

placement [plasmɑ̃] NM **a** (*financier*) investment **b** [*d'employés*] placing • **~ d'office** compulsory admission

placenta [plasɛ̃ta] NM placenta

placer [plase] /TABLE 3/ **1** VT **a** (= *assigner une place à*) [+ *objet, personne*] to put; [+ *invité, spectateur*] to seat • **~ sa voix** to pitch one's voice

b (= *situer*) to place, to put • **il a placé l'action de son roman en Provence** he has set the action of his novel in Provence • **~ ses espérances en qn/qch** to pin one's hopes on sb/sth

c (= *introduire*) [+ *remarque, plaisanterie*] to get in • **il n'a pas pu ~ un mot** he couldn't get a word in (edgeways)

d [+ *ouvrier, malade, écolier*] to place • **~ qn à la tête d'une entreprise** to put sb in charge of a business • **~ qn sous l'autorité de** to place sb under the authority of

e (= *vendre*) [+ *marchandise*] to sell

f [+ *argent*] (*à la Bourse*) to invest; (*à la caisse d'épargne*) to deposit • **~ une somme sur son compte** to pay a sum into one's account

2 VPR **se placer** **a** [*personne*] to take up a position; (*debout*) to stand; (*assis*) to sit • **se ~ de face/contre le mur** to stand facing/against the wall

b [*cheval*] to be placed • **se ~ 2ᵉ** to be 2nd

placide [plasid] ADJ placid

Placoplâtre® [plakoplɑtʀ] NM plasterboard

plafond [plafɔ̃] **1** NM **a** ceiling • **la pièce est haute de ~** the room has a high ceiling **b** (= *limite*) [*de prix, loyer*] ceiling **2** ADJ INV [*prix*] maximum • **âge(-)~** maximum age **3** COMP ▸ **plafond nuageux** cloud cover ▸ **plafond de verre** (*fig*) glass ceiling

plafonnement [plafɔnmɑ̃] NM **il y a un ~ des salaires/cotisations** there is an upper limit on salaries/contributions

plafonner [plafɔne] /TABLE 1/ **1** VI [*prix, écolier, salaire*] to reach a ceiling • **les ventes plafonnent** sales have reached a ceiling **2** VT [+ *salaires, loyers*] to put an upper limit on

plafonnier [plafɔnje] NM [*de voiture*] interior light; [*de chambre*] ceiling light

plage [plaʒ] **1** NF **a** [*de mer, rivière, lac*] beach • **~ de sable/de galets** sandy/pebble beach • **sac/robe de ~** beach bag/robe **b** (= *zone*) (*dans un barème, une progression*) range; (*dans un horaire*) (time) slot **c** [*de disque*] track **2** COMP ▸ **plage arrière** [*de voiture*] parcel shelf ▸ **plage horaire** time slot ▸ **plage musicale** musical interval ▸ **plage publicitaire** commercial break

plagiat [plaʒja] NM plagiarism
plagier [plaʒje] /TABLE 7/ VT to plagiarize
plagiste [plaʒist] NM beach attendant
plaid [plɛd] NM (*= couverture*) car rug, lap robe (*US*)
plaider [plede] /TABLE 1/ **1** VT to plead **• ~ coupable/non coupable** to plead guilty/not guilty **• ~ la cause de qn** (*fig*) to argue in favour of sb **2** VI [*avocat*] to plead **• ~ pour** *ou* **en faveur de qn/qch** (*fig*) to speak in favour of sb/sth
plaideur, -euse [plɛdœʀ, øz] NM,F litigant
plaidoirie [plɛdwaʀi] NF speech for the defence
plaidoyer [plɛdwaje] NM speech for the defence; (*fig*) defence
plaie [plɛ] NF (*physique, morale*) wound; (*= coupure*) cut; (*= fléau*) scourge **• quelle ~!*** (*personne*) he's such a nuisance!; (*chose*) what a nuisance! **• remuer le fer dans la ~** to rub salt in the wound
plaignant, e [plɛɲɑ̃, ɑ̃t] NM,F plaintiff
plaindre [plɛ̃dʀ] /TABLE 52/ **1** VT [*+ personne*] to feel sorry for **• il est bien à ~** he is to be pitied **• elle n'est pas à ~** (*= elle a de la chance*) she's got nothing to complain about
2 VPR **se plaindre** (*= protester*) to complain (**de** about); (*= gémir*) to moan **• se ~ de** (*= souffrir*) [*+ maux de tête etc*] to complain of **• se ~ de qn/qch à qn** to complain to sb about sb/sth
plaine [plɛn] NF plain
plain-pied (de) [plɛ̃pje] LOC ADJ, LOC ADV [*maison*] (built) at street-level **• entrer de ~ dans le sujet** to come straight to the point
plainte [plɛ̃t] NF ⓐ (*= doléance*) complaint **• porter ~ contre qn** to register a complaint against sb **• ~ contre X** complaint against person or persons unknown
ⓑ (*= gémissement*) moan
plaintif, -ive [plɛ̃tif, iv] ADJ plaintive
plaire [plɛʀ] /TABLE 54/ **1** VI ⓐ (*= être apprécié*) **ce garçon me plaît** I like that boy **• ce livre m'a beaucoup plu** I enjoyed that book a lot **• ton nouveau travail te plaît?** how do you like your new job? **• on ne peut pas ~ à tout le monde** you can't please everyone **• c'est le genre d'homme qui plaît aux femmes** he's the sort of man that women like **• le désir de ~** the desire to please
ⓑ (*= convenir à*) **ça te plairait d'aller au théâtre?** would you like to go to the theatre? **• j'irai si ça me plaît** I'll go if I feel like it **• je fais ce qui me plaît** I do as I please
2 VB IMPERS **comme il vous plaira** just as you like
▸ **s'il te plaît, s'il vous plaît** please
3 VPR **se plaire** ⓐ (*= se sentir bien, à l'aise*) **il se plaît à Londres** he likes being in London **• se ~ avec qn** to enjoy being with sb
ⓑ (*= s'apprécier*) **je ne me plais pas en robe** I don't like myself in a dress
plaisance [plɛzɑ̃s] NF **la (navigation de) ~** boating; (*à voile*) sailing
plaisancier [plɛzɑ̃sje] NM yachtsman
plaisant, e [plɛzɑ̃, ɑ̃t] ADJ ⓐ (*= agréable*) pleasant **• c'est une ville très ~e à vivre** it's a very pleasant town to live in ⓑ (*= amusant*) amusing
plaisanter [plɛzɑ̃te] /TABLE 1/ VI to joke (**sur** about) **• je ne suis pas d'humeur à ~** I'm in no mood for joking **• vous plaisantez** you must be joking **• on ne plaisante pas avec cela** this is no laughing matter
plaisanterie [plɛzɑ̃tʀi] NF ⓐ (*= blague*) joke (**sur** about) **• aimer la ~** to be fond of a joke **• faire une ~** to tell a joke **• la ~ a assez duré!** this has gone beyond a joke! ⓑ (*= raillerie*) joke **• il comprend bien la ~** he can take a joke
plaisantin [plɛzɑ̃tɛ̃] NM (*= blagueur*) joker
plaisir [pleziʀ] NM ⓐ (*= joie*) pleasure **• avoir du ~ à faire qch** to take pleasure in doing sth **• j'ai le ~ de vous annoncer que ...** I am pleased to inform you that ... **• par ~ • pour le ~** for pleasure; [*bricoler, peindre*] as a hobby **• je vous souhaite bien du ~!** (*iro*) good luck to you! (*iro*) **• les ~s de la table** good food
▸ **au plaisir!*** (I'll) see you again sometime
▸ **faire plaisir faire ~ à qn** to please sb **• son cadeau m'a fait ~** I was very pleased with his present **• cela fait ~ à voir** it is a pleasure to see **• pour me faire ~** (just) to please me **• il se fera un ~ de vous reconduire** he'll be (only too) pleased to drive you back **• bon, c'est bien pour vous faire ~** *ou* **si cela peut vous faire ~** all right, if it will make you happy **• se faire ~** (*= s'amuser*) to enjoy o.s.
ⓑ (*sexuel*) pleasure **• avoir du ~** to experience pleasure
ⓒ (*= distraction*) pleasure **• les ~s de la vie** life's (little) pleasures
plan[1] [plɑ̃] **1** NM ⓐ [*de maison, machine, dissertation*] plan; [*de ville, région*] map **• faire un ~** to draw a plan
ⓑ (*= surface*) plane
ⓒ (*Ciné, Photo*) shot **• premier ~** foreground **• ce problème est au premier ~ de nos préoccupations** this problem is uppermost in our minds **• personnalité de premier ~** key figure **• une personnalité de second ~** a minor figure
ⓓ (*= niveau*) level **• au ~ national/international** at the national/international level **• sur le ~ intellectuel** intellectually speaking **• sur tous les ~s** in every way
ⓔ (*= projet*) plan **• avoir un ~ B** to have a plan B **• ~ de carrière** career path **• ~ de relance** *ou* **de redressement de l'économie** economic recovery plan **• laisser en ~*** [*+ personne*] to leave in the lurch; [*+ affaires, projet, travail*] to abandon
ⓕ (*= idée*)* idea **• c'est un super ~!** it's a great idea! **• avoir un ~ restau/ciné** to be planning on eating out/going to see a film
2 COMP ▸ **plan directeur** master plan ▸ **plan d'eau** (*= lac*) lake ▸ **plan d'épargne-logement** *savings plan for property purchase* ▸ **plan de financement** financing plan ▸ **plan d'occupation des sols** zoning regulations ▸ **plan ORSEC** *scheme set up to deal with major civil emergencies* ▸ **plan social** redundancy plan ▸ **plan de travail** (*dans une cuisine*) worktop ▸ **plan de vol** flight path
plan[2]**, e** [plɑ̃, plan] ADJ ⓐ (*= plat*) flat ⓑ (*Math*) plane
planant, e* [planɑ̃, ɑ̃t] ADJ [*musique*] mind-blowing*
planche [plɑ̃ʃ] **1** NF ⓐ (*en bois*) plank; (*plus large*) board; (*= ski*)* ski **• faire la ~** to float on one's back
ⓑ (*= illustration*) plate
2 NFPL **les planches** (*= scène*) the stage NonC
3 COMP ▸ **planche à billets faire marcher la ~ à billets** to print money ▸ **planche à découper** [*de cuisinière*] chopping board ▸ **planche à dessin** drawing board ▸ **planche à pain** breadboard ▸ **planche à repasser** ironing board ▸ **planche à roulettes** (*= objet*) skateboard; (*= sport*) skateboarding **• faire de la ~ à roulettes** to go skateboarding ▸ **planche de salut** (*= appui*) mainstay; (*= dernier espoir*) last hope ▸ **planche de surf** surfboard ▸ **planche à voile** (*= objet*) windsurfing board; (*= sport*)

P

windsurfing • **faire de la ~ à voile** to go windsurfing

plancher[1] [plɑ̃ʃe] (NM) ⓐ floor ⓑ (*= limite*) lower limit

plancher[2]* [plɑ̃ʃe] /TABLE 1/ (VI) (*= travailler*) **~ sur un rapport** to work on a report

planchiste [plɑ̃ʃist] (NMF) windsurfer

plancton [plɑ̃ktɔ̃] (NM) plankton

planer [plane] /TABLE 1/ (VI) ⓐ [*oiseau, avion*] to glide; [*brume, fumée*] to hang ⓑ [*danger, soupçons*] **~ sur** to hang over • **laisser ~ le doute (sur)** to allow some doubt to remain (about) • **il faisait ~ la menace d'un licenciement** he was using the threat of redundancy ⓒ (*= se détacher*) [*personne*]* to have one's head in the clouds ⓓ [*drogué*] to be high*

planétaire [planetɛʀ] (ADJ) (*= mondial*) global • **à l'échelle ~** on a global scale

planète [planɛt] (NF) planet • **sur toute la ~** all over the world

planeur [planœʀ] (NM) glider

planification [planifikasjɔ̃] (NF) planning

planifier [planifje] /TABLE 7/ (VT) to plan • **économie planifiée** planned economy

planning [planiŋ] (NM) programme • **avoir un ~ très serré** to have a very tight schedule • **~ familial** family planning

planque* [plɑ̃k] (NF) (*= cachette*) hideaway; (*= travail tranquille*) cushy number*

planqué, e* [plɑ̃ke] (NM,F) (*péj*) **c'est un ~** he's got a cushy job*

planquer⁑ [plɑ̃ke] /TABLE 1/ **1** (VT) to stash away* **2** (VPR) **se planquer** to hide

plant [plɑ̃] (NM) [*de légume*] seedling; [*de fleur*] bedding plant • **un ~ de vigne** a young vine

plantage* [plɑ̃taʒ] (NM) [*d'ordinateur*] crash

plantaire [plɑ̃tɛʀ] (ADJ) → **voûte**

plantation [plɑ̃tasjɔ̃] (NF) (*= action*) planting; (*= culture*) plant; (*= terrain*) [*de légumes*] (vegetable) patch; [*de fleurs*] (flower) bed; [*d'arbres, café, coton*] plantation

plante [plɑ̃t] **1** (NF) ⓐ plant • **~s médicinales** medicinal plants • **c'est une belle ~** (*femme*) she's a fine specimen ⓑ **~ (des pieds)** sole (of the foot) **2** (COMP) ▸ **plante d'appartement** house plant ▸ **plante fourragère** fodder plant ▸ **plante grasse** succulent (plant) ▸ **plante grimpante** creeper ▸ **plante verte** house plant

planter [plɑ̃te] /TABLE 1/ **1** (VT) ⓐ [*+ plante, graine*] to plant; [*+ jardin*] to put plants in • **avenue plantée d'arbres** tree-lined avenue

ⓑ [*+ clou*] to hammer in; [*+ pieu*] to drive in • **se ~ une épine dans le doigt** to get a thorn stuck in one's finger

ⓒ (*= mettre*)* to stick • **il nous a plantés sur le trottoir** he left us standing on the pavement • **~ là** (*= laisser sur place*) [*+ personne*] to leave behind; [*+ travail, outils*] to dump*; (*= délaisser*) [*+ épouse*] to walk out on* • **ne restez pas planté là à ne rien faire!** don't just stand there doing nothing! • **~ le décor** (*pour une histoire*) to set the scene

2 (VI) [*ordinateur*]* to crash

3 (VPR) **se planter*** ⓐ (*= se tromper*) to mess up* • **il s'est planté dans ses calculs** he got his calculations wrong • **l'ordinateur s'est planté** the computer crashed

ⓑ (*= avoir un accident*) to crash

planteur [plɑ̃tœʀ] (NM) (*= colon*) planter

planton [plɑ̃tɔ̃] (NM) orderly • **faire le ~*** to hang about*

plantureux, -euse [plɑ̃tyʀø, øz] (ADJ) [*femme*] buxom; [*poitrine*] ample

plaquage [plakaʒ] (NM) ⓐ (*de bois*) veneering; (*de métal*) plating ⓑ (*Rugby*) tackle

plaque [plak] **1** (NF) ⓐ [*de métal, verre, verglas*] sheet; [*de marbre, chocolat, beurre*] slab; (*= revêtement*) covering ⓑ (*portant une inscription*) plaque • **~ de rue** street sign • **il est à côté de la ~*** he hasn't got a clue* **2** (COMP) ▸ **plaque chauffante** [*de cuisinière*] hotplate ▸ **plaque de cheminée** fireback ▸ **plaque de cuisson** (*= table de cuisson*) hob ▸ **plaque dentaire** dental plaque ▸ **plaque d'identité** [*de soldat*] ID tag ▸ **plaque d'immatriculation** *ou* **minéralogique** number plate ▸ **plaque tournante** hub; (*= personne*) linchpin

plaqué, e [plake] *ptp de* **plaquer 1** (ADJ) [*bracelet*] plated • **~ chêne** oak-veneered **2** (NM) plate • **c'est du ~ or** it's gold-plated

plaquer [plake] /TABLE 1/ (VT) ⓐ [*+ bois*] to veneer; [*+ bijoux*] to plate ⓑ (*= abandonner*) [*+ fiancé, époux*]⁑ to ditch* • **elle a tout plaqué pour le suivre** she gave up everything to be with him ⓒ (*= aplatir*) [*+ cheveux*] to plaster down ⓓ (*Rugby*) to tackle ⓔ [*+ accord*] to play

plaquette [plakɛt] (NF) [*de métal*] plaque; [*de chocolat*] bar; [*de pilules*] bubble pack; [*de beurre*] pack (Brit), ≈ stick (US) • **~ de frein** brake pad

plasma [plasma] (NM) plasma

plastic [plastik] (NM) plastic explosive

plastifier [plastifje] /TABLE 7/ (VT) to coat with plastic • **plastifié** plastic-coated

plastique [plastik] **1** (ADJ) ⓐ [*art*] plastic • **chirurgie ~** plastic surgery ⓑ **en matière ~** plastic **2** (NM) plastic • **en ~** plastic

plastiquer [plastike] /TABLE 1/ (VT) to blow up

plastronner [plastʀɔne] /TABLE 1/ (VI) to swagger

plat, plate [pla, plat] **1** (ADJ) ⓐ flat • **chaussure ~e** flat shoe

ⓑ [*style*] dull

ⓒ (*= obséquieux*) **il nous a fait ses plus ~es excuses** he made the humblest of apologies to us

2 (NM) ⓐ (*= récipient, mets*) dish; (*= partie du repas*) course; (*= contenu*) plate(ful) • **il en a fait tout un ~*** he made a song and dance about it* • **il lui prépare de bons petits ~s** he makes tasty little dishes for her

ⓑ (*= partie plate*) flat (part); [*de main*] flat • **course de ~** flat race • **il y a 3 km de ~** there's a 3 km flat stretch • **faire du ~ à qn*** [*+ femme*] to try to pick sb up

▸ **à plat** **mettre qch à ~** to lay sth down flat; (*fig*) to have a close look at sth • **remise à ~** [*de dossier, problème, situation*] thorough review • **être à ~** [*pneu, batterie*] to be flat; [*personne*]* to be run down • **tomber à ~** [*remarque, plaisanterie*] to fall flat

ⓒ (*en plongeant*) **faire un ~** to do a belly flop

3 (COMP) ▸ **plat cuisiné** (*chez un traiteur*) ready-made meal ▸ **plat du jour** **quel est le ~ du jour?** what's today's special? ▸ **plat de résistance** main course; (*fig*) pièce de résistance

platane [platan] (NM) plane tree

plateau (*pl* **plateaux**) [plato] (NM) ⓐ tray • **~ de fromages** cheeseboard • **~ de fruits de mer** seafood platter ⓑ [*de balance*] pan; [*de table*] top; [*de graphique*] plateau • **arriver à un ~** to reach a plateau ⓒ (*Géog*) plateau • **~ continental** continental shelf ⓓ (*Ciné, TV*) set • **~ de tournage** film set • **nous avons un ~ exceptionnel ce soir** (*= invités*) we have an exceptional line-up this evening

plateau-repas (*pl* **plateaux-repas**) [platoʀəpa] NM tray meal

plate-bande (*pl* **plates-bandes**), **platebande** [platbɑ̃d] NF (*de fleurs*) flower bed

platée [plate] NF plateful

plate-forme (*pl* **plates-formes**), **plateforme** [platfɔʀm] NF platform • **~ (de forage en mer)** oil rig

platement [platmɑ̃] ADV [*s'excuser*] humbly

platine¹ [platin] NM platinum

platine² [platin] NF [*d'électrophone*] turntable • **~ laser** CD player

platitude [platityd] NF (= *propos*) platitude

platonique [platɔnik] ADJ [*amour*] platonic

plâtre [plɑtʀ] NM **a** (= *matière*) plaster **b** (= *objet*) plaster cast

plâtrer [plɑtʀe] /TABLE 1/ VT [+ *membre*] to set in plaster • **ils m'ont plâtré la cheville** they've put my ankle in plaster

plâtrier [plɑtʀije] NM plasterer

plausible [plozibl] ADJ plausible

play-back NM INV, **playback** NM [plɛbak] lip-synching • **c'est du ~** he's (*ou* she's *etc*) lip-synching • **chanter en ~** to lip-synch

plébiscite [plebisit] NM plebiscite

plébisciter [plebisite] /TABLE 1/ VT **se faire ~** [*candidat*] to be elected by an overwhelming majority • **le public a plébiscité ce nouveau magazine** this new magazine has proved a tremendous success with the public

pléiade [plejad] NF (= *groupe*) group • **une ~ d'artistes** a whole host of stars

---

plein, pleine [plɛ̃, plɛn]

1 ADJECTIF	3 NOM MASCULIN
2 ADVERBE	

> Lorsque **plein** fait partie d'une locution comme **en plein air**, **en mettre plein la vue**, reportez-vous aussi à l'autre mot.

1 ADJECTIF

a (= *rempli*) full • **j'ai les mains ~es** my hands are full • **~ à craquer** crammed full • **être ~ aux as*** to be rolling in it*

▸ **plein de** (= *rempli de*) full of; [*taches*] covered in • **il est ~ d'idées** he's bursting with ideas • **elle est ~e de bonne volonté** she's very willing

▸ **en plein** + *nom* in the middle of • **arriver en ~ milieu du cours** to arrive right in the middle of the class • **c'est arrivé en ~e rue** it happened out in the street • **en ~ jour** in broad daylight • **en ~e nuit** in the middle of the night • **en ~ hiver** in the middle of winter • **je suis en ~ travail** I'm in the middle of something • **en ~e poitrine** right in the chest • **cette affaire est en ~ essor** this is a rapidly expanding business

b (= *complet*) [*succès, confiance, satisfaction*] complete • **absent un jour ~** absent for a whole day • **avoir les ~s pouvoirs** to have full powers • **~e lune** full moon • **c'est la ~e mer** the tide is in • **avoir ~e conscience de qch** to be fully aware of sth • **heurter qch de ~ fouet** to crash headlong into sth • **prendre qch à ~es mains** to grasp sth firmly

c (= *non creux*) [*paroi, porte, pneu*] solid; [*joues*] chubby; [*voix*] rich; [*trait*] unbroken

d (= *enceinte*) [*vache*] in calf; [*jument*] in foal; [*brebis*] in lamb

e (= *ivre*)** plastered*

2 ADVERBE

a (= *beaucoup*)* **tu as des romans ? — j'en ai ~** have you any novels? — I've got loads

▸ **plein de** (= *beaucoup de*) lots of • **il y a ~ de gens dans la rue** the street is full of people • **un gâteau avec ~ de crème** a cake with lots of cream

b (= *exactement vers*) **se diriger ~ ouest** to head due west • **donner ~ ouest** to face due west

c (*locutions*)

▸ **plein le(s)** **il a des bonbons ~ les poches** his pockets are full of sweets • **en avoir ~ le dos* de qch** be sick and tired of sth* • **en avoir ~ les jambes*** to be exhausted

▸ **à plein** [*fonctionner, tourner*] at full capacity; [*exploiter*] to the full • **il faut profiter à ~ de ces jours de congé** you should make the very most of your time off

▸ **en plein** + *préposition ou adverbe* **en ~ dans l'eau** right in the water • **en ~ dans l'œil** right in the eye • **j'ai marché en ~ dedans** I stepped right in it

3 NOM MASCULIN

a **le théâtre fait le ~ tous les soirs** the theatre has a full house every night • **j'ai fait le ~ de souvenirs** I came back with lots of memories

b (*d'essence*) **faire le ~** to fill up • **le ~, s'il vous plaît** fill it up please

---

pleinement [plɛnmɑ̃] ADV [*approuver*] wholeheartedly • **jouir ~ de qch** to enjoy full use of sth • **~ satisfait de** fully satisfied with

plein-temps (*pl* **pleins-temps**) [plɛ̃tɑ̃] NM (= *emploi*) full-time job • **je fais un ~** I work full time

plénier, -ière [plenje, jɛʀ] ADJ plenary

plénitude [plenityd] NF (= *bonheur*) fulfilment

pléonasme [pleɔnasm] NM pleonasm

pléthore [pletɔʀ] NF plethora • **il y a ~ de candidats** there is a plethora of candidates

pléthorique [pletɔʀik] ADJ [*nombre*] excessive; [*documentation*] overabundant; [*offre*] excess • **avoir des effectifs ~s** [*école*] to have overcrowded classes; [*entreprise*] to have excess staff

pleurer [plœʀe] /TABLE 1/ **1** VI **a** (= *larmoyer*) [*personne*] to cry; [*yeux*] to water • **~ de rire** to laugh until one cries • **~ de joie** to cry for joy • **faire ~ qn** to bring tears to sb's eyes • **~ comme une Madeleine** to cry one's eyes out • **être sur le point de ~** to be almost in tears • **bête à (faire) ~** pitifully stupid **b** **~ sur** to lament (over) • **~ sur son propre sort** to bemoan one's lot **2** VT [+ *personne*] to mourn (for); [+ *chose*] to bemoan • **~ toutes les larmes de son corps** to cry one's eyes out

pleurésie [plœʀezi] NF pleurisy

pleureur [plœʀœʀ] ADJ → **saule**

pleurnichard, e [plœʀniʃaʀ, aʀd] NM,F crybaby*

pleurnicher [plœʀniʃe] /TABLE 1/ VI to snivel*, to whine

pleurs [plœʀ] NMPL **en ~** in tears

pleutre [pløtʀ] (*littér*) **1** ADJ cowardly **2** NM coward

pleuvait [pløvɛ] VB → **pleuvoir**

pleuvoir [pløvwaʀ] /TABLE 23/ **1** VB IMPERS **il pleut** it's raining • **on dirait qu'il va ~** it looks like rain • **il pleut à grosses gouttes** it's raining heavily • **il pleut à torrents**

P

ou **à verse** • **il pleut des cordes** it's pouring with rain **2** (VI) [*coups, projectiles*] to rain down; [*critiques, invitations*] to shower down

pli [pli] **1** (NM) **a** fold; [*de genou, bras*] bend; [*de bouche, yeux*] crease; [*de front*] line; (*Couture*) pleat • **(faux) ~** crease • **son manteau est plein de ~s** his coat is all creased • **il va refuser, cela ne fait pas un ~*** he'll refuse, no doubt about it **b** (= *habitude*) **prendre le ~ de faire qch** to get into the habit of doing sth • **c'est un ~ à prendre!** you get used to it! **c** (= *enveloppe*) envelope; (= *lettre*) letter **d** (*Cartes*) trick • **faire un ~** to take a trick **2** (COMP) ▸ **pli d'aisance** inverted pleat ▸ **pli de pantalon** trouser crease

pliage [plijaʒ] (NM) (= *feuille*) folded piece of paper • **l'art du ~** origami

pliant, e [plijɑ̃, ɑ̃t] **1** (ADJ) [*lit, table, vélo, mètre*] folding **2** (NM) campstool

plie [pli] (NF) plaice

plier [plije] /TABLE 7/ **1** (VT) **a** [+ *papier, tissu*] to fold • **~ le coin d'une page** to fold down the corner of a page **b** (= *rabattre*) [+ *lit, table, tente*] to fold up • **~ bagage** to pack up (and go) **c** (= *ployer*) [+ *branche, genou, bras*] to bend • **être plié (en deux)** • **être plié de rire** to be doubled up with laughter **2** (VI) **a** [*arbre, branche*] to bend over; [*plancher*] to sag **b** (= *céder*) [*personne*] to give in; [*résistance*] to give way • **faire ~ qn** to make sb give in **3** (VPR) **se plier a** [*meuble, objet*] to fold **b** **se ~ à** [+ *règle, discipline*] to submit o.s. to; [+ *désirs, caprices de qn*] to give in to

plinthe [plɛ̃t] (NF) skirting board

plissé, e [plise] *ptp de* **plisser** (ADJ) [*jupe*] pleated; [*peau*] wrinkled

plisser [plise] /TABLE 1/ **1** (VT) **a** [+ *jupe*] to pleat **b** [+ *lèvres, bouche*] to pucker up; [+ *yeux*] to screw up; [+ *nez*] to wrinkle • **il plissa le front** he knitted his brow **2** (VPR) **se plisser** (= *se froisser*) to become creased

pliure [plijyʀ] (NF) fold; [*de bras, genou*] bend

plomb [plɔ̃] (NM) **a** (= *métal*) lead • **de ~** [*tuyau*] lead; [*soldat*] tin; [*soleil*] blazing; [*sommeil*] deep • **sans ~** [*essence*] unleaded • **il n'a pas de ~ dans la cervelle*** he's featherbrained **b** (*Chasse*) lead shot *NonC* • **avoir du ~ dans l'aile*** to be in a bad way **c** (*Pêche*) sinker **d** (= *fusible*) fuse • **les ~s ont sauté** the fuses have blown

plombage [plɔ̃baʒ] (NM) [*de dent*] filling

plombe* [plɔ̃b] (NF) hour • **ça fait trois ~s qu'on attend** we've been waiting three hours

plomber [plɔ̃be] /TABLE 1/ (VT) **a** (= *compromettre*) [+ *finances, comptes, relations*] to compromise; [+ *événement, célébration*] to cast a cloud over • **~ l'ambiance** to cast a cloud over the atmosphere **b** [+ *dent*] to fill

plomberie [plɔ̃bʀi] (NF) (= *métier, installations*) plumbing

plombier [plɔ̃bje] (NM) (= *ouvrier*) plumber

plonge* [plɔ̃ʒ] (NF) washing-up (*in restaurant*) • **faire la ~** to do the washing-up

plongé, e[1] [plɔ̃ʒe] *ptp de* **plonger** (ADJ) **~ dans** [+ *obscurité, désespoir, misère*] plunged in; [+ *méditation, pensées*] deep in • **~ dans la lecture d'un livre** buried in a book

plongeant, e [plɔ̃ʒɑ̃, ɑ̃t] (ADJ) [*décolleté, tir*] plunging • **vue ~e** view from above

plongée[2] [plɔ̃ʒe] (NF) [*de nageur, sous-marin, gardien de but*] dive • **faire de la ~** to go diving • **~ sous-marine** diving; (*avec scaphandre autonome*) scuba diving • **~ avec tuba** snorkelling

plongeoir [plɔ̃ʒwaʀ] (NM) diving board

plongeon [plɔ̃ʒɔ̃] (NM) dive • **faire un ~** [*nageur*] to dive; [*gardien de but*] to make a dive

plonger [plɔ̃ʒe] /TABLE 3/ **1** (VI) [*personne, sous-marin*] to dive (**dans** into, **sur** onto); [*avion, oiseau*] to swoop; [*gardien de but*] to make a dive; [*prix, valeurs*] to plummet • **l'oiseau a plongé sur sa proie** the bird swooped down onto its prey • **il a plongé dans la dépression** he sank into a deep depression **2** (VT) **~ qn dans** [+ *obscurité, misère, sommeil*] to plunge sb into • **vous me plongez dans l'embarras** you're putting me in a difficult position • **il plongea son regard dans mes yeux** he looked deeply into my eyes **3** (VPR) **se plonger se ~ dans** [+ *études, lecture*] to throw o.s. into; [+ *dossier, eau, bain*] to plunge into

plongeur, -euse [plɔ̃ʒœʀ, øz] **1** (ADJ) diving **2** (NM,F) **a** (*Sport*) diver **b** [*de restaurant*] dishwasher

plot [plo] (NM) **a** (*sur trottoir*) bollard • **~ de départ** (*Sport*) starting block **b** (*électrique*) contact **c** (*de billard électrique*) pin

plouc* [pluk] (NM) (*péj*) (= *paysan*) country bumpkin

plouf [pluf] (EXCL) splash!

ployer [plwaje] /TABLE 8/ (*littér*) (VI) [*branche, dos*] to bend; [*poutre, plancher*] to sag; [*genoux, jambes*] to give way

plu [ply] *ptp de* **pleuvoir**

pluches [plyʃ] (NFPL) **être de (corvée de) ~** to be on potato-peeling duty

pluie [plɥi] (NF) rain; (= *averse*) shower • **la saison des ~s** the rainy season • **le temps est à la ~** we're in for some rain • **jour/temps de ~** rainy day/weather • **sous la ~** in the rain • **~ battante** lashing rain • **~ diluvienne** downpour • **~ fine** drizzle • **~s acides** acid rain • **ajouter la farine en ~** gradually add the flour • **faire la ~ et le beau temps** to call the shots* • **il n'est pas né de la dernière ~** he wasn't born yesterday

plumage [plymaʒ] (NM) plumage *NonC*

plumard** [plymaʀ] (NM) bed

plume [plym] (NF) **a** [*d'oiseau*] feather • **chapeau à ~s** hat with feathers • **il y a laissé des ~s*** he came off badly; (*financièrement*) he got his fingers burnt **b** (*pour écrire*) [*d'oiseau*] quill; (*en acier*) nib; (= *stylo*) fountain pen • **écrire à la ~** to write with a fountain pen • **dessin à la ~** pen-and-ink drawing

plumeau (*pl* **plumeaux**) [plymo] (NM) feather duster

plumer [plyme] /TABLE 1/ (VT) **a** [+ *volaille*] to pluck **b** [+ *personne*]* to fleece*

plumier [plymje] (NM) pencil box

plumitif [plymitif] (NM) (*péj*) (= *employé*) penpusher (*péj*); (= *écrivain*) scribbler (*péj*)

plupart [plypaʀ] (NF) **la ~ des gens** most people • **dans la ~ des cas** in most cases • **pour la ~** mostly • **la ~ du temps** most of the time

pluralisme [plyʀalism] (NM) pluralism

pluralité [plyʀalite] (NF) plurality

pluridisciplinaire [plyʀidisiplinɛʀ] (ADJ) multidisciplinary

pluriel, -elle [plyʀjɛl] **1** (ADJ) plural • **la gauche ~le** (*Politique*) the French left (*made up of different left-wing tendencies*) **2** (NM) plural • **au ~** in the plural • **la première personne du ~** the first person plural • **le ~ de majesté** the royal "we"

pluriethnique [plyʀiɛtnik] (ADJ) multiethnic

plurilinguisme [plyʀilɛ̃gɥism] (NM) multilingualism

plus [ply]

1 ADVERBE DE NÉGATION
2 ADVERBE DE COMPARAISON
3 ADVERBE SUPERLATIF
4 CONJONCTION
5 NOM MASCULIN

> Lorsque **plus** fait partie d'une locution comme **d'autant plus**, **non ... plus**, reportez-vous aussi à l'autre mot.

1 ADVERBE DE NÉGATION

▸ **ne ... plus** not any more • **il ne la voit ~** he doesn't see her any more • **il n'a ~ à s'inquiéter maintenant** he doesn't need to worry any more now • **je ne reviendrai ~/~ jamais** I won't/I'll never come back again • **il n'a ~ dit un mot** he didn't say another word • **il n'est ~ là** he isn't here anymore • **elle n'est ~ très jeune** she's not as young as she used to be

▸ **plus de** + *nom* **elle ne veut ~ de pain** she doesn't want any more bread • **elle n'a ~ d'argent** she's got no money left • **il n'y a ~ beaucoup de pain** there's hardly any bread left • **t'as ~ de pain ?*** haven't you got any bread left?

▸ **plus que** (= *seulement*) **il ne nous reste ~ qu'à attendre** all we've got to do now is wait • **il ne me reste ~ qu'à vous dire au revoir** it only remains for me to say goodbye • **~ que 5 km** only another 5km

▸ **plus rien** **il n'y a ~ rien** there's nothing left • **on n'y voit presque ~ rien** you can hardly see anything now

▸ **plus aucun** **il n'a ~ aucun ami** he hasn't a single friend left • **il n'y a ~ aucun espoir** there's no hope left

▸ **plus personne** **il n'y a ~ personne** there's nobody left • **~ personne ne lit ~ Boileau** nobody reads Boileau these days

2 ADVERBE DE COMPARAISON

a *avec verbe* more • **il devrait lire ~** he should read more • **vous travaillez ~ que nous** you work harder than us • **il ne gagne pas ~ que vous** he doesn't earn any more than you

b *avec adjectif ou adverbe court*

> Lorsque l'adjectif ou l'adverbe est court (une ou deux syllabes), son comparatif se forme généralement avec la terminaison **er**.

• **ce fauteuil est ~ large** this chair is wider • **il court ~ vite qu'elle** he runs faster than her • **une heure ~ tôt** an hour earlier • **une heure ~ tard** an hour later • **elle n'est pas ~ grande que sa sœur** she isn't any taller than her sister

> Lorsque l'adjectif se termine par **y**, son comparatif est formé avec **ier**.

• **elle est ~ jolie** she's prettier • **elle est ~ bête** she's sillier • **c'était ~ drôle** it was funnier

> Lorsque l'adjectif n'a qu'une syllabe brève et se termine par une seule consonne, cette consonne est doublée.

• **il est ~ gros** he's bigger • **il est ~ mince** he's slimmer

> Les mots de deux syllabes se terminant en **ing**, **ed**, **s**, **ly** forment leur comparatif avec **more** plutôt qu'en ajoutant la terminaison **er**.

• **il est ~ malin** he's more cunning • **pour y arriver ~ rapidement** to get there more quickly • **prends-le ~ doucement** hold it more gently

> Attention aux comparatifs irréguliers.

• **c'est ~ loin** it's further • **c'est ~ grave** it's worse

c *avec adjectif ou adverbe long*

> Lorsque l'adjectif ou l'adverbe est long (au moins trois syllabes), son comparatif se forme généralement avec **more** plutôt qu'en ajoutant la terminaison **er**.

• **il est ~ compétent que moi** he is more competent than me • **beaucoup ~ facilement** much more easily

d *locutions*

▸ **plus de** (= *davantage de*) more; (= *plus que*) over • **~ de pain** more bread • **il y aura beaucoup ~ de monde demain** there will be a lot more people tomorrow • **il y aura ~ de 100 personnes** there will be more than *ou* over 100 people • **il roulait à ~ de 100 km/h** he was driving at more than *ou* over 100km per hour • **les enfants de ~ de 4 ans** children over 4 • **les ~ de 30 ans** the over 30s • **il n'y avait pas ~ de 10 personnes** there were no more than 10 people • **il est ~ de 9 heures** it's after 9 o'clock

▸ **à plus tard !** see you later!

▸ **à plus !*** see you later!

▸ **plus que** + *adjectif ou adverbe* **un résultat ~ qu'honorable** a more than honourable result • **~ que jamais** more than ever • **j'en ai ~ qu'assez !** I've had more than enough of this!

▸ **de plus** (= *en outre*) (*en tête de phrase*) moreover • **c'est dangereux, de ~ c'est illégal** it's dangerous, and what's more, it's illegal • **elle a 10 ans de ~** she's 10 years older • **il y a dix personnes de ~ qu'hier** there are ten more people than yesterday • **il me faut une heure de ~** I need one more hour • **une fois de ~** once again

▸ **de plus en plus** more and more • **je l'admire de ~ en ~** I admire her more and more • **aller de ~ en ~ vite** to go faster and faster • **de ~ en ~ drôle** funnier and funnier

▸ **en plus** (= *en supplément*) **les frais d'envoi sont en ~** postal charges are not included • **on nous a donné deux verres en ~** we were given two extra glasses • **vous n'avez pas une chaise en ~ ?** you wouldn't have a spare chair? • **en ~ de cela** on top of that

▸ **en plus** + *adjectif* **il ressemble à sa mère, mais en ~ blond** he's like his mother only fairer • **je cherche le même genre de maison en ~ grand** I'm looking for the same kind of house only bigger

▸ **... et plus** **les enfants de six ans et ~** children aged six and over

▸ **ni plus ni moins** **il est compétent, mais ni ~ ni moins que sa sœur** he's competent, but neither more nor less so than his sister

▸ **plus ... moins** the more ... the less • **~ on le connaît, moins on l'apprécie** the more you get to know him, the less you like him

▸ **plus ... plus** the more ... the more • **~ il en a, ~ il en veut** the more he has, the more he wants

P

▸ **plus ou moins** (= *à peu près, presque*) more or less • ~ **ou moins réussi** more or less successful • **à ~ ou moins long terme** sooner or later • **il supporte ~ ou moins bien cette situation** he just about puts up with the situation • **ils utilisent cette méthode avec ~ ou moins de succès** they use this method with varying degrees of success

▸ **qui plus est** moreover

3 ADVERBE SUPERLATIF

a ▸ **le plus** + *verbe* most • **ce qui m'a frappé le ~** what struck me most • **ce qui les a le ~ étonnés** what surprised them the most

b ▸ **le plus** + *adjectif ou adverbe court*

> Lorsque l'adjectif ou l'adverbe est court (une ou deux syllabes), son superlatif se forme avec la terminaison **est**.

• **c'est le ~ grand peintre qui ait jamais vécu** he is the greatest painter that ever lived

> Lorsque l'adjectif se termine par **y**, son superlatif se forme avec la terminaison **iest**.

• **c'est la ~ jolie** she's the prettiest • **c'est la ~ bête** she's the silliest • **c'est le moment le ~ drôle du film** it's the funniest bit of the film

> Lorsque l'adjectif n'a qu'une syllabe brève et se termine par une seule consonne, cette consonne est doublée.

• **c'est le ~ gros** he's the biggest • **c'est le ~ mince** he's the slimmest

> Les mots de deux syllabes se terminant en **ing**, **ed**, **s**, **ly** forment leur superlatif avec **most** plutôt qu'en ajoutant la terminaison **est**.

• **l'enfant le ~ doué que je connaisse** the most gifted child I know • **c'est la partie la ~ ennuyeuse** it's the most boring part • **c'est ce que j'ai de ~ précieux** it's the most precious thing I possess

> Lorsque la comparaison se fait entre deux personnes ou deux choses, on utilise le comparatif au lieu du superlatif.

• **le ~ petit des deux** the smaller of the two • **le ~ gentil des jumeaux** the nicer of the twins

c ▸ **le plus** + *adjectif ou adverbe long*

> Lorsque l'adjectif ou l'adverbe est long (au moins trois syllabes), son superlatif se forme avec **the most** plutôt qu'en ajoutant la terminaison **est**.

• **c'est le ~ intéressant** it's the most interesting • **la ~ belle de toutes mes photos** the most beautiful of all my photographs • **c'est la personne la ~ désordonnée que je connaisse** she's the untidiest person I know

> Lorsque la comparaison se fait entre deux personnes ou deux choses, on utilise le comparatif au lieu du superlatif.

• **le ~ beau des deux** the more beautiful of the two

d ▸ **le plus de** + *nom* the most • **c'est le samedi qu'il y a le ~ de monde** Saturday is when there are most people • **ce qui m'a donné le ~ de mal** the thing I had most difficulty with • **celui qui a le ~ de chances de gagner** the one with the best chance of winning

e (*locutions*)

▸ **le plus ... possible** **pour y arriver le ~ rapidement possible** to get there as quickly as possible • **prends-en le ~ possible** take as much (*ou* as many) as possible

▸ **au plus** at the most • **ça vaut 100€ au ~** it's worth 100 euros at the most • **tout au ~** at the very most • **il a trente ans, tout au ~** he's thirty at most • **rappelle-moi au ~ vite** call me back as soon as possible

▸ **des plus** + *adjectif* **une situation des ~ embarrassantes** a most embarrassing situation

4 CONJONCTION

plus • **deux ~ deux font quatre** two plus two make four • **tous les voisins, ~ leurs enfants** all the neighbours, plus their children • **il fait ~ deux aujourd'hui** it's plus two today

5 NOM MASCULIN

a (*Math*) **(signe) ~** plus (sign)

b (= *avantage*) plus • **ici, parler breton est un ~ indéniable** being able to speak Breton is definitely a plus here

> 🔈 The **s** of **plus** is never pronounced when used in negatives, eg **il ne la voit plus**. When used in comparatives the **s** is generally pronounced **s**, eg **il devrait lire plus**, although there are exceptions, notably **plus** preceding an adjective or adverb, eg **plus grand**, **plus vite**. Before a vowel sound, the comparative **plus** is pronounced **z**, eg **plus âgé**.

plusieurs [plyzjœʀ] 1 (ADJ INDÉF PL) several • **on ne peut pas être en ~ endroits à la fois** you can't be in more than one place at once • **ils sont ~ à vouloir venir** several of them want to come • **un ou ~** one or more • **~ fois • à ~ reprises** on several occasions • **payer en ~ fois** to pay in instalments 2 (PRON INDÉF PL) several (people) • **~ (d'entre eux)** several (of them) • **ils se sont mis à ~ pour ...** several people got together to ...

plus-que-parfait [plyskəpaʀfɛ] (NM) pluperfect

plus-value (*pl* **plus-values**) [plyvaly] (NF) (= *accroissement de valeur*) increase in value; (= *bénéfice réalisé*) capital gain; (= *excédent*) profit • **réaliser une ~** to make a profit

plutonium [plytɔnjɔm] (NM) plutonium

plutôt [plyto] (ADV) **a** (= *de préférence*) rather; (= *à la place*) instead • **ne lis pas ce livre, prends ~ celui-ci** don't read that book, take this one instead • **~ que de me regarder, viens m'aider** instead of just watching me, come and help • **~ mourir (que de ...)!** I'd sooner die (than ...)!

b (= *plus exactement*) rather • **... ou ~, c'est ce qu'il pense** ... or rather that's what he thinks • **c'est un journaliste ~ qu'un romancier** he's more of a journalist than a novelist

c (= *assez*) [*chaud, bon*] quite • **il remange, c'est ~ bon signe** he's eating again - that's quite a good sign • **un homme brun, ~ petit** a dark-haired man, somewhat on the short side • **qu'est-ce qu'il est pénible! — ah oui, ~!*** what a pain in the neck he is!* — you said it!*

pluvial, e (*mpl* **-iaux**) [plyvjal, jo] ADJ **eaux ~es** rainwater
pluvieux, -ieuse [plyvjø, øz] ADJ rainy
pluviosité [plyvjozite] NF (= *pluie tombée*) rainfall
PMA [peɛma] **1** NF (ABR DE **procréation médicalement assistée**) assisted reproduction **2** NMPL (ABR DE **pays les moins avancés**) LDCs (= *least developed countries*)
PME [peɛmə] NF INV (ABR DE **petite et moyenne entreprise**) small (*ou* medium-sized) business
PMU [peɛmy] NM (ABR DE **Pari mutuel urbain**) pari-mutuel, ≈ tote* → **pari**

> **PMU**
> The **PMU** ("Pari mutuel urbain") is a government-regulated network of horse-racing betting counters run from bars displaying the **PMU** sign or online. Punters buy fixed-price tickets predicting winners or finishing positions in horse races. The traditional bet is a triple forecast ("tiercé"), although other multiple bets ("quarté", "quinté") are becoming increasingly popular.

PNB [peɛnbe] NM (ABR DE **Produit national brut**) GNP
pneu [pnø] NM (ABR DE **pneumatique**) [*de véhicule*] tyre (*Brit*), tire (*US*) • **~ clouté** studded tyre
pneumatique [pnømatik] ADJ (= *gonflable*) inflatable
pneumologue [pnømɔlɔg] NMF lung specialist
pneumonie [pnømɔni] NF pneumonia *NonC*
poche[1] [pɔʃ] NF pocket • **~ d'air** air pocket • **~ de résistance** pocket of resistance • **faire des ~s** [*veste*] to lose its shape • **avoir des ~s sous les yeux** to have bags under one's eyes • **se remplir les ~s*** to line one's pockets • **en être de sa ~*** to be out of pocket • **il a payé de sa ~** he paid for it out of his (own) pocket • **c'est dans la ~ !*** it's in the bag!* • **connaître un endroit comme sa ~** to know a place like the back of one's hand
▸ **en poche je n'avais pas un sou en ~** I didn't have a penny on me • **sans diplôme en ~, on ne peut rien faire** you can't do anything without qualifications
▸ **de poche** [*collection, livre*] paperback; [*couteau, mouchoir*] pocket
poche[2] [pɔʃ] NM (= *livre*) paperback • **ce roman est paru en ~** this novel has come out in paperback
pocher [pɔʃe] /TABLE 1/ VT [+ *œuf, poisson*] to poach • **~ un œil à qn** to give sb a black eye
pochette [pɔʃɛt] NF (= *mouchoir*) pocket handkerchief; (= *sac*) clutch bag; [*de photos*] wallet; [*de disque*] sleeve
pochette-surprise (*pl* **pochettes-surprises**) [pɔʃɛtsyʀpʀiz] NF lucky bag
pochoir [pɔʃwaʀ] NM stencil • **peindre qch au ~** to stencil sth
podcast [pɔdkast] NM podcast
podcaster [pɔdkaste] /TABLE 1/ VI to podcast
podiatre [pɔdjatʀ] NMF (*Can*) (*Méd*) podiatrist
podiatrie [pɔdjatʀi] NF (*Can*) (*Méd*) podiatry
podiffusion [pɔdifyzjɔ̃] NF (*Helv*) podcasting
podium [pɔdjɔm] NM (= *estrade*) podium; [*de défilé de mode*] catwalk • **monter sur le ~** to mount the podium
poêle[1] [pwal] NF **~ (à frire)** frying pan; (= *détecteur de métaux*)* metal detector • **~ à crêpes** crêpe pan
poêle[2] [pwal] NM stove • **~ à mazout** oil stove • **~ à bois** wood-burning stove
poêlon [pwalɔ̃] NM casserole
poème [pɔɛm] NM poem • **c'est tout un ~*** (= *c'est compliqué*) it's a real palaver* (*Brit*)
poésie [pɔezi] NF (= *art, qualité*) poetry; (= *poème*) poem • **film plein de ~** poetic film
poète [pɔɛt] **1** NM poet **2** ADJ [*tempérament*] poetic
poétique [pɔetik] ADJ poetic • **il m'a dit des choses très ~s** he said very romantic things to me
pogner* [pɔɲe], **poigner*** [pwaɲe] /TABLE 1/ VT (*Can*) to catch • **il a pogné sa veste et il a claqué la porte** he grabbed (up) his jacket and slammed the door • **j'ai pogné la grippe** I got a dose of the flu*
pognon* [pɔɲɔ̃] NM money • **ils sont pleins de ~*** they're loaded*
poids [pwa] **1** NM **a** weight • **prendre du ~** [*adulte*] to put on weight; [*bébé*] to gain weight • **perdre du ~** to lose weight • **vendu au ~** sold by weight • **la branche pliait sous le ~ des fruits** the branch was bending beneath the weight of the fruit • **il ne fait vraiment pas le ~** he really doesn't measure up • **enlever un ~ (de la conscience) à qn** to take a weight off sb's mind • **c'est un ~ sur sa conscience** it's a weight on his conscience • **argument de ~** weighty argument • **ses arguments ont eu beaucoup de ~** his arguments carried a lot of weight
b (*Sport*) shot • **lancer le ~** to put(t) the shot
2 COMP ▸ **poids brut** gross weight ▸ **poids coq** bantamweight ▸ **poids et haltères** NMPL (*Sport*) weights ▸ **poids léger** lightweight ▸ **poids lourd** (= *boxeur*) heavyweight; (= *camion*) heavy goods vehicle; (= *entreprise*) big name* ▸ **poids et mesures** NMPL weights and measures ▸ **poids mort** dead weight ▸ **poids mouche** flyweight ▸ **poids moyen** middleweight ▸ **poids net** net weight ▸ **poids plume** featherweight ▸ **poids à vide** [*de véhicule*] tare
poignant, e [pwaɲɑ̃, ɑ̃t] ADJ [*spectacle*] harrowing; [*musique, atmosphère, témoignage*] poignant
poignard [pwaɲaʀ] NM dagger • **on l'a tué à coups de ~** he was stabbed to death
poignarder [pwaɲaʀde] /TABLE 1/ VT to stab • **~ qn dans le dos** to stab sb in the back
poigne [pwaɲ] NF hand; (= *autorité*) firm-handedness • **à ~** [*personne, gouvernement*] firm-handed • **il a de la ~** he has a firm grip; (*fig*) he has a firm hand
poignée [pwaɲe] NF **a** (= *quantité*) handful; [*de billets de banque*] fistful; (= *petit nombre*) handful • **ajoutez une ~ de sel** add a handful of salt • **par ~s** in handfuls
b [*de porte, tiroir, valise*] handle
c ▸ **poignée de main** handshake • **donner une ~ de main à qn** to shake hands with sb
poigner* [pwaɲe] /TABLE 1/ VT = **pogner**
poignet [pwaɲɛ] NM (= *os*) wrist; [*de vêtement*] cuff
poil [pwal] **1** NM **a** [*de personne, animal*] hair; (= *pelage*) coat • **sans ~s** [*poitrine, bras*] hairless • **il n'a pas un ~ sur le caillou*** he's as bald as a coot* • **animal à ~ court/long** short-haired/long-haired animal • **en ~ de chameau** camelhair • **caresser dans le sens du ~** [+ *chat*] to stroke the right way; [+ *personne*] to butter up
▸ **à poil*** (= *nu*) stark naked • **se mettre à ~** to strip off
▸ **de tout poil** of all sorts • **des artistes de tout ~** all sorts of artists
b [*de brosse à dents, pinceau*] bristle; [*de tapis, étoffe*] strand
c (= *un petit peu*)* **s'il avait un ~ de bon sens** if he had an iota of good sense • **il n'y a pas un ~ de différence entre les deux** there isn't the slightest difference between the two • **il s'en est fallu d'un ~** it was a close thing • **c'est**

un ~ trop cher it's a touch (too) expensive
ⓓ (*locutions*) **avoir un ~ dans la main*** to be bone-idle* • **être de bon/de mauvais ~*** to be in a good/bad mood • **reprendre du ~ de la bête*** [*malade*] to pick up again • **au (quart de) ~*** (= *magnifique*) great*; (= *précisément*) [*réglé, convenir*] perfectly • **ça me va au ~*** it suits me fine*
2 COMP ▸ **poil de carotte** [*personne*] red-headed; [*cheveux*] carroty

poiler (se)* [pwale] /TABLE 1/ VPR to kill o.s. laughing*

poilu, e [pwaly] ADJ hairy

poinçon [pwɛ̃sɔ̃] NM ⓐ (= *outil*) [*de graveur*] style; (*pour bijoux*) stamp; [*de cordonnier*] awl ⓑ (= *estampille*) hallmark

poinçonner [pwɛ̃sɔne] /TABLE 1/ VT [+ *pièce d'orfèvrerie*] to hallmark; [+ *billet*] to punch a hole in

poindre [pwɛ̃dʀ] /TABLE 49/ VI (*littér*) [*plante*] to appear • **quand le jour point** at dawn

poing [pwɛ̃] NM fist • **montrer le ~** to shake one's fist • **menacer qn du ~** to shake one's fist at sb • **taper du ~ sur la table** to bang one's fist on the table; (*fig*) to put one's foot down • **il est entré, revolver au ~** he came in carrying a revolver • **coup de ~** punch • **donner un coup de ~ à qn** to punch sb • **opération coup de ~** (= *raid*) lightning raid; (= *action d'envergure*) blitz • **« opération coup de ~ sur les prix »** "prices slashed"

point [pwɛ̃]

1 NOM MASCULIN	3 PHRASAL VERBS
2 COMPOSÉS	

1 NOM MASCULIN

ⓐ point • **~ d'ébullition** boiling point • **~ de congélation** freezing point • **~ de détail** point of detail • **sa cote de popularité a baissé de trois ~s** his popularity rating has fallen by three points • **gagner aux ~s** (*Boxe*) to win on points • **nous abordons maintenant un ~ capital** we now come to a crucial point • **exposé en trois ~s** three-point presentation • **ils sont d'accord sur ce ~** they agree on this point • **passons au ~ suivant de l'ordre du jour** let us move on to the next item on the agenda

ⓑ (= *endroit*) place; (*Astron, Math*) point • **pour aller d'un ~ à un autre** to get from one place to another

ⓒ (= *position*) (*Aviat, Naut*) position • **et maintenant, le ~ sur la grève des transports** and now, the latest on the transport strike

ⓓ (= *marque*) (*Mus, morse, sur i*) dot; (= *ponctuation*) full stop (Brit), period (US); (= *petite tache*) spot • **mettre les ~s sur les i** (*fig*) to spell it out • **~, à la ligne** new paragraph; (*fig*) full stop (Brit), period (US) • **tu n'iras pas, un ~ c'est tout** you're not going and that's all there is to it

ⓔ (*sur devoir*) mark • **enlever un ~ par faute** (*sur devoir*) to take a mark off for every mistake • **bon ~** good mark (*for conduct etc*); (*fig*) plus • **mauvais ~** bad mark (*for conduct etc*); (*fig*) minus • **c'est un bon ~ pour vous** that's a point in your favour!

ⓕ (*de couture, tricot*) stitch

ⓖ (*locutions*) **avoir des ~s communs** to have things in common • **nous en sommes toujours au même ~** we're no further forward

▸ **faire le point** to take a bearing • **faire le ~ de la situation** (= *examiner*) to take stock of the situation; (= *faire un compte rendu*) to sum up the situation

▸ **à point** [*fruit*] just ripe; [*fromage*] just right for eating; [*viande*] medium • **le rôti est cuit à ~** the roast is done to a turn

▸ **à point (nommé)** [*arriver, venir*] just at the right moment • **cela tombe à ~ (nommé)** that comes just at the right moment

▸ **à ce point, à tel point est-il possible d'être bête à ce ~!** how stupid can you get?* • **vous voyez à quel ~ il est généreux** you see the extent of his generosity • **elles se ressemblent à tel ~ *ou* à ce ~ qu'on pourrait les confondre** they look so alike that you could easily mistake one for the other

▸ **au point** [*photo*] in focus; [*affaire*] completely settled; [*technique, machine*] perfected • **ce n'est pas encore au ~** it isn't quite up to scratch yet

▸ **au point de** + *infinitif* so much that • **il aimait le Québec au ~ d'y passer toutes ses vacances** he loved Quebec so much that he spent all his holidays there • **tirer sur une corde au ~ de la casser** to pull on a rope so hard that it breaks

▸ **au point que il se détestent au ~ qu'ils ne se parlent plus** they hate each other so much that they've stopped speaking

▸ **au point où en être arrivé au ~ où ...** to have reached the point where ... • **au ~ où nous en sommes** considering the situation we're in • **on continue ? — au ~ où on en est !** shall we go on? — we've got this far so we might as well!

▸ **au plus haut point** [*détester, admirer*] intensely • **se méfier au plus haut ~ de qch** to be highly sceptical about sth

▸ **mettre au point** [+ *photo, caméra*] to focus; [+ *stratégie, technique*] to perfect; [+ *médicament, invention, système*] to develop; [+ *projet*] to finalize • **mettre une affaire au ~ avec qn** to finalize all the details of a matter with sb

▸ **mise au point** [*d'appareil photo, caméra*] focusing; [*de stratégie, technique*] perfecting; [*de médicament, invention, système*] development; [*de moteur*] tuning; [*d'affaire, projet*] finalizing; (= *explication, correction*) clarification • **publier une mise au ~** to issue a statement (*setting the record straight*)

▸ **en tout point, en tous points** in every respect

▸ **jusqu'à un certain point** up to a point

▸ **point par point** point by point

▸ **être sur le point de faire qch** to be about to do sth

2 COMPOSÉS

▸ **point d'appui** [*de levier*] fulcrum; [*de personne*] support • **chercher un ~ d'appui** to look for something to lean on ▸ **points cardinaux** cardinal points ▸ **point chaud** trouble spot ▸ **point de chute vous avez un ~ de chute à Rome ?** do you have somewhere to stay in Rome? ▸ **point commun nous avons beaucoup de ~s communs** we have a lot in common ▸ **point de côté** stitch ▸ **point critique** critical point ▸ **point de croix** cross-stitch ▸ **point culminant** [*de montagne*] peak; [*de carrière*] height ▸ **point de départ** point of departure • **revenir à son ~ de départ** to come back to where one started • **nous voilà revenus au ~ de départ** so we're back to square one* ▸ **point de distribution** [*d'eau*] supply point; (*Commerce*) distribution outlet ▸ **point de droit** point of law ▸ **point d'eau** (= *source*) watering place; [*de camping*] water point ▸**point d'exclamation** exclamation mark (*Brit*) *ou* point (*US*) ▸**point faible** weak point ▸**point final** full stop (*Brit*), period (*US*) ▸**point fort** strong point ▸**point d'honneur** **mettre un ~ d'honneur à faire qch** to make it a point of honour to do sth ▸**point d'interrogation** question mark ▸**point d'intersection** point of intersection ▸**point de jersey** stocking stitch ▸**point lumineux** spot of light ▸**point mort** (*dans véhicule*) neutral; (*Finance*) break-even point • **au ~ mort** [*voiture*] in neutral; [*de négociations, affaires*] at a standstill ▸**point mousse** garter stitch ▸**point névralgique** (*fig*) sensitive spot ▸**point noir** (*= comédon*) blackhead; (*= problème*) problem ▸**point de non-retour** point of no return ▸**point de rassemblement** meeting point ▸**point de ravitaillement** (*en nourriture*) refreshment point; (*en essence*) refuelling point ▸**points de retraite** *points based on social security contributions that count towards one's pension* ▸**point sensible** (*sur la peau*) tender spot; (*fig*) sore point ▸**point stratégique** key point ▸**points de suspension** suspension points; (*en dictant*) dot, dot, dot ▸**point de suture** stitch • **faire des ~s de suture à qch** to stitch sth up ▸**point de vente** sales outlet • **liste des ~s de vente** list of retailers ▸**point de vue** viewpoint; (*fig*) point of view • **du ~ de vue moral** from a moral point of view • **quel est votre ~ de vue sur ce sujet ?** what's your point of view on this matter?

pointage [pwɛ̃taʒ] (NM) ⓐ (*= fait de cocher*) ticking off; [*de personnel*] (*à l'arrivée*) clocking in; (*au départ*) clocking out ⓑ (*= contrôle*) check

pointe [pwɛ̃t] **1** (NF) ⓐ [*de grillage*] spike; [*de côte*] headland; [*d'aiguille, épée*] point; [*de flèche, lance*] head; [*de couteau, crayon, clocher, clou*] tip • **à la ~ de l'île** at the tip of the island • **en ~** [*barbe, col*] pointed • **décolleté en ~** V-neckline

ⓑ (*= clou*) tack; [*de chaussure de foot*] stud; [*d'alpiniste*] spike

ⓒ (*= allusion ironique*) pointed remark; (*= trait d'esprit*) witticism

ⓓ (*= petite quantité*) **une ~ d'ail/d'ironie** a hint of garlic/of irony • **il a une ~ d'accent** he has a very slight accent

ⓔ (*= maximum*) peak • **pousser une ~ de vitesse** [*athlète, cycliste, automobiliste*] to put on a burst of speed • **à la ~ du progrès** in the the front line of progress

▸ **de pointe** [*industrie*] high-tech; [*technique*] latest; [*vitesse*] top • **heure de ~** (*gaz, électricité, téléphone*) peak period; (*circulation*) rush hour; (*magasin*) busy period

2 (COMP) ▸**pointe d'asperge** asparagus tip ▸**pointe Bic**® Biro® (*Brit*), Bic (pen)® (*US*) ▸**la pointe des pieds** the toes • **entrer sur la ~ des pieds** to tiptoe in ▸**pointe du sein** nipple

pointer [pwɛ̃te] /TABLE 1/ **1** (VT) ⓐ (*= cocher*) to tick off ⓑ [*personnel*] (*à l'arrivée*) to clock in; (*au départ*) to clock out ⓒ [*+ fusil*] to point (**vers, sur** at) ⓓ [*+ incohérences, risques*] to point out **2** (VI) ⓐ [*employé*] (*à l'arrivée*) to clock in; (*au départ*) to clock out • **~ à l'ANPE** to sign on (*at the national employment agency*) • **il pointe au chômage depuis trois mois** he's been signing on* (*Brit*) *ou* on welfare (*US*) for three months ⓑ **le jour pointait** day was breaking **3** (VPR) **se pointer*** (*= arriver*) to turn up*

pointeur [pwɛ̃tœʀ] (NM) (*Informatique*) cursor

pointeuse [pwɛ̃tøz] (NF) **(horloge) ~** time clock

pointillé, e [pwɛ̃tije] **1** (ADJ) dotted **2** (NM) (*= trait*) dotted line • **« découper suivant le ~ »** "tear along the dotted line"

▸ **en pointillé** dotted; [*sous-entendu*] hinted at; (*= discontinu*) [*carrière, vie*] marked by stops and starts

pointilleux, -euse [pwɛ̃tijø, øz] (ADJ) pernickety (**sur** about)

pointu, e [pwɛ̃ty] (ADJ) ⓐ (*= en forme de pointe*) pointed; (*= aiguisé*) sharp ⓑ [*voix, ton*] shrill • **accent ~** *accent of the Paris area* ⓒ [*analyse*] in-depth; [*sujet*] specialized

pointure [pwɛ̃tyʀ] (NF) ⓐ [*de gant, chaussure*] size • **quelle est votre ~ ?** what size are you? ⓑ (*= personne*) big name

point-virgule (*pl* **points-virgules**) [pwɛ̃viʀgyl] (NM) semi-colon

poire [pwaʀ] (NF) ⓐ (*= fruit*) pear • **il m'a dit cela entre la ~ et le fromage** he told me that quite casually over lunch (*ou* dinner) • **en pleine ~*** right in the face • **couper la ~ en deux** (*fig*) to meet halfway ⓑ (*= dupe*)* sucker* • **c'est une bonne ~** he's a real sucker* ⓒ [*de vaporisateur*] squeezer

poireau (*pl* **poireaux**) [pwaʀo] (NM) leek • **le Poireau gallois** (*Rugby*) the Welsh team

poireauter* [pwaʀote] /TABLE 1/ (VI) to hang about* • **faire ~ qn** to leave sb hanging about*

poirier [pwaʀje] (NM) (*= arbre*) pear tree • **faire le ~** (*= acrobatie*) to do a headstand

pois [pwɑ] **1** (NM) ⓐ (*= légume*) pea • **petits ~** garden peas ⓑ (*Habillement*) dot • **robe à ~** polka dot dress **2** (COMP) ▸**pois cassés** split peas ▸**pois chiche** chickpea ▸**pois de senteur** sweet pea

poison [pwazɔ̃] (NM) poison

poisse* [pwas] (NF) rotten luck* • **avoir la ~** to have rotten* luck • **quelle ~ !** • **c'est la ~ !** just my (*ou* our) luck!*

poisseux, -euse [pwasø, øz] (ADJ) [*mains, surface*] sticky

poisson [pwasɔ̃] **1** (NM) ⓐ fish • **pêcher du ~** to fish • **deux ~s** two fish • **couteau à ~** fish knife • **être comme un ~ dans l'eau** to be in one's element • **engueuler qn comme du ~ pourri*** to call sb all the names under the sun ⓑ (*Astrol*) **les Poissons** Pisces • **il est Poissons** he's Pisces **2** (COMP) ▸**poisson d'avril !** April fool! ▸**poisson d'eau douce** freshwater fish ▸**poisson de mer** saltwater fish ▸**poisson rouge** goldfish ▸**poisson volant** flying fish

> **POISSON D'AVRIL**
>
> In France, as in Britain, 1 April is a day for playing practical jokes. The expression **poisson d'avril** comes from the tradition of pinning or sticking a paper fish on the back of an unsuspecting person, though by extension it can also refer to any form of practical joke played on 1 April.

poissonnerie [pwasɔnʀi] (NF) (*= boutique*) fish shop; (*= métier*) fish trade

poissonneux, -euse [pwasɔnø, øz] (ADJ) well-stocked with fish

poissonnier, -ière [pwasɔnje, jɛʀ] (NM,F) fishmonger (*Brit*), fish merchant (*US*)

poitrail [pwatʀaj] (NM) [*d'animal*] breast

poitrine [pwatʀin] (NF) chest; (*= seins*) bust; (*Cuisine*) [*de veau, mouton*] breast; [*de porc*] belly • **~ salée (ou fumée)** ≈ streaky bacon • **elle n'a pas de ~** she's flat-chested

poivre [pwavʀ] (NM) pepper • **~ blanc** white pepper • **~ gris** *ou* **noir** black pepper ▸**poivre en grains** whole pepper ▸**poivre moulu** ground pepper ▸**poivre et sel** ADJ

P

INV *[cheveux]* pepper-and-salt
poivré, e [pwavʀe] *ptp de* **poivrer** (ADJ) *[plat, goût, odeur]* peppery; *[histoire]* juicy*
poivrer [pwavʀe] /TABLE 1/ (VT) to pepper
poivrier [pwavʀije] (NM) (= *récipient*) pepperpot
poivron [pwavʀɔ̃] (NM) (sweet) pepper • ~ **(vert)** green pepper • ~ **rouge** red pepper
poivrot, e* [pwavʀo, ɔt] (NM,F) drunkard
poix [pwa] (NF) pitch *(tar)*
poker [pɔkɛʀ] (NM) (= *jeu*) poker; (= *partie*) game of poker • **jouer au** ~ to play poker • **coup de** ~ gamble • **tenter un coup de** ~ to take a gamble
polaire [pɔlɛʀ] **1** (ADJ) ⓐ polar • **froid** ~ arctic cold ⓑ **laine** ~ (= *tissu, sweat*) fleece **2** (NF) (= *vêtement*) fleece jacket *(ou* sweatshirt *etc)*
polar* [pɔlaʀ] (NM) (= *roman*) detective novel
polariser [pɔlaʀize] /TABLE 1/ **1** (VT) ⓐ *(Élec, Physique)* to polarize ⓑ (= *faire converger sur soi*) to attract ⓒ (= *concentrer*) ~ **son attention sur qch** to focus one's attention on sth **2** (VPR) **se polariser** **se** ~ **sur qch** *[personne]* to focus one's attention on sth
polarité [pɔlaʀite] (NF) polarity
pôle [pol] (NM) ⓐ pole • **le** ~ **Nord/Sud** the North/South Pole • ~ **magnétique** magnetic pole ⓑ (= *centre*) ~ **d'activité** *[d'entreprise]* area of activity • ~ **universitaire** university centre • ~ **d'attraction** magnet • ~ **économique** economic hub
polémique [pɔlemik] **1** (ADJ) *[sujet]* controversial; *[écrit, article]* polemical **2** (NF) (= *controverse*) controversy (**sur** about, over) • **engager une** ~ **avec qn** to enter into an argument with sb
polémiquer [pɔlemike] /TABLE 1/ (VI) to argue (**sur** about)
poli, e [pɔli] *ptp de* **polir** **1** (ADJ) ⓐ *[personne, refus, silence]* polite • **ce n'est pas** ~ **de parler la bouche pleine** it's bad manners to talk with your mouth full • **soyez** ~**!** don't be rude! • **elle a été tout juste** ~**e avec moi** she was barely civil to me ⓑ *[bois, ivoire, métal]* polished; *[caillou]* smooth **2** (NM) shine
police [pɔlis] **1** (NF) ⓐ (= *corps*) police *NonC* • **voiture de** ~ police car • **être de la** ~ to be in the police • **vous êtes de la** ~**?** are you from the police? • **la** ~ **est à ses trousses** the police are after him
ⓑ (= *maintien de l'ordre*) policing • **faire la** ~ to keep law and order
ⓒ *(Assurances)* insurance policy
ⓓ *(Typo, Informatique)* ~ **(de caractères)** font
2 (COMP) ▸ **police de l'air et des frontières** border police ▸ **police judiciaire** ≈ Criminal Investigation Department ▸ **police des mœurs, police mondaine** ≈ vice squad ▸ **police montée** mounted police ▸ **police municipale** ≈ local police ▸ **police nationale** national police force ▸ **police parallèle** ≈ secret police ▸ **la police des polices** Complaints and Discipline Branch *(Brit)*, Internal Affairs *(US)* ▸ **police secours** ≈ emergency services • **appeler** ~ **secours** ≈ to call the emergency services
polichinelle [pɔliʃinɛl] (NM) ⓐ *(Théât)* **Polichinelle** Punchinello ⓑ (= *marionnette*) Punch
policier, -ière [pɔlisje, jɛʀ] **1** (ADJ) *[chien, enquête, régime]* police; *[film, roman]* detective **2** (NM) ⓐ (= *agent*) police officer • **femme** ~ woman police officer ⓑ (= *roman*) detective novel
poliment [pɔlimɑ̃] (ADV) politely
polio [pɔljo] (NF) polio
polir [pɔliʀ] /TABLE 2/ (VT) to polish
polisson, -onne [pɔlisɔ̃, ɔn] **1** (ADJ) (= *espiègle, grivois*) naughty **2** (NM,F) (= *enfant*) little rascal
politesse [pɔlitɛs] (NF) (= *savoir-vivre*) politeness • **par** ~ to be polite • **je vais t'apprendre la** ~**!** I'll teach you some manners! • **ce serait la moindre des** ~**s** it's the least you *(ou* he *etc)* can do
politicien, -ienne [pɔlitisjɛ̃, jɛn] **1** (ADJ) *(péj) [manœuvre, querelle]* (petty) political • **la politique politicienne** politicking **2** (NM,F) politician
politique [pɔlitik] **1** (ADJ) political
2 (NF) ⓐ (= *science, carrière*) politics *sg* • **parler** ~ to talk politics • **faire de la** ~ *(militantisme)* to be a political activist; *(métier)* to be in politics
ⓑ (= *ligne de conduite, mesures*) policy; (= *manière de gouverner*) policies • ~ **intérieure** domestic policy • **avoir une** ~ **de gauche** to follow left-wing policies • **déclaration de** ~ **générale** policy speech • ~ **agricole commune** Common Agricultural Policy
ⓒ (= *manière d'agir*) policy • **la** ~ **du moindre effort** the principle of least effort • **la** ~ **du pire** *making things worse in order to further one's own ends* • **c'est la** ~ **de l'autruche** it's like burying one's head in the sand
3 (NMF) (= *politicien*) politician
politiquement [pɔlitikmɑ̃] (ADV) politically • ~ **correct** politically correct
politiser [pɔlitize] /TABLE 1/ (VT) *[+ débat]* to politicize; *[+ événement]* to make a political issue of • **être très politisé** *[personne]* to be politically aware
pollen [pɔlɛn] (NM) pollen
polluant, e [pɔlɥɑ̃, ɑ̃t] **1** (ADJ) polluting • **non** ~ non-polluting **2** (NM) pollutant
polluer [pɔlɥe] /TABLE 1/ (VT) to pollute
pollueur, -euse [pɔlɥœʀ, øz] (NM,F) (= *industrie, personne*) polluter
pollupostage [pɔlypɔstaʒ] (NM) spamming
pollution [pɔlysjɔ̃] (NF) pollution • ~ **de l'air/des eaux/de l'environnement** air/water/environmental pollution • ~ **lumineuse** light pollution • ~ **sonore** noise pollution
polo [pɔlo] (NM) ⓐ *(Sport)* polo ⓑ (= *chemise*) polo shirt
Pologne [pɔlɔɲ] (NF) Poland
polonais, e [pɔlɔnɛ, ɛz] **1** (ADJ) Polish **2** (NM) (= *langue*) Polish **3** (NM,F) **Polonais(e)** Pole
poltron, -onne [pɔltʀɔ̃, ɔn] (NM,F) coward
polyamide [pɔliamid] (NM) polyamide
polyclinique [pɔliklinik] (NF) private general hospital
polycopier [pɔlikɔpje] /TABLE 7/ (VT) to duplicate • **cours polycopiés** duplicated lecture notes
polyculture [pɔlikyltyʀ] (NF) mixed farming
polyester [pɔliɛstɛʀ] (NM) polyester
polyéthylène [pɔlietilɛn] (NM) polyethylene
polygamie [pɔligami] (NF) polygamy
polyglotte [pɔliglɔt] (ADJ, NMF) polyglot
polyhandicap [pɔliɑ̃dikap] (NM) multiple disabilities *pl*
polyhandicapé, e [pɔliɑ̃dikape] **1** (ADJ) multi-disabled **2** (NM,F) multi-disabled person
polyinsaturé, e [pɔliɛ̃satyʀe] (ADJ) polyunsaturated
Polynésie [pɔlinezi] (NF) Polynesia • ~ **française** French Polynesia
polynésien, -ienne [pɔlinezjɛ̃, jɛn] **1** (ADJ) Polynesian

2 NM (= *langue*) Polynesian **3** NM,F **Polynésien(ne)** Polynesian

polystyrène [pɔlistiʀɛn] NM polystyrene • **~ expansé** expanded polystyrene

polytechnicien, -ienne [pɔlitɛknisjɛ̃, jɛn] NM,F *student or ex-student of the École polytechnique*

polytechnique [pɔlitɛknik] **1** ADJ **l'École ~** the École polytechnique **2** NF **Polytechnique** the École polytechnique

> **POLYTECHNIQUE**
> The **Polytechnique**, also known as "l'X", is one of the most prestigious engineering schools in France. Admission to the school is via a competitive examination, taken by students who have done two years' preparatory study.
> → GRANDES ÉCOLES

polyuréthane, polyuréthanne [pɔliyʀetan] NM polyurethane • **mousse de ~** polyurethane foam

polyvalence [pɔlivalɑ̃s] NF [*de personne*] versatility

polyvalent, e [pɔlivalɑ̃, ɑ̃t] **1** ADJ [*sérum, vaccin*] polyvalent; [*salle*] multipurpose; [*personne*] versatile • **formation ~e** comprehensive training • **nous recherchons une personne ~e** we're looking for a good all-rounder (*Brit*) *ou* for someone who's good all-around (*US*) **2** NF **polyvalente** (*Can*) *secondary school teaching academic and vocational subjects*

pommade [pɔmad] NF (*pour peau*) ointment • **~ pour les lèvres** lip salve • **passer de la ~ à qn*** to butter sb up*

pomme [pɔm] **1** NF **a** (= *fruit*) apple; • **tomber dans les ~s*** to keel over* **b** (= *tubercule*) potato **c** [*d'arrosoir*] rose **2** COMP ▸ **pomme d'Adam** Adam's apple ▸ **pommes allumettes** matchstick potatoes ▸ **pomme à couteau** eating apple ▸ **pomme à cuire** cooking apple ▸ **pomme de discorde** bone of contention ▸ **pomme de douche** showerhead ▸ **pommes à l'huile** potato salad ▸ **pommes mousseline** mashed potatoes ▸ **pommes paille** shoestring fries *or* potatoes ▸ **pomme de pin** fir cone ▸ **pomme de terre** potato ▸ **pommes vapeur** boiled potatoes

pommé, e [pɔme] ADJ [*chou*] firm and round; [*laitue*] with a good heart

pommeau (*pl* **pommeaux**) [pɔmo] NM [*de canne*] knob

pommelé, e [pɔm(ə)le] ADJ [*cheval*] dappled; [*ciel*] full of fleecy clouds

pommette [pɔmɛt] NF cheekbone • **~s saillantes** high cheekbones

pommier [pɔmje] NM apple tree

pompe [pɔ̃p] **1** NF **a** (= *machine*) pump • **~ de bicyclette** bicycle pump
b (= *chaussure*)* shoe • **être bien dans ses ~s** (*fig*) to feel good • **ce type est vraiment à côté de ses ~s** that guy's really out of it*
c (= *exercice*)* **faire des ~s** to do press-ups (*Brit*) *ou* push-ups (*US*)
d (= *solennité*) pomp • **en grande ~** with great pomp
e (*locutions*) **j'ai eu un coup de ~*** I felt drained
▸ **à toute pompe*** flat out*
2 COMP ▸ **pompe à chaleur** heat pump ▸ **pompe à essence** (= *distributeur*) petrol (*Brit*) *ou* gas(oline) (*US*) pump; (= *station*) petrol (*Brit*) *ou* gas (*US*) station ▸ **pompes funèbres** undertaker's • **entreprise de ~s funèbres** funeral director's (*Brit*), funeral parlor (*US*) ▸ **pompe à incendie** fire engine (*apparatus*) ▸ **pompe à venin** poison remover

pomper [pɔ̃pe] /TABLE 1/ VT **a** [+ *air, liquide*] to pump; (= *évacuer*) to pump out; (= *faire monter*) to pump up • **tu me pompes (l'air)*** you're getting on my nerves **b** (= *copier*)* to crib* (**sur** from) • **il m'a pompé toutes mes idées** he copied all my ideas **c** (= *épuiser*)* to tire out • **tout ce travail m'a pompé** I'm worn out* after all that work

pompette* [pɔ̃pɛt] ADJ tipsy*

pompeux, -euse [pɔ̃pø, øz] ADJ (= *ampoulé*) pompous

pompier, -ière [pɔ̃pje, jɛʀ] **1** ADJ (*péj*) [*style, écrivain*] pompous; [*morceau de musique*] slushy* • **art ~** official art **2** NM (= *personne*) firefighter • **appeler les ~s** to call the fire brigade (*Brit*) *ou* department (*US*) • **jouer les ~s de service** to put out fires (*fig*), to troubleshoot • **~ pyromane** pyromaniac fireman (*Brit*) *ou* firefighter (*US*)

pompiste [pɔ̃pist] NMF petrol pump (*Brit*) *ou* gas station (*US*) attendant

pom-pom girl [pɔmpɔmgœʀl] NF cheerleader

pompon [pɔ̃pɔ̃] NM [*de chapeau, coussin*] pompom • **c'est le ~ !*** it's the last straw! • **décerner le ~ à qn** to give first prize to sb

pomponner [pɔ̃pɔne] /TABLE 1/ **1** VT to titivate **2** VPR **se pomponner** to get dressed up

ponce [pɔ̃s] NF **(pierre) ~** pumice (stone)

poncer [pɔ̃se] /TABLE 3/ VT to sand

ponceuse [pɔ̃søz] NF sander

poncif [pɔ̃sif] NM (= *cliché*) cliché

ponction [pɔ̃ksjɔ̃] NF **a** (*lombaire*) puncture; (*pulmonaire*) tapping **b** [*d'argent*] draining • **~ fiscale** (tax) levy

ponctionner [pɔ̃ksjɔne] /TABLE 1/ VT [+ *contribuable, entreprise*] to tax

ponctualité [pɔ̃ktɥalite] NF punctuality

> Le mot anglais s'écrit avec un **u** à la place du **o**.

ponctuation [pɔ̃ktɥasjɔ̃] NF punctuation

> Le mot anglais s'écrit avec un **u** à la place du **o**.

ponctuel, -elle [pɔ̃ktɥɛl] ADJ **a** (= *à l'heure*) punctual **b** [*intervention, contrôles, aide*] (= *limité*) limited; (= *ciblé*) selective; [*problème*] isolated • **je n'ai fait que quelques modifications ponctuelles** I've only changed a few things here and there

> ⚠ **ponctuel** ne se traduit par **punctual** que lorsqu'on parle de l'heure.

> Le mot anglais s'écrit avec un **u** à la place du **o** et se termine par **-al**.

ponctuellement [pɔ̃ktɥɛlmɑ̃] ADV **a** (= *avec exactitude*) [*arriver*] punctually **b** (= *ici et là*) here and there; (= *de temps en temps*) from time to time

> Le mot anglais s'écrit avec un **u** à la place du **o** et se termine par **-ally**.

ponctuer [pɔ̃ktɥe] /TABLE 1/ VT to punctuate (**de** with)

P

pondéré, e [pɔ̃deʀe] *ptp de* **pondérer** (ADJ) ⓐ [*personne, attitude*] level-headed ⓑ **indice ~** weighted index

pondérer [pɔ̃deʀe] /TABLE 6/ (VT) (= *équilibrer*) to balance; [+ *indice*] to weight

pondéreux [pɔ̃deʀø] (NMPL) heavy goods

pondeuse [pɔdøz] (NF) **(poule) ~** good layer

pondre [pɔ̃dʀ] /TABLE 41/ **1** (VT) [+ *œuf*] to lay; [+ *texte*]* to produce **2** (VI) [*poule*] to lay; [*poisson, insecte*] to lay its eggs

poney [pɔnɛ] (NM) pony • **faire du ~** to go pony riding

> Le mot anglais s'écrit sans **e**.

pongiste [pɔ̃ʒist] (NMF) table tennis player

pont [pɔ̃] **1** (NM) ⓐ bridge • **passer un ~** to cross a bridge • **coucher sous les ~s** to sleep rough • **faire un ~ d'or à qn** (*pour l'employer*) to offer sb a fortune (*to join a company*) • **couper les ~s avec qn** to sever all links with sb ⓑ (*sur bateau*) deck • **~ avant/arrière** fore/rear deck • **tout le monde sur le ~!** all hands on deck! ⓒ (*dans garage*) ramp • **mettre une voiture sur le ~** to put a car on the ramp ⓓ (= *vacances*) extra day(s) off (*taken between two public holidays or a public holiday and a weekend*) • **faire le ~** to make a long weekend of it → FÊTES LÉGALES **2** (COMP) ▸ **pont aérien** airlift ▸ **les Ponts et Chaussées** (= *école*) *prestigious school of civil engineering* • **ingénieur des ~s et chaussées** civil engineer ▸ **pont flottant** pontoon bridge ▸ **pont à péage** toll bridge ▸ **pont suspendu** suspension bridge

> **FAIRE LE PONT**
> The expression **faire le pont** refers to the practice of taking a Monday or Friday off to make a long weekend if a public holiday falls on a Tuesday or Thursday. The French commonly take an extra day off work to give four consecutive days' holiday at "l'Ascension", "le 14 juillet" and "le 15 août".

pontage [pɔ̃taʒ] (NM) **~ (cardiaque)** (heart) bypass operation

ponte[1] [pɔ̃t] (NF) laying (of eggs)

ponte[2] * [pɔ̃t] (NM) (= *personne importante*) bigwig*

pontifical, e (*mpl* **-aux**) [pɔ̃tifikal, o] (ADJ) [*siège, gardes, États*] papal

pontifier [pɔ̃tifje] /TABLE 7/ (VI) to pontificate

pont-levis (*pl* **ponts-levis**) [pɔ̃l(ə)vi] (NM) drawbridge

ponton [pɔ̃tɔ̃] (NM) (= *plate-forme*) pontoon

pop [pɔp] (ADJ INV) [*musique, art*] pop

pop-corn [pɔpkɔʀn] (NM INV) popcorn

pope [pɔp] (NM) Orthodox priest

popote * [pɔpɔt] (NF) (= *cuisine*) cooking • **faire la ~** to cook

popotin * [pɔpɔtɛ̃] (NM) bottom*

populace [pɔpylas] (NF) (*péj*) mob

populaire [pɔpylɛʀ] (ADJ) ⓐ (= *du peuple*) popular • **la République ~ de ...** the People's Republic of ... ⓑ (= *pour la masse*) [*roman, art, chanson*] popular ⓒ (= *ouvrier*) working-class • **les classes ~s** the working classes ⓓ (= *qui plaît*) popular • **très ~ auprès des jeunes** very popular with young people ⓔ [*mot, expression*] vernacular; (= *familier*) slang

populariser [pɔpylaʀize] /TABLE 1/ **1** (VT) to popularize **2** (VPR) **se populariser** to become more (and more) popular

popularité [pɔpylaʀite] (NF) popularity

population [pɔpylasjɔ̃] (NF) population • **région à ~ musulmane** area with a large Muslim population • **~ active** working population • **~ carcérale/civile/scolaire** prison/civilian/school population

populiste [pɔpylist] (ADJ, NMF) populist

pop-up (*pl* **pop-ups**) [pɔpœp] (NM) **(fenêtre) ~** pop-up • **livre ~** pop-up book

porc [pɔʀ] (NM) ⓐ (= *animal*) pig; (= *viande*) pork; (= *peau*) pigskin ⓑ (= *homme*)* pig*

> The final **c** is not pronounced.

porcelaine [pɔʀsəlɛn] (NF) (= *matière*) porcelain • **de** *ou* **en ~** porcelain

porcelet [pɔʀsəlɛ] (NM) (= *animal*) piglet; (= *viande*) sucking pig

porc-épic (*pl* **porcs-épics**) [pɔʀkepik] (NM) porcupine

porche [pɔʀʃ] (NM) porch • **sous le ~ de l'immeuble** in the entrance to the building

porcherie [pɔʀʃəʀi] (NF) pigsty

porcin, e [pɔʀsɛ̃, in] (ADJ) **l'élevage ~** pig breeding • **race ~e** breed of pig

pore [pɔʀ] (NM) pore

poreux, -euse [pɔʀø, øz] (ADJ) porous

porno * [pɔʀno] **1** (ADJ) (ABR DE **pornographique**) porn* **2** (NM) (ABR DE **pornographie**) porn*

pornographie [pɔʀnɔgʀafi] (NF) pornography

pornographique [pɔʀnɔgʀafik] (ADJ) pornographic

port [pɔʀ] **1** (NM) ⓐ (= *bassin*) harbour (*Brit*), harbor (*US*); (*commercial*) port; (= *ville*) port • **sortir du ~** to leave port *ou* harbour • **arriver à bon ~** to arrive safe and sound ⓑ (*Informatique*) port • **~ parallèle/série** parallel/serial port ⓒ (= *fait de porter*) carrying • **le ~ du casque est obligatoire sur le chantier** hard hats must be worn on the building site • **~ d'armes prohibé** illegal carrying of firearms ⓓ (= *prix*) (*poste*) postage; (*transport*) carriage • **franco de ~** carriage paid **2** (COMP) ▸ **port d'attache** [*de bateau*] port of registry; (*fig*) home base ▸ **port autonome** (= *gestion*) port authority; (= *lieu*) port (*publicly managed*) ▸ **port fluvial** river port ▸ **port franc** free port ▸ **port maritime, port de mer** sea port ▸ **port de pêche** fishing port ▸ **port pétrolier** oil terminal ▸ **port de plaisance** (= *bassin*) marina; (= *ville*) sailing resort

portable [pɔʀtabl] **1** (ADJ) [*vêtement*] wearable; (= *portatif*) portable; [*téléphone*] mobile (*Brit*), cellular (*US*); [*technologies, appareils*] wearable **2** (NM) (= *ordinateur*) laptop; (= *téléphone*) mobile (phone) (*Brit*), cell(phone) (*US*)

portail [pɔʀtaj] (NM) gate; (= *site d'entrée Internet*) gateway

portant, e [pɔʀtɑ̃, ɑ̃t] **1** (ADJ) **être bien/mal ~** to be in good/poor health **2** (NM) (= *support*) rack

portatif, -ive [pɔʀtatif, iv] (ADJ) portable

porte [pɔʀt] **1** (NF) ⓐ [*de maison, voiture, meuble*] door; [*de jardin, stade, ville*] gate; (= *seuil*) doorstep; (= *embrasure*) doorway • **passer la ~** to go through the door • **sonner à la ~** to ring the doorbell • **c'est à ma ~** it's close by • **une 5 ~s** a 5-door car • **j'ai mis deux heures (de) ~ à ~** it took me two hours from door to door • **Dijon, ~ de la Bourgogne** Dijon, the gateway to Burgundy

ⓑ [*d'aéroport*] gate
ⓒ (*locutions*) **ce n'est pas la ~ à côté*** it's not exactly on our (*ou* my *etc*) doorstep • **la ~!*** shut the door! • **être à la ~** to be locked out • **mettre** *ou* **flanquer qn à la ~*** (*licencier*) to fire sb*; (*éjecter*) to boot* sb out • **claquer la ~ au nez de qn** to slam the door in sb's face • **entrer par la petite/la grande ~** (*fig*) to start at the bottom/at the top • **j'ai trouvé ~ close** (*maison*) no one answered the door; (*magasin, bâtiment public*) it was closed • **vous avez frappé à la bonne/mauvaise ~** (*fig*) you've come to the right/wrong place • **c'est la ~ ouverte à tous les abus** it means leaving the door wide open to all sorts of abuses • **journée ~(s) ouverte(s)** open day (*Brit*), open house (*US*) • **parler à qn entre deux ~s** to have a quick word with sb • **prendre la ~** to leave
2 COMP ▸ **porte battante** swinging door ▸ **porte cochère** carriage entrance ▸ **porte d'embarquement** departure gate ▸ **porte d'entrée** front door ▸ **porte palière** front door (*of an apartment*) ▸ **porte de secours** emergency exit ▸ **porte de service** rear entrance ▸ **porte de sortie** exit; (*fig*) way out • **se ménager une ~ de sortie** to leave o.s. a way out ▸ **porte à tambour** revolving door

porté, e[1] [pɔʀte] *ptp de* **porter** ADJ **être ~ à faire qch** to be inclined to do sth • **être ~ sur la chose*** to have a one-track mind*

porte-à-faux [pɔʀtafo] NM INV **en ~** [*mur, construction*] slanting; [*personne*] in an awkward position

porte-à-porte [pɔʀtapɔʀt] NM INV **faire du ~** (= *vendre*) to be a door-to-door salesman; (= *chercher du travail*) to go around knocking on doors

porte-avion(s) (*pl* **porte-avions**) [pɔʀtavjɔ̃] NM aircraft carrier

porte-bagage(s) (*pl* **porte-bagages**) [pɔʀt(ə)bagaʒ] NM rack

porte-bébé (*pl* **porte-bébés**) [pɔʀt(ə)bebe] NM (= *nacelle*) carrycot (*Brit*); (*à bretelles*) baby sling

porte-bonheur [pɔʀt(ə)bɔnœʀ] NM INV lucky charm

porte-bouteille(s) (*pl* **porte-bouteilles**) [pɔʀt(ə)butɛj] NM (= *casier*) wine rack

porte-carte(s) (*pl* **porte-cartes**) [pɔʀt(ə)kaʀt] NM [*de papiers d'identité*] card holder

porte-clé(s) (*pl* **porte-clés**), **porteclé** [pɔʀt(ə)kle] NM key ring

porte-couteau (*pl* **porte-couteaux**) [pɔʀt(ə)kuto] NM knife rest

porte-document(s) (*pl* **porte-documents**) [pɔʀt(ə)dɔkymɑ̃] NM briefcase

porte-drapeau (*pl* **porte-drapeaux**) [pɔʀt(ə)dʀapo] NM standard bearer

portée[2] [pɔʀte] NF ⓐ (= *distance*) reach; [*de fusil, radar*] range • **missile de moyenne ~** intermediate-range weapon • **à ~ de la main** at hand • **restez à ~ de voix** stay within earshot • **restez à ~ de vue** don't go out of sight • **cet hôtel n'est pas à la ~ de toutes les bourses** this hotel is not within everyone's means • **hors de ~** out of reach; (*fig*) beyond reach
ⓑ (= *capacité*) **être à la ~ de qn** to be understandable to sb
ⓒ (= *effet*) [*de parole, écrit*] impact; [*d'acte*] consequences • **il ne mesure pas la ~ de ses paroles/ses actes** he doesn't think about the implications of what he's saying/the consequences of his actions
ⓓ (*Mus*) stave
ⓔ (= *bébés*) litter

porte-fenêtre (*pl* **portes-fenêtres**) [pɔʀt(ə)fənɛtʀ] NF French window (*Brit*) *ou* door (*US*)

portefeuille [pɔʀtəfœj] NM [*d'argent*] wallet; (*Assurances, Bourse, Politique*) portfolio • **ils ont dû mettre la main au ~** they had to fork out* *ou* pay • **ça fait mal au ~!** it hits your wallet!*, it makes *ou* burns a hole in your wallet!*

porte-flingue* [pɔʀtəflɛ̃g] NM INV henchman

portemanteau (*pl* **portemanteaux**) [pɔʀt(ə)mɑ̃to] NM (= *cintre*) coat hanger; (*accroché au mur*) coat rack; (*sur pied*) hat stand

portemine [pɔʀtəmin] NM propelling pencil

portemonnaie, porte-monnaie (*pl* **porte-monnaies**) [pɔʀt(ə)mɔnɛ] NM purse (*Brit*), coin purse (*US*); (*pour homme*) wallet • **avoir le ~ bien garni** to be well-off • **ça fait mal au ~!** it hits your wallet!*, it makes *ou* burns a hole in your wallet!*

porte-parapluie (*pl* **porte-parapluies**) [pɔʀt(ə)paʀaplɥi] NM umbrella stand

porte-paroie [pɔʀt(ə)paʀɔl] NMF INV spokesperson; (= *homme*) spokesman; (= *femme*) spokeswoman • **le ~ du gouvernement** the government spokesperson

porte-plume (*pl* **porte-plumes**) [pɔʀtəplym] NM penholder

porte-poussière (*pl* **porte-poussières**) [pɔʀt(ə)pusjɛʀ] NM (*Can*) dustpan

porter [pɔʀte] /TABLE 1/ **1** VT ⓐ [+ *parapluie, paquet, valise*] to carry; [+ *responsabilité*] to bear • **cette poutre porte tout le poids du plafond** this beam bears the whole weight of the ceiling
ⓑ (= *apporter*) to take • **~ qch à qn** to take sth to sb • **porte-lui ce livre** take him this book • **je vais ~ la lettre à la boîte** I'm going to take the letter to the postbox • **~ la main à son front** to put one's hand to one's brow • **~ de l'argent à la banque** to take some money to the bank • **~ l'affaire sur la place publique/devant les tribunaux** to take the matter into the public arena/before the courts • **~ une œuvre à l'écran/à la scène** to make a film/stage a play based on a work
ⓒ [+ *vêtement, bague, laine, lunettes*] to wear; [+ *barbe*] to have; [+ *nom*] to bear • **~ les cheveux longs** to wear one's hair long • **elle porte bien son âge** she looks good for her age • **on lui a fait ~ le chapeau*** he took the rap*
ⓓ (= *montrer*) [+ *signe, trace, blessure, inscription, date*] to bear
ⓔ (= *inscrire*) [+ *nom*] to put down • **~ de l'argent au crédit d'un compte** to credit an account with some money • **se faire ~ malade** to go sick • **porté disparu** reported missing
ⓕ (= *ressentir*) [+ *amour, haine*] to feel (**à** for)
ⓖ (*en soi*) [+ *enfant*] to carry; [+ *graines, fruit*] to bear • **~ ses fruits** to bear fruit
ⓗ (= *conduire, amener*) to carry; (= *entraîner*) [*foi*] to carry along • **~ qn au pouvoir** to bring sb to power • **~ qch à sa perfection** to bring sth to perfection • **cela porte le nombre de blessés à 20** that brings the number of casualties (up) to 20
ⓘ (= *inciter*) **~ qn à faire qch** to lead sb to do sth • **tout (nous) porte à croire que …** everything leads us to believe that …
2 VI ⓐ [*bruit, voix, canon*] to carry
ⓑ [*reproche, coup*] to hit home
ⓒ (= *frapper*) **c'est la tête qui a porté** his head took the blow

P

ⓓ (= *reposer*) [*poids*] ~ **sur** to be supported by
ⓔ ▸ **porter sur** (= *concerner*) [*débat, cours*] to be about; [*revendications, objection*] to concern; [*étude, effort*] to be concerned with; [*accent*] to fall on
3 (VPR) **se porter** ⓐ [*personne*] **se ~ bien/mal** to be well/unwell • **se ~ comme un charme** to be fighting fit • **et je ne m'en suis pas plus mal porté** and I was no worse off for it
ⓑ (= *se présenter comme*) **se ~ candidat** to run as a candidate • **se ~ acquéreur (de)** to put in a bid (for)
ⓒ (= *aller*) to go • **se ~ sur** (= *se diriger vers*) [*soupçon, choix*] to fall on
ⓓ (= *être porté*) [*vêtement*] **les jupes se portent très courtes** the fashion is for very short skirts • **ça ne se porte plus** that's out of fashion

porte-revue(s) (*pl* **porte-revues**) [pɔʀt(ə)ʀəvy] (NM) magazine rack

porte-savon (*pl* **porte-savons**) [pɔʀt(ə)savɔ̃] (NM) soapdish

porte-serviette(s) (*pl* **porte-serviettes**) [pɔʀt(ə)sɛʀvjɛt] (NM) towel rail

porte-skis [pɔʀtəski] (NM INV) ski rack

porteur, -euse [pɔʀtœʀ, øz] **1** (ADJ) [*mur*] load-bearing • **thème ~** key theme • **marché ~** growth market
2 (NM,F) ⓐ [*de valise, colis*] porter; [*de message*] messenger; [*de chèque*] bearer; [*de titre, actions*] holder • **~ de journaux** paperboy • **être ~ d'espoir** to bring hope • **payable au ~** payable to bearer • **les petits/gros ~s** (= *actionnaires*) small/big shareholders ⓑ (*Méd*) carrier • **il est ~ du virus** he is carrying the virus

porte-vélo(s) (*pl* **porte-vélos**) [pɔʀtəvelo] (NM) bicycle rack

porte-voix, portevoix [pɔʀtəvwa] (NM INV) megaphone; (*électrique*) loudhailer

portier [pɔʀtje] (NM) porter

portière [pɔʀtjɛʀ] (NF) [*de véhicule*] door

portillon [pɔʀtijɔ̃] (NM) gate; [*de métro*] barrier • **~ automatique** automatic ticket barrier

portion [pɔʀsjɔ̃] (NF) portion • **fromage en ~s** cheese portions • **être réduit à la ~ congrue** to get the smallest share

portique [pɔʀtik] (NM) **~ électronique** *ou* **de sécurité** *ou* **de détection** metal detector

porto [pɔʀto] (NM) port

portoricain, e [pɔʀtɔʀikɛ̃, ɛn] **1** (ADJ) Puerto Rican **2** (NM,F) **Portoricain(e)** Puerto Rican

Porto Rico [pɔʀtɔʀiko] (NF) Puerto Rico

portrait [pɔʀtʀɛ] (NM) ⓐ (= *peinture*) portrait; (= *photo*) photograph • **~ fidèle** good likeness • **~ de famille** family portrait • **~ en pied** full-length portrait • **~ en buste** head-and-shoulders portrait • **c'est tout le ~ de son père** he's the spitting image of his father • **se faire abîmer le ~*** to get one's head smashed in*
ⓑ (= *description*) [*de personne*] description; [*de situation*] picture • **faire le ~ de qn** to paint a portrait of sb; (= *dessin*) to draw a portrait of sb

portraitiste [pɔʀtʀetist] (NMF) portrait painter

portrait-robot (*pl* **portraits-robots**) [pɔʀtʀɛʀɔbo] (NM) Photofit® • **faire le ~ du Français moyen** to draw the profile of the average Frenchman

portuaire [pɔʀtɥɛʀ] (ADJ) harbour (*Brit*), harbor (*US*)

portugais, e [pɔʀtygɛ, ɛz] **1** (ADJ) Portuguese **2** (NM) (= *langue*) Portuguese **3** (NM,F) **Portugais(e)** Portuguese

Portugal [pɔʀtygal] (NM) Portugal

POS [peoɛs] (NM) (ABR DE **plan d'occupation des sols**) zoning regulations

pose [poz] (NF) ⓐ (= *installation*) [*de tableau, rideaux*] hanging; [*de moquette, serrure*] fitting ⓑ (= *attitude*) pose • **prendre une ~** to strike a pose ⓒ (*Photo* = *vue*) exposure • **un film (de) 36 ~s** a 36-exposure film

posé, e [poze] *ptp de* **poser** (ADJ) (= *pondéré*) [*personne*] level-headed • **d'un ton ~ mais ferme** calmly but firmly

posément [pozemɑ̃] (ADV) calmly

poser [poze] /TABLE 1/ **1** (VT) ⓐ (= *placer*) [+ *objet*] to put down; (*debout*) to stand • **~ qch sur une table/par terre** to put sth on a table/on the floor • **~ sa tête sur l'oreiller** to lay one's head on the pillow • **~ une échelle contre un mur** to lean a ladder against a wall
ⓑ (= *installer*) [+ *tableau, rideaux*] to hang; [+ *carrelage, moquette*] to lay; [+ *vitre*] to put in; [+ *serrure*] to fit; [+ *bombe*] to plant • **~ la première pierre** to lay the foundation stone
ⓒ [+ *chiffres*] to set down • **je pose 4 et je retiens 3** put down 4 and carry 3
ⓓ (= *énoncer*) [+ *condition*] to set; [+ *question*] to ask; (*à un examen*) to set • **~ sa candidature à un poste** to apply for a post
ⓔ (= *demander*) ~ **des jours de congé** to put in a request for leave
ⓕ (= *donner de l'importance*) ~ **qn** to establish sb's reputation • **ça vous pose** people really think you're somebody
2 (VI) (*pour portrait*) to sit; (= *chercher à se faire remarquer*) to show off
3 (VPR) **se poser** ⓐ [*insecte, oiseau, avion*] to land • **se ~ en catastrophe/sur le ventre** [*avion*] to make an emergency landing/a belly-landing • **pose-toi là*** sit down here • **son regard s'est posé sur elle** his eyes fell on her
ⓑ [*question, problème*] to arise
ⓒ (= *se présenter*) **se ~ comme victime** to claim to be a victim • **comme menteur, vous vous posez (un peu) là!*** you're a terrible liar!

poseur, -euse [pozœʀ, øz] (NM,F) ⓐ (*péj*) show-off ⓑ **~ d'affiches** billposter • **~ de bombes** bomber

positif, -ive [pozitif, iv] **1** (ADJ) positive **2** (NM) ⓐ (= *réel*) **je veux du ~!** I want something positive! ⓑ (*Photo*) positive

position [pozisjɔ̃] (NF) ⓐ position; [*de navire*] bearings • **rester sur ses ~s** to stand one's ground • **avoir une ~ de repli** to have a fallback position • **arriver en première/deuxième/dernière ~** to come first/second/last • **être assis dans une mauvaise ~** to be sitting in an awkward position • **se mettre en ~** to take up one's position • **en ~ allongée/assise/verticale** in a reclining/sitting/upright position • **être dans une ~ délicate** to be in a difficult position • **être en ~ de faire qch** to be in a position to do sth • **il occupe une ~ importante** he holds an important position • **revoir sa ~** to review one's position
ⓑ (= *attitude*) stance • **prendre ~** to take a stand • **prendre (fermement) ~ en faveur de qch** to come down (strongly) in favour of sth • **prise de ~** stand

positionner [pozisjɔne] /TABLE 1/ **1** (VT) ⓐ (= *placer*) to position ⓑ (= *repérer*) to locate **2** (VPR) **se positionner** to position o.s.; (*dans un débat*) to take a stand • **comment se positionne ce produit sur le marché?** what slot does this product fill in the market?

positivement [pozitivmɑ̃] (ADV) positively

positiver [pozitive] /TABLE 1/ (VI) to think positive

posologie [pozɔlɔʒi] (NF) (= *indications*) directions for use

posséder [pɔsede] /TABLE 6/ (VT) ⓐ to have; [+ *bien, maison*] to own • **c'est tout ce que je possède** it's all I've got • **il croit ~ la vérité** he believes that he possesses the truth ⓑ (= *bien connaître*) [+ *métier*] to know inside out; [+ *langue*] to have a good command of ⓒ (= *duper*)* ~ **qn** to take sb in* • **se faire ~** to be taken in*

possesseur [pɔsesœʀ] (NM) [*de bien*] owner; [*de diplôme, titre, secret, billet de loterie*] holder

possessif, -ive [pɔsesif, iv] (ADJ) possessive

possession [pɔsesjɔ̃] (NF) ⓐ (= *fait de posséder*) [*de bien*] ownership; [*de diplôme, titre, billet de loterie*] holding • **nos ~s à l'étranger** our overseas possessions

▸ **en possession de être en ~ de qch** to be in possession of sth • **il était en pleine ~ de ses moyens** he was in full possession of his faculties

▸ **prendre possession de** [+ *fonction*] to take up; [+ *bien, héritage, appartement*] to take possession of; [+ *voiture*] to take delivery of

ⓑ (= *chose possédée*) possession

possibilité [pɔsibilite] 1 (NF) possibility • **je ne vois pas d'autre ~ (que de ...)** I don't see any other possibility (than to ...) 2 (NFPL) **possibilités** (= *moyens*) means; (= *potentiel*) potential • **quelles sont vos ~s financières?** what is your financial situation?

possible [pɔsibl] 1 (ADJ) possible; [*projet, entreprise*] feasible • **il est ~/il n'est pas ~ de ...** it is possible/impossible to ... • **arrivez tôt si ~** arrive early if possible • **ce n'est pas ~** it's not possible • **c'est dans les choses ~s** it's a possibility • **c'est (bien) ~/très ~** possibly/very possibly • **dans le meilleur des mondes ~s** in the best of all possible worlds • **venez aussi vite/aussitôt que ~** come as quickly/as soon as possible • **venez le plus vite/tôt ~** come as quickly/as soon as you (possibly) can • **il sort le moins (souvent) ~** he goes out as little as possible • **il n'est pas ~ de travailler dans ce bruit** it just isn't possible to work in this noise • **un bruit pas ~*** an incredible racket* • **est-ce ~!** I don't believe it! • **c'est pas ~!*** (*faux*) that can't be right!; (*étonnant*) well I never!*; (*irréalisable*) it's out of the question! • **ce n'est pas ~ d'être aussi bête!** how stupid can you get!*

▸ **il est possible que il est ~ qu'il vienne** he might come • **il est ~ qu'il ne vienne pas** he might not come • **il est bien ~ qu'il se soit perdu en route** he may very well have lost his way

2 (NM) **faire reculer les limites du ~** to push back the frontiers of what is possible • **essayons, dans les limites du ~, de ...** let's try, as far as possible, to... • **faire (tout) son ~** to do one's utmost (**pour** to, **pour que** to make sure that) • **c'est énervant au ~** it's extremely annoying

post [pɔst] (NM) (*Internet*) post • **~ de blog** blogpost

postal, e (*mpl* **-aux**) [pɔstal, o] (ADJ) [*service, taxe*] postal; [*train, avion, voiture*] mail; [*colis*] sent by mail • **code ~** postcode (*Brit*), zip code (*US*)

poste¹ [pɔst] 1 (NF) ⓐ (= *administration, bureau*) post office • **employé des ~s** post office worker • **La Poste** the French Post Office ⓑ (= *service postal*) mail • **envoyer qch par la ~** to send sth by post • **mettre une lettre à la ~** to post a letter 2 (COMP) ▸ **poste aérienne** airmail ▸ **poste restante** poste restante (*Brit*), general delivery (*US*)

poste² [pɔst] 1 (NM) ⓐ (= *emplacement*) post • **~ de douane** customs post • **rester à son ~** to stay at one's post

ⓑ **~ (de police)** (police) station • **emmener qn au ~** to take sb to the police station • **il a passé la nuit au ~** he spent the night in the cells

ⓒ (= *emploi*) job; [*de fonctionnaire*] post; (*dans une hiérarchie*) position; (= *nomination*) appointment • **être en ~ à Paris** to hold an appointment *ou* a post in Paris • **il a trouvé un ~ de bibliothécaire** he has found a job as a librarian

ⓓ (*Radio, TV*) set • **~ de radio/de télévision** radio/television

ⓔ (*Téléc* = *ligne*) extension

ⓕ [*de budget*] item

2 (COMP) ▸ **poste d'aiguillage** signal box ▸ **poste budgétaire** budget item ▸ **poste de commandement** headquarters ▸ **poste de contrôle** checkpoint ▸ **poste d'équipage** crew's quarters ▸ **poste frontière** border post ▸ **poste d'incendie** fire point ▸ **poste d'observation** observation post ▸ **poste de péage** toll booth ▸ **poste de pilotage** cockpit ▸ **poste de police** police station ▸ **poste de secours** first-aid post ▸ **poste téléphonique** telephone ▸ **poste de travail** (*Informatique*) work station; (= *emploi*) job

posté, e [pɔste] *ptp de* **poster** (ADJ) **travail ~** shift work

poster¹ [pɔste] /TABLE 1/ 1 (VT) ⓐ [+ *lettre*] to post (*Brit*), to mail (*US*) • **~ un message sur un blog** to post a message on a blog ⓑ [+ *sentinelle*] to post 2 (VPR) **se poster** to take up a position

poster² [pɔstɛʀ] (NM) (= *affiche*) poster

postérieur, e [pɔsteʀjœʀ] 1 (ADJ) (*dans le temps*) [*date, document*] later; [*événement*] subsequent; (*dans l'espace*) [*partie*] back; [*membre*] hind • **l'événement est ~ à 1850** the event took place after 1850 2 (NM) (= *fesses*)* behind*

postérieurement [pɔsteʀjœʀmɑ̃] (ADV) subsequently • **~ à** after

posteriori [pɔsteʀjɔʀi] → **a posteriori**

postériorité [pɔsteʀjɔʀite] (NF) posteriority

postérité [pɔsteʀite] (NF) (= *descendants*) descendants; (= *avenir*) posterity • **passer à la ~** to go down in history

posthume [pɔstym] (ADJ) posthumous • **à titre ~** posthumously

postiche [pɔstiʃ] 1 (ADJ) [*cheveux, moustache*] false 2 (NM) (*pour homme*) toupee; (*pour femme*) hairpiece

postier, -ière [pɔstje, jɛʀ] (NM,F) post office worker • **grève des ~s** postal strike

postillon* [pɔstijɔ̃] (NM) (= *salive*) sputter • **il m'envoyait des ~s** he was spluttering

postillonner* [pɔstijɔne] /TABLE 1/ (VI) to splutter

post(-)industriel, -elle [pɔstɛ̃dystʀijɛl] (ADJ) post-industrial

postopératoire [pɔstɔpeʀatwaʀ] (ADJ) postoperative

post-scriptum○ [pɔstskʀiptɔm] (NM INV) postscript

postsynchroniser [pɔstsɛ̃kʀɔnize] /TABLE 1/ (VT) [+ *film*] to dub

post-traumatique [pɔsttʀomatik] (ADJ) post-traumatic • **syndrome de stress ~** post-traumatic stress disorder

postulant, e [pɔstylɑ̃, ɑ̃t] (NM,F) applicant

postulat [pɔstyla] (NM) premise; (*Philo*) postulate • **~ de base** *ou* **de départ** basic premise

postuler [pɔstyle] /TABLE 1/ 1 (VT) [+ *principe*] to postulate 2 (VI) **~ à** *ou* **pour un emploi** to apply for a job

P

posture [pɔstyʀ] NF position • **être en bonne ~** to be in a good position

post-vérité [pɔstveʀite] NF (*euph*) post-truth (*euph*)

pot [po] **1** NM ⓐ (= *récipient*) (*en verre*) jar; (*en terre*) pot; (*en métal*) can; (*en carton*) carton • **petit ~ (pour bébé)** jar of baby food • **~ à confiture** jam jar • **~ de confiture** jar of jam • **plantes en ~** pot plants • **tourner autour du ~** to beat about the bush

▸ **plein pot*** **payer plein ~** to pay the full whack*

ⓑ (= *boisson*)* drink; (= *réunion*)* drinks party • **~ d'adieu** farewell party • **~ de départ** (*à la retraite etc*) leaving party

ⓒ (= *chance*)* luck • **avoir du ~** to be lucky • **pas de** *ou* **manque de ~!** just his (*ou* your *etc*) luck! • **c'est un vrai coup de ~!** what a stroke of luck!

2 COMP ▸ **pot catalytique** catalytic converter ▸ **pot de chambre** chamberpot ▸ **pot de colle** pot of glue; (*péj* = *personne*) leech ▸ **pot à eau** water jug ▸ **pot d'échappement** exhaust pipe; (*silencieux*) silencer (*Brit*), muffler (*US*) ▸ **pot de fleurs** (= *récipient*) flowerpot; (= *fleurs*) pot plant ▸ **pot de peinture** pot of paint; (*péj*) **c'est un vrai ~ de peinture*** she wears far too much make-up

potable [pɔtabl] ADJ drinkable; (= *acceptable*)* passable • **eau ~** drinking water • **il ne peut pas faire un travail ~*** he can't do a decent piece of work

potache* [pɔtaʃ] NM schoolkid* • **des plaisanteries de ~** schoolboy pranks

potage [pɔtaʒ] NM soup

potager, -ère [pɔtaʒe, ɛʀ] **1** ADJ [*plante*] edible • **jardin ~** vegetable garden **2** NM vegetable garden

potasse [pɔtas] NF potash

potasser* [pɔtase] /TABLE 1/ **1** VT [+ *sujet*] to swot up (on)* (*Brit*) **2** VI to cram

potassium [pɔtasjɔm] NM potassium

pot-au-feu [pɔtofø] NM INV (= *plat*) hotpot (*made with beef*)

pot-de-vin (*pl* **pots-de-vin**) [pod(ə)vɛ̃] NM bribe

pote* [pɔt] NMF pal*

poteau (*pl* **poteaux**) [pɔto] NM (= *pilier*) post • **~ (d'exécution)** execution post ▸ **poteau d'arrivée** finishing post ▸ **poteau électrique** electricity pole ▸ **poteau indicateur** signpost ▸ **poteau télégraphique** telegraph pole

potée [pɔte] NF ≈ hotpot (*of pork and cabbage*)

potelé, e [pɔt(ə)le] ADJ [*enfant*] chubby; [*bras*] plump

potence [pɔtɑ̃s] NF ⓐ (= *gibet*) gallows *sg* ⓑ (= *support*) bracket

potentiel, -ielle [pɔtɑ̃sjɛl] **1** ADJ [*marché, risque, client*] potential **2** NM potential • **ce pays a un énorme ~ économique** this country has huge economic potential

> Le mot anglais se termine par **-ial**.

potentiellement [pɔtɑ̃sjɛlmɑ̃] ADV potentially

poterie [pɔtʀi] NF (= *atelier, art*) pottery; (= *objet*) piece of pottery

potiche [pɔtiʃ] NF oriental vase; (*péj* = *prête-nom*) figurehead • **il ne veut pas être un président ~** he doesn't want to be a mere figurehead president

potier, -ière [pɔtje, jɛʀ] NM,F potter

potin* [pɔtɛ̃] NM ⓐ (= *vacarme*) racket* • **faire du ~** to make a noise ⓑ (= *commérage*) piece of gossip • **des ~s** gossip

potion [posjɔ̃] NF potion • **~ amère** bitter pill

potiron [pɔtiʀɔ̃] NM pumpkin

pot-pourri ○ (*pl* **pots-pourris**) [popuʀi] NM [*de chansons*] medley

pou (*pl* **poux**) [pu] NM louse

pouah [pwɑ] EXCL yuk!

poubelle [pubɛl] NF ⓐ dustbin (*Brit*), garbage can (*US*) • **descendre la ~** to take down the bin (*Brit*) *ou* the garbage (*US*) • **les ~s sont passées?*** have the binmen (*Brit*) *ou* the garbage men (*US*) been? • **allez, hop! à la ~!** right! let's throw it out! • **mettre qch à la ~** to put sth in the dustbin (*Brit*) *ou* garbage can (*US*) • **faire les ~s** to rummage through bins (*Brit*) *ou* garbage cans (*US*) • **la mer est une vraie ~** the sea is just used as a dustbin ⓑ (*Informatique*) trash

pouce [pus] NM ⓐ [*de main*] thumb; [*de pied*] big toe • **se tourner les ~s** to twiddle one's thumbs • **~!** (*jeu*) truce! • **on a déjeuné sur le ~*** we had a bite to eat* • **coup de ~** (*pour aider qn*) nudge in the right direction • **faire du ~*** (*Can*) to hitch* ⓑ (= *mesure*) inch • **son travail n'a pas avancé d'un ~** he hasn't made the least bit of progress in his work • **la situation n'a pas changé d'un ~** the situation hasn't changed in the slightest

poucer* [puse] /TABLE 3/ VI (*Can*) to hitch-hike

Poucet [pusɛ] NM **le Petit ~** Tom Thumb

poudre [pudʀ] NF powder • **réduire qch en ~** to grind sth to powder • **en ~** [*lait, œufs*] powdered • **se mettre de la ~** to powder one's nose • **prendre la ~ d'escampette*** to take to one's heels • **de la ~ de perlimpinpin** a magical cure • **c'est de la ~ aux yeux** it's all just for show ▸ **poudre à canon** gunpowder ▸ **poudre à laver** washing powder (*Brit*), laundry detergent (*US*) ▸ **poudre à récurer** scouring powder

poudrer (se) [pudʀe] /TABLE 1/ VPR to powder one's nose

poudrerie [pudʀəʀi] NF (*Can*) blizzard

poudreux, -euse [pudʀø, øz] **1** ADJ (= *poussiéreux*) dusty **2** NF **poudreuse** (= *neige*) powder snow

poudrier [pudʀije] NM (powder) compact

poudrière [pudʀijɛʀ] NF (= *situation explosive*) powder keg

pouf [puf] **1** NM pouffe **2** EXCL thud!

pouffer [pufe] /TABLE 1/ VI **~ (de rire)** to burst out laughing

pouffiasse**, **poufiasse**** [pufjas] NF (*péj*) bitch** (*injurieux*)

pouilleux, -euse [pujø, øz] ADJ (= *sordide*) seedy

poulailler [pulɑje] NM henhouse • **le ~*** (*au théâtre*) the gallery

poulain [pulɛ̃] NM (= *animal*) colt; (*fig*) promising youngster; (= *protégé*) protégé

poule [pul] **1** NF ⓐ (= *animal*) hen; (= *viande*) fowl ⓑ (= *maîtresse*)** mistress; (= *fille*)** bird* (*Brit*), chick* (*US*) ⓒ (= *terme affectueux*) **ma ~*** my pet ⓓ (= *tournoi*) tournament; (*Escrime*) pool; (*Rugby*) group **2** COMP ▸ **poule d'eau** moorhen ▸ **poule mouillée** (= *lâche*) coward ▸ **poule pondeuse** laying hen ▸ **poule au pot** boiled chicken

poulet [pulɛ] NM ⓐ (= *animal, viande*) chicken ⓑ (= *policier*)** cop**

poulette [pulɛt] NF (= *animal*) pullet • **ma ~!*** (my) love!

pouliche [puliʃ] NF filly

poulie [puli] NF pulley; (*avec sa caisse*) block

poulpe [pulp] NM octopus

pouls [pu] NM pulse • **prendre le ~ de qn** to take sb's pulse • **prendre le ~ de** [+ *opinion publique*] to sound out

poumon [pumɔ̃] (NM) lung • **respirer à pleins ~s** to breathe deeply • **~ artificiel/d'acier** artificial/iron lung • **cette région est le ~ économique du pays** this region is the hub of the country's economy

poupe [pup] (NF) *[de bateau]* stern

poupée [pupe] (NF) **a** (= *jouet*) doll • **elle joue à la ~** she's playing with her doll(s) **b** (= *jolie femme*)* doll* **c** (= *pansement*) finger bandage

poupon [pupɔ̃] (NM) babe-in-arms

pouponner [pupɔne] /TABLE 1/ (VI) **elle/il adore ~** she/he loves to look after the kids (*ou* her/his son *etc*)

pouponnière [pupɔnjɛʀ] (NF) day nursery

pour [puʀ]

1 PRÉPOSITION	2 NOM MASCULIN

1 PRÉPOSITION

a (= *en faveur de*) for • **manifester ~ la paix** to march for peace • **je suis ~!*** I'm all for it!*

b (*lieu*) for • **partir ~ l'Espagne** to leave for Spain

c (*temps*) for • **il est absent ~ deux jours** he's away for two days • **~ le moment** for the moment • **~ l'instant** for the moment • **~ toujours** for ever • **tu en as ~ combien de temps?** how long are you going to be? • **ne m'attendez pas, j'en ai encore ~ une heure** don't wait for me, I'll be another hour

d (= *à la place de*) for • **payer ~ qn** to pay for sb • **signez ~ moi** sign for me

e (*rapport*) for • **il est petit ~ son âge** he is small for his age • **c'est bien trop cher ~ ce que c'est!** it's far too expensive for what it is! • **~ un Anglais, il parle bien le français** he speaks French well for an Englishman

▸ **pour cent** per cent

▸ **pour mille** per thousand

f (*intention, but*) for • **faire qch ~ qn** to do sth for sb • **c'est fait ~!*** that's what it's meant for! • **c'est bon ~ la santé** it's good for you • **son amour ~ les bêtes** his love of animals • **coiffeur ~ dames** ladies' hairdresser • **pastilles ~ la gorge** throat tablets

▸ **pour** + *infinitif* to • **creuser ~ trouver de l'eau** to dig to find water • **il sera d'accord ~ nous aider** he'll agree to help us • **je n'ai rien dit ~ ne pas le blesser** I didn't say anything so as not to hurt him • **ce n'est pas ~ arranger les choses** this isn't going to help matters

▸ **pour que** + *subjonctif* so that • **écris vite ta lettre ~ qu'elle parte ce soir** write your letter quickly so that it will go this evening • **il est trop tard ~ qu'on le prévienne** it's too late to warn him

g (*cause*) **~ quelle raison?** for what reason? • **être condamné ~ vol** to be convicted of theft • **il est connu ~ sa générosité** he is known for his generosity • **pourquoi se faire du souci ~ ça?** why worry about that?

▸ **pour** + *infinitif passé* **elle a été punie ~ avoir menti** she was punished for lying

▸ **pour peu que** + *subjonctif* **~ peu qu'il ait un peu bu, il va raconter n'importe quoi** if he's had even the smallest drink he'll say anything

h (= *du point de vue de, concernant*) **~ moi, elle était déjà au courant** if you ask me, she already knew • **sa fille est tout ~ lui** his daughter is everything to him • **ça ne change rien ~ nous** that makes no difference as far as we're concerned • **et ~ les billets, c'est toi qui t'en charges?** so, you'll take care of the tickets, will you? • **le plombier est venu ~ la chaudière** the plumber came about the boiler

i (= *en échange de*) **donnez-moi ~ 20 € de cerises** give me 20 euros' worth of cherries, please • **il l'a eu ~ 10 €** he got it for 10 euros • **j'en ai eu ~ 50 € de photocopies** it cost me 50 euros to do the photocopies

j (= *comme*) as • **prendre qn ~ femme** to take sb as one's wife • **il a ~ adjoint son cousin** he has his cousin as his deputy • **ça a eu ~ effet de changer son comportement** this had the effect of changing his behaviour • **~ un sale coup, c'est un sale coup!*** of all the awful things to happen! • **~ une surprise, c'est une surprise!** this really is a surprise!

2 NOM MASCULIN

le ~ et le contre the arguments for and against • **il y a du ~ et du contre** there are arguments on both sides

pourboire [puʀbwaʀ] (NM) tip • **donner 10 € de ~ à qn** to give sb a 10 euro tip

pourcentage [puʀsɑ̃taʒ] (NM) percentage • **toucher un ~ sur les bénéfices** to get a share of the profits

pourchasser [puʀʃase] /TABLE 1/ (VT) to pursue

pourfendeur, -euse [puʀfɑ̃dœʀ, øz] (NM,F) harsh critic

pourparlers [puʀpaʀle] (NMPL) talks • **entrer en ~ avec qn** to start talks with sb • **être en ~ avec qn** to be having talks with sb

pourpre [puʀpʀ] **1** (ADJ, NM) (= *couleur*) crimson **2** (NF) (= *matière colorante, symbole*) purple; (= *couleur*) scarlet

pourquoi [puʀkwa] **1** (CONJ) why • **~ est-il venu?** why did he come? **2** (ADV) why • **tu viens? — ~ pas?** are you coming? — why not? • **allez savoir ~!*** I can't imagine why! **3** (NM INV) (= *raison*) reason (**de** for) • **il veut toujours savoir le ~ et le comment** he always wants to know the whys and wherefores

pourrait [puʀɛ] (VB) → **pouvoir**

pourri, e [puʀi] *ptp de* **pourrir** **1** (ADJ) **a** *[fruit, bois]* rotten; *[feuille]* rotting; *[viande, œuf]* bad • **être ~** *[pomme]* to have gone bad **b** *[temps, été, personne, société]* rotten • **flic ~*** bent copper* (*Brit*), dirty cop* (*US*) **2** (NM) (= *partie gâtée*) bad part • **sentir le ~** to smell bad

pourriel [puʀjɛl] (NM) (*Can*) spam

pourrir [puʀiʀ] /TABLE 2/ **1** (VI) *[fruit]* to go rotten; *[bois]* to rot; *[œuf]* to go bad • **la récolte pourrit sur pied** the harvest is rotting on the stalk • **laisser ~ la situation** to let the situation deteriorate • **laisser ~ une grève** to let a strike peter out **2** (VT) **a** [+ *fruit*] to rot **b** (= *gâter*) [+ *enfant*] to spoil rotten; (= *corrompre*) [+ *personne*] to corrupt • **ça me pourrit la vie** it's ruining my life • **~ un match** to spoil a match (*by unsporting conduct*)

pourriture [puʀityʀ] (NF) **a** rot • **odeur de ~** putrid smell **b** (*péj*)* (= *homme*) swine*; (= *femme*) bitch* (*injurieux*)

poursuite [puʀsɥit] **1** (NF) **a** *[de voleur, animal, bonheur, gloire]* pursuit (**de** of) • **se lancer à la ~ de qn** to chase after sb • **(course) ~** (*Sport*) track race; (*Police*) pursuit • **~ en voiture** car chase **b** (= *continuation*) continuation • **ils ont voté la ~ de la grève** they voted to continue the strike **2** (NFPL) **poursuites** legal proceedings • **s'exposer à des ~s** to run the risk of prosecution

poursuivant, e [puʀsɥivɑ̃, ɑ̃t] (NM,F) (= *ennemi*) pursuer

poursuivre [puʀsɥivʀ] /TABLE 40/ **1** (VT) **a** (= *courir après*)

P

[+ *fugitif, ennemi, malfaiteur, rêve*] to pursue; [+ *but, idéal*] to strive towards
ⓑ (= *harceler*) [*importun, souvenir*] to hound • **~ une femme de ses assiduités** to force one's attentions on a woman • **cette idée le poursuit** he can't get the idea out of his mind
ⓒ (= *continuer*) to continue • **~ sa marche** to carry on walking
ⓓ **~ qn (en justice)** (*au pénal*) to prosecute sb; (*au civil*) to sue sb • **être poursuivi pour vol** to be prosecuted for theft
2 (VI) ⓐ (= *continuer*) to go on • **poursuivez** (*à personne qui raconte*) please go on
ⓑ (= *persévérer*) to keep at it
3 (VPR) **se poursuivre** [*négociations, débats*] to go on; [*enquête, recherches, travail*] to be going on

pourtant [purtɑ̃] (ADV) yet • **et ~** and yet • **frêle et ~ résistant** frail but resilient • **c'est ~ facile!** but it's easy! • **on lui a ~ dit de faire attention** we did tell him to be careful

pourtour [purtur] (NM) (= *bord*) surround • **le ~ méditerranéen** the Mediterranean region

pourvoi [purvwa] (NM) (*Droit*) appeal • **former un ~ en cassation** to appeal

pourvoir [purvwar] /TABLE 25/ **1** (VT) ⓐ **~ qn de qch** to provide sb with sth ⓑ [+ *poste*] to fill • **il y a deux postes à ~** there are two posts to fill **2** (VT INDIR) **~ à** [+ *éventualité, besoins*] to provide for • **j'y pourvoirai** I'll see to it **3** (VPR) **se pourvoir** (*Droit*) to appeal • **se ~ en appel** to take one's case to the Court of Appeal

pourvoyeur, -euse [purvwajœr, øz] (NM,F) supplier

pourvu¹, e [purvy] *ptp de* **pourvoir** (ADJ) **être ~ de** to have; [+ *intelligence, imagination*] to be gifted with • **avec ces provisions nous voilà ~s pour l'hiver** with these provisions we've got what we need for the winter

pourvu² [purvy] (ADV) ▸ **pourvu que** (*souhait*) let's hope; (*condition*) provided that • **~ que ça dure!** let's hope it lasts!

pousse [pus] (NF) (= *bourgeon*) shoot • **~s de bambou** bamboo shoots • **~s de soja** beansprouts

poussé, e¹ [puse] *ptp de* **pousser** (ADJ) [*études*] advanced; [*interrogatoire*] intensive • **très ~** [*organisation, technique, dessin*] elaborate

pousse-café* [puskafe] (NM INV) liqueur

poussée² [puse] (NF) ⓐ (= *pression*) [*de foule*] pressure; (*Archit, Aviat, Physique*) thrust *NonC* ⓑ (= *éruption*) [*d'acné*] attack • **~ de fièvre** sudden high temperature

pousse-pousse ○ [puspus] (NM INV) rickshaw

pousser [puse] /TABLE 1/ **1** (VT) ⓐ to push; [+ *verrou*] to slide; [+ *objet gênant, pion*] to move • **~ une chaise contre le mur** to push a chair against the wall • **~ la porte/la fenêtre** to push the door/window shut • **le vent nous poussait vers la côte** the wind was blowing us towards the shore • **peux-tu me ~?** (*balançoire, voiture en panne*) can you give me a push? • **~ un peu loin le bouchon** to go a bit far
ⓑ (= *stimuler*) [+ *élève, employé*] to push; [+ *moteur*] (*techniquement*) to soup up; (*en accélérant*) to drive hard; [+ *voiture*] to drive hard; [+ *feu*] to stoke up; [+ *chauffage*] to turn up • **c'est l'ambition qui le pousse** he is driven by ambition
ⓒ (= *mettre en valeur*) [+ *candidat, protégé*] to push; [+ *dossier*] to help along
ⓓ **~ qn à faire qch** [*faim, curiosité*] to drive sb to do sth; [*personne*] (= *inciter*) to press sb to do sth; (= *persuader*) to talk sb into doing sth • **c'est elle qui l'a poussé à acheter cette maison** she talked him into buying this house • **~ qn au désespoir** to drive sb to despair • **~ qn à la consommation** to encourage sb to buy (*ou* eat *ou* drink *etc*) • **~ qn à la dépense** to encourage sb to spend money
ⓔ (= *poursuivre*) [+ *études, discussion*] to continue; [+ *affaire*] to follow up • **~ l'enquête/les recherches plus loin** to carry on with the inquiry/the research • **~ la curiosité/la plaisanterie un peu (trop) loin** to take curiosity/the joke a bit too far • **il a poussé la gentillesse jusqu'à m'y conduire** he was kind enough to take me there • **~ qn à bout** to push sb to breaking point
ⓕ [+ *cri, hurlement*] to give; [+ *soupir*] to heave • **~ des cris** to scream • **~ des rugissements** to roar
2 (VI) ⓐ [*plante*] (= *sortir de terre*) to sprout; (= *se développer*) to grow; [*barbe, enfant*] to grow; [*dent*] to come through • **ils font ~ des tomates par ici** they grow tomatoes around here • **il se laisse ~ la barbe** he's growing a beard • **il a une dent qui pousse** he's cutting a tooth
ⓑ (= *faire un effort*) (*pour accoucher, aller à la selle*) to push
ⓒ (= *aller*) **nous allons ~ un peu plus avant** we're going to go on a bit further • **~ jusqu'à Lyon** to go on as far as Lyon
ⓓ (= *exagérer*)* to go too far • **tu pousses!** that's going a bit far! • **faut pas ~!** that's going a bit far!
3 (VPR) **se pousser** (= *se déplacer*) to move • **pousse-toi de là!** shift yourself!

poussette [pusɛt] (NF) (*pour enfant*) pushchair (*Brit*), stroller (*US*); (*à provisions*) shopping trolley (*Brit*), shopping cart (*US*)

poussière [pusjɛr] (NF) dust • **faire de la ~** to raise a lot of dust • **couvert de ~** dusty • **avoir une ~ dans l'œil** to have a speck of dust in one's eye • **tomber en ~** to crumble into dust • **100 € et des ~s*** just over 100 euros

poussiéreux, -euse [pusjerø, øz] (ADJ) dusty; (*fig*) fusty

poussif, -ive [pusif, iv] (ADJ) [*personne*] wheezy; [*moteur*] wheezing; [*style*] laboured (*Brit*), labored (*US*)

poussin [pusɛ̃] (NM) ⓐ (= *animal*) chick • **mon ~!*** (*terme affectueux*) pet! ⓑ (*Sport*) junior

poutre [putr] (NF) beam • **~s apparentes** exposed beams

poutrelle [putrɛl] (NF) (*en métal*) girder

poutser*, **poutzer*** [putse] /TABLE 1/ (VT) (*Helv*) to clean

---

pouvoir [puvwar] /TABLE 33/

1 VERBE AUXILIAIRE	4 VERBE PRONOMINAL
2 VERBE IMPERSONNEL	5 NOM MASCULIN
3 VERBE TRANSITIF	6 COMPOSÉS

1 VERBE AUXILIAIRE

ⓐ (permission)

> Lorsque **pouvoir** sert à donner la permission de faire quelque chose, il peut se traduire par **can** ou **may**; **can** est le plus courant et couvre la majorité des cas.

• **tu peux le garder si tu veux** you can keep it if you like • **maintenant, tu peux aller jouer** now you can go and play • **vous pouvez desservir** you can clear the table

> On emploie **can** lorsque la permission dépend d'une tierce personne ou d'une autorité ; **can** étant un verbe défectif, **to be able to** le remplace aux temps où il ne peut être conjugué.

• **sa mère a dit qu'il ne pouvait pas rester** his mother said he couldn't stay • **elle ne pourra lui rendre visite qu'une fois par semaine** she'll only be able to visit him once a week

▸ **pouvoir ne pas** **il peut ne pas venir** he doesn't have to come • **tu peux très bien ne pas venir** you don't have to come

b *demande*

> Lorsque l'on demande à quelqu'un la permission de faire quelque chose, qu'on lui demande un service ou qu'on lui donne un ordre poli, on utilise **can** ou la forme plus polie **could**.

• **est-ce que je peux fermer la fenêtre ?** can I shut the window? • **puis-je emprunter votre stylo ?** could I borrow your pen? • **pourrais-je vous parler ?** could I have a word with you? • **puis-je vous être utile ?** can I be of assistance? • **tu peux m'ouvrir la porte, s'il te plaît ?** can you *ou* could you open the door for me, please? • **pourriez-vous nous apporter du thé ?** could you bring us some tea?

c *possibilité*

> Lorsque **pouvoir** exprime une possibilité ou une capacité, il se traduit généralement par **can** ou par **to be able to** ; **can** étant un verbe défectif, **to be able to** le remplace aux temps où il ne peut être conjugué.

• **peut-il venir ?** can he come? • **ne peut-il pas venir ?** can't he come? • **il ne peut pas venir** he can't come • **il ne pourra plus jamais marcher** he will never be able to walk again • **je ne peux que vous féliciter** I can only congratulate you • **je voudrais ~ vous aider** I wish I could help you • **il n'a pas pu venir** he couldn't come • **la salle peut contenir 100 personnes** the auditorium can seat 100 people

> Lorsque **pouvoir** implique la notion de réussite, on emploie **to manage**.

• **il a pu réparer la machine à laver** he managed to fix the washing machine • **tu as pu lui téléphoner ?** did you manage to phone him? • **j'ai essayé de le joindre, mais je n'ai pas pu** I tried to get in touch with him but I didn't manage to

d *probabilité, hypothèse*

> Lorsque **pouvoir** exprime une probabilité, une éventualité ou une hypothèse, il se traduit par **could** ; **might** implique une plus grande incertitude.

• **il pourrait être italien** he could *ou* might be Italian • **ça peut laisser une cicatrice** it might leave a scar • **ça aurait pu être un voleur !** it could *ou* might have been a burglar!

▸ **bien + pouvoir** **où ai-je bien pu mettre mon stylo ?** where on earth can I have put my pen? • **qu'est-ce qu'il peut bien faire ?** what can he be doing? • **il a très bien pu entrer sans qu'on le voie** he could very well have come in without anyone seeing him • **qu'est-ce que cela peut bien lui faire ?*** what's it to him?*

e *suggestion* could • **je pourrais venir te chercher** I could come and pick you up • **tu aurais pu me dire ça plus tôt !** you could have told me sooner!

f *souhaits* **puisse-t-il guérir rapidement !** let's hope he makes a speedy recovery! • **puissiez-vous dire vrai !** let's hope you're right!

2 VERBE IMPERSONNEL

> La probabilité, l'éventualité, l'hypothèse ou le risque sont rendus par **may** ; **might** implique une plus grande incertitude.

• **il peut pleuvoir** it may rain • **il pourrait pleuvoir** it might rain • **il pourrait s'agir d'un assassinat** it might be murder

3 VERBE TRANSITIF

est-ce qu'on peut quelque chose pour lui ? is there anything we can do for him? • **il fait ce qu'il peut** he does what he can • **il a fait tout ce qu'il a pu** he did all he could • **que puis-je pour vous ?** what can I do for you? • **je ne peux rien faire pour vous** I can't do anything for you • **on n'y peut rien** nothing can be done about it • **désolé, mais je n'y peux rien** I'm sorry, but there's nothing I can do about it

▸ **on ne peut plus** **il a été on ne peut plus aimable** he couldn't have been kinder • **il a été on ne peut plus clair** he couldn't have made it clearer

▸ **n'en pouvoir plus** **je n'en peux plus** (*fatigue*) I'm worn out; (*énervement*) I've had enough; (*désespoir*) I can't take it any longer • **il n'en peut plus d'attendre** he's fed up with waiting*

4 VERBE PRONOMINAL

se pouvoir **ça se peut*** it's possible • **tu crois qu'il va pleuvoir ? — ça se pourrait bien** do you think it's going to rain? — it might • **ça ne se peut pas*** that's not possible

▸ **il se peut que** + *subjonctif* **il se peut qu'elle vienne** she may come

▸ **il se pourrait que** + *subjonctif* **il se pourrait qu'elle vienne** she might come • **il se pourrait bien qu'il pleuve** it might *ou* could well rain

5 NOM MASCULIN

power; (= *capacité*) ability; (= *influence*) influence • **avoir le ~ de faire qch** to have the power to do sth • **il a un extraordinaire ~ de conviction** he has remarkable powers of persuasion • **il fera tout ce qui est en son ~** he will do everything in his power • **~ absorbant** absorbency • **avoir beaucoup de ~** to have a lot of power • **avoir du ~ sur qn** to have power over sb • **n'avoir aucun ~ sur qn** to have no influence over sb • **tenir qn en son ~** to hold sb in one's power • **le quatrième ~** (= *presse*) the press • **en vertu des ~s qui me sont conférés** by virtue of the power which has been vested in me • **séparation des ~s** separation of powers • **avoir ~ de faire qch** (*autorisation*) to have authority to do sth; (*droit*) to have the right to do sth • **~ central** central government • **le parti au ~** the party in power • **avoir le ~** to have power • **exercer**

P

le ~ to rule • **prendre le ~** (*légalement*) to come to power; (*illégalement*) to seize power • **des milieux proches du ~** sources close to the government

6 COMPOSÉS

▸**pouvoir d'achat** purchasing power ▸**pouvoir de décision** decision-making powers ▸**le pouvoir exécutif** executive power ▸**le pouvoir judiciaire** judicial power

PQ [peky] **1** (NM) ABR DE **Parti québécois** *et* **Province de Québec 2** (NM) (= *papier hygiénique*)* loo paper* (*Brit*), TP* (*US*)

pragmatique [pʀagmatik] (ADJ) pragmatic

pragmatisme [pʀagmatism] (NM) pragmatism

praire [pʀɛʀ] (NF) clam

prairie [pʀeʀi] (NF) meadow • **des hectares de ~** acres of grassland

praline [pʀalin] (NF) (*à la cacahuète*) peanut brittle; (*Belg*) (= *chocolat*) chocolate

praliné, e [pʀaline] **1** (ADJ) [*amande*] sugared; [*glace, crème*] praline **2** (NM) praline ice cream

praticable [pʀatikabl] (ADJ) [*projet, moyen, opération*] practicable; [*chemin*] passable

praticien, -ienne [pʀatisjɛ̃, jɛn] (NM,F) practitioner

pratiquant, e [pʀatikɑ̃, ɑ̃t] **1** (ADJ) practising, practicing (*US*) • **catholique/juif/musulman ~** practising Catholic/Jew/Muslim **2** (NM,F) practising Christian (*ou* Catholic *etc*); (*qui va à l'église*) (regular) churchgoer

pratique [pʀatik] **1** (ADJ) practical; [*instrument*] handy; [*emploi du temps*] convenient • **c'est très ~, j'habite à côté du bureau** it's very convenient, I live next door to the office • **considération d'ordre ~** practical consideration • **avoir le sens ~** to be practical-minded

2 (NF) **a** (= *application, procédé*) practice • **dans la ~** in practice • **mettre qch en ~** to put sth into practice • **des ~s malhonnêtes** dishonest practices

b (= *expérience*) practical experience

c (= *exercice, observance*) [*de règle*] observance; [*de médecine*] practising; [*de sport*] practising • **la ~ de l'escrime développe les réflexes** fencing develops the reflexes • **~ (religieuse)** religious practice • **condamné pour ~ illégale de la médecine** convicted of practising medicine illegally

pratiquement [pʀatikmɑ̃] (ADV) (= *en pratique, en réalité*) in practice; (= *presque*) practically • **c'est ~ la même chose** it's practically the same thing • **il n'y en a ~ plus** there are hardly any left • **je ne les ai ~ pas vus** I hardly saw them

pratiquer [pʀatike] /TABLE 1/ **1** (VT) **a** (= *mettre en pratique*) [+ *philosophie, politique*] to put into practice; [+ *charité, religion*] to practise (*Brit*), to practice (*US*)

b (= *exercer*) [+ *profession, art*] to practise (*Brit*), to practice (*US*); [+ *football, golf*] to play • **~ un sport est bon pour la santé** doing a sport is good for your health

c (= *faire*) [+ *ouverture, trou*] to make; [+ *intervention*] to carry out

d (= *utiliser*) [+ *méthode, système*] to use • **~ le chantage** to use blackmail

2 (VI) **a** [*croyant*] to practise (*Brit*) *ou* practice (*US*) one's religion; (= *aller à l'église*) to go to church

b [*médecin*] to be in practice

3 (VPR) **se pratiquer** [*méthode*] to be used; [*sport*] to be played • **comme cela se pratique en général** as is the usual practice • **les prix qui se pratiquent à Paris** Paris prices

⚠ **pratiquer** ne se traduit pas toujours par **to practise**.

pré [pʀe] (NM) meadow ▸**pré carré** private preserve

pré-acheter [pʀeaʃ(ə)te] /TABLE 5/ (VT) [+ *billet*] to buy *ou* purchase in advance; [+ *scénario*] to buy up

préados [pʀeado] (NMPL) preteens

préalable [pʀealabl] **1** (ADJ) [*entretien, condition, étude*] preliminary; [*accord, avis*] prior • **sans avis** *ou* **avertissement ~** without prior notice

2 (NM) (= *condition*) precondition

▸**au préalable** first

préalablement [pʀealabləmɑ̃] (ADV) first

préambule [pʀeɑ̃byl] (NM) [*de discours, loi*] preamble (**de** to); (= *prélude*) prelude (**à** to) • **sans ~** without any preliminaries

préau (*pl* **préaux**) [pʀeo] (NM) [*d'école*] covered playground

préavis [pʀeavi] (NM) notice • **un ~ d'un mois** a month's notice • **~ de grève** strike notice • **sans ~** [*faire grève, partir*] without notice; [*retirer de l'argent*] on demand

précaire [pʀekɛʀ] (ADJ) precarious; [*emploi*] insecure

précariser [pʀekaʀize] /TABLE 1/ (VT) [+ *situation, statut*] to jeopardize; [+ *emploi*] to make insecure

précarité [pʀekaʀite] (NF) precariousness • **~ de l'emploi** lack of job security

précaution [pʀekosjɔ̃] (NF) **a** (= *disposition*) precaution • **prendre des** *ou* **ses ~s** to take precautions • **faire qch avec les plus grandes ~s** to do sth with the utmost care • **~s d'emploi** (*pour appareil*) safety instructions; (*pour médicament*) instructions for use **b** (= *prudence*) caution • **avec ~** cautiously • **« à manipuler avec ~ »** "handle with care" • **par ~** as a precaution (**contre** against) • **pour plus de ~** to be on the safe side • **sans ~** carelessly • **le principe de ~** (*Admin*) the precautionary principle

précautionneux, -euse [pʀekosjɔnø, øz] (ADJ) (= *prudent*) cautious; (= *soigneux*) careful

précédemment [pʀesedamɑ̃] (ADV) previously

précédent, e [pʀesedɑ̃, ɑ̃t] **1** (ADJ) previous • **le jour/mois ~** the previous day/month **2** (NM) (= *fait, décision*) precedent • **sans ~** unprecedented • **créer un ~** to create a precedent

précéder [pʀesede] /TABLE 6/ **1** (VT) to precede; (*dans une file de véhicules*) to be in front; (*dans une carrière etc*) to get ahead of • **il m'a précédé de cinq minutes** he got there five minutes before me • **dans le mois qui a précédé son départ** in the month leading up to his departure **2** (VI) to precede • **les jours qui ont précédé** the preceding days • **dans la semaine qui précède** in the preceding week

précepte [pʀesɛpt] (NM) precept

précepteur, -trice [pʀesɛptœʀ, tʀis] (NM,F) private tutor

préchauffe* [pʀeʃof] (NF) **se faire une ~** to preload*

préchauffer [pʀeʃofe] /TABLE 1/ (VT) to preheat

prêcher [pʀeʃe] /TABLE 1/ **1** (VT) **a** [+ *personne*] to preach to • **~ un converti** to preach to the converted **b** [+ *modération, non-violence, tolérance*] to advocate • **~ le faux pour savoir le vrai** to make false statements in order to discover the truth **2** (VI) to preach • **~ dans le désert** to cry in the wilderness

précieusement [pʀesjøzmɑ̃] (ADV) (= *soigneusement*) carefully

précieux, -ieuse [pʀesjø, jøz] (ADJ) **a** (= *de valeur*) precious **b** (= *très utile*) invaluable (**à** to) • **votre aide m'est précieuse** your help is invaluable to me **c** (= *cher*) valued **d** (= *affecté*) precious

préciosité [presjozite] NF (= *affectation*) affectation
précipice [presipis] NM (= *gouffre*) chasm; (= *paroi abrupte*) precipice; (*fig*) abyss • **être au bord du ~** to be on the edge of the abyss
précipitamment [presipitamɑ̃] ADV hurriedly
précipitation [presipitasjɔ̃] **1** NF (= *hâte*) haste; (= *hâte excessive*) great haste **2** NFPL **précipitations** (= *pluies*) rainfall • **de fortes ~s** heavy rainfall
précipité, e [presipite] *ptp de* **précipiter** **1** ADJ [*départ, décision*] hasty; [*fuite*] headlong **2** NM precipitate
précipiter [presipite] /TABLE 1/ **1** VT ⓐ [*+ personne, objet*] to throw
ⓑ (= *hâter*) [*+ pas*] to quicken; [*+ événement*] to precipitate; [*+ départ*] to hasten • **il ne faut rien ~** we mustn't be too hasty
2 VPR **se précipiter** ⓐ [*personne*] **se ~ dans le vide** to hurl o.s. into space • **se ~ du haut d'une falaise** to jump off a cliff • **se ~ vers** to rush towards • **se ~ sur** to rush at • **se ~ au devant de qn** to throw o.s. in front of sb • **il se précipita à la porte pour ouvrir** he rushed to open the door
ⓑ (= *se dépêcher*) to hurry • **ne nous précipitons pas** let's not rush things
précis, e [presi, iz] ADJ precise; [*description, calcul, instrument, tir, montre*] accurate; [*fait, raison*] particular; [*souvenir*] clear; [*contours*] distinct • **sans raison ~e** for no particular reason • **sans but ~** with no particular aim in mind • **je ne pense à rien de ~** I'm not thinking of anything in particular • **au moment ~ où ...** at the precise moment when ... • **à 4 heures ~es** at 4 o'clock precisely
précisément [presizemɑ̃] ADV ⓐ [*décrire*] accurately; [*définir, déterminer, expliquer*] clearly • **ou plus ~** or more precisely ⓑ (= *justement*) **c'est ~ pour cela que je viens vous voir** that's precisely why I've come to see you • **mais je ne l'ai pas vu! — ~!** but I didn't see him! — precisely! ⓒ (= *exactement*) exactly • **c'est ~ ce que je cherchais** that's exactly what I was looking for
préciser [presize] /TABLE 1/ **1** VT [*+ idée, intention*] to make clear; [*+ fait, point*] to be more specific about • **je vous préciserai la date de la réunion plus tard** I'll let you know the exact date of the meeting later • **il a précisé que ...** he explained that ... • **je dois ~ que ...** I must point out that ... **2** VPR **se préciser** [*idée*] to take shape; [*danger, intention*] to become clear • **la situation commence à se ~** we are beginning to see the situation more clearly
précision [presizjɔ̃] NF ⓐ precision; [*de description*] accuracy; [*de contours*] distinctness • **avec ~** precisely • **de ~** precision • **de haute ~** high-precision ⓑ (= *détail*) point • **j'aimerais vous demander une ~/des ~s** I'd like to ask you to explain one thing/to give some further information • **il n'a donné aucune ~** he didn't go into any detail • **encore une ~** one more thing
précoce [prekɔs] ADJ early; [*calvitie, sénilité*] premature; [*enfant*] precocious
précocité [prekɔsite] NF [*d'un enfant*] precociousness
préconçu, e [prekɔ̃sy] ADJ preconceived • **idée ~e** preconceived idea
préconiser [prekɔnize] /TABLE 1/ VT [*+ remède*] to recommend; [*+ méthode, mode de vie, solution*] to advocate
précuit, e [prekɥi, it] ADJ precooked
précurseur [prekyrsœr] **1** ADJ M precursory **2** NM (= *personne*) forerunner

prédateur, -trice [predatœr, tris] **1** ADJ predatory • **prix ~s** predatory pricing *NonC* **2** NM predator • **~ sexuel** sexual predator
prédécesseur [predesesœr] NM predecessor
prédestiner [predɛstine] /TABLE 1/ VT to predestine (**à qch** for sth, **à faire qch** to do sth) • **rien ne le prédestinait à devenir président** nothing about him suggested he was a future president
prédicateur [predikatœr] NM preacher
prédiction [prediksjɔ̃] NF prediction
prédilection [predilɛksjɔ̃] NF (*pour qn, qch*) predilection • **avoir une ~ pour qch** to be partial to sth • **de ~** favourite
prédire [predir] /TABLE 37/ VT to predict; [*prophète*] to foretell • **~ l'avenir** to predict the future • **~ qch à qn** to predict sth for sb
prédisposer [predispoze] /TABLE 1/ VT to predispose (**à qch** to sth, **à faire qch** to do sth)
prédisposition [predispozisjɔ̃] NF predisposition (**à qch** to sth, **à faire qch** to do sth) • **avoir une ~ à l'obésité/à l'hypertension** to have a tendency to put on weight/to high blood pressure • **elle avait des ~s pour la peinture** she showed a talent for painting
prédominance [predɔminɑ̃s] NF predominance • **population à ~ protestante** predominantly Protestant population
prédominant, e [predɔminɑ̃, ɑ̃t] ADJ predominant; [*avis, impression*] prevailing
prédominer [predɔmine] /TABLE 1/ VI to predominate; [*avis, impression*] to prevail
préembauche [preɑ̃boʃ] NF INV pre-recruitment
prééminent, e [preeminɑ̃, ɑ̃t] ADJ pre-eminent
préemption [preɑ̃psjɔ̃] NF pre-emption • **droit de ~** pre-emptive right
préenregistrer [preɑ̃r(ə)ʒistre] /TABLE 1/ VT [*+ son, émission*] to pre-record • **vous pouvez ~ vos bagages** you can check in your luggage in advance
préétabli, e [preetabli] ADJ pre-established
préexistant, e [preɛgzistɑ̃, ɑ̃t] ADJ pre-existent
préexister [preɛgziste] /TABLE 1/ VI to pre-exist • **~ à** to exist before
préfabriqué, e [prefabrike] **1** ADJ prefabricated **2** NM (= *construction*) prefabricated building • **en ~** prefabricated
préface [prefas] NF preface
préfacer [prefase] /TABLE 3/ VT [*+ livre*] to write a preface for
préfectoral, e (*mpl* **-aux**) [prefɛktɔral, o] ADJ prefectorial
préfecture [prefɛktyr] NF prefecture • **~ de police** police headquarters • **~ maritime** *police port authority*

PRÉFECTURE, PRÉFET

In France, a **préfet** is a high-ranking civil servant who represents the State at the level of the "département". Besides a range of important administrative duties, the role of the **préfet** is to ensure that government decisions are carried out properly at local level. The term **préfecture** refers to the area over which the **préfet** has authority (in effect, the "département"), to the town where the administrative offices of the **préfet** are situated, and to these offices themselves. Official documents such as driving licences are issued by the **préfecture**. → DÉPARTEMENT, RÉGION

P

préférable [pʀefeʀabl] ADJ preferable (**à qch** to sth) • **il est ~ de ...** it is preferable to ...
préféré, e [pʀefeʀe] *ptp de* **préférer** ADJ, NM,F favourite (*Brit*), favorite (*US*)
préférence [pʀefeʀɑ̃s] NF preference • **donner la ~ à** to give preference to • **je n'ai pas de ~** I have no preference ▸ **de préférence** preferably • **de ~ à** in preference to
préférentiel, -ielle [pʀefeʀɑ̃sjɛl] ADJ preferential
préférer [pʀefeʀe] /TABLE 6/ VT to prefer (**à** to) • **je préfère ce manteau à l'autre** I prefer this coat to the other one • **je te préfère avec les cheveux courts** I prefer you with short hair • **je préfère aller au cinéma** I would rather go to the cinema • **nous avons préféré attendre** we thought it better to wait • **si tu préfères** if you'd rather
préfet [pʀefɛ] NM prefect
préfigurer [pʀefigyʀe] /TABLE 1/ VT to prefigure
préfixe [pʀefiks] NM prefix
préhistoire [pʀeistwaʀ] NF prehistory • **depuis la ~** since prehistoric times
préhistorique [pʀeistɔʀik] ADJ prehistoric
préinscription [pʀeɛ̃skʀipsjɔ̃] NF (*à l'université*) preregistration (**à** at); (*à un concours*) preregistration (**à** for)
préinstallé, e [pʀeɛ̃stale] ADJ preloaded
préjudice [pʀeʒydis] NM (*matériel, financier*) loss; (*moral*) harm *NonC* • **subir un ~** (*matériel*) to sustain a loss; (*moral*) to be wronged • **porter ~ à qn** to do sb harm; [*décision*] to be detrimental to sb • **ce supermarché a porté ~ aux petits commerçants** this supermarket has harmed small businesses
préjudiciable [pʀeʒydisjabl] ADJ detrimental (**à** to)
préjugé [pʀeʒyʒe] NM prejudice • **avoir un ~ contre** to be prejudiced against • **sans ~** unbiased • **bénéficier d'un ~ favorable** to be favourably considered
préjuger [pʀeʒyʒe] /TABLE 3/ VT INDIR **~ de** to prejudge
prélasser (se) [pʀelɑse] /TABLE 1/ VPR (*dans un fauteuil*) to lounge; (*au soleil*) to bask
prélavage [pʀelavaʒ] NM prewash
prélèvement [pʀelɛvmɑ̃] NM **a** [*d'échantillon*] taking *NonC*; [*d'organe*] removal **b** [*de somme*] deduction • **~ automatique** direct debit **c** [*d'impôt*] levying *NonC* • **~s obligatoires** tax and social security deductions
prélever [pʀel(ə)ve] /TABLE 5/ VT **a** [+ *échantillon*] to take (**sur** from); [+ *sang*] to take; [+ *organe*] to remove **b** (*Finance*) to deduct (**sur** from); (*sur un compte*) to debit **c** [+ *impôt*] to levy (**sur** on)
préliminaire [pʀeliminɛʀ] **1** ADJ preliminary **2** NMPL **préliminaires** preliminaries
prélude [pʀelyd] NM prelude (**à** to)
préluder [pʀelyde] /TABLE 1/ VT INDIR **~ à** to be a prelude to
prématuré, e [pʀematyʀe] **1** ADJ [*bébé, nouvelle, mort*] premature **2** NM,F premature baby
prématurément [pʀematyʀemɑ̃] ADV prematurely
préméditation [pʀemeditasjɔ̃] NF premeditation • **faire qch avec ~** to do sth deliberately
préméditer [pʀemedite] /TABLE 1/ VT to premeditate • **~ de faire qch** to plan to do sth
prémenstruel, -elle [pʀemɑ̃stʀyɛl] ADJ premenstrual • **syndrome ~** premenstrual tension *ou* syndrome
prémices [pʀemis] NFPL first signs
premier, -ière[1] [pʀəmje, jɛʀ] **1** ADJ **a** (*dans le temps, un ordre*) first; (*en importance*) leading • **les premières heures du jour** the early hours • **dès les ~s jours** from the earliest days • **ses ~s poèmes** his early poems • **les premières années de sa vie** the first few years of his life • **le ~ constructeur automobile européen** the leading European car manufacturer • **le ~ personnage de l'État** the country's leading statesman • **arriver/être ~** to arrive/be first • **il est toujours ~ en classe** he's always top of the class • **être reçu ~** to come first • **il est sorti ~ à l'examen** he came top in the exam
b (*dans l'espace*) [*branche*] bottom; [*rangée*] front • **la première marche de l'escalier** (*en bas*) the bottom step; (*en haut*) the top step • **les 100 premières pages** the first 100 pages • **en première page** (*Presse*) on the front page • **lire un livre de la première à la dernière ligne** to read a book from cover to cover
c (*= de base*) [*échelon, grade*] bottom; [*ébauche, projet*] first • **quel est votre ~ prix pour ce type de voyage ?** what do your prices start at for this kind of trip?
d (*= originel, fondamental*) [*cause, donnée, principe*] basic; [*objectif*] primary; [*état*] initial, original
2 NM,F **a** (*dans le temps, l'espace*) first • **parler/passer/sortir le ~** to speak/go/go out first • **arriver les ~s** to arrive first • **arriver dans les ~s** to be one of the first to arrive • **il a été le ~ à reconnaître ses torts** he was the first to admit that he was in the wrong • **elle fut l'une des premières à ...** she was one of the first to ...
b (*dans une hiérarchie, un ordre*) **il a été reçu dans les ~s** he was in the top few • **il est le ~ de sa classe** he is top of his class
c (*dans une série, une comparaison*) **Pierre et Paul sont cousins, le ~ est médecin** Peter and Paul are cousins, the former is a doctor
3 NM **a** first • **c'est leur ~** (*= enfant*) it's their first child • **mon ~ est ...** (*charade*) my first is in ...
▸ **en premier** [*arriver, parler*] first • **je l'ai servi en ~** I served him first • **pour lui, la famille vient toujours en ~** his family always comes first ▸ **première partie le film passera en première partie de soirée** the film will be on in prime time
b (*= étage*) first floor (*Brit*), second floor (*US*)
4 COMP ▸ **le premier de l'an** New Year's Day
première[2] [pʀəmjɛʀ] NF **a** first; (*= vitesse*) first gear **b** (*Théât*) first night; (*Ciné*) première • **c'est une ~ mondiale** it's a world first **c** (*Aviat, Rail*) first class • **voyager en ~** to travel first-class **d** **(classe de) ~** ≈ lower sixth (form) (*Brit*), ≈ eleventh grade (*US*)
premièrement [pʀəmjɛʀmɑ̃] ADV (*= d'abord*) first; (*= en premier lieu*) in the first place
premier-né, première-née (*mpl* **premiers-nés** [pʀəmjene, pʀəmjɛʀne]) ADJ, NM,F first-born
prémisse [pʀemis] NF premise
prémix ○ [pʀemiks] NM alcopop
prémonition [pʀemɔnisjɔ̃] NF premonition
prémonitoire [pʀemɔnitwaʀ] ADJ premonitory
prémunir (se) [pʀemyniʀ] /TABLE 2/ VPR to protect o.s. (**contre** from)
prenable [pʀənabl] ADJ [*équipe, joueur*] beatable, within reach
prenant, e [pʀənɑ̃, ɑ̃t] ADJ **a** (*= captivant*) compelling **b** (*= qui prend du temps*) time-consuming
prénatal, e (*mpl* **prénatals**) [pʀenatal] ADJ antenatal

prendre [prɑ̃dʀ] /TABLE 58/

1 VERBE TRANSITIF
2 VERBE INTRANSITIF
3 VERBE PRONOMINAL

Lorsque **prendre** fait partie d'une locution comme **prendre en photo**, **prendre en charge**, reportez-vous aussi à l'autre mot.

1 VERBE TRANSITIF

a to take (**dans** out of) • **il l'a pris dans le tiroir** he took it out of the drawer • **il prit un journal sur la table** he took a newspaper off the table • **il a pris le bleu** he took the blue one • **~ qn par le bras** to take sb by the arm • **c'est toujours ça de pris** that's something at least • **c'est à ~ ou à laisser** take it or leave it • **avec lui, il faut en ~ et en laisser** you can't believe half of what he says • **je prends** (*dans un jeu*) I'll answer • **tiens, prends ce marteau** here, use this hammer • **si tu sors, prends ton parapluie** if you go out, take your umbrella • **j'ai pris l'avion/le train de 4 heures** I caught the 4 o'clock plane/train • **je prends quelques jours à Noël** I'm taking a few days off at Christmas • **cela me prend tout mon temps** it takes up all my time • **la réparation a pris des heures** the repair took hours • **il prend une commission sur la vente** he takes a commission on the sale • **il a pris sur son temps pour venir m'aider** he gave up some of his time to help me • **je prends du 38** I take a size 38

b (*= aller chercher*) [+ *chose*] to get; [+ *personne*] to pick up; (*= emmener*) to take • **passer ~ qn à son bureau** to pick sb up at his office • **je passerai les ~ chez toi** I'll come and get them from your place

c (*= s'emparer de, surprendre*) [+ *poisson, voleur*] to catch • **se faire ~** [*voleur*] to be caught • **il fut pris d'un doute** he suddenly had a doubt • **qu'est-ce qui te prend ?*** what's the matter with you? • **ça te prend souvent ?*** are you often like this? • **je vous y prends !** caught you! • **si je t'y prends** don't let me catch you doing that • **~ qn sur le fait** to catch sb in the act

d (*= duper*) to take in • **on ne m'y prendra plus** I won't be had a second time*

e (*= manger, boire*) [+ *aliment, boisson*] to have; [+ *médicament*] to take • **prenez-vous du sucre ?** do you take sugar? • **est-ce que vous prendrez du café ?** would you like some coffee? • **à ~ avant les repas** to be taken before meals • **il n'a rien pris depuis hier** he hasn't eaten anything since yesterday

f (*= acheter*) [+ *billet, essence*] to get; (*= réserver*) [+ *couchette, place*] to book • **peux-tu me ~ du pain ?** can you get me some bread?

g (*= accepter*) [+ *client, locataire*] to take; [+ *passager*] to pick up • **l'école ne prend plus de pensionnaires** the school no longer takes boarders

h (*= noter*) [+ *renseignement, adresse, nom, rendez-vous*] to write down; [+ *mesures, température, empreintes*] to take • **~ des notes** to take notes

i (*= adopter*) [+ *air, ton*] to put on; [+ *décision, risque, mesure*] to take • **il prit un ton menaçant** his voice took on a threatening tone

j (*= acquérir*) **~ de l'autorité** to gain authority • **cela prend un sens particulier** it takes on a particular meaning

k (*= faire payer*) to charge • **ce spécialiste prend très cher** this specialist charges very high fees

l (*= subir*)* [+ *coup, choc*] to get • **il a pris la porte en pleine figure** the door hit him right in the face • **qu'est-ce qu'on a pris !** (*reproches*) we really got it in the neck!*; (*averse*) we got drenched! • **il a pris pour les autres** he took the rap*

m (*= réagir à*) [+ *nouvelle*] to take • **si vous le prenez ainsi** if that's how you want it • **il a bien pris la chose** he took it well • **il l'a bien pris** he took it well • **il a mal pris la chose** he took it badly • **il l'a mal pris** he took it badly • **il a mal pris ce que je lui ai dit** he took exception to what I said to him • **~ qch avec bonne humeur** to take sth in good part • **~ les choses comme elles sont** to take things as they come • **~ la vie comme elle vient** to take life as it comes

n (*= manier*) [+ *personne*] to handle; [+ *problème*] to deal with • **elle sait le ~** she knows how to handle him

o (*locutions*)

▸ **prendre qn/qch pour** (*= considérer comme*) to take sb/sth for; (*= utiliser comme*) to take sb/sth as • **pour qui me prenez-vous ?** what do you take me for? • **~ qch pour prétexte** to take sth as a pretext • **~ qch pour cible** to make sth a target

▸ **prendre sur soi** (*= se maîtriser*) to grin and bear it; (*= assumer*) to take responsibility • **savoir ~ sur soi** to keep a grip on o.s. • **~ sur soi de faire qch** to take it upon o.s. to do sth

▸ **à tout prendre** on the whole

2 VERBE INTRANSITIF

a (*= durcir*) [*ciment, pâte, crème*] to set

b (*= réussir*) [*mouvement, mode*] to catch on • **le lilas a bien pris** the lilac's doing really well • **avec moi, ça ne prend pas*** it doesn't work with me*

c (*= commencer à brûler*) [*feu*] to take; (*accidentellement*) to start; [*allumette*] to light; [*bois*] to catch fire • **le feu ne veut pas ~** the fire won't burn

d (*= passer*) to go • **~ par les petites rues** to keep to the side streets

3 VERBE PRONOMINAL

se prendre

a (*= se considérer*) **il se prend pour un intellectuel** he thinks he's an intellectual • **pour qui se prend-il ?** who does he think he is? • **se ~ au sérieux** to take o.s. seriously

b (*= accrocher, coincer*) to catch • **mon manteau s'est pris dans la porte** my coat got caught in the door

c (*locutions*)

▸ **s'en prendre à** (*= passer sa colère sur*) to take it out on; (*= blâmer*) to put the blame on; (*= attaquer*) to attack • **tu ne peux t'en ~ qu'à toi** you've only got yourself to blame

▸ **s'y prendre** to go about it • **il ne sait pas s'y ~** he doesn't know how to go about it • **je ne sais pas comment tu t'y prends** I don't know how you manage it • **il faut s'y ~ à l'avance** you have to do it in advance • **il s'y est mal pris** he went about it the wrong way • **savoir s'y ~ avec qn** to handle sb the right way • **il sait s'y ~ avec les enfants** he really knows how to deal with children

preneur, -euse [pʀənœʀ, øz] NM,F (*= acheteur*) buyer • **trouver ~** to find a buyer • **je suis ~ à 100 €** I'll take it for 100 euros • **je ne suis pas ~** I'm not interested ▸ **preneur**

P

d'otage hostage-taker ▸ **preneur de son** (*Ciné*) sound engineer

prénom [pʀenɔ̃] (NM) first name; (*Admin*) forename, given name (*US*)

prénommer [pʀenɔme] /TABLE 1/ **1** (VI) to call **2** (VPR) **se prénommer** to be called

prénuptial, e (*mpl* **-aux**) [pʀenypsjal, o] (ADJ) premarital

préoccupant, e [pʀeɔkypɑ̃, ɑ̃t] (ADJ) worrying

préoccupation [pʀeɔkypasjɔ̃] (NF) **a** (= *souci*) worry **b** (= *priorité*) concern • **sa seule ~ était de ...** his one concern was to ...

préoccupé, e [pʀeɔkype] *ptp de* **préoccuper** (ADJ) (= *soucieux*) worried (**de qch** about sth) • **tu as l'air ~** you look worried

préoccuper [pʀeɔkype] /TABLE 1/ **1** (VT) (= *inquiéter*) to worry • **il y a quelque chose qui le préoccupe** something is worrying him **2** (VPR) **se préoccuper** to worry (**de** about) • **se ~ de la santé de qn** to show concern about sb's health • **il ne s'en préoccupe guère** he hardly gives it a thought

préparateur, -trice [pʀepaʀatœʀ, tʀis] (NM,F) assistant

préparatifs [pʀepaʀatif] (NMPL) preparations (**de** for)

préparation [pʀepaʀasjɔ̃] (NF) preparation

préparatoire [pʀepaʀatwaʀ] (ADJ) [*travail, conversation*] preliminary • **classe ~ (aux grandes écoles)** *class which prepares students for the entry exams to the Grandes Écoles*

> **CLASSES PRÉPARATOIRES**
> **Classes préparatoires** is the term given to the two years of intensive study required to sit the entrance examinations to the "grandes écoles". They are extremely demanding post-baccalauréat courses, always taken in a "lycée". → BACCALAURÉAT, CONCOURS, GRANDES ÉCOLES, LYCÉE

préparer [pʀepaʀe] /TABLE 1/ **1** (VT) **a** (= *confectionner, apprêter*) to prepare; [+ *complot*] to hatch; [+ *table*] to lay • **elle nous prépare une tasse de thé** she's making us a cup of tea • **plat préparé** ready meal • **~ l'avenir** to prepare for the future • **~ le terrain** to prepare the ground

b [+ *examen*] to study for • **~ Normale Sup** to study for entrance to the École normale supérieure

c (= *habituer, entraîner*) **~ qn à qch/à faire qch** to prepare sb for sth/to do sth • **~ les esprits** to prepare people (**à qch** for sth) • **~ qn à un examen** to prepare sb for an exam • **je n'y étais pas préparé** I wasn't prepared for it

d (= *réserver*) **~ qch à qn** to have sth in store for sb • **il nous prépare une surprise** he has a surprise in store for us • **il nous prépare un bon rhume** he's getting a cold

2 (VPR) **se préparer a** (= *s'apprêter*) to prepare (**à qch** for sth, **à faire qch** to do sth) • **préparez-vous au pire** prepare for the worst • **je ne m'y étais pas préparé** I wasn't prepared for it • **se ~ pour sortir dîner en ville** to get ready to go out to dinner

b (= *approcher*) [*orage*] to be brewing • **il se prépare quelque chose de louche** there's something fishy going on*

prépondérance [pʀepɔ̃deʀɑ̃s] (NF) supremacy (**sur** over)

prépondérant, e [pʀepɔ̃deʀɑ̃, ɑ̃t] (ADJ) [*rôle*] dominating • **voix ~e** (*Politique*) casting vote

préposé [pʀepoze] (NM) employee; (= *facteur*) postman (*Brit*), mailman (*US*); [*de vestiaire*] attendant

préposer [pʀepoze] /TABLE 1/ (VT) to appoint (**à** to) • **préposé à** in charge of

préposition [pʀepozisjɔ̃] (NF) preposition

préquel (NM), **préquelle** (NF) [pʀekɛl] prequel

prérentrée [pʀeʀɑ̃tʀe] (NF) (*Scol*) *preparatory day for teachers before school term starts*

préretraite [pʀeʀ(ə)tʀɛt] (NF) (= *état*) early retirement • **partir en ~** to take early retirement

prérogative [pʀeʀɔgativ] (NF) prerogative

près [pʀɛ] (ADV) (*dans l'espace, dans le temps*) close • **la gare est tout ~** we're very close to the station • **il habite assez/tout ~** he lives quite/very near *ou* close • **ne te mets pas trop ~** don't get too close • **c'est plus/moins ~ que je ne croyais** (*espace*) it's nearer than/further than I thought; (*temps*) it's sooner than/further off than I thought • **c'est terminé à peu de chose ~** it's more or less finished • **je vais vous donner le chiffre à un centimètre ~** I'll give you the figure to within about a centimetre • **cela fait 100 € à peu de chose(s) ~** that comes to 100 euros, or as near as makes no difference • **il n'est plus à 10 minutes ~** he can wait another 10 minutes

▸ **de près il voit mal/bien de ~** he can't see very well/he can see all right close to • **surveiller qn de ~** to keep a close watch on sb • **il faudra examiner cette affaire de plus ~** we must take a closer look at this business • **on a frôlé de très ~ la catastrophe** we came within an inch of disaster • **de ~ ou de loin** [*ressembler*] more or less • **tout ce qui touche de ~ ou de loin au cinéma** everything remotely connected with cinema

▸ **près de** near, close to • **leur maison est ~ de l'église** their house is near the church • **le plus ~ possible de la porte** as near the door as possible • **une robe ~ du corps** a close-fitting dress • **ils étaient très ~ l'un de l'autre** they were very close to each other • **elle est ~ de sa mère** she's with her mother • **être très ~ du but** to be very close to *ou* near one's goal • **être ~ de son argent** *ou* **de ses sous*** to be tight-fisted • **il est ~ de la retraite** he's close to *ou* near retirement • **il est ~ de la cinquantaine** he's nearly fifty

▸ **ne pas être près de** + *infinitif* **je ne suis pas ~ de partir/de réussir** at this rate, I'm not likely to be going/to succeed • **je ne suis pas ~ de recommencer** I won't do that again in a hurry

présage [pʀezaʒ] (NM) omen

présager [pʀezaʒe] /TABLE 3/ (VT) (= *annoncer*) to be a sign of • **cela ne présage rien de bon** nothing good will come of it • **rien ne laissait ~ que ...** there was nothing to suggest that ...

presbyte [pʀɛsbit] (ADJ) long-sighted (*Brit*), far-sighted (*US*)

presbytère [pʀɛsbitɛʀ] (NM) presbytery

presbytérien, -ienne [pʀɛsbiteʀjɛ̃, jɛn] (ADJ, NM,F) Presbyterian

presbytie [pʀɛsbisi] (NF) long-sightedness (*Brit*), far-sightedness (*US*)

préscolaire [pʀeskɔlɛʀ] (ADJ) preschool

prescription [pʀɛskʀipsjɔ̃] (NF) **a** prescription; (= *recommandation*) recommendation • **~s techniques** technical requirements • **vendu sur ~ médicale** available on prescription **b** (*Droit*) prescription • **il y a ~ maintenant ...** (*hum*) it's ancient history now ...

prescrire [pʀeskʀiʀ] /TABLE 39/ (VT) (*Méd, Droit*) to prescribe; [+ *objet, méthode*] to recommend; [+ *livre*] to set; [*morale, loi*] to lay down • **à la date prescrite** on the date stipulated • **« ne pas dépasser la dose prescrite »** "do not exceed the prescribed dose"

préséance [preseɑ̃s] (NF) precedence *NonC*

présélection [pʀeselɛksjɔ̃] (NF) preselection • **touche de ~** (*Radio*) preset button

présélectionner [pʀeselɛksjɔne] /TABLE 1/ (VT) [+ *candidats*] to short-list (*Brit*); [+ *stations de radio*] to preset

présence [pʀezɑ̃s] **1** (NF) **a** [*de personne, chose, pays*] presence; (*au bureau, à l'école*) attendance • **la ~ aux cours est obligatoire** attendance at classes is compulsory • **~ policière** police presence

▸ **en présence les forces en ~** the opposing armies • **les parties en ~** (*Droit*) the opposing parties • **en ~ de** in the presence of

b (= *personnalité*) presence • **avoir de la ~** to have great presence

2 (COMP) ▸ **présence d'esprit** presence of mind

présent¹, e [pʀezɑ̃, ɑ̃t] **1** (ADJ) present • **répondre ~** to answer "present" • **il a toujours répondu ~ quand j'ai eu besoin de lui** he was always there when I needed him • **je suis ~ en pensée** I'm thinking of you (*ou* him *etc*) • **ils sont très ~s dans le secteur informatique** they are major players in the computer sector • **avoir qch ~ à l'esprit** to have sth fresh in one's mind • **gardez ceci ~ à l'esprit** keep this in mind • **le ~ récit** this account

2 (NM) **a** (= *époque*) **le ~** the present

▸ **à présent** at present, presently (*US*); (= *maintenant*) now

b (*Gram*) present (tense) • **au ~** in the present (tense) • **~ de l'indicatif** present indicative

c (= *personne*) **les ~s et les absents** those present and those absent

3 (NF) **présente** (*Admin* = *lettre*) **nous vous signalons par la ~e que ...** we hereby inform you that ...

présent² [pʀezɑ̃] (NM) (*littér*) gift

présentable [pʀezɑ̃tabl] (ADJ) presentable

présentateur, -trice [pʀezɑ̃tatœʀ, tʀis] (NM,F) (*Radio, TV*) [*de jeu, causerie, variétés*] host; [*de débat*] presenter; [*de nouvelles*] newscaster

présentation [pʀezɑ̃tasjɔ̃] (NF) **a** [*de document, objet*] presentation • **sur ~ d'une pièce d'identité** on presentation of proof of identity • **~ de mode** fashion show

b [*de nouveau venu, conférencier*] introduction • **faire les ~s** to make the introductions

présentement [pʀezɑ̃tmɑ̃] (ADV) (*Can*) (= *en ce moment*) at present, presently (*US*)

présenter [pʀezɑ̃te] /TABLE 1/ **1** (VT) **a** [+ *personne*] to introduce (**à** to, **dans** into) • **je vous présente ma femme** this is my wife

b [+ *billet, passeport*] to show

c (= *proposer au public*) [+ *marchandises, pièce, émission, jeux*] to present

d (= *exposer*) [+ *problème*] to explain; [+ *idées*] to present • **un travail mal présenté** a badly presented piece of work • **présentez-lui cela avec tact** put it to him tactfully

e (= *exprimer*) [+ *excuses, condoléances, félicitations*] to offer

f (= *comporter*) [+ *avantage, intérêt*] to have; [+ *différences*] to reveal; [+ *risque, difficulté*] to entail • **cette méthode présente de nombreux défauts** this method has a number of flaws • **la situation présente un caractère d'urgence** the situation is urgent

g (= *soumettre*) [+ *note, facture, devis, bilan, projet de loi*] to present; [+ *thèse*] to submit • **~ sa candidature à un poste** to apply for a job • **il a présenté sa démission** he has handed in his resignation • **à l'examen, il a présenté un texte de Camus** [*élève*] he chose a text by Camus for the exam

2 (VI) [*personne*] **~ bien** to come over well

3 (VPR) **se présenter** **a** (= *se rendre*) to appear • **se ~ chez qn** to go to sb's house • **je ne peux pas me ~ dans cette tenue** I can't appear dressed like this • **« ne pas écrire, se ~ »** (*dans une annonce*) "applicants should apply in person" • **se ~ à l'audience** to appear in court

b (= *être candidat*) **se ~ à** [+ *examen*] to take; [+ *concours*] to go in for • **se ~ aux élections** to stand (*Brit*) *ou* run (*US*) for election

c (= *se faire connaître*) to introduce o.s. (**à** to)

d (= *surgir*) [*occasion*] to arise; [*difficulté*] to crop up; [*solution*] to present itself • **il faut attendre que quelque chose se présente** we must wait until something turns up

e (= *apparaître*) **l'affaire se présente bien/mal** things are looking good/aren't looking good • **comment se présente le problème ?** what exactly is the problem?

présentoir [pʀezɑ̃twaʀ] (NM) (= *étagère*) display

préservatif [pʀezɛʀvatif] (NM) **~ (masculin)** condom • **~ féminin** female condom

préservation [pʀezɛʀvasjɔ̃] (NF) preservation

préserver [pʀezɛʀve] /TABLE 1/ (VT) to preserve; [+ *emploi, droits*] to safeguard

présidence [pʀezidɑ̃s] (NF) [*de tribunal, État*] presidency; [*de comité, réunion*] chairmanship; [*d'université*] vice-chancellorship (*Brit*), presidency (*US*)

président [pʀezidɑ̃] **1** (NM) **a** (*Politique*) president • **Monsieur/Madame le ~** Mr/Madam President

b [*de comité, réunion, conseil d'administration, commission, jury d'examen*] chairman; [*de club, société savante, firme*] president; [*d'université*] vice-chancellor (*Brit*), president (*US*) **c** (*Droit*) [*de tribunal*] presiding judge; [*de jury*] foreman **2** (COMP) ▸ **président-directeur général** chair and managing director (*Brit*), chief executive officer (*US*)

présidente [pʀezidɑ̃t] (NF) **a** (*Politique*) president

b [*de comité, réunion, conseil d'administration, commission*] chairwoman; [*de club, société savante, firme*] president; [*de jury d'examen*] chairwoman; [*d'université*] vice-chancellor (*Brit*), president (*US*) **c** (*Droit*) [*de tribunal*] presiding judge; [*de jury*] forewoman

présidentiable [pʀezidɑ̃sjabl] (ADJ) **être ~** to be a possible presidential candidate

présidentiel, -ielle [pʀezidɑ̃sjɛl] (ADJ) presidential → ÉLECTIONS

présider [pʀezide] /TABLE 1/ **1** (VT) [+ *tribunal, conseil, assemblée*] to preside over; [+ *comité, débat, séance*] to chair **2** (VT INDIR) **~ à** [+ *préparatifs*] to direct; [+ *destinées*] to rule over

présomption [pʀezɔ̃psjɔ̃] (NF) **a** (= *supposition*) presumption • **de lourdes ~s pèsent sur lui** he is under grave suspicion • **~ d'innocence** presumption of innocence **b** (= *prétention*) presumptuousness

présomptueux, -euse [pʀezɔ̃ptɥø, øz] (ADJ) presumptuous

P

presque [pʀɛsk] (ADV) ⓐ *(contexte positif)* almost • **j'ai ~ terminé** I've almost finished • **~ à chaque pas** at almost every step • **c'est ~ impossible** it's almost impossible ⓑ *(contexte négatif)* hardly • **~ personne/rien** hardly anyone/anything • **a-t-il dormi ? — ~ pas** did he sleep? — hardly at all • **il n'y a ~ plus de vin** there's hardly any wine left • **ça n'arrive ~ jamais** it hardly ever happens ⓒ *(avant le nom)* **la ~ totalité des lecteurs** almost all the readers

presqu'île○ [pʀɛskil] (NF) peninsula

pressant, e [pʀesɑ̃, ɑ̃t] (ADJ) *[besoin, invitation, désir, demande]* urgent; *[personne]* insistent

presse [pʀɛs] (NF) ⓐ *(= institution)* press • **la ~ à grand tirage** the popular press • **la ~ écrite** the press • **c'est dans toute la ~** it's in all the papers • **la ~ périodique** periodicals • **~ régionale** regional press • **~ féminine/automobile** women's/car magazines • **~ à scandale** gutter press • **avoir bonne/mauvaise ~** to be well/badly thought of • **agence/conférence de ~** press agency/conference ⓑ *(= machine)* press • **mettre sous ~** *[+ livre]* to send to press; *[+ journal]* to put to bed

pressé, e [pʀese] *ptp de* **presser** (ADJ) ⓐ *[pas]* hurried • **je suis ~** I'm in a hurry • **je ne suis pas ~** I'm not in any hurry • **être ~ de partir** to be in a hurry to leave ⓑ *(= urgent) [travail, lettre]* urgent • **c'est ~ ?** is it urgent? • **si tu n'as rien de plus ~ à faire** if you have nothing more urgent to do

presse-citron *(pl* **presse-citrons***)* [pʀɛssitʀɔ̃] (NM) lemon squeezer

pressentiment [pʀesɑ̃timɑ̃] (NM) *(= intuition)* premonition; *(= idée)* feeling • **j'ai comme un ~ qu'il ne viendra pas** I've got a feeling he won't come

pressentir [pʀesɑ̃tiʀ] /TABLE 16/ (VT) ⓐ *[+ danger]* to sense • **~ que ...** to have a feeling that ... ⓑ *[+ personne]* to sound out • **il a été pressenti pour le poste** he has been sounded out about taking the job

presse-papier(s) *(pl* **presse-papiers***)* [pʀɛspapje] (NM) paperweight

presser [pʀese] /TABLE 1/ **1** (VT) ⓐ *[+ éponge, fruit]* to squeeze; *[+ raisin]* to press • **un citron pressé** *(= boisson)* a glass of freshly-squeezed lemon juice ⓑ *(= façonner) [+ disque, pli de pantalon]* to press ⓒ *(= hâter) [+ affaire]* to speed up • **~ le pas** *ou* **l'allure** to speed up • **~ le mouvement** to hurry up ⓓ *(= harceler) [+ débiteur]* to put pressure on • **~ qn de questions** to ply sb with questions
2 (VI) *(= être urgent)* to be urgent • **l'affaire presse** it's urgent • **le temps presse** time is short • **cela ne presse pas** • **rien ne presse** there's no hurry
3 (VPR) **se presser** *(= se hâter)* to hurry up • **pressez-vous, il est tard** hurry up, it's getting late • **il faut se ~** we must hurry up • **allons, pressons !** come on, come on!

pressing [pʀesiŋ] (NM) ⓐ *(= établissement)* dry-cleaner's ⓑ *(Sport)* pressure • **faire le ~** to pile on the pressure

pression [pʀesjɔ̃] (NF) ⓐ pressure • **~ atmosphérique** atmospheric pressure • **à haute/basse ~** high/low pressure *épith* • **être sous ~** *[personne]* to be tense • **mettre sous ~** to pressurize • **je suis sous ~ en ce moment** *(excès de travail)* I am under pressure just now • **sous la ~ des événements** under the pressure of events • **mettre la ~ sur qn** to pressurize sb • **faire ~ sur qn (pour qu'il fasse qch)** to put pressure on sb (to do sth) • **être soumis à des ~s** to be under pressure ⓑ **bière à la ~** draught *(Brit) ou* draft *(US)* beer • **deux ~(s)*, s'il vous plaît** two beers, please

pressoir [pʀeswaʀ] (NM) *[de vin]* wine press; *[de cidre]* cider press; *[d'huile]* oil press

pressothérapie [pʀesoteʀapi] (NF) pressotherapy

pressurer [pʀesyʀe] /TABLE 1/ (VT) *[+ fruit]* to press; *[+ personne]* to pressurize

pressurisé, e [pʀesyʀize] (ADJ) pressurized

pressuriser [pʀesyʀize] /TABLE 1/ (VT) to pressurize

prestance [pʀɛstɑ̃s] (NF) presence • **avoir de la ~** to have style

prestataire [pʀɛstatɛʀ] (NM) *[d'allocations]* person receiving benefits • **~ de services** service provider

prestation [pʀɛstasjɔ̃] **1** (NF) ⓐ *(= allocation)* benefit ⓑ **prestations** *(= services) [d'hôtel, restaurant]* service • **« ~s luxueuses »** *[de maison]* "luxuriously appointed" ⓒ *(= performance) [d'artiste, sportif]* performance • **faire une bonne ~** to put up a good performance **2** (COMP) ▸ **prestation de service** provision of a service ▸ **prestations sociales** social security benefits *(Brit)*, welfare payments *(US)*

prestidigitateur, -trice [pʀɛstidiʒitatœʀ, tʀis] (NM,F) conjurer

prestidigitation [pʀɛstidiʒitasjɔ̃] (NF) conjuring • **tour de ~** conjuring trick

prestige [pʀɛstiʒ] (NM) prestige • **le ~ de l'uniforme** the glamour of uniforms • **de ~** *[politique, voiture]* prestige

prestigieux, -ieuse [pʀɛstiʒjø, jøz] (ADJ) prestigious

présumer [pʀezyme] /TABLE 1/ **1** (VT) to presume • **le meurtrier présumé** the alleged killer **2** (VT INDIR) **~ de** to overestimate • **~ de ses forces** to overestimate one's strength • **trop ~ de qch/qn** to overestimate sth/sb

présupposé [pʀesypoze] (NM) presupposition

prêt¹, prête [pʀɛ, pʀɛt] (ADJ) ⓐ *(= préparé)* ready • **~ à qch/à faire qch** ready for sth/to do sth • **~ à l'emploi** ready for use • **~ à partir** ready to go • **tout est (fin) ~** everything is (quite) ready • **se tenir ~ à qch/à faire qch** to be ready for sth/to do sth • **il est ~ à tout** *(criminel)* he'll do anything • **toujours ~ !** *(devise scoute)* be prepared! ⓑ *(= disposé)* **~ à** willing to • **est-ce que tu serais ~ à m'aider ?** would you be willing to help me?

prêt² [pʀɛ] (NM) *(= somme)* loan • **~ inter-bibliothèques** inter-library loan ▸ **prêt à la construction** building loan ▸ **prêt immobilier** ≈ mortgage ▸ **prêt relais** bridging loan

prêt-à-manger *(pl* **prêts-à-manger***)* [pʀɛtamɑ̃ʒe] (NM) ready-made meals

prêt-à-porter *(pl* **prêts-à-porter***)* [pʀɛtapɔʀte] (NM) ready-to-wear clothes • **acheter qch en ~** to buy sth off the peg *(Brit) ou* off the rack *(US)*

prétendant [pʀetɑ̃dɑ̃] (NM) *(= prince)* pretender; *(littér = galant)* suitor

prétendre [pʀetɑ̃dʀ] /TABLE 41/ **1** (VT) ⓐ *(= affirmer)* to claim • **il se prétend insulté/médecin** he claims he's been insulted/he's a doctor • **à ce qu'il prétend** according to what he says • **à ce qu'on prétend** allegedly ⓑ *(= avoir la prétention de)* **tu ne prétends pas le faire tout seul ?** you don't imagine you can do it on your own?
2 (VT INDIR) **~ à** *[+ honneurs, emploi]* to aspire to

prétendu, e [pʀetɑ̃dy] *ptp de* **prétendre** (ADJ) *[ami, expert]* so-called; *[alibi, preuves]* supposed

prétendument [pʀetɑ̃dymɑ̃] (ADV) supposedly

prête-nom (*pl* **prête-noms**) [pʀɛtnɔ̃] NM frontman

prétentieux, -ieuse [pʀetɑ̃sjø, jøz] 1 ADJ pretentious 2 NM,F conceited person • **c'est un petit ~!** he's so conceited!

prétention [pʀetɑ̃sjɔ̃] NF ⓐ (= *exigence*) claim • **avoir des ~s à** *ou* **sur** to lay claim to • **quelles sont vos ~s?** (= *salaire*) what level of salary do you expect? • **écrire avec CV et ~s** write enclosing CV and stating expected salary ⓑ (= *ambition*) pretension (**à** to) • **sans ~** [*maison, repas*] unpretentious; [*robe*] simple ⓒ (= *vanité*) pretentiousness • **quelle ~!** how pretentious!

> Le mot anglais se termine par **-sion**.

prêter [pʀete] /TABLE 1/ 1 VT ⓐ [+ *objet, argent*] to lend • **~ qch à qn** to lend sth to sb • **peux-tu me ~ ton stylo?** can you lend me your pen?
ⓑ (= *attribuer*) [+ *sentiment, facultés*] to attribute
ⓒ (= *apporter, offrir*) [+ *aide, appui*] to give • **~ assistance/secours à qn** to go to sb's assistance/aid • **~ main forte à qn** to lend sb a hand • **~ son concours à** to give one's assistance to • **~ attention à** to pay attention to • **~ le flanc à la critique** to lay o.s. open to criticism • **~ l'oreille** to listen (**à** to) • **~ serment** to take an oath
2 VT INDIR **~ à** • **son attitude prête à équivoque** his attitude is ambiguous • **sa conduite prête à rire** his behaviour is laughable
3 VPR **se prêter** ⓐ (= *consentir*) **se ~ à** [+ *expérience*] to participate in
ⓑ (= *s'adapter*) **se ~ à qch** to lend itself to sth

prétérit [pʀeteʀit] NM preterite (tense) • **au ~** in the preterite (tense)

prêteur, -euse [pʀɛtœʀ, øz] 1 ADJ unselfish • **il n'est pas très ~** he doesn't like lending people things 2 NM,F lender • **~ sur gages** pawnbroker

prétexte [pʀetɛkst] NM pretext • **mauvais ~** lame excuse • **sous ~ d'aider son frère** on the pretext of helping his brother • **sous aucun ~** on no account • **tous les ~s sont bons pour ne pas aller chez le dentiste** any excuse will do not to go to the dentist • **ce n'est qu'un ~** it's just an excuse

prétexter [pʀetɛkste] /TABLE 1/ VT to give as a pretext • **en prétextant que ...** on the pretext that ...

prétimbré, e [pʀetɛ̃bʀe] ADJ [*enveloppe*] stamped

prêtre [pʀɛtʀ] NM priest

preuve [pʀœv] NF proof • **faire la ~ de qch/que** to prove sth/that • **avoir la ~ de/que** to have proof of/that • **c'est la ~ que ...** that proves that ... • **jusqu'à ~ (du) contraire** until we find proof to the contrary • **je n'ai pas de ~s** I have no proof • **affirmer qch ~s en mains** to back sth up with solid evidence • **c'est une ~ de bonne volonté/d'amour** it's proof of his good intentions/of his love
▸ **faire preuve de** to show
▸ **faire ses preuves** [*personne*] to prove o.s.; [*voiture*] to prove itself • **cette nouvelle technique n'a pas encore fait ses ~s** this new technique hasn't yet proved its worth

prévaloir [pʀevalwaʀ] /TABLE 29/ 1 VI (*littér*) to prevail • **faire ~ ses droits** to insist upon one's rights 2 VPR **se prévaloir se ~ de** to pride o.s. on

prévenance [pʀev(ə)nɑ̃s] NF consideration *NonC*

prévenant, e [pʀev(ə)nɑ̃, ɑ̃t] ADJ considerate (**envers** to)

prévenir [pʀev(ə)niʀ] /TABLE 22/ VT ⓐ (= *avertir*) to warn (**de qch** about sth); (= *aviser*) to inform (**de qch** about sth) • **~ le médecin** to call the doctor • **~ la police** to call the police • **tu es prévenu!** you've been warned! • **partir sans ~** to leave without warning • **il aurait pu ~** he could have let us know ⓑ (= *empêcher*) to prevent ⓒ (= *devancer*) [+ *désir*] to anticipate; [+ *objection*] to forestall

préventif, -ive [pʀevɑ̃tif, iv] ADJ [*mesure, médecine*] preventive • **à titre ~** as a precaution

prévention [pʀevɑ̃sjɔ̃] NF prevention • **~ routière** road safety • **mesures de ~** preventive measures

préventivement [pʀevɑ̃tivmɑ̃] ADV **agir ~** to take preventive measures

prévenu, e [pʀev(ə)ny] NM,F (*Droit*) defendant

prévisible [pʀevizibl] ADJ [*réaction, résultat, personne*] predictable; [*événement, évolution*] foreseeable • **difficilement ~** difficult to foresee • **dans un avenir ~** in the foreseeable future

prévision [pʀevizjɔ̃] NF **prévisions** (= *prédictions*) expectation; (*Finance*) forecast • **~s budgétaires** budget estimates • **~s météorologiques** weather forecast
▸ **en prévision de** in anticipation of • **en ~ de son arrivée** in anticipation of his arrival

prévisionnel, -elle [pʀevizjɔnɛl] ADJ [*budget*] projected

prévisionniste [pʀevizjɔnist] NMF (economic) forecaster

prévisualiser [pʀevizɥalize] /TABLE 1/ VT (*Informatique*) to preview

prévoir [pʀevwaʀ] /TABLE 24/ VT ⓐ (= *anticiper*) [+ *événement, conséquence*] to foresee; [+ *temps*] to forecast; [+ *réaction, contretemps*] to expect • **~ le pire** to expect the worst • **nous n'avions pas prévu qu'il refuserait** we hadn't anticipated that he'd refuse • **rien ne laissait ~ que ...** there was nothing to suggest that ... • **on ne peut pas tout ~** you can't think of everything • **plus tôt que prévu** earlier than expected
ⓑ (= *projeter*) [+ *voyage, construction*] to plan • **~ de faire qch** to plan to do sth • **au moment prévu** at the appointed time • **comme prévu** as planned
ⓒ (= *préparer, envisager*) to allow • **il vaut mieux ~ quelques bouteilles de plus** you'd better allow a few extra bottles • **il faudrait ~ un repas** you ought to organize a meal • **tout est prévu pour l'arrivée de nos hôtes** we're all set for the arrival of our guests • **déposez vos lettres dans la boîte prévue à cet effet** put your letters in the box provided
ⓓ (*Droit*) [*loi, règlement*] to make provision for • **ce n'est pas prévu dans le contrat** the contract makes no provision for it

prévoyance [pʀevwajɑ̃s] NF foresight • **caisse de ~** contingency fund

prévoyant, e [pʀevwajɑ̃, ɑ̃t] ADJ provident

prévu, e [pʀevy] *ptp de* **prévoir**

prier [pʀije] /TABLE 7/ 1 VT ⓐ [+ *Dieu, saint*] to pray to
ⓑ (= *implorer*) to beg • **elle le pria de rester** she begged him to stay • **il ne s'est pas fait ~** he was only too willing
▸ **je vous en prie, je t'en prie** (= *faites/fais donc*) of course; (= *après vous/toi*) after you; (*idée d'irritation*) do you mind! • **merci beaucoup — je vous en prie** thank you — you're welcome • **je t'en prie, ne sois pas en colère!** please don't be angry! • **je t'en prie, ça suffit!** please, that's quite enough!

ⓒ(= *inviter*) to ask • **vous êtes prié de vous présenter à 9 heures** you are asked to present yourself at 9 o'clock

ⓓ(= *ordonner*) **je vous prie de sortir** will you please leave the room

2 VI to pray (**pour** for)

prière [pʀijɛʀ] NF ⓐprayer • **dire** *ou* **faire ses ~s** to say one's prayers

ⓑ(= *demande*) entreaty • **il est resté sourd à mes ~s** he wouldn't do what I asked him to

▸ **prière de ...** please ... • **« ~ de ne pas fumer »** "no smoking (please)"

primaire [pʀimɛʀ] 1 ADJ ⓐprimary • **école ~** primary school ⓑ(*péj* = *simpliste*) [*personne*] simple-minded; [*raisonnement*] simplistic 2 NM (= *cycle*) primary school • **au** *ou* **en ~** at primary school 3 NF (= *élection*) primary

primat [pʀima] NM (*Rel*) primate

primate [pʀimat] NM (= *animal*) primate

primauté [pʀimote] NF primacy (**sur** over)

prime¹ [pʀim] NF ⓐ(= *cadeau*) free gift • **donné en ~ avec qch** given away with sth ⓑ(= *bonus*) bonus; (= *subvention*) subsidy; (= *indemnité*) allowance • **~ d'ancienneté** seniority bonus • **~ à la casse** car scrappage incentive • **~ de départ** *bonus paid to an employee when leaving a job*; (*importante*) golden handshake • **~ de fin d'année/de rendement** Christmas/productivity bonus • **~ de licenciement** redundancy payment • **~ de risque** danger money *NonC* ⓒ(*Assurances, Bourse*) premium • **~ d'assurances** insurance premium

prime² [pʀim] ADJ ⓐ(= *premier*) **dès sa ~ jeunesse** from his earliest youth

▸ **de prime abord** at first glance

ⓑ(*Math*) prime • **n ~** n prime

primer [pʀime] /TABLE 1/ 1 VT ⓐ(= *surpasser*) to prevail over ⓑ(= *récompenser*) to award a prize to 2 VI (= *dominer*) to be the prime feature; (= *compter, valoir*) to be of prime importance

primesautier, -ière [pʀimsotje, jɛʀ] ADJ impulsive

primeur [pʀimœʀ] 1 NF (*Presse*) **avoir la ~ d'une nouvelle** to be the first to hear a piece of news 2 NFPL **primeurs** early fruit and vegetables

primevère [pʀimvɛʀ] NF primrose

primitif, -ive [pʀimitif, iv] ADJ primitive; (= *originel*) original

primo [pʀimo] ADV first

primoaccédant, e [pʀimoaksedɑ̃, ɑ̃t] NM,F **~ (à la propriété)** first-time (home-)buyer

primoarrivant, e [pʀimoaʀivɑ̃, ɑ̃t] 1 ADJ who immigrates for the first time 2 NM,F first-time immigrant

primodélinquant, e [pʀimodelɛ̃kɑ̃, ɑ̃t] NM,F first-time offender

primordial, e (*mpl* **-iaux**) [pʀimɔʀdjal, jo] ADJ (= *vital*) [*élément, question*] essential; [*objectif, préoccupation*] chief; [*rôle*] key • **d'une importance ~e** of the utmost importance

primovaccination [pʀimɔvaksinasjɔ̃] NF primary vaccination

prince [pʀɛ̃s] NM prince • **se montrer bon ~** to behave generously ▸ **le Prince charmant** Prince Charming ▸ **prince de Galles** Prince of Wales; (= *tissu*) Prince of Wales check ▸ **prince héritier** crown prince

princesse [pʀɛ̃sɛs] NF princess

princier, -ière [pʀɛ̃sje, jɛʀ] ADJ princely

principal, e (*mpl* **-aux**) [pʀɛ̃sipal, o] 1 ADJ main; [*personnage, rôle*] leading 2 NM ⓐ[*d'établissement scolaire*] headmaster (Brit), principal (US); [*de service administratif*] chief clerk ⓑ(= *chose importante*) **le ~** the most important thing • **c'est le ~** that's the main thing 3 NF **principale** ⓐ(= *proposition*) main clause ⓑ[*d'établissement scolaire*] headmistress (Brit), principal (US)

principalement [pʀɛ̃sipalmɑ̃] ADV principally

principauté [pʀɛ̃sipote] NF principality

principe [pʀɛ̃sip] NM ⓐ(= *règle*) principle • **le ~ d'Archimède** Archimedes' principle • **il a des ~s** he's got principles • **avoir pour ~ de faire qch** to make it a principle to do sth • **il n'est pas dans mes ~s de ...** it's against my principles to ... • **faire qch pour le ~** to do sth on principle

▸ **par principe** on principle

▸ **en principe** (= *d'habitude, en général*) as a rule; (= *théoriquement*) in principle

▸ **de principe** [*hostilité, objection, opposition, soutien*] automatic • **décision de ~** decision in principle • **c'est une question de ~** it's a matter of principle

ⓑ(= *hypothèse*) assumption • **partir du ~ que ...** to work on the assumption that ...

> Le mot anglais se termine par **-ple**.

printanier, -ière [pʀɛ̃tanje, jɛʀ] ADJ spring; [*atmosphère*] spring-like

printemps [pʀɛ̃tɑ̃] NM spring • **au ~** in spring ▸ **le printemps arabe** the Arab spring

prioritaire [pʀijɔʀitɛʀ] ADJ ⓐ[*projet, opération*] priority *épith* • **être ~** [*personne, projet*] to have priority ⓑ(*sur la route*) [*véhicule, personne*] **être ~** to have right of way

priorité [pʀijɔʀite] NF ⓐpriority • **donner la ~ absolue à qch** to give top priority to sth • **venir en ~** to come first ⓑ(*sur la route*) right of way • **avoir la ~** to have right of way (**sur** over) • **~ à droite** (*principe*) *system of giving way to traffic coming from the right*; (*panneau*) give way to the vehicles on your right

pris, prise¹ [pʀi, pʀiz] *ptp de* **prendre** ADJ ⓐ[*place*] taken • **avoir les mains ~es** to have one's hands full • **toutes les places sont ~es** all the seats are taken • **ça me fera 250 €, c'est toujours ça de ~*** I'll get 250 euros, that's better than nothing

ⓑ[*personne*] busy • **le directeur est très ~ cette semaine** the manager is very busy this week • **désolé, je suis ~** sorry, I'm busy

ⓒ[*nez*] blocked; [*gorge*] hoarse • **j'ai le nez ~** my nose is blocked

ⓓ[*crème, mayonnaise*] set • **la mer est ~e par les glaces** the sea is frozen

ⓔ(= *envahi par*) **~ de remords** overcome with remorse • **~ de boisson** (*frm*) the worse for drink

prise² [pʀiz] 1 NF ⓐ(= *moyen d'empoigner, de prendre*) hold *NonC*; (*pour soulever, faire levier*) purchase *NonC* • **faire une ~ de judo à qn** to get sb in a judo hold • **on n'a aucune ~ sur lui** no one has any influence over him

▸ **donner prise à** to give rise to

▸ **aux prises avec être** *ou* **se trouver aux ~s avec des difficultés** to be grappling with difficulties

▸ **en prise être/mettre en ~** [*conducteur*] to be in/put the car into gear • **en ~ (directe) avec** *ou* **sur** [+ *problème, société*] tuned into

b (*Chasse, Pêche = butin*) catch; (*= saisie*) [*de contrebande, drogue*] seizure

c **~ (de courant)** (*mâle*) plug; (*femelle, au mur*) socket • **~ multiple** adaptor; (*avec rallonge*) trailing socket • **~ pour rasoir électrique** razor point

d [*de ciment, enduit*] setting • **à ~ rapide** quick-setting

2 (COMP) ▸ **prise d'air** air inlet ▸ **prise d'armes** military parade ▸ **prise de bec*** row* ▸ **prise d'eau** water supply point; (*= robinet*) tap (*Brit*), faucet (*US*) ▸ **prise de guerre** spoils of war ▸ **prise de sang** blood test • **faire une ~ de sang à qn** to take a blood sample from sb ▸ **prise de son** sound recording ▸ **prise de terre** earth (*Brit*), ground (*US*) ▸ **prise de vue** (*= photographie*) shot • **~ de vues** (*Ciné, TV*) filming

priser [pʀize] /TABLE 1/ **1** (VT) **a** (*littér*) to prize • **très prisé** highly prized **b** [*+ tabac*] to take **2** (VI) to take snuff

prisme [pʀism] (NM) prism

prison [pʀizɔ̃] (NF) prison • **mettre qn en ~** to send sb to prison • **peine de ~** prison sentence • **faire de la ~** to go to *ou* be in prison • **condamné à trois mois de ~ ferme** sentenced to three months' imprisonment

prisonnier, -ière [pʀizɔnje, jɛʀ] **1** (ADJ) [*soldat*] captive • **être ~** (*= enfermé*) to be trapped; (*= en prison*) to be imprisoned **2** (NM,F) prisoner • **~ d'opinion** prisoner of conscience • **faire qn ~** to take sb prisoner

privatif, -ive [pʀivatif, iv] (ADJ) (*= privé*) private • **avec jardin ~** with private garden

privation [pʀivasjɔ̃] (NF) **a** (*= suppression*) deprivation • **la ~ de sommeil** sleep deprivation **b** **privations** (*= sacrifices*) privation • **souffrir de ~s** to endure hardship

privatisation [pʀivatizasjɔ̃] (NF) privatization

privatiser [pʀivatize] /TABLE 1/ (VT) to privatize • **entreprise privatisée** privatized company

privautés [pʀivote] (NFPL) liberties

privé, e [pʀive] **1** (ADJ) private; (*Presse*) [*source*] unofficial; (*Droit*) [*droit*] civil; [*télévision, radio*] independent

2 (NM) **a** **le ~** (*= secteur*) the private sector

b (*= détective*)* private eye*

c ▸ **en privé** in private

priver [pʀive] /TABLE 1/ **1** (VT) **~ qn de qch** to deprive sb of sth • **il a été privé de dessert** he wasn't allowed dessert • **nous avons été privés d'électricité pendant trois jours** we were without electricity for three days • **il a été privé de sommeil** he didn't get any sleep • **cela ne me prive pas du tout** (*de vous le donner*) I can easily spare it; (*de ne plus en manger*) I don't miss it at all; (*de ne pas y aller*) I don't mind at all

2 (VPR) **se priver** **a** (*par économie*) to go without • **se ~ de qch** to go without sth

b (*= se passer de*) **se ~ de** to forego • **se ~ de cigarettes** to cut out cigarettes • **il ne s'est pas privé de le dire** he didn't hesitate to say it

privilège [pʀivilɛʒ] (NM) privilege

privilégié, e [pʀivileʒje] *ptp de* **privilégier** **1** (ADJ) [*personne, site, climat*] privileged **2** (NM,F) privileged person • **quelques ~s** a privileged few

privilégier [pʀivileʒje] /TABLE 7/ (VT) to favour (*Brit*), to favor (*US*) • **privilégié par le sort** fortunate

prix [pʀi] **1** (NM) **a** (*= coût*) [*d'objet, produit*] price; [*de location, transport*] cost • **je l'ai payé 600 € — c'est le ~** I paid 600 euros for it — that's the going rate • **votre ~ sera le mien** name your price • **quel est votre dernier ~?** (*pour vendre*) what's the lowest you'll go?; (*pour acheter*) what's your final offer? • **acheter qch à ~ d'or** to pay a fortune for sth • **payer le ~ fort** to pay the full price • **à bas ~** [*produit, terrain*] cheap; [*acheter, vendre*] cheaply • **ça n'a pas de ~** it's priceless • **je vous fais un ~ (d'ami)** I'll let you have it cheap • **il faut y mettre le ~** you have to be prepared to pay for it • **je cherche une robe — dans quels ~?** I'm looking for a dress — in what price range? • **c'est dans mes ~** that's within my price range • **c'est hors de ~** it's outrageously expensive • **mise à ~ : 1 000 €** (*enchères*) reserve (*Brit*) *ou* upset (*US*) price: 1,000 euros • **le ~ du succès** the price of success

▸ **à tout prix** at all costs

▸ **à aucun prix** on no account

▸ **au prix de** **au ~ de grands sacrifices** after many sacrifices

b (*= récompense*) (*Scol*) prize • **le ~ Nobel de la paix** the Nobel Peace Prize • **~ d'interprétation féminine** prize for best actress

c (*= personne*) prizewinner; (*= livre*) prizewinning book • **premier ~ du Conservatoire** first prize winner at the Conservatoire

d (*Courses*) race • **Grand Prix (automobile)** Grand Prix

2 (COMP) ▸ **prix d'achat** purchase price ▸ **prix d'appel** introductory price ▸ **prix conseillé** recommended retail price ▸ **prix coûtant** cost price ▸ **prix de détail** retail price ▸ **prix d'excellence** prize for coming first in the class ▸ **prix fixe** set price; (*menu*) set menu ▸ **prix forfaitaire** contract price ▸ **prix de gros** wholesale price ▸ **prix imposé** (*Commerce*) regulation price ▸ **prix de lancement** introductory price ▸ **prix à la production** farm gate price ▸ **prix public** retail price ▸ **prix de revient** cost price ▸ **prix sortie d'usine** factory price ▸ **prix de vente** selling price

pro* [pʀo] **1** (NMF) (ABR DE **professionnel**) pro* • **c'est un travail de ~** it's a professional job **2** (PRÉF) **pro(-)** pro- • **~américain** pro-American • **~gouvernemental** pro-government

probabilité [pʀɔbabilite] (NF) probability • **selon toute ~** in all probability • **calcul des ~s** probability calculus

probable [pʀɔbabl] (ADJ) probable • **il est ~ qu'il gagnera** he'll probably win • **il est peu ~ qu'il vienne** he's unlikely to come • **c'est (très) ~** it's (very) probable

probablement [pʀɔbabləmɑ̃] (ADV) probably • **~ pas** probably not

probant, e [pʀɔbɑ̃, ɑ̃t] (ADJ) convincing

probatoire [pʀɔbatwaʀ] (ADJ) [*examen, test*] preliminary • **stage ~** trial period

probité [pʀɔbite] (NF) probity

problématique [pʀɔblematik] **1** (ADJ) problematic **2** (NF) (*= problème*) problem

problématiser [pʀɔblematize] /TABLE 1/ (VT) to problematize

problème [pʀɔblɛm] (NM) problem; (*= question débattue*) issue • **le ~ du logement** the housing problem • **~ de santé** health problem • **soulever un ~** to raise a problem • **faire ~** to pose problems • **(il n'y a) pas de ~!*** no problem! • **ça lui pose un ~ de conscience** this is troubling his conscience • **son cas nous pose un sérieux ~** his case presents us with a difficult problem • **le ~ qui se pose** the problem we are faced with • **le ~ ne se pose pas dans ces termes** that isn't the problem

▸ **à problèmes** [*peau, cheveux, enfant*] problem • **quartier**

P

à ~s problem area (*in which there is a lot of crime*)
procédé [prɔsede] (NM) ⓐ (= *méthode*) process ⓑ **procédés** (= *conduite*) behaviour (Brit) NonC, behavior (US) NonC • **ce sont là des ~s peu recommandables** that's pretty disreputable behaviour
procéder [prɔsede] /TABLE 6/ 1 (VI) to proceed; (*moralement*) to behave • **~ par ordre** to take things one by one • **~ avec prudence** to proceed with caution • **je n'aime pas sa façon de ~ (envers les gens)** I don't like the way he behaves (towards people) 2 (VT INDIR) **~ à** [+ *enquête, expérience*] to conduct; [+ *dépouillement*] to start • **~ au vote** to take a vote (**sur** on) • **~ à l'élection du nouveau président** to hold an election for the new president
procédure [prɔsedyʀ] (NF) procedure • **ils demandent une ~ accélérée pour les réfugiés politiques** they are calling for the procedure to be speeded up for political refugees
procès [prɔsɛ] (NM) proceedings; [*de cour d'assises*] trial • **intenter un ~ à qn** to start proceedings against sb • **gagner/perdre son ~** to win/lose one's case • **faire le ~ de qn** to put sb on trial • **faire le ~ de qch** to pick holes in sth
processeur [prɔsesœʀ] (NM) processor
procession [prɔsesjɔ̃] (NF) procession
processus [prɔsesys] (NM) process • **~ de paix** peace process
procès-verbal (*pl* **procès-verbaux**) [prɔsɛvɛʀbal, o] (NM) (= *compte rendu*) minutes; (*de contravention*) statement
prochain, e [prɔʃɛ̃, ɛn] 1 (ADJ) ⓐ (= *suivant*) [*réunion, numéro, semaine*] next • **lundi ~** next Monday • **la ~e fois que tu viendras** next time you come • **à la ~e occasion** at the next opportunity • **je descends à la ~e*** I'm getting off at the next stop (*ou station etc*) • **au ~ (client)!** next please!
▸ **à la prochaine!*** see you!*
ⓑ (= *proche*) [*arrivée, départ*] impending; [*mort*] imminent • **un jour ~** soon • **un de ces ~s jours** before long
2 (NM) fellow man; (*Rel*) neighbour (Brit), neighbor (US)
prochainement [prɔʃɛnmɑ̃] (ADV) soon • **~ (sur vos écrans)...** (*au cinéma*) coming soon ...
proche [prɔʃ] 1 (ADJ) ⓐ (*dans l'espace*) [*village*] nearby *épith* • **être (tout) ~** to be (very) near • **le magasin le plus ~** the nearest shop
▸ **de proche en proche** step by step
ⓑ (= *imminent*) [*mort, départ*] imminent • **dans un ~ avenir** in the near future • **être ~** [*fin, but*] to be drawing near • **être ~ de** [+ *fin, victoire*] to be nearing; [+ *dénouement*] to be reaching
ⓒ [*ami, parent*] close • **mes plus ~s parents** my closest relatives • **je me sens très ~ d'elle** I feel very close to her • **les ~s collaborateurs du président** the president's closest associates
ⓓ **~ de** (= *avoisinant*) close to; (= *parent de*) closely related to • **l'italien est ~ du latin** Italian is closely related to Latin • **selon des sources ~s de l'ONU** according to sources close to the UN
2 (NM) close relation • **les ~s** close relations
Proche-Orient [prɔʃɔʀjɑ̃] (NM) **le ~** the Near East • **du ~** Near Eastern
proclamation [prɔklamasjɔ̃] (NF) [*de résultats*] announcement • **~ de l'indépendance** declaration of independence
proclamer [prɔklame] /TABLE 1/ (VT) [+ *république, état d'urgence, indépendance, innocence*] to proclaim; [+ *résultats*] to announce
procrastination [prɔkʀastinasjɔ̃] (NF) (*littér*) procrastination
procrastineur, -euse [prɔkʀastinœʀ, øz] (NM,F) procrastinator
procréation [prɔkʀeasjɔ̃] (NF) (*littér*) procreation (*littér*), reproduction • **~ médicale(ment) assistée** assisted reproduction
procréer [prɔkʀee] /TABLE 1/ (VT) (*littér*) to procreate
procuration [prɔkyʀasjɔ̃] (NF) (*pour voter, représenter qn*) proxy; (*pour toucher de l'argent*) power of attorney • **donner (une) ~ à qn** to give sb power of attorney • **par ~** by proxy; [*vivre, voyager*] vicariously
procurer [prɔkyʀe] /TABLE 1/ 1 (VT) ⓐ (= *faire obtenir*) **~ qch à qn** to get sth for sb ⓑ [+ *joie, ennuis*] to bring
2 (VPR) **se procurer** to get
procureur [prɔkyʀœʀ] (NMF) **~ (de la République)** public prosecutor • **~ général** public prosecutor (*in appeal courts*)
prodige [prɔdiʒ] 1 (NM) (= *événement*) wonder; (= *personne*) prodigy • **tenir du ~** to be astounding • **faire des ~s** to work wonders 2 (ADJ) **enfant ~** child prodigy
prodigieusement [prɔdiʒjøzmɑ̃] (ADV) incredibly • **cela nous a agacé ~** we found it incredibly irritating
prodigieux, -ieuse [prɔdiʒjø, jøz] (ADJ) prodigious
prodigue [prɔdig] (ADJ) (= *dépensier*) extravagant; (= *généreux*) generous • **être ~ de conseils** to be full of advice • **être ~ de son temps** to be unstinting of one's time • **le fils ~** the prodigal son
prodiguer [prɔdige] /TABLE 1/ (VT) [+ *argent*] to be lavish with • **~ des compliments à qn** to shower sb with compliments • **~ des conseils à qn** to give sb lots of advice • **elle me prodigua ses soins** she lavished care on me
producteur, -trice [prɔdyktœʀ, tʀis] 1 (ADJ) **pays ~ de pétrole** oil-producing country 2 (NM,F) producer
productif, -ive [prɔdyktif, iv] (ADJ) productive
production [prɔdyksjɔ̃] (NF) production • **notre ~ est inférieure à nos besoins** our output is insufficient for our needs • **~ brute** gross output
productivité [prɔdyktivite] (NF) productivity
produire [prɔdɥiʀ] /TABLE 38/ 1 (VT) to produce; [+ *intérêt*] to yield; [+ *sensation*] to cause • **un poète qui ne produit pas beaucoup** a poet who doesn't write much • **~ une bonne/mauvaise impression sur qn** to make a good/bad impression on sb 2 (VPR) **se produire** ⓐ (= *survenir*) to happen • **ce cas ne s'était jamais produit** this kind of case had never come up before ⓑ [*acteur, chanteur*] to perform • **se ~ sur scène** to appear live
produit [prɔdɥi] (NM) product • **~s** (*agricoles*) produce; (*industriels*) goods • **c'est le (pur) ~ de ton imagination** it's a (pure) figment of your imagination • **le ~ de la collecte sera donné à une bonne œuvre** the proceeds from the collection will be given to charity ▸ **produits alimentaires** foodstuffs ▸ **produit d'appel** loss leader ▸ **produits de beauté** cosmetics ▸ **produit chimique** chemical ▸ **produit de consommation courante** basic consumable ▸ **produits dérivés** derivatives ▸ **produit d'entretien** cleaning product ▸ **produit intérieur brut** gross domestic product ▸ **produits manufacturés** manufactured goods ▸ **produit national brut** gross national product ▸ **produits de première nécessité** basic

commodities ▸**produit pour la vaisselle** washing-up liquid (*Brit*), dish soap (*US*) ▸**produit des ventes** income from sales

proéminent, e [pʀɔeminɑ̃, ɑ̃t] (ADJ) prominent

prof* [pʀɔf] (NMF) (ABR DE **professeur**) (*Scol*) teacher; (*Univ*) ≈ lecturer (*Brit*), ≈ instructor (*US*)

profanation [pʀɔfanasjɔ̃] (NF) [*de sépulture*] desecration

profane [pʀɔfan] **1** (ADJ) ⓐ (= *non spécialiste*) **je suis ~ en la matière** I don't know much about the subject ⓑ (= *non religieux*) secular **2** (NMF) layman • **aux yeux du ~** to the layman

profaner [pʀɔfane] /TABLE 1/ (VT) ⓐ [+ *sépulture*] to desecrate ⓑ [+ *souvenir, nom*] to defile

proférer [pʀɔfeʀe] /TABLE 6/ (VT) to utter

professer [pʀɔfese] /TABLE 1/ (VT) to profess

professeur, e [pʀɔfesœʀ] (NM,F) teacher; (*Univ*) ≈ lecturer (*Brit*), ≈ instructor (*US*); (*avec chaire*) professor • **le ~ Durand** (*Univ*) Professor Durand • **~ de piano** piano teacher • **~ de chant** singing teacher • **~ de droit** lecturer in law; (*avec chaire*) professor of law ▸**professeur agrégé** qualified teacher (*who has passed the agrégation*); (*en médecine*) professor of medicine (*holder of the agrégation*); (*Can*) associate professor ▸**professeur certifié** qualified teacher (*who has passed the CAPES*) ▸**professeur des écoles** primary school teacher

profession [pʀɔfesjɔ̃] (NF) occupation; (*libérale*) profession • **« sans ~ »** (*Admin*) "unemployed"; (*femme mariée*) "housewife" • **(les gens de) la ~** the profession; (= *artisans*) the trade ▸**profession de foi** profession of faith ▸**profession libérale** profession

professionnalisant, e [pʀɔfɛsjɔnalizɑ̃, ɑ̃t] (ADJ) [*formation, diplôme*] providing vocational experience

professionnalisation [pʀɔfesjɔnalizasjɔ̃] (NF) [*d'armée, recherche*] professionalization • **la ~ des études est renforcée par les stages en entreprise** work experience schemes in companies help to give a vocational focus to studies

> ✎ Le mot anglais s'écrit avec un seul **n**.

professionnaliser [pʀɔfesjɔnalize] /TABLE 1/ (VT) to professionalize

> ✎ Le mot anglais s'écrit avec un seul **n**.

professionnalisme [pʀɔfesjɔnalism] (NM) professionalism

> ✎ Le mot anglais s'écrit avec un seul **n** et sans **e** à la fin.

professionnel, -elle [pʀɔfesjɔnɛl] **1** (ADJ) ⓐ [*activité, maladie*] occupational; [*école*] technical • **formation professionnelle** vocational training • **(être tenu par) le secret ~** (to be bound by) professional secrecy ⓑ [*écrivain, sportif*] professional • **il est très ~** he's very professional **2** (NM,F) professional • **c'est un travail de ~** (= *qui a été fait par un professionnel*) it's a very professional job; (= *pour un professionnel*) it's a job for a professional • **les ~s du tourisme** people in the tourist industry

> ✎ Le mot anglais s'écrit avec un seul **n** et se termine par **-al**.

professionnellement [pʀɔfesjɔnɛlmɑ̃] (ADV) professionally

> ✎ Le mot anglais s'écrit avec un seul **n** et se termine par **-ally**.

professoral, e (*mpl* **-aux**) [pʀɔfesɔʀal, o] (ADJ) professorial • **le corps ~** the teaching profession

professorat [pʀɔfesɔʀa] (NM) **le ~** the teaching profession

profil [pʀɔfil] (NM) ⓐ (= *silhouette*) [*de personne*] profile; [*d'édifice*] outline; [*de voiture*] line • **de ~** in profile ⓑ (*psychologique*) profile • **il a le bon ~ pour le métier** his previous experience seems right for the job

profilé, e [pʀɔfile] *ptp de* **profiler** (ADJ) streamlined

profiler [pʀɔfile] /TABLE 1/ **1** (VT) (= *rendre aérodynamique*) to streamline **2** (VPR) **se profiler** [*objet*] to stand out (**sur, contre** against); [*ennuis, solution*] to emerge • **les obstacles qui se profilent à l'horizon** the obstacles looming on the horizon

profileur, -euse [pʀɔfilœʀ, øz] (NM,F) profiler

profit [pʀɔfi] (NM) ⓐ (= *gain*) profit

ⓑ (= *avantage*) benefit • **être d'un grand ~ à qn** to be of great benefit to sb • **ses vacances lui ont été d'un grand ~** his holiday did him a lot of good • **il a suivi les cours avec ~** he attended the classes and got a lot out of them • **tirer ~ de** [+ *leçon, affaire*] to benefit from

ⓒ (*locutions*)

▸**à profit mettre à ~** [+ *idée, invention*] to turn to account; [+ *temps libre*] to make the most of

▸**au profit de** for; (= *pour aider*) in aid of • **collecte au ~ des aveugles** collection in aid of the blind

profitable [pʀɔfitabl] (ADJ) beneficial • **le stage lui a été très ~** he got a lot out of the course

profiter [pʀɔfite] /TABLE 1/ **1** (VT INDIR) **~ de** (= *tirer avantage de*) [+ *situation, occasion, crédulité*] to take advantage of; (= *jouir de*) [+ *jeunesse, vacances*] to make the most of • **elle en a profité pour se sauver** she took advantage of the opportunity to slip away • **profitez de la vie!** make the most of life! **2** (VT INDIR) **~ à qn** to be of benefit to sb • **à qui profite le crime?** who would benefit from the crime?

profiteur, -euse [pʀɔfitœʀ, øz] (NM,F) profiteer

profond, e [pʀɔfɔ̃, ɔ̃d] **1** (ADJ) ⓐ deep • **peu ~** [*eau, vallée, puits*] shallow; [*coupure*] superficial • **~ de 3 mètres** 3 metres deep

ⓑ (= *grand, extrême*) deep; [*malaise, changement, foi, différence, influence, ignorance*] profound

ⓒ (= *caché, secret*) [*cause, signification*] underlying; [*tendance*] deep-seated • **la France ~e** the broad mass of French people; (*des campagnes*) rural France

ⓓ (= *pénétrant*) [*réflexion, remarque*] profound

2 (ADV) [*creuser*] deep

3 (NM) ▸**au plus profond de** in the depths of

profondément [pʀɔfɔ̃demɑ̃] (ADV) deeply; [*bouleversé, convaincu*] utterly; [*différent*] [*influencer, se tromper*] profoundly; [*creuser, pénétrer*] deep • **il dort ~** (*en général*) he sleeps soundly; (*en ce moment*) he's fast asleep

profondeur [pʀɔfɔ̃dœʀ] (NF) ⓐ depth • **avoir 10 mètres de ~** to be 10 metres deep • **à 10 mètres de ~** 10 metres down • **~ de champ** depth of field • **~s** [*de métro, mine, poche*] depths • **les créatures des ~s** deep-sea creatures • **se retrouver dans les ~s du classement** (*Sport*) to be at

P

the bottom of the table(s) • **les ~s de l'être** the depths of the human psyche

▸ **en profondeur** [*agir, exprimer*] in depth; [*réformer*] radically; [*nettoyage*] thorough; [*réforme*] radical

ⓑ [*de personne, esprit, remarque*] profundity; [*de sentiment*] depth; [*de sommeil*] soundness

profusion [pʀɔfyzjɔ̃] NF [*de fleurs*] profusion; [*d'idées, conseils, lumière*] abundance

▸ **à profusion nous en avons à ~** we've got plenty

progéniture [pʀɔʒenityʀ] NF offspring

progiciel [pʀɔʒisjɛl] NM software package

programmable [pʀɔgʀamabl] ADJ programmable • **touche ~** user-definable key

programmateur, -trice [pʀɔgʀamatœʀ, tʀis] **1** NM,F (*Radio, TV*) programme (*Brit*) *ou* program (*US*) planner **2** NM (*= appareil*) time switch; [*de four*] timer

programmation [pʀɔgʀamasjɔ̃] NF programming

programmatique [pʀɔgʀamatik] ADJ [*discours, accord*] policy *épith*, programmatic • **document ~** policy document

programme [pʀɔgʀam] NM ⓐ [*de cinéma, concert, radio, télévision*] programme (*Brit*), program (*US*) • **au ~** on the programme

ⓑ (*= brochure*) [*de cinéma, théâtre, concert*] programme (*Brit*), program (*US*); [*de radio, télévision*] guide; (*= section de journal*) listings

ⓒ (*Scol*) [*de matière*] syllabus; [*de classe, école*] curriculum • **le ~ de français** the French syllabus • **quel est le ~ cette année?** what's on the curriculum this year? • **les œuvres au ~** the set (*Brit*) *ou* assigned (*US*) books

ⓓ (*= projet*) programme (*Brit*), program (*US*) • **~ d'action** programme of action • **~ de travail** work plan • **~ électoral** election platform • **c'est tout un ~!*** that'll take some doing!

ⓔ (*= calendrier*) programme (*Brit*), program (*US*) • **j'ai un ~ très chargé** I have a very busy timetable • **ce n'était pas prévu au ~** that wasn't on the agenda

ⓕ [*de machine à laver*] programme (*Brit*), program (*US*); (*Informatique*) program

ⓖ (*Sport*) programme (*Brit*), program (*US*) • **~ libre** [*de patinage artistique*] free skating

programmer [pʀɔgʀame] /TABLE 1/ **1** VT ⓐ [*+ émission*] to schedule; [*+ machine*] to programme (*Brit*), to program (*US*); [*+ magnétoscope*] to set; [*+ ordinateur*] to program ⓑ (*= prévoir, organiser*) to plan **2** VI [*informaticien*] to program

programmeur, -euse [pʀɔgʀamœʀ, øz] NM,F programmer

progrès [pʀɔgʀɛ] NM ⓐ (*= amélioration*) progress *NonC* • **faire des ~** to make progress • **il y a du ~!** there is some progress; (*iro*) you're (*ou* he's *etc*) improving! • **c'est un grand ~** it's a great step forward • **nos ventes ont enregistré un net ~** our sales have increased sharply • **les ~ de la médecine** advances in medicine

▸ **en progrès être en ~** [*élève, résultats*] to be improving • **hier, le dollar était en net ~** yesterday the dollar rose sharply • **il est en net ~ dans les sondages** he's gaining a lot of ground in the polls

ⓑ **le ~** (*= évolution*) progress *NonC* • **le ~ social** social progress • **c'est le ~!** that's progress!

progresser [pʀɔgʀese] /TABLE 1/ VI ⓐ (*= s'améliorer*) [*élève*] to make progress ⓑ (*= augmenter*) [*prix, ventes, production, chômage*] to rise; [*criminalité, délinquance*] to be on the increase • **il a progressé dans les sondages** he has gained ground in the polls • **la Bourse progresse de 2 points** the stock market is up 2 points ⓒ (*= avancer*) [*ennemi, recherches, science, sauveteurs*] to advance; [*maladie*] to progress

progressif, -ive [pʀɔgʀesif, iv] ADJ progressive

progression [pʀɔgʀesjɔ̃] NF ⓐ [*d'élève, maladie*] progress; [*d'ennemi, idées*] advance • **il faut stopper la ~ du racisme** we must stop the growth of racism

▸ **en progression être en ~** [*chiffre d'affaires, ventes*] to be increasing • **le chômage est en ~ constante** unemployment is steadily increasing • **le chiffre d'affaires est en ~ par rapport à l'année dernière** turnover is up on last year

ⓑ (*Math*) progression • **~ arithmétique** arithmetic progression

progressiste [pʀɔgʀesist] ADJ, NMF progressive

progressivement [pʀɔgʀesivmɑ̃] ADV gradually

prohiber [pʀɔibe] /TABLE 1/ VT to prohibit • **armes prohibées** illegal weapons

prohibitif, -ive [pʀɔibitif, iv] ADJ [*prix*] prohibitive

prohibition [pʀɔibisjɔ̃] NF prohibition (**de** of) • **~ du port d'armes** ban on the carrying of weapons

proie [pʀwa] NF prey *NonC* • **être la ~ de** to fall victim to • **la maison était la ~ des flammes** the house was engulfed in flames

▸ **en proie à être en ~ à** [*+ guerre, crise, violence, difficultés financières*] to be plagued by; [*+ doute, émotion*] to be prey to; [*+ douleur, désespoir*] to be racked by • **il était en ~ au remords** he was overcome by remorse

projecteur [pʀɔʒɛktœʀ] NM ⓐ [*de diapositives, film*] projector ⓑ (*= lumière*) [*de théâtre*] spotlight; [*de prison, bateau*] searchlight; [*de monument public, stade*] floodlight • **braquer les ~s de l'actualité sur qch** to turn the spotlight on sth

projectile [pʀɔʒɛktil] NM projectile; (*= missile*) missile

projection [pʀɔʒɛksjɔ̃] NF ⓐ [*de film*] screening • **conférence avec des ~s (de diapositives)** lecture with slides ⓑ (*= lancement*) [*de liquide, vapeur*] discharge; [*de pierre*] throwing *NonC* ⓒ (*= prévision*) forecast ⓓ (*Math, Psych*) projection

projectionniste [pʀɔʒɛksjɔnist] NMF projectionist

> Le mot anglais s'écrit avec un seul **n** et sans **e** à la fin.

projet [pʀɔʒɛ] NM ⓐ (*= dessein, intention*) plan • **~s criminels/de vacances** criminal/holiday plans • **faire des ~s d'avenir** to make plans for the future • **c'est encore à l'état de ~** *ou* **en ~** it's still only at the planning stage • **j'ai un roman en ~** I'm working on a novel ⓑ (*= ébauche*) [*de roman*] draft; [*de maison, ville*] plan • **~ de budget** budget proposal • **~ de loi** bill • **~ de réforme** reform bill • **~ de résolution de l'ONU** UN draft resolution • **~ de société** vision of society • **~ de vie** life plan ⓒ (*= travail en cours*) project

projeter [pʀɔʒ(ə)te] /TABLE 4/ **1** VT ⓐ (*= envisager*) to plan (**de faire** to do) ⓑ (*= jeter*) [*+ gravillons*] to throw up; [*+ étincelles*] to throw off ⓒ (*= envoyer*) [*+ ombre, reflet*] to cast; [*+ film, diapositive*] to show • **on nous a projeté des diapositives** we were shown some slides ⓓ (*Math, Psych*) to project (**sur** onto) **2** VPR **se projeter** [*ombre*] to be cast (**sur** on) • **il se projette sur ses enfants** he projects his own feelings onto his children

prolétaire [pʀɔletɛʀ] NMF proletarian

prolétariat [pʀɔletaʀja] NM proletariat

prolifération [pʀɔlifeʀasjɔ̃] NF proliferation

proliférer [pʀɔlifeʀe] /TABLE 6/ VI to proliferate

prolifique [pʀɔlifik] ADJ prolific

prolixe [pʀɔliks] ADJ *[orateur, discours]* verbose

prolo* [pʀolo] NMF (ABR DE **prolétaire**) working-class person

prologue [pʀɔlɔg] NM prologue (**à** to)

prolongateur [pʀɔlɔ̃gatœʀ] NM extension cable

prolongation [pʀɔlɔ̃gasjɔ̃] NF **1** NF extension **2** NFPL **prolongations** *(Football)* extra time *NonC* *(Brit)*, overtime *NonC* *(US)* • **jouer les ~s** *(fig)* to spin things out

prolongé, e [pʀɔlɔ̃ʒe] *ptp de* **prolonger** ADJ prolonged • **exposition ~e au soleil** prolonged exposure to the sun • **week-end ~** long weekend • **« pas d'utilisation ~e sans avis médical »** "not for prolonged use without medical advice"

prolongement [pʀɔlɔ̃ʒmɑ̃] NM ⓐ *[de ligne de métro, route, période]* extension • **cette rue se trouve dans le ~ de l'autre** this street is the continuation of the other ⓑ *(= suite)* *[d'affaire, politique, rapport]* repercussion • **dans le ~ de ce que je disais ce matin** following on from what I was saying this morning

prolonger [pʀɔlɔ̃ʒe] /TABLE 3/ **1** VT to extend; *[+ vie]* to prolong; *(Math)* *[+ ligne]* to produce • **nous ne pouvons ~ notre séjour** we can't stay any longer **2** VPR **se prolonger** *(= continuer)* *[attente, situation]* to go on; *[effet, débat]* to last; *[maladie]* to persist

promenade [pʀɔm(ə)nad] NF ⓐ *(à pied)* walk; *(en voiture)* drive; *(en bateau)* sail; *(en vélo, à cheval)* ride • **partir en ~** • **faire une ~** to go for a walk *(ou drive etc)* • **ce n'est pas une ~ de santé** *(fig)* it's no walk in the park ⓑ *(= avenue)* walk; *(= front de mer)* promenade

promener [pʀɔm(ə)ne] /TABLE 5/ **1** VT **(emmener) ~ qn** to take sb for a walk • **~ le chien** to walk the dog • **~ des amis à travers une ville** to show friends round a town • **cela te promènera** it will get you out for a while • **~ son regard sur qch** to cast one's eyes over sth **2** VPR **se promener** ⓐ *(= aller en promenade)* to go for a walk *(ou drive etc)* • **aller se ~** to go for a walk *(ou drive etc)* ⓑ *[pensées, regard, doigts]* to wander

promeneur, -euse [pʀɔm(ə)nœʀ, øz] NM,F walker

promesse [pʀɔmɛs] NF promise • **~ de mariage** promise of marriage • **~ en l'air** empty promise • **~ de vente** sales agreement • **faire une ~** to make a promise • **manquer à sa ~** to break one's promise • **tenir sa ~** to keep one's promise • **j'ai sa ~** he has promised me • **auteur plein de ~s** very promising writer

prometteur, -euse [pʀɔmetœʀ, øz] ADJ promising

promettre [pʀɔmɛtʀ] /TABLE 56/ **1** VT to promise • **je lui ai promis un cadeau** I promised him a present • **je te le promets** I promise you • **il n'a rien osé ~** he couldn't promise anything • **il a promis de venir** he promised to come • **on nous promet du beau temps** we are promised some fine weather • **cela ne nous promet rien de bon** this doesn't look at all hopeful • **cet enfant promet** this child shows promise • **ça promet!** *(iro)* that's a good start! *(iro)* **2** VPR **se promettre se ~ de faire qch** to resolve to do sth • **je me suis bien promis de ne jamais plus l'inviter** I vowed never to invite him again

promis, e [pʀɔmi, iz] *ptp de* **promettre** ADJ ⓐ *(= assuré)* promised • **comme ~, il est venu** as promised, he came • **tu le feras? — ~, juré!** you'll do it? — yes, I promise! ⓑ *(= destiné)* **être ~ à un bel avenir** *[personne]* to be destined for great things • **quartier ~ à la démolition** area scheduled for demolition

promiscuité [pʀɔmiskɥite] NF lack of privacy *NonC*

promo* [pʀɔmo] NF (ABR DE **promotion**)

promontoire [pʀɔmɔ̃twaʀ] NM headland

promoteur, -trice [pʀɔmɔtœʀ, tʀis] NM,F *(= instigateur)* promoter • **~ (immobilier)** property developer

promotion [pʀɔmosjɔ̃] NF ⓐ *(= avancement)* promotion (**à un poste** to a job) ⓑ *(Scol)* year *(Brit)*, class *(US)* ⓒ *(Commerce = réclame)* special offer • **article en ~** item on special offer ⓓ *(= encouragement)* promotion • **faire la ~ de** *[+ politique, idée, technique]* to promote

promotionnel, -elle [pʀɔmosjɔnɛl] ADJ **tarif ~** special offer • **offre promotionnelle** special offer *(Brit)*, special *(US)* • **matériel ~** publicity material

promouvoir [pʀɔmuvwaʀ] /TABLE 27/ VT to promote • **il a été promu directeur** he was promoted to manager

prompt, prompte [pʀɔ̃(pt), pʀɔ̃(p)t] ADJ prompt • **je vous souhaite un ~ rétablissement** get well soon

promptement [pʀɔ̃ptəmɑ̃] ADV *[réagir]* quickly

prompteur [pʀɔ̃ptœʀ] NM Autocue® *(Brit)*, teleprompter® *(US)*

promptitude [pʀɔ̃(p)tityd] NF *[de répartie, riposte]* quickness; *[de réaction]* swiftness

promulguer [pʀɔmylge] /TABLE 1/ VT to promulgate

prôner [pʀone] /TABLE 1/ VT to advocate

pronom [pʀɔnɔ̃] NM pronoun

pronominal, e (*mpl* **-aux**) [pʀɔnɔminal, o] ADJ pronominal • **(verbe) ~** reflexive (verb)

prononcé, e [pʀɔnɔ̃se] *ptp de* **prononcer** ADJ *[accent, goût]* strong

prononcer [pʀɔnɔ̃se] /TABLE 3/ **1** VT ⓐ *(= articuler)* to pronounce • **comment est-ce que ça se prononce?** how is it pronounced? • **mal ~ un mot** to mispronounce a word ⓑ *(= dire)* *[+ parole, nom]* to say; *[+ discours]* to make • **sortir sans ~ un mot** to go out without saying a word ⓒ *[+ sentence]* to pass **2** VPR **se prononcer** *(= se décider)* to come to a decision (**sur** on, about); *(= s'exprimer)* to express an opinion (**sur** on) • **le médecin ne s'est toujours pas prononcé** the doctor still hasn't given an opinion • **« ne se prononcent pas »** *(sondage)* "don't know"

prononciation [pʀɔnɔ̃sjasjɔ̃] NF pronunciation • **il a une bonne/mauvaise ~** his pronunciation is good/poor • **faute** *ou* **erreur de ~** error of pronunciation

> Le mot anglais s'écrit **pronun-**.

pronostic [pʀɔnɔstik] NM forecast; *(Méd)* prognosis; *(Courses)* tip • **quels sont vos ~s?** what's your forecast? • **se tromper dans ses ~s** to get one's forecasts wrong ▸ **pronostic vital** • **le ~ vital est engagé** this could be life-threatening

pronostiquer [pʀɔnɔstike] /TABLE 1/ VT to forecast

propagande [pʀɔpagɑ̃d] NF propaganda • **discours de ~ électorale** electioneering speech

propagation [pʀɔpagasjɔ̃] NF propagation; *[de nouvelle, rumeur]* spreading; *[de maladie, épidémie]* spread

propager [pʀɔpaʒe] /TABLE 3/ **1** VT to propagate; *[+ nouvelle, maladie, rumeur]* to spread **2** VPR **se propager** ⓐ *(= se répandre)* to spread ⓑ *[onde]* to be propagated ⓒ *[espèce]* to propagate

P

propension [pʀɔpɑ̃sjɔ̃] NF propensity (**à qch** for sth, **à faire qch** to do sth)

prophète [pʀɔfɛt] NM prophet • **~ de malheur** prophet of doom

prophètesse [pʀɔfetɛs] NF prophetess

prophétie [pʀɔfesi] NF prophecy

prophétique [pʀɔfetik] ADJ prophetic

prophétiser [pʀɔfetize] /TABLE 1/ VT to prophesy

propice [pʀɔpis] ADJ favourable (*Brit*), favorable (*US*) • **attendre le moment ~** to wait for the right moment • **être ~ à qch** to favour sth • **un climat ~ à la négociation** an atmosphere conducive to negotiation

proportion [pʀɔpɔʀsjɔ̃] NF proportion • **hors de (toute) ~** out of (all) proportion • **toute(s) ~(s) gardée(s)** relatively speaking • **il faut ramener l'affaire à de justes ~s** this matter must be put into perspective

▸ **à proportion de** in proportion to

▸ **en proportion** proportionately • **il a un poste élevé et un salaire en ~** he has a top position and a correspondingly high salary

▸ **en proportion de** proportionally to • **c'est bien peu, en ~ du service qu'il m'a rendu** it's nothing, compared to all the favours he has done me

proportionnalité [pʀɔpɔʀsjɔnalite] NF proportionality; (*Politique*) proportional representation • **~ de l'impôt** proportional taxation (system)

> Le mot anglais s'écrit avec un seul **n**.

proportionné, e [pʀɔpɔʀsjɔne] ADJ **~ à** proportionate to • **bien ~** well-proportioned

> Le mot anglais s'écrit avec un seul **n**.

proportionnel, -elle [pʀɔpɔʀsjɔnɛl] **1** ADJ proportional • **~ à** in proportion to • **directement ~ à** in direct proportion to • **inversement ~ à** in inverse proportion to **2** NF **proportionnelle** proportional • **élu à la proportionnelle** elected by proportional representation

> Le mot anglais s'écrit avec un seul **n** et se termine par **-al**.

proportionnellement [pʀɔpɔʀsjɔnɛlmɑ̃] ADV proportionately

> Le mot anglais s'écrit avec un seul **n** et se termine par **-ately**.

propos [pʀɔpo] NM **a** (*gén pl*) words • **tenir des ~ désobligeants à l'égard de qn** to make offensive remarks about sb **b** (*littér = intention*) intention • **faire qch de ~ délibéré** to do sth deliberately

c (*locutions*)

▸ **à propos** [*décision*] well-timed; [*remarque*] apposite; [*arriver*] at the right moment • **voilà qui tombe à ~/mal à ~!** it couldn't have come at a better/worse time! • **à ~, dis-moi ...** incidentally *ou* by the way, tell me ...

▸ **à propos de à ~ de ta voiture** about your car • **je vous écris à ~ de l'annonce** I am writing regarding the advertisement • **c'est à quel ~?** what is it about?

▸ **à ce propos** in this connection

▸ **hors de propos** irrelevant

▸ **à tout propos** (*= sans arrêt*) every other minute • **il se plaint à tout ~** he complains at the slightest thing

proposer [pʀɔpoze] /TABLE 1/ **1** VT **a** (*= suggérer*) to suggest • **~ qch à qn** to suggest sth to sb • **~ de faire qch** to suggest doing sth • **le film que nous vous proposons ce soir** (*TV*) our film this evening • **je vous propose de passer me voir** I suggest you come round and see me **b** (*= offrir*) to offer • **~ qch à qn** to offer sb sth • **~ de faire qch** to offer to do sth • **je lui ai proposé de la raccompagner** I offered to see her home

2 VPR **se proposer a** (*= offrir ses services*) to offer one's services • **elle s'est proposée pour garder les enfants** she offered to look after the children

b (*= envisager*) [*+ but, tâche*] to set o.s. • **se ~ de faire qch** to intend to do sth

proposition [pʀɔpozisjɔ̃] NF **a** (*= suggestion*) proposal • **~s de paix** peace proposals • **~ de loi** private bill, private member's bill (*Brit*) • **sur (la) ~ de** at the suggestion of • **faire une ~ (à qn)** to make (sb) a proposition • **faire des ~s (malhonnêtes) à une femme** to proposition a woman **b** (*= phrase*) clause • **~ subordonnée** subordinate clause

propre¹ [pʀɔpʀ] **1** ADJ **a** (*= pas sali, nettoyé*) clean • **des draps bien ~s** nice clean sheets • **ce n'est pas ~ de manger avec les doigts** it's dirty to eat with your fingers **b** (*= soigné*) [*travail, exécution*] neat **c** (*= qui ne salit pas*) [*chien, chat*] house-trained; [*enfant*] toilet-trained; (*= non polluant*) [*moteur, voiture, produit*] clean **2** NM **sentir le ~*** to smell clean • **recopier qch au ~** to copy sth out neatly • **c'est du ~!*** (*gâchis*) what a mess!; (*comportement*) what a way to behave!

propre² [pʀɔpʀ] **1** ADJ **a** (*intensif possessif*) own • **il a sa ~ voiture** he's got his own car • **ce sont ses ~s mots** those are his very words • **de mes ~s yeux** with my own eyes • **ils ont leurs qualités ~s** they have their particular qualities

b (*= particulier, spécifique*) **les coutumes ~s à certaines régions** the customs characteristic of certain regions • **biens ~s** (*Droit*) personal property

c (*= qui convient*) suitable (**à** for) • **le mot ~** the right word

d (*= de nature à*) **une musique ~ au recueillement** a type of music conducive to meditation

2 NM **a** (*= qualité distinctive*) **la parole est le ~ de l'homme** speech is the distinguishing feature of human beings

b au ~ (*= non figuré*) in the literal sense

proprement [pʀɔpʀəmɑ̃] ADV **a** (*= avec propreté*) cleanly; (*= avec netteté*) neatly; (*= comme il faut*) properly • **mange ~!** don't make such a mess! **b** (*= exactement*) exactly; (*= exclusivement*) specifically; (*= vraiment*) absolutely • **à ~ parler** strictly speaking • **le village ~ dit** the actual village • **c'est un problème ~ français** it's a specifically French problem • **c'est ~ scandaleux** it's absolutely disgraceful

propreté [pʀɔpʀəte] NF [*de linge, mains, maison, personne*] cleanliness; [*de travail, exécution*] neatness • **l'apprentissage de la ~ chez l'enfant** toilet-training in children • **d'une ~ douteuse** not very clean

propriétaire [pʀɔpʀijetɛʀ] **1** NM owner; [*de location*] landlord • **mis à la porte par son ~** thrown out by his landlord • **~ récoltant** grower • **~ terrien** landowner **2** NF [*d'hôtel, entreprise*] owner; [*de location*] landlady **3** ADJ [*logiciel*] proprietary

propriété [pʀɔpʀijete] 1 (NF) ⓐ (= *droit*) ownership; (= *possession*) property • ~ **de l'État** state ownership ⓑ (= *immeuble, maison*) property; (= *terres*) land *NonC* ⓒ (= *qualité*) property • ~**s thérapeutiques** therapeutic properties 2 (COMP) ▸ **propriété artistique** artistic copyright ▸ **propriété foncière** property ownership ▸ **propriété industrielle** patent rights ▸ **propriété intellectuelle** intellectual property ▸ **propriété littéraire** author's copyright ▸ **propriété privée** private property

propulser [pʀɔpylse] /TABLE 1/ (VT) ⓐ [+ *missile*] to propel ⓑ (= *projeter*) to hurl • **il a été propulsé contre le mur** he was hurled against the wall ⓒ (= *promouvoir*) **le voilà propulsé à la tête du parti** and now he's suddenly become the leader of the party

propulseur [pʀɔpylsœʀ] (NM) [*de fusée*] thruster • ~ **d'appoint** booster

propulsion [pʀɔpylsjɔ̃] (NF) propulsion • **à ~ nucléaire** nuclear-powered

prorata○ [pʀɔʀata] (NM INV) proportional share • **au ~ de** in proportion to

prorogation [pʀɔʀɔgasjɔ̃] (NF) extension

proroger [pʀɔʀɔʒe] /TABLE 3/ (VT) (= *prolonger*) [+ *délai, durée*] to extend; (= *reporter*) [+ *échéance*] to defer

prosaïque [pʀozaik] (ADJ) mundane

proscrire [pʀɔskʀiʀ] /TABLE 39/ (VT) ⓐ [+ *idéologie*] to proscribe; [+ *activité, drogue*] to ban; [+ *mot*] to prohibit the use of ⓑ [+ *personne*] (= *mettre hors la loi*) to outlaw; (= *exiler*) to banish

proscrit, e [pʀɔskʀi, it] *ptp de* **proscrire** (NM,F) (= *hors-la-loi*) outlaw; (= *exilé*) exile

prose [pʀoz] (NF) prose

prosélytisme [pʀɔzelitism] (NM) proselytism • **faire du ~** to preach

prospecter [pʀɔspɛkte] /TABLE 1/ (VT) ⓐ (*pour minerai*) to prospect ⓑ [+ *marché*] to explore; [+ *région, clientèle*] to canvass • **j'ai prospecté le quartier pour trouver une maison** I scoured the area to find a house

prospecteur, -trice [pʀɔspɛktœʀ, tʀis] (NM,F) prospector

prospection [pʀɔspɛksjɔ̃] (NF) ⓐ (*minière*) prospecting ⓑ [*de marché*] exploring • ~ **téléphonique** telephone canvassing

prospective [pʀɔspɛktiv] (NF) futurology; (*Écon*) economic forecasting

prospectus [pʀɔspɛktys] (NM) leaflet

prospère [pʀɔspɛʀ] (ADJ) prosperous

prospérer [pʀɔspeʀe] /TABLE 6/ (VI) [*commerce, personne*] to prosper; [*animal, activité, plante*] to thrive

prospérité [pʀɔspeʀite] (NF) prosperity

prostate [pʀɔstat] (NF) prostate

prosterner (se) [pʀɔstɛʀne] /TABLE 1/ (VPR) (= *s'incliner*) to bow low (**devant** before)

prostituée [pʀɔstitɥe] (NF) prostitute

prostituer (se) [pʀɔstitɥe] /TABLE 1/ (VPR) to prostitute o.s.

prostitution [pʀɔstitysjɔ̃] (NF) prostitution

prostré, e [pʀɔstʀe] (ADJ) prostrate

protagoniste [pʀɔtagɔnist] (NMF) protagonist

protecteur, -trice [pʀɔtɛktœʀ, tʀis] 1 (ADJ) ⓐ protective (**de** of) • **crème protectrice** barrier cream ⓑ [*ton, air*] patronizing 2 (NM,F) (= *défenseur*) protector • ~ **de la nature** protector of nature

protection [pʀɔtɛksjɔ̃] 1 (NF) ⓐ (= *défense*) protection • **assurer la ~ de** to protect • **zone sous ~ militaire** area under military protection • **sous la ~ de** under the protection of • **prendre qn sous sa ~** to take sb under one's wing • **crème solaire haute ~** high-protection sun cream • **indice haute ~** high-protection factor • **rapports sexuels sans ~** unprotected sex ⓑ **de ~** [*équipement, grille, lunettes, mesures*] protective • **système de ~** security system ⓒ (= *patronage*) protection; [*de personne puissante, mécène*] patronage • **prendre qn sous sa ~** to take sb under one's wing 2 (COMP) ▸ **protection civile** (*lors de catastrophes*) disaster and emergency services; (*en temps de guerre*) civil defence ▸ **protection des données** data protection ▸ **protection de l'enfance** child welfare ▸ **protection maternelle et infantile** *mother and child care* ▸ **protection de la nature** nature conservation ▸ **protection périodique** sanitary towel (*Brit*) *ou* napkin (*US*) ▸ **protection sociale** social welfare ▸ **protection solaire** (= *produit*) sun cream

protectionnisme [pʀɔtɛksjɔnism] (NM) protectionism

> Le mot anglais s'écrit avec un seul **n** et sans **e** à la fin.

protectionniste [pʀɔtɛksjɔnist] (ADJ, NMF) protectionist

> Le mot anglais s'écrit avec un seul **n** et sans **e** à la fin.

protégé, e [pʀɔteʒe] *ptp de* **protéger** 1 (ADJ) ⓐ [*espèce, site, zone, secteur*] protected; [*disquette*] write-protected; [*logiciel*] copy-protected • **rapports sexuels ~s** safe sex • **rapports sexuels non ~s** unprotected sex ⓑ (*pour handicapé*) **atelier ~** sheltered workshop 2 (NM) protégé; (= *favori*)* pet* 3 (NF) **protégée** protégée; (= *favorite*)* pet*

protège-cahier (*pl* **protège-cahiers**) [pʀɔtɛʒkaje] (NM) exercise-book cover

protège-dents○ [pʀɔtɛʒdɑ̃] (NM INV) gum shield

protège-matelas [pʀɔtɛʒmat(ə)la] (NM INV) mattress protector

protéger [pʀɔteʒe] /TABLE 6 et 3/ 1 (VT) to protect (**de, contre** from) • ~ **les intérêts de qn** to protect sb's interests 2 (VPR) **se protéger** to protect o.s. (**de** from, **contre** against) • **se ~ contre le** *ou* **du soleil** to protect o.s. against the sun

protège-slip (*pl* **protège-slips**) [pʀɔtɛʒslip] (NM) panty liner

protège-tibia (*pl* **protège-tibias**) [pʀɔtɛʒtibja] (NM) shin guard

protéine [pʀɔtein] (NF) protein

protestant, e [pʀɔtɛstɑ̃, ɑ̃t] (ADJ, NM,F) Protestant

protestantisme [pʀɔtɛstɑ̃tism] (NM) Protestantism

protestataire [pʀɔtɛstatɛʀ] (NMF) protester

protestation [pʀɔtɛstasjɔ̃] (NF) ⓐ (= *plainte*) protest • **en signe de ~** as a sign of protest • **lettre/mouvement de ~** protest letter/movement ⓑ (*souvent pl = déclaration*) protestation

protester [pʀɔtɛste] /TABLE 1/ (VI) to protest • ~ **de son innocence** to protest one's innocence • **« mais non », protesta-t-il** "no", he protested

prothèse [pʀɔtɛz] (NF) (= *membre artificiel*) artificial limb • ~ **dentaire** false teeth • ~ **auditive** hearing aid

P

prothésiste [pʀɔtezist] (NMF) prosthetist • **~ (dentaire)** dental technician

protocolaire [pʀɔtɔkɔlɛʀ] (ADJ) [*invitation, cérémonie*] formal • **ce n'est pas très ~!** it doesn't show much regard for protocol!

protocole [pʀɔtɔkɔl] (NM) **a** (*= étiquette*) etiquette; (*Politique*) protocol **b** (*= résolutions*) agreement • **~ d'accord** draft agreement **c** (*Informatique, Sciences*) protocol

proton [pʀɔtɔ̃] (NM) proton

prototype [pʀɔtɔtip] (NM) prototype

protubérance [pʀɔtybeʀɑ̃s] (NF) bulge

protubérant, e [pʀɔtybeʀɑ̃, ɑ̃t] (ADJ) [*ventre, yeux*] bulging; [*nez, menton*] protruding

proue [pʀu] (NF) bow

prouesse [pʀuɛs] (NF) feat • **faire des ~s** to work miracles

prouver [pʀuve] /TABLE 1/ (VT) to prove • **il est prouvé que ...** it has been proved that ... • **cela prouve que ...** it proves that ... • **sa culpabilité reste à ~** it has yet to be proved that he is guilty • **il a voulu se ~ (à lui-même) qu'il en était capable** he wanted to prove to himself that he was capable of it

provenance [pʀɔv(ə)nɑ̃s] (NF) origin • **j'ignore la ~ de cette lettre** I don't know where this letter came from
▸ **en provenance de** from • **le train en ~ de Cherbourg** the train from Cherbourg

provençal, e (*mpl* **-aux**) [pʀɔvɑ̃sal, o] **1** (ADJ) Provençal • **(à la) ~e** (*Cuisine*) (à la) Provençale **2** (NM) (*= dialecte*) Provençal **3** (NM,F) **Provençal(e)** Provençal

Provence [pʀɔvɑ̃s] (NF) Provence

provenir [pʀɔv(ə)niʀ] /TABLE 22/ (VT INDIR) **~ de** (*= venir de*) to be from; (*= résulter de*) to be the result of • **je me demande d'où provient sa fortune** I wonder where he got his money from

proverbe [pʀɔvɛʀb] (NM) proverb • **comme dit le ~** as the saying goes

proverbial, e (*mpl* **-iaux**) [pʀɔvɛʀbjal, jo] (ADJ) proverbial

providence [pʀɔvidɑ̃s] (NF) (*Rel*) providence

providentiel, -ielle [pʀɔvidɑ̃sjɛl] (ADJ) providential • **voici l'homme ~** here's the man we need

province [pʀɔvɛ̃s] (NF) (*= région*) province • **Paris et la ~** Paris and the provinces • **vivre en ~** to live in the provinces • **ville de ~** provincial town

provincial, e (*mpl* **-iaux**) [pʀɔvɛ̃sjal, jo] (ADJ, NM,F) provincial • **les provinciaux** people who live in the provinces

proviseur [pʀɔvizœʀ] (NMF) [*de lycée*] principal

provision [pʀɔvizjɔ̃] (NF) **a** (*= réserve*) [*de vivres, cartouches, eau*] supply • **faire (une) ~ de** [*+ nourriture, papier*] to stock up with **b** (*= vivres*) **~s** provisions • **faire ses ~s** to go shopping for groceries • **faire des ~s pour l'hiver** to stock up with food for the winter • **filet/panier à ~s** shopping bag/basket

provisionnel, -elle [pʀɔvizjɔnɛl] (ADJ) **tiers ~** provisional payment (*towards one's income tax*) →IMPÔTS

provisoire [pʀɔvizwaʀ] **1** (ADJ) [*mesure, solution, installation*] temporary; [*gouvernement*] interim *épith* • **à titre ~** temporarily **2** (NM) **c'est du ~** it's a temporary arrangement

provisoirement [pʀɔvizwaʀmɑ̃] (ADV) (*= momentanément*) temporarily; (*= pour l'instant*) for the time being

provocant, e [pʀɔvɔkɑ̃, ɑ̃t] (ADJ) provocative

provocateur, -trice [pʀɔvɔkatœʀ, tʀis] **1** (ADJ) provocative **2** (NM) agitator

provocation [pʀɔvɔkasjɔ̃] (NF) **a** (*= défi*) provocation • **il l'a fait par pure ~** he did it just to be provocative • **il a multiplié les ~s à l'égard des autorités** he has increasingly tried to provoke the authorities **b** **~ à la haine raciale** incitement to racial hatred

provoquer [pʀɔvɔke] /TABLE 1/ (VT) **a** (*= défier*) to provoke • **~ qn en duel** to challenge sb to a duel • **elle aime ~ les hommes** she likes to provoke men **b** (*= causer*) to cause; [*+ réaction, changement d'attitude*] to bring about; [*+ colère, curiosité*] to arouse; [*+ accouchement*] to induce • **l'accident a provoqué la mort de six personnes** six people were killed in the accident

proxénète [pʀɔksenɛt] (NMF) procurer

proxénétisme [pʀɔksenetism] (NM) procuring

proximité [pʀɔksimite] (NF) **a** (*dans l'espace*) proximity • **de ~** (*emploi, services*) community-based • **commerce de ~** local shop (*Brit*) *ou* store (*US*) • **il faut développer les services de ~** we need to develop local community-based services
▸ **à proximité** nearby • **à ~ de** close to
b (*dans le temps*) closeness • **à cause de la ~ des élections** because the elections are so close

prude [pʀyd] **1** (ADJ) prudish **2** (NF) prude

prudemment [pʀydamɑ̃] (ADV) [*conduire*] carefully; [*avancer, répondre*] cautiously

prudence [pʀydɑ̃s] (NF) caution • **~! ça glisse** careful! it's slippery • **faire preuve de ~** to be cautious

prudent, e [pʀydɑ̃, ɑ̃t] (ADJ) **a** careful • **soyez ~!** take care!; (*sur la route*) drive carefully! • **soyez plus ~ à l'avenir** be more careful in future **b** (*= sage*) sensible • **il serait ~ d'écrire** it would be wise to write • **ce n'est pas ~** it's not advisable • **c'est plus ~** it's wiser • **il jugea plus ~ de se taire** he thought it wiser to keep quiet

prudentiel, -ielle [pʀydɑ̃sjɛl] (ADJ) [*réglementation*] prudential

prud'homme [pʀydɔm] (NM) **les ~s** ≈ industrial tribunal (*Brit*), ≈ labor relations board (*US*) (*with wide administrative and advisory powers*)

prune [pʀyn] **1** (NF) (*= fruit*) plum; (*= alcool*) plum brandy • **pour des ~s*** for nothing **2** (ADJ INV) plum-coloured (*Brit*) *ou* plum-colored (*US*)

pruneau (*pl* **pruneaux**) [pʀyno] (NM) **a** (*= fruit sec*) prune **b** (*= balle*)* slug*

prunelle [pʀynɛl] (NF) **a** (*= fruit*) sloe **b** (*= pupille*) pupil; (*= œil*) eye

prunier [pʀynje] (NM) plum tree

prurit [pʀyʀit] (NM) itching

Prusse [pʀys] (NF) Prussia

PS [peɛs] (NM) (ABR DE **parti socialiste**) *French political party*

psalmodier [psalmɔdje] /TABLE 7/ (VI) to chant

psaume [psom] (NM) psalm

pschitt [pʃit] (EXCL) pouf! • **faire ~*** (*= échouer*) to go belly up*

pseudo* [psødo] (NM) (ABR DE **pseudonyme**)

pseudo- [psødo] (PRÉF) pseudo-

pseudonyme [psødɔnim] (NM) [*d'écrivain*] pen name; [*de comédien*] stage name; (*Internet*) nickname

psy* [psi] **1** (ADJ) psychological **2** (NMF) (ABR DE **psychiatre, psychologue, psychothérapeute, psychanalyste**) **il va chez son ~ toutes les semaines** he goes to see his shrink* every week **3** (NF) (ABR DE **psychologie, psychiatrie**)

psychanalyse [psikanaliz] (NF) psychoanalysis • **il fait une ~** he's in analysis

psychanalyser [psikanalize] /TABLE 1/ (VT) to psychoanalyze

psychanalyste [psikanalist] (NMF) psychoanalyst

psychanalytique [psikanalitik] (ADJ) psychoanalytical

psychédélique [psikedelik] (ADJ) psychedelic

psychiatre [psikjatʀ] (NMF) psychiatrist

psychiatrie [psikjatʀi] (NF) psychiatry

psychiatrique [psikjatʀik] (ADJ) psychiatric

psychique [psiʃik] (ADJ) psychological

psychisme [psiʃism] (NM) psyche

psychologie [psikɔlɔʒi] (NF) psychology • **la ~ de l'enfant** child psychology • **il faut faire preuve de ~** you have to have good insight into people • **il manque complètement de ~** he's got absolutely no insight into people

psychologique [psikɔlɔʒik] (ADJ) psychological • **c'est ~!** it's all in the mind!

psychologiquement [psikɔlɔʒikmɑ̃] (ADV) psychologically

psychologue [psikɔlɔg] **1** (ADJ) (= *intuitif*) **il est/il n'est pas très ~** he's very/he's not very perceptive about people **2** (NMF) psychologist • **~ scolaire** educational psychologist

psychométrique [psikɔmetʀik] (ADJ) psychometric

psychomoteur, -trice [psikomɔtœʀ, tʀis] (ADJ) psychomotor

psychopathe [psikɔpat] (NMF) psychopath • **tueur ~** psychopathic killer

psychopédagogie [psikopedagɔʒi] (NF) educational psychology

psychose [psikoz] (NF) (*Psych*) psychosis; (= *obsession*) obsessive fear • **~ collective** collective hysteria

psychosocial, e (*mpl* **-iaux**) [psikosɔsjal, jo] (ADJ) psychosocial

psychosomatique [psikosɔmatik] (ADJ) psychosomatic

psychoter* [psikɔte] /TABLE 1/ (VI) to flip out*

psychothérapeute [psikoteʀapøt] (NMF) psychotherapist

psychothérapie [psikoteʀapi] (NF) psychotherapy • **suivre une ~** to undergo a course of psychotherapy

psychotique [psikɔtik] (ADJ, NMF) psychotic

pu [py] *ptp de* **pouvoir**

puant, e* [pɥɑ̃, ɑ̃t] (ADJ) [*personne, attitude*] arrogant • **c'est un type ~** he's an arrogant creep*

puanteur [pɥɑ̃tœʀ] (NF) stink

pub¹ [pœb] (NM) (= *bar*) pub

pub²* [pyb] (NF) (= *annonce*) ad*; (*Ciné, TV*) commercial • **la ~** (*métier*) advertising • **faire de la ~ pour qch** (*Commerce*) to advertise sth; (= *inciter à acheter qch*) to give sth a plug* • **ça lui a fait de la ~** it brought him a lot of attention • **coup de ~** publicity stunt

pubère [pybɛʀ] (ADJ) pubescent

puberté [pybɛʀte] (NF) puberty

public, -ique [pyblik] **1** (ADJ) **a** (= *non privé*) public • **danger ~** public danger • **ennemi ~** public enemy • **homme ~** public figure
b (= *de l'État*) [*services, secteur, finances*] public; [*école, instruction*] State *épith*, public (*US*)
2 (NM) **a** (= *population*) **le ~** the (general) public • **« interdit au ~ »** "no admittance to the public"
b (= *audience, assistance*) audience • **le ~ parisien est très exigeant** Paris audiences are very demanding • **ce livre s'adresse à un vaste ~** this book aims at a wide readership • **cet acteur a son ~** this actor has his fans • **en ~** in public • **le grand ~** the general public • **appareils électroniques grand ~** consumer electronics • **film grand ~** film with mass appeal • **être bon/mauvais ~** to be easy/hard to please
c (= *secteur*) **le ~** the public sector

publication [pyblikasjɔ̃] (NF) **a** (= *action*) publishing • **~ assistée par ordinateur** desktop publishing **b** (= *écrit publié*) publication

publiciste [pyblisist] (NMF) (= *publicitaire*) advertising executive

publicitaire [pyblisitɛʀ] **1** (ADJ) [*budget, affiche, agence, campagne*] advertising • **annonce ~** advertisement • **matériel ~** publicity material **2** (NMF) advertising executive

publicité [pyblisite] (NF) **a** (= *méthode, profession*) advertising • **il travaille dans la ~** he's in advertising • **faire de la ~ pour qch** (*Commerce*) to advertise sth; (= *inciter à acheter*) to plug sth* • **il sait bien faire sa propre ~** he's good at selling himself • **son livre a été lancé à grand renfort de ~** his book was launched amid a blaze of publicity • **~ mensongère** misleading advertising • **~ sur les lieux de vente** point-of-sale advertising • **campagne de ~** advertising campaign
b (= *annonce*) advertisement; (*Ciné, TV*) commercial
c (= *révélations*) publicity • **on a fait trop de ~ autour de cette affaire** this affair has been given too much publicity

publier [pyblije] /TABLE 7/ (VT) to publish • **~ un communiqué** to release a statement (**au sujet de** about)

publi-information (*pl* **publi-informations**) [pybliɛ̃fɔʀmasjɔ̃] (NF) (*TV, Radio*) infomercial; (*Presse*) advertisement feature

publiphone ® [pyblifɔn] (NM) public telephone

publipostage [pyblipɔstaʒ] (NM) mailshot

publiquement [pyblikmɑ̃] (ADV) publicly

publireportage [pybliʀəpɔʀtaʒ] (NM) advertorial

puce [pys] (NF) **a** (= *animal*) flea • **ça m'a mis la ~ à l'oreille** that got me thinking • **le marché aux ~s** • **les ~s** the flea market • **oui, ma ~*** yes, pet* **b** (*Informatique*) silicon chip • **~ électronique** microchip

puceau* (*pl* **puceaux**) [pyso] (ADJ M) **être ~** to be a virgin

pucelle†† [pysɛl] (NF) virgin • **la Pucelle d'Orléans** the Maid of Orleans

pucer [pyse] /TABLE 3/ (VT) [+ *animal*] to microchip

puceron [pys(ə)ʀɔ̃] (NM) aphid

pudding [pudiŋ] (NM) *close-textured fruit sponge*

pudeur [pydœʀ] (NF) **a** (*concernant le corps*) modesty • **elle n'a aucune ~** she has no modesty • **expliquer qch sans fausse ~** to explain sth quite openly **b** (= *délicatesse*) sense of propriety

pudibond, e [pydibɔ̃, ɔ̃d] (ADJ) prim and proper

pudique [pydik] (ADJ) **a** (= *chaste*) [*personne*] modest **b** (= *discret*) [*allusion*] discreet • **un terme ~ pour désigner ...** a euphemism for ...

pudiquement [pydikmɑ̃] (ADV) **a** (= *chastement*) modestly **b** (= *avec tact, par euphémisme*) discreetly • **cela désigne ~ ...** it's a euphemism for ...

puer [pɥe] /TABLE 1/ (VTI) to stink • **ça pue!** it stinks! • **ça pue l'argent** it stinks of money

P

puéricultrice [pɥeʀikyltʀis] NF (*dans une crèche*) nursery nurse

puériculture [pɥeʀikyltyʀ] NF infant care; (*dans une crèche*) nursery nursing

puéril, e [pɥeʀil] ADJ puerile

puérilement [pɥeʀilmɑ̃] ADV childishly

puérilité [pɥeʀilite] NF (*= caractère*) childishness; (*= acte*) childish behaviour (*Brit*) *ou* behavior (*US*) *NonC*

pugilat [pyʒila] NM fist fight

puis [pɥi] ADV then; (*= en outre*) **et ~** and besides • **et ~ ensuite** *ou* **après** and then • **et ~ après tout** and after all • **et ~ quoi?** (*= quoi d'autre*) and then what?; (*= et alors ?*) so what?* • **et ~ quoi encore?** (*= tu exagères*) whatever next?

puiser [pɥize] /TABLE 1/ VT [*+ eau*] to draw (**dans** from); [*+ exemple, inspiration*] to draw (**dans** from) • **les deux auteurs ont puisé aux mêmes sources** the two authors drew on the same sources • **~ dans ses économies** to dip into one's savings

puisque [pɥisk(ə)] CONJ since • **ça doit être vrai, puisqu'il le dit** it must be true since he says so • **~ vous êtes là, venez m'aider** since you're here come and help me • **~ c'est comme ça, je ne viendrai plus!** if that's how it is, I won't come anymore! • **~ je te le dis!** I'm telling you! • **~ je te dis que c'est vrai!** I'm telling you it's true!

puissamment [pɥisamɑ̃] ADV (*= fortement*) powerfully • **~ raisonné!** (*iro*) what brilliant reasoning! (*iro*)

puissance [pɥisɑ̃s] **1** NF **a** (*= force*) strength **b** (*Élec, Physique, Math*) power • **~ en watts** wattage • **10 ~ 4** 10 to the power of 4 • **~ de calcul** computing capacity • **~ de traitement** processing capacity • **bombe de faible ~** low-power bomb
c (*= capacité*) power • **la ~ d'évocation de la musique** the evocative power of music • **la ~ d'attraction de la capitale** the pull of the capital • **avoir une grande ~ de travail** to have a great capacity for work
d (*= pouvoir, pays*) power • **grande ~** superpower • **la première ~ économique mondiale** the world's leading economic power
e ▸ **en puissance** [*délinquant, dictateur*] potential • **c'est là en ~** it is potentially present • **monter en ~** [*idée, théorie*] to gain ground • **montée en ~** [*de pays, mouvement, personne*] increase in power; [*de secteur*] increase in importance
2 COMP ▸ **puissance fiscale** engine rating ▸ **la puissance publique** the public authorities

puissant, e [pɥisɑ̃, ɑ̃t] **1** ADJ powerful **2** NM **les ~s** the powerful

puisse [pɥis] VB → **pouvoir**

puits [pɥi] NM [*d'eau, pétrole*] well; (*Mines, Constr*) shaft ▸ **puits canadien** Canadian well ▸ **puits de mine** mine shaft ▸ **puits de pétrole** oil well ▸ **puits provençal** Canadian well ▸ **puits de science** fount of knowledge

pull [pyl], **pull-over** (*pl* **pull-overs**), **pullover** [pylɔvɛʀ] NM pullover

pulluler [pylyle] /TABLE 1/ VI (*= grouiller*) to swarm; [*erreurs, contrefaçons*] to abound

pulmonaire [pylmɔnɛʀ] ADJ [*maladie*] pulmonary

pulpe [pylp] NF pulp

pulpeux, -euse [pylpø, øz] ADJ [*lèvres*] full; [*femme*] curvaceous

pulsation [pylsasjɔ̃] NF pulsation • **~s (du cœur)** (*= rythme cardiaque*) heartbeat; (*= battements*) heartbeats

pulser [pylse] /TABLE 1/ **1** VT [*+ fluide*] to pulse **2** VI * (*= être puissant*) to have a real vibe*

pulsion [pylsjɔ̃] NF drive • **~s sexuelles** sexual urges • **~ de mort** death wish • **~ meurtrière** murderous impulse

pulvérisateur [pylveʀizatœʀ] NM (*à parfum*) spray; (*pour médicament*) vaporizer

pulvériser [pylveʀize] /TABLE 1/ VT **a** (*= broyer*) to reduce to powder **b** [*+ liquide, insecticide*] to spray **c** (*= anéantir*) [*+ adversaire*] to demolish; [*+ record*] to smash* • **le bâtiment a été pulvérisé par l'explosion** the building was reduced to rubble by the explosion

puma [pyma] NM puma

punaise [pynɛz] NF **a** (*= animal*) bug • **~!*** well! **b** (*= clou*) drawing pin (*Brit*), thumbtack (*US*)

punch[1] [pɔ̃ʃ] NM (*= boisson*) punch

punch[2] [pœnʃ] NM (*= énergie*) punch • **avoir du ~** [*personne*] to have a lot of get up and go • **manquer de ~** to lack dynamism

punching-ball (*pl* **punching-balls**) [pœnʃiŋbol] NM punchball • **je lui sers de ~** he uses me as a punching bag

punir [pyniʀ] /TABLE 2/ VT to punish • **il a été puni de son imprudence** he suffered for his recklessness • **ce crime est puni par la loi** this crime is punishable by law • **ce crime est puni de mort** this crime is punishable by death

punitif, -ive [pynitif, iv] ADJ **expédition punitive** [*d'armée, rebelles*] punitive raid; [*de criminels, gang*] revenge killing

punition [pynisjɔ̃] NF punishment (**de qch** for sth) • **avoir une ~** [*élève*] to be given a punishment • **pour ta ~** as a punishment

punk [pœ̃k] ADJ INV, NMF punk

pupille [pypij] **1** NF [*d'œil*] pupil **2** NMF (*= enfant*) ward • **~ de l'État** child in local authority care • **~ de la Nation** war orphan

pupitre [pypitʀ] NM [*de professeur*] desk; [*de musicien*] music stand; [*de piano*] music rest; [*de chef d'orchestre*] rostrum

pur, e [pyʀ] **1** ADJ pure; [*vin*] undiluted; [*whisky, gin*] straight; [*ciel*] clear • **~ fruit** [*confiture*] real fruit • **~ beurre** [*gâteau*] all butter • **un ~ produit de la bourgeoisie** a typical product of the middle class • **l'air ~ de la campagne** the fresh country air • **elle parle un français très ~** she speaks very pure French • **c'est de la folie ~e** it's utter madness • **c'était du racisme ~ et simple** • **c'était du racisme à l'état ~** it was plain racism • **cela relève de la ~e fiction** it's pure fiction • **c'est une question de ~e forme** it's purely a question of form • **c'est par ~ hasard que je l'ai vu** I saw it by sheer chance • **en ~e perte** for absolutely nothing • **par ~e ignorance** out of sheer ignorance • **~ et dur** (*Politique*) hard-line
2 NM,F (*Politique*) **~ (et dur)** hard-liner

purée [pyʀe] NF purée • **~ (de pommes de terre)** mashed potatoes • **~ de marrons/de tomates** chestnut/tomato purée • **c'est de la ~ de pois** (*= brouillard*) it's murky fog • **~, je l'ai oublié!*** darn*, I forgot!

purement [pyʀmɑ̃] ADV purely • **~ et simplement** purely and simply

pureté [pyʀte] NF purity; [*d'air, eau, son*] pureness; (*= perfection*) [*de traits*] perfection; [*de voix*] clarity

purgatif, -ive [pyʀgatif, iv] **1** ADJ purgative **2** NM purge

purgatoire [pyʀgatwaʀ] (NM) purgatory
purge [pyʀʒ] (NF) (*Méd, Politique*) purge; [*de conduite*] draining; [*de freins, radiateur*] bleeding
purger [pyʀʒe] /TABLE 3/ (VT) ⓐ (= *vidanger*) to bleed ⓑ (*Droit*) [+ *peine*] to serve
purification [pyʀifikasjɔ̃] (NF) purification • ~ **ethnique** ethnic cleansing
purifier [pyʀifje] /TABLE 7/ **1** (VT) to purify; [+ *métal*] to refine **2** (VPR) **se purifier** to cleanse o.s.
purin [pyʀɛ̃] (NM) slurry
puriste [pyʀist] (ADJ, NMF) purist
puritain, e [pyʀitɛ̃, ɛn] **1** (ADJ) puritanical **2** (NM,F) puritan
puritanisme [pyʀitanism] (NM) puritanism
pur-sang [pyʀsɑ̃] (NM INV) thoroughbred
purulent, e [pyʀylɑ̃, ɑ̃t] (ADJ) purulent
pus [py] (NM) pus
pusillanime [pyzi(l)lanim] (ADJ) (*littér*) fainthearted
pustule [pystyl] (NF) pustule
putain* [pytɛ̃] (NF) ⓐ (= *prostituée*) whore ⓑ (*en exclamation*) ~! bloody hell!* (*Brit*), goddammit!* (*US*) • **cette ~ de voiture** (*intensif*) this bloody* (*Brit*) *ou* goddamn* (*US*) car
pute** [pyt] (NF) whore
putois [pytwa] (NM) polecat
putréfaction [pytʀefaksjɔ̃] (NF) putrefaction
putréfier (se) [pytʀefje] /TABLE 7/ (VPR) to go rotten
putride [pytʀid] (ADJ) putrid
putsch [putʃ] (NM) putsch
puzzle [pœzl] (NM) jigsaw
p.-v.* [peve] (NM) (ABR DE **procès-verbal**) fine; (*pour stationnement interdit*) parking ticket; (*pour excès de vitesse*) speeding ticket
pygmée [pigme] (ADJ, NMF) pygmy
pyjama [piʒama] (NM) pyjamas (*Brit*), pajamas (*US*)
pylône [pilon] (NM) pylon • ~ **électrique** electricity pylon
pyramidal, e (*mpl* **-aux**) [piʀamidal, o] (ADJ) pyramid-shaped • **vente ~e** pyramid selling
pyramide [piʀamid] (NF) pyramid • ~ **humaine** human pyramid • **organisation en ~** pyramidal organization
Pyrénées [piʀene] (NFPL) **les ~** the Pyrenees
pyrex® [piʀɛks] (NM) Pyrex® • **assiette en ~** Pyrex dish
pyromane [piʀɔman] (NMF) arsonist
pyromusical, e (*mpl* **-aux**) [piʀɔmyzikal, o] (ADJ) **spectacle ~** music and fireworks display
pyrotechnique [piʀɔtɛknik] (ADJ) **spectacle ~** fireworks display
python [pitɔ̃] (NM) python

P

Qq

Q, q [ky] NM (= *lettre*) Q, q

Qatar [kataʀ] NM Qatar

qatari, e [kataʀi] **1** ADJ Qatari **2** NM,F **Qatari(e)** Qatari • **les Qatari** Qataris

qch (ABR DE **quelque chose**) sth

QCM [kyseɛm] NM (ABR DE **questionnaire à choix multiple**) multiple choice question paper

QG [kyʒe] NM (ABR DE **quartier général**) HQ

QI [kyi] NM (ABR DE **quotient intellectuel**) IQ

qn (ABR DE **quelqu'un**) sb

qu' [k] → **que**

quad [kwad] NM (= *moto*) quad (bike); (= *roller*) roller skate

quadra* [k(w)adʀa] NMF (ABR DE **quadragénaire**) person in his (*ou* her) forties; • **les ~s** forty somethings*

quadragénaire [k(w)adʀaʒenɛʀ] **1** ADJ (= *de quarante ans*) forty-year-old *épith* • **il est ~** (= *de quarante à cinquante ans*) he's in his forties **2** NMF forty-year-old man (*ou* woman)

quadriceps [k(w)adʀisɛps] NM quadriceps

quadrillage [kadʀijaʒ] NM **a** (= *dessin*) [*de papier*] square pattern; [*de tissu*] check pattern **b** [*de ville, pays*] covering • **la police a établi un ~ serré du quartier** the area is under tight police control

quadrillé, e [kadʀije] *ptp de* **quadriller** ADJ [*papier, feuille*] squared

quadriller [kadʀije] /TABLE 1/ VT [*+ papier*] to mark out in squares; [*+ ville, région*] to comb • **la ville est quadrillée par la police** the town is under police control

quadrilogie [kadʀilɔʒi] NF quadrilogy

quadruple [k(w)adʀypl] **1** ADJ quadruple • **la ~ championne d'Europe** the European champion four times over **2** NM quadruple

quadrupler [k(w)adʀyple] /TABLE 1/ VTI to quadruple

quadruplés, -ées [k(w)adʀyple] *ptp de* **quadrupler** NMPL, NFPL quadruplets

quai [ke] NM [*de port*] quay; [*de gare*] platform; [*de rivière*] bank; (= *route*) riverside road • **être à ~** [*bateau*] to be alongside the quay; [*train*] to be in the station ▸ **le Quai des Orfèvres** police headquarters (*in Paris*) ▸ **le Quai d'Orsay** *the French Foreign Office*

> **QUAI**
>
> In French towns, the word **quai** refers to a street running along the river, and appears in the street name itself. In Paris, some of these street names are used by extension to refer to the famous institutions situated there: **Quai** de Conti refers to the Académie française, **Quai** des Orfèvres to the headquarters of the police force, and **Quai** d'Orsay to the Foreign Office.

quaker, quakeresse [kwɛkœʀ, kwɛkʀɛs] NM,F Quaker

qualifiant, e [kalifjɑ̃, jɑ̃t] ADJ [*formation*] leading to a qualification

qualificatif, -ive [kalifikatif, iv] **1** ADJ [*adjectif*] qualifying • **épreuves qualificatives** (*Sport*) qualifying heats **2** NM (*Gram*) qualifier; (= *mot*) term

qualification [kalifikasjɔ̃] NF **a** (*Sport*) **obtenir sa ~** to qualify (**en, pour** for) • **épreuves de ~** qualifying heats **b** (= *aptitude*) skill; (= *diplôme*) qualification • **~ professionnelle** professional qualification • **sans ~** [*personne*] (= *sans compétence*) unskilled; (= *sans diplômes*) unqualified • **ce travail demande un haut niveau de ~** this is highly skilled work

qualifié, e [kalifje] *ptp de* **qualifier** ADJ **a** (= *compétent*) qualified; [*emploi, main-d'œuvre, ouvrier*] skilled • **non ~** [*emploi, main-d'œuvre, ouvrier*] unskilled • **emploi/ouvrier très ~** highly skilled job/worker • **il n'est pas ~ pour ce poste/gérer le service** he isn't qualified for this post/to manage the department **b** (*Sport*) **les joueurs ~s pour la finale** the players who have qualified for the final **c** [*vol, délit*] aggravated

qualifier [kalifje] /TABLE 7/ **1** VT **a** [*+ conduite, projet*] to describe (**de** as) • **cet accord a été qualifié d'historique** this agreement has been described as historic **b** (*Sport*) **le but qui les a qualifiés** the qualifying goal **c** [*mot*] to qualify **2** VPR **se qualifier** (*Sport*) to qualify (**pour** for)

qualitatif, -ive [kalitatif, iv] ADJ qualitative

qualité [kalite] NF **a** [*de marchandise*] quality • **la ~ de (la) vie** the quality of life • **de ~** [*article, ouvrage, spectacle*] quality • **c'est de bonne/mauvaise ~** it's good/poor quality • **article de première ~** top-quality article **b** [*de personne*] (= *vertu*) quality; (= *don*) skill • **~s humaines/personnelles** human/personal qualities • **~s professionnelles** professional skills • **~s de gestionnaire** management skills **c** (= *fonction*) position • **sa ~ de directeur** his position as manager • **en sa ~ de maire** in his capacity as mayor • **en (ma) ~ d'auteur** as an author • **vos nom, prénom et ~** surname, forename (*Brit*) *ou* given name (*US*) and occupation

qualiticien, -ienne [kalitisjɛ̃, jɛn] NM,F quality controller (*Brit*) *ou* controler (*US*)

quand [kɑ̃] **1** (CONJ)

> The **d** is silent, except before a vowel sound, when it is pronounced **t**, eg **quand elle m'a vu**.

when • **~ ce sera fini, nous irons prendre un café** when it's finished we'll go and have a coffee • **sais-tu de ~ était sa dernière lettre?** do you know when his last letter was written? • **~ je pense que ...!** when I think that ...! • **pourquoi vivre ici ~ tu pourrais avoir une belle maison?** why live here when you could have a beautiful house? • **~ bien même** even if → **même**

2 (ADV) when • **~ pars-tu?** • **~ est-ce que tu pars?** • **tu pars ~?** when are you leaving? • **dis-moi ~ tu pars** tell me when you're leaving • **c'est pour ~?** (*devoir*) when is it for?; (*rendez-vous*) when is it?; (*naissance*) when is it to be? • **ça date de ~?** (*événement*) when did it take place?; (*lettre*) when was it written?

quant [kɑ̃] (ADV) **~ à** as for • **~ à moi, je pars** as for me, I'm leaving

quanta [k(w)ɑ̃ta] *pl de* **quantum**

quantifier [kɑ̃tifje] /TABLE 7/ (VT) to quantify

quantitatif, -ive [kɑ̃titatif, iv] (ADJ) quantitative

quantitativement [kɑ̃titativmɑ̃] (ADV) quantitatively

quantité [kɑ̃tite] (NF) **a** (= *nombre, somme*) quantity, amount; (*dans des mesures*) quantity • **la ~ d'eau nécessaire** the amount *ou* quantity of water necessary • **en ~s industrielles** in vast quantities *ou* amounts • **en grande/petite ~** in large/small quantities *ou* amounts • **en ~ suffisante** in sufficient quantities • **considérer qn comme ~ négligeable** to consider sb as totally insignificant **b** (= *grand nombre*) **(une) ~ de** [+ *raisons, personnes*] a lot of • **des ~s de gens croient que ...** a lot of people believe that ... • **~ d'indices révèlent que ...** many signs indicate that ... • **il y a des fruits en ~** fruit is in plentiful supply

quantum° [k(w)ɑ̃tɔm] (*pl* **quanta** [k(w)ɑ̃ta]) (NM) quantum • **la théorie des quanta** quantum theory

quarantaine [kaʀɑ̃tɛn] (NF) **a** (= *âge, nombre*) about forty → **soixantaine** **b** (= *isolement*) quarantine • **mettre en ~** [+ *animal, malade, navire*] to put in quarantine; (= *ostraciser*) [+ *personne, pays*] to blacklist

quarante [kaʀɑ̃t] (NOMBRE) forty • **les Quarante** *the members of the French Academy* • **un ~-cinq tours** (= *disque*) a single → **soixante** → ACADÉMIE

quarantenaire [kaʀɑ̃tnɛʀ] **1** (ADJ) **a** [*période*] forty-year *épith* **b** (*Méd, Naut*) quarantine *épith* **2** (NM) (= *anniversaire*) fortieth anniversary **3** (NMF) (= *personne entre 40 et 49 ans*) forty-something*, person in their forties

quarantième [kaʀɑ̃tjɛm] (ADJ, NMF) fortieth • **les ~s rugissants** the Roaring Forties

quart [kaʀ] **1** (NM) **a** (= *fraction*) quarter • **un ~ de poulet** a quarter chicken • **un ~ de beurre** 250 g of butter • **un ~ de vin** a quarter-litre carafe of wine • **c'est réglé au ~ de poil*** [*mécanique*] it's perfectly tuned; [*événement*] it's beautifully organized

b (*dans le temps*) **~ d'heure** quarter of an hour • **3 heures moins le ~** (a) quarter to *ou* of (US) 3 • **3 heures et ~** • **3 heures un ~** (a) quarter past *ou* after (US) 3 • **il est le ~/moins le ~** it's (a) quarter past/(a) quarter to • **passer un mauvais** *ou* **sale ~ d'heure** to have a hard time of it • **un ~ de siècle** a quarter of a century

c (= *veille*) watch • **être de ~** to keep the watch • **de ~** [*homme, matelot*] on watch

2 (COMP) ▸ **quarts de finale** quarter finals • **être en ~s de finale** to be in the quarter finals ▸ **quart de tour** quarter turn • **démarrer** *ou* **partir au ~ de tour** [*engin*] to start (up) first time; [*personne*]* to have a short fuse • **comprendre au ~ de tour*** to understand straight off*

quarté [k(w)aʀte] (NM) *French system of forecast betting on four horses in a race*

quartette [k(w)aʀtɛt] (NM) jazz quartet

quartier [kaʀtje] **1** (NM) **a** [*de ville*] (= *division administrative*) district; (= *partie*) neighbourhood (Brit), neighborhood (US) • **le ~ chinois** the Chinese quarter • **les ~s (difficiles)** deprived areas • **les vieux ~s de la ville** the old part of the town • **les gens du ~** the local people • **vous êtes du ~?** do you live around here? • **le ~ est/ouest de la ville** the east/west end of town • **~ commerçant** shopping area • **le ~ des affaires** the business district • **le Quartier latin** the Latin Quarter

▸ **de quartier** [*cinéma, épicier*] local • **association/maison de ~** community association/centre • **la vie de ~** community life

b [*de bœuf*] quarter; [*de viande*] large piece; [*de fruit*] piece • **ne pas faire de ~** to give no quarter • **pas de ~!** show no mercy!

c (*Mil*) **~(s)** quarters • **avoir ~(s) libre(s)** [*soldat*] to have leave from barracks; [*élèves, touristes*] to be free (for a few hours)

2 (COMP) ▸ **quartier général** headquarters ▸ **quartier de haute sécurité** [*de prison*] maximum security wing

quart-monde (*pl* **quarts-mondes**) [kaʀmɔ̃d] (NM) **le ~** (= *démunis*) the underclass; (= *pays*) the Fourth World

quartz [kwaʀts] (NM) quartz

quasi [kazi] **1** (ADV) almost **2** (PRÉF) **quasi(-)** near, quasi- • **~-certitude** near certainty • **~-collision** [*d'avions*] near miss • **la ~-totalité des dépenses** almost all (of) the expenditure

quasiment [kazimɑ̃] (ADV) (*dans une affirmation*) practically • **c'est ~ fait** it's as good as done • **~ jamais** hardly ever • **il n'a ~ pas parlé/dormi** he hardly said a word/slept • **je n'y vais ~ plus** I hardly ever go there anymore

quatorze [katɔʀz] (NOMBRE) fourteen • **la guerre de ~** the First World War • **le ~ juillet** the Fourteenth of July (*French national holiday*) → **six**

quatorzième [katɔʀzjɛm] (ADJ INV, NMF) fourteenth → **sixième**

quatre [katʀ] (NOMBRE) **a** four • **aux ~ coins de** in the four corners of • **marcher à ~ pattes** to walk on all fours • **nos amis à ~ pattes** our four-legged friends • **descendre l'escalier ~ à ~** to rush down the stairs four at a time • **entre ~ murs** between four walls

b (*locutions*) **manger comme ~** to eat like a horse • **un de ces ~ (matins)*** one of these days • **être tiré à ~ épingles** to be dressed up to the nines • **faire les ~ cents coups** to lead a wild life • **faire les ~ volontés de qn** to satisfy sb's every whim • **dire à qn ses ~ vérités** to tell sb a few plain *ou* home truths • **se mettre en ~ pour (aider) qn** to bend over backwards to help sb* • **je n'irai pas par ~ chemins** I'm not going to beat about the bush • **je n'ai pas ~ bras!*** I've only got one pair of hands! • **entre ~ z'yeux*** (= *directement*) face to face; (= *en privé*) in private → **six**

quatre-épices [katʀepis] (NM INV) allspice

quatre-heures* [katʀœʀ] (NM INV) (= *goûter*) afternoon snack
quatre-quarts [kat(ʀə)kaʀ] (NM INV) pound cake
quatre-quatre [kat(ʀə)katʀ] (ADJ INV, NM INV) four-wheel drive
quatre-vingt-dix [katʀəvɛ̃dis] (ADJ INV, NM INV) ninety
quatre-vingts [katʀəvɛ̃] (ADJ INV, NM INV) eighty
quatre-vingt-un [katʀəvɛ̃ɛ̃] (ADJ INV, NM INV) eighty-one
quatrième [katʀijɛm] **1** (ADJ) fourth • **le ~ âge** (= *personnes*) the over 75s • **faire qch en ~ vitesse** to do sth at top speed **2** (NF) (= *vitesse*) fourth gear; (= *classe*) ≈ third year • **~ de couverture** [*de livre*] back cover **→ sixième**
quatrièmement [katʀijɛmmɑ̃] (ADV) fourthly
quatuor [kwatɥɔʀ] (NM) quartet(te)
qubit [kjubit] (NM) qubit

---

que [kə]

1 CONJONCTION	3 PRONOM RELATIF
2 ADVERBE	4 PRONOM INTERROGATIF

> **que** becomes **qu'** before a vowel or silent **h**.

1 CONJONCTION

> Lorsque **que** fait partie d'un locution comme **afin que**, **dès que**, reportez-vous à l'autre mot.

a (*complétive*) that

> **that** introduisant une subordonnée complétive est souvent sous-entendu en anglais.

• **elle sait ~ tu es prêt** she knows (that) you're ready • **tu crois qu'il réussira?** do you think he'll succeed? • **je pense ~ oui** I think so • **je pense ~ non** I don't think so • **mais il n'a pas de voiture! — il dit ~ si** but he has no car! — he says he has

> Avec un verbe de volonté, l'anglais emploie une proposition infinitive. Si le sujet de cette infinitive est un pronom, l'anglais utilise la forme objet du pronom.

• **je veux ~ Raoul vienne** I want Raoul to come • **j'aimerais qu'il vienne** I would like him to come • **je ne veux pas qu'il vienne** I don't want him to come

b (*remplaçant une autre conjonction*)

> Lorsque **que** remplace une conjonction comme **si**, **quand**, **comme**, **que**, la conjonction est soit répétée soit omise en anglais.

• **si vous êtes sages et qu'il fait beau, nous sortirons** if you are good and (if) the weather is fine, we'll go out • **comme la maison est petite et qu'il n'y a pas de jardin ...** as the house is small and there's no garden ...

c (*hypothèse*) whether • **il ira, qu'il le veuille ou non** he'll go whether he wants to or not • **qu'il parte ou qu'il reste, ça m'est égal** whether he leaves or stays, it's all the same to me

d (*but*) **tenez-le, qu'il ne tombe pas** hold him so he doesn't fall

e (*temps*) **elle venait à peine de sortir qu'il se mit à pleuvoir** she had no sooner gone out than it started raining • **ils ne se connaissaient pas depuis 10 minutes qu'ils étaient déjà amis** they had only known each other for 10 minutes and already they were friends

f (*souhait*) **qu'il se taise!** I wish he would be quiet! • **eh bien, qu'il vienne!** all right, he can come! • **qu'il essaie seulement!** just let him try!

g (*reprenant ce qui vient d'être dit*) **~ tu crois!*** that's what you think! • **~ je l'aide? tu plaisantes!** me, help him? you must be joking! • **« viens ici! » qu'il me crie*** "come here!" he shouted • **« et pourquoi? » ~ je lui fais*** "why's that?" I go to him*

h (*locutions*)

▸ **que ... ne ils pourraient me supplier ~ je n'accepterais pas** even if they begged me I wouldn't accept • **j'avais déjà fini de déjeuner qu'elle n'avait pas commencé** I'd already finished my lunch and she hadn't even started

▸ **que oui!** yes indeed! • **il était fâché? — ~ oui!** was he angry? — he certainly was!

▸ **que non!** certainly not! • **tu viens? — ~ non!** are you coming? — no I am not!

2 ADVERBE

~ tu es lent! you're so slow! • **~ de voitures!** there's so much traffic! • **~ d'erreurs!** there are so many mistakes!

▸ **qu'est-ce que** (*exclamatif*) **qu'est-ce qu'il est bête!** he's such an idiot! • **qu'est-ce qu'il joue bien!** doesn't he play well!

3 PRONOM RELATIF

a (*antécédent personne*)

> Le pronom relatif **que** n'est souvent pas traduit.

• **la fille qu'il a rencontrée là-bas** the girl he met there • **les enfants ~ tu vois là-bas** the children you see there

> Lorsque l'on utilise un pronom relatif pour désigner une personne en anglais, il y a trois possibilités : **whom**, qui est d'un registre soutenu, **who** qui n'est pas correct, mais très fréquemment utilisé, et **that**.

• **le philosophe qu'il admirait** the philosopher whom he admired • **les ouvriers qu'ils vont licencier** the workers that *or* who* they're going to sack

b (*antécédent animal ou chose*)

> Le pronom relatif **que** n'est souvent pas traduit.

• **j'ai déjà les livres qu'il m'a offerts** I've already got the books he gave me

> Lorsque l'on utilise un pronom relatif pour désigner un animal ou une chose en anglais, il y a deux possibilités : **that** et **which**, qui s'utilise surtout pour des choses.

• **le chaton qu'il a trouvé** the kitten (that) he found • **la raison qu'il a donnée** the reason (that *ou* which) he gave

c (*en incise*)

> Lorsque la relative est en incise, on n'emploie jamais **that**, mais **which** pour une chose et **who(m)** pour une personne.

• **un certain M. Leduc, ~ je ne connais pas, m'a appelé** a certain Mr Leduc, who* *ou* whom I don't know, called me • **la lettre, ~ j'ai postée lundi, est arrivée vendredi** the letter, which I posted on Monday, arrived on Friday

d (*temps*) when • **un jour ~ le soleil brillait** one day when the sun was shining

e (*autres*) **quel homme charmant ~ votre voisin!** what a charming man your neighbour is! • **tout distrait qu'il est, il s'en est aperçu** absent-minded though he is, he still noticed it • **c'est un inconvénient ~ de ne pas avoir de voiture** it's a disadvantage not to have a car

4 PRONOM INTERROGATIF

what • **~ fais-tu?** what are you doing? • **qu'en sais-tu?** what do you know about it?

> Dans les cas où il y a un choix, on emploie **which**.

• **~ préfères-tu, de la compote ou un crème caramel?** which would you prefer, stewed fruit or crème caramel?

▸ **qu'est-ce que** (*interrogatif*) what • **qu'est-ce ~ tu fais?** what are you doing? • **qu'est-ce ~ tu préfères, le rouge ou le noir?** which do you prefer, the red one or the black one?

▸ **qu'est-ce qui** what • **qu'est-ce qui l'a mis en colère?** what made him so angry?

Québec [kebɛk] **1** (N) (= *ville*) Quebec (City) **2** (NM) **le ~** (= *province*) Quebec

> **QUÉBEC**
> Quebec's history as a French-speaking province of Canada has meant that the French spoken there has developed many distinctive characteristics. Since the 1970s, the government of Quebec has been actively promoting the use of French terms instead of anglicisms in everyday life in order to preserve the francophone identity of the province, over 80% of whose inhabitants have French as their mother tongue. → LA RÉVOLUTION TRANQUILLE

québécisme [kebesism] (NM) *expression or word used in Quebec*

québécois, e [kebekwa, waz] **1** (ADJ) Quebec • **le Parti ~** the Parti Québécois **2** (NM) Quebec French **3** (NM,F) **Québécois(e)** Québécois

quel, quelle [kɛl] **1** (ADJ) **a** (*interrog*) (*être animé*) who; (*chose*) what • **~ est cet auteur?** who is that author? • **quelles ont été les raisons de son départ?** what were the reasons for his leaving? • **j'ignore ~ est l'auteur de ces poèmes** I don't know who wrote these poems

b (*interrog discriminatif*) which • **~ acteur préférez-vous?** which actor do you prefer? • **~ est le vin le moins cher des trois?** which wine is the cheapest of the three?

c (*excl*) what • **quelle surprise!** what a surprise! • **~ courage!** what courage! • **~ imbécile je suis!** what a fool I am! • **~ (sale) temps!** what rotten weather!

d (*relatif*) (*être animé*) whoever; (*chose*) whatever; (*discriminatif*) whatever • **quelle que soit votre décision, écrivez-nous** write to us whatever you decide • **quelles que soient les conséquences** whatever the consequences may be • **quelle que soit la personne qui vous répondra** whoever answers you • **les hommes, ~s qu'ils soient** all men, irrespective of who they are

2 (PRON INTERROG) which • **de tous ces enfants, ~ est le plus intelligent?** of all these children, which is the most intelligent? • **des deux solutions quelle est celle que vous préférez?** of the two solutions, which do you prefer?

quelconque [kɛlkɔ̃k] (ADJ) **a** (= *n'importe quel*) **une lettre envoyée par un ami ~** a letter sent by some friend or other • **choisis un stylo ~ parmi ceux-là** choose any one of those pens • **pour une raison ~** for some reason

b (= *moindre*) **il n'a pas manifesté un désir ~ d'y aller** he didn't show the slightest desire to go • **avez-vous une ~ idée de l'endroit où ça se trouve?** have you any idea where it might be?

c (= *médiocre*) poor • **c'est quelqu'un de très ~** (*laid*) he's not very good-looking at all; (*ordinaire*) he's a very ordinary sort of person

---

quelque [kɛlk(ə)]

1 ADJECTIF INDÉFINI **2** ADVERBE

1 ADJECTIF INDÉFINI

a (*au singulier*) some • **il habite à ~ distance d'ici** he lives some distance from here • **j'ai ~ peine à croire cela** I find that rather difficult to believe

▸ **quelque temps** a while • **dans ~ temps** in a while • **attendre ~ temps** to wait a while

▸ **quelque chose** something • **~ chose d'extraordinaire** something extraordinary • **~ chose d'autre** something else • **puis-je faire ~ chose pour vous?** is there something I can do for you? • **il a ~ chose** (*qui ne va pas*) (*maladie*) there's something wrong with him; (*ennuis*) there's something the matter with him • **vous prendrez bien ~ chose** do have something to drink • **il y est pour ~ chose** he has got something to do with it • **ça y est pour ~ chose** it has got something to do with it • **il y a ~ chose comme une semaine** something like a week ago • **je t'ai apporté un petit ~ chose** I've brought you a little something • **ça m'a fait ~ chose d'apprendre sa mort** I was upset when I heard he had died • **il a plu ~ chose de bien!** it rained like anything!* • **ça alors, c'est ~ chose!** that's a bit too much!

▸ **quelque part** somewhere; (= *d'une certaine façon*) in a way • **je vous ai déjà vue ~ part** I've seen you somewhere • **~ part, c'est un avertissement** in a way, it is a warning

▸ **quelque ... que** (*frm*) whatever • **de ~ façon que l'on envisage le problème** whatever way you look at the problem • **il veut l'acheter, à ~ prix que ce soit** he wants to buy it no matter how much it costs

▸ **en quelque sorte** (= *pour ainsi dire*) as it were; (= *d'une certaine manière*) in a way • **le liquide s'était en ~ sorte solidifié** the liquid had solidified as it were • **on pourrait dire en ~ sorte que ...** you could say in a way that ...

b (*au pluriel*) **quelques** a few • **M. Dupont va vous dire ~s mots** Mr Dupont is going to say a few words to you • **~s milliers** a few thousand • **il ne peut rester que ~s instants** he can only stay for a few moments • **~s autres** a few others

q

▸ **et quelques*** **20 kg et ~s** a bit* over 20kg • **il doit être trois heures et ~s** it must be a bit* after three

▸ **les quelques** **les ~s enfants qui étaient venus** the few children who had come • **les ~s centaines de personnes qui lisent ses romans** the few hundred people who read his novels

2 ADVERBE

(*= environ*) about • **il y a ~ 20 ans qu'il enseigne ici** he has been teaching here for about 20 years • **ça a augmenté de ~ 50 euros** it's gone up by about 50 euros

▸ **quelque peu** rather • **~ peu déçu** rather disappointed

quelquefois [kɛlkəfwa] (ADV) sometimes

quelques-uns, -unes [kɛlkəzœ̃, yn] (PRON INDÉF PL) some • **~ de nos lecteurs/ses amis** some of our readers/ his friends

quelqu'un [kɛlkœ̃] (PRON INDÉF) ⓐ somebody, someone; (*avec interrog*) anybody, anyone • **~ d'autre** somebody *ou* someone else • **c'est ~ de sûr/d'important** he's a reliable/an important person • **Claire, c'est ~ de bien** Claire is a nice person • **il faudrait ~ de plus** we need one more person • **~ pourrait-il répondre?** could somebody answer? • **il y a ~?** is there anybody there? ⓑ (*intensif*) **c'est vraiment ~ cette fille** that girl's really something else* • **c'est ~ (d'important) dans le monde du cinéma** she's really somebody in cinema

quémander [kemɑ̃de] /TABLE 1/ (VT) to beg for

qu'en-dira-t-on [kɑ̃diʀatɔ̃] (NM INV) (*= commérage*) **le ~** gossip

quenelle [kənɛl] (NF) quenelle

quéquette* [kekɛt] (NF) (*langage enfantin*) willy* (*Brit*), peter* (*US*)

querelle [kəʀɛl] (NF) ⓐ (*= dispute*) quarrel • **~ d'amoureux** lovers' tiff ⓑ (*= polémique*) dispute (**sur** over, about)

quereller (se) [kəʀele] /TABLE 1/ (VPR) to quarrel

question [kɛstjɔ̃] (NF) ⓐ (*= demande*) question • **~ piège** (*d'apparence facile*) trick question; (*pour nuire à qn*) loaded question • **~ subsidiaire** tiebreaker • **évidemment! cette ~!** *ou* **quelle ~!** obviously! what a question! • **c'est la ~ à mille euros*** (*interrogation*) it's the sixty-four thousand dollar question*
ⓑ (*= problème*) question • **~s économiques/sociales** economic/social questions • **pour des ~s de sécurité/ d'hygiène** for reasons of security/of hygiene • **~ d'actualité** topical question • **la ~ est de savoir si ...** the question is whether ... • **la ~ n'est pas là** • **là n'est pas la ~** that's not the point • **c'est toute la ~** that's the big question • **c'est une ~ de temps/d'habitude** it's a question of time/of habit • **c'est une ~ de principe** it's a matter of principle • **«autres ~s»** (*ordre du jour*) "any other business"
ⓒ (*= en ce qui concerne*)* **~ argent** as far as money goes • **~ bêtise, il se pose là!** he's a prize idiot! • **~ cuisine, elle est nulle** when it comes to cooking, she's useless*
ⓓ (*avec poser, se poser*) **poser une ~ à qn** to ask sb a question • **la ~ me semble mal posée** I think the question is badly put • **poser la ~ de confiance** (*Politique*) to ask for a vote of confidence • **la ~ qui se pose est ...** the question is ... • **il y a une ~ que je me pose** there's one thing I'd like to know • **je me pose la ~** that's what I'm wondering • **il commence à se poser des ~s** he's beginning to wonder • **il l'a fait sans se poser de ~s** he did it without a second thought
ⓔ **de quoi est-il ~?** what is it about? • **il fut d'abord ~ du budget** first they spoke about the budget • **il est ~ de lui comme ministre** *ou* **qu'il soit ministre** there's some question of his being a minister • **il n'est pas ~ que nous renoncions/de renoncer** there's no question of our giving up/of giving up • **il n'en est pas ~!** that's out of the question! • **moi y aller? pas ~!*** me go? no way!* • **c'est hors de ~** it is out of the question
ⓕ ▸ **en question** (*= dont on parle*) in question • **mettre** *ou* **remettre en ~** [*+ autorité, théorie, compétence, honnêteté, pratique*] to question • **cela remet sa compétence en ~** this puts a question mark over his competence • **le projet est sans cesse remis en ~** the project is continually being called into question • **il faut se remettre en ~ de temps en temps** it's important to take a good look at oneself from time to time • **elle ne se remet jamais en ~** she never questions herself

questionnaire [kɛstjɔnɛʀ] (NM) questionnaire • **~ à choix multiple** multiple choice question paper

questionnement [kɛstjɔnmɑ̃] (NM) questioning

questionner [kɛstjɔne] /TABLE 1/ (VT) (*= interroger*) to question

quétaine* [ketɛn] (ADJ) (*Can*) tacky*

quête [kɛt] (NF) ⓐ (*= collecte*) collection • **faire la ~** (*à l'église*) to take the collection; [*artiste de rue*] to go round with the hat; [*association caritative*] to collect for charity
ⓑ **se mettre en ~ de** to go in search of; [*+ appartement, travail*] to start looking for

quetsche [kwɛtʃ] (NF) *kind of dark purple plum*

queue [kø] 1 (NF) ⓐ [*d'animal, avion, comète, lettre, note*] tail; [*de classement*] bottom; [*de casserole, poêle*] handle; [*de feuille, fruit, fleur*] stalk; [*de colonne, train*] rear • **en ~ de phrase** at the end of the sentence • **en ~ de liste** at the bottom of the list • **être en ~ de peloton** to be at the back of the pack; (*fig*) to be lagging behind • **en ~ (de train)** at the rear of the train
ⓑ (*= file de personnes*) queue (*Brit*), line (*US*) • **faire la ~** to queue (up) (*Brit*), to stand in line (*US*) • **il y a trois heures de ~** there's a three-hour queue (*Brit*) *ou* line (*US*) • **mettez-vous à la ~** join the queue (*Brit*) *ou* line (*US*)
ⓒ (*= pénis*)*** cock**
ⓓ (*locutions*) **la ~ basse*** *ou* **entre les jambes*** with one's tail between one's legs • **à la ~ leu leu** [*arriver, marcher*] in single file • **histoire sans ~ ni tête*** cock-and-bull story • **des ~s de cerise*** (*= somme dérisoire*) peanuts*

2 (COMP) ▸ **queue de billard** billiard cue ▸ **queue de cheval** ponytail ▸ **queue de poisson faire une ~ de poisson à qn** to cut in front of sb • **finir en ~ de poisson** to come to an abrupt end

queue-de-pie (*pl* **queues-de-pie**) [kød(ə)pi] (NF) (*= habit*) tail coat

qui [ki]

1 PRONOM INTERROGATIF 2 PRONOM RELATIF

➢ Pour les proverbes commençant par **qui**, reportez-vous aussi à l'autre mot.

1 PRONOM INTERROGATIF

ⓐ (*sujet*)

➢ Lorsque **qui** ou **qui est-ce qui** sont sujets, ils se traduisent par **who**.

• ~ **l'a vu ?** who saw him? • ~ **manque ?** who's not here?

> Notez l'emploi de **which** lorsqu'il y a choix entre plusieurs personnes.

• ~ **d'entre eux saurait ?** which of them would know? • ~, **parmi les candidats, pourrait répondre ?** which of the candidates could reply?

▸ **qui est-ce qui** (*sujet*) who • ~ **est-ce** ~ **l'a vu ?** who saw him? • ~ **est-ce** ~ **a téléphoné ?** who phoned?

▸ **qui ça ?** who? • **on me l'a dit** — ~ **ça ?** somebody told me — who?

b (*objet*)

> Lorsque **qui** est objet, il se traduit par **who** dans la langue courante et par **whom** dans une langue plus soutenue.

• ~ **a-t-elle vu ?** who *ou* whom (*frm*) did she see? • **elle a vu ~ ?*** who did she see? • **je me demande** ~ **il a invité** I wonder who he has invited

▸ **qui est-ce que ?** who?, whom? (*frm*) • ~ **est-ce qu'il a embrassé ?** who did he kiss?

c (*avec préposition*)

> Notez la place de la préposition en anglais : avec **who** et **whose**, elle est rejetée en fin de proposition.

• **à** ~ **parlais-tu ?** who were you talking to? • **à** ~ **est ce sac ?** who does this bag belong to? • **chez** ~ **allez-vous ?** whose house are you going to? • **de** ~ **parles-tu ?** who are you talking about? • **pour** ~ **ont-ils voté ?** who did they vote for?, for whom (*frm*) did they vote?

▸ **c'est à qui ?** (*possession*) whose is it?; (*= à qui le tour ?*) whose turn is it?

2 PRONOM RELATIF

a (*sujet*)

> Lorsque **qui** est sujet, il se traduit par **who** ou **that** quand l'antécédent est une personne.

• **je connais des gens** ~ **se plaindraient** I know some people who *ou* that would complain • **un homme** ~ **fait la cuisine** a man who cooks • **j'ai rencontré Luc** ~ **m'a raconté que ...** I met Luc, who told me that ... • **les amis** ~ **viennent ce soir sont américains** the friends (who *ou* that are) coming tonight are American • **moi** ~ **espérais rentrer tôt !** and there I was thinking I was going to get home early tonight!

> **qui** sujet se traduit par **that** ou **which** quand l'antécédent est un animal ou une chose.

• **prends le plat** ~ **est sur la table** take the dish that *ou* which is on the table • **il a un perroquet** ~ **parle** he's got a parrot that *ou* which talks

> Lorsque la relative est en incise, on n'emploie jamais **that**.

• **Tom,** ~ **travaille à la poste, me l'a dit** Tom, who works at the post office, told me • **la table,** ~ **était en acajou, était très lourde** the table, which was mahogany, was very heavy

b (*avec préposition*)

> En anglais, le pronom relatif est parfois omis.

> Notez la place de la préposition en anglais : avec **who** et **whose**, elle est rejetée en fin de proposition.

• **la personne à** ~ **j'ai parlé** the person I spoke to • **le patron pour** ~ **il travaille** the employer (that *ou* who) he works for, the employer for whom (*frm*) he works

c (*= celui qui*) anyone who • **ira** ~ **voudra** anyone who wants to go can go • **pour** ~ **s'intéresse à la physique, ce livre est indispensable** for anyone who is interested in physics this book is indispensable

▸ **c'est à qui** (*= c'est à celui qui*) **c'est à** ~ **des deux mangera le plus vite** each tries to eat faster than the other • **c'est à** ~ **criera le plus fort** each tries to shout louder than the other

▸ **à qui mieux mieux** each one more so than the other; (*crier*) each one louder than the other; (*frapper*) each one harder than the other

▸ **qui de droit** « **à** ~ **de droit** » "to whom it may concern" • **je le dirai à** ~ **de droit** I'll tell anyone it concerns • **je remercierai** ~ **de droit** I'll thank anyone that thanks are owed to

▸ **qui que ce soit** anybody, anyone • **j'interdis à** ~ **que ce soit d'entrer ici** I forbid anybody *ou* anyone to come in here

▸ **qui vous savez** **cela m'a été dit par** ~ **vous savez** I was told that by you-know-who*

---

quiche [kiʃ] (NF) ~ **(lorraine)** quiche (Lorraine)

quick [kwik] (NM) **court** *ou* **terrain (de tennis) en** ~ hard court

quiconque [kikɔ̃k] **1** (PRON REL) (*= celui qui*) whoever • **la loi punit** ~ **est coupable** the law punishes anyone who is guilty **2** (PRON INDÉF) (*= n'importe qui, personne*) anyone, anybody • **je le sais mieux que** ~ I know better than anyone

quiétude [kjetyd] (NF) **en toute** ~ with complete peace of mind

quignon [kiɲɔ̃] (NM) ~ **(de pain)** (*= croûton*) crust of bread; (*= morceau*) hunk of bread

quille [kij] (NF) **a** (*Jeux*) skittle • **(jeu de)** ~**s** skittles **b** [*de bateau*] keel **c** (*arg Mil*) **la** ~ demob (*Brit*)

quilleur, -euse [kijœʀ, øz] (NM,F) (*Can*) ten-pin bowler, skittle player

quincaillerie [kɛ̃kajʀi] (NF) (*= métier, ustensiles*) hardware; (*= magasin*) hardware shop; (*= bijoux*) cheap jewellery (*Brit*) *ou* jewelry (*US*)

quincaillier, -ière [kɛ̃kaje, jɛʀ] (NM,F) hardware dealer

quinconce [kɛ̃kɔ̃s] (NM) **en** ~ in staggered rows

quinine [kinin] (NF) quinine

quinqua* [kɛ̃ka] (NMF) (ABR DE **quinquagénaire**) person in his (*ou* her) fifties; • **les** ~**s** fifty somethings*

quinquagénaire [kɛ̃kaʒenɛʀ] **1** (ADJ) (*= de cinquante ans*) fifty-year-old *épith* • **il est** ~ (*= de cinquante à soixante ans*) he is in his fifties **2** (NMF) fifty-year-old man (*ou* woman)

quinquennal, e (*mpl* **-aux**) [kɛ̃kenal, o] (ADJ) five-year *épith*, quinquennial

quinquennat [kɛ̃kena] (NM) (*Politique, de président*) five year term (of office) • **au cours de son ~** during his time in office
quinte [kɛ̃t] (NF) ~ **(de toux)** coughing fit
quinté [kɛ̃te] (NM) *French forecast system involving betting on five horses*
quintet [k(ɥ)ɛ̃tɛ] (NM) jazz quintet
quintette [k(ɥ)ɛ̃tɛt] (NM) quintet(te)
quintuple [kɛ̃typl] **1** (ADJ) [*quantité, rangée, nombre*] quintuple • **en ~ exemplaire/partie** in five copies/parts • **le ~ champion du monde** the world champion five times over **2** (NM) quintuple (**de** of) • **augmenter au ~** to increase fivefold
quintupler [kɛ̃typle] /TABLE 1/ (VTI) to increase fivefold
quintuplés, -ées [kɛ̃typle] *ptp de* **quintupler** (NMPL, NFPL) quintuplets
quinzaine [kɛ̃zɛn] (NF) (= *nombre*) about fifteen; (= *deux semaines*) **une ~ (de jours)** two weeks • **~ publicitaire** *ou* **commerciale** two-week sale • **« ~ des soldes »** "two-week sale"
quinze [kɛ̃z] (NOMBRE) fifteen • **le ~ de France** (*Rugby*) the French fifteen
▸ **quinze jours** two weeks • **dans ~ jours** in two weeks, in a fortnight (*Brit*) • **tous les ~ jours** every two weeks
▸ **en quinze demain en ~** a fortnight tomorrow (*Brit*), two weeks from tomorrow (*US*) • **lundi en ~** a fortnight on Monday (*Brit*), two weeks from Monday (*US*) → **six**
quinzième [kɛ̃zjɛm] (ADJ, NMF) fifteenth → **sixième**
quiproquo [kipʀɔko] (NM) ⓐ (= *sur une personne*) mistake; (= *sur un sujet*) misunderstanding • **le ~ durait depuis un quart d'heure** they had been talking at cross-purposes for a quarter of an hour ⓑ (*au théâtre*) case of mistaken identity
quittance [kitɑ̃s] (NF) (= *reçu*) receipt; (= *facture*) bill • **~ d'électricité** receipt (*to show one has paid one's electricity bill*) • **~ de loyer** rent receipt
quitte [kit] (ADJ) **être ~ envers qn** to be all square with sb • **être ~ envers la société** to have paid one's debt to society • **nous sommes ~s** we're quits* • **nous en sommes ~s pour la peur** we got off with a fright
▸ **quitte à** (*idée de risque*) even if it means • **~ à s'ennuyer, ils préfèrent rester chez eux** they prefer to stay at home even if it means getting bored • **~ à aller au restaurant, autant en choisir un bon** (*idée de nécessité*) if we're going to a restaurant, we might as well go to a good one
▸ **quitte ou double** (= *jeu*) double or quits • **c'est ~ ou double** (*fig*) it's a big gamble
quitter [kite] /TABLE 1/ **1** (VT) ⓐ to leave • **il n'a pas quitté la maison depuis trois jours** he hasn't left the house for three days • **je suis pressé, il faut que je vous quitte** I'm in a hurry so I must leave you • **il a quitté sa femme** he's left his wife • **ne pas ~ la chambre** to be confined to one's room • **~ l'autoroute à Lyon** to leave the motorway at Lyon • **le camion a quitté la route** the lorry left the road • **il a quitté ce monde** (*euph*) he has departed this world • **si je le quitte des yeux une seconde** if I take my eyes off him for a second • **ne quittez pas** (*au téléphone*) hold on a moment
ⓑ (*Informatique*) to quit
2 (VPR) **se quitter** [*couple*] to split up • **nous nous sommes quittés bons amis** we parted good friends • **ils ne se quittent pas** they are always together • **nous nous sommes quittés à 11 heures** we left each other at 11
qui-vive [kiviv] (NM INV) **être sur le ~** to be on the alert
quoi [kwa] (PRON) ⓐ (*interrog*) what • **de ~ parles-tu ?** • **tu parles de ~ ?*** what are you talking about? • **on joue ~ au cinéma ?*** what's on at the cinema? • **en ~ puis-je vous aider ?** how can I help you? • **en ~ est cette statue ?** what is this statue made of? • **à ~ reconnaissez-vous le cristal ?** how can you tell that something is crystal? • **~ faire/lui dire ?** what are we going to do/to say to him? • **~ encore ?** what else?; (*exaspération*) what is it now? • **~ de neuf ?** what's new? • **à ~ bon ?** what's the use? (**faire** of doing)
ⓑ (*interrog indir*) what • **dites-nous à ~ cela sert** tell us what that's for • **il voudrait savoir de ~ il est question** he would like to know what it's about • **je ne sais ~ lui donner** I don't know what to give him
ⓒ (*relatif*) **je sais à ~ tu fais allusion** I know what you're referring to • **as-tu de ~ écrire ?** have you got a pen? • **ils n'ont même pas de ~ vivre** they haven't even got enough to live on • **il n'y a pas de ~ pleurer** there's nothing to cry about • **ils ont de ~ occuper leurs vacances** they've got enough to occupy them on their holiday • **avoir/emporter de ~ manger** to have/take something to eat → **comme, sans**
ⓓ **~ qu'il arrive** whatever happens • **~ qu'il en soit** be that as it may • **~ qu'on en dise/qu'elle fasse** whatever what people say/she does • **si vous avez besoin de ~ que ce soit** if there's anything you need
ⓔ (*locutions*) **~ ! tu oses l'accuser ?** what! you dare to accuse him! • **~ ? qu'est-ce qu'il a dit ?** (*pour faire répéter*) what was it he said? • **et puis ~ encore !** (*iro*) what next! • **de ~ !*** what's all this nonsense! • **merci beaucoup ! — il n'y a pas de ~** many thanks! — don't mention it • **ils n'ont pas de ~ s'acheter une voiture** they can't afford to buy a car
quoique [kwak(ə)] (CONJ) (= *bien que*) although, though • **quoiqu'il soit malade et qu'il n'ait pas d'argent** although *ou* though he is ill and has no money • **je ne pense pas qu'il faisait semblant, ~ ...** I don't think he was pretending, but then again ...
quota [k(w)ɔta] (NM) quota
quote-part○ (*pl* **quotes-parts**) [kɔtpaʀ] (NF) share
quotidien, -ienne [kɔtidjɛ̃, jɛn] **1** (ADJ) daily • **dans la vie quotidienne** in daily life **2** (NM) ⓐ (= *journal*) daily paper • **les grands ~s** the big national dailies ⓑ (= *routine*) **le ~** everyday life • **la pratique médicale/l'enseignement au ~** day-to-day medical practice/teaching
quotidiennement [kɔtidjɛnmɑ̃] (ADV) every day
quotient [kɔsjɑ̃] (NM) quotient • **~ intellectuel** intelligence quotient

Rr

rab* [Rab] (NM) ⓐ [*de nourriture*] extra • **est-ce qu'il y a du ~?** is there any more? • **qui veut du ~?** anyone for seconds? ⓑ [*de temps*] extra time • **faire du ~** (*travail*) to do extra time

rabâcher [Rabɑʃe] /TABLE 1/ (VT) [+ *histoire*] to keep repeating • **il rabâche toujours la même chose** he keeps going on about the same thing

rabais [Rabɛ] (NM) reduction • **faire un ~ de 20 € sur qch** to knock 20 euros off the price of sth

▸ **au rabais** [*acheter, vendre*] at a reduced price; (*péj*) [*acteur, journaliste*] third-rate • **je ne veux pas travailler au ~** I won't work for a pittance

rabaisser [Rabese] /TABLE 1/ **1** (VT) ⓐ [+ *personne, efforts, talent, travail*] to disparage ⓑ [+ *prix*] to reduce • **il voulait 10 000 € par mois, mais il a dû ~ ses prétentions** he wanted 10,000 euros a month but he had to lower his sights **2** (VPR) **se rabaisser** to put o.s. down* • **elle se rabaisse toujours** she's always putting herself down • **se ~ devant qn** to humble o.s. before sb

rabat [Raba] (NM) [*de table, poche, enveloppe*] flap

rabat-joie [Rabaʒwa] (NM INV) killjoy • **faire le ~** to spoil the fun

rabattable [Rabatabl] (ADJ) [*siège*] folding

rabattre [RabatR] /TABLE 41/ **1** (VT) ⓐ [+ *capot, clapet, couvercle*] to close; [+ *drap*] to fold back; [+ *col*] to turn down; [+ *strapontin*] (= *ouvrir*) to pull down; (= *fermer*) to put up; [+ *jupe*] to pull down • **le vent rabat la fumée** the wind blows the smoke back down • **il entra, le chapeau rabattu sur les yeux** he came in with his hat pulled down over his eyes • **~ les couvertures** (*pour couvrir*) to pull the blankets up; (*pour découvrir*) to throw back the blankets

ⓑ [+ *gibier*] to drive

ⓒ (*Tricot*) **~ des mailles** to cast off

ⓓ [+ *arbre*] to cut back

ⓔ ▸ **en rabattre** (*de ses prétentions*) to climb down; (*de ses ambitions*) to lower one's sights; (*de ses illusions*) to lose one's illusions → **caquet**

2 (VPR) **se rabattre** ⓐ [*voiture, coureur*] to cut in • **se ~ devant qn** to cut in front of sb

ⓑ **se ~ sur** to fall back on

ⓒ [*porte*] to slam shut • **le siège se rabat** the seat folds down

rabbin [Rabɛ̃] (NM) rabbi • **grand ~** chief rabbi

rabibocher* [Rabibɔʃe] /TABLE 1/ **1** (VT) (= *réconcilier*) [+ *amis, époux*] to bring together again **2** (VPR) **se rabibocher** to make it up

râble [Rɑbl] (NM) **~ de lapin** saddle of rabbit • **tomber** *ou* **sauter sur le ~ de qn*** to go for sb*

râblé, e [Rɑble] (ADJ) [*homme*] stocky

rabot [Rabo] (NM) plane • **passer qch au ~** to plane sth down

raboter [Rabɔte] /TABLE 1/ (VT) to plane down

rabougri, e [RabugRi] (ADJ) (= *chétif*) [*plante, personne*] stunted; (= *desséché*) [*plante*] shrivelled; [*vieillard*] wizened

rabrouer [RabRue] /TABLE 1/ (VT) to shout at • **se faire ~** to get shouted at

racaille [Rakɑj] (NF) riffraff

raccommodage [Rakɔmɔdaʒ] (NM) **faire du ~** to do some mending

raccommoder [Rakɔmɔde] /TABLE 1/ **1** (VT) to mend **2** (VPR) **se raccommoder*** [*personnes*] to make it up

raccompagner [Rakɔ̃paɲe] /TABLE 1/ (VT) to take back (**à** to) • **~ qn (chez lui)** to take sb home • **~ qn au bureau en voiture/à pied** to drive sb back/walk back with sb to the office • **~ qn à la gare** to take sb to the station • **~ qn (jusqu')à la porte** to see sb to the door

raccord [RakɔR] (NM) ⓐ [*de papier peint*] join • **faire un ~ de peinture/de maquillage** to touch up the paintwork/one's makeup • **papier peint sans ~s** random match wallpaper ⓑ (= *pièce, joint*) link

raccordement [RakɔRdəmɑ̃] (NM) connection • **ils ont fait le ~** (*au téléphone*) they've connected the phone; (*à l'électricité*) they've connected the electricity

raccorder [RakɔRde] /TABLE 1/ (VT) to connect (**à** with, to) • **~ qn au réseau** (*téléphonique*) to connect sb's phone; (*électrique*) to connect sb to the mains • **quand les deux tuyaux seront raccordés** when the two pipes are connected

raccourci [RakuRsi] (NM) (= *chemin*) shortcut ▸ **raccourci clavier** (*Informatique*) keyboard shortcut, hot key

raccourcir [RakuRsiR] /TABLE 2/ **1** (VT) to shorten • **j'ai raccourci le chapitre de trois pages** I shortened the chapter by three pages • **ça raccourcit le trajet de 5 km** it knocks 5km off the journey **2** (VI) [*jours*] to grow shorter

raccroc [RakRo] (NM) **par ~** (= *par hasard*) by chance; (= *par un heureux hasard*) by a stroke of good luck

raccrocher [RakRɔʃe] /TABLE 1/ **1** (VI) ⓐ (*au téléphone*) to hang up • **~ au nez de qn*** to hang up on sb ⓑ (*arg Sport*) to retire **2** (VT) ⓐ [+ *vêtement, tableau*] to hang back up; [+ *combiné*] to put down • **j'avais mal raccroché**

I hadn't put the receiver down properly • **~ les gants** [*boxeur*] to hang up one's gloves **b** (= *relier*) [+ *wagons, faits*] to connect (**à** to, with) **3** VPR **se raccrocher se ~ à** [+ *branche, rampe*] to grab hold of; [+ *espoir, personne*] to hang on to

race [ʀas] NF **a** (= *ethnie*) race • **la ~ humaine** the human race • **un individu de ~ blanche/noire** a white/black person • **lui et les gens de sa ~** (*péj: = catégorie*) he and people like him **b** [*d'animaux*] breed • **la ~ chevaline** horses • **de ~** pedigree; [*cheval*] thoroughbred

racé, e [ʀase] ADJ [*animal*] pedigree; [*cheval*] thoroughbred; [*personne*] distinguished; [*voiture, voilier, ligne*] sleek

rachat [ʀaʃa] NM [*d'objet que l'on possédait avant*] buying back; [*d'objet d'occasion*] buying • **~ d'entreprise par les salariés** employee buyout • **après le ~ du journal par le groupe** after the group bought the paper back

racheter [ʀaʃ(ə)te] /TABLE 5/ **1** VT **a** [+ *objet que l'on possédait avant*] to buy back; [+ *nouvel objet*] to buy another; [+ *pain, lait*] to buy some more; [+ *objet d'occasion*] to buy; [+ *entreprise, usine en faillite*] to buy out • **je lui ai racheté son vieux vélo** I bought his old bike off him • **j'ai dû ~ du tissu/des verres** I had to buy some more material/some more glasses

b (= *réparer*) [+ *péché, crime*] to atone for; [+ *mauvaise conduite, faute*] to make amends for • **il n'y en a pas un pour ~ l'autre*** they're both as bad as each other

2 VPR **se racheter** [*criminel*] to make amends • **se ~ aux yeux de qn** to redeem o.s. in sb's eyes

rachitique [ʀaʃitik] ADJ (= *maigre*) puny; [*arbre, poulet*] scraggy

racial, e (*mpl* **-iaux**) [ʀasjal, jo] ADJ racial; [*émeutes, relations*] race *épith*

racine [ʀasin] NF root • **prendre ~** [*plante*] to take root; (= *s'établir*)* to put down roots; (*chez qn, à attendre*)* to take root* • **prendre le mal à la ~** to get to the root of the problem • **je n'ai pas de ~s** I'm rootless • **retrouver ses ~s** to go back to one's roots

racisme [ʀasism] NM racism • **~ antijeunes** anti-youth prejudice • **~ antivieux** ageism

raciste [ʀasist] ADJ, NMF racist

racket [ʀakɛt] NM (= *activité*) racketeering *NonC*; (= *vol*) racket • **~ scolaire** *schoolchildren bullying other children for money etc* • **faire du ~** (*contre protection*) to run a protection racket • **c'est du ~!** it's daylight robbery!

racketter [ʀakete] /TABLE 1/ VT **~ qn** to extort money from sb • **il se fait ~ à l'école** children bully him into giving them things at school

racketteur [ʀaketœʀ] NM racketeer

raclée* [ʀɑkle] NF thrashing • **flanquer une bonne ~ à qn** to give sb a good hiding • **il a pris une bonne ~ aux élections** he got thrashed* in the elections

racler [ʀɑkle] /TABLE 1/ VT to scrape; [+ *fond de casserole*] to scrape out; [+ *tache, croûte, peinture, écailles*] to scrape off • **ce vin racle le gosier** this wine is really rough • **se ~ la gorge** to clear one's throat • **~ la boue de ses semelles** to scrape the mud off one's shoes

raclette [ʀɑklɛt] NF **a** (= *outil*) scraper **b** (= *plat*) raclette (*melted cheese served with boiled potatoes and cold meats*)

racloir [ʀɑklwaʀ] NM scraper

racolage [ʀakɔlaʒ] NM soliciting • **faire du ~** to solicit

racoler [ʀakɔle] /TABLE 1/ VT to solicit • **~ des clients** [*prostituée*] to solicit for clients

racoleur, -euse [ʀakɔlœʀ, øz] ADJ **a** [*publicité*] eye-catching; [*slogan politique*] vote-catching **b** (*péj*) [*reportage, article*] sensationalistic; [*film, titre*] too sensational • **c'est trop ~** it plays too much on people's emotions

racontar [ʀakɔ̃taʀ] NM piece of gossip • **ce ne sont que des ~s!** it's just gossip!

raconter [ʀakɔ̃te] /TABLE 1/ **1** VT **a** [+ *histoire*] to tell • **~ qch à qn** to tell sb sth • **~ sa vie** to tell one's life story • **il nous a raconté ses malheurs** he told us about his misfortunes • **elle m'a raconté qu'elle t'avait rencontré** she told me that she had met you • **on raconte que ...** people say that ... • **le témoin a raconté ce qui s'était passé** the witness described what had happened • **il raconte bien** he tells a good story • **alors, raconte!** come on, tell me! • **je te raconte pas!*** you wouldn't believe it!

b (= *dire de mauvaise foi*) **qu'est-ce que tu racontes?** what on earth are you talking about? • **il raconte n'importe quoi** he's talking nonsense • **~ des histoires** to tell stories • **il a été ~ qu'on allait divorcer** he's been telling people we're getting divorced

2 VPR **se raconter** [*écrivain*] to talk about o.s. • **se ~ des histoires** (= *se leurrer*) to lie to o.s.

racorni, e [ʀakɔʀni] ADJ [*peau, cuir*] hard; [*ratatiné*] shrivelled up

radar [ʀadaʀ] NM radar • **contrôle ~** (*sur route*) speed check • **il s'est fait prendre au ~** he was caught by a speed trap • **marcher au ~*** to be on automatic pilot*

rade [ʀad] NF (= *port*) natural harbour (*Brit*) *ou* harbor (*US*)

▸ **en rade** [*bateau*] in harbour • **en ~ de Brest** in Brest harbour • **laisser en ~*** [+ *personne*] to leave in the lurch; [+ *projet*] to shelve • **elle est restée en ~*** she was left stranded • **tomber en ~*** to break down

radeau (*pl* **radeaux**) [ʀado] NM raft • **~ de sauvetage/pneumatique** rescue/inflatable raft

radiateur [ʀadjatœʀ] NM heater; (*à eau, à huile, de voiture*) radiator • **~ électrique** electric heater • **~ soufflant** fan heater

radiation [ʀadjasjɔ̃] NF **a** (= *rayons*) radiation **b** [*de personne*] **on a demandé sa ~ du club** they want to withdraw his club membership

radical, e (*mpl* **-aux**) [ʀadikal, o] **1** ADJ radical • **une rupture ~e avec les pratiques passées** a complete break with past practices • **essayez ce remède, c'est ~*** try this remedy, it works like a charm **2** NM,F radical

radicalement [ʀadikalmɑ̃] ADV [*changer, différer, opposé*] radically; [*faux, nouveau*] completely

radicalisation [ʀadikalizasjɔ̃] NF [*de position*] toughening; [*de revendications*] stepping up; [*de régime, parti*] radicalization

radicaliser [ʀadikalize] /TABLE 1/ **1** VT [+ *position, politique*] to toughen **2** VPR **se radicaliser** to become more radical

radicalité [ʀadikalite] NF radicalism

radier [ʀadje] /TABLE 7/ VT [+ *mention, nom*] to strike off • **il a été radié de l'Ordre des médecins** he has been struck off the medical register

radieux, -ieuse [ʀadjø, jøz] ADJ radiant; [*journée, temps*] glorious

radin, e* [ʀadɛ̃, in] **1** ADJ stingy **2** NM,F skinflint

radiner (se)* [Radine] /TABLE 1/ (VPR) (= *arriver*) to turn up • **allez, radine(-toi)!** come on, hurry up!*
radio [Radjo] (NF) ⓐ (= *poste, radiodiffusion*) radio • **passer à la ~** to be on the radio • **travailler à la ~** to work for a radio station • **message ~** radio message ⓑ (= *station*) radio station • **~ libre** *ou* **locale privée** independent local radio station • **~ numérique terrestre** digital terrestrial radio ⓒ (= *radiographie*) X-ray • **passer une ~** to have an X-ray • **on lui a fait passer une ~** he had an X-ray
radioactif, -ive [Radjoaktif, iv] (ADJ) radioactive • **déchets faiblement/hautement ~s** low-level/ high-level radioactive waste
radioactivité [Radjoaktivite] (NF) radioactivity
radioamateur [Radjoamatœr] (NM) radio ham*
radiocassette [Radjokasɛt] (NF) cassette radio
radiochirurgie [Radjoʃiryrʒi] (NF) radiosurgery
radiodiffuser [Radjodifyze] /TABLE 1/ (VT) to broadcast • **interview radiodiffusée** radio interview
radioélectrique [Radjoelɛktrik] (ADJ) radio
radiographie [Radjɔgrafi] (NF) ⓐ (= *technique*) radiography • **passer une ~** to have an X-ray ⓑ (= *photographie*) X-ray
radiographier [Radjɔgrafje] /TABLE 7/ (VT) to X-ray
radioguidage [Radjogidaʒ] (NM) [*d'avions*] radio control • **le ~ des automobilistes** traffic reports for motorists
radioguider [Radjogide] /TABLE 1/ (VT) to radio-control
radiologie [Radjɔlɔʒi] (NF) radiology
radiologique [Radjɔlɔʒik] (ADJ) radiological • **examen ~** X-ray
radiologue [Radjɔlɔg] (NMF) radiologist
radio-moquette* [Radjomɔkɛt] (NF) rumours (*Brit*), rumors (*US*)
radiophonique [Radjɔfɔnik] (ADJ) radio
radio-réveil (*pl* **radio-réveils**) [RadjoReveј] (NM) clock-radio
radio-taxi (*pl* **radio-taxis**) [Radjotaksi] (NM) radio taxi
radiotélévisé, e [Radjotelevize] (ADJ) broadcast on radio and television
radiotélévision [Radjotelevizjɔ̃] (NF) radio and television
radiothérapeute [RadjoteRapøt] (NMF) radiotherapist
radiothérapie [RadjoteRapi] (NF) radiotherapy
radis [Radi] (NM) radish • **je n'ai pas un ~*** I haven't got a penny to my name (*Brit*) *ou* a cent (*US*)*
radium [Radjɔm] (NM) radium
radoter [Radɔte] /TABLE 1/ (VI) (*péj*) to ramble on • **tu radotes*** you're talking a load of drivel*
radoucir (se) [RadusiR] /TABLE 2/ (VPR) [*personne*] (*après une colère*) to calm down; (*avec l'âge*) to mellow; [*voix*] to soften; [*temps*] to become milder
radoucissement [Radusismɑ̃] (NM) **~ (de la température)** rise in temperature • **on prévoit un léger/ net ~** the forecast is for slightly/much milder weather
rafale [Rafal] (NF) [*de vent*] gust; [*de pluie*] sudden shower; [*de neige*] flurry • **une soudaine ~ (de vent)** a sudden gust of wind • **~ de mitrailleuse** burst of machine gun fire • **une ~** *ou* **des ~s de balles** a volley of shots ▸ **en** *ou* **par rafales** [*souffler*] in gusts; [*tirer*] in bursts
raffermir [RafɛRmiR] /TABLE 2/ **1** (VT) ⓐ [+ *muscle, peau*] to tone up; [+ *chair*] to firm up ⓑ [+ *prix, marché, cours*] to steady; [+ *courage, résolution*] to strengthen **2** (VPR) **se raffermir** ⓐ [*muscle*] to harden; [*chair*] to firm up ⓑ [*autorité*] to strengthen; [*prix, marché, cours, voix*] to become steadier
raffermissant, e [RafɛRmisɑ̃, ɑ̃t] (ADJ) [*crème*] toning
raffermissement [RafɛRmismɑ̃] (NM) [*de cours, monnaie*] steadying • **la nouvelle a provoqué un ~ de l'euro** the news steadied the euro
raffinage [Rafinaʒ] (NM) refining
raffiné, e [Rafine] *ptp de* **raffiner** (ADJ) refined
raffinement [Rafinmɑ̃] (NM) refinement
raffiner [Rafine] /TABLE 1/ **1** (VT) to refine **2** (VI) (*dans le raisonnement*) to make fine distinctions
raffinerie [RafinRi] (NF) refinery • **~ de pétrole/de sucre** oil/sugar refinery
raffoler [Rafɔle] /TABLE 1/ (VT INDIR) **~ de** to be mad about • **le chocolat, j'en raffole!** I'm mad about chocolate!
raffut* [Rafy] (NM) (= *vacarme*) row • **faire du ~** (= *être bruyant*) to make a row; (= *protester*) to kick up a fuss • **sa démission va faire du ~** his resignation will cause a row
rafiot* [Rafjo] (NM) (= *bateau*) old tub*
rafistolage* [Rafistɔlaʒ] (NM) **ce n'est que du ~** it's only a makeshift repair; (*fig*) it's just a stopgap solution
rafistoler* [Rafistɔle] /TABLE 1/ (VT) (= *réparer*) to patch up
rafle [Rɑfl] (NF) roundup • **la police a fait une ~** the police rounded up some suspects
rafler* [Rɑfle] /TABLE 1/ (VT) (= *prendre*) [+ *récompenses*] to run off with; [+ *place*] to bag*; (= *voler*) [+ *bijoux*] to swipe* • **les clients avaient tout raflé** the customers had snaffled* everything • **le film a raflé sept Oscars** the film scooped seven Oscars
rafraîchir○ [RafReʃiR] /TABLE 2/ **1** (VT) ⓐ [+ *air*] to cool down; [+ *vin*] to chill; [+ *boisson*] to cool; [+ *haleine*] to freshen ⓑ [+ *visage, corps*] to freshen up ⓒ (= *désaltérer*) to refresh ⓓ [+ *appartement*] to do up; [+ *connaissances*] to brush up • **«à ~»** [*appartement*] "needs some work" • **~ la mémoire** *ou* **les idées de qn** to refresh sb's memory ⓔ [+ *écran d'ordinateur*] to refresh **2** (VI) [*vin, air*] to cool down • **mettre à ~** [+ *vin, dessert*] to chill **3** (VPR) **se rafraîchir** (*en se lavant*) to freshen up; (*en buvant*) to refresh o.s. • **le temps/ça se rafraîchit** the weather's/ it's getting cooler
rafraîchissant○**, e** [RafReʃisɑ̃, ɑ̃t] (ADJ) refreshing
rafraîchissement○ [RafReʃismɑ̃] (NM) ⓐ (= *boisson*) cool drink • **~s** (= *glaces, fruits*) refreshments ⓑ [*de température*] cooling • **on s'attend à un ~ de la température** we expect temperatures to drop
rafting [Raftiŋ] (NM) rafting • **faire du ~** to go rafting
ragaillardir [RagajaRdiR] /TABLE 2/ (VT) (*physiquement*) to perk up • **il était tout ragaillardi par la nouvelle** the news really cheered him up
rage [Raʒ] **1** (NF) ⓐ (= *colère*) rage • **la ~ au cœur** seething with rage • **mettre qn en ~** to infuriate sb • **être dans une ~ folle** • **être fou de ~** to be mad with rage • **être en ~** to be absolutely furious • **avoir la ~*** to be raging* ⓑ (= *envie*) **sa ~ de vaincre** his dogged determination to win • **sa ~ de vivre** his voracious appetite for life ⓒ **faire ~** [*guerre, incendie, tempête, polémique*] to rage; [*concurrence*] to be fierce ⓓ (= *maladie*) **la ~** rabies *sg* **2** (COMP) ▸ **rage de dents** raging toothache
rageant, e* [Raʒɑ̃, ɑ̃t] (ADJ) infuriating • **ce qui est ~ avec lui, c'est que ...** the infuriating thing about him is that ...
rager [Raʒe] /TABLE 3/ (VI) to fume • **ça (me) fait ~!** it makes me furious!

r

ragot* [Rago] (NM) piece of malicious gossip • **~s** gossip

ragoût° [Ragu] (NM) stew • **~ de mouton** lamb stew • **en ~** stewed

raï [Raj] (ADJ INV, NM INV) rai (*Algerian pop music*)

raid [Rɛd] (NM) (*Mil*) raid • **~ aérien** air raid • **~ automobile** long-distance car trek • **~ à skis** long-distance ski trek • **~ boursier** raid

raide [Rɛd] **1** (ADJ) ⓐ [*corps, membre, geste, étoffe*] stiff; [*cheveux*] straight • **être** *ou* **se tenir ~ comme un échalas** *ou* **un piquet** *ou* **un manche à balai** to be as stiff as a poker → **corde**
ⓑ [*pente, escalier*] steep
ⓒ [*vin*]* strong
ⓓ (= *inacceptable*)* **c'est un peu ~!** that's a bit much!
ⓔ (= *osé*)* **assez** *ou* **un peu ~** [*propos, passage, scène*] daring • **il en raconte de ~s** he tells some pretty daring stories
ⓕ (= *sans argent*)* broke*
ⓖ (= *drogué*)* stoned*
2 (ADV) ⓐ (*en pente*) **ça montait/descendait ~** it climbed/fell steeply
ⓑ (= *net*) **tomber ~** to drop to the ground • **quand elle m'a dit ça, j'en suis tombé ~*** I was stunned when she told me • **tomber ~ mort** to fall down dead

raideur [Rɛdœr] (NF) [*de corps, membre*] stiffness • **j'ai une ~ dans la nuque** I've got a stiff neck

raidir [Redir] /TABLE 2/ **1** (VT) **~ ses muscles** to tense one's muscles **2** (VPR) **se raidir** ⓐ [*corde*] to grow taut; [*position*] to harden ⓑ [*personne*] (= *perdre sa souplesse*) to become stiff; (= *bander ses muscles*) to stiffen

raie [Rɛ] (NF) ⓐ (= *bande*) stripe; (= *trait*) line • **chemise avec des ~s** striped shirt • **la ~ des fesses*** the cleft between the buttocks ⓑ (*dans les cheveux*) parting (*Brit*), part (*US*) • **avoir la ~ au milieu/sur le côté** to have a centre/side parting (*Brit*) *ou* part (*US*) ⓒ (= *poisson*) ray; (*cuisiné*) skate

rail [Raj] (NM) (= *barre*) rail • **~ de sécurité** guardrail • **être sur les ~s** (*fig*) to be under way • **remettre sur les ~s** to put back on the rails • **quitter les ~s** • **sortir des ~s** to go off the rails

railler [Raje] /TABLE 1/ (VT) (*frm*) [+ *personne, chose*] to scoff at

raillerie [RajRi] (NF) (*frm*) (= *ironie*) scoffing; (= *remarque*) gibe

rainure [RenyR] (NF) (*longue, formant glissière*) groove; (*courte, pour emboîtage*) slot • **les ~s du parquet** the gaps between the floorboards

raisin [Rɛzɛ̃] (NM) (= *espèce*) grape • **du ~** • **des ~s** (= *fruit*) grapes • **~ noir/blanc** black/white grape ▸ **raisins de Corinthe** currants ▸ **raisins secs** raisins ▸ **raisins de Smyrne** sultanas ▸ **du raisin de table** dessert grapes

raison [Rɛzɔ̃] **1** (NF) ⓐ (= *discernement*) reason • **il a perdu la ~** he has taken leave of his senses • **manger/boire plus que de ~** to eat/drink more than is sensible → **mariage**
ⓑ (= *motif*) reason • **la ~ pour laquelle je suis venu** the reason I came • **pour quelles ~s l'avez-vous renvoyé?** what were your reasons for firing him? • **la ~ de cette réaction** the reason for this reaction • **il n'y a pas de ~ de s'arrêter** there's no reason to stop • **pour ~s familiales/de santé** for family/health reasons • **il a refusé pour la simple ~ que ...** he refused simply because ... • **j'ai de bonnes ~s de penser que ...** I have good reason to think that ...
ⓒ (= *argument*) reason • **ce n'est pas une ~!** that's no excuse! • (PROV) **la ~ du plus fort est toujours la meilleure** might is right (PROV)
ⓓ (*locutions*) **se faire une ~** to accept it • **faire entendre ~ à qn** • **ramener qn à la ~** to make sb see reason • **à plus forte ~ si/quand ...** all the more so if/when ... • **pour une ~ ou pour une autre** for some reason or other
ⓔ (*locutions*)
▸ **avoir raison** to be right (**de faire qch** to do sth) • **tu as bien ~!** you're absolutely right! • **avoir ~ de qn/qch** to get the better of sb/sth
▸ **donner raison à qn** [*événement*] to prove sb right • **tu donnes toujours ~ à ta fille** you're always siding with your daughter • **la justice a fini par lui donner ~** the court eventually decided in his favour
▸ **raison de plus** all the more reason (**pour faire qch** for doing sth)
▸ **à raison de à ~ de 100 € par caisse** at the rate of 100 euros per crate • **à ~ de 3 fois par semaine** 3 times a week
▸ **avec raison, à juste raison** rightly
▸ **en raison de en ~ du froid** because of the cold weather • **en ~ de son jeune âge** because of his youth
▸ **sans raison rire sans ~** to laugh for no reason • **non sans ~** not without reason
2 (COMP) ▸ **la raison d'État** reasons of state ▸ **raison d'être** raison d'etre • **cet enfant est toute sa ~ d'être** that child is her whole life ▸ **raison sociale** corporate name ▸ **raison de vivre** reason for living

raisonnable [Rɛzɔnabl] (ADJ) ⓐ (= *sensé*) [*personne, solution, conduite*] reasonable; [*conseil, opinion, propos*] sensible • **elle devrait être plus ~ à son âge** she should know better at her age • **est-ce bien ~?** (*hum*) is it wise? ⓑ (= *décent*) reasonable

> Le mot anglais s'écrit **-ea-** et avec un seul **n**.

raisonnablement [Rɛzɔnabləmɑ̃] (ADV) [*conseiller*] sensibly; [*agir*] reasonably; [*boire*] in moderation; [*dépenser*] moderately; [*travailler, rétribuer*] reasonably well • **on peut ~ espérer que ...** one can reasonably hope that ...

> Le mot anglais s'écrit **-ea-** et avec un seul **n**.

raisonné, e [Rɛzɔne] *ptp de* **raisonner** (ADJ) ⓐ (= *mûri, réfléchi*) [*attitude, projet*] well thought-out, reasoned; (= *mesuré*) [*confiance, optimisme*] cautious • **il a pris une décision ~e** he made a reasoned decision • **c'est bien ~** it's well reasoned *ou* argued ⓑ (= *systématique*) **grammaire/méthode ~e de français** reasoned grammar/primer of French

> Le mot anglais s'écrit **-ea-** et avec un seul **n**.

raisonnement [Rɛzɔnmɑ̃] (NM) ⓐ (= *activité*) reasoning *NonC*; (= *façon de réfléchir*) way of thinking; (= *cheminement de la pensée*) thought process • **~ économique/politique** economic/political thinking ⓑ (= *argumentation*) argument • **il tient le ~ suivant** his reasoning is as follows • **si tu tiens ce ~** if this is the view you take • **j'ai du mal à suivre son ~** I'm having trouble following his argument

raisonner [ʀɛzɔne] /TABLE 1/ **1** (VI) **a** (= *réfléchir*) to reason (**sur** about) • **il raisonne juste/mal** his reasoning is sound/isn't very sound **b** (= *argumenter*) to argue (**sur** about) • **on ne peut pas ~ avec lui** you can't reason with him **2** (VT) [+ *personne*] to reason with • **inutile d'essayer de le ~** it's useless to try and reason with him **3** (VPR) **se raisonner** to reason with o.s.

rajeunir [ʀaʒœniʀ] /TABLE 2/ **1** (VT) **a** **~ qn** [*cure*] to rejuvenate sb; [*repos, expérience*] to make sb feel younger; [*soins de beauté, vêtement*] to make sb look younger **b** [+ *institution, installation, mobilier*] to modernize; [+ *manuel, image de marque*] to update; [+ *personnel, entreprise*] to bring new blood into • **ils cherchent à ~ leur clientèle/public** they're trying to attract younger customers/a younger audience **2** (VI) [*personne*] (= *se sentir plus jeune*) to feel younger; (= *paraître plus jeune*) to look younger; [*institution, quartier*] (= *se moderniser*) to be modernized; (= *avec des gens plus jeunes*) to have a younger feel • **notre public rajeunit** our audience is getting younger **3** (VPR) **se rajeunir** (= *se prétendre moins âgé*) to make o.s. younger than one is; (= *se faire paraître moins âgé*) to make o.s. look younger

rajeunissement [ʀaʒœnismɑ̃] (NM) [*de personne*] rejuvenation • **~ du personnel** injection of new blood into the staff • **nous assistons à un ~ de la population/clientèle** the population is/the customers are getting younger

rajouter [ʀaʒute] /TABLE 1/ (VT) [+ *du sucre*] to add some more; [+ *un sucre*] to add another • **en ~*** to exaggerate

raku [ʀaku] (NM) raku

râlant, e* [ʀɑlɑ̃, ɑ̃t] (ADJ) **c'est ~** it's infuriating

râle [ʀɑl] (NM) [*de blessé*] groan; [*de mourant*] death rattle

ralenti, e [ʀalɑ̃ti] *ptp de* **ralentir** **1** (ADJ) slow **2** (NM) (*Ciné*) slow motion • **régler le ~** (*Auto*) to adjust the idle

▸ **au ralenti** [*filmer, projeter*] in slow motion • **tourner au ~** to idle • **vivre au ~** to live at a slower pace • **l'usine tourne au ~** production at the factory has slowed down • **ça tourne au ~ chez lui!** (*péj*) he's a bit slow!*

ralentir [ʀalɑ̃tiʀ] /TABLE 2/ **1** (VT) to slow down • **~ l'allure** to slow down • **~ le pas** to slacken one's pace • **il ne faut pas ~ nos efforts** we mustn't let up **2** (VI) [*marcheur, véhicule, automobiliste*] to slow down • « **ralentir** » "slow" **3** (VPR) **se ralentir** to slow down

ralentissement [ʀalɑ̃tismɑ̃] (NM) slowing down • **il y a eu un ~ de la production** production has slowed down • **un ~ de l'activité économique** a slowdown in economic activity • **un ~ sur 3 km** (= *embouteillage*) a 3km tailback (*Brit*) *ou* hold-up (*US*)

ralentisseur [ʀalɑ̃tisœʀ] (NM) **a** (*sur route*) speed bump **b** [*de camion*] speed limiter

râler [ʀɑle] /TABLE 1/ (VI) (= *protester*) to moan • **il râlait contre** *ou* **après moi** he was moaning* about me

râleur, -euse* [ʀɑlœʀ, øz] (NM,F) moaner • **quel ~, celui-là!** he never stops moaning!

ralliement [ʀalimɑ̃] (NM) [*de forces*] rallying • **après leur ~ au parti** after they joined the party • **signe/cri de ~** rallying sign/cry • **point de ~** rallying point

rallier [ʀalje] /TABLE 7/ **1** (VT) **a** to rally; [+ *suffrages*] to win • **~ qn à son avis/sa cause** to win sb over to one's way of thinking/one's cause **b** (= *rejoindre*) to rejoin • **~ la majorité** (*Politique*) to rejoin the majority • **~ la côte** *ou* **la terre** to make landfall **2** (VPR) **se rallier** **a** **se ~ à** [+ *parti*] to join; [+ *ennemi*] to go over to; [+ *chef*] to rally round; [+ *avis*] to come round to; [+ *doctrine, cause*] to be won over to **b** (= *se regrouper*) to rally

rallonge [ʀalɔ̃ʒ] (NF) **a** [*de table*] leaf; [*de fil électrique*] extension lead • **table à ~(s)** extendable table **b** (= *supplément*)* **une ~** (*argent*) a bit of extra money • **une ~ de deux jours** an extra two days

rallonger [ʀalɔ̃ʒe] /TABLE 3/ **1** (VT) to lengthen; [+ *vacances, fil, table, bâtiment*] to extend • **~ une robe de 2 cm** to let down a dress by 2cm • **j'ai rallongé le texte de trois pages** I added three pages to the text • **par ce chemin, ça me rallonge de 10 minutes*** this way, it takes me 10 minutes longer **2** (VI) **les jours rallongent** the days are getting longer **3** (VPR) **se rallonger** [*personne*] to lie down again

rallumer [ʀalyme] /TABLE 1/ **1** (VT) **a** [+ *feu*] to light again; [+ *cigarette*] to relight; [+ *lampe*] to switch on again • **~ (l'électricité** *ou* **la lumière)** to switch the lights on again **b** [+ *haine, querelle*] to revive **2** (VPR) **se rallumer** [*incendie*] to flare up again; [*lampe*] to come on again

rallye [ʀali] (NM) rally; (*mondain*) *series of society parties organized to enable young people to meet suitable friends*

RAM [ʀam] (NF) (ABR DE **Random Access Memory**) RAM

ramadan [ʀamadɑ̃] (NM) Ramadan • **faire** *ou* **observer le ~** to observe Ramadan

ramancher* [ʀamɑ̃ʃe] /TABLE 1/ (VT) (*Can*) to patch up

ramassage [ʀamɑsaʒ] (NM) [*d'objets, poubelles*] collection • **~ scolaire** (= *service*) school bus service

ramasse* [ʀamas] (NF) **il est à la ~** (= *fatigué*) he's shattered*; (= *nul*) he's hopeless*; (= *fou*) he's crazy*

ramasser [ʀamɑse] /TABLE 1/ **1** (VT) **a** (= *prendre*) [+ *objet, personne*] to pick up • **~ une bûche*** *ou* **un gadin*** *ou* **une gamelle*** to fall flat on one's face **b** (= *collecter*) to pick up; [+ *copies, cahiers, cotisations, ordures*] to collect **c** (= *récolter*) to gather; [+ *pommes de terre*] to dig up **d** (= *attraper*)* [+ *rhume, maladie*] to catch; [+ *coups, amende, mauvaise note*] to get • **où as-tu ramassé ce mec?*** where the hell did you find that guy?* **e** **se faire ~*** (= *échouer*) [*candidat*] to fail; [*dragueur*] to get the brush-off* • **il s'est fait ~ en anglais** he failed his English • **se faire ~ dans une manif*** to get picked up at a demo* **2** (VPR) **se ramasser** **a** (= *se pelotonner*) to curl up; (*pour bondir*) to crouch **b** (= *tomber*)* to fall over; (= *échouer*) [*candidat*]* to come a cropper* (*Brit*), to take a flat beating (*US*)

ramassis [ʀamɑsi] (NM) **~ de** [+ *voyous*] pack of; [+ *objets*] jumble of

rambarde [ʀɑ̃baʀd] (NF) guardrail

rame [ʀam] (NF) **a** (= *aviron*) oar • **il n'en fiche pas une ~*** he doesn't do a stroke of work **b** **~ (de métro)** (underground (*Brit*) *ou* subway (*US*)) train **c** [*de feuilles*] ream → **haricot**

rameau (*pl* **rameaux**) [ʀamo] (NM) branch • **(dimanche des) Rameaux** Palm Sunday

ramée [ʀame] (NF) **il n'en fiche pas une ~*** he doesn't do a stroke of work

ramener [ʀam(ə)ne] /TABLE 5/ **1** (VT) **a** [+ *personne*] to bring back; [+ *paix, ordre*] to restore • **ramène les enfants** bring the children back (**de** from) • **je ramènerai ton livre*** I'll bring your book back

b (*= tirer*) **il a ramené la couverture sur lui** he pulled the blanket up • **~ ses cheveux sur son front/en arrière** to brush one's hair forward/back
c (*= faire revenir à*) **~ à** to bring back to • **~ à la vie** [*+ personne*] to revive • **il ramène toujours tout à lui** he always brings everything back to himself • **~ la conversation sur un sujet** to bring the conversation back to a subject • **cela nous ramène 20 ans en arrière** it takes us back 20 years
d (*= réduire à*) **~ à** to reduce to • **~ l'inflation à moins de 3%** to bring inflation back down to below 3%
e (*locutions*) **la ~*** • **~ sa fraise*** (*= protester*) to kick up a fuss; (*= intervenir*) to interfere
2 (VPR) **se ramener*** (*= arriver*) to turn up*

ramer [Rame] /TABLE 1/ (VI) **a** (*Sport*) to row **b** (*= travailler dur*)* to work hard • **elle a ramé six mois avant de trouver du travail** (*= eu des difficultés*) she struggled for six long hard months before she found a job • **on a ramé pour gagner ce match** we won the match but it was a real struggle • **il rame en maths** he's struggling in maths

rameur, -euse [RamœR, øz] **1** (NM/F) (*= sportif*) rower; **2** (NM) (*= appareil*) rowing machine

rameuter [Ramøte] /TABLE 1/ (VT) [*+ foule, partisans*] to gather together

rami [Rami] (NM) rummy

ramier [Ramje] (NM) **(pigeon) ~** wood pigeon

ramification [Ramifikasjɔ̃] (NF) [*de branche, nerf*] ramification; [*de voie ferrée*] branch line; [*de réseau, organisation*] branch

ramolli, e [Ramɔli] *ptp de* **ramollir** (ADJ) [*biscuit, beurre*] soft; [*personne*] (*= avachi*) soft • **il a le cerveau ~** (*péj*) he has gone soft in the head*

ramollir [RamɔliR] /TABLE 2/ **1** (VT) [*+ matière*] to soften • **~ qn** [*climat*] to enervate sb **2** (VI), (VPR) **se ramollir** [*beurre, argile*] to go soft; [*personne*] to go to seed • **son cerveau se ramollit** (*hum*) he's going soft in the head*

ramoner [Ramɔne] /TABLE 1/ (VT) [*+ cheminée*] to sweep

ramoneur [RamɔnœR] (NM) (chimney) sweep

rampant, e [Rɑ̃pɑ̃, ɑ̃t] (ADJ) [*animal*] crawling; [*plante, inflation*] creeping

rampe [Rɑ̃p] **1** (NF) **a** (*= voie d'accès*) ramp **b** [*d'escalier*] banister(s); [*de chemin*] handrail • **lâcher la ~*** to kick the bucket* **c** (*= projecteurs de théâtre*) **la ~** the footlights
2 (COMP) ▸ **rampe d'accès** approach ramp ▸ **rampe de lancement** launching pad

ramper [Rɑ̃pe] /TABLE 1/ (VI) **a** [*serpent, quadrupède, homme*] to crawl; [*plante, ombre*] to creep; [*sentiment, mal, maladie*] to lurk • **entrer/sortir en rampant** to crawl in/out **b** (*péj = s'abaisser*) to crawl (**devant** to)

rancard* [Rɑ̃kaR] (NM) **a** (*= rendez-vous*) meeting; [*d'amoureux*] date • **donner (un) ~ à qn** to arrange to meet sb • **avoir (un) ~ avec qn** to have a meeting with sb • **j'ai ~ avec lui dans une heure** I'm meeting him in an hour
b (*= renseignement*) tip

rancarder* [Rɑ̃kaRde] /TABLE 1/ **1** (VT) (*= renseigner*) to tip off • **il m'a rancardé sur le voyage** he told me about the trip **2** (VPR) **se rancarder** (*= s'informer*) **se ~ sur qch** to get information on sth

rancart* [Rɑ̃kaR] (NM) **mettre au ~** [*+ objet, idée, projet*] to chuck out*; [*+ personne*] to throw on the scrap heap*

rance [Rɑ̃s] (ADJ) rancid

rancir [Rɑ̃siR] /TABLE 2/ (VI) [*beurre*] to go rancid

rancœur [Rɑ̃kœR] (NF) resentment *NonC* • **avoir de la ~ contre qn** to feel resentment against sb

rançon [Rɑ̃sɔ̃] (NF) ransom • **c'est la ~ de la gloire/du progrès** that's the price of fame/of progress

rançonner [Rɑ̃sɔne] /TABLE 1/ (VT) (*= voler*) [*+ convoi, voyageurs*] to demand a ransom from; [*+ contribuables, clients*] to fleece

rancune [Rɑ̃kyn] (NF) grudge • **garder ~ à qn** to bear sb a grudge (**de qch** for sth) • **sans ~ !** no hard feelings!

rancunier, -ière [Rɑ̃kynje, jɛR] (ADJ) **être ~** to bear grudges

rando* [Rɑ̃do] (NF) (ABR DE **randonnée**)

randomiser [Rɑ̃dɔmize] /TABLE 1/ (VT) to randomize

randonnée [Rɑ̃dɔne] (NF) **a** (*= promenade*) (*en voiture*) drive • **~ (à bicyclette)** ride • **~ pédestre** (*courte, à la campagne*) walk; (*longue, en montagne*) hike • **faire une ~ à ski** to go ski-touring • **~ équestre** *ou* **à cheval** pony trek • **partir en ~** (*courte*) to go for a walk; (*longue*) to go walking **b** (*= activité*) **la ~** (*à pied*) walking • **la ~ équestre** pony trekking • **chaussures de ~** walking boots • **ski de ~** ski-touring • **sentier de grande ~** hiking trail

randonner [Rɑ̃dɔne] /TABLE 1/ (VI) to go walking; (*en terrain accidenté*) to go hiking

randonneur, -euse [Rɑ̃dɔnœR, øz] (NM,F) hiker

rang [Rɑ̃] (NM) **a** (*= rangée*) [*de maisons, personnes, objets, tricot*] row; (*= file*) line; (*Mil*) rank • **assis au troisième ~** sitting in the third row • **en ~ par deux/quatre** two/four abreast • **se mettre sur un ~** to get into a line • **se mettre en ~s par quatre** [*élèves*] to line up in fours • **plusieurs personnes se sont mises sur les ~s pour l'acheter** several people have indicated an interest in buying it • **servir dans les ~s de** [*soldat*] to serve in the ranks of • **grossir les ~s de** to swell the ranks of
b (*Can*) country road • **les ~s** the countryside
c (*= condition*) station • **de haut ~** (*= noble*) noble • **tenir** *ou* **garder son ~** to maintain one's rank
d (*hiérarchique = grade, place*) rank • **ce pays se situe au troisième ~ mondial des exportateurs de pétrole** this country is the third largest oil exporter in the world • **mettre un écrivain au ~ des plus grands** to rank a writer among the greatest

> **LES RANGS**
> In Quebec, rural areas are divided into districts known as **rangs**. The word **rang** refers to a series of rectangular fields (each known as a "lot"), usually laid out between a river and a road (the road itself also being called a **rang**). The **rangs** are numbered or given names so that they can be easily identified and used in addresses (eg "le deuxième **rang**", "le **rang** Saint-Claude"). In Quebec, the expression "dans les **rangs**" means "in the countryside".

rangé, e[1] [Rɑ̃ʒe] *ptp de* **ranger** (ADJ) (*= ordonné*) orderly • **il est ~ maintenant** [*escroc*] he's going straight now; [*séducteur*] he's settled down now • **petite vie bien ~e** well-ordered existence

range-CD [Rɑ̃ʒ(ə)sede] (NM INV) CD rack

rangée[2] [Rɑ̃ʒe] (NF) row

rangement [Rɑ̃ʒmɑ̃] (NM) **a** (*= action*) [*d'objets, linge*] putting away; [*de pièce, meuble*] tidying up • **faire du ~** to do some tidying up **b** (*= espace*) [*d'appartement*] storage space • **la maison manque d'espaces de ~** the house lacks storage space → **meuble**

ranger[1] [ʀɑ̃ʒe] /TABLE 3/ **1** VT **a** (= *mettre en ordre*) to tidy up; [+ *mots, chiffres*] to arrange • **tout est toujours bien rangé chez elle** her place is always tidy • **rangé par ordre alphabétique** arranged alphabetically

b (= *mettre à sa place*) [+ *papiers, vêtements*] to put away; [+ *voiture, vélo*] (*au garage*) to put in the garage; (*dans la rue*) to park • **où se rangent les tasses?** where do the cups go? • **je le range parmi les meilleurs** I rank it among the best

2 VPR **se ranger a** [*automobiliste*] (= *stationner*) to park; (= *venir s'arrêter*) to pull in

b (= *s'écarter*) [*piéton*] to step aside; [*véhicule*] to pull over • **il se rangea pour la laisser passer** he stepped aside to let her go by

c (= *se mettre en rang*) to line up • **se ~ par deux/quatre** to line up in twos/fours

d (= *se rallier à*) **se ~ à** [+ *décision*] to go along with; [+ *avis*] to come round to • **se ~ du côté de qn** to side with sb

e (= *cesser son activité*)* [*escroc*] to go straight; [*séducteur*] to settle down

ranger[2] [ʀɑ̃dʒɛʀ] NM (= *garde*) ranger; (= *chaussure*) heavy boot

ranimer [ʀanime] /TABLE 1/ VT [+ *blessé, douleur, souvenir, conversation, querelle*] to revive; [+ *feu, amour, haine, espoir*] to rekindle; [+ *forces, ardeur*] to renew

rapace [ʀapas] NM bird of prey; (*péj*) vulture

rapatrié, e [ʀapatʀije] *ptp de* **rapatrier** NM,F repatriate • **les ~s d'Algérie** *French settlers repatriated after Algerian independence*

rapatriement [ʀapatʀimɑ̃] NM repatriation • **~ sanitaire** repatriation on medical grounds

rapatrier [ʀapatʀije] /TABLE 7/ VT [+ *personne, capitaux*] to repatriate; [+ *objet*] to send back home • **il a fait ~ le corps de son fils** he got his son's body brought back home

râpe [ʀɑp] NF (= *ustensile de cuisine*) grater; (*pour le bois*) rasp • **~ à fromage** cheese grater

râpé, e [ʀɑpe] *ptp de* **râper** **1** ADJ **a** (= *usé*) [*veste*] threadbare; [*coude*] worn **b** [*carottes, fromage*] grated **c** (= *raté*) **c'est ~ pour ce soir*** we've had it for tonight*

2 NM (= *fromage*) grated cheese

râper [ʀɑpe] /TABLE 1/ VT [+ *carottes, fromage*] to grate; [+ *bois*] to rasp • **vin qui râpe la gorge** *ou* **le gosier** rough wine

rapetisser [ʀap(ə)tise] /TABLE 1/ VI [*jours*] to get shorter • **les objets rapetissent à distance** objects look smaller from a distance

raphia [ʀafja] NM raffia

rapide [ʀapid] **1** ADJ **a** fast; [*intervention, visite, fortune, recette, mouvement, coup d'œil, esprit*] quick; [*pouls, rythme, respiration*] fast; [*poison*] fast-acting; [*accord*] swift • **décision trop ~** hasty decision • **faire un calcul ~** to do a quick calculation • **c'est ~ à faire** (*plat*) it's very quick to make • **~ comme une flèche** *ou* **l'éclair** incredibly fast • **il est ~ à la course** he's a fast runner • **c'est une ~** (*qui agit vite*) she's a fast worker; (*qui comprend vite*) she's quick on the uptake • **ce n'est pas un ~** he's a bit slow

b [*pente, descente*] steep

2 NM **a** (= *train*) express • **le ~ Paris-Nice** the Paris-Nice express

b [*de cours d'eau*] rapids • **descendre des ~s en kayak** to canoe down some rapids

rapidement [ʀapidmɑ̃] ADV quickly • **les pompiers sont intervenus ~** the fire brigade arrived very quickly • **la situation se dégrade ~** the situation is rapidly degenerating • **il faut mettre ~ un terme à ce conflit** we must put a swift end to the conflict

rapidité [ʀapidite] NF speed; [*de réponse, geste*] quickness; [*de pouls*] quickness • **~ d'esprit** quickness of mind • **la ~ d'adaptation est essentielle dans ce métier** the ability to adapt quickly is essential in this profession • **avec ~** quickly • **avec la ~ de l'éclair** with lightning speed

rapido * [ʀapido], **rapidos** * [ʀapidos] ADV pronto*

rapiécer [ʀapjese] /TABLE 3 *et* 6/ VT [+ *vêtement*] to patch up • **une veste toute rapiécée** a patched-up old jacket

rappel [ʀapɛl] NM **a** [*d'événement*] reminder; [*de référence*] quote; (= *deuxième avis*) reminder; (= *somme due*) back pay NonC; (= *vaccination*) booster • **toucher un ~ (de salaire)** to get some back pay • **~ des titres de l'actualité** summary of the day's headlines • **~ à l'ordre** call to order **b** [*d'ambassadeur*] recalling • **il y a eu trois ~s** (*Théât*) there were three curtain calls; (*à un concert*) they (*ou* he *etc*) came back for three encores **c** (*Alpinisme*) **descendre en ~** to abseil

rappeler [ʀap(ə)le] /TABLE 4/ **1** VT **a** (= *faire revenir*) [+ *personne, acteur, chien*] to call back; [+ *réservistes, classe, diplomate*] to recall • **ses affaires l'ont rappelé à Paris** he was called back to Paris on business

b **~ qch à qn** (= *remettre en mémoire*) to remind sb of sth • **faut-il ~ que ...?** must I remind you that ...? • **le motif des poches rappelle celui du col** the design on the collar is repeated on the pockets • **tu me rappelles ma tante** you remind me of my aunt • **rappelle-moi mon rendez-vous** remind me about my appointment • **rappelez-moi votre nom** sorry, could you tell me your name again? • **ça me rappelle quelque chose** it rings a bell

c **~ qn à la vie** *ou* **à lui** to bring sb back to life • **~ qn à l'ordre** to call sb to order • **~ qn à son devoir** to remind sb of their duty

d (= *retéléphoner à*) to phone back • **il vient de ~** he's just phoned back

e [+ *référence*] to quote

2 VPR **se rappeler** to remember • **se ~ que ...** to remember that ... • **autant que je me rappelle** as far as I can remember • **il ne se rappelle plus (rien)** he can't remember a thing

rappeur, -euse [ʀapœʀ, øz] NM,F rapper

rappliquer ‡ [ʀaplike] /TABLE 1/ VI (= *revenir*) to come back; (= *arriver*) to turn up • **rapplique tout de suite à la maison!** get yourself back here right away!*

rapport [ʀapɔʀ] **1** NM **a** (= *lien, corrélation*) connection • **établir un ~ entre deux incidents** to establish a connection between two incidents • **avoir un certain ~ avec qch** to have some connection with sth • **avoir ~ à qch** to be connected with sth • **n'avoir aucun ~ avec** *ou* **être sans ~ avec qch** to have no connection with sth • **les deux incidents n'ont aucun ~** the two incidents are not connected • **je ne vois pas le ~** I don't see the connection

▸ **rapport à*** about • **je viens vous voir ~ à votre annonce*** I've come (to see you) about your advertisement

▸ **en rapport** **être en ~ avec qch** (= *lié*) to be in keeping with sth • **un poste en ~ avec ses goûts** a job in line with his tastes • **son train de vie n'est pas en ~ avec**

r

son salaire his lifestyle doesn't match his salary • **être en ~ avec qn** (*= en contact*) to be in touch with sb • **nous n'avons jamais été en ~ avec cette société** we have never had any dealings with that company • **se mettre en ~ avec qn** to get in touch with sb • **mettre qn en ~ avec qn d'autre** to put sb in touch with sb else

▸ **par rapport à** (*= comparé à*) in comparison with; (*= en fonction de*) in relation to; (*= envers*) with respect to • **le cours de la livre par ~ à l'euro** the price of the pound against the euro

ⓑ (*= relation personnelle*) relationship (**à, avec** with) • **~s** relations • **~s sociaux/humains** social/human relations • **les ~s d'amitié entre les deux peuples** the friendly relations between the two nations • **les ~s entre professeurs et étudiants** relations between teachers and students • **son ~ à l'argent est bizarre** he has a strange relationship with money • **avoir** *ou* **entretenir de bons/mauvais ~s avec qn** to be on good/bad terms with sb

ⓒ **~ (sexuel)** sexual intercourse *NonC* • **avoir des ~s (sexuels)** to have sex • **~s protégés** safe sex • **~s non protégés** unprotected sex

ⓓ (*= exposé, compte rendu*) report • **~ de police** police report

ⓔ (*= revenu, profit*) return • **~s** [*de tiercé*] winnings • **être d'un bon ~** to give a good return

ⓕ (*Math, Tech*) ratio • **le ~ qualité-prix** the quality-price ratio • **il y a un bon ~ qualité-prix** it's good value for money

ⓖ (*= aspect*) **jeune homme bien sous tous ~s** (*hum*) clean-living young man

2 (COMP) ▸ **rapport de forces** (*= équilibre*) balance of power; (*= conflit*) power struggle

rapporté, e [RapɔRte] *ptp de* **rapporter** (ADJ) (*Gram*) **discours ~** reported speech

rapporter [RapɔRte] /TABLE 1/ **1** (VT) ⓐ (*= apporter*) [*+ objet, souvenir, réponse*] to bring back; [*chien*] [*+ gibier*] to retrieve • **Toby, rapporte!** (*à un chien*) fetch, Toby! • **~ qch à qn** to bring *ou* take sth back to sb

> **rapporter** se traduira par **to bring back** ou par **to take back** suivant que le locuteur se trouve ou non à l'endroit en question.

• **il prend les choses et il ne les rapporte jamais** he takes things and never brings them back • **je vais ~ ce CD au magasin** I'm going to take this CD back to the shop • **il rapportera du pain pour le déjeuner** he'll bring some bread for lunch • **quand doit-il ~ la réponse?** when does he have to come back with the answer?

ⓑ [*actions, terre*] to yield; [*métier, vente*] to bring in • **placement qui rapporte du 5%** investment that yields 5% • **ça rapporte beaucoup d'argent** it brings in a lot of money • **ça ne lui rapportera que des ennuis** it'll only bring him problems

ⓒ (*= faire un compte rendu de*) [*+ fait*] to report; (*= mentionner*) to mention; (*= citer*) [*+ mot célèbre*] to quote; (*= répéter pour dénoncer*) to report • **il a rapporté à la maîtresse ce qu'avaient dit ses camarades** he told the teacher what his classmates had said

ⓓ (*= ajouter*) to add • **c'est un élément rapporté** it's been added on

ⓔ (*= rattacher à*) **~ à** to relate to • **il rapporte tout à lui** he brings everything back to himself

2 (VI) ⓐ [*chien*] to retrieve

ⓑ [*investissement*] to give a good return • **ça rapporte bien** [*domaine d'activité*] it brings in a lot of money; [*travail*] it pays very well

ⓒ (*= moucharder*) to tell tales

3 (VPR) **se rapporter** ⓐ **se ~ à qch** to relate to sth • **se ~ à** [*antécédent*] to relate to • **ce paragraphe ne se rapporte pas du tout au sujet** this paragraph bears no relation at all to the subject • **ça se rapporte à ce que je disais tout à l'heure** that relates to what I was saying just now

ⓑ **s'en ~ au jugement/témoignage de qn** to rely on sb's judgment/account

rapporteur, -euse [RapɔRtœR, øz] **1** (NM,F) (*= mouchard*) telltale **2** (NM) ⓐ [*de commission*] rapporteur ⓑ (*= instrument*) protractor

rapproché, e [RapRɔʃe] *ptp de* **rapprocher** (ADJ) ⓐ (*= proche*) [*échéance, objet, bruit*] close • **surveillance ~e** close surveillance → **garde** ⓑ (*= répété*) [*incidents*] frequent • **des crises de plus en plus ~es** increasingly frequent crises • **trois explosions très ~es** three explosions in quick succession • **à intervalles ~s** in quick succession • **des grossesses ~es** frequent pregnancies

rapprochement [RapRɔʃmɑ̃] (NM) ⓐ (*= action de rapprocher*) [*de partis, factions*] bringing together; [*de points de vue, textes*] comparison ⓑ (*= action de se rapprocher*) [*d'ennemis, famille*] reconciliation; [*de partis, factions*] rapprochement • **ce ~ avec la droite nous inquiète** (*Politique*) their moving closer to the right worries us

ⓒ (*= lien, rapport*) parallel • **je n'avais pas fait le ~ (entre ces deux incidents)** I hadn't made the connection (between the two incidents)

rapprocher [RapRɔʃe] /TABLE 1/ **1** (VT) ⓐ (*= approcher*) to bring closer (**de** to) • **rapprochez votre chaise** bring your chair closer • **~ deux objets l'un de l'autre** to move two objects closer together • **il a changé d'emploi, ça le rapproche de chez lui** he has changed jobs, so now he's nearer home

ⓑ (*= réconcilier, réunir*) [*+ personnes*] to bring together • **cette expérience m'a rapproché d'elle** the experience brought me closer to her

ⓒ [*+ indices, textes*] (*= confronter*) to put side by side; (*= établir un lien entre*) to establish a connection between • **c'est à ~ de ce qu'on disait tout à l'heure** that relates to what we were saying earlier

2 (VPR) **se rapprocher** ⓐ (*= approcher*) [*échéance, personne, véhicule, orage*] to get closer • **rapproche-toi (de moi)** come closer (to me) • **il se rapprocha d'elle sur la banquette** he drew closer to her on the bench • **pour se ~ de chez lui, il a changé d'emploi** to be nearer home he changed jobs • **plus on se rapprochait de l'examen ...** the closer we came to the exam ... • **se ~ de la vérité** to come close to the truth

ⓑ (*dans le temps*) [*crises, bruits*] to become more frequent

ⓒ [*personnes*] to be reconciled; [*points de vue*] to draw closer together; [*sociétés*] to form links • **il s'est rapproché de ses parents** he became closer to his parents • **leur position s'est rapprochée de la nôtre** their position has drawn closer to ours

rapt [Rapt] (NM) (*= enlèvement*) abduction

raquer* [Rake] /TABLE 1/ (VTI) (*= payer*) to fork out*

raquette [Rakɛt] (NF) ⓐ [*de badminton, tennis, squash*] racket; [*de Ping-Pong*] bat ⓑ (*à neige*) snowshoe

rare [RɑR] (ADJ) ⓐ (= *peu commun*) [*objet, mot, édition*] rare • **ça n'a rien de ~** there's nothing unusual about it • **il n'était pas ~ de le rencontrer** it was not unusual to meet him • **c'est ~ de le voir fatigué** you don't often see him tired → **oiseau, perle**
ⓑ (= *peu nombreux*) [*cas, exemples, visites*] rare; [*passants, voitures*] few • **les ~s voitures qui passaient** the few cars that went by • **les ~s amis qui lui restent** the few friends still left to him • **les ~s fois où ...** on the rare occasions when ... • **il est l'un des ~s qui ...** he's one of the few people who ... • **à cette heure les clients sont ~s** at this time of day there are few customers • **à de ~s exceptions près** with very few exceptions
ⓒ (= *peu abondant*) [*nourriture, main d'œuvre*] scarce; [*cheveux*] thin; [*végétation*] sparse • **se faire ~** [*argent, légumes*] to become scarce • **vous vous faites ~** we haven't seen much of you recently
ⓓ (= *exceptionnel*) [*talent, qualité, sentiment, beauté*] rare; [*homme, énergie*] exceptional; [*saveur, moment*] exquisite • **une attaque d'une ~ violence** an exceptionally violent attack • **d'une ~ beauté** exceptionally beautiful • **il est d'une ~ stupidité** he's utterly stupid
ⓔ [*gaz*] rare

raréfaction [RaRefaksjɔ̃] (NF) [*d'oxygène*] rarefaction; [*de denrées*] scarcity

raréfier (se) [RaRefje] /TABLE 7/ (VPR) [*oxygène*] to rarefy; [*produit*] to become scarce

rarement [RaRmɑ̃] (ADV) rarely • **le règlement est ~ respecté** the rule is rarely observed • **cela arrive plus ~** it happens less often

rareté [RaRte] (NF) ⓐ [*d'édition, objet, mot, cas*] rarity; [*de vivres, argent*] scarcity • **se plaindre de la ~ des lettres/visites de qn** to complain of the infrequency of sb's letters/visits ⓑ (= *élément unique*) rarity

rarissime [RaRisim] (ADJ) extremely rare

R.A.S. [ɛRaɛs] (ABR DE **rien à signaler**) nothing to report

ras, e [Rɑ, Rɑz] (ADJ) ⓐ [*poil, herbe*] short; [*cheveux*] close-cropped; [*étoffe*] with a short pile; [*tasse*] full • **à poil ~** [*chien*] short-haired • **ongles/cheveux coupés ~** *ou* **à ~** nails/hair cut short
ⓑ (*locutions*) **en ~e campagne** in open country • **pull ~ du cou** crew-neck sweater • **j'en ai ~ le bol*** *ou* **le cul**** **(de tout ça)** I'm sick to death of it* → **ras-le-bol**
▸ **à ras bord(s)** to the brim • **remplir un verre à ~ bord** to fill a glass to the brim • **plein à ~ bord** [*verre*] full to the brim; [*baignoire*] full to overflowing
▸ **à** *ou* **au ras de** (= *au niveau de*) **au ~ de la terre** *ou* **du sol/de l'eau** level with the ground/the water • **ses cheveux lui arrivent au ~ des fesses** she can almost sit on her hair; (= *tout près de*) **voler au ~ du sol/au ~ de l'eau** to fly close to the ground/the water • **le projectile lui est passé au ~ de la tête** the projectile skimmed his head • **la discussion est au ~ des pâquerettes*** the discussion is pretty lowbrow

rasage [Rɑzaʒ] (NM) [*de barbe*] shaving

rasant, e [Rɑzɑ̃, ɑ̃t] (ADJ) ⓐ (= *ennuyeux*)* boring • **qu'il est ~!** he's a real bore! ⓑ [*lumière*] low-angled

rasé, e [Rɑze] *ptp de* **raser** (ADJ) [*menton*] clean-shaven; [*tête*] shaved • **être bien/mal ~** to be shaved/unshaven • **~ de près** close-shaven • **~ de frais** freshly shaved • **avoir les cheveux ~s** to have a shaven head • **les crânes ~s** skinheads

rase-mottes [Rɑzmɔt] (NM INV) **faire du ~** • **voler en ~** to hedgehop • **vol en ~** hedgehopping flight

raser [Rɑze] /TABLE 1/ **1** (VT) ⓐ [*+ barbe, cheveux*] to shave off; [*+ menton, tête*] to shave • **à ~** [*crème, gel, mousse*] shaving *épith* ⓑ (= *effleurer*) [*projectile, véhicule*] to scrape; [*oiseau, balle de tennis*] to skim over • **~ les murs** to hug the walls ⓒ (= *abattre*) [*+ maison*] to raze to the ground ⓓ (= *ennuyer*)* to bore • **ça me rase!** it bores me to tears!*
2 (VPR) **se raser** ⓐ (*toilette*) to shave • **se ~ la tête/les jambes** to shave one's head/one's legs ⓑ (= *s'ennuyer*)* to be bored stiff*

raseur, -euse* [RɑzœR, øz] (NM,F) bore • **quel ~!** what a bore!

ras-le-bol* [Rɑl(ə)bɔl] **1** (EXCL) enough is enough! **2** (NM INV) (= *mécontentement*) discontent • **provoquer le ~ général** to cause widespread discontent • **le ~ étudiant** student unrest

rasoir [RɑzwaR] **1** (NM) razor • **~ électrique** electric razor • **~ mécanique** *ou* **de sûreté** safety razor • **~ jetable** disposable razor **2** (ADJ) (= *ennuyeux*) [*film, livre*]* dead boring* • **qu'il est ~!** what a bore he is!

rassasier [Rasazje] /TABLE 7/ (*frm*) **1** (VT) ⓐ [*+ faim, curiosité, désirs*] to satisfy ⓑ (= *nourrir*) **~ qn** [*aliment*] to satisfy sb's appetite • **être rassasié** to be satisfied
2 (VPR) **se rassasier** (= *se nourrir*) to satisfy one's hunger • **se ~ d'un spectacle** to feast one's eyes on a sight • **je ne me rassasierai jamais de ...** I'll never tire of ...

rassemblement [Rasɑ̃bləmɑ̃] (NM) (= *réunion, attroupement*) gathering; [*de manifestants*] rally • **~ à 9 heures sur le quai** we'll meet at 9 o'clock on the platform • **~ pour la paix** peace rally ▸ **rassemblement éclair** flash mob

rassembler [Rasɑ̃ble] /TABLE 1/ **1** (VT) ⓐ (= *regrouper*) [*+ personnes*] to assemble; [*+ troupes*] to muster; [*+ troupeau*] to round up; [*+ objets épars*] to gather together • **il rassembla les élèves dans la cour** he assembled the pupils in the playground • **le festival rassemble les meilleurs musiciens** the festival brings together the best musicians • **toute la famille était rassemblée** the whole family was gathered together
ⓑ (= *rallier*) to rally • **cette cause a rassemblé des gens de tous horizons** people from all walks of life have rallied to this cause
ⓒ [*+ documents, manuscrits, notes*] to gather together
ⓓ [*+ idées, souvenirs*] to collect; [*+ courage, forces*] to summon up • **~ ses esprits** to collect one's thoughts
2 (VPR) **se rassembler** ⓐ [*se regrouper*] to gather; [*soldats, participants*] to assemble
ⓑ (= *s'unir*) **nous devons nous ~ autour du président** we must unite behind the president

rasseoir○ [RaswaR] /TABLE 26/ **1** (VT) [*+ bébé*] to sit back up **2** (VPR) **se rasseoir** to sit down again • **rassieds-toi!** sit down!

rasséréné, e [RaseRene] (ADJ) [*personne, visage*] serene

rassir (VI), **se rassir** (VPR) [RasiR] /TABLE 2/ to go stale

rassis, e [Rasi, iz] *ptp de* **rassir, rasseoir** (ADJ) [*pain*] stale

rassurance [RasyRɑ̃s] (NF) reassurance

rassurant, e [RasyRɑ̃, ɑ̃t] (ADJ) reassuring • **« ne vous inquiétez pas », dit-il d'un ton ~** "don't worry," he said reassuringly • **il a tenu des propos peu ~s** he said some rather worrying things

rassurer [RasyRe] /TABLE 1/ **1** (VT) **~ qn** to reassure sb • **le médecin m'a rassuré sur son état de santé** the doctor reassured me about the state of his health • **je ne me sentais pas rassuré dans sa voiture** I felt nervous in

r

his car • **je ne suis pas très rassuré** (*danger, situation inattendue*) I feel rather uneasy; (*examen, entretien*) I feel a bit nervous • **me voilà rassuré maintenant** that's put my mind at rest
2 (VPR) **se rassurer** **il essayait de se ~ en se disant que c'était impossible** he tried to reassure himself by saying it was impossible • **rassure-toi** don't worry

rat [ʀa] (NM) (= *animal*) rat • **ce type est un vrai ~** that guy's really stingy* • **s'emmerder** ** **comme un ~ mort** to be bored stiff* • **petit ~ de l'Opéra** *pupil of the Opéra de Paris ballet class* ▸ **rat de bibliothèque** bookworm (*who spends all his time in libraries*)

ratage * [ʀataʒ] (NM) (= *échec*) failure • **son film a été un ~ complet** his film was a complete flop

ratatiné, e [ʀatatine] *ptp de* **ratatiner** (ADJ) **a** [*pomme*] shrivelled; [*personne*] wizened **b** [*voiture*]** smashed-up*; [*personne*]** exhausted

ratatiner [ʀatatine] /TABLE 1/ **1** (VT) (= *détruire*)** [+ *maison*] to wreck; [+ *machine, voiture*] to smash to pieces • **se faire ~** (*battre*) to get a thrashing; (*tuer*) to get done in** • **sa voiture a été complètement ratatinée** his car was a complete write-off (*Brit*), his car was totaled* (*US*)
2 (VPR) **se ratatiner** [*pomme*] to shrivel up; [*personne*] (*par l'âge*) to become wizened

ratatouille [ʀatatuj] (NF) **~ (niçoise)** ratatouille

rate [ʀat] (NF) (= *organe*) spleen

raté, e [ʀate] *ptp de* **rater 1** (ADJ) [*tentative, mariage, artiste*] failed; [*vie*] wasted; [*départ*] poor • **un film ~** a flop • **ma mayonnaise/la dernière scène est complètement ~e** my mayonnaise/the last scene is a complete disaster • **encore une occasion ~e!** another missed opportunity!
2 (NM,F) (= *personne*)* failure **3** (NM) **avoir des ~s** [*moteur*] to backfire • **il y a eu des ~s dans les négociations** there were some hiccups in the negotiations

râteau (*pl* **râteaux**) [ʀɑto] (NM) rake • **se prendre un ~*** (*avec une fille, un garçon*) to get blown out*

râtelier * [ʀɑtəlje] (NM) rack; (= *dentier*) false teeth

rater [ʀate] /TABLE 1/ **1** (VI) [*projet, affaire*] to fail • **ça risque de tout faire ~** it could well ruin everything • **je t'avais dit qu'il le casserait, ça n'a pas raté*** I told you he'd break it and sure enough he did! • **ça ne rate jamais!** it never fails!
2 (VT) **a** (= *manquer*) [+ *balle, cible, occasion, train, rendez-vous, spectacle, personne*] to miss • **c'est une occasion à ne pas ~** it's an opportunity not to be missed • **raté!** missed! • **ils se sont ratés de peu** they just missed each other • **si tu croyais m'impressionner, c'est raté** if you were trying to impress me, it hasn't worked! • **il n'en rate pas une!** (*iro*) he's always doing stupid things • **je ne te raterai pas!** (= *je me vengerai*) I'll show you!
b (= *ne pas réussir*) [+ *travail, affaire*] to mess up; [+ *mayonnaise, sauce, plat*] to make a mess of; [+ *examen*] to fail • **ces photos sont complètement ratées** these photos are a complete disaster • **un écrivain raté** a failed writer • **~ son entrée** to miss one's entrance • **~ sa vie** to make a mess of one's life • **il a raté son coup** he didn't pull it off • **il s'est raté** (*suicide*) he bungled his suicide attempt

ratier [ʀatje] (NM) **(chien) ~** ratter

ratification [ʀatifikasjɔ̃] (NF) ratification

ratifier [ʀatifje] /TABLE 7/ (VT) to ratify

ratio [ʀasjo] (NM) ratio

ration [ʀasjɔ̃] (NF) (= *portion limitée*) ration; [*de soldat*] rations • **~ alimentaire** food intake • **~ de survie** survival rations • **il a eu sa ~ d'épreuves/de soucis** he had his share of trials/of worries

rationalisation [ʀasjɔnalizasjɔ̃] (NF) rationalization

rationaliser [ʀasjɔnalize] /TABLE 1/ (VT) to rationalize

rationnel, -elle [ʀasjɔnɛl] (ADJ) rational

> Le mot anglais s'écrit avec un seul **n** et se termine par **-al**.

rationnellement [ʀasjɔnɛlmɑ̃] (ADV) rationally

> Le mot anglais s'écrit avec un seul **n** et se termine par **-ally**.

rationnement [ʀasjɔnmɑ̃] (NM) rationing

> Le mot anglais s'écrit avec un seul **n**.

rationner [ʀasjɔne] /TABLE 1/ **1** (VT) to ration **2** (VPR) **se rationner** to ration o.s.

ratisser [ʀatise] /TABLE 1/ (VT) [+ *gravier*] to rake; [+ *feuilles*] to rake up; (*Mil, Police*) to comb; (*Rugby*) [+ *ballon*] to heel • **~ large** to cast the net wide • **il s'est fait ~ (au jeu)*** he was cleaned out* at the gambling table

raton [ʀatɔ̃] (NM) **~ laveur** racoon

RATP [ɛʀatepe] (NF) (ABR DE **Régie autonome des transports parisiens**) *the Paris city transport authority*

rattachement [ʀataʃmɑ̃] (NM) **le ~ de la Savoie à la France** the incorporation of Savoy into France • **demander son ~ à** to ask to be united with

rattacher [ʀataʃe] /TABLE 1/ (VT) **a** [+ *animal, prisonnier*] to tie up again; [+ *ceinture, lacets, jupe*] to do up (again) **b** [+ *territoire*] to incorporate (**à** into); [+ *commune, service*] to join (**à** to); [+ *employé, fonctionnaire*] to attach (**à** to) **c** [+ *problème, question*] to link (**à** with); [+ *fait*] to relate (**à** to) **d** (= *relier*) [+ *personne*] to tie (**à** to) • **rien ne le rattache plus à sa famille** he no longer has any ties with his family

rattrapage [ʀatʀapaʒ] (NM) **le ~ du retard** [*d'élève*] catching up; [*de conducteur*] making up for lost time • **~ scolaire** remedial classes • **cours de ~** remedial class • **suivre des cours de ~** to go to remedial classes • **épreuve de ~** *additional exam for borderline cases* • **session de ~** retakes • **pour permettre le ~ économique de certains pays européens** to allow certain European economies to catch up • **le ~ des salaires sur les prix** an increase in salaries to keep pace with prices

rattraper [ʀatʀape] /TABLE 1/ **1** (VT) **a** [+ *animal échappé, prisonnier*] to recapture
b [+ *objet, personne qui tombe*] to catch
c [+ *maille*] to pick up; [+ *mayonnaise*] to salvage; [+ *erreur, parole malheureuse, oubli*] to make up for
d (= *regagner*) [+ *sommeil*] to catch up on; [+ *temps perdu*] to make up for • **le conducteur a rattrapé son retard** the driver made up the lost time • **cet élève ne pourra jamais ~ son retard** this pupil will never be able to catch up
e (= *rejoindre*) **~ qn** to catch sb up • **le coût de la vie a rattrapé l'augmentation de salaire** the cost of living has caught up with the increase in salaries • **il a été rattrapé par les affaires** events caught up with him
f (*Scol* = *repêcher*) **~ qn** to let sb get through

2 (VPR) **se rattraper** ⓐ (*= reprendre son équilibre*) to stop o.s. falling • **se ~ à la rampe/à qn** to catch hold of the banister/of sb to stop o.s. falling • **j'ai failli gaffer, mais je me suis rattrapé in extremis** I nearly put my foot in it but stopped myself just in time
ⓑ (*= compenser*) to make up for it • **les plats ne sont pas chers mais ils se rattrapent sur les vins** the food isn't expensive but they make up for it on the wine

rature [RatyR] (NF) deletion • **faire une ~** to make a deletion

raturer [RatyRe] /TABLE 1/ (VT) (*= barrer*) to delete; (*= corriger*) to alter

rauque [Rok] (ADJ) [*voix*] hoarse; (*de chanteuse de blues*) husky; [*cri*] raucous

ravagé, e [Ravaʒe] *ptp de* **ravager** (ADJ) ⓐ (*= tourmenté*) [*visage*] haggard • **avoir les traits ~s** to have haggard features ⓑ (*= fou*)* **il est complètement ~** he's completely nuts*

ravager [Ravaʒe] /TABLE 3/ (VT) to ravage; [*chagrin, soucis*] to harrow; [*+ personne, vie*] to devastate

ravages [Ravaʒ] (NMPL) (*= dégâts*) ravages
▸ **faire des ravages** [*séducteur*] to be a real heart-breaker; [*doctrine, drogue*] to do a lot of harm; [*guerre*] to wreak havoc • **la grêle a fait des ~ dans les vignes** the hailstorm wrought havoc in the vineyards

ravageur, -euse [RavaʒœR, øz] (ADJ) [*passion, sourire*] devastating; [*humour*] scathing • **les effets ~s de la drogue** the devastating effects of drugs

ravalement [Ravalmɑ̃] (NM) (*= nettoyage extérieur*) [*de façade, mur, immeuble*] cleaning • **faire le ~ de** to clean

ravaler [Ravale] /TABLE 1/ **1** (VT) ⓐ (*= nettoyer, repeindre*) [*+ façade, mur, immeuble*] to clean and repaint • **se faire ~ la façade*** to have a face-lift
ⓑ [*+ salive*] to swallow; [*+ larmes*] to choke back; [*+ colère*] to stifle • **faire ~ ses paroles à qn** to make sb swallow their words
ⓒ [*+ dignité, personne, mérite*] to lower • **ce genre d'acte ravale l'homme au rang de la bête** this kind of behaviour brings man down to the level of animals
2 (VPR) **se ravaler** ⓐ (*= s'abaisser*) to lower o.s. • **se ~ au rang de ...** to reduce o.s. to the level of ...
ⓑ **se ~ la façade*** to slap on* some make-up

rave (party) [Rev(parti)] (NF) (*= fête techno*) rave

ravi, e [Ravi] *ptp de* **ravir** (ADJ) (*= enchanté*) delighted • **je n'étais pas franchement ~ de sa décision** I wasn't exactly overjoyed about his decision • **~ de vous connaître** delighted to meet you

ravigoter* [Ravigɔte] /TABLE 1/ (VT) to buck up* • **(tout) ravigoté par le verre de vin** gingered up by the glass of wine

ravin [Ravɛ̃] (NM) gully; (*encaissé*) ravine

raviner [Ravine] /TABLE 1/ (VT) [*+ visage, chemin*] to furrow; [*+ versant*] to gully

ravir [RaviR] /TABLE 2/ (VT) ⓐ (*= charmer*) to delight • **cela lui va à ~** that suits her beautifully • **il danse à ~** he's a beautiful dancer ⓑ (*= enlever*) **~ à qn** [*+ trésor, être aimé, honneur*] to rob sb of • **elle lui a ravi son titre de championne d'Europe** she took the European championship title off her

raviser (se) [Ravize] /TABLE 1/ (VPR) to change one's mind • **il s'est ravisé** he decided against it

ravissant, e [Ravisɑ̃, ɑ̃t] (ADJ) [*beauté, femme, robe*] ravishing; [*maison, tableau*] beautiful

ravissement [Ravismɑ̃] (NM) rapture

ravisseur, -euse [RavisœR, øz] (NM,F) kidnapper

ravitaillement [Ravitajmɑ̃] (NM) ⓐ (*en vivres, munitions*) [*d'armée, ville, navire*] resupplying; [*de coureurs, skieurs*] getting fresh supplies to; (*en carburant*) refuelling • **~ en vol** in-flight refuelling • **le ~ des troupes (en vivres/munitions)** supplying the troops (with food/ammunition) • **aller au ~** to go for fresh supplies • **les voies de ~ sont bloquées** supply routes are blocked
ⓑ (*= provisions*) supplies

ravitailler [Ravitaje] /TABLE 1/ **1** (VT) (*en vivres, munitions*) to provide with fresh supplies; (*en carburant*) to refuel
2 (VPR) **se ravitailler** [*ville, armée, coureurs, skieurs*] to get fresh supplies; [*véhicule, avion*] to refuel; (*= faire des courses*) to stock up

raviver [Ravive] /TABLE 1/ (VT) [*+ feu, sentiment, douleur*] to revive; [*+ couleur*] to brighten up

ravoir [RavwaR] /TABLE 34/ (VT) ⓐ (*= recouvrer*) to get back ⓑ (*= nettoyer*) [*+ tissu, métal*]* to get clean • **cette casserole est difficile à ~** this saucepan is hard to clean

rayé, e [Reje] *ptp de* **rayer** (ADJ) ⓐ [*tissu, pelage*] striped; [*papier à lettres*] lined ⓑ [*surface, disque*] scratched

rayer [Reje] /TABLE 8/ (VT) ⓐ (*= érafler*) to scratch ⓑ (*= biffer*) to cross out ⓒ (*= exclure*) **~ qn de** to cross sb off • **il a été rayé de la liste** he has been crossed off the list • **« ~ la mention inutile »** "delete where inapplicable" • **~ qch de sa mémoire** to erase sth from one's memory • **~ un pays/une ville de la carte** to wipe a country/a town off the map

rayon [Rɛjɔ̃] **1** (NM) ⓐ (*= faisceau*) ray • **~ d'espoir** ray of hope • **on lui fait des ~s** he's having radiation treatment
ⓑ [*de cercle*] radius
ⓒ [*de roue*] spoke
ⓓ (*= planche*) shelf • **le livre n'est pas en ~** the book is not on display
ⓔ [*de magasin*] department • **le ~ alimentation/parfumerie** the food/perfume department • **ce n'est pas son ~*** that isn't his line • **il en connaît un ~*** he knows masses about it*
ⓕ [*de ruche*] honeycomb
ⓖ (*= périmètre*) radius • **dans un ~ de 10 km** within a radius of 10 km
2 (COMP) ▸ **rayon d'action** range; (*fig*) field of action ▸ **rayon laser** laser beam ▸ **rayon de soleil** ray of sunshine ▸ **rayons X** X-rays

rayonnages [Rɛjɔnaʒ] (NMPL) shelving

rayonnant, e [Rɛjɔnɑ̃, ɑ̃t] (ADJ) [*beauté, air, personne, sourire*] radiant; [*visage*] beaming • **visage ~ de joie/santé** face radiant with joy/with health

rayonnement [Rɛjɔnmɑ̃] (NM) ⓐ [*de culture, civilisation*] influence; [*d'astre, personnalité, beauté*] radiance
ⓑ (*= radiations*) [*de chaleur, lumière, astre*] radiation

rayonner [Rɛjɔne] /TABLE 1/ (VI) ⓐ [*influence, culture, personnalité*] to shine forth • **~ sur/dans** (*= se répandre*) [*influence, prestige, culture*] to extend over/in; [*personnalité*] to be influential over/in
ⓑ [*joie, bonheur, beauté*] to shine forth; [*visage, personne*] to be radiant (**de** with) • **~ de bonheur** to be radiant with happiness • **~ de beauté** to be radiantly beautiful
ⓒ [*chaleur, énergie, lumière*] to radiate
ⓓ (*= faire un circuit*) **~ autour d'une ville** [*touristes*] to use a town as a base for touring; [*cars*] to service the area

r

around a town • ~ **dans une région** [*touristes*] to tour around a region; [*cars*] to service a region

rayure [ʀejyʀ] (NF) (= *dessin*) stripe; (= *éraflure*) scratch • **papier/tissu à ~s** striped paper/material • **costume à ~s fines** pinstripe suit

raz-de-marée, raz de marée [ʀɑdmaʀe] (NM INV) tidal wave • ~ **électoral** (= *victoire*) landslide election victory; (= *changement*) big swing (*to a party in an election*)

razzia [ʀa(d)zja] (NF) raid • **faire une ~ dans une maison/le frigo*** to raid a house/the fridge

rdc (ABR DE **rez-de-chaussée**)

ré [ʀe] (NM) (*Mus*) D; (*en chantant la gamme*) re • **en ré mineur** in D minor

réabonner [ʀeabɔne] /TABLE 1/ **1** (VT) ~ **qn** to renew sb's subscription (**à** to) **2** (VPR) **se réabonner** to renew one's subscription (**à** to)

réac* [ʀeak] (ADJ, NMF) (ABR DE **réactionnaire**) reactionary

réaccoutumer [ʀeakutyme] /TABLE 1/ **1** (VT) to reaccustom **2** (VPR) **se réaccoutumer** to reaccustom o.s. (**à** to)

réacteur [ʀeaktœʀ] (NM) [*d'avion*] jet engine • ~ **nucléaire** nuclear reactor

réaction [ʀeaksjɔ̃] (NF) reaction • **être** *ou* **rester sans ~** to show no reaction • ~ **de défense/en chaîne** defence/chain reaction • **la ~ des marchés boursiers a été immédiate** the stock markets reacted immediately • **moteur à ~** jet engine

▸ **en réaction être en ~ contre** to be in reaction against • **en ~ contre les abus, ils ...** as a reaction against the abuses, they ... • **en ~ à** [*propos, décision*] in response to

réactionnaire [ʀeaksjɔnɛʀ] (ADJ, NMF) reactionary

> Le mot anglais s'écrit avec un seul **n**.

réactiver [ʀeaktive] /TABLE 1/ (VT) [+ *processus, mesures, projet*] to revive; [+ *machine, système*] to reactivate

réactualiser [ʀeaktɥalize] /TABLE 1/ (VT) to update; (*Informatique*) to refresh

réadaptation [ʀeadaptasjɔ̃] (NF) [*de personne*] readjustment; [*de handicapé*] rehabilitation

réadapter (VT), **se réadapter** (VPR) [ʀeadapte] /TABLE 1/ [+ *personne*] to readjust (**à** to)

réaffirmer [ʀeafiʀme] /TABLE 1/ (VT) to reaffirm

réagir [ʀeaʒiʀ] /TABLE 2/ (VI) to react (**à** to, **contre** against); (= *répondre*) to respond (**à** to) • **il a réagi positivement à ma proposition** he reacted positively to my proposal • **ils ont assisté à la scène sans ~** they witnessed the scene and did nothing • **il faut ~!** you have to do something! • **il réagit bien au traitement** he's responding well to treatment

réajustement [ʀeaʒystəmɑ̃] (NM) adjustment

réajuster [ʀeaʒyste] /TABLE 1/ (VT) [+ *salaires, retraites*] to adjust

réalisable [ʀealizabl] (ADJ) [*projet*] feasible; [*rêve*] attainable

réalisateur, -trice [ʀealizatœʀ, tʀis] (NM,F) director

réalisation [ʀealizasjɔ̃] (NF) **a** [*de projet*] realization; [*d'exploit*] achievement • **plusieurs projets sont en cours de ~** several projects are under way • **c'est la ~ d'un rêve** it's a dream come true **b** [*de meuble, bijou*] making; [*de sondage*] carrying out • **j'étais chargé de la ~ de cette étude** I was asked to carry out this study **c** (= *création*) achievement • **c'est la plus belle ~ de l'architecte** it is the architect's finest achievement **d** [*de film*] direction; [*d'émission de radio, de télévision*] production • **« ~ : John Huston »** "directed by John Huston"

réaliser [ʀealize] /TABLE 1/ **1** (VT) **a** [+ *ambition, désir*] to realize; [+ *effort*] to make; [+ *exploit*] to achieve; [+ *projet, étude, sondage*] to carry out • ~ **un rêve** to make a dream come true • **il a réalisé le meilleur temps aux essais** [*coureur*] he got the best time in the qualifying session

b [+ *meuble, bijou*] to make

c (= *comprendre*)* to realize • ~ **l'importance de qch** to realize the importance of sth • **je n'ai pas encore réalisé** it hasn't sunk in yet

d [+ *film*] to direct; [+ *émission de radio, de télévision*] to produce • **il vient de ~ son premier film** he's just made his first film

e [+ *achat, vente, bénéfice, économie*] to make • **l'entreprise réalise un chiffre d'affaires de 100 000 € par semaine** the firm has a turnover of 100,000 euros a week

2 (VPR) **se réaliser** [*rêve, vœu*] to come true; [*prédiction*] to be fulfilled; [*projet*] to be carried out • **il s'est complètement réalisé dans son métier** he's completely fulfilled in his job

réalisme [ʀealism] (NM) realism

réaliste [ʀealist] **1** (ADJ) realistic; [*artiste*] realist **2** (NMF) realist

réalité [ʀealite] (NF) reality • ~ **virtuelle** virtual reality • ~ **augmentée** augmented reality • **c'est une ~ incontournable** it's an inescapable fact • **parfois la ~ dépasse la fiction** truth can be stranger than fiction • **ce sont les dures ~s de la vie** those are the harsh realities of life • **son rêve est devenu ~** his dream became a reality

▸ **en réalité** in reality

reality-show (*pl* **reality-shows**) [ʀealitiʃo] (NM) reality TV show

réaménagement [ʀeamenaʒmɑ̃] (NM) [*de site, espace*] redevelopment; [*de pièce*] refitting; [*de calendrier, horaires, structure, service*] reorganization

réaménager [ʀeamenaʒe] /TABLE 3/ (VT) [+ *site*] to redevelop; [+ *appartement, bâtiment*] to refurbish; [+ *horaires, structure, service*] to reorganize

réamorcer [ʀeamɔʀse] /TABLE 3/ (VT) **a** [+ *pompe*] to prime again • ~ **la pompe** (*fig*) to get things going again • **ces investissements permettront de ~ la pompe de l'économie** these investments will give the economy a kick-start **b** [+ *dialogue, négociations, processus*] to start again

réanimation [ʀeanimasjɔ̃] (NF) resuscitation • **être en (service de) ~** to be in intensive care

réanimer [ʀeanime] /TABLE 1/ (VT) [+ *personne*] to resuscitate

réapparaître ○ [ʀeapaʀɛtʀ] /TABLE 57/ (VI) to reappear

> **réapparaître** can be conjugated with **avoir** or **être**.

réapparition [ʀeapaʀisjɔ̃] (NF) reappearance; [*d'artiste*] comeback • **la mode des chapeaux a fait sa ~** hats have come back into fashion

réapprendre [ʀeapʀɑ̃dʀ] /TABLE 58/ (VT) to learn again • ~ **qch à qn** to teach sth to sb again • ~ **à faire qch** to learn to do sth again

réapproprier (se) /TABLE 7/ [ReapRɔpRije] (VPR) to take back ownership of

réapprovisionner [ReapRɔvizjɔne] /TABLE 1/ **1** (VT) **a** [*+ compte en banque*] to put money into **b** (*= ravitailler*) to resupply **c** [*+ magasin*] to restock (**en** with) **2** (VPR) **se réapprovisionner** to stock up again (**en** with)

réarmement [ReaRməmɑ̃] (NM) **a** [*de pays*] rearmament • **politique de ~** policy of rearmament **b** [*de fusil*] reloading; [*d'appareil-photo*] winding on **c** [*de navire*] refitting

réarmer [ReaRme] /TABLE 1/ (VT) **a** [*+ pays*] to rearm **b** [*+ fusil*] to reload; [*+ appareil-photo*] to wind on **c** [*+ bateau*] to refit

réassortir [ReasɔRtiR] /TABLE 2/ **1** (VT) [*+ magasin*] to restock (**en** with); [*+ stock*] to replenish **2** (VPR) **se réassortir** (*Commerce*) to stock up again (**de** with)

rebaisser [R(ə)bese] /TABLE 1/ (VI) to fall again

rebaptiser [R(ə)batize] /TABLE 1/ (VT) [*+ rue*] to rename; [*+ navire*] to rechristen

rébarbatif, -ive [RebaRbatif, iv] (ADJ) (*= rebutant*) forbidding; [*style*] off-putting

rebâtir [R(ə)bɑtiR] /TABLE 2/ (VT) to rebuild

rebattre [R(ə)batR] /TABLE 41/ (VT) **il m'a rebattu les oreilles de son succès** he kept harping on about his success

rebattu, e [R(ə)baty] *ptp de* **rebattre** (ADJ) [*sujet, citation*] hackneyed

rebelle [Rəbɛl] **1** (ADJ) **a** [*troupes, soldat*] rebel; [*enfant, esprit*] rebellious; [*fièvre, maladie*] stubborn; [*mèche, cheveux*] unruly **b** ~ **à** [*+ discipline*] unamenable to • **il est ~ à la géographie** (*= il n'y comprend rien*) geography is a closed book to him; (*= il ne veut pas apprendre*) he doesn't want to know about geography • **ce virus est ~ à certains remèdes** the virus is resistant to certain medicines **2** (NMF) rebel

rebeller (se) [R(ə)bele] /TABLE 1/ (VPR) to rebel

rébellion [Rebeljɔ̃] (NF) rebellion

rebeu‡ [Rəbø] (NM) *second-generation North African living in France*

rebiffer (se)* [R(ə)bife] /TABLE 1/ (VPR) (*= résister*) [*personne*] to hit back (**contre** at)

rebiquer* [R(ə)bike] /TABLE 1/ (VI) [*mèche de cheveux*] to stick up; [*col*] to curl up at the ends

reboisement [R(ə)bwazmɑ̃] (NM) reforestation

reboiser [R(ə)bwaze] /TABLE 1/ (VT) to reforest

rebond [R(ə)bɔ̃] (NM) **a** [*de balle*] (*sur le sol*) bounce; (*contre un mur*) rebound • **rattraper une balle au ~** to catch a ball on the bounce • **taux de ~** (*Internet*) bounce rate **b** [*d'histoire*] development **c** [*d'activité économique, marché*] recovery

rebondi, e [R(ə)bɔ̃di] *ptp de* **rebondir** (ADJ) [*objet, bouteille, forme*] potbellied; [*poitrine*] well-developed; [*ventre*] fat; [*joues, visage*] chubby

rebondir [R(ə)bɔ̃diR] /TABLE 2/ (VI) **a** [*balle*] (*sur le sol*) to bounce; (*contre un mur*) to rebound • **faire ~ une balle par terre/contre un mur** to bounce a ball on the ground/against a wall **b** [*conversation*] to get going again; [*procès*] to be revived; [*action, intrigue*] to get moving again • **l'affaire n'en finit pas de ~** there are new developments all the time • **faire ~** [*+ conversation*] to get going again; [*+ action d'une pièce*] to get moving again; [*+ scandale, procès*] to revive **c** [*économie, marché, actions*] to pick up again • **ça l'a aidé à ~ après son licenciement** it helped him get back on his feet again after he lost his job

rebondissement [R(ə)bɔ̃dismɑ̃] (NM) (*= développement*) sudden new development (**de** in) • **feuilleton à ~s** action-packed serial • **l'affaire vient de connaître un nouveau ~** there has been a new development

rebord [R(ə)bɔR] (NM) edge; [*d'assiette, tuyau, plat, pot*] rim; [*de puits*] edge • **le ~ de la cheminée** the mantelpiece • **le ~ de la fenêtre** the windowsill

reboucher [R(ə)buʃe] /TABLE 1/ (VT) [*+ trou*] to fill in again; [*+ bouteille*] to recork; [*+ tube*] to put the cap back on

rebours [R(ə)buR] ▸ **à rebours** (LOC ADV) **compter à ~** to count backwards • **discrimination à ~** reverse discrimination • **snobisme à ~** inverted snobbery

rebouteux, -euse [R(ə)butø, øz] (NM,F) bonesetter

reboutonner [R(ə)butɔne] /TABLE 1/ (VT) to button up again

rebrousse-poil [RəbRuspwal] ▸ **à rebrousse-poil** (LOC ADV) [*caresser*] the wrong way • **prendre qn à ~** to rub sb up the wrong way

rebrousser [R(ə)bRuse] /TABLE 1/ (VT) **~ chemin** to turn back

rébus [Rebys] (NM) (*= jeu*) rebus

rebut [Rəby] (NM) (*= déchets*) scrap • **mettre** *ou* **jeter au ~** to throw out • **le ~ de la société** (*péj*) the scum of society

rebutant, e [R(ə)bytɑ̃, ɑ̃t] (ADJ) (*= dégoûtant*) repellent; (*= décourageant*) off-putting

rebuter [R(ə)byte] /TABLE 1/ (VT) (*= décourager*) to put off; (*= répugner*) to repel

recadrer [R(ə)kadRe] /TABLE 1/ (VT) **a** [*+ image, sujet*] to reframe **b** [*+ politique*] to refocus; [*+ action, projet*] to redefine the terms of

récalcitrant, e [RekalsitRɑ̃, ɑ̃t] (ADJ) (*= indocile*) [*animal*] stubborn; [*personne*] recalcitrant; [*appareil*] unmanageable

recalculer [R(ə)kalkyle] /TABLE 1/ (VT) to recalculate

recalé, e [R(ə)kale] *ptp de* **recaler** (ADJ) [*étudiant*] unsuccessful • **les (étudiants) ~s à la session de juin** the exam candidates who were failed in June

recaler [R(ə)kale] /TABLE 1/ (VT) to fail • **se faire ~** *ou* **être recalé en histoire** to fail in history • **il a été recalé trois fois au permis de conduire** he failed his driving test three times

recapitaliser [Rəkapitalize] /TABLE 1/ (VT) [*+ entreprise*] to recapitalize

récapitulatif, -ive [Rekapitylatif, iv] **1** (ADJ) [*tableau*] summary *épith* **2** (NM) summary

récapituler [Rekapityle] /TABLE 1/ (VT) to recapitulate

recaser* [R(ə)kaze] /TABLE 1/ (VT) [*+ chômeur*] to find a new job for • **il a pu se ~** [*veuf, divorcé*] he managed to get hitched* again; [*chômeur*] he managed to find a new job

recel [Rəsɛl] (NM) **~ (d'objets volés)** (*= action*) receiving (stolen goods); (*= résultat*) possession of stolen goods • **~ de malfaiteur** harbouring a criminal

receler [R(ə)səle] /TABLE 5/ (VT) **a** [*+ objet volé*] to receive; [*+ malfaiteur*] to harbour **b** [*+ secret, erreur, trésor*] to conceal

receleur, -euse [R(ə)səlœR, øz] (NM,F) receiver of stolen goods

récemment [Resamɑ̃] (ADV) recently • **~ publié** recently published • **l'as-tu vu ~ ?** have you seen him recently?

r

recensement [R(ə)sɑ̃smɑ̃] NM [*de population*] census; [*d'objets*] inventory • **faire le ~ de la population** to take a census of the population • **faire le ~ des besoins** to make an inventory of requirements

recenser [R(ə)sɑ̃se] /TABLE 1/ VT [*+ population*] to take a census of; [*+ objets*] to make an inventory of; [*+ malades, victimes*] to make a list of • **on recense trois millions de chômeurs** there are three million people registered as unemployed

récent, e [Resɑ̃, ɑ̃t] ADJ (*= survenu récemment*) [*événement, traces*] recent; (*= nouveau*) [*propriétaire*] new • **les chiffres les plus ~s montrent que ...** the latest figures show that ... • **jusqu'à une période ~e** up until recently

recentrer [R(ə)sɑ̃tRe] /TABLE 1/ VT [*+ politique*] to redefine; [*+ débat*] to refocus

récepteur [ResɛptœR] NM **~ téléphonique** (telephone) receiver

réceptif, -ive [Resɛptif, iv] ADJ receptive (**à** to)

réception [Resɛpsjɔ̃] NF ⓐ (*= réunion, gala*) reception ⓑ (*= accueil*) reception • **heures de ~ de 14 à 16 heures** consultations between 2 and 4 p.m. ⓒ [*d'hôtel*] (*= entrée*) entrance hall; (*= bureau*) reception • **salle de ~** function room • **salons de ~** reception rooms • **adressez-vous à la ~** ask at reception ⓓ [*de paquet, lettre*] receipt; [*d'ondes, émission*] reception • **il s'occupe de la ~ des marchandises** he takes delivery of the goods → **accusé, accuser** ⓔ [*de sauteur, parachutiste*] landing • **il a manqué sa ~** [*sauteur*] he landed badly ⓕ (*Constr*) **~ des travaux** acceptance of work done (*after verification*)

réceptionner [Resɛpsjɔne] /TABLE 1/ **1** VT to receive **2** VPR **se réceptionner** (*en tombant*) to land

réceptionniste [Resɛpsjɔnist] NMF receptionist

> Le mot anglais s'écrit avec un seul **n** et sans **e** à la fin.

récession [Resesjɔ̃] NF recession

recette [R(ə)sɛt] NF ⓐ [*de cuisine, truc, secret*] recipe (**de** for); [*de produit*] formula ⓑ (*= encaisse*) takings • **faire ~** (*= avoir du succès*) to be a big success ⓒ (*= rentrées d'argent*) **~s** receipts ⓓ (*= recouvrement d'impôts*) collection

receveur [R(ə)səvœR] NM ⓐ [*de greffe*] recipient ⓑ **~ (d'autobus)** (bus) conductor • **~ (des contributions)** tax collector • **~ (des postes)** postmaster

receveuse [R(ə)səvøz] NF ⓐ [*de greffe*] recipient ⓑ **~ (des contributions)** tax collector • **~ (des postes)** postmistress

recevoir [R(ə)səvwaR] /TABLE 28/ **1** VT ⓐ to receive; [*+ confession*] to hear • **~ les ordres** [*religieux*] to take holy orders • **je vous reçois cinq sur cinq** I'm receiving you loud and clear • **le procédé a reçu le nom de son inventeur** the process got its name from the inventor • **j'ai reçu un caillou sur la tête** I got hit on the head by a stone • **il a reçu un coup de poing dans la figure** he got punched in the face • **recevez, Monsieur (*ou* Madame), l'expression de mes sentiments distingués** (*formule épistolaire*) yours faithfully (*Brit*) *ou* truly (*US*)
ⓑ [*+ personne*] (*en entrevue*) to see; [*+ invité*] (*= accueillir*) to receive; (*= traiter*) to entertain; (*= loger*) to receive; [*+ Jeux olympiques, championnat*] to host; [*+ demande, déposition, plainte*] to receive • **~ qn à dîner** to have sb to dinner • **être bien/mal reçu** [*proposition, nouvelles*] to be well/badly received; [*personne*] to get a good/bad reception • **on est toujours bien reçu chez eux** they always make you feel welcome • **~ qn à bras ouverts** to welcome sb with open arms • **les Dupont reçoivent beaucoup** the Duponts entertain a lot • **le directeur reçoit le jeudi** the principal receives visitors on Thursdays • **~ la visite de qn/d'un cambrioleur** to receive a visit from sb/from a burglar • **se faire ~*** to get shouted at
ⓒ [*+ candidat à un examen*] to pass • **être reçu à un examen** to pass an exam • **il a été reçu dans les premiers/dans les derniers** he was near the top/bottom in the exam • **il a été reçu premier** he came first in the exam
ⓓ [*hôtel, lycée*] to accommodate • **~ un affluent** [*rivière*] to be joined by a tributary • **leur chambre ne reçoit jamais le soleil** their room never gets any sun
2 VPR **se recevoir** (*= tomber*) to land • **il s'est mal reçu** he landed badly

rechange [R(ə)ʃɑ̃ʒ] NM **de rechange** [*solution, politique*] alternative; [*outil*] spare • **avoir du linge de ~** to have a change of clothes • **j'ai apporté des chaussures de ~** I brought a spare pair of shoes → **pièce**

réchapper [Reʃape] /TABLE 1/ VI **~ de** *ou* **à** [*+ accident, maladie*] to come through • **tu as eu de la chance d'en ~** you were lucky to escape with your life • **si jamais j'en réchappe** if ever I come through this

recharge [R(ə)ʃaRʒ] NF [*d'arme*] reload; [*de stylo, agenda*] refill

rechargeable [R(ə)ʃaRʒabl] ADJ [*stylo, vaporisateur, aérosol, briquet*] refillable; [*batterie, pile, appareil électrique, carte à puce*] rechargeable

recharger [R(ə)ʃaRʒe] /TABLE 3/ VT [*+ arme, appareil-photo*] to reload; [*+ stylo, briquet*] to refill; [*+ batterie, pile*] to recharge; [*+ mobile*] (*en crédit*) to top up • **~ ses batteries** *ou* **ses accus*** to recharge one's batteries

réchaud [Reʃo] NM (*= appareil de cuisson*) (portable) stove • **~ à gaz** gas stove

réchauffement [Reʃofmɑ̃] NM warming • **le ~ climatique** *ou* **de la planète** global warming • **on constate un ~ de la température** the temperature is rising

réchauffer [Reʃofe] /TABLE 1/ **1** VT ⓐ [*+ aliment*] to reheat • **réchauffe** *ou* **fais ~ la soupe** reheat the soup ⓑ [*+ personne*] to warm up • **une bonne soupe, ça réchauffe** a nice bowl of soup warms you up ⓒ [*soleil*] to heat up • **le soleil réchauffe la terre** the sun warms the earth • **les tons bruns réchauffent la pièce** the browns make the room seem warmer **2** VPR **se réchauffer** ⓐ [*temps, température*] to get warmer ⓑ [*personne*] to warm o.s. up

rechausser [R(ə)ʃose] /TABLE 1/ **1** VT **~ ses skis** to put one's skis back on **2** VPR **se rechausser** to put one's shoes back on

rêche [Rɛʃ] ADJ rough

recherche [R(ə)ʃɛRʃ] NF ⓐ (*= action de rechercher*) search (**de** for)
▸ **à la recherche de** in search of • **être/se mettre à la ~ de qch/qn** to be/go in search of sth/sb • **je suis à la ~ de mes lunettes** I'm looking for my glasses • **ils sont à la ~ d'une maison** they're looking for a house
ⓑ (*= enquête*) **~s** investigations • **faire des ~s** to make investigations • **toutes nos ~s pour retrouver l'enfant sont demeurées vaines** all our attempts to find the child remained fruitless • **jusqu'ici il a échappé aux ~s de la police** until now he has escaped the police search

ⓒ (*= poursuite*) search (**de** for) • **la ~ des plaisirs** pleasure-seeking • **la ~ de la gloire** the pursuit of glory • **la ~ de la perfection** the search for perfection

ⓓ (*= métier, spécialité*) **la ~** research • **~s** (*= études*) research • **faire des ~s sur un sujet** to carry out research into a subject • **être dans la ~** • **faire de la ~** to be engaged in research • **allocation de ~** research grant • **travail de ~** research work

ⓔ (*= raffinement*) [*de tenue*] studied elegance; (*péj = affectation*) affectation • **être habillé avec ~/sans ~** to be dressed with studied elegance/carelessly

recherché, e [ʀ(ə)ʃɛʀʃe] *ptp de* **rechercher** (ADJ) ⓐ [*objet, acteur*] much sought-after; (*= apprécié des connaisseurs*) [*morceau délicat*] choice ⓑ [*style*] mannered; [*expression*] studied; [*vocabulaire*] carefully chosen; [*tenue*] (*péj*) affected

rechercher [ʀ(ə)ʃɛʀʃe] /TABLE 1/ (VT) ⓐ (*= chercher à trouver*) [*+ objet égaré ou désiré, enfant perdu*] to search for; [*+ coupable, témoin*] to look for; [*+ cause d'accident*] to try to determine • **~ l'albumine dans le sang** to look for albumin in the blood • **~ un mot dans un fichier** (*Informatique*) to search a file for a word • **« on recherche femme de ménage »** (*dans une annonce*) "cleaning lady required" • **recherché pour meurtre** wanted for murder

ⓑ (*= viser à*) [*+ honneurs, compliment*] to seek; [*+ danger*] to court; [*+ succès, plaisir*] to pursue • **~ la perfection** to strive for perfection • **~ l'amitié/la compagnie de qn** to seek sb's friendship/company

ⓒ (*= reprendre*) [*+ personne*] to collect

recherchiste [ʀ(ə)ʃɛʀʃist] (NMF) (*Can*) researcher

rechigner [ʀ(ə)ʃiɲe] /TABLE 1/ (VI) (*= renâcler*) to balk (**devant qch** at sth, **à faire** at doing) • **faire qch en rechignant** to do sth reluctantly

rechute [ʀ(ə)ʃyt] (NF) [*de malade*] relapse

rechuter [ʀ(ə)ʃyte] /TABLE 1/ (VI) [*malade*] to have a relapse

récidive [ʀesidiv] (NF) second offence (*Brit*) *ou* offense (*US*)

récidiver [ʀeside ve] /TABLE 1/ (VI) [*criminel*] to reoffend • **il a récidivé 15 minutes plus tard avec un second but** he did it again* 15 minutes later with a second goal

récidiviste [ʀesidivist] (NMF) second offender; (*plusieurs répétitions*) habitual offender

récif [ʀesif] (NM) reef • **~ corallien** *ou* **de corail** coral reef

récipiendaire [ʀesipjɑ̃dɛʀ] (NMF) (*Univ*) recipient (*of a diploma*); [*de société*] newly elected member

récipient [ʀesipjɑ̃] (NM) container

réciproque [ʀesipʀɔk] **1** (ADJ) [*sentiments, confiance, tolérance, concessions*] reciprocal • **je lui fais confiance et c'est ~** I trust him and he trusts me • **il la détestait et c'était ~** he hated her and the feeling was mutual **2** (NF) **la ~** (*= l'inverse*) the opposite; (*= la pareille*) the same

réciproquement [ʀesipʀɔkmɑ̃] (ADV) ⓐ (*= l'un l'autre*) each other, one another • **ils se félicitaient ~** they congratulated each other *ou* one another ⓑ (*= vice versa*) vice versa • **il me déteste et ~** he hates me and the feeling is mutual

récit [ʀesi] (NM) story • **~ autobiographique** autobiographical account • **~ de voyage** travel story • **faire le ~ de** to give an account of

récital (*pl* **récitals**) [ʀesital] (NM) recital

récitation [ʀesitasjɔ̃] (NF) (*= texte*) recitation

réciter [ʀesite] /TABLE 1/ (VT) to recite

réclamation [ʀeklamasjɔ̃] (NF) (*= plainte*) complaint; (*Sport*) objection • **faire/déposer une ~** to make/lodge a complaint • **adressez vos ~s à ...** • **pour toute ~ s'adresser à ...** all complaints should be referred to ... • **« (bureau** *ou* **service des) ~s »** "complaints department *ou* office" • **téléphonez aux ~s** (*au téléphone*) ring the engineers

réclame [ʀeklam] (NF) (*= annonce publicitaire*) advertisement • **la ~** (*= publicité*) advertising • **faire de la ~ pour un produit** to advertise a product • **en ~** on (special) offer

réclamer [ʀeklame] /TABLE 1/ **1** (VT) ⓐ (*= demander*) to ask for • **je lui ai réclamé mon stylo** I asked him for my pen back • **il m'a réclamé à boire/un jouet** he asked me for a drink/a toy • **je n'aime pas les enfants qui réclament** I don't like children who are always asking for things

ⓑ [*+ droit, dû, part*] to claim; [*+ rançon*] to demand • **~ la démission du ministre** to call for the minister's resignation

ⓒ (*= nécessiter*) [*+ patience, soin*] to require

2 (VPR) **se réclamer** **se ~ de** [*+ parti, organisation*] to claim to represent; [*+ théorie, principe*] to claim to adhere to; [*+ personne*] to claim to be a follower of • **il se réclame de l'école romantique** he claims to take his inspiration from the romantic school

reclassement [ʀ(ə)klasmɑ̃] (NM) [*de salarié*] redeployment; [*de chômeur*] placement; [*d'ex-prisonnier*] rehabilitation • **~ externe** outplacement

reclasser [ʀ(ə)klase] /TABLE 1/ (VT) ⓐ [*+ salarié*] to redeploy; [*+ chômeur*] to place ⓑ [*+ objet, dossier*] to reclassify

reclus, e [ʀəkly, yz] **1** (ADJ) **il vit ~** • **il mène une vie ~e** he leads the life of a recluse **2** (NM,F) recluse

réclusion [ʀeklyzjɔ̃] (NF) **~ (criminelle)** imprisonment • **~ criminelle à perpétuité** life imprisonment • **condamné à dix ans de ~** sentenced to ten years' imprisonment

recoiffer [ʀ(ə)kwafe] /TABLE 1/ **1** (VT) **~ ses cheveux** to do one's hair • **~ qn** to do sb's hair **2** (VPR) **se recoiffer** (*= se peigner*) to do one's hair

recoin [ʀəkwɛ̃] (NM) nook; (*fig*) innermost recess • **il connaît les moindres ~s des Pyrénées** he knows the Pyrenees like the back of his hand

recoller [ʀ(ə)kɔle] /TABLE 1/ **1** (VT) ⓐ [*+ étiquette, enveloppe*] to restick; [*+ morceaux, vase*] to stick back together • **~ les morceaux** (*= réconcilier*) to patch things up

ⓑ (*= redonner*)* **~ une amende à qn** to give another fine to sb • **on nous a recollé le même moniteur que l'année dernière** we got stuck with the same group leader as last year • **arrête ou je t'en recolle une*** stop it or you'll get another slap

ⓒ (*Sport*) **le coureur a recollé au peloton** the runner caught up with the rest of the pack

2 (VPR) **se recoller*** **on va se ~ au boulot** let's get back down to work • **allez, on s'y recolle !** come on, let's get back to it!

récoltant, e [ʀekɔltɑ̃, ɑ̃t] (ADJ, NM,F) **(propriétaire) ~** grower

récolte [ʀekɔlt] (NF) ⓐ (*= activité*) harvesting • **il y a deux ~s par an** there are two harvests a year • **faire la ~ des pommes de terre** to harvest potatoes ⓑ (*= produit*) [*de blé, maïs*] harvest; [*de pommes de terre, fraises, raisin, miel*] crop ⓒ (*= argent récolté*) takings • **la ~ est maigre**

(*= documents*) I didn't get much information

récolter [Rekɔlte] /TABLE 1/ (VT) ⓐ [*agriculteur*] to harvest; [*particulier*] to pick ⓑ [*+ documents, signatures*] to collect; [*+ argent*] to collect; [*+ renseignements*] to gather; [*+ contravention, coups, mauvaise note*]* to get; [*+ suffrages, points, voix*] to gain • **je n'ai récolté que des ennuis** all I got was a lot of trouble

recommandable [R(ə)kɔmɑ̃dabl] (ADJ) (*= estimable*) commendable • **peu ~** [*personne*] disreputable; [*comportement, moyen*] not very commendable

recommandation [R(ə)kɔmɑ̃dasjɔ̃] (NF) recommendation • **faire des ~s à qn** to make recommendations to sb • **sur la ~ de qn** on sb's recommendation

recommandé, e [R(ə)kɔmɑ̃de] *ptp de* **recommander** (ADJ) ⓐ [*lettre, paquet*] recorded; (*avec valeur assurée*) registered • **« envoi (en) ~ »** "recorded delivery" (*Brit*), "certified mail" (*US*) • **envoyer qch en ~** to send sth recorded delivery (*Brit*) *ou* by certified mail (*US*); (*avec valeur assurée*) to send sth by registered mail ⓑ (*= conseillé*) [*produit, hôtel*] recommended • **est-ce bien ~?** is it advisable? (**de faire qch** to do sth) • **il est ~ de ...** it's advisable to ...

recommander [R(ə)kɔmɑ̃de] /TABLE 1/ (VT) to recommend (**à** to) • **~ à qn de faire qch** to advise sb to do sth • **le médecin lui a recommandé le repos** the doctor advised him to rest • **je te recommande la discrétion** I advise you to be discreet • **je te recommande (de lire) ce livre** I recommend (that you read) this book

recommencement [R(ə)kɔmɑ̃smɑ̃] (NM) **l'histoire/la vie est un éternel ~** history/life is a process of constant renewal

recommencer [R(ə)kɔmɑ̃se] /TABLE 3/ **1** (VT) to start again • **~ à faire qch** to start to do sth again • **il recommence à neiger** it's starting to snow again • **tout est à ~** we (*ou* I *etc*) will have to start all over again

2 (VI) [*combat*] to start up again • **la pluie recommence** it's starting to rain again • **l'école recommence en septembre** school starts again in September • **ça y est, ça recommence!*** here we go again! • **il m'a promis qu'il ne recommencerait plus** he promised he wouldn't do it again • **on efface** *ou* **on oublie tout et on recommence** let's start all over again from scratch

récompense [Rekɔ̃pɑ̃s] (NF) reward; (*= prix*) award • **en ~ de** in return for

récompenser [Rekɔ̃pɑ̃se] /TABLE 1/ (VT) to reward • **être récompensé d'avoir fait qch** to be rewarded for having done sth • **ce prix récompense le premier roman d'un auteur** this prize is awarded for an author's first novel

recomposer [R(ə)kɔ̃poze] /TABLE 1/ (VT) ⓐ to put together (again) • **une famille recomposée** a blended family ⓑ (*Téléc*) [*+ numéro*] to redial

recompter [R(ə)kɔ̃te] /TABLE 1/ (VT) to recount

réconciliation [Rekɔ̃siljasjɔ̃] (NF) reconciliation

réconcilier [Rekɔ̃silje] /TABLE 7/ **1** (VT) to reconcile (**avec** with) **2** (VPR) **se réconcilier** to be *ou* become reconciled • **ils se sont réconciliés** they've patched things up

reconditionner [Rəkɔ̃disjɔne] /TABLE 1/ (VT) [*+ produit*] to repackage

reconduction [R(ə)kɔ̃dyksjɔ̃] (NF) renewal • **tacite ~** renewal by tacit agreement

reconduire [R(ə)kɔ̃dɥiR] /TABLE 38/ (VT) ⓐ (*= raccompagner*) **~ qn chez lui/à la gare** to take sb home/to the station • **il a été reconduit à la frontière par les policiers** he was escorted back to the frontier by the police • **~ qn à pied/en voiture chez lui** to walk/drive sb home • **il m'a reconduit à la porte** he showed me to the door ⓑ [*+ politique, bail*] to renew

reconduite [R(ə)kɔ̃dɥit] (NF) **~ (à la frontière)** escorting back to the border

reconfigurer [R(ə)kɔ̃figyRe] /TABLE 1/ (VT) (*Informatique*) to reconfigurate; (*= réorganiser*) to reconfigure

réconfort [Rekɔ̃fɔR] (NM) comfort • **avoir besoin de ~** to need comforting • **ça m'a apporté un grand ~** it was a great comfort to me • **~ moral** solace

réconfortant, e [Rekɔ̃fɔRtɑ̃, ɑ̃t] (ADJ) [*parole, idée*] comforting

réconforter [Rekɔ̃fɔRte] /TABLE 1/ (VT) [*paroles, présence*] to comfort; [*alcool, aliment*] to fortify

reconnaissable [R(ə)kɔnɛsabl] (ADJ) recognizable (**à** by, from)

reconnaissance [R(ə)kɔnɛsɑ̃s] **1** (NF) ⓐ gratitude • **avoir de la ~ pour qn** to be grateful to sb ⓑ [*d'État, indépendance, droit, diplôme*] recognition ⓒ (*= identification*) recognition • **~ faciale** facial recognition • **~ vocale** speech recognition • **~ optique de caractères** optical character recognition ⓓ (*= exploration*) reconnaissance • **envoyer en ~** to send out on reconnaissance • **partir en ~** to go and reconnoitre the ground **2** (COMP) ▸ **reconnaissance de dette** acknowledgement of debt ▸ **reconnaissance d'enfant** legal recognition of a child ▸ **reconnaissance professionnelle** professional recognition

reconnaissant, e [R(ə)kɔnɛsɑ̃, ɑ̃t] (ADJ) grateful (**à qn de qch** to sb for sth) • **se montrer ~ envers qn** to show one's gratitude to sb • **je vous serais ~ de me répondre rapidement** I would be grateful if you would reply quickly

reconnaître○ [R(ə)kɔnɛtR] /TABLE 57/ **1** (VT) ⓐ (*= identifier*) to recognize • **je l'ai reconnu à sa voix** I recognized him by his voice • **je le reconnaîtrais entre mille** I'd recognize him anywhere • **~ le corps** (*d'un mort*) to identify the body • **les jumeaux sont impossibles à ~** the twins are impossible to tell apart • **je le reconnais bien là!** that's just like him! • **on ne le reconnaît plus** you wouldn't recognize him now

ⓑ [*+ innocence, supériorité, valeur, torts*] to recognize • **il faut ~ qu'il faisait très froid** admittedly it was very cold • **il a reconnu s'être trompé** *ou* **qu'il s'était trompé** he admitted that he had made a mistake • **je reconnais que j'avais tout à fait oublié** I must admit that I had completely forgotten

ⓒ [*+ maître, chef, État, gouvernement, diplôme*] to recognize; (*Droit*) [*+ enfant, dette*] to acknowledge • **~ qn pour** *ou* **comme chef** to recognize sb as one's leader • **~ qn coupable** to find sb guilty

ⓓ (*Mil*) [*+ terrain*] to reconnoitre • **les gangsters étaient certainement venus ~ les lieux auparavant** the gangsters had probably been to look over the place beforehand

2 (VPR) **se reconnaître** ⓐ (*dans la glace*) to recognize o.s.; (*entre personnes*) to recognize each other

ⓑ (*= se retrouver*) to find one's way around • **je commence à me ~** I'm beginning to find my bearings

ⓒ (*= être reconnaissable*) to be recognizable (**à** by)

reconnecter (VT), **se reconnecter** (VPR) [R(ə)kɔnɛkte] /TABLE 1/ to reconnect (**à** to); (*Informatique*) to log on again

reconnu, e [R(ə)kɔny] *ptp de* **reconnaître** (ADJ) [*auteur, chef, diplôme*] recognized • **c'est un fait ~ que ...** it's a recognized fact that ... • **il est ~ que ...** it is recognized that ...

reconquérir [R(ə)kɔ̃keRiR] /TABLE 21/ (VT) (*Mil*) to reconquer; [+ *personne, titre, siège de député*] to win back; [+ *dignité, liberté*] to recover

reconquête [R(ə)kɔ̃kɛt] (NF) (*Mil*) reconquest; [*de droit, liberté*] recovery

reconsidérer [R(ə)kɔ̃sideRe] /TABLE 6/ (VT) to reconsider

reconstituer [R(ə)kɔ̃stitɥe] /TABLE 1/ **1** (VT) **a** [+ *parti, armée, association*] to re-form; [+ *fortune, capital, réserves*] to build up again **b** [+ *crime, faits, histoire*] to reconstruct; [+ *décor*] to recreate; [+ *fichier*] to rebuild; [+ *texte*] to reconstitute **2** (VPR) **se reconstituer** [*équipe, parti*] to re-form; [*réserves*] to be built up again

reconstitution [R(ə)kɔ̃stitysj ɔ̃] (NF) **a** [*de parti, armée, association*] re-forming; [*de fortune, capital, réserves*] rebuilding **b** [*de faits, histoire*] reconstruction; [*de fichier*] rebuilding; [*de texte*] reconstitution • **la ~ du crime** the reconstruction of the crime (*in the presence of the examining magistrate and the accused*)

reconstruction [R(ə)kɔ̃stRyksjɔ̃] (NF) [*de maison, ville, fortune*] rebuilding; [*de pays*] reconstruction

reconstruire [R(ə)kɔ̃stRɥiR] /TABLE 38/ (VT) [+ *maison, ville*] to rebuild; [+ *pays*] to reconstruct; [+ *fortune*] to build up again • **il a dû ~ sa vie** he had to rebuild his life

recontacter [R(ə)kɔ̃takte] /TABLE 1/ (VT) **~ qn** to get in touch with sb again • **je vous recontacterai quand j'aurai pris une décision** I'll get in touch with you again when I've made a decision

reconversion [R(ə)kɔ̃vɛRsjɔ̃] (NF) [*d'usine*] reconversion; [*de personnel*] retraining • **stage/plan de ~** retraining course/scheme

reconvertir [R(ə)kɔ̃vɛRtiR] /TABLE 2/ **1** (VT) [+ *personnel*] to retrain; [+ *région*] to redevelop • **la fabrique a été reconvertie en école** the factory has been converted into a school **2** (VPR) **se reconvertir** [*personne*] to move into a new type of employment; [*entreprise*] to change activity • **il s'est reconverti dans la publicité** he has changed direction and gone into advertising • **nous nous sommes reconvertis dans le textile** we have moved over into textiles

recopier [R(ə)kɔpje] /TABLE 7/ (VT) (= *transcrire*) to copy out; (= *recommencer*) to copy out again • **~ ses notes au propre** to write up one's notes

record [R(ə)kɔR] **1** (NM) record • **~ de vitesse** speed record • **~ du monde** world record • **le dollar a battu un ~ historique** the dollar has hit a record high • **le ministre bat tous les ~s d'impopularité** the minister breaks all the records for unpopularity • **ça bat (tous) les ~s!*** that beats everything! • **ce film a connu des ~s d'affluence** the film broke box-office records • **un ~ d'abstentions** a record number of abstentions

2 (ADJ INV) [*chiffre, niveau, production, taux*] record • **les bénéfices ont atteint un montant ~ de 5 milliards** profits reached a record total of 5 billion • **en un temps ~** in record time

recordman [R(ə)kɔRdman] (*pl* **recordmen** [R(ə)kɔRdmɛn]) (NM) (men's) record holder

recordwoman [R(ə)kɔRdwuman] (*pl* **recordwomen** [R(ə)kɔRdwumɛn]) (NF) (women's) record holder

recoucher [R(ə)kuʃe] /TABLE 1/ **1** (VT) [+ *enfant*] to put back to bed **2** (VPR) **se recoucher** to go back to bed

recoudre [R(ə)kudR] /TABLE 48/ (VT) [+ *ourlet*] to sew up again; [+ *bouton*] to sew back on; [+ *plaie, opéré*] to stitch up

recoupement [R(ə)kupmɑ̃] (NM) **par ~** by cross-checking • **faire des ~s** to cross-check

recouper [R(ə)kupe] /TABLE 1/ **1** (VT) **a** to cut again • **~ du pain** to cut some more bread • **elle m'a recoupé une tranche de viande** she cut me another slice of meat **b** [*témoignage*] to confirm **2** (VPR) **se recouper** [*faits*] to confirm one another; [*chiffres, résultats*] to add up

recourbé, e [R(ə)kuRbe] (ADJ) curved • **nez ~** hooknose

recourir [R(ə)kuRiR] /TABLE 11/ **1** (VI) (*Sport*) to race again **2** (VT INDIR) **~ à** to resort to; [+ *personne*] to turn to • **j'ai recouru à son aide** I turned to him for help

recours [R(ə)kuR] **1** (NM) recourse; (*Droit*) appeal • **le ~ à la violence ne sert à rien** resorting to violence doesn't do any good • **en dernier ~** as a last resort

▸ **avoir recours à** [+ *mesure, solution, force*] to resort to; [+ *personne*] to turn to

2 (COMP) ▸ **recours en cassation** appeal to the supreme court ▸ **recours en grâce** (= *remise de peine*) plea for pardon; (= *commutation de peine*) plea for clemency

recouvrer [R(ə)kuvRe] /TABLE 1/ (VT) **a** [+ *santé, vue*] to recover; [+ *liberté*] to regain • **~ la raison** to recover one's senses **b** [+ *cotisation, impôt*] to collect

recouvrir [R(ə)kuvRiR] /TABLE 18/ **1** (VT) (*entièrement*) to cover • **recouvert d'écailles/d'eau** covered in scales/water • **le sol était recouvert d'un tapis** there was a carpet on the floor **2** (VPR) **se recouvrir** (= *être recouvert*) **se ~ d'eau/de terre** to become covered in water/earth

recracher [R(ə)kRaʃe] /TABLE 1/ **1** (VT) to spit out • **l'usine recrachait ses eaux usées dans la rivière** the factory poured its waste water into the river **2** (VI) to spit again

récré* [RekRe] (NF) (ABR DE **récréation**)

récréation [RekReasjɔ̃] (NF) (*à l'école*) break • **aller en ~** to go out for the break

recréer [R(ə)kRee] /TABLE 1/ (VT) to recreate

récrimination [RekRiminasjɔ̃] (NF) recrimination

récriminer [RekRimine] /TABLE 1/ (VI) to recriminate

récrire [RekRiR] /TABLE 39/ (VT) = **réécrire**

recroquevillé, e [R(ə)kRɔk(ə)vije] *ptp de* **recroqueviller** (ADJ) [*feuille, fleur*] shrivelled up; [*personne*] hunched up

recroqueviller (se) [R(ə)kRɔk(ə)vije] /TABLE 1/ (VPR) [*feuille, fleur*] to shrivel up; [*personne*] to huddle o.s. up

recrudescence [R(ə)kRydesɑ̃s] (NF) outbreak • **devant la ~ des vols** in view of the increasing number of thefts

recrue [RəkRy] (NF) recruit

recrutement [R(ə)kRytmɑ̃] (NM) recruitment

recruter [R(ə)kRyte] /TABLE 1/ (VT) to recruit • **se ~ dans** *ou* **parmi** to be recruited from

recruteur, -euse [R(ə)kRytœR, øz] (NM,F) recruiter; (*Mil*) recruiting officer

rectangle [Rɛktɑ̃gl] (NM) rectangle

rectangulaire [Rɛktɑ̃gylɛR] (ADJ) rectangular

recteur, -trice [Rɛktœr, tRis] (NM,F) **~ (d'académie)** ≈ chief education officer (*Brit*), ≈ commissioner of education (*US*) → ACADÉMIE

rectificatif [Rɛktifikatif] (NM) correction • **apporter un ~** to make a correction (**à** to)

rectification [Rɛktifikasjɔ̃] (NF) **a** [*d'erreur*] rectification; [*de paroles, texte*] correction • **permettez-moi une petite ~** if I might make a small rectification • **apporter**

r

des ~s to make some corrections ⓑ [*de route, tracé, virage*] straightening; [*de mauvaise position*] correction

rectifier [ʀɛktifje] /TABLE 7/ VT ⓐ (= *corriger*) [+ *calcul, erreur*] to rectify; [+ *paroles, texte*] to correct; [+ *facture*] to amend ⓑ (= *ajuster*) to adjust; [+ *route, tracé*] to straighten; [+ *mauvaise position*] to correct • **~ le tir** to adjust the fire; (*fig*) to change one's tack ⓒ [+ *pièce*] to adjust ⓓ (= *tuer*)* **il a été rectifié** • **il s'est fait ~** he got himself bumped off

rectiligne [ʀɛktiliɲ] ADJ straight; [*mouvement*] rectilinear

recto [ʀɛkto] NM front of a page • **~ verso** on both sides of the page • **voir au ~** see other side

rectorat [ʀɛktɔʀa] NM (= *bureaux*) education offices; (= *administration*) education authority

reçu, e [ʀ(ə)sy] *ptp de* **recevoir** **1** ADJ [*candidat*] successful **2** NM,F (= *candidat*) successful candidate • **il y a eu 50 ~s** there were 50 passes *ou* successful candidates **3** NM (= *quittance*) receipt

recueil [ʀəkœj] NM collection • **~ de poèmes** collection of poems

recueillement [ʀ(ə)kœjmɑ̃] NM contemplation • **écouter avec un grand ~** to listen reverently

recueillir [ʀ(ə)kœjiʀ] /TABLE 12/ **1** VT ⓐ [+ *argent, documents, liquide*] to collect; [+ *suffrages*] to win • **il a recueilli 100 voix** he got 100 votes ⓑ (= *accueillir*) [+ *enfant, réfugié, animal*] to take in ⓒ (= *enregistrer*) to record **2** VPR **se recueillir** to collect one's thoughts • **aller se ~ sur la tombe de qn** to go and meditate at sb's grave

recuire [ʀ(ə)kɥiʀ] /TABLE 38/ VI **faire ~** to cook a little longer

recul [ʀ(ə)kyl] NM ⓐ [*d'armée*] retreat; [*de patron, négociateur*] climb-down* (**par rapport à** from) • **avoir un mouvement de ~** to recoil (**devant** from)

ⓑ [*de civilisation, langue, épidémie*] decline (**de** of); [*d'investissements, ventes, prix, taux*] fall (**de** in) • **un ~ de la majorité aux élections** a setback for the government in the election • **le ~ de l'euro par rapport au dollar** the fall of the euro against the dollar

▸ **en recul** **être en ~** [*épidémie, chômage*] to be on the decline; [*monnaie*] to be falling; [*parti*] to be losing ground • **le dollar est en net ~ par rapport à hier** the dollar has dropped sharply since yesterday

ⓒ (= *éloignement dans le temps, l'espace*) distance • **avec le ~, on juge mieux les événements** with the passing of time one can stand back and judge events better • **on voit mieux le tableau avec le ~** you can see the painting better if you stand back • **avec du** *ou* **le ~** with hindsight • **prendre du ~** to step back; (*fig*) to stand back (**par rapport à** from) • **après cette dispute, j'ai besoin de prendre un peu de ~** after that quarrel I need to take stock • **il manque de ~** (*pour faire demi-tour*) he hasn't got enough room; (*pour prendre une photo*) he's too close; (*pour juger objectivement*) he's not objective enough • **nous manquons de ~ pour mesurer les effets à long terme** it is still too soon for us to assess the long-term effects

ⓓ [*d'arme à feu*] recoil

ⓔ (= *déplacement*) [*de véhicule*] backward movement

reculé, e [ʀ(ə)kyle] *ptp de* **reculer** ADJ remote • **en ces temps ~s** in those far-off times

reculer [ʀ(ə)kyle] /TABLE 1/ **1** VI ⓐ [*personne*] to move back; (*par peur*) to back away; [*automobiliste, automobile*] to reverse; [*cheval*] to back • **~ de deux pas** to move back two paces • **~ devant l'ennemi** to retreat from the enemy • **c'est ~ pour mieux sauter** it's just putting off the evil day • **faire ~** [+ *ennemi, foule*] to force back; [+ *cheval*] to move back; [+ *désert*] to drive back

ⓑ (= *hésiter*) to shrink back; (= *changer d'avis*) to back down • **tu ne peux plus ~ maintenant** you can't back out now • **~ devant la dépense/difficulté** to shrink from the expense/difficulty • **je ne reculerai devant rien** I'll stop at nothing

ⓒ (= *diminuer*) to be on the decline; [*eaux, incendie*] to subside • **faire ~ l'épidémie** to get the epidemic under control • **faire ~ le chômage** to reduce the number of unemployed • **faire ~ l'inflation** to curb inflation

2 VT ⓐ [+ *chaise, meuble, frontières*] to push back; [+ *véhicule*] to reverse

ⓑ (*dans le temps*) to postpone

3 VPR **se reculer** to take a step back

reculons [ʀ(ə)kylɔ̃] ▸ **à reculons** LOC ADV [*aller, marcher*] backwards • **sortir à ~ d'une pièce** to back out of a room • **ce pays entre à ~ dans l'Europe** this country is reluctant about going into Europe • **ils y vont à ~** (*fig*) they're dragging their feet

récup * [ʀekyp] NF (ABR DE **récupération**)

récupération [ʀekypeʀasjɔ̃] **1** NF ⓐ [*d'argent, biens, forces, données*] recovery • **la capacité de ~ de l'organisme** the body's powers of recovery ⓑ [*de ferraille, chiffons, emballages*] salvage; [*de déchets*] retrieval; [*de chaleur, énergie*] recovery • **matériaux de ~** salvaged materials ⓒ [*de journées de travail*] making up ⓓ (*Politique*) (*péj*) [*de mouvement, personnes*] hijacking **2** COMP ▸ **récupération de données** (*Informatique*) data recovery

récupérer [ʀekypeʀe] /TABLE 6/ **1** VT ⓐ [+ *argent, biens, territoire, objet prêté, forces*] to get back; [+ *données*] to recover; (= *aller chercher*) [+ *enfant, bagages*] to collect; (= *reprendre à un autre*) [+ *sièges, voix*] to take • **il a récupéré son siège** (*Politique*) he won back his seat

ⓑ [+ *ferraille, chiffons, emballages*] to salvage; [+ *chaleur, énergie*] to recover; [+ *déchets*] to retrieve • **regarde si tu peux ~ quelque chose dans ces habits** have a look and see if there's anything you can rescue from among these clothes

ⓒ [+ *journées de travail*] to make up

ⓓ (*Politique*) (*péj*) [+ *personne, mouvement*] to hijack • **se faire ~ par la droite** to find o.s. hijacked by the right • **~ une situation à son profit** to cash in on a situation

2 VI (*après des efforts, une maladie*) to recuperate

récurer [ʀekyʀe] /TABLE 1/ VT to scour

récurrence [ʀekyʀɑ̃s] NF recurrence

récurrent, e [ʀekyʀɑ̃, ɑ̃t] ADJ recurrent • **de façon ~e** over and over again

récuser [ʀekyze] /TABLE 1/ **1** VT [+ *témoin, juge, juré, témoignage*] to challenge; [+ *accusation*] to deny • **~ un argument** (*Droit*) to make objection to an argument • **~ la compétence d'un tribunal** to challenge the competence of a court **2** VPR **se récuser** (= *ne pas donner son avis*) to decline to give an opinion; (= *refuser une responsabilité*) to decline to accept responsibility

recyclable [ʀ(ə)siklabl] ADJ recyclable

recyclage [ʀ(ə)siklaʒ] NM ⓐ [*de déchets, papiers*] recycling ⓑ [*d'employé*] retraining • **stage de ~** refresher course

recycler [ʀ(ə)sikle] /TABLE 1/ **1** VT ⓐ [+ *employé*] (*dans son*

domaine) to send on a refresher course; (*pour un nouveau métier*) to retrain ⓑ [+ *déchets, eaux usées*] to recycle • **papier recyclé** recycled paper • **~ par le haut** to upcycle
2 (VPR) **se recycler** ⓐ [*personne*] (*dans son domaine*) to go on a refresher course ⓑ (*pour un nouveau métier*) to retrain • **elle s'est recyclée dans la restauration** she changed direction and went into catering • **je ne peux pas me ~ à mon âge** I can't learn a new job at my age • **il a besoin de se ~ !*** he needs to get with it!*

rédacteur, -trice [ʀedaktœʀ, tʀis] (NM,F) [*de journal, magazine*] sub-editor; [*d'article*] writer; [*d'encyclopédie, dictionnaire*] editor • **~ politique/sportif** political/sports editor ▸**rédacteur en chef** editor ▸**rédacteur publicitaire** copywriter

rédaction [ʀedaksjɔ̃] (NF) ⓐ [*de contrat, projet*] drafting; [*de thèse, article*] writing; [*d'encyclopédie, dictionnaire*] compiling ⓑ (*Presse*) (= *personnel*) editorial staff → **secrétaire** ⓒ (*Scol*) essay

reddition [ʀedisjɔ̃] (NF) (*Mil*) surrender • **~ sans conditions** unconditional surrender

redécorer [ʀədekɔʀe] /TABLE 1/ (VT) to redecorate

redécoupage [ʀədekupaʒ] (NM) **effectuer un ~ électoral** to make boundary changes

redécouper [ʀədekupe] /TABLE 1/ (VT) **~ une circonscription électorale** to redraw the boundary lines of a constituency

redécouverte [ʀ(ə)dekuvɛʀt] (NF) rediscovery

redécouvrir [ʀ(ə)dekuvʀiʀ] /TABLE 18/ (VT) to rediscover

redéfinir [ʀ(ə)definiʀ] /TABLE 2/ (VT) to redefine

redemander [ʀəd(ə)mɑ̃de] /TABLE 1/ (VT) [+ *adresse*] to ask again for; [+ *aliment*] to ask for more; [+ *bouteille*] to ask for another • **redemande-le-lui** (*une nouvelle fois*) ask him for it again; (*récupère-le*) ask him to give it back to you • **~ du poulet** to ask for more chicken • **en ~*** to ask for more*

redémarrage [ʀ(ə)demaʀaʒ] (NM) ⓐ [*de moteur, réacteur, usine*] starting up again ⓑ (= *reprise*) [*d'économie, activité, ventes*] resurgence; [*de croissance*] pickup (**de** in)

redémarrer [ʀ(ə)demaʀe] /TABLE 1/ (VI) ⓐ [*moteur*] to start up again; [*véhicule*] to move off again ⓑ [*processus*] to start again; [*économie*] to get going again; [*croissance*] to pick up again; [*inflation*] to rise again

redéploiement [ʀ(ə)deplwamɑ̃] (NM) [*d'armée, effectifs*] redeployment; [*de groupe industriel, activités, crédits*] restructuring

redéployer [ʀ(ə)deplwaje] /TABLE 8/ **1** (VT) to redeploy • **l'entreprise a redéployé ses activités autour de trois pôles** the company has reorganized its operations around three core areas **2** (VPR) **se redéployer** [*armée, effectifs*] to redeploy; [*entreprise*] to reorganize its operations

redescendre [ʀ(ə)desɑ̃dʀ] /TABLE 41/

> When **redescendre** has an object it is conjugated with **avoir**, otherwise the auxiliary is **être**.

1 (VT) ⓐ [+ *objet*] to bring *ou* take down (again)

> **redescendre** se traduira par **to bring down (again)** ou par **to take down (again)** suivant que le locuteur se trouve ou non à l'endroit en question.

• **pourrais-tu ~ cette malle à la cave ? je n'en ai plus besoin** could you take this trunk down to the cellar? I don't need it any more • **redescendez-moi le dossier quand vous viendrez me voir** bring the file back down for me when you come and see me • **~ qch d'un cran** to put sth one notch lower down
ⓑ [+ *escalier*] to go *ou* come down (again) • **j'ai monté toutes ces marches et maintenant il faut que je redescende** I've climbed all these stairs and now I've got to go down again
2 (VI)

> **redescendre** se traduira par **to come down (again)** ou par **to go down (again)** suivant que le locuteur se trouve ou non à l'endroit en question.

ⓐ (*d'une colline, d'un endroit élevé*) to go *ou* come down (again); (*dans l'escalier*) to go *ou* come downstairs (again) • **~ de voiture** to get out of the car again • **redescendez tout de suite les enfants !** come down at once, children!
ⓑ [*ascenseur, avion, chemin*] to go down again; [*baromètre, fièvre*] to fall again

redessiner [ʀ(ə)desine] /TABLE 1/ (VT) [+ *paysage, jardin*] to redesign; [+ *frontière*] to redraw

redevable [ʀ(ə)dəvabl] (ADJ) **~ de l'impôt** liable for tax • **être ~ à qn de qch/d'avoir fait qch** to be indebted to sb for qch/for having done sth

redevance [ʀ(ə)dəvɑ̃s] (NF) (= *impôt*) tax; (*pour télévision*) licence fee (*Brit*); (*pour téléphone*) rental charge

redevenir [ʀ(ə)dəv(ə)niʀ] /TABLE 22/ (VI)

> **redevenir** is conjugated with **être**.

to become again • **il est redevenu lui-même** he is his old self again

rédhibitoire [ʀedibitwaʀ] (ADJ) damning • **un échec n'est pas forcément ~** one failure does not necessarily spell the end of everything

rediffuser [ʀ(ə)difyze] /TABLE 1/ (VT) [+ *émission*] to repeat

rediffusion [ʀ(ə)difyzjɔ̃] (NF) [*d'émission*] repeat

rédiger [ʀediʒe] /TABLE 3/ (VT) [+ *article, lettre*] to write; (*à partir de notes*) to write up; [+ *encyclopédie, dictionnaire*] to compile; [+ *contrat*] to draw up • **bien rédigé** well-written

redimensionner [ʀ(ə)dimɑ̃sjɔne] /TABLE 1/ (VT) to resize

redingote [ʀ(ə)dɛ̃gɔt] (NF) **(manteau) ~** fitted coat

redire [ʀ(ə)diʀ] /TABLE 37/ (VT) ⓐ [+ *affirmation*] to say again; [+ *histoire*] to tell again • **~ qch à qn** to say sth to sb again • **je te l'ai dit et redit** I've told you that over and over again ⓑ (= *critiquer*) **avoir** *ou* **trouver à ~ à qch** to find fault with sth • **on ne peut rien trouver à ~ là-dessus** there's nothing to say to that • **je ne vois rien à ~ (à cela)** I can't see anything wrong with that

rediriger [ʀ(ə)diʀiʒe] /TABLE 3/ (VT) [+ *appel, personne*] to redirect

rediscuter [ʀ(ə)diskyte] /TABLE 1/ (VT) to discuss again

redistribuer [ʀ(ə)distʀibɥe] /TABLE 1/ (VT) [+ *biens*] to redistribute; [+ *emplois, rôles, tâches*] to reallocate; [+ *cartes*] to deal again

redistributif, -ive [ʀ(ə)distʀibytif, iv] (ADJ) redistributive

r

redistribution [R(ə)distribysjɔ̃] (NF) [*de richesses, revenus, pouvoirs*] redistribution; [*de rôles, terres*] reallocation

redite [R(ə)dit] (NF) needless repetition

redondance [R(ə)dɔ̃dɑ̃s] (NF) ⓐ redundancy *NonC* ⓑ (= *expression*) unnecessary repetition

redondant, e [R(ə)dɔ̃dɑ̃, ɑ̃t] (ADJ) [*style*] redundant

redonner [R(ə)dɔne] /TABLE 1/ (VT) ⓐ (= *rendre*) to give back • **cela te redonnera des forces** that will build your strength back up • ~ **de la confiance/du courage à qn** to give sb new confidence/courage ⓑ (= *donner de nouveau*) [+ *adresse*] to give again; [+ *pain, eau*] to give some more • ~ **une couche de peinture** to give another coat of paint • **tu peux me ~ de la viande/des carottes?** can you give me some more meat/some more carrots? • **redonne-lui une bière/à boire** give him another beer/another drink

redorer [R(ə)dɔRe] /TABLE 1/ (VT) ~ **son blason** to regain prestige

redoublant, e [R(ə)dublɑ̃, ɑ̃t] (NM,F) (= *élève*) *pupil who is repeating (or has repeated) a year at school*

redoublement [R(ə)dubləmɑ̃] (NM) ⓐ [*d'élève*] **les professeurs demandent son ~** the teachers want him to repeat the year ⓑ (= *accroissement*) increase (**de** in)

redoubler [R(ə)duble] /TABLE 1/ **1** (VT) ⓐ (= *accroître*) to increase ⓑ [+ *syllabe*] to reduplicate ⓒ ~ **(une classe)** [*élève*] to repeat a year **2** (VT INDIR) ~ **de** • ~ **d'efforts** to increase one's efforts • ~ **de prudence/de vigilance** to be extra careful/vigilant • **le vent redouble de violence** the wind is getting even stronger **3** (VI) to increase; [*cris*] to get even louder

redoutable [R(ə)dutabl] (ADJ) [*arme, adversaire, concurrence, problème*] formidable; [*maladie*] dreadful; [*question*] tough • **son charme ~** his devastating charm • **elle est d'une efficacité ~** she's frighteningly efficient

redoutablement [R(ə)dutabləmɑ̃] (ADV) [*agile, efficace*] formidably; [*dangereux*] extremely

redouter [R(ə)dute] /TABLE 1/ (VT) to dread

redoux [Rədu] (NM) (= *temps plus chaud*) spell of milder weather; (= *dégel*) thaw

redressement [R(ə)dRɛsmɑ̃] (NM) [*d'économie, entreprise*] recovery • **plan de ~** recovery package • ~ **économique** economic recovery • **être mis** *ou* **placé en ~ judiciaire** to be put into receivership • ~ **fiscal** tax adjustment

redresser [R(ə)dRese] /TABLE 1/ **1** (VT) ⓐ [+ *arbre, statue, poteau*] to set upright; [+ *tôle cabossée*] to straighten out • ~ **un malade dans son lit** to sit a patient up in bed • ~ **les épaules** to straighten one's shoulders • ~ **le corps** to stand up straight • ~ **la tête** to lift up one's head; (*fig*) to hold one's head up high • **se faire ~ les dents** to have one's teeth straightened

ⓑ [+ *avion, roue, voiture*] to straighten up; [+ *bateau*] to right

ⓒ [+ *économie*] to redress; [+ *entreprise déficitaire*] to turn round • ~ **le pays** to put the country on its feet again • ~ **la situation** to put the situation right

2 (VPR) **se redresser** ⓐ (= *se mettre assis*) to sit up; (= *se mettre droit*) to stand up straight; (*après s'être courbé*) to straighten up • **redresse-toi!** sit *ou* stand up straight!

ⓑ [*bateau*] to right itself; [*avion, voiture*] to straighten up; [*pays, économie*] to recover; [*situation*] to put itself to rights

redresseur [R(ə)dRɛsœR] (NM) ~ **de torts** righter of wrongs

réduc* [Redyk] (NF) (ABR DE **réduction**)

réducteur, -trice [RedyktœR, tRis] **1** (ADJ) [*analyse, concept*] simplistic **2** (NM) ~ **(de vitesse)** speed reducer

réduction [Redyksjɔ̃] (NF) reduction (**de** in) • ~ **de salaire/d'impôts** wage/tax cut • ~ **du temps de travail** reduction in working hours • **obtenir une ~ de peine** to get a reduction in one's sentence • ~ **pour les étudiants/chômeurs** concessions for students/the unemployed • **bénéficier d'une carte de ~ dans les transports** to have a discount travel card

réduire [RedɥiR] /TABLE 38/ **1** (VT) (= *diminuer*) to reduce; [+ *texte*] to shorten • **il va falloir ~ notre train de vie** we'll have to cut down on our spending

▸ **réduire à** (= *ramener à*) to reduce to; (= *limiter à*) to limit to • **en être réduit à** to be reduced to • ~ **à sa plus simple expression** [+ *mobilier, repas*] to reduce to the absolute minimum • ~ **qch à néant** to reduce sth to nothing

▸ **réduire en** to reduce to • ~ **qn en esclavage** to reduce sb to slavery • ~ **qch en miettes/en morceaux** to smash sth to tiny pieces/to pieces • ~ **qch en poudre** to reduce sth to a powder • **sa maison était réduite en cendres** his house was reduced to ashes

2 (VI) [*sauce*] to reduce • **faire** *ou* **laisser ~ la sauce** cook the sauce to reduce it

3 (VPR) **se réduire** **se ~ à** [*affaire, incident*] to boil down to; [*somme, quantité*] to amount to • **je me réduirai à quelques exemples** I'll limit myself to a few examples

réduit, e [Redɥi, it] *ptp de* **réduire** **1** (ADJ) ⓐ (= *petit*) small • **de taille ~e** small • **reproduction à échelle ~e** small-scale reproduction → **modèle** ⓑ (= *diminué*) [*tarif, prix, taux*] reduced; [*délai*] shorter; [*débouchés*] limited • **livres à prix ~s** cut-price books • **avancer à vitesse ~e** to move forward at low speed • « **service ~ le dimanche** » "reduced service on Sundays" **2** (NM) (= *pièce*) tiny room

redynamiser [R(ə)dinamize] /TABLE 1/ (VT) [+ *économie, secteur, tourisme*] to give a new boost to

rééchelonner [Reeʃ(ə)lɔne] /TABLE 1/ (VT) [+ *dette*] to reschedule

réécrire [ReekRiR] /TABLE 39/ (VT) [+ *roman, inscription*] to rewrite; [+ *lettre*] to write again • **il m'a réécrit** he has written to me again

rééditer [Reedite] /TABLE 1/ (VT) [+ *livre*] to republish • **il a réédité l'exploit trois semaines plus tard** he did it again three weeks later

réédition [Reedisjɔ̃] (NF) [*de livre*] new edition

rééducation [Reedykasjɔ̃] (NF) [*de malade, délinquant*] rehabilitation; [*de membre*] re-education • **faire de la ~** to have physiotherapy • **centre de ~** rehabilitation centre

rééduquer [Reedyke] /TABLE 1/ (VT) to re-educate; [+ *malade, délinquant*] to rehabilitate; [+ *membre*] to re-educate

réel, -elle [Reɛl] **1** (ADJ) real **2** (NM) **le ~** reality

réélection [Reelɛksjɔ̃] (NF) re-election

réélire [ReeliR] /TABLE 43/ (VT) to re-elect

réellement [Reɛlmɑ̃] (ADV) really

réembaucher [Reɑ̃boʃe] /TABLE 1/ (VT) to re-employ

réemploi [Reɑ̃plwa] (NM) ⓐ (= *nouvelle embauche*) re-employment ⓑ [*de méthode, produit*] re-use

réemployer [Reɑ̃plwaje] /TABLE 8/ (VT) ⓐ [+ *méthode, produit*] to re-use ⓑ (= *réembaucher*) to re-employ

réemprunter [Reɑ̃pRœ̃te] /TABLE 1/ (VT) ⓐ [+ *argent, objet*] to borrow again ⓑ ~ **le même chemin** to take the same road again

réentendre [Reɑ̃tɑ̃dR] /TABLE 41/ (VT) to hear again
rééquilibrage [reekilibRaʒ] (NM) [*de budget, finances, comptes*] rebalancing • **le ~ des forces au sein du gouvernement** the redistribution of power within the government
rééquilibrer [reekilibRe] /TABLE 1/ (VT) [*+ économie*] to restabilize; [*+ budget, comptes, finances*] to rebalance • **~ les pouvoirs/la balance commerciale** to restore the balance of power/the balance of trade
réessayer [reeseje] /TABLE 8/ (VT) [*+ vêtement*] to try on again • **je réessaierai plus tard** I'll try again later
réétudier [reetydje] /TABLE 7/ (VT) [*+ dossier, question*] to re-examine
réévaluer [reevalɥe] /TABLE 1/ (VT) ⓐ [*+ monnaie*] to revalue (**par rapport à** against); [*+ salaire*] (*à la hausse*) to upgrade; (*à la baisse*) to downgrade ⓑ [*+ situation, place, méthode*] to reappraise
réexamen [reɛgzamɛ̃] (NM) [*de situation, dossier, candidature, décision*] reconsideration • **demander un ~ de la situation** to ask for the situation to be reconsidered
réexaminer [reɛgzamine] /TABLE 1/ (VT) [*+ problème, situation, candidature, décision*] to reconsider
réexpédier [reɛkspedje] /TABLE 7/ (VT) ⓐ (*= retourner, renvoyer*) to send back • **on l'a réexpédié dans son pays** he was sent back to his country ⓑ (*= faire suivre*) to forward
réexpédition [reɛkspedisjɔ̃] (NF) [*de courrier*] forwarding • **enveloppe/frais de ~** forwarding envelope/charges
réf. (ABR DE **référence**) ref.
refaire [R(ə)fɛR] /TABLE 60/ **1** (VT) ⓐ (*= recommencer*) to do again; [*+ nœud, paquet*] to do up again • **elle a refait sa vie avec lui** she started a new life with him • **tu refais toujours la même faute** you always make the same mistake • **il a refait de la fièvre** he has had another bout of fever • **il refait du vélo** he has taken up cycling again • **il va falloir tout ~ depuis le début** it will have to be done all over again • **si vous refaites du bruit** if you start making a noise again • **il va falloir ~ de la soupe** we'll have to make some more soup • **je vais me ~ une tasse de café** I'm going to make myself another cup of coffee • **~ le monde** (*en parlant*) to try to solve the world's problems • **si c'était à ~!** if I had to do it again! • **elle est complètement refaite du visage** (*après chirurgie esthétique*) she's got a completely new face
ⓑ (*= retaper*) [*+ toit, route, mur*] to repair; [*+ meuble*] to restore; [*+ chambre*] to redecorate • **on refera les peintures/les papiers au printemps** we'll repaint/repaper in the spring • **nous allons faire ~ le carrelage du salon** we're going to have the tiles in the lounge done again • **se faire ~ le nez** to have a nose job* • **~ qch à neuf** to do sth up like new • **~ ses forces** to recover one's strength • **à son âge, tu ne la referas pas** at her age, you won't change her
ⓒ (*= duper*)* to take in • **il a été refait** • **il s'est fait ~** he has been taken in • **il m'a refait de 50 €** he did* me out of 50 euros
2 (VPR) **se refaire** (*= regagner son argent*) to make up one's losses • **se ~ une santé** to recuperate • **se ~ une beauté** to freshen up • **que voulez-vous, on ne se refait pas!** what can you expect - you can't change how you're made!*
réfection [Refɛksjɔ̃] (NF) repairing • **la ~ de la route va durer trois semaines** the road repairs will take three weeks
réfectoire [Refɛktwar] (NM) canteen
référé [Refere] (NM) **(action** *ou* **procédure en) ~** summary proceedings • **(jugement en) ~** interim ruling • **assigner qn en ~** to apply for summary judgment against sb
référence [Referɑ̃s] (NF) reference • **en ~ à votre courrier du 2 juin** with reference to your letter of 2 June • **période/prix de ~** reference period/price • **prendre qch comme point de ~** to use sth as a point of reference • **faire ~ à** to refer to • **servir de ~** [*chiffres, indice, taux*] to be used as a benchmark; [*personne*] to be a role model • **lettre de ~** letter of reference • **il a un doctorat, c'est quand même une ~** he has a doctorate which is not a bad recommendation • **ce n'est pas une ~** that's no recommendation
référencer [Referɑ̃se] /TABLE 3/ (VT) to reference
référendum [Referɛ̃dɔm] (NM) referendum • **faire** *ou* **organiser un ~** to hold a referendum
référer [Refere] /TABLE 6/ **1** (VT INDIR) **en ~ à qn** to refer a matter to sb **2** (VPR) **se référer se ~ à** (*= consulter*) to consult; (*= faire référence à*) to refer to • **si l'on s'en réfère à son dernier article** if we refer to his most recent article
refermable [R(ə)fɛRmabl] (ADJ) [*sachet*] resealable
refermer [R(ə)fɛRme] /TABLE 1/ **1** (VT) to shut again • **peux-tu ~ la porte?** can you shut the door? • **~ un dossier** to close a file **2** (VPR) **se refermer** [*plaie, fleur*] to close up; [*fenêtre, porte*] to shut • **le piège se referma sur lui** the trap closed on him
refiler‡ [R(ə)file] /TABLE 1/ (VT) to give (**à qn** to sb) • **refile-moi ton livre** give me your book • **il m'a refilé la rougeole** I've caught measles off him
réfléchi, e [Refleʃi] *ptp de* **réfléchir** (ADJ) ⓐ (*= pondéré*) [*action*] well thought out; [*personne, air*] thoughtful • **tout bien ~** after careful consideration • **c'est tout ~** my mind is made up ⓑ [*pronom, verbe*] reflexive
réfléchir [Refleʃir] /TABLE 2/ **1** (VI) to think • **prends le temps de ~** take time to think about it • **cela donne à ~** it's food for thought • **cet accident, ça fait ~** an accident like that makes you think • **je demande à ~** I'd like time to think things over • **la prochaine fois, tâche de ~** next time just try and think a bit • **j'ai longuement réfléchi et je suis arrivé à cette conclusion** I have given it a lot of thought and have come to this conclusion
▸ **réfléchir que** to realize that • **il n'avait pas réfléchi qu'il ne pourrait pas venir** it hadn't occurred to him that he wouldn't be able to come
2 (VT INDIR) **~ à** *ou* **sur qch** to think about sth • **réfléchissez-y** think about it • **y ~ à deux fois** to think twice about it
3 (VT) [*+ lumière, son*] to reflect • **les arbres se réfléchissent dans le lac** the trees are reflected in the lake
reflet [R(ə)flɛ] (NM) reflection • **se faire faire des ~s (dans les cheveux)** to have one's hair highlighted
refléter [R(ə)flete] /TABLE 6/ **1** (VT) to reflect **2** (VPR) **se refléter** to be reflected
refleurir [R(ə)flœRiR] /TABLE 2/ (VI) to flower again
reflex [Reflɛks] **1** (ADJ) reflex **2** (NM) reflex camera
réflexe [Reflɛks] **1** (ADJ) reflex **2** (NM) reflex • **~ conditionné** conditioned reflex • **~ de défense** defensive reaction; [*de corps*] defence reflex • **~ de survie** instinct for survival • **avoir de bons/mauvais ~s** to have good/poor reflexes • **manquer de ~** to be slow to react • **son premier ~ a été d'appeler la police** his first

r

reaction was to call the police

réflexion [ʀeflɛksjɔ̃] (NF) ⓐ (= *méditation*) thought • **ceci donne matière à ~** this is food for thought • **ceci mérite ~** this is worth thinking about • **~ faite** *ou* **à la ~, je reste** on reflection, I'll stay • **à la ~, on s'aperçoit que c'est faux** when you think about it you can see that it's wrong • **groupe** *ou* **cellule** *ou* **cercle de ~** think tank • **laissez-moi un délai** *ou* **un temps de ~** give me some time to think about it • **après un temps de ~, il ajouta ...** after a moment's thought, he added ... • **nous organiserons une journée de ~ sur ce thème** we will organize a one-day conference on this topic
ⓑ (= *remarque*) remark; (= *idée*) thought • **garde tes ~s pour toi** keep your comments to yourself • **les clients commencent à faire des ~s** the customers are beginning to make comments • **on m'a fait des ~s sur son travail** people have complained to me about his work

> ✎ Le mot anglais **reflection** se termine par **-ction**.

réflexologie [ʀeflɛksɔlɔʒi] (NF) reflexology

refluer [ʀ(ə)flye] /TABLE 1/ (VI) [*liquide*] to flow back; [*marée*] to go back; [*foule*] to surge back; [*sang, souvenirs*] to rush back; [*fumée*] to blow back down

reflux [ʀəfly] (NM) [*de foule*] backward surge; [*de marée*] ebb → **flux**

refondre [ʀ(ə)fɔ̃dʀ] /TABLE 41/ (VT) [+ *texte, dictionnaire*] to revise; [+ *système, programme*] to overhaul • **édition entièrement refondue et mise à jour** completely revised and updated edition

reforestation [ʀ(ə)fɔʀɛstasjɔ̃] (NF) reforestation

reformater [ʀ(ə)fɔʀmate] /TABLE 1/ (VT) to reformat

réformateur, -trice [ʀefɔʀmatœʀ, tʀis] (NM,F) reformer

réforme [ʀefɔʀm] (NF) reform

réformé, e [ʀefɔʀme] *ptp de* **réformer** 1 (ADJ) ⓐ (*Rel*) Reformed • **la religion ~e** the Protestant Reformed religion ⓑ [*appelé*] declared unfit for service; [*soldat*] discharged 2 (NM,F) (*Rel*) Protestant

reformer (VT), **se reformer** (VPR) [ʀ(ə)fɔʀme] /TABLE 1/ to re-form

réformer [ʀefɔʀme] /TABLE 1/ (VT) ⓐ (= *changer*) to reform ⓑ [+ *appelé*] to declare unfit for service; [+ *soldat*] to discharge

reformuler [ʀ(ə)fɔʀmyle] /TABLE 1/ (VT) [+ *proposition, théorie*] to reformulate; [+ *demande, plainte*] to change the wording of; [+ *question*] to rephrase

refoulé, e [ʀ(ə)fule] *ptp de* **refouler** (ADJ) repressed

refoulement [ʀ(ə)fulmɑ̃] (NM) ⓐ [*de manifestants*] driving back; [*d'immigrés, étrangers*] turning back ⓑ [*de désir, instinct, souvenir*] repression

refouler [ʀ(ə)fule] /TABLE 1/ 1 (VT) ⓐ [+ *envahisseur, attaque, manifestants*] to drive back; [+ *immigrés, étrangers*] to turn back • **les clandestins ont été refoulés à la frontière** the illegal immigrants were turned back at the border ⓑ [+ *larmes*] to hold back; [+ *désir, instinct, souvenir, colère*] to repress 2 (VI) [*siphon, tuyauterie*] to flow back; [*cheminée*] to smoke

refourguer* [ʀ(ə)fuʀge] /TABLE 1/ (VT) (= *vendre*) to flog* (**à** to) • **~ à qn** (= *donner, se débarrasser de*) [+ *problème*] to unload onto sb • **il m'a refourgué un faux billet** he palmed a forged banknote off onto me*

réfractaire [ʀefʀaktɛʀ] (ADJ) ⓐ **~ à** [+ *autorité, virus, influence*] resistant to; [+ *musique*] impervious to • **maladie ~** stubborn illness ⓑ [*brique*] fire *épith*; [*plat*] ovenproof

refrain [ʀ(ə)fʀɛ̃] (NM) (*en fin de couplet*) chorus; (= *chanson*) tune • **c'est toujours le même ~*** it's always the same old story • **change de ~!** change the record!*

refréner [ʀ(ə)fʀene] /TABLE 6/ (VT) [+ *désir, impatience*] to curb

réfrigérateur [ʀefʀiʒeʀatœʀ] (NM) refrigerator

réfrigéré, e [ʀefʀiʒeʀe] /TABLE 6/ (ADJ) [*véhicule, vitrine*] refrigerated

refroidir [ʀ(ə)fʀwadiʀ] /TABLE 2/ 1 (VT) ⓐ [+ *nourriture*] to cool down ⓑ (= *calmer l'enthousiasme de*) [+ *personne*] to put off ⓒ (= *tuer*)* to bump off* 2 (VI) (= *cesser d'être trop chaud*) to cool down; (= *devenir trop froid*) to get cold • **laisser ~** [+ *mets trop chaud*] to leave to cool; (*involontairement*) to let get cold; [+ *moteur*] to let cool 3 (VPR) **se refroidir** [*plat, personne*] to get cold; [*temps*] to get cooler

refroidissement [ʀ(ə)fʀwadismɑ̃] (NM) [*d'air, liquide*] cooling • **~ de la température** drop in temperature • **on observe un ~ du temps** the weather is getting cooler • **on note un ~ des relations entre les deux pays** relations between the two countries are cooling

refuge [ʀ(ə)fyʒ] (NM) refuge • **valeur ~** (*Bourse*) safe investment • **chercher/trouver ~** to seek/find refuge (**auprès de** with)

réfugié, e [ʀefyʒje] *ptp de* **réfugier** (ADJ, NM,F) refugee

réfugier (se) [ʀefyʒje] /TABLE 7/ (VPR) to take refuge

refus [ʀ(ə)fy] (NM) refusal • **~ de comparaître** refusal to appear in court • **~ de priorité** refusal to give way (*Brit*) *ou* to yield (*US*) • **~ d'obéissance** refusal to obey; [*de soldat*] insubordination • **ce n'est pas de ~*** I wouldn't say no

refuser [ʀ(ə)fyze] /TABLE 1/ 1 (VT) ⓐ to refuse; [+ *marchandise, racisme, inégalité*] to refuse to accept • **~ le combat** to refuse to fight • **le cheval a refusé (l'obstacle)** the horse refused (the fence) • **~ l'entrée à qn** to refuse admission to sb • **il m'a refusé la priorité** he didn't give me right of way (*Brit*), he didn't yield to me (*US*) • **elle est si gentille, on ne peut rien lui ~** she's so nice, you just can't say no to her • **~ de faire qch** to refuse to do sth • **il a refusé net (de le faire)** he refused point-blank (to do it) • **la voiture refuse de démarrer** the car won't start
ⓑ [+ *client*] to turn away; [+ *candidat*] (*à un examen*) to fail; (*à un poste*) to turn down • **on a dû ~ du monde** they had to turn people away
2 (VPR) **se refuser** ⓐ (= *se priver de*) to refuse o.s. • **tu ne te refuses rien!** you certainly spoil yourself!
ⓑ **ça ne se refuse pas** [*offre*] it is not to be refused
ⓒ **se ~ à** [+ *méthode, solution*] to refuse • **se ~ à tout commentaire** to refuse to comment • **se ~ à faire qch** to refuse to do sth

réfutable [ʀefytabl] (ADJ) refutable • **facilement ~** easily refuted

réfuter [ʀefyte] /TABLE 1/ (VT) to refute

regagner [ʀ(ə)gaɲe] /TABLE 1/ (VT) ⓐ (= *récupérer*) [+ *amitié, faveur, confiance, parts de marché*] to regain; [+ *argent perdu au jeu*] to win back • **~ du terrain** to regain ground • **~ le terrain perdu** to win back lost ground ⓑ [+ *lieu*] to go back to; [+ *pays*] to arrive back in • **les sinistrés ont pu ~ leur domicile** the disaster victims were allowed to return to their homes • **~ sa place** to return to one's place

regain [ʀəgɛ̃] (NM) revival • **un ~ d'intérêt/d'optimisme/**

d'énergie renewed interest/optimism/energy • ~ **de violence** renewed violence • ~ **de tension** rise in tension

régal (*pl* **régals**) [Regal] NM treat • **ce gâteau est un ~!** this cake is absolutely delicious!

régaler [Regale] /TABLE 1/ **1** VT ~ **qn** to treat sb to a delicious meal • **c'est moi qui régale*** it's my treat • **c'est le patron qui régale*** it's on the house **2** VPR **se régaler** (*= bien manger*) to have a delicious meal; (*= éprouver du plaisir*) to have a wonderful time • **on s'est régalé** (*au repas*) it was delicious; (*au cinéma, théâtre*) we really enjoyed ourselves

regard [R(ə)gaR] NM **a** (*= yeux*) eyes • **son ~ se posa sur moi** his eyes came to rest on me • **soustraire qch aux ~s** to hide sth from sight • **tous les ~s étaient fixés sur elle** all eyes were on her • **il restait assis, le ~ perdu (dans le vide)** he was sitting there, staring into space • **son ~ était dur/tendre** he had a hard/tender look in his eye • **il avançait, le ~ fixe** he was walking along with a fixed stare • **sous le ~ attentif de sa mère** under his mother's watchful eye • **sous le ~ des caméras** in front of the cameras
b (*= coup d'œil*) look • **échanger des ~s avec qn** to exchange looks with sb • **échanger des ~s d'intelligence** to exchange knowing looks • **au premier ~** at first glance • ~ **en coin** sidelong glance • **il lui lança un ~ noir** he shot him a black look • **il jeta un dernier ~ en arrière** he took one last look behind him
c (*= point de vue*) **porter** *ou* **jeter un ~ critique sur qch** to take a critical look at sth
d [*d'égout*] manhole
e (*locutions*)
▸ **au regard de** au ~ **de la loi** in the eyes of the law
▸ **en regard** mettre en ~ [*+ théories, œuvres, situations*] to compare
▸ **en regard de** compared to • **ce n'est rien en ~ de ce qu'il a subi** it's nothing compared to what he has suffered

regardant, e [R(ə)gaRdɑ̃, ɑ̃t] ADJ careful with money • **il n'est pas ~** he's quite free with his money • **il n'est pas très ~ sur la propreté** he's not very particular about cleanliness

regarder [R(ə)gaRde] /TABLE 1/ **1** VT **a** (*= diriger son regard vers*) [*+ paysage, scène*] to look at; [*+ action en déroulement, film, match*] to watch • ~ **tomber la pluie** *ou* **la pluie tomber** to watch the rain falling • **il regarda sa montre** he looked at his watch • **regarde, il pleut** look, it's raining • **regarde bien, il va sauter** look, he's going to jump • ~ **la télévision/une émission à la télévision** to watch television/a programme on television • ~ **par la fenêtre** (*du dedans*) to look out of the window; (*du dehors*) to look in through the window • **regarde devant toi** look in front of you • **regarde où tu marches** look where you're going • **regarde voir* dans l'armoire** have a look in the wardrobe • **regarde voir* s'il arrive** look and see if he's coming • **attends, je vais ~** hang on, I'll go and look • **regardez-moi ça** just look at that • **tu ne m'as pas regardé!*** what do you take me for!* • **regardez-le faire** watch him do it; (*pour apprendre*) watch how he does it • **sans ~** [*traverser*] without looking
b (*rapidement*) to glance at; (*longuement*) to gaze at; (*fixement*) to stare at • ~ **qch de près/de plus près** to have a close/closer look at sth • ~ **qn avec méfiance** to eye sb suspiciously • ~ **qn de haut** to give sb a scornful look • ~ **qn droit dans les yeux/bien en face** to look sb straight in the eye/straight in the face
c (*= vérifier*) [*+ appareil, huile, essence*] to look at • **peux-tu ~ la lampe? elle ne marche pas** can you have a look at the lamp? it doesn't work • **regarde dans l'annuaire** look in the phone book • ~ **un mot dans le dictionnaire** to look up a word in the dictionary
d (*= considérer*) [*+ situation, problème*] to view • **il ne regarde que son propre intérêt** he is only concerned with his own interests
e (*= concerner*) to concern • **cette affaire me regarde quand même un peu** this business does concern me a little • **en quoi cela te regarde-t-il?** (*= de quoi te mêles-tu?*) what business is it of yours?; (*= en quoi es-tu touché?*) how does it affect you? • **que vas-tu faire? — ça me regarde** what will you do? — that's my business • **cela ne le regarde pas** *ou* **en rien** that's none of his business • **mêlez-vous de ce qui vous regarde** mind your own business
2 VT INDIR ~ **à** to think about • **y ~ à deux fois avant de faire qch** to think twice before doing sth • **quand il fait un cadeau, il ne regarde pas à la dépense** when he gives somebody a present he doesn't worry how much he spends • **sans ~ à la dépense** without worrying about the expense
3 VPR **se regarder** **a** **se ~ dans une glace** to look at o.s. in a mirror • **il ne s'est pas regardé!** he should take a look at himself!
b (*mutuellement*) [*personnes*] to look at each other • **se ~ dans les yeux** to look into each other's eyes

régate [Regat] NF ~**(s)** regatta

régence [Reʒɑ̃s] **1** NF regency **2** ADJ INV [*meuble*] Regency

régénérant, e [ReʒeneRɑ̃, Rɑ̃t] ADJ [*lait, crème*] regenerating • **soin du visage ~** regenerating facial

régénérateur, -trice [ReʒeneRatœR, tRis] ADJ regenerative

régénérer [ReʒeneRe] /TABLE 6/ VT to regenerate; [*+ personne, forces*] to revive

régenter [Reʒɑ̃te] /TABLE 1/ VT to rule over; [*+ personne*] to dictate to • **il veut tout ~** he wants to run the whole show*

régie [Reʒi] NF **a** (*= société*) ~ **(d'État)** state-owned company • **la Régie autonome des transports parisiens** *the Paris city transport authority* • ~ **publicitaire** advertising sales division **b** (*Ciné, Théât, TV*) production department; (*= salle de contrôle*) control room

régime [Reʒim] NM **a** (*= système*) system of government; (*= gouvernement*) government; (*péj*) régime
b (*= système administratif*) system; (*= règlements*) regulations • ~ **de la Sécurité sociale** Social Security system • ~ **maladie** health insurance scheme (*Brit*) *ou* plan (*US*) • ~ **vieillesse** pension scheme
c ~ **(matrimonial)** marriage settlement • **se marier sous le ~ de la communauté/de la séparation de biens** to opt for a marriage settlement based on joint ownership of property/on separate ownership of property
d (*diététique*) diet • **être/mettre qn au ~** to be/put sb on a diet • **suivre un ~ (alimentaire)** to be on a diet • ~ **sans sel/basses calories** salt-free/low-calorie diet • ~ **amaigrissant** slimming (*Brit*) *ou* reducing (*US*) diet
e [*de moteur*] speed • **à ce ~, nous n'aurons bientôt**

plus d'argent at this rate we'll soon have no money left • **fonctionner** *ou* **marcher** *ou* **tourner à plein ~** [*moteur*] to run at top speed; [*usine*] to run at full capacity • **baisse de ~** (= *ralentissement*) slowdown

ⓕ [*de pluies, fleuve*] régime

ⓖ [*de dattes, bananes*] bunch

régiment [ʀeʒimɑ̃] NM regiment • **être au ~*** to be doing one's national service

région [ʀeʒjɔ̃] NF (*étendue*) region; (*limitée*) area; [*de corps*] region • **la ~ parisienne/londonienne** the Paris/London region • **Toulouse et sa ~** Toulouse and the surrounding area • **ça se trouve dans la ~ de Lyon** it's in the region of Lyon • **si vous passez dans la ~, allez les voir** if you are in the area, go and see them • **les habitants de la ~** the local inhabitants • **je ne suis pas de la ~** I'm not from around here • **en ~** in the provinces

> **RÉGION**
> Metropolitan France is divided into 13 **régions**, each made up of several "départements". In addition, there are 5 overseas **régions** with their own "départements". Each **région** is administered by a "conseil régional", whose members, "les conseillers régionaux", are elected for a six-year term in the "élections régionales". The expression **la région** is also used by extension to refer to the regional council itself. → DÉPARTEMENT, ÉLECTIONS

régional, e (*mpl* **-aux**) [ʀeʒjɔnal, o] **1** ADJ [*presse, élections*] regional **2** NFPL **régionales** (= *élections*) regional elections

régir [ʀeʒiʀ] /TABLE 2/ VT to govern

régisseur, -euse [ʀeʒisœʀ, øz] NM,F [*de propriété*] steward; (*Théât*) stage manager; (*Ciné, TV*) assistant director • **~ de plateau** studio director

registre [ʀəʒistʀ] NM ⓐ (= *livre*) register • **~ de l'état civil** register of births, marriages and deaths • **~ d'hôtel/du commerce** hotel/trade register • **~ de notes** (*Scol*) mark book (*Brit*), grade book (*US*) ⓑ [*d'orgue*] stop; [*de voix*] register ⓒ (= *niveau, style*) register ⓓ (= *genre, ton*) mood • **il a complètement changé de ~** [*écrivain*] he's completely changed his style

réglage [ʀeglaʒ] NM [*d'appareil, siège*] adjustment; [*de moteur*] tuning

réglé, e [ʀegle] *ptp de* **régler** ADJ ⓐ (= *régulier*) [*vie*] well-ordered • **~ comme du papier à musique*** as regular as clockwork • **être ~ comme une horloge** to be as regular as clockwork ⓑ [*adolescente*] **elle n'est pas encore ~e** she hasn't started having periods yet • **elle est bien ~e** her periods are regular ⓒ [*papier*] ruled

règle [ʀɛgl] NF ⓐ (= *loi*) rule • **~ de conduite** rule of conduct • **~ d'or** golden rule • **~s de sécurité** safety regulations • **respecter les ~s élémentaires d'hygiène** to observe the basic hygiene rules • **c'est la ~ du jeu** those are the rules of the game • **se plier aux ~s du jeu** to play the game according to the rules • **cela n'échappe pas à la ~** that's no exception to the rule • **laisser jouer la ~ de l'avantage** (*Sport*) to play the advantage rule

ⓑ (= *instrument*) ruler • **~ à calcul** slide rule

ⓒ (= *menstruation*) **~s** period • **avoir ses ~s** to have one's period • **avoir des ~s douloureuses** to suffer from period pain

ⓓ (*locutions*) **dans ce métier, la prudence est de ~** in this profession, caution is the rule • **il faut faire la demande dans** *ou* **selon les ~s** you must make the request through the proper channels • **dans les ~s de l'art** (*hum*) according to the rule book • **effectué dans les ~s de l'art** carried out professionally

▸ **en règle** [*comptabilité, papiers*] in order; [*attaque, critique*] all-out *épith* • **être en ~ avec les autorités** to be in order with the authorities • **je ne suis pas en ~** my papers are not in order

▸ **en règle générale** as a general rule

règlement [ʀɛgləmɑ̃] NM ⓐ (= *réglementation*) rules • **c'est contraire au ~** it's against the rules • **~ intérieur** [*d'école*] school rules; [*d'entreprise*] policies and procedures • **d'après le ~ européen du 2 mars** (*Europe*) under the European regulation of 2 March ⓑ [*d'affaire, conflit, facture, dette*] settlement • **faire un ~ par chèque** to pay by cheque • **être mis en ~ judiciaire** to be put into receivership • **~ de compte(s)** settling of scores; (*de gangsters*) gangland killing

réglementaire○ [ʀɛgləmɑ̃tɛʀ] ADJ [*uniforme, taille*] regulation *épith*; [*procédure*] statutory • **ça n'est pas très ~** that's really against the rules • **dans le temps ~** in the prescribed time • **ce certificat n'est pas ~** this certificate doesn't conform to the regulations • **dispositions ~s** regulations

réglementation○ [ʀɛgləmɑ̃tasjɔ̃] NF (= *règles*) regulations; [*de prix, loyers*] regulation • **~ des changes** exchange control regulations

réglementer○ [ʀɛgləmɑ̃te] /TABLE 1/ VT to regulate • **la vente des médicaments est très réglementée** the sale of medicines is strictly controlled

régler [ʀegle] /TABLE 6/ VT ⓐ (= *conclure*) [+ *affaire, conflit, problème*] to settle; [+ *dossier*] to deal with • **alors, c'est une affaire réglée** *ou* **c'est réglé, vous acceptez?** that's settled then - you agree? • **on va ~ ça tout de suite** we'll get that settled straightaway

ⓑ (= *payer*) [+ *note, dette, compte*] to settle; [+ *commerçant, créancier*] to settle up with; [+ *travaux*] to pay for • **est-ce que je peux ~?** can I settle up with you? • **~ qch en espèces** to pay for sth in cash • **est-ce que je peux ~ par chèque?** can I pay by cheque? • **j'ai un compte à ~ avec lui** I've got a bone to pick with him • **on lui a réglé son compte!*** (*vengeance*) they've settled his hash*; (*assassinat*) they've taken care of him (*euph*)

ⓒ [+ *mécanisme, débit, machine*] to regulate; [+ *allumage, ralenti, dossier de chaise, tir*] to adjust; [+ *moteur*] to tune; [+ *réveil*] to set • **~ le thermostat à 18°** to set the thermostat to 18° • **~ une montre** to put a watch right

ⓓ [+ *modalités, programme*] to settle on

ⓔ (= *prendre comme modèle*) **~ sa conduite sur les circonstances** to adjust one's conduct to the circumstances • **il essaya de ~ son pas sur celui de son père** he tried to walk in step with his father • **~ sa vitesse sur celle de l'autre voiture** to match one's speed to that of the other car

réglisse [ʀeglis] NF OU M liquorice • **bâton/rouleau de ~** liquorice stick/roll

réglo* [ʀeglo] ADJ INV [*personne*] dependable • **c'est ~** it's O.K.* • **ce n'est pas très ~** it's not really right

régnant, e [ʀeɲɑ̃, ɑ̃t] ADJ [*famille, prince*] reigning

règne [ʀɛɲ] NM ⓐ [*de roi, tyran*] reign • **sous le ~ de Louis XIV** in the reign of Louis XIV ⓑ (= *monde*) kingdom • **~ animal/végétal** animal/plant kingdom

régner [ʀeɲe] /TABLE 6/ VI ⓐ (= *être sur le trône*) to reign; (= *exercer sa domination*) to rule (**sur** over) ⓑ [*paix,* *silence, peur*] to reign (**sur** over); [*confiance*] to prevail • **la confusion la plus totale régnait dans la chambre** the room was in utter confusion • **faire ~ l'ordre** to maintain law and order • **faire ~ la terreur/le silence** to make terror/silence reign

regonfler [R(ə)gɔ̃fle] /TABLE 1/ VT ⓐ (= *gonfler à nouveau*) to reinflate; (*avec une pompe à main*) to pump up again ⓑ (= *gonfler davantage*) to blow up harder ⓒ **il est regonflé (à bloc)** he's back on top of things*

regorger [R(ə)gɔRʒe] /TABLE 3/ VI ~ **de** [*région, pays*] to abound in; [*maison, magasin*] to be packed with • **le pays regorge d'argent** the country has enormous financial assets • **sa maison regorgeait de livres/d'invités** his house was packed with books/guests • **la ville regorge de festivaliers** the town is swarming with festivalgoers • **son livre regorge de bonnes idées/de fautes** his book is packed with good ideas/is riddled with mistakes

régresser [RegRese] /TABLE 1/ VI [*science, enfant*] to regress; [*douleur, épidémie*] to recede; [*chiffre d'affaires, ventes*] to fall • **le taux de chômage a nettement régressé** the rate of unemployment has dropped sharply

régression [RegResjɔ̃] NF regression • **être en (voie de)** ~ to be on the decline

regret [R(ə)gRɛ] NM regret • **sans ~** with no regrets • **je te le donne — sans ~s?** take this — are you sure? • **~s éternels** (*sur une tombe*) sorely missed • **j'ai le ~ de vous informer que ...** I regret to inform you that ... • **je suis au ~ de ne pouvoir ...** I regret that I am unable to ... • **à mon grand ~** to my great regret

▸ **à regret** [*accepter*] with regret

regrettable [R(ə)gRetabl] ADJ regrettable • **il est ~ que ...** it's regrettable that ...

regretter [R(ə)gRete] /TABLE 1/ VT ⓐ [+ *personne, pays natal, jeunesse*] to miss • **nous avons beaucoup regretté votre absence** we were very sorry that you weren't able to join us • **notre regretté président** our late lamented president • **on le regrette beaucoup dans le village** he is greatly missed in the village

ⓑ (= *se repentir de*) [+ *décision, imprudence, péché*] to regret • **tu le regretteras** you'll regret it • **tu ne le regretteras pas** you won't regret it • **je ne regrette rien** I have no regrets • **je regrette mon geste** I wish I hadn't done that

ⓒ (= *désapprouver*) [+ *mesure, décision hostile*] to regret

ⓓ (= *être désolé*) to be sorry • **je regrette, mais il est trop tard** I'm sorry, but it's too late • **je regrette de vous avoir fait attendre** I'm sorry to have kept you waiting

regroupement [R(ə)gRupmɑ̃] NM ⓐ [*d'objets, pièces de collection*] bringing together; [*d'industries, partis, parcelles*] grouping together • **~s de sociétés** groupings of companies ⓑ (= *fait de réunir de nouveau*) [*d'armée, personnes*] reassembling; [*de bétail*] rounding up again • **~ familial** family reunification ⓒ [*de coureurs*] bunching together; [*de rugbymen*] loose scrum

regrouper [R(ə)gRupe] /TABLE 1/ **1** VT [+ *objets, industries, partis, parcelles*] to group together; [+ *pièces de collection*] to bring together; [+ *territoires*] to consolidate; [+ *services, classes*] to merge **2** VPR **se regrouper** ⓐ (= *se réunir*) [*personnes*] to gather; [*entreprises*] to group together • **se ~ autour d'une cause** to unite behind a cause ⓑ [*coureurs*] to bunch together again; [*rugbymen*] to form a loose scrum

régularisation [Regylarizasjɔ̃] NF ⓐ [*de situation*] regularization; [*de passeport, papiers*] sorting out ⓑ [*de mécanisme, débit*] regulation ⓒ (*Finance*) equalization

régulariser [Regylarize] /TABLE 1/ VT ⓐ [+ *passeport, papiers*] to sort out • **~ sa situation** to get one's situation sorted out; [*immigré*] to get one's papers in order • **faire ~ ses papiers** to have one's papers put in order ⓑ [+ *respiration, rythme cardiaque, circulation*] to regulate

régularité [RegylaRite] NF ⓐ regularity; [*de résultats*] consistency; [*de vitesse, vent*] steadiness • **avec ~** [*se produire*] regularly; [*progresser*] steadily ⓑ (= *uniformité*) [*de répartition, couche, ligne*] evenness; [*de traits, écriture*] regularity ⓒ [*d'élection, procédure*] legality

régulateur [RegylatœR] NM regulator • **~ de vitesse** speed regulator

régulation [Regylasjɔ̃] NF regulation • **~ des naissances** birth control • **~ de la circulation** traffic control

réguler [Regyle] /TABLE 1/ VT [+ *flux, marché, taux*] to regulate • **~ la circulation routière** to regulate the flow of traffic

régulier, -ière [Regylje, jɛR] **1** ADJ ⓐ (*en fréquence, en force*) regular; [*qualité, résultats*] consistent; [*progrès, vitesse*] steady; (*Transports*) [*ligne, vol*] scheduled • **à intervalles ~s** at regular intervals • **prendre ses repas à heures régulières** to eat at regular intervals

ⓑ (= *uniforme*) [*répartition, couche, ligne, humeur*] even; [*façade, traits*] regular; [*écriture*] neat • **il est ~ dans son travail** he's a steady worker

ⓒ (= *légal*) [*élection, procédure*] in order *attrib* • **être en situation régulière** to have one's papers in order

ⓓ (= *honnête*) [*opération, coup*] above board *attrib*; [*homme d'affaires*] straightforward • **être ~ en affaires** to be honest in business • **coup ~** (*Boxe*) fair blow

ⓔ [*armée, clergé, ordre*] regular

ⓕ [*vers, verbe, pluriel*] regular

ⓖ (*Can* = *normal*) normal

2 NF **à la régulière*** [*battre*] fair and square

régulièrement [RegyljɛRmɑ̃] ADV ⓐ [*rencontrer, se réunir, organiser, réviser*] regularly • **il est ~ en retard** he's habitually late ⓑ [*répartir, disposer*] evenly ⓒ [*progresser*] steadily ⓓ (= *selon les règles*) properly

réhabilitation [Reabilitasjɔ̃] NF ⓐ [*de condamné*] rehabilitation • **obtenir la ~ de qn** to get sb's name cleared ⓑ [*de profession, art, idéologie*] restoring to favour ⓒ [*de quartier, immeuble*] rehabilitation • **~ des sites** site remediation

réhabiliter [Reabilite] /TABLE 1/ VT ⓐ [+ *condamné*] to rehabilitate ⓑ [+ *profession, art, idéologie*] to bring back into favour ⓒ [+ *quartier, immeuble*] to rehabilitate; [+ *sites*] to remediate

réhabituer [Reabitɥe] /TABLE 1/ **1** VT ~ **qn à (faire) qch** to get sb used to (doing) sth again **2** VPR **se réhabituer se ~ à (faire) qch** to get used to (doing) sth again

rehausser [Rəose] /TABLE 1/ VT ⓐ [+ *mur, clôture*] to make higher; [+ *plafond, chaise*] to raise • **on va le ~ avec un coussin** [+ *enfant*] we'll put a cushion under him so he's sitting up a bit higher ⓑ [+ *beauté, couleur, image de marque, prestige*] to enhance; [+ *goût*] to bring out; [+ *détail*] to accentuate • **les épices rehaussent la saveur d'un plat** spices bring out the flavour of a dish

rehausseur [RəosœR] ADJ M, NM ~ **de siège** • **siège ~** booster seat • **~ de teint** radiance booster

réhydrater [ReidRate] /TABLE 1/ VT to rehydrate; [+ *peau*] to moisturize

r

réimplanter [Reɛ̃plɑ̃te] /TABLE 1/ **1** VT [+ *entreprise existante*] to relocate; [+ *embryon, organe*] to re-implant **2** VPR **se réimplanter** [*entreprise*] to relocate; [*personne*] to re-establish o.s.
réimpression [Reɛ̃pResjɔ̃] NF (= *action*) reprinting; (= *livre*) reprint • **l'ouvrage est en cours de ~** the book is being reprinted
réimprimer [Reɛ̃pRime] /TABLE 1/ VT to reprint
rein [Rɛ̃] **1** NM (= *organe*) kidney • **~ artificiel** kidney machine **2** NMPL **reins** (= *région*) small of the back; (= *taille*) waist • **avoir mal aux ~s** to have backache (*in the lower back*) • **ses cheveux tombent sur ses ~s** her hair comes down to her waist • **ils n'ont pas les ~s assez solides** (*fig*) they aren't in a strong enough financial position
réincarnation [Reɛ̃kaRnasjɔ̃] NF reincarnation
réincarner (se) [Reɛ̃kaRne] /TABLE 1/ VPR to be reincarnated (**en** as)
reine [Rɛn] NF queen • **la ~ d'Angleterre** the Queen of England • **la ~ Élisabeth** Queen Elizabeth • **la ~ mère** the Queen Mother • **la ~ du bal** the belle of the ball • **~ de beauté** beauty queen • **comme une ~** [*vivre*] in the lap of luxury; [*traiter*] like a queen • **c'est la ~ des idiotes*** she's a prize idiot* → **petit**
reine-claude (*pl* **reines-claudes**) [Rɛnklod] NF greengage
reine-marguerite (*pl* **reines-marguerites**) [RɛnmaRgəRit] NF aster
réinitialisation [Reinisjalizasjɔ̃] NF (*Informatique*) rebooting
réinitialiser [Reinisjalize] /TABLE 1/ VT (*Informatique*) to reboot
réinjecter [Reɛ̃ʒɛkte] /TABLE 1/ VT [+ *produit*] to re-inject • **~ des fonds dans une entreprise** to pump more money into a company • **ils ont réinjecté une partie des bénéfices dans la recherche** they put some of the profits back into research
réinscriptible [Reɛ̃skRiptibl] ADJ [*disque*] rewriteable
réinscription [Reɛ̃skRipsjɔ̃] NF reregistration
réinscrire [Reɛ̃skRiR] /TABLE 39/ **1** VT [+ *épitaphe*] to reinscribe; [+ *date, nom*] to put down again; [+ *élève*] to reregister • **je n'ai pas réinscrit mon fils à la cantine cette année** I haven't put my son's name down for school meals this year **2** VPR **se réinscrire** to reregister (**à** for)
réinsérer [Reɛ̃seRe] /TABLE 6/ VT **a** [+ *publicité, feuillet*] to reinsert **b** [+ *délinquant, handicapé*] to rehabilitate • **se ~ dans la société** to rehabilitate o.s. in society
réinsertion [Reɛ̃sɛRsjɔ̃] NF [*de délinquant, handicapé*] rehabilitation • **la ~ sociale des anciens détenus** the rehabilitation of ex-prisoners • **il est en ~ professionnelle après 20 ans de bâtiment** he is retraining after 20 years in the building trade
réinstallation [Reɛ̃stalasjɔ̃] NF **a** (= *remise en place*) [*de cuisinière*] putting back; [*d'étagère*] putting up again; [*de téléphone*] reinstallation **b** (= *réaménagement*) **notre ~ à Paris/dans l'appartement va poser des problèmes** settling back in Paris/into the flat is going to create problems for us
réinstaller [Reɛ̃stale] /TABLE 1/ **1** VT **a** [+ *pièce, appartement*] to refurnish • **les bureaux ont été réinstallés à Paris** the offices were moved back to Paris **b** (= *rétablir*) **~ qn chez lui** to move sb back into their own home • **~ qn dans ses fonctions** to give sb their job back **2** VPR **se réinstaller** (*dans un fauteuil*) to settle down again; (*dans une maison*) to settle back • **il s'est réinstallé à Paris** he's gone back to live in Paris; [*commerçant*] he's set up in business again in Paris
réintégration [Reɛ̃tegRasjɔ̃] NF **a** [*d'employé*] reinstatement **b** (= *retour*) return (**de** to)
réintégrer [Reɛ̃tegRe] /TABLE 6/ VT **~ qn (dans ses fonctions)** to restore sb to their former position • **~ qn dans ses droits** to restore sb's rights
réintroduction [Reɛ̃tRɔdyksjɔ̃] NF reintroduction
réinventer [Reɛ̃vɑ̃te] /TABLE 1/ **1** VT to reinvent **2** VPR **se réinventer** to reinvent o.s.
réinvestir [Reɛ̃vɛstiR] /TABLE 2/ VT [+ *argent*] to reinvest
réitérer [ReiteRe] /TABLE 6/ VT [+ *promesse, ordre, question*] to reiterate; [+ *demande, exploit*] to repeat • **attaques réitérées** repeated attacks
rejaillir [R(ə)ʒajiR] /TABLE 2/ VI **a** [*liquide*] to splash back (**sur** onto, at); (*avec force*) to spurt back (**sur** onto, at); [*boue*] to splash up (**sur** onto, at) **b** (= *retomber*) **~ sur qn** [*scandale, honte*] to rebound on sb; [*gloire*] to be reflected on sb
rejet [Rəʒɛ] NM **a** [*de fumée, gaz, déchets*] discharge; [*de lave*] throwing out **b** (= *refus*) rejection **c** [*de greffe*] rejection • **phénomène de ~** rejection • **faire un ~** to reject a transplant **d** (*Gram*) **le ~ de la préposition à la fin de la phrase** putting the preposition at the end of the sentence **e** [*de plante*] shoot
rejeter [Rəʒ(ə)te, R(ə)ʒəte] /TABLE 4/ **1** VT **a** (= *relancer*) [+ *objet*] to throw back (**à** to) • **~ un poisson à l'eau** to throw a fish back
b [+ *fumée, gaz, déchets*] to discharge • **le volcan rejette de la lave** the volcano is throwing out lava
c (= *refuser*) to reject; [+ *accusation*] to deny; [+ *indésirable*] to expel; [+ *envahisseur*] to push back
d (= *faire porter*) **~ une faute sur qn/qch** to put the blame on sb/sth • **il rejette la responsabilité sur moi** he blames me
e (= *placer*) **la préposition est rejetée à la fin** the preposition is put at the end • **~ la tête en arrière** to throw one's head back • **~ ses cheveux en arrière** to push one's hair back; (*d'un mouvement de la tête*) to toss one's hair back
f [+ *greffon*] to reject
2 VPR **se rejeter a** (= *se reculer*) **se ~ en arrière** to jump backwards
b (= *se renvoyer*) **ils se rejettent (mutuellement) la responsabilité de la rupture** they lay the responsibility for the break-up at each other's door
rejeton* [Rəʒ(ə)tɔ̃, R(ə)ʒətɔ̃] NM (= *enfant*) kid*
rejoindre [R(ə)ʒwɛ̃dR] /TABLE 49/ **1** VT **a** [+ *lieu*] to get back to; [+ *route, personne*] to join; [+ *poste, régiment*] to return to **b** (= *rattraper*) to catch up with **c** [+ *parti*] to join; [+ *point de vue*] to agree with • **je vous rejoins sur ce point** I agree with you on that point **2** VPR **se rejoindre** [*routes*] to join; [*idées*] to concur; [*personnes*] (*pour rendez-vous*) to meet up again; (*sur point de vue*) to agree
rejouer [R(ə)ʒwe] /TABLE 1/ **1** VT to play again; [+ *match*] to replay • **~ une pièce** [*acteurs*] to perform a play again; [*théâtre*] to put on a play again **2** VI to play again
réjoui, e [Reʒwi] *ptp de* **réjouir** ADJ [*air, mine*] joyful
réjouir [ReʒwiR] /TABLE 2/ **1** VT [+ *personne, regard*] to

delight • **cette idée ne me réjouit pas beaucoup** I don't find the thought particularly appealing **2** VPR **se réjouir** to be delighted (**de faire** to do) • **se ~ de** [*+ nouvelle, événement*] to be delighted about; [*+ malheur*] to take delight in • **vous avez gagné et je m'en réjouis pour vous** you've won and I'm delighted for you • **se ~ (à la pensée) que ...** to be delighted (at the thought) that ... • **je me réjouis à l'avance de les voir** I am greatly looking forward to seeing them • **réjouissez-vous!** rejoice!

réjouissance [Reʒwisɑ̃s] NF rejoicing • **~s** festivities • **quel est le programme des ~s pour la journée?** (*hum*) what's on the agenda for today?*

réjouissant, e [Reʒwisɑ̃, ɑ̃t] ADJ [*histoire*] amusing; [*nouvelle*] cheering • **les prévisions ne sont guère ~es** (*iro*) the forecasts aren't very encouraging

rejuger [R(ə)ʒyʒe] /TABLE 3/ VT [*+ affaire, accusé*] to retry

relâche [Rəlɑʃ] NM OU F [*de théâtre*] closure • **faire ~** to be closed • **« relâche »** "no performance today"
▸ **sans relâche** relentlessly

relâché, e [R(ə)lɑʃe] *ptp de* **relâcher** ADJ [*conduite, discipline, autorité, prononciation*] lax; [*style*] loose

relâchement [R(ə)lɑʃmɑ̃] NM **a** [*de lien*] loosening; [*de muscle*] relaxation; [*de ressort*] release **b** [*de discipline, effort*] slackening; [*de surveillance*] relaxation; [*d'attention*] flagging • **il y a du ~ dans la discipline** discipline is getting lax • **~ des mœurs** slackening of moral standards

relâcher [R(ə)lɑʃe] /TABLE 1/ **1** VT **a** [*+ étreinte, muscle*] to relax; [*+ lien*] to loosen; [*+ ressort*] to release **b** [*+ discipline, surveillance, effort*] to relax • **ils relâchent leur attention** their attention is wandering **c** [*+ prisonnier, otage, gibier*] to release **2** VPR **se relâcher** **a** [*courroie*] to loosen; [*muscle*] to relax **b** [*surveillance, discipline, mœurs*] to become lax; [*style*] to become sloppy; [*courage, attention*] to flag; [*effort*] to let up • **ne te relâche pas maintenant!** don't let up now! • **il se relâche dans son travail** he's growing slack in his work

relais [R(ə)lɛ] NM **a** (*Sport*) relay • **~ 4 fois 100 mètres** 4 by 100 metres (relay) • **passer le ~ à son coéquipier** to hand over to one's team-mate **b** (*Industrie*) **ouvriers/équipe de ~** shift workers/team • **passer le ~ à qn** to hand over to sb • **prendre le ~ (de qn)** to take over (from sb) • **servir de ~** (*dans une transaction*) to act as an intermediary → **prêt** **c** **~ routier** transport café (*Brit*), truck stop (*US*) • **ville ~** stopover **d** (*Élec, Radio, Téléc*) (*= dispositif*) relay • **~ de télévision** television relay station • **~ hertzien** radio relay

relance [Rəlɑ̃s] NF **a** (*= reprise*) [*d'économie, industrie, emploi*] boosting; [*d'idée, projet*] revival; [*de négociations*] reopening; (*Écon*) reflation • **pour permettre la ~ du processus de paix** in order to restart the peace process • **provoquer la ~ de** [*+ économie*] to give a boost to; [*+ projet*] to revive • **mesures/politique de ~** reflationary measures/policy **b** **lettre de ~** reminder

relancer [R(ə)lɑ̃se] /TABLE 3/ VT **a** (*= renvoyer*) [*+ objet, ballon*] to throw back **b** (*= faire repartir*) [*+ idée, projet*] to revive; [*+ polémique, dialogue, négociations*] to reopen; [*+ économie, industrie, emploi*] to boost • **~ la machine économique** to kick-start the economy **c** (*= harceler*) [*+ débiteur*] to chase up; [*+ personne*] to pester • **~ un client par téléphone** to make a follow-up call to a customer **d** (*Informatique*) to rerun

relater [R(ə)late] /TABLE 1/ VT [*+ événement, aventure*] to relate; (*Droit*) [*+ pièce, fait*] to record • **le journaliste relate que ...** the journalist says that ...

relatif, -ive [R(ə)latif, iv] **1** ADJ relative • **tout est ~** everything is relative • **discussions relatives à un sujet** discussions relative to a subject • **faire preuve d'un enthousiasme tout ~** to be less than enthusiastic **2** NM (*= pronom*) relative pronoun **3** NF **relative** (*= proposition*) relative clause

relation [R(ə)lasjɔ̃] **1** NF **a** (*= rapport*) relationship • **~ de cause à effet** relationship of cause and effect • **c'est sans ~ avec ...** it bears no relation to ... • **faire la ~ entre deux événements** to make the connection between two events
b (*= personne*) acquaintance • **une de mes ~s** an acquaintance of mine • **avoir des ~s** to know the right people
2 NFPL **relations** relations; (*sur le plan personnel*) relationship • **~s diplomatiques** diplomatic relations • **~s patronat-syndicats** union-management relations • **~s humaines** human relationships • **~s publiques** public relations • **avoir des ~s (sexuelles) avec qn** to have sexual relations with sb • **avoir des ~s amoureuses avec qn** to have an affair with sb • **avoir de bonnes ~s/des ~s amicales avec qn** to have a good/friendly relationship with sb • **être en ~s d'affaires avec qn** to have a business relationship with sb • **être/rester en ~(s) avec qn** to be/keep in touch with sb • **entrer** *ou* **se mettre en ~(s) avec qn** to get in touch with sb

relationnel, -elle [R(ə)lasjɔnɛl] ADJ **il a des problèmes ~s** he has problems relating to other people • **ce poste réclame des qualités relationnelles** strong interpersonal skills are required for this post • **base de données relationnelle** relational data base

relativement [R(ə)lativmɑ̃] ADV relatively
▸ **relativement à** (*= par comparaison à*) in relation to; (*= concernant*) with regard to

relativiser [R(ə)lativize] /TABLE 1/ VT (*= mettre en perspective*) to put into perspective; (*= minimiser*) to play down • **il faut ~** you have to put things into perspective

relativité [R(ə)lativite] NF relativity

relaver [R(ə)lave] /TABLE 1/ VT to wash again

relax* [Rəlaks] ADJ (*= acquittement*) acquittal; (*= libération*) release

relaxant, e [R(ə)laksɑ̃, ɑ̃t] ADJ relaxing

relaxation [R(ə)laksasjɔ̃] NF relaxation • **faire de la ~** to do relaxation exercises

relaxe[1] [Rəlaks] NF (*= acquittement*) acquittal; (*= libération*) release

relaxe[2]* [Rəlaks] ADJ [*ambiance, personne*] relaxed; [*tenue*] casual; [*vacances*] relaxing

relaxer[1] [R(ə)lakse] /TABLE 1/ VT (*= acquitter*) to acquit; (*= libérer*) to release

relaxer[2] [R(ə)lakse] /TABLE 1/ **1** VT [*+ muscles*] to relax **2** VPR **se relaxer** to relax

relayer [R(ə)leje] /TABLE 8/ **1** VT **a** [*+ personne*] to take over from; [*+ initiative*] to take over • **~ l'information** to pass the message on • **se faire ~** to get somebody to take over **b** [*+ émission*] to relay **2** VPR **se relayer** to take it in turns (**pour faire qch** to do sth)

relecture [R(ə)lɛktyR] NF rereading

relégable [R(ə)legabl] ADJ facing relegation • **être ~** to be in the relegation zone

r

relégation [ʀ(ə)legasjɔ̃] (NF) relegation (**en** to)

reléguer [ʀ(ə)lege] /TABLE 6/ (VT) to relegate (**à** to) • **~ qch/qn au second plan** to relegate sth/sb to a position of secondary importance • **ils se trouvent relégués à la dixième place/en deuxième division** they have been relegated to tenth place/to the second division

relent [ʀəlɑ̃] (NM) stench *NonC* • **un ~** *ou* **des ~s de poisson pourri** a stench of rotten fish • **ça a des ~s de racisme** it smacks of racism

relevé, e [ʀəl(ə)ve] *ptp de* **relever** **1** (ADJ) ⓐ [*col*] turned-up; [*virage*] banked • **chapeau à bords ~s** hat with a turned-up brim ⓑ [*style, langue, sentiments*] elevated; [*conversation*] refined ⓒ [*sauce, plat*] spicy
2 (NM) [*de dépenses*] statement; [*d'adresses*] list; (= *facture*) bill; [*de construction, plan*] layout • **faire un ~ de** [+ *citations, erreurs*] to list; [+ *notes*] to take down; [+ *compteur*] to read • **~ de gaz/de téléphone** gas/telephone bill • **~ bancaire** • **~ de compte** bank statement • **~ d'identité bancaire** particulars of one's bank account • **~ de notes** marks sheet (*Brit*), grade sheet (*US*)

relève [ʀ(ə)lɛv] (NF) relief • **la ~ de la garde** the changing of the guard • **assurer** *ou* **prendre la ~ de qn** to relieve sb; (*dans une fonction*) to take over from sb

relèvement [ʀ(ə)lɛvmɑ̃] (NM) ⓐ (= *redressement*) recovery • **on assiste à un ~ spectaculaire de l'économie** the economy is making a spectacular recovery ⓑ [*de niveau, cours, salaires*] raising • **ils demandent le ~ du salaire minimum** they want the minimum wage to be raised

relever [ʀəl(ə)ve, ʀ(ə)ləve] /TABLE 5/ **1** (VT) ⓐ [+ *statue, meuble, chaise*] to stand up again; [+ *véhicule, bateau*] to right; [+ *personne*] to help up; [+ *blessé*] to pick up • **~ une vieille dame tombée dans la rue** to help up an old lady who has fallen in the street • **~ la tête** to raise one's head; (= *être fier*) to hold one's head up
ⓑ (= *remonter*) [+ *col*] to turn up; [+ *jupe*] to raise; [+ *pantalon*] to roll up; [+ *cheveux*] to put up; [+ *vitre*] (*en poussant*) to push up; (*avec bouton ou manivelle*) to wind up; [+ *store*] to roll up; [+ *manette*] to push up • **relevez le dossier de votre siège** (*en avion*) put your seat in the upright position • **lorsqu'il releva les yeux** when he looked up
ⓒ (= *mettre plus haut*) to raise
ⓓ [+ *économie*] to rebuild; [+ *pays, entreprise*] to put back on its feet
ⓔ [+ *salaire, impôts, niveau de vie*] to raise; [+ *chiffre d'affaires*] to increase • **j'ai dû ~ toutes les notes de deux points** I had to raise all the marks by two points • **il n'y en a pas un pour ~ l'autre*** (*péj*) they're both as bad as one another • **pour ~ le moral des troupes** to boost the morale of the troops
ⓕ [+ *sauce, plat*] to flavour (*with spices*)
ⓖ [+ *sentinelle*] to relieve • **~ la garde** to change the guard
ⓗ [+ *faute, fait, contradiction, empreintes*] to find • **les charges relevées contre l'accusé** the charges brought against the accused
ⓘ [+ *adresse, renseignement*] to note down; [+ *notes*] to take down; [+ *plan*] to copy out; [+ *compteur, électricité, gaz*] to read • **les températures relevées sous abri** temperatures recorded in the shade • **~ des empreintes digitales** to take fingerprints
ⓙ (= *réagir à*) [+ *injure, calomnie*] to react to • **il a dit un gros mot mais je n'ai pas relevé** he said a rude word but I didn't react • **~ le gant** *ou* **le défi** to take up the challenge
ⓚ [+ *copies, cahiers*] to collect
ⓛ **~ un fonctionnaire de ses fonctions** to relieve an official of his duties
2 (VT INDIR) **~ de** (= *se rétablir de*) to recover from; (= *être du ressort de*) to be a matter for; (= *être sous la tutelle de*) to come under • **~ de maladie** to recover from an illness • **elle relève de couches** she's just had a baby • **son cas relève de la psychanalyse** he needs to see a psychoanalyst • **ce service relève du ministère** this department comes under the authority of the ministry • **cette affaire ne relève pas de ma compétence** this matter does not come within my remit • **ça relève de l'imagination la plus fantaisiste** that is a product of pure fancy
3 (VPR) **se relever** ⓐ (= *se remettre debout*) to stand up again • **il l'a aidée à se ~** he helped her up
ⓑ (= *sortir du lit*) to get up
ⓒ [*strapontin*] to tip up
ⓓ **se ~ de** [+ *deuil, chagrin, honte*] to recover from • **se ~ de ses ruines/cendres** to rise from its ruins/ashes • **il ne s'en est jamais relevé** he never got over it

relief [ʀəljɛf] (NM) [*de région*] relief • **avoir un ~ accidenté** to be hilly
▸ **en relief** [*motif*] in relief; [*caractères*] raised; [*carte de visite*] embossed; [*photographie, cinéma*] three-dimensional • **carte en ~** relief map • **mettre en ~** [+ *intelligence, idée*] to bring out; [+ *beauté, qualités*] to set off

relier [ʀəlje] /TABLE 7/ (VT) ⓐ [+ *points, mots*] to join together; [+ *câbles, faits*] to connect; [+ *villes, idées*] to link • **~ deux choses entre elles** to link two things • **des vols fréquents relient Paris à New York** frequent flights link Paris and New York ⓑ [+ *livre*] to bind • **livre relié** hardback book • **livre relié cuir** leather-bound book

religieusement [ʀ(ə)liʒjøzmɑ̃] (ADV) religiously • **conserver** *ou* **garder ~** [+ *objet*] to keep lovingly • **se marier ~** to get married in church

religieux, -ieuse [ʀ(ə)liʒjø, jøz] **1** (ADJ) religious; [*école, mariage, musique*] church *épith* **2** (NM) (= *moine*) monk **3** (NF) **religieuse** ⓐ (= *nonne*) nun ⓑ (= *gâteau*) iced cream puff

religion [ʀ(ə)liʒjɔ̃] (NF) religion • **entrer en ~** to take one's vows

reliquat [ʀəlika] (NM) remainder

relique [ʀəlik] (NF) relic

relire [ʀ(ə)liʀ] /TABLE 43/ (VT) to reread • **je n'arrive pas à me ~** I can't read what I've written • **relis-moi sa lettre** read his letter to me again

reliure [ʀəljyʀ] (NF) (= *couverture*) binding; (= *action*) bookbinding

reloger [ʀ(ə)lɔʒe] /TABLE 3/ (VT) to rehouse

relooker* [ʀ(ə)luke] /TABLE 1/ (VT) [+ *produit*] to give a new look to; [+ *personne*] (*physiquement*) to give a new look to; (*changer son image de marque*) to revamp the image of • **relooké pour l'occasion, il...** specially groomed for the occasion, he...

> ⚠ Le verbe **to relook** n'existe pas en anglais.

relooking [ʀəlukiŋ] (NM) makeover

> ⚠ Le nom **relooking** n'existe pas en anglais.

relou* [Rəlu] (ADJ) (= *bête*) stupid • **t'es ~ avec tes questions!** you're a real pain* with all your questions!

relouer [Rəlwe] /TABLE 1/ (VT) [*locataire*] to rent again; [*propriétaire*] to rent out again

relu, e [r(ə)ly] *ptp de* **relire**

reluire [R(ə)lɥiR] /TABLE 38/ (VI) to shine; (*sous la pluie*) to glisten • **faire ~ qch** to make sth shine

reluisant, e [R(ə)lɥizɑ̃, ɑ̃t] (ADJ) [*meubles, parquet, cuivres*] shiny • **~ de graisse** shiny with grease • **~ de propreté** spotless • **peu** *ou* **pas très ~** [*avenir, résultat, situation*] far from brilliant *attrib*; [*personne*] despicable

reluquer* [R(ə)lyke] /TABLE 1/ (VT) [+ *personne*] to eye*; [+ *objet, poste*] to have one's eye on

remake [Rimɛk] (NM) (= *film*) remake; [*de livre, spectacle*] new version

remanger [R(ə)mɑ̃ʒe] /TABLE 3/ **1** (VT) (= *manger de nouveau*) to have again; (= *reprendre*) to have some more • **on a remangé du poulet aujourd'hui** we had chicken again today • **j'en remangerais bien** I'd like to have that again **2** (VI) to eat again

remaniement [R(ə)manimɑ̃] (NM) [*de roman, discours*] reworking; [*de programme*] modification; [*de plan, constitution*] revision; [*d'équipe*] reorganization • **~ ministériel** cabinet reshuffle

remanier [R(ə)manje] /TABLE 7/ (VT) [+ *roman, discours*] to rework; [+ *programme*] to modify; [+ *plan, constitution*] to revise; [+ *équipe*] to reorganize; [+ *cabinet, ministère*] to reshuffle

remaquiller [R(ə)makije] /TABLE 1/ **1** (VT) **~ qn** to make sb up again **2** (VPR) **se remaquiller** (*complètement*) to make o.s. up again; (*rapidement*) to touch up one's make-up

remarcher [R(ə)maRʃe] /TABLE 1/ (VI) [*personne*] to walk again; [*appareil*] to work again

remariage [R(ə)maRjaʒ] (NM) remarriage

remarier (se) [R(ə)maRje] /TABLE 7/ (VPR) to remarry

remarquable [R(ə)maRkabl] (ADJ) remarkable

remarquablement [R(ə)maRkabləmɑ̃] (ADV) remarkably

remarque [R(ə)maRk] (NF) remark • **il m'en a fait la ~** he remarked on it to me • **je m'en suis moi-même fait la ~** that occurred to me as well • **faire une ~ à qn** to make a comment to sb; (*critiquer*) to criticize sb • **il m'a fait des ~s sur ma tenue** he remarked on the way I was dressed

remarqué, e [R(ə)maRke] *ptp de* **remarquer** (ADJ) [*entrée, absence*] conspicuous • **il a fait une intervention très ~e** his speech attracted a lot of attention

remarquer [R(ə)maRke] /TABLE 1/ **1** (VT) **a** (= *apercevoir*) to notice • **il entra sans qu'on le remarque** *ou* **sans se faire ~** he came in without being noticed • **il aime se faire ~** he likes to be noticed • **faire ~** [+ *détail, erreur*] to point out • **il me fit ~ qu'il était tard** he pointed out to me that it was late

b (= *faire une remarque*) to remark • **il remarqua qu'il faisait froid** he remarked that it was cold • **remarquez (bien) que je n'en sais rien** I don't really know though • **ça m'est tout à fait égal, remarque!** I couldn't care less, I can tell you! *ou* mind you!* (*Brit*)

c (= *marquer de nouveau*) to mark again

2 (VPR) **se remarquer** [*défaut, gêne, jalousie*] to be obvious • **cette tache se remarque beaucoup/à peine** this stain is quite/hardly noticeable • **ça ne se remarquera pas** no one will notice it

remastérisation [RəmasteRizasjɔ̃] (NF) [*de disque*] remastering

rembarrer* [Rɑ̃baRe] /TABLE 1/ (VT) **~ qn** (= *recevoir avec froideur*) to brush sb aside; (= *remettre à sa place*) to put sb in their place • **on s'est fait ~** we were sent packing*

remblai [Rɑ̃blɛ] (NM) embankment

remblayer [Rɑ̃bleje] /TABLE 8/ (VT) [+ *route, voie ferrée*] to bank up; [+ *fossé*] to fill in

rembobiner [Rɑ̃bɔbine] /TABLE 1/ (VT) to rewind

rembourrage [Rɑ̃buRaʒ] (NM) [*de fauteuil, matelas*] stuffing; [*de vêtement*] padding

rembourrer [Rɑ̃buRe] /TABLE 1/ (VT) [+ *fauteuil, matelas*] to stuff; [+ *vêtement*] to pad • **bien rembourré** [+ *coussin*] well-filled; [+ *personne*]* well-padded*

remboursable [Rɑ̃buRsabl] (ADJ) [*billet, médicament*] refundable; [*emprunt*] repayable

remboursement [Rɑ̃buRsəmɑ̃] (NM) [*de dette, emprunt, créancier*] repayment; [*de somme, frais médicaux*] reimbursement • **obtenir le ~ de son repas** to get a refund on one's meal • **(contribution au) ~ de la dette sociale** *tax to help pay off the deficit in the French social security budget*

rembourser [Rɑ̃buRse] /TABLE 1/ (VT) to reimburse; [+ *dette, emprunt*] to repay; [+ *article acheté*] to refund the price of • **~ qn de qch** to reimburse sb for sth • **je te rembourserai demain** I'll pay you back tomorrow • **je me suis fait ~ mon repas/voyage** I got the cost of my meal/journey refunded • **est-ce remboursé par la Sécurité sociale?** ≈ can I get my money back from the NHS (*Brit*) *ou* from Medicaid (*US*)? • **« satisfait ou remboursé »** "satisfaction or your money back"

rembrunir (se) [Rɑ̃bRyniR] /TABLE 2/ (VPR) [*visage*] to darken; [*personne*] to stiffen

remède [R(ə)mɛd] (NM) (= *traitement*) cure; (= *médicament*) medicine • **~ de bonne femme** folk cure *ou* remedy • **~ de cheval*** drastic remedy • **la situation est sans ~** there is no remedy for the situation • **le ~ est pire que le mal** the cure is worse than the disease

remédier [R(ə)medje] /TABLE 7/ (VT INDIR) **~ à** [+ *maladie*] to cure; [+ *mal, situation, abus, besoin, inconvénient*] to remedy; [+ *difficulté*] to find a solution for

remémorer (se) [R(ə)memɔRe] /TABLE 1/ (VPR) to recall

remerciement [R(ə)mɛRsimɑ̃] (NM) (= *action*) thanks *pl* • **~s** (*dans un livre, film*) acknowledgements • **lettre de ~** thank-you letter • **en ~, il m'a envoyé des fleurs** he sent me some flowers to thank me • **avec tous mes ~s** with many thanks • **adresser ses ~s à qn** to express one's thanks to sb

remercier [R(ə)mɛRsje] /TABLE 7/ (VT) **a** (= *dire merci*) to thank (**de, pour** for) • **je vous remercie** thank you • **tu peux me ~!** you've got me to thank for that! • **vous voulez boire? — je vous remercie** (= *pour refuser*) would you like a drink? — no thank you **b** (*euph* = *renvoyer*) [+ *employé*] to dismiss (*from his job*)

remettre [R(ə)mɛtR] /TABLE 56/ **1** (VT) **a** (= *replacer*) [+ *objet*] to put back • **~ un enfant au lit** to put a child back to bed • **~ qch à cuire** to put sth on to cook again • **~ debout** [+ *enfant*] to stand back on his feet; [+ *objet*] to stand up again • **~ qch droit** to set sth straight again • **~ un bouton à une veste** to put a button back on a jacket • **il a remis l'étagère qu'il avait enlevée** he put the shelf that he had taken down back up

b [+ *vêtement, chapeau*] to put back on • **j'ai remis mon manteau d'hiver** I'm wearing my winter coat again

r

c (*= replacer dans une situation*) **~ un appareil en marche** to restart a machine • **~ un moteur en marche** to start up an engine again • **~ une pendule à l'heure** to set a clock right • **~ les pendules à l'heure*** (*fig*) to set the record straight

d [*+ lettre, paquet*] to deliver; [*+ clés, rançon*] to hand over; [*+ récompense*] to present; [*+ devoir, démission*] to hand in (à to) • **il s'est fait ~ les clés par la concierge** he got the keys from the concierge • **~ un criminel à la justice** to hand a criminal over to the law

e [*+ date, décision, réunion*] to postpone (à until); (*Droit*) to adjourn (à until) • **~ un rendez-vous à jeudi/au 8** to postpone an appointment till Thursday/the 8th • (PROV) **il ne faut jamais ~ à demain** *ou* **au lendemain ce qu'on peut faire le jour même** never put off till tomorrow what you can do today (PROV)

f (*= se rappeler*) to remember • **je ne le remets pas** I can't place him • **~ qch en esprit** *ou* **en mémoire à qn** (*= rappeler*) to remind sb of sth

g [*+ vinaigre, sel*] to add more; [*+ verre, coussin*] to add; [*+ maquillage*] to put on some more • **j'ai froid, je vais ~ un tricot** I'm cold, I'll go and put another jersey on • **~ de l'huile dans un moteur** to top up an engine with oil • **il faut ~ de l'argent sur le compte** we'll have to put some money into the account • **en ~*** to lay it on a bit thick*

h [*+ radio, chauffage*] to switch on again • **~ le contact** to turn the ignition on again

i (*= confier*) **~ sa vie entre les mains de qn** to put one's life into sb's hands • **~ son âme à Dieu** to commit one's soul to God

j ▸ **remettre ça*** (*= recommencer*) **on remet ça ?** [*+ partie de cartes*] shall we have another game?; (*au café*) shall we have another drink? • **garçon, remettez-nous ça !** the same again please!* • **les voilà qui remettent ça !** there they go again!*

2 (VPR) **se remettre** **a** (*= recouvrer la santé*) to recover • **se ~ d'une maladie/d'un accident** to recover from an illness/an accident • **remettez-vous !** pull yourself together! • **elle ne s'en remettra pas** she won't get over it

b (*= recommencer*) **se ~ à (faire) qch** to start (doing) sth again • **se ~ à fumer** to start smoking again • **il s'est remis au tennis** he has taken up tennis again • **après leur départ il se remit à travailler** *ou* **au travail** after they had gone he started working again • **le temps s'est remis au beau** the weather has turned fine again • **se ~ debout** to get back to one's feet

c (*= se confier*) **je m'en remets à vous** I'll leave it up to you • **s'en ~ à la décision de qn** to leave it to sb to decide

d (*= se réconcilier*) **se ~ avec qn** to make it up with sb • **ils se sont remis ensemble** they're back together again

remeubler [R(ə)mœble] /TABLE 1/ (VT) to refurnish

réminiscence [Reminisɑ̃s] (NF) reminiscence

remis, e [R(ə)mi, miz] *ptp de* **remettre**

remise [R(ə)miz] (NF) **a** [*de lettre, paquet*] delivery; [*de clés, rançon*] handing over; [*de récompense*] presentation; [*de devoir, rapport*] handing in; [*d'armes*] surrender • **la ~ des prix** the prize-giving ceremony • **la ~ des diplômes** the graduation ceremony **b** (*= rabais*) discount • **ils font une ~ de 5% sur les livres scolaires** they're giving a 5% discount on schoolbooks **c** (*= réduction*) [*de peine*] reduction (**de** of, in) **d** (*= local*) shed

rémission [Remisjɔ̃] (NF) [*de maladie*] remission

remixer [R(ə)mikse] /TABLE 1/ (VT) [*+ chanson*] to remix • **version remixée** remix version

remmener [Rɑ̃m(ə)ne] /TABLE 5/ (VT) to take back • **~ qn chez lui** to take sb back home • **~ qn à pied** to walk sb back • **~ qn en voiture** to give sb a lift back

remodeler [R(ə)mɔd(ə)le] /TABLE 5/ (VT) [*+ silhouette*] to remodel; [*+ nez, joues*] to reshape

remontant, e [R(ə)mɔ̃tɑ̃, ɑ̃t] **1** (ADJ) **a** [*boisson*] invigorating **b** [*fraisier, framboisier*] double-cropping **2** (NM) tonic

remonté, e[1]* [R(ə)mɔ̃te] *ptp de* **remonter** (ADJ) **a** (*= en colère*) furious (**contre qn** with sb) • **être ~ contre qch** to be wound up* about sth • **être ~ contre qn** to be furious with sb **b** (*= dynamique*) **je suis ~ à bloc*** I'm on top form; (*avant un examen, un entretien*) I'm all keyed up*

remontée[2] [R(ə)mɔ̃te] (NF) [*de prix, taux d'intérêt*] rise • **la ~ de l'or à la Bourse** the rise in the price of gold on the stock exchange • **faire une belle ~ (de la 30e à la 2e place)** to make a good recovery (from 30th to 2nd place) • **le président effectue une ~ spectaculaire dans les sondages** the president is rising swiftly in the opinion polls ▸ **remontée mécanique** ski-lift

remonte-pente (*pl* **remonte-pentes**) [R(ə)mɔ̃tpɑ̃t] (NM) ski tow

remonter [R(ə)mɔ̃te] /TABLE 1/

> **remonter** is conjugated with **être**, unless it has an object, when the auxiliary is **avoir**.

1 (VI) **a** (*= monter à nouveau*) to go *ou* come back up • **il remonta à pied** he walked back up • **remonte me voir** come back up and see me • **je remonte demain à Paris (en voiture)** I'm driving back up to Paris tomorrow • **~ sur les planches** [*comédien*] to go back on the stage

b (*dans un moyen de transport*) **~ en voiture** to get back into one's car • **~ à cheval** (*= se remettre en selle*) to get back onto one's horse • **~ à bord** (*bateau*) to go back on board

c (*= s'élever de nouveau*) [*prix, température, baromètre*] to rise again • **les bénéfices ont remonté au dernier trimestre** profits were up again in the last quarter • **les prix ont remonté en flèche** prices shot up again • **il remonte dans mon estime** my opinion of him is improving again • **il est remonté de la 7e à la 3e place** he has come up from 7th to 3rd place

d (*= réapparaître*) to come back • **~ à la surface** to come back up to the surface • **une mauvaise odeur remontait de l'égout** a bad smell was coming up out of the drain

e (*= retourner*) to return • **~ à la source/cause** to go back to the source/cause • **il faut ~ plus loin pour comprendre l'affaire** you must look further back to understand this business • **~ jusqu'au coupable** to trace the guilty person • **aussi loin que remontent ses souvenirs** as far back as he can remember • **~ dans le temps** to go back in time

f **~ à** (*= dater de*) **cette histoire remonte à plusieurs années** all this goes back several years

2 (VT) **a** [*+ étage, côte, marche*] to go *ou* come back up • **~ l'escalier en courant** to run back upstairs • **~ le courant/une rivière** (*à la nage*) to swim back upstream/up a river; (*en barque*) to sail back upstream/up a river

b (*= rattraper*) [*+ adversaire*] to catch up with • **se faire ~ par un adversaire** to let o.s. be caught up by an opponent

ⓒ [+ *mur, tableau, étagère*] to raise; [+ *vitre*] (*en poussant*) to push up; (*avec bouton ou manivelle*) to wind up; [+ *store*] to raise; [+ *pantalon, manche*] to pull up; (*en roulant*) to roll up; [+ *chaussettes*] to pull up; [+ *col*] to turn up; [+ *jupe*] to pick up; [+ *mauvaise note*] to raise • **il s'est fait ~ les bretelles par le patron*** the boss gave him a real tongue-lashing*
ⓓ (= *remporter*) to take *ou* bring back up • **~ une malle au grenier** to take a trunk back up to the attic
ⓔ [+ *montre, mécanisme*] to wind up
ⓕ [+ *machine, moteur, meuble*] to put together again; [+ *robinet, tuyau*] to put back • **ils ont remonté une usine à Lyon** they have set up another factory in Lyon • **il a eu du mal à ~ les roues de sa bicyclette** he had a job putting the wheels back on his bicycle
ⓖ (= *remettre en état*) [+ *personne*] to buck* up again; [+ *entreprise*] to put back on its feet; [+ *mur en ruines*] to rebuild → **moral**
ⓗ [+ *pièce de théâtre, spectacle*] to restage
3 VPR **se remonter** to buck* o.s. up

remontoir [R(ə)mɔ̃twaR] NM [*de montre*] winder; [*de jouet, horloge*] winding mechanism

remontrance [R(ə)mɔ̃tRɑ̃s] NF (= *reproche*) remonstrance • **faire des ~s à qn (au sujet de qch)** to remonstrate with sb (about sth)

remontrer [R(ə)mɔ̃tRe] /TABLE 1/ VT (= *montrer de nouveau*) to show again • **remontrez-moi la bleue** show me the blue one again
▸ **en remontrer à qn** to teach sb a thing or two • **dans ce domaine, il pourrait t'en ~** he could teach you a thing or two about this

remords [R(ə)mɔR] NM remorse *NonC* • **avoir des ~** to feel remorse • **être pris de ~** to be stricken with remorse • **n'avoir aucun ~** to feel no remorse

remorquage [R(ə)mɔRkaʒ] NM [*de bateau, voiture, caravane*] towing; [*de train*] pulling

remorque [R(ə)mɔRk] NF (= *véhicule*) trailer; (= *câble*) towrope • **prendre une voiture en ~** to tow a car • **« en ~ »** "on tow" • **être à la ~** to trail behind • **être à la ~ de** to tag along behind

remorquer [R(ə)mɔRke] /TABLE 1/ VT [+ *bateau, voiture, caravane*] to tow; [+ *train*] to pull • **je suis tombé en panne et j'ai dû me faire ~ jusqu'au village** I had a breakdown and had to get a tow as far as the village

remorqueur [R(ə)mɔRkœR] NM (= *bateau*) tug

remous [Rəmu] NM ⓐ [*de bateau*] backwash *NonC*; [*d'eau*] eddy ⓑ (= *agitation*) stir *NonC* • **faire des ~** to make waves • **l'affaire a provoqué de vifs ~ politiques** the affair caused a stir in political circles

rempailler [Rɑ̃pɑje] /TABLE 1/ VT [+ *chaise*] to reseat

rempaqueter [Rɑ̃pak(ə)te] /TABLE 4/ VT to rewrap

rempart [Rɑ̃paR] NM ~s [*de ville*] ramparts • **le dernier ~ contre** (*fig*) the last bastion against

rempiler [Rɑ̃pile] /TABLE 1/ 1 VT [+ *objets*] to pile up again 2 VI (*arg Mil*) to join up again

remplaçant, e [Rɑ̃plasɑ̃, ɑ̃t] NM,F replacement; (*sportif*) reserve; (*pendant un match*) substitute; (= *comédien*) understudy; (= *enseignant*) supply (*Brit*) *ou* substitute (*US*) teacher • **être le ~ de qn** to stand in for sb

remplacement [Rɑ̃plasmɑ̃] NM ⓐ (= *intérim*) standing in (**de** for) • **assurer le ~ d'un collègue pendant sa maladie** to stand in for a colleague during his illness • **faire des ~s** [*secrétaire*] to do temporary work; [*professeur*] to work as a supply (*Brit*) *ou* substitute (*US*) teacher ⓑ (= *substitution*) replacement • **effectuer le ~ d'une pièce défectueuse** to replace a faulty part • **film présenté en ~ d'une émission annulée** film shown in place of a cancelled programme • **une solution de ~** an alternative solution • **produit/matériel de ~** substitute product/material

remplacer [Rɑ̃plase] /TABLE 3/ VT ⓐ (= *assurer l'intérim de*) to stand in for • **je me suis fait ~** I got someone to stand in for me ⓑ (= *succéder à*) to replace • **son fils l'a remplacé comme directeur** his son has replaced him as director ⓒ (= *tenir lieu de*) to replace • **le miel peut ~ le sucre** honey can be used in place of sugar • **le pronom remplace le nom dans la phrase** the pronoun replaces the noun in the sentence • **rien ne remplace le vrai beurre** there's nothing like real butter ⓓ (= *changer*) [+ *employé*] to replace; [+ *objet usagé*] to replace

rempli, e [Rɑ̃pli] *ptp de* **remplir** ADJ full (**de** of) • **avoir l'estomac bien ~** to have a full stomach • **texte ~ de fautes** text riddled with mistakes

remplir [Rɑ̃pliR] /TABLE 2/ 1 VT ⓐ (= *emplir*) to fill (**de** with); (*à nouveau*) to refill; [+ *questionnaire*] to fill in • **~ qch à moitié** to half fill sth • **ce résultat me remplit d'admiration** this result fills me with admiration ⓑ (= *s'acquitter de*) [+ *contrat, mission, obligation*] to fulfil; [+ *devoir*] to carry out; [+ *rôle*] to fill • **~ ses engagements** to meet one's commitments • **~ ses fonctions** to do one's job • **vous ne remplissez pas les conditions** you do not fulfil the conditions 2 VPR **se remplir** [*récipient, salle*] to fill (**de** with)

remplissage [Rɑ̃plisaʒ] NM [*de tonneau, bassin*] filling • **faire du ~** to pad out one's work (*ou* speech *etc*) • **taux de ~ des avions/hôtels** air passenger/hotel occupancy rate

remplumer (se)* [Rɑ̃plyme] /TABLE 1/ VPR (*physiquement*) to fill out again; (*financièrement*) to get back on one's feet

rempocher [Rɑ̃pɔʃe] /TABLE 1/ VT to put back in one's pocket

remporter [Rɑ̃pɔRte] /TABLE 1/ VT ⓐ (= *reprendre*) to take away again ⓑ [+ *championnat, élections, contrat, prix*] to win • **~ la victoire** to win • **~ un (vif) succès** to achieve (great) success

rempoter [Rɑ̃pɔte] /TABLE 1/ VT to repot

remuant, e [Rəmɥɑ̃, ɑ̃t] ADJ [*enfant*] (= *agité*) fidgety; (= *turbulent*) boisterous

remue-ménage (*pl* **remue-ménage(s)**) [R(ə)mymenaʒ] NM (= *bruit*) commotion *NonC*; (= *activité*) hustle and bustle *NonC* • **faire du ~** to make a commotion

remue-méninges NM INV, **remue-méninge** NM (*pl* **remue-méninges**) [R(ə)mymenɛ̃ʒ] brainstorming

remuer [Rəmɥe] /TABLE 1/ 1 VT ⓐ (= *bouger*) to move • **~ la queue** [*vache, écureuil*] to flick its tail; [*chien*] to wag its tail
ⓑ [+ *objet*] (= *déplacer*) to move; (= *secouer*) to shake
ⓒ (= *brasser*) [+ *café*] to stir; [+ *sable*] to stir up; [+ *salade*] to toss; [+ *terre*] to turn over • **il a remué la sauce/les braises** he stirred the sauce/poked the fire • **la brise remuait les feuilles** the breeze stirred the leaves • **~ de l'argent (à la pelle)** to deal with vast amounts of money • **~ ciel et terre pour** to move heaven and earth to • **~ des souvenirs** [*personne nostalgique*] to turn over old memories in one's mind; [*évocation*] to stir up old memories

r

d [+ *personne*] (= *émouvoir*) to move; (= *bouleverser*) to upset • **ça vous remue les tripes*** it really tugs at your heartstrings

2 (VI) (= *bouger*) [*personne*] to move; [*dent, tuile*] to be loose • **cesse de ~!** keep still! • **le vent faisait ~ les branchages** the wind was stirring the branches • **ça a remué pendant la traversée*** the crossing was pretty rough* • **il a remué toute la nuit** he tossed and turned all night

3 (VPR) **se remuer** **a** (= *bouger*) to move; (= *se déplacer*) to move about

b (= *se mettre en route*)* to get going; (= *s'activer*)* to get a move on* • **il ne s'est pas beaucoup remué** he didn't exactly strain himself

rémunération [ʀemyneʀasjɔ̃] (NF) [*de personne*] payment • **toucher une ~ de 10 000 €** to be paid 10,000 euros

rémunérer [ʀemyneʀe] /TABLE 6/ (VT) [+ *personne*] to pay • **~ le travail de qn** to pay sb for their work • **travail bien/mal rémunéré** well-paid/badly-paid job

renâcler [ʀ(ə)nɑkle] /TABLE 1/ (VI) [*personne*] to grumble • **~ à faire qch** to do sth reluctantly

renaissance [ʀ(ə)nɛsɑ̃s] **1** (NF) rebirth • **la Renaissance** the Renaissance **2** (ADJ INV) [*mobilier, style*] Renaissance

renaître○ [ʀ(ə)nɛtʀ] /TABLE 59/ (VI)

> **renaître** is conjugated with **être**.

a [*joie, conflit*] to spring up again; [*espoir, doute*] to be revived; [*économie*] to revive • **la nature renaît au printemps** nature comes back to life in spring • **faire ~** [+ *sentiment, passé, sourire*] to bring back; [+ *espoir*] to revive **b** (= *revivre*) to come to life again; (*Rel*) to be born again • **~ de ses cendres** to rise from one's ashes • **je me sens ~** I feel as if I've been given a new lease of life

rénal, e (*mpl* **-aux**) [ʀenal, o] (ADJ) kidney

renard [ʀ(ə)naʀ] (NM) fox • **c'est un vieux ~** he's a sly old fox

renchérir [ʀɑ̃ʃeʀiʀ] /TABLE 2/ (VI) **a** (*en paroles, en actes*) to go one better • **~ sur ce que qn dit** to add something to what sb says • **« et je n'en ai nul besoin », renchérit-il** "and I don't need it in the least," he added **b** (*dans une vente*) (*sur l'offre de qn*) to make a higher bid (**sur** than); (*sur son offre*) to raise one's bid

rencontre [ʀɑ̃kɔ̃tʀ] (NF) **a** [*d'amis, diplomates, étrangers, idées*] meeting • **faire la ~ de qn** to meet sb • **j'ai peur qu'il ne fasse de mauvaises ~s** I am afraid that he might meet the wrong sort of people • **~ au sommet** summit meeting • **aller à la ~ de qn** to go and meet sb • **(partir) à la ~ des Incas** (to go) in search of the Incas • **point de ~** meeting point • **amours/amis de ~** casual love affairs/friends **b** (= *débat*) discussion • **~s musicales/théâtrales** (= *festival*) music/theatre festival

c [*d'athlétisme*] meeting; (= *match*) fixture • **~ de boxe** boxing match

rencontrer [ʀɑ̃kɔ̃tʀe] /TABLE 1/ **1** (VT) **a** to meet • **mon regard rencontra le sien** our eyes met

b (= *trouver*) [+ *expression*] to find; [+ *occasion*] to meet with • **des gens comme on n'en rencontre plus** the sort of people you don't find any more • **arrête-toi au premier garage que nous rencontrerons** stop at the first garage you come across

c [+ *obstacle, difficulté, opposition*] to encounter

d (= *heurter*) to strike; (= *toucher*) to meet • **la lame rencontra un os** the blade struck a bone • **sa main ne rencontra que le vide** his hand met with nothing but empty space

e [+ *équipe, joueur*] to meet

2 (VPR) **se rencontrer** **a** [*personnes*] to meet • **faire se ~ deux personnes** to arrange for two people to meet • **nous nous sommes déjà rencontrés** we have already met

b (= *exister*) to be found • **c'est une maladie qui se rencontre surtout chez les femmes** it's an illness found mainly in women

rendement [ʀɑ̃dmɑ̃] (NM) [*de champ*] yield; [*de machine, personne*] output; [*d'entreprise*] (= *productivité*) productivity; (= *production*) output; [*d'investissement*] return (**de** on) • **l'entreprise marche à plein ~** the business is working at full capacity

rendez-vous [ʀɑ̃devu] (NM INV) appointment; (*d'amoureux*) date • **donner un ~ à qn** • **prendre ~ avec qn** (*pour affaires, consultation*) to make an appointment with sb; (*entre amis*) to arrange to meet sb • **j'ai ~ à 10 heures** I have an appointment at 10 o'clock • **nous nous étions donné ~ à l'aéroport** we had arranged to meet at the airport • **~ d'affaires** business appointment • **prendre (un) ~ chez le dentiste/coiffeur** to make a dental/hair appointment • **j'ai ~ chez le médecin** I've got a doctor's appointment • **le médecin ne reçoit que sur ~** the doctor only sees patients by appointment • **votre ~ est arrivé** the person you're waiting for has arrived • **ce match sera le grand ~ sportif de l'année** this match will be the big sporting event of the year • **la croissance espérée n'est pas au ~** the expected growth has not materialized

rendormir [ʀɑ̃dɔʀmiʀ] /TABLE 16/ **1** (VT) to put to sleep again **2** (VPR) **se rendormir** to go back to sleep

rendre [ʀɑ̃dʀ] /TABLE 41/ **1** (VT) **a** (= *restituer*) to give back; [+ *marchandises défectueuses, bouteille vide*] to return; [+ *argent*] to pay back; (*Scol*) [+ *copie*] to hand in • **~ son devoir en retard** to hand in one's essay late • **~ la liberté à qn** to set sb free • **~ la vue à qn** to restore sb's sight

b [+ *jugement, arrêt*] to render; [+ *verdict*] to return

c (= *donner en retour*) [+ *invitation, salut, coup, baiser*] to return • **~ coup pour coup** to return blow for blow • **~ la politesse à qn** to return sb's kindness • **il la déteste, et elle le lui rend bien** he hates her and she feels exactly the same way about him • **il m'a donné 10 € et je lui en ai rendu 5** he gave me 10 euros and I gave him 5 euros change • **~ la pareille à qn** to pay sb back in his own coin

d (*avec adjectif*) to make • **~ qn heureux** to make sb happy • **~ qch public** to make sth public • **son discours l'a rendu célèbre** his speech has made him famous • **c'est à vous ~ fou!** it's enough to drive you mad!

e [+ *mot, expression, atmosphère*] to render • **cela ne rend pas bien sa pensée** that doesn't convey his thoughts very well

f [+ *liquide*] to give out; [+ *son*] to produce • **le concombre rend beaucoup d'eau** cucumbers give out a lot of water • **ça ne rend pas grand-chose** [*photo, décor, musique*] it's a bit disappointing

g (= *vomir*) to bring up

h (*Mil*) **~ les armes** to lay down one's arms

i (*locutions*) **~ l'âme** *ou* **le dernier soupir** [*personne*] to breathe one's last • **ma voiture/mon frigo a rendu**

l'âme* my car/my fridge has given up the ghost* • ~ **gloire à** [+ *Dieu*] to glorify; [+ *personne*] to pay homage to • ~ **grâce(s) à qn** to give thanks to sb

2 (VI) **a** (= *vomir*) to be sick • **avoir envie de ~** to feel sick

b (= *produire un effet*) **la pendule rendrait mieux dans l'entrée** the clock would look better in the hall • **ça rend mal en photo** a photograph doesn't do it justice

3 (VPR) **se rendre** **a** [*soldat, criminel*] to surrender • **se ~ à l'avis de qn** to bow to sb's opinion • **se ~ à l'évidence** to face facts • **se ~ aux raisons de qn** to bow to sb's reasons

b (= *aller*) **se ~ à** to go to • **il se rend à son travail à pied/en voiture** he walks/drives to work

c (*avec adjectif*) **se ~ utile/indispensable** to make o.s. useful/indispensable • **il se rend ridicule** he's making a fool of himself • **vous allez vous ~ malade** you're going to make yourself ill

rêne [ʀɛn] (NF) rein • **prendre les ~s d'une affaire** to take over a business • **c'est lui qui tient les ~s du gouvernement** it's he who holds the reins of government

renfermé, e [ʀɑ̃fɛʀme] *ptp de* **renfermer** **1** (ADJ) [*personne*] withdrawn **2** (NM) **ça sent le ~** it smells musty in here

renfermer [ʀɑ̃fɛʀme] /TABLE 1/ **1** (VT) (= *contenir*) to contain **2** (VPR) **se renfermer** [*personne*] to withdraw into o.s.

renflé, e [ʀɑ̃fle] (ADJ) bulging

renflement [ʀɑ̃fləmɑ̃] (NM) bulge

renflouer [ʀɑ̃flue] /TABLE 1/ **1** (VT) [+ *navire, entreprise*] to refloat; [+ *personne*] to bail out **2** (VPR) **se renflouer** [*personne*] to get back on one's feet again (*financially*)

renfoncement [ʀɑ̃fɔ̃smɑ̃] (NM) recess • **caché dans le ~ d'une porte** hidden in a doorway

renforcement [ʀɑ̃fɔʀsəmɑ̃] (NM) **a** [*de mur, équipe, armée*] reinforcement; [*de régime, position, monnaie, amitié*] strengthening; [*de paix, pouvoir*] consolidating • ~ **des effectifs de la police** increasing the number of police officers **b** [*de pression, effort, surveillance, contrôle*] intensification • **un ~ des sanctions économiques** toughening economic sanctions

renforcer [ʀɑ̃fɔʀse] /TABLE 3/ **1** (VT) **a** [+ *mur, équipe*] to reinforce; [+ *régime, position, monnaie, amitié*] to strengthen; [+ *paix, pouvoir*] to consolidate • **talon renforcé** [*de collant*] reinforced heel • **ils sont venus ~ nos effectifs** they came to swell our numbers **b** [+ *argument, crainte, soupçon*] to reinforce • ~ **qn dans une opinion** to confirm sb's opinion • **ça renforce ce que je dis** that backs up what I'm saying **c** [+ *pression, effort, surveillance, contrôle*] to intensify • **(cours d')anglais renforcé** remedial English (class) **2** (VPR) **se renforcer** [*craintes, amitié*] to strengthen; [*pression*] to intensify

renfort [ʀɑ̃fɔʀ] (NM) help • **~s** (*Mil*) (*en hommes*) reinforcements; (*en matériel*) (further) supplies

▸ **en renfort envoyer qn en ~** to send sb to augment the numbers • **les 500 soldats appelés en ~** the 500 soldiers called in as reinforcements

▸ **à grand renfort de produit lancé à grand ~ de publicité** product launched amid a blaze of publicity • **à grand ~ de gestes/d'explications** with a great many gestures/explanations • **à grand ~ de citations/d'arguments** with the help of a great many quotations/arguments

renfrogné, e [ʀɑ̃fʀɔɲe] (ADJ) sullen

rengager (se) [ʀɑ̃gaʒe] /TABLE 3/ (VPR) (= *soldat*) to re-enlist

rengaine [ʀɑ̃gɛn] (NF) (= *formule*) hackneyed expression; (= *chanson*) old melody • **c'est toujours la même ~*** it's always the same old refrain (*Brit*) *ou* song* (*US*)

rengainer [ʀɑ̃gene] /TABLE 1/ (VT) [+ *épée*] to sheathe; [+ *revolver*] to put back in its holster

renier [ʀənje] /TABLE 7/ **1** (VT) [+ *foi, opinion*] to renounce; [+ *personne, œuvre, patrie, cause, parti*] to disown; [+ *promesse, engagement*] to go back on **2** (VPR) **se renier** to go back on what one has said *ou* done

reniflement [ʀ(ə)nifləmɑ̃] (NM) (= *bruit*) sniff; (*plus fort*) snort

renifler [ʀ(ə)nifle] /TABLE 1/ **1** (VT) **a** [+ *cocaïne*] to snort; [+ *colle, fleur, objet, odeur*] to sniff **b** (= *pressentir*) [+ *bonne affaire, arnaque*]* to sniff out* **2** (VI) [*personne*] to sniff

renne [ʀɛn] (NM) reindeer

renom [ʀənɔ̃] (NM) (= *notoriété*) renown • **vin de grand ~** famous wine

renommé, e [ʀ(ə)nɔme] *ptp de* **renommer** **1** (ADJ) renowned **2** (NF) **renommée** (= *célébrité*) renown • **marque/savant de ~e mondiale** world-famous make/scholar • **de grande ~e** of great renown

renommer [ʀ(ə)nɔme] /TABLE 1/ (VT) **a** [+ *personne*] to reappoint **b** (*Informatique*) [+ *fichier, répertoire*] to rename

renoncement [ʀ(ə)nɔ̃smɑ̃] (NM) renouncement (**à** of)

renoncer [ʀ(ə)nɔ̃se] /TABLE 3/ (VT INDIR) ~ **à** [+ *projet, lutte, habitude*] to give up; [+ *fonction, héritage, titre, pouvoir, trône*] to renounce • ~ **à un voyage/au mariage** to give up the idea of a journey/of marriage • ~ **à qn** to give sb up • ~ **au tabac** to give up smoking • ~ **à lutter/à comprendre** to give up struggling/trying to understand • **je renonce** I give up

renoncule [ʀənɔ̃kyl] (NF) (*sauvage*) buttercup; (*cultivée*) globeflower

renouer [ʀənwe] /TABLE 1/ **1** (VT) [+ *lacet, nœud*] to tie again; [+ *cravate*] to knot again; [+ *conversation, liaison*] to resume **2** (VI) ~ **avec qn** to become friends with sb again • ~ **avec une habitude** to take up a habit again • ~ **avec une tradition** to revive a tradition

renouveau (*pl* **renouveaux**) [ʀ(ə)nuvo] (NM) revival

renouvelable [ʀ(ə)nuv(ə)labl] (ADJ) [*bail, contrat, énergie, passeport*] renewable; [*expérience*] which can be repeated • **le mandat présidentiel est ~ tous les sept ans** the president must run for re-election every seven years • **ressources naturelles non ~s** non-renewable natural resources

renouveler [ʀ(ə)nuv(ə)le] /TABLE 4/ **1** (VT) **a** to renew; [+ *conseil d'administration*] to re-elect • **la chambre doit être renouvelée tous les cinq ans** (*Politique*) the house must be re-elected every five years • **cette découverte a complètement renouvelé notre vision des choses** this discovery has given us a whole new insight into things

b [+ *expérience, exploit*] to repeat • **la chambre a renouvelé sa confiance au gouvernement** the house reaffirmed its confidence in the government

2 (VPR) **se renouveler** **a** [*incident*] to happen again • **et que ça ne se renouvelle plus!** and don't let it happen again!

b (= *être remplacé*) **les hommes au pouvoir ne se renouvellent pas assez** men in power aren't replaced often enough

c (= *innover*) [*auteur, peintre*] to try something new

renouvellement○ [ʀ(ə)nuvɛlmɑ̃] (NM) renewal;

[*d'expérience, exploit*] repetition; [*d'incident*] recurrence • **solliciter le ~ de son mandat** to run for re-election

rénovation [ʀenɔvasjɔ̃] NF ⓐ [*de maison*] renovation; (= *nouvelle décoration*) refurbishment; [*de quartier*] renovation; [*de meuble*] restoration • **en (cours de) ~** under renovation • **travaux de ~** renovation work ⓑ [*d'enseignement, institution, méthode*] reform

rénover [ʀenɔve] /TABLE 1/ VT ⓐ [+ *maison, quartier*] to renovate; (*nouvelle décoration*) to refurbish; [+ *meuble*] to restore ⓑ [+ *enseignement, institution, méthode, parti*] to reform

renseignement [ʀɑ̃sɛɲmɑ̃] NM ⓐ (= *information*) piece of information • **un ~ intéressant** an interesting piece of information • **demander un ~** *ou* **des ~s à qn** to ask sb for some information • **il est allé aux ~s** he has gone to make inquiries • **prendre des ~s sur qn** to make inquiries about sb • **~s pris** upon inquiry • **veuillez m'envoyer de plus amples ~s sur ...** please send me further information about ... • **je peux vous demander un ~?** can you give me some information? • **merci pour le ~** thanks for the information • **guichet/bureau des ~s** information desk/office • **«renseignements»** "information" • **(service des) ~s** (*Téléc*) directory inquiries (*Brit*), information (*US*)
ⓑ (*Mil*) intelligence *NonC* • **agent de ~s** intelligence agent • **les ~s généraux** *the security branch of the police force*

renseigner [ʀɑ̃seɲe] /TABLE 1/ **1** VT **~ un client/un touriste** to give some information to a customer/a tourist • **~ la police/l'ennemi** to give information to the police/the enemy (**sur** about) • **~ un passant** to give directions to a passer-by • **qui pourrait me ~ sur le prix de la voiture/sur lui?** who could tell me the price of the car/something about him? • **puis-je vous ~?** can I help you? • **il a l'air bien renseigné** he seems to be well informed • **j'ai été mal renseigné** I was given the wrong information
2 VPR **se renseigner** (= *demander des renseignements*) to ask for information (**sur** about); (= *obtenir des renseignements*) to find out (**sur** about) • **je vais me ~ auprès de lui** I'll ask him for information • **renseignez-vous auprès de l'office du tourisme** enquire at the tourist office • **j'essaierai de me ~** I'll try to find out • **je vais me ~ sur son compte** I'll make enquiries about him • **je voudrais me ~ sur les caméscopes** I'd like some information about camcorders

rentabilisation [ʀɑ̃tabilizasjɔ̃] NF [*de produit, entreprise*] making profitable • **la ~ des investissements** securing a return on investments

rentabiliser [ʀɑ̃tabilize] /TABLE 1/ VT [+ *entreprise, activité*] to make profitable; [+ *investissements*] to secure a return on; [+ *équipements*] to make cost-effective • **notre investissement a été très vite rentabilisé** we got a quick return on our investment • **~ son temps** to make the best use of one's time

rentabilité [ʀɑ̃tabilite] NF profitability • **~ des investissements** return on investments

rentable [ʀɑ̃tabl] ADJ [*entreprise, activité*] profitable

rente [ʀɑ̃t] NF (= *pension*) annuity; (*fournie par la famille*) allowance • **vivre de ses ~s** to live off one's private income

rentier, -ière [ʀɑ̃tje, jɛʀ] NM,F person of independent means

rentre-dedans* [ʀɑ̃t(ʀə)dədɑ̃] NM INV **il m'a fait du ~** he came on really strong to me*

rentrée [ʀɑ̃tʀe] NF ⓐ **~ (scolaire** *ou* **des classes)** start of the new school year • **~ universitaire** start of the new academic year; (*du trimestre*) start of the new term • **la ~ aura lieu lundi** the new term begins on Monday • **la ~ s'est bien passée** the term began well • **cette langue sera enseignée à partir de la ~ 2004** this language will be part of the syllabus as from autumn 2004
ⓑ **la ~ parlementaire aura lieu cette semaine** the new session of parliament starts this week • **les députés font leur ~ aujourd'hui** the deputies are returning today for the start of the new session • **faire sa ~ politique** to start the new political season • **la ~ littéraire** the start of the literary season • **on craint une ~ sociale agitée** it is feared that there will be some social unrest this autumn • **la mode de la ~** the autumn fashions • **on verra ça à la ~** we'll see about that after the holidays
ⓒ [*d'acteur, sportif*] comeback
ⓓ (= *retour*) return • **~ dans l'atmosphère** (*Espace*) re-entry into the atmosphere
ⓔ (*d'argent*) **~s** income • **je compte sur une ~ d'argent très prochaine** I'm expecting some money very soon

RENTRÉE
La rentrée in September each year is not only the time when French children and teachers go back to school; it is also the time when political and social life begins again after the long summer break. The expression **la rentrée** is thus not restricted to an educational context, but can refer in general to the renewed activity that takes place throughout the country in September.

rentrer [ʀɑ̃tʀe] /TABLE 1/

1 VERBE INTRANSITIF
2 VERBE TRANSITIF
3 VERBE PRONOMINAL

➢ **rentrer** is conjugated with **être**, unless it has an object, when the auxiliary is **avoir**.

1 VERBE INTRANSITIF

ⓐ (= ***entrer de nouveau***) to go (*ou* come) back in

➢ **rentrer** se traduira par **to come back in** ou par **to go back in** suivant que le locuteur se trouve ou non à l'endroit en question.

• **rentrez tout de suite, les enfants!** come in at once children! • **il commence à faire froid, rentrons!** it's getting cold, let's go in! • **il est rentré dans la pièce** he went back (*ou* came back) into the room • **la navette est rentrée dans l'atmosphère** the shuttle re-entered the atmosphere • **~ à sa base** [*avion*] to go back to base
ⓑ (***à la maison***) to go (*ou* come) back home; (= *arriver chez soi*) to get back home • **~ déjeuner** to go home for lunch • **les enfants rentrent de l'école à 17 heures** the children get back from school at 5 o'clock • **est-ce qu'il est rentré?** is he back? • **je l'ai rencontré en rentrant** I met him on my way home • **il a dû ~ de voyage d'urgence** he had to come back from his trip in a hurry • **~ à Paris** to come (*ou* go) back to Paris • **~ de Paris** to come

back from Paris • **je rentre en voiture** I'm driving back

ⓒ (*= entrer*)* to go in • **il pleuvait, nous sommes rentrés dans un café** it was raining so we went into a café • **~ dans la police** to go into the police • **~ dans la fonction publique** to join the civil service • **son père l'a fait ~ dans l'usine** his father helped him to get a job in the factory • **elle rentre à l'université l'année prochaine** she's starting university next year • **faire ~ qch dans la tête de qn** to get sth into sb's head

ⓓ (*= reprendre ses activités*) [*élèves*] to go back to school; [*parlement*] to reassemble; [*députés*] to return • **les enfants rentrent en classe lundi** the children go back to school on Monday

ⓔ (*= tenir*) to go in • **cette clé ne rentre pas dans la serrure** this key won't go in the lock • **je ne rentre plus dans cette jupe** I can't get into this skirt any more • **tout cela ne rentrera pas dans ta valise** that won't all go into your suitcase

ⓕ (*= heurter*) **~ dans** to crash into • **il voulait lui ~ dedans*** *ou* **dans le chou*** he was so furious he felt like smashing his head in* • **il lui est rentré dans le lard*** he beat him up*

ⓖ (*= être une composante*) **~ dans** to be part of • **cela ne rentre pas dans ses attributions** that is not part of his duties • **~ dans une catégorie** to fall into a category

ⓗ (*argent*) to come in • **l'argent ne rentre pas en ce moment** the money isn't coming in at the moment • **faire ~ les impôts** to collect the taxes

ⓘ (*connaissances*)* **l'anglais, ça commence à ~** I'm (*ou* he is *etc*) beginning to get the hang of English • **les maths, ça ne rentre pas** I (*ou* he *etc*) can't get the hang of maths*

ⓙ (*locutions*) **~ dans son argent** to recover one's money • **~ dans ses frais** to recover one's expenses • **~ dans ses fonds** to recoup one's costs • **tout est rentré dans l'ordre** everything is back to normal again • **~ dans le rang** to come back into line

2 VERBE TRANSITIF

ⓐ to get in • **~ la récolte avant les premières pluies** to get the harvest in before the rainy weather • **c'est l'heure de ~ les bêtes** it's time to get the animals in • **~ sa voiture (au garage)** to put the car away (in the garage) • **ne laisse pas ton vélo sous la pluie, rentre-le** don't leave your bicycle out in the rain, put it away • **~ des marchandises en fraude** to smuggle goods in

ⓑ (*= faire disparaître*) [*+ train d'atterrissage*] to raise; [*+ griffes*] to draw in • **~ sa chemise (dans son pantalon)** to tuck one's shirt in (one's trousers) • **~ le** *ou* **son ventre** to pull one's stomach in

ⓒ (*+ données*) to enter

3 VERBE PRONOMINAL

se rentrer ils se sont rentrés dedans (*= heurtés*) they crashed into each other; (*= battus*)* they laid into each other

renverra [ʀɑ̃vɛʀa] (VB) → **renvoyer**

renversant, e* [ʀɑ̃vɛʀsɑ̃, ɑ̃t] (ADJ) [*nouvelle*] staggering*

renverse [ʀɑ̃vɛʀs] (NF) **tomber à la ~** to fall flat on one's back

renversé, e [ʀɑ̃vɛʀse] *ptp de* **renverser** (ADJ) ⓐ (*= à l'envers*) [*objet*] upside down *attrib*; [*image*] reversed → **crème** ⓑ (*= stupéfait*) **être ~** to be staggered*

renversement [ʀɑ̃vɛʀsəmɑ̃] (NM) [*de situation, alliances, valeurs, rôles*] reversal; [*de gouvernement*] (*par un coup d'État*) overthrow; (*par un vote*) defeat • **un ~ de tendance de l'opinion publique** a swing in public opinion

renverser [ʀɑ̃vɛʀse] /TABLE 1/ **1** (VT) ⓐ (*= faire tomber*) [*+ personne, chaise, vase, bouteille*] to knock over; [*+ liquide*] to spill; [*+ piéton*] to run over • **un camion a renversé son chargement sur la route** a lorry has shed its load • **~ du vin sur la nappe** to spill some wine on the tablecloth

ⓑ (*= mettre à l'envers*) to turn upside down

ⓒ [*+ obstacle*] to knock down; [*+ ordre établi, tradition, royauté*] to overthrow; [*+ ministre*] to remove from office • **~ le gouvernement** (*par un coup d'État*) to overthrow the government; (*par un vote*) to defeat the government

ⓓ (*= pencher*) **~ la tête en arrière** to tip one's head back

ⓔ [*+ ordre des mots, courant*] to reverse • **~ la situation** to reverse the situation • **il ne faudrait pas ~ les rôles** don't try to turn the situation round • **~ la vapeur** [*bateau*] to go astern; (*fig*) to change tack

ⓕ (*= étonner*)* to stagger

2 (VPR) **se renverser** ⓐ **se ~ en arrière** to lean back • **se ~ sur le dos** to lie down • **se ~ sur sa chaise** to lean back on one's chair

ⓑ [*voiture, camion*] to overturn; [*bateau*] to capsize; [*verre, vase*] to fall over

renvoi [ʀɑ̃vwa] (NM) ⓐ [*d'employé*] dismissal; [*d'étudiant*] (*définitif*) expulsion; (*temporaire*) suspension • **j'ai demandé son ~ du club** I asked for him to be expelled from the club

ⓑ [*de troupes*] discharge

ⓒ [*de lettre, colis, cadeau*] sending back

ⓓ (*Sport*) [*de balle*] sending back; (*au pied*) kicking back; (*à la main*) throwing back • **~ aux 22 mètres** (*Rugby*) drop-out • **à la suite d'un mauvais ~ du gardien, la balle a été interceptée** as a result of a poor return by the goalkeeper the ball was intercepted

ⓔ [*de rendez-vous*] postponement • **~ à date ultérieure** postponement to a later date

ⓕ (*= référence*) cross-reference; (*en bas de page*) footnote • **faire un ~ à** to cross-refer to

ⓖ (*= rot*) burp • **avoir un ~** to burp • **avoir des ~s** to have wind (*Brit*) *ou* gas (*US*)

renvoyer [ʀɑ̃vwaje] /TABLE 8/ (VT) ⓐ [*+ employé*] to dismiss; [*+ membre d'un club*] to expel; [*+ élève, étudiant*] (*définitivement*) to expel; (*temporairement*) to suspend

ⓑ (*= faire retourner*) to send back; (*= faire repartir*) to send away; (*= libérer*) [*+ troupes*] to discharge • **je l'ai renvoyé chez lui** I sent him back home • **~ dans leurs foyers** to send home

ⓒ (*= réexpédier*) [*+ lettre, colis*] to send back • **je te renvoie le compliment!** and the same to you!

ⓓ (*= relancer*) [*+ balle*] to send back; (*au pied*) to kick back; (*à la main*) to throw back; (*Tennis*) to return (**à** to) • **ils se renvoient la balle** (*argument*) they come back at each other with the same argument; (*responsabilité*) they each refuse to take responsibility • **~ l'ascenseur** (*fig*) to return the favour

ⓔ (*= référer*) [*+ lecteur*] to refer (**à** to) • **~ qn de service en service** to send sb from one department to another • **cela (nous) renvoie à l'Antiquité/à la notion d'éthique** this takes us back to ancient times/to the notion of ethics

ⓕ [*+ lumière, image*] to reflect; [*+ son*] to echo

r

réopérer [ReɔpeRe] /TABLE 1/ VT to operate again • **elle s'est fait ~** she had another operation

réorganisation [ReɔRganizasjɔ̃] NF reorganization

réorganiser [ReɔRganize] /TABLE 1/ **1** VT to reorganize **2** VPR **se réorganiser** [*pays, parti*] to reorganize itself

réorientation [ReɔRjɑ̃tasjɔ̃] NF [*de politique*] reorientation

réorienter [ReɔRjɑ̃te] /TABLE 1/ VT [*+ politique*] to reorient; [*+ élève*] to put into a new stream

réouverture [ReuvɛRtyR] NF reopening

repaire [R(ə)pɛR] NM den

répandre [Repɑ̃dR] /TABLE 41/ **1** VT ⓐ [*+ soupe, vin*] to spill; [*+ grains*] to scatter; (*volontairement*) [*+ sciure, produit*] to spread • **le camion a répandu son chargement sur la chaussée** the truck shed its load • **~ du sable sur le sol** to spread sand on the ground

ⓑ [*+ lumière, chaleur*] to give out; [*+ odeur*] to give off

ⓒ [*+ nouvelle, mode, terreur*] to spread

2 VPR **se répandre** ⓐ (*= couler*) [*liquide*] to spill; [*grains*] to scatter (**sur** over)

ⓑ [*chaleur, odeur, lumière*] to spread (**dans** through)

ⓒ [*doctrine, mode, nouvelle*] to spread (**dans, à travers** through); [*méthode, opinion, coutume, pratique*] to become widespread

ⓓ **se ~ en excuses** to apologize profusely • **se ~ en invectives** to let out a torrent of abuse

répandu, e [Repɑ̃dy] *ptp de* **répandre** ADJ [*opinion, préjugé, méthode*] widespread • **idée très ~e** widely held idea • **une pratique largement ~e dans le monde** a practice that is very common throughout the world • **profession peu ~e** rather unusual profession

réparable [ReparabI] ADJ [*objet*] repairable; [*erreur*] which can be put right; [*perte, faute*] which can be made up for • **ce n'est pas ~** [*objet*] it is beyond repair

reparaître° [R(ə)parɛtR] /TABLE 57/ VI

> **reparaître** can be conjugated with **avoir** or **être**.

to reappear; [*roman, texte*] to be republished; [*journal, magazine*] to be back in print

réparateur, -trice [ReparatœR, tRis] **1** ADJ [*sommeil*] refreshing • **crème réparatrice** conditioning cream → **chirurgie** **2** NM,F repairer • **le ~ de télévision** the TV repairman

réparation [Reparasjɔ̃] NF ⓐ [*de machine, montre, chaussures, voiture, objet d'art*] repairing; [*d'accroc, fuite*] mending; (*= résultat*) repair • **la voiture est en ~** the car is being repaired • **pendant les ~s** during the repairs ⓑ [*de tort*] redress • **obtenir ~ (d'un affront)** to obtain redress (for an insult) ⓒ (*Football*) **surface de ~** penalty area ⓓ (*= dommages-intérêts*) compensation

réparer [Repare] /TABLE 1/ VT ⓐ [*+ chaussures, montre, machine, voiture, route, maison, objet d'art*] to repair; [*+ accroc, fuite*] to mend • **donner qch à ~** to take sth to be mended *ou* repaired • **faire ~ qch** to have sth mended *ou* repaired • **j'ai emmené la voiture à ~*** I took the car in (to be repaired) ⓑ [*+ erreur*] to correct; [*+ oubli, négligence*] to rectify ⓒ (*= compenser*) [*+ faute*] to make up for; [*+ tort*] to put right

reparler [R(ə)parle] /TABLE 1/ **1** VI **~ de qch** to talk about sth again • **~ à qn** to speak to sb again • **nous en reparlerons** we'll talk about it again later; (*dit avec scepticisme*) we'll see about that • **c'est un romancier dont on reparlera** he's a very promising novelist • **il commence à ~** [*accidenté, malade*] he's starting to speak again **2** VPR **se reparler** to speak to each other again

repartie, répartie [Reparti] NF retort • **avoir de la ~** *ou* **le sens de la ~** to be good at repartee

repartir [R(ə)partiR] /TABLE 16/ VI

> **repartir** is conjugated with **être**.

[*voyageur*] to set off again; [*machine*] to start up again; [*affaire, discussion*] to get going again • **~ chez soi** to go back home • **il est reparti hier** he left again yesterday • **~ sur des bases nouvelles** to make a fresh start • **la croissance repart** growth is picking up again • **ça y est, les voilà repartis sur la politique!** there they go again, talking politics! • **c'est reparti pour un tour!*** here we go again! • **faire ~** [*+ entreprise, économie*] to get going again; [*+ moteur*] to start up again

répartir [RepartiR] /TABLE 2/ **1** VT ⓐ [*+ ressources, travail, butin*] to share out (**entre** among); [*+ impôts, charges*] to share out (**en** into, **entre** among); [*+ rôles*] to distribute (**entre** among); [*+ poids, volume, chaleur*] to distribute • **répartissez le mélange dans des coupelles** divide the mixture equally into small bowls

ⓑ [*+ paiement, cours, horaire*] to spread (**sur** over) • **le programme est réparti sur deux ans** the programme is spread over a two-year period

2 VPR **se répartir** ⓐ (*= se décomposer*) **les charges se répartissent comme suit** the expenses are divided up as follows • **ils se sont répartis en deux groupes** they divided themselves into two groups

ⓑ (*= se partager*) **ils se sont réparti le travail** they shared the work out among themselves

répartition [Repartisjɔ̃] NF ⓐ [*de ressources, travail, impôts, charges, butin*] sharing out NonC; [*de poids, volume, chaleur, population, richesses, rôles*] distribution • **~ par âge/sexe** distribution by age/sex ⓑ (*= agencement*) [*de pièces*] distribution ⓒ [*de paiement, cours, horaires*] spreading NonC

repas [R(ə)pɑ] NM meal • **~ d'affaires** (*= déjeuner*) business lunch; (*= dîner*) business dinner • **~ de midi/du soir** midday/evening meal • **~ de noces** wedding reception • **~ de Noël** Christmas dinner • **~ scolaire** school lunch • **il prend tous ses ~ au restaurant** he always eats out • **faire trois ~ par jour** to have three meals a day • **~ complet** three-course meal • **médicament à prendre à chaque ~** medicine to be taken with meals • **à l'heure du ~** • **aux heures des ~** at mealtimes • **manger en dehors des ~** *ou* **entre les ~** to eat between meals

repassage [R(ə)pɑsaʒ] NM [*de linge*] ironing • **faire le ~** to do the ironing

repasser [R(ə)pɑse] /TABLE 1/

> **repasser** is conjugated with **avoir**, except when it is a verb of movement, when the auxiliary is **être**.

1 VT ⓐ (*au fer à repasser*) to iron

ⓑ [*+ examen, permis de conduire*] to take again • **~ une visite médicale** to have another medical

ⓒ [*+ plat*] to hand round again; [*+ film*] to show again; [*+ émission*] to repeat; [*+ disque, chanson*] to play again • **~ un plat au four** to put a dish back in the oven

ⓓ (*= transmettre*)* [*+ affaire, travail*] to hand over;

[+ *maladie*] to pass on (**à qn** to sb) • **je te repasse ta mère** (*au téléphone*) I'll hand you back to your mother • **je vous repasse le standard** I'll put you back through to the operator

ⓔ [+ *rivière, montagne, frontière*] to cross again

2 (VI) ⓐ **je repasserai** I'll come back • **si vous repassez par Paris** (*au retour*) if you come back through Paris; (*une autre fois*) if you're passing through Paris again • **ils sont repassés en Belgique** they crossed back into Belgium • **tu peux toujours ~ !*** you'll be lucky!*

ⓑ (*devant un même lieu*) to go *ou* come past again; (*sur un même trait*) to go over again • **je passai et repassai devant la vitrine** I kept walking backwards and forwards in front of the shop window • **quand il fait un travail, il faut toujours ~ derrière lui** when he does some work you always have to go over it again

ⓒ (= *faire du repassage*) to iron • **elle repassait en regardant la télé** she ironed while watching TV

repayer [ʀ(ə)peje] /TABLE 8/ (VT) to pay again

repêchage [ʀ(ə)pɛʃaʒ] (NM) ⓐ [*d'objet, noyé*] recovery ⓑ [*de candidat*] **épreuve/question de ~** exam/question to give candidates a second chance

repêcher [ʀ(ə)peʃe] /TABLE 1/ (VT) ⓐ [+ *objet, noyé*] to recover • **je suis allé ~ la lettre dans la poubelle** I went and fished the letter out of the bin ⓑ [+ *candidat*] to pass (*with less than the official pass mark*) • **il a été repêché à l'oral** he scraped through thanks to the oral

repeindre [ʀ(ə)pɛ̃dʀ] /TABLE 52/ (VT) to repaint

repenser [ʀ(ə)pɑ̃se] /TABLE 1/ **1** (VT) to rethink • **il faut ~ tout l'enseignement** the whole issue of education will have to be rethought **2** (VT INDIR) **~ à qch** to think about sth again • **plus j'y repense** the more I think of it • **je n'y ai plus repensé** (*plus avant*) I haven't thought about it again since; (= *j'ai oublié*) it completely slipped my mind

repenti, e [ʀ(ə)pɑ̃ti] *ptp de* **repentir** (NM,F) (= *ancien malfaiteur*) criminal turned informer • **un ~ de la Mafia** a Mafia turncoat

repentir [ʀ(ə)pɑ̃tiʀ] (NM) (*Rel*) repentance *NonC*; (= *regret*) regret

repentir (se) [ʀ(ə)pɑ̃tiʀ] /TABLE 16/ (VPR) ⓐ (*Rel*) to repent ⓑ (= *regretter*) **se repentir de qch/d'avoir fait qch** to regret sth/having done sth • **tu t'en repentiras !** you'll be sorry!

repérage [ʀ(ə)peʀaʒ] (NM) location • **faire des ~s** (*Ciné*) to scout for locations

répercussion [ʀepɛʀkysjɔ̃] (NF) repercussion (**sur, dans** on) • **la hausse des taux d'intérêt a eu des ~s sur l'économie** the rise in interest rates has had a knock-on effect on the economy

répercuter [ʀepɛʀkyte] /TABLE 1/ **1** (VT) ⓐ [+ *son*] to echo; [+ *écho*] to send back ⓑ (= *transmettre*) **~ une augmentation sur le client** to pass an increase in cost on to the customer **2** (VPR) **se répercuter** **se ~ sur** to have repercussions on

reperdre [ʀ(ə)pɛʀdʀ] /TABLE 41/ (VT) to lose again

repère [ʀ(ə)pɛʀ] (NM) (= *marque, trait*) mark; (= *jalon, balise*) marker; (= *monument, accident de terrain, événement*) landmark; (= *date*) reference point • **perdre ses ~s** [*personne*] to lose one's bearings; [*société*] to lose its points of reference • **dans un monde sans ~s** in a world that has lost its way • **point de ~** point of reference; (*dans l'espace*) landmark

repérer [ʀ(ə)peʀe] /TABLE 6/ **1** (VT) ⓐ [+ *erreur, personne*] to spot; [+ *endroit, chemin*] to locate • **se faire ~** to be spotted; (*fig*) to be found out • **il avait repéré un petit restaurant** he had discovered a little restaurant ⓑ (*Mil*) to locate **2** (VPR) **se repérer** (= *se diriger*) to find one's way around; (= *établir sa position*) to get one's bearings

répertoire [ʀepɛʀtwaʀ] **1** (NM) ⓐ (= *carnet*) notebook with alphabetical thumb index; (= *liste*) (alphabetical) list; (= *catalogue*) catalogue ⓑ [*d'acteur, chanteur, musicien*] repertoire • **les plus grandes œuvres du ~ classique** the greatest classical works • **jouer une pièce du ~** to put on a stock play ⓒ (*Informatique*) directory, folder **2** (COMP) ▸ **répertoire d'adresses** address book ▸ **répertoire des rues** (*sur un plan*) street index

répertorier [ʀepɛʀtɔʀje] /TABLE 7/ (VT) [+ *information*] to list; [+ *cas, maladie*] to record • **les restaurants sont répertoriés par quartiers** the restaurants are listed by area

repeser [ʀ(ə)pəze] /TABLE 5/ (VT) to weigh again

répète* [ʀepɛt] (NF) (ABR DE **répétition**)

répéter [ʀepete] /TABLE 6/ **1** (VT) ⓐ (= *redire*) [+ *explication, question, mot, histoire*] to repeat • **~ à qn que …** to tell sb again that … • **pourriez-vous me ~ cette phrase ?** could you repeat that sentence? • **répète-moi le numéro du code** give me the code number again • **je te l'ai répété dix fois** I've told you that a dozen times • **il répète toujours la même chose** he keeps repeating the same thing • **répète !** (*ton de menace*) say that again! • **il ne se l'est pas fait ~ (deux fois)** he didn't have to be told twice

ⓑ (= *rapporter*) [+ *calomnie, histoire*] to repeat • **elle est allée tout ~ à son père** she went and repeated everything to her father • **c'est un secret, ne le répétez pas !** it's a secret, don't repeat it!

ⓒ (= *refaire*) [+ *expérience, exploit, proposition*] to repeat • **tentatives répétées de suicide** repeated suicide attempts

ⓓ [+ *pièce, symphonie, émission*] to rehearse; [+ *rôle, leçon*] to learn; [+ *morceau de piano*] to practise • **ma mère m'a fait ~ ma leçon/mon rôle** I went over my homework/my part with my mother

ⓔ (= *reproduire*) [+ *motif, thème*] to repeat

2 (VPR) **se répéter** ⓐ [*personne*] to repeat o.s. • **je ne voudrais pas me ~, mais …** I don't want to repeat myself, but …

ⓑ [*événement*] to recur • **ces incidents se répétèrent fréquemment** these incidents occurred repeatedly

répétitif, -ive [ʀepetitif, iv] (ADJ) repetitive

répétition [ʀepetisjɔ̃] (NF) ⓐ (= *redite*) repetition • **il y a beaucoup de ~s** there is a lot of repetition

ⓑ (= *révision*) repetition; [*de pièce, symphonie*] rehearsal; [*de rôle*] learning; [*de morceau de piano*] practising • **~ générale** (final) dress rehearsal • **la chorale est en ~** the choir is rehearsing

ⓒ (= *nouvelle occurrence*) **pour éviter la ~ d'une telle mésaventure** to prevent such a mishap happening again

▸ **à répétition** **scandales/grèves à ~** one scandal/strike after another • **faire des angines à ~** to have one sore throat after another

repeupler [ʀ(ə)pœple] /TABLE 1/ **1** (VT) [+ *région*] to repopulate (**de** with) **2** (VPR) **se repeupler** [*région*] to be repopulated • **le village commence à se ~** people have started moving back into the village

r

repiquer [R(ə)pike] /TABLE 1/ VT **a** [+ *plante*] to prick out; [+ *riz*] to transplant • **plantes à ~** bedding plants **b** (= *réenregistrer*) to rerecord; (= *faire une copie de*) to record; [+ *logiciel*] to make a copy of **c** (= *reprendre*)* to catch again • **il s'est fait ~ à la frontière** the police caught up with him again at the border

répit [Repi] NM (= *rémission*) respite (*frm*); (= *repos*) rest • **s'accorder un peu de ~** to have a bit of a rest

▸ **sans répit** [*travailler*] continuously; [*combattre*] relentlessly • **une lutte sans ~ contre le terrorisme** a relentless fight against terrorism

replacement [R(ə)plasmɑ̃] NM [*d'employé*] redeployment

replacer [R(ə)plase] /TABLE 3/ **1** VT **a** (= *remettre*) [+ *objet*] to replace • **~ une vertèbre** to put a vertebra back into place **b** (= *resituer*) **il faut ~ les choses dans leur contexte** we must put things back in their context **c** [+ *employé*] to find a new job for **d** [+ *plaisanterie, expression*] **il faudra que je la replace, celle-là !*** I must remember to use that one again! **2** VPR **se replacer** **a** [*employé*] to find a new job **b** (= *s'imaginer*) **se ~ dans les mêmes conditions** to put o.s. in the same situation

replanter [R(ə)plɑ̃te] /TABLE 1/ VT [+ *plante*] to replant

repleuvoir [R(ə)plœvwaR] /TABLE 23/ VB IMPERS **il repleut** it is raining again

repli [Rəpli] NM **a** [*de terrain, papier, peau, tissu*] fold (**de** in) **b** [*d'armée*] withdrawal • **position de ~** fallback position **c** [*de valeurs boursières*] fall • **le dollar est en ~ à 2 €** the dollar has fallen back to 2 euros **d** (= *réserve*) **~ sur soi(-même)** withdrawal

replier [R(ə)plije] /TABLE 7/ **1** VT **a** [+ *carte, journal, robe*] to fold up; [+ *coin de feuille*] to fold over; [+ *ailes*] to fold; [+ *jambes*] to tuck up; [+ *couteau*] to close • **les jambes repliées sous lui** sitting back with his legs tucked under him **b** [+ *troupes*] to withdraw **2** VPR **se replier** [*soldats*] to withdraw (**sur** to); (*Bourse*) [*valeurs*] to fall • **se ~ (sur soi-même)** to withdraw into oneself • **communauté repliée sur elle-même** inward-looking community

réplique [Replik] NF **a** (= *réponse*) retort • **il a la ~ facile** he's always ready with a quick answer • **argument sans ~** unanswerable argument **b** (= *contre-attaque*) counter-attack • **la ~ ne se fit pas attendre** they weren't slow to retaliate **c** (*Théât*) line • **oublier sa ~** to forget one's lines • **Belon vous donnera la ~** (*pour répéter*) Belon will give you your cue; (*dans une scène*) Belon will play opposite you **d** (*Art*) replica **e** [*de tremblement de terre*] aftershock

répliquer [Replike] /TABLE 1/ **1** VT to reply • **il (lui) répliqua que ...** he retorted that ... **2** VI **a** (= *répondre*) to reply **b** (= *contre-attaquer*) to retaliate

replonger [R(ə)plɔ̃ʒe] /TABLE 3/ **1** VT [+ *rame, cuillère*] to dip back (**dans** into) • **ce film nous replonge dans l'univers des années 30** this film takes us right back to the 1930s **2** VI* [*drogué*] to become hooked* again; [*délinquant*] to go back to one's old ways; [*alcoolique*] to go back to drinking **3** VPR **se replonger** to dive back (**dans** into) • **il se replongea dans sa lecture** he went back to his reading • **se ~ dans les études** to throw o.s. into one's studies again

répondant [Repɔ̃dɑ̃] NM **il a du ~** (*compte approvisionné*) he has money behind him; (*sens de la répartie*)* he has a talent for repartee

répondeur [Repɔ̃dœR] NM answering machine • **je suis tombé sur un ~** I got a recorded message

répondre [Repɔ̃dR] /TABLE 41/ **1** VT to answer • **il m'a répondu oui/non** he answered yes/no • **il a répondu qu'il le savait** he replied that he knew • **il m'a répondu qu'il viendrait** he told me that he would come • **~ présent à l'appel** to answer present at roll call; (*fig*) to make o.s. known • **réponds quelque chose, même si c'est faux** give an answer, even if it's wrong

2 VI **a** to answer • **~ par oui ou par non** to answer yes or no • **~ par un sourire/en hochant la tête** to smile/nod in reply

▸ **répondre à** [+ *personne, question, besoin, signalement*] to answer; [+ *attaque, avances*] to respond to; [+ *salut*] to return; (= *correspondre à*) [+ *norme, condition*] to meet • **~ à une convocation** to answer a summons • **peu de gens ont répondu à cet appel** few people responded to this appeal • **~ à la force par la force** to answer force with force • **ça répond tout à fait à l'idée que je m'en faisais** that corresponds exactly to what I imagined it to be like • **ça ne répond pas à mon attente** *ou* **à mes espérances** it falls short of my expectations

b (*à la porte*) to answer the door; (*au téléphone*) to answer the telephone • **personne ne répond** • **ça ne répond pas** there's no answer • **on a sonné, va ~** there's the doorbell - go and see who it is

c (= *être impertinent*) to answer back

d [*voiture, commandes, membres*] to respond

3 VT INDIR **~ de** [+ *personne*] to answer for; [+ *actes, décision*] to be accountable for • **~ de l'innocence/l'honnêteté de qn** to answer for sb's innocence/honesty • **si vous agissez ainsi, je ne réponds plus de rien** if you behave like that, I'll accept no further responsibility • **~ de ses crimes** to answer for one's crimes

réponse [Repɔ̃s] NF **a** (*à demande, lettre, objection*) reply; (*à coup de sonnette, prière, énigme, examen, problème*) answer (**à** to) • **en ~ à votre question** in answer to your question • **en ~ aux accusations portées contre lui** in response to the accusations brought against him • **ma lettre est restée sans ~** my letter remained unanswered • **sa demande est restée sans ~** there has been no response to his request • **apporter une ~ au problème de la délinquance** to find an answer to the problem of delinquency • **avoir ~ à tout** to have an answer for everything

b (= *réaction à un appel, un sentiment*) response • **~ immunitaire** immune response

report [RəpɔR] NM **a** [*de match, procès*] postponement; [*de décision, date*] putting off • **« report »** (*en bas de page*) "carried forward"; (*en haut de page*) "brought forward" **b** [*de chiffres, indications*] copying out • **les ~s de voix entre les deux partis se sont bien effectués au deuxième tour** the votes were satisfactorily transferred to the party with more votes after the first round of the election

reportage [R(ə)pɔRtaʒ] NM report (**sur** on); (*sur le vif*) commentary • **~ en direct** live commentary • **faire un ~ sur** (*Presse*) to write a report on; (*Radio, TV*) to report on

reporter[1] [R(ə)pɔRte] /TABLE 1/ **1** VT **a** (= *différer*) [+ *match*] to postpone; [+ *décision, date*] to put off • **la réunion est reportée à demain/d'une semaine** the meeting has been postponed until tomorrow/for a week

b [+ *chiffres, indications*] to copy out (**sur** on) • **~ une somme sur la page suivante** to carry an amount forward to the next page

Ⓒ (*= transférer*) **~ son affection/son vote sur** to transfer one's affection/one's vote to

2 VPR **se reporter** ⓐ (*= se référer à*) **se ~ à** to refer to • **reportez-vous à la page 5** see page 5

ⓑ (*par la pensée*) **se ~ à** to think back to • **reportez-vous (par l'esprit) aux années 50** cast your mind back to the fifties

reporter² [R(ə)pɔRtɛR] NM reporter • **grand ~** special correspondent • **~(-)photographe** reporter and photographer

repos [R(ə)po] NM ⓐ (*= détente*) rest • **prendre du ~/un peu de ~** to have a rest/a bit of a rest • **le médecin lui a ordonné le ~ complet** the doctor has ordered him to rest • **~!** (*Mil*) stand at ease!

▸ **au repos** [*soldat*] standing at ease; [*masse, machine, animal*] at rest • **muscle au ~** relaxed muscle

▸ **de repos** **être de ~** to be off

▸ **de tout repos** [*entreprise, placement*] safe; [*travail*] easy • **ce n'est pas de tout ~!** it's not exactly restful!

ⓑ (*= congé*) **avoir droit à deux jours de ~ hebdomadaire** to be entitled to two days off a week • **le médecin lui a donné huit jours de ~** the doctor has signed him off for a week

Ⓒ (*= tranquillité*) peace and quiet; (*littér = sommeil, mort*) rest • **il n'y aura pas de ~ pour lui tant que ...** he won't get any rest until ... • **le ~ éternel** eternal rest

reposant, e [R(ə)pozɑ̃, ɑ̃t] ADJ restful

reposé, e [R(ə)poze] *ptp de* **reposer** ADJ [*air, teint, cheval*] rested *attrib* • **elle avait le visage ~** she looked rested • **maintenant que vous êtes bien ~ ...** now that you've had a good rest ... → **tête**

repose-pied (*pl* **repose-pieds**) [R(ə)pozpje] NM footrest

reposer [R(ə)poze] /TABLE 1/ 1 VT ⓐ (*= poser à nouveau*) [*+ verre, livre*] to put back down • **va ~ ce livre où tu l'as trouvé** go and put that book back where you found it

ⓑ [*+ yeux, corps, membres*] to rest • **les lunettes de soleil reposent les yeux** *ou* **la vue** sunglasses rest the eyes • **~ sa tête/jambe sur un coussin** to rest one's head/leg on a cushion

Ⓒ (*= répéter*) [*+ question*] to repeat

2 VI ⓐ (*= être étendu, dormir, être enterré*) to rest • **ici repose ...** here lies ... • **l'épave repose par 20 mètres de fond** the wreck is lying 20 metres down

ⓑ **laisser ~** [*+ liquide*] to leave to settle; [*+ pâte à pain*] to leave to rise; [*+ pâte feuilletée*] to allow to rest; [*+ pâte à crêpes*] to leave to stand

Ⓒ ▸ **reposer sur** [*bâtiment*] to be built on; [*supposition*] to rest on; [*résultat*] to depend on • **tout repose sur son témoignage** everything rests on his evidence

3 VPR **se reposer** ⓐ (*= se délasser*) to rest • **se ~ sur ses lauriers** to rest on one's laurels • **se ~ l'esprit** to rest one's mind

ⓑ **se ~ sur qn** to rely on sb • **elle se repose sur lui pour tout** she relies on him for everything

Ⓒ [*oiseau, poussière*] to settle again; [*problème*] to crop up again

repose-tête (*pl* **repose-têtes**) [R(ə)poztɛt] NM headrest

repositionner [R(ə)pɔzisjɔne] /TABLE 1/ VT to reposition • **nous cherchons à nous ~ dans le haut de gamme** we are seeking to position ourselves at the higher end of the market

repoussant, e [R(ə)pusɑ̃, ɑ̃t] ADJ repulsive

repousse [R(ə)pus] NF [*de cheveux, gazon*] regrowth • **pour accélérer la ~ des cheveux** to help the hair grow again

repousser [R(ə)puse] /TABLE 1/ 1 VT ⓐ [*+ objet encombrant*] to push out of the way; [*+ ennemi, attaque*] to drive back; [*+ importun*] to turn away • **~ qch du pied** to kick sth out of the way • **elle parvint à ~ son agresseur** she managed to beat off her attacker

ⓑ [*+ conseil, aide*] to turn down; [*+ tentation, projet de loi*] to reject; [*+ objections, arguments*] to brush aside

Ⓒ [*+ meuble*] to push back; [*+ tiroir*] to push back in; [*+ porte*] to push to • **repousse la table contre le mur** push the table back against the wall

ⓓ [*+ date, réunion*] to put off • **la date de l'examen a été repoussée (à huitaine/à lundi)** the exam has been put off (for a week/till Monday)

ⓔ (*= dégoûter*) to repel

2 VI [*feuilles, cheveux*] to grow again • **laisser ~ sa barbe** to let one's beard grow again

répréhensible [RepReɑ̃sibl] ADJ [*acte, personne*] reprehensible • **je ne vois pas ce qu'il y a de ~ à ça!** I don't see what's wrong with that!

reprendre [R(ə)pRɑ̃dR] /TABLE 58/ 1 VT ⓐ [*+ ville, prisonnier*] to recapture; [*+ employé, objet prêté*] to take back • **~ sa place** (*sur un siège*) to go back to one's seat; (*dans un emploi*) to go back to work • **passer ~ qn** to go back *ou* come back for sb • **j'irai ~ mon manteau chez le teinturier** I'll go and get my coat from the cleaner's • **~ son nom de jeune fille** to take one's maiden name again

ⓑ [*+ plat*] to have some more • **voulez-vous ~ des légumes?** would you like some more vegetables?

Ⓒ (*= retrouver*) [*+ espoir, droits, forces*] to regain • **~ des couleurs** to get some colour back in one's cheeks • **~ confiance/courage** to regain one's confidence/courage • **~ ses droits** to reassert itself • **~ ses habitudes** to get back into one's old habits • **~ contact avec qn** to get in touch with sb again • **~ ses esprits** to regain consciousness • **~ sa liberté** to regain one's freedom • **~ haleine** *ou* **son souffle** to get one's breath back

ⓓ [*+ marchandise*] to take back; (*contre un nouvel achat*) to take in part exchange; [*+ fonds de commerce, entreprise*] to take over • **les articles en solde ne sont pas repris** sale goods cannot be returned • **ils m'ont repris ma vieille télé** they bought my old TV set off me (in part exchange) • **j'ai acheté une voiture neuve et ils ont repris la vieille** I bought a new car and traded in the old one

ⓔ (*= recommencer, poursuivre*) [*+ travaux, études, fonctions, lutte*] to resume; [*+ livre, lecture*] to go back to; [*+ conversation, récit*] to carry on with; [*+ promenade*] to continue; [*+ hostilités*] to reopen; [*+ pièce de théâtre*] to put on again • **~ la route** [*voyageur*] to set off again; [*routier*] to go back on the road again • **~ la mer** [*marin*] to go back to sea • **après déjeuner ils reprirent la route** after lunch they set off again • **~ la plume** to take up the pen again • **reprenons les faits un par un** let's go over the facts again one by one • **~ le travail** (*après maladie, grève*) to go back to work; (*après le repas*) to get back to work • **la vie reprend son cours** life is back to normal again • **il a repris le rôle de Hamlet** he has taken on the role of Hamlet

ⓕ (*= saisir à nouveau*) **ses douleurs l'ont repris** he is in

r

pain again • **ça le reprend!** there he goes again!
g (*= attraper à nouveau*) to catch again • **on ne m'y reprendra plus** I won't let myself be caught out again • **que je ne t'y reprenne pas!** (*menace*) don't let me catch you doing that again!
h (*= retoucher*) [*+ tableau*] to touch up; [*+ article, chapitre*] to go over again; [*+ manteau*] to alter; (*trop grand*) to take in; (*trop petit*) to let out; (*trop long*) to take up; (*trop court*) to let down • **il y a beaucoup de choses à ~ dans ce travail** there are lots of improvements to be made to this work
i [*+ élève*] to correct; (*pour faute de langue*) to pull up
j [*+ refrain*] to take up • **il reprend toujours les mêmes arguments** he always repeats the same arguments
k [*+ idée, suggestion*] to use again • **l'incident a été repris par les journaux** the incident was taken up by the newspapers
2 VI **a** [*plante*] to recover; [*affaires*] to pick up
b [*bruit, pluie, incendie, grève*] to start again; [*fièvre, douleur*] to come back again • **l'école reprend** *ou* **les cours reprennent le 5 septembre** school starts again on 5 September • **je reprends lundi** [*employé, étudiant*] I'm going back on Monday
c (*= dire*) **«ce n'est pas moi», reprit-il** "it's not me," he went on
3 VPR **se reprendre** **a** (*= se corriger*) to correct o.s.; (*= s'interrompre*) to stop o.s. • **il allait plaisanter, il s'est repris à temps** he was going to make a joke but he stopped himself in time
b (*= recommencer*) **s'y ~ à plusieurs fois pour faire qch** to make several attempts to do sth • **il a dû s'y ~ à deux fois pour ouvrir la porte** he had to make two attempts before he could open the door
c (*= se ressaisir*) to get a grip on o.s.

représailles [R(ə)pRezɑj] NFPL reprisals • **exercer des ~** to take reprisals (**envers, contre, sur** against) • **mesures de ~** retaliatory measures

représentant, e [R(ə)pRezɑ̃tɑ̃, ɑ̃t] NM,F representative • **~ syndical** union representative • **~ de commerce** sales representative • **~ des forces de l'ordre** police officer • **il est ~ en cosmétiques** he's a rep* for a cosmetics firm

représentatif, -ive [R(ə)pRezɑ̃tatif, iv] ADJ representative

représentation [R(ə)pRezɑ̃tasjɔ̃] NF **a** [*d'objet, phénomène, son, faits*] representation; [*de paysage, société*] portrayal **b** [*de pièce de théâtre*] performance **c** [*de pays, citoyens, mandat*] representation **d** (*= réception*) entertainment

représentativité [R(ə)pRezɑ̃tativite] NF representativeness

représenter [R(ə)pRezɑ̃te] /TABLE 1/ **1** VT **a** [*peintre, romancier*] to depict; [*photographie*] to show • **la scène représente une rue** (*Théât*) the scene represents a street
b (*= symboliser, signifier*) to represent • **les parents représentent l'autorité** parents represent authority • **ce poste représente beaucoup pour moi** this job means a lot to me • **ça va ~ beaucoup de travail** that will mean a lot of work • **ça représente une part importante des dépenses** it accounts for a large part of the costs • **ils représentent 12% de la population** they represent 12% of the population
c (*= jouer*) to perform; (*= mettre à l'affiche*) to perform • **«Hamlet» fut représenté pour la première fois en 1603** "Hamlet" was first performed in 1603
d (*= agir au nom de*) [*+ ministre, pays*] to represent • **il s'est fait ~ par son notaire** he was represented by his lawyer
e **~ une maison de commerce** to represent a firm
2 VPR **se représenter** **a** (*= s'imaginer*) to imagine • **je ne pouvais plus me ~ son visage** I could no longer visualize his face
b (*= survenir à nouveau*) **si l'occasion se représente** if the occasion presents itself • **le même problème va se ~** the same problem will crop up again
c (*à une élection*) to run again • **se ~ à une élection** to run for re-election • **se ~ à un examen** to retake an exam

répressif, -ive [RepResif, iv] ADJ repressive

répression [RepResjɔ̃] NF repression • **prendre des mesures de ~ contre le crime** to crack down on crime • **le service de la ~ des fraudes** the Fraud Squad

réprimande [Repʀimɑ̃d] NF reprimand • **faire des ~s à qn** to reprimand sb

réprimander [Repʀimɑ̃de] /TABLE 1/ VT to reprimand

réprimer [Repʀime] /TABLE 1/ VT [*+ insurrection, sentiment, désir*] to repress; [*+ crimes, abus*] to crack down on; [*+ rire, bâillement, larmes, colère*] to suppress

repris [R(ə)pRi] NM **un dangereux ~ de justice** a dangerous known criminal

reprise [R(ə)pRiz] NF **a** [*d'activité, cours, travaux, hostilités*] resumption; [*de pièce de théâtre*] revival; [*de film*] rerun; (*Mus = passage répété*) repeat; (*= rediffusion*) repeat; [*de chanson*] remake • **c'est une ~ d'un tube des années 1970** it's a remake of a 70's hit • **les ouvriers ont décidé la ~ du travail** the workers have decided to go back to work • **on espère une ~ des affaires** we're hoping that business will pick up again • **la ~ (économique) est assez forte dans certains secteurs** the (economic) revival is quite marked in certain sectors
b **avoir de bonnes ~s** *ou* **de la ~** [*voiture*] to have good acceleration • **sa voiture n'a pas de ~** his car has no acceleration
c (*Boxe*) round • **à la ~** (*Football*) at the start of the second half • **faire une ~ de volée** (*Tennis*) to strike the ball on the volley
d [*de marchandise*] taking back; (*pour nouvel achat*) trade-in • **nous vous offrons une ~ de 5000€ pour l'achat d'une nouvelle voiture** we'll give you 5,000 euros when you trade your old car in • **~ des bouteilles vides** return of empties
e [*de chaussette*] darn; [*de drap, chemise*] mend • **faire une ~** *ou* **des ~s à un drap** to mend a sheet
f (*locutions*) **à deux ou trois ~s** two or three times • **à maintes/plusieurs ~s** many/several times

repriser [R(ə)pRize] /TABLE 1/ VT [*+ chaussette, lainage*] to darn; [*+ collant, drap*] to mend

réprobateur, -trice [RepRɔbatœR, tRis] ADJ reproachful • **d'un ton ~** reproachfully

réprobation [RepRɔbasjɔ̃] NF (*= blâme*) disapproval • **air/ton de ~** reproachful look/tone

reproche [R(ə)pRɔʃ] NM reproach • **faire** *ou* **adresser des ~s à qn** to criticize sb • **ton/regard de ~** reproachful tone/look • **il est sans ~** he's beyond reproach • **je ne vous fais pas de ~ mais ...** I'm not blaming you but ... • **ce n'est pas un ~!** I'm not criticizing! • **le seul ~ que je ferais à ...** the only criticism I have to make about ...

reprocher [R(ə)pRɔʃe] /TABLE 1/ VT **a** **~ qch à qn** to criticize sb for sth • **~ à qn de faire qch** to criticize sb

for doing sth • **les faits qui lui sont reprochés** (*Droit*) the charges against him • **on lui a reproché sa maladresse** they criticized him for being clumsy • **il me reproche mon succès** he resents my success • **je ne te reproche rien** I'm not blaming you for anything • **je n'ai rien à me ~** I've nothing to be ashamed of • **qu'est-ce qu'elle lui reproche?** what has she got against him? • **qu'est-ce que tu me reproches?** what have I done wrong?
ⓑ (= *critiquer*) **qu'as-tu à ~ à mon plan?** what have you got against my plan? • **je ne vois rien à ~ à son travail** I can't find anything to criticize in his work

reproducteur, -trice [ʀ(ə)pʀɔdyktœʀ, tʀis] **1** ADJ reproductive **2** NM (= *animal*) breeder

reproduction [ʀ(ə)pʀɔdyksjɔ̃] NF ⓐ [*de son, mouvement, modèle, tableau*] reproduction; [*de texte*] reprinting • **« ~ interdite »** "all rights (of reproduction) reserved" ⓑ (= *copie*) reproduction • **ce n'est qu'une ~** it's only a copy ⓒ [*d'organisme*] reproduction • **organes de ~** reproductive organs

reproduire [ʀ(ə)pʀɔdɥiʀ] /TABLE 38/ **1** VT ⓐ (= *restituer, copier*) to reproduce • **la photo est reproduite en page trois** the picture is reproduced on page three ⓑ [+ *erreur, expérience*] to repeat ⓒ (= *imiter*) to copy **2** VPR **se reproduire** ⓐ [*organisme*] to reproduce ⓑ [*phénomène*] to happen again; [*erreur*] to reappear • **et que cela ne se reproduise plus!** and don't let it happen again! • **ce genre d'incident se reproduit régulièrement** this kind of thing happens quite regularly

reprogrammer [ʀ(ə)pʀɔgʀame] /TABLE 1/ VT [+ *ordinateur, magnétoscope*] to reprogram; [+ *émission, film*] to reschedule

reprographie [ʀ(ə)pʀɔgʀafi] NF photocopying

reprotoxicité [ʀepʀɔtɔksisite] NF reprotoxicity

reprotoxique [ʀepʀɔtɔksik] ADJ reprotoxic

réprouver [ʀepʀuve] /TABLE 1/ VT [+ *personne, attitude, comportement*] to reprove; [+ *projet*] to condemn • **des actes que la morale réprouve** immoral acts

reptile [ʀɛptil] NM reptile

repu, e [ʀəpy] ADJ [*animal*] sated; [*personne*] full up* *attrib* • **je suis ~** I'm full

républicain, e [ʀepyblikɛ̃, ɛn] ADJ, NM,F republican; (*US*) Republican

république [ʀepyblik] NF republic • **on est en ~!** it's a free country! • **la République française/d'Irlande** the French/Irish Republic • **la Cinquième République** the Fifth Republic

> **LA CINQUIÈME RÉPUBLIQUE**
> The term **la Cinquième République** refers to the French Republic since the presidency of General de Gaulle (1959-1969), during which a new Constitution was established.

répudier [ʀepydje] /TABLE 7/ VT [+ *épouse*] to repudiate; [+ *opinion, foi*] to renounce

répugnance [ʀepyɲɑ̃s] NF ⓐ (= *répulsion*) (*pour personnes*) repugnance (**pour** for); (*pour nourriture, mensonge*) disgust (**pour** for) • **avoir de la ~ pour** to loathe ⓑ (= *hésitation*) reluctance (**à faire qch** to do sth) • **il éprouvait une certaine ~ à nous le dire** he was rather reluctant to tell us • **faire qch avec ~** to do sth reluctantly

répugnant, e [ʀepyɲɑ̃, ɑ̃t] ADJ disgusting; [*individu*] repugnant

répugner [ʀepyɲe] /TABLE 1/ VT INDIR **~ à** (= *dégoûter*) to repel • **cet individu me répugne profondément** I find that man quite repugnant • **~ à faire qch** (= *hésiter*) to be reluctant to do sth • **il répugnait à parler en public** he was reluctant to speak in public

répulsion [ʀepylsjɔ̃] NF repulsion • **éprouver** *ou* **avoir de la ~ pour** to feel repulsion for

réputation [ʀepytasjɔ̃] NF reputation • **avoir bonne/mauvaise ~** to have a good/bad reputation • **se faire une ~** to make a reputation for o.s. • **sa ~ n'est plus à faire** his reputation is firmly established • **produit de ~ mondiale** product which has a world-wide reputation • **connaître qn/qch de ~ (seulement)** to know sb/sth (only) by repute • **il a la ~ d'être avare** he has a reputation for being miserly

réputé, e [ʀepyte] ADJ ⓐ (= *célèbre*) well-known • **l'un des médecins les plus ~s de la ville** one of the town's best-known doctors • **la ville est ~e pour sa cuisine** the town is renowned for its food ⓑ (= *considéré comme*) **c'est un remède ~ infaillible** this cure is reputed to be infallible • **ce professeur est ~ pour être très sévère** this teacher has the reputation of being very strict

requérir [ʀəkeʀiʀ] /TABLE 21/ VT ⓐ (= *nécessiter*) [+ *soins, prudence*] to require • **ceci requiert toute notre attention** this requires our full attention ⓑ (= *solliciter*) [+ *aide, service*] to request; (= *exiger*) [+ *justification*] to require • **~ l'intervention de la police** to require police intervention ⓒ (*Droit*) [+ *peine*] to call for

requête [ʀəkɛt] NF ⓐ (*Droit*) petition • **adresser une ~ à un juge** to petition a judge ⓑ (= *supplique*) request • **à** *ou* **sur la ~ de qn** at sb's request

requin [ʀəkɛ̃] NM shark • **les ~s de la finance** the sharks of the financial world

requinquer* [ʀ(ə)kɛ̃ke] /TABLE 1/ **1** VT to buck up* **2** VPR **se requinquer** to perk up*

requis, e [ʀəki, iz] *ptp de* **requérir** ADJ required • **satisfaire aux conditions ~es** to meet the requirements • **avoir l'âge ~** to meet the age requirements

réquisition [ʀekizisjɔ̃] NF ⓐ [*de personnes, matériel*] requisitioning ⓑ (= *plaidoirie*) **~s** summing-up for the prosecution

réquisitionner [ʀekizisjɔne] /TABLE 1/ VT to requisition • **j'ai été réquisitionné pour faire la vaisselle** I have been requisitioned to do the dishes

réquisitoire [ʀekizitwaʀ] NM (= *plaidoirie*) summing-up for the prosecution (*specifying appropriate sentence*) • **son discours est un ~ contre le capitalisme** his speech is an indictment of capitalism

RER [ɛʀøɛʀ] NM (ABR DE **réseau express régional**) *rapid-transit train service between Paris and the suburbs*

rescapé, e [ʀɛskape] **1** ADJ [*personne*] surviving **2** NM,F survivor (**de** of, from)

rescolariser [ʀ(ə)skɔlaʀize] /TABLE 1/ VT [+ *enfant*] to send back to school

rescousse [ʀɛskus] NF **venir** *ou* **aller à la ~ de qn** to go to sb's rescue • **appeler qn à la ~** to call to sb for help

réseau (*pl* **réseaux**) [ʀezo] NM ⓐ network • **~ routier/ferroviaire/téléphonique** road/rail/telephone network • **~ de communication/d'information/ de distribution** communications/information/distribution network • **~ commercial** *ou* **de vente** sales network • **~ électrique**

r

electricity network • ~ **express régional** *rapid-transit train service between Paris and the suburbs* • **les abonnés du ~ sont avisés que ...** (*Téléc*) telephone subscribers are advised that ... • **je n'ai pas de ~ ici** (*téléphone mobile*) I've got no signal here

▸ **en réseau être en ~** [*personnes, entreprises*] to be on the network • **mettre des ordinateurs en ~** to network computers • **travailler en ~** to work on a network • **la mise en ~ de l'information** information networking

ⓑ [*de prostitution, trafiquants, terroristes*] ring • ~ **d'espionnage/de résistants** spy/resistance network • ~ **d'influence** network of influence • ~ **social** social network

réseautage [ʀezotaʒ] (NM) networking • ~ **social** social networking

réseauter [ʀezote] /TABLE 1/ (VI) to network • ~ **sur Internet** to network (on the internet)

réseautique [ʀezotik] /TABLE 1/ (NF) networking

réservation [ʀezɛʀvasjɔ̃] (NF) (*à l'hôtel*) reservation • **bureau de ~** booking office • **faire une ~ dans un hôtel/restaurant** to make a reservation in a hotel/restaurant

réserve [ʀezɛʀv] (NF) ⓐ (= *provision*) reserve • **les enfants ont une ~ énorme d'énergie** children have enormous reserves of energy • **faire des ~s de sucre** to get in a stock of sugar

▸ **en réserve avoir des provisions en ~** to have provisions in reserve • **mettre qch en ~** to put sth by • **avoir/garder qch en ~** to have/keep sth in reserve; [*commerçant*] to have/keep sth in stock

ⓑ (= *restriction*) reservation • **faire** *ou* **émettre des ~s sur qch** to have reservations about sth • **sans ~** [*soutien, admiration, consentement*] unreserved; [*approuver, accepter*] unreservedly

▸ **sous réserve que le projet est accepté sous ~ que les délais soient respectés** the project has been approved on condition that the deadlines are met

▸ **sous toutes réserves** [*publier*] with all proper reserves • **je vous le dis sous toutes ~s** I can't guarantee the truth of what I'm telling you • **tarif publié sous toutes ~s** prices correct at time of going to press

ⓒ (= *prudence, discrétion*) reserve • **être/se tenir sur la ~** to be/remain very reserved • **devoir** *ou* **obligation de ~** duty to preserve secrecy

ⓓ (*Mil*) **la ~** the reserve • **officiers/armée de ~** reserve officers/army

ⓔ (*Sport*) **équipe/joueur de ~** reserve team/player

ⓕ [*de nature, animaux*] reserve; [*d'Indiens*] reservation • ~ **de pêche/chasse** fishing/hunting preserve • ~ **naturelle** nature reserve • ~ **ornithologique** *ou* **d'oiseaux** bird sanctuary

ⓖ [*de bibliothèque, musée*] reserve collection • **le livre est à la ~** the book is in reserve

ⓗ (= *entrepôt*) storehouse; (= *pièce*) storeroom; (*d'un magasin*) stockroom

réservé, e [ʀezɛʀve] *ptp de* **réserver** (ADJ) ⓐ [*place, salle*] reserved (**à qn/qch** for sb/sth) • **chasse/pêche ~e** private hunting/fishing • **j'ai une table ~e** I've got a table reserved • **tous droits ~s** all rights reserved ⓑ (= *discret*) [*caractère, personne*] reserved ⓒ (= *dubitatif*) **il s'est montré très ~ sur la faisabilité du projet** he sounded very doubtful as to the feasibility of the project

réserver [ʀezɛʀve] /TABLE 1/ **1** (VT) ⓐ (= *mettre à part*) [+ *objets*] to save, to reserve; [+ *marchandises*] to keep • **il nous a réservé deux places à côté de lui** he's kept us two seats beside him • **on vous a réservé ce bureau** we've set this office aside for you • ~ **le meilleur pour la fin** to save the best till last

ⓑ (= *louer*) [+ *billet, place, chambre, table*] to reserve

ⓒ [+ *dangers, désagréments, joies*] to have in store (**à** for) • **ils nous ont réservé un accueil chaleureux** they gave us a warm welcome • **nous ne savons pas ce que l'avenir nous réserve** we don't know what the future has in store for us

ⓓ (= *remettre à plus tard*) [+ *réponse, opinion*] to reserve • **le médecin préfère ~ son diagnostic** the doctor would rather reserve his diagnosis

2 (VPR) **se réserver** ⓐ (= *prélever*) to keep for o.s. • **il s'est réservé le meilleur morceau** he kept the best bit for himself • **se ~ le droit de faire qch** to reserve the right to do sth

ⓑ (= *se ménager*) to save o.s.

réservoir [ʀezɛʀvwaʀ] (NM) (= *cuve*) tank; (= *plan d'eau*) reservoir • **ce pays est un ~ de talents/de main-d'œuvre** this country has a wealth of talent/a huge pool of labour to draw on • ~ **d'eau** water tank; (*pour une maison*) water cistern; (*pour eau de pluie*) water tank • ~ **d'essence** petrol (*Brit*) *ou* gas (*US*) tank

résidence [ʀezidɑ̃s] (NF) residence; (= *immeuble*) block of residential flats (*Brit*), residential apartment building (*US*) • ~ **principale/secondaire** main/second home • **en ~ surveillée** under house arrest ▸ **résidence universitaire** university halls of residence

résident, e [ʀezidɑ̃, ɑ̃t] **1** (NM,F) (= *étranger*) foreign national **2** (ADJ) (*Informatique*) resident

résidentiel, -ielle [ʀezidɑ̃sjɛl] (ADJ) (= *riche*) [*banlieue, quartier*] affluent

résider [ʀezide] /TABLE 1/ (VI) to reside; [*difficulté*] to lie (**dans** in) • **après avoir résidé quelques temps en France** after living in France for some time

résidu [ʀezidy] (NM) residue *NonC* • ~**s** residue *NonC* • ~**s industriels** industrial waste

résignation [ʀeziɲasjɔ̃] (NF) resignation (**à** to)

résigné, e [ʀeziɲe] *ptp de* **résigner** (ADJ) [*air, geste, ton*] resigned • **il est ~** he is resigned to it • **dire qch d'un air ~** to say sth resignedly

résigner (se) [ʀeziɲe] /TABLE 1/ (VPR) to resign o.s. (**à** to)

résiliation [ʀeziljasjɔ̃] (NF) [*de contrat, bail, marché, abonnement*] (*à terme*) termination; (*en cours*) cancellation

résilier [ʀezilje] /TABLE 7/ (VT) [+ *contrat, bail, marché, abonnement*] (*à terme*) to terminate; (*en cours*) to cancel

résille [ʀezij] (NF) (*pour les cheveux*) hairnet

résine [ʀezin] (NF) resin

résineux, -euse [ʀezinø, øz] **1** (ADJ) resinous **2** (NM) coniferous tree

résistance [ʀezistɑ̃s] (NF) ⓐ (= *opposition*) resistance *NonC* (**à, contre** to) • **la Résistance** (*Hist*) the (French) Resistance • **opposer une ~ farouche à un projet** to put up a fierce resistance to a project • **malgré les ~s des syndicats** in spite of resistance from the trade unions • **faire de la ~** (*fig*) to put up a fight

ⓑ (= *endurance*) stamina • **il a une grande ~** *ou* **beaucoup de ~** he has a lot of stamina • **coureur qui a de la ~** runner who has lots of staying power • **ce matériau offre une grande ~ au feu/aux chocs** this material is very heat-resistant/shock-resistant

ⓒ [*de réchaud, radiateur*] element; (= *mesure*) resistance

d *(Physique)* (= *force*) resistance • **~ des matériaux** strength of materials • **quand il voulut ouvrir la porte, il sentit une ~** when he tried to open the door he felt some resistance

résistant, e [ʀezistɑ̃, ɑ̃t] **1** (ADJ) [*personne*] tough; [*plante*] hardy; [*tissu, vêtements*] hard-wearing; [*couleur*] fast; [*métal, bois*] resistant • **il est très ~** he has a lot of stamina; *(athlète)* he has lots of staying power • **~ à la chaleur** heatproof • **~ aux chocs** shockproof • **bactéries ~es aux antibiotiques** bacteria that are resistant to antibiotics **2** (NM,F) *(Hist)* (French) Resistance fighter • **il a été ~** he was in the Resistance

résister [ʀeziste] /TABLE 1/ (VT INDIR) **~ à** to resist; [+ *fatigue, émotion, privations, chagrin, douleur*] to withstand • **il n'ose pas ~ à sa fille** he doesn't dare stand up to his daughter • **je n'ai pas résisté à cette petite robe** I couldn't resist this dress • **ça a bien résisté à l'épreuve du temps** it has really stood the test of time • **le plancher ne pourra pas ~ au poids** the floor won't take the weight • **la porte a résisté** the door held • **ça n'a pas résisté longtemps** it didn't hold out for long • **cette vaisselle résiste au feu** this crockery is heatproof • **ce raisonnement ne résiste pas à l'analyse** this reasoning does not stand up to analysis

résolu, e [ʀezɔly] *ptp de* **résoudre** (ADJ) [*personne, ton, air*] resolute • **il est bien ~ à partir** he is determined to leave

résolument [ʀezɔlymɑ̃] (ADV) resolutely • **je suis ~ contre** I'm resolutely opposed to it

résolution [ʀezɔlysjɔ̃] (NF) **a** (= *décision*) resolution • **prendre la ~ de faire qch** to make a resolution to do sth • **la ~ 240 du Conseil de sécurité** Security Council resolution 240 **b** (= *énergie*) resolve **c** (= *solution*) solution • **la ~ du conflit** the resolution of the conflict • **~ d'une équation** (re)solution of an equation **d** [*d'image*] resolution • **image de haute ~** high-resolution image

résonance [ʀezɔnɑ̃s] (NF) resonance *NonC*; *(fig)* echo • **~ magnétique nucléaire** nuclear magnetic resonance → **caisse**

résonner [ʀezɔne] /TABLE 1/ (VI) [*son*] to resonate; [*pas*] to resound; [*salle*] to be resonant • **ne parle pas trop fort, ça résonne** don't speak too loudly because it echoes

> Le mot anglais s'écrit avec un seul **n**.

résorber [ʀezɔʀbe] /TABLE 1/ **1** (VT) **a** [+ *tumeur, épanchement*] to resorb **b** [+ *chômage, inflation*] to bring down; [+ *déficit, surplus*] to absorb; [+ *stocks*] to reduce **2** (VPR) **se résorber** **a** [*hématome*] to be resorbed **b** [*chômage*] to be brought down; [*déficit*] to be absorbed • **l'embouteillage se résorbe peu à peu** the traffic jam is gradually breaking up

résorption [ʀezɔʀpsjɔ̃] (NF) [*de chômage, inflation*] gradual reduction (**de** in); [*de déficit, surplus*] absorption

résoudre ○ [ʀezudʀ] /TABLE 51/ **1** (VT) **a** (= *trouver une solution à*) to solve; [+ *conflit*] to resolve **b** (= *décider*) to decide on • **~ de faire qch** to decide to do sth • **~ qn à faire qch** to induce sb to do sth **2** (VPR) **se résoudre** **se ~ à faire qch** (= *se décider*) to decide to do sth; (= *se résigner*) to resign o.s. to doing sth • **il n'a pas pu se ~ à la quitter** he couldn't bring himself to leave her

respect [ʀɛspɛ] (NM) **a** (= *considération*) respect (**de, pour** for) • **~ de soi** self-respect • **avoir du ~ pour qn** to respect sb • **manquer de ~ à** *ou* **envers qn** to be disrespectful towards sb • **agir dans le ~ des règles/des droits de l'homme** to act in accordance with the rules/with human rights • **malgré** *ou* **sauf le ~ que je vous dois** with all due respect **b** (= *formule de politesse*) **présenter ses ~s à qn** to pay one's respects to sb • **présentez mes ~s à votre femme** give my regards to your wife **c** **tenir qn en ~** to keep sb at bay

respectabilité [ʀɛspɛktabilite] (NF) respectability

respectable [ʀɛspɛktabl] (ADJ) respectable

respectablement [ʀɛspɛktabləmɑ̃] (ADV) respectably

respecter [ʀɛspɛkte] /TABLE 1/ **1** (VT) [+ *personne*] to respect; [+ *interdiction*] to observe; [+ *parole donnée, promesse*] to keep • **se faire ~** to be respected • **~ ses engagements** to honour one's commitments • **respectez son sommeil** don't disturb him while he's asleep • **respectez le matériel!** treat the equipment with respect! • **lessive qui respecte les couleurs** washing powder that is kind on colours • **«respectez les pelouses»** "keep off the grass" • **~ une minute de silence** to observe a minute's silence • **faire ~ la loi** to enforce the law • **le programme a été scrupuleusement respecté** the programme was strictly adhered to **2** (VPR) **se respecter** to respect o.s. • **tout professeur/plombier qui se respecte** *(hum)* any self-respecting teacher/plumber

respectif, -ive [ʀɛspɛktif, iv] (ADJ) respective

respectivement [ʀɛspɛktivmɑ̃] (ADV) respectively • **ils ont ~ 9 et 12 ans** they are 9 and 12 years old respectively

respectueusement [ʀɛspɛktɥøzmɑ̃] (ADV) respectfully

respectueux, -euse [ʀɛspɛktɥø, øz] (ADJ) [*langage, personne, silence*] respectful • **se montrer ~ du bien d'autrui** to show respect for other people's property • **~ de la loi** respectful of the law • **projet ~ de l'environnement** environment-friendly project • **veuillez agréer, Monsieur** (*ou* **Madame**), **mes salutations respectueuses** yours sincerely

respirateur [ʀɛspiʀatœʀ] (NM) **~ (artificiel)** respirator; (*pour malade dans le coma*) ventilator

respiration [ʀɛspiʀasjɔ̃] (NF) breathing; (= *souffle*) breath • **~ courte** shortness of breath

respiratoire [ʀɛspiʀatwaʀ] (ADJ) respiratory

respirer [ʀɛspiʀe] /TABLE 1/ **1** (VI) **a** to breathe • **«respirez!»** (*chez le médecin*) "breathe in!" • **~ par la bouche/le nez** to breathe through one's mouth/one's nose • **~ avec difficulté** to have difficulty breathing • **~ profondément** to take a deep breath • **~ à pleins poumons** to breathe deeply **b** (= *se détendre*) to get one's breath; (= *se rassurer*) to breathe again • **ouf, on respire!** phew, we can breathe again! **2** (VT) **a** (= *inhaler*) to breathe in **b** [+ *calme, bonheur, santé*] to radiate; [+ *honnêteté, franchise*] to exude

resplendir [ʀɛsplɑ̃diʀ] /TABLE 2/ (VI) **le lac resplendissait sous le soleil** the lake glittered in the sun • **il resplendissait de joie** he was radiant with joy

resplendissant, e [ʀɛsplɑ̃disɑ̃, ɑ̃t] (ADJ) **a** [*soleil, ciel*] radiant; [*lac, neige*] glittering **b** [*beauté, santé*] radiant; [*visage, yeux*] shining • **avoir une mine ~e** to look radiant • **être ~ de santé** to be glowing with health

responsabiliser [ʀɛspɔ̃sabilize] /TABLE 1/ (VT) **~ qn** to give sb a sense of responsibility

responsabilité [ʀɛspɔ̃sabilite] **1** (NF) **a** (*légale*) liability

r

(**de** for); (*morale*) responsibility (**de** for); (*financière*) (financial) accountability • **porter la ~ de qch** to take responsibility for sth • **faire porter la ~ de qch à** *ou* **sur qn** to hold sb responsible for sth • **ces élèves sont sous ma ~** I'm responsible for these pupils

ⓑ (= *charge*) responsibility • **avoir la ~ de qn** to take *ou* have responsibility for sb • **avoir la ~ de la gestion** to be responsible for management • **il fuit les ~s** he shuns (any) responsibility • **il serait temps qu'il prenne ses ~s** it's (high) time he faced up to his responsibilities • **il a un poste de ~** he's in a position of responsibility

2 COMP ▸ **responsabilité civile** civil liability

> Le mot anglais s'écrit avec un **i** et non un **a**.

responsable [ʀɛspɔ̃sabl] 1 ADJ responsible (**de** for, **devant qn** to sb) • **civilement/pénalement ~** liable in civil/criminal law • **agir de manière ~** to behave responsibly 2 NMF ⓐ (= *coupable*) person responsible • **le seul ~ est l'alcool** alcohol alone is to blame ⓑ (= *personne compétente*) person in charge • **adressez-vous au ~** see the person in charge ⓒ (= *dirigeant*) official • **les ~s du parti** the party officials • **des ~s de l'industrie** heads of industry • **~ syndical** trade union official • **~ politique** politician

> Le mot anglais s'écrit avec un **i** et non un **a**.

resquiller* [ʀɛskije] /TABLE 1/ 1 VI (= *ne pas payer*) (*dans l'autobus, le métro*) to sneak a free ride; (*au match, cinéma*) to sneak in; (= *ne pas faire la queue*) to jump the queue (*Brit*), to cut in at the beginning of the line (*US*) 2 VT [+ *place*] to wangle*

resquilleur, -euse* [ʀɛskijœʀ, øz] NM,F (= *qui n'attend pas son tour*) queue-jumper (*Brit*); (= *qui ne paie pas*) (*dans l'autobus*) fare-dodger* • **les ~s** (*au stade*) the people who have sneaked in without paying

ressac [ʀəsak] NM **le ~** (= *mouvement*) the undertow

ressaisir (se) [ʀ(ə)seziʀ] /TABLE 2/ VPR (= *reprendre son sang-froid*) to regain one's self-control; (*Sport: après avoir flanché*) to recover • **ressaisissez-vous !** pull yourself together! • **le coureur s'est bien ressaisi sur la fin** the runner recovered well towards the end

ressasser [ʀ(ə)sase] /TABLE 1/ VT [+ *pensées, regrets*] to keep turning over; [+ *plaisanteries, conseil*] to keep trotting out

ressayer [ʀeseje] /TABLE 8/ VTI to try again; [+ *vêtement*] to try on again

ressemblance [ʀ(ə)sɑ̃blɑ̃s] NF (= *similitude visuelle*) resemblance; (= *analogie de composition*) similarity • **toute ~ avec des personnes existant ou ayant existé est purement fortuite** any resemblance to any person living or dead is purely accidental

ressemblant, e [ʀ(ə)sɑ̃blɑ̃, ɑ̃t] ADJ [*photo, portrait*] lifelike • **il a fait d'elle un portrait très ~** he painted a very good likeness of her

ressembler [ʀ(ə)sɑ̃ble] /TABLE 1/ 1 VT INDIR **~ à** (= *être semblable à*) [*personne*] (*physiquement*) to look like; (*moralement, psychologiquement*) to be like; [*choses*] (*visuellement*) to look like; (*par la composition*) to resemble, to be like; [*faits, événements*] to be like • **il me ressemble beaucoup physiquement/moralement** he is very like me in looks/in character • **à quoi ressemble-t-il ?*** what does he look like? • **ça ne ressemble à rien !*** it makes no sense at all! • **cela lui ressemble bien de dire ça** it's just like him to say that • **cela ne te ressemble pas** that's not like you

2 VPR **se ressembler** (*physiquement, visuellement*) to look alike; (*moralement, par ses éléments*) to be alike • **ils se ressemblent comme deux gouttes d'eau** they're as like as two peas in a pod • **aucune ville ne se ressemble** no two towns are alike

ressemeler [ʀ(ə)səm(ə)le] /TABLE 4/ VT to resole

ressentiment [ʀ(ə)sɑ̃timɑ̃] NM resentment • **éprouver du ~** to feel resentful (**à l'égard de** towards) • **il en a gardé du ~** it has remained a sore point with him

ressentir [ʀ(ə)sɑ̃tiʀ] /TABLE 16/ 1 VT to feel 2 VPR **se ressentir se ~ de** [*travail, qualité*] to show the effects of; [*personne, communauté*] to feel the effects of • **la qualité/son travail s'en ressent** the quality/his work is affected

resserre [ʀəsɛʀ] NF (= *cabane*) shed; (= *réduit*) storeroom

resserré, e [ʀ(ə)seʀe] *ptp de* **resserrer** ADJ [*chemin, vallée*] narrow • **veste ~e à la taille** jacket fitted at the waist

resserrement [ʀ(ə)sɛʀmɑ̃] NM ⓐ [*de liens, amitié*] strengthening ⓑ (= *goulet*) [*de route, vallée*] narrow part

resserrer [ʀ(ə)seʀe] /TABLE 1/ 1 VT ⓐ [+ *vis*] to tighten (up); [+ *nœud, ceinture, étreinte*] to tighten ⓑ [+ *discipline*] to tighten up; [+ *cercle, filets, crédits*] to tighten; [+ *liens, amitié*] to strengthen 2 VPR **se resserrer** ⓐ [*nœud, étreinte*] to tighten; [*pores*] to close; [*chemin, vallée*] to narrow ⓑ [*liens affectifs*] to grow stronger; [*cercle, groupe*] to draw in • **le filet/l'enquête se resserrait autour de lui** the net/the inquiry was closing in on him

resservir [ʀ(ə)sɛʀviʀ] /TABLE 14/ 1 VT ⓐ [+ *plat*] to serve up again (**à** to); [+ *dîneur*] to give another helping to • **~ de la soupe/viande** to give another helping of soup/meat ⓑ [+ *thème, histoire*] to trot out again

2 VI ⓐ [*vêtement usagé, outil*] to be used again • **ça peut toujours ~** it may come in handy again • **cet emballage peut ~** this packaging can be used again • **ce manteau pourra te ~** you may find this coat useful again some time

ⓑ (*Tennis*) to serve again

3 VPR **se resservir** ⓐ [*dîneur*] to help o.s. again • **se ~ de fromage/viande** to help o.s. to some more cheese/meat

ⓑ (= *réutiliser*) **se ~ de** to use again

ressort [ʀ(ə)sɔʀ] NM ⓐ (= *pièce de métal*) spring • **à ~** [*mécanisme, pièce*] spring-loaded

ⓑ (= *énergie*) spirit • **avoir du/manquer de ~** to have/lack spirit

ⓒ (= *motivation*) **les ~s psychologiques de qn** sb's psychological motives

ⓓ (= *compétence*) **être du ~ de** to be *ou* fall within the competence of • **c'est du ~ de la justice** that is for the law to deal with • **ce n'est pas de mon ~** this is not my responsibility

ⓔ ▸ **en dernier ressort** (= *en dernier recours*) as a last resort; (= *finalement*) in the last resort

ressortir [ʀ(ə)sɔʀtiʀ] /TABLE 16/

> When **ressortir** has an object, it is conjugated with **avoir**, when it has no object the auxiliary is **être**.

1 (VI) **a** [*personne*] to go (*ou* come) (back) out; [*objet*] to come (back) out; (*une nouvelle fois*) to go (*ou* come) (back) out again

> **ressortir** se traduira par **to come (back) out** ou par **to go (back) out** suivant que le locuteur se trouve ou non à l'endroit en question.

• **tu ressors jouer avec nous ?** are you coming back out to play with us? • **je suis ressorti faire des courses** I went out shopping again • **ce film ressort sur nos écrans** this film has been rereleased

b (= *contraster*) [*détail, couleur, qualité*] to stand out • **faire ~ qch** to make sth stand out

2 (VT INDIR) **~ de** (= *résulter de*) to be the result of • **il ressort de tout cela que personne ne savait** what emerges from all that is that no one knew

3 (VT) (*à nouveau*) [+ *vêtements d'hiver, outil*] to take out again; [+ *film*] to rerelease; [+ *modèle*] to bring out again • **il (nous) ressort toujours les mêmes blagues** he always trots out the same old jokes • **~ un vieux projet d'un tiroir** to dust off an old project

ressortissant, e [R(ə)sɔRtisɑ̃, ɑ̃t] (NM,F) national • **~ français** French national

ressouder (se) [R(ə)sude] /TABLE 1/ (VPR) [*os, fracture*] to mend

ressource [R(ə)suRs] **1** (NF) **a** (= *recours*) **sa seule ~ était de ...** the only way open to him was to ... • **vous êtes ma dernière ~** you are my last resort

b **avoir de la ~** [*cheval, sportif*] to have strength in reserve

2 (NFPL) **ressources** **a** (= *moyens matériels, financiers*) resources • **avoir de maigres ~s** to have limited means • **une famille sans ~s** a family with no means of support • **~s naturelles/pétrolières** natural/petroleum resources • **directeur des ~s humaines** director of human resources

b (= *possibilités*) [*d'artiste, aventurier, sportif*] resources; [*d'art, technique, système*] possibilities • **les ~s de son imagination** the resources of one's imagination • **homme/femme de ~(s)** resourceful man/woman

> Le mot anglais s'écrit avec un seul **s**.

ressourcer (se) [R(ə)suRse] /TABLE 3/ (VPR) (= *retrouver ses racines*) to go back to one's roots; (= *recouvrer ses forces*) to recharge one's batteries

ressourcerie [R(ə)suRs(ə)Ri] (NF) reconditioning centre (*Brit*) *ou* center (*US*)

ressurgir [R(ə)syRʒiR] /TABLE 2/ (VI) to resurface

ressusciter [Resysite] /TABLE 1/

> When **ressusciter** has no object it is conjugated with **être**, when it has an object, the auxiliary is **avoir**.

1 (VI) [*mort*] to rise from the dead **2** (VT) **a** [+ *mourant*] to resuscitate; [+ *mort*] to raise (from the dead) **b** [+ *sentiment, passé, coutume*] to revive; [+ *héros, mode*] to bring back

restant, e [Rɛstɑ̃, ɑ̃t] **1** (ADJ) remaining • **le seul cousin ~** the one remaining cousin **2** (NM) **a** (= *l'autre partie*) **le ~** the rest • **pour le ~ de mes jours** *ou* **de ma vie** for the rest of my life **b** (= *ce qui est en trop*) **accommoder un ~ de poulet** to make a dish with some left-over chicken • **faire une écharpe dans un ~ de tissu** to make a scarf out of some left-over material

restau* [Rɛsto] (NM) restaurant

restaurant [Rɛstɔʀɑ̃] (NM) restaurant • **on va au ~ ?** shall we go to a restaurant? • **on mange au ~ une fois par semaine** we eat out once a week ▸ **restaurant d'entreprise** staff canteen ▸ **restaurant rapide** fast-food restaurant ▸ **restaurant scolaire** school canteen ▸ **restaurant universitaire** university cafeteria

restaurateur, -trice [RɛstɔRatœR, tRis] (NM,F) **a** (= *aubergiste*) restaurant owner **b** [*de tableau, dynastie*] restorer

restauration [RɛstɔRasjɔ̃] (NF) **a** (= *rénovation*) restoration • **la ~ de la démocratie est en bonne voie dans ce pays** democracy is well on the way to being restored in this country **b** (= *hôtellerie*) catering • **la ~ rapide** the fast-food industry

restaurer [RɛstɔRe] /TABLE 1/ **1** (VT) **a** [+ *monarchie, paix, tableau*] to restore **b** (= *nourrir*) to feed **c** (*Informatique*) to restore **2** (VPR) **se restaurer** to have something to eat

reste [Rɛst] **1** (NM) **a** (= *l'autre partie*) **le ~** the rest • **le ~ de sa vie/du temps** the rest of his life/of the time • **préparez les bagages, je m'occupe du ~** get the luggage ready and I'll see to the rest • **avec la grève, la neige et (tout) le ~, ils ne peuvent pas venir** what with the strike, the snow and everything else, they can't come • **pour le ~ nous verrons bien** as for the rest we'll have to see

▸ **du reste** besides • **du ~, nous la connaissons très peu** besides, we hardly know her at all

b (= *ce qui est en trop*) **il y a un ~ de fromage/de tissu** there's some cheese/material left over • **ce ~ de poulet ne suffira pas** this left-over chicken won't be enough

c (*Math*) remainder

2 (NMPL) **restes** (= *nourriture*) leftovers; (*frm* = *dépouille mortelle*) mortal remains • **les ~s de** the remains of • **donner les ~s au chien** to give the leftovers to the dog • **elle a de beaux ~s** (*hum*) she's still a fine-looking woman

3 (COMP) ▸ **reste à charge** excess, *proportion of medical expenses not reimbursed by social security and to be paid by the patient* ▸ **reste à vivre** disposable income, *household income after payment of all fixed charges*

rester [Rɛste] /TABLE 1/

> **rester** is conjugated with **être**.

1 (VI) **a** (*dans un lieu*) to stay • **~ au lit** to stay in bed • **~ à la maison** to stay in the house • **~ chez soi** to stay at home • **~ (à) dîner/déjeuner** to stay for dinner/lunch • **la voiture est restée dehors/au garage** the car stayed outside/in the garage • **ça m'est resté là*** *ou* **en travers de la gorge** it stuck in my throat • **~ à regarder la télévision** to stay watching television • **naturellement, ça reste entre nous** of course this is strictly between ourselves • **il ne peut pas ~ en place** he can't keep still

b (*dans un état*) to stay • **~ éveillé/immobile** to stay awake/still • **~ indifférent devant qch/insensible à qch** to remain indifferent to sth/impervious to sth • **~ célibataire** to stay single • **~ handicapé à vie** to be handicapped for life • **~ debout** to stand; (= *ne pas se coucher*) to stay up • **il est resté très timide** he is still very shy

c (= *subsister*) to remain • **rien ne reste de l'ancien**

r

château nothing remains of the old castle • **c'est le seul parent qui leur reste** he's their only remaining relative • **c'est tout l'argent qui leur reste** that's all the money they have left

d (= *durer*) to last • **le surnom lui est resté** the nickname stuck

e (= *mourir*)* **y ~** to die • **il a bien failli y ~** that was nearly the end of him

f (*locutions*)

▸ **rester sur** [+ *impression*] to retain • **je suis resté sur ma faim** (*après un repas*) I still felt hungry; (*à la fin d'une histoire, d'un film*) I felt there was something missing • **sa remarque m'est restée sur le cœur** his remark still rankles in my mind • **mon déjeuner m'est resté sur l'estomac** my lunch is still sitting there • **ça m'est resté sur l'estomac*** (*fig*) it still riles me* • **ne restons pas sur un échec** let's not give up just because we failed

▸ **en rester à** (= *ne pas dépasser*) to go no further than • **les pourparlers en sont restés là** that is as far as they got in their discussions • **où en étions-nous restés dans notre lecture?** where did we leave off in our reading? • **restons-en là** let's leave it at that

2 (VB IMPERS) **il reste encore un peu de pain** there's still a little bread left • **il leur reste juste de quoi vivre** they have just enough left to live on • **il me reste à faire ceci** I still have this to do • **il reste beaucoup à faire** there's a lot left to do • **il ne me reste que toi** you're all I have left • **il n'est rien resté de leur maison** nothing was left of their house • **le peu de temps qu'il lui restait à vivre** the short time that he had left to live • **il ne me reste qu'à vous remercier** it only remains for me to thank you • **il restait à faire 50 km** there were 50km left to go • **(il) reste à savoir si ...** it remains to be seen if ... • **il n'en reste pas moins que ...** the fact remains that ...

restituer [ʀɛstitɥe] /TABLE 1/ (VT) **a** (= *redonner*) to return (**à qn** to sb) **b** (= *reconstituer*) [+ *fresque, texte*] to restore; [+ *son*] to reproduce; [+ *atmosphère*] to recreate • **appareil qui restitue fidèlement les sons** apparatus which gives faithful sound reproduction

restitution [ʀɛstitysjɔ̃] (NF) **a** [*d'objet volé, argent*] return • **pour obtenir la ~ des territoires** to secure the return of the territories **b** [*de fresque, texte*] restoration; [*de son*] reproduction

resto* [ʀɛsto] (NM) (ABR DE **restaurant**) restaurant • **~ U** university cafeteria • **les Restos du cœur** *charity set up to provide food for the homeless during the winter*

restreindre [ʀɛstʀɛ̃dʀ] /TABLE 52/ **1** (VT) to restrict **2** (VPR) **se restreindre** **a** (*dans ses dépenses, sur la nourriture*) to cut down **b** [*production*] to decrease; [*champ d'action*] to narrow

restreint, e [ʀɛstʀɛ̃, ɛ̃t] *ptp de* **restreindre** (ADJ) restricted (**à** to); [*espace, moyens, nombre, personnel*] limited

restrictif, -ive [ʀɛstʀiktif, iv] (ADJ) restrictive

restriction [ʀɛstʀiksjɔ̃] (NF) **a** (= *réduction*) restriction • **~s budgétaires** budget restrictions • **prendre des mesures de ~** to adopt restrictive measures

b (= *condition*) qualification; (= *réticence*) reservation • **faire** *ou* **émettre des ~s** to express some reservations • **avec ~** *ou* **des ~s** with some qualification(s) *ou* reservation(s)

▸ **sans restriction** [*soutien, attachement*] unqualified; [*accepter, soutenir*] unreservedly

restructuration [ʀəstʀyktyʀasjɔ̃] (NF) restructuring • **notre groupe est en pleine ~** our company is going through a major restructuring (programme)

restructurer [ʀəstʀyktyʀe] /TABLE 1/ **1** (VT) to restructure **2** (VPR) **se restructurer** to restructure

résultat [ʀezylta] (NM) **a** result • **on l'a laissé seul : ~, il a fait des bêtises** we left him alone, and what happens? - he goes and does something silly • **il essaya, sans ~, de le convaincre** he tried to convince him but to no effect • **le traitement fut sans ~** the treatment had no effect • **et maintenant, les ~s sportifs** and now for the sports results • **le ~ des courses** (*Sport*) the racing results; (*fig*) the upshot **b** (= *chiffres*) figures; (= *bénéfices*) profit; (= *revenu*) income; (= *gains*) earnings • **~ net** net profit

résulter [ʀezylte] /TABLE 1/ **1** (VI) **~ de** to result from • **les avantages économiques qui en résultent** the resulting economic benefits **2** (VB IMPERS) **il résulte de tout ceci que ...** the result of all this is that ...

résumé [ʀezyme] (NM) summary • **«~ des chapitres précédents»** "the story so far" • **~ des informations** (*Radio, TV*) news roundup • **faire un ~ de** (*oralement*) to sum up; (*à l'écrit*) to write a summary of

▸ **en résumé** (= *en bref*) in brief; (= *pour conclure*) to sum up

résumer [ʀezyme] /TABLE 1/ **1** (VT) (= *abréger*) to summarize; (= *récapituler*) to sum up; (= *symboliser*) to epitomize **2** (VPR) **se résumer** **a** [*personne*] to sum up (one's ideas) **b** (= *être contenu*) **les faits se résument en quelques mots** the facts can be summed up in a few words **c** (= *se réduire à*) **se ~ à** to amount to • **l'affaire se résume à peu de chose** there's not much to the affair really

⚠ **résumer ≠ to resume**

résurgence [ʀezyʀʒɑ̃s] (NF) [*d'idée, mythe*] resurgence

resurgir [ʀ(ə)syʀʒiʀ] /TABLE 2/ (VI) to resurface

résurrection [ʀezyʀɛksjɔ̃] (NF) [*de mort*] resurrection; (= *renouveau*) revival

rétablir [ʀetabliʀ] /TABLE 2/ **1** (VT) **a** to restore; [+ *fait, vérité*] to re-establish; [+ *cessez-le-feu*] to reinstate • **~ la situation** to get the situation back to normal • **il était mené cinq jeux à rien mais il a réussi à ~ la situation** he was losing five games to love but managed to pull back **b** (= *réintégrer*) to reinstate • **~ qn dans ses fonctions** to reinstate sb in their post • **~ qn dans ses droits** to restore sb's rights **2** (VPR) **se rétablir** **a** [*personne, économie*] to recover **b** [*silence, calme*] to return **c** (*après perte d'équilibre*) to regain one's balance

rétablissement [ʀetablismɑ̃] (NM) **a** restoration; [*de courant, communications*] restoring; [*de fait, vérité*] re-establishment; [*de cessez-le-feu*] reinstatement • **~ des relations diplomatiques** restoring diplomatic relations **b** [*de personne, économie*] recovery • **en vous souhaitant un prompt ~** hoping you will be better soon

retailler [ʀ(ə)tɑje] /TABLE 1/ (VT) [+ *diamant, vêtement*] to recut; [+ *crayon*] to sharpen; [+ *arbre*] to prune

rétamé, e⁑ [ʀetame] *ptp de* **rétamer** (ADJ) (= *fatigué*) worn out*; (= *ivre*) plastered⁑

rétamer⁑ [ʀetame] /TABLE 1/ **1** (VT) (= *fatiguer*) to wear out*; (= *rendre ivre*) to knock out⁑; (= *démolir*) to wipe out; (*à un examen*) to flunk* **2** (VPR) **se rétamer** [*candidat*] to flunk* • **se ~ (par terre)** to take a dive*

retaper [ʀ(ə)tape] /TABLE 1/ **1** (VT) (= *remettre en état*)*

[+ *maison*] to do up; [+ *voiture*] to fix up; [+ *lit*] to straighten; [+ *malade, personne fatiguée*] to buck up* • **la maison a été entièrement retapée** the house has been done up completely **2** (VPR) **se retaper*** ⓐ (= *guérir*) to get back on one's feet • **il va se ~ en quelques semaines** he'll be back on his feet in a few weeks ⓑ (= *refaire*) **j'ai dû me ~ la vaisselle** I got lumbered with the washing-up again

retapisser [R(ə)tapise] /TABLE 1/ (VT) (*de papier peint*) to repaper; (*de tissu*) to reupholster

retard [R(ə)taR] **1** (NM) ⓐ delay • **il avait un ~ scolaire considérable** he had fallen a long way behind at school • **il doit combler son ~ en anglais** he has a lot of ground to make up in English • **j'ai pris du ~ dans mes révisions** I have fallen behind in my revision • **cette montre a du ~** this watch is slow • **la pendule prend du ~** the clock is slow • **avoir deux secondes de ~ sur le champion/le record** to be two seconds behind the champion/outside the record • **elle a un ~ de règles** her period's late • **sans ~** without delay

ⓑ [*de personne attendue*] lateness *NonC* • **il a eu quatre ~s** [*élève*] he was late four times • **son ~ m'inquiète** I'm worried that he hasn't arrived yet • **vous avez du ~** you're late • **vous avez deux heures de ~** *ou* **un ~ de deux heures** • **vous êtes en ~ de deux heures** you're two hours late

ⓒ (*dans son développement*) [*de pays, peuple*] backwardness • **~ industriel** industrial backwardness • **~ mental** backwardness

▸ **en retard il est en ~ pour son âge** he's backward for his age • **ce pays est en ~ de cent ans du point de vue économique** this country's economy is one hundred years behind • **être en ~ sur son temps** to be behind the times

ⓓ ▸ **en retard tu es en ~** you're late • **ça/il m'a mis en ~** it/he made me late • **je me suis mis en ~** I made myself late • **vous êtes en ~ pour les inscriptions** *ou* **pour vous inscrire** you are late (in) registering • **il est toujours en ~ pour payer sa cotisation** he is always behind with his subscription • **payer/livrer qch en ~** to pay/deliver sth late • **nous sommes en ~ sur le programme** we are behind schedule • **j'ai du travail en ~** I'm behind with my work • **le train est en ~ sur l'horaire** the train is running behind schedule • **être en ~ de 2 heures/2 km sur le peloton** [*coureur*] to be 2 hours/2km behind the pack • **tu es en ~ d'un métro** *ou* **d'un train!*** (= *tu n'es pas au courant*) you must have been asleep!; (= *tu es lent à comprendre*) you're slow on the uptake!

2 (ADJ INV) **effet ~** delayed effect

retardataire [R(ə)taRdatɛR] **1** (ADJ) [*arrivant*] late **2** (NMF) latecomer

retardé, e [R(ə)taRde] *ptp de* **retarder** (ADJ) [*enfant, pays*] backward

retardement [R(ə)taRdəmɑ̃] (NM) [*de processus, train*] delaying • **manœuvres de ~** delaying tactics

▸ **à retardement** [*engin, torpille*] with a timing device; [*dispositif*] delayed-action *épith*; (*Photo*) [*mécanisme*] self-timing; [*excuses*]* belated; [*comprendre, se fâcher, rire*] after the event

retarder [R(ə)taRde] /TABLE 1/ **1** (VT) ⓐ (= *mettre en retard sur un horaire*) to delay • **je ne veux pas vous ~** I don't want to delay you • **ne te retarde pas (pour ça)** don't make yourself late for that

ⓑ (= *mettre en retard sur un programme*) [+ *employé, élève*] to hinder; [+ *opération, vendange, chercheur*] to delay • **ça l'a retardé dans ses études** this has set him back in his studies

ⓒ (= *remettre*) [+ *départ, moment, opération*] to delay; [+ *date*] to put back • **~ son départ d'une heure** to delay one's departure for an hour

ⓓ [+ *montre, réveil*] to put back • **~ l'horloge d'une heure** to put the clock back an hour

2 (VI) [*montre*] to be slow; (*régulièrement*) to lose time • **je retarde (de 10 minutes)** my watch is (10 minutes) slow

retéléphoner [R(ə)telefɔne] /TABLE 1/ (VI) to call back • **je lui retéléphonerai demain** I'll call him back tomorrow

retenir [Rət(ə)niR, R(ə)təniR] /TABLE 22/ **1** (VT) ⓐ (= *maintenir*) [+ *personne, foule, objet qui glisse, chien, cheval*] to hold back • **~ qn par le bras** to hold sb back by the arm • **le barrage retient l'eau** the dam holds back the water • **retenez-moi ou je fais un malheur!*** hold me back or I'll do something I'll regret! • **~ qn de faire qch** to keep sb from doing sth • **je ne sais pas ce qui me retient de lui filer une claque!*** I don't know what stops me from hitting him!

ⓑ (= *garder*) **~ qn à dîner** to have sb stay for dinner • **j'ai été retenu** I was held up • **il m'a retenu une heure** he kept me for an hour • **si tu veux partir, je ne te retiens pas** if you want to leave, I won't hold you back • **son travail le retenait ailleurs** his work detained him elsewhere

ⓒ [+ *liquide, odeur*] to retain; [+ *chaleur*] to keep in

ⓓ [*clou, nœud*] to hold • **c'est un simple clou qui retient le tableau au mur** there's just a nail holding the picture on the wall • **un ruban retenait ses cheveux** her hair was tied up with a ribbon

ⓔ **~ l'attention de qn** to hold sb's attention • **votre demande a retenu toute notre attention** your request has been given full consideration

ⓕ (= *réserver*) [+ *chambre, place, table, date*] to reserve

ⓖ (= *se souvenir de*) [+ *donnée, leçon, nom*] to remember • **je n'ai pas retenu son nom** I can't remember his name • **retenez bien ce qu'on vous a dit** don't forget what you were told • **ah! toi, je te retiens*, avec tes idées lumineuses!** you and your bright ideas!

ⓗ (= *contenir*) [+ *cri, larmes, colère*] to hold back • **~ son souffle** *ou* **sa respiration** to hold one's breath • **il ne put ~ un sourire** he could not help smiling

ⓘ (*Math*) to carry • **je pose 4 et je retiens 2** 4 down and carry 2

ⓙ (= *prélever*) to deduct • **ils nous retiennent 1 000 € (sur notre salaire)** they deduct 1,000 euros (from our wages) • **~ les impôts à la base** to deduct taxes at source

ⓚ (= *accepter*) to accept • **c'est notre projet qui a été retenu** it's our project that has been accepted

2 (VPR) **se retenir** ⓐ (= *s'accrocher*) **se ~ à qch** to hold on to sth

ⓑ (= *se contenir*) to restrain o.s.; (= *s'abstenir*) to stop o.s. (**de faire qch** doing sth); (*de faire ses besoins naturels*) to hold on • **se ~ de pleurer** *ou* **pour ne pas pleurer** to hold back one's tears

retenter [R(ə)tɑ̃te] /TABLE 1/ (VT) to try again; [+ *action, opération*] to reattempt • **~ sa chance** to try one's luck again • **~ de faire qch** to try to do sth again

rétention [Retɑ̃sjɔ̃] (NF) retention • **~ d'eau** retention of

r

water • ~ **d'informations** withholding information

retentir [R(ə)tɑ̃tiR] /TABLE 2/ (VI) ⓐ [*sonnerie*] to ring; [*bruit métallique, cris*] to ring out; [*écho, tonnerre*] to reverberate • **à minuit, des explosions retentirent** explosions were heard at midnight ⓑ (= *résonner de*) ~ **de** to ring with ⓒ (= *affecter*) ~ **sur** to have an effect upon

retentissant, e [R(ə)tɑ̃tisɑ̃, ɑ̃t] (ADJ) ⓐ [*son, voix*] ringing *épith*; [*bruit, choc, claque*] resounding *avant le nom* ⓑ [*échec, succès*] resounding; [*scandale*] tremendous; [*procès*] spectacular; [*déclaration, discours*] sensational

retentissement [R(ə)tɑ̃tismɑ̃] (NM) ⓐ (= *répercussion*) repercussion ⓑ (= *éclat*) **cette nouvelle eut un grand ~ dans l'opinion** this piece of news created a considerable stir in public opinion • **l'affaire a eu un énorme ~ médiatique** the affair created a media sensation

retenue [Rət(ə)ny] (NF) ⓐ (= *prélèvement*) deduction • **opérer une ~ de 10% sur un salaire** to deduct 10% from a salary • **système de ~ à la source** *system of deducting income tax at source*, ≈ pay-as-you-earn system (Brit) ⓑ (= *modération*) self-restraint; (= *réserve*) reserve • **faire preuve de ~** to show restraint • **parler/s'exprimer sans ~** to talk/express o.s. quite openly • **rire sans ~** to laugh unrestrainedly ⓒ (*Scol*) detention • **être en ~** to be in detention • **il les a mis en ~** he gave them detention • **il a eu deux heures de ~** he got two hours' detention

réticence [Retisɑ̃s] (NF) reluctance • **avec ~** reluctantly

réticent, e [Retisɑ̃, ɑ̃t] (ADJ) (= *hésitant*) reluctant • **se montrer ~** to be reluctant (**pour faire qch** to do sth)

rétine [Retin] (NF) retina

retirage [R(ə)tiRaʒ] (NM) [*de photo*] reprint

retiré, e [R(ə)tiRe] *ptp de* **retirer** (ADJ) [*lieu*] remote; [*maison*] isolated • **il vivait ~ du reste du monde** he lived cut off from the rest of the world • ~ **des affaires** retired from business

retirer [R(ə)tiRe] /TABLE 1/ **1** (VT) ⓐ [+ *gants, lunettes, manteau*] to take off; [+ *privilèges*] to withdraw • **retire-lui ses chaussures** take his shoes off for him • **retire-lui ce couteau des mains** take that knife away from him • ~ **son permis (de conduire) à qn** to take away sb's driving licence • ~ **une pièce de l'affiche** to close a play • **on lui a retiré la garde des enfants** he was deprived of custody of the children

ⓑ (= *sortir*) to take out (**de** from) • ~ **un bouchon** to take out a cork • ~ **un corps de l'eau/qn de dessous les décombres** to pull a body out of the water/sb out from under the rubble • ~ **un plat du four** to take a dish out of the oven • **ils ont retiré leur fils du lycée** they have taken their son away from the school • **retire les mains de tes poches** take your hands out of your pockets • **on lui retirera difficilement de l'idée** *ou* **de la tête qu'il est menacé*** we'll have difficulty convincing him that he's not being threatened

ⓒ [+ *bagages, billets réservés*] to collect; [+ *argent en dépôt*] to withdraw • ~ **de l'argent (de la banque)** to withdraw money (from the bank)

ⓓ (= *ramener en arrière*) to withdraw

ⓔ [+ *candidature, accusation, plainte*] to withdraw • **je retire ce que j'ai dit** I take back what I said • ~ **un produit du commerce** *ou* **du marché** to take a product off the market

ⓕ (= *obtenir*) [+ *avantages*] to get (**de** from) • **les bénéfices qu'on en retire** the profits to be had from it

ⓖ [+ *photo*] to reprint • **faire ~ des photos** to have reprints of one's photographs done

2 (VPR) **se retirer** ⓐ (= *partir, retirer sa candidature*) to withdraw; (*frm* = *aller se coucher*) to go to bed • **ils se sont retirés dans un coin pour discuter affaires** they withdrew to a corner to talk business • **se ~ dans sa chambre** to go to one's room • **ils ont décidé de se ~ à la campagne** they've decided to retire to the country

ⓑ (= *reculer*) (*pour laisser passer qn, éviter un coup*) to move out of the way; [*troupes*] to withdraw; [*marée, mer, eaux d'inondation*] to recede • **retire-toi de là, tu me gênes** stand somewhere else, you're in my way

ⓒ (= *quitter*) **se ~ de** to withdraw from • **se ~ d'une compétition/d'un marché** to withdraw from a competition/from a market • **se ~ des affaires** to retire from business • **se ~ du monde** to withdraw from society • **se ~ de la partie** to drop out

retombée [R(ə)tɔ̃be] (NF) ⓐ **~s (radioactives** *ou* **atomiques)** (radioactive) fallout *NonC* ⓑ **retombées** (= *répercussions*) [*de scandale*] consequences; [*d'invention*] spin-off • **les ~s financières d'une opération** the financial spin-offs of a deal • **l'accord a eu des ~s économiques immédiates** the agreement had an immediate knock-on effect on the economy

retomber [R(ə)tɔ̃be] /TABLE 1/ (VI)

> **retomber** is conjugated with **être**.

ⓐ (= *faire une nouvelle chute*) to fall again

ⓑ (= *redevenir*) ~ **amoureux/enceinte/malade** to fall in love/get pregnant/fall ill again

ⓒ [*neige, pluie*] to fall again

ⓓ (*après s'être élevé*) [*personne*] to land; [*chose lancée, liquide*] to come down; [*gâteau, soufflé*] to collapse; [*abattant, capot*] to fall back down; [*fusée*] to come back to earth; [*conversation*] to fall away; [*intérêt*] to fall off; [*vent*] to subside • **il retombera toujours sur ses pieds** he'll always land on his feet • **ça lui est retombé sur le nez*** it backfired on him • **l'inflation est retombée à 4%** inflation has fallen to 4%

ⓔ [*cheveux, rideaux*] to fall • **de petites boucles retombaient sur son front** she had a tumble of little curls over her forehead

ⓕ (= *échoir à*) **la responsabilité retombera sur toi** the responsibility will fall on you • **faire ~ sur qn la responsabilité de qch** to pass the responsibility for sth on to sb • **ça va me ~ dessus*** I'll get the blame (for it); [*travail*] I'll get lumbered with it*

ⓖ ~ **en enfance** to lapse into second childhood

ⓗ ▸ **retomber sur je suis retombé sur lui le lendemain, au même endroit** I came across him again the next day in the same place • **je suis retombé sur le même prof l'année suivante** I got the same teacher the following year

retoquer [R(ə)tɔke] /TABLE 1/ (VT) to reject

rétorquer [RetɔRke] /TABLE 1/ (VT) to retort

rétorsion [RetɔRsjɔ̃] (NF) retortion • **user de ~ envers un État** to retaliate against a state → **mesure**

retouche [R(ə)tuʃ] (NF) [*de photo, peinture*] touching up *NonC*; [*de texte, vêtement*] alteration • **faire une ~** (*à une photo, une peinture*) to do some touching up; (*à un vêtement*) to make an alteration

retoucher [R(ə)tuʃe] /TABLE 1/ **1** (VT) ⓐ (= *améliorer*)

[+ *peinture, photo*] to touch up; [+ *texte, vêtement*] to alter ⓑ (= *toucher de nouveau*) to touch again **2** VI ~ **à qch** to touch sth again • **je n'ai plus jamais retouché à l'alcool** I never touched a drop of alcohol again

retour [R(ə)tuR] **1** NM ⓐ (= *fait d'être revenu*) return; (= *billet*) return ticket • **être sur le (chemin du) ~** to be on one's way back • **pendant le ~** on the way back • **être de ~ (de)** to be back (from) • **à votre ~, écrivez-nous** write to us when you get back • **de ~ à la maison** back home • **au ~ de notre voyage** when we got back from our trip • **à son ~ d'Afrique/du service militaire** when he got back from Africa/from military service

ⓑ (*à un état antérieur*) ~ **à** return to • **le ~ à une vie normale** the return to normal life • ~ **à la nature/la terre** return to nature/the land • ~ **aux sources** (*aux origines*) return to basics; (*à la nature*) return to the basic life; (*à son village natal*) return to one's roots • ~ **à la normale** return to normal • ~ **au calme** return to a state of calm • **son ~ à la politique** his return to politics

ⓒ (= *réapparition*) return • **le ~ du printemps/de la paix** the return of spring/of peace

ⓓ [*d'emballage, objets invendus*] return • ~ **à l'envoyeur** *ou* **à l'expéditeur** return to sender

ⓔ (= *partie de bureau*) (desk) extension

ⓕ (*Informatique*) **touche ~** return key

ⓖ (*Tennis*) return • ~ **de service** return of service • **match ~** (*Sport*) return match

ⓗ (*Finance*) ~ **sur investissements** return on investments

ⓘ (*locutions*) **par un juste ~ des choses, il a été cette fois récompensé** things went his way this time and he got his just reward • **par un juste ~ des choses, il a été puni** he was punished, which served him right • **par ~ (du courrier)** by return (of post) • **en ~** in return • **choc** *ou* **effet en ~** backlash

2 COMP ▸ **retour d'âge** change of life ▸ **retour en arrière** (*Ciné, Littérat*) flashback; (= *souvenir*) look back; (= *mesure rétrograde*) retreat • **faire un ~ en arrière** to look back; (*Ciné*) to flash back ▸ **retour de bâton** backlash ▸ **retour en force il y a eu un ~ en force du racisme** racism is back with a vengeance • **on assiste à un ~ en force de leur parti sur la scène politique** their party is making a big comeback ▸ **retour de manivelle il y aura un ~ de manivelle** it'll backfire

retournement [R(ə)tuRnəmɑ̃] NM [*de situation*] turnaround (**de** in) • **il y a eu un ~ spectaculaire de l'opinion publique** there's been a spectacular swing in public opinion

retourner [R(ə)tuRne] /TABLE 1/

> ⊳ When **retourner** has an object it is conjugated with **avoir**; otherwise the auxiliary is **être**.

1 VT ⓐ (= *mettre dans l'autre sens*) [+ *caisse, seau*] to turn upside down; [+ *matelas, carte, omelette*] to turn over • ~ **un tableau contre le mur** to turn a picture against the wall • ~ **la situation** to turn the situation round

ⓑ [+ *terre*] to turn over

ⓒ (= *mettre l'intérieur à l'extérieur*) [+ *parapluie, sac, vêtement*] to turn inside out; [+ *col*] to turn • ~ **ses poches pour trouver qch** to turn one's pockets inside out to find sth

ⓓ (= *orienter dans le sens opposé*) [+ *mot, phrase*] to turn round • ~ **un argument contre qn** to turn an argument against sb • ~ **un compliment** to return a compliment • **je pourrais vous ~ votre critique** I could criticize you in the same way

ⓔ (= *renvoyer*) [+ *lettre, marchandise*] to return

ⓕ (= *bouleverser*) [+ *maison, pièce*] to turn upside down; [+ *personne*] to shake • **il a tout retourné dans la maison pour retrouver ce livre** he turned the whole house upside down to find that book • **la nouvelle l'a complètement retourné** the news has severely shaken him • **ce spectacle m'a retourné** seeing it gave me quite a turn*

ⓖ (= *tourner plusieurs fois*) ~ **une idée dans sa tête** to turn an idea over in one's mind • ~ **le couteau dans la plaie** to twist the knife in the wound

ⓗ (*Can*) (*Téléc*) ~ **un appel** to call back

2 VI ⓐ (= *aller à nouveau*) to return, to go back • ~ **en Italie/à la mer** to return *ou* go back to Italy/to the seaside • ~ **en arrière** *ou* **sur ses pas** to turn back • **il retourne demain à son travail/à l'école** he's going back to work/to school tomorrow • **elle est retournée chez elle** she went back home

ⓑ (*à un état antérieur*) ~ **à** to go back to • **il est retourné à son ancien métier** he has gone back to his old job

3 VB IMPERS **nous voudrions bien savoir de quoi il retourne** we'd really like to know what is going on

4 VPR **se retourner** ⓐ [*personne couchée, automobiliste, véhicule*] to turn over; [*bateau*] to capsize • **se ~ dans son lit toute la nuit** to toss and turn all night in bed • **la voiture s'est retournée (dans un fossé)** the car overturned (into a ditch) • **laissez-lui le temps de se ~** (*fig*) give him time to sort himself out • **il doit se ~ dans sa tombe!** he must be turning in his grave!

ⓑ (= *tourner la tête*) to turn round • **partir sans se ~** to leave without looking back • **tout le monde se retournait sur lui** *ou* **sur son passage** everyone turned round as he went by

ⓒ [*situation*] to be turned round • **se ~ contre qn** [*personne*] to turn against sb; [*acte, situation*] to backfire on sb; (= *poursuivre en justice*) to take court action against sb

> ⚠ **to return** n'est pas la traduction la plus courante de **retourner**.

retracer [R(ə)tRase] /TABLE 3/ VT (= *raconter*) [+ *histoire, vie*] to relate • **le film retrace la carrière de l'artiste** the film goes back over the artist's career

rétracter [RetRakte] /TABLE 1/ **1** VT to retract **2** VPR **se rétracter il s'est rétracté** he withdrew what he had said

retrait [R(ə)tRɛ] NM withdrawal; [*de bagages*] collection • ~ **du permis (de conduire)** disqualification from driving • **on vient d'annoncer le ~ du marché de ce produit** it's just been announced that this product has been withdrawn from sale • **faire un ~ de 500 €** to withdraw 500 euros • **il a eu un ~ de deux points (sur son permis)** his licence was endorsed with two points • **les étudiants réclament le ~ du projet de loi** the students are demanding that the bill be withdrawn ▸ **en retrait situé en ~** set back • **se tenant en ~** standing back • **en ~ de** set back from • **rester en ~** [*personne*] to stay in the background • **notre chiffre d'affaires est en léger ~ par rapport aux années précédentes** our turnover is slightly down compared to previous years

r

retraite [R(ə)tRɛt] **1** (NF) ⓐ (= *cessation de travail*) retirement • **être en** *ou* **à la ~** to be retired • **mettre qn à la ~** to pension sb off • **mise à la ~ (d'office)** (compulsory) retirement • **prendre sa ~** to retire • **prendre une ~ anticipée** to take early retirement ⓑ (= *pension*) pension → **caisse, maison** ⓒ [*de soldats*] retreat • **battre en ~** to beat a retreat **2** (COMP) ▸ **retraite aux flambeaux** torchlight procession

retraité, e [R(ə)tRete] **1** (ADJ) [*personne*] retired **2** (NM,F) pensioner

retraitement [R(ə)tRɛtmɑ̃] (NM) reprocessing • **usine de ~ des déchets nucléaires** nuclear reprocessing plant

retraiter [R(ə)tRete] /TABLE 1/ (VT) to reprocess

retranchement [R(ə)tRɑ̃ʃmɑ̃] (NM) **pousser qn dans ses derniers ~s** to drive sb into a corner

retrancher [R(ə)tRɑ̃ʃe] /TABLE 1/ **1** (VT) [*+ quantité*] to take away (**de** from); [*+ somme d'argent*] to deduct; [*+ passage, mot*] to remove (**de** from) • **~ une somme d'un salaire** to deduct a sum from a salary **2** (VPR) **se retrancher se ~ sur une position** (*Mil*) to entrench o.s. in a position • **se ~ dans son mutisme** to take refuge in silence • **se ~ derrière la loi** to hide behind the law

retransmettre [R(ə)tRɑ̃smɛtR] /TABLE 56/ (VT) (*Radio, TV*) to broadcast • **~ qch en différé** to broadcast a recording of sth • **~ qch en direct** to broadcast sth live • **retransmis par satellite** relayed by satellite

retransmission [R(ə)tRɑ̃smisjɔ̃] (NF) (*Radio, TV*) broadcast • **~ en direct/différé** live/recorded broadcast • **la ~ du match aura lieu à 23 heures** the match will be shown at 11 p.m.

retravailler [R(ə)tRavaje] /TABLE 1/ **1** (VI) (= *recommencer le travail*) to start work again • **il retravaille depuis le mois dernier** he has been back at work since last month **2** (VT) [*+ question*] to give some more thought to; [*+ discours, ouvrage*] to work on again

retraverser [R(ə)tRavɛRse] /TABLE 1/ (VT) (*de nouveau*) to recross; (*dans l'autre sens*) to cross back over

rétrécir [RetResiR] /TABLE 2/ **1** (VT) [*+ vêtement*] to take in; [*+ tissu*] to shrink; [*+ conduit, orifice, rue*] to make narrower; [*+ bague*] to make smaller; [*+ champ d'activité*] to narrow **2** (VI) [*laine, tissu*] to shrink; [*rue, vallée*] to become narrower; [*cercle d'amis*] to grow smaller • **~ au lavage** to shrink in the wash • **faire ~** [*+ tissu*] to shrink

rétrécissement [RetResismɑ̃] (NM) [*de laine, tricot*] shrinkage • **il y a un ~ de chaussée** the road narrows

rétribuer [RetRibɥe] /TABLE 1/ (VT) [*+ personne*] to pay • **~ le travail/les services de qn** to pay sb for their work/their services

rétribution [RetRibysjɔ̃] (NF) (= *paiement*) payment; (= *récompense*) reward (**de** for)

rétro[1]* [RetRo] (NM) (ABR DE **rétroviseur**) rear-view mirror

rétro[2] [RetRo] **1** (ADJ INV) **la mode/le style ~** retro fashions/style • **robe ~** retro-style dress **2** (NM) **le ~** retro

rétroactif, -ive [RetRoaktif, iv] (ADJ) retroactive • **mesure avec effet ~** retroactive measure • **loi à effet ~** ex post facto law

rétrocompatible [RetRokɔ̃patibl] (ADJ) [*jeu, console*] backward or downward compatible

rétroéclairage [RetRoeklɛRaʒ] (NM) backlighting

rétroéclairé, e [RetRoeklɛRe] (ADJ) [*écran*] back-lit

rétrograde [RetRɔgRad] (ADJ) ⓐ (*péj* = *arriéré*) [*esprit*] reactionary; [*idées, mesures, politique*] retrograde ⓑ (= *de recul*) [*mouvement, sens*] backward

rétrograder [RetRɔgRade] /TABLE 1/ **1** (VI) ⓐ [*conducteur*] to change down • **~ de troisième en seconde** to change down from third to second ⓑ (*dans une hiérarchie*) to move down; (= *perdre son avance*) to fall back **2** (VT) [*+ officier, fonctionnaire*] to demote

rétro-ingénierie [RetRoɛ̃ʒeniRi] (NF) reverse engineering

rétrolien [RetRoljɛ̃] (NM) trackback

rétropédalage [RetRopedalaʒ] (NM) (*lit, fig*) back-pedalling

rétropédaler [RetRopedale] /TABLE 1/ (VI) (*lit, fig*) to back-pedal

rétroprojecteur [RetRopRɔʒɛktœR] (NM) overhead projector

rétrospectif, -ive [RetRɔspɛktif, iv] **1** (ADJ) [*étude, peur*] retrospective **2** (NF) **rétrospective** (= *exposition*) retrospective • **rétrospective Buster Keaton** (= *films*) Buster Keaton season

rétrospectivement [RetRɔspɛktivmɑ̃] (ADV) in retrospect

retroussé, e [R(ə)tRuse] *ptp de* **retrousser** (ADJ) [*manche, pantalon*] rolled up; [*nez*] turned-up

retrousser [R(ə)tRuse] /TABLE 1/ (VT) [*+ jupe*] to hitch up; [*+ pantalon*] to roll up • **~ ses manches** to roll up one's sleeves

retrouvailles [R(ə)tRuvaj] (NFPL) (*après une séparation*) reunion

retrouver [R(ə)tRuve] /TABLE 1/ **1** (VT) ⓐ (= *récupérer*) to find • **~ son chemin** to find one's way again • **on les a retrouvés vivants** they were found alive • **après sa maladie, il a retrouvé son poste** he got his job back again after his illness

ⓑ (= *se remémorer*) to remember • **je ne retrouve plus son nom** I can't remember his name

ⓒ (= *revoir*) [*+ personne*] to meet again • **je l'ai retrouvé par hasard en Italie** I met him again by chance in Italy

ⓓ (= *rejoindre*) to join • **je vous retrouve à 5 heures au café** I'll join you at 5 o'clock at the café

ⓔ [*+ forces, santé, calme*] to regain; [*+ joie, foi*] to find again • **~ le sommeil** to get back to sleep again

ⓕ [*+ secret*] to rediscover; [*+ article en vente, situation, poste*] to find again • **je voudrais ~ des rideaux de la même couleur** I'd like to find curtains in the same colour again • **~ du travail** to find work again

ⓖ (= *reconnaître*) to recognize • **je n'ai pas retrouvé le village que je connaissais** I didn't recognize the village I had known

ⓗ (= *rencontrer*) to find • **on retrouve sans cesse les mêmes thèmes dans ses romans** the same themes are found everywhere in his novels

2 (VPR) **se retrouver** ⓐ (= *se réunir*) to meet; (= *se revoir après une absence*) to meet again • **après le travail, ils se sont tous retrouvés au café** after work they all met in the café • **ils se sont retrouvés par hasard à Paris** they met again by chance in Paris • **on se retrouvera!** (*menace*) I'll get even with you!

ⓑ (= *être de nouveau*) to find o.s. back • **se ~ dans la même situation** to find o.s. back in the same situation • **se ~ seul** to be left on one's own

ⓒ (= *finir*) **il s'est retrouvé en prison/dans le fossé** he ended up in prison/in the ditch

ⓓ (= *faire un retour sur soi-même*) to find o.s. again

ⓔ (= *être présent*) **ces caractéristiques se retrouvent**

aussi chez les cervidés these characteristics are also found in the deer family
f ▸ **s'y retrouver** (*= faire un bénéfice*) to make a profit; (*= trouver son chemin*) to find one's way • **on s'y retrouve** (*= on ne perd pas d'argent*) we are not out of pocket • **tout le monde s'y retrouve** (*dans un partage, une négociation*) nobody loses out • **je ne m'y retrouve plus** (*dans des dossiers*) I'm completely lost; (*dans un désordre*) I can't find anything • **comment le consommateur peut-il s'y ~ avec tous ces étiquetages?** how can the consumer cope with all these different labels?

rétrovirus [RetRoviRys] NM retrovirus

rétroviseur [RetRovizœR] NM rear-view mirror • **~ latéral** wing mirror (*Brit*), side-view mirror (*US*) • **regarder dans le ~** (*fig*) to look back

retweet [Rətwit] NM retweet

retweeter [Rətwite] /TABLE 1/ VT to retweet

réunification [Reynifikasjɔ̃] NF reunification

réunifier [Reynifje] /TABLE 7/ **1** VT to reunify • **l'Allemagne réunifiée** reunified Germany **2** VPR **se réunifier** to reunify

Réunion [Reynjɔ̃] NF **(l'île de) la ~** Réunion (Island)

réunion [Reynjɔ̃] NF **a** (*= séance*) meeting • **dans une ~** at a meeting • **~ d'information/de travail** briefing/work session • **~ syndicale** union meeting • **être en ~** to be at a meeting **b** [*de faits, objets*] collection; [*d'amis, membres d'une famille, d'un club*] bringing together; [*d'éléments*] combination • **la ~ d'une province à un État** the union of a province with a state • **~ de famille** family gathering **c** (*Sport*) **~ cycliste** cycle rally • **~ d'athlétisme** athletics meeting • **~ hippique** (*= concours*) horse show; (*= course*) race meeting • **~ sportive** sports meeting

réunionnais, e [Reynjɔnɛ, ɛz] **1** ADJ from Réunion **2** NM,F **Réunionnais(e)** inhabitant of Réunion

réunir [ReyniR] /TABLE 2/ **1** VT **a** (*= rassembler*) to collect; [*+ fonds*] to raise
b (*= cumuler*) to combine • **ces trois facteurs réunis** these three factors combined • **~ toutes les conditions exigées** to meet all the requirements
c [*+ amis, famille*] to get together; [*+ anciens amis*] to reunite; [*congrès*] to bring together • **nous réunissons nos amis tous les mercredis** we have our friends over every Wednesday
d (*= raccorder, relier*) to join
e (*= rattacher à*) **~ à** [*+ province*] to unite to
2 VPR **se réunir a** (*= se rencontrer*) to meet • **se ~ entre amis** to get together with some friends • **le petit groupe se réunissait dans un bar** the little group would meet in a bar
b (*= s'associer*) [*entreprises*] to merge; [*États*] to unite

réussi, e [Reysi] *ptp de* **réussir** ADJ good • **eh bien, c'est ~!** (*iro*) well that's just great!* (*iro*)

réussir [ReysiR] /TABLE 2/ **1** VI **a** [*affaire, entreprise, projet*] to succeed; [*culture, plantation*] to thrive; [*manœuvre, ruse*] to pay off • **tout lui/rien ne lui réussit** everything/nothing goes right for him • **cela ne lui a pas réussi** that didn't do him any good
b [*personne*] (*dans une entreprise*) to succeed; (*à un examen*) to pass • **~ dans la vie** to succeed in life • **~ dans les affaires/dans ses études** to succeed in business/in one's studies • **il a réussi/il n'a pas réussi à l'examen** he passed/he failed the exam • **il réussit bien en anglais/à l'école** he does well at English/at school
c **~ à faire qch** to succeed in doing sth • **il a réussi à les convaincre** he succeeded in convincing them
d (*= être bénéfique à*) **~ à** to agree with • **le curry ne me réussit pas** curry doesn't agree with me
2 VT **a** [*+ entreprise, film*] to make a success of • **~ sa carrière** to have a successful career • **~ sa vie** to make a success of one's life • **ce plat est difficile à ~** this dish is difficult to make • **elle a bien réussi sa sauce** her sauce was a great success • **vont-ils ~ leur coup?** will they manage to pull it off? • **~ l'impossible** to manage to do the impossible
b [*+ essai*] to bring off

réussite [Reysit] NF **a** success • **c'est un signe de ~ sociale** it's a sign of social success • **~ scolaire** academic success • **le taux de ~ au concours est de 10%** there is a 10% success rate in the exam **b** (*= jeu*) patience • **faire une ~** to play patience

réutilisable [Reytilizabl] ADJ reusable • **emballage non-~** disposable packaging

réutiliser [Reytilize] /TABLE 1/ VT to reuse

revaloir [R(ə)valwaR] /TABLE 29/ VT **je te revaudrai ça** (*hostile*) I'll get even with you for this; (*reconnaissant*) I'll repay you some day

revaloriser [R(ə)valɔRize] /TABLE 1/ VT [*+ monnaie*] to revalue; [*+ salaire*] to raise; [*+ conditions de travail*] to improve; [*+ institution, tradition*] to reassert the value of • **l'entreprise veut ~ son image** the company wants to boost its image

revanche [R(ə)vɑ̃ʃ] NF (*après défaite, humiliation*) revenge; (*Sport*) revenge match; (*Jeux*) return game • **prendre sa ~ (sur qn)** to take one's revenge (on sb)
▸ **en revanche** on the other hand

rêvasser [Rɛvase] /TABLE 1/ VI to daydream

rêve [Rɛv] **1** NM dream • **mauvais ~** bad dream • **faire un ~** to have a dream • **faites de beaux ~s!** sweet dreams! • **il est perdu dans ses ~s** he's dreaming • **c'est le ~ de leur vie** it's their lifelong dream • **mon ~ s'est enfin réalisé** my dream has finally come true • **la voiture/la femme de ses ~s** the car/the woman of his dreams • **voir/entendre qch en ~** to see/hear sth in a dream • **ça, c'est le ~*** that would be ideal • **même pas en ~!*** in your dreams!*
▸ **de rêve voiture/maison de ~** dream car/house • **créature de ~** gorgeous creature • **il mène une vie de ~** he leads an idyllic life • **il a un corps de ~** he's got a superb body
2 COMP ▸ **le rêve américain** the American dream ▸ **rêve éveillé** daydream

rêvé, e [Reve] *ptp de* **rêver** ADJ ideal • **c'est l'occasion ~e!** it's the ideal opportunity!

revêche [Rəvɛʃ] ADJ surly

réveil [Revɛj] NM **a** (*= réveille-matin*) alarm clock • **mets le ~ à 8 heures** set the alarm for 8 o'clock **b** [*de dormeur*] waking up NonC; (*= retour à la réalité*) awakening • **à mon ~, je vis qu'il était parti** when I woke up I found he was already gone • **~ téléphonique** alarm call • **le ~ fut pénible** (*fig*) he (*ou* I *etc*) had a rude awakening **c** [*de nature, sentiment, souvenir*] reawakening; [*de volcan*] fresh stirrings; [*de douleur*] return

réveillé, e [Reveje] *ptp de* **réveiller** ADJ (*= à l'état de veille*) awake • **à moitié ~** half asleep • **il était mal ~** he was still half asleep

réveille-matin (*pl* **réveille-matin(s)**) [Revɛjmatɛ̃] NM alarm clock

r

réveiller [ʀeveje] /TABLE 1/ **1** (VT) **a** [+ *dormeur, rêveur*] to wake up • **réveillez-moi à 5 heures** wake me up at 5 o'clock • **voulez-vous qu'on vous réveille?** (*dans un hôtel*) would you like a wake-up call? **b** [+ *douleur physique*] to start up again; [+ *douleur mentale*] to revive; [+ *jalousie, rancune*] to reawaken; [+ *souvenir*] to awaken
2 (VPR) **se réveiller** **a** [*dormeur, rêveur*] to wake up • **réveille-toi!** wake up! **b** [*douleur*] to return **c** [*nature*] to reawaken; [*volcan*] to stir again

réveillon [ʀevɛjɔ̃] (NM) ~ **(de Noël/du Nouvel An)** (= *repas*) Christmas Eve/New Year's Eve dinner; (= *fête*) Christmas Eve/New Year's Eve party; (= *date*) Christmas/New Year's Eve

réveillonner [ʀevɛjɔne] /TABLE 1/ (VI) to celebrate Christmas *ou* New Year's Eve (*with a dinner and a party*)

révélateur, -trice [ʀevelatœʀ, tʀis] (ADJ) revealing • **c'est ~ d'un malaise profond** it reveals a deep malaise • **fait ~, beaucoup ont démissionné** tellingly, a lot of people have resigned

révélation [ʀevelasjɔ̃] (NF) revelation

révélé, e [ʀevele] *ptp de* **révéler** (ADJ) (*Rel*) [*dogme, religion*] revealed

révéler [ʀevele] /TABLE 6/ **1** (VT) **a** to reveal **b** [+ *artiste*] [*imprésario*] to discover; [*œuvre*] to bring to fame • **le roman qui l'a révélé au public** the novel that introduced him to the public
2 (VPR) **se révéler** **a** [*vérité, talent, tendance*] to be revealed • **des sensations nouvelles se révélaient à lui** he was becoming aware of new feelings
b [*artiste*] to come into one's own • **il ne s'est révélé que vers la quarantaine** he didn't really come into his own until he was nearly forty
c **se ~ cruel/ambitieux** to show o.s. to be cruel/ambitious • **se ~ difficile/aisé** to prove difficult/easy • **son hypothèse s'est révélée fausse** his hypothesis proved to be false

revenant, e [ʀ(ə)vənɑ̃, ɑ̃t] (NM,F) ghost • **tiens, un ~!*** hello stranger!*

revendeur, -euse [ʀ(ə)vɑ̃dœʀ, øz] (NM,F) (= *détaillant*) retailer; (*d'occasion*) secondhand dealer • **chez votre ~ habituel** at your local dealer • **~ de drogue** drug-dealer

revendicatif, -ive [ʀ(ə)vɑ̃dikatif, iv] (ADJ) [*mouvement*] protest • **action revendicative** protest campaign • **organiser une journée d'action revendicative** to organize a day of protest (in support of one's claims)

revendication [ʀ(ə)vɑ̃dikasjɔ̃] (NF) **a** (= *action*) claiming • **il n'y a pas eu de ~ de l'attentat** no one claimed responsibility for the attack **b** (= *demande*) demand • **journée de ~** day of protest (in support of one's claims) • **mouvement de ~** protest movement • **~s salariales/territoriales** wage/territorial claims • **~s sociales** workers' demands

revendiquer [ʀ(ə)vɑ̃dike] /TABLE 1/ (VT) **a** [+ *chose due, droits*] to demand • **ils passent leur temps à ~** they're forever making demands **b** [+ *paternité, responsabilité*] to claim; [+ *attentat, explosion*] to claim responsibility for • **l'attentat n'a pas été revendiqué** no one has claimed responsibility for the attack

revendre [ʀ(ə)vɑ̃dʀ] /TABLE 41/ (VT) (*d'occasion ou au détail*) to sell; [+ *actions, terres, filiale*] to sell off • **il a revendu sa voiture pour payer ses dettes** he sold his car to pay off his debts • **avoir de l'énergie/de l'intelligence à ~** to have energy/brains to spare • **prends des cerises, on en a à ~** take some cherries, we've got lots of them

revenir [ʀəv(ə)niʀ, ʀ(ə)vəniʀ] /TABLE 22/

> **revenir** is conjugated with **être**.

VERBE INTRANSITIF

a (= *venir de nouveau*) to come back; [*calme, ordre, oiseaux*] to return; [*soleil*] to reappear; [*fête, date*] to come round again; [*thème, idée*] to recur • **il doit ~ nous voir demain** he's coming back to see us tomorrow • **pouvez-vous ~ plus tard?** can you come back later? • **cette expression revient souvent dans ses livres** that expression often crops up in his books

b (= *rentrer*) to come back, to return • **~ à Paris** to return to Paris • **~ de quelque part** to return from somewhere • **~ chez soi** to come back home • **~ à la hâte** to hurry back • **~ de voyage** to return from a trip • **en revenant de l'école** on the way back from school • **je lui téléphonerai en revenant** I'll phone him when I get back • **je reviens dans un instant** I'll be back in a minute

c (= *retourner*) **~ en arrière** to go back • **on ne peut pas ~ en arrière** (*dans le temps*) you can't turn back the clock

d (= *coûter*) **ça revient cher** it's expensive • **ça reviendrait moins cher d'en acheter trois** it would be cheaper to buy three

e (= *cuire*) **faire ~** to brown • **faites ~ les oignons dans le beurre** brown the onions gently in the butter

f (locutions)

▸ **revenir à qch** (= *reprendre*) to return to sth; (= *équivaloir à*) to amount to sth; (= *totaliser*) to come to sth • **~ à de meilleurs sentiments** to return to a better frame of mind • **~ à la vie** to come back to life • **nous y reviendrons dans un instant** we'll come back to that in a moment • **j'en reviens toujours là, il faut ...** I still come back to this, we must ... • **il n'y a pas à y ~** there's no going back on it • **~ à la charge** to return to the attack • **cela revient à dire que ...** it amounts to saying that ... • **ça revient au même** it comes to the same thing • **ça revient à 100 €** it comes to €100 • **à combien est-ce que cela va vous ~?** how much will that cost you? • **~ à la marque** to draw • **~ au score** to draw

▸ **revenir à qn** [*courage, appétit, parole*] to return to sb; [*droit, honneur, responsabilité*] to fall to sb; [*biens, somme d'argent*] to come to sb; [*souvenir, idée*] to come back to sb • **ça me revient!** it's coming back to me now! • **~ aux oreilles de qn** to get back to sb • **tout le mérite vous revient** all the credit goes to you • **là-dessus, 100 € me reviennent** 100 euros of that comes to me • **il a une tête qui ne me revient pas*** I don't like the look of him • **elle ne me revient pas du tout, cette fille*** I don't like that girl at all

▸ **revenir à soi** [*personne*] to come to

▸ **revenir de** [+ *surprise*] to get over; [+ *erreurs*] to leave behind • **il revient de loin** he had a close shave • **je n'en reviens pas!** I can't get over it!

▸ **revenir sur** [+ *affaire, problème*] to go back over; [+ *promesse, décision*] to go back on; (= *rattraper*) to catch up with • **ne revenons pas là-dessus** let's not go back over that

revente [ʀ(ə)vɑ̃t] (NF) resale

revenu [Rəv(ə)ny] (NM) [*de particulier, domaine*] income *NonC* (**de** from); [*de capital, investissement*] yield (**de** from, on) • **ménage à ~s modestes** low-income household • **avoir de gros ~s** to have a large income ▸ **revenus de l'État** public revenue ▸ **revenu fiscal** tax revenue ▸ **revenu intérieur brut** gross domestic income ▸ **revenu minimum d'insertion** *minimum welfare payment given to those who are not entitled to unemployment benefit* ▸ **revenu net d'impôts** disposable income

rêver [Reve] /TABLE 1/ **1** (VI) **a** to dream (**de, à** of, about) • **~ que** to dream that • **j'ai rêvé de toi** I dreamt about you • **il en rêve la nuit** he dreams about it at night • **~ tout éveillé** to be lost in a daydream • **travaille au lieu de ~!** get on with your work instead of daydreaming! • **je ne rêve pas, c'est bien vrai?** I'm not dreaming, am I? - it's really true! • **on croit ~!*** I can hardly believe it! • **non, mais je rêve!*** he (*ou* they *etc*) can't be serious! • **(il ne) faut pas ~*** I wouldn't count on it*
b (= *désirer*) **~ de qch/de faire qch** to dream of sth/of doing sth • **des images qui font ~** pictures that fire the imagination • **ça fait ~ de l'entendre parler de ses voyages** hearing him talk about his travels really gets the imagination going
2 (VT) (*en dormant*) to dream

réverbère [ReveRbɛR] (NM) (*d'éclairage*) street lamp

réverbérer [ReveRbeRe] /TABLE 6/ **1** (VT) [*+ son*] to reverberate; [*+ chaleur, lumière*] to reflect **2** (VPR) **se réverbérer** to be reflected

révérence [ReveRɑ̃s] (NF) (= *salut*) [*d'homme*] bow; [*de femme*] curtsey • **faire une ~** [*homme*] to bow; [*femme*] to curtsey (**à qn** to sb) • **tirer sa ~** (*fig*) to take one's leave

révérend, e [ReveRɑ̃, ɑ̃d] (ADJ, NM) reverend • **le Révérend Père Martin** Reverend Father Martin

révérer [ReveRe] /TABLE 6/ (VT) to revere

rêverie [RɛvRi] (NF) (= *rêve*) daydream

revers [R(ə)vɛR] (NM) **a** [*de main*] back; [*d'étoffe*] wrong side; [*de médaille, pièce d'argent*] reverse • **c'est le ~ de la médaille** (*fig*) that's the other side of the coin • **prendre l'ennemi à ~** to take the enemy from the rear **b** (*Tennis*) backhand • **faire un ~** to play a backhand shot • **volée de ~** backhand volley • **~ à deux mains** double-handed backhand **c** [*de manteau, veste*] lapel; [*de pantalon*] turn-up (*Brit*), cuff (*US*); [*de manche*] cuff **d** (= *coup du sort*) setback • **~ (de fortune)** reverse (of fortune)

reverser [R(ə)vɛRse] /TABLE 1/ (VT) **a** [*+ liquide*] to pour out some more • **reverse-moi du vin/un verre de vin** pour me some more wine/another glass of wine
b [*+ excédent, somme*] to pay back

réversible [ReveRsibl] (ADJ) reversible

revêtement [R(ə)vɛtmɑ̃] (NM) (= *enduit*) coating; [*de route*] surface; [*de mur extérieur*] facing; [*de mur intérieur*] covering • **~ de sol** flooring *NonC* • **~ mural** wall-covering *NonC*

revêtir [R(ə)vetiR] /TABLE 20/ (VT) **a** [*+ uniforme, habit*] to put on **b** [*+ caractère, apparence, forme*] to take on • **une rencontre qui revêt une importance particulière** a meeting which is especially important

revêtu, e [R(ə)vety] *ptp de* **revêtir** (ADJ) **~ de** (= *habillé de*) dressed in

rêveur, -euse [RɛvœR, øz] **1** (ADJ) [*air, personne*] dreamy • **ça vous laisse ~** it makes you wonder **2** (NM,F) dreamer

reviendra [R(ə)vjɛ̃dRa] (VB) → **revenir**

revient [Rəvjɛ̃] (NM) → **prix**

revigorant, e [R(ə)vigɔRɑ̃, ɑ̃t] (ADJ) [*vent, air frais*] invigorating; [*repas, boisson*] reviving

revigorer [R(ə)vigɔRe] /TABLE 1/ (VT) [*vent, air frais*] to invigorate; [*repas, boisson*] to revive; [*discours*] to cheer

revirement [R(ə)viRmɑ̃] (NM) (= *changement d'avis*) change of mind; (= *changement brusque*) [*de tendances*] reversal • **~ d'opinion** swing in public opinion • **un ~ soudain de la situation** a sudden reversal of the situation

réviser [Revize] /TABLE 1/ (VT) **a** [*+ matière scolaire*] to revise • **~ son histoire** to do one's history revision • **commencer à ~** to start revising
b (= *mettre à jour, corriger*) [*+ texte, estimation*] to revise • **~ à la hausse/à la baisse** to revise upwards/downwards • **nouvelle édition complètement révisée** new and completely revised edition
c [*+ procès, règlement, constitution, opinion*] to review • **j'ai révisé mon jugement sur lui** I've revised my opinion of him
d [*+ comptes*] to audit; [*+ moteur, installation*] to overhaul; [*+ montre*] to service • **faire ~ sa voiture** to have one's car serviced • **j'ai fait ~ les freins** I've had the brakes looked at

révision [Revizjɔ̃] (NF) **a** [*de matière scolaire*] revising • **je commence mes ~s lundi** I'm starting my revision on Monday **b** [*de texte*] revision **c** [*de procès, règlement, constitution*] review **d** [*de comptes*] auditing *NonC*; [*de moteur, installation*] overhaul *NonC* • **prochaine ~ dans 10 000 km** next major service after 10,000km

révisionnisme [Revizjɔnism] (NM) revisionism

> Le mot anglais s'écrit avec un seul **n** et sans **e** à la fin.

révisionniste [Revizjɔnist] (ADJ, NMF) revisionist

> Le mot anglais s'écrit avec un seul **n** et sans **e** à la fin.

revisiter [R(ə)vizite] /TABLE 1/ (VT) [*+ musée, ville*] to revisit • **la mode des années 30/la pièce de Molière revisitée par Anne Morand** thirties fashions/Molière's play reinterpreted by Anne Morand

revisser [R(ə)vise] /TABLE 1/ (VT) to screw back again

revitalisant, e [R(ə)vitalizɑ̃, ɑ̃t] (ADJ) [*crème, shampooing*] revitalizing

revivifiant, e [Rəvivifjɑ̃, ɑ̃t] (ADJ) [*shampooing, gel*] revitalizing

revivifier [R(ə)vivifje] /TABLE 7/ (VT) (*littér*) [*+ personne, souvenir*] to revive; [*+ peau, cheveux*] to revitalize

revivre [R(ə)vivR] /TABLE 46/ **1** (VI) **a** (= *être ressuscité*) to live again **b** (= *être revigoré*) to come alive again • **je me sentais ~** I felt alive again **c** **faire ~** [*+ mode, époque, usage*] to revive **2** (VT) [*+ passé, période*] to relive

révocation [Revɔkasjɔ̃] (NF) **a** [*de magistrat, fonctionnaire*] removal from office **b** [*de contrat, édit*] revocation

revoilà* [R(ə)vwala] (PRÉP) **~ Paul!** here's Paul again! • **me ~!** it's me again! • **nous ~ à la maison/en France** here we are, back home/in France again

revoir [R(ə)vwaR] /TABLE 30/ **1** (VT) **a** to see again; [*+ patrie, village*] to see again • **je l'ai revu deux ou trois fois depuis** I've seen him two or three times since

• **quand le revois-tu ?** when are you seeing him again? • **filez, et qu'on ne vous revoie plus ici !** clear off, and don't show your face here again!

▸ **au revoir !** goodbye! • **dire au ~ à qn** to say goodbye to sb • **faire au ~ de la main** to wave goodbye

ⓑ (*= réviser*) [*+ édition, texte, leçons*] to revise; [*+ position, stratégie*] to review • **édition revue et corrigée/augmentée** revised and updated/expanded edition • **l'histoire de France revue et corrigée par A. Leblanc** the history of France revised by A. Leblanc • **nos tarifs/objectifs ont été revus à la baisse/hausse** our prices/targets have been revised downwards/upwards • **~ sa copie** to go back to the drawing board

2 (VPR) **se revoir** (*réciproque*) to see each other again • **on se revoit quand ?** when shall we see each other again?

révoltant, e [ʀevɔltɑ̃, ɑ̃t] (ADJ) revolting

révolte [ʀevɔlt] (NF) revolt • **être en ~ contre** to be in revolt against; [*adolescent*] to rebel against • **adolescent en ~** rebellious adolescent

révolté, e [ʀevɔlte] *ptp de* **révolter** **1** (ADJ) rebellious; (*= outré*) outraged **2** (NM,F) rebel

révolter [ʀevɔlte] /TABLE 1/ **1** (VT) (*= indigner*) to revolt • **ça me révolte** I'm revolted by this **2** (VPR) **se révolter** (*= s'insurger*) to revolt; (*= se cabrer*) to rebel; (*= s'indigner*) to be revolted (**contre** by)

révolu, e [ʀevɔly] (ADJ) ⓐ (*= fini*) [*époque, jours*] past • **cette époque est ~e** that era is in the past ⓑ (*= complété*) **avoir 20 ans ~s** to be over 20 years of age • **après deux ans ~s** when two full years had (*ou* have) passed

révolution [ʀevɔlysjɔ̃] (NF) ⓐ (*= changement*) revolution • **la Révolution (française)** the French Revolution • **la ~ sexuelle** the sexual revolution • **ce nouveau produit est une véritable ~** this new product is truly revolutionary • **notre profession a subi une véritable ~** our profession has been revolutionized • **créer une petite ~** [*idée, invention, procédé*] to cause a stir ⓑ (*= rotation*) revolution

> **LA RÉVOLUTION TRANQUILLE**
>
> The term **la Révolution tranquille** refers to the important social, political and cultural transition that took place in Quebec from the early 1960s. As well as rapid economic expansion and a reorganization of political institutions, there was a growing sense of pride among Québécois in their specific identity as French-speaking citizens. The **Révolution tranquille** is thus seen as a strong affirmation of Quebec's identity as a French-speaking province. → QUÉBEC

révolutionnaire [ʀevɔlysjɔnɛʀ] (ADJ, NMF) revolutionary; (*Hist*) Revolutionary (*in the French Revolution*)

> Le mot anglais s'écrit avec un seul **n**.

révolutionner [ʀevɔlysjɔne] /TABLE 1/ (VT) ⓐ (*= transformer radicalement*) to revolutionize ⓑ (*= bouleverser*) [*+ personnes*]* to stir up • **son arrivée a révolutionné le quartier** his arrival stirred up the whole neighbourhood

> Le mot anglais s'écrit avec un seul **n**.

revolver [ʀevɔlvɛʀ] (NM) (*= pistolet*) pistol; (*à barillet*) revolver • **coup de ~** pistol shot • **tué de plusieurs coups de ~** gunned down

révoquer [ʀevɔke] /TABLE 1/ (VT) ⓐ [*+ magistrat, fonctionnaire*] to remove from office ⓑ [*+ contrat, édit*] to revoke

revoter [ʀ(ə)vɔte] /TABLE 1/ (VI) to vote again

revouloir* [ʀ(ə)vulwaʀ] /TABLE 31/ (VT) [*+ pain*] to want more; [*+ orange*] to want another • **qui en reveut ?** who wants some more? • **tu reveux du café/un morceau de gâteau ?** would you like some more coffee/another slice of cake?

revu, e [ʀ(ə)vy] *ptp de* **revoir** **1** (NF) **revue** ⓐ (*= magazine*) magazine; (*savante*) review • **~e automobile/de mode** car/fashion magazine • **~e littéraire/scientifique** literary/scientific review ⓑ (*= spectacle*) (*satirique*) revue; (*de variétés*) variety show • **~e à grand spectacle** extravaganza ⓒ (*= examen, inspection, parade*) review • **passer en ~e** [*+ soldats*] to review; (*= énumérer mentalement*) to go over in one's mind **2** (COMP) ▸ **revue de presse** review of the press

révulsé, e [ʀevylse] *ptp de* **révulser** (ADJ) [*yeux*] rolled upwards *attrib*; [*visage*] contorted

révulser [ʀevylse] /TABLE 1/ (VT) (*= dégoûter*) to disgust • **ça me révulse** I find it disgusting

rez-de-chaussée [ʀed(ə)ʃose] (NM INV) ground floor (*Brit*), first floor (*US*) • **au ~** on the ground floor

rez-de-jardin [ʀed(ə)ʒaʀdɛ̃] (NM INV) garden level • **appartement en ~** garden flat (*Brit*) *ou* apartment (*US*)

RF (ABR DE **République française**) the French Republic

RFA [ɛʀɛfa] (NF) (ABR DE **République fédérale d'Allemagne**) FRG

Rh (ABR DE **rhésus**) Rh

RH [ɛʀaʃ] (NF) (ABR DE **ressources humaines**) (*direction*) HR, human resources department

rhabiller [ʀabije] /TABLE 1/ **1** (VT) **~ qn** to put sb's clothes back on **2** (VPR) **se rhabiller** to put one's clothes back on • **va te ~ !*** (*= retourner au vestiaire*) forget it!

rhésus [ʀezys] (NM) rhesus • **~ positif/négatif** rhesus positive/negative

rhétorique [ʀetɔʀik] **1** (NF) ⓐ (*= expression*) rhetoric ⓑ (*Belg Scol*) final year, ≈ upper sixth (form) (*Brit*), ≈ twelfth grade (*US*), ≈ senior year (*US*) **2** (ADJ) rhetorical

Rhin [ʀɛ̃] (NM) **le ~** the Rhine

rhinite [ʀinit] (NF) rhinitis *NonC*

rhinocéros [ʀinɔseʀɔs] (NM) rhinoceros

rhinopharyngite [ʀinofaʀɛ̃ʒit] (NF) throat infection

rhododendron [ʀɔdɔdɛ̃dʀɔ̃] (NM) rhododendron

Rhône [ʀon] (NM) (*= fleuve*) **le ~** the (river) Rhone

rhubarbe [ʀybaʀb] (NF) rhubarb

rhum [ʀɔm] (NM) rum

rhumatisme [ʀymatism] (NM) rheumatism *NonC* • **avoir des ~s dans le bras** to have rheumatism in one's arm

rhumatologue [ʀymatɔlɔg] (NMF) rheumatologist

rhume [ʀym] (NM) cold • **attraper un (gros) ~** to catch a (bad) cold • **~ des foins** hay fever

RIB [ʀib] (NM) (ABR DE **relevé d'identité bancaire**) *particulars of one's bank account*

ribambelle [ʀibɑ̃bɛl] (NF) **une ~ de** [*+ enfants*] a swarm of; [*+ objets*] a row of

ricanement [ʀikanmɑ̃] (NM) (*méchant*) sniggering *NonC*; (*sot*) giggling *NonC* • **j'ai entendu des ~s** I heard someone sniggering (*ou* giggling)

ricaner [ʀikane] /TABLE 1/ (VI) (*méchamment*) to snigger; (*sottement*) to giggle

richard, e* [ʀiʃaʀ, aʀd] (NM,F) (*péj*) rich person

riche [ʀiʃ] 1 (ADJ) ⓐ rich • **~ comme Crésus** fabulously rich • **nous ne sommes pas ~s** we're not very well-off • **ça fait ~*** it looks expensive • **le français est une langue ~** French is a rich language • **c'est une ~ idée*** that's a great idea*
▸ **riche de** [*+ possibilités*] full of • **c'est une expérience ~ d'enseignements** you learn a great deal from this experience • **bibliothèque ~ de plusieurs millions d'ouvrages** library boasting several million books • **~ de cette expérience, il ...** thanks to this experience, he ...
▸ **riche en** [*+ calories, gibier, monuments*] rich in • **alimentation ~ en protéines** high-protein diet • **région ~ en pétrole** region with copious oil reserves • **année ~ en événements spectaculaires** action-packed year
ⓑ [*collection*] large • **il y a une documentation très ~ sur ce sujet** there is a wealth of information on this subject
2 (NMF) rich person • **les ~s** the rich • **on ne prête qu'aux ~s** only the rich can get loans • **de ~(s)** [*maison, voiture, nourriture*] fancy

richement [ʀiʃmɑ̃] (ADV) richly • **~ illustré** richly illustrated

richesse [ʀiʃɛs] 1 (NF) ⓐ [*de pays, personne*] wealth • **le tourisme est notre principale (source de) ~** tourism is our greatest asset • **notre ferme, c'est notre seule ~** this farm is all we have ⓑ [*d'aliment, collection, sol, texte, vocabulaire, végétation*] richness • **la ~ de cette documentation** the abundance of the information • **une culture d'une grande ~** an extraordinarily rich culture 2 (NFPL) **richesses** wealth; (*= trésors*) treasures • **~s naturelles** natural resources

richissime [ʀiʃisim] (ADJ) fabulously rich

ricin [ʀisɛ̃] (NM) castor oil plant

ricocher [ʀikɔʃe] /TABLE 1/ (VI) [*balle de fusil*] to ricochet (**sur** off); [*pierre*] to rebound (**sur** off); (*sur l'eau*) to bounce (**sur** on) • **faire ~ un galet sur l'eau** to skim a pebble across the water

ricochet [ʀikɔʃɛ] (NM) rebound; [*de balle de fusil*] ricochet; [*de caillou sur l'eau*] bounce • **faire des ~s** to skim pebbles

ric-rac○* [ʀikʀak] (ADV) **côté finances, ce mois-ci, c'est ~** money is going to be tight this month

rictus [ʀiktys] (NM) (*grimaçant*) grin; (*effrayant*) snarl

ride [ʀid] (NF) [*de peau, pomme*] wrinkle (**de** in) • **elle n'a pas pris une ~** she hasn't aged a bit • **ce roman n'a pas pris une ~** this novel hasn't dated at all

ridé, e [ʀide] *ptp de* **rider** (ADJ) [*peau, fruit*] wrinkled

rideau (*pl* **rideaux**) [ʀido] (NM) (*= draperie*) curtain; [*de boutique*] shutter ▸ **rideau de fer** [*de boutique*] metal shutter • **le ~ de fer** (*Hist*) the Iron Curtain

rider (se) [ʀide] /TABLE 1/ (VPR) [*peau, fruit, visage*] to become wrinkled

ridicule [ʀidikyl] 1 (ADJ) ridiculous • **se rendre ~** to make o.s. look ridiculous • **ne sois pas ~** don't be ridiculous 2 (NM) **tomber dans le ~** [*personne*] to make o.s. ridiculous; [*film*] to become ridiculous • **tourner qn/qch en ~** to ridicule sb/sth • **couvrir qn de ~** to make sb look ridiculous

ridiculement [ʀidikylmɑ̃] (ADV) [*bas, faible, petit*] ridiculously

ridiculiser [ʀidikylize] /TABLE 1/ 1 (VT) to ridicule 2 (VPR) **se ridiculiser** to make o.s. look ridiculous

rien [ʀjɛ̃]

1 PRONOM INDÉFINI	2 NOM MASCULIN

1 PRONOM INDÉFINI

ⓐ nothing • **qu'est-ce qui ne va pas ? — ~** what's wrong? — nothing • **ça ou ~, c'est pareil** it makes no odds
▸ **ne ... rien** not ... anything, nothing • **il n'a ~ fait** he didn't do anything, he did nothing • **je n'ai ~ entendu** I didn't hear anything • **il n'y a plus ~** there's nothing left • **elle ne mange presque ~** she hardly eats anything • **il n'en sait ~** he has no idea • **je n'en sais trop ~** I haven't a clue • (PROV) **on n'a ~ sans ~** nothing ventured, nothing gained (PROV)
▸ **avoir + rien ils n'ont ~** (*possessions*) they haven't got anything, they have nothing; (*maladie, blessure*) they're OK • **ça va, tu n'as ~ ?** are you OK? • **n'avoir ~ contre qn/qch** to have nothing against sb/sth • **il n'a ~ d'un politicien** he's got nothing of the politician about him • **il n'y a ~ à manger** there's nothing to eat • **j'en ai ~ à foutre*** I don't give a damn* • **on n'a ~ sans ~** you don't get anything for nothing
▸ **être + rien n'être ~** [*personne*] to be a nobody; [*chose*] to be nothing • **pour lui, 50 km à vélo, ce n'est ~** cycling 50 kilometres is nothing for him • **il n'est plus ~ pour moi** he means nothing to me anymore • **il n'en est ~** it's nothing of the sort • **élever quatre enfants, ce n'est pas ~** bringing up four children is quite something • **tu t'es fait mal ? — non, c'est ~*** did you hurt yourself? — no, it's nothing • **pardon ! — c'est ~*** *ou* **ce n'est ~** sorry! — it doesn't matter
▸ **faire + rien il ne fait ~** he does nothing; (*= ne travaille pas*) he doesn't work • **huit jours sans ~ faire** a week doing nothing • **il ne nous a ~ fait** he hasn't done anything to us • **ça ne lui fait ~** he doesn't care • **ça ne fait ~** it doesn't matter • **il n'y a ~ à faire** there's nothing we can do • **~ à faire !** it's no good! • **~ n'y fait !** nothing's any good!
▸ **en rien il n'est en ~ responsable de la situation** he's not in any way responsible for the situation • **ce tableau ne ressemble en ~ au reste de son œuvre** this picture is nothing like his other works
▸ **rien de** *+ adjectif ou adverbe* nothing • **~ d'autre** nothing else • **je ne veux ~ d'autre** I don't want anything else • **je t'achèterai le journal, ~ d'autre ?** I'll get you a newspaper - do you want anything else? • **~ de neuf** nothing new • **~ de plus** nothing else • **~ de plus facile** nothing easier • **nous n'avons ~ de plus à ajouter** we have nothing further to add • **ça n'a ~ d'impossible** it's perfectly possible • **~ de tel qu'une bonne douche chaude !** there's nothing like a nice hot shower!

ⓑ (*= quelque chose*) anything • **as-tu jamais ~ vu de pareil ?** have you ever seen anything like it?

ⓒ (*Sport*) nil • **il mène par deux sets à ~** he's leading by two sets to love

ⓓ (*locutions*) **~ à signaler** nothing to report • **~ à déclarer** nothing to declare • **c'est mieux que ~** it's better than nothing • **c'est ça ou ~** it's that or nothing • **deux fois ~** next to nothing • **trois fois ~** next to nothing • **il ne comprend ~ à ~** he hasn't got a clue • **ça ne me dit ~ qui vaille** I don't like the look of that
▸ **de rien ! je vous remercie — de ~ !*** thank you — you're

r

welcome! • **excusez-moi ! — de ~ !*** sorry! — no trouble!

▸ **rien au monde** nothing on earth • **il ne quitterait son pays pour ~ au monde** he wouldn't leave his country for anything

▸ **rien du tout** nothing at all • **qu'as-tu vu ? — ~ du tout** what did you see? — nothing at all • **une petite éraflure de ~ du tout** a tiny little scratch • **qu'est-ce que c'est que ce cadeau de ~ du tout ?** what on earth can I (*ou* you *etc*) do with this stupid little present?

▸ **rien de rien*** absolutely nothing • **il ne fait ~, mais ~ de ~*** he does nothing, and I mean nothing

▸ **pour rien** (= *inutilement*) for nothing; (= *pour peu d'argent*) for next to nothing • **pourquoi tu dis ça ? — pour ~** why do you say that? — no reason • **ce n'est pas pour ~ que ...** it's not for nothing that ...

▸ **rien que** **la vérité, ~ que la vérité** the truth and nothing but the truth • **~ que la chambre coûte déjà très cher** the room alone already costs a lot • **~ qu'à le voir, j'ai deviné** I guessed by just looking at him • **je voudrais vous voir, ~ qu'une minute** could I see you just for a minute? • **il le fait ~ que pour t'embêter*** he just does it to annoy you • **c'est à moi, ~ qu'à moi** it's mine and mine alone • **il voulait 500 €, ~ que ça !** he wanted a mere 500 euros! • **elle veut être actrice, ~ que ça !** she wants to be an actress, no less!

2 NOM MASCULIN

▸ **un rien** a mere nothing; (*avec adjectif*) a tiny bit • **un ~ l'effraie** the slightest thing frightens him • **un ~ la fait rire** she laughs at every little thing • **un ~ l'habille** she looks good in anything • **j'ai failli rater le train, il s'en est fallu d'un ~** I came within a hair's breadth of missing the train • **il pourrait te casser le bras comme un ~*** he could break your arm, no trouble • **un ~ plus grand** a tiny bit bigger • **un ~ plus petit** a tiny bit smaller • **« moi pas » dit-elle un ~ insolente** "I'm not", she said rather insolently

▸ **un rien de** a touch of • **avec un ~ d'ironie** with a touch of irony • **en un ~ de temps** in no time

▸ **pour un rien** **il pleure pour un ~** he cries at the slightest little thing • **il s'inquiète pour un ~** he worries about the slightest little thing

▸ **des riens** trivia

rieur, rieuse [R(i)jœR, R(i)jøz] (ADJ) cheerful

rigide [Riʒid] (ADJ) **a** [*armature, tige*] rigid; [*muscle, col, carton*] stiff • **livre à couverture ~** hardback book **b** (= *strict*) rigid; [*classification, éducation*] strict

rigidité [Riʒidite] (NF) **a** [*d'armature, tige*] rigidity; [*de muscle, carton, col*] stiffness **b** [*de personne, règle, morale*] rigidity; [*de classification, éducation*] strictness

rigolade* [Rigɔlad] (NF) **a** (= *amusement*) **il aime la ~** he likes a bit of fun • **quelle ~, quand il est entré !** what a laugh* when he came in! • **il prend tout à la ~** he makes a joke of everything **b** **démonter ça, c'est de la ~** taking it to pieces is child's play • **ce qu'il dit là, c'est de la ~** what he says is a lot of hooey‡

rigole [Rigɔl] (NF) channel • **~ d'irrigation** irrigation channel • **~ d'écoulement** drain

rigoler* [Rigɔle] /TABLE 1/ (VI) **a** (= *rire*) to laugh • **quand il l'a su, il a bien rigolé** when he found out, he had a good laugh* • **il nous a bien fait ~** he had us all in stitches* • **il n'y a pas de quoi ~ !** that's nothing to laugh about! • **quand tu verras les dégâts, tu rigoleras moins** you'll be laughing on the other side of your face when you see the damage

b (= *s'amuser*) to have a bit of fun • **on a bien rigolé** we had great fun

c (= *plaisanter*) to joke • **tu rigoles !** you're kidding!* • **le patron est quelqu'un qui ne rigole pas** the boss won't take any nonsense • **il ne faut pas ~ avec ces médicaments** you need to be careful with medicines like these • **il ne faut pas ~ avec ce genre de maladie** an illness like this has to be taken seriously • **j'ai dit ça pour ~** it was only a joke

rigolo, -ote* [Rigɔlo, ɔt] **1** (ADJ) funny • **vous êtes ~, vous, mettez-vous à ma place !** (*iro*) it's all right for you to say that, but put yourself in my shoes! **2** (NM,F) (= *comique*) comic; (*péj* = *fumiste*) phoney • **c'est un sacré ~** he likes a good laugh*; (*péj*) he's a fraud

rigoureusement [RiguRøzmɑ̃] (ADV) **a** (= *absolument*) [*authentique, exact, vrai, identique*] absolutely; [*interdit*] strictly; [*impossible*] utterly • **ça ne changera ~ rien** that'll change absolutely nothing **b** (= *strictement*) strictly • **respecter ~ les consignes** to observe the regulations strictly

rigoureux, -euse [RiguRø, øz] (ADJ) **a** rigorous; [*maître*] strict • **hiver ~** harsh winter • **avoir l'esprit ~** to have a rigorous mind • **de façon rigoureuse** rigorously **b** [*interdiction*] strict • **ce n'est pas une règle rigoureuse** it's not a hard-and-fast rule

rigueur [RigœR] (NF) **a** [*de condamnation, discipline*] severity; [*de mesures*] rigour; [*de climat, hiver*] harshness • **traiter qn avec la plus grande ~** to treat sb with the utmost severity • **les ~s de l'hiver** the rigours of winter **b** [*de morale*] rigour; [*de personne*] strictness • **la politique de ~ du gouvernement** the government's austerity measures • **la ~ économique** economic austerity **c** [*de raisonnement*] rigour; [*de calcul*] precision; [*de classification, définition*] strictness • **manquer de ~** to lack rigour **d** (*locutions*) **tenir ~ à qn** to hold it against sb

▸ **à la rigueur** at a pinch • **on peut à la ~ remplacer le curry par du poivre** at a pinch you can use pepper instead of curry powder • **un délit, à la ~, mais un crime non : le mot est trop fort** an offence possibly, but not a crime - that's too strong a word

rikiki* [Rikiki] (ADJ INV) → **riquiqui**

rillettes [Rijɛt] (NFPL) rillettes (*type of potted meat or fish*)

rime [Rim] (NF) rhyme

rimer [Rime] /TABLE 1/ (VI) [*mot*] to rhyme • **ça ne rime à rien !** it doesn't make any sense! • **à quoi ça rime ?** what's the point of it?

rimmel® [Rimɛl] (NM) mascara

rinçage [Rɛ̃saʒ] (NM) **a** rinsing • **cette machine à laver fait trois ~s** this washing machine does three rinses • **ajouter du vinaigre dans la dernière eau de ~** add some vinegar in the final rinse **b** (*pour cheveux*) (colour (*Brit*) *ou* color (*US*)) rinse

rince-doigts (NM INV), **rince-doigt** (*pl* **rince-doigts**) (NM) [Rɛ̃sdwa] (= *bol*) finger bowl; (*en papier*) finger wipe

rincer [Rɛ̃se] /TABLE 3/ **1** (VT) to rinse **2** (VPR) **se rincer** (= *laver*) **se ~ la bouche** to rinse out one's mouth • **se ~ les mains/les cheveux** to rinse one's hands/one's hair • **se ~ l'œil**‡ to get an eyeful*

ring [Riŋ] (NM) boxing ring

ringard, e* [Rɛ̃gaR, aRd] **1** (ADJ) (= *dépassé*) [*personne*] square*; [*vêtement*] dowdy; (= *de piètre qualité*) [*film,* *roman, chanson*] corny*; [*décor*] tacky* **2** (NM,F) (*dépassé*) square*; (*médiocre*) loser*

ringardiser* [rɛ̃gardize] /TABLE 1/ (VT) **~ un parti** to make a party look old hat* • **il ne veut pas se laisser ~** he doesn't want to appear out of step with the times

riper [ripe] /TABLE 1/ (VI) (= *déraper*) to slip

riposte [ripɔst] (NF) (= *réponse*) riposte; (= *contre-attaque*) counterattack • **en ~ à** in reply to • **la ~ ne s'est pas fait attendre** the reaction was not long in coming

riposter [ripɔste] /TABLE 1/ **1** (VI) (= *contre-attaquer*) to retaliate; (= *répondre*) to answer back • **~ à une attaque** to counter an attack **2** (VT) **~ que** to retort that

ripou* (*pl* **ripous, ripoux**) [ripu] (NM) crooked cop*

riquiqui* [rikiki] (ADJ INV) tiny • **ça fait un peu ~** [*portion*] it's a bit stingy*; [*manteau*] it's much too small

rire [riʀ] /TABLE 36/ **1** (VI) **a** to laugh • **~ aux éclats** to roar with laughter • **~ aux larmes** to laugh until one cries • **~ franchement** *ou* **de bon cœur** to laugh heartily • **~ bruyamment** to roar with laughter • **c'est à mourir** *ou* **crever* de ~** it's hilarious • **ça me fait pas ~** I don't find it funny • **ça m'a bien fait ~** it really made me laugh • **il vaut mieux en ~ qu'en pleurer** you should look on the bright side • **il n'y a pas de quoi ~** it's no laughing matter • **~ dans sa barbe** *ou* **tout bas** to laugh to o.s. • **~ au nez de qn** to laugh in sb's face • **vous me faites ~!** • **laissez-moi ~!** (*iro*) don't make me laugh! • (PROV) **~ bien qui ~ le dernier** he who laughs last laughs longest (*Brit*) *ou* best (*US*) (PROV)

▸ **rire de** [+ *personne, défaut, crainte*] to laugh at

b (= *plaisanter*) to be joking • **vous voulez ~!** you're joking! • **il a dit cela pour ~** he was only joking • **il a fait cela pour ~** he did it for a joke • **sans ~, c'est vrai?** seriously, is it true?

2 (NM) (= *façon de rire*) laugh; (= *éclat de rire*) laughter *NonC* • **~s** laughter • **le ~** laughter • **~s préenregistrés** canned laughter

ris [ri] (NM) **~ de veau** calf's sweetbread; (*sur un menu*) calves' sweetbreads

risée [rize] (NF) **être un objet de ~** to be an object of ridicule

risette [rizɛt] (NF) (*langage enfantin*) **faire (une) ~ à qn** to give sb a nice smile • **fais ~ (au monsieur)** smile nicely (at the gentleman)

risible [rizibl] (ADJ) laughable

risque [risk] (NM) risk • **entreprise pleine de ~s** high-risk business • **c'est un ~ à courir** it's a risk one has to take • **le goût du ~** a taste for danger • **on n'a rien sans ~** nothing ventured, nothing gained (PROV) • **il y a un ~ d'épidémie** there's a risk of an epidemic • **à cause du ~ d'incendie** because of the fire risk • **cela constitue un ~ pour la santé** this is a health hazard • **prendre des ~s** to take risks • **ne prendre aucun ~** to play safe • **prise de ~(s)** risk-taking • **ce sont les ~s du métier** that's an occupational hazard • **au ~ de le mécontenter/de sa vie** at the risk of displeasing him/of his life • **c'est à tes ~s et périls** you do it at your own risk

▸ **à risque** [*groupe*] high-risk; [*placement*] risky

risqué, e [riske] *ptp de* **risquer** (ADJ) (= *hasardeux*) risky; (= *licencieux*) risqué

risquer [riske] /TABLE 1/ **1** (VT) **a** [+ *fortune, réputation, vie*] to risk

b [+ *ennuis, prison, renvoi*] to risk • **il risque la mort** he risks being killed • **tu risques gros** you're taking a big risk • **tu risques qu'on te le vole** you risk having it stolen • **qu'est-ce qu'on risque?** (= *quels sont les risques?*) what do we risk?; (= *c'est sans danger*) what have we got to lose? • **bien emballé, ce vase ne risque rien** packed like this the vase will be quite safe

c (= *tenter*) to risk; [+ *allusion, regard*] to venture • **~ le tout pour le tout** to risk the lot • **risquons le coup** let's chance it • (PROV) **qui ne ~ rien n'a rien** nothing ventured, nothing gained (PROV)

d (*pour exprimer la possibilité*) **tu risques de le perdre** you might lose it • **il risque de pleuvoir** it could rain • **le feu risque de s'éteindre** the fire may well go out • **on risque fort d'être en retard** we're very likely to be late • **ça ne risque pas (d'arriver)!** there's no chance of that (happening)! • **il ne risque pas de gagner** he hasn't got much chance of winning

2 (VPR) **se risquer** **se ~ à faire qch** to venture to do sth • **à ta place, je ne m'y risquerais pas** if I were you, I wouldn't risk it

rissoler [risɔle] /TABLE 1/ (VT) **(faire) ~** to brown • **pommes rissolées** fried potatoes

ristourne [ristuʀn] (NF) (*sur achat*) discount; (= *commission*) commission • **faire une ~ à qn** to give sb a discount

rital** [ʀital] (NM) (*injurieux* = *Italien*) wop** (*injurieux*)

rite [ʀit] (NM) rite; (= *habitude*) ritual • **~s initiatiques** initiation rites • **~ de passage** rite of passage

rituel, -elle [ʀitɥɛl] (ADJ, NM) ritual

rivage [ʀivaʒ] (NM) shore

rival, e (*mpl* **-aux**) [ʀival, o] (ADJ, NM,F) rival

rivaliser [ʀivalize] /TABLE 1/ (VI) **~ avec** [*personne*] to rival; [*chose*] to hold its own against

rivalité [ʀivalite] (NF) rivalry • **~s de personnes** rivalry between people

rive [ʀiv] (NF) [*de mer, lac*] shore; [*de rivière*] bank • **la ~ gauche/droite (de la Seine)** the left/right bank (of the Seine)

RIVE GAUCHE, RIVE DROITE

The terms **rive gauche** and **rive droite** are social and cultural notions as well as geographical ones. The Left Bank of the Seine (ie the southern half of Paris) is traditionally associated with the arts (especially literature), with students and with a somewhat Bohemian lifestyle. However it has become extremely expensive and is considered rather bourgeois. The Right Bank is generally viewed as being more traditionalist, commercially minded and conformist.

rivé, e [ʀive] (ADJ) **~ à** [+ *bureau, travail*] tied to; [+ *chaise*] glued to • **les yeux ~s sur moi** (with) his eyes riveted on me • **rester ~ sur place** to be riveted to the spot • **~ à la télé*** glued to the TV*

riverain, e [ʀiv(ə)ʀɛ̃, ɛn] (NM,F) resident • **« stationnement interdit sauf aux ~s »** "resident parking only"

rivière [ʀivjɛʀ] (NF) river • **~ de diamants** diamond necklace

rixe [ʀiks] (NF) brawl

Riyad [ʀijad] (N) Riyadh

riz [ʀi] (NM) rice • **~ sauvage** wild rice • **~ brun** *ou* **complet** brown rice • **~ cantonais** fried rice • **~ au lait** rice pudding

rizière [ʀizjɛʀ] (NF) paddy-field

RMI [ɛʀɛmi] NM (ABR DE **revenu minimum d'insertion**) ≈ income support (Brit), ≈ welfare (US)

RMiste, rmiste [ɛʀɛmist] NMF *person on welfare*

RN [ɛʀɛn] NF (ABR DE **route nationale**) main road

RNT [ɛʀɛnte] NF (ABR DE **radio numérique terrestre**) digital terrestrial radio

robe [ʀɔb] 1 NF ⓐ [*de femme*] dress; [*de magistrat, prélat*] robe; [*de professeur*] gown ⓑ [*de cheval, fauve*] coat ⓒ [*de vin*] colour (Brit), color (US) 2 COMP ▸**robe bain de soleil** sundress ▸**robe de bal** ball gown ▸**robe bustier** off-the-shoulder dress ▸**robe de chambre** dressing gown • **pommes de terre en ~ de chambre** *ou* **des champs** baked potatoes ▸**robe chasuble** pinafore dress ▸**robe chemisier** shirtwaister dress (Brit), shirtwaist dress (US) ▸**robe de communion** *ou* **de communiante** first communion dress ▸**robe d'hôtesse** hostess gown ▸**robe d'intérieur** housecoat ▸**robe de mariée** wedding dress ▸**robe du soir** evening dress

robinet [ʀɔbinɛ] NM ⓐ [*d'évier, baignoire, tonneau*] tap (Brit), faucet (US) • **~ d'eau chaude/froide** hot/cold tap (Brit) *ou* faucet (US) • **~ du gaz** gas tap ⓑ (*langage enfantin = pénis*) willy* (Brit), peter* (US)

Robinson Crusoé [ʀɔbɛ̃sɔ̃kʀyzɔe] NM Robinson Crusoe

robot [ʀɔbo] 1 NM robot 2 COMP ▸**robot conversationnel** chatbot ▸**robot de cuisine, robot ménager** food processor

robotique [ʀɔbɔtik] NF robotics *sg*

robotisation [ʀɔbɔtizasjɔ̃] NF [*d'atelier, usine*] automation

robotiser [ʀɔbɔtize] /TABLE 1/ VT [*+ atelier, usine*] to automate • **des gens complètement robotisés** people who have been turned into robots

robuste [ʀɔbyst] ADJ robust; [*voiture*] solid

robustesse [ʀɔbystɛs] NF robustness; [*de voiture*] solidity

roc [ʀɔk] NM rock

rocade [ʀɔkad] NF (*= route*) bypass

rocaille [ʀɔkaj] 1 ADJ [*objet, style*] rocaille 2 NF ⓐ (*= cailloux*) loose stones; (*= terrain*) rocky ground ⓑ (*= jardin*) rockery • **plantes de ~** rock plants

rocailleux, -euse [ʀɔkajø, øz] ADJ [*terrain*] rocky; [*son, voix*] harsh

rocambolesque [ʀɔkɑ̃bɔlɛsk] ADJ [*aventures, péripéties*] fantastic

roche [ʀɔʃ] NF rock

rocher [ʀɔʃe] NM (*= bloc*) rock; (*gros, lisse*) boulder • **le ~ de Gibraltar** the Rock (of Gibraltar)

rocheux, -euse [ʀɔʃø, øz] 1 ADJ rocky • **paroi rocheuse** rock face 2 NFPL **Rocheuses les (montagnes) Rocheuses** the Rocky Mountains

rock [ʀɔk] (*Mus*) 1 ADJ rock 2 NM (*= musique*) rock; (*= danse*) jive • **danser le ~** to jive • **~ and roll** • **~ 'n' roll** rock 'n' roll • **~ acrobatique** acrobatic dancing

rockeur, -euse [ʀɔkœʀ, øz] NM,F (*= chanteur*) rock singer; (*= musicien*) rock musician; (*= fan*) rocker

rocking-chair (*pl* **rocking-chairs**) [ʀɔkiŋ(t)ʃɛʀ] NM rocking chair

rococo [ʀɔkɔko] NM, ADJ INV (*Art*) rococo

rodage [ʀɔdaʒ] NM ⓐ [*de véhicule, moteur*] running in (Brit), breaking in (US) • **la voiture était en ~** the car was being run in (Brit) *ou* broken in (US) ⓑ (*= mise au point*) **on a dû prévoir une période de ~** we had to allow some time to get up to speed • **ce spectacle a demandé un certain ~** the show took a little while to get over its teething troubles

rodéo [ʀɔdeo] NM (*= sport*) rodeo; (*= poursuite*) high-speed car chase

roder [ʀɔde] /TABLE 1/ VT ⓐ [*+ véhicule, moteur*] to run in (Brit), to break in (US) ⓑ (*= mettre au point*) **il faut ~ ce spectacle** we have to give this show time to get over its teething troubles • **ce spectacle est maintenant bien rodé** all the initial problems in the show have been ironed out • **il n'est pas encore rodé** [*personne*] he hasn't quite got the hang of it yet

rôder [ʀode] /TABLE 1/ VI (*au hasard*) to wander about; (*de façon suspecte*) to loiter; (*= être en maraude*) to prowl about • **~ autour de qn** to hang around sb

rôdeur, -euse [ʀodœʀ, øz] NM,F prowler

rogne* [ʀɔɲ] NF **être en ~** to be really mad • **se mettre en ~** to get really mad

rogner [ʀɔɲe] /TABLE 1/ VT ⓐ [*+ ongle, page, plaque*] to trim ⓑ **~ sur** [*+ dépense, prix, salaires*] to cut back on

rognon [ʀɔɲɔ̃] NM kidney

roi [ʀwa] NM king • **le ~ des animaux** the king of the beasts • **~ du pétrole** oil king • **on est les ~s du pétrole !*** (*riches*) we're quids in!*; (*heureux*) we're on top of the world! • **tu es vraiment le ~ (des imbéciles) !*** you really are a prize idiot!* • **c'est le ~ des cons**** he's an utter cretin** (Brit) *ou* a total asshole** (US) • **le jour des Rois** Twelfth Night; (*Rel*) Epiphany • **tirer les ~s** to eat Twelfth Night cake

> **LES ROIS**
> At Epiphany, it is traditional for French people to get together and share a "galette des **rois**", a round, flat pastry filled with almond paste. A small figurine ("la fève") is baked inside the pastry, and the person who finds it in his or her portion is given a cardboard crown to wear. This tradition is known as "tirer **les rois**". In many families, a child goes under the table while the pastry is being shared out and says who should receive each portion.

Roi-Soleil [ʀwasɔlɛj] NM **le ~** the Sun King

roitelet [ʀwat(ə)lɛ] NM (*= oiseau*) wren

rôle [ʀol] NM ⓐ [*d'acteur*] role • **jouer un ~** [*acteur*] to play a part; (*fig*) to put on an act; [*fait, circonstance*] to play a part • **premier ~** leading role • **jouer les seconds ~s** [*acteur*] to play minor parts; (*fig*) to play second fiddle • **~ de composition** character role • **savoir son ~** to know one's lines • **distribuer les ~s** to cast the parts • **inverser** *ou* **renverser les ~s** to reverse the roles • **avoir le beau ~** to have it easy

ⓑ (*= fonction, statut*) role; (*= contribution*) part; (*= devoir, travail*) job • **il a un ~ important dans l'organisation** he has an important role in the organization • **quel a été son ~ dans cette affaire ?** what part did he play in this business? • **la télévision a pour ~ de ...** the role of television is to ...

rôle-titre (*pl* **rôles-titres**) [ʀoltitʀ] NM title role

rôliste [ʀolist] NMF (*= joueur*) role player

roller [ʀɔlœʀ] NM roller skate • **~ en ligne** in-line roller skate • **faire du ~** to roller-skate • **faire du ~ en ligne** to rollerblade • **~ acrobatique** freestyle (roller) skating • **~ de vitesse** speed (roller) skating

Rolls® [rɔls] NF Rolls; (*fig*) Rolls Royce

ROM [rɔm] NF **a** (ABR DE **Read Only Memory**) ROM **b** (ABR DE **région d'outre-mer**) *French overseas region* → DOM-TOM, ROM and COM

romain, e [rɔmɛ̃, ɛn] **1** ADJ Roman **2** NM,F **Romain(e)** Roman **3** NF **romaine** romaine lettuce

roman¹ [rɔmɑ̃] NM novel • **ça n'arrive que dans les ~s** it only happens in novels • **sa vie est un vrai ~** his life is like something out of a novel ▸ **roman d'amour** love story ▸ **roman d'aventures** adventure story ▸ **roman de cape et d'épée** swashbuckler ▸ **roman à clés** roman à clés ▸ **roman d'espionnage** spy story ▸ **roman de gare** airport novel ▸ **roman noir** gritty thriller ▸ **roman policier** detective novel

roman², e [rɔmɑ̃, an] **1** ADJ (*Archit*) Romanesque; (*en Grande-Bretagne*) Norman **2** NM (*Archit*) **le ~** the Romanesque

romancer [rɔmɑ̃se] /TABLE 3/ VT (= *présenter sous forme de roman*) to make into a novel; (= *agrémenter*) to romanticize • **histoire romancée** fictionalized history

romancier, -ière [rɔmɑ̃sje, jɛʀ] NM,F novelist

romand, e [rɔmɑ̃, ɑ̃d] ADJ of French-speaking Switzerland • **les Romands** the French-speaking Swiss

romanesque [rɔmanɛsk] ADJ **a** [*aventures, histoire*] fabulous; [*amours*] storybook; [*imagination, personne*] romantic **b** (*de fiction*) **œuvre ~** novel

roman-feuilleton (*pl* **romans-feuilletons**) [rɔmɑ̃fœjtɔ̃] NM serialized novel

roman-fleuve (*pl* **romans-fleuves**) [rɔmɑ̃flœv] NM saga

romanichel, -elle** [rɔmaniʃɛl] NM,F (*injurieux*) gipsy

roman-photo (*pl* **romans-photos**) [rɔmɑ̃fɔto] NM photo romance

romantique [rɔmɑ̃tik] ADJ, NMF romantic

romantisme [rɔmɑ̃tism] NM romanticism • **le ~** (*mouvement artistique*) the Romantic Movement

romarin [rɔmaʀɛ̃] NM rosemary

Rome [rɔm] N Rome

Roméo [rɔmeo] NM Romeo

rompre [ʀɔ̃pʀ] /TABLE 41/ **1** VT to break; [+ *fiançailles, pourparlers, relations diplomatiques*] to break off; [+ *solitude, isolement*] to put an end to • **~ l'équilibre** to upset the balance • **~ le charme** to break the spell • **rompez (les rangs)!** (*Mil*) fall out! **2** VI **a** (= *se séparer de*) **~ avec qn** to break with sb • **il n'a pas le courage de ~** he hasn't got the courage to break it off • **~ avec de vieilles habitudes/la tradition** to break with old habits/tradition **b** [*corde, digue*] to break

rompu, e [ʀɔ̃py] *ptp de* **rompre** ADJ (= *expérimenté*) **être ~ aux affaires** to have wide business experience

romsteck [rɔmstɛk] NM rumpsteak *NonC*

ronce [ʀɔ̃s] NF **a** (= *branche*) bramble branch • **~s** (= *buissons*) brambles **b** (= *bois de menuiserie*) burr

ronchon, -onne [ʀɔ̃ʃɔ̃, ɔn] **1** ADJ grumpy **2** NM,F grumbler

ronchonner [ʀɔ̃ʃɔne] /TABLE 1/ VI to grumble (**après** at)

ronchonneur, -euse [ʀɔ̃ʃɔnœʀ, øz] **1** ADJ grumpy **2** NM,F grumbler

rond, e¹ [ʀɔ̃, ʀɔ̃d] **1** ADJ **a** round; [*épaules*] fleshy; [*fesses*] plump; [*poitrine*] full • **une petite femme toute ~e** a plump little woman • **un petit homme ~** a tubby little man • **regarder qn avec des yeux ~s** to stare wide-eyed at sb **b** (= *net*) round • **ça fait un compte ~** it makes a round number **c** (= *soûl*)* drunk • **être ~ comme une bille** *ou* **comme une queue de pelle** to be blind drunk* **2** NM **a** (= *cercle*) ring • **faire des ~s de fumée** to blow smoke rings • **faire des ~s dans l'eau** to make rings in the water • **faire des ~s de jambes** (*péj*) to bow and scrape • **~ de serviette** napkin ring ▸ **en rond** in a circle • **s'asseoir/danser en ~** to sit/dance in a circle • **tourner en ~** (*à pied*) to walk round and round; (*en voiture*) to drive round in circles; (*enquête, discussion*) to go round in circles **b** (= *sou*)* **~s** cash* *NonC* • **avoir des ~s** to be loaded* • **il n'a pas le** *ou* **un ~** he hasn't got a penny to his name • **il n'a plus un ~** he's broke* • **ça doit valoir des ~s!** that must be worth a mint!* **3** ADV **tourner ~** to run smoothly • **ça ne tourne pas ~ chez elle*** she's got a screw loose* • **qu'est-ce qui ne tourne pas ~?*** what's the matter? ▸ **tout rond ça fait 50 € tout ~** it comes to exactly 50 euros • **avaler qch tout ~** to swallow sth whole

ronde² [ʀɔ̃d] NF **a** (= *surveillance*) patrol • **faire sa ~** to be on patrol **b** (= *danse*) round • **faites la ~** dance round in a circle **c** (= *note*) semibreve (*Brit*), whole note (*US*) **d** ▸ **à la ronde à 10 km à la ~** within a 10km radius • **à des kilomètres à la ~** for miles around

rondelet, -ette [ʀɔ̃dlɛ, ɛt] ADJ [*adulte*] plumpish; [*enfant*] chubby; [*somme*] tidy

rondelle [ʀɔ̃dɛl] NF [*de carotte, saucisson*] slice • **couper en ~s** to slice

rondement [ʀɔ̃dmɑ̃] ADV **une enquête ~ menée** an investigation that was conducted efficiently

rondeur [ʀɔ̃dœʀ] NF [*de joues, visage, personne*] chubbiness • **les ~s d'une femme** a woman's curves • **pour gommer vos ~s** to give you a slimmer figure

rondin [ʀɔ̃dɛ̃] NM log

rondouillard, e* [ʀɔ̃dujaʀ, aʀd] ADJ tubby

rond-point (*pl* **ronds-points**), **rondpoint** [ʀɔ̃pwɛ̃] NM roundabout (*Brit*), traffic circle (*US*)

ronflant, e [ʀɔ̃flɑ̃, ɑ̃t] ADJ [*discours*] high-flown; [*titre*] grand; [*style*] bombastic

ronflement [ʀɔ̃fləmɑ̃] NM [*de dormeur*] snoring *NonC* • **j'entendais des ~s** I could hear somebody snoring

ronfler [ʀɔ̃fle] /TABLE 1/ VI **a** [*dormeur*] to snore • **faire ~ son moteur** to rev up one's engine **b** (= *dormir*)* to snore away

ronger [ʀɔ̃ʒe] /TABLE 3/ **1** VT **a** [*souris*] to gnaw away at; [*acide, pourriture, rouille*] to eat into • **~ un os** [*chien*] to gnaw at a bone • **rongé par les vers** worm-eaten • **rongé par la rouille** eaten into by rust • **fresques rongées par l'humidité** mildewed frescoes • **~ son frein** to champ at the bit **b** [*chagrin, pensée*] to gnaw away at • **rongé par la maladie** sapped by illness **2** VPR **se ronger se ~ les ongles** to bite one's nails

rongeur [ʀɔ̃ʒœʀ] NM rodent

ronronnement [ʀɔ̃ʀɔnmɑ̃] NM purring *NonC*

ronronner [ʀɔ̃ʀɔne] /TABLE 1/ VI to purr

roque [ʀɔk] NM (*Échecs*) castling • **grand/petit ~** castling queen's/king's side

roquet [ʀɔkɛ] NM (nasty little) dog

rosace [ʀozas] NF [*de cathédrale*] rose window

rosâtre [ʀozɑtʀ] ADJ pinkish

rosbif [ʀɔsbif] NM (= *rôti*) roast beef *NonC*; (*à rôtir*) roasting beef *NonC* • **un ~** a joint of beef

r

rose [ROZ] 1 (NF) (= *fleur*) rose • **découvrir le pot aux ~s** to discover what's been going on; (*Rugby*) **la Rose anglaise** the English team 2 (NM) (= *couleur*) pink • **voir la vie en ~** to see life through rose-tinted glasses 3 (ADJ) ⓐ pink; [*joues, teint*] rosy • **~ bonbon** candy pink • **~ saumon** salmon pink • **tout n'est pas ~!** it's no bed of roses ⓑ (*hum*) (= *socialiste*) left-wing ⓒ (= *érotique*) **messageries ~s** sex chatlines • **téléphone ~** phone sex 4 (COMP) ▸ **rose des sables** gypsum flower ▸ **rose trémière** hollyhock ▸ **rose des vents** compass rose

> When **rose** is combined with another word, such as **bonbon**, to indicate a shade, there is no agreement with the noun: **des rideaux roses**, but **des rideaux rose bonbon**.

rosé, e[1] [ROZE] 1 (ADJ) [*couleur*] pinkish; [*vin*] rosé; [*viande cuite*] pink 2 (NM) (= *vin*) rosé

roseau (*pl* **roseaux**) [ROZO] (NM) reed

rosée[2] [ROZE] (NF) dew

rosette [ROZɛT] (NF) (= *nœud*) rosette • **avoir la ~** to be an officer of the Légion d'honneur → LÉGION D'HONNEUR

rosier [ROZJE] (NM) rosebush

rosse [ROS] (ADJ) nasty • **tu as vraiment été ~ (avec lui)** you were really nasty (to him)

rossignol [ROSIɲɔl] (NM) (= *oiseau*) nightingale

rot [RO] (NM) (= *renvoi*) burp

rotation [Rɔtasjɔ̃] (NF) ⓐ (= *mouvement*) rotation • **mouvement de ~** rotating movement ⓑ [*de matériel, stock*] turnover • **taux de ~ du personnel** staff turnover rate

roter* [Rɔte] /TABLE 1/ (VI) to burp

rôti [Roti] (NM) joint • **un ~ de bœuf/porc** a joint of beef/pork

rotin [Rɔtɛ̃] (NM) rattan • **chaise de** *ou* **en ~** rattan chair

rôtir [RotiR] /TABLE 2/ 1 (VT) **(faire) ~** to roast • **poulet rôti** roast chicken 2 (VI) (*Cuisine*) to roast; (= *bronzer*)* to roast • **mettre un canard à ~** to put a duck in the oven to roast 3 (VPR) **se rôtir se ~ au soleil*** to bask in the sun

rôtisserie [RɔtisRi] (NF) (*dans nom de restaurant*) grill; (= *boutique*) *shop selling roast meat*

rôtissoire [RɔtiswaR] (NF) rotisserie

rotule [Rɔtyl] (NF) kneecap • **être sur les ~s*** to be dead beat*

rouage [Rwaʒ] (NM) [*d'engrenage*] cogwheel; [*de montre*] part • **il n'est qu'un ~ dans cette organisation** he's merely a cog in this organization • **les ~s de l'État** the machinery of state

roubignoles** [Rubiɲɔl] (NFPL) balls**

roublard, e* [RublaR, aRd] 1 (ADJ) crafty 2 (NM,F) crafty devil*

rouble [Rubl] (NM) rouble

roucouler [Rukule] /TABLE 1/ 1 (VI) [*oiseau*] to coo; [*amoureux*]* to bill and coo; [*chanteur*] to croon 2 (VT) [+ *mots d'amour*] to coo

roudoudou [Rududu] (NM) *sweet in the form of a small shell filled with hard confectionery*

roue [Ru] (NF) [*de véhicule, loterie, moulin*] wheel; [*d'engrenage*] cogwheel • **il s'est jeté sous les ~s de la voiture** he threw himself under the car • **véhicule à deux ~s** two-wheeled vehicle • **la ~ tourne!** things change! • **faire la ~** [*paon*] to spread its tail; [*gymnaste*] to do a cartwheel • **la grande ~** (= *manège*) the big wheel (Brit), the Ferris wheel (US) ▸ **roue à aubes** [*de bateau*] paddle wheel ▸ **roue dentée** cogwheel ▸ **roue libre descendre une côte en ~ libre** to freewheel down a hill ▸ **roue motrice** driving wheel • **véhicule à 4 ~s motrices** 4-wheel drive vehicle ▸ **roue de secours** spare wheel (Brit) *ou* tire (US)

rouer [Rwe] /TABLE 1/ (VT) **~ qn de coups** to give sb a beating

rouge [Ruʒ] 1 (ADJ) red • **~ de colère/confusion/honte** red with anger/embarrassment/shame • **~ d'émotion** flushed with emotion • **devenir ~ comme une pivoine** to blush • **il est ~ comme un un homard** *ou* **une pivoine** *ou* **une écrevisse** *ou* **une tomate** he's as red as a beetroot
2 (ADV) **voir ~** to see red
3 (NM) ⓐ (= *couleur*) red • **le feu est au ~** the lights are red • **passer au ~** [*feu*] to change to red; [*conducteur*] to go through a red light • **être dans le ~*** to be in the red*
ⓑ (= *vin*) red wine • **boire un coup de ~*** to have a glass of red wine
ⓒ (*à lèvres*) lipstick
4 (NMF) (*péj* = *communiste*) Red* (*péj*)
5 (COMP) ▸ **rouge cerise** ADJ INV cherry-red ▸ **rouge à joues** blusher ▸ **rouge à lèvres** lipstick

> When **rouge** is combined with another word, such as **foncé**, to indicate a shade, there is no agreement with the noun: **des rideaux rouges**, but **des rideaux rouge foncé**.

rougeâtre [RuʒɑtR] (ADJ) reddish

rougeaud, e [Ruʒo, od] (ADJ) red-faced

rouge-gorge (*pl* **rouges-gorges**) [Ruʒgɔʀʒ] (NM) robin

rougeole [Ruʒɔl] (NF) **la ~** (the) measles *sg* • **il a eu la ~** he had measles

rougeoyer [Ruʒwaje] /TABLE 8/ (VI) [*couchant, feu, braises*] to glow red

rouget [Ruʒɛ] (NM) red mullet

rougeur [Ruʒœʀ] (NF) red blotch

rougir [RuʒiR] /TABLE 2/ 1 (VI) ⓐ (*de honte, gêne*) to blush (**de** with); (*de plaisir, d'émotion*) to flush (**de** with) • **à ces mots, elle rougit** she blushed at the words • **faire ~ qn** to make sb blush • **je n'ai pas à ~ de cela** that is nothing for me to be ashamed of ⓑ (*après un coup de soleil*) to go red ⓒ [*feuille*] to go red; [*métal*] to become red-hot; [*fraises, tomates*] to turn red 2 (VT) **les yeux rougis** (*par les larmes*) with red eyes; (*par l'alcool, la drogue*) with bloodshot eyes

rouille [Ruj] 1 (NF) ⓐ rust ⓑ (= *sauce*) *spicy Provençal sauce eaten with fish* 2 (ADJ INV) rust-coloured

rouillé, e [Ruje] *ptp de* **rouiller** (ADJ) ⓐ [*objet, métal*] rusty ⓑ [*personne*] (*intellectuellement*) rusty; (*physiquement*) out of practice; [*mémoire*] rusty; [*muscles*] stiff

rouiller [Ruje] /TABLE 1/ 1 (VI) to rust 2 (VT) [+ *objet, métal*] to make rusty

roulade [Rulad] (NF) ⓐ (= *plat*) roulade • **~ de veau** veal roulade ⓑ (= *saut*) roll

roulant, e [Rulɑ̃, ɑ̃t] (ADJ) ⓐ (= *mobile*) [*meuble*] on wheels; [*trottoir*] moving ⓑ (*Rail*) **matériel ~** rolling stock • **personnel ~** train crews

roulé, e [Rule] *ptp de* **rouler** 1 (ADJ) **elle est bien ~e*** she's got all the right curves in all the right places 2 (NM) (= *gâteau*) Swiss roll

rouleau (*pl* **rouleaux**) [Rulo] 1 (NM) ⓐ (= *bande, cylindre*) roll • **~ de papier/tissu/pellicule** roll of paper/material/film ⓑ (= *outil, ustensile*) roller • **avoir des ~x dans les**

cheveux to have one's hair in curlers *ou* rollers • **peindre au ~** to paint with a roller **c** (= *vague*) roller **d** (= *saut*) roll **2** COMP ▸ **rouleau compresseur** steamroller ▸ **rouleau de papier hygiénique** toilet roll ▸ **rouleau de parchemin** scroll of parchment ▸ **rouleau à pâtisserie** rolling pin ▸ **rouleau de printemps** spring roll

roulement [Rulmɑ̃] **1** NM **a** [*d'équipe, ouvriers*] rotation • **travailler par ~** to work in rotation • **pour le ménage, on fait un ~** we take it in turns to do the housework **b** [*de capitaux*] circulation **c** (= *roulement à billes*) ball bearings **2** COMP ▸ **roulement à billes** ball bearings ▸ **roulement de tambour** drum roll ▸ **roulement de tonnerre** roll of thunder

rouler [Rule] /TABLE 1/ **1** VT **a** (= *pousser, tourner*) to roll; [+ *ficelle, tapis, tissu, carte*] to roll up • **~ qn dans une couverture** to roll sb up in a blanket

b [+ *pâte*] to roll out

c (= *duper*)* to con*; (*sur le prix, le poids*) to do* (**sur** over) • **elle m'a roulé de 50 €** she's done* me out of 50 euros • **se faire ~** to be done* • **il s'est fait ~ dans la farine*** he was had*

d **~ des mécaniques*** (*en marchant*) to swagger; (= *montrer sa force, ses muscles*) to show off one's muscles; (*intellectuellement*) to show off • **il a roulé sa bosse*** he's been around*

2 VI **a** [*voiture, train*] to run • **le train roulait à vive allure à travers la campagne** the train was racing along through the countryside • **cette voiture a très peu/beaucoup roulé** this car has a very low/high mileage • **le véhicule roulait à gauche** the vehicle was driving on the left • **~ au pas** (*par prudence*) to go dead slow (*Brit*); (*dans un embouteillage*) to crawl along • **le train roulait à 150 à l'heure** the train was doing 150 kilometres an hour • **sa voiture roule au gazole** his car runs on diesel

b [*passager, conducteur*] to drive • **~ à 80 km à l'heure** to drive at 80km per hour • **on a bien roulé*** we made good time • **ça roule/ça ne roule pas bien** the traffic is/is not flowing well • **il roule en 2CV** he drives a 2CV

c [*boule, bille, dé*] to roll • **une larme roula sur sa joue** a tear rolled down his cheek • **il a roulé en bas de l'escalier** he rolled right down the stairs • **il a roulé sous la table** (*ivre*) he was under the table • **faire ~** [+ *boule*] to roll

d [*bateau*] to roll

e (= *aller bien*)* **ça roule?** how's things?* • **c'est une affaire qui roule** it's going well

f **~ sur l'or** to be rolling in money*

3 VPR **se rouler** **a** (*allongé sur le sol ou sur qch*) to roll • **se ~ par terre/dans l'herbe** to roll on the ground/in the grass • **se ~ par terre de rire** to fall about* laughing

b (= *s'enrouler*) **se ~ dans une couverture/en boule** to roll o.s. up in a blanket/into a ball

roulette [Rulɛt] NF **a** [*de meuble*] caster • **fauteuil à ~s** armchair on casters • **ça a marché comme sur des ~s*** it went very smoothly **b** **~ de dentiste** dentist's drill **c** (= *jeu*) roulette • **jouer à la ~** to play roulette • **~ russe** Russian roulette

roulis [Ruli] NM rolling *NonC* • **il y a beaucoup de ~** the ship is rolling a lot • **coup de ~** roll

roulotte [Rulɔt] NF caravan (*Brit*), trailer (*US*)

roumain, e [Rumɛ̃, ɛn] **1** ADJ Romanian **2** NM (= *langue*) Romanian **3** NM,F **Roumain(e)** Romanian

Roumanie [Rumani] NF Romania

round [Raund] NM (*Boxe*) round

roupiller* [Rupije] /TABLE 1/ VI (= *dormir*) to sleep; (= *faire un petit somme*) to have a snooze* • **je n'arrive pas à ~** I can't sleep • **secouez-vous, vous roupillez!** pull yourself together - you're half asleep!

roupillon* [Rupijɔ̃] NM snooze* • **piquer** *ou* **faire un ~** to have a snooze*

rouquin, e [Rukɛ̃, in] **1** ADJ [*personne*] ginger; [*cheveux*] ginger-haired **2** NM,F redhead

rouspéter* [Ruspete] /TABLE 6/ VI to moan* (**après, contre** at)

rouspéteur, -euse* [RuspetœR, øz] NM,F moaner*

rousse [Rus] ADJ → **roux**

roussette [Rusɛt] NF **a** (= *poisson*) dogfish; (*Cuisine*) rock salmon **b** (= *chauve-souris*) flying fox **c** (= *grenouille*) common frog

roussi [Rusi] NM **ça sent le ~!** (*le brûlé*) there's a smell of burning; (*ennuis*) I can smell trouble

roussir [RusiR] /TABLE 2/ **1** VT [*fer à repasser*] to singe; [*soleil*] to scorch **2** VI [*feuilles*] to go brown

routard, e [RutaR, aRd] NM,F backpacker

route [Rut] NF **a** (= *voie de communication*) road • **~ nationale** main road • **~ départementale** *ou* **secondaire** minor road • **prenez la ~ de Lyon** take the road to Lyon • **« ~ barrée »** "road closed"

b (= *chemin à suivre*) way; (= *direction, cap*) course • **je t'emmène, c'est (sur) ma ~** I'll take you, it's on my way • **indiquer la ~ à qn** to show the way to sb

c (= *ligne de communication*) route • **~ aérienne/maritime** air/sea route • **la ~ de la soie** the Silk Road • **la ~ des vins/du whisky** the wine/whisky trail

d (= *trajet*) trip • **bonne ~!** have a good trip! • **il y a trois heures de ~** (*en voiture*) it's a three-hour drive; (*à bicyclette*) it's a three-hour ride • **ils ont fait toute la ~ à pied/à bicyclette** they walked/cycled the whole way

e (= *ligne de conduite*) road • **la ~ à suivre** the road to follow • **votre ~ est toute tracée** your path is set out for you • **être sur la bonne ~** (*dans la vie*) to be on the right road; (*dans un problème*) to be on the right track • **nos ~s se sont croisées** our paths crossed

f (*locutions*) **faire ~ vers** to be bound for • **prendre la ~** to set off • **tenir la ~** [*voiture*] to hold the road; [*argument, raisonnement*]* to hold water; [*solution, politique*] to be viable

▸ **en route** on the way • **en ~!** let's go! • **en ~ pour** bound for • **avoir plusieurs projets en ~** to have several projects on the go • **mettre en ~** [+ *machine, moteur*] to start; [+ *processus, projet, réforme*] to set in motion • **mise en ~** [*de machine*] starting up; [*de processus, projet*] setting in motion • **se mettre en ~** to set off • **se remettre en ~** to set off again

routeur [RutœR] NM (= *logiciel*) router

routier, -ière [Rutje, jɛR] **1** ADJ [*carte, circulation, réseau, transport*] road **2** NM (= *camionneur*) long-distance truck driver; (= *restaurant*) ≈ transport café (*Brit*), ≈ truckstop (*US*) • **un vieux ~ de la politique** an old hand at politics **3** NF **routière** (= *voiture*) touring car; (= *moto*) road bike

routine [Rutin] NF routine • **tomber dans la ~** to fall into a routine • **contrôle/opération de ~** routine check/operation

routinier, -ière [Rutinje, jɛR] ADJ [*procédé, travail, vie*] routine; [*personne*] routine-minded

rouvrir [RuvRiR] /TABLE 18/ VT, VI to reopen

r

roux, rousse [ʀu, ʀus] **1** (ADJ) [*cheveux, barbe*] (*foncé*) red; (*clair*) ginger; [*pelage, feuilles*] reddish-brown **2** (NM,F) redhead **3** (NM) **a** (= *couleur*) red; (= *orangé*) ginger; [*de pelage, feuille*] reddish-brown **b** (Cuisine) roux

royal, e (*mpl* **-aux**) [ʀwajal, o] (ADJ) royal; (= *superbe*) [*cadeau, demeure, repas*] fit for a king *attrib*; [*salaire*] princely; [*indifférence, mépris*] majestic • **il m'a fichu une paix ~e*** he left me in perfect peace

royalement [ʀwajalmɑ̃] (ADV) [*recevoir, vivre*] in royal fashion • **je m'en moque ~*** I couldn't care less* • **il m'a ~ offert 100 € d'augmentation** (*iro*) he offered me a princely 100-euro rise (*iro*)

royaliste [ʀwajalist] (ADJ, NMF) royalist

royalties [ʀwajalti] (NFPL) royalties • **toucher des ~** to receive royalties

royaume [ʀwajom] (NM) kingdom • **le ~ céleste** *ou* **des cieux** *ou* **de Dieu** the kingdom of heaven *ou* God

Royaume-Uni [ʀwajomyni] (NM) **le ~ (de Grande-Bretagne et d'Irlande du Nord)** the United Kingdom (of Great Britain and Northern Ireland)

royauté [ʀwajote] (NF) (= *régime*) monarchy; (= *fonction, dignité*) kingship

RP (NFPL) (ABR DE **relations publiques**) PR

RPR [ɛʀpeɛʀ] (NM) (ABR DE **Rassemblement pour la République**) *former French political party*

RSA [ɛʀɛsa] **1** (NM) (ABR DE **revenu de solidarité active**) ≈ income support (*Brit*), ≈ welfare (*US*) **2** (NF) (ABR DE **République sud-africaine**) RSA

RSVP [ɛʀɛsvepe] (ABR DE **répondez s'il vous plaît**) RSVP

RTT [ɛʀtete] (NF) (ABR DE **réduction du temps de travail**) reduction of working hours • **être en ~** to be taking time off in lieu (*Brit*), to be taking comp time (*US*)

> **RTT**
> Currently under government review, the **RTT** (*réduction du temps de travail*) is a system designed to ensure that French employees do not work more than 35 hours a week. If companies cannot simply reduce their staff's number of hours from the 39 hours that used to be the norm, they can, under this system, either grant days in lieu (*jours de RTT*) or pay the extra hours as overtime.

RU [ʀy] (NM) (ABR DE **restaurant universitaire**) university refectory

ruade [ʀɥad] (NF) kick • **lancer une ~** to kick out

ruban [ʀybɑ̃] (NM) ribbon • **le ~ (rouge)** (*de la Légion d'honneur*) *the ribbon of the Légion d'Honneur* → LÉGION D'HONNEUR
▸ **ruban adhésif** adhesive tape

rubéole [ʀybeɔl] (NF) German measles *sg* • **il a la ~** he has German measles

rubis [ʀybi] (ADJ INV, NM) ruby

rubrique [ʀybʀik] (NF) **a** (= *article, chronique*) column • **~ sportive/littéraire/mondaine/nécrologique** sports/literary/social/obituary column **b** (= *catégorie, titre*) heading • **sous cette même ~** under the same heading

ruche [ʀyʃ] (NF) (bee)hive

rude [ʀyd] (ADJ) **a** [*adversaire métier, vie, combat*] tough; [*climat, hiver*] harsh • **c'est un ~ coup pour elle** it's a severe blow for her • **être mis à ~ épreuve** [*personne*] to be severely tested; [*appareil, tissu*] to receive rough treatment • **mes nerfs ont été mis à ~ épreuve** it was a great strain on my nerves **b** [*surface, barbe, peau*] rough; [*voix*] harsh **c** (= *fruste*) [*manières*] crude; [*traits*] rugged **d** (= *bourru*) [*personne, caractère*] hard; [*manières*] rough

rudement [ʀydmɑ̃] (ADV) **a** [*heurter, tomber*] hard; [*répondre*] harshly; [*traiter*] roughly **b** (= *très*)* really • **elle danse ~ bien** she dances awfully well • **il avait ~ changé** he had really changed • **j'ai eu ~ peur** it gave me a dreadful fright

rudesse [ʀydɛs] (NF) **a** [*d'adversaire, métier, vie, combat*] toughness; [*de climat, hiver*] harshness **b** [*de surface, barbe, peau*] roughness • **dit-il avec ~** he said harshly **c** [*de personne*] hardness; [*de manières*] roughness • **traiter qn avec ~** to treat sb roughly

rudimentaire [ʀydimɑ̃tɛʀ] (ADJ) rudimentary • **les installations de l'hôpital sont très ~s** the hospital facilities are very basic

rudiments [ʀydimɑ̃] (NMPL) [*de discipline*] rudiments; [*de système, théorie*] principles • **avoir quelques ~ de chimie** to have some basic knowledge of chemistry

rue [ʀy] (NF) street • **~ à sens unique** one-way street • **scènes de la ~** street scenes • **élevé dans la ~** brought up in the street • **être à la ~** to be on the streets • **jeter qn à la ~** to throw sb out into the street • **descendre dans la ~** (*pour protester*) to take to the streets

> **RUE**
> Many Paris street names are used, especially in the press, to refer to the famous institutions that have their homes there. The Ministry of Education is on the **rue** de Grenelle; **rue** de Solférino refers to Socialist Party headquarters; **rue** d'Ulm is where the "École normale supérieure" is situated, and **rue** de Valois is the home of the Ministry of Culture. → QUAI

ruée [ʀɥe] (NF) rush • **à l'ouverture, ce fut la ~ dans le magasin** when the shop opened, there was a great rush for the entrance • **la ~ vers l'or** the gold rush

ruelle [ʀɥɛl] (NF) (= *rue*) alleyway

ruer [ʀɥe] /TABLE 1/ **1** (VI) [*cheval*] to kick out • **~ dans les brancards** (*fig*) to kick over the traces **2** (VPR) **se ruer** **se ~ sur** [+ *article en vente, nourriture, personne*] to pounce on; [+ *emplois vacants*] to pounce at • **se ~ vers** [+ *porte, sortie*] to dash towards • **se ~ dans/hors de** [+ *maison, pièce*] to dash into/out of

rugby [ʀygbi] (NM) rugby • **~ à quinze/treize** Rugby Union/League • **jouer au ~** • **faire du ~** to play rugby

rugbyman [ʀygbiman] (*pl* **rugbymen** [ʀygbimɛn]) (NM) rugby player

rugir [ʀyʒiʀ] /TABLE 2/ (VI) to roar • **~ de colère** to roar with anger

rugissement [ʀyʒismɑ̃] (NM) [*de fauve, mer, moteur*] roar; [*de vent, tempête*] howl • **~ de colère** roar of anger

rugosité [ʀygozite] (NF) **a** [*de surface, peau, tissu*] roughness **b** (= *aspérité*) rough patch

rugueux, -euse [ʀygø, øz] (ADJ) rough

ruine [ʀɥin] (NF) (= *décombres, perte de fortune*) ruin • **causer la ~ de** to ruin • **courir** *ou* **aller à sa ~** to be on the road to ruin • **cette voiture est une vraie ~** that car will ruin me • **50 €, c'est pas la ~ !*** 50 euros won't break the bank!*
▸ **en ruine(s)** in ruins • **tomber en ~** to fall in ruins

ruiner [ʀɥine] /TABLE 1/ **1** (VT) to ruin • **ça ne va pas te ~ !*** it won't ruin you! **2** (VPR) **se ruiner** (= *dépenser tout son argent*) to ruin o.s.; (= *dépenser trop*) to spend a fortune

ruineux, -euse [ʀɥinø, øz] (ADJ) [*goût*] ruinously expensive; [*dépense*] ruinous

ruisseau (*pl* **ruisseaux**) [ʀɥiso] (NM) (= *cours d'eau*) stream

ruisselant, e [ʀɥis(ə)lɑ̃, ɑ̃t] (ADJ) streaming • **le visage ~ de larmes** his face streaming with tears • **son front ~ de sueur** his forehead dripping with sweat

ruisseler [ʀɥis(ə)le] /TABLE 4/ (VI) **a** (= *couler*) to stream **b** (= *être couvert d'eau*) ~ **(d'eau)** [*visage*] to stream with water • **le mur ruisselait** there was water running down the wall

ruissellement° [ʀɥisɛlmɑ̃] (NM) **le ~ de la pluie/de l'eau sur le mur** the rain/water streaming down the wall • **eaux de ~** run-off

rumeur [ʀymœʀ] (NF) **a** (= *nouvelle imprécise*) rumour • **selon certaines ~s, elle ...** rumour has it that she ... • **il dément les ~s selon lesquelles ...** he denies the rumours that ... • **si l'on en croit la ~ publique, il ...** if you believe what is publicly rumoured, he ... • **faire courir de fausses ~s** to spread rumours **b** (= *protestation*) rumblings

ruminer [ʀymine] /TABLE 1/ **1** (VT) (*Zool*) to ruminate; [+ *projet*] to ruminate on; [+ *chagrin*] to brood over; [+ *vengeance*] to ponder • **toujours dans son coin à ~ (ses pensées)** always in his corner chewing things over **2** (VI) to ruminate

rumsteck [ʀɔmstɛk] (NM) rumpsteak *NonC*

rupin, e* [ʀypɛ̃, in] **1** (ADJ) [*appartement, quartier*] plush*; [*personne*] filthy rich* **2** (NM,F) rich person • **c'est un ~** he's rolling in it* • **les ~s** the rich

rupture [ʀyptyʀ] **1** (NF) **a** [*de relations diplomatiques, fiançailles, pourparlers*] breaking off • **la ~ du traité par ce pays** the breach of the treaty by this country • **après la ~ des négociations** after negotiations broke down **b** (= *séparation amoureuse*) split • **sa ~ (d')avec Louise** his split with Louise **c** [*de câble, branche, corde, poutre*] breaking; [*de digue, veine*] bursting • **en cas de ~ du barrage** should the dam burst • **point de ~** breaking point; (*Informatique*) breakpoint **d** (= *solution de continuité*) break • **~ entre le passé et le présent** break between the past and the present • **~ de rythme** break in rhythm • **~ de ton** abrupt change of tone **e** ▸ **en rupture** **il est en ~ avec son parti** he's at odds with his party • **être en ~ avec le monde/les idées de son temps** to be at odds with the world/the ideas of one's time • **il est en ~ avec sa famille** he's estranged from his family **2** (COMP) ▸ **rupture de ban en ~ de ban (avec la société)** at odds with society ▸ **rupture de contrat** breach of contract ▸ **rupture de stock** stock shortage • **être en ~ de stock** to be out of stock

rural, e (*mpl* **-aux**) [ʀyʀal, o] **1** (ADJ) rural • **le monde ~** rural society; (= *agriculteurs*) the farming community **2** (NM,F) country person • **les ruraux** country people

ruralité [ʀyʀalite] (NF) rural living, rural life

rurbain, e [ʀyʀbɛ̃, ɛn] **1** (ADJ) rurban • **l'espace ~** the outer suburbs **2** (NM,F) rurbanite, *person who lives in the outer suburbs*

ruse [ʀyz] (NF) **a** (*pour gagner, obtenir un avantage*) cunning; (*pour tromper*) trickery **b** (= *subterfuge*) trick • **~ de guerre** stratagem

rusé, e [ʀyze] *ptp de* **ruser** (ADJ) [*personne*] cunning • **~ comme un renard** as cunning as a fox • **c'est un ~** he's a crafty one

ruser [ʀyze] /TABLE 1/ (VI) (= *être habile*) (*pour gagner, obtenir un avantage*) to use cunning; (*pour tromper*) to use trickery • **il va falloir ~ si l'on veut entrer** we'll have to use a bit of cunning if we want to get in

rush [ʀœʃ] (NM) rush

russe [ʀys] **1** (ADJ) Russian → **montagne** **2** (NM) (= *langue*) Russian **3** (NMF) **Russe** Russian

Russie [ʀysi] (NF) Russia

rustine ® [ʀystin] (NF) rubber repair patch (*for bicycle tyre*)

rustique [ʀystik] **1** (ADJ) rustic; [*plante*] hardy **2** (NM) (= *style*) rustic style

rustre [ʀystʀ] **1** (NM) brute **2** (ADJ) brutish

rut [ʀyt] (NM) **être en ~** [*mâle*] to be rutting; [*femelle*] to be on (*Brit*) *ou* in (*US*) heat

rutabaga [ʀytabaga] (NM) swede, rutabaga (*US*)

rutilant, e [ʀytilɑ̃, ɑ̃t] (ADJ) (= *brillant*) gleaming

Rwanda [ʀwɑ̃da] (NM) Rwanda

rwandais, e [ʀwɑ̃dɛ, ɛz] **1** (ADJ) Rwandan **2** (NM,F) **Rwandais(e)** Rwandan

rythme [ʀitm] (NM) **a** [*cadence*] rhythm • **marquer le ~** to beat time • **au ~ de** [+ *musique*] to the rhythm of • **avoir le sens du ~** to have a sense of rhythm • **pièce qui manque de ~** slow-moving play **b** (= *vitesse*) [*de production, battements du cœur, respiration*] rate; [*de travail, vie*] pace • **à un ~ infernal** at a phenomenal rate • **~ cardiaque** (rate of) heartbeat • **les ~s scolaires** the way the school year is divided up • **à ce ~-là, il ne va plus en rester** at that rate there won't be any left • **il n'arrive pas à suivre le ~** he can't keep up (the pace)

> Le mot anglais s'écrit **rhy-** et sans **e** à la fin.

rythmé, e [ʀitme] *ptp de* **rythmer** (ADJ) rhythmical • **bien ~** highly rhythmical

rythmer [ʀitme] /TABLE 1/ (VT) (= *cadencer*) [+ *phrase, prose, travail*] to punctuate

rythmique [ʀitmik] (ADJ) rhythmical

r

S

S (ABR DE **Sud**) S
s (ABR DE **seconde**) s
s' [s] → **se, si**
s/ (ABR DE **sur**)
SA [ɛsa] (NF) (ABR DE **société anonyme**) limited company • **Raymond SA** Raymond Ltd (*Brit*), Raymond Inc. (*US*)
sa [sa] (ADJ POSS) → **son**
sabayon [sabajɔ̃] (NM) zabaglione
sabbatique [sabatik] (ADJ) sabbatical • **prendre une année ~** [*professeur*] to take a sabbatical year; [*étudiant, employé*] to take a year off • **être en congé ~** [*professeur*] to be on sabbatical; [*employé*] to be taking a year off
sable [sɑbl] 1 (NM) sand • **de ~** [*dune*] sand; [*fond, plage*] sandy 2 (ADJ INV) sandy 3 (COMP) ▸ **sables bitumineux** oil sands ▸ **sables mouvants** quicksand
sablé [sɑble] *ptp de* **sabler** (NM) **(gâteau) ~** shortbread biscuit (*Brit*) *ou* cookie (*US*)
sabler [sɑble] /TABLE 1/ (VT) ⓐ [*+ route*] to sand ⓑ **~ le champagne** to celebrate with champagne
sablier [sɑblije] (NM) hourglass; (*pour cuisine*) egg-timer
saborder [sabɔrde] /TABLE 1/ 1 (VT) [*+ entreprise*] to wind up; [*+ bateau, négociations, projet*] to scupper 2 (VPR) **se saborder** to scupper one's ship; [*candidat*] to ruin one's chances; [*parti, entreprise*] to wind itself up
sabot [sabo] (NM) ⓐ (*= chaussure*) clog ⓑ hoof • **animal à ~s** hoofed animal • **le cheval lui donna un coup de ~** the horse kicked out at him • **~ de Denver** wheel clamp, Denver boot (*US*) • **mettre un ~ à une voiture** to clamp a car
sabotage [sabɔtaʒ] (NM) ⓐ (*= action*) sabotage; (*= acte*) act of sabotage ⓑ (*= bâclage*) botching
saboter [sabɔte] /TABLE 1/ (VT) to sabotage; (*= bâcler*) to botch; (*= abîmer*) to ruin
saboteur, -euse [sabɔtœʀ, øz] (NM,F) saboteur
sabre [sɑbʀ] (NM) sabre (*Brit*), saber (*US*)
sabrer [sɑbʀe] /TABLE 1/ (VT) ⓐ (*Mil*) to sabre (*Brit*), to saber (*US*), to cut down • **~ le champagne** *to open a bottle of champagne using a big knife or a sabre* ⓑ [*+ texte*]* to slash chunks out of*; [*+ passage, phrase*]* to cut out; [*+ projet*]* to axe ⓒ [*+ étudiant*]* to flunk*; [*+ employé*]* to fire* • **se faire ~** [*étudiant*] to be flunked*; [*employé*] to get fired* ⓓ [*+ devoir*]* to tear to pieces; [*+ livre, pièce*]* to pan*
sac[1] [sak] 1 (NM) ⓐ bag; (*de grande taille, en toile*) sack; (*= cartable*) (school)bag; (*à bretelles*) satchel; (*pour achats*) shopping bag • **~ (en) plastique** plastic bag • **ils sont tous à mettre dans le même ~*** they're all as bad as each other • **l'affaire est** *ou* **c'est dans le ~*** it's in the bag* ⓑ (*= 10 francs*)‡ **dix/trente ~s** one hundred/three hundred euros
2 (COMP) ▸ **sac à bandoulière** shoulder bag ▸ **sac de couchage** sleeping bag ▸ **sac à dos** rucksack ▸ **sac à main** handbag, purse (*US*) ▸ **sac de plage** beach bag ▸ **sac polochon** sausage bag ▸ **sac à provisions** shopping bag ▸ **sac de sport** sports bag ▸ **sac de voyage** travelling bag; (*pour l'avion*) flight bag
sac[2] [sak] (NM) **(mise à) ~** [*de ville*] sacking *NonC*; [*de maison, pièce*] ransacking *NonC* • **mettre à ~** [*+ ville*] to sack; [*+ maison, pièce*] to ransack
saccade [sakad] (NF) jerk • **avancer par ~s** to move along in fits and starts
saccadé, e [sakade] (ADJ) [*démarche, gestes, style*] jerky; [*débit, respiration*] halting; [*bruit*] staccato; [*sommeil*] fitful
saccage [sakaʒ] (NM) (*= destruction*) [*de pièce, bâtiment*] ransacking; [*de jardin*] wrecking; [*de forêt, littoral, planète*] destruction; (*= pillage*) [*de pays, ville*] sacking *NonC*; [*de maison*] ransacking
saccager [sakaʒe] /TABLE 3/ (VT) ⓐ (*= dévaster*) to wreck; [*+ forêt, littoral, planète*] to destroy • **ils ont tout saccagé dans la maison** they turned the whole house upside down • **champ saccagé par la grêle** field laid waste by the hail ⓑ (*= piller*) [*+ pays, ville*] to sack; [*+ maison*] to ransack
saccharineᴼ [sakaʀin] (NF) saccharine
Sacco® [sako] (NM) beanbag
SACEM [sasɛm] (NF) (ABR DE **Société des auteurs, compositeurs et éditeurs de musique**) *French body responsible for collecting and distributing music royalties*
sacerdoce [sasɛʀdɔs] (NM) (*Rel*) priesthood; (*fig*) vocation
sache [saʃ] (VB) → **savoir**
sachet [saʃɛ] (NM) [*de bonbons, thé*] bag; [*de levure, sucre vanillé*] sachet; [*de drogue*] small bag; [*de soupe*] packet • **~ d'aspirine** sachet of aspirin • **soupe en ~(s)** packet soup • **thé en ~(s)** tea bags • **café en ~s individuels** individual sachets of coffee
sacoche [sakɔʃ] (NF) bag; (*pour outils*) toolbag; [*de cycliste*] (*de selle*) saddlebag; (*de porte-bagages*) pannier
sac-poubelle, sac poubelle (*pl* **sacs(-)poubelles**) [sakpubɛl] (NM) bin liner (*Brit*), garbage bag (*US*)
sacquer* [sake] /TABLE 1/ (VT) ⓐ [*+ employé*] to fire • **se faire ~** to get the push‡ ⓑ [*+ élève*] to mark (*Brit*) *ou* grade (*US*) strictly • **je me suis fait ~ à l'examen** the examiner gave me lousy* marks (*Brit*) *ou* grades (*US*) ⓒ (*= détester*) **je ne peux pas le ~** I can't stand him

sacre [sakʀ] NM ⓐ [*de roi*] coronation; [*d'évêque*] consecration ⓑ (*Can* = *juron*) swearword

sacré, e [sakʀe] *ptp de* **sacrer** 1 ADJ ⓐ (= *saint, inviolable*) sacred • **son sommeil, c'est ~** his sleep is sacred ⓑ (*avant le nom*) (= *maudit*)* blasted* • **elle a un ~ caractère** she's got a lousy* temper ⓒ (*avant le nom*)* **c'est un ~ imbécile** he's a real idiot • **c'est un ~ menteur** he's a terrible liar • **il a un ~ culot** he's got a heck* of a nerve • **elle a eu une ~e chance** she was damned lucky‡ • **~ farceur !** you old devil!* 2 NM **le ~** the sacred

sacrement [sakʀəmɑ̃] NM sacrament • **recevoir les derniers ~s** to receive the last rites

sacrément* [sakʀemɑ̃] ADV [*froid, intéressant, laid*] damned‡ • **j'ai eu ~ peur** I was damned‡ scared

sacrer [sakʀe] /TABLE 1/ VT [+ *roi*] to crown; [+ *évêque*] to consecrate • **il a été sacré champion du monde/meilleur joueur** he was crowned world champion/best player

sacrifice [sakʀifis] NM sacrifice • **faire des ~s** to make sacrifices • **être prêt à tous les ~s pour qn/qch** to be prepared to sacrifice everything for sb/sth • **~ de soi** self-sacrifice

sacrifié, e [sakʀifje] *ptp de* **sacrifier** ADJ ⓐ [*peuple, troupe*] sacrificed • **les ~s du plan de restructuration** the victims of the restructuring plan ⓑ (*Commerce*) **articles ~s** items at knockdown prices • **« prix ~s »** "prices slashed"

sacrifier [sakʀifje] /TABLE 7/ 1 VT to sacrifice; (= *abandonner*) to give up • **il a dû ~ ses vacances** he had to give up his holidays

▸ **sacrifier à** [+ *mode, préjugés, tradition*] to conform to

2 VPR **se sacrifier** to sacrifice o.s. (**à** to, **pour** for) • **il ne reste qu'un chocolat ... je me sacrifie !** (*iro*) there's only one chocolate left ... I'll just have to eat it myself!

sacrilège [sakʀilɛʒ] 1 ADJ sacrilegious 2 NM sacrilege • **ce serait un ~ de ...** it would be sacrilege to ...

sacristie [sakʀisti] NF (*catholique*) sacristy; (*protestante*) vestry

sacro-saint○**, e** [sakʀosɛ̃, sɛ̃t] ADJ sacrosanct

sadique [sadik] 1 ADJ sadistic 2 NMF sadist

sadisme [sadism] NM sadism

sado* [sado] 1 ADJ sadistic • **il est ~-maso** he's into S&M 2 NMF sadist

sadomasochisme [sadomazɔʃism] NM sadomasochism

sadomasochiste [sadomazɔʃist] 1 ADJ sadomasochistic 2 NMF sadomasochist

safari [safaʀi] NM safari • **faire un ~** to go on safari

safari-photo (*pl* **safaris-photos**) [safaʀifɔto] NM photo safari

safran [safʀɑ̃] 1 NM (= *couleur, épice*) saffron 2 ADJ INV saffron • **jaune ~** saffron yellow

saga [saga] NF saga

sagace [sagas] ADJ shrewd

sagacité [sagasite] NF shrewdness

sage [saʒ] 1 ADJ ⓐ (= *avisé*) wise; [*conseil*] sound • **il serait plus ~ de ...** it would be wiser to ... ⓑ [*animal, enfant*] good • **sois ~** be good • **~ comme une image** as good as gold • **est-ce que tu as été ~ ?** have you been a good boy (*ou* girl)? ⓒ [*vêtement*] sensible 2 NM wise man

sage-femme○ (*pl* **sages-femmes**) [saʒfam] NF midwife

sagement [saʒmɑ̃] ADV ⓐ (= *avec bon sens*) wisely ⓑ (= *docilement*) quietly • **il est resté ~ assis sans rien dire** [*enfant*] he sat quietly and said nothing

sagesse [saʒɛs] NF ⓐ (= *bon sens*) wisdom • **faire preuve de ~** to be sensible • **il a eu la ~ de ...** he had the good sense to ... • **écouter la voix de la ~** to listen to the voice of reason • **la ~ populaire** popular wisdom ⓑ [*d'enfant*] good behaviour (*Brit*) *ou* behavior (*US*)

Sagittaire [saʒitɛʀ] NM **le ~** Sagittarius • **il est ~** he's a Sagittarius

Sahara [saaʀa] NM **le ~** the Sahara (desert) • **au ~** in the Sahara

saharien, -ienne [saaʀjɛ̃, jɛn] 1 ADJ Saharan 2 NF **saharienne** (= *veste*) safari jacket; (= *chemise*) safari shirt

Sahel [saɛl] NM **le ~** the Sahel

saignant, e [sɛɲɑ̃, ɑ̃t] ADJ [*plaie*] bleeding; [*entrecôte*] rare; [*critique*]* scathing

saignement [sɛɲmɑ̃] NM bleeding *NonC* • **~ de nez** nosebleed

saigner [seɲe] /TABLE 1/ 1 VI to bleed • **il saignait du nez** he had a nosebleed • **ça va ~ !**‡ (*fig*) the fur will fly!* 2 VT [+ *animal*] to kill (*by bleeding*) • **~ qn à blanc** to bleed sb dry 3 VPR **se saigner se ~ (aux quatre veines) pour qn** to bleed o.s. dry for sb

saillant, e [sajɑ̃, ɑ̃t] ADJ ⓐ [*menton, front, pommette, muscle, veine*] prominent; [*yeux*] bulging ⓑ [*événement, point, trait*] outstanding

saillie [saji] NF ⓐ (= *aspérité*) **faire ~** to jut out ⓑ (= *accouplement*) serving

sain, saine [sɛ̃, sɛn] ADJ ⓐ healthy • **être/arriver ~ et sauf** to be/arrive safe and sound • **il est sorti ~ et sauf de l'accident** he escaped unharmed from the accident • **~ de corps et d'esprit** sound in body and mind; (*dans testament*) being of sound mind • **être ~ d'esprit** to be of sound mind ⓑ [*fondations, mur, affaire, économie, gestion*] sound • **établir qch sur des bases ~es** to establish sth on a sound basis ⓒ (*moralement*) [*personne*] sane; [*jugement, politique*] sound; [*lectures*] wholesome • **ce n'est pas ~ pour la démocratie** it's not healthy for democracy

saindoux [sɛ̃du] NM lard

sainement [sɛnmɑ̃] ADV [*manger*] healthily; [*juger*] sanely; [*raisonner*] soundly

saint, sainte [sɛ̃, sɛ̃t] 1 ADJ ⓐ (= *sacré*) holy • **la semaine ~e** Holy Week • **le vendredi ~** Good Friday • **toute la ~e journée*** the whole blessed day* • **avoir une ~e horreur de qch** to have a holy horror of sth* ⓑ (*devant prénom*) Saint • **~ Pierre** (*apôtre*) Saint Peter • **Saint-Pierre** (*église*) Saint Peter's ⓒ [*action, pensée, personne, vie*] saintly

2 NM,F saint • **se faire passer pour un ~** to appear to be perfect • **il vaut mieux s'adresser au bon Dieu qu'à ses ~s** it's better to go straight to the top

3 COMP ▸ **sainte nitouche** goody two-shoes • **c'est une ~e nitouche** she's a real goody two-shoes ▸ **la Sainte Vierge** the Blessed Virgin

saint-bernard (*pl* **saint(s)-bernard(s)**) [sɛ̃bɛʀnaʀ] NM (= *chien*) St Bernard

Saint-Christophe-et-Niévès [sɛ̃kʀistɔfenjevɛs] N Saint Kitts and Nevis

Saint-Cyr [sɛ̃siʀ] N *French military academy* • **pas besoin de sortir de ~ pour faire ça** you don't need to be a rocket scientist to be able to do that

Saint-Domingue [sɛ̃dɔmɛ̃g] N Santo Domingo

S

Sainte-Hélène [sɛ̃telɛn] (N) Saint Helena
Sainte-Lucie [sɛ̃tlysi] (N) Saint Lucia
Saint-Esprit [sɛ̃tɛspʀi] (NM) **le ~** the Holy Spirit
sainteté [sɛ̃tte] (NF) **a** [*de personne*] saintliness; [*de Vierge, lieu*] holiness; [*de mariage*] sanctity **b** **Sa Sainteté (le pape)** His Holiness (the Pope)
Saint-Jean [sɛ̃ʒɑ̃] (NF) **la ~** Midsummer's Day • **les feux de la ~** *bonfires lit to celebrate Midsummer Night*
Saint-Laurent [sɛ̃lɔʀɑ̃] (NM) **le ~** the St Lawrence
Saint-Marin [sɛ̃maʀɛ̃] (NM) San Marino
Saint-Nicolas [sɛ̃nikɔla] (NF) **la ~** St Nicholas's Day
Saint-Père [sɛ̃pɛʀ] (NM) **le ~** the Holy Father
Saint-Pierre-et-Miquelon [sɛ̃pjɛʀemiklɔ̃] (N) Saint Pierre and Miquelon
Saint-Siège [sɛ̃sjɛʒ] (NM) **le ~** the Holy See
Saint-Sylvestre [sɛ̃silvɛstʀ] (NF) **la ~** New Year's Eve
Saint-Valentin [sɛ̃valɑ̃tɛ̃] (NF) **la ~** Saint Valentine's Day
Saint-Vincent-et-(les-)Grenadines [sɛ̃vɛ̃sɑ̃e(le)gʀənadin] (NPL) Saint Vincent and the Grenadines
saisie [sezi] (NF) **a** [*de biens, documents, drogue*] seizure **b** **~ de données** data capture; (*sur clavier*) keyboarding
saisir [seziʀ] /TABLE 2/ **1** (VT) **a** (= *prendre*) to take hold of; (= *s'emparer de*) to seize • **~ un ballon au vol** to catch a ball (in mid air)
b [+ *occasion, prétexte*] to seize • **~ sa chance** to seize one's chance • **~ l'occasion au vol** to jump at the opportunity • **~ la balle au bond** to jump at the opportunity (while the going is good)
c [+ *nom, mot*] to catch; [+ *explications*] to grasp • **tu saisis*?** do you get what I mean?
d [*peur*] to grip; [*malaise*] to come over • **il a été saisi par le froid** he was gripped by the cold • **saisi d'horreur** horror-stricken
e [+ *biens, documents, drogue, personne*] to seize
f [+ *juridiction*] to refer a case to • **~ la Cour de justice** to complain to the Court of Justice • **la cour a été saisie de l'affaire** *ou* **du dossier** the case has been referred to the court
g (*en cuisant*) [+ *viande*] to seal
h [+ *données*] to capture; (*sur clavier*) to key
2 (VPR) **se saisir** **se ~ de qch/qn** to seize sth/sb • **le gouvernement s'est saisi du dossier** the government has taken up the issue
saisissant, e [sezisɑ̃, ɑ̃t] (ADJ) [*spectacle*] gripping; [*contraste, ressemblance*] striking; [*froid*] biting
saison [sɛzɔ̃] (NF) season • **la belle/mauvaise ~** the summer/winter months • **en cette ~** at this time of year • **en toutes ~s** all year round • **~ des amours/des fraises/théâtrale** mating/strawberry/theatre season • **la ~ des pluies/sèche** the rainy/dry season • **haute/basse ~** high/low season • **en (haute) ~ les prix sont plus chers** in the high season prices are higher • **en pleine ~** at the height of the season
▸ **de saison** [*fruits, légumes*] seasonal • **il fait un temps de ~** the weather is what one would expect for the time of year
▸ **hors saison** [*tarif*] low-season • **prendre ses vacances hors ~** to go on holiday in the low season
saisonnier, -ière [sɛzɔnje, jɛʀ] **1** (ADJ) seasonal • **variations saisonnières** seasonal variations **2** (NM,F) (= *ouvrier*) seasonal worker
sait [sɛ] (VB) → **savoir**

salace [salas] (ADJ) salacious
salade [salad] (NF) **a** (= *plante*) lettuce • **la laitue est une ~** lettuce is a salad vegetable **b** (= *plat*) green salad • **~ de tomates/de fruits** tomato/fruit salad • **~ niçoise** salade niçoise • **~ composée** mixed salad • **haricots en ~** bean salad **c** (= *confusion*)* muddle **d** (= *mensonges*)* **~s** stories* • **raconter des ~s** to tell stories* • **vendre sa ~** [*représentant*] to make one's sales pitch*
saladier [saladje] (NM) (= *récipient*) salad bowl; (= *contenu*) bowlful
salaire [salɛʀ] (NM) (*mensuel, annuel*) salary; (*journalier, hebdomadaire*) wages • **famille à ~ unique** single income family • **(allocations de) ~ unique** ≈ income support (*Brit*) • **~ minimum** minimum wage • **~ minimum agricole garanti** *guaranteed minimum agricultural wage* • **~ d'embauche** starting salary • **~ de base** basic salary • **~ brut/net** gross/take-home pay • **les petits ~s** (= *personnes*) low-wage earners • **les gros ~s** (= *personnes*) high earners
salami [salami] (NM) salami
salant [salɑ̃] (ADJ M, NM) **(marais) ~** salt marsh
salarial, e (*mpl* **-iaux**) [salaʀjal, jo] (ADJ) wage *épith* • **cotisations ~es** employee contributions • **charges ~es** wage costs
salariat [salaʀja] (NM) (= *salariés*) wage-earners • **le ~ et le patronat** employees and employers
salarié, e [salaʀje] **1** (ADJ) [*travailleur*] (*au mois*) salaried; (*à la journée, à la semaine*) wage-earning; [*travail, emploi*] paid • **elle est ~e** she gets a salary • **travailleur non ~** non-salaried worker **2** (NM,F) (*payé au mois*) salaried employee; (*payé au jour, à la semaine*) wage earner • **le statut de ~** employee status • **notre entreprise compte 55 ~s** our company has 55 employees on the payroll
salarier [salaʀje] /TABLE 7/ (VT) to put on a salary • **la direction a salarié cinq personnes** management have put five people on the payroll
salaud⁑ [salo] **1** (NM) bastard⁑ • **quel beau ~!** what an absolute bastard!⁑ • **eh bien mon ~!** well you old bugger**! • **10 000 €? ben, mon ~!** 10,000 euros? I'll be damned* **2** (ADJ) **il a été ~ avec elle** he was a real bastard to her⁑ • **c'est ~ d'avoir fait ça** that was a shitty⁑ thing to do • **sois pas ~!** don't be so mean!
sale [sal] **1** (ADJ) **a** (= *crasseux*) dirty • **~ comme un cochon** *ou* **un porc** filthy
b (= *douteux*) [*blanc, gris*] dirty • **argent ~** dirty money
c (*avant le nom*) (= *mauvais*)* [*affaire, maladie, habitude*] nasty; [*guerre*] dirty • **~ coup** (= *mauvais tour*) dirty trick; (= *choc*) terrible blow • **faire un ~ coup à qn** to play a dirty trick on sb • **c'est un ~ coup pour l'entreprise** it's bad news for the company • **~ tour** dirty trick • **~ temps** filthy* weather • **avoir une ~ tête*** *ou* **gueule**⁑ (= *sembler malade*) to look awful; (= *sembler antipathique*) to be nasty-looking • **faire une ~ tête** (= *être mécontent*) to look furious • **il a fait une ~ tête** (= *il était dépité*) his face fell • **il m'est arrivé une ~ histoire** something nasty happened to me • **faire le ~ travail** *ou* **boulot*** to do the dirty work
2 (NM) **mettre qch au ~** to put sth in the wash • **aller/être au ~** to go/be in the wash
salé, e [sale] *ptp de* **saler** **1** (ADJ) **a** (= *contenant du sel*) salty; (= *additionné de sel*) salted; [*gâteau*] (= *non sucré*) savoury (*Brit*), savory (*US*); (= *au goût salé*) salty → **eau** **b** (= *grivois*)*

spicy • **plaisanterie ~e** dirty joke Ⓒ [*punition*]* stiff; [*facture*]* steep **2** (NM) **petit ~** (= *porc*) salt pork **3** (ADV) **manger ~** to like a lot of salt on one's food • **il ne peut pas manger trop ~** he can't have his food too salty

salement [salmɑ̃] (ADV) Ⓐ (= *malproprement, bassement*) dirtily Ⓑ [*dur, embêtant*]‡ damned‡ • **j'ai eu ~ peur** I had one hell of a fright‡

saler [sale] /TABLE 1/ (VT) [+ *plat, soupe*] to put salt in; (*pour conserver, déneiger*) to salt • **tu ne sales pas assez** you don't use enough salt

saleté [salte] (NF) Ⓐ (= *malpropreté*) [*de lieu, personne*] dirtiness • **il est/c'est d'une ~ incroyable** he's/it's absolutely filthy

Ⓑ (= *crasse*) dirt • **murs couverts de ~** walls covered in dirt • **vivre dans la ~** to live in squalor • **le chauffage au charbon fait de la ~** coal heating makes a lot of mess

Ⓒ (= *ordure, impureté*) dirt *NonC* • **il y a une ~ par terre** there's some dirt on the floor • **j'ai une ~ dans l'œil** I've got some dirt in my eye • **tu as fait des ~s partout en perçant le mur** you've made a mess all over the place drilling the wall • **le chat a fait des ~s** *ou* **ses ~s dans le salon** the cat has made a mess in the lounge

Ⓓ (= *chose sans valeur*)* piece of junk* • **il se bourre de ~s avant le repas** he stuffs himself* with junk food before meals

Ⓔ (= *maladie*)* **j'ai attrapé une ~** I caught something

Ⓕ (= *obscénité*)* dirty thing* (to say) • **dire des ~s** to say filthy things*

Ⓖ (= *méchanceté*)* dirty trick • **faire une ~ à qn** to play a dirty trick on sb

Ⓗ (= *personne méprisable*)* nasty piece of work*

Ⓘ (*intensif*)* **~ de virus!** this blasted virus! • **~ de guerre!** damn this war!‡

salière [saljɛʀ] (NF) saltcellar (*Brit*), salt shaker (*US*)

saligaud‡ [saligo] (NM) (= *salaud*) swine‡

salir [saliʀ] /TABLE 2/ **1** (VT) Ⓐ [+ *objet, lieu*] to make dirty Ⓑ [+ *réputation*] to tarnish • **~ qn** to tarnish sb's reputation **2** (VPR) **se salir** [*tissu, personne*] to get dirty • **le blanc se salit facilement** white shows the dirt • **se ~ les mains** to get one's hands dirty

salissant, e [salisɑ̃, ɑ̃t] (ADJ) [*étoffe*] which shows the dirt; [*travail*] messy

salive [saliv] (NF) saliva • **avaler sa ~** to gulp • **épargne** *ou* **ne gaspille pas ta ~** don't waste your breath

saliver [salive] /TABLE 1/ (VI) to salivate; (*péj*) to drool • **ça le faisait ~** [*aliment*] it made his mouth water; [*spectacle*] it made him drool

salle [sal] **1** (NF) Ⓐ [*de café, musée*] room; [*de château*] hall; [*de restaurant*] dining room; [*d'hôpital*] ward • **en ~** [*record, athlétisme, football*] indoor

Ⓑ (= *auditorium*) auditorium; (= *cinéma*) cinema (*Brit*), movie theater (*US*); (= *public*) audience • **faire ~ comble** [*comédien, spectacle*] to play to a full house • **cinéma à plusieurs ~s** cinema with several screens • **le film sort en ~** *ou* **dans les ~s mercredi prochain** the film will be on general release next Wednesday

2 (COMP) ▸ **salle d'attente** waiting room ▸ **salle d'audience** courtroom ▸ **salle de bain, salle de bains** bathroom ▸ **salle de bal** ballroom ▸ **salle de cinéma** cinema (*Brit*), movie theater (*US*) ▸ **salle de classe** classroom ▸ **salle des coffres** strongroom ▸ **salle de concert** concert hall ▸ **salle de conférences** lecture room; (*grande*) lecture theatre ▸ **salle de cours** classroom ▸ **salle d'eau** shower-room ▸ **salle d'embarquement** departure lounge ▸ **salle d'étude, salle d'études** prep room ▸ **salle d'exposition** showroom ▸ **salle des fêtes** village hall ▸ **salle de jeu** (*pour enfants*) playroom; [*de casino*] gaming room ▸ **salle de lecture** reading room ▸ **salle à manger** (= *pièce*) dining room; (= *meubles*) dining-room suite ▸ **salle d'opération** operating theatre (*Brit*) *ou* room (*US*) ▸ **salle de permanence** prep room ▸ **salle des professeurs** staffroom ▸ **salle de projection** film theatre ▸ **salle de rédaction** newspaper office ▸ **salle de réunion** meeting room ▸ **salle de séjour** living room ▸ **salle de spectacle** (= *cinéma*) cinema (*Brit*), movie theater (*US*); (= *théâtre*) theatre (*Brit*), theater (*US*) ▸ **salle de sport** gym ▸ **salle des ventes** saleroom

salon [salɔ̃] **1** (NM) Ⓐ [*de maison*] living room; [*de navire*] saloon • **coin ~** living area

Ⓑ [*d'hôtel*] (*pour les clients*) lounge; (*pour conférences, réceptions*) function room

Ⓒ (= *meubles*) living-room suite; (= *canapé et deux fauteuils*) three-piece suite • **~ de jardin** set of garden furniture

Ⓓ (= *exposition*) exhibition

Ⓔ (= *cercle littéraire*) salon

2 (COMP) ▸ **le Salon de l'Auto** the Motor Show ▸ **salon de beauté** beauty salon ▸ **salon de coiffure** hairdressing salon ▸ **salon de discussion** (*Internet*) chatroom ▸ **salon d'essayage** fitting room ▸ **salon funéraire** (*Can*) funeral parlour (*Brit*) *ou* parlor (*US*) ▸ **le Salon du Livre** the Book Fair ▸ **salon-salle à manger** living-cum-dining room (*Brit*), living room-dining room (*US*) ▸ **salon de thé** tearoom

salop‡ [salo] (NM) = **salaud**

salopard‡ [salɔpaʀ] (NM) bastard‡

salope‡‡ [salɔp] (NF) (*déloyale, méchante*) bitch‡ (*injurieux*); (*dévergondée, sale*) slut‡ (*injurieux*)

saloper‡ [salɔpe] /TABLE 1/ (VT) (= *bâcler*) to make a mess of; (= *salir*) to mess up*

saloperie‡ [salɔpʀi] (NF) Ⓐ (= *chose sans valeur*) piece of junk* • **le grenier est plein de ~s** the attic is full of junk Ⓑ (= *mauvaise nourriture*) muck* *NonC* • **il se bourre de ~s avant le repas** he stuffs himself* with junk food before meals Ⓒ (= *maladie*) **il a dû attraper une ~** he must have caught something Ⓓ (= *ordure*) muck* *NonC* Ⓔ (= *action*) dirty trick; (= *parole*) bitchy remark‡ • **faire une ~ à qn** to play a dirty trick on sb Ⓕ (= *obscénités*) **~s** dirty remarks • **dire des ~s** to talk dirty*

salopette [salɔpɛt] (NF) [*d'ouvrier*] overalls; [*d'enfant, femme*] dungarees; (*de ski*) ski pants, salopettes (*Brit*)

salsifis [salsifi] (NM) salsify

salubre [salybʀ] (ADJ) [*air, climat*] healthy; [*logement*] salubrious (*frm*)

salubrité [salybʀite] (NF) [*de lieu, climat*] healthiness • **par mesure de ~** as a health measure • **~ publique** public health

saluer [salɥe] /TABLE 1/ (VT) Ⓐ (= *dire bonjour à*) to greet • **~ qn** to wave to sb (in greeting) • **~ qn d'un signe de tête** to nod (a greeting) to sb • **saluez-le de ma part** give him my regards Ⓑ (= *dire au revoir à*) to say goodbye to • **il salua (le public)** he bowed (to the audience) Ⓒ [+ *officier, supérieur, drapeau, navire*] to salute Ⓓ (= *témoigner son respect pour*) to salute • **~ les efforts de qn** to pay tribute to sb's efforts Ⓔ [+ *initiative*] to welcome; (= *acclamer*) to hail • **~ qch comme une victoire** to hail sth as a victory

S

salut [saly] 1 (NM) ⓐ (*de la main*) wave; (*de la tête*) nod; (*du buste*) bow; (*à officier*) salute • **faire un ~** (*de la main*) to wave; (*de la tête*) to nod; (*du buste*) to bow • **faire le ~ militaire** to give the military salute ⓑ (= *sauvegarde*) safety • **mesures de ~ public** state security measures • **planche de ~** sheet anchor ⓒ (= *rédemption*) salvation
2 (EXCL) (= *bonjour*)* hi!*; (= *au revoir*)* bye!*

salutaire [salytɛʀ] (ADJ) ⓐ [*effet, choc, avertissement*] salutary • **cette déception lui a été ~** that disappointment was good for him ⓑ [*air*] healthy; [*remède*] beneficial • **ce petit repos m'a été ~** that little rest did me good

salutation [salytasjɔ̃] (NF) greeting • **meilleures ~s** (*pour clore une lettre*) kind regards

Salvador [salvadɔʀ] (NM) **le ~** El Salvador • **au ~** in El Salvador

salvadorien, -ienne [salvadɔʀjɛ̃, jɛn] 1 (ADJ) Salvadorian
2 (NM,F) **Salvadorien(ne)** Salvadorian

salve [salv] (NF) [*d'artillerie, roquettes*] salvo • **une ~ d'applaudissements** a round of applause

samaritain, e [samaʀitɛ̃, ɛn] 1 (ADJ) Samaritan
2 (NM,F) **Samaritain(e)** Samaritan • **bon Samaritain** good Samaritan

samedi [samdi] (NM) Saturday • **nous irons ~** we'll go on Saturday • **~ nous sommes allés ...** on Saturday we went ... • **ce ~(-ci)** • **~ qui vient** this Saturday • **pas ~ qui vient mais l'autre** not this Saturday but the next • **un ~ sur deux** every other Saturday • **nous sommes ~ (aujourd'hui)** it's Saturday (today) • **le ~ 23 janvier** on Saturday 23 January • **~ matin/après-midi** Saturday morning/afternoon • **~ soir** Saturday evening *ou* night • **dans la nuit de ~ à dimanche** on Saturday night

> Les noms de jours s'écrivent avec une majuscule en anglais.

Samoa [samɔa] (NM) **les îles ~** Samoa, the Samoa Islands • **les ~-occidentales/-américaines** Western/American Samoa

samoan, e [samɔɑ̃, an] 1 (ADJ) Samoan 2 (NM,F) **Samoan(e)** Samoan

SAMU [samy] (NM) (ABR DE **Service d'assistance médicale d'urgence**) *emergency medical service* • **~ social** *emergency medical service for homeless people*

sanction [sɑ̃ksjɔ̃] (NF) (= *condamnation*) sanction; (*économique, politique*) sanction; (*à élève*) punishment; (= *conséquence*) penalty (**de** for) • **~ pénale** penalty • **prendre des ~s contre** *ou* **à l'encontre de** [+ *pays*] to impose sanctions against; [+ *joueur, club*] to take disciplinary action against; [+ *élève*] to punish

sanctionner [sɑ̃ksjɔne] /TABLE 1/ (VT) ⓐ [+ *faute, personne*] to punish; [+ *joueur, club sportif*] to take disciplinary action against; [+ *pays*] to impose sanctions on • **les électeurs ont sanctionné la politique du gouvernement** the electorate rejected the policy of the government ⓑ (= *consacrer*) to sanction • **ce diplôme sanctionne les études secondaires** this diploma recognizes the successful conclusion of secondary education

sanctuaire [sɑ̃ktɥɛʀ] (NM) sanctuary

sandale [sɑ̃dal] (NF) sandal

sandball [sɑ̃dbal] (NM) beach handball

sandwich (*pl* **sandwiches** *ou* **sandwichs**) [sɑ̃dwi(t)ʃ] (NM) sandwich • **~ au jambon** ham sandwich • **pris en ~ (entre)*** sandwiched (between)

sandwicherie [sɑ̃dwi(t)ʃəʀi] (NF) sandwich bar

sang [sɑ̃] (NM) blood • **~ contaminé** contaminated blood • **animal à ~ froid/chaud** cold-/warm-blooded animal • **verser** *ou* **faire couler le ~** to shed blood • **il était en ~** he was covered in blood • **mordre qn jusqu'au ~** to bite sb and draw blood • **un apport de ~ neuf** an injection of new blood (**dans** into) • **se faire du mauvais ~** to worry • **avoir du ~ dans les veines** to have courage • **il a le jeu/le jazz dans le ~** he's got gambling/jazz in his blood • **bon ~!*** dammit!*

sang-froid [sɑ̃fʀwa] (NM INV) calm • **garder/perdre son ~** to keep/lose one's cool* • **faire qch de ~** to do sth in cold blood • **crime commis de ~** cold-blooded murder

sanglant, e [sɑ̃glɑ̃, ɑ̃t] (ADJ) blood; [*reproche, défaite*] cruel

sangle [sɑ̃gl] (NF) strap; [*de selle*] girth

sangler [sɑ̃gle] /TABLE 1/ (VT) [+ *cheval*] to girth; [+ *colis, corps*] to strap up

sanglier [sɑ̃glije] (NM) wild boar

sanglot [sɑ̃glo] (NM) sob • **avec des ~s dans la voix** in a voice choked with emotion

sangloter [sɑ̃glɔte] /TABLE 1/ (VI) to sob

sangria [sɑ̃gʀija] (NF) sangria

sangsue [sɑ̃sy] (NF) leech

sanguin, e [sɑ̃gɛ̃, in] 1 (ADJ) blood; [*caractère, personne*] fiery; [*visage*] ruddy 2 (NF) **sanguine** ⓐ **(orange) ~e** blood orange ⓑ (= *dessin*) red chalk drawing; (= *crayon*) red chalk

sanguinaire [sɑ̃ginɛʀ] (ADJ) [*personne*] bloodthirsty; [*combat, dictature*] bloody

sanitaire [sanitɛʀ] 1 (ADJ) ⓐ [*services, mesures*] health; [*conditions*] sanitary → **cordon** ⓑ (*plomberie*) **appareil ~** sanitary appliance 2 (NM) **le ~** bathroom installations • **les ~s** (= *lieu*) the bathroom; (= *appareils*) the bathroom suite; (= *plomberie*) the bathroom plumbing

sans [sɑ̃] 1 (PRÉP) ⓐ without • **je suis sorti ~ manteau** I went out without a coat • **nous avons trouvé sa maison ~ difficulté** we found his house without difficulty • **non ~ peine** *ou* **mal** not without difficulty • **~ moi, il ne les aurait jamais retrouvés** without me, he would never have found them • **ils sont ~ argent** they have no money • **repas à 60 € ~ le vin** meal at 60 euros not including wine • **être ~ abri** to be homeless • **je le connais, ~ plus** I know him but no more than that • **tu as aimé ce film? — ~ plus** did you like the film? — it was all right (I suppose) • **~ cette réunion, il aurait pu partir ce soir** if it had not been for this meeting he could have left tonight

▸ **sans ça***, **sans quoi*** otherwise • **si on m'offre un bon prix je vends ma voiture, ~ ça** *ou* **~ quoi je la garde** I'll sell my car if I'm offered a good price for it but otherwise, I'll keep it • **sois sage, ~ ça ...!** be good or else ...!

ⓑ (*avec infinitif*) without • **je n'irai pas ~ être invité** I won't go without being invited • **j'y crois ~ y croire** I believe it and I don't

ⓒ ▸ **sans que** (+*subjonctif*) **il est entré ~ que je l'entende** he came in without my hearing him

2 (ADV)* **votre parapluie! vous alliez partir ~** your umbrella! you were going to go off without it • **il a oublié ses lunettes et il ne peut pas conduire ~** he's forgotten

his glasses, and he can't drive without them
3 (COMP) ▸**sans domicile fixe** ADJ INV of no fixed abode ♦NMF INV homeless person • **les ~ domicile fixe** the homeless ▸**sans faute** [*téléphoner, prévenir*] without fail

sans-abri [sɑ̃zabʀi] (NMF INV) homeless person • **les ~** the homeless

sans-cœur [sɑ̃kœʀ] (NMF INV) heartless person

sans-emploi [sɑ̃zɑ̃plwa] (NMF INV) unemployed person • **les ~** the unemployed

sans-faute [sɑ̃fot] (NM INV) (*Équitation*) clear round; (*Sport*) faultless performance • **faire un ~** (*Équitation*) to do a clear round; (*Sport*) to put up a faultless performance • **jusqu'à présent, il a réussi un ~** he hasn't put a foot wrong so far; (*dans un jeu avec questions*) he has got all the answers right so far

sans-fil [sɑ̃fil] 1 (NM) (= *téléphone*) cordless telephone 2 (ADJ INV) [*technologie, réseau*] wireless

sans-gêne [sɑ̃ʒɛn] 1 (ADJ INV) inconsiderate • **il est vraiment ~!** he's got a nerve!* 2 (NM INV) lack of consideration • **elle est d'un ~ incroyable!** she's got a nerve!*

sanskrit, e [sɑ̃skʀi, it] (ADJ, NM) Sanskrit

sans-logis [sɑ̃lɔʒi] (NMF) homeless person • **les ~** the homeless

sans-papiers [sɑ̃papje] (NMF INV) *immigrant without proper identity or working papers*

sans-travail [sɑ̃tʀavaj] (NMF INV) unemployed person • **les ~** the unemployed

sans-voix [sɑ̃vwa] (NMPL) **les ~** people with no voice

santal [sɑ̃tal] (NM) **(bois de) ~** sandalwood

santé [sɑ̃te] (NF) ⓐ [*de personne, pays*] health • **en bonne/mauvaise ~** in good/bad health • **avoir des problèmes** *ou* **ennuis de ~** to have health problems • **c'est bon/mauvais pour la ~** it's good/bad for the health • **être en pleine ~** to be in perfect health • **avoir la ~** to be healthy • **il a la ~!*** he must have lots of energy! • **comment va la ~?*** how are you doing?* ⓑ (*Admin*) **la ~ publique** public health • **les dépenses de ~** health spending • **le système de ~** the health system ⓒ (*en trinquant*) **à votre ~!** • **~!*** cheers! • **à la ~ de Paul!** (here's) to Paul! • **boire à la ~ de qn** to drink to sb's health

santiag* [sɑ̃tjag] (NM) cowboy boot

santoméen, -enne [sɑ̃tomeɛ̃, ɛn] 1 (ADJ) of *ou* from São Tomé e Principe 2 (NM,F) **Santoméen(ne)** inhabitant of São Tomé e Principe

São Tomé [saotɔme] (N) **~ et Principe** São Tomé e Principe

saoudien, -ienne [saudjɛ̃, jɛn] 1 (ADJ) Saudi Arabian 2 (NM,F) **Saoudien(ne)** Saudi Arabian

saoul, e [su, sul] (ADJ) drunk

saouler [sule] (VT), **se saouler** (VPR) = **soûler**

sape [sap] (NF) undermining • **travail de ~** (*fig*) chipping away

saper [sape] /TABLE 1/ 1 (VT) to undermine • **~ le moral à qn*** to knock the stuffing out of sb* 2 (VPR) **se saper*** to get all dressed up* • **bien sapé** well-dressed

sapeur-pompier (*pl* **sapeurs-pompiers**) [sapœʀpɔ̃pje] (NM) firefighter

saphir [safiʀ] (NM) (= *pierre*) sapphire; (= *aiguille*) needle; [*de tourne-disque*] stylus

sapin [sapɛ̃] (NM) (= *arbre*) fir tree; (= *bois*) fir • **~ de Noël** Christmas tree

saquer* [sake] /TABLE 1/ (VT) = **sacquer**

sarbacane [saʀbakan] (NF) blowpipe

sarcasme [saʀkasm] (NM) (= *remarque*) sarcastic remark

sarcastique [saʀkastik] (ADJ) sarcastic

sarcome [saʀkom] (NM) sarcoma • **~ de Kaposi** Kaposi's Sarcoma

sarcophage [saʀkɔfaʒ] (NM) sarcophagus

Sardaigne [saʀdɛɲ] (NF) Sardinia

sarde [saʀd] 1 (ADJ) Sardinian 2 (NM) (= *langue*) Sardinian 3 (NMF) **Sarde** Sardinian

sardine [saʀdin] (NF) ⓐ (= *poisson*) sardine • **serrés comme des ~s** packed together like sardines ⓑ [*de tente*] tent peg

SARL [ɛsaɛʀɛl] (NF) (ABR DE **société à responsabilité limitée**) limited liability company • **Raymond ~** Raymond Ltd (*Brit*), Raymond Inc. (*US*)

sarment [saʀmɑ̃] (NM) **~ (de vigne)** vine shoot

sarrasin [saʀazɛ̃] (NM) buckwheat

S.A.S. [ɛsaɛs] (ABR DE **Son Altesse Sérénissime**) HSH

sas [sɑs] (NM) (*Espace, Naut*) airlock; [*d'écluse*] lock; [*de banque*] double-entrance security door

Satan [satɑ̃] (NM) Satan

satané, e* [satane] (ADJ) blasted* • **c'est un ~ menteur!** he's a damned liar!*

satanique [satanik] (ADJ) satanic

satellite [satelit] (NM) satellite • **diffusion par ~** satellite broadcasting • **liaison ~** satellite link • **image ~** satellite image

satiété [sasjete] (NF) **boire jusqu'à ~** to drink until one can drink no more • **manger jusqu'à ~** to eat one's fill

satin [satɛ̃] (NM) satin • **une peau de ~** satin-smooth skin

satiné, e [satine] (ADJ) [*aspect, tissu*] satiny; [*peau*] satin-smooth; [*papier, peinture*] with a satin finish

satire [satiʀ] (NF) satire • **faire la ~ de qch** to satirize sth

satirique [satiʀik] (ADJ) satirical

satisfaction [satisfaksjɔ̃] (NF) satisfaction • **éprouver une certaine ~ à faire qch** to feel a certain satisfaction in doing sth • **cet employé me donne (toute** *ou* **entière) ~** I'm completely satisfied with this employee • **à la ~ générale** *ou* **de tous** to everybody's satisfaction • **mon travail me procure de grandes ~s** my job gives me great satisfaction • **ma fille ne m'a donné que des ~s** my daughter has always been a source of great satisfaction to me • **il ne faut pas donner ~ aux terroristes** we mustn't give in to the terrorists' demands • **obtenir ~** to obtain satisfaction

satisfaire [satisfɛʀ] /TABLE 60/ 1 (VT) to satisfy • **votre nouvel assistant vous satisfait-il?** are you satisfied with your new assistant? • **j'espère que cette solution vous satisfait** I hope you find this solution satisfactory • **arriver à ~ la demande** (*Industrie*) to keep up with demand 2 (VT INDIR) **~ à** [+ *engagement, demandes, normes*] to satisfy 3 (VPR) **se satisfaire** to be satisfied (**de** with) • **se ~ de peu** to be easily satisfied

satisfaisant, e [satisfəzɑ̃, ɑ̃t] (ADJ) (= *acceptable*) satisfactory; (= *qui fait plaisir*) satisfying • **de façon ~e** satisfactorily • **peu ~** unsatisfactory

satisfait, e [satisfɛ, ɛt] *ptp de* **satisfaire** (ADJ) satisfied • **« ~ ou remboursé »** "satisfaction or your money back" • **être ~ de** [+ *personne, décision, solution*] to be satisfied with; [+ *soirée*] to be pleased with • **il est toujours très ~ de lui** he's so self-satisfied • **il est ~ de son sort** he is satisfied with his lot

S

saturation [satyʀasjɔ̃] (NF) saturation • **arriver à ~** to reach saturation point • **à cause de la ~ des lignes téléphoniques** because the telephone lines are all engaged (*Brit*) *ou* busy (*US*) • **pour éviter la ~ du réseau routier** to prevent the road network from becoming saturated

saturé, e [satyʀe] *ptp de* **saturer** (ADJ) saturated; [*autoroute*] heavily congested; [*standard, lignes téléphoniques*] jammed • **je suis ~** (*par trop de travail*) I'm up to my ears in work • **les gens sont ~s de publicité** people have had their fill of advertising

saturer [satyʀe] /TABLE 1/ (VI) **ça sature** [*appareil hi-fi*] we're getting distortion • **après six heures de ce travail, je sature*** after six hours of this work, I've had enough

Saturne [satyʀn] **1** (NM) (*Mythol*) Saturn **2** (NF) (*Astron*) Saturn

satyre [satiʀ] (NM) (*Mythol, Zool*) satyr; (= *obsédé*)* sex maniac

sauce [sos] (NF) sauce; [*de salade*] dressing; (= *jus de viande*) gravy • **~ béarnaise/blanche** béarnaise/white sauce • **~ piquante/tomate** piquant/tomato sauce • **~ vinaigrette** vinaigrette • **~ madère/hollandaise** Madeira/hollandaise sauce • **mettre la ~*** to step on the gas* • **mettre** *ou* **servir qch à toutes les ~s** to adapt sth to suit any purpose

saucée* [sose] (NF) downpour • **recevoir** *ou* **prendre une ~** to get soaked

saucer [sose] /TABLE 3/ (VT) [+ *assiette*] to mop up the sauce from • **se faire ~*** to get soaked

saucette* [sosɛt] (NF) (*Can*) (= *petite baignade*) (quick) dip*

saucière [sosjɛʀ] (NF) sauceboat; [*de jus de viande*] gravy boat

sauciflard‡ [sosiflaʀ] (NM) sausage

saucisse [sosis] (NF) sausage ▸ **saucisse de Francfort** frankfurter ▸ **saucisse de Strasbourg** *type of beef sausage*

saucisson [sosisɔ̃] (NM) sausage (*eaten cold in slices*) • **~ sec** (dry) pork sausage

saucissonner [sosisɔne] /TABLE 1/ (VT) [+ *livre, émission*] to chop up • **des films saucissonnés par la publicité** films constantly interrupted by commercials

sauf¹, sauve [sof, sov] (ADJ) [*personne*] unharmed; [*honneur*] intact • **il a eu la vie sauve** his life was spared → **sain**

sauf² [sof] (PRÉP) **a** (= *à part*) except • **tout le monde ~ lui** everyone except him • **~ cas exceptionnel** except in exceptional circumstances • **le repas était excellent ~ le dessert** the meal was excellent except for the dessert • **tout ~ ça!** anything but that! **b** (*avec conjonction*) **~ si** unless • **nous irons demain, ~ s'il pleut** we'll go tomorrow unless it rains • **nous sortons tout le temps ~ quand il pleut** we always go out except when it's raining • **~ que** except that • **~ votre respect** with all due respect

sauf-conduit○ (*pl* **sauf-conduits**) [sofkɔ̃dɥi] (NM) safe-conduct

sauge [soʒ] (NF) sage

saugrenu, e [sogʀəny] (ADJ) preposterous • **quelle idée ~e!** what a ridiculous idea!

saule [sol] (NM) willow • **~ pleureur** weeping willow

saumâtre [somɑtʀ] (ADJ) [*eau*] brackish; [*goût*] briny; [*humeur, plaisanterie*] nasty • **il l'a trouvée ~*** he was not amused

saumon [somɔ̃] **1** (NM) salmon • **~ fumé** smoked salmon **2** (ADJ INV) salmon pink

saumure [somyʀ] (NF) brine

sauna [sona] (NM) sauna

saupoudrer [sopudʀe] /TABLE 1/ (VT) to sprinkle

saurait [sɔʀɛ] (VB) → **savoir**

saut [so] (NM) (= *bond*) jump • **faire un ~** to jump • **faire un ~ dans l'inconnu/le vide** to leap into the unknown/the void • **faire qch au ~ du lit** to do sth as soon as one gets up • **faire le ~** to take the plunge • **faire le grand ~** to pass on • **faire un ~ chez qn** to pop over to sb's place* • **faire un ~ à la banque** to drop in at the bank • **il a fait un ~ jusqu'à Bordeaux** he made a flying visit to Bordeaux ▸ **saut de l'ange** swallow dive (*Brit*), swan dive (*US*) ▸ **saut en ciseaux** scissors jump ▸ **saut à la corde** skipping (*Brit*) *ou* jumping rope (*US*) ▸ **saut à l'élastique** bungee jumping ▸ **saut de haies** hurdling ▸ **saut en hauteur** high jump ▸ **saut en longueur** long jump ▸ **saut de ligne** (*Informatique*) line break ▸ **saut d'obstacles** show jumping ▸ **saut de page** (*Informatique*) page break ▸ **saut en parachute** (= *sport*) parachuting; (= *bond*) parachute jump ▸ **saut à la perche** (= *sport*) pole vaulting; (= *bond*) pole vault ▸ **saut périlleux** somersault ▸ **saut en rouleau** western roll ▸ **saut à skis** (= *sport*) skijumping

saute [sot] (NF) **~ d'humeur** sudden change of mood

sauté, e [sote] *ptp de* **sauter** **1** (ADJ) sautéed **2** (NM) sauté • **~ de veau** sauté of veal

saute-mouton [sotmutɔ̃] (NM INV) leapfrog • **jouer à ~** to play leapfrog

sauter [sote] /TABLE 1/ **1** (VI) **a** to jump (**dans** into, **par-dessus** over); [*oiseau*] to hop • **~ à la corde** to skip (*Brit*), to jump rope (*US*) • **~ à la perche** to pole-vault • **~ en parachute** to parachute; (*en cas d'accident*) to bale out (*Brit*), to bail out (*US*) • **~ en ciseaux** to do a scissors jump • **~ en hauteur/en longueur** to do the high/the long jump • **faire ~ un enfant sur ses genoux** to bounce a child on one's knee • **~ en l'air** to jump into the air • **~ en l'air** *ou* **au plafond** (*de colère*) to hit the roof*; (*de joie*) to jump for joy; (*de surprise, de peur*) to jump • **~ de joie** to jump for joy • **~ d'un sujet à l'autre** *ou* **du coq à l'âne** to jump from one subject to another • **~ à la figure de qn** (*fig*) to jump out at sb

b (= *se précipiter*) **~ du lit** to jump out of bed • **~ en selle** to jump into the saddle • **~ à la gorge de qn** to fly at sb's throat • **~ au cou de qn** to fly into sb's arms • **~ dans un taxi** to jump into a taxi • **~ par la fenêtre** to jump out of the window • **~ d'un train en marche** to jump from a moving train • **~ sur l'occasion** to jump at the chance • **il m'a sauté dessus** he pounced on me • **va faire tes devoirs, et que ça saute!*** go and do your homework and be quick about it! • **ça saute aux yeux!** it's obvious!

c [*bouchon*] to pop out; [*chaîne de vélo*] to come off; [*classe, cours*]* to be cancelled • **faire ~ un cours** to cancel a class • **faire ~ une crêpe** to toss a pancake • **faire ~ une contravention*** to get a fine taken care of

d (= *exploser*) [*bâtiment, bombe, pont*] to blow up; [*circuit électrique*] to fuse; [*fusible*] to blow • **~ sur une mine** [*personne*] to step on a mine; [*véhicule*] to go over a mine • **faire ~** [+ *train, édifice*] to blow up • **faire ~ une mine** (*pour la détruire*) to blow up a mine • **se faire ~ la cervelle*** *ou* **le caisson‡** to blow one's brains out* • **faire ~ la banque** (*Casino*) to break the bank

e (= *être renvoyé*)* to get fired; [*gouvernement*] to get kicked out*

f (*Cuisine*) **faire ~** to sauté

g [*image de télévision*] to flicker

2 (VT) **a** [+ *obstacle, mur*] to jump over • **il saute cinq mètres** he can jump five metres • **~ le pas** to take the plunge

b [+ *étape, page, repas*] to skip • **~ une classe** (*Scol*) to skip a year

c [+ *personne*]‡ to screw**

sauterelle [sotʀɛl] (NF) grasshopper; (= *criquet*) locust

sauteur, -euse [sotœʀ, øz] **1** (NM,F) (= *athlète, cheval*) jumper **2** (NF) **sauteuse** high-sided frying pan

sautiller [sotije] /TABLE 1/ (VI) to hop; [*enfant*] to skip

sautoir [sotwaʀ] (NM) **a** (*Bijouterie*) chain • **~ de perles** string of pearls • **porter qch en ~** to wear sth (on a chain) round one's neck **b** (*Sport*) jumping pit

sauvage [sovaʒ] **1** (ADJ) **a** wild; [*peuplade*] primitive • **vivre à l'état ~** to live wild • **retourner à l'état ~** [*animal*] to revert to its wild state **b** (= *farouche*) [*animal*] wild; [*personne*] unsociable **c** (= *illégal*) [*vente*] unauthorized; [*concurrence*] unfair; [*urbanisation*] unplanned; [*immigration, importations*] illegal; [*capitalisme, libéralisme*] unrestrained • **faire du camping ~** (*illégal*) to camp on unauthorized sites; (*dans la nature*) to camp in the wild • **décharge ~** illicit rubbish (*Brit*) *ou* garbage (*US*) dump **2** (NMF) **a** (= *solitaire*) recluse **b** (= *indigène, brute*) savage • **mœurs de ~s** savage ways

sauvagement [sovaʒmɑ̃] (ADV) [*frapper, tuer*] savagely

sauvageon, onne [sovaʒɔ̃, ɔn] (NM,F) little savage

sauvagerie [sovaʒʀi] (NF) (= *cruauté*) savagery

sauve [sov] (ADJ F) → **sauf**

sauvegarde [sovgaʀd] (NF) safeguarding; [*d'ordre public, paix*] upholding; (*Informatique*) saving • **sous la ~ de** under the protection of • **la ~ des droits de l'homme** safeguarding human rights • **faire la ~ d'un fichier** (*Informatique*) to save a file • **de ~** (*Informatique*) [*copie, disquette, fichier*] backup

sauvegarder [sovgaʀde] /TABLE 1/ (VT) to safeguard; [+ *ordre public, paix*] to uphold; (*Informatique*) to save

sauve-qui-peut [sovkipø] (NM INV) (= *cri*) (cry of) run for your life; (= *panique*) stampede, mad rush

sauver [sove] /TABLE 1/ **1** (VT) to save; (= *porter secours à*) to rescue • **elle est sauvée** [*malade*] she's come through; [*accidentée, otage*] she's been rescued • **~ qn/qch de** [+ *danger, désastre*] to save sb/sth from • **~ la vie à** *ou* **de qn** to save sb's life • **~ sa peau*** *ou* **sa tête*** to save one's skin • **~ les meubles*** (*fig*) to salvage something from the wreckage • **~ les apparences** to keep up appearances • **~ la face** to save face

2 (VPR) **se sauver** (= *s'enfuir*) to run away (**de** from); (= *partir*)* to be off* • **il s'est sauvé à toutes jambes** he ran away as fast as his legs could carry him • **sauve-toi*, il est déjà 8 heures** you'd better be off*, it's already 8 o'clock • **bon, je me sauve*** right, I'm off* • **le lait se sauve*** the milk's boiling over • **sauve qui peut!** run for your life!

sauvetage [sov(ə)taʒ] (NM) **a** [*de personnes*] rescue; [*de biens*] salvaging • **~ en mer/montagne** sea/mountain rescue • **de ~** [*matériel, équipe*] rescue • **opération de ~** [*de personnes*] rescue operation; [*de biens*] salvage operation • **plan de ~ d'une entreprise** rescue plan for a firm **b** (= *technique*) **le ~** life-saving

sauveteur [sov(ə)tœʀ] (NM) rescuer

sauvette [sovɛt] ▸ **à la sauvette*** (LOC ADV) (= *vite*) hastily; (= *en cachette*) on the sly • **ils se sont mariés à la ~** they married in haste • **vendre qch à la ~** to sell sth on the streets (*without authorization*) • **vendeur** *ou* **marchand à la ~** street hawker

sauveur [sovœʀ] (NM) saviour (*Brit*), savior (*US*) • **le Sauveur** (*Rel*) the Saviour • **tu es mon ~!** (*hum*) you're my saviour!

savamment [savamɑ̃] (ADV) [*dosé, entretenu, orchestré*] skillfully; (= *avec érudition*) learnedly

savane [savan] (NF) savannah

savant, e [savɑ̃, ɑ̃t] **1** (ADJ) **a** (= *érudit*) [*personne, mot, société*] learned; [*édition*] scholarly **b** [*arrangement, dosage, stratagème*] clever **c** [*chien, puce*] performing **2** (NM,F) (*sciences*) scientist; (*lettres*) scholar

savate* [savat] (NF) (= *pantoufle*) slipper; (= *chaussure*) shoe

saveur [savœʀ] (NF) flavour (*Brit*), flavor (*US*)

Savoie [savwa] (NF) **la ~** (= *région*) Savoy

savoir [savwaʀ] /TABLE 32/ **1** (VT) **a** to know • **je ne savais quoi** *ou* **que dire/faire** I didn't know what to say/do • **oui, je (le) sais** yes, I know • **je savais qu'elle était malade** • **je la savais malade** I knew (that) she was ill • **il ne savait pas s'il devait accepter** he didn't know whether to accept (or not) • **je crois ~ que ...** I believe that ... • **je n'en sais rien** I don't know • **il ment — qu'en savez-vous?** he is lying — how do you know? • **il nous a fait ~ que ...** he let us know that ... • **ça se saurait si c'était vrai** if it was true people would know about it • **ça finira bien par se ~** it'll get out in the end • **en ~ trop** to know too much • **en ~ long** to know a lot • **il croit tout ~** he thinks he knows everything • **Monsieur** (*ou* **Madame** *ou* **Mademoiselle**) **je-sais-tout*** know-all • **tu en sais, des choses*** you certainly know a thing or two, don't you! • **il ne sait rien de rien** he hasn't a clue about anything • **qui sait?** who knows? • **tu veux celui-ci ou celui-là, faudrait ~!*** do you want this one or that one, make up your mind, will you? • **je sais bien, mais ...** I know, but ... • **il nous a emmenés je ne sais où** he took us goodness knows where • **il y a je ne sais combien de temps qu'il ne l'a vue** I don't know how long it is since he last saw her • **elle ne sait pas quoi faire pour le consoler** she's at a loss to know how to comfort him • **il n'a rien voulu ~** he didn't want to know • **on ne sait jamais** you never know • **que je sache** as far as I know • **à ~** that is • **vous n'êtes pas sans ~ que ...** (*frm*) you are not unaware that ... (*frm*) • **si j'avais su** if I had known • **elle ne savait où donner de la tête** she didn't know whether she was coming or going

b (*avec infinitif*) (= *être capable de*) to know how to • **elle sait lire et écrire** she can read and write • **il ne sait pas nager** he can't swim • **il sait parler aux enfants** he knows how to talk to children • **il sait y faire** he's good at getting things his own way • **il sait écouter** he's a good listener • **il faut ~ attendre** you have to learn to be patient • **il se savait très malade** he knew he was very ill • **sans le ~** (= *sans s'en rendre compte*) without knowing; (= *sans le faire exprès*) unwittingly • **il ne savait pas où se mettre** he didn't know where to put himself • **je ne saurais pas te le dire** I couldn't tell you

2 (NM) **le ~** knowledge

S

savoir-faire [savwaʀfɛʀ] (NM INV) know-how*; (*dans un métier*) expertise • **il a beaucoup de ~ avec les enfants** he's very good with children

savoir-vivre [savwaʀvivʀ] (NM INV) manners • **il n'a aucun ~** he has no manners

savon [savɔ̃] (NM) soap *NonC*; (= *morceau*) bar of soap • **il m'a passé un ~*** he gave me a real telling-off*

savonner [savɔne] /TABLE 1/ (VT) to soap • **se ~ les mains** to soap one's hands

savonnette [savɔnɛt] (NF) bar of (toilet) soap

savonneux, -euse [savɔnø, øz] (ADJ) soapy

savourer [savuʀe] /TABLE 1/ (VT) to savour (*Brit*), to savor (*US*)

savoureux, -euse [savuʀø, øz] (ADJ) [*plat*] delicious; [*anecdote, moment, personne*] delightful

savoyard, e [savwajaʀ, aʀd] **1** (ADJ) Savoyard **2** (NM,F) **Savoyard(e)** Savoyard

saxo* [sakso] **1** (NM) (= *instrument*) sax* **2** (NM,F) (= *musicien*) sax player*

saxon, -onne [saksɔ̃, ɔn] **1** (ADJ) Saxon **2** (NM) (= *langue*) Saxon **3** (NM,F) **Saxon(ne)** Saxon

saxophone [saksɔfɔn] (NM) saxophone

saxophoniste [saksɔfɔnist] (NMF) saxophonist

s/c (ABR DE **sous couvert de**) ≈ c/o

scabreux, -euse [skabʀø, øz] (ADJ) (= *indécent*) shocking

scalpel [skalpɛl] (NM) scalpel

scalper [skalpe] /TABLE 1/ (VT) to scalp

scampi [skɑ̃pi] (NMPL) scampi

scandale [skɑ̃dal] (NM) **a** (= *fait choquant, affaire, Rel*) scandal • **c'est un ~!** it's scandalous! • **sa tenue a fait ~** people were shocked by his outfit • **son livre a fait ~** his book caused a scandal • **les gens vont crier au ~** there'll be an outcry • **à ~** [*couple, livre*] controversial • **journal à ~** scandal sheet **b** (= *scène, tapage*) scene • **faire un** *ou* **du ~** to make a scene

scandaleusement [skɑ̃daløzmɑ̃] (ADV) scandalously; [*exagéré, sous-estimé*] grossly

scandaleux, -euse [skɑ̃dalø, øz] (ADJ) [*conduite, prix, propos*] scandalous

scandaliser [skɑ̃dalize] /TABLE 1/ (VT) to scandalize • **se ~ de qch** to be scandalized by sth

scander [skɑ̃de] /TABLE 1/ (VT) [+ *nom, slogan*] to chant

scandinave [skɑ̃dinav] **1** (ADJ) Scandinavian **2** (NMF) **Scandinave** Scandinavian

Scandinavie [skɑ̃dinavi] (NF) Scandinavia

scannage [skanaʒ] (NM) scanning

scanner¹ [skanɛʀ] (NM) scanner • **passer un ~** to have a scan

scanner² [skane] /TABLE 1/ (VT) (*Informatique*) to scan

scannérisation [skaneʀizasjɔ̃] (NF) scanning

scanneur [skanœʀ] (NM) = **scanner¹**

scaphandre [skafɑ̃dʀ] (NM) [*de plongeur*] diving suit; [*de cosmonaute*] spacesuit • **~ autonome** aqualung

scaphandrier [skafɑ̃dʀije] (NM) deep-sea diver

scarabée [skaʀabe] (NM) (= *insecte*) beetle

scarlatine [skaʀlatin] (NF) scarlet fever

scarole [skaʀɔl] (NF) escarole

scatologique [skatɔlɔʒik] (ADJ) scatological

sceau (*pl* **sceaux**) [so] (NM) (= *cachet, estampille*) seal • **porter le ~ du génie** to bear the mark of genius • **sous le ~ du secret** under the seal of secrecy

sceller [sele] /TABLE 1/ (VT) to seal

scellés [sele] (NMPL) seals • **apposer** *ou* **mettre les ~ sur une porte** to put the seals on a door • **lever les ~** to take the seals off • **mettre** *ou* **placer qch sous ~** to put sth under seal

scénario [senaʀjo] (NM) **a** (*Ciné, Théât*) (= *plan*) scenario; (*Ciné*) (= *découpage et dialogues*) screenplay **b** (= *évolution possible*) scenario

scénariste [senaʀist] (NMF) (*Ciné*) scriptwriter

scène [sɛn] (NF) **a** (= *estrade*) stage • **sortir de ~** • **quitter la ~** to go off stage • **occuper le devant de la ~** to be at the front of the stage; (*fig*) to be in the forefront • **sur (la) ~** on stage • **il se produira** *ou* **sera sur la ~ de l'Olympia en janvier** he'll be performing at the Olympia in January • **à la ~ comme à la ville** on stage and off • **porter une œuvre à la ~** to stage a work
b (= *action, division*) scene • **dans la première ~** in the first scene • **~ d'action/d'amour** (*Ciné*) action/love scene • **la ~ se passe à Rome** the scene is set in Rome
c (= *décor*) scene
d (= *spectacle, confrontation*) scene • **~ de panique** scene of panic • **il m'a fait une ~ de jalousie** he exploded in a fit of jealousy • **faire une ~** to make a scene • **~ de ménage** domestic fight
e (= *domaine*) scene • **sur la ~ politique/internationale** on the political/international scene • **la ~ publique** the public arena
f (= *tableau*) scene • **~ de genre** genre painting
g ▸ **en scène** on stage • **entrer en ~** [*acteur*] to come on stage; [*politicien, sportif*] to arrive on the scene • **entrée en ~** [*d'acteur*] entrance; (*fig*) arrival on the scene • **mettre en ~** (*Théât*) [+ *histoire, personnage*] to present; [+ *auteur*] to stage the play(s) of; [+ *pièce de théâtre, film*] to direct • **mise en ~** (*Ciné, Théât*) (= *production*) production • **mise en ~ de Vilar** directed by Vilar • **toute cette mise en ~ pour nous faire croire que ...** this whole performance was to make us believe that ...

scénique [senik] (ADJ) theatrical

scepticisme [sɛptisism] (NM) scepticism (*Brit*), skepticism (*US*)

sceptique [sɛptik] **1** (ADJ) sceptical (*Brit*), skeptical (*US*) (**à l'égard de, sur, quant à** about) • **d'un air ~** sceptically (*Brit*), skeptically (*US*) • **ses arguments me laissent ~** his arguments don't convince me **2** (NMF) sceptic (*Brit*), skeptic (*US*)

schéma [ʃema] (NM) **a** (= *diagramme*) diagram • **~ de montage** assembly diagram • **~ directeur** urban development plan **b** (= *résumé*) outline

schématique [ʃematik] (ADJ) [*dessin*] schematic; (*péj*) [*interprétation, conception*] oversimplified

schématiquement [ʃematikmɑ̃] (ADV) [*représenter*] schematically • **il exposa l'affaire ~** he gave an outline of the affair • **très ~, voici de quoi il s'agit** briefly, this is what it's all about

schématiser [ʃematize] /TABLE 1/ (VT) to schematize; (*péj*) to oversimplify

schisme [ʃism] (NM) (*religieux*) schism; (*politique*) split • **faire ~** to split away • **il y a un ~ entre eux*** they've fallen out

schiste [ʃist] (NM) schist

schizophrène [skizɔfʀɛn] (ADJ, NMF) schizophrenic

schizophrénie [skizɔfʀeni] (NF) schizophrenia

schlass‡ [ʃlas] (ADJ INV) (= *ivre*) sozzled‡

schlinguer‡ [ʃlɛ̃ge] /TABLE 1/ (VI) to pong‡

schmilblik* [ʃmilblik] NM contraption*, thingummyjig* • **faire avancer le ~** to help things along • **ça ne fait pas avancer le ~** that doesn't get us very far

schnock‡ [ʃnɔk] NM = **chnoque**

schuss [ʃus] ADV **descendre (tout) ~** to schuss down

Schweppes ® [ʃwɛps] NM tonic water

sciatique [sjatik] **1** NF sciatica **2** ADJ sciatic

scie [si] NF (= *outil*) saw • **~ circulaire** circular saw • **~ électrique** power saw • **~ à métaux** hacksaw • **~ sauteuse** jigsaw

sciemment [sjamɑ̃] ADV knowingly

science [sjɑ̃s] NF ⓐ (= *domaine scientifique*) science • **les ~s** the sciences; (= *matière scolaire*) science • **~s appliquées/exactes** applied/exact sciences • **~s humaines** social sciences • **~s économiques** economics *sg* • **~s politiques** political science • **Sciences Po** (*Univ*) *French school of political science* • **~s de la vie** life sciences • **~s de la vie et de la terre** (*Scol*) ≈ biology ⓑ (= *érudition*) knowledge • **je n'ai pas la ~ infuse** I have no way of knowing • **il faut toujours qu'il étale sa ~** he's always showing off his knowledge

science-fiction [sjɑ̃sfiksjɔ̃] NF science fiction • **film/roman de ~** science fiction film/novel

scientifique [sjɑ̃tifik] **1** ADJ scientific **2** NMF scientist

scientifiquement [sjɑ̃tifikmɑ̃] ADV scientifically

scientologie ® [sjɑ̃tɔlɔʒi] NF Scientology ®

scientologue [sjɑ̃tɔlɔg] ADJ, NMF Scientologist

scier [sje] /TABLE 7/ VT [+ *bois, métal*] to saw; [+ *bûche*] to saw up; [+ *partie en trop*] to saw off • **~ la branche sur laquelle on est assis** to dig one's own grave • **ça m'a scié !*** I was staggered!

scierie [siʀi] NF sawmill

Scilly [sili] N **les îles ~** the Scilly Isles

scinder [sɛ̃de] /TABLE 1/ VT, **se scinder** VPR to split up (**en** in, into)

scintiller [sɛ̃tije] /TABLE 1/ VI [*diamant, yeux*] to sparkle; [*étoile, lumières*] to twinkle; [*goutte d'eau*] to glisten

scission [sisjɔ̃] NF ⓐ (= *schisme*) split • **faire ~** to split away ⓑ [*d'atome*] fission

sciure [sjyʀ] NF **~ (de bois)** sawdust

sclérosant, e [skleʀozɑ̃, ɑ̃t] ADJ (*fig*) ossifying

sclérose [skleʀoz] NF sclerosis; (*fig*) ossification ▸ **sclérose en plaques** multiple sclerosis

sclérosé, e [skleʀoze] *ptp de* **scléroser** ADJ sclerotic; (*fig*) ossified

scléroser (se) [skleʀoze] /TABLE 1/ VPR to become sclerotic; (*fig*) to become ossified

scolaire [skɔlɛʀ] ADJ ⓐ school • **enfant d'âge ~** child of school age • **en milieu ~** in schools • **les ~s** schoolchildren ⓑ (*péj*) [*style*] unimaginative • **son livre est un peu ~ par endroits** his book is a bit starchy in places

scolarisation [skɔlaʀizasjɔ̃] NF [*d'enfant*] schooling • **la ~ d'une population/d'un pays** providing a population with schooling/a country with schools • **taux de ~** percentage of children in full-time education

scolariser [skɔlaʀize] /TABLE 1/ VT [+ *enfant*] to send to school; [+ *pays*] to provide with schools

scolarité [skɔlaʀite] NF schooling • **~ obligatoire** compulsory schooling • **service de la ~** (*Univ*) registrar's office • **il a suivi une ~ normale** he had a normal education • **il a eu une ~ difficile** he had difficulties at school

scoliose [skɔljoz] NF curvature of the spine

scoop* [skup] NM (*Presse*) scoop

scooter○ [skutœʀ] NM scooter • **~ des mers** jet ski • **~ des neiges** Skidoo ®

scorbut [skɔʀbyt] NM scurvy

score [skɔʀ] NM score • **faire un bon/mauvais ~** (*Politique, Sport*) to do well/badly • **obtenir un ~ de 48% aux élections** to get 48% of the votes

scories [skɔʀi] NFPL slag *NonC*; (*fig*) dross *NonC*

scorpion [skɔʀpjɔ̃] NM ⓐ (= *animal*) scorpion ⓑ (*Astron*) **le Scorpion** Scorpio • **il est Scorpion** he's a Scorpio

scotch [skɔtʃ] NM ⓐ (= *boisson*) scotch ⓑ (= *adhésif*) Scotch® Sellotape ® (*Brit*), Scotchtape ® (*US*)

scotcher [skɔtʃe] /TABLE 1/ VT ⓐ to sellotape (*Brit*), to stick with Scotchtape ® (*US*) • **il reste des heures scotché* devant sa télévision** he spends hours glued to the television ⓑ* (= *stupéfier*) to blow away*

scout, e [skut] **1** ADJ [*camp, mouvement*] scout **2** NM (boy) scout **3** NF **scoute** (girl) scout

scoutisme [skutism] NM (= *mouvement*) scout movement; (= *activité*) scouting • **faire du ~** to be a scout

Scrabble ® [skʀabl] NM Scrabble ® • **faire un ~** to play Scrabble ®

scrapbooking [skʀapbukiŋ] N scrapbooking

script [skʀipt] **1** NM script **2** NF continuity girl

scripte [skʀipt] NF (*Ciné*) continuity girl

scrupule [skʀypyl] NM scruple • **avoir des ~s à faire qch** to have scruples about doing sth • **je n'aurais aucun ~ à refuser** I wouldn't have any scruples about refusing • **sans ~s** [*personne*] unscrupulous

scrupuleusement [skʀypyløzmɑ̃] ADV scrupulously

scrupuleux, -euse [skʀypylø, øz] ADJ [*honnêteté, personne*] scrupulous • **peu ~** unscrupulous

scrutateur, -trice [skʀytatœʀ, tʀis] **1** ADJ (*littér*) [*caractère, regard*] searching **2** NM (*Politique*) teller, scrutineer (*Brit*)

scruter [skʀyte] /TABLE 1/ VT [+ *horizon*] to scan; [+ *objet, personne*] to scrutinize; [+ *pénombre*] to peer into

scrutin [skʀytɛ̃] NM ⓐ (= *vote*) ballot • **par voie de ~** by ballot • **il a été élu au troisième tour de ~** he was elected at the third ballot • **dépouiller le ~** to count the votes ⓑ (= *élection*) poll • **le jour du ~** polling day • **~ majoritaire à un tour** election decided on a first past the post basis • **~ proportionnel** proportional representation

sculpter [skylte] /TABLE 1/ VT [+ *marbre, statue*] to sculpt; [+ *meuble, bois*] to carve • **~ qch dans du bois** to carve sth out of wood

> The **p** is not pronounced.

sculpteur, -trice [skyltœʀ, tʀis] NM,F sculptor

> The **p** is not pronounced.

sculptural, e (*mpl* **-aux**) [skyltyʀal, o] ADJ (*Art*) sculptural; [*beauté, corps, formes*] statuesque

> The **p** is not pronounced.

sculpture [skyltyʀ] NF sculpture • **faire de la ~** to sculpt • **~ sur bois** woodcarving

> The **p** is not pronounced.

SDF [ɛsdeɛf] (NMF INV) (ABR DE **sans domicile fixe**) homeless person • **un ~** a homeless person
S.E. (ABR DE **Son Excellence**) HE
se [sə] (PRON) ⓐ (*réfléchi*) (*sg*) (*indéfini*) oneself; (*homme*) himself; (*femme*) herself; (*sujet non humain*) itself; (*pl*) themselves • **se raser** to shave • **se mouiller** to get wet • **se brûler** to burn o.s.
ⓑ (*réciproque*) each other, one another • **deux personnes qui s'aiment** two people who love each other *ou* one another
ⓒ (*possessif*) **se casser la jambe** to break one's leg • **il se lave les mains** he is washing his hands • **elle s'est coupé les cheveux** she has cut her hair
ⓓ (*passif*) **cela ne se fait pas** that's not the done thing • **cela se répare facilement** it can easily be repaired again • **cela se vend bien** it sells well
séance [seɑ̃s] (NF) ⓐ (= *réunion*) session • **être en ~** to be in session • **la ~ est levée** the meeting is over
ⓑ (= *période*) session • **~ de photographie/rééducation** photographic/physiotherapy session • **~ de pose** sitting • **~ de spiritisme** séance • **~ de travail** working session
ⓒ (= *représentation*) (*Théât*) performance • **~ (de cinéma)** film • **première/dernière ~** (*Ciné*) first/last showing • **la ~ est à 21h, et le film 15 minutes plus tard** the programme starts at 9 o'clock and the film 15 minutes later ⓓ (*Bourse*) day of trading • **en début/fin de ~** at the opening/close of the day's trading
seau (*pl* **seaux**) [so] (NM) bucket, pail (*US*) • **il pleut à ~x** it's raining buckets* • **~ à champagne/glace** champagne/ice bucket
séborrhée [sebɔʀe] (NF) seborrhoea (*Brit*), seborrhea (*US*)
sébum [sebɔm] (NM) sebum
sec, sèche [sɛk, sɛʃ] **1** (ADJ) ⓐ dry; [*fruit*] dried • **j'avais la gorge sèche** my throat was dry • **il est au régime ~** he's on the wagon*
ⓑ (= *maigre*) slender
ⓒ [*rire, vin*] dry; [*style*] terse; [*réponse*] curt • **elle a été très sèche avec moi** she was very curt with me • **donner un coup ~ (sur qch)** to give sth a sharp rap • **se casser avec un bruit ~** to snap • **«non», dit-il d'un ton ~** "no," he said curtly
ⓓ (= *sans eau*) [*alcool*] neat
ⓔ (*Cartes*) **atout/valet ~** singleton trump/jack
ⓕ (= *sans prestations supplémentaires*) **le vol ~ coûte 1500 €** the flight-only price is 1,500 euros • **licenciement ~** compulsory lay-off (*without any compensation*)
ⓖ (*locutions*) **je l'ai eu ~*** I was really shocked • **être** *ou* **rester ~*** to be stumped* • **je suis resté ~ sur ce sujet*** I drew a blank on the subject
2 (ADV)* [*frapper*] hard • **il boit ~** he really knocks it back* • **il est arrivé et reparti aussi ~** he arrived and left again just as quickly • **ça licencie ~** they're laying people off left, right and centre* • **en cinq ~** in a flash
3 (NM) **tenir** *ou* **conserver qch au ~** to keep sth in a dry place • **être à ~** [*puits, torrent*] to be dry; (= *être sans argent*)* [*personne*] to be broke*; [*caisse*] to be empty
4 (NF) **sèche** (= *cigarette*) cigarette
SECAM [sekam] (ADJ, NM) (ABR DE **séquentiel couleur à mémoire**) SECAM
sécateur [sekatœʀ] (NM) (pair of) secateurs
sécession [sesesjɔ̃] (NF) secession • **faire ~** to secede
sécessionniste [sesesjɔnist] (ADJ, NMF) secessionist • **république ~** breakaway republic

> Le mot anglais s'écrit avec un seul **n** et sans **e** à la fin.

sèche-cheveu(x) (*pl* **sèche-cheveux**) [sɛʃʃəvø] (NM) hairdryer
sèche-linge (*pl* **sèche-linge(s)**) [sɛʃlɛ̃ʒ] (NM) (= *armoire*) drying cabinet; (= *machine*) tumble-dryer
sèche-main(s) (*pl* **sèche-mains**) [sɛʃmɛ̃] (NM) hand-dryer
sèchement [sɛʃmɑ̃] (ADV) [*répondre*] curtly
sécher [seʃe] /TABLE 6/ **1** (VT) ⓐ to dry
ⓑ [+ *cours*]* to skip* • **il a séché l'école* pendant trois jours** he skipped school* *ou* skived off school* (*Brit*) for three days
2 (VI) ⓐ to dry • **faire ~ du linge** • **mettre du linge à ~** (*à l'intérieur*) to put washing up to dry; (*à l'extérieur*) to put washing out to dry • **«faire ~ sans essorer»** "do not spin" • **«faire ~ à plat»** "dry flat"
ⓑ (= *se déshydrater*) to dry out • **faire ~** to dry • **laisser ~** to leave to dry
ⓒ (*arg Scol*) to be stumped* • **j'ai séché en chimie** I dried up* completely in chemistry
3 (VPR) **se sécher** to dry o.s. (off) • **se ~ les cheveux/mains** to dry one's hair/hands
sécheresse○ [sɛʃʀɛs] (NF) ⓐ [*de climat, sol, style, ton*] dryness; [*de réponse*] curtness ⓑ (= *absence de pluie*) drought • **en période de ~** during a drought
sèche-serviette(s) (*pl* **sèche-serviettes**) [sɛʃsɛʀvjɛt] (NM) (heated) towel rail
sécheuse [seʃøz] (NF) (*Can*) tumble dryer
séchoir [seʃwaʀ] (NM) (= *appareil*) dryer • **~ à linge** (*pliant*) clothes-horse; (*rotatif*) tumble dryer; (*à cordes*) clothes airer
second, e [s(ə)gɔ̃, ɔ̃d] **1** (ADJ) second • **la ~e fois** the second time • **une ~e jeunesse** a second youth • **chez lui, c'est une ~e nature** with him it's second nature
2 (NM,F) second • **le ~ de ses fils** his second son • **il a été reçu ~ (en physique)** he came second (in physics)
3 (NM) ⓐ (= *adjoint*) second in command; (= *marin*) first mate
ⓑ (= *étage*) second floor (*Brit*), third floor (*US*) • **la dame du ~** the lady on the second floor (*Brit*) *ou* the third floor (*US*)
ⓒ ▸ **en second officier** *ou* **capitaine en ~** first mate • **passer en ~** to take second place • **sa famille passe en ~** his family takes second place
4 (NF) **seconde** ⓐ (= *unité de temps*) second • **(attends) une ~e!** just a second! • **avec elle, tout doit être fait à la ~e** with her, things have to be done instantly • **je n'y crois pas une ~e!** I don't believe a word of it
ⓑ (*Transports*) second class • **voyager en ~e** to travel second-class
ⓒ **(classe de) ~e** ≈ fifth form (*in secondary school*) (*Brit*), ≈ tenth grade (*in high school*) (*US*) → LYCÉE
ⓓ (= *vitesse*) second gear • **être en/passer la** *ou* **en ~e** to be in/change into second gear

> The **c** in **second** and **seconde** is pronounced **g**.

secondaire [s(ə)gɔ̃dɛʀ] **1** (ADJ) secondary • **c'est ~** that's of secondary importance • **intrigue ~** [*de roman*] subplot • **effets ~s** side effects • **ligne ~** (*Rail*) branch line **2** (NM) **a** (*Scol*) **le ~** secondary (*Brit*) *ou* high-school (*US*) education • **les professeurs du ~** secondary school (*Brit*) *ou* high-school (*US*) teachers **b** (= *secteur*) **le ~** the secondary sector

> The **c** is pronounced **g**.

seconder [s(ə)gɔ̃de] /TABLE 1/ (VT) to assist • **bien secondé par ...** ably assisted by ...

> The **c** is pronounced **g**.

secoué, e* [səkwe] (ADJ) (= *fou*) crazy* • **t'es complètement ~!** you nutjob!*

secouer [s(ə)kwe] /TABLE 1/ **1** (VT) **a** [+ *arbre, salade, tapis*] to shake; [+ *miettes, poussière, paresse*] to shake off • **~ la tête** (*pour dire oui*) to nod (one's head); (*pour dire non*) to shake one's head • **on est drôlement secoué** (*dans un autocar*) you really get shaken about; (*dans un bateau*) you really get tossed about • **la ville a été fortement secouée par le tremblement de terre** the town was rocked by the earthquake • **j'en ai rien à ~‡** I don't give a damn‡ **b** (= *traumatiser*) to shake • **ce deuil l'a beaucoup secoué** this bereavement has really shaken him **c** (= *ébranler*) to shake • **un gouvernement secoué par des affaires de corruption** a government shaken by corruption scandals **d** (= *bousculer*) **il ne travaille que lorsqu'on le secoue** he only works if you push him • **~ les puces à qn*** (= *le réprimander*) to tell sb off; (= *le stimuler*) to give sb a good shake • **~ le cocotier*** to get rid of the deadwood*
2 (VPR) **se secouer** to shake o.s.; (= *faire un effort*)* to make an effort; (= *se dépêcher*)* to get a move on*

secourir [s(ə)kuRiR] /TABLE 11/ (VT) [+ *blessé, pauvre*] to help; [+ *alpiniste, skieur*] to rescue

secourisme [s(ə)kuRism] (NM) first aid

secouriste [s(ə)kuRist] (NMF) first-aid worker

secours [s(ə)kuR] (NM) **a** (= *aide*) help • **demander du ~** to ask for help • **crier au ~** to shout for help • **au ~!** help! • **aller au ~ de qn** to go to sb's aid • **porter ~ à qn** to give sb help • **cela m'a été/ne m'a pas été d'un grand ~** this has been a great help/of little help to me • **le Secours catholique** *Catholic charity organization giving assistance to the poor* • **le Secours populaire** *charity organization giving assistance to the poor*
b (= *vivres, argent*) aid *NonC* • **~ humanitaire** humanitarian aid
c (= *sauvetage*) **le ~ en montagne/en mer** mountain/sea rescue • **équipe de ~** rescue team • **quand les ~ arrivèrent** when help arrived • **porter ~ à un alpiniste** to rescue a mountaineer • **les premiers ~ sont arrivés très rapidement** the emergency services were soon at the scene • **apporter les premiers ~ à qn** to give first aid to sb

secousse [s(ə)kus] (NF) **a** (= *cahot*) bump **b** (= *choc*) jolt; (= *traction*) pull • **~ (sismique)** (earth) tremor

secret, -ète [səkʀɛ, ɛt] **1** (ADJ) **a** secret • **garder** *ou* **tenir qch ~** to keep sth secret • **des informations classées secrètes** classified information
b [*personne*] secretive
2 (NM) **a** (= *cachotterie*) secret • **ne pas avoir de ~ pour qn** [*personne*] to have no secrets from sb; [*sujet*] to have no secrets for sb • **il n'en fait pas un ~** he makes no secret about it • **un ~ d'État** a state secret • **« ~(-)défense »** "official secret" • **~ de Polichinelle** open secret • **ce n'est un ~ pour personne que ...** it's no secret that ...
b (= *mécanisme, moyen*) secret • **~ de fabrication** trade secret • **le ~ du bonheur/de la réussite** the secret of happiness/of success • **une sauce dont il a le ~** a sauce trick of which he alone has the secret
c (= *discrétion, silence*) secrecy • **le ~ professionnel/bancaire** professional/bank secrecy • **le ~ médical** medical confidentiality • **le ~ de la confession** the seal of the confessional • **le gouvernement a gardé le ~ sur les négociations** the government has remained silent about the negotiations
d (*locutions*) **dans le ~** in secret • **négociations menées dans le plus grand ~** negotiations carried out in the strictest secrecy • **mettre qn dans le ~** to let sb into the secret • **être dans le ~** to be in on the secret • **en ~** (= *sans témoins*) in secret • **au ~** (*Prison*) in solitary confinement

secrétaire [s(ə)kʀetɛʀ] **1** (NMF) secretary • **~ médicale/particulière** medical/private secretary • **premier ~** (*Politique*) first secretary **2** (NM) (= *meuble*) writing desk **3** (COMP) ▸ **secrétaire de direction** personal assistant ▸ **secrétaire d'État** ≈ junior minister; (*aux États-Unis = ministre des Affaires étrangères*) Secretary of State • **~ d'État à l'enseignement primaire** minister for education (*in the primary sector*) • **le ~ d'État américain au Trésor** the American Treasury Secretary ▸ **secrétaire général** general secretary • **le ~ général des Nations unies** the Secretary-General of the United Nations ▸ **secrétaire de mairie** ≈ town clerk (*in charge of records and legal business*) ▸ **secrétaire de rédaction** sub-editor (*Brit*), copy editor (*US*)

secrétariat [s(ə)kʀetarja] (NM) **a** (= *fonction officielle*) post of secretary • **~ d'État** (= *fonction*) post of junior minister; (= *bureau*) ≈ junior minister's office • **~ général des Nations unies** United Nations Secretariat **b** (= *profession, travail*) secretarial work; (= *bureaux*) [*d'école*] (secretary's) office; [*d'usine, administration*] secretarial offices; [*d'organisation internationale*] secretariat; (= *personnel*) secretarial staff • **école de ~** secretarial college

secrètement [səkʀɛtmɑ̃] (ADV) secretly

sécréter [sekʀete] /TABLE 6/ (VT) to secrete

sécrétion [sekʀesjɔ̃] (NF) secretion

sectaire [sɛktɛʀ] (ADJ, NMF) sectarian

sectarisme [sɛktaʀism] (NM) sectarianism

secte [sɛkt] (NF) sect

secteur [sɛktœʀ] (NM) **a** sector; (*Admin*) district; (= *zone, domaine*) area; (= *partie*) part; [*d'agent de police*] beat • **dans le ~*** (= *ici*) round here; (= *là-bas*) round there • **changer de ~*** to move elsewhere • **~ sauvegardé** conservation area **b** (= *circuit électrique*) **le ~** the mains (supply) • **panne de ~** power cut • **« fonctionne sur pile et ~ »** "battery or mains operated" **c** (*Écon*) **~ public/privé** public/private sector • **le ~ nationalisé** nationalized industries • **~ d'activité** branch of industry • **~ primaire** primary sector • **~ secondaire** secondary sector • **~ tertiaire** tertiary sector

section [sɛksjɔ̃] (NF) **a** (*Scol*) ≈ course • **il est en ~ littéraire/scientifique** he's following a literary/science syllabus **b** (= *département*) department; (*Politique*) branch • **~ syndicale** trade union group **c** [*d'ouvrage, voie*] section; (*en autobus*) fare stage **d** section; [*de fil*

S

électrique] gauge • **fil de petite/grosse ~** thin-gauge/heavy-gauge wire ⓔ (*Mil*) platoon

sectionner [sɛksjɔne] /TABLE 1/ **1** (VT) [*+ tube, fil, artère, membre*] to sever **2** (VPR) **se sectionner** [*tube, fil, artère, membre*] to be severed

sectoriel, -ielle [sɛktɔʀjɛl] (ADJ) sectional

sectoriser [sɛktɔʀize] /TABLE 1/ (VT) to divide into sectors

Sécu* [seky] (NF) (ABR DE **Sécurité sociale**) ≈ NHS (*Brit*), ≈ Medicaid (*US*)

séculier, -ière [sekylje, jɛʀ] **1** (ADJ) [*clergé, autorité*] secular **2** (NM) secular

secundo [səgɔ̃do] (ADV) secondly

> The **c** is pronounced **g**.

sécurisant, e [sekyʀizɑ̃, ɑ̃t] (ADJ) reassuring

sécuriser [sekyʀize] /TABLE 1/ (VT) ⓐ [*+ transaction, paiement*] to make secure • **paiement sécurisé** secure payment ⓑ **~ qn** to give a feeling of security to sb • **~ l'opinion** to reassure people • **se sentir sécurisé par qn/qch** to feel reassured by sb/sth

sécurité [sekyʀite] **1** (NF) ⓐ (*= absence de danger*) safety; (*= absence de troubles*) security • **la ~ de l'emploi** job security • **assurer la ~ d'un ministre** to ensure the safety of a minister • **mesures de ~** (*contre incendie*) safety measures; (*contre attentat*) security measures

▸ **en sécurité** **être/se sentir en ~** to be/feel safe • **mettre qch en ~** to put sth in a safe place • **en toute ~** in complete safety

ⓑ (*= mécanisme*) safety catch • **de ~** [*dispositif*] safety

2 (COMP) ▸ **la sécurité civile** *emergency services dealing with natural disasters, bomb disposal etc* ▸ **la sécurité publique** law and order • **agent de la ~ publique** officer of the law ▸ **la sécurité routière** road safety ▸ **la Sécurité sociale** (*pour la santé*) ≈ the National Health Service (*Brit*), ≈ Medicaid (*US*); (*pour vieillesse etc*) ≈ the Social Security, ≈ Medicare (*US*)

> **SÉCURITÉ SOCIALE**
>
> The French public welfare system is financed by compulsory contributions paid directly from salaries and by employers. It covers essential health care, pensions and other basic benefits. In many cases, costs not covered by the **Sécurité sociale** may be met by a "mutuelle". The deficit of the **Sécurité sociale**, popularly known as the "trou de la **Sécurité sociale**", has reached massive proportions in recent years, and efforts to stabilize the situation include an extra contribution from salaries, paid at source, called the "CRDS" ("contribution au remboursement de la dette sociale"). → MUTUELLE

sédatif [sedatif] (NM) sedative • **sous ~s** under sedation

sédentaire [sedɑ̃tɛʀ] (ADJ) sedentary

sédentariser [sedɑ̃taʀize] /TABLE 1/ (VT) to settle • **population sédentarisée** settled population

sédiment [sedimɑ̃] (NM) sediment

séditieux, -ieuse [sedisjø, jøz] (ADJ) seditious

séducteur, -trice [sedyktœʀ, tʀis] **1** (NM) seducer; (*péj*) womanizer (*péj*) **2** (NF) **séductrice** seductress

séduction [sedyksjɔ̃] (NF) ⓐ (*= charme*) charm; (*= action*) seduction • **il a un grand pouvoir de ~** he has great charm • **scène de ~** seduction scene • **leur opération de ~ en direction du public** the charm offensive they aimed at the public ⓑ appeal • **exercer une forte ~ sur qn** [*projet, idéologie*] to have a great deal of appeal for sb ⓒ (*Droit*) [*de femme*] seduction; [*de mineur*] corruption

séduire [sedɥiʀ] /TABLE 38/ (VT) ⓐ (*par son physique, son charme*) to charm • **qu'est-ce qui t'a séduit chez** *ou* **en elle ?** what attracted you to her? • **elle sait ~** she knows how to use her charms ⓑ [*style, qualité, projet*] to appeal to • **cette idée va-t-elle les ~ ?** is this idea going to appeal to them?

séduisant, e [sedɥizɑ̃, ɑ̃t] (ADJ) attractive

séfarade [sefaʀad] **1** (ADJ) Sephardic **2** (NMF) Sephardi

segment [sɛgmɑ̃] (NM) segment

segmenter [sɛgmɑ̃te] /TABLE 1/ (VT) to segment

ségrégation [segʀegasjɔ̃] (NF) segregation

ségrégationniste [segʀegasjɔnist] **1** (ADJ) [*manifestant*] segregationist; [*problème*] of segregation; [*troubles*] due to segregation **2** (NMF) segregationist

> Le mot anglais s'écrit avec un seul **n** et sans **e** à la fin.

seiche [sɛʃ] (NF) cuttlefish

seigle [sɛgl] (NM) rye

seigneur [sɛɲœʀ] (NM) ⓐ (*Hist*) lord ⓑ (*Rel*) **le Seigneur** the Lord • **Notre-Seigneur Jésus-Christ** Our Lord Jesus Christ

sein [sɛ̃] (NM) breast • **donner le ~ à un bébé** to breast-feed a baby • **elle était ~s nus** she was topless • **au ~ de** in the bosom of

seing [sɛ̃] (NM) **acte sous ~ privé** private agreement (*document not legally certified*)

séisme [seism] (NM) earthquake; (*fig*) upheaval

seize [sɛz] (ADJ INV, NM INV) sixteen • **film tourné en ~ millimètres** film shot in sixteen millimetres → **six**

seizième [sɛzjɛm] (ADJ, NMF) sixteenth • **~s de finale** (*Sport*) first round (*of 5-round knockout competition*) • **le ~ (arrondissement)** the sixteenth arrondissement (*wealthy area in Paris*) → **sixième**

séjour [seʒuʀ] (NM) ⓐ (*= visite*) stay • **faire un ~ de trois semaines à Paris** to stay for three weeks in Paris • **faire un ~ à l'étranger** to spend time abroad • **j'ai fait plusieurs ~s en Australie** I've been to Australia several times • **c'est mon deuxième ~ aux États-Unis** it's my second trip to the United States • **elle a fait plusieurs ~s à l'hôpital** she has had several stays in hospital • **~ officiel** (*Politique*) official visit • **il a fait un ~ linguistique en Irlande** he went to Ireland on a language course ⓑ (*= salon*) living room

séjourner [seʒuʀne] /TABLE 1/ (VI) [*personne*] to stay • **~ chez qn** to stay with sb

sel [sɛl] **1** (NM) ⓐ salt • **sans ~** [*biscottes, pain, régime*] salt-free • **je mange sans ~** I don't put salt on my food ⓑ (*= humour*) wit; (*= piquant*) spice • **la remarque ne manque pas de ~** it's quite a witty remark • **c'est ce qui fait tout le ~ de l'aventure** that's what gives the adventure its spice **2** (COMP) ▸ **sels de bain** bath salts ▸ **sel de cuisine** cooking salt ▸ **sel gemme** rock salt ▸ **sel marin** *ou* **de mer** sea salt ▸ **sels minéraux** mineral salts ▸ **sel de table** table salt

select* [selɛkt] (ADJ INV), **sélect, e*** [selɛkt] (ADJ) posh*

sélecteur [selɛktœʀ] (NM) (*= commutateur*) selector; [*de moto*] gear lever

sélectif, -ive [selɛktif, iv] (ADJ) selective

sélection [selɛksjɔ̃] (NF) ⓐ (= *action*) selection • **~ naturelle** (*Bio*) natural selection • **il y a une ~ (à l'entrée)** (*Scol, Univ*) admission is by selective entry • **faire** *ou* **effectuer une ~** to make a selection ⓑ [*de produits, œuvres*] selection ⓒ (= *équipe*) team; (*Football, Rugby*) line-up • **la ~ française au festival de Cannes** the French films selected to be shown at the Cannes film festival • **il a 20 ~s à son actif en équipe nationale** he's won 20 caps for his country • **match de ~** trial match • **épreuves de ~** selection trials

sélectionné, e [selɛksjɔne] *ptp de* **sélectionner** 1 (ADJ) (= *soigneusement choisi*) specially selected 2 (NM,F) (*Football*) selected player; (*Athlétisme*) selected competitor • **les ~s** (*Football, Rugby*) the line-up

sélectionner [selɛksjɔne] /TABLE 1/ (VT) to select (**parmi** from (among)) • **un film sélectionné à Cannes** a film selected at the Cannes film festival • **il a été sélectionné trois fois en équipe nationale** he won three caps for his country

sélectionneur, -euse [selɛksjɔnœʀ, øz] (NM,F) (*Sport*) selector

self * [sɛlf] (NM) (= *restaurant*) self-service restaurant

self-control [sɛlfkɔ̃tʀol] (NM) self-control

selfie * [sɛlfi] (NM) selfie*

self-service (*pl* **self-services**) [sɛlfsɛʀvis] (NM) (= *station-service*) self-service petrol (*Brit*) *ou* gas (*US*) station; (= *restaurant*) self-service restaurant

selle [sɛl] 1 (NF) ⓐ [*de vélo, équitation*] saddle • **se mettre en ~** to mount • **mettre qn en ~** to put sb in the saddle; (*fig*) to give sb a boost • **se remettre en ~** to remount; (*fig*) to get back in the saddle ⓑ (*Boucherie*) saddle ⓒ **êtes-vous allé à la ~ aujourd'hui ?** have your bowels moved today? 2 (NFPL) **selles** (*Méd*) stools

seller [sele] /TABLE 1/ (VT) to saddle

sellerie [sɛlʀi] (NF) saddlery; (= *lieu*) tack room

sellette [sɛlɛt] (NF) **être/mettre qn sur la ~** to be/put sb in the hot seat

selon [s(ə)lɔ̃] (PRÉP) according to • **agir ~ sa conscience** to act according to one's conscience • **~ la formule** *ou* **l'expression consacrée** as the saying goes • **vivre ~ ses moyens** to live within one's means • **donner ~ ses moyens** to give according to one's means • **c'est ~ le cas/les circonstances** it all depends on the individual case/on the circumstances • **c'est ~*** it (all) depends • **il acceptera ou n'acceptera pas, ~ son humeur** he may or may not accept, according to his mood • **~ moi, c'est une mauvaise idée** in my opinion, it's a bad idea • **~ que** according to whether

Seltz [sɛls] (NF) **eau de ~** soda (water)

semaine [s(ə)mɛn] (NF) week • **la première ~ de mai** the first week in May • **en ~** during the week • **louer à la ~** to let by the week • **dans 2 ~s à partir d'aujourd'hui** 2 weeks from today • **la ~ de 35 heures** the 35-hour (working) week • **à la ~ prochaine !** I'll see you (*ou* talk to you) next week!

sémantique [semɑ̃tik] 1 (ADJ) semantic 2 (NF) semantics *sg*

sémaphore [semafɔʀ] (NM) semaphore

semblable [sɑ̃blabl] 1 (ADJ) ⓐ (= *similaire*) similar (**à** to) • **dans un cas ~** in a similar case • **je ne connais rien de ~** I've never come across anything like it • **une maison ~ à tant d'autres** a house like so many others ⓑ (*avant le nom* = *tel*) such • **de ~s erreurs sont inacceptables** such mistakes are unacceptable ⓒ (= *qui se ressemblent*) **~s** alike 2 (NMF) fellow creature • **aimer son ~** to love one's fellow men • **toi et tes ~s** (*péj*) you and your kind (*péj*)

semblant [sɑ̃blɑ̃] (NM) **un ~ de calme/bonheur/vie/vérité** a semblance of calm/happiness/life/truth • **un ~ de réponse** some vague attempt at a reply • **un ~ de sourire** the shadow of a smile • **pour redonner un ~ de cohérence à leur politique** to make their policy look more consistent

▸ **faire semblant** **faire ~ de dormir** to pretend to be asleep • **il a fait ~ de ne pas me voir** he pretended not to see me • **il fait ~** he's pretending

sembler [sɑ̃ble] /TABLE 1/ 1 (VB IMPERS) ⓐ (= *paraître*) **il semble bon/inutile de ...** it seems a good idea/useless to ... • **il semblerait qu'il ne soit pas venu** it would seem that he didn't come

ⓑ (= *estimer*) **il peut te ~ démodé de ...** it may seem old-fashioned to you to ... • **c'était lundi, il me semble** I think it was on Monday • **il me semble que ...** it seems to me that ... • **il me semble que oui/que non** I think so/I don't think so • **comme bon te semble** as you see fit

ⓒ (= *croire*) **il me semble que** I think (that) • **il me semblait bien que je l'avais posé là** I really thought I had put it down here • **il me semble vous l'avoir déjà dit** I think I've already told you

ⓓ (*locutions*) **je suis déjà venu ici, me semble-t-il** it seems to me that I've been here before • **il a, semble-t-il, essayé de me contacter** apparently he tried to contact me

2 (VI) to seem • **il semblait content** he seemed happy • **vous me semblez bien pessimiste !** you seem very pessimistic! • **il ne semblait pas convaincu** he didn't seem convinced • **tout semble indiquer que leur départ fut précipité** all the signs are that they left in a hurry • **mes arguments ne semblent pas l'avoir convaincu** apparently he has not been convinced by my arguments

semé, e [s(ə)me] *ptp de* **semer** (ADJ) **la route de la démocratie est ~e d'embûches** the road to democracy is fraught with difficulties • **gazon ~ de fleurs** lawn dotted with flowers

semelle [s(ə)mɛl] (NF) ⓐ [*de chaussure*] sole • **~s (intérieures)** insoles • **chaussures à ~s compensées** platform shoes • **c'est de la vraie ~*** [*viande*] it's as tough as old boots* (*Brit*) *ou* shoe leather* (*US*) • **il ne m'a pas quitté** *ou* **lâché d'une ~** he didn't leave me for a single second ⓑ [*de fer à repasser*] sole plate; [*de ski*] running surface

semence [s(ə)mɑ̃s] (NF) seed; (= *clou*) tack

semer [s(ə)me] /TABLE 5/ (VT) ⓐ [+ *discorde, graines*] to sow; [+ *confusion, terreur*] to spread • **~ le doute dans l'esprit de qn** to sow doubts in sb's mind ⓑ [+ *poursuivant*]* to shake off

semestre [s(ə)mɛstʀ] (NM) ⓐ (= *période*) half-year • **tous les ~s** twice a year ⓑ (*Univ*) semester

semestriel, -ielle [s(ə)mɛstʀijɛl] (ADJ) ⓐ [*assemblée*] six-monthly; [*revue, bulletin*] biannual; [*résultats*] half-yearly ⓑ (*Univ*) [*examen*] end-of-semester; [*cours*] one-semester

semeur, -euse [s(ə)mœʀ, øz] (NM,F) sower • **~ de trouble(s)** troublemaker • **~ de discorde** sower of discord

semi- [səmi] (PRÉF) semi-

S

semi-automatique [səmiɔtɔmatik] (ADJ) semiautomatic

semi-liberté [səmilibɛʀte] (NF) *[de prisonnier]* ≈ partial release • **les animaux vivent en ~** the animals live in relative liberty

séminaire [seminɛʀ] (NM) seminar; *(Rel)* seminary

séminariste [seminaʀist] (NM) seminarist

semi-précieux, -ieuse [səmipʀesjø, jøz] (ADJ) semi-precious

semi-professionnel, -elle [səmipʀɔfɛsjɔnɛl] (ADJ) semiprofessional

semi-remorque [səmiʀ(ə)mɔʀk] (NM) *(= camion)* articulated lorry *(Brit)*, trailer truck *(US)*

semis [s(ə)mi] (NM) *(= plante)* seedling

sémitique [semitik] (ADJ) Semitic

sémitisme [semitism] (NM) Semitism

semonce [səmɔ̃s] (NF) reprimand • **un coup de ~ pour le gouvernement** a warning shot across the government's bows

semoule [s(ə)mul] (NF) ~ **(de blé dur)** semolina; *(pour couscous)* couscous

sénat [sena] (NM) senate • **le Sénat** the Senate • **le Sénat américain** the American Senate

> **SÉNAT**
> The **Sénat**, the upper house of the French parliament, sits at the Palais du Luxembourg in Paris. Its members are known as "sénateurs". The **Sénat** has a wide range of powers but is overruled by the "Assemblée nationale" in cases of disagreement. → ASSEMBLÉE NATIONALE, DÉPUTÉ, ÉLECTIONS

sénateur, -trice [senatœʀ, tʀis] (NM,F) senator

sénatorial, e *(mpl* **-iaux***)* [senatɔʀjal, jo] **1** (ADJ) *[commission]* senatorial; *[mission, rapport]* Senate **2** (NFPL) **les (élections) ~es** the senatorial elections; *(aux USA)* the Senate elections → ÉLECTIONS

Sénégal [senegal] (NM) Senegal

sénégalais, e [senegalɛ, ɛz] **1** (ADJ) Senegalese **2** (NM,F) **Sénégalais(e)** Senegalese

sénile [senil] (ADJ) senile

sénilité [senilite] (NF) senility

senior [senjɔʀ] (ADJ, NMF) *(Sport)* senior • **les ~s** *(= personnes de plus de 50 ans)* the over-fifties

sens [sɑ̃s] **1** (NM) **a** *(= goût, vue etc)* sense • **reprendre ses ~** to regain consciousness • **sixième ~** sixth sense

b *(= instinct)* sense • **avoir le ~ du rythme/de l'humour** to have a sense of rhythm/of humour • **avoir le ~ de l'orientation** to have a sense of direction • **avoir le ~ des affaires** to have good business sense

c *(= signification)* meaning • **ce qui donne un ~ à la vie** what gives meaning to life • **cela n'a pas de ~** that doesn't make sense • **au ~ propre/figuré** in the literal figurative sense • **au ~ large/strict du terme** in the general/strict sense of the word • **en un (certain) ~** in a (certain) sense • **en ce ~ que ...** in the sense that ... • **la culture, au ~ où il l'entend** culture, as he understands it • **cela tombe sous le ~** it stands to reason • **à mon ~** to my mind

d *(= direction)* direction • **aller dans le bon/mauvais ~** to go the right/wrong way • **mesurer qch dans le ~ de la longueur** to measure sth along its length • **ça fait dix mètres dans le ~ de la longueur** it's ten metres in length • **dans le ~ de la largeur** across its width • **arriver en ~ contraire** *ou* **inverse** to arrive from the opposite direction • **aller en ~ contraire** to go in the opposite direction • **dans le ~ des aiguilles d'une montre** clockwise • **dans le ~ inverse des aiguilles d'une montre** anticlockwise *(Brit)*, counterclockwise *(US)* • **dans le ~ de la marche** facing the front of the train • **il a retourné la boîte dans tous les ~ avant de l'ouvrir** he turned the box this way and that before opening it • **ça va** *ou* **part dans tous les ~** *(fig)* it's all over the place • **la circulation dans le ~ Paris-province/province-Paris** traffic out of/into Paris

e *(= ligne directrice)* **il a agi dans le même ~** he did more or less the same thing • **j'ai donné des directives dans ce ~** I've given instructions to that effect • **cette réforme va dans le bon ~** this reform is a step in the right direction • **le ~ de l'histoire** the course of history

▸ **sens dessus dessous être/mettre ~ dessus dessous** to be/turn upside down

f ▸ **bon sens** common sense • **le bon ~ voudrait qu'il refuse** the sensible thing would be for him to refuse • **ça semble de bon ~** it seems to make sense • **c'est le bon ~ même de ...** it's only common sense to ... • **dans le bon ~ du terme** in the best sense of the word

2 (COMP) ▸ **sens giratoire** roundabout *(Brit)*, traffic circle *(US)* ▸ **sens interdit** one-way street • **vous êtes en ~ interdit** you are in a one-way street ▸ **sens unique** one-way street • **à ~ unique** *[rue]* one-way; *[concession]* one-sided

sensass* [sɑ̃sas] (ADJ INV) sensational

sensation [sɑ̃sasjɔ̃] (NF) **a** *(= perception)* sensation • **éprouver une ~ de bien-être** to have a feeling of wellbeing • **avoir une ~ de malaise** *(psychologiquement)* to feel ill at ease; *(physiquement)* to feel weak • **~ de brûlure** burning sensation • **~ de puissance** feeling of power • **j'ai la ~ de l'avoir déjà vu** I have a feeling I've seen him before • **les amateurs de ~s fortes** people who like big thrills

b *(= effet)* **faire ~** to cause a sensation

▸ **à sensation** *[littérature, roman]* sensational • **la presse à ~** the tabloid press • **journal à ~** scandal sheet

sensationnel, -elle [sɑ̃sasjɔnɛl] (ADJ) sensational

> Le mot anglais s'écrit avec un seul **n** et se termine par **-al**.

sensé, e [sɑ̃se] (ADJ) *[question, personne, mesure]* sensible • **tenir des propos ~s** to talk sense

sensibilisation [sɑ̃sibilizasjɔ̃] (NF) *[de personnes]* **la ~ de l'opinion publique à ce problème est récente** public opinion has only recently become sensitive to this problem • **campagne de ~** public awareness campaign

sensibilisé, e [sɑ̃sibilize] *ptp de* **sensibiliser** (ADJ) **~ à** sensitive to • **~ aux problèmes sociaux** socially aware

sensibiliser [sɑ̃sibilize] /TABLE 1/ (VT) **~ qn** to make sb sensitive (à to) • **~ l'opinion publique à un problème** to make the public aware of a problem

sensibilité [sɑ̃sibilite] (NF) sensitivity • **être d'une grande ~** to be extremely sensitive • **il a une ~ de gauche/de droite** his sympathies lie with the left/the right • **les maires, toutes ~s politiques confondues, sont d'accord** mayors of all political tendencies agree

sensible [sɑ̃sibl] (ADJ) ⓐ [*personne*] sensitive (**à** to) • **film déconseillé aux personnes ~s** film not recommended for people of a nervous disposition • **être ~ au charme de qn** to find sb charming • **ils ne sont pas du tout ~s à notre humour** they don't appreciate our sense of humour at all
ⓑ (= *significatif*) noticeable • **la différence n'est pas ~** the difference is hardly noticeable
ⓒ [*blessure, organe, peau*] sensitive • **~ au chaud/froid** sensitive to heat/cold • **être ~ de la gorge** to have a sensitive throat
ⓓ (= *difficile*) [*dossier, projet, secteur*] sensitive; [*établissement scolaire, quartier*] problem • **zone ~** (= *quartier*) problem area; (*Mil*) sensitive area
ⓔ [*balance, baromètre, marché*] sensitive (**à** to)

⚠ **sensible** ne se traduit pas par le mot anglais **sensible**.

sensiblement [sɑ̃sibləmɑ̃] (ADV) ⓐ (= *presque*) approximately • **être ~ de la même taille** to be approximately the same height ⓑ (= *notablement*) noticeably
sensiblerie [sɑ̃sibləʀi] (NF) (= *sentimentalité*) sentimentality; (= *impressionnabilité*) squeamishness
sensualité [sɑ̃sɥalite] (NF) sensuality
sensuel, -uelle [sɑ̃sɥɛl] (ADJ) sensual
sentence [sɑ̃tɑ̃s] (NF) (= *verdict*) sentence
sentencieux, -ieuse [sɑ̃tɑ̃sjø, jøz] (ADJ) sententious
sentier [sɑ̃tje] (NM) footpath • **sortir des ~s battus** to go off the beaten track
sentiment [sɑ̃timɑ̃] (NM) ⓐ (= *émotion*) feeling • **~ de pitié/culpabilité/haine** feeling of pity/guilt/hatred • **prendre qn par les ~s** to appeal to sb's feelings • **faire du ~** to be sentimental ⓑ (= *conscience*) **avoir le ~ que quelque chose va arriver** to have a feeling that something is going to happen; (*formule de politesse*) **transmettez-lui nos meilleurs ~s** give him our best wishes ⓒ (= *opinion*) feeling • **quel est votre ~?** what are your feelings?
sentimental, e (*mpl* **-aux**) [sɑ̃timɑ̃tal, o] **1** (ADJ)
ⓐ [*personne*] romantic
ⓑ [*raisons, voyage*] sentimental • **cette bague a une grande valeur ~e pour moi** this ring is of great sentimental value to me
ⓒ [*aventure, vie*] love • **sur le plan ~** (*dans horoscope*) on the romantic front • **sa vie était un échec sur le plan ~** as far as relationships were concerned, his life was a failure • **il a des problèmes sentimentaux** he has problems with his love life • **déception ~e** disappointment in love
ⓓ (*péj*) [*chanson, film, personne*] sentimental
2 (NM,F) sentimentalist • **c'est un grand ~** he's a great romantic
sentinelle [sɑ̃tinɛl] (NF) sentry
sentir [sɑ̃tiʀ] /TABLE 16/ **1** (VT) ⓐ (= *percevoir*) (*par l'odorat*) to smell; (*au goût*) to taste; (*au toucher, contact*) to feel • **~ un courant d'air** to feel a draught • **il ne sent pas la différence entre le beurre et la margarine** he can't tell the difference between butter and margarine • **je ne sens plus mes doigts** (*de froid*) I have lost all sensation in my fingers • **je ne sens plus mes jambes** (*de fatigue*) my legs are dropping off* (*Brit*), my legs are folding under me (*US*) • **je ne le sens pas, ce type*** I don't like the look of him • **je le sens mal ce voyage*** I'm not happy about this trip
ⓑ (= *avoir une odeur*) to smell • **~ bon/mauvais** to smell good/bad • **~ des pieds** to have smelly feet • **son manteau sent la fumée** his coat smells of smoke • **ça ne sent pas la rose!*** that doesn't smell too good!
ⓒ (= *dénoter*) to smack of • **des manières qui sentent le nouveau riche** manners that smack of the nouveau riche • **un discours qui sent le révisionnisme à plein nez** a speech that smacks strongly of revisionism
ⓓ (= *annoncer*) **ça sent le piège** there's a trap • **ça sent la pluie/la neige** it looks like rain/snow • **ça sent l'orage** there's a storm in the air • **ça sent le printemps** spring is in the air
ⓔ (= *avoir conscience de*) [+ *changement, fatigue*] to feel; [+ *importance de qch*] to be aware of; [+ *danger, difficulté*] to sense • **il sentait la panique le gagner** he felt panic rising within him • **il ne sent pas sa force** he doesn't know his own strength • **le cheval sentait (venir) l'orage** the horse sensed the storm (coming) • **~ que** to be aware that; (= *pressentir*) to sense that • **il m'a fait ~ que j'étais de trop** he let me know I wasn't wanted • **tu vas le ~ passer*** it's really going to hurt • **nous avons tous senti venir les licenciements** we all saw the redundancies coming
▸ **se faire sentir** [*effet*] to be felt • **les effets des grèves vont se faire ~ à la fin du mois** the effect of the strikes will be felt at the end of the month
ⓕ (= *supporter*)* **il ne peut pas le ~** he can't stand him
2 (VPR) **se sentir** ⓐ [*personne*] **se ~ mal** (*physiquement*) to feel ill; (*psychologiquement*) to be unhappy • **se ~ bien** (*physiquement, psychologiquement*) to feel good • **se ~ mieux/fatigué** to feel better/tired • **se ~ revivre/rajeunir** to feel o.s. coming alive again/growing young again • **il ne se sent pas le courage de le lui dire** he doesn't feel brave enough to tell him • **il ne se sent plus!*** he really thinks he's arrived!
ⓑ (= *se supporter*)* **ils ne peuvent pas se ~** they can't stand each other
séparation [sepaʀasjɔ̃] (NF) ⓐ (= *dissociation*) separation • **la ~ des pouvoirs** the separation of powers ⓑ (= *démarcation*) division • **mur de ~** dividing wall • **un paravent sert de ~ entre les deux parties de la pièce** a screen separates the two parts of the room
séparatisme [sepaʀatism] (NM) separatism
séparatiste [sepaʀatist] (ADJ, NMF) separatist; (*Hist*) (= *sudiste*) secessionist • **mouvement/organisation ~** separatist movement/organization
séparé, e [sepaʀe] *ptp de* **séparer** (ADJ) ⓐ (= *distinct*) separate • **ces colis feront l'objet d'un envoi ~** these parcels will be sent separately ⓑ [*personnes*] separated • **vivre ~** to live apart (**de** from)
séparément [sepaʀemɑ̃] (ADV) separately
séparer [sepaʀe] /TABLE 1/ **1** (VT) ⓐ (= *détacher, extraire*) to separate; [+ *écorce, peau*] to pull off (**de** from) • **séparez les blancs des jaunes** (*Cuisine*) separate the whites from the yolks
ⓑ (= *diviser*) to divide • **~ un territoire (en deux)** to divide a territory (in two)
ⓒ [+ *amis, alliés*] to part; [+ *adversaires, combattants*] to separate • **~ qn de qn d'autre** to separate sb from sb else • **rien ne pourra jamais nous ~** nothing will ever

S

come between us • **la vie les a séparés** they went their separate ways

ⓓ [+ *territoires, classes sociales, générations*] to separate • **une barrière sépare les spectateurs des joueurs** a barrier separates the spectators from the players • **un seul obstacle le séparait encore du but** only one obstacle stood between him and his goal • **les 200 mètres qui séparent la poste et la gare** the 200 metres between the post office and the station • **les six ans qui séparent le procès du crime** the six years that have elapsed between the trial and the crime • **tout les séparait** they were worlds apart

ⓔ (= *différencier*) [+ *questions, aspects*] to distinguish between

2 (VPR) **se séparer** ⓐ (= *se défaire de*) **se ~ de** [+ *employé, objet personnel*] to part with • **ne vous séparez jamais de votre passeport** keep your passport on you at all times

ⓑ (= *s'écarter*) to divide (**de** from); (= *se détacher*) to split off (**de** from); [*routes, branches*] to divide • **à cet endroit, le fleuve/la route se sépare en deux** at this point the river/the road forks • **c'est là que nos chemins se séparent** this is where we go our separate ways

ⓒ [*adversaires*] to separate

ⓓ (= *se quitter*) [*convives*] to leave each other; [*époux*] to separate

sépia [sepja] (NF) sepia

sept [sɛt] (ADJ INV, NM INV) seven • **les ~ péchés capitaux** the seven deadly sins • **les Sept Merveilles du monde** the seven wonders of the world • **les ~ familles** (*Cartes*) Happy Families • **les ~ pays les plus industrialisés** the Group of Seven (industrialized nations) • **les Sept d'or** *television awards* → **six**

septante [sɛptɑ̃t] (ADJ INV) (*Belg, Helv*) seventy

septembre [sɛptɑ̃bʀ] (NM) September • **le mois de ~** the month of September • **le premier ~ tombe un mercredi** the first of September falls on a Wednesday • **nous avons rendez-vous le premier ~** we have an appointment on the first of September • **en ~** in September • **au mois de ~** in (the month of) September • **au début (du mois) de ~** • **début ~** at the beginning of September • **à la fin (du mois) de ~** • **fin ~** at the end of September • **pendant le mois de ~** during September • **vers la fin ~** towards the end of September

> ✎ Les noms de mois s'écrivent avec une majuscule en anglais.

septennat [sɛptena] (NM) (*Hist, président*) seven-year term of office • **au cours de son ~** during his time in office

septentrional, e (*mpl* **-aux**) [sɛptɑ̃tʀijɔnal, o] (ADJ) northern

septicémie [sɛptisemi] (NF) blood poisoning

septième [sɛtjɛm] 1 (ADJ, NM) seventh • **le ~ art** cinema • **être au ~ ciel** to be in seventh heaven → **sixième** 2 (NF) (*Scol*) *sixth year in primary school*, fifth grade (*US*)

septièmement [sɛtjɛmmɑ̃] (ADV) seventhly

septique [sɛptik] (ADJ) **fosse ~** septic tank

septuagénaire [sɛptɥaʒenɛʀ] 1 (ADJ) seventy-year-old 2 (NMF) seventy-year-old man (*ou* woman)

sépulcre [sepylkʀ] (NM) sepulchre (*Brit*), sepulcher (*US*)

sépulture [sepyltyʀ] (NF) (= *lieu*) burial place; (= *tombe*) grave; (= *pierre tombale*) gravestone

séquelle [sekɛl] (NF) (*souvent pl*) [*de maladie, accident*] aftereffect • **les ~s de la guerre** the aftermath of the war • **elle n'a gardé aucune ~ psychologique de son agression** she was not psychologically scarred by the attack • **ça a laissé des ~s** [*blessure, incident*] it had serious consequences

séquençage [sekɑ̃saʒ] (NM) [*de génome*] sequencing

séquence [sekɑ̃s] (NF) sequence

séquentiel, -ielle [sekɑ̃sjɛl] (ADJ) sequential

séquestration [sekɛstʀasjɔ̃] (NF) ⓐ [*d'otage*] holding • **~ (arbitraire)** (*Droit*) false imprisonment ⓑ [*de biens*] sequestration

séquestre [sekɛstʀ] (NM) (= *action*) sequestration • **mettre** *ou* **placer sous ~** to sequester • **mise sous ~** sequestration

séquestrer [sekɛstʀe] /TABLE 1/ (VT) ⓐ (*Droit*) [+ *personne*] to confine illegally; [+ *otage*] to hold • **ils ont séquestré le directeur dans son bureau** they confined the manager to his office ⓑ (= *saisir*) [+ *biens*] to sequester

séquoia [sekɔja] (NM) sequoia

sera [s(ə)ʀa] (VB) → **être**

séraphin [seʀafɛ̃] (NM) seraph

serbe [sɛʀb] 1 (ADJ) Serbian 2 (NM) (= *langue*) Serbian 3 (NMF) **Serbe** Serb

Serbie [sɛʀbi] (NF) Serbia • **la République de ~** the Serbian Republic

serbo-croate (*pl* **serbo-croates**) [sɛʀbokʀɔat] 1 (ADJ) Serbo-Croat 2 (NM) (= *langue*) Serbo-Croat

serein, e [səʀɛ̃, ɛn] (ADJ) ⓐ [*âme, visage, personne*] serene • **je suis tout à fait ~, je suis sûr que son innocence sera prouvée** I'm quite confident, I'm sure he'll be proven innocent ⓑ (= *impartial*) [*jugement, critique*] calm

sereinement [səʀɛnmɑ̃] (ADV) [*regarder*] serenely; [*parler, attendre*] calmly; [*juger*] impartially • **ils envisagent l'avenir ~** they view the future calmly

sérénade [seʀenad] (NF) serenade • **faire toute une ~ à propos de qch*** to make a big fuss about sth

sérendipité [seʀɑ̃dipite] (NF) serendipity

sérénissime [seʀenisim] (ADJ) **Son Altesse ~** His (*ou* Her) Most Serene Highness

sérénité [seʀenite] (NF) ⓐ [*d'âme, foi, visage*] serenity • **elle affiche une ~ étonnante** she's incredibly serene • **j'ai retrouvé la ~** I feel serene again • **il envisage l'avenir avec une relative ~** he feels quite calm about the future ⓑ [*de jugement, critique*] impartiality

sergent [sɛʀʒɑ̃] (NM) (*Mil*) sergeant • **~-chef** staff sergeant

série [seʀi] (NF) ⓐ (= *suite*) series; [*de clés, casseroles, volumes*] set • **fabrication** *ou* **production en ~** mass production • **fabriqué** *ou* **produit en ~** mass-produced • **numéro de ~** [*de véhicule*] serial number • **article/voiture de ~** standard article/car • **modèle de ~** production model • **numéro hors ~** (*Presse*) special issue • **(ouvrages de) ~ noire** crime thrillers • **c'est la ~ noire** (*fig*) it's one disaster after another • **toute une ~ de ...** a series of ...

▸ **en série meurtres/tueur en ~** serial killings/killer • **monté en ~** connected in series

ⓑ (= *émission*) series • **~ télévisée** television series

ⓒ (= *catégorie*) (*Naut*) class; (*Sport*) (= *épreuve de qualification*) qualifying heat • **joueur de deuxième ~** second-rank player • **film de ~ B** B movie • **les différentes ~s du baccalauréat** the different baccalauréat options → BACCALAURÉAT

sérieusement [seʀjøzmɑ̃] ADV **a** (= *consciencieusement*) [*travailler*] conscientiously **b** (= *sans rire*) [*parler, envisager*] seriously • **elle envisage ~ de divorcer** she's seriously considering divorce • **(tu parles) ~?** are you serious? • **non, il l'a dit ~** no - he was quite serious **c** (= *vraiment*) really • **ça commence à m'agacer ~** it's really beginning to annoy me **d** (= *gravement*) [*blesser*] seriously

sérieux, -ieuse [seʀjø, jøz] **1** ADJ **a** (= *grave, important*) serious • **passons aux choses sérieuses** let's move on to more serious matters

b (= *digne de confiance*) [*personne, renseignement, source*] reliable; [*proposition, acheteur*] serious • **« pas ~ s'abstenir »** "genuine inquiries only"

c (= *réfléchi*) [*personne, études*] serious; (= *consciencieux*) [*employé, élève, apprenti*] conscientious; [*travail, artisan*] careful • **elle est très sérieuse dans son travail** she's a very conscientious worker • **ça ne fait pas très ~** it doesn't make a very good impression • **partir skier pendant les examens, ce n'est vraiment pas ~!** it's not very responsible to go off skiing during the exams! • **si tu veux faire ~, mets un costume** if you want to be taken seriously you should wear a suit

d (= *convenable*) [*jeune homme, jeune fille*] responsible

e (= *qui ne plaisante pas*) serious • **vous n'êtes pas ~!** you can't be serious! • **non, il était ~** no, he was serious • **c'est ~, ce que vous dites?** are you serious?

f (*intensif*) [*coup, ennuis*] serious; [*somme, différence*] considerable • **de sérieuses chances de ...** a good chance of ... • **je n'avais aucune raison sérieuse de penser que ...** I had no real reason to think that ... • **ils ont une sérieuse avance** they have a strong lead • **ils ont un ~ retard** they're seriously behind schedule • **il devra faire de ~ efforts pour rattraper son retard** he'll have to make a real effort to catch up

2 NM **a** (= *gravité*) seriousness • **garder son ~** to keep a straight face • **j'ai perdu mon ~** I started laughing • **prendre qch/qn au ~** to take sth/sb seriously • **se prendre au ~** to take o.s. seriously

b (= *fiabilité*) [*de personne*] reliability; [*d'acquéreur, promesses, intentions*] seriousness; [*d'employé, élève, apprenti*] conscientiousness • **il fait preuve de beaucoup de ~ dans son travail/ses études** he takes his work/his studies very seriously

c (= *sagesse*) [*de jeune homme, jeune fille*] trustworthiness

sérigraphie [seʀigʀafi] NF (= *technique*) silkscreen printing; (= *estampe*) screen print

serin [s(ə)ʀɛ̃] NM (= *oiseau*) canary

seriner [s(ə)ʀine] /TABLE 1/ VT (*péj*) **~ qch à qn** to drum sth into sb

seringue [s(ə)ʀɛ̃g] NF syringe

serment [sɛʀmɑ̃] NM **a** (*solennel*) oath • **faire un ~** to take an oath • **~ sur l'honneur** solemn oath • **sous ~** under oath • **~ d'Hippocrate** Hippocratic oath **b** (= *promesse*) pledge • **je te fais le ~ de ne plus jouer** I swear to you that I'll never gamble again

sermon [sɛʀmɔ̃] NM sermon

sermonner [sɛʀmɔne] /TABLE 1/ VT **~ qn** to lecture sb

séronégatif, -ive [seʀonegatif, iv] **1** ADJ HIV negative **2** NM,F person who is HIV negative

séropo* [seʀopo] ADJ (ABR DE **séropositif, ive**) HIV positive

séropositif, -ive [seʀopozitif, iv] **1** ADJ HIV positive **2** NM,F person who is HIV positive

séropositivité [seʀopozitivite] NF HIV infection • **quand il a appris sa ~** when he learned that he was HIV positive

sérotonine [seʀɔtɔnin] NF serotonin

serpent [sɛʀpɑ̃] NM snake • **le ~ monétaire (européen)** the (European) currency snake ▸ **serpent à sonnettes** rattlesnake

serpenter [sɛʀpɑ̃te] /TABLE 1/ VI [*chemin, rivière*] to snake; [*vallée*] to wind • **la route descendait en serpentant vers la plaine** the road snaked its way down to the plain

serpentin [sɛʀpɑ̃tɛ̃] NM (= *ruban*) streamer

serpillière [sɛʀpijɛʀ] NF floorcloth • **passer la ~** to mop the floor

serre [sɛʀ] NF **a** (= *abri*) greenhouse; (*attenant à une maison*) conservatory • **pousser en ~** to grow under glass • **~ chaude** hothouse • **effet de ~** greenhouse effect **b** (= *griffe*) claw

serré, e [seʀe] *ptp de* **serrer** **1** ADJ **a** [*chaussures, vêtement*] tight • **robe ~e à la taille** dress fitted at the waist • **elle porte des jeans ~s** she wears tight-fitting jeans

b (tightly) packed • **être ~s comme des sardines** to be packed like sardines • **nous sommes trop ~s à cette table** it's too crowded at this table

c [*réseau*] dense; [*écriture, mailles*] close; [*blés, herbe, forêt*] dense; [*virage*] sharp; [*horaire*] tight • **un café (bien) ~** a (good) strong coffee • **nous avons un calendrier très ~** we have a very tight schedule

d (= *bloqué*) [*bandage, nœud*] tight

e (= *contracté*) **les mâchoires/dents ~es** with set jaws/clenched teeth • **les lèvres ~es** with tight lips • **les poings ~s** with clenched fists • **avoir le cœur ~** to feel a pang of anguish • **je le regardai partir, le cœur ~** I felt sick at heart as I watched him go • **avoir la gorge ~e** to have a lump in one's throat

f [*jeu, lutte, match, budget*] tight • **arrivée ~e** (*Sport*) close finish • **la partie est ~e** it's a tight game

2 ADV **écrire ~** to write one's letters close together • **jouer ~** to play a tight game

serre-livres [sɛʀlivʀ] NM INV bookend

serrement [sɛʀmɑ̃] NM **~ de main** handshake • **~ de cœur** pang of anguish

serrer [seʀe] /TABLE 1/ **1** VT **a** (= *maintenir, presser*) to grip • **~ qch dans sa main** to clutch sth • **~ qn dans ses bras/contre son cœur** to clasp sb in one's arms/to one's chest • **~ la main à** *ou* **de qn** (= *la donner*) to shake hands with sb; (= *la presser*) to squeeze sb's hand • **se ~ la main** to shake hands

b (= *contracter*) **~ le poing/les mâchoires** to clench one's fist/one's jaws • **~ les lèvres** to set one's lips • **avoir le cœur serré par l'émotion** to feel a pang of emotion • **avoir la gorge serrée par l'émotion** to be choked by emotion • **~ les dents** to clench one's teeth; (*fig*) to grit one's teeth • **~ les fesses*** (= *avoir peur*) to be scared stiff*

c (= *comprimer*) to be too tight for • **mon pantalon me serre** my trousers are too tight (for me) • **cette jupe me serre (à) la taille** this skirt is too tight round the waist • **ces chaussures me serrent** these shoes are too tight

d [+ *écrou, vis, ceinture, lacet, nœud*] to tighten; [+ *joint*] to clamp • **~ les prix** to keep prices down • **~ le frein à main** to put on the handbrake • **~ la vis à qn*** to crack down on sb*

e (= *se tenir près de*) (*par derrière*) to keep close behind; (*latéralement*) to squeeze (**contre** up against) • **~ qn de près** to

S

follow close behind sb • **ne serre pas cette voiture de trop près** don't get too close to that car
ⓕ [+ *objets alignés, lignes, mots*] to put close together • **~ les rangs** to close ranks • **il faudra ~ les invités, la table est petite** we'll have to squeeze the guests together as the table is so small
2 (VI) (= *obliquer*) **~ à droite/gauche** to move in to the right-hand/left-hand lane
3 (VPR) **se serrer** ⓐ (= *se rapprocher*) **se ~ contre qn** to huddle up against sb; (*tendrement*) to cuddle up to sb • **se ~ autour de la table/du feu** to squeeze round the table/the fire • **serrez-vous un peu** squeeze up a bit
ⓑ (= *se contracter*) **son cœur se serra** he felt a pang of anguish

serre-tête (*pl* **serre-tête(s)**) [sɛʀtɛt] (NM) (= *bandeau*) headband; [*de cycliste, skieur*] skullcap

serrure [seʀyʀ] (NF) lock • **trou de la ~** keyhole

serrurier [seʀyʀje] (NM) locksmith

sertir [sɛʀtiʀ] /TABLE 2/ (VT) [+ *pierre précieuse*] to set • **bague sertie de diamants** ring set with diamonds

sérum [seʀɔm] (NM) **~ (sanguin)** (blood) serum • **~ physiologique** physiological salt solution • **~ de vérité** truth drug

servant, e [sɛʀvɑ̃, ɑ̃t] **1** (ADJ) **chevalier ~** escort **2** (NF) **servante** (= *domestique*) servant

serveur [sɛʀvœʀ] (NM) ⓐ [*de restaurant*] waiter; [*de bar*] barman ⓑ (*Sport*) server ⓒ (*Informatique*) server • **centre ~** service centre • **~ Internet** internet server • **~ vocal** answering service

serveuse [sɛʀvøz] (NF) [*de restaurant*] waitress; [*de bar*] barmaid

serviable [sɛʀvjabl] (ADJ) helpful

service [sɛʀvis]

1 NOM MASCULIN	2 COMPOSÉS

1 NOM MASCULIN

ⓐ service • **avoir 25 ans de ~** to have completed 25 years' service • **après 10 ans de bons et loyaux ~s** after 10 years' loyal service • **un ~ d'autocars dessert ces localités** there is a coach service to these districts • **assurer le ~ entre** to provide a service between • **offrir ses ~s à qn** to offer sb one's services • **nous serons obligés de nous passer de vos ~s** we will have to let you go
▸ **au service de être au ~ de** to be in the service of; [+ *cause*] to serve • **nos conseillers sont à votre ~** our advisers are at your service • **prendre qn à son ~** to take sb into one's service
▸ **en service** [*installation, usine*] in service • **entrer en ~** to come into service • **la mise en ~ des nouveaux autobus est prévue pour juin** the new buses are due to be put into service in June
▸ **hors service** [*appareil*] out of order *attrib*; [*personne*]* shattered*
ⓑ (= *travail*) duty • **~ de jour** day duty • **~ de nuit** night duty • **il est très ~ ~*** he's a stickler for the regulations • **qui est de ~ cette nuit ?** who's on duty tonight? • **être en ~ commandé** to be acting under orders • **prendre son ~** to come on duty • **quitter son ~** to go off duty • **les biens et les ~s** goods and services • **la part des ~s dans l'économie** the role of service industries in the economy • **le ~ militaire** military service • **le ~ national** national service • **le ~ civil** non-military national service • **faire son ~** to do one's national service
ⓒ (= *département*) department; (= *administration*) service • **les ~s de santé/postaux** health/postal services • **les ~s de police** the police • **les ~s sociaux** the social services • **~ hospitalier** hospital service • **~ de réanimation** intensive care unit • **les ~s généraux** (*dans une entreprise*) the maintenance department • **~ informatique** computer department
ⓓ (= *faveur, aide*) service • **rendre ~ à qn** (= *aider qn*) to do sb a service; (= *s'avérer utile*) to be of use to sb • **il aime rendre ~** he likes to be helpful • **rendre un petit ~ à qn** to do sb a favour • **rendre un mauvais ~ à qn** to do sb a disservice
ⓔ (*à table, au restaurant*) service; (= *pourboire*) service charge • **Marc fera le ~** Marc will serve • **passe-moi les amuse-gueules, je vais faire le ~** hand me the appetizers, I'll pass them round • **ils ont oublié de compter le ~** they have forgotten to include the service on the bill • **~ compris** service included • **~ non compris** service not included • **deuxième ~** (= *série de repas*) second sitting
ⓕ (= *assortiment*) set • **~ de table** (= *linge*) set of table linen; (= *vaisselle*) set of tableware • **~ à café** coffee set • **~ à thé** tea set • **~ à poisson** (= *vaisselle*) set of fish plates; (= *couverts*) fish service • **~ à fondue** fondue set
ⓖ (*Sport*) serve • **Sampras au ~** Sampras to serve • **prendre le ~ de qn** to break sb's serve • **il a un excellent ~** he has an excellent serve • **~ canon** bullet-like serve • **~-volée** serve and volley

2 COMPOSÉS

▸ **service après-vente** after-sales service ▸ **service en ligne** (*Informatique*) on-line service ▸ **service minimum** skeleton service ▸ **service d'ordre** (= *policiers*) police contingent; (= *manifestants*) stewards • **pour assurer le ~ d'ordre** to maintain order ▸ **service de presse** press relations department ▸ **service public** public service • **les ~s publics** the public utilities • **une télévision de ~ public** a public television company ▸ **les services secrets** the secret service ▸ **service de sécurité** (*d'un pays*) security service • **le ~ de sécurité de l'aéroport** airport security ▸ **les services spéciaux** the secret services

SERVICE MILITAIRE

Until 1997, French men over the age of 18 who were passed as fit, and who were not in full-time higher education, were required to do ten months' **service militaire**. Conscientious objectors were required to do two years' community service. Since 1997, military service has been suspended in France. However, anyone between the ages of 16–25 who has participated in the national census, whether male or female, must register for a one-day training course known as the "journée défense et citoyenneté (JDC)". The course gives basic information on the principles and organization of defence in France, and also advises on career opportunities in the military and in the voluntary sector. The course is a prerequisite for anyone wishing to take their driving test or any competitive public sector examinations. → JDC

serviette [sɛʀvjɛt] **1** (NF) ⓐ (*en tissu*) **~ (de toilette)** towel • **~ (de table)** napkin ⓑ (= *cartable*) briefcase
2 (COMP) ▸ **serviette de bain** bath towel ▸ **serviette éponge** terry towel ▸ **serviette hygiénique, serviette périodique** sanitary towel (*Brit*) *ou* napkin (*US*) ▸ **serviette de plage** beach towel

servile [sɛʀvil] (ADJ) [*personne*] servile; [*obéissance, imitation*] slavish; [*flatterie*] fawning

servilement [sɛʀvilmɑ̃] (ADV) [*obéir, imiter, traduire, copier*] slavishly • **flatter qn ~** to fawn on sb

servir [sɛʀviʀ] /TABLE 14/ **1** (VT) **a** (= *être au service de*) [+ *pays, cause*] to serve; (= *être soldat*) to serve • **~ la messe** (*Rel*) to serve mass

b [*domestique*] to serve • **elle aime se faire ~** she likes to be waited on • (PROV) **on n'est jamais si bien ~ que par soi-même** if you want something doing, do it yourself

c (= *aider*) [+ *personne*] to be of service to • **~ les ambitions/intérêts de qn** to serve sb's ambitions/interests • **il a été servi par les circonstances** he was aided by circumstances • **il a été servi par une bonne mémoire** his memory served him well

d (*dans un magasin*) [+ *client*] to serve; [+ *dîneur*] to wait on; (*chez soi, à table*) to serve • **le boucher m'a bien servi** (*en qualité*) the butcher has given me good meat; (*en quantité*) the butcher has given me a good amount for my money • **on vous sert, Madame?** are you being served? • **« Madame est servie »** "dinner is served" • **ils voulaient de la neige, ils ont été servis!** they wanted snow - and they certainly weren't disappointed!

e (= *donner*) [+ *rafraîchissement, plat*] to serve • **~ qch à qn** to help sb to sth • **~ le déjeuner/dîner** to serve (up) lunch/dinner • **« ~ frais »** "serve chilled" • **~ à déjeuner/dîner** to serve lunch/dinner (**à qn** to sb) • **~ à boire** to serve drinks • **~ à boire à qn** to serve a drink to sb

f (*Cartes*) to deal

g (*Sport*) to serve • **à vous de ~** it's your turn to serve

2 (VI) **cette valise n'a jamais servi** this suitcase has never been used • **ne jette pas cette boîte, ça peut toujours ~** don't throw that box away - it may still come in handy • **est-ce que cela pourrait vous ~?** could this be of any use to you?

▸ **servir à** (= *être utile à*) [+ *personne*] to be of use to; [+ *opération*] to be of use in • **~ à faire qch** to be used for doing sth • **ça ne sert à rien** [*objet*] it's no use; [*démarche*] there's no point • **cela ne sert à rien de pleurer** it's no use crying • **à quoi sert cet objet?** what's this thing used for? • **cela ne servirait pas à grand-chose de dire ...** it wouldn't be much use saying ...

▸ **servir de** (= *être utilisé comme*) [*personne*] to act as; [*ustensile, objet*] to serve as • **elle lui a servi d'interprète** she acted as his interpreter • **cette pièce sert de chambre d'amis** this room serves as a guest room • **cela pourrait te ~ de table** you could use that as a table

3 (VPR) **se servir** **a** (*à table, dans une distribution*) to help o.s.

b **se ~ de** (= *utiliser*) to use • **il sait bien se ~ de cet outil** he knows how to use this tool • **il s'est servi de moi** he used me

c (*sens passif*) **ce vin se sert très frais** this wine should be served chilled

serviteur [sɛʀvitœʀ] (NM) servant • **en ce qui concerne votre ~ ...** as far as yours truly is concerned ... (*hum*)

ses [se] (ADJ POSS) → **son**

sésame [sezam] (NM) sesame • **graines de ~** sesame seeds • **« Sésame ouvre-toi »** "open Sesame" • **ce diplôme est un ~ pour l'emploi** this degree opens doors on the job market

session [sesjɔ̃] (NF) **a** session • **~ d'examen** exam session • **la ~ de juin** the June exams • **la ~ de septembre** the September retakes • **~ de rattrapage** *special session of the baccalauréat for students retaking the exam* **b** (= *cours, stage*) course • **~ de formation** training course

set [sɛt] (NM) **a** (*Tennis*) set **b** **~ (de table)** (= *ensemble*) set of tablemats; (= *napperon*) tablemat

setter [setɛʀ] (NM) setter • **~ irlandais** Irish setter

seuil [sœj] (NM) **a** (= *marche*) doorstep; (= *entrée*) doorway; (*fig*) threshold • **se tenir sur le ~ de sa maison** to stand in the doorway of one's house • **il m'a reçu sur le ~** he kept me on the doorstep • **le ~ de** (= *début*) [+ *période*] the threshold of • **au ~ de la mort** at death's door

b (= *limite*) threshold • **~ de douleur** pain threshold • **~ de tolérance** threshold of tolerance • **~ de rentabilité** break-even point • **~ de pauvreté** poverty line • **vivre en dessous du ~ de pauvreté** to live below the poverty line • **le dollar est passé sous le ~ des 2 €** the dollar fell below the 2 euro level • **~ d'imposition** tax threshold

seul, e [sœl] **1** (ADJ) **a** (*après le nom*) [*personne*] (= *sans compagnie, non accompagné*) alone *attrib*; (= *isolé*) lonely; [*objet, mot*] alone *attrib* • **être/rester ~** to be/remain alone • **laissez-moi ~ quelques instants** leave me alone for a moment • **~ avec qn/son chagrin** alone with sb/one's grief • **ils se retrouvèrent enfin ~s** they were alone at last • **un homme ~ peut très bien se débrouiller** a single man can manage perfectly well • **se sentir (très) ~** to feel (very) lonely • **~ au monde** alonein the world • **il s'est battu, ~ contre tous** he fought single-handedly • **mot employé ~** word used alone • **la lampe ~e ne suffit pas** the lamp alone is not enough • **il était tout ~ dans un coin** he was all by himself in a corner

b (*avant le nom = unique*) **un ~ homme/livre** (*et non plusieurs*) one man/book; (*à l'exception de tout autre*) only one man/book • **le ~ homme/livre** the only man/book • **un ~ livre suffit** one book will do • **un ~ homme peut vous aider : Paul** only one man can help you and that's Paul • **pour cette ~e raison** for this reason alone • **un ~ moment d'inattention** a single moment's lapse of concentration • **une ~e fois** only once • **la ~e chose, c'est que ça ferme à 6 heures** the only thing is that it shuts at 6

c (*en apposition*) only • **~ le résultat compte** only the result counts • **~s les parents sont admis** only parents are admitted • **à eux ~s, ils ont bu dix bouteilles** they drank ten bottles between them

d (*locutions*) **~ et unique** one and only • **d'un ~ coup** (= *subitement*) suddenly; (= *en une seule fois*) in one go • **vous êtes ~ juge** you alone can judge • **à ~e fin de ...** with the sole purpose of ... • **dans la ~e intention de ...** with the sole intention of ... • **du ~ fait que ...** by the very fact that ... • **à la ~e pensée de ...** at the mere thought of ... • **parler à qn ~ à ~** to speak to sb in private • **se retrouver ~ à ~ avec qn** to find o.s. alone with sb • **comme un ~ homme** as one man

2 (ADV) **a** (= *sans compagnie*) **parler/rire ~** to talk/laugh to oneself • **vivre/travailler ~** to live/work alone

b (= *sans aide*) by oneself • **faire qch (tout) ~** to do sth (all) by oneself • **il l'a fait tout ~** he did it all by himself • **cette tasse ne s'est pas cassée toute ~e!** this cup didn't break all by itself! • **ça va tout ~** it's all going smoothly

3 (NM,F) **un ~ peut le faire** (*et non plusieurs*) one man can do it; (*à l'exception de tout autre*) only one man can do it • **le ~ que j'aime** the only one I love • **il n'en reste pas un ~** there isn't a single one left

S

seulement [sœlmɑ̃] (ADV) ⓐ only • **nous serons ~ quatre** there will only be four of us • **je pars pour deux jours ~** I'm only going away for two days • **ce n'est pas ~ sa maladie qui le déprime** it's not only his illness that depresses him • **1500 €, c'est ~ le prix de la chambre** 1,500 euros is the price for the room only • **il fait cela ~ pour nous ennuyer** he only does that to annoy us • **il vient ~ d'entrer** he's only just come in • **il est parti ~ ce matin** he left only this morning • **je connais un bon restaurant, ~ il est cher** I know a good restaurant, only it's expensive
ⓑ (*locutions*) **non ~ il ne travaille pas mais il empêche les autres de travailler** not only does he not work but he stops the others working too • **non ~ le directeur mais aussi les employés** not only the manager but the employees too • **non ~ il a plu, mais il a fait froid** it didn't only rain but it was cold too • **il n'a pas ~ de quoi se payer un costume** he hasn't even got enough to buy himself a suit • **si ~** if only

sève [sɛv] (NF) [*d'arbre*] sap

sévère [sevɛʀ] (ADJ) severe; [*parent, éducation, ton, régime*] strict; [*verdict*] harsh • **après une sélection ~** after a rigorous selection process • **ne soyez pas trop ~ avec elle** don't be too strict with her • **la critique a été très ~ avec son film** the critics were very hard on his film

sévèrement [sevɛʀmɑ̃] (ADV) severely; [*contrôler, réglementer*] strictly • **les visites sont ~ contrôlées** visits are under strict control

sévérité [seveʀite] (NF) severity; [*de parent, éducation, ton*] strictness; [*de verdict*] harshness • **tu manques de ~ avec lui** you're not strict enough with him

sévices [sevis] (NMPL) physical abuse *NonC* • **~ corporels/sexuels** physical/sexual abuse *NonC* • **exercer des ~ sur un enfant** to ill-treat a child; (*sexuels*) to abuse a child • **être victime de ~** to be abused

sévir [seviʀ] /TABLE 2/ (VI) ⓐ (= *punir*) to act ruthlessly • **~ contre** [+ *personne, abus, pratique*] to deal ruthlessly with • **si vous continuez, je vais devoir ~** if you carry on, I shall have to deal severely with you ⓑ [*virus*] to be rife; [*doctrine*] to hold sway • **ce fléau sévit encore en Asie** the illness is still rife in Asia • **la pauvreté sévissait** poverty was rife • **est-ce qu'il sévit encore à l'université?** (*hum*) do they still let him loose on the students?*

sevrage [səvʀaʒ] (NM) [*de nourrisson, jeune animal*] weaning • **cure de ~** [*de toxicomanes*] drug withdrawal programme • **une méthode de ~ des toxicomanes** a method of weaning addicts off drugs

sevrer [səvʀe] /TABLE 5/ (VT) [+ *nourrisson, jeune animal*] to wean • **~ un toxicomane** to wean an addict off drugs

sexagénaire [sɛksaʒenɛʀ] **1** (ADJ) sixty-year-old **2** (NMF) sixty-year-old man (*ou* woman)

sex-appeal [sɛksapil] (NM) sex appeal

sexe [sɛks] (NM) ⓐ (= *catégorie*) sex • **enfant de** *ou* **du ~ masculin/féminin** male/female child • **le ~ faible/fort** the weaker/stronger sex ⓑ (= *sexualité*) sex • **ce journal ne parle que de ~** this paper is full of nothing but sex ⓒ (= *organes génitaux*) genitals; (= *verge*) penis

sexer [sɛkse] /TABLE 1/ (VT) to sex

sexisme [sɛksism] (NM) sexism

sexiste [sɛksist] (ADJ, NMF) sexist

sexologie [sɛksɔlɔʒi] (NF) sexology

sexologue [sɛksɔlɔg] (NMF) sexologist

sex-symbol (*pl* **sex-symbols**) [sɛkssɛ̃bɔl] (NM) sex symbol

sexto* [sɛksto] (NM) sext • **envoyer un ~ à qn** to sext sb

sextuple [sɛkstypl] **1** (ADJ) sextuple **2** (NM) **je l'ai payé le ~/le ~ de l'autre** I paid six times as much for it/six times as much as the other for it • **augmenter au ~** to increase sixfold

sextuplés, -ées [sɛkstyple] (NMPL, NFPL) sextuplets

sexualité [sɛksɥalite] (NF) sexuality • **avoir une ~ épanouie** to have a full sex life

sexué, e [sɛksɥe] (ADJ) sexual

sexuel, -elle [sɛksɥɛl] (ADJ) sexual

sexuellement [sɛksɥɛlmɑ̃] (ADV) sexually

sexy* [sɛksi] (ADJ INV) sexy*

seyant, e [sɛjɑ̃, ɑ̃t] (ADJ) [*vêtement*] becoming • **elle portait une jupe très ~e** she was wearing a skirt that really suited her

Seychelles [seʃɛl] (NFPL) **les ~** the Seychelles

SF* [ɛsɛf] (NF) (ABR DE **science-fiction**) sci-fi* • **film/roman de SF** sci-fi* film/novel

shaker [ʃɛkœʀ] (NM) cocktail shaker

shakespearien, -ienne [ʃɛkspiʀjɛ̃, jɛn] (ADJ) Shakespearian

shaman [ʃaman] (NM) = **chaman**

shamanisme [ʃamanism] (NM) = **chamanisme**

shampoing, shampooing [ʃɑ̃pwɛ̃] (NM) (= *lavage, produit*) shampoo • **faire un ~ à qn** to give sb a shampoo • **se faire un ~** to shampoo one's hair • **à appliquer après chaque ~** apply every time after shampooing • **~ colorant** shampoo-in hair colour (*Brit*) *ou* color (*US*) • **~ à moquette** carpet shampoo

shampouiner, shampooiner [ʃɑ̃pwine] /TABLE 1/ (VT) to shampoo • **se ~ la tête** to shampoo one's hair

shérif [ʃeʀif] (NM) [*de western*] sheriff

sherpa [ʃɛʀpa] (NM) (= *guide*) Sherpa

shetland [ʃɛtlɑ̃d] **1** (NM) (= *tricot*) Shetland pullover **2** (NFPL) **Shetland les (îles) Shetland** the Shetlands

shilling [ʃiliŋ] (NM) shilling

shit [ʃit] (NM) (*arg Drogue*) dope*

shooter [ʃute] /TABLE 1/ **1** (VI) (*Football*) to shoot **2** (VT) (= *photographier*)* **se faire ~** to be photographed **3** (VPR) **se shooter** (*arg Drogue*) to shoot up* • **se ~ à l'héroïne** to shoot up* with heroin • **il s'est shooté pendant dix ans** he mainlined* drugs for ten years • **je me shoote au café*** I need to have my daily fix* of coffee

shopping [ʃɔpiŋ] (NM) shopping • **faire du ~** to go shopping • **faire son ~** to do one's shopping

short, shorts [ʃɔʀt] (NM) pair of shorts • **être en ~** to be wearing shorts

showbiz* [ʃobiz] (NM INV) (ABR DE **show-business**) show biz*

show-business○ [ʃobiznɛs] (NM INV) show business

si[1] [si]

1 CONJONCTION	2 ADVERBE

1 CONJONCTION

ⓐ if • **s'il fait beau demain, je sortirai** if it's fine tomorrow, I'll go out • **si j'avais de l'argent, j'achèterais une voiture** if I had any money, I would buy a car • **tu viendras? si oui, préviens-moi à l'avance** are you coming? if so, tell me in advance • **si seulement il venait/était venu** if only he was coming/had come • **si c'est ça*, je m'en vais** if that's how it is, I'm off* • **s'il a tant**

de succès c'est que ... if he is so successful it's because ...
b (interrogation indirecte) if, whether • **il ignore si elle viendra** he doesn't know whether *ou* if she'll come (or not) • **il se demande si elle viendra** he is wondering whether *ou* if she'll come (or not) • **tu imagines s'il était fier!** you can imagine how proud he was! • **si je veux y aller? quelle question!** do I want to go? what a question! • **si j'avais su!** if only I had known! • **et s'il refusait?** and what if he refused?
c (= que) **c'est un miracle si la voiture n'a pas pris feu** it's a miracle that the car didn't catch fire • **excusez-nous si nous n'avons pas pu venir** we're sorry we couldn't come
d (opposition) while • **si ses intentions étaient louables, l'effet de son discours a été désastreux** while his motives were excellent, the results of his speech were disastrous
e (locutions) **et si tu lui téléphonais?** how about phoning him?
▸ **si ce n'est ... qui peut le savoir, si ce n'est lui?** if he doesn't know, who will? • **si ce n'est elle, qui aurait osé?** who but she would have dared? • **il n'avait rien emporté, si ce n'est quelques biscuits** he had taken nothing with him apart from a few biscuits • **elle va bien, si ce n'est qu'elle est très fatiguée** she's quite well apart from the fact that she is very tired
▸ **si tant est que ils sont sous-payés, si tant est qu'on les paie** they are underpaid, if they are paid at all
2 ADVERBE
a (affirmatif) **vous ne venez pas? — si/mais si** aren't you coming? — yes I am/of course I am • **vous n'avez rien mangé? — si, une pomme** haven't you had anything to eat? — yes (I have), an apple • **si, si, il faut venir** oh but you must come! • **il n'a pas voulu, moi si** he didn't want to, but I did • **il n'a pas écrit? — il paraît que si** hasn't he written? — yes, it seems that he has • **je croyais qu'elle ne voulait pas venir, mais il m'a dit que si** I thought she didn't want to come but he said she did
b (= tellement) (*modifiant un attribut, un adverbe*) so; (*modifiant un épithète*) such • **un ami si gentil** such a kind friend • **des amis si gentils** • **de si gentils amis** such kind friends • **il parle si bas qu'on ne l'entend pas** he speaks in such a low voice that you can't hear him • **il est stupide, non? — si peu!** (*iro*) he's stupid, isn't he? — and how!*
▸ **si bien que** so that • **on est parti en retard, si bien qu'on a raté le train** we left late so we missed the train
c (concessif) however • **si bête soit-il, il comprendra** however stupid he is he will understand • **si peu que ce soit** however little it may be
d (= aussi) as • **elle n'est pas si timide que tu crois** she's not as shy as you think • **ce n'est pas si simple** it's not as simple as that

---

si² [si] (NM INV) (*Mus*) B; (*en chantant la gamme*) ti

siamois, e [sjamwa, waz] 1 (ADJ) [*chat*] Siamese • **frères ~** • **sœurs ~es** Siamese twins 2 (NM) (= *chat*) Siamese

Sibérie [siberi] (NF) Siberia

sibérien, -ienne [siberjɛ̃, jɛn] 1 (ADJ) Siberian • **un froid ~** an icy cold 2 (NM,F) **Sibérien(ne)** Siberian

sibyllin, e [sibilɛ̃, in] (ADJ) [*phrase, personne*] cryptic • **tenir des propos ~s** to talk in riddles

sic [sik] (ADV) sic

SICAV, sicav [sikav] (NF INV) (ABR DE **société d'investissement à capital variable**) (= *fonds*) unit trust (*Brit*), open-end investment trust (*US*); (= *part*) share in a unit trust (*Brit*) *ou* an open-end investment trust (*US*)

Sicile [sisil] (NF) Sicily

sicilien, -ienne [sisiljɛ̃, jɛn] 1 (ADJ) Sicilian 2 (NM,F) **Sicilien(ne)** Sicilian

SIDA, sida [sida] (NM) (ABR DE **syndrome d'immuno-déficience acquise**) AIDS • **avoir le ~** to have AIDS • **le virus du ~** the AIDS virus • **la lutte contre le ~** the battle against AIDS

sidatique [sidatik], **sidaïque** [sidaik] 1 (ADJ) [*personne*] (infected) with AIDS *ou* Aids 2 (NMF) AIDS *ou* Aids sufferer, person with AIDS, PWA

side-car○ (*pl* **side-cars**) [sidkaʀ] (NM) (= *habitacle*) sidecar; (= *véhicule*) motorcycle and sidecar

sidéen, -enne [sideɛ̃, ɛn] 1 (ADJ) [*personne*] (infected) with AIDS *ou* Aids 2 (NM,F) AIDS *ou* Aids sufferer, person with AIDS, PWA

sidérant, e* [sideʀɑ̃, ɑ̃t] (ADJ) staggering*

sidérer* [sideʀe] /TABLE 6/ (VT) (= *abasourdir*) to stagger* • **cette nouvelle m'a sidéré** I was staggered* by the news • **je suis sidéré par son intelligence/son insolence** I'm dumbfounded by his intelligence/his insolence • **la foule regardait, sidérée** the crowd watched, dumbfounded

sidérurgie [sideʀyʀʒi] (NF) (= *fabrication*) (iron and) steel metallurgy; (= *industrie*) (iron and) steel industry

sidérurgique [sideʀyʀʒik] (ADJ) [*industrie*] iron and steel

siècle [sjɛkl] (NM) **a** century • **au 3e ~ avant/après Jésus-Christ** in the 3rd century BC/AD • **au ~ dernier** in the last century • **le hold-up/match du ~*** the hold-up/match of the century **b** (= *époque*) age • **être d'un autre ~** to belong to another age • **le Siècle des lumières** the Enlightenment • **il y a un ~** *ou* **des ~s que nous ne nous sommes vus*** it has been ages since we last saw each other

siège [sjɛʒ] (NM) **a** (= *meuble*) seat • **~ de jardin/de bureau** garden/office chair • **le ~ des toilettes** the toilet seat • **donner/offrir un ~ à qn** to give/offer sb a seat • **prenez un ~** take a seat • **~ éjectable** [*d'avion*] ejector seat • **être assis sur un ~ éjectable** (*fig*) to be in an untenable position • **~ pour bébé** baby seat
b (= *fonction*) seat • **retrouver son ~ de député** to win back one's parliamentary seat
c [*d'entreprise*] head office; [*de parti, organisation internationale*] headquarters; [*d'assemblée, tribunal*] seat • **~ social** registered office • **~ pontifical** pontifical see
d [*de maladie, passions, rébellion*] seat; [*de sensation physique*] centre (*Brit*), center (*US*)

siéger [sjeʒe] /TABLE 3 et 6/ (VI) **a** [*assemblée, tribunal*] to be in session **b** **~ à** [+ *conseil, comité*] to sit *ou* be on **c** (= *être situé à*) [*tribunal, organisme*] **~ à** to have its headquarters in

sien, sienne [sjɛ̃, sjɛn] 1 (PRON POSS) **le sien** • **la sienne** • **les siens** [*d'un homme*] his; [*d'une femme*] hers; [*d'une chose, animal*] its own; (*indéfini*) one's own • **mes enfants sont sortis avec les ~s** my children have gone out with his (*ou* hers)
2 (NMF) **a** **y mettre du ~** to pull one's weight • **chacun doit être prêt à y mettre du ~** everyone must be prepared to pull his weight

S

b ▸ **les siens** (= *famille*) one's family; (= *partisans*) one's people

c ▸ **faire des siennes*** **il/elle a encore fait des siennes** he/she has done it again*

Sierra Leone [sjeʀaleɔn(e)] NF Sierra Leone

sierra-léonien, -ienne [sjeʀaleɔnjɛ̃, jɛn] **1** ADJ Sierra Leonean **2** NM,F **Sierra-Léonien(ne)** Sierra Leonean

sieste [sjɛst] NF nap; (*en Espagne etc*) siesta • **faire la ~** to have a nap; (*en Espagne etc*) to have a siesta

sifflant, e [siflɑ̃, ɑ̃t] **1** ADJ [*respiration*] wheezing **2** NF **sifflante consonne ~e** sibilant

sifflement [sifləmɑ̃] NM [*de personne, oiseau, train, bouilloire, vent*] whistling *NonC*; [*de serpent, vapeur, gaz, machine à vapeur*] hissing *NonC* • **un ~** a whistle • **un ~ d'admiration** *ou* **admiratif** a whistle of admiration • **des ~s** whistling noises • **~ d'oreilles** ringing in the ears

siffler [sifle] /TABLE 1/ **1** VI to whistle; (*avec un sifflet*) to blow a whistle; [*serpent, vapeur, gaz, machine à vapeur*] to hiss • **la balle siffla à ses oreilles** the bullet whistled past his ears • **j'ai les oreilles qui sifflent** my ears are ringing

2 VT **a** [+ *chien, personne*] to whistle for; [+ *fille*] to whistle at; [+ *joueur en faute*] to blow one's whistle at; [+ *départ, faute*] to blow one's whistle for • **~ la fin du match/la mi-temps** to blow the final whistle/the half-time whistle • **elle s'est fait ~ dans la rue** someone wolf-whistled at her in the street

b (= *huer*) [+ *orateur, acteur, pièce*] to boo • **se faire ~** to get booed

c [+ *air, chanson*] to whistle

d (= *avaler*)* to guzzle*

sifflet [siflɛ] NM **a** (= *instrument, son*) whistle • **coup de ~** whistle **b** (= *huées*) **~s** whistles of disapproval • **il est sorti sous les ~s du public** he was booed off the stage

siffleux* [siflø] NM (*Can*) groundhog

siffloter [siflɔte] /TABLE 1/ **1** VI to whistle **2** VT [+ *air*] to whistle

sigle [sigl] NM abbreviation; (= *acronyme*) acronym

signal (*pl* **-aux**) [siɲal, o] NM signal; (= *indice*) sign • **donner le ~ de** to give the signal for; (= *déclencher*) to be the signal for • **à mon ~ ils se levèrent tous** when I gave the signal everyone got up • **donner le ~ du départ** to give the signal for departure; (*Sport*) to give the starting signal • **~ de détresse** distress signal • **~ d'alarme** alarm • **tirer le ~ d'alarme** to pull the alarm; (*fig*) to sound the alarm • **~ sonore** (*de répondeur*) tone

signalement [siɲalmɑ̃] NM [*de personne, véhicule*] description • **donner le ~ de qn** to describe sb • **un individu répondant à ce ~** a person answering this description

signaler [siɲale] /TABLE 1/ **1** VT to indicate; [*écriteau, sonnerie*] to signal; [*personne*] (= *faire un signe*) to signal; [+ *fait nouveau, perte, vol*] to report • **signalez que vous allez tourner en tendant le bras** indicate that you are turning by putting out your arm • **on a signalé leur présence à Paris** they are reported to be in Paris • **on signale l'arrivée du bateau** it has been reported that the boat will arrive shortly • **rien à ~** nothing to report • **~ qn à l'attention de qn** to bring sb to sb's attention • **nous vous signalons en outre que ...** we would further point out to you that ... • **je te signale que je t'attends depuis une heure!** I'd like you to know that I've been waiting for you for an hour!

2 VPR **se signaler se ~ à l'attention de qn** (= *contacter*) to contact sb • **se ~ par son intelligence** to be known for one's intelligence

signalétique [siɲaletik] ADJ **fiche ~** identification sheet

signalisation [siɲalizasjɔ̃] NF (*sur route*) signs; (*sur voie ferrée*) signals • **« absence de ~ »** "no road markings" • **~ automatique** (*Rail*) automatic signalling • **erreur de ~** (*sur route*) signposting error; (*sur voie ferrée*) signalling error • **moyens de ~** means of signalling • **~ routière** road signs and markings • **~ verticale/horizontale** road signs/road markings

signaliser [siɲalize] /TABLE 1/ VT [+ *route*] to put up signs on; [+ *piste*] to put runway markings and lights on • **bien signalisé** [*route*] well signposted; [*piste*] clearly marked • **la frontière n'est pas toujours signalisée** the border isn't always marked

signataire [siɲatɛʀ] ADJ, NMF signatory

signature [siɲatyʀ] NF (= *marque, nom*) signature • **avant la ~ du contrat** before the contract is signed • **l'attentat porte leur ~** the attack bears their mark

signe [siɲ] **1** NM **a** sign • **s'exprimer par ~s** to use signs to communicate • **langage** *ou* **langue des ~s** sign language • **faire un ~ à qn** to make a sign to sb • **un ~ de tête affirmatif/négatif** a nod/a shake of the head • **elle m'a fait un ~ d'adieu** she waved goodbye to me • **le ~ moins/plus/égal** the minus/plus/equal(s) sign • **faire ~ à qn** to make a sign to sb; (= *contacter*) to get in touch with sb • **faire ~ à qn d'entrer** to motion sb in • **de la tête, il m'a fait ~ de ne pas bouger** he shook his head to tell me not to move • **il a fait ~ à la voiture** he waved the car • **faire ~ du doigt à qn** to beckon to sb • **faire ~ que oui** to nod • **faire ~ que non** (*de la tête*) to shake one's head; (*de la main*) to make a gesture of disagreement

▸ **en signe de en ~ de protestation/respect** as a sign of protest/respect • **en ~ de reconnaissance** for recognition purposes

b (= *indice*) sign • **~ précurseur** *ou* **avant-coureur** omen • **elle t'a invité? c'est un ~!** she invited you? that's a good sign! • **il recommence à manger, c'est bon ~** he's beginning to eat again, that's a good sign • **c'est ~ de pluie** it's a sign of rain • **c'est ~ qu'il va pleuvoir** it shows that it's going to rain • **c'est mauvais ~** it's a bad sign • **il n'a plus jamais donné ~ de vie** we've never heard from him since • **c'est un ~ qui ne trompe pas** the signs are unmistakable • **montrer** *ou* **donner des ~s de faiblesse** *ou* **de fatigue** [*personne*] to show signs of tiredness; [*appareil, montre*] to be on its last legs; [*monnaie*] to be weakening

c (= *trait*) mark • **« ~s particuliers : néant »** "distinguishing marks: none" • **~ distinctif** distinguishing feature • **leur argot est un ~ de reconnaissance** using slang is a way for them to recognize each other

d (*Astrol*) **~ du zodiaque** sign of the zodiac • **de quel ~ es-tu?** what's your sign?

2 COMP ▸ **signe de la croix** sign of the cross ▸ **signes extérieurs de richesse** outward signs of wealth ▸ **signe de ponctuation** punctuation mark

signer [siɲe] /TABLE 1/ **1** VT **a** [+ *document, traité, œuvre d'art*] to sign • **~ la paix** to sign a peace treaty • **signez au bas de la page** sign at the bottom of the page • **~ un chèque en blanc** to sign a blank cheque • **elle signe « Malou »** she signs herself "Malou" • **il a signé avec le**

club italien (*Sport*) he's signed for the Italian club • **~ d'une croix** to sign with a cross • **tableau non signé** unsigned painting

b (*= être l'auteur de*) to make • **elle vient de ~ son deuxième film** she's just made her second film • **il signe le troisième but de la partie** he's scored the third goal of the match • **cravate signée Paul** tie by Paul • **c'est signé !*** it's obvious who did it!

c [*+ artiste, auteur, joueur*] to sign

2 (VPR) **se signer** (*= faire le signe de croix*) to cross o.s.

signet [siɲɛ] (NM) bookmark

significatif, -ive [siɲifikatif, iv] (ADJ) significant; [*geste*] meaningful • **de manière significative** significantly

signification [siɲifikasjɔ̃] (NF) **a** [*de mot, symbole*] meaning • **quelle est la ~ de ce dessin ?** what does this drawing mean? **b** [*de fait, chiffres*] significance *NonC* • **cette mesure n'a pas grande ~** this measure is not very significant

signifier [siɲifje] /TABLE 7/ (VT) **a** (*= avoir pour sens*) to mean • **que signifie ce mot ?** what does this word mean? • **bonté ne signifie pas forcément faiblesse** kindness does not necessarily signify weakness • **qu'est-ce que cela signifie ?** what's the meaning of this?; (*après remarque hostile*) what's that supposed to mean?; (*à un enfant qui fait une scène*) what's all this in aid of?

b (*frm*) (*= faire connaître*) to make known • **~ ses intentions/sa volonté à qn** to make one's intentions/one's wishes known to sb • **~ son congé à qn** (*= renvoyer qn*) to give sb their notice • **signifiez-lui qu'il doit se rendre à cette convocation** inform him that he is to answer this summons

c [*+ décision judiciaire*] to serve notice of (**à** on)

silence [silɑ̃s] (NM) **a** (*= absence de bruits, de conversation*) silence • **un ~ de mort** a deathly silence • **garder le ~** to keep silent • **faire ~ sur** to keep quiet about • **sortez vos livres et en ~ !** get out your books and no talking! • **~ !** silence! • **~ ! on tourne** (*Ciné*) quiet everybody, action! • **il prononça son discours dans un ~ absolu** there was dead silence while he made his speech

b (*= pause*) (*dans la conversation, un récit*) pause; (*en musique*) rest • **il y eut un ~ gêné** there was an embarrassed silence • **à son entrée il y eut un ~** there was a hush when he came in

c (*= impossibilité ou refus de s'exprimer*) silence • **les journaux gardèrent le ~ sur cette grève** the newspapers kept silent on this strike • **garder un ~ absolu sur qch** to say absolutely nothing about sth • **réduire qn au ~** to reduce sb to silence • **briser** *ou* **rompre le ~** to break one's silence • **passer qch sous ~** to pass sth over in silence • **aimer qn en ~** to love sb secretly • **~ radio** radio silence; (*fig*) total silence • **le célèbre compositeur vient de sortir de 12 années de ~** the famous composer has just broken 12 years of silence

silencieusement [silɑ̃sjøzmɑ̃] (ADV) silently

silencieux, -ieuse [silɑ̃sjø, jøz] **1** (ADJ) silent; [*moteur, machine*] quiet • **rester ~** to remain silent (**sur, à propos de** about) **2** (NM) [*d'arme à feu*] silencer; [*de pot d'échappement*] silencer (*Brit*), muffler (*US*)

silex [silɛks] (NM) flint

silhouette [silwɛt] (NF) **a** (*= contours*) outline; [*de voiture*] shape • **la ~ du château se détache sur le couchant** the château is silhouetted against the sunset

b (*= ligne*) figure

silice [silis] (NF) silica

silicone [silikon] (NF) silicone

sillage [sijaʒ] (NM) [*d'embarcation*] wake; [*d'avion à réaction*] (*= déplacement d'air*) slipstream; (*= trace*) vapour (*Brit*) *ou* vapor (*US*) trail; [*de personne, animal, parfum*] trail • **dans le ~ de qn** (following) in sb's wake

sillon [sijɔ̃] (NM) **a** [*de champ*] furrow • **le ~ rhodanien** the Rhône valley **b** [*de disque*] groove

sillonner [sijɔne] /TABLE 1/ (VT) **a** [*avion, bateau, routes*] to criss-cross • **les canaux qui sillonnent la Hollande** the canals which criss-cross Holland • **des éclairs sillonnaient le ciel** flashes of lightning criss-crossed the sky • **~ les routes** to travel the country • **les touristes qui sillonnent la France en été** the tourists who travel around France in the summer **b** [*rides, ravins, crevasses*] to furrow • **visage sillonné de rides** face furrowed with wrinkles

silo [silo] (NM) silo • **~ à grains/fourrage** grain/fodder silo

simagrées [simagʀe] (NFPL) **faire des ~** to playact • **arrête tes ~ !** stop your play-acting!

similaire [similɛʀ] (ADJ) similar (**à** to)

similarité [similaʀite] (NF) similarity

simili [simili] **1** (PRÉF) imitation • **~marbre** imitation marble **2** (NM) imitation

similicuir [similikɥiʀ] (NM) imitation leather

similitude [similityd] (NF) similarity • **il y a certaines ~s entre ces méthodes** there are certain similarities between these methods

simple [sɛ̃pl] **1** (ADJ) **a** simple; [*nœud, cornet de glace*] single • **en ~ épaisseur** in a single layer • **réduit à sa plus ~ expression** reduced to a minimum • **~ comme bonjour*** as easy as falling off a log* • **dans le plus ~ appareil** (*hum*) in one's birthday suit • **pour faire ~ ...** (*faire les choses simplement*) to make things simple...; (*dire les choses simplement*) to put it simply...

b (*= modeste*) [*personne*] unpretentious • **il a su rester ~** he hasn't let it go to his head

c (*= de condition modeste*) **ce sont des gens ~s** they are simple folk

d (*= naïf*) simple • **il est un peu ~** he's a bit simple • **il est ~ d'esprit** • **c'est un ~ d'esprit** he's simple-minded

e (*= ordinaire*) [*particulier, salarié*] ordinary • **un ~ soldat** a private

f (*valeur restrictive*) **une ~ formalité** a mere formality • **une ~ remarque la déconcertait** a mere comment would upset her • **d'un ~ geste de la main** with just a movement of his hand • **par ~ curiosité** out of pure curiosity • **vous obtiendrez le cadeau sur ~ envoi de ce bon** for your free gift, simply send us this voucher • **vous obtiendrez des informations sur ~ appel** simply pick up the phone and you will get all the information you need

2 (NM) **a** **passer du ~ au double** to double • **les prix peuvent varier du ~ au double** prices can vary by as much as 100%

b (*Tennis*) singles • **~ messieurs/dames** men's/women's singles

simplement [sɛ̃pləmɑ̃] (ADV) **a** (*= sans sophistication*) simply • **ils vivent très ~** they lead a very simple life

b (*= seulement*) just • **je vous demande ~ de me prévenir** I just want you to warn me • **je veux ~ dire que ...** I just want to say that ...

S

c (= *facilement*) easily • **cela s'explique très ~** that's easily explained
d ▸ **tout simplement** quite simply • **c'est tout ~ inadmissible** it's quite simply intolerable • **il suffisait de téléphoner, tout ~!** all you had to do was phone!

simplet, -ette [sɛ̃plɛ, ɛt] ADJ simple; [*question, raisonnement*] simplistic

simplicité [sɛ̃plisite] NF simplicity • **décor d'une grande ~** very simple decor • **un appareil d'une grande ~ d'emploi** an appliance that is very easy to use • **habillé avec ~** dressed simply • **venez dîner demain, ce sera en toute ~** come for dinner tomorrow - it won't be anything fancy

simplification [sɛ̃plifikasjɔ̃] NF simplification

simplifier [sɛ̃plifje] /TABLE 7/ VT to simplify • **disons, pour ~ les choses, que ...** to simplify matters, let's say that ... • **~ à l'extrême** *ou* **à l'excès** to oversimplify • **des procédures très simplifiées** streamlined procedures

simplissime [sɛ̃plisim] ADJ **c'est ~** it couldn't be simpler

simpliste [sɛ̃plist] ADJ (*péj*) simplistic

simulacre [simylakʀ] NM (*péj*) **un ~ de justice** a pretence of justice • **un ~ de gouvernement/de procès** a mockery of a government/of a trial

simulateur, -trice [simylatœʀ, tʀis] **1** NM,F pretender; (= *qui feint la maladie*) malingerer **2** NM simulator • **~ de conduite/vol** driving/flight simulator

simulation [simylasjɔ̃] NF simulation • **il n'est pas malade, c'est de la ~** he isn't ill - it's all put on • **logiciel de ~** simulation software

simulé, e [simyle] *ptp de* **simuler** ADJ simulated; [*amabilité, gravité*] feigned; [*accident, suicide*] fake • **~ sur ordinateur** computer-simulated

simuler [simyle] /TABLE 1/ VT **a** (= *reproduire*) to simulate **b** (= *feindre*) [+ *sentiment, attaque*] to feign • **~ une maladie** to pretend to be ill

simultané, e [simyltane] ADJ simultaneous • **la présence ~e de deux personnes dans un même lieu** the presence of two people in the same place at the same time • **de manière ~e** simultaneously • **diffusion en ~** simultaneous broadcast

simultanéité [simyltaneite] NF simultaneity

simultanément [simyltanemɑ̃] ADV simultaneously

sincère [sɛ̃sɛʀ] ADJ sincere • **son chagrin est ~** he's genuinely upset; (*formules épistolaires*) **mes ~s condoléances** my sincere condolences • **mes ~s salutations** yours sincerely • **nos vœux les plus ~s** with our best wishes

sincèrement [sɛ̃sɛʀmɑ̃] ADV **a** (= *réellement*) sincerely; [*aimer*] truly • **je vous souhaite ~ de réussir** I sincerely hope you will succeed • **je suis ~ désolé que ...** I am sincerely sorry that ... **b** (= *franchement*) honestly • **~, vous feriez mieux de refuser** to be honest you'd be better off saying no

sincérité [sɛ̃seʀite] NF sincerity • **répondez-moi en toute ~** give me an honest answer

sinécure [sinekyʀ] NF sinecure • **ce n'est pas une ~*** it's no picnic*

sine qua non [sinekwanɔn] LOC ADJ **condition ~** necessary condition

Singapour [sɛ̃gapuʀ] N Singapore

singapourien, -ienne [sɛ̃gapuʀjɛ̃, jɛn] **1** ADJ Singaporean **2** NM,F **Singapourien(ne)** Singaporean

singe [sɛ̃ʒ] NM (*à longue queue*) monkey; (*à queue courte ou sans queue*) ape • **les grands ~s** the big apes • **faire le ~*** to monkey about

singer [sɛ̃ʒe] /TABLE 3/ VT [+ *démarche, personne*] to ape

singeries [sɛ̃ʒʀi] NFPL **faire des ~** to clown about

singulariser (se) [sɛ̃gylaʀize] /TABLE 1/ VPR (= *se faire remarquer*) to draw attention to o.s. • **se ~ par qch** to distinguish o.s. by sth

singularité [sɛ̃gylaʀite] NF **a** (= *particularité*) singularity • **cet orchestre a pour ~** *ou* **présente la ~ de jouer sans chef** this orchestra is unusual in that it doesn't have a conductor • **il cultive sa ~** he likes to stand out from the crowd **b** (= *bizarrerie*) peculiarity • **le manuscrit présente plusieurs ~s** the manuscript is odd in several respects

singulier, -ière [sɛ̃gylje, jɛʀ] **1** ADJ **a** (= *étonnant, peu commun*) remarkable • **c'est un personnage ~** he's an unusual character **b** (= *étrange*) odd • **singulière façon de se comporter!** what a strange way to behave! **c** (*Gram*) singular **2** NM (*Gram*) singular • **au ~** in the singular • **à la deuxième personne du ~** in the second person singular

singulièrement [sɛ̃gyljɛʀmɑ̃] ADV **a** (= *étrangement*) strangely **b** (= *beaucoup, très*) **cela leur complique ~ la tâche** that makes things particularly difficult for them • **il manque ~ d'imagination** he is singularly lacking in imagination

sinistre [sinistʀ] **1** ADJ sinister; [*voix, air*] funereal; [*personne*] grim-looking; [*soirée, réunion*] grim* • **tu es ~ ce soir!** you're in a very sombre mood tonight! • **le patron est ~** the boss gives me the creeps* • **un ~ imbécile** an absolute idiot • **un pénitencier de ~ réputation** a prison of evil repute • **ce pays détient le ~ record du nombre de tués sur la route** this country holds the gruesome record for road fatalities
2 NM (= *catastrophe*) disaster; (= *incendie*) blaze; (*Assurances*) (= *cas*) accident • **l'assuré doit déclarer le ~ dans les 24 heures** any accident claim must be notified within 24 hours

sinistré, e [sinistʀe] **1** ADJ [*région, pays*] stricken *épith*; [*secteur économique*] devastated • **zone ~e** disaster area • **ville ~e sur le plan de l'emploi** town blighted by unemployment • **les personnes ~es** the disaster victims **2** NM,F disaster victim

sinogramme [sinogʀam] NM Chinese character

sinon [sinɔ̃] CONJ **a** (= *autrement*) otherwise • **fais-le, ~ nous aurons des ennuis** do it, otherwise we will be in trouble • **fais-le, ~ ...** (*menaçant*) do it, or else ...
b (*de concession = si ce n'est*) if not • **il faut le faire, ~ pour le plaisir, du moins par devoir** it must be done, if not for pleasure, then at least out of a sense of duty • **ils y étaient opposés, ~ hostiles** (*frm*) they were opposed, if not hostile, to it
c (*frm = sauf*) except • **à quoi peut bien servir cette manœuvre ~ à nous intimider?** what can be the purpose of this manoeuvre if not to intimidate us? • **je ne sais pas grand-chose, ~ qu'il a démissionné** I don't know much about it, only that he has resigned

sinueux, -euse [sinɥø, øz] ADJ **a** [*rivière, route, chemin*] winding; [*ligne*] sinuous **b** [*pensée, raisonnement*] tortuous

sinuosités [sinɥozite] NFPL **les ~ du chemin/de la rivière** the twists and turns of the path/of the river

sinus [sinys] (NM) ⓐ (*Anatomie*) sinus ⓑ (*Math*) sine

sinusite [sinyzit] (NF) sinusitis *NonC* • **j'ai une ~** I've got sinusitis

siphon [sifɔ̃] (NM) siphon; [*d'évier, WC*] U-bend; (*Spéléologie*) sump

siphonné, e* [sifɔne] (ADJ) (= *fou*) crazy*

siphonner [sifɔne] /TABLE 1/ (VT) ⓐ [+ *réservoir*] to drain • **~ un réservoir d'essence** to siphon off the petrol (*Brit*) *ou* gas (*US*) from a tank ⓑ [+ *voix*] to siphon off

sirène [siʀɛn] (NF) ⓐ **~ (d'alarme)** siren; (*en temps de guerre*) air-raid siren; (*en temps de paix*) fire alarm ⓑ (= *personnage*) siren; (*à queue de poisson*) mermaid

sirop [siʀo] (NM) (= *médicament*) syrup; (= *boisson*) fruit drink • **~ d'orgeat** barley water • **~ de menthe** mint cordial (*Brit*) *ou* beverage (*US*) • **~ d'érable** maple syrup • **~ contre la toux** cough syrup

siroter* [siʀɔte] /TABLE 1/ (VT) to sip

sisal [sizal] (NM) sisal

sismique [sismik] (ADJ) seismic

site [sit] (NM) ⓐ (= *environnement*) setting • **dans un ~ merveilleux** in a marvellous setting • **~ naturel/historique** natural/historic site • **~ touristique** tourist spot • **la protection des ~s** the conservation of places of interest • **~ protégé** *ou* **classé** conservation area ⓑ (= *emplacement*) site • **~ archéologique/olympique** archeological/Olympic site ⓒ (*Informatique*) **~ communautaire** networking site • **~ compagnon** companion site • **~ miroir** mirror site • **~ Web** website

sitôt [sito] (ADV) (= *dès que*) **~ couchée, elle s'endormit** as soon as she was in bed she fell asleep • **~ dit, ~ fait** no sooner said than done • **~ après la guerre** immediately after the war

▸ **pas de sitôt il ne reviendra pas de ~** he won't be back for quite a while • **il ne recommencera pas de ~!** he won't be doing that again for a while!

sittelle [sitɛl] (NF) nuthatch

situation [sitɥasjɔ̃] (NF) ⓐ (= *circonstances*) situation • **être dans une ~ délicate** *ou* **difficile** to be in a difficult situation • **être en ~ de faire qch** to be in a position to do sth • **~ de famille** marital status • **étranger en ~ irrégulière** foreigner whose papers are not in order • **c'est l'homme de la ~** he's the right man for the job ⓑ (= *emploi*) post • **il a une belle ~** he has an excellent job ⓒ (= *emplacement*) situation • **la ~ de cette villa est excellente** this villa is very well situated

situé, e [sitɥe] *ptp de* **situer** (ADJ) situated • **bien/mal ~** well/poorly situated

situer [sitɥe] /TABLE 1/ **1** (VT) ⓐ (= *placer, construire*) to situate ⓑ (= *localiser*) to set; (= *catégoriser*) [+ *personne*]* to place • **on ne le situe pas bien*** you just can't figure him out*

2 (VPR) **se situer** ⓐ (*emploi réfléchi*) to place o.s. • **essayer de se ~ par rapport à qn/qch** to try to place o.s. in relation to sb/sth • **il se situe à gauche** (*Politique*) he's on the left

ⓑ (= *se trouver*) (*dans l'espace*) to be situated; (*dans le temps*) to take place; (*par rapport à des notions*) to stand • **l'action/cette scène se situe à Paris** the action/this scene takes place in Paris • **la hausse des prix se situera entre 5% et 10%** prices will rise by between 5% and 10%

six [sis] **1** (ADJ CARDINAL INV) six • **il y avait ~ mille personnes** there were six thousand people • **ils sont ~ enfants** there are six children • **je suis resté ~ heures/jours** I stayed six hours/days • **il a ~ ans** he is six years old • **un enfant de ~ ans** a six-year-old child • **polygone à ~ faces** six-sided polygon • **j'en ai pris trois, il en reste ~** I've taken three and there are six left • **il est ~ heures** it's six o'clock • **il est ~ heures du soir** it's 6 pm, it's six in the evening • **il est ~ heures du matin** it's 6 am, it's six in the morning • **il est trois heures moins ~** it is six minutes to three • **il est trois heures ~** it is six minutes past *ou* after (*US*) three • **cinq jours/fois sur ~** five days/times out of six • **ils sont venus tous les ~** all six of them came • **ils ont porté la table à eux ~** the six of them carried the table • **ils ont mangé le jambon à eux ~** the six of them ate the ham • **ils viennent à ~ pour déjeuner** there are six coming to lunch • **on peut s'asseoir à ~ autour de cette table** this table can seat six • **ils vivent à ~ dans une seule pièce** there are six of them living in one room • **entrer ~ par ~** to come in six at a time • **se mettre en rangs par ~** to form rows of six

2 (ADJ ORDINAL INV) **arriver le ~ septembre** to arrive on the sixth of September • **Louis ~** Louis the Sixth • **chapitre/page/article ~** chapter/page/article six • **le numéro ~ gagne un lot** number six wins a prize • **il habite au numéro ~ de la rue Arthur** he lives at number six Rue Arthur

3 (NM INV) six • **trente-~** thirty-six • **quatre et deux font ~** four and two make six • **il fait mal ses ~** he writes his sixes badly • **c'est le ~ qui a gagné** number six has won • **il habite au ~** he lives at number six • **il habite ~ rue de Paris** he lives at six, Rue de Paris • **nous sommes le ~ aujourd'hui** it's the sixth today • **il est venu le ~** he came on the sixth • **il est payé le ~ de chaque mois** he is paid on the sixth of each month • **le ~ de cœur** (*Cartes*) the six of hearts • **la facture est datée du ~** the bill is dated the 6th

> When **six** is used alone, **x** is pronounced **s**, eg **compter jusqu'à six**; it is pronounced **z** before a vowel sound, eg **j'ai six ans**, and not pronounced at all before a consonant, eg **six personnes**.

sixième [sizjɛm] **1** (ADJ) sixth • **trente-~** thirty-sixth • **recevoir la ~ partie de qch** to receive a sixth of sth • **demeurer dans le ~ (arrondissement)** to live in the sixth arrondissement (*in Paris, Lyon, Marseilles*) • **habiter au ~ (étage)** to live on the sixth floor (*Brit*) *ou* the seventh floor (*US*)

2 (NMF) sixth person • **se classer ~** to come sixth • **nous avons besoin d'un ~ pour compléter l'équipe** we need a sixth person to complete the team • **elle est arrivée (la) ~ dans la course** she came sixth in the race

3 (NM) (= *portion*) sixth • **recevoir le ~** *ou* **un ~ d'une somme** to receive a sixth of a sum • **(les) deux ~s du budget seront consacrés à ...** two sixths of the budget will be given over to ...

4 (NF) (*Scol*) ≈ first form (*Brit*), ≈ sixth grade (*US*) • **entrer en (classe de) ~** ≈ to go into the first form (*Brit*) *ou* sixth grade (*US*) • **élève de ~** ≈ first form (*Brit*) *ou* sixth-grade (*US*) pupil

skaï® [skaj] (NM) leatherette® • **en ~** leatherette

skate(-board) [skɛt(bɔʀd)] (NM) skateboard • **le ~** (= *activité*) skateboarding • **faire du ~** to skateboard

sketch (*pl* **sketches**) [skɛtʃ] (NM) sketch

ski [ski] (NM) (= *objet*) ski; (= *sport*) skiing • **aller quelque part à** *ou* **en ~s** to go somewhere on skis • **aller faire**

S

du ~ to go skiing • **tu sais faire du ~?** can you ski? • **aller au ~*** to go skiing • **vacances/équipement de ~** skiing holiday/equipment • **chaussures/moniteur/épreuve/station de ~** ski boots/instructor/race/resort ▸ **ski acrobatique** hot-dogging ▸ **ski alpin** (= *discipline*) Alpine skiing; (*opposé à ski de fond*) downhill skiing ▸ **ski sur bosses** mogul skiing ▸ **ski de fond** cross-country skiing ▸ **ski sur glacier** glacier skiing ▸ **ski nautique** water-skiing ▸ **ski nordique** Nordic skiing ▸ **ski de piste** downhill skiing ▸ **ski de randonnée** ski-touring

skiable [skjabl] ADJ [*neige, piste*] skiable • **ils ont un grand domaine ~** they have a lot of ski slopes

skier [skje] /TABLE 7/ VI to ski

skieur, skieuse [skjœʀ, skjøz] NM,F skier • **~ de fond** cross-country skier • **~ nautique** water-skier

skin* [skin], **skinhead** [skinɛd] NM skinhead

skipper, skippeur, -euse [skipœʀ, øz] NM,F [*de bateau*] skipper

slalom [slalɔm] NM (= *épreuve, piste*) slalom; (*entre divers obstacles*) zigzag • **faire du ~** to slalom • **~ géant/spécial** giant/special slalom

slalomer [slalɔme] /TABLE 1/ VI (*Sport*) to slalom • **il slalomait entre les voitures** he was weaving in and out of the traffic • **le serveur slalomait entre les tables** the waiter was weaving between the tables

slalomeur, -euse [slalɔmœʀ, øz] NM,F slalom skier

slam [slam] NM slam • **~ de poésie** poetry slam

slamer [slame] /TABLE 1/ VI to perform at a (poetry) slam

slameur, -euse [slamœʀ, øz] NM,F slammer (*in poetry contest*)

slave [slav] 1 ADJ Slav; [*langue*] Slavic 2 NMF **Slave** Slav

slip [slip] NM briefs; [*de femme*] pants • **~ de bain** [*d'homme*] swimming trunks; (*bikini*) bikini bottoms • **~ brésilien** tanga • **j'ai acheté deux ~s** I bought two pairs of briefs

slogan [slɔgɑ̃] NM slogan

slovaque [slɔvak] 1 ADJ Slovak 2 NMF **Slovaque** Slovak

Slovaquie [slɔvaki] NF Slovakia

slovène [slɔvɛn] 1 ADJ Slovene 2 NM (= *langue*) Slovene 3 NMF **Slovène** Slovene

Slovénie [slɔveni] NF Slovenia

slow [slo] NM (= *danse*) slow dance; (= *musique*) slow number • **danser un ~** to dance a slow dance

smartphone [smaʀtfɔn] NM smartphone

smash [sma(t)ʃ] NM (*Tennis*) smash • **faire un ~** to smash the ball

smasher [sma(t)ʃe] /TABLE 1/ (*Tennis*) 1 VT to smash 2 VI to smash the ball

SME [ɛsɛmə] NM (ABR DE **système monétaire européen**) EMS

SMIC [smik] NM (ABR DE **salaire minimum interprofessionnel de croissance**) guaranteed minimum wage

> **SMIC**
> In France, the **SMIC** ("salaire minimum interprofessionnel de croissance") is the minimum hourly rate which workers over the age of 18 must legally be paid. It is raised each year on January 1st and is indexed in line with the rate of inflation for the lowest 20% of household incomes.

smicard, e* [smikaʀ, aʀd] NM,F minimum wage earner

smishing [smiʃiŋ] NM smishing, SMiShing

smoking [smɔkiŋ] NM (= *costume*) dinner suit (*Brit*), tuxedo (*US*); (= *veston*) dinner jacket

> ⚠ **smoking** ne se traduit pas par le mot anglais **smoking**.

SMS [ɛsɛmɛs] NM (ABR DE **short message service**) (= *service*) SMS; (= *message*) text message

smurf [smœʀf] NM break dancing

snack [snak], **snack-bar** (*pl* **snack-bars**) [snakbaʀ] NM snack bar

snacker [snake] /TABLE 1/ VT to flash-cook • **plaque à ~** hotplate, plancha

SNCF [ɛsɛnseɛf] NF (ABR DE **Société nationale des chemins de fer français**) *French national railway company*

sniffer* [snife] /TABLE 1/ VT [+ *drogue*] to sniff

snob [snɔb] 1 NMF snob 2 ADJ snobbish

snober [snɔbe] /TABLE 1/ VT [+ *personne*] to snub; [+ *endroit, réception*] to turn one's nose up at

snobinard, e* [snɔbinaʀ, aʀd] (*péj*) 1 ADJ snobbish 2 NM,F snob

snobisme [snɔbism] NM snobbery

snowboard [snobɔʀd] NM snowboard • **faire du ~** to snowboard

snowboardeur, -euse [snobɔʀdœʀ, øz] NM,F snowboarder

sobre [sɔbʀ] ADJ ⓐ (= *qui mange et boit peu*) abstemious; (= *qui ne boit pas d'alcool*) teetotal; (= *qui n'est pas ivre*) sober ⓑ [*décor, style, éloquence, tenue*] sober; [*commentaire, vie*] simple • **des vêtements de coupe ~** clothes cut simply

sobrement [sɔbʀəmɑ̃] ADV ⓐ [*vivre*] abstemiously ⓑ (= *simplement*) [*s'habiller*] plainly; [*commenter, expliquer*] simply

sobriété [sɔbʀijete] NF ⓐ (= *fait de boire et manger peu*) temperance; (= *fait de ne pas boire d'alcool*) abstinence ⓑ [*de style, éloquence*] sobriety; [*de mise en scène, décor*] simplicity

sobriquet [sɔbʀikɛ] NM nickname

sociable [sɔsjabl] ADJ (= *ouvert*) [*personne, caractère*] sociable • **je ne suis pas d'humeur ~ aujourd'hui** I'm not in a sociable mood today

social, e (*mpl* **-iaux**) [sɔsjal, jo] 1 ADJ ⓐ social • **œuvres ~es** charity activities ⓑ (= *du travail*) **revendications ~es** workers' demands • **conflit ~** industrial dispute • **plan ~** restructuring programme 2 NM **le ~** (= *questions*) social issues • **faire du ~** to tackle social issues

social-démocrate, sociale-démocrate (*mpl* **sociaux-démocrates**) [sɔsjaldemɔkʀat, sɔsjodemɔkʀat] ADJ, NM,F Social Democrat

socialement [sɔsjalmɑ̃] ADV socially

socialiser [sɔsjalize] /TABLE 1/ VT [+ *personne*] to socialize

socialisme [sɔsjalism] NM socialism

socialiste [sɔsjalist] ADJ, NMF socialist

sociétaire [sɔsjetɛʀ] NMF member (*of a society*) • **~ de la Comédie-Française** member of the Comédie-Française

sociétal, e (*mpl* **-aux**) [sɔsjetal, o] ADJ [*changement, structure*] societal • **engagement ~** community involvement

société [sɔsjete] 1 NF ⓐ (= *groupe, communauté*) society • **la ~** society • **la vie en ~** life in society • **la ~ de consommation/de loisirs** the consumer/leisure society • **dans la bonne ~** in polite society • **la haute ~** high society • **la ~ civile** civil society

b (= *club*) (*littéraire*) society; (*sportif*) club • ~ **de pêche** angling club • ~ **secrète/savante** secret/learned society • **la Société protectrice des animaux** ≈ the Royal Society for the Prevention of Cruelty to Animals (*Brit*), ≈ the American Society for the Prevention of Cruelty to Animals (*US*)
c (= *firme*) company • ~ **financière** finance company
2 COMP ▸ **société anonyme** ≈ limited (liability) company; (*ouverte au public*) ≈ public limited company ▸ **société commerciale** trading company ▸ **société de crédit** finance company ▸ **société écran** bogus company ▸ **Société nationale des chemins de fer français** *French national railway company* ▸ **société à responsabilité limitée** limited liability company

> ⚠ Dans le sens commercial, **société** se traduit par **company**.

socio* [sɔsjo] NF (ABR DE **sociologie**) sociology
socioculturel, -elle [sɔsjokyltyʀɛl] ADJ sociocultural
socio-économique (*pl* **socio-économiques**) [sɔsjoekɔnɔmik] ADJ socioeconomic
socio-éducatif, -ive (*mpl* **socio-éducatifs**) [sɔsjoedykatif, iv] ADJ socioeducational
sociologie [sɔsjɔlɔʒi] NF sociology
sociologique [sɔsjɔlɔʒik] ADJ sociological
sociologue [sɔsjɔlɔg] NMF sociologist
socioprofessionnel, -elle [sɔsjopʀɔfesjɔnɛl] ADJ socioprofessional

> ✎ Le mot anglais s'écrit avec un seul **n** et se termine par **-al**.

socle [sɔkl] NM [*de statue, colonne*] plinth; [*de lampe*] base
socquette [sɔkɛt] NF ankle sock (*Brit*), bobby sock (*US*)
soda [sɔda] NM fizzy drink (*Brit*), soda (*US*) • ~ **à l'orange** orangeade • **whisky** ~ whisky and soda
sodium [sɔdjɔm] NM sodium
sœur [sœʀ] NF **a** (= *parente*) sister • **organisations ~s** sister organizations • **et ta ~!**‡ get lost!‡ **b** (= *religieuse*) sister • ~ **Jeanne** Sister Jeanne • **elle a été élevée chez les ~s** she was convent-educated
sœurette* [sœʀɛt] NF little sister
sofa [sɔfa] NM sofa
SOFRES [sɔfʀɛs] NF (ABR DE **Société française d'enquêtes par sondage**) *French public opinion poll institute*
software [sɔftwɛʀ] NM software
soi [swa] **1** PRON PERS oneself • **malgré** ~ in spite of oneself • **rester chez** ~ to stay at home • **cela va de** ~ it goes without saying • **il va de** ~ **que ...** it goes without saying that ... • **en** ~ (= *intrinsèquement*) in itself **2** NM (= *personnalité*) self; (= *inconscient*) id
soi-disant [swadizɑ̃] **1** ADJ INV so-called • **un ~ poète/professeur** a so-called poet/teacher **2** ADV supposedly • **il était ~ parti à Rome** he had supposedly left for Rome • **il était venu ~ pour discuter** he had come to talk - or so he said • ~ **que*** ... it seems that ...
soie [swa] NF **a** (= *tissu*) silk • ~ **sauvage** wild silk **b** **brosse en ~s de sanglier** bristle brush • **brosse à dents en ~s de nylon** nylon tooth brush
soierie [swaʀi] NF (= *tissu*) silk
soif [swaf] NF thirst • **avoir** ~ to be thirsty • **ça donne** ~ it makes you thirsty • ~ **de** [+ *richesse, connaissances, vengeance, pouvoir*] thirst for
soignant, e [swaɲɑ̃, ɑ̃t] ADJ [*personnel*] nursing • **équipe ~e** team of doctors and nurses
soigné, e [swaɲe] *ptp de* **soigner** ADJ **a** [*personne, chevelure*] well-groomed; [*ongles*] manicured; [*mains*] well-cared-for • **peu** ~ [*personne*] untidy; [*cheveux*] unkempt; [*ongles, mains*] neglected **b** [*travail, style*] careful; [*jardin*] well-kept; [*repas*] carefully prepared • **peu** ~ [*travail*] careless
soigner [swaɲe] /TABLE 1/ **1** VT to look after; [*médecin*] to treat; [+ *cheval, tenue, travail, repas, présentation*] to take care over • **j'ai été très bien soigné dans cette clinique** I was very well looked after in this clinic • ~ **les blessés** to tend the wounded • **tu devrais te faire** ~ you should see a doctor • **il faut te faire ~!*** you need your head examined!* • **rentrez chez vous pour ~ votre rhume** go back home and look after that cold • **je soigne mes rhumatismes avec des pilules** I'm taking pills for my rheumatism • ~ **son image (de marque)** to be careful about one's image
2 VPR **se soigner** **a** [*personne*] (= *prendre des médicaments*) to take medicine • **se ~ par les plantes** to take herbal medicine • **soigne-toi bien** take good care of yourself
b [*maladie*] to treat • **de nos jours, la tuberculose se soigne** these days tuberculosis can be treated
soigneur, -euse [swaɲœʀ, øz] NM,F (*Boxe*) second; (*Cyclisme, Football*) trainer; (*d'animaux*) keeper
soigneusement [swaɲøzmɑ̃] ADV carefully
soigneux, -euse [swaɲø, øz] ADJ **a** (= *propre, ordonné*) tidy • **il n'est pas assez** ~ he isn't tidy enough **b** (= *appliqué*) careful • **être ~ dans son travail** to take care over one's work • **être ~ de ses affaires** to be careful with one's belongings • **être ~ de ses vêtements** to look after one's clothes
soi-même [swamɛm] PRON oneself
soin [swɛ̃] **1** NM **a** (= *application*) care; (= *ordre et propreté*) tidiness • **être sans** ~ • **n'avoir aucun** ~ to be careless • **faire qch sans** ~ to do sth carelessly • **faire qch avec (grand)** ~ to do sth (very) carefully • **avoir** *ou* **prendre ~ de faire qch** to take care to do sth • **avoir** *ou* **prendre ~ de qn/qch** to take care of sb/sth
b (= *charge, responsabilité*) care • **confier à qn le ~ de ses affaires** to entrust sb with the care of one's affairs • **confier à qn le ~ de faire qch** to entrust sb with the job of doing sth • **je vous laisse ce** ~ I leave this to you
c (= *traitement*) **le ~ du cheveu** haircare • **se faire faire un ~ du visage** (*en institut*) to have a facial
2 NMPL **soins** **a** (= *entretien, hygiène*) care *NonC*; (= *traitement*) treatment *NonC* • **~s de beauté** beauty care • **pour les ~s des cheveux utilisez ...** for haircare use ... • **les ~s du visage** facial care • **~s dentaires/médicaux** dental/medical care • **son état demande des ~s** his condition requires treatment • **le blessé a reçu les premiers ~s** the injured man has been given first aid
b (= *attention*) care *NonC* • **confier qn/qch aux (bons) ~s de qn** to leave sb/sth in the care of sb • **aux bons ~s de** (*sur lettre: frm*) care of • **être aux petits ~s pour qn** to attend to sb's every need
soir [swaʀ] NM (= *fin du jour*) evening • **le ~ où j'y suis allé** the evening I went • **viens nous voir un de ces ~s** come and see us one evening • **être du** ~ to be a

S

night owl* • **repas/journal du ~** evening meal/paper • **5 heures du ~** 5 o'clock in the afternoon, 5 pm • **11 heures du ~** 11 o'clock at night • **le ~, je vais souvent les voir** I often go to see them in the evening • **il pleut assez souvent le ~** it quite often rains in the evening • **sortir le ~** to go out in the evening • **j'y vais ce ~** I'm going this evening • **à ce ~!** I'll see you this evening! • **tous les ~s** • **chaque ~** every evening • **hier ~** last night • **demain ~** tomorrow evening • **dimanche ~** Sunday evening • **hier au ~** yesterday evening • **le 17 au ~** on the evening of the 17th • **la veille au ~** the previous evening

soirée [swaʀe] NF ⓐ (= *soir*) evening • **bonne ~!** have a nice evening! • **les longues ~s d'hiver** the long winter evenings ⓑ (= *réception*) party • **~ dansante** dance • **~ mondaine** society party ⓒ (= *séance de cinéma, de théâtre*) evening performance • **donner un spectacle/une pièce en ~** to give an evening performance of a show/play • **~ thématique** (*TV*) *evening of programmes devoted to a theme* • **~ électorale** election night

soit [swa] 1 ADV (*frm*) (= *oui*) so be it (*frm*) • **eh bien, ~, qu'il y aille!** very well then, let him go!
2 CONJ ⓐ (= *ou*) **~ l'un ~ l'autre** either one or the other • **~ avant ~ après** either before or after • **~ qu'il n'entende pas, ou ne veuille pas entendre** whether he cannot hear or (whether) he does not wish to hear
ⓑ (= *à savoir*) that is to say • **des détails importants, ~ l'approvisionnement, le transport, etc** important details, that is to say provisions, transport, etc
ⓒ (*en hypothèse*) **~ un rectangle ABCD** let ABCD be a rectangle • **soient deux triangles** given two triangles

> The final **t** is only pronounced when **soit** is an adverb.

soixantaine [swasɑ̃tɛn] NF ⓐ (= *environ soixante*) sixty or so • **il y avait une ~ de personnes/de livres** there were sixty or so people/books • **la ~ de spectateurs qui étaient là** the sixty or so people there • **ils étaient une bonne ~** there were a good sixty of them • **il y a une ~ d'années** sixty or so years ago
ⓑ (= *soixante unités*) sixty
ⓒ (= *âge*) sixty • **approcher de la/atteindre la ~** to near/reach sixty • **un homme dans la ~** a man in his sixties • **d'une ~ d'années** [*personne*] of about sixty; [*arbre*] sixty or so years old • **elle a la ~** she's about sixty

soixante [swasɑ̃t] ADJ INV, NM INV sixty • **à la page ~** on page sixty • **habiter au ~** to live at number sixty • **les années ~** the sixties • **~ et un** sixty-one • **~ et unième** sixty-first • **~-dix** seventy • **~-dixième** seventieth • **~ mille** sixty thousand • **le (numéro) ~** (*jeu, rue*) number sixty

soixante-huitard, e (*mpl* **soixante-huitards**) [swasɑ̃tɥitaʀ, aʀd] 1 ADJ [*personne*] who took part in the events of May 1968; [*idéologie, slogan*] inspired by the events of May 1968 2 NM,F (*en mai 68*) participant in the events of May 1968; (*après 1968*) proponent of the ideals of May 1968 → MAI 68

soixantième [swasɑ̃tjɛm] ADJ, NM sixtieth

soja [sɔʒa] NM (= *plante*) soya; (= *graines*) soya beans

sol[1] [sɔl] NM ⓐ (*à l'extérieur*) ground • **étendu sur le ~** spread out on the ground • **posé au ~** *ou* **à même le ~** on the ground • **personnel au ~** (*Aviat*) ground staff • **hors ~** [*piscine*] above ground ⓑ (*à l'intérieur*) floor **du ~ au plafond** from floor to ceiling • **exercices au ~** (*Sport*) floor exercises • **la surface au ~** the floor surface • **~ carrelé/cimenté** tiled/concrete floor ⓒ (= *revêtement*) flooring *NonC* ⓓ (= *terrain*) soil • **hors ~** [*culture, tomates*] hydroponic • **des élus/des politiques hors ~** (*péj*) elected representatives/policies that are completely out of touch with reality ⓔ (= *territoire*) **~ natal** native soil

sol[2] [sɔl] NM INV (*Musique*) G; (*en chantant la gamme*) so

solaire [sɔlɛʀ] 1 ADJ [*énergie, panneaux*] solar; [*calculatrice*] solar-powered; [*crème, filtre*] sun *épith* 2 NM (= *énergie*) **le ~** solar energy

solarium [sɔlaʀjɔm] NM solarium

soldat [sɔlda] NM soldier • **simple ~** • **~ de 2e classe** (*armée de terre*) private; (*armée de l'air*) aircraftman (*Brit*), basic airman (*US*) • **~s de la paix** peacekeepers • **~ de plomb** toy soldier • **jouer aux (petits) ~s** to play soldiers • **jouer au petit ~** (*fig*) to throw one's weight around • **un bon petit ~** (= *employé modèle*) a model worker

solde[1] [sɔld] NF pay • **être à la ~ de qn** (*péj*) to be in the pay of sb

solde[2] [sɔld] 1 NM ⓐ (= *reliquat*) balance; (= *reste à payer*) balance outstanding • **pour ~ de tout compte** in settlement ⓑ (= *rabais*) **vendre/acheter qch en ~** to sell/buy sth at sale price • **article en ~** sale item *ou* article
2 NMPL **« soldes »** "sale" • **les ~s** the sales • **faire les ~s** to go to the sales

solder [sɔlde] /TABLE 1/ 1 VT ⓐ [+ *compte*] (= *arrêter*) to close; (= *acquitter*) to settle ⓑ [+ *marchandises*] to sell off • **ils soldent ces pantalons à 130 €** they are selling off these trousers at 130 euros 2 VPR **se solder se ~ par** [+ *bénéfices, déficit*] to show; [+ *échec, mort*] to end in • **l'exercice se solde par un déficit de 50 millions** the end-of-year figures show a loss of 50 million • **la conférence s'est soldée par un échec** the conference ended in failure

solderie [sɔldəʀi] NF discount store

soldeur, -euse [sɔldœʀ, øz] NM,F (= *propriétaire*) discount store owner; (= *entreprise*) discount store

sole [sɔl] NF (= *poisson*) sole • **~ meunière** sole meunière

soleil [sɔlɛj] NM ⓐ sun • **orienté au ~ levant/couchant** facing the rising/setting sun • **au ~** in the sun • **être assis/se mettre au ~** to be sitting in/go into the sun • **il y a du ~** • **il fait ~*** the sun's shining • **être en plein ~** to be right in the sun • **rester en plein ~** to stay out in the sun
▸ **coup de soleil** sunburn *NonC* • **attraper** *ou* **prendre un coup de ~** to get sunburned • **j'ai un coup de ~ dans le dos** my back is sunburned
ⓑ (= *fleur*) sunflower

solennel, -elle [sɔlanɛl] ADJ solemn

solennellement [sɔlanɛlmɑ̃] ADV solemnly

Solex ® [sɔlɛks] NM ≈ moped

solfège [sɔlfɛʒ] NM (= *théorie*) music theory • **apprendre le ~** to learn music theory

solidaire [sɔlidɛʀ] ADJ ⓐ [*personnes*] **être ~s** to show solidarity • **être ~ de** to stand by • **nous sommes ~s du gouvernement** we stand by the government • **nous sommes ~s de leur combat** we support their struggle • **se montrer ~ de qn** to show solidarity with sb ⓑ [*économie, tourisme, initiatives*] social ⓒ [*mécanismes, pièces, systèmes*] interdependent

solidarité [sɔlidaʀite] NF [*de personnes*] solidarity • **cesser le travail par ~ avec les grévistes** to stop work in sympathy with the strikers

solide [sɔlid] 1 (ADJ) ⓐ (= *non liquide*) solid ⓑ (= *robuste*) solid; [*économie*] strong • **c'est du ~*** [*meuble*] it's solid stuff • **être ~ sur ses jambes** to be steady on one's legs • **~ comme un roc** as solid as a rock ⓒ (= *sérieux*) solid; [*argument, formation, culture, connaissances, raisons*] sound • **ces raisonnements ne reposent sur rien de ~** these arguments have no solid foundation • **leur couple, c'est du ~*** they have a solid relationship ⓓ (= *vigoureux*) [*personne, jambes*] sturdy; [*santé, cœur*] sound • **il faut avoir les nerfs ~s** you need strong nerves ⓔ (*intensif*) [*coup de poing*] hefty*; [*revenus*] substantial • **il a un ~ appétit** *ou* **coup de fourchette*** he has a hearty appetite
2 (NM) solid

solidement [sɔlidmɑ̃] (ADV) [*fixer, tenir*] firmly • **tradition ~ établie** long established tradition

solidifier (VT), **se solidifier** (VPR) [sɔlidifje] /TABLE 7/ to solidify

solidité [sɔlidite] (NF) solidity; [*de monnaie, économie*] strength; [*de personne*] sturdiness

soliloque [sɔlilɔk] (NM) soliloquy

soliste [sɔlist] (NMF) soloist

solitaire [sɔlitɛʀ] 1 (ADJ) ⓐ (= *isolé, sans compagnie*) solitary ⓑ (= *désert*) [*chemin, demeure, parc*] lonely
2 (NMF) loner
▸ **en solitaire** **ascension/traversée en ~** solo climb/crossing • **course en ~** solo race • **partir/voyager en ~** to leave/travel alone • **elle a fait le tour du monde en ~** she sailed single-handed around the world
3 (NM) ⓐ (= *diamant*) solitaire ⓑ (= *jeu*) solitaire

solitude [sɔlityd] (NF) (= *tranquillité*) solitude; (= *manque de compagnie*) loneliness • **la ~ à deux** shared solitude • **éprouver un sentiment de ~** to feel lonely • **aimer la ~** to like being on one's own

solive [sɔliv] (NF) joist

sollicitation [sɔlisitasjɔ̃] (NF) ⓐ (= *démarche*) appeal ⓑ (= *impulsion*) prompting • **l'engin répondait aux moindres ~s de son pilote** the craft responded to the slightest touch from the pilot

solliciter [sɔlisite] /TABLE 1/ (VT) ⓐ [+ *poste, explication*] to seek; [+ *faveur, audience*] to seek (**de qn** from sb) ⓑ [+ *personne, curiosité, sens*] to appeal to; [+ *attention*] to attract • **il est très sollicité** he's very much in demand • **~ un cheval** to urge a horse on

sollicitude [sɔlisityd] (NF) concern *NonC* • **demander/dire qch avec ~** to ask/say sth with concern • **être** *ou* **se montrer plein de ~ envers qn** to be very attentive towards sb

solo [sɔlo] (*pl* **solos** *ou* **soli** [sɔli]) (ADJ INV, NM) solo • **(spectacle) ~** one-man (*ou* one-woman) show
▸ **en solo** [*travailler*] on one's own • **jouer/chanter en ~** to play/sing a solo • **escalade en ~** solo climbing • **il a décidé d'agir en ~** he decided to go it alone*

solstice [sɔlstis] (NM) solstice

soluble [sɔlybl] (ADJ) soluble

solution [sɔlysjɔ̃] (NF) solution • **c'est une ~ de facilité** it's the easy way out • **ce n'est pas une ~ à la crise** that's no way to resolve the crisis • **ce n'est pas une ~!** that won't solve anything!

solutionner [sɔlysjɔne] /TABLE 1/ (VT) to solve

solvabilité [sɔlvabilite] (NF) (*d'une entreprise*) solvency; (*d'une personne*) creditworthiness

solvable [sɔlvabl] (ADJ) [*entreprise*] solvent; [*personne*] creditworthy

solvant [sɔlvɑ̃] (NM) solvent

Somalie [sɔmali] (NF) Somaliland; (= *État*) Somalia

somalien, -ienne [sɔmaljɛ̃, jɛn] 1 (ADJ) Somalian
2 (NM,F) **Somalien(ne)** Somalian

somatiser [sɔmatize] /TABLE 1/ (VT) to somatize • **il a tendance à ~** he tends to have psychosomatic problems

sombre [sɔ̃bʀ] (ADJ) ⓐ (= *obscur, foncé*) [*ciel, nuit, pièce*] dark • **bleu/vert ~** dark blue/green ⓑ (= *mélancolique*) sombre (*Brit*), somber (*US*); (= *sinistre*) [*période*] dark • **d'un air ~** gloomily • **il avait le visage ~** he looked gloomy • **un ~ avenir** a gloomy future • **les heures ~s de notre histoire** the dark moments in our history ⓒ (*valeur intensive*) **~ idiot/brute** absolute idiot/brute • **une ~ histoire de meurtre** a dark tale of murder • **ils se sont disputés pour une ~ histoire d'argent** they argued over a sordid financial matter

sombrer [sɔ̃bʀe] /TABLE 1/ (VI) [*bateau*] to sink; [*empire*] to founder; [*entreprise*] to collapse • **~ dans** [+ *désespoir, sommeil, misère, alcool, oubli*] to sink into • **évitons de ~ dans le sordide** let's not get sordid • **~ dans la folie** to go mad

sommaire [sɔmɛʀ] 1 (ADJ) ⓐ (= *court*) [*exposé, explication*] brief; [*réponse*] brief; (= *expéditif*) [*justice, procédure, exécution*] summary ⓑ (= *superficiel*) [*connaissances, éducation, réparation*] basic; [*examen*] brief; [*analyse, description*] brief; [*décoration*] minimal 2 (NM) (= *exposé*) summary; (= *résumé de chapitre*) summary; [*de revue*] contents • **au ~ du numéro spécial** featured in the special issue • **au ~ de notre émission ce soir ...** in our programme tonight ...

sommairement [sɔmɛʀmɑ̃] (ADV) ⓐ [*exposer, juger, exécuter*] summarily • **il me l'a expliqué assez ~** he gave me a fairly basic explanation of it ⓑ (= *superficiellement*) [*réparer*] superficially • **c'est meublé assez ~** it's very simply furnished

sommation [sɔmasjɔ̃] (NF) summons *sg*; (*frm*) (= *injonction*) demand; (*avant de faire feu*) warning • **recevoir ~ de payer une dette** to be served notice to pay a debt • **faire les ~s d'usage** to give the standard warnings • **tirer sans ~** to shoot without warning

somme¹ [sɔm] (NM) (= *sieste*) nap • **faire un petit ~** to have a nap

somme² [sɔm] (NF) ⓐ (= *quantité*) amount • **la ~ totale** the grand total • **faire la ~ de** to add up • **une ~ de travail énorme** an enormous amount of work
ⓑ **~ (d'argent)** sum (of money) • **dépenser des ~s folles** to spend vast sums of money • **c'est une ~!** (*intensif*) it's quite a sum! • **atteindre la ~ de 1 000 €** to fetch 1,000 euros
ⓒ ▸ **en somme** (= *tout bien considéré*) all in all; (= *bref*) in short • **en ~, il ne s'agit que d'un incident sans importance** in fact, it's only an incident of minor importance • **en ~, vous n'en voulez plus?** in short, you don't want any more?
▸ **somme toute** when all is said and done

sommeil [sɔmɛj] (NM) sleep • **avoir ~** to be sleepy • **tomber de ~** to be asleep on one's feet • **chercher le ~** to try to sleep • **il ne pouvait pas trouver le ~** he couldn't get to sleep • **avoir le ~ léger/profond** to be a light/heavy sleeper • **dormir d'un ~ agité** to sleep fitfully • **un ~ profond** *ou* **de plomb** a deep sleep • **premier ~** first hours

S

of sleep • **nuit sans ~** sleepless night • **la sonnerie du téléphone l'a tirée de son ~** she was woken by the phone ringing • **il en a perdu le ~** he lost sleep over it • **laisser une affaire en ~** to leave a matter lying dormant

sommeiller [sɔmeje] /TABLE 1/ (VI) [*personne*] to doze; [*qualité, talent, nature*] to lie dormant

sommelier [sɔmǝlje] (NM) wine waiter

sommelière [sɔmǝljɛʀ] (NF) wine waitress; (*Helv*) (= *serveuse*) waitress

sommer [sɔme] /TABLE 1/ (VT) **~ qn de faire qch** to command sb to do sth • **~ qn de** *ou* **à comparaître** to summon sb to appear

sommet [sɔmɛ] (NM) ⓐ [*de tour, arbre, toit, pente, hiérarchie*] top; [*de montagne*] summit; [*de vague*] crest; [*de crâne*] crown; [*d'angle, figure, parabole*] vertex • **au ~ de l'échelle sociale** at the top of the social ladder • **atteindre des ~s** [*bêtise, égoïsme*] to reach new depths; [*élégance*] to reach new heights ⓑ (= *montagne*) summit ⓒ (= *réunion*) summit • **au ~** [*réunion, discussions*] summit

sommier [sɔmje] (NM) [*de lit*] bed base • **~ à lattes** slatted bed base

sommité [sɔ(m)mite] (NF) (= *personne*) prominent person • **les ~s du monde médical** leading medical experts

somnambule [sɔmnɑ̃byl] **1** (NMF) sleepwalker **2** (ADJ) **être ~** to be a sleepwalker

somnifère [sɔmnifɛʀ] (NM) (= *pilule*) sleeping pill

somnolence [sɔmnɔlɑ̃s] (NF) [*de personne*] drowsiness *NonC*

somnolent, e [sɔmnɔlɑ̃, ɑ̃t] (ADJ) drowsy

somnoler [sɔmnɔle] /TABLE 1/ (VI) [*personne*] to doze; [*ville*] to be sleepy; [*économie, marché*] to be sluggish

somptuaire [sɔ̃ptɥɛʀ] (ADJ) [*projet, dépenses*] extravagant

somptueusement [sɔ̃ptɥøzmɑ̃] (ADV) [*décorer, meubler*] sumptuously; [*illustrer*] lavishly

somptueux, -euse [sɔ̃ptɥø, øz] (ADJ) [*habit, résidence, palais, décor*] sumptuous; [*cadeau, train de vie, illustration*] lavish • **tu es somptueuse ce soir** you look magnificent tonight

son[1], sa [sɔ̃, sa] (*pl* **ses** [se]) (ADJ POSS) ⓐ [*d'un homme*] his; [*d'une femme*] her • **~ père et sa mère** his (*ou* her) father and (his *ou* her) mother • **ses amis** his (*ou* her) friends • **~ jardin à lui est une vraie jungle** his garden is a real jungle • **il a ~ appartement à Paris** he's got his own flat in Paris • **ses date et lieu de naissance** his (*ou* her) date and place of birth • **~ idiote de sœur*** that stupid sister of his (*ou* hers) • **avoir ~ mercredi*** to have Wednesday off • **il a passé tout ~ dimanche à travailler*** he spent all Sunday working • **il ne ferme jamais ses portes*** he never shuts the door behind him

ⓑ [*d'objet, abstraction*] its • **l'hôtel est réputé pour sa cuisine** the hotel is famous for its food • **ça a ~ importance** it has its importance

ⓒ (*indéfini*) one's; (*après «quelqu'un», «personne», «chacun»*) his, her • **être satisfait de sa situation** to be satisfied with one's situation • **faire ses études** to study • **personne ne sait comment finira sa vie** no-one knows how his life will end • **quelqu'un a-t-il oublié sa veste?** has someone left their jacket?

son[2] [sɔ̃] (NM) sound • **elle dansait au ~ de l'accordéon** she was dancing to the accordion • **elle tressaillit au ~ de sa voix** she started at the sound of his voice • **n'entendre qu'un/entendre un autre ~ de cloche** to hear only one/another side of the story • **baisser le ~** to turn down the sound • **équipe/ingénieur du ~** sound team/engineer • **(spectacle) ~ et lumière** son et lumière (show)

son[3] [sɔ̃] (NM) (= *céréale*) bran

sonar [sɔnaʀ] (NM) sonar

sonate [sɔnat] (NF) sonata

sondage [sɔ̃daʒ] (NM) ⓐ (= *enquête*) (*succincte*) poll; (*approfondie*) survey • **~ d'opinion** opinion poll • **il remonte dans les ~s** he is going up again in the polls • **faire un ~** to conduct a survey (**auprès de** among) ⓑ (= *forage*) boring; (*Naut*) sounding

sondagier, -ière [sɔ̃daʒje, jɛʀ] (ADJ) [*courbes, prédictions*] opinion-poll *épith*

sonde [sɔ̃d] (NF) ⓐ [*de bateau*] sounding line ⓑ (*de forage*) drill ⓒ (*pour examen médical*) probe; (*à canal central*) catheter; (*d'alimentation*) feeding tube • **mettre une ~ à qn** to put a catheter in sb ⓓ (*Météo*) sonde • **~ aérienne** sounding balloon • **~ spatiale** space probe

sonder [sɔ̃de] /TABLE 1/ (VT) ⓐ [*+ personne*] to sound out; (*par sondage d'opinion*) to poll; [*+ conscience, avenir*] to probe • **je l'ai sondé sur ses intentions** I sounded him out • **~ l'opinion** to make a survey of opinion ⓑ (*Naut*) to sound; [*+ terrain*] to drill; [*+ organe, malade*] to catheterize

sondeur, -euse [sɔ̃dœʀ, øz] (NM,F) [*de sondage d'opinion*] pollster

songe [sɔ̃ʒ] (NM) (*littér*) dream • **en ~** in a dream

songer [sɔ̃ʒe] /TABLE 3/ (VT INDIR) **~ à** (= *considérer*) to think about • **~ à se marier** *ou* **au mariage** to think of getting married • **j'y ai sérieusement songé** I gave it some serious thought • **songez-y** think it over • **quand on songe à tout ce gaspillage** when you think of all this waste • **inutile d'y ~** it's no use thinking about it • **vous n'y songez pas!** you must be joking!

▸ **songer que ...** to reflect that ... • **ils pourraient refuser, songeait-il** they could refuse, he reflected • **songez que cela peut être très dangereux** remember that it can be very dangerous • **songez donc!** just imagine!

songeur, -euse [sɔ̃ʒœʀ, øz] (ADJ) pensive • **cela me laisse ~** I just don't know what to think

sonné, e [sɔne] *ptp de* **sonner** (ADJ) ⓐ **il est midi ~** it's past twelve • **avoir trente ans bien ~s*** to be on the wrong side of thirty* ⓑ (= *fou*)* cracked* ⓒ (= *assommé*)* groggy

sonner [sɔne] /TABLE 1/ **1** (VT) ⓐ [*+ cloche*] to ring; [*+ tocsin*] to toll; [*+ clairon*] to sound • **se faire ~ les cloches*** to get a good telling-off* • **~ les cloches à qn*** to give sb a telling-off*

ⓑ [*+ messe*] to ring the bell for; [*+ réveil, rassemblement, retraite*] to sound • **~ l'alarme** to sound the alarm • **~ la charge** (*Mil*) to sound the charge • **~ l'heure** to strike the hour

ⓒ (= *appeler*) [*+ portier, infirmière*] to ring for • **on ne t'a pas sonné!*** nobody asked you!

ⓓ (= *étourdir*)* [*chute, grippe*] to knock out; [*nouvelle*] to stagger* • **la nouvelle l'a un peu sonné** he was rather taken aback by the news

2 (VI) ⓐ [*cloches, téléphone*] to ring; [*réveil*] to go off; [*clairon*] to sound; [*tocsin*] to toll • **elle a mis le réveil à ~ pour** *ou* **à 7 heures** she set the alarm for 7 o'clock • **ça a sonné** (*Scol*) the bell has gone

ⓑ (*= actionner une sonnette*) to ring • **on a sonné** the bell has just gone • **~ chez qn** to ring sb's doorbell • **« ~ avant d'entrer »** "please ring before you enter"

ⓒ **~ creux** [*mur*] to sound hollow; [*discours*] to have a hollow ring • **~ faux** to sound out of tune; [*rire, paroles*] to ring false • **~ bien** [*nom*] to sound good

ⓓ [*midi, minuit*] to strike • **3 heures venaient de ~** it had just struck 3 o'clock • **la récréation a sonné** the bell has gone for break

sonnerie [sɔnʀi] NF [*de sonnette, cloches*] ringing; [*de portable*] ringtone • **la ~ du téléphone l'a réveillé** he was woken by the telephone • **elle sursautait à chaque ~ du téléphone** she jumped every time the phone rang

sonnet [sɔnɛ] NM sonnet

sonnette [sɔnɛt] NF bell • **je n'ai pas entendu le coup de ~** I didn't hear the bell • **~ d'alarme** alarm bell • **tirer la ~ d'alarme** (*fig*) to sound the alarm

sono* [sɔno] NF (ABR DE **sonorisation**) [*de salle de conférences*] PA system; [*de discothèque*] sound system • **la ~ est trop forte** the sound's too loud

sonore [sɔnɔʀ] ADJ ⓐ resonant; [*baiser, gifle, rire*] resounding ⓑ [*niveau, onde, vibrations*] sound • **fond ~** (*= bruits*) background noise; (*= musique*) background music ⓒ [*consonne*] voiced

sonorisation [sɔnɔʀizasjɔ̃] NF (*= équipement*) [*de salle de conférences*] public address system; [*de discothèque*] sound system

sonoriser [sɔnɔʀize] /TABLE 1/ VT [*+ film*] to dub; [*+ salle de conférences*] to fit with a public address system

sonorité [sɔnɔʀite] NF tone

sonothèque [sɔnɔtɛk] NF sound effects library

sonotone ® [sɔnɔtɔn] NM hearing aid

sont [sɔ̃] VB → **être**

sophistiqué, e [sɔfistike] ADJ sophisticated

sophrologie [sɔfʀɔlɔʒi] NF relaxation therapy

sophrologue [sɔfʀɔlɔg] NMF relaxation therapist

soporifique [sɔpɔʀifik] 1 ADJ soporific 2 NM sleeping drug

soprane [sɔpʀan] NMF soprano

soprano [sɔpʀano] 1 ADJ **saxophone ~** soprano saxophone 2 NM (*= voix*) soprano 3 NMF (*= personne*) soprano

sorbet [sɔʀbɛ] NM sorbet

sorbetière [sɔʀbətjɛʀ] NF ice cream maker

sorbier [sɔʀbje] NM mountain ash

sorcellerie [sɔʀsɛlʀi] NF witchcraft • **c'est de la ~ !** it's magic!

sorcier [sɔʀsje] 1 NM sorcerer • **il ne faut pas être ~ pour ...** you don't have to be a wizard to ... 2 ADJ **ce n'est pas ~ !*** it's dead easy!*

sorcière [sɔʀsjɛʀ] NF witch

sordide [sɔʀdid] ADJ sordid; [*action, mentalité*] base • **des conditions de vie ~s** squalid living conditions

sorgho [sɔʀgo] NM sorghum

Sorlingues [sɔʀlɛ̃g] NFPL **les (îles) ~** the Scilly Isles

sort [sɔʀ] NM ⓐ (*= condition*) lot • **être content** *ou* **satisfait de son ~** to be happy with one's lot

ⓑ (*= destinée, hasard*) fate • **le ~ qui l'attend** the fate that awaits him • **abandonner qn à son triste ~** to abandon sb to his sad fate • **sa proposition a eu** *ou* **subi le même ~ que les précédentes** his proposal met with the same fate as the previous ones • **pour essayer de conjurer le (mauvais) ~** to try to ward off fate • **c'est un coup du ~** it's a stroke of fate • **le ~ en est jeté** the die is cast • **tirer au ~** to draw lots • **tirer qch au ~** to draw lots for sth • **faire un ~ à*** (*= se débarrasser de*) to get rid of; [*+ plat, bouteille*] to polish off*

ⓒ [*de sorcier*] spell • **jeter un ~ à** *ou* **sur qn** to put a spell on sb

sortable* [sɔʀtabl] ADJ **tu n'es pas ~ !** we (*ou* I) can't take you anywhere!*

sortant, e [sɔʀtɑ̃, ɑ̃t] ADJ [*député, maire*] outgoing • **les numéros ~s** the numbers which come up

sorte [sɔʀt] NF (*= espèce*) sort • **une ~ de** a sort of • **une ~ de médecin/voiture** (*péj*) a doctor/car of sorts • **toutes ~s de gens/choses** all sorts of people/things • **des vêtements de toutes ~s** all sorts of clothes • **nous avons trois ~s de lampes** we have three sorts of lamp(s)

▸ **de la sorte** (*= de cette façon*) in that way • **accoutré de la ~** dressed in that way

▸ **en quelque sorte** in a way

▸ **de (telle) sorte que, en sorte que** (*= de façon à ce que*) so that; (*= si bien que*) so much so that • **faire en ~ que** to see to it that

▸ **en sorte de faites en ~ d'avoir fini demain** arrange things so that you finish tomorrow

sorteur, -euse* [sɔʀtœʀ, øz], **sorteux, -euse*** [sɔʀtø, øz] NM,F (*Can*) party-goer

sortie [sɔʀti] 1 NF ⓐ (*= action, moment*) [*de personne*] exit; [*de véhicule, bateau*] departure; (*Mil*) (*= mission*) sortie; (*Théât*) exit • **elle attend la ~ des artistes** she's waiting for the performers to come out • **à sa ~, tous se sont tus** when he went out everybody fell silent • **faire une ~ dans l'espace** to take a space walk • **les sauveteurs ont fait 30 ~s en mer cette semaine** the lifeboatmen were called out 30 times this week • **à la ~ des bureaux/théâtres** when the offices/theatres come out • **sa mère l'attend tous les jours à la ~ de l'école** his mother waits for him every day after school • **retrouvons-nous à la ~ (du concert)** let's meet at the end (of the concert) • **à sa ~ de prison** when he comes (*ou* came) out of prison • **faire une ~ de route** to go off the track

ⓑ (*= fin*) end • **à la ~ de l'hiver** at the end of winter

ⓒ (*= promenade*) outing; (*le soir : au théâtre, au cinéma etc*) evening out • **il dépense tout son argent pour ses ~s** he spends all his money on going out • **il est de ~** [*soldat, domestique*] it's his day off • **nous sommes de ~ ce soir** we're going out tonight • **faire une ~ en mer** to go on a boat trip (*at sea*) • **~ éducative** *ou* **scolaire** (*Scol*) field trip

ⓓ (*= lieu*) exit • **~ d'autoroute** motorway exit (*Brit*), highway exit (*US*) • **~ de métro** metro exit • **~ de secours** emergency exit • **« ~ de camions »** "vehicle exit" • **garé devant la ~ de l'école** parked in front of the school gates • **sa maison se trouve à la ~ du village** his house is at the edge of the village • **les ~s de Paris sont encombrées** the roads out of Paris are congested • **par ici la ~ !** this way out! • **trouver une porte de ~** (*fig*) to find a way out

ⓔ (*= remarque drôle*) sally; (*= remarque incongrue*) peculiar remark

ⓕ (*= mise en vente*) [*de voiture, modèle*] launching; [*de livre*] publication; [*de disque, film*] release

ⓖ [*de marchandises, devises*] export • **~ (de capitaux)** outflow (of capital)

ⓗ (*= somme dépensée*) item of expenditure • **il y a eu plus de ~s que de rentrées** there have been more outgoings than receipts

S

i (*Informatique*) output • ~ **papier** printout
j (*Sport*) ~ **en touche** going into touch • **le ballon est allé en ~ de but** (*Football*) the ball has gone out of play • **faire une ~** [*gardien de but*] to come out of goal
2 (COMP) ▸ **sortie de bain** bathrobe

sortilège [sɔʀtilɛʒ] (NM) spell

sortir [sɔʀtiʀ] /TABLE 16/

1 VERBE INTRANSITIF	3 VERBE PRONOMINAL
2 VERBE TRANSITIF	

> **sortir** is conjugated with **être**, unless it has an object, when the auxiliary is **avoir**.

1 VERBE INTRANSITIF

a to go *ou* come out

> **sortir** dans le sens de **partir** se traduit par **to go out** ou par **to come out**, suivant que le locuteur se trouve ou non à l'endroit en question.

• ~ **acheter du pain** to go out to buy some bread • **on est en train de faire un bonhomme de neige, tu devrais ~!** we're making a snowman, come out! • **mon père est sorti, puis-je prendre un message?** my father is out, can I take a message? • ~ **de chez qn** to go *ou* come out of sb's house • **le train sort du tunnel** the train is coming out of the tunnel • **sors (d'ici)!** get out (of here)! • ~ **en courant** to run out • ~ **en mer** to put out to sea • ~ **de prison** to come out of prison • **je sors à 6 heures** (*du bureau, du lycée*) I finish at 6 • ~ **de l'eau** to come out of the water • ~ **du lit** to get out of bed • ~ **de son lit** [*fleuve*] to overflow its banks • ~ **de la récession** to get out of the recession • **ça m'est sorti de l'esprit** it slipped my mind • **ça m'est sorti de la tête** it went right out of my head • **laisser ~ qn (de)** to let sb out (of) • **ne laissez ~ personne** don't let anybody out • **une épaisse fumée sortait par les fenêtres** thick smoke was pouring out of the windows • **ça me sort par les oreilles*** I've had more than I can take

▸ **d'où sort? d'où sort cette revue?** where has this magazine come from? • **mais d'où sort-il?*** (= *il est tout sale*) where has he been!; (= *il est mal élevé*) where was he brought up?; (= *il est bête*) where did they find him?

b (= quitter) ~ **de** to leave • ~ **d'un pays** to leave a country • **tout ce qui sort du pays doit être déclaré** everything leaving the country must be declared • **les voiliers sortaient du port** the sailing boats were leaving the harbour • **faites ~ ces gens** make these people leave • ~ **de table** to leave the table • **Madame, est-ce que je peux ~?** (*en classe*) Miss, can I be excused please? • **la voiture est sortie de la route** the car left *ou* came off the road • **c'est confidentiel, ça ne doit pas ~ d'ici** it's confidential, it must not leave this room • **on n'est pas sortis de l'auberge*** we're not out of the woods yet*

c (Informatique) ~ **de** [+ *fichier, application*] to exit

d (Théât) **«la servante sort»** "exit the maid" • **«les 3 gardes sortent»** "exeunt the 3 guards"

e (pour se distraire) to go out • ~ **dîner** to go out for dinner • **ils sortent beaucoup** they go out a lot • **ils ne sortent pas beaucoup** they don't go out much

f (relation amoureuse) **sortir avec qn** (= *fréquenter*) to go out with sb • **ils sortent ensemble depuis 3 ans** they have been going out for 3 years

g (marquant le passé immédiat) **on sortait de l'hiver** it was getting near the end of winter • **il sort d'ici** he's just left • **il sort du lit** he's just got out of bed • **il sort d'une bronchite** he's just had a chest infection • **je sors de lui parler*** I've just been talking to him

h (= dépasser) to stick out; [*dent*] to come through; [*bouton*] to appear • ~ **de terre** [*plante*] to come up

i (= être fabriqué, publié) to come out; [*disque, film*] to be released • **le film sort sur les écrans le 2 mai** the film is on general release from 2 May

j (par hasard) [*numéro, couleur, sujet d'examen*] to come up

k (= s'écarter) ~ **du sujet** to get off the subject • ~ **de la légalité** to go outside the law • ~ **des limites de** to go beyond the bounds of • ~ **(du jeu)** [*balle, ballon*] to go out (of play) • ~ **en touche** [*ballon*] to go into touch • **la balle est sortie** (*Tennis*) the ball is out

l (= être issu) **il sort de l'université de Perpignan** he went to the University of Perpignan • **pas besoin de ~ de Polytechnique pour comprendre ça*** you don't need a PhD to understand that

m (= résulter) ~ **de** to come of • **il n'est rien sorti de nos recherches** nothing came of our research • **que va-t-il ~ de tout cela?** what will come of all this?

n (= être dit) [*propos, remarque*] **c'est sorti tout seul** it just came out* • **il fallait que ça sorte** I (*ou* he *etc*) just had to say it

2 VERBE TRANSITIF

a to take out; [+ *train d'atterrissage*] to lower; (= *expulser*) to throw out • **sortez-le!** get him out of here! • ~ **des vêtements d'une armoire/la voiture du garage** to take clothes out of a wardrobe/the car out of the garage • **sortons les fauteuils dans le jardin** let's take the armchairs out into the garden • **ils ont réussi à ~ le car du ravin** they managed to get the coach out of the ravine • **il a sorti un mouchoir de sa poche** he took a handkerchief out of his pocket • ~ **les mains de ses poches** to take one's hands out of one's pockets • ~ **des marchandises en fraude** to smuggle goods out • **il faut le ~ de là** (*d'un lieu*) we must get him out of there; (*d'une situation difficile*) we must get him out of it

b (= mettre en vente) [+ *produit*] to bring out

c (= dire)* to come out with* • **il vous sort de ces réflexions!** the things he comes out with!* • **elle en a sorti une bien bonne** she came out with a good one* • **qu'est-ce qu'il va encore nous ~?** what will he come out with next?*

d (= éliminer) [+ *concurrent, adversaire*]* to knock out • **il s'est fait ~ dès le premier match** he was knocked out in the first match

3 VERBE PRONOMINAL

se sortir se ~ d'une situation difficile to manage to get out of a difficult situation

▸ **s'en sortir il s'en est sorti sans une égratignure** he came out of it without a scratch • **tu crois qu'il va s'en ~?** (*il est malade*) do you think he'll pull through?; (*il est surchargé de travail*) do you think he'll ever see the end of it?; (*il est en situation difficile*) do you think he'll come through all right? • **avec son salaire, il ne peut pas s'en**

~ he can't get by on what he earns • **va l'aider, il ne s'en sort pas** go and help him, he can't cope • **bravo, tu t'en es très bien sorti!** you've done really well!

SOS [ɛsoɛs] NM SOS • **lancer** *ou* **envoyer un ~** to send an SOS • **~ Médecins** *emergency medical service*

sosie [sɔzi] NM (= *personne*) double • **c'est le ~ de son frère** he's the spitting image of his brother

sot, sotte [so, sɔt] ADJ silly

sottement [sɔtmɑ̃] ADV foolishly

sottise [sɔtiz] NF **a** (= *caractère*) foolishness • **avoir la ~ de faire qch** to be foolish enough to do sth **b** (= *parole*) silly remark; (= *action*) silly thing to do • **dire des ~s** to say silly things • **faire une ~** [*adulte*] to do a silly thing • **faire des ~s** [*enfant*] to be naughty

sou [su] NM cent (*Can*) • **c'est une affaire** *ou* **une histoire de gros ~s** there's big money involved • **il n'a pas le ~** • **il est sans le ~** he hasn't got a penny to his name
▸ **de** *ou* **à quatre sous** cheap • **L'Opéra de Quat'Sous** The Threepenny Opera

soubassement [subɑsmɑ̃] NM [*de maison*] base; [*de murs, fenêtre*] dado

soubresaut [subʀəso] NM (= *tressaillement*) (*de peur*) start; (*d'agonie*) convulsive movement • **avoir** *ou* **faire un ~** to give a start

souche [suʃ] NF **a** [*d'arbre*] stump **b** [*de famille, race*] **de vieille ~** of old stock • **elle est française de ~** she's of French origin • **faire ~** to found a line **c** [*de mot*] root • **mot ~** root word **d** [*de bactéries, virus*] strain **e** (= *talon*) counterfoil • **carnet à ~s** counterfoil book

souci [susi] NM **a** (= *inquiétude*) worry • **se faire du ~** to worry • **ils n'ont pas de ~ à se faire** they've got nothing to worry about • **cela lui donne du ~** it worries him • **~s d'argent** money worries • **pas de ~!** no problem!
b (= *préoccupation*) concern • **sa carrière est son unique ~** his career is all he worries about • **avoir le ~ de bien faire** to be concerned about doing things well • **nous avons fait ce choix dans un ~ de cohérence** we made this choice for the sake of consistency • **par ~ d'honnêteté** for honesty's sake • **c'est le cadet** *ou* **le dernier de mes ~s** that's the least of my worries
c (= *fleur*) marigold

soucier [susje] /TABLE 7/ **1** VT to worry **2** VPR **se soucier se ~ de** to care about • **je ne m'en soucie guère** I am quite indifferent to it • **sans se ~ de leur réaction** without worrying about their reaction • **elle a accepté sans se ~ des conséquences** she accepted without giving any thought to the consequences

soucieux, -ieuse [susjø, jøz] ADJ **a** (= *inquiet*) [*personne, air, ton*] worried **b** **être ~ de qch** to be concerned about sth • **être ~ de faire qch** to be anxious to do sth

soucoupe [sukup] NF saucer ▸ **soucoupe volante** flying saucer

soudain, e [sudɛ̃, ɛn] **1** ADJ sudden **2** ADV (= *tout à coup*) suddenly

soudainement [sudɛnmɑ̃] ADV suddenly

soudaineté [sudɛnte] NF suddenness

Soudan [sudɑ̃] NM **le ~** (the) Sudan

soudanais, e [sudanɛ, ɛz] **1** ADJ Sudanese **2** NM,F **Soudanais(e)** Sudanese

> Le mot anglais s'écrit sans **o**.

soude [sud] NF (*industrielle*) soda • **~ caustique** caustic soda

soudé, e [sude] *ptp de* **souder** ADJ [*équipe*] closely-knit • **notre équipe n'est pas assez ~e** our team isn't united enough

souder [sude] /TABLE 1/ VT to weld; (*avec fil à souder*) to solder

soudeur, -euse [sudœʀ, øz] NM,F welder

soudoyer [sudwaje] /TABLE 8/ VT to bribe

soudure [sudyʀ] NF welding; (*avec fil à souder*) soldering; (= *endroit*) weld • **~ à l'arc/au chalumeau** arc/torch welding

soufflant [suflɑ̃] ADJ **(radiateur) ~** fan heater

souffle [sufl] **1** NM **a** (= *expiration*) (*en soufflant*) blow; (*en respirant*) breath • **pour jouer d'un instrument à vent, il faut du ~** you need a lot of breath to play a wind instrument
b (= *respiration*) breathing • **manquer de ~** to be short of breath; [*prose*] to be lacklustre (*Brit*) *ou* lackluster (*US*) • **son roman manque de ~** his novel flags in parts • **avoir le ~ court** to be short of breath • **retenir son ~** to hold one's breath • **reprendre son ~** to get one's breath back • **ne plus avoir de ~** to be out of breath • **couper le ~ à qn** to wind sb; (*fig*) to take sb's breath away • **c'est à vous couper le ~** it's breathtaking • **donner un ~ nouveau à** to give a new lease of life to • **trouver son second ~** (*Sport*) to get one's second wind; (*fig*) to find a new lease of life
c [*d'incendie, explosion*] blast
d (= *vent*) **un ~ d'air faisait bruire le feuillage** a slight breeze was rustling the leaves • **il n'y avait pas un ~ (d'air** *ou* **de vent)** there was not a breath of air
e (= *force créatrice*) inspiration
2 COMP ▸ **souffle au cœur** heart murmur

soufflé, e [sufle] *ptp de* **souffler** **1** ADJ (= *surpris*)* staggered* **2** NM soufflé • **~ au fromage** cheese soufflé

souffler [sufle] /TABLE 1/ **1** VI **a** [*vent, personne*] to blow • **~ dans un instrument à vent** to blow into a wind instrument • **~ sur les braises** (*lit*) to blow on the embers; (*fig*) to add fuel to the fire • **~ sur une bougie (pour l'éteindre)** to blow out a candle • **le vent soufflait en rafales** the wind was blowing in gusts • **j'ai dû ~ dans le ballon*** (*alcootest*) I was breathalyzed
b (= *respirer avec peine*) to puff and blow
c (= *se reposer*) to get one's breath back • **laisser ~ qn/un cheval** to let sb/a horse get his breath back
2 VT **a** [+ *bougie*] to blow out
b (= *envoyer*) **~ de la fumée au nez de qn** to blow smoke in sb's face • **~ le chaud et le froid** to blow hot and cold
c (= *prendre*)* to pinch* **(à qn** from sb) • **il lui a soufflé sa petite amie** he's pinched* his girlfriend
d [*bombe, explosion*] to destroy
e [+ *conseil, réponse, réplique*] to whisper **(à qn** to sb) • **~ son rôle à qn** (*Théât*) to prompt sb • **~ qch à l'oreille de qn** to whisper sth in sb's ear • **on ne souffle pas!** (*en classe, dans un jeu*) no whispering! • **il n'a pas soufflé mot** he didn't breathe a word
f (= *étonner*)* to stagger* • **elle a été soufflée d'apprendre leur échec** she was staggered* to hear they had failed
g (*Tech*) **~ le verre** to blow glass

soufflerie [sufləʀi] NF [*d'orgue, forge*] bellows; (*d'aération*) ventilating fan; (*Industrie*) blower

soufflet [suflɛ] (NM) bellows; [*de sac, classeur*] extendible gusset • **classeur à ~s** accordion file

souffleur, -euse [suflœʀ, øz] (NM,F) ⓐ (*Théât*) prompter ⓑ **~ de verre** glass-blower

souffrance [sufʀɑ̃s] (NF) ⓐ suffering • **~ physique/morale** physical/mental suffering • **la ~ animale** animal suffering • **la ~ au travail** occupational stress • **elle est morte dans d'atroces ~s** she died in agony ⓑ ▸ **en souffrance** [*affaire, dossier*] pending

souffrant, e [sufʀɑ̃, ɑ̃t] (ADJ) [*personne*] ill

souffre-douleur [sufʀədulœʀ] (NMF INV) punchbag

souffrir [sufʀiʀ] /TABLE 18/ **1** (VI) ⓐ to suffer • **faire ~ qn** (*physiquement*) to hurt sb; (*moralement*) to make sb suffer; [*attitude, événement*] to cause sb pain • **mon bras me fait ~** my arm hurts • **~ de l'estomac** to have stomach trouble • **il souffre d'une grave maladie/de rhumatismes** he is suffering from a serious illness/from rheumatism • **~ du froid/de la chaleur** to suffer from the cold/from the heat • **les fraises souffrent de la chaleur** strawberries suffer in the heat • **sa réputation en a souffert** his reputation suffered by it
ⓑ (= *éprouver de la difficulté*) to have a hard time of it • **on a fini par gagner, mais on a souffert** we won in the end but we had a hard time of it • **je l'ai réparé mais j'ai souffert** I fixed it, but it wasn't easy
2 (VT) ⓐ (= *éprouver*) **~ le martyre** to go through agonies
ⓑ (= *supporter*)* to bear • **il ne peut pas ~ cette fille/le mensonge** he can't stand that girl/lies • **il ne peut pas ~ que ...** he cannot bear that ...
ⓒ (*frm*) (= *admettre*) **la règle souffre quelques exceptions** the rule admits of a few exceptions • **la règle ne peut ~ aucune exception** the rule admits of no exception • **cette affaire ne peut ~ aucun retard** this matter simply cannot be delayed

soufre [sufʀ] (NM) sulphur (*Brit*), sulfur (*US*)

souhait [swɛ] (NM) wish • **à vos ~s!** bless you!

souhaitable [swɛtabl] (ADJ) desirable • **ce n'est guère ~** it is not really to be desired • **sa présence n'a pas été jugée ~** his presence was deemed undesirable

souhaiter [swete] /TABLE 1/ (VT) ⓐ [+ *réussite, changements*] to wish for • **~ que** to hope that • **il est à ~ que ...** it is to be hoped that ... • **je souhaite qu'il réussisse** I hope he succeeds • **je souhaiterais parler à Jean** I'd like to speak to Jean, please • **à quelle heure souhaitez-vous partir?** what time would you like to leave? • **« anglais souhaité »** (*dans une offre d'emploi*) "knowledge of English desirable"
ⓑ (= *exprimer ses vœux*) **~ à qn le bonheur/de réussir** to wish sb happiness/success • **je vous souhaite bien du plaisir!** (*iro*) best of luck to you!* (*iro*) • **~ la bonne année/bonne chance à qn** to wish sb a happy New Year/(the best of) luck • **je ne souhaite à personne de connaître une telle horreur** I wouldn't wish such an awful thing on anybody • **tout ce que je souhaite, c'est que tu sois heureux** all I want is for you to be happy

souiller [suje] /TABLE 1/ (VT) (*frm*) [+ *drap, vêtement*] to soil; [+ *réputation*] to sully

souk [suk] (NM) ⓐ (= *marché*) souk ⓑ (= *désordre*)* **c'est le ~ ici!** this place is absolute chaos! • **c'est fini, ce ~?** (= *tintamarre*) will you stop that racket?

soûl○**, soûle** [su, sul] (ADJ) (= *ivre*) drunk

soulagement [sulaʒmɑ̃] (NM) relief • **j'ai éprouvé un immense ~** I felt an immense sense of relief • **cette annonce a été accueillie avec ~** the announcement came as a relief • **à mon grand ~** to my great relief

soulager [sulaʒe] /TABLE 3/ **1** (VT) to relieve; [+ *conscience*] to ease • **ça le soulage de s'étendre** it relieves the pain when he stretches out • **ça le soulage de prendre ces pilules** these pills bring him relief • **être soulagé d'avoir fait qch** to be relieved to have done sth • **cet aveu l'a soulagé** this confession eased his conscience • **mets de la crème, ça soulage** put some cream on, it's soothing • **pleure un bon coup, ça soulage!** have a good cry, it'll make you feel better! **2** (VPR) **se soulager** (*euph*) (= *uriner*) to relieve o.s.

soûlant○**, e*** [sulɑ̃, ɑ̃t] (ADJ) wearing • **tu es ~ avec tes questions** you're wearing me out with your questions

soûlard○**, e**‡ [sulaʀ, aʀd] (NM,F) drunkard

soûler○ [sule] /TABLE 1/ **1** (VT) ⓐ (= *rendre ivre*)* **~ qn** [*personne*] to get sb drunk; [*boisson*] to make sb drunk
ⓑ (= *fatiguer*)* **~ qn** to make sb's head spin • **tu nous soûles avec tes questions** you're driving us mad with all your questions **2** (VPR) **se soûler*** (= *s'enivrer*) to get drunk • **se ~ à la bière/au whisky** to get drunk on beer/on whisky • **se ~ la gueule**‡ to get blind drunk*

soûlerie○ [sulʀi] (NF) (*péj*) drunken binge

soulèvement [sulɛvmɑ̃] (NM) (= *révolte*) uprising

soulever [sul(ə)ve] /TABLE 5/ **1** (VT) ⓐ (= *lever*) [+ *objet, malade, couvercle, rideau*] to lift • **~ qn de terre** to lift sb off the ground • **cela me soulève le cœur** [*odeur*] it makes me feel sick; [*attitude*] it makes me sick
ⓑ [+ *poussière*] to raise • **le vent soulevait le sable** the wind whipped up the sand
ⓒ [+ *enthousiasme, colère*] to arouse; [+ *protestations, applaudissements, difficultés, questions*] to raise
ⓓ (= *évoquer*) [+ *question, problème*] to raise
2 (VPR) **se soulever** ⓐ (= *se lever*) [*personne*] to lift o.s. up; [*poitrine*] to heave • **soulève-toi pour que je redresse ton oreiller** lift yourself up so that I can plump up your pillow • **il s'est soulevé sur un bras** he raised himself on one elbow
ⓑ (= *s'insurger*) to rise up

soulier [sulje] (NM) shoe

souligner [suliɲe] /TABLE 1/ (VT) ⓐ (*d'un trait*) to underline • **~ ses yeux de noir** to put on black eye-liner ⓑ (= *accentuer*) to emphasize ⓒ (= *faire remarquer*) to underline • **il souligna l'importance de cette rencontre** he underlined the importance of this meeting

soumettre [sumɛtʀ] /TABLE 56/ **1** (VT) ⓐ (= *dompter*) [+ *pays, peuple*] to subject; [+ *rebelles*] to put down ⓑ (= *asservir*) **~ qn à** [+ *maître, loi*] to subject sb to ⓒ (= *astreindre*) **~ qn à** [+ *traitement, formalité, régime, impôt*] to subject sb to • **~ qch à** [+ *traitement, essai, taxe*] to subject sth to • **soumis à l'impôt** subject to tax ⓓ (= *présenter*) [+ *idée, cas, manuscrit*] to submit (à to) • **~ un projet de loi à référendum** to submit a bill to referendum **2** (VPR) **se soumettre** to submit (à to)

soumis, e [sumi, iz] *ptp de* **soumettre** (ADJ) (= *docile*) [*personne, air*] submissive

soumission [sumisjɔ̃] (NF) (= *obéissance, reddition*) submission

soupape [supap] (NF) valve • **~ de sûreté** *ou* **de sécurité** safety valve

soupçon [supsɔ̃] (NM) ⓐ (= *suspicion*) suspicion • **personne au-dessus de tout ~** person above all *ou* any suspicion • **de graves ~s pèsent sur lui** he's under serious suspicion • **avoir des ~s (sur)** to have one's suspicions (about) • **sa femme eut bientôt des ~s** his wife soon became suspicious ⓑ [*d'assaisonnement, maquillage, vulgarité*] hint; [*de vin, lait*] drop

soupçonner [supsɔne] /TABLE 1/ (VT) to suspect • **il est soupçonné de vol** he is suspected of theft • **vous ne soupçonnez pas ce que ça demande comme travail** you've no idea how much work it involves

soupçonneux, -euse [supsɔnø, øz] (ADJ) suspicious • **il me lança un regard ~** he gave me a suspicious glance

soupe [sup] **1** (NF) ⓐ (= *potage*) soup • **~ à l'oignon/de poisson** onion/fish soup • **il est (très) ~ au lait** he flies off the handle easily ⓑ (= *neige*)* porridge* **2** (COMP) ▸**soupe de plastique** plastic soup ▸**soupe populaire** (= *lieu*) soup kitchen; (= *nourriture*) free meals

soupente [supɑ̃t] (NF) attic

souper [supe] **1** (NM) supper; (*Belg, Can, Helv*) (= *dîner*) dinner **2** /TABLE 1/ (VI) to have supper; (*Belg, Can, Helv*) to have dinner • **après le spectacle, nous sommes allés ~** after the show we went for supper • **j'en ai soupé de ces histoires!*** I'm sick and tired* of all this fuss!

soupeser [supəze] /TABLE 5/ (VT) [+ *objet*] to feel the weight of

soupière [supjɛʀ] (NF) soup tureen

soupir [supiʀ] (NM) ⓐ sigh • **pousser un ~ de soulagement** to heave a sigh of relief • **pousser un gros ~** to let out a heavy sigh • **rendre le dernier ~** (*littér*) to breathe one's last (*littér*) ⓑ (*Mus*) crotchet rest (*Brit*), quarter-note rest (*US*)

soupirail (*pl* **-aux**) [supiʀaj, o] (NM) (small) basement window (*generally with bars*)

soupirant [supiʀɑ̃] (NM) suitor†

soupirer [supiʀe] /TABLE 1/ (VI) to sigh

souple [supl] (ADJ) ⓐ supple; [*branche, tige, lame*] flexible; [*brosse à dents, lentilles cornéennes*] soft ⓑ [*personne, règlement*] flexible • **horaires ~s** flexible hours ⓒ (= *gracieux*) [*corps, démarche*] lithe

souplesse [suplɛs] (NF) ⓐ [*de cuir, corps, membres*] suppleness; [*de branche, tige, lame*] flexibility; [*de plastique*] softness • **pour entretenir la ~ de la peau** to keep the skin supple • **d'une grande ~ d'utilisation** very easy to use • **je manque de ~** I'm not very supple ⓑ [*de personne, règlement*] flexibility • **il manque de ~** he's quite inflexible • **il faut introduire plus de ~ dans les horaires** we must bring in more flexible working hours ⓒ [*de corps, démarche*] litheness

source [suʀs] (NF) ⓐ (= *point d'eau*) spring • **~ thermale/d'eau minérale** thermal/mineral spring ⓑ (= *foyer*) source • **~ de chaleur/d'énergie** source of heat/of energy • **~ lumineuse** *ou* **de lumière** light source ⓒ **cette rivière prend sa ~ dans le Massif central** this river has its source in the Massif Central • **~ d'inspiration** source of inspiration • **~ de revenus** source of income • **de ~ sûre/officielle** *ou* **autorisée** from a reliable/an official source

sourcer [suʀse] /TABLE 3/ (VT) [+ *produits, candidats*] to source

sourcil [suʀsi] (NM) eyebrow

sourciller [suʀsije] /TABLE 1/ (VI) **il n'a pas sourcillé** he didn't bat an eyelid

sourd, e [suʀ, suʀd] **1** (ADJ) ⓐ [*personne*] deaf • **~ d'une oreille** deaf in one ear • **être ~ comme un pot*** to be as deaf as a post • **faire la ~e oreille** to turn a deaf ear (**à** to) ⓑ **~ à** [+ *conseils, prières*] deaf to; [+ *vacarme*] oblivious to ⓒ [*son, voix*] muffled; [*couleur, colère*] subdued; [*consonne*] voiceless; [*douleur*] dull; [*désir, inquiétude*] gnawing; [*lutte*] silent **2** (NM,F) deaf person • **les ~s** the deaf

sourdine [suʀdin] (NF) [*de trompette, violon*] mute • **jouer en ~** to play softly • **mettre une ~ à** [+ *prétentions*] to tone down • **mets-la en ~!*** shut your mouth!*

sourdingue* [suʀdɛ̃g] (ADJ) cloth-eared*

sourd-muet, sourde-muette (*mpl* **sourds-muets**) [suʀmɥɛ, suʀd(ə)mɥɛt] **1** (ADJ) profoundly deaf, deaf-and-dumb (*injurieux*) **2** (NM,F) profoundly deaf person, deaf-and-dumb person (*injurieux*)

souriant, e [suʀjɑ̃, jɑ̃t] (ADJ) [*visage*] smiling; [*personne*] cheerful

souricière [suʀisjɛʀ] (NF) mousetrap; (*fig*) trap

sourire [suʀiʀ] **1** (NM) smile • **le ~ aux lèvres** with a smile on his (*ou* her) lips • **avec le ~** [*accueillir qn*] with a smile; [*travailler*] cheerfully • **gardez le ~!** keep smiling! • **avoir le ~** to have a smile on one's face • **faire** *ou* **adresser un ~ à qn** to give sb a smile • **faire des ~s à qn** to keep smiling at sb • **être tout ~** to be all smiles • **~ en banane** big happy smile
2 /TABLE 36/ (VI) ⓐ to smile (**à qn** at sb) • **~ à la vie** to delight in living • **~ aux anges** [*personne*] to have a vacant grin on one's face; [*bébé*] to smile happily in one's sleep • **cette remarque les fit ~** this remark made them smile • **ce projet fait ~** this project is laughable
ⓑ **~ à** (= *plaire à*) to appeal to; (= *être favorable à*) to smile on • **cette idée ne me sourit guère** that idea doesn't appeal to me • **la chance lui souriait** luck smiled on him • **tout lui sourit** everything goes his way

souris [suʀi] (NF) ⓐ (= *animal*) mouse • **~ blanche** white mouse • **~ grise** house mouse ⓑ (= *femme*)* chick* ⓒ (*Informatique*) mouse

sournois, e [suʀnwa, waz] **1** (ADJ) [*personne, regard, air*] sly; [*méthode, attaque, manœuvres*] underhand; [*douleur, maladie*] insidious **2** (NM,F) sly person • **c'est un petit ~** he's a sly little devil*

sous [su] **1** (PRÉP) under • **s'abriter ~ un arbre** to shelter under a tree • **nager ~ l'eau** to swim under water • **se promener ~ la pluie** to take a walk in the rain • **le pays était ~ la neige** the country was covered in snow • **emballé ~ plastique** plastic-wrapped • **~ huitaine/quinzaine** within a week/two weeks • **~ 48 heures** within 48 hours • **il est ~ calmants/antibiotiques** he's on tranquillizers/antibiotics • **travailler ~ DOS®/UNIX®** to work in DOS®/UNIX®
▸**sous peu** shortly
2 (PRÉF) **sous-**

> Pour les composés les plus fréquents, voir à l'ordre alphabétique.

ⓐ (*infériorité*) **c'est de la ~-littérature** it's pseudoliterature
ⓑ (*subordination*) sub- • **~-catégorie** sub-category
ⓒ (*insuffisance*) under • **~-industrialisé** underindustrialized • **~-productivité** underproductivity • **~-rémunéré** underpaid

sous-alimenté, e [suzalimɑ̃te] (ADJ) undernourished

sous-bois [subwa] (NM INV) undergrowth • **se promener dans les** *ou* **en ~** to walk through the trees

S

sous-classe [suklɑs] (NF) subclass
sous-couche [sukuʃ] (NF) [*de peinture*] undercoat; [*de parquet, moquette*] underlay
souscripteur, -trice [suskriptœʀ, tʀis] (NM,F) [*d'emprunt, publication*] subscriber (**de** to)
souscription [suskʀipsjɔ̃] (NF) subscription; [*de police d'assurance*] taking out
souscrire [suskʀiʀ] /TABLE 39/ **1** (VT) [*+ abonnement, assurance*] to take out; [*+ actions*] to subscribe for; [*+ emprunt*] to subscribe to **2** (VT INDIR) **~ à** to subscribe to; [*+ émission d'actions*] to subscribe for
sous-cutané, e [sukytane] (ADJ) subcutaneous
sous-développé, e [sudev(ə)lɔpe] (ADJ) underdeveloped
sous-développement [sudev(ə)lɔpmɑ̃] (NM) underdevelopment
sous-effectif [suzefɛktif] (NM) understaffing • **en ~** undermanned; [*entreprise, service*] understaffed
sous-emploi [suzɑ̃plwa] (NM) underemployment
sous-employer [suzɑ̃plwaje] /TABLE 8/ (VT) to underuse
sous-ensemble [suzɑ̃sɑ̃bl] (NM) subset
sous-entendre [suzɑ̃tɑ̃dʀ] /TABLE 41/ (VT) to imply • **qu'est-ce qu'il sous-entend par là?** what's he trying to imply?
sous-entendu, e [suzɑ̃tɑ̃dy] **1** (ADJ) implied • **il me faut une personne jeune, ~: plus jeune que vous** I need a young person, meaning: younger than you **2** (NM) insinuation; (*sexuel*) innuendo
sous-équipé, e [suzekipe] (ADJ) underequipped
sous-espèce [suzɛspɛs] (NF) subspecies
sous-estimer [suzɛstime] /TABLE 1/ (VT) to underestimate
sous-évaluer [suzevalɥe] /TABLE 1/ (VT) [*+ objet, entreprise, monnaie*] to undervalue; [*+ sentiment, risque, conséquence*] to underestimate
sous-exploiter [suzɛksplwate] /TABLE 1/ (VT) to underuse
sous-exposition [suzɛkspozisjɔ̃] (NF) underexposure
sous-homme [suzɔm] (NM) subhuman
sous-informé, e [suzɛ̃fɔʀme] (ADJ) poorly informed
sous-jacent, e [suʒasɑ̃, ɑ̃t] (ADJ) underlying
sous-louer [sulwe] /TABLE 1/ (VT) to sublet
sous-main [sumɛ̃] (NM INV) desk blotter • **en ~** [*agir, négocier*] secretly
sous-marin, e [sumaʀɛ̃, in] **1** (ADJ) underwater; [*câble*] undersea **2** (NM) **a** (= *bâtiment*) submarine **b** (= *espion*) mole
sous-marque [sumaʀk] (NF) sub-brand
sous-ministre [suministʀ] (NM) (*Can*) deputy minister
sous-munitions [sumynisjɔ̃] (NFPL) cluster munitions
sous-nappe [sunap] (NF) undercloth
sous-officier, ière [suzɔfisje, jɛʀ] (NM,F) non-commissioned officer
sous-payer [supeje] /TABLE 8/ (VT) to underpay
sous-peuplement [supœpləmɑ̃] (NM) underpopulation
sous-produit [supʀɔdɥi] (NM) (*Industrie*) byproduct
sous-pull [supyl] (NM) thin polo neck jersey
sous-qualifié, e [sukalifje] (ADJ) underqualified
sous-régime [suʀeʒim] (NM) **en ~** at half throttle • **le moteur est** *ou* **tourne en ~** the engine is at half throttle
sous-répertoire [suʀepɛʀtwaʀ] (NM) (*Informatique*) subdirectory
soussigné, e [susiɲe] (ADJ, NM,F) undersigned • **je ~, Dupont Charles-Henri, déclare que ...** I the undersigned, Charles-Henri Dupont, certify that ...
sous-sol [susɔl] (NM) [*de terre*] subsoil; [*de bâtiment*] basement • **les richesses de notre ~** our mineral resources • **parking en ~** underground car park
sous-titre [sutitʀ] (NM) [*de journal, livre*] subheading; [*de film*] subtitle
sous-titrer [sutitʀe] /TABLE 1/ (VT) to subtitle • **en version originale sous-titrée** in the original version with subtitles
soustraction [sustʀaksjɔ̃] (NF) subtraction
soustraire [sustʀɛʀ] /TABLE 50/ **1** (VT) **a** (= *enlever*) to subtract (**de** from) **b** (*frm*) (= *dérober*) to remove • **~ qn à la justice** to shield sb from justice **2** (VPR) **se soustraire** (*frm*) **se ~ à** [*+ obligation, corvée*] to shirk; [*+ autorité*] to escape from; [*+ curiosité, regards, vue*] to conceal o.s. from • **se ~ à la justice** to elude justice; (*en s'enfuyant*) to abscond
sous-traitant [sutʀɛtɑ̃] (NM) subcontractor
sous-traiter [sutʀete] /TABLE 1/ **1** (VI) [*maître d'œuvre*] to subcontract work; [*exécutant*] to be subcontracted **2** (VT) [*+ affaire, tâche*] to subcontract
sous-utiliser [suzytilize] /TABLE 1/ (VT) to underuse
sous-ventrière [suvɑ̃tʀijɛʀ] (NF) [*de cheval*] girth
sous-verre [suvɛʀ] (NM) (= *encadrement*) clip frame; (= *image encadrée*) clip-framed picture
sous-vêtement [suvɛtmɑ̃] (NM) item of underwear • **~s** underwear
soutane [sutan] (NF) cassock
soute [sut] (NF) [*de navire*] hold • **~ (à bagages)** [*de bateau, avion*] baggage hold • **~ à mazout** oil tank
soutenance [sut(ə)nɑ̃s] (NF) (*Univ*) **~ de thèse** viva (*Brit*), defense (*US*)
soutènement [sutɛnmɑ̃] (NM) **travaux de ~** supporting works • **mur de ~** retaining wall
souteneur [sut(ə)nœʀ] (NM) (= *proxénète*) pimp
soutenir [sut(ə)niʀ] /TABLE 22/ **1** (VT) **a** (= *servir d'appui, d'aide à*) to support • **ses jambes peuvent à peine le ~** his legs can hardly support him • **elle soutient les enfants contre leur père** she stands up for the children against their father • **il les a beaucoup soutenus dans leur épreuve** he gave them a lot of support in their time of trouble • **~ le moral des troupes** to keep the troops' morale up
b [*+ attention, conversation, effort*] to keep up
c [*+ assaut, combat, siège*] to withstand; [*+ regard*] to bear • **~ la comparaison avec** to compare favourably with
d (= *défendre*) [*+ droits*] to uphold • **~ sa thèse** (*Univ*) to attend one's viva (*Brit*), to defend one's dissertation (*US*) • **il a soutenu jusqu'au bout qu'il était innocent** he maintained to the end that he was innocent • **il m'a soutenu qu'il avait écrit** he swore that he'd written
2 (VPR) **se soutenir** **a** (= *se maintenir*) (*sur ses jambes*) to support o.s.; (*dans l'eau*) to keep afloat
b (= *s'entraider*) to stand by each other • **dans la famille, ils se soutiennent tous** the family all stand by each other
soutenu, e [sut(ə)ny] *ptp de* **soutenir** (ADJ) [*style, langue*] formal; [*attention, effort, travail*] sustained; [*couleur*] bold
souterrain, e [sutɛʀɛ̃, ɛn] **1** (ADJ) underground; [*action, influence*] subterranean • **économie ~e** underground

economy, black-market economy **2** (NM) (= *passage*) underground passage; (*pour piétons*) underpass

soutien [sutjɛ̃] (NM) **a** (= *aide*) support • ~ **financier** financial backing • ~ **moral** moral support • **cours de** ~ (*Scol*) remedial course • ~ **en français** extra teaching in French • **apporter son** ~ **à qn/qch** to give sb/sth one's support • ~ **psychologique** counselling (*Brit*), counseling (*US*) **b** (= *personne*) **être** ~ **de famille** to be the main wage-earner in the family

soutien-gorge (*pl* **soutiens-gorge**) [sutjɛ̃gɔʀʒ] (NM) bra

soutif* [sutif] (NM) (ABR DE **soutien-gorge**) bra

soutirer [sutiʀe] /TABLE 1/ (VT) ~ **qch à qn** [+ *argent*] to squeeze sth out of sb; [+ *promesse*] to worm sth out of sb

souvenir [suv(ə)niʀ] **1** (NM) **a** (= *réminiscence*) memory • **elle a gardé de lui un bon/mauvais** ~ she has good/bad memories of him • **je n'ai qu'un vague** ~ **de l'incident** I have only a vague recollection of the incident • **raconter des** ~**s d'enfance** to recount memories of one's childhood • **si mes** ~**s sont exacts** if my memory serves me right • **avoir** *ou* **garder le** ~ **de qch** to remember sth • **évoquer le** ~ **de qn** to recall the memory of sb • **je n'ai pas** ~ **d'avoir ...** (*frm*) I have no recollection of having ...
▸ **en souvenir de** in memory of • **en** ~ **du passé** for old times' sake
b (= *objet à valeur sentimentale*) keepsake; (*pour touristes, marque d'un événement*) souvenir • **photo** ~ souvenir photo • **garder qch en** ~ **(de qn)** to keep sth as a memento (of sb) • **cette cicatrice est un** ~ **de la guerre** this scar is a souvenir from the war • **cette montre est un** ~ **de famille** this watch is a family heirloom • **boutique** *ou* **magasin de** ~**s** souvenir shop
c (= *formule de politesse*) **amical** ~ yours ever • **meilleur** *ou* **amical** ~ **de Rome** (*sur une carte*) greetings from Rome • **mon bon** ~ **à Jean** • **transmettez mon meilleur** ~ **à Jean** remember me to Jean
2 /TABLE 22/ (VPR) **se souvenir** to remember • **se** ~ **de qn** to remember sb • **se** ~ **de qch/d'avoir fait qch/que ...** to remember sth/doing sth/that ... • **elle lui a donné une leçon dont il se souviendra** she taught him a lesson he won't forget • **autant que je m'en souvienne ...** as far as I remember ... • **tu m'as fait** ~ **que ...** you have reminded me that ... • **je m'en souviendrai!** (*menace*) I won't forget!

souvent [suvɑ̃] (ADV) often • **le plus** ~**, ça marche bien** more often than not it works well • **il ne vient pas** ~ **nous voir** he doesn't often come and see us • **on se voit** ~ **ces derniers temps** we have seen a lot of each other recently • **peu** ~ seldom

souverain, e [suv(ə)ʀɛ̃, ɛn] **1** (ADJ) **a** [*État, puissance*] sovereign; [*assemblée, juge*] supreme • **le** ~ **pontife** the Pope **b** [*mépris*] supreme **2** (NM,F) (= *monarque*) sovereign • ~ **absolu/constitutionnel** absolute/constitutional monarch

souverainement [suv(ə)ʀɛnmɑ̃] (ADV) (= *intensément*) supremely • **ça me déplaît** ~ I dislike it intensely

souveraineté [suv(ə)ʀɛnte] (NF) sovereignty

souverainiste [suv(ə)ʀɛnist] (ADJ, NMF) (*en Europe*) antifederalist; (*au Canada*) Quebec separatist

souvient [suvjɛ̃] (VB) → **souvenir**

soviétique [sɔvjetik] (ADJ) Soviet

soya [sɔja] (NM) (= *plante*) soya; (= *graines*) soya beans

soyeux, -euse [swajø, øz] (ADJ) silky

soyons [swajɔ̃] (VB) → **être**

SPA [ɛspea] (NF) (ABR DE **Société protectrice des animaux**) ≈ RSPCA (*Brit*), ≈ ASPCA (*US*)

space* [spes] (ADJ) far out*

spacieux, -ieuse [spasjø, jøz] (ADJ) spacious

spaghetti, spaghettis [spageti] (NMPL) spaghetti • ~ **bolognaise** spaghetti Bolognaise

spam [spam] (NM) (*Internet*) spam

spammer [spame] /TABLE 1/ (VT) to spam

sparadrap [spaʀadʀa] (NM) Band-Aid ®, plaster (*Brit*)

spartiate [spaʀsjat] **1** (ADJ) Spartan **2** (NFPL) **spartiates** (= *chaussures*) Roman sandals

spasme [spasm] (NM) spasm

spatial, e (*mpl* **-iaux**) [spasjal, jo] (ADJ) (*opposé à temporel*) spatial; (*Espace*) space

spationaute [spasjonot] (NMF) astronaut

spatule [spatyl] (NF) **a** [*de peintre, cuisinier*] spatula **b** [*de ski, manche de cuiller*] tip

speakerine [spikʀin] (NF) (*TV*) (= *annonceuse*) announcer

spécial, e (*mpl* **-iaux**) [spesjal, jo] **1** (ADJ) **a** (= *spécifique*) special • **une (émission)** ~**e élections** an election special • **le prix** ~ **du jury** (*Ciné*) the special jury prize **b** (= *bizarre*) peculiar • **il est très** ~ he's very peculiar • **la cuisine japonaise, c'est** ~ Japanese food is not to everybody's taste **2** (NF) **spéciale** **a** (= *huître*) oyster (*milkier than normal*) **b** (= *course*) **(épreuve)** ~**e** special stage

spécialement [spesjalmɑ̃] (ADV) (= *plus particulièrement*) especially; (= *tout exprès*) specially • **pas** ~ **intéressant** not especially interesting

spécialisation [spesjalizasjɔ̃] (NF) specialization • **faire une** ~ **en qch** to specialize in sth

spécialisé, e [spesjalize] *ptp de* **spécialiser** (ADJ) specialized • **être** ~ **dans** [*personne*] to be a specialist in; [*entreprise*] to specialize in

spécialiser (se) [spesjalize] /TABLE 1/ (VPR) to specialize

spécialiste [spesjalist] (NMF) specialist • **c'est un** ~ **de la gaffe*** he's always putting his foot in it* • **lecteur/public non** ~ non-specialist reader/audience

spécialité [spesjalite] (NF) speciality (*Brit*), specialty (*US*); (*Univ*) (= *branche*) special field • ~ **médicale** area of medical specialization • ~**s régionales** (= *plats*) regional specialities • **la** ~ **du chef** the chef's speciality • **il est le meilleur dans sa** ~ he's the best in his field • **les gaffes, c'est sa** ~ he's always putting his foot in it

spécieux, -ieuse [spesjø, jøz] (ADJ) specious

spécification [spesifikasjɔ̃] (NF) specification

spécificité [spesifisite] (NF) specificity

spécifier [spesifje] /TABLE 7/ (VT) (= *préciser*) to specify; (= *indiquer, mentionner*) to state • **n'oubliez pas de** ~ **votre adresse** don't forget to state your address • **j'avais bien spécifié qu'il devait venir le matin** I had stated specifically that he should come in the morning

spécifique [spesifik] (ADJ) specific

spécifiquement [spesifikmɑ̃] (ADV) (= *tout exprès*) specifically; (= *typiquement*) typically

spécimen [spesimɛn] (NM) (= *échantillon, exemple*) specimen; (= *exemplaire publicitaire*) sample copy • **c'est un drôle de** ~* he's an odd character

spectacle [spɛktakl] (NM) **a** (= *vue, tableau*) sight • **au** ~ **de** at the sight of • **se donner en** ~ to make a spectacle of o.s. **b** (= *représentation*) show • **le** ~ show business • **les**

S

arts du ~ the performing arts • **«~s»** (= *rubrique*) "entertainment" • **un ~ lyrique** an opera • **un ~ dramatique** a play • **~ de variétés** variety show • **aller au ~** to go to a show • **donner un ~** to put on a show • **donner un ~ de marionnettes** to put on a puppet show • **l'industrie du ~** the entertainment industry • **film à grand ~** blockbuster

spectaculaire [spɛktakylɛʀ] (ADJ) spectacular

spectateur, -trice [spɛktatœʀ, tʀis] (NM,F) [*de film, pièce de théâtre*] member of the audience; [*de sport*] spectator; [*d'accident, événement*] onlooker • **les ~s** [*de film, pièce*] the audience

spectre [spɛktʀ] (NM) spectrum; (= *fantôme*) spectre, specter (*US*) • **le ~ du chômage** the spectre of unemployment

spéculateur, -trice [spekylatœʀ, tʀis] (NM,F) speculator

spéculatif, -ive [spekylatif, iv] (ADJ) speculative • **fonds ~s** hedge funds

spéculation [spekylasjɔ̃] (NF) speculation • **~ boursière** stock-market speculation • **~ immobilière** property (*Brit*) *ou* real-estate (*US*) speculation • **ce ne sont que des ~s** it's pure speculation

spéculer [spekyle] /TABLE 1/ (VI) ⓐ (*Bourse*) to speculate (**sur** in) ⓑ (= *méditer*) to speculate (**sur** on, about)

speech* [spitʃ] (NM) (= *laïus*) speech • **faire un ~** to make a speech • **elle nous a fait son ~ sur le machisme** she gave us her speech on male chauvinism

speed* [spid] 1 (ADJ) (= *agité*) hyper* • **elle est très ~** she's really hyper* 2 (NM) (*arg Drogue*) speed

speedé, e* [spide] (ADJ) (= *agité*) hyper*

spéléo* [speleo] (NF) (ABR DE **spéléologie**) potholing (*Brit*), spelunking (*US*)

spéléologie [speleɔlɔʒi] (NF) (= *étude*) speleology; (= *exploration*) potholing (*Brit*), spelunking (*US*)

spéléologue [speleɔlɔg] (NMF) (= *spécialiste*) speleologist; (= *explorateur*) potholer (*Brit*), spelunker (*US*)

spéléonaute [speleonot] (NMF) endurance caver, cave scientist

spermatozoïde [spɛʀmatɔzɔid] (NM) sperm

sperme [spɛʀm] (NM) sperm

sphère [sfɛʀ] (NF) sphere • **les hautes ~s de l'État** the highest levels of government • **il évolue dans les hautes ~s** he moves in influential circles

sphérique [sfeʀik] (ADJ) spherical

sphinx [sfɛ̃ks] (NM) sphinx • **le Sphinx** the Sphinx

spirale [spiʀal] (NF) spiral • **s'élever/tomber en ~** to spiral upwards/downwards • **la ~ de l'inflation** *ou* **inflationniste** the inflationary spiral • **une ~ infernale** a downward spiral

spirite [spiʀit] (ADJ, NMF) spiritualist

spiritisme [spiʀitism] (NM) spiritualism

spirituel, -elle [spiʀitɥɛl] (ADJ) ⓐ (= *fin*) [*personne, remarque*] witty ⓑ (= *moral*) spiritual • **musique spirituelle** sacred music • **concert ~** concert of sacred music

spiritueux [spiʀitɥø] (NM) spirit

spleen [splin] (NM) (*littér*) melancholy • **avoir le ~** to feel melancholy

splendeur [splɑ̃dœʀ] (NF) splendour (*Brit*), splendor (*US*) • **quelle ~!** it's magnificent! • **dans toute sa ~** (*iro*) in all its splendour

splendide [splɑ̃did] (ADJ) gorgeous; [*soleil*] glorious; [*réception, résidence, spectacle*] splendid • **tu as une mine ~** you look wonderful

spoliation [spɔljasjɑ̃] (NF) despoilment (**de** of)

spongieux, -ieuse [spɔ̃ʒjø, jøz] (ADJ) spongy

sponsor [spɔ̃sɔʀ] (NM) sponsor

sponsoring [spɔ̃sɔʀiŋ] (NM) sponsorship

sponsoriser [spɔ̃sɔʀize] /TABLE 1/ (VT) to sponsor • **se faire ~ par une société** to get sponsorship from a company

spontané, e [spɔ̃tane] (ADJ) spontaneous; [*candidature, témoignage*] unsolicited

spontanéité [spɔ̃taneite] (NF) spontaneity

spontanément [spɔ̃tanemɑ̃] (ADV) spontaneously

sporadique [spɔʀadik] (ADJ) sporadic

spore [spɔʀ] (NF) spore

sport [spɔʀ] 1 (NM) sport • **faire du ~** to do sport • **~ individuel/d'équipe** *ou* **collectif** individual/team sport • **~ en salle/de plein air** indoor/outdoor sport • **~ de compétition/de combat** competitive/combat sport • **les ~s d'hiver** winter sports • **aller aux ~s d'hiver** to go on a winter sports holiday • **~s nautiques/mécaniques** water/motor sports • **~ cérébral** mental exercise • **~ en chambre** (*euph*) bedroom antics *pl* • **~-études** (= *section*) *special course in secondary school for athletically-gifted pupils* • **de ~** [*vêtements, terrain, voiture*] sports 2 (ADJ INV) [*vêtement, coupe*] casual

sportif, -ive [spɔʀtif, iv] 1 (ADJ) ⓐ [*épreuve, journal, résultats*] sports • **pêche sportive** angling • **marche sportive** hiking • **pratiquer une activité sportive** to practise a sport ⓑ [*personne, jeunesse*] fond of sports *attrib*; [*allure, démarche*] athletic ⓒ [*comportement*] sporting • **faire preuve d'esprit ~** to be sportsmanlike 2 (NM) sportsman 3 (NF) **sportive** sportswoman

sportivité [spɔʀtivite] (NF) sportsmanship

spot [spɔt] (NM) ⓐ (= *lampe*) spotlight ⓑ **~ (publicitaire)** commercial

sprint [spʀint] (NM) sprint

sprinter[1] [spʀinte] /TABLE 1/ (VI) to sprint; (*en fin de course*) to put on a final spurt

sprinter[2] [spʀintœʀ] (NM), **sprinteur, -euse** [spʀintœʀ, øz] (NM,F) sprinter; (*en fin de course*) fast finisher

squale [skwal] (NM) shark

square [skwaʀ] (NM) small public garden

squash [skwaʃ] (NM) squash • **faire du ~** to play squash

squat* [skwat] (NM) (= *logement*) squat

squatter[1] [skwatœʀ] (NM) squatter

squatter[2] [skwate] /TABLE 1/ (VT) ⓐ (= *loger*) to squat ⓑ (= *utiliser*)* [+ *ordinateur*] to borrow • **je peux ~ ton bureau quelques minutes?** can I use your office for a few minutes?

squatteur, -euse [skwatœʀ, øz] (NM,F) squatter

squelette [skəlɛt] (NM) skeleton

squelettique [skəletik] (ADJ) [*personne, arbre*] scrawny • **il est ~** he's all skin and bone • **des effectifs ~s** a skeleton staff

SRAS [sʀas] (NM) (ABR DE **syndrome respiratoire aigu sévère**) SARS

Sri Lanka [sʀilɑ̃ka] (NM) Sri Lanka

sri-lankais, e [sʀilɑ̃kɛ, ɛz] 1 (ADJ) Sri-Lankan 2 (NM,F) **Sri-Lankais(e)** Sri-Lankan

SS [ɛsɛs] 1 (NF) ⓐ (ABR DE **Sécurité sociale**) ≈ NHS (*Brit*), ≈ Medicaid (*US*) ⓑ (ABR DE **Sa Sainteté**) HH 2 (NM) (= *soldat*) SS

SSPT [ɛsɛspete] (NM) (ABR DE **syndrome de stress post-traumatique**) PTSD, post-traumatic stress disorder

St (ABR DE **Saint**) St

stabiliser [stabilize] /TABLE 1/ **1** (VT) [+ *situation, prix*] to stabilize; [+ *terrain*] to consolidate **2** (VPR) **se stabiliser** [*situation, prix, cours*] to stabilize; [*personne*] (*physiquement*) to find one's balance; (*dans la vie*) to settle down

stabilité [stabilite] (NF) stability

stable [stabl] (ADJ) stable

stade [stad] (NM) **a** stadium **b** (= *période, étape*) stage • **à ce ~** at this stage • **à ce ~ de la maladie** at this stage in the development of the disease • **il en est resté au ~ de l'adolescence** he never got beyond the adolescent phase • **passer à un ~ supérieur** to go one step higher

stadier [stadje] (NM) steward (working in a stadium)

stage [staʒ] (NM) training course, internship (US) • **~ de formation (professionnelle)** vocational training course • **~ en entreprise** work experience placement • **~ d'insertion (professionnelle)** *training scheme for the young unemployed to help them find work* • **~ de réinsertion** retraining course • **~-parking*** useless training course • **~ d'initiation** introductory course • **~ pédagogique** teaching practice • **faire** *ou* **suivre un ~** to go on a training course • **faire un ~ d'informatique** to go on a computing course; (*sur son lieu de travail*) to have in-house training in computing

> ⚠ **stage** ne se traduit pas par le mot anglais **stage**.

stagiaire [staʒjɛʀ] (NMF) trainee, intern (US)

stagnation [stagnasjɔ̃] (NF) stagnation • **marché en ~** stagnating market

stagner [stagne] /TABLE 1/ (VI) to stagnate

stalactite [stalaktit] (NF) stalactite

stalagmite [stalagmit] (NF) stalagmite

stand [stɑ̃d] (NM) [*d'exposition*] stand • **~ (de tir)** [*de foire*] (*Sport*) shooting range; (*Mil*) firing range • **~ de ravitaillement** (*Sport*) pit

standard [stɑ̃daʀ] **1** (NM) **a ~ téléphonique** switchboard **b** (= *norme*) standard • **~ de vie** standard of living **2** (ADJ INV) standard

standardiser [stɑ̃daʀdize] /TABLE 1/ (VT) to standardize

standardiste [stɑ̃daʀdist] (NMF) switchboard operator • **demandez à la ~** ask the operator

standing [stɑ̃diŋ] (NM) standing • **immeuble de grand ~** block of luxury flats (Brit) *ou* apartments (US)

staphylocoque [stafilɔkɔk] (NM) staphylococcus

star [staʀ] (NF) (*de cinéma*) star • **c'est une ~ du journalisme/de la politique** he's (*ou* she's) a big name in journalism/in politics • **~ du tennis** top tennis player

stariser* [staʀize] /TABLE 1/ (VT) [+ *personne*] to make into a star

starlette [staʀlɛt] (NF) starlet

starter [staʀtɛʀ] (NM) **a** [*de voiture*] choke • **mettre le ~** to pull the choke out **b** (*Sport*) starter

stat* [stat] (NF) (ABR DE **statistique**) stat* • **faire des ~s** to do stats*

station [stasjɔ̃] (NF) **a** (= *lieu d'arrêt*) **~ de métro** underground (Brit) *ou* subway (US) station • **~ d'autobus** bus stop • **~ de taxis** taxi rank

b (= *poste, établissement*) station • **~ météorologique** weather station • **~ d'épuration** water-treatment plant • **~ de radio** radio station • **~ de travail** (*Informatique*) workstation • **~ spatiale/orbitale** space/orbiting station • **~ d'essence** petrol (Brit) *ou* gas (US) station • **~ de lavage** carwash

c (*de vacances*) resort • **~ balnéaire** seaside resort • **~ de ski** *ou* **de sports d'hiver** ski resort • **~ thermale** thermal spa

d (= *posture*) posture • **~ verticale** upright position • **la ~ debout lui est pénible** he finds standing upright painful

e (= *halte*) stop • **faire des ~s prolongées devant les vitrines** to linger in front of the shop windows

f (*Rel*) station • **les ~s de la Croix** the Stations of the Cross

stationnaire [stasjɔnɛʀ] (ADJ) stationary • **son état est ~** his condition is stable

stationnement [stasjɔnmɑ̃] (NM) **a** [*de véhicule*] parking • **~ alterné** parking on alternate sides • « **~ interdit** » "no parking" • « **~ payant** » (*avec parcmètres*) "meter zone"; (*avec tickets*) "parking with ticket only" • **en ~** [*véhicule*] parked **b** (*Can*) (= *parking*) car park (Brit), parking lot (US)

stationner [stasjɔne] /TABLE 1/ (VI) (= *être garé*) to be parked; (= *se garer*) to park • **troupes stationnées en Europe** troops stationed in Europe

station-service (*pl* **stations-service(s)**) [stasjɔ̃sɛʀvis] (NF) petrol (Brit) *ou* gas (US) station

statique [statik] (ADJ) static

statisticien, -ienne [statistisjɛ̃, jɛn] (NM,F) statistician

statistique [statistik] **1** (NF) (= *donnée*) statistic • **la ~** (= *science*) statistics *sg* • **faire des ~s** to do statistics **2** (ADJ) statistical

statistiquement [statistikmɑ̃] (ADV) statistically

statue [staty] (NF) statue

statuer [statɥe] /TABLE 1/ (VI) to give a verdict • **~ sur** to give a ruling on • **~ sur le cas de qn** to decide sb's case

statuette [statɥɛt] (NF) statuette

statu quo ○ [statykwo] (NM INV) status quo

stature [statyʀ] (NF) (= *taille*) stature; (= *calibre*) calibre (Brit), caliber (US) • **cet écrivain est d'une tout autre ~** this writer is in a different league altogether

statut [staty] **1** (NM) (= *position*) status • **~ social/juridique** social/legal status • **avoir le ~ de salarié** to be on the payroll • **il a obtenu le ~ de réfugié politique** he has been given political refugee status **2** (NMPL) **statuts** (= *règlement*) statutes

Ste (ABR DE **Sainte**) St

Sté (ABR DE **société**) **et ~** and Co.

steak [stɛk] (NM) steak • **~ tartare** steak tartare • **~ frites** steak and chips (Brit) *ou* French fries (US) • **~ haché** minced beef (Brit), ground beef (US); (*moulé*) hamburger

sténo [steno] **1** (NMF) (ABR DE **sténographe**) shorthand typist **2** (NF) (ABR DE **sténographie**) shorthand • **prendre une lettre en ~** to take a letter down in shorthand

sténodactylo [stenodaktilo] (NMF) shorthand typist

steppe [stɛp] (NF) steppe

stère [stɛʀ] (NM) stere

stéréo [steʀeo] **1** (NF) (ABR DE **stéréophonie**) stereo • **enregistrement (en) ~** stereo recording • **c'est en ~** it's in stereo **2** (ADJ INV) (ABR DE **stéréophonique**) stereo • **son ~** stereo sound

stéréophonie [steʀeɔfɔni] (NF) stereophony

S

stéréophonique [stereɔfɔnik] (ADJ) stereophonic
stéréotype [stereɔtip] (NM) stereotype
stéréotypé, e [stereɔtipe] (ADJ) stereotyped
stérile [steril] (ADJ) sterile; [*terre, sol*] barren; [*discussion, effort*] futile
stérilet [sterilɛ] (NM) IUD
stérilisateur [sterilizatœr] (NM) sterilizer
stériliser [sterilize] /TABLE 1/ (VT) to sterilize • **lait stérilisé** sterilized milk
stérilité [sterilite] (NF) sterility; [*de terre, sol*] barrenness; [*de discussion, effort*] futility
sterling [stɛrliŋ] (ADJ INV, NM INV) sterling
sternum [stɛrnɔm] (NM) breastbone
stéthoscope [stetɔskɔp] (NM) stethoscope
steward [stiwart] (NM) steward
stick [stik] (NM) stick • **déodorant en ~** stick deodorant
stigmate [stigmat] (NM) ⓐ (= *marque, Méd*) mark • **~s** (*Rel*) stigmata ⓑ (= *orifice*) (*Zool, Bot*) stigma
stigmatiser [stigmatize] /TABLE 1/ (VT) (= *blâmer*) to stigmatize
stimulant, e [stimylɑ̃, ɑ̃t] 1 (ADJ) stimulating 2 (NM) (*physique*) stimulant; (*intellectuel*) stimulus
stimulateur [stimylatœr] (NM) ~ **cardiaque** pacemaker
stimulation [stimylasjɔ̃] (NF) stimulation • **mesures de ~ de l'économie** measures to stimulate the economy
stimuler [stimyle] /TABLE 1/ (VT) to stimulate • **cet élève a besoin d'être stimulé sans arrêt** this pupil needs constant stimulation
stimulus [stimylys] (*pl* **stimuli** [stimyli]) (NM) stimulus
stipuler [stipyle] /TABLE 1/ (VT) to stipulate
stock [stɔk] (NM) stock • **faire des ~s** to stock up (**de** on) • **avoir qch en ~** to have sth in stock • **entrer** *ou* **rentrer en ~** to be in stock • **prends un crayon, j'en ai tout un ~** take a pencil, I've got a whole stock of them • **dans la limite des ~s disponibles** while stocks last
stockage [stɔkaʒ] (NM) (= *entreposage*) storage; (= *accumulation*) stocking • **le ~ des déchets radioactifs** the storage of nuclear waste
stocker [stɔke] /TABLE 1/ (VT) (= *accumuler*) to stock; (= *entreposer*) to store; (*pour spéculer, amasser*) to stockpile
stoïque [stɔik] (ADJ) stoical
stop [stɔp] 1 (EXCL) stop! • **tu me diras ~ — ~!** (*en servant qn*) say when — when! • **il faut savoir dire ~** you have to know when to say no • **après deux ans sans vacances, j'ai dit ~!** after two years without a holiday, I said enough is enough!
2 (NM) ⓐ (= *panneau*) stop sign; (= *feu arrière*) brake-light
ⓑ (ABR DE **auto-stop**)* **faire du ~** to hitchhike • **faire le tour de l'Europe en ~** to hitch round Europe • **il a fait du ~ pour rentrer chez lui** • **il est rentré chez lui en ~** he hitched a lift home • **j'ai pris deux personnes en ~** I picked up two hitchhikers • **je l'ai pris en ~** I gave him a lift
stopper [stɔpe] /TABLE 1/ 1 (VI) to stop 2 (VT) (= *arrêter*) to stop
stoppeur, -euse [stɔpœr, øz] (NM,F) ⓐ (= *auto-stoppeur*)* hitchhiker ⓑ (*Football*) fullback
store [stɔr] (NM) ⓐ (*en plastique, bois, tissu*) blind; [*de magasin*] (*en toile*) awning; (*en métal*) shutters • **~ vénitien** Venetian blind ⓑ (= *voilage*) net curtain
STP (ABR DE **s'il te plaît**) pls, please

strabisme [strabism] (NM) squinting (*Brit*) • **il a un léger ~** he is slightly cross-eyed
strangulation [strɑ̃gylasjɔ̃] (NF) strangulation
strapontin [strapɔ̃tɛ̃] (NM) foldaway seat
strasbourgeois, e [strazburʒwa, waz] 1 (ADJ) of *ou* from Strasbourg 2 (NM,F) **Strasbourgeois(e)** inhabitant *ou* native of Strasbourg
strass [stras] (NM) (= *imitation de pierres précieuses*) paste • **en ~** paste
stratagème [strataʒɛm] (NM) stratagem
strate [strat] (NF) stratum • **des ~s** strata
stratège [stratɛʒ] (NM) strategist
stratégie [strateʒi] (NF) strategy
stratégique [strateʒik] (ADJ) strategic
stratifié, e [stratifje] 1 (ADJ) [*bois*] laminated 2 (NM) laminate • **en ~** laminated
streptocoque [strɛptɔkɔk] (NM) streptococcus
stress [strɛs] (NM) stress • **être dans un état de ~ permanent** to be under constant stress
stressant, e [strɛsɑ̃, ɑ̃t] (ADJ) stressful
stresser [strese] /TABLE 1/ 1 (VT) to put under stress • **cette réunion m'a complètement stressé** the meeting really stressed me out* • **être stressé** to be under stress • **se sentir stressé** to feel stressed 2 (VPR) **se stresser** to get stressed
stretch [strɛtʃ] 1 (ADJ INV) stretch (*épith*), stretchy 2 (NM) **Stretch**® stretch fabric • **jupe en Stretch** stretch skirt
stretching [strɛtʃiŋ] (NM) (*Sport*) stretches • **faire du ~** to do stretches • **cours de ~** stretch class
strict, e [strikt] (ADJ) ⓐ strict; [*interprétation*] literal • **au sens ~ du terme** in the strict sense of the word • **il est très ~ sur la ponctualité** he is a stickler for punctuality • **c'est son droit le plus ~** it is his most basic right • **le ~ nécessaire/minimum** the bare essentials/minimum • **c'est la ~e vérité** it is the simple truth • **dans la plus ~e intimité** in the strictest privacy ⓑ (= *sobre*) [*tenue*] conservative; [*coiffure*] severe • **un costume très ~** a very conservative suit
strictement [striktəmɑ̃] (ADV) strictly
strident, e [stridɑ̃, ɑ̃t] (ADJ) shrill
strie [stri] (NF) (*de couleur*) streak; (*en relief*) ridge; (*en creux*) groove
strier [strije] /TABLE 7/ (VT) (*de couleurs*) to streak; (*en relief*) to ridge; (*en creux*) to groove
string [striŋ] (NM) (= *sous-vêtement*) G-string; (= *maillot de bain*) tanga
striptease, strip-tease (*pl* **strip-teases**) [striptiz] (NM) (= *spectacle*) striptease • **faire un ~** to do a striptease • **faire du ~** to be a stripper
strip-teaseur, -euse (*mpl* **strip-teaseurs**) [striptizœr, øz] (NM,F) stripper
strophe [strɔf] (NF) (*Littérat*) verse
structure [stryktyr] (NF) structure; (= *organisme*) organization • **la ~ familiale** the family structure • **~s d'accueil** facilities; [*d'hôpital*] reception facilities • **~ mentale** mindset
structuré, e [stryktyre] *ptp de* **structurer** (ADJ) structured
structurel, -elle [stryktyrɛl] (ADJ) structural
structurer [stryktyre] /TABLE 1/ 1 (VT) to structure 2 (VPR) **se structurer** [*parti*] to develop a structure
stuc [styk] (NM) stucco • **en ~** stucco

studette [stydɛt] (NF) small studio flat (*Brit*) *ou* apartment (*US*)

studieux, -ieuse [stydjø, jøz] (ADJ) [*personne*] studious • **passer des vacances/une soirée studieuse(s)** to spend one's holidays/an evening studying

studio [stydjo] (NM) **a** (*d'habitation*) studio flat (*Brit*) *ou* apartment (*US*); (*d'artiste*) studio **b** (*de prise de vues*) studio • **tourner en ~** to film in the studio • **~ d'enregistrement** recording studio • **à vous les ~s!** (*TV*) and now back to the studio!

stupéfaction [stypefaksjɔ̃] (NF) stupefaction • **à la ~ générale** to everyone's amazement

stupéfait, e [stypefɛ, ɛt] (ADJ) astounded • **~ de voir que …** astounded to see that …

stupéfiant, e [stypefjɑ̃, jɑ̃t] **1** (ADJ) (= *étonnant*) astounding **2** (NM) narcotic

stupéfié, e [stypefje] *ptp de* **stupéfier** (ADJ) astounded

stupéfier [stypefje] /TABLE 7/ (VT) (= *étonner*) to astound

stupeur [stypœʀ] (NF) (= *étonnement*) astonishment • **c'est avec ~ que j'appris la nouvelle** I was stunned when I heard the news • **à la ~ générale** to everyone's astonishment

stupide [stypid] (ADJ) stupid

stupidement [stypidmɑ̃] (ADV) stupidly

stupidité [stypidite] (NF) (= *caractère*) stupidity; (= *parole*) stupid thing to say; (= *acte*) stupid thing to do

stups* [styp] (NMPL) (ABR DE **stupéfiants**) **les ~** • **la brigade des ~** the drug(s) squad

style [stil] (NM) style • **~ direct/indirect** direct/indirect style • **meubles de ~** period furniture • **meubles de ~ Directoire** Directoire furniture • **ce n'est pas son ~** it's not his style • **ou quelque chose de ce ~** or something along those lines • **il fait ~ celui qui n'entend pas*** he makes out he can't hear what you're saying ▸ **style de vie** lifestyle

styliser [stilize] /TABLE 1/ (VT) to stylize

stylisme [stilism] (NM) (= *métier*) dress designing

styliste [stilist] (NMF) (= *dessinateur industriel*) designer • **~ de mode** fashion designer

stylistique [stilistik] **1** (NF) stylistics *sg* **2** (ADJ) [*analyse, emploi*] stylistic

stylo [stilo] (NM) pen • **~-bille** • **~ à bille** ball-point pen • **~ à encre** *ou* **(à) plume** fountain pen • **~-feutre** felt-tip pen

su, e [sy] *ptp de* **savoir**

suaire [sɥɛʀ] (NM) shroud

suant, suante* [sɥɑ̃, sɥɑ̃t] (ADJ) [*livre, cours*] deadly dull* • **ce qu'il est ~!** he's such a pain in the neck*!

suave [sɥav] (ADJ) suave; [*musique, parfum*] sweet; [*couleurs*] mellow; [*formes*] smooth

subalterne [sybaltɛʀn] **1** (ADJ) [*rôle*] subordinate; [*employé, poste*] junior • **officier ~** subaltern **2** (NMF) subordinate

subconscient, e [sypkɔ̃sjɑ̃, jɑ̃t] (ADJ, NM) subconscious

subdiviser [sybdivize] /TABLE 1/ **1** (VT) to subdivide (**en** into) **2** (VPR) **se subdiviser** to be subdivided (**en** into)

subdivision [sybdivizjɔ̃] (NF) subdivision

subir [sybiʀ] /TABLE 2/ (VT) **a** [+ *affront, attaque, critique, dégâts*] to suffer • **faire ~ un affront à qn** to subject sb to an insult • **faire ~ des pertes/une défaite à l'ennemi** to inflict losses/defeat on the enemy **b** [+ *charme*] to be under the influence of; [+ *influence*] to be under; [+ *peine de prison*] to serve; [+ *examen, opération, interrogatoire, modification*] to undergo • **~ les effets de qch** to be affected by sth • **faire ~ un examen à qn** to make sb undergo an examination • **les prix ont subi une hausse importante** there has been a considerable increase in prices

subit, e [sybi, it] (ADJ) sudden

subitement [sybitmɑ̃] (ADV) suddenly

subjectif, -ive [sybʒɛktif, iv] (ADJ) subjective

subjectivité [sybʒɛktivite] (NF) subjectivity

subjonctif, -ive [sybʒɔ̃ktif, iv] (ADJ, NM) subjunctive • **au ~** in the subjunctive

subjuguer [sybʒyge] /TABLE 1/ (VT) [+ *auditoire*] to captivate • **être subjugué par le charme/la personnalité de qn** to be captivated by sb's charm/personality

sublime [syblim] (ADJ) sublime; [*personne*] wonderful

sublimer [syblime] /TABLE 1/ (VT) to sublimate

submerger [sybmɛʀʒe] /TABLE 3/ (VT) [+ *terres, barque*] to submerge • **submergé de** [+ *appels téléphoniques, commandes*] snowed under with • **submergé de travail** snowed under with work • **le standard est submergé d'appels** the switchboard is inundated with calls • **les hôpitaux sont submergés de blessés** the hospitals are overflowing with wounded people • **nous étions complètement submergés** we were completely snowed under

submersible [sybmɛʀsibl] (NM) submersible

subodorer [sybɔdɔʀe] /TABLE 1/ (VT) (*hum*) to scent

subordination [sybɔʀdinasjɔ̃] (NF) subordination

subordonné, e [sybɔʀdɔne] **1** (ADJ) subordinate (**à** to) • **proposition ~e** subordinate clause **2** (NM,F) subordinate **3** (NF) **subordonnée** subordinate clause

Le mot anglais s'écrit avec un seul **n**.

subornation [sybɔʀnasjɔ̃] (NF) **~ de témoins** subornation of witnesses

subsaharien, -ienne [sybsaaʀjɛ̃, jɛn] (ADJ) [*désert, pays*] sub-Saharan → **Afrique**

subside [sybzid] (NM) grant • **les modestes ~s qu'il recevait de son père** the small allowance he received from his father

subsidiaire [sybzidjɛʀ] (ADJ) [*raison, motif*] subsidiary • **question ~** tiebreaker

subsistance [sybzistɑ̃s] (NF) (= *moyens d'existence*) subsistence • **assurer la ~ de sa famille/de qn** to support one's family/sb • **assurer sa (propre) ~** to support o.s. • **économie/agriculture de ~** subsistence economy/agriculture

subsistant, e [sybzistɑ̃, ɑ̃t] (ADJ) remaining

subsister [sybziste] /TABLE 1/ (VI) [*personne*] (= *se nourrir, gagner sa vie*) to subsist; [*erreur, vestiges*] to remain • **ils ont tout juste de quoi ~** they have just enough to live on • **il subsiste un doute quant à** *ou* **sur …** there is still some doubt as to …

substance [sypstɑ̃s] (NF) substance • **en ~** in substance • **voilà, en ~, ce qu'ils ont dit** here is, in substance, what they said

substantiel, -ielle [sypstɑ̃sjɛl] (ADJ) substantial

substantif [sypstɑ̃tif] (NM) noun

substituer [sypstitɥe] /TABLE 1/ **1** (VT) (= *remplacer*) **~ qch/qn à** to substitute sth/sb for **2** (VPR) **se substituer** **se ~ à qn** (*en l'évinçant*) to substitute o.s. for sb; (*en le représentant*) to substitute for sb

S

substitut [sypstity] NM **a** (= *succédané*) substitute (**de** for) • **~ de repas** meal replacement **b** (= *magistrat*) deputy public prosecutor (*Brit*), assistant district attorney (*US*)

substitution [sypstitysjɔ̃] NF (*intentionnelle*) substitution; (*accidentelle*) mix-up (**de** of, in) • **il y a eu ~ d'enfants** the babies were switched • **produit de ~** substitute (product) • **traitement de ~** *treatment of drug addicts with substitute drugs* • **énergies de ~** alternative sources of energy

subterfuge [sypterfyʒ] NM subterfuge • **user de ~s** to use subterfuge

subtil, e [syptil] ADJ subtle • **un ~ mélange d'autorité et de tendresse** a subtle blend of authority and tenderness • **c'est trop ~ pour moi** it's too subtle for me

subtiliser [syptilize] /TABLE 1/ VT (= *dérober*) to steal • **il s'est fait ~ sa valise** his suitcase has been stolen

subtilité [syptilite] NF subtlety

suburbain, e [sybyrbɛ̃, ɛn] ADJ suburban

subvenir [sybvəniʀ] /TABLE 22/ VT INDIR **~ à** [+ *besoins*] to provide for • **~ aux besoins de sa famille** to support one's family • **~ à ses propres besoins** to support o.s.

subvention [sybvɑ̃sjɔ̃] NF grant; (*pour baisser les prix de vente*) subsidy

subventionner [sybvɑ̃sjɔne] /TABLE 1/ VT to grant funds to; (*pour baisser les prix de vente*) to subsidize • **théâtre subventionné** subsidized theatre (*Brit*) *ou* theater (*US*)

subversif, -ive [sybvɛrsif, iv] ADJ subversive

subversion [sybvɛrsjɔ̃] NF subversion

suc [syk] NM [*de plante, fleur*] sap; [*de fruit*] juice • **~s digestifs** gastric juices

succédané [syksedane] NM (= *substitut*) substitute (**de** for)

succéder [syksede] /TABLE 6/ **1** VT INDIR **~ à** [+ *directeur, roi*] to succeed; [+ *période, chose, personne*] to follow • **~ à qn à la tête d'une entreprise** to take over from sb at the head of a firm **2** VPR **se succéder** to follow one another • **les échecs se succédèrent** one failure followed another • **trois gouvernements se sont succédé en trois ans** there have been three successive governments in three years • **les visites se sont succédé toute la journée** visitors came in and out all day

succès [syksɛ] NM success • **avoir du ~ auprès des femmes** to be successful with women • **~ de librairie** bestseller • **~ (féminin)** conquest • **avoir du ~** to be a success • **cette pièce a eu un grand ~** *ou* **beaucoup de ~** the play was a great success • **ce chanteur a eu un ~ monstre*** this singer was a big hit* • **avec ~** successfully • **sans ~** unsuccessfully

▸ **à succès** [*auteur, roman, chanson*] successful • **film à ~** blockbuster*

successeur [syksesœʀ] NM successor

successif, -ive [syksesif, iv] ADJ successive

succession [syksesjɔ̃] NF **a** (= *enchaînement, série*) succession **b** (= *transmission de pouvoir, de biens*) succession; (= *patrimoine*) estate • **prendre la ~ de** [+ *ministre, directeur*] to take over from; [+ *maison de commerce*] to take over

successivement [syksesivmɑ̃] ADV successively

succinct, e [syksɛ̃, ɛ̃t] ADJ [*écrit*] succinct • **soyez ~** be brief

succomber [sykɔ̃be] /TABLE 1/ VI **a** (= *mourir*) to die • **~ à ses blessures** to die from one's injuries **b** (= *être vaincu*) to succumb (*frm*) (**à** to) • **ce gâteau était trop tentant, j'ai succombé!** this cake was so tempting I just couldn't resist!

succulent, e [sykylɑ̃, ɑ̃t] ADJ [*fruit, rôti*] succulent; [*mets, repas*] delicious

succursale [sykyʀsal] NF [*de magasin, firme*] branch

sucer [syse] /TABLE 3/ VT **a** to suck • **ces pastilles se sucent** these tablets are to be sucked • **~ son pouce/ses doigts** to suck one's thumb/one's fingers • **se ~ la poire*** *ou* **la pomme*** to kiss passionately **b** (*fellation*)** to suck off**; (*cunnilingus*)** to go down on**

sucette [sysɛt] NF (= *bonbon*) lollipop • **partir en ~*** (= *se détériorer, ne pas aboutir*) to go pear-shaped*

suçon * [sysɔ̃] NM love bite* (*Brit*), hickey* (*US*) • **faire un ~ à qn** to give sb a love bite (*Brit*) *ou* a hickey (*US*)

sucre [sykʀ] NM (= *substance*) sugar • **un morceau de ~** a lump of sugar • **prendre deux ~s dans son café** to take two sugars in one's coffee • **combien de ~s?** how many sugars do you take? • **fraises au ~** strawberries sprinkled with sugar • **sans ~** [*aliment*] sugar-free ▸ **sucre brun** brown sugar ▸ **sucre candi** sugar candy ▸ **sucre de canne** cane sugar ▸ **sucre cristallisé** (coarse) granulated sugar ▸ **sucre d'érable** (*Can*) maple sugar ▸ **sucre glace** icing sugar (*Brit*), confectioners' sugar (*US*) ▸ **sucre en morceaux** lump sugar ▸ **sucre d'orge** (= *substance*) barley sugar; (= *bâton*) stick of barley sugar ▸ **sucre en poudre** fine granulated sugar, caster sugar (*Brit*) ▸ **sucre roux** brown sugar ▸ **sucre semoule** fine granulated sugar, caster sugar (*Brit*) ▸ **sucre vanillé** vanilla sugar

SUCRE D'ÉRABLE

Maple sugar and syrup production are important in Quebec, and the sugar harvest is a festive time, when local communities celebrate with dancing and singing. Boiling maple sugar is thrown into the snow where it hardens into a kind of toffee known as "tire".

sucré, e [sykʀe] ptp de **sucrer** **1** ADJ (*naturellement*) sweet; (*artificiellement*) sweetened • **eau ~e** sugar water • **ce thé est trop ~** this tea is too sweet • **prenez-vous votre café ~?** do you take sugar (in your coffee)? • **non ~** unsweetened **2** NM **le ~ et le salé** sweet and savoury food

sucrer [sykʀe] /TABLE 1/ VT **a** [+ *boisson*] to sugar • **on peut ~ avec du miel** honey may be used as a sweetener • **sucrez à volonté** add sugar to taste **b** (= *supprimer*)* **~ son argent de poche à qn** to stop sb's pocket money • **il s'est fait ~ son permis de conduire** he had his driving licence taken away

sucrerie [sykʀəʀi] NF (= *bonbon*) sweet (*Brit*), candy (*US*) • **aimer les ~s** to have a sweet tooth

sucrette ® [sykʀɛt] NF artificial sweetener

sucrier [sykʀije] NM (= *récipient*) sugar bowl • **~ (verseur)** sugar dispenser

sud [syd] **1** NM **a** (= *point cardinal*) south • **le vent du ~** the south wind • **un vent du ~** a southerly wind • **le vent tourne/est au ~** the wind is veering south/ is blowing from the south • **regarder vers le ~** *ou* **dans la direction du ~** to look south • **au ~** (*situation*) in the south; (*direction*) to the south • **au ~ de** south of • **la maison est (exposée) au ~/exposée plein ~** the house faces south/due south

b (= *régions*) south • **le ~ de la France** the South of France • **l'Italie du Sud** Southern Italy • **le Pacifique Sud** the South Pacific • **les mers du Sud** the South Seas
2 ADJ INV [*région, partie, versant, côte*] southern; [*côté, entrée, paroi*] south; [*direction*] southerly • **il habite la banlieue ~** he lives in the southern suburbs

sud-africain, e (*mpl* **sud-africains**) [sydafʀikɛ̃, ɛn] **1** ADJ South African **2** NM,F **Sud-Africain(e)** South African

sud-américain, e (*mpl* **sud-américains**) [sydameʀikɛ̃, ɛn] **1** ADJ South American **2** NM,F **Sud-Américain(e)** South American

sud-coréen, -enne (*mpl* **sud-coréens**) [sydkɔʀeɛ̃, ɛn] **1** ADJ South Korean **2** NM,F **Sud-Coréen(ne)** South Korean

sud-est [sydɛst] **1** ADJ INV south-east; [*banlieue*] south-eastern **2** NM south-east • **au ~ de Rome** (*à l'extérieur*) south-east of Rome; (*dans la ville*) in the south-east of Rome

sudiste [sydist] (*Hist US*) **1** NMF Southerner **2** ADJ Southern

sudoku [sydoky] NM sudoku

sud-ouest [sydwɛst] **1** ADJ INV south-west; [*banlieue*] south-western; [*côte*] south-west **2** NM southwest • **aller dans le Sud-Ouest** (*de la France*) to go to the south-west (*of France*) • **au ~ de Rome** (*à l'extérieur*) south-west of Rome; (*dans la ville*) in the south-west of Rome

Suède [sɥɛd] NF Sweden

suède [sɥɛd] NM (= *peau*) suede • **en** *ou* **de ~** suede

suédine [sɥedin] NF suedette

suédois, e [sɥedwa, waz] **1** ADJ Swedish → **allumette**
2 NM (= *langue*) Swedish **3** NM,F **Suédois(e)** Swede

suée* [sɥe] NF **prendre** *ou* **attraper une bonne ~** to work up a good sweat

suer [sɥe] /TABLE 1/ **1** VI **a** (= *transpirer*) to sweat; (= *peiner*)* to sweat* (**sur** over) • **~ à grosses gouttes** to sweat profusely • **~ sur une dissertation*** to sweat over an essay*
b **faire ~** (*Cuisine*) to sweat
c **tu me fais ~*** you're a pain in the neck* • **on se fait ~* ici** it's such a drag here* • **qu'est-ce qu'on se fait ~* à ses cours** his classes are such a drag* • **je me suis fait ~* à le réparer** I sweated blood to repair that
2 VT **~ sang et eau** to sweat blood

sueur [sɥœʀ] NF sweat *NonC* • **en ~** sweating • **donner des ~s froides à qn** to put sb in a cold sweat

Suez [sɥɛz] N Suez • **le canal de ~** the Suez Canal

suffire [syfiʀ] /TABLE 37/ **1** VI **a** (= *être assez*) [*somme, durée, quantité*] to be enough • **cinq hommes suffisent** five men will do • **un rien suffirait pour** *ou* **à bouleverser nos plans** it would only take the smallest thing to upset our plans • **ça suffit!** (*agacé*) that's enough!
b (= *satisfaire*) **~ à** [*+ besoins*] to meet; [*+ personne*] to be enough for • **ça me suffit** that's enough • **cette explication ne suffit pas** this explanation isn't enough
2 VB IMPERS **il suffit de s'inscrire** *ou* **que vous vous inscriviez pour devenir membre** all you have to do to become a member is sign up • **il suffit de faire réchauffer et la soupe est prête** just heat up the soup and it's ready to serve • **il suffit d'un accord verbal pour conclure l'affaire** a verbal agreement is sufficient to conclude the matter • **il suffisait d'y penser** it's obvious when you think about it • **il suffit d'un rien pour l'inquiéter** it only takes the smallest thing to worry him • **il suffit d'une fois : on n'est jamais trop prudent** once is enough - you can never be too careful • **il suffit qu'il soit démotivé pour faire du mauvais travail** if he feels the least bit demotivated he doesn't produce very good work
3 VPR **se suffire se ~ à soi-même** [*pays, personne*] to be self-sufficient • **ils se suffisent (l'un à l'autre)** they have each other and don't need anyone else

suffisamment [syfizamɑ̃] ADV enough • **~ fort/clair** strong/clear enough • **être ~ vêtu** to have enough clothes on • **lettre ~ affranchie** letter with enough stamps on • **~ de nourriture/d'argent** enough food/money • **y a-t-il ~ à boire ?** is there enough to drink? • **nous ne sommes pas ~ nombreux** there aren't enough of us

suffisance [syfizɑ̃s] NF (= *vanité*) smugness

suffisant, e [syfizɑ̃, ɑ̃t] ADJ **a** (= *adéquat*) sufficient; [*résultats scolaires*] satisfactory • **c'est ~ pour qu'il se mette en colère** it's enough to make him lose his temper • **je n'ai pas la place/la somme ~e** I haven't got enough room/money • **500 €, c'est amplement** *ou* **plus que ~** 500 euros is more than enough **b** (= *prétentieux*) [*personne, ton*] smug

suffixe [syfiks] NM suffix

suffocant, e [syfɔkɑ̃, ɑ̃t] ADJ [*fumée, chaleur*] suffocating

suffoquer [syfɔke] /TABLE 1/ **1** VI to suffocate • **~ de** [*+ rage, indignation*] to choke with **2** VT **a** [*fumée*] to suffocate; [*colère, joie*] to choke • **les larmes la suffoquaient** she was choking with tears **b** [*nouvelle, comportement de qn*] to stagger • **la nouvelle nous a suffoqués** we were staggered by the news

suffrage [syfʀaʒ] NM **a** (*Politique*) (= *voix*) vote • **~ direct/universel** (= *système*) direct/universal suffrage • **~s exprimés** valid votes • **le parti obtiendra peu de/beaucoup de ~s** the party will get a poor/good share of the vote **b** (= *approbation*) [*de public, critique*] approval *NonC* • **ce livre a recueilli tous les ~s** this book met with universal approval

suffragette [syfʀaʒɛt] NF suffragette

suggérer [sygʒeʀe] /TABLE 6/ VT to suggest • **j'ai suggéré d'aller au cinéma/que nous allions au cinéma** I suggested going to the cinema/that we went to the cinema • **elle lui a suggéré de voir un médecin** she suggested he should see a doctor • **mot qui en suggère un autre** word which brings another to mind

suggestif, -ive [sygʒɛstif, iv] ADJ suggestive

suggestion [sygʒɛstjɔ̃] NF suggestion

suicidaire [sɥisidɛʀ] ADJ suicidal

suicide [sɥisid] NM suicide • **attaque/commando ~** suicide attack/commando squad

suicidé, e [sɥiside] *ptp de* **suicider** NM,F (= *personne*) suicide

suicider (se) [sɥiside] /TABLE 1/ VPR to commit suicide

suie [sɥi] NF soot

suinter [sɥɛ̃te] /TABLE 1/ VI [*eau*] to seep; [*sève*] to ooze; [*mur*] to sweat; [*plaie*] to weep • **des gouttes de pluie suintent du plafond** rainwater is seeping through the ceiling

Suisse [sɥis] **1** NF (= *pays*) Switzerland • **la ~ romande** French-speaking Switzerland • **la ~ allemande** *ou*

S

alémanique German-speaking Switzerland 2 (NMF) (= *personne*) Swiss

suisse [sɥis] 1 (ADJ) Swiss • **~ romand** Swiss French • **~ allemand** Swiss German 2 (NM) [*du Vatican*] Swiss Guard

Suissesse [sɥisɛs] (NF) Swiss woman

suite [sɥit] (NF) ⓐ (= *nouvel épisode*) following episode; (= *second roman, film*) sequel; (= *rebondissement d'une affaire*) follow-up; (= *reste*) rest • **voici la ~ de notre feuilleton** here is the next episode in our serial • **ce film a une ~** there is a sequel to this film • **voici la ~ de l'affaire que nous évoquions hier** (*Presse*) here is the follow-up to the item we mentioned yesterday • **la ~ du film/du repas était moins bonne** the rest of the film/the meal was not so good • **la ~ au prochain numéro** to be continued in the next issue • **~ et fin** concluding *ou* final episode • **la ~ des événements devait lui donner raison** what followed was to prove him right • **le projet n'a pas eu de ~** the project came to nothing • **attendons la ~** (*d'un repas*) let's wait for the next course; (*d'un discours*) let's see what comes next; (*d'un événement*) let's see how it turns out • **lisez la ~** please read on • **prendre la ~ de** [+ *directeur*] to take over from; [+ *entreprise*] to take over
ⓑ (= *aboutissement*) result • **~s** (= *prolongements*) [*de maladie*] effects; [*d'accident*] results; [*d'affaire, incident*] consequences • **la ~ logique de qch** the logical result of sth • **cet incident a eu des ~s fâcheuses/n'a pas eu de ~s** the incident has had annoying consequences/has had no repercussions • **il est mort des ~s de ses blessures/d'un cancer** he died as a result of his injuries/died of cancer • **mourir des ~s d'un accident de cheval** to die following a riding accident
ⓒ (= *succession*) series
ⓓ (= *cohérence*) **il a de la ~ dans les idées** (*réfléchi, décidé*) he's very single-minded; (*iro: entêté*) he's not easily put off
ⓔ (= *appartement*) suite
ⓕ (*Mus*) suite
ⓖ (= *escorte*) suite
ⓗ (*locutions*)
▸ **suite à** **~ à votre lettre/notre entretien** further to your letter/our conversation • **donner ~ à** to follow up • **faire ~ à** to follow
▸ **à la suite** (= *successivement*) one after the other • **à la ~ de** (*objet, personne*) behind • **à la ~ de sa maladie** following his illness
▸ **de suite** (= *d'affilée*) **pendant trois jours de ~** for three days in succession • **il est venu trois jours de ~** he came three days running • **il n'arrive pas à dire trois mots de ~** he can't string two words together • **je reviens de ~*** (= *immédiatement*) I'll be right back
▸ **par suite de** as a result of
▸ **par la suite** afterwards
▸ **sans suite** [*propos, mots*] disjointed • **rester sans ~** [*affaire, résolution*] not to be followed up

suivant, e [sɥivɑ̃, ɑ̃t] 1 (ADJ) following; (*dans une série*) next • **le mardi ~ je la revis** I saw her again the following Tuesday • **vendredi et les jours ~s** Friday and the following days • **« voir page ~e »** "see next page"
2 (NM,F) (= *prochain*) (*dans une série*) next one • **(au) ~ !** next please! • **pas jeudi prochain, le ~** not this Thursday, the one after that
3 (NF) **suivante** (*au théâtre*) handmaiden
4 (PRÉP) (= *selon*) according to • **~ son habitude** as usual • **~ les cas** depending on the circumstances • **découper ~ le pointillé** cut along the dotted line • **~ que ...** according to whether ...

suiveur, -euse [sɥivœʀ, øz] (NM,F) (*aussi réseaux sociaux*) follower

suivi, e [sɥivi] *ptp de* **suivre** 1 (ADJ) ⓐ [*travail*] steady; [*correspondance*] regular; (= *constant*) [*qualité, effort, politique*] consistent; [*conversation, histoire, raisonnement*] coherent ⓑ (= *apprécié*) **très ~** [*cours*] well-attended; [*mode, recommandation*] widely adopted; [*exemple*] widely followed • **le match était très ~** a lot a people watched the match • **cours peu ~** poorly-attended course • **mode peu ~e** fashion that has a limited following
2 (NM) monitoring • **assurer le ~ de** [+ *affaire*] to follow through; [+ *produit en stock*] to go on stocking • **~ médical** aftercare • **assurer le ~ pédagogique des élèves** to provide pupils with continuous educational support

suivre [sɥivʀ] /TABLE 40/ 1 (VT) ⓐ to follow • **pars sans moi, je te suis** go on without me and I'll follow • **si vous voulez bien me ~** if you'll just follow me • **ralentis, je ne peux pas (te) ~** slow down, I can't keep up (with you) • **~ qn de près** [*garde du corps*] to stick close to sb; [*voiture, coureur*] to follow close behind sb • **faire ~ qn** to have sb followed • **suivez le guide !** this way, please! • **cette préposition est toujours suivie de ...** this preposition is always followed by ... • **il la suivit des yeux** *ou* **du regard** he followed her with his eyes • **le jour qui suivit son arrivée** the day after he arrived • **ils ont suivi des voies bien différentes** they have gone very different ways • **découpez en suivant le pointillé** cut along the dotted line • **vous me suivez ?** (= *vous me comprenez ?*) do you follow me?
ⓑ (= *se conformer à*) [+ *exemple, mode, conseil, consigne*] to follow • **~ un régime** to be on a diet • **il se leva et chacun suivit son exemple** he stood up and everyone else followed suit • **on n'a pas voulu le ~** we didn't want to follow his advice • **tout le monde vous suivra** everybody will back you up • **l'enquête suit son cours** the inquiry is taking its course • **laisser la justice ~ son cours** to let justice take its course • **~ le mouvement** to follow the crowd • **si les prix augmentent, les salaires doivent ~** if prices rise, salaries must do the same
ⓒ [*étudiant*] [+ *classe, cours*] (= *être inscrit à*) to attend; (= *être attentif à*) to follow
ⓓ (= *observer l'évolution de*) to follow • **~ un malade/un élève** to follow the progress of a patient/a pupil • **elle suit de près l'actualité** she keeps up with the news • **il est suivi par un médecin** he's seeing a doctor • **« à ~ »** [*feuilleton*] "to be continued" • **(c'est une) affaire à ~** it's worth keeping an eye on
2 (VI) ⓐ [*élève*] (= *être attentif*) to pay attention; (= *assimiler le programme*) to keep up • **suivez avec votre voisin** share with the person sitting next to you • **elle suit bien en physique** she's doing well in physics • **je n'arrive pas à ~ en maths** I can't keep up in maths
ⓑ (= *venir après*) to follow • **lisez ce qui suit** read what follows • **les personnes dont les noms suivent** the following people • **faire ~ son courrier** to have one's mail forwarded • **« faire ~ »** (*sur enveloppe*) "please forward"
3 (VPR) **se suivre** ⓐ (*dans une série*) to follow each other • **ils se suivaient sur le sentier** they were walking one behind the other along the path • **leurs enfants se suivent (de près)** there's not much of an age

difference between their children

ⓑ *(dans le bon ordre)* to be in order • **les pages ne se suivent pas** the pages are not in order

sujet, -ette [syʒɛ, ɛt] 1 (ADJ) ~ **à** [*+ vertige, mal de mer, sautes d'humeur*] prone to; [*+ impôt, modification*] subject to • **question sujette à controverse** *ou* **polémique** controversial issue • ~ **aux accidents** accident-prone • ~ **à caution** [*renseignement, nouvelle*] unreliable; [*moralité, vie privée, honnêteté*] questionable

2 (NM,F) (*= gouverné*) subject

3 (NM) ⓐ subject • **revenons à notre** ~ let's get back to the subject at hand • **un excellent** ~ **de conversation** an excellent topic of conversation • **c'était devenu un** ~ **de plaisanterie** it had become a standing joke • ~ **d'examen** examination question • **quel** ~ **ont-ils donné?** what did you have to write about? • **distribuer les** ~**s** to give out the examination papers • **votre dissertation est hors** ~ your essay is off the point • **faire du hors** ~ to wander off the point

ⓑ (*= motif, cause*) ~ **de mécontentement/d'étonnement/de discorde** grounds for dissatisfaction/surprise/discord

ⓒ (*= individu*) subject • **son frère est un** ~ **brillant** his brother is a brilliant student

ⓓ (*= figurine*) figurine • **des petits** ~**s en ivoire** small ivory figurines

ⓔ (*= à propos de*) **au** ~ **de** about • **que sais-tu à son** ~**?** what do you know about him? • **au** ~ **de cette fille, je peux vous dire que ...** about that girl, I can tell you that ... • **à ce** ~**, je voulais vous dire que ...** on that subject, I wanted to tell you that ... • **c'est à quel** ~**?** can I ask what it's about?

sujétion [syʒesjɔ̃] (NF) (*= asservissement*) subjection

sulfate [sylfat] (NM) sulphate

sulfater [sylfate] /TABLE 1/ (VT) [*+ cultures*] to spray

sulfureux, -euse [sylfyʀø, øz] (ADJ) ⓐ (*Chim*) sulphurous ⓑ [*personnage, réputation*] nefarious; [*propos*] heretical; [*charme*] demonic

sulfurisé, e [sylfyʀize] (ADJ) **papier** ~ greaseproof paper

sultan [syltɑ̃] (NM) sultan

summum [sɔ(m)mɔm] (NM) [*d'hypocrisie, injustice*] height • **atteindre son** ~ [*art, civilisation*] to reach its peak • **le** ~ **de l'horreur vient d'être atteint** (*dans une guerre*) a new level of atrocity has been reached

sup* [syp] (ADJ) (ABR DE **supplémentaire**) **heures** ~ overtime • **faire des heures** ~ to do overtime • **être payé en heures** ~ to be paid overtime

super [sypɛʀ] 1 (NM) (ABR DE **supercarburant**) super 2 (ADJ INV) (*= sensationnel*)* great* 3 (PRÉF)* ⓐ (*avant adjectif*) ~**-cher** ultra-expensive • **c'est** ~**-intéressant** it's ever so interesting • **il est** ~**sympa** he's really nice ⓑ (*avant le nom*) **une** ~**-moto** a fantastic* motorbike • **un** ~**flic*** a supercop*

superaliment [sypɛʀalimɑ̃] (NM) superfood

superbe [sypɛʀb] 1 (ADJ) superb; [*femme, enfant*] beautiful; [*homme*] handsome • **tu as une mine** ~ you look wonderful 2 (NF) **il n'a rien perdu de sa** ~ he's lost none of his arrogance

superbement [sypɛʀbəmɑ̃] (ADV) (*= magnifiquement*) superbly • **il m'a** ~ **ignorée** (*= orgueilleusement*) he loftily ignored me

supercarburant [sypɛʀkaʀbyʀɑ̃] (NM) high-octane petrol (*Brit*), high-octane gasoline (*US*)

supercherie [sypɛʀʃəʀi] (NF) trick

supérette [sypeʀɛt] (NF) mini-market

superficie [sypɛʀfisi] (NF) (*= aire*) surface area; (*= surface*) surface • **couvrir une** ~ **de** to cover an area of • **un appartement d'une** ~ **de 80 m²** an apartment of 80 square metres

superficiel, -ielle [sypɛʀfisjɛl] (ADJ) superficial; [*modification*] cosmetic

> Le mot anglais se termine par **-ial**.

superficiellement [sypɛʀfisjɛlmɑ̃] (ADV) superficially

> Le mot anglais se termine par **-ially**.

superflu, e [sypɛʀfly] 1 (ADJ) ⓐ (*= pas nécessaire*) [*précaution, travail*] unnecessary • **il est** ~ **d'insister** there is no point in insisting ⓑ (*= en trop*) [*discours, détails, explications*] superfluous; [*kilos*] surplus • **un brin d'humour ne serait pas** ~ a bit of humour wouldn't go amiss • **il n'est pas** ~ **de rappeler que ...** it's worth bearing in mind that ... 2 (NM) **le** ~ non-essentials

superforme* [sypɛʀfɔʀm] (NF) **être en** ~ (*moralement*) to feel great*; (*physiquement*) to be in great shape* • **c'est la** ~ (*morale*) I'm (*ou he's etc*) feeling great*; (*physique*) I'm (*ou he's etc*) in great shape*

super-géant [sypɛʀʒeɑ̃] (NM) (*Ski*) super-giant slalom

supergrand* [sypɛʀgʀɑ̃] (NM) superpower

supérieur, e [sypeʀjœʀ] 1 (ADJ) ⓐ (*dans l'espace*) upper • **dans la partie** ~**e du clocher** in the upper part of the bell tower • **la partie** ~**e de l'objet** the top part of the object • **le feu a pris dans les étages** ~**s** fire broke out on the upper floors • **montez à l'étage** ~ go up to the next floor • **le lac Supérieur** Lake Superior

ⓑ (*dans un ordre*) [*vitesse, nombre*] higher; [*classes sociales, niveaux, échelons*] upper • **passer dans la classe** ~**e** (*Scol*) to go up to the next class • **Mère** ~**e** Mother Superior • **à l'échelon** ~ on the next rung up • **forces** ~**es en nombres** forces superior in number → **cadre, enseignement**

▸ **supérieur à** greater than • **intelligence/qualité** ~**e à la moyenne** above-average intelligence/quality • **il est d'une taille** ~**e à la moyenne** he's of above average height • **des températures** ~**es à 300°** temperatures in excess of 300° • **il est d'un niveau bien** ~ **à celui de son adversaire** he is of a far higher standard than his opponent • **il se croit** ~ **à tout le monde** he thinks he's superior to everybody else • **être** ~ **à qn** (*dans un hiérarchie*) to be sb's superior • **faire une offre** ~**e à celle de qn** (*aux enchères*) to outbid sb

ⓒ (*= excellent*) [*intérêts, principe*] higher; [*intelligence, esprit*] superior • **produit de qualité** ~**e** product of superior quality

ⓓ (*= hautain*) [*air, ton, regard*] superior

2 (NM,F) superior • **mon** ~ **hiérarchique direct** my immediate superior

3 (NM) (*= enseignement*) **le** ~ higher education

supériorité [sypeʀjɔʀite] (NF) superiority • **avoir un sentiment de** ~ to feel superior

superlatif, -ive [sypɛʀlatif, iv] (ADJ, NM) superlative • **au** ~ in the superlative

superléger [sypɛʀleʒe] (ADJ, NM) (*Sport*) light welterweight

superman (*pl* **supermans**) [sypɛʀman] (NM) superman • **il aime jouer les** ~**s** he likes to let everybody know what a great guy* he is

S

supermarché [sypɛʀmaʀʃe] (NM) supermarket
superposer [sypɛʀpoze] /TABLE 1/ (VT) ⓐ (= *empiler*) [+ *blocs, briques, éléments de mobilier*] to stack ⓑ (= *faire chevaucher*) to superimpose • ~ **qch à** to superimpose sth on
superprédateur [supɛʀpʀedatøʀ] (NM) super-predator, apex predator
superproduction [sypɛʀpʀɔdyksjɔ̃] (NF) (*Ciné*) big-budget film
superpuissance [sypɛʀpɥisɑ̃s] (NF) superpower
supersonique [sypɛʀsɔnik] 1 (ADJ) supersonic 2 (NM) supersonic aircraft
superstitieux, -ieuse [sypɛʀstisjø, jøz] 1 (ADJ) superstitious 2 (NM,F) superstitious person
superstition [sypɛʀstisjɔ̃] (NF) superstition
supertanker [sypɛʀtɑ̃kœʀ] (NM) supertanker
superviser [sypɛʀvize] /TABLE 1/ (VT) to supervise
superwelter [sypɛʀwɛltɛʀ] (ADJ, NM) light middleweight
supplanter [syplɑ̃te] /TABLE 1/ (VT) to supplant • **le disque compact a supplanté le microsillon** the compact disc has replaced the record
suppléant, e [sypleɑ̃, ɑ̃t] 1 (ADJ) deputy; [*professeur*] supply (*Brit*), substitute (*US*) 2 (NM,F) (= *professeur*) supply (*Brit*) *ou* substitute (*US*) teacher; (= *juge*) deputy judge; (*Politique*) deputy
suppléer [syplee] /TABLE 1/ (VT INDIR) ~ **à** [+ *défaut, manque*] to make up for; [+ *chose, personne, qualité*] to substitute for
supplément [syplemɑ̃] (NM) **un ~ de travail/salaire** extra work/pay • **avoir droit à un ~ de 300 €** to be allowed a supplement of 300 euros • **demander un ~ d'information** to ask for additional information • **sans ~ de prix** without additional charge • **payer un ~ pour excès de bagages** to pay for excess luggage
▸ **en supplément** extra • **le vin est en ~** wine is extra
supplémentaire [syplemɑ̃tɛʀ] (ADJ) additional • **accorder un délai ~** to allow additional time • **faire des/10 heures ~s** to do overtime/10 hours' overtime • **les heures ~s sont bien payées** overtime hours are well-paid
suppliant, e [syplijɑ̃, ijɑ̃t] (ADJ) imploring
supplice [syplis] (NM) torture *NonC* • **être au ~** to be in agonies • **mettre qn au ~** to torture sb ▸ **le supplice de la Croix** the Crucifixion
supplicié, e [syplisje] (NM,F) torture victim
supplier [syplije] /TABLE 7/ (VT) to implore (**de faire** to do) • **tais-toi, je t'en supplie!** will you please be quiet! • **il m'a suppliée de rester** he begged me to stay
support [sypɔʀ] (NM) ⓐ support; [*d'instruments de laboratoire, outils, livre*] stand ⓑ (= *moyen*) medium; (= *aide*) aid • ~ **publicitaire** advertising medium • **les différents ~s d'information** the different media through which information is transmitted • ~ **pédagogique** teaching aid • **sur ~ papier/informatique** on paper/computer • ~ **numérique** digital media • ~ **technique** technical support
supportable [sypɔʀtabl] (ADJ) [*douleur, température*] bearable; [*conduite*] tolerable
supporter¹ [sypɔʀte] /TABLE 1/ 1 (VT) ⓐ (= *endurer*) [+ *maladie, solitude, douleur, personne*] to bear; [+ *conduite*] to tolerate • **il va falloir le ~ pendant toute la journée!** we're going to have to put up with him all day long! • **je ne supporte pas qu'on me parle sur ce ton** I won't tolerate being spoken to in that tone of voice • **on supporte un gilet, par ce temps** you can do with a cardigan in this weather
ⓑ (= *résister à*) [+ *température, conditions atmosphériques, épreuve*] to withstand • **verre qui supporte la chaleur** heatproof glass • **il a bien/mal supporté l'opération** he took the operation well/badly • **il ne supporte pas l'alcool** he can't take alcohol • **elle ne supporte pas la vue du sang** she can't bear the sight of blood • **il ne supporte pas la chaleur** he can't bear the heat • **je ne supporte pas les épinards** (= *je ne les aime pas*) I can't stand spinach; (= *ils me rendent malade*) spinach doesn't agree with me • **cette règle ne supporte aucune exception** this rule admits of no exception
ⓒ (= *subir*) [+ *frais*] to bear; [+ *conséquences, affront, malheur*] to suffer
ⓓ (= *servir de base à*) to support
ⓔ (= *apporter son soutien à*) to support
2 (VPR) **se supporter** (= *se tolérer*) **ils ne peuvent pas se ~** they can't stand each other

> ⚠ **to support** n'est pas la traduction la plus courante de **supporter**.

supporter² [sypɔʀtɛʀ] (NM), **supporteur, -trice** [sypɔʀtœʀ, tʀis] (NM,F) (*Politique, Sport*) supporter
supposé, e [sypoze] *ptp de* **supposer** (ADJ) (*Droit*) [*père*] putative; [*nom*] assumed • **l'auteur ~ de cet article** the alleged author of this article
supposer [sypoze] /TABLE 1/ (VT) ⓐ to suppose • **supposez que vous soyez malade** suppose you were ill • **en supposant que** • **à ~ que** supposing (that) • **cela laisse ~ que ...** it leads one to suppose that ... • **je suppose que tu es contre** I suppose you are against it ⓑ (= *impliquer*) to imply • **cela suppose de gros efforts** it implies a lot of effort
supposition [sypozisjɔ̃] (NF) supposition • **je l'ignore, c'est une simple ~** I don't know, I'm just guessing • **une ~ que ...*** supposing ...
suppositoire [sypozitwaʀ] (NM) suppository
suppression [sypʀesjɔ̃] (NF) ⓐ [*de mot*] deletion; [*de mur, obstacle*] removal; [*d'avantage, crédits*] withdrawal; [*de loi, taxe*] abolition; [*de libertés*] suppression; [*de discrimination, concurrence, pauvreté, chômage, douleur, fatigue*] elimination • **la ~ des inégalités** the elimination of inequalities • **il y a eu 7000 ~s d'emplois** 7,000 jobs were axed ⓑ [*d'avion, train, vol*] cancellation ⓒ [*de témoin gênant*] elimination
supprimer [sypʀime] /TABLE 1/ 1 (VT) ⓐ (= *enlever, abolir*) [+ *mot*] to delete (**de** from); [+ *mur, obstacle*] to remove; [+ *emploi, poste*] to axe; [+ *crédits, avantage*] to withdraw; [+ *loi, taxe*] to abolish; [+ *document, libertés*] to suppress; [+ *publication*] to ban; [+ *discrimination, inégalité, concurrence, pauvreté, chômage*] to eliminate • **ce médicament supprime la douleur** this medicine is a painkiller • **il faut ~ les intermédiaires** we must cut out the middleman • **l'avion supprime les distances** air travel shortens distances • ~ **qch à qn** to deprive sb of sth • **on lui a supprimé sa prime** he's had his bonus stopped • ~ **qch de son alimentation** to eliminate sth from one's diet
ⓑ [+ *avion, train, vol*] to cancel • **la ligne a été supprimée** the line was taken out of service
ⓒ (= *tuer*) [+ *témoin gênant*] to eliminate
2 (VPR) **se supprimer** to take one's own life

suppurer [sypyre] /TABLE 1/ (VI) to suppurate
suprématie [sypremasi] (NF) supremacy
suprême [syprɛm] **1** (ADJ) **a** *[chef, autorité, cour]* supreme **b** *[raffinement, élégance, effort, ennui]* extreme; *[indifférence]* sublime **2** (NM) (= *plat*) **~ de volaille** chicken supreme
sur[1] [syʀ] (PRÉP) **a** (*position*) on; (*avec mouvement*) onto; (= *dans*) in; (= *par-dessus*) over; (= *au-dessus de*) above • **il y a un sac ~ la table/une affiche ~ le mur** there's a bag on the table/a poster on the wall • **elle a jeté son sac ~ la table** she threw her bag onto the table • **retire tes livres de ~ la table** take your books off the table • **il a grimpé ~ le toit** he climbed onto the roof • **une chambre qui donne ~ la rue** a room that looks out onto the street • **~ la place** in the square • **la clé est restée ~ la porte** the key was left in the door • **il a 1500 € ~ son compte** he has 1,500 euros in his account • **il neige ~ Paris/~ toute l'Europe** it's snowing in Paris/all over Europe • **mettre du papier d'aluminium ~ un plat** to put silver foil over a dish • **un pont ~ la rivière** a bridge across the river • **s'endormir ~ un livre/son travail** to fall asleep over a book/over one's work • **elle a acheté des poires ~ le marché** she bought some pears at the market • **~ terre et ~ mer** on land and sea • **s'étendre ~ 3 km** to spread over 3 km • **« travaux ~ 5 km »** "roadworks for 5 km" • **gravure ~ bois/verre** wood/glass engraving
b (*direction*) **tourner ~ la droite** to turn (to the) right • **l'église est ~ votre gauche** the church is on your left • **revenir ~ Paris** to return to Paris • **les vols ~ Lyon** flights to Lyon
c (*temps : proximité, approximation*) **il est arrivé ~ les 2 heures** he came at about 2 • **la pièce s'achève ~ une réconciliation** the play ends with a reconciliation • **il est ~ le départ** he's just going • **~ le moment** *ou* **~ le coup, je n'ai pas compris** at the time I didn't understand • **~ une période de trois mois** over a period of three months • **juger les résultats ~ une année** to assess the results over a year
d (*cause*) **~ invitation/commande** by invitation/order • **~ présentation d'une pièce d'identité** on presentation of identification • **~ un signe du patron, elle sortit** at the boss's signal, she left
e (*moyen, manière*) on • **ils vivent ~ son salaire** they live on his salary • **travailler ~ écran** to work on screen • **choisir ~ catalogue** to choose from a catalogue • **chanter qch ~ l'air des lampions** to chant sth • **~ le mode mineur** (*Mus*) in the minor key
f (*matière, sujet*) on • **renseignements ~ la drogue** information on drug addiction • **roman ~ Louis XIV** novel about Louis XIV • **être ~ un travail** to be doing a job • **être ~ un projet** to be working on a project
g (*rapport de proportion*) out of; (*prélèvement*) from; (*mesure*) by • **~ douze verres, six sont ébréchés** out of twelve glasses six are chipped • **un homme ~ dix** one man out of ten • **neuf fois ~ dix** nine times out of ten • **il a une chance ~ deux de réussir** he has a fifty-fifty chance of success • **il mérite 7 ~ 10** (*Scol, Univ*) he deserves 7 out of 10 • **un jour/un vendredi ~ trois** every third day/Friday • **il vient un jour/mercredi ~ deux** he comes every other day/Wednesday • **les cotisations sont retenues ~ le salaire** contributions are deducted from salaries • **la cuisine fait 2 mètres ~ 3** the kitchen measures 2 metres by 3
h (*accumulation*) after • **faire faute ~ faute** to make one mistake after another • **il a eu rhume ~ rhume** he's had one cold after another
i (*influence, supériorité*) on • **avoir de l'influence ~ qn** to have influence on sb • **avoir des droits ~ qn/qch** to have rights over sb/to sth
j ▸ **sur ce** (= *sur ces mots*) **~ ce, il est sorti** upon which he went out • **~ ce, il faut que je vous quitte** and now I must leave you
sur[2]**, e** [syʀ] (ADJ) (= *aigre*) sour
sûr○**, e** [syʀ] **1** (ADJ) **a ~ de** [+ *résultats, succès*] sure • **il est ~/il n'est pas ~ de venir** he's/he's not sure that he'll be able to come • **il est ~ de son fait** *ou* **coup*** (*qu'il réussira*) he's sure he'll pull it off; (*qu'il a raison*) he's sure he's right • **~ de soi** sure of oneself • **elle n'est pas ~e d'elle(-même)** she's not very sure of herself • **j'en étais ~ !** I knew it! • **j'en suis ~ et certain** I'm positive • **soyez-en ~** you can be sure of it
b (= *certain*) certain • **la chose est ~e** that's certain • **il n'est pas ~ qu'elle aille au Maroc** it's not certain that she's going to Morocco • **c'est ~ et certain** that's absolutely certain • **ça, c'est ~** that's for sure • **ce n'est pas si ~*** not necessarily • **c'est le plus ~ moyen de réussir** it is the surest way to succeed • **ce qui est ~, c'est qu'ils ...** one thing is for sure, they ...
c (= *sans danger*) *[quartier, rue]* safe • **peu ~** unsafe • **le plus ~ est de mettre sa voiture au garage** the safest thing is to put your car in the garage • **en lieu ~** in a safe place
d (= *digne de confiance*) reliable; *[valeurs morales, raisonnement, investissement]* sound; *[dispositif, arme, valeurs boursières]* safe • **avoir la main ~e** to have a steady hand • **nous apprenons de source ~e que ...** we have been informed by a reliable source that ... • **peu ~** unreliable
e (*locutions*)
▸ **à coup sûr** definitely
▸ **pour sûr !*** absolutely!
2 (ADV)* **~ qu'il y a quelque chose qui ne va pas** there must be something wrong • **tu penses qu'il viendra ? — pas ~** do you think he'll come? — I'm not so sure
suraigu○**, -uë** [syʀegy] (ADJ) very high-pitched
surajouter [syʀaʒute] /TABLE 1/ (VT) to add
suranné, e [syʀane] (ADJ) *[idées, mode]* outdated; *[beauté, charme]* quaint
surarmement [syʀaʀməmɑ̃] (NM) (= *action*) stockpiling of weapons
surarmer [syʀaʀme] /TABLE 1/ (VT) **pays surarmé** country with a massive stock of weapons
surbooké, e [syʀbuke] (ADJ) overbooked • **je suis ~ en ce moment*** I've got too much on at the moment
surbooking [syʀbukiŋ] (NM) overbooking
surcharge [syʀʃaʀʒ] (NF) **a** *[de véhicule]* overloading **b** (= *poids en excédent*) excess load; *[de cheval de course]* weight handicap • **~ pondérale** excess weight • **~ électrique** overload • **une tonne de ~** an excess load of a ton • **les passagers/marchandises en ~** the excess passengers/goods • **payer un supplément pour une ~ de bagages** to pay for excess luggage **c une ~ de travail** extra work
surcharger [syʀʃaʀʒe] /TABLE 3/ (VT) to overload • **~ qn de travail/d'impôts** to overload sb with work/with taxes • **je suis surchargé (de travail)** I'm overloaded with work • **emploi du temps surchargé** crowded timetable • **programmes scolaires surchargés** overloaded syllabuses • **classes surchargées** overcrowded classes

• **manuscrit surchargé de corrections** manuscript littered with corrections

surchauffe [syʀʃof] (NF) [*de machine*] superheating • **il y a une ~ de l'économie** the economy is overheating

surchauffé, e [syʀʃofe] (ADJ) [*pièce*] overheated • **les esprits étaient ~s** emotions were running very high

surchemise [syʀʃ(ə)miz] (NF) overshirt

surclassement [syʀklasmɑ̃] (NM) (*Transports*) upgrading

surclasser [syʀklɑse] /TABLE 1/ (VT) ⓐ (= *surpasser*) to outclass ⓑ (*Transports*) **~ qn** to upgrade sb's seat • **ils m'ont surclassé en première** they upgraded my seat to first class, they bumped me up* to first class

surcoût○ [syʀku] (NM) extra cost

surcroît○ [syʀkʀwa] (NM) **un ~ de travail/d'inquiétudes** extra work/worries • **de** *ou* **par ~** moreover • **il est bête et paresseux de ~** he's stupid and what's more he's lazy

surdéveloppement [syʀdevlɔpmɑ̃] (NM) overdevelopment

surdiplômé, e [syʀdiplɔme] (ADJ) overqualified

surdité [syʀdite] (NF) deafness

surdoué, e [syʀdwe] **1** (ADJ) [*enfant*] gifted **2** (NM,F) gifted child

sureau (*pl* **sureaux**) [syʀo] (NM) elder tree • **baies de ~** elderberries

sureffectif [syʀefɛktif] (NM) overmanning *NonC* • **personnel en ~** excess staff

surélever [syʀel(ə)ve] /TABLE 5/ (VT) [*+ étage, mur*] to make higher

sûrement○ [syʀmɑ̃] (ADV) (= *vraisemblablement*) **il viendra ~** he's sure to come • **~ qu'il a été retenu*** he must have been held up • **tu connais ~ des gens importants** you must know some important people • **ça lui plaira ~** I'm sure she'll like it • **il me trouve ~ trop sévère** he probably thinks I'm being too harsh • **~ pas** (= *pas du tout*) certainly not • **ce n'est ~ pas difficile** it can't be that difficult

surenchère [syʀɑ̃ʃɛʀ] (NF) (*sur prix fixé*) overbid; (= *enchère plus élevée*) higher bid • **faire une ~ (sur)** to make a higher bid (than) • **faire une ~ de 1000 €** to bid 1,000 euros more (**sur** than)

surenchérir [syʀɑ̃ʃeʀiʀ] /TABLE 2/ (VI) (= *offrir plus qu'un autre*) to bid higher; (= *élever son offre*) to raise one's bid • **~ sur une offre/sur qn** to bid higher than an offer/than sb

surendetté, e [syʀɑ̃dete] (ADJ) overburdened with debt

surendettement [syʀɑ̃dɛtmɑ̃] (NM) excessive debt

surentraînement○ [syʀɑ̃tʀɛnmɑ̃] (NM) overtraining

surentraîner○ (VT), **se surentraîner** (VPR) [syʀɑ̃tʀene] /TABLE 1/ to overtrain

surestimer [syʀɛstime] /TABLE 1/ **1** (VT) [*+ importance, forces, frais*] to overestimate; [*+ tableau, maison à vendre*] to overvalue **2** (VPR) **se surestimer** to overestimate one's abilities

sûreté○ [syʀte] (NF) ⓐ (= *sécurité*) safety • **complot contre la ~ de l'État** plot against state security • **pour plus de ~** as an extra precaution • **être en ~** to be in safety • **mettre qn/qch en ~** to put sb/sth in a safe place • **la Sûreté (nationale)** (= *police*) the French criminal investigation department ⓑ [*de coup d'œil, geste*] steadiness; [*de réflexes, diagnostic*] reliability ⓒ (= *dispositif*) safety device • **mettre la ~ à une arme** to put the safety catch on a gun

surévaluer [syʀevalɥe] /TABLE 1/ (VT) [*+ monnaie, coûts*] to overvalue; [*+ difficultés, influence*] to overestimate • **l'euro est surévalué par rapport au dollar** the euro is overvalued against the dollar

surexcité, e [syʀɛksite] (ADJ) (= *enthousiaste, énergique*) overexcited; (= *énervé*) all worked up • **il me parlait d'une voix ~e** he spoke to me in a very excited voice

surexploiter [syʀɛksplwate] /TABLE 1/ (VT) [*+ terres, ressources*] to overexploit

surexposer [syʀɛkspoze] /TABLE 1/ (VT) to overexpose

surexposition [syʀɛkspozisjɔ̃] (NF) overexposure

surf [sœʀf] (NM) ⓐ (= *activité*) surfing • **faire du ~** to go surfing • **~ sur neige** snowboarding • **faire du ~ sur neige** to go snowboarding ⓑ **(planche de) ~** surfboard • **~ des neiges** snowboard

surface [syʀfas] **1** (NF) ⓐ surface; (= *aire*) [*de champ, chambre*] surface area • **faire ~** to surface • **refaire ~** to resurface

▸ **de surface** [*politesse*] superficial; [*modifications*] cosmetic; [*eaux*] surface

▸ **en surface** [*nager, naviguer*] at the surface; [*stockage de déchets, stationnement*] above ground; (*fig*) superficially

ⓑ (*Commerce*) **grande ~** hypermarket

2 (COMP) ▸ **surface habitable** living space ▸ **surface de réparation** (*Football*) penalty area ▸ **surface au sol** floor surface

surfacturer [syʀfaktyʀe] /TABLE 1/ (VT) [*+ produit, prestations*] to overcharge for; [*+ client*] to overcharge • **il a surfacturé les travaux de 10%** he overcharged by 10% for the work

surfait, e [syʀfɛ, ɛt] (ADJ) [*ouvrage, auteur*] overrated

surfer [sœʀfe] /TABLE 1/ (VI) (*Sport*) to go surfing • **~ sur Internet** to surf the internet • **ils surfent sur la vague écologique** they are cashing in on the ecology trend

surfeur, -euse [sœʀfœʀ, øz] (NM,F) surfer

surfiler [syʀfile] /TABLE 1/ (VT) (*Couture*) to oversew

surgelé, e [syʀʒəle] **1** (ADJ) deep-frozen • **produits ~s** frozen foods **2** (NM) **les ~s** frozen food • **magasin de ~s** freezer centre

surgir [syʀʒiʀ] /TABLE 2/ (VI) [*animal, personne, véhicule*] to appear suddenly; [*montagne, navire*] to loom up; [*plante, immeuble*] to spring up; [*problèmes, difficultés*] to arise • **deux hommes ont surgi de derrière un camion** two men suddenly appeared from behind a truck

surhomme [syʀɔm] (NM) superman

surhumain, e [syʀymɛ̃, ɛn] (ADJ) superhuman

surimi [syʀimi] (NM) surimi • **bâtonnets de ~** crab sticks

surimpression [syʀɛ̃pʀesjɑ̃] (NF) (*Photo*) double exposure; [*d'idées, visions*] superimposition • **en ~** superimposed

Surinam, Suriname [syʀinam] (NM) Surinam

surinamais, e [syʀinamɛ, ɛz] **1** (ADJ) Surinamese **2** (NM,F) **Surinamais(e)** Surinamese

surinfection [syʀɛ̃fɛksjɑ̃] (NF) secondary infection

surinformation [syʀɛ̃fɔʀmasjɔ̃] (NF) information overload

surinformé, e [syʀɛ̃fɔʀme] (ADJ) [*personne*] suffering from information overload • **dans notre monde ~** in today's world of information overload

sur-le-champ [syʀləʃɑ̃] (ADV) immediately

surlendemain [syʀlɑ̃d(ə)mɛ̃] (NM) **le ~ de son arrivée** two days after his arrival • **il est mort le ~** he died two days later • **il revint le lendemain et le ~** he came back the next day and the day after • **le ~ matin** two days later in the morning

surligner [syʀliɲe] /TABLE 1/ (VT) to highlight
surligneur [syʀliɲœʀ] (NM) highlighter pen
surmenage [syʀmənaʒ] (NM) overwork • **éviter à tout prix le ~** to avoid overwork at all costs • **le ~ intellectuel** mental fatigue
surmené, e [syʀməne] *ptp de* **surmener** (ADJ) (*par le travail*) overworked • **je suis vraiment ~ en ce moment** I've got an awful lot on my plate at the moment
surmener [syʀməne] /TABLE 5/ **1** (VT) to overwork **2** (VPR) **se surmener** to overwork; (*physiquement*) to overexert o.s.
surmontable [syʀmɔ̃tabl] (ADJ) surmountable • **obstacle difficilement ~** obstacle that is difficult to overcome
surmonter [syʀmɔ̃te] /TABLE 1/ **1** (VT) **a** (= *être au-dessus de*) to top • **surmonté d'un dôme** topped by a dome **b** [*+ obstacle, difficultés, dégoût, peur*] to overcome **2** (VPR) **se surmonter** [*personne*] to control o.s. • **la peur peut se ~** fear can be overcome
surmultiplié, e [syʀmyltiplije] **1** (ADJ) **vitesse ~e** overdrive **2** (NF) **surmultipliée** overdrive • **passer la ~e** (*fig*) to get a move on*
surnager [syʀnaʒe] /TABLE 3/ (VI) [*huile, objet*] to float; (*fig*) to linger on
surnaturel, -elle [syʀnatyʀɛl] **1** (ADJ) supernatural; (= *inquiétant*) uncanny **2** (NM) **le ~** the supernatural
surnom [syʀnɔ̃] (NM) nickname; [*de roi, héros*] name • **« le Courageux », ~ du roi Richard** "the Brave", the name by which King Richard was known
surnombre [syʀnɔ̃bʀ] (NM) surplus • **en ~** [*effectifs, personnel*] surplus • **nous étions en ~** there were too many of us
surnommer [syʀnɔme] /TABLE 1/ (VT) **~ qn « le gros »** to nickname sb "fatty" • **le roi Richard surnommé « le Courageux »** King Richard known as "the Brave"
surnoter [syʀnɔte] /TABLE 1/ (VT) [*+ devoir*] to overmark (*Brit*), to overgrade (*US*)
surpasser [syʀpɑse] /TABLE 1/ **1** (VT) • **~ qn en agilité** to surpass sb in agility **2** (VPR) **se surpasser** to surpass o.s. • **le cuisinier s'est surpassé aujourd'hui** the cook has surpassed himself today
surpêche [syʀpɛʃ] (NF) overfishing
surpeuplé, e [syʀpœple] (ADJ) overpopulated
surpiquer [syʀpike] /TABLE 1/ (VT) to topstitch
sur-place, surplace [syʀplas] (NM) **faire du ~** (*à vélo*) to do a track-stand; (*en voiture*) (= *être immobilisé*) to be stuck; (= *avancer très lentement*) to move at a snail's pace; [*oiseau*] to hover; [*enquête, négociations, projet*] to be getting nowhere
surplomb [syʀplɔ̃] (NM) overhang • **en ~** overhanging
surplomber [syʀplɔ̃be] /TABLE 1/ (VT) to overhang
surplus [syʀply] (NM) **a** (= *excédent*) surplus *NonC* • **avoir des marchandises en ~** to have surplus goods **b** (= *reste*) **avec le ~ de bois, je vais me faire une bibliothèque** with the leftover wood I'm going to build myself a bookcase
surpopulation [syʀpɔpylasjɔ̃] (NF) overpopulation
surprenant, e [syʀpʀənɑ̃, ɑ̃t] (ADJ) surprising • **chose ~e, il n'a jamais répondu** surprisingly enough, he never replied • **de façon ~e** surprisingly
surprendre [syʀpʀɑ̃dʀ] /TABLE 58/ **1** (VT) **a** (= *étonner*) [*nouvelle, conduite*] to surprise • **tu me surprends** you amaze me • **cela me surprendrait fort** that would greatly surprise me • **cela m'a agréablement surpris** I was pleasantly surprised • **cette question a de quoi** *ou* **peut ~** this question may seem surprising
b [*+ conversation*] to overhear; [*+ regard, sourire complice*] to intercept
c [*+ ennemi, voleur*] to surprise; (*par visite inopinée*) [*+ amis, voisins*] to catch unawares
d [*pluie, marée*] to catch out • **se laisser ~ par la marée** to be caught out by the tide • **se laisser ~ par la pluie** to be caught in the rain • **se laisser ~ par la nuit** to be overtaken by darkness
2 (VPR) **se surprendre se ~ à faire qch** to catch o.s. doing sth
surpris, e[1] [syʀpʀi, iz] *ptp de* **surprendre** (ADJ) [*air, regard*] surprised • **~ de qch** surprised at sth • **~ de me voir là/que je sois encore là** surprised to see me there/that I was still there • **il va être désagréablement ~** he's in for an unpleasant surprise • **j'ai été le premier ~ de cette victoire** this victory came as a real surprise to me
surprise[2] [syʀpʀiz] (NF) surprise • **regarder qn avec ~** to look at sb in surprise • **avoir la ~ de voir que …** to be surprised to see that … • **avoir la bonne/mauvaise ~ de constater que …** to be pleasantly/unpleasantly surprised to find that … • **à ma grande ~** much to my surprise • **à la ~ générale** to everybody's surprise • **créer la ~** to create a sensation • **quelle bonne ~!** what a pleasant surprise! • **visite ~** surprise visit • **grève-~** lightning strike
▸ **par surprise** [*attaquer*] by surprise • **il m'a pris par ~** he took me by surprise
▸ **sans surprise victoire sans ~** unsurprising victory • **c'est un film sans ~** it's a rather unexciting film
surproduction [syʀpʀɔdyksjɔ̃] (NF) overproduction
surprotecteur, -trice [syʀpʀɔtɛktœʀ, tʀis] (ADJ) overprotective
surqualifié, e [syʀkalifje] (ADJ) overqualified
surréagir [syʀʀeaʒiʀ] /TABLE 2/ (VI) to overreact
surréaliste [syʀʀealist] **1** (ADJ) surrealist; (= *bizarre*) surreal **2** (NMF) surrealist
surrégime [syʀʀeʒim] (NM) **être** *ou* **tourner en ~** [*voiture, moteur*] to be over-revving; [*économie*] to be overheating
surrénal, e (*mpl* **-aux**) [sy(ʀ)ʀenal, o] **1** (ADJ) suprarenal **2** (NFPL) **surrénales** (= *glandes*) suprarenals
surréservation [syʀʀezɛʀvasjɔ̃] (NF) overbooking
sursaut [syʀso] (NM) (= *mouvement brusque*) jump • **~ d'énergie** sudden burst of energy • **se réveiller en ~** to wake up with a jump • **elle a eu un ~** she jumped
sursauter [syʀsote] /TABLE 1/ (VI) to jump • **faire ~ qn** to make sb jump • **~ de peur** to jump with fright
surseoir○ [syʀswaʀ] /TABLE 26/ (VT INDIR) **~ à** [*+ publication, délibération*] to postpone; [*+ poursuites, jugement*] to stay • **~ à l'exécution d'un condamné** to grant a stay of execution to a condemned man
sursis [syʀsi] (NM) **a** [*de condamnation à mort*] reprieve • **peine avec ~** suspended sentence • **il a eu deux ans avec ~** he was given a two-year suspended sentence **b ~ (d'incorporation)** (*Mil*) deferment **c** (= *temps de répit*) reprieve • **on a eu un ~ de trois jours** we got three days' grace • **c'est un mort en ~** he's a condemned man • **gouvernement/entreprise en ~** government/company living on borrowed time
surtaxe [syʀtaks] (NF) surcharge
surtout [syʀtu] (ADV) **a** (= *avant tout, d'abord*) above all; (= *spécialement*) especially • **rapide, efficace et ~ discret** quick, efficient and above all discreet • **il est assez**

S

timide, ~ avec les femmes he's quite shy, especially with women • **j'aime ~ les romans, mais je lis aussi de la poésie** I particularly like novels, but I also read poetry • **dernièrement, j'ai ~ lu des romans** lately I've been reading mostly novels • **~ que*** especially as

ⓑ (*intensif*) **~, n'en parle pas!** whatever you do, don't tell anybody! • **~ pas maintenant** certainly not now • **je ne veux ~ pas vous déranger** the last thing I want is to disturb you • **~ pas!** certainly not! • **ne m'aide pas, ~!** (*iro*) don't help me, will you!

survécu [syʀveky] *ptp de* **survivre**

surveillance [syʀvɛjɑ̃s] NF ⓐ (*= contrôle*) supervision • **assurer la ~ de** to supervise • **laisser un enfant sans ~** to leave a child unsupervised • **tout bagage laissé sans ~ sera détruit** any baggage left unattended will be destroyed • **ne laissez pas vos bagages sans ~** don't leave your luggage unattended • **sous ~ médicale** under medical supervision

ⓑ (*militaire, policière*) surveillance • **sous ~ policière** under police surveillance • **société de ~** security firm • **placer qn/qch sous haute ~** to keep a close watch on sb/sth • **il a réussi à déjouer** *ou* **tromper la ~ de ses gardiens** he managed to get past the guards

ⓒ [*d'examen*] invigilation • **l'enseignant qui assure la ~ de l'épreuve** the teacher invigilating

surveillant, e [syʀvɛjɑ̃, ɑ̃t] NM,F [*de prison*] warder (*Brit*), guard (*US*); [*d'usine, chantier*] supervisor; [*de magasin*] shopwalker; [*d'établissement scolaire*] supervisor; (*aux examens*) invigilator (*Brit*), proctor (*US*) • **~e générale** [*d'hôpital*] nursing officer

surveillé, e [syʀveje] *ptp de* **surveiller** ADJ → **liberté**

surveiller [syʀveje] /TABLE 1/ **1** VT ⓐ (*= garder*) [*+ enfant, bagages*] to keep an eye on; [*+ prisonnier, malade*] to keep watch over

ⓑ (*= contrôler*) to supervise; [*+ examen*] to invigilate • **surveille la soupe** keep an eye on the soup • **je surveille l'heure, il ne faut pas être en retard** I'm keeping an eye on the time, we mustn't be late

ⓒ (*= défendre*) [*+ locaux*] to keep watch on; [*+ territoire*] to keep watch over; [*+ frontières, espace aérien*] to monitor

ⓓ (*= épier*) [*+ personne, mouvements*] to watch; [*+ ennemi*] to keep watch on • **se sentant surveillé, il partit** feeling he was being watched, he left • **~ qn de près** to keep a close eye on sb • **~ qn du coin de l'œil** to watch sb out the corner of one's eye

ⓔ (*= être attentif à*) **~ son langage/sa tension/sa ligne** to watch one's language/one's blood pressure/one's figure

2 VPR **se surveiller il devrait se ~, il grossit de plus en plus** he ought to watch himself because he's getting fatter and fatter • **ils sont obligés de se ~ devant les enfants** they have to watch themselves in front of the children

survenir [syʀvəniʀ] /TABLE 22/ VI

> **survenir** is conjugated with **être**.

[*événement*] to take place; [*incident, complications, retards*] to arise; [*maladie, symptômes*] to appear; [*changements*] to occur; [*personne*] to arrive unexpectedly • **s'il survenait quelque chose de nouveau** if anything new comes up

survenue [syʀvəny] NF [*de personne*] unexpected arrival; [*de maladie*] onset; [*de mutations, symptômes*] appearance

survêt* [syʀvɛt] NM (ABR DE **survêtement**) tracksuit

survêtement [syʀvɛtmɑ̃] NM tracksuit

survie [syʀvi] NF survival • **ses chances de ~ sont importantes** he has a good chance of survival

▸ **de survie** [*instinct, réflexe, équipement*] survival • **radeau de ~** life-raft

survitaminé, e [syʀvitamine] ADJ ⓐ **boisson ~e** vitamin drink ⓑ* [*personne*] pumped up*; [*engin, moteur*] souped up*

survitrage [syʀvitʀaʒ] NM double-glazing

survivance [syʀvivɑ̃s] NF (*= vestige*) survival • **cette coutume est une ~ du passé** this custom is a survival from the past

survivant, e [syʀvivɑ̃, ɑ̃t] **1** ADJ surviving **2** NM,F survivor

survivre [syʀvivʀ] /TABLE 46/ VI to survive • **va-t-il ~?** (*après accident*) will he survive? • **il n'avait aucune chance de ~** he had no chance of survival • **~ à** [*+ accident, maladie, humiliation*] to survive; [*personne, œuvre, idée*] to outlive

survol [syʀvɔl] NM **le ~ de** flying over; [*de livre*] skimming through; [*de question*] skimming

survoler [syʀvɔle] /TABLE 1/ VT to fly over; [*+ livre*] to skim through; [*+ question*] to skim over

survolté, e [syʀvɔlte] ADJ [*foule*] overexcited; [*ambiance*] highly charged

sus [sy(s)] **en sus** LOC ADV (*Admin*) in addition

susceptibilité [sysɛptibilite] NF (*= sensibilité*) touchiness *NonC* • **être d'une grande ~** to be extremely touchy • **afin de ménager** *ou* **de ne pas froisser les ~s** so as not to offend people's susceptibilities

susceptible [sysɛptibl] ADJ ⓐ (*= ombrageux*) touchy ⓑ (*= de nature à*) **ce texte est ~ d'être amélioré** *ou* **d'améliorations** this text is open to improvement • **des conférences ~s de l'intéresser** lectures likely to be of interest to him

susciter [sysite] /TABLE 1/ VT [*+ admiration, intérêt, jalousies*] to arouse; [*+ controverse, critiques*] to give rise to • **~ des obstacles/ennuis à qn** to create obstacles/difficulties for sb

suspect, e [syspɛ(kt), ɛkt] **1** ADJ ⓐ (*= louche*) [*individu, conduite, colis*] suspicious • **sa générosité me paraît ~e** his generosity seems suspicious to me ⓑ (*= douteux*) [*opinion, témoignage*] suspect • **elle était ~e aux yeux de la police** the police were suspicious of her • **les personnes ~es** (*= soupçonnées*) those under suspicion ⓒ **~ de** suspected of • **ils sont ~s de collusion avec l'ennemi** they are suspected of collusion with the enemy **2** NM,F suspect • **principal ~** prime suspect

suspecter [syspɛkte] /TABLE 1/ VT to suspect • **~ qn de faire qch** to suspect sb of doing sth

suspendre [syspɑ̃dʀ] /TABLE 41/ **1** VT ⓐ [*+ vêtements*] to hang up; [*+ lampe, décoration*] to hang (**à** from); [*+ hamac*] to sling up • **~ qch à** [*+ clou, crochet, portemanteau*] to hang sth on ⓑ (*= interrompre*) to suspend; [*+ récit, négociations, relations diplomatiques*] to break off; [*+ audience, séance*] to adjourn; [*+ décision*] to postpone ⓒ (*= destituer*) to suspend • **~ qn de ses fonctions** (*= mettre à pied*) to suspend sb from office **2** VPR **se suspendre se ~ à** [*+ branche, barre*] to hang from

suspendu, e [syspɑ̃dy] *ptp de* **suspendre** ADJ ⓐ (*= accroché*) **~ au plafond** hanging from the ceiling • **~ dans le vide** suspended in mid air • **être ~ aux lèvres**

de qn to be hanging on sb's every word **b** [*séance*] adjourned; [*employé*] suspended

suspens [syspɑ̃] NM en ~ [*projet, travail*] in abeyance • **question laissée en ~** question that has been shelved • **laisser une affaire en ~** to leave an affair in abeyance • **tenir les lecteurs en ~** to keep the reader in suspense

suspense [syspɛns, syspɑ̃s] NM [*de film, roman*] suspense • **un ~ angoissant** an agonizing feeling of suspense • **film à ~** thriller

suspension [syspɑ̃sjɔ̃] **1** NF **a** (= *interruption*) suspension; [*de récit*] breaking off; [*d'audience, séance*] adjournment • **le juge a ordonné la ~ de l'audience** the judge ordered that the hearing be adjourned • **il a eu un an de ~ de permis** he had his driving licence suspended for a year

b [*de jugement*] suspension; [*de décision*] postponement

c [*d'employé, joueur*] suspension • **prononcer la ~ de qn pour deux ans** to suspend sb for two years • **~ à vie** lifetime ban

d (*Auto*) suspension

e (= *installation, système*) suspension • **~ florale** hanging basket

f (*Chim*) suspension

▸ **en suspension** [*particule, poussière*] in suspension • **en ~ dans l'air** [*particules*] hanging in the air

2 COMP ▸ **suspension d'audience** adjournment ▸ **suspension des hostilités** suspension of hostilities ▸ **suspension de séance** adjournment

suspicieux, -ieuse [syspisjø, jøz] ADJ suspicious

suspicion [syspisjɔ̃] NF suspicion • **regard plein de ~** suspicious look

susurrer [sysyʀe] /TABLE 1/ VTI [*personne*] to whisper • **il lui susurrait des mots doux à l'oreille** he whispered sweet nothings in her ear • **on susurre qu'il a été impliqué** it's whispered that he was involved

suture [sytyʀ] NF (*Anatomie, Bot, Méd*) suture • **point de ~** stitch

suturer [sytyʀe] /TABLE 1/ VT to stitch up

svelte [svɛlt] ADJ slender

SVP [ɛsvepe] (ABR DE **s'il vous plaît**) please

SVT [ɛsvete] NFPL (ABR DE **sciences de la vie et de la terre**) → **science**

sweat [swit, swɛt] NM sweatshirt

sweat-shirt (*pl* **sweat-shirts**) [switʃœʀt, swɛtʃœʀt] NM sweatshirt

swing [swiŋ] NM (= *musique*) swing; (= *danse*) jive • **danser le ~** to jive

swinguer* [swiŋge] /TABLE 1/ VI to swing* • **ça swingue!** it's really swinging!*

sycomore [sikɔmɔʀ] NM sycamore

syllabe [si(l)lab] NF syllable • **il n'a pas prononcé une ~** he didn't say a single word

sylviculture [silvikyltyʀ] NF forestry

symbiose [sɛ̃bjoz] NF symbiosis • **en ~** in symbiosis

symbole [sɛ̃bɔl] NM symbol • **ville(-)~ de la liberté** town that has come to symbolize freedom

symbolique [sɛ̃bɔlik] ADJ symbolic; (= *très modique*) [*augmentation, amende*] token; [*cotisation, contribution*] nominal

symboliquement [sɛ̃bɔlikmɑ̃] ADV symbolically

symboliser [sɛ̃bɔlize] /TABLE 1/ VT to symbolize

symétrie [simetʀi] NF symmetry

symétrique [simetʀik] ADJ symmetrical

sympa* [sɛ̃pa] ADJ INV (ABR DE **sympathique**) nice • **un type vachement ~** a really nice guy* • **sois ~, prête-le-moi** be a pal* and lend it to me • **ce n'est pas très ~ de sa part** that's not very nice of him

sympathie [sɛ̃pati] NF **a** (= *amitié*) liking • **avoir de la ~ à l'égard de qn** to like sb • **se prendre de ~ pour qn** to take a liking to sb • **il inspire la ~** he's very likeable • **s'attirer la ~ de qn** to win sb over

b (= *compassion*) sympathy • **croyez à notre ~** please accept our deepest sympathy • **témoignages de ~** (*pour deuil*) expressions of sympathy

c (= *tendance*) **on le suspecte de ~ avec l'extrême droite** he is suspected of having ultra-right-wing sympathies • **il ne cache pas ses ~s communistes** he doesn't hide his communist sympathies

> ⚠ Lorsque **sympathie** signifie **amitié**, il ne se traduit pas par **sympathy**.

sympathique [sɛ̃patik] ADJ [*personne*] nice; [*geste, accueil, soirée, réunion, ambiance*] friendly • **il m'est très ~** • **je le trouve très ~** I think he's very nice • **il a une tête ~** he has a nice face

> ⚠ **sympathique ≠ sympathetic**

sympathisant, e [sɛ̃patizɑ̃, ɑ̃t] NM,F sympathizer

sympathiser [sɛ̃patize] /TABLE 1/ VI (= *bien s'entendre*) to get on well; (= *se prendre d'amitié*) to hit it off* • **ils ont tout de suite sympathisé** they hit it off* straight away • **il sympathise avec l'extrême droite** he sympathizes with the far right

symphonie [sɛ̃fɔni] NF symphony

symphonique [sɛ̃fɔnik] ADJ symphonic

symposium [sɛ̃pozjɔm] NM symposium

symptomatique [sɛ̃ptɔmatik] ADJ symptomatic • **~ de** symptomatic of

symptôme [sɛ̃ptom] NM symptom

synagogue [sinagɔg] NF synagogue

synchro* [sɛ̃kʀo] **1** ADJ (ABR DE **synchronisé, e**) synchronized **2** NF (ABR DE **synchronisation**)

synchrone [sɛ̃kʀon] ADJ synchronous

synchronisation [sɛ̃kʀɔnizasjɔ̃] NF synchronization

synchroniser [sɛ̃kʀɔnize] /TABLE 1/ VT to synchronize

syncope [sɛ̃kɔp] NF (= *évanouissement*) blackout • **avoir une ~** to have a blackout

syndic [sɛ̃dik] NM ~ **(d'immeuble** *ou* **de copropriété)** managing agent

syndical, e (*mpl* **-aux**) [sɛ̃dikal, o] ADJ (*Industrie*) trade-union (*Brit*), labor-union (*US*) • **le mouvement ~** the trade-union (*Brit*) *ou* labor-union (*US*) movement

syndicaliser [sɛ̃dikalize] /TABLE 1/ VT to unionize

syndicalisme [sɛ̃dikalism] NM (= *mouvement*) trade unionism; (= *activité*) trade-union activities; (= *doctrine politique*) syndicalism • **faire du ~** to participate in trade-union activities

syndicaliste [sɛ̃dikalist] NMF (= *responsable d'un syndicat*) trade unionist; (= *doctrinaire*) syndicalist

syndicat [sɛ̃dika] NM [*de travailleurs*] trade union; [*d'employeurs*] syndicate • **~ du crime** crime syndicate ▸ **syndicat d'initiative** tourist office ▸ **syndicat patronal** employers' syndicate

S

syndiqué, e [sɛ̃dike] *ptp de* **syndiquer** (ADJ) belonging to a trade union • **est-il ~?** is he a union member? • **les travailleurs non ~s** non union workers
syndiquer [sɛ̃dike] /TABLE 1/ **1** (VT) to unionize **2** (VPR) **se syndiquer** (= *se grouper*) to form a trade union; (= *adhérer*) to join a trade union
syndrome [sɛ̃dʀom] (NM) syndrome ▸ **syndrome du choc toxique** toxic shock syndrome ▸ **syndrome d'épuisement professionnel** burnout ▸ **syndrome de fatigue chronique** chronic fatigue syndrome ▸ **syndrome respiratoire aigu sévère** severe acute respiratory syndrome ▸ **syndrome de stress post-traumatique** post-traumatic stress disorder
synergie [sinɛʀʒi] (NF) synergy
synonyme [sinɔnim] **1** (ADJ) synonymous (**de** with) **2** (NM) synonym
synopsis [sinɔpsis] (NF *ou* M) synopsis
syntagme [sɛ̃tagm] (NM) phrase • **~ nominal/verbal** noun/verb phrase
syntaxe [sɛ̃taks] (NF) syntax
syntaxique [sɛ̃taksik] (ADJ) syntactic
synthé* [sɛ̃te] (NM) (ABR DE **synthétiseur**) synth*
synthèse [sɛ̃tɛz] (NF) synthesis • **faire la ~ d'un exposé** to summarize the major points of a talk ▸ **de synthèse** [*sucre, arôme*] synthetic • **produit de ~** product of synthesis • **esprit de ~** ability to synthesize • **image de ~** computer-generated image
synthétique [sɛ̃tetik] **1** (ADJ) **a** [*textile, fibre*] synthetic, man-made; [*résine, caoutchouc, revêtement*] synthetic • **c'est de la fourrure ~** it's fake fur **b** [*exposé*] that gives an overall picture; [*ouvrage*] that takes a global perspective • **avoir une vision ~ des choses** to be able to see the overall picture **2** (NM) (= *synthetic material*) **c'est du ~** it's synthetic • **semelle en ~** man-made sole
synthétiser [sɛ̃tetize] /TABLE 1/ (VT) to synthesize
synthétiseur [sɛ̃tetizœʀ] (NM) synthesizer
syphilis [sifilis] (NF) syphilis
Syrie [siʀi] (NF) Syria
syrien, -ienne [siʀjɛ̃, jɛn] **1** (ADJ) Syrian **2** (NM,F) **Syrien(ne)** Syrian
systématique [sistematik] (ADJ) [*opposition, classement, esprit*] systematic • **opposer un refus ~ à qch** to refuse sth systematically • **avec l'intention ~ de nuire** systematically intending to harm • **il est trop ~** he's too dogmatic • **chaque fois qu'elle est invitée quelque part il l'est aussi, c'est ~** every time she's invited somewhere, he's automatically invited too
systématiquement [sistematikmɑ̃] (ADV) systematically
systématiser [sistematize] /TABLE 1/ (VT) to systematize
système [sistɛm] (NM) system • **il connaît un ~ pour entrer sans payer** he's got a system for getting in without paying • **il me tape** *ou* **court** *ou* **porte sur le ~*** he gets on my nerves* ▸ **système ABS** ABS ▸ **système d'alimentation** (*électrique*) electricity supply system; (*en eau*) water supply system ▸ **système D*** resourcefulness • **recourir au ~ D** to rely on one's own resources ▸ **système de défense** (*Mil*) defence system; (*Physiol*) defence mechanism ▸ **système d'éducation** education system ▸ **système expert** expert system ▸ **système d'exploitation** operating system ▸ **système immunitaire** immune system ▸ **système monétaire européen** European monetary system ▸ **système nerveux** nervous system ▸ **système pénitentiaire** prison system ▸ **système solaire** solar system

T t

t [t] NM **t euphonique** *t added to make phrases easier to pronounce*

> -**t**- is added between verb and pronoun in questions like **a-t-il mangé?** and statements like **me semble-t-il** to prevent two vowel sounds coming together. Do not confuse -**t**- with **t'**, which replaces **te**, eg **comment t'appelles-tu?**.

t' [t] → **te, tu**

ta [ta] ADJ POSS your → **ton**

tabac [taba] **1** NM **a** (= *plante, produit*) tobacco; (= *magasin*) paper shop **b** (*locutions*)* **passer qn à ~** to beat sb up • **faire un ~** to be a big hit • **coup de ~** squall
2 COMP ▸ **tabac blond** light tobacco ▸ **tabac brun** dark tobacco

tabagisme [tabaʒism] NM addiction to smoking • **~ passif** passive smoking • **lutte contre le ~** antismoking initiatives

tabasco ® [tabasko] NM Tabasco ®

tabasser * [tabase] /TABLE 1/ VT (= *frapper*) to beat up

tablar(d) [tablaʀ] NM (*Helv*) (= *étagère*) shelf

table [tabl] **1** NF table • **la ~ des négociations** the negotiating table • **il sait sa ~ de 8** he knows his 8 times table • **mettre la ~** to lay the table • **débarrasser la ~** to clear the table • **se lever de ~** to get up from the table • **quitter la ~** • **sortir de ~** to leave the table • **linge de ~** table linen • **vin de ~** table wine • **aimer les plaisirs de la ~** to enjoy one's food • **faire ~ rase** to make a clean sweep • **on a fait ~ rase du passé** we put the past behind us
▸ **à table** **être à ~** to be eating • **nous étions huit à ~** there were eight of us round the table • **à ~ !** it's ready! • **se mettre à ~** to sit down to eat; (= *avouer*)* to come clean* • **on ne se met jamais à ~ avant 20 heures** we never have dinner before 8 o'clock • **lave-toi les mains avant de passer à ~** go and wash your hands before eating
2 COMP ▸ **table à abattants** drop-leaf table ▸ **table d'applique** console table ▸ **table d'architecte** drawing board ▸ **table basse** coffee table ▸ **table de billard** billiard table ▸ **table de chevet** bedside table ▸ **table de cuisine** kitchen table ▸ **table de cuisson** hob ▸ **table à dessin** drawing board ▸ **table d'écoute** wire-tapping set • **mettre qn sur ~ d'écoute** to bug sb's phone ▸ **tables gigognes** nest of tables ▸ **table d'hôte** table d'hôte • **faire ~ d'hôte** to serve dinner for residents ▸ **table de jeu** gaming table ▸ **table à langer** changing table ▸ **table des matières** table of contents ▸ **table de multiplication** multiplication table ▸ **table murale** wall table ▸ **table de nuit** bedside table ▸ **table d'opération** operating table ▸ **table d'orientation** viewpoint indicator ▸ **table de ping-pong** table-tennis table ▸ **table pliante** folding table ▸ **table à rallonges** extending table ▸ **table à repasser** ironing board ▸ **table ronde** round table ▸ **la Table ronde** the Round Table ▸ **table roulante** trolley (*Brit*), cart (*US*) ▸ **table de toilette** (*pour lavabo*) washstand; (= *coiffeuse*) dressing table ▸ **table de travail** worktable

tableau (*pl* **tableaux**) [tablo] **1** NM **a** (= *peinture*) painting • **exposition de ~x** art exhibition • **il m'a fait un ~ très noir de la situation** he gave me a very black picture of the situation
b (= *panneau*) board; (*Rail*) train indicator; (*à l'école*) blackboard • **aller au ~** to go up to the blackboard; (= *se faire interroger*) to be asked questions (*on a school subject*)
c [*de clés*] rack
d (= *graphique*) table; (*par tableur*) spreadsheet • **présenter qch sous forme de ~** to show sth in tabular form • **tu vois le ~ !*** you can imagine! • **jouer sur les deux ~x** to back both horses • **il a gagné sur les deux ~x** he won on both counts
2 COMP ▸ **tableau d'affichage** notice board; (*Sport*) scoreboard ▸ **tableau des arrivées** arrival board ▸ **tableau blanc interactif, tableau interactif** interactive whiteboard ▸ **tableau de bord** [*de voiture*] dashboard; [*d'avion, bateau*] instrument panel ▸ **tableau de chasse** [*de chasseur*] bag; [*de séducteur*] tally • **ajouter qch à son ~ de chasse** to add sth to one's list of conquests ▸ **tableau des conjugaisons** conjugation table ▸ **tableau des départs** departure board ▸ **tableau d'honneur** prize list (*Brit*), honor roll (*US*) • **être inscrit au ~ d'honneur** to appear on the prize list (*Brit*), to make the honor roll (*US*) ▸ **tableau de maître** masterpiece ▸ **tableau noir** blackboard

tablée [table] NF table • **toute la ~ éclata de rire** the whole table burst out laughing

tabler [table] /TABLE 1/ VT INDIR **~ sur qch** to count on sth

tablette [tablɛt] NF **a** (= *plaquette*) [*de chocolat*] bar; [*de chewing-gum*] stick **b** (= *rayon*) shelf; [*de secrétaire*] flap **c** (*pour écrire*) tablet **d** (*Informatique*) tablet

tabletter* [tablete] /TABLE 1/ (VT) (*Can*) ⓐ [*+ personne*] (= *placardiser*) to sideline ⓑ [*+ projet*] to shelve
tableur [tablœʀ] (NM) spreadsheet
tablier [tablije] (NM) apron; (*avec manches*) overall
tabloïd [tablɔid] (ADJ, NM) tabloid
tabou, e [tabu] (ADJ, NM) taboo
taboulé [tabule] (NM) tabbouleh
tabouret [tabuʀɛ] (NM) stool; (*pour les pieds*) footstool
tabulateur [tabylatœʀ] (NM) tabulator
tabulation [tabylasjɔ̃] (NF) tabulation • **poser des ~s** to set tabs
tac [tak] **du tac au tac** (LOC ADV) **il lui a répondu du ~ au ~ que …** he replied without missing a beat that …
tache [taʃ] 1 (NF) ⓐ (= *salissure*) stain • **~ de graisse** grease stain • **tu t'es fait une ~** you've got a mark on your shirt (*ou* dress *ou* tie *etc*) • **c'est une ~ à sa réputation** it's a stain on his reputation • **sans ~** [*vie, réputation*] spotless ⓑ (= *moucheture*) [*de fruit, peau*] mark; [*de plumage, pelage*] spot • **faire ~** [*bâtiment*] to stick out like a sore thumb ⓒ (*Peinture*) spot • **~ de couleur** patch of colour • **des ~s d'ombre çà et là** patches of shadow here and there
2 (COMP) ▸**tache d'encre** (*sur les doigts*) ink stain; (*sur le papier*) ink blot ▸**tache d'huile** oil stain • **faire ~ d'huile** to spread ▸**tache de rousseur** freckle ▸**tache de sang** bloodstain ▸**tache de vin** (*sur la peau*) strawberry mark
tâche [taʃ] (NF) task • **il a la lourde ~ de …** he has the difficult task of … • **il a pour ~ de …** his task is to …
▸ **à la tâche** [*payer*] by the piece • **ouvrier à la ~** pieceworker • **travail à la ~** piecework • **être à la ~** to be on piecework • **je ne suis pas à la ~*** I'll do it in my own good time • **mourir à la ~** to die in harness
tacher [taʃe] /TABLE 1/ 1 (VT) to stain • **taché de sang** bloodstained 2 (VPR) **se tacher** [*personne*] to get stains on one's clothes; [*nappe, tissu*] to get stained • **tissu qui se tache facilement** fabric that stains easily
tâcher [taʃe] /TABLE 1/ (VT INDIR) **~ de faire qch** to try to do sth • **tâchez de venir avant samedi** try and come before Saturday • **tâche de ne pas recommencer!*** make sure it doesn't happen again!
tacheté, e [taʃ(ə)te] (ADJ) **pelage blanc ~ de brun** white coat with brown spots
tachycardie [takikaʀdi] (NF) tachycardia
tacite [tasit] (ADJ) tacit
tacitement [tasitmɑ̃] (ADV) tacitly
taciturne [tasityʀn] (ADJ) taciturn • **c'est quelqu'un d'assez ~** he doesn't talk much
tacle [takl] (NM) tackle • **faire un ~** to make a tackle • **faire un ~ à qn** to tackle sb
tacot* [tako] (NM) (= *voiture*) jalopy*
tact [takt] (NM) tact • **avoir du ~** to be tactful • **faire qch avec ~** to do sth tactfully • **faire qch sans ~** to do sth tactlessly • **manquer de ~** to be tactless
tactile [taktil] (ADJ) tactile • **affichage ~** touch-sensitive display
tactique [taktik] 1 (ADJ) tactical 2 (NF) tactics • **changer de ~** to change one's tactics
TAD [teade] (NM) (ABR DE **travailleur à domicile**) → **travailleur**
tadjik [tadʒik] 1 (ADJ) Tajiki 2 (NM) (= *langue*) Tajiki 3 (NMF) **Tadjik** Tajik
Tadjikistan [tadʒikistɑ̃] (NM) Tajikistan
taf‡ [taf] (NM) [*de travail*] work
taffe‡ [taf] (NF) [*de cigarette*] drag*; [*de pipe*] puff
taffetas [tafta] (NM) taffeta
tag [tag] (NM) (= *graffiti*) graffiti
tagine [taʒin] (NM) tagine
tagliatelles° [taljatɛl] (NFPL) tagliatelle *NonC*
taguer [tage] /TABLE 1/ (VTI) (= *faire des graffiti*) to graffiti; (*Internet*) to tag
tagueur, -euse [tagœʀ, øz] (NM,F) tagger
Tahiti [taiti] (NF) Tahiti
tahitien, -ienne [taisjɛ̃, jɛn] 1 (ADJ) Tahitian 2 (NM,F) **Tahitien(ne)** Tahitian
tai-chi [tajtʃi] (NM) t'ai chi
taie [tɛ] (NF) **~ d'oreiller** pillowcase • **~ de traversin** bolster case
taillader [tɑjade] /TABLE 1/ 1 (VT) to slash 2 (VPR) **se taillader se ~ les poignets** to slash one's wrists
taille [tɑj] (NF) ⓐ (= *partie du corps*) waist • **avoir la ~ fine** to have a slim waist • **avoir une ~ de guêpe** to have a slender waist • **prendre qn par la ~** to put one's arm round sb's waist • **ils se tenaient par la ~** they had their arms round each other's waists • **avoir de l'eau jusqu'à la ~** to be waist-deep in water • **robe à ~ haute** high-waisted dress • **pantalon ~ basse** hipsters ⓑ (= *hauteur*) height • **ils sont de la même ~** they're the same height • **il a atteint sa ~ adulte** he's fully grown ⓒ (= *format*) size • **le paquet est de la ~ d'une boîte à chaussures** the parcel is the size of a shoebox • **les grandes ~s** large sizes • **les petites ~s** small sizes • **il ne reste plus de ~s moyennes** there are no medium sizes left • **~ 50** size 50 • **« ~ unique »** "one size fits all" • **la ~ au-dessous** the next size down • **la ~ au-dessus** the next size up • **ce pantalon n'est pas à sa ~** these trousers aren't his size • **avoir la ~ mannequin** to have a perfect figure
▸ **de petite taille** small; [*personne*] short • **homme de petite ~** short man
▸ **de grande taille** large; [*personne*] tall • **homme de grande ~** tall man
▸ **de taille moyenne** medium-sized; [*personne*] of average height • **homme de ~ moyenne** man of average height
▸ **à la taille de c'est un poste à sa ~** it's a job which matches his capabilities • **il a trouvé un adversaire à sa ~** he's met his match
▸ **de taille** [*erreur*] serious; [*objet*] sizeable; [*surprise, concession, décision*] big; [*difficulté, obstacle*] huge • **la gaffe est de ~!** it's a major blunder! • **l'enjeu est de ~** the stakes are high • **être de ~ à faire qch** to be quite capable of doing sth • **il n'est pas de ~** (*pour une tâche*) he isn't up to it; (*face à un concurrent, dans la vie*) he doesn't measure up
taillé, e [tɑje] *ptp de* **tailler** (ADJ) ⓐ (*physiquement*) **il est ~ en athlète** he's built like an athlete ⓑ (= *fait pour*) **~ pour qch** cut out for sth ⓒ (= *coupé*) **costume bien ~** well-cut suit
taille-crayon (*pl* **taille-crayons**) [tɑjkʀɛjɔ̃] (NM) pencil sharpener
tailler [tɑje] /TABLE 1/ 1 (VT) ⓐ [*+ pierre*] to cut; [*+ bois, statue*] to carve; [*+ verre*] to engrave; [*+ crayon*] to sharpen; [*+ arbre, vigne*] to prune; [*+ haie, barbe*] to trim; [*+ tissu*] to cut out • **~ qch en pointe** to cut sth to a point • **bien taillé** [*haie, moustache*] neatly trimmed; [*crayon*] well-sharpened
ⓑ [*+ vêtement*] to make • **c'est un rôle taillé à sa mesure** the role is tailor-made for him • **~ une bavette*** to have

a natter* (Brit) ou a rap* (US) • **il s'est fait ~ en pièces par les journalistes** the journalists tore him to bits • **tu vas te faire ~ un short*** you'll get flattened!*

2 (VI) ⓐ [*vêtement, marque*] ~ **petit** to be cut on the small side • ~ **grand** to be cut on the large side

ⓑ (= *couper*) ~ **dans les dépenses** to make cuts in expenditure • ~ **dans les effectifs** to make staff cuts

3 (VPR) **se tailler** ⓐ (= *se couper*) **se ~ la moustache** to trim one's moustache • **elle s'est taillé une robe dans un coupon de taffetas** she made herself a dress from a remnant of taffeta

ⓑ (= *se faire*) **se ~ une belle part de marché** to corner a large share of the market • **se ~ la part du lion** to take the lion's share • **se ~ une place** to carve out a place for o.s.

ⓒ (= *partir*)* to beat it* • **taille-toi!** beat it!* • **allez, on se taille!** come on, let's be off!* • **il est onze heures, je me taille** it's eleven o'clock, I'm off* • **j'ai envie de me ~ de cette boîte** I want to get out of this place

tailleur [tajœʀ] 1 (NM) ⓐ (= *costume*) suit • **un ~ Chanel** a Chanel suit

ⓑ (= *couturier*) tailor • ~ **pour dames** ladies' tailor

▸ **en tailleur** [*assis, s'asseoir*] cross-legged

2 (COMP) ▸ **tailleur-pantalon** trouser suit (Brit), pantsuit (US)

taillis [taji] (NM) copse • **dans les ~** in the copse

tain [tɛ̃] (NM) [*de miroir*] silvering • **glace sans ~** two-way mirror

taire [tɛʀ] /TABLE 54/ 1 (VT) (= *passer sous silence*) to keep silent about • **une personne dont je tairai le nom** someone who shall remain nameless

2 (VI) **faire ~** [+ *témoin, opposition, récriminations*] to silence; [+ *craintes, désirs*] to suppress; [+ *scrupules, réticences*] to overcome • **fais ~ les enfants** make the children keep quiet

3 (VPR) **se taire** ⓐ (= *être silencieux*) [*personne*] to be quiet • **taisez-vous!** be quiet! • **ils ne voulaient pas se ~** they wouldn't stop talking • **les convives se sont tus** the guests stopped talking

ⓑ (= *s'abstenir de s'exprimer*) to keep quiet • **dans ces cas il vaut mieux se ~** in such cases it's best to keep quiet • **il sait se ~** he can keep a secret • **tais-toi!*** (= *ne m'en parle pas*) don't talk to me about it!

taiseux, -euse* [tɛzø, øz] 1 (ADJ) quiet 2 (NM,F) quiet person • **c'est un grand ~** he's a man of few words

Taïwan [tajwan] (N) Taiwan

taïwanais, e [tajwanɛ, ɛz] 1 (ADJ) Taiwanese 2 (NM,F) **Taïwanais(e)** Taiwanese

tajine [taʒin] (NM) tagine

talc [talk] (NM) [*de toilette*] talc

talent [talɑ̃] (NM) ⓐ (= *don*) talent • **ses ~s d'imitateur** his talents as an impressionist • **avoir du ~** to be talented • **avoir beaucoup de ~** to have a great deal of talent • **auteur de ~** talented author ⓑ (= *personnes*) **encourager les jeunes ~s** to encourage young talent

talentueux, -euse [talɑ̃tɥø, øz] (ADJ) talented

taliban [talibɑ̃] 1 (ADJ) Taliban 2 (NM) **Taliban** Taliban • **les Taliban** the Taliban

talisman [talismɑ̃] (NM) talisman

talkie-walkie (pl **talkies-walkies**) [tokiwoki] (NM) walkie-talkie

taloche* [talɔʃ] (NF) (= *gifle*) slap • **flanquer une ~ à qn** to slap sb

talon [talɔ̃] 1 (NM) ⓐ [*de pied, chaussure, jambon, pain*] heel • **être sur les ~s de qn** to be hot on sb's heels ⓑ [*de chèque, carnet à souche*] stub 2 (COMP) ▸ **talon d'Achille** Achilles heel ▸ **talons aiguilles** stiletto heels ▸ **talons hauts** high heels • **des chaussures à ~s hauts** high-heeled shoes ▸ **talons plats** flat heels • **chaussures à ~s plats** flat shoes

talonnade [talɔnad] (NF) (Rugby) heel; (Football) back-heel

talonner [talɔne] /TABLE 1/ (VT) ⓐ [+ *fugitifs, coureurs*] to be close behind • **talonné par qn** hotly pursued by sb • **les socialistes sont talonnés par les écologistes** the Greens are hot on the heels of the Socialists ⓑ (Rugby) ~ **le ballon** to heel the ball

talonnette [talɔnɛt] (NF) [*de chaussure*] heelpiece

talonneur, -euse [talɔnœʀ, øz] (NM,F) (Rugby) hooker

talus [taly] (NM) embankment

tamanoir [tamanwaʀ] (NM) anteater

tamaris [tamaʀis] (NM) tamarisk

tambouille* [tɑ̃buj] (NF) (= *nourriture*) grub* • **faire la ~** to cook the grub*

tambour [tɑ̃buʀ] (NM) ⓐ (= *instrument de musique*) drum ⓑ (= *porte*) tambour; (*à tourniquet*) revolving door ⓒ (= *cylindre*) drum; [*de moulinet*] spool

tambourin [tɑ̃buʀɛ̃] (NM) (= *tambour de basque*) tambourine; (= *tambour haut et étroit*) tambourin

tambouriner [tɑ̃buʀine] /TABLE 1/ (VI) (*avec les doigts*) to drum • ~ **sur** to drum one's fingers on • ~ **à la porte** to hammer at the door

tamis [tami] (NM) sieve; (*à sable*) riddle; [*de raquette*] (= *surface*) head; (= *cordage*) strings • **passer au ~** [+ *farine, plâtre*] to sieve • **raquette grand ~** large-headed racket

Tamise [tamiz] (NF) **la ~** the Thames

tamiser [tamize] /TABLE 1/ (VT) ⓐ [+ *farine, plâtre*] to sieve; [+ *sable*] to riddle • **farine tamisée** sifted flour ⓑ [+ *lumière*] to filter • **lumière tamisée** subdued lighting

tampon [tɑ̃pɔ̃] 1 (NM) ⓐ (*pour boucher*) stopper; (*en bois*) bung; (*en coton*) plug; (*pour étendre un liquide, un vernis*) pad • **servir de ~ entre deux personnes** to act as a buffer between two people ⓑ (*pour règles*) tampon; (*pour nettoyer une plaie*) swab ⓒ (*pour timbrer*) stamp • **le ~ de la poste** the postmark • **mettre un ~ sur qch** to stamp sth

2 (ADJ INV) **zone ~** buffer zone • **mémoire ~** buffer memory

3 (COMP) ▸ **tampon buvard** blotter ▸ **tampon encreur** inking-pad ▸ **tampon hygiénique** tampon ▸ **tampon Jex** ® Brillo pad ® ▸ **tampon à récurer** scouring pad

tamponner [tɑ̃pɔne] /TABLE 1/ 1 (VT) ⓐ (= *essuyer*) to dab; [+ *plaie*] to swab; [+ *front*] to mop ⓑ (= *heurter*) to crash into ⓒ (*avec un timbre*) to stamp 2 (VPR) **se tamponner** ⓐ (= *s'essuyer*) [+ *yeux*] to dab; [+ *front*] to mop • **se ~ le visage avec un coton** to dab one's face with a piece of cotton wool ⓑ (= *se heurter*) (*accident*) to crash into each other; (*exprès*) to ram each other • **je m'en tamponne*** I don't give a damn*

tam-tam○ (pl **tam-tams**) [tamtam] (NM) (= *tambour*) tomtom

Tancarville ® [tɑ̃kaʀvil] (NM) airer, clothes horse

tandem [tɑ̃dɛm] (NM) ⓐ (= *bicyclette*) tandem ⓑ (= *duo*) pair • **travailler en ~** to work in tandem

tandis [tɑ̃di] (ADV) ~ **que** (*simultanéité*) while; (*contraste, opposition*) whereas

tangage [tɑ̃gaʒ] (NM) [*de navire, avion*] pitching • **il y a du ~** (*sur bateau*) the boat's pitching

t

tangent, e [tɑ̃ʒɑ̃, ɑ̃t] 1 (ADJ) ⓐ *(Math)* tangential (à to) ⓑ *(= juste)** close • **on est passé mais c'était ~** we made it but it was a close thing • **il était ~** he was a borderline case • **il a eu son examen mais c'était ~** he passed his exam by the skin of his teeth 2 (NF) **tangente** tangent • **prendre la ~e*** *(= partir)* to make o.s. scarce; *(= éluder)* to dodge the issue

Tanger [tɑ̃ʒe] (N) Tangier

tangible [tɑ̃ʒibl] (ADJ) tangible

tango [tɑ̃go] (NM) ⓐ *(= danse)* tango • **danser le ~** to do the tango ⓑ *(= boisson) beer with pink syrup*

tanguer [tɑ̃ge] /TABLE 1/ (VI) ⓐ *[navire, avion]* to pitch • **tout tanguait autour de lui** *(dans une pièce)* the room was spinning ⓑ *(= tituber)* to reel

tanière [tanjɛʀ] (NF) *[d'animal]* den; *[de malfaiteur]* lair; *[de solitaire]* hideaway

tanin [tanɛ̃] (NM) tannin

tank [tɑ̃k] (NM) tank

tanker [tɑ̃kœʀ] (NM) tanker

tannant, e* [tanɑ̃, ɑ̃t] (ADJ) *(= agaçant)* maddening* • **il est ~ avec ses remarques idiotes** his stupid remarks are enough to drive you mad*

tanner [tane] /TABLE 1/ (VT) ⓐ *[+ cuir]* to tan; *[+ visage]* to weather • **visage tanné** weather-beaten face ⓑ *(= harceler)** **~ qn** to pester sb; *(= ennuyer)** to drive sb mad* • **ça fait des semaines qu'il me tanne pour aller voir ce film** he's been pestering me for weeks to go and see that film

---

tant [tɑ̃] ADVERBE

ⓐ *(= tellement)* *(avec verbe)* so much; *(avec adjectif, participe)* so • **il l'aime ~ !** he loves her so much! • **tu m'en diras ~ !** really! • **cet enfant ~ désiré** this child they had longed for so much • **le jour ~ attendu arriva** the long-awaited day arrived

▸ **tant de** *(singulier)* so much; *(pluriel)* so many • **fait avec ~ d'habileté** done with so much skill • **il y avait ~ de brouillard qu'il s'est perdu** it was so foggy that he got lost • **~ de fois** so many times • **comme ~ d'autres** like so many others • **elle a ~ de sensibilité** she's so sensitive

ⓑ *(quantité non précisée)* so much • **gagner ~ par mois** to earn so much a month

ⓒ *(= autant)* **les enfants, ~ filles que garçons** the children, both girls and boys • **ses œuvres ~ politiques que lyriques** both his political and his poetic works • **il criait ~ qu'il pouvait** he shouted as loud as he could

▸ **tant que ça ~ que ça ?** as much as that? • **pas ~ que ça** not that much • **tu la paies ~ que ça ?** do you pay her as much as that? • **je ne l'ai pas vu ~ que ça pendant l'été** I didn't see him that much during the summer

ⓓ *(locutions)*

▸ **tant il est vrai que il sera difficile de sauver l'entreprise, ~ il est vrai que sa situation financière est désastreuse** the financial situation is so disastrous that it will be difficult to save the company

▸ **tant et si bien que** so much so that

▸ **tant bien que mal ils essaient ~ bien que mal de conserver leur emploi** they're doing their best to keep their jobs • **la plupart survivent ~ bien que mal avec leurs économies** most of them manage to get by on their savings

▸ **tant mieux** *(= à la bonne heure)* good; *(avec une certaine réserve)* so much the better • **~ mieux pour lui** good for him

▸ **tant pis** that's just too bad • **~ pis pour lui** that's just too bad for him • **je ne peux pas venir — ~ pis pour toi !** I can't come — that's your loss!

▸ **tant que** *(= aussi longtemps que)* as long as; *(= pendant que)* while • **~ qu'elle aura de la fièvre, elle restera au lit** as long as she has a temperature she'll stay in bed • **~ que tu n'auras pas fini tes devoirs, tu resteras à la maison** you can't go out until you've finished your homework • **~ qu'on a la santé!*** as long as you've got your health! • (PROV) **~ qu'il y a de la vie, il y a de l'espoir** where there's life, there's hope (PROV) • **~ que tu y es, achète aussi du pain** while you are at it, buy some bread as well • **je veux une moto — pourquoi pas une voiture ~ que tu y es !*** I want a motorbike — why not a car while you're at it!*

▸ **tant qu'à faire ~ qu'à faire, allons-y maintenant** we might as well go now • **j'aurais préféré être beau et riche, ~ qu'à faire** I would have preferred to have been handsome and rich for that matter • **~ qu'à faire, faites-le bien** if you're going to do it, do it properly

▸ **en tant que** *(= comme)* as • **en ~ qu'ami de la famille** as a family friend • **en ~ que tel** as such

---

tante [tɑ̃t] (NF) ⓐ *(= parente)* aunt ⓑ *(= homosexuel)‡* queer‡ *(injurieux)*

tantine* [tɑ̃tin] (NF) *(langage enfantin)* auntie*

tantinet* [tɑ̃tinɛ] (NM) **un ~ ridicule** a tiny bit ridiculous

tantôt [tɑ̃to] (ADV) ⓐ *(= parfois)* **~ à pied, ~ en voiture** sometimes on foot, sometimes by car ⓑ *(= cet après-midi)* this afternoon

Tanzanie [tɑ̃zani] (NF) Tanzania

tanzanien, -ienne [tɑ̃zanjɛ̃, jɛn] 1 (ADJ) Tanzanian 2 (NM,F) **Tanzanien(ne)** Tanzanian

taoïsme [taoism] (NM) Taoism

taoïste [taoist] (ADJ, NM,F) Taoist

taon [tɑ̃] (NM) horsefly

tapage [tapaʒ] 1 (NM) ⓐ *(= vacarme)* row • **faire du ~** to kick up* a row ⓑ *(= battage)* fuss • **ils ont fait un tel ~ autour de cette affaire que ...** they made such a fuss about this that ... 2 (COMP) ▸ **tapage nocturne** disturbance *(at night)*

tapant, e [tapɑ̃, ɑ̃t] (ADJ) **à 8 heures ~es** at 8 o'clock sharp

tape [tap] (NF) *(= coup)* slap • **il m'a donné une grande ~ dans le dos** he slapped me hard on the back • **petite ~ amicale** friendly little tap

tape-à-l'œil [tapalœj] (ADJ INV) *[décoration, vêtements]* flashy

tapées‡ [tape] (NFPL) **des ~ de** loads of*

taper [tape] /TABLE 1/ 1 (VT) ⓐ *(= frapper)* *[+ enfant]* to slap; *[+ tapis]* to beat • **~ un coup à la porte** to knock once at the door

ⓑ *(à la machine, sur un ordinateur)* to type • **tapé à la machine** typed • **tapez 36 15** type in 36 15

ⓒ *(= demander de l'argent à)** **il tape tous ses collègues** he scrounges* off all his colleagues • **~ qn de 500 €** to scrounge* 500 euros off sb

2 (VI) ⓐ *(= frapper)* **~ sur un clou** to hit a nail • **~ sur la table** to bang on the table • **~ sur qn*** to thump sb; *(= dire du mal de qn)* to bad-mouth sb* • **~ sur la gueule de qn‡** to

belt sb⁑ • ~ **à la porte** to knock on the door • ~ **dans un ballon** to kick a ball about • **ça tape fort aujourd'hui !*** (*soleil*) it's scorching hot today!
ⓑ (*à la machine, sur un ordinateur*) to type • **apprendre à ~ à la machine** to learn to type • **tape sur la touche «Retour»** hit "Return"
ⓒ (*locutions*) **se faire ~ sur les doigts*** to be rapped over the knuckles • ~ **sur les nerfs** *ou* **le système de qn*** to get on sb's nerves*
▸ **taper dans*** [+ *provisions, caisse*] to dig into*
▸ **taper dans l'œil de qn*** to take sb's fancy* • **elle lui a tapé dans l'œil*** he took a fancy to her
▸ **taper dans le tas*** (*bagarre*) to pitch into the crowd
3 VPR **se taper** ⓐ (= *se frapper*) **c'est à se ~ la tête contre les murs** it's enough to drive you up the wall*
ⓑ (= *prendre, faire*)⁑ [+ *repas*] to put away*; [+ *corvée, importun*] to get landed with* • **on s'est tapé les 10 km à pied** we did the whole 10 km on foot • **se ~ qn** (*sexuellement*) to have it off with sb⁑ • **il s'en tape complètement*** he couldn't give a damn⁑

tapette [tapɛt] NF ⓐ (*pour tapis*) carpet beater; (*pour mouches*) flyswatter ⓑ (*pour souris*) mousetrap ⓒ (= *homosexuel*)⁑ queer⁑ (*injurieux*)

tapioca [tapjɔka] NM tapioca

tapir (se) [tapiʀ] /TABLE 2/ VPR (= *se blottir*) to crouch; (= *se cacher*) to hide away; (= *s'embusquer*) to lurk • **une maison tapie au fond de la vallée** a house hidden away at the bottom of the valley

tapis [tapi] 1 NM ⓐ [*de sol*] carpet; (*petit*) rug; (= *natte*) mat; (*dans un gymnase*) mat • **aller au ~** [*boxeur*] to go down for the count • **envoyer qn au ~** to floor sb • ~ **de neige** carpet of snow ⓑ [*de table de jeu*] covering
2 COMP ▸ **tapis de bain** bathmat ▸ **tapis rouge** red carpet • **dérouler le ~ rouge** to roll out the red carpet ▸ **tapis roulant** (*pour colis, marchandises*) conveyor belt; (*pour piétons*) moving walkway; (*pour bagages*) carousel ▸ **tapis de selle** saddlecloth ▸ **tapis de sol** (*Camping*) groundsheet; (*Gym*) exercise mat ▸ **tapis de souris** (*Informatique*) mouse mat ▸ **tapis volant** flying carpet

tapis-brosse (*pl* **tapis-brosses**) [tapibʀɔs] NM doormat

tapissé, e [tapise] *ptp de* **tapisser** ADJ ~ **de** covered with • **mur ~ de photos** wall covered with photos • **murs ~s de livres** walls lined with books • ~ **de neige** [*sol*] carpeted with snow

tapisser [tapise] /TABLE 1/ VT ⓐ (*de papier peint*) to paper ⓑ (= *recouvrir*) to cover; [+ *plat, moule*] to line • ~ **un mur de photos** to cover a wall with photos

tapisserie [tapisʀi] NF ⓐ (= *tenture, broderie*) tapestry; (= *papier peint*) wallpaper • **fauteuil recouvert de ~** tapestry armchair • **faire ~** [*danseur*] to be a wallflower ⓑ (= *activité*) tapestry work • **faire de la ~** to do tapestry work

tapissier, -ière [tapisje, jɛʀ] NM,F (= *fabricant*) tapestry-maker; (= *commerçant*) upholsterer ▸ **tapissier-décorateur** interior decorator

tapoter [tapɔte] /TABLE 1/ 1 VT [+ *baromètre*] to tap; [+ *joue*] to pat • ~ **sa cigarette pour faire tomber la cendre** to flick the ash off one's cigarette 2 VI ~ **sur** to tap on; (*nerveusement*) to drum one's fingers on • ~ **sur un clavier** to tap away at a keyboard

taquet [takɛ] NM (= *cale*) wedge; (= *cheville*) peg • **être au ~*** to be going flat out* ▸ **taquet de tabulation** tab stop

taquin, e [takɛ̃, in] ADJ teasing *épith* • **il est très ~** he's a real tease

taquiner [takine] /TABLE 1/ 1 VT ⓐ [*personne*] to tease ⓑ [*fait, douleur*] to bother 2 VPR **se taquiner** to tease each other • **ils n'arrêtent pas de se ~** they're always teasing each other

taquinerie [takinʀi] NF teasing *NonC* • **agacé par ses ~s** annoyed by his teasing

tarabiscoté, e [taʀabiskɔte] ADJ [*meuble, style*] overornate; [*explication*] involved

tarabuster [taʀabyste] /TABLE 1/ VT ⓐ [*personne*] to pester • **il m'a tarabusté pour que j'y aille** he pestered me to go ⓑ [*fait, idée*] to bother

tarama [taʀama] NM taramasalata

tard [taʀ] 1 ADV late • **il est ~** it's late • **il se fait ~** it's getting late • **se coucher ~** to go to bed late • **travailler ~ dans la nuit** to work late into the night • **c'est un peu ~ pour t'excuser** it's a bit late in the day to apologize
▸ **plus tard** later • **remettre qch à plus ~** to put sth off • **pas plus ~ qu'hier** only yesterday
▸ **au plus tard** at the latest • **il vous faut arriver jeudi au plus ~** you must be there by Thursday at the latest
2 NM **sur le ~** (*dans la vie*) late in life

tarder [taʀde] /TABLE 1/ VI ⓐ (= *traîner*) to delay • ~ **à entreprendre qch** to delay starting sth • **ne tardez pas** don't delay • **sans ~** without delay • **sans plus ~** without further delay
ⓑ (= *être lent à venir*) **sa réponse a trop tardé** he was too slow in replying • **ça n'a pas tardé** it wasn't long in coming • **leur réaction ne va pas ~** they won't take long to react • **il est 2 heures : ils ne vont pas ~** it's 2 o'clock - they won't be long now • **il n'a pas tardé à s'en apercevoir** it didn't take him long to notice

tardif, -ive [taʀdif, iv] ADJ late; [*regrets, remords*] belated • **rentrer à une heure tardive** to come home late at night • **cette prise de conscience a été tardive** this realization was slow in coming

tardivement [taʀdivmɑ̃] ADV (= *à une heure tardive*) late; (= *après coup, trop tard*) belatedly

tare [taʀ] NF defect • ~ **héréditaire** hereditary defect • **ce n'est pas une ~ !** it's not a sin!

taré, e* [taʀe] 1 ADJ crazy 2 NM,F **regardez-moi ce ~*** look at that cretin*

tarentule [taʀɑ̃tyl] NF tarantula

targette [taʀʒɛt] NF (= *verrou*) bolt

targuer (se) [taʀge] /TABLE 1/ VPR (= *se vanter*) **se targuer de qch** to boast about sth • **se targuer d'avoir fait qch** to pride o.s. on having done sth

tarif [taʀif] 1 NM ⓐ (= *tableau*) price list • **le ~ des consommations** the price list for drinks
ⓑ (= *prix*) rate; (*Transports*) fare • **le ~ postal pour l'étranger** overseas postage rates • **le ~ des taxis** taxi fares • **payé au ~ syndical** paid according to union rates • **quels sont vos ~s ?** how much do you charge? • **voyager à plein ~** to travel full fare • **billet plein ~** (*Transports*) full-fare ticket; (*Ciné, Théât*) full-price ticket • **envoyer une lettre au ~ économique** ≈ to send a letter second class • **deux mois de prison, c'est le ~ !*** two months' prison is what you get!
2 COMP ▸ **tarif de base** basic rate ▸ **tarif dégressif** sliding scale of charges ▸ **tarif étudiant** (*pour transports*) student fare; (*pour loisirs*) student concession ▸ **tarif jeunes** (*pour transports*) youth fare ▸ **tarif de nuit**

t

off-peak rate ▸**tarif réduit** *(Transports)* reduced fare; *(Ciné, Théât)* reduced price • **« ~s réduits pour étudiants »** "special prices for students" • **billet à ~ réduit** reduced-price ticket

tarification [taʀifikasjɔ̃] NF *(= prix)* prices • **nouvelle ~ à compter du 23 mai** new prices as of 23 May

tarir [taʀiʀ] /TABLE 2/ **1** VI (a) *[source]* to dry up (b) *[personne]* **il ne tarit pas sur ce sujet** he can't stop talking about it • **il ne tarit pas d'éloges sur elle** he can't stop singing her praises **2** VPR **se tarir** *[source]* to dry up

tarot [taʀo] NM tarot

Tartan® [taʀtɑ̃] NM *(= revêtement)* Tartan®; *(= piste)* tartan track

tartan [taʀtɑ̃] NM *(= tissu)* tartan

tarte [taʀt] **1** NF (a) *(= pâtisserie)* tart • **c'est pas de la ~*** it's not a walk in the park (b) *(= gifle)** slap • **elle lui a filé une ~** she slapped him in the face **2** ADJ INV * frumpy • **j'ai l'air ~ dans cette robe** I look a frump in this dress **3** COMP ▸**tarte à la crème** cream tart ▸**tarte aux pommes** apple tart ▸**tarte fine** *tart with a thin pastry base* ▸**tarte Tatin** tarte Tatin *(upside-down apple tart)*

tartelette [taʀtəlɛt] NF tartlet

tartinade [taʀtinad] NF *(Can)* spread

tartine [taʀtin] NF *[de pain]* piece of bread; *(beurrée)* piece of bread and butter; *(à la confiture)* piece of bread and jam • **le matin, on mange des ~s** in the morning we have bread and jam • **tu as déjà mangé trois ~s, ça suffit** you've already had three pieces of bread, that's enough • **~ grillée** piece of toast • **il en a mis une ~*** he wrote reams

tartiner [taʀtine] /TABLE 1/ VT to spread • **~ un petit pain de miel** to spread a roll with honey • **fromage à ~** cheese spread • **il en a tartiné plusieurs pages*** he went on about it for several pages

tartre [taʀtʀ] NM *[de dents, tonneau]* tartar; *[de chaudière, bouilloire]* scale

tas [tɑ] **1** NM pile • **mettre en ~** to put in a pile • **~ de crétins !*** you bunch of idiots!*

▸**un tas de, des tas de*** *(= beaucoup de)* loads of* • **il connaît un ~ de choses** he knows loads* of things • **il connaît un ~ de gens** he knows loads* of people • **il y avait tout un ~ de gens** there was a whole load* of people there • **j'ai appris des ~ de choses sur lui** I found out a lot about him • **il m'a raconté un ~ de mensonges** he told me a load* of lies

▸**dans le tas tirer dans le ~*** to fire into the crowd • **foncer dans le ~*** to charge in • **dans le ~, tu trouveras bien un stylo qui marche** you'll find one pen that works • **j'ai acheté des cerises, tape dans le ~*** I've bought some cherries so dig in*

▸**sur le tas** *(= par la pratique)* **apprendre un métier sur le ~** to learn a trade as one goes along • **il s'est formé sur le ~** he was trained on the job • **formation sur le ~** on-the-job training

2 COMP ▸**tas de ferraille** scrapheap • **cette voiture est un vrai ~ de ferraille*** that car's only fit for the scrapheap ▸**tas de fumier** dung heap ▸**tas d'ordures** rubbish *(Brit)* ou garbage *(US)* heap

Tasmanie [tasmani] NF Tasmania

tasmanien, -ienne [tasmanjɛ̃, jɛn] ADJ Tasmanian

tasse [tɑs] NF cup • **~ de thé** cup of tea • **ce n'est pas ma ~ de thé** it's not my cup of tea ▸**tasse à café** coffee cup ▸**tasse à thé** teacup

tassé, e [tɑse] *ptp de* **tasser** ADJ (a) **tassés** *(= serrés)* *[spectateurs, passagers]* packed tight (b) ▸**bien tassé*** *[whisky]* stiff • **café bien ~** good strong coffee • **trois kilos bien ~s** a good three kilos • **il a 50 ans bien ~s** he's well over fifty

tassement [tɑsmɑ̃] NM (a) **~ de la colonne vertébrale** compression of the spine (b) *(= diminution)* **le ~ des voix en faveur du candidat** the drop in votes for the candidate • **un ~ de l'activité économique** a downturn in economic activity

tasser [tɑse] /TABLE 1/ **1** VT *(= comprimer)* *[+ sol, neige]* to pack down; *[+ foin, paille]* to pack • **~ des vêtements dans une valise** to cram clothes into a suitcase • **~ le contenu d'une valise** to squash down the contents of a suitcase • **~ des prisonniers dans un camion** to cram prisoners into a truck

2 VPR **se tasser** (a) *(= s'affaisser)* *[terrain]* to subside; *[vieillard, corps]* to shrink; *[demande]* to slow down (b) *(= se serrer)* to bunch up • **on s'est tassé à dix dans la voiture** ten of us crammed into the car • **tassez-vous, il y a encore de la place** squeeze up, there's still room (c) *(= s'arranger)** to settle down • **ne vous en faites pas, ça va se ~** don't worry - things will settle down

tata* [tata] NF *(= tante)* auntie*

tâter [tɑte] /TABLE 1/ **1** VT *(= palper)* to feel • **marcher en tâtant les murs** to feel one's way along the walls • **~ le terrain** to find out how the land lies **2** VPR **se tâter** (a) *(après une chute)* to feel o.s. *(for injuries)*; *(pensant avoir perdu qch)* to pat one's pockets (b) *(= hésiter)** to hesitate • **viendras-tu ? — je ne sais pas, je me tâte** are you coming? — I don't know, I haven't made up my mind

tati* [tati] NF *(langage enfantin)* auntie*

tatillon, -onne [tatijɔ̃, ɔn] ADJ finicky

tâtonnement [tɑtɔnmɑ̃] NM **après bien des ~s** after a lot of trial and error • **procéder par ~s** to proceed by trial and error

tâtonner [tɑtɔne] /TABLE 1/ VI to grope around; *(pour se diriger)* to feel one's way along

tâtons [tɑtɔ̃] **à tâtons** LOC ADV **avancer à ~** to feel one's way along • **chercher qch à ~** to grope around for sth

tatou [tatu] NM armadillo

tatouage [tatwaʒ] NM *(= dessin)* tattoo

tatouer [tatwe] /TABLE 1/ VT to tattoo • **se faire ~ le dos** to have one's back tattooed

taudis [todi] **1** NM *(= logement)* hovel • **ta chambre est un vrai ~** your room's a real pigsty **2** NMPL **des taudis** slums

taulard, -arde‡ [tolaʀ, aʀd] NM,F convict

taule‡ [tol] NF *(= prison)* jail • **être en ~** to be inside* • **aller en ~** to go to jail • **mettre qn en ~** to put sb in jail • **il a fait de la ~** he's done time*

taupe [top] NF (a) *(= animal, espion)* mole (b) *(= classe)** *advanced maths class preparing for the grandes écoles* → GRANDES ÉCOLES

taupinière [topinjɛʀ] NF *(= tas)* molehill; *(= terrier)* mole tunnel

taureau *(pl* **taureaux***)* [tɔʀo] NM (a) *(= animal)* bull • **~ de combat** fighting bull • **prendre le ~ par les cornes** to take the bull by the horns (b) *(= signe)* **le Taureau** Taurus • **il est Taureau** he's a Taurus

tauromachie [tɔʀɔmaʃi] NF bullfighting

taux [to] NM rate • **prêt à ~ zéro** interest-free loan ▸**taux d'audience** audience figures ▸**taux de change**

exchange rate ▸ **taux de chômage** unemployment rate ▸ **taux de conversion** (*en webmarketing*) conversion rate ▸ **taux d'écoute** audience figures ▸ **taux de fréquentation** (*Ciné*) box office figures ▸ **taux d'intérêt** interest rate ▸ **taux de pollution** level of pollution ▸ **taux de radioactivité** level of radioactivity ▸ **taux de réussite** (*à un examen*) pass rate ▸ **taux de TVA** VAT rate

taverne [tavɛʀn] NF tavern

taxation [taksasjɔ̃] NF (= *imposition*) tax

taxe [taks] NF tax; (*à la douane*) duty • **hors ~s** [*boutique, article*] duty-free; (*sur facture*) exclusive of VAT; [*prix*] before tax *attrib* ▸ **taxe carbone** carbon tax ▸ **taxe écologique** ecotax ▸ **taxe d'habitation** *local tax paid by residents*, ≈ council tax (*Brit*) ▸ **taxe intérieure sur les produits pétroliers** fuel tax ▸ **taxe de séjour** tourist tax ▸ **taxes d'aéroport** airport taxes ▸ **taxe sur la valeur ajoutée** value-added (*Brit*) *ou* sales (*US*) tax →IMPÔTS

taxer [takse] /TABLE 1/ VT ⓐ (= *imposer*) [+ *marchandises, service*] to tax; (*à la douane*) to impose duty on • **produits taxés à 5,5%** products taxed at 5.5% ⓑ (= *prendre*)* to pinch* • **je peux te ~ une cigarette?** can I pinch* a cigarette? • **il m'a taxé 100 €** he got 100 euros out of me* ⓒ **~ qn de qch** (= *accuser*) to accuse sb of sth; (= *qualifier*) to call sb sth • **on l'a taxé de xénophobie** he was accused of xenophobia

taxi [taksi] NM ⓐ (= *voiture*) taxi ⓑ (= *chauffeur*)* taxi driver • **j'en ai assez de faire le ~** I'm fed up* driving everyone around

TB (ABR DE **très bien**) VG

TBI [tebei] NM (ABR DE **tableau blanc interactif**) interactive whiteboard

TCA [tesea] NM (ABR DE **trouble du comportement alimentaire**) eating disorder

Tchad [tʃad] NM Chad

tchadien, -ienne [tʃadjɛ̃, jɛn] 1 ADJ Chad 2 NM,F **Tchadien(ne)** Chad

tchador [tʃadɔʀ] NM chador

tchao [tʃao] EXCL ciao!

tchatche* [tʃatʃ] NF **avoir la ~** to have the gift of the gab*

tchèque [tʃɛk] 1 ADJ Czech • **la République ~** the Czech Republic 2 NM (= *langue*) Czech 3 NMF **Tchèque** Czech

Tchéquie [tʃeki] NF **la ~** the Czech Republic

Tchétchénie [tʃetʃeni] NF Chechnya

tchin-tchin° * [tʃintʃin] EXCL cheers!

TD [tede] NM (ABR DE **travaux dirigés**) tutorial

TDAH [tedeaaʃ] NM (ABR DE **trouble de déficit de l'attention avec ou sans hyperactivité**) ADHD

te [tə] PRON PERS ⓐ (*objet*) you • **il t'aime** he loves you • **te l'a-t-il dit?** did he tell you? ⓑ (*réfléchi*) yourself • **tu t'es fait mal?** did you hurt yourself? • **comment te sens-tu?** how do you feel? • **va te laver les dents** go and brush your teeth

technicien, -ienne [tɛknisjɛ̃, jɛn] NM,F technician • **~ en électronique** electronics engineer ▸ **technicien de surface** cleaning operative

technico-commercial°, **e** (*mpl* **technico-commerciaux**) [tɛknikokɔmɛʀsjal, jo] ADJ, NM,F **agent ~** technical salesman • **ingénieur ~** sales engineer

technicolor® [tɛknikɔlɔʀ] NM Technicolor® • **en ~** in Technicolor

technique [tɛknik] 1 ADJ technical • **il a fait une formation ~** he did a technical training course → **chômage** 2 NF ⓐ (= *méthode*) technique • **il n'a pas la ~*** he hasn't got the right technique ⓑ (= *technologie*) **la ~** technology 3 NM (= *enseignement*) technical training • **il est professeur dans le ~** he's a technical teacher

techniquement [tɛknikmɑ̃] ADV technically

techno [tɛkno] 1 ADJ **la musique ~** techno 2 NF ⓐ (= *technologie*)* technology ⓑ (= *musique*) techno

technocrate [tɛknɔkʀat] NMF technocrat

technologie [tɛknɔlɔʒi] NF technology • **~(s) de l'information** information technology, infotech* • **la haute ~** high technology

technologique [tɛknɔlɔʒik] ADJ technological

technophile [tɛknofil] NMF technophile

technopole [tɛknɔpɔl] NF hub town for science and technology

technopôle [tɛknopol] NM science and technology park

teck [tɛk] NM teak

teckel [tekɛl] NM dachshund

tectonique [tɛktɔnik] 1 ADJ tectonic 2 NF tectonics *sg*

tee [ti] NM tee • **partir du ~** to tee off

tee-shirt [tiʃœʀt] NM T-shirt

Téhéran [teeʀɑ̃] N Teheran

teigne [tɛɲ] NF ⓐ (= *papillon*) moth ⓑ (= *homme*) rat*; (= *femme*) cow*

teigneux, -euse [tɛɲø, øz] ADJ **il est ~** (= *acariâtre*) he's a misery guts*

teindre [tɛ̃dʀ] /TABLE 52/ 1 VT to dye 2 VPR **se teindre** **se ~ les cheveux** to dye one's hair

teint, e [tɛ̃, tɛ̃t] *ptp de* **teindre** 1 ADJ [*cheveux, laine*] dyed • **elle est ~e** her hair is dyed 2 NM ⓐ [*de peau*] complexion; (*momentané*) colour (*Brit*), color (*US*) • **avoir le ~ frais** to be looking well ⓑ [*de tissu*] **grand ~** [*couleur*] fast; [*tissu*] colourfast (*Brit*), colorfast (*US*) 3 NF **teinte** (= *nuance*) shade; (= *couleur*) colour (*Brit*), color (*US*)

teinté, e [tɛ̃te] *ptp de* **teinter** ADJ [*bois*] stained; [*verre*] tinted • **discours ~ de racisme** speech tinged with racism

teinter [tɛ̃te] /TABLE 1/ VT [+ *papier, verre*] to tint; [+ *meuble, bois*] to stain

teinture [tɛ̃tyʀ] NF ⓐ (= *colorant*) dye ⓑ (= *action*) dyeing ⓒ (= *médicament*) **~ d'iode** tincture of iodine

teinturerie [tɛ̃tyʀʀi] NF (= *magasin*) dry cleaner's

teinturier, -ière [tɛ̃tyʀje, jɛʀ] NM,F (*qui nettoie*) dry cleaner

tel, telle [tɛl] ADJ ⓐ (*similitude*) such • (PROV) **~ père, ~ fils** like father like son • **as-tu jamais rien vu de ~?** have you ever seen such a thing? • **telles furent ses dernières paroles** those were his last words • **il est le patron, en tant que ~ il aurait dû agir** he is the boss and as such he ought to have taken action

▸ **un tel, une telle** such a • **on n'a jamais vu une telle cohue** you've never seen such a crush • **c'est une telle joie de l'entendre!** it's such a joy to hear him! • **une telle ignorance est inexcusable** such ignorance is inexcusable

▸ **tel que** like • **un homme ~ que lui doit comprendre** a man like him must understand • **les métaux ~s que l'or, l'argent et le platine** metals like gold, silver and platinum • **~ que je le connais, il ne viendra pas** if I know him, he won't come • **~ que vous me voyez, je**

t

reviens d'Afrique I'm just back from Africa • **restez ~ que vous êtes** stay just as you are • **là il se montre ~ qu'il est** now he's showing himself as he really is • **il m'a dit : « sortez d'ici ou je vous sors », ~ que !*** he said to me "get out of here or I'll throw you out" - just like that!

▸ **tel quel, telle quelle*** **il a acheté la maison telle quelle** he bought the house just as it was • **laissez tous ces dossiers ~s quels** leave all those files as they are

ⓑ (*avec conséquence*) **de telle manière** in such a way • **ils ont eu de ~s ennuis avec leur voiture qu'ils l'ont vendue** they had such trouble with their car that they sold it • **de telle sorte que** so that

ⓒ (*indéfini*) such-and-such • **~ et ~** such-and-such • **venez ~ jour à telle heure** come on such-and-such a day at such-and-such a time • **j'ai lu dans ~ ou ~ article que ...** I read in some article or other that ...

tél. (ABR DE **téléphone**) tel.

télé* [tele] (NF) (ABR DE **télévision**) TV • **allume la ~** turn on the TV • **il travaille à la ~** he works on TV • **qu'est-ce qu'il y a à la ~ ce soir?** what's on TV tonight? • **c'est passé à la ~** it was on TV

téléachat [teleaʃa] (NM) teleshopping *NonC*

téléavertisseur [teleavɛʀtisœʀ] (NM) (*Can* = *biper*) bleeper

télécabine [telekabin] (NF) cable car

télécarte® [telekaʀt] (NF) phonecard

téléchargeable [telɛʃaʀʒabl] (ADJ) downloadable

téléchargement [telɛʃaʀʒəmɑ̃] (NM) (= *action*) downloading; (= *fichier*) download

télécharger [teleʃaʀʒe] /TABLE 3/ (VTI) to download

télécommande [telekɔmɑ̃d] (NF) remote control

télécommander [telekɔmɑ̃de] /TABLE 1/ (VT) to operate by remote control • **un complot télécommandé de l'étranger** a plot masterminded from abroad

télécommunications [telekɔmynikasjɔ̃] (NFPL) telecommunications • **réseau de ~** telecommunications network • **les ~ sont en pleine expansion** the telecommunications industry is booming

télécoms* [telekɔm] (NFPL) **les ~** telecommunications • **ingénieur ~** telecommunications engineer

téléconférence [telekɔ̃feʀɑ̃s] (NF) (= *discussion*) teleconference

télécopie [telekɔpi] (NF) fax • **transmettre par ~** to send by fax

télécopieur [telekɔpjœʀ] (NM) fax

télédéclarant, e [teledeklaʀɑ̃, ɑ̃t] (NM,F) *person who submits an online declaration*

télédéclaration [teledeklaʀasjɔ̃] (NF) online submission; [*d'impôts*] online tax return

télédéclarer [teledeklaʀe] /TABLE 1/ (VT) to submit online • **~ ses revenus** to submit one's tax return online

télédiffusion [teledifyzjɔ̃] (NF) television broadcasting

télédistribution [teledistʀibysjɔ̃] (NF) cable broadcasting

téléenseignement [teleɑ̃sɛɲmɑ̃] (NM) distance learning

téléférique [telefeʀik] (NM) cable car

téléfilm [telefilm] (NM) TV film

télégénique [teleʒenik] (ADJ) telegenic

télégramme [telegʀam] (NM) telegram

télégraphier [telegʀafje] /TABLE 7/ (VT) [+ *message*] to telegraph

télégraphique [telegʀafik] (ADJ) telegraphic; [*poteau, fils*] telegraph; [*alphabet, code*] Morse

téléguidage [telegidaʒ] (NM) remote control

téléguider [telegide] /TABLE 1/ (VT) ⓐ [+ *machine, véhicule*] to operate by remote control • **voiture téléguidée** remote-controlled car • **engin téléguidé** guided missile ⓑ [+ *personne, organisation*] to control; [+ *action, complot, campagne*] to mastermind

téléinformatique [teleɛ̃fɔʀmatik] (NF) telecomputing

téléjournal [teleʒuʀnal] (NM) (*Helv*) television news

télémarketeur, -euse, télémarqueteur, -euse [telemaʀkɛtœʀ, øz] (NM,F) telemarketer

télémarketing [telemaʀketiŋ] (NM) telemarketing

télématique [telematik] **1** (ADJ) [*service, réseau, serveur*] data communications **2** (NF) telematics *sg*

téléobjectif [teleɔbʒɛktif] (NM) telephoto lens

téléopérateur, -trice [teleɔpeʀatœʀ, tʀis] (NM,F) call-centre operator

télépaiement [telepɛmɑ̃] (NM) electronic payment

télépathie [telepati] (NF) telepathy

télépayer [telepeje] /TABLE 8/ (VT) to pay for (*via electronic payment system*)

télépéage [telepeaʒ] (NM) *motorway toll system based on electronic tagging of cars*

téléphérique [telefeʀik] (NM) cable car

téléphone [telefɔn] **1** (NM) phone • **avoir le ~** to have a phone • **donne-moi ton ~*** (= *numéro*) give me your phone number

▸ **au téléphone** **il est au ~** he's on the phone • **on vous demande au ~** there's someone on the phone for you • **j'avais Jean au ~ quand on nous a coupés** I was on the phone to Jean when we were cut off

▸ **par téléphone** [*réserver*] by phone • **demande-le-lui par ~** phone him about it • **tu peux me donner les renseignements par ~** you can give me the information over the phone

▸ **coup de téléphone** phone call • **passer un coup de ~ à qn** to phone sb • **il faut que je donne un coup de ~** I've got to make a phone call • **recevoir un coup de ~ de qn** to get a phone call from sb • **j'ai eu un coup de ~ de Richard** I had a phone call from Richard

2 (COMP) ▸ **téléphone avec appareil photo** camera phone ▸ **téléphone arabe** bush telegraph ▸ **téléphone à carte** cardphone ▸ **téléphone fixe** landline (phone) • **appelle-moi sur mon ~ fixe** call me on my landline ▸ **téléphone mobile, téléphone portable** portable phone (*Brit*), cellphone (*US*) ▸ **téléphone public** public phone ▸ **téléphone rose** (= *service*) telephone sex line ▸ **le téléphone rouge** the hot line • **il l'a appelé par le ~ rouge** he called him on the hot line ▸ **téléphone sans fil** cordless phone ▸ **téléphone à touches** push-button phone

téléphoner [telefɔne] /TABLE 1/ **1** (VI) to phone • **~ à qn** to phone sb • **où est Martin ? — il téléphone** where's Martin? — he's on the phone • **j'étais en train de ~ à Paul** I was on the phone to Paul • **je téléphone beaucoup, je n'aime pas écrire** I use the phone a lot as I don't like writing letters **2** (VT) [+ *message*] to give by telephone • **il m'a téléphoné la nouvelle** he phoned and told me the news • **c'était téléphoné !*** it was a bit obvious! **3** (VPR) **se téléphoner** to phone each other

téléphonie [telefɔni] (NF) telephony • **~ mobile** mobile telephony

téléphonique [telefɔnik] (ADJ) telephone

téléporter [telepɔʀte] /TABLE 1/ (VT) to teleport; (*fig*) to beam down* • **il s'est trouvé téléporté dans un groupe où il ne connaissait personne** he'd been beamed down into a group of people he didn't know at all

téléprompteur [telepʀɔ̃ptœʀ] (NM) Autocue® (*Brit*), Teleprompter® (*US*)

téléprospection [telepʀɔspɛksjɔ̃] (NF) telesales

téléréalité [teleʀealite] (NF) reality TV • **émission de ~** reality show

téléreportage [teleʀ(ə)pɔʀtaʒ] (NM) ⓐ (= *activité*) television reporting ⓑ (= *reportage*) television report

téléroman [teleʀɔmɑ̃] (NM) (*Can*) (= *feuilleton télévisé*) television serial, soap (opera)

télescope [telɛskɔp] (NM) telescope

télescoper (se) [telɛskɔpe] /TABLE 1/ (VPR) [*véhicules*] to concertina; [*souvenirs*] to become confused

télescopique [telɛskɔpik] (ADJ) telescopic

téléservice [teleseʀvis] (NM) on-line services

télésiège [telesjɛʒ] (NM) chairlift

téléski [teleski] (NM) ski lift

téléspectateur, -trice [telespɛktatœʀ, tʀis] (NM,F) viewer

télésurveillance [telesyʀvɛjɑ̃s] (NF) electronic surveillance • **caméra de ~** security camera

Télétel ® [teletɛl] (NM) electronic telephone directory

télétexte [teletɛkst] (NM) Teletext ®

télétravail [teletʀavaj] (NM) teleworking

télétravailleur, -euse [teletʀavajœʀ, øz] (NM,F) teleworker

télévangéliste [televɑ̃ʒelist] (NMF) televangelist

télévente [televɑ̃t] (NF) telesales

téléverser [televɛʀse] /TABLE 1/ (VT) to upload

téléviser [televize] /TABLE 1/ (VT) to televise

téléviseur [televizœʀ] (NM) television • **~ plasma** plasma TV

télévision [televizjɔ̃] (NF) television • **à la ~** on television • **il est passé à la ~** [*personne*] he has been on television; [*film*] it has been on television • **regarder la ~** to watch television ▸ **télévision haute définition** high definition television ▸ **télévision par câble** cable television ▸ **télévision par satellite** satellite television ▸ **télévision payante** pay television ▸ **télévision de rattrapage** catch-up television

télévisuel, -elle [televizɥɛl] (ADJ) television

télex [telɛks] (NM INV) telex • **envoyer qch par ~** to telex sth

telle [tɛl] (ADJ) → **tel**

tellement [tɛlmɑ̃] (ADV) ⓐ (= *si*) so; (*avec comparatif*) so much • **il est ~ gentil** he's so nice • **~ plus fort** so much stronger • **~ plus beau** so much more beautiful • **~ meilleur** so much better • **j'étais ~ fatigué que je me suis couché immédiatement** I was so tired that I went straight to bed

ⓑ (= *tant*) so much; (*avec pluriel*) so many • **~ de gens** so many people • **~ de temps** so much time • **il a ~ insisté que ...** he insisted so much that ... • **il travaille ~ qu'il se rend malade** he works so much that he's making himself ill

ⓒ (*introduisant une cause*) **on ne le comprend pas, ~ il parle vite** he talks so fast that you can't understand him • **il trouve à peine le temps de dormir, ~ il travaille** he works so much that he hardly finds time to sleep

ⓓ (*locutions*)

▸ **pas tellement** **pas ~ fort** not that strong • **il ne travaille pas ~** he doesn't work that much • **tu aimes le cinéma ? — pas ~** do you like the cinema? — not particularly

▸ **plus tellement** **ce n'est plus ~ à la mode** it's not really that fashionable any more • **cela ne se fait plus ~** people no longer do that very much • **y allez-vous toujours ? — plus ~, maintenant qu'il y a le bébé** do you still go there? — not much now that we've got the baby • **on ne la voit plus ~** we don't see much of her any more

téloche* [telɔʃ] (NF) TV • **à la ~** on TV

téméraire [temeʀɛʀ] (ADJ) rash

témoignage [temwaɲaʒ] (NM) ⓐ (*en justice*) evidence *NonC* • **recueillir des ~s** to gather evidence • **c'est un ~ écrasant** it's conclusive proof ⓑ (= *récit, rapport*) account • **ce livre est un merveilleux ~ sur notre époque** this book gives a marvellous account of the age we live in ⓒ (= *signe*) **~ de reconnaissance** (= *geste*) gesture of gratitude; (= *cadeau*) token of gratitude • **leurs ~s de sympathie nous ont touchés** we were touched by the sympathy they showed us • **en ~ de ma reconnaissance** as a token of my gratitude

témoigner [temwaɲe] /TABLE 1/ **1** (VI) (*au tribunal*) to testify • **~ en faveur de qn** to testify in sb's favour • **~ contre qn** to testify against sb **2** (VT) **~ que** (= *démontrer que*) to show that; (= *attester que*) to testify that **3** (VT INDIR) **~ de** (= *confirmer*) to testify to; (= *manifester*) to show • **je peux en ~** I can testify to that • **tout cela témoigne de son intelligence** it all shows how intelligent he is

témoin [temwɛ̃] **1** (NM) ⓐ (= *personne*) witness; [*de marié*] best man; [*de duel*] second • **être ~ à charge** to be a witness for the prosecution • **être ~ à décharge** to be a witness for the defence • **être ~ de** [+ *crime, scène*] to witness • **il m'a pris à ~** he called on me to confirm what he said • **il a été entendu comme ~ dans l'affaire Lebrun** he was a witness in the Lebrun case • **ils sont les ~s d'une époque révolue** they are the survivors of a bygone age • **la région est riche, ~ les constructions nouvelles qui se dressent partout** the region is rich - witness the new buildings going up everywhere

ⓑ (*Sport*) baton • **passer le ~** to pass the baton

2 (ADJ) **appartement ~** show flat (*Brit*), model apartment (*US*) • **lampe ~** warning light

3 (COMP) ▸ **les Témoins de Jéhovah** Jehovah's Witnesses ▸ **témoin oculaire** eyewitness

tempe [tɑ̃p] (NF) temple • **avoir les ~s grisonnantes** to be going grey

tempérament [tɑ̃peʀamɑ̃] (NM) (= *caractère*) temperament • **avoir du ~** to have a strong personality

température [tɑ̃peʀatyʀ] (NF) temperature • **les ~s sont en hausse** temperatures are rising • **avoir de la ~** to have a temperature • **prendre la ~ d'un malade** to take a patient's temperature

tempéré, e [tɑ̃peʀe] *ptp de* **tempérer** (ADJ) [*climat, zone*] temperate

tempérer [tɑ̃peʀe] /TABLE 6/ (VT) [+ *froid, rigueur du climat*] to temper; [+ *peine, douleur*] to ease

tempête [tɑ̃pɛt] (NF) storm • **une ~ d'applaudissements** a storm of applause ▸ **tempête de neige** snowstorm ▸ **tempête de sable** sandstorm

tempêter [tɑ̃pete] /TABLE 1/ (VI) to rage

temple [tɑ̃pl] (NM) temple; (= *église*) Protestant church

tempo [tɛmpo] (NM) tempo

temporaire [tɑ̃pɔʀɛʀ] (ADJ) temporary

t

temporel, -elle [tɑ̃pɔʀɛl] (ADJ) (= *séculier*) temporal • **biens ~s** worldly goods

temporiser [tɑ̃pɔʀize] /TABLE 1/ (VI) to play for time

temps [tɑ̃]

1 NOM MASCULIN	2 COMPOSÉS

1 NOM MASCULIN

ⓐ (*qui passe*) time • **le ~** time • **réaliser un très bon ~** to achieve a very good time • (PROV) **le ~ c'est de l'argent** time is money (PROV) • (PROV) **il y a un ~ pour tout** there's a time for everything • **c'était le bon ~** those were the days • **s'accorder un ~ de réflexion** to give o.s. time to think • **les ~ modernes** modern times • **les ~ sont durs!** times are hard! • **les premiers ~** at the beginning • **par les ~ qui courent** these days • **je me suis arrêté juste le ~ de prendre un verre** I stopped just long enough to have a drink.

▸ **ces derniers temps** lately

▸ **ces temps-ci** these days

▸ **tout le temps** all the time • **l'air est presque tout le ~ pollué** the air is almost always polluted • **il se plaint tout le ~** he complains all the time

▸ **peu de temps** **peu de ~ avant Noël** shortly before Christmas • **je l'ai vu peu de ~ après** I saw him shortly afterwards • **en peu de ~** in a short time • **dans peu de ~** before very long

▸ **il est temps** **il est ~ de partir** it's time to go • **il est ~ qu'il parte** it's time he went • **il est grand ~ de réagir** it's high time we took action

▸ **il était temps!** (= *ce n'est pas trop tôt*) about time too!; (= *c'était juste*) it came in the nick of time!

▸ **avoir + temps** **avoir le ~ de faire qch** to have time to do sth • **avoir le ~** to have time • **je n'ai pas le ~** I haven't got time • **je n'ai pas le ~ de le faire** I haven't got time to do it • **vous avez tout votre ~** you have plenty of time

▸ **faire + temps** **il a fait son ~** he has had his day • **il a fait son ~ à la tête du parti** his days as party leader are over • **ma machine à laver est morte, elle a fait son ~** my washing machine is past praying for

▸ **mettre + temps** **la blessure mettra du ~ à guérir** the wound will take time to heal • **il a mis beaucoup de ~ à se préparer** he took a long time to get ready

▸ **passer + temps** **passer tout son ~ à faire qch** to spend all one's time doing sth • **cela fait passer le ~** it passes the time • **comme le ~ passe!** how time flies!

▸ **perdre + temps** **perdre du ~** to waste time • **perdre son ~** to waste one's time • **il n'y a pas de ~ à perdre** there's no time to lose • **le ~ presse** time is short

▸ **prendre + temps** **cela prend trop de ~** it takes up too much time • **prendre du bon ~** to have a good time • **prendre le ~ de faire qch** to find time to do sth • **prendre le ~ de vivre** to make time to enjoy life • **il a pris son ~!** he took his time!

▸ **à temps** in time • **j'arrive à ~!** I've come just in time!

▸ **à plein temps** full-time • **travailler à plein ~** to work full-time

▸ **à temps partiel** part-time • **travailler à ~ partiel** to work part-time

▸ **au + temps** **au ~ où ...** in the days when ... • **au ~ de la marine à voile** in the days of sailing ships • **au ~ des Tudors** in Tudor times • **au bon vieux ~** in the good old days • **au ~ pour moi!** my mistake!

▸ **avec le temps** in time • **avec le ~, ça s'arrangera** things will sort themselves out in time

▸ **dans + temps** **dans le ~** in the old days • **être dans les ~** (*Sport*) to be within the time limit; [*travail*] to be on schedule; (= *pas en retard*) to be in time

▸ **de + temps** **de mon ~** in my time • **il faut être de son ~** you have to move with the times • **de tout ~** from time immemorial • **de ~ à autre** • **de ~ en ~** from time to time

▸ **en + temps** **en ~ de guerre** in wartime • **en ~ de paix** in peacetime • **en ~ de crise** in times of crisis • **en ce ~-là** at that time • **en ~ et en heure** in due course • **en ~ normal** usually • **en ~ opportun** at the appropriate time • **en ~ voulu** in due course • **en ~ utile** in due course

▸ **entre temps** meanwhile

▸ **pendant ce temps** meanwhile

▸ **pour un temps** for a time

ⓑ (= *conditions atmosphériques*) weather • **quel ~ fait-il?** what's the weather like? • **il fait beau ~** the weather's fine • **il fait mauvais ~** the weather's bad • **le ~ s'est mis au beau** the weather has turned fine • **par mauvais ~** in bad weather • **sortir par tous les ~** to go out in all weathers • **avec le ~ qu'il fait!** in this weather! • **il fait un ~ de chien*** the weather's awful

ⓒ (= *phase*) **l'opération s'est déroulée en trois ~** the operation was carried out in three phases • **dans un premier ~** at first • **dans un deuxième ~** subsequently

ⓓ (*marquant un rythme*) (*Mus*) beat; [*d'exercice, mouvement*] stage • **les ~ forts d'un roman** the powerful moments of a novel • **une valse à trois ~** a waltz in triple time • **moteur à 4 ~** 4-stroke engine • **un 2 ~** a 2-stroke

ⓔ (*de verbe*) tense • **~ simple** simple tense • **~ composé** compound tense • **adverbe de ~** adverb of time

2 COMPOSÉS

▸ **temps d'antenne** airtime ▸ **temps d'arrêt** pause • **marquer un ~ d'arrêt** to pause ▸ **temps de cuisson** cooking time ▸ **temps libre** spare time • **comment occupes-tu ton ~ libre?** what do you do in your spare time? ▸ **temps mort** (*Football, Rugby*) injury time *NonC*; (*dans le commerce, le travail*) slack period; (*dans la conversation*) lull ▸ **temps de parole** (*dans une émission*) air time ▸ **temps partagé** **le travail à ~ partagé** job-sharing ▸ **temps de pose** (*Photo*) exposure index ▸ **temps de réaction** reaction time

tenable [t(ə)nabl] (ADJ) [*position*] tenable • **il fait trop chaud ici, ce n'est pas ~** it's too hot here, it's unbearable

tenace [tənas] (ADJ) stubborn; [*douleur, rhume, quémandeur, maladie, toux, rumeur*] persistent; [*croyance, préjugés*] deep-seated; [*souvenir, rancune, méfiance, parfum*] lingering; [*chercheur*] dogged

ténacité [tenasite] (NF) [*de personne*] persistence

tenailler [tenaje] /TABLE 1/ (VT) **la faim le tenaillait** he was gnawed by hunger • **il était tenaillé par l'angoisse de perdre** he was tortured by the thought of losing

tenailles [t(ə)nɑj] (NFPL) [*de menuisier, bricoleur*] pliers; [*de forgeron*] tongs

tenancier, -ière [tənɑ̃sje, jɛʀ] (NM,F) [*d'hôtel, bar, boîte*] manager

tenant, e [tənɑ̃, ɑ̃t] 1 (NM,F) [*de coupe*] holder • **le ~ du titre** the titleholder 2 (NM) ⓐ **les ~s et les aboutissants** the ins and outs ⓑ **d'un seul ~** [*terrain*] all in one piece

tendance [tɑ̃dɑ̃s] 1 (NF) **a** (= *inclination*) tendency ▸ **avoir tendance à** to tend to • **il a ~ à être paresseux** he tends to be lazy • **il a ~ à exagérer** he tends to exaggerate • **j'aurais ~ à penser que ...** I'd be inclined to think that ... • **cette roue a ~ à se bloquer** this wheel tends to lock
b (= *opinions*) leanings • **il est de ~ communiste** he has communist leanings
c (= *évolution*) trend • **~ à la hausse** upward trend • **~ à la baisse** downward trend
2 (ADJ) **c'est furieusement ~*** it's ultra-trendy*

> Le mot anglais se termine par **-ency**.

tendancieux, -ieuse [tɑ̃dɑ̃sjø, jøz] (ADJ) tendentious
tendeur [tɑ̃dœʀ] (NM) [*de porte-bagages*] bungee
tendinite [tɑ̃dinit] (NF) tendinitis *NonC*
tendon [tɑ̃dɔ̃] (NM) tendon ▸ **tendon d'Achille** Achilles tendon
tendre¹ [tɑ̃dʀ] /TABLE 41/ 1 (VT) **a** [+ *corde, câble*] to tighten; [+ *muscles*] to tense; [+ *tissu*] (*en le tirant*) to stretch; [+ *piège*] to set • **~ une bâche sur une remorque** to pull a tarpaulin over a trailer • **~ un piège à qn** to set a trap for sb
b (= *suspendre*) [+ *tapisserie, tenture*] to hang • **~ une chaîne entre deux poteaux** to hang a chain between two posts
c (= *présenter*) **~ qch à qn** to hold sth out to sb • **~ le cou** to crane one's neck • **~ la main** (*pour attraper, mendier*) to hold out one's hand • **~ la main à qn** (*pour saluer*) to hold out one's hand to sb; (*pour aider*) to lend sb a helping hand; (*pour se réconcilier*) to hold out the hand of friendship to sb • **~ le bras** to stretch out one's arm • **il m'a tendu les bras** he stretched out his arms to me • **~ l'oreille** to prick up one's ears • **~ la joue** to offer one's cheek • **~ l'autre joue** to turn the other cheek • **il lui a tendu un paquet de cigarettes** he held out a packet of cigarettes to him • **~ une perche à qn** (*fig*) to throw sb a lifeline
2 (VT INDIR) **~ à qch/à faire qch** to tend towards sth/to do sth • **la situation tend à s'améliorer** on the whole the situation is improving • **cela tend à confirmer que ...** this tends to confirm that ... • **cette mesure tend à faciliter l'accès au financement** this measure is aimed at making it easier to access funding • **tendre à la baisse/à la hausse** [*cours, prix*] to trend downwards/upwards
3 (VPR) **se tendre** **a** [*corde*] to become taut **b** [*rapports*] to become strained
tendre² [tɑ̃dʀ] 1 (ADJ) **a** [*peau, pierre, bois*] soft; [*haricots, viande*] tender • **un steak bien ~** a nice tender steak • **depuis sa plus ~ enfance** from his earliest days
b (= *affectueux*) tender; [*ami, amitié*] loving • **il la regardait d'un air ~** he looked at her tenderly • **ne pas être ~ avec qn*** to be hard on sb **c** (= *cher*) dear • **à mon ~ époux** to my dear husband **d** [*couleur*] soft • **vert ~** soft green 2 (NMF) **c'est un ~** he's tender-hearted • **en affaires, ce n'est pas un ~*** he's a tough businessman
tendrement [tɑ̃dʀəmɑ̃] (ADV) tenderly
tendresse [tɑ̃dʀɛs] (NF) (= *affection*) tenderness • **privé de ~ maternelle** denied maternal affection • **avoir de la ~ pour qn** to be fond of sb
tendron [tɑ̃dʀɔ̃] (NM) **~ de veau** tendron of veal (*Brit*), plate of veal (*US*)

tendu, e [tɑ̃dy] *ptp de* **tendre** (ADJ) **a** [*corde, toile*] tight • **tir ~** straight kick • **la corde est trop ~e** the rope is too taut • **la corde est bien ~e** the rope is taut • **la corde est mal ~e** the rope is slack
b (= *nerveux*) tense • **il entra, le visage ~** he came in looking tense • **avant le match il était ~** he was all keyed-up before the match
c (= *en avant*) **les bras ~s** with outstretched arms • **s'avancer la main ~e** to come forward with one's hand held out • **la politique de la main ~e** a policy of friendly cooperation • **le poing ~** with one's fist raised
d (= *tapissé*) **~ de** [*velours, soie*] hung with
ténèbres [tenɛbʀ] (NFPL) (*littér*) darkness • **plongé dans les ~** plunged in darkness
ténébreux, -euse [tenebʀø, øz] (ADJ) (*littér*) (= *sombre*) dark; (= *incompréhensible*) [*affaire*] mysterious • **un beau ~** a man with dark good looks
teneur [tənœʀ] (NF) **a** [*de minerai, solution*] content • **~ en matières grasses** fat content **b** [*de traité, lettre*] terms; [*d'article*] content • **il n'a pu révéler la ~ exacte de leurs entretiens** he couldn't reveal the exact nature of their conversations
ténia [tenja] (NM) tapeworm

tenir [t(ə)niʀ] /TABLE 22/

1 VERBE TRANSITIF	4 VERBE IMPERSONNEL
2 VERBE INTRANSITIF	5 VERBE PRONOMINAL
3 VERBE TRANSITIF INDIRECT	

> Lorsque **tenir** fait partie d'une locution comme **tenir compagnie**, **tenir chaud**, reportez-vous aussi à l'autre mot.

1 VERBE TRANSITIF
a (avec les mains) to hold • **la clé qu'il tient à la main** the key that he's holding • **la clé qu'il tient dans sa main** the key that he's holding • **il tient son fils par la main** he's holding his son's hand • **~ la porte à qn** to hold the door open for sb
b (= maintenir dans un certain état) to keep • **~ les yeux ouverts** to keep one's eyes open • **le café le tient éveillé** coffee keeps him awake • **~ qch en place** to keep sth in place • **~ une note** (*Mus*) to hold a note
c (= gérer) [+ *hôtel, magasin, comptes, maison, ménage*] to keep
d (= détenir) to have • **si je le tenais!** just let me get my hands on him! • **nous le tenons** we've got him • **parfait, je tiens mon article** great, now I have my article • **qu'est-ce qu'il tient!*** (= *il est ivre*) he's plastered*; (= *il est idiot*) he's such an idiot! • **en ~ pour qn*** (= *l'aimer*) to have a crush on sb*
e (= contrôler) [+ *enfant, classe*] to have under control
f (= organiser) [+ *séance, réunion, conférence*] to hold
g (= occuper) [+ *place, largeur*] to take up; [+ *rôle*] to have; [+ *emploi*] to hold • **ça tient trop de place** it takes up too much room • **il tenait sa droite** [*conducteur*] he was keeping to the right • **elle a bien tenu son rôle de chef** she was a good manager • **elle tient le rôle d'Ophélie** she plays the role of Ophelia
h (= contenir) [*récipient*] to hold
i (= résister à) **~ l'alcool*** to be able to hold one's drink

t

• ~ **le coup** [*personne*] to survive; [*chose*] to last • **avec tout ce travail, est-ce qu'il pourra ~ le coup?** with all that work will he be able to cope?

j (*= respecter*) [+ *promesse, pari, planning*] to keep to • ~ **le rythme** to keep up the pace

k (*locutions*)

▸ **tenir qn/qch pour** (*= considérer comme*) to regard sb/sth as • **je le tenais pour un imbécile** I regarded him as an idiot • **elle le tient pour responsable de l'accident** she holds him responsible for the accident

▸ **tenir qch de qn** to get sth from sb • **il tient cela de son père** he gets that from his father

▸ **tiens!** (*en donnant*) here you are! • **tiens, voilà mon frère!** oh, there's my brother! • **tiens, tiens!** well, well!

2 VERBE INTRANSITIF

a (*= rester en place*) [*objet fixe, nœud, clou*] to hold; [*objets empilés, échafaudage*] to stay up • **ce chapeau ne tient pas sur ma tête** this hat won't stay on my head • **la branche est cassée mais elle tient encore** the branch is broken but it's still attached to the tree • **il tient bien sur ses jambes** he's very steady on his legs

b (*= durer*) [*accord, beau temps, coiffure*] to hold; [*couleur*] to be fast; [*mariage, fleurs*] to last • **ça tient toujours, notre pique-nique?*** is our picnic still on? • **il n'y a pas de match qui tienne** there's no question of going to any match

c (*= résister*) to hold out • ~ **bon** to hold out • **il fait trop chaud, on ne tient plus ici** it's too hot - we can't stand it here any longer

d (*= pouvoir être contenu*) to fit (**dans** into) • **ils ne tiendront pas dans la voiture** they won't fit into the car • **à cette table, on peut ~ à huit** this table can seat eight • **son discours tient en quelques pages** his speech is just a few pages long

3 VERBE TRANSITIF INDIRECT

~ **à** (*= être attaché à*) [+ *réputation, opinion de qn*] to care about; [+ *objet, personne*] to be fond of; (*= avoir pour cause*) to be due to • **il ne tenait plus à la vie** he had lost his will to live • **tu veux aller au cinéma? — je n'y tiens pas** do you want to go to the cinema? — not particularly • **il tient beaucoup à vous connaître** he's very anxious to meet you • **elle tenait absolument à parler** she insisted on speaking • **il tient à ce que nous sachions ...** he is anxious that we should know ... • **tu viens avec nous? — si tu y tiens** are you coming with us? — if you really want me to • **ça tient au climat** it's because of the climate • **son succès tient à peu de chose** his success hangs on very little • **à quoi ça tient?** why is that? • ~ **de** (*= ressembler à*) [+ *parent*] to take after • **il tient de son père** he takes after his father • **il a de qui ~** it runs in the family

4 VERBE IMPERSONNEL

(*= dépendre de*) to depend • **il ne tient qu'à vous de décider** it's up to you to decide

▸ **qu'à cela ne tienne!** no problem!

5 VERBE PRONOMINAL

a (*avec les mains*) to hold • **il se tenait le ventre de douleur** he was holding his stomach in pain • **se ~ à qch** to hold onto sth • **ils se tenaient par la main** they were holding hands • **ils se tenaient par la taille** they had their arms round each other's waists

b (*= être dans une position*) **se ~ debout** to be standing up • **tiens-toi droit** (*debout*) stand up straight; (*assis*) sit up straight • **redresse-toi, tu te tiens mal** stand up straight, you're slouching • **tenez-vous prêts à partir** be ready to leave • **elle se tenait à sa fenêtre** she was standing at her window

c (*= se conduire*) to behave • **il ne sait pas se ~** he doesn't know how to behave • **se ~ tranquille** to be quiet • **tiens-toi tranquille** keep still • **se ~ mal** (*à table*) to have bad table manners; (*en société*) to behave badly • **il n'a qu'à bien se ~!** he'd better behave himself!

d (*= avoir lieu*) [*conférence, réunion*] to be held; [*festival*] to take place

e (*= être cohérent*) [*raisonnement*] to hold together • **tout se tient** it's all connected

f (*locutions*)

▸ **tiens-toi bien!** wait till you hear the next bit! • **tu sais combien elle a gagné? tiens-toi bien: 3 millions!** do you know how much she won? you won't believe it! – 3 million!

▸ **s'en tenir à** (*= se limiter à*) to confine o.s. to; (*= se satisfaire de*) to content o.s. with • **nous nous en tiendrons là pour aujourd'hui** we'll leave it at that for today • **il aimerait savoir à quoi s'en ~** he'd like to know where he stands • **je sais à quoi m'en ~ sur son compte** I know the sort of man he is

▸ **se tenir pour** (*= se considérer comme*) **il se tient pour responsable** he holds himself responsible • **tenez-vous-le pour dit!** (*avertissement*) you've been warned!

---

tennis [tenis] **1** (NM) **a** (*= sport*) tennis • ~ **sur gazon** lawn tennis **b** (*= terrain*) tennis court **c** (*= partie*) game of tennis • **faire un ~** to have a game of tennis **2** (NMPL) (*= chaussures*) tennis shoes; (*= chaussures de gym*) trainers (*Brit*), sneakers (*US*) **3** (COMP) ▸ **tennis de table** table tennis

tennisman [tenisman] (*pl* **tennismen** [tenismɛn]) (NM) tennis player

ténor [tenɔʀ] (NM) (*= chanteur*) tenor; (*fig*) big name (**de** in)

tension [tɑ̃sjɔ̃] **1** (NF) **a** tension • **~s sociales** social tensions • **baisse de ~** drop in voltage • **sous ~** live • **mettre un appareil sous ~** to switch on a piece of equipment **b** (*artérielle*) blood pressure • **faire de la ~** to have high blood pressure • **prendre la ~ de qn** to take sb's blood pressure • **chute de ~** sudden drop in blood pressure • **avoir deux de ~*** (*péj*) to be as much use as a chocolate teapot* **2** (COMP) ▸ **tension nerveuse** nervous tension

tentaculaire [tɑ̃takylɛʀ] (ADJ) **ville ~** sprawling town

tentacule [tɑ̃takyl] (NM) tentacle

tentant, e [tɑ̃tɑ̃, ɑ̃t] (ADJ) tempting

tentation [tɑ̃tasjɔ̃] (NF) temptation • **succomber à la ~** to give in to temptation

tentative [tɑ̃tativ] (NF) attempt • ~ **d'évasion** escape attempt • ~ **de meurtre** murder attempt • ~ **de suicide** suicide attempt

tente [tɑ̃t] (NF) tent • **coucher sous la ~** to camp out

tenté, e [tɑ̃te] *ptp de* **tenter** (ADJ) **être ~ de faire qch** to be tempted to do sth

tenter [tɑ̃te] /TABLE 1/ (VT) **a** (*= chercher à séduire*) [+ *personne*] to tempt • **se laisser ~ par une offre** to be tempted by an offer • **qu'est-ce qui te tente comme gâteau?*** what kind of cake do you feel like? • **un match de tennis, ça te tenterait?** do you feel like a game of tennis? • **tu peux venir si ça te tente** you can come if you feel like it • **il ne faut pas ~ le diable** don't tempt fate

b (*= essayer*) [*+ expérience, démarche*] to try, to attempt • **~ de faire qch** to attempt to do sth • **on a tout tenté pour le sauver** they tried everything to save him • **on a tenté l'impossible pour le sauver** they attempted the impossible to save him • **~ le tout pour le tout** to risk one's all • **~ sa chance** to try one's luck • **~ le coup*** to have a go* • **je vais ~ de le convaincre** I'll try and convince him

tenture [tɑ̃tyʀ] NF **a** (*= tapisserie*) hanging • **~ murale** wall covering **b** (*= grand rideau*) curtain

tenu, e¹ [t(ə)ny] *ptp de* **tenir** ADJ **a** (*= soigné*) **bien ~** [*maison, comptes*] well-kept • **mal ~** [*maison*] ill-kept; [*comptes*] chaotic **b** (*= surveillé*) **leurs filles sont très ~es** their daughters are kept on a tight rein **c** (*= obligé*) **être ~ de faire qch** to be obliged to do sth • **être ~ au secret professionnel** to be bound by professional secrecy

ténu, e [teny] ADJ (*frm*) **a** [*fil*] fine; [*voix*] thin **b** [*espoir*] faint

tenue² [t(ə)ny] **1** NF **a** (*= habillement, apparence*) dress • **ce n'est pas une ~ pour aller au golf!** that's no way to dress to play golf! • **« ~ correcte exigée »** "strict dress code" • **~ d'intérieur** indoor clothes • **en ~ légère** (*d'été*) wearing light clothes; (*osée*) scantily dressed *ou* clad • **en petite ~** scantily dressed *ou* clad • **en ~ d'Adam** in one's birthday suit* • **en ~ d'Ève** in one's birthday suit* • **se mettre en ~** to get dressed • **être en ~** to be in uniform • **les policiers en ~** policemen in uniform

b (*= maintien*) posture

c (*= conduite*) **bonne ~ en classe** good behaviour in class • **avoir de la ~** to have good manners • **allons! un peu de ~!** come on, behave yourself!

d (*= qualité*) [*de journal*] standard • **publication qui a de la ~** publication of a high standard

e [*de maison, magasin*] running; [*de séance*] holding • **la ~ des comptes** the book-keeping

f (*Bourse*) performance • **la mauvaise ~ de l'euro face au dollar** the poor performance of the euro against the dollar

2 COMP ▸ **tenue de camouflage** camouflage dress ▸ **tenue de combat** battle dress ▸ **tenue de route** road holding ▸ **tenue de service** uniform ▸ **tenue de soirée** evening dress • **« ~ de soirée de rigueur »** ≈ "black tie" ▸ **tenue de sport** sports clothes ▸ **tenue de ville** [*d'homme*] lounge suit (*Brit*), town suit (*US*); [*de femme*] smart clothes

ter [tɛʀ] ADJ **il habite au 10 ~** he lives at number 10b

TER [teəɛʀ] NM (ABR DE **train express régional**) → **train**

térébenthine [teʀebɑ̃tin] NF turpentine

tergiverser [tɛʀʒivɛʀse] /TABLE 1/ VI to prevaricate • **cessez donc de ~!** stop beating about the bush!

terme [tɛʀm] **1** NM **a** (*= mot*) term • **~ de marine** nautical term • **conformément aux ~s du contrat** according to the terms of the contract • **en d'autres ~s** in other words • **il ne l'a pas dit en ces ~s** he didn't put it like that • **il raisonne en ~s d'efficacité** he thinks in terms of efficiency • **le ~ est faible** that's putting it mildly • **trouver un moyen ~** to find a middle way

b (*= fin*) [*de vie, voyage, récit*] end • **mettre un ~ à qch** to put an end to sth • **prévisions à court/moyen/long ~** short-term/medium-term/long-term forecasts; (*Météo*) short-range/medium-range/long-range forecasts • **ce sera rentable à court/moyen/long ~** it will be profitable in the short/medium/long term

▸ **à terme** [*accouchement*] full term; [*naître*] at term • **arriver à ~** [*délai, mandat, contrat*] to expire; [*opération*] to reach a conclusion; [*paiement*] to fall due • **mener qch à ~** to bring sth to completion

▸ **avant terme** [*naître, accoucher*] prematurely • **bébé né avant ~** premature baby • **un bébé né deux mois avant ~** a baby born two months premature

c [*de loyer*] (*= date*) date for payment; (*= période*) rental period; (*= somme*) rent NonC

2 NMPL **termes** (*= relations*) terms • **être en bons ~s avec qn** to be on good terms with sb • **être en mauvais ~s avec qn** to be on bad terms with sb

terminaison [tɛʀminɛzɔ̃] NF ending

terminal, e (*mpl* **-aux**) [tɛʀminal, o] **1** ADJ terminal • **malade en phase ~e** terminally ill patient **2** NM terminal **3** NF **terminale** (*= classe*) final year, ≈ upper sixth form (*Brit*), twelfth grade (*US*) • **élève de ~e** ≈ upper sixth former (*Brit*), twelfth grader (*US*)

terminer [tɛʀmine] /TABLE 1/ **1** VT to finish • **~ un travail** to finish a job • **nous avons terminé la soirée chez un ami** we finished off the evening at a friend's house • **~ ses jours à la campagne** to end one's days in the country • **~ un repas par un café** to finish a meal with a coffee • **en avoir terminé avec un travail** to be finished with a job • **j'en ai terminé avec eux** I have finished with them • **pour ~ je dirais que ...** to conclude I would say that ...

2 VPR **se terminer** to end (**par** with) • **ça s'est bien terminé** it ended well • **ça s'est mal terminé** it ended badly • **la soirée s'est terminée par un jeu** the evening ended with a game • **se ~ en** to end in • **les mots qui se terminent en « ation »** words which end in "ation"

terminologie [tɛʀminɔlɔʒi] NF terminology

terminus [tɛʀminys] NM terminus • **~! tout le monde descend!** all change!

termite [tɛʀmit] NM termite

termitière [tɛʀmitjɛʀ] NF termites' nest

ternaire [tɛʀnɛʀ] ADJ ternary

terne [tɛʀn] ADJ dull

ternir [tɛʀniʀ] /TABLE 2/ **1** VT to tarnish **2** VPR **se ternir** to become tarnished

terrain [teʀɛ̃] **1** NM **a** (*= sol*) ground; (*= terre*) soil • **~ caillouteux** stony ground • **~ vallonné** hilly ground • **~ lourd** heavy soil

b (*Football, Rugby*) pitch; (*avec les installations*) ground; (*Courses, Golf*) course; (*Basket, Volley, Hand-ball*) court • **disputer un match sur ~ adverse** to play an away match • **disputer un match sur son propre ~** to play a home match

c (*= étendue de terre*) land NonC; (*= parcelle*) plot of land; (*à bâtir*) site • **« ~ à bâtir »** "building land for sale"

d (*Mil*) (*= lieu d'opérations*) terrain; (*gagné ou perdu*) ground • **en ~ ennemi** on enemy ground • **gagner du ~** to gain ground • **perdre du ~** to lose ground • **ils finiront par céder du ~** in the end they'll make concessions • **préparer le ~** to prepare the ground • **déblayer le ~** to clear the ground • **aller sur le ~** to go out into in the field

▸ **de terrain** [*politicien, député*] hands-on; [*enseignant*] working • **c'est un homme de ~** he has practical experience

e (*= domaine*) ground • **être sur son ~** to be on home

t

ground • **trouver un ~ d'entente** to find common ground • **je ne le suivrai pas sur ce ~** I can't go along with him there • **être sur un ~ glissant** to be on dangerous ground

2 (COMP) ▸**terrain d'atterrissage** landing ground ▸**terrain d'aviation** airfield ▸**terrain de camping** campsite ▸**terrain de chasse** hunting ground ▸**terrain de jeu** playing field ▸**terrain militaire** army ground ▸**terrain de sport** sports ground ▸**terrain de tennis** tennis court ▸**terrain vague** waste ground *NonC*

terrasse [teʀas] (NF) terrace • **il était assis à la ~** he was sitting outside

> Le mot anglais s'écrit avec un **c** et non deux **s**.

terrassement [teʀasmɑ̃] (NM) **travaux de ~** excavation work

terrasser [teʀase] /TABLE 1/ (VT) [*adversaire*] to bring down; [*fatigue*] to overcome; [*émotion, nouvelle*] to overwhelm; [*maladie*] to strike down • **terrassé par une crise cardiaque** struck down by a heart attack • **cette maladie l'a terrassé** this illness laid him low

terre [tɛʀ] 1 (NF) **a** (= *planète*) earth; (= *monde*) world • **il a parcouru la ~ entière** he has travelled all over the world • **revenir sur ~** to come back down to earth

b (= *matière*) earth; (*pour la poterie*) clay; (= *sol, surface*) ground • **pipe en ~** clay pipe • **une ~ fertile** a fertile soil • **être à ~** [*lutteur*] to be down

▸ **par terre ne t'allonge pas par ~** don't lie on the ground • **poser qch par ~** to put sth on the ground • **cela fiche tous nos projets par ~*** that really messes up all our plans

▸ **en terre mettre qn en ~** to bury sb • **mettre qch en ~** to put sth into the soil • **planter un arbre en pleine ~** to plant a tree in the ground

▸ **sous terre cinq mètres sous ~** five metres underground • **j'aurais voulu rentrer sous ~** I wished the ground would swallow me up

▸ **terre à terre** [*personne*] down-to-earth; [*préoccupations*] mundane

c (= *domaine*) **~s** land *NonC* • **il a acheté un lopin de ~** he's bought a piece of land • **~s cultivées** cultivated land

d (*par opposition à mer*) land *NonC* • **sur la ~ ferme** on dry land • **apercevoir la ~** to sight land • **aller à ~** to go ashore • **dans les ~s** inland • **par voie de ~** overland • **toucher ~** [*navire, avion*] to land

e (= *pays*) land • **la France a toujours été une ~ d'accueil pour les réfugiés** France has always welcomed refugees

f (*Élec*) earth (*Brit*), ground (*US*) • **mettre à la ~** to earth (*Brit*), to ground (*US*)

2 (COMP) ▸**terre d'asile** country of refuge ▸**terre battue** beaten earth • **sol en ~ battue** beaten-earth floor • **jouer sur ~ battue** (*Tennis*) to play on a clay court ▸**terre cuite** terracotta ▸**terre d'exil** land of exile ▸**la Terre de Feu** Tierra del Fuego ▸**terre glaise** clay ▸**terre végétale** topsoil

terreau [teʀo] (NM) soil-based compost

terre-neuve [tɛʀnœv] (NM INV) (= *chien*) Newfoundland terrier

terre-plein ○ (*pl* **terre-pleins**) [tɛʀplɛ̃] (NM) **~ central** central reservation (*Brit*), median strip (*US*)

terrer (se) [teʀe] /TABLE 1/ (VPR) **a** [*criminel*] to lie low; [*personne peu sociable*] to hide away • **terrés dans leur cave pendant les bombardements** hidden in their cellar during the bombings **b** [*lapin, renard*] (*dans son terrier*) to go to earth

terrestre [teʀɛstʀ] (ADJ) **a** (= *de la terre*) land • **la surface ~** the earth's surface **b** (= *d'ici-bas*) earthly

terreur [teʀœʀ] (NF) terror *NonC* • **il vivait dans la ~ d'être découvert** he lived in terror of being discovered • **faire régner la ~** to impose a reign of terror • **semer la ~** to spread terror

terreux, -euse [teʀø, øz] (ADJ) **a** [*semelles, chaussures*] muddy; [*mains*] grubby **b** [*teint*] sallow

terrible [teʀibl] (ADJ) **a** terrible • **le plus ~, c'est que ...** the most terrible thing about it is that ... • **il est ~, avec sa manie de toujours vous contredire** he's got a dreadful habit of always contradicting you **b** [*vent, force, pression, bruit*] terrific • **c'est ~ ce qu'il peut manger** he can eat an incredible amount **c** (= *formidable*)* **ce film n'est pas ~** this film is nothing special

> ⚠ **terrible** ne se traduit pas toujours par le mot anglais **terrible**.

terriblement [teʀibləmɑ̃] (ADV) terribly

terrien, -ienne [teʀjɛ̃, jɛn] 1 (ADJ) **propriétaire ~** landowner 2 (NM) (= *habitant de la terre*) Earthman 3 (NF) **terrienne** (= *habitante de la terre*) Earthwoman

terrier [teʀje] (NM) **a** [*de lapin, taupe*] burrow; [*de renard*] earth **b** (= *chien*) terrier

terrifiant, e [teʀifjɑ̃, jɑ̃t] (ADJ) terrifying

terrifier [teʀifje] /TABLE 7/ (VT) to terrify

terril [teʀi(l)] (NM) slag heap

terrine [teʀin] (NF) (*Cuisine*) terrine • **~ du chef** chef's special pâté

territoire [teʀitwaʀ] (NM) territory; [*de département, commune*] area • **~s d'outre-mer** overseas territories

territorial, e (*mpl* **-iaux**) [teʀitɔʀjal, jo] (ADJ) [*eaux*] territorial

terroir [teʀwaʀ] (NM) (= *région*) region • **accent du ~** country accent • **produits du ~** local produce

terroriser [teʀɔʀize] /TABLE 1/ (VT) to terrorize

terrorisme [teʀɔʀism] (NM) terrorism

terroriste [teʀɔʀist] (ADJ, NMF) terrorist

tertiaire [tɛʀsjɛʀ] 1 (ADJ) tertiary 2 (NM) **le ~** (= *secteur*) the service sector

tertio [tɛʀsjo] (ADV) thirdly

tertre [tɛʀtʀ] (NM) (= *monticule*) mound

tes [te] (ADJ POSS) → **ton**

tesson [tesɔ̃] (NM) **~ de bouteille** piece of broken glass

test [tɛst] 1 (NM) test • **faire passer un ~ à qn** to give sb a test • **~ d'intelligence** IQ test • **~ d'aptitude** aptitude test 2 (ADJ) **groupe-~** test group • **région-~** test area

testament [tɛstamɑ̃] (NM) **a** (= *document*) will **b** (*Rel*) **l'Ancien Testament** the Old Testament • **le Nouveau Testament** the New Testament

tester [tɛste] /TABLE 1/ (VT) to test • **produit testé en laboratoire** laboratory-tested product

testicule [tɛstikyl] (NM) testicle

test-match (*pl* **test-match(e)s**) [tɛstmatʃ] (NM) (*Rugby*) rugby international

tétaniser [tetanize] /TABLE 1/ (VT) to tetanize • **il était tétanisé de peur** he was paralyzed with fear

tétanos [tetanos] (NM) tetanus

têtard [tɛtaʀ] (NM) tadpole

tête [tɛt]

1 NOM FÉMININ   2 COMPOSÉS

1 NOM FÉMININ

ⓐ (*de personne, animal*) head • **être ~ nue** to be bareheaded • **avoir mal à la ~** to have a headache • **j'ai la ~ lourde** my head feels heavy • **tomber la ~ la première** to fall headfirst • **se laver la ~** to wash one's hair • **c'est à se cogner la ~ contre les murs** it's enough to drive you up the wall* • **j'en donnerais ma ~ à couper** I would stake my life on it • **des ~s vont tomber** heads will roll • **faire la ~ au carré à qn*** to smash sb's face in* • **tenir ~ à qn/qch** to stand up to sb/sth • **réclamer la ~ de qn** to demand sb's head • **jurer sur la ~ de qn** to swear on sb's life • **risquer sa ~** to risk one's neck • **sauver sa ~** to save one's neck • **gagner d'une ~** [*cheval*] to win by a head • **garder la ~ froide** to keep a cool head • **avoir la ~ dure** (= *têtu*) to be stubborn • **être une ~ de mule*** to be as stubborn as a mule

ⓑ (*= visage, expression*) face • **il a une ~ sympathique** he has a nice face • **il a une ~ sinistre** he has a sinister look about him • **il a une bonne ~** he looks a decent sort • **quand il a appris la nouvelle il a fait une drôle de ~!** you should have seen his face when he heard the news! • **il en fait une ~!** just look at his face! • **faire la ~** to sulk • **c'est une ~ à claques*** he has got the sort of face you'd love to smack • **c'est à la ~ du client*** it depends on the person • **avoir ses ~s*** to have one's favourites

ⓒ (*= personne*) head • **de nouvelles ~s** new faces • **le repas coûtera 150 € par ~ de pipe*** the meal will cost 150 euros a head

ⓓ (*= partie supérieure*) [*de clou, marteau*] head; [*d'arbre*] top • **~ d'ail** head of garlic • **~ d'épingle** pinhead

ⓔ (*= partie antérieure*) head • **l'équipe conserve la ~ du classement** the team retains its lead • **prendre la ~** to take the lead

ⓕ (*= facultés mentales*) **avoir toute sa ~** to have all one's faculties • **n'avoir rien dans la ~** to be empty-headed • **où ai-je la ~?** whatever am I thinking of? • **avoir une petite ~** to be dim-witted • **avoir une ~ de linotte** to be a scatterbrain • **être ~ en l'air** to be a scatterbrain • **c'est une ~*** he's really brainy* • **c'est une ~ en maths** he's (*ou* she's) really good at maths • **avoir la ~ sur les épaules** to be level-headed • **calculer qch de ~** to work sth out in one's head • **chercher qch dans sa ~** to search one's memory for sth • **fourrer* qch dans la ~ de qn** to put sth into sb's head • **se mettre dans la ~ que** to get it into one's head that • **avoir la ~ à ce que l'on fait** to have one's mind on what one is doing • **avoir la ~ ailleurs** to have one's mind on other matters • **n'en faire qu'à sa ~** to do as one pleases • **se prendre la ~** to get in(to) a state* • **il me prend la ~*** he drives me nuts* • **la géométrie, ça me prend la ~*** geometry does my head in* • **j'y réfléchirai à ~ reposée** I'll think about it when I've got a quiet moment

ⓖ (*Football*) header • **faire une ~** to head the ball

ⓗ (*locutions*)

▸ **tête baissée foncer** *ou* **se jeter ~ baissée dans** to rush headlong into

▸ **la tête haute marcher la ~ haute** to walk with one's head held high

▸ **coup de tête** head-butt; (*fig*) sudden impulse • **donner un coup de ~ à qn** to head-butt sb • **agir sur un coup de ~** to act on impulse

▸ **à la tête de à la ~ du cortège** at the head of the procession • **être à la ~ d'un mouvement/d'une affaire** (= *diriger*) to head a movement/a business • **se trouver à la ~ d'une petite fortune** to find o.s. the owner of a small fortune

▸ **de la tête aux pieds** from head to foot

▸ **en tête je n'ai plus le nom en ~** I can't recall the name • **se mettre en ~ de faire qch** to take it into one's head to do sth • **on monte en ~ ou en queue?** shall we get on at the front or the back? • **être en ~** to be in the lead • **dans les sondages, il arrive largement en ~** he's well ahead in the polls • **en ~ de phrase** at the beginning of the sentence • **être en ~ de liste** to come at the top of the list • **il arrive en ~ du scrutin** he's leading in the elections

2 COMPOSÉS

▸ **tête d'affiche** top of the bill • **être la ~ d'affiche** to be top of the bill ▸ **tête brûlée** (= *baroudeur*) desperado ▸ **tête d'enregistrement** recording head ▸ **tête de lecture** [*de magnétophone, magnétoscope*] play-back head; (*Informatique*) reading head ▸ **tête de ligne** terminus ▸ **tête de liste** (*Politique*) chief candidate (*in list system of voting*) ▸ **tête de lit** bedhead ▸ **tête de mort** (= *emblème*) death's-head; (*sur pavillon*) skull and crossbones ▸ **tête de nœud**** dickhead** ▸ **tête nucléaire** nuclear warhead ▸ **tête de série** (*Tennis*) seeded player • **il est ~ de série numéro 2** he's the number 2 seed ▸ **tête de Turc** whipping boy

tête-à-queue [tɛtakø] (NM INV) spin • **faire un ~** [*voiture*] to spin round

tête-à-tête [tɛtatɛt] (NM INV) (= *conversation*) tête-à-tête ▸ **en tête-à-tête** alone together • **discussion en ~** discussion in private • **on a dîné en ~** the two of us had dinner together

tétée [tete] (NF) (= *repas, lait*) feed (*Brit*), nursing (*US*) • **pendant la ~** while the baby is feeding

téter [tete] /TABLE 6/ **1** (VT) [+ *biberon, sein*] to suck at • **~ sa mère** to suck at one's mother's breast **2** (VI) to feed

tétine [tetin] (NF) [*de biberon*] teat (*Brit*), nipple (*US*); (= *sucette*) dummy (*Brit*), pacifier (*US*)

tétraplégique [tetʀapleʒik] (ADJ, NMF) tetraplegic

tétras [tetʀa(s)] (NM) grouse

têtu, e [tety] **1** (ADJ) stubborn • **~ comme une mule** as stubborn as a mule **2** (NM,F) **c'est un ~** he's stubborn

teuf* [tœf] (NF) party • **faire la ~** to party

texan, e [tɛksɑ̃, an] **1** (ADJ) Texan **2** (NM,F) **Texan(e)** Texan

texte [tɛkst] **1** (NM) ⓐ text • **lire Shakespeare dans le ~** to read Shakespeare in the original • **« ~ et illustrations de Julien Leduc »** "written and illustrated by Julien Leduc" • **apprendre son ~** [*acteur*] to learn one's lines • **il écrit lui-même le ~ de ses chansons** he writes his own lyrics ⓑ (= *fragment*) passage • **~s choisis** selected passages • **expliquez ce ~ de Gide** comment on this passage from Gide ⓒ (= *énoncé*) [*de dissertation*] subject **2** (COMP) ▸ **texte libre** free composition ▸ **texte de loi** (*adopté*) law; (*en discussion*) bill

texter [tɛkste] /TABLE 1/ (VTI) to text

texteur [tɛkstœʀ] (NM) word processor

textile [tɛkstil] (NM) ⓐ (= *matière*) textile • **~s synthétiques** synthetic fibres ⓑ **le ~** (= *industrie*) the textile industry

Texto® [tɛksto] (NM) text message • **envoyer un ~ à qn** to text sb

texto* [tɛksto] (ADV) word for word

textoter [tɛkstɔte] /TABLE 1/ (VTI) to text

textuel, -elle [tɛkstɥɛl] (ADJ) ⓐ (= *conforme au texte*) [*traduction*] literal; [*copie, citation*] exact • **elle m'a dit d'aller me faire cuire un œuf : ~ !*** she told me to get lost - those were her very words! ⓑ (= *du texte*) textual

textuellement [tɛkstɥɛlmɑ̃] (ADV) literally • **alors il m'a dit, ~, que j'étais un imbécile** so he told me I was a fool - those were his very words

texture [tɛkstyʀ] (NF) texture

TF1 [teɛfœ̃] (N) (ABR DE **Télévision française un**) *private French television channel*

TGV [teʒeve] (NM) (ABR DE **train à grande vitesse**) high-speed train

thaï [taj] (ADJ) Thai

thaïlandais, e [tajlɑ̃dɛ, ɛz] **1** (ADJ) Thai **2** (NM,F) **Thaïlandais(e)** Thai

Thaïlande [tailɑ̃d] (NF) Thailand

thalassothérapie [talasoteʀapi] (NF) thalassotherapy

thé [te] (NM) tea • **~ de Chine** China tea • **~ vert/noir** green/black tea • **~ au lait/nature** tea with milk/without milk • **~ glacé** iced tea • **~ au citron/au jasmin** lemon/jasmine tea • **faire le** *ou* **du ~** to make some tea • **prendre le ~** to have tea • **à l'heure du ~** at teatime ▸ **thé dansant** tea dance

théâtral, e (*mpl* **-aux**) [teɑtʀal, o] (ADJ) theatrical; [*rubrique, chronique, saison*] theatre (*Brit*), theater (*US*)

théâtre [teɑtʀ] (NM) ⓐ theatre (*Brit*), theater (*US*) • **faire du ~** (*comme acteur*) to be an actor; (*comme metteur en scène*) to be in the theatre • **elle a fait du ~** she has done some acting • **elle veut faire du ~** she wants to go on the stage • **cours de ~** drama lessons • **~ d'essai** experimental theatre • **il fait du ~ d'amateur** he's involved in amateur dramatics • **le ~ de boulevard** light comedies (*as performed in the theatres of the Paris Boulevards*) • **~ de rue** street theatre • **~ de marionnettes** puppet theatre • **~ de verdure** open-air theatre • **~ d'ombres** shadow theatre ▸ **de théâtre** [*accessoires, costumes, décors*] stage • **homme/femme de ~** man/woman of the theatre • **les gens de ~** people who work in the theatre • **directeur de ~** theatre director • **festival de ~** drama festival ▸ **coup de théâtre** dramatic turn of events ⓑ [*d'événement, crime*] scene • **le ~ des opérations** (*militaires*) the theatre of operations

théière [tejɛʀ] (NF) teapot

thématique [tematik] (ADJ) thematic; [*chaîne de télévision*] specialized • **index ~** subject index

thème [tɛm] (NM) ⓐ (= *sujet*) theme • **ce livre propose plusieurs ~s de réflexion** this book raises several issues ⓑ (= *traduction*) translation (*into a foreign language*) ⓒ **~ astral** birth chart

théologie [teɔlɔʒi] (NF) theology

théologien, -ienne [teɔlɔʒjɛ̃, jɛn] (NM,F) theologian

théorème [teɔʀɛm] (NM) theorem

théoricien, -ienne [teɔʀisjɛ̃, jɛn] (NM,F) theorist

théorie [teɔʀi] (NF) theory • **en ~** in theory

théorique [teɔʀik] (ADJ) theoretical

théoriquement [teɔʀikmɑ̃] (ADV) theoretically

thérapeute [teʀapøt] (NMF) therapist

thérapeutique [teʀapøtik] (ADJ) [*usage, effet*] therapeutic • **les moyens ~s actuels** current methods of treatment

thérapie [teʀapi] (NF) therapy • **~ de groupe** group therapy • **~ génique** gene therapy • **suivre une ~** to undergo therapy

thermal, e (*mpl* **-aux**) [tɛʀmal, o] (ADJ) [*source*] thermal • **cure ~e** water cure • **faire une cure ~e** to take the waters • **eaux ~es** hot springs • **établissement ~** water-cure establishment • **station ~e** spa • **ville ~e** spa town

thermes [tɛʀm] (NMPL) thermal baths

thermique [tɛʀmik] (ADJ) [*énergie*] thermic • **moteur ~** heat engine

thermomètre [tɛʀmɔmɛtʀ] (NM) thermometer • **le ~ indique 38°** the thermometer is at 38° • **le ~ monte** the temperature is rising

thermos® [tɛʀmos] (NM *ou* F) **(bouteille) ~** Thermos ® flask (*Brit*) *ou* bottle (*US*)

thermostat [tɛʀmɔsta] (NM) thermostat • **préchauffez le four, ~ 7** preheat the oven to gas mark 7

thésard, e* [tezaʀ, aʀd] (NM,F) PhD student

thésauriser [tezɔʀize] /TABLE 1/ **1** (VI) to hoard money **2** (VT) to hoard

thèse [tɛz] (NF) ⓐ thesis • **roman à ~** *novel expounding a philosophical or social message* ⓑ (= *diplôme, écrit*) thesis • **~ de doctorat (d'État)** PhD, doctoral thesis (*Brit*), doctoral dissertation (*US*) • **~ de 3ᵉ cycle** ≈ MA *ou* MSc thesis, ≈ Master's thesis • **selon la ~ officielle, il ...** the official line is that he ... • **la ~ du suicide a été écartée** suicide has been ruled out

thon [tɔ̃] (NM) tuna • **miettes de ~** flaked tuna • **~ au naturel/à l'huile** tuna in brine/in oil

Thora, Torah [tɔʀa] (NF) **la ~** the Torah

thoracique [tɔʀasik] (ADJ) **cage ~** rib cage

thorax [tɔʀaks] (NM) thorax

thriller○ [sʀilœʀ] (NM) (= *film, roman*) thriller

thrombose [tʀɔ̃boz] (NF) thrombosis • **~ veineuse profonde** deep vein thrombosis, DVT

thune⁑ [tyn] (NF) (= *argent*) **de la ~** • **des ~s** cash* • **j'ai plus une ~** I'm flat broke* • **il se fait pas mal de ~(s)** he makes loads of money*

thuya [tyja] (NM) thuja

thym [tɛ̃] (NM) thyme

thyroïde [tiʀɔid] (ADJ, NF) **(glande) ~** thyroid (gland)

tiare [tjaʀ] (NF) tiara • **coiffer la ~** (= *devenir pape*) to ascend the papal throne

Tibet [tibɛ] (NM) Tibet

tibétain, e [tibetɛ̃, ɛn] **1** (ADJ) Tibetan **2** (NM) (= *langue*) Tibetan **3** (NM,F) **Tibétain(e)** Tibetan

tibia [tibja] (NM) (= *os*) shinbone; (= *partie antérieure de la jambe*) shin

TIC (NFPL) (ABR DE **technologies de l'information et de la communication**) ICT

TICE [tis] (NFPL) (*Can*) (ABR DE **technologies de l'information et de la communication pour l'éducation**) ICT

tic [tik] (NM) tic; (= *manie*) mannerism • **~ (nerveux)** nervous tic • **~ verbal** *ou* **de langage** verbal tic • **c'est un ~ chez lui** (*manie*) it's a habit with him; (*geste*) it's a tic he has • **il est plein de ~s** he never stops twitching

ticket [tikɛ] (NM) ticket • **j'ai le** *ou* **un ~ avec sa sœur*** I've made a hit with his sister* ▸ **ticket de caisse** sales receipt ▸ **ticket d'entrée** entrance ticket ▸ **ticket modérateur** patient's contribution (*towards cost of medical treatment*)

ticket-repas (*pl* **tickets-repas**) [tikɛʀəpa] (NM) luncheon voucher (*Brit*), ≈ meal ticket (*US*)

ticket-restaurant® (*pl* **tickets-restaurant**) [tikɛʀɛstɔʀɑ̃] (NM) luncheon voucher (*Brit*), ≈ meal ticket (*US*)

tic-tac○ [tiktak] (NM INV) ticking • **faire ~** to tick

tie-break (*pl* **tie-breaks**) [tajbʀɛk] (NM) tie break • **il a remporté le premier set au ~** he won the first set on a tie-break

tiède [tjɛd] **1** (ADJ) **a** (*= refroidi*) [*boisson, bain*] (*désagréablement*) lukewarm, tepid; (*agréablement*) warm; (*= doux*) [*vent, température*] warm **b** [*sentiment, accueil, militant*] lukewarm **2** (ADV) **elle boit son café ~** she drinks her coffee lukewarm • **servir ~** (*dans une recette*) serve warm

tiédir [tjediʀ] /TABLE 2/ (VI) **a** (*= refroidir*) to cool down **b** (*= se réchauffer*) to grow warmer

tien, tienne [tjɛ̃, tjɛn] **1** (PRON POSS) **le tien** • **la tienne** • **les tiens** • **les tiennes** yours • **ce sac n'est pas le ~** this bag is not yours • **mes fils sont grands comparés aux ~s** my sons are big compared to yours • **à la tienne !*** cheers! **2** (NM) **les tiens** your family • **toi et tous les ~s** you and yours **→ sien**

tiendra [tjɛ̃dʀa] (VB) **→ tenir**

tient [tjɛ̃] (VB) **→ tenir**

tiercé [tjɛʀse] (NM) *French triple forecast system for horse-racing* • **gagner le ~ dans l'ordre/dans le désordre** to win on the tiercé with/without the right placings • **le ~ gagnant** the three winners

tiers [tjɛʀ] **1** (NM) **a** (*= fraction*) third • **les deux premiers ~ de l'année** the first two thirds of the year • **j'ai lu le** *ou* **un ~ du livre** I have read a third of the book • **j'en suis au ~** I'm a third of the way through • **remplissez la casserole aux deux ~** fill the pan two-thirds full **b** (*= troisième personne*) third party; (*= étranger, inconnu*) outsider • **il a appris la nouvelle par un ~** somebody else told him the news **2** (COMP) ▸ **tiers provisionnel** interim payment (*of tax*)

tiers-monde [tjɛʀmɔ̃d] (NM) **le ~** the Third World

tifs* [tif] (NMPL) hair

tige [tiʒ] (NF) [*de fleur, arbre*] stem; [*de céréales, graminées*] stalk

tignasse [tiɲas] (NF) (*= chevelure mal peignée*) mop of hair; (*= cheveux*)* hair

tigre [tigʀ] (NM) tiger • **~ royal** *ou* **du Bengale** Bengal tiger

tigré, e [tigʀe] (ADJ) (*= rayé*) striped • **chat ~** tabby cat

tigresse [tigʀɛs] (NF) tigress

tilde [tild(e)] (NM) tilde

tilleul [tijœl] (NM) (*= arbre*) lime tree; (*= infusion*) lime-blossom tea

tilt [tilt] (NM) **ça a fait ~*** it suddenly clicked

timbale [tɛ̃bal] (NF) **a** (*= instrument*) kettledrum • **les ~s** the timpani **b** (*= gobelet*) metal tumbler • **décrocher la ~** (*fig*) to hit the jackpot **c** (*= moule*) timbale mould • **~ de langouste** (*= mets*) lobster timbale

timbre [tɛ̃bʀ] (NM) **a** (*= vignette*) stamp • **~(-poste)** stamp • **~ fiscal** revenue stamp • **~ à la nicotine** *ou* **antitabac*** nicotine patch **b** [*d'instrument, voix*] timbre

timbré, e* [tɛ̃bʀe] *ptp de* **timbrer** **1** (ADJ) (*= fou*) nuts* **2** (NM,F) (*= fou*) nutcase*

timbrer [tɛ̃bʀe] /TABLE 1/ (VT) [*+ lettre, envoi*] to stamp • **« joindre une enveloppe timbrée »** "send a stamped addressed envelope"

timide [timid] (ADJ) **a** (*= embarrassé*) [*personne, air, sourire, voix*] shy, timid • **faussement ~** coy • **d'une voix ~** in a shy voice • **c'est un grand ~** he's awfully shy **b** (*= hésitant*) [*personne, critique, réponse, réforme*] timid; [*politique, reprise économique*] tentative • **une ~ amélioration de l'économie** a slight improvement in the economy • **des mesures ~s** half measures • **le soleil fera de ~s apparitions au nord** there will be intermittent sunshine in the north

timidement [timidmɑ̃] (ADV) **a** (*= gauchement*) shyly • **il l'a abordé ~** he approached her shyly **b** (*= légèrement*) **la région s'ouvre ~ au tourisme** the region is tentatively opening up to tourism

timidité [timidite] (NF) **a** (*= embarras*) [*de personne, air, sourire, voix, amoureux*] shyness, timidity • **avec ~** shyly, timidly • **il n'a pas osé, par ~** he didn't dare, he was too shy **b** (*= pusillanimité*) [*de personne, critique, réponse, tentative*] timidity

timing [tajmiŋ] (NM) timing

Timor [timɔʀ] (NM) **le ~ oriental** East Timor

timorais, e [timɔʀɛ, ɛz] **1** (ADJ) Timorese **2** (NM,F) **Timorais(e)** Timorese

timoré, e [timɔʀe] (ADJ) [*caractère, personne*] fearful

tintamarre [tɛ̃tamaʀ] (NM) racket

tinter [tɛ̃te] /TABLE 1/ (VI) [*cloche, sonnette*] to ring; [*clochette*] to tinkle; [*objets métalliques, pièces de monnaie*] to jingle; [*verres entrechoqués*] to clink

tintin* [tɛ̃tɛ̃] (EXCL) no way!* • **faire ~** to go without

TIP [tip] (NM) (ABR DE **titre interbancaire de paiement**) *payment slip allowing automatic withdrawal from a bank account*

tipi [tipi] (NM) teepee

TIPP [teipepe] (NF) (ABR DE **taxe intérieure sur les produits pétroliers**) fuel tax

tique [tik] (NF) (*= parasite*) tick

tiquer [tike] /TABLE 1/ (VI) [*personne*] to make a face • **il n'a pas tiqué** he didn't bat an eyelid

tir [tiʀ] **1** (NM) **a** (*= discipline sportive ou militaire*) shooting • **~ au pistolet/à la carabine** pistol/rifle shooting **b** (*= action de tirer*) firing NonC • **en position de ~** in firing position • **commander/déclencher le ~** to order/set off the firing • **corriger** *ou* **rectifier le ~** (*fig*) to make some adjustments **c** (*= feu, rafales*) fire NonC • **~s de roquettes** rocket fire • **être pris sous des ~s croisés** to be caught in the crossfire **d** (*Football*) shot • **épreuve des ~s au but** penalty shoot-out **e** (*= stand*) **~ (forain)** shooting gallery **f** [*d'engin spatial*] launch **2** (COMP) ▸ **tir à l'arc** archery

tirade [tiʀad] (NF) (*Théât*) speech; (*péj*) tirade

tirage [tiʀaʒ] **1** (NM) **a** (*Photo, Typo*) (*= action*) printing; (*= épreuve*) print **b** [*de journal*] circulation; [*de livre*] (*= nombre d'exemplaires*) print run; (*= édition*) edition • **~ de luxe/limité** de luxe/limited edition • **quel est le ~ de cet ouvrage ?** how many copies of this work were printed? **c** [*de cheminée*] draught (*Brit*), draft (*US*) **d** [*de loterie*] draw • **le ~ des numéros gagnants** the draw for the winning numbers **2** (COMP) ▸ **tirage au sort** drawing lots • **procéder par ~ au sort** to draw lots • **le gagnant sera désigné par ~ au sort** the winner will be chosen by drawing lots

tiraillements [tiʀɑjmɑ̃] (NMPL) (*= hésitations*) agonizing; (*= conflits*) conflict NonC

tirailler [tiʀɑje] /TABLE 1/ (VT) **a** [*douleurs*] to gnaw at • **douleurs qui tiraillent l'estomac** gnawing pains in the stomach **b** [*doutes, remords*] to plague • **être tiraillé**

t

entre plusieurs possibilités to be torn between several possibilities

tire [tiʀ] (NF) ⓐ (*= action*) **vol à la ~** picking pockets • **voleur à la ~** pickpocket ⓑ (*= voiture*)* car ⓒ (*Can*) (*= caramel*) toffee → SUCRE

tiré, e [tiʀe] *ptp de* **tirer** (ADJ) (*= tendu*) [*traits, visage*] drawn • **avoir les traits ~s** to look drawn • **les cheveux ~s en arrière** with one's hair pulled back • **~ à quatre épingles** dressed up to the nines* • **~ par les cheveux** (*fig*) far-fetched

tire-au-flanc* [tiʀoflɑ̃] (NMF INV) skiver* (*Brit*), shirker

tire-bouchon (*pl* **tire-bouchons**) [tiʀbuʃɔ̃] (NM) (*= ustensile*) corkscrew

tire-d'aile [tiʀdɛl] **à ~** (LOC ADV) **passer à ~** to pass by in full flight • **s'envoler à ~** to take flight in a flurry of feathers

tire-fesse(s)* (*pl* **tire-fesses**) [tiʀfɛs] (NM) ski tow; (*à archet*) T-bar tow

tirelire [tiʀliʀ] (NF) (*= récipient*) moneybox; (*en forme de cochon*) piggy bank • **casser la ~** to break open the piggy bank

tirer [tiʀe] /TABLE 1/ **1** (VT) ⓐ (*= amener vers soi*) [*+ pièce mobile, poignée, corde*] to pull; (*vers le bas*) to pull down; (*vers le haut*) to pull up; [*+ rideaux*] to draw; [*+ tiroir*] to pull open; [*+ verrou*] (*= fermer*) to slide to; (*= ouvrir*) to draw • **tire la porte** pull the door to • **as-tu tiré le verrou?** have you bolted the door? • **~ les cheveux à qn** to pull sb's hair • **~ qn par le bras** to pull sb by the arm • **~ qn par la manche** to tug sb's sleeve • **~ qn à l'écart** to draw sb aside

▸ **tirer sur** [*+ corde, poignée, rênes*] to pull on; [*+ pipe, cigarette, cigare*] to puff at • **~ sur la ficelle*** *ou* **la corde*** (*fig*) to push one's luck* • **un vert qui tire sur le bleu** a bluish green • **il tire sur la soixantaine** he's going on sixty

ⓑ (*= remorquer*) [*+ véhicule, charge*] to pull; [*+ navire, remorque*] to tow

ⓒ (*= sortir*) [*+ épée, couteau, vin, cidre*] to draw • **~ un son d'un instrument** to get a sound out of an instrument • **~ qn du sommeil** to arouse sb from sleep • **~ qn du lit** to get sb out of bed • **~ qn de son travail** to take sb away from his work • **ce bruit le tira de sa rêverie** the noise brought him out of his daydream • **~ des larmes à qn** to make sb cry

ⓓ (*= obtenir*) [*+ conclusion, idée, plaisir, satisfaction*] to draw (**de** from) • **~ de l'argent d'une activité** to make money from an activity • **il a tiré 4 000 € de sa vieille voiture** he managed to get 4,000 euros for his old car • **~ de l'argent de qn** to get money out of sb • **on ne peut rien en ~** (*enfant têtu*) you can't do anything with him; (*personne qui refuse de parler*) you can't get anything out of him

ⓔ (*= délivrer*) **~ qn de prison/d'une situation dangereuse** to get sb out of prison/of a dangerous situation • **~ qn du doute** to dispel sb's doubts • **~ qn de la misère** to rescue sb from poverty • **il faut le ~ de là** we'll have to help him out

ⓕ (*indiquant l'origine*) **mots tirés du latin** words taken from Latin • **~ son nom de** to take one's name from • **pièce tirée d'un roman** play taken from a novel • **l'opium est tiré du pavot** opium is obtained from poppies • **~ une substance d'une matière première** to extract a substance from a raw material

ⓖ (*Jeux*) [*+ billet, numéro, loterie*] to draw; [*+ carte*] to pick • **~ les cartes** to give a reading • **~ qch au sort** to draw lots for sth • **~ les rois** (*à l'Épiphanie*) to cut the Twelfth Night cake • **~ la fève** to win the charm

ⓗ (*Photo, Typo*) to print • **ce journal est tiré à 100 000 exemplaires** this paper has a circulation of 100,000 • **~ un roman à 8 000 exemplaires** to print 8,000 copies of a novel

ⓘ (*= tracer*) [*+ ligne, trait*] to draw; [*+ plan*] to draw up

ⓙ [*+ coup de feu, balle*] to fire; [*+ flèche, gibier*] to shoot; [*+ feu d'artifice*] to set off • **il a tiré plusieurs coups de revolver sur l'agent** he fired several shots at the policeman • **~ un coup**** to have it off**

ⓚ (*Football*) to shoot • **~ un corner/un penalty** to take a corner/a penalty

ⓛ [*+ chèque, lettre de change*] to draw • **~ de l'argent sur son compte** to draw money out of one's account • **prête-moi ta carte bleue pour que j'aille ~ de l'argent** lend me your credit card so that I can go and get some money out

ⓜ (*Naut*) **~ 6 mètres** to draw 6 metres of water

ⓝ (*= passer*)* to get through • **encore une heure/un mois à ~** another hour/month to get through • **~ deux ans de prison** to do two years in prison • **voilà une semaine de tirée** that's one week over with

ⓞ (*= voler*)* to pinch* • **il s'est fait ~ son blouson** he got his jacket pinched*

2 (VI) ⓐ to pull • **tirez ici** pull here

ⓑ (*= faire feu*) to fire; (*= se servir d'une arme à feu, viser*) to shoot • **il leur a donné l'ordre de ~** he gave the order for them to fire • **apprendre à ~** to learn to shoot • **~ sur qn/qch** to shoot at sb/sth • **il m'a tiré dessus** he shot at me • **~ à la carabine** to shoot with a rifle • **~ en l'air** to fire into the air • **~ à vue** to shoot on sight • **il lui a tiré dans le dos** he shot him in the back; (*fig*) he stabbed him in the back • **~ dans les pattes de qn*** to make life difficult for sb

ⓒ (*Sport, Football*) to shoot • **~ au but** to take a shot at goal

ⓓ (*Presse*) **~ à 10 000 exemplaires** to have a circulation of 10,000

ⓔ [*cheminée, poêle*] to draw • **la cheminée tire bien** the chimney draws well

ⓕ [*moteur, voiture*] to pull • **le moteur tire bien en côte** the engine pulls well on hills

ⓖ [*points de suture, sparadrap*] to pull • **le matin, j'ai la peau qui tire** my skin feels tight in the morning

ⓗ (*locutions*)

▸ **tirer à sa fin** [*journée*] to be drawing to a close; [*épreuve*] to be nearly over; [*provisions*] to be nearly finished

▸ **tirer au flanc*** to skive* (*Brit*), to shirk

3 (VPR) **se tirer** ⓐ **se ~ de** [*+ danger, situation*] to get o.s. out of • **il s'est tiré sans dommage de l'accident** he came out of the accident unharmed • **sa voiture était en mille morceaux mais lui s'en est tiré** his car was smashed to pieces but he escaped unharmed • **il est très malade mais je crois qu'il va s'en ~** he's very ill but I think he'll pull through • **cette fois il ne va pas s'en ~ si facilement** he won't get off so lightly this time • **il s'en est tiré avec une amende** he got off with a fine • **il s'en est tiré avec une jambe cassée** he got out of it with a broken leg

ⓑ **bien/mal se ~ de qch** [*+ tâche*] to handle sth well/badly • **comment va-t-il se ~ de ce sujet/travail?** how will he cope with this subject/job? • **les questions**

étaient difficiles mais il s'en est bien tiré the questions were difficult but he handled them well • **on s'en tire tout juste** we just scrape by

ⓒ (= *déguerpir*)* to clear off* • **allez, on se tire** come on, let's be off • **il s'est tiré** he's gone • **il s'est tiré avec la caisse** he ran off with the money

tiret [tiʀɛ] (NM) (= *trait*) dash

tireur, -euse [tiʀœʀ, øz] (NM,F) ⓐ (*avec arme à feu*) ~ **embusqué** sniper • ~ **isolé** lone gunman • ~ **d'élite** marksman • **c'est un bon** ~ he's a good shot ⓑ ~ **de cartes** fortune-teller

tiroir [tiʀwaʀ] (NM) drawer

tiroir-caisse (*pl* **tiroirs-caisses**) [tiʀwaʀkɛs] (NM) till, cash register

tisane [tizan] (NF) (= *boisson*) herbal tea

tissage [tisaʒ] (NM) weaving

tisser [tise] /TABLE 1/ (VT) to weave; [+ *liens*] to forge; [+ *réseau de relations*] to build up • **l'araignée tisse sa toile** the spider spins its web

tisserand, e [tisʀɑ̃, ɑ̃d] (NM,F) weaver

tissu [tisy] 1 (NM) ⓐ (= *étoffe*) material • **~s d'ameublement** upholstery fabric • **un ~ de mensonges** a tissue of lies ⓑ (= *cellules*) tissue • **~ sanguin/osseux** blood/bone tissue ⓒ (*Sociol*) **le ~ social/urbain** the social/urban fabric 2 (COMP) ▸**tissu-éponge** NM (*pl* **tissus-éponge**) towelling *NonC* (*Brit*) *ou* toweling *NonC* (*US*)

titanesque [titanɛsk] (ADJ) titanic

titiller [titije] /TABLE 1/ (VT) (*littér ou hum*) (= *exciter*) to titillate; (= *chatouiller*) to tickle; (= *agacer pour provoquer*) to tease • **l'envie le titillait de devenir comédien** he was quite taken with the idea of becoming an actor

titre [titʀ(ə)] (NM) ⓐ [*d'œuvre*] title; (= *manchette de journal*) headline • **les (gros) ~s** the headlines

ⓑ (*honorifique, de fonction, sportif*) title; (= *formule de politesse*) form of address • **~ de noblesse** title

▸**en titre** titular; [*propriétaire*] legal; [*fournisseur*] appointed • **le champion du monde en ~** the world title-holder

ⓒ (= *document*) title • **~ de propriété** title deed • **~ de séjour** residence permit • **~ de transport** ticket • **~ interbancaire de paiement** *payment slip allowing automatic withdrawal from a bank account*

ⓓ (*Bourse*) security

ⓔ (= *preuve de capacité, diplôme*) qualification • **~s universitaires** academic qualifications

ⓕ [*d'or, argent*] fineness; [*de solution*] titre • **~ d'alcool** *ou* **alcoolique** alcohol content

ⓖ (*locutions*) **à ce ~** (= *en cette qualité*) as such; (= *pour cette raison*) therefore • **à quel ~?** on what grounds? • **il y a droit au même ~ que les autres** he is entitled to it in the same way as the others • **à plusieurs ~s** on several accounts • **à plus d'un ~** on more than one account • **à double ~** on two accounts • **à ~ privé/personnel** in a private/personal capacity • **à ~ permanent/provisoire** on a permanent/temporary basis • **à ~ exceptionnel** (*dans ce cas*) exceptionally; (*dans certains cas*) in exceptional cases • **à ~ gratuit** *ou* **gracieux** free of charge • **à ~ d'exemple** by way of example

titrer [titʀe] /TABLE 1/ (VT) ⓐ (*Presse*) to run as a headline • **~ sur 5 colonnes: «Défaite de la droite»** to run a 5-column headline: "Defeat of the Right" ⓑ [*alcool, vin*] **~ 10°/38°** to be 10°/38° proof (*on the Gay Lussac scale*), ≈ to be 17°/66° proof

titubant, e [titybɑ̃, ɑ̃t] (ADJ) staggering

tituber [titybe] /TABLE 1/ (VI) [*personne*] to stagger • **il avança vers nous/sortit de la cuisine en titubant** he came staggering towards us/out of the kitchen

titulaire [titylɛʀ] 1 (ADJ) [*professeur*] (*au collège*) fully qualified; (*à l'université*) with tenure • **être ~ de** [+ *chaire, permis, diplôme, carte, compte*] to hold 2 (NMF) [*de permis, compte bancaire, carte de crédit, passeport*] holder; [*de poste*] incumbent

titulariser [titylaʀize] /TABLE 1/ (VT) [+ *enseignant, fonctionnaire*] to give a permanent appointment to; [+ *professeur d'université*] to give tenure to; [+ *sportif*] to pick

TMS [teɛmɛs] (NMPL) (ABR DE **troubles musculosquelettiques**) MSDs (= *musculoskeletal disorders*)

TNT [teɛnte] (NF) (ABR DE **Télévision numérique terrestre**) digital television

toast [tost] (NM) ⓐ (= *pain grillé*) piece of toast ⓑ (= *discours*) toast • **porter un ~ en l'honneur de qn** to drink a toast to sb

tobagonien, -ienne [tobagɔnjɛ̃, jɛn] 1 (ADJ) Tobagonian 2 (NM,F) **Tobagonien(ne)** Tobagonian

toboggan [tɔbɔgɑ̃] (NM) ⓐ (= *glissière, jeu*) slide; [*de piscine*] waterslide • **faire du ~** to play on a slide ⓑ (= *traîneau*) toboggan • **faire du ~** to go tobogganing ⓒ [*d'avion*] emergency chute

toc [tɔk] 1 (NM) (= *faux*)* **c'est du ~** (= *imitation, faux*) it's a fake; (= *camelote*) it's trash • **en ~** [*bijou*] fake 2 (EXCL) **~ ~!** knock knock! • **et ~!** so there!*

TOC [tɔk] (NM) (ABR DE *trouble obsessionnel compulsif*) OCD

tocsin [tɔksɛ̃] (NM) alarm bell • **sonner le ~** to ring the alarm

toge [tɔʒ] (NF) [*de magistrat, étudiant*] gown

Togo [tɔgo] (NM) Togo

togolais, e [tɔgɔlɛ, ɛz] 1 (ADJ) of *ou* from Togo 2 (NM,F) **Togolais(e)** native of Togo

tohu-bohu° [tɔybɔy] (NM) (= *tumulte*) hubbub

toi [twa] (PRON PERS) ⓐ (*sujet, objet*) you • **il a accepté, ~ non** *ou* **pas ~** he accepted but you didn't • **qui l'a vu? ~?** who saw him? did you? • **~ qui y es déjà allé, comment c'est?** you've been there, what's it like? • **tu l'as vu, ~?** have you seen him? • **il me connaît mieux que ~** (*qu'il ne te connaît*) he knows me better than you; (*que tu ne me connais*) he knows me better than you do • **~, je te connais** I know you • **aide-moi, ~!** hey you*, give me a hand!

ⓑ (*avec verbe pronominal*) **assieds-~!** sit down! • **~, tais-~!** you be quiet!

ⓒ (*avec préposition*) you • **je compte sur ~** I'm counting on you • **tu ne penses qu'à ~** you only think of yourself • **cette maison est-elle à ~?** is this house yours?

toile [twal] 1 (NF) ⓐ (= *tissu*) cloth *NonC*; (*grossière, de chanvre*) canvas *NonC* • **~ de lin/de coton** linen/cotton • **en ~** • **de ~** [*draps*] linen; [*pantalon, blazer*] heavy cotton; [*sac*] canvas

ⓑ (= *morceau*) piece of cloth

ⓒ (= *tableau*) painting • **une ~ de maître** an old master

ⓓ (= *voiles*) sails • **faire de la/réduire la ~** to make/take in sail

ⓔ [*d'araignée*] web • **~ d'araignée** spider's web • **le grenier est plein de ~s d'araignées** the attic is full of cobwebs

ⓕ (*Internet*) **la Toile** the Web

ⓖ (= *film*)* film • **se faire une ~** to go and see a film

2 (COMP) ▸**toile cirée** oilcloth ▸**toile émeri** emery cloth ▸**toile de fond** **en ~ de fond** in the background

t

• **une histoire d'amour, avec en ~ de fond la guerre** a love story set against the backdrop of the war ▸**toile goudronnée** tarpaulin ▸**toile de jute** hessian ▸**toile de tente** (*Camping*) canvas

toilettage [twaletaʒ] NM [*de chien*] grooming • **« salon de ~ »** "grooming parlour"

toilette [twalɛt] **1** NF **a** (= *ablutions*) **faire sa ~** to have a wash • **faire une ~ rapide** *ou* **un brin de ~** to have a quick wash • **~ intime** personal hygiene • **la ~ des enfants prend toujours du temps** it always takes a long time to get the children washed • **produits de ~** toiletries • **j'ai oublié mes affaires de ~** I've forgotten my washbag • **faire la ~ d'un mort** to lay out a corpse • **(table de) ~** (*pour lavabo*) washstand; (= *coiffeuse*) dressing table → **cabinet, gant, trousse**

b (= *nettoyage*) **faire la ~ de** [+ *voiture*] to clean; [+ *monument, maison*] to give a face-lift to; [+ *texte*] to tidy up

c [*d'animal*] **faire sa ~** to wash itself

d (= *costume*) outfit • **elle a changé trois fois de ~** she's changed her outfit three times

2 NFPL **toilettes** (= *WC*) toilet, bathroom (*US*); (*publiques*) public lavatory, restroom (*US*) • **aller aux ~s** to go to the toilet • **où sont les ~s ?** (*dans un lieu public*) where's the toilet? *ou* the restroom? (*US*); (*pour femmes*) where's the ladies' room? *ou* the ladies?* (*Brit*); (*pour hommes*) where's the men's room? *ou* the gents?* (*Brit*)

toiletter [twalete] /TABLE 1/ VT [+ *chien, chat*] to groom

toiletteur, -euse [twaletœʀ, øz] NM,F **~ (pour chiens)** (dog) groomer

toi-même [twamɛm] PRON yourself

toiser [twaze] /TABLE 1/ VT to look up and down • **~ qn de haut** to look down on sb

toison [twazɔ̃] NF **a** [*de mouton*] fleece • **la Toison d'or** the Golden Fleece **b** (= *chevelure*) (*épaisse*) mop; (*longue*) mane

toit [twa] NM roof • **~ de chaume/de tuiles/d'ardoises** thatched/tiled/slate roof • **~ plat** *ou* **en terrasse** flat roof • **habiter sous les ~s** to live in an attic flat (*Brit*) *ou* apartment (*US*) (*with a sloping ceiling*) • **voiture à ~ ouvrant** car with a sunroof • **avoir un ~ sur la tête** to have a roof over one's head • **vivre sous le même ~** to live under the same roof • **recevoir qn sous son ~** to have sb as a guest in one's house

toiture [twatyʀ] NF roof

Tokyo [tɔkjo] N Tokyo

tôle [tol] NF **a** (= *matériau*) sheet metal *NonC*; (= *pièce*) metal sheet • **~ ondulée** corrugated iron **b*** = **taule**

tolérable [tɔleʀabl] ADJ tolerable • **cette attitude n'est pas ~** this attitude is intolerable

tolérance [tɔleʀɑ̃s] NF **a** (= *compréhension*) tolerance (**à l'égard de, envers** toward(s)) • **faire preuve de ~** to be tolerant (**à l'égard de, envers** with) **b** (= *liberté limitée*) **c'est une ~, pas un droit** it's tolerated rather than allowed as of right • **il y a une ~ de 2 litres d'alcool/200 cigarettes** (*à la douane*) there's an allowance of 2 litres of spirits/200 cigarettes • **~ orthographique** permitted departure in spelling **c** (*à un médicament*) tolerance • **~ aux antibiotiques** antibiotic tolerance

tolérant, e [tɔleʀɑ̃, ɑ̃t] ADJ tolerant • **il est trop ~ avec ses élèves** he's too lenient with his pupils

tolérer [tɔleʀe] /TABLE 6/ VT **a** (= *ne pas sévir contre*) [+ *culte, pratiques, abus*] to tolerate; (= *autoriser*) to allow • **ils tolèrent un excédent de bagages de 15 kg** they allow 15kg excess baggage **b** (= *supporter*) [+ *comportement, excentricités, personne*] to tolerate; [+ *douleur*] to bear • **je ne tolérerai pas cette impertinence** I will not tolerate this impertinence • **il ne tolère pas qu'on le contredise** he won't tolerate being contradicted • **il ne tolère pas l'alcool** he can't take alcohol

tollé [tɔ(l)le] NM outcry • **ce fut un ~ (général)** there was a general outcry

TOM [tɔm] NM (ABR DE **territoire d'outre-mer**) overseas territory → DOM-TOM

tomahawk [tɔmaok] NM tomahawk

tomate [tɔmat] NF tomato • **~s farcies** stuffed tomatoes • **~s cerises** cherry tomatoes

tomawak [tɔmawak] NM = **tomahawk**

tombal, e (*mpl* **tombals** *ou* **tombaux**) [tɔ̃bal, o] ADJ **pierre ~e** gravestone

tombant, e [tɔ̃bɑ̃, ɑ̃t] ADJ [*épaules*] sloping; [*moustache, paupières*] drooping; [*bouche*] down-turned; [*oreilles de chien*] floppy

tombe [tɔ̃b] NF grave; (*avec monument*) tomb; (= *pierre*) tombstone • **aller sur la ~ de qn** to visit sb's grave • **muet comme une ~** as silent as the grave

tombeau (*pl* **tombeaux**) [tɔ̃bo] NM tomb • **mettre qn au ~** to commit sb to the grave • **mise au ~** entombment

tombée [tɔ̃be] NF **(à) la ~ de la nuit** (at) nightfall • **(à) la ~ du jour** (at) the close of the day

---

tomber [tɔ̃be] /TABLE 1/

1 VERBE INTRANSITIF	**2** VERBE TRANSITIF

> **tomber** is conjugated with **être**, unless it has an object, when the auxiliary is **avoir**.

> Lorsque **tomber** fait partie d'une locution comme **tomber amoureux**, **tomber de sommeil**, reportez-vous aussi à l'autre mot.

1 VERBE INTRANSITIF

a to fall; [*échafaudage, mur*] to fall down; [*cheveux*] to fall out • **il est tombé et s'est cassé la jambe** he fell and broke his leg • **~ par terre** to fall down • **se laisser ~ dans un fauteuil** to fall into an armchair • **attention ! tu vas ~** careful! you'll fall • **~ à l'eau** to fall into the water; (*fig*) to fall through • **~ d'un arbre** to fall out of a tree • **~ d'une chaise** to fall off a chair • **~ d'une échelle** to fall off a ladder • **~ de cheval** to fall off one's horse • **~ de haut** to fall from a height; (*fig*) to come down with a bump • **il est tombé sur la tête !*** he must be mad! • **la nouvelle vient de ~ à l'instant** the news has just come through • **un fax vient de ~** a fax has just come through ▸**faire tomber** to knock down; (*en renversant*) to knock over; (*en lâchant*) to drop; [+ *température, prix*] to bring down • **le chien l'a fait ~** the dog knocked him over • **faire ~ le gouvernement** to bring down the government

b *neige, pluie* to fall; [*brouillard*] to come down • **la nuit tombe** it's getting dark • **il tombe de la neige** it's snowing • **qu'est-ce qu'il tombe !*** it's coming down in buckets!* • **il tombe quelques gouttes** it's raining slightly • **la foudre est tombée tout près** the lightning has struck nearby

c (= baisser) to drop; [jour] to draw to a close; [prix, nombre] to fall; [colère] to die down; [assurance, enthousiasme] to fall away • **le dollar est tombé à 2 €** the dollar has fallen to 2 euros • **les prix ne sont jamais tombés aussi bas** prices have reached an all-time low • **ils sont tombés bien bas** they've sunk really low

d (= disparaître) [obstacle, objection] to disappear; [record] to fall • **l'as et le roi sont tombés** the ace and king have been played

e (= pendre) to hang • **sa jupe tombe bien** her skirt hangs nicely • **ses cheveux lui tombaient sur les épaules** his hair came down to his shoulders • **les rideaux tombaient jusqu'au plancher** the curtains came down to the floor

f (= échoir) [date, choix, sort] to fall; [verdict, sanction] to be pronounced • **les deux concerts tombent le même jour** the two concerts fall on the same day

g (= arriver, se produire) **il est tombé en pleine réunion** he walked straight into a meeting • **bien ~** (moment) to come at the right moment; (chance) to be lucky • **mal ~** (moment) to come at the wrong moment; (chance) to be unlucky • **ça tombe bien** that's fortunate • **il est vraiment bien/mal tombé avec son nouveau patron** he's really lucky/unlucky with his new boss • **ça tombe à pic*** that's perfect timing • **ça ne pouvait pas mieux ~** it couldn't have come at a better time

h (= être arrêté)** to get busted*

i (locutions)

▸ **laisser tomber** to drop • **il a voulu faire du droit mais il a vite laissé ~** he wanted to do law but he soon dropped it • **la famille nous a bien laissé ~** the family really let us down • **laisse ~ !*** forget it!; (irritation) give it a rest!*

▸ **tomber dans** to fall into • **~ dans l'eau** to fall into the water • **~ dans la misère** to become destitute • **~ dans le coma** to fall into a coma • **son œuvre est tombée dans l'oubli** his work fell into oblivion

▸ **tomber sur** (= rencontrer par hasard) to run into; (= trouver par hasard) to come across; (= critiquer)* to go for* • **~ sur le dos** to fall on one's back • **j'ai eu la chance de ~ sur un spécialiste** I was lucky enough to come across a specialist • **en prenant cette rue, vous tombez sur la gare** if you go along this street, you'll find the station • **je suis tombé sur une vieille photo** I came across an old photo • **on a tiré au sort et c'est tombé sur moi** we drew straws and I was the lucky winner • **et il a fallu que ça tombe sur moi !** it just had to be me! • **il m'est tombé sur le râble*** *ou* **le dos*** he laid into me*

▸ **tomber dessus*** **il nous est tombé dessus le jour de Noël** he landed on us on Christmas Day* • **une quantité de problèmes leur est tombée dessus** they had a whole series of problems • **ils nous sont tombés dessus à huit contre trois** eight of them laid into the three of us*

2 VERBE TRANSITIF

a (Sport) (= vaincre)* to throw

b (= séduire)* **il les tombe toutes** he's a real ladykiller

c (= retirer)* **~ la veste** to slip off one's jacket

tombeur, -euse [tɔ̃bœʀ, øz] (NM,F) **a** (= adversaire) **le/la ~ du tenant du titre** the man/woman who defeated the title holder **b** (= séducteur)* seducer (*ou* seductress)

tombola [tɔ̃bɔla] (NF) tombola

tome [tɔm] (NM) (= volume) volume

tomme [tɔm] (NF) *kind of cheese*

ton¹ [tɔ̃], **ta** [ta] (*pl* **tes** [te]) (ADJ POSS) your • **~ fils et ta fille** your son and daughter • **tes parents** your parents • **tu as de la chance d'avoir ~ samedi*** you're lucky to have Saturdays off • **ferme donc ta porte !** shut the door behind you! → TUTOIEMENT/VOUVOIEMENT

ton² [tɔ̃] (NM) **a** (= hauteur de la voix) pitch; (= timbre) tone; (= manière de parler) tone of voice • **~ aigu/grave** shrill/low pitch • **~ nasillard** twang • **d'un ~ détaché/brusque** in a detached/an abrupt tone of voice • **d'un ~ sec** curtly • **avec un ~ de supériorité** in a superior tone • **sur le ~ de la conversation/plaisanterie** conversationally/jokingly • **le ~ est à la conciliation** the prevailing mood is one of conciliation • **hausser le ~** to raise one's voice; (= être ferme) to adopt a firmer tone • **baisser le ~** to lower one's voice; (fig) to adopt a more moderate tone • **baisse un peu le ~ !** pipe down!* • **il devra changer de ~** he'll have to change his tune • **ne me parle pas sur ce ~ !** don't you talk to me like that! • **ne le prenez pas sur ce ~** don't take it like that • **dire/répéter sur tous les ~s** to say/repeat in every possible way

b (= intervalle) tone; [de morceau] key; (= hauteur d'un instrument) pitch • **donner le ~** to give the pitch

c (phonétique) tone

d (= style) tone • **le bon ~** (= manière de se comporter) good manners • **il est de bon ~ de ...** it's considered polite to ... • **donner le ~** to set the tone; (en matière de mode) to set the fashion

e (= couleur, nuance) tone • **être dans le ~** to tone in • **la ceinture n'est pas du même ~** *ou* **dans le même ~ que la robe** the belt doesn't match the dress • **~ sur ~** in matching tones

tonalité [tɔnalite] (NF) (= ton) tone; (Téléc) dialling tone (Brit), dial tone (US) • **je n'ai pas la ~** I'm not getting the dialling tone

tondeuse [tɔ̃døz] (NF) (à cheveux) clippers; (pour les moutons) shears • **~ (à gazon)** lawnmower • **passer la ~** to mow the lawn

tondre [tɔ̃dʀ] /TABLE 41/ (VT) **a** [+ mouton, toison] to shear; [+ gazon] to mow; [+ haie] to clip; [+ caniche, poil] to clip; [+ cheveux] to crop **b** **~ qn*** (= couper les cheveux à) to cut sb's hair; (= escroquer) to fleece sb; (au jeu) to clean sb out

tondu, e [tɔ̃dy] *ptp de* **tondre** (ADJ) [cheveux, tête] closely-cropped; [personne] with closely-cropped hair

tongs [tɔ̃g] (NFPL) (= sandales) flip-flops, thongs (US)

tonifiant, e [tɔnifjɑ̃, jɑ̃t] (ADJ) [air] bracing; [massage, lotion] toning

tonifier [tɔnifje] /TABLE 7/ (VT) [+ muscles] to tone up; [+ esprit, personne] to stimulate; [+ peau] to tone; [+ cheveux] to put new life into

tonique [tɔnik] **1** (ADJ) **a** [médicament, vin, boisson] tonic; [lotion] toning • **c'est quelqu'un de très ~** (physiquement) he's got good muscle tone **b** [air, froid] bracing **c** [syllabe, voyelle] tonic • **accent ~** main stress **2** (NM) tonic; (= lotion) toning lotion

tonitruant, e [tɔnitʀyɑ̃, ɑ̃t] (ADJ) [voix] booming

Tonkin [tɔ̃kɛ̃] (NM) Tonkin

tonnage [tɔnaʒ] (NM) tonnage

tonne [tɔn] (NF) ton • **un 5 ~s** (= camion) a 5-ton truck • **des ~s de*** • **une ~ de*** tons of* • **il y en a des ~s*** there are tons* of them • **en faire des ~s*** to overdo it

tonneau (*pl* **tonneaux**) [tɔno] (NM) **a** (= récipient) barrel; (= contenu) barrelful • **vieillir en ~** to age in the barrel **b** [d'avion] roll **c** [de voiture] somersault • **faire un ~**

t

to roll over • **leur voiture a fait trois ~x** their car rolled over three times

tonnelier [tɔnəlje] (NM) cooper

tonnelle [tɔnɛl] (NF) (= *abri*) arbour (Brit), arbor (US)

tonner [tɔne] /TABLE 1/ **1** (VI) **a** [*canons, artillerie*] to boom **b** [*personne*] to thunder **2** (VB IMPERS) **il tonne** it's thundering

tonnerre [tɔnɛʀ] (NM) thunder • **j'entends le ~ qui gronde** I can hear thunder • **coup de ~** thunderbolt • **un ~ d'applaudissements** thunderous applause • **du ~*** terrific* • **ça marchait du ~*** it was going great*

tonsure [tɔ̃syʀ] (NF) [*de moine*] tonsure; (= *calvitie*) bald patch

tonte [tɔ̃t] (NF) (= *action*) [*de moutons*] shearing; [*de haie*] clipping; [*de gazon*] mowing

tonton [tɔ̃tɔ̃] (NM) (*langage enfantin*) uncle

tonus [tɔnys] (NM) **a** (*Physiol*) tone • **~ musculaire** muscle tone **b** (= *dynamisme*) energy; (*au travail*) drive • **redonner du ~ à l'économie** to give the economy a boost • **ce shampoing donnera du ~ à vos cheveux** this shampoo will put new life into your hair

top [tɔp] **1** (NM) **a** (= *signal électrique*) beep • **au 4e ~ il sera midi** (*Radio*) at the 4th stroke it will be twelve o'clock **b** (*Courses*) **donner le ~ (de départ)** to give the starting signal
c **le ~ 50** the top 50 (singles), ≈ the singles charts
d (= *le mieux*)* **c'est le ~!** it's the best! • **être au ~** [*athlète, chercheur*] to be the best in one's field • **être au ~ de sa forme** to be in tip-top condition
2 (ADJ) **~ secret** top secret • **être au ~ niveau*** [*athlète, chercheur*] to be at the top of one's field
3 (COMP) ▸ **top model** top model

topaze [tɔpɑz] (NF) topaz • **~ brûlée** burnt topaz

toper [tɔpe] /TABLE 1/ (VI) **tope-là!** • **topez-là!** it's a deal!*

topinambour [tɔpinɑ̃buʀ] (NM) Jerusalem artichoke

topo* [tɔpo] (NM) (= *exposé, rapport*) rundown* • **faire un ~ sur qch** to give a rundown* on sth • **c'est toujours le même ~** it's always the same old story* • **tu vois un peu le ~?** get the picture?*

topographie [tɔpɔgʀafi] (NF) topography

toquade [tɔkad] (NF) (*pour qn*) infatuation; (*pour qch*) fad • **avoir une ~ pour qn** to be infatuated with sb

toque [tɔk] (NF) (*en fourrure*) fur hat; [*de juge, jockey*] cap • **~ de cuisinier** chef's hat

toqué, e* [tɔke] **1** (ADJ) crazy* *attrib* • **être ~ de qn** to be crazy about sb* **2** (NM,F) nutcase*

torball [tɔʀbal] (NM) torball

torche [tɔʀʃ] (NF) (= *flambeau*) torch • **~ électrique** electric torch (Brit), flashlight (US) • **se mettre en ~** [*parachute*] to candle

torcher* [tɔʀʃe] /TABLE 1/ (VT) **a** [+ *derrière*] to wipe • **~ un bébé** to wipe a baby's bottom **b** [+ *travail, rapport*] (= *produire*) to toss off; (= *bâcler*) to make a mess of • **article bien torché** well-written article **c** (= *boire*) **il s'est torché la bouteille de vodka** he polished off* *ou* downed* the bottle of vodka • **il était complètement torché** (= *saoul*) he was completely pissed* (Brit) *ou* wasted* (US)

torchis [tɔʀʃi] (NM) cob (*for walls*)

torchon [tɔʀʃɔ̃] (NM) **a** cloth; (*à vaisselle*) tea towel • **donner un coup de ~** to wipe; (*épuration*) to have a clear-out **b** (= *devoir mal présenté*) mess; (= *écrit sans valeur*) drivel *NonC*; (= *mauvais journal*) rag

tordant, e* [tɔʀdɑ̃, ɑ̃t] (ADJ) hilarious • **il est ~** he's a scream*

tordre [tɔʀdʀ] /TABLE 41/ **1** (VT) **a** (*entre ses mains*) to wring; (*pour essorer*) to wring out; [+ *bras, poignet*] to twist • **~ le cou à un poulet** to wring a chicken's neck **b** (= *plier*) [+ *barre de fer, cuillère, branche de lunette*] to bend
2 (VPR) **se tordre** **a** [*personne*] **se ~ de douleur** to be doubled up with pain • **se ~ de rire** to be doubled up with laughter • **c'est à se ~!** it's hilarious! **b** (= *se faire mal à*) **se ~ le pied/le poignet/la cheville** to twist one's foot/one's wrist/one's ankle

tordu, e [tɔʀdy] *ptp de* **tordre 1** (ADJ) [*nez, jambes*] crooked; [*tronc*] twisted; [*règle, barre, roue*] bent; [*idée*] weird; [*raisonnement*] twisted • **avoir l'esprit ~** to have a warped mind • **être (complètement) ~*** to be off one's head* • **il m'a fait un coup ~** he played a dirty trick on me
2 (NM,F) (= *malveillant*)* **c'est un ~ ce type** that guy's got a twisted mind

toreador [tɔʀeadɔʀ] (NM) toreador

torero, torera [tɔʀeʀo, a] (NM) bullfighter

torgnole* [tɔʀɲɔl] (NF) wallop* • **flanquer* une ~ à qn** to wallop* sb

tornade [tɔʀnad] (NF) tornado

torpeur [tɔʀpœʀ] (NF) torpor • **faire sortir** *ou* **tirer qn de sa ~** to bring sb out of his torpor

torpille [tɔʀpij] (NF) torpedo

torpiller [tɔʀpije] /TABLE 1/ (VT) to torpedo

torréfier [tɔʀefje] /TABLE 7/ (VT) [+ *café, malt, cacao*] to roast • **café torréfié** roasted coffee

torrent [tɔʀɑ̃] (NM) torrent • **~ de lave/de boue/d'injures** torrent of lava/of mud/of abuse • **il pleut à ~s** it's pouring

torrentiel, -elle [tɔʀɑ̃sjɛl] (ADJ) [*eaux, régime, pluie*] torrential

> Le mot anglais se termine par **-ial**.

torride [tɔʀid] (ADJ) torrid

torsade [tɔʀsad] (NF) [*de fils*] twist; (*Tricot*) cable-stitch • **~ de cheveux** twist of hair • **colonne à ~s** cabled column • **pull à ~s** cable-knit sweater

torsader [tɔʀsade] /TABLE 1/ (VT) [+ *frange, corde, cheveux*] to twist • **colonne torsadée** cabled column • **pull torsadé** cable-knit sweater

torse [tɔʀs] (NM) chest; [*de sculpture*] torso • **~ nu** stripped to the waist • **se mettre ~ nu** to strip to the waist

tort [tɔʀ] (NM) **a** (= *action, attitude blâmable*) fault • **il a un ~, c'est de trop parler** his one fault is that he talks too much • **il a le ~ d'être trop jeune** the only trouble with him is that he's too young • **il a eu le ~ d'être impoli avec le patron** he made the mistake of being rude to the boss • **ils ont tous les ~s de leur côté** the fault is entirely on their side • **les ~s sont du côté du mari** the fault lies with the husband • **être en ~** to be in the wrong • **avoir des ~s envers qn** to have wronged sb • **il n'a aucun ~** he's not at fault • **il a reconnu ses ~s** he acknowledged that he had done something wrong • **vous avez refusé? c'est un ~** did you refuse? - you shouldn't have
b (= *dommage, préjudice*) wrong • **redresser un ~** to right a wrong • **faire** *ou* **causer du ~ à qn** to harm sb • **ça ne fait de ~ à personne** it doesn't harm anybody • **il s'est fait du ~** he has harmed himself
c (*locutions*)

▸ **dans son tort être dans son** ~ to be in the wrong • **se mettre dans son** ~ to put o.s. in the wrong • **il venait de ma droite, j'étais dans mon** ~ (*en voiture*) he was coming from the right, I was at fault
▸ **avoir tort** to be wrong • **il a** ~ **de se mettre en colère** he's wrong to get angry • **il n'a pas tout à fait** ~ **de dire que ...** he's not altogether wrong in saying that ... • **tu aurais bien** ~ **de ne pas le faire!** you'd be crazy not to do it!
▸ **donner tort à qn** (= *blâmer*) to lay the blame on sb; (= *ne pas être d'accord avec*) to disagree with sb • **les événements lui ont donné** ~ events proved him wrong
▸ **à tort** [*soupçonner, accuser*] wrongly
▸ **à tort ou à raison** rightly or wrongly
▸ **à tort et à travers dépenser à** ~ **et à travers** to spend money like water • **il parle à** ~ **et à travers** he talks a lot of rubbish*

torticolis [tɔʀtikɔli] NM stiff neck • **avoir/attraper un** ~ to have/get a stiff neck

tortiller [tɔʀtije] /TABLE 1/ **1** VT [+ *corde, mouchoir*] to twist; [+ *cheveux, cravate, doigts*] to twiddle • **il tortillait son chapeau entre ses mains** he was fiddling with his hat **2** VI ~ **des hanches** to wiggle one's hips • ~ **des fesses** *ou* **du derrière*** to wiggle one's bottom • **il n'y a pas à** ~* (*tergiverser*) there's no wriggling out of it **3** VPR **se tortiller** [*serpent*] to writhe; [*ver*] to wriggle; [*personne*] (*en dansant*) to wiggle; (*en se débattant*) to wriggle; (*d'impatience*) to fidget; (*d'embarras, de douleur*) to squirm

tortionnaire [tɔʀsjɔnɛʀ] NMF torturer

tortue [tɔʀty] NF **a** (*terrestre*) tortoise • ~ **d'eau douce** terrapin • ~ **de mer** turtle **b** (= *personne lente*) slowcoach (*Brit*), slowpoke (*US*) • **avancer comme une** ~ to crawl along at a snail's pace

tortueux, -euse [tɔʀtɥø, øz] ADJ **a** (= *sinueux*) [*chemin, escalier*] winding **b** (*péj*) [*esprit, raisonnement*] tortuous

torture [tɔʀtyʀ] NF torture *NonC* • **c'est une** ~ **atroce** it's an appalling form of torture • **instruments de** ~ instruments of torture • **chambre** *ou* **salle de(s)** ~**s** torture chamber • **sous la** ~ under torture • **cette attente a été pour elle une véritable** ~ it was real torture for her to wait around like that • **mettre qn à la** ~ (*fig*) to torture sb

torturer [tɔʀtyʀe] /TABLE 1/ **1** VT [+ *prisonnier, animal*] to torture • **le doute/le remords le torturait** he was racked with doubt/remorse • **cette pensée le torturait** he was tormented by the thought • **son visage était torturé par le chagrin** his face was twisted with grief • **sa poésie torturée, déchirante** his tormented, heartrending poetry **2** VPR **se torturer** (= *se faire du souci*) to fret (**pour** over) • **se** ~ **le cerveau** *ou* **l'esprit** to rack one's brains

torve [tɔʀv] ADJ [*regard, œil*] menacing

tory (*pl* **tories**) [tɔʀi] ADJ, NM Tory

Toscane [tɔskan] NF Tuscany

tôt [to] ADV **a** (= *de bonne heure*) early • **se lever/se coucher (très)** ~ to get up/go to bed (very) early • **il arrive toujours** ~ **le jeudi** he's always early on Thursdays • **venez** ~ **dans la soirée** come early in the evening • ~ **dans l'année** early in the year • **Pâques tombe** ~ **cette année** Easter falls early this year
b (= *avant un moment déterminé, habituel ou prévu*) soon, early • **il est un peu (trop)** ~ **pour le juger** it's a little too soon *ou* early to judge him • **si tu étais venu une heure plus** ~**, tu l'aurais rencontré** if you'd come an hour sooner *ou* earlier you would have met him • **elle m'avait téléphoné une semaine plus** ~ she'd called me a week earlier • **ce n'est pas trop** ~**!** and about time too!*
c (= *vite*) soon, early • **si seulement vous me l'aviez dit plus** ~**!** if only you'd told me sooner! *ou* earlier! • **venez le plus** ~ **possible** come as early *ou* as soon as you can • **le plus** ~ **sera le mieux** the sooner the better • **je ne m'attendais pas à le revoir si** ~ I didn't expect to see him again so soon • **cette soirée, je ne l'oublierai pas de si** ~**!** I won't forget that party in a hurry! • **une occasion pareille ne se représentera pas de si** ~ you don't get an opportunity like that every day
▸ **au plus tôt il peut venir jeudi au plus** ~ Thursday is the earliest he can come • **il faut qu'il vienne au plus** ~ he must come as soon as possible
▸ **tôt ou tard** sooner or later

total, e (*mpl* **-aux**) [tɔtal, o] **1** ADJ total • **grève** ~**e** all-out strike • **l'arrêt** ~ **des hostilités** the total cessation of hostilities • **dans la confusion la plus** ~**e** in total confusion • **la longueur** ~**e de la voiture** the overall length of the car
2 ADV* ~**, il a tout perdu** the net result was that he lost everything
3 NM total • **le** ~ **s'élève à 150 €** the total amounts to 150 euros • **faire le** ~ to work out the total
▸ **au total** in total; (*fig*) all things considered
4 NF **totale*** **la** ~**e** the works*

totalement [tɔtalmɑ̃] ADV totally

totaliser [tɔtalize] /TABLE 1/ VT **a** (= *additionner*) to add up **b** (= *avoir au total*) to total • **le candidat qui totalise le plus grand nombre de points** the candidate who gets the highest number of points

totalitaire [tɔtalitɛʀ] ADJ [*régime*] totalitarian

totalité [tɔtalite] NF **la** ~ **de** all of • **la** ~ **du sable/des livres** all of the sand/the books • **la** ~ **du livre/de la population** all the book/the population • **la** ~ **de son salaire** his entire salary

totem [tɔtɛm] NM totem; (= *poteau*) totem pole

touareg, -ègue [twaʀɛg] **1** ADJ Tuareg **2** NM (= *langue*) Tuareg **3** NM,F **Touareg, Touarègue** Tuareg

toubib* [tubib] NM doctor • **aller chez le** ~ to go and see the doctor

toucan [tukɑ̃] NM toucan

touchant, e [tuʃɑ̃, ɑ̃t] ADJ touching • ~ **de naïveté** touchingly naïve

touche [tuʃ] NF **a** [*de piano, ordinateur*] key; [*de téléphone, télécommande, lave-vaisselle*] button; [*de guitare*] fret • ~ **bis** [*de téléphone*] redial button
b (= *tache de couleur, style*) touch • **appliquer la couleur par petites** ~**s** to apply the colour with small strokes • **une** ~ **de gaieté/d'humour** a touch of gaiety/of humour • **mettre la dernière** ~ *ou* **la** ~ **finale à qch** to put the finishing touches to sth
c (*Pêche*) bite • **avoir** *ou* **faire une** ~ to get a bite; (= *séduire*) to make a hit*
d (*Escrime*) hit
e (*Sport*) (= *sortie*) touch; (= *ligne*) touchline; (= *remise en jeu*) (*Football, Hand-ball*) throw-in; (*Rugby*) line-out; (*Basket*) return to play; (*Hockey*) roll-in • **envoyer** *ou* **mettre la balle en** ~ to kick the ball into touch • **le ballon est sorti en** ~ the ball has gone into touch • **coup de pied en** ~ kick to touch • **rester sur la** ~ to stay on the bench; (*fig*) to stay on the sidelines

t

ⓕ (= *allure*)* **quelle drôle de ~!** what a sight!* • **il a une de ces ~s!** you should see him, he's a sight!

touche-à-tout [tuʃatu] (NMF INV, ADJ INV) **c'est un ~** • **il est ~** (= *enfant*) he's into everything; (= *dilettante*) he dabbles in everything

toucher [tuʃe] /TABLE 1/ **1** (VT) ⓐ (*pour sentir, prendre*) to touch; (*pour palper*) to feel • **il me toucha l'épaule** he touched my shoulder • **« prière de ne pas ~ »** "please do not touch" • **pas touche!*** hands off!* • **il n'a pas touché un verre de vin depuis son accident** he hasn't touched a drop of wine since his accident • **je n'avais pas touché une raquette depuis six mois** I hadn't picked up a racket for six months

ⓑ (= *entrer en contact avec*) to touch • **il ne faut pas que ça touche (le plafond)** it mustn't touch (the ceiling) • **l'avion toucha le sol** the plane touched down

ⓒ (= *être proche de*) to adjoin; [*affaire*] to concern • **son jardin touche le nôtre** his garden adjoins ours • **une personne qui vous touche de près** someone close to you

ⓓ (= *atteindre*) [+ *adversaire, objectif*] to hit; [+ *public*] to reach • **touché d'une balle en plein cœur** hit by a bullet in the heart • **deux immeubles ont été touchés par l'explosion** two buildings were hit by the explosion • **touché!** (*bataille navale*) hit! • **il voudrait ~ un public plus large** he'd like to reach a wider audience

ⓔ (= *recevoir*) [+ *prime, allocation, traitement*] to get; [+ *chèque*] to cash; [+ *tiercé, gros lot*] to win • **~ le chômage*** to be on the dole* • **il a fini le travail mais n'a encore rien touché** he's finished the work but he hasn't been paid yet

ⓕ (= *émouvoir*) [*drame, deuil*] to affect; [*scène attendrissante*] to touch; [*critique, reproche*] to have an effect on • **cette tragédie les a beaucoup touchés** this tragedy affected them greatly • **rien ne le touche** there is nothing that can move him • **votre cadeau nous a vivement touchés** we were deeply touched by your gift

ⓖ (= *concerner*) to affect • **ce problème ne nous touche pas** this problem doesn't affect us • **le chômage touche surtout les jeunes** unemployment affects the young especially

2 (VT INDIR) **~ à** to touch; [+ *réputation*] to question; (= *modifier*) [+ *règlement, loi, tradition*] to meddle with; [+ *mécanisme*] to tamper with; (= *concerner*) [+ *intérêts*] to affect; [+ *problème, domaine*] to have to do with; (= *aborder*) [+ *période, but*] to approach; [+ *sujet, question*] to broach • **n'y touche pas!** don't touch! • **« prière de ne pas ~ aux objets exposés »** "please do not touch the exhibits" • **~ à tout** [*enfant*] to be into everything; [*amateur curieux*] to try one's hand at everything • **elle n'a pas touché à son déjeuner** she didn't touch her lunch • **il n'a jamais touché à un fusil** he's never handled a gun • **s'il touche à cet enfant, gare à lui!** if he touches that child, he'd better watch out! • **touche pas à ma bagnole!*** hands off my car! • **la réforme touche au statut des salariés** the reform affects the status of employees • **on peut rénover sans ~ à la façade** it's possible to renovate without touching the façade • **c'est parfait, n'y touche pas** it's perfect, don't change a thing • **tout ce qui touche à l'enseignement** everything to do with teaching • **vous touchez là à une question délicate** that is a very delicate matter you have raised • **nous touchons au but** we're nearing our goal • **l'hiver/la guerre touche à sa fin** *ou* **son terme** winter/the war is drawing to a close

3 (VPR) **se toucher** ⓐ (*mutuellement*) to touch • **nos deux jardins se touchent** our two gardens are adjacent (to each other)

ⓑ (*réfléchi*) **il se toucha le front** he touched his forehead

ⓒ (= *se masturber*)* to play with o.s.*

4 (NM) touch; (= *impression produite*) feel • **doux au ~** soft to the touch • **cela a le ~ de la soie** it feels like silk • **on reconnaît la soie au ~** you can tell silk by the feel of it • **avoir un bon ~ de balle** to have a nice touch

touffe [tuf] (NF) [*d'herbe, arbres*] clump; [*de cheveux, poils*] tuft

touffu, e [tufy] (ADJ) [*barbe, sourcils*] bushy; [*arbres*] with thick foliage; [*haie, bois*] thick

touiller* [tuje] /TABLE 1/ (VT) [+ *sauce, café*] to stir; [+ *salade*] to toss

toujours [tuʒuʀ] (ADV) ⓐ (= *tout le temps*) always • **je t'aimerai ~** I'll always love you • **il est ~ à*** *ou* **en train de critiquer** he's always criticizing • **les jeunes veulent ~ plus d'indépendance** young people want more and more independence • **comme ~** as always • **ce sont des amis de ~** they are lifelong friends • **il est parti pour ~** he's gone forever • **presque ~** almost always

ⓑ (= *encore*) still • **bien qu'à la retraite il travaillait ~** although he had retired he was still working • **j'espère ~ qu'elle viendra** I'm still hoping she'll come • **ils n'ont ~ pas répondu** they still haven't replied • **est-ce que Louise est rentrée? — non elle est ~ à Paris/non ~ pas** is Louise back? — no, she's still in Paris/no not yet • **il est ~ aussi désagréable** he's still as unpleasant as ever

ⓒ (*intensif*) anyway • **écrivez ~, il vous répondra peut-être** write anyway - he might answer you • **il vient ~ un moment où ...** there must come a time when ... • **je trouverai ~ une excuse** I can always think up an excuse • **vous pouvez ~ crier, il n'y a personne** shout as much as you like - there's no-one about • **il était peut-être là, ~ est-il que je ne l'ai pas vu** he may well have been around, but the fact remains that I didn't see him • **c'est ~ ça de pris*** that's something anyway • **ça peut ~ servir** it might come in handy

toune* [tun] (NF) (*Can*) (= *chanson*) song; (*sur album*) track

toupet [tupɛ] (NM) ⓐ (= *culot*)* nerve*, cheek* (*Brit*) • **avoir du ~** to have a nerve* *ou* a cheek* (*Brit*) • **il ne manque pas de ~!** he's got a nerve!* *ou* cheek!* (*Brit*)

ⓑ [*de cheveux*] tuft of hair; (*postiche*) toupee

toupie [tupi] (NF) (= *jouet*) spinning top

tour[1] [tuʀ] **1** (NF) ⓐ (= *édifice*) tower; (= *immeuble très haut*) tower block ⓑ (*Échecs*) castle, rook **2** (COMP) ▸ **la tour de Babel** the Tower of Babel ▸ **tour de contrôle** control tower ▸ **la tour Eiffel** the Eiffel Tower ▸ **tour HLM** high-rise council block (*Brit*), high-rise project (*US*) ▸ **tour d'ivoire enfermé dans sa** *ou* **une ~ d'ivoire** shut away in an ivory tower ▸ **la tour de Londres** the Tower of London ▸ **la tour de Pise** the Leaning Tower of Pisa

tour[2] [tuʀ]

1 NOM MASCULIN	2 COMPOSÉS

1 NOM MASCULIN

ⓐ (= *excursion, parcours*) trip; (= *promenade*) (*à pied*) walk; (*en voiture*) drive; (*en vélo*) ride • **allons faire un ~ à pied** let's go for a walk • **allons faire un petit ~ à pied** let's go for a walk • **faire un ~ de manège** to have a ride on a merry-go-round • **faire un ~ en ville** to go for a walk round town • **faire un ~ en Italie** to go for a trip round Italy • **le ~ du parc prend bien une heure** it takes a good hour to walk around the park • **on en a vite fait le ~** [*de lieu*] there's not much to see; [*de livre, théorie*] there isn't much to it; [*de personne*] there isn't much to him (*ou* her)

▸ **faire le tour de** [*+ parc, pays, magasins*] to go round; [*+ possibilités*] to explore; [*+ problème*] to consider from all angles • **faire le ~ du cadran** [*aiguille*] to go round the clock; [*dormeur*] to sleep round the clock • **faire le ~ du monde** to go round the world • **la route fait le ~ de leur propriété** the road goes round their estate • **faire le ~ du propriétaire** to look round one's property • **je vais te faire faire le ~ du propriétaire** I'll show you round • **faire le ~ des invités** to do the rounds of the guests • **la plaisanterie a fait le ~ de la table** the joke went round the table

▸ **faire un tour de** **faire un ~ d'Europe** to tour Europe • **ils ont fait un ~ du monde en bateau** they sailed round the world

b (*dans un ordre, une succession*) turn • **c'est votre ~** it's your turn • **à ton ~ de jouer** it's your turn; (*Échecs, Dames*) it's your move • **passer son ~** to miss one's turn • **parler à son ~** to speak in turn • **attends, tu parleras à ton ~** wait - you'll have your turn to speak • **chacun son ~!** wait your turn! • **nous le faisons chacun à notre ~** we take it in turns • **c'est au ~ de Marc de parler** it's Marc's turn to speak • **à qui le ~?** whose turn is it? • **votre ~ viendra** your turn will come

▸ **à tour de rôle** in turn • **ils sont de garde à ~ de rôle** they take turns being on duty

▸ **tour à tour** alternately • **le temps était ~ à ~ pluvieux et ensoleillé** the weather was alternately wet and sunny • **elle se sentait ~ à ~ optimiste et désespérée** she felt optimistic and despairing by turns

c (*Sport, Politique*) round • **au premier ~ de la Coupe d'Europe** in the first round of the European Cup • **élu au second ~** elected in the second round • **~ de scrutin** ballot

d (*= circonférence*) [*de partie du corps*] measurement; [*de tronc, colonne*] girth; [*de surface*] circumference • **~ de tête** head measurement; (*pour chapeau*) hat size • **~ de cou** collar size • **~ de taille** waist measurement • **~ hanches** hip measurement • **~ de poitrine** [*d'homme*] chest measurement; [*de femme*] bust measurement

e (*= rotation*) revolution; [*d'écrou, clé*] turn • **l'hélice a fait deux ~s** the propeller turned twice • **régime de 2000 ~s (minute)** speed of 2,000 revs per minute • **un 33 ~s** an LP • **un 45 ~s** a single • **un 78 ~s** a 78 • **donner un ~ de clé** to turn the key • **faire un ~ sur soi-même** to spin round once

▸ **à tour de bras** [*frapper, taper*] with all one's strength; [*composer, produire*] prolifically; [*critiquer*] with a vengeance • **il écrit des chansons à ~ de bras** he churns out songs one after the other • **ils licenciaient à ~ de bras** they were laying people off left, right and centre

f (*= tournure*) [*de situation, conversation*] turn; (*= phrase*) turn of phrase • **la situation prend un ~ dramatique** the situation is taking a dramatic turn

g (*= exercice*) [*d'acrobate*] feat; [*de jongleur, prestidigitateur*] trick • **~ d'adresse** feat of skill • **~ de cartes** card trick • **et le ~ est joué!** and there you have it! • **c'est un ~ à prendre!** it's just a knack! • **avoir plus d'un ~ dans son sac** to have more than one trick up one's sleeve

h (*= duperie*) trick • **jouer un ~ à qn** to play a trick on sb • **un sale ~** a dirty trick*

i (*= machine*) lathe • **~ de potier** potter's wheel

2 COMPOSÉS

▸ **tour de chant** song recital ▸ **tour de force** amazing feat ▸ **le Tour de France** the Tour de France ▸ **tour de garde** spell of duty ▸ **tour d'honneur** (*Sport*) lap of honour ▸ **tour d'horizon** general survey • **faire un ~ d'horizon de la situation** to have a look at the general situation ▸ **tour de main** **avoir un ~ de main** to have a knack • **en un ~ de main** in no time at all ▸ **tour de manivelle** turn of the handle • **le premier ~ de manivelle est prévu pour octobre** [*de film*] the cameras should begin rolling in October ▸ **tour de piste** (*Sport*) lap; (*dans un cirque*) circuit (of the ring) ▸ **tour de reins** back strain • **attraper un ~ de reins** to strain one's back

> **LE TOUR DE FRANCE**
> The famous annual cycle race takes about three weeks to complete in daily stages ("étapes"), that vary in length from around 55km to more than 200km and which are over terrain of varying levels of difficulty. The leading cyclist wears a yellow jersey, the "maillot jaune". The route varies and is not usually confined only to France, but the race always ends on the Champs-Élysées in Paris.

tourbe [tuʀb] (NF) peat

tourbé, e [tuʀbe] (ADJ) peaty

tourbeux, -euse [tuʀbø, øz] (ADJ) [*terrain*] peaty

tourbillon [tuʀbijɔ̃] (NM) **a** [*de fumée, sable, neige, poussière*] swirl • **~ (de vent)** whirlwind • **le sable s'élevait en ~s** the sand was swirling up **b** (*dans l'eau*) eddy; (*plus important*) whirlpool • **l'eau faisait des ~s** the water was making eddies • **le ~ de la vie** the hustle and bustle of life

tourbillonner [tuʀbijɔne] /TABLE 1/ (VI) to swirl; [*danseurs*] to whirl round

tourisme [tuʀism] (NM) **a** (*= voyages, visites*) **faire du ~ en Irlande** to go touring round Ireland • **faire du ~ dans Paris** to go sightseeing in Paris **b** (*= industrie*) **le ~** tourism • **le ~ français se porte bien** the French tourist industry is in good shape • **~ rural** *ou* **vert** green tourism • **~ culturel/sexuel** cultural/sex tourism • **~ spatial** space tourism • **voiture (de) grand ~** GT saloon car (*Brit*), 4-door sedan (*US*)

tourista *, **turista** * [tuʀista] (NF) holiday tummy* (*Brit*), traveler's tummy* (*US*)

touriste [tuʀist] (NMF) tourist • **faire qch en ~** (*fig*) to do sth half-heartedly

touristique [tuʀistik] (ADJ) tourist *épith* • **trop ~** touristy* • **route ~** scenic route

tourmente [tuʀmɑ̃t] (NF) (*= tempête*) storm; (*sociale, politique*) upheaval

tourmenté, e [tuʀmɑ̃te] *ptp de* **tourmenter** (ADJ) **a** [*personne, expression, visage, esprit*] tormented **b** [*relief*] rugged; [*paysage, formes, style, art*] tortured **c** [*vie, mer, ciel*] stormy • **l'histoire ~e de ce pays** this country's turbulent history

tourmenter [tuʀmɑ̃te] /TABLE 1/ **1** (VT) to torment • **ce qui me tourmente dans cette affaire** what worries me in this business **2** (VPR) **se tourmenter** to fret • **il se tourmente à cause de son fils** he's fretting about his son • **ne te tourmente pas, ce n'était pas de ta faute** don't worry yourself - it wasn't your fault

tournage [tuʀnaʒ] (NM) (*Ciné*) shooting • **être en ~ en Italie** to be filming in Italy • **pendant le ~** while the film was being made • **l'équipe de ~** the film crew

tournant, e [tuʀnɑ̃, ɑ̃t] **1** (ADJ) [*fauteuil, dispositif*] swivel; [*feu, scène*] revolving **2** (NM) **a** (= *virage*) bend • **attendre qn au ~*** to wait for the chance to trip sb up **b** (= *changement*) turning point • **~ décisif** watershed • **il arrive à un ~ de sa carrière** he's coming to a turning point in his career • **au ~ du siècle** at the turn of the century

tourné, e¹ [tuʀne] *ptp de* **tourner** (ADJ) **a bien/mal ~** [*article, lettre*] well/badly worded • **avoir l'esprit mal ~** to have a dirty mind **b** [*lait, vin*] off

tournebroche [tuʀnəbʀɔʃ] (NM) roasting spit

tourne-disque (*pl* **tourne-disques**) [tuʀnədisk] (NM) record player

tournedos [tuʀnədo] (NM) tournedos

tournée² [tuʀne] (NF) **a** [*de conférencier, artiste*] tour; [*d'inspecteur, livreur, représentant*] round • **~ de conférences/théâtrale** lecture/theatre tour • **~ d'inspection** tour of inspection • **partir/être en ~** [*artiste, troupe de théâtre*] to set off on/be on tour; [*livreur, représentant*] to set off on/be on one's rounds • **faire une ~ électorale** to go on a campaign tour • **faire la ~ de** [+ *magasins, musées, cafés*] to go round **b** (= *consommations*) round • **payer une/sa ~** to buy a/one's round • **il a payé une ~ générale** he paid for drinks all round • **c'est la ~ du patron** the drinks are on the house

tournemain [tuʀnəmɛ̃] (NM) **en un ~** in no time at all

tourner [tuʀne] /TABLE 1/ **1** (VT) **a** to turn; [+ *sauce*] to stir; [+ *salade*] to toss • **tournez s.v.p.** please turn over • **~ et retourner** [+ *pensée, problème*] to turn over and over in one's mind • **~ la tête à qn** [*vin, succès*] to go to sb's head; [*personne*] to turn sb's head

b (= *orienter*) [+ *appareil, tête, yeux*] to turn • **elle tourna son regard** *ou* **les yeux vers la fenêtre** she turned her eyes towards the window • **~ la tête à droite/à gauche** to turn one's head to the right/to the left • **quand il m'a vu, il a tourné la tête** when he saw me he looked away

c [+ *difficulté, règlement*] to get round • **~ la loi** to find a loophole in the law • **il vient de ~ le coin de la rue** he has just turned the corner

d [+ *phrase*] to turn; [+ *demande, lettre*] to phrase

e (= *transformer*) **~ qn/qch en ridicule** to ridicule sb/sth • **il tourne tout à son avantage** he turns everything to his own advantage

f ~ une scène [*cinéaste*] to film a scene; [*acteur*] to act in a scene • **~ un film** (= *faire les prises de vues*) to shoot a film; (= *produire*) to make a film; (= *jouer*) to make a film • **ils ont dû ~ en studio** they had to do the filming in the studio

g [+ *bois, ivoire*] to turn; [+ *pot*] to throw

2 (VI) **a** to turn; [*toupie*] to spin; [*taximètre*] to tick away; [*usine, moteur*] to run • **~ sur soi-même** to turn round; (*très vite*) to spin round and round • **la grande aiguille tourne plus vite que la petite** the big hand goes round faster than the small one • **l'heure tourne** time's getting on • **tout d'un coup, j'ai vu tout ~** all of a sudden my head began to spin • **l'usine tourne à plein (régime)** the factory is working at full capacity • **ce représentant tourne sur Lyon** this sales representative covers Lyon • **son spectacle va ~ dans le Midi cet été** his show is on tour in the South of France this summer • **faire ~ le moteur** to run the engine • **faire ~ les tables** (*Spiritisme*) to hold seances • **c'est elle qui fait ~ l'affaire** she's the one who keeps the business going • **faire ~ la tête à qn** [*compliments, succès, vin*] to go to sb's head; [*bruit, altitude*] to make sb's head spin • **j'ai la tête qui tourne** my head's spinning • **~ de l'œil*** to pass out

▸ **tourner autour de** to turn round; [*terre, roue*] to go round; [*oiseau*] to fly round; [*mouches*] to buzz round; [*prix*] to be around *ou* about (*Brit*) • **~ autour de la piste** to go round the track • **~ autour de qn** to hang round sb; (*par curiosité*) to hover round sb • **l'enquête tourne autour de ces trois suspects** the inquiry centres on these three suspects • **le prix doit ~ autour de 80 000 €** the price must be around 80,000 euros

b [*vent, opinion, chemin, promeneur*] to turn • **la chance a tourné** his (*ou* her *etc*) luck has turned • **la voiture a tourné à gauche** the car turned left • **tournez à droite au prochain feu rouge** turn right at the next traffic lights

c (= *évoluer*) **bien ~** to turn out well • **mal ~** [*farce, entreprise, personne*] to turn out badly • **ça va mal ~** it'll end in trouble • **si les choses avaient tourné autrement** if things had turned out differently • **~ à l'avantage de qn** to turn to sb's advantage • **le débat tournait à la polémique** the debate was becoming increasingly heated • **~ au drame/au tragique** to take a dramatic/tragic turn • **~ au vinaigre** [*vin*] to turn vinegary; (*fig*) to turn sour

d [*programme informatique*] to work • **ça tourne sur quelles machines?** which machines does it work on?

e [*lait*] to turn sour; [*poisson, viande, fruits*] to go bad

3 (VPR) **se tourner se ~ du côté de** *ou* **vers qn/qch** to turn towards sb/sth • **se ~ vers qn pour lui demander de l'aide** to turn to sb for help • **se ~ vers une profession/la politique** to turn to a profession/to politics • **une entreprise tournée vers l'avenir** a forward-looking company • **se ~ et se retourner dans son lit** to toss and turn in bed • **tourne-toi** turn round

tournesol [tuʀnəsɔl] (NM) sunflower

tourneur, -euse [tuʀnœʀ, øz] (NM,F) turner

tournevis [tuʀnəvis] (NM) screwdriver

tourniquet [tuʀnikɛ] (NM) **a** (= *barrière*) turnstile; (= *porte*) revolving door **b** (*Tech*) (*d'arrosage*) sprinkler **c** (= *présentoir*) revolving stand

tournis [tuʀni] (NM) **avoir le ~** to feel dizzy • **ça/il me donne le ~** it/he makes me feel dizzy

tournoi [tuʀnwa] (NM) tournament • **~ d'échecs/de tennis** chess/tennis tournament • **le Tournoi des six nations** (*Rugby*) the Six Nations Championship • **disputer** *ou* **faire un ~** to play in a tournament

tournoyer [tuʀnwaje] /TABLE 8/ (VI) [*danseurs*] to whirl round; [*eau, fumée*] to swirl; [*boomerang*] to spin; [*papiers*] to flutter around; [*oiseaux*] to wheel; [*feuilles mortes*] to swirl around; [*abeille, moustique*] to fly around • **faire ~** [+ *danseur, canne*] to twirl; [+ *robe*] to swirl • **les feuilles tombaient en tournoyant** the leaves were twirling • **tout s'est mis à ~ et je me suis évanoui** everything started to spin and I fainted

tournure [tuʀnyʀ] (NF) **a** (= *tour de phrase*) turn of phrase; (= *forme*) form • **~ négative/impersonnelle** negative/impersonal form **b** (= *apparence*) **la ~ que**

prenaient les événements the way the situation was developing • **la situation a pris une mauvaise ~** the situation took a turn for the worse • **prendre ~** to take shape • **~ d'esprit** turn of mind

tour-opérateur (*pl* **tour-opérateurs**) [tuʀɔpeʀatœʀ] (NM) tour operator

tourte [tuʀt] (NF) pie • **~ à la viande/au poisson** meat/fish pie

tourteau (*pl* **tourteaux**) [tuʀto] (NM) (= *crabe*) common crab

tourtereau (*pl* **tourtereaux**) [tuʀtəʀo] (NM) (= *oiseau*) young turtledove • **~x** (= *amoureux*) lovebirds

tourterelle [tuʀtəʀɛl] (NF) turtledove

tourtière [tuʀtjɛʀ] (NF) (*à tourtes*) pie tin; (*à tartes*) pie dish

tous [tu(s)] (ADJ, PRON) → **tout**

Toussaint [tusɛ̃] (NF) **la ~** All Saints' Day • **nous partirons en vacances à la ~** we're going on holiday at the beginning of November

> **TOUSSAINT**
> All Saints' Day (1 November) is a public holiday in France. It is the day when people traditionally visit cemeteries to lay flowers (often heather and chysanthemums) on the graves of relatives and friends.

tousser [tuse] /TABLE 1/ (VI) to cough

toussoter [tusɔte] /TABLE 1/ (VI) to have a bit of a cough; (*pour avertir, signaler*) to cough softly

tout, toute [tu, tut] (*mpl* **tous**, *fpl* **toutes**)

1 ADJECTIF	3 ADVERBE
2 PRONOM INDÉFINI	4 NOM MASCULIN

> Lorsque **tout** fait partie d'une locution comme **en tout cas**, **tout le temps**, reportez-vous aussi à l'autre mot.

1 ADJECTIF

ⓐ (= *entier*) **~ le** all the • **~e la** all the • **~ le reste** all the rest • **il a ~ le temps qu'il lui faut** he has all the time he needs • **~e la France regardait le match** the whole of France was watching the match • **pendant ~ le voyage** during the whole trip • **il a plu ~e la nuit** it rained all night • **il a dépensé ~ son argent** he has spent all his money • **il a passé ~es ses vacances à lire** he spent all his holidays reading

▸ **tout le monde** everybody, everyone • **~ le monde le sait** everybody knows • **ils veulent vivre comme ~ le monde** they want to live like everybody else • **il ne fait jamais comme ~ le monde** he always has to be different

▸ **tout, toute** + *nom* **il a lu ~ Balzac** he has read all of Balzac

ⓑ (= *unique*) only • **c'est ~ l'effet que ça lui fait** that's all the effect it has on him • **c'est là ~ le problème** that's the whole problem • **pour ~ mobilier, il avait un lit et une table** the only furniture he had was a bed and a table

ⓒ (*indéfini*)

▸ **tout, toute** + *nom singulier* (= *n'importe quel*) any • **~e personne susceptible de nous aider** any person able to help us • **à ~ âge** at any age • **pour ~ renseignement, téléphoner ...** for information, ring ...

▸ **à toute !*** see you later!

▸ **tous les, toutes les** + *nom pluriel* (= *chaque*) every; (= *la totalité des*) all the • **tous les jours** every day • **tous les deux jours** every two days • **tous les 10 mètres** every 10 metres • **~es les trois heures** every three hours • **tous les enfants étaient à l'école** all the children were at school • **tous les enfants ont besoin d'amour** all children need love • **~es les personnes que nous connaissons** all the people that we know • **~es les fois que je le vois** every time I see him • **il avait ~es les raisons d'être mécontent** he had every reason to be displeased • **un film tous publics** a U film (*Brit*), a G film (*US*)

▸ **tous, toutes** + *nombre* **tous les deux** both of them • **tous les trois** all three of them • **tous deux** both of them

2 PRONOM INDÉFINI

ⓐ (*singulier*) everything • **il a ~ organisé** he organized everything • **on ne peut pas ~ faire** you can't do everything • **~ va bien** everything's fine • **il mange ~ et n'importe quoi** he eats absolutely everything • **ses enfants mangent de ~** her children will eat anything • **il vend de ~** he sells everything • **il a ~ pour réussir** he's got everything going for him • **il a ~ pour plaire*** he's got nothing going for him • **~ a une fin** everything comes to an end • **~ est bien qui finit bien** all's well that ends well • **être ~ pour qn** to be everything to sb

▸ **tout ce qui ~ ce qui lui appartient** everything that belongs to him

▸ **tout ce que ~ ce que je sais, c'est qu'il est parti** all I know is that he's gone • **c'est ~ ce qu'il m'a dit** that's all he told me • **ne croyez pas ~ ce qu'il raconte** don't believe everything he tells you

▸ **tout ce qu'il y a de** (= *extrêmement*) most • **il a été ~ ce qu'il y a de gentil** he couldn't have been kinder • **c'était ~ ce qu'il y a de chic** it was the last word in chic

▸ **avoir tout de** + *nom* **elle a ~ d'une star** she's every inch a star • **ça a ~ d'un canular** it's obviously a practical joke • **l'organisation a ~ d'une secte** the organization is nothing less than a sect

▸ **à tout va*** [*licencier, investir, recruter*] like mad*; [*libéralisme, communication, consommation*] unbridled • **à l'époque, on construisait à ~ va** at that time there were buildings going up everywhere

▸ **en tout** (= *au total*) in all • **nous étions 16 en ~** there were 16 of us in all • **ça coûte 1 000 € en ~** it costs 1,000 euros in all • **leurs programmes politiques s'opposent en ~** their political programmes clash in every way

▸ **en tout et pour tout** all in all • **il lui reste 150 euros en ~ et pour ~** he only has a total of 150 euros left

▸ **et tout*** and everything • **avec les vacances et ~, je n'ai pas eu le temps** what with the holidays and all*, I didn't have time • **j'avais préparé le dîner, fait le ménage et ~ et ~** I'd made the dinner, done the housework and everything

▸ **c'est +tout c'est ~** that's all • **ce sera ~ ?** will that be all? • **et ce n'est pas ~ !** and that's not all! • **c'est pas ~ ça*, mais il est tard** all this is very nice, but it's getting late

▸ **ce n'est pas tout de ce n'est pas ~ de faire son métier, il faut le faire bien** it's not enough just to do your job, you have to do it well • **ce n'est pas ~ d'en parler** there's more to it than just talking about it

t

▸ **pour tout dire** **cette idée avait surpris et pour ~ dire n'avait pas convaincu** this idea surprised everybody and, to be honest, wasn't convincing

ⓑ (pluriel) **tous** • **toutes** (*= l'ensemble des personnes*) all • **tous sont arrivés** they have all arrived • **il les déteste tous** he hates them all • **écoutez bien tous!** listen, all of you! • **tous ensemble** all together • **nous avons tous nos défauts** we all have our faults • **vous ~es qui m'écoutez** all of you who are listening to me

> The final **s** of **tous** is pronounced only when it is a pronoun.

3 ADVERBE

ⓐ ▸ **tout** + *adjectif* (*= très*) very; (*= entièrement*) quite • **il est ~ étonné** he's very surprised • **c'est une ~e jeune femme** she's a very young woman • **elles étaient ~es contentes** they were very pleased • **les ~es premières années** the very first years • **c'est ~ autre chose** that's quite another matter • **c'est ~ naturel** it's quite natural • **~e petite, elle aimait la campagne** as a very small child she liked the country

▸ **tout** (+ **en**) + *nom* **je suis ~ ouïe!** I'm all ears! • **~ en laine** all wool • **habillé ~ en noir** dressed all in black • **un jeu ~ en douceur** a very delicate style of play • **le jardin est ~ en fleurs** the garden is a mass of flowers

▸ **tout** + *adverbe* **~ près** very near • **~ là-bas** right over there • **~ en bas de la colline** right at the bottom of the hill • **~ au fond** right at the bottom • **~ simplement** quite simply • **~ plein* de** loads* of • **il est mignon ~ plein*** he's very sweet

ⓑ (= déjà) **~ prêt** • **~ préparé** ready-made • **phrases ~es faites** set phrases • **idées ~es faites** preconceived ideas

ⓒ ▸ **tout en** + *participe présent* **~ en marchant** while walking • **je suis incapable de travailler ~ en écoutant de la musique** I can't work and listen to music at the same time • **~ en prétendant le contraire il voulait être élu** although he pretended otherwise he wanted to be elected

ⓓ (locutions)

▸ **tout à fait** quite • **ce n'est pas ~ à fait la même chose** it's not quite the same thing • **c'est ~ à fait faux** it's quite wrong • **il est ~ à fait charmant** he's quite charming • **je suis ~ à fait d'accord avec vous** I totally agree with you • **vous êtes d'accord? — ~ à fait!** do you agree? — absolutely!

▸ **tout à l'heure** (*= plus tard*) later; (*= peu avant*) a short while ago • **je repasserai ~ à l'heure** I'll come back later • **~ à l'heure tu as dit que ...** you said earlier that ... • **à ~ à l'heure!** see you later!

▸ **tout de suite** straightaway • **j'ai ~ de suite compris** I understood straightaway • **ce n'est pas pour ~ de suite** (*= ce n'est pas près d'arriver*) it won't happen overnight; (*= c'est improbable*) it's hardly likely to happen

4 NOM MASCULIN

ⓐ (= ensemble) whole • **ces éléments forment un ~** these elements make up a whole • **prendre le ~** to take all of it (*ou* them) • **jouer le ~ pour le ~** to stake one's all • **mon ~ est un roi de France** my whole is a king of France

ⓑ (= essentiel) **le ~ c'est de faire vite** the main thing is to be quick about it • **c'est pas le ~* mais j'ai du travail** this is all very well but I've got work to do • **ce n'est pas le ~ de s'amuser, il faut travailler** there's more to life than enjoying yourself, people have got to work

ⓒ (locutions)

▸ **du tout** **pas du ~!** not at all! • **il n'y a plus du ~ de pain** there's no bread left at all • **je ne vois rien du ~** I can't see a thing

▸ **du tout au tout** (*= complètement*) completely • **il avait changé du ~ au ~** he had changed completely

---

tout-à-l'égout [tutalegu] (NM INV) (*= système*) mains drainage *NonC*; (*= tuyau*) main sewer

Toutankhamon [tutɑ̃kamɔ̃] (NM) Tutankhamen

toutefois [tutfwa] (ADV) however • **si ~ il est d'accord** if he agrees, that is

toute-puissance (*pl* **toutes-puissances**) [tutpɥisɑ̃s] (NF) omnipotence *NonC*

toutou* [tutu] (NM) doggie*

Tout-Paris [tupaʀi] (NM) **le ~** the Paris smart set

tout-petit (*pl* **tout-petits**) [tup(ə)ti] (NM) toddler

tout-puissant, toute-puissante (*mpl* **tout-puissants**) [tupɥisɑ̃, tutpɥisɑ̃t] **1** (ADJ) omnipotent **2** (NM) **le Tout-Puissant** the Almighty

tout-terrain (*pl* **tout-terrains**) [tuteʀɛ̃] **1** (ADJ) [*véhicule*] four-wheel drive • **vélo ~** mountain bike • **moto ~** trail bike **2** (NM) **le ~** (*en voiture*) cross-country racing; (*en vélo*) mountain biking; (*en moto*) trail-biking • **faire du ~** (*en voiture*) to go cross-country racing; (*en vélo*) to go mountain-biking; (*en moto*) to go trail-biking

toux [tu] (NF) cough

toxico* [tɔksiko] (NMF) (ABR DE **toxicomane**) drug addict

toxicomane [tɔksikɔman] **1** (ADJ) addicted to drugs **2** (NMF) drug addict

toxicomanie [tɔksikɔmani] (NF) drug addiction

toxine [tɔksin] (NF) toxin

toxique [tɔksik] (ADJ) toxic

TP [tepe] (NM) (ABR DE **travaux pratiques**) (*Univ*) practical

TPE (ABBR) [tepeə] **1** (NM) (ABR DE **terminal de paiement électronique**) EFTPOS **2** (NMPL) (ABR DE **travaux personnels encadrés**) *multidisciplinary school project* **3** (NF) (ABR DE **très petite entreprise**) microbusiness

trac [tʀak] (NM) (*en public*) stage fright; (*aux examens*) nerves • **avoir le ~** (*en public*) to have stage fright; (*aux examens*) to be nervous

traçabilité [tʀasabilite] (NF) traceability

traçable [tʀasabl] (ADJ) traceable

tracas [tʀaka] (NMPL) worries

tracasser [tʀakase] /TABLE 1/ **1** (VT) to worry • **qu'est-ce qui te tracasse?** what's worrying you? **2** (VPR) **se tracasser** (*= se faire du souci*) to worry • **ne te tracasse pas pour si peu!** don't worry over a little thing like that!

tracasseries [tʀakasʀi] (NFPL) **~ administratives** red tape • **~ policières** police harassment

trace [tʀas] (NF) ⓐ (*= marque*) mark; [*de sang*] trace • **~s de freinage** brake marks • **~s d'effraction** signs of a break-in • **il n'y avait pas de ~ écrite** nothing had been put down in writing • **la victime portait des ~s de coups au visage** there were bruises on the victim's face • **le corps ne présentait aucune ~ de violence** there were no signs of violence on the body

ⓑ (*= empreinte*) tracks • **~s de doigt** (*sur disque, meuble*) finger marks • **~s de pas** footprints • **~s de pneus** tyre tracks • **disparaître sans laisser de ~s** [*personne*] to disappear without trace; [*tache*] to disappear completely

without leaving a mark • **être sur les ~s de** [+ *fugitif*] to be on the trail of • **perdre la ~ d'un fugitif** to lose track of a fugitive • **retrouver la ~ d'un fugitif** to pick up the trail of a fugitive again • **marcher sur** *ou* **suivre les ~s de qn** (*fig*) to follow in sb's footsteps • **suivre à la ~** [+ *gibier, fugitif*] to track • **les journalistes la suivaient à la ~** reporters followed her wherever she went
Ⓒ (= *indice*) trace • **on ne trouve pas ~ de cet événement dans les journaux** there's no trace of this event to be found in the papers • **on voyait encore les ~s de son passage** there was still evidence that he had recently passed by
Ⓓ (= *chemin frayé*) track • **faire la ~** (*Alpinisme, Ski*) to be the first to ski (*ou* walk *etc*) on new snow

tracé [trase] (NM) Ⓐ (= *plan*) [*de réseau, installations*] layout; [*de frontière*] line Ⓑ (= *parcours*) [*de chemin de fer, autoroute*] route; [*de rivière*] course; [*d'itinéraire*] course Ⓒ [*de dessin, écriture*] line

tracer [trase] /TABLE 3/ **1** (VT) Ⓐ [+ *ligne, triangle, plan, trait*] to draw; [+ *courbe de graphique*] to plot; [+ *chiffre, mot*] to write
Ⓑ [+ *frontière*] to mark out; [+ *route, piste*] (= *frayer*) to open up; (= *baliser*) to mark out • **~ le chemin** *ou* **la voie à qn** (*fig*) to show sb the way • **son avenir est tout tracé** his future is all mapped out
Ⓒ (= *définir*) [+ *programme d'action*] to outline • **~ les grandes lignes d'un projet** to give a broad outline of a project
2 (VI) (= *aller vite*)* to belt along* • **il trace sur ses rollers!** he really belts along* on those roller skates!

trachée [traʃe] (NF) windpipe

trachéite [trakeit] (NF) tracheitis *NonC* • **avoir une ~** to have tracheitis

tract [trakt] (NM) leaflet

tractations [traktasjɔ̃] (NFPL) negotiations

tracter [trakte] /TABLE 1/ **1** (VT) to tow **2** (VI) to leaflet

tracteur [traktœr] (NM) tractor

traction [traksjɔ̃] (NF) traction • **faire des ~s** (*en se suspendant*) to do pull-ups; (*au sol*) to do push-ups • **~ avant/arrière** front-wheel/rear-wheel drive

tradition [tradisjɔ̃] (NF) tradition • **pays de ~ catholique/musulmane** Catholic/Muslim country • **il est de ~ de faire** it is a tradition *ou* traditional to do • **dans la ~ française** in the French tradition

traditionnel, -elle [tradisjɔnɛl] (ADJ) traditional; (= *habituel*) usual

> Le mot anglais s'écrit avec un seul **n** et se termine par **-al**.

traditionnellement [tradisjɔnɛlmɑ̃] (ADV) traditionally; (= *habituellement*) as always

> Le mot anglais s'écrit avec un seul **n** et se termine par **-ally**.

traducteur, -trice [tradyktœr, tris] (NM,F) translator • **~-interprète** translator-interpreter

traduction [tradyksjɔ̃] (NF) (*dans une autre langue*) translation (**de** from, **en** into) • **la ~ de ce texte a pris trois semaines** it took three weeks to translate the text • **~ automatique** machine translation • **~ assistée par ordinateur** machine-aided translation • **~ simultanée** simultaneous translation • **ce mot a plusieurs ~s en anglais** this word can be translated in several ways in English

traduire [tradɥir] /TABLE 38/ (VT) Ⓐ (*dans une autre langue*) to translate (**en** into) • **traduit de l'allemand** translated from German • **comment se traduit ce mot en anglais?** how does this word translate into English? Ⓑ (= *exprimer*) to convey; (= *rendre manifeste*) to be the expression of • **ce tableau traduit un sentiment de désespoir** this picture conveys a feeling of despair • **cela s'est traduit par une baisse du pouvoir d'achat** the effect of this was a drop in buying power Ⓒ **~ qn en justice/en correctionnelle** to bring sb before the courts/before the criminal court

traduisible [tradɥizibl] (ADJ) translatable • **ce titre est difficilement ~** this title is difficult to translate

trafic [trafik] (NM) Ⓐ (= *commerce clandestin*) traffic; (= *activité*) trafficking • **~ d'armes** arms dealing • **faire le** *ou* **du ~ d'armes** to be engaged in arms dealing • **~ de stupéfiants** *ou* **de drogue** drug trafficking • **faire du ~ de stupéfiants** *ou* **de drogue** to deal in drugs • **~ d'enfants/de voitures volées** trade in children/in stolen cars Ⓑ (= *activités suspectes*) dealings; (= *manigances*)* funny business* • **~ d'influence** influence peddling Ⓒ (= *circulation*) traffic • **~ maritime/routier/aérien/ferroviaire** sea/road/air/rail traffic • **le ~ est perturbé sur la ligne 6 du métro** there are delays on line 6 of the metro

> Le mot anglais s'écrit avec deux **f**.

traficoter* [trafikɔte] /TABLE 1/ (VT) Ⓐ [+ *moteur*] to tamper with • **~ les comptes** to fiddle the books Ⓑ (= *faire*) **qu'est-ce qu'il traficote dans la cuisine?** what's he up to in the kitchen?

trafiquant, e [trafikɑ̃, ɑ̃t] (NM,F) trafficker • **~ de drogue** drug trafficker • **~ d'armes** arms dealer • **c'est un ~ de voitures volées** he deals in stolen cars

trafiquer [trafike] /TABLE 1/ **1** (VI) to traffic **2** (VT)* Ⓐ [+ *vin*] to doctor*; [+ *moteur, document*] to tamper with; [+ *chiffres*] to fiddle • **compteur trafiqué** meter that has been tampered with Ⓑ (= *gonfler*) [+ *moteur*] to soup up* Ⓒ (= *faire*) **mais qu'est-ce que tu trafiques?** what are you up to?

tragédie [traʒedi] (NF) tragedy • **la manifestation a tourné à la ~** the demonstration ended in tragedy • **ce n'est pas une ~!*** it's not the end of the world!

tragicomédie [traʒikɔmedi] (NF) tragicomedy

tragique [traʒik] **1** (ADJ) tragic • **ce n'est pas ~!*** it's not the end of the world! **2** (NM) Ⓐ (= *genre*) **le ~** tragedy Ⓑ [*de situation*] tragedy • **la situation tourne au ~** the situation is taking a tragic turn • **prendre qch au ~** to make a tragedy out of sth

tragiquement [traʒikmɑ̃] (ADV) tragically

trahir [trair] /TABLE 2/ **1** (VT) Ⓐ to betray; [+ *promesse, engagement*] to break • **~ sa pensée** to betray one's thoughts Ⓑ (= *mal exprimer*) to misrepresent; [+ *vérité*] to distort **2** (VPR) **se trahir** to betray o.s. • **il s'est trahi par cette question** by asking this question he gave himself away

trahison [traizɔ̃] (NF) betrayal; (*Droit, Mil*) treason

train [trɛ̃] **1** (NM) Ⓐ train • **~ omnibus/express/rapide** slow/express/fast train • **~ direct** direct train • **~ à vapeur/électrique** steam/electric train • **~ de marchandises/**

t

voyageurs goods/passenger train • ~ **auto-couchettes** car-sleeper train • **le ~ de Paris** the Paris train • ~ **à grande vitesse** high-speed train • **les ~s de neige** the winter-sports trains • **il est dans ce ~** he's on this train • **mettre qn dans le ~** *ou* **au ~*** to see sb off at the station • **prendre le ~** to travel by train • **monter dans** *ou* **prendre le ~ en marche** to get on the moving train; (*fig*) to jump on the bandwagon

ⓑ (= *allure*) **ralentir/accélérer le ~** to slow down/speed up • **aller bon ~** to make good progress • **les langues des commères allaient bon ~** the old wives' tongues were wagging away • **il allait à un ~ d'enfer** he was going flat out* • **au ~ où il travaille** at the rate he's working • **au ~ où vont les choses** • **à ce ~-là** the rate things are going

ⓒ (= *série*) [*de mesures, réformes*] batch

ⓓ (= *partie*) ~ **avant/arrière** front/rear wheel-axle unit • ~ **de devant** [*d'animal*] forequarters • ~ **de derrière** [*d'animal*] hindquarters

ⓔ (*locutions*)

▸ **en train mettre qn en ~** (= *l'égayer*) to put sb in good spirits • **je suis long à me mettre en ~ le matin** it takes me a long time to get going* in the morning • **mise en ~** [*de travail*] starting up • **aller bon ~** [*rumeurs*] to be rife

▸ **en train de faire qch être en ~ de faire qch** to be doing sth • **être en ~ de regarder la télévision** to be watching television • **j'étais juste en ~ de manger** I was eating • **on l'a pris en ~ de voler** he was caught stealing

2 COMP ▸ **train d'atterrissage** undercarriage ▸ **train express régional** regional fast train ▸ **train fantôme** ghost train ▸ **train postal** mail train ▸ **train routier** road train ▸ **train de vie** lifestyle

traînailler° [tʀɛnɑje] /TABLE 1/ VI ⓐ (= *être lent*) to dawdle ⓑ (= *vagabonder*) to loaf about

traînant°, **e** [tʀɛnɑ̃, ɑ̃t] ADJ [*voix, accent*] drawling; [*robe, aile*] trailing; [*démarche*] shuffling

traînard°, **e** [tʀɛnaʀ, aʀd] NM,F slowcoach* (*Brit*), slowpoke* (*US*); (*toujours en queue d'un groupe*) straggler

traînasser° [tʀɛnase] /TABLE 1/ VI = **traînailler**

traîne° [tʀɛn] NF ⓐ [*de robe*] train ⓑ (*Pêche*) dragnet • **pêche à la ~** dragnet fishing ⓒ **être à la ~*** (*en retard, en arrière*) to lag behind

traîneau° (*pl* **traîneaux**) [tʀɛno] NM (= *véhicule*) sleigh • **promenade en ~** sleigh ride

traînée° [tʀene] NF ⓐ (*laissée par un véhicule, un animal*) tracks; [*d'humidité, sang*] (*sur un mur*) streak; (= *bande*) streak • **~s de brouillard** wisps of fog • ~ **de poudre** powder trail • **la nouvelle s'est répandue** *ou* **propagée comme une ~ de poudre** the news spread like wildfire ⓑ (= *femme*)** slut** (*injurieux*)

traîner° [tʀene] /TABLE 1/ **1** VT ⓐ (= *tirer*) [+ *sac, objet lourd, personne*] to drag • ~ **qn par les pieds** to drag sb along by the feet • ~ **les pieds** to drag one's feet • ~ **la jambe** *ou* **la patte*** to limp • ~ **qn dans la boue** to drag sb through the mud

ⓑ (= *emmener*) (*péj*) to drag • **elle est obligée de ~ ses enfants partout** she has to drag her children along everywhere • **il traîne toujours une vieille valise avec lui** he's always dragging an old suitcase around with him

ⓒ (= *subir*) **elle traîne cette bronchite depuis janvier** this bronchitis has been with her since January • **elle traîne un mauvais rhume** she's got a bad cold she can't get rid of

2 VI ⓐ [*personne*] (= *rester en arrière*) to lag behind; (= *aller lentement*) to dawdle; (*péj*) (= *errer*) to hang about • ~ **en chemin** to dawdle on the way • ~ **dans les rues** to roam the streets • **elle laisse ses enfants ~ dans la rue** she lets her children hang about the streets • ~ **au lit** to lounge in bed • **on est en retard, il ne s'agit plus de ~** we're late - we must stop hanging around • ~ **dans les cafés** to hang around the cafés

ⓑ (= *être éparpillé*) to lie about • **ne laisse pas ~ ton argent** don't leave your money lying about • **des idées qui traînent partout** ideas that float around everywhere • **elle attrape tous les microbes qui traînent** she catches anything that's going

ⓒ (= *durer trop longtemps*) to drag on • **la discussion a traîné en longueur** the discussion dragged on for ages • **ça n'a pas traîné!*** that wasn't long coming! • **ça ne traînera pas, il vous mettra tous à la porte*** he'll throw you all out before you know what's happening • **faire ~ qch en longueur** to drag sth out

ⓓ [*robe, manteau*] to trail • **ta ceinture/ton lacet traîne par terre** your belt/your shoelace is dragging on the ground

3 VPR **se traîner** [*personne fatiguée*] to drag o.s.; [*train, voiture*] to crawl along • **on se traînait à 20 à l'heure** we were crawling along at 20 • **se ~ par terre** to crawl on the ground • **avec cette chaleur, on se traîne** it's all you can do to drag yourself around in this heat

traîneries°* [tʀɛnʀi] NFPL (*Can*) clutter • **ramasse tes ~!** tidy up your mess!*

traîneux, -euse* [tʀɛnø, øz] (*Can*) **1** ADJ sluggardly **2** NM,F sluggard

training [tʀeniŋ] NM ⓐ (= *entraînement*) training ⓑ (= *chaussure*) trainer; (= *survêtement*) tracksuit top

train-train, traintrain [tʀɛ̃tʀɛ̃] NM INV humdrum routine • **le ~ quotidien** the humdrum routine of everyday life

traire [tʀɛʀ] /TABLE 50/ VT [+ *vache*] to milk; [+ *lait*] to draw • **machine à ~** milking machine

trait [tʀɛ] **1** NM ⓐ (= *ligne*) (*en dessinant*) stroke; (*en soulignant, dans un graphique*) line • **faire** *ou* **tirer** *ou* **tracer un ~** to draw a line • **tirer un ~ sur son passé** to make a complete break with one's past • **tirons un ~ sur cette affaire** let's put this business behind us • **ta promotion? tu peux tirer un ~ dessus!** your promotion? you can forget about it! • **d'un ~ de plume** with one stroke of the pen • **ça lui ressemble ~ pour ~** that's just like him • **dessiner qch à grands ~s** to make a rough sketch of sth

ⓑ (= *élément caractéristique*) trait • **avoir des ~s de ressemblance avec** to have certain features in common with • **il tient ce ~ de caractère de son père** he gets that from his father

ⓒ (= *traction*) **animal/cheval de ~** draught (*Brit*) *ou* draft (*US*) animal/horse

ⓓ (*locutions*)

▸ **avoir trait à** to be connected with • **tout ce qui a ~ à cette affaire** everything connected with this matter

▸ **d'un trait** [*dire*] in one breath; [*boire*] in one gulp; [*dormir*] uninterruptedly

2 NMPL **traits** (= *physionomie*) features • **avoir des ~s fins/réguliers** to have delicate/regular features • **avoir les ~s tirés** to have drawn features

3 COMP ▸ **trait d'esprit** flash of wit ▸ **trait de génie** brainwave ▸ **trait d'union** hyphen; (*fig*) link

traitant, e [tʀɛtɑ̃, ɑ̃t] (ADJ) [*shampooing*] medicated

traite [tʀɛt] (NF) ⓐ (*= trafic*) **~ des Noirs** slave trade • **~ des Blanches** white slave trade
ⓑ (*= billet*) bill
ⓒ [*de vache*] milking
ⓓ ▸ **d'une (seule) traite** [*parcourir*] in one go; [*dire*] in one breath; [*boire*] in one gulp; [*dormir*] uninterruptedly

traité [tʀete] (NM) ⓐ (*= convention*) treaty • **~ de paix** peace treaty • **le ~ de Versailles/Paris** the Treaty of Versailles/Paris ⓑ (*= livre*) treatise

traitement [tʀɛtmɑ̃] (NM) ⓐ (*= manière d'agir*) treatment • **~ de faveur** preferential treatment ⓑ (*médical*) treatment • **~ chirurgical** surgery • **~ de choc** intensive treatment; (*fig*) shock treatment • **être en ~ (à l'hôpital)** to be having treatment (in hospital) • **être sous ~** to be undergoing treatment • **les nouveaux ~s de** *ou* **contre la stérilité** new ways of treating sterility ⓒ (*= rémunération*) salary ⓓ [*de matières premières, déchets*] processing • **le ~ de l'information** *ou* **des données** data processing • **~ de texte** (*= technique*) wordprocessing; (*= logiciel*) wordprocessing package • **machine** *ou* **système de ~ de texte** word processor

traiter [tʀete] /TABLE 1/ 1 (VT) ⓐ to treat • **~ qn bien/mal/comme un chien** to treat sb well/badly/like a dog • **~ qn d'égal à égal** to treat sb as an equal • **~ qn en enfant/malade** to treat sb like a child/an invalid • **~ durement qn** to be hard on sb • **se faire ~ pour une affection pulmonaire** to undergo treatment for lung trouble • **cette infection se traite facilement** this infection is easily treated • **fruits non traités** unsprayed fruit
ⓑ [*+ minerai, déchets, données*] to process
ⓒ (*= qualifier*) **~ qn*** (*= l'insulter*) to call sb names • **~ qn de fou/menteur** to call sb a fool/a liar • **~ qn de tous les noms** to call sb all the names under the sun • **ils se sont traités de voleur(s)** they called each other thieves • **je me suis fait ~ d'imbécile** they called me a fool
ⓓ [*+ question, thème*] to treat; [*+ affaire*] to handle; (*Droit*) [*+ dossier, plainte*] to deal with • **il n'a pas traité le sujet** he hasn't dealt with the subject
2 (VT INDIR) **~ de** to deal with • **le livre traite des problèmes de la drogue** the book deals with the problems of drugs
3 (VI) (*= négocier, parlementer*) to negotiate • **~ avec qn** to negotiate with sb

traiteur [tʀɛtœʀ] (NM) caterer • **épicier-~** grocer and caterer

traître○**, traîtresse** [tʀɛtʀ, tʀɛtʀɛs] 1 (ADJ) treacherous; [*vin*] deceptive • **être ~ à une cause/à sa patrie** to be a traitor to a cause/to one's country • **il n'a pas dit un ~ mot** he didn't breathe a word 2 (NM) traitor; (*= personnage*) villain • **prendre/attaquer qn en ~** to take/ attack sb off-guard • **je ne veux pas vous prendre en ~** I want to be up front with you • **un coup en ~** a stab in the back 3 (NF) **traîtresse** traitress

traîtrise○ [tʀɛtʀiz] (NF) treachery

trajectoire [tʀaʒɛktwaʀ] (NF) trajectory; [*de projectile*] path • **~ de vol** flight path • **ils n'ont pas du tout la même ~ politique** they have pursued very different political careers

trajet [tʀaʒɛ] (NM) (*= distance à parcourir*) distance; (*= itinéraire*) route; (*= parcours, voyage*) trip • **un ~ de 8 km** a distance of 8km • **le ~ aller/retour** the outward/return trip • **il a une heure de ~ pour se rendre à son travail** it takes him an hour to get to work • **elle a dû refaire le ~ en sens inverse** she had to walk (*ou* drive *etc*) back • **faire le ~ de Paris à Lyon en voiture/train** to do the trip from Paris to Lyon by car/train

tralala* [tʀalala] 1 (NM) (*= luxe, apprêts*) fuss *NonC* • **avec tout le ~** with all the frills • **et tout le ~** and everything else 2 (EXCL) ha ha!

tram [tʀam] (NM) = **tramway**

trame [tʀam] (NF) ⓐ [*de tissu*] weft • **usé jusqu'à la ~** threadbare ⓑ [*de roman*] framework

tramer [tʀame] /TABLE 1/ (VT) [*+ évasion, coup d'État*] to plot; [*+ complot*] to hatch • **il se trame quelque chose** there's something brewing

tramontane [tʀamɔ̃tan] (NF) tramontane (*cold north wind*)

trampoline [tʀɑ̃pɔlin] (NM) trampoline • **faire du ~** to go trampolining

trampoliniste [tʀɑ̃pɔlinist] (NMF) trampolinist

tramway [tʀamwɛ] (NM) (*= moyen de transport*) tram; (*= voiture*) tram (*Brit*), streetcar (*US*)

tranchant, e [tʀɑ̃ʃɑ̃, ɑ̃t] 1 (ADJ) ⓐ [*couteau, arête*] sharp ⓑ [*personne, ton*] curt 2 (NM) **avec le ~ de la main** with the edge of one's hand

tranche [tʀɑ̃ʃ] (NF) ⓐ [*de pain, jambon*] slice; [*de bacon*] rasher • **~ de bœuf** steak • **~ de saumon** salmon steak • **en ~s** in slices • **couper en ~s** to cut into slices ⓑ [*de livre, pièce de monnaie, planche*] edge ⓒ (*= section*) section; [*de revenus, imposition*] bracket • **~ d'âge/de salaires** age/wage bracket • **~ horaire** (*TV, Radio*) time slot • **~ de vie** slice of life

tranché, e [tʀɑ̃ʃe] *ptp de* **trancher** 1 (ADJ) ⓐ [*pain, saumon*] sliced ⓑ [*couleurs*] distinct; [*limite*] clear-cut; [*opinion*] cut-and-dried 2 (NF) **tranchée** (*= fossé*) trench

trancher [tʀɑ̃ʃe] /TABLE 1/ 1 (VT) ⓐ (*= couper*) [*+ corde, nœud, lien*] to cut • **~ la tête à qn** to cut off sb's head • **~ la gorge à qn** to cut sb's throat ⓑ (*= résoudre*) [*+ question, difficulté*] to settle; (*sans complément = décider*) to take a decision • **le juge a dû ~** the judge had to make a ruling • **le gouvernement a tranché en faveur du projet** the government has decided in favour of the plan 2 (VI) (*= faire contraste*) [*couleur*] to stand out clearly (**sur, avec** against); [*trait, qualité*] to contrast sharply (**sur, avec** with)

tranquille [tʀɑ̃kil] (ADJ) ⓐ quiet • **c'est l'heure la plus ~ de la journée** it's the quietest time of day • **aller/entrer d'un pas ~** to walk/go in calmly • **ils mènent une petite vie bien ~** they have a nice quiet life • **il veut être ~** he wants to have some peace and quiet • **rester/se tenir ~** to keep *ou* stay/be quiet • **nous étions bien ~s et il a fallu qu'il nous dérange** we were having a nice quiet time and he had to come and disturb us • **ferme la porte, tu seras plus ~ pour travailler** close the door, it'll be quieter for you to work • **laisser qn ~** to leave sb in peace • **laisser qch ~** to leave sth alone • **laissez-moi ~ avec vos questions** stop bothering me with your questions
ⓑ (*= sans souci*) **être ~** to be easy in one's mind • **tu peux être ~** you needn't worry • **soyez ~, tout ira bien** don't worry - everything will be all right • **je ne suis pas ~ lorsqu'il est sur la route** I worry when he's out on the road • **je serais plus ~ si j'avais un poste stable** I'd feel easier in my mind if I had a steady job • **tu peux dormir ~** you can rest easy • **comme ça, nous serons ~s** that way our minds will be at rest • **maintenant je peux mourir ~** now I can die in peace • **pour avoir l'esprit ~**

to set one's mind at rest • **avoir la conscience ~** to have a clear conscience

c (= *certain*)* **être ~ (que ...)** to be sure (that ...) • **il n'ira pas, je suis ~** he won't go, I'm sure of it

d (= *facilement*)* easily • **il l'a fait en trois heures ~** he did it in three hours no trouble* • **il a gagné en trois sets, ~** he won easily in three sets • **tu peux y aller ~** (= *sans risque*) you can go there quite safely

tranquillement [tʀɑ̃kilmɑ̃] ADV **a** [*dormir, vivre*] peacefully; [*jouer*] quietly; [*affirmer, annoncer*] calmly • **~ installé dans un fauteuil** sitting quietly in an armchair • **il attendait ~ son tour** he calmly waited his turn • **vous pouvez y aller ~ en deux heures** you can get there easily in two hours **b** (= *sans être dérangé*) [*travailler*] in peace • **j'aimerais pouvoir lire ~** I'd like to have a quiet read

tranquillisant, e [tʀɑ̃kilizɑ̃, ɑ̃t] **1** ADJ [*nouvelle*] reassuring; [*effet, produit*] soothing **2** NM (= *médicament*) tranquillizer

tranquilliser [tʀɑ̃kilize] /TABLE 1/ **1** VT **~ qn** to reassure sb • **je suis tranquillisé** I'm reassured **2** VPR **se tranquilliser** to set one's mind at rest • **tranquillise-toi, il ne lui arrivera rien** calm down, nothing will happen to him

tranquillité [tʀɑ̃kilite] NF **a** quietness; [*de rivière, mer*] calmness **b** (= *paix*) peace • **en toute ~** without being bothered • **troubler la ~ publique** to disturb the peace • **je n'ai pas eu un seul moment de ~** I haven't had a moment's peace **c** **~ (d'esprit)** peace of mind • **en toute ~** with complete peace of mind • **vous pouvez le lui confier en toute ~** you can entrust it to him with absolute confidence

trans [tʀɑ̃z] PRÉF trans • **ligne ~pacifique** trans-Pacific route

transaction [tʀɑ̃zaksjɔ̃] NF transaction

transat [tʀɑ̃zat] **1** NM (= *chaise longue*) deckchair; (*pour bébé*) bouncy chair **2** NF (ABR DE **course transatlantique**) **~ en solitaire** single-handed transatlantic race

transatlantique [tʀɑ̃zatlɑ̃tik] **1** ADJ transatlantic **2** NM (= *paquebot*) transatlantic liner

transbahuter* [tʀɑ̃sbayte] /TABLE 1/ VT to lug*

transborder [tʀɑ̃sbɔʀde] /TABLE 1/ VT to transfer

transcendant, e [tʀɑ̃sɑ̃dɑ̃, ɑ̃t] ADJ transcendent (*littér*) • **ce n'est pas ~*** [*film, livre*] it's nothing special*

transcender [tʀɑ̃sɑ̃de] /TABLE 1/ **1** VT to transcend **2** VPR **se transcender** to transcend o.s.

transcoder [tʀɑ̃skɔde] /TABLE 1/ VT (*Informatique*) [+ *programme*] to compile; (*TV*) to transcode

transcription [tʀɑ̃skʀipsjɔ̃] NF transcription • **~ phonétique** phonetic transcription

transcrire [tʀɑ̃skʀiʀ] /TABLE 39/ VT to transcribe; [+ *ambiance, réalité*] to translate

transe [tʀɑ̃s] NF (= *état second*) trance • **être en ~** to be in a trance • **entrer en ~** to go into a trance

transept [tʀɑ̃sɛpt] NM transept

transférer [tʀɑ̃sfeʀe] /TABLE 6/ VT to transfer • **nos bureaux sont transférés au 5 rue de Lyon** our offices have transferred to 5 rue de Lyon • **faire ~ ses appels à un autre numéro** to have one's calls transferred to another number

transfert [tʀɑ̃sfɛʀ] NM transfer • **demander son ~ dans une filiale** to ask for a transfer to a subsidiary company • **il est décédé pendant son ~ à l'hôpital** he died while he was being taken to hospital • **~ d'appel** call forwarding • **faire un ~ sur qn** (*Psych*) to transfer onto sb

transfigurer [tʀɑ̃sfigyʀe] /TABLE 1/ VT (= *transformer*) to transform

transfo* [tʀɑ̃sfo] NM (ABR DE **transformateur**) transformer

transformateur [tʀɑ̃sfɔʀmatœʀ] NM transformer

transformation [tʀɑ̃sfɔʀmasjɔ̃] NF **a** (= *modification*) [*de personne, caractère, pays*] change; (*radicale*) transformation; [*d'énergie, matière*] conversion • **~s** alterations • **subir des ~s** to undergo changes; (*plus radical*) to be transformed; (*Chim, Physique*) to be converted **b** (*Rugby*) conversion • **il a réussi la ~** he converted the try

transformer [tʀɑ̃sfɔʀme] /TABLE 1/ **1** VT **a** (= *modifier*) [+ *personne, caractère, pays*] to change; (= *changer radicalement, améliorer*) to transform; [+ *matière première*] to convert; [+ *vêtement*] to alter • **le bonheur l'a transformé** happiness has transformed him • **depuis qu'il va à l'école, il est transformé** he's been a different child since he started school

b (= *convertir*) **~ qn/qch en** to turn sb/sth into • **~ la houille en énergie** to convert coal into energy • **~ du plomb en or** to turn lead into gold • **on a transformé la grange en atelier** the barn has been converted into a studio

c (*Rugby*) [+ *essai*] to convert

2 VPR **se transformer** **a** (= *changer, évoluer*) [*personne, pays*] to change • **la manifestation risque de se ~ en émeute** the demonstration could well turn into a riot **b** (= *se métamorphoser*) to be transformed (**en** into); [*énergie, matière*] to be converted (**en** into) • **la chenille se transforme en papillon** the caterpillar turns into a butterfly • **la ville s'est étonnamment transformée en deux ans** the town has been transformed over the last two years • **il s'est transformé depuis qu'il a ce poste** there's been a real change in him since he has had this job

transfuge [tʀɑ̃sfyʒ] NMF defector

transfuser [tʀɑ̃sfyze] /TABLE 1/ VT [+ *sang, liquide*] to transfuse; [+ *malade*] to give a blood transfusion to

transfusion [tʀɑ̃sfyzjɔ̃] NF **~ (sanguine)** (blood) transfusion • **faire une ~ à qn** to give sb a blood transfusion • **centre de ~ sanguine** blood transfusion centre

transgénérationnel, -elle [tʀɑ̃sʒeneʀasjɔnɛl] ADJ transgenerational

transgénique [tʀɑ̃sʒenik] ADJ transgenic

transgenre [tʀɑ̃sʒɑ̃ʀ] ADJ, NMF transgender

transgresser [tʀɑ̃sgʀese] /TABLE 1/ VT [+ *règle, code*] to infringe; [+ *interdit*] to defy; [+ *tabou*] to break; [+ *ordre*] to disobey • **~ la loi** to break the law

transhumance [tʀɑ̃zymɑ̃s] NF transhumance

transhumanisme [tʀɑ̃symanism] NM transhumanism

transi, e [tʀɑ̃zi] ADJ **être ~ (de froid)** to be numb with cold

transiger [tʀɑ̃ziʒe] /TABLE 3/ VI to compromise

transistor [tʀɑ̃zistɔʀ] NM transistor

transit [tʀɑ̃zit] NM transit • **en ~** [*marchandises, voyageurs*] in transit • **le ~ intestinal** digestion

transiter [tʀɑ̃zite] /TABLE 1/ **1** VT [+ *marchandises*] to convey in transit **2** VI to pass in transit (**par** through)

transition [tʀɑ̃zisjɔ̃] NF transition • **période/gouvernement de ~** transition period/government • **mesure de ~** transitional measure • **sans ~, il enchaîna avec**

la météo he moved straight onto the weather forecast ▸**transition énergétique** energy transition

translation [tʀɑ̃slasjɔ̃] (NF) translation • **mouvement de ~** translatory movement

translucide [tʀɑ̃slysid] (ADJ) translucent

transmanche [tʀɑ̃smɑ̃ʃ] (ADJ INV) [*liaison, trafic*] cross-Channel

transmetteur [tʀɑ̃smetœʀ] (NM) transmitter

transmettre [tʀɑ̃smɛtʀ] /TABLE 56/ (VT) ⓐ (= *léguer, transférer*) to pass on • **sa mère lui avait transmis son amour de la nature** his mother had passed her love of nature on to him

ⓑ (= *communiquer*) to pass on; (= *faire parvenir*) [+ *lettre, colis*] to forward • **ils se sont transmis tous les renseignements nécessaires** they exchanged all the necessary information • **veuillez ~ mes amitiés à Paul** kindly give my best wishes to Paul • **veuillez ~ mon meilleur souvenir à Paul** kindly give my regards to Paul • **d'accord, je transmettrai*** OK, I'll pass on the message

ⓒ [+ *énergie, signal, impulsion*] to transmit; (*Radio, TV*) [+ *émission, discours*] to broadcast

ⓓ (*Sport*) [+ *ballon*] to pass

ⓔ [+ *maladie, microbe*] to transmit (**à** to) • **cette maladie se transmet par contact** the disease is transmitted by contact • **une maladie qui se transmet sexuellement** a sexually transmitted disease • **il risque de ~ son rhume aux autres** he may pass on his cold to the others

transmis, e [tʀɑ̃smi, miz] *ptp de* **transmettre**

transmissible [tʀɑ̃smisibl] (ADJ) [*maladie*] transmittable • **virus ~ par voie sanguine** virus that can be transmitted by the blood

transmission [tʀɑ̃smisjɔ̃] (NF) ⓐ passing on • **la ~ du savoir** transmission of knowledge • **~ des données** (*en informatique*) data transmission • **grâce à la ~ de ce savoir de génération en génération** because this knowledge has been passed down from generation to generation • **~ des pouvoirs** (*Politique*) transfer of power • **c'est de la ~ de pensée!** you (*ou* he *etc*) must be telepathic!

ⓑ [*de signal, énergie, impulsion*] transmission; (*Radio, TV*) [*d'émission, discours*] broadcasting • **les ~s** (*armée*) ≈ the Signals (corps) • **les organes de ~** • **la ~** [*de véhicule*] the transmission • **le mode de ~ du virus** the mode of transmission of the virus

transparaître ○ [tʀɑ̃spaʀɛtʀ] /TABLE 57/ (VI) to show through • **laisser ~ un sentiment** to let an emotion show through • **il n'a rien laissé ~ de ses intentions** he gave no sign of what his intentions were

transparence [tʀɑ̃spaʀɑ̃s] (NF) transparency; [*de négociations, comptes*] openness • **regarder qch par ~** to look at sth against the light • **voir qch par ~** to see sth showing through • **réclamer la ~ du financement des partis politiques** to call for openness in the financing of political parties • **~ financière** financial accountability

transparent, e [tʀɑ̃spaʀɑ̃, ɑ̃t] **1** (ADJ) transparent; [*négociations, comptes*] open • **nous sommes pour une gestion ~e** we favour complete openness where management is concerned **2** (NM) (= *écran*) transparent screen; (*pour rétroprojecteur*) transparency

transpercer [tʀɑ̃spɛʀse] /TABLE 3/ (VT) to pierce; (*d'un coup d'épée*) to run through; (*d'un coup de couteau*) to stab; [*épée, lame*] to pierce; [*balle, pluie, froid*] to go through

transpiration [tʀɑ̃spiʀasjɔ̃] (NF) perspiration

transpirer [tʀɑ̃spiʀe] /TABLE 1/ (VI) ⓐ to sweat • **il transpire des mains/pieds** he has sweaty hands/feet • **~ à grosses gouttes** to be running with sweat • **~ sur un devoir*** to sweat* over an exercise ⓑ (= *être dévoilé*) to transpire • **rien n'a transpiré** nothing transpired (**de** from)

transplant [tʀɑ̃splɑ̃] (NM) transplant

transplantation [tʀɑ̃splɑ̃tasjɔ̃] (NF) transplantation; (= *intervention*) transplant • **~ cardiaque/du rein** heart/kidney transplant

transplanter [tʀɑ̃splɑ̃te] /TABLE 1/ (VT) to transplant • **se ~ dans un pays lointain** to resettle in a distant country

transport [tʀɑ̃spɔʀ] **1** (NM) ⓐ transport • **~ de voyageurs** transport of passengers • **un car se chargera du ~ des bagages** the luggage will be transported by coach • **pour faciliter le ~ des blessés** to facilitate the transport of the injured • **~ de troupes** (= *action*) troop transportation • **~ de fonds** transfer of funds • **endommagé pendant le ~** damaged in transit • **mode de ~** means of transport • **matériel/frais de ~** transport equipment/costs • **~ maritime** *ou* **par mer** sea transport • **~ ferroviaire** rail transport • **~ aérien** *ou* **par avion** air transport • **~(s) routier(s)** road transport • **entreprise de ~(s)** haulage company

ⓑ (*littér*) **des ~s de joie/d'enthousiasme** transports of delight/of enthusiasm • **~s amoureux** amorous transports

2 (NMPL) **transports** transport • **les ~s publics** *ou* **en commun** public transport • **prendre les ~s en commun** to use public transport • **elle passe trois heures par jour dans les ~s en commun pour aller travailler** she spends three hours a day commuting to work • **~s urbains** urban transport • **mal des ~s** travel sickness (*Brit*), motion sickness (*US*)

transporter [tʀɑ̃spɔʀte] /TABLE 1/ **1** (VT) ⓐ (*à la main, à dos*) to carry; (*avec un véhicule*) [+ *marchandises, voyageurs*] to transport • **le train transportait des touristes** the train was carrying tourists • **on l'a transporté d'urgence à l'hôpital** he was rushed to hospital • **~ qch par mer** to ship sth • **~ des marchandises par terre/train/avion** to transport goods by land/train/plane • **elle transportait une forte somme d'argent** she was carrying a large sum of money on her • **ce roman nous transporte dans un autre monde** this novel transports us into another world • **on se retrouve transporté au seizième siècle** we find ourselves transported back to the sixteenth century

ⓑ (= *exalter*) to send into raptures • **~ qn de joie** to send sb into transports of delight • **être** *ou* **se sentir transporté d'admiration** to be beside o.s. with admiration • **se laisser ~ par la musique** to let o.s. be carried away by the music

2 (VPR) **se transporter** (= *se déplacer*) to go • **se ~ quelque part par la pensée** to let one's imagination carry one away somewhere

transporteur [tʀɑ̃spɔʀtœʀ] (NM) (= *entrepreneur, entreprise*) carrier • **~ aérien** airline company • **~ routier** road haulage contractor • **~ maritime** shipping agent • **~ de fonds** security company (*transporting money*)

transposer [tʀɑ̃spoze] /TABLE 1/ (VTI) to transpose • **~ un roman à l'écran** to adapt a novel for the screen

transsexuel, -elle [tʀɑ̃(s)sɛksɥɛl] (ADJ, NM,F) transsexual

transvaser [tʀɑ̃svɑze] /TABLE 1/ (VT) to decant

transversal, e (*mpl* **-aux**) [tʀɑ̃svɛʀsal, o] (ADJ) [*coupe, fibre, pièce*] cross; [*chemin*] running at right angles;

t

[*vallée*] transverse • **rue ~e** side street • **axe ~** • **route ~e** cross-country link → **barre**

trapèze [tʀapɛz] NM ⓐ (= *figure*) trapezium (*Brit*), trapezoid (*US*) ⓑ (*Sport*) trapeze • **faire du ~** to perform on the trapeze ⓒ (= *muscle*) trapezius (muscle)

trapéziste [tʀapezist] NMF trapeze artist

trappe [tʀap] NF ⓐ (*dans le plancher*) trap door; (*d'accès, d'évacuation*) hatch • **passer à la ~** [*projet*] to be written off*; [*personne*] to be given the push* ⓑ (= *piège*) trap

trapu, e [tʀapy] ADJ [*personne, maison*] squat

traquenard [tʀaknaʀ] NM trap • **tomber dans un ~** to fall into a trap

traquer [tʀake] /TABLE 1/ VT [+ *gibier*] to track down; [+ *abus, injustice*] to hunt down; [*journalistes, percepteur*] to hound • **regard de bête traquée** gaze of a hunted animal

traumatisant, e [tʀomatizɑ̃, ɑ̃t] ADJ traumatic

traumatiser [tʀomatize] /TABLE 1/ VT to traumatize

traumatisme [tʀomatism] NM trauma • **~ crânien** head injury • **~ psychologique** psychological trauma • **subir un ~** to undergo a traumatic experience

travail (*pl* **-aux**) [tʀavaj, o] **1** NM ⓐ (= *activité*) **le ~** work • **il est en plein ~** he's in the middle of something • **se mettre au ~** to get down to work • **avoir du ~/beaucoup de ~** to have some work/a lot of work to do • **j'ai un ~ fou en ce moment*** I'm up to my eyes in work at the moment* • **horaire/vêtements de ~** work schedule/clothes • **conditions/méthodes/groupe/déjeuner de ~** working conditions/methods/group/lunch • **à ~ égal, salaire égal** equal pay for equal work • **améliorer la communication, c'est tout un ~!** improving communications is quite a task!

ⓑ (= *tâche*) work *NonC*, job; (= *résultat*) work *NonC* • **c'est un ~ de spécialiste** (*difficile à faire*) it's a job for a specialist; (*bien fait*) it's the work of a specialist • **tu as fait du beau ~** you've done a really good job • **travaux de recherche/de construction** research/building work • **faire faire des travaux dans la maison** to have some work done in the house • **les grands travaux présidentiels** the major projects undertaken by the president • **« pendant les travaux, le magasin restera ouvert »** "business as usual during alterations" • **il y a des travaux (sur la chaussée)** there are roadworks in progress • **« attention ! travaux ! »** "caution! work in progress!"; (*sur la route*) "roadworks ahead!" (*Brit*), "roadwork ahead!" (*US*)

ⓒ (= *métier, profession*) job; (= *situation*) work *NonC*, job • **avoir un ~ intéressant/lucratif** to have an interesting/a highly paid job • **apprendre un ~** to learn a job • **être sans ~** • **ne pas avoir de ~** to be out of work • **~ de bureau** office work • **~ d'équipe** *ou* **en équipe** team work • **~ en usine** factory work • **reprendre le ~** to go back to work • **le monde du ~** the world of work

ⓓ (= *façonnage*) [*de bois, cuir, fer*] working • **le ~ du marbre requiert une grande habileté** working with marble requires great skill

ⓔ (= *accouchement*) labour (*Brit*), labor (*US*) • **le ~ n'a pas encore commencé** she hasn't gone into labour yet

2 COMP ▸ **travaux agricoles** farm work ▸ **travaux d'aiguille** needlework ▸ **travail à la chaîne** assembly-line work ▸ **travaux dirigés** (*Univ*) tutorial ▸ **travail à distance** remote work ▸ **travaux forcés** hard labour ▸ **un travail de fourmi** a long, painstaking job ▸ **travaux manuels** (*Scol*) handicrafts ▸ **travaux ménagers** housework ▸ **travail au noir** undeclared work; (*en plus d'un autre*) moonlighting ▸ **travail partagé** (*d'un poste*) job sharing • **espace de ~ partagé** shared workspace ▸ **travaux personnels encadrés** *multidisciplinary school project* ▸ **travaux pratiques** (*en classe*) practical work; (*en laboratoire*) lab work (*Brit*), lab (*US*) ▸ **travaux publics** civil engineering • **ingénieur des travaux publics** civil engineer

travaillé, e [tʀavaje] *ptp de* **travailler** ADJ ⓐ [*style, phrases*] polished • **très ~** [*bijou, meuble*] finely-worked; [*bois*] finely carved • **une balle très ~e** (*Tennis*) a ball with a lot of spin ⓑ (= *tourmenté*) **~ par le remords/la jalousie** tormented by remorse/jealousy ⓒ (= *ouvré*) **heures ~es** hours worked • **le nombre de journées non ~es** the number of days not worked

travailler [tʀavaje] /TABLE 1/ **1** VI ⓐ to work • **~ dur** to work hard • **je vais ~ un peu à la bibliothèque** I'm going to do some work in the library • **faire ~ sa tête** *ou* **sa matière grise** to set one's mind to work • **va ~** (go and) do some work • **fais ~ ta tête !** use your head! • **~ en usine/à domicile** to work in a factory/at home • **~ 35 heures par semaine** to work a 35-hour week • **dans ce pays on fait ~ les enfants à huit ans** in this country they put children to work at the age of eight • **il a commencé à ~ chez Legrand hier** he started work at Legrand's yesterday • **sa femme travaille** his wife goes out to work • **on finit de ~ à 17 heures** we finish work at 5 o'clock

ⓑ (= *s'exercer*) [*artiste, acrobate, musicien*] to practise; [*boxeur*] to train

ⓒ [*métal, bois*] to warp

2 VT ⓐ (= *façonner*) [+ *matière, verre, fer*] to work • **~ la terre** to work the land • **~ la pâte** (= *pétrir*) to knead the dough

ⓑ (= *potasser, améliorer*) to work on • **~ son anglais** to work on one's English • **~ le chant/piano** to practise singing/the piano • **~ son piano** to do one's piano practice • **~ une balle** (*Tennis*) to put some spin on a ball

▸ **travailler à** [+ *livre, projet*] to work on; [+ *cause, but*] to work for; (= *s'efforcer d'obtenir*) to work towards

ⓒ [*doutes, faits*] to worry; [*douleur*] to torment • **cette idée/ce projet le travaille** this idea/this plan is very much on his mind

travailleur, -euse [tʀavajœʀ, øz] **1** ADJ (= *consciencieux*) hard-working **2** NM,F worker; (= *personne consciencieuse*) hard worker **3** NM (= *personne exerçant un métier*) worker **4** COMP ▸ **travailleur agricole** farm worker ▸ **travailleur à distance** remote worker ▸ **travailleur à domicile** homeworker ▸ **travailleur indépendant** self-employed person ▸ **travailleur intellectuel** non-manual worker ▸ **travailleur manuel** manual worker ▸ **travailleur social** social worker

travailliste [tʀavajist] **1** ADJ Labour **2** NMF Labour Party member • **il est ~** he supports Labour • **les ~s** the Labour Party

travée [tʀave] NF ⓐ [*de mur, voûte, rayon, nef*] bay; [*de pont*] span ⓑ [*d'église, amphithéâtre*] row (of benches); [*de théâtre*] row (of seats)

traveller [tʀavlœʀ] NM (ABR DE **traveller's chèque** *ou* **check**)

traveller's chèque, traveller's check [tʀavlœʀ(s)ʃɛk] NM traveller's cheque (*Brit*), traveler's check (*US*)

travelling [tʀavliŋ] NM (*Ciné*) tracking • **~ avant/arrière/latéral** tracking in/out/sideways • **faire un ~** to dolly

travelo* [tʀavlo] NM (= *travesti*) drag queen*

travers [tʀavɛʀ] (NM) **a** (= *défaut*) failing • **chacun a ses petits ~** everyone has his little failings • **tomber dans le ~ qui consiste à faire ...** to make the mistake of doing ...
b ~ **(de porc)** pork sparerib
c (*locutions*)
▸ **à travers** through • **voir qn à ~ la vitre** to see sb through the window • **sentir le froid à ~ un manteau** to feel the cold through a coat • **on est passé à ~ champs** we cut across the fields • **à ~ les siècles** through the centuries • **passer à ~ les mailles du filet** to slip through the net
▸ **au travers** through • **la palissade est délabrée : on voit au ~/le vent passe au ~** the fence is falling down and you can see through/the wind comes through • **passer au ~** (*fig*) to escape • **tout le monde a eu la grippe mais je suis passé au ~** everyone had flu but I managed to avoid it
▸ **de travers** (= *pas droit*) crooked • **répondre de ~** to give a silly answer • **comprendre de ~** to misunderstand • **aller** *ou* **marcher de ~** to be going wrong • **avoir la bouche/le nez de ~** to have a crooked mouth/nose • **marcher de ~** [*ivrogne*] to stagger along • **planter un clou de ~** to hammer a nail in crooked • **il répond toujours de ~** he never gives a straight answer • **elle a mis son chapeau de ~** she has put her hat on crooked • **il l'a regardé de ~** he looked askance at him • **j'ai avalé de ~** it went down the wrong way • **tout va de ~ chez eux en ce moment** everything is going wrong for them at the moment • **il prend tout de ~** he takes everything the wrong way
▸ **en travers** across • **couper/scier en ~** to cut/saw across • **pose la planche en ~** lay the plank across • **un arbre était en ~ de la route** there was a tree lying across the road • **le véhicule dérapa et se mit en ~ (de la route)** the vehicle skidded and stopped across the road • **se mettre en ~ des projets de qn** to stand in the way of sb's plans • **mettre un navire en ~** • **se mettre en ~** to heave to

traversée [tʀavɛʀse] (NF) [*de rue, mer, pont*] crossing; [*de ville, forêt, tunnel*] going through • **la ~ de l'Atlantique en avion** the crossing of the Atlantic by plane • **la ~ de la ville en voiture peut prendre deux heures** it can take two hours to cross the town by car • **faire la ~ d'un fleuve à la nage** to swim across a river • **faire la ~ de Dieppe à Newhaven** to cross from Dieppe to Newhaven
▸ **traversée du désert** [*de politicien, parti, artiste*] time spent in the wilderness • **après une ~ du désert de cinq ans, il est revenu au pouvoir** after spending five years in the political wilderness, he returned to power

traverser [tʀavɛʀse] /TABLE 1/ (VT) **a** [*personne, véhicule*] to cross; [+ *ville, forêt, tunnel*] to go through • **~ une rivière à la nage** to swim across a river • **~ une rivière en bac** to take a ferry across a river • **il traversa le salon à grands pas** he strode across the living room
b [*tunnel*] to cross under; [*pont, route*] to cross • **le fleuve/cette route traverse tout le pays** the river/this road runs right across the country • **ce tunnel traverse les Alpes** this tunnel crosses under the Alps
c (= *percer*) [*projectile, infiltration*] to go *ou* come through • **la balle a traversé la paroi avant de m'atteindre** the bullet came through the wall and hit me • **~ qch de part en part** to go right through sth • **une douleur lui traversa le poignet** a pain shot through his wrist • **ça ne m'a jamais traversé l'esprit** it never crossed my mind
d (= *passer à travers*) **~ la foule** to make one's way through the crowd
e (*dans le temps*) [+ *période, crise*] to go through • **sa gloire a traversé les siècles** his glory travelled down the ages

> **traverser** se traduira par **to come through** ou par **to go through** suivant que le locuteur se trouve ou non à l'endroit en question.

traversier [tʀavɛʀsje] (NM) (*Can*) ferryboat

traversin [tʀavɛʀsɛ̃] (NM) [*de lit*] bolster

travesti, e [tʀavɛsti] *ptp de* **travestir** **1** (ADJ) (= *déguisé*) disguised; [*acteur*] playing a female role; [*rôle*] female (*played by man*) **2** (NM) (= *acteur*) actor playing a female role; (= *artiste de cabaret*) drag artist; (= *homosexuel*) transvestite • **numéro de ~** drag act

travestir [tʀavɛstiʀ] /TABLE 2/ **1** (VT) **a** (= *déguiser*) [+ *personne*] to dress up; [+ *acteur*] to cast in a female role • **~ un homme en femme** to dress a man up as a woman **b** [+ *vérité, paroles*] to misrepresent **2** (VPR) **se travestir** (*pour un bal*) to put on fancy dress; [*comédien*] to put on a woman's costume; (*pour un numéro de cabaret*) to put on drag; (*Psych*) to dress as a woman

traviole* [tʀavjɔl] **de traviole** (LOC ADJ, LOC ADV) crooked • **être/mettre de ~** to be/put crooked • **il comprend tout de ~** he gets hold of the wrong end of the stick* every time • **elle fait tout de ~** she does everything wrong • **tout va de ~ en ce moment** everything's going wrong these days

trébucher [tʀebyʃe] /TABLE 1/ (VI) to stumble • **faire ~ qn** to trip sb up • **~ sur** *ou* **contre** to stumble over

trèfle [tʀɛfl] (NM) **a** (= *plante*) clover • **~ à quatre feuilles** four-leaf clover • **le ~** (= *emblème de l'Irlande*) the shamrock **b** (*Cartes*) clubs • **jouer ~** to play clubs • **le 8 de ~** the 8 of clubs

tréfonds [tʀefɔ̃] (NM) (*littér*) **dans le** *ou* **au ~ de mon cœur** deep down in my heart

treille [tʀɛj] (NF) (= *tonnelle*) vine arbour (*Brit*) *ou* arbor (*US*); (= *vigne*) climbing vine

treillis [tʀeji] (NM) **a** (*en bois*) trellis; (*en métal*) wire-mesh **b** (= *tenue de combat*) battledress; (= *tenue d'exercice*) fatigues; (= *pantalon*) combat pants

treize [tʀɛz] (NOMBRE) thirteen • **le (nombre) ~ porte malheur** thirteen is unlucky → **six**

treizième [tʀɛzjɛm] (ADJ, NMF) thirteenth • **~ mois** (*de salaire*) bonus thirteenth month's salary → **sixième**

> **TREIZIÈME MOIS**
> The **treizième mois** is an end-of-year bonus roughly corresponding to one month's salary. For many employees it is a standard part of their salary package.

trekking [tʀekiŋ] (NM) (= *activité*) trekking *NonC*; (= *randonnée*) trek • **faire un ~** to go on a trek • **faire du ~** to go trekking

tréma [tʀema] (NM) dieresis

tremblant, e [tʀɑ̃blɑ̃, ɑ̃t] **1** (ADJ) trembling • **~ de froid/peur** trembling with cold/fear • **~ de colère** quivering with rage **2** (NF) **tremblante** la ~e (du mouton) scrapie

tremble [tʀɑ̃bl] (NM) aspen

tremblement [tʀɑ̃bləmɑ̃] (NM) trembling *NonC* • **un ~ le parcourut** a shiver ran through him • **avec des ~s dans la voix** in a trembling voice • **et tout le ~*** the

t

whole lot* ▸ **tremblement de terre** earthquake • **léger ~ de terre** earth tremor

trembler [tʀɑ̃ble] /TABLE 1/ (VI) ⓐ [*personne*] to tremble; (*de froid, de fièvre*) to shiver; [*menton*] to quiver • **il tremblait de tout son corps** he was shaking all over • **la terre a tremblé** the ground shook • **la terre a encore tremblé en Arménie** there has been another earthquake in Armenia ⓑ (= *avoir peur*) **~ pour qn/qch** to fear for sb/sth • **~ à la pensée** *ou* **à l'idée de qch** to tremble at the thought of sth • **il tremble devant son patron** he lives in fear of his boss

trémière [tʀemjɛʀ] (ADJ F) **rose ~** hollyhock

trémolo [tʀemɔlo] (NM) [*d'instrument*] tremolo; [*de voix*] tremor • **avec des ~s dans la voix** with a tremor in one's voice

trémousser (se) [tʀemuse] /TABLE 1/ (VPR) to wriggle • **se ~ sur sa chaise** to wriggle on one's chair • **se ~ du derrière** to wiggle one's bottom

trempe [tʀɑ̃p] (NF) ⓐ **un homme de sa ~** a man of his calibre ⓑ (= *correction*) hiding* • **flanquer une ~ à qn** to give sb a good hiding*

trempé, e [tʀɑ̃pe] *ptp de* **tremper** (ADJ) ⓐ (= *mouillé*) [*vêtement, personne*] soaked • **~ de sueur** soaked in sweat • **~ jusqu'aux os** wet through ⓑ [*acier, verre*] tempered

tremper [tʀɑ̃pe] /TABLE 1/ **1** (VT) ⓐ (= *mouiller*) to soak • **la pluie a trempé sa veste** the rain has soaked his jacket • **je me suis fait ~** I got soaked

ⓑ [+ *mouchoir, plume*] to dip (**dans** into, in); [+ *pain, biscuit*] to dunk (**dans** in) • **~ sa main dans l'eau** to dip one's hand in the water • **il a trempé ses lèvres** he just took a sip

2 (VI) ⓐ to stand in water; [*linge, lentilles, haricots*] to soak • **tes manches trempent dans ton assiette!** your sleeves are trailing in your plate! • **(faire) ~** [+ *linge, aliments*] to soak

ⓑ **~ dans** [+ *affaire malhonnête, crime*] (= *participer à*) to be mixed up in

3 (VPR) **se tremper** (= *prendre un bain rapide*) to have a quick dip; (= *se mouiller*) to get soaking wet

trempette* [tʀɑ̃pɛt] (NF) ⓐ (= *baignade*) **faire ~** to have a quick dip ⓑ (*Can* = *sauce*) dips

tremplin [tʀɑ̃plɛ̃] (NM) [*de piscine*] diving-board; [*de gymnase*] springboard; (*Ski*) ski-jump • **servir de ~ à qn** (*fig*) to be a springboard for sb

trentaine [tʀɑ̃tɛn] (NF) (= *âge, nombre*) about thirty • **il a la ~** he's about thirty • **il approche de la ~** he's nearly thirty

trente [tʀɑ̃t] (NOMBRE) thirty • **les années ~** the thirties ▸ **trente et un** **être/se mettre sur son ~ et un*** to be dressed up to the nines → **soixante**

trente-six [tʀɑ̃tsis] **1** (ADJ INV) thirty-six; (= *beaucoup*) **il n'y a pas ~ possibilités*** there aren't all that many choices • **faire ~ choses à la fois*** to do a hundred things at once • **voir ~ chandelles*** to see stars **2** (NM INV) thirty-six • **tous les ~ du mois*** once in a blue moon

trentième [tʀɑ̃tjɛm] (ADJ, NMF) thirtieth → **sixième**

trépas [tʀepɑ] (NM) (*littér*) **passer de vie à ~** to be dispatched into the next world

trépidant, e [tʀepidɑ̃, ɑ̃t] (ADJ) [*rythme*] pulsating; [*vie*] hectic

trépied [tʀepje] (NM) tripod

trépigner [tʀepiɲe] /TABLE 1/ (VI) to stamp one's feet • **~ d'impatience/d'enthousiasme** to stamp one's feet with impatience/with enthusiasm • **~ de colère** to be hopping mad*

très [tʀɛ] (ADV) ⓐ (*avec adjectif*) very; (*devant certains participes passés*) greatly • **~ intelligent/difficile** very intelligent/difficult • **~ admiré** greatly admired • **~ industrialisé/automatisé** highly industrialized/automatized • **avoir ~ peur/faim** to be very frightened/hungry • **ils sont ~ amis/~ liés** they are great friends/very close • **je suis ~, ~ content** I'm very, very pleased • **j'ai ~ envie de le rencontrer** I would very much like to meet him • **un hebdomadaire ~ lu dans les milieux économiques** a magazine that's widely read in economic circles • **je ne suis jamais ~ à mon aise avec lui** I never feel very comfortable with him • **êtes-vous fatigué? — ~/pas ~** are you tired? — very/not very ⓑ (*avec adverbe*) very • **~ peu de gens** very few people • **c'est ~ bien écrit** it's very well written • **~ bien, si vous insistez** all right, if you insist

trésor [tʀezɔʀ] (NM) ⓐ treasure • **ils ont découvert un ~** they found some treasure • **course** *ou* **chasse au ~** treasure hunt • **les ~s du Louvre/de l'océan** the treasures of the Louvre/of the ocean • **des ~s de dévouement/de patience** a wealth of devotion/of patience ⓑ (= *musée*) treasure-house ⓒ (= *ressources*) [*de roi, État*] exchequer • **le Trésor (public)** ≈ the Treasury (*Brit*), ≈ the Treasury Department (*US*) ⓓ (*affectif*) **mon ~** darling ⓔ **~ de guerre** war chest

trésorerie [tʀezɔʀʀi] (NF) ⓐ (= *bureaux*) [*d'association*] accounts department • **Trésorerie (générale** *ou* **principale)** [*de Trésor public*] ≈ public revenue office ⓑ (= *gestion*) accounts ⓒ (= *argent disponible*) finances • **difficultés** *ou* **problèmes de ~** cash flow problems

trésorier, -ière [tʀezɔʀje, jɛʀ] (NM,F) [*de club, association*] treasurer • **~-payeur général** paymaster (*for a French département*)

tressaillement [tʀesajmɑ̃] (NM) ⓐ (*de plaisir*) thrill; (*de peur*) shudder; (*de douleur*) wince • **des ~s parcoururent l'animal** the animal twitched ⓑ (= *sursaut*) start

tressaillir [tʀesajiʀ] /TABLE 13/ (VI) ⓐ (= *frémir*) (*de plaisir*) to quiver; (*de peur*) to shudder; (*de douleur*) to wince; [*muscle, personne ou animal à l'agonie*] to twitch ⓑ (= *sursauter*) to give a start • **faire ~ qn** to startle sb

tresse [tʀɛs] (NF) (= *cheveux*) plait, braid (*US*) • **se faire des ~s** to plait *ou* braid (*US*) one's hair

tresser [tʀese] /TABLE 1/ (VT) ⓐ [+ *cheveux, rubans*] to plait, to braid (*US*); [+ *paille, fil*] to plait; [+ *câble, cordon*] to twist • **chaussures en cuir tressé** lattice-work leather shoes ⓑ [+ *panier, guirlande*] to weave • **~ des couronnes** *ou* **des lauriers à qn** to sing sb's praises

tréteau (*pl* **tréteaux**) [tʀeto] (NM) (= *support*) trestle

treuil [tʀœj] (NM) winch

trêve [tʀɛv] (NF) ⓐ (*Mil, Politique*) truce; (*Sport*) midwinter break ⓑ (= *répit*) rest • **s'accorder une ~** to allow o.s. a rest • **~ de plaisanteries, tu veux vraiment te marier avec lui?** joking apart, do you really want to marry him?

tri [tʀi] (NM) **faire le ~ de** to sort out; [+ *lettres, fiches, dossiers, linge*] to sort; [+ *personnes*] to select; [+ *wagons*] to marshal; [+ *déchets*] to sort through • **~ postal** sorting of mail • **le ~ sélectif des ordures ménagères** the selective sorting of household waste • **le chômage m'a permis de faire le ~ entre mes vrais et mes faux amis** when I became unemployed I found out who my real friends were

trial [tʀijal] (NM) motorcycle trial

triangle [tʀijɑ̃gl] NM triangle • **en ~** in a triangle ▸ **le triangle des Bermudes** the Bermuda Triangle ▸ **triangle de présignalisation** warning triangle
triangulaire [tʀijɑ̃gylɛʀ] **1** ADJ triangular; [*débat*] three-cornered **2** NF (= *élection*) three-cornered election contest
triathlon [tʀi(j)atlɔ̃] NM triathlon
tribal, e (*mpl* **-aux**) [tʀibal, o] ADJ tribal
tribord [tʀibɔʀ] NM starboard • **à ~** to starboard
tribu [tʀiby] NF tribe; (*fig*) clan • **chef de ~** tribal chief
tribulations [tʀibylasjɔ̃] NFPL tribulations
tribun [tʀibœ̃] NM powerful orator
tribunal (*pl* **-aux**) [tʀibynal, o] NM court • **~ judiciaire/d'exception** judicial/special court • **porter une affaire devant les tribunaux** to bring a case before the courts • **déposer une plainte auprès des tribunaux** to instigate legal proceedings • **traduire qn devant un ~** to bring sb to court • **traduire qn devant un ~ militaire** to court-martial sb ▸ **tribunal administratif** *tribunal dealing with internal disputes in the French civil service* ▸ **tribunal de commerce** commercial court ▸ **tribunal correctionnel** ≈ magistrates' court (*dealing with criminal matters*) ▸ **tribunal pour enfants** juvenile court ▸ **tribunal d'instance** ≈ magistrates' court (*dealing with civil matters*) ▸ **tribunal de police** police court
tribune [tʀibyn] NF **a** (*pour le public*) [*d'église, assemblée, tribunal*] gallery; [*de stade, champ de courses*] stand; (*couverte*) grandstand • **~ d'honneur** • **~ officielle** VIP stand **b** (*pour un orateur*) platform **c** (= *débat*) forum • **~ libre d'un journal** opinion column in a newspaper
tribut [tʀiby] NM tribute • **ils ont payé un lourd ~ à la maladie/guerre** disease/war has taken a heavy toll among them
tributaire [tʀibytɛʀ] ADJ (= *dépendant*) **être ~ de** to be dependent on
tricentenaire [tʀisɑ̃t(ə)nɛʀ] **1** ADJ three-hundred-year-old **2** NM tricentennial
triceps [tʀisɛps] ADJ, NM **(muscle) ~** triceps (muscle)
triche * [tʀiʃ] NF cheating • **c'est de la ~** it's cheating
tricher [tʀiʃe] /TABLE 1/ VI to cheat • **~ au jeu** to cheat at gambling • **~ sur le poids** to cheat over the weight
tricherie [tʀiʃʀi] NF cheating *NonC*
tricheur, -euse [tʀiʃœʀ, øz] NM,F cheat
tricolore [tʀikɔlɔʀ] **1** ADJ three-coloured (*Brit*), three-colored (*US*); (= *aux couleurs françaises*) red, white and blue • **le drapeau ~** the tricolour • **l'équipe ~** (*Sport*) the French Team **2** NMF **les ~s** (*Sport*) the French team
tricot [tʀiko] NM **a** (= *vêtement*) sweater • **~ de corps** vest (*Brit*), undershirt (*US*) **b** (= *technique, ouvrage*) knitting *NonC* • **faire du ~** to knit **c** (= *tissu*) knitted fabric • **en ~** knitted • **vêtements de ~** knitwear
tricoter [tʀikɔte] /TABLE 1/ **1** VT to knit • **écharpe tricotée (à la) main** hand-knitted scarf **2** VI to knit • **~ à la machine** to machine-knit
tricycle [tʀisikl] NM [*d'enfant*] tricycle • **faire du ~** to ride a tricycle
trier [tʀije] /TABLE 7/ VT to sort out; [+ *lettres, fiches, fruits*] to sort; [+ *wagons*] to marshal; [+ *candidats*] to select; [+ *lentilles*] to pick over • **triés sur le volet** hand-picked
trieuse [tʀijøz] NF (= *machine*) sorter; [*d'ordinateur, photocopieur*] sorting machine
trifouiller * [tʀifuje] /TABLE 1/ **1** VT to rummage about in **2** VI to rummage about
trilingue [tʀilɛ̃g] ADJ trilingual
trilogie [tʀilɔʒi] NF trilogy
trimaran [tʀimaʀɑ̃] NM trimaran
trimbal(l)er [tʀɛ̃bale] /TABLE 1/ **1** VT [+ *bagages, marchandises*]* to lug* around; [+ *personne*]* to trail along; [+ *rhume*]* to carry around • **qu'est-ce qu'il trimballe !*** he's as dumb as they come* **2** VPR **se trimbal(l)er*** to trail along • **il a fallu que je me trimballe jusqu'à la gare avec mes valises** I had to trail all the way to the station with my suitcases
trimer * [tʀime] /TABLE 1/ VI to slave away • **faire ~ qn** to keep sb's nose to the grindstone
trimestre [tʀimɛstʀ] NM quarter; (*scolaire*) term • **premier/second/troisième ~** (*scolaire*) autumn/winter/summer term • **payer par ~** to pay quarterly
trimestriel, -elle [tʀimɛstʀijɛl] ADJ [*publication, paiement*] quarterly; [*bulletin scolaire, examen*] end-of-term *épith*
tringle [tʀɛ̃gl] NF rod • **~ à rideaux** curtain rod
trinidadien, -ienne [tʀinidadjɛ̃, jɛn] **1** ADJ Trinidadian **2** NM,F **Trinidadien(ne)** Trinidadian
trinité [tʀinite] NF **a** (= *triade*) trinity • **la Trinité** (= *dogme*) the Trinity; (= *fête*) Trinity Sunday • **à la Pâques ou à la Trinité** (*iro*) some fine day **b** (*Géog*) **Trinité-et-Tobago** Trinidad and Tobago • **(l'île de) la Trinité** Trinidad
trinquer [tʀɛ̃ke] /TABLE 1/ VI **a** (= *porter un toast*) to clink glasses; (= *boire*) to drink • **~ à qch** to drink to sth • **~ à la santé de qn** to drink sb's health **b** (= *être puni*)* to take the rap* • **il a trinqué pour les autres** he took the rap for the others* • **quand les parents boivent, les enfants trinquent** when the parents drink, it's the children who pay the price
trio [tʀijo] NM trio
triomphal, e (*mpl* **-aux**) [tʀijɔ̃fal, o] ADJ triumphant; [*marche*] triumphal
triomphalisme [tʀijɔ̃falism] NM triumphalism • **ne faisons pas de ~** let's not gloat
triomphaliste [tʀijɔ̃falist] ADJ [*discours, slogan, attitude*] triumphalist
triomphe [tʀijɔ̃f] NM triumph • **cet acquittement représente le ~ de la justice/du bon sens** this acquittal is a triumph for justice/common sense • **porter qn en ~** to carry sb in triumph • **cri de ~** cry of triumph • **cette pièce/cet artiste a remporté** *ou* **fait un ~** this play/this artist has been a triumphant success • **il a le ~ modeste** he's not one to boast • **le public lui a fait un ~** the audience gave him an ovation
triompher [tʀijɔ̃fe] /TABLE 1/ VI **a** to triumph; [*raison*] to prevail • **faire ~ une cause** to bring victory to a cause • **ses idées ont fini par ~** his ideas eventually prevailed **b** (= *crier victoire*) to rejoice
trip [tʀip] NM (*arg Drogue*) trip* • **il est en plein ~** he's tripping* • **c'est pas mon ~*** it's not my scene* • **elle est dans son ~ végétarien** she's going through a vegetarian phase at the moment
tripal, e* (*mpl* **-aux**) [tʀipal] ADJ **réaction ~e** gut reaction • **c'est ~** it's a gut feeling
tripatouiller * [tʀipatuje] /TABLE 1/ VT (*péj*) [+ *texte, objet*] to fiddle about with*; [+ *comptes, résultats électoraux*] to fiddle*; [+ *statistiques*] to fiddle with*; [+ *moteur, moto, machine*] to tinker with; [+ *personne*] to paw*
triper [tʀipe] /TABLE 1/ (*arg*) VI **a** (*Drogue*) to be tripping* **b** (= *aimer*) **~ sur qn/qch** to be into sb/sth* • **beaucoup**

de filles tripent sur lui a lot of girls are into him* • quelle musique te fait ~ ? what music are you into?*

tripes [tʀip] (NFPL) ⓐ (= *plat*) tripe • **~ à la mode de Caen** tripe à la mode de Caen ⓑ (= *boyaux*)* guts • **il joue avec ses ~** [*comédien*] he puts his heart and soul into it • **ça vous prend aux ~** it gets you right there*

triphtongue [tʀiftɔ̃g] (NF) triphthong

triple [tʀipl] 1 (ADJ) (= *à trois éléments ou aspects*) triple • **faire qch en ~ exemplaire** to make three copies of sth • **j'ai ce livre en ~** I've got three copies of this book • **il y a un ~ inconvénient** there are three disadvantages • **~ idiot !** you stupid idiot! • **~ A** (*Finance*) triple A rating 2 (NM) **9 est le ~ de 3** 9 is three times 3 • **gagner le ~ (de qn)** to earn three times as much (as sb) • **c'est le ~ du prix normal/de la distance Paris-Londres** it's three times the normal price/the distance between Paris and London 3 (COMP) ▸ **triple saut** triple jump • **~ saut périlleux** triple somersault

tripler [tʀiple] /TABLE 1/ 1 (VT) to treble; (= *refaire*) [*+ classe*] to do for the third time 2 (VI) to triple • **~ de volume** to treble in volume • **le chiffre d'affaires a triplé en un an** turnover has tripled in a year

triplés, ées [tʀiple] (NMPL, NFPL) (= *bébés*) triplets

tripotée* [tʀipɔte] (NF) (= *grand nombre*) **une ~ de ...** loads* of ... • **avoir toute une ~ d'enfants** to have a whole string of children*

tripoter* [tʀipɔte] /TABLE 1/ 1 (VT) ⓐ [*+ chose*] to fiddle with ⓑ (*sexuellement*) to grope* 2 (VI) (= *fouiller*) **~ dans les affaires de qn/dans un tiroir** to root about in sb's things/in a drawer 3 (VPR) **se tripoter** to play with o.s.*; (*mutuellement*) to grope* each other

trique [tʀik] (NF) cudgel

trisomie [tʀizɔmi] (NF) **~ 21** Down's syndrome

trisomique [tʀizɔmik] 1 (ADJ) trisomic 2 (NMF) trisome • **~ 21** person with Down's syndrome

triste [tʀist] (ADJ) sad; [*couleur, journée*] dreary; [*paysage*] bleak • **d'un air/d'une voix ~** sadly • **être ~ à l'idée** *ou* **à la pensée de partir** to be sad at the idea of leaving • **elle était ~ de voir partir ses enfants** she was sad to see her children go • **~ à mourir** [*personne, ambiance, musique*] utterly depressing • **avoir** *ou* **faire ~ mine** *ou* **figure** to cut a sorry figure • **depuis son accident, il est dans un ~ état** since his accident he has been in a sad state • **une ~ affaire** a sorry business • **un ~ personnage** an unsavoury individual • **c'est pas ~ !*** (= *c'est amusant*) it's a laugh a minute!*; (= *c'est difficile*) it's no joke!*; (= *c'est la pagaille*) it's a real mess!

tristement [tʀistəmɑ̃] (ADV) (= *d'un air triste*) sadly • **~ célèbre** notorious • **c'est ~ vrai** it's sad but true

tristesse [tʀistɛs] (NF) sadness • **c'est avec une grande ~ que nous apprenons son décès** it is with deep sadness that we have learned of his death

tristounet, -ette* [tʀistunɛ, ɛt], **tristoune*** [tʀistun] (ADJ) [*temps, nouvelles*] gloomy, depressing • **il avait l'air ~** he looked a bit down in the mouth* *ou* down in the dumps*

trithérapie [tʀiteʀapi] (NF) triple (combination) therapy

triton [tʀitɔ̃] (NM) (= *amphibien*) newt

triturer [tʀityʀe] /TABLE 1/ (VT) ⓐ [*+ pâte*] to knead ⓑ [*+ objet*] to fiddle with • **elle triturait nerveusement son mouchoir** she was twisting her handkerchief nervously • **se ~ la cervelle*** *ou* **les méninges*** to rack one's brains*

trivial, e (*mpl* **-iaux**) [tʀivjal, jo] (ADJ) ⓐ (= *vulgaire*) [*langage, plaisanterie, manières*] crude ⓑ (= *commun*) [*objet, acte*] mundane; [*détail*] trivial

troc [tʀɔk] (NM) (= *système*) barter • **l'économie de ~** the barter economy • **faire du ~** to barter • **on a fait un ~** we did a swap

troène [tʀɔɛn] (NM) privet

trognon [tʀɔɲɔ̃] (NM) [*de fruit*] core; [*de chou*] stalk

trois [tʀwɑ] 1 (NOMBRE) ⓐ three • **volume/acte ~** volume/act three • **le ~ (janvier)** the third (of January) ⓑ (= *quelques*) **je pars dans ~ minutes** I'm off in a couple of minutes • **il n'a pas dit ~ mots** he hardly opened his mouth

ⓒ (*locutions*) **c'est ~ fois rien** [*égratignure, cadeau*] it's nothing at all • **ça coûte ~ fois rien** it costs next to nothing

2 (COMP) ▸ **trois quarts** three-quarters • **j'ai fait les ~ quarts du travail** I've done three-quarters of the work • **les ~ quarts des gens l'ignorent** most people don't know this • **aux ~ quarts détruit** almost totally destroyed → **six**

troisième [tʀwɑzjɛm] 1 (ADJ, NMF) third • **le ~ âge** senior citizens • **personne du ~ âge** senior citizen • **~ cycle d'université** graduate school • **étudiant de ~ cycle** graduate student 2 (NF) ⓐ **(classe de) ~** fourth form (*Brit*), 8th grade (*US*) ⓑ (= *vitesse*) third (gear) • **en ~** in third (gear) → **sixième**

troisièmement [tʀwɑzjɛmmɑ̃] (ADV) third(ly)

trois-mâts [tʀwɑmɑ] (NM INV) three-master

trois-pièces [tʀwapjɛs] (NM INV) (= *complet*) three-piece suit; (= *appartement*) three-room flat (*Brit*) *ou* apartment

trois-portes [tʀwapɔʀt] (NF INV) (= *voiture*) two-door hatchback

trois-quarts [tʀwakaʀ] (NM INV) ⓐ (= *manteau*) three-quarter length coat ⓑ (*Rugby*) three-quarter • **il joue ~ aile/centre** he plays wing/centre three-quarter

troll [tʀɔl] (NM) troll

trombe [tʀɔ̃b] (NF) **une ~ d'eau** • **des ~s d'eau** a downpour • **entrer/sortir/passer en ~** to sweep in/out/by like a whirlwind • **démarrer en ~** [*voiture*] to take off at top speed; (*fig*) to get off to a flying start

trombine* [tʀɔ̃bin] (NF) (= *visage*) face

trombone [tʀɔ̃bɔn] (NM) ⓐ (= *instrument*) trombone • **~ à coulisse** slide trombone ⓑ (= *agrafe*) paper clip

trompe [tʀɔ̃p] (NF) [*d'éléphant*] trunk; [*d'insecte*] proboscis ▸ **trompe de Fallope** *ou* **utérine** Fallopian tube

trompe-la-mort [tʀɔ̃plamɔʀ] (NMF INV) death-dodger

trompe-l'œil [tʀɔ̃plœj] (NM INV) trompe-l'œil • **peinture en ~** trompe-l'œil painting

tromper [tʀɔ̃pe] /TABLE 1/ 1 (VT) ⓐ (= *duper*) to deceive; [*+ époux*] to be unfaithful to • **~ qn sur qch** to deceive sb about sth • **on m'a trompé sur la marchandise** I was misled • **~ sa femme** to cheat on* one's wife • **elle trompait son mari avec le patron** she was having an affair with her boss behind her husband's back • **une femme trompée** a woman who has been deceived • **cela ne trompe personne** that doesn't fool anybody

ⓑ (= *induire en erreur par accident*) to mislead • **c'est un signe qui ne trompe pas** it's a clear sign

ⓒ (= *déjouer*) [*+ poursuivants*] [*personne*] to outwit; [*manœuvre*] to trick • **~ la vigilance** *ou* **surveillance de qn** (*pour entrer ou sortir*) to slip past sb

ⓓ (= *décevoir*) **~ l'attente/l'espoir de qn** to fall short of sb's expectations/one's hopes • **~ la faim/la soif** to stave off one's hunger/thirst • **pour ~ l'ennui** *ou* **son ennui** to keep boredom at bay

2 (VPR) **se tromper** to make a mistake • **se ~ de 15 € dans un calcul** to be 15 euros out (*Brit*) *ou* off (*US*) in one's calculations • **se ~ sur les intentions de qn** to be mistaken about sb's intentions • **si je ne me trompe** if I'm not mistaken • **se ~ de route/chapeau** to take the wrong road/hat • **se ~ de jour/date** to get the day/date wrong • **se ~ d'adresse** to get the wrong address • **tu t'es trompé d'adresse** (*fig*) you've come to the wrong place

tromperie [tʀɔ̃pʀi] (NF) (= *duperie*) deception • **il y a eu ~ sur la marchandise** the goods are not what they were described to be

trompette [tʀɔ̃pɛt] (NF) trumpet

trompette-de-la-mort (*pl* **trompettes-de-la-mort**) [tʀɔ̃pɛtdəlamɔʀ] (NF) (= *champignon*) horn of plenty

trompettiste [tʀɔ̃petist] (NMF) trumpet player

trompeur, -euse [tʀɔ̃pœʀ, øz] (ADJ) [*discours*] deceitful; [*distance, virage*] deceptive • **les apparences sont trompeuses** appearances are deceptive

tronc [tʀɔ̃] **1** (NM) ⓐ [*d'arbre, personne*] trunk; [*de cadavre mutilé*] torso ⓑ (= *boîte*) collection box **2** (COMP) ▸ **tronc commun** (= *enseignement*) common-core syllabus

tronche* [tʀɔ̃ʃ] (NF) (= *visage*) face • **faire** *ou* **tirer la ~** (*ponctuellement*) to make a face; (*durablement*) to sulk • **il a une sale ~** he's a nasty-looking customer* • **il lui a envoyé un coup de poing dans la ~** he punched him in the face • **il a fait une drôle de ~ quand je lui ai dit ça** you should have seen the look on his face when I told him that

tronçon [tʀɔ̃sɔ̃] (NM) section; [*de phrase, texte*] part

tronçonner [tʀɔ̃sɔne] /TABLE 1/ (VT) [*+ tronc*] to saw up; [*+ tube, barre*] to cut into sections • **le film a été tronçonné en épisodes** the film was divided up into episodes

tronçonneuse [tʀɔ̃sɔnøz] (NF) chain saw

trône [tʀon] (NM) throne • **placer qn/monter sur le ~** to put sb on/come to the throne

trôner [tʀone] /TABLE 1/ (VI) ⓐ [*roi, divinité*] to sit on the throne ⓑ (= *avoir la place d'honneur*) [*personne*] to sit enthroned; [*chose*] to sit imposingly • **la photo trônait sur son bureau** the photograph had pride of place on his desk

tronquer [tʀɔ̃ke] /TABLE 1/ (VT) [*+ citation, texte*] to truncate; [*+ détails, faits*] to abbreviate • **version tronquée** truncated version • **avoir une vision tronquée des choses** to have a blinkered view of things

trop [tʀo] **1** (ADV) (*avec adverbe, adjectif*) too; (*avec verbe*) too much • **beaucoup** *ou* **bien ~** [*manger, fumer, parler*] far too much • **beaucoup** *ou* **bien ~** (*avec adjectif*) far too, much too • **il a ~ mangé/bu** he has had too much to eat/drink • **il a ~ travaillé** he has worked too hard • **vous en demandez ~** you're asking for too much • **il ne faut pas ~ aller le voir** we mustn't go to visit him too often • **en faire ~** (= *travailler*) to do too much; (= *exagérer*) to go too far • **la pièce est ~ chauffée** the room is overheated • **une ~ forte dose** an overdose • **tu conduis bien ~ vite** you drive far too fast • **vous êtes ~ (nombreux)/~ peu (nombreux)** there are too many/too few of you • **le village est ~ loin pour qu'il puisse y aller à pied** the village is too far for him to walk there • **il est bien ~ idiot pour comprendre** he's far too stupid to understand • **j'ai oublié mes papiers, c'est vraiment ~ bête** how stupid of me - I've forgotten my papers • **c'est ~ drôle!** it's too funny for words! • **il n'est pas ~ mécontent du résultat** he's not too unhappy with the result • **vous êtes ~ aimable** you are too kind • **je ne le sais que ~** I'm only too well aware of that • **je ne sais ~ que faire** I am not too sure what to do • **cela ne va pas ~ bien** things are not going too well • **je n'ai pas ~ confiance en lui** I haven't much confidence in him • **je n'en sais ~ rien** I don't really know • **c'en est ~!** that's going too far! • **elle est ~, ta copine!*** your girlfriend's too much!*

▸ **trop de** (*quantité*) too much; (*nombre*) too many • **j'ai acheté ~ de pain/d'oranges** I've bought too much bread/too many oranges • **nous avons ~ de personnel** we are overstaffed • **il y a ~ de monde dans la salle** there are too many people in the hall • **j'ai ~ de travail** I've got too much work to do • **nous n'avons pas ~ de place chez nous** we haven't got very much room at our place • **on peut le faire sans ~ de risques/de mal** it can be done without too much risk/difficulty • **ils ne seront pas ~ de deux pour faire ça** it'll take at least the two of them to do it • **elle a ~ de travail pour partir en week-end** she has too much work to go away for the weekend

▸ **de trop, en trop** **il y a une personne/deux personnes de ~** *ou* **en ~ dans l'ascenseur** there's one person/there are two people too many in the lift • **s'il y a du pain en ~, j'en emporterai** if there's any bread left over I'll take some away • **il m'a rendu 12 € de ~** *ou* **en ~** he gave me back 12 euros too much • **l'argent versé en ~** the excess payment • **il pèse 3 kg de ~** he's 3kg overweight • **ce régime vous fait perdre les kilos en ~** this diet will help you lose those extra pounds • **si je suis de ~, je peux m'en aller!** if I'm in the way I can always leave! • **un petit café ne serait pas de ~** a cup of coffee wouldn't go amiss • **il a bu un verre de ~** he's had a drink too many • **tu manges/bois de ~*** you eat/drink too much

2 (NM) **le ~ d'importance accordé à ...** the excessive importance attributed to ...

trophée [tʀɔfe] (NM) trophy

tropical, e (*mpl* **-aux**) [tʀɔpikal, o] (ADJ) tropical

tropique [tʀɔpik] **1** (NM) tropic **2** (NMPL) **tropiques** (= *zone*) tropics • **vivre sous les ~s** to live in the tropics

trop-perçu (*pl* **trop-perçus**) [tʀopɛʀsy] (NM) excess tax payment

trop-plein (*pl* **trop-pleins**) [tʀoplɛ̃] (NM) excess; (= *excès d'eau*) overflow • **le ~ de terre** the excess earth • **~ d'amour** overflowing love • **~ d'énergie** boundless energy

troquer [tʀɔke] /TABLE 1/ (VT) (= *échanger*) to swap; (*Commerce*) to trade (**contre, pour** for) • **elle a troqué son sari pour un jean** she swapped her sari for a pair of jeans

troquet* [tʀɔkɛ] (NM) café

trot [tʀo] (NM) [*de cheval*] trot • **petit/grand ~** jog/full trot • **~ assis/enlevé** close/rising trot • **aller au ~** to trot along • **vas-y, et au ~!*** off you go, and be quick about it! • **partir au ~** to set off at a trot • **prendre le ~** to break into a trot

trotte* [tʀɔt] (NF) **il y a** *ou* **ça fait une ~ (d'ici au village)** it's a fair distance (from here to the village)

trotter [tʀɔte] /TABLE 1/ (VI) to trot; (= *marcher à petits pas*) to trot along; (= *marcher beaucoup*) to run around; [*souris, enfants*] to scurry about; [*bébé*] to toddle along • **c'est un**

t

air/une idée qui me trotte dans la tête it's a tune/an idea which keeps running through my head

trotteur, -euse [tʀɔtœʀ, øz] 1 (NM,F) (*= cheval*) trotter 2 (NM) (*pour apprendre à marcher*) baby-walker 3 (NF) **trotteuse** (*= aiguille*) second hand

trottiner [tʀɔtine] /TABLE 1/ (VI) [*cheval*] to jog along; [*souris*] to scurry about; [*personne*] to trot along; [*bébé*] to toddle along

trottinette [tʀɔtinɛt] (NF) (*= jouet*) scooter • **faire de la ~** to ride a scooter

trottoir [tʀɔtwaʀ] (NM) (*= accotement*) pavement (*Brit*), sidewalk (*US*) • **~ roulant** moving walkway • **pour vous débarrasser d'un objet encombrant, déposez-le sur le ~** if you have a bulky item to get rid of, leave it on the kerbside • **se garer le long du ~** to park alongside the kerb • **changer de ~** (*pour éviter qn*) to cross the street • **faire le ~*** to be a streetwalker

trou [tʀu] 1 (NM) ⓐ hole • **par le ~ de la serrure** through the keyhole • **faire un ~** to make a hole; (*avec des ciseaux, un couteau*) to cut a hole; (*en usant, frottant*) to wear a hole • **un 9/18 ~s** (*Golf*) a 9-hole/an 18-hole course • **il a fait un ~ à son pantalon** (*usure*) he has worn a hole in his trousers; (*brûlure, acide*) he has burnt a hole in his trousers; (*déchirure*) he has torn a hole in his trousers • **il n'a pas les yeux en face des ~s** he can't see straight • **faire son ~** to make a niche for o.s. • **faire le ~** (*Sport*) to open up a lead

ⓑ (*= moment de libre, lacune*) gap; (*= déficit*) deficit • **un ~ (de 10 millions) dans la comptabilité** a deficit (of 10 million) in the accounts • **il y a des ~s dans ma collection** there are some gaps in my collection • **cela a fait un gros ~ dans ses économies** it made quite a hole in his savings • **le ~ de la Sécurité sociale** the deficit in the Social Security budget • **j'ai un ~ demain dans la matinée, venez me voir** I have a gap in my schedule tomorrow morning so come and see me • **j'ai un ~ d'une heure** I have an hour free • **j'ai eu un ~ (de mémoire)** my mind went blank • **texte à ~s** (*= exercice*) cloze test

ⓒ (*péj*) (*= localité*) hole* (*péj*) • **il n'est jamais sorti de son ~** he has never been out of his own backyard • **un ~ perdu** *ou* **paumé*** a godforsaken hole*

ⓓ (*= prison*)* **mettre/être au ~** to put/be in the slammer*

2 (COMP) ▸ **trou d'aération** airhole ▸ **trou d'air** air pocket ▸ **trou de balle**** arsehole** (*Brit*), asshole** (*US*) ▸ **trou de cigarette** cigarette burn ▸ **trou du cul**** arsehole** (*Brit*), asshole** (*US*) ▸ **trou de nez*** nostril ▸ **trou noir** (*Astron*) black hole ▸ **trou normand** *glass of spirits, drunk between courses of a meal* ▸ **trou de souris** mousehole ▸ **trou de ver** wormhole

troubadour [tʀubaduʀ] (NM) troubadour

troublant, e [tʀublɑ̃, ɑ̃t] (ADJ) disturbing

trouble [tʀubl] 1 (ADJ) ⓐ [*eau, vin*] cloudy; [*regard*] misty; [*photo*] blurred • **avoir la vue ~** to have blurred vision

ⓑ (*= équivoque*) shady • **une période ~ de l'histoire** a murky period in history

2 (ADV) **voir ~** to have blurred vision

3 (NM) ⓐ (*= agitation, remue-ménage*) turmoil; (*= zizanie, désunion*) trouble

ⓑ (*= émeute*) **~s** unrest *NonC* • **~s politiques/sociaux** political/social unrest *NonC* • **des ~s ont éclaté dans le sud du pays** unrest has broken out in the south of the country • **~s à l'ordre public** breach of the peace

ⓒ (*= émoi affectif ou sensuel*) inner turmoil; (*= inquiétude, désarroi*) distress; (*= gêne, perplexité*) confusion • **semer le ~ dans l'esprit des gens** to sow confusion in peoples' minds

ⓓ **troubles** (*de santé*) disorders • **~s physiologiques/psychiques** physiological/psychological disorders • **~s du sommeil/de la personnalité** sleeping/personality disorders • **~s du comportement** behavioural problems • **~s du langage** speech difficulties • **il a des ~s de la vision** he has trouble with his eyesight • **elle souffre de ~s de la mémoire** she has memory problems

trouble-fête [tʀubləfɛt] (NMF INV) spoilsport • **jouer les ~** to be a spoilsport

troubler [tʀuble] /TABLE 1/ 1 (VT) ⓐ (*= perturber*) [*+ ordre, sommeil, tranquillité, silence*] to disturb; [*+ représentation, réunion*] to disrupt; [*+ jugement, raison, esprit*] to cloud; [*+ digestion*] to upset • **~ l'ordre public** to disturb the peace • **en ces temps troublés** in these troubled times

ⓑ [*+ personne*] (*= déconcerter, émouvoir*) to disturb; (*= inquiéter*) to trouble; (*= gêner*) to confuse; (*= sexuellement*) to arouse • **elle le regarda, toute troublée** she looked at him, all of a tremble • **ce film/cet événement m'a profondément troublé** this film/this event has disturbed me deeply • **il y a quand même un détail qui me trouble** there's still a detail which is bothering me • **cesse de parler, tu me troubles (dans mes calculs)** stop talking - you're putting me off (in my calculations) • **~ un candidat** to put a candidate off

ⓒ (*= brouiller*) [*+ eau, vin*] to make cloudy; [*+ image*] to blur • **les larmes lui troublaient la vue** tears blurred her vision

2 (VPR) **se troubler** ⓐ (*= devenir trouble*) [*eau*] to become cloudy; [*lignes, images, vue*] to become blurred

ⓑ (*= perdre contenance*) to become flustered • **il se trouble facilement lorsqu'il doit parler en public** he's easily flustered when he has to speak in public • **il a répondu sans se ~** he replied calmly

troué, e [tʀue] *ptp de* **trouer** 1 (ADJ) **mon collant est ~** I've got a hole in my tights • **avoir une chaussette ~e** to have a hole in one's sock • **ce sac est ~** this bag has a hole *ou* holes in it • **ses chaussettes sont toutes ~es** *ou* **~es de partout** his socks are full of holes 2 (NF) **trouée** (*dans la haie, les nuages*) gap

trouer [tʀue] /TABLE 1/ (VT) [*+ vêtement*] to make a hole in; (*= transpercer*) to pierce • **il a troué son pantalon** (*avec une cigarette*) he's burnt a hole in his trousers; (*en tombant*) he's torn *ou* ripped a hole in his trousers • **~ la peau à qn*** to put a bullet in sb

trouillard, e* [tʀujaʀ, aʀd] 1 (ADJ) cowardly 2 (NM,F) coward

trouille* [tʀuj] (NF) **avoir la ~** to be scared stiff* • **flanquer** *ou* **ficher la ~ à qn** to scare the pants off sb*

troupe [tʀup] (NF) ⓐ [*de soldats*] troop • **~s de choc** shock troops ⓑ [*de chanteurs, danseurs*] troupe • **~ (de théâtre)** (theatre *ou* drama) company

troupeau (*pl* **troupeaux**) [tʀupo] (NM) herd; [*de moutons, chèvres*] flock

trousse [tʀus] (NF) ⓐ (*= étui*) case; [*de médecin, chirurgien*] instrument case; [*d'écolier*] pencil case • **~ à couture** sewing case • **~ de maquillage** make-up bag • **~ à outils** toolkit • **~ de secours** first-aid kit • **~ de toilette** *ou* **de voyage** (*= sac*) sponge bag

ⓑ ▸ **aux trousses, à ses trousses avoir la police aux ~s** *or* **à ses ~s** to have the police on one's tail

trousseau (*pl* **trousseaux**) [tʀuso] NM [*de mariée*] trousseau • **~ de clés** bunch of keys

trouvaille [tʀuvaj] NF (*= objet*) find; (*= idée, métaphore, procédé*) stroke of inspiration, brainwave (*Brit*)

trouver [tʀuve] /TABLE 1/ **1** VT **a** to find • **je ne le trouve pas** I can't find it • **où peut-on le ~ ?** where is he? • **on lui a trouvé une place dans un lycée** he was found a place in a lycée • **je l'ai trouvé en train de pleurer** I found him crying • **je ne lui trouve aucun défaut** I can find no fault with him • **mais qu'est-ce qu'elle lui trouve ?** what on earth does she see in him? • **comment as-tu fait pour ~ ?** (*énigme*) how did you work it out? • **j'ai trouvé !** I've got it!* • **explication/excuse toute trouvée** ready-made explanation/excuse • **formule bien trouvée** clever phrase • **tu as trouvé ça tout seul ?** (*iro*) did you work it out all by yourself? (*iro*) • **où est-il allé ~ ça ?** where on earth did he get that idea from? • **ne pas ~ ses mots** to be at a loss for words

▸ **trouver à** + *infinitif* **~ à manger/boire** to find something to eat/drink • **~ à s'occuper** to find something to occupy o.s. with • **il trouve toujours à faire dans la maison** he can always find something to do in the house • **si tu trouves à te garer dans ma rue ...** if you manage to find a parking space in my street ... • **il n'a rien trouvé à répondre** he couldn't think of anything to say in reply

b (*= rencontrer par hasard*) [*+ document, information, personne*] to come across; [*+ idée*] to hit on • **on trouve cette plante sous tous les climats humides** this plant is found in all damp climates • **~ la mort (dans un accident)** to meet one's death (in an accident)

c (*= penser, juger*) to find • **~ que** to find that • **je trouve qu'il fait trop chaud ici** I find it too hot (in) here • **~ qch à son goût/trop cher** to find sth to one's liking/too expensive • **je trouve cela trop sucré** I find it too sweet • **je le trouve fatigué** I think he looks tired • **comment l'as-tu trouvé ?** what did you think of him? • **vous la trouvez sympathique ?** do you like her? • **vous trouvez ça normal ?** do you think that's right? • **tu trouves ça drôle !** so you find that funny! • **vous trouvez ?** do you think so?

d (*= rendre visite à*) **aller/venir ~ qn** to go/come and see sb • **quand il a des ennuis, c'est moi qu'il vient ~** when he has problems, it's me he comes to

e (*= éprouver*) **~ (du) plaisir à qch/à faire qch** to take pleasure in sth/in doing sth

2 VPR **se trouver** **a** (*= être dans une situation*) [*personne*] to find o.s.; [*chose*] to be • **je me suis trouvé dans l'impossibilité de répondre** I found myself unable to reply • **nous nous trouvons dans une situation délicate** we are in a delicate situation

b (*= être situé*) [*personne, chose*] to be • **son nom ne se trouve pas sur la liste** his name isn't on the list • **je me trouvais près de l'entrée** I was (standing *ou* sitting *etc*) near the entrance • **la maison se trouve au coin de la rue** the house is on the corner of the street • **où se trouve la poste ?** where is the post office?

c (*= se sentir*) to feel • **se ~ bien** (*dans un fauteuil etc*) to feel comfortable; (*santé*) to feel well • **elle se trouvait bien dans ce pays** she was happy in this country • **se ~ mal** (*= s'évanouir*) to faint

d (*= se juger*) **il se trouve beau dans son nouveau costume** he thinks he looks good in his new suit • **tu te trouves malin ?** I suppose you think that's clever!

e (*exprimant la coïncidence : souvent avec infinitif*) **se ~ être/avoir ...** to happen to be/have ... • **elles se trouvaient avoir la même robe** it turned out that they had the same dress

f (*= découvrir sa personnalité, son style*) **il ne s'est pas encore trouvé** (*= artiste*) he hasn't found his own distinctive style yet

g (*locutions*)

▸ **il se trouve que** (*événement fortuit*) **il se trouve que c'est moi** it happens to be me • **il s'est trouvé que j'étais là quand ...** I happened to be there when ... • **il se trouvait qu'elle avait menti** it turned out that she had been lying

▸ **il se trouve** + *nom* (*= il y a*) **il se trouve toujours des gens qui disent** *ou* **pour dire ...** there are always people who will say ...

▸ **si ça se trouve*** **ils sont sortis, si ça se trouve** they're probably out • **si ça se trouve, il ne viendra pas** maybe he won't come

troyen, -enne [tʀwajɛ̃, ɛn] ADJ (*Hist, Mythol*) Trojan • **(virus) ~** (*Informatique*) Trojan

truand [tʀyɑ̃] NM gangster

truander* [tʀyɑ̃de] /TABLE 1/ **1** VT to swindle • **se faire ~** to be swindled **2** VI to cheat

truc [tʀyk] NM **a** (*= moyen*)* trick • **il a trouvé le ~ (pour le faire)** he's got the hang* of it • **il n'a pas encore compris le ~** he hasn't got the hang* of it yet • **avoir le ~** to have the knack • **j'ai un ~ infaillible contre les taches** I've got just the thing for getting rid of stains

b (*= tour, trucage*) trick

c (*= chose, idée*)* thing; (*chose inconnue, dont le nom échappe*) thingumajig* • **on m'a raconté un ~ extraordinaire** I've been told an extraordinary thing • **j'ai pensé (à) un ~** I've thought of something • **il y a un tas de ~s à faire** there are loads of things to do* • **je lui ai offert un petit ~ pour son anniversaire** I gave him a little something for his birthday • **c'est quoi, ce ~-là ?** what's that thing? • **méfie-toi de ces ~s-là** be careful of those things • **le ski, c'est pas mon ~** skiing isn't my thing* • **l'équitation, c'est son ~** he's really into* horseriding • **chacun son ~** each to his own

d (*= personne*)* **Machin Truc** what's-his-name*

trucage [tʀykaʒ] NM (*= effet spécial*) special effect • **un ~ très réussi** a very successful effect

truchement [tʀyʃmɑ̃] NM **par le ~ de qn** through (the intervention of) sb • **par le ~ de qch** with the aid of sth

trucider* [tʀyside] /TABLE 1/ VT (*hum*) to bump off* • **je vais me faire ~ si jamais j'arrive en retard !** I'll get killed* if I arrive late!

trucmuche* [tʀykmyʃ] NM **a** (*= chose*) thingumajig* **b** (*= personne*) **Trucmuche** what's-his-name*

truculent, e [tʀykylɑ̃, ɑ̃t] ADJ [*langage, style, personnage*] colourful (*Brit*), colorful (*US*)

truelle [tʀyɛl] NF trowel

truffe [tʀyf] NF **a** (*= champignon*) truffle • **~s au chocolat** chocolate truffles **b** [*de chien*] nose

truffer [tʀyfe] /TABLE 1/ VT **a** (*Cuisine*) to garnish with truffles **b** (*= remplir*) **~ qch de** to pepper sth with • **truffé de citations** peppered with quotations • **truffé de fautes** *ou* **d'erreurs** riddled with mistakes • **région truffée de mines** area littered with mines • **truffé de pièges** bristling with traps • **pièce truffée de micros** room bristling with hidden bugging devices • **film truffé d'effets spéciaux** film laden with special effects

t

truie [tʀɥi] NF (= *animal*) sow
truite [tʀɥit] NF trout *inv* • ~ **saumonée** salmon trout • ~ **meunière** truite *ou* trout meunière
truquage [tʀykaʒ] NM (= *effet spécial*) special effect • **un ~ très réussi** a very successful effect
truquer [tʀyke] /TABLE 1/ VT [+ *cartes*] to fix*; [+ *dés*] to load; [+ *combat, élections*] to fix*
trust [tʀœst] NM (= *cartel*) trust; (= *grande entreprise*) corporation
truster [tʀœste] /TABLE 1/ VT [+ *secteur du marché*] to monopolize; [+ *produit*] to have the monopoly of; (= *accaparer*)* to monopolize
tryptique [tʀiptik] NM (= *œuvre, film*) trilogy; (= *tableau*) triptych
tsar [dzaʀ] NM tsar
tsé-tsé [tsetse] NF **(mouche)** ~ tsetse fly
t-shirt (*pl* **t-shirts**) [tiʃœʀt] NM T-shirt
tsigane [tsigan] 1 ADJ (Hungarian) gypsy 2 NM (= *langue*) Romany 3 NMF **Tsigane** Gypsy
tsunami [tsynami] NM tsunami
TSVP (ABR DE **tournez s'il vous plaît**) PTO
TTC [tetese] (ABR DE **toutes taxes comprises**) inclusive of tax
tu¹, t'* [ty, t]

> **tu** becomes **t'** in spoken French before a vowel or silent **h**.

1 PRON PERS you • **t'as* de la chance** you're lucky
2 NM **employer le tu** to use the "tu" form • **dire tu à qn** to address sb as "tu" → TUTOIEMENT/VOUVOIEMENT
tu², e [ty] *ptp de* **taire**
tuant, e* [tɥɑ̃, tɥɑ̃t] ADJ (= *fatigant*) exhausting; (= *énervant*) exasperating
tuba [tyba] NM (= *instrument de musique*) tuba; [*de plongeur*] snorkel
tube [tyb] 1 NM ⓐ tube; (*de canalisation, tubulure, métallique*) pipe • ~ **à essai** test tube • ~ **cathodique** cathode ray tube • **en ~** in a tube • **jupe ~** tube skirt • **pull ~** skinny-rib sweater
ⓑ (= *chanson à succès*)* hit • **le ~ de l'été** the summer hit
ⓒ ▸ **à pleins tubes‡ il a mis sa chaîne hi-fi à pleins ~s** he turned his stereo on full blast* • **débloquer à pleins ~s** to be raving mad*
2 COMP ▸ **tube digestif** digestive tract ▸ **tube de rouge, tube de rouge à lèvres** lipstick
tubercule [tybɛʀkyl] NM [*de plante*] tuber
tuberculeux, -euse [tybɛʀkylø, øz] 1 ADJ **être ~** to suffer from tuberculosis 2 NM,F tuberculosis patient
tuberculose [tybɛʀkyloz] NF tuberculosis
tué, e [tɥe] *ptp de* **tuer** NM,F (*dans un accident, au combat*) person killed • **les ~s** the dead • **il y a eu cinq ~s** there were five people killed
tuerie [tyʀi] NF (= *carnage*) slaughter • **c'est une ~ !*** (*fig*) it's a killer!*
tuer [tɥe] /TABLE 1/ 1 VT ⓐ [+ *personne, animal*] to kill • ~ **qn à coups de pierre/de couteau** to stone/stab sb to death • ~ **qn d'une balle** to shoot sb dead • **l'alcool tue** alcohol can kill • **la route tue des milliers de gens chaque année** thousands of people are killed on the roads every year • **se faire ~** to get killed • **cet enfant me tuera !** this child will be the death of me!
ⓑ (= *ruiner*) to kill; (= *exténuer*) to exhaust • **les supermarchés n'ont pas tué le petit commerce** supermarkets have not killed off small traders • **ces escaliers/querelles me tuent** these stairs/quarrels will be the death of me • ~ **qch dans l'œuf** to nip sth in the bud • ~ **le temps** to kill time
2 VPR **se tuer** ⓐ (*l'un l'autre*) to kill each other
ⓑ (*soi-même, par accident*) to be killed • **il s'est tué en voiture** he was killed in a car accident
ⓒ (= *se suicider*) to kill o.s. • **il s'est tué d'une balle dans la tête** he shot himself in the head
ⓓ (= *s'épuiser*) **se ~ au travail** • **se ~ à la tâche** to work o.s. to death • **se ~ à répéter/expliquer qch à qn** to repeat/explain sth to sb until one is blue in the face • **je me tue à te le dire !** I keep on telling you!
tuerie [tyʀi] NF (= *carnage*) slaughter
tue-tête [tytɛt] **à tue-tête** LOC ADV **crier/chanter à ~** to shout/sing at the top of one's voice
tueur, tueuse [tɥœʀ, tɥøz] NM,F (= *assassin*) killer • ~ **(à gages)** hired killer • ~ **en série** serial killer
tuile [tɥil] 1 NF ⓐ [*de toit*] tile • **toit de ~s** tiled roof
ⓑ (= *coup de malchance*)* stroke of bad luck • **quelle ~ !** what rotten luck! • **il vient de m'arriver une ~** I've just had a piece of bad luck 2 COMP ▸ **tuile aux amandes** *type of almond biscuit*
tulipe [tylip] NF (= *fleur*) tulip
tulipier [tylipje] NM tulip tree
tulle [tyl] NM tulle
tuméfier [tymefje] /TABLE 7/ VT **visage/œil tuméfié** swollen face/eye
tumeur [tymœʀ] NF tumour (*Brit*), tumor (*US*) • ~ **bénigne/maligne** benign/malignant tumour • ~ **au cerveau** brain tumour
tumulte [tymylt] NM commotion; [*de voix*] hubbub
tumultueux, -euse [tymyltɥø, øz] ADJ [*séance*] stormy; [*vie, période, passion*] turbulent
tuner [tynɛʀ] NM (= *radio*) tuner
tunique [tynik] NF [*de femme*] (*droite*) tunic; (*à forme ample*) smock; (*longue*) gown
Tunisie [tynizi] NF Tunisia
tunisien, -ienne [tynizjɛ̃, jɛn] 1 ADJ Tunisian 2 NMF **Tunisien(ne)** Tunisian
tunnel [tynɛl] NM tunnel • **le ~ sous la Manche** the Channel Tunnel • **voir le bout du ~** (*fig*) to see the light at the end of the tunnel
tuque [tyk] NF (*Can*) woollen cap
turban [tyʀbɑ̃] NM turban
turbin‡ [tyʀbɛ̃] NM (= *travail*) work • **aller au ~** to go off to work • **se remettre au ~** to get back to the grind*
turbine [tyʀbin] NF turbine
turbiner‡ [tyʀbine] /TABLE 1/ VI to slog away*
turbo [tyʀbo] 1 ADJ INV turbo 2 NM (= *moteur*) turbo • **mettre le ~*** to get a move on*
turbot [tyʀbo] NM turbot
turbulence [tyʀbylɑ̃s] NF ~**s politiques/sociales** political/social unrest • **entrer dans une zone de ~s** [*avion*] to go into an area of turbulence
turbulent, e [tyʀbylɑ̃, ɑ̃t] ADJ (= *agité*) [*enfant, élève*] unruly
turc, turque [tyʀk] 1 ADJ Turkish ▸ **à la turque** (= *accroupi, assis*) cross-legged; [*cabinets*] seatless
2 NM ⓐ (= *personne*) **Turc** Turk • **fort comme un Turc** strong as an ox
ⓑ (= *langue*) Turkish
3 NF **Turque** Turkish woman

turf [tyʀf] (NM) (= *terrain*) racecourse • **le ~** (= *activité*) racing
turfiste [tyʀfist] (NMF) racegoer
turista* [tuʀista] (NF) = **tourista**
turkmène [tyʀkmɛn] **1** (ADJ) Turkmen **2** (NM) (= *langue*) Turkmen **3** (NMF) **Turkmène** Turkmen
Turkménistan [tyʀkmenistɑ̃] (NM) Turkmenistan
turlupiner* [tyʀlypine] /TABLE 1/ (VT) to bother • **ce qui me turlupine** what bugs me*
turluter [tyʀlyte] /TABLE 1/ (VTI) (*Can*) to hum
Turquie [tyʀki] (NF) Turkey
turquoise [tyʀkwaz] (NF, ADJ INV) turquoise
tutelle [tytɛl] (NF) ⓐ [*d'enfant, adulte*] guardianship • **placer qn sous ~** to place sb in the care of a guardian ⓑ (= *contrôle*) supervision; (= *protection*) protection • **~ administrative/de l'État** administrative/state supervision • **organisme de ~** regulator • **territoires sous ~** (*Politique*) trust territories • **pays sous la ~ de l'ONU** country under UN trusteeship
tuteur, -trice [tytœʀ, tʀis] **1** (NM,F) (= *protecteur*) guardian; (= *professeur*) tutor **2** (NM) (= *piquet*) stake
tutoiement [tytwamɑ̃] (NM) use of (the familiar) "tu" (*instead of "vous"*)

TUTOIEMENT/VOUVOIEMENT

There are no hard-and-fast rules about when to use "tu" or "vous" to address people. Small children can be addressed as "tu", and will often reply using the "tu" form as well. In informal contexts among young people of the same age, "tu" is often used even at first meeting. Among the older generation, "vous" is standard until people know each other well. As a general rule for non-native speakers, "vous" should always be used to address adults until the other person uses "tu", or asks permission to do so.

tutoriel [tytɔʀjɛl] (NM) (online) tutorial
tutoyer [tytwaje] /TABLE 8/ (VT) **~ qn** to use "tu" when speaking to sb
tutu [tyty] (NM) tutu
Tuvalu [tuvalu] (N) Tuvalu
tuvaluan, e [tuvaluɑ̃, an] **1** (ADJ) Tuvaluan **2** (NM,F) **Tuvaluan(e)** Tuvaluan
tuyau (*pl* **tuyaux**) [tɥijo] **1** (NM) ⓐ pipe ⓑ (= *conseil*)* tip; (= *renseignement*)* gen* *NonC* • **quelques ~x pour le bricoleur** a few tips for the do-it-yourself enthusiast • **il nous a donné des ~x sur leurs projets** he gave us some gen* on their plans **2** (COMP) ▸ **tuyau d'alimentation** feeder pipe ▸ **tuyau d'arrosage** hosepipe ▸ **tuyau d'échappement** exhaust pipe ▸ **tuyau d'orgue** organ pipe ▸ **tuyau de poêle** stovepipe
tuyauter* [tɥijɔte] /TABLE 1/ (VT) **~ qn** (= *conseiller*) to give sb a tip
tuyauterie [tɥijɔtʀi] (NF) (= *canalisations*) piping *NonC*
TV [teve] (NF) (ABR DE **télévision**) TV
TVA [tevea] (NF) (ABR DE **taxe sur la valeur ajoutée**) VAT → IMPÔTS
TVHD [teveaʃde] (NF) (ABR DE **télévision haute définition**) HDTV
TVP [tevepe] (NF) (ABR DE **thrombose veineuse profonde**) DVT
tweed [twid] (NM) tweed
tweet [twit] (NM) (*Internet*) tweet
tweeter [twite] /TABLE 1/ (VI) (*Internet*) to tweet
tweetos [twitɔs] (NMF INV) = **twittos**
tweetosphère [twitɔsfɛʀ] (NF) = **twittosphère**
twist [twist] (NM) (= *danse*) twist
twittos [twitɔs] (NMF INV) (*Internet*) Twitter user
twittosphère [twitɔsfɛʀ] (NF) (*Internet*) Twittersphere
tympan [tɛ̃pɑ̃] (NM) ⓐ [*d'oreille*] eardrum • **bruit à vous déchirer** *ou* **crever les ~s** earsplitting noise ⓑ [*d'église*] tympanum
type [tip] **1** (NM) ⓐ (= *modèle*) type • **« convient à tous les ~s de peau »** "suitable for all skin types" • **avoir le ~ oriental/nordique** to have Oriental/Nordic looks • **c'est le ~ d'homme à faire cela** he's the type of man who would do that • **des contrats d'un ~ nouveau** new types of contract • **rien ne peut justifier ce ~ de comportement** nothing can justify that type of behaviour • **il/elle n'est pas mon ~*** he/she is not my type
ⓑ (= *exemple*) classic example • **c'est le ~ même de l'intellectuel/du vieux garçon** he's the typical intellectual/bachelor
ⓒ (= *individu*)* guy* • **un sale ~** a nasty character • **quel sale ~ !** he's such a swine*!
2 (ADJ INV) typical; (*Statistiques*) standard • **l'erreur/le politicien ~** the typical mistake/politician • **l'exemple/la situation ~** the typical example/situation • **lettre/contrat ~** standard letter/contract
typé, e [tipe] (ADJ) ⓐ (*physiquement*) **une femme brune et très ~e** a dark, very foreign-looking woman • **elle est allemande mais pas très ~e** she's German but she doesn't look typically German ⓑ [*attitudes, goûts*] typical
typhoïde [tifɔid] (ADJ, NF) **(fièvre) ~** typhoid (fever)
typhon [tifɔ̃] (NM) typhoon
typhus [tifys] (NM) typhus
typique [tipik] (ADJ) typical • **il a encore oublié, c'est ~ !** he's forgotten again - typical!
typiquement [tipikmɑ̃] (ADV) typically
typographie [tipɔgʀafi] (NF) typography
typographique [tipɔgʀafik] (ADJ) [*opérations, art*] typographical • **erreur** *ou* **faute ~** typographical error
tyran [tiʀɑ̃] (NM) tyrant
tyrannie [tiʀani] (NF) tyranny
tyrannique [tiʀanik] (ADJ) **il est ~ envers** *ou* **avec ses étudiants** he bullies his students
tyranniser [tiʀanize] /TABLE 1/ (VT) to bully • **un élève tyrannisé par ses camarades d'école** a pupil bullied by his classmates
tzar [dzaʀ] (NM) tsar
tzigane [dzigan] (ADJ, NMF) = **tsigane**

t

U u

U, u [y] (NM) **disposer des tables en U** to arrange tables in a U-shape
ubériser [yberize] /TABLE 1/ (VT) to uberize
ubiquité [ybikɥite] (NF) ubiquity • **avoir le don d'~** to be ubiquitous • **je n'ai pas le don d'~!** I can't be everywhere at once!
ubris [ybʀis] (NM) hubris
ubuesque [ybyɛsk] (ADJ) (= *grotesque*) grotesque; (*Littérat*) Ubuesque
UE [yə] (NF) (ABR DE **Union européenne**) EU
Ukraine [ykʀɛn] (NF) Ukraine
ukrainien, -ienne [ykʀɛnjɛ̃, jɛn] **1** (ADJ) Ukrainian **2** (NM,F) **Ukrainien(ne)** Ukrainian
ukulélé [jukulele] (NM) ukulele
ulcère [ylsɛʀ] (NM) ulcer • **~ à l'estomac** stomach ulcer
ulcérer [ylseʀe] /TABLE 6/ (VT) (= *révolter*) to appal • **être ulcéré (par l'attitude de qn)** to be appalled (by sb's attitude)
ULM [yɛlɛm] (NM) (ABR DE **ultra-léger motorisé**) microlight
ulna [ylna] (NM) ulna
ultérieur, e [ylteʀjœʀ] (ADJ) later • **à une date ~e** at a later date
ultérieurement [ylteʀjœʀmɑ̃] (ADV) later
ultimatum [yltimatɔm] (NM) ultimatum • **adresser** *ou* **lancer un ~ à qn** to present sb with an ultimatum
ultime [yltim] (ADJ) [*étape, hommage*] final; [*recours*] last; [*objectif*] ultimate; [*tentative*] last-ditch
ultra [yltʀa] **1** (NM) extremist **2** (PRÉF) ultra- • **~chic** ultra-chic • **~conservateur** ultra-conservative • **~court** ultra-short • **~plat** [*boîtier, montre*] slimline • **~fin** [*collant, tissu*] sheer
ultracompact, e [yltʀakɔ̃pakt] (ADJ) [*appareil photo, ordinateur, téléphone portable*] ultra-compact
ultraléger, -ère [yltʀaleʒe, ɛʀ] (ADJ) [*équipement*] ultra-light; [*cigarette*] ultra-mild; [*tissu, vêtement*] very light
ultralibéral, e (*mpl* **-aux**) [yltʀalibeʀal, o] **1** (ADJ) [*idéologie, politique*] ultra-free-market *épith*; [*personne*] who advocates an ultra-free market **2** (NM,F) ultra-free marketeer
ultralibéralisme [yltʀalibeʀalism] (NM) doctrine of the ultra-free market
ultramoderne [yltʀamɔdɛʀn] (ADJ) [*équipement*] hi-tech
ultraportable [ultʀapɔʀtabl] (ADJ, NM) **(ordinateur) ~** mini-laptop
ultrarapide [yltʀaʀapid] (ADJ) [*bateau, ordinateur*] high-speed
ultrasecret, -ète [yltʀasəkʀɛ, ɛt] (ADJ) top secret
ultrasensible [yltʀasɑ̃sibl] (ADJ) [*appareil, balance, dossier, problème*] ultrasensitive; [*personne, peau*] hypersensitive • **film** *ou* **pellicule ~** high-speed film
ultrason [yltʀasɔ̃] (NM) ultrasonic sound • **les ~s** ultrasound *NonC*
ultraviolet [yltʀavjɔlɛ] (NM) ultraviolet

---

un, une [œ̃, yn]

1 ARTICLE INDÉFINI	4 NOM MASCULIN INV
2 PRONOM	5 NOM FÉMININ
3 ADJECTIF	

1 ARTICLE INDÉFINI

a

> **a** devient **an** devant une voyelle.

• **un chien** a dog • **une poupée** a doll • **une idée** an idea • **un chien sent tout de suite si quelqu'un a peur de lui** dogs know straight away when you're afraid of them • **un certain M. Legrand** a Mr Legrand • **elle a fait une de ces scènes!*** she made a dreadful scene! • **j'ai une de ces faims!*** I'm so hungry!

2 PRONOM

one • **un seul** just one • **pas un seul** not one • **prêtez-moi un de vos livres** lend me one of your books • **c'est un de ces enfants qui s'ennuient partout** he's one of those children who gets bored wherever he goes • (PROV) **~ de perdu, dix de retrouvés** there are plenty more fish in the sea

▸ **comme pas un*** **il est arrogant comme pas un** he's as arrogant as they come

▸ **et d'une!*** for a start! • **personne ne t'a forcé de venir, et d'une!** for a start no one forced you to come!

▸ **un à un, un par un** one by one • **il a examiné les photos une à une** he examined the photos one by one • **ajouter les œufs un par un** add the eggs one at a time

▸ **en ... un** **en voilà un qui ne se gêne pas!** well, he's got a nerve! • **j'en connais un qui sera content!** I know someone who'll be pleased! • **prête-m'en un** lend me one • **il n'en reste qu'une** there's only one left • **il m'en**

a raconté une drôle sur le directeur he told me a really funny one about the manager
▸ **l'un d'eux, l'un d'entre eux** one of them
▸ **l'un de** l'une de nos idées one of our ideas • **l'une des meilleures chanteuses** one of the best singers
▸ **les uns ... les autres ...** some people ... others ...
▸ **l'un après l'autre** one after the other
▸ **l'un contre l'autre serrés l'un contre l'autre** huddled together
▸ **l'un dans l'autre** (= *tout bien considéré*) all in all
▸ **l'un l'autre, les uns les autres** one another, each other • **aimez-vous les uns les autres** love one another

3 ADJECTIF
(*numéral*) one • **vingt et un ans** twenty-one years • **il reviendra dans un an ou deux** he'll come back in a year or two • **chapitre un** chapter one • **en deux mille un** in two thousand and one • **ils ont gagné deux à un** they won two-one • **prenez un gros oignon ou deux petits** take one large onion or two small ones • **nous n'avons pas vu une seule voiture** we didn't see a single car • **un jour, il m'a téléphoné** one day he phoned me • **passez un soir** drop in one evening

4 NOM MASCULIN INV
(*= nombre*) one • **un et un font deux** one and one are two • **compter de un à cent** to count from one to a hundred • **le cavalier ne faisait qu'un avec son cheval** horse and rider were as one

5 NOM FÉMININ
une
ⓐ (*= nombre*) **une, deux! une, deux!** left, right! left, right! • **à la une, à la deux, à la trois!*** with a one and a two and a three! • **il n'a fait ni une ni deux*, il a accepté** he accepted like a shot*
ⓑ (*Presse*) **cet accident fait la une des journaux** the accident made the headlines

---

unanime [ynanim] (ADJ) [*témoins, sentiment*] unanimous • **de l'avis ~ des observateurs** in the unanimous view of the observers • **de manière ~** unanimously

unanimement [ynanimmɑ̃] (ADV) unanimously

unanimité [ynanimite] (NF) unanimity • **ils ont voté pour à l'~** they voted unanimously in favour • **élu à l'~** elected unanimously • **cette décision a fait l'~** the decision was approved unanimously • **il fait l'~** there is general agreement about him

UNESCO [ynɛsko] (NF) (ABR DE **United Nations Educational, Scientific and Cultural Organization**) UNESCO

uni, e [yni] *ptp de* **unir** (ADJ) ⓐ [*tissu, jupe, couleur*] plain • **l'imprimé et l'~** printed and plain fabrics ⓑ [*couple, amis, famille*] close • **je vous déclare ~s par les liens du mariage** I now pronounce you man and wife • **présenter un front ~ contre l'adversaire** to present a united front to the enemy

unidirectionnel, -elle [ynidiʀɛksjɔnɛl] (ADJ) unidirectional

unification [ynifikasjɔ̃] (NF) unification

unifier [ynifje] /TABLE 7/ (VT) ⓐ [+ *pays, systèmes, parti*] to unify ⓑ [+ *procédures, tarifs*] to standardize

uniforme [ynifɔʀm] 1 (ADJ) [*terrain, surface*] even; [*style, paysage, couleur*] uniform 2 (NM) uniform • **être en ~** to be in uniform • **endosser/quitter l'~** [*militaire*] to join/leave the forces

uniformément [ynifɔʀmemɑ̃] (ADV) uniformly; [*répartir*] evenly

uniformisation [ynifɔʀmizasjɔ̃] (NF) standardization

uniformiser [ynifɔʀmize] /TABLE 1/ (VT) [+ *mœurs, tarifs*] to standardize

uniformité [ynifɔʀmite] (NF) [*de terrain, surface*] evenness; [*de style, vie, conduite, ciel, paysage*] uniformity

unijambiste [ynizɑ̃bist] (NMF) one-legged man (*ou* woman)

unilatéral, e (*mpl* **-aux**) [ynilateʀal, o] (ADJ) unilateral

unilatéralement [ynilateʀalmɑ̃] (ADV) unilaterally

unilingue [ynilɛ̃g] (ADJ) unilingual

uninominal, e (*mpl* **-aux**) [yninɔminal, o] (ADJ) **scrutin ~** voting for a single member

union [ynjɔ̃] 1 (NF) ⓐ (= *alliance*) union • (PROV) **l'~ fait la force** united we stand, divided we fall ⓑ (= *mariage*) union • **deux enfants sont nés de cette ~** two children were born of this union ⓒ (= *groupe*) association • **l'Union sportive de Strasbourg** the Strasbourg sports club 2 (COMP) ▸ **union de consommateurs** consumers' association ▸ **union douanière** customs union ▸ **Union européenne** European Union ▸ **l'union libre** cohabitation ▸ **l'Union soviétique** the Soviet Union

unique [ynik] (ADJ) ⓐ (= *seul*) only • **mon ~ souci/espoir** my only concern/hope • **c'est un fils/une fille ~** he's/she's an only child • **ce n'est pas un cas ~** this is not an isolated case • **l'argent est son ~ sujet de préoccupation** money is the only thing he cares about • **« places : prix ~ 8 € »** (*dans un cinéma*) "all seats 8 euros" ⓑ (= *exceptionnel*) [*livre, talent*] unique • **il est ~ en son genre** he's one of a kind • **~ au monde** quite unique ⓒ (= *impayable*)* priceless* • **il est ~!** he's priceless!*

uniquement [ynikmɑ̃] (ADV) (= *exclusivement*) exclusively • **il était venu ~ pour me voir** he had come just to see me

unir [yniʀ] /TABLE 2/ 1 (VT) to unite (**à** with) • **~ ses forces** to join forces 2 (VPR) **s'unir** ⓐ (= *s'associer*) [*partis, fortunes*] to unite (**à, avec** with) • **s'~ contre un ennemi commun** to unite against a common enemy ⓑ (= *se combiner*) [*formes, couleurs, qualités*] to combine

unisexe [ynisɛks] (ADJ INV) unisex

unisson [ynisɔ̃] (NM) (*Mus*) unison • **à l'~** [*chanter*] in unison • **répondre à l'~** to answer as one

unitaire [ynitɛʀ] (ADJ) **prix ~** unit price

unité [ynite] 1 (NF) ⓐ (= *cohésion*) unity • **l'~ nationale** national unity ⓑ (= *élément*) unit • **~ de mesure/de poids** unit of measure/of weight • **la colonne des ~s** the units column • **prix de vente à l'~** unit selling price • **nous ne les vendons pas à l'~** we don't sell them singly ⓒ (= *troupe*) unit • **~ de combat** combat unit ⓓ (= *établissement, service*) unit • **~ de production/fabrication** production/manufacturing unit 2 (COMP) ▸ **unité centrale** (*Informatique*) central processing unit ▸ **unité d'enseignement** *ou* **de valeur** course credit *ou* unit

univers [univɛʀ] (NM) universe; (= *milieu, domaine*) world • **l'~ de la mode** the world of fashion

universalité [ynivɛʀsalite] (NF) universality

universaux [ynivɛʀso] (NMPL) **les ~ (du langage)** (language) universals

universel, -elle [ynivɛʀsɛl] (ADJ) universal

universellement [ynivɛʀsɛlmɑ̃] (ADV) universally

universitaire [ynivɛʀsitɛʀ] 1 (ADJ) [*vie, restaurant, diplôme*] university; [*études, milieux, carrière*] academic 2 (NMF) academic

u

université [ynivɛʀsite] (NF) university • **~ du troisième âge** university of the third age • **~ d'été** summer school; [*de parti politique*] party conference

univoque [ynivɔk] (ADJ) [*mot*] univocal; [*relation*] one-to-one

Untel*, **Unetelle*** [œ̃tɛl, yntɛl] (NM,F) so-and-so • **Monsieur ~** Mr so-and-so

uppercut [ypɛʀkyt] (NM) uppercut

uranium [yʀanjɔm] (NM) uranium

urbain, e [yʀbɛ̃, ɛn] (ADJ) (= *de la ville*) urban

urbanisation [yʀbanizasjɔ̃] (NF) urbanization

urbaniser [yʀbanize] /TABLE 1/ (VT) to urbanize • **région fortement urbanisée** heavily built-up area

urbanisme [yʀbanism] (NM) town planning

urbaniste [yʀbanist] (NMF) town planner

urbanistique [yʀbanistik] (ADJ) [*réglementation, impératifs*] town-planning *épith*

urètre [yʀɛtʀ] (NM) urethra

urgence [yʀʒɑ̃s] (NF) ⓐ [*de décision, départ, situation*] urgency • **il y a ~** it's urgent • **il n'y a pas ~** there's no rush • **faire qch dans l'~** to do sth in a rush • **cette affaire est à traiter en première ~** this question must be dealt with as a matter of the utmost urgency

ⓑ (= *cas urgent*) emergency • **service/salle des ~s** emergency department/ward

▸ **d'urgence** [*mesures, situation, aide*] emergency • **transporté d'~ à l'hôpital** rushed to hospital • **être opéré d'~** to have an emergency operation

urgent, e [yʀʒɑ̃, ɑ̃t] (ADJ) urgent • **c'est ~** it's urgent • **avoir un besoin ~ de ...** to be in urgent need of ... • **de façon ~e** urgently

urgentissime [yʀʒɑ̃tisim] (ADJ) very urgent • **ce n'est pas ~** it's not desperately urgent

urgentiste [yʀʒɑ̃tist] (NMF) (accident and) emergency physician

urinaire [yʀinɛʀ] (ADJ) urinary

urine [yʀin] (NF) urine *NonC*

uriner [yʀine] /TABLE 1/ (VI) to urinate

urinoir [yʀinwaʀ] (NM) urinal

URL [yɛʀɛl] (NF) (ABR DE **Universal Resource Locator**) URL

urne [yʀn] (NF) ⓐ **~ (électorale)** ballot box • **aller** *ou* **se rendre aux ~s** to go to the polls • **le verdict des ~s** the result of the polls ⓑ (= *vase*) urn • **~ funéraire** funeral urn

urologue [yʀɔlɔg] (NMF) urologist

URSS [yʀs] (NF) (*Hist*) (ABR DE **Union des républiques socialistes soviétiques**) USSR

URSSAF [yʀsaf] (NF) (ABR DE **Union pour le recouvrement des cotisations de la Sécurité sociale et des allocations familiales**) *social security contribution collection agency*

urticaire [yʀtikɛʀ] (NF) nettle rash • **faire** *ou* **avoir des crises d'~** to suffer from nettle rash • **donner de l'~ à qn*** (= *insupporter*) to make sb's skin crawl

urticant, e [yʀtikɑ̃, ɑ̃t] (ADJ) urticant • **les poils sont ~s** the hairs can cause itching

Uruguay [yʀygwɛ] (NM) (= *pays*) Uruguay

uruguayen, -enne [yʀygwajɛ̃, ɛn] 1 (ADJ) Uruguayan 2 (NM,F) **Uruguayen(ne)** Uruguayan

us [ys] (NMPL) **les us et coutumes** habits and customs

US [yɛs], **USA** [yɛsa] (NMPL) (ABR DE **United States (of America)**) US(A)

usage [yzaʒ] (NM) ⓐ (= *utilisation*) use • **elle nous laisse l'~ de son jardin** she lets us use her garden • **l'~ de stupéfiants** drug use

▸ **à l'usage** **ça s'assouplira à l'~** it will soften with use • **un manuel à l'~ des spécialistes** a manual for specialist use

▸ **hors d'usage** [*éclairage, installation*] out of service; [*véhicule, machine à laver*] broken down • **mettre hors d'~** to put out of action

▸ **faire usage de** [+ *violence, force, procédé*] to use • **faire (un) bon/mauvais ~ de qch** to make good/bad use of sth

ⓑ (= *exercice, pratique*) [*de membre, sens*] use • **perdre l'~ de ses yeux** to lose the use of one's eyes • **retrouver l'~ de la parole** to recover the power of speech

ⓒ (= *fonction, application*) [*d'instrument*] use • **outil à ~s multiples** multi-purpose tool • **à ~ externe** [*médicament*] for external use only • **à ~ unique** [*matériel stérile, seringues*] single-use

ⓓ (= *coutume, habitude*) custom • **c'est l'~** it's the done thing • **entrer dans l'~ (courant)** [*mot*] to come into common use; [*mœurs*] to become common practice • **contraire aux ~s** contrary to common practice • **il était d'~ de** it was customary to • **formule d'~** set formula • **après les compliments/recommandations d'~** after the customary compliments/recommendations

ⓔ [*de la langue*] **l'~** usage • **expression consacrée par l'~** expression fixed by usage

usagé, e [yzaʒe] (ADJ) (= *qui a beaucoup servi*) [*pneu, habits*] worn; (= *d'occasion*) used; (= *qui ne peut plus être utilisé*) [*seringue, préservatif*] used

usager, -ère [yzaʒe, ɛʀ] (NM,F) user • **~ des transports en commun/du téléphone** public transport/telephone user

usant, e [yzɑ̃, ɑ̃t] (ADJ) (= *fatigant*) exhausting • **il est ~ avec ses questions** he wears you out with all his questions

USB [yɛsbe] (NM) (ABR DE **Universal Serial Bus**) USB • **port/connexion ~** USB port/connection • **clé ~** USB key, flash drive

usé, e [yze] *ptp de* **user** (ADJ) ⓐ [*objet*] worn ⓑ (= *épuisé*) worn-out

Usenet [juznɛt] (NM) (*Informatique*) Usenet

user [yze] /TABLE 1/ 1 (VT) ⓐ (= *détériorer*) [+ *outil, roches*] to wear away; [+ *vêtements*] to wear out • **~ un manteau jusqu'à la corde** to wear out a coat

ⓑ (= *épuiser*) [+ *personne, forces*] to wear out; [+ *nerfs*] to wear down

ⓒ (= *consommer*) [+ *essence, charbon, papier, huile, eau*] to use

2 (VT INDIR) **~ de** (= *utiliser*) [+ *pouvoir, droit, autorité*] to exercise; [+ *charme, influence, liberté*] to use • **il a usé de moyens déloyaux pour obtenir cette information** he used underhand means to get this information

3 (VPR) **s'user** [*tissu, vêtement, semelle*] to wear out; [*sentiments, passion*] to wear off • **elle s'use les yeux à trop lire** she strains her eyes by reading too much • **elle s'est usée au travail** she wore herself out with work

usine [yzin] (NF) factory • **travail en ~** factory work ▸ **usine d'armement** arms factory ▸ **usine à gaz** gasworks; (*fig*) labyrinthine system ▸ **usine de montage** assembly plant ▸ **usine de retraitement** reprocessing plant ▸ **usine de retraitement des déchets nucléaires** nuclear waste reprocessing plant

usiner [yzine] /TABLE 1/ (VT) (= *façonner*) to machine

usité, e [yzite] (ADJ) common

ustensile [ystɑ̃sil] (NM) implement • ~ **(de cuisine)** (kitchen) utensil

usuel, -elle [yzɥɛl] (ADJ) everyday

usure [yzyʀ] (NF) (= *processus*) [*de vêtement*] wear and tear; [*d'objet*] wear • ~ **normale** fair wear and tear • **on l'aura à l'~*** we'll wear him down in the end

usurier, -ière [yzyʀje, jɛʀ] (NM,F) usurer

usurpateur, -trice [yzyʀpatœʀ, tʀis] (NM,F) usurper
▸ **usurpateur d'identité** ID thief

usurpation [yzyʀpasjɔ̃] (NF) [*de pouvoir, honneur, titre, nom*] usurpation; (*littér*) (= *empiètement*) encroachment

usurper [yzyʀpe] /TABLE 1/ (VT) [*de pouvoir, honneur, nom*] to usurp • **sa réputation n'est pas usurpée** he well deserves his reputation

ut [yt] (NM) (= *note*) C

utérin, e [yteʀɛ̃, in] (ADJ) uterine

utérus [yteʀys] (NM) uterus

utile [ytil] (ADJ) useful • **ça peut toujours être** ~ it could always come in handy • **il n'a pas jugé ~ de prévenir la police** he didn't think it was worth telling the police • **il adore se rendre** ~ he loves to make himself useful • **puis-je vous être ~ ?** can I be of help?

utilement [ytilmɑ̃] (ADV) usefully • **conseiller ~ qn** to give sb useful advice • **une bibliographie vient très ~ compléter l'article** there is a very helpful bibliography at the end of the article

utilisable [ytilizabl] (ADJ) usable • **une carte de crédit ~ dans le monde entier** a credit card that can be used throughout the world

utilisateur, -trice [ytilizatœʀ, tʀis] (NM,F) user

utilisation [ytilizasjɔ̃] (NF) use • **notice d'~** instructions for use

utiliser [ytilize] /TABLE 1/ (VT) to use • **« à ~ avant le ... »** "use by ..." • ~ **qch au mieux** to make the best use of sth

utilitaire [ytilitɛʀ] **1** (ADJ) utilitarian **2** (NM) (= *véhicule*) utility van; (*Informatique*) utility

utilité [ytilite] (NF) usefulness • **cet outil a son ~** this tool has its uses • **d'une grande ~** very useful • **ce n'est d'aucune ~** it's (of) no use • **sans ~** useless • **reconnu** *ou* **déclaré d'~ publique** state-approved

utopie [ytɔpi] (NF) **a** (= *idéal politique*) utopia **b** (= *idée, plan chimérique*) utopian view (*ou* idea *etc*) • **c'est de l'~!** it's all pie in the sky!*

utopique [ytɔpik] (ADJ) utopian

utopisme [ytɔpism] (NM) Utopianism

utopiste [ytɔpist] (NMF) utopian, Utopian

UV [yve] (NM) (ABR DE **ultraviolet**) ultraviolet ray • **filtre UVA/UVB** UVA/UVB filter • **faire des UVs** to have sunbed sessions

u

V v

V [ve] NM **encolure en V** V-neck

va [va] VB → **aller**

vacances [vakɑ̃s] NFPL holiday(s) (*Brit*), vacation (*US*) • **les grandes ~** the summer holiday(s) (*Brit*) *ou* vacation (*US*) • **les ~ scolaires** the school holiday(s) (*Brit*) *ou* vacation (*US*) • **~ de neige** winter sports holiday(s) (*Brit*) *ou* vacation (*US*) • **aller en ~ en Angleterre** to go on holiday (*Brit*) *ou* vacation (*US*) to England • **j'ai besoin de ~** I need a holiday (*Brit*) *ou* vacation (*US*)

vacancier, -ière [vakɑ̃sje, jɛʀ] NM,F holidaymaker (*Brit*), vacationer (*US*)

vacant, e [vakɑ̃, ɑ̃t] ADJ [*poste, siège, appartement*] vacant

vacarme [vakaʀm] NM racket • **faire du ~** to make a racket

vacataire [vakatɛʀ] NMF person on short-term contract; (*Univ*) part-time lecturer

vacation [vakasjɔ̃] NF (= *travail*) supply work • **faire des ~s** to work on a short-term basis

vaccin [vaksɛ̃] NM (= *substance*) vaccine

vaccination [vaksinasjɔ̃] NF vaccination • **~ contre l'hépatite B** hepatitis B vaccination

vacciner [vaksine] /TABLE 1/ VT to vaccinate • **être vacciné contre qch*** to be immune to sth

vache [vaʃ] **1** NF ⓐ (= *animal*) cow; (= *cuir*) cowhide • **~ laitière** dairy cow • **maladie de la ~ folle** mad cow disease ⓑ (= *personne méchante*)* (*femme*) cow*; (*homme*) swine* ⓒ (*locutions*) **c'est une période de ~s maigres pour l'économie française** these are lean times for the French economy • **faire un coup en ~ à qn** to play a dirty trick on sb • **ah la ~!*** (*surprise, admiration*) wow!* **2** ADJ (= *méchant, sévère*)* rotten* • **il est ~** he's really rotten* **3** COMP ▸ **vache à lait*** cash cow

vachement* [vaʃmɑ̃] ADV (= *très*) really • **~ bon/difficile** damned* good/hard • **il était ~ bien, ce film!** it was a brilliant film!

vacherie* [vaʃʀi] NF (= *action*) dirty trick*; (= *remarque*) bitchy remark* • **faire une ~ à qn** to play a dirty trick on sb*

vachette [vaʃɛt] NF ⓐ (= *jeune vache*) young cow ⓑ (= *cuir*) calfskin

vaciller [vasije] /TABLE 1/ VI ⓐ (= *chanceler*) [*personne*] to sway (to and fro) • **~ sur ses jambes** to be unsteady on one's legs ⓑ [*flamme, lumière*] to flicker ⓒ [*courage*] to waver; [*raison*] to fail; [*mémoire*] to be failing

vadrouille [vadʀuj] NF ⓐ (= *balade*)* **partir en ~** to go on a jaunt ⓑ (*Can*) (= *balai*) mop

vadrouiller* [vadʀuje] /TABLE 1/ VI to rove around

VAE [veaə] **1** NM (ABR DE **vélo à assistance électrique**) motorized bicycle, electric bicycle **2** NF (ABR DE **validation des acquis de l'expérience**) *accreditation for professional experience in lieu of formal qualifications*

va-et-vient [vaevjɛ̃] NM INV ⓐ [*de personnes, véhicules*] comings and goings • **faire le ~ entre** to go backwards and forwards between ⓑ (= *interrupteur*) two-way switch

vagabond, e [vagabɔ̃, ɔ̃d] NM,F (= *rôdeur*) vagrant

vagabondage [vagabɔ̃daʒ] NM ⓐ (= *errance*) wandering • **leurs ~s à travers l'Europe** their wanderings across Europe ⓑ (= *vie sans domicile fixe*) vagrancy

vagabonder [vagabɔ̃de] /TABLE 1/ VI [*personne*] to wander; [*imagination, esprit*] to roam

vagin [vaʒɛ̃] NM vagina

vaginal, e (*mpl* **-aux**) [vaʒinal, o] ADJ vaginal

vagir [vaʒiʀ] /TABLE 2/ VI [*bébé*] to wail

vagissement [vaʒismɑ̃] NM wail

vague[1] [vag] **1** ADJ (= *imprécis*) vague • **j'ai le ~ sentiment que ...** I have a vague feeling that ... • **un ~ cousin** some distant cousin **2** NM **nous sommes dans le ~** things are rather unclear to us • **il est resté dans le ~** he remained rather vague • **regarder dans le ~** to stare into space • **~ à l'âme** melancholy • **avoir du ~ à l'âme** to feel blue*

vague[2] [vag] NF wave • **~ de fond** groundswell • **faire des ~s** to make waves • **~ d'attentats/d'arrestations** wave of bombings/of arrests • **~ de chaleur** heatwave • **~ de froid** cold spell

vaguelette [vaglɛt] NF ripple

vaguement [vagmɑ̃] ADV vaguely • **ils sont ~ parents** they're vaguely related • **un sourire ~ ironique** a faintly ironic smile • **il était ~ question d'organiser une réunion** there was vague talk of planning a meeting

vahiné [vaine] NF Tahitian woman, wahine

vaillamment [vajamɑ̃] ADV courageously

vaillant, e [vajɑ̃, ɑ̃t] ADJ courageous

vaille [vaj] VB → **valoir**

vain, e [vɛ̃, vɛn] ADJ ⓐ (= *sans fondement*) empty ⓑ (= *infructueux*) vain ⓒ ▸ **en vain** in vain

vaincre [vɛ̃kʀ] /TABLE 42/ VT ⓐ [+ *concurrent*] to beat; [+ *armée, ennemi*] to defeat • **nous vaincrons** we shall overcome **b** [+ *préjugé, maladie, sentiment*] to overcome; [+ *chômage*] to conquer

vaincu, e [vɛ̃ky] *ptp de* **vaincre** ADJ defeated • **s'avouer ~** to admit defeat

vainement [vɛnmɑ̃] ADV in vain

vainqueur [vɛ̃kœʀ] NM (*à la guerre*) victor; (*en sport, aux élections*) winner • **il est sorti ~ des élections** he emerged victorious from the election

vairon [vɛʀɔ̃] ADJ M **yeux ~s** wall eyes

vaisseau (*pl* **vaisseaux**) [vɛso] NM **a** (= *navire*) ship • **~ amiral** flagship • **~ spatial** spaceship **b** **~ sanguin** blood vessel

vaisselier [vɛsəlje] NM (= *meuble*) dresser

vaisselle [vɛsɛl] NF (= *plats*) crockery; (= *plats à laver*) dishes • **faire la ~** to do the dishes

val (*pl* **vals** *ou* **vaux**) [val, vo] NM valley

VAL [val] NM (ABR DE **véhicule automatique léger**) automated (driverless) train

valable [valabl] ADJ **a** (= *valide, acceptable*) valid • **« offre ~ jusqu'au 31 mai »** "offer valid until 31 May" • **ce n'est ~ que dans certains cas** it is only valid in certain cases **b** (= *de qualité*) [*solution*] worthwhile; [*concurrent*] worthy

valablement [valabləmɑ̃] ADV [*soutenir, comparer*] justifiably

valdinguer* [valdɛ̃ge] /TABLE 1/ VI **envoyer ~ qch** to send sth flying* • **j'ai bien envie de tout envoyer ~ !** I'd like to jack it all in!*

valet [valɛ] **1** NM **a** (= *domestique*) servant **b** (*Cartes*) jack • **~ de cœur** jack of hearts **2** COMP ▸ **valet de chambre** valet

valeur [valœʀ] **1** NF **a** (= *prix*) [*de devise, action*] value • **~ marchande** market value • **~ ajoutée** added value • **prendre/perdre de la ~** to go up/down in value • **estimer la ~ d'un terrain à 800 000 €** to value a piece of land at 800,000 euros • **un manuscrit d'une ~ inestimable** a priceless manuscript
b (*Bourse*) (= *titre*) security • **~s mobilières** securities • **~ sûre** gilt-edged security (*Brit*), blue-chip security; (*fig*) safe bet
c (= *qualité*) worth; [*de science, théorie*] value • **juger qn/qch à sa juste ~** to judge sb/sth at his/its true worth • **accorder** *ou* **attacher de la ~ à qch** to value sth
d (*Jeux, Math, Musique*) value • **la ~ affective/symbolique** the emotive/symbolic value • **en ~ absolue/relative, le prix des voitures a diminué** in absolute/relative terms the price of cars has gone down
e (*locutions*)
▸ **de valeur** [*bijou, meuble*] valuable • **objets de ~** valuables
▸ **en valeur** **mettre en ~** [+ *bien, patrimoine, terrain*] to develop; [+ *détail, caractéristique*] to highlight; [+ *yeux*] to set off; [+ *taille*] to emphasize; [+ *objet décoratif*] to show off to advantage; [+ *personne*] to show to advantage • **se mettre en ~** to show o.s. off to advantage • **mise en ~** [*de terrain, ressources*] development
2 NFPL **valeurs** (*morales, intellectuelles*) values • **système de ~s** value system • **nous n'avons pas les mêmes ~s** we don't share the same values

valeureux, -euse [valœʀø, øz] ADJ (*littér*) valiant, valorous (*littér*)

validation [validasjɔ̃] NF [*de passeport, billet*] validation; [*de document*] authentication; [*de décision*] ratification; [*de bulletin*] validation, stamping • **~ des acquis de l'expérience** accreditation for professional experience in lieu of formal qualifications

valide [valid] ADJ **a** [*personne*] (= *non blessé ou handicapé*) able-bodied; (= *en bonne santé*) fit **b** [*billet, carte d'identité*] valid

valider [valide] /TABLE 1/ VT [+ *passeport, billet*] to validate; [+ *document*] to authenticate; [+ *décision*] to ratify

validité [validite] NF validity • **quelle est la durée de ~ de votre passeport ?** how long is your passport valid for?

valise [valiz] NF (suit)case, bag • **faire sa ~** *ou* **ses ~s** to pack; (= *partir*) to pack one's bags • **la ~ (diplomatique)** the diplomatic bag

valisette [valizɛt] NF small case

vallée [vale] NF valley • **la ~ du Nil** the Nile valley

vallon [valɔ̃] NM small valley

vallonné, e [valɔne] ADJ undulating

valoche* [valɔʃ] NF case, bag

---

valoir [valwaʀ] /TABLE 29/

1 VERBE INTRANSITIF	**3** VERBE PRONOMINAL
2 VERBE TRANSITIF	

1 VERBE INTRANSITIF

a to be worth • **~ 1 000 €** to be worth 1,000 euros • **ça vaut combien ?** how much is it worth?; (*à un commerçant*) how much is it? • **~ cher** to be worth a lot • **500 € à ~ sur votre prochaine facture** 500 euros credit against your next bill • **ça vaut ce que ça vaut*** take this for what it's worth • **sa dernière pièce ne valait pas grand-chose** his last play wasn't particularly good • **cette marchandise ne vaut rien** this article is no good • **votre argument ne vaut rien** your argument is worthless • **ce climat ne vaut rien pour les rhumatismes** this climate is no good for rheumatism • **ça ne vaut pas un clou*** it's a dead loss* • **ça valait le déplacement** it was worth a visit
▸ **faire valoir** [+ *droit*] to assert; [+ *argument*] to put forward; [+ *caractéristique*] to highlight • **je lui fis ~ que ...** I pointed out to him that ...
▸ **valoir mieux** **tu vaux mieux que lui** you're better than him • **ils ne valent pas mieux l'un que l'autre** they're both as bad as each other • **dans ce cas, il vaut mieux refuser** *ou* **mieux vaut refuser** in that case, it's better to say no • **il vaudrait mieux que vous refusiez** you'd better say no • **ça vaut mieux comme ça** it's better that way • **avertis-le, ça vaut mieux** it would be better if you told him • **il vaut mieux le prévenir** we'd (*ou* you'd *etc*) better tell him
b (= *être valable*) to hold • **ceci ne vaut que dans certains cas** this only holds in certain cases • **la décision vaut pour tout le monde** the decision applies to everyone
c (= *équivaloir à*) **la campagne vaut bien la mer** the countryside is every bit as good as the seaside • **cette méthode en vaut une autre** it's as good a method as any • **rien ne vaut un bon bain chaud** there's nothing like a nice hot bath

2 VERBE TRANSITIF

~ qch à qn to earn sb sth • **ceci lui a valu des reproches** this earned him criticism • **qu'est-ce qui nous vaut l'honneur de cette visite ?** to what do we owe the honour of this visit? • **l'inaction ne lui vaut rien** it isn't good for him to remain inactive

V

3 VERBE PRONOMINAL
se valoir *(= être équivalent)* **ces deux candidats se valent** there's not much to choose between the two applicants • **ça se vaut*** it's all the same • **et pour le prix? — ça se vaut** and pricewise? — there's hardly any difference

valorisant, e [valɔʀizɑ̃, ɑ̃t] (ADJ) good for one's status • **tâches peu ~es** menial tasks
valorisation [valɔʀizasjɔ̃] (NF) ⓐ *[de région, terrain, patrimoine]* development; *[de produit, titre]* increase in value ⓑ *[de diplôme, compétences]* increased prestige; *[de profession]* improved status; *[de personne]* improved self-esteem ⓒ *[de déchets]* recovering
valoriser [valɔʀize] /TABLE 1/ 1 (VT) ⓐ *[+ région, patrimoine, capital]* to develop; *[+ produit, titre]* to increase the value of ⓑ *(= donner plus de prestige à)* *[+ personne]* to increase the standing of; *[+ profession]* to enhance the status of • **pour ~ l'image de l'entreprise** to enhance the image of the company ⓒ *[+ déchets]* to recover 2 (VPR) **se valoriser** *[immeuble, titres]* to increase in value
valse [vals] (NF) *(= danse, air)* waltz • **la ~ des étiquettes** constant price rises • **~-hésitation** pussyfooting* *NonC*
valser [valse] /TABLE 1/ (VI) ⓐ *(= danser)* to waltz ⓑ *(= faire tomber)** **envoyer ~ qch/qn** to send sth/sb flying
valve [valv] (NF) valve
vamp [vɑ̃p] (NF) vamp
vamper* [vɑ̃pe] /TABLE 1/ (VT) to vamp
vampire [vɑ̃piʀ] (NM) vampire
vampiriser [vɑ̃piʀize] /TABLE 1/ (VT) *(lit)* to suck the blood of; *(fig)* to suck the lifeblood out of
van [vɑ̃] (NM) *(= véhicule)* horsebox (Brit), horse trailer (US)
vandale [vɑ̃dal] (NMF) vandal
vandaliser [vɑ̃dalize] /TABLE 1/ (VT) to vandalize
vandalisme [vɑ̃dalism] (NM) vandalism • **acte de ~** act of vandalism
vanille [vanij] (NF) vanilla • **crème à la ~** vanilla cream
vanillé, e [vanije] (ADJ) *[sucre, thé]* vanilla
vanité [vanite] (NF) *(= fatuité)* vanity • **avoir la ~ de croire que ...** to be conceited enough to think that ... • **tirer ~ de** to pride o.s. on
vaniteux, -euse [vanitø, øz] 1 (ADJ) conceited 2 (NM,F) conceited person
vanne [van] (NF) ⓐ *[d'écluse]* lock gate; *[de barrage, digue]* floodgate; *[de canalisation]* gate ⓑ *(= remarque)** dig*
vanné, e* [vane] (ADJ) **je suis ~** I'm dead-beat*
vanner [vane] /TABLE 1/ (VT) ⓐ *(Agric)* to winnow ⓑ *(= fatiguer)** to do in*
vannerie [vanʀi] (NF) wickerwork
vantail *(pl* **-aux***)* [vɑ̃taj, o] (NM) *[de porte]* leaf; *[d'armoire]* door
vantard, e [vɑ̃taʀ, aʀd] 1 (ADJ) boastful 2 (NM,F) boaster
vantardise [vɑ̃taʀdiz] (NF) *(= caractère)* boastfulness
vanter [vɑ̃te] /TABLE 1/ 1 (VT) *[+ personne, qualité, méthode, avantage]* to praise • **~ les mérites de qch** to praise sth 2 (VPR) **se vanter** to boast • **se ~ de** to pride o.s. on • **se ~ d'avoir fait qch** to pride o.s. on having done sth • **il n'y a pas de quoi se ~** there's nothing to boast about
va-nu-pieds ○ [vanypje] (NMF INV) *(péj)* tramp, beggar
vapes‡ [vap] (NFPL) **tomber dans les ~** to pass out
vapeur [vapœʀ] 1 (NF) ⓐ **~ (d'eau)** steam • **à ~** *[machine]* steam • **(cuit à la) ~** steamed ⓑ *(= émanation)* vapour (Brit) *NonC*, vapor (US) *NonC* • **~s** *(nocives)* fumes 2 (NM) *(= bateau)* steamer
vaporeux, -euse [vapɔʀø, øz] (ADJ) *[tissu, robe]* diaphanous; *(littér)* *[lumière, atmosphère]* hazy
vaporisateur [vapɔʀizatœʀ] (NM) *(à parfum)* spray
vaporiser [vapɔʀize] /TABLE 1/ (VT) to spray
vapoter [vapɔte] /TABLE 1/ (VI) to vape
vapoteur, -euse [vapɔtœʀ, øz] (NM,F) vaper, e-cigarette smoker
vaquer [vake] /TABLE 1/ (VT INDIR) **~ à ses occupations** to go about one's business
varan [vaʀɑ̃] (NM) monitor lizard • **~ de Komodo** Komodo dragon
varappe [vaʀap] (NF) rock-climbing • **faire de la ~** to go rock-climbing
varapper [vaʀape] /TABLE 1/ (VI) to rock-climb
varappeur, -euse [vaʀapœʀ, øz] (NM,F) rock-climber
varech [vaʀɛk] (NM) kelp
vareuse [vaʀøz] (NF) *[de pêcheur, marin]* pea jacket
variabilité [vaʀjabilite] (NF) ⓐ *[de temps, humeur]* changeableness, variableness ⓑ *(Sciences)* variability
variable [vaʀjabl] 1 (ADJ) ⓐ *(= incertain)* *[temps, humeur]* changeable ⓑ *(= susceptible de changements)* variable ⓒ *(= varié)* *[résultats, réactions]* varied 2 (NF) variable
variante [vaʀjɑ̃t] (NF) variant
variation [vaʀjasjɔ̃] (NF) ⓐ *(= écart, changement)* variation (de in) • **les ~s de (la) température** variations in the temperature • **corrigé des ~s saisonnières** seasonally adjusted • **~s d'humeur** mood swings • **subir de fortes ~s** to fluctuate considerably ⓑ *(Mus)* variation
varice [vaʀis] (NF) varicose vein
varicelle [vaʀisɛl] (NF) chickenpox • **il a la ~** he has chickenpox
varicosité [vaʀikɔzite] (NF) varicosity
varié, e [vaʀje] *ptp de* **varier** (ADJ) ⓐ *(= diversifié)* varied • **un travail très ~** a very varied job ⓑ *(= divers)* *[résultats]* varied; *[produits, sujets, objets]* various • **hors-d'œuvre ~s** selection of hors d'œuvres • **on rencontre les opinions les plus ~es** you come across the most diverse opinions on the subject
varier [vaʀje] /TABLE 7/ 1 (VI) ⓐ *(= changer)* to vary • **pour ~ un peu** for a bit of a change • **elle n'a jamais varié sur ce point** she has never changed her opinion on that ⓑ *(= différer)* to vary • **les prix varient de 90 à 150 €** *ou* **entre 90 et 150 €** prices range between 90 and 150 euros • **les tarifs varient selon les pays** prices vary from country to country 2 (VT) to vary • **pour ~ les plaisirs** just for a change
variété [vaʀjete] 1 (NF) variety • **aimer la ~** to like variety 2 (NFPL) **variétés** *(Music hall)* variety show; *(Radio, TV = musique)* light music *NonC* • **émission/spectacle de ~s** variety programme/show
variole [vaʀjɔl] (NF) smallpox
variqueux, -euse [vaʀikø, øz] (ADJ) *[ulcère]* varicose
Varsovie [vaʀsɔvi] (N) Warsaw
vasculaire [vaskylɛʀ] (ADJ) vascular
vase[1] [vɑz] (NM) *(à fleurs, décoratif)* vase • **en ~ clos** *[vivre, croître]* cut off from the world ▸ **vases communicants** communicating vessels
vase[2] [vɑz] (NF) *(= boue)* mud
vaseux, -euse [vɑzø, øz] (ADJ) ⓐ *(= boueux)* muddy ⓑ *(= fatigué)** in a daze ⓒ *(= confus)* *[raisonnement]** woolly; *(= médiocre)* *[astuce, plaisanterie]** pathetic*

vasière [vɑzjɛʀ] (NF) (= *fonds vaseux*) (tidal) mud flats
vasistas [vazistɑs] (NM) [*de fenêtre*] fanlight
vasouillard, e* [vazujaʀ, aʀd] (ADJ) [*personne*] in a daze; [*raisonnement*] woolly, muddled; [*explication*] muddled
vasque [vask] (NF) (= *bassin, lavabo*) basin; (= *coupe*) bowl
vassal, e (*mpl* **-aux**) [vasal, o] (NM,F) (*Hist, fig*) vassal
vaste [vast] (ADJ) [*culture*] immense; [*domaine, sujet, problème*] wide-ranging
va-t-en-guerre [vatɑ̃gɛʀ] (NM INV) warmonger
Vatican [vatikɑ̃] (NM) **le ~** the Vatican
va-tout○ [vatu] (NM INV) **jouer son ~** to risk one's all
vaudeville [vod(ə)vil] (NM) vaudeville • **ça tourne au ~** it's turning into a farce
vaudou [vodu] **1** (NM) **le (culte du) ~** voodoo **2** (ADJ INV) voodoo *épith*
vaudra [vɔdʀa] (VB) → **valoir**
vau-l'eau [volo] **à vau-l'eau** (LOC ADV) **aller** *ou* **s'en aller à ~** to be on the road to ruin
vaurien, -ienne [voʀjɛ̃, jɛn] (NM,F) (= *garnement*) little devil* • **petit ~!** little devil!*
vaut [vo] (VB) → **valoir**
vautour [votuʀ] (NM) vulture
vautrer (se) [votʀe] /TABLE 1/ (VPR) ⓐ (= *se rouler*) to wallow (**dans** in) ⓑ (= *s'avachir*) **se vautrer dans un fauteuil** to slouch in an armchair • **se vautrer sur** [+ *tapis, canapé*] to sprawl on • **vautré dans l'herbe** sprawling in the grass
vaux [vo] (NMPL) → **val**
va-vite [vavit] **à la va-vite*** (LOC ADV) in a rush
VDQS (ABR DE **vin délimité de qualité supérieure**) VDQS (*label guaranteeing quality and origin of wine*)
veau (*pl* **veaux**) [vo] (NM) ⓐ (= *animal*) calf • **~ de lait** suckling calf ⓑ (= *viande*) veal • **escalope/côte de ~** veal escalope/chop • **foie de ~** calf's liver ⓒ (= *cuir*) calfskin
vecteur [vɛktœʀ] (NM) (*Math*) vector; (*fig*) vehicle
vécu, e [veky] *ptp de* **vivre** **1** (ADJ) [*histoire, aventure*] real-life; [*temps*] lived • **un échec mal ~** a failure that is hard to come to terms with **2** (NM) **le ~** real life
vedettariat [vədetaʀja] (NM) (= *état*) stardom
vedette [vədɛt] (NF) ⓐ (= *artiste, personnage en vue*) star • **les ~s de l'écran/du cinéma** screen/film stars • **présentateur ~** star presenter • **produit-~** flagship product ⓑ (= *première place*) **avoir la ~** to have star billing • **mettre qn en ~** to put the spotlight on sb • **ravir la ~ à qn** to steal the show from sb • **jouer les ~s*** to act like a star ⓒ (= *embarcation*) launch; (*Mil*) patrol boat
vedettisation [vədɛtizasjɔ̃] (NF) **la ~ de qn** pushing sb into the limelight
védisme [vedism] (NM) Vedaism
végane [vegan] (ADJ, NMF) vegan
véganisme [veganism] (NM) veganism
végétal, e (*mpl* **-aux**) [veʒetal, o] **1** (ADJ) [*graisses, teintures, huiles*] vegetable; [*biologie, fibres, cellules*] plant **2** (NM) vegetable
végétalien, -ienne [veʒetaljɛ̃, jɛn] (ADJ, NM,F) vegan
végétalisé, e [veʒetalize] (ADJ) **toit /mur ~** green roof/wall, planted roof/wall
végétaliser [veʒetalize] /TABLE 1/ (VT) ⓐ [+ *dune, décharge, terril*] to replant ⓑ (= *recouvrir de végétaux*) to plant
végétalisme [veʒetalism] (NM) veganism
végétarien, -ienne [veʒetaʀjɛ̃, jɛn] (ADJ, NM,F) vegetarian
végétarisme [veʒetaʀism] (NM) vegetarianism

végétatif, -ive [veʒetatif, iv] (ADJ) vegetative
végétation [veʒetasjɔ̃] (NF) ⓐ (= *plantes*) vegetation ⓑ **~s (adénoïdes)** adenoids
végéter [veʒete] /TABLE 6/ (VI) ⓐ (*péj*) [*personne*] to vegetate; [*affaire*] to stagnate ⓑ [*plante*] to grow poorly
véhémence [veemɑ̃s] (NF) (*littér*) vehemence • **avec ~** [*protester, refuser, dénoncer*] vehemently
véhément, e [veemɑ̃, ɑ̃t] (ADJ) (*littér*) vehement • **d'un ton ~** vehemently
véhiculaire [veikylɛʀ] (ADJ) **langue ~** common language
véhicule [veikyl] (NM) vehicle • **~ automobile/utilitaire/industriel** motor/commercial/industrial vehicle
véhiculer [veikyle] /TABLE 1/ (VT) to convey
veille [vɛj] (NF) ⓐ (= *état*) wakefulness • **nuit de ~** (*sans dormir*) sleepless night • **en ~** [*machine, ordinateur*] in sleep mode ⓑ (= *garde*) night watch ⓒ (= *jour précédent*) **la ~** the day before • **la ~ au soir** the previous evening • **la ~ de l'examen** the day before the exam • **la ~ de Noël** Christmas Eve • **la ~ de sa mort** on the day before his death • **à la ~ de** [+ *guerre, révolution*] on the eve of
veillée [veje] (NF) ⓐ (= *période*) evening (*spent in company*); (= *réunion*) evening meeting ⓑ [*de malade*] vigil • **~ funèbre** wake
veiller [veje] /TABLE 1/ **1** (VI) ⓐ (= *ne pas se coucher*) to stay up • **~ tard** to stay up late
ⓑ (= *rester vigilant*) to be watchful
▸ **veiller sur** to watch over
2 (VT) [+ *mort, malade*] to sit up with
3 (VT INDIR) **~ à** [+ *intérêts, approvisionnement*] to look after • **~ à ce que ...** to see to it that ...
veilleur [vɛjœʀ] (NM) **~ (de nuit)** (night) watchman
veilleuse [vɛjøz] (NF) (= *lampe*) night light; [*de voiture*] sidelight • **se mettre en ~s** to put one's sidelights on
veinard, e* [vɛnaʀ, aʀd] (NM,F) lucky devil*
veine [vɛn] (NF) ⓐ (= *vaisseau*) vein ⓑ [*de houille*] seam; [*de minerai*] vein ⓒ (= *inspiration*) inspiration • **de la même ~** in the same vein • **être en ~** to be inspired ⓓ (= *chance*)* luck • **c'est une ~** that's a bit of luck • **avoir de la ~** to be lucky • **il n'a pas de ~** (*dans la vie*) he has no luck; (*aujourd'hui*) he's out of luck
veiné, e [vene] *ptp de* **veiner** (ADJ) ⓐ [*bras, peau*] veiny ⓑ [*bois*] grained; [*marbre*] veined • **marbre ~ de vert** green-veined marble
veineux, -euse [vɛnø, øz] (ADJ) **système ~** veins • **par voie veineuse** intravenously
veinule [venyl] (NF) (= *vaisseau*) veinlet
Velcro® [vɛlkʀo] (NM) Velcro® • **bande ~** Velcro strip
vêler [vele] /TABLE 1/ (VI) to calve
vélin [velɛ̃] (NM) vellum
véliplanchiste [veliplɑ̃ʃist] (NMF) windsurfer
velléitaire [veleitɛʀ] **1** (ADJ) irresolute **2** (NMF) waverer
velléité [veleite] (NF) vague desire
vélo [velo] (NM) bike, cycle • **être à** *ou* **en ~** to be on a bike • **venir à** *ou* **en ~** to come by bike • **je fais beaucoup de ~** I cycle a lot • **~ d'appartement** exercise bike • **~ de course** racing bike • **~ (à assistance) électrique** electric bike • **~ tout-terrain** mountain bike • **~s en libre-service** (= *service*) bike-sharing
véloce [velɔs] (ADJ) (*littér*) swift, fleet (*littér*)
vélociste [velɔsist] (NM) bike shop, cycle shop
vélocité [velɔsite] (NF) swiftness; (*Tech*) velocity
vélodrome [velodʀom] (NM) velodrome

V

vélomoteur [velɔmɔtœʀ] (NM) moped
vélomotoriste [velɔmɔtɔʀist] (NMF) moped rider
vélo-taxi (*pl* **vélos-taxis**) [velotaksi] (NM) pedicab
velours [v(ə)luʀ] (NM) velvet • **il joue sur du ~** he's sitting pretty* • **yeux de ~** velvet eyes • **peau de ~** velvety skin ▸ **velours côtelé** cord, corduroy ▸ **velours dévoré** burnout velvet
velouté, e [vəlute] **1** (ADJ) [*vin*] smooth **2** (NM) (= *potage*) velouté • **~ de tomates/d'asperges** cream of tomato/asparagus soup
velu, e [vəly] (ADJ) hairy
Vélux® [velyks] (NM) Velux window
venaison [vənɛzɔ̃] (NF) game; (= *chevreuil*) venison
vénal, e (*mpl* **-aux**) [venal, o] (ADJ) venal
vendable [vɑ̃dabl] (ADJ) marketable
vendanger [vɑ̃dɑ̃ʒe] /TABLE 3/ **1** (VT) [+ *vigne*] to pick grapes from **2** (VI) (= *faire les vendanges*) to pick the grapes
vendanges [vɑ̃dɑ̃ʒ] (NFPL) (= *récolte*) grape picking; (= *période*) grape harvest • **pendant les ~** during the grape harvest • **faire les ~** to pick the grapes
vendangeur, -euse [vɑ̃dɑ̃ʒœʀ, øz] **1** (NM,F) grape-picker **2** (NF) **vendangeuse** (= *machine*) grape harvester
vendéen, -enne [vɑ̃deɛ̃, ɛn] **1** (ADJ) of *ou* from the Vendée **2** (NM,F) **Vendéen(ne)** inhabitant *ou* native of the Vendée
vendetta [vɑ̃deta] (NF) vendetta
vendeur, -euse [vɑ̃dœʀ, øz] **1** (NM) **a** (*dans un magasin*) shop assistant (*Brit*), sales clerk (*US*); (*dans un grand magasin*) sales assistant • **~ de journaux** newspaper seller **b** (*Droit*) vendor; (*Écon*) seller • **je ne suis pas ~** I'm not selling **2** (NF) **vendeuse** (*dans un magasin*) shop assistant (*Brit*), sales clerk (*US*); (*dans un grand magasin*) sales assistant
vendre [vɑ̃dʀ] /TABLE 41/ **1** (VT) to sell (**à** to) • **~ qch à qn** to sell sb sth • **~ au détail** to sell retail • **~ au poids** to sell by weight • **~ au mètre/au kilo** to sell by the metre/by the kilo • **«(maison/terrain) à ~»** "(house/land) for sale" • **~ son âme** to sell one's soul • **~ la peau de l'ours (avant de l'avoir tué)** to count one's chickens (before they are hatched)
2 (VPR) **se vendre** [*marchandise*] to be sold • **se ~ à la pièce** to be sold singly • **se ~ à la douzaine** to be sold by the dozen • **ça se vend bien** it sells well • **ses romans se vendent comme des petits pains** his novels are selling like hot cakes
vendredi [vɑ̃dʀədi] (NM) Friday → **samedi**

> ✎ Les noms de jours s'écrivent avec une majuscule en anglais.

vendu, e [vɑ̃dy] *ptp de* **vendre** **1** (ADJ) (= *corrompu*) corrupt **2** (NM) (= *traître*) Judas
vénéneux, -euse [venenø, øz] (ADJ) poisonous
vénérable [veneʀabl] (ADJ) venerable • **d'un âge ~** venerable
vénération [veneʀasjɔ̃] (NF) veneration • **avoir de la ~ pour qn** to revere sb
vénère‡ [venɛʀ] (ADJ) **j'étais ~!** I was so pissed off!‡
vénérer [veneʀe] /TABLE 6/ (VT) to venerate
vénerie○ [vɛnʀi] (NF) hunting
vénérien, -ienne [veneʀjɛ̃, jɛn] (ADJ) venereal
Venezuela [venezɥela] (NM) Venezuela
vénézuélien, -ienne [venezɥeljɛ̃, jɛn] **1** (ADJ) Venezuelan **2** (NM,F) **Vénézuélien(ne)** Venezuelan
vengeance [vɑ̃ʒɑ̃s] (NF) revenge • **soif de ~** thirst for revenge • **désir de ~** desire for revenge • **exercer sa ~ sur** to take revenge on • **crier ~** to cry out for revenge • **agir par ~** to act out of revenge
venger [vɑ̃ʒe] /TABLE 3/ **1** (VT) to avenge (**de** for) **2** (VPR) **se venger** to take one's revenge (**de** for) • **venge-toi!** get your own back! • **je me vengerai** I shall take my revenge
vengeur, -geresse [vɑ̃ʒœʀ, ʒ(ə)ʀɛs] (ADJ) [*personne, geste, lettre*] vengeful
véniel, -elle [venjɛl] (ADJ) [*faute, oubli*] excusable
venimeux, -euse [vənimø, øz] (ADJ) venomous
venin [vənɛ̃] (NM) venom • **cracher son ~** (*fig*) to spit out one's venom

---

venir [v(ə)niʀ] /TABLE 22/

1 VERBE INTRANSITIF	**3** VERBE IMPERSONNEL
2 VERBE AUXILIAIRE	

> ➢ **venir** is conjugated with **être**.

1 VERBE INTRANSITIF
a to come • **je viens!** I'm coming! • **je viens dans un instant** I'll be there in a moment • **comment est-il venu? — en voiture** how did he get here? — by car • **le voisin est venu** the man from next door came round • **il vient chez nous tous les jeudis** he comes round to our house every Thursday • **il est venu vers moi** he came up to me
▸ **faire venir** [+ *médecin, plombier*] to call • **tu nous as fait ~ pour rien** you got us to come for nothing • **il fait ~ son vin de Provence** he has his wine sent from Provence
▸ **venir (jusqu')à** (= *atteindre*) (*vers le haut*) to come up to; (*vers le bas*) to come down to; (*en longueur, en superficie*) to reach • **l'eau nous venait aux genoux** the water came up to our knees
▸ **venir de** to come from • **ils viennent de Paris** (*en voyage*) they're coming from Paris; (*origine*) they are from Paris • **d'où vient que ...?** how is it that ...? • **d'où vient cette hâte soudaine?** why the hurry all of a sudden? • **ça vient de ce que ...** it comes from the fact that ...
b (= *arriver, survenir*) to come • **la nuit vient vite** night comes fast • **cela vient à point** this has come just at the right moment • **les idées ne viennent pas** I'm short of ideas • **une idée m'est venue** I had an idea • **l'idée lui est venue de téléphoner** he thought of phoning • **il ne sait pas encore nager, mais ça va ~** he can't swim yet, but it'll come • **ça vient?** come on! • **alors ce dossier, ça vient?** so when's that file going to be ready? • **et ma bière? — ça vient!** where's my beer? — it's coming!
c (*dans le temps, dans une série*) to come • **ça vient après** it comes after • **le moment viendra où ...** the time will come when ... • **le moment est venu d'agir** the time has come to act • **la semaine qui vient** the coming week • **samedi qui vient** this Saturday
▸ **à venir** **les années à ~** the years to come • **nous le saurons dans les jours à ~** we'll know in the next few days
d (= *pousser*) **cette plante vient bien dans un sol argileux** this plant does well in a clayey soil

e (*locutions*)
▸ **en venir à** **j'en viens maintenant à votre question** I shall now come to your question • **venons-en au fait** let's get to the point • **en ~ aux mains** to come to blows • **où voulez-vous en ~?** what are you getting at? • **j'en viens à me demander si ...** I'm beginning to wonder if ... • **il en est venu à haïr ses parents** he has got to the stage where he hates his parents • **comment les choses en sont-elles venues là?** how did things come to this?
▸ **y venir** **il faudra bien qu'il y vienne** he'll just have to get used to it • **et le budget? — j'y viens** and the budget? — I'm coming to that

2 VERBE AUXILIAIRE

je suis venu travailler I have come to work • **il va ~ la voir** he's going to come to see her • **viens voir!** come and see! • **viens m'aider** come and help me • **après cela ne viens pas te plaindre!** and don't come complaining afterwards!
▸ **venir de** + *infinitif* to have just • **il vient d'arriver** he has just arrived • **elle venait de m'appeler** she had just called me
▸ **venir à** + *infinitif* **s'il venait à mourir** if he were to die • **s'il venait à passer par là** if he should happen to go that way

3 VERBE IMPERSONNEL

il vient beaucoup d'enfants there are a lot of children coming • **il ne lui viendrait pas à l'idée que j'ai besoin d'aide** it wouldn't occur to him that I might need help • **il m'est venu un doute** I had a doubt • **il vient un moment où ...** the time comes when ... • **s'il vient à pleuvoir** if it should rain

---

Venise [vəniz] (N) Venice

vénitien, -ienne [venisjɛ̃, jɛn] 1 (ADJ) Venetian
2 (NM,F) **Vénitien(ne)** Venetian

vent [vɑ̃] (NM) a wind • **~ du nord/d'ouest** North/West wind • **le ~ du large** the sea breeze • **il y a** *ou* **il fait du ~** it's windy • **le ~ tourne** the wind is turning • **coup de ~** (*en mer*) gale • **un coup de ~ a fait s'envoler son chapeau** her hat was blown off • **entrer en coup de ~** to burst in • **elle courait cheveux au ~** she was running along with her hair streaming in the wind • **être en plein ~** to be exposed to the wind
b (= *tendance*) **un ~ de panique** a wave of panic
c (= *gaz intestinal*) **lâcher un ~** to break wind
d (*Naut*) **sous le ~ (de)** to leeward (of) • **~ arrière** rear wind • **~ debout** *ou* **contraire** headwind • **avoir le ~ debout** to head into the wind • **il a le ~ en poupe** (*fig*) he has the wind in his sails
e (*locutions*) **être dans le ~*** to be trendy • **c'est du ~*** it's just hot air* • **avoir ~ de** to get wind of • **quel bon ~ vous amène?** what brings you here? • **elle l'a fait contre ~s et marées** she did it against all the odds • **être ~ debout contre qch** to be vehemently opposed to sth

vente [vɑ̃t] 1 (NF) sale • **la ~ de cet article est interdite** the sale of this article is forbidden • **bureau de ~** sales office • **avoir l'expérience de la ~** to have sales experience • **directeur/service des ~s** sales director/department • **~ (aux enchères)** auction
▸ **en vente** **en ~ dès demain** on sale from tomorrow • **en ~ chez votre libraire** on sale at your local bookshop • **être en ~ libre** to be freely available • **mettre en ~** [+ *produit*] to put on sale; [+ *maison, objet personnel*] to put up for sale
2 (COMP) ▸ **vente par adjudication** sale by auction ▸ **vente ambulante** (*dans un train*) trolley service ▸ **vente de charité** jumble sale ▸ **vente par correspondance** mail-order selling ▸ **vente à domicile** door-to-door selling ▸ **vente publique** public sale

venté, e [vɑ̃te] *ptp de* **venter** (ADJ) windswept

venter [vɑ̃te] /TABLE 1/ (VB IMPERS) (*littér*) **il vente** the wind is blowing

venteux, -euse [vɑ̃tø, øz] (ADJ) windy

ventilateur [vɑ̃tilatœʀ] (NM) fan • **~ électrique** electric fan

ventilation [vɑ̃tilasjɔ̃] (NF) a (= *aération*) ventilation
b [*de sommes*] breaking down • **voici la ~ des ventes pour cette année-là** here is the breakdown of sales for that year

ventiler [vɑ̃tile] /TABLE 1/ (VT) a (= *aérer*) to ventilate • **pièce bien/mal ventilée** well/poorly ventilated room
b (= *décomposer*) [+ *total, somme*] to break down; (= *répartir*) [+ *personnes*] to divide up (into different groups) • **les noms sont ventilés dans différentes colonnes** the names are put into different columns

ventouse [vɑ̃tuz] (NF) a (*pour déboucher*) plunger; (*pour faire adhérer*) suction pad (*Brit*) *ou* disk (*US*) • **faire ~** to adhere • **porte-savon à ~** self-adhering soap holder
b [*d'animal*] sucker

ventre [vɑ̃tʀ] (NM) a (= *abdomen, estomac*) stomach • **dormir sur le ~** to sleep on one's stomach • **avoir du ~** to have a bit of a tummy* • **prendre du ~** to be getting a bit of a tummy* • **se coucher le ~ vide** *ou* **creux** to go to bed on an empty stomach • **avoir le ~ plein*** to be full • **avoir mal au ~** to have stomach ache
b (= *utérus*) womb • **quand tu étais dans le ~ de ta mère** when you were in mummy's tummy*
c [*d'animal*] belly
d (*locutions*) **courir ~ à terre** to go flat out* • **il n'a rien dans le ~** (= *lâche*) he has no guts* • **j'aimerais bien savoir ce qu'il a dans le ~** (*ce qu'il pense*) I'd like to know what's going on in his mind; (*quelles sont ses qualités*) I'd like to see what he's made of

ventricule [vɑ̃tʀikyl] (NM) ventricle

ventriloque [vɑ̃tʀilɔk] (NMF) ventriloquist

ventripotent, e [vɑ̃tʀipɔtɑ̃, ɑ̃t] (ADJ) potbellied

ventru, e [vɑ̃tʀy] (ADJ) [*personne*] potbellied; [*pot, commode*] bulbous

venu, e[1] [v(ə)ny] *ptp de* **venir** (ADJ) a (= *fondé, placé*) **être mal ~ de faire qch** to be in no position to do sth • **elle serait mal ~e de se plaindre** she is in no position to complain
b **bien ~** (= *à propos*) [*événement, question, remarque*] timely • **mal ~** (= *inopportun*) [*événement, question*] untimely • **sa remarque était plutôt mal ~e** his remark was rather uncalled-for
c (= *arrivé*) **le premier ~** the first to come • **le dernier ~** the last to come • **ce n'est pas le premier ~** he isn't just anybody • **elle n'épousera pas le premier ~** she won't marry the first man that comes along

venue[2] [v(ə)ny] (NF) a [*de personne*] arrival • **à l'occasion de la ~ de la reine** (*dans le passé*) when the queen visited; (*dans le futur*) when the queen visits • **il a annoncé sa ~** he announced that he was coming b (*littér*) (= *avènement*) coming • **la ~ du printemps** the coming of spring

Vénus [venys] (NF) Venus

vépéciste [vepesist] (NM) (= *entreprise*) mail-order firm

V

vêpres [vɛpʀ] (NFPL) vespers

ver [vɛʀ] (NM) worm; [*de viande, fruits, fromage*] maggot; [*de bois*] woodworm *NonC* • **le ~ est dans le fruit** (*fig*) the rot has already set in • **tirer les ~s du nez à qn*** to worm information out of sb ▸ **ver luisant** glow-worm ▸ **ver à soie** silkworm ▸ **ver solitaire** tapeworm ▸ **ver de terre** earthworm ▸ **ver de vase** bloodworm

véracité [veʀasite] (NF) truthfulness

véranda [veʀɑ̃da] (NF) veranda

verbal, e (*mpl* **-aux**) [vɛʀbal, o] (ADJ) verbal

verbalement [vɛʀbalmɑ̃] (ADV) verbally

verbaliser [vɛʀbalize] /TABLE 1/ (VI) **a** (*Police*) **l'agent a dû ~** the officer had to report him (*ou* me *etc*) **b** (= *exprimer*) to verbalize

verbe [vɛʀb] (NM) **a** verb • **~ transitif/intransitif** transitive/intransitive verb • **~ pronominal** reflexive verb **b** (*Rel*) **le Verbe** the Word

verbeux, -euse [vɛʀbø, øz] (ADJ) verbose

verbiage [vɛʀbjaʒ] (NM) verbiage

verdâtre [vɛʀdɑtʀ] (ADJ) greenish

verdict [vɛʀdik(t)] (NM) verdict • **rendre un ~** to return a verdict • **le ~ est tombé** the verdict was announced

verdir [vɛʀdiʀ] /TABLE 2/ (VI) [*arbres*] to turn green; [*personne*] to turn pale

verdoyant, e [vɛʀdwajɑ̃, ɑ̃t] (ADJ) green

verdure [vɛʀdyʀ] (NF) **a** (= *végétation*) greenery *NonC* **b** (= *salade*) lettuce; (= *légumes verts*) green vegetables

véreux, -euse [veʀø, øz] (ADJ) **a** [*fruit*] worm-eaten **b** [*policier, financier*] corrupt; [*affaire*] shady*

verge [vɛʀʒ] (NF) (= *pénis*) penis

verger [vɛʀʒe] (NM) orchard

vergeture [vɛʀʒətyʀ] (NF) stretch mark

verglacé, e [vɛʀglase] (ADJ) icy

verglas [vɛʀglɑ] (NM) black ice • **plaque de ~** patch of black ice

vergogne [vɛʀgɔɲ] **sans vergogne** (LOC ADV) [*parler, agir*] shamelessly

vergue [vɛʀg] (NF) (*Naut*) yard

véridique [veʀidik] (ADJ) truthful

vérifiable [veʀifjabl] (ADJ) verifiable • **c'est aisément ~** it can easily be checked

vérificateur, -trice [veʀifikatœʀ, tʀis] **1** (NM,F) controller **2** (NM) **~ orthographique** spellchecker

vérification [veʀifikasjɔ̃] (NF) (= *contrôle*) checking; [*de comptes*] auditing • **procéder à des ~s** • **effectuer des ~s** to carry out checks • **après ~, il se trouve que ...** on checking, we find that ... • **~ d'identité** (*Police*) identity check • **~ des pouvoirs** (*lors d'une assemblée générale*) check on proxies given to shareholders

vérifier [veʀifje] /TABLE 7/ **1** (VT) **a** (= *contrôler*) to check; [*+ comptes*] to audit • **vérifie que la porte est bien fermée** check that the door's properly closed • **~ le niveau d'huile** to check the oil **b** (= *confirmer, prouver*) [*+ soupçons, hypothèse, théorie*] to confirm • **cet accident a vérifié mes craintes** this accident has confirmed my fears **2** (VPR) **se vérifier** [*craintes*] to be confirmed; [*théorie*] to be borne out • **l'adage s'est encore vérifié** the old saying has once again proved true

vérin [veʀɛ̃] (NM) jack

véritable [veʀitabl] (ADJ) real; [*identité, raisons*] true • **sous son ~ jour** in his true light • **ça n'a pas de ~ fondement** it has no real foundation • **c'est une ~ révolution!** it's a real revolution!

véritablement [veʀitabləmɑ̃] (ADV) really • **il l'a ~ fait** he actually did it • **il l'a ~ rencontré** he actually met him • **c'est ~ délicieux** (*intensif*) it's absolutely delicious

vérité [veʀite] (NF) **a la ~** (= *connaissance du vrai*) truth; (= *conformité aux faits*) the truth • **c'est l'entière ~** it's the whole truth • **dire la ~** to tell the truth • **la ~ dépasse souvent la fiction** truth is often stranger than fiction • **la ~, c'est que je n'en sais rien** the truth of the matter is that I know nothing about it • **l'heure de ~** the moment of truth • **la minute de ~** the moment of truth ▸ **en vérité** (= *en fait*) in fact
b (= *fait vrai, évidence*) truth • **~s éternelles/premières** eternal/first truths
c (= *sincérité, authenticité*) sincerity • **un accent de ~** a note of sincerity

verlan [vɛʀlɑ̃] (NM) back slang

> **VERLAN**
> **Verlan** is a kind of back slang first popularized in the 1950s. It consists of inverting the syllables of words, and often then truncating the result to make a new word. The slang words "meuf", "keuf", "keum" and "beur" are **verlan** renderings of the words "femme", "flic", "mec" and "Arabe". The expression "laisse béton" (forget it) is **verlan** for "laisse tomber", and the word **verlan** itself comes from the expression "à l'envers" (back to front). **Verlan** has enjoyed new mainstream popularity since the 1980s as it is frequently used in French rap and hip-hop, with many musicians coming from the Paris "banlieues" where **verlan** is commonly used. → BANLIEUE

vermeil, -eille [vɛʀmɛj] **1** (ADJ) [*teint*] rosy **2** (NM) (= *métal*) vermeil • **cuiller/médaille de ~** silver-gilt spoon/medal

vermicelle [vɛʀmisɛl] (NM) **~(s)** (= *pâtes*) vermicelli, angel hair pasta (US) • **potage au ~** vermicelli soup • **~ chinois** fine rice noodles

vermifuge [vɛʀmifyʒ] **1** (ADJ) (de-)worming **2** (NM) (de-)worming treatment

vermillon [vɛʀmijɔ̃] (ADJ INV, NM) **(rouge) ~** vermilion

vermine [vɛʀmin] (NF) **a** (= *parasites*) vermin *NonC* **b** (*littér*) (= *racaille*) vermin

vermoulu, e [vɛʀmuly] (ADJ) [*bois*] full of woodworm

verni, e [vɛʀni] *ptp de* **vernir** (ADJ) **a** [*bois*] varnished • **souliers ~s** patent shoes • **poterie ~e** glazed earthenware **b** (= *chanceux*)* lucky

vernir [vɛʀniʀ] /TABLE 2/ (VT) [*+ bois, tableau, cuir*] to varnish; [*+ poterie*] to glaze; [*+ ongles*] to put nail varnish on

vernis [vɛʀni] (NM) **a** [*de bois, tableau, mur*] varnish; [*de poterie*] glaze • **~ (à ongles)** nail varnish **b** (= *éclat*) shine **c** (*fig*) veneer (*fig*) • **un ~ de culture** a veneer of culture

vernissage [vɛʀnisaʒ] (NM) **a** (= *action*) varnishing **b** (= *exposition*) private view

vernisser [vɛʀnise] /TABLE 1/ (VT) to glaze

vérolé, e‡ [veʀɔle] (ADJ) **a** (= *atteint de syphilis*) pox-ridden **b** [*contrat*] poxy‡, lousy‡; [*fichier, programme*] infected by a virus

verra [veʀa] (VB) → **voir**

verre [vɛʀ] **1** (NM) **a** (= *substance*) glass • **cela se casse comme du ~** it's as brittle as glass
b (= *objet*) [*de vitre, cadre*] glass; [*de lunettes*] lens • **mettre qch sous ~** to put sth under glass

c (= *récipient*) glass • **ajouter un ~ de lait** (*recette*) ≈ add one cup of milk
d (= *boisson*) drink • **boire** *ou* **prendre un ~** to have a drink • **payer un ~ à qn** to buy sb a drink • **lever son ~** to raise one's glass • **boire le ~ de l'amitié** to drink a toast to friendship • **il a un ~ dans le nez*** he's had one too many*
2 COMP ▸ **verres de contact** contact lenses ▸ **verres de contact durs** hard contact lenses ▸ **verres de contact souples** soft contact lenses ▸ **verres correcteurs** corrective lenses ▸ **verre à dents** tooth mug ▸ **verre dépoli** frosted glass ▸ **verre feuilleté** laminated glass ▸ **verres fumés** [*de lunettes*] tinted lenses ▸ **verre gradué, verre mesureur** measuring glass ▸ **verre à pied** stemmed glass ▸ **verres progressifs** multifocal lenses ▸ **verre à vin** wineglass ▸ **verre à vitre** window glass ▸ **verre à whisky** whisky glass

verrerie [vɛʀʀi] NF (= *usine*) glass factory; (= *commerce*) glass industry

verrier [vɛʀje] NM (= *ouvrier*) glassworker

verrière [vɛʀjɛʀ] NF a (= *fenêtre*) window b (= *toit vitré*) glass roof c (= *paroi vitrée*) glass wall

verrine [veʀin] NF verrine (*small glass filled with food*)

verroterie [vɛʀɔtʀi] NF **(bijoux en) ~** glass jewellery (*Brit*) *ou* jewelry (*US*)

verrou [veʀu] NM [*de porte*] bolt • **as-tu mis le ~ ?** have you bolted the door? • **être sous les ~s** to be behind bars

verrouillage [veʀujaʒ] NM locking • **~ centralisé** [*de voiture*] central locking

verrouiller [veʀuje] /TABLE 1/ VT to lock • **la police a verrouillé le quartier** the police cordoned off the area

verrue [veʀy] NF wart; (*fig*) eyesore • **~ plantaire** verruca

vers[1] [vɛʀ] PRÉP a (*direction*) towards, to • **en allant ~ Aix** on the way to Aix • **en allant ~ la gare** on the way to the station • **la foule se dirigeait ~ la plage** the crowd was heading towards the beach • **« ~ la plage »** "to the beach" • **c'est un pas ~ la paix** it's a step towards peace • **traduire ~ le français/l'espagnol** to translate into French/Spanish
b (= *aux environs de*) around • **c'est ~ Aix que nous avons eu une panne** it was somewhere near Aix that we broke down • **~ 2 000 mètres l'air est frais** at about 2,000 metres the air is cool
c (*temps*) (*approximation*) about, around • **~ quelle heure doit-il venir ?** around *ou* about what time is he due? • **il est arrivé ~ 6 heures** he arrived (at) about *ou* around 6 o'clock • **~ la fin de la soirée** towards the end of the evening • **~ la fin de l'année** towards the end of the year • **~ 1900** towards 1900 • **~ le début du siècle** towards the turn of the century

vers[2] [vɛʀ] NM a (= *ligne*) line • **au 3e ~** in line 3 • **réciter quelques ~** to recite a few lines of poetry b (*pl*) (= *poésie*) verse *NonC* • **~ libres** free verse • **faire des ~** to write verse

versant [vɛʀsɑ̃] NM [*de vallée, toit*] side; [*de massif*] slopes • **le ~ nord de ce massif** the northern slopes of this range • **le ~ français de ce massif** the French slopes of this range

versatile [vɛʀsatil] ADJ changeable

verse [vɛʀs] NF **il pleut à ~** it's pouring

versé, e [vɛʀse] *ptp de* **verser** ADJ (= *savant, expérimenté*) **~ dans l'histoire ancienne** well-versed in ancient history • **peu ~ dans l'histoire ancienne** not well versed in ancient history

Verseau [vɛʀso] NM **le ~** Aquarius • **il est ~** he's Aquarius

versement [vɛʀsəmɑ̃] NM payment; (*échelonné*) instalment, installment (*US*) • **par ~s échelonnés** in instalments • **je veux faire un ~ sur mon compte** I want to put some money into my account • **~ en espèces** cash deposit

verser [vɛʀse] /TABLE 1/ 1 VT a [+ *liquide, grains*] to pour (**dans** into, **sur** onto); (= *servir*) [+ *thé, café, vin*] to pour (**dans** into) • **~ le café dans les tasses** to pour the coffee into the cups • **veux-tu ~ à boire s'il te plaît ?** will you pour the drinks please?
b (= *répandre*) [+ *larmes, sang*] to shed; (= *déverser*) to pour out (**sur** onto) • **sans ~ une goutte de sang** without shedding a drop of blood
c (= *payer*) to pay • **~ des arrhes** to put down a deposit • **~ une rente à qn** to pay sb a pension
d (= *classer*) **~ une pièce à un dossier** to add an item to a file
2 VI (= *basculer*) [*véhicule*] to overturn • **~ dans** [+ *sentimentalité*] to lapse into

verset [vɛʀsɛ] NM [*de Bible, Coran*] verse

verseur, -euse [vɛʀsœʀ, øz] ADJ **bouchon ~** pour-through stopper • **sucrier ~** sugar dispenser

versification [vɛʀsifikasjɔ̃] NF versification

versifier [vɛʀsifje] /TABLE 7/ VT to put into verse

version [vɛʀsjɔ̃] NF a (= *traduction*) translation (*into the mother tongue*) b (= *variante*) [*de texte, œuvre*] version • **film en ~ originale** film in the original version • **donner sa ~ des faits** to give one's version of the facts • **~ bêta** beta version c (= *modèle*) model • **~ 4 portes** (= *voiture*) 4-door model

versionnage [vɛʀsjɔnaʒ] NM versioning

versionner [vɛʀsjɔne] /TABLE 1/ VT to version

verso [vɛʀso] NM back • **au ~** on the back of the page • **« voir au ~ »** "see over"

vert, verte [vɛʀ, vɛʀt] 1 ADJ a (= *couleur*) green • **~ de jalousie** green with envy • **~ de rage** purple with rage • **~ de peur** white with fear • **avoir la main ~e** [*jardinier*] to have green fingers (*Brit*), to have a green thumb (*US*)
b (= *pas mûr*) [*fruit*] unripe; (= *frais*) [*bois*] green
c (= *alerte*) [*vieillard*] sprightly
d [*propos, histoire*] spicy • **elle en a vu des ~es et des pas mûres*** she has had a rough time
e (= *à la campagne*) **tourisme ~** country holidays • **classe ~e** school camp
f (= *écologique*) green • **le parti ~** the Green Party
2 NM a (= *couleur*) green • **~ olive** olive-green • **~ émeraude** emerald-green • **~ pomme** apple-green • **~ d'eau** sea-green • **~ bouteille** bottle-green • **se mettre au ~** (= *à la campagne*) to take a refreshing break in the country • **passer au ~** [*voiture*] to go when the lights are green • **le feu est passé au ~** the lights turned green
b (= *écologistes*) **les Verts** the Greens

> When **vert** is combined with another word, such as **pomme**, to indicate a shade, there is no agreement with the noun: **une chemise verte** but **une chemise vert pomme**.

vert-de-gris [vɛʀdəgʀi] ADJ INV grey-green

V

vertébral, e (*mpl* **-aux**) [vɛʀtebʀal, o] (ADJ) vertebral → **colonne**

vertèbre [vɛʀtɛbʀ] (NF) vertebra • **se déplacer une ~** to slip a disc

vertébré, e [vɛʀtebʀe] (ADJ, NM) vertebrate

vertement [vɛʀtəmɑ̃] (ADV) [*rappeler à l'ordre, répliquer*] sharply; [*critiquer, réagir*] strongly

vertical, e (*mpl* **-aux**) [vɛʀtikal, o] **1** (ADJ) vertical **2** (NF) **verticale** (= *ligne*) vertical line • **la ~e** (= *direction*) the vertical • **à la ~e** [*s'élever, tomber*] vertically

verticalement [vɛʀtikalmɑ̃] (ADV) vertically

verticalité [vɛʀtikalite] (NF) verticality

vertige [vɛʀtiʒ] (NM) **a** (= *peur du vide*) **le ~** vertigo • **avoir le ~** to get dizzy • **cela me donne le ~** it makes me feel dizzy **b** (= *étourdissement*) dizzy spell • **avoir un ~** to have a dizzy spell • **être pris de ~s** to get dizzy turns **c** (= *égarement*) fever

vertigineux, -euse [vɛʀtiʒinø, øz] (ADJ) breathtaking • **une baisse vertigineuse** a dramatic fall

vertu [vɛʀty] (NF) **a** (= *morale*) virtue **b** (= *propriété*) property • **les ~s thérapeutiques du chocolat** the therapeutic properties of chocolate **c** ▸ **en vertu de** in accordance with • **en ~ des pouvoirs qui me sont conférés** in accordance with the powers conferred upon me • **en ~ de l'article quatre de la loi** in accordance with article four of the law

vertueux, -euse [vɛʀtɥø, øz] (ADJ) virtuous

verve [vɛʀv] (NF) (= *esprit, éloquence*) witty eloquence • **être en ~** to be in brilliant form

verveine [vɛʀvɛn] (NF) (= *plante*) verbena; (= *tisane*) verbena tea

vésicule [vezikyl] (NF) **~ (biliaire)** gall-bladder

vessie [vesi] (NF) bladder • **elle veut nous faire prendre des ~s pour des lanternes*** she's trying to pull the wool over our eyes

veste [vɛst] (NF) jacket • **~ droite/croisée** single-/double-breasted jacket • **prendre une ~*** to fail • **retourner sa ~*** to change sides

vestiaire [vɛstjɛʀ] (NM) [*de théâtre, restaurant*] cloakroom; [*de stade, piscine*] changing-room • **réclamer son ~** to collect one's things from the cloakroom

vestibule [vɛstibyl] (NM) [*de maison*] hall; [*d'hôtel*] lobby

vestige [vɛstiʒ] (NM) (= *objet*) relic; (= *fragment*) trace; [*de coutume, splendeur, gloire*] vestige • **~s** [*de ville*] remains; [*de civilisation, passé*] vestiges • **~s archéologiques** archaeological remains

vestimentaire [vɛstimɑ̃tɛʀ] (ADJ) **modes/styles ~s** fashions/styles in clothes • **dépenses ~s** expenditure on clothes • **élégance ~** sartorial elegance • **ses goûts ~s** his taste in clothes • **code ~** dress code

veston [vɛstɔ̃] (NM) jacket

vêtement [vɛtmɑ̃] (NM) **a** (= *article d'habillement*) garment • **vêtements** clothes • **où ai-je mis mes ~s?** where did I put my clothes? • **emporte des ~s chauds** take warm clothes • **~s de sport/de ville** sports/town clothes • **il portait des ~s de tous les jours** he was wearing ordinary clothes • **~s de travail** work clothes **b** (= *rayon de magasin*) **(rayon) ~s** clothing department • **~s pour dames** ladies' wear *NonC* • **~s pour hommes** menswear *NonC* • **~s de sport** sportswear *NonC* • **~s de ski** skiwear *NonC* • **~s de bébé** babywear *NonC*

vétéran [veteʀɑ̃] (NM) veteran

vétérinaire [veteʀinɛʀ] **1** (NMF) vet **2** (ADJ) veterinary • **école ~** veterinary school

vététiste [vetetist] (NMF) mountain biker

vétille [vetij] (NF) trifle • **ergoter sur des ~s** to quibble over trifles

vêtir [vetiʀ] /TABLE 20/ **1** (VT) (= *habiller*) to dress (**de** in) **2** (VPR) **se vêtir** to dress (**de** in) • **aider qn à se ~** to help sb get dressed

vétiver [vetivɛʀ] (NM) vetiver

veto, véto [veto] (NM) veto • **opposer son ~ à qch** to veto sth

vêtu, e [vety] *ptp de* **vêtir** (ADJ) dressed • **bien ~** well-dressed • **chaudement ~** warmly dressed • **~ de** wearing • **~ de bleu** wearing blue • **toute de blanc ~e** dressed all in white

vétuste [vetyst] (ADJ) dilapidated

vétusté [vetyste] (NF) [*de maison*] dilapidation • **étant donné la ~ des installations** because the facilities are in such a bad state of repair

veuf, veuve [vœf, vœv] **1** (ADJ) widowed • **rester ~/veuve de qn** to be left sb's widower/widow **2** (NM) widower **3** (NF) **veuve** widow

veuille [vœj] (VB) → **vouloir**

veule [vøl] (ADJ) [*personne, air*] spineless

veuvage [vœvaʒ] (NM) [*de femme*] widowhood; [*d'homme*] widowerhood

vexant, e [vɛksɑ̃, ɑ̃t] (ADJ) (= *blessant*) [*paroles*] hurtful (**pour** to) • **il s'est montré très ~** he said some very hurtful things

vexation [vɛksasjɔ̃] (NF) (= *humiliation*) humiliation • **être en butte à de multiples ~s** to be a victim of harassment

vexatoire [vɛksatwaʀ] (ADJ) [*procédés, attitude*] hurtful • **mesures ~s** harassment

vexer [vɛkse] /TABLE 1/ **1** (VT) (= *offenser*) to hurt • **être vexé par qch** to be hurt by sth • **elle était vexée de n'avoir pas été informée** she was hurt that she hadn't been told **2** (VPR) **se vexer** to be hurt (**de** by) • **se ~ facilement** *ou* **pour un rien** to be easily offended

VF [veɛf] (NF) (ABR DE **version française**) French version

VHF [veaʃɛf] (ABR DE **very high frequency**) VHF

via [vja] (PRÉP) via

viabilisé, e [vjabilize] (ADJ) [*terrain*] with services laid on

viabiliser [vjabilize] /TABLE 1/ (VT) [+ *terrain*] to lay on services for

viabilité [vjabilite] (NF) [*d'entreprise*] viability

viable [vjabl] (ADJ) viable

viaduc [vjadyk] (NM) viaduct

viager, -ère [vjaʒe, ɛʀ] **1** (ADJ) **rente viagère** life annuity **2** (NM) (= *rente*) life annuity; (= *bien*) *property mortgaged for a life annuity* • **mettre une maison en ~** to sell a house in return for a life annuity

Viagra® [vjagʀa] (NM) Viagra®

viande [vjɑ̃d] (NF) meat • **~ rouge/blanche** red/white meat • **~ de boucherie** fresh meat • **~ froide** cold meat • **~ hachée** mince (*Brit*), ground meat (*US*) • **~ de bœuf** beef • **~ de porc** pork

viander (se)* [vjɑ̃de] /TABLE 1/ (VPR) to smash o.s. up*

vibraphone [vibʀafɔn] (NM) vibraphone

vibration [vibʀasjɔ̃] (NF) vibration • **la ~ de sa voix** the resonance of his voice

vibrer [vibʀe] /TABLE 1/ (VI) to vibrate; (*d'émotion*) [*voix*] to quiver • **faire ~ qch** to make sth vibrate • **~ en entendant qch** to thrill to the sound of sth • **faire ~ qn/un auditoire** to thrill sb/an audience • **~ d'enthousiasme** to be vibrant with enthusiasm

vibromasseur [vibʀomasœʀ] NM vibrator
vicaire [vikɛʀ] NM [*de paroisse*] curate
vice [vis] NM ⓐ (= *défaut moral*) vice • **le tabac est mon ~** tobacco is my vice ⓑ (= *défectuosité*) fault; (*Droit*) defect • **~ de construction** building fault • **~ de fabrication** manufacturing fault • **~ de forme** technicality • **~ de procédure** procedural error • **~ caché** latent defect
vice-consul, e [viskɔ̃syl] NM,F vice-consul
vicelard, e* [vis(ə)laʀ, aʀd] 1 ADJ (= *pervers*) [*air, regard, personne*] depraved; (= *rusé*) [*question*] nasty; [*plan*] fiendish 2 NM,F (= *pervers*) pervert • **vieux ~** dirty old man
vice-présidence [vispʀezidɑ̃s] NF vice-presidency; [*de comité*] vice-chairmanship
vice-président [vispʀezidɑ̃] NM vice-president; [*de comité*] vice-chairman
vice-présidente [vispʀezidɑ̃t] NF vice-president; [*de comité*] vice-chairwoman
vice versa [visevɛʀsa] ADV vice versa
vichy [viʃi] NM ⓐ (= *tissu*) gingham ⓑ **eau de Vichy** Vichy water • **carottes ~** boiled carrots
vicié, e [visje] ADJ ⓐ [*atmosphère*] polluted ⓑ [*rapports, esprit, ambiance*] tainted
vicieux, -ieuse [visjø, jøz] 1 ADJ ⓐ (= *pervers*) [*personne, penchant*] lecherous; [*air, regard, geste*] licentious ⓑ [*cheval*] bad-natured ⓒ (= *sournois*) [*attaque, balle, coup, question*] nasty → **cercle** 2 NM,F pervert • **c'est un petit ~** he's a bit of a pervert • **un vieux ~** a dirty old man
vicinal, e (*mpl* **-aux**) [visinal, o] ADJ **chemin ~** byway
vicissitudes [visisityd] NFPL vicissitudes • **il a connu bien des ~** he has had his ups and downs
victime [viktim] NF victim • **il est mort, ~ d'une crise cardiaque** he died of a heart attack • **l'incendie a fait de nombreuses ~s** the fire claimed many victims • **l'attentat n'a pas fait de ~s** no one was hurt in the bomb attack • **être ~ de** [+ *escroc, accident, calomnie*] to be the victim of • **l'entreprise est ~ de son succès** the company is the victim of its own success
victimisation [viktimizasjɔ̃] NF victimization
victimiser [viktimize] /TABLE 1/ VT [+ *personne*] to victimize
victoire [viktwaʀ] NF victory; (*Sport*) win • **~ aux points** (*Boxe*) win on points • **crier** *ou* **chanter ~** to crow • **ne criez pas ~ trop tôt** don't count your chickens before they're hatched
victorien, -ienne [viktɔʀjɛ̃, jɛn] ADJ Victorian
victorieusement [viktɔʀjøzmɑ̃] ADV victoriously; [*combattre, résister, défendre*] successfully
victorieux, -ieuse [viktɔʀjø, jøz] ADJ victorious; [*équipe*] winning *épith*; [*air, sourire*] triumphant
victuailles [viktɥaj] NFPL provisions
vidange [vidɑ̃ʒ] NF [*de voiture*] oil change • **faire la ~** to change the oil
vidanger [vidɑ̃ʒe] /TABLE 3/ VT ⓐ [+ *réservoir, fosse d'aisance*] to empty ⓑ [+ *huile, eau*] to drain
vide [vid] 1 ADJ empty • **~ de sens** meaningless
2 NM ⓐ (= *absence d'air*) vacuum • **faire le ~ dans un récipient** to create a vacuum in a container • **sous ~** under vacuum • **emballé sous ~** vacuum-packed • **emballage sous ~** vacuum packing
ⓑ (= *trou*) gap • **~ sanitaire** underfloor space
ⓒ (= *abîme*) drop • **le ~** (= *l'espace*) the void • **être au-dessus du ~** to be over a drop • **tomber dans le ~** to fall into empty space • **j'ai peur du ~** I am afraid of heights
ⓓ (= *néant*) emptiness • **regarder dans le ~** to stare into space • **faire le ~ autour de soi** to isolate o.s. • **faire le ~ dans son esprit** to empty one's mind • **parler dans le ~** (*sans objet*) to talk vacuously; (*personne n'écoute*) to waste one's breath • **tourner à ~** [*engrenage, mécanisme*] to turn without gripping • **la politique sociale actuelle tourne à ~** the current social policy is not producing results
ⓔ (= *manque*) **son départ laisse un grand ~** his departure leaves a great void • **~ juridique** legal loophole
vidé, e* [vide] *ptp de* **vider** ADJ (= *fatigué*) [*personne*] worn out
vidéaste [videast] NMF video director • **~ amateur** amateur video-maker
vidéo [video] 1 ADJ INV video • **caméra/jeu ~** video camera/game • **film/bande/cassette ~** video film/tape/cassette • **système de surveillance ~** video surveillance system 2 NF video • **faire de la ~** to make videos
vidéoblog, vidéoblogue [videoblɔg] NM video blog, vlog
vidéobloguer [videoblɔge] VI to vlog
vidéoblogueur, -euse [videoblɔgœʀ, øz] NM,F vlogger
vidéocam [videokam] NF videocam
vidéocassette [videokasɛt] NF video cassette
vidéoclip [videoklip] NM (= *chanson*) video
vidéoclub [videoklœb] NM videoclub
vidéoconférence [videokɔ̃feʀɑ̃s] NF video conference
vidéodisque [videodisk] NM videodisk
vidéoprojecteur [videopʀɔʒɛktœʀ] NM video projector
vidéoprotection [videopʀɔtɛksjɔ̃] NF video protection
vide-ordures ○ [vidɔʀdyʀ] NM INV rubbish chute (*Brit*), garbage chute (*US*)
vidéosurveillance [videosyʀvɛjɑ̃s] NF video surveillance • **caméra de ~** CCTV camera • **système de ~** CCTV system
vidéotex ® [videɔtɛks] ADJ INV, NM INV Videotex ®
vidéothèque [videɔtɛk] NF (*de prêt*) video library
vidéoverbalisation [videovɛʀbalizasjɔ̃] NF *issuing a penalty notice to a driver for a traffic offence that has been captured on a street surveillance camera*
vide-poche (*pl* **vide-poches**) [vidpɔʃ] NM (= *récipient*) tidy; [*de voiture*] side pocket
vider [vide] /TABLE 1/ 1 VT ⓐ [+ *récipient, réservoir, meuble, pièce*] to empty; [+ *étang, citerne*] to drain • **~ un appartement de ses meubles** to clear a flat of its furniture • **~ la corbeille** (*Informatique*) to empty the waste • **il vida son verre et partit** he drained his glass and left • **~ l'eau d'une bassine** to empty the water out of a bowl • **la pluie a vidé les rues** because of the rain the streets were empty • **~ son sac*** to come out with it*
ⓑ (= *quitter*) **~ les lieux** to leave the premises
ⓒ (= *nettoyer*) [+ *poisson, poulet*] to gut; [+ *pomme*] to core
ⓓ (= *expulser*)* [+ *trouble-fête, indésirable*] to throw out
ⓔ (= *épuiser*)* to wear out • **ce travail m'a vidé** this work has worn me out
2 VPR **se vider** to empty • **en août, la ville se vide (de ses habitants)** in August, the town empties (of its inhabitants) • **se ~ de son sang** to bleed to death • **nos campagnes se vident** our rural areas are becoming depopulated

V

videur [vidœʀ] (NM) [*de boîte de nuit*] bouncer*

vie [vi] (NF) ⓐ life • ~ **sentimentale** love life • ~ **conjugale** married life • ~ **professionnelle** professional life • ~ **privée** private life • **la ~ de famille** family life • **la ~ d'étudiant** student life • **mode de ~** way of life • **dans la ~ courante** in everyday life • ~ **de bohème** Bohemian lifestyle • **mener la ~ de château** to live a life of luxury • **avoir la ~ facile** to have an easy life • **mener la ~ dure à qn** to give sb a hard time • **rendre la ~ impossible à qn** to make sb's life intolerable • **elle a refait sa ~ avec lui** she made a new life with him • **il était prof dans une autre ~** in another life, he was a teacher • **c'est la belle ~!** this is the life! • **c'est la ~!** that's life! • **la ~ continue** life goes on • **faire qch une fois dans sa ~** to do sth once in one's life • **tu as la ~ devant toi** you've got your whole life ahead of you • **donner la ~** to give birth • **risquer sa ~ pour** to risk one's life for • **avoir la ~ dure** [*préjugé, superstition*] to die hard • **être entre la ~ et la mort** to be at death's door • **avoir droit de ~ et de mort sur qn** to have the power of life and death over sb • **passer de ~ à trépas** to pass on • **sans ~** lifeless • **revenir à la ~** to come back to life • **être plein de ~** to be full of life • **un portrait plein de ~** a lively portrait

▸ **à vie** for life • **condamné à la prison à ~** sentenced to life imprisonment • **cet accident l'a marqué à ~** this accident marked him for life • **président (nommé) à ~** life president

▸ **à la vie à la mort** [*amitié, fidélité*] undying • **amis à la ~ à la mort** friends for life • **entre nous, c'est à la ~ à la mort** we are friends for life

▸ **en vie** alive • **être en ~** to be alive • **maintenir qn en ~** to keep sb alive

▸ **pour la vie** for life • **amis pour la ~** friends for life • **à Lulu pour la ~** (*tatouage*) Lulu forever

ⓑ (*Écon*) **le coût de la ~** the cost of living • **la ~ augmente** the cost of living is rising • **ils manifestent contre la ~ chère** they are demonstrating against the high cost of living

vieil [vjɛj] (ADJ M) → **vieux**

vieillard [vjɛjaʀ] (NM) old man

vieille [vjɛj] (ADJ F, NF) → **vieux**

vieillerie [vjɛjʀi] (NF) (= *objet*) old-fashioned thing • **aimer les ~s** to like old things

vieillesse [vjɛjɛs] (NF) old age • **mourir de ~** to die of old age

vieilli, e [vjeji] *ptp de* **vieillir** (ADJ) (= *marqué par l'âge*) aged; (= *suranné*) [*mot, expression*] old-fashioned; [*cuir*] distressed • **vin ~ en cave** wine aged in the cellar • **je l'ai trouvé ~** I thought he'd aged • **je la trouve très ~e** she looks a lot older

vieillir [vjejiʀ] /TABLE 2/ **1** (VI) ⓐ (= *prendre de l'âge*) [*personne, maison, organe*] to grow old; [*population*] to age • **il a bien/mal vieilli** [*personne*] he has/has not aged well; [*film*] it has/has not stood the test of time

ⓑ (= *paraître plus vieux*) to age • **il a vieilli de 10 ans en quelques jours** he aged 10 years in a few days • **il ne vieillit pas** he doesn't get any older

ⓒ (= *passer de mode*) [*auteur, mot, doctrine*] to go out of fashion

ⓓ [*vin, fromage*] to age

2 (VT) ~ **qn** [*coiffure, maladie*] to make sb look older • **vous me vieillissez de cinq ans** (*par fausse estimation*) you're making me out to be five years older than I really am

3 (VPR) **se vieillir** to make o.s. look older

vieillissant, e [vjejisɑ̃, ɑ̃t] (ADJ) [*personne*] ageing; [*œuvre*] dated

vieillissement [vjejismɑ̃] (NM) ageing • **le ~ fait perdre à la peau son élasticité** ageing makes the skin lose its elasticity

vieillot, -otte [vjɛjo, ɔt] (ADJ) (= *démodé*) antiquated

vielle [vjɛl] (NF) hurdy-gurdy

viendra [vjɛ̃dʀa] (VB) → **venir**

Vienne [vjɛn] (N) (*en Autriche*) Vienna

viennois, e [vjenwa, waz] **1** (ADJ) (*d'Autriche*) Viennese • **café/chocolat ~** coffee/hot chocolate with whipped cream **2** (NM,F) **Viennois(e)** (*d'Autriche*) Viennese

viennoiserie [vjenwazʀi] (NF) *generic term for sweet pastries such as brioches, croissants and pains au chocolat*

vierge [vjɛʀʒ] **1** (NF) ⓐ (= *pucelle*) virgin • **la (Sainte) Vierge** the (Blessed) Virgin • **la Vierge Marie** the Virgin Mary ⓑ (= *signe du zodiaque*) **la Vierge** Virgo • **il est Vierge** • **il est de la Vierge** he's Virgo **2** (ADJ) ⓐ [*personne*] virgin *épith* • **rester/être ~** to remain/be a virgin ⓑ [*feuille de papier, bande magnétique, disquette*] blank; [*film*] unexposed; [*casier judiciaire*] clean; [*terre, neige*] virgin

Vierges [vjɛʀʒ] (NFPL) **les îles ~** the Virgin Islands

Viêtnam, Viêt Nam [vjɛtnam] (NM) Vietnam • ~ **du Nord/du Sud** North/South Vietnam

vietnamien, -ienne [vjɛtnamjɛ̃, jɛn] **1** (ADJ) Vietnamese **2** (NM) (= *langue*) Vietnamese **3** (NM,F) **Vietnamien(ne)** Vietnamese

vieux, vieille (*mpl* **vieux**) [vjø, vjɛj]

> **viel**, instead of **vieux**, is used before a masculine noun beginning with a vowel or silent **h**.

1 (ADJ) ⓐ old • **c'est un homme déjà ~** he's already an old man • **il se fait ~** he's getting on • **les vieilles gens** old people • **il est plus ~ que moi** he's older than me • ~ **comme le monde** *ou* **Hérode** (*hum*) as old as the hills • **c'est une histoire vieille de vingt ans** it's a story which goes back twenty years • **c'est déjà ~ tout ça!** that's all old hat!* • ~ **papiers** wastepaper • ~ **journaux** old newspapers

ⓑ (*avant le nom*) (= *de longue date*) [*ami, habitude*] old; [*amitié*] long-standing • **un vieil ami** an old friend • **c'est le ~ problème** it's the same old problem

ⓒ (*avant le nom*) (= *de naguère, précédent*) old • **la vieille génération** the older generation • **ma vieille voiture était plus confortable que la nouvelle** my old car was more comfortable than the one I've got now • **le ~ Paris** old Paris • **la vieille Angleterre** England of bygone days • **ses vieilles craintes se réveillaient** his old fears were aroused once more

2 (NM) ⓐ (= *personne*) old man • **les vieux** old people • **tu fais partie des ~ maintenant** you're one of the old folks* now • **il a des idées de ~** he thinks like an old man • **c'est de la musique de ~** that's music for old people • **un ~ de la vieille*** one of the old brigade • **mon** *ou* **le ~*** (= *père*) the old man* • **ses ~** (= *parents*)* his folks* • **comment ça va, mon ~?*** how's it going, mate* (*Brit*) *ou* old buddy?* (*US*) • **ça, mon ~, c'est ton problème!*** that's your problem mate* (*Brit*) *ou* man* (*US*) • **ils m'ont augmenté de 500 € — ben mon ~!** they've given me a 500 euro rise — well I never!

ⓑ ▸ **coup de vieux*** **sa mère a pris un sacré coup de ~**

her mother has really aged • **ça lui a donné un coup de ~** it put years on him

3 (NF) **vieille** old woman • **ma** *ou* **la vieille*** (= *mère*) the old woman* • **comment ça va, ma vieille ?*** how's it going, old girl?*

4 (ADV) **vivre ~** to live to an old age

5 (COMP) ▸ **vieux beau** (*péj*) ageing beau ▸ **vieille fille** old maid ▸ **vieille France** ADJ INV [*personne*] with old-world values ▸ **vieux garçon**† bachelor • **des habitudes de ~ garçon** bachelor ways ▸ **vieux jeu** ADJ INV [*idées*] outmoded; [*personne, vêtement*] old-fashioned ▸ **le Vieux Monde** the Old World

vif, vive[1] [vif, viv] 1 (ADJ) ⓐ (= *plein de vie*) lively; (= *alerte*) sharp; [*intelligence*] keen • **il a l'œil** *ou* **le regard ~** he has a sharp eye • **à l'esprit ~** quick-witted

ⓑ (= *brusque*) [*ton, propos*] sharp • **il s'est montré un peu ~ avec elle** he was rather sharp with her • **le débat prit un tour assez ~** the discussion took on a rather acrimonious tone

ⓒ (= *profond*) [*émotion, plaisirs, désir*] intense; [*souvenirs, impression*] vivid; [*déception*] acute

ⓓ (= *fort, grand*) (*avant le nom*) [*chagrin, regrets*] deep; [*critiques, réprobation*] severe • **une vive satisfaction** deep satisfaction • **il lui fit de ~s reproches** he severely reprimanded him • **un ~ penchant pour ...** a strong liking for ... • **à vive allure** at a brisk pace • **avec mes plus ~s remerciements** (*formule de politesse*) with grateful thanks

ⓔ (= *cru, aigu*) [*lumière, éclat, couleur*] bright; [*douleur, arête*] sharp; [*vent, froid*] bitter • **rouge ~** bright red

ⓕ (= *vivant*) **être brûlé/enterré ~** to be burnt/buried alive

ⓖ ▸ **de vive voix** [*renseigner, communiquer, remercier*] personally • **il vous le dira de vive voix** he'll tell you himself

2 (NM) ▸ **à vif** [*chair*] bared; [*plaie*] open • **avoir les nerfs à ~** to have frayed nerves

▸ **au vif être touché** *ou* **piqué au ~** to be hit on a vulnerable spot

▸ **dans le vif tailler** *ou* **couper** *ou* **trancher dans le ~** (= *prendre une décision*) to take drastic action • **entrer dans le ~ du sujet** to get to the heart of the matter

▸ **sur le vif** [*peindre, décrire*] from life • **scènes/photos prises sur le ~** scenes shot/photos taken from real life • **faire un reportage sur le ~** to do a live broadcast • **voici quelques réactions prises sur le ~** now for a few on-the-spot reactions

vif-argent [vifaʀʒɑ̃] (NM INV) quicksilver

vigie [viʒi] (NF) (= *matelot*) look-out; (= *poste*) [*de mât*] crow's-nest; [*de proue*] look-out post • **être en ~** to be on watch

vigilance [viʒilɑ̃s] (NF) vigilance • **tromper la ~ de qn** to give sb the slip • **rien d'important n'a échappé à leur ~** nothing of importance escaped their notice • **une extrême ~ s'impose** we (*ou* they *etc*) must be extremely vigilant

vigilant, e [viʒilɑ̃, ɑ̃t] (ADJ) vigilant • **sois plus ~ quand tu conduis** drive more carefully

vigile [viʒil] (NM) (= *veilleur de nuit*) night watchman; [*de police privée*] vigilante

Vigipirate [viʒipiʀat] (NM) **plan ~** *series of measures to protect the public against possible terrorist strikes*

vigne [viɲ] (NF) (= *plante*) vine; (= *vignoble*) vineyard • **les produits de la ~** the produce of the vineyards ▸ **vigne vierge** Virginia creeper

vigneron, -onne [viɲ(ə)ʀɔ̃, ɔn] (NM,F) wine grower

vignette [viɲɛt] (NF) ⓐ (= *motif*) vignette ⓑ (= *timbre*) label; (*sur un médicament*) *price label on medicines for reimbursement by Social Security* • **~ (automobile)** ≈ road tax disc (*Brit*), ≈ annual license tag (*US*)

vignoble [viɲɔbl] (NM) vineyard • **le ~ français/bordelais** the vineyards of France/Bordeaux

vigogne [vigɔɲ] (NF) (= *animal*) vicuna; (= *laine*) vicuna (wool)

vigoureusement [viguʀøzmɑ̃] (ADV) vigorously

vigoureux, -euse [viguʀø, øz] (ADJ) vigorous; [*cheval*] sturdy; [*corps*] robust; [*bras, mains*] strong; [*protestations*] strenuous

vigueur [vigœʀ] (NF) vigour (*Brit*), vigor (*US*); [*de corps*] robustness; [*de bras, mains, sentiment*] strength; [*de style, dessin*] energy • **se débattre avec ~** to defend o.s. vigorously • **s'exprimer/protester avec ~** to express o.s./protest vigorously

▸ **en vigueur** [*loi, dispositions*] in force; [*terminologie, formule*] current • **entrer en ~** to come into force • **en ~ depuis hier** in force as of yesterday

VIH [veiaʃ] (NM) (ABR DE **virus de l'immunodéficience humaine**) HIV

Viking [vikiŋ] (NM) Viking

vil, e [vil] (ADJ) (*littér* = *méprisable*) vile

vilain, e [vilɛ̃, ɛn] 1 (ADJ)

> **vilain** precedes the noun.

ⓐ (= *laid*) ugly • **elle n'est pas ~e** she's not bad-looking • **le ~ petit canard** the ugly duckling • **1 000 € d'augmentation, ce n'est pas ~*** a pay rise of 1,000 euros - that's not bad

ⓑ (= *mauvais*) [*temps*] bad; [*odeur*] nasty

ⓒ (= *grave*) [*blessure, affaire*] nasty • **une ~e plaie** a nasty wound

ⓓ (= *méchant*) [*pensée*] wicked; [*enfant, conduite*] naughty • **~s mots** wicked words • **c'est un ~ monsieur** he's a nasty customer • **il a été ~** he was a bad boy • **jouer un ~ tour à qn** to play a nasty trick on sb

2 (NM) bad boy • **oh le (gros) ~!** you're a bad boy! • **il va y avoir du ~*** • **ça va faire du ~*** things are going to get nasty

3 (NF) **vilaine** bad girl • **oh la (grosse) ~e!** you're a bad girl!

vilebrequin [vilbʀəkɛ̃] (NM) (= *outil*) brace; [*de voiture*] crankshaft

vilipender [vilipɑ̃de] /TABLE 1/ (VT) (*littér*) to revile

villa [villa] (NF) (= *maison de plaisance*) villa; (= *pavillon*) detached house

village [vilaʒ] (NM) village • **~ de vacances** holiday (*Brit*) *ou* vacation (*US*) village • **~ de toile** tented village • **~ olympique** Olympic village • **le ~ planétaire** the global village

villageois, e [vilaʒwa, waz] 1 (ADJ) village 2 (NM,F) villager

ville [vil] 1 (NF) ⓐ (= *cité, habitants*) town; (*plus importante*) city • **la ~ de Paris** the city of Paris • **la ~ d'Albi** the town of Albi • **le plus grand cinéma de la ~** the biggest cinema in town • **en ~** in town • **à la ~ comme à la scène** (*comédien*) on stage and off; (*acteur de cinéma*) on screen and off • **aller en ~** to go into town

ⓑ (= *quartier*) **vieille ~** old town

V

ⓒ (*= municipalité*) ≈ local authority
ⓓ (*= vie urbaine*) **la ~** town *ou* city life • **aimer la ~** to like city life • **les gens de la ~** city folk • **vêtements de ~** town clothes
2 (COMP) ▸ **ville champignon** mushroom town ▸ **ville d'eaux** spa ▸ **ville nouvelle** new town

ville-dortoir (*pl* **villes-dortoirs**) [vildɔʀtwaʀ] (NF) dormitory (*Brit*) *ou* bedroom (*US*) town

villégiature [vi(l)leʒjatyʀ] (NF) (*= séjour*) holiday (*Brit*), vacation (*US*) • **être en ~ à Nice** to be on holiday (*Brit*) *ou* vacation (*US*) in Nice • **lieu de ~** (holiday (*Brit*) *ou* vacation (*US*)) resort

vin [vɛ̃] 1 (NM) ⓐ (*= boisson*) wine • **~ blanc/rouge/rosé** white/red/rosé wine • **~ ordinaire** *ou* **de table** table wine • **grand ~** vintage wine • **un petit ~ blanc** a nice little white wine • **~ chaud** mulled wine ⓑ (*= réunion*) **~ d'honneur** reception (*where wine is served*) 2 (COMP) ▸ **vin cuit** fortified wine ▸ **vin mousseux** sparkling wine

vinaigre [vinɛgʀ] (NM) (*= condiment*) vinegar • **~ de vin/d'alcool** wine/spirit vinegar • **tourner au ~** [*situation*] to turn sour • **faire ~*** to hurry up

vinaigré, e [vinegʀe] (ADJ) **la salade/sauce est trop ~e** there's too much vinegar on the salad/in the sauce

vinaigrette [vinɛgʀɛt] (NF) French dressing • **tomates (en *ou* à la) ~** tomatoes in French dressing

vinaigrier [vinɛgʀije] (NM) (*= flacon*) vinegar bottle

vinasse* [vinas] (NF) plonk* (*Brit*), cheap wine

vindicatif, -ive [vɛ̃dikatif, iv] (ADJ) vindictive

vindicte [vɛ̃dikt] (NF) **~ publique** public condemnation; (*Droit*) prosecution and conviction • **désigner qn à la ~ publique *ou* populaire** to expose sb to public condemnation

vingt [vɛ̃] (NOMBRE) twenty • **je te l'ai dit ~ fois** I've told you a hundred times • **il n'avait plus ses jambes de ~ ans** he no longer had the legs of a twenty-year-old • **il mérite ~ sur ~** he deserves full marks ▸ **vingt-quatre heures** twenty-four hours • **~-quatre heures sur ~-quatre** round the clock ▸ **vingt et un** (*= nombre*) twenty-one → **soixante**

> When **vingt** is followed by a vowel sound, and in the numbers from 22 to 29, the final **t** is pronounced.

vingtaine [vɛ̃tɛn] (NF) **une ~** about twenty • **une ~ de personnes** about twenty people • **un jeune homme d'une ~ d'années** a young man of about twenty

vingtième [vɛ̃tjɛm] (ADJ, NM) twentieth • **au ~ siècle** in the twentieth century → **sixième**

vinicole [vinikɔl] (ADJ) [*industrie*] wine; [*région*] wine-growing

vinification [vinifikasjɔ̃] (NF) vinification

vinifier [vinifje] /TABLE 7/ (VT) [*+ moût*] to vinify

vinyle [vinil] (NM) ⓐ vinyl ⓑ (*= disque*) record • **il collectionne les vieux ~s** he collects old records

viol [vjɔl] (NM) [*de personne*] rape • **~ collectif** gang rape

violacé, e [vjɔlase] (ADJ) purplish • **rouge/rose ~** purplish red/pink

violation [vjɔlasjɔ̃] (NF) violation; [*de temple*] desecration; [*de droit*] infringement; [*de promesse*] breaking • **~ du secret professionnel** breach of professional secrecy • **de nombreuses ~s du cessez-le-feu** numerous violations of the ceasefire • **~ de domicile** forcible entry (*into a person's home*) • **~ de sépulture** desecration of graves

viole [vjɔl] (NF) viol

violemment [vjɔlamɑ̃] (ADV) violently • **ces mesures ont été ~ critiquées** these measures have been severely criticized • **ils ont protesté ~ contre cette interdiction** they have protested vigorously against this ban

violence [vjɔlɑ̃s] 1 (NF) ⓐ violence • **~ verbale** verbal abuse • **répondre à la ~ par la ~** to meet violence with violence
ⓑ [*d'odeur, parfum*] pungency; [*de douleur*] intensity; [*de poison*] virulence; [*d'exercice, effort*] strenuousness; [*de remède*] drastic nature
ⓒ (*= acte*) act of violence • **l'enfant a subi des ~s** the child has suffered physical abuse • **faire subir des ~s sexuelles à qn** to abuse sb sexually • **inculpé de ~(s) à agent** found guilty of assaulting a police officer
▸ **se faire violence** to force o.s.
2 (COMP) ▸ **violence conjugale** domestic violence, intimate partner violence (*US*) ▸ **violences faites aux femmes** violence against women ▸ **violence verbale** verbal abuse

violent, e [vjɔlɑ̃, ɑ̃t] (ADJ) violent; [*odeur, parfum*] strong; [*couleur*] harsh; [*pluie*] heavy; [*sentiment, passion, désir, dégoût, douleur*] intense; [*poison*] virulent; [*exercice, effort*] strenuous; [*remède*] drastic • **c'est un ~** he's a violent man • **un ~ besoin de s'affirmer** an urgent need to assert o.s. • **une ~e migraine** a severe migraine

violenter [vjɔlɑ̃te] /TABLE 1/ (VT) [*+ femme*] to assault • **elle a été violentée** she has been sexually assaulted

violer [vjɔle] /TABLE 1/ (VT) ⓐ [*+ traité, loi, constitution, cessez-le-feu*] to violate; [*+ droit*] to infringe; [*+ promesse, serment*] to break ⓑ [*+ sépulture*] to desecrate ⓒ (*= abuser de*) [*+ personne*] to rape • **se faire ~** to be raped

violet, -ette [vjɔlɛ, ɛt] 1 (ADJ, NM) (*= couleur*) purple • **le ~ lui va bien** purple suits him 2 (NF) **violette** (*= fleur*) violet

violeur, -euse [vjɔlœʀ, øz] (NM,F) rapist

violon [vjɔlɔ̃] (NM) (*= instrument, musicien d'orchestre*) violin • **le premier ~** [*d'orchestre*] the leader; [*de quatuor*] the first violin ▸ **violon d'Ingres** artistic hobby

violoncelle [vjɔlɔ̃sɛl] (NM) cello

violoncelliste [vjɔlɔ̃selist] (NMF) cellist

violoniste [vjɔlɔnist] (NMF) violinist

vioque‡ [vjɔk] (NMF) (*= vieillard*) old fart‡

VIP [veipe] (NMF) (ABR DE **Very Important Person**) VIP

vipère [vipɛʀ] (NF) adder • **cette femme est une ~** that woman's a nasty piece of work

virage [viʀaʒ] (NM) ⓐ (*= coude*) bend; [*d'avion, coureur, skieur*] turn • **~ en épingle à cheveux** hairpin bend • **« ~s sur 3 km »** "bends for 3km" • **cette voiture prend bien les ~s** this car corners well • **il a pris son ~ trop vite** he took the bend *ou* curve (*US*) too fast • **faire un ~ sur l'aile** [*avion*] to bank ⓑ (*= changement*) change of direction • **amorcer un ~ à droite** to take a turn to the right • **un ~ à 180 degrés de la politique française** a U-turn in French politics

viral, e (*mpl* **-aux**) [viʀal, o] (ADJ) viral

viralité [viʀalite] (NF) virality

virée* [viʀe] (NF) (*en voiture*) ride; (*de plusieurs jours*) trip; (*à pied*) walk; (*de plusieurs jours*) walking tour; (*à vélo, moto*) ride; (*de plusieurs jours*) trip • **faire une ~** to go for a ride (*ou* walk, drive *etc*) • **on a fait une ~ en Espagne** we went on a trip round Spain • **faire une ~ dans les bars/boîtes de nuit** to do* the bars/nightclubs

virement [viʀmɑ̃] (NM) **~ (bancaire)** (bank) transfer • **~ postal** postal transfer • **faire un ~ (d'un compte sur un autre)** to make a transfer (from one account to another)

virer [viʀe] /TABLE 1/ **1** VI **a** (*= changer de direction*) [*véhicule, avion, bateau*] to turn • **~ sur l'aile** [*avion*] to bank
b **~ de bord** [*bateau*] to tack; (*fig*) to take a new line
c (*= tourner sur soi-même*) to turn (around)
d [*cuti-réaction*] to come up positive
2 VT **a** [*+ somme*] to transfer • **~ 1000 € sur un compte** to transfer 1,000 euros into an account
b (*= expulser*)* to kick out*; (*= renvoyer*) to fire* • **~ qn d'une réunion** to kick sb out of a meeting* • **se faire ~** (*= se faire expulser*) to get o.s. kicked out (**de** of); (*= se faire renvoyer*) to be fired*
c (*= jeter*)* to throw out
d **il a viré sa cuti*** (*fig*) he changed totally
3 VT INDIR **~ à** (*= devenir*) **le bleu vire au violet** the blue is turning purple • **~ au froid/à la pluie/au beau** [*temps*] to turn cold/rainy/fine • **~ à l'aigre** to turn sour • **cette région a viré à droite** (*Politique*) this region has swung to the right • **~ au rouge** [*comptes, résultats*] to go into the red • **les indicateurs (financiers) virent au rouge** indicators have dropped sharply

virevolter [viʀvɔlte] /TABLE 1/ VI [*danseuse*] to twirl around; [*cheval*] to do a demivolt

Virginie [viʀʒini] NF Virginia • **~-Occidentale** West Virginia

virginité [viʀʒinite] NF virginity • **se refaire une ~** (*hum*) to restore one's image

virgule [viʀgyl] NF **a** (*= ponctuation*) comma • **mettre une ~** to put a comma in • **c'est exactement ce qu'il m'a dit, à la ~ près** that's exactly what he said to me, word for word **b** (*Math*) decimal point • **(arrondi à) 3 chiffres après la ~** (correct to) 3 decimal places • **5 ~ 2** 5 point 2

viril, e [viʀil] ADJ [*attributs, apparence*] male; [*attitude, langage, traits*] masculine; [*prouesses, amant*] virile • **force ~e** manly strength • **amitiés ~es** male friendships • **jeu ~** (*Sport*) lively play

virilité [viʀilite] NF [*d'attributs, apparence, formes*] masculinity; [*d'attitude, courage, langage, traits*] manliness; [*de prouesses, amant*] virility • **il se sent menacé dans sa ~** he feels his masculinity is being threatened

virtualité [viʀtɥalite] NF virtuality

virtuel, -elle [viʀtɥɛl] **1** ADJ **a** (*= potentiel*) [*candidat, marché, sens, revenu*] potential **b** (*Philo, Physique, Informatique*) virtual • **mémoire/réalité virtuelle** virtual memory/reality **2** NM (*Informatique*) **le ~** virtual reality

virtuellement [viʀtɥɛlmɑ̃] ADV **a** (*littér = en puissance*) potentially **b** (*= pratiquement*) virtually • **c'était ~ fini** it was virtually finished

virtuose [viʀtɥoz] **1** NMF (*= musicien*) virtuoso; (*= personne douée*) master • **~ du violon** violin virtuoso • **~ de la plume/du pinceau** brilliant writer/painter
2 ADJ virtuoso

virtuosité [viʀtɥozite] NF virtuosity • **il a interprété ce morceau avec ~** he gave a virtuoso performance of this piece

virulence [viʀylɑ̃s] NF virulence • **avec ~** virulently

virulent, e [viʀylɑ̃, ɑ̃t] ADJ virulent

virus [viʀys] NM virus • **le ~ de la rage/du sida** the rabies/Aids virus • **le ~ de la danse/du jeu** the dancing/gambling bug* • **attraper le ~ du jeu** to get bitten by the gambling bug*

vis [vis] NF screw

visa [viza] NM (*= formule, sceau*) stamp; (*sur un passeport*) visa • **~ touristique** *ou* **de tourisme** tourist visa • **~ de censure** (*Ciné*) certificate • **~ d'exploitation** (*Ciné*) distribution number

visage [vizaʒ] NM face • **au ~ joufflu** chubby-faced • **un ~ connu/ami** a familiar/friendly face • **le vrai ~ de ...** the true face of ... • **à ~ humain** [*capitalisme, entreprise*] with a human face • **le nouveau ~ du parti** the new face of the party • **agir à ~ découvert** to act openly • **montrer son vrai ~** to show one's true colours (*Brit*) *ou* colors (*US*)

visagiste ® [vizaʒist] NMF **(coiffeur) ~** (hair) stylist • **(esthéticienne) ~** beautician

vis-à-vis [vizavi] **1** PRÉP **~ de** (*= envers*) towards; (*= à l'égard de*) as regards • **être sincère ~ de soi-même** to be frank with oneself • **je suis méfiant ~ de ce genre d'évolution** I'm wary of such developments • **~ de cette proposition** with regard to this proposal
2 ADV (*= face à face*) face to face • **leurs maisons se font ~** their houses are opposite each other
3 NM INV **a** (*= position*) **en ~** facing each other • **des immeubles en ~** buildings facing each other
b (*= tête-à-tête*) encounter
c (*= personne faisant face*) person opposite; (*aux cartes*) (*= partenaire*) partner; (*= homologue*) opposite number
d (*= bâtiment*) **immeuble sans ~** building with an open outlook • **avoir une école pour ~** to have a school opposite

viscéral, e (*mpl* **-aux**) [viseʀal, o] ADJ visceral; [*haine, peur, besoin*] deep-rooted; [*rejet*] instinctive • **réaction ~e** gut reaction

viscéralement [viseʀalmɑ̃] ADV [*attaché*] passionately; [*hostile*] instinctively

viscère [visɛʀ] NM organ • **~s** intestines

viscose [viskoz] NF viscose

visée [vize] NF **a** (*avec une arme*) aiming NonC; (*= arpentage*) sighting **b** **visées** (*= desseins*) designs • **avoir des ~s sur qn/qch** to have designs on sb/sth • **les ~s expansionnistes d'un pays** the expansionist aims of a country

viser [vize] /TABLE 1/ **1** VT **a** [*+ objectif, cible, effet, carrière*] to aim at
b [*mesure*] to be aimed at • **cette mesure vise tout le monde** everyone is affected by this measure • **il se sent visé** he feels he's being got at*
c (*= regarder*)* to have a look at • **vise un peu ça!** just have a look at that!
2 VT INDIR **~ à** (*= avoir pour but de*) **~ à qch/à faire qch** to aim at sth/to do sth • **mesures qui visent à la réunification de la majorité** measures which aim to reunite the majority
3 VI **a** [*tireur*] to aim • **~ juste** to aim accurately; (*fig*) to hit the mark • **~ trop haut/trop bas** to aim too high/too low
b (*= ambitionner*) **~ haut/plus haut** to set one's sights high/higher

viseur [vizœʀ] NM [*d'arme*] sights; [*de caméra, appareil photo*] viewfinder

vishing [viʃiŋ] NM vishing

visibilité [vizibilite] NF visibility • **bonne/mauvaise ~** good/poor visibility • **~ nulle** zero visibility • **manque de ~** lack of visibility • **sans ~** [*pilotage, virage, atterrissage*] blind • **piloter sans ~** to fly blind

visible [vizibl] ADJ **a** (*= qui peut être vu*) visible • **~ à l'œil nu/au microscope** visible to the naked eye/under a microscope **b** (*= évident, net*) obvious; [*amélioration,*

V

progrès] clear • **sa déception était ~** his disappointment was obvious • **il ne veut pas le faire, c'est ~** he doesn't want to, that's obvious

visiblement [viziblәmɑ̃] (ADV) visibly • **il était ~ inquiet** he was visibly worried

visière [vizjɛʀ] (NF) [*de casquette, képi*] peak; [*de casque*] visor; (*pour le soleil*) eyeshade

visiocasque [visjɔkask] (NM) VR *ou* virtual reality headset

visioconférence [vizjokɔ̃feʀɑ̃s] (NF) video conference

vision [vizjɔ̃] (NF) **a** (= *faculté*) sight; (= *perception*) vision • **une ~ défectueuse** defective sight • **le mécanisme de la ~** the mechanism of vision • **~ nette/floue** clear/hazy vision **b** (= *conception*) view • **c'est une ~ idyllique des choses** it's an idyllic view of things • **avoir une ~ globale** *ou* **d'ensemble d'un problème** to have a global view of a problem • **nous partageons la même ~ des choses** we see things the same way **c** (= *image, apparition, mirage*) vision • **tu as des ~s*** you're seeing things **d** (= *spectacle*) sight • **~ d'horreur** horrific sight

visionnaire [vizjɔnɛʀ] (ADJ, NMF) visionary

visionner [vizjɔne] /TABLE 1/ (VT) to view

visionneuse [vizjɔnøz] (NF) (*pour diapositives*) viewer

visiophone [vizjɔfɔn] (NM) videophone

visiophonie [vizjɔfɔni] (NF) video teleconferencing, video calling

visite [vizit] (NF) **a** visit • **heures/jour de ~** *ou* **des ~s** visiting hours/day • **la ~ du château a duré deux heures** the tour of the castle took two hours • **~ accompagnée** *ou* **guidée** guided tour • **une ~ de politesse** a courtesy call • **une ~ de remerciements** a thank-you visit • **être en ~ chez qn** to be on a visit to sb • **je vais lui faire une petite ~** I'm going to call on him • **avoir** *ou* **recevoir la ~ de qn** to have a visit from sb • **en ~ officielle au Japon** on an official visit to Japan • **nous attendons de la ~** we're expecting visitors • **tiens, nous avons de la ~** (*hum*) hey, we've got guests

▸ **rendre visite à qn** to visit sb

b [*de médecin hospitalier avec étudiants*] ward round • **~ (à domicile)** [*de médecin de ville*] housecall • **il ne fait pas de ~s à domicile** he doesn't make housecalls • **~ de contrôle** follow-up visit • **la ~** (*chez le médecin*) medical consultation • **aller à la ~** to go to the surgery • **passer à la ~ (médicale)** [*recrue*] to have a medical (*Brit*) *ou* physical (*US*) examination

visiter [vizite] /TABLE 1/ (VT) to visit • **~ une maison** (*à vendre*) to view a house • **il me fit ~ sa maison/son laboratoire** he showed me round (*Brit*) *ou* through (*US*) his house/his laboratory • **le monument le plus visité de Paris** the most visited place in Paris

visiteur, -euse [vizitœʀ, øz] (NM,F) visitor • **les ~s** (*Sport*) the away team ▸ **visiteur de prison** prison visitor

vison [vizɔ̃] (NM) (= *animal, fourrure, manteau*) mink

visqueux, -euse [viskø, øz] (ADJ) **a** [*liquide*] viscous; [*pâte, surface, objet*] sticky **b** [*personne, manière*] slimy

visser [vise] /TABLE 1/ (VT) to screw on • **ce n'est pas bien vissé** it's not screwed on properly • **~ qch sur qch** to screw sth on to sth • **vissé devant la télé*** glued* to the television • **il est resté vissé sur sa chaise*** he never got out of his chair

visualisation [vizɥalizasjɔ̃] (NF) visualization; (*Informatique*) display

visualiser [vizɥalize] /TABLE 1/ (VT) to visualize; (*Informatique*) to display • **j'ai du mal à ~ la scène** I find it hard to visualize what happened

visuel, -elle [vizɥɛl] **1** (ADJ) visual • **troubles ~s** eye trouble *NonC* → **champ 2** (NM) (*Informatique*) VDU

visuellement [vizɥɛlmɑ̃] (ADV) visually

vit [vi] (VB) → **vivre**

vital, e (*mpl* **-aux**) [vital, o] (ADJ) vital

vitalité [vitalite] (NF) [*de personne*] energy; [*d'institution*] vitality • **il est plein de ~** he's full of energy

vitamine [vitamin] (NF) vitamin • **~ A/C** vitamin A/C • **alimentation pauvre en ~s** food that is low in vitamins

> Le mot anglais s'écrit sans **e** à la fin.

vitaminé, e [vitamine] (ADJ) with added vitamins

vitaminique [vitaminik] (ADJ) vitamin *épith*

vite [vit] (ADV) **a** [*rouler, marcher*] fast; [*progresser, avancer, travailler, se passer*] quickly • **ça s'est passé si ~** it happened so quickly • **il travaille ~ et bien** he works quickly and well • **vous avez fait ~ pour venir** it didn't take you long to get here • **fais ~ !** be quick about it! • **eh, pas si ~ !** hey, hold on a minute! • **et plus ~ que ça !** and get a move on!* • **le temps passe ~** time flies • **la police est allée ~ en besogne** the police didn't waste any time • **vous allez un peu ~ en besogne** not so fast! • **aller plus ~ que la musique** to jump the gun • **c'est ~ dit*** it's easily said • **j'aurais plus ~ fait de l'écrire moi-même** it would have been quicker if I'd written it myself

▸ **vite fait*** **elle s'est tirée ~ fait** she was off like a shot* • **il faut que tu termines ça, ~ fait** you need to get that finished pretty damn quick* • **on prend une bière, mais ~ fait** we'll have a beer, but just a quick one* • **il l'a terminé ~ fait, bien fait** he finished it nice and quickly* • **il l'a peint ~ fait, bien fait** he gave it a quick lick of paint

b (= *bientôt*) soon • **elle sera ~ guérie** she'll soon be better • **il a eu ~ fait de découvrir que ...** he soon discovered that ... • **ce sera ~ fait** it won't take long • **on a ~ fait de dire que ...** it's easy to say that ...

c (= *immédiatement*) quick • **lève-toi ~ !** get up quick! • **va ~ voir !** quick, go and see! • **au plus ~** as quickly as possible • **il faut le prévenir au plus ~** he must be warned as soon as possible • **faites-moi ça, et ~ !** hurry up and do it! • **~ ! un médecin** quick, get a doctor!

vitesse [vitɛs] **1** (NF) **a** (= *promptitude*) speed • **aimer la ~** to love speed • **à la ~ de 60 km/h** at (a speed of) 60km/h • **à quelle ~ allait-il ?** how fast was he going? • **prendre de la ~** to gather speed • **gagner** *ou* **prendre qn de ~** to beat sb; (*fig*) to beat sb to it • **à grande ~** at great speed • **passer une vidéo en ~ accélérée** to fast-forward a video • **à une ~ vertigineuse** [*conduire, avancer*] at a dizzying speed; [*augmenter, se multiplier*] at a dizzying rate • **circuler à ~ réduite** to drive at reduced speed

b [*de voiture*] gear • **changer de ~** to change (*Brit*) *ou* shift (*US*) gear • **passer les ~s** to go through the gears • **passer la ~ supérieure** (*fig*) to quicken the pace • **une Europe à deux ~s** a two-speed Europe • **société/justice à deux ~s** two-tier society/justice system

c (*locutions*) ▸ **à la vitesse grand V*** at top speed

▸ **en vitesse** (= *rapidement*) quickly; (= *en hâte*) in a rush • **faites-moi ça, et en ~ !** hurry up and do it! • **on va prendre un verre en ~** we'll go for a quick drink • **écrire un petit mot en ~** to scribble a hasty note

▸ **à toute vitesse, en quatrième vitesse** at full speed • **il est arrivé en quatrième** ~ *ou* **à toute** ~ he came very quickly

2 COMP ▸ **vitesse de croisière** cruising speed ▸ **vitesse de frappe** typing speed ▸ **vitesse de la lumière** speed of light ▸ **vitesse de pointe** top speed ▸ **vitesse du son** speed of sound ▸ **vitesse de traitement** (*Informatique*) processing speed

LIMITE DE VITESSE

The speed limit in France is generally 50 km/h in built-up areas, 80 km/h on main roads, 110 km/h on 4-lane roads with central reservations, and 130 km/h on motorways (110 km/h when it is raining).

viticole [vitikɔl] ADJ [*industrie*] wine; [*région*] wine-growing; [*établissement*] wine-making • **culture** ~ wine growing

viticulteur, -trice [vitikyltœʀ, tʀis] NM,F wine grower

viticulture [vitikyltyʀ] NF wine growing

vitrage [vitʀaʒ] NM (= *vitres*) windows; (= *cloison*) glass partition; (= *toit*) glass roof • **double** ~ double glazing • **fenêtre à double** ~ double-glazed window

vitrail (*pl* **-aux**) [vitʀaj, o] NM stained-glass window

vitre [vitʀ] NF **a** [*de fenêtre, vitrine*] (window) pane; [*de voiture*] window • **poser une** ~ to put in a window pane • **verre à** ~ window glass • **laver** *ou* **faire les ~s** to clean the windows • **casser une** ~ to break a window • **la** ~ **arrière** [*de voiture*] the rear window • **~s électriques** electric windows **b** (= *fenêtre*) ~s windows • **fermer les ~s** to close the windows

vitré, e [vitʀe] ADJ [*porte, cloison*] glass

vitreux, -euse [vitʀø, øz] ADJ [*yeux*] glassy

vitrier [vitʀije] NM glazier

vitrifier [vitʀifje] /TABLE 7/ VT [+ *parquet*] to seal

vitrine [vitʀin] NF **a** (= *devanture*) shop window • **en** ~ in the window • **la** ~ **du boucher** the butcher's window • ~ **publicitaire** display case • **cette exposition est la** ~ **de l'Europe** this exhibition is Europe's showcase • **la** ~ **légale d'une organisation terroriste** the legal front for a terrorist organization **b** (= *meuble*) (*chez soi*) display cabinet; (*au musée*) showcase

vitriol [vitʀijɔl] NM vitriol • **une critique/un style au** ~ a vitriolic review/style

vitrocéramique [vitʀoseʀamik] NF **table de cuisson en** ~ ceramic hob

vitupérations [vitypeʀasjɔ̃] NFPL rantings and ravings

vitupérer [vitypeʀe] /TABLE 6/ VI to vituperate (*frm*) • ~ **contre qn/qch** to rant and rave about sb/sth

vivable [vivabl] ADJ **il n'est pas** ~ he's impossible to live with • **ce n'est pas** ~**!** it's intolerable!

vivace [vivas] 1 ADJ **a** (*Bot*) hardy • **plante** ~ perennial **b** [*préjugé*] unshakable; [*haine*] undying; [*souvenir*] vivid; [*tradition*] enduring 2 NF (= *plante*) perennial

vivacité [vivasite] NF [*de personne, mouvement, débat*] liveliness; [*d'intelligence*] keenness • ~ **d'esprit** quick-wittedness • **avoir de la** ~ to be lively • **avec** ~ [*réagir, se déplacer*] swiftly

vivaneau (*pl* **vivaneaux**) [vivano] NM red snapper

vivant, e [vivɑ̃, ɑ̃t] 1 ADJ **a** (= *en vie*) living, alive *attrib* • **il est encore** ~ he's still alive • **il n'en sortira pas** ~ he won't come out of it alive • **expériences sur des animaux ~s** experiments on live animals **b** (= *animé*) lively; [*portrait*] lifelike **c** (= *constitué par des êtres vivants*) [*témoignage, preuve*] living 2 NM **a** (= *personne*) **les ~s** the living • **les ~s et les morts** the living and the dead **b** (= *vie*) **de son** ~ in his (*ou* her) lifetime

vivarium [vivaʀjɔm] NM vivarium

vivats [viva] NMPL cheers • **il quitta la scène sous les** ~ he left the stage amid the cheers of the audience

vive[2] [viv] ADJ F → **vif**

vive[3] [viv] EXCL ~ **le roi/la France/l'amour!** long live the king/France/love! • ~ **les vacances!** hurrah for the holidays!

vivement [vivmɑ̃] ADV **a** (= *avec brusquerie*) sharply **b** (= *beaucoup*) [*regretter, affecter, ressentir*] deeply; [*désirer, intéresser*] keenly • **s'intéresser** ~ **à** to take a keen interest in **c** (= *avec éclat*) [*colorer*] brilliantly; [*briller*] brightly **d** (*marque un souhait*) ~ **les vacances!** I can't wait for the holidays! (*Brit*) *ou* for vacation! (*US*) • ~ **que ce soit fini!** I'll be glad when it's all over!

vivier [vivje] NM (= *étang*) fishpond; (= *réservoir*) fish tank; (*fig*) breeding ground

vivifiant, e [vivifjɑ̃, jɑ̃t] ADJ invigorating

vivisection [vivisɛksjɔ̃] NF vivisection

vivoir [vivwaʀ] NM (*Can*) living room

vivoter [vivɔte] /TABLE 1/ VI [*personne*] to live from hand to mouth; [*entreprise*] to struggle along

vivre [vivʀ] /TABLE 46/ 1 VI **a** to live • **quand l'ambulance est arrivée, il vivait encore** he was still alive when the ambulance arrived • ~ **vieux** to live to a great age • **le colonialisme a vécu** colonialism has had its day • **il fait bon** ~ it's good to be alive • ~ **à Londres/en France** to live in London/in France • ~ **avec qn** to live with sb • **ils vivent ensemble** they are living together • ~ **dans le passé/dans la crainte** to live in the past/in fear • ~ **dangereusement** to live dangerously • **se laisser** ~ to live for the day • **laissez-les** ~**!** let them be!; (*slogan anti-avortement*) let them live! • **être facile/difficile à** ~ to be easy/difficult to get on with • **il faut** ~ **avec son temps** you've got to move with the times • ~ **de laitages/de rentes** to live on dairy produce/a private income • ~ **au jour le jour** to live from hand to mouth • ~ **bien** to live well • **avoir (juste) de quoi** ~ to have (just) enough to live on • **il vit de sa peinture** he earns his living by painting • **travailler/écrire pour** ~ to work/write for a living • **faire** ~ **qn** [*personne*] to support sb • **je n'aime pas ce métier mais il me fait** ~ I don't like this job but it pays the bills • ~ **de l'air du temps** to live on air • ~ **d'amour et d'eau fraîche** to live on love alone • **on vit bien en France** life is good in France • **c'est un homme qui a beaucoup vécu** he's a man who's lived life to the full • **elle ne vit plus depuis que son fils est pilote** she's been living on her nerves since her son became a pilot **b** [*idée, rue, paysage*] to be alive

2 VT **a** (= *passer*) to spend • ~ **des jours heureux** to spend happy days • **la vie ne vaut pas la peine d'être vécue** life isn't worth living **b** [+ *événement, guerre*] to live through • **nous vivons des temps troublés** we are living in troubled times • ~ **sa vie** to live one's own life • **il a mal vécu son divorce** he had a hard time of it when he got divorced

3 NMPL **vivres** supplies

vivrier, -ière [vivʀije, ijɛʀ] ADJ food-producing

V

vlan [vlɑ̃] (EXCL) wham! • **et ~ dans la figure!** smack in the face!

VLS [veɛlɛs] (NMPL) (ABR DE **vélos en libre-service**) bike-sharing

VO [veo] (NF) (ABR DE **version originale**) **en VO sous-titrée** with subtitles

vocabulaire [vɔkabylɛʀ] (NM) vocabulary • **enrichir son ~** to widen one's vocabulary • **j'ai rayé ce mot de mon ~** that word is no longer part of my vocabulary

vocal, e (*mpl* **-aux**) [vɔkal, o] (ADJ) vocal • **synthèse ~e** voice *ou* speech synthesis

vocalise [vɔkaliz] (NF) singing exercise • **faire des ~s** to do singing exercises

vocation [vɔkasjɔ̃] (NF) vocation • **avoir/ne pas avoir la ~** to have/lack a vocation • **rater sa ~** to miss one's vocation

vociférer [vɔsifeʀe] /TABLE 6/ **1** (VI) to shout (angrily) • **~ contre qn** to shout angrily at sb **2** (VT) [+ *insulte*] to shout • **~ des injures** to shout insults

vocodeur [vɔkɔdœʀ] (NM) vocoder

vodka [vɔdka] (NF) vodka

vœu (*pl* **vœux**) [vø] (NM) **a** (= *promesse*) vow • **faire (le) ~ de faire qch** to vow to do sth • **prononcer ses ~x** (*Rel*) to take one's vows • **~ de chasteté** vow of chastity • **faire ~ de pauvreté** to take a vow of poverty **b** (= *souhait*) wish • **faire un ~** to make a wish • **tous nos ~x de prompt rétablissement** our best wishes for a speedy recovery • **~ pieux** pious hope • **les ~x télévisés du président de la République** (*au jour de l'an*) the President of the Republic's televised New Year speech • **meilleurs ~x** (*sur une carte*) "Season's Greetings"

vogue [vɔg] (NF) (= *popularité*) fashion • **être en ~** to be in fashion

voguer [vɔge] /TABLE 1/ (VI) [*embarcation*] to sail • **l'embarcation voguait au fil de l'eau** the boat was drifting with the current

voici [vwasi] (PRÉP) **a** here is, here are, this is, these are • **~ mon bureau et voilà le vôtre** this is my office and that's yours • **~ mon frère** this is my brother • **~ le livre que vous cherchiez** here's the book you were looking for • **la maison que ~** this house • **M. Dupont, que ~** Mr Dupont here • **il m'a raconté l'histoire que ~** he told me the following story • **me/nous/le** *etc* **~** here I am/we are/he is *etc* • **les ~ prêts à partir** they're ready to leave • **nous ~ arrivés** here we are • **vous voulez des preuves, en ~** you want proof, well here you are then • **~ ce que je compte faire** this is what I'm hoping to do • **~ comment il faut faire** this is the way to do it • **~ pourquoi je l'ai fait** that was why I did it **b** (= *il y a*) **~ cinq ans que je ne l'ai pas vu** it's five years since I saw him • **il est parti ~ une heure** he left an hour ago • **~ bientôt 20 ans que nous sommes mariés** we'll soon have been married 20 years

voie [vwa] **1** (NF) **a** (= *chemin*) way; (= *route, rue*) road; (= *itinéraire*) route • **par ~ aérienne** by air • **expédier qch par ~ de mer** *ou* **maritime** to send sth by sea • **voyager par ~ de terre** *ou* **terrestre** to travel overland • **~s de communication** communication routes • **~ sans issue** cul-de-sac • **~ privée** private road • **~ à double sens** two-way road • **~ à sens unique** one-way road **b** (= *partie d'une route*) lane • **route à ~ unique** single-track road • **route à 3/4 ~s** 3-lane/4-lane road • **~ réservée aux autobus** bus lane • **~ réservée aux cyclistes** cycle lane **c** (*Rail*) track • **le train est annoncé sur la ~ 2** the train will arrive at platform 2 **d** [*de corps*] **~s digestives/respiratoires/urinaires** digestive/respiratory/urinary tract • **par ~ orale** orally • **administrer qch par ~ nasale** to administer sth through the nose **e** (*fig*) way • **ouvrir/tracer/montrer la ~** to open up/mark out/show the way • **préparer la ~ à qn/qch** to pave the way for sb/sth • **continuez sur cette ~** continue in this way • **il est sur la bonne ~** he's on the right track • **l'affaire est en bonne ~** things are going well • **mettre qn sur la ~** to put sb on the right track • **trouver sa ~** to find one's way in life **f** (= *filière, moyen*) **par des ~s détournées** by devious means • **par la ~ hiérarchique/diplomatique** through official/diplomatic channels • **par ~ de conséquence** in consequence • **annoncer qch par ~ de presse** to announce sth in the press • **publicité par ~ d'affiche** poster advertising **g** ▸ **en voie de en ~ de réorganisation** undergoing reorganization • **en ~ de guérison** on the road to recovery • **en ~ de cicatrisation** on the way to healing over • **en ~ d'achèvement** nearing completion • **il est en ~ de perdre sa situation** he's on the way to losing his job

2 (COMP) ▸ **voie d'accès** access road ▸ **voie d'eau** leak ▸ **voie express** expressway ▸ **voie de fait** (*Droit*) assault (and battery) *NonC* • **se livrer à des ~s de fait sur qn** to assault sb ▸ **voie ferrée** railway (*Brit*) *ou* railroad (*US*) line ▸ **voie de garage** (*Rail*) siding • **mettre sur une ~ de garage** [+ *affaire, personne*] to sideline ▸ **la voie lactée** the Milky Way ▸ **voies navigables** waterways ▸ **la voie publique** the public highway ▸ **voie de raccordement** slip road ▸ **voie royale c'est la ~ royale vers** *ou* **pour** it's the pathway to; [+ *carrière, pouvoir*] it's the fast track to

voilà [vwala] **1** (PRÉP) **a** there is, there are, that is, those are; (*même sens que voici*) here is, here are, this is, these are • **voici mon bureau et ~ le vôtre** this is my office and that's yours • **~ mon frère** this is *ou* here is my brother • **~ le livre que vous cherchiez** (*je le tiens*) here's the book you were looking for; (*il est là-bas*) there's the book you were looking for • **~ la pluie** here comes the rain • **~ la fin de l'hiver** the end of winter is here • **le ~, c'est lui** there he is • **le ~ qui se plaint encore** there he goes, complaining again • **~ ce que je compte faire** this is what I'm hoping to do • **~ ce qu'il m'a dit/ce dont il s'agit** (*je viens de le dire*) that's what he told me/what it's all about; (*je vais le dire*) this is what he told me/what it's all about • **~ comment il faut faire** that's how it's done • **~ qu'il se met à pleuvoir maintenant** here comes the rain • **~ où je veux en venir** that's what I'm getting at • **nous y ~** (*lieu*) here we are; (*question délicate*) now we're getting there **b** (*pour résumer*) **... et ~ pourquoi je n'ai pas pu le faire ...** and that's why I couldn't do it • **~ qui est louche** that's a bit odd • **~ ce que c'est de ne pas obéir** that's what happens when you don't do as you're told **c** (= *il y a*) **~ une heure que je l'attends** I've been waiting for him for an hour • **~ cinq ans que je ne l'ai pas vu** it's five years since I last saw him **d** (*locutions*) ▸ **en voilà en ~ une histoire!** what a story! • **en ~ un imbécile!** what a fool! • **en ~ assez!** that's enough!

• **vous voulez des preuves, en ~** you want proof, well here you are

▸ **et voilà tout** and that's all there is to it

2 (EXCL) **~! j'arrive!** here I come! • **~ autre chose!** (*incident*) that's all I need(ed)! • **~, tu l'as cassé!** there you are, you've broken it!

voilage [vwalaʒ] (NM) (= *rideau*) net curtain; (= *tissu*) net *NonC*; [*de chapeau, vêtement*] gauze *NonC*

voile[1] [vwal] (NF) ⓐ [*de bateau*] sail • **faire ~ vers** to sail towards • **mettre toutes ~s dehors** to set full sail • **mettre les ~s*** to clear off* • **marcher à ~ et à vapeur*** [*bisexuel*] to be AC/DC* ⓑ (= *navigation, sport*) **la ~** sailing • **faire de la ~** to sail • **faire le tour du monde à la ~** to sail round the world

voile[2] [vwal] (NM) ⓐ veil • **~ islamique** Islamic veil • **~ de mariée** bridal veil • **porter le ~** to wear the veil • **prendre le ~** [*religieuse*] to take the veil • **lever le ~ sur** (*fig*) to unveil • **soulever un coin du ~** (*fig*) to lift a corner of the veil

ⓑ (= *tissu*) net *NonC* • **~ de coton/de tergal®** cotton/Terylene® netting *NonC*

ⓒ (*sur un liquide*) cloud • **~ de brume** veil of mist • **avoir un ~ devant les yeux** to have a film before one's eyes

ⓓ (*Photo*) fog *NonC* • **un ~ sur la photo** a shadow on the photo

ⓔ (*Méd*) **~ au poumon** shadow on the lung

voilé, e [vwale] *ptp de* **voiler** (ADJ) ⓐ veiled; [*lumière, contour, ciel, soleil*] hazy; [*éclat*] dimmed; [*regard*] misty; [*photo*] fogged • **les yeux ~s de larmes** his eyes misty with tears • **sa voix était un peu ~e** his voice was slightly husky • **accusation à peine ~e** thinly veiled accusation ⓑ [*roue*] buckled; [*planche*] warped

voiler [vwale] /TABLE 1/ 1 (VT) ⓐ (= *cacher*) to veil • **la plaine était voilée de brume** the plain was shrouded in mist ⓑ [+ *roue*] to buckle; [+ *planche*] to warp 2 (VPR) **se voiler** ⓐ (= *porter un voile*) **se ~ le visage** [*personne*] to wear a veil; [*musulmane*] to wear the veil • **se ~ la face** (*fig*) to close one's eyes (**devant** to) ⓑ (= *devenir flou*) [*soleil*] to mist over; [*ciel*] to grow misty; [*regard, yeux*] to mist over ⓒ [*roue*] to buckle; [*planche*] to warp

voilette [vwalɛt] (NF) veil

voilier [vwalje] (NM) (= *navire à voiles*) sailing ship; (*de plaisance*) sailing boat (*Brit*), sailboat (*US*) • **grand ~** tall ship

voilure [vwalyʀ] (NF) ⓐ [*de bateau*] sails ⓑ [*de planeur*] aerofoils ⓒ [*de parachute*] canopy

voir [vwaʀ] /TABLE 30/

1 VERBE TRANSITIF	3 VERBE TRANSITIF INDIRECT
2 VERBE INTRANSITIF	4 VERBE PRONOMINAL

1 VERBE TRANSITIF

ⓐ to see • **je l'ai vu de mes propres yeux** I saw it with my own eyes • **je l'ai vu comme je vous vois** I saw him as plainly as I see you now • **vous n'avez encore rien vu!** you ain't seen nothing yet!* • **voyons un peu comment tu fais** let's see how you do it • **il la voit beaucoup** he sees a lot of her • **je l'ai assez vu*** I've had enough of him* • **il voit le directeur ce soir** he's seeing the manager tonight • **j'ai vu la mort de près** I've looked death in the face • **des meubles comme on en voit partout** ordinary furniture • **c'est ce que nous verrons!** we'll see about that! • **c'est à vous de ~** it's up to you to see • **on aura tout vu!** we've seen everything now! • **comment voyez-vous l'avenir?** how do you see the future? • **je ne vois pas ce que vous voulez dire** I don't see what you mean • **il ne voit que son intérêt** he only considers his own interest

▸ **voir** + *infinitif* **nous les avons vus sauter** we saw them jump • **je l'ai vu casser la fenêtre** I saw him break the window • **je l'ai vu entrer** I saw him coming in • **je voudrais la ~ travailler plus** I'd like to see her do more work • **ce journal a vu son tirage augmenter** this newspaper has seen an increase in its circulation • **notre pays voit renaître le fascisme** our country is witnessing the rebirth of fascism

▸ **aller voir** to go and see • **aller ~ qn à l'hôpital** to go and see sb in hospital • **aller ~ un film** to go to a film • **va ~ ailleurs si j'y suis!*** get lost!*

▸ **faire voir** (= *montrer*) to show • **fais ~!** let me have a look! • **faites-moi ~ ce dessin** let me see the picture • **va te faire ~ (ailleurs)!*** get lost!* • **qu'il aille se faire ~ (chez les Grecs)!*** he can go to hell!*

▸ **à le** (*ou* **te** *etc*) **voir à le ~ si joyeux** seeing him look so happy • **à le ~, on ne lui donnerait pas 90 ans** to look at him, you wouldn't think he was 90

ⓑ (= *pouvoir voir, imaginer*)

> Lorsque **voir** exprime une faculté, il est souvent traduit par **can see**.

• **est-ce que tu le vois?** can you see it? • **tu me vois aller lui dire ça?** can you see me telling him that? • **je le vois mal habiter la banlieue** I can't see him living in the suburbs • **je ne vois pas le problème** I can't see what the problem is • **je ne vois pas comment ils auraient pu gagner** I can't see how they could have won • **tu vois ça d'ici** you can just imagine it • **il va encore protester, je vois ça d'ici** he's going to start protesting again, I can see it coming

ⓒ (= *examiner, étudier*) [+ *dossier*] to look at; [+ *circulaire*] to read

ⓓ (= *supporter*)* **elle ne peut pas le ~** she can't stand him • **elle ne peut pas le ~ en peinture** she can't stand the sight of him

ⓔ (locutions) **tu vas le faire tout de suite, vu?*** you're going to do it straightaway, okay? • **vous m'en voyez ravi** I'm delighted about that • **en faire ~ de toutes les couleurs à qn** to give sb a hard time

▸ **façon de voir** view of things • **nous n'avons pas la même façon de ~ les choses** we see things differently

▸ **c'est tout vu!*** that's for sure!

▸ **à voir c'est un film à ~** it's a film worth seeing • **il a encore trois malades à ~** he still has three patients to see • **à ~ son train de vie, elle doit être très riche** if her lifestyle is anything to go by, she must be very well-off • **il ne fera plus cette erreur — c'est à ~** he won't make the same mistake again — we'll see

▸ **il n'y a qu'à voir il n'a pas de goût, il n'y a qu'à ~ comment il s'habille** he's got no taste, you only have to look at the clothes he wears

▸ **rien à voir ça n'a rien à ~** that's got nothing to do with it • **je n'ai rien à ~ dans cette affaire** this has nothing to do with me

▸ **à voir avec cela a quelque chose à ~ avec ...** this has

V

got something to do with ... • **son nouveau film? rien à ~ avec les précédents** his new film? it's nothing like his previous work • **le résultat n'a plus grand-chose à ~ avec le projet initial** the result bears very little relation to the initial project

▸ **pour voir** just to see • **essaie un peu, pour ~!** just you try!

▸ **passer voir** **passez me ~ quand vous serez à Paris** come and see me when you're in Paris • **je suis passé le ~** I went to see him

▸ **vouloir + voir** **je veux ~ ça!** I want to see that! • **je voudrais t'y ~!** I'd like to see you try! • **tu aurais dû refuser! — j'aurais voulu t'y ~!** you should have said no! — I'd like to see what you'd have done!

▸ **bien voir** **nous allons bien ~!** we'll soon find out! • **on verra bien** we'll see

▸ **voir venir** (*= attendre les événements*) to wait and see • **j'ai quelques économies, ça me permettra de ~ venir*** I've got some savings which should be enough to see me through* • **on va perdre, ça je le vois venir (gros comme une maison*)** (*= prévoir*) we're going to lose, I can see it coming (a mile off*) • **je te vois venir* (avec tes gros sabots)** I can see what you're leading up to

▸ **se faire mal voir** **si elle ne revient pas travailler lundi, elle va se faire mal ~** if she doesn't come back to work on Monday, it won't look too good

2 VERBE INTRANSITIF

ⓐ to see • **~ mal** to have trouble seeing • **on voit mal ici** it's difficult to see in here • **~ trouble** to have blurred vision • **il a vu grand** he had big ideas • **dis-moi ~ ...** tell me ... • **essaie ~!*** just you try it! • **regarde ~ ce qu'il a fait!*** just look what he's done! • **un peu de charité, voyons!** (*rappel à l'ordre*) come on now, let's be charitable! • **voyons voyons!** let's see now! • **c'est trop lourd pour toi, voyons!** come on now, it's too heavy for you!

3 VERBE TRANSITIF INDIRECT

~ **à** (*= veiller à*) (*littér*) to make sure that • **il faudra ~ à ce qu'il obéisse** we must make sure he does as he's told

4 VERBE PRONOMINAL

se voir

ⓐ (*soi-même*) to see o.s. • **se ~ dans une glace** to see oneself in a mirror • **elle se voyait déjà célèbre** she pictured herself already famous • **je me vois mal habiter là** I can't see myself living there somehow • **il la trouve moche — il ne s'est pas vu!** he thinks she's ugly — has he looked in the mirror lately?

ⓑ (*mutuellement*) to see each other • **ils se voient beaucoup** they see a lot of each other • **nous essaierons de nous ~ à Londres** we'll try to meet in London • **ils ne peuvent pas se ~*** they can't stand the sight of each other*

ⓒ (*= se trouver*) **se ~ contraint de** to find o.s. forced to • **je me vois dans la triste obligation de ...** I have the sad task of ...

ⓓ (*= être visible*) [*tache, couleur, sentiments*] to show • **la tache ne se voit pas** the stain doesn't show

ⓔ (*= se produire*) **cela se voit tous les jours** it happens every day • **cela ne s'est jamais vu!** it's unheard of!

ⓕ (*fonction passive*) **ils se sont vu interdire l'accès du musée** they were refused admission to the museum • **je me suis vu répondre que c'était trop tard** I was told that it was too late

voire [vwaʀ] (ADV) (*frm*) or even • **il faudrait attendre une semaine, ~ un mois** you would have to wait a week or even a month • **ce sera difficile, ~ impossible** it'll be difficult, if not impossible

voirie [vwaʀi] (NF) ⓐ (*= enlèvement des ordures*) refuse (*Brit*) *ou* garbage (*US*) collection ⓑ (*= entretien des routes*) highway maintenance; (*= service administratif*) roads department; (*= voie publique*) highways • **travaux de ~** road works

voisin, e [vwazɛ̃, in] 1 (ADJ) ⓐ (*= proche*) neighbouring (*Brit*), neighboring (*US*) • **les maisons/rues ~es** the neighbouring houses/streets • **une maison ~e de l'église** a house next to the church • **les pays ~s de la Suisse** the countries bordering on Switzerland ⓑ (*= semblable*) [*idées, espèces*] connected

2 (NM,F) neighbour (*Brit*), neighbor (*US*) • **nous sommes ~s** we're neighbours • **les ~s du dessus/dessous** the people above/below • **nos ~s de palier** the people who live across the landing • **un de mes ~s de table** one of the people next to me at table • **qui est ta ~e cette année?** (*en classe*) who is sitting next to you this year?

voisinage [vwazinaʒ] (NM) ⓐ (*= voisins*) neighbourhood (*Brit*), neighborhood (*US*) • **ameuter tout le ~** to rouse the whole neighbourhood • **faire une enquête de ~** to make inquiries in the neighbourhood • **querelle/conflit de ~** quarrel/dispute between neighbours ⓑ (*= relations*) **être en bon ~ avec qn** • **entretenir des relations de bon ~ avec qn** to be on neighbourly terms with sb ⓒ (*= environs*) vicinity • **se trouver dans le ~** to be in the vicinity • **nous ne connaissons personne dans le ~** we don't know anyone in the neighbourhood

voiture [vwatyʀ] (NF) ⓐ (*= automobile*) car • **ils sont venus en ~** they came by car • **~ de course** racing car • **~ de location** rented car • **~ de maître** chauffeur-driven car • **~ particulière** private car • **~ de police** police car • **~ de pompiers** fire engine • **~ de série** production car • **~ de fonction** company car • **~ de sport** sportscar • **~ de tourisme** saloon car (*Brit*), sedan (*US*) ⓑ (*= wagon*) carriage (*Brit*), car (*US*) • **~ de tête/queue** front/back carriage (*Brit*) *ou* car (*US*) • **en ~!** all aboard! ⓒ (*= véhicule attelé, poussé*) cart • **~ d'enfant** pram (*Brit*), baby carriage (*US*)

voiture-bélier [vwatyʀbelje] (NF) *car used for ram-raiding* • **vol à la ~** ram-raiding; (*= attaque*) ram-raid

voiturette [vwatyʀɛt] (NF) (*d'infirme*) carriage; (*= petite auto*) small car

voiturier [vwatyʀje] (NM) [*d'hôtel, casino*] doorman (*responsible for parking clients' cars*) • **« ~ »** (*écriteau*) "valet parking"

voix [vwɑ] (NF) ⓐ (*= sons*) voice • **à ~ basse** in a low voice • **ils parlaient à ~ basse** they were talking in low voices • **à ~ haute** • **à haute ~** out loud • **d'une ~ forte** in a loud voice • **à haute et intelligible ~** loud and clear • **avoir de la ~** to have a good voice • **être** *ou* **rester sans ~** to be speechless (**devant** before, at) • **de la ~ et du geste** by word and gesture • **donner de la ~** (*= crier*) to bawl • **~ off** (*Théât*) voice-off; (*Ciné, TV*) (*= commentaire*) voice-over • **la ~ de la conscience/raison** the voice of conscience/reason

ⓑ (*= opinion*) voice; (*Politique = suffrage*) vote • **mettre qch aux ~** to put sth to the vote • **la proposition a recueilli 30 ~** the proposal got 30 votes • **avoir ~ au chapitre** to have a say in the matter

c (*Mus*) voice • **chanter à 3 ~** to sing in 3 parts • **une fugue à 3 ~** a 3-part fugue • **~ de basse/de ténor** bass/tenor

d [*de verbes*] voice • **à la ~ active/passive** in the active/passive voice

vol¹ [vɔl] **1** (NM) **a** [*d'oiseau, avion*] flight • **faire un ~ plané** [*oiseau*] to glide through the air; (= *tomber*) to fall flat on one's face • **~ d'essai/de nuit** test/night flight • **~ régulier/charter** scheduled/charter flight • **il y a 8 heures de ~ entre ...** it's an 8-hour flight between ... • **le ~ Paris-Londres** the Paris-London flight • **heures/conditions de ~** flying hours/conditions • **un pilote qui a plusieurs centaines d'heures de ~** a pilot with several hundred hours' flying experience

▸ **à vol d'oiseau** as the crow flies

▸ **au vol attraper qch au ~** [+ *ballon, objet lancé*] to catch sth in midair • **saisir une occasion au ~** to leap at an opportunity

▸ **en vol** in flight • **en plein ~** in full flight

b (= *oiseaux*) flock • **un ~ de perdrix** a flock of partridges • **un ~ de canards sauvages** a flight of wild ducks

2 (COMP) ▸ **vol libre** hang-gliding • **pratiquer le ~ libre** to hang-glide ▸ **vol à voile** gliding • **faire du ~ à voile** to go gliding

vol² [vɔl] (NM) (= *délit*) theft • **~ qualifié** *ou* **aggravé** aggravated theft • **~ avec violence** robbery with violence • **~s de voiture** car thefts • **c'est du ~!** it's daylight robbery! ▸ **vol à l'arraché** bag-snatching ▸ **vol avec effraction** burglary ▸ **vol à l'étalage** shoplifting *NonC* ▸ **vol à main armée** armed robbery ▸ **vol à la roulotte** theft from a vehicle ▸ **vol à la tire** pickpocketing *NonC*

volage [vɔlaʒ] (ADJ) [*époux, cœur*] inconstant

volaille [vɔlaj] (NF) (= *poulet*) chicken • **la ~** poultry

volailler, -ère [vɔlaje, ɛʀ] (NM,F) poulterer

volant¹ [vɔlɑ̃] (NM) **a** [*de voiture*] steering wheel • **être au ~** to be at the wheel • **prendre le ~** to take the wheel • **c'est lui qui tenait le ~** he was at the wheel **b** [*de rideau, robe*] flounce • **jupe à ~s** flounced skirt **c** (= *balle de badminton*) shuttlecock

volant², e [vɔlɑ̃, ɑ̃t] (ADJ) flying • **le personnel ~** (*Aviat*) the flight staff • **(brigade) ~e** (*Police*) flying squad

volatil, e¹ [vɔlatil] (ADJ) volatile

volatile² [vɔlatil] (NM) (= *oiseau*) bird

volatiliser (se) [vɔlatilize] /TABLE 1/ (VPR) (= *disparaître*) to vanish into thin air

vol-au-vent [vɔlovɑ̃] (NM INV) vol-au-vent

volcan [vɔlkɑ̃] (NM) volcano • **~ en activité/éteint** active/extinct volcano • **nous sommes assis sur un ~** (*fig*) we are sitting on a powder keg

volcanique [vɔlkanik] (ADJ) volcanic; [*tempérament*] explosive

volcanologue [vɔlkanɔlɔg] (NMF) vulcanologist

volée [vɔle] (NF) **a** (= *envol, distance*) flight; (= *groupe*) flock • **une ~ de moineaux** a flock of sparrows

b (= *tir*) volley • **~ de flèches** flight of arrows

c (= *suite de coups*) volley • **une ~ de coups** a volley of blows • **administrer/recevoir une bonne ~** to give/get a sound thrashing

d (*Sport*) volley • **faire une ~** to strike the ball on the volley

e (*locutions*)

▸ **à la volée semer à la ~** to broadcast

▸ **à toute volée** [*gifler, lancer*] hard • **les cloches sonnaient à toute ~** the bells were pealing out • **il referma la porte à toute ~** he slammed the door shut

voler¹ [vɔle] /TABLE 1/ (VI) to fly • **~ de ses propres ailes** to stand on one's own two feet • **on entendrait une mouche ~** you could hear a pin drop • **~ en éclats** to smash into pieces • **une plaisanterie qui vole bas** a feeble joke • **ça ne vole pas haut!*** it's pretty low-level! • **~ au secours de qn** to fly to sb's assistance • **il lui a volé dans les plumes*** he went for him

voler² [vɔle] /TABLE 1/ (VT) **a** [+ *objet*] (= *dérober*) to steal • **~ de l'argent/une idée/un baiser à qn** to steal money/an idea/a kiss from sb • **on m'a volé mon stylo** someone's taken my pen • **se faire ~ ses bagages** to have one's luggage stolen • **il ne l'a pas volé!** (= *il l'a mérité*) he asked for it! • **il ne l'a pas volée, cette médaille!** he worked hard for that medal! **b** [+ *personne*] (= *dépouiller*) to rob; (= *léser*) to cheat • **~ les clients sur le poids** to give customers short measure

volet [vɔlɛ] (NM) **a** [*de fenêtre, hublot*] shutter **b** [*d'avion*] flap **c** [*de triptyque, feuillet, carte*] section **d** [*de trilogie, émission, plan d'action*] part • **le ~ social du traité** the social chapter of the treaty • **le ~ agricole de l'accord** the section on agriculture in the agreement

voleter [vɔl(ə)te] /TABLE 4/ (VI) to flutter

voleur, -euse [vɔlœʀ, øz] **1** (ADJ) **être ~** (*commerçant*) to be a cheat **2** (NM,F) (= *malfaiteur*) thief; (= *escroc*) swindler • **~ à l'étalage** shoplifter • **au ~!** stop thief! • **~ de voitures** car thief • **se sauver comme un ~** to run off

Volga [vɔlga] (NF) Volga

volière [vɔljɛʀ] (NF) (= *cage*) aviary

volley [vɔlɛ], **volley-ball** [vɔlɛbol] (NM) volleyball • **jouer au ~** to play volleyball

volleyer [vɔleje] /TABLE 1/ (VI) (*Tennis*) to volley

volleyeur, -euse [vɔlɛjœʀ, øz] (NM,F) (*Volley*) volleyball player; (*Tennis*) volleyer

volontaire [vɔlɔ̃tɛʀ] **1** (ADJ) **a** (= *voulu*) [*acte, enrôlement*] voluntary; [*oubli*] intentional **b** (= *décidé*) [*personne*] headstrong; [*expression, menton*] determined **2** (NMF) volunteer • **se porter ~ pour qch** to volunteer for sth • **je suis ~** I volunteer

volontairement [vɔlɔ̃tɛʀmɑ̃] (ADV) **a** (= *de son plein gré*) voluntarily **b** (= *exprès*) intentionally • **il a dit ça ~** he said it on purpose

volontariat [vɔlɔ̃taʀja] (NM) **faire du ~** to do voluntary work

volontariste [vɔlɔ̃taʀist] (ADJ, NMF) voluntarist

volonté [vɔlɔ̃te] (NF) **a** (= *souhait, intention*) wish; (= *faculté*) will • **manifester la ~ de faire qch** to show one's intention to do sth • **accomplir/respecter la ~ de qn** to carry out/respect sb's wishes • **les dernières ~s de qn** the last wishes of sb • **~ de puissance** thirst for power • **~ de guérir/réussir** will to recover/succeed

▸ **à volonté** «café à ~» "as much coffee as you like" • **nous avons de l'eau à ~** we have plenty of water • **vin à ~ pendant le repas** unlimited wine with the meal

b (= *disposition*) **bonne ~** willingness • **mauvaise ~** lack of goodwill • **il a beaucoup de bonne ~ mais peu d'aptitude** he shows great willingness but not much aptitude • **il met de la bonne/mauvaise ~ à faire son travail** he goes about his work willingly/grudgingly • **il fait preuve de bonne/mauvaise ~** he has a positive/negative attitude

c (= *caractère, énergie*) willpower • **avoir de la ~** to have willpower • **cette femme a une ~ de fer** this woman has a will of iron • **faire preuve de ~** to show willpower

V

volontiers [vɔlɔ̃tje] (ADV) ⓐ (= *de bonne grâce*) gladly • **je l'aiderais ~** I would gladly help him • **voulez-vous dîner chez nous ? — ~** would you like to eat with us? — I'd love to ⓑ (= *naturellement*) readily • **on croit ~ que …** people are quite ready to believe that …

volt [vɔlt] (NM) volt

voltage [vɔltaʒ] (NM) voltage

volte-face○, **volteface** [vɔltəfas] (NF INV) ⓐ **faire ~** (= *se retourner*) to turn round ⓑ (= *changement d'opinion*) U-turn • **faire une ~** to do a U-turn

voltige [vɔltiʒ] (NF) (*Équitation*) trick riding • **~ (aérienne)** aerobatics • **faire de la ~** (*Gym*) to do acrobatics • **(haute) ~** (*Gym*) acrobatics • **c'était un exercice de haute ~ monétaire** it was a financial balancing act

voltiger [vɔltiʒe] /TABLE 3/ (VI) to flutter about

voltmètre [vɔltmɛtʀ] (NM) voltmeter

volubile [vɔlybil] (ADJ) [*personne, éloquence*] voluble

volubilité [vɔlybilite] (NF) volubility • **parler avec ~** to talk volubly

volumateur, -trice [vɔlymatœʀ, tʀis] (ADJ) [*shampoing, mousse*] that gives body to the hair

volume [vɔlym] (NM) volume • **le ~ des exportations/transactions** the volume of exports/trade • **~ sonore** sound level • **augmente le ~ de la radio** turn the radio up • **pour donner du ~ à vos cheveux** to give body to your hair

volumineux, -euse [vɔlyminø, øz] (ADJ) bulky; [*courrier*] voluminous

volupté [vɔlypte] (NF) (*sensuelle*) sensual delight; (*morale, intellectuelle*) exquisite pleasure

voluptueusement [vɔlyptɥøzmɑ̃] (ADV) voluptuously

voluptueux, -euse [vɔlyptɥø, øz] (ADJ) voluptuous

volute [vɔlyt] (NF) (*en architecture*) scroll; [*de fumée*] curl • **en ~** scrolled

vomi [vɔmi] (NM) vomit

vomir [vɔmiʀ] /TABLE 2/ **1** (VT) ⓐ [+ *aliments, sang*] to vomit ⓑ [+ *lave, flammes*] to belch forth ⓒ (= *détester*) to loathe • **il vomit les intellectuels** he loathes intellectuals **2** (VI) to be sick • **il a vomi partout** he was sick everywhere • **avoir envie de ~** to feel sick • **c'est à ~** it makes you sick

vomissement [vɔmismɑ̃] (NM) (= *action*) vomiting *NonC* • **il a été pris de ~s** he suddenly started vomiting

vomissure [vɔmisyʀ] (NF) vomit *NonC*

vomitoire [vɔmitwaʀ] (ADJ) **sac ~** sick bag

vont [vɔ̃] (VB) → **aller**

vorace [vɔʀas] (ADJ) voracious

voracement [vɔʀasmɑ̃] (ADV) voraciously

voracité [vɔʀasite] (NF) voraciousness

vos [vo] (ADJ POSS) → **votre**

Vosges [voʒ] (NFPL) **les ~** the Vosges

vosgien, -ienne [voʒjɛ̃, jɛn] **1** (ADJ) of *ou* from the Vosges **2** (NM,F) **Vosgien(ne)** inhabitant *ou* native of the Vosges

VOST (NF) (*Ciné*) (ABR DE **version originale sous-titrée**) subtitled version

votant, e [vɔtɑ̃, ɑ̃t] (NM,F) voter

vote [vɔt] (NM) ⓐ (= *approbation*) [*de projet de loi*] vote (**de** for); [*de loi, réforme*] passing; [*de crédits*] voting • **après le ~ du budget** after the budget was voted ⓑ (= *suffrage*) vote • **le ~ socialiste** the Socialist vote • **~ de confiance** vote of confidence • **~-sanction** protest vote • **~ à main levée** vote by a show of hands • **~ à bulletin secret** secret ballot • **~ par procuration** proxy vote • **~ blanc/nul** blank/spoilt ballot paper • **~ utile** tactical vote • **procéder** *ou* **passer au ~** to take a vote • **~ électronique** e-voting

voter [vɔte] /TABLE 1/ **1** (VI) to vote • **~ à main levée** to vote by a show of hands • **~ à droite** to vote for the right • **~ libéral** to vote Liberal • **~ utile** to vote tactically • **j'ai voté blanc** I cast a blank vote **2** (VT) (= *adopter*) [+ *projet de loi*] to vote for; [+ *loi, réforme*] to pass; [+ *crédits*] to vote • **~ la censure** to pass a vote of censure • **~ la reconduction d'une grève** to vote to continue a strike

votre (*pl* **vos**) [vɔtʀ, vo] (ADJ POSS) your • **~ jardin** your garden • **vos amis** your friends → TUTOIEMENT/VOUVOIEMENT

vôtre [votʀ] **1** (PRON POSS)

> ➢ When **vôtre** is a pronoun, it is spelled with a circumflex.

• **le vôtre** • **la vôtre** yours • **les vôtres** yours • **nos enfants sont sortis avec les ~s** our children are out with yours • **ce sac n'est pas le ~** this bag isn't yours, this isn't your bag • **amicalement ~** best wishes

▸ **à la vôtre !** cheers!

2 (NM) ⓐ **j'espère que vous y mettrez du ~** I hope you'll do your part

ⓑ ▸ **les vôtres** your family • **nous serons des ~s ce soir** we'll join you tonight

voudrait [vudʀɛ] (VB) → **vouloir**

vouer [vwe] /TABLE 1/ **1** (VT) ⓐ (= *promettre*) to vow • **il lui a voué un amour éternel** he vowed her eternal love ⓑ (= *consacrer*) to devote • **~ son temps à ses études** to devote one's time to one's studies ⓒ (= *condamner*) to doom • **le projet est voué à l'échec** the project is doomed to failure **2** (VPR) **se vouer se ~ à une cause** to devote o.s. to a cause

---

vouloir [vulwaʀ] /TABLE 31/

1	VERBE TRANSITIF	3	VERBE PRONOMINAL
2	VERBE TRANSITIF INDIRECT	4	NOM MASCULIN

1 VERBE TRANSITIF

ⓐ to want • **~ faire qch** to want to do sth • **il ne veut pas y aller** he doesn't want to go • **il veut absolument un VTT** he's desperate to have a mountain bike • **il veut absolument venir** he's determined to come • **qu'est-ce qu'ils veulent maintenant ?** what do they want now? • **il sait ce qu'il veut** he knows what he wants • **il joue bien quand il veut** he plays well when he wants to • **tu l'as voulu** you asked for it • **tu l'auras voulu** it'll have been your own fault • **il en veut*** (= *veut réussir*) he wants to win • **je ne veux pas qu'il se croie obligé de …** I don't want him to feel he has to … • **que lui voulez-vous ?** what do you want with him? • **qu'est-ce qu'il me veut, celui-là ?*** what does he want from me? • **s'il voulait, il pourrait être ministre** if he wanted to, he could be a minister • **~ qch de qn** to want sth from sb • **que voulez-vous de moi ?** what do you want from me? • **~ un certain prix de qch** to want a certain price for sth • **j'en veux 1000 €** I want 1,000 euros for it • (PROV) **~, c'est pouvoir** • (PROV) **quand on veut, on peut** where there's a will there's a way (PROV)

▸ **vouloir que ~ que qn fasse qch/que qch se fasse** to

want sb to do sth/sth to be done • **je veux que tu viennes tout de suite** I want you to come at once • **il veut absolument qu'elle parte** he is determined that she should leave • **il ne veut pas qu'elle y aille** he doesn't want her to go

b (*= désirer, souhaiter*) **voulez-vous à boire?** would you like something to drink? • **je voulais vous dire ...** I meant to tell you ... • **elle fait de lui ce qu'elle veut** she does what she likes with him • **il voulait partir hier mais ...** he intended to leave yesterday but ... • **ça te dirait d'aller à la mer? — je veux!*** would you like to go to the seaside? — that would be great!* • **sans ~ vous vexer** no offence meant • **qu'il le veuille ou non** whether he likes it or not • **ça va comme tu veux?*** is everything all right? • **comme tu veux** as you like • **comme vous voulez** as you like • **bon, comme tu voudras** all right, have it your own way • **si tu veux** if you like • **si vous voulez** if you like • **oui, si on veut** (*= dans un sens, d'un côté*) yes, if you like • **je n'en veux plus** I don't want any more • **est-ce que tu en veux?** [*+ gâteau*] would you like some? • **sans le ~** unintentionally

▸ **que veux-tu? que veux-tu, c'est comme ça, on n'y peut rien** what can you do? that's the way it is and there's nothing we can do about it • **que veux-tu que je te dise? j'ai perdu** what do you want me to say? I lost

c (*au conditionnel*) **je voudrais un stylo** I would like a pen • **je voudrais écrire** I would like to write • **je voudrais qu'il m'écrive** I would like him to write to me • **il aurait voulu être médecin** he would have liked to be a doctor • **je ne voudrais pas abuser** I don't want to impose • **je voudrais bien voir ça!** I'd like to see that!

d (*= consentir à*) **ils ne voulurent pas nous recevoir** they wouldn't see us

▸ **bien vouloir je veux bien le faire** (*s'il le faut vraiment*) I don't mind doing it; (*enthousiaste*) I'm happy to do it • **je veux bien qu'il vienne** (*s'il le faut vraiment*) I don't mind if he comes; (*il n'y a pas d'inconvénient*) I'm quite happy for him to come • **je voudrais bien y aller** I'd love to go • **tu veux bien leur dire que ...** would you please tell them that ... • **je veux bien encore un peu de café** I'd like some more coffee • **encore un peu de thé? — je veux bien** more tea? — yes, please • **nous en parlerons plus tard, si vous le voulez bien** we'll talk about it later, if you don't mind • **moi je veux bien, mais ...** fair enough*, but ...

e (*formules de politesse*) **voudriez-vous avoir l'obligeance** *ou* **l'amabilité de ...** would you be so kind as to ... • **voudriez-vous fermer la fenêtre?** would you mind closing the window? • **si vous voulez bien me suivre** this way, please

f (*ordre*) **veux-tu te taire!** will you be quiet! • **veuillez quitter la pièce immédiatement** please leave the room at once

g (*= essayer de*) to try • **elle voulut se lever mais elle retomba** she tried to get up but she fell back

h (*= s'attendre à*) to expect • **comment voulez-vous que je sache?** how should I know? • **avec 1000 € par mois, comment veux-tu qu'elle s'en sorte?** how do you expect her to manage on 1,000 euros a month? • **que voulez-vous qu'on y fasse?** what do you expect us (*ou* them *etc*) to do about it?

i (*= affirmer*) to claim • **une philosophie qui veut que l'homme soit ...** a philosophy which claims that man is ... • **la légende veut qu'il soit né ici** according to legend he was born here

j (*= requérir*) to require • **l'usage veut que ...** custom requires that ... • **comme le veut la loi** according to the law • **comme le veut la tradition** according to tradition

k (*= faire*) [*destin, sort*] **le hasard voulut que ...** as luck would have it ... • **le malheur a voulu qu'il prenne cette route** he had the misfortune to take this road

l (*locutions*)

▸ **en vouloir à qn** to hold something against sb • **les deux frères s'en veulent à mort** the two brothers absolutely hate each other • **en ~ à qn de qch** to hold sth against sb • **il m'en veut beaucoup d'avoir fait cela** he holds a tremendous grudge against me for having done that • **je m'en veux d'avoir accepté** I could kick myself* for agreeing • **ne m'en veuillez pas** don't hold it against me • **ne m'en voulez pas*** don't hold it against me • **tu ne m'en veux pas?** no hard feelings? • **je ne t'en veux pas** I'm not angry with you

▸ **en vouloir à qch** to be after sth • **il en veut à son argent** he's after her money • **ils en voulaient à sa vie** they wanted him dead • **ils en voulaient à sa réputation** they wanted to ruin his reputation

▸ **vouloir dire** to mean • **qu'est-ce que ça veut dire?** what does this mean? • **ça veut dire qu'il ne viendra pas** it means he won't come

2 VERBE TRANSITIF INDIRECT

~ de qn/qch to want sb/sth • **je ne veux pas de lui comme chauffeur** I don't want him as a driver • **je l'accompagnerai si elle veut de moi** I'll go with her if she'll have me

3 VERBE PRONOMINAL

se vouloir ce journal se veut objectif this newspaper claims to be unbiased • **son discours se veut rassurant** what he says is meant to be reassuring

4 NOM MASCULIN

bon ~ goodwill • **attendre le bon ~ de qn** to wait on sb's pleasure • **cette décision dépend du bon ~ du ministre** this decision depends on the minister's goodwill

---

voulu, e [vuly] *ptp de* **vouloir** (ADJ) **a** (*= requis*) required • **au moment ~** at the required moment • **en temps ~** in due time • **produire l'effet ~** to produce the desired effect **b** (*= volontaire*) deliberate • **c'est ~** it's done on purpose

vous [vu] **1** (PRON PERS) **a** you • **~ avez bien répondu tous les deux** you both answered well • **je ~ ai demandé de m'aider** I asked you to help me • **je ~ connais, ~!** I know you! • **~, aidez-moi!** hey you, give me a hand! • **cette maison est-elle à ~?** does this house belong to you?, is this house yours? • **~ ne pensez qu'à ~** you think only of yourself (*ou* yourselves) • **de ~ à moi** between you and me • **il me connaît mieux que ~** (*mieux qu'il ne vous connaît*) he knows me better than you; (*mieux que vous ne me connaissez*) he knows me better than you do • **il a fait comme ~** he did the same as you

b (*verbe pronominal*) **je crois que ~ ~ connaissez** I believe you know each other • **asseyez-~** sit down • **servez-~ donc** do help yourself (*ou* yourselves) • **ne ~ disputez pas** don't fight • **~ êtes-~ bien amusés?** did you have a good time?

2 (NM) **dire ~ à qn** to call sb "vous" • **le ~ est de moins en moins employé** the "vous" form is used less and less frequently → TUTOIEMENT/VOUVOIEMENT

V

vous-même (*pl* **vous-mêmes**) [vumɛm] (PRON) (*une personne*) yourself; (*plusieurs personnes*) yourselves
voûte [vut] (NF) vault; (= *porche*) archway • **~ en ogive/en berceau** rib/barrel vault ▸ **la voûte céleste** the vault of heaven ▸ **voûte plantaire** arch of the foot
voûté, e [vute] (ADJ) ⓐ [*cave, plafond*] vaulted ⓑ [*dos*] bent; [*personne*] stooped • **avoir le dos ~** to have a stoop
voûter [vute] /TABLE 1/ **1** (VT) [+ *personne, dos*] to make stooped • **la vieillesse l'a voûté** age has given him a stoop **2** (VPR) **se voûter il s'est voûté avec l'âge** he has become stooped with age
vouvoiement [vuvwamɑ̃] (NM) addressing sb as "vous" • **entre eux, le ~ reste de rigueur** they still address each other as "vous" → TUTOIEMENT/VOUVOIEMENT
vouvoyer [vuvwaje] /TABLE 8/ (VT) **~ qn** to address sb as "vous" → TUTOIEMENT/VOUVOIEMENT
vox populi [vɔkspɔpyli] (NF) vox populi, voice of the people
voyage [vwajaʒ] (NM) ⓐ journey; (*par mer*) voyage • **le(s) ~(s)** travelling (*Brit*), traveling (*US*) • **les ~s le fatiguent** travelling tires him • **le ~ l'a fatigué** the journey tired him • **les ~s de Christophe Colomb** the voyages of Christopher Columbus • **les fatigues du ~** the strain of the journey • **il est en ~** he's away • **lors de notre ~ en Espagne** on our trip to Spain • **~ aller/retour** outward/return journey • **~ d'affaires/d'agrément/d'études** business/pleasure/study trip • **~ d'information** fact-finding trip • **~ autour du monde** round-the-world trip • **faire un ~ autour du monde** to go round the world • **~ de noces** honeymoon • **~ organisé** package tour
ⓑ (= *course*) trip • **faire deux ~s pour transporter qch** to make two trips to transport sth
voyager [vwajaʒe] /TABLE 3/ (VI) to travel • **j'ai voyagé en avion/en 1ère classe** I travelled by air/1st class • **aimer ~** to like travelling • **il a beaucoup voyagé** he has travelled a lot • **ces denrées voyagent mal/bien** these goods travel badly/well
voyageur, -euse [vwajaʒœʀ, øz] (NM,F) traveller (*Brit*), traveler (*US*) • **c'est un grand ~** he travels a lot • **~ de commerce** sales representative
voyagiste [vwajaʒist] (NM) tour operator
voyait [vwajɛ] (VB) → **voir**
voyance [vwajɑ̃s] (NF) clairvoyance
voyant, e [vwajɑ̃, ɑ̃t] **1** (ADJ) [*couleurs*] loud **2** (NM,F) (= *illuminé*) visionary; (= *personne qui voit*) sighted person • **les ~s** the sighted **3** (NF) **voyante ~e (extralucide)** clairvoyant **4** (NM) **~ (lumineux)** indicator light; (*d'alerte*) warning light • **~ d'essence/d'huile** petrol/oil light
voyelle [vwajɛl] (NF) vowel
voyeur, -euse [vwajœʀ, øz] (NM,F) voyeur; (*qui se cache*) Peeping Tom
voyeurisme [vwajœʀism] (NM) voyeurism
voyou [vwaju] **1** (NM) ⓐ (= *délinquant*) lout ⓑ (= *garnement, enfant*) rascal • **espèce de petit ~!** you little rascal! **2** (ADJ) loutish • **un air ~** a loutish manner
voyoucratie [vwajukʀasi] (NF) thuggery
VPC [vepese] (NF) (ABR DE **vente par correspondance**) mail-order selling
vrac [vʀak] **en vrac** (LOC ADJ, LOC ADV) [*choses*] loose; (= *en désordre*) in a jumble • **« vin en ~ »** "bulk wine" • **il a tout mis en ~ dans la valise** he stuffed everything into the case • **il a cité en ~ Hugo, Balzac et Baudelaire** he quoted Hugo, Balzac and Baudelaire at random

vrai, e [vʀɛ] **1** (ADJ) ⓐ (= *exact*) true • **ce que tu dis est ~** what you say is true • **tu as peur, pas ~?*** you're scared, aren't you? • **tu veux venir aussi, pas ~?*** you want to come too, don't you? • **c'est pas ~!*** (*dénégation*) it just isn't true!; (*surprise*) I don't believe it! • **c'est pas ~! j'ai encore oublié mes clés!*** I don't believe it! I've forgotten my keys again! • **il n'en est pas moins ~ que ...** it's nonetheless true that ... • **ce n'est que trop ~** it's only too true
ⓑ (*avant le nom*) (= *réel*) real • **une ~e blonde** a real blonde • **son ~ nom c'est Charles** his real name is Charles • **ce sont ses ~s cheveux** that's his own hair • **lui c'est un cheik, un ~ de ~*** he's a sheik - the real thing* • **un ~ socialiste** a true socialist
ⓒ (*avant le nom*) (*intensif*) real • **c'est une ~e mère pour moi** she's a real mother to me • **un ~ chef-d'œuvre/héros** a real masterpiece/hero • **c'est un ~ fou!** he's completely mad!
2 (NM) ⓐ (= *vérité*) **le ~** the truth • **il y a du ~ dans ce qu'il dit** there's some truth in what he says • **distinguer le ~ du faux** to distinguish truth from falsehood • **il dit ~** he's right • **à ~ dire** • **à dire ~** to tell the truth
ⓑ (= *réalité*) ▸ **en vrai*** in real life
▸ **pour de vrai*** really • **c'est pour de ~?*** do you (*ou they etc*) really mean it?
vraiment [vʀɛmɑ̃] (ADV) really • **nous voulons ~ la paix** we really do want peace • **s'aiment-ils ~?** do they really love each other? • **~, il exagère!** really, he's going too far! • **vous trouvez? — ah oui, ~!** do you think so? — oh yes, definitely!
vraisemblable [vʀɛsɑ̃blabl] (ADJ) [*hypothèse, situation, interprétation*] likely; [*intrigue*] convincing • **peu ~** [*excuse, histoire*] unlikely • **il est (très) ~ que ...** it's (highly) likely that ...
vraisemblablement [vʀɛsɑ̃blabləmɑ̃] (ADV) probably
vraisemblance [vʀɛsɑ̃blɑ̃s] (NF) [*d'hypothèse, interprétation*] likelihood; [*de situation romanesque*] plausibility • **selon toute ~** in all probability
vrille [vʀij] (NF) ⓐ [*de plante*] tendril ⓑ (= *outil*) gimlet ⓒ (= *acrobatie*) spin • **descendre en ~** [*avion*] to spiral downwards
vriller [vʀije] /TABLE 1/ (VT) to bore into
vrombir [vʀɔ̃biʀ] /TABLE 2/ (VI) [*moteur*] to roar; [*insecte*] to buzz • **faire ~ son moteur** to rev one's engine
vrombissement [vʀɔ̃bismɑ̃] (NM) [*de moteur*] roar; [*d'insecte*] buzzing
vroum [vʀum] (EXCL) brum! brum!
VRP [veɛʀpe] (NM) (ABR DE **voyageur, représentant, placier**) sales rep*
vs (ABR DE **versus**) v
VTT [vetete] (NM) (ABR DE **vélo tout-terrain**) mountain bike • **faire du ~** to go mountain biking
vu, e[1] [vy] *ptp de* **voir** **1** (ADJ) ⓐ (= *compris*)* **c'est vu?** all right? • **c'est tout vu** it's a foregone conclusion
ⓑ (= *jugé*) **c'était bien vu de sa part** what he said was spot-on*
ⓒ (= *considéré*) **bien vu** [*personne*] well thought of • **mal vu** [*personne*] poorly thought of • **il est mal vu du patron** the boss has a poor opinion of him • **ici c'est bien/mal vu de porter une cravate** it's the done thing/it's not the done thing to wear a tie here
2 (NM) **au vu et au su de tous** openly and publicly
3 (PRÉP) in view of • **vu la situation, cela valait mieux**

in view of the situation, it was better • **vu que ...*** in view of the fact that ...

vue² [vy] 1 (NF) ⓐ (= *sens*) sight • **perdre la ~** to lose one's sight • **troubles de la ~** eye trouble • **il a une bonne ~** he has good eyesight • **il a la ~ basse** *ou* **courte** he's short-sighted *ou* near-sighted (*US*) • **une politique à courte ~** a short-sighted policy • **don de double ~** gift of second sight

ⓑ (= *regard*) **s'offrir à la ~ de tous** to present o.s. for all to see • **il l'a fait à la ~ de tous** he did it in full view of everybody • **perdre qch/qn de ~** to lose sight of sth/sb • **il ne faut pas perdre de ~ que ...** we mustn't lose sight of the fact that ... • **il lui en a mis plein la ~*** he really impressed her

▸ **à première vue** at first sight

ⓒ (= *panorama*) view • **de cette colline, on a une très belle ~ de la ville** you get a very good view of the town from this hill • **avec ~ imprenable** with an unobstructed view • **ces immeubles nous bouchent la ~** those buildings block our view • **cette pièce a ~ sur la mer** this room has a sea view

ⓓ (= *spectacle*) sight • **la ~ du sang l'a fait s'évanouir** the sight of the blood made him faint

▸ **à la vue de** at the sight of

ⓔ (= *image*) view • **des ~s de Paris** views of Paris

ⓕ (= *conception*) view • **il a une ~ pessimiste de la situation** he has a pessimistic view of the situation • **donner une ~ d'ensemble** to give an overall view • **c'est une ~ de l'esprit** that's a purely theoretical view

ⓖ (*locutions*)

▸ **à vue** [*piloter, atterrir*] visually; [*atterrissage, navigation*] visual • **tirer à ~** to shoot on sight • **naviguer à ~** to navigate visually; (*fig*) to play it by ear • **à ~ d'œil** (= *rapidement*) before one's very eyes; (= *par une estimation rapide*) at a quick glance • **il maigrit à ~ d'œil** he seems to be getting thinner by the minute* • **à ~ de nez*** roughly*

▸ **de vue** by sight • **je le connais de ~** I know him by sight

▸ **en vue** (= *proche*) in sight • **(bien) en ~** (= *en évidence*) conspicuous • **très/assez en ~** (= *célèbre*) very much/much in the public eye • **il a mis sa pancarte bien en ~** he put his placard in a prominent position • **c'est un des hommes politiques les plus en ~** he's one of the most prominent men in politics • **avoir en ~ de faire qch** to have it in mind to do sth • **il a acheté une maison en ~ de son mariage** he has bought a house for when he's married • **il s'entraîne en ~ du marathon/de devenir champion du monde** he's training with a view to the marathon/to becoming world champion

2 (NFPL) **vues** ⓐ (= *opinion*) views • **exprimer ses ~s sur un sujet** to voice one's views on a subject

ⓑ (= *projet*) plans; (*sur qn ou ses biens*) designs • **la société a des ~s sur cet immeuble** the company has its eye on that building • **elle a des ~s sur lui** (*pour un projet*) she has her eye on him; (= *elle veut l'épouser*) she has designs on him

vulcanologie [vylkanɔlɔʒi] (NF) vulcanology

vulcanologue [vylkanɔlɔg] (NMF) vulcanologist

vulgaire [vylgɛʀ] 1 (ADJ) ⓐ (= *grossier*) [*langage, personne, genre, décor*] vulgar ⓑ (= *usuel, banal*) common • **nom ~** common name ⓒ (*avant le nom = quelconque*) ordinary • **c'est un ~ escroc** he's just a crook • **un ~ bout de bois** an ordinary piece of wood 2 (NM) **le ~** vulgarity • **tomber dans le ~** to lapse into vulgarity • **c'est d'un ~ !** it's so vulgar!

vulgairement [vylgɛʀmɑ̃] (ADV) ⓐ (= *grossièrement*) vulgarly ⓑ (= *couramment*) [*dénommer*] commonly • **ce fruit, ~ appelé** *ou* **que l'on appelle ~ ...** this fruit, commonly known as ...

vulgarisateur, -trice [vylgaʀizatœʀ, tʀis] (NM,F) popularizer

vulgarisation [vylgaʀizasjɔ̃] (NF) popularization • **~ scientifique** scientific popularization • **ouvrage de ~ scientifique** popular science book

vulgariser [vylgaʀize] /TABLE 1/ (VT) to popularize

vulgarité [vylgaʀite] (NF) vulgarity

vulnérabilité [vylneʀabilite] (NF) vulnerability

vulnérable [vylneʀabl] (ADJ) vulnerable

vulve [vylv] (NF) vulva

vumètre [vymɛtʀ] (NM) recording level gauge

Vve (ABR DE **veuve**)

V

Ww

W (ABR DE **Watt**) W

wagon [vagɔ̃] NM (*de voyageurs*) carriage (*Brit*), car (*US*) ▸ **wagon à bestiaux** cattle truck ▸ **wagon de marchandises** goods wagon, freight car (*US*)

wagon-citerne (*pl* **wagons-citernes**) [vagɔ̃sitɛʀn] NM tanker

wagon-couchettes (*pl* **wagons-couchettes**) [vagɔ̃kuʃɛt] NM couchette car *ou* carriage, ≈ sleeping car

wagon-lit (*pl* **wagons-lits**) [vagɔ̃li] NM sleeper (*Brit*), Pullman (*US*)

wagon-restaurant (*pl* **wagons-restaurants**) [vagɔ̃ʀɛstɔʀɑ̃] NM restaurant car

Walkman® [wɔkman] NM Walkman®, personal stereo

wallaby (*pl* **wallabys, wallabies**) [walabi] NM wallaby

wallingant, e [walɛ̃gɑ̃, ɑ̃t] NM,F (*Belg*) (*péj*) Walloon separatist

wallon, -onne [walɔ̃, ɔn] **1** ADJ Walloon **2** NM (= *langue*) Walloon **3** NM,F **Wallon(ne)** Walloon

> Le mot anglais s'écrit avec deux **o** et avec une majuscule.

Wallonie [walɔni] NF *French-speaking part of Belgium*

WAP [wap] NM (ABR DE **wireless access protocol**) WAP • **téléphone** ~ WAP phone

warning [waʀniŋ] NMPL [*de voiture*] hazard warning lights (*Brit*), hazard lights (*US*)

waterpolo, water-polo (*pl* **water-polos**) [watɛʀpɔlo] NM water polo

waters† [watɛʀ] NMPL toilet

watt [wat] NM watt

WC, W-C [vese] NMPL (ABR DE **water-closets**) toilet

Web [wɛb] NM web • **un site** ~ a website

webcam [wɛbkam] NF webcam

webmaster [wɛbmastœʀ], **webmestre** [wɛbmɛstʀ] NM webmaster

webradio [wɛbʀadjo] NF internet radio, web radio

websérie [wɛbseʀi] NF web series

webtélé [wɛbtele] NF web TV

webzine [wɛbzin] NM webzine

week-end (*pl* **week-ends**), **weekend** [wikɛnd] NM weekend • **partir en** ~ to go away for the weekend

western [wɛstɛʀn] NM western • ~**-spaghetti** spaghetti western

whisky (*pl* **whiskies**) [wiski] NM whisky • ~ **soda** whisky and soda

widget [widʒɛt] NM widget

wifi, Wi-Fi [wifi] NM INV (ABR DE **wireless fidelity**) Wi-Fi

windsurfeur, -euse [windsœʀfœʀ, øz] NM,F, **windsurfer** [windsœʀfœʀ] NM windsurfer

wishbone [wiʃbɔn] NM [*de bateau, planche à voile*] wishbone

Xx

X, x [iks] (NM) ⓐ **chromosome X** X-chromosome • **l'axe des x** the x axis • **je te l'ai dit x fois** I've told you umpteen* times • **plainte contre X** action against person or persons unknown • **elle a accouché sous X** she gave her baby up as soon as it was born • **film (classé) X** 18 film (*Brit*), NC-17 film (*US*) ⓑ (= *école*) **l'X** the École Polytechnique

xénophobe [gzenɔfɔb] **1** (ADJ) xenophobic **2** (NMF) xenophobe

xénophobie [gzenɔfɔbi] (NF) xenophobia

xérès [gzeʀɛs] (NM) (= *vin*) sherry

XXL [iksiksel] (ADJ) XXL; (= *important*) [*projet*]* massive

xylographie [gzilɔgʀafi] (NF) (= *technique*) xylography; (= *gravure*) xylograph

xylophone [gzilɔfɔn] (NM) xylophone

Yy

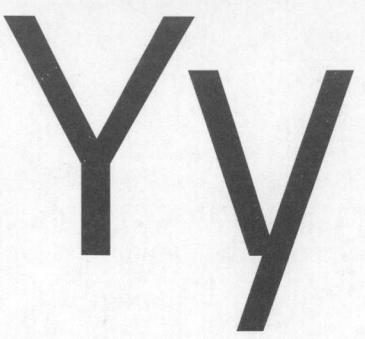

Y¹, y¹ [igʀɛk] (NM) **chromosome** Y Y-chromosome • **l'axe des y** the y axis

Y² (ABR DE **yen**) Y

y² [i] 1 (ADV) (*indiquant le lieu*) there • **restez-y** stay there • **nous y avons passé deux jours** we spent two days there • **avez-vous vu le film ? — j'y vais demain** have you seen the film? — I'm going to see it tomorrow • **j'y suis, j'y reste** here I am and here I stay • **ah ! j'y suis !** (= *je comprends*) oh, I understand!; (= *je me rappelle*) oh, I remember! • **vous y allez, à ce dîner ?*** are you going to that dinner then?
2 (PRON PERS) it • **vous serez là ? — n'y comptez pas** will you be there? — I doubt it • **n'y pensez plus** forget it • **à votre place, je ne m'y fierais pas** if I were you I wouldn't trust it • **je n'y suis pour rien** it's nothing to do with me • **je n'y suis pour personne** I'm not in to anyone • **y en a qui exagèrent** some people go too far* • **du pain ? y en a pas*** bread? there isn't any

yacht ['jɔt] (NM) yacht • **~ de course/croisière** racing/cruising yacht

ya(c)k ['jak] (NM) yak

Yalta ['jalta] (N) Yalta • **la conférence/les accords de ~** the Yalta conference/agreement

yaourt ['jaurt] (NM) yogurt • **~ nature/maigre** natural/low-fat yogurt • **~ aux fruits/à la grecque** fruit/Greek yogurt • **~ à boire** yogurt drink

yaourtière ['jaurtjɛʀ] (NF) yogurt-maker

Yémen ['jemɛn] (NM) **le ~** the Yemen • **Nord-~** North Yemen • **Sud-~** South Yemen • **au ~** in Yemen

yen ['jɛn] (NM) yen

yéti ['jeti] (NM) yeti

yeux ['jø] *pl de* **œil**

yéyé, yé-yé* ['jeje] (ADJ INV) **musique ~** *French pop music of the 1960s* • **les années ~** the sixties • **la mode ~** the sixties look

yiddish ['jidiʃ] (ADJ, NM) Yiddish

ylang-ylang [ilɑ̃ilɑ̃] (NM) ylang-ylang

yoga ['jɔga] (NM) yoga • **faire du ~** to do yoga

yogi ['jɔgi] (NM) yogi

yogourt, yoghourt ['jɔguʀt] (NM) = **yaourt**

Yom Kippour ['jɔmkipuʀ] (NM) Yom Kippur

yougoslave ['jugɔslav] 1 (ADJ) Yugoslav 2 (NMF) **Yougoslave** Yugoslav

Yougoslavie ['jugɔslavi] (NF) Yugoslavia

youpi ['jupi] (EXCL) yippee!

youyou ['juju] (NM) (= *bateau*) dinghy

yo-yo, yoyo® ['jojo] (NM INV) yo-yo

yucca ['juka] (NM) yucca

Z z

Z, z [zɛd] (NM) *(lettre)* Z, z
ZAC [zak] (NF) (ABR DE **zone d'aménagement concerté**) urban development zone
ZAD [zad] (NF) **a** (ABR DE **zone d'aménagement différé**) *zone earmarked for future development* **b** (ABR DE **zone à défendre**) *site occupied by activists trying to stop future development from taking place*
zadiste [zadist] (NMF) protester who occupies a ZAD *(zone à défendre)*
Zambie [zɑ̃bi] (NF) Zambia
zapper [zape] /TABLE 1/ (VI) to channel-hop
zappette* [zapɛt] (NF) remote control, doofer* *(Brit)*
zapping [zapiŋ] (NM) channel-hopping
zarbi‡ [zaʀbi] (ADJ) *(= bizarre)* bizarre
zazou, e [zazu] **1** (ADJ) **la jeunesse ~e** *young jazz-swingers of the 1940s* • **tenue ~e** zoot suit **2** (NMF) *(péj)* ≈ hepcat*
zèbre [zɛbʀ] (NM) *(= animal)* zebra • **un drôle de ~*** an oddball*
zébrer [zebʀe] /TABLE 6/ (VT) *(lignes régulières)* to stripe; *(lignes irrégulières)* to streak **(de** with**)** • **ciel zébré d'éclairs** sky streaked with lightning
zébrure [zebʀyʀ] (NF) *[d'animal]* stripe; *[de coup de fouet]* weal; *(= éclair)* streak
zébu [zeby] (NM) zebu
zèle [zɛl] (NM) zeal • **avec ~** zealously • **faire du ~** *(péj)* to be overzealous • **manquer de ~** to lack enthusiasm • **pas de ~!** don't overdo it! • **pousser le ~ jusqu'à faire qch** to go so far as to do sth
zélé, e [zele] (ADJ) zealous
zen [zɛn] **1** (ADJ INV) Zen • **rester ~*** *(= serein)* to remain unfazed* • **c'est ~, chez lui!** *(= dépouillé)* his place is very minimalist! **2** (NM) Zen
zénith [zenit] (NM) zenith • **le soleil est au ~** the sun is at its height
zénitude, zenitude [zenityd] (NF) *(hum)* inner peace
ZEP [zɛp] (NF) (ABR DE **zone d'éducation prioritaire**) *area targeted for special help in education*
zéro [zeʀo] **1** (NM) **a** *(= chiffre)* zero, nought *(Brit)* • **les enfants de ~ à cinq ans** children up to the age of five • **sur une échelle de ~ à dix** on a scale of zero *ou* nought *(Brit)* to ten • **recommencer à ~** to go back to square one • **remettre à ~** *[+ compteur, chronomètre]* to reset • **j'ai dû tout reprendre à ~** I had to start all over again • **les avoir à ~‡** to be scared out of one's wits*
b *(température)* zero; *(en degrés Fahrenheit)* freezing • **trois degrés au-dessus de ~** three degrees above zero • **trois degrés au-dessous de ~** three degrees below zero
c *(Rugby, Football)* zero, nil *(Brit)*, nothing *(US)*; *(Tennis)* love • **mener par deux jeux/sets à ~** *(Tennis)* to lead (by) two games/sets to love • **~ à ~** *ou* **~ partout à la mi-temps** no score at half time • **gagner par deux (buts) à ~** to win two nil *(Brit)* *ou* two nothing *(US)*
d *(= note)* zero, nought *(Brit)* • **~ de conduite** bad mark *(Brit)* *ou* grade *(US)* for behaviour • **le gouvernement mérite un ~ pointé** the government deserves nought out of 20
e *(= personne)** dead loss*
2 (ADJ) **~ heure** midnight; *(heure GMT)* zero hour • **~ heure trente** half past midnight; *(heure GMT)* zero thirty hours • **le risque ~ n'existe pas** there's no such thing as zero risk • **taux de croissance ~** zero growth
zeste [zɛst] (NM) **a** *[de citron, orange]* peel *NonC*; *(en cuisine)* zest *NonC* • **avec un ~ de citron** with a piece of lemon peel **b** *[d'ironie, folie]* touch • **un ~ d'humour** a touch of humour
zézaiement [zezɛmɑ̃] (NM) lisp
zézayer [zezeje] /TABLE 8/ (VI) to lisp
zguègue** [zgɛg] (NM) prick**
ZI [ʒɛdi] (NF) (ABR DE **zone industrielle**) industrial estate *(Brit)* *ou* park *(US)*
zibeline [ziblin] (NF) sable
zieuter‡ [zjøte] /TABLE 1/ (VT) *(longuement)* to eye; *(rapidement)* to have a squint at*
zigouiller‡ [ziguje] /TABLE 1/ (VT) to do in* • **se faire ~** to get bumped off*
zigounette* [zigunɛt] (NF) *(hum ou langage enfantin)* willy* *(Brit)*, peter* *(US)*
zigzag [zigzag] (NM) zigzag • **route en ~** winding road • **il a eu une carrière en ~** he has had a chequered career
zigzaguer [zigzage] /TABLE 1/ (VI) to zigzag
Zimbabwe [zimbabwe] (NM) Zimbabwe
zimbabwéen, -enne [zimbabweɛ̃, ɛn] **1** (ADJ) Zimbabwean **2** (NM,F) **Zimbabwéen(ne)** Zimbabwean
zinc [zɛ̃g] (NM) **a** *(= métal)* zinc **b** *(= avion)** plane **c** *(= comptoir)** bar • **boire un coup sur le ~** to have a drink at the bar
zinzin* [zɛ̃zɛ̃] **1** (ADJ) nuts* **2** (NM) *(= fou)* nutcase*
zip® [zip] (NM) **1** *(= fermeture éclair®)* zip *(Brit)*, zipper *(US)* **2** *(Informatique)* **fichier ~** zip file
zippé, e [zipe] (ADJ) zip-up
zipper [zipe] /TABLE 1/ (VT) *(Informatique)* to zip
zircon [ziʀkɔ̃] (NM) zircon

zizanie [zizani] (NF) **mettre** *ou* **semer la ~ dans une famille** to stir up ill-feeling in a family • **c'est la ~ au bureau** people are at each others' throats at the office
zizi* [zizi] (NM) (*hum, langage enfantin*) (= *pénis*) willy* (*Brit*), peter* (*US*)
zloty [zlɔti] (NM) zloty
zob** [zɔb] (NM) (= *pénis*) prick**, cock**
Zodiac® [zɔdjak] (NM) rubber dinghy
zodiacal, e (*mpl* **-aux**) [zɔdjakal, o] (ADJ) [*constellation, signe*] of the zodiac
zodiaque [zɔdjak] (NM) zodiac
zombi, zombie [zɔ̃bi] (NM) zombie
zona [zona] (NM) shingles *sg* • **avoir un ~** to have shingles
zonard, e* [zonaʀ, aʀd] (NM,F) (= *marginal*) dropout*
zone [zon] **1** (NF) **a** zone; (*Transports*) travel zone • **~ d'élevage** (*Agric*) cattle-breeding area • **~ de pêche** fishing zone • **~ d'influence (d'un pays)** sphere of influence (of a country) • **la ~ des combats** the combat zone • **~ de haute/basse pression** area of high/low pressure • **dans cette affaire, des ~s d'ombre subsistent encore** some aspects of this business remain very unclear • **de troisième ~** (*fig*) third-rate
b **la zone*** (= *quartiers pauvres*) the slums; (= *marginalité*) the dropout lifestyle • **c'est la ~ !** it's the pits!* • **enlève ce bric-à-brac de ton jardin, ça fait ~*** get rid of that junk in your garden, it looks like a tip*
2 (COMP) ▸ **zone d'activités** business park ▸ **zone d'aménagement concerté** urban development zone ▸ **zone artisanale** (small) industrial estate (*Brit*) *ou* park (*US*) ▸ **zone bleue** ≈ restricted parking zone ▸ **zone blanche** (*Téléc*) dead zone ▸ **zone dangereuse** danger zone ▸ **zone de dépression, zone dépressionnaire** trough of low pressure ▸ **zone de dialogue** (*Informatique*) dialogue (*Brit*) *ou* dialog (*US*) box ▸ **zone d'éducation prioritaire** *area targeted for special help in education* ▸ **zone d'environnement protégé** environmentally protected zone ▸ **zone franche** free zone ▸ **zone frontalière** border area ▸ **zone industrielle** industrial estate (*Brit*) *ou* park (*US*) ▸ **zone interdite** no-go area ▸ **zone libre** (*Hist France*) unoccupied France • **passer/se réfugier en ~ libre** to enter/take refuge in the unoccupied zone ▸ **zone de libre-échange** free trade area ▸ **zone monétaire** monetary zone ▸ **zone occupée** (*Hist France*) occupied zone ▸ **zone piétonne, zone piétonnière** pedestrian precinct ▸ **zone à risque** (*catastrophes naturelles*) disaster-prone area; (*criminalité*) high-risk area ▸ **zone tampon** (*Mil*) buffer zone; (*Informatique*) buffer ▸ **zone de turbulences** (*Aviat*) area of turbulence; (*fig*) trouble spot ▸ **zone urbaine** urban area ▸ **zone urbaine sensible** *priority zone for urban regeneration* ▸ **zone à urbaniser en priorité** urban development zone
zoner [zone] /TABLE 1/ **1** (VT) to zone **2** (VI) [*marginal*]* to bum around*
zoo [zo(o)] (NM) zoo
zoologie [zɔɔlɔʒi] (NF) zoology
zoologique [zɔɔlɔʒik] (ADJ) zoological
zoologiste [zɔɔlɔʒist], **zoologue** [zɔɔlɔg] (NMF) zoologist
zoom [zum] (NM) (= *objectif*) zoom lens • **faire un ~ sur** to zoom in on
zoomer [zume] /TABLE 1/ (VI) to zoom in (**sur** on)
zou* [zu] (EXCL) **(allez) ~ !** (= *partez*) shoo!*; (= *dépêchez-vous*) get a move on!*
zouave [zwav] (NM) **faire le ~*** to play the fool
zoulou, e [zulu] **1** (ADJ) Zulu **2** (NM) (= *langue*) Zulu **3** (NM,F) **Zoulou(e)** Zulu
ZUP [zyp] (NF) (ABR DE **zone à urbaniser en priorité**) → **zone**
ZUS [zys] (NF) (ABR DE **zone urbaine sensible**)
zut* [zyt] (EXCL) damn!* • **je fais ce que je veux, ~ alors !** I'll do what I want, for goodness' sake! • **et puis ~ à la fin ! j'abandonne !** what the heck*, I give up!
zwanze [zwɑ̃z] (NF) (*Belg*) joke
zwanzer [zwɑ̃ze] /TABLE 1/ (VI) (*Belg*) to joke
zygomatique [zigɔmatik] (NM) zygomatic major (muscle) (*SPÉC*) • **se dérouiller les ~s*** (*hum*) to have a good laugh

French in action

L’anglais en action

French in action

CONTENTS

▼LIKES, DISLIKES AND PREFERENCES

▸ Saying what you like

J'aime les gâteaux. — *I like ...*
J'aime que les choses soient à leur place. — *I like ...*
J'ai bien aimé le film. — *I liked ...*
J'adore sortir en boîte. — *I love ...*
Ce que j'aime chez Laurent, c'est son enthousiasme. — *What I like ...*
Ce que j'aime par-dessus tout, c'est son sourire. — *What I like most of all is ...*
La visite des vignobles **m'a beaucoup plu.** — *I very much enjoyed ...*
J'ai un faible pour le chocolat. — *I've got a weakness for ...*
Rien ne vaut un bon café. — *You can't beat ...*
Rien de tel qu'un bon bain chaud! — *There's nothing better than ...*
Le couscous est **mon** plat **favori.** — *My favourite ...*
La lecture est **une de mes** activités **préférées.** — *... one of my favourite ...*
Cela ne me déplaît pas de sortir seule. — *I quite like ...*

▸ Saying what you dislike

Je n'aime pas le poisson. — *I don't like ...*
Je n'aime pas beaucoup parler en public. — *I'm not very keen on ...*
Je n'aime pas du tout cela. — *I don't like that at all.*
Cette idée **ne m'emballe pas.** — *I'm not crazy about ...*
Je déteste la chimie. — *I hate ...*
J'ai horreur du sport. — *I loathe ...*
Je ne supporte pas qu'on me mente. — *I can't stand ...*
Sa façon d'agir **ne me plaît pas du tout.** — *I don't like ... at all.*
Ce que je déteste le plus, c'est le repassage. — *What I hate most is ...*

▸ Saying what you prefer

Je préfère le rock **à** la musique classique. — *I prefer ... to ...*
Je préférerais vivre à Paris. — *I would rather ...*

▸ Expressing indifference

Ça m'est égal. — *I don't mind.*
Je n'ai pas de préférence. — *I have no preference either way.*
C'est comme vous voulez. — *It's up to you.*
Cela n'a aucune importance. — *It doesn't matter at all.*
Peu importe. — *It doesn't matter.*

USEFUL SENTENCES

▸ Asking what someone likes

Est-ce que vous aimez les frites ?	*Do you like ...*
Est-ce que vous aimez faire la cuisine ?	*Do you enjoy ...*
Est-ce que cela vous plaît de vivre en ville ?	*Do you like ...*
Qu'est-ce que vous préférez : la mer ou la montagne ?	*Which do you like better ...*
Vous préférez lequel, le rouge ou le noir ?	*Which do you prefer ...*
Est-ce que vous préférez vivre à la campagne ou en ville ?	*Do you prefer ...*
Qu'est-ce que vous aimez le plus à la télévision ?	*What do you like best ...*

▼OPINIONS

▸ Asking for opinions

Qu'en pensez-vous ?	*What do you think?*
Que pensez-vous de sa façon d'agir ?	*What do you think of ...*
Je voudrais savoir ce que vous pensez de son travail.	*I'd like to know what you think of ...*
J'aimerais connaître votre avis sur ce problème.	*I would like to know your views on ...*
Est-ce que vous pourriez me donner votre opinion sur cette émission ?	*Could you give me your opinion on ...*
Quelle est votre opinion sur la peine de mort ?	*What is your opinion on ...*
À votre avis, les garçons sont-ils meilleurs en sciences ?	*In your opinion ...*
Selon vous, faut-il donner plus de liberté aux jeunes ?	*In your opinion ...*

▸ Expressing opinions

Vous avez raison.	*You are right.*
Il a tort.	*He is wrong.*
Il a eu tort de démissionner.	*He was wrong to ...*
Je pense que ce sera possible.	*I think ...*
Je crois que c'est un peu prématuré.	*I think ...*
Je trouve que c'est normal.	*I think ...*
Personnellement, je pense que c'est trop cher.	*Personally, I think ...*
Il me semble que vous vous trompez.	*I think ...*
J'ai l'impression que ses parents ne la comprennent pas.	*I get the impression that ...*
Je suis certain qu'il est tout à fait sincère.	*I'm positive ...*
Je suis sûr que Marc va gagner.	*I'm sure ...*
Je suis persuadé qu'il y a d'autres solutions.	*I am convinced that ...*
À mon avis, il n'a pas changé.	*In my opinion ...*
D'après moi, il a fait une erreur.	*In my view ...*
Selon moi, c'est impossible.	*In my view ...*

▸ Being noncommittal

Ça dépend.	*It depends.*
Tout dépend de ce que vous entendez par là.	*It all depends what you mean by that.*
Je n'ai pas d'opinion bien précise à ce sujet.	*I have no particular opinion about this.*
Je ne me suis jamais posé la question.	*I have never thought about it.*
Je préfère ne pas me prononcer.	*I'd rather not express an opinion.*

▾ APPROVAL AND AGREEMENT

Je trouve que c'est une excellente idée.	*I think it's an excellent idea.*
Quelle bonne idée !	*What a good idea!*
J'ai beaucoup apprécié son article sur les États-Unis.	*I greatly appreciated ...*
C'est une très bonne chose.	*It's a very good thing.*
Je trouve que vous avez raison de vous méfier.	*I think you're right to ...*
Les journaux **ont raison de** publier ces informations.	*... are right to ...*
Vous avez bien fait de laisser vos bagages à la consigne.	*You were right to ...*
Vous n'avez pas tort de critiquer le gouvernement.	*You're quite justified in ...*
Nous sommes favorables à la création d'emplois.	*We are in favour of ...*
Nous sommes en faveur d'une Europe unie.	*We are in favour of ...*
Il est exact que c'est dangereux.	*It is true that ...*
Je suis d'accord avec vous.	*I agree with you.*
Je suis entièrement d'accord avec toi.	*I completely agree with you.*

▾ DISAPPROVAL AND DISAGREEMENT

Je trouve qu'il a eu tort d'emprunter autant d'argent.	*I think he was wrong to ...*
Il est dommage qu'il ait réagi ainsi.	*It's a pity that ...*
Cette idée **me déplaît profondément.**	*I dislike ... intensely.*
Je ne supporte pas le mensonge.	*I can't stand ...*
Nous sommes contre la chasse.	*We are against ...*
Je suis opposé à toute forme de censure.	*I am against ...*
Je ne partage pas ce point de vue.	*I don't agree with this point of view.*
Je suis déçu par son attitude.	*I am disappointed by ...*
Tu n'aurais pas dû lui parler sur ce ton.	*You shouldn't have ...*
Nous ne pouvons accepter de voir la situation se dégrader.	*We can't stand back and ...*
De quel droit agit-**il** de la sorte ?	*What gives him the right to ...*
Je ne suis pas d'accord.	*I disagree.*
Je ne suis absolument pas d'accord avec ce qu'il a dit.	*I totally disagree with ...*
C'est faux de dire que cette erreur était inévitable.	*It is not true to say that ...*
Vous vous trompez !	*You're wrong!*

USEFUL SENTENCES

▼APOLOGIES

▸ How to say sorry

Excusez-moi. — *Sorry.*
Excusez-moi de vous déranger. — *Sorry to bother you.*
Oh, pardon ! J'ai dû faire un faux numéro. — *Oh, sorry! ...*
Je suis désolé de vous avoir réveillé. — *I am sorry I ...*
Je suis désolé de tout ce qui s'est passé. — *I am sorry about ...*
Je vous prie de m'excuser. — *I do apologize.*

▸ Admitting responsibility

C'est (de) ma faute : j'aurais dû partir plus tôt. — *It's my fault, I should have ...*
Je n'aurais pas dû me moquer d'elle. — *I shouldn't have ...*
Nous avons eu tort de ne pas vérifier cette information. — *We were wrong not to ...*
J'assume l'entière responsabilité de cette erreur. — *I take full responsibility for ...*
Si seulement j'avais révisé mes cours ! — *If only I had ...*

▸ Disclaiming responsibility

Ce n'est pas (de) ma faute. — *It's not my fault.*
Je ne l'ai pas fait exprès. — *I didn't do it on purpose.*
Je ne pouvais pas faire autrement. — *I had no other option.*
J'avais pourtant cru comprendre que je pouvais me garer là. — *But I thought that ...*
J'avais cru bien faire en le prévenant. — *I thought I was doing the right thing in ...*

▸ Apologizing for being unable to do something

Je regrette, mais ce n'est pas possible. — *I'm sorry, but ...*
Je suis désolé, mais je ne peux pas vous aider. — *I'm sorry, but ...*
Il nous est malheureusement impossible d'accéder à votre demande. — *Unfortunately, we cannot ...*

▼EXPLANATIONS

▸ Causes

Je n'ai rien acheté **parce que** je n'ai pas d'argent. — *... because ...*
Je suis arrivé en retard **à cause des** embouteillages. — *... because of ...*
Puisque tu insistes, je t'accompagne. — *Since ...*

Comme j'habitais près du parc, j'y allais souvent. — *As ...*

J'ai réussi à m'en sortir **grâce au** soutien de mes amis. — *... thanks to ...*

Je ne pourrai pas venir **car** je n'ai pas fini. — *... as ...*

Vu la situation actuelle, nous ne pouvons pas nous prononcer. — *Given ...*

Étant donné la crise, il est difficile de trouver du travail. — *Given ...*

C'est une rupture d'essieu **qui a provoqué** le déraillement. — *It was ... that caused ...*

Le théâtre va fermer **faute de** moyens. — *... due to lack of ...*

Le projet a été abandonné **en raison de** problèmes financiers. — *... owing to ...*

Le malaise des enseignants **est lié à** la difficulté de leur métier. — *... is related to ...*

Le problème vient de ce que les gens ont peur de perdre leur emploi. — *The source of the problem is that ...*

Le ralentissement des exportations **provient de** la chute de la demande européenne. — *... is the result of ...*

La haine **résulte de** l'incompréhension. — *... results from ...*

▸ Consequences

Je dois partir ce soir. Je ne pourrai **donc** pas venir avec vous. — *... so ...*

La distribution a été améliorée, **de telle sorte que** nos lecteurs trouveront leur journal plus tôt. — *... so that ...*

Les classes sont plus petites et **par conséquent** les élèves ont de meilleurs résultats. — *... consequently ...*

Ce manque de concertation **a eu pour conséquence** un déploiement d'efforts inutile. — *... has resulted in ...*

Voilà pourquoi on s'en souvient. — *That's why ...*

▼ COMPARISONS

On peut comparer la télévision **à** une drogue. — *... is like ...*

C'est une très belle performance **que l'on peut comparer à** celle des meilleurs athlètes. — *... which can be compared to ...*

Le Centre Pompidou **est souvent comparé à** un paquebot. — *... is often likened to ...*

Le bruit **était comparable à** celui d'une moto dépourvue de silencieux. — *... was like ...*

L'Afrique reste un continent sous-peuplé **comparé à** l'Asie. — *... compared with ...*

Par comparaison avec l'Islande, l'Écosse a un climat doux. — *Compared to ...*

USEFUL SENTENCES

Les investissements publicitaires ont connu une légère progression **par rapport à** l'année dernière.	*... compared to ...*
Cette histoire **ressemble à** un conte de fées.	*... is like ...*
Il adorait cette campagne qui **lui rappelait** la Bretagne.	*... reminded him of ...*
Des taux de chômage effrayants, **rappelant ceux** des années 30.	*... reminiscent of those ...*
Il me fait penser à mon frère.	*He reminds me of ...*
Le ski alpin **est l'équivalent** sur neige **du** ski nautique.	*... is the equivalent ... of ...*
Cette somme **correspond à** six mois de salaire.	*... is equivalent to ...*
C'est la même chose.	*It's the same thing.*
Cela revient au même.	*It comes to the same thing.*

▸ Stressing differences

Aucune catastrophe **ne peut être comparée à** celle de Tchernobyl.	*No ... can compare with ...*
On ne peut pas comparer les usines modernes **à** celles où travaillaient nos grands-parents.	*... cannot be compared with ...*
Les actions de ce groupe **n'ont rien de comparable avec** les agissements des terroristes.	*... are in no way comparable to ...*
L'histoire des États-Unis **ne ressemble en rien à** la nôtre.	*... in no way resembles ...*
Il y a des événements bien plus tragiques que de perdre une finale de Coupe d'Europe.	*There are much worse things than ...*
Le gruyère **est meilleur que** le comté.	*... is better than ...*
Son deuxième film **est moins** réussi **que** le premier.	*... not as ... as ...*
L'espérance de vie des femmes est de 81 ans, **tandis que** celle des hommes est de 72 ans.	*... whereas ...*
Alors que la consommation de vin et de bière diminue, l'eau minérale est un marché en expansion.	*While ...*

▼ REQUESTS AND OFFERS

▸ Requests

Je voudrais trois tartelettes.	*I'd like ...*
Je voudrais connaître les horaires des trains pour Lille.	*I'd like to ...*
Pourriez-vous nous donner un coup de main ?	*Could you ...*
Est-ce que vous pouvez annoncer la bonne nouvelle à Sophie ?	*Can you ...*
Est-ce que vous pourriez venir me chercher ?	*Could you please ...*
Sois gentil, fais un saut chez le boulanger.	*Be an angel ...*

Auriez-vous l'amabilité de m'indiquer la sortie ?	*Would you be so kind as to ...*
Auriez-vous l'obligeance de me garder ma place ?	*Would you be very kind and ...*
Puis-je vous demander de m'accorder un instant ?	*Could I ask you to ...*
Est-ce que cela vous dérangerait d'ouvrir la fenêtre ?	*Would you mind ...*
Je vous serais reconnaissant de me prévenir dès que possible.	*I would be grateful if you would ...*

► Offers

Je peux passer vous prendre, **si** vous voulez.	*I can ... if ...*
Je pourrais vous accompagner.	*I could ...*
Ça te dirait, une glace ?	*Do you feel like ...*
Ça vous dirait d'aller voir un film ?	*Would you like to ...*
Que diriez-vous d'une balade en forêt ?	*What would you say to ...*
Est-ce que vous voulez que je vous raccompagne ?	*Do you want me to ...*
Est-ce que vous voulez dîner avec nous un soir ?	*Would you like to ...*

▼ ADVICE AND SUGGESTIONS

► Asking for advice or suggestions

À ma place, que feriez-vous ?	*What would you do, if you were me?*
Quel est votre avis sur la question ?	*What's your opinion about this?*
Qu'est-ce que vous me conseillez, la Corse ou la Sicile ?	*Which would you recommend ...*
Que me conseillez-vous de faire ?	*What would you advise me to do?*
Parmi les excursions proposées, **laquelle nous conseilleriez-vous ?**	*... which would you recommend?*
Quelle stratégie **proposez-vous ?**	*What ... do you suggest?*
Que proposez-vous pour réduire la pollution ?	*What do you think should be done to ...*
Qu'est-ce que vous proposez contre le chômage ?	*How would you deal with ...*

► Offering advice or suggestions

À votre place, je me méfierais.	*If I were you ...*
Si j'étais toi, je ne dirais rien.	*If I were you ...*
Je peux vous donner un conseil : achetez votre billet à l'avance.	*I'd advise you to ...*
Un conseil : lisez le mode d'emploi.	*A word of advice ...*
Un bon conseil : n'attendez pas le dernier moment.	*A useful tip ...*
Vous devriez voir un spécialiste.	*You should ...*
Vous feriez bien de consulter un médecin.	*You really ought to ...*
Vous feriez mieux d'acheter une nouvelle voiture.	*You would do better to ...*

USEFUL SENTENCES

Vous pourriez peut-être demander à quelqu'un de vous le traduire. — *You could perhaps ...*
Pourquoi ne pas lui téléphoner ? — *Why don't you ...*
Il faudrait peut-être essayer autre chose. — *Perhaps we ought to ...*
Et si on allait au cinéma ? — *What about ...*
Je vous propose le 3 mars à 10 h 30. — *How about ...*
Il vaudrait mieux lui offrir de l'argent qu'un bijou. — *It might be better to ...*
Il serait préférable d'attendre le résultat. — *It would be better to ...*

▸ Warnings

Je vous préviens, je ne me laisserai pas faire. — *I'm warning you ...*
Je te préviens que ça ne sera pas facile. — *I'd better warn you that ...*
N'oubliez pas de conserver le double de votre déclaration d'impôts. — *Don't forget to ...*
Méfiez-vous des apparences. — *Be careful: appearances can be deceptive.*
Surtout, n'y allez **jamais** le samedi. — *Whatever you do, don't ...*
Si tu ne viens pas, **tu risques de** le regretter. — *... you may ...*

▼ INTENTIONS AND DESIRES

▸ Asking what someone intends to do

Qu'est-ce que vous allez faire ? — *What are you going to do?*
Qu'est-ce que tu vas faire si tu rates ton examen ? — *What will you do if ...*
Qu'allez-vous faire en rentrant ? **Avez-vous des projets ?** — *What are you going to do ... Do you have anything planned?*
Quels sont vos projets ? — *What are your plans?*
Est-ce que tu comptes passer tes vacances ici ? — *Are you planning to ...*
Vous comptez rester longtemps ? — *Are you planning on ...*
Que comptez-vous faire de votre collection ? — *What are you planning to do with ...*
Comment comptez-vous faire ? — *What are you thinking of doing?*
Tu as l'intention de passer des concours ? — *Do you intend to ...*
Songez-vous à refaire un film en Europe ? — *Are you thinking of ...*

▸ Talking about intentions

Je comptais m'envoler pour Ajaccio le 8 juillet. — *I was planning to ...*
Elle prévoit de voyager pendant un an. — *She plans to ...*
Il est prévu de construire un nouveau stade. — *There are plans to ...*
Ils envisagent d'avoir plusieurs enfants. — *They are thinking of ...*

Cette banque **a l'intention de** fermer un grand nombre de succursales. — *... intends to ...*
Je songe à abandonner la compétition. — *I am considering ...*
J'ai décidé de changer de filière. — *I have decided to ...*
Je me suis décidé à y aller. — *I have decided to ...*
Je suis décidé à arrêter de fumer. — *I have made up my mind to ...*
C'est décidé, nous partons à la campagne. — *That's settled ...*
Il n'a jamais été dans nos intentions de lui cacher la vérité. — *We never had any intention of ...*
Il n'est pas question pour moi **de** renoncer à ce projet. — *It is out of the question that ...*

▸ Wishes

Je veux faire du cinéma. — *I want to ...*
Je voudrais avoir plus de temps libre. — *I wish ...*
J'aimerais faire du deltaplane. — *I'd like to ...*
J'aimerais que mes photos soient publiées dans la presse. — *I would like ...*
J'aurais aimé avoir un frère. — *I would have liked to ...*
Lionel **voulait à tout prix** partir le soir-même. — *... was desperate to ...*
Nous souhaitons préserver notre indépendance. — *We wish to ...*
J'espère avoir des enfants. — *I hope to ...*
Nous espérons que les enfants regarderont cette émission avec leurs parents. — *We hope that ...*
Vous rêvez de faire le tour du monde ? — *Do you dream of ...*
Mon rêve serait d'avoir une grande maison. — *My dream would be to ...*

▼OBLIGATION

Il faut que je me trouve un logement. — *I must ...*
Il faut absolument qu'on se revoie avant le 23 ! — *We really must ...*
Si vous allez en Angleterre, **vous devez** venir nous voir. — *... you must ...*
Le professeur **a exigé qu'**il présente ses excuses à Pierre. — *... insisted that ...*
Ça **me force à** faire de l'exercice. — *... makes me ...*
Une violente crise d'asthme **m'a obligé à** consulter un médecin. — *... forced me to ...*
Je suis obligé de partir. — *I have to ...*
Il est obligé de quitter son pays, **il n'a pas le choix.** — *He has to ... he has no other option.*
On ne peut pas faire autrement que d'accepter. — *You have no choice but to ...*
L'école **est obligatoire** jusqu'à seize ans. — *... is compulsory ...*
Il est indispensable de voyager pour comprendre les autres. — *It is essential to ...*

USEFUL SENTENCES

▼ PERMISSION

▸ Asking for permission

Je peux téléphoner ?	*Can I ...*
Je peux vous demander quelque chose ?	*Can I ...*
Est-ce que je peux passer vous dire un petit bonjour tout à l'heure ?	*Can I ...*
Ça ne vous dérange pas si j'arrive en avance ?	*Is it all right if ...*
Ça ne vous dérange pas que je fume ?	*Is it okay if ...*
Est-ce que ça vous dérange si j'ouvre la fenêtre ?	*Do you mind if ...*
Vous permettez, Madame, **que** je regarde ce qu'il y a dans votre sac ?	*Would you mind if ...*

▸ Giving permission

Faites comme vous voulez.	*Do as you please.*
Allez-y !	*Go ahead!*
Je n'y vois pas d'inconvénient.	*I don't mind.*
Vous avez le droit de porter plainte.	*You have the right to ...*

▸ Saying something is not allowed

Je te défends de sortir !	*I forbid you to ...*
C'est défendu.	*It's not allowed.*
Il est interdit de fumer dans les toilettes.	*... is forbidden.*
Le travail des enfants **est formellement interdit par** une convention de l'ONU.	*... is strictly forbidden by ...*
Défense d'entrer.	*No entry.*
Stationnement **interdit.**	*No ...*
Interdiction de stationner.	*No ...*
C'est interdit.	*It's not allowed.*
Elle interdit à ses enfants **de** regarder la télévision.	*She doesn't let ...*
Tu n'as pas le droit.	*You're not allowed.*
On n'a pas le droit de manger pendant les cours.	*We aren't allowed to ...*
Il n'en est pas question.	*That's out of the question.*

▼ CERTAINTY, PROBABILITY AND POSSIBILITY

▸ Certainty

Il est certain qu'il y aura des problèmes.	*Undoubtedly ...*
Il ne fait aucun doute que ce produit connaîtra un réel succès.	*There is no doubt that ...*

Il est évident qu'il traverse une période difficile. *Clearly ...*
C'est **de toute évidence** la seule chose à faire. *Quite obviously ...*
Il est indéniable qu'il a eu tort d'agir ainsi. *Undoubtedly ...*
Je suis sûre que mon frère te plaira. *I am sure that ...*
Je suis sûr de gagner. *I am sure to ...*
Je suis certain que nous sommes sur la bonne voie. *I am certain that ...*
J'ai la certitude qu'en travaillant avec lui, je ne m'ennuierai pas. *I can be sure that ...*
Je suis persuadé qu'il y a d'autres solutions. *I am convinced that ...*

▸ Probability

Il est probable que le prix de l'essence va continuer d'augmenter. *... probably ...*
Le taux d'inflation dépassera **très probablement** les 2%. *... very probably ...*
80% des problèmes de peau sont **sans doute** d'origine psychique. *... probably ...*
Ils avaient **sans doute** raison. *... no doubt ...*
Les travaux **devraient** débuter au mois d'avril. *... should ...*
On dirait que tout lui est égal. *It's as if ...*
Il a dû oublier d'ouvrir les fenêtres. *He must have ...*

▸ Possibility

C'est possible. *It is possible.*
Il est possible que cela coûte plus cher. *That might ...*
Il n'est pas impossible qu'il soit parti à Paris. *It is not impossible that ...*
Il se pourrait que l'Amérique ait été découverte par des Chinois. *It is possible that ...*
Il se peut que ce virus soit particulièrement virulent. *... may ...*
En quelques mois, tout **peut** changer. *... could ...*
Il a **peut-être** mal compris. *Maybe ...*
Peut-être que je me trompe. *Perhaps ...*

▼ DOUBT, IMPROBABILITY AND IMPOSSIBILITY

▸ Doubt

Je ne suis pas sûr que ce soit utile. *I'm not sure ...*
Je ne suis pas sûr d'y arriver. *I'm not sure I'll ...*
Je ne suis pas certain d'avoir raison. *I'm not sure I'm ...*
Il n'est pas certain que cela soit une bonne idée. *I'm not sure that ...*
Il n'est pas certain qu'un vaccin puisse être mis au point. *We can't be sure that ...*

USEFUL SENTENCES

Je me demande si nous avons fait beaucoup de progrès dans ce domaine.	*I wonder if ...*
Est-ce sage ? **J'en doute.**	*... I doubt it.*
Il se mit à **douter de** la compétence de son médecin.	*... to have doubts about ...*
Je doute fort qu'il accepte de rester inactif.	*I very much doubt ...*
On ne sait pas exactement ce qui s'est passé.	*Nobody knows exactly ...*

▸ Improbability

Il **ne** changera **probablement pas** d'avis.	*... probably won't ...*
Il est peu probable qu'il reste encore des places.	*It is unlikely that ...*
Ça m'étonnerait qu'ils aient ta pointure.	*I'd be surprised if ...*
Il serait étonnant que tout se passe comme prévu.	*It would be surprising if ...*
Nous ne risquons pas de nous ennuyer.	*There's no danger we ...*
Elles ne risquent pas de se faire élire.	*They are not likely to ...*
Il y a peu de chances que le taux de croissance dépasse 1,5%.	*There is not much chance of ...*

▸ Impossibility

C'est impossible.	*It's impossible.*
Il n'est pas possible qu'il n'y ait rien à faire.	*It is inconceivable that ...*
Il est impossible que ces renseignements soient faux.	*It is not possible that ...*
Il n'y a aucune chance qu'ils viennent à notre secours.	*There is no chance of ...*

▼GREETINGS

Bonjour !	*Hello!*
Bonsoir !	*Good evening!*
Salut !	*Hi!*
Comment allez-vous ?	*How are you?*
Comment ça va ?	*How's things?*

▸ What to say in reply

Très bien, merci, et vous ?	*Very well, thanks, and you?*
Ça va, et toi ?	*Fine, thanks, and you?*
Super bien !	*Great!*
On fait aller.	*So-so.*
Pas trop mal.	*Not bad.*

▸ Introductions

Marc, **je te présente** Charles.	*... this is ...*
Je vous présente mon amie.	*May I introduce ...*
Je ne crois pas que vous vous connaissiez.	*I don't think you know one another.*

▸ Replying to an introduction

Enchanté!	*Pleased to meet you!*
Ravi de faire votre connaissance.	*Pleasure to make your acquaintance.*
Salut, moi c'est Dominique.	*Hi, I'm ...*

▸ Parting

Au revoir!	*Goodbye!*
Bonne nuit!	*Good night!*
Salut!	*Bye!*
À tout à l'heure!	*See you!*
À bientôt!	*See you later!*
À demain!	*See you tomorrow!*
À la semaine prochaine!	*See you next week!*
À jeudi!	*See you Thursday!*

▸ Best wishes

Bon anniversaire!	*Happy Birthday!*
Joyeux Noël!	*Merry Christmas!*
Bonne année!	*Happy New Year!*
Félicitations!	*Congratulations!*
Bon voyage!	*Safe journey!*
Bonne chance!	*Good luck!*
Bienvenue!	*Welcome!*
Amusez-vous bien!	*Have fun!*
Bon appétit!	*Enjoy your meal!*
À votre santé!	*Cheers!*
Tchin-tchin!	*Cheers!*

▼ CORRESPONDENCE

▸ Standard opening and closing formulae

In personal correspondence

Beginning	***End***
Cher Monsieur	Je vous adresse mes salutations distinguées *(fairly formal)*
Chers Jean et Sylvie	Bien amicalement
Chère tante Laure	Je t'embrasse bien affectueusement
Mon cher Laurent	Grosses bises *(informal)*

In formal correspondence

Beginning	***End***
Monsieur le Directeur	Je vous prie d'agréer, Monsieur le Directeur, l'assurance de ma considération distinguée
Messieurs Monsieur Madame	Je vous prie d'agréer, Messieurs (*or* Monsieur *or* Madame), mes salutations distinguées *or* Veuillez accepter, Messieurs (*or* Monsieur *or* Madame), mes salutations distinguées
Cher Monsieur Chère Madame	Croyez, cher Monsieur (*or* chère Madame), à l'expression de mes sentiments les meilleurs

▸ Starting a personal email or letter

Je te remercie de ton mail/ta lettre ... *Thank you for your email/letter ...*
J'ai été très content d'avoir de tes nouvelles. *It was lovely to hear from you.*
Je suis désolé de ne pas vous avoir répondu plus tôt. *I'm sorry I haven't replied sooner.*

▸ Starting a formal email or letter

Suite à ... je vous écris pour ... *Further to ... I am writing to ...*
Je vous serais reconnaissant de ... *I would be grateful if you would ...*
Je vous prie de ... *Please ...*
Nous vous remercions de votre mail/lettre du ... *Thank you for your email/letter of ...*

▸ Ending a personal email or letter

Transmettez mes amitiés à Charlotte.	*Give my regards to ...*
Dis bonjour à Charlotte **de ma part.**	*Say hello to ... for me.*
Charlotte **t'embrasse.**	*... sends you her love.*
Embrasse Charlotte **pour moi.**	*Give my love to ...*

▸ Ending a formal email or letter

Dans l'attente de votre réponse ...	*I look forward to hearing from you.*
Je demeure à votre entière disposition pour toute information complémentaire.	*I will be happy to supply any further information you require.*
Je vous remercie dès à présent de ...	*Thank you in advance for ...*

▸ How to address an envelope

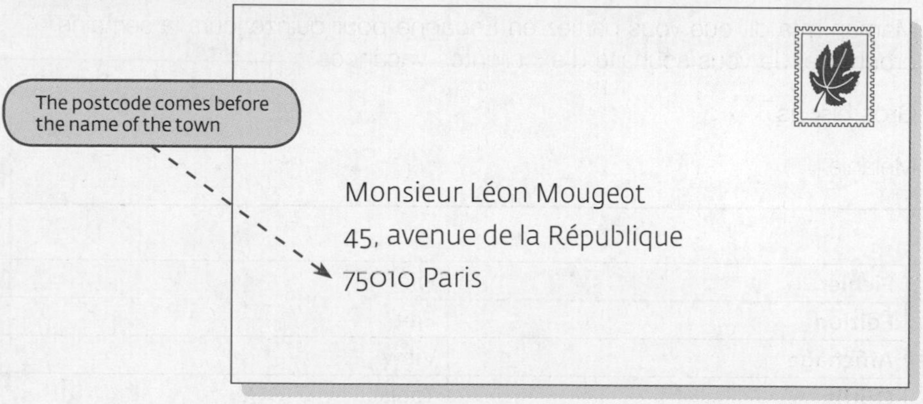

The postcode comes before the name of the town
Monsieur Léon Mougeot
45, avenue de la République
75010 Paris

CORRESPONDENCE

▼THANK YOU EMAIL

Fichier **Édition** **Affichage** **Outils** **Composer** **Aide** **Envoyer** ✉

À : caroline.loison@yahoo.fr

Cc :

Copie cachée :

Objet : Merci

Nouveau message
Répondre
Répondre à tous
Faire suivre
Fichier joint

Chers Caroline et François,

Je vous remercie beaucoup pour le DVD que vous m'avez envoyé pour mon anniversaire. J'ai hâte de regarder ce film, l'un des chefs-d'œuvre d'Orson Welles !

Je suis en pleine préparation du bac, qui commence dans deux semaines. Tout devrait bien se passer, mais l'épreuve de maths me fait un peu peur car ce n'est pas ma matière préférée.

Maman m'a dit que vous partiez en Espagne pour quinze jours la semaine prochaine. Je vous souhaite d'excellentes vacances.

Gros bisous.

Mélanie

Fichier	File
Édition	Edit
Affichage	View
Outils	Tools
Composer	Compose
Aide	Help
Envoyer	Send
Nouveau message	New
Répondre	Reply
Répondre à tous	Reply to All
Faire suivre	Forward
Fichier joint	Attachment
À	To
Cc	Cc
Copie cachée	Bcc (blind carbon copy)
Objet	Subject
De	From
Date	Sent

▼HOTEL BOOKING

Fichier	Édition	Affichage	Outils	Composer	Aide	Envoyer

À : hotel-renoir@free.fr
Cc :
Copie cachée :
Objet : Réservation

Nouveau message
Répondre
Répondre à tous
Faire suivre
Fichier joint

Chère Madame, cher Monsieur,

Me rendant à Paris le mois prochain à l'occasion du Salon du Jeu vidéo, j'aimerais réserver une chambre pour une personne avec salle de bains pour deux nuits, le lundi 2 et le mardi 3 décembre 2019.

Merci de me communiquer vos tarifs et de me confirmer que vous avez bien une chambre libre à ces dates.

Bien cordialement,

Rebecca Tait

▼LETTER OF COMPLAINT

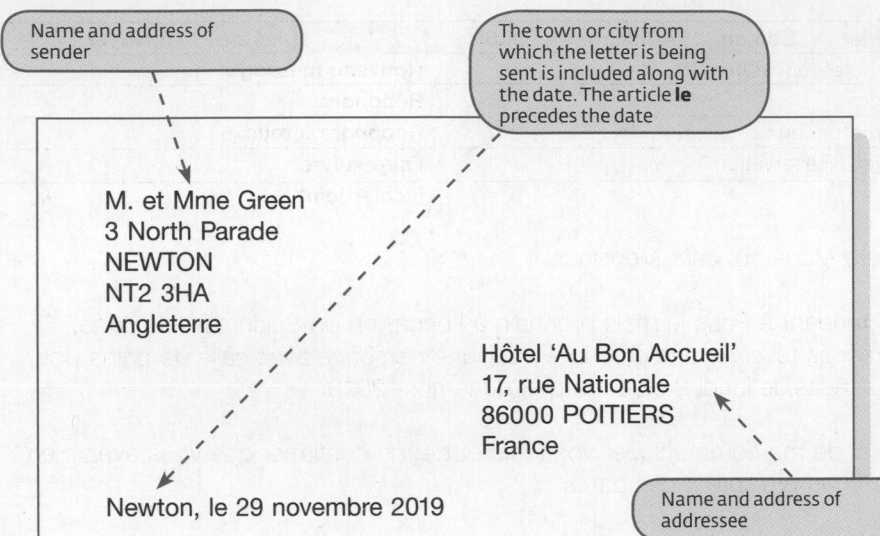

Name and address of sender

The town or city from which the letter is being sent is included along with the date. The article **le** precedes the date

M. et Mme Green
3 North Parade
NEWTON
NT2 3HA
Angleterre

Hôtel 'Au Bon Accueil'
17, rue Nationale
86000 POITIERS
France

Name and address of addressee

Newton, le 29 novembre 2019

Madame, Monsieur,

Mon mari et moi avons passé la nuit de 23 novembre dans votre hôtel, où nous avions préalablement réservé une chambre. Nous tenons à vous faire savoir que nous avons été très déçus par vos services, en particulier par le bruit – nous avions pourtant demandé une chambre calme – et l'impossibilité de se faire servir un petit-déjeuner avant notre départ à 6 h 30.

Ce bref séjour dans votre hôtel, qui devait nous permettre de nous reposer au cours d'un long voyage en voiture, n'a fait que nous fatiguer davantage. Sachez que nous envoyons une copie de cette lettre à l'Office du tourisme de Poitiers.

Je vous prie d'agréer, Madame, Monsieur, mes salutations distinguées.

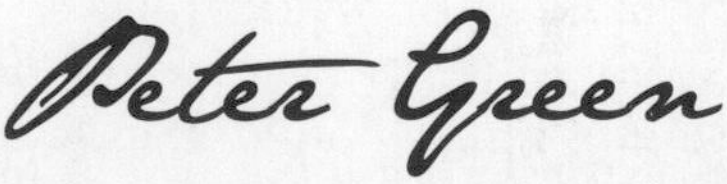

▼COVERING LETTER

Mark Smith
44, rue de Vannes
35000 RENNES

Service du Personnel
Société Sondmark
85, rue de la Liberté
35000 RENNES

Rennes, le 30 mars 2019

Madame, Monsieur,

Votre annonce parue dans le journal « Ouest France » du 27 mars concernant un poste d'enquêteur téléphonique de langue anglaise a retenu toute mon attention.

J'ai déjà travaillé dans une entreprise de sondage par téléphone en Angleterre et j'aimerais beaucoup renouveler cette expérience professionnelle. Actuellement assistant d'anglais dans un collège de Rennes, je serai disponible à temps partiel jusqu'à la fin de l'année scolaire et à temps plein à partir du mois de juillet.

Je vous prie de trouver ci-joint mon curriculum vitæ et me tiens à votre disposition pour de plus amples renseignements.

Veuillez agréer, Madame, Monsieur, mes salutations distinguées.

Mark Smith

PJ : CV

▼CV: RECENT GRADUATE

CURRICULUM VITÆ

Mark Smith
44, rue de Vannes
35000 Rennes
Téléphone : 02 35 92 23 12
E-mail : mark.smith@hotmail.com

FORMATION

2018 : BA Hons. (équivalent licence) en français (2 : 1 = mention bien), Université de Sheffield, Angleterre.

2015 : A levels (équivalent baccalauréat) Barton Comprehensive School, Newbury, Angleterre : littérature anglaise (A = mention très bien), français (B = mention bien), géographie (B = mention bien).

EXPÉRIENCE PROFESSIONNELLE

Depuis septembre 2018 : assistant d'anglais au collège Bourdieu à Rennes

juillet – août 2017 : animateur en centre aéré à Shoreham, Sussex, Angleterre

février – juin 2017 : enquêteur téléphonique à temps partiel chez Soundings Inc, à Manchester, Angleterre

LANGUES

Anglais : langue maternelle
Français : courant
Allemand : lu
Notions d'italien

DIVERS

Permis de conduire B
Connaissance approfondie de plusieurs logiciels
Goût pour les voyages, pratique du triathlon

▼**CV: PROFESSIONAL**

CURRICULUM VITÆ

Agathe Dufour
12, rue Blomet
75015 PARIS
Téléphone : 01 45 28 84 23
E-mail : agathe.dufour@free.fr

FORMATION
2015 : Master d'édition à l'université Paris-Sorbonne
2013 : Licence de Lettres modernes à l'université Paris-Sorbonne
2009 : Baccalauréat mention bien section littéraire

EXPÉRIENCE PROFESSIONNELLE

Depuis septembre 2018 :	Éditrice en CDI chez Perspectives dans le département parascolaire
2016 – 2018 :	Assistante d'édition aux éditions Lavigne & Rousseau : participation à la rédaction de livres scolaires, CDD d'un an
juillet – août 2014 :	Stage aux éditions Decombejean : relecture d'épreuves, participation à la rédaction de quatrièmes de couverture

LANGUES
Anglais courant
Espagnol lu, écrit, parlé

INFORMATIQUE
Maîtrise du Pack Office (Word, Excel, PowerPoint) et des logiciels de mise en page QuarkXPress et InDesign

CENTRES D'INTÉRÊT
Littérature, cinéma, équitation

INTERNET BANKING – HOME PAGE

Banque en ligne

Déconnexion | Contactez-nous | Aide | FAQ

Synthèse de vos comptes | Relevé(s) de compte | Effectuer un paiement | Virements | Prélèvement automatique | Visualisation

£ Synthèse de vos comptes

Compte ▼	Numéro de compte	Code guichet	Solde	Relevé
Compte courant				
Compte d'épargne				
Carte de crédit				

Emprunts | Assurances | Devises étrangères

Découverts | Emprunts immobiliers

▼VOCABULARY

aide	help	**emprunts**	loans
assurances	insurance	**emprunts immobiliers**	mortgages
banque en ligne	internet banking	**FAQ**	FAQs (*Frequently Asked Questions*)
carte de crédit	credit card	**modifiez votre compte**	upgrade your account
code guichet	sort code	**numéro de compte**	account number
compte	account name	**page d'accueil**	home page
compte courant	current account	**prélèvement automatique**	direct debit
compte d'épargne	savings account	**relevé(s) de compte**	view statement(s)
contactez-nous	contact us	**solde**	balance
déconnexion	log out	**synthèse de vos comptes**	accounts summary
découverts	overdrafts	**virements**	standing orders
devises étrangères	travel money	**visualisation**	settings
effectuer un paiement	make a payment		

INTERNET BANKING – MAKING A PAYMENT

Banque en ligne

Déconnexion | Contactez-nous | Aide | FAQ

Synthèse de vos comptes | Relevé(s) de compte | Effectuer un paiement | Virements | Prélèvement automatique | Visualisation

Payer un particulier | Payer une entreprise | Régler le solde de votre carte de crédit

Nouveau bénéficiaire ▸

Nom du bénéficiaire ☐

Code guichet du bénéficiaire ☐ – ☐ – ☐

Numéro de compte du bénéficiaire ☐

Détails du bénéficiaire ☐

Montant £ ☐

Votre compte sera débité le 01 ▼ janvier ▼ 2019

Confirmez le paiement ▸

code guichet du bénéficiaire	payee sort code
confirmez le paiement	confirm payment
détails du bénéficiaire	payee reference
libellé du paiement	payment reference
montant	amount
nom du bénéficiaire	payee name
nouveau bénéficiaire	add new payee
numéro de compte du bénéficiaire	payee account number
payer une entreprise	pay a company
payer un particulier	pay a person
régler le solde de votre carte de crédit	pay a credit card
Votre compte sera débité le ...	Funds will leave your account on...

ONLINE AND MOBILE PHONE

▼INTERNET

une adresse Web	*a web address*
une connexion (à) haut débit	*a broadband connection*
être en ligne	*to be online*
un FAI (fournisseur d'accès à Internet)	*an ISP (Internet Service Provider)*
un favori	*a favourite*
Internet	*the internet*
un lien	*a link*
un moteur de recherche	*a search engine*
un navigateur	*a browser*
un onglet	*a tab*
une page d'accueil	*a home page*
une page Web	*a web page*
rechercher	*to search*
retour à/avance	*back/forward*
se connecter	*to log in/on*
se déconnecter	*to log off/out*
un serveur	*a server*
un signet	*a bookmark*
un site Web	*a website*
un téléchargement	*a download*
télécharger	*to download*
télécharger (vers un serveur)	*to upload*
transmission à haut débit (n)/ **à large bande** (adj)	*broadband*
une URL	*a URL*
wifi, sans fil	*wifi*

▼SOCIAL NETWORKING

ajouter à sa liste d'amis	*to friend*
un(e) ami(e)	*a friend*
arrêter de suivre	*to unfollow*
un blog	*a blog*
un compte	*an account*
créer/ouvrir un compte	*to create/open an account*
écrire sur le mur de qn	*to write on sb's wall*
un fil d'actualités *ou* **de nouvelles RSS**	*an RSS feed*
un fil de discussion	*a (discussion) thread*
un forum	*a forum*
un hashtag, un mot-dièse, un mot-clé	*a hashtag*
une mise à jour du statut	*a status update*
un mur	*a wall*
un news feed, un fil d'actualités *ou* **de nouvelles**	*a news feed*
une photo du profil	*a profile picture*
poster qch sur le mur de qn	*to post sth on/to sb's wall*
un profil	*a profile*
rédiger un commentaire	*to comment (on)*
retweeter	*to retweet*
un suiveur, une suiveuse; un(e) abonné(e)	*a follower*
suivre	*to follow*
un tableau de bord	*a dashboard*
taguer qn sur une photo	*to tag sb in a photo*
un sujet tendance	*a trending topic*
un tweet	*a tweet*
tweeter (sur)	*to tweet (about)*
vérifier son compte	*to check one's account*

▼MOBILE PHONE

acheter un crédit de 10 euros	*to buy €10 (worth of) credit*
une appli	*an app*
une carte prépayée	*a top-up card*
une carte SIM	*a SIM card*
consulter sa messagerie vocale	*to check one's voicemail*
envoyer un SMS *ou* **un texto ® à**	*to text someone*
un forfait mobile	*a mobile phone contract*
Internet mobile	*mobile data*
Je n'ai pas de réseau ici.	*I've got no signal here.*
Je n'ai plus de crédit.	*I've got no credit left.*
Je n'ai presque plus de batterie.	*I'm nearly out of battery.*
laisser un message sur la boîte vocale de qn	*to leave a message on sb's voicemail*
messagerie vidéo	*video messaging*
messagerie instantanée	*instant messaging*
un message vocal	*a voicemail message*
messagerie vocale	*voicemail*
mettre un téléphone en mode silence	*to put a phone on silent*
recharger son téléphone en crédit	*to top up one's phone*
un réseau	*a network*
un signal	*a signal*
un smartphone, un téléphone intelligent	*a smartphone*
SMS illimités	*unlimited texts*
un SMS, un texto ®	*a text (message)*
une sonnerie	*a ringtone*
télécharger une appli	*to download an app*
un téléphone 4G	*a 4G phone*
un téléphone portable à carte	*a pay-as-you-go phone*
un téléphone portable avec abonnement	*a contract phone*

▼ABBREVIATIONS USED IN EMAILS AND TEXT MESSAGES

@+, a+	= *à plus tard*
2M1	= *demain*
ajd, auj	= *aujourd'hui*
AM	= *après-midi*
ama	= *à mon avis*
asap	= *aussi vite que possible*
ASV	= *âge, sexe, ville*
bcp	= *beaucoup*
biz	= *bisous, bises*
bjr	= *bonjour*
bsr	= *bonsoir*
c	= *c'est, ces*
dsl	= *désolé*
jsp	= *je sais pas*
jtm	= *je t'aime*
ki	= *qui*
koi	= *quoi*
lol, mdr	= *mort de rire*
pk	= *pourquoi*
slt	= *salut*
stp	= *s'il te plaît*
tkt	= *t'inquiète*

▼TELEPHONE

▸ Different types of call

Communication locale — *Local call*
Communication interurbaine — *National call*
Je voudrais appeler Dublin **en PCV.** — *I want to make a reverse charge call* (Brit) *to a ... number* or *I want to call a ... number collect* (US).

Comment est-ce que je peux téléphoner à l'extérieur? — *How do I get an outside line?*

▸ Asking for information

Quel est le numéro des renseignements? — *What is the number for directory enquiries* (Brit) or *directory assistance* (US)?

Je voudrais le numéro de la société Europost, 20 rue de la Marelle, à Pierrefitte. — *Can you give me the number of ...*
Quel est l'indicatif du Canada? — *What is the code for ...*

▸ Receiving information

Le numéro que vous avez demandé est le 01 32 40 37 12. — *The number you require is ...*
(zéro un trente-deux quarante trente-sept douze)
Je regrette, mais il n'y a pas d'abonné à ce nom. — *I'm sorry, there's no listing under that name.*

Le numéro que vous avez demandé est sur liste rouge. — *The number you require is ex-directory* (Brit) or *unlisted* (US).

▸ Answering the telephone

Allô, c'est Anne **à l'appareil.** — *Hello, it's ... speaking.*
C'est moi *or* **lui-même (***or* **elle-même).** — *Speaking.*
Qui est à l'appareil? — *Who's speaking?*

TELEPHONE

▸ When your number answers

Je voudrais parler à M. Loup, **s'il vous plaît.**	*Could I speak to ... please?*
Pourriez-vous me passer le docteur Dubois, **s'il vous plaît ?**	*Could you put me through to ... please?*
Je rappellerai dans une demi-heure.	*I'll call back in ...*
Pourriez-vous lui demander de me rappeler à son retour ?	*Would you ask him to ring me when he gets back?*
C'est de la part de qui ?	*Who shall I say is calling?*
Je vous le passe.	*I'm putting you through.*
J'ai un appel de New York **pour** Mme Thomson.	*I have a call from ... for ...*
J'ai Mlle Martin **en ligne.**	*I've got ... on the line.*
Le docteur Auvinet **est en ligne. Vous patientez ?**	*... is on another line. Do you want to wait?*
Ne quittez pas.	*Please hold.*
Ça ne répond pas.	*There's no reply.*
Voulez-vous laisser un message ?	*Would you like to leave a message?*

▸ Recorded messages

Le numéro de votre correspondant n'est plus attribué. Veuillez consulter l'annuaire ou votre centre de renseignements.	*The number you have dialled has not been recognized. Please consult the directory or directory enquiries.*
Le numéro de votre correspondant a changé. Veuillez composer désormais le 02 33 42 21 70.	*The number you have dialled has been changed to ...*
Par suite de l'encombrement des lignes, votre appel ne peut aboutir. Veuillez rappeler ultérieurement.	*All the lines are busy right now. Please try again later.*
Bonjour, vous êtes en communication avec le service des ventes. **Veuillez patienter, nous allons donner suite à votre appel dans quelques instants.**	*Hello, you have reached ... Please wait, your call will be answered shortly.*
Bonjour, vous êtes bien chez M. et Mme Martin. **Laissez un message après le bip sonore et nous vous rappellerons dès notre retour. Merci.**	*Hello, you are through to ... Leave a message after the tone and we'll get back to you. Thank you.*

▸ Difficulties

Je n'arrive pas à joindre Mlle Martin.	*I can't get through to ...*
Nous avons été coupés.	*We were cut off.*
J'ai dû faire un faux numéro.	*I must have dialled the wrong number.*
La ligne est très mauvaise.	*This is a very bad line.*
Je n'ai pas de réseau.	*I can't get a network.*
Je ne te capte plus.	*You're breaking up.*

L'anglais en action

TABLE DES MATIÈRES

TOURNURES ESSENTIELLES

▼GOÛTS ET PRÉFÉRENCES

▸ Pour dire ce que l'on aime

I like cakes. — *J'aime ...*
I like things to be in their proper place. — *J'aime que ...*
I really liked the film. — *J'ai bien aimé ...*
I love going to clubs. — *J'adore ...*
What I like best about Matthew is his eyes. — *Ce que je préfère ...*
What I enjoy most is an evening with friends. — *Ce que j'aime par-dessus tout, c'est ...*
I very much enjoyed the trip. — *... m'a beaucoup plu.*
I've got a weakness for chocolate cakes. — *J'ai un faible pour ...*
You can't beat a good cup of tea. — *Rien ne vaut ...*
There's nothing quite like champagne! — *Rien de tel que ...*
My favourite dish is lasagne. — *Mon ... favori ...*
Reading is **one of my favourite** pastimes. — *... un de mes ... préférés.*
I quite like being alone. — *Cela ne me déplaît pas de ...*

▸ Pour dire ce que l'on n'aime pas

I don't like fish. — *Je n'aime pas ...*
I don't like him **at all.** — *Je ne ... aime pas du tout.*
I'm not very keen on horror films. — *Je n'aime pas beaucoup ...*
I'm not crazy about the idea. — *... ne m'emballe pas.*
I hate chemistry. — *Je déteste ...*
I loathe sport. — *J'ai horreur du ...*
I can't stand being lied to. — *Je ne supporte pas que ...*
If there's one thing I hate it's ironing. — *Ce que je déteste le plus, c'est ...*

▸ Préférences

I prefer pop **to** classical music. — *Je préfère ... à ...*
I would rather live in Paris. — *J'aimerais mieux ...*

▸ Indifférence

It doesn't matter. — *Peu importe.*
It doesn't matter at all. — *Cela n'a aucune importance.*
I have no particular preference. — *Je n'ai pas de préférence.*
It's up to you. — *C'est comme vous voudrez.*
I don't mind. — *Ça m'est égal.*

► Pour demander à quelqu'un ce qu'il aime

Do you like chocolate? — *Est-ce que vous aimez ...*
Do you enjoy cooking? — *Est-ce que vous aimez ...*
Which do you prefer: football or cricket? — *Qu'est-ce que vous préférez : ...*
Which would you rather have: the red one or the black one? — *Lequel préférez-vous : ...*
Do you prefer living in the town or in the country? — *Est-ce que vous préférez ...*
What do you like best on television? — *Qu'est-ce que vous aimez le plus ...*

▼OPINIONS

► Pour demander l'avis de quelqu'un

What do you think about it? — *Qu'en pensez-vous ?*
What do you think of his behaviour? — *Que pensez-vous de ...*
I'd like to know what you think of his work. — *Je voudrais savoir ce que vous pensez de ...*
I would like to know your views on this. — *J'aimerais connaître votre avis sur ...*
How do you rate the team's chances of success? — *Quelle est votre opinion sur ...*
Could you give me your opinion on this suggestion? — *Est-ce que vous pourriez me donner votre avis sur ...*
In your opinion, are these worth buying? — *À votre avis ...*
In your view, is this the best thing to do? — *Selon vous ...*

► Pour donner son avis

You are right. — *Vous avez raison.*
He is wrong. — *Il a tort.*
He was wrong to resign. — *Il a eu tort de ...*
I think it should be possible. — *Je pense que ...*
I reckon it's a bit premature. — *Je crois que ...*
I regard it as quite natural. — *Je trouve que ...*
Personally, I think it's a waste of money. — *Personnellement, je pense que ...*
I'm sure he didn't do it. — *Je suis certain que ...*
I'm convinced that there are other possibilities. — *Je suis persuadé que ...*
In my opinion, he hasn't changed. — *À mon avis ...*
In my view, he's their best player. — *Selon moi ...*

TOURNURES ESSENTIELLES

► Pour éviter de donner son avis

It depends. — *Ça dépend.*
It all depends on what you mean by patriotism. — *Tout dépend de ce que vous entendez par ...*
I have no opinion on this. — *Je n'ai pas d'opinion là-dessus.*
I'd rather not express an opinion. — *Je préfère ne pas me prononcer.*
Actually, I've never thought about it. — *À vrai dire, je ne me suis jamais posé la question.*

▼ APPROBATION ET ACCORD

What a good idea! — *Quelle bonne idée !*
I think it's an excellent idea. — *Je trouve que c'est une excellente idée.*
It's a very good thing. — *C'est une très bonne chose.*
It was a good idea to leave your bags in left-luggage. — *C'était une bonne idée de ...*
I agree with you. — *Je suis d'accord avec vous.*
I totally agree with you. — *Je suis entièrement d'accord avec toi.*
I share this view. — *Je partage cette opinion.*
I was very impressed by his speech. — *J'ai beaucoup apprécié ...*
I think you're right to be cautious. — *Je trouve que vous avez raison de ...*
You're quite justified in complaining. — *Vous avez bien raison de ...*
Third World countries **rightly believe that** most pollution comes from developed countries. — *... estiment à juste titre que ...*
We support the creation of jobs. — *Nous sommes favorables à ...*
They are in favour of a united Europe. — *Ils sont pour ...*
It is true that mistakes were made. — *Il est vrai que ...*

▼ DÉSAPPROBATION ET DÉSACCORD

I don't think he should have borrowed so much money. — *Je trouve qu'il a eu tort de ...*
It's a pity that you didn't tell me. — *Il est dommage que ...*
It is unfortunate that they allowed this to happen. — *Il est regrettable que ...*
I dislike the idea **intensely.** — *... me déplaît profondément.*
I can't stand lies. — *Je ne supporte pas ...*
I am against hunting. — *Je suis contre ...*
I am opposed to age limits. — *Je suis opposé à ...*
I don't go along with this point of view. — *Je ne partage pas ce point de vue.*
I am disappointed by his attitude. — *Je suis déçu par ...*
You shouldn't have said that. — *Tu n'aurais pas dû ...*

What gives him **the right to** act like this?	*De quel droit ...*
I disagree.	*Je ne suis pas d'accord.*
I don't agree with them.	*Je ne suis pas d'accord avec ...*
I totally disagree with what he said.	*Je ne suis absolument pas d'accord avec ...*
It is not true to say that the disaster was inevitable.	*C'est faux de dire que ...*
You are wrong!	*Vous vous trompez !*

▼EXCUSES

▸ Pour s'excuser

Sorry.	*Excusez-moi.*
Oh, sorry! I've got the wrong number.	*Oh, pardon ! ...*
Sorry to bother you.	*Excusez-moi de vous déranger.*
I'm sorry I woke you.	*Je suis désolé de ...*
I'm terribly sorry about the misunderstanding.	*Je suis navré de ...*
I do apologize.	*Je vous prie de m'excuser.*

▸ Pour assumer la responsabilité de ce qui s'est passé

It's my fault; I should have left earlier.	*C'est ma faute. J'aurais dû ...*
I shouldn't have laughed at her.	*Je n'aurais pas dû ...*
It was a mistake not to check this information.	*C'est une erreur de ne pas ...*
I take full responsibility for what I did.	*J'assume l'entière responsabilité de ...*
If only I had done my homework!	*Si seulement j'avais ...*

▸ Pour nier toute responsabilité

It's not my fault.	*Ce n'est pas ma faute.*
Don't blame me if we're late.	*Ce ne sera pas ma faute si ...*
I didn't do it on purpose.	*Je ne l'ai pas fait exprès.*
I couldn't help it.	*Je n'ai pas pu faire autrement.*
I thought that it was okay to park here.	*J'avais cru comprendre que ...*
I thought I was doing the right thing.	*J'avais cru bien faire.*

▸ Pour exprimer ses regrets

I'm sorry, but it's impossible.	*Je regrette, mais ...*
I'm afraid we're fully booked.	*Je regrette, mais ...*
Unfortunately we simply cannot do what you ask.	*Il nous est malheureusement impossible de ...*

TOURNURES ESSENTIELLES

▼ EXPLICATIONS

► Causes

I didn't buy anything **because** I had no money.	*... parce que ...*
I arrived late **because of** the traffic.	*... à cause de ...*
Since you insist, I'll come with you.	*Puisque ...*
As I lived near the library, I used it a lot.	*Comme ...*
I got through it **thanks to** the support of my friends.	*... grâce à ...*
Given the present situation, finding a job will be difficult.	*Vu ...*
Considering how many problems we had, we did well.	*Étant donné ...*
He resigned **for** health **reasons.**	*... pour des raisons de ...*
The theatre is closing **due to lack of** funds.	*... faute de ...*
The project was abandoned **owing to** financial problems.	*... en raison de ...*
Many cancers **are linked to** smoking.	*... sont liés à ...*
The drop in sales **is the result of** high interest rates.	*... est due à ...*
The quarrel **resulted from** a misunderstanding.	*... a pour origine ...*

► Conséquences

I have to leave tonight, **so** I can't come with you.	*... donc ...*
Distribution has been improved **so that** readers now get their newspaper earlier.	*... de telle sorte que ...*
Classes are very small and **consequently** pupils tend to do better.	*... par conséquent ...*
More speed traps **resulted in** less speeding.	*... a eu pour conséquence ...*
That's why they are easy to remember.	*Voilà pourquoi ...*

▼ COMPARAISONS

Gambling **is like** a drug.	*... est comme ...*
The gas has a smell **similar to** rotten eggs.	*... semblable à ...*
The noise **was comparable to** that of a large motorbike.	*... était comparable à ...*
Africa is still underpopulated **compared with** Asia.	*... comparé à ...*
The rate of inflation increased slightly, **compared to** the previous year.	*... par rapport à ...*
What is so special about a holiday in Florida **as compared to** one in Spain?	*... par rapport à ...*
He loved this countryside, which **reminded him of** Ireland.	*... lui rappelait ...*
Frightening levels of unemployment, **reminiscent of those** of the 30s.	*... rappelant ceux ...*
This sum **is equivalent to** six months' salary.	*... correspond à ...*
It comes to the same thing in terms of calories.	*Ça revient au même ...*

▸ Pour souligner une différence

No disaster **can compare with** Chernobyl.	*Aucune ... ne peut être comparée à ...*
Modern factories **cannot be compared with** those our grandparents worked in.	*On ne peut pas comparer ... à ...*
The taste of mangoes **is totally different from** that of apricots.	*... n'a rien à voir avec ...*
The history of the United States **is not at all like** our own.	*... ne ressemble en rien à ...*
This film **is not as good as** his first one.	*... est moins ... que ...*
Women's life expectancy is 81 years, **while** men's is 72.	*... tandis que ...*

▼DEMANDES ET PROPOSITIONS

▸ Demandes

I'd like another beer.	*Je voudrais ...*
I'd like to know the times of trains to Edinburgh.	*Je voudrais ...*
Could you give us a hand?	*Pourriez-vous ...*
Can you tell Eleanor the good news?	*Est-ce que vous pouvez ...*
Could you please not mention this to anyone?	*Auriez-vous l'obligeance de ...*
Could I ask you for a few minutes of your time?	*Puis-je vous demander ...*
Be a darling, pop to the baker's for me.	*Sois gentil ...*
If you wouldn't mind waiting for a moment.	*Merci de bien vouloir ...*
Would you mind opening the window?	*Est-ce que cela vous dérangerait de ...*
Would you be so kind as to save my seat for me?	*Auriez-vous l'obligeance de ...*
I would be grateful if you could reply as soon as possible.	*Je vous serais reconnaissant de ...*

▸ Propositions

I can come and pick you up **if you like**.	*Je peux ... si vous voulez.*
I could go with you.	*Je pourrais ...*
Do you fancy a drink?	*Tu aimerais ...*
How about something to eat?	*Que diriez-vous de ...*
Would you like to see my photos?	*Ça vous dirait de ...*
Do you want me to go and get your coat?	*Est-ce que vous voulez que ...*

TOURNURES ESSENTIELLES

▼ CONSEILS ET SUGGESTIONS

▸ Pour demander conseil

What would you do, if you were me?	*À ma place, que ferais-tu ?*
What's your opinion on this?	*Quel est votre avis sur la question ?*
What do you think should be done to reduce pollution?	*Que proposez-vous pour ...*
What would you advise?	*Que me conseillez-vous ?*
What would you advise me to do?	*Que me conseillez-vous de faire ?*
What strategy **do you suggest?**	*Quelle ... proposez-vous ?*
How would you deal with unemployment?	*Qu'est-ce que vous proposez contre ...*

▸ Pour donner un conseil

If I were you I wouldn't say anything.	*À ta place ...*
Take my advice, buy your tickets in advance.	*Je vous conseille de ...*
A word of advice: read the instructions.	*Un conseil ...*
A useful tip: book well in advance.	*Un bon conseil ...*
As you like languages, **you ought to** train as a translator.	*... tu devrais ...*
You should see a specialist.	*Vous devriez ...*
It would be a good idea to see a solicitor.	*Vous feriez bien de ...*
You would do better to spend the money on a new bike.	*Tu ferais mieux de ...*
You could perhaps ask someone go go with you.	*Vous pourriez peut-être ...*
You could try being a little more understanding.	*Vous pourriez ...*
Perhaps you should speak to your teacher about it.	*Il faudrait peut-être que tu ...*
Perhaps we ought to try a different approach.	*Nous devrions peut-être ...*
Why don't you phone him?	*Pourquoi ne pas ...*
Shall we rent a video?	*Et si on ...*
How about 3 March at 10.30 am?	*... ça vous va ?*
It might be better to give her money rather than jewellery.	*Il vaudrait peut-être mieux ...*
It would be better to wait a bit.	*Il serait préférable de ...*

▸ Mises en garde

I warn you, I intend to get my own back.	*Je vous préviens ...*
Be warned, he knows you did it!	*Je te préviens ...*
Don't forget to keep a copy.	*N'oubliez pas de ...*
Be careful: appearances can be deceptive.	*Méfiez-vous des apparences.*
Beware of buying tickets from touts.	*Attention ...*
Whatever you do, don't leave your camera in the car.	*Surtout, ne ... jamais ...*
If you don't book early **you may be** disappointed.	*... tu risques de ...*

▼INTENTIONS ET SOUHAITS

▸ Pour demander à quelqu'un ce qu'il compte faire

What are you going to do?	*Qu'est-ce que vous allez faire ?*
What will you do if you fail your exams?	*Qu'est-ce que tu vas faire si ...*
Do you have anything planned?	*Avez-vous des projets ?*
Can we expect you next Sunday?	*On compte sur vous ...*
Are you planning to spend all of your holiday here?	*Est-ce que tu comptes ...*
Are you going to stay long?	*Vous comptez ...*
What are you planning to do with your collection?	*Que comptez-vous faire de ...*
What are you thinking of doing?	*Que comptez-vous faire ?*
Do you intend to go into teaching?	*Est-ce que tu as l'intention de ...*
Are you thinking of making another film in Europe?	*Songez-vous à ...*

▸ Pour dire ce qu'on a l'intention de faire

I'm going to leave on 8 July.	*Je compte ...*
She plans to go to India for a year.	*Elle prévoit de ...*
There are plans to build a new stadium.	*Il est prévu de ...*
The bank **intends to** close a hundred branches.	*... a l'intention de ...*
I am thinking of giving up karate.	*Je songe à ...*
I have decided to get a divorce.	*J'ai décidé de ...*
I have made up my mind to stop smoking.	*Je suis décidé à ...*
That's settled, we'll go to Florida in May.	*C'est décidé ...*
For me, living abroad **is out of the question.**	*Il n'est pas question de ...*

▸ Souhaits

I'd like to go hang-gliding.	*J'aimerais ...*
I would like my story to be published.	*J'aimerais que ...*
I want to act.	*Je veux ...*
Ian **wanted at all costs** to prevent his boss finding out.	*... voulait à tout prix ...*
We wish to preserve our independence.	*Nous souhaitons ...*
I hope to have children.	*J'espère ...*
We hope that this information will be useful.	*Nous espérons que ...*
I wish I could play as well as him.	*Je voudrais ...*
I wish I'd had a brother.	*J'aurais aimé ...*
Do you dream of winning the lottery?	*Tu rêves de ...*

▼OBLIGATION

I must find somewhere to live.	*Il faut que je ...*
My mother **makes me** eat spinach.	*... me force à ...*
The hijackers **demanded that** the plane fly to New York.	*... ont exigé que ...*

TOURNURES ESSENTIELLES

A broken leg **forced me to** cancel my holiday.	*... m'a obligé à ...*
He **had to** borrow more and more money.	*... a été obligé de ...*
School **is compulsory** until the age of sixteen.	*... est obligatoire ...*
To understand the situation, **it is essential to** know some history.	*... il est indispensable de ...*
Mary **had no choice but to** invite him.	*... n'a pas pu faire autrement que de ...*
The only thing you can do is say no.	*Tu ne peux pas faire autrement que de ...*
Many people **have to** give up their jobs; **they have no other option.**	*... sont obligées de ... elles n'ont pas le choix*

▼PERMISSION

▸ Pour demander la permission de faire quelque chose

Could I use the phone?	*Je peux ...*
Can I ask you something?	*Je peux ...*
Is it okay if I come now?	*Ça ne vous dérange pas si ...*
Do you mind if I open the window?	*Est-ce que ça vous dérange si ...*
Would you mind if I had a look at your paper?	*Je peux ...*
Could I have permission to leave early?	*Est-ce que je peux vous demander la permission de ...*

▸ Autorisation

Do as you please.	*Faites comme vous voulez.*
That's all right, carry on!	*Allez-y !*
Go ahead!	*Allez-y !*
No, of course I don't mind.	*Bien sûr que non.*
I have nothing against it.	*Je n'y vois pas d'inconvénient.*
Pupils **are allowed to** wear what they like.	*... ont le droit de ...*

▸ Défense

You are not to go out!	*Je te défends de ...*
It's forbidden.	*C'est interdit.*
Smoking in the toilet **is forbidden.**	*Il est interdit de ...*
Child labour is **strictly forbidden by** a UN convention.	*... formellement interdit par ...*
No entry!	*Défense de ...*
No parking.	*... interdit.*
It's not allowed.	*C'est interdit.*
You are not allowed to swim in the lake.	*Il est interdit de ...*
That's out of the question.	*Il n'en est pas question.*

▼ CERTITUDE, PROBABILITÉ ET POSSIBILITÉ

▸ Certitude

There are sure to be problems.	*Il y aura sûrement ...*
The country's image has **undoubtedly** suffered.	*... indéniablement ...*
It's bound to cause trouble.	*Cela va sûrement ...*
The company is **obviously** in difficulties.	*Il est évident que ...*
It is undeniable that she was partly to blame.	*Il est indéniable que ...*
I am sure you will like my brother.	*Je suis sûr que ...*
I am certain that we are on the right track.	*Je suis certain que ...*
I am convinced that there are other possibilities.	*Je suis persuadé que ...*

▸ Probabilité

The price of petrol will **probably** rise.	*Il est probable que ...*
Inflation will **very probably** exceed 10%.	*... très probablement ...*
They are very likely to abandon the project.	*Il est fort probable qu'ils ...*
They were **no doubt** right.	*... sans doute ...*
The construction work **should** start in April.	*... devrait ...*
He must have forgotten to open the windows.	*Il a dû ...*

▸ Possibilité

It's possible.	*C'est possible.*
They could have got your name from the electoral register.	*Il est possible qu'ils aient ...*
That might be more expensive.	*Il se peut que ...*
He may have misunderstood.	*... peut-être ...*
It may take time to achieve peace.	*Il se peut que ...*
In a few months everything **could** change.	*... peut ...*
Perhaps I am mistaken.	*Peut-être que ...*

▼ INCERTITUDE, IMPROBABILITÉ ET IMPOSSIBILITÉ

▸ Incertitude

I'm not sure it's worth it.	*Je ne suis pas sûr que ...*
We cannot be sure that the problem will be solved.	*Il n'est pas sûr que ...*
Is it wise? **I doubt it.**	*J'en doute.*
He began to **have doubts about** his doctor's competence.	*... douter de ...*
I wonder if we're doing the right thing.	*Je me demande si ...*
There is no guarantee that a vaccine can be developed.	*Il n'est pas certain que ...*
Nobody knows exactly what happened.	*Personne ne sait exactement ...*

TOURNURES ESSENTIELLES

▸ Improbabilité

He **probably won't** come.	*... ne ... probablement pas ...*
It is unlikely that there'll be any tickets left.	*Il est peu probable que ...*
I'd be surprised if they had your size.	*Ça m'étonnerait que ...*
They are not likely to be elected.	*Ils ne risquent pas de ...*
There is not much chance he'll succeed.	*Il y a peu de chances que ...*
There's no danger we'll get bored.	*Nous ne risquons pas de ...*
It would be amazing if everything went according to plan.	*Il serait étonnant que ...*

▸ Impossibilité

It's impossible.	*C'est impossible.*
It is not possible for them to come earlier.	*Il leur est impossible de ...*
This number **cannot be** right.	*... ne peut pas ...*
There is no chance of their helping us.	*Il n'y a aucune chance que ...*

▾ SALUTATIONS

Hello!	*Bonjour !*
Hi!	*Salut !*
Good morning!	*Bonjour !*
Good afternoon!	*Bonjour !*
Good evening!	*Bonsoir !*
How's it going?	*Comment ça va ?*
How's things?	*Comment ça va ?*
How are you?	*Comment allez-vous ?*

▸ Réponses

Very well, and you?	*Très bien, merci, et vous ?*
Fine, thanks.	*Bien, merci.*
Great!	*Super bien !*
So-so.	*Pas mal.*
Not too bad.	*Ça va.*

▸ Présentations

This is Charles.	*Je te présente ...*
Let me introduce you to my girlfriend.	*Je vous présente ...*
I'd like you to meet my boyfriend.	*Je vous présente ...*
I don't believe you know one another.	*Je ne crois pas que vous vous connaissez.*

▸ Une fois qu'on a été présenté

Pleased to meet you.	*Enchanté.*
Hello, it's a pleasure to meet you.	*Enchanté de faire votre connaissance.*
Hi, I'm Jane.	*Salut, moi c'est ...*

▸ Pour prendre congé

Bye!	*Au revoir !*
Goodbye!	*Au revoir !*
Good night!	*Bonne nuit !*
Take care!	*Au revoir !*
See you!	*Ciao !*
See you later!	*À tout à l'heure !*
See you soon!	*À bientôt !*
See you tomorrow!	*À demain !*
See you next week!	*À la semaine prochaine !*
See you Thursday!	*À jeudi !*

▸ Vœux et félicitations

Happy Birthday!	*Bon anniversaire !*
Many happy returns!	*Bon anniversaire !*
Merry Christmas!	*Joyeux Noël !*
Happy New Year!	*Bonne année !*
Congratulations!	*Félicitations !*
Welcome!	*Soyez le(s) bienvenu(s) !*
Good luck!	*Bonne chance !*
Safe journey!	*Bon voyage !*
Have fun!	*Amusez-vous bien !*
Get well soon!	*Bon rétablissement !*
Cheers!	*Santé !*

▼ CORRESPONDANCE

▸ Les formes d'adresse et les formules de politesse

Formule de début	***Formule de fin***
Dear Mr and Mrs Roberts	Yours *(assez soutenu)*
Dear Kate and Jeremy	Best wishes Kind regards Best regards
Dear Aunt Jane and Uncle Alan	Love from *(familier)*
Dear Granny	Lots of love from *(familier)*
Dear Sirs Dear Sir Dear Madam Dear Sir or Madam	Yours faithfully *(Brit)* Sincerely (yours) *(US)*
Dear Professor Meldrum Dear Ms Gilmour	Yours sincerely *(Brit)* Sincerely (yours) *(US)*

▸ Pour commencer un e-mail/une lettre personnel(le)

It was lovely to hear from you. *Cela m'a fait plaisir d'avoir de vos nouvelles.*

Thank you for your email/letter. *Merci pour ton e-mail/ta lettre.*

I'm sorry I haven't written sooner. *Je suis désolé de ne pas t'avoir écrit plus tôt.*

▸ Pour commencer un e-mail/une lettre d'affaires

Thank you for your email/letter of ... *Je vous remercie de votre e-mail/lettre du ...*

In reply to your email/letter of ... *En réponse à votre e-mail/lettre du ...*

With reference to ... *Suite à ...*

We are writing to you to ... *Nous vous écrivons pour ...*

We are pleased to inform you ... *Nous avons le plaisir de vous informer ...*

We regret to inform you ... *Nous sommes au regret de vous informer ...*

▶ Pour terminer un e-mail/une lettre personnel(le)

Write soon. — *Écris-moi vite.*

Give my regards to Sarah. — *Transmettez mes amitiés à ...*

Sarah **sends her best wishes.** — *... me charge de transmettre ses amitiés.*

Give my love to Sarah. — *Embrasse ... de ma part.*

▶ Pour terminer un e-mail/une lettre d'affaires

I look forward to hearing from you. — *Dans l'attente de votre réponse.*

Thanking you in advance for your help. — *En vous remerciant à l'avance pour votre aide.*

If you require any further information please do not hesitate to contact me. — *N'hésitez pas à me contacter pour toute information complémentaire.*

▶ Adresses britanniques

Le code postal vient après le nom de la ville ou du département

Ms J.M. Mackintosh
129 Strathmore Ave
EDINBURGH
EH11 2AD
UK

▶ Adresses américaines

Le code postal vient après le nom de la ville et de l'État

MARK SMITH
968 MICHIGAN ST
SEATTLE WA 98060-1024
USA

CORRESPONDANCE

▼E-MAIL DE REMERCIEMENT

File	Edit	View	Tools	Compose	Help	Send
To: kate.peters@home.co.uk				New		
Cc:				Reply		
Bcc:				Reply to All		
Subject: thank you				Forward		
				Attachment		

Dear Kate and Jim

Thank you both very much for the DVD which you sent me for my birthday. It's one of my favourite films and I'm looking forward to watching it.

There's not much news here. I seem to be spending most of my time studying for my exams which start in two weeks. I'm not looking forward to the maths exam as that's my worst subject.

Mum says that you're off to Italy on holiday next week, so I hope that you have a great time.

Thomas sends his love.

Best wishes

Aurélie

New Message	Nouveau message
File	Fichier
Edit	Édition
View	Affichage
Tools	Outils
Compose	Composer
Help	Aide
Send	Envoyer
New	Nouveau message
Reply	Répondre
Reply to All	Répondre à tous
Forward	Faire suivre
Attachment	Fichier joint
To	À
Cc	Cc
Bcc (blind carbon copy)	Copie cachée
Subject	Objet
From	De
Sent	Date

▼POUR RÉSERVER UNE CHAMBRE D'HÔTEL

File **Edit** **View** **Tools** **Compose** **Help** **Send**

To: stay@poppywell.co.uk

Cc:

Bcc:

Subject: reservation for August

New
Reply
Reply to All
Forward
Attachment

Dear Mrs Crawford

My sister stayed with you last year and has highly recommended your guesthouse.

I would like to reserve a room for one week from 18 to 24 August of this year. I would be grateful if you would let me know how much this would cost for two people, and whether you have a double room free on those dates.

I hope to hear from you soon.

Yours sincerely

Émilie Lanney

▼LETTRE DE RÉCLAMATION

Adresse de l'expéditeur

Alice Aubeuf
Les Glycines
12, chemin des Écoliers
87430 CERGY-LES-VOIS
France

Nom et adresse du destinataire

Park House B&B
134 New Road
STOKELEY
Shropshire
SY19 0BU

11 July 2019

Dear Madam

My husband and I spent a night in your guesthouse last week. It was a very disappointing experience. The bed was uncomfortable, the bathroom had not been cleaned properly, and we were kept awake by the noise of traffic. You assured us that the room would be quiet.

The amount you charged us was more than we have paid in any other B&B. This was particularly unreasonable, considering we had no breakfast. You would not serve us before 7.30 am, and we needed to leave earlier than this.

I shall be sending a copy of this letter to the B&B guide where we found your name.

Yours faithfully

Alice Aubeuf

On utilise cette formule lorsque l'on ne connaît pas le nom du destinataire

▼LETTRE DE CANDIDATURE

Claudine Martinon
Le Clos des Papillons
13678 VILLECROZE
France

18 April 2019

The Manager
La Fourchette
Clifton Passage
WELLS
LL33 0BU

Dear Sir or Madam

With reference to your advertisement in the Guardian of 15 April, I would like to apply for the job as wine waiter. I have just graduated from university in Aix-en-Provence, where I studied languages. I am well informed about wines, since my family has a vineyard in Villecroze. In the university holidays I often worked in our own wine shop, where visitors are able to taste our wines. I therefore have plenty of experience of talking to people about wine, in English, French and German. I also have experience of working as a waitress: last year I worked for three months at a well-known restaurant in Aix-en-Provence (Les Trois Gouttes). The manager would be pleased to give me a reference.

I would like to work in England as I am interested in finding out about British tastes in wine. I would particularly like to work in your restaurant, which has such a good reputation.

Yours faithfully

Claudine Martinon

Inc: CV

On utilise cette formule lorsque l'on ne connaît pas le nom du destinataire

▼CV : JEUNE DIPLÔMÉ

> Aujourd'hui, dans les CV en anglais, il n'est plus nécessaire d'indiquer sa date de naissance ni sa situation de famille

Claudine Martinon
Le Clos des Papillons
13678 Villecroze
France
Tel: +02 91 92 45 12
email: vignoblevillecroze@hotmail.com

QUALIFICATIONS

2018	Summer Course, School of Wine, Suze-la-Rousse, France
2018	Degree in languages (English and German) from the University of Aix-en-Provence, France
2014	Baccalauréat (equivalent to A levels)

EXPERIENCE

2017	During the summer holidays: worked in "Les Trois Gouttes", a restaurant in Aix-en-Provence
2010	Camp counselor, Forest Summer Camp, Heyton, West Virginia, USA
2008–2009	Worked in family's wine shop, selling wine to foreign tourists. Also dealt with local restaurateurs

INTERESTS
Travel, cooking and climbing

OTHER SKILLS
Computer literate (Windows, Excel, PowerPoint, QuarkXPress, Wordpress)
Full clean driving licence

REFERENCES
Available on request

▼CV : PROFESSIONNEL CONFIRMÉ

Marine Leguen
29 rue de Vannes
35000 Rennes
France
Tel: +2 99 02 71 28
email: mleguen@gmail.fr

Enthusiastic professional with four years' experience in the export sector, now seeking a position in the UK that will allow me to use my organizational and interpersonal skills in a fast-paced environment.

PROFESSIONAL EXPERIENCE

March 2014 to date: *Export Sales and Marketing Manager, Agriventes, Rennes*
- Managing contracts and supervising orders
- Preparing budgets and annual accounts
- Planning and managing professional events

2012–2014: *Export Sales PA, France-Exportations, Cognac*
- Organizing and maintaining diaries and making appointments
- Dealing with correspondence, emails and meeting minutes

QUALIFICATIONS

2017 Certificate in B2B Social Media Marketing, Rennes School of Business
2012 Bilingual secretary diploma (English), Poitiers Business School
2011 Degree in languages (English and Russian), University of Poitiers
2007 Baccalauréat (equivalent to A levels)

OTHER SKILLS

Highly computer literate (Windows, Excel, PowerPoint, Wordpress)
Full clean driving licence
Fluent English and Russian, conversational German

INTERESTS

Travelling (Russia, Southern Europe, UK, USA), sailing, running

REFERENCES

Jean-Alain Reboul,
Directeur à l'exportation, Agriventes,
192, route de Lorient
PA Rennes Ouest
35000 Rennes
jareboul@agriventes.fr

On peut soit donner sur son CV les coordonnées des personnes dont on se recommande, soit attendre que l'employeur les demande (le plus souvent juste avant l'offre d'emploi)

BANQUE EN LIGNE – PAGE D'ACCUEIL

Internet Banking

Log out | Contact us | Help | FAQs

Accounts summary | Make a payment | Standing orders | Direct debit | View statements

Accounts Summary

Account name ▾	Account number	Sort code	Balance	View statement
Current account				
Savings account				
Credit card				

★ Upgrade your account — Loans — Insurance

Overdrafts — Mortgages — Travel money

▼VOCABULAIRE

accounts summary	synthèse de vos comptes	**loans**	emprunts
account name	compte	**log out**	déconnexion
account number	numéro de compte	**make a payment**	effectuer un paiement
balance	solde	**mortgages**	emprunts immobiliers
contact us	contactez-nous	**overdrafts**	découverts
current account	compte courant	**savings account**	compte d'épargne
credit card	carte de crédit	**settings**	visualisation
direct debit	prélèvement automatique	**sort code**	code guichet
FAQs *(Frequently Asked Questions)*	FAQ	**standing orders**	virements
help	aide	**travel money**	devises étrangères
home page	page d'accueil	**upgrade your account**	modifiez votre compte
insurance	assurances	**view statement(s)**	relevé(s) de compte
internet banking	banque en ligne		

BANQUE EN LIGNE – EFFECTUER UN PAIEMENT

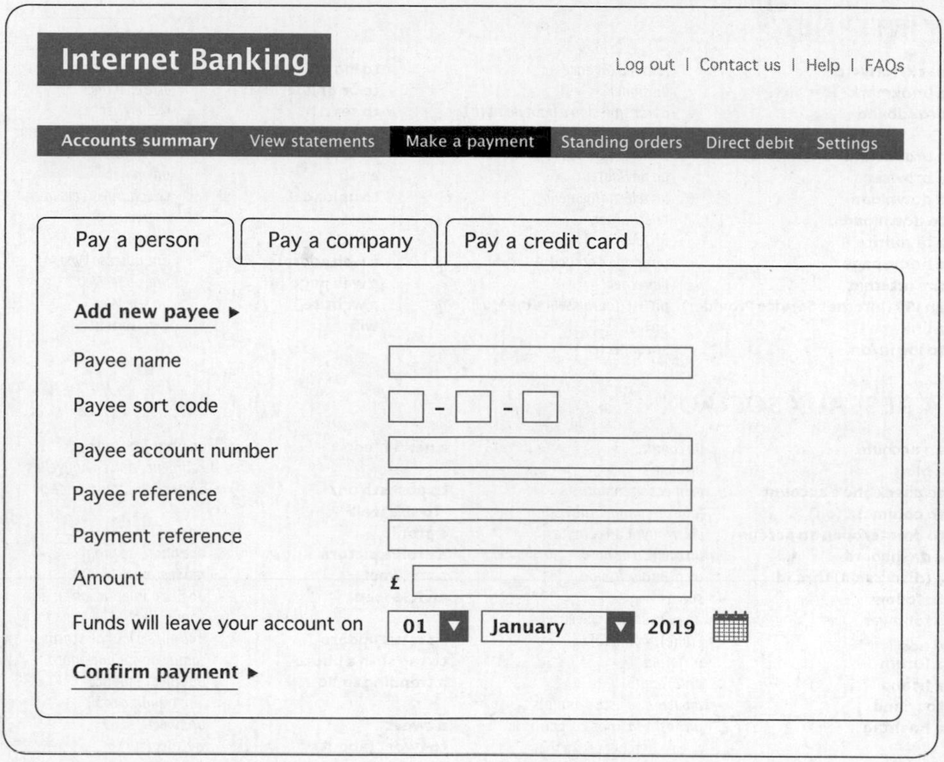

add new payee	nouveau bénéficiaire
amount	montant
confirm payment	confirmez le paiement
Funds will leave your account on…	Votre compte sera débité le…
pay a company	payer une entreprise
pay a credit card	régler le solde de votre carte de crédit
pay a person	payer un particulier
payee account number	numéro de compte du bénéficiaire
payee name	nom du bénéficiaire
payee reference	détails du bénéficiaire
payee sort code	code guichet du bénéficiaire
payment reference	libellé du paiement

INTERNET ET TÉLÉPHONIE MOBILE

▼INTERNET

back/forward *retour à/avance*
a bookmark *un signet*
broadband *à transmission à haut débit (n)/ (à) haut débit (adj)*
a broadband connection *à une connexion (à) haut débit*
a browser *un navigateur*
a download *un téléchargement*
to download *télécharger*
a favourite *un favori*
a home page *une page d'accueil*
the internet *l'Internet*
an ISP (Internet Service Provider) *un FAI (fournisseur d'accès à Internet)*
a link *un lien*
to log in/on *se connecter*
to log off/out *se déconnecter*
to be online *être en ligne*
to search *rechercher*
a search engine *un moteur de recherche*
a server *un serveur*
a tab *un onglet*
to upload *télécharger (vers un serveur)*
a URL *une URL*
a web address *une adresse Web*
a web page *une page Web*
a website *un site Web*
wifi *wifi, sans fil*

▼RÉSEAUX SOCIAUX

an account *un compte*
a blog *un blog*
to check one's account *vérifier son compte*
to comment (on) *faire un commentaire sur*
to create/open an account *créer/ouvrir un compte*
a dashboard *un tableau de bord*
a (discussion) thread *un fil de discussion*
to follow *suivre*
a follower *un suiveur, une suiveuse; un(e) abonné(e)*
a forum *un forum*
a friend *un(e) ami(e)*
to friend *ajouter à sa liste d'ami(e)s*
a hashtag *un hashtag* (mot-clé permettant de rechercher un thème, de suivre une conversation ou de marquer un sujet)
a news feed *un news feed, une alimentation en nouvelles*
to post sth on/ to sb's wall *poster qch sur le mur de qn*
a profile *un profil*
a profile picture *une photo du profil*
to retweet *retweeter*
an RSS feed *un fil d'alimentation en nouvelles RSS*
a status update *une mise à jour du statut*
to tag sb in a photo *taguer qn sur une photo*
a trending topic *un sujet tendance, un trending topic*
a tweet *un tweet*
to tweet (about) *tweeter (sur)*
a wall *un mur*
to write on sb's wall *écrire sur le mur de qn*

▼TÉLÉPHONIE MOBILE

a 4G phone *un téléphone 4G*
an app *une appli*
to buy £10 (worth of) credit *acheter un crédit de 10 livres*
to check one's voicemail *consulter sa messagerie vocale*
a contract phone *un téléphone portable avec abonnement*
to download an app *télécharger une appli*
I'm nearly out of battery. *Je n'ai presque plus de batterie.*
I've got no credit left. *Je n'ai plus de crédit.*
I've got no signal here. *Je n'ai pas de réseau ici.*
instant messaging *messagerie instantanée*
to leave a message on sb's voicemail *laisser un message sur la boîte vocale de qn*
mobile data *Internet mobile*
a mobile phone contract *un forfait mobile*
a network *un réseau*
a pay-as-you-go phone *un téléphone portable à carte*
to put a phone on silent *mettre un téléphone en mode silence*
a ringtone *une sonnerie*
a signal *un signal*
a SIM card *une carte SIM*
a smartphone *un smartphone, un téléphone intelligent*
a text (message) *un sms, un texto ®*
to text someone *envoyer un sms ou un texto ® à*
to top up one's phone *recharger son téléphone en crédit*
a top-up card *une carte de recharge ou prépayée*
unlimited texts *sms illimités*
video messaging *messagerie vidéo*
voicemail *messagerie vocale*
a voicemail message *un message vocal*

▼ABRÉVIATIONS COURANTES DANS E-MAILS ET SMS

2 *= to, too, to- (e.g. 2moro = tomorrow)*
4 *= for*
b4 *= before*
btw *= by the way*
c *= see*
DM *= direct message*
im(h)o *= in my (humble) opinion*
l8r *= later*
lol *= laugh out loud*
OMG *= Oh my God*
pls or **plz** *= please*
r *= are*
rly *= really*
RT *= retweet*
soz *= sorry*
thx *= thanks*
u *= you*
ur *= your, you're*

▼TÉLÉPHONE

▸ Les différents types de communication

Local call — *Communication locale*
National call — *Communication interurbaine*
I want to make an international call. — *Je voudrais appeler l'étranger.*
I want to make a reverse charge call *(Brit)* **to a** Paris **number** *ou* **I want to call a** Paris **number collect** *(US)*. — *Je voudrais appeler … en PCV.*
How do I get an outside line? — *Comment est-ce que je peux téléphoner à l'extérieur ?*

▸ Les renseignements

What is the number for directory enquiries *(Brit)* *ou* **directory assistance** *(US)***?** — *Quel est le numéro des renseignements ?*
Can you give me the number of Europost, 20 Cumberland Street, Newquay? — *Je voudrais le numéro de …*
What is the code for Australia? — *Quel est l'indicatif de …*

▸ Réponses

The number you require is 0181 613 3297. *(o-one-eight-one six-one-three three-two-nine-seven)* — *Le numéro que vous avez demandé est le …*
I'm sorry, there's no listing under that name. — *Je regrette, mais il n'y a pas d'abonné à ce nom.*

The number you require is ex-directory *(Brit)* *ou* **unlisted** *(US)***.** — *Le numéro que vous avez demandé est sur liste rouge.*

▸ Pour répondre au téléphone

Hello, it's Anne **speaking.** — *Allô, c'est … à l'appareil.*
Speaking. — *C'est moi.*
Who's speaking? — *Qui est à l'appareil ?*

▸ Lorsque l'abonné répond

Could I speak to Mr Sanderson, please? — *Pourrais-je parler à …*
Could you put me through to Dr Evans, please? — *Pourriez-vous me passer …*
Can I have extension 6578, please? — *Pourriez-vous me passer le poste …*

I'll call back in half an hour. — *Je rappellerai dans …*
Would you ask him to ring me when he gets back? — *Pourriez-vous lui demander de me rappeler à son retour ?*

TÉLÉPHONE

Who shall I say is calling?	*C'est de la part de qui ?*
I'm putting you through.	*Je vous le passe.*
I have a call from Tokyo **for** Mrs Thomson.	*J'ai un appel de ... pour ...*
I've got Miss Martin **on the line.**	*J'ai ... en ligne.*
Dr Roberts **is on another line. Do you want to wait?**	*... est en ligne, vous patientez ?*
Please hold.	*Ne quittez pas.*
There's no reply.	*Ça ne répond pas.*
Would you like to leave a message?	*Voulez-vous laisser un message ?*

▸ Messages enregistrés

The number you have dialled has not been recognized. Please hang up.	*Le numéro de votre correspondant n'est plus attribué. Veuillez raccrocher.*
The number you have dialled has been changed to 0171 789 0044.	*Le numéro de votre correspondant a changé. Veuillez composer désormais le ...*
All the lines are busy right now. Please try again later.	*Par suite de l'encombrement des lignes, votre appel ne peut aboutir. Veuillez rappeler ultérieurement.*
Hello, you have reached Sunspot Insurance. **Please wait, your call will be answered shortly.**	*Bonjour, vous êtes en communication avec ... Veuillez patienter, nous allons donner suite à votre appel dans quelques instants.*
Hello, you are through to Emma and Matthew Hargreaves. **Please leave a message after the tone and we'll get back to you. Thanks.**	*Bonjour, vous êtes bien chez ... Laissez un message après le bip sonore et nous vous rappellerons dès notre retour. Merci.*

▸ En cas de difficulté

I can't get through.	*Je n'arrive pas à avoir le numéro.*
I can't get a network.	*Je n'ai pas de réseau.*
We were cut off.	*Nous avons été coupés.*
I must have dialled the wrong number.	*J'ai dû faire un faux numéro.*
You're breaking up.	*Je ne te capte plus.*
This is a very bad line.	*La ligne est très mauvaise.*

French verb tables/
Irregular English verbs

Verbes français/
Verbes anglais irréguliers

FRENCH VERB TABLES

INFINITIVE	PRESENT	IMPERFECT	FUTURE	PAST HISTORIC	PAST PARTICIPLE	SUBJUNCTIVE
1 **arriver**	*see p. 775*					
2 **finir**	*see p. 776*					
3 **placer**	je place nous plaçons	je plaçais	je placerai	je plaçai	placé	que je place
bouger	je bouge nous bougeons	je bougeais	je bougerai	je bougeai	bougé	que je bouge
4 **appeler**	j'appelle nous appelons	j'appelais	j'appellerai	j'appelai	appelé	que j'appelle
jeter	je jette nous jetons	je jetais	je jetterai	je jetai	jeté	que je jette
5 **geler**	je gèle nous gelons	je gelais	je gèlerai	je gelai	gelé	que je gèle
6 **céder**[1]	je cède nous cédons	je cédais	je céderai	je cédai	cédé	que je cède
7 **épier**	j'épie	j'épiais	j'épierai	j'épiai	épié	que j'épie
8 **noyer**	je noie nous noyons	je noyais	je noierai	je noyai	noyé	que je noie
NB: **envoyer**			j'enverrai			
payer	je paie		je paierai			que je paie
9 **aller**	*see p. 777*					
10 **haïr**	je hais il hait nous haïssons ils haïssent	je haïssais	je haïrai	je haïs	haï	que je haïsse
11 **courir**	je cours il court nous courons	je courais	je courrai	je courus	couru	que je coure
12 **cueillir**	je cueille nous cueillons	je cueillais	je cueillerai	je cueillis	cueilli	que je cueille
13 **assaillir**	j'assaille nous assaillons	j'assaillais	j'assaillirai	j'assaillis	assailli	que j'assaille
14 **servir**	je sers il sert nous servons	je servais	je servirai	je servis	servi	que je serve
15 **bouillir**	je bous il bout nous bouillons	je bouillais	je bouillirai	je bouillis	bouilli	que je bouille
16 **partir**	je pars il part nous partons	je partais	je partirai	je partis	parti	que je parte
17 **fuir**	je fuis il fuit nous fuyons ils fuient	je fuyais	je fuirai	je fuis	fui	que je fuie
18 **couvrir**	je couvre nous couvrons	je couvrais	je couvrirai	je couvris	couvert	que je couvre
19 **mourir**	je meurs il meurt nous mourons ils meurent	je mourais	je mourrai	je mourus	mort	que je meure
20 **vêtir**	je vêts il vêt nous vêtons	je vêtais	je vêtirai	je vêtis	vêtu	que je vête

INFINITIVE	PRESENT	IMPERFECT	FUTURE	PAST HISTORIC	PAST PARTICIPLE	SUBJUNCTIVE
21 **acquérir**	j'acquiers il acquiert nous acquérons ils acquièrent	j'acquérais	j'acquerrai	j'acquis	acquis	que j'acquière
22 **venir**	je viens il vient nous venons ils viennent	je venais	je viendrai	je vins	venu	que je vienne
23 **pleuvoir**	il pleut	il pleuvait	il pleuvra	il plut	plu	qu'il pleuve
24 **prévoir**	je prévois il prévoit nous prévoyons ils prévoient	je prévoyais	je prévoirai	je prévis	prévu	que je prévoie
25 **pourvoir**	je pourvois il pourvoit nous pourvoyons ils pourvoient	je pourvoyais	je pourvoirai	je pourvus	pourvu	que je pourvoie
26 **asseoir**	j'assois il assoit nous assoyons ils assoient *ou* j'assieds il assied nous asseyons ils asseyent	j'assoyais *ou* j'asseyais	j'assoirai *ou* j'asseyerai	j'assis	assis	que j'assoie *ou* que j'asseye
27 **mouvoir**[2]	je meus il meut nous mouvons ils meuvent	je mouvais nous mouvions	je mouvrai	je mus	mû	que je meuve
28 **recevoir**	je reçois Il reçoit nous recevons ils reçoivent	je recevais nous recevions	je recevrai	je reçus	reçu	que je reçoive
NB: **devoir**					dû	
29 **valoir**	je vaux il vaut nous valons	je valais nous valions	je vaudrai	je valus	valu	que je vaille
NB: **falloir**	il faut	il fallait	il faudra	il fallut	fallu	qu'il faille
30 **voir**	je vois il voit nous voyons ils voient	je voyais nous voyions	je verrai	je vis	vu	que je voie
31 **vouloir**	je veux il veut nous voulons ils veulent	je voulais nous voulions	je voudrai	je voulus	voulu	que je veuille
32 **savoir**	je sais il sait nous savons	je savais nous savions	je saurai	je sus	su	que je sache
33 **pouvoir**	je peux il peut nous pouvons ils peuvent	je pouvais nous pouvions	je pourrai	je pus	pu	que je puisse
34 **avoir**	*see p. 778*					
35 **conclure**	je conclus il conclut nous concluons	je concluais	je conclurai	je conclus	conclu	que je conclue
NB: **inclure**					inclus	

FRENCH VERB TABLES

INFINITIVE	PRESENT	IMPERFECT	FUTURE	PAST HISTORIC	PAST PARTICIPLE	SUBJUNCTIVE
36 **rire**	je ris il rit nous rions ils rient	je riais	je rirai	je ris	ri	que je rie
37 **dire** NB: **suffire** **médire**	je dis il dit nous disons vous dites ils disent vous suffisez vous médisez	je disais	je dirai	je dis	dit	que je dise
38 **nuire**	je nuis il nuit nous nuisons	je nuisais	je nuirai	je nuisis	nui	que je nuise
39 **écrire**	j'écris il écrit nous écrivons	j'écrivais	j'écrirai	j'écrivis	écrit	que j'écrive
40 **suivre**	je suis il suit nous suivons	je suivais	je suivrai	je suivis	suivi	que je suive
41 **rendre** NB: **rompre** **battre**	je rends il rend nous rendons il rompt je bats il bat nous battons	je rendais je battais	je rendrai je battrai	je rendis je battis	rendu battu	que je rende que je batte
42 **vaincre**	je vaincs il vainc nous vainquons	je vainquais	je vaincrai	je vainquis	vaincu	que je vainque
43 **lire**	je lis il lit nous lisons	je lisais	je lirai	je lus	lu	que je lise
44 **croire**	je crois il croit nous croyons ils croient	je croyais	je croirai	je crus	cru	que je croie
45 **clore**	je clos il clôt ils closent		je clorai		clos	que je close
46 **vivre**	je vis il vit nous vivons	je vivais	je vivrai	je vécus	vécu	que je vive
47 **moudre**	je mouds il moud nous moulons	je moulais	je moudrai	je moulus	moulu	que je moule
48 **coudre**	je couds il coud nous cousons	je cousais	je coudrai	je cousis	cousu	que je couse
49 **joindre**	je joins il joint nous joignons	je joignais	je joindrai	je joignis	joint	que je joigne
50 **traire**	je trais il trait nous trayons ils traient	je trayais	je trairai		trait	que je traie
51 **absoudre**[3] NB: **résoudre**	j'absous il absout nous absolvons	j'absolvais	j'absoudrai		absous résolu	que j'absolve

INFINITIVE	PRESENT	IMPERFECT	FUTURE	PAST HISTORIC	PAST PARTICIPLE	SUBJUNCTIVE
52 **craindre**	je crains il craint nous craignons	je craignais	je craindrai	je craignis	craint	que je craigne
NB: **peindre**	je peins il peint nous peignons	je peignais	je peindrai	je peignis	peint	que je peigne
53 **boire**	je bois il boit nous buvons ils boivent	je buvais	je boirai	je bus	bu	que je boive
54 **plaire**[4]	je plais il plaît nous plaisons	je plaisais	je plairai	je plus	plu	que je plaise
NB: **taire**	il tait					
55 **croître**[5]	je croîs il croît nous croissons	je croissais	je croîtrai	je crûs	crû	que je croisse
NB: **accroître**[6]	j'accrois			j'accrus	accru	
décroître	je décrois			je décrus	décru	
56 **mettre**	je mets il met nous mettons	je mettais	je mettrai	je mis	mis	que je mette
57 **connaître**[7]	je connais il connaît nous connaissons	je connaissais	je connaîtrai	je connus	connu	que je connaisse
58 **prendre**	je prends il prend nous prenons ils prennent	je prenais	je prendrai	je pris	pris	que je prenne
59 **naître**[8]	je nais il naît nous naissons	je naissais	je naîtrai	je naquis	né	que je naisse
60 **faire**	*see p. 779*					
61 **être**	*see p. 780*					

[1] **céder** 6

The pronunciation of this verb requires a grave accent in the future and conditional (*je cèderai*, *je cèderais*), as recommended by the 1990 French spelling reform.

La prononciation appelle l'accent grave au futur et au conditionnel (*je cèderai*, *je cèderais*), préconisé par les Rectifications de l'orthographe de 1990.

[2] **mouvoir** 27

The past participle is traditionally written with a circumflex accent on the *u*. However, the 1990 French spelling reform recommends the written form *mu*, without circumflex, for the past participle in all compound tenses. This is in order to bring the form into line with the past participles of the verbs *émouvoir* and *promouvoir* (*ému*, *promu*). The written forms *j'ai mu*, *nous aurions mu*, etc. are therefore no longer considered incorrect.

Le participe passé s'écrit traditionnellement avec un accent circonflexe sur le *u*. Cependant, les Rectifications de l'orthographe de 1990 préconisent la graphie sans accent circonflexe *mu* pour le participe passé à tous les temps composés, ceci afin d'harmoniser cette forme avec les participes passés des verbes *émouvoir* et *promouvoir* (*ému*, *promu*). Ainsi les graphies *j'ai mu*, *nous aurions mu*, etc. ne sont plus considérées comme fautives.

[3]absoudre 51

The 1990 French spelling reform recommends the use of the past participles *absout*, *dissout*, ending with *t*, to follow the model of the feminine forms *absoute*, *dissoute*. As such, both written forms *j'ai absous* and *j'ai absout* are acceptable.

Les Rectifications de l'orthographe de 1990 préconisent d'employer les participes passés *absout*, *dissout* avec un *t* final, sur le modèle des féminins *absoute*, *dissoute*. Ainsi, on peut écrire indifféremment *j'ai absous* ou *j'ai absout*.

[4]plaire 54

Complaire, *déplaire* and *plaire* are traditionally written with a circumflex accent in the indicative: *il plaît*. However, the 1990 French spelling reform recommends the removal of the circumflex. The forms *il plait*, *il complait*, *il déplait* are therefore no longer considered incorrect.

Complaire, *déplaire* et *plaire* prennent traditionnellement un accent circonflexe au présent de l'indicatif : *il plaît*. Cependant, les Rectifications de l'orthographe de 1990 préconisent l'abandon de ce circonflexe. Les formes *il plait*, *il complait*, *il déplait* ne sont donc plus considérées comme fautives.

[5]croître 55

This verb is traditionally written with a circumflex accent on the *i* before the *t*. However, the 1990 French spelling reform recommends the removal of the circumflex in the future and conditional, tenses in which it is not possible to confuse the verbs *croître* and *croire*. As such, the written forms *je croitrai*, *nous croitrons* etc. and *je croitrais*, *nous croitrions* etc. are no longer considered incorrect.

Ce verbe prend traditionnellement un accent circonflexe sur le *i* devant le *t*. Cependant, les Rectifications de l'orthographe de 1990 préconisent l'abandon de ce circonflexe au futur et au conditionnel, temps auxquels la confusion entre les verbes *croître* et *croire* n'est pas possible. Ainsi les graphies *je croitrai*, *nous croitrons* etc. et *je croitrais*, *nous croitrions* etc. ne sont plus considérées comme fautives.

[6]accroître 55

This verb is traditionally written with a circumflex accent on the *i* before the *t*. However, the 1990 French spelling reform recommends the removal of the circumflex. As such, the written forms *j'accroitrai*, *nous accroitrons* etc. and *j'accroitrais*, *nous accroitrions* etc. are no longer considered incorrect.

Ce verbe prend traditionnellement un accent circonflexe sur le *i* devant le *t*. Cependant, les Rectifications de l'orthographe de 1990 préconisent l'abandon de ce circonflexe. Ainsi les graphies *j'accroitrai*, *nous accroitrons* etc. et *j'accroitrais*, *nous accroitrions* etc. ne sont plus considérées comme fautives.

[7]connaître 57

This verb is traditionally written with a circumflex accent on the *i* before the *t*. However, the 1990 French spelling reform recommends the removal of the circumflex. As such, the written forms *connaitre*, *il connait*, *je connaitrai*, *nous connaitrons* etc. and *je connaitrais*, *nous connaitrions* etc. are no longer considered incorrect.

Le *i* prend traditionnellement un accent circonflexe devant un *t*. Cependant, les Rectifications de l'orthographe de 1990 préconisent l'abandon de ce circonflexe. Ainsi les graphies *connaitre*, *il connait*, *je connaitrai*, *nous connaitrons* etc. et *je connaitrais*, *nous connaitrions* etc. ne sont plus considérées comme fautives.

[8]naître 59

This verb is traditionally written with a circumflex accent on the *i* before the *t*. However, the 1990 French spelling reform recommends the removal of the circumflex. As such, the written forms *naitre*, *je naitrai*, *nous naitrons* etc. and *je naitrais*, *nous naitrions* etc. are no longer considered incorrect.

Le *i* prend traditionnellement un accent circonflexe devant un *t*. Cependant, les Rectifications de l'orthographe de 1990 préconisent l'abandon de ce circonflexe. Ainsi les graphies *naitre*, *je naitrai*, *nous naitrons* etc. et *je naitrais*, *nous naitrions* etc. ne sont plus considérées comme fautives.

conjugation 1 – **ARRIVER:** regular verbs ending in **-er**
(**arriver** is conjugated with **être**)

INDICATIVE

PRESENT
j'arrive
tu arrives
il arrive
nous arrivons
vous arrivez
ils arrivent

PERFECT
je suis arrivé
tu es arrivé
il est arrivé
nous sommes arrivés
vous êtes arrivés
ils sont arrivés

IMPERFECT
j'arrivais
tu arrivais
il arrivait
nous arrivions
vous arriviez
ils arrivaient

PLUPERFECT
j'étais arrivé
tu étais arrivé
il était arrivé
nous étions arrivés
vous étiez arrivés
ils étaient arrivés

PAST HISTORIC
j'arrivai
tu arrivas
il arriva
nous arrivâmes
vous arrivâtes
ils arrivèrent

PAST ANTERIOR
je fus arrivé
tu fus arrivé
il fut arrivé
nous fûmes arrivés
vous fûtes arrivés
ils furent arrivés

FUTURE
j'arriverai
tu arriveras
il arrivera
nous arriverons
vous arriverez
ils arriveront

FUTURE PERFECT
je serai arrivé
tu seras arrivé
il sera arrivé
nous serons arrivés
vous serez arrivé
ils seront arrivés

SUBJUNCTIVE

PRESENT
que j'arrive
que tu arrives
qu'il arrive
que nous arrivions
que vous arriviez
qu'ils arrivent

IMPERFECT
que j'arrivasse
que tu arrivasses
qu'il arrivât
que nous arrivassions
que vous arrivassiez
qu'ils arrivassent

PAST
que je sois arrivé
que tu sois arrivé
qu'il soit arrivé
que nous soyons arrivés
que vous soyez arrivés
qu'ils soient arrivés

PLUPERFECT
que je fusse arrivé
que tu fusses arrivé
qu'il fût arrivé
que nous fussions arrivés
que vous fussiez arrivés
qu'ils fussent arrivés

IMPERATIVE

PRESENT
arrive
arrivons
arrivez

PAST
sois arrivé
soyons arrivés
soyez arrivés

PARTICIPLE

PRESENT
arrivant

PAST
arrivé

INFINITIVE

PRESENT
arriver

PAST
être arrivé

CONDITIONAL

PRESENT
j'arriverais
tu arriverais
il arriverait
nous arriverions
vous arriveriez
ils arriveraient

PAST I
je serais arrivé
nous serions arrivés

PAST II
je fusse arrivé
nous fussions arrivés

conjugation 2 – FINIR: regular verbs ending in -ir

INDICATIVE

PRESENT
je finis
tu finis
il finit
nous finissons
vous finissez
ils finissent

PERFECT
j'ai fini
tu as fini
il a fini
nous avons fini
vous avez fini
ils ont fini

IMPERFECT
je finissais
tu finissais
il finissait
nous finissions
vous finissiez
ils finissaient

PLUPERFECT
j'avais fini
tu avais fini
il avait fini
nous avions fini
vous aviez fini
ils avaient fini

PAST HISTORIC
je finis
tu finis
il finit
nous finîmes
vous finîtes
ils finirent

PAST ANTERIOR
j'eus fini
tu eus fini
il eut fini
nous eûmes fini
vous eûtes fini
ils eurent fini

FUTURE
je finirai
tu finiras
il finira
nous finirons
vous finirez
ils finiront

FUTURE PERFECT
j'aurai fini
tu auras fini
il aura fini
nous aurons fini
vous aurez fini
ils auront fini

SUBJUNCTIVE

PRESENT
que je finisse
que tu finisses
qu'il finisse
que nous finissions
que vous finissiez
qu'ils finissent

IMPERFECT
que je finisse
que tu finisses
qu'il finît
que nous finissions
que vous finissiez
qu'ils finissent

PAST
que j'aie fini
que tu aies fini
qu'il ait fini
que nous ayons fini
que vous ayez fini
qu'ils aient fini

PLUPERFECT
que j'eusse fini
que tu eusses fini
qu'il eût fini
que nous eussions fini
que vous eussiez fini
qu'ils eussent fini

IMPERATIVE

PRESENT
finis
finissons
finissez

PAST
aie fini
ayons fini
ayez fini

PARTICIPLE

PRESENT
finissant

PAST
fini

INFINITIVE

PRESENT
finir

PAST
avoir fini

CONDITIONAL

PRESENT
je finirais
tu finirais
il finirait
nous finirions
vous finiriez
ils finiraient

PAST I
j'aurais fini
nous aurions fini

PAST II
j'eusse fini
nous eussions fini

conjugation 9 – ALLER
(**aller** is conjugated with **être**)

INDICATIVE

PRESENT
je vais
tu vas
il va
nous allons
vous allez
ils vont

PERFECT
je suis allé
tu es allé
il est allé
nous sommes allés
vous êtes allés
ils sont allés

IMPERFECT
j'allais
tu allais
il allait
nous allions
vous alliez
ils allaient

PLUPERFECT
j'étais allé
tu étais allé
il était allé
nous étions allés
vous étiez allés
ils étaient allés

PAST HISTORIC
j'allai
tu allas
il alla
nous allâmes
vous allâtes
ils allèrent

PAST ANTERIOR
je fus allé
tu fus allé
il fut allé
nous fûmes allés
vous fûtes allés
ils furent allés

FUTURE
j'irai
tu iras
il ira
nous irons
vous irez
ils iront

FUTURE PERFECT
je serai allé
tu seras allé
il sera allé
nous serons allés
vous serez allés
ils seront allés

SUBJUNCTIVE

PRESENT
que j'aille
que tu ailles
qu'il aille
que nous allions
que vous alliez
qu'ils aillent

IMPERFECT
que j'allasse
que tu allasses
qu'il allât
que nous allassions
que vous allassiez
qu'ils allassent

PAST
que je sois allé
que tu sois allé
qu'il soit allé
que nous soyons allés
que vous soyez allés
qu'ils soient allés

PLUPERFECT
que je fusse allé
que tu fusses allé
qu'il fût allé
que nous fussions allés
que vous fussiez allés
qu'ils fussent allés

IMPERATIVE

PRESENT
va
allons
allez

PAST
sois allé
soyons allés
soyez allés

PARTICIPLE

PRESENT
allant

PAST
allé

INFINITIVE

PRESENT
aller

PAST
être allé

CONDITIONAL

PRESENT
j'irais
tu irais
il irait
nous irions
vous iriez
ils iraient

PAST I
je serais allé
nous serions allés

PAST II
je fusse allé
nous fussions allés

conjugation 34 – AVOIR

INDICATIVE

PRESENT	PERFECT
j'ai	j'ai eu
tu as	tu as eu
il a	il a eu
nous avons	nous avons eu
vous avez	vous avez eu
ils ont	ils ont eu

IMPERFECT	PLUPERFECT
j'avais	j'avais eu
tu avais	tu avais eu
il avait	il avait eu
nous avions	nous avions eu
vous aviez	vous aviez eu
ils avaient	ils avaient eu

PAST HISTORIC	PAST ANTERIOR
j'eus	j'eus eu
tu eus	tu eus eu
il eut	il eut eu
nous eûmes	nous eûmes eu
vous eûtes	vous eûtes eu
ils eurent	ils eurent eu

FUTURE	FUTURE PERFECT
j'aurai	j'aurai eu
tu auras	tu auras eu
il aura	il aura eu
nous aurons	nous aurons eu
vous aurez	vous aurez eu
ils auront	ils auront eu

SUBJUNCTIVE

PRESENT
que j'aie
que tu aies
qu'il ait
que nous ayons
que vous ayez
qu'ils aient

IMPERFECT
que j'eusse
que tu eusses
qu'il eût
que nous eussions
que vous eussiez
qu'ils eussent

PAST
que j'aie eu
que tu aies eu
qu'il ait eu
que nous ayons eu
que vous ayez eu
qu'ils aient eu

PLUPERFECT
que j'eusse eu
que tu eusses eu
qu'il eût eu
que nous eussions eu
que vous eussiez eu
qu'ils eussent eu

IMPERATIVE

PRESENT	PAST
aie	aie eu
ayons	ayons eu
ayez	ayez eu

PARTICIPLE

PRESENT	PAST
ayant	eu

INFINITIVE

PRESENT	PAST
avoir	avoir eu

CONDITIONAL

PRESENT
j'aurais
tu aurais
il aurait
nous aurions
vous auriez
ils auraient

PAST I
j'aurais eu
nous aurions eu

PAST II
j'eusse eu
nous eussions eu

conjugation 60 – FAIRE

INDICATIVE

PRESENT	PERFECT
je fais	j'ai fait
tu fais	tu as fait
il fait	il a fait
nous faisons	nous avons fait
vous faites	vous avez fait
ils font	ils ont fait

IMPERFECT	PLUPERFECT
je faisais	j'avais fait
tu faisais	tu avais fait
il faisait	il avait fait
nous faisions	nous avions fait
vous faisiez	vous aviez fait
ils faisaient	ils avaient fait

PAST HISTORIC	PAST ANTERIOR
je fis	j'eus fait
tu fis	tu eus fait
il fit	il eut fait
nous fîmes	nous eûmes fait
vous fîtes	vous eûtes fait
ils firent	ils eurent fait

FUTURE	FUTURE PERFECT
je ferai	j'aurai fait
tu feras	tu auras fait
il fera	il aura fait
nous ferons	nous aurons fait
vous ferez	vous aurez fait
ils feront	ils auront fait

SUBJUNCTIVE

PRESENT
que je fasse
que tu fasses
qu'il fasse
que nous fassions
que vous fassiez
qu'ils fassent

IMPERFECT
que je fisse
que tu fisses
qu'il fît
que nous fissions
que vous fissiez
qu'ils fissent

PAST
que j'aie fait
que tu aies fait
qu'il ait fait
que nous ayons fait
que vous ayez fait
qu'ils aient fait

PLUPERFECT
que j'eusse fait
que tu eusses fait
qu'il eût fait
que nous eussions fait
que vous eussiez fait
qu'ils eussent fait

IMPERATIVE

PRESENT	PAST
fais	aie fait
faisons	ayons fait
faites	ayez fait

PARTICIPLE

PRESENT	PAST
faisant	fait

INFINITIVE

PRESENT	PAST
faire	avoir fait

CONDITIONAL

PRESENT
je ferais
tu ferais
il ferait
nous ferions
vous feriez
ils feraient

PAST I
j'aurais fait
nous aurions fait

PAST II
j'eusse fait
nous eussions fait

conjugation 61 – ÊTRE

INDICATIVE

PRESENT	PERFECT
je suis	j'ai été
tu es	tu as été
il est	il a été
nous sommes	nous avons été
vous êtes	vous avez été
ils sont	ils ont été

IMPERFECT	PLUPERFECT
j'étais	j'avais été
tu étais	tu avais été
il était	il avait été
nous étions	nous avions été
vous étiez	vous aviez été
ils étaient	ils avaient été

PAST HISTORIC	PAST ANTERIOR
je fus	j'eus été
tu fus	tu eus été
il fut	il eut été
nous fûmes	nous eûmes été
vous fûtes	vous eûtes été
ils furent	ils eurent été

FUTURE	FUTURE PERFECT
je serai	j'aurai été
tu seras	tu auras été
il sera	il aura été
nous serons	nous aurons été
vous serez	vous aurez été
ils seront	ils auront été

SUBJUNCTIVE

PRESENT
que je sois
que tu sois
qu'il soit
que nous soyons
que vous soyez
qu'ils soient

IMPERFECT
que je fusse
que tu fusses
qu'il fût
que nous fussions
que vous fussiez
qu'ils fussent

PAST
que j'aie été
que tu aies été
qu'il ait été
que nous ayons été
que vous ayez été
qu'ils aient été

PLUPERFECT
que j'eusse été
que tu eusses été
qu'il eût été
que nous eussions été
que vous eussiez été
qu'ils eussent été

IMPERATIVE

PRESENT	PAST
sois	aie été
soyons	ayons été
soyez	ayez été

PARTICIPLE

PRESENT	PAST
étant	été

INFINITIVE

PRESENT	PAST
être	avoir été

CONDITIONAL

PRESENT
je serais
tu serais
il serait
nous serions
vous seriez
ils seraient

PAST I
j'aurais été
nous aurions été

PAST II
j'eusse été
nous eussions été

VERBES ANGLAIS IRRÉGULIERS

INFINITIF	PRÉTÉRIT	PARTICIPE PASSÉ
arise	arose	arisen
awake	awoke	awoken
be	was, were	been
bear	bore	borne
beat	beat	beaten
become	became	become
begin	began	begun
bend	bent	bent
bet	bet	bet
bind	bound	bound
bite	bit	bitten
bleed	bled	bled
blow	blew	blown
break	broke	broken
bring	brought	brought
build	built	built
burn	burned *or* burnt	burned *or* burnt
burst	burst	burst
buy	bought	bought
can	could	—
cast	cast	cast
catch	caught	caught
choose	chose	chosen
cling	clung	clung
come	came	come
cost	cost *or* costed	cost *or* costed
creep	crept	crept
cut	cut	cut
deal	dealt	dealt
dig	dug	dug
dive	dived, *(US)* dove	dived
do	did	done
draw	drew	drawn
dream	dreamed *or* dreamt	dreamed *or* dreamt
drink	drank	drunk
drive	drove	driven
eat	ate	eaten
fall	fell	fallen
feed	fed	fed

VERBES ANGLAIS IRRÉGULIERS

INFINITIF	PRÉTÉRIT	PARTICIPE PASSÉ
feel	felt	felt
fight	fought	fought
find	found	found
fly	flew	flown
forbid	forbad(e)	forbidden
forget	forgot	forgotten
freeze	froze	frozen
get	got	got, *(US)* gotten
give	gave	given
go	went	gone
grind	ground	ground
grow	grew	grown
hang	hung *or* hanged	hung *or* hanged
have	had	had
hear	heard	heard
hide	hid	hidden
hit	hit	hit
hold	held	held
hurt	hurt	hurt
keep	kept	kept
kneel	knelt *or* kneeled	knelt *or* kneeled
know	knew	known
lay	laid	laid
lead	led	led
lean	leaned *or* leant	leaned *or* leant
leap	leaped *or* leapt	leaped *or* leapt
learn	learned *or* learnt	learned *or* learnt
leave	left	left
lend	lent	lent
let	let	let
lie[1]	lay	lain
light	lit *or* lighted	lit *or* lighted
lose	lost	lost
make	made	made
may	might	–
mean	meant	meant
meet	met	met
pay	paid	paid
put	put	put
quit	quit *or* quitted	quit *or* quitted
read [ri:d]	read [red]	read [red]
rid	rid	rid

INFINITIF	PRÉTÉRIT	PARTICIPE PASSÉ
ride	rode	ridden
ring	rang	rung
rise	rose	risen
run	ran	run
say	said	said
see	saw	seen
seek	sought	sought
sell	sold	sold
send	sent	sent
set	set	set
shake	shook	shaken
shed	shed	shed
shine	shone	shone
shoe	shod	shod
shoot	shot	shot
show	showed	shown *or* showed
shrink	shrank	shrunk
shut	shut	shut
sing	sang	sung
sink	sank	sunk
sit	sat	sat
sleep	slept	slept
slide	slid	slid
smell	smelled *or* smelt	smelled *or* smelt
speak	spoke	spoken
speed	speeded *or* sped	speeded *or* sped
spell	spelled *or* spelt	spelled *or* spelt
spend	spent	spent
spill	spilled *or* spilt	spilled *or* spilt
spit	spat, *(US)* spit	spat
spoil	spoiled *or* spoilt	spoiled *or* spoilt
spread	spread	spread
spring	sprang	sprung
stand	stood	stood
steal	stole	stolen
stick	stuck	stuck
sting	stung	stung
stink	stank	stunk
strike	struck	struck
swear	swore	sworn
sweep	swept	swept
swell	swelled	swollen

VERBES ANGLAIS IRRÉGULIERS

INFINITIF	PRÉTÉRIT	PARTICIPE PASSÉ
swim	swam	swum
swing	swung	swung
take	took	taken
teach	taught	taught
tear	tore	torn
tell	told	told
think	thought	thought
throw	threw	thrown
wake	woke	woken
wear	wore	worn
weep	wept	wept
win	won	won
wind²	wound	wound
write	wrote	written

REMARQUE : Ne sont pas compris dans cette liste les verbes formés avec un préfixe. Pour leur conjugaison, se référer au verbe de base, ex. : pour *understand* voir *stand*.

Education systems

Les systèmes éducatifs

HIGHER EDUCATION IN FRANCE

YEAR	QUALIFICATIONS AND STUDIES		ESTABLISHMENT	QUALIFICATION	ESTABLISHMENT	QUALIFICATION	ESTABLISHMENT
8						doctorat	UNIVERSITÉ
7						thèse	
6							
5		diplôme grande école	ÉCOLE D'INGÉNIEUR or DE COMMERCE or INSTITUT D'ÉTUDES POLITIQUES			master 2 professionnel or de recherche	
4						master 1	
3						licence professionnelle or générale	
2	brevet de technicien supérieur (BTS)	concours	LYCÉE	Diplôme universitaire de technologie (DUT) or Diplôme d'études universitaires scientifiques et techniques (DUEST)	INSTITUT UNIVERSITAIRE DE TECHNOLOGIE (IUT)		
1	*sections de techniciens supérieurs*	*2 years' preparatory study for most of the grandes écoles*					

The **grandes écoles** are competitive-entrance higher education establishments, the most prestigious of which include the **École polytechnique** (engineering), the **Écoles normales supérieures** (arts and sciences), **HEC** (**École des hautes études commerciales** – business school) and the **École nationale d'administration** (the civil service college).

PRIMARY AND SECONDARY EDUCATION IN FRANCE

AGE	YEAR	ESTABLISHMENT
17	**terminale** – On completion of studies, students sit the **baccalauréat**.	LYCÉE GÉNÉRAL ET TECHNOLOGIQUE or LYCÉE PROFESSIONNEL (2e CYCLE)
16	**première générale et technologique** or **professionnelle** – On completion of studies, students of the **première professionnelle** sit the **certificat d'aptitude professionnelle (CAP)**.	
15	**seconde générale et technologique** or **professionnelle**	
14	**troisième** – Students sit the **diplôme national du brevet** (equivalent to GCSEs).	COLLÈGE (1er CYCLE)
13	**quatrième**	
12	**cinquième**	
11	**sixième**	
10	**cours moyen 2e année (CM2)**	ÉCOLE
9	**cours moyen 1re année (CM1)**	
8	**cours élémentaire 2e année (CE2)**	
7	**cours élémentaire 1re année (CE1)**	
6	**cours préparatoire (CP)**	
5	**grande section**	
4	**moyenne section**	
3	**petite section**	

Students with the **diplôme national du brevet** can choose to go on to a **lycée général et technologique**, where they can study for a **baccalauréat général** or a **baccalauréat technologique**, or a **lycée professionnel**, where they can study for three years and take the **baccalauréat professionnel** or study for two years and take the **certificat d'aptitude professionnelle (CAP)**. Schooling is compulsory from ages 6 to 16 inclusive.

The education systems in Quebec and Belgium are very similar to the French system, except at secondary level.

THE EDUCATION SYSTEM IN QUEBEC

Secondary education in Quebec lasts five years, from **première** to **cinquième**, which correspond to **sixième** and **seconde** in France. After three years of general studies, the student can choose to continue with general studies or opt for vocational training for the remaining two years. A **DES** (**diplôme d'études secondaires**) is awarded on successful completion of these studies. Vocational training can be completed with three years of technical training at a **Cegep**.

The **Cegep** (**Collège d'enseignement général et professionnel**) offers two years of pre-university study, which correspond to the **première** and **terminale** in France, or three years of technical training. A **DEC** (**diplôme d'études collégiales**), which is equivalent to the French **baccalauréat**, is awarded on successful completion of these studies.

At university level, the **baccalauréat** is equivalent to a **licence** in France.

www.education.gouv.qc.ca

THE EDUCATION SYSTEM IN BELGIUM (WALLONIA AND BRUSSELS)

Secondary education in Belgium lasts six years, from **première secondaire** to **sixième secondaire**. The last year, which corresponds to the **terminale** in France, is often referred to as **rhétorique** (known familiarly as **rhéto**).

In the third year of secondary education, the student can choose to follow one of two routes: 'transitional' studies (**de transition**), which prepare the student for higher education, or 'qualification' studies (**de qualification**), which aim to provide technical skills.

Three years of study are required for a bachelor's degree, commonly referred to as a **baccalauréat** (known familiarly as a **bac**), which is equivalent to a **licence** in France.

www.enseignement.be

L'ENSEIGNEMENT SUPÉRIEUR EN ANGLETERRE, AU PAYS DE GALLES, EN ÉCOSSE ET EN IRLANDE DU NORD

ANNÉES	DIPLÔME	ÉTABLISSEMENT	DIPLÔME	ÉTABLISSEMENT
7	**Doctorate**	**UNIVERSITY: POSTGRADUATE**		
6				
5				
4	**Master's degree** (**MA**, **MSc** etc.) ou **Postgraduate Certificate/Diploma** (pas de mémoire)			
3	**Bachelor's degree** (**BA**, **BSc** etc.)	**UNIVERSITY: UNDERGRADUATE**	**Foundation course** ou **Higher National Certificate** (**HNC**) ou **Higher National Diploma** (**HND**)	**FURTHER EDUCATION COLLEGE**
2	**Foundation course**			
1				

En Écosse, les études menant à un diplôme **undergraduate**, c'est-à-dire l'équivalent de la licence, durent quatre ans. La qualification obtenue au terme de ces quatre années est souvent appelée **undergraduate master's degree**. En Angleterre, au pays de Galles et en Irlande du Nord, elles durent généralement trois ans, excepté pour quelques licences en langues notamment, qui peuvent prendre quatre ans.

L'ENSEIGNEMENT PRIMAIRE ET SECONDAIRE EN ANGLETERRE ET AU PAYS DE GALLES

ÂGE	CLASSE	ÉTABLISSEMENT
17	**Year 13/Upper Sixth Form** – Les élèves peuvent soit passer leurs **A levels**, (qui se préparent en deux ans), soit se diriger vers une filière technique et professionnelle.	**SECONDARY SCHOOL** ou **FURTHER EDUCATION COLLEGE** (facultatif)
16	**Year 12/Lower Sixth Form** – Les élèves peuvent soit passer leurs **AS levels** (le premier niveau de leurs **A levels**, mais qui peut constituer un diplôme à part entière), soit se diriger vers une filière technique et professionnelle.	
15	**Year 11: Key Stage 4** [voir ci-dessous]	**SECONDARY SCHOOL**
14	**Year 10: Key Stage 4** – Les élèves peuvent préparer soit le traditionnel **GCSE** (équivalent du brevet des collèges), soit un diplôme professionnel et technique, tel que le **National Vocational Qualification** (**NVQ**), qui s'obtient sur appréciation de leur travail et de leur formation.	
13	**Year 9: Key Stage 3**	
12	**Year 8: Key Stage 3**	
11	**Year 7: Key Stage 3**	
10	**Year 6: Key Stage 2**	**PRIMARY SCHOOL**
9	**Year 5: Key Stage 2**	
8	**Year 4: Key Stage 2**	
7	**Year 3: Key Stage 2**	
6	**Year 2: Key Stage 1**	
5	**Year 1: Key Stage 1**	
4	**Foundation Stage 2**	**RECEPTION** (facultatif)

L'enseignement est obligatoire de 5 à 16 ans. Au pays de Galles, les élèves âgés de 14 à 19 ans peuvent également choisir de passer le **Welsh Baccalaureate**.

L'ENSEIGNEMENT PRIMAIRE ET SECONDAIRE EN ÉCOSSE

ÂGE	CLASSE	ÉTABLISSEMENT
17	**S6** [voir ci-dessous] Les élèves peuvent préparer les **Advanced Highers**, c'est-à-dire des **Higher Grades** de niveau supérieur.	**SECONDARY SCHOOL** ou **FURTHER EDUCATION COLLEGE** (facultatif)
16	**S5** – Les élèves peuvent préparer soit les **Higher Grades**, soit un diplôme professionnel et technique.	
15	**S4** [voir ci-dessous]	**SECONDARY SCHOOL**
14	**S3** – Les élèves préparent soit les **National Qualifications** (ou **NQs**) de niveau 3, 4 ou 5 en fonction du niveau d'études (**N5** étant le plus élevé), soit un diplôme professionnel et technique tel que le **Scottish Vocational Qualification** (**SVQ**), qui est l'équivalent du **NVQ**.	
13	**S2**	
12	**Secondary 1 (S1)**	
11	**P7**	**PRIMARY SCHOOL**
10	**P6**	
9	**P5**	
8	**P4**	
7	**P3**	
6	**P2**	
5	**Primary 1 (P1)**	
4	**Nursery**	**NURSERY** (facultatif)
3	**Nursery**	

L'enseignement est obligatoire de 5 à 16 ans. Le programme scolaire est fixé par les autorités locales et les établissements scolaires, qui prennent en compte les directives nationales.

L'ENSEIGNEMENT PRIMAIRE ET SECONDAIRE EN IRLANDE DU NORD

ÂGE	CLASSE	ÉTABLISSEMENT
17	**Year 14** [équivalent de **Year 13** en Angleterre et au pays de Galles]	**SECONDARY SCHOOL** ou **FURTHER EDUCATION COLLEGE** (facultatif)
16	**Year 13** [équivalent de **Year 12** en Angleterre et au pays de Galles]	
15	**Year 12: Key Stage 4** [équivalent de **Year 11** en Angleterre et au pays de Galles]	**SECONDARY SCHOOL**
14	**Year 11: Key Stage 4** [équivalent de **Year 10** en Angleterre et au pays de Galles]	
13	**Year 10: Key Stage 3**	
12	**Year 9: Key Stage 3**	
11	**Year 8: Key Stage 3**	
10	**Year 7: Key Stage 2** – Les élèves peuvent passer un examen organisé par les seules **grammar schools** et sans valeur officielle, dont les résultats détermineront dans quelle école ils pourront aller.	**PRIMARY SCHOOL**
9	**Year 6: Key Stage 2**	
8	**Year 5: Key Stage 2**	
7	**Year 4: Key Stage 2**	
6	**Year 3: Key Stage 1**	
5	**Year 2: Key Stage 1/Foundation Stage**	
4	**Year 1: Key Stage 1/Foundation Stage**	
3	**Foundation Stage 1**	

L'enseignement est obligatoire de 4 à 16 ans.

L'ENSEIGNEMENT SUPÉRIEUR EN RÉPUBLIQUE D'IRLANDE

ANNÉE	DIPLÔME		ÉTABLISSEMENT	DIPLÔME	ÉTABLISSEMENT
7	**Doctorate**		**UNIVERSITY: POSTGRADUATE**		
6					
5		**Master's degree (MA, MSc** etc.) (1 ou 2 année(s) d'études)			
4	**Postgraduate Diploma**				
3	**Bachelor's degree (BA, BSc** etc.)		**UNIVERSITY: UNDERGRADUATE**	**Post-Leaving Certificate** (1 ou 2 année(s) d'études)	**INSTITUTE OF TECHNOLOGY/ FURTHER EDUCATION COLLEGE**
2	**Higher Certificate**				
1					

Une licence s'obtient en 3 ans (**ordinary bachelor's degree**) ou 4 ans (**honours bachelor's degree**). Le diplôme de 4 ans est souvent appelé **undergraduate master's degree**.

L'ENSEIGNEMENT PRIMAIRE ET SECONDAIRE EN RÉPUBLIQUE D'IRLANDE

ÂGE	CLASSE	ÉTABLISSEMENT
17	**6th Year: Senior Cycle Year 3** [voir ci-dessous]	**SECONDARY SCHOOL** (facultatif)
16	**5th Year: Senior Cycle Year 2** – Les élèves préparent le **Leaving Certificate**, certificat équivalent des **A levels**, qui peut être généraliste ou professionnel.	
15	**4th Year: Senior Cycle Year 1**	
14	**3rd Year: Junior Cycle** – Les élèves préparent le **Junior Leaving Certificate** à la fin du **Junior Cycle**.	**SECONDARY SCHOOL**
13	**2nd Year: Junior Cycle**	
12	**1st Year: Junior Cycle**	
11	**6th Class**	**PRIMARY SCHOOL**
10	**5th Class**	
9	**4th Class**	
8	**3rd Class**	
7	**2nd Class**	
6	**1st Class**	
5	**Senior Infants**	**PRIMARY SCHOOL** (facultatif)
4	**Junior Infants**	
3	**Pre-school**	**PRE-SCHOOL** (facultatif)

L'enseignement est obligatoire de 6 à 16 ans. Les élèves ont le choix entre un enseignement dispensé en anglais ou en irlandais.

L'ENSEIGNEMENT SUPÉRIEUR AUX ÉTATS-UNIS

ANNÉE	CLASSE/DIPLÔME	ÉTABLISSEMENT	DIPLÔME	ÉTABLISSEMENT
8	**Doctorate**	**GRADUATE SCHOOL: POSTGRADUATE**		
7				
6	**Professional master's degree (MBA, MEng** etc.) ou **academic master's degree (MA, MS etc.**)			
5				
4	**Senior Year: bachelor's degree (BA, BS** etc.)	**COLLEGE/ UNIVERSITY: UNDERGRADUATE**		
3	**Junior Year**			
2	**Sophomore Year**		**Associate's degree**	**COMMUNITY/ JUNIOR/TECHNICAL COLLEGE**
1	**Freshman Year**			

L'ENSEIGNEMENT PRIMAIRE ET SECONDAIRE AUX ÉTATS-UNIS

ÂGE	CLASSE	ÉTABLISSEMENT
17	**Twelfth Grade: Senior**	**HIGH/SENIOR HIGH SCHOOL**
16	**Eleventh Grade: Junior**	
15	**Tenth Grade: Sophomore**	
14	**Ninth Grade: Freshman** – Les élèves préparent le **High School Diploma**, qui comprend un tronc commun à tous les États mais aussi de nombreuses options, y compris techniques et professionnelles, variables selon les États.	
13	**Eighth Grade**	**MIDDLE/JUNIOR HIGH SCHOOL**
12	**Seventh Grade**	
11	**Sixth Grade**	
10	**Fifth Grade**	**ELEMENTARY SCHOOL**
9	**Fourth Grade**	
8	**Third Grade**	
7	**Second Grade**	
6	**First Grade**	
5	**Kindergarten**	
4	**Pre-school**	**PRE-SCHOOL/PRE-KINDERGARTEN** (facultatif)
3	**Pre-school**	

L'enseignement n'étant pas réglementé au niveau fédéral, les programmes et les années d'enseignement obligatoires varient beaucoup d'État à État. Selon l'État et le secteur scolaire, l'enseignement est obligatoire de 5, 6 ou 7 ans à 16, 17 ou 18 ans. S'ils souhaitent s'inscrire à l'université, les étudiants américains doivent passer un examen d'entrée, le **SAT**, qui est utilisé dans tous les États-Unis mais pas officiellement reconnu par le système éducatif.

LE SYSTÈME ÉDUCATIF CANADIEN (HORS QUÉBEC)

Le système éducatif canadien ressemble beaucoup à celui des États-Unis, avec 12 niveaux ou classes échelonnés de la maternelle (**kindergarten**) à l'âge de 17 ans. L'enseignement est obligatoire jusqu'à 16 ans dans toutes les provinces, sauf au Nouveau Brunswick et en Ontario, où il est obligatoire jusqu'à 18 ans. En Ontario, les élèves peuvent étudier une année supplémentaire (appelée **Grade 12+**) en fin de second cycle.

Les élèves canadiens en **12th grade** (équivalent de la terminale en France) passent le **secondary diploma** (équivalent du **high school diploma** américain et du baccalauréat français) qui sanctionne la fin des études dans une **high school** (couvrant la dernière année du collège et les années de lycée français). Le système repose sur des « crédits » ou « unités de valeur », qui varient selon les provinces.

Alors qu'un **bachelor's degree** (équivalent à la licence en France) s'obtient en quatre ans aux États-Unis, il peut s'obtenir en trois ou quatre ans au Canada.

www.educationau-incanada.ca

LE SYSTÈME ÉDUCATIF AUSTRALIEN

Le système éducatif australien ressemble beaucoup au système anglais. Cependant, l'enseignement n'y est pas obligatoire avant l'âge de 6 ans et il n'y a pas de programme scolaire national, ce qui explique les variations entre les territoires.

À l'âge de 14 ans (**Year 9**), les élèves optent soit pour une préparation au **Year 10 Certificate**, soit pour une formation professionnelle et technique. Ces diplômes équivalent aux **GCSEs** au Royaume-Uni (brevet français) et permettent à l'élève de passer en **senior secondary school** (équivalent du lycée français). L'enseignement n'est pas obligatoire au-delà. Cependant, ceux qui le souhaitent peuvent étudier deux années supplémentaires et passer le **Senior Secondary Certificate of Education** qui ouvre l'accès à l'université.

Comme au Royaume-Uni, trois ou quatre années d'études universitaires sont nécessaires pour obtenir un **bachelor's degree** (équivalent à la licence en France).

www.education.gov.au

LE SYSTÈME ÉDUCATIF NÉO-ZÉLANDAIS

Le système éducatif néo-zélandais est calqué sur le système anglais, avec cependant des différences en dernière année d'enseignement obligatoire.

À 15 ans (**Year 11**), les élèves préparent le **National Certificate of Educational Achievement (NCEA) level 1**, diplôme équivalent des **GCSEs** du Royaume-Uni et basé sur des « crédits » ou « unités de valeur ». Les élèves peuvent ensuite soit sortir du système scolaire soit continuer leurs études jusqu'au **NCEA level 2** puis **level 3**. Ces trois diplômes sont nécessaires pour entrer à l'université.

Comme au Royaume-Uni, trois ou quatre années d'études universitaires sont nécessaires pour obtenir un **bachelor's degree** (équivalent à la licence en France).

www.minedu.govt.nz

France, British Isles, Commonwealth and US Hall of Fame

Les grands personnages de l'histoire de France, des îles britanniques, du Commonwealth et des États-Unis

French, British Isles, Commonwealth and US Hall of Fame

Learning a language is not just about mastering grammar and vocabulary. Successful communication also depends on an awareness of culture, and entries in this dictionary often have accompanying notes providing information about the traditions and institutions of France, the British Isles and the US.

This supplementary feature looks at some of the great figures who have made their mark on these countries as well as those of the Commonwealth over the centuries. It includes the most noted artists, writers, monarchs, politicians, scientists and philosophers. Each 'mini-biography' in clear, simple language gives you just the information you need to understand each person's contribution to history and culture. A timeline will help you to draw comparisons with their contemporaries in other countries.

We hope you enjoy reading them!

Les grands personnages de l'histoire de France, des îles britanniques, du Commonwealth et des États-Unis

Apprendre une langue n'implique pas seulement la maîtrise de la grammaire et du vocabulaire ; la communication repose aussi sur une connaissance de la civilisation. C'est pourquoi certains articles de ce dictionnaire s'accompagnent de « notes culturelles » sur les institutions et les traditions de la France, des îles britanniques et des États-Unis.

Ce supplément va encore plus loin en présentant les personnages qui ont marqué l'histoire et la culture de ces pays, ainsi que de ceux du Commonwealth. Rois et reines, hommes et femmes politiques, artistes, écrivains, scientifiques... Nous nous sommes attachés à sélectionner un « panthéon » représentatif (mais nécessairement non exhaustif) constitué des figures les plus marquantes. Chaque article prend la forme d'une « mini-biographie », que nous avons voulue claire et simple, et donne les informations essentielles pour permettre au lecteur de saisir l'importance de chaque personnage. Un tableau chronologique met en perspective les personnages avec leurs contemporains d'autres pays.

Nous vous en souhaitons bonne lecture !

France	British Isles and Commonwealth
XIe siècle	**11th century**
	Edward the Confessor (1002–1066)
1066 : Guillaume le Conquérant (1028–1087), duc de Normandie, devient roi d'Angleterre après la bataille de Hastings.	**1066: Harold II** (1022–1066) dies and **William I** (1028–1087) becomes king at the Battle of Hastings.
XIIe siècle	**12th century**
Aliénor d'Aquitaine (1122–1204)	**Becket** (1118–1170)
XIIIe siècle	**13th century**
Louis IX ou **Saint Louis** (1214–1270)	**Wallace** (1272–1305)
XIVe siècle	**14th century**
	1314: Robert the Bruce (1274–1329) leads the Scots to victory at the Battle of Bannockburn.
	1387: Chaucer (1343–1400) begins writing *The Canterbury Tales*.
	Henry V (1387–1422)
XVe siècle	**15th century**
1429 : Jeanne d'Arc (1412–1431) lève le siège des Anglais à Orléans – épisode de la guerre de Cent Ans entre les Plantagenêts et les Valois.	**Caxton** (1422–1491)
	Wolsey (1475–1530)
Villon (1431–1463)	**More** (1478–1535)
XVIe siècle	**16th century**
Rabelais (1483–1553)	**Boleyn** (1507–1536)
Calvin (1509–1564)	**Mary Tudor** (1516–1558)
	Elizabeth I (1533–1603)
1515 : François 1er (1494–1547) bat les Suisses à Marignan.	**1536: Henry VIII** (1491–1547) begins the Dissolution of the Monasteries.
Ronsard (1524–1585)	**Drake** (1540–1596)
Montaigne (1533–1592)	**Mary Stuart** (1542–1587)

France | British Isles and Commonwealth

XVIe siècle | 16th century

British Isles and Commonwealth

- **Raleigh** (1552–1618)
- **Bacon** (1561–1626)
- **Shakespeare** (1564–1616)
- **James I** (1566–1625)

France

- **1598 : Henri IV** (1553–1610) signe l'édit de Nantes.

XVIIe siècle | 17th century

France

- **Richelieu** (1585–1642)
- **Descartes** (1596–1650)
- **Louis XIII** (1601–1643)
- **Corneille** (1606–1684)
- **Cyrano de Bergerac** (1619–1655)
- **Colbert** (1619 – 1683)
- **La Fontaine** (1621–1695)
- **Molière** (1622–1673)
- **Pascal** (1623–1662)
- **Madame de Sévigné** (1626–1696)
- **Bossuet** (1627–1704)
- **Perrault** (1628–1703)
- **Lully** (1632–1687)
- **Racine** (1639–1699)
- **1685 : Louis XIV** (1638–1715) révoque l'édit de Nantes.

British Isles and Commonwealth

- **Cromwell** (1599–1658)
- **Charles I** (1600–1649)
- **1605: Fawkes** (1570–1606) leads the Gunpowder Plot.
- **Milton** (1608–1674)
- **Charles II** (1630–1685)
- **Pepys** (1633–1703)
- **Newton** (1642–1727)
- **Purcell** (1659–1695)
- **Defoe** (1660–1731)
- **Swift** (1667–1745)

France | British Isles and Commonwealth | USA

XVIIIe siècle | 18th century

France

- **Marivaux** (1688–1763)
- **Montesquieu** (1689–1755)
- **Voltaire** (1694–1778)

British Isles and Commonwealth

- **Johnson** (1709–1784)
- **Brown** (1715–1783)

France	British Isles and Commonwealth	USA
XVIIIe siècle		**18th century**
Louis XV (1710–1774)	**Chippendale** (1718–1779)	**Revere** (1734–1818)
Rousseau (1712–1778)	**Gainsborough** (1727–1788)	**Appleseed** (1774–1845)
Diderot (1713–1784)	**Watt** (1736–1819)	**1775: Washington** (1732–1799) becomes commander in chief of the American forces in the War of Independence.
Madame de Pompadour (1721–1764)	**Blake** (1757–1827)	**1776: Franklin** (1706–1790) signs the Declaration of Independence.
Beaumarchais (1732–1799)	**Nelson** (1758–1805)	
Sade (1740–1814)	**Burns** (1759–1796)	
Marat (1743–1793)	**Wolfe Tone** (1763–1798)	
Louis XVI (1754–1793), **Marie-Antoinette** (1755–1793)	**1770: Cook** (1728–1779) lands in Australia.	
Robespierre (1758–1794)	**Wordsworth** (1770–1850)	
Chateaubriand (1768–1848)	**Scott** (1771–1832)	
Joséphine (1763–1814)	**Coleridge** (1772–1834)	
Napoléon 1er (Bonaparte) (1769–1821)	**Austen** (1775–1817)	
Louis-Philippe (1773–1850)	**Turner** (1775–1851)	
1789 : le 14 juillet, la Bastille, symbole de l'arbitraire royal, est prise – épisode de la Révolution française (1788–1799).	**Constable** (1776–1837)	
1793 : Louis XVI et sa femme **Marie-Antoinette** sont guillotinés.	**Emmet** (1778–1803)	
XIXe siècle		**19th century**
Stendhal (1783–1842)	**Byron** (1788–1824)	
Lamartine (1790–1869)	**Peel** (1788–1850)	
Delacroix (1798–1863)	**Shelley** (Percy Bysshe) (1792–1822)	
Balzac (1799–1850)	**Keats** (1795–1821)	
Dumas (père) (1802–1870)	**Shelley** (Mary) (1797–1851)	

France

British Isles and Commonwealth

USA

XIXe siècle | **19th century**

France

Hugo (1802–1885)

Berlioz (1803–1869)

Sand (1804–1876)

Napoléon III (1808–1873)

Haussmann (1809–1891)

1815 : Napoléon 1er est battu par Wellington à Waterloo.

Baudelaire (1821–1867)

Flaubert (1821–1880)

Pasteur (1822–1895)

Frères Goncourt, Edmond et Jules (1822–1896; 1830–1870)

Dumas (fils) (1824–1895)

Verne (1828–1905)

Manet (1832–1883)

Degas (1834–1917)

Bizet (1838–1875)

Cézanne (1839–1906)

Zola (1840–1902)

Rodin (1840–1917)

Monet (1840–1926)

Renoir (1841–1919)

Clemenceau (1841–1929)

Mallarmé (1842–1898)

Verlaine (1844–1896)

Maupassant (1850–1893)

Rimbaud (1854–1891)

Curie, Pierre et Marie (1859–1906; 1867–1934)

British Isles and Commonwealth

1805: Nelson (1758–1805) dies at the Battle of Trafalgar.

Brunel (1806–1859)

Darwin (1809–1882)

Dickens (1812–1870)

Livingstone (1813–1873)

1815: Wellington (1769–1852) defeats Napoleon at the Battle of Waterloo.

Brontë (Charlotte) (1816–1855)

Brontë (Emily) (1818–1848)

Albert (1819–1861)

Eliot (1819–1880)

1829: Stephenson (1781–1848) designs the steam locomotive the *Rocket*.

Booth (1829–1912)

Carroll (1832–1898)

Gilbert & Sullivan (1836–1911; 1842–1900)

Edward VII (1841–1910)

Parnell (1846–1891)

Barton (1849–1920)

Stevenson (1850–1894)

USA

1803: Jefferson (1743–1826) announces the Louisiana Purchase Treaty.

1804: Lewis and Clark (1774–1809; 1770–1838) begin an expedition to the Pacific Coast accompanied by **Sakagawea**.

Longfellow (1807–1882)

Stowe (1811–1896)

Thoreau (1817–1862)

Whitman (1819–1892)

Anthony (1820–1906)

1823: Monroe (James) (1758–1831) introduces the Monroe Doctrine.

Geronimo (1829–1908)

Dickinson (1830–1886)

Alcott (1832–1888)

Twain (1835–1910)

Carnegie (1835–1919)

1836: Crockett (1786–1836) dies in the Battle of the Alamo.

Rockefeller (1839–1937)

James (Henry) (1843–1916)

James (Jesse) (1847–1882)

Edison (1847–1931)

Earp (1848–1929)

1849: Tubman (1820–1913), a former slave, runs away from her owners.

France	British Isles and Commonwealth	USA
XIXe siècle		**19th century**
Jaurès (1859–1914)	**1854: Nightingale** (1820–1910) is sent to nurse soldiers wounded in the Crimean War.	**Roosevelt** (Theodore) (1858–1919)
Debussy (1862–1918)	**Wilde** (1854–1900)	**Billy the Kid** (1859–1881)
Frères Lumière, Auguste et Louis (1862–1954; 1864–1948)	**Shaw** (1856–1950)	**1863: Lincoln** (1809–1865) delivers the Gettysburg Address.
Gide (1869–1951)	**Elgar** (1857–1934)	**Carver** (1864–1943)
Matisse (1869–1954)	**Baden-Powell** (1857–1941)	**Wright** (1867–1959)
Proust (1871–1922)	**Pankhurst** (1858–1928)	**Stein** (1874–1946)
Colette (1873–1954)	**Conan Doyle** (1859–1930)	**1876: Custer** (1839–1876) is defeated by **Sitting Bull** (1831–1890) at the Battle of the Little Bighorn.
Ravel (1875–1937)	**Lloyd George** (1863–1945)	
Apollinaire (1880–1918)	**Smuts** (1870–1950)	
1882 : les lois à l'initiative de **Ferry** (1832–1893) rendent l'instruction primaire obligatoire de 6 à 13 ans. L'école publique est gratuite et laïque.	**Churchill** (1874–1965)	
1889 : **Eiffel** (1832–1923) construit sa fameuse tour pour l'Exposition universelle.	**1876: Victoria** (1819–1901) is declared Empress of India.	
1894 : **Dreyfus** (1859–1935) est condamné pour espionnage. Il sera réhabilité en 1906.	**Pearse** (1879–1916)	
XXe siècle		**20th century**
Chanel (1883–1971)	**Fleming** (1881–1955)	**Roosevelt**, Franklin D. and Eleanor (1882–1945; 1884–1962)
Cocteau (1889–1963)	**Joyce** (1882–1941)	**Patton** (1885–1945)
		Eliot (1888–1965)
de Gaulle (1890–1970)	**Woolf** (1882–1941)	**Eisenhower** (1890–1969)
		Miller (Henry) (1891–1980)
		Graham (1894–1991)
Saint-Exupéry (1900–1944)	**Lawrence** (1885–1930)	**Ruth** (1895–1948)

France	British Isles and Commonwealth	USA
XXe siècle		20th century
Prévert (1900–1977)	**Curtin** (1885–1945)	**Fitzgerald** (1896–1940)
		Faulkner (1897–1962)
	Lawrence of Arabia (1888–1935)	**Gershwin** (1898–1937)
Leclerc (1902–1947)		**Hemingway** (1899–1961)
	Baird (1888–1946)	**Disney** (1901–1966)
		Steinbeck (1902–1968)
Sartre (1905–1980)	**Nehru** (1889–1964)	**Lindberg** (1902–1974)
		Rodgers and Hammerstein (1902–1979; 1895–1960)
	Christie (1890–1976)	
de Beauvoir (1908–1986)		**1903: The Wright brothers** (1871–1948; 1867–1912) make the first flight.
	Tolkein (1892–1973)	**Hughes** (1905–1976)
Genet (1910–1986)	**Edward VIII** (1894–1972)	**McCarthy** (1908–1957)
		1908: Ford (Henry) (1863–1947) introduces the 'Model T'.
	Bevan (1897–1960)	**Williams** (1911–1983)
Pompidou (1911–1974)		**Reagan** (1911–2004)
	Pearson (1897–1972)	**Pollock** (1912–1956)
		Nixon (1913–1994)
Ionesco (1912–1994)	**Douglas** (1904–1986)	**Parks** (1913–2005)
	Bacon (1909–1992)	**Ford** (Gerald) (1913–2006)
		Owens (1914–1980)
Camus (1913–1960)		**Miller** (Arthur) (1915–2005)
	1912: Scott of the Antarctic (1868–1912) perishes on his return from the South Pole.	**Kennedy** (John F.) (1917–1963)
		Robinson (1919–1972)
Duras (1914–1996)	**Britten** (1913–1976)	**Kerouac** (1922–1969)
		Mailer (1923–2007)
Piaf (1915–1963)	**1916: Collins** (1890–1922) and **de Valera** (1882–1975) take part in the Easter Rising.	**1924: Hoover** (1895–1972) is appointed director of the FBI.

France

XXe siècle

Truffaut (1932–1984)

Mai 1968 : la crise économique et sociale engendre des émeutes.

1981 : Le socialiste **Mitterrand** (1916–1996) est élu président de la République et sera réélu en 1988.

British Isles and Commonwealth

Whitlam (1916–2014)

Trudeau (1919–2000)

Thatcher (1925–2013)

Tutu (1931–)

de Klerk (1936–)

1942: Montgomery (1887–1976) leads the Allied armies to victory at the Battle of El Alamein.

Biko (1946–1977)

1948: Gandhi (1869–1948) is assassinated.

Lady Diana Spencer (1961–1997)

1994: Mandela (1918–2013) becomes president of South Africa.

USA

20th century

Capote (1924–1984)

Bush (1924–)

Carter (1924–)

Kennedy (Robert F.) (1925–1968)

Malcolm X (1925–1965)

Monroe (Marilyn) (1926–1962)

Warhol (1928–1987)

Dean (1931–1955)

Morrison (1931–)

1932: Earhart (1897–1937) flies solo non-stop across the Atlantic.

Presley (1935–1977)

Walker (1944–)

Clinton (1946–)

Gates (1955–)

1963: Martin Luther King (1929–1968) delivers his 'I Have a Dream' speech.

1969: Armstrong (1930–2012) is the first man on the moon.

Symboles/Symbols

Arts, Design et Architecture		Art, Design and Architecture
Cinéma		Cinema
Explorations et Découvertes		Exploration and Discovery
Littérature, Théâtre et Philosophie		Literature, Theatre and Philosophy
Musique et Danse		Music and Dance
Politique, Société et Religion		Politics, Society and Religion
Souverains		Royalty
Sciences, Technologies, Affaires et Industrie		Science, Technology, Business and Industry
Sport		Sport

LES GRANDS PERSONNAGES DE L'HISTOIRE DE FRANCE

Aliénor d'Aquitaine

vers 1122 – 1204

Aliénor d'Aquitaine a été **reine de France**, puis reine d'Angleterre. Elle a d'abord épousé le roi de France, Louis VII, en 1137, mais 15 ans plus tard ils ont divorcé et elle a épousé Henri II, futur roi d'Angleterre, auquel elle a apporté en dot l'Aquitaine (sud-ouest de la France actuelle), ce qui sera source de conflits entre les rois d'Angleterre et de France. Elle a été l'une des femmes les plus puissantes de son temps, et reste une figure de la femme libre et indépendante au Moyen Âge. Le personnage d'Aliénor est incarné par Katherine Hepburn dans le film britannique *The Lion in Winter* (1968).

Apollinaire

1880 – 1918

Guillaume Apollinaire est un **poète**. Ami de Picasso, influencé par les cubistes, c'était une grande figure de l'avant-garde et un précurseur du surréalisme (mot qu'il a inventé). Son nom évoque la bohème parisienne de la Belle Époque, avec ses artistes aussi pauvres que brillants et ses buveurs d'absinthe. Ses œuvres les plus célèbres sont *Alcools* et *Calligrammes*.

Balzac

1799 – 1850

Honoré de Balzac est un **écrivain**. Son œuvre la plus célèbre est *La Comédie Humaine*, un ensemble de 95 romans qui évoquent minutieusement la société française de son époque, ses faiblesses et ses turpitudes. Père du réalisme littéraire, Balzac a influencé de nombreux écrivains, dont Flaubert, Maupassant, Proust et Zola.

Baudelaire

1821 – 1867

Charles Baudelaire est un **écrivain** surtout connu pour ses poèmes qui expriment le mal de vivre (qu'il appelait le *spleen*), l'angoisse et la recherche d'un monde idéal. Atteint de syphilis, obsédé par la mort et révolté contre la société, Baudelaire a cherché à s'évader en s'adonnant à diverses drogues (notamment l'absinthe et l'opium). Son œuvre la plus célèbre est *Les Fleurs du Mal*.

Beaumarchais

1732 – 1799

Pierre Augustin Caron de Beaumarchais est un **dramaturge**. Ses œuvres les plus célèbres sont *Le Barbier de Séville* et *Le Mariage de Figaro*; ce sont des pièces brillantes qui mêlent drame et comédie sur fond de dialogues étincelants. Rossini et Mozart s'en sont inspirés pour écrire des opéras. La une du journal *Le Figaro* arbore une citation du *Mariage de Figaro*: *Sans la liberté de blâmer, il n'est point d'éloge flatteur*.

de Beauvoir

1908 – 1986

Simone de Beauvoir est une **écrivaine**. Son œuvre la plus connue est *Le Deuxième Sexe*, une réflexion sur la relation entre les femmes et les hommes qui a eu une grande influence sur le mouvement féministe. Elle a partagé la vie du philosophe Jean-Paul Sartre.

Berlioz

1803 – 1869

Hector Berlioz est un **compositeur**. Créateur d'un univers musical très inventif et riche, il est considéré comme un génie du courant romantique. Ses œuvres les plus célèbres sont *La Symphonie fantastique* et *La Damnation de Faust*.

Bizet

1838 – 1875

Georges Bizet est un **compositeur** qui a surtout écrit des **opéras**. Ses œuvres n'ont connu le succès qu'après sa mort. Son œuvre la plus célèbre est *Carmen*. Dans son opéra-comique *L'Arlésienne*, le personnage évoqué par le titre n'apparaît jamais. Depuis, le terme *l'Arlésienne* est employé pour désigner une chose ou une personne qui brille par son absence.

Bossuet

1627 – 1704

Bossuet est un **prélat** et un **théologien** qui est devenu le plus important homme d'Église en France pendant le règne de Louis XIV. Il a été pendant près de dix ans le tuteur du Grand Dauphin (le fils aîné de Louis XIV). Grand moraliste, il est célèbre pour les nombreux sermons (plus de 200) qu'il a prononcés.

Calvin

1509 – 1564

Jean Calvin est un **religieux** qui a défendu les idées de la Réforme. Sa doctrine (le calvinisme) est l'un des fondements de l'Église protestante. En France, les Calvinistes étaient appelés « huguenots ». Le huguenot le plus célèbre est Henri de Navarre, futur Henri IV. Longtemps persécutés, parfois victimes de massacres, ils n'ont obtenu définitivement la liberté de pratiquer leur religion qu'après la Révolution de 1789.

Camus

1913 – 1960

Albert Camus est un **écrivain**. Son œuvre

explore le thème de l'absurdité de la vie et la possibilité pour l'homme de combattre le mal. Humaniste, se méfiant de toute forme d'idéologie, il a soutenu que la révolte constitue la seule réponse possible à l'absurde. Ses romans les plus célèbres sont *La Peste*, *La Chute* et *L'Étranger*. Camus a reçu le prix Nobel de littérature en 1957.

Cézanne

1839 – 1906

Paul Cézanne est un **peintre**. À mi-chemin entre l'impressionnisme et le cubisme, son œuvre est considérée comme le point de départ de la peinture du XXe siècle. Ses tableaux représentant la Montagne Sainte-Victoire, près d'Aix-en-Provence, sont très célèbres.

Chanel

1883 – 1971

Coco Chanel, dont le vrai nom était Gabrielle Chanel, est une **créatrice de mode**. Célèbre pour sa « petite robe noire » et son « tailleur Chanel », elle a aussi lancé une gamme de parfums, dont le très connu « No. 5 », créé en 1921. D'un caractère très affirmé, elle se faisait appeler « Mademoiselle ». Elle a habité pendant plus de trente ans dans une suite de l'hôtel Ritz, à Paris.

Charlemagne

vers 742 – 814

Charlemagne est un **empereur**. Il a été roi des Francs, roi des Lombards et empereur d'Occident. Par ses conquêtes militaires, il a étendu son royaume sur toute l'Europe occidentale. C'était un puissant souverain que certains considèrent comme le père de l'Europe. Charlemagne n'est pas « l'inventeur de l'école » comme le veut la tradition, mais il a développé l'éducation en posant les bases d'un système d'instruction dans son royaume.

Chateaubriand

1768 – 1848

Chateaubriand est un **écrivain** et un **homme politique**. Aristocrate et monarchiste modéré, il a assisté aux débuts de la Révolution avant de partir pour les États-Unis puis de s'exiler plusieurs années en Angleterre. Son évocation lyrique de la nature et des passions en ont fait le « père du romantisme ». Une de ses œuvres les plus célèbres est un récit autobiographique intitulé *Mémoires d'outre-tombe*.

Clemenceau

1841 – 1929

Georges Clemenceau est un **homme politique**. Défenseur de Dreyfus, il a publié dans le journal *L'Aurore* le célèbre article *J'accuse* rédigé par Zola. Chef du gouvernement pendant la Première Guerre mondiale, Clemenceau a négocié le traité de Versailles qui a officiellement mis fin à la guerre. Il était d'une grande force de caractère, et on l'a surnommé « le Tigre ».

Cocteau

1889 – 1963

Jean Cocteau est un **artiste** et un **écrivain**. Auteur de romans, de pièces de théâtre et de poèmes, réalisateur de films, il a également illustré des livres et créé des décors de ballet. Créateur aux multiples facettes, figure emblématique de la bohème parisienne des Années folles, Cocteau a fréquenté les plus grands artistes de son époque. Ses œuvres les plus connues sont le roman *Les Enfants terribles*, la pièce de théâtre *La Machine infernale* et le film *La Belle et la Bête*.

Colbert

1619 – 1683

Jean-Baptiste Colbert est un **homme politique**. Premier contrôleur des Finances de Louis XIV, il a réorganisé l'industrie et le commerce de la France, développant une doctrine économique qui prendra le nom de « colbertisme ».

Colette

1873 – 1954

Colette est une **romancière**. Ses œuvres expriment son amour de la vie, de la liberté, de la nature et des animaux. Elle est également montée sur scène au music-hall dans des tenues suggestives, et a entretenu des aventures avec des femmes, ce qui lui a valu une réputation sulfureuse. Outre la série des *Claudine* signée du nom de son premier mari, Willy, ses romans les plus connus sont *Le Blé en herbe* et *Sido*.

Corneille

1606 – 1684

Pierre Corneille est un **auteur dramatique** qui a vécu à l'époque de Louis XIV. Il a surtout écrit des tragédies. Dans ses pièces il aborde des thèmes comme la gloire, l'honneur et le devoir. Ses héros sont souvent confrontés à des choix difficiles. Sa pièce la plus connue est *Le Cid*. L'adjectif « cornélien » est employé pour parler d'une situation où l'on est tiraillé entre l'amour et le devoir.

Curie

Pierre 1859 – 1906; Marie 1867 – 1934

Pierre et **Marie Curie** sont des **physiciens**. Ils ont découvert le radium et étudié le phénomène de la radioactivité (nom que Marie Curie a inventé). Pierre et Marie Curie ont tous les deux reçu le prix Nobel pour leurs travaux scientifiques. Ils sont enterrés au Panthéon.

Cyrano de Bergerac

1619 – 1655

Savinien de Cyrano de Bergerac est un **écrivain**. Ses œuvres sont presque oubliées, mais sa vie a inspiré une célèbre pièce de théâtre à Edmond Rostand, publiée en 1897. Aujourd'hui, le héros de cette pièce, avec son nez trop long et son grand cœur, est beaucoup plus connu que l'écrivain.

Debussy

1862 – 1918

Claude Debussy est un **compositeur**. Influencé par des poètes symbolistes tels que Mallarmé et par les peintres impressionnistes, il a créé un nouveau langage musical fondé avant tout sur la sensibilité. Parmi ses œuvres les plus célèbres, on peut citer le *Prélude à l'après-midi d'un faune*, *La Mer* et *Pelléas et Mélisande*.

Degas

1834 – 1917

Edgar Degas est un **peintre** et un sculpteur. Proche de l'impressionnisme, son style de peinture se caractérise par des effets de lumière subtils et l'emploi de tons pastel. Il a souvent peint et sculpté des danseuses classiques.

Delacroix

1798 – 1863

Eugène Delacroix est un **peintre**. Considéré comme le peintre principal du romantisme, il a surtout choisi des sujets historiques et littéraires, et s'est beaucoup inspiré du monde oriental. Ses tableaux les plus connus sont *La Mort de Sardanapale*, *La Liberté guidant le peuple* et *Femmes d'Alger dans leur appartement*.

Descartes

1596 – 1650

René Descartes est un **philosophe** et un **mathématicien**. Sa pensée est fondée sur le principe qu'il faut douter de tout, et qu'on doit se fier au raisonnement scientifique pour prouver la réalité de l'existence. Une de ses formules dans le *Discours de la méthode* est célèbre: « Je pense, donc je suis ». Il est à l'origine d'un courant philosophique: le cartésianisme. Certains disent que l'approche « cartésienne » est typiquement française.

Diderot

1713 – 1784

Denis Diderot est un **philosophe** et un **écrivain**. Il a dirigé avec d'Alembert la rédaction de la célèbre *Encyclopédie*. Avec Voltaire, il est l'un des principaux philosophes du siècle des Lumières. Ses idées ont beaucoup influencé les penseurs de la Révolution française (1789). Ses œuvres les plus connues sont *La Religieuse*, *Le Neveu de Rameau* et *Jacques le Fataliste et son maître*.

Dreyfus

1859 – 1935

Alfred Dreyfus était un **officier** français. De confession juive, il a été accusé à tort d'avoir livré des secrets militaires aux Allemands, et a été condamné aux travaux forcés en Guyane. L'affaire Dreyfus a divisé la France. Les *dreyfusards* soutenaient que les accusations étaient fausses; les *antidreyfusards*, souvent antisémites, disaient le contraire. L'écrivain Zola a défendu Dreyfus dans un célèbre article, intitulé *J'accuse*, publié dans le journal *L'Aurore*. Dreyfus a finalement été gracié par le président de la République, et a été réhabilité en 1906.

Dumas père

1802 – 1870

Alexandre Dumas *père* est un **écrivain**. Il a écrit des pièces de théâtre, puis des romans historiques qui ont connu un énorme succès populaire. Ses œuvres les plus célèbres sont *Le Comte de Monte-Cristo* et *Les Trois Mousquetaires*.

Dumas fils

1824 – 1895

Alexandre Dumas *fils* est un **écrivain**. Il a défendu les droits de la femme et de l'enfant dans des pièces de théâtre romantiques. Son œuvre la plus célèbre est *La Dame aux camélias*, dont Verdi s'est inspiré pour son opéra *La Traviata*.

Duras

1914 – 1996

Marguerite Duras est une **écrivaine** et une **cinéaste**. Elle a écrit des romans dans lesquels les personnages tentent d'échapper à la solitude pour donner un sens à leur vie. Son roman *L'Amant* a reçu le prix Goncourt en 1984. Son film le plus célèbre est *India Song*, et elle a écrit le scénario du film *Hiroshima mon amour*, d'Alain Resnais.

Eiffel

1832 – 1923

Gustave Eiffel est un **ingénieur**. Spécialiste des constructions en fer, il a construit des ponts, des viaducs et l'armature de la statue de la Liberté, à New York. Sa construction la plus célèbre est la tour qui porte son nom, construite à Paris pour l'Exposition universelle de 1889. La tour Eiffel a été pendant quarante ans la construction la plus haute du monde.

Ferry

1832 – 1893

Jules Ferry est un **homme politique**. Chef du gouvernement entre 1880 et 1885, il est à l'origine d'une importante réforme scolaire qui a rendu l'enseignement primaire laïque, gratuit et obligatoire, et qui a ouvert l'enseignement secondaire aux filles. Beaucoup d'établissements scolaires en France portent son nom.

Flaubert

1821 – 1880

Gustave Flaubert est un **écrivain**. Ses romans sont un mélange de perfection stylistique – il cherchait obsessionnellement « le mot juste » – et de réalisme. Le style de ses œuvres se situe entre le courant romantique et le courant réaliste. *Madame Bovary* et *L'Éducation sentimentale* comptent parmi les plus célèbres de ses romans.

François 1er

1494 – 1547

François 1er (« François premier ») a été **roi de France** de 1515 à sa mort. Il a développé et centralisé son pays, et a imposé l'emploi du français à la place du latin dans les textes juridiques. Un des faits marquants de son règne est sa victoire à Marignan (1515) contre les Suisses; beaucoup de Français disent que leur connaissance des dates historiques se limite à « *1515: Marignan* ». Grand protecteur des arts, François 1er a introduit la culture de la Renaissance en France. Il a construit les châteaux de Chambord, dans la vallée de la Loire, et de Saint-Germain-en-Laye, près de Paris. Son prédécesseur était Louis XII; c'est Henri II qui lui a succédé.

de Gaulle

1890 – 1970

Charles de Gaulle est un **général** et un **homme d'État**. Pendant la Seconde Guerre mondiale, il a refusé de reconnaître le gouvernement de collaboration avec les Allemands. Il s'est installé à Londres, d'où il a lancé le célèbre « appel du 18 juin », un discours radiophonique pour encourager les Français à continuer le combat. Élu président de la République en 1958, il a réussi à rétablir la stabilité politique et économique du pays. En 1965, il a été réélu, mais les événements de mai 1968 ont affaibli son pouvoir, et il a démissionné en 1969. Le *gaullisme* est une idéologie de droite qui affirme l'autorité de l'État ainsi que l'indépendance et la grandeur de la France sur la scène internationale.

Genet

1910 – 1986

Jean Genet est un **écrivain**. Jeune homme, il a déserté de la Légion étrangère et a été emprisonné à maintes reprises. Dans son œuvre, violente et provocatrice, le vol, la prostitution et l'homosexualité deviennent des critères esthétiques. Ses romans les plus célèbres sont *Notre-Dame-des-Fleurs* et *Querelle de Brest*. Il a également écrit des pièces de théâtre, parmi lesquelles figurent *Les Bonnes* et *Le Balcon*.

Gide

1869 – 1951

André Gide est un **écrivain**. Déchiré par les contradictions de son époque, partagé entre la liberté et les contraintes morales, il a produit une œuvre qui a beaucoup influencé les intellectuels du XXe siècle. Ses romans les plus connus sont *La Porte étroite*, *La Symphonie pastorale*, *Les Caves du Vatican* et *Les Faux-Monnayeurs*.

Godard

né en 1930

Jean-Luc Godard est un **cinéaste**. Il est l'un des principaux représentants de la Nouvelle Vague, un groupe de cinéastes qui ont rompu avec les codes traditionnels du cinéma dans les années 1960. Ses films suscitent l'émotion du spectateur par des procédés formels loin de toute logique, et expriment l'absurdité de la vie moderne. Son film le plus célèbre est *À bout de souffle* (1960).

Les frères Goncourt

Edmond 1822 – 1896; Jules 1830 – 1870

Les frères **Edmond** et **Jules Goncourt** étaient des **collectionneurs d'art**. Ils ont écrit ensemble un journal sur la vie artistique de leur époque, ainsi que des romans. En mémoire de son frère, Edmond a créé une société littéraire, l'*Académie Goncourt*, qui décerne chaque année, depuis 1903, le *prix Goncourt*, le plus célèbre prix littéraire en France.

Guillaume le Conquérant

1027 – 1087

Guillaume le Conquérant a été **duc de Normandie** de 1035 à sa mort, et **roi d'Angleterre** à partir de 1066. À la mort du roi d'Angleterre Édouard le Confesseur, qui avait désigné Guillaume comme successeur, Harold s'était emparé du pouvoir. Après avoir battu Harold à la bataille de Hastings (1066), Guillaume a accédé au trône d'Angleterre, marquant le début de la « conquête normande ». La bataille de Hastings est représentée dans l'une des scènes de la célèbre *Tapisserie de Bayeux*, dite *Tapisserie de la reine Mathilde*.

Haussmann

1809 – 1891

Le baron **Georges Eugène Haussmann** est un **homme politique**. Préfet sous Napoléon III, il a dirigé les énormes travaux d'urbanisme qui ont transformé Paris au milieu du XIXe siècle. Haussmann a fait percer les « grands boulevards », construit des gares et créé le quartier de l'Opéra. L'adjectif « haussmannien » désigne le style typique des immeubles parisiens qui datent de cette époque.

Henri IV

1553 – 1610

Henri IV (« Henri quatre ») a été **roi de France** de 1589 à sa mort. Au début de son règne, la France était encore ravagée par des guerres de religion. D'abord protestant, Henri s'est converti au catholicisme pour des raisons politiques. Il a signé l'édit de Nantes, qui autorisait les protestants à pratiquer leur culte et mettait fin aux guerres de religion. Ses nombreuses maîtresses lui ont valu le surnom de « Vert-Galant ». Il a été assassiné par un maître d'école du nom de Ravaillac, qui pensait sauver le pays et la religion catholique en tuant le roi. Son prédécesseur était Henri III; c'est Louis XIII qui lui a succédé.

Hugo

1802 – 1885

Victor Hugo est un **écrivain**. Auteur d'une œuvre immense, il est considéré comme l'un des plus grands écrivains romantiques. En 1830 sa pièce *Hernani* a provoqué une bataille littéraire entre les partisans du classicisme et les partisans du romantisme. Après la mort de sa fille et l'échec d'une de ses pièces, il s'est consacré à la politique. Ses œuvres les plus célèbres sont *Notre-Dame-de-Paris*, dont les héros sont le bossu Quasimodo et la bohémienne Esmeralda, et *Les Misérables*, qui ont inspiré une comédie musicale mondialement célèbre à la fin du XXe siècle.

Ionesco

1912 – 1994

Eugène Ionesco est un **auteur dramatique**. Il est né en Roumanie. Il est considéré comme l'un des maîtres du « théâtre de l'absurde », où la logique et la vraisemblance cèdent la place à la dérision et au désespoir. Ses pièces les plus célèbres sont *La Cantatrice chauve*, *Les Chaises*, *La Leçon* et *Le roi se meurt*.

Jaurès

1859 – 1914

Jean Jaurès est un **homme politique**. Brillant orateur et pacifiste convaincu, Jaurès est l'une des grandes figures du socialisme. Il a milité en faveur de Dreyfus en 1898 et a fondé en 1904 le journal socialiste *L'Humanité* (devenu plus tard l'organe du Parti communiste). Jaurès a mené de grandes batailles en faveur de l'enseignement laïque et des droits des ouvriers. Violemment opposé au colonialisme et à la guerre, il est mort assassiné par un nationaliste.

Jeanne d'Arc

vers 1412 – 1431

Jeanne d'Arc (la « pucelle d'Orléans ») était une jeune **bergère**, devenue l'héroïne française de la guerre de Cent Ans. À l'âge de treize ans, elle a dit avoir entendu des voix surnaturelles lui ordonnant de délivrer la France des occupants anglais. À dix-sept ans, elle a réussi à se mettre au service du roi Charles VII, qui lui a confié une petite armée. Elle a chassé les Anglais d'Orléans et a libéré plusieurs autres villes. Capturée et vendue aux Anglais, elle a été jugée comme sorcière et brûlée vive. Pour la plupart des Français elle symbolise, sur un mode humoristique, la rivalité franco-britannique.

L'impératrice Joséphine

1763 – 1814

Joséphine était l'épouse de Napoléon 1er et **l'impératrice des Français**. Elle est née à la Martinique (Antilles françaises) dans une riche famille de planteurs. Elle était veuve et avait deux enfants lorsqu'elle a rencontré Napoléon. L'Empereur, qui était très amoureux d'elle, l'a couronnée impératrice en 1804, mais l'a répudiée en 1809 parce qu'elle ne pouvait pas lui donner d'héritier.

La Fontaine

1621 – 1695

Jean de La Fontaine est un **écrivain**. Il s'est inspiré des œuvres du poète grec Ésope pour écrire des fables en vers telles que *Le Corbeau et le Renard* et *La Cigale et la Fourmi*. Ses fables mettent souvent en scène des animaux pour évoquer métaphoriquement les faiblesses des hommes. En France, les fables de La Fontaine sont plus connues que celles d'Ésope.

Lamartine

1790 – 1869

Alphonse de Lamartine est un **écrivain** qui a également poursuivi une carrière politique. Surtout connu pour ses poèmes, il fait partie du courant romantique. Ses œuvres les plus connues sont *Méditations poétiques*, *La Chute d'un ange* et *Les Confidences*.

Leclerc

1902 – 1947

Le **Maréchal Leclerc** était un **général** de l'armée française (on l'a nommé maréchal après sa mort). Il a joué un rôle important dans la Deuxième Guerre mondiale en menant de nombreuses campagnes victorieuses et a participé au débarquement des Alliés en Normandie en juin 1944. Son entrée dans Paris à la tête de la deuxième division blindée, marquant la fin de l'occupation allemande, est devenue légendaire.

Louis IX *dit* Saint Louis

1214 – 1270

Saint Louis (Louis IX) a été **roi de France** de 1226 à sa mort. Son règne est marqué par sa piété et sa volonté de renforcer l'autorité royale. Il est parti deux fois en croisade et a fait construire la Sainte Chapelle, à Paris, pour abriter la couronne d'épines et un fragment de la Croix, reliques qu'il a achetées à Byzance. Sous son règne, la France a connu un grand rayonnement intellectuel et artistique. Saint Louis a notamment fondé l'université de la Sorbonne. Son prédécesseur était Louis VIII; c'est Philippe III qui lui a succédé.

Louis XIII

1601 – 1643

Louis XIII (« Louis treize ») a été **roi de France** de 1610 à sa mort. Il a accédé au trône à l'âge de huit ans et c'est sa mère, Marie de Médicis, qui a assuré la régence. À l'âge de 16 ans, Louis a fait assassiner le principal conseiller de sa mère. Il a ensuite exilé Marie de Médicis, qui n'a cessé de comploter contre lui. En 1624, il a choisi le cardinal de Richelieu comme principal ministre. Ensemble, ils ont consolidé l'autorité royale et renforcé le prestige de la France en Europe. Le prédécesseur de Louis XIII était son père Henri IV; c'est son fils Louis XIV qui lui a succédé.

Louis XIV

1638 – 1715

Louis XIV (« Louis quatorze ») a été **roi de France** de 1643 à sa mort. Le jeune Louis a été profondément marqué par la Fronde, une guerre civile pendant laquelle le pouvoir royal a été contesté avec violence par les nobles. Cette expérience lui a inspiré une fascination pour le pouvoir absolu, une méfiance envers les nobles et une peur de résider à Paris, foyer des violences. Monarque absolu, surnommé le Roi-Soleil, il serait l'auteur de cette formule: « L'État, c'est moi ». Le principal symbole de sa puissance est le château de Versailles, où il vivait entouré de « courtisans », qui jouaient des rôles de figurants. Le règne de Louis XIV a également été marqué par de longues guerres, qui ont agrandi le pays mais qui l'ont conduit au bord de la ruine, et par le renforcement du prestige culturel de la France auprès des autres cours d'Europe. L'État américain de la Louisiane a été baptisé en l'honneur de Louis XIV, en 1682. Le prédécesseur de Louis XIV était son père Louis XIII; son arrière-petit-fils Louis XV lui a succédé.

Louis XV

1710 – 1774

Louis XV (« Louis quinze ») a été **roi de France** de 1715 (à l'âge de cinq ans) à sa mort. Jusqu'en 1723, le pays a été gouverné par un régent: c'est la période appelée « la Régence ». À la différence de son prédécesseur Louis XIV, c'était un roi timide et faible qui s'est laissé influencer par ses maîtresses, surtout Madame de Pompadour. D'abord surnommé « le Bien-Aimé », il était devenu très impopulaire à la fin de sa vie. Son règne a pourtant été une période de relative prospérité pour la France, et a coïncidé avec le siècle des Lumières, une époque très riche sur le plan intellectuel et culturel. Le prédécesseur de Louis XV était son arrière-grand-père Louis XIV; c'est son petit-fils Louis XVI qui lui a succédé.

Louis XVI

1754 – 1793

Louis XVI (« Louis seize ») a été **roi de France** de 1774 à 1792 (appelé « roi des Français » à partir de 1791). Il a d'abord été aimé par le peuple, mais son incapacité à réformer une monarchie perçue comme conservatrice et tyrannique a fini par le rendre très impopulaire. En 1792, le roi et sa famille ont été emprisonnés par les révolutionnaires. Louis XVI et sa femme, Marie-Antoinette, ont été condamnés à mort et guillotinés. Leur mort a marqué la fin de la monarchie absolue en France et le début de la République française. Le prédécesseur de Louis XVI était son grand-père Louis XV.

Louis-Philippe

1773 – 1850

Louis-Philippe a été le **roi des Français** de 1830 à 1848. Partisan des idées révolutionnaires, il est devenu roi après la révolution de 1830, qui a renversé son cousin Charles X. Mais une crise économique et politique a provoqué une nouvelle révolution en 1848, et Louis-Philippe a abdiqué. Il a quitté la France pour s'installer en Angleterre, où la reine Victoria a mis un château à sa disposition. Il y a vécu jusqu'à la fin de sa vie. Louis-Philippe a été le dernier roi de l'histoire de France. Le « style Louis-Philippe » est un style élégant de mobilier, d'architecture et de décor en vogue pendant son règne.

Lully

1632 – 1687

Jean-Baptiste Lully est un **musicien** français d'origine italienne. Louis XIV l'a nommé surintendant de la Musique en 1657. Il a écrit la musique des comédies-ballets de Molière. Auteur de plusieurs opéras, Lully était le musicien le plus célèbre et le plus influent du règne de Louis XIV.

Les frères Lumière

Auguste 1862 – 1954; Louis 1864 – 1948

Louis et Auguste Lumière étaient des **industriels.** Ils ont inventé le cinématographe, un appareil, ancêtre de la caméra, qui permettait de filmer et de projeter des images animées. Ils sont considérés comme les « pères du cinéma ».

Mallarmé

1842 – 1898

Stéphane Mallarmé est un **poète.** Dans ses poèmes « symbolistes », parfois difficiles à comprendre, le son des mots a souvent autant d'importance que leur sens. Chaque mardi, pendant des années, des artistes et des intellectuels se réunissaient dans son petit appartement à Paris pour l'écouter parler d'art et de littérature. Ses œuvres les plus connues sont *Un coup de dés jamais n'abolira le hasard* et *L'Après-midi d'un faune.*

Manet

1832 – 1883

Édouard Manet est un **peintre.** Ses tableaux représentent souvent des lieux de détente: des restaurants, des cafés, les bords de l'eau. Son style se situe à mi-chemin entre le réalisme et l'impressionnisme. Son tableau le plus célèbre est *Le Déjeuner sur l'herbe.* Il ne faut pas confondre Manet avec son ami Monet, peintre impressionniste de la même époque.

Marat

1743 – 1793

Jean-Paul Marat était un **médecin** qui est devenu l'un des principaux protagonistes de la Révolution française. Favorable à une action violente allant jusqu'au massacre, il a exprimé ses positions radicales et extrémistes dans son journal *L'Ami du peuple.* Mort poignardé dans son bain par une jeune femme qui s'opposait à ses idées (Charlotte Corday), il est devenu en son temps un martyr de la Révolution.

Marie-Antoinette

1755 – 1793

La reine **Marie-Antoinette** était la femme de Louis XVI. On lui a reproché d'être dépensière et d'afficher des goûts de luxe à une époque où le peuple français souffrait de grandes privations. Devenue aussi impopulaire que son mari, elle a subi le même sort que lui: elle a été emprisonnée en 1792, condamnée à mort par le Tribunal révolutionnaire, et guillotinée.

Marivaux

1688 – 1763

Marivaux est un **auteur dramatique.** Il a écrit des pièces qui mettent en scène des jeunes personnes exprimant leurs sentiments amoureux avec des paroles spirituelles, brillantes et raffinées. Son œuvre a donné à la langue française le mot « marivaudage », qui désigne ce type de dialogue amoureux et élégant. Ses pièces les plus célèbres sont *Le Jeu de l'amour et du hasard* et *Les Fausses Confidences.*

Matisse

1869 – 1954

Henri Matisse est un **peintre.** Influencé par l'impressionnisme, il a peint des tableaux de grande taille caractérisés par des formes stylisées et des couleurs très vives. Il a également utilisé la technique du collage. Ses œuvres les plus célèbres sont *La Danse* et *La Musique.*

Maupassant

1850 – 1893

Guy de Maupassant est un **écrivain.** Il a écrit des centaines de nouvelles qui ont d'abord été publiées dans des journaux et qui ont eu un immense succès populaire. Ses récits dénoncent souvent l'hypocrisie de la bourgeoisie et analysent les rapports entre les différentes classes sociales. Son style réaliste et ses intrigues brillamment construites ont influencé de nombreux écrivains. Sa nouvelle la plus connue, et celle qui l'a rendu célèbre, s'intitule *Boule de suif.*

Mitterrand

1916 – 1996

François Mitterrand a été **président de la République** de 1981 à 1988 et de 1988 à 1995. Premier président socialiste de la Cinquième République, il a introduit des réformes telles que l'abolition de la peine de mort, la semaine de 39 heures et la retraite à 60 ans. Il a mené une politique culturelle très riche, notamment au travers de grands projets architecturaux (par exemple le musée d'Orsay, le réaménagement du Louvre, l'Opéra Bastille et la Bibliothèque nationale de France, qui porte aujourd'hui son nom). Secret et solitaire mais néanmoins charismatique, Mitterrand a toujours cultivé le mystère et reste un personnage énigmatique dans l'histoire politique française.

Molière

1622 – 1673

Molière, dont le vrai nom était Jean-Baptiste Poquelin, est un **écrivain** et un **homme de théâtre** français qui a vécu à l'époque de Louis XIV. La troupe qu'il a fondée a connu un énorme succès et a longtemps bénéficié d'une protection royale. Avec le musicien Lully, Molière a organisé des fêtes somptueuses à la cour de Versailles. Ses pièces les plus célèbres sont de brillantes comédies satiriques qui tournent en ridicule des personnages stupides, hypocrites ou prétentieux. Parmi les plus connues, on peut citer *Les Femmes savantes*, *Le Misanthrope*, *Tartuffe* et *Le Bourgeois gentilhomme*. Molière, lui-même comédien, est mort en sortant de scène.

Monet

1840 – 1926

Claude Monet est un **peintre**. Fasciné par l'aptitude de la peinture à capter les effets de lumière, il est devenu célèbre pour son tableau *Impression, soleil levant* (1872), qui a donné son nom au mouvement impressionniste. Ses œuvres les plus connues sont *Les Nymphéas*, une série de 250 tableaux inspirés par son jardin à Giverny, en Normandie. Il ne faut pas confondre Monet avec son ami Manet.

Montaigne

1533 – 1592

Montaigne est un **écrivain**. Grande figure de l'humanisme de la Renaissance, il est l'inventeur d'un genre littéraire: l'essai. Dans ses *Essais*, Montaigne mène une réflexion franche et lucide, empreinte d'un certain pessimisme, sur l'homme et sur lui-même.

Montesquieu

1689 – 1755

Montesquieu est un **écrivain** et un **philosophe**. C'est l'un des grands penseurs du siècle des Lumières, qui s'est surtout intéressé à la philosophie politique. Son analyse sur la séparation des pouvoirs législatif, exécutif et judiciaire, qu'il expose dans *De l'esprit des lois*, a eu beaucoup d'influence sur les penseurs de la Révolution française. Devenue une notion clé de la politique moderne, cette séparation des pouvoirs est intégrée dans de nombreuses constitutions à travers le monde.

Napoléon 1er (Napoléon Bonaparte)

1769 – 1821

Napoléon 1er (« Napoléon premier ») a été **empereur des Français** de 1804 à 1815. Il est considéré comme l'un des plus grands chefs militaires de l'histoire. Ses nombreuses campagnes militaires victorieuses lui ont permis de prendre le contrôle de la majeure partie de l'Europe de l'Ouest, mais sa tentative d'invasion de la Russie en 1812 a été désastreuse. Il a abdiqué après sa défaite à la bataille de Leipzig contre la Prusse en 1813. Exilé sur l'île d'Elbe, il est revenu au pouvoir en France en 1815. L'Europe s'est alors unie contre lui et il a subi son ultime défaite à la bataille de Waterloo. Son amour pour l'impératrice Joséphine est devenu légendaire.

Napoléon III

1808 – 1873

Napoléon III a été **empereur des Français** de 1852 à 1870. C'était le neveu de Napoléon Bonaparte. Il a développé les finances, l'industrie et le commerce de son pays, et a porté de l'intérêt aux problèmes des ouvriers et des pauvres. Un des faits les plus marquants de son règne est la transformation de la ville de Paris sous la responsabilité du préfet Haussmann.

Pascal

1623 – 1662

Blaise Pascal est un **mathématicien**, un **physicien** et un **philosophe**. Ses écrits sur la géométrie et le calcul des probabilités ont eu une grande influence, et ses expériences ont confirmé l'existence du vide et de la pesanteur. À l'âge de 31 ans, il a abandonné la science et s'est consacré à des réflexions philosophiques et théologiques. Les notes qu'il a prises pendant cette période ont été publiées après sa mort sous le titre de *Pensées*. Le « pari de Pascal » est une célèbre hypothèse selon laquelle nous avons toujours plus à gagner si nous croyons en Dieu que si nous n'y croyons pas.

Pasteur

1822 – 1895

Louis Pasteur est un **chimiste** et un **biologiste**. Il a découvert l'existence des microbes, créé le premier vaccin contre la rage et inventé une méthode pour tuer les bactéries qui a pris plus tard le nom de « pasteurisation ». Il a fondé l'Institut Pasteur, un important centre de recherche et d'enseignement à Paris.

Perrault

1628 – 1703

Charles Perrault est un **écrivain** qui a vécu à l'époque de Louis XIV. Il est célèbre pour avoir développé le genre littéraire du conte de fées. Ses contes les plus célèbres sont *Le Petit Chaperon rouge*, *La Belle au bois dormant*, *Cendrillon* et *Le Chat botté*.

Piaf

1915 – 1963

Édith Piaf est une **chanteuse**. C'est une des rares chanteuses françaises à avoir connu un succès mondial. La fragilité de sa silhouette contrastait avec sa voix très puissante. Sa chanson *Non, je ne regrette rien* est devenue légendaire. Elle a été surnommée *Piaf* parce qu'elle faisait penser à un moineau (un *piaf*, en langage familier).

Madame de Pompadour

1721 – 1764

Madame de Pompadour (la marquise de Pompadour) était la **maîtresse** de Louis XV. Bien éduquée, elle a protégé de nombreux artistes et écrivains et a défendu l'*Encyclopédie* de Diderot contre la censure. Elle avait beaucoup de goût et a fait travailler des artistes (peintres, sculpteurs, ébénistes…) auxquels elle a su imposer un style décoratif délicat. Sa résidence parisienne, l'hôtel d'Évreux, est aujourd'hui le palais de l'Élysée, résidence officielle du président de la République.

Pompidou

1911 – 1974

Georges Pompidou a été **président de la République** de 1969 à sa mort. Son mandat a été marqué par l'entrée de la Grande-Bretagne dans la Communauté économique européenne et par la modernisation de l'industrie française. Grand amateur d'art, il est à l'origine de la création du Centre Pompidou, l'un des musées les plus fréquentés de Paris.

Prévert

1900 – 1977

Jacques Prévert est un **poète**. Ses poèmes, influencés par le mouvement surréaliste, possèdent un style simple et riche en jeux du langage qui abordent avec ironie et tendresse les thèmes de la liberté, de la justice et du bonheur. Il a également écrit des dialogues de films (*Les Enfants du paradis*, de Marcel Carné) et des chansons (*Les Feuilles mortes*). L'expression « une liste à la Prévert », allusion à son poème *Inventaire*, évoque une longue liste d'éléments disparates.

Proust

1871 – 1922

Marcel Proust est un **écrivain**. Son œuvre monumentale en sept parties intitulée *À la recherche du temps perdu*, dont le thème principal est le souvenir, a profondément influencé la littérature du XXe siècle. Dans un passage célèbre, le narrateur, qui mange une madeleine (le petit gâteau qu'il mangeait dans son enfance), est envahi par un flot de souvenirs: c'est la fameuse « madeleine de Proust ». La vie de Proust est devenue légendaire: sujet à des crises d'asthme, il s'est progressivement enfermé dans sa chambre, tapissée de liège, pour se consacrer à l'écriture.

Rabelais

vers 1483 – 1553

François Rabelais est un **écrivain**. Avec Montaigne, il est considéré comme un grand représentant de l'humanisme de la Renaissance. Ses récits mettent en scène les géants Pantagruel et Gargantua dans des situations cocasses. L'adjectif « rabelaisien » est employé pour caractériser des plaisanteries ou des mots qui possèdent un ton gai, libre et un peu grossier. Un repas « pantagruélique » est un repas très copieux, et « gargantuesque » signifie « énorme ».

Racine

1639 – 1699

Jean Racine est un **auteur dramatique** qui a vécu à l'époque de Louis XIV. Dans ses pièces, inspirées par la tragédie grecque, la passion est une force qui conduit ses personnages à la destruction. Ses pièces les plus connues sont *Bérénice*, *Phèdre* et *Britannicus*. Racine était le rival de Pierre Corneille.

Ravel

1875 – 1937

Maurice Ravel est un **compositeur**. Il est l'auteur de symphonies, de pièces pour piano, pour orchestre, d'opéras, et d'un ballet. Il est considéré avec Debussy comme l'un des compositeurs les plus importants du début du XXe siècle. Son œuvre la plus célèbre est *Boléro* (1928).

Renoir

1841 – 1919

Pierre Auguste Renoir est un **peintre**. Ses recherches sur les effets de la lumière ont influencé les premiers impressionnistes. Il a peint non seulement des paysages mais aussi des scènes populaires et de nombreux nus féminins. Ses tableaux les plus célèbres sont *Le Moulin de la Galette* et *Les Baigneuses*.

Richelieu

1585 – 1642

Richelieu est un **cardinal** et un **homme d'État**. Principal ministre de Louis XIII, il a consolidé l'autorité du roi, réduit le pouvoir des nobles et centralisé la France. Il a fondé l'Académie française, une société savante dont les membres sont chargés de rédiger un dictionnaire de la langue française.

Rimbaud

1854 – 1891

Arthur Rimbaud est un **poète**. En rupture avec les codes traditionnels du genre, l'œuvre brève de Rimbaud a profondément marqué la poésie moderne. Sa turbulente liaison homosexuelle avec le poète Verlaine, ainsi que sa vie d'aventurier dont le détail reste obscur, ont contribué à sa célébrité. Après sa mort, Rimbaud est devenu un héros anticonformiste qui a notamment influencé la « Beat Generation » et les hippies des années 1960.

Robespierre

1758 – 1794

Maximilien de Robespierre est l'un des principaux protagonistes de la Révolution française (1789). Influencé par les philosophes des Lumières, notamment par Rousseau, il s'est entièrement dévoué à la cause révolutionnaire, ce qui lui a valu le surnom d'« Incorruptible ». Il a soutenu la Terreur, une période où des atrocités ont été commises au nom de la Révolution, et a été exécuté par des révolutionnaires plus modérés en 1794.

Rodin

1840 – 1917

Auguste Rodin est un **sculpteur**. En rupture avec la sculpture traditionnelle, il a créé un style expressif où le mouvement et l'énergie du corps humain occupent une place très importante. Il a entretenu une célèbre liaison avec la sculptrice Camille Claudel. Ses œuvres les plus connues sont *Le Penseur* et *Le Baiser*.

Ronsard

1524 – 1585

Pierre de Ronsard est un **poète**. Il a fait partie du groupe de poètes qu'on appelle « la Pléiade ». On l'a surnommé à son époque le « prince des poètes ». Son œuvre, inspirée par les poètes de l'Antiquité, aborde avec grâce et délicatesse des thèmes comme l'amour et l'humanisme. Ses œuvres les plus connues sont les *Sonnets pour Hélène* et le célèbre poème intitulé *Ode à Cassandre*, qui commence par la phrase *« Mignonne allons voir si la rose... »*

Rousseau

1712 – 1778

Jean-Jacques Rousseau est un **philosophe** de langue française, né à Genève. Contemporain de Voltaire et de Diderot, avec qui il a travaillé sur *l'Encyclopédie*, c'est l'un des plus grands philosophes du siècle des Lumières. Son œuvre, dans laquelle il critique la civilisation et prône un retour à la nature, a beaucoup influencé les penseurs de la Révolution française, notamment Robespierre. On cite souvent sa phrase *« L'homme est né libre, et partout il est dans les fers »*.

Sade

1740 – 1814

Le **marquis de Sade** est un **écrivain**. Cet aristocrate libertin a passé la majeure partie de sa vie en prison et a fini ses jours à l'asile. Il est connu pour ses œuvres où la souffrance de l'autre est source de plaisir érotique. Son nom a donné à la langue française les mots *sadisme* et *sadique*. Son œuvre la plus célèbre est *Justine ou Les Malheurs de la vertu*.

Saint-Exupéry

1900 – 1944

Antoine de Saint-Exupéry est un **écrivain** et un aviateur. C'était l'un des pionniers de l'aviation postale. Ses œuvres les plus connues sont *Vol de nuit* et surtout *Le Petit Prince*, un livre pour enfants qu'il a lui-même illustré. Il est mort pendant la Seconde Guerre mondiale, lorsque son avion s'est écrasé en mer.

Sand

1804 – 1876

George Sand est une **romancière**. Très indépendante, elle a refusé les conventions sociales de son époque (elle s'habillait en homme, fumait...). Elle a entretenu des liaisons amoureuses avec l'écrivain Alfred de Musset et le musicien Frédéric Chopin. Ses œuvres (par exemple *La Petite Fadette* et *La Mare au diable*) sont peu lues aujourd'hui.

Sartre

1905 – 1980

Jean-Paul Sartre est un **écrivain** et un **philosophe**. Il a développé le concept de l'existentialisme. Cette philosophie, qui met l'action, la décision et la liberté individuelle au cœur de l'existence humaine, est devenue un véritable phénomène de mode dans le Paris de l'après-guerre. Les œuvres de Sartre les plus connues sont l'essai philosophique *L'Être et le Néant*, le roman *La Nausée*, et la pièce de théâtre *Huis clos*, dans laquelle on trouve sa célèbre phrase *« L'enfer, c'est les autres »*. Sartre a partagé la vie de Simone de Beauvoir.

Madame de Sévigné

1626 – 1696

Madame de Sévigné (la marquise de Sévigné) était une **dame de la noblesse** qui a vécu à l'époque de Louis XIV. Cultivée et mondaine, elle a écrit (notamment à sa fille) des lettres pleines d'esprit qui offrent un aperçu passionnant de la vie à la cour de Versailles.

Stendhal

1783 – 1842

Stendhal, dont le vrai nom était Henri Beyle, est un **écrivain**. Contemporain de Balzac, il est un des premiers romanciers réalistes. Il dépeint avec une grande acuité la psychologie de ses personnages et offre une vision critique de la société de son époque. Son roman le plus célèbre est *Le Rouge et le Noir*, qui est considéré comme l'un des premiers « romans psychologiques ».

Truffaut

1932 – 1984

François Truffaut est un **cinéaste**. Avec Jean-Luc Godard, il est l'un des principaux représentants de la Nouvelle Vague. Son œuvre, souvent autobiographique, est marquée par la tendresse, la nostalgie du temps qui passe et la difficulté des relations amoureuses. Parmi ses films les plus célèbres, on peut citer *Les Quatre Cents Coups* (1959) et *Jules et Jim* (1962).

Vercingétorix

72 – 46 avant Jésus-Christ

Vercingétorix était le **chef d'un peuple gaulois**. Il a rassemblé les tribus gauloises qui se sont soulevées contre l'impérialisme romain en 52 avant Jésus-Christ. Il a fini par se rendre aux Romains, et César l'a fait étrangler à Rome. Son histoire a inspiré la célèbre bande dessinée *Astérix le Gaulois*.

Verlaine

1844 – 1896

Paul Verlaine est un **poète**. Sa vie et son œuvre ont été marquées par sa rencontre avec le jeune Rimbaud, avec qui il a entretenu une liaison amoureuse turbulente (il a fait un séjour en prison après avoir blessé Rimbaud à coups de pistolet). Personnage tourmenté et mélancolique, grand consommateur d'alcool et d'absinthe, il a mené une vie agitée peu conforme aux conventions morales de son époque. Parmi ses œuvres les plus connues on peut citer *Romance sans paroles* et *Poètes maudits*.

Verne

1828 – 1905

Jules Verne est un **écrivain**. Passionné de recherche scientifique, il a réuni sous le titre *Les Voyages extraordinaires* des récits mondialement connus qui mettent en scène des aventuriers et des explorateurs. Les plus célèbres sont *Vingt Mille Lieues sous les mers*, *Le Tour du monde en 80 jours* et *Voyage au centre de la Terre*.

Villon

vers 1431 – après 1463

François Villon est un **écrivain**. Il a mené une vie aventureuse, parfois en compagnie de malfaiteurs, et a fait plusieurs séjours en prison. Ses poésies mélangent l'ironie et le tragique, le réalisme et le lyrisme. Sa *Ballade des dames du temps jadis* contient la célèbre phrase *« Mais où sont les neiges d'antan? »*

Voltaire

1694 – 1778

Voltaire est un **écrivain** et un **philosophe**. Poète mondain d'origine bourgeoise, il a écrit des œuvres philosophiques dans lesquelles il critique les institutions politiques et sociales et s'élève contre le fanatisme religieux et l'injustice. Ses écrits l'ont conduit plusieurs fois en prison ou en exil. Avec Diderot et Rousseau, c'était l'un des grands penseurs du siècle des Lumières.

Zola

1840 – 1902

Émile Zola est un **écrivain**. C'était le chef de file du mouvement naturaliste. Ses vingt romans réunis sous le titre *Les Rougon-Macquart* racontent avec un réalisme cru le destin de deux familles sur cinq générations. Il a publié dans le journal *L'Aurore* une lettre intitulée *J'accuse*, dans laquelle il défend Dreyfus. Parmi ses romans les plus célèbres on peut citer *Nana*, *Le Bête humaine* et *Thérèse Raquin*.

BRITISH ISLES, COMMONWEALTH AND US HALL OF FAME

Albert [ˈælbət]
1819 – 1861
Prince Albert was Queen Victoria's husband. He was born in Germany. He was very interested in technology and the arts, and organized the Great Exhibition in London in 1851. The money from the exhibition was used to build several museums and an enormous concert hall that was named after him (the Royal Albert Hall).

Alcott [ˈɔːlkət]
1832 – 1888
Louisa May Alcott was an American **writer**. She is famous for her popular novel *Little Women*, a semi-autobiographical story about the lives of four sisters living in Concord, Massachusetts. The French title of this book is *Les Quatre Filles du docteur March*.

Alfred the Great [ˈælfrɪd ðə ˈgreɪt]
849 – 901
Alfred the Great was **king of Wessex** (one of the kingdoms in Anglo-Saxon England) from the year 871. He defended England against the Vikings. According to a well-known story, Alfred was once hiding from the Vikings in a house, and a woman asked him to look after some cakes she was baking. Alfred was so preoccupied that he burnt the cakes.

Anthony [ˈæntənɪ]
1820 – 1906
Susan B. Anthony was an American **civil rights campaigner**. She spent her life fighting for social reform, particularly women's rights, and co-founded the National Woman Suffrage Association. Susan B. Anthony is one of only three women whose faces have been used on a US coin (the others are Sakagawea and Helen Keller).

Appleseed [ˈæpəlsiːd]
1774 – 1845
Johnny Appleseed is the nickname of American John Chapman, a man who planted a large number of apple orchards in Ohio, Indiana and Illinois at the time of the early settlers. He would clear plots of land, plant orchards, and then sell young trees to settlers. A very religious man, he dressed in shabby clothes and travelled around on foot. He tried to live in perfect harmony with nature and the environment, and became a popular hero.

Armstrong [ˈɑːmstrɒŋ]
1930 – 2012
Neil Armstrong was an American **astronaut**. As mission commander of the Apollo 11 flight in 1969, he became the first man ever to set foot on the moon. As he stepped onto the moon he said the famous words: 'That's one small step for a man, one giant leap for mankind'.

Arthur [ˈɑːθə]
King Arthur is a character in medieval English **legend**. He lived in a castle called Camelot and was the leader of the Knights of the Round Table. Lancelot was one of the most important of these, and he was the lover of Arthur's queen, Guinevere. Nobody knows if Arthurian legend is based on the life of a real person or not.

Austen [ˈɒstɪn]
1775 – 1817
Jane Austen was an English **writer**. She was one of the earliest women novelists, and her books are full of wit and psychological insight. Her most famous book is *Pride and Prejudice*.

Bacon (1) [ˈbeɪkən]
1561 – 1626
Sir Francis Bacon was an English **philosopher** and **politician** who lived during the reign of Elizabeth I and James I. His writings about observation and experimentation made an important contribution to the development of scientific thought. His phrase 'knowledge is power' is often quoted.

Bacon (2) [ˈbeɪkən]
1909 – 1992
Francis Bacon was a British **painter**. He made disturbing and sometimes shocking paintings of distorted, grotesque human figures. One of his most famous works is a painting of a seated pope called *Study after Velasquez*.

Baden-Powell [ˈbeɪdənˈpəʊəl]
1857 – 1941
Robert Baden-Powell was a British **general** who distinguished himself in the Boer War in South Africa. He is best known, however, for founding the Boy Scout movement in 1908.

Baird [bɛəd]
1888 – 1946
John Logie Baird was a Scottish **engineer**. He is famous for inventing the first working television system, which he demonstrated in 1926.

Barton [ˈbɑːtən]
1849 – 1920
Sir Edmund Barton was a leading campaigner for the creation of the Australian Federation,

and became the first **prime minister of Australia** when the Federation was created in 1901. Many Australians remember his phrase 'for the first time, we have a nation for a continent, and a continent for a nation'.

Becket ['bɛkɪt]
1118 – 1170
Thomas Becket (also known as **Thomas à Becket**) was **Archbishop of Canterbury** in England from 1162 until his death. He was assassinated in Canterbury Cathedral by followers of King Henry II because he opposed the king's attempt to dominate the church. He was considered a martyr, and was made a saint in 1173. His tomb was a place of pilgrimage for several centuries.

Bevan ['bɛvən]
1897 – 1960
Aneurin Bevan (known as **Nye Bevan**) was a British Labour **politician**. As Minister of Health immediately after the Second World War, he created the National Health Service, the state system in the United Kingdom that provides free or subsidized medical care.

Biko ['bi:kəʊ]
1946 – 1977
Steve Biko was a leading **anti-apartheid activist** in South Africa. The government tried to suppress his activities, and following the Soweto riots in 1976 he was arrested and died in police custody. Biko's death drew international attention to the brutality of the regime in South Africa, and he became a hero of the anti-apartheid movement.

Billy the Kid ['bɪlɪ ðə 'kɪd]
1859 – 1881
Billy the Kid was one of the most famous **outlaws** of the Wild West. He was a cunning and dangerous character, and was very skilled with his gun. He was killed by a sheriff when he was 21 years old, and his killer then wrote and published an exaggerated account of his life. He became a legend, and his life story symbolizes the exciting and violent era that is depicted in Westerns.

Blake [bleɪk]
1757 – 1827
William Blake was an English **poet** and **artist**. His mystical and imaginative poems, which he illustrated with his own drawings and water-colours, are a reaction against 18th-century rationalism. His most famous work is the prelude to a poem called *Milton*, which was made into a popular patriotic song entitled *Jerusalem*.

Boadicea [ˌbəʊədɪ'si:ə]
died in 62 AD
Boadicea or **Boudicca** was a British **tribal queen**. She is famous for leading a rebellion against the Romans who had invaded her kingdom. Although her rebellion was ultimately unsuccessful, she became a popular heroine and a symbol of resistance. She is often portrayed riding in a chariot.

Boleyn [bʊ'lɪn]
1507 – 1536
Anne Boleyn was the second and most famous of Henry VIII's six wives. She reigned as **queen consort** from 1533 until her death. To marry her, Henry defied the pope and declared his first marriage invalid. This was the beginning of the English Reformation, when the English church broke away from Roman Catholicism. She was eventually accused of adultery and executed. She was the mother of Elizabeth I.

Booth [bu:ð]
1829 – 1912
William Booth was a British evangelical **religious leader**. He founded the Salvation Army, a charitable organization that helps poor people.

Britten ['brɪtən]
1913 – 1976
Benjamin Britten is considered to be one of the greatest British **composers** of the 20th century. He is best known for his operas *Billy Budd* and *Peter Grimes*, and for his *War Requiem*.

Brontë (Charlotte) ['brɒntɪ]
1816 – 1855
Charlotte Brontë was an English **writer**. She is famous for her romantic novels, especially *Jane Eyre*. She was Emily Brontë's sister. Her sister Anne also wrote novels.

Brontë (Emily) ['brɒntɪ]
1818 – 1848
Emily Brontë was an English writer. She wrote poems and the famous romantic novel *Wuthering Heights*. She was the middle sister between Charlotte Brontë and Anne Brontë.

Brown [braʊn]
1715 – 1783
Capability Brown was a **landscape gardener** who designed some of the finest private parks and gardens in England. He is sometimes referred to as the greatest English gardener in history.

Brunel [bru:ˈnɛl]
1806 – 1859
Isambard Kingdom Brunel was a British **engineer**. He designed steamships, including one that was (at the time) the largest ship ever built, and innovative iron bridges. He also created the Great Western Railway in the south-west of England.

Burns [bɜ:nz]
1759 – 1796
Robert Burns was a Scottish **poet**. His poems and songs are still popular, and he is a Scottish cultural icon. His most famous song is *Auld Lang Syne*, which is traditionally sung at New Year all over the English-speaking world. The French version of this song is *Ce n'est qu'un au revoir*.

Bush (George H.W.) [bʊʃ]
born in 1924
George H.W. Bush, a Republican, was **president of the United States** from 1989 to 1993. The most important event of his presidency was the Gulf War, in which the US formed a coalition with several other countries and attacked Iraq after its invasion of Kuwait. He is George W. Bush's father.

Byron [ˈbaɪrən]
1788 – 1824
Lord Byron was an English **poet**. A leading romantic writer, he rebelled against the conventions of his time and led a life that was full of sexual scandal. He died in Greece, where he had travelled to fight on the Greek side in the War of Independence against Turkey. His works influenced writers and artists all over Europe. His best known poem is *Childe Harold's Pilgrimage*.

Capote [kəˈpəʊtɪ]
1924 – 1984
Truman Capote (note pronunciation) was an American **writer**. He is famous for his best-selling book, *In Cold Blood*, a 'non-fiction novel' about a real-life murderer who killed a family of farmers. The book was innovative in the way it mixed together detailed documentary research and literary writing. Capote also wrote the short story *Breakfast at Tiffany's*, which was made into a popular film.

Carnegie [kɑ:ˈneɪgɪ]
1835 – 1919
Andrew Carnegie was a Scottish-American **industrialist** and **philanthropist**. He made a huge fortune in the steel business, and in later life used much of his money to fund libraries and educational institutions. In 1890 he built Carnegie Hall, a large concert hall in New York.

Carroll [ˈkærəl]
1832 – 1898
Lewis Carroll was an English **writer** who lived during the reign of Queen Victoria. He was a university teacher and mathematician by profession, but he is famous all over the world for his books *Alice in Wonderland* and *Through the Looking-Glass*, which he wrote for a little girl he was fond of.

Carter [ˈkɑ:tə]
born in 1924
Jimmy Carter, a Democrat, was **president of the United States** from 1977 to 1981. He played a vital role in the Camp David Accords (a groundbreaking peace agreement between Israel and Egypt), encouraged diplomatic relations with China, and signed the SALT II arms limitation treaty with the Soviet Union. One of the most memorable events of his presidency was the Iran hostage crisis, a 14-month period during which American citizens were held hostage at the US embassy in Teheran. He was succeeded by Ronald Reagan.

Carver [ˈkɑ:və]
1864 – 1943
George Washington Carver was an African-American **botanist** and former slave. He was an expert in agronomy, and became famous for teaching poor farmers in the Southern states how to grow crops more efficiently. He is well known for the hundreds of different uses he described for the peanut and other essential food crops. Many people mistakenly believe that he invented peanut butter.

Caxton [ˈkækstən]
1422 – 1491
William Caxton was the first English **printer**. He printed many historically important books, including the works of Geoffrey Chaucer. Caxton's work helped to standardize the way the English language is written.

Charles I [ˈtʃɑ:lz ðə ˈfɜ:st]
1600 – 1649
Charles I ('Charles the First') was **king of England** from 1625. The main event during his reign was the Civil War between Royalists and supporters of the Parliament, who thought Charles was trying to establish an absolute monarchy. The Royalists lost the war and Charles was executed for treason. The monarchy was replaced by a republican regime known as the Protectorate, headed by Oliver Cromwell.

Charles II [ˈtʃɑ:lz ðə ˈsɛkənd]
1630 – 1685
Charles II ('Charles the Second') was **king of England** from 1660. He was crowned king when

the monarchy was restored two years after the death of Oliver Cromwell. He was a skilled ruler whose cheerful personality earned him the nickname of 'the merry monarch'. He was also famous for having many mistresses.

Chaucer ['tʃɔːsə]

1343 – 1400

Geoffrey Chaucer was an English **poet**. After the Norman Conquest he was the first major writer to produce literary texts in English (instead of Latin or French), and because of this he is sometimes called the 'father of English literature'. His most famous work is *The Canterbury Tales*, a series of lively stories told by pilgrims on their way to visit the tomb of Thomas Becket.

Chippendale ['tʃɪpənˌdeɪl]

1718 – 1779

Thomas Chippendale was a British **cabinet-maker** and **furniture designer**. He made luxury furniture for wealthy people, and is considered one of the greatest makers of furniture in British history. Original Chippendale furniture is extremely valuable.

Christie ['krɪstɪ]

1890 – 1976

Agatha Christie was a British **writer**. She wrote detective stories in which the main character solves complicated murder mysteries. Her most famous characters are Miss Marple and Hercule Poirot. Her best known novels are *Murder on the Orient Express* and *Death on the Nile*.

Churchill ['tʃɜːtʃɪl]

1874 – 1965

Sir Winston Churchill was a British **politician**. As Prime Minister during the Second World War, he led the British offensive against Hitler. Many British people consider Churchill to be the greatest political leader in British history.

Clinton ['klɪntən]

born in 1946

Bill Clinton, a Democrat, was **president of the United States** from 1993 to 2001. His domestic policy focused on the welfare system, health care and equal rights, while his foreign policy included efforts to help end conflicts in Northern Ireland, the Middle East and the Balkans. Clinton's reputation was damaged when he lied in court about a sexual relationship he had with an intern at the White House called Monica Lewinsky. He was succeeded by George W. Bush.

Coleridge ['kəʊlrɪdʒ]

1772 – 1834

Samuel Taylor Coleridge was an English **poet**. Along with Shelley, Wordsworth and Keats, he laid the foundations of the English romantic movement. His most famous work is the *Rime of the Ancient Mariner*, part of a collection he wrote with Wordsworth called *Lyrical Ballads*.

Collins ['kɒlɪnz]

1890 – 1922

Michael Collins was an Irish **revolutionary leader**. He took part in the Easter Rising (an armed insurrection in Dublin in 1916 against British rule in Ireland) and later led the Irish Republican Army (Sinn Féin) in a violent campaign against British forces. In 1921 he negotiated the treaty with the British government that made Ireland a self-governing member of the British Commonwealth, a move that angered those in favour of complete independence and led to the Irish Civil War. Collins was shot dead in mysterious circumstances during the Civil War in 1922. He is remembered as a key figure in the history of Irish independence.

Conan Doyle ['kəʊnən 'dɔɪl]

1859 – 1930

Sir Arthur Conan Doyle was a Scottish **writer**. He is famous for the stories he wrote about the amateur detective Sherlock Holmes. His most famous novel is *The Hound of the Baskervilles*.

Constable ['kʌnstəbəl]

1776 – 1837

John Constable was an English romantic **painter**. He is best known for his landscape paintings of the area where he lived, in rural Suffolk (eastern England). Although he was not particularly successful in his lifetime, his best paintings are now considered to be masterpieces. His most famous picture is called *The Hay Wain*.

Cook [kʊk]

1728 – 1779

Captain James Cook was a British **navigator** and **explorer**. He made several great sea voyages to the Pacific, travelling to New Zealand, Australia and Hawaii and making the first accurate maps of the area. He also explored Antarctica and parts of North America.

Crockett ['krɒkɪt]

1786 – 1836

Davy Crockett was one of the most famous **pioneers** of the American West. After working as a hunter and trapper, he was elected to Congress and supported the rights of settlers.

He died a hero in the Battle of the Alamo between Mexico and rebel Texans (Texas was not part of the United States at that time). He became a legendary figure through books and films, and is popularly referred to as the 'king of the wild frontier'. Davy Crockett is traditionally depicted wearing a striped fur hat made from the skin and tail of a raccoon.

Cromwell ['krɒmwəl]

1599 – 1658

Oliver Cromwell was an English Puritan, **military leader** and **statesman**. He was the leader of the Parliamentarians in the English Civil War. After their victory he had Charles I executed and governed England as 'Lord Protector'. Some people refer to Cromwell as the only military dictator in English history. When Cromwell died, he was succeeded briefly by his son Richard. Soon, however, the monarchy was restored and Charles II came to the throne.

Curtin ['kɜːtɪn]

1885 – 1945

John Curtin was **prime minister of Australia** from 1941 to 1945. He successfully protected the country from Japanese invasion during the Second World War, which is why many Australians consider him to be the greatest prime minister in the country's history.

Custer ['kʌstə]

1839 – 1876

George Custer was an American **cavalry commander** who fought in the American Civil War and the Indian Wars. He died at the Battle of the Little Bighorn (1876), a famous battle against Native Americans led by Sitting Bull which became known as 'Custer's Last Stand'. After his death Custer achieved legendary status, and he has often appeared as a character in Westerns.

Darwin ['dɑːwɪn]

1809 – 1882

Charles Darwin was a British **scientist** who lived during the reign of Queen Victoria. He developed a groundbreaking theory explaining how animal and plant species evolve over long periods of time. His ideas were extremely controversial because they contradicted many people's religious beliefs, especially as they suggest that Man's distant ancestors were apes.

Dean [diːn]

1931 – 1955

James Dean was an American **film actor**. He is famous for his portrayal of introverted, rebellious young men in films such as *Rebel Without a Cause* and *East of Eden*. After his death when he was only 24 in a high-speed car crash, he became a cult figure whose face is still recognized all over the world.

Defoe [dɪ'fəʊ]

1660 – 1731

Daniel Defoe was an English **writer**. He wrote hundreds of books, but is best known for his novel *Robinson Crusoe*, about a sailor stranded for 28 years on a remote island. Many people consider this book to be the first English novel.

de Klerk [də 'klɜːk]

born in 1936

F.W. de Klerk was **president of South Africa** from 1989 to 1994, and is famous for agreeing to end the policy of racial segregation called apartheid. Together with Nelson Mandela, he was awarded the Nobel Peace Prize in 1993.

de Valera [də və'lɛərə]

1882 – 1975

Eamon de Valera was an Irish **politician**. He took part in the Easter Rising (an armed insurrection in Dublin in 1916 against British rule in Ireland), opposed the Anglo-Irish treaty of 1921, founded the Republican party Fianna Fáil in 1926, and drafted the new Irish constitution in 1937. He served several terms as Taoiseach (prime minister), and was president of Ireland from 1959 to 1973. De Valera is remembered as a key figure in the history of Irish independence and was one of the most influential Irishmen of the 20th century.

Dickens ['dɪkɪnz]

1812 – 1870

Charles Dickens was an English **writer** who lived during the reign of Queen Victoria. He wrote novels with complicated plots and a wide range of characters, including poor people. His most famous novels, which are still popular today, include *Great Expectations*, *Oliver Twist* and *A Christmas Carol*. The word 'Dickensian' is used to describe the harsh living conditions endured by poor people in Victorian England.

Dickinson ['dɪkɪnsən]

1830 – 1886

Emily Dickinson was an American **poet**. She used unusual words and punctuation in her deceptively simple poems, which evoke everyday experience with great intensity and intimacy. Dickinson lived a reclusive existence and was almost unknown during her lifetime. Today she is considered one of the most influential poets in American literary history.

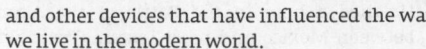

Disney ['dɪznɪ]
1901 – 1966
Walt Disney was an American **film producer** and **animator**. He created popular animated characters such as Mickey Mouse and Donald Duck, and founded one of the most successful film production companies in the world. He also designed Disneyland, the first ever theme park, which opened in Anaheim, California in 1955.

Douglas ['dʌgləs]
1904 – 1986
Tommy Douglas was an influential Canadian **politician** who served as premier (first minister) of Saskatchewan from 1944 to 1961. He is best known for having introduced Medicare (public health insurance) to Canada in the 1960s. In 2004 he was voted the 'greatest Canadian of all time' in a television poll organized by the Canadian Broadcasting Corporation.

Drake [dreɪk]
1540 – 1596
Sir Francis Drake was a British **navigator** who lived during the reign of Elizabeth I. He was the first Englishman to sail around the world, and is famous for his role in defeating the Spanish Armada, a large fleet of Spanish ships that attempted to invade England in 1588. According to popular legend, Drake was playing bowls in Plymouth when the Spanish Armada arrived off the English coast, and calmly finished his game before joining the battle.

Earhart ['ɛəhəːt]
1897 – 1937
Amelia Earhart was an American **aviator**. She flew solo over both the Atlantic Ocean and the Pacific Ocean, and was the first woman to do so. She disappeared during an attempt to fly around the world.

Earp [ɜːp]
1848 – 1929
Wyatt Earp was an American **lawman** in the Wild West. He is famous for his involvement in the 'Gunfight at the OK Corral', a shootout in 1881 between officers of the law and outlaw cowboys. This event has often been depicted in Westerns, and Wyatt Earp has become a well-known character in fictional stories about the Wild West.

Edison ['ɛdɪsən]
1847 – 1931
Thomas Edison was an American **inventor**. He specialized in the commercial uses of electricity, and invented the light bulb, the microphone, and other devices that have influenced the way we live in the modern world.

Edward the Confessor ['ɛdwəd ðə kən'fɛsə]
1002 – 1066
Edward the Confessor was **king of England** from 1042. He was succeeded by Harold II. Edward had spent his early life in Normandy, and William the Conqueror later claimed that he had promised him the English throne. This was the justification for William's successful invasion of England in 1066, which marked the beginning of the Norman Conquest.

Edward VII ['ɛdwəd ðə 'sɛvənθ]
1841 – 1910
Edward VII ('Edward the seventh') was **king of the United Kingdom** from 1901. He was Queen Victoria's son. His reign is known as the Edwardian period, and corresponds to the 'Belle Époque' in France. Edward VII played an important role in the establishment of the 'Entente cordiale', an agreement designed to end rivalry between Britain and France.

Edward VIII ['ɛdwəd ðə 'eɪtθ]
1894 – 1972
Edward VIII ('Edward the eighth') was **king of the United Kingdom** from January to December 1936, and later took the title Duke of Windsor. He abdicated when the British Government refused to authorize his marriage to Wallis Simpson, an American divorcee. The couple were members of the Continental jet-set in the 1950s and 60s, and spent much of the later part of their lives in Paris.

Eisenhower ['aɪzənhaʊə]
1890 – 1969
Dwight Eisenhower, a Republican, was **president of the United States** from 1953 to 1961. During the Second World War he was Supreme Commander of the Allied Forces in Europe, and led the allied invasions of Germany and France that ended the war. He was succeeded as president by John F. Kennedy.

Elgar ['ɛlgɑː]
1857 – 1934
Sir Edward Elgar was an English **composer**. He is best known for his *Pomp and Circumstance Marches*, which include the tune used for a very popular patriotic song called *Land of Hope and Glory*.

Eliot (George) ['ɛlɪət]
1819 – 1880
George Eliot, whose real name was Mary Ann Evans, is considered to be one of the greatest British **novelists**. She lived during the reign of

Queen Victoria and wrote realistic novels set in provincial England. Her most famous novel is *Middlemarch*.

Eliot (T.S.) ['ɛlɪət]
1888 – 1965
T.S. Eliot was a **poet** who was born in the United States but spent most of his adult life in England. He is considered to be one of the most influential poets of the 20th century. His most famous poems are *The Waste Land* and *The Love Song of J. Alfred Prufrock*. He also wrote *Old Possum's Book of Practical Cats*, which later inspired the popular musical *Cats*.

Elizabeth I [ɪ'lɪzəbəθ ðə 'fɜːst]
1533 – 1603
Elizabeth I ('Elizabeth the first') was **queen of England and Ireland** from 1558. She had a very strong personality and is one of the best-known rulers in British history. The time of her reign is known as the Elizabethan period. She made Protestantism the official religion in England, and had the Catholic queen of Scotland Mary Stuart imprisoned and executed. World exploration developed during her reign thanks to explorers like Sir Francis Drake and Sir Walter Raleigh. William Shakespeare was the greatest of the many outstanding poets and dramatists of the Elizabethan age.

Emmet ['ɛmɪt]
1778 – 1803
Robert Emmet was an Irish **nationalist**. In 1803 he led a failed rebellion against the British, and was captured and executed shortly afterwards. Although the rebellion was a failure, Emmet became a heroic figure in the history of Irish independence.

Faulkner ['fɔːknə]
1897 – 1962
William Faulkner was an American **writer**. He used a technique known as the 'stream of consciousness' to give the reader the impression of entering the minds of his characters. His novels are about life in the American South, and include *The Sound and the Fury*. Faulkner was awarded the Nobel Prize in 1949.

Fawkes [fɔːks]
1570 – 1606
Guy Fawkes was a member of a group of English **conspirators** who tried to assassinate King James I and the members of the English Parliament in what is known as the 'Gunpowder Plot' (5 November 1605). The plan to blow up the Houses of Parliament failed, and Guy Fawkes and his fellow conspirators were tortured and executed. The event is celebrated on Guy Fawkes Night (or 'Bonfire Night') on 5 November every year.

Fitzgerald [fɪts'dʒɛrəld]
1896 – 1940
F. Scott Fitzgerald was an American **writer**. He wrote novels and short stories about wealthy, glamorous people living in the 'Jazz Age' of the 1920s. His most famous novel is *The Great Gatsby*.

Fleming ['flɛmɪŋ]
1881 – 1955
Sir Alexander Fleming was a Scottish **biologist**. He did a lot of pioneering work, but is best known for having discovered the first antibiotic, penicillin, in 1928.

Ford (Gerald) [fɔːd]
1913 – 2006
Gerald Ford, a Republican, was **president of the United States** from 1974 to 1977. One of the most memorable events of his presidency was the final withdrawal of US troops from Vietnam. Ford had been Richard Nixon's vice-president during the Watergate scandal, and caused a lot of controversy when he later granted Nixon a full pardon. He was succeeded by Jimmy Carter.

Ford (Henry) [fɔːd]
1863 – 1947
Henry Ford was an American **industrialist**. He founded the Ford motor company in 1903, and pioneered the use of assembly lines for making cars more cheaply and efficiently. The 'Model T' introduced by Ford was one of the most popular cars ever made. He is famous for saying that customers could choose any colour for their car, as long as it was black.

Franklin ['fræŋklɪn]
1706 – 1790
Benjamin Franklin was an American **scientist**, **statesman** and **philosopher**. His scientific work focused on electricity, and he designed a famous experiment in which a kite flown during a thunderstorm proved the existence of electricity in clouds. He was a leading thinker of the Enlightenment, and his political writings had a great influence on the way America defined itself as a nation. A skilled diplomat, he secured the alliance that led to France's decisive involvement in the American War of Independence. Franklin signed both the Declaration of Independence and the American Constitution, and is one of the principal 'founding fathers' of the United States. His portrait appears on the $100 bill.

Gainsborough ['geɪnzbərə]

1727 – 1788

Thomas Gainsborough was an English **painter**. He painted landscapes and portraits, and is considered the greatest British painter of the 18th century. His most famous painting is *The Blue Boy*.

Gandhi ['gændɪ]

1869 – 1948

Mohandas Karamchand Gandhi, or **Mahatma Gandhi**, was a prominent **leader of the Indian independence movement** who supported non-violent protest as a means to achieve freedom from oppression. As leader of the Indian National Congress, Gandhi fought to improve conditions for the poor and for women, and to end discrimination based on the caste system. He led the struggle for independence from the British Empire, and many of his supporters were killed in clashes with British forces. Gandhi lived a very simple life based on Hindu principles. He gave up wearing western dress, and made his own dhoti, spinning and weaving the cloth himself. His political beliefs influenced other civil rights leaders such as Martin Luther King, Steve Biko and Nelson Mandela. He was assassinated in 1948.

Gates [geɪts]

born in 1955

Bill Gates is an American **businessman**. He founded the Microsoft computer software company, and is one of the wealthiest people in the world. In 2000 he founded the Bill and Melinda Gates Foundation, which donates money to charities and research institutions.

Geronimo [dʒə'rɒnɪməʊ]

1829 – 1908

Geronimo was one of the last **Native American** leaders to actively resist the authority of the United States government. He fought against both United States and Mexican soldiers before eventually surrendering to the United States in 1886. Geronimo is remembered as the archetypal courageous and daring Apache warrior, and often appears as a character in Westerns.

Gershwin ['gɜːʃwɪn]

1898 – 1937

George Gershwin was an American **composer**. His compositions include elements of classical music and jazz, and appeal to a wide audience. His most famous works are the jazz symphony *Rhapsody in Blue* and the opera *Porgy and Bess*, which features the well known song *Summertime*. He worked closely with his brother, Ira, who wrote the lyrics to many of his songs.

Gilbert and Sullivan ['gɪlbət ən 'sʌlɪvən]

Gilbert 1836 – 1911; Sullivan 1842 – 1900

W.S. Gilbert was a **librettist** and **Arthur Sullivan** was a **composer**. They worked together for many years and produced many popular light English operas, including *The Mikado* and *The Pirates of Penzance*.

Graham ['greɪəm]

1894 – 1991

Martha Graham was an American **dancer** and **choreographer**. She pioneered a style of dance that broke with tradition and was strongly influenced by contemporary art. She is considered to be one of the founders of modern dance, and was one of the most influential choreographers of the 20th century.

Harold II ['hærəld ðə 'sɛkənd]

1022 – 1066

Harold II ('Harold the second') was **king of England** from January to October 1066. He succeeded Edward the Confessor, and was the last Anglo-Saxon king of England. Shortly after Harold's coronation, William the Conqueror invaded England, and Harold attempted to halt the invasion at the Battle of Hastings. The English lost the battle and Harold was killed. According to tradition he died when an arrow hit him in the eye.

Hemingway ['hɛmɪŋweɪ]

1899 – 1961

Ernest Hemingway was an American **writer**. His direct and hard-hitting style, rooted in journalism, has influenced many novelists, and his books have remained very popular. They include *The Old Man and the Sea*, *For Whom the Bell Tolls* and *A Farewell to Arms*. Hemingway spent several years in Paris as part of a group of Left Bank artists and writers that also included Gertrude Stein.

Henry V ['hɛnrɪ ðə 'fɪfθ]

1387 – 1422

Henry V ('Henry the fifth') was **king of England** from 1413. He invaded France and won a famous victory over the French at the Battle of Agincourt. He was declared heir to the French throne in 1420. Henry V is the subject of a play by William Shakespeare.

Henry VIII ['hɛnrɪ ðɪ 'eɪtθ]

1491 – 1547

Henry VIII ('Henry the eighth') was **king of England and Ireland** from 1491. He broke with the Catholic church, confiscated the property of the monasteries, and declared himself the supreme head of the Church of England. He married six times, ending two of his marriages by executing his wives. His son, Edward VI, succeeded him, and his daughters, Mary Tudor and Elizabeth I, both ruled as monarchs.

Hoover ['hu:və]

1895 – 1972

The American **J. Edgar Hoover** was director of the Federal Bureau of Investigation (the FBI) from 1924 to 1972. His job brought him great power and influence, and he was known for his extreme and obsessive methods of collecting intelligence and tracking down suspected enemies of the state. Many thousands of people suffered from his campaigns, and he played a key role in the destruction of the American Communist party.

Hughes [hju:z]

1905 – 1976

Howard Hughes was an American **businessman** and pioneering **aviator**. He produced several successful films in Hollywood and made a lot of money from commercial airlines. He became one of the richest men in the world. In the late 1950s he began to behave very strangely, and eventually shut himself away from the public, living as a complete recluse.

James (Henry) [dʒeɪmz]

1843 – 1916

Henry James was an American **writer**. His novels minutely depict states of mind and the complexity of human relationships. Many are about wealthy Americans living in Europe; they include *The Portrait of a Lady* and *The Ambassadors*. He also wrote the ghost story *The Turn of the Screw*. Several of his novels have been made into films.

James (Jesse) [dʒeɪmz]

1847 – 1882

Jesse James was one of the most famous American **outlaws** in the Wild West. He was a member of a gang of bandits who robbed banks and trains. He was killed by a member of his own gang and after his death became a legend, often appearing as a fictional character in books and Westerns.

James I ['dʒeɪmz ðə 'fɜ:st]

1566 – 1625

James I was **king of England and Ireland** from 1603. He was also king James VI of Scotland. Parliament became increasingly difficult to manage during his reign, and this laid the foundations for the Civil War which caused the downfall of his son, king Charles I. James was a highly educated man, and the cultural and intellectual excellence of the Elizabethan period continued during his reign.

Jefferson ['dʒɛfəsən]

1743 – 1826

Thomas Jefferson was **president of the United States** from 1801 to 1809. He is best known for being the main author of the Declaration of Independence, and was one of the 'founding fathers' of the United States. The main events of his presidency were the Lewis and Clark Expedition and the 'Louisiana Purchase' (1803), when the United States bought a huge area of land in central North America from France.

Johnson ['dʒɒnsən]

1709 – 1784

Samuel Johnson (often called 'Doctor Johnson') was a British **writer** and **lexicographer**. He was a very witty writer and critic, and he is best known for his *Dictionary of the English Language*, published in 1755.

Joyce [dʒɔɪs]

1882 – 1941

James Joyce was an Irish **writer**. He wrote in a very innovative and unusual style, and his work has had a profound influence on modern English literature. His most famous novels are *Ulysses* and *Finnegans Wake*.

Keats [ki:ts]

1795 – 1821

John Keats was an English **poet**. Together with Shelley, Wordsworth and Coleridge, he laid the foundations of the English romantic movement. His most famous poems are *Ode to a Nightingale* and *Ode on a Grecian Urn*.

Kennedy (John F.) ['kɛnɪdɪ]

1917 – 1963

John F. Kennedy, a Democrat, was **president of the United States** from 1961 until his assassination in 1963. Significant events during his presidency include the Cuban Missile Crisis, when the Soviet Union set up nuclear warheads in Cuba, the beginning of the 'Space Race' in which the USA and the Soviet Union competed for superiority in space exploration, and the early stages of the Vietnam War. Kennedy's assassination in Dallas had a traumatic effect on American society, and many people say they can remember exactly what they were doing when they heard he had been killed.

Kennedy (Robert F.) ['kɛnɪdɪ]

1925 – 1968

Robert F. Kennedy (known as Bobby Kennedy) was an American **politician**. He was attorney general during the presidency of his brother, John F. Kennedy, and was later assassinated while campaigning for the 1968 presidential elections.

Kerouac ['kɛrʊæk]

1922 – 1969

Jack Kerouac was an American **writer**. He was a member of the 'Beat Generation' (a term he invented), a group of anti-conformist writers who greatly influenced the hippy culture of the 1960s. Kerouac's most famous novel is *On the Road*.

King [kɪŋ]

1929 – 1968

Martin Luther King was an African-American **Baptist minister** who campaigned for peace and racial equality and became the best known **civil rights leader** in the United States. His most famous speech begins with the words 'I have a dream'. He was assassinated by a white supremacist in 1968.

Lady Diana Spencer [daɪ'ænə 'spɛnsə]

1961 – 1997

Lady Diana Spencer was the first wife of Prince Charles, the eldest son of Queen Elizabeth II. She became very popular all over the world, partly thanks to her involvement in charity work, but her marriage to Charles and her relations with the royal family were very difficult. Charles and Diana divorced in 1996, and Diana was killed in a car accident in Paris the following year.

Lawrence ['lɒrəns]

1885 – 1930

D.H. Lawrence was a British **writer**. His novels show how aspects of the modern world, especially industrialization, affect society and human relationships. He was very controversial in his time because his writing includes strong language and explicit references to sex. His most famous novels are *Lady Chatterley's Lover* and *Women in Love*.

Lawrence of Arabia ['lɒrəns əv ə'reɪbiə]

1888 – 1935

Lawrence of Arabia (T.E. Lawrence) was a British **army officer** and **writer** who became famous for his role in the Arab Revolt against the Ottoman Empire in 1916–1918. He adopted many Arab customs and wore traditional Arab clothes, and became a popular hero in both Britain and Arab countries. His most famous book is *The Seven Pillars of Wisdom*.

Lewis and Clark ['luːɪs ən 'klɑːk]

Lewis 1774 – 1809; Clark 1770 – 1838

Meriwether Lewis and **William Clark** were American **explorers** who led an epic 8,000 mile overland expedition to the Pacific Coast in 1804. Following the orders of president Thomas Jefferson, they brought back a great deal of new and exciting information about the geography, flora, fauna and native peoples of the American West. See also Sakagawea.

Lincoln ['lɪŋkən]

1809 – 1865

Abraham Lincoln was **president of the United States** from 1861 until his death. He is famous for ending slavery in the United States, and for leading the northern states to victory against the South in the American Civil War. His assassination made him a martyr in the eyes of millions of Americans, and he is generally considered one of the greatest presidents in US history. There is a famous seated statue of Lincoln in Washington, DC.

Lindbergh ['lɪndbɜːg]

1902 – 1974

Charles Lindbergh was an American **aviator**. He was the first person ever to fly solo across the Atlantic, a feat he achieved in 1927. His 20-month-old son was kidnapped and killed in 1932, an event remembered as 'the Lindbergh kidnapping'.

Livingstone ['lɪvɪŋstən]

1813 – 1873

David Livingstone was a Scottish **missionary** and **explorer**. He was the first European to explore many areas of Africa. A journalist called Stanley was sent to Africa in 1871 to find him and help him. When the two men eventually met in a remote area, Stanley supposedly greeted him with the famous words 'Doctor Livingstone, I presume'.

Lloyd George ['lɔɪd 'dʒɔːdʒ]

1863 – 1945

David Lloyd George was a British Liberal **politician**. He was Prime Minister from 1916 to 1922, and led the country through the First World War. He played a key role in drawing up the Treaty of Versailles, the agreement that officially ended the war.

Longfellow ['lɒŋfɛləʊ]

1807 – 1882

Henry Wadsworth Longfellow was an American **poet**. He wrote simple, sentimental poems that became popular with generations of Americans. Some are still familiar today, especially *The Song of Hiawatha* and *Paul Revere's Ride*.

Mailer ['meɪlə]

1923 – 2007

Norman Mailer was an American **writer**. His 1948 novel *The Naked and the Dead*, about his experiences in the Second World War, made him famous, and he has written many other successful novels. Along with Truman Capote, he is considered one of the pioneers of the 'nonfiction novel', where the writer presents real events in a literary form.

Malcolm X ['mælkəm 'ɛks]

1925 – 1965

Malcolm X was an American **political activist**. He defended the idea of black pride, and was one of the most influential members of Nation of Islam, a controversial Muslim group that advocated independence for black people in America. His assassination in 1965 made him a martyr in the eyes of many people.

Mandela [mæn'dɛlə]

1918 – 2013

Nelson Mandela was a former anti-apartheid activist who was **president of South Africa** from 1994 to 1999. He was leader of the African National Congress (ANC) in the early 1960s, and was imprisoned for 27 years for his involvement in armed resistance. He was released from prison in 1990, and in 1994 was elected president in the country's first fully democratic elections. His policy of peaceful reconciliation has made him a popular and heroic figure all over the world. Nelson Mandela was awarded the Nobel Peace Prize in 1993, an honour he shared with F.W. de Klerk.

Mary Stuart ['mɛərɪ 'stjʊət]

1542 – 1587

Mary Stuart ('Mary Queen of Scots') was **queen of Scotland** from 1542 to 1567 and **queen of France** from 1559 to 1560. She was born in Scotland but brought up in France, returning to Scotland in 1560 when her husband François II died. She was a Catholic, which brought her into conflict with her Protestant cousin, Queen Elizabeth I of England. She abdicated and fled to England in 1567 following a revolt. Elizabeth I had her imprisoned for eighteen years, and finally had her beheaded. She was a beautiful and highly educated woman, and her difficult life and violent death have made her into a tragic figure. She should not be confused with Mary Tudor.

Mary Tudor ['mɛərɪ 'tju:də]

1516 – 1558

Mary Tudor was **queen of England and Ireland** from 1553. She tried to restore Catholicism in England and ordered the execution of hundreds of people who refused to comply with her wishes. For this reason she is popularly known as 'Bloody Mary'. Her successor, Elizabeth I, was her half-sister, and she was the cousin of Mary Stuart.

McCarthy [mə'kɑ:θɪ]

1908 – 1957

Joseph McCarthy was an American Republican **senator** from 1947 to 1957. He set up committees which accused people of being Communist sympathizers and thus disloyal to America. His investigations (sometimes referred to as 'witch hunts') played on the public's fear of Communism and encouraged a climate of suspicion. The word 'McCarthyism' is used to refer to unfounded accusations of political subversion.

Miller (Arthur) ['mɪlə]

1915 – 2005

Arthur Miller was an American **playwright**. His most famous play is a tragedy set in suburban America called *Death of a Salesman*. He was the second husband of Marilyn Monroe.

Miller (Henry) ['mɪlə]

1891 – 1980

Henry Miller was an American **writer**. He wrote novels including *Tropic of Cancer* and *Tropic of Capricorn* that were banned for many years in the United States because of their sexual content.

Milton ['mɪltən]

1608 – 1674

John Milton was an English **poet** who lived during the reigns of Charles I and Charles II. He is best known for his epic poem *Paradise Lost*, about the banishment of Adam and Eve from Paradise.

Monroe (James) [mən'rəʊ]

1758 – 1831

James Monroe was **president of the United States** from 1817 to 1825. He is famous for the Monroe Doctrine, a declaration in which he stated US opposition to any future colonization of the Americas by European powers.

Monroe (Marilyn) [mən'rəʊ]

1926 – 1962

Marilyn Monroe was an American **film actress**. She was famous for her beauty and sex appeal, for her vivacious screen personality, and for her early death, probably by suicide. Her best known films are *Some Like It Hot* and *The Misfits*. Her second marriage was to the playwright Arthur Miller.

Montgomery [mənt'gʌmərɪ]

1887 – 1976

Bernard Law Montgomery was a British **army officer** who played a vital role in the Allied victory in the Second World War. He led the Allied armies to victory at the Battle of El Alamein in Egypt, and commanded Allied ground forces during the Normandy invasion. He is often referred to by his nickname 'Monty'.

More [mɔː]

1478 – 1535

Sir Thomas More was a British **lawyer**, **politician** and **writer**. He had a brilliant career under king Henry VIII, replacing Cardinal Wolsey as Lord Chancellor. Like Wolsey he was a Catholic, and refused to recognize Henry VIII as head of the Church of England. He eventually resigned, and was imprisoned and executed. He is best known for his book about the political system of an imaginary island called *Utopia* (a word he invented). The Catholic church made him a saint in 1935.

Morrison ['mɒrɪsən]

born in 1931

Toni Morrison is an American **writer**. Her powerful novels about the African-American experience, including *Beloved* and *Song of Solomon*, have become classics of world literature. She was awarded the Nobel Prize in 1993.

Nehru ['nɛəruː]

1889 – 1964

Jawaharlal Nehru was an Indian **politician**. As a young man he became leader of the Indian National Congress, a political party that fought to obtain India's independence from the British Empire. When India became independent in 1947, Nehru became its first prime minister, remaining in office until his death. He introduced many important social and educational reforms, and was admired as a great statesman both in India and abroad. He was a charismatic figure and a brilliant speaker, and is often called 'pandit Nehru', which means 'Nehru the teacher'.

Nelson ['nɛlsən]

1758 – 1805

Horatio Nelson was a British **admiral**. He was a great naval commander and won many victories. He died at the Battle of Trafalgar, in which British forces fought against Napoleon. There is a famous statue of Nelson at the top of a tall column in Trafalgar Square, London.

Newton ['njuːtən]

1642 – 1727

Sir Isaac Newton was a British **mathematician, physicist** and **astronomer**. He built the first telescope, helped lay the foundations of modern mathematics, and produced a revolutionary theory explaining the force of gravity. According to legend, his theory of gravity came to him when an apple fell off a tree and landed at his feet.

Nightingale ['naɪtɪŋgeɪl]

1820 – 1910

Florence Nightingale was an English **nurse** who lived during the reign of Queen Victoria. Her wealthy parents disapproved of her becoming a nurse, but she was very determined. She became famous for organizing military hospitals during the Crimean War. She was known as 'the lady with the lamp' because of the lamp she carried with her when she visited patients at night.

Nixon ['nɪksən]

1913 – 1994

Richard Nixon, a Republican, was **president of the United States** from 1969 to 1974. His political achievements, including ending US involvement in the Vietnam War, were eclipsed by the Watergate scandal, when it was claimed that he had attempted to discredit his Democratic opponents by illegal means. Nixon is the only US president ever to have resigned.

Owens ['əʊɪnz]

1914 – 1980

Jesse Owens was an African-American **athlete**. He was a record-breaking sprinter, and won four gold medals at the 1936 Olympic Games in Berlin, then capital of Nazi Germany, where black people were regarded as inferior. He is famous for becoming a sporting hero at a time when racial segregation still existed in the United States, and for the fact that Hitler witnessed his outstanding achievements.

Pankhurst ['pæŋkhɜːst]

1858 – 1928

Emmeline Pankhurst was a British **activist** who struggled successfully for women's rights in the Edwardian period (see Edward VII). She was one of the founders of the 'suffragettes', a group of women who demanded that women should be given the right to vote.

Parks [pɑːks]

1913 – 2005

Rosa Parks was an African-American **seamstress** who was arrested in 1955 for refusing to give up her seat to a white person on a bus. Her arrest and trial attracted a lot of attention to the fight for racial equality, and she became an important figure in the history of the American civil rights movement.

Parnell [pɑː'nɛl]

1846 – 1891

Charles Stewart Parnell was an Irish **politician** who was a major figure in the Irish nationalist movement. Elected to parliament in 1875, he defended the rights of Irish tenant farmers and championed the cause of Home Rule for Ireland. He is remembered as a fighter for the freedom of Ireland, and is often referred to as the 'uncrowned king of Ireland'.

Patton ['pætən]
1885 – 1945
George Patton was an American **general**. He led the US Third Army to victory against the Germans in France during the Second World War, and helped liberate northern France. His tough, aggressive personality earned him the nickname 'old blood and guts'.

Pearse [pɪəs]
1879 – 1916
Patrick Pearse was an Irish **writer** and **political activist**. He was very interested in Irish traditions and language, and in 1908 founded a private school near Dublin where Irish culture was an important part of the curriculum. He was one of the leaders of the 1916 Dublin Easter Rising, an armed insurrection against British rule in Ireland during which hundreds of people were killed. The rebellion failed and its leaders, including Pearse, were executed. He is remembered as a key figure in the struggle for Irish independence.

Pearson ['pɪəsən]
1897 – 1972
Lester Bowles Pearson was **prime minister of Canada** from 1963 to 1968. He was responsible for a range of social reforms relating to health care, equality, immigration and women's rights, and for promoting bilingualism. In 1964 he introduced Canada's official flag, with its red maple leaf motif. Pearson was awarded the Nobel Peace Prize for his role in creating a UN peacekeeping force during the Suez Crisis in 1957. He is considered one of the greatest figures in Canadian history.

Peel [piːl]
1788 – 1850
Sir Robert Peel was a British **politician** who lived at the time of Queen Victoria. He was an influential figure in British politics, but he is best known as the founder of the London police force. His name (Robert) is the origin of the colloquial word 'bobby', meaning a policeman.

Pepys [piːps]
1633 – 1703
Samuel Pepys (note pronunciation) was an English **writer** and **naval administrator**. He is famous for his diary, in which he gives a detailed account of life in London during the reign of Charles II. His diary includes descriptions of two major disasters that took place in London, the Great Plague (1665) and the Great Fire (1666).

Pollock ['pɒlək]
1912 – 1956
Jackson Pollock was an American **artist**. He is famous for his technique of 'action painting', in which paint is dripped, poured and splashed onto the canvas in an apparently random way. He was one of the most influential artists of the 20th century.

Presley ['prɛzlɪ]
1935 – 1977
Elvis Presley was an American **rock'n'roll singer** and **actor**. He was famous for his unique voice, for the seductive way he danced and, especially in the years before his death, for his extravagant clothes. He greatly influenced the history of pop music, and became the biggest selling singer in music history. His home, Graceland, in Memphis, Tennessee, is a museum and a major tourist attraction.

Purcell ['pɜːsəl]
1659 – 1695
Henry Purcell was a **composer** who lived during the reign of Charles II. His most famous work is the opera *Dido and Aeneas*. He is sometimes referred to as the greatest composer in English history.

Raleigh ['rɑːlɪ]
1552 – 1618
Sir Walter Raleigh was an English **writer** and **explorer** who was also a favourite of Queen Elizabeth I. He made several expeditions to the New World and tried to set up a colony in Virginia. When James I came to the throne in 1603, Raleigh was accused of being involved in a plot against the king, and was put in prison. He was eventually released and went on an expedition to South America, but when he returned he was sentenced to death and beheaded.

Reagan ['reɪgən]
1911 – 2004
Ronald Reagan, a Republican, was **president of the United States** from 1981 to 1989. Before his career in politics he was a successful Hollywood actor. He is remembered for his conservatism, particularly on economic and social issues, and for his skills as a communicator. His presidency was marked by the Iran-Contra scandal, where money from an illegal arms deal with Iran was used to fund the Contras, a right-wing paramilitary group in Nicaragua.

Revere [rɪ'vɪə]

1734 – 1818

Paul Revere was a Boston **silversmith** who was employed as a messenger during the American Revolution. He is known for the 'midnight ride', when he rode on horseback to warn people that the British army was approaching, supposedly shouting 'the British are coming!' Revere's patriotic exploit was later given legendary status in a popular poem by Henry Wadsworth Longfellow.

Robert the Bruce ['rɒbət ðə 'bruːs]

1274 – 1329

Robert the Bruce was **king of Scotland** from 1306. He led Scotland in the Wars of Independence against England, and is a heroic figure in Scottish history. According to popular legend, Robert the Bruce once watched a spider trying again and again to make its web in a cave, and this inspired him to persevere.

Robinson ['rɒbɪnsən]

1919 – 1972

Jackie Robinson was a very popular **baseball player**. He was the first African-American to play major league baseball. He wore the number 42, and after he retired it was decided that this number would never be worn by another major league baseball player.

Rockefeller ['rɒkəfɛlə]

1839 – 1937

John D. Rockefeller was an American **industrialist**. He made a huge fortune from oil, and for a time he was the richest man in the world. In later life he became a philanthropist and used some of his money to fund health and education projects.

Rodgers and Hammerstein
['rɒdʒəz ən 'hæməstaɪn]

Rodgers 1902 – 1979; Hammerstein 1895 – 1960

Richard Rodgers and **Oscar Hammerstein** were American songwriters who together wrote a number of hugely popular Broadway musicals including *Oklahoma!*, *The Sound of Music* (French title *La Mélodie du bonheur*), and *The King and I* (French title *Anna et le roi*).

Roosevelt (Eleanor) ['rəʊzəvɛlt]

1884 – 1962

Eleanor Roosevelt was the wife of American president Franklin D. Roosevelt and **first lady** from 1933 to 1945. During Roosevelt's presidency she campaigned for many social causes, and after his death she became a prominent human rights activist. She chaired the committee that drafted the Universal Declaration of Human Rights in 1948.

Roosevelt (Franklin D.) ['rəʊzəvɛlt]

1882 – 1945

Franklin D. Roosevelt, a Democrat, was **president of the United States** from 1933 to 1945. He served four terms, and was the longest serving US president in history. He is famous for the New Deal, a set of programmes designed to relieve economic problems during the Great Depression in the 1930s, and is also remembered for his role as US president during the Second World War. His wife was Eleanor Roosevelt, and he was Theodore Roosevelt's cousin.

Roosevelt (Theodore) ['rəʊzəvɛlt]

1858 – 1919

Theodore Roosevelt, a Republican, was **president of the United States** from 1901 to 1909. He is remembered for his strong personality, his authoritarian foreign policy (known as 'big stick diplomacy') and his interest in conservation. He was nicknamed 'Teddy' Roosevelt, and toy bears were named 'teddy bears' after him, supposedly after he refused to kill a bear on a hunting trip.

Ruth [ruːθ]

1895 – 1948

American **Babe Ruth**, whose real name was George Herman, is generally considered to be the greatest **baseball player** of all time. He played for the New York Yankees and scored a record number of home runs.

Sakagawea [sə'kɑːgəˌwiːə]

c. 1788 – *c.* 1812

Sakagawea was a **Native American woman** who travelled with the Lewis and Clark expedition, acting as interpreter, sharing her knowledge of nature, and easing diplomatic relations with Native Americans. Sakagawea is one of only three women whose faces have been used on a US coin (the others are Susan B. Anthony and Helen Keller). She is usually depicted carrying her baby son, who was born during the expedition, on her back.

Scott of the Antarctic
['skɒt əv ðɪ ænt'ɑːktɪk]

1868 – 1912

Sir Robert Falcon Scott (known as 'Scott of the Antarctic') was a British **explorer** famous for his expeditions to Antarctica. He tried to be the first to reach the South Pole, but was beaten by the Norwegian explorer Amundsen. He and his companions died on the return journey, and Scott became a popular hero.

Scott (Walter) [skɒt]

1771 – 1832

Sir Walter Scott was a Scottish **novelist** and **poet**. His books became extremely popular all over Europe and in North America, and inspired a widespread interest in Scottish culture. His most famous novels include *Ivanhoe* and *Rob Roy*.

Shakespeare [ˈʃeɪkspɪə]

1564 – 1616

William Shakespeare was an English **playwright** and **poet** who lived at the time of Elizabeth I and James I. He was born in Stratford-upon-Avon, and worked there and in London. His plays are among the most frequently performed theatrical works in the world. They include tragedies such as *Hamlet*, historical plays such as *Richard III*, and comedies such as *A Midsummer Night's Dream*. He is also famous for his sonnets.

Shaw [ʃɔː]

1856 – 1950

George Bernard Shaw was an Irish **playwright**. His plays are some of the most frequently performed in the English-speaking world. His most famous play is *Pygmalion*, about a professor who bets a friend he can transform a working-class girl into a refined lady, mainly by changing the way she speaks. The play is the basis of the musical *My Fair Lady*.

Shelley (Mary) [ˈʃɛlɪ]

1797 – 1851

Mary Shelley was an English **writer**. She is famous for her novel *Frankenstein*, which she wrote when she was only 19 years old. She was Percy Bysshe Shelley's wife.

Shelley (Percy Bysshe) [ˈʃɛlɪ]

1792 – 1822

Percy Bysshe Shelley was an English **poet**. He was one of the foremost romantic poets. His best known poem is *To a Skylark*, which begins with the famous words *Hail to thee, blithe spirit!* He was Mary Shelley's husband.

Sitting Bull [ˈsɪtɪŋ ˈbʊl]

1831 – 1890

Sitting Bull was a **Sioux leader**. He is famous for defeating General Custer at the Battle of the Little Bighorn in 1876.

Smuts [smʌts]

1870 – 1950

Jan Smuts was a South African **military leader** and **politician**. He was prime minister of the Union of South Africa from 1919 until 1924 and from 1939 until 1948. Under his authority, racial segregation laws were less rigorously applied, and in 1948 he supported a commission that favoured the complete abandonment of segregation. Smuts lost office before the commission's recommendations could be put into practice, and the new government made apartheid the basis of the country's political system.

Stein [staɪn]

1874 – 1946

Gertrude Stein was an American **writer** who spent most of her life in Paris. She experimented with language in an unusual and innovative way, and influenced Hemingway and Fitzgerald. Her most famous book is *The Autobiography of Alice B. Toklas*, and is about her lover. Stein's phrase 'A rose is a rose is a rose is a rose' is often quoted.

Steinbeck [ˈstaɪnbɛk]

1902 – 1968

John Steinbeck was an American **writer**. His most famous works are *Of Mice and Men* and *The Grapes of Wrath*, realistic stories about farm workers struggling to survive during the Great Depression of the 1930s. He was awarded the Nobel Prize in 1962.

Stephenson [ˈstiːvənsən]

1781 – 1848

George Stephenson was a British **engineer**. He built railways, and is best known for the revolutionary steam locomotive he designed in 1829, called the Rocket. Though it was not the first steam locomotive, it demonstrated that the train could be a successful means of public transport.

Stevenson [ˈstiːvənsən]

1850 – 1894

Robert Louis Stevenson was a Scottish **writer**. He spent much of his life travelling, and wrote books about his experiences abroad. His most famous books are *Treasure Island*, a romantic adventure story about sailors and pirates, and *The Strange Case of Doctor Jekyll and Mr Hyde*, about a man who keeps turning into an evil monster.

Stowe [stəʊ]

1811 – 1896

Harriet Beecher Stowe was an American **writer** and **abolitionist**. She is known for her hugely popular novel *Uncle Tom's Cabin*, a story about slavery. 'Uncle Tom' has become an insulting term used to describe an African-American man who is perceived to be too subservient to white people.

Swift [swɪft]

1667 – 1745

Jonathan Swift was an Irish **clergyman** and **writer**. He is considered to be one of the greatest writers of satire in the English language, and is best known for his novel *Gulliver's Travels*.

This book describes journeys to strange imaginary countries such as 'Lilliput', an island whose inhabitants are very tiny. It is the origin of the word 'lilliputian', meaning very small.

Thatcher ['θætʃə]

1925 – 2013

Margaret Thatcher was a British Conservative **politician**. She was Prime Minister of the United Kingdom from 1979 to 1990. Her strong, determined personality earned her the nickname 'the Iron Lady'. She held firm and controversial views on society and moral issues, and is best known for reducing the influence of the trade unions and for engaging Britain in the Falklands War against Argentina.

Thoreau [θɔː'rəʊ]

1817 – 1862

Henry David Thoreau was an American **writer**. He lived a very simple life, and is famous for his philosophical writings on Man and Nature, including *Walden, or Life in the Woods*. His essay *Civil Disobedience*, which he wrote after refusing to pay a tax designed to finance the war with Mexico, has influenced many supporters of passive resistance to authority, for example Mahatma Gandhi.

Tolkien ['tɒlkiːn]

1892 – 1973

J.R.R. Tolkien was a British **writer** and **academic**. He taught English at Oxford University, and was very interested in Old English and Scandinavian legends. His most famous books are *The Hobbit* and *The Lord of the Rings*, in which he describes the battle between the forces of good and evil in an imaginary world called Middle Earth.

Trudeau [truː'dəʊ]

1919 – 2000

Pierre Trudeau was **prime minister of Canada** from 1968 to 1979 and from 1980 to 1984. Bilingualism (the use of English and French in federal government texts) was officially adopted under his premiership. He is remembered for his defence of civil liberties, for fostering a sense of national pride in Canada, and for his colourful, anti-conformist personality that made him very popular with young people.

Tubman ['tʌbmən]

1820 – 1913

Harriet Tubman was a former African-American **slave** who ran away from her owners in Maryland in 1849. She later returned to Maryland and helped hundreds of other slaves to escape, and became a heroine of the abolitionist movement.

Turner ['tɜːnə]

1775 – 1851

J.M.W. Turner was an English **painter**. He painted very atmospheric landscapes and seascapes, and the way he used colour to show the effects of natural light greatly influenced the Impressionists. His most famous painting is *The Fighting Temeraire*.

Tutu ['tuːtuː]

born in 1931

Desmond Tutu is a South African **churchman** and **political activist** who became famous in the 1970s for his opposition to apartheid. He is well known for his liberal views on issues such as homosexuality and contraception, and for his condemnation of human rights abuses. He was awarded the Nobel Peace Prize in 1984.

Twain [tweɪn]

1835 – 1910

Mark Twain was an American **writer**. His most famous book is *The Adventures of Huckleberry Finn*, which many people consider to be the first great American novel. It tells the story of a young boy, Huckleberry Finn, and his friend Jim, an escaped slave, as they drift down the Mississippi River on a raft. Mark Twain also wrote *The Adventures of Tom Sawyer*.

Victoria [vɪk'tɔːrɪə]

1819 – 1901

Queen Victoria was **queen of the United Kingdom** from 1837. Prior to Elizabeth II, she was the longest reigning monarch in British history. The Victorian era was a time of great social and economic change in Britain, largely thanks to the Industrial Revolution and the growth of the British Empire. Victoria is also associated with the conservative and strict moral values that existed in Britain during her reign.

Walker ['wɔːkə]

born in 1944

Alice Walker is an African-American **writer**. Her novels are mostly about African-American women, and include *The Color Purple*, which was awarded the Pulitzer Prize and was made into a successful film.

Wallace ['wɒlɪs]

1272 – 1305

Sir William Wallace was a Scottish **patriot** who gained heroic status for leading rebellions against the occupying English forces during the Scottish Wars of Independence. The film *Braveheart* is based on his life.

Warhol ['wɔːhəʊl]

1928 – 1987

Andy Warhol was an American artist. He was the leader of the Pop Art movement. His best-known paintings show almost identical pictures of the same mass-produced item (eg a can of soup) or the same famous face (eg that of Marilyn Monroe), arranged in uniform rows. He is famous for saying 'In the future everyone will be world famous for fifteen minutes'.

Washington ['wɒʃɪŋtən]

1732 – 1799

George Washington was the first **president of the United States** from 1789 to 1797. He was commander in chief of the American forces in the War of Independence. He was a man of great integrity and is seen as embodying the values of the republic. He is considered one of the principal 'founding fathers' of the United States, and is often referred to as the 'father of his country'. Washington's portrait appears on the $1 bill, and the state of Washington and the city of Washington, DC are named after him.

Watt [wɒt]

1736 – 1819

James Watt was a Scottish **inventor**. The improvements he made to the steam engine were an important factor in the development of the Industrial Revolution. The unit of power, the watt, was named after him.

Wellington ['wɛlɪŋtən]

1769 – 1852

The **Duke of Wellington** was a British **general** and **politician**. He led the British army to victory against Napoleon at the Battle of Waterloo in 1815. He is considered to be one of the greatest generals in history. Wellington boots (tall rubber boots) were named after him.

Whitlam ['wɪtləm]

1916 – 2014

Gough Whitlam was **prime minister of Australia** from 1972 to 1975. Although only in power for three years, his government instituted many sweeping social reforms (for example introducing the system of health insurance now called Medicare, and passing laws designed to protect the rights of indigenous people). He was a very controversial figure, and is remembered for his strong personality and his skill as a speaker. He fell from power when his government was dismissed by the Governor- General of Australia in 1975.

Whitman ['wɪtmən]

1819 – 1892

Walt Whitman was an American **poet**. He broke with tradition and wrote in 'free verse' (a style that abandons traditional rules of rhyme and metre). His most famous work is *Leaves of Grass*. Many people consider him to be America's greatest poet.

Wilde [waɪld]

1854 – 1900

Oscar Wilde was an Irish **writer** who lived during the reign of Queen Victoria. He had a flamboyant personality and was very witty. He was sent to prison for homosexual activity in 1895. His most famous works include the play *The Importance of Being Earnest* and the novel *The Picture of Dorian Gray*. He died in Paris, and is buried in Père-Lachaise cemetery.

William I ['wɪljəm ðə 'fɜːst]

1028 – 1087

William I ('William the first'), also called **William the Conqueror**, was **king of England** from 1066 to 1087. He claimed that Edward the Confessor and Harold II had promised him the English crown, and in 1066 he invaded England. He crushed Harold's army at the Battle of Hastings, and shortly afterwards was crowned king in Westminster Abbey. He ordered a kind of national census called the Domesday Book, and built many fortified castles, including the Tower of London. Under his reign, Norman French became the language of the ruling classes in England. This is one reason why there are so many words of French origin in the English language.

Williams ['wɪljəmz]

1911 – 1983

Tennessee Williams was an American **playwright**. Most of his plays are tragedies set in the American South (for example, in New Orleans). Some, like *A Streetcar Named Desire* and *Cat on a Hot Tin Roof*, were made into successful films.

Wolfe Tone ['wʊlf 'təʊn]

1763 – 1798

Wolfe Tone was a **lawyer** who is remembered as one of Ireland's greatest patriots. Inspired by the French and American Revolutions, he co-founded the United Irishmen, a society that fought for Irish independence. After organizing several attempts at rebellion in which thousands were killed, Wolfe Tone was captured by the British and sentenced to death. He allegedly cut his own throat to avoid being executed. Many people consider him to be the father of Irish republicanism.

Wolsey ['wʊlzɪ]

1475 – 1530

Thomas Wolsey was an English **clergyman** and **politician**. As Henry VIII's Lord Chancellor he gained great power and influence. He eventually fell from favour because as a Catholic he was reluctant to grant the annulment of Henry VIII's marriage to Catherine of Aragon. He was succeeded as Lord Chancellor by Sir Thomas More.

Woolf [wʊlf]

1882 – 1941

Virginia Woolf was a British **novelist**. Her innovative writing style, using the so-called 'stream of consciousness' to evoke the psychology of her characters, has had a profound influence on modern English literature. Her most famous books include *Mrs. Dalloway* and *To the Lighthouse*. Many people consider her to be a feminist writer.

Wordsworth ['wɜːdzwəθ]

1770 – 1850

William Wordsworth was an English **poet**. Together with Shelley, Keats and Coleridge, he laid the foundations of the English romantic movement. His most famous poems are the *Lyrical Ballads*, which he wrote with Coleridge, and *The Prelude*. His poem *The Daffodils* begins with the famous line '*I wandered lonely as a cloud*'.

Wright (Frank Lloyd) [raɪt]

1867 – 1959

Frank Lloyd Wright was an American **architect**. His use of strong horizontal and vertical lines and open-plan interiors, and his belief that a building should be created in accordance with its natural environment, had a profound influence on 20th century architecture. His most famous building is a private house called *Fallingwater*, which is built over a waterfall.

The Wright brothers [ðə 'raɪt ˌbrʌðəz]

Orville 1871 – 1948; Wilbur 1867 – 1912

Orville and Wilbur Wright (known as the Wright brothers) were American **aviators**. They made the first ever successful flight in a powered aircraft, in 1903.

English – French

Anglais – Français

Aa

A [eɪ] **1** (N) **a** **to get from A to B** aller d'un point A à un point B **b** *(Music)* la *m* **c** (= *mark*) excellent *(de 15 à 20 sur 20)* **2** (COMP) ▸**A levels** NPL *(Brit)* ≈ baccalauréat *m* • **to do an A level in geography** ≈ passer l'épreuve de géographie au baccalauréat ▸**A-list** ADJ • **A-list celebrities** la fine fleur des célébrités ♦ N superstars *fpl* ▸**A-road** N *(Brit)* ≈ route *f* nationale ▸**A to Z**® *(pl* **A to Zs***)* N plan *m* avec répertoire des rues

A LEVELS

Les A levels ("Advanced levels") sont les examens de fin d'études secondaires en Angleterre, au pays de Galles et en Irlande du Nord. Contrairement au baccalauréat français, dont le résultat est global, les **A levels** s'obtiennent séparément dans un nombre limité de matières (trois en moyenne) choisies par le candidat. Le système d'inscription à l'université étant sélectif, les élèves cherchent à obtenir les meilleures mentions possibles afin de pouvoir choisir plus facilement leur université.
En Écosse, l'équivalent des **A levels** est le «Advanced Higher», qui porte généralement sur trois matières, mais le nombre de matières n'est pas limité. → GCSE

a [eɪ, ə] (INDEF ART)

> Before vowel or silent **h**: **an**.

> In French, the indefinite article reflects the gender of the noun: for masculine nouns, use **un**; for feminine nouns, use **une**.

• **a tree** un arbre • **an apple** une pomme

> The definite article **le, la, les** is sometimes used in French to translate the indefinite article.

• **he smokes a pipe** il fume la pipe • **to set an example** donner l'exemple • **I have read a third of the book** j'ai lu le tiers du livre

> Note how the article is not used at all in the following examples referring to someone's profession or marital status.

• **his wife is a doctor** sa femme est médecin • **as a teacher, I believe that ...** en tant qu'enseignant, je crois que ... • **she's a widow** elle est veuve • **he's a bachelor** il est célibataire

> Note the different ways of translating **a** when it means **per**.

• **$4 a person** 4 dollars par personne • **twice a month** deux fois par mois • **twice a year** deux fois par an • **80km an hour** 80 km à l'heure • **3 euros a kilo** 3 € le kilo

A2 [eɪ'tu:] (N) *(Brit Scol) deuxième partie de l'examen équivalent au baccalauréat*

AA [eɪ'eɪ] (N) **a** *(Brit)* (ABBR OF **Automobile Association**) *société de dépannage* **b** *(US Univ)* (ABBR OF **Associate in Arts**) ≈ DEUG *m* de lettres

A & E [ˌeɪan'di:] (N) (ABBR OF **Accident and Emergency**) ~ **Unit** (service *m* des) urgences *fpl*

AB [eɪ'bi:] (N) *(US)* (ABBR OF **Bachelor of Arts**) **to have an AB in French** ≈ avoir une licence de français

aback [ə'bæk] (ADV) **to be taken** ~ être interloqué

abacus ['æbəkəs] (N) *(pl* **abacuses** *or* **abaci** ['æbəsaɪ]*)* boulier *m*

abandon [ə'bændən] **1** (VT) abandonner; [+ *property, right*] renoncer à • **to ~ the attempt to do sth** renoncer à faire qch • **play was ~ed** le match a été interrompu • **to ~ ship** abandonner le navire **2** (N) abandon *m*

abandoned [ə'bændənd] (ADJ) (= *forsaken*) [*person, place*] abandonné

abandonment [ə'bændənmənt] (N) abandon *m*; *(in law)* [*of court action*] désistement *m*

abashed [ə'bæʃt] (ADJ) confus

abate [ə'beɪt] (VI) [*storm, violence*] se calmer; [*noise, fever*] baisser

abatement [ə'beɪtmənt] (N) réduction *f*

abattoir ['æbətwɑ:'] (N) abattoir *m*

abbey ['æbɪ] (N) abbaye *f* • **Westminster Abbey** l'abbaye *f* de Westminster

abbot ['æbət] (N) abbé *m*

abbr., abbrev. (ABBR OF **abbreviation**) abrév.

abbreviate [ə'bri:vɪeɪt] (VT) abréger (**to** en)

abbreviation [əˌbri:vɪ'eɪʃən] (N) abréviation *f*

> The French word has one **b** whereas the English word has two.

ABC [ˌeɪbi:'si:] (N) (= *alphabet*) abc *m* • **it's as easy as ~*** c'est simple comme bonjour

abdicate ['æbdɪkeɪt] **1** (VT) [+ *post, responsibility*] se démettre de **2** (VI) abdiquer

abdication [ˌæbdɪ'keɪʃən] (N) [*of king*] abdication *f*

abdomen ['æbdəmən] (N) abdomen *m*
abdominal [æb'dɒmɪnl] **1** (ADJ) abdominal **2** (NPL) **abdominals** abdominaux *mpl*
abduct [æb'dʌkt] (VT) kidnapper
abduction [æb'dʌkʃən] (N) enlèvement *m*
abductor [æb'dʌktə^r] (N) ravisseur *m*, -euse *f*
aberration [ˌæbə'reɪʃən] (N) aberration *f*
abet [ə'bet] (VT) encourager • **to ~ sb in a crime** aider qn à commettre un crime
abeyance [ə'beɪəns] (N) **to be in ~** ne pas être en vigueur • **to fall into ~** tomber en désuétude
abhor [əb'hɔː^r] (VT) abhorrer
abhorrent [əb'hɒrənt] (ADJ) odieux
abide [ə'baɪd] (*pret, ptp* **abided** *or* **abode**) (VT) (*= tolerate*) (*negative only*) **I can't ~ her** je ne la supporte pas • **I can't ~ living here** je ne supporte pas de vivre ici
▸ **abide by** VT INSEP [*+ rule, decision*] respecter; [*+ consequences*] accepter; [*+ promise*] tenir; [*+ resolve*] s'en tenir à • **they agreed to ~ by the terms of the contract** ils ont accepté de se conformer aux termes du contrat • **I ~ by what I said** je maintiens ce que j'ai dit
abiding [ə'baɪdɪŋ] (ADJ) (*liter*) constant → **law**
ability [ə'bɪlɪtɪ] (N) ⓐ (*= capability*) aptitude *f* (**to do sth** à faire qch) • **to have faith in sb's/one's ~** croire en qn/en soi • **to the best of one's ~** de son mieux ⓑ (*= talent*) talent *m* • **a person of great ~** une personne de grand talent
abject ['æbdʒekt] (ADJ) ⓐ [*misery*] noir; [*poverty*] extrême • **the ~ state of sth** l'état lamentable de qch • **an ~ failure** un échec lamentable ⓑ (*= servile*) servile • **an ~ apology** de plates excuses
abjectness ['æbdʒektnɪs] (N) ⓐ (*= wretchedness*) [*of conditions*] misère *f*; [*of position*] caractère *m* abject *or* lamentable, infamie *f* • **the ~ of the conditions in which they live** leurs conditions de vie misérables • **we were shocked at the ~ of their performance** nous avons été choqués par leur prestation lamentable ⓑ (*= grovelling quality*) **the ~ of his apology** la servilité de ses excuses
ablaze [ə'bleɪz] (ADJ) (*= on fire*) en feu • **to set sth ~** mettre le feu à qch • **to be ~** flamber • **his eyes were ~ with anger** ses yeux lançaient des éclairs • **the garden is ~ with colour** c'est une débauche de couleurs dans le jardin
able ['eɪbl] **1** (ADJ) ⓐ **to be ~ to do sth** (*= have means or opportunity*) pouvoir faire qch; (*= know how to*) savoir faire qch; (*= be capable of*) être capable de faire qch; (*= in position to*) être en mesure de faire qch • **I wasn't ~ to help him** je n'ai pas pu l'aider • **he is ~ to read and write** il sait lire et écrire • **~ to pay** en mesure de payer • **you are better ~ to do it than he is** vous êtes mieux à même de le faire que lui • **she was hardly ~ to see** elle voyait à peine
ⓑ (*= clever*) capable • **she is one of our ablest pupils** c'est une de nos meilleures élèves
ⓒ (*= healthy*) **~ in body and mind** sain de corps et d'esprit
2 (COMP) ▸ **able-bodied** ADJ valide
ably ['eɪblɪ] (ADV) (*= competently*) avec compétence; (*= skilfully*) habilement • **he was ~ assisted by his brother** son frère l'assistait avec compétence
abnegate ['æbnɪgeɪt] (VT) [*+ responsibility*] nier; [*+ one's rights*] renoncer à
abnormal [æb'nɔːməl] (ADJ) anormal
abnormality [ˌæbnɔː'mælɪtɪ] (N) ⓐ (*= abnormal feature*) anomalie *f* ⓑ (*= abnormal nature*) caractère *m* anormal
abnormally [æb'nɔːməlɪ] (ADV) anormalement
aboard [ə'bɔːd] **1** (ADV) (*= on ship, plane*) à bord • **to go ~** monter à bord • **to take ~** embarquer • **all ~!** (*on train, bus, car*) en voiture !; (*on ship*) tout le monde à bord ! **2** (PREP) à bord de • **~ the train/bus** dans le train/le bus • **~ ship** à bord
abode [ə'bəʊd] (N) demeure *f*
abolish [ə'bɒlɪʃ] (VT) abolir
abolition [ˌæbəʊ'lɪʃən] (N) abolition *f*
abolitionist [ˌæbəʊ'lɪʃənɪst] (N) (*Hist*) abolitionniste *mf*

> The French word has a double **n** and ends in **-e**.

abominable [ə'bɒmɪnəbl] (ADJ) abominable ▸ **the abominable snowman** N l'abominable homme *m* des neiges
abominably [ə'bɒmɪnəblɪ] (ADV) abominablement • **~ cruel** d'une cruauté abominable
abomination [əˌbɒmɪ'neɪʃən] (N) abomination *f*
aboriginal [ˌæbə'rɪdʒənl] (ADJ, N) aborigène *mf*
Aborigine [ˌæbə'rɪdʒɪnɪ] (N) Aborigène *mf*
abort [ə'bɔːt] **1** (VI) avorter; (*Comput*) abandonner **2** (VT) [*+ foetus*] faire avorter; [*+ mission, operation*] abandonner; [*+ deal, agreement, plan*] faire échouer • **an ~ed coup** une tentative avortée de coup d'État • **an ~ed attempt** une tentative avortée
abortion [ə'bɔːʃən] **1** (N) ⓐ avortement *m* • **to have an ~** avorter ⓑ (*= abandoning*) abandon *m*; (*= failure*) échec *m*
2 (COMP) ▸ **abortion pill** N pilule *f* abortive
abortionist [ə'bɔːʃənɪst] (N) avorteur *m*, -euse *f*
abortive [ə'bɔːtɪv] (ADJ) avorté
abound [ə'baʊnd] (VI) abonder • **to ~ in** abonder en
about [ə'baʊt]

> When **about** is an element in a phrasal verb, eg **bring about**, **come about**, look up the verb.

1 (ADV) ⓐ (*= approximately*) à peu près, environ • **there were ~ 25 and now there are ~ 30** il y en avait environ *or* à peu près 25 et maintenant il y en a une trentaine • **it's ~ 11 o'clock** il est environ *or* à peu près 11 heures • **at ~ 11 o'clock** vers 11 heures • **it's ~ time!** ce n'est pas trop tôt ! • **it's ~ time to go** il est presque temps de partir • **she's ~ as old as you** elle a à peu près votre âge • **that's ~ it** c'est à peu près tout • **I've had ~ enough!*** je commence à en avoir assez !
ⓑ (*= here and there*) çà et là • **shoes lying ~** des chaussures qui traînent
ⓒ (*= near, in circulation*) par ici • **he's somewhere ~** il est dans les parages • **is anyone ~?** il y a quelqu'un ? • **there was nobody ~** il n'y avait personne • **there's a lot of flu ~** il y a beaucoup de cas de grippe en ce moment • **she's up and ~ again** elle est de nouveau sur pied • **you should be out and ~!** ne restez donc pas enfermé !
ⓓ (*= round*) **all ~** tout autour • **to glance ~** jeter un coup d'œil autour de soi
ⓔ (*= opposite direction*) **to turn sth the other way ~** retourner qch • **it's the other way ~** (*= the opposite*) c'est le contraire
ⓕ ▸ **to be about to do sth** être sur le point de faire qch, aller faire qch • **I was ~ to go out when ...** j'étais sur le point de sortir *or* j'allais sortir quand ... • **the film is just ~ to start** le film va commencer

2 PREP ⓐ (*= concerning*) **I heard nothing ~ it** je n'en ai pas entendu parler • **what is it ~?** de quoi s'agit-il ? • **I know what it's all ~** je sais de quoi il retourne • **to speak ~ sth** parler de qch • **a film ~ India** un film sur l'Inde • **well, what ~ it?*** (*= does it matter?*) et alors ?*; (*= what do you think?*) alors, qu'est-ce que tu en penses ? • **what ~ me?** et moi alors ?* • **how ~ going to the cinema?*** et si on allait au cinéma ? • **how ~ a coffee?*** et si on prenait un café ?

ⓑ (*= somewhere in*) quelque part dans • **I dropped it ~ here** je l'ai laissé tomber par ici • **somewhere ~ the house** quelque part dans la maison

ⓒ (*= round*) autour de • **the countryside ~ Edinburgh** la campagne autour d'Édimbourg

ⓓ (*= with, on*) **I've got it ~ me somewhere** je l'ai quelque part sur moi • **to have drugs ~ one's person** avoir de la drogue sur soi

ⓔ (*describing characteristics*) **there's something sinister ~ him** il a quelque chose de sinistre • **there's something interesting ~ him** il a un côté intéressant • **there's something odd ~ all this** il y a quelque chose de bizarre là-dedans

ⓕ (*= occupied with*) **while we're ~ it** pendant que nous y sommes

about-turn [ə'baʊt'tɜːn] N [*of soldier*] demi-tour *m*; (*= change of opinion*) volte(-)face *f* • **to do an ~** (*= turn round*) faire demi-tour; (*= change one's opinion*) faire volte(-)face

above [ə'bʌv]

> When **above** is an element in a phrasal verb, eg **get above**, look up the verb.

1 ADV ⓐ (*= overhead, higher up*) en haut • **from ~** d'en haut • **the view from ~** la vue d'en haut • **the flat ~** l'appartement du dessus • **orders from ~** des ordres venant d'en haut

ⓑ (*= more*) **boys of 16 and ~** les garçons de 16 ans et plus • **seats are available at $10 and ~** il y a des places à partir de 10 dollars

ⓒ (*= earlier in book*) ci-dessus • **as ~** comme ci-dessus

2 PREP ⓐ (*= higher than*) au-dessus de • **~ the horizon** au-dessus de l'horizon • **he values honesty ~ everything else** il place l'honnêteté au-dessus de tout • **~ all** surtout

ⓑ (*= more than*) **children ~ seven years of age** les enfants de plus de sept ans • **temperatures ~ 40 degrees** des températures supérieures à 40 degrés

ⓒ (*= beyond*) **that is quite ~ me*** ça me dépasse • **this book is ~ me*** ce livre est trop compliqué pour moi

ⓓ (*= too proud, honest for*) **he is ~ such behaviour** il est incapable de se conduire ainsi • **he's not ~ stealing/theft** il irait jusqu'à voler/jusqu'au vol • **to get ~ o.s.** avoir des idées de grandeur

ⓔ (*= over*) **I couldn't hear what she was saying ~ the barking** les aboiements m'empêchaient d'entendre ce qu'elle disait

3 ADJ (*= mentioned previously*) mentionné ci-dessus

4 N **the ~ is a photo of ...** ci-dessus nous avons une photo de ... • **please translate the ~** veuillez traduire le texte ci-dessus

5 COMP ▸ **above board** ADJ [*person, action*] régulier ▸ **above-mentioned** ADJ mentionné ci-dessus

abrasion [ə'breɪʒən] (*frm*) N [*of skin*] écorchure *f*

abrasive [ə'breɪsɪv] ADJ ⓐ [*substance, surface*] abrasif ⓑ [*person, manner, speech*] caustique; [*voice*] acerbe; [*wit*] corrosif

abrasively [ə'breɪsɪvlɪ] ADV [*say, reply*] d'une voix acerbe

abreast [ə'brest] ADV ⓐ **to walk three ~** marcher trois de front ⓑ **to keep ~ of sth** se tenir au courant de qch • **to be ~ of the times** être de son temps

abridge [ə'brɪdʒ] VT abréger

abroad [ə'brɔːd] ADV ⓐ (*= in foreign country*) à l'étranger • **to go/be ~** aller/être à l'étranger • **news from ~** nouvelles de l'étranger ⓑ (*= far and wide*) au loin; (*= in all directions*) de tous côtés

abrupt [ə'brʌpt] ADJ ⓐ [*change, rise, fall*] soudain; [*movement, turn*] brusque; [*departure*] précipité • **to come to an ~ end** se terminer brusquement • **to bring an ~ end to sth** mettre brusquement fin à qch • **to come to an ~ halt** s'arrêter brusquement ⓑ [*person, manner, comment*] abrupt

abruptly [ə'brʌptlɪ] ADV ⓐ [*stop, move, turn*] brusquement ⓑ [*say, ask*] abruptement ⓒ [*rise, fall*] en pente raide

abruptness [ə'brʌptnɪs] N ⓐ (*= suddenness*) soudaineté *f*; (*= haste*) précipitation *f* ⓑ (*= brusqueness*) brusquerie *f*

ABS [ˌeɪbiː'es] N (ABBR OF **anti-lock braking system**) ABS *m* ▸ **ABS brakes** NPL freins *mpl* ABS

abs* [æbs] NPL abdos* *mpl*

abscess ['æbses] N abcès *m*

abscond [əb'skɒnd] VI s'enfuir

abseil ['æbseɪl] (*Brit*) 1 VI descendre en rappel • **to ~ down a cliff** descendre une falaise en rappel 2 N (descente *f* en) rappel *m* • **~ device** descendeur *m*

abseiling ['æbseɪlɪŋ] N (*Brit*) rappel *m*

absence ['æbsəns] N absence *f* • **during/in the ~ of sb** pendant/en l'absence de qn • **in the ~ of accurate information** en l'absence de données précises

absent 1 ADJ ⓐ (*= away*) absent • **to be ~ without leave** être absent sans permission • **her name was ~ from the list** son nom n'était pas sur la liste ⓑ (*= inattentive*) distrait 2 VT **to ~ o.s.** s'absenter 3 COMP ▸ **absent-minded** ADJ [*person*] (*= distracted*) distrait; (*= forgetful*) absent ▸ **absent-mindedly** ADV (*= distractedly*) distraitement; (*= inadvertently*) par inadvertance ▸ **absent-mindedness** N distraction *f*

> Lorsque **absent** est un adjectif, l'accent tombe sur la première syllabe : ['æbsənt], lorsque c'est un verbe, sur la seconde : [æb'sent].

absentee [ˌæbsən'tiː] N absent(e) *m(f)*; (*habitual*) absentéiste *mf* ▸ **absentee ballot** N (*US*) vote *m* par correspondance ▸ **absentee landlord** N propriétaire *mf* absentéiste ▸ **absentee voter** N (*US*) électeur *m*, -trice *f* qui vote par correspondance

absenteeism [ˌæbsən'tiːɪzəm] N absentéisme *m*

absently ['æbsəntlɪ] ADV distraitement

absolute ['æbsəluːt] 1 ADJ ⓐ absolu • **she has ~ faith in him** elle lui fait entièrement confiance • **in ~ terms** dans l'absolu ⓑ (*used for emphasis*) **it's an ~ scandal** c'est un véritable scandale • **that's ~ rubbish*** c'est n'importe quoi • **it was an ~ nightmare*** c'était un vrai cauchemar 2 N absolu *m* 3 COMP ▸ **absolute zero** N zéro *m* absolu

absolutely [ˌæbsəˈluːtlɪ] (ADV) absolument • **I ~ agree** je suis entièrement d'accord • **to be ~ right** avoir entièrement raison • **to lie ~ still** rester parfaitement immobile • **it's ~ scandalous*** c'est un véritable scandale • **~!** absolument ! • **~ not!** sûrement pas !

absolution [ˌæbsəˈluːʃən] (N) absolution *f*

absolve [əbˈzɒlv] (VT) absoudre

absorb [əbˈsɔːb] (VT) absorber; [+ *sound, shock*] amortir • **to be ~ed in a book** être plongé dans un livre • **to become ~ed in one's work** s'absorber dans son travail • **to be completely ~ed in one's work** être complètement absorbé par son travail

absorbent [əbˈsɔːbənt] (ADJ) absorbant ▸ **absorbent cotton** N (US) coton *m* hydrophile

absorbing [əbˈsɔːbɪŋ] (ADJ) [*work*] absorbant; [*book, film*] captivant

abstain [əbˈsteɪn] (VI) s'abstenir

abstention [əbˈstenʃən] (N) abstention *f*

abstinence [ˈæbstɪnəns] (N) abstinence *f*

abstract 1 (ADJ) abstrait 2 (N) ⓐ **in the ~** dans l'abstrait ⓑ (= *summary*) résumé *m* ⓒ (= *work of art*) œuvre *f* abstraite 3 (VT) (= *remove*) extraire; (= *steal*) soustraire (**sth from sb** qch à qn)

> Lorsque **abstract** est un adjectif ou un nom, l'accent tombe sur la première syllabe : [ˈæbstrækt], lorsque c'est un verbe, sur la seconde : [æbˈstrækt].

abstractedly [æbˈstræktɪdlɪ] (ADV) distraitement

abstraction [æbˈstrækʃən] (N) abstraction *f* • **with an air of ~** d'un air distrait

absurd [əbˈsɜːd] 1 (ADJ) absurde 2 (N) **the ~** l'absurde *m*

absurdity [əbˈsɜːdɪtɪ] (N) absurdité *f*

absurdly [əbˈsɜːdlɪ] (ADV) [*expensive, young, rich*] ridiculement

ABTA [ˈæbtə] (N) (ABBR OF **Association of British Travel Agents**) ≈ Syndicat *m* national des agences de voyage

abundance [əˈbʌndəns] (N) abondance *f* • **in ~** en abondance

abundant [əˈbʌndənt] (ADJ) abondant

abundantly [əˈbʌndəntlɪ] (ADV) abondamment • **it was ~ clear that ...** il était tout à fait clair que ... • **he made it ~ clear to me that ...** il m'a bien fait comprendre que ...

abuse 1 (VT) ⓐ (= *misuse*) [+ *privilege*] abuser de ⓑ [+ *person*] (= *insult*) insulter; (= *ill-treat*) maltraiter; [+ *child, woman, prisoner*] faire subir des mauvais traitements à; (*sexually*) faire subir des sévices sexuels à 2 (N) ⓐ [*of power, authority*] abus *m* • **the system is open to ~** le système présente des risques d'abus ⓑ (= *insults*) insultes *fpl*; (= *ill-treatment*) mauvais traitements *mpl* (**of** à); [*of child, woman, prisoner*] maltraitance *f*; (*sexual*) abus *m* sexuel

> Lorsque **abuse** est un verbe, le **se** final se prononce **z** : [əˈbjuːz] ; lorsque c'est un nom, il se prononce **s** : [əˈbjuːs].

abusive [əbˈjuːsɪv] (ADJ) ⓐ (= *offensive*) [*speech, words*] injurieux • **to use ~ language to sb** injurier qn • **he was very ~** il s'est montré très grossier ⓑ (= *violent*) **children with ~ parents** les enfants maltraités par leurs parents

abysmal [əˈbɪzməl] (ADJ) épouvantable

abyss [əˈbɪs] (N) abîme *m*

AC [ˌeɪˈsiː] (N) (ABBR OF **alternating current**) courant *m* alternatif

academic [ˌækəˈdemɪk] 1 (ADJ) ⓐ (= *of university*) universitaire; (= *of school*) scolaire; [*failure, progress*] scolaire • **he comes from an ~ background** il vient d'un milieu intellectuel ⓑ (= *theoretical*) théorique • **that's all quite ~** c'est purement théorique • **out of purely ~ interest** par simple curiosité 2 (N) universitaire *mf* 3 (COMP) ▸ **academic advisor** N (US) directeur *m*, -trice *f* d'études ▸ **academic year** N année *f* universitaire

academy [əˈkædəmɪ] 1 (N) ⓐ (= *private college*) école *f* privée • **military/naval ~** école *f* militaire/navale • **~ of music** conservatoire *m* ⓑ (= *society*) académie *f* 2 (COMP) ▸ **Academy Award** N oscar *m*

accede [ækˈsiːd] (VI) ⓐ (= *agree*) **to ~ to** [+ *request*] donner suite à; [+ *suggestion*] accepter ⓑ (= *gain position*) **to ~ to office** entrer en fonction • **to ~ to the throne** monter sur le trône

accelerate [ækˈseləreɪt] 1 (VT) accélérer; [+ *events*] précipiter 2 (VI) accélérer

acceleration [ækˌseləˈreɪʃən] (N) accélération *f*

accelerator [ækˈseləreɪtəʳ] (N) accélérateur *m*

accent 1 (N) accent *m* 2 (VT) accentuer

> Lorsque **accent** est un nom, l'accent tombe sur la première syllabe : [ˈæksənt], lorsque c'est un verbe, sur la seconde : [ækˈsent].

accentuate [ækˈsentjʊeɪt] (VT) [+ *inequality, hostility*] accentuer; [+ *physical feature*] faire ressortir

accept [əkˈsept] (VT) accepter • **I ~ that ...** je conviens que ... • **it is widely ~ed that ...** il est généralement admis que ...

acceptable [əkˈseptəbl] (ADJ) [*offer, suggestion*] acceptable; [*behaviour*] admissible • **I hope you will find this ~** j'espère que cela vous conviendra • **if this offer is ~ to you** si cette offre vous convient

acceptance [əkˈseptəns] (N) ⓐ [*of invitation, gift*] acceptation *f*; [*of proposal*] consentement *m* (**of** à) ⓑ (= *approval*) approbation *f* • **the idea met with general ~** l'idée a recueilli l'approbation générale

accepted [əkˈseptɪd] (ADJ) accepté; [*fact*] reconnu; [*idea*] répandu; [*behaviour, pronunciation*] admis

access [ˈækses] 1 (N) (= *way*) accès *m* • **to give ~ to** donner accès à • **to have ~ to sb/sth** avoir accès à qn/qch • **these children now have ~ to education** ces enfants ont maintenant accès à la scolarisation 2 (VT) [+ *computer file*] accéder à 3 (COMP) ▸ **access course** N *cours de mise à niveau permettant aux personnes n'ayant pas le diplôme requis d'accéder à l'enseignement supérieur* ▸ **access road** N route *f* d'accès; [*of motorway*] bretelle *f* d'accès

accessibility [ækˌsesəˈbɪlɪtɪ] (N) accessibilité *f*

accessible [ækˈsesəbl] (ADJ) accessible

accession [ækˈseʃən] (N) accession *f* (**to** à) • **~ to the throne** avènement *m*

accessorize [ækˈsesəraɪz] (VT) accessoiriser

accessory [ækˈsesərɪ] (ADJ, N) accessoire *m*

accident [ˈæksɪdənt] 1 (N) accident *m* • **to have an ~** avoir un accident • **road ~** accident *m* de la route • **it's no ~ that ...** ce n'est pas un hasard si ...
▸ **by accident** [*injure, break*] accidentellement; [*meet, find*] par hasard
2 (COMP) ▸ **Accident and Emergency Unit** N (service *m* des) urgences *fpl* ▸ **accident figures** NPL nombre *m* des accidents ▸ **accident insurance** N assurance *f* accidents

‣ **accident-prone** ADJ **to be ~-prone** être sujet aux accidents

accidental [ˌæksɪˈdentl] (ADJ) accidentel

accidentally [ˌæksɪˈdentəlɪ] (ADV) [*shoot, kill*] accidentellement • **it was discovered quite ~** on l'a découvert par hasard • **~ on purpose*** comme par hasard

acclaim [əˈkleɪm] **1** (VT) (= *applaud*) acclamer **2** (N) acclamations *fpl* • **the film met with great public/critical ~** le film a été salué unanimement par le public/les critiques

acclimate [əˈklaɪmət] (VT) (*US*) acclimater (**to** à)

acclimatization [əˌklaɪmətaɪˈzeɪʃən], **acclimation** (*US*) [ˌæklaɪˈmeɪʃən] (N) (*lit*) acclimatation *f*; (*fig: to new situation*) accoutumance *f* (**to** à)

acclimatize [əˈklaɪmətaɪz] **1** (VT) acclimater (**to** à) **2** (VI) (*to new place, climate*) s'acclimater (**to** à)

accolade [ˈækəʊleɪd] (N) accolade *f* • **the prize is the ultimate ~ for a writer** ce prix est la consécration suprême pour un auteur

accommodate [əˈkɒmədeɪt] (VT) ⓐ (= *provide lodging for*) loger ⓑ (= *contain*) contenir • **the hotel can ~ 60 people** l'hôtel peut accueillir 60 personnes

> ⚠ **to accommodate ≠ accommoder**

accommodating [əˈkɒmədeɪtɪŋ] (ADJ) (= *obliging*) obligeant

accommodation [əˌkɒməˈdeɪʃən] (N) (= *place to stay*) logement *m* • **accommodations** (*US*) logement *m* • **"office ~ to let"** « bureaux à louer »

accompaniment [əˈkʌmpənɪmənt] (N) accompagnement *m* • **they marched to the ~ of a military band** ils ont défilé au son d'une fanfare militaire

accompanist [əˈkʌmpənɪst] (N) accompagnateur *m*, -trice *f*

accompany [əˈkʌmpənɪ] (VT) accompagner • **accompanied by** accompagné de ‣ **accompanying letter** N lettre *f* d'accompagnement

accomplice [əˈkʌmplɪs] (N) complice *mf* • **to be an ~ in a crime** être complice d'un crime

accomplish [əˈkʌmplɪʃ] (VT) accomplir; [+ *desire*] réaliser

accomplished [əˈkʌmplɪʃt] (ADJ) (= *talented*) doué; [*musician, skater*] accompli; [*performance*] parfait • **she's very ~** elle est très douée • **an ~ pianist** un pianiste accompli

accomplishment [əˈkʌmplɪʃmənt] (N) ⓐ (= *achievement*) réalisation *f*, exploit ⓑ (= *skill*) talent *m* • **a woman of many ~s** une femme aux multiples talents ⓒ (= *completion*) **on ~ of the project** quand le projet aura été mené à bien

accord [əˈkɔːd] **1** (VT) accorder • **to ~ priority to** accorder la priorité à • **to ~ great importance to sth** accorder beaucoup d'importance à qch **2** (N) ⓐ (= *agreement*) accord *m* • **of his own ~** de lui-même • **the problem disappeared of its own ~** le problème s'est résolu tout seul • **with one ~** d'un commun accord ⓑ (= *treaty*) accord *m*

accordance [əˈkɔːdəns] (N) **in ~ with** conformément à • **to be in ~ with** être conforme à

according [əˈkɔːdɪŋ] (ADV) **~ to** selon • **~ to him they've gone** d'après lui ils sont partis • **classified ~ to size** classés par ordre de grandeur • **everything went ~ to plan** tout s'est passé comme prévu • **~ to what he says** d'après ce qu'il dit • **to act ~ to the law** agir conformément à la loi

accordingly [əˈkɔːdɪŋlɪ] (ADV) [*act, pay, plan*] en conséquence

accordion [əˈkɔːdɪən] (N) accordéon *m*

accordionist [əˈkɔːdɪənɪst] (N) accordéoniste *mf*

accost [əˈkɒst] (VT) accoster

account [əˈkaʊnt] **1** (N) ⓐ compte *m* • **to open an ~** ouvrir un compte • **to pay a sum into one's ~** verser une somme à son compte • **I have an ~ with them** (*at shop*) ils me font crédit • **on ~** d'acompte • **payment on ~** acompte *m* • **to pay £50 on ~** verser un acompte de 50 livres • **cash or ~?** (*in hotel, bar*) vous payez comptant ou je le mets sur votre note ? • **they have the Michelin ~** (*Advertising*) ce sont eux qui font la publicité de Michelin • **to turn sth to good ~** mettre qch à profit
ⓑ (= *explanation*) explication *f* • **to call sb to ~** demander des comptes à qn • **to be held to ~ for sth** devoir rendre des comptes pour qch
ⓒ (= *report*) compte *m* rendu • **to give an ~ of sth** faire le compte rendu de qch • **by her own ~** d'après ce qu'elle dit • **by all ~s** au dire de tous
ⓓ (*set structures*)
‣ **to take + account** **to take sth/sb into ~** tenir compte de qch/qn • **these facts must be taken into ~** ces faits doivent être pris en compte • **to take no ~ of sth** ne pas tenir compte de qch
‣ **on + account** **on ~ of** à cause de • **on no ~** en aucun cas • **I was worried on her ~** je m'inquiétais pour elle • **don't leave on my ~** ne partez pas à cause de moi • **on this** *or* **that ~** pour cette raison
2 (NPL) **accounts** (= *calculation*) comptabilité *f* • **to do/keep the ~s** faire/tenir la comptabilité • **~s (department)** (service *m*) comptabilité *f*
3 (COMP) ‣ **account holder** N titulaire *mf* du (*or* d'un) compte

> ⚠ **account ≠ acompte**

‣ **account for** VT INSEP ⓐ (= *explain, justify*) [+ *expenses, one's conduct*] justifier; [+ *circumstances*] expliquer • **there's no ~ing for taste** chacun son goût (PROV) • **everyone is ~ed for** on n'a oublié personne • **three people have not yet been ~ed for** (*after accident*) trois personnes n'ont pas encore été retrouvées ⓑ (= *represent*) représenter • **this ~s for 10% of the total** cela représente 10 % du chiffre total

accountability [əˌkaʊntəˈbɪlɪtɪ] (N) responsabilité *f*

accountable [əˈkaʊntəbl] (ADJ) responsable (**for** de) • **to be ~ to sb for sth** être responsable de qch devant qn • **he is not ~ for his actions** (= *need not account for*) il n'a pas à répondre de ses actes; (= *is not responsible for*) il n'est pas responsable de ses actes

accountancy [əˈkaʊntənsɪ] (N) comptabilité *f* • **to study ~** faire des études de comptabilité

accountant [əˈkaʊntənt] (N) comptable *mf*

accounting [əˈkaʊntɪŋ] (N) comptabilité *f*

accredit [əˈkredɪt] (VT) accréditer • **to ~ sth to sb** attribuer qch à qn • **he is ~ed with having discovered the site** on lui attribue la découverte de ce site

accreditation [əˌkredɪˈteɪʃn] (N) (*US*) habilitation *f* ‣ **accreditation officer** N inspecteur *m*, -trice *f* d'académie

accredited [əˈkredɪtɪd] (ADJ) [*person*] accrédité; [*opinion, belief*] admis

accrue [əˈkruː] (VI) [*money, advantages*] revenir (**to** à); [*interest*] courir • **~d interest** intérêts cumulés

accumulate [əˈkjuːmjʊleɪt] **1** (VT) accumuler **2** (VI) s'accumuler • **to allow interest to ~** laisser courir les intérêts

accumulation [əˌkjuːmjʊˈleɪʃən] (N) accumulation *f*

accuracy [ˈækjʊrəsɪ] (N) exactitude *f*; [*of aim, report*] précision *f*; [*of assessment*] justesse *f*

accurate [ˈækjʊrɪt] (ADJ) [*information, description, report*] exact; [*missile*] précis; [*measurement, assessment*] juste; [*translation, account, memory*] fidèle; [*test*] fiable

accurately [ˈækjʊrɪtlɪ] (ADV) exactement; [*calculate*] juste; [*describe, measure*] avec précision; [*translate*] fidèlement

accusation [ˌækjʊˈzeɪʃən] (N) accusation *f*

accusatory [əˈkjuːzətərɪ] (ADJ) accusateur (-trice *f*)

accuse [əˈkjuːz] (VT) accuser • **they ~d him of stealing the car** ils l'ont accusé d'avoir volé la voiture • **they stand ~d of murder** ils sont accusés de meurtre

accused [əˈkjuːzd] (N) (*pl* **accused**) accusé(e) *m(f)*

accuser [əˈkjuːzəʳ] (N) accusateur *m*, -trice *f*

accusing [əˈkjuːzɪŋ] (ADJ) accusateur (-trice *f*)

accusingly [əˈkjuːzɪŋlɪ] (ADV) [*say*] d'un ton accusateur; [*look*] d'un air accusateur

accustom [əˈkʌstəm] (VT) accoutumer (**sb to doing sth** qn à faire qch) • **to ~ o.s. to** s'habituer à

accustomed [əˈkʌstəmd] (ADJ) habitué (**to** à, **to doing sth** à faire qch) • **to become ~ to sth** s'habituer à qch

ace [eɪs] **1** (N) **a** (= *card*) as *m*; (*Tennis*) ace *m* • **~ of diamonds** as *m* de carreau • **to have an ~ up one's sleeve** avoir un atout en réserve • **to play one's ~** (*fig*) jouer sa meilleure carte • **to hold all the ~s** avoir tous les atouts en main • **to come within an ~ of sth** être à deux doigts de qch **b** (= *pilot, racing driver*) as *m* **2** (ADJ)* super* • **an ~ driver** un as du volant **3** (COMP) ▸ **Ace Bandage**® N (*US*) bande *f* Velpeau®

acerbic [əˈsɜːbɪk] (ADJ) acerbe

acetate [ˈæsɪteɪt] (N) acétate *m*

acetic acid [əˌsiːtɪkˈæsɪd] (N) acide *m* acétique

acetone [ˈæsɪtəʊn] (N) acétone *f*

ache [eɪk] **1** (VI) faire mal • **my head ~s** j'ai mal à la tête • **to be aching all over** (*after exercise*) être courbaturé; (*from illness*) avoir mal partout • **to be aching to do sth** mourir d'envie de faire qch **2** (N) douleur *f* • **muscular ~s and pains** douleurs *fpl*

achievable [əˈtʃiːvəbl] (ADJ) (= *attainable*) [*goal, objective*] qui peut être atteint • **these targets should be easily ~** ces objectifs devraient être faciles à atteindre

achieve [əˈtʃiːv] (VT) accomplir; [+ *aim, standard*] atteindre; [+ *fame*] parvenir à; [+ *victory*] remporter • **to ~ one's goal** atteindre son but • **to ~ success** réussir • **what they have ~d** ce qu'ils ont accompli • **to ~ something in life** arriver à quelque chose dans la vie • **I feel I've really ~d something today** j'ai l'impression d'avoir fait quelque chose de valable aujourd'hui

achievement [əˈtʃiːvmənt] (N) **a** (= *success*) réussite *f*; (= *accomplishment*) exploit **b** (*at school*) **the level of ~** le niveau des élèves

achiever [əˈtʃiːvəʳ] (N) (= *successful person*) gagneur *m*, -euse *f* • **high-~** sujet *m* doué • **low-~** sujet *m* peu doué

Achilles' heel [əkɪliːzˈhiːl] (N) talon *m* d'Achille

aching [ˈeɪkɪŋ] (ADJ) douloureux

achingly [ˈeɪkɪŋlɪ] (ADV) [*sad, beautiful*] à pleurer

acid [ˈæsɪd] **1** (N) acide *m* **2** (ADJ) **a** (= *sour*) acide **b** [*person*] revêche; [*voice*] aigre; [*remark*] mordant **3** (COMP) ▸ **acid drop** N bonbon *m* acidulé ▸ **acid rain** N pluies *fpl* acides ▸ **acid test** N épreuve *f* de vérité

acidic [əˈsɪdɪk] (ADJ) acide

acidity [əˈsɪdɪtɪ] (N) acidité *f*

acknowledge [əkˈnɒlɪdʒ] (VT) **a** (= *recognize*) [+ *truth, error*] reconnaître • **to ~ sb as leader** reconnaître qn pour chef **b** [+ *letter*] accuser réception de **c** (= *react to*) [+ *greeting*] répondre à • **I smiled at him but he didn't even ~ me** je lui ai souri mais il a fait comme s'il ne me voyait pas • **he didn't ~ my presence** il a fait comme si je n'étais pas là

acknowledged [əkˈnɒlɪdʒd] (ADJ) [*leader, expert*] reconnu

acknowledgement [əkˈnɒlɪdʒmənt] **1** (N) **a** reconnaissance *f* **b** [*of money*] reçu *m*; [*of letter*] accusé *m* de réception **c** **acknowledgements** (*in book*) remerciements *mpl* **2** (COMP) ▸ **acknowledgement slip** N (*Commerce*) accusé *m* de réception

ACLU [ˌeɪsiːelˈjuː] (N) (ABBR OF **American Civil Liberties Union**) *Ligue américaine des droits de l'homme*

acne [ˈæknɪ] (N) acné *f*

acorn [ˈeɪkɔːn] (N) gland *m*

acoustic [əˈkuːstɪk] (ADJ) acoustique

acoustics [əˈkuːstɪks] (N) acoustique *f* • **the room has good ~** l'acoustique est très bonne dans cette salle

acquaint [əˈkweɪnt] (VT) **a** **to ~ sb with sth** aviser qn de qch • **to ~ sb with the situation** mettre qn au courant de la situation **b** **to be ~ed with** [+ *person, subject*] connaître; [+ *fact*] être au courant de • **to get ~ed with sb** faire la connaissance de qn • **to become ~ed with the facts** prendre connaissance des faits • **to get ~ed** faire connaissance

acquaintance [əˈkweɪntəns] (N) (= *person*) connaissance *f* • **to make sb's ~** faire la connaissance de qn

acquiesce [ˌækwɪˈes] (VI) acquiescer

acquiescence [ˌækwɪˈesns] (N) assentiment *m*

acquiescent [ˌækwɪˈesnt] (ADJ) consentant

acquire [əˈkwaɪəʳ] (VT) acquérir; [+ *company*] acheter • **to ~ a taste for sth** prendre goût à qch • **to ~ a reputation for sth** acquérir une réputation de qch

acquired [əˈkwaɪəd] (ADJ) acquis • **it's an ~ taste** c'est assez spécial

acquisition [ˌækwɪˈzɪʃən] (N) acquisition *f*

acquisitive [əˈkwɪzɪtɪv] (ADJ) (= *greedy*) avide

acquit [əˈkwɪt] (VT) [+ *accused person*] acquitter • **he ~ted himself well** il s'en est bien tiré

acquittal [əˈkwɪtl] (N) acquittement *m*

acre [ˈeɪkəʳ] (N) ≈ demi-hectare *m* • **~s of woodland** des hectares de forêts

acreage [ˈeɪkərɪdʒ] (N) superficie *f*

acrid [ˈækrɪd] (ADJ) âcre

acrimonious [ˌækrɪˈməʊnɪəs] (ADJ) acrimonieux

acrimony [ˈækrɪmənɪ] (N) acrimonie *f*

acrobat [ˈækrəbæt] (N) acrobate *mf*

acrobatic [ˌækrəʊˈbætɪk] (ADJ) acrobatique

acrobatics [ˌækrəʊˈbætɪks] (NPL) acrobaties *fpl*

acronym [ˈækrənɪm] (N) acronyme *m*

acrosport [ˈækrəspɔːt] (N) acrosport *m*

across [əˈkrɒs]

> When **across** is an element in a phrasal verb, eg **come across**, **run across**, look up the verb.

1 (PREP) ⓐ (= *from one side to the other of*) **a bridge ~ the river** un pont sur le fleuve • **to walk ~ the road** traverser la rue
▸ **across the board** **they cut salaries ~ the board** ils ont réduit les salaires à tous les niveaux • **prices fell ~ the board** les prix ont chuté partout
ⓑ (= *on the other side of*) de l'autre côté de • **he lives ~ the street (from me)** il habite en face (de chez moi) • **the shop ~ the road** le magasin d'en face • **from ~ the Channel** de l'autre côté de la Manche
ⓒ (= *crosswise over*) à travers • **to go ~ country** prendre à travers champs • **with his arms folded ~ his chest** les bras croisés sur la poitrine
2 (ADV) (= *from one side to the other*) **the river is 5km ~** le fleuve fait 5 km de large • **the plate is 30cm ~** l'assiette fait 30 cm de diamètre • **to help sb ~** aider qn à traverser • **~ from** en face de

acrylic [əˈkrɪlɪk] 1 (N) acrylique *m* 2 (ADJ) en acrylique

act [ækt] 1 (N) ⓐ (= *deed*) acte *m* • **in the ~ of doing sth** en train de faire qch • **caught in the ~** pris sur le fait
ⓑ (= *law*) loi *f*
ⓒ [*of play*] acte *m*; (*in circus, variety show*) numéro *m* • **they're a brilliant ~** ils font un numéro superbe • **he's a class ~*** c'est un crack* • **it was a class ~*** c'était génial* • **she'll be a hard ~ to follow** il sera difficile de l'égaler • **he's just putting on an ~** il joue la comédie • **it's just an ~** c'est du cinéma • **to get in on the ~*** s'imposer • **to get one's ~ together*** se ressaisir
2 (VI) ⓐ (= *take action*) agir • **the government must ~ now** le gouvernement doit agir immédiatement • **you have ~ed very generously** vous avez été très généreux • **to ~ on sb's behalf** agir au nom de qn • **to ~ like a fool** agir comme un imbécile • **the drug started to ~** le médicament a commencé à agir
ⓑ (*in play, film*) jouer • **have you ever ~ed before?** (*on stage*) avez-vous déjà fait du théâtre?; (*in film*) avez-vous déjà fait du cinéma?
ⓒ (= *serve*) servir (as de) • **she ~s as his assistant** elle lui sert d'assistante
3 (VT) [+ *part in play*] jouer • **to ~ the part of ...** tenir le rôle de ... • **to ~ the fool*** faire l'idiot(e)
4 (COMP) ▸ **act of faith** N acte *m* de foi ▸ **act of God** N catastrophe *f* naturelle ▸ **Act of Parliament** N loi *f*
▸ **act on** VT INSEP [+ *advice, suggestion*] suivre; [+ *order*] exécuter
▸ **act out** VT SEP [+ *event*] faire un récit mimé de; [+ *fantasies*] vivre
▸ **act up*** VI [*child*] se conduire mal • **the car has started ~ing up** la voiture s'est mise à faire des caprices
▸ **act upon** VT INSEP [+ *advice, suggestion*] suivre; [+ *order*] exécuter

acting [ˈæktɪŋ] 1 (ADJ) **~ president** président(e) *m(f)* par intérim 2 (N) (= *performance*) jeu *m* • **his ~ is very good** il joue très bien • **I like his ~** j'aime son jeu • **he has done some ~** (*on stage*) il a fait du théâtre; (*in film*) il a fait du cinéma

action [ˈækʃən] 1 (N) ⓐ action *f* • **to put into ~** [+ *plan*] mettre à exécution; [+ *principles, suggestion*] mettre en pratique • **the time has come for ~** il est temps d'agir • **they want a piece of the ~*** ils veulent être dans le coup* • **to take ~** agir • **out of ~** [*machine*] hors service • **his illness put him out of ~ for six weeks** sa maladie l'a mis hors de combat pendant six semaines
ⓑ (= *deed*) acte *m* • **to judge sb by his ~s** juger qn sur ses actes • **~s speak louder than words** les actes sont plus éloquents que les paroles
ⓒ (= *effect*) effet *m*
ⓓ [*of play*] action *f* • **~!** (*on set*) moteur! • **there's not enough ~ in the play** la pièce manque d'action
ⓔ (= *legal proceedings*) action *f* en justice • **~ for damages** action *f* en dommages-intérêts
ⓕ (= *military combat*) combat *m* • **to go into ~** [*unit, person*] aller au combat; [*army*] engager le combat • **killed in ~** tué au combat
2 (VT) ⓐ [+ *idea*] mettre en pratique
ⓑ [+ *plan*] mettre en œuvre
3 (COMP) ▸ **action-packed** ADJ [*film*] plein d'action; [*week-end*] bien rempli ▸ **action point** N décision *f*, action *f* ▸ **action replay** N (*Brit*) ralenti *m* ▸ **action shot** N scène *f* d'action ▸ **action stations** NPL postes *mpl* de combat • **~ stations!** à vos postes!

activate [ˈæktɪveɪt] (VT) activer

active [ˈæktɪv] (ADJ) actif • **~ volcano** volcan *m* en activité • **to take an ~ part in sth** prendre une part active à qch • **in ~ employment** en activité ▸ **active ingredient** N principe *m* actif ▸ **active service** N (*Brit*) service *m* actif • **on ~ service** en campagne ▸ **active voice** N voix *f* active

actively [ˈæktɪvlɪ] (ADV) activement; [*encourage, discourage*] vivement; [*consider*] sérieusement

activism [ˈæktɪvɪzəm] (N) activisme *m*

activist [ˈæktɪvɪst] (N) activiste *mf*

activity [ækˈtɪvɪtɪ] (N) activité *f* ▸ **activity holiday** N vacances *fpl* actives

actor [ˈæktəʳ] (N) acteur *m*, comédien *m*

actress [ˈæktrɪs] (N) actrice *f*, comédienne *f*

actual [ˈæktjʊəl] (ADJ) [*cost, reason*] réel; [*figures*] exact • **there is no ~ contract** il n'y a pas à proprement parler de contrat • **to take an ~ example ...** pour prendre un exemple concret ... • **an ~ fact** un fait réel • **in ~ fact** en fait • **~ size** grandeur *f* nature • **~ size: 15cm** taille réelle: 15 cm • **was it an actor or the ~ victim?** s'agissait-il d'un acteur ou de la vraie victime? • **the ~ film doesn't start till 8.55** le film lui-même ne commence qu'à 20 h 55 • **his ~ words were ...** il a dit, textuellement, ceci: ...

⚠ **actual ≠ actuel**

actuality [ˌæktjʊˈælɪtɪ] (N) réalité *f* • **in ~** en réalité

actually [ˈæktjʊəlɪ] (ADV) ⓐ (= *in fact*) en fait • **~ I don't know him at all** en fait je ne le connais pas du tout • **his name is Smith, ~** en fait, il s'appelle Smith • **interest is only payable on the amount ~ borrowed** les intérêts ne sont dus que sur la somme empruntée
ⓑ (= *truly*) vraiment • **are you ~ going to buy it?** est-ce que tu vas vraiment l'acheter? • **if you ~ own a house** si vous êtes bien propriétaire d'une maison • **what did he ~ say?** qu'est-ce qu'il a dit exactement? • **did it ~ happen?** est-ce que c'est vraiment arrivé?

⚠ **actually ≠ actuellement**

acumen [ˈækjʊmen] (N) flair *m* • **business ~** sens *m* aigu des affaires

acupressure [ˈækjʊpreʃəʳ] (N) digitopuncture *f*

acupuncture [ˈækjʊpʌŋktʃəʳ] (N) acupuncture *f*

acupuncturist [ˌækjʊ'pʌŋktʃərɪst] (N) acupuncteur *m*, -trice *f*

acute [ə'kjuːt] (ADJ) ⓐ (= *serious*) grave; [*embarrassment*] profond; [*anxiety, pain*] vif ⓑ (= *perceptive*) perspicace • **to have an ~ awareness of sth** être pleinement conscient de qch • **to have an ~ sense of smell** avoir l'odorat très développé ⓒ [*appendicitis, leukaemia, case*] aigu (-guë *f*) ⓓ [*accent, angle*] aigu (-guë *f*) • **e ~** e accent aigu

acutely [ə'kjuːtlɪ] (ADV) ⓐ (= *very*) extrêmement; [*aware*] pleinement ⓑ (= *strongly*) intensément

AD [eɪ'diː] (N) (ABBR OF **Anno Domini**) ap. J-C

ad* [æd] (N) (= *announcement*) annonce *f*; (= *commercial*) pub* *f*

Adam ['ædəm] (N) **I don't know him from ~*** je ne le connais ni d'Ève ni d'Adam ▸ **Adam's apple** N pomme *f* d'Adam

adamant ['ædəmənt] (ADJ) [*person*] catégorique • **to be ~ that ...** maintenir catégoriquement que ...

adamantly ['ædəməntlɪ] (ADV) catégoriquement

adapt [ə'dæpt] 1 (VT) adapter (**to** à) • **to ~ o.s.** s'adapter 2 (VI) s'adapter

adaptability [əˌdæptə'bɪlɪtɪ] (N) [*of person*] faculté *f* d'adaptation

adaptable [ə'dæptəbl] (ADJ) adaptable

adaptation [ˌædæp'teɪʃən] (N) adaptation *f*

adapter, adaptor [ə'dæptə^r] (N) (= *device*) adaptateur *m*; (*Brit*) (= *plug*) prise *f* multiple

add [æd] 1 (VT) ⓐ ajouter (**to** à) • **~ some more pepper** rajoutez un peu de poivre • **and to ~ insult to injury ...** et pour comble ... • **that would be ~ing insult to injury** ce serait vraiment un comble • **~ed to which ...** ajoutez à cela que ... • **there is nothing to ~** il n'y a rien à ajouter ⓑ [+ *figures*] additionner; [+ *column of figures*] totaliser 2 (N) (*Internet*) **thanks for the ~** merci pour l'ajout (dans ta liste d'amis)

▸ **add on** VT SEP rajouter

▸ **add to** VT INSEP augmenter; [+ *anxiety, danger*] accroître

▸ **add together** VT SEP [+ *figures*] additionner

▸ **add up** 1 VI ⓐ (= *appear consistent*) **her statements don't ~ up** ses dépositions se contredisent • **it all ~s up*** tout s'explique • **it doesn't ~ up*** il y a quelque chose qui cloche* ⓑ (= *accumulate*) **even small debts ~ up** même les petites dettes finissent par s'accumuler 2 VT SEP [+ *figures*] additionner • **to ~ up a column of figures** totaliser une colonne de chiffres

▸ **add up to** VT INSEP [*figures*] s'élever à • **what does all this ~ up to?** (= *mean*) que signifie tout cela ?

added ['ædɪd] (ADJ) supplémentaire • **"no ~ salt"** « sans adjonction de sel » ▸ **added value** N valeur *f* ajoutée

adder ['ædə^r] (N) vipère *f*

addict ['ædɪkt] (N) toxicomane *mf* • **he's a yoga ~*** c'est un mordu* du yoga

addicted [ə'dɪktɪd] (ADJ) (*to drug, medicine*) dépendant (**to** de) • **he's ~ to heroin** il est héroïnomane • **he's ~ to cigarettes** c'est un fumeur invétéré • **to be ~ to football*** être un mordu* de football • **I'm ~ to spicy food** j'adore les plats épicés

addiction [ə'dɪkʃən] (N) dépendance *f* • **this drug causes ~** cette drogue crée une dépendance

addictive [ə'dɪktɪv] (ADJ) [*drug*] créant une dépendance • **these biscuits are ~** ces biscuits, c'est comme une drogue

Addis Ababa ['ædɪs'æbəbə] (N) Addis-Abeba

addition [ə'dɪʃən] (N) ⓐ (= *sum*) addition *f* ⓑ (= *fact of adding something*) ajout *m* ⓒ ▸ **in addition** de plus • **in ~ to** en plus de ⓓ (= *new arrival*) **there's been an ~ to the family** la famille s'est agrandie • **he is a welcome ~ to our team** il est bienvenu dans notre équipe • **this is a welcome ~ to the series** cela enrichit la série

additional [ə'dɪʃənl] (ADJ) additionnel; (= *extra*) supplémentaire • **~ charge** supplément *m* de prix

> **additionnel** ends in **-el** instead of **-al** and has a double **n**.

additionally [ə'dɪʃnəlɪ] (ADV) (= *moreover*) de plus

additive ['ædɪtɪv] (N) additif *m* ▸ **additive-free** ADJ sans additifs

addled ['ædld] (ADJ) [*thinking*] confus

add-on ['ædɒn] 1 (N) accessoire *m* 2 (ADJ) complémentaire

address [ə'dres] 1 (N) ⓐ adresse *f* • **to change one's ~** changer d'adresse ⓑ (= *speech*) discours *m* 2 (VT) ⓐ (= *put address on*) mettre l'adresse sur; (= *direct*) [+ *speech, writing, complaints*] adresser (**to** à) • **this letter is ~ed to you** cette lettre vous est adressée ⓑ (= *speak to*) s'adresser à • **he ~ed the meeting** il a pris la parole devant l'assistance 3 (COMP) ▸ **address book** N carnet *m* d'adresses

> The French word **adresse** has only one **d** and ends in **-e**.

addressee [ˌædre'siː] (N) destinataire *mf*

adenoids ['ædɪnɔɪdz] (NPL) végétations *fpl*

adept 1 (ADJ) expert • **he's ~ at manipulating the media** il manipule les médias avec un art consommé 2 (N) expert *m* (**in, at** en)

> Lorsque **adept** est un adjectif, l'accent tombe sur la seconde syllabe : [ə'dept], lorsque c'est un nom, sur la première : ['ædept].

adequacy ['ædɪkwəsɪ] (N) [*of reward, punishment, amount*] caractère *m* adéquat; [*of description*] à-propos *m*; [*of person*] compétence *f*, capacité *f*; (*Ling*) adéquation *f*

adequate ['ædɪkwɪt] (ADJ) ⓐ (= *sufficient*) suffisant • **to be ~ for sb's needs** répondre aux besoins de qn • **to be ~ to the task** [*person*] être à la hauteur de la tâche ⓑ (= *average*) [*performance, essay*] acceptable

adequately ['ædɪkwɪtlɪ] (ADV) suffisamment • **we weren't ~ prepared** nous n'étions pas bien préparés • **he performed ~** sa prestation était acceptable

ADHD [ˌeɪdiːeɪtʃ'diː] (N) (ABBR OF **attention deficit hyperactivity disorder**) TDAH *m*

adhere [əd'hɪə^r] (VI) (= *stick*) adhérer • **to adhere to** [+ *rule*] obéir à; [+ *principle, plan*] se conformer à

adherence [əd'hɪərəns] (N) adhésion *f*

adherent [əd'hɪərənt] (N) (= *sympathizer*) sympathisant(e) *m(f)*; (= *member of group*) adhérent(e) *m(f)*; [*of religion*] adepte *mf*

adhesion [əd'hiːʒən] (N) (= *sticking*) adhérence *f*

adhesive [əd'hiːzɪv] (ADJ, N) adhésif *m*

ad hoc [ˌæd'hɒk] 1 (ADJ) ad hoc *inv* • **on an ~ basis** ponctuellement 2 (ADV) ponctuellement

adjacent [əˈdʒeɪsənt] (ADJ) adjacent
adjectival [ˌædʒekˈtaɪvəl] (ADJ) adjectival
adjective [ˈædʒektɪv] (N) adjectif *m*
adjoin [əˈdʒɔɪn] (VT) être attenant à • **the room ~ing the kitchen** la pièce attenante à la cuisine
adjoining [əˈdʒɔɪnɪŋ] (ADJ) voisin • **in the ~ room** dans la pièce voisine
adjourn [əˈdʒɜːn] **1** (VT) reporter (**to, until** à) • **to ~ sth until the next day** remettre qch au lendemain • **they ~ed the meeting** (*= broke off*) ils ont suspendu la séance **2** (VI) (*= break off meeting*) suspendre la séance
adjournment [əˈdʒɜːnmənt] (N) [*of meeting*] suspension *f*; [*of legal case*] remise *f*
adjudicate [əˈdʒuːdɪkeɪt] (VT) [*+ competition*] juger; [*+ claim*] régler
adjudication [əˌdʒuːdɪˈkeɪʃən] (N) décision *f*
adjudicator [əˈdʒuːdɪkeɪtə^r] (N) juge *m*
adjust [əˈdʒʌst] **1** (VT) [*+ machine, brakes, differences*] régler; [*+ salaries, prices*] réajuster; [*+ figures*] rectifier; [*+ clothes*] rajuster **2** (VI) [*person*] s'adapter; [*machine*] se régler
adjustable [əˈdʒʌstəbl] (ADJ) réglable; [*rate*] ajustable
▸ **adjustable spanner** N (*Brit*) clé *f* universelle
adjusted [əˈdʒʌstɪd] (ADJ) **well ~** [*person*] équilibré
adjustment [əˈdʒʌstmənt] (N) (*to height, machine*) réglage *m*; (*to plan, terms*) ajustement *m* (**to** de); (*to wages, prices*) réajustement *m* (**to** de)
ad lib [ædˈlɪb] (VI) improviser
admin * [ˈædmɪn] (N) administration *f*
administer [ədˈmɪnɪstə^r] (VT) **a** [*+ business, country*] administrer; [*+ sb's affairs, funds*] gérer; [*+ property*] régir **b** [*+ punishment, medicine, relief*] administrer (**to** à); [*+ justice*] rendre
administrate [ədˈmɪnɪˌstreɪt] (VT) gérer
administration [ədˌmɪnɪˈstreɪʃən] (N) **a** administration *f*; [*of funds*] gestion *f* • **his new job involves a lot of ~** son nouveau poste est en grande partie administratif **b** (*= government*) gouvernement *m*
administrative [ədˈmɪnɪstrətɪv] (ADJ) [*work, post, staff*] administratif; [*skills*] d'administrateur; [*costs, expenses*] d'administration
administrator [ədˈmɪnɪstreɪtə^r] (N) administrateur *m*, -trice *f*
admirable [ˈædmərəbl] (ADJ) admirable
admirably [ˈædmərəblɪ] (ADV) admirablement
admiral [ˈædmərəl] (N) amiral *m*
admiration [ˌædməˈreɪʃən] (N) admiration *f* (**of, for** pour)
admire [ədˈmaɪə^r] (VT) admirer
admirer [ədˈmaɪərə^r] (N) admirateur *m*, -trice *f*
admiring [ədˈmaɪərɪŋ] (ADJ) admiratif
admiringly [ədˈmaɪərɪŋlɪ] (ADV) avec admiration
admissible [ədˈmɪsəbl] (ADJ) [*evidence*] recevable
admission [ədˈmɪʃən] **1** (N) **a** (*= entry*) (*to university, hospital*) admission *f*; (*to museum, zoo*) entrée *f* • **"~ free"** « entrée gratuite » • **"no ~"** « entrée interdite » **b** (*= confession*) aveu *m* • **by one's own ~** de son propre aveu • **it's an ~ of guilt** c'est un aveu **2** (COMP)
▸ **admission fee** N droits *mpl* d'admission
admit [ədˈmɪt] (VT) **a** (*= let in*) laisser entrer **b** (*= acknowledge*) admettre • **he ~ted that this was the case** il a admis que tel était le cas • **I must ~ that ...** je dois admettre que ... **c** [*criminal, wrongdoer*] avouer • **to ~ one's guilt** reconnaître sa culpabilité
▸ **admit to** VT INSEP reconnaître; [*+ crime*] avouer • **to ~ to a feeling of irritation** avouer ressentir une certaine irritation
admittance [ədˈmɪtəns] (N) (*= access*) accès *m* • **"no ~"** « accès interdit au public »
admittedly [ədˈmɪtɪdlɪ] (ADV) **~ this is true** il faut reconnaître que c'est vrai • **it's only a theory, ~ ...** il est vrai que ce n'est qu'une théorie ...
admonish [ədˈmɒnɪʃ] (VT) réprimander (**for doing sth** pour avoir fait qch)
ad nauseam [ˌædˈnɔːsɪæm] (ADV) [*repeat*] ad nauseam; [*do*] jusqu'à saturation • **to talk ~ about sth** parler à n'en plus finir de qch
ado [əˈduː] (N) agitation *f* • **much ~ about nothing** beaucoup de bruit pour rien • **without further ~** sans plus de cérémonie
adolescence [ˌædəʊˈlesns] (N) adolescence *f*
adolescent [ˌædəʊˈlesnt] (ADJ, N) adolescent(e) *m(f)*
adopt [əˈdɒpt] (VT) adopter
adopted [əˈdɒptɪd] (ADJ) [*child*] adopté; [*country*] d'adoption • **~ son** fils *m* adoptif • **~ daughter** fille *f* adoptive
adoption [əˈdɒpʃən] (N) adoption *f*
adoptive [əˈdɒptɪv] (ADJ) [*parent, child*] adoptif; [*country*] d'adoption
adorable [əˈdɔːrəbl] (ADJ) adorable
adoration [ˌædəˈreɪʃən] (N) adoration *f*
adore [əˈdɔː^r] (VT) adorer
adoring [əˈdɔːrɪŋ] (ADJ) **his ~ wife** sa femme qui l'adore • **her ~ fans** ses fans qui l'adorent
adoringly [əˈdɔːrɪŋlɪ] (ADV) avec adoration
adorn [əˈdɔːn] (VT) orner (**with** de)
adornment [əˈdɔːnmənt] (N) ornement *m*
adrenalin, adrenaline [əˈdrenəlɪn] (N) adrénaline *f* ▸ **adrenalin rush, adrenaline rush** N poussée *f* d'adrénaline
Adriatic [ˌeɪdrɪˈætɪk] (N) **the Adriatic** l'Adriatique *f*
adrift [əˈdrɪft] (ADV, ADJ) à la dérive • **to go ~** [*ship*] aller à la dérive • **to be ~** [*person*] être perdu • **to come ~*** [*wire, connection*] se détacher
adroit [əˈdrɔɪt] (ADJ) adroit
ADSL [ˌeɪdiːesˈel] (N) (ABBR OF **Asymmetric Digital Subscriber Line**) ADSL *m*
adulation [ˌædjʊˈleɪʃən] (N) adulation *f*
adult [ˈædʌlt] **1** (N) adulte *mf* • **~s only** réservé aux adultes **2** (ADJ) adulte; [*film, book*] pour adultes **3** (COMP)
▸ **adult education, adult learning** N enseignement *m* pour adultes
adulterate [əˈdʌltəreɪt] (VT) frelater
adultery [əˈdʌltərɪ] (N) adultère *m*
adulthood [ˈædʌlthʊd] (N) âge *m* adulte
advance [ədˈvɑːns] **1** (N) **a** avance *f*; [*of science, ideas*] progrès *mpl* • **~s in medical research** des progrès de la recherche médicale **b** (*= sum of money*) avance *f* • **any ~ on £100?** 100 livres, qui dit mieux ? **c** ▸ **in advance** **a week in ~** une semaine à l'avance • **he arrived in ~ of the others** il est arrivé en avance sur les autres • **$10 in ~** 10 dollars d'avance **2** (NPL) **advances** avances *fpl* • **to make ~s to sb** faire des avances à qn **3** (VT) **a** (*= move forward*) [*+ knowledge*] faire avancer; [*+ cause*] promouvoir

b (= *suggest*) avancer
c (= *pay on account*) avancer; (= *lend*) prêter
4 (VI) **a** (= *go forward*) avancer • **the advancing army** l'armée en marche
b (= *progress*) progresser
5 (COMP) ▸ **advance booking** N **"~ booking advisable"** « il est conseillé de réserver à l'avance » • **~ booking office** guichet *m* de location *f* ▸ **advance notice** N préavis *m* • **to give sb ~ notice of sth** prévenir qn de qch • **to give ~ notice of a strike** déposer un préavis de grève
advanced [əd'vɑ:nst] (ADJ) avancé; [*level, studies*] supérieur (-eure *f*); [*equipment, technology*] de pointe • **~ mathematics** cours *m* supérieur de mathématiques
advancement [əd'vɑ:nsmənt] (N) avancement *m*
advantage [əd'vɑ:ntɪdʒ] (N) avantage *m* • **to have an ~ over sb** avoir un avantage sur qn • **to take ~ of sb** exploiter qn; (*sexually*) abuser de qn • **I took ~ of the opportunity** j'ai profité de l'occasion • **to turn sth to one's ~** tourner qch à son avantage • **it would be to your ~** c'est dans ton intérêt • **to use sth to its best ~** tirer le meilleur parti de qch • **to show sth to its best ~** montrer qch sous son meilleur jour
advantageous [,ædvən'teɪdʒəs] (ADJ) avantageux (**to** pour)
advent ['ædvənt] (N) arrivée *f* • **Advent** l'Avent *m* ▸ **Advent Calendar** N calendrier *m* de l'Avent
adventure [əd'ventʃə^r] (N) aventure *f* • **~ film** film d'aventures • **~ story** aventure *f* ▸ **adventure holiday** N (*Brit*) circuit *m* aventure ▸ **adventure playground** N (*Brit*) aire *f* de jeux
adventurer [əd'ventʃərə^r] (N) aventurier *m*, -ière *f*
adventurous [əd'ventʃərəs] (ADJ) audacieux • **he's not very ~ when it comes to food** il est assez conservateur en matière de nourriture
adventurousness [əd'ventʃərəsnəs] (N) goût *m* de l'aventure
adverb ['ædvɜ:b] (N) adverbe *m*
adverbial [əd'vɜ:bɪəl] (ADJ) adverbial
adversary ['ædvəsərɪ] (N) adversaire *mf*
adverse ['ædvɜ:s] (ADJ) [*effect, reaction, decision*] négatif; [*conditions, comment*] défavorable; [*publicity, weather*] mauvais
adversity [əd'vɜ:sɪtɪ] (N) adversité *f*
advert* ['ædvɜ:t] (N) (*Brit*) (= *announcement*) annonce *f*; (= *commercial*) pub* *f*
advertise ['ædvətaɪz] 1 (VT) **a** [+ *goods*] faire de la publicité pour **b** **to ~ a flat for sale** (*in newspaper*) mettre une annonce pour vendre un appartement 2 (VI) **a** (*to sell product*) faire de la publicité **b** **to ~ for a secretary** faire paraître une annonce pour une secrétaire
advertisement [əd'vɜ:tɪsmənt] (N) **a** (*for product*) publicité *f* • **~s** publicité *f* **b** (*to find staff, house*) annonce *f* • **to put an ~ in a paper** mettre une annonce dans un journal • **I got it through an ~** je l'ai eu grâce à une annonce
advertiser ['ædvətaɪzə^r] (N) annonceur *m*
advertising ['ædvətaɪzɪŋ] 1 (N) (= *activity*) publicité *f*; (= *advertisements*) publicités *fpl* • **a career in ~** une carrière dans la publicité 2 (COMP) [*firm, campaign*] publicitaire ▸ **advertising agency** N agence *f* de publicité ▸ **advertising manager** N directeur *m*, -trice *f* de la publicité
advertorial [,ædvə'tɔ:rɪəl] 1 (N) publireportage *m* 2 (ADJ) de publireportage

advice [əd'vaɪs] (N) conseils *mpl* • **a piece of ~** un conseil • **to seek ~ from sb** demander conseil à qn • **to take medical/legal ~** consulter un médecin/un avocat • **to take sb's ~** suivre les conseils de qn ▸ **advice column** N courrier *m* du cœur ▸ **advice columnist** N (*US*) rédacteur *m*, -trice *f* de la rubrique du courrier du cœur ▸ **advice line** N service *m* de conseil par téléphone
advisable [əd'vaɪzəbl] (ADJ) conseillé
advise [əd'vaɪz] (VT) **a** (= *give advice to*) conseiller • **to ~ sb to do sth** conseiller à qn de faire qch • **to ~ sb against sth** déconseiller qch à qn • **to ~ sb against doing sth** déconseiller à qn de faire qch **b** [+ *course of action*] recommander • **what would you ~ in this case?** que conseilleriez-vous dans ce cas ? • **you would be well ~d to wait** vous feriez bien d'attendre
adviser, advisor [əd'vaɪzə^r] (N) conseiller *m*, -ère *f*
advisory [əd'vaɪzərɪ] 1 (ADJ) consultatif; [*service*] de conseils • **in an ~ capacity** à titre consultatif 2 (N) (*US*) (= *announcement*) alerte *f* • **travel advisories** points *mpl* sur la circulation
advocacy ['ædvəkəsɪ] (N) [*of cause*] plaidoyer *m* (**of** en faveur de)
advocate 1 (N) **a** (= *upholder*) [*of cause*] défenseur(e) *m(f)* • **to be an ~ of** être partisan(e) de **b** (*in Scottish legal system*) avocat(e) *m(f)* (plaidant(e)) 2 (VT) recommander

> Lorsque **advocate** est un nom, la fin se prononce comme **it** : ['ædvəkɪt]; lorsque c'est un verbe, elle se prononce comme **eight** : ['ædvəkeɪt].

Aegean [i:'dʒi:ən] 1 (ADJ) égéen 2 (N) mer *f* Égée 3 (COMP) ▸ **the Aegean Islands** NPL les îles *fpl* de la mer Égée
aerial ['ɛərɪəl] (N) antenne *f*
aerobatics ['ɛərəʊ'bætɪks] (NPL) acrobaties *fpl* aériennes
aerobics [ɛə'rəʊbɪks] (N) aérobic *f* • **to do ~** faire de l'aérobic
aerodynamic ['ɛərəʊdaɪ'næmɪk] (ADJ) aérodynamique
aerofoil ['ɛərəʊfɔɪl], **airfoil** (*US*) ['ɛəfɔɪl] (N) [*of plane*] plan *m* de sustentation
aerogel ['ɛərə,dʒel] (N) aérogel *m*
aeronautics [,ɛərə'nɔ:tɪks] (N) aéronautique *f*
aeroplane ['ɛərəpleɪn] (N) (*Brit*) avion *m*
aerosol ['ɛərəsɒl] (N) aérosol *m*
aerospace ['ɛərəʊspeɪs] (ADJ) [*industry, project*] aérospatial
aesthetically [i:s'θetɪkəlɪ] (ADV) esthétiquement • **~ pleasing** agréable à regarder
aesthetics [i:s'θetɪks] (N) esthétique *f*
afaik (ABBR OF **as far as I know**) (pour) autant que je sache
affable ['æfəbl] (ADJ) affable
affair [ə'fɛə^r] 1 (N) **a** (= *event, concern*) affaire *f* • **that's my ~** c'est mon affaire **b** (= *love affair*) liaison *f* • **to have an ~ with sb** avoir une liaison avec qn 2 (NPL) **affairs** (= *business*) affaires *fpl* • **in the present state of ~s** les choses étant ce qu'elles sont • **it was a dreadful state of ~s** la situation était épouvantable • **~s of state** affaires *fpl* d'État • **to put one's ~s in order** (= *business*) mettre de l'ordre dans ses affaires; (= *belongings*) mettre ses affaires en ordre • **your private ~s don't concern me** votre vie privée ne m'intéresse pas
affect [ə'fekt] (VT) **a** (= *have effect on*) [+ *result, numbers*] avoir un effet sur; [+ *decision, career, the future*] influer sur; (= *have detrimental effect on*) [+ *person, health*] affecter • **you**

mustn't let it ~ you ne te laisse pas abattre **b** (= *concern*) concerner • **it does not ~ me personally** cela ne me touche pas personnellement **c** (*emotionally*) affecter

affectation [ˌæfek'teɪʃən] (N) affectation *f*

affected [ə'fektɪd] (ADJ) affecté

affection [ə'fekʃən] (N) affection *f* • **to win sb's ~s** gagner l'affection de qn

affectionate [ə'fekʃənɪt] (ADJ) affectueux

affectionately [ə'fekʃənɪtlɪ] (ADV) affectueusement

affidavit [ˌæfɪ'deɪvɪt] (N) déclaration *f* écrite sous serment

affiliate **1** (VT) affilier (**to, with** à) • **to ~ o.s.** s'affilier (**to, with** à) **2** (N) membre *m* affilié

> Lorsque **affiliate** est un adjectif, la fin se prononce comme **it**: [ə'fɪlɪət]; lorsque c'est un verbe, elle se prononce comme **eight**: [ə'fɪlɪeɪt].

affiliation [əˌfɪlɪ'eɪʃən] (N) **a** affiliation *f* **b** (= *connection*) attaches *fpl*

affinity [ə'fɪnɪtɪ] (N) affinité *f* (**with, to** avec) • **there is a certain ~ between them** ils ont des affinités

affirm [ə'fɜːm] (VT) affirmer

affirmation [ˌæfə'meɪʃən] (N) affirmation *f*

affirmative [ə'fɜːmətɪv] **1** (N) **in the ~** à l'affirmatif • **to answer in the ~** répondre affirmativement **2** (ADJ) affirmatif • **~ action** (*US*) mesures *fpl* de discrimination positive

affix [ə'fɪks] (VT) [+ *signature*] apposer (**to** à); [+ *stamp*] coller (**to** sur)

afflict [ə'flɪkt] (VT) affliger

affliction [ə'flɪkʃən] (N) affliction *f* • **the ~s of old age** les misères *fpl* de la vieillesse

affluence ['æflʊəns] (N) richesse *f*

affluent ['æflʊənt] (ADJ) riche

afford [ə'fɔːd] (VT) **a** **to be able to ~ to buy sth** avoir les moyens d'acheter qch • **I can't ~ a new bike** je n'ai pas les moyens de m'acheter un nouveau vélo • **he can't ~ to make a mistake** il ne peut pas se permettre de faire une erreur • **I can't ~ the time to do it** je n'ai pas le temps de le faire **b** (= *provide*) [+ *opportunity*] fournir • **to ~ sb great pleasure** procurer un grand plaisir à qn

affordability [əˌfɔːdə'bɪlɪtɪ] (N) prix *m* abordable

affordable [ə'fɔːdəbl] (ADJ) abordable • **easily ~** très abordable

afforestation [æˌfɒrɪs'teɪʃən] (N) boisement *m*

affront [ə'frʌnt] (N) affront *m*

Afghan ['æfgæn] **1** (ADJ) afghan **2** (N) (= *person*) Afghan(e) *m(f)*

Afghani [æf'gænɪ] **1** (ADJ) afghan **2** (N) (= *person*) Afghan(e) *m(f)*

Afghanistan [æf'gænɪstæn] (N) Afghanistan *m*

aficionado [əˌfɪʃjə'nɑːdəʊ] (N) **he's a jazz ~** c'est un fana* de jazz

afield [ə'fiːld] (ADV) **far ~** loin • **countries further ~** pays *mpl* plus lointains • **to explore farther ~** pousser plus loin l'exploration

afloat [ə'fləʊt] (ADV) **a** (= *on water*) **to stay ~** [*person*] garder la tête hors de l'eau; [*object*] surnager; [*boat*] rester à flot **b** (= *solvent*) **to stay ~** se maintenir à flot

afoot [ə'fʊt] (ADV) **there is something ~** il se prépare quelque chose

aforementioned [əˌfɔː'menʃənd], **aforenamed** [ə'fɔːneɪmd] (ADJ) susmentionné

afraid [ə'freɪd] (ADJ) **a** (= *frightened*) **to be ~** avoir peur • **don't be ~!** n'ayez pas peur ! • **to look ~** avoir l'air effrayé • **to be ~ of sb/sth** avoir peur de qn/qch • **you have nothing to be ~ of** vous n'avez aucune raison d'avoir peur • **he is not ~ of hard work** le travail ne lui fait pas peur • **I am ~ he might hurt me** j'ai peur qu'il (ne) me fasse mal • **I am ~ of going** j'ai peur d'y aller • **to be ~ for sb/sth** avoir peur pour qn/qch • **to be ~ for one's life** craindre pour sa vie

b (*expressing polite regret*) **I'm ~ I can't do it** je suis désolé, mais je ne pourrai pas le faire • **are you going? — I'm ~ not** vous partez ? — hélas non • **are you going? — I'm ~ so** vous partez ? — hélas oui • **he's not here, I'm ~** je suis désolé, il n'est pas là

afresh [ə'freʃ] (ADV) de nouveau • **to start ~** recommencer

Africa ['æfrɪkə] (N) Afrique *f*

African ['æfrɪkən] **1** (ADJ) africain **2** (N) Africain(e) *m(f)* **3** ▸ **African-American** ADJ afro-américain ♦ N Afro-Américain(e) *m(f)* ▸ **African-Caribbean** ADJ afro-caribéen ♦ N Afro-Caribéen(enne) *m(f)*

Afrikaans [ˌæfrɪ'kɑːns] **1** (N) (= *language*) afrikaans *m* **2** (ADJ) afrikaans

Afrikaner [ˌæfrɪ'kɑːnə^r] **1** (N) Afrikaner *mf* **2** (ADJ) afrikaner

aft [ɑːft] **1** (ADV) à l'arrière **2** (ADJ) arrière

after ['ɑːftə^r]

> When **after** is an element in a phrasal verb, eg **look after**, **take after**, look up the verb.

1 (PREP) **a** après • **~ that** après cela • **~ dinner** après le dîner • **~ this date** passé cette date • **~ a week** au bout d'une semaine • **shortly ~ 10 o'clock** peu après 10 heures • **it was ~ 2 o'clock** il était plus de 2 heures • **it was 20 ~ 3** (*US*) il était 3 heures 20 • **~ seeing her** après l'avoir vue • **~ which he ...** après quoi il ... • **~ what has happened** après ce qui s'est passé • **the noun comes ~ the verb** le substantif vient après le verbe • **~ you, sir** après vous, Monsieur

▸ **after all** après tout • **~ all I said to him** après tout ce que je lui ai dit • **~ all I've done for you!** après tout ce que j'ai fait pour toi !

b (*place*) **come in and shut the door ~ you** entrez et fermez la porte derrière vous

c (*succession*) **day ~ day** jour après jour • **for kilometre ~ kilometre** sur des kilomètres et des kilomètres • **kilometre ~ kilometre of forest** des kilomètres et des kilomètres de forêt • **she gave one excuse ~ another** elle a avancé une excuse après l'autre • **time ~ time** maintes fois • **he ate 3 biscuits, one ~ the other** il a mangé 3 biscuits l'un après l'autre

d (*pursuit*) **to be ~ sb/sth** chercher qn/qch; (*after loss, disappearance*) rechercher qn/qch • **the police are ~ him** il est recherché par la police • **what are you ~?*** (= *want*) qu'est-ce que vous voulez ?; (= *have in mind*) qu'avez-vous en tête ?

2 (ADV) après • **for years ~** pendant des années après cela • **soon ~** bientôt après • **the week ~** la semaine d'après • **what comes ~?** qu'est-ce qui vient ensuite ?

3 (CONJ) après que • **~ he had closed the door, she spoke** après qu'il eut fermé la porte, elle a parlé • **~ he had closed the door, he spoke** après avoir fermé la porte, il a parlé

4 (NPL) (*Brit*) **afters*** (= *dessert*) dessert *m* • **what's for ~s?** qu'est-ce qu'il y a comme dessert ?
5 (COMP) ▸ **after-sales** ADJ [*service*] après-vente ▸ **after-sales service** N service *m* après-vente ▸ **after-school** ADJ [*activities*] extrascolaire • **~-school club** (*Brit*) *or* **center** (*US*) garderie *f* ▸ **after-sun** ADJ [*lotion, cream*] après-soleil ♦ N (= *lotion*) lotion *f* après-soleil; (= *cream*) crème *f* après-soleil

aftercare ['ɑːftəkɛəʳ] (N) [*of convalescent*] postcure *f*; [*of appliance, product*] entretien *m*

afterlife ['ɑːftəlaɪf] (N) vie *f* après la mort

aftermath ['ɑːftəmæθ] (N) suites *fpl* • **in the ~ of the riots** à la suite des émeutes

afternoon ['ɑːftə'nuːn] 1 (N) après-midi *m or f* • **in the ~** l'après-midi • **at 3 o'clock in the ~** à 3 heures de l'après-midi • **on Sunday ~** le dimanche après-midi • **every ~** chaque après-midi • **on the ~ of 2 May** l'après-midi du 2 mai • **good ~!** bonjour ! • **have a nice ~!** bon après-midi ! • **this ~** cet après-midi • **tomorrow/yesterday ~** demain/hier après-midi • **the following ~** l'après-midi suivant • **I've got an ~ meeting on Friday** j'ai une réunion vendredi après-midi 2 (COMP) ▸ **afternoon performance** N [*of play*] matinée *f* ▸ **afternoon tea** N thé *m*

afterparty ['ɑːftəpɑːtɪ] (N) after *m*

aftersales ['ɑːftəseɪlz] (N) (service *m*) après-vente *m*

aftershave ['ɑːftəʃeɪv] (N) après-rasage *m inv*

aftershock ['ɑːftəʃɒk] (N) [*of earthquake*] réplique *f*

aftertaste ['ɑːftəteɪst] (N) arrière-goût *m*

afterthought ['ɑːftəθɔːt] (N) **the window was added as an ~** la fenêtre a été ajoutée après coup

afterwards ['ɑːftəwədz] (ADV) plus tard

again [ə'gen] (ADV) ⓐ (= *one more time*) encore • **show me ~** montre-moi encore une fois • **it's him ~!** c'est encore lui ! • **what's his name ~?** comment s'appelle-t-il déjà ? • **but there ~ ...** mais là encore ...

> Note that a specific verb can often be used to translate English verb + **again** into French.

• **I had to do it ~** j'ai dû le refaire • **please call ~ later** merci de rappeler plus tard • **we went there ~** nous y sommes retournés • **to begin ~** recommencer • **to see sb/sth ~** revoir qn/qch • **he was soon well ~** il s'est vite remis • **she is home ~** elle est rentrée
ⓑ (*with negative*) plus • **I won't do it ~** je ne le ferai plus • **I won't do it ever ~** je ne le ferai plus jamais • **never ~** jamais plus • **never ~!** c'est bien la dernière fois ! • **not ~!** encore ! • **but then ~ ...** mais d'un autre côté ...
ⓒ (*set structures*)
▸ **again and again** à plusieurs reprises • **I've told you ~ and ~** je te l'ai dit et répété
▸ **(all) over again** **to start all over ~** recommencer au début • **he had to count them over ~** il a dû les recompter
▸ **as ... again** **he is as old ~ as Christine** il a deux fois l'âge de Christine • **as much ~** deux fois autant

against [ə'genst]

> When **against** is an element in a phrasal verb, eg **go against**, **run up against**, look up the verb.

(PREP) ⓐ contre • **he did it ~ my wishes** il l'a fait contre mon gré • **it's ~ the law** c'est contraire à la loi • **there's no law ~ it** il n'y aucune loi qui l'interdise • **I've got nothing ~ him/it** je n'ai rien contre lui/contre • **I'm ~ it** je suis contre • **to be (dead) ~ sth** être (farouchement) opposé à qch • **~ my will** malgré moi • **to work ~ the clock** travailler contre la montre • **to lean ~ a wall** s'appuyer contre un mur • **he leaned ~ it** il s'y est appuyé • **~ the light** à contre-jour • **the trees stood out ~ the sunset** les arbres se détachaient sur le soleil couchant
ⓑ (*comparison*) par rapport à • **the strength of the euro ~ the dollar** la fermeté de l'euro par rapport au dollar • **the euro is down ~ the dollar** l'euro a baissé par rapport au dollar

age [eɪdʒ] 1 (N) ⓐ âge *m* • **what ~ is she?** quel âge a-t-elle ? • **when I was your ~** quand j'avais votre âge • **I have a daughter the same ~ as you** j'ai une fille de votre âge • **act your ~!** allons, sois raisonnable ! • **he is ten years of ~** il a dix ans • **you don't look your ~** vous ne faites pas votre âge • **he's twice your ~** il a le double de votre âge • **to be under ~** être mineur • **to be of ~** être majeur • **to come of ~** [*person*] atteindre sa majorité; [*idea*] faire son chemin • **~ of consent** âge *m* légal
ⓑ (= *period of time*) époque *f* • **the Victorian ~** l'époque victorienne • **I haven't seen him for ~s*** il y a une éternité que je ne l'ai vu • **she stayed for ~s*** elle est restée des heures (*or* des semaines *etc*) • **it seemed like ~s*** ça a semblé une éternité
2 (VI) vieillir • **to ~ well** [*wine*] s'améliorer en vieillissant; [*person*] vieillir bien • **he has ~d a lot** il a pris un coup de vieux
3 (VT) vieillir • **that hairstyle ~s her terribly** cette coiffure la vieillit terriblement
4 (COMP) ▸ **age-appropriate** ADJ **this dress isn't really ~-appropriate for a little girl** ce genre de robe ne convient pas vraiment à une petite fille de cet âge ▸ **age group** N tranche *f* d'âge ▸ **age limit** N limite *f* d'âge

aged 1 (ADJ) ⓐ âgé de • **a boy ~ ten** un garçon (âgé) de dix ans ⓑ (= *old*) âgé 2 (NPL) **the aged** les personnes *fpl* âgées

> Lorsque **aged** est un adjectif, il n'y a qu'une syllabe : [eɪdʒd] ; lorsque c'est un nom, il y en a deux : ['eɪdʒɪd].

ageing ['eɪdʒɪŋ] (ADJ) vieillissant

ageism ['eɪdʒɪzəm] (N) âgisme *m*

ageist ['eɪdʒɪst] 1 (ADJ) faisant preuve d'âgisme 2 (N) personne *f* faisant preuve d'âgisme

ageless ['eɪdʒlɪs] (ADJ) [*person*] sans âge; [*beauty*] intemporel (-elle *f*)

agency ['eɪdʒənsɪ] (N) (= *office*) agence *f*; (*in government*) organisme *m*

agenda [ə'dʒendə] (N) ordre *m* du jour • **on the ~** à l'ordre du jour • **to set the ~** donner le ton • **to have an ~** (= *ideas*) avoir une idée en tête • **they denied having a hidden ~** ils ont nié avoir des intentions cachées

> ⚠ **agenda** is not translated by the French word **agenda**.

agent ['eɪdʒənt] (N) agent *m* • **~ for Ford cars** concessionnaire *m* Ford

aggravate ['ægrəveɪt] (VT) ⓐ [+ *illness, situation*] aggraver; [+ *quarrel*] envenimer; [+ *pain*] augmenter ⓑ (= *annoy*) exaspérer

a

aggravating [ˈægrəveɪtɪŋ] (ADJ) ⓐ (= *worsening*) aggravant ⓑ (= *annoying*) exaspérant

aggravation [ˌægrəˈveɪʃən] (N) ⓐ [*of problem, situation, illness*] aggravation *f* ⓑ (= *annoyance*) contrariété *f* • **I don't need all this ~** je pourrais me passer de toutes ces contrariétés

aggregate 1 (N) (= *total*) total *m* • **on ~** ≈ au total des points (*dans le groupe de sélection*) 2 (VT) [+ *results, data*] agréger

> Lorsque **aggregate** est un nom, la fin se prononce comme **it** : [ˈægrɪgɪt] ; lorsque c'est un verbe, elle se prononce comme **eight** : [ˈægrɪgeɪt].

aggregator [ˈægrɪgeɪtəʳ] (N) agrégateur *m*

aggression [əˈgreʃən] (N) agression *f*; (= *aggressiveness*) agressivité *f*

aggressive [əˈgresɪv] (ADJ) agressif

aggressively [əˈgresɪvlɪ] (ADV) agressivement

aggressiveness [əˈgresɪvnɪs] (N) agressivité *f*

aggressor [əˈgresəʳ] (N) agresseur *m*

aggrieved [əˈgriːvd] (ADJ) (= *angry*) fâché; (= *unhappy*) mécontent

aggro* [ˈægrəʊ] (N) (*Brit*) (= *emotion*) agressivité *f*; (= *physical violence*) grabuge* *m*; (= *hassle*) embêtements *mpl* • **I got a lot of ~** qu'est-ce que j'ai pris !*

aghast [əˈgɑːst] (ADJ) atterré (**at** de)

agile [ˈædʒaɪl] (ADJ) agile

agility [əˈdʒɪlɪtɪ] (N) agilité *f*

aging [ˈeɪdʒɪŋ] (ADJ) vieillissant

agitate [ˈædʒɪteɪt] (VT) ⓐ [+ *liquid*] agiter ⓑ (= *upset*) perturber

agitated [ˈædʒɪteɪtɪd] (ADJ) agité

agitation [ˌædʒɪˈteɪʃən] (N) ⓐ [*of person*] agitation *f* • **in a state of ~** agité ⓑ (= *social unrest*) troubles *mpl*

agitator [ˈædʒɪteɪtəʳ] (N) (= *person*) agitateur *m*, -trice *f*

AGM [ˌeɪdʒiːˈem] (N) (*Brit*) (ABBR OF **annual general meeting**) AG *f*

agnostic [ægˈnɒstɪk] (ADJ, N) agnostique *mf*

ago [əˈgəʊ] (ADV) il y a • **a week ~** il y a huit jours • **how long ~?** il y a combien de temps ? • **a little while ~** il y a peu de temps • **he left ten minutes ~** il est parti il y a dix minutes • **as long ~ as 1950** dès 1950

agonize [ˈægənaɪz] (VI) **to ~ over** *or* **about sth** se tourmenter à propos de qch • **to ~ over how to do sth** se ronger les sangs pour savoir comment faire qch

agonizing [ˈægənaɪzɪŋ] (ADJ) [*death*] atroce; [*choice*] déchirant

agony [ˈægənɪ] (N) supplice *m* • **it was ~** la douleur était atroce • **to be in ~** souffrir le martyre ▸ **agony aunt*** N (*Brit*) *rédactrice de la rubrique du courrier du cœur* ▸ **agony column*** N (*Brit*) courrier *m* du cœur ▸ **agony uncle*** N (*Brit*) *rédacteur de la rubrique du courrier du cœur*

agoraphobia [ˌægərəˈfəʊbɪə] (N) agoraphobie *f*

agoraphobic [ˌægərəˈfəʊbɪk] (ADJ) agoraphobe

agree [əˈgriː] 1 (VT) ⓐ (= *consent*) accepter • **he ~d to do it** il a accepté de le faire
ⓑ (= *admit*) reconnaître • **I ~ I was wrong** je reconnais que je me suis trompé
ⓒ (= *come to an agreement*) convenir (**to do sth** de faire qch); [+ *time, price*] se mettre d'accord sur • **everyone ~s that we should stay** tout le monde est d'accord pour dire que nous devons rester • **it was ~d** c'était convenu • **to ~ to differ** accepter que chacun reste sur ses positions • **I ~ that it's difficult** je suis d'accord que c'est difficile • **the delivery was three days later than ~d** la livraison a été effectuée trois jours après la date convenue • **unless otherwise ~d** à défaut d'un accord contraire
2 (VI) ⓐ (= *hold same opinion*) être d'accord • **I (quite) ~** je suis (tout à fait) d'accord • **I don't ~ (at all)** je ne suis pas (du tout) d'accord
ⓑ (= *come to terms*) se mettre d'accord • **to ~ about** *or* **on sth** se mettre d'accord sur qch • **we haven't ~d about the price** nous ne nous sommes pas mis d'accord sur le prix • **they ~d on how to do it** ils se sont mis d'accord sur la manière de le faire
▸ **to agree to to ~ to a proposal** accepter une proposition • **he won't ~ to that** il n'acceptera pas • **he ~d to the project** il a donné son accord au projet
▸ **to agree with she ~s with me that it is unfair** elle est d'accord avec moi pour dire que c'est injuste • **I can't ~ with you there** je ne suis absolument pas d'accord avec vous sur ce point • **I don't ~ with children smoking** je n'admets pas que les enfants fument *subj* • **the heat does not ~ with her** la chaleur l'incommode • **onions don't ~ with me** les oignons ne me réussissent pas
ⓒ [*ideas, stories, assessments*] concorder
ⓓ (*Gram*) s'accorder (**in** en)

agreeable [əˈgriːəbl] (ADJ) ⓐ (= *pleasant*) agréable ⓑ (= *willing*) **if you are ~, we can start immediately** si vous le voulez bien, nous pouvons commencer immédiatement ⓒ (= *acceptable*) **we can start the work tomorrow, if that's ~** nous pouvons commencer le travail demain si vous n'y voyez pas d'inconvénient

> **agréable** does not have a double **e**.

agreeably [əˈgriːəblɪ] (ADV) agréablement

agreed [əˈgriːd] (ADJ) ⓐ **to be ~** être d'accord ⓑ [*time, place, amount*] convenu • **it's all ~** c'est décidé • **as ~** comme convenu • **it's ~ that ...** il est convenu que ... + *indic* • **(is that) ~?** d'accord ? • **~!** d'accord !

agreement [əˈgriːmənt] (N) accord *m* • **to be in ~ on a subject** être d'accord sur un sujet • **by mutual ~** (= *both thinking same*) d'un commun accord; (= *without quarrelling*) à l'amiable • **to come to an ~** parvenir à un accord • **to sign an ~** signer un accord

agribusiness [ˈægrɪˌbɪznɪs] (N) agro-industries *fpl*

agricultural [ˌægrɪˈkʌltʃərəl] (ADJ) agricole • **~ college** collège *m* d'agriculture

agriculture [ˈægrɪkʌltʃəʳ] (N) agriculture *f*

agritourism [ˈægrɪˌtʊərɪzəm] (N) agritourisme *m*

agrochemical [ˌægrəʊˈkemɪkəl] (ADJ) agrochimique

agrofuel [ˌægrəʊˈfjʊəl] (N) agrocarburant *m*

agronomy [əˈgrɒnəmɪ] (N) agronomie *f*

aground [əˈgraʊnd] (ADV) **to run ~** s'échouer

ahead [əˈhed]

> When **ahead** is an element in a phrasal verb, eg **book ahead**, **go ahead**, look up the verb.

(ADV) ⓐ (*in space*) **stay here, I'll go on ~** restez ici, moi je vais devant • **to get ~** prendre de l'avance • **they were ~ of us** ils avaient de l'avance sur nous
ⓑ (*in classification, sport*) en tête • **to be five points ~** avoir une avance de cinq points • **the goal put Scotland 2-1 ~** grâce à ce but, l'Écosse menait 2 à 1

c *(in time)* **the months ~** les mois à venir • **there are difficult times ~** l'avenir s'annonce difficile • **to think ~** prévoir (à l'avance) • **to plan ~** faire des projets • **they're three weeks ~ of us** ils ont trois semaines d'avance sur nous • **~ of time** *[decide, announce]* d'avance; *[arrive, be ready]* en avance • **the project's ~ of schedule** le projet est plus avancé que prévu • **to be ~ of one's time** être en avance sur son temps • **what lies ~** ce que l'avenir nous réserve

ahold [ə'həʊld] (N) *(US)* **to get ~ of sb** *(= contact)* contacter qn; *(= grab)* saisir qn • **to get ~ of sth** *(= obtain)* mettre la main sur qch; *(= grab)* saisir qch

AI [,eɪ'aɪ] (N) **a** (ABBR OF **artificial intelligence**) IA *f*, intelligence *f* artificielle **b** (ABBR OF **artificial insemination**) IA *f*, insémination *f* artificielle

aid [eɪd] **1** (N) **a** *(= help)* aide *f* • **as an ~ to understanding** pour aider à la compréhension • **with the ~ of** avec l'aide de
▸ **in aid of** *(Brit)* **sale in ~ of the blind** vente *f* (de charité) au profit des aveugles • **what's the meeting in ~ of?*** c'est en quel honneur*, cette réunion ?
b *(= helper)* aide *mf*
c *(usually plural) (= equipment, apparatus)* aide *f* • **audio-visual ~s** supports *mpl* audiovisuels • **teaching ~s** matériel *m* pédagogique
2 (VT) *[+ person]* aider; *[+ progress, recovery]* contribuer à • **to ~ sb to do sth** aider qn à faire qch • **to ~ and abet sb** être complice de qn
3 (COMP) ▸ **aid agency** N organisation *f* humanitaire

aide [eɪd] (N) aide *mf*; *(US Politics)* conseiller *m*, -ère *f*

AIDS, Aids, aids [eɪdz] (N) (ABBR OF **acquired immune deficiency syndrome**) sida *m* ▸ **AIDS patient** N malade *mf* du sida ▸ **AIDS-related** ADJ associé au sida ▸ **AIDS victim** N victime *f* du sida

aikibudo [,aɪkɪ'bu:dəʊ] (N) aïkibudo *m*

aikido ['aɪkɪdəʊ] (N) aïkido *m*

ailing ['eɪlɪŋ] (ADJ) souffrant • **an ~ company** une entreprise qui périclite

ailment ['eɪlmənt] (N) affection *f* • **all his (little) ~s** tous ses maux *mpl*

aim [eɪm] **1** (N) **a** *(using weapon, ball)* **his ~ is bad** il vise mal • **to take ~ (at sb/sth)** viser (qn/qch) **b** *(= purpose)* but *m* • **with the ~ of doing sth** dans le but de faire qch • **her ~ is to ...** son but est de ... **2** (VT) **a** *(= direct) [+ extinguisher]* diriger; *[+ missile]* pointer (**at** sur) • **to ~ a gun at sb** braquer un revolver sur qn • **his remarks are ~ed at his father** ses remarques visent son père **b** *(= intend)* viser (**to do sth** à faire qch) **3** (VI) viser • **to ~ at** viser

aimless ['eɪmlɪs] (ADJ) *[person, way of life]* sans but; *[activity, pursuit]* futile

aimlessly ['eɪmlɪslɪ] (ADV) *[wander, drift]* sans but

ain't‡ [eɪnt] (ABBR OF **am not, is not, are not, has not, have not**) → **be, have**

air [ɛəʳ] **1** (N) **a** air *m* • **in the open ~** en plein air • **to go out for a breath of (fresh) ~** sortir prendre l'air • **to throw sth (up) into the ~** lancer qch en l'air • **the balloon rose up into the ~** le ballon s'est élevé (dans les airs) • **seen from the ~** vu d'en haut • **to be walking on ~** être aux anges • **to pluck a figure out of the ~** donner un chiffre au hasard
▸ **by air** par avion
▸ **in the air there's something in the ~** il se prépare quelque chose • **it's still all up in the ~** ce ne sont encore que des projets en l'air • **there's a rumour in the ~ that ...** le bruit court que ...
▸ **off air to go off ~** quitter l'antenne
▸ **on air** à l'antenne • **he's on ~ every day** il passe tous les jours à la radio
b *(= manner)* air *m* • **with an ~ of superiority** d'un air supérieur • **~s and graces** minauderies *fpl* • **to put on ~s and graces** minauder
2 (VT) **a** *[+ clothes, bed]* aérer
b *[+ opinions]* faire connaître; *[+ idea, proposal]* émettre
3 (VI) *(= be broadcast)* être diffusé
4 (COMP) ▸ **air ambulance** N avion *m* sanitaire ▸ **air base** N base *f* aérienne ▸ **air bed** N *(Brit)* matelas *m* pneumatique ▸ **air brake** N *(on truck)* frein *m* à air comprimé ▸ **air bubble** N bulle *f* d'air ▸ **air-con** N = **air conditioning** ▸ **air-conditioned** ADJ climatisé ▸ **air conditioner** N climatiseur *m* ▸ **air conditioning** N climatisation *f* ▸ **air-cooled** ADJ *[engine]* à refroidissement par air; *(US)** *[room]* climatisé ▸ **air display** N meeting *m* aérien ▸ **air force** N armée *f* de l'air ▸ **air freshener** N désodorisant *m* ▸ **air hostess** N *(Brit)* hôtesse *f* de l'air ▸ **air letter** N aérogramme *m* ▸ **air miles** NPL miles *mpl* ▸ **air pressure** N pression *f* atmosphérique ▸ **air rage** N *comportement agressif de passager(s) dans un avion* ▸ **air raid** N raid *m* aérien ▸ **air-raid shelter** N abri *m* antiaérien ▸ **air-raid warning** N alerte *f* (aérienne) ▸ **air rifle** N carabine *f* à air comprimé ▸ **air-sea rescue** N sauvetage *m* en mer *(par hélicoptère ou avion)* ▸ **air show** N *(= trade exhibition)* salon *m* de l'aéronautique; *(= flying display)* meeting *m* aérien ▸ **air space** N espace *m* aérien ▸ **air time** N temps *m* d'antenne ▸ **air traffic control** N contrôle *m* du trafic aérien ▸ **air traffic controller** N aiguilleur *m* du ciel

airbag ['ɛəbæg] (N) *(in car)* airbag® *m*

airborne ['ɛəbɔ:n] (ADJ) **the plane was ~** l'avion avait décollé

aircraft ['ɛəkrɑ:ft] (N) *pl inv* avion *m* ▸ **aircraft carrier** N porte-avion(s) *m*

airer ['ɛərəʳ] (N) séchoir *m*

airfare ['ɛəfɛəʳ] (N) prix *m* du billet d'avion • **she paid my ~** elle a payé mon billet d'avion

airfield ['ɛəfi:ld] (N) terrain *m* d'aviation

airgun ['ɛəgʌn] (N) fusil *m* à air comprimé

airing ['ɛərɪŋ] (N) **to give an idea an ~** mettre une idée sur le tapis ▸ **airing cupboard** N *(Brit)* placard-séchoir *m*

airless ['ɛəlɪs] (ADJ) *[room]* sans air

airlift ['ɛəlɪft] **1** (N) pont *m* aérien **2** (VT) **to ~ in** acheminer par pont aérien • **to ~ out** évacuer par pont aérien

airline ['ɛəlaɪn] (N) compagnie *f* aérienne

airliner ['ɛəlaɪnəʳ] (N) avion *m* de ligne

airmail ['ɛəmeɪl] (N) poste *f* aérienne • **by ~** par avion ▸ **airmail letter** N lettre *f* par avion ▸ **airmail sticker** N étiquette *f* « par avion »

airplane ['ɛəpleɪn] (N) *(US)* avion *m*

airplay ['ɛəpleɪ] (N) **to get a lot of ~** passer souvent à l'antenne

airport ['ɛəpɔ:t] (N) aéroport *m*

airsick ['ɛəsɪk] (ADJ) **to be ~** avoir le mal de l'air • **I get ~** je souffre du mal de l'air

airstrike ['ɛəstraɪk] (N) raid *m* aérien

airstrip ['ɛəstrɪp] (N) piste *f* (d'atterrissage)

airtight ['ɛətaɪt] (ADJ) hermétique

airway ['ɛəweɪ] **1** (N) *(= route)* voie *f* aérienne; *(= airline company)* compagnie *f* aérienne **2** (NPL) **airways** voies *fpl* respiratoires

airy ['ɛərɪ] (ADJ) *[room, building]* clair et spacieux; *[fabric]* léger ▸ **airy-fairy*** ADJ *(Brit)* farfelu

aisle [aɪl] (N) **a** [*of church*] allée *f* centrale • **to walk up the ~ with sb** (= *marry*) épouser qn **b** [*of theatre, cinema*] allée *f*; [*of plane*] couloir *m*; (Brit) [*of supermarket*] allée *f* • **~ seat** place *f* côté couloir

ajar [əˈdʒɑːʳ] (ADJ, ADV) entrouvert

AK (ABBR OF **Alaska**)

aka [ˌeɪkeɪˈeɪ] (ABBR OF **also known as**) alias

akin [əˈkɪn] (ADJ) **~ to** (= *similar*) qui ressemble à

AL, Ala. (ABBR OF **Alabama**)

alabaster [ˈæləbɑːstəʳ] **1** (N) albâtre *m* **2** (ADJ) en albâtre

Aladdin [əˈlædɪn] (N) Aladin *m* ▸ **Aladdin's cave** N (*fig*) caverne *f* d'Ali Baba

alarm [əˈlɑːm] **1** (N) **a** alarme *f* • **to raise the ~** donner l'alarme • **to cause sb ~** alarmer qn **b** (= *clock*) réveil *m* **2** (VT) [+ *person*] alarmer • **to become ~ed** [*person*] s'alarmer **3** (COMP) ▸ **alarm bell** N sonnerie *f* d'alarme • **it set ~ bells ringing in government** ça a alerté le gouvernement ▸ **alarm call** N (*phone service*) appel *m* du service réveil • **I'd like an ~ call (for 6am)** je voudrais être réveillé (à 6 heures) ▸ **alarm clock** N réveil *m* ▸ **alarm signal** N signal *m* d'alarme ▸ **alarm system** N système *m* d'alarme

alarmed [əˈlɑːmd] (ADJ) **a** (= *frightened*) effrayé • **don't be ~** n'ayez pas peur **b** (= *equipped with alarm*) pourvu d'un système d'alarme

alarming [əˈlɑːmɪŋ] (ADJ) alarmant

alarmingly [əˈlɑːmɪŋlɪ] (ADV) [*rise, deteriorate*] de façon alarmante • **the deadline is ~ close** la date limite se rapproche de manière inquiétante

alarmist [əˈlɑːmɪst] (ADJ, N) alarmiste *mf*

alas [əˈlæs] (EXCL) hélas!

Alas. (ABBR OF **Alaska**)

Albania [ælˈbeɪnɪə] (N) Albanie *f*

Albanian [ælˈbeɪnɪən] **1** (ADJ) albanais **2** (N) (= *person*) Albanais(e) *m(f)*

albatross [ˈælbətrɒs] (N) albatros *m*

albeit [ɔːlˈbiːɪt] (CONJ) bien que

albino [ælˈbiːnəʊ] (N) albinos *mf*

album [ˈælbəm] (N) album *m* ▸ **album cover** N pochette *f* (de disque)

albumen, albumin [ˈælbjʊmɪn] (N) albumen *m*

alchemy [ˈælkɪmɪ] (N) alchimie *f*

alcohol [ˈælkəhɒl] (N) alcool *m* ▸ **alcohol abuse** N abus *m* d'alcool ▸ **alcohol-free** ADJ sans alcool

alcoholic [ˌælkəˈhɒlɪk] **1** (ADJ) [*person*] alcoolique; [*drink*] alcoolisé **2** (N) alcoolique *mf* • **Alcoholics Anonymous** Alcooliques *mpl* anonymes

alcoholism [ˈælkəhɒlɪzəm] (N) alcoolisme *m*

alcopop [ˈælkəˌpɒp] (N) (Brit) prémix *m*

alcove [ˈælkəʊv] (N) (*in room*) alcôve *f*; (*in wall*) niche *f*

ale [eɪl] (N) bière *f*

alert [əˈlɜːt] **1** (N) alerte *f* • **to give the ~** donner l'alerte • **on the ~** sur le qui-vive; [*army*] en état d'alerte **2** (ADJ) **a** (= *watchful*) vigilant **b** (= *aware*) **to be ~ to sth** avoir conscience de qch **c** (= *acute*) [*old person*] alerte; [*child*] éveillé • **to be mentally ~** avoir l'esprit vif **3** (VT) alerter • **we are now ~ed to the dangers** nous sommes maintenant sensibilisés aux dangers

alfalfa [ælˈfælfə] (N) alfalfa *m*

alfresco [ælˈfreskəʊ] (ADJ, ADV) en plein air

algae [ˈældʒiː] (NPL) algues *fpl*

algebra [ˈældʒɪbrə] (N) algèbre *f*

Algeria [ælˈdʒɪərɪə] (N) Algérie *f*

Algerian [ælˈdʒɪərɪən] **1** (ADJ) algérien **2** (N) Algérien(ne) *m(f)*

Algiers [ælˈdʒɪəz] (N) Alger

Algonquian [ˌælˈgɒŋkwɪən], **Algonquin** [ælˈgɒŋkwɪn] (ADJ) algonquin, algonkin

algorithm [ˈælgəˌrɪðəm] (N) algorithme *m*

alias [ˈeɪlɪəs] **1** (ADV) alias **2** (N) faux nom *m*; [*of writer*] pseudonyme *m*

alibi [ˈælɪbaɪ] (N) alibi *m*

alien [ˈeɪlɪən] **1** (N) **a** (*from abroad*) étranger *m*, -ère *f* **b** (*from outer space*) extraterrestre *mf* **2** (ADJ) **a** (= *foreign*) étranger **b** (= *from outer space*) extraterrestre • **~ being** extraterrestre *mf*

alienate [ˈeɪlɪəneɪt] (VT) aliéner • **she has ~d all her friends** elle s'est aliéné tous ses amis

alight [əˈlaɪt] **1** (VI) [*person*] descendre; [*bird*] se poser **2** (ADJ) (= *burning*) **to be ~** [*candle, fire*] être allumé; [*building*] être en feu • **to set sth ~** mettre le feu à qch

align [əˈlaɪn] **1** (VT) aligner • **to ~ o.s. with sb** s'aligner sur qn **2** (VI) s'aligner (**with** sur)

alignment [əˈlaɪnmənt] (N) alignement *m*

alike [əˈlaɪk] **1** (ADJ) **to look ~** [*people*] se ressembler • **no two are exactly ~** il n'y en a pas deux qui soient exactement identiques **2** (ADV) **a** (= *in the same way*) de la même façon **b** (= *equally*) **winter and summer ~** été comme hiver

alimony [ˈælɪmənɪ] (N) pension *f* alimentaire

alive [əˈlaɪv] (ADJ) **a** (= *living*) vivant • **to be burned ~** brûler vif • **to bury sb ~** enterrer qn vivant • **he must be taken ~** [*prisoner*] il faut le capturer vivant • **it's good to be ~** il fait bon vivre • **to keep sb ~** maintenir qn en vie • **to stay ~** rester en vie • **we were eaten ~ by mosquitoes** nous avons été dévorés par les moustiques **b** (= *lively*) **to bring ~** [+ *meeting*] animer; [+ *past*] faire revivre • **to keep ~** [+ *tradition*] préserver; [+ *memory*] garder • **to come ~** s'animer • **to be ~ with insects/tourists** grouiller d'insectes/de touristes

alkaline [ˈælkəlaɪn] (ADJ) alcalin

---

all [ɔːl]

1 ADJECTIVE	**4** NOUN
2 PRONOUN	**5** COMPOUNDS
3 ADVERB	

> When **all** is part of a set combination, eg **in all probability, of all people**, look up the noun.

1 ADJECTIVE

tout (le), toute (la), tous (les), toutes (les) • **~ the time** tout le temps • **~ my life** toute ma vie • **~ kinds of** toutes sortes de • **~ the others** tous (*or* toutes) les autres • **~ that** tout cela

> Articles or pronouns often need to be added in French.

• **~ day** toute la journée • **~ three** tous les trois • **~ three said the same** ils ont tous les trois dit la même chose • **~ three accused were found guilty of fraud** les accusés ont tous (les) trois été reconnus coupables de fraude

2 PRONOUN

a (= everything) tout • **~ or nothing** tout ou rien • **~ is well** tout va bien • **that's ~** c'est tout • **you can't see ~ of Paris in a day** on ne peut pas voir tout Paris en une journée

▸ **it all** tout • **he drank it ~** il a tout bu • **he's seen it ~, done it ~** il a tout vu, tout fait • **it ~ happened so quickly** tout s'est passé si vite

▸ **all that** (*subject of relative clause*) tout ce qui • **that's ~ that matters** c'est tout ce qui importe • **you can have ~ that's left** tu peux prendre tout ce qui reste

▸ **all (that)** (*object of relative clause*) tout ce que; (*after verb taking "de"*) tout ce dont • **~ I want is to sleep** tout ce que je veux, c'est dormir • **that is ~ he said** c'est tout ce qu'il a dit • **we saw ~ there was to see** nous avons vu tout ce qu'il y avait à voir • **~ I remember is …** tout ce dont je me souviens, c'est … • **it was ~ I could do not to laugh** j'ai eu toutes les peines du monde à me retenir de rire

b (plural) tous *mpl*, toutes *fpl* • **we ~ sat down** nous nous sommes tous assis • **the girls ~ knew that …** les filles savaient toutes que … • **they were ~ broken** ils étaient tous cassés • **the peaches? I've eaten them ~!** les pêches ? je les ai toutes mangées !

▸ **all who** tous ceux qui *mpl*, toutes celles qui *fpl* • **~ who knew him loved him** tous ceux qui le connaissaient l'appréciaient • **education should be open to ~ who want it** l'éducation devrait être accessible à tous ceux qui veulent en bénéficier

▸ *superlative +* **of all this was the biggest disappointment of ~ for me** ça a été ma grosse déception • **this result was the most surprising of ~** ce résultat était des plus surprenants • **best of ~, the reforms will cost nothing** et surtout, ces réformes ne coûteront rien

c ▸ **all of the** tout le *m*, toute la *f*, tous les *mpl*, toutes les *fpl* • **~ of the work** tout le travail • **~ of the cooking** toute la cuisine • **~ of the cakes went** tous les gâteaux ont été mangés

▸ **all of it I gave him some soup and he ate ~ of it** je lui ai donné de la soupe et il a tout mangé • **I didn't read ~ of it** je ne l'ai pas lu en entier • **not ~ of it was true** ce n'était pas entièrement vrai

▸ **all of them** tous *mpl*, toutes *fpl* • **~ of them failed** ils ont tous échoué • **I love his short stories, I've read ~ of them** j'aime beaucoup ses nouvelles, je les ai toutes lues

▸ **all of** *+ number* (= *at least*) **it took him ~ of 3 hours** ça lui a pris 3 bonnes heures • **it weighed ~ of 30 kilos** ça pesait bien 30 kilos • **exploring the village took ~ of ten minutes** (= *only*) la visite du village a bien dû prendre dix minutes

3 ADVERB

a (= entirely) tout • **she was dressed ~ in white** elle était habillée tout en blanc • **she came in ~ dishevelled** elle est arrivée tout ébouriffée

> When used with a feminine adjective starting with a consonant, **tout** agrees.

• **she went ~ red** elle est devenue toute rouge

▸ **all by myself** *etc*, **all alone** tout seul • **he had to do it ~ by himself** il a dû le faire tout seul • **she's ~ alone** elle est toute seule • **she left her daughters ~ alone in the flat** elle a laissé ses filles toutes seules dans l'appartement

b (in scores) **the score was two ~** (*tennis, squash*) les joueurs étaient à deux jeux (*or* sets) partout; (*other sports*) le score était de deux à deux • **what's the score? — two ~** quel est le score ? — deux partout *or* deux à deux

4 NOUN

(= utmost) **I decided to give it my ~** j'ai décidé de donner mon maximum • **he puts his ~ into every game** il s'investit complètement dans chaque match

5 (*set structures*)

▸ **all along** (= *from the start*) depuis le début; (= *the whole length of*) tout le long de • **I feared that ~ along** je l'ai craint depuis le début • **~ along the road** tout le long de la route

▸ **all but** (= *nearly*) presque; (= *all except*) tous sauf • **he is ~ but forgotten now** il est presque tombé dans l'oubli • **the party won ~ but six of the seats** le parti a remporté tous les sièges sauf six

▸ **all for to be ~ for sth** être tout à fait pour qch • **I'm ~ for giving him a chance** je suis tout à fait d'accord pour lui donner une chance • **I'm ~ for it** je suis tout à fait pour*

▸ **all in all** (= *altogether*) l'un dans l'autre • **we thought, ~ in ~, it wasn't a bad idea** nous avons pensé que, l'un dans l'autre, ce n'était pas une mauvaise idée

▸ **all one it's ~ one** c'est du pareil au même • **it's ~ one to them** c'est du pareil au même pour eux

▸ **all over** (= *everywhere*) partout • **I looked for you ~ over** je vous ai cherché partout • **~ over France** partout en France • **he was trembling ~ over** il tremblait de tous ses membres • **~ over the country** dans tout le pays • **~ over the world** dans le monde entier • **that's him ~ over*** on le reconnaît bien là !

▸ **to be all over** (= *finished*) être fini • **it's ~ over!** c'est fini ! • **it's ~ over between us** tout est fini entre nous

▸ **to be all over sb*** (= *affectionate with*) **they were ~ over each other** ils étaient pendus au cou l'un de l'autre

▸ **all the more this was ~ the more surprising since …** c'était d'autant plus surprenant que … • **~ the more so since …** d'autant plus que …

▸ **all the better!** tant mieux !

▸ **all too it was ~ too obvious he didn't mean it** on voyait bien qu'il n'en pensait rien • **the evening passed ~ too quickly** la soirée a passé bien trop rapidement

▸ **all very that's ~ very well but …** c'est bien beau mais … • **it was ~ very embarrassing** c'était vraiment très gênant

▸ **and all the dog ate the sausage, mustard and ~** le chien a mangé la saucisse avec la moutarde et tout* • **what with the snow and ~, we didn't go** avec la neige et tout le reste, nous n'y sommes pas allés

▸ **as all that it's not as important as ~ that** ce n'est pas si important que ça

▸ **for all …** (= *despite*) malgré • **for ~ its beauty, the city …** malgré sa beauté, la ville … • **for ~ that** malgré tout

▸ **for all I know … for ~ I know he could be right** il a peut-être raison, je n'en sais rien • **for ~ I know, they're still living together** autant que je sache, ils vivent encore ensemble

▸ **if … at all they won't attempt it, if they have any sense at ~** ils ne vont pas essayer s'ils ont un peu de bon sens • **the little grammar they learn, if they study grammar at ~** le peu de grammaire qu'ils apprennent, si tant est qu'il étudient la grammaire • **very rarely if at ~**

très rarement pour ne pas dire jamais • **if at ~ possible** dans la mesure du possible
▸ **in all** en tout
▸ **no ... at all** **it makes no difference at ~** ça ne fait aucune différence • **I have no regrets at ~** je n'ai aucun regret
▸ **none at all** **have you any comments? — none at ~!** vous avez des commentaires à faire ? — absolument aucun !
▸ **not ... at all** (= *not in the least*) pas ... du tout • **I don't mind at ~** ça ne me gêne pas du tout • **are you disappointed? — not at ~!** vous êtes déçu ? — pas du tout • **thank you! — not at ~!** merci ! — de rien !
▸ **not all that** (= *not so*) **it isn't ~ that far** ce n'est pas si loin que ça

6 COMPOUNDS

▸ **all-American** ADJ cent pour cent américain ▸ **all-around** ADJ (*US*) [*sportsman*] complet (-ète *f*) ▸ **all clear** N fin *f* d'alerte • **~ clear!** (= *you can go through*) la voie est libre; (= *the alert is over*) l'alerte est passée • **to give sb the ~ clear** (= *authorize*) donner le feu vert à qn; (*doctor to patient*) dire à qn que tout va bien ▸ **all-embracing** ADJ global ▸ **all fours** NPL **on ~ fours** à quatre pattes ▸ **all-in** ADJ (*Brit*) [*price*] tout compris *inv* ▸ **all-inclusive** ADJ [*price, rate*] tout compris *inv* ▸ **all-in-one** N combinaison *f* ♦ ADJ **an ~-in-one outfit** une combinaison ▸ **all out** ADV **to go ~ out** (*physically*) y aller à fond • **to go ~ out for monetary union** jeter toutes ses forces dans la bataille pour l'union monétaire ▸ **all-out strike** N grève *f* générale ▸ **all-out war** N guerre *f* totale ▸ **all-over tan** N bronzage *m* intégral ▸ **all-party** ADJ multipartite ▸ **all-points bulletin** N (*US*) message *m* à toutes les patrouilles (on à propos de) ▸ **all-powerful** ADJ tout-puissant ▸ **all-purpose** ADJ [*flour, vehicle, cleaner*] tous usages; [*knife, glue*] universel ▸ **all-round** ADJ [*sportsman*] complet (-ète *f*) ▸ **all-rounder** N **to be a good ~-rounder** être bon en tout ▸ **all-seater stadium** N (*Brit*) *stade n'ayant que des places assises* ▸ **all-star** ADJ (*Theatre, Cinema*) **~-star cast** plateau *m* de vedettes ▸ **all-terrain bike** N vélo *m* tout-terrain, VTT *m* ▸ **all-terrain vehicle** N véhicule *m* tout-terrain ▸ **all told** ADV en tout ▸ **all-weather** ADJ toute saison, tout temps • **~-weather court** (*Tennis*) (terrain m en) quick m ▸ **all-year-round** ADJ [*resort*] ouvert toute l'année • **jogging's an ~-year-round sport** le jogging se pratique toute l'année

---

Allah ['ælə] (N) Allah *m*

allay [ə'leɪ] (VT) apaiser • **to ~ suspicion** dissiper les soupçons

allegation [,ælɪ'geɪʃən] (N) allégation *f*

allege [ə'ledʒ] (VT) prétendre • **he is ~d to have said that ...** il aurait dit que ...

alleged [ə'ledʒd] (ADJ) présumé

allegedly [ə'ledʒɪdlɪ] (ADV) **the crime he had ~ committed** le crime qu'il aurait commis • **~ illegal immigrants** les immigrants qui seraient en situation irrégulière

allegiance [ə'li:dʒəns] (N) allégeance *f* (to à)

allergen ['ælədʒen] (N) allergène *m*

allergenic [,ælə'dʒenɪk] (ADJ) allergénique

allergic [ə'lɜ:dʒɪk] (ADJ) allergique

allergy ['ælədʒɪ] (N) allergie *f* • **a dust ~** une allergie à la poussière

alleviate [ə'li:vɪeɪt] (VT) calmer

alley ['ælɪ] (N) (*between buildings*) ruelle *f*; (*in garden*) allée *f*; (*US: between counters*) passage *m*

alleyway ['ælɪweɪ] (N) ruelle *f*

alliance [ə'laɪəns] (N) alliance *f* • **to enter into an ~ with ...** s'allier avec ...

allied ['ælaɪd] (ADJ) **a** (= *in league*) allié **b** (= *associated*) [*industries, conditions*] apparenté; [*subjects*] connexe

alligator ['ælɪgeɪtə^r] (N) alligator *m*

allocate ['æləʊkeɪt] (VT) **a** (= *allot*) [+ *task*] attribuer; [+ *money*] affecter **b** (= *apportion*) répartir

allocation [,æləʊ'keɪʃən] (N) **a** (= *allotting*) affectation *f*; (*to individual*) attribution *f* **b** (= *apportioning*) répartition *f* **c** (= *money allocated*) part *f*

allot [ə'lɒt] (VT) **a** (= *allocate*) attribuer • **to do sth in the time ~ted** faire qch dans le temps imparti **b** (= *share among group*) répartir

allotment [ə'lɒtmənt] (N) (*Brit*) jardin *m* ouvrier

allow [ə'laʊ] (VT) **a** (= *permit*) permettre, autoriser; (= *tolerate*) tolérer • **to ~ sb sth** permettre qch à qn • **to ~ sb to do sth** permettre à qn de faire qch • **to ~ sb in/out/past** permettre à qn d'entrer/de sortir/de passer • **to ~ sth to happen** laisser se produire qch • **to ~ o.s. to be persuaded** se laisser persuader • **~ us to help you** permettez-nous de vous aider • **we are not ~ed much freedom** on nous accorde peu de liberté • **smoking is not ~ed** il est interdit de fumer • **no children/dogs ~ed** interdit aux enfants/chiens • **I will not ~ such behaviour** je ne tolérerai pas une telle conduite
b (= *grant*) accorder • **to ~ sb £30 a month** accorder à qn 30 livres par mois
c (= *make provision*) **to ~ space for** prévoir de la place pour • **~ yourself an hour to cross the city** comptez une heure pour traverser la ville
d (= *concede*) admettre • **~ing that ...** en admettant que ... + *subj*
▸ **allow for** VT INSEP **a** (= *plan for*) prévoir • **we ~ for a certain amount of theft** nous prévoyons un certain pourcentage de vols • **the budget did not ~ for these extra expenses** ces dépenses supplémentaires n'étaient pas prévues au budget **b** (= *take into account*) tenir compte de • **after ~ing for his expenses** en tenant compte de ses dépenses • **we must ~ for the cost of the wood** il faut compter avec le prix du bois

allowance [ə'laʊəns] (N) **a** (= *money given to sb*) allocation *f*; (*for lodgings, food*) indemnité *f*; (= *alimony*) pension *f* alimentaire; (= *food*) ration *f*; (= *pocket money*) argent *m* de poche • **his father gives him an ~ of £500 per month** son père lui verse 500 livres par mois **b** (= *discount*) réduction *f* • **tax ~s** déductions *fpl* fiscales **c** **you must learn to make ~s** (= *concessions*) il faut savoir faire la part des choses • **to make ~s for sb** (= *excuse*) se montrer indulgent envers qn • **to make ~s for sth** (= *allow for*) tenir compte de qch

alloy ['ælɔɪ] (N) alliage *m* ▸ **alloy wheels** NPL roues *fpl* en alliage léger

all right [,ɔ:l'raɪt] 1 (ADJ) **a** (= *satisfactory*) bien • **he's ~** il est bien • **do you like the champagne? — it's ~** aimez-vous ce champagne ? — il n'est pas mal • **it's ~** (= *don't worry*) ce n'est pas grave • **is it ~ if ...?** ça vous dérange si ...? • **is everything ~?** tout va bien ? • **it's ~ by me** d'accord • **see you later, ~?** à tout à l'heure, d'accord ?
b **to be ~** (= *healthy*) aller bien; (= *safe*) être sain et sauf

• **someone should see if she's ~** quelqu'un devrait aller voir si elle va bien • **the car will be ~ there overnight** la voiture ne risque rien à passer la nuit là

ⓒ **to be ~ for money** (= *well-provided*) avoir assez d'argent • **we're ~ for the rest of our lives** nous avons tout ce qu'il nous faut pour le restant de nos jours

2 (EXCL) (*in approval, exasperation*) ça va !; (*in agreement*) d'accord !

3 (ADV) ⓐ (= *without difficulty*) sans problème • **he's getting on ~** il se débrouille pas mal • **did you get home ~ last night?** tu es bien rentré chez toi, hier soir ? • **he's doing ~ for himself** il se débrouille bien

ⓑ (= *definitely*) **he's at home ~, but he's not answering the phone** il est bien chez lui, mais il ne répond pas au téléphone • **you'll get the money back ~** vous serez remboursé, c'est sûr

ⓒ (*expressing agreement*) d'accord

ⓓ (*summoning attention*) ~, **let's get started** bon, allons-y

all-right* [ɔːl'raɪt] (ADJ) (US) **an ~ guy** un type réglo*

allspice ['ɔːlspaɪs] (N) piment *m* de la Jamaïque

all-time ['ɔːl'taɪm] **1** (ADJ) sans précédent • **he's my ~ favourite** c'est mon préféré • **"Casablanca" is one of the ~ greats** « Casablanca » est l'un des plus grands films de tous les temps • **he's one of the ~ greats** il fait partie des plus grands • **~ record** record *m* absolu • **the pound has reached an ~ low** la livre a atteint le niveau le plus bas jamais enregistré • **to be at an ~ low** être au plus bas **2** (ADV) **an ~ best performance** un record personnel • **John's ~ favourite artist** l'artiste préféré de John

allude [ə'luːd] (VI) **to ~ to** [*person*] faire allusion à; [*letter*] faire référence à

allure [ə'ljʊəʳ] (N) charme *m*

> ⚠ **allure** is not translated by the French word **allure**.

alluring [ə'ljʊərɪŋ] (ADJ) séduisant

allusion [ə'luːʒən] (N) allusion *f*

alluvial [ə'luːvɪəl] (ADJ) [*ground*] alluvial; [*deposit*] alluvionnaire

alluvium [ə'luːvɪəm] (N) (*pl* **alluviums** *or* **alluvia**) alluvion *f*

ally 1 (VT) allier • **to ~ o.s. with** s'allier avec **2** (N) allié(e) *m(f)*

> Lorsque **ally** est un verbe, l'accent tombe sur la seconde syllabe : [ə'laɪ], lorsque c'est un nom, sur la première : ['ælaɪ].

almighty [ɔːl'maɪtɪ] **1** (ADJ) ⓐ (= *all-powerful*) tout-puissant ⓑ (= *tremendous*) [*row, scandal*]* énorme **2** (N) **the Almighty** le Tout-Puissant

almond ['ɑːmənd] **1** (N) amande *f* **2** (ADJ) [*oil, paste*] d'amande

almost ['ɔːlməʊst] (ADV) presque • **I had ~ forgotten about it** j'avais presque oublié • **he ~ fell** il a failli tomber

alms [ɑːmz] (N) aumône *f*

alone [ə'ləʊn] (ADJ, ADV) ⓐ (= *by oneself*) seul • **all ~** tout(e) seul(e) • **to go it ~*** faire cavalier seul • **I need to get her ~** il faut que je lui parle en tête-à-tête

ⓑ (= *only*) seul • **he ~ could tell you** lui seul pourrait vous le dire • **you ~ can do it** vous êtes le seul à pouvoir le faire

ⓒ (= *lonely*) seul • **I feel so ~** je me sens si seul

ⓓ (= *in peace*) **to leave sb ~** laisser qn tranquille • **leave me ~!** laisse-moi tranquille ! • **leave that knife ~!** ne touche pas à ce couteau ! • **leave well ~** le mieux est l'ennemi du bien (PROV)

ⓔ ▸ **let alone** encore moins • **he can't read, let ~ write** il ne sait pas lire, et encore moins écrire • **he can't afford food, let ~ clothes** il n'a pas de quoi s'acheter de la nourriture, et encore moins des vêtements

along [ə'lɒŋ]

> When **along** is an element in a phrasal verb, eg **go along**, **play along**, look up the verb.

1 (ADV) ⓐ **I'll be ~ in a moment** j'arrive tout de suite • **she'll be ~ tomorrow** elle viendra demain • **come ~ with me** venez avec moi • **bring your friend ~** amène ton ami • **~ here, ~ there** par là • **~ with** ainsi que

ⓑ ▸ **all along** depuis le début • **I could see all ~ that he would refuse** je savais depuis le début qu'il allait refuser • **that's what I've been saying all ~** c'est ce que je n'ai pas arrêté de dire

2 (PREP) le long de • **to walk ~ the beach** se promener le long de la plage • **the railway runs ~ the beach** la ligne de chemin de fer longe la plage • **the trees ~ the road** les arbres au bord de la route • **all ~ the street** tout le long de la rue • **somewhere ~ the line someone made a mistake** à un moment donné, quelqu'un a commis une erreur

alongside [ə'lɒŋ'saɪd] **1** (PREP) (= *along*) le long de; (= *beside*) à côté de • **to work ~ sb** travailler aux côtés de qn • **the road runs ~ the beach** la route longe la plage • **to stop ~ the kerb** [*vehicle*] s'arrêter le long du trottoir • **the car drew up ~ me** la voiture s'est arrêtée à ma hauteur **2** (ADV) ⓐ (*ships* = *beside one another*) bord à bord • **to come ~** accoster ⓑ (*people*) (= *side by side*) côte à côte

aloof [ə'luːf] (ADJ) ⓐ (= *standoffish*) distant • **he was very ~ with me** il s'est montré très distant à mon égard ⓑ (= *uninvolved*) **to remain ~** se tenir à l'écart (**from sb/sth** de qn/qch)

aloud [ə'laʊd] (ADV) [*read*] à voix haute; [*laugh, think, wonder*] tout haut

alpha ['ælfə] (N) ⓐ (= *letter*) alpha *m* • **~ particle** particule *f* alpha ⓑ (*Brit Scol, Univ*) ≈ très bien • **~ plus** ≈ excellent

alphabet ['ælfəbet] (N) alphabet *m*

alphabetical [,ælfə'betɪkəl] (ADJ) alphabétique • **to put in ~ order** classer par ordre alphabétique • **to be in ~ order** être dans l'ordre alphabétique

alphabetically [,ælfə'betɪkəlɪ] (ADV) par ordre alphabétique

alpine ['ælpaɪn] **1** (ADJ) alpin **2** (N) (= *plant*) plante *f* alpine

Alps [ælps] (NPL) Alpes *fpl*

already [ɔːl'redɪ] (ADV) déjà • **he was ~ there** il était déjà là

alright [,ɔːl'raɪt] = **all right**

Alsace ['ælsæs] (N) Alsace *f*

Alsace-Lorraine ['ælsæslə'reɪn] (N) Alsace-Lorraine *f*

Alsatian [æl'seɪʃən] (N) (*Brit*) (= *dog*) berger *m* allemand

also ['ɔːlsəʊ] (ADV) ⓐ (= *too*) aussi • **her cousin ~ came** son cousin aussi est venu ⓑ (= *moreover*) également • **~ I must explain that ...** je dois également vous expliquer que ... ▸ **also-ran** N (*Sport*) concurrent(e) *m(f)* non classé(e); (*fig*) perdant(e) *m(f)*

altar ['ɒltəʳ] (N) autel *m*

alter ['ɒltəʳ] **1** (VT) ⓐ modifier; *(stronger)* transformer; [*+ garment*] retoucher • **to ~ one's plans** modifier ses projets ⓑ *(US)* (= *castrate*) châtrer **2** (VI) changer

alteration [ˌɒltə'reɪʃən] (N) modification *f* • **an ~ in the rules** une modification des règlements • **to make ~s to a garment/text** retoucher un vêtement/texte • **the ~s to the house** les transformations *fpl* apportées à la maison • **they're having ~s made to their house** ils font faire des travaux • **"times and programmes are subject to ~"** « les horaires et les programmes peuvent être modifiés »

altercation [ˌɒltə'keɪʃən] (N) altercation *f*

alter ego ['æltər'i:gəʊ] (N) alter ego *m*

alternate **1** (ADJ) ⓐ (= *successive*) alterné
ⓑ (= *every second*) **on ~ days** un jour sur deux • **to read ~ lines** lire une ligne sur deux
ⓒ *(US)* = **alternative**
2 (N) *(US)* (= *stand-in*) remplaçant(e) *m(f)*
3 (VT) (faire) alterner
4 (VI) ⓐ (= *occur in turns*) alterner
ⓑ (= *switch*) **he ~s between aggression and indifference** il est tantôt agressif, tantôt indifférent • **in the desert the temperature ~s between boiling and freezing** dans le désert la température est tantôt torride, tantôt glaciale

> Lorsque **alternate** est un adjectif ou un nom, l'accent tombe sur la deuxième syllabe : [ɒl'tɜ:nɪt], lorsque c'est un verbe, sur la première : ['ɒltɜ:neɪt].

alternately [ɒl'tɜ:nɪtlɪ] (ADV) tour à tour • **I lived ~ with my mother and my grandmother** je vivais tantôt avec ma mère, tantôt avec ma grand-mère • **beat the eggs and flour ~ into the mixture** incorporez alternativement les œufs et la farine

alternative [ɒl'tɜ:nətɪv] **1** (ADJ) ⓐ autre • **people will be offered ~ employment where possible** d'autres emplois seront proposés lorsque cela sera possible ⓑ (= *non-traditional*) [*medicine, therapy*] parallèle • **~ technology** les technologies *fpl* douces • **~ energy** énergie *f* de substitution **2** (N) (= *choice*) *(between two)* alternative *f*; *(among several)* choix *m*; (= *solution*) *(only one)* alternative *f*; *(one of several)* autre solution *f* • **she had no ~ but to accept** elle n'avait pas d'autre solution que d'accepter • **there's no ~** il n'y a pas le choix **3** (COMP)
▸ **alternative consumer** N alterconsommateur *m*, -trice *f*
▸ **alternative consumption** N alterconsommation *f*

alternatively [ɒl'tɜ:nətɪvlɪ] (ADV) autrement

alternator ['ɒltɜ:neɪtəʳ] (N) *(Brit)* alternateur *m*

although [ɔ:l'ðəʊ] (CONJ) ⓐ (= *despite the fact that*) bien que + *subj* • **~ it's raining there are 20 people here already** bien qu'il pleuve, il y a déjà 20 personnes • **I'll do it, ~ I don't want to** je vais le faire bien que je n'en aie pas envie • **the room, ~ small, was quite comfortable** la pièce était confortable, bien que petite ⓑ (= *but*) mais • **I don't think this is going to work, ~ it's worth a try** je ne pense pas que ça va marcher, mais ça vaut la peine d'essayer

altitude ['æltɪtju:d] (N) altitude *f*

alto ['æltəʊ] **1** (N) ⓐ *(female voice)* contralto *m*; *(male voice)* haute-contre *f* ⓑ (= *instrument*) alto *m* **2** (ADJ) *(female)* de contralto; *(male)* de haute-contre • **~ saxophone/flute** saxophone *m*/flûte *f* alto

altogether [ˌɔ:ltə'geðəʳ] (ADV) ⓐ (= *completely*) [*stop, disappear*] complètement; [*different*] tout à fait • **that's another matter ~** c'est une tout autre affaire • **you don't believe him? — no, not ~** vous ne le croyez pas ? — non, pas vraiment • **such methods are not ~ satisfactory** de telles méthodes ne sont pas vraiment satisfaisantes • **I'm not ~ happy about this** je ne suis pas vraiment satisfait de cette situation ⓑ (= *in all*) en tout • **what do I owe you ~?** je vous dois combien en tout ?

altruism ['æltrʊɪzəm] (N) altruisme *m*

altruistic [ˌæltrʊ'ɪstɪk] (ADJ) altruiste

aluminium [ˌælju'mɪnɪəm], **aluminum** *(US)* [ə'lu:mɪnəm] **1** (N) aluminium *m* **2** (ADJ) en aluminium **3** (COMP) ▸ **aluminium foil** N papier *m* aluminium

alumna [ə'lʌmnə] (N) (*pl* **alumnae** [ə'lʌmni:]) *(US)* [*of school*] ancienne élève *f*; [*of university*] ancienne étudiante *f*

alumnus [ə'lʌmnəs] (N) (*pl* **alumni** [ə'lʌmnaɪ]) *(US)* [*of school*] ancien élève *m*; [*of university*] ancien étudiant *m*

always ['ɔ:lweɪz] (ADV) toujours • **he's ~ late** il est toujours en retard • **I'll ~ love you** je t'aimerai toujours • **I can ~ come back later** je peux toujours revenir plus tard
▸ **as always** comme toujours

Alzheimer's ['æltshaɪməz], **Alzheimer's disease** (N) maladie *f* d'Alzheimer

AM [eɪ'em] **1** (ABBR OF **amplitude modulation**) AM **2** (N) *(Brit Politics)* = **Assembly Member**

am[1] [æm] → **be**

am[2] [eɪ'em] (ADV) (ABBR OF **ante meridiem**) du matin • **at 8am** à 8 heures du matin

amalgam [ə'mælgəm] (N) amalgame *m* (**of** de, entre)

amalgamate [ə'mælgəmeɪt] (VTI) [*+ companies*] fusionner

amalgamation [əˌmælgə'meɪʃən] (N) [*of companies*] fusion *f* (**into sth** en qch)

amass [ə'mæs] (VT) amasser

amateur ['æmətəʳ] **1** (N) amateur *m* **2** (ADJ) [*painter, sports, player, theatre*] amateur *inv*; [*photography*] d'amateur

amateurish ['æmətərɪʃ] (ADJ) d'amateur • **the acting was rather ~** le jeu des acteurs n'était pas très professionnel

amaze [ə'meɪz] (VT) stupéfier

amazed [ə'meɪzd] (ADJ) stupéfait • **to be ~ at (seeing) sth** être stupéfait de (voir) qch • **I'd be ~** ça m'étonnerait • **you'd be ~ how young she looks** c'est incroyable ce qu'elle fait jeune

amazement [ə'meɪzmənt] (N) stupéfaction *f* • **she listened in ~** elle écoutait, stupéfaite

amazing [ə'meɪzɪŋ] (ADJ) incroyable

amazingly [ə'meɪzɪŋlɪ] (ADV) étonnamment • **she coped ~ well** elle s'en est étonnamment bien tirée • **~ enough, he got it right first time** chose étonnante, il a réussi du premier coup

Amazon ['æməzən] (N) (= *river*) Amazone *f* • **the ~ Basin** le bassin amazonien • **the ~ rainforest** la forêt amazonienne

Amazonia [ˌæmə'zəʊnɪə] (N) Amazonie *f*

Amazonian [æmə'zəʊnɪən] (ADJ) amazonien

ambassador [æm'bæsədəʳ] (N) ambassadeur *m* • **the French ~ (to Italy)** l'ambassadeur *m* de France (en Italie)

amber ['æmbəʳ] **1** (N) ambre *m* **2** (ADJ) [*jewellery*] d'ambre • **~ light** *(Brit)* feu *m* orange • **the lights are at ~** les feux sont à l'orange

ambidextrous [ˌæmbɪˈdekstrəs] (ADJ) ambidextre
ambience [ˈæmbɪəns] (N) ambiance *f*
ambient [ˈæmbɪənt] (ADJ) [*temperature, noise, humidity*] ambiant ▸ **ambient music** N musique *f* d'ambiance
ambiguity [ˌæmbɪˈgjʊɪtɪ] (N) ambiguïté *f*
ambiguous [æmˈbɪgjʊəs] (ADJ) ambigu (-guë *f*)
ambiguously [æmˈbɪgjʊəslɪ] (ADV) [*say, describe*] de façon ambiguë • **~ worded** exprimé en termes ambigus
ambition [æmˈbɪʃən] (N) ambition *f* • **it is my ~ to ...** mon ambition est de ...
ambitious [æmˈbɪʃəs] (ADJ) ambitieux
ambivalence [æmˈbɪvələns] (N) ambivalence *f*
ambivalent [æmˈbɪvələnt] (ADJ) ambivalent
amble [ˈæmbl] (VI) [*person*] **to ~ along** aller sans se presser • **he ~d up to me** il s'est avancé vers moi sans se presser
ambulance [ˈæmbjʊləns] (N) ambulance *f* ▸ **ambulance crew** N équipe *f* d'ambulanciers ▸ **ambulance driver** N ambulancier *m*, -ière *f*
ambush [ˈæmbʊʃ] **1** (N) embuscade *f* • **to lie in ~** se tenir en embuscade • **to lie in ~ for sb** tendre une embuscade à qn **2** (VT) (= *wait for*) tendre une embuscade à; (= *attack*) faire tomber dans une embuscade
ameba [əˈmiːbə] (N) amibe *f*
amen [ˈɑːˈmen] (EXCL) amen
amenable [əˈmiːnəbl] (ADJ) [*person*] souple ▸ **amenable to** [+ *reason, argument*] sensible à; [+ *compromise*] ouvert à • **he is ~ to change** il est prêt à changer
amend [əˈmend] (VT) [+ *rule, bill, wording*] modifier; [+ *constitution*] réviser; [+ *mistake*] rectifier; [+ *habits*] réformer
amendment [əˈmendmənt] (N) ⓐ amendement *m* ⓑ (*to contract*) avenant *m* ⓒ (*to letter, script, text*) modification *f*
amends [əˈmendz] (NPL) **to make ~** se faire pardonner
amenities [əˈmiːnɪtɪz] (NPL) (= *facilities*) équipements *mpl* • **public ~** équipements *mpl* publics
Amerasian [ˌæməˈreɪʒən] **1** (ADJ) amérasien **2** (N) Amérasien(ne) *m(f)*
America [əˈmerɪkə] (N) Amérique *f*
American [əˈmerɪkən] **1** (ADJ) américain; [*ambassador, embassy*] des États-Unis **2** (N) ⓐ (= *person*) Américain(e) *m(f)* ⓑ (= *American English*) américain *m* **3** (COMP) ▸ **the American Dream** N le rêve américain ▸ **American English** N anglais *m* américain ▸ **American football** N football *m* américain ▸ **American Indian** N Indien(ne) *m(f)* d'Amérique ♦ ADJ des Indiens d'Amérique ▸ **American plan** N (*US: in hotels*) pension *f* complète
americanism [əˈmerɪkənɪzəm] (N) américanisme *m*
Americanization [əˌmerɪkənaɪˈzeɪʃən] (N) américanisation *f*
americanize [əˈmerɪkənaɪz] (VT) américaniser
amethyst [ˈæmɪθɪst] **1** (N) améthyste *f* **2** (ADJ) [*jewellery*] en améthyste
amiable [ˈeɪmɪəbl] (ADJ) aimable
amiably [ˈeɪmɪəblɪ] (ADV) [*chat*] gentiment; [*say, reply*] aimablement; [*nod, grin*] avec amabilité
amicable [ˈæmɪkəbl] (ADJ) amical • **~ settlement** arrangement *m* à l'amiable
amicably [ˈæmɪkəblɪ] (ADV) amicalement; (*settle legal case*) à l'amiable
amid [əˈmɪd], **amidst** [əˈmɪdst] (PREP) [+ *shouts, trees*] au milieu de • **he was forced to resign ~ allegations of corruption** il a été forcé de démissionner à la suite d'accusations de corruption • **... ~ reports of fresh rioting ...** tandis que l'on signale de nouvelles émeutes
amino acid [əˈmiːnəʊˈæsɪd] (N) acide *m* aminé
amiss [əˈmɪs] **1** (ADJ) **there is something ~** il y a quelque chose qui ne va pas **2** (ADV) ⓐ **to take sth ~** (= *be offended*) mal prendre qch ⓑ* **a little politeness wouldn't go ~** un peu de politesse ne ferait pas de mal • **a drink wouldn't go ~** un verre ne serait pas de refus
ammo* [ˈæməʊ] (N) munitions *fpl*
ammonia [əˈməʊnɪə] (N) (gaz *m*) ammoniac *m*; (= *liquid*) ammoniaque *f*
ammunition [ˌæmjʊˈnɪʃən] (N) munitions *fpl* • **this has given ~ to their critics** ceci a donné des armes à leurs détracteurs
amnesia [æmˈniːzɪə] (N) amnésie *f*
amnesty [ˈæmnɪstɪ] **1** (N) amnistie *f* **2** (VT) amnistier **3** (COMP) ▸ **Amnesty International** N Amnesty International
amniocentesis [ˌæmnɪəʊsənˈtiːsɪs] (N) (*pl* **amniocenteses** [ˌæmnɪəʊsənˈtiːsiːz]) amniocentèse *f*
amoeba [əˈmiːbə] (N) amibe *f*
amok [əˈmɒk] (ADV) **to run ~** [*person*] perdre tout contrôle de soi-même; [*crowd*] se déchaîner
among [əˈmʌŋ], **amongst** [əˈmʌŋst] (PREP) parmi • **~ the various things he gave me, there was ...** parmi les diverses choses qu'il m'a données, il y avait ... • **settle it ~ yourselves** arrangez cela entre vous • **they were talking ~ themselves** ils parlaient entre eux • **~ other things** entre autres (choses) • **to count sb ~ one's friends** compter qn parmi ses amis • **to be ~ friends** être entre amis
amoral [eɪˈmɒrəl] (ADJ) amoral
amorality [eɪməˈrælɪtɪ] (N) amoralité *f*
amorous [ˈæmərəs] (ADJ) amoureux • **to make ~ advances to** faire des avances à
amorphous [əˈmɔːfəs] (ADJ) amorphe
amount [əˈmaʊnt] (N) ⓐ (= *quantity*) quantité *f* • **I have an enormous ~ of work** j'ai énormément de travail • **any ~ of ...** énormément de ... • **no ~ of persuading would make her change her mind** on a eu beau essayer de la persuader, elle n'a pas changé d'avis ⓑ (= *sum of money*) somme *f*
▸ **amount to** VT INSEP ⓐ [*sums, figures, debts*] s'élever à ⓑ (= *be equivalent to*) équivaloir à • **it ~s to the same thing** cela revient au même • **it ~s to stealing** cela équivaut à du vol • **he will never ~ to much** il ne fera jamais grand-chose • **one day he will ~ to something** un jour ce sera quelqu'un
amp [æmp] (N) ⓐ ampère *m* • **a 13-~ plug** une prise de 13 ampères ⓑ* (ABBR OF **amplifier**) ampli* *m*
ampere [ˈæmpɛəʳ] (N) ampère *m*
amphetamine [æmˈfetəmiːn] (N) amphétamine *f*
amphibia [æmˈfɪbɪə] (NPL) amphibiens *mpl*
amphibian [æmˈfɪbɪən] **1** (ADJ) amphibie **2** (N) (= *animal*) amphibie *m*
amphibious [æmˈfɪbɪəs] (ADJ) amphibie
amphitheatre, amphitheater (US) [ˈæmfɪˌθɪətəʳ] (N) amphithéâtre *m*
amphora [ˈæmfərə] (N) (*pl* **amphoras** *or* **amphorae** [ˈæmfəˌriː]) amphore *f*
ample [ˈæmpl] (ADJ) ⓐ (= *more than adequate*) **that's ~** c'est amplement suffisant • **we've got ~ time** nous avons largement assez de temps • **to make ~ use of sth**

largement utiliser qch • **she was given ~ warning** elle a été suffisamment prévenue ⓑ (= *large*) [*bust*] généreux; [*garment*] ample

amplifier [ˈæmplɪfaɪəʳ] (N) amplificateur *m*

amplify [ˈæmplɪfaɪ] (VT) ⓐ [+ *sound*] amplifier ⓑ [+ *statement, idea*] développer

amply [ˈæmplɪ] (ADV) largement

amputate [ˈæmpjʊteɪt] (VT) amputer • **to ~ sb's arm/leg** amputer qn du bras/de la jambe

amputee [ˌæmpjʊˈtiː] (N) amputé(e) *m(f)*

Amsterdam [ˈæmstədæm] (N) Amsterdam

Amtrak [ˈæmtræk] (N) *société américaine de transports ferroviaires interurbains*

amuck [əˈmʌk] (ADV) **to run ~** [*person*] perdre tout contrôle de soi-même; [*crowd*] se déchaîner

amuse [əˈmjuːz] (VT) amuser • **I was ~d by his naivety** sa candeur m'amusait • **to ~ o.s. by doing sth** s'amuser à faire qch • **to ~ o.s. with sth/sb** s'amuser avec qch/aux dépens de qn • **you'll have to ~ yourselves** il va vous falloir trouver de quoi vous distraire

amused [əˈmjuːzd] (ADJ) [*person, look, smile, attitude*] amusé • **she seemed ~ at my suggestion** ma suggestion a semblé l'amuser • **I was ~ to see that ...** ça m'a amusé de voir que ... • **to keep sb ~** distraire qn • **to keep o.s. ~** se distraire • **we are not ~** nous ne trouvons pas cela drôle

amusement [əˈmjuːzmənt] 1 (N) ⓐ amusement *m* • **a look of ~** un regard amusé • **to hide one's ~** dissimuler son envie de rire • **to do sth for ~** faire qch pour se distraire • **much to my ~** à mon grand amusement ⓑ (= *diversion, pastime*) distraction *f* • **a town with plenty of ~s** une ville qui offre beaucoup de distractions

2 (NPL) **amusements** (*Brit: in arcade*) jeux *mpl* d'arcade

3 (COMP) ▸ **amusement arcade** N (*Brit*) galerie *f* de jeux ▸ **amusement park** N parc *m* d'attractions

amusing [əˈmjuːzɪŋ] (ADJ) amusant

an [æn, ən, n] (INDEF ART) → **a**

anabolic steroid [ˌænəbɒlɪkˈstɪərɔɪd] (ADJ) stéroïde *m* anabolisant

anachronism [əˈnækrənɪzəm] (N) anachronisme *m*

anaconda [ˌænəˈkɒndə] (N) anaconda *m*

anaemia [əˈniːmɪə] (N) anémie *f*

anaemic [əˈniːmɪk] (ADJ) anémique

anaesthesia [ˌænɪsˈθiːzɪə] (N) anesthésie *f*

anaesthetic [ˌænɪsˈθetɪk] (N, ADJ) anesthésique *m* • **under ~** sous anesthésie • **to give sb an ~** anesthésier qn

anaesthetist [æˈniːsθɪtɪst] (N) médecin *m* anesthésiste

anaesthetize [æˈniːsθɪtaɪz] (VT) anesthésier

anagram [ˈænəgræm] (N) anagramme *f*

anal [ˈeɪnəl] (ADJ) anal • **~ sex** sodomie *f*

analgesic [ˌænælˈdʒiːsɪk] (ADJ, N) analgésique *m*

analogous [əˈnæləgəs] (ADJ) analogue

analogue [ˈænəˌlɒg] (ADJ) [*phone, technology*] analogique

analogy [əˈnælədʒɪ] (N) analogie *f* • **by ~** par analogie

analyse [ˈænəlaɪz] (VT) analyser; (= *psychoanalyse*) psychanalyser

analyser [ˈænəlaɪzəʳ] (N) analyseur *m* • **blood/image ~** analyseur *m* de sang/d'images

analysis [əˈnæləsɪs] (N) (*pl* **analyses** [əˈnælɪsiːz]) ⓐ analyse *f* • **in the last** *or* **final ~** en dernière analyse ⓑ (= *psychoanalysis*) psychanalyse *f* • **to be in ~** être en analyse

analyst [ˈænəlɪst] (N) analyste *mf*

analytic [ˌænəˈlɪtɪk], **analytical** [ˌænəˈlɪtɪkəl] (ADJ) analytique

analyze [ˈænəlaɪz] (VT) (*US*) analyser; (= *psychoanalyse*) psychanalyser

analyzer [ˈænəlaɪzəʳ] (N) (*US*) analyseur *m* • **blood/image ~** analyseur *m* de sang/d'images

anaphoric [ˌænəˈfɒrɪk] (ADJ) (*Ling*) anaphorique

anarchic [æˈnɑːkɪk], **anarchical** [æˈnɑːkɪkəl] (ADJ) anarchique

anarchism [ˈænəkɪzəm] (N) anarchisme *m*

anarchist [ˈænəkɪst] (N, ADJ) anarchiste *mf*

anarchy [ˈænəkɪ] (N) anarchie *f*

anathema [əˈnæθɪmə] (N) anathème *m* • **racism was ~ to him** le racisme lui faisait horreur

anatomical [ˌænəˈtɒmɪkəl] (ADJ) anatomique

anatomist [əˈnætəmɪst] (N) anatomiste *mf*

anatomy [əˈnætəmɪ] (N) anatomie *f*

ANC [ˌeɪenˈsiː] (N) (ABBR OF **African National Congress**) ANC *m*

ancestor [ˈænsɪstəʳ] (N) ancêtre *mf*

ancestry [ˈænsɪstrɪ] (N) (= *ancestors*) ancêtres *mpl* • **to trace one's ~** retrouver qui sont ses ancêtres

anchor [ˈæŋkəʳ] 1 (N) ancre *f* • **to drop ~** jeter l'ancre 2 (VT) ⓐ [+ *ship*] mettre à l'ancre ⓑ (= *tie down*) arrimer

anchorman [ˈæŋkəmæn] (N) (*pl* **-men**) (*on TV, radio*) présentateur *m*; (*in team, organization*) pilier *m*

anchorwoman [ˈæŋkəwʊmən] (N) (*pl* **-women**) (*on TV, radio*) présentatrice *f*; (*in team, organization*) pilier *m*

anchovy (N) anchois *m*

> En anglais britannique, l'accent tombe sur la première syllabe: [ˈæntʃəvɪ], en américain sur la deuxième: [ænˈtʃəʊvɪ].

ancient [ˈeɪnʃənt] (ADJ) ⓐ antique; [*painting, document, custom*] ancien • **~ Greek** le grec ancien • **~ history** histoire *f* ancienne ⓑ [*person*]* très vieux (vieille *f*); [*clothes, object, car*]* antique

ancillary [ænˈsɪlərɪ] (ADJ) auxiliaire

and [ænd, ənd, nd, ən] (CONJ)

> For set expressions containing the word **and**, eg **now and then**, **wait and see**, look under the other words.

ⓐ et • **a man ~ a woman** un homme et une femme • **~ how!*** et comment !* • **~?** et alors ?

ⓑ (*in numbers*) **three hundred ~ ten** trois cent dix • **two thous~ ~ eight** deux mille huit • **two pounds ~ six pence** deux livres (et) six pence • **an hour ~ twenty minutes** une heure vingt (minutes) • **five ~ three quarters** cinq trois quarts

ⓒ (+ *infinitive verb*) **try ~ come** tâchez de venir

ⓓ (*repetition, continuation*) **better ~ better** de mieux en mieux • **for hours ~ hours** pendant des heures et des heures • **he talked ~ talked** il a parlé pendant des heures

ⓔ (*with compar adj*) **uglier ~ uglier** de plus en plus laid • **more ~ more difficult** de plus en plus difficile

ⓕ (*with negative or implied negative*) ni • **to go out without a hat ~ coat** sortir sans chapeau ni manteau

ⓖ (*phrases*) **eggs ~ bacon** œufs *mpl* au bacon • **summer ~ winter** été comme hiver

ⓗ (*implying conditional*) **do that ~ I won't come** fais ça et je ne viens pas

Andean ['ændiən] (ADJ) des Andes, andin
Andes ['ændi:z] (N) Andes *fpl*
Andorra [,æn'dɔ:rə] (N) Andorre *f*
Andorran [,æn'dɒ:rən] 1 (ADJ) andorran 2 (N) Andorran(e) *m(f)*
androgynous [æn'drɒdʒɪnəs] (ADJ) androgyne
android ['ændrɔɪd] (N) androïde *m*
anecdotal [,ænɪk'dəʊtəl] (ADJ) [*book, speech*] plein d'anecdotes • ~ **evidence suggests the treatment can be effective** dans des cas isolés, ce traitement s'est révélé efficace
anecdote ['ænɪkdəʊt] (N) anecdote *f*
anemia [ə'ni:mɪə] (N) (*US*) anémie *f*
anemic [ə'ni:mɪk] (ADJ) (*US*) anémique
anemone [ə'nemənɪ] (N) anémone *f*
anesthesia [,ænɪs'θi:zɪə] (N) (*US*) anesthésie *f*
anesthetic [,ænɪs'θetɪk] (N, ADJ) (*US*) anesthésique *m* • **under** ~ sous anesthésie • **to give sb an** ~ anesthésier qn
anesthetist [æ'ni:sθɪtɪst] (N) (*US*) médecin *m* anesthésiste
anesthetize [æ'ni:sθɪtaɪz] (VT) (*US*) anesthésier
aneurism, aneurysm ['ænjʊrɪzəm] (N) anévrisme *m*
anew [ə'nju:] (ADV) de nouveau • **to start life** ~ **in a fresh place** recommencer sa vie ailleurs
angel ['eɪndʒəl] (N) ange *m* • **be an** ~ **and fetch me my gloves** apporte-moi mes gants, tu seras un ange
Angeleno [,ændʒə'li:nəʊ] (N) (*US*) habitant(e) *m(f)* de Los Angeles
angelic [æn'dʒelɪk] (ADJ) angélique
Angelino [,ændʒe'li:nəʊ] (N) (*US*) habitant(e) *m(f)* de Los Angeles
anger ['æŋgə^r] 1 (N) colère *f* • **words spoken in** ~ mots prononcés sous le coup de la colère 2 (VT) mettre en colère
angina [æn'dʒaɪnə] (N) angine *f* de poitrine • **to have** ~ faire de l'angine de poitrine
angle ['æŋgl] 1 (N) angle *m* • **to study a topic from every** ~ étudier un sujet sous tous les angles
▸ **at an angle** en biais (**to** par rapport à) • **cut at an** ~ [*pipe, edge*] coupé en biseau • **the building stands at an** ~ **to the street** le bâtiment fait un angle avec la rue
2 (COMP) ▸ **angle of attack** N angle *m* d'attaque
3 (VT) orienter • **to** ~ **a shot** (*Tennis*) croiser sa balle
4 (VI) ⓐ (= *fish*) pêcher à la ligne • **to** ~ **for trout** pêcher la truite
ⓑ (= *try to get*) **to** ~ **for sb's attention** chercher à attirer l'attention de qn • **to** ~ **for compliments** chercher les compliments • **to** ~ **for a rise in salary/for an invitation** chercher à obtenir une augmentation de salaire/à se faire inviter
angler ['æŋglə^r] (N) pêcheur *m*, -euse *f* (à la ligne)
Anglican ['æŋglɪkən] (ADJ, N) anglican(e) *m(f)*
anglicism ['æŋglɪsɪzəm] (N) anglicisme *m*
anglicize ['æŋglɪsaɪz] (VT) angliciser
angling ['æŋglɪŋ] (N) pêche *f* (à la ligne)
Anglo-American ['æŋgləʊə'merɪkən] 1 (ADJ) anglo-américain 2 (N) (*US*) Anglo-Américain(e) *m(f)*
Anglo-French ['æŋgləʊ'frentʃ] (ADJ) franco-britannique
Anglo-Indian ['æŋgləʊ'ɪndɪən] (N) (= *person of British and Indian descent*) anglo-indien(ne) *m(f)*
Anglo-Irish ['æŋgləʊ'aɪərɪʃ] (ADJ) anglo-irlandais
Anglo-Saxon ['æŋgləʊ'sæksən] 1 (ADJ) anglo-saxon 2 (N) ⓐ (= *person*) Anglo-Saxon(ne) *m(f)* ⓑ (= *language*) anglo-saxon *m*

Angola [æŋ'gəʊlə] (N) Angola *m*
Angolan [æŋ'gəʊlən] 1 (ADJ) angolais 2 (N) Angolais(e) *m(f)*
angrily ['æŋgrɪlɪ] (ADV) [*say, react*] avec colère; [*leave*] en colère
angry ['æŋgrɪ] (ADJ) [*person*] en colère (**with sb** contre qn, **at sth** à cause de qch, **about sth** à propos de qch); [*look*] furieux; [*reply*] plein de colère • **to get** ~ se mettre en colère • **to make sb** ~ mettre qn en colère • **he was** ~ **at being dismissed** il était furieux d'avoir été renvoyé • **in an** ~ **voice** sur le ton de la colère • **you won't be** ~ **if I tell you?** tu ne vas pas te fâcher si je te le dis ? • **this sort of thing makes me really** ~ ce genre de chose me met hors de moi • **there were** ~ **scenes when it was announced that …** la colère a éclaté quand on a annoncé que …
angst [æŋst] (N) angoisse *f* existentielle ▸ **angst-ridden** ADJ angoissé
anguish ['æŋgwɪʃ] (N) angoisse *f* • **to be in** ~ être angoissé
anguished ['æŋgwɪʃt] (ADJ) angoissé
angular ['æŋgjʊlə^r] (ADJ) anguleux
animal ['ænɪməl] 1 (N) animal *m* • **he's nothing but an** ~ c'est une brute 2 (ADJ) [*instinct, fat, kingdom*] animal 3 (COMP) ▸ **animal experiment** N expérience *f* sur les animaux ▸ **animal liberationist** N *militant du mouvement de libération des animaux* ▸ **animal lover** N personne *f* qui aime les animaux ▸ **animal rights** NPL droits *mpl* des animaux ▸ **animal rights campaigner** N défenseur *m* des droits des animaux ▸ **animal testing** N expérimentation *f* animale
animalistic [ænɪmə'lɪstɪk] (ADJ) ⓐ (= *animal-like*) animal ⓑ (= *brutish*) brutal
animate 1 (ADJ) animé 2 (VT) animer

> Lorsque **animate** est un adjectif, la fin se prononce comme **it** : ['ænɪmɪt] ; lorsque c'est un verbe, elle se prononce comme **eight** : ['ænɪmeɪt].

animated ['ænɪmeɪtɪd] (ADJ) ⓐ (= *lively*) animé • **to become** ~ s'animer ⓑ ~ **film** film *m* d'animation
animation [,ænɪ'meɪʃən] (N) ⓐ (*Cine*) animation *f* ⓑ [*of person*] vivacité *f*
animator ['ænɪmeɪtə^r] (N) animateur *m*, -trice *f*
anime ['ænɪmeɪ] (N) animé *m*
animosity [,ænɪ'mɒsɪtɪ] (N) animosité *f* (**against, towards** envers)
aniseed ['ænɪsi:d] 1 (N) graine *f* d'anis 2 (ADJ) [*flavoured*] à l'anis
Ankara ['æŋkərə] (N) Ankara
ankle ['æŋkl] (N) cheville *f* ▸ **ankle boot** N bottine *f* ▸ **ankle-deep** ADJ **he was ~-deep in water** il avait de l'eau jusqu'à la cheville • **the water is ~-deep** l'eau arrive à la cheville ▸ **ankle sock** N (*Brit*) socquette *f*
annals ['ænəlz] (NPL) annales *fpl*
annex 1 (VT) annexer 2 (N) annexe *f*

> Lorsque **annex** est un verbe, l'accent tombe sur la seconde syllabe : [ə'neks], lorsque c'est un nom, sur la première : ['æneks].

annexation [,ænek'seɪʃən] (N) annexion *f* (**of** de)
annexe ['æneks] (N) annexe *f*
annihilate [ə'naɪəleɪt] (VT) anéantir

annihilation [əˌnaɪəˈleɪʃən] (N) anéantissement *m*

anniversary [ˌænɪˈvɜːsərɪ] (N) (= *date, event*) anniversaire *m* (of de) • **it's our ~** c'est l'anniversaire de notre mariage

Anno Domini [ænəʊˈdɒmɪnaɪ] (ADV) après Jésus-Christ

annotate [ˈænəʊteɪt] (VT) annoter

annotation [ˌænəʊˈteɪʃən] (N) annotation *f*

announce [əˈnaʊns] (VT) annoncer • **to ~ the birth/death of ...** faire part de la naissance/du décès de ...

announcement [əˈnaʊnsmənt] (N) annonce *f*; [*of birth, marriage, death*] faire-part *m*

announcer [əˈnaʊnsəʳ] (N) annonceur *m*, -euse *f*

annoy [əˈnɔɪ] (VT) (= *vex*) contrarier; (= *irritate*) agacer; (= *bother*) ennuyer • **to get ~ed with sb** se mettre en colère contre qn • **to be ~ed about sth** être contrarié par qch • **to be ~ed with sb about sth** être mécontent de qn à propos de qch • **I am very ~ed that he hasn't come** je suis très contrarié qu'il ne soit pas venu • **I am very ~ed with him for not coming** je suis très mécontent qu'il ne soit pas venu

annoyance [əˈnɔɪəns] (N) ⓐ (= *displeasure*) mécontentement *m* • **with a look of ~** d'un air contrarié • **to his great ~ ...** à son grand mécontentement ... ⓑ (= *annoying thing*) ennui *m* • **it was just a minor ~** ce n'était qu'un petit désagrément

annoying [əˈnɔɪɪŋ] (ADJ) [*behaviour, attitude*] agaçant • **the ~ thing about it is that ...** ce qui est ennuyeux dans cette histoire c'est que ... • **how ~!** que c'est ennuyeux !

annual [ˈænjʊəl] 1 (ADJ) annuel • **~ general meeting** assemblée *f* générale annuelle 2 (N) ⓐ (= *plant*) plante *f* annuelle ⓑ (= *children's book*) album *m*

annually [ˈænjʊəlɪ] (ADV) annuellement

annuity [əˈnjuːɪtɪ] (N) (= *regular income*) rente *f*; (*for life*) rente *f* viagère; (= *investment*) viager *m*

annul [əˈnʌl] (VT) annuler

anodyne [ˈænəʊdaɪn] (ADJ) anodin

anoint [əˈnɔɪnt] (VT) oindre (**with** de) • **to ~ sb king** sacrer qn roi

anomalous [əˈnɒmələs] (ADJ) (*Med*) anormal

anomaly [əˈnɒməlɪ] (N) anomalie *f*

anonymity [ˌænəˈnɪmɪtɪ] (N) anonymat *m*

anonymize [əˈnɒnɪmaɪz] (VT) rendre anonyme

anonymous [əˈnɒnɪməs] (ADJ) anonyme • **to remain ~** garder l'anonymat

anonymously [əˈnɒnɪməslɪ] (ADV) [*send, give, publish*] anonymement; [*speak, quote, live*] sous couvert de l'anonymat

anorak [ˈænəræk] (N) anorak *m*

anorexia [ænəˈreksɪə] (N) anorexie *f* • **~ nervosa** anorexie *f* mentale

anorexic [ænəˈreksɪk] (ADJ, N) anorexique *mf*

another [əˈnʌðəʳ] 1 (ADJ) ⓐ (= *one more*) un ... de plus, encore un • **take ~ ten** prenez-en encore dix • **to wait ~ hour** attendre encore une heure • **I won't wait ~ minute!** je n'attendrai pas une minute de plus ! • **without ~ word** sans ajouter un mot • **~ beer?** vous reprendrez bien une bière ? • **in ~ 20 years** dans 20 ans • **and ~ thing ...*** (= *what's more*) et autre chose ...

ⓑ (= *different*) un autre • **that's quite ~ matter** c'est une tout autre question • **do it ~ time** vous le ferez plus tard • **there was ~ blue car next to ours** il y avait une autre voiture bleue à côté de la nôtre

2 (PRON) ⓐ un(e) autre • **in one form or ~** sous une forme ou une autre • **he says one thing and does ~** il dit une chose et il en fait une autre • **what with one thing and ~*** en fin de compte

ⓑ **one another** l'un(e) l'autre *m(f)*, les uns les autres *mpl*, les unes les autres *fpl* • **they love one ~** ils s'aiment (l'un l'autre) • **they respected one ~** ils avaient du respect l'un pour l'autre

ANSI [ˌeɪenesˈaɪ] (N) (*US*) (ABBR OF **American National Standards Institute**) ANSI *m* (*institut américain de normalisation*)

answer [ˈɑːnsəʳ] 1 (N) ⓐ (= *reply*) réponse *f* • **to get an ~** recevoir une réponse • **there's no ~** (*on phone*) ça ne répond pas • **I knocked but there was no ~** j'ai frappé mais il n'y a pas eu de réponse • **she's got an ~ to everything** elle a réponse à tout • **he knows all the ~s** il a réponse à tout • **the ~ to my prayer** l'exaucement *m* de ma prière • **there's no ~ to that!** que voulez-vous répondre à ça ? • **Belgium's ~ to Sylvester Stallone** le Sylvester Stallone belge

ⓑ (= *solution*) solution *f* • **there must be an ~** il doit y avoir une solution

2 (VT) [+ *letter, question, description*] répondre à; [+ *prayer*] exaucer • **~ me!** répondez-moi ! • **to ~ the door** ouvrir la porte • **to ~ the phone** répondre au téléphone

3 (VI) répondre • **he ~s to the name of ...** il répond au nom de ... • **he ~s to that description** il répond à cette description

4 (COMP) ▸ **answering machine** N répondeur *m* ▸ **answering service** N permanence *f* téléphonique

▸ **answer back** VI, VT SEP répondre (avec impertinence) • **don't ~ back!** ne réponds pas !

▸ **answer for** VT INSEP (= *be responsible for*) répondre de • **he has a lot to ~ for** il a bien des comptes à rendre

answerable [ˈɑːnsərəbl] (ADJ) responsable (**to sb** devant qn, **for sth** de qch)

answerphone [ˈɑːnsəfəʊn] (N) répondeur *m* (téléphonique)

ant [ænt] (N) fourmi *f* ▸ **ant-heap, ant-hill** N fourmilière *f*

antagonism [ænˈtægənɪzəm] (N) antagonisme *m*

antagonist [ænˈtægənɪst] (N) adversaire *mf*

antagonistic [ænˌtægəˈnɪstɪk] (ADJ) **to be ~ to sth** être hostile à qch • **to be ~ to sb** être en opposition avec qn

antagonize [ænˈtægənaɪz] (VT) contrarier

Antarctic [æntˈɑːktɪk] 1 (N) Antarctique *m* 2 (ADJ) antarctique 3 (COMP) ▸ **Antarctic Ocean** N océan *m* Antarctique

Antarctica [æntˈɑːktɪkə] (N) Antarctique *m*

ante [ˈæntɪ] (N) **to raise** *or* **up the ~*** placer la barre plus haut

antecedent [ˌæntɪˈsiːdənt] (N) antécédent *m*

antedate [ˈæntɪˈdeɪt] (VT) précéder

antelope [ˈæntɪləʊp] (N) antilope *f*

antenatal [ˈæntɪˈneɪtl] (ADJ) prénatal • **~ clinic** service *m* de consultation prénatale • **~ classes** cours *mpl* de préparation à l'accouchement

antenna [ænˈtenə] (N) antenne *f*

antepenultimate [ˈæntɪpɪˈnʌltɪmɪt] (ADJ) antépénultième

anterior [ænˈtɪərɪəʳ] (ADJ) antérieur (-eure *f*)

anteroom [ˈæntɪrʊm] (N) antichambre *f*

anthem [ˈænθəm] (N) hymne *m*

anthology [æn'θɒlədʒɪ] (N) anthologie *f*
anthracite ['ænθrəsaɪt] (N) anthracite *m*
anthrax ['ænθræks] (N) anthrax *m*
anthropologist [,ænθrə'pɒlədʒɪst] (N) anthropologue *mf*
anthropology [,ænθrə'pɒlədʒɪ] (N) anthropologie *f*
anthropomorphism [,ænθrəʊpə'mɔ:fɪzəm] (N) anthropomorphisme *m*
anti* ['æntɪ] (PREP) **to be ~ sth** être contre qch
anti-abortion ['æntɪə'bɔ:ʃən] (ADJ) antiavortement
anti-abortionist ['æntɪə'bɔ:ʃənɪst] (N) adversaire *mf* de l'avortement
anti-ageing [,æntɪ'eɪdʒɪŋ] (ADJ) anti-âge *inv*, antivieillissement *inv*
antiaircraft ['æntɪ'ɛəkrɑ:ft] (ADJ) antiaérien
anti-allergenic ['æntɪælə'dʒɛnɪk] (ADJ) anti-allergène
antiballistic ['æntɪbə'lɪstɪk] (ADJ) [*missile*] antibalistique
antibiotic ['æntɪbaɪ'ɒtɪk] (ADJ, N) antibiotique *m*
antibody ['æntɪ,bɒdɪ] (N) anticorps *m*
anti-capitalism [,æntɪ'kæpɪtəlɪzəm] (N) anticapitalisme *m*
anti-capitalist [,æntɪ'kæpɪtəlɪst] (ADJ, N) anticapitaliste *mf*
anticipate [æn'tɪsɪpeɪt] (VT) ⓐ (= *expect*) prévoir • **we don't ~ any trouble** nous ne prévoyons aucun problème • **it's bigger than I ~d** je ne m'attendais pas à ce que ce soit si grand • **as ~d** comme prévu ⓑ [+ *needs, question*] devancer

> ⚠ **to anticipate ≠ anticiper**

anticipation [æn,tɪsɪ'peɪʃən] (N) (= *expectation*) attente *f* • **in ~** par anticipation • **thanking you in ~** avec mes remerciements anticipés • **with growing ~** avec une impatience grandissante

> ⚠ **anticipation** is not the most common translation for **anticipation**.

anticlimax ['æntɪ'klaɪmæks] (N) **the ceremony was a real ~** la cérémonie n'a pas été à la hauteur de l'attente • **what an ~!** quelle douche froide !
anticlockwise ['æntɪ'klɒkwaɪz] (ADJ, ADV) (*Brit*) dans le sens inverse des aiguilles d'une montre
antics ['æntɪks] (NPL) pitreries *fpl* • **he's up to his ~ again** il fait de nouveau des siennes*
anticyclone ['æntɪ'saɪkləʊn] (N) anticyclone *m*
antidepressant ['æntɪdɪ'presənt] (N) antidépresseur *m*
anti-discrimination [,æntɪdɪskrɪmɪ'neɪʃən] (ADJ) antidiscrimination *inv*
antidote ['æntɪdəʊt] (N) antidote *m* (**to** à, contre)
anti-establishment ['æntɪɪs'tæblɪʃmənt] (ADJ) contestataire
antifreeze ['æntɪ'fri:z] (N) antigel *m*
antigen ['æntɪdʒən] (N) antigène *m*
anti-globalist [,æntɪ'gləʊbəlɪst] (ADJ, N) antimondialiste *m*
anti-globalization ['æntɪgləʊbəlaɪ'zeɪʃən] (N) antimondialisation *f*
Antigua [æn'tɪgjʊə] (N) Antigua • **~ and Barbuda** Antigua et Barbuda
antihistamine [,æntɪ'hɪstəmɪn] (N) antihistaminique *m*
antimatter ['æntɪ,mætə^r] (N) antimatière *f*
antioxidant ['æntɪ'ɒ:ksɪdənt] (N) antioxydant *m*
antipathy [æn'tɪpəθɪ] (N) antipathie *f* (**to** pour)
antiperspirant ['æntɪ'pɜ:spɪrənt] (N) déodorant *m*
antipodean [æn,tɪpə'dɪən] (ADJ) *d'Australie ou de Nouvelle-Zélande*
Antipodes [æn'tɪpədi:z] (NPL) **the ~** *l'Australie et la Nouvelle-Zélande*
antiquarian [,æntɪ'kwɛərɪən] (ADJ) **~ bookseller** (= *shop*) librairie *f* spécialisée dans le livre ancien
antiquated ['æntɪkweɪtɪd] (ADJ) [*machinery*] vétuste; [*system*] archaïque
antique [æn'ti:k] **1** (ADJ) ancien **2** (N) (= *ornament*) objet *m* ancien; (= *furniture*) meuble *m* ancien • **it's a genuine ~** c'est un objet (*or* un meuble) d'époque **3** (COMP) ▸ **antique dealer** N antiquaire *mf* ▸ **antique shop** N magasin *m* d'antiquités
antiquity [æn'tɪkwɪtɪ] **1** (N) (= *ancient times*) antiquité *f* • **in ~** dans l'Antiquité **2** (NPL) **antiquities** (= *buildings*) monuments *mpl* antiques; (= *objects*) antiquités *fpl*
anti-rust ['æntɪ'rʌst] (ADJ) antirouille *inv*
anti-scale [,æntɪ'skeɪl] (ADJ) anticalcaire
anti-Semitic ['æntɪsɪ'mɪtɪk] (ADJ) antisémite
anti-Semitism ['æntɪ'semɪtɪzəm] (N) antisémitisme *m*
antiseptic [,æntɪ'septɪk] (ADJ, N) antiseptique *m*
antishake ['æntɪ'ʃeɪk] (ADJ) antisecousse
antisocial ['æntɪ'səʊʃəl] (ADJ) [*habit*] antisocial
antistatic ['æntɪ'stætɪk] (ADJ) antistatique
anti-stress [,æntɪ'stres] (ADJ) [*massage, therapy*] antistress
anti-terrorist ['æntɪ'terərɪst] (ADJ) antiterroriste
anti-theft ['æntɪ'θeft] (ADJ) **~ device** antivol *m*
antithesis [æn'tɪθɪsɪs] (N) (*pl* **antitheses** [æn'tɪθɪsi:z]) antithèse *f*
antiviral ['æntɪ'vaɪrəl] (ADJ) antiviral
antivirus ['æntɪ'vaɪərəs] (ADJ) antivirus *inv* • **~ program** (logiciel) antivirus *m*
antiwar ['æntɪ'wɔ:^r] (ADJ) antiguerre *inv*
antlers ['æntlə^rz] (NPL) bois *mpl*, ramure *f*
Antwerp ['æntwɜ:p] (N) Anvers
anus ['eɪnəs] (N) anus *m*
anvil ['ænvɪl] (N) enclume *f*
anxiety [æŋ'zaɪətɪ] (N) ⓐ (= *concern*) anxiété *f* • **deep ~** angoisse *f* • **this is a great ~ to me** ceci m'inquiète énormément ⓑ (= *keen desire*) grand désir *m* • **his ~ to do well** son grand désir de réussir
anxious ['æŋkʃəs] (ADJ) ⓐ (= *worried*) anxieux (**about sth** à propos de qch, **about doing sth** à l'idée de faire qch); [*feeling*] d'anxiété • **to keep an ~ eye on sb** surveiller qn d'un œil inquiet ⓑ [*time, wait*] angoissant ⓒ (= *eager*) **to be ~ to do sth** tenir beaucoup à faire qch • **to be ~ that ...** tenir beaucoup à ce que ... + *subj* • **to be ~ for sth** attendre qch avec impatience • **Christine was ~ for him to leave** Christine avait hâte qu'il s'en aille
anxiously ['æŋkʃəslɪ] (ADV) ⓐ (= *worriedly*) anxieusement • **to look ~ at sb/sth** jeter un regard anxieux à qn/qch ⓑ [*wait*] impatiemment
any ['enɪ] **1** (ADJ) ⓐ

> ➢ The construction **not ... any** is generally translated in French by **pas ... de**.

• **I haven't got ~ money** je n'ai pas d'argent

▸ **hardly any** **I have hardly ~ money left** il ne me reste presque plus d'argent • **hardly ~ people came** presque personne n'est venu • **there's hardly ~ danger** il n'y a presque pas de danger

▸ **without any** sans • **without ~ difficulty** sans la moindre difficulté

ⓑ (*in questions and "if" clauses*) **have you got ~ butter?** avez-vous du beurre ? • **did they find ~ survivors?** ont-ils trouvé des survivants ? • **are there ~ others?** y en a-t-il d'autres ? • **is there ~ risk?** y a-t-il un risque ? • **if you see ~ children** si vous voyez des enfants • **if you have ~ money** si vous avez de l'argent • **if there's ~ problem** s'il y a un problème

ⓒ (*= no matter which*) n'importe quel; (*= each and every*) tout • **take ~ card you like** prenez n'importe quelle carte • **come at ~ time** venez à n'importe quelle heure • **you can come at ~ hour of the day or night** vous pouvez venir à toute heure du jour ou de la nuit • **~ pupil who breaks the rules will be punished** tout élève qui enfreindra le règlement sera puni • **they eat ~ old thing*** ils mangent n'importe quoi

▸ **any number of** des quantités de • **there are ~ number of ways to do it** il y a des quantités de façons de le faire

2 PRON ⓐ (*with negative*) **she has two brothers but I haven't got ~** elle a deux frères mais moi je n'en ai pas

▸ **hardly any** **I have hardly ~ left** il ne m'en reste presque plus • **a lot of people booked but hardly ~ came** beaucoup de gens avaient réservé, mais presque personne n'est venu

ⓑ (*in questions and "if" clauses*) **have you got ~?** en avez-vous ? • **if ~ of you can sing** si l'un d'entre vous sait chanter • **if ~ of them come out** s'il y en a parmi eux qui sortent • **few, if ~, will come** il viendra peu de gens, si tant est qu'il en vienne

ⓒ (*= no matter which one*) **~ of those books will do** n'importe lequel de ces livres fera l'affaire

3 ADV ⓐ ▸ **any** + *comparative* **are you feeling ~ better?** vous sentez-vous un peu mieux ? • **if it had been ~ colder we'd have frozen to death** si la température avait encore baissé, nous serions morts de froid • **do you want ~ more soup?** voulez-vous encore de la soupe ? • **I couldn't do that ~ more than I could fly** je ne serais pas plus capable de faire cela que de voler

ⓑ ▸ **not any** + *comparative* **she is not ~ more intelligent than her sister** elle n'est pas plus intelligente que sa sœur • **I can't hear him ~ more** je ne l'entends plus • **we can't go ~ further** nous ne pouvons pas aller plus loin • **I won't wait ~ longer** je n'attendrai pas plus longtemps • **I can't imagine things getting ~ better** je ne pense pas que la situation puisse s'améliorer

ⓒ (*= at all*) **the rope didn't help them ~*** la corde ne leur a pas servi à grand-chose

anybody ['enɪbɒdɪ] PRON

> In negative constructions, **anybody** is generally translated by **personne**.

• **I can't see ~** je ne vois personne • **without ~ seeing him** sans que personne (ne) le voie • **it's impossible for ~ to see him today** personne ne peut le voir aujourd'hui

> In questions and **if** clauses, **anybody** can usually be translated by **quelqu'un**.

• **was (there) ~ there?** est-ce qu'il y avait quelqu'un ? • **did ~ see you?** est-ce que quelqu'un t'a vu ? • **if ~ can do it, he can** si quelqu'un peut le faire c'est bien lui

> Note the different ways of translating **anybody** in affirmative sentences.

• **~ who wants to do it should say so now** si quelqu'un veut le faire qu'il le dise tout de suite • **~ could tell you** n'importe qui pourrait vous le dire • **he's not just ~*, he's the boss** ce n'est pas n'importe qui, c'est le patron • **~ would have thought he had lost** on aurait pu croire qu'il avait perdu • **bring ~ you like** amenez qui vous voudrez • **~ who had heard him speak would agree** quiconque l'a entendu parler serait d'accord • **~ with any sense would know that!** toute personne sensée sait ça !

▸ **anybody else** n'importe qui d'autre • **bring ~ else you like** venez avec qui vous voulez • **~ else would have cried, but not him** tout autre que lui aurait pleuré

anyhow ['enɪhaʊ] ADV ⓐ = **anyway** ⓑ (*= carelessly, haphazardly*)* n'importe comment • **he just did it ~** il l'a fait n'importe comment

anymore [ˌenɪ'mɔːʳ] ADV ne ... plus • **I couldn't trust him ~** je ne pouvais plus lui faire confiance

anyone ['enɪwʌn] PRON = **anybody**

anyplace* ['enɪpleɪs] ADV (*US*) = **anywhere**

anything ['enɪθɪŋ] PRON ⓐ

> In negative constructions, **anything** is generally translated by **rien**.

• **there wasn't ~ in the box** il n'y avait rien dans la boîte • **we haven't seen ~** nous n'avons rien vu • **I didn't see ~ interesting** je n'ai rien vu d'intéressant • **hardly ~** presque rien • **without ~ happening** sans qu'il se passe rien

▸ **anything but** **this is ~ but pleasant** ceci n'a vraiment rien d'agréable • **~ but!** (*reply to question*) pas du tout !

ⓑ

> In questions and **if** clauses, **anything** can usually be translated by **quelque chose**.

• **was there ~ in the box?** y avait-il quelque chose dans la boîte ? • **did you see ~ interesting?** tu as vu quelque chose d'intéressant ? • **can ~ be done?** peut-on faire quelque chose ? • **if ~ happened to me** s'il m'arrivait quelque chose • **is there ~ more boring than ...?** y a-t-il rien de plus ennuyeux que ... ?

▸ **if anything** **if ~ it's an improvement** ce serait plutôt une amélioration • **it is, if ~, even smaller** c'est peut-être encore plus petit

ⓒ (*= no matter what*) n'importe quoi • **say ~ (at all)** dites n'importe quoi • **I'd give ~ to know the secret** je donnerais n'importe quoi pour connaître le secret • **this isn't just ~** ce n'est pas n'importe quoi • **take ~ you like** prenez tout ce que vous voudrez • **~ else would disappoint her** s'il en était autrement elle serait déçue • **they eat ~** (*= they're not fussy*) ils mangent de tout

▸ **like anything*** **I ran like ~** qu'est-ce que j'ai couru ! • **she cried like ~** qu'est-ce qu'elle a pleuré !

anytime ['enɪtaɪm] ADV = **any time**

anyway [ˈenɪweɪ], **anyways*** (US) [ˈenɪweɪz] ADV **a** (= *in any case*) de toute façon • **whatever you say, they'll do it ~** vous pouvez dire ce que vous voulez, ils le feront de toute façon • **you can try ~** vous pouvez toujours essayer **b** (= *nevertheless*) quand même • **I couldn't really afford it but I went ~** je n'en avais pas les moyens mais j'y suis allé quand même **c** (*summing up*) bon • **~, it's time I was going** bon, il faut que j'y aille

anywhere [ˈenɪweəʳ] ADV **a** (= *no matter where*) n'importe où • **I'd live ~ in France** je vivrais n'importe où en France • **put it down ~** pose-le n'importe où • **you can find those watches ~** on trouve ces montres partout • **go ~ you like** va où tu veux • **~ else** partout ailleurs • **miles from ~*** loin de tout **b** (*in negative sentences*) nulle part • **they didn't go ~** ils ne sont allés nulle part • **we haven't been ~ this summer** nous ne sommes allés nulle part cet été • **this species is not to be found ~ else** on ne trouve cette espèce nulle part ailleurs • **we're not going ~ in particular** nous n'allons nulle part en particulier • **we aren't ~ near Paris** nous sommes loin de Paris • **the house isn't ~ near* big enough** la maison est loin d'être assez grande • **we're not getting ~** cela ne nous mène à rien **c** (*in questions*) quelque part • **have you seen it ~?** l'avez-vous vu quelque part ? • **~ else?** ailleurs ? • **are you going ~ nice this summer?** tu pars quelque part cet été ?

Anzac [ˈænzæk] N (= *soldier*) *soldat australien ou néo-zélandais*

> **ANZAC DAY**
>
> **Anzac Day**, le 25 avril, est un jour férié en Australie et en Nouvelle-Zélande commémorant le débarquement des soldats du corps ANZAC («Australian and New Zealand Army Corps») à Gallipoli en 1915, pendant la Première Guerre mondiale. Ce fut la plus célèbre des campagnes du corps ANZAC.

AOB, a.o.b. [ˌeɪəʊˈbiː] (ABBR OF **any other business**) divers

apace [əˈpeɪs] ADV rapidement

apart [əˈpɑːt]

> When **apart** is an element in a phrasal verb, eg **fall apart**, **tear apart**, look up the verb.

ADV **a** (= *separated*) **houses a long way ~** maisons éloignées l'une de l'autre • **their birthdays were two days ~** leurs anniversaires étaient à deux jours d'intervalle • **to stand with one's feet ~** se tenir les jambes écartées **b** (= *aside*) à part • **joking ~** blague à part* • **that ~** à part cela

▸ **apart from** en dehors de • **~ from these difficulties** en dehors de ces difficultés • **~ from the fact that …** en dehors du fait que …

c (= *separately*) séparément • **they are living ~ now** ils sont séparés maintenant • **we'll have to keep those boys ~** il va falloir séparer ces garçons

apartheid [əˈpɑːteɪt, əˈpɑːtaɪd] N apartheid *m*

apartment [əˈpɑːtmənt] N (= *flat*) appartement *m* • **~ building** immeuble *m* (d'habitation)

> The French word **appartement** has a double **p** and an extra **e** in the middle.

apathetic [ˌæpəˈθetɪk] ADJ apathique

apathy [ˈæpəθɪ] N apathie *f*

APB [ˌeɪpiːˈbiː] N (US) (ABBR OF **all-points bulletin**) message *m* à toutes les patrouilles • **to put out an ~** envoyer un message à toutes les patrouilles

ape [eɪp] **1** N (grand) singe *m* **2** VT (= *imitate*) singer

aperitif [əˌperɪˈtiːf] N apéritif *m*

aperture [ˈæpətʃjʊəʳ] N (= *hole*) ouverture *f*; (*in camera*) ouverture *f* (du diaphragme)

APEX [ˈeɪpeks] N (ABBR OF **advance purchase excursion**) **~ fare/ticket** prix *m*/billet *m* APEX

apex [ˈeɪpeks] N sommet *m* • **~ predator** superprédateur *m*

aphid [ˈeɪfɪd] N puceron *m*

aphrodisiac [ˌæfrəʊˈdɪzɪæk] ADJ, N aphrodisiaque *m*

apiece [əˈpiːs] ADV chacun(e)

aplenty [əˈplentɪ] ADV (*liter*) en abondance

aplomb [əˈplɒm] N assurance *f*

apocalyptic [əˌpɒkəˈlɪptɪk] ADJ apocalyptique

apocryphal [əˈpɒkrɪfəl] ADJ apocryphe

apolitical [ˌeɪpəˈlɪtɪkəl] ADJ apolitique

apologetic [əˌpɒləˈdʒetɪk] ADJ [*smile, letter*] d'excuse; [*manner, tone*] désolé • **with an ~ air** d'un air contrit • **to be ~ (about sth)** se montrer navré (de qch)

apologetically [əˌpɒləˈdʒetɪkəlɪ] ADV d'un air désolé

apologize [əˈpɒlədʒaɪz] VI s'excuser • **to ~ to sb (for sth)** s'excuser (de qch) auprès de qn

apology [əˈpɒlədʒɪ] N excuses *fpl* • **a letter of ~** une lettre d'excuses • **to make an ~ for sth** s'excuser de qch • **to send one's apologies** se faire excuser • **to offer one's apologies** présenter ses excuses • **to make no apologies for sth** assumer pleinement qch • **it was an ~ for a bed*** comme lit c'était plutôt minable*

> **apology ≠ apologie**

apostle [əˈpɒsl] N apôtre *m*

apostrophe [əˈpɒstrəfɪ] N apostrophe *f*

apotheosis [əˌpɒθɪˈəʊsɪs] N (*pl* **apotheoses** [əˌpɒθɪˈəʊsiːz]) **a** (= *epitome*) archétype *m* **b** (= *high point*) apothéose *f*

app N (ABBR OF **application**) appli* *f*

appal, appall (US) [əˈpɔːl] VT consterner; (= *frighten*) épouvanter • **I am ~led at your behaviour** votre conduite me consterne

appalling [əˈpɔːlɪŋ] ADJ épouvantable

appallingly [əˈpɔːlɪŋlɪ] ADV **a** [*behave*] de manière épouvantable **b** [*difficult, busy*] terriblement

apparatus [ˌæpəˈreɪtəs] N appareil *m*; (*in laboratory*) instruments *mpl*; (*in gym*) agrès *mpl*

apparel (*Brit† or US*) [əˈpærəl] N habillement *m*

apparent [əˈpærənt] ADJ **a** (= *seeming*) apparent • **for no ~ reason** sans raison apparente **b** (= *obvious*) évident **(to sb** pour qn) • **it is ~ that …** il est évident que … • **it is ~ to me that …** il me semble évident que …

apparently [əˈpærəntlɪ] ADV apparemment; (= *according to rumour*) à ce qu'il paraît • **this is ~ the case** il semble que ce soit le cas • **~, they're getting a divorce** ils sont en instance de divorce, à ce qu'il paraît • **I thought he was coming — ~ not** je pensais qu'il venait — apparemment non • **an ~ harmless question** une question en apparence anodine

apparition [ˌæpəˈrɪʃən] N apparition *f*

appeal [əˈpiːl] 1 (VI) ⓐ (*= request publicly*) lancer un appel • **to ~ for calm** lancer un appel au calme • **he ~ed for silence** il a demandé le silence
ⓑ (*= beg*) faire appel • **she ~ed to his generosity** elle a fait appel à sa générosité • **to ~ to sb for money** demander de l'argent à qn
ⓒ (*in court*) se pourvoir en appel • **to ~ to the supreme court** se pourvoir en cassation • **to ~ against a judgement** (*Brit*) appeler d'un jugement • **to ~ against a decision** (*Brit*) faire appel d'une décision
ⓓ **to ~ to sb** (*= attract*) plaire à qn
2 (N) ⓐ (*= call*) appel *m*; (*for money*) demande *f* (**for** de); (*= supplication*) prière *f* • **~ for help** appel *m* au secours
ⓑ (*in court*) appel *m*
ⓒ (*= attraction*) attrait *m*; [*of plan, idea*] intérêt *m* • **I don't see the ~** je n'en vois pas l'intérêt
3 (COMP) ▸ **Appeal Court** N cour *f* d'appel

appealing [əˈpiːlɪŋ] (ADJ) (*= attractive*) attirant

appear [əˈpɪəʳ] (VI) ⓐ (*= become visible*) apparaître • **he ~ed from nowhere** il est apparu tout à coup • **where did you ~ from?** d'où est-ce que tu sors ?
ⓑ (*in court*) comparaître • **to ~ before a court** comparaître devant un tribunal
ⓒ [*actor*] **to ~ in "Hamlet"** jouer dans « Hamlet » • **to ~ on TV** passer à la télévision
ⓓ (*= be published*) paraître
ⓔ (*= look*) avoir l'air • **they ~ to be ill** ils ont l'air malades
ⓕ (*= seem*) sembler; (*on evidence*) paraître • **there ~s to be a mistake** il semble qu'il y ait une erreur • **it ~s he did say that** il semble bien qu'il ait dit cela • **he came then? — so it ~s** il est donc venu ? — apparemment • **he got the job or so it would ~** il a eu le poste à ce qu'il paraît

appearance [əˈpɪərəns] (N) ⓐ (*= act*) apparition *f* • **to make an ~** faire son apparition • **to put in an ~** faire acte de présence • **~ before a court** comparution *f* devant un tribunal
ⓑ (*in play, film, TV programme*) **since his ~ in "Hamlet"** depuis qu'il a joué dans « Hamlet » • **in order of ~** (*in play*) par ordre d'entrée en scène; (*in film, TV programme*) par ordre d'apparition à l'écran • **his ~ on TV** son passage à la télévision
ⓒ (*= look*) apparence *f* • **the ~ of the houses** l'aspect *m* des maisons • **it had all the ~s of a murder** cela avait tout l'air d'un meurtre • **his ~ worried us** son apparence nous a inquiétés • **~s are deceptive** les apparences peuvent être trompeuses • **to judge by ~s** juger sur les apparences • **you shouldn't judge by ~s** il ne faut pas se fier aux apparences • **for ~s' sake** pour sauver les apparences • **to all ~s** selon toute apparence
ⓓ [*of publication*] parution *f*

appease [əˈpiːz] (VT) apaiser

appeasement [əˈpiːzmənt] (N) apaisement *m*

appellate court [əˈpelɪtkɔːt] (N) (*US*) cour *f* d'appel

append [əˈpend] (VT) joindre; [*+ signature*] apposer

appendage [əˈpendɪdʒ] (N) (*frm*) appendice *m*

appendices [əˈpendɪsiːz] (NPL) *of* **appendix**

appendicitis [əˌpendɪˈsaɪtɪs] (N) appendicite *f*

appendix [əˈpendɪks] (*pl* **appendices**) (N) ⓐ (*= organ*) appendice *m* • **to have one's ~ out** se faire opérer de l'appendicite ⓑ [*of book*] appendice *m*; [*of document*] annexe *f*

appetite [ˈæpɪtaɪt] (N) appétit *m* • **he has no ~** il n'a pas d'appétit • **to have a good ~** avoir bon appétit • **skiing gives you an ~** le ski ouvre l'appétit • **his ~ for power** son goût du pouvoir

appetizer [ˈæpɪtaɪzəʳ] (N) (*= food*) amuse-gueule *m inv*

appetizing [ˈæpɪtaɪzɪŋ] (ADJ) appétissant

applaud [əˈplɔːd] (VT) [*+ person, thing*] applaudir; [*+ decision, efforts*] applaudir à

applause [əˈplɔːz] (N) applaudissements *mpl* • **let's have a round of ~ for Lucy!** applaudissons Lucy !

apple [ˈæpl] (N) pomme *f*; (*= apple tree*) pommier *m* • **he's the ~ of my eye** je tiens à lui comme à la prunelle de mes yeux • **the Big Apple*** New York ▸ **apple core** N trognon *m* de pomme ▸ **apple pie** N tarte *f* aux pommes ▸ **apple sauce** N compote *f* de pommes ▸ **apple tart** N tarte *f* aux pommes

applet [ˈæplɪt] (N) (*= Comput*) microprogramme *m*

appliance [əˈplaɪəns] (N) ⓐ (*= device*) appareil *m* • **electrical ~s** appareils *mpl* électriques • **household ~** appareil *m* électroménager ⓑ (*= act of applying*) application *f*

applicable [əˈplɪkəbl] (ADJ) applicable (**to** à) • **"delete where not ~"** « rayer les mentions inutiles »

applicant [ˈæplɪkənt] (N) (*for job*) postulant(e) *m(f)*

application [ˌæplɪˈkeɪʃən] 1 (N) ⓐ (*= request*) demande *f* (**for** de) • **~ for membership** demande *f* d'adhésion • **~ for a job** candidature *f* à un poste • **on ~** sur demande • **to submit an ~** faire une demande; (*for job*) poser sa candidature ⓑ (*= act of applying*) application *f* ⓒ (*= diligence*) application *f* ⓓ (*Comput*) application *f* 2 (COMP) ▸ **application form** N formulaire *m*

applicator [ˈæplɪkeɪtəʳ] (N) applicateur *m*

applied [əˈplaɪd] (ADJ) appliqué

apply [əˈplaɪ] 1 (VT) ⓐ [*+ paint, ointment, dressing*] appliquer (**to** sur) ⓑ [*+ theory*] mettre en application; [*+ rule, law*] appliquer (**to** à) ⓒ **to ~ pressure on sth** exercer une pression sur qch • **to ~ the brakes** actionner les freins ⓓ **to ~ one's mind to sth** se consacrer à qch • **to ~ one's attention to sth** porter son attention sur qch 2 (VI) s'adresser • **~ at the office** adressez-vous au bureau • **to ~ to university** faire une demande d'inscription à l'université

▸ **apply for** VT INSEP [*+ scholarship, grant*] faire une demande de • **to ~ for a job** poser sa candidature pour un poste

▸ **apply to** VT INSEP s'appliquer à • **this does not ~ to you** ceci ne s'applique pas à vous

appoint [əˈpɔɪnt] (VT) nommer • **to ~ sb manager** nommer qn directeur

appointed [əˈpɔɪntɪd] (ADJ) [*time, hour, place*] convenu; [*task*] fixé; [*representative, agent*] attitré • **at the ~ time** à l'heure convenue

appointment [əˈpɔɪntmənt] (N) ⓐ (*= arrangement to meet*) rendez-vous *m* • **to make an ~ with sb** prendre rendez-vous avec qn • **to make an ~** [*two people*] se donner rendez-vous • **to keep an ~** se rendre à un rendez-vous • **I have an ~ at 10 o'clock** j'ai rendez-vous à 10 heures • **do you have an ~?** vous avez rendez-vous ? • **I have an ~ to see Mr Martin** j'ai rendez-vous avec M. Martin ⓑ (*= selection*) nomination *f*

apportion [əˈpɔːʃən] (VT) [*+ money*] répartir • **to ~ blame** trouver des coupables (*or* un coupable)

apposite [ˈæpəzɪt] (ADJ) pertinent

appraisal [əˈpreɪzəl] (N) évaluation *f*

appraise [ə'preɪz] (VT) (= *evaluate*) évaluer; (= *look at*) regarder

appreciable [ə'priːʃəbl] (ADJ) appréciable

appreciably [ə'priːʃəblɪ] (ADV) sensiblement

appreciate [ə'priːʃɪeɪt] 1 (VT) ⓐ (= *be aware of*) se rendre compte de • **I fully ~ the fact that ...** je me rends parfaitement compte du fait que ... • **they did not ~ the danger** ils ne se sont pas rendu compte du danger • **yes, I ~ that** oui, je comprends bien

ⓑ (= *value, esteem, like*) apprécier • **he felt that nobody ~d him** il avait le sentiment que personne ne l'appréciait

ⓒ (= *be grateful for*) être reconnaissant de • **we do ~ your kindness** nous vous sommes très reconnaissants de votre gentillesse • **we would ~ an early reply** merci de bien vouloir nous répondre rapidement • **I'd ~ it if you didn't tell him** j'aimerais bien que tu ne lui dises rien

2 (VI) [*currency*] s'apprécier; [*object, property*] prendre de la valeur

appreciation [ə,priːʃɪ'eɪʃən] (N) ⓐ (= *gratitude*) reconnaissance *f* • **in ~ of sth** en remerciement de qch ⓑ (= *judgement*) appréciation *f*; [*of painting, book, piece of music*] critique *f* ⓒ (= *increase in value*) appréciation *f*

appreciative [ə'priːʃɪətɪv] (ADJ) ⓐ (= *grateful*) reconnaissant ⓑ (= *admiring*) approbateur (-trice *f*) • **to be ~ of sb's cooking** apprécier la cuisine de qn

appreciatively [ə'priːʃɪətɪvlɪ] (ADV) (= *with pleasure*) avec plaisir

apprehend [,æprɪ'hend] (VT) appréhender

apprehension [,æprɪ'henʃən] (N) (= *fear*) appréhension *f*

apprehensive [,æprɪ'hensɪv] (ADJ) inquiet (-ète *f*)

apprehensively [,æprɪ'hensɪvlɪ] (ADV) avec appréhension

apprentice [ə'prentɪs] (N) apprenti(e) *m(f)* • **plumber's ~** apprenti *m* plombier

apprenticeship [ə'prentɪsʃɪp] (N) apprentissage *m*

approach [ə'prəʊtʃ] 1 (VI) [*person, vehicle*] s'approcher; [*date, season, war*] approcher

2 (VT) ⓐ (= *get near to*) [+ *place, person*] s'approcher de • **we are ~ing the time when ...** le jour approche où ... • **she is ~ing 30** elle approche de la trentaine • **it was ~ing midnight** il était près de minuit

ⓑ [+ *problem, subject, task*] aborder • **it all depends on how one ~es it** tout dépend de la façon dont on aborde la question

ⓒ (= *speak to*) **to ~ sb about sth** s'adresser à qn pour qch • **a man ~ed me in the street** un homme m'a abordé dans la rue

3 (N) ⓐ [*of person, vehicle*] approche *f* • **the plane crashed on ~ to the airport** l'avion s'est écrasé en arrivant sur l'aéroport

ⓑ (= *way of tackling sth*) approche *f* • **his ~ to the problem** son approche du problème • **a new ~ to teaching French** une nouvelle approche de l'enseignement du français • **I like his ~** j'aime sa façon de s'y prendre

ⓒ (= *access route*) voie *f* d'accès

4 (COMP) ▸ **approach road** N route *f* d'accès

approachable [ə'prəʊtʃəbl] (ADJ) accessible

approaching [ə'prəʊtʃɪŋ] (ADJ) [*crisis, death, retirement, election*] prochain • **she didn't notice the ~ storm** elle n'avait pas remarqué que l'orage approchait • **the ~ vehicle** le véhicule venant en sens inverse

approbation [,æprə'beɪʃən] (N) approbation *f* • **a nod of ~** un signe de tête approbateur

appropriate 1 (ADJ) [*time, remark*] opportun; [*place, response, word, level*] approprié; [*person, authority, department*] compétent • **to take ~ action** prendre les mesures appropriées • **he is the ~ person to ask** c'est à lui qu'il faut demander • **she's a most ~ choice** c'est la personne idéale • **to be ~ for sb/sth** convenir à qn/qch • **it is ~ that ...** il est légitime que ... • **it would not be ~ for me to comment** ce n'est pas à moi de faire des commentaires

2 (VT) ⓐ (= *take*) s'approprier

ⓑ [+ *funds*] affecter (**for** à)

> Lorsque **appropriate** est un adjectif, la fin se prononce comme **it** : [ə'prəʊprɪɪt]; lorsque c'est un verbe, elle se prononce comme **eight** : [ə'prəʊprɪeɪt].

appropriately [ə'prəʊprɪɪtlɪ] (ADV) [*act, respond, dress*] de façon appropriée • **~ named** bien nommé • **~, the winner is British** comme de juste, le gagnant est britannique

appropriation [ə,prəʊprɪ'eɪʃən] (N) appropriation *f*

approval [ə'pruːvəl] 1 (N) approbation *f* • **to give a nod of ~** hocher la tête en signe d'approbation • **to meet with sb's ~** recevoir l'approbation de qn

▸ **on approval** sous condition

2 (COMP) ▸ **approval rating** N cote *f* de popularité

approve [ə'pruːv] (VT) approuver; [+ *decision*] ratifier

▸ **approve of** VT INSEP [+ *behaviour, idea*] approuver; [+ *person*] avoir bonne opinion de • **I don't ~ of his behaviour** je n'approuve pas sa conduite • **she doesn't ~ of drinking** elle est contre l'alcool • **he doesn't ~ of me** il n'a pas bonne opinion de moi

approving [ə'pruːvɪŋ] (ADJ) approbateur (-trice *f*)

approvingly [ə'pruːvɪŋlɪ] (ADV) [*look*] d'un air approbateur; [*say*] d'un ton approbateur

approx [ə'prɒks] (ABBR OF **approximately**) env.

approximate [ə'prɒksɪmɪt] (ADJ) approximatif

approximately [ə'prɒksɪmətlɪ] (ADV) ⓐ (= *about*) approximativement • **~ 40 pupils** approximativement 40 élèves ⓑ (= *roughly*) [*true, the same*] plus ou moins • **the figures were ~ correct** les chiffres étaient à peu près corrects

approximation [ə,prɒksɪ'meɪʃən] (N) approximation *f*

APR [,eɪpiː'ɑːʳ] (N) (ABBR OF **annual percentage rate**) taux *m* annuel

apricot ['eɪprɪkɒt] (N) abricot *m*; (= *apricot tree*) abricotier *m* ▸ **apricot jam** N confiture *f* d'abricots

> **abricot** is spelt with a **b** instead of **p**.

April ['eɪprəl] (N) avril *m* ▸ **April fool** N (= *joke*) poisson *m* d'avril • **~ fool!** poisson d'avril ! ▸ **April Fools' Day** N premier avril *m* • **on ~ Fool's Day** le premier avril ▸ **April showers** NPL ≈ giboulées *fpl* de mars → **September**

> The months in French are not spelt with a capital letter.

apron ['eɪprən] (N) (= *garment*) tablier *m* • **tied to his mother's ~ strings** pendu aux jupes de sa mère

apt [æpt] (ADJ) ⓐ (= *appropriate*) pertinent ⓑ (= *inclined*) **to be ~ to do sth** avoir tendance à faire qch

aptitude [ˈæptɪtjuːd] 1 (N) aptitude *f* (for à) • **he shows great ~** il a du talent 2 (COMP) ▸ **aptitude test** N test *m* d'aptitude → **SAT**

aptly [ˈæptlɪ] (ADV) [*describe*] bien; [*called, titled*] judicieusement

aquaculture [ˈækwəˌkʌltʃəʳ] (N) = **aquafarming**

aquaerobics [ˈækweɪˈrəʊbɪks] (N) aquagym *f*

aquafarming [ˈækwəfɑːmɪŋ] (N) aquaculture *f*

aquapark [ˈækwəˌpark] (N) aquaparc *m*

aquarium [əˈkwɛərɪəm] (N) aquarium *m*

Aquarius [əˈkwɛərɪəs] (N) (= *constellation*) Verseau *m* • **I'm ~** je suis Verseau

aquatic [əˈkwætɪk] (ADJ) aquatique; [*sport*] nautique

aqueduct [ˈækwɪdʌkt] (N) (= *canal*) aqueduc *m*

aquiculture [ˈækwɪˌkʌltʃəʳ] (N) = **aquafarming**

AR (ABBR OF **Arkansas**)

Arab [ˈærəb] 1 (N) (= *person*) Arabe *mf* 2 (ADJ) arabe • **the ~ states** les pays *mpl* arabes • **the ~-Israeli conflict** le conflit israélo-arabe • **the United ~ Emirates** les Émirats *mpl* arabes unis 3 (COMP) ▸ **the Arab League** N la Ligue arabe ▸ **the Arab Spring** N le printemps arabe

Arabia [əˈreɪbɪə] (N) Arabie *f*

Arabian [əˈreɪbɪən] (ADJ) arabe • **the ~ desert** le désert d'Arabie ▸ **the Arabian Gulf** N le golfe Persique ▸ **the Arabian Nights** N Les Mille et Une Nuits *fpl* ▸ **the Arabian Sea** N la mer d'Arabie

Arabic [ˈærəbɪk] 1 (ADJ) arabe • **~ numerals** chiffres *mpl* arabes 2 (N) (= *language*) arabe *m*

Arabist [ˈærəbɪst] (N) (= *scholar*) arabisant(e) *m(f)*; (= *politician*) pro-Arabe *mf*

arable [ˈærəbl] (ADJ) [*land*] arable; [*farm*] agricole ▸ **arable farmer** N cultivateur *m*, -trice *f* ▸ **arable farming** N culture *f*

arbiter [ˈɑːbɪtəʳ] (N) (= *judge*) arbitre *m*; (= *mediator*) médiateur *m*, -trice *f* • **to be an ~ of taste** être l'arbitre du bon goût

arbitrarily [ˈɑːbɪtrərəlɪ] (ADV) arbitrairement

arbitrary [ˈɑːbɪtrərɪ] (ADJ) arbitraire

arbitrate [ˈɑːbɪtreɪt] (VTI) arbitrer

arbitration [ˌɑːbɪˈtreɪʃən] (N) arbitrage *m* • **to go to ~** être soumis à un arbitrage

arbitrator [ˈɑːbɪtreɪtəʳ] (N) médiateur *m*, -trice *f*

arbor [ˈɑːbəʳ] (N) (US) tonnelle *f*

arboretum [ˌɑːbəˈriːtəm] (N) (*pl* **arboretums** *or* **arboreta** [ˌɑːbəˈriːtə]) arboretum *m*

arbour [ˈɑːbəʳ] (N) tonnelle *f*

arc [ɑːk] 1 (N) arc *m* 2 (VI) (= *describe an arc*) [*ball*] décrire un arc

arcade [ɑːˈkeɪd] (N) (= *series of arches*) arcade *f*; (= *shopping precinct*) galerie *f* marchande; (*Brit*) (= *amusement arcade*) galerie *f* de jeux vidéo ▸ **arcade game** N (*Brit*) jeu *m* vidéo

arcane [ɑːˈkeɪn] (ADJ) ésotérique

arch [ɑːtʃ] 1 (N) **a** (*in building*) arc *m*; [*of bridge*] arche *f* **b** [*of eyebrow*] arcade *f*; [*of foot*] voûte *f* plantaire 2 (VT) cambrer • **the cat ~ed its back** le chat a fait le gros dos 3 (ADJ) **a** [*look, remark*] malicieux **b** (= *greatest*) **his ~ rival** son grand rival • **his ~-enemy** son ennemi numéro un • **an ~ traitor** un grand traître • **an ~ villain** un parfait scélérat

archaeological [ˌɑːkɪəˈlɒdʒɪkəl] (ADJ) archéologique

archaeologist [ˌɑːkɪˈɒlədʒɪst] (N) archéologue *mf*

archaeology [ˌɑːkɪˈɒlədʒɪ] (N) archéologie *f*

archaic [ɑːˈkeɪɪk] (ADJ) archaïque

archbishop [ˈɑːtʃˈbɪʃəp] (N) archevêque *m*

arched [ɑːtʃt] (ADJ) [*window, alcove*] cintré; [*roof, ceiling, doorway*] en voûte; [*bridge*] à arches

archeological [ˌɑːkɪəˈlɒdʒɪkəl] (ADJ) (US) archéologique

archeologist [ˌɑːkɪˈɒlədʒɪst] (N) (US) archéologue *mf*

archeology [ˌɑːkɪˈɒlədʒɪ] (N) (US) archéologie *f*

archer [ˈɑːtʃəʳ] (N) archer *m*

archery [ˈɑːtʃərɪ] (N) tir *m* à l'arc

archetypal [ˈɑːkɪtaɪpəl] (ADJ) typique • **cricket is the ~ English game** le cricket est le jeu anglais par excellence

archetype [ˈɑːkɪtaɪp] (N) archétype *m*

archipelago [ˌɑːkɪˈpelɪgəʊ] (N) archipel *m*

architect [ˈɑːkɪtekt] (N) architecte *mf*

architectural [ˌɑːkɪˈtektʃərəl] (ADJ) architectural

architecture [ˈɑːkɪtektʃəʳ] (N) architecture *f*

archive [ˈɑːkaɪv] 1 (N) **a** archives *fpl* • **the national ~s** les archives nationales **b** (*Comput*) archive *f* 2 (VT) archiver 3 (ADJ) d'archives • **~ material** documents *mpl* d'archives

archivist [ˈɑːkɪvɪst] (N) archiviste *mf*

archly [ˈɑːtʃlɪ] (ADV) **a** (= *mischievously*) malicieusement **b** (= *in a superior way*) avec condescendance

arch-rival [ˌɑːtʃˈraɪvəl] (N) (= *person, company*) principal rival *m*

archway [ˈɑːtʃweɪ] (N) voûte *f*; (*longer*) passage *m* voûté

Arctic [ˈɑːktɪk] 1 (ADJ) arctique; (= *very cold*) glacial • **~ conditions** conditions *fpl* de froid extrême 2 (N) **the ~** l'Arctique *m* 3 (COMP) ▸ **the Arctic Circle** N le cercle polaire arctique ▸ **the Arctic Ocean** N l'océan *m* Arctique

ardent [ˈɑːdənt] (ADJ) [*feminist, desire, belief*] ardent; [*opponent*] farouche; [*admirer, supporter*] fervent; [*lover, lovemaking*] passionné

ardently [ˈɑːdəntlɪ] (ADV) [*oppose, defend*] farouchement; [*support*] avec ardeur; [*kiss, respond*] passionnément • **she's ~ pro-European** c'est une fervente proeuropéenne

ardour, ardor (US) [ˈɑːdəʳ] (N) ardeur *f*

arduous [ˈɑːdjʊəs] (ADJ) difficile

are [ɑːʳ, əʳ] → **be**

area [ˈɛərɪə] 1 (N) **a** (= *region*) région *f*; (= *territory*) territoire *m*; (*smaller*) zone *f* • **the London ~** la région londonienne **b** (= *part of room*) **dining ~** coin *m* salle à manger • **sleeping ~** coin *m* chambre • **parking ~** aire *f* de stationnement **c** (= *surface measure*) superficie *f* **d** [*of knowledge, enquiry*] domaine *m* 2 (COMP) ▸ **area code** N indicatif *m*; (US) indicatif *m* de zone ▸ **area manager** N directeur *m*, -trice *f* régional(e) ▸ **area of outstanding natural beauty** N site *m* naturel exceptionnel

arena [əˈriːnə] (N) arène *f* • **to enter the ~** descendre dans l'arène

aren't [ɑːnt] = **are not, am not** → **be**

Argentina [ˌɑːdʒənˈtiːnə] (N) Argentine *f*

Argentine [ˈɑːdʒəntaɪn] 1 (N) **a** † **the ~** l'Argentine *f* • **in the ~** en Argentine **b** (= *person*) Argentin(e) *m(f)* 2 (ADJ) argentin

Argentinian [ˌɑːdʒənˈtɪnɪən] 1 (ADJ) argentin 2 (N) Argentin(e) *m(f)*

argh [ɑːg] (EXCL) argh !

argon [ˈɑːgɒn] (N) argon *m*

arguable [ˈɑːgjʊəbl] (ADJ) discutable • **it is ~ that ...** on peut soutenir que ...

arguably [ˈɑːgjʊəblɪ] (ADV) sans doute

argue [ˈɑːgjuː] 1 (VI) **a** (= *quarrel*) se disputer • **they are**

always arguing ils se disputent tout le temps • **stop arguing!** arrêtez de vous disputer ! • **don't ~!** pas de discussion ! • **no one can ~ with that** personne ne peut contester cela **b** (= *debate*) **they ~d about it for hours** ils en ont discuté pendant des heures **c** (= *present reasons*) **to ~ in favour of sth** défendre qch **2** (VT) **a to ~ the case for sth** plaider en faveur de qch • **a well-~d case** une argumentation solide **b** (= *maintain*) soutenir

argument [ˈɑːgjʊmənt] (N) **a** (= *debate*) discussion *f* • **it is beyond ~** c'est indiscutable • **you've only heard one side of the ~** tu n'as pas encore entendu les contre-arguments • **let's say for ~'s sake that ...** disons que ... • **it is open to ~ that ...** on peut soutenir que ... • **he agreed without ~** il a dit oui sans discuter
b (= *dispute*) dispute *f* • **to have an ~** se disputer
c (= *reasons advanced*) argument *m* • **there is a strong ~ for doing this** il y a de bonnes raisons pour faire cela • **the ~ that students should pay fees** le raisonnement selon lequel les étudiants devraient payer des frais de scolarité

> ⚠ **argument** is not the most common translation for **argument**.

argumentative [ˌɑːgjʊˈmentətɪv] (ADJ) ergoteur
aria [ˈɑːrɪə] (N) aria *f*
arid [ˈærɪd] (ADJ) aride
aridity [əˈrɪdɪtɪ] (N) aridité *f*
Aries [ˈɛəriːz] (N) (= *constellation*) Bélier *m* • **I'm ~** je suis Bélier
arise [əˈraɪz] (*pret* **arose**, *ptp* **arisen** [əˈrɪzn]) (VI) **a** [*difficulty*] surgir; [*question*] se présenter • **if the question ~s** le cas échéant • **should the need ~** en cas de besoin • **should the occasion ~** si l'occasion se présente **b** (= *result*) résulter
aristocracy [ˌærɪsˈtɒkrəsɪ] (N) aristocratie *f*
aristocrat [ˈærɪstəkræt] (N) aristocrate *mf*
aristocratic [ˌærɪstəˈkrætɪk] (ADJ) aristocratique
arithmetic [əˈrɪθmətɪk] (N) arithmétique *f* • **I'm not very good at ~** je ne suis pas bon en calcul
Ariz. (ABBR OF **Arizona**)
Arizona [ˌærɪˈzəʊnə] (N) Arizona *m*
ark [ɑːk] (N) arche *f* • **it's out of the ~*** c'est antédiluvien
Ark. (ABBR OF **Arkansas**)
Arkansas [ˈɑːkənsɔː] (N) Arkansas *m*
arm [ɑːm] **1** (N) **a** bras *m*; [*of garment*] manche *f*; [*of armchair*] accoudoir *m* • **to hold sb in one's ~s** tenir qn dans ses bras • **to take sb in one's ~s** prendre qn dans ses bras • **to put one's ~ round sb** passer son bras autour des épaules de qn • **with open ~s** à bras ouverts • **I'd give my right ~* for that** je donnerais n'importe quoi pour l'avoir • **that must have cost them an ~ and a leg*** ça a dû leur coûter les yeux de la tête
▸ **arm in arm** bras dessus bras dessous
▸ **at arm's length** à bout de bras • **to keep sb at ~'s length** tenir qn à distance
b (= *weapon*) arme *f*
▸ **up in arms to be up in ~s against sb** être en rébellion ouverte contre qn • **to be up in ~s against a decision** s'élever contre une décision • **she was up in ~s about it** cela la mettait hors d'elle
2 (NPL) **arms** (*in heraldry*) armes *fpl*
3 (VT) [+ *person, nation*] armer
4 (COMP) ▸ **arms control** N contrôle *m* des armements ▸ **arms factory** N usine *f* d'armement ▸ **arms limitation** N limitation *f* des armements ▸ **arms race** N course *f* aux armements ▸ **arms trade** N commerce *m* des armes ▸ **arm-wrestle** VI **to ~-wrestle with sb** faire un bras de fer avec qn ▸ **arm-wrestling** N bras *m* de fer
armadillo [ˌɑːməˈdɪləʊ] (N) tatou *m*
Armageddon [ˌɑːməˈgedn] (N) (*lit, fig*) Armageddon *m*
armaments [ˈɑːməmənts] (N) armement *m*
armband [ˈɑːmbænd] (N) brassard *m*
armchair [ˈɑːmtʃɛəʳ] (N) fauteuil *m*
armed [ɑːmd] (ADJ) armé (**with** de) • **~ to the teeth** armé jusqu'aux dents • **~ struggle** lutte *f* armée • **~ robbery** vol *m* à main armée ▸ **the armed forces** NPL les forces *fpl* armées
Armenia [ɑːˈmiːnɪə] (N) Arménie *f*
Armenian [ɑːˈmiːnɪən] **1** (ADJ) arménien **2** (N) (= *person*) Arménien(ne) *m(f)*
armful [ˈɑːmfʊl] (N) brassée *f* • **he arrived with ~s of presents** il est arrivé avec des cadeaux plein les bras
armistice [ˈɑːmɪstɪs] (N) armistice *m* ▸ **Armistice Day** N 11 Novembre *m* • **on Armistice Day** le 11 Novembre
armor [ˈɑːməʳ] (N) (US) [*of knight*] armure *f*
armory [ˈɑːmərɪ] (N) (US) arsenal *m*
armour [ˈɑːməʳ] (N) [*of knight*] armure *f*
armoured, armored (US) [ˈɑːməd] (ADJ) [*vehicle, division, units*] blindé ▸ **armoured car** N voiture *f* blindée ▸ **armoured personnel carrier** N (véhicule *m*) blindé *m* de transport de troupes
armoury [ˈɑːmərɪ] (N) arsenal *m*
armpit [ˈɑːmpɪt] (N) aisselle *f* • **to be up to one's ~s in water** avoir de l'eau jusqu'aux épaules
armrest [ˈɑːmrest] (N) accoudoir *m*
army [ˈɑːmɪ] **1** (N) armée *f* • **to join the ~** s'engager dans l'armée **2** (ADJ) [*life, uniform*] militaire **3** (COMP) ▸ **army corps** N corps *m* d'armée ▸ **army officer** N officier *m* de l'armée de terre
arnica [ˈɑːnɪkə] (N) arnica *f*
aroma [əˈrəʊmə] (N) arôme *m*
aromatherapist [əˌrəʊməˈθerəpɪst] (N) aromathérapeute *mf*
aromatherapy [əˌrəʊməˈθerəpɪ] (N) aromathérapie *f*
aromatic [ˌærəʊˈmætɪk] (ADJ) aromatique
arose [əˈrəʊz] (VB) *pt of* **arise**
around [əˈraʊnd]

> ➢ When **around** is an element in a phrasal verb, eg **get around**, **move around**, look up the verb.

1 (ADV) **a** autour • **all ~** tout autour • **for miles ~** dans un rayon de plusieurs kilomètres
b (= *nearby*) dans les parages • **he is somewhere ~** il est dans les parages • **you haven't seen Susan ~, have you?** vous n'auriez pas vu Susan, par hasard ? • **she'll be ~ soon** elle sera bientôt là • **is he ~?** il est là ? • **there's a lot of flu ~** il y a beaucoup de cas de grippe en ce moment
c ▸ **to have been around he's been ~*** (= *travelled*) il a pas mal roulé sa bosse*; (= *experienced*) il n'est pas né d'hier • **it's been ~ for more than 20 years** ça existe depuis plus de 20 ans
2 (PREP) **a** (= *round*) autour de • **~ the fire** autour du feu • **~ it** autour • **the country ~ the town** les environs de la ville • **it's just ~ the corner** c'est à deux pas

b (= *about*) **they are somewhere ~ the house** ils sont quelque part dans la maison
c (= *approximately*) environ; (*with date, time*) vers **• ~ 2 kilos** environ 2 kilos **• ~ 1800** vers 1800 **• ~ 10 o'clock** vers 10 heures

arousal [əˈraʊzəl] (N) (*sexual*) excitation *f* (sexuelle); (*emotional*) éveil *m*

arouse [əˈraʊz] (VT) **a** (= *awaken*) réveiller **b** [+ *suspicion, curiosity*] éveiller; [+ *contempt, anger*] susciter **c** (= *stimulate*) stimuler; (= *stir to action*) pousser à agir

aroused [əˈraʊzd] (ADJ) (*sexually*) excité

arpeggio [ɑːˈpedʒɪəʊ] (N) arpège *m*

arraign [əˈreɪn] (VT) traduire en justice

arraignment [əˈreɪnmənt] (N) ≈ lecture *f* de l'acte d'accusation

arrange [əˈreɪndʒ] **1** (VT) **a** [+ *room, clothing, flowers*] arranger; (= *tidy*) ranger **• the chairs were ~d in a semi-circle** les chaises étaient placées en demi-cercle
b [+ *meeting*] organiser; [+ *date*] fixer; [+ *plans, programme*] convenir de **• it was ~d that ...** il a été convenu que ... **• I have something ~d for tonight** j'ai quelque chose de prévu ce soir
c [+ *music*] arranger **• to ~ a piece for violin and piano** arranger un morceau pour violon et piano
2 (VI) (= *fix details*) s'arranger (**to do sth** pour faire qch) **• we have ~d for the goods to be dispatched** nous avons fait le nécessaire pour que les marchandises soient expédiées **• to ~ for sb to be taken to the airport** faire conduire qn à l'aéroport **• to ~ with sb to do sth** décider avec qn de faire qch
3 (COMP) ▸ **arranged marriage** N mariage *m* arrangé

arrangement [əˈreɪndʒmənt] (N) arrangement *m*; [*of room, furniture*] agencement *m* **• to do sth by ~ with sb** s'arranger avec qn pour faire qch **• to come to an ~ with sb** parvenir à un arrangement avec qn (**to do sth** pour faire qch) **• this ~ suited everyone** cet arrangement convenait à tout le monde
▸ **make + arrangement would you make the necessary ~s please?** pourriez-vous, s'il vous plaît, faire le nécessaire? **• to make ~s for a holiday** préparer ses vacances **• to make ~s for sth to be done** faire faire qch **• we made our own ~s** nous nous sommes arrangés de notre côté

arranger [əˈreɪndʒəʳ] (N) **a** (*Music*) arrangeur *m*, -euse *f* **b** (= *organizer*) organisateur *m*, -trice *f*

arrant [ˈærənt] (ADJ) (*frm*) [*hypocrisy*] consommé **• that's the most ~ nonsense I've ever heard** je n'ai jamais rien entendu de plus absurde

array [əˈreɪ] (N) [*of objects*] étalage *m*; [*of people*] assemblée *f*

arrears [əˈrɪəz] (NPL) arriéré *m* **• rent in ~** loyer *m* impayé **• to get into ~** accumuler les arriérés **• she is three months in ~ with her rent** elle doit trois mois de loyer

arrest [əˈrest] **1** (VT) **a** [+ *suspect*] arrêter **b** [+ *attention*] retenir **c** [+ *growth, development, progress*] (= *stop*) arrêter; (= *hinder*) entraver **2** (N) [*of person*] arrestation *f* **• under ~** en état d'arrestation **• to put sb under ~** arrêter qn **• to make an ~** procéder à une arrestation

arrival [əˈraɪvəl] **1** (N) **a** [*of person, vehicle, letter*] arrivée *f* **• on ~** à l'arrivée **b a new ~** (= *man*) un nouveau venu; (= *woman*) une nouvelle venue; (= *baby*) un nouveau-né **• the latest ~** le dernier arrivé **2** (COMP) ▸ **arrival board** (*US*), **arrivals board** N tableau *m* des arrivées ▸ **arrivals lounge** N salon *m* d'arrivée

arrive [əˈraɪv] (VI) arriver **• he hasn't ~d yet** il n'est pas encore arrivé
▸ **arrive at** VT INSEP [+ *decision, solution*] parvenir à **• to ~ at a price** [*one person*] fixer un prix; [*two people*] se mettre d'accord sur un prix

arrogance [ˈærəgəns] (N) arrogance *f*

arrogant [ˈærəgənt] (ADJ) arrogant

arrogantly [ˈærəgəntlɪ] (ADV) avec arrogance

arrow [ˈærəʊ] (N) flèche *f*

arse** [ɑːs] (N) (*Brit*) cul** *m*

arsehole** [ˈɑːshəʊl] (N) (*Brit*) trou *m* du cul**

arsenal [ˈɑːsɪnl] (N) arsenal *m*

arsenic [ˈɑːsnɪk] (N) arsenic *m*

arson [ˈɑːsn] (N) incendie *m* criminel

arsonist [ˈɑːsənɪst] (N) pyromane *mf*

art [ɑːt] **1** (N) **a** art *m* **• to study ~** faire des études d'art; (*at art college*) faire des études d'arts plastiques **• the ~s** les arts *mpl* **• the ~ of embroidery** l'art *m* de la broderie **• ~s and crafts** artisanat *m* d'art
b Arts (= *university subject*) lettres *fpl* **• Faculty of Arts** faculté *f* des Lettres (et Sciences humaines) **• he's doing Arts** il fait des études de lettres
2 (COMP) ▸ **art collection** N collection *f* d'œuvres d'art ▸ **art college** N ≈ école *f* des beaux-arts ▸ **art deco** N art *m* déco ♦ ADJ art déco *inv* ▸ **art director** N directeur *m*, -trice *f* artistique ▸ **art exhibition** N exposition *f* d'art ▸ **art form** N moyen *m* d'expression artistique ▸ **art gallery** N (= *museum*) musée *m* d'art; (= *shop*) galerie *f* d'art ▸ **art-house** ADJ d'art et d'essai ▸ **art nouveau** N art *m* nouveau ▸ **art school** N ≈ école *f* des beaux-arts ▸ **art therapy** N art-thérapie *f* ▸ **Arts degree** N ≈ licence *f* ès lettres ▸ **Arts student** N étudiant(e) *m(f)* en lettres ▸ **art student** N étudiant(e) *m(f)* des beaux-arts

artefact [ˈɑːtɪfækt] (N) objet *m* (fabriqué)

arterial [ɑːˈtɪərɪəl] (ADJ) artériel **• ~ road** grande artère *f*

artery [ˈɑːtərɪ] (N) artère *f*

arthritic [ɑːˈθrɪtɪk] (ADJ, N) arthritique *mf*

arthritis [ɑːˈθraɪtɪs] (N) arthrite *f*

artichoke [ˈɑːtɪtʃəʊk] (N) artichaut *m*

article [ˈɑːtɪkl] (N) **a** (= *object*) objet *m*; (*in shop*) article *m* **• ~s of clothing** vêtements *mpl* **b** (*in newspaper*) article *m* **c** (*Gram*) article *m*

articulate **1** (ADJ) [*speech, thought*] clair **• she's very ~** elle s'exprime avec aisance **2** (VT) [+ *word*] articuler; [+ *plan*] exprimer clairement **3** (VI) articuler **4** (COMP) ▸ **articulated lorry** N (*Brit*) semi-remorque *m*

> Lorsque **articulate** est un adjectif, la fin se prononce comme **it**: [ɑːˈtɪkjʊlɪt]; lorsque c'est un verbe, elle se prononce comme **eight**: [ɑːˈtɪkjʊleɪt].

artifact [ˈɑːtɪfækt] (N) objet *m* (fabriqué)

artifice [ˈɑːtɪfɪs] (N) artifice *m*

artificial [ˌɑːtɪˈfɪʃəl] **1** (ADJ) **a** (= *synthetic*) artificiel **b** (= *affected*) affecté; [*smile*] forcé **2** (COMP) ▸ **artificial intelligence** N intelligence artificielle

> **artificiel** ends in **-iel** instead of **-ial**.

artificiality [ˌɑːtɪfɪʃɪˈælɪtɪ] (N) manque *m* de naturel

artificially [ˌɑːtɪˈfɪʃəlɪ] (ADV) artificiellement

artillery [ɑːˈtɪlərɪ] (N) artillerie *f*

artisan [ˈɑːtɪzæn] (N) artisan(e) *m(f)*

artist ['ɑːtɪst] (N) artiste *mf*
artiste [ɑː'tiːst] (N) (*esp Brit*) (*= performer*) artiste *mf*
artistic [ɑː'tɪstɪk] (ADJ) artistique • **he's quite ~** il est assez artiste
artistically [ɑː'tɪstɪkəlɪ] (ADV) [*gifted*] du point de vue artistique; [*arranged, presented*] avec art
artistry ['ɑːtɪstrɪ] (N) art *m*
artless ['ɑːtlɪs] (ADJ) [*person*] naturel (-elle *f*); [*behaviour, simplicity*] ingénu
artsy* ['ɑːtsɪ] (ADJ) (*US*) [*film, picture*] prétentieux
artsy-fartsy* ['ɑːtsɪ'fɑːtsɪ] (ADJ) (*US*) [*person*] poseur; [*book, film*] prétentieux
artwork ['ɑːtwɜːk] (N) (*in publishing*) iconographie *f*; (*= painting, sculpture*) œuvre *f* d'art; (*US = objects*) objets *mpl* d'art
arty* ['ɑːtɪ] (ADJ) [*person*] prétentieux
arty-farty*‡ ['ɑːtɪ'fɑːtɪ] (ADJ) [*person*] poseur; [*book, film*] prétentieux
Aryan ['ɛərɪən] **1** (N) Aryen(ne) *m(f)* **2** (ADJ) aryen

as [æz, əz]

1 CONJUNCTION	3 ADVERB
2 PREPOSITION	

> For set combinations in which **as** is not the first word, eg **such … as, the same … as, disguised as**, look up the other word.

1 CONJUNCTION

a (*= while*) alors que • **as she was falling asleep she heard a noise** elle entendit un bruit alors qu'elle commençait à s'endormir • **he saw the accident as he was going to school** il a vu l'accident en allant à l'école

b (*with comparative*) **things will get more difficult as the year goes on** ça va devenir de plus en plus difficile au fil de l'année • **he grew deafer as he got older** il devenait de plus en plus sourd en vieillissant

c (*= just when*) (juste) au moment où • **he came in as I was leaving** il est arrivé (juste) au moment où je partais

d (*= because*) comme

> **comme** is used at the beginning of the sentence, **parce que** elsewhere.

• **as he hasn't phoned, we don't know where he is** comme il n'a pas téléphoné, nous ne savons pas où il est • **this is important as it reduces the effectiveness of the drug** c'est important parce que cela diminue l'efficacité du médicament

e (*= though*) **long as it was, I didn't find the journey boring** bien que le trajet ait été long, je ne me suis pas ennuyé • **amazing as it may seem** aussi surprenant que cela paraisse

f (*indicating manner*) comme • **do as you like** faites comme vous voulez • **France, as you know, is …** la France, comme vous le savez, est … • **as usual** comme d'habitude • **as often happens** comme c'est souvent le cas • **she is very gifted, as is her brother** elle est très douée, comme son frère • **they are fine as they are** ils sont très bien comme ça • **I'm okay as I am** je me trouve très bien comme ça • **don't tidy up, leave it as it is** ne range rien, laisse ça comme ça • **the village, situated as it is near a motorway, …** le village étant situé non loin d'une autoroute, …

2 PREPOSITION

a (*= in the capacity of*) comme • **he works as a waiter** il travaille comme serveur • **Olivier as Hamlet** Olivier dans le rôle de Hamlet

b (*= being*) en tant que • **as a mother of five children, she is well aware …** en tant que mère de cinq enfants, elle sait très bien …

c (*= when*) **as a child, she was rather shy** quand elle était enfant, elle était plutôt timide • **as a young woman, she was interested in politics** quand elle était jeune, elle s'intéressait à la politique

3 ADVERB

a (*= in the way*) comme • **as agreed** comme convenu • **as in all good detective stories** comme dans tout bon roman policier

b (*set structures*)

▸ **as + as** (*in comparisons of equality*) aussi … que • **I am as tall as you** je suis aussi grand que toi • **is it as far as that?** c'est vraiment aussi loin que ça? • **I am not as ambitious as you** je ne suis pas aussi ambitieux que toi • **as much as** autant que • **you ate as much as me** tu as mangé autant que moi

▸ **twice/half as …** **it's half as expensive** ça coûte deux fois moins cher • **it's twice as expensive** ça coûte deux fois plus cher

▸ **as for** quant à • **as for that** quant à cela

▸ **as from** (*referring to past*) depuis; (*referring to present, future*) à partir de • **as from last Tuesday** depuis mardi dernier • **as from today** à partir d'aujourd'hui

▸ **as if, as though** comme si • **he was staggering as if** *or* **as though he'd been drinking** il titubait comme s'il avait bu • **it's not as if** *or* **as though he was nice-looking** ce n'est pas comme s'il était beau garçon • **as if to confirm his prediction there was a loud explosion** comme pour confirmer ses prédictions on entendit une forte explosion • **don't tell her, will you? — as if!*** ne lui dis rien! — pour qui tu me prends! • **did he finally own up? — as if!*** est-ce qu'il a fini par avouer? — tu parles!*

▸ **as it is** (*= in fact*) dans l'état actuel des choses; (*= already*) comme ça • **as it is, it doesn't make much difference** dans l'état actuel des choses, ça ne fait pas grande différence • **I've got quite enough to do as it is** j'ai bien assez à faire comme ça

▸ **as it were** pour ainsi dire

▸ **as of** (*from past time*) depuis; (*from present, future time*) à partir de; (*= up to*) jusqu'à • **as of last Tuesday** depuis mardi dernier • **as of today** à partir d'aujourd'hui • **the balance of your account as of 16 June** (*= on 16 June*) le solde de votre compte au 16 juin • **as of now** pour l'instant

▸ **as regards** en ce qui concerne

▸ **as such** (*= in itself*) en soi; (*= in that capacity*) à ce titre • **the work as such is boring but …** le travail en soi est ennuyeux mais … • **they are the best players in the world and, as such, are highly paid** ce sont les meilleurs joueurs du monde et, à ce titre, ils sont très bien payés • **he was still a novice and they treated him as such** ce n'était qu'un débutant et ils le traitaient comme tel • **he had no qualifications as such** il n'avait pas de qualification à proprement parler

▸ **as to** quant à • **as to that** quant à cela • **to question sb** as to his intentions interroger qn sur ses intentions ▸ **as yet** encore

a.s.a.p. * [ˌeɪeseɪˈpiː] (ABBR OF **as soon as possible**) dès que possible

asbestos [æzˈbestəs] N amiante *f*

asbestosis [ˌæzbesˈtəʊsɪs] N asbestose *f*

ASBO [ˈæzbəʊ] N (ABBR OF **Antisocial Behaviour Order**) *procès verbal interdisant certains lieux ou activités à une personne s'étant rendue coupable d'incivilités*

ascend [əˈsend] 1 VI monter (**to** à, jusqu'à) • **in ~ing order** en ordre croissant 2 VT [+ *ladder*] monter à; [+ *mountain*] faire l'ascension de; [+ *staircase*] monter • **to ~ the throne** monter sur le trône

ascendancy [əˈsendənsɪ] N (= *influence*) ascendant *m*

ascendant [əˈsendənt] N ascendant *m* • **to be in the ~** (*Astrol*) être à l'ascendant • **his fortunes are in the ~** tout lui sourit

ascension [əˈsenʃən] N ascension *f*

ascent [əˈsent] N [*of mountain*] ascension *f*

ascertain [ˌæsəˈteɪn] VT établir; [+ *person's age, name*] vérifier • **to ~ that sth is true** s'assurer que qch est vrai

ascetic [əˈsetɪk] 1 ADJ ascétique 2 N ascète *mf*

ASCII [ˈæskiː] N (ABBR OF **American Standard Code for Information Interchange**) ASCII *m* ▸ **ASCII file** N fichier *m* ASCII

ascribe [əˈskraɪb] VT [+ *virtue, piece of work*] attribuer (**to** à); [+ *fault, blame*] imputer (**to** à)

asexual [eɪˈseksjʊəl] ADJ asexué

ash [æʃ] 1 N ⓐ [*of fire, cigarette*] cendre *f* • **to reduce sth to ~es** réduire qch en cendres ⓑ (= *tree*) frêne *m* 2 COMP ▸ **ash blond, ash blonde** ADJ blond cendré ▸ **Ash Wednesday** N mercredi *m* des Cendres

ashamed [əˈʃeɪmd] ADJ honteux • **to be ~** avoir honte • **it's nothing to be ~ of** il n'y a pas de quoi avoir honte • **you ought to be ~ of yourself!** vous devriez avoir honte ! • **to be ~ of o.s. for doing sth** avoir honte d'avoir fait qch • **to be ~ about sth** avoir honte de qch • **to be ~ to do sth** avoir honte de faire qch • **I've done nothing, I'm ~ to say** à ma honte je dois dire que je n'ai rien fait

ashen [ˈæʃn] ADJ livide

Ashkenazi [ˌæʃkəˈnɑːzɪ] 1 ADJ ashkénaze 2 N ashkénaze *mf*

ashore [əˈʃɔːʳ] ADV (= *on land*) à terre; (= *to the shore*) vers le rivage • **to go ~** débarquer • **to swim ~** rejoindre la rive à la nage

ashtray [ˈæʃtreɪ] N cendrier *m*

Asia [ˈeɪʃə] N Asie *f*

Asian [ˈeɪʃn] 1 ADJ ⓐ (= *from Asia*) asiatique ⓑ (*Brit*) (= *from Indian subcontinent*) indo-pakistanais 2 N ⓐ (= *person from Asia*) Asiatique *mf* ⓑ (*Brit*) (= *person from Indian subcontinent*) Indo-Pakistanais(e) *m(f)*

> **ASIAN**
> Le mot **Asian** désigne en anglais une personne du continent asiatique. Cependant, en Grande-Bretagne, il est employé plus spécifiquement pour désigner une personne du sous-continent indien, en particulièrement de l'Inde, du Pakistan ou du Bangladesh. Le terme **British Asian** fait référence à un(e) citoyen(ne) britannique d'origine indienne, pakistanaise ou bangladaise. Aux États-Unis, le terme **Asian** fait le plus souvent référence à une personne de l'Est ou du Sud-Est asiatique.

Asiatic [ˌeɪsɪˈætɪk] ADJ asiatique

aside [əˈsaɪd]

> ➢ When **aside** is an element in a phrasal verb, eg **put aside**, **stand aside**, look up the verb.

1 ADV à part • **bad weather ~, we had a good holiday** à part le temps, on a passé de bonnes vacances • **that ~, ...** à part cela, ... • **~ from** à part 2 N aparté *m*

asinine [ˈæsɪnaɪn] ADJ (*frm*) sot

ask [ɑːsk] 1 VT ⓐ (= *inquire*) demander • **to ~ sb sth** demander qch à qn • **to ~ sb about sth** poser des questions à qn au sujet de qch • **to ~ sb a question** poser une question à qn • **I don't know, ~ your father** je ne sais pas, demande à ton père • **~ him if he has seen her** demande-lui s'il l'a vue • **don't ~ me!*** allez savoir !* • **I ~ you!*** (*in exasperation*) je vous demande un peu !* • **I'm not ~ing you!*** (= *keep quiet*) je ne te demande rien !*
ⓑ (= *request*) demander • **to ~ sb to do sth** demander à qn de faire qch • **to ~ sb for sth** demander qch à qn • **it's not much to ~!** ce n'est pas trop demander ! • **that's ~ing a lot!** c'est beaucoup demander ! • **how much are they ~ing for it?** ils en demandent combien ? • **he is ~ing $80,000 for the house** il demande 80 000 dollars pour la maison
ⓒ (= *invite*) inviter • **to ~ sb to lunch** inviter qn à déjeuner
2 VI demander • **to ~ about sth** se renseigner sur qch • **to ~ around** (= *make enquiries*) demander autour de soi
3 COMP ▸ **asking price** N prix *m* de départ
▸ **ask after** VT INSEP demander des nouvelles de
▸ **ask along** VT SEP **they didn't ~ me along** ils ne m'ont pas demandé de les accompagner
▸ **ask back** VT SEP (*to one's home*) **to ~ sb back for coffee** inviter qn à prendre le café
▸ **ask for** VT INSEP demander • **they're ~ing for trouble*** ils cherchent les ennuis • **she was ~ing for it!*** (= *deserved it*) elle l'a bien cherché !*
▸ **ask in** VT SEP inviter à entrer • **to ~ sb in for a drink** inviter qn à entrer prendre un verre
▸ **ask out** VT SEP inviter à sortir • **he ~ed her out to dinner** il l'a invitée au restaurant
▸ **ask over** VT SEP inviter (à la maison) • **let's ~ Paul over** si on invitait Paul à venir nous voir ?
▸ **ask round** VT SEP inviter (à la maison)

askance [əˈskɑːns] ADV **to look ~ at** (*with suspicion*) regarder d'un air soupçonneux; (*with disapproval*) regarder d'un œil désapprobateur

askew [əˈskjuː] ADJ, ADV de travers

asleep [əˈsliːp] ADJ ⓐ endormi • **to be ~** dormir • **to be fast ~** dormir profondément • **to fall ~** s'endormir ⓑ (= *numb*) engourdi

AS level [eɪˈesˌlevl] N (ABBR OF **Advanced Subsidiary level**) *première partie de l'examen équivalent au baccalauréat*

asparagus [əsˈpærəɡəs] N asperges *fpl* ▸ **asparagus tips** NPL pointes *fpl* d'asperges

aspartame [əˈspɑːˌteɪm] N aspartame *m*

ASPCA [ˌeɪespiːsiːˈeɪ] N (ABBR OF **American Society for the Prevention of Cruelty to Animals**) *SPA américaine*

aspect [ˈæspekt] N aspect *m* • **to study every ~ of a question** étudier une question sous tous ses aspects • **seen from this ~ ...** vu sous cet angle ... • **the house has a southerly ~** la maison est exposée au sud

aspersions [əs'pɜ:ʃənz] (NPL) **to cast ~ on sb** dénigrer qn
asphalt ['æsfælt] 1 (N) asphalte *m* 2 (ADJ) [*road*] asphalté
asphyxiate [æs'fɪksɪeɪt] (VT) asphyxier
asphyxiation [æs,fɪksɪ'eɪʃən] (N) asphyxie *f*
aspirate ['æspərɪt] (ADJ) aspiré
aspiration [,æspə'reɪʃən] (N) aspiration *f*
aspirational [,æspə'reɪʃənl] (ADJ) [*person*] ambitieux • **to be considered ~** [*product*] être considéré comme signe de réussite sociale
aspire [əs'paɪə^r] (VI) **to ~ to sth** aspirer à qch • **to ~ to do sth** aspirer à faire qch • **we can't ~ to that** nos prétentions ne vont pas jusque-là
aspirin ['æsprɪn] (N) (*pl* **aspirin**) aspirine *f*
aspiring [əs'paɪərɪŋ] (ADJ) **an ~ artist** une personne qui aspire à devenir artiste
ass [æs] (N) **a** (= *animal*) âne *m* **b** (*US*) (= *behind*)* cul** *m* **c** (= *idiot*)* imbécile *mf*
assail [ə'seɪl] (VT) assaillir (**with** de)
assailant [ə'seɪlənt] (N) agresseur *m*
assassin [ə'sæsɪn] (N) assassin *m*
assassinate [ə'sæsɪneɪt] (VT) assassiner
assassination [ə,sæsɪ'neɪʃən] (N) assassinat *m*
assault [ə'sɔ:lt] 1 (N) **a** (*on enemy*) assaut *m* (**on** de) • **to make an ~ on ...** donner l'assaut à ... **b** (*on individual*) agression *f* • **~ and battery** coups *mpl* et blessures *fpl* 2 (VT) agresser 3 (COMP) ▸ **assault course** N parcours *m* du combattant
assemble [ə'sembl] 1 (VT) [*+ objects, ideas*] assembler; [*+ people*] rassembler; [*+ device, machine*] monter 2 (VI) se réunir
assembly [ə'semblɪ] 1 (N) **a** (= *meeting*) assemblée *f*; (*at school*) *réunion de tous les élèves de l'établissement pour la prière, les annonces etc* **b** (= *assembling of machine*) montage *m*; (= *whole unit*) assemblage *m* **c** (= *elected representatives*) assemblée *f* 2 (COMP) ▸ **assembly line** N chaîne *f* de montage
assent [ə'sent] 1 (N) assentiment *m* 2 (VI) donner son assentiment (**to** à)
assert [ə'sɜ:t] (VT) affirmer; [*+ independence*] revendiquer • **to ~ one's rights** faire valoir ses droits
assertion [ə'sɜ:ʃən] (N) (= *statement*) affirmation *f*; [*of independence*] revendication *f*
assertive [ə'sɜ:tɪv] (ADJ) [*tone*] assuré; [*personality*] affirmé • **~ manner** assurance *f* • **to be ~** [*person*] avoir de l'assurance • **to become more ~** [*person*] prendre de l'assurance
assertiveness [ə'sɜ:tɪvnɪs] (N) assurance *f*
assess [ə'ses] (VT) évaluer; [*+ candidate*] juger • **students are continuously ~ed** les étudiants sont soumis à un contrôle continu
assessment [ə'sesmənt] (N) évaluation *f*
assessor [ə'sesə^r] (N) **a** [*of property*] expert *m* **b** (*in exam*) examinateur *m*, -trice *f*; (*in sport*) juge *m*
asset ['æset] 1 (N) **a** (*financial*) bien *m* • **~s and liabilities** actif *m* et passif *m* • **their ~s amount to $1m** leur actif s'élève à un million de dollars **b** (= *valuable thing, person*) atout *m* 2 (COMP) ▸ **asset-stripping** N dépeçage *m* d'actifs
asshole** ['æshəʊl] (N) (*US*) trou *m* du cul**
assiduous [ə'sɪdjʊəs] (ADJ) assidu
assign [ə'saɪn] (VT) **a** (= *allot*) assigner; [*+ date*] fixer; [*+ role*] attribuer; [*+ homework*] donner • **to ~ blame** *or* **responsibility for sth** trouver un responsable (*or* des responsables) pour qch **b** (= *appoint*) affecter
assignation [,æsɪg'neɪʃən] (N) **a** (= *appointment*) rendez-vous *m* (*souvent galant*) **b** (= *allocation*) attribution *f*; [*of money*] allocation *f*; [*of person, room*] affectation *f*
assignment [ə'saɪnmənt] (N) **a** (= *task*) mission *f*; (= *homework*) devoir *m*; (= *essay*) dissertation *f* • **to be on (an) ~** être en mission **b** (= *act of assigning*) attribution *f*
assimilate [ə'sɪmɪleɪt] 1 (VT) assimiler 2 (VI) (= *become integrated*) s'intégrer
assimilation [ə,sɪmɪ'leɪʃən] (N) assimilation *f*
assist [ə'sɪst] 1 (VT) aider (**in doing sth** à faire qch) • **to ~ one another** s'entraider • **~ed by** avec le concours de 2 (VI) (= *help*) aider
assistance [ə'sɪstəns] (N) aide *f* • **to give ~ to sb** prêter assistance à qn • **to come to sb's ~** venir en aide à qn • **can I be of ~?** puis-je vous aider?
assistant [ə'sɪstənt] 1 (N) **a** assistant(e) *m(f)* • **(foreign language) ~** (*in school*) assistant(e) *m(f)*; (*Univ*) lecteur *m*, -trice *f* **b** (*in shop*) vendeur *m*, -euse *f* 2 (ADJ) adjoint 3 (COMP) ▸ **assistant manager** N directeur *m*, -trice *f* adjoint(e) ▸ **assistant referee** N juge *mf* de touche
assizes [ə'saɪzɪz] (NPL) assises *fpl*
associate 1 (N) associé(e) *m(f)* 2 (ADJ) associé 3 (VT) associer • **to be ~d with sth** être associé à qch 4 (VI) **to ~ with sb** fréquenter qn

> Lorsque **associate** est un nom ou un adjectif, la fin se prononce comme **it**: [ə'səʊʃɪɪt]; lorsque c'est un verbe, elle se prononce comme **eight**: [ə'səʊʃɪeɪt].

association [ə,səʊsɪ'eɪʃən] (N) association *f* • **in ~ with** en association avec • **this word has nasty ~s** ce mot a des connotations *fpl* désagréables ▸ **association football** N (*Brit*) football *m* (association)
assorted [ə'sɔ:tɪd] (ADJ) (= *varied*) différent • **in ~ sizes** en différentes tailles
assortment [ə'sɔ:tmənt] (N) [*of objects*] assortiment *m* • **an ~ of guests** des invités divers
assuage [ə'sweɪdʒ] (VT) [*+ hunger, desire, thirst*] assouvir; [*+ anger, pain*] apaiser
assume [ə'sju:m] (VT) **a** (= *suppose*) supposer • **assuming this to be true ...** en supposant que ce soit vrai ... • **let us ~ that ...** supposons que ... + *subj* • **you are assuming a lot** vous faites bien des suppositions **b** (= *take on*) [*+ responsibility*] assumer; [*+ power, importance*] prendre; [*+ title, right, authority*] s'attribuer; [*+ name*] adopter; [*+ air, attitude*] se donner • **to go under an ~d name** se servir d'un nom d'emprunt
assumption [ə'sʌmpʃən] (N) **a** (= *supposition*) supposition *f* • **on the ~ that ...** en supposant que ... + *subj* **b** [*of power*] appropriation *f*
assurance [ə'ʃʊərəns] (N) **a** (= *certainty*) assurance *f* **b** (= *promise*) promesse *f* • **you have my ~ that ...** je vous promets que ... **c** (*Brit* = *insurance*) assurance *f*
assure [ə'ʃʊə^r] (VT) assurer
assured [ə'ʃʊəd] (ADJ) assuré (**of** de)
asterisk ['æstərɪsk] (N) astérisque *m*
asteroid ['æstərɔɪd] (N) astéroïde *m*
asthma ['æsmə] (N) asthme *m* • **~ sufferer** asthmatique *mf*
asthmatic [æs'mætɪk] (ADJ, N) asthmatique *mf*
astigmatism [æs'tɪgmətɪzəm] (N) astigmatisme *m*

astonish [əˈstɒnɪʃ] (VT) étonner; (*stronger*) stupéfier • **you ~ me!** vous m'étonnez !

astonished [əˈstɒnɪʃt] (ADJ) étonné; (*stronger*) stupéfait • **I am ~ that ...** cela m'étonne que ... + *subj*

astonishing [əˈstɒnɪʃɪŋ] (ADJ) étonnant; (*stronger*) stupéfiant

astonishingly [əˈstɒnɪʃɪŋlɪ] (ADV) étonnamment • **~, he was right** chose étonnante, il avait raison

astonishment [əˈstɒnɪʃmənt] (N) étonnement *m*; (*stronger*) stupéfaction *f* • **look of ~** regard *m* stupéfait • **to my ~** à mon grand étonnement

astound [əˈstaʊnd] (VT) stupéfier

astounded [əˈstaʊndɪd] (ADJ) abasourdi • **I am ~** j'en reste abasourdi

astounding [əˈstaʊndɪŋ] (ADJ) stupéfiant

astral [ˈæstrəl] (ADJ) astral ▸ **astral projection** N projection *f* astrale

astray [əˈstreɪ] (ADV) **to go ~** s'égarer • **to lead sb ~** détourner qn du droit chemin

astride [əˈstraɪd] 1 (ADV) à califourchon 2 (PREP) à califourchon sur

astringent [əsˈtrɪndʒənt] 1 (ADJ) astringent; [*tone, humour*] cinglant 2 (N) astringent *m*

astrologer [əsˈtrɒlədʒəʳ] (N) astrologue *mf*

astrology [əsˈtrɒlədʒɪ] (N) astrologie *f*

astronaut [ˈæstrənɔːt] (N) astronaute *mf*

astronautics [ˌæstrəʊˈnɔːtɪks] (N) astronautique *f*

astronomer [əsˈtrɒnəməʳ] (N) astronome *mf*

astronomical [ˌæstrəˈnɒmɪkəl] (ADJ) **a** (= *enormous*) astronomique • **the odds against another attack were ~** une nouvelle attaque était des plus improbables **b** [*society*] d'astronomie

astronomically [ˌæstrəˈnɒmɪkəlɪ] (ADV) [*high*] terriblement

astronomy [əsˈtrɒnəmɪ] (N) astronomie *f*

astroparticle [ˈæstrəʊˌpɑːtɪkl] (N) astroparticule *f*

astrophysics [ˌæstrəʊˈfɪzɪks] (N) astrophysique *f*

Astroturf® [ˈæstrəʊtɜːf] (N) gazon *m* artificiel

astute [əsˈtjuːt] (ADJ) astucieux

asylum [əˈsaɪləm] (N) asile *m*; (= *mental hospital*) asile *m* (d'aliénés)† • **political ~** asile *m* politique ▸ **asylum seeker** N demandeur *m*, -euse *f* d'asile

asymetrical [ˌeɪsɪˈmetrɪkəl] (ADJ) asymétrique

at [æt]

> When **at** is an element in a phrasal verb, eg **laugh at**, **look at**, look up the verb. For fixed expressions such as **good at**, **at once**, look up the other word.

(PREP) **a** (*position, time, speed, price*) à • **at school** à l'école • **three at a time** trois à la fois; (*stairs*) trois à trois • **at a time like this** à un moment pareil • **at my age** à mon âge • **at 80km/h** à 80 km/h • **to stand at the window** se tenir devant la fenêtre • **at 10 o'clock** à 10 heures • **he sells them at 12 euros a kilo** il les vend 12 € le kilo

b (*home, shop*) chez • **at my brother's** chez mon frère • **at the hairdresser's** chez le coiffeur

c **where are we at?*** (*progress*) où en sommes-nous ?; (*US: position*) où sommes-nous ? • **this is where it's at*** (*Fashion*) c'est là que ça se passe*

d (= *nagging*)* **she's been on at me the whole day** elle m'a tanné* toute la journée • **she was on at her husband to buy a new car** elle tannait* son mari pour qu'il achète *subj* une nouvelle voiture

e (= *symbol in email address*) arobase *f*

f (*set structures*)

▸ **at all nothing at all** rien du tout • **I'm not worried at all** je ne suis pas inquiet du tout

> When used in a question, **at all** is not translated.

• **did it hurt at all?** c'était douloureux ? • **have you seen him at all?** tu l'as vu ? • **did she seem at all worried?** avait-elle l'air inquiète ?

▸ **at it* while we're at it** pendant qu'on y est* • **they're at it again!** les voilà qui recommencent ! • **they're at it all day** ils font ça toute la journée

▸ **at that let's leave it at that** restons-en là • **at that, he turned and left** sur ces mots, il est parti

ate [et, eɪt] (VB) *pt of* **eat**

atheism [ˈeɪθɪɪzəm] (N) athéisme *m*

atheist [ˈeɪθɪɪst] (N) athée *mf*

Athens [ˈæθɪnz] (N) Athènes

athlete [ˈæθliːt] (N) athlète *mf* ▸ **athlete's foot** N mycose *f* du pied • **to have ~'s foot** avoir une mycose aux pieds

athletic [æθˈletɪk] (ADJ) athlétique; [*club, competition*] d'athlétisme

athleticism [æθˈletɪsɪzəm] (N) constitution *f* athlétique

athletics [æθˈletɪks] (N) (*Brit*) athlétisme *m*; (*US*) sport *m*

Atlantic [ətˈlæntɪk] 1 (ADJ) [*coast*] atlantique; [*winds*] de l'Atlantique 2 (N) Atlantique *m* 3 (COMP) ▸ **the Atlantic Ocean** N l'océan *m* Atlantique

atlas [ˈætləs] (N) atlas *m*

ATM [ˌeɪtiːˈem] (N) (*US*) (ABBR OF **Automated Teller Machine**) distributeur *m* automatique de billets

atmosphere [ˈætməsfɪəʳ] (N) atmosphère *f*

atmospheric [ˌætməsˈferɪk] (ADJ) **a** (= *related to the atmosphere*) atmosphérique **b** (= *evocative*) évocateur (-trice *f*)

atom [ˈætəm] (N) atome *m* • **not an ~ of truth** pas la moindre parcelle de vérité ▸ **atom bomb** N bombe *f* atomique

atomic [əˈtɒmɪk] 1 (ADJ) atomique 2 (COMP) ▸ **atomic bomb** N bombe *f* atomique

atomizer [ˈætəmaɪzəʳ] (N) atomiseur *m*

atone [əˈtəʊn] (VI) **to ~ for** [+ *sin*] expier; [+ *mistake*] réparer

atonement [əˈtəʊnmənt] (N) (*for misdeed*) expiation *f*; (*for mistake*) réparation *f* • **to make ~ for** [+ *misdeed*] expier; [+ *mistake*] réparer

atrium [ˈeɪtrɪəm] (N) (*pl* **atria**) (*Archit*) atrium *m* (*couvert d'une verrière*)

atrocious [əˈtrəʊʃəs] (ADJ) épouvantable; [*crime*] atroce

atrociously [əˈtrəʊʃəslɪ] (ADV) [*behave, sing, play*] atrocement mal • **~ bad** horriblement mauvais

atrocity [əˈtrɒsɪtɪ] (N) atrocité *f*

attach [əˈtætʃ] (VT) attacher; [+ *document, file*] joindre • **I ~ a report from ...** je joins un rapport de ... • **to be ~ed to sb/sth** (= *fond of*) être attaché à qn/qch

attaché [əˈtæʃeɪ] (N) attaché(e) *m(f)* ▸ **attaché case** N mallette *f*, attaché-case *m*

attachment [əˈtætʃmənt] (N) **a** (= *accessory*) accessoire *m* **b** (= *affection*) attachement *m* **c** (= *computer file*) pièce *f* jointe • **send it as an ~** envoyez-le en pièce jointe

attack [əˈtæk] 1 (N) **a** attaque *f* (**on** contre) • **an ~ on**

sb's life un attentat contre qn • **to leave o.s. open to ~** (= *criticism*) prêter le flanc à la critique • **~ is the best form of defence** le meilleur moyen de se défendre c'est d'attaquer • **to be under ~** être attaqué (**from** par) **b** (= *illness*) crise *f* • **asthma ~** crise *f* d'asthme • **~ of nerves** crise *f* de nerfs **2** (VT) attaquer; [+ *task, problem*] s'attaquer à; [+ *poverty*] combattre **3** (VI) attaquer

attacker [ə'tækəʳ] (N) agresseur *m*; (*Sport*) attaquant(e) *m(f)*

attain [ə'teɪn] (VT) parvenir à; [+ *happiness*] atteindre

attainable [ə'teɪnəbl] (ADJ) accessible (**by** à)

attainment [ə'teɪnmənt] (N) **a** [*of knowledge*] acquisition *f*; [*of happiness*] conquête *f* **b** (= *achievement*) réalisation *f*

attempt [ə'tempt] **1** (VT) essayer (**to do sth** de faire qch); [+ *task*] entreprendre • **~ed murder** tentative *f* de meurtre • **to ~ suicide** faire une tentative de suicide
2 (N) **a** (= *try*) tentative *f* • **an ~ at escape** une tentative d'évasion • **to make an ~ to do sth** essayer de faire qch • **he had to give up the ~** il lui a fallu (y) renoncer • **he made no ~ to help us** il n'a pas essayé de nous aider • **to make an ~ on the record** essayer de battre le record • **it was a good ~ on his part but ...** il a vraiment essayé mais ...
b (= *attack*) attentat *m* • **an ~ on sb's life** un attentat contre qn

attend [ə'tend] **1** (VT) [+ *meeting, lecture*] assister à; [+ *classes*] suivre; [+ *church, school*] aller à • **the meeting was well ~ed** il y avait beaucoup de monde à la réunion **2** (VI) (= *be present*) être présent, être là • **will you ~?** est-ce que vous y serez?

> ⚠ **to attend ≠ attendre**

▸ **attend to** VT INSEP (= *deal with*) s'occuper de • **to ~ to a customer** s'occuper d'un client • **are you being ~ed to?** (*in shop*) est-ce qu'on s'occupe de vous?

attendance [ə'tendəns] **1** (N) **a** (= *being present*) présence *f* • **regular ~ at** assiduité *f* à • **in ~** présent **b** (= *number of people present*) assistance *f* • **a large ~** une nombreuse assistance • **what was the ~ at the meeting?** combien de gens y avait-il à la réunion? **2** (COMP) ▸ **attendance figures** NPL (*at match, concert*) nombre *m* de spectateurs ▸ **attendance record** N **his ~ record is bad** il est souvent absent ▸ **attendance sheet** N feuille *f* d'appel

attendant [ə'tendənt] **1** (N) gardien(ne) *m(f)* **2** (ADJ) (= *associated*) associé • **old age and its ~ ills** la vieillesse et les maux qui l'accompagnent

attention [ə'tenʃən] (N) attention *f* • **may I have your ~?** votre attention s'il vous plaît • **he gave her his full ~** il lui a accordé toute son attention • **to call ~ to sth** attirer l'attention sur qch • **to pay ~ to ...** prêter attention à ... • **to pay special ~ to ...** prêter une attention toute particulière à ... • **it has come to my ~ that ...** j'ai entendu dire que ... • **for the ~ of Mrs C. Smith** à l'attention de Mme C. Smith • **to stand to ~** se mettre au garde-à-vous ▸ **Attention Deficit Disorder** N troubles *mpl* déficitaires de l'attention ▸ **attention-grabbing** ADJ [*campaign, headline*] accrocheur ▸ **attention-seeking** ADJ cherchant à attirer l'attention ♦ N désir *m* d'attirer l'attention ▸ **attention span** N **his ~ span is limited** il n'arrive pas à se concentrer très longtemps

attentive [ə'tentɪv] (ADJ) **a** (= *considerate*) prévenant (**to sb** envers qn) • **~ to sb's needs** soucieux des besoins de qn • **~ to detail** soucieux du détail **b** [*audience, spectator*] attentif

attentively [ə'tentɪvlɪ] (ADV) attentivement

attenuate [ə'tenjʊeɪt] (VT) atténuer

attest [ə'test] **1** (VT) (= *prove*) attester; (*under oath*) affirmer sous serment **2** (VI) prêter serment • **to ~ to sth** attester qch

attestation [,ætes'teɪʃən] (N) attestation *f* (**that** que); (*in law*) attestation *f*, témoignage *m*; [*of signature*] légalisation *f*; (= *taking oath*) assermentation *f*, prestation *f* de serment

attic ['ætɪk] (N) grenier *m*

attire [ə'taɪəʳ] **1** (N) vêtements *mpl* • **in formal ~** en tenue de cérémonie **2** (ADJ) **~d in ...** vêtu de ... • **elegantly ~d** vêtu avec élégance

attitude ['ætɪtjuːd] (N) **a** attitude *f* • **his ~ towards me** son attitude envers moi • **~s have changed** les mentalités ont changé • **if that's your ~** si c'est ainsi que tu le prends **b** (= *self-assurance*)* **women with ~** des femmes qui assurent • **kids with ~** des ados sûrs d'eux*

attitudinal [,ætɪ'tjuːdɪnəl] (ADJ) d'attitude

attorney [ə'tɜːnɪ] (N) **a** (*US*) avocat(e) *m(f)* → LAWYER **b** **Attorney General** ≈ ministre *mf* de la Justice; (*Brit*) ≈ Procureur *mf* Général(e)

attract [ə'trækt] (VT) attirer • **to ~ sb's attention** attirer l'attention de qn • **the centre ~s thousands of visitors** le centre attire des milliers de visiteurs • **what ~ed me to her ...** ce qui m'a attiré chez elle ...

attraction [ə'trækʃən] (N) **a** (*for tourists*) attraction *f* **b** (= *pleasant feature*) attrait *m* • **the chief ~ of this plan** l'attrait principal de ce projet • **I don't see the ~ myself** je n'en vois pas l'intérêt **c** (*sexual*) attirance *f*

attractive [ə'træktɪv] (ADJ) [*person, offer*] séduisant; [*features, prospect*] attrayant; [*price, salary*] attractif

attributable [ə'trɪbjʊtəbl] (ADJ) attribuable (**to** à)

attribute **1** (VT) attribuer; [+ *feelings, words*] prêter **2** (N) attribut *m*

> 🔈 Lorsque **attribute** est un verbe, l'accent tombe sur la deuxième syllabe : [ə'trɪbjuːt], lorsque c'est un nom, sur la première : ['ætrɪbjuːt].

attrition [ə'trɪʃən] (N) **war of ~** guerre *f* d'usure

atypical [,eɪ'tɪpɪkəl] (ADJ) atypique

aubergine ['əʊbəʒiːn] (N) aubergine *f*

auburn ['ɔːbən] (ADJ) auburn *inv*

auction ['ɔːkʃən] **1** (N) vente *f* aux enchères • **to put sth up for ~** mettre qch dans une vente aux enchères **2** (VT) vendre aux enchères **3** (COMP) ▸ **auction house** N société *f* de vente(s) aux enchères ▸ **auction room** N salle *f* des ventes ▸ **auction sale** N (vente *f* aux) enchères *fpl* ▸ **auction site** N site *m* de vente aux enchères

auctioneer [,ɔːkʃə'nɪəʳ] (N) commissaire-priseur *m*

audacious [ɔː'deɪʃəs] (ADJ) audacieux

audacity [ɔː'dæsɪtɪ] (N) audace *f* • **to have the ~ to do sth** avoir l'audace de faire qch

audible ['ɔːdɪbl] (ADJ) audible; [*words*] intelligible • **she was hardly ~** on l'entendait à peine

audience ['ɔːdɪəns] **1** (N) **a** (= *people watching or listening*) public *m*; (*of speaker*) auditoire *m* • **the whole ~ applauded** toute la salle a applaudi • **there was a big ~** le public était nombreux **b** (= *formal interview*) audience *f* • **to grant an ~ to sb** accorder audience à qn **2** (COMP)

▸ **audience participation** N participation *f* du public

⚠ **audience** is not the most common translation for **audience**.

audio [ˈɔːdɪəʊ] **1** (ADJ) audio **2** (COMP) ▸ **audio book** N livre *m* audio
audio-cassette [ˌɔːdɪəʊkəˈset] (N) cassette *f* audio
audiotape [ˈɔːdɪəʊteɪp] **1** (N) ⓐ (= *tape*) bande *f* magnétique ⓑ (*US*) (= *cassette*) cassette *f* audio **2** (VT) (*US*) (= *tape*) enregistrer sur cassette audio *or* sur bande magnétique
audiotypist [ˈɔːdɪəʊtaɪpɪst] (N) audiotypiste *mf*
audiovisual [ˌɔːdɪəʊˈvɪzjʊəl] (ADJ) audiovisuel • ~ **aids** moyens *mpl* audiovisuels
audit [ˈɔːdɪt] **1** (N) audit *m* **2** (VT) [+ *accounts*] vérifier; [+ *company*] auditer
audition [ɔːˈdɪʃən] **1** (N) (*for play*) audition *f*; (*for TV show, film*) essai *m* • **to give sb an** ~ (*for play*) auditionner qn; (*for TV show, film*) faire faire un essai à qn **2** (VT) auditionner • **he was ~ed for the part** (*in play*) on l'a auditionné pour le rôle; (*in film*) on lui a fait faire un essai pour le rôle **3** (VI) **he ~ed for Hamlet** (*in theatre*) il a auditionné pour le rôle de Hamlet; (*on TV, in film*) on lui a fait faire un essai pour le rôle de Hamlet
auditor [ˈɔːdɪtəʳ] (N) ⓐ [*of accounts*] commissaire *m* aux comptes ⓑ (*US*) (= *student*) auditeur *m*, -trice *f* libre
auditorium [ˌɔːdɪˈtɔːrɪəm] (N) salle *f*
augment [ɔːgˈment] **1** (VT) augmenter (**with, by** de) **2** (COMP) ▸ **augmented reality** N réalité augmentée
augur [ˈɔːgəʳ] (VI) **to ~ well/ill** être de bon/de mauvais augure
August [ˈɔːgəst] (N) août *m* → **September**

✎ The months in French are not spelt with a capital letter.

aunt [ɑːnt] (N) tante *f*
auntie*, **aunty*** [ˈɑːntɪ] (N) tata* *f* • ~ **Mary** tante *f* Marie
au pair [ˈəʊˈpɛə] **1** (N) (*female*) jeune fille *f* au pair; (*male*) garçon *m* au pair **2** (VI) être au pair
aura [ˈɔːrə] (N) [*of person*] aura *f*; [*of place*] atmosphère *f*
aural [ˈɔːrəl] (ADJ) ~ **comprehension** compréhension *f* orale • ~ **comprehension test** exercice *m* de compréhension
aurochs [ˈɔːrɒks] (N) (*pl* **aurochs**) aurochs *m*
aurora [ɔːˈrɔːrə] (N) ~ **borealis** aurore *f* boréale
auspices [ˈɔːspɪsɪz] (NPL) auspices *mpl* • **under the ~ of ...** sous les auspices de ...
auspicious [ɔːsˈpɪʃəs] (ADJ) [*start*] prometteur; [*occasion, day, time*] propice; [*sign*] de bon augure
Aussie* [ˈɒzɪ] **1** (ADJ) australien **2** (N) Australien(ne) *m(f)*
austere [ɒsˈtɪəʳ] (ADJ) austère
austerity [ɒsˈterɪtɪ] (N) austérité *f*
Australasia [ˌɔːstrəˈleɪzɪə] (N) Australasie *f*
Australasian [ˌɔːstrəˈleɪzɪən] **1** (ADJ) d'Australasie **2** (N) Australasien(ne) *m(f)*
Australia [ɒsˈtreɪlɪə] (N) Australie *f*
Australian [ɒsˈtreɪlɪən] **1** (ADJ) australien **2** (N) Australien(ne) *m(f)*
Austria [ˈɒstrɪə] (N) Autriche *f* • **in** ~ en Autriche
Austrian [ˈɒstrɪən] **1** (ADJ) autrichien **2** (N) Autrichien(ne) *m(f)*

authentic [ɔːˈθentɪk] (ADJ) authentique
authentically [ɔːˈθentɪkəlɪ] (ADV) ⓐ (= *genuinely*) [*furnished, restored*] authentiquement • ~ **Chinese dishes** des plats authentiquement chinois, des plats chinois authentiques • **the brass has an ~ tarnished look** l'aspect terni de ce cuivre a l'air authentique ⓑ (= *accurately*) [*describe, depict*] de façon authentique
authenticate [ɔːˈθentɪkeɪt] (VT) authentifier
authentication [ɔːˌθentɪˈkeɪʃən] (N) [*of document*] authentification *f*; [*of report*] confirmation *f* (de l'authenticité de)
authenticity [ˌɔːθenˈtɪsɪtɪ] (N) authenticité *f*
author [ˈɔːθəʳ] (N) auteur *m* • **he's an ~** il est écrivain
authoritarian [ˌɔːθɒrɪˈtɛərɪən] **1** (ADJ) autoritaire **2** (N) partisan(e) *m(f)* de l'autorité
authoritative [ɔːˈθɒrɪtətɪv] (ADJ) ⓐ (= *commanding*) autoritaire ⓑ (= *reliable*) [*person, book*] faisant autorité; [*survey, study*] digne de foi
authority [ɔːˈθɒrɪtɪ] (N) ⓐ (= *power to give orders*) autorité *f* • **those in ~** ceux qui nous dirigent
ⓑ (= *permission*) autorisation *f* • **to give sb ~ to do sth** habiliter qn à faire qch • **to do sth without ~** faire qch sans autorisation • **she had no ~ to do it** elle n'avait pas qualité pour le faire • **on her own ~** de son propre chef • **on whose ~?** avec l'autorisation de qui ?
ⓒ (= *competence*) **to speak with ~** parler avec compétence • **to carry ~** faire autorité • **I have it on good ~ that ...** je tiens de bonne source que ...
ⓓ (= *organization*) organisme *m* • **the health ~** l'administration *f* de la santé • **the district authorities** les autorités *fpl* régionales
ⓔ (= *expert*) expert *m* (**on** en); (= *book*) source *f* (autorisée) • **to be an ~** [*person, book*] faire autorité (**on** en matière de)
authorization [ˌɔːθəraɪˈzeɪʃən] (N) (= *permission*) autorisation *f* (**of, for** pour, **to do sth** de faire qch)
authorize [ˈɔːθəraɪz] (VT) autoriser • **to be ~d to do sth** être autorisé à faire qch
authorized [ˈɔːθəraɪzd] (ADJ) autorisé; [*dealer, representative*] agréé; [*biography*] officiel
authorship [ˈɔːθəʃɪp] (N) paternité *f*
autism [ˈɔːtɪzəm] (N) autisme *m*
autistic [ɔːˈtɪstɪk] (ADJ) autiste
auto [ˈɔːtəʊ] (N) (*US*) voiture *f* ▸ **Auto show** N Salon *m* de l'auto ▸ **auto worker** N ouvrier *m* de l'industrie automobile
autobank [ˈɔːtəʊbæŋk] (N) distributeur *m* automatique de billets
autobiographical [ɔːtəʊˌbaɪəʊˈgræfɪkəl] (ADJ) autobiographique
autobiography [ˌɔːtəʊbaɪˈɒgrəfɪ] (N) autobiographie *f*
autocratic [ˌɔːtəʊˈkrætɪk] (ADJ) autocratique
Autocue ® [ˈɔːtəʊkjuː] (N) (*Brit TV*) téléprompteur *m*
autograph [ˈɔːtəgrɑːf] **1** (N) autographe *m* **2** (VT) signer; [+ *book*] dédicacer **3** (COMP) ▸ **autograph hunter** N collectionneur *m*, -euse *f* d'autographes
automate [ˈɔːtəmeɪt] (VT) automatiser
automated [ˈɔːtəmeɪtɪd] (ADJ) automatisé
automatic [ˌɔːtəˈmætɪk] **1** (ADJ) automatique • **on ~ pilot** [*aeroplane*] sur pilote automatique • **to drive on ~ pilot*** conduire au radar* **2** (N) (= *gun*) automatique *m*; (= *car*) voiture *f* (à boîte) automatique **3** (COMP) ▸ **automatic ticketing** N billettique *f*
automatically [ˌɔːtəˈmætɪkəlɪ] (ADV) automatiquement

automation [ˌɔːtəˈmeɪʃən] (N) automatisation *f*
automaton [ɔːˈtɒmətən] (N) automate *m*
automobile [ˈɔːtəməbiːl] (N) voiture *f*
automotive [ˌɔːtəˈməʊtɪv] (ADJ) (de l')automobile
autonomous [ɔːˈtɒnəməs] (ADJ) autonome
autonomy [ɔːˈtɒnəmɪ] (N) autonomie *f*
autopilot [ˈɔːtəʊpaɪlət] (N) pilote *m* automatique • **on ~** [*plane*] sur pilote automatique • **to be on ~*** (*person*) marcher au radar*
autopsy [ˈɔːtɒpsɪ] (N) autopsie *f*
autumn [ˈɔːtəm] **1** (N) automne *m* • **in ~** en automne **2** (ADJ) d'automne
auxiliary [ɔːgˈzɪlɪərɪ] **1** (ADJ) auxiliaire • **~ verb** verbe *m* auxiliaire **2** (N) **a** (= *person*) auxiliaire *mf* • **nursing ~** aide-soignant(e) *m(f)* **b** (= *verb*) auxiliaire *m*
Av. (N) (ABBR OF **Avenue**) av.
avail [əˈveɪl] **1** (VT) **to ~ o.s. of** [+ *opportunity*] saisir; [+ *offer*] profiter de; [+ *service*] utiliser **2** (N) **to no ~** sans résultat • **to little ~** sans grand effet
availability [əˌveɪləˈbɪlɪtɪ] (N) disponibilité *f* • **I'll just check ~ for you** je vais voir ce qui nous reste comme disponibilités
available [əˈveɪləbl] (ADJ) disponible • **he is not ~ at the moment** il n'est pas disponible en ce moment • **to be ~ for sb** être à la disposition de qn • **a car park is ~ for the use of customers** un parking est à la disposition des clients • **to make sth ~** mettre qch à disposition • **to make sth ~ to sb** mettre qch à la disposition de qn • **to make o.s. ~** se rendre disponible • **to use every ~ means to do sth** utiliser tous les moyens disponibles pour faire qch • **the next ~ flight** le prochain vol • **new treatments are becoming ~** de nouveaux traitements font leur apparition • **the MP was not ~ for comment yesterday** hier, le député s'est refusé à toute déclaration • **the guide is ~ from all good bookshops** ce guide est en vente dans toutes les bonnes librairies • **tickets are ~ from the box office** on peut se procurer les billets auprès du bureau de location • **"other sizes ~"** « existe également en d'autres tailles » • **benefits ~ to employees** les avantages *mpl* dont peuvent bénéficier les employés
avalanche [ˈævəlɑːnʃ] (N) avalanche *f*
avant-garde [ˈævɑ̃ŋgɑːd] **1** (N) avant-garde *f* **2** (ADJ) avant-gardiste
avarice [ˈævərɪs] (N) cupidité *f*
avaricious [ˌævəˈrɪʃəs] (ADJ) cupide (*liter*)
avatar [ˈævəˌtɑːʳ] (N) (*Comput*) avatar *m*
Ave (N) (ABBR OF **Avenue**) av.
avenge [əˈvendʒ] (VT) venger • **to ~ o.s.** se venger
avenue [ˈævənjuː] (N) (= *road*) avenue *f* • **to explore every ~** explorer toutes les possibilités
average [ˈævərɪdʒ] **1** (N) moyenne *f* • **on ~** en moyenne • **above/below ~** au-dessus/en dessous de la moyenne • **to do an ~ of 70km/h** rouler à une moyenne de 70 km/h **2** (ADJ) moyen • **of ~ intelligence** d'intelligence moyenne **3** (VT) **a** (= *find the average of*) faire la moyenne de **b** (= *reach an average of*) atteindre la moyenne de • **we ~ eight hours' work a day** nous travaillons en moyenne huit heures par jour • **sales ~ 200 copies a month** la vente moyenne est de 200 exemplaires par mois
▸ **average out** VI **our working hours ~ out at eight per day** nous travaillons en moyenne huit heures par jour
averse [əˈvɜːs] (ADJ) **to be ~ to doing sth** répugner à faire qch • **I am not ~ to an occasional drink** je n'ai rien contre un petit verre de temps à autre
aversion [əˈvɜːʃən] (N) aversion *f* • **he has an ~ to spiders** il a de l'aversion pour les araignées • **I have an ~ to garlic** une chose que je déteste, c'est l'ail
avert [əˈvɜːt] (VT) [+ *danger, disaster, crisis*] prévenir; [+ *suspicion*] écarter; [+ *one's eyes*] détourner
aviary [ˈeɪvɪərɪ] (N) volière *f*
aviation [ˌeɪvɪˈeɪʃən] (N) aviation *f* ▸ **aviation fuel** N kérosène *m*
aviator [ˈeɪvɪeɪtəʳ] (N) aviateur *m*, -trice *f*
avid [ˈævɪd] (ADJ) [*reader, collector, viewer*] passionné; [*fan*] fervent
avidly [ˈævɪdlɪ] (ADV) avec avidité
avocado [ˌævəˈkɑːdəʊ] (N) avocat *m*
avoid [əˈvɔɪd] (VT) éviter • **to ~ doing sth** éviter de faire qch • **he wanted to ~ being seen** il voulait éviter de se faire remarquer • **to ~ sb's eye** fuir le regard de qn • **I can't ~ going now** je ne peux plus faire autrement que d'y aller
avoidable [əˈvɔɪdəbl] (ADJ) évitable
avoidance [əˈvɔɪdəns] (N) **our aim is the ~ of conflict** notre but est d'éviter le conflit • **tax ~** évasion *f* fiscale
avowed [əˈvaʊd] (ADJ) [*enemy, supporter, atheist*] déclaré; [*aim, purpose*] avoué
AWACS [ˈeɪwæks] (N) (ABBR OF **Airborne Warning and Control System**) **~ plane** avion *m* AWACS
await [əˈweɪt] (VT) attendre • **a long-~ed event** un événement longtemps attendu
awake [əˈweɪk] (*pret* **awoke**, *ptp* **awoken**) **1** (VI) se réveiller • **to ~ from sleep** se réveiller • **to ~ to the fact that ...** se rendre compte que ...
2 (VT) **a** [+ *person*] réveiller
b [+ *suspicion, hope, curiosity*] éveiller; [+ *memories*] réveiller
3 (ADJ) (*before sleep*) éveillé; (*after sleep*) réveillé • **are you ~?** tu es réveillé ? • **to keep sb ~** empêcher qn de dormir • **to lie ~ all night** ne pas fermer l'œil de la nuit • **she lies ~ at night worrying about it** ça la tracasse tellement qu'elle n'en dort plus • **I couldn't stay ~** je n'arrivais pas à rester éveillé
awaken [əˈweɪkən] (VTI) = **awake**
awakening [əˈweɪknɪŋ] (N) réveil *m* • **a rude ~** un réveil brutal
award [əˈwɔːd] **1** (VT) [+ *prize*] décerner; [+ *sum of money*] allouer; [+ *damages*] accorder (**to** à) **2** (N) (= *prize*) prix *m*; (*for bravery*) récompense *f*; (= *scholarship*) bourse *f* **3** (COMP) ▸ **award ceremony, awards ceremony** N cérémonie *f* de remise des prix ▸ **award winner** N (= *person*) lauréat(e) *m(f)* ▸ **award-winning** ADJ primé
aware [əˈwɛəʳ] (ADJ) **a** (= *conscious*) conscient; (= *informed*) au courant • **to become ~ of sth** se rendre compte de qch • **to be ~ of sth** être conscient de qch • **to be ~ that something is happening** se rendre compte que quelque chose se passe • **I am quite ~ of it** j'en ai bien conscience • **as far as I am ~** autant que je sache • **not that I am ~ of** pas que je sache **b** (= *knowledgeable*) informé • **politically ~** politisé • **socially ~** sensibilisé aux problèmes sociaux
awareness [əˈwɛənɪs] (N) conscience *f* • **so as to increase public ~ of the problem** pour sensibiliser l'opinion au problème
awash [əˈwɒʃ] (ADJ) (= *flooded*) inondé (**with** de)
away [əˈweɪ]

a

> When **away** is an element in a phrasal verb, eg **die away**, **get away**, look up the verb.

1 ADV ⓐ (*= at a distance*) loin • **far ~** au loin, très loin • **the lake is 3km ~** le lac est à 3 km
ⓑ (*= absent*) **he's ~ today** il n'est pas là aujourd'hui • **he is ~ in London** il est (parti) à Londres • **when I have to be ~** lorsque je dois m'absenter • **she was ~ before I could speak*** elle était partie avant que j'aie pu parler • **~ with you!** (*= go away*) allez-vous-en ! • **get ~!*** (*disbelieving*) allons ! ne dis pas de bêtises
ⓒ (*Sport*) **they're playing ~ this week** ils jouent à l'extérieur cette semaine
ⓓ (*as intensifier*) **to be working ~** être en train de travailler • **can I ask you something? — ask ~!** je peux te demander quelque chose ? — vas-y, demande !
2 COMP ▸ **away game, away match** N match *m* à l'extérieur ▸ **away team** N (équipe *f* des) visiteurs *mpl*

awe [ɔː] N (*fearful*) respect *m* mêlé de crainte; (*admiring*) respect *m* mêlé d'admiration • **to be in ~ of sb** être intimidé par qn ▸ **awe-inspiring** ADJ (*= impressive*) impressionnant; (*= frightening*) terrifiant ▸ **awe-struck** ADJ (*= frightened*) frappé de terreur; (*= astounded*) stupéfait

awesome [ˈɔːsəm] ADJ (*= impressive*) impressionnant; (*= frightening*) terrifiant; (*= excellent*)* super*

awful [ˈɔːfəl] 1 ADJ affreux • **how ~!** comme c'est affreux ! • **his English is ~** son anglais est atroce • **I feel ~** je me sens vraiment mal • **an ~ lot of** énormément de • **he drinks an ~ lot** il boit énormément 2 ADV (*= very*) **it's an ~ long time** c'est vraiment long

awfully [ˈɔːflɪ] ADV [*good, nice*] extrêmement; [*difficult, hot, late*] terriblement • **I'm ~ sorry** je suis vraiment désolé • **I don't know her ~ well** je ne la connais pas très bien

awhile [əˈwaɪl] ADV (US) un instant • **wait ~** attendez un peu • **not yet ~** pas de sitôt

awkward [ˈɔːkwəd] ADJ ⓐ [*question, job, task*] difficile; [*problem, situation, stage*] délicat • **he's at an ~ age** il est à l'âge ingrat • **it's ~ for me** cela m'est assez difficile • **tomorrow's ~ - how about Thursday?** demain n'est pas très commode, que pensez-vous de jeudi ? • **you've come at an ~ moment** vous tombez mal • **to make things ~ for sb** rendre les choses difficiles pour qn • **at an ~ time for sb** au mauvais moment pour qn
ⓑ (*= embarrassing*) [*silence*] gêné • **there was an ~ moment when ...** il y a eu un moment de gêne quand ... • **it's all a bit ~** tout ceci est un peu gênant
ⓒ (*= ill at ease*) **to feel ~** être mal à l'aise • **I felt ~ about touching him** ça me gênait de le toucher
ⓓ (*= uncooperative*) [*person*] difficile • **he's being ~ (about it)** il fait des difficultés (à ce sujet) • **to be ~ about doing sth** faire des difficultés pour faire qch
ⓔ (*= cumbersome*) encombrant; [*shape*] peu commode • **~ to carry** difficile à porter
ⓕ (*= clumsy*) maladroit; [*style, position*] inconfortable

awkwardly [ˈɔːkwədlɪ] ADV ⓐ [*move, express o.s.*] maladroitement; [*fall*] mal • **~ placed** mal placé ⓑ (*= embarrassedly*) d'un air embarrassé

awkwardness [ˈɔːkwədnɪs] N ⓐ (*= clumsiness*) maladresse *f* ⓑ [*of situation*] côté *m* embarrassant ⓒ (*= lack of ease*) embarras *m*

awning [ˈɔːnɪŋ] N [*of shop*] store *m*; [*of caravan, tent*] auvent *m*

awoke [əˈwəʊk] VB *pt of* **awake**

awoken [əˈwəʊkən] VB *ptp of* **awake**

AWOL [ˈeɪwɒl] (ABBR OF **absent without leave**) **to be** *or* **go ~** [*person*] être absent sans permission

awry [əˈraɪ] ADJ, ADV ⓐ (*= askew*) de travers ⓑ (*= wrong*) de travers • **to go ~** [*plan*] s'en aller à vau-l'eau; [*undertaking*] mal tourner

axe, ax (US) [æks] 1 N hache *f* • **to have an ~ to grind** servir son intérêt • **I've no ~ to grind** je ne sers aucun intérêt personnel 2 VT [+ *scheme, project*] abandonner; [+ *jobs*] supprimer; [+ *employees*] licencier

axiom [ˈæksɪəm] N axiome *m*

axis [ˈæksɪs] N (*pl* **axes** [ˈæksiːz]) axe *m*

axle [ˈæksl] N [*of wheel*] axe *m*; [*of car*] essieu *m*

ayatollah [ˌaɪəˈtɒlə] N ayatollah *m*

aye [aɪ] 1 PARTICLE oui 2 N oui *m* • **90 ~s and 2 noes** (*in voting*) 90 pour et 2 contre • **the ~s have it** (*in voting*) les oui l'emportent

AYH [ˌeɪwaɪˈeɪtʃ] N (ABBR OF **American Youth Hostels**)

Ayurvedic [ˌɑːjʊˈveɪdɪk, ˌɑːjʊˈviːdɪk] ADJ ayurvédique

Azerbaijan [ˌæzəbaɪˈdʒɑːn] N Azerbaïdjan *m*

Azerbaijani [ˌæzəbaɪˈdʒɑːnɪ] 1 ADJ azerbaïdjanais 2 N ⓐ Azerbaïdjanais(e) *m(f)* ⓑ (*= language*) Azerbaïdjanais *m*

Azeri [əˈzɛərɪ] 1 ADJ azéri 2 N Azéri(e) *m(f)*

Azores [əˈzɔːz] NPL Açores *fpl*

AZT [ˌeɪzedˈtiː] (ABBR OF **azidothymidine**) AZT *f*

Bb

B [biː] 1 (N) ⓐ (*Music*) si *m* ⓑ (= *mark*) bien (14 sur 20) 2 (COMP) ▸**B-list** ADJ de second rang ♦N personnalités *fpl* de second rang

B2B, b2b [ˌbiːtuːˈbiː] (ADJ) (*Commerce*) (ABBR OF **business-to-business**) b2b

B2C, b2c [ˌbiːtuːˈsiː] (ADJ) (*Commerce*) (ABBR OF **business-to-consumer**) b2c

B2E, b2e [ˌbiːtuːˌiː] (ADJ) (*Commerce*) (ABBR OF **business to employee**) b2e

BA [biːˈeɪ] (N) (ABBR OF **Bachelor of Arts**) **to have a BA in French** avoir une licence de français → DEGREE

babble [ˈbæbl] 1 (N) **a ~ of voices** un brouhaha de voix 2 (VI) **to ~ away** *or* **on** bredouiller • **he was babbling on about his holidays** il nous débitait des histoires à n'en plus finir sur ses vacances 3 (VT) bredouiller

babe* [beɪb] (N) (*US* = *attractive woman*) jolie pépée* *f*

baboon [bəˈbuːn] (N) babouin *m*

baby [ˈbeɪbɪ] 1 (N) ⓐ bébé *m* • **she's just had a ~** elle vient d'avoir un bébé • **I've known him since he was a ~** je l'ai connu tout petit • **a new ~** un(e) nouveau-né(e) • **don't be such a ~** ne fais pas l'enfant! • **he was left holding the ~*** on lui a refilé le bébé* • **the new system is his ~** le nouveau système est son bébé • **that's not my ~** je n'ai rien à voir là-dedans

ⓑ (*US*)‡ **come on ~!** (*to woman*) viens ma belle!

2 (ADJ) **~ vegetables** mini-légumes *mpl* • **~ carrots** mini-carottes *fpl* • **a ~ bird** un oisillon • **a ~ rabbit** un bébé lapin

3 (COMP) [*clothes*] de bébé ▸**baby blues*** NPL (= *depression*) bébé blues* *m* ▸**baby boom** N baby-boom *m* ▸**baby boomer** N enfant *mf* du baby-boom ▸**baby boy** N petit garçon *m* ▸**baby brother** N petit frère *m* ▸**baby buggy**® N (*Brit*) poussette *f* ▸**baby carriage** N (*US*) landau *m* ▸**baby food** N, **baby foods** NPL aliments *mpl* pour bébés ▸**baby girl** N petite fille *f* ▸**baby grand** N (*also* **baby grand piano**) (piano *m*) demi-queue *m* ▸**baby-minder** N nourrice *f* ▸**baby sister** N petite sœur *f* ▸**baby-sit** VI faire du baby-sitting ▸**baby-sitter** N baby-sitter *mf* ▸**baby-sitting** N baby-sitting *m* • **to go ~-sitting** faire du baby-sitting ▸**baby talk** N langage *m* enfantin ▸**baby-walker** N trotteur *m*

babydoll [ˈbeɪbɪdɒl] (N) nuisette *f*

babyish [ˈbeɪbɪɪʃ] (ADJ) puéril

baccalaureate [ˌbækəˈlɔːrɪɪt] (N) ≈ licence *f*

bachelor [ˈbætʃələʳ] 1 (N) ⓐ (= *unmarried man*) célibataire *m* ⓑ **Bachelor of Arts/of Science/of Law** licencié(e) *m(f)* en lettres/en sciences/en droit • **Bachelor of Education** licencié(e) *m(f)* en sciences de l'éducation • **~'s degree** ≈ licence *f* → DEGREE 2 (COMP) ▸**bachelor flat** N garçonnière *f* ▸**bachelor party** N (*US*) (*men-only party*) soirée *f* entre hommes; (*before wedding*) enterrement *m* de vie de garçon

bachelorette [ˈbætʃələret] (N) (*US*) ⓐ (= *young unmarried woman*) jeune célibataire *f* ⓑ (= *apartment*) studio *m* ▸**bachelorette party** N (*US*) enterrement *m* de vie de jeune fille

---

back [bæk]

1 NOUN	5 INTRANSITIVE VERB
2 ADJECTIVE	6 COMPOUNDS
3 ADVERB	7 PHRASAL VERBS
4 TRANSITIVE VERB	

1 NOUN

ⓐ (*of person, animal*) dos *m* • **I've got a bad ~** j'ai des problèmes de dos • **to carry sth on one's ~** porter qch sur son dos • **to stand** *or* **sit with one's ~ to sb/sth** tourner le dos à qn/qch • **~ to ~** dos à dos • **to be on one's ~*** (= *be ill*) être alité • **behind sb's ~** derrière le dos de qn • **as soon as his ~ is turned** dès qu'il a le dos tourné • **I was glad to see the ~ of him*** j'étais content de le voir partir • **to have one's ~ to the wall** être adossé au mur; (*fig*) être le dos au mur

▸**to be on sb's back*** être sur le dos de qn • **my boss is always on my ~** j'ai sans arrêt mon patron sur le dos

▸**to get off sb's back*** laisser qn tranquille • **get off my ~, will you?** fiche-moi la paix!

▸**to get sb's back up** hérisser qn • **that's what gets my ~ up** c'est ce qui me hérisse

▸**to put one's back into sth** mettre toute son énergie dans qch • **put your ~ into it!*** allons, un peu de nerf!*

▸**to turn one's back on sb/sth** **you can't just turn your ~ on your parents** tu ne peux quand même pas tourner le dos à tes parents • **he turned his ~ on the past** il a tourné la page

▸**on the back of** (= *by means of*) en profitant de

ⓑ (*of object*) dos *m*; [*of chair*] dossier *m*; [*of building*] arrière *m*

▸**at the back** [*of building*] derrière; [*of book*] à la fin; [*of cupboard, hall*] au fond • **at the very ~** tout au fond

▸**at the back of** [+ *building*] derrière; [+ *book*] à la fin de; [+ *cupboard, hall*] au fond de • **he's at the ~ of all this trouble** c'est lui qui est derrière tous ces problèmes

▸ **in back** (US) [*of building, car*] à l'arrière
▸ **in back of** (US) [+ *building, car*] à l'arrière de
▸ **in the back** [*of car*] à l'arrière • **to sit in the ~ of the car** être assis à l'arrière
▸ **out** *or* **round the back*** (Brit) derrière
▸ **back to front** devant derrière • **you've got it on ~ to front** tu l'as mis devant derrière
Ⓒ (*of part of body*) [*of head*] derrière *m*; [*of hand*] dos *m* • **the ~ of one's neck** la nuque • **I know Paris like the ~ of my hand** je connais Paris comme ma poche
Ⓓ (*Football, Hockey*) arrière *m*

2 ADJECTIVE
Ⓐ (*= not front*) [*wheel*] arrière *inv* • **the ~ room** [*of house*] la pièce du fond; [*of pub, restaurant*] l'arrière-salle *f* • **~ legs** pattes *fpl* de derrière
Ⓑ (*taxes*) arriéré

3 ADVERB

> When **back** is an element in a phrasal verb, eg **come back**, **put back**, look up the verb.

Ⓐ (*in space, time*) **(stand) ~!** reculez! • **stay well ~!** n'approchez pas! • **a week ~*** il y a une semaine • **as far ~ as 1800** dès 1800

> When followed by a preposition, **back** is often not translated.

• **meanwhile, ~ in London ...** pendant ce temps-là, à Londres ... • **it all started ~ in 1990** tout a commencé en 1990 • **he little suspected how worried they were ~ at home** il était loin de se douter que sa famille s'inquiétait autant
▸ **to go back and forth, to go back and forward** [*person*] faire des allées et venues; [*phone calls, emails, letters*] être échangé
Ⓑ (*= returned*)
▸ **to be back** [*person*] être rentré • **Mike is not ~ yet** Mike n'est pas encore rentré • **I'll be ~ at six** je serai de retour à six heures • **as soon as I'm ~** dès que je serai rentré • **Catherine is now ~ at work** Catherine a repris le travail • **the electricity is ~** l'électricité est revenue • **everything's ~ to normal** tout est rentré dans l'ordre
▸ **... and back he went to Paris and ~** il a fait le voyage de Paris aller et retour • **the journey there and ~** le trajet aller et retour • **you can go there and ~ in a day** tu peux faire l'aller et retour en une journée
Ⓒ (*= reimbursed*) **I got/want my money ~** j'ai récupéré/je veux récupérer mon argent

4 TRANSITIVE VERB
Ⓐ (*= support*) soutenir; [+ *statement*] confirmer
Ⓑ (*= finance*) financer
Ⓒ (*= bet on*) parier sur • **I'm ~ing Leeds to win** je parie que Leeds va gagner • **to ~ the wrong horse** miser sur le mauvais cheval • **to ~ a loser** (*fig*) miser sur le mauvais cheval
Ⓓ (*+ vehicle*) reculer • **to ~ the car in/out** entrer/sortir en marche arrière

5 INTRANSITIVE VERB
(*= move backwards*) reculer • **to ~ out** [*vehicle*] sortir en marche arrière; [*person*] sortir à reculons

6 COMPOUNDS
▸ **back alley** N ruelle *f* ▸ **back benches** NPL (Brit) bancs *mpl* des députés de base ▸ **back-breaking** ADJ éreintant ▸ **back burner** N **to put sth on the ~ burner** mettre qch en veilleuse ▸ **back catalogue** N fonds *m* de catalogue ▸ **the back country** N (US) la campagne profonde ▸ **back door** N porte *f* de derrière • **to do sth by** *or* **through the ~ door** faire qch par des moyens détournés ▸ **back line** N (*Sport*) ligne *f* d'arrières ▸ **back-line player** N (*US Sport*) arrière *m* ▸ **back-lit** ADJ [*stage*] éclairé de derrière *or* par l'arrière; [*screen*] rétro-éclairé ▸ **back number** N [*of newspaper*] vieux numéro *m* • **to be a ~ number** [*person*] ne plus être dans le coup* ▸ **back-of-the-envelope*** ADJ [*plan, calculation*] fait à toute vitesse, griffonné sur le dos d'une enveloppe ▸ **back-pack** N sac *m* à dos ▸ **back-packer** N routard(e) *m(f)* ▸ **back-packing** N **to go ~-packing** voyager sac au dos ▸ **back pain** N mal *m* de dos ▸ **back pay** N rappel *m* de salaire ▸ **back-pedal** VI (*= retreat*) faire marche arrière ▸ **back road** N petite route *f* de campagne ▸ **back seat** N siège *m* arrière • **in the ~ seat** sur le siège arrière • **to take a ~ seat* (to sth)** passer au second plan (par rapport à qch) ▸ **back-seat driver** N **he's a ~-seat driver** il est toujours à donner des conseils au conducteur ▸ **back street** N ruelle *f* • **he grew up in the ~ streets of Leeds** il a grandi dans les quartiers pauvres de Leeds ▸ **back-to-back** ADJ dos à dos • **a row of ~-to-~ houses** (Brit) une rangée de maisons adossées les unes aux autres ♦ ADV **they showed two episodes ~-to-~** ils ont passé deux épisodes à la suite ▸ **back tooth** N (*pl* **back teeth**) molaire *f*

7 PHRASAL VERBS
▸ **back away** VI (se) reculer • **to ~ away from** [+ *problem*] prendre ses distances par rapport à
▸ **back down** VI revenir sur sa position
▸ **back off** VI (*= draw back*) reculer
▸ **back on to** VT INSEP [*house*] **the house ~s on to the golf course** l'arrière de la maison donne sur le terrain de golf
▸ **back out 1** VI [*person*] sortir à reculons; [*car*] sortir en marche arrière; (*of undertaking*) revenir sur ses engagements **2** VT SEP [+ *vehicle*] sortir en marche arrière
▸ **back out of** VT INSEP [+ *deal, agreement*] se retirer de; [+ *undertaking*] se soustraire à
▸ **back up 1** VI Ⓐ (*= reverse*) faire marche arrière Ⓑ (*= queue*) **the traffic is ~ing up for miles** il y a des kilomètres de bouchon **2** VT SEP Ⓐ [+ *theory, claim*] confirmer; [+ *person*] soutenir Ⓑ [+ *vehicle*] faire reculer Ⓒ [+ *computer file*] faire une copie de sauvegarde de

backache [ˈbækeɪk] (N) mal *m* de dos
backbench [ˈbækbentʃ] (ADJ) (*Brit, Austral*) (*Politics*) **~ MP** député *m* de base
backbencher [ˈbækˌbentʃəʳ] (N) (*Brit*) député(e) *m(f)*

> **BACKBENCHER**
> Le terme **backbencher** désigne un(e) député(e) de la Chambre des communes qui n'a pas de portefeuille ministériel. Il siège donc sur les bancs du fond de la Chambre, contrairement aux «frontbenchers», membres du gouvernement ou chefs de file de l'opposition, qui sont assis aux premiers rangs. L'expression «back benches» désigne l'ensemble des **backbenchers**, toutes appartenances confondues. → SHADOW CABINET

backbiting [ˈbækbaɪtɪŋ] (N) médisance *f*
backbone [ˈbækbəʊn] (N) Ⓐ colonne *f* vertébrale; [*of fish*]

arête *f* centrale Ⓑ (*= main part*) ossature *f* • **to be the ~ of an organization** former l'ossature d'une organisation Ⓒ (*= strength of character*) cran* *m*

backdate [,bæk'deɪt] (VT) [*+ cheque*] antidater

backdrop ['bækdrɒp] (N) toile *f* de fond

backer ['bækəʳ] (N) (*= supporter*) partisan(e) *m(f)*; [*of business venture*] commanditaire *m*

backfire ['bæk'faɪəʳ] (VI) Ⓐ [*plan*] avoir l'effet inverse que celui prévu • **to ~ on sb** se retourner contre qn Ⓑ [*car*] avoir un raté d'allumage

backgammon ['bæk,gæmən] (N) jacquet *m*

background ['bækgraʊnd] **1** (N) Ⓐ [*of picture, photo*] fond *m* • **in the ~** à l'arrière-plan • **on a blue ~** sur fond bleu • **to remain in the ~** rester dans l'ombre • **to keep sb in the ~** tenir qn à l'écart

Ⓑ (*social*) milieu *m* socioculturel; (*political*) climat *m* politique; (*= basic knowledge*) éléments *mpl* de base; (*= job experience*) expérience *f* professionnelle; (*= education*) formation *f* • **to be from a working-class ~** être issu d'un milieu ouvrier

Ⓒ (*= circumstances*) **what is the ~ to these events?** quel est le contexte de ces événements ? • **this decision was taken against a ~ of violence** cette décision a été prise dans un climat de violence • **the meeting took place against a ~ of social unrest** la réunion s'est tenue sur fond d'agitation sociale

2 (COMP) ▸ **background music** N musique *f* de fond ▸ **background noise** N bruit *m* de fond ▸ **background reading** N lectures *fpl* générales (autour du sujet)

backhand ['bækhænd] (N) (*Tennis*) revers *m*

backhanded [,bæk'hændɪd] (ADJ) [*compliment*] équivoque

backhander* [,bæk'hændəʳ] (N) (*Brit*) (*= bribe*) pot-de-vin *m*

backing ['bækɪŋ] **1** (N) Ⓐ (*= support*) soutien *m* Ⓑ (*musical*) accompagnement *m* Ⓒ (*to strengthen*) renforcement *m* **2** (COMP) ▸ **backing group** N groupe *m* (*accompagnant un chanteur*)

backlash ['bæklæʃ] (N) réaction *f* brutale

backlight ['bæklaɪt] (*vb: pret, ptp* **backlit** *or* **backlighted**) **1** (N) Ⓐ (*Phot, Cine, Art*) contre-jour *m* Ⓑ (*on screen*) rétroéclairage *m* **2** (VT) Ⓐ (*Phot, Cine, Art*) éclairer à contre-jour Ⓑ [*+ screen*] rétroéclairer

backlighting ['bæklaɪtɪŋ] (N) rétroéclairage *m*

backlog ['bæklɒg] (N) **~ of work** travail *m* en retard • **~ of orders** commandes *fpl* en instance

backroom ['bækrʊm] (N) **the ~ boys*** les travailleurs *mpl* de l'ombre

backside* ['bæksaɪd] (N) derrière *m*

backstage [,bæk'steɪdʒ] (ADV) en coulisses

backstreet ['bækstriːt] (ADJ) [*hotel, shop*] louche

backstroke ['bækstrəʊk] (N) dos *m* crawlé

backtrack ['bæktræk] (VI) faire marche arrière (*fig*) • **to ~ on a promise** revenir sur une promesse

backup ['bækʌp] **1** (N) (*= support*) appui *m* (**from sb** de qn); (*= reserves*) réserves *fpl*; [*of personnel*] renforts *mpl* **2** (ADJ) [*vehicles*] de secours; [*supplies*] de réserve **3** (COMP) ▸ **backup copy** N copie *f* de sauvegarde ▸ **backup file** N sauvegarde *f*

backward ['bækwəd] **1** (ADJ) Ⓐ (*= to the rear*) [*look, step*] en arrière • **he walked out without a ~ glance** il est parti sans jeter un regard en arrière Ⓑ [*country, society, economy*] arriéré; [*child*]† retardé **2** (ADV) = **backwards** **3** (COMP) ▸ **backward-looking** ADJ rétrograde

backwards ['bækwədz] (ADV) Ⓐ (*= towards the back*) en arrière • **to fall ~** tomber à la renverse • **to walk ~ and forwards** marcher de long en large Ⓑ (*= back foremost*) **to go ~** aller à reculons • **the car moved ~ a little** la voiture a reculé un peu • **I know this road ~*** je connais cette route comme ma poche

backwater ['bæk,wɔːtəʳ] (N) (*= backward place*) trou *m* perdu; (*= peaceful spot*) coin *m* tranquille

backyard [,bæk'jɑːd] (N) (*Brit*) arrière-cour *f*; (*US*) jardin *m* (de derrière) • **in one's own ~** (*fig*) à sa porte

bacon ['beɪkən] (N) bacon *m* • **~ fat** gras *m* de lard • **~ and eggs** œufs *mpl* au bacon • **to bring home the ~*** (*= be breadwinner*) faire bouillir la marmite*; (*= achieve goal*) décrocher la timbale*

bacteria [bæk'tɪərɪə] (NPL) bactéries *fpl*

bacterial [bæk'tɪərɪəl] (ADJ) bactérien

bad [bæd] **1** (ADJ) (*compar* **worse**, *superl* **worst**) Ⓐ mauvais; [*person*] méchant • **it was a ~ thing to do** ce n'était pas une chose à faire • **it was very ~ of you to treat her like that** c'était très mal de votre part de la traiter ainsi • **you ~ boy!** vilain ! • **~ dog!** vilain chien ! • **she speaks very ~ English** elle parle très mal l'anglais • **there is a ~ smell in this room** ça sent mauvais dans cette pièce

Ⓑ [*mistake, accident, illness*] grave • **a ~ cold** un gros rhume • **a ~ headache** un sérieux mal de tête

Ⓒ (*= going badly*) **business is ~** les affaires vont mal • **it's not ~ at all** ce n'est pas mal du tout • **how is he? — (he's) not so ~** comment va-t-il ? — (il ne va) pas trop mal • **I've had a really ~ day** j'ai eu une très mauvaise journée • **she's been having a really ~ time lately** elle traverse une période très difficile • **things are going from ~ to worse** les choses vont de mal en pis

Ⓓ (*= ill*) **to feel ~** se sentir mal • **he's got a ~ leg** il a des problèmes à une jambe • **his ~ leg** sa mauvaise jambe

Ⓔ (*= guilty*) **to feel ~ about doing sth** s'en vouloir d'avoir fait qch • **I feel ~ about it** je m'en veux de l'avoir fait

Ⓕ (*= decayed*) [*food*] mauvais; [*tooth*] carié • **to go ~** [*food*] se gâter

Ⓖ (*= harmful*) **(to be) ~ for ...** (être) mauvais pour ... • **can exercise be ~ for you?** est-ce qu'il peut être mauvais de faire de l'exercice ?

Ⓗ (*= not clever, not good*) **to be ~ at ...** être mauvais en ... • **~ at English/spelling** mauvais en anglais/en orthographe • **I'm ~ at languages** je ne suis pas doué pour les langues

2 (N) **to take the good with the ~** prendre le bon avec le mauvais

3 (ADV) (*= badly*) **he didn't do too ~** il ne s'en est pas mal sorti • **the photos didn't come out ~** les photos n'étaient pas trop mal • **he's got it ~*** (*= is in love*) il est fou amoureux

4 (COMP) ▸ **bad apple** N (*= person*) brebis *f* galeuse ▸ **bad debt** N créance *f* douteuse ▸ **bad cheque** N chèque *m* sans provision ▸ **bad guy*** N (*in film, story*) méchant *m*; (*in real life*) sale type* *m* ▸ **bad-mannered** ADJ mal élevé ▸ **bad-mouth*** VT débiner* ▸ **bad-tempered** ADJ [*person*] qui a mauvais caractère; (*on one occasion*) de mauvaise humeur; [*look, answer*] désagréable

bade [bæd, beɪd] (VB) *pt of* **bid**

badge [bædʒ] (N) badge *m*; [*of team, association*] insigne *m*; [*of police*] plaque *f*

badger ['bædʒəʳ] **1** (N) blaireau *m* **2** (VT) harceler • **to ~ sb to do sth** harceler qn jusqu'à ce qu'il fasse qch

badly ['bædlɪ] (ADV) (*compar* **worse**, *superl* **worst**) ⓐ (*= poorly*) mal • **the project was very ~ managed** le projet a été très mal géré • **to treat sb ~** mal se comporter avec qn • **he took it very ~** il a très mal pris la chose • **to go ~** mal se passer • **things aren't going too ~** ça ne se passe pas trop mal • **to do ~** [*athlete*] faire une mauvaise performance; [*student, company, economy*] avoir de mauvais résultats; [*political party*] (*in elections*) obtenir de mauvais résultats • **she didn't come off too ~ in the debate** elle ne s'est pas trop mal débrouillée dans ce débat • **they're not so ~ off** ils ne s'en tirent pas si mal que ça • **to be ~ off** (*financially*) être dans la gêne
ⓑ (*= unfavourably*) **to think ~ of sb** avoir une mauvaise opinion de qn • **nobody will think ~ of you if ...** personne ne t'en voudra si ...
ⓒ [*wound, injure, affect, disrupt*] gravement • **they were ~ defeated** ils ont subi une sévère défaite • **he was ~ beaten** (*physically*) il a été passé à tabac* • **to go ~ wrong** très mal tourner • **something is ~ wrong with him** il ne va pas bien du tout
ⓓ (*= very much*) **to want sth ~** avoir très envie de qch • **I need it ~** j'en ai absolument besoin • **I ~ need a haircut** j'ai vraiment besoin de me faire couper les cheveux • **we need the money ~** nous avons vraiment besoin de cet argent

badminton ['bædmɪntən] (N) badminton *m*

baffle ['bæfl] (VT) déconcerter

baffling ['bæflɪŋ] (ADJ) déconcertant

bag [bæg] **1** (N) sac *m* • **a ~ of apples** un sac de pommes • **a ~ of chips** (*Brit*) un cornet de frites • **~s** (*= luggage*) bagages *mpl* • **~s of*** (*Brit*) des masses de* • **paper ~** sac *m* en papier • **she's got ~s under her eyes*** elle a des poches sous les yeux • **tea ~** sachet *m* de thé • **it's in the ~*** c'est dans la poche* • **she's an old ~*** c'est une vieille teigne
2 (VT) (*= get possession of*)* empocher • **Anne has already ~ged that seat** (*Brit*) (*= claim in advance*)* Anne s'est déjà réservé cette place
3 (COMP) ▸ **bag lady*** N clocharde *f* ▸ **bag snatcher** N voleur *m*, -euse *f* à l'arraché

bagel ['beɪgl] (N) bagel *m*

baggage ['bægɪdʒ] (N) (*= luggage*) bagages *mpl* ▸ **baggage allowance** N poids *m* de bagages autorisé ▸ **baggage check** N (*US = receipt*) bulletin *m* de consigne; (*= security check*) contrôle *m* des bagages ▸ **baggage checkroom** N (*US*) consigne *f* ▸ **baggage hall** N livraison *f* des bagages ▸ **baggage handler** N bagagiste *m* ▸ **baggage reclaim, baggage reclaim area** N livraison *f* des bagages

baggy ['bægɪ] (ADJ) [*clothes*] ample

Baghdad [bæg'dæd] (N) Bagdad

bagpipes ['bægpaɪps] (NPL) cornemuse *f*

Baha'i [bə'haɪ] **1** (ADJ) bahaï **2** (N) Bahaï(e) *m(f)*

Bahamas [bə'hɑːməz] (NPL) **the ~** les Bahamas *fpl*

Bahamian [bə'heɪmɪən] **1** (ADJ) bahamien **2** (N) Bahamien(ne) *m(f)*

Bahrain [bɑː'reɪn] (N) Bahreïn *m*

Bahraini [bɑː'reɪnɪ] **1** (ADJ) bahreïni **2** (N) Bahreïni *mf*

bail [beɪl] **1** (N) ⓐ mise *f* en liberté sous caution; (*= sum*) caution *f* • **on ~** sous caution • **to free sb on ~** mettre qn en liberté provisoire sous caution • **to stand ~ for sb** se porter garant de qn • **to grant/refuse ~** accorder/refuser la mise en liberté sous caution ⓑ (*Cricket*) **~s** bâtonnets *mpl* (*qui couronnent le guichet*) **2** (VT) faire mettre en liberté provisoire sous caution
▸ **bail out** **1** VT SEP ⓐ (*from custody*) faire mettre en liberté provisoire sous caution ⓑ (*= help out*) sortir d'affaire; (*financially*) renflouer ⓒ [*+ boat*] écoper; [*+ water*] vider **2** VI (*of plane*) sauter (en parachute)

bailiff ['beɪlɪf] (N) (*= law officer*) huissier *m*; (*Brit*) [*of estate, lands*] intendant *m*

bait [beɪt] **1** (N) appât *m* **2** (VT) [*+ hook, trap*] appâter

bajillion* [bə'dʒɪljən] (N) (*esp US*) **they sell a ~ of these** ils en vendent des millions *or* des tonnes*

bake [beɪk] **1** (VT) [*+ food*] faire cuire au four • **she ~s her own bread** elle fait son pain elle-même • **to ~ a cake** faire (cuire) un gâteau • **~d apples** pommes *fpl* au four **2** (VI) ⓐ [*bread, cakes*] cuire (au four) ⓑ **she ~s every Tuesday** (*= makes bread*) elle fait du pain tous les mardis; (*= bakes cakes*) elle fait de la pâtisserie tous les mardis **3** (COMP) ▸ **baked beans** NPL haricots *mpl* blancs à la sauce tomate ▸ **baked potato** N pomme *f* de terre cuite au four

Bakelite® ['beɪkəlaɪt] (N) bakélite® *f*

baker ['beɪkə^r] (N) boulanger *m*, -ère *f* • **~'s shop** boulangerie *f*

bakery ['beɪkərɪ] (N) boulangerie *f*

baking ['beɪkɪŋ] **1** (N) cuisson *f* (au four) • **after ~** après la cuisson **2** (ADJ) **it's ~ (hot) today!*** il fait une de ces chaleurs aujourd'hui! **3** (COMP) ▸ **baking dish** N plat *m* allant au four ▸ **baking powder** N levure *f* chimique ▸ **baking tin** N (*for cakes*) moule *m* à gâteaux; (*for tarts*) moule *m* à tarte ▸ **baking tray** N plaque *f* de four

baksheesh ['bækʃiːʃ] (N) bakchich *m*

balaclava [,bælə'klɑːvə], **balaclava helmet** (N) (*Brit*) (*= hat*) passe-montagne *m*

balance ['bæləns] **1** (N) ⓐ (*= equilibrium*) équilibre *m* • **to keep/lose one's ~** garder/perdre son équilibre • **off ~** en équilibre instable • **to throw sb off ~** (*fig*) déconcerter qn • **to strike a ~** trouver le juste milieu • **to hang in the ~** être en jeu • **his life was hanging in the ~** il était entre la vie et la mort
▸ **on balance** l'un dans l'autre
ⓑ (*= money*) solde *m*; (*also* **bank balance**) solde *m* (d'un compte) • **what's my ~?** (*in bank*) quelle est la position de mon compte? • **~ in hand** solde *m* créditeur
ⓒ (*= remainder*) reste *m*
2 (VT) ⓐ équilibrer; (*= maintain equilibrium of*) tenir en équilibre; (*= place in equilibrium*) poser en équilibre
ⓑ (*= compare*) peser; [*+ two arguments, two solutions*] comparer
ⓒ (*in weight, symmetry*) équilibrer; (*in value, amount*) contrebalancer • **they ~ each other** [*two objects*] (*in weight*) ils se font contrepoids; (*in symmetry*) ils s'équilibrent
ⓓ (*financially*) **to ~ the budget** équilibrer le budget • **to ~ the books** arrêter les comptes
3 (VI) ⓐ [*two objects*] se faire contrepoids; [*acrobat*] se maintenir en équilibre • **to ~ on one foot** se tenir en équilibre sur un pied
ⓑ [*accounts*] s'équilibrer
4 (COMP) ▸ **balance of payments** N balance *f* des paiements ▸ **balance of power** N équilibre *m* des forces ▸ **balance of terror** N équilibre *m* de la terreur ▸ **balance of trade** N balance *f* commerciale ▸ **balance sheet** N bilan *m*

> ⚠ **balance** is not translated by the French word **balance**.

balanced ['bælənst] (ADJ) équilibré • **to take a ~ view of sth** porter un jugement objectif sur qch

balcony ['bælkənɪ] (N) ⓐ balcon *m* ⓑ (*Theatre*) fauteuils *mpl* de deuxième balcon

bald [bɔ:ld] **1** (ADJ) ⓐ chauve; [*tyre*] lisse • **to be going ~** perdre ses cheveux ⓑ **a ~ statement** une simple exposition de faits **2** (COMP) ▸ **bald eagle** N aigle *m* d'Amérique ▸ **bald patch** N [*of person*] tonsure *f*

baldness ['bɔ:ldnɪs] (N) [*of person*] calvitie *f*

baldy* ['bɔ:ldɪ] (ADJ) (= *balding*) dégarni; (= *bald*) chauve

bale [beɪl] (N) [*of straw, hay*] balle *f*

▸ **bale out** VT SEP = **bail out**

Balearics [ˌbælɪ'ærɪks] (NPL) **the ~** les Baléares *fpl*

baleful ['beɪlfʊl] (ADJ) [*influence*] malsain • **to give sb a ~ look** regarder qn d'un œil torve

balk [bɔ:k] (VI) **to ~ at doing sth** regimber pour faire qch

Balkan ['bɔ:lkən] (ADJ, N) **the ~s** les Balkans *mpl* • **the ~ States** les États *mpl* balkaniques

ball [bɔ:l] **1** (N) ⓐ balle *f*; (= *football*) ballon *m*; (*Billiards*) boule *f* • **curled up in a ~** [*animal*] roulé en boule • **tennis ~** balle *f* de tennis • **to keep a lot of ~s in the air** faire plein de choses à la fois • **to keep the ~ rolling** (= *maintain activity*) maintenir le mouvement; (= *maintain interest*) soutenir l'intérêt • **to start the ~ rolling*** (= *initiate action*) lancer une affaire; (= *initiate conversation*) lancer la conversation • **the ~ is in your court** c'est à vous de jouer • **to be on the ~*** (= *competent*) être à la hauteur; (= *alert*) ouvrir l'œil et le bon*

ⓑ [*of wool, string*] pelote *f*

ⓒ (= *dance*) bal *m* • **to have a ~*** (= *have fun*) s'amuser comme des fous

2 (NPL) **balls**** (= *testicles*) couilles** *fpl*

3 (COMP) ▸ **ball bearings** NPL roulement *m* à billes ▸ **ball boy** N ramasseur *m* de balles ▸ **ball game** N (*US*) match *m* de base-ball • **it's a whole new ~ game*** c'est une tout autre histoire ▸ **ball girl** N ramasseuse *f* de balles ▸ **ball-point, ball-point pen** N stylo *m* (à) bille ▸ **balls-up****, **ball-up**** N (*US*) bordel** *m* • **the meeting was a ~s-up** (*Brit*) ça a été du grand n'importe quoi* cette réunion

ballad ['bæləd] (N) ballade *f*

ballast ['bæləst] (N) ⓐ (*in ship*) lest *m* ⓑ (*on railway*) ballast *m*

ballcock ['bɔ:lkɒk] (N) robinet *m* à flotteur

ballerina [ˌbælə'ri:nə] (N) ballerine *f*

ballet ['bæleɪ] **1** (N) ⓐ (= *show*) ballet *m* ⓑ (= *type of dance*) danse *f* classique **2** (COMP) ▸ **ballet dancer** N danseur *m*, -euse *f* classique ▸ **ballet lesson** N cours *m* de danse classique ▸ **ballet school** N école *f* de danse classique

ballistic [bə'lɪstɪk] (ADJ) balistique

ballistics [bə'lɪstɪks] (N) balistique *f*

balloon [bə'lu:n] **1** (N) ⓐ ballon *m* • **to go up in a ~** monter en ballon • **the ~ went up*** (*fig*) l'affaire a éclaté ⓑ (*in drawings, comic*) bulle *f* **2** (VI) ⓐ **to go ~ing** faire une ascension (*or* des ascensions) en ballon ⓑ (= *swell out*) gonfler

balloonist [bə'lu:nɪst] (N) aéronaute *mf*

ballot ['bælət] **1** (N) (= *paper*) bulletin *m* de vote; (= *method of voting*) scrutin *m* • **first/second ~** premier/second tour *m* de scrutin **2** (VT) faire voter à bulletin secret • **the union is ~ing members** le syndicat fait voter la base à bulletin secret **3** (COMP) ▸ **ballot box** N urne *f* ▸ **ballot paper** N bulletin *m* de vote ▸ **ballot rigging** N (*Brit*) fraude *f* électorale

ballpark ['bɔ:lpɑ:k] **1** (N) (*US*) stade *m* de base-ball • **the two companies are not in the same ~** les deux sociétés ne sont pas comparables **2** (ADJ) [*figure, estimate*] approximatif

ballplayer ['bɔ:lˌpleɪəʳ] (N) (*US*) joueur *m* de base-ball

ballroom ['bɔ:lrʊm] (N) [*of hotel*] salle *f* de danse; [*of mansion*] salle *f* de bal ▸ **ballroom dancing** N danse *f* de salon

balm [bɑ:m] (N) baume *m*

balmy ['bɑ:mɪ] (ADJ) (= *mild*) doux (douce *f*)

baloney* [bə'ləʊnɪ] (N) (*US*) balivernes *fpl*

balsa ['bɔ:lsə] (N) balsa *m*

balsam ['bɔ:lsəm] (N) baume *m*

balsamic vinegar [bɔ:l'sæmɪk'vɪnɪgəʳ] (N) vinaigre *m* balsamique

balti ['bɔ:ltɪ, 'bæltɪ] (N) *plat indien mijoté dans une petite poêle*

Baltic ['bɔ:ltɪk] **1** (N) **the ~ (Sea)** la (mer) Baltique **2** (ADJ) [*trade, port*] de la Baltique • **the ~ States** les pays *mpl* baltes

balustrade [ˌbæləs'treɪd] (N) balustrade *f*

bamboo [bæm'bu:] **1** (N) bambou *m* • **~ shoots** pousses *fpl* de bambou **2** (ADJ) [*chair, fence*] en bambou

bamboozle* [bæm'bu:zl] (VT) ⓐ (= *deceive*) embobiner* ⓑ (= *perplex*) déboussoler*

BAME [ˌbi:eɪ:em'i:] (*Brit*) (ABBR OF **Black, Asian and minority ethnic**) *désigne les minorités, en particulier noires et asiatiques* • **~ students** des étudiants issus de minorités visibles

ban [bæn] **1** (N) interdit *m* • **to put a ~ on sth** interdire qch **2** (VT) interdire (**sth** qch, **sb from doing sth** à qn de faire qch); (= *exclude*) exclure (**from** de) **3** (COMP) ▸ **banned substance** N (*Sport*) substance *f* prohibée

banal [bə'nɑ:l] (ADJ) banal

banana [bə'nɑ:nə] **1** (N) (= *fruit*) banane *f* **2** (ADJ) **to go ~s*** (= *go crazy*) devenir dingue*; (= *get angry*) piquer une crise* **3** (COMP) ▸ **banana peel, banana skin** N peau *f* de banane ▸ **banana republic** N (*offensive*) république *f* bananière ▸ **banana split** N banana split *m inv*

band [bænd] (N) ⓐ (= *strip*) bande *f* • **metal ~** bande *f* métallique • **to vary within a narrow ~** [*figures, prices*] varier à l'intérieur d'une fourchette étroite ⓑ (= *group*) bande *f* ⓒ (*musical*) orchestre *m*; (*brass only*) fanfare *f* • **members of the ~** musiciens *mpl*

▸ **band together** VI se grouper; (= *form a gang*) former une bande

bandage ['bændɪdʒ] **1** (N) (*for wound*) pansement *m*; (*for sprain*) bande *f* • **head swathed in ~s** tête *f* bandée **2** (VT) [+ *hand*] bander; [+ *wound*] mettre un pansement sur

Band-Aid® ['bændeɪd] **1** (N) pansement *m* adhésif **2** (ADJ) (*US*) [*measures*]* de fortune • **a ~ solution** une solution qui tient du rafistolage

bandana, bandanna [bæn'dænə] (N) bandana *m*

B & B [ˌbi:ənd'bi:] (N) (ABBR OF **bed and breakfast**)

bandit ['bændɪt] (N) bandit *m*

bandleader ['bændˌli:dəʳ] (N) chef *m* d'orchestre

bandoneon [bæn'dəʊnɪən] (N) bandonéon *m*

bandstand ['bændstænd] (N) kiosque *m* (à musique)

bandwagon ['bændˌwægən] (N) **to jump on the ~** suivre le mouvement

bandwidth ['bændwɪdθ] (N) (*Comput*) bande *f* passante

bandy ['bændɪ] (VT) [+ *accusations*] se renvoyer • **to ~ words (with sb)** discuter (avec qn)

▸ **bandy about, bandy around** VT SEP [+ *story, report*] faire circuler; [+ *figures, sums*] avancer • **to ~ sb's name about** parler de qn

bandy-legged ['bændɪ'legd] (ADJ) **to be ~** avoir les jambes arquées

bane [beɪn] (N) fléau *m* • **he's/it's the ~ of my life*** il/cela m'empoisonne la vie

bang [bæŋ] 1 (N) ⓐ [*of gun, explosives*] détonation *f*; [*of door*] claquement *m* • **the door closed with a ~** la porte a claqué • **to go off with a ~** [*fireworks*] éclater • **to start with a ~** (= *successfully*) commencer très fort
ⓑ (= *blow*) coup *m*
2 (ADV)* **to go ~** éclater • **~ in the middle** en plein milieu • **to hit the target ~ on** (*Brit*) frapper en plein dans le mille • **she arrived ~ on time** (*Brit*) elle est arrivée à l'heure pile • **~ goes my chance of promotion** je peux faire une croix sur mes chances de promotion • **the play is ~ up to date** la pièce est complètement d'actualité • **his skills remain ~ up to date** son savoir-faire reste à la pointe
3 (EXCL) (*firearm*) pan !; (*explosion*) boum !
4 (VT) frapper violemment • **to ~ one's fist on the table** taper du poing sur la table • **to ~ one's head on sth** se cogner la tête sur qch • **to ~ the door** claquer la porte
5 (VI) ⓐ [*door*] claquer; (*repeatedly*) battre; [*fireworks*] éclater; [*gun*] détoner
ⓑ **to ~ on** *or* **at the door** donner de grands coups dans la porte • **to ~ on the table** frapper la table avec son poing
▸ **bang on*** VI **to ~ on about sth** rabâcher qch

banger ['bæŋə^r] (N) (*Brit*) ⓐ (= *sausage*)* saucisse *f* • **~s and mash** saucisses *fpl* à la purée ⓑ (= *old car*)* vieille bagnole *f* ⓒ (= *firework*) pétard *m*

Bangladesh [,bæŋglə'deʃ] (N) Bangladesh *m*

Bangladeshi [,bæŋglə'deʃɪ] 1 (ADJ) bangladais 2 (N) Bangladais(e) *m(f)*

bangle ['bæŋgl] (N) bracelet *m*

bangs [bæŋz] (NPL) (*US* = *fringe*) frange *f*

banish ['bænɪʃ] (VT) bannir

banister ['bænɪstə^r] (N) = **bannister**

banjo ['bændʒəʊ] (N) banjo *m*

bank [bæŋk] 1 (N) ⓐ (= *institution*) banque *f* • **the Bank of England** la Banque d'Angleterre • **to break the ~** faire sauter la banque
ⓑ (= *mound*) talus *m* • **a ~ of clouds** un amoncellement de nuages
ⓒ [*of river, lake*] rive *f*; (*above water level*) berge *f*; [*of canal*] bord *m* • **the left/right ~** (*in Paris*) la Rive gauche/droite
ⓓ [*of switches*] rangée *f*
2 (VT) [+ *money*] mettre à la banque
3 (VI) ⓐ **to ~ with Lloyds** avoir un compte à la Lloyds • **who do you ~ with?** à quelle banque êtes-vous ?
ⓑ [*pilot, aircraft*] virer
4 (COMP) ▸ **bank account** N compte *m* bancaire ▸ **bank balance** N solde *m* bancaire ▸ **bank card** N carte *f* d'identité bancaire ▸ **bank clerk** N (*Brit*) employé(e) *m(f)* de banque ▸ **bank holiday** N jour *m* férié ▸ **bank manager** N directeur *m*, -trice *f* d'agence bancaire • **my ~ manager** mon banquier ▸ **bank rate** N taux *m* d'escompte ▸ **bank robber** N braqueur *m* de banque ▸ **bank robbery** N braquage *m* de banque ▸ **bank statement** N relevé *m* de compte
▸ **bank on** VT INSEP (= *count on*) compter sur • **I wouldn't ~ on it** il ne faut pas compter là-dessus

BANK HOLIDAY
Le terme **bank holiday** s'applique au Royaume-Uni aux jours fériés pendant lesquels les banques, et généralement les petits commerces, sont fermés. Les principaux **bank holidays** à part Noël et Pâques se situent au mois de mai et fin août, et ne coïncident pas nécessairement avec une fête religieuse.

bankable ['bæŋkəbl] (ADJ) (*Commerce*) bancable • **to be ~** [*film star etc*] être une valeur sûre

banker ['bæŋkə^r] (N) banquier *m*

banking ['bæŋkɪŋ] (N) (= *transactions*) opérations *fpl* bancaires; (= *profession*) banque *f* • **to study ~** faire des études bancaires

banknote ['bæŋknəʊt] (N) (*Brit*) billet *m* de banque

bankroll* ['bæŋkrəʊl] (VT) financer

bankrupt ['bæŋkrʌpt] 1 (ADJ) **to go ~** [*person, business*] faire faillite • **to be ~** [*person*] être en faillite • **morally ~** dépourvu de toute moralité 2 (VT) [+ *person*] mettre en faillite

bankruptcy ['bæŋkrəptsɪ] (N) faillite *f*

banner ['bænə^r] (N) bannière *f* ▸ **banner ad** N (*on web page*) bannière *f ou* bandeau *m* publicitaire ▸ **banner headlines** NPL gros titres *mpl*

banning ['bænɪŋ] (N) (= *prohibition*) interdiction *f* • **the ~ of cars from city centres** l'interdiction de la circulation automobile dans les centres-villes • **the ~ of three athletes from the Olympic Games** l'exclusion de trois athlètes des Jeux olympiques

bannister ['bænɪstə^r] (N) rampe *f* (d'escalier)

banns [bænz] (NPL) bans *mpl* (*de mariage*)

banquet ['bæŋkwɪt] (N) (= *ceremonial dinner*) banquet *m*; (= *lavish meal*) festin *m* ▸ **banqueting hall** N salle *f* de(s) banquet(s)

bantam ['bæntəm] (N) coq *m* nain, poule *f* naine ▸ **bantam-weight** N (*Boxing*) poids *m* coq

banter ['bæntə^r] 1 (N) badinage *m* 2 (VI) badiner

Bantu ['bæntu:] (*sometimes offensive*) 1 (ADJ) bantou 2 (N) (*pl* **Bantu** *or* **Bantus**) ⓐ (= *people*) **~(s)** Bantous *mpl*
ⓑ (= *language*) bantou *m*

baobab ['beɪəʊ,bæb] (N) baobab *m*

bap [bæp] (N) (*Brit*) petit pain *m*

baptism ['bæptɪzəm] (N) baptême *m* • **~ of fire** baptême *m* du feu

baptist ['bæptɪst] (N) baptiste *mf* ▸ **the Baptist Church** N l'Église *f* baptiste

baptize [bæp'taɪz] (VT) baptiser

bar [bɑː^r] 1 (N) ⓐ (*metal*) barre *f*; (*wood*) planche *f*; [*of chocolate*] tablette *f* • **~ of soap** savon *m*
ⓑ [*of window, cage*] barreau *m*; (*of door, in gym*) barre *f*; [*of ski-lift*] perche *f*; [*of electric fire*] résistance *f* • **to put sb behind ~s** mettre qn derrière les barreaux
ⓒ (= *obstacle*) obstacle *m* • **to be a ~ to progress** faire obstacle au progrès
ⓓ **the Bar** le barreau • **to be called** (*Brit*) *or* **admitted** (*US*) **to the Bar** s'inscrire au barreau • **to read for the Bar** préparer le barreau
ⓔ (= *drinking place*) bar *m*; (= *counter*) comptoir *m* • **to have a drink at the ~** prendre un verre au comptoir
ⓕ (*Music*) mesure *f* • **the opening ~s** les premières mesures *fpl*
2 (VT) ⓐ (= *obstruct*) [+ *road*] barrer • **to ~ sb's way** *or* **path** barrer le passage à qn
ⓑ **to ~ the door** mettre la barre à la porte • **to ~ the door against sb** barrer la porte à qn
ⓒ (= *forbid*) [+ *person*] exclure • **to ~ sb from doing sth** interdire à qn de faire qch • **they're ~red from the country** il leur est interdit d'entrer dans le pays
3 (PREP) sauf • **~ none** sans exception • **~ one** sauf un(e)
4 (COMP) ▸ **bar billiards** N (*Brit*) *billard auquel on joue dans les pubs* ▸ **bar chart** N = **bar graph** ▸ **bar code** N code-barre *m* ▸ **bar graph** N graphique *m* en barres

Barbadian [bɑːˈbeɪdɪən] 1 (ADJ) barbadien 2 (N) Barbadien(ne) *m(f)*
Barbados [bɑːˈbeɪdɒs] (N) Barbade *f* • **in ~** à la Barbade
barbarian [bɑːˈbɛərɪən] (ADJ, N) barbare *mf*
barbaric [bɑːˈbærɪk] (ADJ) barbare
barbarism [ˈbɑːbərɪzəm] (N) ⓐ barbarie *f* ⓑ (*Ling*) barbarisme *m*
barbarity [bɑːˈbærɪtɪ] (N) barbarie *f*
barbarous [ˈbɑːbərəs] (ADJ) barbare
barbecue [ˈbɑːbɪkjuː] (*vb: prp* **barbecuing**) 1 (N) barbecue *m* • **to have a ~** faire un barbecue 2 (VT) faire cuire au barbecue
barbed [bɑːbd] (ADJ) [*words, wit*] acéré ▸**barbed wire** N fil *m* de fer barbelé ▸**barbed wire fence** N (haie *f* de fils) barbelés *mpl*
barber [ˈbɑːbəʳ] (N) coiffeur *m* (pour hommes) • **to go to the ~'s** aller chez le coiffeur
barbiturate [bɑːˈbɪtjʊrɪt] (N) barbiturique *m*
Barcelona [ˌbɑːsəˈləʊnə] (N) Barcelone
bare [bɛəʳ] 1 (ADJ) ⓐ (= *naked, uncovered*) nu; [*hill, summit*] pelé; [*countryside, tree, wire*] dénudé • **~ to the waist** nu jusqu'à la ceinture • **he killed him with his ~ hands** il l'a tué à mains nues • **there are ~ patches on the lawn** la pelouse est pelée par endroits • **with his head ~** nu-tête *inv* • **the ~ bones** les grandes lignes *fpl*
ⓑ (= *empty*) [*ground*] dénudé; [*wall*] nu • **a room ~ of furniture** une pièce vide • **they only told us the ~ facts** ils nous ont simplement présenté les faits
ⓒ (= *absolute*) **the ~ necessities** le strict nécessaire • **to provide people with the ~ necessities of life** assurer aux gens le minimum vital • **the ~ essentials** le strict nécessaire • **the ~ minimum** le plus strict minimum
ⓓ (= *mere, small*) **the match lasted a ~ 18 minutes** le match n'a pas duré plus de 18 minutes • **a ~ majority** une faible majorité
2 (VT) découvrir • **to ~ one's teeth** [*person, animal*] montrer les dents • **to ~ one's head** se découvrir
bareback [ˈbɛəbæk] (ADV) à cru
barefaced [ˌbɛəˈfeɪst] (ADJ) [*lie, liar*] éhonté • **it is ~ robbery** c'est du vol manifeste
barefoot [ˈbɛəfʊt] 1 (ADV) nu-pieds 2 (ADJ) aux pieds nus
bareheaded [ˌbɛəˈhedɪd] (ADV, ADJ) nu-tête *inv*
barely [ˈbɛəlɪ] (ADV) (= *only just*) à peine • **he can ~ read** il sait à peine lire • **her voice was ~ audible** sa voix était à peine audible • **~ concealed contempt** un mépris à peine dissimulé • **the car was ~ a year old** la voiture avait à peine un an
bargain [ˈbɑːgɪn] 1 (N) ⓐ (= *agreement*) marché *m* • **to make a ~** conclure un marché • **it's a ~!*** c'est entendu ! • **to keep one's side of the ~** tenir ses engagements • **into the ~** par-dessus le marché
ⓑ (= *good buy*) affaire *f* • **it's a (real) ~!** c'est vraiment une affaire !
2 (VI) ⓐ (= *negotiate*) négocier • **to ~ with sb for sth** négocier qch avec qn
ⓑ (= *count on*) **I didn't ~ for that** je ne m'attendais pas à cela • **I got more than I ~ed for** j'ai eu une surprise désagréable
3 (COMP) ▸**bargain-hunter** N personne *f* à l'affût des bonnes occasions ▸**bargain price** N prix *m* avantageux
bargaining [ˈbɑːgənɪŋ] (N) marchandage *m* • **that gives us more ~ power** ceci nous met en meilleure position pour négocier ▸**bargaining chip** N **to use sth as a ~ chip** se servir de qch comme levier dans une négociation
barge [bɑːdʒ] 1 (N) chaland *m*; (*large*) péniche *f* 2 (VI) **he ~d through the crowd** il bousculait les gens pour passer 3 (COMP) ▸**barge pole** N (*Brit*) **I wouldn't touch it with a ~ pole*** (*revolting*) je n'y toucherais pas avec des pincettes; (*risky*) je ne m'y frotterais pas
▸ **barge in** VI (= *enter*) faire irruption; (= *interrupt*) interrompre la conversation
▸ **barge into** VT INSEP [+ *person*] rentrer dans* • **to ~ into a room** faire irruption dans une pièce
baritone [ˈbærɪtəʊn] 1 (N) (= *singer, instrument*) baryton *m* 2 (ADJ) [*voice, part*] de baryton
barium [ˈbɛərɪəm] (N) baryum *m*
bark [bɑːk] 1 (N) ⓐ [*of tree*] écorce *f* ⓑ [*of dog*] aboiement *m* • **his ~ is worse than his bite** il n'est pas aussi méchant qu'il en a l'air 2 (VI) [*dog*] aboyer (**at** après); (= *speak sharply*) aboyer • **to ~ at sb** aboyer après qn • **to ~ up the wrong tree** faire fausse route
▸ **bark out** VT SEP [+ *order*] glapir
barking [ˈbɑːkɪŋ] 1 (N) [*of dog*] aboiement *m* 2 (ADJ) (*Brit: also* **barking mad**)* complètement cinglé*
barley [ˈbɑːlɪ] (N) orge *f* ▸**barley sugar** N sucre *m* d'orge ▸**barley water** N ≈ orgeat *m*
barmaid [ˈbɑːmeɪd] (N) serveuse *f* (de bar)
barman [ˈbɑːmən] (N) (*pl* **-men**) barman *m*
Bar Mitzvah, bar mitzvah [ˌbɑːˈmɪtsvə] (N) bar-mitsvah *f*
barmy* [ˈbɑːmɪ] (ADJ) (*Brit*) timbré*
barn [bɑːn] 1 (N) ⓐ grange *f* ⓑ (*US*) (*for horses*) écurie *f*; (*for cattle*) étable *f* 2 (COMP) ▸**barn dance** N bal *m* campagnard ▸**barn owl** N chouette *f* effraie
barnacle [ˈbɑːnəkl] (N) bernache *f*
barnstorming* [ˈbɑːnstɔːmɪŋ] (ADJ) [*performance*] emballant
barnyard [ˈbɑːnjɑːd] (N) basse-cour *f*
barometer [bəˈrɒmɪtəʳ] (N) baromètre *m*
baron [ˈbærən] (N) baron *m* • **drug(s) ~** baron *m* de la drogue
baroness [ˈbærənɪs] (N) baronne *f*
baronet [ˈbærənɪt] (N) (*Brit*) baronnet *m*
baroque [bəˈrɒk] (ADJ, N) baroque *m*
barracks [ˈbærəks] (N) caserne *f*
barrage [ˈbærɑːʒ] (N) ⓐ [*of river*] barrage *m* ⓑ (= *firing*) tir *m* de barrage; [*of questions, reproaches*] pluie *f*
barrel [ˈbærəl] 1 (N) ⓐ [*of wine, beer*] tonneau *m*; [*of oil*] baril *m* • **to have sb over a ~*** tenir qn à sa merci ⓑ [*of firearm*] canon *m* 2 (VI) (*US*)* foncer* 3 (COMP) ▸**barrel organ** N orgue *m* de Barbarie
barren [ˈbærən] (ADJ) [*land, landscape*] aride; [*discussion, period of time*] stérile
barricade [ˌbærɪˈkeɪd] 1 (N) barricade *f* 2 (VT) [+ *street*] barricader • **to ~ o.s.** se barricader
barrier [ˈbærɪəʳ] (N) barrière *f*; (*also* **ticket barrier**) portillon *m* (d'accès) • **a trade ~** une barrière douanière • **to put up ~s to sb/sth** dresser des obstacles sur le chemin de qn/qch • **to break down ~s** supprimer les barrières ▸**barrier method** N méthode *f* de contraception locale
barring [ˈbɑːrɪŋ] (PREP) sauf • **~ accidents** sauf accident
barrister [ˈbærɪstəʳ] (N) (*Brit*) avocat(e) *m/f* → LAWYER
barroom [ˈbɑːrʊm] (N) (*US*) salle *f* de bar
barrow [ˈbærəʊ] (N) (*also* **wheelbarrow**) brouette *f*; (*Brit*) [*of vendor*] voiture *f* des quatre saisons ▸**barrow-boy** N

marchand *m* des quatre saisons

bartender ['bɑːˌtendəʳ] (N) (*US*) barman *m*, serveuse *f* (de bar)

barter ['bɑːtəʳ] **1** (N) troc *m* **2** (VT) troquer (**for** contre) **3** (VI) faire un troc

basalt ['bæsɔːlt] (N) basalte *m*

base [beɪs] **1** (N) base *f* • **to touch ~ with sb*** reprendre contact avec qn **2** (VT) [*+ reasoning, belief, opinion*] fonder (**on** sur) • **to be ~d in York** être basé à York • **the company is ~d in Glasgow** l'entreprise est basée à Glasgow **3** (ADJ) (*= contemptible*) vil (vile *f*); [*instincts*] bas (basse *f*) **4** (COMP) ▸ **base line** N (*Baseball*) ligne *f* des bases; (*Tennis*) ligne *f* de fond ▸ **base rate** N taux *m* de base

baseball ['beɪsbɔːl] (N) baseball *m* ▸ **baseball cap** N casquette *f* de baseball ▸ **baseball mitt** N gant *m* de baseball

Basel ['bɑːzl] (N) Bâle

basement ['beɪsmənt] (N) sous-sol *m* • **in the ~** au sous-sol ▸ **basement flat** N appartement *m* en sous-sol

bases[1] ['beɪsiːz] (NPL) *of* **basis**

bases[2] ['beɪsɪz] (NPL) *of* **base**

bash* [bæʃ] **1** (N) ⓐ coup *m*; (*with fist*) coup *m* de poing • **the bumper has had a ~** le pare-chocs est cabossé ⓑ **to have a ~ at sth/at doing sth*** s'essayer à qch/à faire qch • **I'll have a ~ (at it)*** je vais tenter le coup ⓒ (*= party*) fête *f* **2** (VT) frapper • **to ~ sb on the head** assommer qn

▸ **bash in*** VT SEP **to ~ sb's head in** défoncer le crâne de qn*

▸ **bash up*** VT SEP (*Brit*) [*+ person*] tabasser*

bashful ['bæʃfʊl] (ADJ) timide

basic ['beɪsɪk] **1** (ADJ) ⓐ (*= fundamental*) fondamental; [*rule*] élémentaire • **~ French** le français de base • **a ~ knowledge of Russian** une connaissance de base du russe • **~ needs** besoins *mpl* essentiels ⓑ [*salary, working hours*] de base **2** (NPL) **the basics** l'essentiel *m* • **to get down to the ~s** en venir à l'essentiel • **to get back to ~s** revenir au b.a.-ba **3** (COMP) ▸ **basic training** N (*Mil*) **to do one's ~ training** faire ses classes

basically ['beɪsɪklɪ] (ADV) **~ you've got two choices** en fait, vous avez deux options • **well, ~, all I have to do is ...** eh bien, en fait, je n'ai qu'à ... • **~ we agree** dans l'ensemble, nous sommes d'accord

basil ['bæzl] (N) basilic *m*

basilica [bəˈzɪlɪkə] (N) basilique *f*

basin ['beɪsn] (N) ⓐ cuvette *f*; (*for mixing*) bol *m*; (*also* **pudding basin**) moule *m*; (*also* **washbasin, wash-hand basin**) lavabo *m*; [*of fountain*] vasque *f* ⓑ [*of river*] bassin *m*; (*= valley*) cuvette *f*

basis ['beɪsɪs] (N) (*pl* **bases**) base *f* • **they accepted the plan as a ~ for settling the conflict** ils ont accepté le plan comme base de règlement du conflit • **paid on a daily ~** payé à la journée • **paid on a regular ~** payé régulièrement • **open on a 24-hour ~** ouvert 24 heures sur 24 • **on that ~** dans ces conditions • **on the ~ of what you've told me** d'après ce que vous m'avez dit

bask [bɑːsk] (VI) **to ~ in the sun** se prélasser au soleil

basket ['bɑːskɪt] (N) corbeille *f*; (*also* **shopping basket**) panier *m*; (*Basketball*) panier *m* • **a ~ of currencies** un panier de devises • **to make a ~** (*Basketball*) marquer un panier ▸ **basket case*** N **he's a ~ case** (*= crazy*) il est cinglé*

basketball ['bɑːskɪtbɔːl] (N) basket(-ball) *m* ▸ **basketball player** N basketteur *m*, -euse *f*

Basque [bæsk] **1** (N) ⓐ Basque *mf* ⓑ (*= language*) basque *m* **2** (ADJ) basque • **the ~ Country** le Pays basque

bass **1** (N) ⓐ (*= part, singer, guitar*) basse *f*; (*also* **double bass**) contrebasse *f* ⓑ (*= fish*) (*freshwater*) perche *f*; (*sea*) bar *m* **2** (ADJ) [*voice*] de basse **3** (COMP) ▸ **bass drum** N grosse caisse *f* ▸ **bass guitar** N guitare *f* basse ▸ **bass guitarist** N bassiste *mf*

> Lorsque **bass** est un adjectif ou un nom lié à la musique, la fin se prononce comme **ace** : [beɪs] ; lorsque c'est un nom désignant un poisson, la fin se prononce comme **ass** dans **grass** : [bæs].

bassist ['beɪsɪst] (N) violiste *mf*

> ⚠ **bassist ≠ bassiste**

bassoon [bəˈsuːn] (N) basson *m*

bastard* ['bɑːstəd] (N) (*= unpleasant person*) salaud* *m* • **he's a lucky ~!** c'est un drôle de veinard !*

baste [beɪst] (VT) [*+ meat*] arroser

bastion ['bæstɪən] (N) bastion *m*

bat [bæt] **1** (N) ⓐ (*= animal*) chauve-souris *f* ⓑ (*Baseball, Cricket*) batte *f*; (*Table Tennis*) raquette *f* • **off one's own ~** de sa propre initiative • **right off the ~** (*US*) sur-le-champ
ⓒ (*= blow*) coup *m*
2 (VI) (*Baseball, Cricket*) être à la batte • **he ~s well** c'est un bon batteur
3 (VT) ⓐ (*= hit*)* flanquer un coup à* • **to ~ sth around*** (*US*) (*= discuss*) discuter de qch (à bâtons rompus)
ⓑ **he didn't ~ an eyelid** (*Brit*) *or* **an eye** (*US*) il n'a pas sourcillé • **without ~ting an eyelid** (*Brit*) *or* **an eye** (*US*) sans sourciller

batch [bætʃ] (N) [*of loaves*] fournée *f*; [*of people*] groupe *m*; [*of letters*] paquet *m*; [*of goods*] lot *m*

bated ['beɪtɪd] (ADJ) **with ~ breath** en retenant son souffle

bath [bɑːθ] **1** (N) (*pl* **baths** [bɑːðz]) bain *m*; (*also* **bathtub**) baignoire *f* • **to have a ~** prendre un bain • **while I was in the ~** pendant que je prenais mon bain • **room with ~** (*in hotel*) chambre *f* avec salle de bains **2** (NPL) **baths** (*for swimming*) piscine *f* **3** (VT) (*Brit*) donner un bain à **4** (COMP) ▸ **bath oil** N huile *f* pour le bain ▸ **bath salts** NPL sels *mpl* de bain ▸ **bath towel** N serviette *f* de bain

bathe [beɪð] **1** (VT) baigner; [*+ wound*] laver • **to ~ one's feet** prendre un bain de pieds • **to ~ the baby** (*US*) donner un bain au bébé **2** (VI) (*Brit*) se baigner; (*US*) prendre un bain (*dans une baignoire*) **3** (N) (*Brit*) **let's go for a ~** allons nous baigner

bather ['beɪðəʳ] (N) baigneur *m*, -euse *f*

bathing ['beɪðɪŋ] (N) bains *mpl*; (*= swimming*) baignade(s) *f(pl)* ▸ **bathing cap** N bonnet *m* de bain ▸ **bathing costume** (*Brit*), **bathing suit** N maillot *m* de bain ▸ **bathing trunks** NPL (*Brit*) slip *m* de bain

bathmat ['bɑːθmæt] (N) tapis *m* de bain

bathos ['beɪθɒs] (N) chute *f* du sublime au ridicule

bathrobe ['bɑːθrəʊb] (N) peignoir *m*

bathroom ['bɑːθrʊm] (N) salle *f* de bains; (*US*) (*= toilet*) toilettes *fpl* ▸ **bathroom cabinet** N armoire *f* de toilette ▸ **bathroom scales** NPL balance *f*

bathtub ['bɑːθtʌb] (N) baignoire *f*

batik [bəˈtiːk] (N) batik *m*

baton ['bætən] (N) bâton *m*; (*Brit*) [*of policeman*] matraque *f*; (*in relay race*) témoin *m* • **to hand on the ~ to sb** passer le relais à qn ▸ **baton charge** N charge *f* à la matraque

batsman ['bætsmən] (N) (*pl* **-men**) batteur *m*

battalion [bə'tælɪən] (N) bataillon *m*

batter ['bætəʳ] 1 (N) ⓐ (*for frying*) pâte *f* à frire; (*for pancakes*) pâte *f* à crêpes ⓑ (*US Sport*) batteur *m* 2 (VT) (= *strike repeatedly*) battre; [+ *baby*] maltraiter • **~ed babies** *or* **children** enfants *mpl* battus • **~ed wife** femme *f* battue • **the ship was ~ed by the waves** le bateau était battu par les vagues 3 (VI) **to ~ at the door** frapper à la porte à coups redoublés

battered ['bætəd] (ADJ) [*hat, car*] cabossé

battering ['bætərɪŋ] (N) **the town took a dreadful ~ during the war** la ville a été terriblement éprouvée pendant la guerre

battery ['bætərɪ] 1 (N) ⓐ [*of torch, radio*] pile *f*; [*of vehicle*] batterie *f* ⓑ (= *number of similar objects*) batterie *f* • **to undergo a ~ of tests** subir une batterie de tests 2 (COMP) ▸ **battery charger** N chargeur *m* de batterie ▸ **battery farm** N (*Brit*) élevage *m* en batterie ▸ **battery farming** N (*Brit*) élevage *m* en batterie ▸ **battery hen** N poulet *m* de batterie ▸ **battery-operated, battery-powered** ADJ à pile(s)

battle ['bætl] 1 (N) bataille *f*, combat *m* • **killed in ~** tué au combat • **~ of wills** bras *m* de fer • **life is a continual ~** la vie est un combat perpétuel • **we are fighting the same ~** nous nous battons pour la même cause • **that's half the ~*** c'est déjà pas mal* • **that's only half the ~** la partie n'est pas encore gagnée • **~ for control of sth** lutte *f* pour obtenir le contrôle de qch • **to lose/win the ~** perdre/gagner la bataille

2 (VI) se battre (**to do sth** pour faire qch)

3 (COMP) ▸ **battle cry** N cri *m* de guerre

▸ **battle out** VT SEP **Leeds ~d it out with Manchester in the final** Leeds s'est mesuré à Manchester en finale

battlefield ['bætlfiːld], **battleground** ['bætlgraʊnd] (N) champ *m* de bataille

battlements ['bætlmənts] (NPL) (= *wall*) remparts *mpl*; (= *crenellation*) créneaux *mpl*

battleship ['bætlʃɪp] (N) cuirassé *m*

batty* ['bætɪ] (ADJ) (*Brit*) toqué*

bauble ['bɔːbl] (N) babiole *f*

baulk [bɔːlk] (VI) **to ~ at doing sth** regimber pour faire qch

Bavaria [bə'vɛərɪə] (N) Bavière *f*

bawdy ['bɔːdɪ] (ADJ) paillard

bawl [bɔːl] 1 (VI) ⓐ (= *shout*) brailler (**at** contre) ⓑ (= *weep*)* brailler 2 (VT) brailler

bay [beɪ] 1 (N) ⓐ (*in coast*) baie *f*; (*small*) anse *f* • **the Bay of Biscay** le Golfe de Gascogne

ⓑ (= *tree*) laurier(-sauce) *m*

ⓒ (= *alcove*) renfoncement *m*

ⓓ ▸ **to keep sb/sth at bay** tenir qn/qch à distance

2 (VI) aboyer (**at** après) • **to ~ for blood** (*Brit*) crier vengeance • **to ~ for sb's blood** (*Brit*) réclamer la tête de qn

3 (COMP) ▸ **bay leaf** N (*pl* **bay leaves**) feuille *f* de laurier ▸ **bay window** N bow-window *m*

bayonet ['beɪənɪt] (N) baïonnette *f*

bazaar [bə'zɑːʳ] (N) bazar *m*; (= *sale of work*) vente *f* de charité

bazooka [bə'zuːkə] (N) bazooka *m*

BBC [ˌbiːbiː'siː] (N) (ABBR OF **British Broadcasting Corporation**) BBC *f*

> **BBC**
>
> La **BBC** est un organisme centralisé dont les membres, nommés par l'État, gèrent les chaînes de télévision publiques (BBC1, qui présente des émissions d'intérêt général, et BBC2 plutôt orientée vers les émissions plus culturelles), les chaînes numériques et en ligne, ainsi que les stations de radio publiques, incluant les radios numériques. Elle est financée par les redevances des ménages et ne diffuse pas de publicités. La **BBC** offre un service mondial de diffusion d'émissions, en anglais et dans 39 autres langues, appelé *BBC World Service*.

BBD [ˌbiːbiː'diː] (N) (ABBR OF **best-before date, best-by date**) DLUO *f* (= *date limite d'utilisation optimale*)

BBQ [ˌbiːbiː'kjuː] (N) (ABBR OF **barbecue**)

BC [bi'siː] (ABBR OF **Before Christ**) av. J-C

BCE [ˌbisi'iː] (ABBR OF **Before Common Era**) AEC (= *avant l'ère commune*), avant notre ère

be [biː]

1	LINKING VERB	4	INTRANSITIVE VERB
2	AUXILIARY VERB	5	IMPERSONAL VERB
3	MODAL VERB	6	COMPOUNDS

> pres **am, is, are**, pret **was, were**, ptp **been**

1 LINKING VERB

ⓐ être • **the sky is blue** le ciel est bleu • **who is that? — it's me!** qui est-ce ? — c'est moi ! • **she's English** elle est anglaise • **they are friendly** ils sont sympathiques • **if I were you I would refuse** si j'étais vous, je refuserais

> The following translations use **ce** + **être** because they contain an article or possessive in French.

• **she is an Englishwoman** c'est une Anglaise • **they are my best friends** ce sont mes meilleurs amis • **it's the most expensive** c'est le plus cher

ⓑ (*with occupation*) être

> No article is used in French, unless the noun is qualified by an adjective.

• **he wants to be a doctor** il veut être médecin • **she's a well-known lawyer** c'est une avocate renommée

ⓒ (*referring to health*) aller • **how are you?** comment allez-vous ? • **I'm better now** je vais mieux maintenant

ⓓ (= *cost*) coûter • **how much is it?** combien ça coûte ?

ⓔ (= *equal*) faire • **two and two are four** deux et deux font quatre

ⓕ

> Note how the verb **avoir** is used when translating **to be** + certain adjectives.

• **to be cold/hot/hungry/thirsty/ashamed/right/wrong** avoir froid/chaud/faim/soif/honte/raison/tort

> Note how French makes the person, not the part of the body, the subject of the sentence in the following.

• **my feet are cold** j'ai froid aux pieds • **my hands are frozen** j'ai les mains gelées

g *(with age)* avoir • **how old is he?** quel âge a-t-il ? • **he's 25** il a 25 ans • **she's about my age** elle a à peu près mon âge

2 AUXILIARY VERB

a *(in continuous tenses)*

▸ **to be** + *-ing*

> French does not distinguish between simple and continuous actions as much as English does.

• **I'm coming!** j'arrive ! • **she's always complaining** elle est toujours en train de se plaindre • **what have you been doing this week?** qu'est-ce que tu as fait cette semaine ? • **will you be seeing her tomorrow?** est-ce que vous allez la voir demain ?

> **être en train de** + infinitive emphasizes that one is in the middle of the action.

• **I haven't got time, I'm cooking the dinner** je n'ai pas le temps, je suis en train de préparer le repas • **I was just writing to him when he phoned** j'étais en train de lui écrire quand il m'a appelé

> The imperfect tense is used for continuous action in the past.

• **he was driving too fast** il conduisait trop vite

▸ **have/had been** + ... **for/since**

> French uses the present and imperfect where English uses the perfect and past perfect.

• **I've been waiting for you for an hour** je t'attends depuis une heure • **I've been waiting for you since six o'clock** je t'attends depuis six heures • **I'd been at university for six weeks when my father got ill** j'étais à l'université depuis six semaines quand mon père est tombé malade

b *(in tag questions: seeking confirmation)* n'est-ce pas ? • **he's a friend of yours, isn't he?** c'est un ami à toi, n'est-ce pas ? • **she wasn't happy, was she?** elle n'était pas heureuse, n'est-ce pas ? • **so it's all done, is it?** tout est fait, alors ? • **you're not ill, are you?** tu n'es pas malade j'espère ?

c *(in tag responses)* **they're getting married — oh are they?** ils vont se marier — ah bon ? • **he's going to complain about you — oh is he?** il va porter plainte contre toi — ah vraiment ?

> When answering questions, **oui** or **non** may be used alone.

• **he's always late, isn't he? — yes, he is** il est toujours en retard, n'est-ce pas ? — oui • **is it what you expected? — no it isn't** est-ce que tu t'attendais à ça ? — non

d *(in passives)* être

> The past participle in French passive constructions agrees with the subject.

• **he was killed** il a été tué • **she was killed** elle a été tuée • **both goals were scored in the second half** les deux buts ont été marqués à la deuxième mi-temps • **the cars were set on fire** les voitures ont été incendiées

> The passive is used less in French than in English. It is often expressed by **on** + active verb.

• **the door was shut in his face** on lui a fermé la porte au nez • **it is said that ...** on dit que ...

> The reflexive can be used to describe how something is usually done.

• **peaches are sold by the kilo** les pêches se vendent au kilo

3 MODAL VERB

▸ **am/are/is to** + *infinitive*

a *(= will)* **the talks are to start tomorrow** les négociations doivent commencer demain • **now the old lady has died, her house is to be sold** maintenant que la vieille dame est décédée, sa maison va être mise en vente

b *(= must)* **you are to follow these instructions exactly** tu dois suivre ces instructions scrupuleusement • **you are not to touch that** tu ne dois pas y toucher • **this door is not to be opened** cette porte ne doit pas être ouverte

c *(= should)* **he is to be pitied** il est à plaindre • **not to be confused with ...** à ne pas confondre avec ...

d *(= be destined to)* **this was to have serious repercussions** cela devait avoir de graves répercussions • **they were never to return** ils ne devaient jamais revenir

e *(= can)* **these birds are to be found all over the world** on trouve ces oiseaux dans le monde entier

4 INTRANSITIVE VERB

a être; (= *take place*) avoir lieu • **to be or not to be** être ou ne pas être • **he is there at the moment, but he won't be there much longer** il est là en ce moment mais il ne va pas rester très longtemps • **the match is tomorrow** le match a lieu demain • **Christmas Day is on a Wednesday this year** Noël tombe un mercredi cette année

▸ **there is/are** (= *there exist(s)*) il y a • **there is a mouse in the room** il y a une souris dans la pièce • **there are pigeons on the roof** il y a des pigeons sur le toit • **I thought there would be problems** je pensais qu'il y aurait des problèmes • **there are three of us** nous sommes trois

▸ **there's** (*pointing out sth*) voilà • **there's the church** voilà l'église

▸ **here is/are** voici • **here's your key** voici ta clé • **here are the tickets** voici les billets • **here you are at last!** te voilà enfin ! • **here you are!** (= *take this*) tiens (*or* tenez) !

b ▸ **to have been** (*to a place*) **I have already been to Paris** je suis déjà allé à Paris • **I have been to see my aunt** je suis allé voir ma tante • **he has been and gone** il est venu et reparti • **where have you been?** où étais-tu passé ? • **been there, done that (got the T-shirt)** je suis déjà passé par là, je connais (déjà)

5 IMPERSONAL VERB

a *(weather, temperature)* faire • **it's fine/cold/dark** il fait beau/froid/nuit • **it's 20 degrees in the shade** il fait 20 degrés à l'ombre • **it's windy/foggy** il y a du vent/du brouillard

b *(time)* être • **it's morning** c'est le matin • **it's 6 o'clock** il est 6 heures • **tomorrow is Friday** demain c'est vendredi • **it is 14 June today** nous sommes le 14 juin

ⓒ (emphatic) **it's me who does all the work** c'est moi qui fais tout le travail • **it was then we realized that ...** c'est alors que nous nous sommes rendu compte que ... • **it was they who suggested that ...** ce sont eux qui ont suggéré que ... • **why is it that she is so popular?** pourquoi a-t-elle tant de succès?

6 COMPOUNDS

▸ **the be-all and end-all** N le but suprême

beach [biːtʃ] (N) plage *f* • **private ~** plage *f* privée ▸ **beach ball** N ballon *m* de plage ▸ **beach handball** N beach handball *m* ▸ **beach towel** N serviette *f* de plage ▸ **beach umbrella** N parasol *m* ▸ **beach volleyball** N beach-volley *m*

beachcomber [ˈbiːtʃˌkəʊməʳ] (N) ramasseur *m* d'épaves

beached [biːtʃt] (ADJ) [*boat, whale*] échoué

beachwear [ˈbiːtʃwɛəʳ] (N) tenue(s) *f(pl)* de plage

beacon [ˈbiːkən] (N) signal *m* lumineux

bead [biːd] (N) ⓐ perle *f*; [*of rosary*] grain *m* • **(string of) ~s** collier *m* ⓑ [*of sweat*] goutte *f*

beady [ˈbiːdɪ] (ADJ) **to watch sth with ~ eyes** regarder qch avec des yeux de fouine

beagle [ˈbiːgl] (N) beagle *m*

beak [biːk] (N) bec *m*

beaker [ˈbiːkəʳ] (N) gobelet *m*

beam [biːm] **1** (N) ⓐ (*in roof, gym*) poutre *f* ⓑ [*of light*] rayon *m*; [*of headlight, searchlight*] faisceau *m* (lumineux) **2** (VI) ⓐ (*also* **beam down**) [*sun*] rayonner ⓑ (= *smile*) **she ~ed** son visage s'est épanoui en un large sourire • **~ing with pride, she showed them her ring** rayonnante de fierté, elle leur a montré sa bague ⓒ (= *transmit*) **soon we will be ~ing into your homes via the Astra satellite** bientôt nos émissions vous parviendront chez vous grâce au satellite Astra **3** (VT) ⓐ [+ *message*] émettre; [+ *radio broadcast*] diffuser ⓑ **"welcome" she ~ed** «bienvenue» dit-elle d'un air radieux

beaming [ˈbiːmɪŋ] (ADJ) [*smile, face*] radieux

bean [biːn] (N) haricot *m*; (*also* **green bean**) haricot *m* vert; (*also* **broad bean**) fève *f*; [*of coffee*] grain *m* • **to be full of ~s*** (*Brit*) être en pleine forme • **he hasn't a ~*** (*Brit*) il n'a pas un radis* ▸ **bean curd** N fromage *m* de soja ▸ **bean sprouts** NPL pousses *fpl* de soja

beanbag [ˈbiːnbæg] (N) (*to sit on*) sacco *m*

beanpole* [ˈbiːnpəʊl] (N) (= *person*) (grande) perche* *f*

beanshoots [ˈbiːnʃuːts] (NPL) pousses *fpl* de soja

bear [bɛəʳ] (*vb: pret* **bore**, *ptp* **borne**) **1** (N) (= *animal*) ours(e) *m(f)* • **he's like a ~ with a sore head*** il est d'une humeur massacrante • **the Great Bear** la Grande Ourse

2 (VT) ⓐ (= *carry*) porter • **we each have our cross to ~** chacun a ses problèmes • **he was borne along by the crowd** il s'est trouvé emporté par la foule

ⓑ [+ *inscription, mark, traces, signature, name*] porter

ⓒ (= *feel*) avoir en soi • **the love he bore her** l'amour qu'il lui portait

ⓓ (= *bring*) [+ *present, news*] apporter

ⓔ (= *sustain, support*) supporter • **to ~ the weight of ...** supporter le poids de ... • **to ~ the responsibility for sth** assumer la responsabilité de qch

ⓕ (= *endure*) [+ *person, event*] supporter • **I cannot ~ that man** je ne peux pas le supporter • **she cannot ~ being laughed at** elle ne supporte pas qu'on se moque d'elle • **it doesn't ~ thinking about!** c'est trop affreux d'y penser!

ⓖ (= *yield*) [+ *interest*] rapporter • **to ~ fruit** produire des fruits

ⓗ (= *give birth to*) donner naissance à • **she has borne him three daughters** elle lui a donné trois filles

3 (VI) ⓐ **to ~ right/left** prendre sur la droite/la gauche ⓑ ▸ **to bring ... to bear to bring one's mind to ~ on sth** porter son attention sur qch • **to bring pressure to ~ on sb** faire pression sur qn

4 (COMP) ▸ **bear hug** N **he gave me a big ~ hug** il m'a serré très fort dans ses bras ▸ **bear market** N (*Stock Exchange*) marché *m* (orienté) à la baisse

▸ **bear down** VI (= *approach*) **to ~ down on** [*person*] foncer sur

▸ **bear out** VT SEP [+ *claims*] confirmer • **to ~ out what sb says** corroborer les dires de qn

▸ **bear up** VI ne pas se laisser abattre • **how's Graham ~ing up?** comment Graham s'en sort-il?

▸ **bear with** VT INSEP [+ *person*] supporter patiemment • **~ with me a little longer** je vous demande encore un peu de patience

bearable [ˈbɛərəbl] (ADJ) supportable

beard [bɪəd] (N) barbe *f* • **to have a ~** porter la barbe • **a man with a ~** un (homme) barbu

bearded [ˈbɪədɪd] (ADJ) barbu • **a ~ man** un barbu

bearer [ˈbɛərəʳ] (N) porteur *m*, -euse *f*; [*of passport*] titulaire *mf*

bearing [ˈbɛərɪŋ] (N) ⓐ (= *posture, behaviour*) allure *f* ⓑ (= *relation*) rapport *m* • **to have a ~ on sth** influer sur qch • **to have no ~ on the subject** n'avoir aucun rapport avec le sujet ⓒ **to lose one's ~s** être désorienté

bearish [ˈbɛərɪʃ] (ADJ) [*market*] à la baisse

beast [biːst] (N) ⓐ bête *f* • **~ of burden** bête *f* de somme • **this is a very different ~ from ...** ça n'a vraiment rien à voir avec ... ⓑ (= *person*) (*cruel*) brute *f*; (*disagreeable*)* chameau* *m*

beastly†* [ˈbiːstlɪ] (ADJ) **what ~ weather!** quel temps infect! • **to be ~ to sb** être infect avec qn

beat [biːt] (*vb: pret* **beat**, *ptp* **beaten**) **1** (N) ⓐ [*of heart, pulse, drums*] battement *m*

ⓑ [*of music*] temps *m*; [*of conductor's baton*] battement *m* (de la mesure); (*Jazz*) rythme *m* • **he answered without missing a ~** il a répondu sans se démonter

ⓒ [*of policeman*] (= *round*) ronde *f*; (= *area*) secteur *m* • **we need to put more officers on the ~** il faut augmenter le nombre de policiers affectés aux rondes

2 (ADJ) (*also* **dead-beat**)* claqué*

3 (VT) ⓐ (= *strike*) battre • **to ~ sb to death** battre qn à mort • **to ~ a retreat** battre en retraite • **~ it!**‡ fous le camp!‡ • **to ~ time** battre la mesure

ⓑ [+ *eggs etc*] battre

ⓒ (= *defeat*) battre • **to ~ sb at chess** battre qn aux échecs • **to ~ sb to the top of a hill** arriver au sommet d'une colline avant qn • **to ~ sb into second place** reléguer qn à la seconde place • **to ~ sb hands down** battre qn à plate(s) couture(s) • **to ~ the record** battre le record • **to ~ the system** contourner le système • **to ~ sb to it** couper l'herbe sous le pied à qn • **coffee ~s tea any day*** le café, c'est bien meilleur que le thé • **this problem has got me ~en*** ce problème me dépasse complètement • **if you can't ~ them, join them*** si tu ne peux pas les vaincre, mets-toi de leur côté • **that will take some ~ing!*** pour faire mieux, il faudra se lever de bonne heure!* • **it ~s me how you can speak to her*** je ne comprends pas que

tu lui adresses la parole • **can you ~ it!*** faut le faire !* **4** (VI) **a** *[rain, wind]* battre; *[sun]* (*also* **beat down**) taper* • **the rain was ~ing against the window** la pluie battait contre la vitre • **he doesn't ~ about the bush** il n'y va pas par quatre chemins
b *[heart, pulse, drum]* battre • **his pulse began to ~ quicker** son pouls s'est mis à battre plus fort
5 (COMP) ▸ **beat-up*** ADJ déglingué*
▸ **beat back** VT SEP *[+ enemy, flames]* repousser
▸ **beat down** **1** VI **the rain was ~ing down** il pleuvait à verse • **the sun was ~ing down** le soleil tapait* **2** VT SEP (*= reduce*) *[+ prices]* faire baisser; *[+ person]* faire baisser ses prix à • **I ~ him down to £8** je l'ai fait descendre à 8 livres
▸ **beat off** VT SEP *[+ attacker, competition]* repousser
▸ **beat out** VT SEP **a** *[+ fire]* étouffer **b** **to ~ out the rhythm** battre la mesure **c** (*US*) (*= beat*) battre
▸ **beat up** VT SEP *[+ person]* battre
▸ **beat up on*** VT INSEP (*= hit*) tabasser*; (*= bully*) intimider

beatable [ˈbiːtəbl] (ADJ) qui peut être battu, prenable

beatboxer [ˈbiːtbɒksəʳ] (N) beatboxeur *m*, -euse *f*

beatboxing [ˈbiːtbɒksɪŋ] (N) beatboxing *m*

beaten [ˈbiːtn] **1** (VB) *ptp of* **beat** **2** (ADJ) *[earth]* battu • **~ track** sentier *m* battu • **off the ~ track** hors des sentiers battus **3** (COMP) ▸ **beaten-up*** ADJ déglingué*

beater [ˈbiːtəʳ] (N) **a** (*for eggs = whisk*) fouet *m*; (*rotary*) batteur *m* **b** (*at shoot*) rabatteur *m*

beating [ˈbiːtɪŋ] (N) **a** (*= violent attack*) passage *m* à tabac • **to give sb a ~** passer qn à tabac **b** (*= defeat*) raclée *f* • **to take a ~*** (*= rough time*) (*in election, competition, game*) se faire battre à plate(s) couture(s)

beautician [bjuːˈtɪʃən] (N) esthéticien(ne) *m(f)*

beautiful [ˈbjuːtɪfʊl] (ADJ) beau (belle *f*); (*masculine before vowel or silent "h"*) bel; *[weather]* superbe

beautifully [ˈbjuːtɪflɪ] (ADV) *[sing, behave]* de façon admirable; *[cooked]* parfaitement; *[presented]* superbement

beautify [ˈbjuːtɪfaɪ] (VT) embellir

beauty [ˈbjuːtɪ] **1** (N) **a** beauté *f* • **the ~ of it is that*** ... le plus beau, c'est que ... • **that's the ~ of it*** c'est ça qui est formidable **b** **his goal was a real ~*** son but était vraiment superbe **2** (COMP) ▸ **beauty competition, beauty contest** N concours *m* de beauté ▸ **beauty parlour** N institut *m* de beauté ▸ **beauty queen** N reine *f* de beauté ▸ **beauty salon** N = **beauty parlour** ▸ **beauty shop** N (*US*) = **beauty parlour** ▸ **beauty spot** N (*in countryside*) site *m* pittoresque

beaver [ˈbiːvəʳ] **1** (N) castor *m* **2** (VI) (*Brit*) **to ~ away* at sth** travailler d'arrache-pied à qch

became [bɪˈkeɪm] (VB) *pt of* **become**

because [bɪˈkɒz] (CONJ) parce que • **I did it ~ you asked me to** je l'ai fait parce que tu me l'as demandé • **if I did it, it was ~ it had to be done** je l'ai fait parce qu'il fallait bien le faire • **~ he lied, he was punished** il a été puni parce qu'il avait menti • **not ~ he was offended but ~ he was angry** non pas parce qu'il était vexé mais parce qu'il était furieux • **~ he is leaving** à cause de son départ
▸ **because of** à cause de • **~ of his age** en raison de son âge

beck [bek] (N) **to be at sb's ~ and call** être à l'entière disposition de qn

beckon [ˈbekən] **1** (VI) **a** (*= signal*) faire signe (**to sb** à qn) **b** *[bright lights, fame]* attirer **2** (VT) (*= signal*) faire signe à • **he ~ed me in/back/over** il m'a fait signe d'entrer/de revenir/d'approcher

become [bɪˈkʌm] (*pret* **became**, *ptp* **become**) **1** (VI) devenir • **to ~ famous** devenir célèbre • **to ~ known** *[person]* commencer à être connu • **to ~ king** devenir roi **2** (IMPERS VB) **what has ~ of him?** qu'est-il devenu ? **3** (VT) **a** (*= suit*) aller à • **that hat does not ~ her** (*frm*) ce chapeau ne lui sied pas (*frm*) **b** (*= befit*) convenir à • **it does not ~ him to speak thus** (*frm*) il lui sied mal (*frm*) de parler ainsi

becoming [bɪˈkʌmɪŋ] (ADJ) (*= appropriate*) convenable; (*= attractive*) seyant

bed [bed] **1** (N) **a** lit *m* • **to sleep in separate ~s** faire lit à part • **to make the ~** faire le lit • **to be in ~** être au lit; (*through illness*) être alité • **to get into ~** se mettre au lit • **to get out of ~** se lever • **to get out of ~ on the wrong side** se lever du pied gauche • **to put sb to ~** coucher qn • **to go to ~** se coucher • **to go to ~ with sb*** coucher avec qn* • **to get into ~ with sb** (*= form alliance with*) s'allier à qn • **on a ~ of rice** sur un lit de riz • **to give sb ~ and board** offrir le vivre et le couvert à qn
b *[of sea]* fond *m*; *[of river]* lit *m*
c *[of vegetables]* planche *f*; *[of flowers]* parterre *m* • **life is not a ~ of roses** la vie n'est pas une partie de plaisir
2 (COMP) ▸ **bed and breakfast** N chambre *f* d'hôte • **we stayed at ~ and breakfasts** nous avons logé dans des chambres d'hôtes ▸ **bed jacket** N liseuse *f* ▸ **bed linen** N couvertures *fpl* et draps *mpl* ▸ **bed-settee** N canapé-lit *m* ▸ **bed-sitter, bed-sitting room** N (*Brit*) chambre *f* meublée
▸ **bed down** VI (*= spend night*) coucher

BEd [biːˈed] (N) (ABBR OF **Bachelor of Education**)

bedclothes [ˈbedkləʊðz] (NPL) couvertures *fpl* et draps *mpl*

bedding [ˈbedɪŋ] (N) literie *f*; (*for animals*) litière *f*
▸ **bedding plants** NPL plantes *fpl* à repiquer

bedevil [bɪˈdevl] (VT) **to be ~led by sth** *[+ person, project]* pâtir de qch

bedfellow [ˈbed,feləʊ] (N) **they are strange ~s** ils forment un drôle de tandem

bedlam [ˈbedləm] (N) chahut *m* • **the crowd went mad – it was ~** la foule s'est déchaînée, c'était le cirque* • **he's causing ~ at the hotel** il fait du chahut dans l'hôtel

Bedouin [ˈbedʊɪn] **1** (N) (*pl* **Bedouin** *or* **Bedouins**) Bédouin(e) *m(f)* **2** (ADJ) bédouin

bedpan [ˈbedpæn] (N) bassin *m*

bedpost [ˈbedpəʊst] (N) colonne *f* de lit

bedraggled [bɪˈdrægld] (ADJ) *[clothes, person]* débraillé

bedridden [ˈbedrɪdn] (ADJ) cloué au lit; (*permanently*) grabataire

bedrock [ˈbedrɒk] (N) (*= foundation*) base *f*

bedroll [ˈbedrəʊl] (N) tapis *m* de couchage

bedroom [ˈbedrʊm] (N) chambre *f* (à coucher) ▸ **bedroom slipper** N pantoufle *f* ▸ **bedroom suburb*** N (*US*) banlieue-dortoir *f* ▸ **bedroom tax*** N (*Brit*) *taxe sur l'allocation logement lorsque le logement social est surdimensionné par rapport aux besoins des occupants*

-bedroomed [ˈbedrʊmd] (ADJ) **a two~ house** une maison avec deux chambres • **a one~ flat** un deux-pièces

Beds [bedz] (N) (ABBR OF **Bedfordshire**)

bedside [ˈbedsaɪd] (N) chevet *m* ▸ **bedside lamp** N lampe *f* de chevet ▸ **bedside table** N table *f* de chevet

bedsit [ˈbedsɪt] (N) (*Brit*) chambre *f* meublée

bedsocks [ˈbedsɒks] (NPL) chaussettes *fpl* (de lit)

bedspread [ˈbedspred] (N) dessus-de-lit *m inv*

bedtime ['bedtaɪm] (N) heure *f* du coucher • **it is ~** il est l'heure d'aller se coucher • **his ~ is 7 o'clock** il se couche à 7 heures • **to tell a child a ~ story** raconter une histoire à un enfant avant qu'il s'endorme

bee [bi:] (N) abeille *f* • **to have a ~ in one's bonnet*** avoir une idée fixe • **it's the ~'s knees*** c'est super* ▸ **bee sting** N piqûre *f* d'abeille

beech [bi:tʃ] (N) hêtre *m*

beef [bi:f] 1 (N) ⓐ bœuf *m* • **roast ~** rôti *m* de bœuf ⓑ (*US*) (= *complaint*) **what's your ~?*** qu'est-ce que tu as à râler ?* 2 (VI) (= *complain*)* râler* (**about** contre) 3 (COMP) ▸ **beef cattle** N bœufs *mpl* de boucherie ▸ **beef sausage** N ≈ saucisse *f* de Strasbourg

▸ **beef up*** VT SEP renforcer

beefburger ['bi:f,bɜ:gəʳ] (N) ≈ hamburger *m*

beefeater ['bi:f,i:təʳ] (N) (*Brit*) hallebardier *m* (*de la Tour de Londres*)

beefy* ['bi:fɪ] (ADJ) (= *strong*) costaud* *f inv*; (= *fat*) bien en chair

beehive ['bi:haɪv] (N) ruche *f*

beekeeper ['bi:,ki:pəʳ] (N) apiculteur *m*, -trice *f*

beekeeping ['bi:,ki:pɪŋ] (N) apiculture *f*

beeline ['bi:laɪn] (N) **to make a ~ for** (= *go straight to*) se diriger tout droit vers; (= *rush towards*) filer droit sur

been [bi:n] (VB) *ptp of* **be**

beep [bi:p] 1 (N) (*Brit*) [*of answering machine*] signal *m* sonore 2 (VI) faire bip

beeper ['bi:pəʳ] (N) (= *pager*) bip *m*

beer [bɪəʳ] (N) bière *f* ▸ **beer belly*** N bedaine* *f* (*de buveur de bière*) ▸ **beer bottle** N canette *f* de bière ▸ **beer garden** N (*Brit*) jardin *m* attenant à un pub ▸ **beer glass** N bock *m* ▸ **beer gut*** N = **beer belly**

beermat ['bɪəmæt] (N) dessous-de-verre *m*

beeswax ['bi:zwæks] (N) cire *f* d'abeille

beet [bi:t] (N) betterave *f* • **red ~** (*US*) betterave *f* (potagère)

beetle ['bi:tl] (N) scarabée *m*

beetroot ['bi:tru:t] (N) (*Brit*) betterave *f* rouge • **to go ~** devenir rouge comme une tomate

befall [bɪ'fɔ:l] (*pret* **befell** [bɪ'fel], *ptp* **befallen**) (*frm*) (VT) arriver à

> ⊳ Ce verbe n'est usité qu'à l'infinitif et à la troisième personne.

befit [bɪ'fɪt] (*frm*) (VT) convenir à • **he writes beautifully, as ~s a poet** il écrit magnifiquement comme il sied à un poète

> ⊳ Ce verbe n'est usité qu'à l'infinitif et à la troisième personne.

before [bɪ'fɔ:ʳ]

> ⊳ When **before** is an element in a phrasal verb, eg **go before**, look up the verb.

1 (PREP) ⓐ (*time*) avant • **I got there ~ you** je suis arrivé avant vous • **the day ~ yesterday** avant-hier *m* • **he came the year ~ last** il est venu il y a deux ans • **the day ~ their departure** la veille de leur départ • **you should have done it ~ now** vous devriez l'avoir déjà fait • **~ long** d'ici peu • **~ doing sth** avant de faire qch

ⓑ (*place, position*) devant • **he stood ~ me** il était devant moi • **~ my (very) eyes** sous mes (propres) yeux • **the task ~ him** la tâche qui l'attend • **to appear ~ a court/a judge** comparaître devant un tribunal/un juge

2 (ADV) ⓐ (*time*) avant • **he should have told me ~** il aurait dû me le dire avant • **the day ~** la veille • **the evening ~** la veille au soir • **the week ~** la semaine d'avant • **two days ~** deux jours plus tôt • **I had read it ~** je l'avais déjà lu • **I said ~ that ...** j'ai déjà dit que ... • **it has never happened ~** c'est la première fois que cela arrive • **long ~** longtemps auparavant • **to continue as ~** faire comme par le passé

ⓑ (*order*) avant • **that chapter and the one ~** ce chapitre et celui d'avant

3 (CONJ) (*time*) avant de + *infin*, avant que (+ ne) + *subj* • **I did it ~ going out** je l'ai fait avant de sortir • **go and see him ~ he goes** allez le voir avant qu'il (ne) parte • **I'd finished ~ he arrived** j'avais fini avant qu'il n'arrive • **~ I come/go/return** avant mon arrivée/mon départ/mon retour • **it will be a long time ~ he comes again** il ne reviendra pas de sitôt

beforehand [bɪ'fɔ:hænd] (ADV) (= *ahead of time*) à l'avance; (= *earlier*) avant

befriend [bɪ'frend] (VT) se lier d'amitié avec

beg [beg] 1 (VT) ⓐ [+ *money, alms, food*] mendier ⓑ [+ *favour*] solliciter • **(I) ~ your pardon** (*apologizing*) je vous demande pardon; (*not having heard*) pardon ? ⓒ (= *entreat*) supplier • **to ~ sb to do** supplier qn de faire ⓓ **to ~ the question** (= *raise the question*) poser la question

2 (VI) ⓐ mendier • **to ~ for money** mendier • **to ~ for food** mendier de la nourriture ⓑ (= *entreat*) supplier • **to ~ for mercy/help** demander grâce/de l'aide

began [bɪ'gæn] (VB) *pt of* **begin**

beggar ['begəʳ] 1 (N) mendiant(e) *m(f)* • (PROV) **~s can't be choosers** faute de grives on mange des merles (PROV) 2 (VT) **to ~ description** défier toute description • **to ~ belief** dépasser l'entendement

begin [bɪ'gɪn] (*pret* **began**, *ptp* **begun**) 1 (VT) commencer (**to do sth, doing sth** à faire qch); [+ *task*] entreprendre; [+ *conversation*] engager; [+ *policy*] inaugurer • **to ~ life as ...** débuter dans la vie comme ... • **that doesn't ~ to compare with ...** cela n'a rien de comparable avec ... • **I'd begun to think you weren't coming** je commençais à croire que tu ne viendrais pas

2 (VI) commencer (**with** par) • **let's ~!** commençons ! • **well, to ~ at the beginning ...** bon, commençons par le commencement ... • **that's when the trouble ~s** c'est là que les ennuis commencent • **it's ~ning rather badly** cela commence plutôt mal • **before the term ~s** avant le début du trimestre • **since the world began** depuis le commencement du monde • **to ~ again** recommencer • **he began afresh in a new country** il est reparti à zéro dans un nouveau pays • **school ~s again on Tuesday** les classes reprennent mardi • **~ning from Monday** à partir de lundi • **he began in the sales department/as a clerk** il a débuté dans le service des ventes/comme employé de bureau • **he began with the intention of writing a thesis** au début son intention était d'écrire une thèse • **~ by putting everything away** commence par tout ranger • **we only had $100 to ~ with** nous n'avions que 100 dollars pour commencer • **to ~ with there were only three of them but later ...** au début ils n'étaient que trois, mais plus tard ... • **~ on a new page** prenez une nouvelle page

beginner [bɪ'gɪnəʳ] (N) débutant(e) *m(f)* • **it's just ~'s luck** c'est la chance des débutants

beginning [bɪ'gɪnɪŋ] 1 (N) début *m* • **from the ~** dès le début • **from ~ to end** du début à la fin • **to start again at** *or* **from the ~** recommencer depuis le début • **in the ~** au début • **the ~ of negotiations** l'ouverture *f* des négociations • **it was the ~ of the end** ça a été le commencement de la fin • **since the ~ of time** depuis que le monde est monde 2 (NPL) **beginnings** origine *f* • **fascism had its ~s in Italy** le fascisme a pris naissance en Italie • **to come from humble ~s** être d'origine modeste

begrudge [bɪ'grʌdʒ] (VT) = **grudge**

beguiling [bɪ'gaɪlɪŋ] (ADJ) [*charm, ideas, theory*] séduisant

begun [bɪ'gʌn] (VB) *ptp of* **begin**

behalf [bɪ'hɑːf] (N) **on ~ of** pour • **to act on sb's ~** agir pour le compte de qn • **he spoke on my ~** il a parlé en mon nom

behave [bɪ'heɪv] (VI) ⓐ (= *conduct o.s.*) se conduire • **he ~d well/badly** il s'est bien/mal conduit • **to ~ well towards sb** bien agir envers qn • **he was behaving strangely** il avait un comportement bizarre ⓑ (= *conduct o.s. well*)* bien se tenir; [*child*] être sage

behaviour, behavior (US) [bɪ'heɪvjəʳ] (N) conduite *f*, comportement *m* (**to sb, towards sb** envers qn, à l'égard de qn) • **to be on one's best ~*** très bien se tenir; [*child*] se montrer d'une sagesse exemplaire

behavioural, behavioral (US) [bɪ'heɪvjərəl] (ADJ) [*sciences, studies*] behavioriste • **~ problems** troubles *mpl* du comportement

behaviourism, behaviorism (US) [bɪ'heɪvjərɪzəm] (N) béhaviorisme *m*

behead [bɪ'hed] (VT) décapiter

beheld [bɪ'held] (VB) *pt, ptp of* **behold**

behind [bɪ'haɪnd]

> When **behind** is an element in a phrasal verb, eg **fall behind**, **stay behind**, look up the verb.

1 (ADV) ⓐ (= *in or at the rear*) derrière • **to follow a long way ~/not far ~** suivre de loin/d'assez près
ⓑ (= *late*) en retard • **to be ~ with payments** être en retard dans ses paiements • **I'm too far ~ to catch up now** j'ai pris trop de retard pour pouvoir le rattraper maintenant
2 (PREP) ⓐ derrière • **~ the table** derrière la table • **she closed the door ~ her** elle a fermé la porte derrière elle • **an employee with seven years' service ~ her** une employée ayant sept ans d'ancienneté • **to put sth ~ one** oublier qch
ⓑ (*originating*) **she's the one ~ this scheme** c'est elle qui est à l'origine de ce projet • **the motives ~ her decision** les motivations profondes de sa décision • **what is ~ this?** qu'y a-t-il là-dessous ?
ⓒ (= *responsible for*) **who was ~ the attack?** qui est derrière cet attentat ?
ⓓ (= *less advanced than*) en retard sur
3 (N) (= *buttocks*)* postérieur* *m*

behold [bɪ'həʊld] (*pret, ptp* **beheld**) (VT) (*liter*) voir • **~!** regardez !

beige [beɪʒ] (ADJ, N) beige *m*

Beijing [beɪ'dʒɪŋ] (N) Beijing

being ['biːɪŋ] (N) ⓐ (= *existence*) existence *f* • **to come into ~** prendre naissance • **to bring** *or* **call into ~** faire naître ⓑ (= *creature*) être *m* • **~s from outer space** des êtres *mpl* venus de l'espace

Beirut [beɪ'ruːt] (N) Beyrouth

Belarus [belə'rʊs] (N) Bélarus *m*

Belarussian [ˌbɛlə'rʌʃən] (ADJ) biélorusse

belated [bɪ'leɪtɪd] (ADJ) tardif

belch [beltʃ] 1 (VI) [*person*] avoir un renvoi 2 (VT) (*also* **belch out**) (*liter*) [+ *smoke, flames*] vomir 3 (N) renvoi *m*

beleaguered [bɪ'liːgəd] (ADJ) [*person*] acculé; [*economy, government, leader*] en difficulté

belfry ['belfrɪ] (N) beffroi *m*

Belgian ['beldʒən] 1 (ADJ) belge; [*ambassador, embassy*] de Belgique 2 (N) Belge *mf*

Belgium ['beldʒəm] (N) Belgique *f*

Belgrade [bel'greɪd] (N) Belgrade

belie [bɪ'laɪ] (VT) démentir

belief [bɪ'liːf] 1 (N) ⓐ (= *acceptance as true*) croyance *f* (**in** en, à) • **it is beyond ~** c'est incroyable • **wealthy beyond ~** incroyablement riche ⓑ (= *conviction*) conviction *f* • **in the ~ that ...** convaincu que ... • **it is my ~ that ...** je suis convaincu que ... • **to the best of my ~** (pour) autant que je sache ⓒ (= *trust*) confiance *f* (**in** en) • **he has no ~ in the future** il ne croit pas en l'avenir 2 (COMP) ▸ **belief system** N système *m* de croyances

believable [bɪ'liːvəbl] (ADJ) croyable

believe [bɪ'liːv] 1 (VT) croire • **to ~ what sb says** croire ce que dit qn • **I don't ~ a word of it** je n'en crois pas un mot • **I don't ~ it!** (*in exasperation, incredulity*) ce n'est pas vrai ! • **he could hardly ~ his eyes** il en croyait à peine ses yeux • **~ it or not, he ...** c'est incroyable, mais il ... • **I ~ I'm right** je crois avoir raison • **I don't ~ he will come** je ne crois pas qu'il viendra • **I have every reason to ~ that ...** j'ai tout lieu de croire que ... • **I ~ so** je crois que oui
2 (VI) croire • **to ~ in** [+ *God*] croire en; [+ *promises, antibiotics, democracy*] croire à • **to ~ in sb** avoir confiance en qn

believer [bɪ'liːvəʳ] (N) ⓐ (= *advocate*) partisan(e) *m(f)* • **I'm a great ~ in giving rewards for achievement** je suis tout à fait partisan de récompenser la réussite • **she's a firm ~ in herbal medicines** elle croit beaucoup aux vertus de la phytothérapie ⓑ (*Rel*) croyant(e) *m(f)* • **to be a ~** être croyant

belittle [bɪ'lɪtl] (VT) déprécier

Belize [be'liːz] (N) Belize *m* • **in ~** au Belize

Belizean [be'liːzɪən] 1 (ADJ) bélizien 2 (N) Bélizien(ne) *m(f)*

bell [bel] (N) [*of church, school*] cloche *f*; (*also* **handbell**) clochette *f*; (*at door*) sonnette *f* • **to give sb a ~*** (*Brit* = *phone sb*) passer un coup de fil* à qn ▸ **bell-bottomed trousers, bell-bottoms** NPL pantalon *m* à pattes *fpl* d'éléphant ▸ **bell-ringer** N sonneur *m*

bellboy ['belbɔɪ], **bellhop** (US) ['belhɒp] (N) groom *m*

belligerence [bɪ'lɪdʒərəns], **belligerency** [bɪ'lɪdʒərənsɪ] (N) belligérance *f*

belligerent [bɪ'lɪdʒərənt] (ADJ) [*person*] belliqueux; [*remarks, statement, policies*] agressif

bellow ['beləʊ] 1 (VI) beugler (**with** de) 2 (VT) (*also* **bellow out**) hurler 3 (N) [*of cow*] beuglement *m*; [*of person*] hurlement *m*

bellows ['beləʊz] (NPL) (*for fire*) soufflet *m* • **a pair of ~** un soufflet

belly ['belɪ] ventre *m* • **~ of pork** poitrine *f* de porc ▸ **belly button*** N nombril *m* ▸ **belly dancer** N danseuse *f* du ventre ▸ **belly laugh** N gros rire *m* (gras) ▸ **belly-up*** ADV **to go ~-up** [*company*] couler*

bellyache [ˈbelɪeɪk] 1 N mal *m* de ventre 2 VI* ronchonner*

belong [bɪˈlɒŋ] VI a **to ~ to** (*= be the property of*) appartenir à; (*= be member of*) être membre de • **this book ~s to me** ce livre m'appartient • **who does that car ~ to?** à qui appartient cette voiture? • **the lid ~s to this box** le couvercle va avec cette boîte • **to ~ to a club** être membre d'un club

b (*= be in right place*) être à sa place • **to feel that one doesn't ~** se sentir étranger • **people need to feel they ~** les gens ont besoin de sentir qu'ils ont leur place dans la société • **to ~ together** aller ensemble • **put it back where it ~s** remets-le à sa place • **his attitude ~s to a bygone era** c'est une attitude d'un autre âge • **the future ~s to democracy** l'avenir est dans la démocratie

belongings [bɪˈlɒŋɪŋz] NPL affaires *fpl* • **personal ~** effets *mpl* personnels

Belorussian [ˌbɛləʊʰˈrʌʃəʰn] ADJ biélorusse

beloved [bɪˈlʌvɪd, bɪˈlʌvd] 1 ADJ bien-aimé 2 N bien-aimé(e) *m(f)*

below [bɪˈləʊ] 1 PREP a (*= under*) sous; (*= lower than*) au-dessous de • **~ the surface** sous la surface • **her skirt is well ~ her knees** sa jupe est bien au-dessous du genou • **~ average** au-dessous de la moyenne • **~ the horizon** au-dessous de l'horizon • **to be ~ sb in rank** être hiérarchiquement en dessous de qn

b (*river*) en aval de • **the Thames ~ Oxford** la Tamise en aval d'Oxford

2 ADV a (*= at lower level*) plus bas; (*= at lowest level*) en bas; (*= directly underneath*) au-dessous • **you can see the town spread out ~** on voit la ville qui s'étale en contrebas • **~, we could see the valley** en bas, on apercevait la vallée • **the road ~** la route en contrebas • **several thousand feet ~** (*from mountain top*) plusieurs milliers de mètres plus bas; (*from aeroplane*) plusieurs milliers de mètres au-dessous • **down ~** plus bas

b (*= downstairs*) en bas • **the floor ~** l'étage *m* au-dessous • **they live two floors ~** ils habitent deux étages au-dessous • **the people (in the flat) ~** les gens *mpl* (de l'appartement) du dessous

c (*later in document*) plus bas • **see ~** voir plus bas • **as stated ~** comme indiqué plus bas

d (*= below zero*) au-dessous • **it will be extremely cold, with temperatures at zero or ~** il fera très froid, avec des températures tombant à zéro ou au-dessous • **it was twenty (degrees) ~*** il faisait moins vingt

belt [belt] 1 N a ceinture *f* • **he has ten years' experience under his ~*** il a dix années d'expérience à son actif • **that was below the ~!** c'était un coup bas! • **to tighten one's ~** (*fig*) se serrer la ceinture b (*= area*) région *f* • **industrial ~** région *f* industrielle c (*in machine*) courroie *f* 2 VT (*= hit*)* cogner* 3 VI (*= rush*)* **to ~ in/out** entrer/sortir à fond de train*

▸ **belt out*** VT SEP **to ~ out a song** chanter une chanson à tue-tête

▸ **belt up** VI a (*= put on seat belt*) attacher sa ceinture b (*Brit = be quiet*) **~ up!*** la ferme!*

beltway [ˈbeltweɪ] N (*US*) périphérique *m*

bemoan [bɪˈməʊn] VT déplorer

bemuse [bɪˈmjuːz] VT rendre perplexe

bemused [bɪˈmjuːzd] ADJ perplexe

bench [bentʃ] 1 N a (*= seat*) banc *m*; (*Sport*) banc *m* de touche b (*= court*) **the Bench** la cour • **to appear before the ~** comparaître devant le tribunal c (*in workshop*) établi *m* 2 COMP ▸ **bench press** N développé-couché *m*

benchmark [ˈbentʃmɑːk] 1 N point *m* de référence; (*Marketing*) benchmark *m*, référenciation *f*; (*Comput*) banc *m* d'essai

2 VT mesurer, évaluer • **to ~ sth against sth** mesurer qch par rapport à qch 3 COMP ▸ **benchmark price** N prix *m* de référence ▸ **benchmark test** N test *m* de performance

bend [bend] (*vb: pret, ptp* **bent**) 1 N coude *m*; (*in road*) virage *m* • **there is a ~ in the road** la route fait un coude • **to take a ~** [*car*] prendre un virage • **round the ~*** (*Brit*) cinglé* • **to drive sb round the ~*** (*Brit*) rendre qn fou

2 VT [*+ back, body*] courber; [*+ leg, arm, knee*] plier; [*+ head*] pencher; [*+ branch*] faire ployer; [*+ pipe, rod*] tordre • **to ~ the rules*** faire une entorse au règlement • **to ~ at right angles** couder • **with her head bent over a book** la tête penchée sur un livre

3 VI [*person*] se courber; [*river, road*] faire un coude; (*= submit*) se soumettre (**to** à) • **to ~ forward** se pencher en avant

▸ **bend down** VI [*person*] se baisser

▸ **bend over** VI [*person*] se pencher • **to ~ over backwards to help sb*** se mettre en quatre pour aider qn

bendy* [ˈbendɪ] ADJ flexible

beneath [bɪˈniːθ] 1 PREP a (*= under*) sous • **~ the surface** sous la surface • **~ the table** sous la table b (*= unworthy of*) indigne de • **they took jobs that were far ~ them** ils ont accepté des emplois qui étaient vraiment indignes d'eux • **she married ~ her** elle s'est mariée sous sa condition 2 ADV au-dessous • **the flat ~** l'appartement *m* du dessous

benefactor [ˈbenɪfæktəʳ] N bienfaiteur *m*, -trice *f*

beneficial [ˌbenɪˈfɪʃəl] ADJ salutaire (**to** pour) • **~ to health** bon pour la santé

beneficiary [ˌbenɪˈfɪʃərɪ] N [*of will, legislation, situation*] bénéficiaire *mf*

benefit [ˈbenɪfɪt] 1 N a bienfait *m* • **for maximum ~, exercise every day** pour un bienfait maximum, faites des exercices chaque jour • **he's beginning to feel the ~ of his stay in the country** il commence à ressentir les bienfaits de son séjour à la campagne • **we're doing all this for his ~** c'est pour lui que nous faisons tout cela • **to give sb the ~ of the doubt** laisser à qn le bénéfice du doute • **the ~s of a good education** les bienfaits d'une bonne éducation

b (*= money*) prestations *fpl* (sociales) → DWP

c (*= charity performance*) représentation *f* de bienfaisance

2 VT faire du bien à; (*financially*) profiter à

3 VI **to ~ from sth** tirer avantage de qch • **he will ~ from a holiday** des vacances lui feront du bien

4 COMP ▸ **benefit match** N (*Sport*) match *m* au profit d'un joueur

Benelux [ˈbenɪlʌks] N Benelux *m* • **the ~ countries** les pays du Benelux

benevolent [bɪˈnevələnt] ADJ bienveillant (**to** envers)

Bengal [beŋˈgɔːl] N Bengale *m*

Bengali [beŋˈgɔːlɪ] 1 ADJ bengali *f inv* 2 N (*= person*) Bengali *mf*

benign [bɪˈnaɪn] ADJ a (*= kindly*) affable b (*= harmless*) inoffensif; [*tumour*] bénin (-igne *f*)

Benin [beˈniːn] N Bénin *m*

Beninese [ˌbenɪˈniːz] 1 ADJ béninois 2 N Béninois(e) *m(f)*

bent [bent] 1 VB *pt, ptp of* **bend** 2 ADJ a [*wire, pipe*] tordu b (*Brit*) (*= dishonest*)* véreux • **a ~ copper** un ripou*

(c) **to be ~ on doing sth** être résolu à faire qch • **he is ~ on suicide** il est résolu à se suicider **3** (N) dispositions *fpl* • **to have a ~ for languages** avoir des dispositions pour les langues • **to follow one's ~** suivre son inclination *f*

bequeath [bɪ'kwi:ð] (VT) léguer (**to** à)

bequest [bɪ'kwest] (N) legs *m*

berate [bɪ'reɪt] *(liter)* (VT) admonester *(liter)*

bereaved [bɪ'ri:vd] (ADJ) endeuillé

bereavement [bɪ'ri:vmənt] (N) *(= loss)* perte *f*; *(= state)* deuil *m* • **in his ~** dans son deuil

bereft [bɪ'reft] (ADJ) *(liter)* **~ of** démuni de • **~ of hope** désespéré

beret ['bereɪ] (N) béret *m*

berk* [bɜ:k] (N) *(Brit)* imbécile *mf*

Berks (ABBR OF **Berkshire**)

Berlin [bɜ:'lɪn] (N) Berlin ▸ **the Berlin Wall** N le mur de Berlin

Bermuda [bɜ:'mju:də] (N) Bermudes *fpl* ▸ **Bermuda shorts** NPL bermuda *m*

Bermudas [bɜ:'mju:dəz] (NPL) = **Bermuda shorts**

Bern [bɜ:n] (N) Berne

berry ['berɪ] (N) baie *f*

berserk [bə'sɜ:k] (ADJ) **to go ~** devenir fou furieux

berth [bɜ:θ] **1** (N) (a) *(on train, ship)* couchette *f* (b) *(= place for ship)* mouillage *m* • **to give sb a wide ~** éviter qn **2** (VI) mouiller

beseech [bɪ'si:tʃ] *(pret, ptp* **besought** *or* **beseeched***)* (VT) *(liter) (= entreat)* conjurer *(liter)* (**sb to do sth** qn de faire qch)

beset [bɪ'set] *(pret, ptp* **beset***)* (VT) *[dangers, fears]* assaillir • **~ with difficulties** *[enterprise, journey]* semé de difficultés • **~ with** *or* **by doubts** assailli par le doute

beside [bɪ'saɪd] (PREP) (a) *(= at the side of)* à côté de • **she sat down ~ him** elle s'est assise à côté de lui • **~ it** à côté (b) **to be ~ o.s. (with anger)*** être hors de soi • **he was ~ himself with excitement*** il était dans un grand état d'excitation (c) *(= compared with)* à côté de

besides [bɪ'saɪdz] **1** (ADV) (a) *(= in addition)* de plus • **and many more ~** et bien d'autres encore • **he wrote a novel and several short stories ~** il a écrit un roman ainsi que plusieurs nouvelles (b) *(= moreover)* d'ailleurs **2** (PREP) *(= in addition to)* en plus de • **there were three of us ~ Jacques** nous étions trois en plus de Jacques • **~ which he was unwell** en plus de cela, il était souffrant

besiege [bɪ'si:dʒ] (VT) (a) *[+ town]* assiéger (b) *(= pester)* assaillir (**with** de) • **~d with questions** assailli de questions

besmirch [bɪ'smɜ:tʃ] (VT) ternir

besotted [bɪ'sɒtɪd] (ADJ) **to be ~ with sb** être entiché de qn

besought [bɪ'sɔ:t] (VB) *pt, ptp of* **beseech**

bespectacled [bɪ'spektɪkld] (ADJ) à lunettes

bespoke [bɪ'spəʊk] (ADJ) *(Brit) [garments]* fait sur mesure; *[tailor]* à façon

best [best] **1** (SUPERL ADJ) *of* **good** **the ~** le meilleur, la meilleure • **the ~ novel he's written** le meilleur roman qu'il ait écrit • **the ~ pupil in the class** le meilleur élève de la classe • **Belgian beer is the ~ in the world** la bière belge est la meilleure du monde • **the ~ thing about Spain is ...** ce qu'il y a de mieux en Espagne, c'est ... • **the ~ thing about her is ...** sa plus grande qualité c'est ... • **the ~ thing to do is to wait** le mieux c'est d'attendre • **the ~ years of one's life** les plus belles années de sa vie • **in one's ~ clothes** sur son trente-et-un • **she is her ~ friend** c'est sa meilleure amie • **for the ~ part of an hour*** pendant près d'une heure • **it took the ~ part of an hour*** ça m'a pris pas loin d'une heure • **~ before ...** *(on product)* à consommer de préférence avant ...

2 (N) **the best** le mieux • **do the ~ you can!** faites de votre mieux ! • **it's the ~ I can do** je ne peux pas faire mieux • **she's the ~ in the class at maths** elle est la meilleure de la classe en maths • **to do one's (level) ~ (to do sth)** faire tout son possible (pour faire qch) • **to get the ~ out of sb/sth** tirer le maximum de qn/qch • **to have the ~ of both worlds** gagner sur les deux tableaux • **to make the ~ of sth** s'accommoder de qch • **to make the ~ of a bad job** faire contre mauvaise fortune bon cœur • **to make the ~ of one's opportunities** profiter au maximum des occasions qui se présentent • **the ~ of it is that ...** le plus beau de l'affaire c'est que ... • **to be the ~ of friends** être les meilleurs amis du monde • **it's (all) for the ~** c'est pour le mieux • **to the ~ of my ability/knowledge/recollection** autant que je puisse/que je sache/que je me souvienne • **I always like to look my ~** j'aime bien être à mon avantage • **to be at one's ~** *(= on form)* être en pleine forme* • **the roses are at their ~ just now** les roses sont de toute beauté en ce moment • **he's not very patient at the ~ of times but ...** il n'est jamais particulièrement patient mais ...

▸ **all the best!** *(= good luck)* bonne chance !; *(at end of letter)* amicalement, amitiés

▸ **at best** au mieux

3 (SUPERL ADV) *of* **well** le mieux, le plus • **the ~ dressed man in Paris** l'homme *m* le mieux habillé de Paris • **the ~ loved actor** l'acteur *m* le plus aimé • **I like apples ~** ce que je préfère, ce sont les pommes • **I like strawberries ~ of all** j'aime les fraises par-dessus tout • **I helped him as ~ I could** je l'ai aidé du mieux que j'ai pu • **do as you think ~** faites pour le mieux • **you know ~** vous êtes le mieux placé pour en juger

4 (COMP) ▸ **best guess: my ~ guess is that...** je dirais que... ▸ **best man** N *(pl* **best men***)* *(at wedding)* ≈ témoin *m* (du marié) ▸ **best practice** N meilleure pratique *f* ▸ **best-selling** ADJ *[book, writer]* à succès; *[record]* qui remporte un grand succès

> **BEST MAN**
> Choisi parmi les amis ou les proches parents du marié, le **best man** est à la fois le témoin et le garçon d'honneur. Responsable du bon déroulement de la journée, il lui revient de lire les messages de félicitations, d'annoncer les orateurs, de prononcer le discours humoristique d'usage et de porter un toast aux nouveaux mariés.

bestial ['bestɪəl] (ADJ) bestial

bestie* ['bestɪ] (N) *(= best friend)* meilleur copain* *m*, meilleure copine* *f*

bestow [bɪ'stəʊ] (VT) *(frm) [+ favour]* accorder (**on, upon** à); *[+ title]* conférer (**on, upon** à)

bestseller [best,selə^r] (N) best-seller *m*

bet [bet] *(pret, ptp* **bet** *or* **betted***)* **1** (VI) parier • **to ~ 10 to 1** parier à 10 contre 1 • **to ~ on the horses** jouer aux courses • **to ~ on a horse** miser sur un cheval • **I wouldn't ~ on it!** ne compte pas trop dessus !

2 (VT) parier • **to ~ $10** parier 10 dollars • **I ~ he'll come!** je te parie qu'il viendra ! • **you ~!*** un peu !* • **~ you can't!*** chiche !* • **you can ~ your bottom dollar*** *or* **your life* that ...** tu peux parier tout ce que tu veux que ...

3 (N) pari *m* • **to put a ~ (on sth/sb)** parier (sur qch/qn) • **to win a ~** gagner un pari • **this is your best ~** c'est ce que vous avez de mieux à faire • **Liverpool look a safe ~ for the championship** Liverpool a toutes les chances de gagner le championnat

beta ['bi:tə] (ADJ, N) bêta *adj, m inv*

Bethlehem ['beθlɪhem] (N) Bethléem

betoken [bɪ'təʊkən] (VT) *(frm) (= indicate)* être signe de

betray [bɪ'treɪ] (VT) trahir • **to ~ o.s.** se trahir

betrayal [bɪ'treɪəl] (N) trahison *f*; *[of age, secret, plan]* divulgation *f*; *[of facts, truth]* révélation *f* • **a ~ of trust** un abus de confiance • **to feel a sense of ~** se sentir trahi

better ['betəʳ] 1 (ADJ) *compar of* **good** meilleur • **his first book was ~ than this one** son premier livre était meilleur que celui-ci • **she is a ~ dancer than her sister** elle danse mieux que sa sœur • **she is ~ at dancing than at singing** elle danse mieux qu'elle ne chante • **he is much ~ now** *[invalid]* il va bien mieux maintenant • **how are you? — much ~** comment allez-vous ? — bien mieux • **that's ~!** voilà qui est mieux ! • **a ~ class of hotel** un hôtel de catégorie supérieure • **this hat has seen ~ days** ce chapeau n'est plus de la première fraîcheur • **his ~ half*** sa moitié* • **to appeal to sb's ~ nature** faire appel au bon cœur de qn • **to go one ~ than sb** damer le pion à qn • **the ~ part of a year** près d'un an • **to hope for ~ things** espérer mieux

▸ **to get better** *(= recover)* se remettre; *(= improve)* s'améliorer • **he got ~ very quickly after his illness** il s'est très vite remis de sa maladie • **the weather is getting ~** le temps s'améliore • **this book gets ~ towards the end** ce livre s'améliore vers la fin • **it's getting ~ and ~!** ça va de mieux en mieux !

▸ **to be better to do sth** **it would be ~ to stay at home** il vaudrait mieux rester à la maison • **wouldn't it be ~ to refuse?** ne vaudrait-il pas mieux refuser ? • **it is ~ not to promise anything** il vaut mieux ne rien promettre

2 (ADV) *compar of* **well** mieux • **he sings ~ than you** il chante mieux que toi • **he sings ~ than he dances** il chante mieux qu'il ne danse • **I like it ~ than I used to** je l'aime mieux qu'autrefois • **all the ~** • **so much the ~** tant mieux • **he was all the ~ for it** il s'en est trouvé mieux • **write to her, or ~ still go and see her** écris-lui, ou mieux encore va la voir • **~ dressed** mieux habillé • **~ known** plus connu • (PROV) **~ late than never** mieux vaut tard que jamais (PROV)

▸ **had better** **I had ~ speak to her** il vaut mieux qui je lui parle *subj*

▸ **better off** **they are ~ off than we are** *(= richer)* ils ont plus d'argent que nous; *(= more fortunate)* ils sont dans une meilleure position que nous • **he is ~ off where he is** il est mieux là où il est

3 (N) ⓐ **it's a change for the ~** c'est une amélioration • **for ~ or (for) worse** pour le meilleur et pour le pire • **to get the ~ of sb** triompher de qn

ⓑ **one's ~s** ses supérieurs *mpl*

4 (VT) *[+ sb's achievements]* dépasser; *[+ record, score]* améliorer • **to ~ o.s.** améliorer sa condition

betting ['betɪŋ] (N) pari(s) *m(pl)* • **the ~ was brisk** les paris allaient bon train • **what's the ~ he doesn't turn up** combien on parie qu'il ne viendra pas ? ▸ **betting shop** N *(Brit)* bureau *m* de paris *(appartenant à un bookmaker)*

between [bɪ'twi:n] (PREP) ⓐ entre • **sit ~ those two boys** asseyez-vous entre ces deux garçons • **~ 5 and 6 o'clock** entre 5 et 6 heures • **she is ~ 25 and 30** elle a entre 25 et 30 ans • **the ferry goes ~ Dover and Calais** le ferry fait la navette entre Douvres et Calais • **the train does not stop ~ here and London** le train est direct d'ici à Londres • **~ now and next week we must ...** d'ici la semaine prochaine nous devons ... • **no one can come ~ us** personne ne peut nous séparer • **~ you and me, he is not very clever** entre nous, il n'est pas très intelligent

▸ **in between** *(in space)* au milieu; *(in time)* dans l'intervalle • **rows of trees with grass in ~** des rangées d'arbres avec de l'herbe au milieu • **she did some freelance work in ~** elle a travaillé comme free-lance dans l'intervalle

ⓑ *(cooperation)* **they managed to lift the box ~ them** à eux deux, ils sont arrivés à soulever la caisse • **we got the letter written ~ us** à nous tous nous avons réussi à écrire la lettre

bevelled ['bevəld] (ADJ) biseauté

beverage ['bevərɪdʒ] (N) boisson *f*

bevvy* ['bevɪ] (N) *(Brit)* pot* *m*

bevy ['bevɪ] (N) troupe *f*

bewail [bɪ'weɪl] (VT) se lamenter sur

beware [bɪ'wɛəʳ] (VTI) prendre garde (**of sb/sth** à qn/qch, **of doing sth** de faire qch) • **~ of falling** prenez garde de tomber • **~ of listening to him** gardez-vous de l'écouter • **"~ of the dog"** « (attention,) chien méchant » • **"~ of pickpockets"** « attention aux pickpockets »

bewilder [bɪ'wɪldəʳ] (VT) déconcerter; *(stronger)* abasourdir

bewildered [bɪ'wɪldəd] (ADJ) *[look]* perplexe; *[person]* déconcerté; *(stronger)* abasourdi

bewildering [bɪ'wɪldərɪŋ] (ADJ) déconcertant; *(stronger)* ahurissant

bewitch [bɪ'wɪtʃ] (VT) envoûter

bewitching [bɪ'wɪtʃɪŋ] (ADJ) envoûtant

beyond [bɪ'jɒnd] 1 (PREP) ⓐ *(place)* au-delà de, de l'autre côté de • **~ the Pyrenees** au-delà des Pyrénées • **there was a garden, and ~ it, an orchard** il y avait un jardin et, plus loin, un verger

ⓑ *(= after)* après, au-delà de • **~ next week/June** après la semaine prochaine/juin • **~ the age of forty** après quarante ans

ⓒ *(= surpassing, exceeding)* **this work is quite ~ him** ce travail le dépasse complètement • **it was ~ her to pass the exam** réussir à l'examen était au-dessus de ses forces • **it's ~ me why he hasn't left her*** je ne comprends pas qu'il ne l'ait pas quittée • **~ doubt** indubitable • **to prove ~ doubt** prouver indubitablement • **~ repair** irréparable • **~ his means** au-dessus de ses moyens

ⓓ *(= except)* sauf • **he gave her no answer ~ a grunt** il ne lui a répondu que par un grognement

2 (ADV) au-delà • **the year 2000 and ~** l'an 2000 et au-delà • **he could see the lake and the hills ~** il voyait le lac et, au-delà, les collines

3 (N) **at the back of ~** en pleine cambrousse*

BFF* [ˌbiefˈef:] (N) (ABBR OF **best friend forever**) MAPLV *mf* *(= meilleur(e) ami(e) pour la vie)*

bhaji ['bɑ:dʒɪ] (N) *(pl* **bhaji**) bhaji *m*

Bhutan [bu:'tɑ:n] (N) Bhoutan *m*

Bhutanese [ˌbu:tə'ni:z] 1 (ADJ) bhoutanais 2 (N) *(= person)* Bhoutanais(e) *m(f)*

biannual [baɪ'ænjʊəl] (ADJ) biannuel (-elle *f*)

bias ['baɪəs] 1 (N) ⓐ *(= prejudice)* parti *m* pris (**towards** pour, **against** contre); *(towards field or subject)* orientation *f* • **sex ~** discrimination *f* sexuelle • **the programme has a strong cultural ~** l'émission a une forte orientation culturelle ⓑ **cut on the ~** coupé dans le biais **2** (VT) (= *influence*) influencer • **to ~ sb towards/against** prévenir qn en faveur de/contre

biased, biassed [ˈbaɪəst] (ADJ) [*person, jury*] partial • **to be ~ against/in favour of** avoir un parti pris contre/pour

bib [bɪb] (N) bavoir *m*

Bible [ˈbaɪbl] (N) Bible *f*; (*fig*) bible *f* ▸ **the Bible Belt** N (*US*) *les États du sud des USA, profondément protestants*

biblical [ˈbɪblɪkəl] (ADJ) biblique

bibliography [ˌbɪblɪˈɒgrəfɪ] (N) bibliographie *f*

bicameral [baɪˈkæmərəl] (ADJ) bicaméral • **~ system** bicamér(al)isme *m*

bicarbonate of soda [baɪˈkɑːbənɪtəvsəʊdə] (N) bicarbonate *m* de soude

bicentenary [ˌbaɪsenˈtiːnərɪ], **bicentennial** (*US*) [ˌbaɪsenˈtenɪəl] (N) bicentenaire *m*

biceps [ˈbaɪseps] (N) *pl inv* biceps *m*

bicker [ˈbɪkəʳ] (VI) se chamailler • **they are always ~ing** ils sont toujours à se chamailler

bickering [ˈbɪkərɪŋ] (N) chamailleries *fpl*

bicycle [ˈbaɪsɪkl] **1** (N) bicyclette *f*, vélo *m* • **to ride a ~** faire de la bicyclette *or* du vélo **2** (COMP) [*lamp, chain, bell*] de bicyclette, de vélo ▸ **bicycle pump** N pompe *f* à bicyclette ▸ **bicycle shed** N abri *m* à bicyclettes

bid [bɪd] (*pret* **bade** *or* **bid**, *ptp* **bidden** *or* **bid**) **1** (VT) ⓐ (*liter*) (= *command*) enjoindre (*liter*) (**sb to do sth** à qn de faire qch)
ⓑ (= *say*) **to ~ sb good morning** dire bonjour à qn
ⓒ (= *offer*) [+ *amount*] offrir; (*at auction*) faire une enchère de • **he is ~ding $20,000 for the painting** il fait une offre de 20 000 dollars pour ce tableau
ⓓ (*Cards*) demander
2 (VI) **to ~ for sth** (*at auction*) faire une enchère pour qch • **to ~ against sb** renchérir sur qn • **to ~ for** (*Brit*) *or* **on** (*US*) **a contract** soumissionner un contrat
3 (N) ⓐ offre *f*; (*for contract*) soumission *f*; (*at auction*) enchère *f* • **to make a ~ for** faire une offre pour; (*at auction*) faire une enchère pour • **a higher ~** une surenchère • **to make a higher ~** surenchérir
ⓑ (= *attempt*) tentative *f* • **suicide ~** tentative *f* de suicide • **to make a ~ for power** tenter de s'emparer du pouvoir • **to make a ~ for freedom** tenter de s'évader • **in a ~ to stop smoking** pour tenter d'arrêter de fumer

bidder [ˈbɪdəʳ] (N) (*at sale*) enchérisseur *m* • **the highest ~** le plus offrant

bidding [ˈbɪdɪŋ] (N) ⓐ (*at sale*) enchère(s) *f(pl)* • **~ was brisk** les enchères étaient vives ⓑ (= *order*)† **at whose ~?** sur l'ordre de qui ? • **I did his ~** j'ai fait ce qu'il m'a ordonné

bide [baɪd] (VT) **to ~ one's time** attendre son heure

bidet [ˈbiːdeɪ] (N) bidet *m*

biennial [baɪˈenɪəl] (ADJ) biennal

bifocals [baɪˈfəʊkəlz] (NPL) lunettes *fpl* à double foyer

big [bɪg] **1** (ADJ) grand; [*car, animal, book, fruit, parcel*] gros (grosse) • **to get ~ger** grossir; (= *taller*) grandir • **a ~ man** un homme grand et fort • **a ~ boy/girl** un grand garçon/une grande fille • **my ~ brother** mon grand frère • **what's the ~ hurry?*** il n'y a pas le feu !* • **this is his ~ day** c'est le grand jour pour lui • **to do things in a ~ way*** faire les choses en grand • **~ talk*** grands discours *mpl* • **to get too ~ for one's boots*** attraper la grosse tête* • **he's got a ~ mouth** il ne sait pas se taire • **that's ~ of you!*** (*iro*) c'est très généreux de ta part ! (*iro*)
2 (ADV) * **to talk ~** fanfaronner • **to think ~** voir les choses en grand • **to make it ~** avoir un succès fou*
3 (COMP) ▸ **the Big Bang** N le big bang ▸ **big-box** ADJ (*US*) [*store, retailer*] de la grande distribution ▸ **big business** N grandes entreprises *fpl* • **tourism is ~ business here** le tourisme rapporte beaucoup d'argent par ici ▸ **big cat** N grand félin *m* ▸ **big data** N le big data, volumes *mpl* massifs de données ▸ **big dipper** N montagnes *fpl* russes ▸ **big game** N gros gibier *m* ▸ **big-hearted** ADJ **to be ~-hearted** avoir bon cœur ▸ **Big Issue** N The Big Issue (*Brit*) *journal des sans-abri* ▸ **big league** N (*Baseball*) ligue *f* majeure; **the ~ league*** (*fig*) la cour des grands ▸ **big name*** N grand nom *m* • **he's a ~ name in politics** c'est un grand nom de la politique ▸ **big picture** N **the ~ picture** la situation dans son ensemble • **the ~ger picture** l'essentiel • **we mustn't lose sight of the ~ger picture** il ne faut pas perdre de vue l'essentiel ▸ **big shot*** N grand ponte* *m* ▸ **Big Society** N (*Politics*) *société décentralisée* ▸ **big style*** ADV sacrément* ▸ **big-ticket*** ADJ (*US*) **~-ticket item** *or* **purchase** gros achat *m* ▸ **big time*** N **to make the ~ time** percer ▸ **big-time*** ADJ [*athlete, industrialist*] de première catégorie ▸ **big toe** N gros orteil *m* ▸ **big top** N grand chapiteau *m* ▸ **big wheel*** N (*in fairground*) grande roue *f*; (= *important person*) huile* *f*

bigamist [ˈbɪgəmɪst] (N) bigame *mf*

bigamous [ˈbɪgəməs] (ADJ) bigame

bigamy [ˈbɪgəmɪ] (N) bigamie *f*

biggie‡ [ˈbɪgɪ] (N) (= *song, record*) tube* *m*; (= *film*) succès *m* • **now it's the ~** (= *anything important*) maintenant, on passe aux choses sérieuses

biggish* [ˈbɪgɪʃ] (ADJ) assez grand

bigheaded* [ˌbɪgˈhedɪd] (ADJ) crâneur*

bigot [ˈbɪgət] (N) sectaire *mf*; (*religious*) fanatique *mf*

bigoted [ˈbɪgətɪd] (ADJ) sectaire; (*religious*) fanatique

bigotry [ˈbɪgətrɪ] (N) sectarisme *m*; (*religious*) fanatisme *m*

bigwig‡ [ˈbɪgwɪg] (N) grosse légume‡ *f*, huile‡ *f*

bike [baɪk] **1** (N) (ABBR OF **bicycle**) vélo *m*; (= *motorbike*) moto *f* **2** (VI)* faire du vélo • **to ~ to work** aller au travail à vélo **3** (COMP) ▸ **bike lane** N piste *f* cyclable ▸ **bike rack** N (*on floor*) râtelier *m* à bicyclettes; (*on car*) porte-vélo(s) *m* ▸ **bike sharing** N vélos *mpl* en libre-service, VLS *mpl* ▸ **bike shed** N abri *m* à bicyclettes ▸ **bike shop** N magasin *m* de cycles

biker* [ˈbaɪkəʳ] (N) motard(e) *m(f)*

bikini [bɪˈkiːnɪ] (N) bikini ® *m* ▸ **bikini bottom*** N, **bikini bottoms*** NPL bas *m* de bikini ® ▸ **bikini briefs** NPL minislip *m* ▸ **bikini line** N ligne *f* du maillot • **to do one's ~ line** s'épiler le maillot

bilateral [baɪˈlætərəl] (ADJ) bilatéral

bilberry [ˈbɪlbərɪ] (N) myrtille *f*

bile [baɪl] (N) bile *f*; (= *anger*) mauvaise humeur *f*

bilingual [baɪˈlɪŋgwəl] (ADJ) bilingue

bilious [ˈbɪlɪəs] (ADJ) bilieux • **~ attack** crise *f* de foie

bill [bɪl] **1** (N) ⓐ facture *f*; (*in restaurant*) addition *f*; (*in hotel*) note *f* • **could I have the ~ please** (*Brit*) l'addition (*or* la note) s'il vous plaît • **put it on my ~** mettez-le sur ma note ⓑ (*US*) (= *banknote*) billet *m* (de banque) • **5-dollar ~** billet *m* de 5 dollars ⓒ (= *law*) projet *m* de loi • **to pass a ~** voter un projet de loi ⓓ (= *poster*) affiche *f* • **to top the ~** être en tête d'affiche • **to fit the ~** faire l'affaire • **she fits the ~ as a leader** elle a tout à fait le profil d'un chef ⓔ [*of bird*] bec *m* **2** (VT) ⓐ (= *invoice*) **to ~ sb for sth** facturer qch à qn **b** [*actor*] **he is ~ed to play Hamlet** il est à l'affiche dans le rôle de Hamlet **3** COMP ▸ **bill of fare** N menu *m* ▸ **the Bill of Rights** N la Déclaration des droits

BILL OF RIGHTS
La Déclaration des droits ou **Bill of Rights** désigne les dix premiers amendements ajoutés à la Constitution américaine en 1791. Ils définissent les droits individuels des citoyens et les pouvoirs respectifs du gouvernement fédéral et des États. Ainsi le premier amendement garantit la liberté de culte et de réunion et la liberté de la presse, le second le droit au port d'armes, le sixième le droit à un procès équitable. → FIFTH AMENDMENT

billboard ['bɪlbɔ:d] N panneau *m* d'affichage
billfold ['bɪlfəʊld] N (*US*) portefeuille *m*
billiard ['bɪljəd] N **~s** billard *m* ▸ **billiard ball** N boule *f* de billard ▸ **billiard table** N (table *f* de) billard *m*
billing ['bɪlɪŋ] N **to get star ~** figurer en tête d'affiche
billion ['bɪljən] N (= *thousand million*) milliard *m* • **3 ~ euros** 3 milliards d'euros
billionaire [,bɪljə'nɛəʳ] N milliardaire *mf*
billow ['bɪləʊ] VI [*cloth*] onduler; [*smoke*] s'élever en volutes
billy goat ['bɪlɪgəʊt] N bouc *m*
bimbo* ['bɪmbəʊ] N ravissante idiote *f*
bin [bɪn] **1** N **a** (*Brit: also* **dustbin, rubbish bin**) poubelle *f* **b** (*for flour, corn*) coffre *m*; (*for bread*) boîte *f*; (*larger*) huche *f* **2** VT (= *throw away*)* mettre à la poubelle **3** COMP ▸ **bin bag, bin liner** N sac *m* poubelle
binary ['baɪnərɪ] **1** ADJ binaire **2** N système *m* binaire • **in ~** en binaire **3** COMP ▸ **binary code** N code *m* binaire ▸ **binary system** N système *m* binaire
bind [baɪnd] (*pret, ptp* **bound**) **1** VT **a** (= *fasten*) attacher (**to** à) • **bound hand and foot** pieds et poings liés • **to be bound together** être liés **b** (= *encircle*) entourer (**with** de); [+ *wound*] bander **c** [+ *book*] relier **d** (= *oblige*) contraindre (**sb to do sth** qn à faire qch) • **to ~ o.s. to do sth** s'engager à faire qch **e** [+ *ingredient, chemical*] lier • **~ the mixture with an egg** lier la préparation avec un œuf **2** N (*Brit = nuisance*)* **what a ~!** quelle barbe !*
▸ **bind over** VT SEP (*Brit in law*) mettre en liberté conditionnelle • **to ~ sb over to keep the peace** relaxer qn sous condition qu'il ne trouble pas l'ordre public
▸ **bind together** VT SEP [+ *people*] unir
▸ **bind up** VT SEP [+ *wound*] bander • **the future of their country is inextricably bound up with Europe** l'avenir de leur pays est inextricablement lié à celui de l'Europe
binder ['baɪndəʳ] N (*for papers*) classeur *m*
binding ['baɪndɪŋ] **1** N [*of book*] reliure *f*; (= *tape*) extrafort *m*; [*of skis*] fixation *f* **2** ADJ [*rule*] obligatoire; [*agreement, promise*] qui engage • **to be ~ on sb** engager qn
binge* [bɪndʒ] **1** VI (*on alcohol*) se soûler; (*on food*) s'empiffrer*; (*spending*) faire des folies* • **to ~ on chocolate** s'empiffrer* de chocolat **2** N **a drinking ~** une beuverie **3** COMP ▸ **binge drinking** N biture *f* express*, *consommation f d'alcool excessive et ponctuelle* ▸ **binge eating** N *grignotage m compulsif* ▸ **binge-watch** VT [+ *TV series*] regarder à la chaîne
bingo ['bɪŋgəʊ] **1** N bingo *m* **2** EXCL **~!*** ça y est ! **3** COMP ▸ **bingo wings*** NPL peau *f* flasque sous les bras
binman ['bɪnmæn] N (*pl* **-men**) éboueur *m*
biobank ['baɪəʊbæŋk] N biothèque *f*
binoculars [bɪ'nɒkjʊləʳz] NPL jumelle(s) *f(pl)*
biochemical ['baɪəʊ'kemɪkəl] ADJ biochimique
biochemist ['baɪəʊ'kemɪst] N biochimiste *mf*
biochemistry ['baɪəʊ'kemɪstrɪ] N biochimie *f*
biocompatibility [,baɪəʊkəm,pætə'bɪlɪtɪ] N biocompatibilité *f*
biocompatible [,baɪəʊkəm'pætɪbəl] ADJ biocompatible
biodegradable ['baɪəʊdɪ'greɪdəbl] ADJ biodégradable
biodegrade [,baɪəʊdɪ'greɪd] **1** VT biodégrader **2** VI être biodégradable, se biodégrader
biodiesel ['baɪəʊ'di:zl] N biodiesel *m*
biodiversity [,baɪəʊdaɪ'vɜ:sətɪ] N biodiversité *f*
bioengineering [,baɪəʊ,endʒɪ'nɪərɪŋ] N bioingénierie *f*
biofibres, biofibers (*US*) [,baɪəʊ'faɪbəz] NPL biofibres *fpl*
biofuel ['baɪəʊfjʊəl] N biocarburant *m*
biogenetic [,baɪəʊdʒɪ'netɪk] ADJ (*Bio*) biogénétique
biogenetics [,baɪəʊdʒɪ'netɪks] N biogénétique *f*
biographer [baɪ'ɒgrəfəʳ] N biographe *mf*
biographic [,baɪəʊ'græfɪk] ADJ biographique
biography [baɪ'ɒgrəfɪ] N biographie *f*
biological [,baɪə'lɒdʒɪkəl] **1** ADJ biologique; [*detergent, washing powder*] aux enzymes **2** COMP ▸ **biological diversity** N diversité *f* biologique ▸ **biological clock** N horloge *f* biologique
biologist [baɪ'ɒlədʒɪst] N biologiste *mf*
biology [baɪ'ɒlədʒɪ] N biologie *f*
biomass ['baɪəʊmæs] N biomasse *f*
biomedical [,baɪəʊ'medɪkəl] ADJ biomédical
biometric [,baɪə'metrɪk] ADJ [*data, technology, device*] biométrique ▸ **biometric passport** N passeport *m* biométrique
bionic [baɪ'ɒnɪk] ADJ bionique
biopesticide [,baɪə'pestɪsaɪd] N biopesticide *m*
biophysics [,baɪəʊ'fɪzɪks] N biophysique *f*
biopic* ['baɪəʊ,pɪk] N film *m* biographique
biopiracy ['baɪə'paɪərəsɪ] N biopiraterie *f*
biopsy ['baɪɒpsɪ] N biopsie *f*
biorhythm ['baɪəʊrɪðəm] N biorythme *m*
biosecurity [,baɪəʊsɪ'kjʊərɪtɪ] N biosécurité *f*
biosphere ['baɪəsfɪəʳ] N biosphère *f*
biotechnology [,baɪəʊtek'nɒlədʒɪ] N biotechnologie *f*
bioterrorism [,baɪəʊ'terərɪzəm] N bioterrorisme *m*
biowaste ['baɪəʊweɪst] N biodéchets *mpl*
bioweapon ['baɪəʊ'wepən] N arme *f* biologique
bipartisan [,baɪ'pɑ:tɪzæn] ADJ bipartite
biped ['baɪped] ADJ, N bipède *m*
bipolar [baɪ'pəʊləʳ] ADJ bipolaire • **to be ~*** souffrir de troubles bipolaires ▸ **bipolar disorder, bipolar illness** N troubles *mpl* bipolaires
birch [bɜ:tʃ] N (*also* **birch tree**) bouleau *m*; (*also* **birch wood**) (bois *m* de) bouleau *m*; (*for whipping*) verge *f*
bird [bɜ:d] **1** N **a** oiseau *m*; (= *chicken, turkey*) volaille *f* • (PROV) **a ~ in the hand is worth two in the bush** un tiens vaut mieux que deux tu l'auras (PROV) • **a little ~ told me*** mon petit doigt me l'a dit • **the ~ has flown** l'oiseau s'est envolé
b (*Brit = girl*)* nana* *f*
2 COMP ▸ **bird brain*** N tête *f* de linotte ▸ **bird feeder** N mangeoire *f* ▸ **bird flu** N grippe *f* aviaire ▸ **bird of passage** N oiseau *m* de passage ▸ **bird of prey** N oiseau *m* de proie ▸ **bird sanctuary** N réserve *f* ornithologique ▸ **bird's-eye view** N **a ~'s-eye view of Paris** Paris vu d'avion ▸ **bird's**

nest N nid m d'oiseau(x) ▸ **bird table** N mangeoire f ▸ **bird-watcher** N ornithologue mf amateur ▸ **bird-watching** N ornithologie f (pratiquée en amateur) • **to go ~-watching** aller observer les oiseaux

birdcage ['bɜːdkeɪdʒ] (N) cage f à oiseaux

birder ['bɜːdəʳ] (N) passionné(e) m(f) d'oiseaux, ornithologue mf amateur(-trice)

Biro® ['baɪərəʊ] (N) (Brit) stylo m bille, Bic® m

birth [bɜːθ] 1 (N) ⓐ (= *being born*) naissance f; (*also* **childbirth**) accouchement m; [*of animal*] mise f bas • **at ~** à la naissance • **during the ~** pendant l'accouchement • **to give ~ to** [*woman*] donner naissance à; [*animal*] mettre bas • **blind from ~** aveugle de naissance • **Scottish by ~** écossais de naissance ⓑ [*of idea, situation, institution*] naissance f; [*of phenomenon*] apparition f 2 (COMP) ▸ **birth certificate** N acte m de naissance ▸ **birth control** N contrôle m des naissances • **~ control pill** pilule f contraceptive ▸ **birth rate** N (taux m de) natalité f

birthdate ['bɜːθdeɪt] (N) date f de naissance

birthday ['bɜːθdeɪ] 1 (N) anniversaire m • **when is your ~?** c'est quand ton anniversaire ? • **on my ~** le jour de mon anniversaire 2 (COMP) [*cake, card, present*] d'anniversaire ▸ **birthday party** N **she is having a ~ party** elle fait une petite fête pour son anniversaire ▸ **birthday suit*** N **in one's ~ suit** en costume d'Adam (*or* d'Ève)*

birthing ['bɜːθɪŋ] (ADJ) [*equipment, room*] d'accouchement ▸ **birthing pool** N piscine f *or* bassin m d'accouchement

birthmark ['bɜːθmɑːk] (N) tache f de vin

birthplace ['bɜːθpleɪs] (N) lieu m de naissance; (= *house*) maison f natale

biscuit ['bɪskɪt] (N) ⓐ (*Brit*) petit gâteau m sec, biscuit m • **that takes the ~!*** ça c'est le bouquet !* ⓑ (*US*) *sorte de biscuit*

bisect [baɪ'sekt] (VT) couper en deux; [+ *geometrical shape*] couper en deux parties égales

bisexual ['baɪ'seksjʊəl] (ADJ, N) bisexuel(le) m(f)

bishop ['bɪʃəp] (N) évêque m; (*Chess*) fou m

bison ['baɪsn] (N) *pl inv* bison m

bistro ['biːstrəʊ] (N) petit restaurant m (*style bistrot*)

bit¹ [bɪt] 1 (N) ⓐ (= *piece*) [*of bread*] morceau m; [*of paper, string*] bout m; (*in book, talk*) passage m • **a ~ of garden** un bout de jardin • **a tiny little ~** un tout petit peu • **a ~ of advice** un petit conseil • **a ~ of news** une nouvelle • **a ~ of luck** une chance • **what a ~ of luck!** quelle chance ! • **bring all your ~s and pieces*** apporte toutes tes petites affaires • **~s and bobs*** petites affaires fpl • **to come to ~s** (= *break*) tomber en morceaux; (= *dismantle*) se démonter • **~ by ~** (= *gradually*) petit à petit • **to do one's ~** faire sa part

ⓑ (*phrases*) **a ~** un peu • **a ~ of money** un peu d'argent • **that's a ~ much!** c'est un peu fort !* • **he paid a good ~ for it** ça lui a coûté assez cher • **I'm a ~ late** je suis un peu en retard • **it's a good ~ further than we thought** c'est bien plus loin que nous ne pensions • **every ~ as good as** tout aussi bon que • **every ~ of the wall** le mur tout entier • **he seems to be a ~ of an expert** il a l'air de s'y connaître • **she's a ~ of a liar** elle est un brin* menteuse • **it was a ~ of a shock** ça a été un choc • **he's/she's a ~ of all right‡** (= *attractive*) il/elle est plutôt bien foutu(e)‡ • **not a ~ of it!** pas du tout ! • **to do one's ~** faire sa part

ⓒ (= *time*) **after a ~** après un moment • **quite a ~** un bon bout de temps* • **wait a ~** attendez un instant

ⓓ (*Comput*) bit m

ⓔ (*for horse*) mors m • **to take the ~ between one's teeth** prendre le mors aux dents

ⓕ (= *tool*) mèche f

2 (COMP) ▸ **bit-map** N (*Comput*) mode point m; (*also* **bit-map(ped) image**) image f en mode point ♦ ADJ (*also* **bit-mapped**) [*graphics*] par points ▸ **bit part** N petit rôle m

bit² [bɪt] (VB) *pt of* **bite**

bitch [bɪtʃ] 1 (N) ⓐ (= *dog*) chienne f; (*canines generally*) femelle f • **terrier ~** terrier m femelle ⓑ (*offensive*) (= *woman*)‡ salope** f ⓒ **it's a ~‡** c'est la merde‡ ⓓ (= *complaint*) **what's your ~?‡** qu'est-ce que tu as à râler ?* 2 (VI) (= *complain*)* râler* • **to ~ about sb** dire du mal de qn

bitchy‡ ['bɪtʃɪ] (ADJ) vache* • **to be ~ to sb** être vache* avec qn

bitcoin ['bɪtkɔɪn] (N) (*Comput*) bitcoin m

bite [baɪt] (*vb: pret* **bit**, *ptp* **bitten**) 1 (N) ⓐ [*of dog, snake*] morsure f; [*of insect*] piqûre f • **face covered in (insect) ~s** visage couvert de piqûres d'insectes

ⓑ (= *piece bitten off*) bouchée f • **a ~ (to eat)** un morceau • **to take a ~ out of** [+ *apple*] croquer dans; [+ *savings, budget*] faire un trou dans

ⓒ (*Fishing*) touche f • **I haven't had a ~ all day** je n'ai pas eu une seule touche aujourd'hui

ⓓ (= *flavour*) piquant m

2 (VT) [*person, animal*] mordre; [*insect*] piquer; [*snake*] mordre • **to ~ one's nails** se ronger les ongles • **to ~ sth in two** couper qch en deux d'un coup de dents • **to ~ one's tongue** *or* **one's lip** (*fig*) se mordre les lèvres • **what's biting you?*** qu'est-ce que tu as à râler ?* • **to ~ the bullet*** serrer les dents (*fig*) • **to ~ the dust*** mordre la poussière • **to ~ the hand that feeds one** cracher dans la soupe* • (PROV) **once ~ten twice shy** chat échaudé craint l'eau froide (PROV)

3 (VI) mordre; [*insect*] piquer; [*cogs*] s'engrener • **to ~ into sth** mordre (dans) qch

4 (COMP) ▸ **bite-size***, **bite-sized*** ADJ [*piece of food*] petit • **~-size(d) chunks** petits morceaux mpl

▸ **bite back** 1 VI (= *respond*) riposter 2 VT SEP [+ *words, retort*] ravaler

▸ **bite off** VT SEP arracher d'un coup de dent(s) • **he has bitten off more than he can chew** il a eu les yeux plus grands que le ventre • **to ~ sb's head off*** rembarrer qn (brutalement)

biting ['baɪtɪŋ] (ADJ) ⓐ [*cold*] mordant; [*wind*] cinglant ⓑ [*wit, remarks, sarcasm*] mordant

bitten ['bɪtn] (VB) *ptp of* **bite**

bitter ['bɪtəʳ] 1 (ADJ) ⓐ [*taste*] amer ⓑ [*cold, weather, wind*] glacial; [*winter*] rigoureux ⓒ [*person, disappointment, reproach, tone*] amer; [*argument, attack*] acerbe; [*sorrow, suffering*] cruel; [*hatred*] profond; [*remorse*] cuisant • **to the ~ end** jusqu'au bout • **his ~ enemy** son ennemi acharné • **I feel (very) ~ about the whole business** toute cette histoire me remplit d'amertume 2 (N) (*Brit* = *beer*) *bière brune anglaise*

bitterly ['bɪtəlɪ] (ADV) [*regret*] amèrement; [*say, think*] avec amertume; [*criticize*] âprement; [*oppose, contest, fight*] farouchement; [*ashamed*] profondément • **~ disappointed** amèrement déçu • **to be ~ resentful of sb's success** en vouloir amèrement à qn de son succès • **opinions are ~ divided** les avis sont profondément partagés • **it's ~ cold** il fait un froid de canard

bitterness ['bɪtənɪs] (N) amertume f; [*of opposition, struggle*] violence f

bittersweet ['bɪtəswi:t] ADJ aigre-doux (-douce *f*)
bivouac ['bɪvʊæk] N bivouac *m*
biz* [bɪz] N (ABBR OF **business**) **it's the ~** (= *great*) c'est génial → **showbiz**
bizarre [bɪ'zɑ:ʳ] ADJ bizarre
blab* [blæb] VI (= *tell secret*) vendre la mèche*
black [blæk] **1** ADJ **a** noir **• ~ and blue** (= *bruised*) couvert de bleus **• "~ tie"** (*on invitation*) « smoking » **b** [*race, skin*] noir **• ~ man** Noir *m* **• ~ woman** Noire *f* **• Black American** Noir(e) *m(f)* américain(e) **• ~ college** (*US Univ*) université *f* noire **• ~ consciousness** la conscience noire **c** (= *wicked*) [*crime, action*] noir; [*thought*] mauvais; (= *gloomy*) [*thoughts, prospects, rage*] noir; [*despair*] sombre **• to give sb a ~ look** lancer un regard noir à qn **• a ~ deed** (*liter*) un crime **• things are looking ~ for him** ses affaires se présentent très mal **• it's a ~ day for England** c'est un jour (bien) triste pour l'Angleterre
2 N (= *colour*) noir *m* **• dressed in ~** habillé de noir **• there it is in ~ and white** c'est écrit noir sur blanc **• to swear that ~ is white** [*obstinate person*] nier l'évidence; [*liar*] mentir effrontément **• to be in the ~*** être créditeur
3 VT **a** **to ~ one's face** se noircir le visage **• she ~ed his eye (for him)** elle lui a fait un œil au beurre noir* **b** (*Brit*) [+ *cargo, firm, goods*] boycotter
4 COMP ▸ **Black Africa** N Afrique *f* noire ▸ **black belt** N ceinture *f* noire **• to be a ~ belt in karate** être ceinture noire de karaté ▸ **black box** N boîte *f* noire ▸ **black cab** N (*Brit*) taxi *m* anglais ▸ **black comedy** N comédie *f* noire ▸ **the Black Country** N le Pays noir (*région industrielle des Midlands*) ▸ **black economy** N économie *f* souterraine ▸ **black eye** N œil *m* au beurre noir* **• to give sb a ~ eye** pocher l'œil à qn ▸ **the Black Forest** N la Forêt-Noire ▸ **Black Forest gateau** N forêt-noire *f* ▸ **Black Friday** N Black Friday *m* ▸ **black hole** N trou *m* noir ▸ **black humour** N humour *m* noir ▸ **black ice** N verglas *m* ▸ **black magic** N magie *f* noire ▸ **black mark** N **that's a ~ mark against him** c'est un mauvais point pour lui ▸ **black market** N marché *m* noir **• on the ~ market** au marché noir ▸ **black-market** ADJ [*goods*] acheté au marché noir; [*economy, activity*] souterrain ▸ **black op, black operation** N opération *f* noire ▸ **black pepper** N poivre *m* noir ▸ **Black Power, Black Power movement** N pouvoir *m* noir ▸ **black pudding** N (*Brit*) boudin *m* noir ▸ **the Black Sea** N la mer Noire ▸ **black sheep** N **the ~ sheep of the family** la brebis galeuse de la famille ▸ **black spot** N point *m* noir **• Hull is an unemployment ~ spot** Hull a un fort taux de chômage ▸ **black swan** N cygne *m* noir; (*fig*) phénomène *m* (*or* événement *m*) complètement imprévisible ▸ **black-tie** ADJ [*dinner*] en tenue de soirée
▸ **black out** **1** VI (= *faint*) s'évanouir **2** VT SEP (*in wartime*) [+ *town, building*] faire le black-out dans **• a power cut ~ed out the building** une panne d'électricité a plongé l'immeuble dans l'obscurité
blackball* ['blæk,bɔ:l] VT blackbouler
blackberry ['blækbərɪ] N mûre *f* **• ~ bush** mûrier *m*
blackbird ['blækbɜ:d] N merle *m*
blackboard ['blækbɔ:d] N tableau *m* (noir)
blackcurrant [,blæk'kʌrənt] N cassis *m*
blacken ['blækən] VT noircir; (= *discredit*) salir **• ~ed remains** restes *mpl* calcinés
blackhead ['blækhed] N point *m* noir
blackleg ['blækleg] N (*Brit*) briseur *m*, -euse *f* de grève
blacklist ['blæklɪst] **1** N liste *f* noire **2** VT mettre sur la liste noir
blackmail ['blækmeɪl] **1** N chantage *m* **2** VT faire chanter **• to ~ sb into doing sth** forcer qn par le chantage à faire qch
blackmailer ['blækmeɪləʳ] N maître-chanteur *m*
blackout ['blækaʊt] N **a** (= *fainting*) étourdissement *m* **• to have a ~** avoir un étourdissement **b** [*of lights*] panne *f* d'électricité; (*during war*) black-out *m*
blacksmith ['blæksmɪθ] N (*who shoes horses*) maréchal-ferrant *m*; (*who forges iron*) forgeron *m*
blacktop ['blæktɒp] N (*US*) bitume *m*
bladder ['blædəʳ] N vessie *f*
blade [bleɪd] N lame *f*; [*of windscreen wiper*] balai *m*; [*of grass*] brin *m*
blading ['bleɪdɪŋ] N (*also* **rollerblading**) roller *m*
blah blah blah* ['blɑ:'blɑ:'blɑ:] EXCL gnagnagna*
Blairite ['blɛəraɪt] N, ADJ (*Brit Politics*) blairiste *mf*
blame [bleɪm] **1** VT **a** (= *fix responsibility on*) **to ~ sb for sth • to ~ sth on sb*** rejeter la responsabilité de qch sur qn **• I'm not to ~** ce n'est pas ma faute **• you have only yourself to ~** tu ne peux t'en prendre qu'à toi-même **• who is to ~ for this accident?** qui est responsable de cet accident ?
b (= *censure*) blâmer **• to ~ sb for doing sth** reprocher à qn de faire qch **• to ~ o.s. for sth/for having done sth** se reprocher qch/d'avoir fait qch **• you can't ~ him for wanting to leave** vous ne pouvez lui reprocher de vouloir s'en aller **• he's leaving — you can't ~ him!** il part — je le comprends !
2 N **a** (= *responsibility*) responsabilité *f* **• to lay the ~ for sth on sb** rejeter la responsabilité de qch sur qn **• to take the ~ (for sth)** assumer la responsabilité (de qch)
b (= *censure*) blâme *m*
blameless ['bleɪmlɪs] ADJ irréprochable
blanch [blɑ:ntʃ] VT blanchir **• ~ed almonds** amandes *fpl* mondées
blancmange [blə'mɒnʒ] N *entremets instantané*
bland [blænd] ADJ [*taste, food*] fade; [*person, character, smile*] terne
blank [blæŋk] **1** ADJ **a** blanc (blanche *f*); [*cheque*] en blanc; [*cassette*] vierge **• to give sb a ~ cheque (to do sth)** donner à qn carte blanche (pour faire qch) **• ~ form** imprimé *m* (à remplir) **• please leave ~** ne rien écrire ici **b** [*wall*] aveugle; [*refusal*] absolu; (= *expressionless*) [*face, look*] sans expression **• to look ~** (= *puzzled*) avoir l'air interdit **• his mind went ~** il a eu un blanc
2 N **a** (= *void*) blanc *m* **• my mind was a ~** j'ai eu un blanc
b (= *form*) formulaire *m*
c (= *bullet*) balle *f* à blanc **• to draw a ~** (= *fail in search*) faire chou blanc
3 COMP ▸ **blank verse** N vers *mpl* non rimés
▸ **blank out** VT SEP [+ *feeling, thought*] faire abstraction de
blanket ['blæŋkɪt] **1** N couverture *f*; [*of snow*] couche *f*; [*of fog*] nappe *f* **2** ADJ [*ban, condemnation*] général; [*coverage*] complet (-ète *f*)
blankly ['blæŋklɪ] ADV **a** (= *expressionlessly*) **to stare ~ at sth** fixer qch d'un air absent **b** (= *uncomprehendingly*) d'un air ébahi
blare [blɛəʳ] **1** N [*of car horn*] bruit *m* strident; [*of music*] retentissement *m*; [*of trumpet*] sonnerie *f* **2** VI (*also*

blare out) [*music, horn*] retentir; [*radio*] beugler **3** (VT) (*also* **blare out**) [+ *music*] faire retentir

blarney* ['blɑːnɪ] (N) boniment* *m*

blaspheme [blæs'fiːm] (VTI) blasphémer

blasphemous ['blæsfɪməs] (ADJ) [*person*] blasphémateur (-trice *f*); [*words*] blasphématoire

blasphemy ['blæsfɪmɪ] (N) blasphème *m* • **it is ~ to say that** c'est blasphémer que de dire cela

blast [blɑːst] **1** (N) **a** (= *sound*) [*of bomb*] explosion *f*; [*of whistle, car horn*] bruit *m* strident
▸ **at full blast*** **the radio was on at full ~** la radio braillait* • **the heating was on at full ~** le chauffage était au maximum
b (= *explosion*) explosion *f*; (= *shock wave*) [*of bomb*] souffle *m* • **~ victims** victimes *fpl* de l'explosion • **~ of air** jet *m* d'air
2 (VT) **a** (*with explosive*) [+ *rocks*] faire sauter • **to ~ a hole in sth** faire un trou dans qch avec des explosifs
b (= *shoot*) **he ~ed the policeman with a shotgun** il a tiré sur le policier avec un fusil de chasse
3 (EXCL) (*Brit*)* la barbe !*
4 (COMP) ▸ **blast furnace** N haut fourneau *m* ▸ **blast-off** N mise *f* à feu
▸ **blast off** VI [*rocket*] être mis à feu
▸ **blast out*** **1** VI [*music, radio*] brailler* **2** VT SEP [+ *song, tune*] brailler*

blasted‡ ['blɑːstɪd] (ADJ) **a** (= *annoying*) fichu* *before n* • **he's a ~ nuisance** il nous enquiquine* **b** (= *drunk*) bourré*

blatant ['bleɪtənt] (ADJ) [*injustice*] criant; [*attempt*] manifeste; [*lie*] éhonté

blatantly ['bleɪtəntlɪ] (ADV) [*sexist, prejudiced*] manifestement; [*disregard, encourage*] de façon éhontée

blaze [bleɪz] **1** (N) **a** (= *cheering fire*) (belle) flambée *f*; (= *conflagration*) incendie *m*
b **~ of light** torrent *m* de lumière • **~ of colour** flamboiement *m* de couleur(s) • **in a ~ of glory** auréolé de gloire • **~ of publicity** battage *m* médiatique
2 (VI) **a** [*log fire*] flamber; [*building, wreckage*] brûler; [*sun*] darder ses rayons
▸ **blazing with** **her eyes blazing with anger** ses yeux étincelant de colère • **a garden blazing with colour** un jardin resplendissant de couleurs
3 (VT) **to ~ a trail** montrer la voie

blazer ['bleɪzəʳ] (N) blazer *m*

blazing ['bleɪzɪŋ] (ADJ) **a** [*building etc*] en feu; [*sun, colour*] éclatant **b** (= *angry*)* furibard*

bleach [bliːtʃ] **1** (N) (*for cleaning*) eau *f* de Javel; (*for removing colour*) décolorant *m*; (*for hair*) eau *f* oxygénée **2** (VT) **a** [+ *linen, flour*] blanchir **b** [+ *hair*] décolorer • **to ~ one's hair** se décolorer les cheveux • **~ed hair** cheveux *mpl* décolorés

bleachers ['bliːtʃəz] (N) (*US*) gradins *mpl* (*en plein soleil*)

bleak [bliːk] (ADJ) [*country, landscape*] désolé; [*weather*] froid et maussade; [*prospect, future*] morne • **things look rather ~ for him** les choses se présentent plutôt mal pour lui

bleary ['blɪərɪ] (ADJ) [*eyes*] voilé

bleat [bliːt] **1** (VI) bêler • **what are you ~ing about?*** qu'est-ce que tu as à te lamenter ? **2** (N) bêlement *m*

bled [bled] (VB) *pt, ptp of* **bleed**

bleed [bliːd] (*pret, ptp* **bled**) **1** (VI) saigner • **his nose is ~ing** il saigne du nez • **my heart ~s for you** (*iro*) tu me fends le cœur **2** (VT) **a** [+ *brakes, radiator*] purger **b** **to ~ sb dry** saigner qn à blanc

bleeding ['bliːdɪŋ] (N) **to stop the ~** pour arrêter l'hémorragie

bleep [bliːp] **1** (N) (= *noise*) bip *m* **2** (VI) [*transmitter*] faire bip **3** (VT) [+ *person with bleeper*] biper

bleeper ['bliːpəʳ] (N) (= *pager*) bip *m*

blemish ['blemɪʃ] **1** (N) (= *defect*) imperfection *f*; (*on fruit*) tache *f*; (*moral*) tache *f* • **a ~ on his reputation** une tache à sa réputation **2** (VT) [+ *reputation, honour*] ternir

blemished ['blemɪʃt] (ADJ) [*skin*] abîmé

blend [blend] **1** (N) (= *mixture*) mélange *m*; [*of qualities*] ensemble *m* **2** (VT) (*also* **blend in**) mélanger (**with** à, avec); [+ *qualities, ideas*] associer (**with** à) **3** (VI) (*also* **blend in, blend together**) se mélanger (**with** à, avec); [*styles*] s'allier; [*colours*] (= *shade into one another*) se fondre; (= *go well together*) aller bien ensemble

blender ['blendəʳ] (N) mixer *m*

bless [bles] (*pret, ptp* **blest** *or* **blessed** [blest]) (VT) bénir • **to be ~ed with** avoir la chance de posséder • **Nature ~ed him with ...** la Nature l'a doué de ... • **~ you!*** mille fois merci !; (*sneezing*) à vos souhaits ! • **and Paul, ~ him, had no idea that ...** et ce brave Paul ne savait pas que ... • **well, I'm ~ed!*** ça alors !*

blessed ['blesɪd] (ADJ) **a** (= *holy*) saint • **the Blessed Virgin** la Sainte Vierge **b** (*Brit: for emphasis*)* sacré* *before n*

blessing ['blesɪŋ] (N) **a** (= *divine favour*) grâce *f*; (= *prayer*) bénédiction *f*; (*at meal*) bénédicité *m* **b** (= *approval*) bénédiction *f* • **the plan had his ~** il avait donné sa bénédiction à ce projet **c** (= *benefit*) bienfait *m* • **the ~s of civilization** les bienfaits de la civilisation • **it was a ~ in disguise** en fait, c'était providentiel (PROV)

blew [bluː] (VB) *pt of* **blow**

blight [blaɪt] **1** (N) [*of plant*] rouille *f* (*maladie*); [*of potato*] mildiou *m*; [*of fruit trees*] cloque *f* • **it's been a ~ on his life** ça a gâché sa vie • **urban ~** dégradation *f* urbaine **2** (VT) [+ *plants*] rouiller; [+ *hopes*] anéantir; [+ *career, life, future*] gâcher

Blighty* ['blaɪtɪ] (N) (*Brit Mil*) Angleterre *f*

blimey‡ ['blaɪmɪ] (EXCL) (*Brit*) merde alors !‡

blind [blaɪnd] **1** (ADJ) **a** [*person, obedience, faith*] aveugle • **a ~ man** un aveugle • **a ~ boy** un garçon aveugle • **to go ~** devenir aveugle • **the accident left him ~** il a perdu la vue dans cet accident • **~ in one eye** borgne • **~ in the left eye** aveugle de l'œil gauche • **he went into a ~ panic** il a complètement paniqué • **I was ~ to his faults** je ne voyais pas ses défauts • **to turn a ~ eye (to sth)** fermer les yeux (sur qch)
b [*flying, landing*] sans visibilité • **on sb's ~ side** hors du champ visuel de qn
c (*for emphasis*)‡ **it won't make a ~ bit of difference** ça ne changera strictement rien
2 (VT) aveugler • **her love ~ed her to his faults** son amour le rendait aveugle à ses défauts
3 (N) [*of window*] store *m*
4 (NPL) **the blind** les aveugles *mpl* • **it's the ~ leading the ~** c'est un aveugle qui conduit un aveugle
5 (ADV) **a** **to drive/fly ~** conduire/voler sans visibilité
b **to bake sth ~** cuire qch à blanc
c (= *categorically*) **to swear ~ that ...*** jurer ses grands dieux que ...
d (*Brit*) **~ drunk*** complètement bourré*

6 (COMP) ▸**blind alley** N (*lit, fig*) impasse *f* ▸**blind corner** N virage *m* sans visibilité ▸**blind date** N (*= meeting*) rendez-vous *m* arrangé (*avec quelqu'un qu'on ne connaît pas*); (*= person*) inconnu(e) *m(f)* (avec qui on a rendez-vous) • **to go on a ~ date** sortir avec quelqu'un qu'on ne connaît pas ▸**blind spot** N (*in car, plane*) angle *m* mort • **to have a ~ spot about sth** ne rien comprendre à qch • **he has a ~ spot where she's concerned** il ne voit pas ses défauts ▸**blind trust** N (*Finance*) *organisme indépendant de gestion d'actifs*

blinder ['blaɪndəʳ] (N) (*Brit*) **to play a ~*** jouer superbement bien

blindfold ['blaɪndfəʊld] 1 (VT) bander les yeux à 2 (N) bandeau *m* 3 (ADJ) (*also* **blindfolded**) aux yeux bandés 4 (ADV) (*= blindfolded*) les yeux bandés • **I could do it ~** je le ferais les yeux bandés

blinding ['blaɪndɪŋ] (ADJ) [*light*] aveuglant; [*pain*] fulgurant

blindly ['blaɪndlɪ] (ADV) ⓐ [*grope, shoot*] à l'aveuglette ⓑ [*follow, accept, obey*] aveuglément

blindness ['blaɪndnɪs] (N) cécité *f*; (*fig*) aveuglement *m* (to devant)

bling* [blɪŋ], **bling bling*** [blɪŋ'blɪŋ] (N) (*= jewellery*) quincaillerie *f*

blink [blɪŋk] 1 (N) [*of eyes*] clignement *m* (d'yeux) • **in the ~ of an eye** en un clin d'œil • **my telly's on the ~*** ma télé est détraquée 2 (VI) ⓐ cligner des yeux ⓑ [*light*] vaciller 3 (VT) **to ~ one's eyes** cligner des yeux

blinkered ['blɪŋkəd] (ADJ) (*Brit*) [*person, approach, attitude*] borné; [*view*] étroit

blinkers ['blɪŋkəʳz] (NPL) (*Brit*) (*for horse*) œillères *fpl*; (*in car*) feux *mpl* de détresse • **to wear ~** (*fig*) avoir des œillères

blinking ['blɪŋkɪŋ] 1 (ADJ) (*Brit*)* sacré* *before n* • **~ idiot!** espèce d'idiot! 2 (N) [*of eyes*] clignement *m* (d'yeux)

blip [blɪp] (N) ⓐ (*on radar*) spot *m* ⓑ (*on graph*) petite déviation *f*; (*= aberration*) petite anomalie *f* (passagère)

bliss [blɪs] (N) bonheur *m* suprême • **it's ~!** c'est merveilleux!

blissful ['blɪsfʊl] (ADJ) merveilleux • **to be in ~ ignorance of sth** ignorer parfaitement qch

blissfully ['blɪsfəlɪ] (ADV) [*happy, quiet, ignorant, unaware*] parfaitement

blister ['blɪstəʳ] 1 (N) cloque *f*; (*caused by rubbing*) ampoule *f* 2 (VI) [*skin*] cloquer

blistering ['blɪstərɪŋ] (ADJ) ⓐ (*= scorching*) torride; [*sun*] brûlant • **a ~ pace** *or* **speed** une vitesse foudroyante ⓑ (*= scathing*) cinglant

blithe [blaɪð] (ADJ) joyeux

blithely ['blaɪðlɪ] (ADV) [*disregard*] allègrement; [*unaware*] parfaitement

blitz [blɪts] 1 (N) bombardement *m* (aérien) • **the Blitz** (*Brit*) le Blitz • **to have a ~ on sth*** s'attaquer à qch 2 (VT) bombarder

blizzard ['blɪzəd] (N) tempête *f* de neige

bloated ['bləʊtɪd] (ADJ) (*= swollen*) gonflé; [*stomach*] ballonné; [*face*] bouffi • **to feel ~** (*after eating*) se sentir ballonné

blob [blɒb] (N) (grosse) goutte *f*; [*of ink*] tache *f*

bloc [blɒk] (N) bloc *m* • **en ~** en bloc

block [blɒk] 1 (N) ⓐ [*of stone, ice*] bloc *m*; [*of wood*] bille *f*; [*of chocolate*] tablette *f* • **~s** (*= toy*) cubes *mpl* • **on the ~** (*US*) [*buy*] aux enchères; [*pay*] rubis sur l'ongle ⓑ [*of buildings*] pâté *m* de maisons • **a ~ of flats** (*Brit*) un immeuble • **she lived three ~s away** (*US*) elle habitait trois rues plus loin ⓒ (*= part of prison, hospital*) pavillon *m* ⓓ **to have a mental ~** faire un blocage • **I've got a ~** [*writer*] c'est la panne totale • **a ~ of tickets/seats** plusieurs billets/places (*acheté(e)s en même temps*) ⓔ (*also* **starting block**) **to be first off the (starting) ~s** être le premier à se lancer

2 (VT) ⓐ [*+ pipe*] boucher; [*+ road, traffic*] bloquer; [*+ progress*] entraver; [*+ transaction, credit, negotiations*] bloquer • **to ~ sb's way** barrer le chemin à qn • **to ~ sb's light** cacher la lumière à qn • **there was a lorry ~ing my view** un camion m'empêchait de voir ⓑ (*Comput*) sélectionner

3 (COMP) ▸**block booking** N réservation *f* groupée ▸**block capitals, block letters** NPL majuscules *fpl* • **in ~ letters** en majuscules ▸**block vote** N *mode de scrutin où le vote d'un délégué syndical est proportionnel au nombre de voix des personnes qu'il représente*

▸ **block off** VT SEP [*+ part of road*] fermer; (*accidentally*) obstruer

▸ **block out** VT SEP ⓐ [*+ light*] empêcher de passer ⓑ [*+ thoughts, idea*] refouler

▸ **block up** VT SEP [*+ pipe*] bloquer; [*+ window, entrance*] condamner; [*+ hole*] boucher

blockade [blɒ'keɪd] 1 (N) (*by vehicles*) barrage *m* • **to lift the ~** lever le barrage 2 (VT) [*+ town, port*] faire le blocus de; (*with vehicles*) bloquer

blockage ['blɒkɪdʒ] (N) obstruction *f*

blockbuster* ['blɒk,bʌstəʳ] (N) (*= film*) film *m* à grand succès; (*= book*) best-seller *m*

blockchain ['blɒktʃeɪn] (N) chaîne *f* de blocs

blog [blɒg] 1 (N) (*= weblog*) blog *m*, blogue *m* 2 (VI) bloguer

blogger ['blɒgəʳ] (N) (*Comput*) blogueur *m*, -euse *f*

blogging ['blɒgɪŋ] (N) (*Comput*) blogging *m*

blogosphere ['blɒgəsfɪəʳ] (N) blogosphère *f*

blogpost ['blɒgpəʊst] (N) post *m* de blog

bloke* [bləʊk] (N) (*Brit*) type* *m*

blond, blonde [blɒnd] 1 (ADJ) blond 2 (N) blond(e) *m(f)*

blood [blʌd] (N) sang *m* • **to give ~** donner son sang • **it's like trying to get ~ out of a stone** c'est comme si on parlait à un mur • **there is bad ~ between them** le torchon brûle (entre eux) • **to have ~ on one's hands** avoir du sang sur les mains • **the ~ rushed to his face** le sang lui est monté au visage • **it makes my ~ boil** cela me fait bouillir • **his ~ is up** il est très remonté • **his ~ ran cold** son sang s'est figé dans ses veines • **the ties of ~** les liens *mpl* du sang • **it's in his ~** il a cela dans le sang • **of Irish ~** de sang irlandais • **this firm needs new ~** cette maison a besoin de sang nouveau ▸**blood alcohol level** N taux *m* d'alcoolémie ▸**blood bank** N banque *f* du sang ▸**blood bath** N bain *m* de sang ▸**blood cell** N cellule *f* sanguine • **red/white ~ cell** globule *m* rouge/blanc ▸**blood clot** N caillot *m* de sang ▸**blood count** N numération *f* globulaire ▸**blood diamond** N diamant de la guerre, *diamant extrait dans une zone de conflit pour financer les activités guerrières* ▸**blood donor** N donneur *m*, -euse *f* de sang ▸**blood group** N groupe *m* sanguin ▸**blood money** N prix *m* du sang ▸**blood orange** N (orange *f*) sanguine *f* ▸**blood poisoning** N septicémie *f* ▸**blood pressure** N tension *f* (artérielle) • **to have high/low**

~ **pressure** faire de l'hypertension/hypotension • **to take sb's ~ pressure** prendre la tension de qn ▸ **blood pudding** N (*US*) boudin *m* noir ▸ **blood-red** N, ADJ rouge *m* sang *inv* ▸ **blood relation** N parent(e) *m(f)* (*par le sang*) ▸ **blood sausage** N (*US*) boudin *m* noir ▸ **blood sports** NPL sports *mpl* sanguinaires ▸ **blood sugar** N sucre *m* dans le sang • ~ **sugar level** taux *m* de sucre dans le sang ▸ **blood test** N analyse *f* de sang ▸ **blood transfusion** N transfusion *f* sanguine ▸ **blood type** N = **blood group** ▸ **blood vessel** N vaisseau *m* sanguin

bloodcurdling [ˈblʌdkɜːdlɪŋ] ADJ à vous figer le sang dans les veines

bloodhound [ˈblʌdhaʊnd] N limier *m*

bloodless [ˈblʌdlɪs] ADJ ⓐ [*face, lips*] blême ⓑ [*coup, revolution*] sans effusion de sang

bloodshed [ˈblʌdʃed] N effusion *f* de sang

bloodshot [ˈblʌdʃɒt] ADJ [*eyes*] injecté (de sang)

bloodstained [ˈblʌdsteɪnd] ADJ taché de sang

bloodstream [ˈblʌdstriːm] N sang *m*

bloodthirsty [ˈblʌd,θɜːstɪ] ADJ sanguinaire

bloody [ˈblʌdɪ] **1** ADJ ⓐ sanglant • **a ~ nose** un nez en sang • **to give sb a ~ nose** (*in contest*) donner un camouflet à qn ⓑ (*Brit*)‡ foutu‡ *before n* • **it's a ~ nuisance!** ce que c'est emmerdant !‡ • **you ~ fool!** espèce d'idiot ! • **~ hell!** merde alors !‡ **2** ADV (*Brit*)‡ vachement* • **a ~ good film** un film vachement bien* **3** VT ensanglanter **4** COMP ▸ **bloody-minded*** ADJ (*Brit*) [*person*] qui fait toujours des difficultés; [*attitude*] buté

bloom [bluːm] **1** N (= *flower*) fleur *f* • **in ~** [*tree*] en fleurs; [*flower*] éclos • **in full ~** [*tree*] en pleine floraison; [*flower*] épanoui • **to come into ~** fleurir **2** VI [*flower*] éclore; [*tree*] fleurir; [*person*] s'épanouir

blooming [ˈbluːmɪŋ] ADJ (*Brit*) ⓐ [*economy, health*] florissant ⓑ* sacré* *before n*

blooper* [ˈbluːpəʳ] N (*US*) gaffe *f*

blossom [ˈblɒsəm] **1** N ⓐ (= *mass of flowers*) fleur(s) *f(pl)* • **a spray of ~** un rameau en fleur(s) • **tree in ~** arbre *m* en fleur(s) • **peach ~** fleurs *fpl* de pêcher ⓑ (= *flower*) fleur *f* **2** VI fleurir • **to ~ (out) into** [*person*] devenir

blot [blɒt] **1** N tache *f* • **a ~ on his character** une tache à sa réputation • **to be a ~ on the landscape** déparer le paysage **2** VT ⓐ tacher • **you've really ~ted your copybook*** (*Brit*) ta réputation en a pris un coup* ⓑ (= *dry*) sécher **3** COMP ▸ **blotting-paper** N (papier *m*) buvard *m*

▸ **blot out** VT SEP [+ *memories*] effacer; [+ *view*] masquer

blotch [blɒtʃ] N (= *mark on skin*) marbrure *f*

blotchy [ˈblɒtʃɪ] ADJ [*skin, complexion*] marbré

blotter [ˈblɒtəʳ] N ⓐ (= *desk pad*) sous-main *m inv* ⓑ (*US*) (= *notebook*) registre *m*

blouse [blaʊz] N chemisier *m*

blow [bləʊ] (*vb: pret* **blew**, *ptp* **blown**) **1** N ⓐ (= *impact*) coup *m*; (*with fist*) coup *m* de poing • **to come to ~s** en venir aux mains • **to soften the ~** amortir le choc ⓑ (= *sudden misfortune*) coup *m* (dur) • **it was a terrible ~ for them** cela a été un coup terrible pour eux

2 VT ⓐ [*wind*] [+ *ship*] pousser; [+ *leaves*] faire voler • **the wind blew the ship off course** le vent a fait dévier le navire de sa route • **the wind blew the chimney down** le vent a fait tomber la cheminée • **the wind blew the door open/shut** un coup de vent a ouvert/fermé la porte • **it was ~ing a gale** le vent soufflait en tempête ⓑ **to ~ one's nose** se moucher • **to ~ smoke in sb's face** souffler la fumée à la figure de qn; (*US fig*) induire qn en erreur

ⓒ [+ *bubbles*] faire; [+ *glass*] souffler • **to ~ a kiss** envoyer un baiser

ⓓ [+ *trumpet, horn*] souffler dans • **the referee blew his whistle** l'arbitre a sifflé • **to ~ one's own trumpet** *or* (*US*) **horn** se faire mousser*

ⓔ (= *destroy*) [+ *safe*] faire sauter • **to ~ a tyre** [*driver, vehicle*] crever • **to ~ one's top*** piquer une crise* • **that blew the lid off the whole business*** c'est ce qui a fait découvrir le pot aux roses • **the whole plan has been ~n sky-high*** tout le projet a volé en éclats • **it blew my mind**‡ ça m'en a bouché un coin* • **~ the expense!**‡ au diable la dépense !

ⓕ (= *spend extravagantly*) [+ *wages, money*]* claquer*

ⓖ (= *spoil*) [+ *chance*]* rater • **he blew it** il a tout fichu en l'air*

3 VI ⓐ [*wind*] souffler • **the wind was ~ing hard** le vent soufflait très fort • **to see which way the wind ~s** regarder de quel côté souffle le vent • **the government has been ~ing hot and cold on this issue** le gouvernement souffle le chaud et le froid sur ce problème

ⓑ (= *move with wind*) **the door blew open/shut** un coup de vent a ouvert/a fermé la porte

ⓒ [*whistle*] retentir • **when the whistle ~s** au coup de sifflet

ⓓ [*person*] **to ~ on one's fingers** souffler dans ses doigts

ⓔ [*fuse, light bulb*] sauter; [*tyre*] éclater

4 EXCL * zut !*

5 COMP ▸ **blow-dry** N brushing *m* ♦ VT **to ~-dry sb's hair** faire un brushing à qn ▸ **blow-up** N (= *enlargement*) agrandissement *m* ♦ ADJ [*mattress, toy*] gonflable

▸ **blow away**‡ VT SEP (= *kill*) descendre*; (= *surprise*) sidérer

▸ **blow down** **1** VI [*tree, fence*] être abattu par le vent **2** VT SEP [*wind*] faire tomber

▸ **blow off** **1** VI [*hat*] s'envoler **2** VT SEP [+ *hat*] emporter

▸ **blow out** **1** VI [*tyre*] éclater **2** VT SEP ⓐ [+ *candle*] souffler • **the storm blew itself out** la tempête a fini par s'apaiser ⓑ **to ~ sb's brains out** faire sauter la cervelle à qn

▸ **blow over** **1** VI [*storm, dispute*] se calmer **2** VT SEP [+ *tree*] renverser

▸ **blow up** **1** VI ⓐ [*bomb*] exploser • **his allegations could ~ up in his face** ses allégations pourraient se retourner contre lui ⓑ [*storm*] se préparer ⓒ (*with anger, indignation*)* exploser* ⓓ [*affair, crisis*] se déclencher **2** VT SEP ⓐ [+ *mine, building, bridge*] faire sauter ⓑ [+ *tyre*] gonfler ⓒ [+ *photo*]* agrandir

blowback [ˈbləʊbæk] N retour *m* de souffle

blow-by-blow [,bləʊbaɪˈbləʊ] ADJ **he gave me a ~ account** il ne m'a fait grâce d'aucun détail

blowlamp [ˈbləʊlæmp] N (*Brit*) lampe *f* à souder

blow-out [ˈbləʊaʊt] N ⓐ [*of tyre*] éclatement *m* • **he had a ~** un de ses pneus a éclaté ⓑ (= *meal*)‡ gueuleton‡ *m*

blowtorch [ˈbləʊtɔːtʃ] N lampe *f* à souder

BLT [,biːelˈtiː] N (ABBR OF **bacon, lettuce and tomato**) **a ~ sandwich** un sandwich bacon, laitue, tomate

blubber [ˈblʌbəʳ] **1** N [*of whale*] graisse *f* de baleine **2** VI (= *cry*)‡ pleurer comme un veau

bludgeon [ˈblʌdʒən] VT matraquer • **he ~ed me into doing it** il m'a forcé la main

blue [bluː] 1 (ADJ) ⓐ bleu • ~ **with cold** bleu de froid • **you can shout till you're ~ in the face*, nobody will come** tu auras beau crier, personne ne viendra • **once in a ~ moon** tous les trente-six du mois*
ⓑ (= *miserable*)* cafardeux • **to feel ~** avoir le cafard
ⓒ (= *pornographic*)* porno* *inv*
2 (N) ⓐ (= *colour*) bleu *m*
ⓑ **to come out of the ~** être complètement inattendu; [*pleasant thing*] tomber du ciel
ⓒ (= *depression*)* **the ~s** le cafard • **to have the ~s** avoir le cafard
ⓓ (*Music*) **the ~s** le blues
3 (COMP) ▸ **blue-black** ADJ noir bleuté *inv* ▸ **blue blood** N sang *m* bleu ▸ **blue book** N (*US*) (*in school*) cahier *m* d'examen ▸ **blue cheese** N (fromage *m*) bleu *m* ▸ **blue collar worker** N col *m* bleu ▸ **blue-eyed** ADJ aux yeux bleus • **the ~-eyed boy** le chouchou* ▸ **blue jeans** NPL blue-jean(s) *m(pl)* ▸ **blue-sky thinking** N pensée *f* créative et sans limite ▸ **blue tit** N mésange *f* bleue

> **BLUE PETER**
> Célèbre émission télévisée pour enfants dont les programmes vont du documentaire à la recette de cuisine et à la confection d'objets artisanaux. Les badges **Blue Peter** récompensent les spectateurs qui participent aux émissions ou se rendent utiles à la communauté.

bluebell ['bluːbel] (N) jacinthe *f* des bois
blueberry ['bluːbərɪ] (N) myrtille *f*
bluebottle ['bluːbɒtl] (N) mouche *f* bleue
bluegrass ['bluːgrɑːs] (N) (= *music*) bluegrass *m*
blueprint ['bluːprɪnt] (N) projet *m* (**for** de)
Bluetooth ® ['bluːtuːθ] (N) Bluetooth ® *m*
bluff [blʌf] 1 (N) bluff *m* • **he called my ~** il m'a pris au mot • **let's call his ~** on va le mettre au pied du mur 2 (VI) bluffer* 3 (VT) [+ *person*] bluffer* • **he ~ed his way through (it)** il y est allé au culot*
bluffer ['blʌfəʳ] (N) bluffeur *m*, -euse *f*
blunder ['blʌndəʳ] 1 (N) (= *error*) bourde *f* • **to make a ~** faire une bourde • **social ~** impair *m* • **tactical ~** erreur *f* tactique 2 (VI) ⓐ (= *make mistake*) faire une bourde ⓑ (= *move clumsily*) avancer d'un pas maladroit • **to ~ against** *or* **into sth** se cogner contre qch • **to ~ into sth** (*fig*) s'engager par erreur dans qch
blunt [blʌnt] 1 (ADJ) ⓐ [*blade, knife*] émoussé; [*pencil*] mal taillé ⓑ [*person*] brusque • **he was very ~** il n'a pas mâché ses mots 2 (VT) [+ *appetite, feelings*] émousser
bluntly ['blʌntlɪ] (ADV) [*speak*] sans ménagements
bluntness ['blʌntnɪs] (N) (= *frankness*) franc-parler *m*; (= *brusqueness*) brusquerie *f*
blur [blɜːʳ] 1 (N) (= *vague form*) masse *f* indistincte • **a ~ of colours and forms** une masse confuse de couleurs et de formes • **the evening passed in a ~** la soirée a passé dans une sorte de brouillard 2 (VT) ⓐ [+ *writing, image, outline, distinction*] estomper ⓑ [+ *sight*] troubler
Blu-ray ® ['bluːreɪ] (N) Blu-ray ® *m* ▸ **Blu-ray disc** N disque *m* Blu-ray ▸ **Blu-ray movie** N film *m* (en) Blu-ray
blurb [blɜːb] (N) notice *f* publicitaire; [*of book*] (texte *m* de) présentation *f*
blurred [blɜːd] (ADJ) flou; [*vision*] trouble • **to become ~** s'estomper • **class distinctions are becoming ~** les distinctions entre les classes s'estompent
blurt [blɜːt] (VT) (*also* **blurt out**) [+ *word*] lâcher; [+ *information, secrets*] laisser échapper
blush [blʌʃ] 1 (VI) rougir (**with** de) 2 (N) rougeur *f* • **with a ~** en rougissant • **without a ~** sans rougir
blusher ['blʌʃəʳ] (N) fard *m* à joues
bluster ['blʌstəʳ] 1 (VI) (= *speak aggressively*) tempêter; (= *boast*) fanfaronner 2 (N) (= *bravado*) fanfaronnades *fpl*
blustery ['blʌstərɪ] (ADJ) [*wind*] qui souffle en rafales; [*weather, day*] venteux
Blu-Tac ®, **Blu-Tack** ® ['bluːtæk] (N) pâte *f* adhésive, Patafix ® *m*
Blvd (N) (ABBR OF **Boulevard**) Bd, Bld
BMI [ˌbiːem'aɪ] (N) (*Med*) (ABBR OF **body mass index**) IMC *m*
BMX [ˌbiːem'eks] (N) (ABBR OF **bicycle motorcross**) ⓐ (= *sport*) bicross *m* ⓑ (= *bike*) (vélo *m* de) bicross *m*
bn (N) = **billion**
BO* [biː'əʊ] (ABBR OF **body odour**) odeur *f* corporelle • **he's got BO** il sent la transpiration
boa constrictor ['bəʊəkən'strɪktəʳ] (N) boa *m* constricteur
boar [bɔːʳ] (N) (*wild*) sanglier *m*; (= *male pig*) verrat *m*
board [bɔːd] 1 (N) ⓐ (= *piece of wood*) planche *f*
▸ **above board** **it is all quite above ~** c'est tout ce qu'il y a de plus régulier
▸ **to go by the board** [*plan, attempt*] échouer; [*principles, hopes, dreams*] être abandonné
ⓑ (= *cardboard*) carton *m*; (*for games*) plateau *m*
ⓒ (= *meals*) pension *f* • ~ **and lodging** (*Brit*) (chambre *f* avec) pension *f* • **full ~** (*Brit*) pension *f* complète
ⓓ (= *group of officials, council*) conseil *m* • **he is on the ~** il siège au conseil d'administration
ⓔ ▸ **on board** à bord • **to come** (*or* **go**) **on ~** monter à bord • **on ~ the Queen Mary** à bord du Queen Mary • **to take sth on ~*** (= *take note of*) prendre qch en compte • **welcome on ~!** (*in team*) bienvenue dans notre équipe!
2 (VT) (= *go on to*) [+ *ship, plane*] monter à bord de; [+ *train, bus*] monter dans
3 (VI) ⓐ (= *lodge*) **to ~ with sb** être en pension chez qn
ⓑ [*passengers*] embarquer • **your flight is now ~ing** l'embarquement a commencé
4 (COMP) ▸ **board game** N jeu *m* de société (*se jouant sur un plateau*) ▸ **board meeting** N réunion *f* du conseil d'administration ▸ **board of directors** N conseil *m* d'administration ▸ **board of education** N (*US*) ≈ conseil *m* d'établissement ▸ **board of examiners** N jury *m* d'examen ▸ **board of health** N (*US*) service *m* municipal d'hygiène; (*Mil*) conseil *m* de révision ▸ **board of inquiry** N commission *f* d'enquête ▸ **board room** N salle *f* du conseil ▸ **Board of Trade** N (*in Brit*) ≈ ministère *m* du Commerce; (*in US*) chambre *f* de commerce
▸ **board up** VT SEP [+ *door, window*] condamner (avec des planches)
boarder ['bɔːdəʳ] (N) pensionnaire *mf*; (*Brit: at school*) interne *mf*
boarding ['bɔːdɪŋ] (N) [*of ship, plane*] embarquement *m* ▸ **boarding card** N carte *f* d'embarquement ▸ **boarding house** N pension *f* (de famille) ▸ **boarding pass** N carte *f* d'embarquement ▸ **boarding school** N pensionnat *m* • **to be at ~ school** être en pension
boardwalk ['bɔːdwɔːk] (N) (*US*) trottoir *m* en planches; (*on beach*) promenade *f* en planches
boast [bəʊst] 1 (N) fanfaronnade *f* • **it is their ~ that ...** ils se vantent que ... + *subj* 2 (VI) se vanter (**about, of** de) • **that's**

nothing to ~ about il n'y a pas de quoi se vanter 3 (VT) (= possess) posséder • the school ~s fine sports facilities l'école possède d'excellents équipements sportifs

boastful ['bəʊstfʊl] (ADJ) vantard

boat [bəʊt] 1 (N) bateau *m* • **to go by ~** prendre le bateau • **we're all in the same ~** nous sommes tous dans le même bateau 2 (VI) **to go ~ing** aller faire du canot 3 (COMP) ▸ **boat people** NPL boat people *mpl*

boater ['bəʊtəʳ] (N) (= *hat*) canotier *m*

boating ['bəʊtɪŋ] (N) (*in rowing boat*) canotage *m*; (*in sailing boat*) navigation *f* • ~ **accident** accident *m* de bateau

boatyard ['bəʊtjɑːd] (N) chantier *m* naval

bob [bɒb] 1 (VI) ⓐ **to ~ (up and down)** (*in water*) danser sur l'eau ⓑ (= *curtsy*) faire une (petite) révérence 2 (VT) [+ *hair*] couper au carré 3 (N) ⓐ (= *curtsy*) (petite) révérence *f* ⓑ (*pl inv*) (*Brit*)* shilling *m* • **he's not short of a ~ or two** il n'est pas à court d'argent ⓒ (= *haircut*) (*chin-length all round*) coupe *f* au carré
▸ **bob up** VI remonter brusquement

bobbin ['bɒbɪn] (N) bobine *f*

bobble ['bɒbl] (N) (*Brit*) (= *pom-pom*) pompon *m* ▸ **bobble hat** N (*Brit*) bonnet *m* à pompon

bobby* ['bɒbɪ] (N) (= *policeman*) flic* *m*

bobcat ['bɒbkæt] (N) (*US*) lynx *m*

bode [bəʊd] (VI) **to ~ well (for)** être de bon augure (pour) • **it ~s ill (for)** cela est de mauvais augure (pour)

bodice ['bɒdɪs] (N) corsage *m*

bodily ['bɒdɪlɪ] 1 (ADV) à bras-le-corps 2 (ADJ) [*need, comfort*] physique • ~ **functions** fonctions *fpl* physiologiques

body ['bɒdɪ] 1 (N) ⓐ corps *m* • **just enough to keep ~ and soul together** juste assez pour subsister
ⓑ (= *corpse*) cadavre *m*, corps *m*
ⓒ [*of car*] carrosserie *f*; [*of plane*] fuselage *m*
ⓓ (= *organization*) organisme *m* • **the policemen's representative ~** l'organisme représentant les policiers • **legislative ~** corps *m* législatif
ⓔ (= *mass*) **a large ~ of people** une foule nombreuse • **a large ~ of information** une importante documentation • **in a ~** en masse • **the ~ politic** le corps politique • **a strong ~ of evidence** une forte accumulation de preuves • **a strong ~ of opinion was against it** une grande partie de l'opinion était contre
ⓕ [*of wine*] corps *m*; [*of hair*] volume *m*
2 (COMP) ▸ **body bag** N housse *f* mortuaire ▸ **body blow** N (= *disappointment*) coup *m* dur ▸ **body building** N culturisme *m* ▸ **body clock** N horloge *f* biologique ▸ **body fluids** NPL fluides *mpl* organiques ▸ **body language** N langage *m* du corps ▸ **body lotion** N lait *m* corporel ▸ **body mass index** N indice *m* de masse corporelle ▸ **body odour** N odeur *f* corporelle ▸ **body piercing** N piercing *m* ▸ **body politic** N **the ~ politic** le corps politique ▸ **body search** N fouille *f* corporelle ▸ **body shop** N atelier *m* de carrosserie ▸ **body warmer** N gilet *m* matelassé

bodybuilder ['bɒdɪ,bɪldəʳ] (N) (= *person*) culturiste *mf*

bodyguard ['bɒdɪgɑːd] (N) (= *person*) garde *m* du corps; (= *group*) gardes *mpl* du corps

bodysuit ['bɒdɪsuːt] (N) combinaison *f*

bodywork ['bɒdɪwɜːk] (N) carrosserie *f*

boffin* ['bɒfɪn] (N) (*Brit*) expert *m*

bog [bɒg] 1 (N) ⓐ marécage *m*; [*of peat*] tourbière *f* ⓑ (*Brit* = *lavatory*)** chiottes** *fpl* 2 (VT) **to be** *or* **get ~ged down** s'enliser 3 (COMP) ▸ **bog-standard*** ADJ (*Brit*) ordinaire

bogey ['bəʊgɪ] (N) ⓐ (= *bugbear*) bête *f* noire ⓑ* (*in nose*) crotte *f* de nez

bogeyman ['bəʊgɪmæn] (N) (*pl* **-men**) croque-mitaine *m*, père *m* fouettard

boggle ['bɒgl] (VI) **the mind ~s!** on croit rêver !

boggy ['bɒgɪ] (ADJ) [*ground*] marécageux

bogus ['bəʊgəs] (ADJ) faux (fausse *f*)

Bohemia [bəʊ'hiːmɪə] (N) Bohême *f*

Bohemian [bəʊ'hiːmɪən] (ADJ) [*artist, surroundings*] bohème

boil [bɔɪl] 1 (VI) [*liquid*] bouillir • **the kettle is ~ing** l'eau bout (dans la bouilloire) • **to begin to ~** se mettre à bouillir
2 (VT) ⓐ [+ *water*] faire bouillir
ⓑ [+ *food*] (faire) cuire à l'eau, (faire) bouillir • **~ed egg** œuf *m* à la coque • **~ed potatoes** pommes *fpl* vapeur • **~ed sweet** (*Brit*) bonbon *m* à sucer
3 (N) ⓐ **on the ~** qui bout; [*situation, project*]* en ébullition • **to bring sth to the** (*Brit*) *or* **a** (*US*) **~** faire bouillir qch • **to come to the** (*Brit*) *or* **a** (*US*) **~** venir à ébullition
ⓑ (= *swelling*) furoncle *m*
4 (COMP) ▸ **boil-in-a-bag, boil-in-the-bag** ADJ que l'on cuit dans le sachet
▸ **boil down** 1 VI **what it ~s down to is this** tout se résume à ceci 2 VT SEP [+ *sauce*] faire réduire
▸ **boil over** VI ⓐ [*water, milk, pot*] déborder ⓑ (*with rage*) bouillir (**with** de) • **their anger ~ed over into violence** leur colère a dégénéré en violence

boiler ['bɔɪləʳ] (N) chaudière *f* ▸ **boiler suit** N (*Brit*) bleu(s) *m(pl)* de travail

boilerplate ['bɔɪləpleɪt] (N) contrat-cadre *m*

boiling ['bɔɪlɪŋ] 1 (ADJ) ⓐ **~ (hot)** [*water*] bouillant • **it's ~ (hot) today*** il fait une chaleur à crever* aujourd'hui • **I'm ~ (hot)!*** je crève de chaud !* ⓑ (= *angry*)* en rage 2 (COMP) ▸ **boiling point** N point *m* d'ébullition

boisterous ['bɔɪstərəs] (ADJ) turbulent

bold [bəʊld] 1 (ADJ) ⓐ (= *brave*) audacieux • **a ~ stroke** un coup d'audace ⓑ (= *impudent*) effronté; (= *not shy*) assuré • **to be so ~ as to do sth** (*frm*) avoir l'audace de faire qch • **in he came, as ~ as brass** il est entré, plein d'aplomb ⓒ [*colour*] vif; [*pattern*] grand; [*line, design*] vigoureux • **to bring sth out in ~ relief** faire ressortir qch vigoureusement ⓓ [*type*] gras (grasse *f*) 2 (N) caractères *mpl* gras • **in ~** en (caractères) gras

boldly ['bəʊldlɪ] (ADV) ⓐ (= *bravely*) audacieusement ⓑ (= *confidently, not shyly*) [*declare, announce, claim*] avec assurance; [*gaze*] effrontément ⓒ (= *strikingly*) **~ patterned** à grands motifs

boldness ['bəʊldnɪs] (N) audace *f*; [*of colour, design*] vigueur *f*

bolero [bə'lɛərəʊ] (N) boléro *m*

Bolivia [bə'lɪvɪə] (N) Bolivie *f*

bollard ['bɒləd] (N) (*on quay*) bollard *m*; (*Brit*) (*on road*) borne *f*

bollocks** ['bɒləks] (N) (*Brit*) = **balls** → **ball**

Bollywood* ['bɒlɪwʌd] (N) Bollywood *m*

bolshie*, bolshy* ['bɒlʃɪ] (ADJ) **he's rather ~** c'est un mauvais coucheur • **he turned ~** il a commencé à râler*

bolster ['bəʊlstəʳ] 1 (N) traversin *m* 2 (VT) (*also* **bolster up**) soutenir (**with** par)

bolt [bəʊlt] 1 (N) ⓐ [*of door, window*] verrou *m*; [*of lock*] pêne *m*; (*for nut*) boulon *m*

ⓑ (= *bolt of lightning*) éclair *m* • **it was a ~ from the blue** ça a été comme un coup de tonnerre
ⓒ ▸ **to make a bolt for it*** filer* • **he made a ~ for the door** il a bondi vers la porte
2 (ADV) ~ **upright** droit comme un i
3 (VI) ⓐ (= *run away*) [*horse*] s'emballer; [*person*] filer* ⓑ (= *move quickly*) foncer* • **he ~ed along the corridor** il a foncé dans le couloir
4 (VT) ⓐ [+ *food*] engloutir • **don't ~ your food** ne mange pas trop vite
ⓑ [+ *door, window*] verrouiller
5 (COMP) ▸ **bolt-hole** N (*Brit*) abri *m* ▸ **bolt-on*** ADJ supplémentaire

bomb [bɒm] 1 (N) ⓐ bombe *f* • **letter/parcel ~** lettre *f*/paquet *m* piégé(e) • **the Bomb** la bombe atomique • **to put a ~ under sb*** secouer qn* • **the car cost a ~*** (*Brit*) la bagnole a coûté un paquet* ⓑ (= *flop*)* bide* *m* 2 (VT) [+ *town*] bombarder 3 (VI) ⓐ (= *flop*)* être un bide* ⓑ (= *go quickly*)* **to ~ along** foncer* 4 (COMP) ▸ **bomb attack** N attentat *m* à la bombe ▸ **bomb disposal** N déminage *m* • **~ disposal expert** démineur *m* ▸ **bomb scare** N alerte *f* à la bombe
▸ **bomb out** VT SEP détruire par un bombardement

bombard [bɒm'bɑːd] (VT) bombarder (**with** de)

bombardment [bɒm'bɑːdmənt] (N) bombardement *m*

bombastic [bɒm'bæstɪk] (ADJ) grandiloquent

bomber ['bɒmə^r] (N) (= *aircraft*) bombardier *m*; (*terrorist*) plastiqueur *m* ▸ **bomber jacket** N bomber *m*

bombing ['bɒmɪŋ] 1 (N) bombardement *m*; (*by terrorist*) attentat *m* à la bombe 2 (ADJ) [*raid, mission*] de bombardement

bombshell ['bɒmʃel] (N) bombe *f* • **a political ~** une bombe politique • **this news was a ~** la nouvelle a fait l'effet d'une bombe

bona fide ['bəʊnə'faɪdɪ] (ADJ) vrai; [*offer*] sérieux

bonanza [bə'nænzə] (N) boom *m* • **a property ~** un boom immobilier • **the North Sea oil ~** la manne pétrolière de la mer du Nord

bond [bɒnd] 1 (N) ⓐ (= *attachment*) lien *m* • **there is a very special ~ between us** des liens très forts nous unissent • **to break a ~ with the past** rompre les liens avec le passé ⓑ (*financial*) obligation *f* 2 (VT) (= *stick*) coller 3 (VI) ⓐ (= *stick together*) coller ⓑ (*emotionally*) nouer des liens • **to ~ with one's baby** s'attacher à son bébé

bondage ['bɒndɪdʒ] (N) (= *slavery*) esclavage *m*

bone [bəʊn] 1 (N) os *m*; [*of fish*] arête *f* • **to cut costs to the ~** réduire les coûts au strict minimum • **chilled to the ~** transi de froid • **to have a ~ to pick with sb** avoir un compte à régler avec qn • **he made no ~s about saying what he thought** il n'a pas hésité à dire ce qu'il pensait • **to work one's fingers to the ~*** s'épuiser à la tâche ▸ **on the bone** à l'os • **ham on the ~** jambon à l'os
2 (VT) [+ *meat, fowl*] désosser; [+ *fish*] ôter les arêtes de
3 (COMP) [*buttons, handle*] en os ▸ **bone china** N porcelaine *f* tendre ▸ **bone-dry** ADJ absolument sec (sèche *f*) ▸ **bone-idle*** ADJ fainéant ▸ **bone marrow** N moelle *f* osseuse ▸ **bone of contention** N pomme *f* de discorde ▸ **bone structure** N ossature *f* • **to have a good ~ structure** (*of face*) avoir le visage bien proportionné

boneless ['bəʊnlɪs] (ADJ) [*meat*] sans os; [*fish*] sans arêtes

bonfire ['bɒnfaɪə^r] (N) (*for celebration*) feu *m* (de joie); (*for rubbish*) feu *m* (de jardin) ▸ **Bonfire Night** N (*Brit*) 5 novembre *m* • **on Bonfire Night** le 5 novembre → GUY FAWKES NIGHT

bonk‡ [bɒŋk] (VI) (*Brit = have sex*) s'envoyer en l'air‡

bonkers‡ ['bɒŋkəz] (ADJ) cinglé*

bonnet ['bɒnɪt] (N) ⓐ (= *hat*) bonnet *m* ⓑ (*Brit*) [*of car*] capot *m*

bonny ['bɒnɪ] (ADJ) beau (belle *f*)

bonsai ['bɒnsaɪ] (N) *pl inv* bonsaï *m*

bonus ['bəʊnəs] 1 (N) ⓐ (= *money*) prime *f* • **a ~ of €500** 500 € de prime ⓑ (= *advantage*) plus *m* • **being able to walk to work would be a ~** ce serait un plus de pouvoir aller au travail à pied 2 (COMP) ▸ **bonus point** N point *m* de bonus ▸ **bonus track** N (*Music*) titre *m* bonus

bony ['bəʊnɪ] (ADJ) [*knee, hands*] osseux; [*person*] décharné; [*fish*] plein d'arêtes

boo [buː] 1 (EXCL) hou! • **he wouldn't say ~ to a goose*** il n'ose jamais ouvrir le bec* 2 (VT, VI) huer 3 (N) huée *f*

boob* [buːb] 1 (N) ⓐ (*Brit = mistake*) gaffe *f* ⓑ (= *breast*) nichon‡ *m* 2 (VI) (*Brit*) gaffer 3 (COMP) ▸ **boob job‡** N **to have a ~ job** se faire refaire les seins ▸ **boob tube*** N (= *sun top*) bain *m* de soleil; (*US = TV set*) télé *f*

boo-boo* ['buː'buː] (N) bourde *f*

booby trap ['buːbɪtræp] (N) (= *bomb*) engin *m* piégé

book [bʊk] 1 (N) ⓐ livre *m*
ⓑ (*also* **exercise book**) cahier *m*
ⓒ [*of tickets, stamps, cheques*] carnet *m* • **~ of matches** pochette *f* d'allumettes
ⓓ ▸ **the books** (= *accounts*) les comptes *mpl* • **to keep the ~s for a firm** tenir les comptes d'une entreprise • **to be on the ~s** [*employee*] faire partie du personnel; [*member*] être inscrit
ⓔ (*phrases*) **to bring sb to ~** obliger qn à rendre des comptes • **to close the ~ on sth** considérer qch comme une affaire classée • **to go by the ~** appliquer strictement le règlement • **to be in sb's bad ~s*** être mal vu de qn • **I am in his good ~s*** il m'a à la bonne*
2 (VT) ⓐ [+ *seat, room, table, ticket*] réserver • **to ~ one's seat in advance** réserver sa place à l'avance • **tonight's performance is fully ~ed** on joue à guichets fermés ce soir • **the hotel is fully ~ed** l'hôtel est complet • **we've ~ed you through to Birmingham** nous vous avons fait une réservation jusqu'à Birmingham • **I've ~ed my holiday** j'ai fait les réservations pour mes vacances
ⓑ [+ *driver*] dresser un procès-verbal à; [+ *player*] donner un carton jaune à • **to be ~ed for speeding** attraper une contravention pour excès de vitesse • **to be ~ed** [*footballer*] recevoir un carton jaune
3 (VI) réserver
4 (COMP) ▸ **book club** N club *m* du livre ▸ **book jacket** N jaquette *f* ▸ **book-keeper** N comptable *mf* ▸ **book-keeping** N comptabilité *f* ▸ **book review** N compte rendu *m* de livre
▸ **book in** VI (*Brit*) (*on arrival*) se présenter à la réception
▸ **book up** VT SEP (*Brit*) réserver • **the tour is ~ed up** il n'y a plus de places pour l'excursion • **the hotel is ~ed up until September** l'hôtel est complet jusqu'en septembre

bookable ['bʊkəbl] (ADJ) (*Brit*) ⓐ **seats are ~ in advance** on peut réserver ses places (à l'avance) • **seats ~ from 6 June** location (des places) à partir du 6 juin ⓑ [*offence*] passible d'un avertissement

bookcase ['bʊkkeɪs] (N) bibliothèque *f* (*meuble*)

bookie* ['bʊkɪ] (N) bookmaker *m*

booking ['bʊkɪŋ] 1 (N) ⓐ (*Brit*) réservation *f* • **to make a ~** faire une réservation ⓑ (*Football*) **there were three ~s at the game** il y a eu trois cartons jaunes lors de ce match
2 (COMP) ▸ **booking office** N (*Brit*) (bureau *m* de) location *f*

booklet ['bʊklɪt] (N) brochure *f*

bookmaker [ˈbʊkmeɪkəʳ] (N) bookmaker *m*

bookmark [ˈbʊkmɑːk] 1 (N) marque-page *m*; (*Comput*) signet *m* 2 (VT) (*Comput*) mettre un signet à

bookseller [ˈbʊkˌseləʳ] (N) libraire *mf*

bookshelf [ˈbʊkʃelf] (N) étagère *f* (à livres)

bookshop [ˈbʊkʃɒp] (N) librairie *f*

bookstall [ˈbʊkstɔːl] (N) (*Brit*) kiosque *m* à journaux

bookstore [ˈbʊkstɔːʳ] (N) librairie *f*

bookworm [ˈbʊkwɜːm] (N) rat *m* de bibliothèque

boom [buːm] 1 (N) ⓐ (= *period of growth*) boom *m* (**in** de) • **a property ~** un boom dans l'immobilier ⓑ [*of boat*] bôme *f* 2 (VI) ⓐ [*trade*] être en plein essor; [*sales*] être en forte progression • **business is ~ing** les affaires prospèrent ⓑ [*guns*] gronder; [*voice*] retentir; [*person*] tonitruer 3 (VT) **"never!" he ~ed** « jamais ! » dit-il d'une voix tonitruante 4 (COMP) ▸ **boom box*** N (*US*) ghetto-blaster *m* ▸ **boom town** N ville *f* en plein essor

boomerang [ˈbuːməræŋ] 1 (N) boomerang *m* 2 (VI) [*words, actions*] faire boomerang

boon [buːn] (N) aubaine *f* • **this new machine is a great ~** cette nouvelle machine est une aubaine

boondocks* [ˈbuːndɒks] (NPL) (*US*) **the ~** la cambrousse*

boorish [ˈbʊərɪʃ] (ADJ) rustre

boost [buːst] 1 (N) **to give a ~ to** [+ *economy, sales*] stimuler; [+ *project*] relancer • **to give a ~ to sb's morale** remonter le moral à qn 2 (VT) [+ *price*] faire monter; [+ *output, productivity*] augmenter; [+ *sales*] stimuler; [+ *confidence*] renforcer • **to ~ the economy** stimuler l'économie

booster [ˈbuːstəʳ] (N) (*also* **booster rocket**) booster *m*; (*also* **booster shot, booster dose**) (piqûre *f* de) rappel *m*; (*US* = *supporter*)* supporter *m* enthousiaste ▸ **booster seat** N (*in car*) rehausseur *m* (de siège)

boot [buːt] 1 (N) ⓐ (= *footwear*) botte *f*; (*also* **ankle boot**) bottine *f*; [*of soldier, workman*] brodequin *m* • **the ~ is on the other foot** (*Brit*) les rôles sont renversés • **his heart was in his ~s** il avait la mort dans l'âme • **to give sb the ~*** virer* qn • **to put the ~ in‡** (*Brit*) (= *attack verbally*) retourner le couteau dans la plaie
ⓑ (*Brit*) [*of car*] coffre *m*
ⓒ ▸ **to boot** par-dessus le marché, en plus
2 (VT) ⓐ (= *kick*)* flanquer* des coups de pied à • **to ~ sb out** virer* qn
ⓑ (*Comput*: *also* **boot up**) amorcer
3 (COMP) ▸ **boot camp** N (*US*) camp *m* d'entraînement (*pour nouvelles recrues*)

booth [buːð] (N) [*of language laboratory, telephone*] cabine *f*; (*also* **voting booth**) isoloir *m*

bootleg* [ˈbuːtleg] 1 (VT) faire le trafic de; [+ *concert*] faire un enregistrement pirate de 2 (ADJ) [*copy, edition*] pirate 3 (N) (= *illicit recording*) enregistrement *m* pirate

bootlegger* [ˈbuːtlegəʳ] (N) bootlegger *m*

bootstrap [ˈbuːtstræp] 1 (VT) (*Internet*) monter à la force des poignets 2 (N) **to pull o.s. up by one's ~s** se hisser à la force des poignets

booty [ˈbuːtɪ] (N) butin *m*

booze‡ [buːz] 1 (N) alcool *m* • **I'm going to buy some ~** je vais acheter à boire • **to go on the ~** se mettre à picoler‡ • **he's off the ~** il ne boit plus 2 (VI) picoler‡ 3 (COMP) ▸ **booze-up‡** N (*Brit*) beuverie *f*

boozer‡ [ˈbuːzəʳ] (N) ⓐ (= *drunkard*) soûlard(e)‡ *m(f)* ⓑ (*Brit*) (= *pub*) pub *m*

border [ˈbɔːdəʳ] 1 (N) ⓐ (= *frontier*) frontière *f* • **to escape over the ~** s'enfuir en passant la frontière • **on the ~s of France** aux frontières françaises ⓑ (*in garden*) bordure *f* ⓒ [*of carpet, dress*] bord *m*; [*of picture*] encadrement *m*, cadre *m* 2 (VT) ⓐ **~ed with** [*trees, patterns*] bordé de • **France ~s Germany** la France et l'Allemagne ont une frontière commune 3 (COMP) [*state, post, town*] frontière *inv* ▸ **border patrol** N (*US*) patrouille *f* frontalière
▸ **border on** VT INSEP (= *come near to being*) friser • **it ~s on insanity** ça frise la folie

borderline [ˈbɔːdəlaɪn] (ADJ) limite ▸ **borderline case** N cas *m* limite

bore[1] [bɔːʳ] 1 (VT) ⓐ [*person*] **to be ~d** s'ennuyer • **to ~ sb stiff** *or* **to death** pomper l'air à qn* ⓑ [+ *hole, tunnel*] percer ⓒ [+ *rock*] forer 2 (N) ⓐ (= *person*) raseur* *m*, -euse *f*, casse-pieds* *mf inv* • **he's such a ~!** ce qu'il peut être raseur !* ⓑ (= *annoyance*)†* corvée *f* • **it's a frightful ~** quelle barbe !*, quelle corvée !

bore[2] [bɔːʳ] (VB) *pt of* **bear**

bored [bɔːd] (ADJ) [*person*] qui s'ennuie • **to be ~ (with doing sth)** s'ennuyer (à faire qch) • **to be ~ stiff** *or* **to death** *or* **to tears*** s'ennuyer à mourir, s'emmerder‡

boredom [ˈbɔːdəm] (N) ennui *m*

boring [ˈbɔːrɪŋ] (ADJ) ennuyeux; [*colour, taste, food*] fade; [*clothes*] sans originalité

born [bɔːn] 1 (ADJ) ⓐ né • **to be ~** naître • **to be ~ again** renaître • **~ in Paris** né à Paris • **the town where he was ~** la ville où il est né • **Napoleon was ~ in 1769** Napoléon est né en 1769 • **when he was ~** quand il est né • **she was ~ blind** elle est aveugle de naissance • **the baby was ~ dead** l'enfant était mort-né • **he was ~ stupid** il a toujours été stupide • **a Parisian ~ and bred** un Parisien de pure souche • **he wasn't ~ yesterday*** il n'est pas né d'hier • **in all my ~ days*** de toute ma vie • **poets are ~, not made** on naît poète, on ne le devient pas • **anger ~ of frustration** colère *f* née de la frustration
ⓑ (= *innate*) **a ~ actress** une actrice-née
2 (COMP) ▸ **born-again** ADJ **~-again Christian** nouveau chrétien *m*, nouvelle chrétienne *f*

-born [bɔːn] (ADJ) (*in compounds*) **Chicago~** originaire de Chicago

borne [bɔːn] (VB) *ptp of* **bear**

Borneo [ˈbɔːnɪəʊ] (N) Bornéo *f* • **in ~** à Bornéo

borough [ˈbʌrə] (N) municipalité *f*; (*in London*) arrondissement *m*

borrow [ˈbɒrəʊ] (VT) emprunter (**from** à) • **a ~ed word** un mot d'emprunt • **to ~ trouble** (*US*) voir toujours tout en noir

borrower [ˈbɒrəʊəʳ] (N) emprunteur *m*, -euse *f*

borrowing [ˈbɒrəʊɪŋ] (N) emprunt *m*

borstal† [ˈbɔːstəl] (N) (*Brit*) ≈ maison *f* de redressement†

Bosnia [ˈbɒznɪə] (N) Bosnie *f*

Bosnian [ˈbɒznɪən] 1 (ADJ) bosniaque 2 (N) Bosniaque *mf*

bosom [ˈbʊzəm] (N) poitrine *f* • **in the ~ of the family** au sein de la famille ▸ **bosom friend** N ami(e) *m(f)* intime

boss [bɒs] 1 (N) patron(ne) *m(f)*, chef *m*; [*of gang*] chef *m*; (*US*: *political*) chef *m* (du parti) • **to be one's own ~** être son propre patron • **we'll have to show him who's ~*** il va falloir lui montrer qui commande ici 2 (ADJ) (*US* = *terrific*)‡ super*
▸ **boss about*, boss around*** VT SEP [+ *person*] commander

bossy* [ˈbɒsɪ] (ADJ) autoritaire • **she's very ~** elle mène tout le monde à la baguette

bot [bɒt] (N) (*Comput*) bot *m*

botanic [bə'tænɪk], **botanical** [bə'tænɪkəl] (ADJ) botanique • ~ **garden(s)** jardin *m* botanique

botanist ['bɒtənɪst] (N) botaniste *mf*

botany ['bɒtənɪ] (N) botanique *f*

botch [bɒtʃ] 1 (VT) (*also* **botch up**) (= *repair crudely*) rafistoler*; (= *bungle*) bâcler • **a ~ed job*** un travail bâclé
2 (N) (*also* **botch-up**) **to make a ~ of sth** bâcler qch

both [bəʊθ] 1 (ADJ) les deux • ~ **books are his** les deux livres sont à lui • **on ~ sides** des deux côtés • **to hold sth in ~ hands** tenir qch à deux mains • **you can't have it ~ ways*** il faut choisir
2 (PRON) tous (les) deux *m*, toutes (les) deux *f* • **they were ~ there** ils étaient là tous les deux • **from ~ of us** de nous deux • **we ~ agree** nous sommes d'accord tous les deux
3 (ADV) ~ **you and I saw him** nous l'avons vu vous et moi • ~ **Paul and I came** Paul et moi sommes venus tous les deux • **she was ~ laughing and crying** elle riait et pleurait à la fois

bother ['bɒðəʳ] 1 (VT) (= *annoy*) ennuyer; (= *pester*) harceler; (= *worry*) inquiéter • **don't ~ me!** laisse-moi tranquille! • **don't ~ him with your problems** ne l'embête pas avec tes problèmes • **I'm sorry to ~ you** je m'excuse de vous déranger • **to be ~ed about sth** s'inquiéter au sujet de qch • **which do you prefer? — I'm not ~ed*** lequel tu préfères? — ça m'est égal • **it doesn't ~ me*** ça m'est égal • **are you going? — no, I can't be ~ed** tu y vas? — non, j'ai la flemme* • **his leg ~s him a lot** sa jambe le fait pas mal souffrir
2 (VI) se donner la peine (**to do sth** de faire qch) • **please don't ~ to get up!** ne vous donnez pas la peine de vous lever! • **most papers didn't ~ reporting it** la plupart des journaux ne se sont pas donner la peine d'en parler • **you needn't ~ to come** ce n'est pas la peine de venir • **I'll do it — please don't ~** je vais le faire — non ce n'est pas la peine • **why ~?** à quoi bon?
3 (N)* ⓐ (= *nuisance*) **it's such a ~!** quelle barbe!*
ⓑ (= *problems*) embêtement *m* • **she's having a spot of ~** elle a des embêtements en ce moment
ⓒ (= *effort*) **it's not worth (going to) the ~ of ...** ça ne vaut pas la peine de ... • **it is no ~** ça ne pose pas de problème • **he found it without any ~** il l'a trouvé sans aucune difficulté • **save yourself a lot of ~ and have it done professionally** épargnez-vous beaucoup de mal et confiez cela à des professionnels
ⓓ (*Brit*) (= *violence*)* bagarre* *f*
4 (EXCL) (*Brit*)* la barbe!*

Botox® ['bəʊˌtɒks] (N) Botox *m*

Botswana [ˌbɒt'swɑːnə] (N) Botswana *m*

bottle ['bɒtl] 1 (N) ⓐ bouteille *f*; (*for beer*) canette *f*; (*also* **baby's bottle**) biberon *m* • **wine ~** bouteille *f* de vin • **to drink a ~ of wine** boire une bouteille de vin ⓑ (*Brit* = *courage*)* **he's got a lot of ~** il a un drôle de cran* • **to lose one's ~** se dégonfler* 2 (VT) [+ *wine*] mettre en bouteille(s)
3 (COMP) ▸ **bottle bank** N conteneur *m* pour verre usagé ▸ **bottled gas** N gaz *m* en bouteille ▸ **bottle-feed** VT nourrir au biberon ▸ **bottle-green** N, ADJ vert *m* bouteille *inv* ▸ **bottle-opener** N décapsuleur *m* ▸ **bottle-top** N capsule *f*
▸ **bottle up** VT SEP [+ *feelings*] refouler

bottleneck ['bɒtlnek] (N) (= *road*) rétrécissement *m* de la chaussée; (= *traffic*) embouteillage *m*; (*in production*) goulet *m* d'étranglement

bottom ['bɒtəm] 1 (N) ⓐ fond *m*; [*of heap, page*] bas *m*; [*of tree, hill*] pied *m* • **at the ~ of page ten** en bas de la page dix • **at the ~ of the hill** au pied de la colline • **the name at the ~ of the list** le nom en bas de la liste • **he's at the ~ of the list** il est en queue de liste • **to be at the ~ of the heap** être en bas de l'échelle • **to be ~ of the class** être le dernier de la classe • **the ~ has fallen out of the market** le marché s'est effondré • **the ship went to the ~** le navire a coulé
ⓑ (= *buttocks*) derrière *m*
ⓒ (= *origin*) **to be at the ~ of sth** être à l'origine de qch • **to get to the ~ of a mystery** aller jusqu'au fond d'un mystère • **we must get to the ~ of it** il faut découvrir le fin fond de cette histoire
▸ **at bottom** au fond
2 (ADJ) [*shelf*] du bas; [*step*] premier; [*price*] le plus bas • ~ **floor** [*of building*] rez-de-chaussée *m* • ~ **gear** première *f* (vitesse) • ~ **half** [*of class, list*] deuxième moitié *f* • **the ~ line** (= *financial result*) le résultat financier • **the ~ line is that ...** le fond du problème c'est que ... • **the ~ right-hand corner** le coin en bas à droite
▸ **bottom out*** VI atteindre son niveau plancher; [*recession*] atteindre son plus bas niveau

bottomless ['bɒtəmlɪs] (ADJ) [*pit, well*] sans fond; [*supply*] inépuisable

botulism ['bɒtjʊlɪzəm] (N) botulisme *m*

bougainvill(a)ea [ˌbuːgən'vɪlɪə] (N) bougainvillée *f*, bougainvillier *m*

bough [baʊ] (N) (*liter*) rameau *m*

bought [bɔːt] (VB) *pt, ptp of* **buy**

boulder ['bəʊldəʳ] (N) rocher *m* (rond)

boulevard ['buːləvɑːʳ] (N) boulevard *m*

bounce [baʊns] 1 (VI) ⓐ [*ball*] rebondir; [*person*] bondir (**into** dans, **out of** hors de) • **the child ~d up and down on the bed** l'enfant faisait des bonds sur le lit • **the ball ~d down the stairs** la balle a rebondi de marche en marche • **to ~ off sth** [*light, sound*] se réverbérer sur qch
ⓑ [*cheque*]* être sans provision
2 (VT) ⓐ [+ *ball*] faire rebondir; [+ *light, heat*] réverbérer • **they ~ radio waves off the moon** ils émettent des ondes radio qui se réverbèrent sur la surface de la lune • **to ~ one's ideas off sb*** soumettre ses idées à qn
ⓑ [+ *cheque*]* refuser
3 (N) [*of ball*] bond *m*, rebond *m* • **there's not much ~ in this pitch** les balles ne rebondissent pas bien sur ce terrain
▸ **bounce back** VI (= *recover*) se remettre très vite

bouncer ['baʊnsəʳ] (N) videur *m*

bouncing ['baʊnsɪŋ] (ADJ) **a beautiful ~ baby** un beau bébé qui respire la santé

bouncy ['baʊnsɪ] (ADJ) [*ball, mattress*] élastique; [*person*] dynamique ▸ **bouncy castle** N château *m* gonflable (*servant de trampoline géant pour enfants*)

bound¹ [baʊnd] 1 (N) (= *jump*) bond *m* • **at a ~** d'un bond
2 (NPL) **bounds** limite(s) *f(pl)* • **his ambition knows no ~s** son ambition est sans limites • **within the ~s of probability** dans les limites du probable • **within the ~s of possibility** dans la limite du possible
▸ **out of bounds** interdit d'accès • **it's out of ~s to soldiers** c'est interdit aux soldats
3 (VT) (*gen pass*) [+ *country*] borner • **~ed by** limité par
4 (VI) [*person*] bondir • **to ~ in/away** entrer/partir en bondissant

bound² [baʊnd] 1 (VB) *pt, ptp of* **bind**
2 (ADJ) ⓐ attaché • ~ **hand and foot** pieds *mpl* et poings *mpl* liés
ⓑ [*book*] relié

c ▸ **to be bound to do sth he's ~ to say no** (= *sure to*) il dira sûrement non • **it is ~ to rain** il va sûrement pleuvoir • **it was ~ to happen** cela devait arriver • **you are not ~ to do it** (= *obliged*) vous n'êtes pas obligé de le faire • **to feel ~ to do sth** se sentir obligé de faire qch
d ▸ **bound for** [*person*] en route pour; [*train, ship, plane*] à destination de • **where are you ~ for?** où allez-vous ?

boundary ['baʊndərɪ] (N) limite *f*, frontière *f* • **to score a ~** (*Cricket*) *envoyer une balle jusqu'aux limites du terrain*

boundless ['baʊndlɪs] (ADJ) [*trust*] illimité; [*ambition, devotion*] sans bornes • **to have ~ energy** avoir de l'énergie à revendre

bounty ['baʊntɪ] (N) **a** (= *generosity*) générosité *f* **b** (= *reward*) prime *f* ▸ **bounty hunter** N chasseur *m* de primes

bouquet ['bʊkeɪ] (N) bouquet *m*

bourbon ['bɜːbən] (N) (*US*) bourbon *m*

bourgeois ['bʊəʒwɑː] **1** (ADJ) bourgeois **2** (N) (*pl inv*) bourgeois(e) *m(f)*

bout [baʊt] (N) **a** (= *period*) période *f* • **~ of nerves** crise *f* de nerfs • **~ of fever** accès *m* de fièvre • **a ~ of flu** une grippe • **drinking ~** beuverie *f* **b** (*Boxing, Wrestling*) combat *m*

boutique [buː'tiːk] (N) boutique *f* (*de mode ou d'objets à la mode*) ▸ **boutique hotel** N hôtel *m* boutique, boutique hôtel *m*

bovine ['bəʊvaɪn] (ADJ) bovin • **~ spongiform encephalopathy** encéphalopathie *f* spongiforme bovine

bow[1] [bəʊ] **1** (N) **a** (= *weapon*) arc *m* **b** [*of violin*] archet *m* **c** (*tied in ribbon, string*) nœud *m* **2** (COMP) ▸ **bow-legged** ADJ **to be ~-legged** avoir les jambes arquées ▸ **bow tie** N nœud *m* papillon ▸ **bow window** N bow-window *m* (*en arc de cercle*)

bow[2] [baʊ] **1** (N) **a** (*with head*) salut *m*; (*with body*) révérence *f* • **to make a (deep) ~** saluer (bas) • **to take a ~** saluer
b [*of ship*] proue *f* • **the ~s** la proue • **in the ~s** en proue
2 (VI) **a** (*in greeting*) saluer d'un signe de tête • **to ~ to sb** saluer qn d'un signe de tête
b (= *submit*) s'incliner (**to** devant, **under** sous) • **we must ~ to your greater knowledge** nous devons nous incliner devant votre grand savoir • **to ~ to sb's opinion** se soumettre à l'opinion de qn • **to ~ to the inevitable** s'incliner devant les faits
3 (VT) courber • **to ~ one's head** courber la tête • **his head was ~ed in thought** il méditait, tête penchée
▸ **bow down** VI s'incliner (**to sb** devant qn)
▸ **bow out** VI tirer sa révérence (*fig*)

bowel ['baʊəl] (N) (*gen pl*) [*of person*] intestin(s) *m(pl)* • **the ~s of the earth** les entrailles *fpl* de la terre

bowl [bəʊl] **1** (N) **a** (= *container*) bol *m*; (*larger*) saladier *m*; (*for water*) cuvette *f*; (*for fruit*) coupe *f*; (*for dog*) gamelle *f*; [*of lavatory, sink*] cuvette *f*; (*US Sport*) coupe *f* **b** (*Sport*) boule *f* • **(game of) ~s** (*Brit*) (jeu *m* de) boules *fpl*; (*US*) (= *skittles*) bowling *m* **2** (VI) (*Brit*) jouer aux boules; (*US*) faire du bowling; (*Cricket*) lancer (la balle) (**to** à) **3** (VT) (*Cricket*) [+ *ball*] lancer; [+ *batsman*] (*also* **bowl out**) éliminer (*en lançant la balle contre les guichets*)
▸ **bowl over** VT SEP **a** (= *knock down*) renverser **b** (= *amaze*) stupéfier • **to be ~ed over (by)** (*in surprise*) rester stupéfait (devant); (*emotionally*) être bouleversé (par) • **she was ~ed over by him** (= *impressed*) il l'a éblouie

bowler ['bəʊlə[r]] (N) **a** (*Cricket*) lanceur *m*, -euse *f* **b** (*Brit*: *also* **bowler hat**) chapeau *m* melon

bowling ['bəʊlɪŋ] (N) bowling *m* ▸ **bowling alley** N bowling *m* ▸ **bowling green** N terrain *m* de boules (*sur gazon*)

box [bɒks] **1** (N) **a** boîte *f*; (= *crate*) caisse *f*; (*also* **cardboard box**) (boîte *f* en) carton *m*; (*on forms*) case *f* • **a ~ of chocolates** une boîte de chocolats • **to be first out of the ~ with sth** (*US*) être le premier à faire qch
b **(on) the ~*** (*Brit*) (= *television*) (à) la télé*
c (*Theatre*) loge *f*; (*for jury, press*) banc *m*; (*also* **witness-box**) barre *f*
d (= *blow*) **a ~ on the ear** une claque
e (= *tree*) buis *m*
2 (VI) (*Sport*) boxer, faire de la boxe • **to ~ clever** (*Brit*) bien manœuvrer
3 (VT) **a** (*Sport*) boxer
b **to ~ sb's ears** flanquer* une claque à qn
4 (COMP) ▸ **box file** N boîte *f* à archives ▸ **box number** N (*in newspaper*) référence *f* d'annonce ▸ **box set** N (*TV, Music*) coffret *m* ▸ **box-ticking** N **they are fed up with filling in forms and ~-ticking** ils en ont assez de remplir des formulaires et de cocher des cases ♦ ADJ [*exercise*] de pure forme, bureaucratique
▸ **box in** VT SEP [+ *car*] encastrer • **to feel ~ed in** se sentir à l'étroit

boxer ['bɒksə[r]] (N) (*Sport*) boxeur *m*, -euse *f* **2** **boxers** (NPL) = **boxer shorts** **3** (COMP) ▸ **boxer shorts** NPL caleçon *m*, boxer-short *m*

boxing ['bɒksɪŋ] **1** (N) boxe *f* **2** (COMP) [*gloves, match*] de boxe ▸ **boxing ring** N ring *m* (de boxe)

Boxing Day ['bɒksɪŋdeɪ] (N) (*Brit*) lendemain *m* de Noël

> **BOXING DAY**
> **Boxing Day**, le lendemain de Noël, est un jour férié au Royaume-Uni. Ce nom vient d'une coutume du XIXe siècle qui consistait à offrir des cadeaux de Noël (dans des boîtes) à ses employés ou son personnel de maison le 26 décembre.

box office ['bɒksɒfɪs] (N) (= *office*) bureau *m* de location; (= *window*) guichet *m* (de location) • **this show will be good ~** ce spectacle fera recette ▸ **box-office success** N (= *play, show*) spectacle *m* qui fait recette; (= *film*) succès *m* au box-office

boxroom ['bɒksrʊm] (N) (*Brit*) débarras *m*

boy [bɔɪ] **1** (N) (= *child, son*) garçon *m*; (= *young man*) jeune *m* (homme *m*) • **little ~** petit garçon *m* • **English ~** petit Anglais *m* • **I lived here as a ~** j'habitais ici quand j'étais enfant • **~s will be ~s!** les garçons, on ne les changera jamais ! **2** (EXCL)* bon sang !* • **~, was I tired!** bon sang, ce que j'étais fatigué !* **3** (COMP) ▸ **boy band** N (*Brit Music*) boys band *m* ▸ **boy scout**† N éclaireur *m*

boycott ['bɔɪkɒt] **1** (VT) boycotter **2** (N) boycott *m*

boyfriend ['bɔɪfrend] (N) petit ami *m*

boyhood ['bɔɪhʊd] (N) enfance *f*, adolescence *f*

boyish ['bɔɪɪʃ] (ADJ) [*male's behaviour*] d'enfant; (= *tomboyish*) de garçon • **his ~ good looks** ses allures de beau jeune homme • **she's quite ~** elle a des allures de garçon

bozo‡ ['bəʊzəʊ] (N) (*US*) drôle de type* *m*

bps [ˌbiːpiː'es] (N) (ABBR OF **bits per second**) bits *mpl* par seconde

bra [brɑː] (N) (ABBR OF **brassière**) soutien-gorge *m*

brace [breɪs] **1** (N) **a** (*for leg, neck*) appareil *m* orthopédique • **~(s)** (*for teeth*) appareil *m* (dentaire) **b** (*pl inv*) (= *pair*) [*of animals, birds*] paire *f* **2** (NPL) **braces** (*Brit*: *for trousers*)

b

bretelles *fpl* **3** (VT) ⓐ (*= support, strengthen*) consolider ⓑ **to ~ o.s.** s'arc-bouter; (*fig*) rassembler ses forces (**to do sth** à faire qch) • **he ~d his leg against the door** il a bloqué la porte avec sa jambe

bracelet [ˈbreɪslɪt] (N) bracelet *m*

bracing [ˈbreɪsɪŋ] (ADJ) [*air, climate*] vivifiant

bracken [ˈbrækən] (N) fougère *f*

bracket [ˈbrækɪt] **1** (N) ⓐ (*= angled support*) support *m*; [*of shelf*] équerre *f* ⓑ (*also* **round bracket**) parenthèse *f*; (*also* **square bracket**) crochet *m* • **in ~s** entre parenthèses ⓒ (*= group*) tranche *f* • **the lower income ~** la tranche des petits revenus • **price ~** fourchette *f* de prix • **age ~** classe *f* d'âge **2** (VT) (*also* **bracket together**) [*+ names, people*] mettre dans la même catégorie

brackish [ˈbrækɪʃ] (ADJ) saumâtre

brag [bræg] **1** (VI) se vanter (**about, of** de) **2** (VT) **to ~ that one has done sth** se vanter d'avoir fait qch **3** (N) vantardise *f*

braid [breɪd] **1** (VT) (*= plait*) tresser **2** (N) ⓐ (*= plait of hair*) tresse *f* ⓑ (*= trimming*) galon *m*

braided [ˈbreɪdɪd] (ADJ) galonné

Braille [breɪl] (N, ADJ) braille *m inv*

brain [breɪn] **1** (N) cerveau *m* • **he's got politics on the ~*** il n'a que la politique en tête • **to blow sb's ~s out*** brûler la cervelle à qn • **calves' ~** cervelle *f* de veau
▸ **brains*** (*= intelligence*) intelligence *f* • **he's got ~s** il est intelligent • **he's the ~s of the family** c'est le cerveau de la famille
2 (VT) (*= knock out*) [*+ person*]* assommer
3 (COMP) ▸ **brain-child** N **it's his ~-child** c'est lui qui l'a inventé ▸ **brain damage** N lésions *fpl* cérébrales ▸ **brain-damaged** ADJ atteint de lésions cérébrales ▸ **brain dead** ADJ dans un coma dépassé ▸ **brain death** N mort *f* cérébrale ▸ **brain drain** N fuite *f* des cerveaux ▸ **brain surgeon** N neurochirurgien(ne) *m(f)* ▸ **brain food** N aliments *mpl* bons pour le cerveau ▸ **brain teaser** N casse-tête *m* ▸ **brain tumour** N tumeur *f* au cerveau ▸ **brain wave** N (*Brit*) idée *f* géniale

brainless [ˈbreɪnlɪs] (ADJ) **to be ~** [*person*] n'avoir rien dans la tête • **a ~ idea** une idée stupide

brainstorm [ˈbreɪnstɔːm] **1** (N) (*Brit = sudden aberration*) moment *m* d'aberration; (*US*) (*= brilliant idea*) idée *f* géniale **2** (VI) faire du remue-méninges, faire du brainstorming **3** (VT) explorer

brainstorming [ˈbreɪnstɔːmɪŋ] (N) brainstorming *m*

brainwash [ˈbreɪnwɒʃ] (VT) faire un lavage de cerveau à • **he was ~ed into believing that ...** on a réussi à lui mettre dans la tête que ...

brainy* [ˈbreɪnɪ] (ADJ) intelligent

braise [breɪz] (VT) braiser

brake [breɪk] **1** (N) frein *m* • **to put on the ~s** freiner • **to act as a ~ on sb's activities** mettre un frein aux activités de qn **2** (VI) freiner **3** (COMP) ▸ **brake block** N patin *m* de frein ▸ **brake light** N feu *m* de stop

bramble [ˈbræmbl] (N) (*= bush*) ronce *f*; (*= berry*) mûre *f* (sauvage)

bran [bræn] (N) son *m* (*de blé*) ▸ **bran tub** N (*Brit*) pêche *f* miraculeuse (*jeu*)

branch [brɑːntʃ] **1** (N) branche *f*; [*of store, company*] succursale *f*; [*of bank*] agence *f* **2** (VI) [*tree*] se ramifier **3** (COMP) ▸ **branch line** N (*Rail*) ligne *f* secondaire
▸ **branch off** VI [*road*] bifurquer
▸ **branch out** VI [*person, company*] se diversifier

brand [brænd] **1** (N) ⓐ (*= make*) marque *f* • **that rum is an excellent ~** c'est une excellente marque de rhum ⓑ (*= type*) sorte *f* • **they have their own ~ of socialism** ils ont leur propre version du socialisme ⓒ (*for cattle*) marque *f* **2** (VT) [*+ cattle*] marquer; [*+ person*] cataloguer (as comme) • **he was ~ed a racist** on l'a catalogué comme raciste **3** (COMP) ▸ **brand image** N image *f* de marque ▸ **brand name** N marque *f* (de fabrique) ▸ **brand-new** ADJ tout neuf (toute neuve *f*)

branding [ˈbrændɪŋ] (N) ⓐ (*Marketing*) valorisation *f* de marque ⓑ [*of cattle*] marquage *m* au fer rouge

brandish [ˈbrændɪʃ] (VT) brandir

brandy [ˈbrændɪ] (N) cognac *m*

brash [bræʃ] (ADJ) [*person*] effronté

brass [brɑːs] **1** (N) ⓐ cuivre *m* (jaune) ⓑ (*in orchestra*) **the ~** les cuivres *mpl* **2** (COMP) [*ornament*] en *or* de cuivre ▸ **brass band** N fanfare *f* ▸ **brass rubbing** N (*= picture*) estampe *f* (de plaque en laiton) ▸ **brass tacks** NPL **to get down to ~ tacks*** en venir aux choses sérieuses

brasserie [ˈbrɑːsərɪ] (N) brasserie *f*

brassy [ˈbrɑːsɪ] (ADJ) ⓐ [*hair*] d'un blond cuivré artificiel ⓑ (*= harsh*) [*sound*] métallique; [*voice*] claironnant

brat* [bræt] **1** (N) môme* *mf* • **she's a spoilt ~** c'est une sale môme **2** (COMP) ▸ **brat pack** N *groupe de jeunes vedettes (acteurs, écrivains, etc) à la conduite souvent répréhensible*

bravado [brəˈvɑːdəʊ] (N) bravade *f*

brave [breɪv] **1** (ADJ) courageux • **be ~!** du courage! • **be ~ and tell her** prends ton courage à deux mains et va lui dire **2** (N) **the bravest of the ~** des braves parmi les braves **3** (VT) [*+ danger, person*] braver

bravely [ˈbreɪvlɪ] (ADV) courageusement

bravery [ˈbreɪvərɪ] (N) courage *m*, bravoure *f* • **medal for ~** médaille *f* pour acte de bravoure

bravo [ˈbrɑːˈvəʊ] (EXCL, N) bravo *m*

brawl [brɔːl] **1** (VI) se bagarrer* **2** (N) bagarre *f* • **drunken ~** bagarre *f* d'ivrognes

brawn [brɔːn] (N) ⓐ (*= muscle*) muscle(s) *m(pl)*; (*= strength*) muscle *m* • **he is all ~ and no brain** il est tout en muscles et sans cervelle ⓑ (*Brit = meat*) fromage *m* de tête

brawny [ˈbrɔːnɪ] (ADJ) [*arms*] musculeux; [*person*] musclé

bray [breɪ] (VI) [*donkey*] braire

brazen [ˈbreɪzn] **1** (ADJ) effronté • **they are ~ about their sales tactics** ils ne font pas mystère de leur stratégie de vente **2** (VT) **to ~ it out** crâner*

brazier [ˈbreɪzɪəʳ] (N) brasero *m*

Brazil [brəˈzɪl] (N) Brésil *m*

Brazilian [brəˈzɪlɪən] **1** (ADJ) brésilien, du Brésil **2** (N) Brésilien(ne) *m(f)*

brazil nut [brəˈzɪlnʌt] (N) noix *f* du Brésil

breach [briːtʃ] **1** (N) ⓐ infraction *f* • **~ of contract** rupture *f* de contrat • **~ of the peace** atteinte *f* à l'ordre public • **~ of trust** abus *m* de confiance • **~es in security** des manquements *mpl* aux règles de sécurité ⓑ (*in wall*) brèche *f* • **to step into the ~** s'engouffrer dans la brèche **2** (VT) [*+ wall*] ouvrir une brèche dans; [*+ defences*] percer • **to ~ security** ne pas respecter les règles de sécurité

bread [bred] (N) pain *m* • **a loaf of ~** un pain • **the ~ and wine** (*= eucharist*) les deux espèces *fpl* • **~ and butter** du pain et du beurre • **writing is his ~ and butter** l'écriture est son gagne-pain • **to earn one's ~** gagner sa vie • **he knows which side his ~ is buttered** il sait où est son intérêt ▸ **bread-and-butter** ADJ [*issue*] de base ▸ **bread**

line N (Brit)* **to be on the ~ line** vivre en-dessous du seuil de pauvreté ▸ **bread sauce** N sauce *f* à la mie de pain

breadbin ['bredbɪn] (N) boîte *f* à pain; (*larger*) huche *f* à pain

breadboard ['bredbɔːd] (N) planche *f* à pain

breadbox ['bredbɒks] (N) (*US*) boîte *f* à pain; (*larger*) huche *f* à pain

breadcrumbs ['bredkrʌmz] (NPL) (*as topping*) chapelure *f* • **fried in ~** pané

breadmaker ['bred,meɪkəʳ] (N) machine *f* à pain

breadth [bretθ] (N) largeur *f* • **this field is 100 metres in ~** ce champ fait 100 mètres de large • **he has a great ~ of experience** il a un grand champ d'expérience

breadwinner ['bred,wɪnəʳ] (N) soutien *m* de famille

break [breɪk] (*vb: pret* **broke**, *ptp* **broken**) **1** (N) (a) (*in conversation, programme, line*) interruption *f*; (*in journey*) arrêt *m*; (*at work*) pause *f*; (*at school*) pause *f*, récréation *f* • **to take a ~** (*= few minutes*) faire une pause; (*= holiday*) prendre des vacances; (*= change*) se changer les idées • **six hours without a ~** six heures d'affilée • **after the ~** (*= advertisements*) après la pause (publicitaire) • **a ~ in the clouds** une éclaircie • **a ~ in the weather** un changement de temps • **he spoke of the need for a ~ with the past** il a dit qu'il fallait rompre avec le passé

▸ **to make a break to make a ~ for it** prendre la fuite • **he made a ~ for the door** il s'est élancé vers la porte

(b) [*of bone*] fracture *f*

(c) (*liter*) **at ~ of day** au point du jour

(d) (*= luck, opportunity*)* chance *f* • **he's had all the ~s** il a eu toutes les veines* • **she got her first big ~ in "Sarafina"** elle a percé dans « Sarafina » • **give me a ~!*** (*= leave me alone*) fichez-moi la paix !*

(e) (*Snooker*) série *f* • **to have a ~ of serve** (*Tennis*) faire le break

2 (VT) (a) casser; [*+ skin*] écorcher • **to ~ sth in two** casser qch en deux • **to ~ one's leg/one's neck** se casser la jambe/le cou • **the bone is not broken** il n'y a pas de fracture • **to ~ open** [*+ door*] enfoncer; [*+ lock, safe*] fracturer • **to ~ ground on a new building** (*US*) commencer à construire un nouveau bâtiment • **to ~ new** *or* **fresh ground** innover • **to ~ one's back** se casser la colonne vertébrale • **to ~ the back of a task** (*Brit*) faire le plus dur d'une tâche • **to ~ sb's heart** briser le cœur de qn • **to ~ one's heart over sth** avoir le cœur brisé par qch • **to ~ a record** battre un record

(b) [*+ promise*] manquer à; [*+ treaty*] violer • **to ~ the law** enfreindre la loi • **to ~ a vow** rompre un serment

(c) [*+ courage, spirit, strike*] briser • **to ~ sb** (*= demoralize*) briser qn; (*= ruin*) ruiner qn • **television can make you or ~ you** la télévision peut soit vous apporter la gloire soit vous briser • **to ~ sb of a habit** faire perdre une habitude à qn • **to ~ a habit** se débarrasser d'une habitude • **it won't ~ the bank*** cela ne va pas te (*or* nous *or* les *etc*) ruiner

(d) [*+ silence, spell*] rompre • **to ~ sb's serve** prendre le service de qn • **to ~ one's journey** faire une étape (*or* des étapes)

(e) [*+ fall*] amortir

(f) [*+ news*] annoncer • **try to ~ it to her gently** essayez de le lui annoncer avec ménagement

3 (VI) (a) (se) casser; [*bone*] se fracturer • **to ~ in two** se casser en deux

(b) [*clouds*] se dissiper

(c) [*storm*] éclater; [*wave*] déferler

(d) [*news, story*] éclater

(e) (*= weaken, change*) [*health*] se détériorer; [*voice*] (*boy's*) muer; (*in emotion*) se briser (**with** sous le coup de); [*weather*] se gâter • **he broke under torture** il a craqué sous la torture • **his spirit broke** son courage l'a abandonné

(f) [*dawn*] poindre; [*day*] se lever

(g) (*= pause*) faire une pause • **we broke for lunch** nous avons fait une pause pour le déjeuner

(h) (*set structures*)

▸ **to break even** rentrer dans ses fonds

▸ **to break free** se libérer

▸ **to break loose** [*person, animal*] s'échapper; [*boat*] rompre ses amarres

▸ **to break with sb** rompre avec qn

4 (COMP) ▸ **break-even point** N seuil *m* de rentabilité ▸ **break-in** N cambriolage *m* ▸ **break-up** N [*of friendship*] rupture *f*; [*of empire, group of states*] démantèlement *m*; [*of political party*] scission *f* • **since the ~-up of his marriage** depuis qu'il est séparé de sa femme

▸ **break away** VI (*from captor*) s'échapper • **to ~ away from a group** se séparer d'un groupe

▸ **break down 1** VI (a) [*vehicle*] tomber en panne; [*argument*] s'effondrer; [*resistance*] céder; [*negotiations*] échouer • **after negotiations broke down ...** après l'échec *m* des négociations ... (b) (*= decompose*) se décomposer (**into** en) (c) (*= weep*) fondre en larmes

2 ♦ VT SEP (a) (*= demolish*) démolir; [*+ door*] enfoncer; [*+ opposition*] briser (b) [*+ accounts*] détailler; [*+ sales figures, costs*] ventiler; [*+ substance*] décomposer

▸ **break in 1** VI (a) (*= interrupt*) interrompre (b) (*= enter illegally*) entrer par effraction **2** VT SEP (a) [*+ door*] enfoncer (b) [*+ engine, car*] roder • **it took a month to ~ in my new shoes** cela a pris un mois avant que mes nouvelles chaussures se fassent

▸ **break into** VT INSEP (a) (*= enter illegally*) [*+ house*] entrer par effraction dans • **to ~ into a safe** fracturer un coffre-fort (b) [*+ savings*] entamer (c) [*company*] **to ~ into a new market** percer sur un nouveau marché (d) **to ~ into song** se mettre à chanter • **to ~ into a run** se mettre à courir

▸ **break off 1** VI (a) [*piece, twig*] se casser net (b) (*= stop*) s'arrêter (**doing sth** de faire qch) • **he broke off in mid-sentence** il s'est arrêté au milieu d'une phrase **2** VT SEP (a) (*= snap off*) casser (b) (*= end*) [*+ relationship, negotiations*] rompre

▸ **break out** VI (a) [*war, fire*] éclater • **to ~ out into a sweat** suer; (*from fear*) commencer à avoir des sueurs froides (b) (*= escape*) s'échapper (**of** de)

▸ **break through 1** VI (*= succeed*) percer **2** VT INSEP [*+ defences, obstacles*] faire tomber

▸ **break up 1** VI (a) [*ice*] craquer; [*ship in storm*] se disloquer; [*partnership*] cesser; [*empire*] effondrer • **their marriage broke up** ils se sont séparés • **to ~ up with sb** rompre avec qn (b) [*crowd*] se disperser; [*meeting*] prendre fin • **the schools ~ up tomorrow** (*Brit*) les cours se terminent demain (c) [*phone line*] couper • **you're ~ing up** je ne te capte plus (d) (*US = laugh*)‡ se tordre de rire **2** VT SEP (a) [*+ chocolate*] casser en morceaux • **to ~ up the soil** casser les mottes de terre (b) [*+ coalition*] briser; [*+ empire*] démembrer • **to ~ up a marriage** briser un couple • **to do sth to ~ up one's day** faire qch pour faire une coupure dans la journée (c) [*+ crowd, demonstration*] disperser

• **police used tear gas to ~ up the demonstration** la police a utilisé du gaz lacrymogène pour disperser les manifestants **d** (*US = make laugh*)* donner le fou rire à

breakable ['breɪkəbl] **1** (ADJ) fragile **2** (NPL) **breakables** objets *mpl* fragiles

breakage ['breɪkɪdʒ] (N) [*of glass, china*] casse *f*

breakaway ['breɪkəˌweɪ] (ADJ) [*group, movement*] dissident; [*state, region*] séparatiste

breakdown ['breɪkdaʊn] **1** (N) **a** [*of machine, vehicle, electricity supply*] panne *f* **b** [*of communications, relationship, talks*] rupture *f* **c** (*= mental illness*) dépression *f* nerveuse • **to have a (nervous) ~** faire une dépression nerveuse **d** (*= analysis*) analyse *f*; (*into categories*) décomposition *f* (**into** en); [*of sales figures, costs*] ventilation *f* • **give me a ~ of these results** faites-moi l'analyse de ces résultats **2** (COMP) ▸ **breakdown service** N service *m* de dépannage ▸ **breakdown truck, breakdown van** N (*Brit*) dépanneuse *f*

breaker ['breɪkə^r] (N) (*= wave*) brisant *m*

breakfast ['brekfəst] (N) petit déjeuner *m* • **to have ~** prendre le petit déjeuner ▸ **breakfast bar** N bar *m* américain (*dans une cuisine américaine*) ▸ **breakfast TV** N télévision *f* du matin

breaking-point ['breɪkɪŋpɔɪnt] (N) **she has reached ~** elle est à bout • **the situation has reached ~** la situation a atteint le point de rupture

breakout ['breɪkaʊt] (N) évasion *f*

breakthrough ['breɪkθruː] (N) (*= success*) percée *f*; (*in research*) découverte *f* capitale

breakwater ['breɪkˌwɔːtə^r] (N) brise-lames *m inv*

breast [brest] **1** (N) **a** [*of woman*] sein *m* **b** (*= chest*) poitrine *f*; [*of chicken*] blanc *m* **2** (COMP) ▸ **breast cancer** N cancer *m* du sein ▸ **breast-feed** VT, VI allaiter ▸ **breast-feeding** N allaitement *m* au sein ▸ **breast milk** N lait *m* maternel ▸ **breast-stroke** N brasse *f*

breastbone ['brestbəʊn] (N) sternum *m*; [*of bird*] bréchet *m*

breath [breθ] **1** (N) haleine *f*, souffle *m* • **to have bad ~** avoir mauvaise haleine • **to get one's ~ back** reprendre son souffle • **out of ~** essoufflé • **to take a deep ~** respirer à fond • **take a deep ~!** (*fig*) accroche-toi bien !* • **to take sb's ~ away** couper le souffle à qn • **to gasp for ~** haleter • **under one's ~** [*say, talk*] à voix basse • **with one's dying ~** en rendant son dernier soupir

▸ **a breath of there wasn't a ~ of air** il n'y avait pas un souffle d'air • **to go out for a ~ of fresh air** sortir prendre l'air • **it was a ~ of fresh air** c'était une bouffée d'air frais

2 (COMP) ▸ **breath test** N alcootest® *m* ▸ **breath-test** VT faire subir l'alcootest® à

breathalyse, breathalyze (*US*) ['breθəlaɪz] (VT) faire subir l'alcootest® à

Breathalyser®, **Breathalyzer**® (*US*) ['breθəlaɪzə^r] (N) alcootest® *m*

breathe [briːð] **1** (VI) [*person, fabric*] respirer • **she is still breathing** elle respire encore • **to ~ heavily** (*after running*) souffler (fort) • **to have sb breathing down one's neck** avoir qn sur le dos* **2** (VT) **a** [*+ air*] respirer • **to ~ one's last** rendre le dernier soupir • **to ~ new life into sb** redonner du courage à qn **b** [*+ sigh*] pousser • **to ~ a sigh of relief** pousser un soupir de soulagement • **don't ~ a word (about it)!** n'en dis rien à personne !

▸ **breathe in** VI, VT SEP inspirer

▸ **breathe out** VI, VT SEP expirer

breather* ['briːðə^r] (N) moment *m* de répit

breathing ['briːðɪŋ] (N) respiration *f* ▸ **breathing space** N moment *m* de répit

breathless ['breθlɪs] (ADJ) **a** (*= out of breath*) essoufflé; (*from illness*) qui a du mal à respirer • **to make sb ~** essouffler qn **b** [*excitement*] fébrile • **he was ~ with anticipation** il retenait son souffle

breathlessness ['breθlɪsnɪs] (N) essoufflement *m*

breathtaking ['breθteɪkɪŋ] (ADJ) stupéfiant; [*views, scenery*] à vous couper le souffle

bred [bred] **1** (VB) *pt, ptp of* **breed** **2** (ADJ) (*in compounds*) **well-~** bien élevé

breech [briːtʃ] (N) (*Med*) **~ (birth** *or* **delivery)** (accouchement *m* par le) siège *m*

breed [briːd] (*pret, ptp* **bred**) **1** (VT) [*+ animals*] élever; [*+ hatred, resentment, violence, confusion*] engendrer • **he ~s horses** il élève des chevaux **2** (VI) [*animals*] se reproduire **3** (N) espèce *f*; [*of animal*] race *f*

breeder ['briːdə^r] (N) (*= person*) éleveur *m*, -euse *f*

breeding ['briːdɪŋ] **1** (N) **a** (*= raising*) élevage *m* **b** (*= upbringing*) **(good) ~** bonnes manières *fpl* **2** (COMP) ▸ **breeding ground** N (*for animals*) zone *f* de reproduction • **~ ground for revolution** terrain *m* propice à la révolution

breeze [briːz] **1** (N) **a** (*= wind*) brise *f* • **gentle ~** petite brise *f* • **stiff ~** vent *m* frais **b** **it's a ~*** (*= it's easy*) c'est fastoche* **2** (VI) **to ~ in** entrer d'un air dégagé • **to ~ through sth*** faire qch les doigts dans le nez* **3** (COMP) ▸ **breeze block** N (*Brit*) parpaing *m*

breezeway ['briːzweɪ] (N) (*US*) *passage couvert reliant deux bâtiments*

breezy ['briːzɪ] (ADJ) **a** **it's ~ today** il y a du vent aujourd'hui **b** (*= cheery*) enjoué

Breton ['bretən] **1** (ADJ) breton **2** (N) (*= person*) Breton(ne) *m(f)*

brevity ['brevɪtɪ] (N) (*= shortness*) brièveté *f*; (*= conciseness*) concision *f*

brew [bruː] **1** (N) **a** (*= beer*) bière *f*; (*= tea*) thé *m* **b** (*= mixture*) mélange *m* **2** (VT) [*+ beer*] brasser; [*+ tea*] faire infuser **3** (VI) **a** (*= make beer*) brasser **b** [*beer*] fermenter; [*tea*] infuser; [*storm*] se préparer • **there's trouble ~ing** il y a de l'orage dans l'air (*fig*)

brewer ['bruːə^r] (N) brasseur *m*

brewery ['bruːərɪ] (N) brasserie *f* (*fabrique*)

Brexit ['breksɪt] (N) Brexit *m*, *le retrait du Royaume-Uni de l'Union européenne* • **a hard/soft ~** un Brexit dur/mou

Brexiteer* [breksɪ'tɪə^r] (N) partisan(e) *m(f)* du Brexit

bribe [braɪb] **1** (N) pot-de-vin *m* • **to take a ~** accepter un pot-de-vin • **to offer a ~** offrir un pot-de-vin **2** (VT) soudoyer • **to ~ sb to do sth** soudoyer qn pour qu'il fasse qch

bribery ['braɪbərɪ] (N) corruption *f* • **~ and corruption** corruption *f* active

brick [brɪk] **1** (N) **a** brique *f* • **to put one's money into ~s and mortar** investir dans la pierre • **he came down on me like a ton of ~s!*** il m'a passé un de ces savons !* • **to come up against a ~ wall** se heurter à un mur • **to drop a ~*** faire une gaffe* **b** (*Brit*) (*= toy*) cube *m* (*de construction*) • **box of ~s** jeu *m* de construction **2** (COMP) [*house*] en brique(s) ▸ **brick-built** ADJ en brique(s)

bricklayer ['brɪkˌleɪə^r] (N) maçon *m*

brickwork ['brɪkwɜːk] (N) briquetage *m*

BRICS [brɪks] (N) (ABBR OF **Brazil, Russia, India, China, and South Africa**) BRICS *mpl*

bridal ['braɪdl] ADJ *[feast]* de noce(s); *[suite]* nuptial
▸ **bridal party** N famille *f* et amis *mpl* de la mariée
▸ **bridal shower** N (US) *fête en l'honneur de la future mariée*

bride [braɪd] N *(about to be married)* (future) mariée *f*; *(just married)* (jeune) mariée *f* • **the ~ and groom** les jeunes mariés *mpl* ▸ **bride-to-be** N future mariée *f* • **his ~-to-be** sa future femme

bridegroom ['braɪdgru:m] N *(about to be married)* (futur) marié *m*; *(just married)* (jeune) marié *m*

bridesmaid ['braɪdzmeɪd] N demoiselle *f* d'honneur

bridezilla* [,braɪd'zɪlə] N bridezilla *f*

bridge [brɪdʒ] 1 N ⓐ pont *m* • **to build ~s between two communities** jeter un pont entre deux communautés • **let's cross that ~ when we come to it** on s'occupera de ce problème-là en temps voulu ⓑ *(on ship)* passerelle *f* (de commandement) ⓒ *[of nose]* arête *f* ⓓ *(Dentistry)* bridge *m* ⓔ *(Cards)* bridge *m* • **to play ~** jouer au bridge
2 VT **to ~ the gap** *or* **divide** *(between people)* combler le fossé • **they were unable to ~ their differences** ils n'ont pas pu réconcilier leurs points de vue 3 COMP ▸ **bridge-building** N *(= reconciliation)* efforts *mpl* de rapprochement

bridging loan ['brɪdʒɪŋ,ləʊn] N (Brit) prêt-relais *m*

bridle ['braɪdl] 1 N bride *f* 2 VI se rebiffer (**at** contre) 3 COMP ▸ **bridle path** N piste *f* cavalière

bridleway ['braɪdlweɪ] N piste *f* cavalière

brief [bri:f] 1 ADJ ⓐ bref • **to be ~, the same thing happened again** bref, il s'est passé la même chose
▸ **in brief** en bref • **the news in ~** les actualités en bref
ⓑ *[skirt, shorts]* très court
2 N ⓐ *(legal)* dossier *m*
ⓑ *(= task)* tâche *f* • **his ~ is to ...** sa tâche consiste à ...
3 NPL **briefs** slip *m*
4 VT *(= give orders to)* briefer; *(= bring up to date)* mettre au courant (**on sth** de qch)

briefcase ['bri:fkeɪs] N serviette *f*

briefing ['bri:fɪŋ] N briefing *m*

briefly ['bri:flɪ] ADV *[pause]* un bref instant; *[speak, visit, reply, describe]* brièvement • **the facts, ~, are these** en deux mots, les faits sont les suivants

brigade [brɪ'geɪd] N brigade *f*

brigadier [,brɪgə'dɪə^r] N (Brit) général(e) *m(f)* de brigade

bright [braɪt] 1 ADJ ⓐ *[colour, light]* vif; *[room]* clair; *[clothes, flowers]* de couleur(s) vive(s); *[star, eyes]* brillant
ⓑ *[day, weather]* radieux; *[sunshine, sun]* éclatant • **to become ~er** *[weather]* s'éclaircir • **~ intervals** éclaircies *fpl* • **the outlook is ~er** on prévoit une amélioration (du temps)
ⓒ *(= clever)* intelligent • **full of ~ ideas** plein d'excellentes idées
ⓓ *(= cheerful)* jovial • **~ and breezy** décontracté et enjoué
ⓔ *[future, outlook, prospects]* brillant • **the future looks ~ (for him)** l'avenir s'annonce bien (pour lui) • **the outlook is ~er** les perspectives d'avenir sont plus prometteuses • **~ spot** *(= hope)* lueur *f* d'espoir • **to look on the ~ side** prendre les choses du bon côté
ⓕ **to be (up) ~ and early** se lever de bon matin • **you're up ~ and early this morning!** tu es bien matinal aujourd'hui !
2 COMP ▸ **the bright lights** NPL les lumières *fpl* de la ville • **the ~ lights of New York** les lumières *fpl* de New York ▸ **bright spark*** N petit(e) futé(e)* *m(f)*

brighten ['braɪtn] *(also* **brighten up***)* 1 VT ⓐ *[+ prospects, situation, future]* améliorer ⓑ *(= make lighter)* éclairer
2 VI *[sky, eyes, expression]* s'éclairer; *[person]* s'égayer; *[prospects, future]* s'améliorer

brightly ['braɪtlɪ] ADV ⓐ *[sparkle]* de mille feux • **to burn ~** *[fire]* flamber • **~ lit** bien éclairé ⓑ *(= vividly)* **~ coloured** de couleur(s) vive(s) • **~ painted** *(one colour)* peint d'une couleur vive; *(two or more colours)* peint avec des couleurs vives ⓒ *[say, smile]* jovialement

brightness ['braɪtnɪs] N *[of screen]* luminosité *f* • **to adjust the ~** régler la luminosité

brilliance ['brɪljəns] N ⓐ *(= splendour)* éclat *m* ⓑ *(= great intelligence)* intelligence *f* supérieure

brilliant ['brɪljənt] ADJ ⓐ *[person, mind, performance]* brillant; *[idea]* génial ⓑ *[career]* brillant; *[future]* radieux; *[success]* éclatant ⓒ *(= bright)* éclatant ⓓ *(Brit = excellent)** super* *inv* • **she's ~ with children** elle est super* avec les enfants

brilliantly ['brɪljəntlɪ] ADV ⓐ *[write, play, perform]* brillamment; *[funny]* remarquablement; *[succeed, work]* magnifiquement • **he was ~ successful** il a magnifiquement réussi ⓑ **~ coloured** de couleur(s) vive(s) • **a ~ sunny day** une journée radieuse

Brillo pad ® ['brɪləʊpæd] N tampon *m* Jex ®

brim [brɪm] 1 N bord *m* • **to be full to the ~ with sth** être plein à ras bord de qch; *(fig)* déborder de qch 2 VI déborder (**with** de) • **~ming with** débordant de
▸ **brim over** VI déborder (**with** de)

brimful ['brɪm'fʊl] ADJ débordant (**with** de)

brine [braɪn] N *(for preserving)* saumure *f*

bring [brɪŋ] *(pret, ptp* **brought***)* VT ⓐ *[+ person, animal, vehicle, peace]* amener; *[+ object, news, information]* apporter • **to ~ sb up/down** faire monter/faire descendre qn (avec soi) • **to ~ sth up/down** monter/descendre qch
ⓑ *(= cause)* *[+ problems]* créer • **this song brought her international fame** la chanson lui a assuré une renommée internationale • **his books brought him a good income** ses livres lui rapportaient bien • **to ~ tears to sb's eyes** faire venir les larmes aux yeux de qn • **to ~ sth (up)on o.s.** s'attirer qch • **to ~ sth to a close** *or* **an end** mettre fin à qch • **to ~ sth into question** *(= throw doubt on)* remettre qch en question
ⓒ ▸ **to bring o.s. to do sth** **I cannot ~ myself to speak to him** je ne peux me résoudre à lui parler
ⓓ *(in court)* **to ~ an action against sb** intenter un procès à qn • **to ~ a charge against sb** inculper qn
▸ **bring about** VT SEP entraîner
▸ **bring along** VT SEP **to ~ sb along (with one)** amener qn (avec soi) • **can I ~ a friend along?** est-ce que je peux amener un ami ?
▸ **bring back** VT SEP ⓐ *[+ person]* ramener; *[+ object]* rapporter; *[+ institution, system]* réintroduire
ⓑ *(= call to mind)* rappeler
▸ **bring down** VT SEP ⓐ *[+ plane]* faire atterrir; *(= shoot down)* *[+ animal, bird, plane]* abattre
ⓑ *[+ dictator, government]* faire tomber; *[+ temperature, prices, cost of living]* faire baisser
▸ **bring forward** VT SEP ⓐ *[+ person]* faire avancer; *[+ witness]* produire; *[+ evidence, proof, argument]* avancer
ⓑ *(= advance time of)* avancer
▸ **bring in** VT SEP ⓐ *[+ person]* faire entrer; *[+ object, harvest]* rentrer
ⓑ *[+ custom, legislation]* introduire; *[+ expert, army]* faire appel à • **they brought in a new management team** ils ont mis en place une nouvelle équipe dirigeante
ⓒ *[+ income]* rapporter

ⓓ **to ~ in a verdict** *[jury]* rendre un verdict
▸**bring off** VT SEP *[+ plan, deal]* mener à bien • **he didn't manage to ~ it off** il n'a pas réussi son coup
▸**bring on** VT SEP *(= cause) [+ illness, quarrel]* provoquer • **~ it on!*** on fonce !*
▸**bring out** VT SEP ⓐ *[+ object]* sortir; *[+ meaning]* mettre en évidence; *[+ qualities]* mettre en valeur • **it ~s out the best in him** c'est là qu'il se montre sous son meilleur jour
ⓑ *[+ book]* faire paraître; *[+ new product]* lancer
▸**bring round** VT SEP ⓐ **to ~ the conversation round to football** amener la conversation sur le football
ⓑ *[+ unconscious person]* ranimer
ⓒ *(= convert)* gagner (**to** à)
▸**bring together** VT SEP ⓐ *(= put in touch) [+ people]* mettre en contact
ⓑ *(= end quarrel between)* réconcilier
ⓒ *[+ facts, documents]* rassembler
▸**bring up** VT SEP ⓐ *[+ person]* faire monter; *[+ object]* monter
ⓑ *[+ child]* élever • **well/badly brought-up child** enfant *m* bien/mal élevé
ⓒ *(= vomit)* vomir
ⓓ *[+ fact, allegation, problem]* mentionner; *[+ question]* soulever

brink [brɪŋk] (N) bord *m* • **on the ~ of sth** au bord de qch

brinkmanship ['brɪŋkmənʃɪp] (N) stratégie *f* de la corde raide

brisk [brɪsk] (ADJ) ⓐ *(= energetic)* vif; *(= abrupt in manner)* brusque ⓑ *[movement]* vif • **~ pace** allure *f* vive • **to take a ~ walk** marcher d'un bon pas ⓒ *[trade]* actif; *[demand]* important • **business is ~** les affaires marchent bien

brisket ['brɪskɪt] (N) poitrine *f* de bœuf

bristle ['brɪsl] 1 (N) poil *m* • **a brush with nylon ~s** une brosse en nylon ® 2 (VI) se hérisser • **bristling with difficulties** hérissé de difficultés • **he ~d at the suggestion** cette suggestion l'a hérissé

bristly ['brɪslɪ] (ADJ) *[moustache, beard]* aux poils raides; *[hair]* raide; *[chin, cheek]* mal rasé

Brit* [brɪt] (N) Britannique *mf*

Britain ['brɪtən] (N) *(also* **Great Britain***)* Grande-Bretagne *f* → GREAT BRITAIN, UNITED KINGDOM

British ['brɪtɪʃ] 1 (ADJ) britannique; *[ambassador, embassy]* de Grande-Bretagne • **~ English** anglais *m* britannique 2 (NPL) **the British** les Britanniques *mpl* 3 (COMP) ▸**British Asian** ADJ *britannique originaire du sous-continent indien* ♦ N *Britannique originaire du sous-continent indien* → ASIAN ▸**the British Broadcasting Corporation** N la BBC ▸**British Columbia** N Colombie *f* britannique ▸**British Council** N British Council *m* ▸**the British Isles** NPL les îles *fpl* Britanniques → GREAT BRITAIN, UNITED KINGDOM ▸**British Summer Time** N l'heure *f* d'été britannique

> **BRITISH COUNCIL**
> Fondé en 1934 et présent dans plus de 100 pays, le **British Council** est un organisme international financé par le ministère des Affaires étrangères et du Commonwealth. Il a pour mission de promouvoir la langue et la culture anglaises, de développer les relations culturelles entre le Royaume-Uni et le reste du monde et de s'impliquer dans des actions éducatives.

Briton ['brɪtən] (N) Britannique *mf*

Britpop ['brɪtpɒp] (N) *musique pop britannique des années 90*

Brittany ['brɪtənɪ] (N) Bretagne *f*

> **Brittany** has a double **t** whereas **Bretagne** has one.

brittle ['brɪtl] (ADJ) *[hair, nails]* cassant; *[personality]* sec (sèche *f*) ▸**brittle-bone disease** N ostéoporose *f*

broach [brəʊtʃ] (VT) entamer; *[+ subject]* aborder

broad [brɔːd] 1 (ADJ) ⓐ *(= wide)* large • **to grow ~er** s'élargir • **~ in the shoulder** large d'épaules • **a ~ expanse of lawn** une vaste étendue de pelouse • **a ~ spectrum of opinion** un large éventail d'opinions • **the agreement won ~ support** cet accord a été largement soutenu • **to have ~ implications** avoir de vastes implications
ⓑ *[aims, objectives]* général • **the ~ outlines** les grandes lignes *fpl* • **in the ~est sense of the word** au sens le plus large du terme • **in ~ terms** grosso modo • **to be in ~ agreement** être d'accord sur l'essentiel
ⓒ *[coalition]* vaste; *[education]* diversifié; *[syllabus, choice]* étendu
ⓓ *[hint]* à peine voilé; *[comedy]* grossier
ⓔ *[accent]* prononcé
ⓕ **in ~ daylight** en plein jour
2 (N) ⓐ **the (Norfolk) Broads** *les lacs et estuaires du Norfolk*
ⓑ *(US pej = woman)*‡ nana* *f*
3 (COMP) ▸**broad-based** ADJ *[support]* large; *[government]* réunissant des tendances très variées; *[approach]* diversifié ▸**broad bean** N *(Brit)* fève *f* ▸**broad jump** N *(US)* saut *m* en longueur ▸**broad-brush** ADJ *[analysis, report]* sommaire ▸**broad-minded** ADJ **to be ~-minded** avoir les idées larges

B-road ['biːrəʊd] (N) *(Brit)* route *f* secondaire, route *f* départementale

broadband ['brɔːdbænd] 1 (N) *(Comput)* transmission *f* à large bande 2 (ADJ) à large bande

broadcast ['brɔːdkɑːst] *(pret, ptp* **broadcast***)* 1 (VT) diffuser; *[+ news, rumour]* répandre 2 (VI) *[station]* émettre 3 (N) émission *f* • **live ~** émission *f* en direct

broadcaster ['brɔːdkɑːstəʳ] (N) personnalité *f* de la radio (*or* de la télévision)

broadcasting ['brɔːdkɑːstɪŋ] (N) *[of programme]* diffusion *f* • **~ was interrupted** les émissions ont été interrompues • **he works in ~** il travaille à la radio (*or* à la télévision)

broaden ['brɔːdn] 1 (VT) élargir • **to ~ one's outlook** élargir ses horizons 2 (VI) s'élargir

broadly ['brɔːdlɪ] (ADV) ⓐ *[agree, accept, define]* dans les grandes lignes; *[support]* largement • **this is ~ true** en gros, c'est vrai • **~ similar** à peu près semblable • **~-based** *[support]* large; *[movement]* réunissant des tendances très variées • **the new law was ~ welcomed** la nouvelle loi a été généralement bien accueillie ⓑ *[hint]* fortement ⓒ **to smile ~** avoir un large sourire

broadsheet ['brɔːdʃiːt] (N) *(= serious newspaper)* journal *m* de qualité → TABLOIDS, BROADSHEETS

broadside ['brɔːdsaɪd] (N) *(= criticism)* attaque *f* cinglante; *(= insults)* bordée *f* d'injures *or* d'invectives

brocade [brəʊ'keɪd] (N) brocart *m* • **a ~ waistcoat** un gilet en brocart

broccoli ['brɒkəlɪ] (N) brocoli *m*

> The French word **brocoli** has one **c** whereas the English word **broccoli** has two.

brochure [ˈbrəʊʃjʊəʳ] (N) brochure *f*; (= *leaflet*) prospectus *m*
brogue [brəʊg] (N) ⓐ (= *shoe*) *chaussure à lacets et à petits trous* ⓑ (= *Irish accent*) accent *m* irlandais; (= *local accent*) accent *m* du terroir
broil [brɔɪl] (VT) (*US*) (faire) griller
broiler [ˈbrɔɪləʳ] (N) (*US*) (= *grill*) gril *m*
broiling [ˈbrɔɪlɪŋ] (ADJ) (*US*) [*sun*] brûlant
broke [brəʊk] 1 (VB) *pt of* **break** 2 (ADJ) (= *penniless*)* fauché* • **to be dead ~** être complètement fauché • **to go ~** faire faillite • **to go for ~** jouer le tout pour le tout
broken [ˈbrəʊkən] 1 (VB) *ptp of* **break**
2 (ADJ) ⓐ (= *cracked, smashed*) cassé • **pieces of ~ glass** des débris *mpl* de verre
ⓑ (= *fractured*) cassé; [*bone, hand, foot*] fracturé • **~ bones** fractures *fpl*
ⓒ [*machine, phone*] détraqué
ⓓ [*body, mind*] brisé • **the scandal left him a ~ man** ce scandale l'a brisé • **to have a ~ heart** avoir le cœur brisé
ⓔ (= *interrupted*) [*sleep*] interrompu; [*voice, line*] brisé • **I've had several ~ nights** j'ai passé plusieurs mauvaises nuits • **~ cloud** ciel *m* couvert avec des éclaircies • **to speak in ~ English** parler un mauvais anglais
ⓕ [*promise, contract, engagement*] rompu; [*appointment*] manqué
ⓖ [*marriage*] brisé • **he comes from a ~ home** il vient d'un foyer désuni
3 (COMP) ▸ **broken-down** ADJ [*car*] en panne; [*machine*] détraqué ▸ **broken-hearted** ADJ au cœur brisé
broker [ˈbrəʊkəʳ] 1 (N) courtier *m* 2 (VT) [+ *deal, agreement*] négocier
brolly* [ˈbrɒlɪ] (N) (*Brit*) parapluie *m*
bromance* [ˈbrəʊmæns] (N) *amitié forte entre deux hommes hétérosexuels*
bronchitis [brɒŋˈkaɪtɪs] (N) bronchite *f* • **to have ~** avoir une bronchite
brontosaurus [ˌbrɒntəˈsɔːrəs] (N) brontosaure *m*
Bronx cheer [ˌbrɒŋksˈtʃɪəʳ] (N) (*US*) *bruit de dérision*
bronze [brɒnz] 1 (N) bronze *m* 2 (COMP) en bronze; (= *colour*) bronze ▸ **the Bronze Age** N l'âge *m* du bronze ▸ **bronze medal** N médaille *f* de bronze
bronzed [brɒnzd] (ADJ) bronzé
brooch [brəʊtʃ] (N) broche *f*
brood [bruːd] 1 (N) [*of birds*] couvée *f*; [*of children*] progéniture *f* 2 (VI) [*bird*] couver; [*person*] ruminer • **to ~ on** [+ *plan*] ruminer; [+ *misfortune, the past*] ressasser
broody [ˈbruːdɪ] (ADJ) ⓐ [*hen*] prêt à couver ⓑ **to be feeling ~*** [*woman*] avoir envie d'avoir un enfant ⓒ (= *pensive*) mélancolique
brook [brʊk] 1 (N) ruisseau *m* 2 (VT) (*frm*) **they will ~ no contradiction** ils ne souffriront aucune contradiction
broom [brʊm] (N) ⓐ (= *plant*) genêt *m* ⓑ (= *brush*) balai *m*
broomstick [ˈbrʊmstɪk] (N) manche *m* à balai
Bros. (ABBR OF **Brothers**) **Martin ~** Martin Frères
broth [brɒθ] (N) bouillon *m*
brothel [ˈbrɒθl] (N) maison *f* close
brother [ˈbrʌðəʳ] 1 (N) ⓐ frère *m* • **older/younger ~** frère *m* aîné/cadet ⓑ (*in trade unions*) camarade *m*; (*US: also* **soul brother**) frère *m* (de couleur) 2 (COMP) ▸ **brother-in-law** N (*pl* **brothers-in-law**) beau-frère *m*
brotherhood [ˈbrʌðəhʊd] (N) ⓐ fraternité *f* ⓑ (= *association*) communauté *f*; (*US*) corporation *f*
brotherly [ˈbrʌðəlɪ] (ADJ) fraternel
brought [brɔːt] (VB) *pt, ptp of* **bring**
brow [braʊ] (N) ⓐ (= *forehead*) front *m*; (= *eyebrow*) sourcil *m* ⓑ [*of hill*] sommet *m*
browbeat [ˈbraʊbiːt] (*pret* **browbeat**, *ptp* **browbeaten**) (VT) intimider • **to ~ sb into doing sth** forcer qn à faire qch
brown [braʊn] 1 (ADJ) ⓐ marron *inv*; (*darker*) brun; [*hair*] châtain; [*shoes, leather*] marron • **dark/light ~ hair** cheveux *mpl* châtain foncé/clair *inv* • **to go ~** [*leaves*] roussir
ⓑ (= *tanned*) bronzé • **to go ~** bronzer • **as ~ as a berry** tout bronzé
2 (N) marron *m*; (*darker*) brun *m* • **her hair was a rich, deep ~** ses cheveux étaient d'un châtain foncé
3 (VT) [+ *meat, potatoes, onions*] faire dorer
4 (COMP) ▸ **brown ale** N *sorte de bière brune* ▸ **brown bread** N pain *m* complet ▸ **brown goods** NPL produits *mpl* bruns ▸ **brown paper** N papier *m* Kraft ▸ **brown rice** N riz *m* complet ▸ **brown sugar** N cassonade *f*
brownbag* [ˈbraʊnbæg] (VT) (*US*) **to ~ it** • **to ~ one's lunch** apporter son repas
brownfield [ˈbraʊnfiːld] (ADJ) *ancien terrain industriel*
brownie [ˈbraʊnɪ] (N) ⓐ **Brownie** jeannette *f* • **to get Brownie points*** obtenir des bons points ⓑ (= *cake*) brownie *m* (*petit gâteau au chocolat*)
brownstone [ˈbraʊnstəʊn] (N) (*US*) (= *material*) grès *m* brun; (= *house*) bâtiment *m* de grès brun
browse [braʊz] 1 (VI) ⓐ (*in bookshop, library*) feuilleter les livres; (*in other shops*) regarder sans acheter • **I'm just browsing, thanks** je regarde seulement, merci ⓑ (*Comput*) parcourir le Net 2 (N) **to have a ~** = **to browse**
browser [ˈbraʊzəʳ] (N) (*Comput*) navigateur *m*
bruise [bruːz] 1 (VT) ⓐ [+ *person, part of body*] faire un bleu à, contusionner; [+ *fruit*] taler • **to be ~d all over** être couvert de bleus ⓑ [+ *ego, feelings*] blesser 2 (VI) [*fruit*] se taler • **peaches ~ easily** les pêches se talent facilement
3 (N) (*on person*) bleu *m*, ecchymose *f*; (*on fruit*) talure *f*
bruising [ˈbruːzɪŋ] (ADJ) [*encounter, experience, battle*] éprouvant
Brum* [brʌm] (N) (*Brit*) Birmingham
Brummie* [ˈbrʌmɪ] (N) (*Brit*) **he's a ~** il est de Birmingham
brunch [brʌntʃ] (N) brunch *m*
Brunei [ˈbruːnaɪ] (N) Brunei *m*
brunette [bruːˈnet] (N) brune *f*
brunt [brʌnt] (N) **to take** *or* **bear the ~ of** [+ *recession, floods*] être le plus touché par; [+ *anger*] subir le plus fort de • **he bore the ~ of it all** c'est lui qui a porté le poids de l'affaire
brush [brʌʃ] 1 (N) ⓐ brosse *f*; (*also* **paint brush**) pinceau *m*; (= *broom*) balai *m*; (*with dustpan*) balayette *f*
ⓑ (= *act of brushing*) coup *m* de brosse • **to give one's hair a ~** donner un coup de brosse à ses cheveux
ⓒ (= *undergrowth*) broussailles *fpl*
ⓓ (= *argument*) **to have a ~ with the law** avoir des démêlés *mpl* avec la justice • **to have a ~ with sb** avoir un accrochage avec qn
2 (VT) ⓐ brosser • **to ~ one's teeth** se brosser les dents • **to ~ one's hair** se brosser les cheveux
ⓑ (= *touch lightly*) effleurer
3 (VI) **to ~ against sb/sth** effleurer qn/qch • **to ~ past sb/sth** frôler qn/qch en passant
4 (COMP) ▸ **brushed cotton** N pilou *m* ▸ **brush-off*** N **to give sb the ~-off** envoyer balader* qn • **to get the ~-off**

se faire envoyer sur les roses* ▸**brush-stroke** N coup *m or* trait *m* de pinceau ▸**brush-up** N coup *m* de brosse • **to give one's German a ~-up*** rafraîchir ses notions d'allemand

▸**brush aside** VT SEP [*+ argument, objections*] balayer (d'un geste)

▸**brush off** VT SEP ⓐ [*+ dirt*] (*with brush*) enlever à la brosse; (*with broom*) enlever à coups de balai; [*+ insect*] faire partir; [*+ fluff on coat*] (*with brush*) enlever à la brosse; (*with hand*) enlever à la main ⓑ (*= snub*) envoyer sur les roses*

▸**brush up (on)** VT INSEP rafraîchir (ses notions de)

brushwood ['brʌʃwʊd] (N) brindilles *fpl*

brusque [bruːsk] (ADJ) brusque

Brussels ['brʌslz] (N) Bruxelles ▸**Brussels sprouts** NPL (*also* **Brussel sprouts**) choux *mpl* de Bruxelles

> **Brussels** has one **l** whereas **Bruxelles** has two.

brutal ['bruːtl] (ADJ) brutal

brutality [bruː'tælɪtɪ] (N) brutalité *f*

brutalization [ˌbruːtəlaɪ'zeɪʃən] (N) (*= ill-treatment*) brutalités *fpl*, mauvais traitements *mpl*; (*= dehumanization*) déshumanisation *f*

brutalize ['bruːtəlaɪz] (VT) (*= ill-treat*) brutaliser

brutally ['bruːtəlɪ] (ADV) **~ frank** d'une franchise brutale • **in a ~ competitive world** dans un monde livré à une concurrence sans merci

brute [bruːt] 1 (N) brute *f* • **this machine is a ~!*** quelle vacherie de machine !‡ 2 (ADJ) **by (sheer) ~ force** par la force • **to use ~ strength** recourir à la force

brutish ['bruːtɪʃ] (ADJ) brutal

BS [biː'es] (ABBR) ⓐ (ABBR OF **British Standard**) norme *f* britannique ⓑ (*US*) (ABBR OF **Bachelor of Science**) → **bachelor** ⓒ (*esp US*)‡ = **bullshit**

BSc [ˌbiːes'siː] (N) (ABBR OF **Bachelor of Science**) **to have a ~ in biology** avoir une licence de biologie → DEGREE

BSE [ˌbiːes'iː] (ABBR OF **bovine spongiform encephalopathy**) ESB *f*

BST [ˌbiːes'tiː] (N) (ABBR OF **British Summer Time**) l'heure *f* d'été britannique

BTW*, **btw*** (ABBR OF **by the way**) → **by**

bub* [bʌb] (N) (*US*) mec* *m*

bubble ['bʌbl] 1 (N) bulle *f* • **to blow ~s** faire des bulles • **the ~ burst** le rêve s'est envolé 2 (VI) [*hot liquid*] bouillonner; [*stream*] glouglouter 3 (COMP) ▸**bubble bath** N bain *m* moussant ▸**bubble-jet printer** N imprimante *f* à bulles d'encre ▸**bubble memory** N (*Comput*) mémoire *f* à bulles

▸**bubble over** VI déborder

▸**bubble up** VI [*excitement*] monter

bubble-gum ['bʌblgʌm] (N) chewing-gum *m*

bubbly ['bʌblɪ] 1 (ADJ) pétillant 2 (N) (*= champagne*)* champagne *m*, champ* *m*

Bucharest [ˌbuːkə'rest] (N) Bucarest

buck [bʌk] 1 (N) ⓐ (*= animal*) mâle *m* ⓑ (*US = dollar*)* dollar *m* • **to be down to one's last ~** être sur la paille* • **to make a quick ~** gagner du fric‡ facilement ⓒ (*= responsibility*)* **to pass the ~** refiler* la responsabilité aux autres • **the ~ stops here** la responsabilité finale lui (*or* me *etc*) revient 2 (VI) ⓐ [*horse*] ruer ⓑ (*= object to*) **to ~ at sth*** regimber devant qch 3 (VT) **to ~ the trend/system** se rebiffer* contre la tendance/le système 4 (COMP) ▸**buck-naked*** (*US*) ADJ à poil‡ ▸**buck's fizz** N mimosa *m* (*cocktail à base de champagne et de jus d'orange*) ▸**buck's party** N (*Austral*) (*men-only party*) soirée *f* entre hommes; (*before wedding*) enterrement *m* de vie de garçon ▸**buck teeth** N **to have ~ teeth** avoir les dents en avant

▸**buck up*** 1 VI ⓐ (*= hurry up*) se grouiller* ⓑ (*= cheer up*) se secouer 2 VT SEP ⓐ (*= cheer up*) remonter le moral de ⓑ **you'll have to ~ up your ideas** il va falloir que tu te secoues *subj* un peu

bucket ['bʌkɪt] 1 (N) seau *m* • **~ of water** seau *m* d'eau • **to weep ~s*** pleurer toutes les larmes de son corps ▸**buckets of*** (*= lots*) des tonnes de* 2 (VI) [*rain*] **it's ~ing (down)*** il tombe des cordes 3 (COMP) ▸**bucket list*** N liste *m* des choses à faire avant de mourir ▸**bucket seat** N (siège-)baquet *m* ▸**bucket shop** N (*for air tickets*) *organisme de vente de billets d'avion à prix réduit*

Buckingham Palace ['bʌkɪŋəm'pælɪs] (N) palais *m* de Buckingham

> **BUCKINGHAM PALACE**
> **Buckingham Palace** est la résidence officielle londonienne du souverain britannique depuis 1762. Construit en 1703, ce palais fut à l'origine la résidence du duc de Buckingham. Il a été partiellement reconstruit au début du XXe siècle.

buckle ['bʌkl] 1 (N) boucle *f* 2 (VT) ⓐ [*+ belt, shoe*] attacher ⓑ [*+ wheel*] voiler 3 (VI) [*door, panel*] se déformer; [*wheel*] se voiler; [*knees*] se dérober

▸**buckle down*** VI se coller au boulot* • **to ~ down to a job** s'atteler à un boulot*

Bucks (ABBR OF **Buckinghamshire**)

buckskin ['bʌkskɪn] (N) (peau *f* de) daim *m*

buckwheat ['bʌkwiːt] (N) sarrasin *m*, blé *m* noir

bud [bʌd] 1 (N) ⓐ [*of tree, plant*] bourgeon *m* • **to be in ~** bourgeonner ⓑ [*of flower*] bouton *m* ⓒ* = **buddy** 2 (VI) [*tree, plant*] bourgeonner

Buddha ['bʊdə] (N) Bouddha *m*

Buddhism ['bʊdɪzəm] (N) bouddhisme *m*

Buddhist ['bʊdɪst] 1 (N) bouddhiste *mf* 2 (ADJ) [*monk, nation*] bouddhiste; [*religion, art, dogma*] bouddhique

budding ['bʌdɪŋ] (ADJ) [*poet, entrepreneur*] en herbe; [*passion*] naissant

buddy* ['bʌdɪ] (N) (*US*) copain *m* • **they're great buddies** ils sont très copains

budge [bʌdʒ] 1 (VI) (*= move*) bouger; (*= change one's mind*) changer d'avis 2 (VT) faire bouger • **you can't ~ him** (*= make him change his mind*) vous ne le ferez pas changer d'avis

budgerigar ['bʌdʒərɪgɑː'] (N) perruche *f*

budget ['bʌdʒɪt] 1 (N) budget *m* • **to be on a tight ~** disposer d'un budget modeste 2 (ADJ) ⓐ [*deficit, surplus*] budgétaire • **~ cuts** compressions *fpl* budgétaires ⓑ (*= cut-price*) pour petits budgets; [*price*] modique • **~ airline** (*Brit*) compagnie *f* aérienne low cost 3 (VI) [*individual, family*] faire son budget; [*company, institution*] budgéter • **we hadn't ~ed for this** nous n'avions pas prévu cela dans notre budget 4 (VT) budgéter

BUDGET
Le **budget** est présenté au Parlement britannique au printemps par le chancelier de l'Échiquier qui rend publiques les prévisions du gouvernement pour l'année à venir et précise en particulier les modifications apportées à la fiscalité et au régime des prestations sociales. L'intervention du ministre est diffusée intégralement à la télévision.

budgetary ['bʌdʒɪtrɪ] (ADJ) budgétaire
budgie* ['bʌdʒɪ] (N) perruche *f*
Buenos Aires ['bweɪnəs'aɪrɪz] (N) Buenos Aires
buff [bʌf] 1 (N) **a** (= *enthusiast*) mordu(e)* *m(f)* • **a film ~** un(e) mordu(e)* de cinéma **b** (= *colour*) (couleur *f*) chamois *m* 2 (ADJ) **a** (*also* **buff-coloured**) (couleur) chamois *inv* • **~ envelope** enveloppe *f* (en papier) kraft **b*** [*person*] en super forme* 3 (VT) (= *polish*) polir
buffalo ['bʌfələʊ] (N) (*pl* **buffalo**) (= *wild ox*) buffle *m*; (= *bison*) bison *m*
buffer ['bʌfəʳ] 1 (N) tampon *m*; (*Brit*) (*for train*) butoir *m*; (*Comput*) mémoire *f* tampon 2 (VT) [+ *shocks*] amortir 3 (VI) (*Comput*) mettre en mémoire tampon 4 (COMP) ▸ **buffer memory** N (*Comput*) mémoire *f* tampon ▸ **buffer state** N état *m* tampon ▸ **buffer zone** N zone *f* tampon
buffering ['bʌfərɪŋ] (N) (*Comput*) mise *f* en mémoire tampon
buffet[1] ['bʌfɪt] (VT) **~ed by the waves** ballotté par les vagues • **~ed by the wind/the storm** secoué par le vent/la tempête • **~ed by events** secoué par les événements
buffet[2] ['bʊfeɪ] (N) buffet *m* ▸ **buffet car** N (*Brit*) voiture-bar *f* ▸ **buffet lunch** N buffet *m*
buffoon [bə'fuːn] (N) bouffon *m*
bug [bʌg] 1 (N) **a** (= *insect*) insecte *m*, bestiole* *f*
b (= *germ*)* microbe *m* • **he picked up a ~ on holiday** il a attrapé un microbe pendant ses vacances • **to be bitten by the jogging ~** attraper le virus du jogging • **the flu ~** le virus de la grippe
c (*in computer program*) bogue *m*
d (= *hidden microphone*)* micro *m* (caché)
e (*US* = *enthusiast*) **a basketball ~**‡ un(e) mordu(e)* de basket
2 (VT)* **a** [+ *phone*] brancher sur table d'écoute; [+ *room*] cacher des micros dans
b (= *annoy*) casser les pieds à* • **what's ~ging you?** qu'est-ce qui te tracasse ?
bugbear ['bʌgbɛəʳ] (N) bête *f* noire
bugger** ['bʌgəʳ] (N) (*Brit*) salaud‡ *m*
buggered** ['bʌgəd] (*Brit*) 1 (VB) *pt, ptp of* **bugger** 2 (ADJ) (= *ruined*) [*machine*] foutu‡; (= *exhausted*) [*person*] nase*
buggery ['bʌgərɪ] (N) sodomie *f* • **it hurts like ~**‡ ça fait super mal*
buggy ['bʌgɪ] (N) (*Brit* = *pushchair*) poussette *f*
bugle ['bjuːgl] (N) clairon *m*
build [bɪld] (*vb: pret, ptp* **built**) 1 (N) (= *physique*) corpulence *f* • **of medium ~** de corpulence moyenne • **of slim ~** fluet
2 (VT) construire; [+ *nest*] faire; [+ *empire, company*] bâtir • **the hotel was still being built** l'hôtel était encore en construction • **this car was not built for speed** cette voiture n'était pas conçue pour la vitesse • **the house was built into the hillside** la maison était à flanc de colline
3 (VI) construire • **to ~ on a piece of land** construire sur un terrain • **it's a good start, something to ~ on** c'est une base solide sur laquelle on peut bâtir
▸ **build in** VT SEP [+ *safeguards*] intégrer (**into** à)
▸ **build on** VT SEP [+ *room, annex*] ajouter (**to** à)
▸ **build up** 1 VI [*business connection*] se développer; [*tension, pressure, excitement*] monter 2 VT SEP **a** [+ *reputation*] bâtir; [+ *business*] monter; [+ *production, forces, tension, excitement*] augmenter **b** (= *make stronger*) donner des forces à **c** (= *make much of*) [+ *story*] faire du battage* autour de • **they built him up as some kind of star** ils en ont fait une sorte de vedette
builder ['bɪldəʳ] (N) (= *worker*) ouvrier *m*, -ière *f* (du bâtiment)
building ['bɪldɪŋ] 1 (N) **a** bâtiment *m*; (= *habitation, offices*) immeuble *m* **b** (= *activity*) construction *f* 2 (COMP) ▸ **building block** N (*fig*) composante *f* ▸ **building contractor** N entrepreneur *m* (en bâtiment) ▸ **building site** N chantier *m* (de construction) ▸ **building society** N (*Brit*) ≈ société *f* de crédit immobilier ▸ **building worker** N ouvrier *m*, -ière *f* du bâtiment

BUILDING SOCIETY
Une **building society** est une mutuelle dont les épargnants et emprunteurs sont les propriétaires. Ces mutuelles offrent deux services principaux : les comptes d'épargne permettant des retraits d'argent moyennant un court préavis et les prêts à long terme, par exemple pour acheter une maison. Les **building societies** ont eu jusqu'en 1985 le quasi-monopole des comptes d'épargne et des prêts immobiliers, mais actuellement les banques détiennent une part importante de ce marché.

build-up ['bɪldʌp] (N) [*of gas*] accumulation *f*; [*of troops*] rassemblement *m*; [*of tension, excitement, pressure*] montée *f* • **the ~ to Christmas** la période précédant Noël
built [bɪlt] 1 (VB) *pt, ptp of* **build** 2 (ADJ) **a ~ of brick/stone** (construit) en briques/pierres • **~ to last** fait pour durer **b** [*person*] **heavily ~** solidement bâti • **powerfully ~** puissamment charpenté 3 (COMP) ▸ **built-in** ADJ [*wardrobe*] encastré; [*flash, safety device*] intégré • **it gives them a ~-in advantage** ça leur donne un avantage dès le départ • **~-in cupboard** placard *m* encastré ▸ **built-up** ADJ **~-up area** agglomération *f*
bulb [bʌlb] (N) **a** [*of plant*] bulbe *m* • **~ of garlic** tête *f* d'ail **b** (= *light bulb*) ampoule *f*
bulbous ['bʌlbəs] (ADJ) [*nose*] gros (grosse *f*)
Bulgaria [bʌl'gɛərɪə] (N) Bulgarie *f*
Bulgarian [bʌl'gɛərɪən] 1 (ADJ) bulgare 2 (N) (= *person*) Bulgare *mf*
bulge [bʌldʒ] 1 (N) **a** renflement *m*; (*in cheek*) gonflement *m*; (*in tyre*) hernie *f* **b** (= *increase*) poussée *f* 2 (VI) (*also* **bulge out**) faire saillie; [*pocket, sack, cheek*] être gonflé (**with** de) • **my address book is bulging with new numbers** mon carnet d'adresses est bourré de nouveaux numéros
bulging ['bʌldʒɪŋ] (ADJ) [*eyes*] globuleux; [*muscles*] saillant; [*stomach*] protubérant
bulgur ['bʌlgəʳ] (N) (*also* **bulgur wheat**) boulgour *m*
bulimia [bə'lɪmɪə] (N) (*also* **bulimia nervosa**) boulimie *f*
bulimic [bə'lɪmɪk] (ADJ) boulimique
bulk [bʌlk] 1 (N) (= *great size*) [*of thing*] grosseur *f*, grandeur *f*; [*of person*] corpulence *f*

▸ **the bulk of** la plus grande partie de • **the ~ of the working community** la plus grande partie de la population active • **the ~ of the work is done** le plus gros du travail est fait

▸ **in bulk** (*= in large quantities*) en gros; (*not prepacked*) en vrac

2 COMP ▸ **bulk-buy** VI acheter en grosses quantités ▸ **bulk carrier** N transporteur *m* de vrac

bulkhead ['bʌlkhed] N (*Brit*) cloison *f*

bulky ['bʌlkɪ] ADJ [*object*] volumineux; [*person*] corpulent

bull [bʊl] 1 N ⓐ taureau *m* • **to take the ~ by the horns** prendre le taureau par les cornes ⓑ (*= male of elephant, whale*) mâle *m* ⓒ (*= nonsense*)⁑ conneries⁑ *fpl* 2 COMP ▸ **bull market** N marché *m* haussier

bulldog ['bʊldɒg] N bouledogue *m* ▸ **bulldog clip** N (*Brit*) pince *f* à dessin

bulldoze ['bʊldəʊz] VT passer au bulldozer • **to ~ sb into doing sth*** forcer qn à faire qch

bulldozer ['bʊldəʊzəʳ] N bulldozer *m*

bullet ['bʊlɪt] 1 N balle *f* (*projectile*) 2 COMP ▸ **bullet point** N (*= dot*) point *m* centré; (*fig*) point *m* important ▸ **bullet wound** N blessure *f* par balle

bulletin ['bʊlɪtɪn] N bulletin *m* • **health ~** bulletin *m* de santé ▸ **bulletin board** N tableau *m* d'affichage; (*Comput*) messagerie *f* électronique

bulletproof ['bʊlɪtpruːf] ADJ [*garment*] pare-balles *inv*; [*glass*] blindé

bullfight ['bʊlfaɪt] N corrida *f*

bullfighter ['bʊlfaɪtə] N torero *m*, -a *f*

bullfighting ['bʊlfaɪtɪŋ] N tauromachie *f*

bullhorn ['bʊlhɔːn] N (*US*) porte-voix *m inv*

bullion ['bʊljən] N (*= gold*) or *m* en barre

bullock ['bʊlək] N bœuf *m*

bullpen* ['bʊlpen] N (*US*) ⓐ (*Baseball*) (*= area*) zone *f* d'entraînement des lanceurs; (*= players*) lanceurs *mpl* à l'entraînement ⓑ (*= office*) bureau *m* paysager

bullring ['bʊlrɪŋ] N arène *f* (*pour courses de taureaux*)

bull's-eye ['bʊlzaɪ] N [*of target*] mille *m* • **to hit the ~** mettre dans le mille

bullshit** ['bʊlʃɪt] N conneries⁑ *fpl*

bully ['bʊlɪ] 1 N tyran *m*; (*at school*) petit(e) dur(e) *m(f)* 2 EXCL (*ironic*) ~ **for you!** t'es un chef!* 3 VT (*= persecute*) tyranniser; (*= frighten*) intimider; (*at school*) brutaliser • **to ~ sb into doing sth** contraindre qn par la menace à faire qch 4 COMP ▸ **bully boy*** N dur *m*

bullying ['bʊlɪɪŋ] N brutalités *fpl*; (*psychological*) brimades *fpl*

bum* [bʌm] 1 N ⓐ (*Brit*) (*= bottom*) derrière *m* ⓑ (*US*) (*= vagrant*) clochard *m*; (*= good-for-nothing*) bon à rien *m* 2 ADJ minable 3 VI (*also* **bum about** *or* **around**) vadrouiller* 4 VT [*+ money, food*] taper* • **to ~ a cigarette off sb** taxer* une cigarette à qn

bumbag ['bʌmbæg] N banane *f*

bumblebee ['bʌmblbiː] N bourdon *m*

bumbling ['bʌmblɪŋ] ADJ (*= inept*) empoté

bumf* [bʌmf] N (*Brit*) paperasses *fpl*

bummer⁑ ['bʌməʳ] N **you're working on Sunday? what a ~!** tu travailles dimanche ? c'est chiant !⁑

bump [bʌmp] 1 N ⓐ (*= blow*) coup *m*; (*= jolt*) secousse *f* • **the news brought us back to earth with a ~*** la nouvelle nous a brutalement rappelés à la réalité ⓑ (*= swelling*) bosse *f* ⓒ (*= minor accident*) accrochage *m*

2 VT [*car*] heurter • **to ~ one's head** se cogner la tête (**against** contre) 3 VI **to ~ along** cahoter

▸ **bump into** VT INSEP ⓐ [*+ person*] se cogner contre; [*+ vehicle*] rentrer dans* ⓑ (*= meet*)* tomber sur*

▸ **bump off**⁑ VT SEP liquider*

▸ **bump up*** VT SEP [*+ prices, sales, profits*] faire grimper

bumper ['bʌmpəʳ] 1 N [*of car*] pare-chocs *m inv* 2 ADJ [*crop*] exceptionnel 3 COMP ▸ **bumper car** N auto *f* tamponneuse ▸ **bumper sticker** N autocollant *m* (*pour voiture*)

bumph* [bʌmf] N (*Brit*) paperasses *fpl*

bumptious ['bʌmpʃəs] ADJ prétentieux

bumpy ['bʌmpɪ] ADJ [*road, ride*] cahoteux • **we had a ~ flight** nous avons été très secoués pendant le vol

bun [bʌn] N ⓐ (*= roll*) petit pain *m* au lait; (*= cake*) petit gâteau *m* ⓑ (*= hairstyle*) chignon *m*

bunch [bʌntʃ] N ⓐ [*of flowers*] bouquet *m*; [*of bananas*] régime *m*; [*of radishes, asparagus*] botte *f*; [*of keys*] trousseau *m* • **~ of flowers** bouquet *m* (de fleurs) • **~ of grapes** grappe *f* de raisins • **to wear one's hair in ~es** (*Brit*) porter des couettes • **the pick of the ~** le dessus du panier ⓑ [*of people*]* groupe *m* • **the best of the ~** le meilleur de tous • **he's the best of a bad ~*** c'est le moins médiocre

▸ **bunch together** VI se regrouper

bundle ['bʌndl] 1 N ⓐ [*of clothes, goods*] paquet *m*; [*of letters, papers*] liasse *f*; [*of firewood*] fagot *m* • **he's a ~ of nerves** c'est un paquet de nerfs • **it cost a ~*** ça a coûté beaucoup de fric* ⓑ (*Comput*) lot *m* 2 VT ⓐ (*also* **bundle up**) mettre en paquet ⓑ (*= put hastily*) **to ~ sb into a car** pousser qn dans une voiture 3 COMP ▸ **bundled software** N progiciel *m*

▸ **bundle off** VT SEP [*+ person*] pousser dehors • **he was ~d off to bed** on l'a expédié au lit

bung [bʌŋ] 1 N ⓐ [*of cask*] bonde *f* ⓑ (*= bribe*)⁑ dessous-de-table *m* 2 VT (*Brit = throw*)⁑ balancer*

▸ **bung up** VT SEP [*+ pipe*] boucher • **his nose was ~ed up*** il avait le nez bouché

bungalow ['bʌŋgələʊ] N pavillon *m* (*de plain-pied*)

bungee jumping ['bʌndʒiː'dʒʌmpɪŋ] N saut *m* à l'élastique

bungle ['bʌŋgl] 1 VT rater 2 N ratage *m*

bungling ['bʌŋglɪŋ] ADJ [*person*] maladroit

bunion ['bʌnjən] N (*on toe*) oignon *m*

bunk [bʌŋk] 1 N ⓐ (*= bed*) couchette *f* ⓑ (*Brit*) **to do a ~**⁑ mettre les bouts⁑ 2 COMP ▸ **bunk beds** NPL lits *mpl* superposés

▸ **bunk off**⁑ VI (*Brit*) [*pupil*] sécher les cours*; [*worker*] se tirer* du travail

bunker ['bʌŋkəʳ] N ⓐ (*for coal*) coffre *m* ⓑ (*Golf*) bunker *m* ⓒ (*= refuge*) bunker *m*

bunny* ['bʌnɪ] N lapin *m*

bunting ['bʌntɪŋ] N (*= flags*) drapeaux *mpl*

buoy [bɔɪ] N bouée *f*

▸ **buoy up** VT SEP (*= hearten*) porter • **he felt ~ed up by his recent successes** ses récents succès l'avaient regonflé*

buoyancy ['bɔɪənsɪ] N ⓐ [*of ship, object*] flottabilité *f* ⓑ (*= lightheartedness*) entrain *m*

buoyant ['bɔɪənt] ADJ ⓐ [*ship, object*] capable de flotter ⓑ (*= lighthearted*) plein d'entrain; [*mood*] gai ⓒ [*economy*] soutenu

BUPA ['buːpə] N (ABBR OF **British United Provident Association**) *assurance-maladie privée britannique*

burble ['bɜːbl] (VI) [*person*] marmonner

burden ['bɜːdn] 1 (N) fardeau *m*; [*of taxes*] poids *m* • **to be a ~ to …** être un fardeau pour … • **the ~ of proof rests with him** la charge de la preuve lui incombe 2 (VT) (*= place burden on*) charger (**with** de); (*= oppress*) accabler (**with** de) • **we decided not to ~ him with the news** nous avons décidé de ne pas l'accabler avec cette nouvelle • **to be ~ed by guilt** être rongé de remords • **to be ~ed by regret** être accablé de regrets

bureau ['bjʊərəʊ] (N) (*pl* **bureaux**) ⓐ (*= writing desk*) bureau *m* ⓑ (*US*) (*= chest of drawers*) commode *f* (*souvent à miroir*) ⓒ (*= office*) bureau *m* ⓓ (*= government department*) service *m* (gouvernemental)

> **BUREAU OF INDIAN AFFAIRS**
>
> Le **Bureau of Indian Affairs** est un organisme américain qui gère les droits octroyés aux minorités amérindiennes. Relevant aujourd'hui du ministère de l'Intérieur, il a pour mission d'améliorer les conditions de vie des populations autochtones.

bureaucracy [bjʊə'rɒkrəsɪ] (N) bureaucratie *f*

bureaucrat ['bjʊərəʊkræt] (N) bureaucrate *mf*

bureaucratic [ˌbjʊərəʊ'krætɪk] (ADJ) bureaucratique

bureaux ['bjʊərəʊz] (NPL) *of* **bureau**

burgeon ['bɜːdʒən] (VI) [*industry, market, popularity*] être en plein essor

burger ['bɜːgəʳ] (N) hamburger *m* ▸ **burger bar** N fast-food *m* (*où l'on sert des hamburgers*)

burglar ['bɜːgləʳ] (N) cambrioleur *m*, -euse *f* ▸ **burglar alarm** N alarme *f*

burglarize ['bɜːgləraɪz] (VT) (*US*) cambrioler

burglary ['bɜːglərɪ] (N) cambriolage *m*

burgle ['bɜːgl] (VT) cambrioler

Burgundy ['bɜːgəndɪ] 1 (N) Bourgogne *f* 2 **burgundy** (ADJ) (*= colour*) bordeaux *inv*

burial ['berɪəl] (N) enterrement *m* ▸ **burial ground** N cimetière *m*

burkha ['bɜːkə] (N) = **burqa**

Burkina-Faso [bɜː'kiːnə'fæsəʊ] (N) Burkina-Faso *m*

burlap ['bɜːlæp] (N) toile *f* d'emballage

burlesque [bɜː'lesk] 1 (N) ⓐ (genre *m*) burlesque *m*; [*of book, poem*] parodie *f* ⓑ (*US*) (*= striptease*) revue *f* déshabillée 2 (ADJ) [*poem*] burlesque; [*description*] caricatural

burly ['bɜːlɪ] (ADJ) baraqué*

Burma ['bɜːmə] (N) Birmanie *f*

Burmese [bɜː'miːz] (ADJ) birman, de Birmanie

burn [bɜːn] (*vb: pret, ptp* **burned** *or* (*Brit*) **burnt**) 1 (N) ⓐ brûlure *f* • **cigarette ~** brûlure *f* de cigarette ⓑ (*Scot*) ruisseau *m*
2 (VT) ⓐ brûler; [*+ town, building*] incendier • **to be ~t to death** être brûlé vif • **to ~ o.s.** se brûler • **to ~ one's finger** se brûler le doigt • **to get ~ed** (*fig*) se brûler les doigts • **to ~ one's boats** brûler ses vaisseaux • **to ~ the candle at both ends** brûler la chandelle par les deux bouts
ⓑ [*+ CD, DVD*] graver
3 (VI) ⓐ brûler • **you left all the lights ~ing** vous avez laissé toutes les lumières allumées • **she ~s easily** elle attrape facilement des coups de soleil • **her face was ~ing** (*from embarrassment*) elle était cramoisie
ⓑ (*= be eager*) brûler (**with** de) • **he was ~ing to get his revenge** il brûlait (du désir) de se venger
4 (COMP) ▸ **burns unit** N service *m* des grands brûlés
▸ **burn down** 1 VI [*house*] être réduit en cendres 2 VT SEP [*+ building*] incendier
▸ **burn out** 1 VI [*fire, candle*] s'éteindre 2 VT SEP **he ~t himself out** il s'est détruit
▸ **burn up** VT SEP [*+ calories*] brûler

burner ['bɜːnəʳ] (N) brûleur *m*

burning ['bɜːnɪŋ] 1 (ADJ) ⓐ [*town, forest*] en flammes; [*feeling*] cuisant ⓑ [*fever*] brûlant; [*interest*] vif; [*desire*] intense; [*indignation*] violent • **a ~ question** une question brûlante 2 (N) **there is a smell of ~** ça sent le brûlé

burnished ['bɜːnɪʃt] (ADJ) poli

burnout ['bɜːnaʊt] (N) épuisement *m*

Burns Night

> **BURNS NIGHT**
>
> **Burns Night** est une fête écossaise qui a lieu le 25 janvier, à la mémoire du grand poète écossais Robert Burns (1759-1796). À cette occasion, les Écossais se réunissent pour un dîner (« Burns supper ») qui comprend traditionnellement du haggis, apporté à table au son de la cornemuse. Après les toasts d'usage, l'assistance lit des poèmes et chante des chansons de Burns.

burnt [bɜːnt] 1 (VB) *pt, ptp of* **burn** 2 (ADJ) brûlé • **~ taste** goût *m* de brûlé

burp* [bɜːp] 1 (VI) roter* 2 (N) rot* *m*

burqa [bɜːkə] (N) burqa *f*

burrow ['bʌrəʊ] 1 (N) terrier *m* 2 (VI) creuser • **to ~ under a blanket** se réfugier sous une couverture

bursar ['bɜːsəʳ] (N) intendant(e) *m(f)*; (*in private school, hospital*) économe *mf*

bursary ['bɜːsərɪ] (N) bourse *f* (d'études)

burst [bɜːst] (*vb: pret, ptp* **burst**) 1 (N) [*of indignation*] explosion *f*; [*of activity*] débordement *m*; [*of enthusiasm*] accès *m* • **a ~ of gunfire** une rafale de balles
2 (ADJ) [*pipe, blood vessel*] éclaté
3 (VI) ⓐ [*pipe*] éclater; [*bubble, balloon*] crever; [*tyre*] (*= blow out*) éclater; (*= puncture*) crever • **to ~ open** [*door*] s'ouvrir violemment; [*bag*] s'éventrer
ⓑ **to be ~ing (at the seams)** [*room*] être plein à craquer (**with** de) • **to be ~ing with energy** déborder d'énergie • **to be ~ing with impatience** brûler d'impatience • **I was ~ing to tell you*** je mourais d'envie de vous le dire • **to be ~ing*** [*person*] avoir une envie pressante
ⓒ (*= move suddenly*) se précipiter (**into** dans, **out of** hors de)
ⓓ (*= begin suddenly*) **to ~ into tears** éclater en larmes • **he suddenly ~ into song** il s'est mis tout d'un coup à chanter • **to ~ into flames** prendre soudainement feu
4 (VT) [*+ balloon, bubble, blister*] crever; [*+ pipe*] faire éclater • **to ~ open** [*+ door*] ouvrir violemment • **the river has ~ its banks** le fleuve a rompu ses digues • **to ~ a blood vessel** se rompre un vaisseau • **he almost ~ a blood vessel*** (*with anger*) il a failli avoir une attaque*
▸ **burst in** VI faire irruption dans la pièce
▸ **burst out** VI ⓐ (*= exclaim*) s'écrier ⓑ **to ~ out laughing** éclater de rire • **to ~ out crying** fondre en larmes

Burundi [bə'rʊndɪ] (N) Burundi *m*

Burundian [bə'rʊndjən] 1 (ADJ) burundais 2 (N) Burundais(e) *m(f)*

bury [ˈberɪ] VT ⓐ enterrer • to be buried alive être enseveli vivant • he was buried at sea son corps a été immergé (en haute mer) • buried by an avalanche enseveli par une avalanche • to ~ one's head in the sand pratiquer la politique de l'autruche • to ~ the hatchet *or* (*US*) the tomahawk enterrer la hache de guerre
ⓑ (= *conceal*) enfouir • to ~ one's face in one's hands se couvrir la figure de ses mains
ⓒ (= *engross*) plonger • to ~ one's head in a book se plonger dans un livre • to ~ o.s. in one's studies se plonger dans ses études
ⓓ to ~ one's hands/a knife in sth plonger les mains/un couteau dans qch

bus [bʌs] 1 N (*pl* buses) ⓐ bus *m*; (*long-distance*) car *m* ⓑ (*Comput*) bus *m* 2 VT to ~ children to school transporter des enfants à l'école en car 3 COMP [*driver, service, ticket*] de bus ▸ **bus lane** N (*Brit*) voie *f* réservée aux autobus ▸ **bus pass** N (*Brit*) carte *f* de bus ▸ **bus shelter** N abribus® *m* ▸ **bus station** N gare *f* d'autobus; (*for coaches*) gare *f* routière ▸ **bus stop** N arrêt *m* de bus

busboy [ˈbʌsbɔɪ] N (*US*) aide-serveur *m*

busby [ˈbʌzbɪ] N (*Brit*) bonnet *m* à poil (*de soldat*)

bush [bʊʃ] N (= *shrub*) buisson *m* • the ~ (*in Africa, Australia*) le bush

bushed* [bʊʃt] ADJ (= *exhausted*) claqué*

bushfire [ˈbʊʃfaɪəʳ] N feu *m* de brousse

Bushman [ˈbʊʃmən] N (*pl* -men) (*in South Africa*) Bochiman *m*, Bushman *m*

bushy [ˈbʊʃɪ] ADJ [*shrub*] épais (épaisse *f*); [*beard, eyebrows, hair*] broussailleux

busily [ˈbɪzɪlɪ] ADV activement • to be ~ engaged in sth/in doing sth être très occupé à qch/à faire qch

business [ˈbɪznɪs] 1 N ⓐ (= *commerce*) affaires *fpl* • it's good for ~ ça fait marcher les affaires • to go out of ~ cesser ses activités • this will put us out of ~ cela nous obligera à mettre la clé sous la porte • to do ~ with sb faire des affaires avec qn • to be away on ~ être en déplacement pour affaires • what line of ~ is he in?* qu'est-ce qu'il fait (dans la vie)? • she's in the publishing ~ elle travaille dans l'édition • to get down to ~ passer aux choses sérieuses • now we're in ~!* (= *ready*) maintenant nous sommes prêts! • he means ~* il ne plaisante pas • "~ as usual" « nous restons ouverts pendant les travaux » • it's the ~!* (= *great*) c'est super!*
ⓑ (= *volume of trade*) our ~ has doubled in the last year notre chiffre d'affaires a doublé par rapport à l'année dernière • he gets a lot of ~ from the Americans il travaille beaucoup avec les Américains • ~ is booming les affaires sont prospères • to lose ~ perdre des clients
ⓒ (= *firm*) entreprise *f* • he owns a grocery ~ il a un commerce d'alimentation • a small ~ une petite entreprise • a family ~ une entreprise familiale
ⓓ (= *task*) affaire *f* • the ~ of the day les affaires courantes • we're not in the ~ of misleading the public notre propos n'est pas de tromper le public • it's time the government got on with the ~ of dealing with inflation il est temps que le gouvernement s'occupe sérieusement du problème de l'inflation • to make it one's ~ to do sth se charger de faire qch • that's none of his ~ ce n'est pas ses affaires • you've no ~ to do that ce n'est pas à vous de faire cela • I really had no ~ being there je n'avais rien à faire dans cet endroit • that's my ~! c'est mon affaire • my private life is my own ~ ma vie privée ne regarde que moi • mind your own ~!* mêlez-vous de vos affaires!
ⓔ (= *undertaking*) moving house is a costly ~ cela coûte cher de déménager
ⓕ (= *situation*) affaire *f* • a wretched ~ une affaire regrettable • there's some funny ~ going on il se passe quelque chose de louche
2 COMP [*lunch, meeting, trip*] d'affaires ▸ **business card** N carte *f* de visite (professionnelle) ▸ **business class** N classe *f* affaires ▸ **business district** N quartier *m* d'affaires ▸ **business end** N the ~ end of a knife la partie coupante d'un couteau • the ~ end of a rifle le canon d'un fusil ▸ **business hours** NPL [*of shops*] heures *fpl* d'ouverture; [*of offices*] heures *fpl* de bureau ▸ **business letter** N lettre *f* commerciale ▸ **business park** N parc *m* d'activités ▸ **business people** NPL hommes *mpl* et femmes *fpl* d'affaires ▸ **business plan** N plan *m* de développement ▸ **business sense** N to have ~ sense avoir le sens des affaires ▸ **business studies** N études *fpl* de commerce

businesslike [ˈbɪznɪslaɪk] ADJ [*person, approach*] professionnel; [*firm*] sérieux

businessman [ˈbɪznɪsmæn] N (*pl* -men) homme *m* d'affaires

businesswoman [ˈbɪznɪsˌwʊmən] N (*pl* -women) femme *f* d'affaires

busk [bʌsk] VI (*Brit*) jouer (*or* chanter) dans la rue

busker [ˈbʌskəʳ] N (*Brit*) musicien(ne) *m(f)* des rues, chanteur *m*, -euse *f* des rues

bussing [ˈbʌsɪŋ] N ramassage *m* scolaire (*surtout aux USA comme mesure de déségrégation*)

bust [bʌst] 1 N ⓐ (= *chest*) poitrine *f* ⓑ (= *sculpture*) buste *m* 2 ADJ ⓐ (= *broken*)* fichu*, foutu⁑ ⓑ (= *bankrupt*)* to go ~ faire faillite 3 VT ⓐ (= *break*)* casser ⓑ (= *arrest*)⁑ arrêter; (= *raid*)⁑ perquisitionner 4 COMP ▸ **bust measurement** N tour *m* de poitrine ▸ **bust-up**⁑ N engueulade⁑ *f* • to have a ~-up with sb s'engueuler avec qn⁑

bustard [ˈbʌstəd] N outarde *f*

bustle [ˈbʌsl] 1 VI to ~ about s'affairer • to be bustling with people grouiller de monde 2 N affairement *m*, remue-ménage *m*

busty* [ˈbʌstɪ] ADJ a ~ woman une femme forte de poitrine

busy [ˈbɪzɪ] 1 ADJ ⓐ [*person*] (= *occupied*) occupé (doing sth à faire qch, with sth à qch); (= *active*) énergique • he's ~ cooking il est en train de faire la cuisine • she's always ~ (= *active*) elle n'arrête pas; (= *not free*) elle est toujours occupée • to keep o.s. ~ trouver à s'occuper • let's get ~* on s'y met?
ⓑ [*day*] chargé; [*time, period*] de grande activité; [*place*] plein d'animation; [*street*] passant • the shop is at its busiest in summer c'est en été qu'il y a le plus d'affluence dans le magasin
ⓒ [*telephone line, room*] occupé
2 VT to ~ o.s. s'occuper (doing sth à faire qch, with sth à qch)
3 COMP ▸ **busy signal** N (*US*) tonalité *f* occupé *inv*

busybody [ˈbɪzɪˌbɒdɪ] N fouineur *m*, -euse *f*

but [bʌt] 1 CONJ mais • I would like to do it ~ I have no money j'aimerais le faire, mais je n'ai pas d'argent • he's not English ~ Irish il n'est pas anglais, mais irlandais
2 ADV Napoleon, to name ~ one, stayed here Napoléon,

pour n'en citer qu'un, a séjourné ici • **you can ~ try** (*to sb trying sth*) vous pouvez toujours essayer; (*after sth has gone wrong*) ça valait quand même la peine d'essayer

3 PREP sauf • **France won all ~ two of their matches** la France a gagné tous ses matchs sauf deux • **anything ~ that** tout mais pas ça • **they gave us nothing ~ bread to eat** ils ne nous ont donné que du pain à manger • **the last house ~ one** l'avant-dernière maison • **the next house ~ one** la deuxième maison (à partir d'ici)

▸ **but for** ~ **for you I would be dead** sans vous je serais mort • ~ **for his illness, we'd have gone on holiday** s'il n'avait pas été malade, nous serions partis en vacances

4 N **no ~s about it!** il n'y a pas de mais (qui tienne) !

butane ['bju:teɪn] N butane *m*; (*US: for camping*) Butagaz® *m*

butch‡ [bʊtʃ] ADJ [*woman*] hommasse

butcher ['bʊtʃəʳ] 1 N boucher *m* • **at the ~'s** chez le boucher 2 VT [*+ animal*] abattre; [*+ people*] massacrer 3 COMP ▸ **butcher's shop** N boucherie *f*

butchery ['bʊtʃərɪ] N (*= massacre*) massacre *m*

butler ['bʌtləʳ] N maître *m* d'hôtel

butt [bʌt] 1 N ⓐ (*= barrel*) (gros) tonneau *m* ⓑ (*= end*) (gros) bout *m*; [*of rifle*] crosse *f*; [*of cigarette*] mégot *m* ⓒ (*US = bottom*)‡ cul** *m* ⓓ [*of jokes, criticism*] cible *f* • **to be a ~ for ridicule** être un objet de risée ⓔ (*by person*) coup *m* de tête; (*by goat*) coup *m* de corne 2 VT [*goat*] donner un coup de corne à; [*person*] donner un coup de tête à

▸ **butt in** VI intervenir • **he keeps ~ing in** il faut toujours qu'il mette son grain de sel

butter ['bʌtəʳ] 1 N beurre *m* • **he looks as if ~ wouldn't melt in his mouth** on lui donnerait le bon Dieu sans confession 2 VT [*+ bread*] beurrer 3 COMP ▸ **butter bean** N (*Brit*) (gros) haricot *m* blanc ▸ **butter dish** N beurrier *m*

▸ **butter up*** VT SEP (*Brit*) passer de la pommade* à

butterball* ['bʌtəbɔ:l] N (*US*) (*= fat person*) patapouf* *m*

buttercup ['bʌtəkʌp] N bouton *m* d'or

butterfingers ['bʌtə,fɪŋgəz] N maladroit(e) *m(f)* • ~! quel empoté tu fais !

butterfly ['bʌtəflaɪ] N ⓐ papillon *m* • **to have butterflies (in one's stomach)*** avoir le trac* ⓑ (*Swimming*) brasse *f* papillon *inv*

buttermilk ['bʌtəmɪlk] N babeurre *m*

butterscotch ['bʌtəskɒtʃ] N caramel *m* dur (au beurre)

buttery ['bʌtərɪ] 1 ADJ [*taste*] de beurre 2 N [*of college, school*] office *m*

butt-naked‡ [,bʌt'neɪkɪd] ADJ, ADV (*US*) à poil*

buttock ['bʌtək] N fesse *f*

button ['bʌtn] 1 N ⓐ bouton *m* • **chocolate ~s** pastilles *fpl* de chocolat • **to be (right) on the ~*** avoir (tout à fait) raison ⓑ (*US = badge*) badge *m* 2 VT (*also* **button up**) [*+ garment*] boutonner 3 VI [*garment*] se boutonner 4 COMP ▸ **button-down** ADJ [*collar*] boutonné ▸ **button lift** N (*Ski*) téléski *m* à perche ▸ **button mushroom** N (petit) champignon *m* de Paris

buttoned-up* ['bʌtnd,ʌp] ADJ [*person*] coincé*

buttonhole ['bʌtnhəʊl] 1 N ⓐ boutonnière *f* ⓑ (*Brit*) (*= flower*) fleur *f* (*portée à la boutonnière*) • **to wear a ~** porter une fleur à sa boutonnière 2 VT [*+ person*] accrocher*

buttress ['bʌtrɪs] 1 N contrefort *m*; (*= defence*) rempart *m* (**against** contre) 2 VT étayer

butty* ['bʌtɪ] N (*Brit*) sandwich *m*

buxom ['bʌksəm] ADJ bien en chair

buy [baɪ] (*pret, ptp* **bought**) 1 VT acheter (**sth from sb** qch à qn, **sth for sb** qch pour *or* à qn) • **to ~ o.s. sth** s'acheter qch • **the things that money cannot ~** les choses qui ne s'achètent pas • **the victory was dearly bought** la victoire fut chèrement payée • **I'd like to ~ you lunch** j'aimerais t'inviter à déjeuner • **to ~ time** gagner du temps • **he won't ~ that*** (*= believe*) il ne gobera* jamais ça

2 N **it was a good/bad ~** c'était une bonne/mauvaise affaire • **tomatoes are a good ~ at the moment** les tomates sont bon marché en ce moment

3 COMP ▸ **buy-back** ADJ [*price, clause*] de rachat

▸ **buy in** VT SEP (*Brit*) [*+ goods*] s'approvisionner en

▸ **buy into** VT INSEP ⓐ [*+ business, organization*] acheter des parts de; [*+ industry*] investir dans ⓑ [*+ set of beliefs, ideas*]* croire

▸ **buy off** VT SEP [*+ person, group*] acheter (le silence de)

▸ **buy out** VT SEP [*+ business partner*] racheter la part de

▸ **buy up** VT SEP **they bought up all the stock** ils ont acheté tout le stock

buyer ['baɪəʳ] N acheteur *m*, -euse *f* • **house-~s** les gens *mpl* qui achètent un logement ▸ **buyer's market** N marché *m* acheteur

buyout ['baɪaʊt] N rachat *m* (d'entreprise) → **management**

buzz [bʌz] 1 N ⓐ [*of insect*] bourdonnement *m* ⓑ [*of conversation*] brouhaha *m* ⓒ (*= telephone call*)* coup *m* de fil* • **to give sb a ~** passer un coup de fil* à qn ⓓ (*= excitement*)* **driving fast gives me a ~** je prends mon pied‡ quand je conduis vite

2 VI ⓐ [*insect*] bourdonner ⓑ [*ears*] bourdonner • **my head is ~ing** j'ai des bourdonnements (dans la tête) ⓒ [*hall, town*] être (tout) bourdonnant (**with** de)

3 VT ⓐ (*= call by buzzer*) appeler (par interphone); (*US = telephone*)* passer un coup de fil* à ⓑ (*= fly close to*) [*+ building*] raser; [*+ other plane*] frôler

4 COMP ▸ **buzz word*** N mot *m* à la mode

▸ **buzz about*, buzz around*** VI s'affairer

▸ **buzz off**‡ VI foutre le camp‡

buzzard ['bʌzəd] N buse *f*

buzzer ['bʌzəʳ] N sonnerie *f*; (*= intercom*) interphone *m*

buzzkill* ['bʌzkɪl] N (*= person*) rabat-joie *mf* • **it was a real ~** ça a pourri l'ambiance

by [baɪ]

1 PREPOSITION	3 COMPOUNDS
2 ADVERB	

When **by** is an element in a phrasal verb, eg **go by**, **stand by**, look up the verb. When it is part of a set combination, eg **by degrees**, **surrounded by**, look up the other word.

1 PREPOSITION

ⓐ (*= close to*) à côté de, près de • **come and sit by me** viens t'asseoir à côté de moi • **her cousins are over there, and she's sitting by them** ses cousins sont là-bas et elle est assise à côté (d'eux)

by it and **by them**, when **it** and **them** refer to things, are translated by **à côté** alone.

• **her bag was on the table and her keys right by it** son sac était sur la table et ses clés juste à côté

ⓑ (= *past*) à côté de • **he rushed by me without seeing me** dans sa précipitation il est passé à côté de moi sans me voir

ⓒ (= *via*) par • **which route did you come by?** par où êtes-vous passés ? • **he came in by the window** il est entré par la fenêtre

ⓓ (= *not later than*) pour • **I'll be back by midnight** je serai de retour pour minuit • **applications must be submitted by 21 April** les candidatures doivent nous parvenir au plus tard le 21 avril

ⓔ (= *in*) en • **by 1990 the figure had reached ...** en 1990, ce chiffre avait atteint ... • **by 2010 the figure will have reached ...** en 2010, cette somme aura atteint ...

ⓕ (= *on*) **by 30 September we had paid out £500** au 30 septembre nous avions payé 500 livres • **by yesterday it was clear that ...** dès hier on savait que ...

ⓖ (= *according to*) **by my calculations** d'après mes calculs • **by my watch it is 9 o'clock** il est 9 heures à ma montre

ⓗ (= *for*)* **it's fine** *or* **all right by me** ça me va • **if that's okay by you** si ça vous va

ⓘ (*margin of difference*) de • **wider by a metre** plus large d'un mètre

ⓙ (*dimensions*) **a room three metres by four** une pièce de trois mètres sur quatre

ⓚ (= *created, written by*) de • **a painting by Van Gogh** un tableau de Van Gogh • **who's it by?** c'est de qui ?

ⓛ (*method, means, manner*) à • **to do sth by hand** faire qch à la main • **to sell by the kilo** vendre au kilo • **to pay by the hour** payer à l'heure

▸ **by** + *-ing* en • **by leaving early he missed the rush** en partant de bonne heure il a évité la cohue

▸ **by** + *means of transport* en • **by bus/car/taxi** en bus/voiture/taxi • **by plane** en avion • **by rail** *or* **train** en train • **by bike** à bicyclette

▸ **by** + *agent* par • **he had been warned by his neighbour** il avait été prévenu par son voisin • **I was surprised by their reaction** j'ai été surpris de leur réaction • **he had a daughter by his first wife** il a eu une fille de sa première femme

> When there is no clear agent, the active is more natural in French.

• **he was disappointed by it** ça l'a déçu

ⓜ (*set structures*)

▸ **by and by** bientôt

▸ **by and large** globalement • **by and large, I still think this is true** globalement, je crois toujours que c'est vrai

▸ **by the way** au fait • **by the way, did you know it was Ann's birthday?** au fait, tu savais que c'était l'anniversaire d'Ann ?

2 ADVERB

(= *along, past*) **he'll be by any minute** il sera là dans un instant • **a train hurtled by** un train passa à toute allure

3 COMPOUNDS

▸ **by-election** N élection *f* (législative) partielle

▸ **by-product** N dérivé *m*; (*fig*) conséquence *f* (indirecte)

bye* [baɪ] (EXCL) (ABBR OF **goodbye**) au revoir ! • **~ for now!** à tout à l'heure !

Byelorussian [ˌbjeləʊˈrʌʃən] 1 (ADJ) biélorusse 2 (N) Biélorusse *mf*

bygone [ˈbaɪɡɒn] 1 (ADJ) d'autrefois • **in ~ days** autrefois 2 (N) **let ~s be ~s** oublions le passé

BYOB [ˌbiːwaɪəʊˈbiː] (ABBR OF **bring your own bottle** *or* **booze**) apportez à boire

BYOD [ˌbiːwaɪəʊˈdiː] (N) (ABBR OF **bring your own device**) AVPA, apportez votre propre appareil

bypass [ˈbaɪpɑːs] 1 (N) ⓐ (= *road*) route *f* de contournement ⓑ (= *operation*) pontage *m* 2 (VT) [+ *town, regulations*] contourner; [+ *person*] court-circuiter 3 (COMP) ▸ **bypass operation** N pontage *m*

bystander [ˈbaɪˌstændəʳ] (N) spectateur *m*, -trice *f*

byte [baɪt] (N) octet *m*

byway [ˈbaɪweɪ] (N) chemin *m*

byword [ˈbaɪwɜːd] (N) (*Brit*) **his name was a ~ for meanness** son nom était devenu synonyme d'avarice

C

C, c [siː] 1 (N) ⓐ (*Music*) do *m*, ut *m* ⓑ (= *mark*) assez bien (12 sur 20) ⓒ (*US*) (ABBR OF **cent**) ⓓ (ABBR OF **century**) 2 (ADV) (ABBR OF **circa**) vers

CA (ABBR OF **California**)

CAB [ˌsiːeɪ'biː] (*Brit*) (ABBR OF **Citizens' Advice Bureau**) centre *m* d'information sur les droits des citoyens

cab [kæb] 1 (N) ⓐ (= *taxi*) taxi *m* • **by ~** en taxi ⓑ [*of lorry, train*] cabine *f* 2 (COMP) ▸ **cab rank, cab stand** N station *f* de taxis

cabaret ['kæbəreɪ] (N) cabaret *m*; (= *floor show*) spectacle *m* (de cabaret)

cabbage ['kæbɪdʒ] (N) chou *m*

cabbie*, cabby* ['kæbɪ], **cabdriver** ['kæbˌdraɪvə^r] (N) chauffeur *m* de taxi

cabin ['kæbɪn] (N) (= *hut*) cabane *f*; [*of boat*] cabine *f* ▸ **cabin crew** N équipage *m*

cabinet ['kæbɪnɪt] 1 (N) ⓐ (= *furniture*) meuble *m* (de rangement); (*glass-fronted*) vitrine *f* ⓑ (*Brit*) (= *government*) gouvernement *m* • **a ~ post** un poste ministériel ⓒ (*US*) (= *advisers*) *organe qui conseille le Président* 2 (COMP) ▸ **Cabinet meeting** N (*Brit*) Conseil *m* des ministres ▸ **Cabinet minister** N ministre *mf*

> **CABINET**
> En Grande-Bretagne, le **Cabinet** désigne l'équipe gouvernementale, composée d'une vingtaine de ministres choisis par le Premier ministre. Celui-ci décide de la distribution des portefeuilles ministériels et du transfert des responsabilités entre les ministres.
> Aux États-Unis en revanche, le **Cabinet** est un organe purement consultatif, qui conseille le Président.

cabinetmaker ['kæbɪnɪtˌmeɪkə^r] (N) ébéniste *mf*

cable ['keɪbl] 1 (N) câble *m* 2 (VT) [+ *city, homes*] câbler • **to ~ sb** câbler à qn 3 (COMP) ▸ **cable car** N (*suspended*) téléphérique *m*; (*on rail*) funiculaire *m* ▸ **cable-knit** ADJ [*sweater*] à torsades ▸ **cable railway** N funiculaire *m* ▸ **cable television** N télévision *f* par câble

cabling ['keɪblɪŋ] (N) (= *cables*) câbles *mpl*; (= *process*) câblage *m*

cache [kæʃ] 1 (N) ⓐ **a ~ of weapons** une cache d'armes ⓑ (*Comput*) mémoire *f* tampon 2 (COMP) ▸ **cache memory** N mémoire *f* tampon

cachet ['kæʃeɪ] (N) cachet *m*

cackle ['kækl] 1 (N) [*of hen*] caquet *m*; (= *laugh*) gloussement *m* 2 (VI) [*hens*] caqueter; (= *laugh*) glousser

cacophony [kæ'kɒfənɪ] (N) cacophonie *f*

cactus ['kæktəs] (N) (*pl* **cacti** ['kæktaɪ]) cactus *m*

CAD [kæd] (N) (ABBR OF **computer-aided design**) CAO *f*

cadaver [kə'deɪvə^r, kə'dɑːvə^r] (N) cadavre *m*

CADCAM ['kædˌkæm] (N) (ABBR OF **computer-aided design and manufacture**) CFAO *f*

caddie ['kædɪ] (N) (*Golf*) caddie *m*

caddy ['kædɪ] (N) ⓐ (*for tea*) boîte *f* à thé ⓑ (*US* = *shopping trolley*) caddie® *m* ⓒ (*Golf*) caddie *m*

cadence ['keɪdəns] (N) (= *intonation*) modulation *f* (de la voix); (*Music*) cadence *f*

cadet [kə'det] (N) élève *m* officier (*d'une école militaire ou navale*); (*Police*) élève *mf* agent de police ▸ **cadet school** N école *f* militaire

cadge* [kædʒ] (VT) (*Brit*) **to ~ £10 from** *or* **off sb** taper* qn de 10 livres • **to ~ a lift from** *or* **off sb** se faire emmener en voiture par qn

cadre ['kædrɪ] (N) (= *trained personnel*) encadrement *m*

CAE [ˌsiːeɪ'iː] (N) (ABBR OF **computer-aided engineering**) IAO *f*

Caesar ['siːzə^r] (N) César *m* • **Julius ~** Jules César *m*

Caesarean, Caesarian [siː'zɛərɪən] (ADJ) **~ section** césarienne *f*

café ['kæfeɪ] (N) (*Brit*) snack(-bar) *m* ▸ **café bar** N café *m*

cafeteria [ˌkæfɪ'tɪərɪə] (N) cafétéria *f*; (*US: in school*) cantine *f*; (*US Univ*) restaurant *m* universitaire

cafetière [ˌkæfə'tjɛə^r] (N) cafetière *f* à piston

caffein, caffeine ['kæfiːn] (N) caféine *f*

caftan ['kæftæn] (N) = **kaftan**

cage [keɪdʒ] 1 (N) cage *f*; [*of elevator*] cabine *f* 2 (VT) mettre en cage • **~d animals** animaux *mpl* en cage 3 (COMP) ▸ **cage fighting** N combat *m* en cage

cagey* ['keɪdʒɪ] (ADJ) (= *discreet*) cachottier • **to be ~ about revealing sth** être réticent à révéler qch

cagoule [kə'guːl] (N) coupe-vent *m pl inv*

cahoots* [kə'huːts] (N) **to be in ~** être de mèche*

CAI [ˌsiːeɪ'aɪ] (N) (ABBR OF **computer-aided instruction**) EAO *m*

cairn [kɛən] (N) cairn *m*

Cairo ['kaɪərəʊ] (N) Le Caire *m* • **in ~** au Caire

cajole [kə'dʒəʊl] (VT) cajoler • **to ~ sb into doing sth** amener qn à faire qch à force de cajoleries

Cajun ['keɪdʒən] (*US*) 1 (ADJ) cajun 2 (N) Cajun *mf*

cake [keɪk] 1 (N) ⓐ gâteau *m*; (= *fruit cake*) cake *m* • **it's a piece of ~*** c'est du gâteau* • **they want a slice of the ~** ils veulent leur part du gâteau ⓑ **~ of soap** savon *m*

2 (COMP) ▸**cake mix** N préparation *f* pour gâteaux ▸**cake shop** N pâtisserie *f* ▸**cake tin** N (*for storing*) boîte *f* à gâteaux; (*Brit*) (*for baking*) moule *m* à gâteaux

caked [keɪkt] (ADJ) [*blood*] coagulé; [*mud*] séché • **his clothes were ~ with** *or* **in mud** ses vêtements étaient maculés de boue

CAL [ˌsiːeɪˈel] (N) (ABBR OF **computer-aided learning**) EAO *m*

Cal. (ABBR OF **California**)

calamine lotion [ˌkæləmaɪnˈləʊʃən] (N) lotion *f* calmante à la calamine

calamitous [kəˈlæmɪtəs] (ADJ) [*event, decision*] désastreux

calamity [kəˈlæmɪtɪ] (N) calamité *f*

calcium [ˈkælsɪəm] (N) calcium *m*

calculate [ˈkælkjʊleɪt] 1 (VT) ⓐ [+ *speed, weight, distance*] calculer • **to ~ the cost of sth** calculer le prix de qch ⓑ [+ *probability, consequence, risk*] évaluer ⓒ (*US*) (= *suppose*) supposer ⓓ **it is ~d to do ...** (= *intended*) c'est destiné à faire ... • **this was not ~d to reassure me** (= *didn't have the effect of*) cela n'était pas fait pour me rassurer 2 (VI) calculer • **to ~ on doing sth** avoir l'intention de faire qch

calculated [ˈkælkjʊleɪtɪd] (ADJ) [*action, attempt*] délibéré; [*risk*] calculé

calculating [ˈkælkjʊleɪtɪŋ] (ADJ) (= *scheming*) calculateur (-trice *f*)

calculation [ˌkælkjʊˈleɪʃən] (N) calcul *m* • **to make a ~** faire un calcul

calculator [ˈkælkjʊleɪtəʳ] (N) calculatrice *f*, calculette *f*

calculus [ˈkælkjʊləs] (N) calcul *m*

calendar [ˈkæləndəʳ] 1 (N) calendrier *m* 2 (ADJ) [*month, year*] calendaire

calf [kɑːf] (N) (*pl* **calves**) ⓐ (= *animal*) veau *m* ⓑ (= *leather*) vachette *f* ⓒ [*of leg*] mollet *m*

caliber [ˈkælɪbəʳ] (N) (*US*) calibre *m*

calibrate [ˈkælɪbreɪt] (VT) [+ *instrument, tool*] étalonner; [+ *level, amount*] calibrer

calibre [ˈkælɪbəʳ] (N) calibre *m*

calico [ˈkælɪkəʊ] (N) calicot *m*

Calif. (ABBR OF **California**)

California [ˌkælɪˈfɔːnɪə] (N) Californie *f*

Californian [ˌkælɪˈfɔːnɪən] 1 (ADJ) californien 2 (N) Californien(ne) *m(f)*

calipers [ˈkælɪpəz] (NPL) (*US*) = **callipers**

calisthenics [ˌkælɪsˈθenɪks] (N) gymnastique *f* suédoise

call [kɔːl] 1 (N) ⓐ (= *shout*) appel *m* • **a ~ for help** un appel au secours

ⓑ [*of bird*] cri *m*

ⓒ (= *phone call*) coup *m* de téléphone • **to make a ~** passer un coup de téléphone • **there's a ~ for you** on te demande au téléphone • **I want to pay for the three ~s I made** je voudrais régler mes trois communications • **I'd like a ~ at 7am** j'aimerais qu'on me réveille à 7 heures

ⓓ (= *summons, invitation*) appel *m*; (= *vocation*) vocation *f* • **to be on ~** [*doctor*] être de garde

ⓔ (= *short visit*) visite *f* • **to pay sb a ~** rendre visite à qn • **I made several ~s** [*doctor*] j'ai fait plusieurs visites

ⓕ (= *demand*) **there have been ~s for new security measures** on a demandé de nouvelles mesures de sécurité

ⓖ (= *need*) **there is no ~ for you to worry** il n'y a pas lieu de vous inquiéter

ⓗ **it's your/their** *etc* **~** (*fig*) c'est à toi/eux *etc* de décider

2 (VT) ⓐ [+ *person, sb's name*] appeler • **to ~ sb in/out/up** crier à qn d'entrer/de sortir/de monter • **"hello!" he ~ed** « bonjour ! » cria-t-il • **let's ~ it a day!*** ça suffira pour aujourd'hui ! • **we ~ed it a day* at 3 o'clock** à 3 heures, on a décidé d'arrêter

ⓑ (= *give name to*) appeler • **to be ~ed** s'appeler • **what are you ~ed?** comment vous appelez-vous ? • **he ~s himself a colonel** il se prétend colonel • **he ~ed her a liar** il l'a traitée de menteuse • **I wouldn't ~ it an ideal solution** je ne dirais pas que c'est une solution idéale • **shall we ~ it $10?** (*agreeing on price*) disons 10 dollars ? • **what I ~ education is ...** pour moi, l'éducation c'est ...

ⓒ (= *summon*) appeler; (= *waken*) réveiller • **to ~ a doctor** appeler un médecin • **~ me at eight** réveillez-moi à huit heures • **to ~ the police/an ambulance** appeler la police/une ambulance • **to ~ a meeting** convoquer une assemblée

ⓓ (= *telephone*) appeler

3 (VI) ⓐ [*person*] appeler; [*bird*] pousser un cri • **to ~ (out) to sb** appeler qn

ⓑ (= *visit: also* **call in**) passer • **she ~ed (in) to see her mother** elle est passée voir sa mère • **to ~ (in) at a port/at Dover** faire escale dans un port/à Douvres

ⓒ (= *telephone*) appeler • **who's ~ing?** c'est de la part de qui ? • **to ~ in sick** téléphoner pour dire qu'on est malade

4 (COMP) ▸**call centre** N centre *m* d'appels ▸**call girl** N call-girl *f* ▸**call-out charge, call-out fee** N frais *mpl* de déplacement ▸**call sign, call signal** N indicatif *m* (d'appel) ▸**call-up** N (= *military service*) appel *m* (sous les drapeaux) • **general ~-up** (*in wartime*) mobilisation *f* générale ▸**call-up papers** NPL papiers *mpl* militaires ▸**call waiting** N (*Telec*) signal *m* d'appel

▸**call away** VT SEP **to be ~ed away on business** être obligé de s'absenter pour affaires

▸**call back** (*on phone*) 1 VI rappeler 2 VT SEP rappeler

▸**call for** VT INSEP ⓐ (= *summon*) appeler ⓑ (= *require*) [+ *actions, measures, courage*] exiger • **the situation ~s for a new approach** la situation exige une nouvelle approche • **strict measures are ~ed for** des mesures strictes s'imposent • **to ~ for sb's resignation** réclamer la démission de qn ⓒ (= *collect*) **I'll ~ for you at 6 o'clock** je passerai vous prendre à 6 heures

▸**call in** VT SEP ⓐ [+ *doctor, police*] appeler • **he was ~ed in to lead the inquiry** on a fait appel à lui pour mener l'enquête ⓑ [+ *faulty product*] rappeler

▸**call off** VT SEP [+ *appointment, trip, wedding*] annuler; [+ *match*] (= *cancel*) annuler; (= *cut short*) interrompre • **to ~ off a strike** (*before it starts*) annuler une grève; (*after it starts*) mettre fin à une grève

▸**call on** VT INSEP ⓐ (= *visit*) [+ *person*] rendre visite à ⓑ **to ~ on sb to do** (= *invite*) prier qn de faire; (= *order*) mettre qn en demeure de faire

▸**call out** 1 VI pousser un cri (*or* des cris) • **he ~ed out to me** il m'a appelé 2 VT SEP ⓐ [+ *doctor*] appeler; [+ *troops, fire brigade, police*] faire appel à • **to ~ workers out (on strike)** lancer un ordre de grève ⓑ (= *criticize*) rappeler à l'ordre • **to ~ sb out on sth** rappeler qn à l'ordre sur qch *or* au sujet de qch

▸**call round** VI **to ~ round to see sb** passer voir qn

▸**call up** VT SEP ⓐ [+ *troops*] mobiliser; [+ *reservists*] rappeler ⓑ (= *phone*) téléphoner à

▸**call upon** VT INSEP **to ~ upon sb to do** (= *invite*) prier qn de faire; (= *order*) mettre qn en demeure de faire

callback [ˈkɔːlbæk] (N) (= *interview*) deuxième entrevue *f*; (= *audition*) deuxième audition *f*

callbox [ˈkɔːlbɒks] (N) (*Brit*) cabine *f* téléphonique

caller ['kɔːləʳ] (N) (= *visitor*) visiteur *m*, -euse *f*; (= *person phoning*) personne *f* qui appelle ▸ **caller display** N affichage *m* du numéro

calligramme, calligram (US) ['kælɪgræm] (N) calligramme *m*

calligraphy [kə'lɪgrəfɪ] (N) calligraphie *f*

calling ['kɔːlɪŋ] (N) (= *occupation*) métier *m*; (= *vocation*) vocation *f* ▸ **calling card** N carte *f* de visite

callipers, calipers (US) ['kælɪpəz] (NPL) ⓐ (*Math*) compas *m* ⓑ (= *leg-irons*) appareil *m* orthopédique

callisthenics [,kælɪs'θenɪks] (N) gymnastique *f* suédoise

callous ['kæləs] (ADJ) dur

calloused ['kæləsd] (ADJ) calleux

callously ['kæləslɪ] (ADV) [*treat, behave*] avec dureté; [*suggest*] cyniquement

callousness ['kæləsnɪs] (N) [*of person, behaviour*] dureté *f*; [*of crime*] inhumanité *f*

callow ['kæləʊ] (ADJ) inexpérimenté • **a ~ youth** un blanc-bec*

calm [kɑːm] **1** (ADJ) calme • **the weather is ~** le temps est calme • **the sea was dead ~** c'était une mer d'huile • **to keep** *or* **remain ~** garder son calme • **keep ~!** du calme ! **2** (N) ⓐ (= *calm period*) période *f* de calme • **the ~ before the storm** le calme qui précède la tempête ⓑ (= *calmness*) calme *m* **3** (VT) calmer
▸ **calm down 1** VI se calmer • **~ down!** du calme !, calmez-vous ! **2** VT SEP [+ *person*] calmer

calmly ['kɑːmlɪ] (ADV) calmement

calmness ['kɑːmnɪs] (N) calme *m*; [*of person*] (*under stress*) sang-froid *m*

Calor gas® ['kæləgæs] (N) (*Brit*) butane *m*

caloric ['kælərɪk] (ADJ) (*heat-related*) calorifique, thermique; (*diet-related*) calorique

calorie ['kælərɪ] (N) calorie *f* • **~ intake** ration *f* calorique; **low-~ diet** régime hypocalorique

calorific [,kælə'rɪfɪk] (ADJ) calorifique

calumny ['kæləmnɪ] (N) calomnie *f*

calve [kɑːv] (VI) vêler

calves [kɑːvz] (NPL) *of* **calf**

Calvinist ['kælvɪnɪst] (ADJ, N) calviniste *mf*

CAM [kæm] (N) (ABBR OF **computer-aided manufacture**) FAO *f*

camaraderie [,kæmə'rɑːdərɪ] (N) camaraderie *f*

camber ['kæmbəʳ] (N) [*of road*] bombement *m*

Cambodia [kæm'bəʊdɪə] (N) Cambodge *m*

Cambodian [kæm'bəʊdɪən] **1** (ADJ) cambodgien **2** (N) ⓐ Cambodgien(ne) *m(f)* ⓑ (= *language*) khmer *m*

Cambs (ABBR OF **Cambridgeshire**)

camcorder ['kæm,kɔːdəʳ] (N) caméscope *m*

came [keɪm] (VB) *pt of* **come**

camel ['kæməl] **1** (N) chameau *m*; (*female*) chamelle *f* **2** (COMP) [*coat*] (de couleur) fauve *inv* ▸ **camel hair, camel's hair** ADJ [*brush, coat*] en poil de chameau

camellia [kə'miːlɪə] (N) camélia *m*

cameo ['kæmɪəʊ] (N) camée *m* ▸ **cameo appearance** N brève apparition *f* (*d'une grande vedette*)

camera ['kæmərə] (N) appareil-photo *m*; (= *movie camera*) caméra *f* • **on ~** filmé ▸ **camera crew** N équipe *f* de prise de vues

> ⚠ **caméra** is not the most common translation for **camera**.

▸ **camera phone** N mobile *m* avec appareil photo

cameraman ['kæmərəmən] (N) (*pl* **-men**) caméraman *m* (caméramans *pl*)

camerawork ['kæmərəwɜːk] (N) prise *f* de vue(s) • **the ~ is superb** c'est superbement filmé

Cameroon [,kæmə'ruːn] (N) Cameroun *m*

camisole ['kæmɪsəʊl] (N) caraco *m*

camomile ['kæməʊmaɪl] (N) camomille *f* ▸ **camomile tea** N (infusion *f* de) camomille *f*

camouflage ['kæməflɑːʒ] **1** (N) camouflage *m* **2** (VT) camoufler

camp [kæmp] **1** (N) camp *m*; (*less permanent*) campement *m* • **in the same ~** (*ideologically*) dans le même camp • **to set up ~** s'installer **2** (ADJ)* ⓐ (= *affected*) [*person, behaviour*] affecté ⓑ (= *effeminate*) efféminé **3** (VI) camper • **to go ~ing** partir camper **4** (COMP) ▸ **camp counsellor** N (US) animateur *m*, -trice *f* (*de camp de vacances*) ▸ **camp follower** N (*fig*) sympathisant(e) *m(f)* ▸ **camp site** N camping *m*

campaign [kæm'peɪn] **1** (N) campagne *f* • **to run a ~ for/against** faire campagne pour/contre **2** (VI) faire campagne

campaigner [kæm'peɪnəʳ] (N) **a human rights/environmental ~** un(e) militant(e) des droits de l'homme/de la protection de l'environnement

campbed [kæmp'bed] (N) (*Brit*) lit *m* de camp

camper ['kæmpəʳ] (N) (= *person*) campeur *m*, -euse *f*; (= *van*) camping-car *m*; (US) caravane *f* pliante ▸ **camper van** N camping-car *m*

campfire ['kæmpfaɪəʳ] (N) feu *m* de camp

camping ['kæmpɪŋ] (N) camping *m* (*activité*) ▸ **Camping gas** N (*Brit* = *gas*) butane *m*; (*US* = *stove*) camping-gaz® *m inv* ▸ **camping ground, camping site** N camping *m*

campus ['kæmpəs] (N) (*pl* **campuses**) campus *m*

can[1] [kæn]

> vb: neg **cannot** or **can't**

1 (MODAL VERB) ⓐ

> **can** is often translated by the appropriate form of **pouvoir**.

• **~ you come tomorrow?** pouvez-vous venir demain ? • **~ I help you?** est-ce que je peux vous aider ? • **where ~ he be?** où peut-il bien être ? • **it ~ be very cold here** il peut faire très froid ici • **he will do what he ~** il fera ce qu'il pourra ⓑ (*indicating possibility*) **their behaviour ~ seem strange** leur comportement peut sembler bizarre • **~ he have done it already?** est-il possible qu'il l'ait déjà fait ? ⓒ (*indicating impossibility*) **it can't have been him** ça ne peut pas être lui • **he can't be dead!** ce n'est pas possible, il n'est pas mort ! • **you can't be serious!** vous ne parlez pas sérieusement ! • **she can't be very clever if she failed this exam** elle ne doit pas être très intelligente si elle a échoué à cet examen ⓓ (= *know how to*) savoir • **he ~ read and write** il sait lire et écrire • **she ~'t swim** elle ne sait pas nager ⓔ

> **can** used with a verb of perception is not usually translated.

• **I ~ see you** je vous vois • **I ~'t hear you** je ne t'entends pas

2 COMP ▸ **can-do*** ADJ [*person, organization*] dynamique

can² [kæn] 1 N ⓐ (*for oil, petrol*) bidon *m* ⓑ [*of food*] boîte *f* (de conserve) • **a ~ of beer** une canette de bière 2 VT [*+ food*] mettre en conserve • **~ned fruit** fruits *mpl* en conserve • **~ned food** conserves *fpl* • **~ned music*** musique *f* enregistrée 3 COMP ▸ **can opener** N ouvre-boîtes *m inv*

Canada ['kænədə] N Canada *m*

Canadian [kə'neɪdɪən] 1 ADJ canadien; [*ambassador, embassy*] du Canada 2 N Canadien(ne) *m(f)* 3 COMP ▸ **Canadian French** N (= *language*) français *m* du Canada

canal [kə'næl] 1 N canal *m* 2 COMP ▸ **canal barge, canal boat** N péniche *f*

Canaries [kə'nɛərɪz] NPL (îles *fpl*) Canaries *fpl*

canary [kə'nɛərɪ] N (= *bird*) canari *m* ▸ **the Canary Islands, the Canary Isles** NPL les Canaries *fpl*

cancel ['kænsəl] 1 VT [*+ booking, order, arrangement, agreement, flight*] annuler; [*+ contract*] résilier; [*+ cheque*] faire opposition à 2 VI se décommander

▸ **cancel out** VT SEP **they ~ each other out** ils se neutralisent

cancellation [,kænsə'leɪʃən] N [*of event, train, reservation, agreement*] annulation *f*; [*of contract*] résiliation *f* • **~ fee** frais *mpl* d'annulation

cancer ['kænsəʳ] 1 N ⓐ cancer *m* • **she has ~** elle a un cancer • **lung/breast ~** cancer *m* du poumon/du sein ⓑ **Cancer** (= *sign of zodiac*) Cancer *m* • **I'm Cancer** je suis Cancer 2 COMP ▸ **cancer patient** N cancéreux *m*, -euse *f* ▸ **cancer research** N cancérologie *f*; (*in appeals, funds, charities*) recherche *f* sur le cancer ▸ **cancer specialist** N cancérologue *mf*

cancerous ['kænsərəs] ADJ cancéreux

candid ['kændɪd] ADJ [*person, criticism*] franc (franche *f*); [*report*] qui ne cache rien • **he gave me his ~ opinion of it** il m'a dit franchement ce qu'il en pensait

candidacy ['kændɪdəsɪ] N candidature *f*

candidate ['kændɪdeɪt] N candidat(e) *m(f)* • **to stand as/be a ~** se porter/être candidat • **they are ~s for relegation** ils risquent la relégation • **exam ~s** candidats *mpl* aux examens

candidature ['kændɪdətʃəʳ] N (*Brit*) candidature *f*

candidly ['kændɪdlɪ] ADV avec franchise

candied ['kændɪd] ADJ confit ▸ **candied peel** N écorce *f* d'orange (*or* de citron) confite

candle ['kændl] N bougie *f*; (*tall, decorative*) chandelle *f*; (*in church*) cierge *m*

candlelight ['kændllaɪt] N **by ~** à la lueur d'une bougie

candlelit ['kændllɪt] ADJ [*room*] éclairé à la bougie ▸ **candlelit dinner** N dîner *m* aux chandelles

candlestick ['kændlstɪk] N bougeoir *m*; (*tall*) chandelier *m*

candour, candor (US) ['kændəʳ] N franchise *f*

candy ['kændɪ] N (US) bonbon(s) *m(pl)* ▸ **candy bar** N (US) confiserie *f* en barre ▸ **candy-floss** N (*Brit*) barbe *f* à papa

cane [keɪn] 1 N canne *f*; (*for plants*) tuteur *m* • **the schoolboy got the ~** l'écolier a été fouetté 2 VT [*+ schoolchild*] fouetter 3 COMP [*chair, furniture*] en rotin ▸ **cane sugar** N sucre *m* de canne

canine ['kænaɪn] ADJ canin • **~ (tooth)** canine *f*

canister ['kænɪstəʳ] N boîte *f*

cannabis ['kænəbɪs] N ⓐ (= *plant*) chanvre *m* indien ⓑ (= *drug*) cannabis *m*

cannibal ['kænɪbəl] ADJ, N cannibale *mf*

cannibalism ['kænɪbəlɪzəm] N cannibalisme *m*

cannibalize ['kænɪbəlaɪz] VT [*+ machine, car*] démonter pour en réutiliser les pièces

cannily ['kænɪlɪ] ADV astucieusement

canning factory ['kænɪŋ,fæktərɪ] N conserverie *f*

cannon ['kænən] N canon *m* ▸ **cannon fodder** N chair *f* à canon

cannonball ['kænənbɔ:l] N boulet *m* de canon

cannot ['kænɒt] → **can¹**

canny ['kænɪ] ADJ (= *shrewd*) malin (-igne *f*)

canoe [kə'nu:] 1 N canoë *m*; (= *dug-out*) pirogue *f*; (*Sport*) kayak *m* 2 VI (*Sport*) faire du canoë-kayak; (*in dug-out*) aller en pirogue

canoeing [kə'nu:ɪŋ] N (*Sport*) canoë-kayak *m*

canoeist [kə'nu:ɪst] N canoéiste *mf*

canon ['kænən] N [*of cathedral*] chanoine *m* ▸ **canon law** N droit *m* canon

canonize ['kænənaɪz] VT canoniser

canopy ['kænəpɪ] N [*of bed*] baldaquin *m*; [*of tent*] marquise *f*

cant [kænt] N (= *insincere talk*) paroles *fpl* hypocrites

can't [kɑ:nt] (ABBR OF **cannot**) → **can¹**

cantankerous [kæn'tæŋkərəs] ADJ irascible

canteen [kæn'ti:n] N ⓐ (= *restaurant*) cantine *f* ⓑ **a ~ of cutlery** une ménagère

canter ['kæntəʳ] 1 N petit galop *m* 2 VI aller au petit galop

Canterbury ['kæntəbərɪ] N Cantorbéry

cantilever ['kæntɪli:vəʳ] N cantilever *m* ▸ **cantilever bridge** N pont *m* cantilever

canton ['kæntɒn] N canton *m*

Cantonese [,kæntə'ni:z] 1 ADJ cantonais 2 N (*pl inv*) (= *person*) Cantonais(e) *m(f)*

Canuck* [kə'nʌk] N (*often pej*) Canadien(ne) *m(f)* français(e)

Canute [kə'nju:t] N Canut *m*

canvas [kæn] 1 N ⓐ (= *material*) toile *f* • **under ~** (= *in a tent*) sous la tente ⓑ (= *painting*) toile *f* 2 COMP en *or* de toile ▸ **canvas shoes** NPL chaussures *fpl* en toile

canvass ['kænvəs] 1 VI [*candidate*] faire campagne 2 VT ⓐ [*+ district*] faire du démarchage électoral dans; [*+ person*] solliciter le suffrage de; (US) (= *scrutinize votes*) pointer ⓑ (= *seek opinion of*) [*+ person*] sonder • **to ~ opinions (on sth)** faire un sondage d'opinion (sur qch)

canvasser, canvaser (US) ['kænvəsəʳ] N agent *m* électoral; (US) (*checking votes*) scrutateur *m*, -trice *f*

canvassing ['kænvəsɪŋ] N démarchage *m* électoral; (US = *inspection of votes*) vérification *f* des votes

canyon ['kænjən] N canyon *m*

canyoning ['kænjənɪŋ] N canyoning *m*

CAP [,si:eɪ'pi:] N (ABBR OF **Common Agricultural Policy**) PAC *f*

cap [kæp] 1 N ⓐ (= *headgear*) casquette *f*
ⓑ (*Brit Sport*) **he won his first England ~ last year** il a été sélectionné pour la première fois dans l'équipe d'Angleterre l'année dernière • **Davis has won 50 ~s for Wales** Davis compte 50 sélections dans l'équipe du pays de Galles
ⓒ [*of bottle*] capsule *f*; [*of pen*] capuchon *m*; [*of tooth*] couronne *f*; [*of radiator*] bouchon *m*; (= *contraceptive*) diaphragme *m*
ⓓ (*for toy gun*) amorce *f*
2 VT ⓐ [*+ tooth*] couronner
ⓑ (*Brit Sport*) **he was ~ped four times for England** il a joué quatre fois dans l'équipe d'Angleterre

ⓒ (*= surpass*) surpasser • **to ~ it all** pour couronner le tout
ⓓ [*+ spending, taxes*] plafonner

capability [ˌkeɪpəˈbɪlɪtɪ] (N) aptitude *f* (**to do sth, of doing sth** à faire qch), capacité *f* (**to do sth, for doing sth** de faire qch) • **it's beyond my capabilities** c'est au-dessus de mes capacités

capable [ˈkeɪpəbl] (ADJ) capable (**of** de) • **he was ~ of murder** il était capable de commettre un meurtre • **sports cars ~ of 150mph** des voitures de sport pouvant atteindre les 240 km/h

capably [ˈkeɪpəblɪ] (ADV) avec compétence

capacious [kəˈpeɪʃəs] (ADJ) [*container*] vaste

capacity [kəˈpæsɪtɪ] **1** (N) ⓐ [*of container*] contenance *f*; [*of hall, hotel*] capacité *f* • **filled to ~** [*hall, bus*] bondé
ⓑ (*= production potential*) capacité *f* de production; (*= output, production*) rendement *m* • **to work at full ~** [*factory*] fonctionner à plein rendement
ⓒ (*= mental ability: also* **capacities**) aptitude *f* • **her mental capacities** ses capacités intellectuelles • **~ to do** *or* **for doing sth** aptitude *f* à faire qch
ⓓ (*= position*) qualité *f*, titre *m* • **in his official ~** à titre officiel • **in an advisory ~** à titre consultatif
2 (COMP) ▸ **capacity audience** N **they were hoping for a ~ audience** ils espéraient faire salle comble ▸ **capacity crowd** N **there was a ~ crowd** il n'y avait plus une place de libre

cape [keɪp] **1** (N) ⓐ (*= garment*) cape *f* ⓑ (*= headland*) cap *m* **2** (COMP) ▸ **Cape Canaveral** N Cap Canaveral ▸ **the Cape of Good Hope** N le cap de Bonne-Espérance ▸ **Cape Town** N Le Cap *m* • **in Cape Town** au Cap ▸ **Cape Verde** N Cap-Vert *m*

caper [ˈkeɪpəʳ] **1** (N) (*to eat*) câpre *f* **2** (NPL) **capers** (*= pranks*) farces *fpl*
▸ **caper about** VI gambader (de joie)

capful [ˈkæpfʊl] (N) (*= measure of liquid*) bouchon *m* • **one ~ to four litres of water** un bouchon (plein) pour quatre litres d'eau

capillary [kəˈpɪlərɪ] (ADJ, N) capillaire *m*

capital [ˈkæpɪtl] **1** (ADJ) ⓐ capital • **of ~ importance** d'une importance capitale
ⓑ **~ letter** majuscule *f* • **~ A** A majuscule • **Art with a ~ A** l'Art avec un grand A
2 (N) ⓐ (*= money*) capital *m* • **~ and labour** le capital et la main-d'œuvre • **to make ~ out of sth** exploiter qch
ⓑ (*= city*) capitale *f*
ⓒ (*= letter*) majuscule *f*
3 (COMP) ▸ **capital city** N capitale *f* ▸ **capital equipment** N biens *mpl* d'équipement ▸ **capital expenditure** N dépenses *fpl* d'investissement ▸ **capital gains tax** N impôt *m* sur les plus-values ▸ **capital goods** NPL biens *mpl* d'équipement ▸ **capital offence** N crime *m* capital ▸ **capital punishment** N peine *f* capitale ▸ **capital reserves** NPL réserves *fpl* et provisions *fpl*

capitalism [ˈkæpɪtəlɪzəm] (N) capitalisme *m*

capitalist [ˈkæpɪtəlɪst] (ADJ, N) capitaliste *mf*

capitalize [kəˈpɪtəlaɪz] (VI) **to ~ on** [*+ circumstances, information, talents*] tirer parti de; (*financially*) monnayer

Capitol [ˈkæpɪtl] (N) Capitole *m*

> **CAPITOL**
> Le **Capitol** est le siège du Congrès, à Washington. Il est situé sur Capitol Hill. Par extension, Capitol Hill désigne le Congrès américain. → CONGRESS

capitulate [kəˈpɪtjʊleɪt] (VI) capituler

capitulation [kəˌpɪtjʊˈleɪʃən] (N) capitulation *f*

capon [ˈkeɪpən] (N) chapon *m*

cappuccino [ˌkæpʊˈtʃiːnəʊ] (N) cappuccino *m*

capricious [kəˈprɪʃəs] (ADJ) capricieux

Capricorn [ˈkæprɪkɔːn] (N) Capricorne *m* • **I'm ~** je suis Capricorne

capsicum [ˈkæpsɪkəm] (N) poivron *m*

capsize [kæpˈsaɪz] **1** (VI) chavirer **2** (VT) faire chavirer

capstan [ˈkæpstən] (N) cabestan *m*

capsule [ˈkæpsjuːl] (N) capsule *f*

Capt. (ABBR OF **Captain**)

captain [ˈkæptɪn] **1** (N) capitaine *m*; (*US Police*) ≈ commissaire *m* (de quartier) • **~ of industry** capitaine *m* d'industrie **2** (VT) [*+ team*] être le capitaine de; [*+ troops*] commander

captaincy [ˈkæptənsɪ] (N) (*Mil*) grade *m* de capitaine; (*Sport*) capitanat *m*

captcha [ˈkæptʃə] (N) (ABBR OF **Completely Automated Public Turing test to tell Computers and Humans Apart**) captcha *m*

caption [ˈkæpʃən] (N) légende *f*

captivate [ˈkæptɪveɪt] (VT) fasciner

captive [ˈkæptɪv] **1** (N) captif *m*, -ive *f* • **to take sb ~** faire qn prisonnier • **to hold sb ~** tenir qn captif **2** (ADJ) [*person*] prisonnier; [*animal*] captif • **a ~ audience** un public captif **3** (COMP) ▸ **captive breeding** N reproduction *f* en captivité ▸ **captive market** N marché *m* captif

captivity [kæpˈtɪvɪtɪ] (N) captivité *f* • **in ~** en captivité

captor [ˈkæptəʳ] (N) (*unlawful*) ravisseur *m*

capture [ˈkæptʃəʳ] **1** (VT) [*+ animal, soldier*] capturer; [*+ escapee*] reprendre; [*+ city*] prendre; [*+ attention*] capter; [*+ interest*] gagner • **they have ~d a large part of that market** ils ont conquis une large part de ce marché • **to ~ sth on film** filmer qch **2** (N) capture *f*

car [kɑːʳ] **1** (N) ⓐ voiture *f*
ⓑ (*US*) (*= part of train*) wagon *m*, voiture *f*
2 (COMP) [*wheel, door, seat, tyre*] de voiture ▸ **car alarm** N alarme *f* auto ▸ **car allowance** N indemnité *f* de déplacement (en voiture) ▸ **car bomb** N voiture *f* piégée ▸ **car bombing** N attentat *m* à la voiture piégée ▸ **car-boot sale** N (*Brit*) brocante *f* ▸ **car chase** N course-poursuite *f* ▸ **car-fare** N (*US*) **I don't have ~-fare** je n'ai pas de quoi payer mon ticket de bus ▸ **car-ferry** N (*on sea*) ferry(-boat) *m*; (*on river*) bac *m* ▸ **car hire** N location *f* de voitures • **~ hire company** société *f* de location de voitures ▸ **car journey** N voyage *m* en voiture; (*shorter*) trajet *m* en voiture ▸ **car keys** NPL clés *fpl* de voiture ▸ **car licence** N vignette *f* (auto) ▸ **car park** N (*Brit*) parking *m* ▸ **car phone** N téléphone *m* de voiture ▸ **car-pool** N pool *m* de covoiturage ▸ **car-pooling** N auto-partage *m* ▸ **car radio** N autoradio *m* ▸ **car rental** N location *f* de voitures ▸ **car sick** ADJ **to be ~ sick** être malade en voiture ▸ **car wash** N (*= place*) station *f* de lavage automatique ▸ **car-worker** N ouvrier *m*, -ière *f* de l'industrie automobile

> **CAR-BOOT SALE, GARAGE SALE**
> Type de brocante populaire en Grande-Bretagne, où chacun vide sa cave ou son grenier. Les articles sont présentés dans des coffres de voitures et la vente a souvent lieu sur un parking ou dans un champ.
> Aux États-Unis les ventes de ce genre s'appellent **garage sales**.

carafe [kəˈræf] (N) carafe *f*

caramel [ˈkærəməl] (N) caramel *m*

caramelize [ˈkærəməlaɪz] 1 (VT) caraméliser 2 (VI) se caraméliser

carat [ˈkærət] (N) carat *m* • **22 ~ gold** or *m* 22 carats

caravan [ˈkærəvæn] 1 (N) caravane *f*; [*of gipsy*] roulotte *f* 2 (VI) **to go ~ning** faire du caravaning 3 (COMP) ▸ **caravan site** N camping *m* pour caravanes

carb* [kɑːb] (N) (*= carbohydrate*) glucide *m* • **a low-- diet** un régime pauvre en glucides

carbohydrate [ˈkɑːbəʊˈhaɪdreɪt] (N) hydrate *m* de carbone • **~s** (*in diet*) glucides *mpl*

carbon [ˈkɑːbən] (N) carbone *m* ▸ **carbon capture** N capture *f* du carbone ▸ **carbon copy** N carbone *m*; (*fig*) copie *f* conforme ▸ **carbon credit** N crédit *m* carbone ▸ **carbon dating** N datation *f* au carbone 14 ▸ **carbon dioxide** N gaz *m* carbonique ▸ **carbon emissions** NPL émissions *mpl* de dioxyde de carbone ▸ **carbon footprint** N empreinte *f* carbone ▸ **carbon monoxide** N oxyde *m* de carbone ▸ **carbon-neutral** ADJ neutre en carbone ▸ **carbon offset** N compensation *f* carbone ▸ **carbon tax** N taxe *f* carbone ▸ **carbon trading** N commerce *m* du carbone

carbonated [ˈkɑːbəneɪtɪd] (ADJ) gazeux

carburettor [ˌkɑːbjʊˈretəʳ], **carburetor** (US) [ˌkɑːbjʊˈreɪtəʳ] (N) carburateur *m*

carcass [ˈkɑːkəs] (N) carcasse *f*

carcinogen [kɑːˈsɪnədʒen] (N) substance *f* cancérigène

carcinogenic [ˌkɑːsɪnəˈdʒenɪk] (ADJ) cancérigène

carcinoma [ˌkɑːsɪˈnəʊmə] (N) (*pl* **carcinomas** or **carcinomata** [ˌkɑːsɪˈnəʊmətə]) carcinome *m*

card [kɑːd] (N) carte *f*; (*= index card*) fiche *f*; (*= piece of cardboard*) carton *m* • **identity ~** carte *f* d'identité • **game of ~s** partie *f* de cartes • **to play ~s** jouer aux cartes • **to put one's ~s on the table** jouer cartes sur table • **to have a ~ up one's sleeve** avoir un atout dans son sac • **it's on the ~s** or (US) **in the ~s that ...*** il y a de fortes chances que ... + *subj* ▸ **card-carrying member** N membre *m* à part entière ▸ **card game** N partie *f* de cartes ▸ **card-holder** N [*of credit cards*] titulaire *mf* de carte de crédit ▸ **card index** N fichier *m* ▸ **card player** N joueur *m*, -euse *f* de cartes ▸ **card table** N table *f* de jeu ▸ **card trick** N tour *m* de cartes

cardamom [ˈkɑːdəməm] (N) cardamome *f*

cardboard [ˈkɑːdbɔːd] 1 (N) carton *m* 2 (ADJ) en carton • **~ box** carton *m* • **~ city*** *endroit de la ville où dorment les sans-abri*

cardiac [ˈkɑːdɪæk] (ADJ) cardiaque ▸ **cardiac arrest** N arrêt *m* cardiaque

cardigan [ˈkɑːdɪgən], **cardie*** [ˈkɑːdɪ] (N) cardigan *m*

cardinal [ˈkɑːdɪnl] 1 (ADJ) cardinal • **of ~ importance** d'une importance capitale 2 (N) cardinal *m* 3 (COMP) ▸ **cardinal sin** N péché *m* capital

cardio* [ˈkɑːdɪəʊ] (N) cardio *m inv*

cardiologist [ˌkɑːdɪˈɒlədʒɪst] (N) cardiologue *mf*

cardiology [ˌkɑːdɪˈɒlədʒɪ] (N) cardiologie *f*

cardiopathy [ˌkɑːdɪˈɒpəθɪ] (N) cardiopathie *f*

cardphone [ˈkɑːdfəʊn] (N) (*Brit*) téléphone *m* à carte

care [kɛəʳ] 1 (N) ⓐ (*= attention*) soin *m* • **to do sth with ~** faire qch avec soin • **with the greatest ~** avec le plus grand soin • **"with ~"** «fragile» • **~ of** (*on letters*) chez • **the child in her ~** l'enfant dont elle a (or avait) la responsabilité

▸ **to take care** faire attention • **take ~ you don't catch cold** faites attention de ne pas prendre froid • **take ~!** (*= goodbye*) au revoir! • **you should take more ~ with your work** vous devriez apporter plus de soin à votre travail

▸ **to take care of** [*+ details, arrangements, person, animal*] s'occuper de; [*+ valuables*] garder • **to take good ~ of sb** s'occuper de qn • **to take good ~ of sth** prendre soin de qch • **I'll take ~ of that** je vais m'en occuper • **he can take ~ of himself*** il se débrouillera* tout seul

ⓑ (*= anxiety*) souci *m* • **as if he hadn't a ~ in the world** comme si tout allait bien pour lui

ⓒ (*Social Work*) **to take a child into ~** mettre un enfant à l'assistance publique • **he's been in ~ since the age of three** il a été placé à l'assistance publique à l'âge de trois ans

2 (VI) ⓐ (*= feel interest*) **I don't ~!** ça m'est égal! • **what do I ~?*** qu'est-ce que ça peut me faire? • **you can keep it for all I ~*** tu peux le garder, je m'en fiche* • **I couldn't ~ less*** je m'en fiche pas mal* • **who ~s!** on s'en moque! • **he really ~s** il prend ça très au sérieux

▸ **to care about** (*= be interested in*) s'intéresser à; (*= be concerned about*) se soucier de • **money is all he ~s about** il n'y a que l'argent qui l'intéresse • **to ~ deeply about sth** être profondément concerné par qch • **to ~ deeply about sb** être profondément attaché à qn

ⓑ (*= like*) **would you ~ to take off your coat?** voulez-vous retirer votre manteau?

3 (COMP) ▸ **care assistant** N (*Brit*) aide-soignant(e) *m(f)* ▸ **care home** N ≈ foyer *m* de la DDASS ▸ **care-worker** N travailleur *m*, -euse *f* social(e)

▸ **care for** VT INSEP ⓐ (*= like*) aimer • **I don't ~ for him** je ne l'aime pas beaucoup • **he still ~s for me** il m'aime toujours • **I don't much ~ for it** cela ne me dit rien • **would you ~ for a cup of tea?** aimeriez-vous une tasse de thé? ⓑ (*= look after*) [*+ invalid*] soigner; [*+ child*] s'occuper de

▸ **well-cared for** [*hands, hair*] soigné; [*garden*] bien entretenu • **the children were well--d for** on s'occupait bien des enfants

career [kəˈrɪəʳ] 1 (N) carrière *f* • **he is making a ~ for himself in advertising** il est en train de faire carrière dans la publicité • **his university ~** sa carrière universitaire

2 (VI) aller à toute allure • **to ~ up/down** monter/descendre à toute allure

3 (COMP) ▸ **career break** N pause *f* dans une (or sa etc) carrière • **to take a ~ break** faire une pause dans sa carrière ▸ **career girl** N jeune femme *f* ambitieuse ▸ **career move** N changement *m* professionnel ▸ **career prospects** NPL possibilités *fpl* d'avancement ▸ **careers advisor, careers counselor** N (*US*) conseiller *m*, -ère *f* d'orientation professionnelle ▸ **careers guidance** N (*Brit*) orientation *f* professionnelle ▸ **career woman** N femme *f* ambitieuse

carefree [ˈkɛəfriː] (ADJ) [*person*] insouciant; [*time*] sans souci

careful [ˈkɛəfʊl] (ADJ) ⓐ [*worker*] soigneux; [*work*] soigné; [*planning, examination*] minutieux • **expeditions require ~ planning** les expéditions doivent être soigneusement préparées • **after ~ consideration of the facts** après un examen minutieux des faits

ⓑ ▸ **to be careful** (*= watch out*) faire attention • **be ~!** fais attention! • **she's very ~ about what she eats** elle fait très attention à ce qu'elle mange • **be ~ what you say to him** faites attention à ce que vous lui dites • **be ~ he doesn't hear you** veillez à ce qu'il ne vous entende pas • **he was ~ not to offend them** il a pris soin de ne pas les offenser • **you can't be too ~** (*= cautious*) on n'est jamais trop prudent c (= economical) économe; (= mean) avare • **he is very ~ with (his) money** il est près de ses sous*

carefully ['kɛəfəlɪ] (ADV) a (= painstakingly) soigneusement; [listen, read] attentivement b (= cautiously) [drive] prudemment

caregiver ['kɛə,gɪvəʳ] (N) = **carer**

careless ['kɛəlɪs] (ADJ) [person] négligent; [action] inconsidéré; [work] bâclé • **it was ~ of her to do that** elle n'a pas été très prudente • **how ~ of me!** j'aurais dû faire plus attention! • **convicted of ~ driving** condamné pour conduite dangereuse • **~ mistake** faute f d'inattention • **his spelling is ~** il ne fait pas attention à son orthographe

carelessly ['kɛəlɪslɪ] (ADV) négligemment

carelessness ['kɛəlɪsnɪs] (N) négligence f

carer ['kɛərəʳ] (N) (professional) travailleur m social; (Brit) (= relative, friend) *personne qui s'occupe d'un proche dépendant*

caress [kə'res] 1 (N) caresse f 2 (VT) caresser

caretaker ['kɛə,teɪkəʳ] (N) (Brit) gardien(ne) m(f) d'immeuble

cargo ['kɑːgəʊ] (N) cargaison f

Caribbean [,kærɪ'biːən, (esp US) kə'rɪbɪən] (ADJ) caribéen, des Caraïbes • **a ~ island** une île des Caraïbes • **the ~ (Sea)** la mer des Caraïbes • **the ~ Islands** les petites Antilles fpl

caricature ['kærɪkətjʊəʳ] 1 (N) caricature f 2 (VT) caricaturer

caring ['kɛərɪŋ] (ADJ) [parent] aimant; [teacher] bienveillant • **we want a ~ society** nous voulons une société plus humaine • **the ~ professions** les professions fpl à vocation sociale

carjacking ['kɑː,dʒækɪŋ] (N) vol m de voiture sous la menace d'une arme

carnage ['kɑːnɪdʒ] (N) carnage m

carnation [kɑː'neɪʃən] (N) œillet m

carnival ['kɑːnɪvəl] 1 (N) carnaval m; (US = fair) fête f foraine 2 (ADJ) de carnaval

> The French word **carnaval** has an **a** in the middle whereas the English word has an **i**.

carnivore ['kɑːnɪvɔːʳ] (N) carnivore m

carnivorous [kɑː'nɪvərəs] (ADJ) carnivore

carob ['kærəb] (N) caroube f

carol ['kærəl] (N) chant m de Noël

carouse [kə'raʊz] (VI) faire la foire

carousel [,kæruː'sel] (N) a (= merry-go-round) manège m b (for slides) carrousel m c (for luggage) tapis m roulant (à bagages)

carp [kɑːp] 1 (N) (= fish) carpe f 2 (VI) critiquer • **to ~ at** critiquer

carpenter ['kɑːpɪntəʳ] 1 (N) charpentier m; (= joiner) menuisier m 2 (VI) (in building) faire de la charpenterie; [joiner] faire de la menuiserie

carpentry ['kɑːpɪntrɪ] (N) charpenterie f; (= joinery) menuiserie f

carpet ['kɑːpɪt] 1 (N) tapis m; (fitted) moquette f 2 (VT) [+ floor] recouvrir d'un tapis; (with fitted carpet) moquetter 3 (COMP) ▸ **carpet slippers** NPL pantoufles fpl ▸ **carpet tile** N dalle f de moquette

carport ['kɑːpɔːt] (N) auvent m (pour voiture)

carriage ['kærɪdʒ] (N) a (horse-drawn) carrosse m b (Brit) (= part of train) voiture f, wagon m c (= conveyance of goods) transport m • **~ paid** (en) port payé d [of person] (= bearing) maintien m

carriageway ['kærɪdʒweɪ] (N) (Brit) chaussée f

carrier ['kærɪəʳ] 1 (N) a (= bag) sac m (en plastique) b (= airline) compagnie f aérienne c (on cycle) porte-bagage(s) m d [of disease] porteur m, -euse f 2 (COMP) ▸ **carrier bag** N (Brit) sac m (en plastique) ▸ **carrier pigeon** N pigeon m voyageur

carrion ['kærɪən] (N) charogne f

carrot ['kærət] (N) carotte f • **to offer sb a ~** (= incentive) tendre une carotte à qn ▸ **carrot and stick** ADJ **to use a ~ and stick approach** manier la carotte et le bâton ▸ **carrot cake** N gâteau m à la carotte

> The French word **carotte** has only one **r**, but a double **t**.

carry ['kærɪ] 1 (VT) a (= bear, transport) [person] porter; [vehicle] transporter • **she was ~ing the child in her arms** elle portait l'enfant dans ses bras • **this ship carries coal/passengers** ce bateau transporte du charbon/des passagers • **he carried the plates through to the kitchen** il a emporté les assiettes à la cuisine • **he carried his audience with him** il a enthousiasmé son auditoire

b (= have on one's person) [+ identity card, documents, money] avoir sur soi; [+ umbrella, gun, sword] avoir

c [+ disease] être porteur de • **people ~ing the AIDS virus** les individus porteurs du virus du sida

d [+ warning, notice] comporter • **it carries a five-year guarantee** c'est garanti cinq ans

e (= involve) [+ risk, responsibility] comporter • **a crime which carries the death penalty** un crime passible de la peine de mort

f [+ goods] vendre • **we don't ~ that article** nous ne faisons pas cet article

g [+ sound] conduire

h (= win) remporter • **to ~ the day** gagner • **the bill was carried (by 302 votes to 197)** le projet de loi a été voté (par 302 voix contre 197)

i **to ~ o.s.** se tenir • **he carries himself like a soldier** il a le port d'un militaire

j [newspaper] [+ story] rapporter • **the papers all carried a photograph of the explosion** la photo de l'explosion était dans tous les journaux

k (= be pregnant with) attendre

2 (VI) [voice, sound] porter

3 (COMP) ▸ **carry-on** N (pej)* histoires* fpl • **what a ~-on (about nothing)!** que d'histoires (pour rien)!* ♦ ADJ, N (also **carry-on luggage**) bagage à main ▸ **carry-out** N (= food) plat m à emporter; (= drink) boisson f à emporter

▸ **carry away** VT SEP a [+ thing] emporter b (fig) **he was carried away by his friend's enthusiasm** il a été transporté par l'enthousiasme de son ami • **to get carried away by sth*** s'emballer* pour qch • **don't get carried away!*** ne t'emballe pas!*

▸ **carry off** VT SEP [+ thing] emporter; [+ prizes, honours] remporter • **to ~ it off*** réussir (son coup)

▸ **carry on** 1 VI a (= continue) continuer (**doing sth** à or de faire qch) • **~ on!** continuez! • **~ on with your work!** continuez votre travail! b (= make a fuss)* faire des histoires* c (= have an affair) **to be ~ing on with sb*** avoir une aventure avec qn 2 VT SEP a (= conduct) [+ business, trade] faire; [+ conversation] soutenir; [+ negotiations] mener b (= continue) continuer

▸ **carry out** VT SEP ⓐ [+ *thing*] emporter; [+ *person*] emmener • **the current carried him out to sea** le courant l'a entraîné vers le large ⓑ (= *put into action*) [+ *plan, order*] exécuter; [+ *experiment, search, investigation*] faire

▸ **carry through** VT SEP [+ *plan*] mener à bonne fin

carrycot ['kærɪkɒt] (N) (*Brit*) porte-bébé *m*

cart [kɑ:t] 1 (N) (*horse-drawn*) charrette *f*; (= *handcart*) voiture *f* à bras; (*US: for luggage, shopping*) chariot *m* 2 (VT) [+ *heavy objects*]* trimballer* 3 (COMP) ▸ **cart horse** N cheval *m* de trait

▸ **cart away, cart off** VT SEP [+ *goods*] emporter

carte blanche [ˌkɑ:t'blɑ:ntʃ] (N) **to give sb ~ to do sth** donner carte blanche à qn pour faire qch

cartel [kɑ:'tel] (N) cartel *m*

cartilage ['kɑ:tɪlɪdʒ] (N) cartilage *m*

cartographer [kɑ:'tɒgrəfə^r] (N) cartographe *mf*

cartography [kɑ:'tɒgrəfɪ] (N) cartographie *f*

carton ['kɑ:tən] (N) (*for yogurt, cream*) pot *m*; (*for milk, juice*) brique *f*; (*for cigarettes*) cartouche *f*

cartoon [kɑ:'tu:n] 1 (N) (= *single picture*) dessin *m* humoristique; (= *strip*) bande *f* dessinée; (= *film*) dessin *m* animé 2 (COMP) ▸ **cartoon strip** N (*esp Brit*) bande *f* dessinée

cartoonist [ˌkɑ:'tu:nɪst] (N) (*in newspaper*) dessinateur *m*, -trice *f* humoristique; (= *film-maker*) dessinateur *m*, -trice *f* de dessins animés

cartridge ['kɑ:trɪdʒ] (N) cartouche *f*; [*of camera*] chargeur *m* ▸ **cartridge belt** N (= *belt*) cartouchière *f*

cartwheel ['kɑ:twi:l] (N) (= *wheel*) roue *f* de charrette • **to do a ~** faire la roue

carve [kɑ:v] (VT) tailler; (= *sculpt*) sculpter; [+ *meat*] découper • **~d out of wood/ivory** en bois/ivoire sculpté • **to ~ one's initials on** *or* **in sth** graver ses initiales sur qch

▸ **carve out** VT SEP [+ *statue, figure*] sculpter; [+ *reputation, market share, role*] se tailler • **to ~ out a career (for o.s.) (as)** faire carrière (comme)

▸ **carve up** [+ *meat*] découper; [+ *country*] morceler ▸ **carve-up*** N [*of estate, country*] morcellement *m*

carvery ['kɑ:vərɪ] (N) grill *m*

carving ['kɑ:vɪŋ] (N) (= *sculpture*) sculpture *f* ▸ **carving knife** N (*pl* **carving knives**) couteau *m* à découper

cascade [kæs'keɪd] 1 (N) cascade *f* 2 (VI) tomber en cascade

case [keɪs] 1 (N) ⓐ (= *fact, example*) cas *m* • **if that's the ~** dans ce cas • **as is the ~ here** comme c'est le cas ici • **is it the ~ that ...?** est-il vrai que ...? • **as the ~ may be** selon le cas • **it's a clear ~ of sexual harassment** c'est un cas flagrant de harcèlement sexuel • **six ~s of pneumonia** six cas de pneumonie • **the most serious ~s were sent to hospital** les cas les plus graves ont été hospitalisés • **he's a hopeless ~** son cas est désespéré • **in this ~** dans ce cas • **in that ~** dans ce cas • **in any ~** en tout cas • **in most ~s** dans la plupart des cas • **in nine ~s out of ten** neuf fois sur dix

▸ **in case** au cas où • **in ~ he comes** au cas où il viendrait • **I'm in charge here, in ~ you've forgotten!*** c'est moi qui commande ici, au cas où vous l'auriez oublié! • **in ~ of** en cas de • **just in ~** à tout hasard

ⓑ (*legal*) affaire *f* • **he's a suspect in the ~** il fait partie des suspects dans cette affaire • **to try a ~** juger une affaire • **to win one's ~** gagner son procès • **the ~ for the prosecution** l'accusation *f*

ⓒ (= *argument*) arguments *mpl* • **to make a ~ for sth** plaider en faveur de qch • **to make a good ~ for sth** présenter de bons arguments en faveur de qch • **there is a strong ~ for compulsory vaccination** les partisans de la vaccination obligatoire ont de solides arguments • **to have a good/strong ~** avoir de bons/solides arguments

ⓓ (*Brit* = *suitcase*) valise *f*; (= *box*) (*for bottles*) caisse *f*; (*for goods on display*) vitrine *f*; (*for jewels*) coffret *m*; (*for camera, binoculars*) étui *m* • **violin/umbrella ~** étui *m* à violon/parapluie

2 (COMP) ▸ **case history** N [*of patient*] antécédents *mpl* médicaux; [*of client*] dossier *m* ▸ **case work** N (*Social Work*) travail *m* sur le terrain ▸ **case law** N droit *m* jurisprudentiel ▸ **case study** N étude *f* de cas

case-sensitive [ˌkeɪs'sensɪtɪv] (ADJ) (*Comput*) sensible à la casse

cash [kæʃ] 1 (N) ⓐ (= *notes and coins*) argent *m* liquide • **to pay in ~** payer cash • **~ or charge?** (*in shop*) vous payez cash ou par carte?

ⓑ **~ down** (= *immediate payment*) argent *m* comptant • **~ with order** payable à la commande • **~ on delivery** envoi *m* contre remboursement

ⓒ (= *money in general*)* argent *m* • **how much ~ have you got?** combien d'argent tu as? • **to be short of ~** être à court d'argent

2 (VT) [+ *cheque*] encaisser • **to ~ sb a cheque** donner à qn de l'argent contre un chèque; [*bank*] payer un chèque à qn

3 (COMP) ▸ **cash-and-carry** N cash and carry *m inv* ▸ **cash card** N carte *f* de retrait ▸ **cash crop** N culture *f* de rapport ▸ **cash desk** N [*of shop*] caisse *f* ▸ **cash discount** N remise *f* au comptant ▸ **cash dispenser** N distributeur *m* (automatique) de billets ▸ **cash flow** N cash-flow *m* ▸ **cash machine** N distributeur *m* (automatique) de billets ▸ **cash offer** N offre *f* d'achat avec paiement comptant • **he made me a ~ offer** il m'a offert de l'argent ▸ **cash point** N (*Brit*) (= *cash dispenser*) distributeur *m* (automatique) de billets ▸ **cash price** N prix *m* comptant ▸ **cash register** N caisse *f* ▸ **cash-strapped** ADJ à court de liquidités

▸ **cash in** VT SEP [+ *bonds, savings certificates*] réaliser

▸ **cash in on*** VT INSEP tirer profit de

▸ **cash up** VI (*Brit*) faire sa caisse

cashback ['kæʃbæk] (N) ⓐ (= *discount*) remise *f* ⓑ (*at supermarket*) *retrait d'espèces à la caisse*

cashbox ['kæʃbɒks] (N) caisse *f*

cashew [kæ'ʃu:] (N) (= *nut*) noix *f* de cajou

cashier [kæ'ʃɪə^r] (N) caissier *m*, -ière *f*

cashless ['kæʃlɪs] (ADJ) sans cash

cashmere [kæʃ'mɪə^r] 1 (N) cachemire *m* 2 (ADJ) en cachemire

casing ['keɪsɪŋ] (N) gaine *f*

casino [kə'si:nəʊ] (N) casino *m*

cask [kɑ:sk] (N) fût *m*

casket ['kɑ:skɪt] (N) [*of jewels*] coffret *m*; (*US* = *coffin*) cercueil *m*

casserole ['kæsərəʊl] 1 (N) (*Brit* = *utensil*) cocotte *f*; (= *food*) ragoût *m* 2 (VT) [+ *meat*] cuire en cocotte

cassette [kæ'set] (N) cassette *f*; (*for camera*) recharge *f* ▸ **cassette deck** N platine *f* (à) cassettes ▸ **cassette player** N lecteur *m* de cassettes ▸ **cassette recorder** N magnétophone *m* à cassettes

cassock ['kæsək] (N) soutane *f*

cast [kɑ:st] (*vb: pret, ptp* **cast**) 1 (N) ⓐ (= *actors collectively*) acteurs *mpl* • **~ (and credits)** générique *m* • **~ list** distribution *f*

b (= *model*) moulage *m* • **to have one's leg in a ~** avoir une jambe dans le plâtre
2 (VT) **a** (= *throw*) jeter • **to ~ a vote** voter • **to ~ aspersions on sb** dénigrer qn • **to ~ aspersions on sb's integrity** mettre en doute l'intégrité de qn • **to ~ doubt on sth** jeter le doute sur qch • **to ~ a shadow over sb/sth** jeter une ombre sur qn/qch • **to ~ one's eye(s) round a room** balayer une pièce du regard
b [+ *plaster, metal*] couler; [+ *statue*] mouler
c [+ *play, film*] distribuer les rôles de • **he was ~ as Hamlet** on lui a donné le rôle de Hamlet
3 (VI) (*Fishing*) lancer sa ligne
4 (COMP) ▸**cast-iron** N fonte *f* ♦ ADJ en fonte; [*constitution*] de fer; [*excuse, alibi*] en béton; [*case*] solide ▸**cast-off clothes, cast-offs** NPL vêtements *mpl* dont on ne veut plus • **I had to wear my brother's ~-offs** je devais porter les vieux vêtements de mon frère
▸**cast about, cast around** VI **to ~ about** *or* **around for sth** chercher qch
▸**cast aside** VT SEP rejeter
▸**cast down** VT SEP **to be ~ down** être découragé
▸**cast off** 1 VI [*ship*] larguer les amarres; (*Knitting*) rabattre les mailles 2 VT SEP [+ *stitch*] rabattre; [+ *bonds, burden*] s'affranchir de
▸**cast on** 1 VI (*Knitting*) monter les mailles 2 VT SEP [+ *stitch*] monter

castanets [ˌkæstəˈnets] (NPL) castagnettes *fpl*

castaway [ˈkɑːstəweɪ] (N) naufragé(e) *m(f)*

caste [kɑːst] (N) caste *f* ▸**caste mark** N (*in India*) signe *m* de caste ▸**caste system** N système *m* des castes

caster [ˈkɑːstəʳ] (N) roulette *f*

caster sugar [ˈkɑːstəʃʊgəʳ] (N) (*Brit*) sucre *m* en poudre

castigate [ˈkæstɪgeɪt] (VT) [+ *person*] châtier (*liter*); [+ *book etc*] éreinter

casting [ˈkɑːstɪŋ] (N) (*Theatre*) distribution *f*; (*Cine*) casting *m* ▸**casting director** N (*Theatre*) responsable *mf* de la distribution; (*Cine*) directeur *m*, -trice *f* du casting ▸**casting vote** N voix *f* prépondérante • **to have the ~** avoir voix prépondérante

castle [ˈkɑːsl] (N) château *m*

castor [ˈkɑːstəʳ] (N) roulette *f*

castrate [kæsˈtreɪt] (VT) castrer

casual [ˈkæʒjʊl] 1 (ADJ) **a** [*person*] désinvolte; [*chat, conversation*] informel • **he said, trying to sound ~** dit-il, sur un ton faussement désinvolte • **they're very ~ about safety** ils ne prennent pas la sécurité au sérieux **b** (= *occasional*) occasionnel • **a ~ acquaintance** une (simple) connaissance • **a ~ affair** une aventure • **to have ~ sex** avoir une aventure sans lendemain **c** [*remark*] fait en passant; [*meeting*] fortuit **d** [*clothes, shoes*] décontracté • **~ wear** tenue *f* décontractée **e** [*work, job, worker*] temporaire
2 (N) (= *worker*) travailleur *m*, -euse *f* temporaire

casually [ˈkæʒjʊlɪ] (ADV) **a** (= *in a relaxed way*) avec désinvolture; [*say, mention*] en passant **b** (= *accidentally*) par hasard **c** [*dress*] de façon décontractée

casualness [ˈkæʒjʊlnɪs] (N) [*of speech, manner*] désinvolture *f*; [*of dress*] style *m* décontracté

casualty [ˈkæʒjʊltɪ] 1 (N) **a** (*dead*) mort(e) *m(f)*; (*wounded*) blessé(e) *m(f)* **b** (= *hospital department*) (service *m* des) urgences *fpl* 2 (COMP) ▸**casualty department** N (service *m* des) urgences *fpl* ▸**casualty ward** N salle *f* des urgences

CAT[1] [ˈsiːˈeɪˈtiː] (ABBR OF **computer-aided teaching**) EAO *m*

CAT[2] [kæt] (ABBR OF **computerized axial tomography**) **~ scan** scanographie *f*, scanner *m* • **to have a ~ scan** se faire faire une scanographie *or* un scanner

cat [kæt] (N) chat *m*; (*female*) chatte *f* • **the big ~s** les grands félins *mpl* • **to let the ~ out of the bag** vendre la mèche* • **the ~'s out of the bag** tout le monde est au courant maintenant • **(has the) ~ got your tongue?*** tu as perdu ta langue ? • **he doesn't have a ~ in hell's chance of winning** il n'a pas la moindre chance de gagner • (PROV) **when the ~'s away the mice will play** quand le chat n'est pas là, les souris dansent (PROV) • **that set the ~ among the pigeons** ça a été le pavé dans la mare • **you look like something the ~ brought in!*** non mais regarde à quoi tu ressembles !
▸**cat-and-mouse** N **to play ~-and-mouse with sb** jouer au chat et à la souris avec qn ▸**cat-basket** N (*for carrying*) panier *m* pour chat ▸**cat burglar** N cambrioleur *m* ▸**cat flap** N chatière *f* ▸**cat litter** N litière *f* (pour chats) ▸**cat's-eye** N (*on road*) (clou *m* à) catadioptre *m*

cataclysmic [ˌkætəˈklɪzmɪk] (ADJ) cataclysmique

catacombs [ˈkætəkuːmz] (NPL) catacombes *fpl*

Catalan [ˈkætəˌlæn] 1 (N) (= *person*) Catalan(e) *m(f)*; (= *language*) catalan *m* 2 (ADJ) catalan

catalogue, catalog (US) [ˈkætəlɒg] 1 (N) catalogue *m*; (*US Univ = brochure*) brochure *f* 2 (VT) cataloguer

cataloguer, cataloger (US) [ˈkætəlɒgəʳ] (N) (*Comput*) catalogueur *m*

Catalonia [ˌkætəˈləʊnɪə] (N) Catalogne *f*

catalyst [ˈkætəlɪst] (N) catalyseur *m*

catalytic converter [ˌkætəlɪtɪkkənˈvɜːtəʳ] (N) pot *m* catalytique

catamaran [ˌkætəməˈræn] (N) catamaran *m*

catapult [ˈkætəpʌlt] 1 (N) (*Brit*) lance-pierre *m inv* 2 (VT) catapulter

cataract [ˈkætərækt] (N) cataracte *f*

catarrh [kəˈtɑːʳ] (N) rhume *m* (chronique)

catastrophe [kəˈtæstrəfɪ] (N) catastrophe *f*

catastrophic [ˌkætəˈstrɒfɪk] (ADJ) catastrophique

catastrophically [ˌkætəˈstrɒfɪklɪ] (ADV) [*fail*] de façon catastrophique

catatonic [ˌkætəˈtɒnɪk] (ADJ) catatonique

catcall [ˈkætkɔːl] (N) sifflet *m*

catch [kætʃ] (*vb: pret, ptp* **caught**) 1 (N) **a** (= *act, thing caught*) prise *f*, capture *f*; (*Fishing*) (= *several fish*) pêche *f*; (= *one fish*) prise *f* • **good ~!** (*Cricket*) bien rattrapé !
b (= *concealed drawback*)* piège *m* • **where's the ~?** où est le piège ?
c (*Brit*) (*on door*) loquet *m*; (*on window*) loqueteau *m*
d **with a ~ in one's voice** d'une voix entrecoupée
e (= *ball game*) jeu de balle
2 (VT) **a** attraper • **to ~ an animal in a trap** prendre un animal au piège • **I dialled her number hoping to ~ her before she left** je lui ai téléphoné en espérant la joindre avant son départ • **can I ring you back? you've caught me at a bad time** je peux vous rappeler ? je suis occupé en ce moment • **to ~ sb's attention** *or* **eye** attirer l'attention de qn • **to ~ the light** accrocher la lumière • **his speech caught the mood of the assembly** son discours reflétait l'humeur de l'assemblée • **you'll ~ it!*** (= *be in trouble*) ça va être ta fête !*
b (= *take by surprise*) surprendre • **to ~ sb doing sth** surprendre qn en train de faire qch • **to be caught unprepared** être pris au dépourvu • **she caught herself dreaming of Spain** elle se surprit à rêver de l'Espagne • **if**

C

I ~ you at it again!* que je t'y reprenne ! • **you won't ~ me doing that again!*** on ne m'y reprendra pas ! • **we were caught in a storm** nous avons été surpris par un orage

c [+ *bus, train*] (= *be in time for*) attraper; (= *travel on*) prendre • **to ~ the post** arriver à temps pour la levée • **did you ~ the news/that film last night?** tu as vu les informations/le film hier soir ?

d (= *trap*) **the branch caught my skirt** • **I caught my skirt on the branch** ma jupe s'est accrochée à la branche • **to ~ one's foot in sth** se prendre les pieds dans qch

e (= *understand, hear*) saisir • **I didn't ~ what he said** je n'ai pas saisi ce qu'il a dit

f [+ *disease*] attraper • **to ~ a cold** attraper un rhume • **to ~ cold** prendre froid

3 (VI) **a** [*fire*] prendre; [*wood*] prendre feu

b **her dress caught in the door/on a nail** sa robe s'est prise dans la porte/s'est accrochée à un clou

4 (COMP) ▸ **catch 22*** N **it's a ~ 22 situation** c'est une situation inextricable ▸ **catch-all** N fourre-tout *m inv* (*fig*) ♦ ADJ [*regulation, clause etc*] fourre-tout *inv* ▸ **catch phrase** N (= *slogan*) slogan *m*; [*of comedian, famous person*] formule *f*

▸ **catch on** VI **a** (= *become popular*) [*fashion*] prendre **b** (= *understand*) saisir

▸ **catch out** VT SEP (= *catch napping*) prendre en défaut; (= *catch in the act*) prendre sur le fait • **to be caught out (by sth)** être surpris (par qch)

▸ **catch up** VI **a** se rattraper; (*with news, gossip*) se mettre au courant • **to ~ up with one's work** se remettre à jour • **to ~ up with sb** rattraper qn • **his past eventually caught up with him** son passé est revenu le hanter **b** **to be** *or* **get caught up in sth** (*in activity, campaign*) être pris par qch; (*in circumstances*) être prisonnier de qch

catcher ['kætʃəʳ] (N) (*Baseball*) attrapeur *m*

catching* ['kætʃɪŋ] (ADJ) (= *contagious*) contagieux

catchment area ['kætʃmənt,ɛərɪə] (N) (*Brit*) [*of hospital*] circonscription *f* hospitalière; [*of school*] secteur *m* de recrutement scolaire

catchy* ['kætʃɪ] (ADJ) [*tune*] entraînant

catechism ['kætɪkɪzəm] (N) catéchisme *m*

categorical [,kætɪ'gɒrɪkəl] (ADJ) catégorique

categorically [,kætɪ'gɒrɪkəlɪ] (ADV) catégoriquement

categorize ['kætɪgəraɪz] (VT) classer (par catégories)

category ['kætɪgərɪ] (N) catégorie *f*

cater ['keɪtəʳ] (VI) **to ~ for** (*sb's needs, tastes*) satisfaire • **this magazine ~s for all ages** ce magazine s'adresse à tous les âges

caterer ['keɪtərəʳ] (N) traiteur *m*

catering ['keɪtərɪŋ] (N) restauration *f* • **the ~ for our reception was done by Smith and Lee** nous avons pris Smith and Lee comme traiteur pour notre réception

caterpillar ['kætəpɪləʳ] (N) chenille *f* ▸ **Caterpillar track®** N chenille *f* ▸ **Caterpillar tractor®** N autochenille *f*

catfood ['kætfu:d] (N) nourriture *f* pour chats

catharsis [kə'θɑ:sɪs] (N) (*pl* **catharses** [kə'θɑ:sɪs]) (*Literature, Psych*) catharsis *f*

cathartic [kə'θɑ:tɪk] (ADJ) cathartique

cathedral [kə'θi:drəl] (N) cathédrale *f*

Catherine wheel ['kæθərɪn,wi:l] (N) (= *firework*) soleil *m*

catheter ['kæθɪtəʳ] (N) cathéter *m*

cathode ['kæθəʊd] (N) cathode *f* ▸ **cathode ray tube** N tube *m* cathodique

Catholic ['kæθəlɪk] **1** (ADJ) catholique • **the ~ Church** l'Église *f* catholique **2** (N) catholique *mf*

Catholicism [kə'θɒlɪsɪzəm] (N) catholicisme *m*

catsuit ['kætsu:t] (N) combinaison-pantalon *f*

catsup ['kætsəp] (N) (US) ketchup *m*

cattery ['kætərɪ] (N) pension *f* pour chats

cattle ['kætl] (N) bétail *m* • **there were some ~ in the field** il y avait des vaches dans le champ • **the prisoners were treated like ~** les prisonniers étaient traités comme du bétail ▸ **cattle breeder** N éleveur *m* (de bétail) ▸ **cattle grid** N (*Brit*) *grille à même la route permettant aux voitures mais non au bétail de passer* ▸ **cattle market** N marché *m* aux bestiaux ▸ **cattle shed** N étable *f* ▸ **cattle truck** N fourgon *m* à bestiaux

catty* ['kætɪ] (ADJ) [*person, gossip*] vache* • **~ remark** vacherie* *f*

catwalk ['kætwɔ:k] (N) podium *m*

Caucasian [kɔ:'keɪzɪən] **1** (ADJ) de race blanche **2** (N) (= *person*) Blanc *m*, Blanche *f*

caucus ['kɔ:kəs] (N) (*pl* **caucuses**) (*US*) (= *meeting*) réunion *f* du comité électoral

caught [kɔ:t] (VB) *pt, ptp of* **catch**

cauldron ['kɔ:ldrən] (N) chaudron *m*

cauliflower ['kɒlɪflaʊəʳ] (N) chou-fleur *m* ▸ **cauliflower cheese** N gratin *m* de chou-fleur

cause [kɔ:z] **1** (N) cause *f* • **~ and effect** la cause et l'effet • **to be the ~ of sth** être la cause de qch • **there's no ~ for anxiety** il n'y a pas lieu de s'inquiéter • **with (good) ~** à juste titre • **without ~** sans raison • **to have ~ for complaint** avoir de quoi se plaindre • **it's all in a good ~*** c'est pour une bonne cause • **to plead sb's ~** plaider la cause de qn

2 (VT) causer • **to ~ damage/an accident** causer des dégâts/un accident • **to ~ trouble** [*action, situation*] poser des problèmes; [*person*] créer des problèmes • **a few fans were determined to ~ trouble** quelques supporters étaient décidés à semer la pagaille • **I don't want to ~ you any trouble** je ne veux pas vous déranger • **to ~ sb to do sth** faire faire qch à qn

causeway ['kɔ:zweɪ] (N) chaussée *f*

caustic ['kɔ:stɪk] (ADJ) caustique

cauterize ['kɔ:təraɪz] (VT) cautériser

caution ['kɔ:ʃən] **1** (N) **a** (= *circumspection*) prudence *f* • **proceed with ~** agissez avec prudence • **"~! wet floor"** « attention ! sol glissant » **b** (= *warning*) avertissement *m*; (= *rebuke*) réprimande *f* • **he got off with a ~** il s'en est tiré avec une réprimande **2** (VT) (*Brit Police*) mettre en garde (*un suspect que toute déclaration de sa part peut être retenue contre lui*) • **to ~ sb against doing sth** déconseiller à qn de faire qch • **to ~ that** avertir que

cautionary ['kɔ:ʃənərɪ] (ADJ) (servant) d'avertissement • **a ~ tale** un récit édifiant

cautious ['kɔ:ʃəs] (ADJ) prudent

cautiously ['kɔ:ʃəslɪ] (ADV) [*move*] avec précaution • **~ optimistic** d'un optimisme prudent

cautiousness ['kɔ:ʃəsnɪs] (N) prudence *f*

cavalcade [,kævəl'keɪd] (N) cavalcade *f*

cavalier [,kævə'lɪəʳ] **1** (ADJ) [*person, behaviour, attitude*] cavalier **2** (N) (*Brit Hist*) royaliste *m* (*partisan de Charles Iᵉʳ et de Charles II*)

cavalry ['kævəlrɪ] (N) cavalerie *f*

cave [keɪv] **1** (N) grotte *f* **2** (VI) **to go caving** faire de la spéléologie **3** (COMP) ▸ **cave-in** N effondrement *m* ▸ **cave painting** N peinture *f* rupestre

▸ **cave in** VI **a** [*floor, building*] s'effondrer **b** (= *yield*)* se dégonfler*

caveat ['kævɪæt] (N) avertissement *m*

caveman ['keɪvmæn] (N) (*pl* **-men**) homme *m* des cavernes
caver ['keɪvəʳ] (N) spéléologue *mf*
cavern ['kævən] (N) caverne *f*
cavernous ['kævənəs] (ADJ) vaste
caviar, caviare ['kævɪɑːʳ] (N) caviar *m*
caving ['keɪvɪŋ] (N) spéléologie *f*
cavity ['kævɪtɪ] (N) cavité *f*; (*in tooth*) carie *f*
cavort* [kə'vɔːt] (VI) (= *jump about*) s'ébattre • **while you were ~ing in Paris** pendant que tu prenais du bon temps à Paris
CB [siː'biː] (ABBR OF **Citizens' Band Radio**) CB *f*
CBE [ˌsiːbiː'iː] (N) (ABBR OF **Companion (of the Order) of the British Empire**) *titre honorifique*
CBI [ˌsiːbiː'aɪ] (N) (*Brit*) (ABBR OF **Confederation of British Industry**) *conseil du patronat*
cc [siː'siː] (ABBR OF **cubic centimetre(s)**) cm^3
CCTV [ˌsiːsiːtiː'viː] 1 (N) (ABBR OF **closed-circuit television**) télévision *f* en circuit fermé, vidéosurveillance *f* 2 (COMP) ▸ **CCTV camera** N caméra *f* de vidéosurveillance
CD [siː'diː] (N) (ABBR OF **compact disc**) CD *m* ▸ **CD library** N cédéthèque *f* ▸ **CD player** N platine *f* laser
CDC [ˌsiːdiː'siː] (N) (*US*) (ABBR OF **Center for Disease Control and Prevention**) *organisme de santé publique*
CD-I ® ['siː'diː'aɪ] (N) (ABBR OF **compact disc interactive**) CD-I *m*, disque *m* compact interactif
CD-ROM [ˌsiːdiː'rɒm] (N) (ABBR OF **compact disc read-only memory**) CD-ROM *m*, cédérom *m* ▸ **CD-ROM drive** N lecteur *m* de CD-ROM
CE [si'iː] (ABBR OF **Common Era**) EC (= *ère commune*)
cease [siːs] 1 (VI) cesser • **to ~ from doing sth** cesser de faire qch 2 (VT) [+ *work, activity*] cesser • **to ~ doing sth** cesser de faire qch • **to ~ trading** cesser ses activités 3 (N) **without ~** sans cesse
ceasefire ['siːsfaɪəʳ] (N) cessez-le-feu *m inv*
ceaseless ['siːslɪs] (ADJ) incessant
cedar ['siːdəʳ] (N) cèdre *m*
cede [siːd] (VT) céder
cedilla [sɪ'dɪlə] (N) cédille *f*
Ceefax ® ['siːfæks] (N) télétexte ® *m* (*de la BBC*)
ceilidh ['keɪlɪ] (N) bal *m* folklorique (*écossais ou irlandais*)
ceiling ['siːlɪŋ] (N) plafond *m* • **to put a ~ on prices/wages** plafonner les prix/salaires
celeb‡ [sə'leb] (N) vedette *f*
celebrant ['selɪbrənt] (N) célébrant *m*
celebrate ['selɪbreɪt] 1 (VT) [+ *event*] célébrer, fêter • **to ~ the anniversary of sth** commémorer qch • **to ~ mass** célébrer la messe 2 (VI) faire la fête • **let's ~!*** il faut fêter ça !
celebrated ['selɪbreɪtɪd] (ADJ) (= *famous*) célèbre
celebration [ˌselɪ'breɪʃən] (N) ⓐ (= *party*) fête *f* • **we must have a ~!** il faut fêter ça ! • **to join in the ~s** participer aux réjouissances ⓑ [*of event*] célébration *f*; [*of past event*] commémoration *f* • **in ~ of** pour fêter
celebratory [ˌselɪ'breɪtərɪ] (ADJ) **how about a ~ drink?** et si on prenait un verre pour fêter ça ?
celebrity [sɪ'lebrɪtɪ] 1 (N) (= *famous person*) célébrité *f* 2 (COMP) ▸ **celebrity magazine** N magazine *m* people
celeriac [sə'lerɪæk] (N) céleri(-rave) *m*
celery ['selərɪ] (N) céleri *m* (branche) • **a stick of ~** une branche de céleri
celestial [sɪ'lestɪəl] (ADJ) céleste
celiac ['siːlɪˌæk] (*US*) = **coeliac**
celibacy ['selɪbəsɪ] (N) célibat *m*
celibate ['selɪbɪt] (ADJ) (= *unmarried*) célibataire; (= *sexually inactive*) chaste
cell [sel] 1 (N) ⓐ cellule *f* ⓑ (*US*) (= *cellphone*)* portable *m*, mobile *m* 2 (COMP) ▸ **cell tower** N (*US*) (*Telec*) antenne-relais *f*
cellar ['seləʳ] (N) cave *f* • **in the ~** à la cave
cellist ['tʃelɪst] (N) violoncelliste *mf*
cellmate ['selmeɪt] (N) compagnon *m* de cellule, compagne *f* de cellule
cello ['tʃeləʊ] (N) violoncelle *m*
Cellophane ® ['seləfeɪn] (N) cellophane ® *f*
cellphone ['selfəʊn] (N) téléphone *m* portable *or* mobile
cellular ['seljʊləʳ] (ADJ) cellulaire ▸ **cellular phone** N téléphone *m* portable *or* mobile
cellulite ['seljʊˌlaɪt] (N) cellulite *f*
Celluloid ® ['seljʊlɔɪd] (N) celluloïd *m*
cellulose ['seljʊləʊs] (N) cellulose *f*
Celsius ['selsɪəs] (ADJ) Celsius *inv* • **degrees ~** degrés *mpl* Celsius
Celt [kelt, selt] (N) Celte *mf*
Celtic ['keltɪk, 'seltɪk] (ADJ) celtique, celte
cement [sə'ment] 1 (N) ciment *m* 2 (VT) cimenter 3 (COMP) ▸ **cement mixer** N bétonneuse *f*
cemetery ['semɪtrɪ] (N) cimetière *m*
cenotaph ['senətɑːf] (N) cénotaphe *m*
censor ['sensəʳ] 1 (N) censeur *m* 2 (VT) censurer
censorship ['sensəʃɪp] (N) censure *f*
censure ['senʃəʳ] (VT) critiquer
census ['sensəs] (N) (*pl* **censuses**) recensement *m*
cent [sent] (N) ⓐ **per ~** pour cent ⓑ (= *coin*) cent *m*
centenarian [ˌsentɪ'nɛərɪən] (ADJ, N) centenaire *mf*
centenary [sen'tiːnərɪ] (N) (*Brit*) centenaire *m* • **~ celebrations** fêtes *fpl* du centenaire
centennial [sen'tenɪəl] (N) (*US*) centenaire *m*
center ['sentəʳ] (*US*) = **centre**
centigrade ['sentɪgreɪd] (ADJ) centigrade
centimetre, centimeter (*US*) ['sentɪˌmiːtəʳ] (N) centimètre *m*
centipede ['sentɪpiːd] (N) mille-pattes *m inv*
central ['sentrəl] (ADJ) [*courtyard, control, character*] central; [*house, location, office*] proche du centre-ville; [*planning*] centralisé; [*fact, role*] essentiel • **~ London** le centre de Londres • **to be ~ to sth** [*person*] jouer un rôle essentiel dans qch; [*thing*] être au centre de qch ▸ **Central African** ADJ centrafricain ▸ **Central African Republic** N République *f* centrafricaine ▸ **Central America** N Amérique *f* centrale ▸ **Central Europe** N Europe *f* centrale ▸ **Central European** ADJ d'Europe centrale ▸ **central government** N gouvernement *m* central ▸ **central heating** N chauffage *m* central ▸ **central locking** N [*of car*] verrouillage *m* centralisé ▸ **central nervous system** N système *m* nerveux central ▸ **central reservation** N (*Brit*) [*of road*] terre-plein *m* central
centralism ['sentrəlɪzəm] (N) centralisme *m*
centralize ['sentrəlaɪz] (VT) centraliser
centrally ['sentrəlɪ] 1 (ADV) ⓐ (= *in middle*) au centre ⓑ (= *near city centre*) dans le centre-ville • **very ~ situated** situé en plein centre-ville 2 (COMP) ▸ **centrally heated** ADJ équipé du chauffage central
centre, center (*US*) ['sentəʳ] 1 (N) centre *m* • **in the ~** au centre • **she likes to be the ~ of attention** elle aime que tout le monde fasse attention à elle • **a party of the ~** (*Politics*) un parti du centre

C

2 (VT) centrer • **to ~ the ball** (*Football*) centrer • **the fighting has been ~d around the capital** les combats se sont concentrés autour de la capitale • **to be ~d** (*mentally*) être équilibré
3 (VI) **to ~ on** [*thoughts*] se concentrer sur; [*discussion*] tourner autour de
4 (COMP) [*row*] central ▸ **centre-forward** N (*Sport*) avant-centre *m* ▸ **centre-half** N (*Sport*) demi-centre *m* ▸ **centre parties** NPL (*Politics*) partis *mpl* du centre ▸ **centre spread** N (*Advertising*) double page *f* centrale ▸ **centre-stage** N **to take ~-stage** occuper le devant de la scène

centrefold ['sentəfəʊld] (N) double page *f* (détachable)

centrepiece ['sentəpi:s] (N) ⓐ (= *key feature, event*) **the ~ of the town** le joyau de la ville • **the ~ of their campaign strategy** la clé de voûte de leur stratégie électorale ⓑ [*of table*] milieu *m* de table

centrifugal force [,sentrɪfjʊgəl'fɔ:s] (N) force *f* centrifuge

centrifuge ['sentrɪfju:ʒ] (N) centrifugeuse *f*

centrist ['sentrɪst] (ADJ, N) centriste *mf*

century ['sentjʊrɪ] (N) ⓐ siècle *m* • **several centuries ago** il y a plusieurs siècles • **in the twenty-first ~** au vingt-et-unième siècle ⓑ (*Cricket*) cent courses *fpl*

CEO ['si:'i:'əʊ] (N) (ABBR OF **chief executive officer**) directeur *m*, -trice *f* général(e)

ceramic [sɪ'ræmɪk] 1 (ADJ) en céramique 2 (NPL) **ceramics** ⓐ (= *objects*) céramiques *fpl* ⓑ (= *activity*) céramique *f* 3 (COMP) ▸ **ceramic hob** N table *f* de cuisson en vitrocéramique

cereal ['sɪərɪəl] (N) céréale *f* • **breakfast ~** céréales *f* (pour le petit-déjeuner) ▸ **cereal bar** N barre *f* de céréales, barre *f* tendre (*Can*)

cerebral ['serɪbrəl] (ADJ) cérébral ▸ **cerebral palsy** N paralysie *f* cérébrale

ceremonial [,serɪ'məʊnɪəl] (ADJ) **~ occasion** cérémonie *f* officielle

ceremoniously [,serɪ'məʊnɪəslɪ] (ADV) solennellement

ceremony ['serɪmənɪ] (N) (= *event*) cérémonie *f* • **they don't stand on ~** ils ne font pas de cérémonies • **without ~** sans cérémonie(s)

cert‡ [sɜ:t] (N) (*Brit*) **it's a dead ~** c'est couru d'avance*

cert. (ABBR) = **certificate**

certain ['sɜ:tən] (ADJ) ⓐ (= *sure*) certain • **to be** *or* **feel ~ (about** *or* **of sth)** être certain (de qch) • **are you absolutely ~ (about** *or* **of that)?** en es-tu absolument certain? • **to be ~ that ...** être certain que ... • **I am not ~ who/why/when/how ...** je ne sais pas avec certitude qui/pourquoi/quand/comment ... • **we are not ~ what is happening** nous ne savons pas au juste ce qui se passe
▸ **for certain he's up to something, that's for ~** il manigance quelque chose, c'est sûr et certain • **to know for ~ that ...** avoir la certitude que ... • **I can't say for ~** je n'en suis pas certain • **I can't say for ~ that ...** je ne peux pas affirmer que ...
ⓑ **to make ~ that ...** (= *check, ensure*) s'assurer que ... • **to make ~ of sth** (= *be sure of getting*) s'assurer qch
ⓒ [*defeat, success, victory, death*] certain *after n* • **one thing is ~ ...** une chose est certaine ... • **to my ~ knowledge, she has never been there** je suis certain qu'elle n'y est jamais allée
ⓓ [*person, type*] certain *before n* • **in ~ circumstances** dans certaines circonstances • **a ~ Mrs Wendy Smith** une certaine Mme Wendy Smith • **a ~ number of people** un certain nombre de personnes • **to a ~ extent** *or* **degree** dans une certaine mesure

certainly ['sɜ:tənlɪ] (ADV) ⓐ (= *undoubtedly*) certainement ⓑ (= *definitely*) vraiment • **it ~ impressed me** cela m'a vraiment impressionné • **I shall ~ be there** j'y serai sans faute • **such groups most ~ exist** il est absolument certain que de tels groupes existent
ⓒ (*expressing agreement*) certainement • **wouldn't you agree? — oh, ~** vous ne croyez pas? — oh si, bien sûr • **had you forgotten? — ~ not** vous aviez oublié? — certainement pas
ⓓ (*expressing willingness*) bien sûr • **could you help me? — ~** pourriez-vous m'aider? — bien sûr
ⓔ (= *granted*) certes • **~, she has potential, but ...** certes, elle a des capacités mais ...

certainty ['sɜ:təntɪ] (N) certitude *f* • **for a ~** sans aucun doute • **faced with the ~ of disaster ...** face à un désastre inévitable ...

certifiable [,sɜ:tɪ'faɪəbl] (ADJ) ⓐ [*fact*] qu'on peut certifier ⓑ (= *mad*)* bon à enfermer

certificate [sə'tɪfɪkɪt] (N) ⓐ (*legal*) certificat *m* • **~ of origin** certificat *m* d'origine • **birth ~** extrait *m* de naissance ⓑ (*academic*) diplôme *m*

certify ['sɜ:tɪfaɪ] (VT) certifier • **she was certified dead** elle a été déclarée morte • **to send by certified mail** (*US*) ≈ envoyer avec accusé de réception

cervical ['sɜ:vɪkəl] (ADJ) cervical ▸ **cervical cancer** N cancer *m* du col de l'utérus ▸ **cervical smear** N frottis *m* vaginal

cervix ['sɜ:vɪks] (N) col *m* de l'utérus

cessation [se'seɪʃən] (N) cessation *f*

cesspit ['sespɪt] (N) fosse *f* d'aisance

cf (ABBR OF **confer**) cf

CFC [,si:ef'si:] (N) (ABBR OF **chlorofluorocarbon**) CFC *m*

CFO ['si:'ef'əʊ] (N) (ABBR OF **chief financial officer**) DAF *mf*, CFO *mf*

CFS [,si:ef'es] (N) (ABBR OF **chronic fatigue syndrome**) → **chronic**

CGI [,si:dʒi:'aɪ] (N) (ABBR OF **computer-generated imagery**) images *fpl* générées par ordinateur

Ch. (ABBR OF **chapter**)

c.h. (ABBR OF **central heating**)

Chad [tʃæd] (N) Tchad *m*

chador ['tʃɑ:dɔ:'] (N) tchador *m*

chafe [tʃeɪf] 1 (VT) (= *rub against*) irriter (par frottement) • **his shirt ~d his neck** il avait le cou irrité par le frottement de la chemise 2 (VI) **to ~ at sth** [*person*] s'irriter de qch • **he ~d at having to take orders from her** cela l'irritait de recevoir des ordres d'elle

chaffinch ['tʃæfɪntʃ] (N) pinson *m*

chagrin ['ʃægrɪn] (N) (= *annoyance*) contrariété *f* • **much to my ~** à ma grande contrariété

chain [tʃeɪn] 1 (N) ⓐ chaîne *f* • **in ~s** enchaîné ⓑ [*of mountains, atoms*] chaîne *f*; [*of events*] série *f* • **~ of shops** chaîne *f* de magasins
2 (VT) [*+ dog, bike*] attacher avec une chaîne; [*+ person*] enchaîner • **he was ~ed to the wall** il était enchaîné au mur
3 (COMP) ▸ **chain letter** N lettre *f* faisant partie d'une chaîne ▸ **chain mail** N cotte *f* de mailles ▸ **chain of command** N voies *fpl* hiérarchiques ▸ **chain reaction** N réaction *f* en chaîne ▸ **chain saw** N tronçonneuse *f* ▸ **chain-smoke** VI fumer cigarette sur cigarette ▸ **chain smoker** N gros(se) fumeur *m*, -euse *f* ▸ **chain store** N grand magasin *m* à succursales multiples

chair [tʃɛəʳ] **1** (N) ⓐ chaise *f*; (= *armchair*) fauteuil *m*; (*Univ*) chaire *f* • **dentist's ~** fauteuil *m* de dentiste ⓑ (*at meeting*) (= *function*) présidence *f* • **to take the ~** • **to be in the ~** présider ⓒ (= *chairperson*) président(e) *m(f)* **2** (VT) [+ *meeting*] présider

chairlift [ˈtʃɛəlɪft] (N) télésiège *m*

chairman [ˈtʃɛəmən] (N) (*pl* **-men**) président *m*

chairmanship [ˈtʃɛəmənʃɪp] (N) présidence *f* (*d'un comité etc*)

chairperson [ˈtʃɛəˌpɜːsn] (N) président(e) *m(f)*

chairwoman [ˈtʃɛəwʊmən] (N) (*pl* **-women**) présidente *f*

chalet [ˈʃæleɪ] (N) chalet *m*

chalice [ˈtʃælɪs] (N) calice *m*

chalk [tʃɔːk] (N) craie *f* • **a piece of ~** une craie • **they're as different as ~ and cheese** (*Brit*) c'est le jour et la nuit • **by a long ~** (*Brit*) de loin ▸ **chalk board** N (*US*) tableau *m* (noir)

▸ **chalk up** VT SEP [+ *success, victory*] remporter

challenge [ˈtʃælɪndʒ] **1** (N) défi *m* • **to issue a ~** lancer un défi • **to rise to the ~** se montrer à la hauteur • **to take up the ~** relever le défi • **Hunter's ~ for the party leadership** la tentative de Hunter pour prendre la tête du parti

2 (VT) ⓐ (= *call on*) défier • **to ~ sb to do sth** défier qn de faire qch • **to ~ sb to a game** proposer à qn de faire une partie • **to ~ sb to a duel** provoquer qn en duel

ⓑ [+ *statement*] contester • **to ~ sb's authority to do sth** contester à qn le droit de faire qch

ⓒ [+ *juror, jury*] récuser

challenger [ˈtʃælɪndʒəʳ] (N) challenger *m*

challenging [ˈtʃælɪndʒɪŋ] (ADJ) [*look, tone*] de défi; [*remark, speech*] provocateur (-trice *f*) • **this is a ~ job** ce travail représente un véritable défi

chamber [ˈtʃeɪmbəʳ] (N) **the Upper/Lower Chamber** la Chambre haute/basse ▸ **chamber concert** N concert *m* de musique de chambre ▸ **chamber music** N musique *f* de chambre ▸ **Chamber of Commerce** N Chambre *f* de commerce ▸ **Chamber of Horrors** N cabinet *m* des horreurs ▸ **chamber orchestra** N orchestre *m* (de musique) de chambre

chambermaid [ˈtʃeɪmbəmeɪd] (N) femme *f* de chambre

chameleon [kəˈmiːlɪən] (N) caméléon *m*

chamois [ˈʃæmɪ] (N) (*pl inv*) peau *f* de chamois ▸ **chamois leather** N peau *f* de chamois

champagne [ʃæmˈpeɪn] (N) (= *wine*) champagne *m* ▸ **champagne glass** N (*wide*) coupe *f* à champagne; (*tall and narrow*) flûte *f* à champagne

champion [ˈtʃæmpjən] **1** (N) champion(ne) *m(f)* • **the ~ of free speech** le champion de la liberté d'expression • **world ~** champion(ne) *m(f)* du monde **2** (ADJ) **~ swimmer/skier** champion(ne) *m(f)* de natation/de ski **3** (VT) [+ *person*] prendre fait et cause pour; [+ *cause*] se faire le champion de

championship [ˈtʃæmpjənʃɪp] (N) championnat *m* • **world ~** championnat *m* du monde

chance [tʃɑːns] **1** (N) ⓐ (= *luck*) hasard *m* • **by (sheer) ~** (tout à fait) par hasard • **have you a pen on you by any ~?** auriez-vous par hasard un stylo sur vous? • **to leave things to ~** laisser faire le hasard • **he left nothing to ~** il n'a rien laissé au hasard

ⓑ (= *possibility*) chance(s) *f(pl)* • **to stand a ~ (of doing sth)** avoir une bonne chance (de faire qch) • **he hasn't much ~ of winning** il a peu de chances de gagner • **he's still in with a ~** il a encore une petite chance • **the ~s are that ...** il y a de grandes chances que ... + *subj*, il est très possible que ... + *subj* • **there is little ~ of his coming** il est peu probable qu'il vienne • **he's taking no ~s** il ne veut prendre aucun risque • **that's a ~ we'll have to take** c'est un risque que nous devons courir • **no ~!*** jamais!

ⓒ (= *opportunity*) occasion *f* • **I had the ~ to go** *or* **of going** j'ai eu l'occasion d'y aller • **if there's a ~ of buying it** s'il est possible de l'acheter • **to miss a ~** laisser passer une occasion • **she was waiting for a ~ to speak** elle attendait l'occasion de parler • **this is his big ~** c'est la chance de sa vie • **give him another ~** laisse-lui encore une chance • **give me a ~ to show you what I can do** laissez-moi vous montrer ce que je sais faire

2 (ADJ) **a ~ discovery** une découverte accidentelle • **a ~ meeting** une rencontre fortuite

3 (VT) ⓐ (*frm*) (= *happen*) **to ~ to do sth** faire qch par hasard • **I ~d to hear his name** j'ai entendu son nom par hasard

ⓑ (= *risk*) [+ *rejection, fine*] risquer • **to ~ doing sth** se risquer à faire qch • **I'll ~ it!*** je vais risquer le coup! • **to ~ one's luck** tenter sa chance

▸ **chance upon** VT INSEP (*frm*) [+ *person*] rencontrer par hasard; [+ *thing*] trouver par hasard

chancel [ˈtʃɑːnsəl] (N) chœur *m* (*d'une église*)

chancellor [ˈtʃɑːnsələʳ] (N) chancelier *m*, -ière *f*; (*Brit Univ*) président(e) *m(f)* honoraire; (*US Univ*) président(e) *m(f)* d'université ▸ **Chancellor of the Exchequer** N (*Brit*) chancelier *m*, -ière *f* de l'Échiquier (*ministre des finances britannique*) → TREASURY

chancy* [ˈtʃɑːnsɪ] (ADJ) risqué

chandelier [ʃændəˈlɪəʳ] (N) lustre *m*

change [tʃeɪndʒ] **1** (N) ⓐ (= *alteration*) changement *m* • **a ~ for the better** une amélioration • **~ in public opinion** revirement *m* de l'opinion publique • **~ in attitudes** changement *m* d'attitude • **a ~ in government policy** un changement dans la politique du gouvernement • **(just) for a ~** pour changer un peu • **to make a ~ in sth** changer qch • **to have a ~ of heart** changer d'avis • **it makes a ~** ça change un peu • **it will be a nice ~** cela nous fera un changement • **the ~ of life** le retour d'âge • **~ of address** changement *m* d'adresse • **he brought a ~ of clothes** il a apporté des vêtements de rechange • **~ of job** changement *m* de travail

ⓑ (= *money*) monnaie *f* • **small ~** petite monnaie *f* • **can you give me ~ for this note/for $20?** pouvez-vous me faire la monnaie de ce billet/de 20 dollars? • **keep the ~** gardez la monnaie

2 (VT) ⓐ (*by substitution*) changer de • **to ~ (one's) clothes** se changer • **to ~ one's shirt/skirt** changer de chemise/jupe • **to ~ the baby/his nappy** changer le bébé/ses couches • **to ~ hands** (= *one's grip*) changer de main; [*goods, property, money*] changer de mains • **to ~ trains** changer de train • **to ~ one's mind** changer d'avis • **to ~ sb's mind (about sth)** faire changer qn d'avis (à propos de qch)

ⓑ (= *exchange*) échanger • **you can ~ it for something else** vous pouvez l'échanger contre quelque chose d'autre • **to ~ places (with sb)** changer de place (avec qn) • **I wouldn't like to ~ places with you** je n'aimerais pas être à votre place • **to ~ ends** (*Tennis, Football*) changer de côté

ⓒ [+ *banknote, coin*] faire la monnaie de; [+ *foreign currency*] changer (**into** en)

ⓓ (= *alter, modify, transform*) changer (**X into Y** X en Y) • **the witch ~d him into a cat** la sorcière l'a changé en chat • **this has ~d my ideas** cela m'a fait changer d'idée

C

• **success has utterly ~d her** la réussite l'a complètement transformée

3 (VI) ⓐ (*= become different*) changer • **you've ~d a lot!** tu as beaucoup changé ! • **he will never ~** il ne changera jamais • **his mood ~d from resignation to rage** il est passé de la résignation à la fureur • **the water had ~d to ice** l'eau s'était changée en glace

ⓑ (*= change clothes*) se changer • **she ~d into an old skirt** elle a mis une vieille jupe

ⓒ (*on bus, plane, train journey*) changer • **you have to ~ at Edinburgh** vous devez changer à Édimbourg • **all ~!** tout le monde descend !

4 (COMP) ▸ **change machine** N distributeur *m* de monnaie ▸ **change purse** N (*US*) portemonnaie *m*

▸ **change down** VI (*Brit: in car gears*) rétrograder

▸ **change over** VI (*gen*) passer (**from** de, **to** à); [*two people*] faire l'échange

▸ **change up** VI (*Brit: in car gears*) passer la vitesse supérieure

changeable ['tʃeɪndʒəbl] (ADJ) [*person*] inconstant; [*weather, circumstances*] variable

changeover ['tʃeɪndʒəʊvəʳ] (N) changement *m*

changing ['tʃeɪndʒɪŋ] 1 (ADJ) ~ **attitudes** des attitudes qui changent 2 (N) **the ~ of the guard** la relève de la garde 3 (COMP) ▸ **changing-room** N (*Brit Sport*) vestiaire *m*; (*= fitting room*) cabine *f* d'essayage

channel ['tænl] 1 (N) ⓐ (*TV*) chaîne *f*

ⓑ (*= navigable passage*) chenal *m*; (*for irrigation*) (*small*) rigole *f*; (*wider*) canal *m* • **the (English) Channel** la Manche

ⓒ (*= groove in surface*) rainure *f*

ⓓ (*Customs*) **red/green ~** file *f* marchandises à déclarer/rien à déclarer

ⓔ (*= system*) voie *f* • **~ of communication** voie *f* de communication • **all the diplomatic ~s available** toutes les voies diplomatiques possibles • **to go through the usual ~s** suivre la filière habituelle

2 (VT) [*+ energies, efforts, resources*] canaliser (**towards, into** vers)

3 (COMP) ▸ **Channel crossing** N traversée *f* de la Manche ▸ **Channel ferry** N (*Brit*) ferry *m* transmanche *inv* ▸ **the Channel Islands, the Channel Isles** NPL les îles *fpl* Anglo-Normandes ▸ **channel-surfing** N zapping *m*, pitonnage *m* (*Can*) ▸ **the Channel tunnel** N le tunnel sous la Manche

chant [tʃɑːnt] 1 (N) (*in religious music*) psalmodie *f*; [*of crowd, demonstrators*] chant *m* scandé 2 (VT) (*= sing*) chanter lentement; (*= recite*) réciter; [*+ religious music*] psalmodier; [*crowd, demonstrators*] scander 3 (VI) chanter; [*monks, priest*] psalmodier; [*crowd, demonstrators*] scander des slogans

Chanukah ['hɑːnəkə] (N) Hanoukka *f*

chaos ['keɪɒs] (N) chaos *m*

chaotic [keɪ'ɒtɪk] (ADJ) chaotique

chap* [tʃæp] (N) (*= man*) gars* *m* • **he was a young ~** c'était un jeune gars* • **a nice ~** un chic type*

chapel ['tʃæpəl] (N) chapelle *f*

chaplain ['tʃæplɪn] (N) aumônier *m*

chapped [tʃæpt] (ADJ) [*lips*] gercé

chapter ['tʃæptəʳ] (N) [*of book*] chapitre *m* • **in ~ four** au chapitre quatre • **to quote ~ and verse** citer ses références

char [tʃɑːʳ] 1 (VT) (*= burn black*) carboniser 2 (VI) être carbonisé

character ['kærɪktəʳ] 1 (N) ⓐ caractère *m* • **it's very much in ~ (for him)** ça lui ressemble tout à fait • **it was out of ~ (for him)** cela ne lui ressemblait pas • **to have ~** avoir du caractère

ⓑ (*= outstanding individual*) personnage *m*; (*= original person*)* numéro* *m* • **he's quite a ~!*** c'est un sacré numéro* • **he's an odd ~** c'est un curieux personnage

ⓒ **of good/bad ~** de bonne/mauvaise réputation

ⓓ (*in film, play*) personnage *m*

ⓔ (*Comput*) caractère *m* • **~s per second** caractères/seconde *mpl*

2 (COMP) ▸ **character actor** N acteur *m* de genre ▸ **character actress** N actrice *f* de genre ▸ **character assassination** N diffamation *f* ▸ **character reference** N certificat *m* de (bonne) moralité ▸ **character witness** N témoin *m* de moralité

> **caractère** does not have an **h** at the beginning and ends in **-ère**.

> ⚠ **character** is not always translated by **caractère**.

characteristic [ˌkærɪktə'rɪstɪk] 1 (ADJ) caractéristique • **with (his) ~ enthusiasm** avec l'enthousiasme qui le caractérise 2 (N) caractéristique *f*

> The French word **caractéristique** does not contain an **h**.

characteristically [ˌkærɪktə'rɪstɪkəlɪ] (ADV) **he replied in ~ robust style** il a répondu dans ce style robuste qui le caractérise • **~, she refused** comme on pouvait s'y attendre, elle a refusé

characterization [ˌkærɪktəraɪ'zeɪʃən] (N) (*by playwright, novelist*) manière *f* de camper les personnages

characterize ['kærɪktəraɪz] (VT) caractériser • **the campaign has been ~d by violence** la campagne s'est distinguée par sa violence

charade [ʃə'rɑːd] 1 (N) (*= pretence*) comédie *f* 2 (NPL) **charades** charades *fpl* mimées

charbroiled ['tʃɑːˌbrɔɪld] (ADJ) (*US*) grillé au feu de bois

charcoal ['tʃɑːkəʊl] 1 (N) charbon *m* de bois 2 (COMP) [*drawing, sketch*] au charbon ▸ **charcoal-grey** gris foncé *inv*, (gris) anthracite *inv*

chard [tʃɑːd] (N) (*also* **Swiss chard**) bettes *fpl*

---

charge [tʃɑːdʒ]

1 NOUN	3 INTRANSITIVE VERB
2 TRANSITIVE VERB	4 COMPOUNDS

1 NOUN

ⓐ (*in court*) inculpation *f*, chef *m* d'accusation • **what is the ~?** quel est le chef d'accusation ? • **the ~ was murder** il était (*or* j'étais *etc*) inculpé de meurtre • **the ~ was dropped** les poursuites ont été abandonnées • **they were convicted on all three ~s** ils ont été reconnus coupables pour les trois chefs d'accusation • **to be on a murder ~** être inculpé de meurtre • **he was arrested on a ~ of murder** il a été arrêté pour meurtre

ⓑ (*= accusation*) accusation *f* • **he denied these ~s** il a rejeté ces accusations

ⓒ (*= attack*) charge *f*

ⓓ (*= fee*) prix *m* • **is there a ~?** c'est payant ? • **for a small ~, we can supply ...** pour un prix modique, nous pouvons fournir ... • **there's no ~ for this** c'est gratuit • **there is an extra ~ for ...** il y a un supplément (à payer) pour ... • **to make a ~ for sth** facturer qch • **he made no ~ for mending it** il n'a rien pris pour la réparation • **~ for delivery** frais *mpl* de port

e (*= responsibility*) **the patients in her ~** les malades dont elle a la charge • **to take ~** (*in firm, project*) prendre la direction • **he took ~ of the situation at once** il a immédiatement pris la situation en main

▸ **in charge** **who's in ~ here?** qui est le responsable ? • **the person in ~** le responsable • **I left him in ~** je lui ai laissé la charge de tout • **to be in ~ of** [*+ department, operation, project*] diriger; [*+ children, animals*] s'occuper de • **to put sb in ~ of** [*+ firm, department, operation, project*] confier à qn la direction de • **to put sb in ~ of doing sth** charger qn de faire qch

f (*electrical*) charge *f* • **to put a battery on ~** mettre une batterie en charge • **there is no ~ left in the battery** la batterie est déchargée

2 TRANSITIVE VERB

a (*= accuse*) accuser (**with** de); (*in court*) inculper (**with** de) • **to ~ sb with doing sth** accuser qn d'avoir fait qch • **he was ~d with murder** il a été inculpé de meurtre

b (*= attack*) charger

c (*in payment*) [*+ person*] faire payer; [*+ amount*] prendre • **to ~ a commission** prendre une commission • **to ~ $100 a day** prendre 100 dollars par jour • **to ~ sb a fee of £200** faire payer 200 livres à qn • **to ~ sb for sth** faire payer qch à qn • **to ~ sb too much for sth** faire payer qch trop cher à qn • **I won't ~ you for that** je ne vous ferai rien payer • **I can ~ it to the company** je peux me le faire rembourser par mon entreprise; (*on expense claim*) je peux le mettre sur ma note de frais

d (*+ battery*) charger

e (*= command*) **to ~ sb to do sth** charger qn de faire qch

3 INTRANSITIVE VERB

a (*= rush*) se précipiter • **to ~ in/out** entrer/sortir en coup de vent • **to ~ up/down** grimper/descendre à toute vitesse • **to ~ through** passer en coup de vent

b (*battery*) se recharger

4 COMPOUNDS

▸ **charge account** N compte *m* client ▸ **charge card** N (*Brit*) carte *f* de paiement ▸ **charge sheet** N (*Brit*) ≈ procès-verbal *m*

---

chargeable ['tʃɑːdʒəbl] (ADJ) (*= payable*) à payer

charged [tʃɑːdʒd] (ADJ) **a** (*Elec*) chargé **b** **~ with emotion** • **emotionally ~** plein d'émotion • **a highly ~ atmosphere** une atmosphère très tendue

charger ['tʃɑːdʒəʳ] (N) **a** (*for battery*) chargeur *m* **b** (*= horse*) destrier *m*

chargrilled ['tʃɑːˌgrɪld] (ADJ) (*Brit*) grillé au feu de bois

chariot ['tʃærɪət] (N) char *m*

charisma [kæ'rɪzmə] (N) charisme *m*

charismatic [ˌkærɪz'mætɪk] (ADJ) charismatique

charitable ['tʃærɪtəbl] (ADJ) **a** [*organization*] caritatif **b** (*= kindly*) charitable (**to sb** envers qn)

charity ['tʃærɪtɪ] **1** (N) **a** (*= charitable organization*) organisation *f* caritative • **to collect for ~** faire une collecte pour une œuvre (charitable) • **the proceeds go to ~** les fonds recueillis sont versés à des œuvres **b** (*= alms*) charité *f* • **to live on ~** vivre d'aumônes **2** (COMP) ▸ **charity shop** N *boutique vendant des articles d'occasion au profit d'une organisation caritative*

charlady ['tʃɑːleɪdɪ] (N) (*Brit*) femme *f* de ménage

charlatan ['ʃɑːlətən] (N) charlatan *m*

charm [tʃɑːm] **1** (N) **a** [*of person, place, object*] charme *m* • **to have a lot of ~** avoir beaucoup de charme **b** **the plan worked like a ~*** tout s'est déroulé exactement comme prévu **c** (*for bracelet*) breloque *f* **2** (VT) (*= attract, please*) charmer • **to ~ sth out of sb** obtenir qch de qn par le charme • **he could ~ the birds out of the trees** il sait vraiment y faire **3** (COMP) ▸ **charm bracelet** N bracelet *m* à breloques ▸ **charm offensive** N (*hum*) offensive *f* de charme

charmer ['tʃɑːməʳ] (N) charmeur *m*, -euse *f*

charming ['tʃɑːmɪŋ] (ADJ) charmant

chart [tʃɑːt] **1** (N) **a** (*= graph*) graphique *m*; (*= table*) tableau *m* • **temperature ~** (*= sheet*) feuille *f* de température; (*= line*) courbe *f* de température **b** (*= map of sea*) carte *f* (marine) **c** **the ~s** (*= hit parade*) le hit-parade • **in the ~s** au hit-parade **2** (VT) **a** [*+ sales, profits, results*] faire la courbe de • **this graph ~s the progress made last year** ce graphique montre les progrès accomplis l'an dernier **b** [*+ route, journey*] porter sur la carte

charter ['tʃɑːtəʳ] **1** (N) **a** (*= document*) charte *f*; [*of society, organization*] statuts *mpl* • **the Charter of the United Nations** la Charte des Nations unies **b** (*= flight*) (vol *m*) charter *m* **2** (VT) [*+ plane*] affréter **3** (COMP) ▸ **chartered accountant** N (*Brit*) expert-comptable *mf*, comptable *mf* agréé(e) ▸ **charter flight** N vol *m* charter *m* • **to take a ~ flight to Rome** aller à Rome en charter

charwoman † ['tʃɑːˌwʊmən] (N) (*pl* **-women**) femme *f* de ménage

chary ['tʃeərɪ] (ADJ) (*= cautious*) circonspect • **to be ~ of doing sth** hésiter à faire qch

chase [tʃeɪs] **1** (N) (*= action*) poursuite *f* • **a high-speed car ~** une course-poursuite en voiture • **to give ~ to sb** se lancer à la poursuite de qn • **they ran out and the police gave ~** ils sont sortis en courant et la police s'est lancée à leur poursuite **2** (VT) poursuivre; [*+ success, women*] courir après • **she ~d the thief for 100 metres** elle a poursuivi le voleur sur 100 mètres • **2,000 unemployed people chasing five jobs** 2000 chômeurs qui se disputent cinq emplois **3** (VI) **to ~ after sb** courir après qn

▸ **chase away** VT SEP [*+ person, animal*] chasser

▸ **chase up*** VT SEP [*+ information*] rechercher; [*+ sth already asked for*] réclamer

chaser* ['tʃeɪsəʳ] (N) (*= drink*) *verre pris pour en faire descendre un autre*

chasm ['kæzəm] (N) gouffre *m*

chassis ['ʃæsɪ] (N) (*pl* **chassis** ['ʃæsɪz]) [*of vehicle*] châssis *m*

chaste [tʃeɪst] (ADJ) [*person*] chaste

chasten ['tʃeɪsn] (VT) (*= subdue*) assagir; (*= rebuke*) réprimander

chastened ['tʃeɪsnd] (ADJ) contrit

chastening ['tʃeɪsnɪŋ] (ADJ) **it was a ~ thought** ça nous a fait réfléchir • **the accident had a ~ effect on him** l'accident l'a fait réfléchir

chastise [tʃæs'taɪz] (VT) (*= scold*) réprimander

chastity ['tʃæstɪtɪ] (N) chasteté *f* ▸ **chastity belt** N ceinture *f* de chasteté

chat [tʃæt] **1** (N) brin *m* de conversation • **to have a ~** bavarder • **I must have a ~ with him about this** il faut que je lui en parle **2** (VI) bavarder (**with, to** avec); (*Internet*) chatter, clavarder (*Can*) **3** (COMP) ▸ **chat room** N (*on the Web*) salon *m* de discussion ▸ **chat show** N (*Brit*

TV) talk-show *m* ▸ **chat-up line** N *(Brit)* **that's his usual ~-up line** c'est son entrée en matière habituelle pour draguer*
▸ **chat up*** VT SEP *(Brit)* baratiner*

chatbot ['tʃætbɒt] N *(Internet)* chatbot *m*, agent *m* conversationnel

chatline ['tʃætlaɪn] N *(for dating)* ≈ téléphone *m* rose

chatter ['tʃætəʳ] 1 VI bavarder; *[children, monkeys, birds]* jacasser • **his teeth were ~ing** il claquait des dents
2 N *[of person]* bavardage *m*

chatterbox* ['tʃætəbɒks], **chatterer** ['tʃætərəʳ] N moulin *m* à paroles* • **to be a ~** être bavard comme une pie

chatty* ['tʃætɪ] ADJ *[person]* bavard • **a ~ letter** une lettre écrite sur le ton de la conversation

chauffeur ['ʃəʊfəʳ] 1 N chauffeur *m* (de maître) 2 VT **to ~ sb around** *or* **about** servir de chauffeur à qn 3 COMP
▸ **chauffeur-driven car** N voiture *f* avec chauffeur

chauvinism ['ʃəʊvɪnɪzəm] N chauvinisme *m*; *(= male chauvinism)* machisme *m*

chauvinist ['ʃəʊvɪnɪst] 1 N chauvin(e) *m(f)* • **male ~** machiste *m* 2 ADJ chauvin; *(= male chauvinist)* machiste, macho*

chauvinistic [ˌʃəʊvɪ'nɪstɪk] ADJ chauvin; *(= male chauvinistic)* machiste, phallocrate

chav‡ [tʃæv] N *(Brit)* racaille‡ *f*

cheap [tʃiːp] 1 ADJ (a) *(= inexpensive)* bon marché *inv*; *[rate, fare]* réduit • **~er** meilleur marché *inv*, moins cher (chère *f*) • **it's 10 cents ~er** ça coûte 10 cents de moins • **the ~est seats are around $15** les places les moins chères sont autour de 15 dollars • **~ rate** tarif *m* réduit • **it was going ~*** c'était pas cher* • **it is ~er to buy than to rent** cela revient moins cher d'acheter que de louer • **to be ~ to run** ne pas revenir cher à l'usage • **quality doesn't come ~** la qualité se paie • **human life is ~ in wartime** la vie humaine ne vaut pas grand-chose en temps de guerre
(b) *(= poor-quality)* bon marché *inv* • **~ cuts of meat** bas morceaux *mpl* • **he was wearing a ~ suit** il portait un costume de mauvaise qualité • **~ and nasty*** *[wine, plastic]* mauvais et bon marché • **it's ~ and nasty*** c'est vraiment pas génial*
(c) **on the ~*** *[buy, employ]* au rabais; *[decorate]* à bas prix
(d) *[sensationalism]* de bas étage; *[remark]* méchant; *[joke, trick, gimmick, woman]* facile • **to feel ~** se sentir minable
2 ADV *[buy]* *(= inexpensively)* bon marché; *(= cut-price)* au rabais
3 COMP ▸ **cheap shot** N coup *m* bas

cheapen ['tʃiːpən] VT *(= reduce value of)* déprécier • **to ~ o.s.** se déprécier

cheaply ['tʃiːplɪ] ADV *[buy, sell]* bon marché; *[produce, decorate, furnish, eat]* à bon marché

cheapo* ['tʃiːpəʊ] ADJ bon marché

cheapskate* ['tʃiːpskeɪt] N radin(e)* *m(f)*, avare *mf*

cheat [tʃiːt] 1 VT *(= swindle)* escroquer • **to ~ sb at cards** tricher aux cartes en jouant avec qn • **to ~ sb out of sth** escroquer qch à qn • **to feel ~ed** *(= swindled)* se sentir floué; *(= betrayed)* se sentir trahi 2 VI *(at cards, games)* tricher (**at** à) • **to ~ on sb*** *(= be unfaithful to)* tromper qn
3 N (a) *(also* **cheater** *(US))* *(= person)* tricheur *m*, -euse *f* (b) *(= deception)* **what a ~!** on s'est fait avoir !* • **it's a bit of a ~ to use ready-prepared meals** c'est un peu de la triche d'utiliser des plats cuisinés 4 COMP ▸ **cheat sheet*** N antisèche* *f*

cheating ['tʃiːtɪŋ] 1 N tricherie *f* 2 ADJ tricheur

Chechen ['tʃetʃən] 1 N *(= person)* Tchétchène *mf* 2 ADJ tchétchène

Chechnya ['tʃetʃnɪə] N Tchétchénie *f*

check [tʃek] 1 N (a) *(= examination)* contrôle *m* • **to make a ~ on** contrôler
(b) **to keep in ~** *[+ emotions]* contenir • **~s and balances** freins *mpl* et contrepoids *mpl* *(système d'équilibrage des pouvoirs législatif, exécutif et judiciaire aux États-Unis)*
(c) *(Chess)* échec *m* • **in ~** en échec • **~!** échec au roi !
(d) *(US) (= bill)* addition *f*
(e) *(gen pl = pattern)* **~s** carreaux *mpl*; *(= cloth)* tissu *m* à carreaux
(f) *(US)* = **cheque**
2 VT (a) vérifier; *[+ tickets, passports]* contrôler; *(= tick off)* cocher • **to ~ a copy against the original** comparer une copie à l'original • **I'll have to ~ whether** *or* **if there's an age limit** il faudra que je vérifie s'il y a une limite d'âge
(b) *[+ baggage to be loaded]* enregistrer
(c) *(= stop)* *[+ enemy]* arrêter; *[+ advance]* enrayer • **to ~ o.s.** se contrôler • **to ~ the spread of AIDS** enrayer la progression du sida
(d) *(Chess)* faire échec à
(e) *(US)* *[+ coats]* mettre au vestiaire
3 VI vérifier • **is Matthew there? — hold on, I'll just ~** est-ce que Matthew est là ? — attends, je vais voir
4 COMP *[tablecloth, shirt, pattern]* à carreaux ▸ **check-in** N *(at airport)* enregistrement *m* (des bagages) • **your ~-in time is half-an-hour before departure** présentez-vous à l'enregistrement des bagages une demi-heure avant le départ ▸ **check-out** N caisse *f (dans un libre-service)*
▸ **check in** 1 VI *(in hotel) (= arrive)* arriver; *(= register)* remplir une fiche (d'hôtel); *(at airport)* se présenter à l'enregistrement 2 VT SEP *(at airport)* enregistrer
▸ **check off** VT SEP pointer
▸ **check on** VT INSEP *[+ information, time]* vérifier • **to ~ on sb** voir ce que fait qn • **just go and ~ on the baby** va voir le bébé
▸ **check out** 1 VI *(from hotel)* régler sa note • **I ~ed out at 10 o'clock** j'ai rendu ma chambre à 10 heures 2 VT SEP (a) *(= verify)* vérifier (b) *[+ luggage]* retirer; *[+ person]* contrôler la sortie de; *[+ hotel guest]* faire payer sa note à
▸ **check over** VT SEP vérifier
▸ **check up** VI **to ~ up on sth** vérifier qch • **to ~ up on sb** se renseigner sur qn

checkbook ['tʃekbʊk] N *(US)* chéquier *m*

checked [tʃekt] ADJ *[tablecloth, suit, pattern]* à carreaux

checker ['tʃekəʳ] N *(US) (in supermarket)* caissier *m*, -ière *f*; *(in cloakroom)* préposé(e) *m(f)* au vestiaire

checkered ['tʃekəd] ADJ *(US)* *[history, career]* en dents de scie; *(= checked)* à carreaux

checkers ['tʃekəz] NPL *(US)* jeu *m* de dames

checklist ['tʃeklɪst] N check-list *f*, liste *f* de contrôle

checkmate ['tʃekmeɪt] N *(Chess)* (échec *m* et) mat *m*; *(= failure)* échec *m* total

checkpoint ['tʃekpɔɪnt] N poste *m* de contrôle

checkroom ['tʃekrʊm] N *(US = cloakroom)* vestiaire *m*

checkup ['tʃekʌp] N *(by doctor)* bilan *m* de santé • **to go for** *or* **have a ~** se faire faire un bilan de santé

cheddar ['tʃedəʳ] N cheddar *m*

cheek [tʃiːk] N (a) joue *f* • **to dance ~ to ~** danser joue contre joue (b) *(= impudence)** culot* *m* • **to have the ~ to do sth** avoir le culot* de faire qch • **what (a) ~!** quel culot !*

cheekbone ['tʃiːkbəʊn] N pommette *f*

cheekily ['tʃiːkɪlɪ] ADV *[say]* avec insolence

cheeky ['tʃi:kɪ] (ADJ) [*child*] effronté; [*remark*] impertinent
cheep [tʃi:p] 1 (N) piaulement *m* • **~, ~!** cui-cui! 2 (VI) [*bird*] piauler
cheer [tʃɪəʳ] 1 (N) **~s** acclamations *fpl*, hourras *mpl* • **three ~s for ...!** un ban pour ...! • **~s!*** (*Brit*) (= *your health!*) à la vôtre* (*or* à la tienne*)!; (= *goodbye*) salut!; (= *thanks*) merci! 2 (VT) ⓐ [+ *person*] remonter le moral à • **it ~ed him to think that ...** cela lui a remonté le moral de penser que ... ⓑ (= *applaud*) acclamer 3 (VI) (= *applaud*) pousser des vivats *or* des hourras
▸ **cheer on** VT SEP [+ *person, team*] encourager
▸ **cheer up** 1 VI reprendre courage • **~ up!** courage! 2 VT SEP remonter le moral à • **it really ~ed me up** ça m'a vraiment remonté le moral
cheerful ['tʃɪəfʊl] (ADJ) [*atmosphere, mood, occasion, person*] joyeux; [*colour, smile*] gai; [*news, prospect*] réjouissant • **to sound ~** avoir l'air gai
cheerfully ['tʃɪəfəlɪ] (ADV) (= *happily*) [*smile, say*] joyeusement; (= *blithely*) [*ignore*] allègrement
cheerfulness ['tʃɪəfʊlnɪs] (N) [*of person*] bonne humeur *f*, gaieté *f*
cheerily ['tʃɪərɪlɪ] (ADV) gaiement
cheerio* ['tʃɪərɪ'əʊ] (EXCL) (*Brit*) (= *goodbye*) salut!*, tchao!*
cheerleader ['tʃɪəli:dəʳ] (N) pom-pom girl *f*
cheerless ['tʃɪəlɪs] (ADJ) triste
cheery ['tʃɪərɪ] (ADJ) joyeux
cheese [tʃi:z] 1 (N) fromage *m* • **"say ~!"** «un petit sourire!» 2 (VT) (*Brit*) **to be ~d off with sth*** en avoir marre de qch* 3 (COMP) [*sandwich*] au fromage
▸ **cheese and wine, cheese and wine party** N ≈ buffet *m* campagnard
cheeseboard ['tʃi:zbɔ:d] (N) (= *plate*) plateau *m* à fromage(s); (*with cheeses on it*) plateau *m* de fromages
cheeseburger ['tʃi:z,bɜ:gəʳ] (N) cheeseburger *m*
cheesecake ['tʃi:zkeɪk] (N) cheesecake *m*, ≈ gâteau *m* au fromage blanc
cheesecloth ['tʃi:zklɒθ] (N) toile *f* à beurre
cheesy ['tʃi:zɪ] (ADJ) ⓐ (= *naff*)* moche* ⓑ [*grin*]* large, en banane*
cheetah ['tʃi:tə] (N) guépard *m*
chef [ʃef] (N) chef *m* (cuisinier)
chemical ['kemɪkəl] 1 (ADJ) chimique 2 (N) produit *m* chimique • **dangerous ~s** des produits chimiques dangereux 3 (COMP) ▸ **chemical engineer** N ingénieur *m* en génie chimique ▸ **chemical engineering** N génie *m* chimique ▸ **chemical warfare** N guerre *f* chimique ▸ **chemical weapons** NPL armes *fpl* chimiques
chemically ['kemɪkəlɪ] (ADV) chimiquement
chemist ['kemɪst] (N) ⓐ (= *scientist*) chimiste *mf* ⓑ (*Brit*) (= *pharmacist*) pharmacien(ne) *m(f)* • **~'s (shop)** pharmacie *f*
chemistry ['kemɪstrɪ] 1 (N) chimie *f* • **they work so well together because the ~ is right** ils travaillent très bien ensemble parce que le courant passe 2 (ADJ) [*laboratory, lesson, teacher*] de chimie
chemo [,ki:məʊ] (N) (ABBR OF **chemotherapy**) chimio *f*
chemotherapy [,keməʊ'θerəpɪ] (N) chimiothérapie *f*
cheque, check (*US*) [tʃek] (N) chèque *m* • **~ for $10** chèque *m* de 10 dollars • **to pay by ~** payer par chèque ▸ **cheque account** N compte-chèque *m* ▸ **cheque card** N (*Brit*) carte *f* bancaire (*garantissant les chèques*)
chequebook ['tʃekbʊk] (N) chéquier *m* ▸ **chequebook journalism** N *pratique qui consiste à payer pour obtenir des confidences exclusives*
chequered ['tʃekəd] (ADJ) [*history, career*] en dents de scie; (= *checked*) à carreaux
cherish ['tʃerɪʃ] (VT) [+ *person, memory*] chérir; [+ *hope, illusions*] nourrir
cherished ['tʃerɪʃt] (ADJ) [*ambition, memory*] cher
cherry ['tʃerɪ] 1 (N) (= *fruit*) cerise *f*; (*also* **cherry tree**) cerisier *m* • **to lose one's ~*** (= *virginity*) se faire dépuceler* 2 (COMP) (= *colour*) (rouge) cerise *inv*; (*liter*) [*lips*] vermeil; [*pie, tart*] aux cerises ▸ **cherry blossom** N fleurs *fpl* de cerisier ▸ **cherry-red** ADJ (rouge) cerise *inv* ▸ **cherry tomato** N tomate *f* cerise
cherry-pick ['tʃerɪpɪk] (VT) trier sur le volet
chervil ['tʃɜ:vɪl] (N) cerfeuil *m*
Ches (ABBR OF **Cheshire**)
Cheshire cat [,tʃeʃə'kæt] (N) **to grin like a ~** avoir un sourire jusqu'aux oreilles
chess [tʃes] (N) échecs *mpl* ▸ **chess set** N jeu *m* d'échecs
chessboard ['tʃesbɔ:d] (N) échiquier *m*
chessman ['tʃesmæn] (N) (*pl* **-men**) pièce *f* (de jeu d'échecs)
chessplayer ['tʃes,pleɪəʳ] (N) joueur *m*, -euse *f* d'échecs
chest [tʃest] 1 (N) ⓐ (*part of body*) poitrine *f* • **to get something off one's ~*** dire ce que l'on a sur le cœur ⓑ (= *box*) coffre *m* 2 (COMP) ▸ **chest compression** N compression *f* thoracique ▸ **chest freezer** N congélateur-bahut *m* ▸ **chest infection** N infection *f* des voies respiratoires ▸ **chest of drawers** N commode *f* ▸ **chest pains** NPL douleurs *fpl* de poitrine
chestnut ['tʃesnʌt] 1 (N) ⓐ (*edible*) châtaigne *f*, marron *m* ⓑ (*also* **chestnut tree**) châtaignier *m*; (= *horse chestnut*) marronnier *m* 2 (ADJ) (*also* **chestnut-brown**) châtain • **~ hair** cheveux *mpl* châtains
chesty ['tʃestɪ] (ADJ) (*Brit*) [*cough*] de poitrine
chevron ['ʃevrən] (N) chevron *m*
chew [tʃu:] (VT) [+ *food*] mâcher; [+ *pencil*] mordiller • **to ~ tobacco** chiquer • **to ~ the cud** ruminer • **I ~ed the problem over** j'ai tourné et retourné le problème dans tous les sens ▸ **chewing gum** N chewing-gum *m*
▸ **chew up** VT SEP mâchonner
chewy ['tʃu:ɪ] (ADJ) caoutchouteux (-euse *f*)
chic [ʃi:k] 1 (ADJ) chic *inv* 2 (N) ⓐ (= *elegance*) chic *m* ⓑ (= *style, look*) style *m* • **geek ~** le style geek
Chicano [tʃɪ'kɑ:nəʊ] (N) (*US*) Mexicain(e)-Américain(e) *m(f)*, Chicano *mf*
chick [tʃɪk] (N) (= *chicken*) poussin *m*; (= *nestling*) oisillon *m*; (= *girl*)* minette* *f* ▸ **chick lit*** N chick lit *m* (*genre romanesque décrivant des jeunes femmes actives et leur vie sentimentale*)
chicken ['tʃɪkɪn] 1 (N) poulet *m*; (*very young*) poussin *m* • **to run around like a headless ~** courir dans tous les sens • **it's a ~ and egg situation** c'est l'histoire de l'œuf et de la poule • **don't count your ~s (before they're hatched)** il ne faut pas vendre la peau de l'ours (avant de l'avoir tué) 2 (ADJ) (= *cowardly*)* froussard* 3 (COMP) ▸ **chicken farmer** N aviculteur *m*, -trice *f* ▸ **chicken liver** N foie(s) *m(pl)* de volaille ▸ **chicken run** N poulailler *m* ▸ **chicken wire** N grillage *m*
▸ **chicken out*** VI se dégonfler* • **he ~ed out of his exams** au moment de ses examens, il s'est dégonflé*
chickenpox ['tʃɪkɪnpɒks] (N) varicelle *f*
chickpea ['tʃɪkpi:] (N) pois *m* chiche
chicory ['tʃɪkərɪ] (N) (*for coffee*) chicorée *f*; (= *endive*) endive *f*
chide [tʃaɪd] (VT) gronder

chief [tʃiːf] 1 (N) ⓐ [*of tribe*] chef *mf* • **too many ~s and not enough Indians*** trop de chefs et pas assez d'exécutants ⓑ (*= boss*)* chef *mf*, patron(ne) *m(f)* 2 (ADJ) (*= main*) principal 3 (COMP) ▸ **chief assistant** N premier(-ière) assistant(e) *m(f)* ▸ **chief constable** N (*Brit*) (*Police*) ≈ directeur *m*, -trice *f* de police ▸ **chief executive officer** N directeur *m*, -trice *f* général(e) ▸ **chief financial officer** N directeur *m*, -trice *f* administratif(-ive) et financier(-ière) ▸ **chief inspector** N (*Brit*) (*Police*) inspecteur *m*, -trice *f* de police principal(e) ▸ **chief of police** N ≈ préfet *m* de police, préfète *f* de police ▸ **chief of staff** N chef *mf* d'état-major ▸ **chief superintendent** N (*Brit*) (*Police*) ≈ commissaire *mf* divisionnaire

> **CHIEF WHIP**
> En Grande-Bretagne, le parti gouvernemental et celui de l'opposition ont chacun leur **Chief Whip**, qui est responsable de la discipline du parti à la Chambre des communes. Il tient les députés informés des activités parlementaires et fait remonter l'opinion des députés jusqu'à la direction du parti. Il veille également à ce que les députés participent aux scrutins importants, son rôle est donc particulièrement décisif lorsque le gouvernement ne dispose que d'une faible majorité aux Communes.

chiefly ['tʃiːflɪ] (ADV) principalement

chieftain ['tʃiːftən] (N) chef *m* (*de clan, de tribu*)

chiffon ['ʃɪfɒn] 1 (N) mousseline *f* de soie 2 (ADJ) en mousseline de soie

chilblain ['tʃɪlbleɪn] (N) engelure *f*

child [tʃaɪld] 1 (N) (*pl* **children**) enfant *mf* • **she has three children** elle a trois enfants 2 (COMP) [*psychology, psychiatry*] de l'enfant, infantile; [*psychologist, psychiatrist*] pour enfants ▸ **child abuse** N maltraitance *f* d'enfant(s); (*sexual*) abus *mpl* sexuels sur enfant(s) ▸ **child abuser** N auteur *m* de sévices sur enfant(s); (*sexual*) auteur *m* d'abus sexuels sur enfant(s) ▸ **child benefit** N (*Brit*) ≈ allocations *fpl* familiales ▸ **child care** N (*by minder*) garde *f* des enfants ▸ **child labour** N (*= use of child workers*) travail *m* des enfants; (*= children who do paid work*) main-d'œuvre *f* enfantine ▸ **child prodigy** N enfant *mf* prodige ▸ **child's play** N **it's ~'s play** c'est un jeu d'enfant (**to sb** pour qn)

childbirth ['tʃaɪldbɜːθ] (N) accouchement *m* • **in ~** en couches

childhood ['tʃaɪldhʊd] (N) enfance *f*

childish ['tʃaɪldɪʃ] (ADJ) [*behaviour*] puéril (puérile *f*) • **~ reaction** réaction *f* puérile • **don't be so ~** ne fais pas l'enfant • **he was very ~ about it** il s'est montré très puéril

childishly ['tʃaɪldɪʃlɪ] (ADV) [*say, behave*] puérilement • **~ simple** d'une simplicité enfantine

childless ['tʃaɪldlɪs] (ADJ) sans enfants

childlike ['tʃaɪldlaɪk] (ADJ) d'enfant, enfantin

childminder ['tʃaɪld,maɪndəʳ] (N) (*Brit*) nourrice *f*, assistante *f* maternelle

childminding ['tʃaɪld,maɪndɪŋ] (N) (*Brit*) garde *f* d'enfants (en bas âge)

childproof ['tʃaɪldpruːf] (ADJ) **~ (door) lock** fermeture *f* sécurité enfant

children ['tʃɪldrən] (NPL) *of* **child**

Chile ['tʃɪlɪ] (N) Chili *m*

Chilean ['tʃɪlɪən] 1 (ADJ) chilien 2 (N) Chilien(ne) *m(f)*

chili ['tʃɪlɪ] (N) (*pl* **chilies**) piment *m* ▸ **chili con carne** N chili con carne *m* ▸ **chili powder** N piment *m* (rouge) en poudre

chill [tʃɪl] 1 (N) ⓐ froid *m* • **there's a ~ in the air** il fait un peu froid • **to take the ~ off** [*+ water, room*] réchauffer un peu • **to cast a ~ over** jeter un froid sur • **it sent a ~ down my spine** j'en ai eu un frisson dans le dos
ⓑ (*= illness*) refroidissement *m* • **to catch a ~** prendre froid
2 (VT) [*+ person*] faire frissonner; [*+ wine, melon*] (faire) rafraîchir; [*+ champagne*] frapper; [*+ dessert*] mettre au frais
3 (VI) [*wine*] rafraîchir
4 (COMP) ▸ **chill cabinet** N (*Brit*) vitrine *f* réfrigérante ▸ **chill-out*** ADJ [*music*] relaxant • **~-out room** (*in rave club*) salle *f* de repos
▸ **chill out*** VI décompresser* • **~ out!** relax!*

chillax* [tʃɪ'læks] (VI) se relaxer

chiller* ['tʃɪləʳ] (N) (*= film*) film *m* d'épouvante; (*= book*) roman *m* d'épouvante ▸ **chiller cabinet** N = **chill cabinet**

chilli ['tʃɪlɪ] (N) = **chili**

chilling ['tʃɪlɪŋ] (ADJ) (*= frightening*) effrayant

chillingly ['tʃɪlɪŋlɪ] (ADV) [*familiar, ambitious*] horriblement

chilly ['tʃɪlɪ] (ADJ) froid; [*day, afternoon*] frais (fraîche *f*) • **to be ~** [*person*] avoir froid • **it's ~ today** il fait un peu froid aujourd'hui

chime [tʃaɪm] 1 (N) carillon *m* • **door ~s** carillon *m* de porte 2 (VI) [*bells, voices*] carillonner; [*clock*] sonner
▸ **chime in** VI faire chorus

chimney ['tʃɪmnɪ] (N) cheminée *f* ▸ **chimney corner** N **in the ~ corner** au coin du feu ▸ **chimney pot** N tuyau *m* de cheminée ▸ **chimney stack** N (*Brit*) (*= group of chimneys*) souche *f* de cheminée; [*of factory*] tuyau *m* de cheminée ▸ **chimney sweep** N ramoneur *m*

chimpanzee [,tʃɪmpæn'ziː], **chimp*** [tʃɪmp] (N) chimpanzé *m*

chin [tʃɪn] 1 (N) menton *m* • **(keep your) ~ up!*** courage! 2 (VI) (*US*)* bavarder 3 (COMP) ▸ **chin-up** N **to do ~-ups** faire des tractions à la barre fixe

China ['tʃaɪnə] (N) Chine *f* ▸ **the China Sea** N la mer de Chine ▸ **China tea** N thé *m* de Chine

china ['tʃaɪnə] 1 (N) porcelaine *f* • **a piece of ~** une porcelaine 2 (COMP) [*cup, plate*] de *or* en porcelaine ▸ **china cabinet** N vitrine *f* ▸ **china clay** N kaolin *m*

Chinatown ['tʃaɪnətaʊn] (N) quartier *m* chinois

Chinese [tʃaɪ'niːz] 1 (ADJ) chinois 2 (N) ⓐ (*pl inv*) Chinois(e) *m(f)* ⓑ (*= language*) chinois *m* ⓒ (*= meal, restaurant*)* chinois* *m* 3 (NPL) **the Chinese** les Chinois *mpl* 4 (COMP) ▸ **Chinese character** N sinogramme *m* ▸ **Chinese lantern** N lanterne *f* vénitienne ▸ **Chinese leaves** NPL chou *m* chinois

Chink** [tʃɪŋk] (N) (*offensive*) Chin(e)toque** *mf* (*racist*)

chink [tʃɪŋk] 1 (N) ⓐ (*= crack*) fissure *f* • **a ~ of light** un rai de lumière • **the ~ in the armour** (*fig*) le défaut de la cuirasse ⓑ (*= sound*) tintement *m* (*de verres, de pièces de monnaie*) 2 (VT) faire tinter 3 (VI) tinter

chinos ['tʃiːnəʊz] (NPL) chinos *mpl* (*pantalon en coton*)

chip [tʃɪp] 1 (N) ⓐ (*to eat*) **~s** (*Brit*) frites *fpl*; (*US*) chips *fpl*
ⓑ (*Comput*) puce *f*
ⓒ (*= small piece*) fragment *m*; [*of wood*] petit copeau *m*; [*of glass, stone*] éclat *m* • **to have a ~ on one's shoulder** être aigri
ⓓ (*= break*) ébréchure *f*
ⓔ (*in gambling*) jeton *m* • **when the ~s are down*** dans les moments cruciaux
2 (VT) ⓐ (*= damage*) [*+ cup, plate*] ébrécher; [*+ furniture*] écorner; [*+ varnish, paint*] écailler
ⓑ (*Golf*) **to ~ the ball** cocher
3 (COMP) ▸ **chip and PIN** N système *m* d'identification par carte à puce et code confidentiel ▸ **chip basket** N

(Brit) panier m à frites ▸ **chip pan** N (Brit) friteuse f ▸ **chip shop** N (Brit) friterie f
▸ **chip away** VI **to ~ away at** [+ sb's authority, lands] grignoter; [+ law, decision] réduire petit à petit la portée de
▸ **chip in** VI ⓐ (= interrupt) dire son mot ⓑ (= contribute)* contribuer (à une collecte)

chipboard ['tʃɪpbɔ:d] (N) (US) carton m; (Brit) aggloméré m

chipmunk ['tʃɪpmʌŋk] (N) tamia m (petit écureuil à rayures)

chippings ['tʃɪpɪŋz] (NPL) gravillons mpl • **"loose ~"** « attention gravillons »

chippy* ['tʃɪpɪ] (N) (Brit) friterie f

chiropodist [kɪ'rɒpədɪst] (N) (Brit) pédicure mf

chiropody [kɪ'rɒpədɪ] (N) (Brit) (= science) podologie f; (= treatment) pédicurie f

chiropractic ['kaɪərəpræktɪk] (N) chiropraxie or chiropractie f

chiropractor ['kaɪərəpræktəʳ] (N) chiropracteur m

chirp [tʃɜ:p] 1 (VI) [birds] pépier; [crickets] faire cricri 2 (N) [of birds] pépiement m; [of crickets] cricri m

chirpy* ['tʃɜ:pɪ] (ADJ) gai

chirrup ['tʃɪrəp] = **chirp**

chisel ['tʃɪzl] 1 (N) [of carpenter, sculptor] ciseau m; [of stonemason] burin m 2 (VT) ciseler

chit [tʃɪt] (N) ⓐ (= order) note f ⓑ **she's a mere ~ of a girl** ce n'est qu'une gamine*

chitchat* ['tʃɪttʃæt] (N) bavardage m

chivalrous ['ʃɪvəlrəs] (ADJ) (= gallant) galant

chivalry ['ʃɪvəlrɪ] (N) ⓐ chevalerie f ⓑ (= courtesy) galanterie f

chives [tʃaɪvz] (NPL) ciboulette f

chlamydia [klə'mɪdɪə] (N) chlamydia f

chloride ['klɔ:raɪd] (N) chlorure m

chlorinate ['klɒrɪneɪt] (VT) chlorer

chlorine ['klɔ:ri:n] (N) chlore m

chlorofluorocarbon [,klɔ:rə,flʊərəʊ'kɑ:bən] (N) chlorofluorocarbone m

chloroform ['klɒrəfɔ:m] (N) chloroforme m

chlorophyll ['klɒrəfɪl] (N) chlorophylle f

choc-ice ['tʃɒk,aɪs] (N) esquimau ® m

chock [tʃɒk] 1 (N) cale f 2 (VT) [+ wheel] caler 3 (COMP)
▸ **chock-a-block*, chock-full*** ADJ [room] plein à craquer (**with, of** de); [roads] encombré

chocolate ['tʃɒklɪt] 1 (N) chocolat m; (= drinking chocolate) chocolat m • **a ~** un chocolat 2 (COMP) (= made of chocolate) en chocolat; (= containing, flavoured with chocolate) au chocolat; (= colour: also **chocolate brown**) chocolat inv
▸ **chocolate bar** N barre f de or au chocolat ▸ **chocolate biscuit** N biscuit m au chocolat ▸ **chocolate-box** ADJ (= pretty) trop joli ▸ **chocolate chip cookie** N biscuit m aux pépites de chocolat ▸ **chocolate drop** N pastille f au chocolat ▸ **chocolate eclair** N éclair m au chocolat

choice [tʃɔɪs] 1 (N) choix m • **to make a ~** faire un choix • **to make one's ~** faire son choix • **I had no ~** je n'avais pas le choix • **it's available in a ~ of colours** c'est disponible en plusieurs couleurs • **he didn't have a free ~** il n'a pas été libre de choisir • **to have a very wide ~** avoir l'embarras du choix • **this book would be my ~** c'est ce livre que je choisirais • **he had no ~ but to obey** il ne pouvait qu'obéir • **he did it from ~** il l'a fait de son plein gré
▸ **of choice** (= preferred) de prédilection • **the weapon of ~** l'arme de prédilection
2 (ADJ) [goods, fruit] de choix • **choicest** de premier choix

choir ['kwaɪəʳ] 1 (N) ⓐ (= singers) chœur m, chorale f • **to sing in the ~** faire partie de la chorale ⓑ (= part of church) chœur m 2 (COMP) ▸ **choir practice** N **to go to ~ practice** aller à la chorale ▸ **choir school** N maîtrise f (rattachée à une cathédrale) ▸ **choir-stall** N stalle f (du chœur)

choirboy ['kwaɪəbɔɪ] (N) enfant m de chœur

choirgirl ['kwaɪəgɜ:l] (N) enfant f de chœur

choke [tʃəʊk] 1 (VT) [+ person, voice] étrangler • **she was ~d by the fumes** la fumée l'a fait suffoquer • **in a voice ~d with sobs** d'une voix étranglée par les sanglots • **~d by weeds** envahi par les mauvaises herbes • **the street was ~d with traffic** la rue était engorgée 2 (VI) s'étrangler • **to ~ to death** mourir étouffé • **she ~d on a fish bone** elle s'est étranglée avec une arête • **he was choking with laughter** il s'étranglait de rire 3 (N) [of car] starter m
▸ **choke back** VT SEP [+ tears] refouler

choker ['tʃəʊkəʳ] (N) ⓐ (= scarf) foulard m ⓑ (= necklace) collier m de chien

cholera ['kɒlərə] 1 (N) choléra m 2 (ADJ) [epidemic] de choléra; [victim, symptoms] du choléra

cholesterol [kə'lestə,rɒl] (N) cholestérol m

chook* [tʃʊk] (N) (Austral) poulet m

choose [tʃu:z] (pret **chose**, ptp **chosen**) 1 (VT) ⓐ (= select) choisir • **which will you ~?** lequel choisirez-vous ? • **he was chosen as leader** on l'a choisi comme chef • **the Chosen (People)** le peuple élu • **the chosen few** les rares élus mpl • **there is little** or **not much to ~ between them** il n'y a guère de différence entre eux
ⓑ (= opt) décider (**to do sth** de faire qch) • **he chose not to speak** il a préféré se taire • **I chose not to do so** j'ai décidé de ne pas le faire
2 (VI) choisir • **as you ~** comme vous voulez • **if you ~** si vous voulez • **to ~ between/among** choisir entre/parmi • **there's not much to ~ from** il n'y a pas tellement de choix

choosey*, choosy* ['tʃu:zɪ] (ADJ) difficile (à satisfaire) • **I'm not ~** je ne suis pas difficile • **you can't be ~ in your position** votre situation ne vous permet pas de faire la fine bouche

chop [tʃɒp] 1 (N) ⓐ (= meat) côtelette f • **mutton/pork ~** côtelette f de mouton/de porc
ⓑ (= blow) coup m (de hache etc) • **to get the ~*** (Brit) [employee] se faire virer*; [project] être annulé
2 (VT) ⓐ couper • **to ~ wood** couper du bois • **to ~ a project*** (= cancel) annuler un projet
ⓑ [+ meat, vegetables] hacher
ⓒ (Sport) [+ ball] choper
3 (VI) (Brit) **to ~ and change** changer constamment d'avis • **he's always ~ping and changing** c'est une vraie girouette
4 (COMP) ▸ **chopping block** N billot m ▸ **chopping board** N planche f à découper ▸ **chop suey** N chop suey m
▸ **chop down** VT SEP [+ tree] abattre
▸ **chop off** VT SEP couper • **they ~ped off his head** on lui a tranché la tête
▸ **chop up** VT SEP hacher

chopper ['tʃɒpəʳ] (N) ⓐ (for cutting) hachoir m ⓑ (= helicopter)* hélico* m; (US = motorcycle)* chopper m

choppy ['tʃɒpɪ] (ADJ) [lake, sea] agité

chopsticks ['tʃɒpstɪks] (NPL) baguettes fpl chinoises

choral ['kɔ:rəl] (ADJ) choral ▸ **choral society** N chorale f

chord [kɔ:d] (N) (Music) accord m • **to strike a ~ with sb** trouver un écho en qn

chore [tʃɔːʳ] (N) (*unpleasant*) corvée *f* • **the ~s** les tâches *fpl* ménagères • **to do the ~s** faire le ménage

choreograph [ˈkɒrɪə,grɑːf] (VT) ⓐ chorégraphier ⓑ (*fig*) mettre en scène

choreographer [,kɒrɪˈɒgrəfəʳ] (N) chorégraphe *mf*

choreography [,kɒrɪˈɒgrəfɪ] (N) chorégraphie *f*

chorister [ˈkɒrɪstəʳ] (N) choriste *mf*

chortle [ˈtʃɔːtl] **1** (VI) rire (**about, at** de) • **he was chortling over the newspaper** il gloussait en lisant le journal **2** (N) gloussement *m*

chorus [ˈkɔːrəs] **1** (N) (*pl* **choruses**) ⓐ (= *singers, speakers*) chœur *m*; (= *dancers*) troupe *f* • **in ~** en chœur • **she's in the ~** (*at concert*) elle chante dans le chœur • **a ~ of praise/objections** un concert de louanges/protestations ⓑ (= *part of song*) refrain *m* • **to join in the ~** [*one person*] reprendre le refrain; [*several people*] reprendre le refrain en chœur **2** (VT) **"yes", they ~sed** « oui » répondirent-ils en chœur **3** (COMP) ▸ **chorus girl** N danseuse *f* de revue ▸ **chorus line** N (*in musical*) troupe *f* de danseurs

chose [tʃəʊz] (VB) *pt of* **choose**

chosen [ˈtʃəʊzn] (VB) *ptp of* **choose**

chow‡ [tʃaʊ] (N) (*US*) (= *food*) bouffe‡ *f*

chowder [ˈtʃaʊdəʳ] (N) *soupe épaisse de palourdes*

chow mein [tʃaʊˈmeɪn] (N) chow mein *m*

Christ [kraɪst] **1** (N) Christ *m* **2** (EXCL) ~!‡ merde!‡ **3** (COMP) ▸ **the Christ Child** N l'enfant *m* Jésus

christen [ˈkrɪsn] (VT) (= *baptize*) baptiser; (= *name*) appeler; (= *nickname*) surnommer; (= *use for first time*) étrenner

christening [ˈkrɪsnɪŋ] (N) baptême *m*

Christian [ˈkrɪstɪən] **1** (ADJ) chrétien; (= *good*) charitable **2** (N) chrétien(ne) *m(f)* • **to become a ~** devenir chrétien **3** (COMP) ▸ **Christian Democrat** N chrétien(ne)-démocrate *m(f)* ▸ **Christian Democratic** ADJ chrétien-démocrate ▸ **Christian name** N prénom *m* • **my ~ name is Julie** je m'appelle Julie ▸ **Christian Science** N Science *f* chrétienne ▸ **Christian Scientist** N scientiste *mf* chrétien(ne)

Christianity [,krɪstɪˈænɪtɪ] (N) christianisme *m*

Christmas [ˈkrɪsməs] **1** (N) Noël *m* • **at/for ~** à/pour Noël • **she spent ~ with us** elle a passé Noël avec nous **2** (COMP) [*decorations, gift, song*] de Noël ▸ **Christmas box** N (*Brit*) étrennes *fpl* (*offertes à Noël*) ▸ **Christmas cake** N gâteau *m* de Noël (*gros cake décoré au sucre glace*) ▸ **Christmas card** N carte *f* de Noël ▸ **Christmas carol** N chant *m* de Noël ▸ **Christmas Day** N jour *m* de Noël ▸ **Christmas Eve** N veille *f* de Noël ▸ **Christmas present** N cadeau *m* de Noël ▸ **Christmas pudding** N (*Brit*) *pudding traditionnel de Noël* ▸ **Christmas stocking** N **I got it in my ~ stocking** ≈ je l'ai trouvé sous l'arbre de Noël ▸ **Christmas time** N période *f* de Noël *or* des fêtes • **at ~ time** à Noël ▸ **Christmas tree** N arbre *m* de Noël

> **CHRISTMAS CRACKER**
> Les **Christmas crackers** sont des papillotes, sortes de pochettes-surprise incontournables des fêtes de Noël au Royaume-Uni et dans d'autres pays du Commonwealth. Deux personnes doivent tirer sur leurs extrémités, ce qui fait éclater le pétard qui est à l'intérieur et dévoile un chapeau en papier, un petit gadget et une histoire drôle, une devinette ou une devise.

Christmassy* [ˈkrɪsməsɪ] (ADJ) [*atmosphere*] de Noël • **the town is looking very ~** la ville a un air de fête pour Noël

chrome [krəʊm] **1** (N) chrome *m* **2** (ADJ) chromé

chromium [ˈkrəʊmɪəm] (N) chrome *m*

chromosome [ˈkrəʊməsəʊm] (N) chromosome *m*

chronic [ˈkrɒnɪk] **1** (ADJ) ⓐ [*illness, problem, unemployment*] chronique ⓑ [*liar, alcoholism, alcoholic*] invétéré ⓒ (*Brit*) (= *terrible*)* nul*; [*weather*] pourri* **2** (COMP) ▸ **Chronic Fatigue Syndrome** N syndrome *m* de fatigue chronique

chronically [ˈkrɒnɪkəlɪ] (ADV) **to be ~ depressed** souffrir de dépression chronique • **the ~ ill** *or* **sick** les malades *mpl* chroniques

chronicle [ˈkrɒnɪkl] **1** (N) chronique *f* • **a ~ of disasters** une succession de catastrophes **2** (VT) faire la chronique de

chronobiological [,krɒnəbaɪəˈlɒdʒɪkəl] (ADJ) chronobiologique

chronological [,krɒnəˈlɒdʒɪkəl] (ADJ) chronologique • **in ~ order** par ordre chronologique

chronologically [,krɒnəˈlɒdʒɪkəlɪ] (ADV) chronologiquement

chronology [krəˈnɒlədʒɪ] (N) chronologie *f*

chrysalis [ˈkrɪsəlɪs] (N) (*pl* **chrysalises** [ˈkrɪsəlɪsɪz]) chrysalide *f*

chrysanthemum [krɪˈsænθəməm], **chrysanth*** [krɪˈsænθ] (N) chrysanthème *m*

chubby [ˈtʃʌbɪ] (ADJ) potelé

chuck [tʃʌk] (VT) ⓐ (= *throw*)* lancer; (*in bin*) balancer* ⓑ (= *give up*)‡ [+ *job, hobby*] laisser tomber*; [+ *boyfriend, girlfriend*] plaquer‡

▸ **chuck away*** VT SEP [+ *old clothes, books*] balancer*; [+ *money*] jeter par les fenêtres

▸ **chuck out*** VT SEP [+ *useless article, old clothes, books*] balancer*; [+ *person*] sortir*

▸ **chuck up**‡ VT SEP ⓐ [+ *job, hobby*] laisser tomber* ⓑ (= *vomit*) dégueuler‡

chuckle [ˈtʃʌkl] **1** (N) petit rire *m* • **we had a good ~ over it** ça nous a bien fait rire **2** (VI) rire (**over, at** de)

chuffed‡ [tʃʌft] (ADJ) (*Brit*) vachement‡ content (**about** de) • **he was quite ~ about it** il était vachement‡ content

chug [tʃʌg] (VI) [*machine*] souffler; [*car, train*] avancer lentement

▸ **chug along** VI [*car, train*] avancer lentement • **things are ~ging along** les choses avancent lentement mais sûrement

chugger* [ˈtʃʌgəʳ] (N) *personne récoltant des dons dans la rue pour une organisation caritative*

chum†* [tʃʌm] (N) copain* *m*, copine* *f*

chump* [tʃʌmp] (N) crétin(e)* *m(f)*

chunk [tʃʌŋk] (N) gros morceau *m*; [*of bread*] quignon *m* • **a sizeable ~ of their earnings** une grosse partie de leurs revenus

chunky [ˈtʃʌŋkɪ] (ADJ) [*person*] trapu; [*jumper, cardigan, shoes, jewellery*] gros (grosse *f*) • **~ pieces of meat** de gros morceaux de viande

Chunnel* [ˈtʃʌnəl] (N) (ABBR OF **Channel Tunnel**) **the ~** le tunnel sous la Manche

church [tʃɜːtʃ] **1** (N) ⓐ (= *building*) église *f* • **to go to ~** aller à l'église; [*Catholic*] aller à la messe • **he doesn't go to ~ any more** il ne va plus à l'église • **to be in ~** être à l'église • **after ~** après l'office; (*for Catholics*) après la messe ⓑ (= *denomination*) **the Church of England** l'Église *f* anglicane • **the Church of Rome** l'Église *f* catholique • **the Church of Scotland/Ireland** l'Église *f* d'Écosse/d'Irlande ⓒ (= *religious orders*) **the Church** les ordres *mpl* • **he has gone into the Church** il est entré dans les ordres **2** (COMP) ▸ **church hall** N salle *f* paroissiale ▸ **church**

school N (*Brit*) école *f* confessionnelle ▸ **church service** N office *m* ▸ **church wedding** N **they want a ~ wedding** ils veulent se marier à l'église

churchgoer ['tʃɜːtʃgəʊəʳ] (N) pratiquant(e) *m(f)*

churchyard ['tʃʌtʃjɑːd] (N) cimetière *m* (*à côté d'une église*)

churlish ['tʃɜːlɪʃ] (ADJ) (= *rude*) grossier; (= *surly*) revêche • **it would be ~ to complain** il serait malvenu de se plaindre

churn [tʃɜːn] 1 (N) baratte *f*; (*Brit* = *milk can*) bidon *m* 2 (VT) ⓐ [+ *butter*] baratter ⓑ (*also* **churn up**) [+ *water*] faire bouillonner 3 (VI) [*water, sea*] bouillonner • **his stomach was ~ing** (*feeling sick*) il avait l'estomac barbouillé; (*from nerves*) il avait mal au ventre

▸ **churn out** VT SEP [+ *objects*] débiter; [+ *essays, books*] pondre en série*

chute [ʃuːt] (N) (*also* **rubbish chute**) vide-ordures *m inv*; (*also* **water chute**) toboggan *m*

chutney ['tʃʌtnɪ] (N) chutney *m*

CIA [ˌsiːaɪ'eɪ] (*US*) (ABBR OF **Central Intelligence Agency**) CIA *f*

cicada [sɪ'kɑːdə] (N) cigale *f*

CID [ˌsiːaɪ'diː] (*Brit*) (ABBR OF **Criminal Investigation Department**) police *f* judiciaire

cider ['saɪdəʳ] (N) cidre *m* ▸ **cider vinegar** N vinaigre *m* de cidre

cigar [sɪ'gɑːʳ] (N) cigare *m* ▸ **cigar lighter** N (*in car*) allume-cigare *m inv* ▸ **cigar-shaped** ADJ en forme de cigare

cigarette [ˌsɪgə'ret] (N) cigarette *f* ▸ **cigarette ash** N cendre *f* de cigarette ▸ **cigarette case** N étui *m* à cigarettes ▸ **cigarette end** N mégot *m* ▸ **cigarette holder** N fume-cigarette *m inv* ▸ **cigarette lighter** N briquet *m*; (*in car*) allume-cigare *m inv* ▸ **cigarette machine** N distributeur *m* de paquets de cigarettes ▸ **cigarette paper** N papier *m* à cigarettes

ciggy* ['sɪgɪ] (N) (*Brit*) clope* *f*

CIM [ˌsiːaɪ'em] (N) (ABBR OF **computer-integrated manufacturing**) FIO *f*

cinch [sɪntʃ] (N) **it's a ~**‡ c'est du gâteau*

cinder ['sɪndəʳ] (N) cendre *f*

Cinderella [ˌsɪndə'relə] (N) Cendrillon *f*

cinema ['sɪnəmə] (N) (*Brit*) cinéma *m* • **to go to the ~** aller au cinéma ▸ **cinema complex** N complexe *m* multisalle(s) ▸ **cinema-going** ADJ **the ~-going public** le public qui fréquente les cinémas

cinematic [ˌsɪnɪ'mætɪk] (ADJ) filmique

cinematographer [ˌsɪnɪmə'tɒgrəfəʳ] (N) directeur *m*, -trice *f* de la photographie

cinematography [ˌsɪnɪmə'tɒgrəfɪ] (N) cinématographie *f*

cinnamon ['sɪnəmən] 1 (N) cannelle *f* 2 (ADJ) [*cake, biscuit*] à la cannelle

cipher ['saɪfəʳ] (N) ⓐ (= *secret writing*) code *m* secret ⓑ **he's a mere ~** ce n'est qu'un chiffre

circa ['sɜːkə] (PREP) vers • **a gold brooch, ~ 1650** une broche en or, datée aux environs de 1650

circle ['sɜːkl] 1 (N) cercle *m*; (*round eyes*) cerne *m*; (= *orbit*) orbite *f*; (*Brit: Theatre*) balcon *m* • **to stand in a ~** faire cercle • **to draw a ~** tracer un cercle • **an inner ~ of advisers** un groupe de proches conseillers • **in political ~s** dans les milieux *mpl* politiques • **to come full ~** revenir à son point de départ • **they were going round in ~s** ils tournaient en rond 2 (VT) ⓐ (= *go round outside of*) contourner; (= *keep moving round*) tourner autour de ⓑ (= *draw circle round*) entourer 3 (VI) [*birds*] tournoyer; [*aircraft*] tourner (en rond)

▸ **circle about, circle (a)round** VI décrire des cercles

circuit ['sɜːkɪt] (N) circuit *m* ▸ **circuit board** N (*Comput*) circuit *m* imprimé ▸ **circuit breaker** N (*Elec*) disjoncteur *m* ▸ **circuit training** N (*Sport*) entraînement *m* (*selon un programme préétabli*)

circuitous [sɜː'kjʊɪtəs] (ADJ) [*journey*] plein de détours • **to take a ~ route** faire des détours

circular ['sɜːkjʊləʳ] 1 (ADJ) [*outline, saw, ticket*] circulaire • **~ tour** circuit *m* 2 (N) (= *letter*) circulaire *f*; (= *advertisement*) prospectus *m*

circulate ['sɜːkjʊleɪt] 1 (VI) circuler; (*at party*) se mêler aux invités 2 (VT) [+ *object, bottle, document*] faire circuler; (= *send out*) diffuser

circulation [ˌsɜːkjʊ'leɪʃən] (N) circulation *f*; [*of newspaper*] tirage *m* • **a magazine with a ~ of 10,000** un magazine qui tire à 10 000 exemplaires • **he has poor ~** il a une mauvaise circulation • **in ~** [*currency*] en circulation • **he's now back in ~*** il est à nouveau dans le circuit*

circumcise ['sɜːkəmsaɪz] (VT) [+ *male*] circoncire; [+ *female*] exciser • **~d** circoncis

circumcision [ˌsɜːkəm'sɪʒən] (N) [*of male*] circoncision *f*; [*of female*] excision *f*

circumference [sə'kʌmfərəns] (N) circonférence *f*

circumflex ['sɜːkəmfleks] 1 (ADJ) circonflexe 2 (N) accent *m* circonflexe

circumnavigate [ˌsɜːkəm'nævɪgeɪt] (VT) **to ~ the globe** faire le tour du monde en bateau

circumscribe ['sɜːkəmskraɪb] (VT) circonscrire; [+ *powers*] limiter

circumspect ['sɜːkəmspekt] (ADJ) circonspect (**about sth** sur qch)

circumstance ['sɜːkəmstəns] (N) circonstance *f* • **under the present ~s** dans les circonstances actuelles • **under no ~s** en aucun cas • **a victim of ~** une victime des circonstances

> **circonstance** has **-on-** in the middle whereas the English word has **-um-**.

circumstantial [ˌsɜːkəm'stænʃəl] (ADJ) **~ evidence** preuves *fpl* indirectes • **much of the evidence is ~** il s'agit surtout de présomptions

circumvent [ˌsɜːkəm'vent] (VT) [+ *regulations*] tourner

circus ['sɜːkəs] (N) (*pl* **circuses**) cirque *m* • **~ animal** animal *m* de cirque

cirrhosis [sɪ'rəʊsɪs] (N) cirrhose *f*

CIS [ˌsiːaɪ'es] (ABBR OF **Commonwealth of Independent States**) CEI *f*

cissy ['sɪsɪ] (N) = **sissy**

cistern ['sɪstən] (N) citerne *f*; [*of toilet*] réservoir *m* de chasse d'eau

citadel ['sɪtədl] (N) citadelle *f*

citation [saɪ'teɪʃən] (N) citation *f*

cite [saɪt] (VT) citer • **to ~ as an example** citer en exemple

citizen ['sɪtɪzn] (N) [*of town*] habitant(e) *m(f)*; [*of state*] citoyen(ne) *m(f)* • **French ~** citoyen(ne) *m(f)* français(e); (*when abroad*) ressortissant(e) *m(f)* français(e) ▸ **Citizens' Advice Bureau** N centre *m* d'information sur les droits des citoyens ▸ **Citizens Band Radio** N CB *f*

> **CITIZENS' ADVICE BUREAU**
>
> Organismes d'assistance gratuite, ces centres donnent des conseils sur tout problème concernant l'endettement des ménages, le logement, l'assurance maladie, les services sociaux ou les droits du consommateur.

C

citizenship ['sɪtɪznʃɪp] (N) citoyenneté *f*; (*Brit Scol*) éducation *f* civique • **to apply for French/Canadian ~** demander la nationalité française/canadienne ▸ **citizenship education** N éducation *f* à la citoyenneté; (*Brit Scol*) éducation *f* civique

citrus fruit ['sɪtrəs,fruːt] (N) agrume *m*

city ['sɪtɪ] 1 (N) ⓐ (grande) ville *f* • **large cities like Leeds** les grandes villes comme Leeds • **~ life** la vie urbaine
ⓑ (*Brit*) **the City** la City (*centre des affaires à Londres*) • **he's (something) in the City*** il travaille dans la City
2 (COMP) [*streets*] de la ville; [*offices, authorities*] municipal ▸ **city academy** N *école implantée dans les quartiers défavorisés, fonctionnant avec des fonds publics mais parrainée par le privé, qui dispense un enseignement spécialisé en plus du cursus normal* ▸ **City and Guilds, City and Guilds examination** N (*Brit*) ≈ CAP *m* ▸ **city centre** N centre-ville *m* ▸ **city dweller** N citadin(e) *m(f)* ▸ **city hall** N mairie *f*; (*in large towns*) hôtel *m* de ville; (*US*) (= *city authorities*) administration *f* municipale ▸ **city technology college** N (*Brit*) établissement *m* d'enseignement technologique

⚠ **city ≠ cité**

CITY NICKNAMES

Si l'on sait que « The Big Apple » désigne la ville de New York (« apple » est un terme d'argot signifiant « grande ville »), on connaît moins les surnoms donnés aux autres grandes villes américaines. Chicago est surnommée « Windy City », peut-être à cause des rafales soufflant du lac Michigan. La Nouvelle-Orléans doit son sobriquet de « Big Easy » à son style de vie décontracté, et l'industrie automobile a donné à Detroit son surnom de « Motown ». D'autres villes sont désignées familièrement par leurs initiales (« LA » pour Los Angeles, « Big D » pour Dallas) ou par des diminutifs : « Vegas » pour Las Vegas, « Frisco » pour San Francisco, « Philly » pour Philadelphie.

civic ['sɪvɪk] (ADJ) [*duty, rights, pride*] civique; [*authorities, building*] municipal • **~ reception** réception *f* officielle locale • **~ leader** notable *m* ▸ **civic centre** N (*Brit*) centre *m* administratif (municipal)

civics ['sɪvɪks] (N) instruction *f* civique

civil ['sɪvl] 1 (ADJ) ⓐ civil • **~ marriage** mariage *m* civil
ⓑ (= *polite*) courtois • **that's very ~ of you** vous êtes bien aimable
2 (COMP) ▸ **Civil Aviation Authority** N (*Brit*) ≈ Direction *f* générale de l'aviation civile ▸ **civil defence** N défense *f* passive ▸ **civil disobedience** N désobéissance *f* civile ▸ **civil engineer** N ingénieur *m* civil ▸ **civil engineering** N génie *m* civil ▸ **civil liberties** NPL libertés *fpl* civiques ▸ **civil partner** N *membre d'un couple lié par un PACS* ▸ **civil partnership** N union *f* civile (pour homosexuels) ▸ **civil rights** NPL droits *mpl* civils • **~ rights movement** mouvement *m* pour les droits civils ▸ **civil servant** N fonctionnaire *mf* ▸ **civil service** N fonction *f* publique ▸ **civil war** N guerre *f* civile • **the (American) Civil War** la guerre de Sécession

CIVIL PARTNERSHIP

Accordés dans le cadre du « Civil Partnership Act » de 2004, les **civil partnerships** donnent un statut juridique aux relations homosexuelles bien établies. Ils accordent aux couples de même sexe les mêmes droits (en matière de propriété, de fiscalité, de prestations sociales, de droits parentaux, etc.) et les mêmes devoirs qu'aux couples mariés; cette loi va bientôt être amendée pour inclure tous les couples. Le mariage homosexuel est aujourd'hui autorisé au Royaume-Uni, à l'exception de l'Irlande du Nord. La législation est entrée en vigueur en mars 2014 pour l'Angleterre et le Pays de Galles, et en décembre 2014 pour l'Écosse.

civilian [sɪ'vɪlɪən] (N, ADJ) civil(e) *m(f)*

civility [sɪ'vɪlɪtɪ] (N) courtoisie *f*

civilization [,sɪvɪlaɪ'zeɪʃən] (N) civilisation *f*

civilize ['sɪvɪlaɪz] (VT) civiliser

civilized ['sɪvɪlaɪzd] (ADJ) ⓐ (= *socially advanced*) civilisé ⓑ (= *refined*) raffiné • **let's try and be ~ about this** essayons d'être conciliants

CJD [,siːdʒeɪ'diː] (N) (ABBR OF **Creutzfeldt-Jakob disease**) MCJ *f*, maladie *f* de Creutzfeldt-Jakob

cl (ABBR OF **centilitre(s)**) cl

clack [klæk] 1 (N) claquement *m* 2 (VI) claquer

clad [klæd] (ADJ) vêtu (**in** de)

cladding ['klædɪŋ] (N) [*of building*] habillage *m* • **timber** *or* **wood(en) ~** bardage *m*

claim [kleɪm] 1 (VT) ⓐ (= *demand as one's due*) réclamer (**from sb** à qn); [+ *property, prize, right*] revendiquer • **no one has yet ~ed responsibility for the attack** l'attentat n'a pas encore été revendiqué • **to ~ damages** réclamer des dommages et intérêts • **the epidemic has ~ed 100 victims** l'épidémie a fait 100 victimes
ⓑ (= *maintain*) prétendre • **he ~s to have seen you** il prétend vous avoir vu
ⓒ [+ *sb's attention, sb's sympathy*] solliciter
2 (N) ⓐ (= *act of claiming*) revendication *f*, réclamation *f*; (*Insurance*) ≈ déclaration *f* de sinistre • **~ for benefit** demande *f* d'allocations • **to lay ~ to** prétendre à • **to put in a ~** (*for pay rise*) demander une augmentation • **to make** *or* **put in a ~** (*Insurance*) faire une déclaration de sinistre • **they put in a ~ for a 3% pay rise** ils ont demandé une augmentation de 3 % • **the ~s were all paid** (*Insurance*) les dommages ont été intégralement payés
ⓑ (= *assertion*) affirmation *f* • **what do you think about his ~ that ...** que pensez-vous de son affirmation selon laquelle ... • **that's a big ~ to make!** c'est bien audacieux de dire cela !
ⓒ (= *right*) **~ to ownership** titre *m* de propriété • **he renounced his ~ to the throne** il a renoncé à faire valoir ses droits à la couronne
3 (COMP) ▸ **claim form** N (*Insurance*) (formulaire *m* de) déclaration *f* de sinistre; (*for expenses*) note *f* de frais

claimant ['kleɪmənt] (N) (*Brit*) [*of social benefits*] demandeur *m*, -euse *f*

clairvoyant, clairvoyante [klɛə'vɔɪənt] 1 (N) extralucide *mf* 2 (ADJ) doué de double vue

clam [klæm] (N) palourde *f* ▸ **clam chowder** N *soupe épaisse de palourdes*
▸ **clam up*** VI se taire

clamber ['klæmbəʳ] (VI) grimper (*en s'aidant des mains ou en rampant*) • **to ~ over a wall** escalader un mur

clammy ['klæmɪ] (ADJ) moite • **~ with sweat** moite de sueur

clamour, clamor (*US*) ['klæməʳ] 1 (N) (= *shouts*) clameur *f*, cris *mpl*; (= *demands*) revendications *fpl* bruyantes
2 (VI) pousser des cris • **to ~ for sth/sb** (= *shout*)

demander qch/qn à grands cris; (= *demand*) réclamer qch/qn à cor et à cri

clamp [klæmp] 1 (N) pince *f*; (*Med*) clamp *m*; (*Carpentry*) valet *m* (d'établi); (*for car wheel*) sabot *m* de Denver 2 (VT) ⓐ (= *put clamp on*) serrer; [+ *car, car wheels*] mettre un sabot à • **to ~ sth to sth** fixer qch à qch ⓑ **to ~ shut** [+ *teeth*] serrer ▸ **clamp down on*** VT INSEP [+ *person*] prendre des mesures autoritaires contre; [+ *crime, corruption*] réprimer; [+ *the press, the opposition*] bâillonner

clampdown ['klæmpdaʊn] (N) répression *f* (**on sth** de qch, **on sb** contre qn) • **a ~ on terrorists** des mesures répressives contre les terroristes • **a ~ on arms sales** un renforcement des restrictions sur la vente d'armes

clamper ['klæmpəʳ] (N) ⓐ [*of shoe*] crampon *m* antiglisse ⓑ (= *person*) *personne posant des sabots de Denver*

clan [klæn] (N) clan *m*

clandestine [klæn'destɪn] (ADJ) clandestin

clang [klæŋ] 1 (N) bruit *m* métallique 2 (VI) faire un bruit métallique • **the gate ~ed shut** la grille s'est refermée avec un bruit métallique

clanger* ['klæŋəʳ] (N) (*Brit*) gaffe* *f* • **to drop a ~** faire une gaffe*

clank ['klæŋk] 1 (N) cliquetis *m* 2 (VI) cliqueter

clap [klæp] 1 (N) (= *applause*) applaudissements *mpl* • **a ~ of thunder** un coup de tonnerre • **he got a good ~** il a été très applaudi 2 (VT) ⓐ (= *applaud*) applaudir • **to ~ one's hands** taper dans ses mains • **to ~ sb on the back/the shoulder** donner à qn une tape dans le dos/sur l'épaule • **he ~ped his hand over my mouth** il a plaqué sa main sur ma bouche ⓑ **the moment I ~ped eyes on her** dès que je l'ai vue 3 (VI) applaudir

clapped-out* ['klæptaʊt] (ADJ) (*Brit*) [*person*] au bout du rouleau*; [*car, TV, washing machine*] fichu*

clapper ['klæpəʳ] (N) (*Brit*) **to go like the ~s*** aller à toute blinde*

clapping ['klæpɪŋ] (N) applaudissements *mpl*

claptrap* ['klæptræp] (N) baratin* *m*

claret ['klærət] 1 (N) bordeaux *m* (rouge) 2 (ADJ) (*also* **claret-coloured**) bordeaux *inv*

clarification [ˌklærɪfɪ'keɪʃən] (N) éclaircissement *m* • **request for ~** demande *f* d'éclaircissement

clarify ['klærɪfaɪ] (VT) clarifier

clarinet [ˌklærɪ'net] (N) clarinette *f*

clarinettist [ˌklærɪ'netɪst] (N) clarinettiste *mf*

clarity ['klærɪtɪ] (N) clarté *f*

clash [klæʃ] 1 (VI) ⓐ (= *fight*) s'affronter • **demonstrators ~ed with police** des manifestants se sont heurtés à la police
ⓑ [*swords, metallic objects*] s'entrechoquer; [*cymbals*] résonner
ⓒ (= *conflict*) [*interests*] être en conflit; [*personalities*] être incompatible; [*colours*] jurer
ⓓ [*two events*] tomber en même temps • **the dates ~** ça tombe le même jour
2 (N) ⓐ [*of armies, weapons*] choc *m*; (*between people, parties*) conflit *m*; (*with police, troops*) affrontement *m* • **~es between police and demonstrators** des heurts *mpl* entre la police et les manifestants
ⓑ (= *sound*) choc *m* métallique
ⓒ [*of interests*] conflit *m* • **a ~ of personalities** une incompatibilité de caractères

clasp [klɑːsp] 1 (N) fermoir *m*; [*of belt*] boucle *f* 2 (VT) serrer • **to ~ sb's hand** serrer la main de qn • **to ~ one's hands (together)** joindre les mains • **to ~ sb in one's arms** serrer qn dans ses bras

class [klɑːs] 1 (N) ⓐ (= *group*) classe *f* • **he's not in the same ~ as his brother** (*fig*) il n'arrive pas à la cheville de son frère • **in a ~ of its own** unique • **a good ~ (of) hotel** un très bon hôtel • **the ruling ~** la classe dirigeante • **first ~ honours in history** ≈ licence *f* d'histoire avec mention très bien
ⓑ (= *lesson*) cours *m*; (= *students*) classe *f*; (*US* = *year*) promotion *f* • **to give** *or* **take a ~** faire un cours • **to attend a ~** suivre un cours • **the French ~** le cours de français • **an evening ~** un cours du soir • **the ~ of 1970** (*US*) la promotion de 1970
ⓒ (= *style*) classe *f* • **to have ~** avoir de la classe
2 (VT) classer
3 (ADJ) (= *very good*)* de grande classe
4 (COMP) ▸ **class-conscious** ADJ [*person*] conscient des distinctions sociales; (= *snobbish*) snob *inv* ▸ **class consciousness** N conscience *f* de classe ▸ **class president** N (*US*) ≈ chef *m* de classe ▸ **class teacher** N (*Brit*) professeur *mf* principal(e)

classic ['klæsɪk] 1 (ADJ) classique • **it was ~*** c'était le coup classique* 2 (N) (= *author, work*) classique *m* • **it is a ~ of its kind** c'est un classique du genre 3 (COMP) ▸ **classic car** N voiture *f* ancienne

classical ['klæsɪkəl] (ADJ) classique; [*album, CD*] de musique classique ▸ **classical music** N musique *f* classique

classically [klæsɪkəlɪ] (ADV) **a ~ trained pianist/dancer** un pianiste/danseur de formation classique • **a ~ proportioned building** un bâtiment aux proportions classiques • **~ elegant** d'une élégance classique

classicist ['klæsɪsɪst] (N) spécialiste *mf* de lettres classiques

classics ['klæsɪks] (N) lettres *fpl* classiques

classification [ˌklæsɪfɪ'keɪʃən] (N) classification *f*

classified ['klæsɪfaɪd] 1 (ADJ) ⓐ classifié ⓑ (= *secret*) classé secret (classée secrète *f*) 2 (COMP) ▸ **classified ad** N petite annonce *f* ▸ **classified information** N renseignements *mpl* secrets

classify ['klæsɪfaɪ] (VT) ⓐ classer • **to be classified as ...** être considéré comme ... ⓑ (= *restrict circulation*) classer secret

classless ['klɑːslɪs] (ADJ) [*society*] sans classes

classmate ['klɑːsmeɪt] (N) camarade *mf* de classe

classroom ['klɑːsrʊm] (N) (salle *f* de) classe *f* ▸ **classroom assistant** N assistant(e) *m(f)* d'éducation

classy* ['klɑːsɪ] (ADJ) [*person, hotel, restaurant*] classe* *inv*; [*neighbourhood*] chic *inv*; [*image*] de luxe; [*performance*] de grande classe

clatter ['klætəʳ] 1 (N) cliquetis *m* • **the ~ of cutlery** le bruit de couverts entrechoqués 2 (VI) (= *rattle*) [*heels, typewriter*] cliqueter • **saucepans ~ing in the kitchen** le bruit des casseroles dans la cuisine • **to ~ in/out** entrer/sortir bruyamment

clause [klɔːz] (N) ⓐ (*grammatical*) proposition *f* ⓑ [*of contract, law, treaty*] clause *f*; [*of will*] disposition *f*

claustrophobia [ˌklɔːstrə'fəʊbɪə] (N) claustrophobie *f*

claustrophobic [ˌklɔːstrə'fəʊbɪk] (ADJ) [*person*] claustrophobe; [*feeling*] de claustrophobie; [*atmosphere*] oppressant • **to feel ~** se sentir oppressé

claw [klɔː] 1 (N) [*of animal*] griffe *f*; [*of bird of prey*] serre *f*; [*of lobster, crab*] pince *f* • **to get one's ~s into sb*** mettre le grappin sur qn* 2 (VT) (= *scratch*) griffer; (= *rip*) labourer avec ses griffes (*or* ses serres) • **to ~ one's way to the top** se hisser péniblement en haut de l'échelle

C

▸ **claw at** VT INSEP [+ *object*] essayer de s'agripper à; [+ *person*] essayer de griffer

clay [kleɪ] (N) argile *f*, glaise *f*; (*Tennis*) terre *f* battue ▸ **clay court** N (*Tennis*) court *m* en terre battue ▸ **clay pigeon** N pigeon *m* d'argile • ~ **pigeon shooting** ball-trap *m*, balltrap *m* ▸ **clay pipe** N pipe *f* en terre

clean [kli:n] 1 (ADJ) ⓐ propre • **to keep sth ~** ne pas salir qch • **let me have a ~ copy of your report** donnez-moi une copie propre de votre rapport • **the rain washed it ~** la pluie l'a entièrement nettoyé • **to wipe sth ~** bien essuyer qch • **to have ~ hands** avoir les mains propres • **as ~ as a new pin** *or* **as a whistle** propre comme un sou neuf

ⓑ [*joke, story, film*] non vulgaire • **it's all good ~ fun*** ce sont des plaisirs honnêtes • **keep it ~!*** pas de cochonneries !*

ⓒ [*game, match, player*] fair-play *inv* • **a ~ fight** un combat à la loyale

ⓓ [*sheet of paper*] vierge • **the doctor gave him a ~ bill of health** le médecin l'a trouvé en parfait état de santé • ~ **record** casier *m* (judiciaire) vierge

ⓔ [*image, reputation*] sans tache

ⓕ [*smell, taste*] pur; [*sound, edge, stroke, shape*] net • **a ~ cut** une coupure nette

ⓖ [*operation, job*] sans bavures • **they made a ~ getaway** ils ont pu s'enfuir sans problème

ⓗ **to be ~*** (= *innocent of wrongdoing*) n'avoir rien à se reprocher; (= *not in possession of drugs, weapon, stolen property*) n'avoir rien sur soi; (= *off drugs*) être clean* • **he's been ~ for six months** [*criminal*] ça fait six mois qu'il se tient à carreau*

ⓘ (= *total*) **to make a ~ break** tourner la page • **to make a ~ break with the past** rompre définitivement avec le passé • **to make a ~ sweep of all the trophies/awards** remporter tous les trophées/prix

2 (ADV) (= *completely*)* **to cut ~ through sth** couper qch de part en part • **the bullet went ~ through his thigh** la balle lui a transpercé la cuisse • **the car went ~ through the hedge** la voiture est carrément passée à travers la haie • **he jumped ~ over the fence** il a sauté la barrière sans la toucher • **the thief got ~ away** le voleur s'est enfui sans encombre • **I ~ forgot** j'ai complètement oublié

▸ **to come clean** (= *confess*) tout déballer* (**about sth** sur qch)

3 (N) **to give sth a good ~** bien nettoyer qch

4 (VT) [+ *windows, room, fish*] nettoyer; [+ *shoes*] cirer; [+ *vegetables*] laver; [+ *blackboard*] essuyer • **to ~ one's teeth** se laver les dents • **to ~ one's nails** se curer les ongles

5 (VI) (= *do housework*) faire le ménage

6 (COMP) ▸ **clean-cut** ADJ [*person*] à l'allure soignée ▸ **clean-out** N nettoyage *m* à fond ▸ **clean-shaven** ADJ sans barbe ni moustache; (= *close-shaven*) rasé de près ▸ **clean technology** N technologie *f* propre

▸ **clean out** VT SEP [+ *drawer, box, cupboard, room*] nettoyer à fond • **the hotel bill ~ed me out*** la note de l'hôtel m'a mis à sec*

▸ **clean up** 1 VI ⓐ tout nettoyer • **she had to ~ up after the children's visit** elle a dû tout remettre en ordre après la visite des enfants • **to ~ up after sb** nettoyer après qn

ⓑ (= *make profit*)* faire son beurre*

2 VT [+ *room, mess, person, the environment*] nettoyer • **to ~ o.s. up** se laver • **to ~ up one's act*** s'amender • **the new mayor ~ed up the city** le nouveau maire a fait le ménage dans la ville

cleaner ['kli:nəʳ] (N) ⓐ (= *woman*) (*in home*) femme *f* de ménage; (*in office, school*) femme *f* de service; (*in hospital*) agent *m* d'entretien ⓑ (= *household cleaner*) produit *m* d'entretien ⓒ (= *shop*) **he took his coat to the ~'s** il a donné son pardessus à nettoyer

cleaning ['kli:nɪŋ] (N) nettoyage *m*; (= *housework*) ménage *m* ▸ **cleaning fluid** N (*for stains*) détachant *m* (liquide) ▸ **cleaning lady, cleaning woman** (*pl* **cleaning women**) N femme *f* de ménage

cleanliness ['klenlɪnɪs] (N) propreté *f*

cleanly ['kli:nlɪ] (ADV) ⓐ [*cut*] de façon bien nette ⓑ [*fight*] [+ *election contest*] loyalement • **to play ~** jouer franc jeu ⓒ [*strike, hit, catch*] avec précision ⓓ [*burn*] proprement

cleanse [klenz] (VT) [+ *skin*] nettoyer; [+ *organization, system*] faire le ménage dans • **to ~ the blood** purifier le sang

cleanser ['klenzəʳ] (N) (= *detergent*) détergent *m*; (*for skin*) lotion *f* purifiante; (= *make-up remover*) démaquillant *m*

cleansing ['klenzɪŋ] 1 (ADJ) ⓐ ~ **lotion** lotion *f* purifiante; (= *make-up remover*) lotion *f* démaquillante • ~ **milk** lait *m* démaquillant ⓑ ~ **department** service *m* de voirie 2 (N) nettoyage *m*

cleanskin ['kli:n,skɪn] (N) (*esp Austral*) (= *animal*) animal *m* non marqué; (= *person*)* personne *f* sans casier judiciaire

cleanup ['kli:nʌp] (N) nettoyage *m*

---

clear [klɪəʳ]

1	ADJECTIVE	5	INTRANSITIVE VERB
2	NOUN	6	COMPOUNDS
3	ADVERB	7	PHRASAL VERBS
4	TRANSITIVE VERB		

1 ADJECTIVE

ⓐ (*fact, sound, weather*) clair; [*commitment*] évident; [*mind, thinking*] lucide • **on a ~ day** par temps clair • **you'll do as I say, is that ~?** tu vas faire ce que je te dis, c'est clair ? • **it was ~ that ...** il était clair que ... • **it's not ~ whether ...** on ne sait pas avec certitude si ... • **it became ~ that ...** il était de plus en plus clair que ... • **it became ~ to me that ...** il m'est apparu clairement que ... • **there are two ~ alternatives** il y a deux solutions bien distinctes • **a ~ case of homicide** un cas évident d'homicide • ~ **indication** signe *m* manifeste

▸ **to be clear** [*person*] **if you're not ~ about anything, ask me** s'il y a quelque chose qui ne vous paraît pas clair, dites-le-moi • **he is not quite ~ about what he has to do** il n'a pas bien compris ce qu'il doit faire • **I want to be quite ~ on this point** je veux que les choses soient bien claires • **I'm not ~ whether you agree or not** je ne suis pas sûr de comprendre si vous êtes d'accord ou pas

▸ **to get sth clear** bien comprendre qch • **now let's get this ~ ...** maintenant, que les choses soient bien claires ...

▸ **to make sth clear** bien faire comprendre qch • **to make it ~ that ...** bien faire comprendre que ... • **I wish to make it ~ that ...** je tiens à préciser que ...

▸ **to make o.s. clear** se faire bien comprendre • **do I make myself ~?** me suis-je bien fait comprendre ?

ⓑ (*= distinct*) [*picture, voice, majority*] net

ⓒ (*= transparent*) transparent; [*honey*] liquide; [*water*] clair; [*air*] limpide • ~ **soup** bouillon *m*

ⓓ (= bright) [*light, colour*] vif; [*eyes*] clair; [*sky*] dégagé
ⓔ (= unobstructed) [*road, space*] libre; [*area, view*] dégagé • **all exits must be kept ~** toutes les sorties doivent rester dégagées
ⓕ (= unsullied) [*skin*] net; [*complexion*] clair; [*conscience*] tranquille • **my conscience is ~** j'ai la conscience tranquille
ⓖ (= free) [*afternoon, morning*] libre • **keep your diary ~** ne prenez pas de rendez-vous
ⓗ (day, week) plein • **that gives us four ~ days to finish the job** ça nous donne quatre jours pleins pour finir le travail
ⓘ (= after deductions) net *inv* • **a ~ profit** un bénéfice net
ⓙ ▸ **to be clear of** (= *free of*) **raise the jack until the wheel is ~ of the ground** actionnez le cric jusqu'à ce que la roue ne touche plus le sol • **to be 7 metres/seconds/ points ~ of sb** (*Brit* = *ahead of*) avoir 7 mètres/secondes/ points d'avance sur qn
▸ **to get clear of sth** (= *go away from*) s'éloigner de qch; (= *rid o.s. of*) se débarrasser de qch

2 NOUN

▸ **to be in the clear*** (= *no longer suspected*) être lavé de tout soupçon; (= *out of danger*) être hors de danger

3 ADVERB

ⓐ (= completely) **the thief got ~ away** le voleur s'est enfui sans encombre
ⓑ (= net) net • **he'll get £250 ~** il aura 250 livres net

4 TRANSITIVE VERB

ⓐ (= make clearer) [+ *skin*] purifier; [+ *complexion*] éclaircir • **to ~ the air** détendre l'atmosphère • **to ~ one's head** s'éclaircir les idées
ⓑ (= remove obstacles from) dégager; [+ *land*] défricher • **they've ~ed the beach of rubbish** ils ont nettoyé la plage • **to ~ one's throat** s'éclaircir la voix • **to ~ a room** (*of people*) faire évacuer une salle; (*of things*) débarrasser une pièce • **to ~ a path through** se frayer un passage à travers • **to ~ the way for further discussions** préparer le terrain pour des négociations ultérieures • **to ~ the ball** dégager le ballon
ⓒ (= find innocent) innocenter • **he was ~ed of the murder charge** il a été reconnu non coupable du meurtre • **to ~ sb of suspicion** laver qn de tout soupçon
ⓓ (= authorize) **you will have to be ~ed by our security department** il faudra que nos services de sécurité vous donnent leur feu vert
▸ **to clear sth with sb** demander à qn l'autorisation de faire qch • **you must ~ the project with the manager** il faut que le directeur donne le feu vert à votre projet
ⓔ (= get past or over) franchir • **the horse ~ed the gate by 10cm** le cheval a sauté la barrière avec 10 cm de marge • **to ~ customs** passer la douane • **raise the car till the wheel ~s the ground** soulevez la voiture jusqu'à ce que la roue ne touche plus le sol
ⓕ (+ cheque) compenser; [+ *account*] solder; [+ *debt*] s'acquitter de • **"half price to ~"** «liquidation: soldé à moitié prix»

5 INTRANSITIVE VERB

(weather) s'éclaircir; [*sky*] se dégager; [*fog*] se dissiper; [*face, expression*] s'éclairer

6 COMPOUNDS

▸ **clear-cut** ADJ précis; [*case, example*] évident ▸ **clear-headed** ADJ lucide ▸ **clear-out** N rangement *m* complet ▸ **clear-sighted** ADJ [*person*] perspicace; [*plan*] réaliste ▸ **clear-up rate** N **the ~-up rate for crime** la proportion des affaires criminelles résolues

7 PHRASAL VERBS

▸ **clear away** 1 VI ⓐ [*mist*] se dissiper ⓑ (= *clear the table*) débarrasser 2 VT SEP enlever • **to ~ away the dishes** débarrasser (la table)
▸ **clear off*** VI filer* • **~ off!** fichez le camp!*
▸ **clear out** 1 VI* = **clear off** 2 VT SEP [+ *cupboard*] vider; [+ *room*] débarrasser; [+ *unwanted objects*] enlever, jeter • **he ~ed everything out of the room** il a complètement vidé la pièce
▸ **clear up** 1 VI ⓐ [*weather*] s'éclaircir ⓑ [*spots*] disparaître • **his skin has ~ed up** sa peau est devenue nette • **how's your cold? — it's ~ed up now** et ton rhume? — c'est fini 2 VT SEP ⓐ [+ *mystery, problem*] résoudre ⓑ (= *tidy*) ranger

---

clearance ['klɪərəns] 1 (N) ⓐ [*of land*] défrichement *m*; [*of bomb site*] déblaiement *m* ⓑ [*of boat, car*] dégagement *m* • **2 metre ~** espace *m* de 2 mètres ⓒ [*of cheque*] compensation *f*; (*Customs*) dédouanement *m* ⓓ (= *permission*) autorisation *f* • **to give (sb) ~ for takeoff** donner (à qn) l'autorisation de décoller 2 (COMP) ▸ **clearance sale** N liquidation *f*

clearing ['klɪərɪŋ] 1 (N) ⓐ (*in forest*) clairière *f* ⓑ [*of land*] défrichement *m*; [*of road*] dégagement *m* ⓒ [*of cheque*] compensation *f*; [*of debt*] acquittement *m* 2 (COMP) ▸ **clearing bank** N (*Brit*) banque *f* (appartenant à une chambre de compensation)

clearly ['klɪəlɪ] (ADV) ⓐ [*define, explain, express o.s., remember*] clairement • **I was unable to think ~** je n'arrivais pas à avoir les idées claires ⓑ [*label, write, see*] clairement; [*speak, hear*] distinctement; [*visible, audible*] nettement ⓒ (= *obviously*) manifestement • **he was ~ not expecting us** manifestement, il ne nous attendait pas

clearway ['klɪəweɪ] (N) (*Brit*) route *f* à stationnement interdit

cleat [kli:t] (N) (*Carpentry*) tasseau *m*; (*on boat*) taquet *m*

cleavage ['kli:vɪdʒ] (N) (*between breasts*) décolleté *m*; [*of opinion*] clivage *m*

cleaver ['kli:vəʳ] (N) couperet *m*

clef [klef] (N) clé *f* (*Musique*)

cleft [kleft] (N) (*in rock*) fissure *f*; (*in chin*) sillon *m*

clematis ['klemətɪs] (N) clématite *f*

clemency ['klemənsɪ] (N) [*of person*] clémence *f* (**towards** envers)

clement ['klemənt] (ADJ) [*weather*] clément

clementine ['kleməntaɪn] (N) clémentine *f*

clench [klentʃ] (VT) **to ~ sth (in one's hands)** serrer qch dans ses mains • **to ~ one's fists/teeth** serrer les poings/ les dents

clergy ['klɜ:dʒɪ] (N) (*pl* **-men**) clergé *m*

clergyman ['klɜ:dʒɪmən] (N) ecclésiastique *m*

cleric ['klerɪk] (N) ecclésiastique *m*

clerical ['klerɪkəl] (ADJ) **~ worker** (*in office*) employé(e) *m(f)* de bureau • **~ work** travail *m* de bureau

clerk [klɑk, (*US*) klɜ:rk] (N) ⓐ (*in office*) employé(e) *m(f)* de bureau • **bank ~** employé(e) *m(f)* de banque • **desk ~** (*in hotel*) réceptionniste *mf* ⓑ (*US*) (= *shop assistant*) vendeur *m*, -euse *f*

clever ['klevəʳ] (ADJ) ⓐ (= *intelligent*) intelligent • **~ girl!** bravo! ⓑ (= *skilful*) [*craftsman*] adroit; [*shot, pass, header*] bien vu • **~ at doing sth** doué pour faire qch • **~ with one's hands** adroit de ses mains ⓒ [*plan, trick,* *idea, explanation*] ingénieux; [*book, film*] astucieusement construit; [*joke*] fin • **don't get ~ with me!*** ne fais pas le malin avec moi !

cleverly ['klevəlɪ] (ADV) ⓐ (*= intelligently*) intelligemment ⓑ (*= skilfully*) ingénieusement • **~ designed** d'une conception ingénieuse ⓒ (*= astutely*) [*plan, disguise*] astucieusement; [*construct*] d'une façon ingénieuse

cleverness ['klevənɪs] (N) ⓐ (*= intelligence*) intelligence *f* ⓑ (*= astuteness*) [*of plan, trick, idea, invention*] ingéniosité *f*

clew [klu:] (N) (*US*) = **clue**

cliché ['kli:ʃeɪ] (N) cliché *m*

clichéd ['kli:ʃeɪd] (ADJ) rebattu

click [klɪk] **1** (N) (*= sound, also Comput*) clic *m* • **with the ~ of a mouse** *or* **with a ~ of the mouse** en cliquant sur la souris • **in a ~** [*buy, sell*] en un clic **2** (VI) faire clic; (*Comput*) cliquer • **to ~ into place** [*part*] se clipser parfaitement • **suddenly it ~ed*** (*fig*) tout à coup, ça a fait tilt* • **we immediately ~ed** on s'est tout de suite bien entendu **3** (COMP) ▸**click bait** N (*Comput*) piège *m* à clic, *lien Internet qui encourage les gens à cliquer* ▸**click fraud** N (*Comput*) fraude *f* au clic ▸**click-through** ADJ (*Comput*) [*advertisement, icon*] cliquable ♦ N (*Comput*) clic *m* ▸**click-through rate** N (*Internet*) taux *m* de clics

▸**click on** VT INSEP (*Comput*) cliquer sur

▸**click through** VI (*Comput*) cliquer sur un/le lien

clickable ['klɪkəbl] (ADJ) cliquable • **~ links are underlined** les liens sur lesquels on peut cliquer sont soulignés

clickjacking* ['klɪkdʒækɪŋ] (N) clicjacking *m*, détournement *m* de clic

clicktivism* ['klɪktɪvɪzəm] (N) clictivisme *m*, *activisme sur Internet*

client ['klaɪənt] (N) client(e) *m(f)*

clientele [ˌkli:ɑ:n'tel] (N) clientèle *f*

cliff [klɪf] (N) falaise *f*; [*of mountains*] escarpement *m*; (*Climbing*) à-pic *m*

cliffhanger* ['klɪfˌhæŋəʳ] (N) (*= story*) histoire *f* à suspense; (*= situation*) situation *f* à suspense

clifftop ['klɪftɒp] (N) **a ~** le sommet d'une falaise

climactic [klaɪ'mæktɪk] (ADJ) **the ~ scene** la scène la plus intense

climate ['klaɪmɪt] (N) climat *m* • **the ~ of opinion** (les courants *mpl* de) l'opinion *f* ▸**climate change** N changement *m* climatique ▸**climate change denier, climate denier** N climatosceptique *mf*

climatic [klaɪ'mætɪk] (ADJ) climatique

climatologist [ˌklaɪmə'tɒlədʒɪst] (N) climatologue *mf*

climax ['klaɪmæks] **1** (N) [*of career*] apogée *m*; [*of season*] point *m* culminant; (*= orgasm*) orgasme *m* • **the ~ of the show/of the evening** le clou du spectacle/de la soirée • **to come to a ~** atteindre son summum • **to work up to a ~** atteindre son summum **2** (VI) atteindre son summum; (*orgasm*) avoir un orgasme

climb [klaɪm] **1** (VT) [*+ stairs, steps, slope*] monter; [*+ hill*] grimper; [*+ tree*] grimper dans *or* sur; [*+ ladder*] monter sur *or* à; [*+ rope*] monter à; [*+ mountain*] gravir **2** (VI) ⓐ monter; [*prices, shares, costs*] grimper; (*Sport*) escalader; (*= rock-climb*) faire de la varappe ⓑ **to ~ over a wall/an obstacle** escalader un mur/un obstacle • **to ~ into a boat** monter à bord d'un bateau • **to ~ to power** accéder au pouvoir **3** (N) ascension *f* **4** (COMP) ▸**climb-down*** N reculade *f*

▸ **climb down** VI ⓐ (*from tree, wall*) descendre ⓑ (*= abandon one's position*) en rabattre

climber ['klaɪməʳ] (N) (*= mountaineer*) alpiniste *mf*; (*= rock-climber*) varappeur *m*, -euse *f*; (*= plant*) plante *f* grimpante

climbing ['klaɪmɪŋ] (N) alpinisme *m*; (*= rock-climbing*) varappe *f* • **to go ~** (*= mountaineering*) faire de l'alpinisme; (*= rock-climbing*) faire de la varappe ▸**climbing boot** N chaussure *f* de montagne ▸**climbing frame** N cage *f* à poules

clinch [klɪntʃ] **1** (VT) [*+ argument*] mettre un point final à; [*+ agreement, deal*] conclure • **that ~es it** comme ça c'est réglé **2** (N) ⓐ (*Boxing*) corps-à-corps *m* • **to get into a ~** s'accrocher* ⓑ (*= embrace*)* étreinte *f* • **in a ~** enlacés

clincher* ['klɪntʃəʳ] (ADJ) argument *m* décisif

cling [klɪŋ] (*pret, ptp* **clung**) (VI) ⓐ (*= hold tight*) se cramponner (**to** à) • **to ~ together** se cramponner l'un à l'autre • **to ~ to one another** se cramponner l'un à l'autre • **to ~ to a belief** se cramponner à une croyance • **to ~ to the belief that ...** se cramponner à l'idée que ... ⓑ (*= stick*) adhérer (**to** à); [*clothes*] coller • **to ~ together** être collés l'un à l'autre • **to ~ to one another** être collés l'un à l'autre

Clingfilm®, **clingfilm** ['klɪŋfɪlm] (N) film *m* alimentaire (transparent)

clinging ['klɪŋɪŋ] (ADJ) ⓐ [*person*] collant ⓑ [*garment*] moulant

clingy* ['klɪŋɪ] (ADJ) [*person*] crampon* *inv*

clinic ['klɪnɪk] (N) (*= private nursing home*) clinique *f*; (*= health centre*) centre *m* médicosocial; (*also* **outpatients' clinic**) service *m* de consultation (externe); (*also* **STD clinic**) centre *m* de dépistage

clinical ['klɪnɪkəl] **1** (ADJ) ⓐ (*Med*) clinique ⓑ (*= dispassionate*) froidement objectif **2** (COMP) ▸**clinical trial** N essai *m* clinique

clinician [klɪ'nɪʃən] (N) clinicien(ne) *m(f)*

clink [klɪŋk] **1** (VT) faire tinter • **to ~ glasses with sb** trinquer avec qn **2** (VI) tinter **3** (N) tintement *m* (*de verres*)

clip [klɪp] **1** (N) ⓐ (*for papers*) trombone *m*; (*for hair*) barrette *f*; (*= brooch*) clip *m*
ⓑ [*of film*] court extrait *m*; (*TV*) clip *m*
ⓒ (*= blow*) **to give sb a ~ round the ear*** filer une claque à qn*
2 (VT) ⓐ (*= fasten together*) attacher (avec un trombone)
ⓑ (*= cut, snip*) couper (avec des ciseaux); [*+ hedge*] tailler; [*+ ticket*] poinçonner; [*+ article from newspaper*] découper
ⓒ (*= collide with*) accrocher
ⓓ (*= reduce time*) **to ~ a few seconds off a record** améliorer un record de quelques secondes
3 (COMP) ▸**clip art** N (*Comput*) images *fpl* numériques insérables, clipart *m* ▸**clip-clop** N **the ~-clop of hooves** les claquements *mpl* de sabots

▸**clip on** VT SEP [*+ brooch*] fixer; [*+ document*] attacher (avec un trombone) ▸**clip-on** ADJ avec clip • **~-on sunglasses** *lunettes de soleil que l'on fixe sur ses lunettes de vue*

▸**clip together** VT SEP attacher

clipboard ['klɪpbɔ:d] (N) porte-bloc *m*

clippers ['klɪpəz] (NPL) tondeuse *f* → **nail**

clipping ['klɪpɪŋ] (N) [*of newspaper*] coupure *f* de presse

clique [kli:k] (N) (*pej*) clique* *f*

clitoris ['klɪtərɪs] (N) clitoris *m*

Cllr (N) (*Brit*) (ABBR OF **Councillor**)

cloak [kləʊk] **1** (N) (grande) cape *f* **2** (VT) (*= hide*) masquer **3** (COMP) ▸**cloak-and-dagger** ADJ clandestin • **a ~-and-dagger story** un roman d'espionnage

cloakroom ['kləʊkrʊm] 1 (N) ⓐ (*for coats*) vestiaire *m* • **to put** *or* **leave in the ~** déposer au vestiaire ⓑ (*Brit = toilet*) toilettes *fpl* 2 (COMP) ▸ **cloakroom attendant** N (*Theatre*) préposé(e) *m(f)* au vestiaire ▸ **cloakroom ticket** N numéro *m* de vestiaire

clobber* ['klɒbəʳ] 1 (N) (*Brit = belongings*) barda* *m* 2 (VT) (*= hit*) cogner* • **to be ~ed by the rise in interest rates** être mis à mal par la hausse des taux d'intérêt

cloche [klɒʃ] (N) cloche *f*

clock [klɒk] 1 (N) ⓐ (*large*) horloge *f*; (*smaller*) pendule *f*; (*= alarm clock*) réveil *m* • **it's midday by the church ~** il est midi à l'horloge de l'église • **to keep one's eyes on the ~** surveiller l'heure • **to watch the ~** surveiller l'heure • **to work round the ~** travailler vingt-quatre heures sur vingt-quatre • **to work against the ~** travailler contre la montre • **to put the ~(s) back/forward (one hour)** retarder/avancer les pendules (d'une heure) • **to turn the ~ back** (*fig*) revenir en arrière • **this decision will put the ~ back 50 years** cette décision va nous ramener 50 ans en arrière

ⓑ (*in car*)* compteur *m* • **there were 50,000 miles on the ~** la voiture avait 80 000 kilomètres au compteur

2 (VT) ⓐ **he ~ed four minutes for the 1500 metres** il a fait le 1500 mètres en quatre minutes

ⓑ (*Brit = notice*)* voir

ⓒ **to ~ a car*** trafiquer* le compteur d'une voiture

3 (COMP) ▸ **clock card** N carte *f* de pointage ▸ **clock-golf** N jeu *m* de l'horloge ▸ **clock-radio** N radio-réveil *m* ▸ **clock-tower** N clocher *m*

▸ **clock in** VI pointer (à l'arrivée)

▸ **clock off** VI pointer (à la sortie)

▸ **clock on** VI pointer (à l'arrivée)

▸ **clock out** VI pointer (à la sortie)

▸ **clock up** VT SEP **he ~ed up 250 kilometres** il a fait 250 kilomètres au compteur

clockwise ['klɒkwaɪz] (ADV, ADJ) dans le sens des aiguilles d'une montre

clockwork ['klɒkwɔːk] 1 (N) **to go** *or* **run like ~** marcher comme sur des roulettes 2 (ADJ) [*toy, train, car*] mécanique

clog [klɒg] 1 (N) sabot *m* 2 (VT) (*also* **clog up**) [*+ pores, arteries, pipe*] boucher; [*+ streets, system*] encombrer • **~ged with traffic** embouteillé

cloister ['klɔɪstəʳ] (N) cloître *m*

clone [kləʊn] 1 (N) clone *m* 2 (VT) cloner

cloning ['kləʊnɪŋ] (N) clonage *m*

close¹ [kləʊs] 1 (ADJ) ⓐ (*= near*) proche • **the city centre is quite ~** le centre-ville est assez proche • **in ~ proximity to sb/sth** dans le voisinage immédiat de qn/qch • **at ~ quarters** de très près • **it was a ~ shave*** *or* **thing*** *or* **call*** je l'ai (*or* il l'a *etc*) échappé belle

▸ **close to** (*= near*) près *or* proche de • **the house is ~ to the shops** la maison est proche des magasins • **his birthday is ~ to mine** son anniversaire est proche du mien • **to be ~ to success** être près de réussir • **to be very ~ to success** être à deux doigts de réussir • **to be ~ to tears** être au bord des larmes • **to be ~ to doing sth** être à deux doigts de faire qch • **she felt something ~ to loathing for the man** elle éprouvait un sentiment proche de la haine pour cet homme

ⓑ [*friend, relative*] proche; [*relationship, friendship*] profond; [*cooperation, ties, links, connection*] étroit; [*resemblance*] fort • **she is very ~ to her brother** elle est très proche de son frère • **we are very ~** nous sommes très proches • **to be in/keep in ~ contact with sb** être/rester en contact étroit avec qn • **to be/feel ~ to sb** être/se sentir proche de qn • **a source ~ to the president** une source proche du président

ⓒ [*examination, inspection, study*] attentif; [*questioning*] serré; [*investigation, enquiry, checking*] minutieux; [*translation*] fidèle • **to pay ~ attention to sth** faire bien attention à qch • **to be (kept) in ~ confinement** être sous bonne garde • **(up)on ~r inspection** *or* **examination** après un examen plus minutieux • **to have a ~r look at sth** regarder qch de plus près • **to keep a ~ eye** *or* **watch on sb/sth** surveiller qn/qch de près

ⓓ [*texture*] dense; [*election, contest, race, finish*] serré

ⓔ [*room*] mal aéré; [*atmosphere*] lourd • **it's very ~ today** il fait très lourd aujourd'hui

2 (ADV) **~ to sb/sth** près de qn/qch • **sit ~ up to me** assieds-toi tout près de moi • **~ behind (sb/sth)** juste derrière (qn/qch) • **he followed ~ behind me** il me suivait de près • **~ by (sb/sth)** tout près (de qn/qch) • **to get ~ (to sb/sth)** s'approcher (de qn/qch) • **to get ~r (to sb/sth)** se rapprocher (de qn/qch) • **to be ~ at hand** [*object*] être à portée de main; [*place*] être à proximité; [*date, event*] être proche • **to hold sb ~** serrer qn dans ses bras • **their two heads were ~ together** leurs deux têtes étaient tout près l'une de l'autre • **the tables were pushed ~ together** on a rapproché les tables • **to come ~r together** se rapprocher • **to look at sth ~ to/up** regarder qch de très près • **it cost ~ on ten thousand pounds** ça a coûté près de dix mille livres

3 (COMP) ▸ **close-cropped** ADJ [*hair*] (coupé) ras ▸ **close-fisted** ADJ pingre ▸ **close-fitting** ADJ ajusté ▸ **close-knit** ADJ très uni ▸ **close-run** ADJ **~-run race** course *f* très serrée • **it was a ~-run thing** ils sont arrivés dans un mouchoir ▸ **close-shaven** ADJ rasé de près ▸ **close-up** N (*= photo, shot*) gros plan *m* • **in ~-up** en gros plan

close² [kləʊz] 1 (N) (*= end*) fin *f* • **to come to a ~** se terminer • **to draw to a ~** tirer à sa fin • **to draw sth** *or* **bring sth to a ~** mettre fin à qch • **the ~ of (the) day** (*liter*) la tombée du jour

2 (VT) ⓐ (*= shut*) fermer; [*+ road*] barrer • **the road is ~d to traffic** la route est interdite à la circulation • **to ~ one's mind to new ideas** fermer son esprit à toute idée nouvelle

ⓑ [*+ proceedings, discussion*] mettre fin à; [*+ account*] clore • **to ~ the meeting** lever la séance

ⓒ **to ~ ranks** serrer les rangs

3 (VI) ⓐ [*door, drawer*] se fermer; [*museum, theatre, shop*] fermer • **the gate doesn't ~ properly** le portail ferme mal • **the shop ~s at 6 o'clock** le magasin ferme à 18 heures • **the shop ~s on Sundays** le magasin est fermé le dimanche • **his eyes ~d** ses yeux se fermèrent

ⓑ [*session*] se terminer; [*speaker*] terminer • **the meeting ~d abruptly** la séance a pris fin *or* s'est terminée brusquement • **he ~d with an appeal to their generosity** il a terminé par un appel à leur générosité

4 (COMP) ▸ **close-down** N [*of shop, business*] fermeture *f* (définitive) ▸ **close season** N (*Brit*) (*Hunting*) période *f* de fermeture de la chasse; (*Fishing*) période *f* de fermeture de la pêche; (*Football*) intersaison *f*

▸ **close down** VTI [*business, shop*] fermer (définitivement)

▸ **close in** VI [*hunters, pursuers*] se rapprocher; [*darkness, night*] tomber • **to ~ in on sb** (*= approach*) se rapprocher de qn; (*in race, pursuit*) rattraper qn

C

▸ **close off** VT SEP [+ *room*] interdire l'accès à; [+ *road*] barrer
▸ **close up** 1 VI [*people in line*] se rapprocher; [*wound*] se refermer 2 VT SEP [+ *house, shop*] fermer

closed [kləʊzd] (ADJ) [*door, eyes, shop*] fermé; [*road*] barré • **to have a ~ mind** avoir l'esprit étroit • **maths is a ~ book to me*** je ne comprends rien aux maths • **behind ~ doors** à huis clos ▸ **closed-circuit** ADJ **~-circuit (television) camera** caméra *f* de surveillance • **~-circuit television** circuit *m* de télévision interne ▸ **closed shop** N *entreprise qui n'admet que des travailleurs syndiqués*

closely ['kləʊslɪ] (ADV) ⓐ [*linked, connected, associated*] étroitement; [*resemble*] beaucoup • **~ identified with sth** étroitement associé à qch • **~ involved with a campaign/project** étroitement associé à une campagne/un projet • **to become ~ involved with sb** (*romantically*) se lier intimement à qn • **a ~ knit community** une communauté très unie
ⓑ [*look at, study*] de près; [*listen*] attentivement • **to monitor sth ~** suivre qch de près • **a ~ guarded secret/prisoner** un secret/prisonnier bien gardé
ⓒ (= *tightly*) **he held her ~ to him** il la tenait serrée (tout contre lui • **~ followed by sb/sth** suivi de près par qn/qch
ⓓ (= *intimately*) **to work ~ with sb** travailler en étroite collaboration avec qn
ⓔ (= *keenly*) [*fought, contested*] âprement

closeness ['kləʊsnɪs] (N) **the country's ~ to the USA** le fait que le pays soit proche des USA • **she was jealous of their ~** elle était jalouse de leur intimité

closet ['klɒzɪt] 1 (N) ⓐ (*US*) (= *cupboard*) placard *m*; (*for hanging clothes*) penderie *f* ⓑ (*US*) (= *small room*) (petit) bureau *m* • **to come out of the ~*** sortir du placard* 2 (VT) (*gen pass*) enfermer • **he was ~ed with his father for several hours** son père et lui sont restés enfermés plusieurs heures à discuter 3 (ADJ) (= *secret*) **he's a ~ homosexual/communist*** il n'ose pas avouer qu'il est homosexuel/communiste

closing ['kləʊzɪŋ] 1 (N) [*of factory*] fermeture *f* 2 (ADJ) (= *final*) dernier • **~ remarks** dernières observations *fpl* • **~ speech** discours *m* de clôture • **~ price** [*of shares*] cours *m* en clôture • **~ date** (*for applications*) date *f* limite de dépôt • **~ time** (*Brit*) heure *f* de fermeture (*d'un magasin, d'un café*) 3 (COMP) ▸ **closing-down sale** N (*Brit*) liquidation *f* totale (*avant fermeture définitive*)

closure ['kləʊʒəʳ] (N) [*of factory, business*] fermeture *f*

clot [klɒt] 1 (N) ⓐ [*of blood*] caillot *m* • **a ~ on the brain** une embolie cérébrale ⓑ (*Brit* = *person*)* cruche* *f* 2 (VT) [+ *blood*] coaguler 3 (VI) [*blood*] (se) coaguler 4 (COMP) ▸ **clotted cream** N (*Brit*) *sorte de crème fraîche épaisse*

cloth [klɒθ] 1 (N) ⓐ (= *fabric*) tissu *m* ⓑ (= *tablecloth*) nappe *f*; (= *duster*) chiffon *m* 2 (COMP) (= *made of cloth*) de *or* en tissu ▸ **cloth cap** N (*Brit*) casquette *f* (d'ouvrier)

clothe [kləʊð] (VT) habiller (**in, with** de); (*fig*) recouvrir (**in, with** de)

clothes [kləʊðz] (NPL) vêtements *mpl* • **to put on one's ~** s'habiller • **to take off one's ~** se déshabiller ▸ **clothes brush** N brosse *f* à habits ▸ **clothes drier, clothes dryer** N sèche-linge *m* ▸ **clothes hanger** N cintre *m* ▸ **clothes horse** N étendoir *m*, séchoir *m* (à linge) ▸ **clothes line** N corde *f* (à linge) ▸ **clothes peg** N (*Brit*) pince *f* à linge ▸ **clothes shop** N magasin *m* de vêtements

clothing ['kləʊðɪŋ] (N) (= *clothes*) vêtements *mpl* • **an article of ~** un vêtement

cloud [klaʊd] 1 (N) nuage *m* • **to have one's head in the ~s** être dans les nuages • **to be on ~ nine*** être aux anges • **under a ~** (= *in disgrace*) en disgrâce • (PROV) **every ~ has a silver lining** à quelque chose malheur est bon (PROV) 2 (VT) [+ *prospects, career*] assombrir • **a ~ed expression** un air sombre • **a ~ed mind** un esprit obscurci • **to ~ the issue** embrouiller les choses 3 (COMP) ▸ **cloud-based** ADJ (*Comput*) dans le nuage ▸ **cloud computing** N informatique *f* en nuage ▸ **cloud-cuckoo-land** N **she lives in ~-cuckoo-land** elle plane* complètement
▸ **cloud over** VI [*sky*] se couvrir; [*face, expression*] s'assombrir

cloudburst ['klaʊdbɜːst] (N) grosse averse *f*

cloudless ['klaʊdlɪs] (ADJ) sans nuages

cloudy ['klaʊdɪ] (ADJ) [*sky*] nuageux; [*liquid*] trouble • **it was ~** le temps était couvert • **it was a ~ day** le temps était couvert

clout [klaʊt] 1 (N) ⓐ (= *blow*) coup *m* • **she gave him a ~** elle l'a giflé ⓑ (= *influence*)* influence *f* • **he's got a lot of ~** c'est un homme très influent 2 (VT) [+ *object*] frapper; [+ *person*] donner un coup à

clove [kləʊv] (N) ⓐ (= *spice*) clou *m* de girofle • **oil of ~s** essence *f* de girofle ⓑ **~ of garlic** gousse *f* d'ail

clover ['kləʊvəʳ] (N) trèfle *m* • **to be in ~*** vivre comme un coq en pâte

cloverleaf ['kləʊvəliːf] (N) feuille *f* de trèfle

clown [klaʊn] 1 (N) clown *m* 2 (VI) (*also* **clown about, clown around**) faire le clown

cloying ['klɔɪɪŋ] (ADJ) (= *nauseating*) écœurant; (= *sentimental*) mièvre

cloze test ['kləʊztest] (N) texte *m* à trous

club [klʌb] 1 (N) ⓐ (*social, sports*) club *m* • **tennis ~** club *m* de tennis • **join the ~!*** (*fig*) bienvenue au club !
ⓑ (= *night club*) boîte *f* de nuit • **to go to a ~** sortir en boîte*
ⓒ (= *stick*) massue *f*; (= *truncheon*) matraque *f*; (= *golf club*) club *m* (de golf)
ⓓ (*Cards*) trèfle *m* • **the ace of ~s** l'as *m* de trèfle
2 (VT) [+ *person*] frapper avec un gourdin; (*with truncheon*) matraquer
3 (VI) **to go ~bing** sortir en boîte*
4 (COMP) [*premises, secretary*] du club ▸ **club car** N (*US Rail*) wagon-restaurant *m* ▸ **club class** N classe *f* club ▸ **club sandwich** N club sandwich *m*
▸ **club together** VI se cotiser

clubber* ['klʌbəʳ] (N) (*Brit*) noctambule *mf*, habitué(e) *m(f)* des boîtes de nuit

clubbing* ['klʌbɪŋ] (N) (*Brit*) sorties *fpl* en boîte* • **to go ~** sortir en boîte*

clubhouse ['klʌbhaʊs] (N) club-house *m*, foyer *m*

clubland ['klʌblænd] (N) (*esp Brit*) *le monde des boîtes de nuit*

cluck [klʌk] 1 (VI) glousser 2 (N) gloussement *m*

clue, clew (*US*) [kluː] 1 (N) indication *f*; (*in crime*) indice *m*; (*in crossword*) définition *f* • **the killer left behind few ~s as to his identity** le meurtrier a laissé peu d'indices sur son identité • **he gave few ~s about when he's going to leave** il n'a pas donné beaucoup d'indications sur l'heure de son départ • **to find the ~ to sth** découvrir la clé de qch • **they may have found the ~ to the cause of this disease** ils ont peut-être découvert la cause de cette maladie • **give me a ~!** mets-moi sur la voie ! • **I haven't a ~!*** je n'en ai pas la moindre idée ! • **he hasn't a ~ what he's going to do about it*** il n'a pas la moindre idée de ce qu'il va faire

2 (COMP) ▸ **clued-up*** ADJ **to be ~d-up about sth** être au courant de qch

clueless * ['klu:lɪs] (ADJ) **he's ~** il ne sait rien de rien*

clump [klʌmp] (N) [*of shrubs*] massif *m*; [*of trees*] bouquet *m*; [*of flowers*] touffe *f*; (*larger*) massif *m*; [*of grass*] touffe *f* ▸ **clump about** VI marcher d'un pas lourd

clumsily ['klʌmzɪlɪ] (ADV) maladroitement

clumsiness ['klʌmzɪnɪs] (N) [*of person, action*] maladresse *f*

clumsy ['klʌmzɪ] (ADJ) [*person, action*] maladroit

clung [klʌŋ] (VB) *pt, ptp of* **cling**

clunk [klʌŋk] 1 (N) bruit *m* sourd 2 (VI) faire un bruit sourd

cluster ['klʌstəʳ] 1 (N) [*of flowers, fruit*] grappe *f*; [*of people, houses, islands*] (petit) groupe *m* 2 (VI) [*people*] se rassembler (**around** autour de) 3 (COMP) ▸ **cluster bomb** N bombe *f* à fragmentation

clutch [klʌtʃ] 1 (N) ⓐ [*of car*] embrayage *m*; (= *clutch pedal*) pédale *f* d'embrayage • **to let in the ~** débrayer • **to let out the ~** embrayer ⓑ **to fall into sb's ~es** tomber sous les griffes de qn ⓒ [*of eggs*] couvée *f* 2 (VT) (= *grasp*) empoigner; (= *hold tightly*) serrer fort; (= *hold on to*) se cramponner à 3 (VI) ⓐ (= *cling*) **to ~ at** se cramponner à • **to ~ at straws** se raccrocher à n'importe quoi ⓑ (*US*) (= *engage clutch*) embrayer

clutter ['klʌtəʳ] 1 (N) (= *disorder*) désordre *m*; (= *objects lying about*) fouillis *m* 2 (VT) (= *clutter up*) encombrer (**with** de)

cm (ABBR OF **centimetre(s)**) cm

CMR [ˌsi:em'ɑ:ʳ] (ADJ) (ABBR OF **carcinogenic, mutagenic and reprotoxic**) CMR

CND [ˌsi:en'di:] (ABBR OF **Campaign for Nuclear Disarmament**) *mouvement pour le désarmement nucléaire*

CO (ABBR OF **Colorado**)

Co. ⓐ (ABBR OF **company**) Cie ⓑ (ABBR OF **County**)

c/o ['keərəv] (ABBR OF **care of**) chez

coach [kəʊtʃ] 1 (N) ⓐ (*Brit* = *bus*) car *m*; [*of train*] voiture *f* ⓑ (*Sport*) entraîneur *m* 2 (VT) (*Sport*) entraîner • **to ~ sb for an exam** préparer qn à un examen 3 (COMP) ▸ **coach driver** N (*Brit*) chauffeur *m* de car ▸ **coach park** N (*Brit*) parking *m* pour autocars ▸ **coach party** N (*Brit*) groupe *m* voyageant en car ▸ **coach station** N (*Brit*) gare *f* routière ▸ **coach trip** N (*Brit*) excursion *f* en car

coaching ['kəʊˌtʃɪŋ] (N) (*Sport*) entraînement *m*; (= *teaching*) soutien *m* (scolaire)

coachload ['kəʊtʃləʊd] (N) (*Brit*) **a ~ of tourists** un car plein de touristes

coagulate [kəʊ'ægjʊleɪt] (VI) se coaguler

coal [kəʊl] (N) charbon *m* ▸ **coal-burning** ADJ **~-burning power stations** centrales *fpl* au charbon ▸ **coal face** N front *m* de taille ▸ **coal fire** N feu *m* de cheminée (*avec charbon*) ▸ **coal industry** N industrie *f* charbonnière ▸ **coal mine** N mine *f* de charbon ▸ **coal miner** N mineur *m* ▸ **coal mining** N charbonnage *m* ▸ **coal scuttle** N seau *m* à charbon

coalfield ['kəʊlfi:ld] (N) gisement *m* de houille

coalition [ˌkəʊə'lɪʃən] (N) coalition *f* • **~ government** gouvernement *m* de coalition

coarse [kɔ:s] (ADJ) ⓐ [*fabric, surface*] rugueux; [*gravel*] grossier; [*powder, sand*] à gros grains • **~ salt** gros sel *m* • **~ sandpaper** papier *m* de verre à gros grain ⓑ (= *unrefined*) [*face*] aux traits grossiers • **~ features** traits *mpl* grossiers ⓒ (= *uncouth*) grossier

coarsely ['kɔ:slɪ] (ADV) [*chop, grate, grind*] grossièrement

coast [kəʊst] 1 (N) côte *f*; (= *coastline*) littoral *m* • **from ~ to ~** dans tout le pays • **the ~ is clear** la voie est libre 2 (VI) **to ~ along** [*motorist, cyclist*] avancer en roue libre; (= *encounter few problems*) avancer (sans problèmes); (= *take things easy*) se la couler douce*

coastal ['kəʊstəl] (ADJ) côtier

coaster ['kəʊstəʳ] (N) (= *mat*) dessous-de-verre *m*, dessous-de-bouteille *m*

coastguard ['kəʊstˌgɑ:d] (N) (= *person*) garde-côte *m*; (= *service*) ≈ gendarmerie *f* maritime

coastline ['kəʊstlaɪn] (N) littoral *m*

coat [kəʊt] 1 (N) ⓐ manteau *m* ⓑ [*of animal*] pelage *m*; [*of horse*] robe *f* ⓒ [*of paint, varnish*] couche *f* 2 (VT) **to ~ sth** (*with oil, grease*) enduire qch • **to ~ sth with breadcrumbs** paner qch • **~ed with dust** recouvert de poussière 3 (COMP) ▸ **coat hanger** N cintre *m* ▸ **coat of arms** N blason *m*

coating ['kəʊtɪŋ] (N) couche *f*; (*on saucepan*) revêtement *m*

co-author ['kəʊˌɔ:θəʳ] 1 (N) coauteur *m* 2 (VT) cosigner

coax [kəʊks] (VT) **to ~ sb into doing sth** amener qn à faire qch en l'amadouant • **to ~ sth out of sb** obtenir qch de qn en l'amadouant

cobble ['kɒbl] (VT) **to ~ sth together** bricoler* qch

cobbled ['kɒbld] (ADJ) **~ street** rue *f* pavée

cobbler ['kɒbləʳ] (N) ⓐ cordonnier *m* ⓑ (*US*) (= *tart*) tourte *f* aux fruits ⓒ (*US*) (= *drink*) punch *m* (glacé) ⓓ (*Brit*) (= *nonsense*) **that's a load of ~s!**‡ c'est de la connerie !‡

cobblestone ['kɒblstəʊn] (N) pavé *m* rond

cobra ['kəʊbrə] (N) cobra *m*

cobweb ['kɒbweb] (N) toile *f* d'araignée • **let's go for a walk to blow away the ~s** allons nous promener, ça va nous remettre les idées en place

cocaine [kə'keɪn] (N) cocaïne *f* • **~ addict** cocaïnomane *mf*

cock [kɒk] 1 (N) ⓐ (*Brit* = *rooster*) coq *m*; (= *male bird*) (oiseau *m*) mâle *m* ⓑ (= *penis*)** bite** *f* 2 (COMP) [*bird*] mâle ▸ **cock-a-doodle-doo** EXCL cocorico ! ▸ **cock-up**‡ N (*Brit*) **it was a real ~-up** ça a complètement foiré‡ • **he made a ~-up of the job** il a salopé le boulot‡ ▸ **cock up**‡ VT SEP (*Brit*) (faire) foirer‡

cockatoo [ˌkɒkə'tu:] (N) cacatoès *m*

cockerel ['kɒkərəl] (N) (jeune) coq *m*

cockeyed * [ˌkɒk'aɪd] (ADJ) (= *crooked*) de traviole*; (= *absurd*) dingue*; (= *drunk*) beurré*

cockle ['kɒkl] (N) (= *shellfish*) coque *f*

cockney ['kɒknɪ] (N, ADJ) (= *person*) cockney *mf*; (= *dialect*) cockney *m*

> **COCKNEY**
> Les véritables **cockneys** sont les personnes nées à portée du son des Bow Bells, c'est-à-dire des cloches de l'église de St Mary-le-Bow dans la City, mais le terme a été étendu à tous les habitants de l'est londonien. Il désigne aussi le parler des habitants de ces quartiers et, par extension, n'importe quel accent, argot ou parler populaire londonien.

cockpit ['kɒkpɪt] (N) cockpit *m*

cockroach ['kɒkləʊtʃ] (N) cafard *m*

cocksure ['kɒkʃʊəʳ] (ADJ) outrecuidant

cocktail ['kɒkteɪl] 1 (N) cocktail *m* • **fruit ~** salade *f* de fruits • **prawn ~** (*Brit*) • **shrimp ~** (*US*) cocktail *m* de crevettes 2 (COMP) ▸ **cocktail dress** N robe *f* de cocktail

▸**cocktail lounge** N bar *m* (*de luxe, dans un hôtel*) ▸**cocktail party** N cocktail *m* ▸**cocktail shaker** N shaker *m*

cocky* [ˈkɒkɪ] (ADJ) effronté

cocoa [ˈkəʊkəʊ] (N) (= *powder*) cacao *m*; (= *drink*) chocolat *m*

coconut [ˈkəʊkənʌt] (N) noix *f* de coco ▸**coconut oil** N huile *f* de (noix de) coco ▸**coconut palm, coconut tree** N cocotier *m*

cocoon [kəˈkuːn] 1 (N) cocon *m* 2 (VT) [+ *person*] couver • **~ed from** à l'abri de

COD [ˌsiːəʊˈdiː] ⓐ (*Brit*) (ABBR OF **cash on delivery**) paiement *m* à la livraison ⓑ (*US*) (ABBR OF **collect on delivery**) paiement *m* à la livraison

cod [kɒd] (N) (*pl* **cod**) morue *f*; (*in shop, on menu*) cabillaud *m* ▸**cod-liver oil** N huile *f* de foie de morue

coda [ˈkəʊdə] (N) épilogue *m*; (*Music*) coda *f*

code [kəʊd] 1 (N) code *m*; (= *dialling code*) indicatif *m* • **in ~** codé 2 (VI) (*Comput*) coder 3 (COMP) ▸**code monkey**** N (*Comput*) (*pej*) pisseur *m*, -euse *f* de code* ▸**code name** N nom *m* de code ▸**code-name** VT **an operation ~-named "Condor"** une opération qui a pour nom de code « Condor » ▸**code number** N code *m* numérique ▸**code of behaviour, code of conduct** N code *m* de conduite ▸**code of honour** code *m* de l'honneur ▸**code of practice** N code *m* de bonnes pratiques ▸**code word** N mot *m* de passe

coded [ˈkəʊdɪd] (ADJ) codé

codeine [ˈkəʊdiːn] (N) codéine *f*

coder [ˈkəʊdəʳ] (N) (= *programmer*) codeur(-euse) *m(f)*

codger* [ˈkɒdʒəʳ] (N) **old ~** drôle de vieux bonhomme *m*

codify [ˈkəʊdɪfaɪ] (VT) codifier

co-driver [ˈkəʊdraɪvəʳ] (N) (*in race*) copilote *m*; [*of lorry, bus*] deuxième chauffeur *m*

coed* [ˈkəʊˈed] 1 (ADJ) mixte 2 (N) (*US*) étudiante *f* (*dans un établissement mixte*)

coeducational [ˈkəʊˌedjʊˈkeɪʃənl] (ADJ) [*school, teaching*] mixte

coefficient [ˌkəʊɪˈfɪʃənt] (N) coefficient *m*

coeliac, celiac (*US*) [ˈsiːlɪˌæk] (ADJ) cœliaque ▸**coeliac disease** N maladie *f* cœliaque

coerce [kəʊˈɜːs] (VT) contraindre • **to ~ sb into doing sth** contraindre qn à faire qch

coercion [kəʊˈɜːʃən] (N) coercition *f*

coexist [ˈkəʊɪgˈzɪst] (VI) coexister

coexistence [ˈkəʊɪgˈzɪstəns] (N) coexistence *f*

C of E [ˌsiːəˈviː] (N) (*Brit*) (ABBR OF **Church of England**) Église *f* anglicane

coffee [ˈkɒfɪ] 1 (N) café *m* • **a cup of ~** une tasse de café • **a ~** un café • **black ~** café *m* noir • **white ~** (*Brit*) • **~ with milk** (*US*) café *m* au lait • **a white ~** (*Brit*) • **a ~ with milk** (*US*) (*in café: when ordering*) un café-crème

2 (COMP) (= *coffee flavoured*) au café ▸**coffee bar** N (*Brit*) café *m* ▸**coffee bean** N grain *m* de café ▸**coffee break** N pause-café *f* ▸**coffee cake** N (*Brit: coffee-flavoured*) moka *m* (*au café*); (*US*) gâteau *m* (*que l'on sert avec le café*) ▸**coffee-coloured** ADJ (*dark*) couleur café *inv*; (*light*) couleur café au lait *inv* ▸**coffee cup** N tasse *f* à café ▸**coffee filter** N filtre *m* à café ▸**coffee grower** N caféiculteur *m*, -trice *f* ▸**coffee machine** N (*in café*) percolateur *m*; (= *vending machine*) machine *f* à café ▸**coffee-maker** N cafetière *f* ▸**coffee mill** N moulin *m* à café ▸**coffee morning** N *réunion de femmes qui se retrouvent pour bavarder autour d'une tasse de café*; (*for fund-raising*) vente *f* de charité (*où l'on sert le café*) ▸**coffee shop** N (= *restaurant*) cafétéria *f*; (= *shop*) brûlerie *f* ▸**coffee spoon** N cuiller *f* à café ▸**coffee table** N table *f* basse

coffeepot [ˈkɒfɪpɒt] (N) cafetière *f*

coffers [ˈkɒfəz] (NPL) (*fig*) (= *funds*) coffres *mpl* • **the ~ (of State)** les coffres *mpl* de l'État

coffin [ˈkɒfɪn] (N) cercueil *m*

cog [kɒg] (N) dent *f* (*d'engrenage*) • **he's only a ~ in the machine** il n'est qu'un simple rouage

cogent [ˈkəʊdʒənt] (ADJ) (= *convincing*) convaincant

cogitate [ˈkɒdʒɪteɪt] (VI) méditer ((**up**)**on** sur); (*hum*) cogiter ((**up**)**on** sur)

cognac [ˈkɒnjæk] (N) cognac *m*

cognate [ˈkɒgneɪt] 1 (ADJ) apparenté (**with** à) 2 (N) (*Ling*) mot *m* apparenté; (*in law*) cognat *m*

cognitive [ˈkɒgnɪtɪv] (ADJ) cognitif ▸**cognitive psychology** N psychologie *f* cognitive ▸**cognitive (behavioural** *or* (*US*) **behavioral) therapy** N thérapie *f* cognitive

cohabit [kəʊˈhæbɪt] (VI) cohabiter

coherence [kəʊˈhɪərəns] (N) cohérence *f*

coherent [kəʊˈhɪərənt] (ADJ) (= *consistent*) cohérent • **he wasn't very ~** (= *articulate*) on avait du mal à le comprendre

coherently [kəʊˈhɪərəntlɪ] (ADV) de façon cohérente

cohesion [kəʊˈhiːʒən] (N) cohésion *f*

cohesive [kəʊˈhiːsɪv] (ADJ) cohésif

cohort [ˈkəʊhɔːt] (N) cohorte *f*; (*pej*) acolyte *m*

coil [kɔɪl] 1 (VT) [+ *rope, hair*] enrouler; [+ *wire*] embobiner • **the snake ~ed itself up** le serpent s'est lové 2 (N) ⓐ [*of rope, wire*] rouleau *m*; [*of hair*] boucle *f* • **to wind sth into a ~** enrouler qch ⓑ (= *contraceptive*) stérilet *m*

coin [kɔɪn] 1 (N) pièce *f* (de monnaie) • **a 10p ~** une pièce de 10 pence 2 (VT) **to ~ a phrase ...** si je peux m'exprimer ainsi ... 3 (COMP) ▸**coin box** N (= *phone box*) cabine *f* téléphonique (à pièces) ▸**coin-operated** ADJ à pièces

coinage [ˈkɔɪnɪdʒ] (N) (= *coins*) monnaie *f*; (= *system*) système *m* monétaire

coincide [ˌkəʊɪnˈsaɪd] (VI) coïncider

coincidence [kəʊˈɪnsɪdəns] (N) coïncidence *f*

coincidental [kəʊˌɪnsɪˈdentl] (ADJ) fortuit • **it's entirely ~** c'est une pure coïncidence

coincidentally [kəʊˌɪnsɪˈdentlɪ] (ADV) par coïncidence • **quite** *or* **purely ~** par pure coïncidence

Coke® [kəʊk] (N) coca® *m*

Col. (ABBR OF **Colonel**)

colander [ˈkʌləndəʳ] (N) passoire *f*

cold [kəʊld] 1 (ADJ) ⓐ froid • **it's a ~ morning** il fait froid ce matin • **I am ~** j'ai froid • **my feet are ~** j'ai froid aux pieds • **to get ~ feet about doing sth** hésiter à faire qch • **to get ~** [*weather, room*] se refroidir; [*food*] refroidir; [*person*] commencer à avoir froid • **that brought him out in a ~ sweat** cela lui a donné des sueurs froides • **to pour ~ water on** [+ *optimism*] tempérer • **he poured ~ water on my idea** sa réaction devant mon idée m'a refroidi • **a ~ reception** un accueil froid • **to be ~ to sb** se montrer froid envers qn • **that leaves me ~*** cela me laisse froid • **in ~ blood** de sang-froid • **he's a ~ fish!*** qu'est-ce qu'il est froid !

ⓑ (= *unconscious*)* **to be out ~** être dans les pommes* • **it knocked him out ~** ça l'a mis KO

2 (N) ⓐ (*in temperature*) froid *m* • **don't go out in this ~!** ne sors pas par ce froid ! • **to be left out in the ~** (*fig*) rester en plan*

ⓑ (= *illness*) rhume *m* • **~ in the head** rhume de cerveau

• **a bad ~** un mauvais rhume • **to have a ~** être enrhumé • **to get a ~** s'enrhumer

3 COMP ▸**cold-blooded** ADJ [*animal*] à sang froid; [*person*] insensible; [*murder, attack*] commis de sang-froid ▸**cold call** N (*on phone*) appel *m* de démarchage; (*= visit*) démarchage *m* (à domicile) ▸**cold-call** VT (*on phone*) démarcher par téléphone; (*= visit*) démarcher à son domicile ▸**cold calling** N (*on phone*) démarchage *m* téléphonique; (*= visit*) démarchage *m* à domicile ▸**cold front** N front *m* froid ▸**cold-hearted** ADJ impitoyable ▸**cold shoulder*** N **to give sb the ~ shoulder** snober qn ▸**cold snap** N vague *f* de froid (de courte durée) ▸**cold sore** N bouton *m* de fièvre ▸**cold storage** N **to put into ~ storage** [*+ food*] mettre en chambre froide; [*+ idea, book, scheme*] mettre de côté ▸**cold store** N entrepôt *m* frigorifique ▸**cold turkey*** N **to go ~ turkey** (*= stop*) arrêter la drogue d'un seul coup; (*= suffer withdrawal symptoms*) être en manque ▸**the cold war** N la guerre froide

coldly ['kəʊldlɪ] ADV [*look, say*] froidement; [*behave*] avec froideur

coleslaw ['kəʊlslɔː] N coleslaw *m*

colic ['kɒlɪk] N coliques *fpl*

collaborate [kə'læbəreɪt] VI collaborer • **to ~ with sb on sth** collaborer avec qn à qch

collaboration [kə,læbə'reɪʃən] N collaboration *f* (**in** à)

collaborative [kə'læbərətɪv] ADJ collaboratif, fait en collaboration

collaborator [kə'læbəreɪtə^r] N collaborateur *m*, -trice *f*

collage [kɒ'lɑːʒ] N collage *m*

collagen ['kɒlədʒən] N collagène *m*

collapse [kə'læps] 1 VI ⓐ [*person, government, building*] s'écrouler; [*defences, market, prices, system*] s'effondrer; [*agreement, plan*] tomber à l'eau; [*company*] faire faillite; [*talks, legal case, trial*] échouer; [*marriage*] se solder par un échec • **to ~ into laughter** être écroulé de rire • **he ~d and was taken to hospital** il a eu un grave malaise et a été emmené à l'hôpital • **she ~d onto her bed, exhausted** elle s'est écroulée sur son lit, épuisée

ⓑ (*= fold*) [*table, chairs*] se plier

2 N [*of person, building*] écroulement *m*; [*of government*] chute *f*; [*of company*] faillite *f*; [*of defences, market, prices, system*] effondrement *m*; [*of talks, agreement, marriage, trial*] échec *m*; [*of empire, plan*] effondrement *m* • **the country faces economic ~** l'économie du pays est au bord de la faillite

collapsible [kə'læpsəbl] ADJ pliant

collar ['kɒlə^r] 1 N (*on garment*) col *m*; (*for dogs, horses*) collier *m* 2 VT (*= catch*)* mettre la main au collet de

collarbone ['kɒləbəʊn] N clavicule *f*

collate [kɒ'leɪt] VT [*+ information, statistics*] rassembler

collateral [kɒ'lætərəl] 1 ADJ ⓐ (*= parallel*) parallèle; [*fact, phenomenon*] concomitant; (*in law, Med*) collatéral ⓑ (*= subordinate*) secondaire, accessoire; (*Finance*) subsidiaire • **~ security** (*Finance*) nantissement *m* ⓒ (*Mil*) **~ damage** dommages *mpl* collatéraux 2 N ⓐ (*Finance*) nantissement *m* • **securities lodged as ~** titres *mpl* remis en nantissement ⓑ (*in law*) collatéral(e) *m(f)*

colleague ['kɒliːg] N collègue *mf*

collect [kə'lekt] 1 VT ⓐ (*= gather together*) [*+ valuables, wealth*] amasser; [*+ information, documents, evidence*] rassembler • **the ~ed works of Shakespeare** les œuvres *fpl* complètes de Shakespeare • **she ~ed together a group of volunteers** elle a réuni un groupe de volontaires • **to ~ o.s.** (*= regain control of o.s.*) se reprendre; (*= reflect quietly*) se recueillir • **to ~ one's thoughts** se concentrer

ⓑ (*= pick up*) ramasser • **the children ~ed the books for the teacher** les enfants ont ramassé les livres pour le professeur • **someone came and ~ed our tickets** quelqu'un est venu prendre nos billets • **you can ~ your order on Thursday** vous pouvez venir chercher votre commande jeudi • **the rubbish is ~ed twice a week** les ordures sont ramassées deux fois par semaine • **the firm ~s the empty bottles** l'entreprise récupère les bouteilles vides

ⓒ (*= obtain*) [*+ money, subscriptions, signatures*] recueillir; [*+ taxes, fines*] percevoir; [*+ rents*] encaisser • **she ~ed the prize for best writer** elle a reçu le prix du meilleur écrivain

ⓓ (*as hobby*) [*+ stamps, antiques, coins*] collectionner

ⓔ (*= call for*) (passer) prendre • **I'll ~ you at 8 o'clock** je passerai vous prendre à 8 heures • **to ~ one's mail** (passer) prendre son courrier • **the bus ~s the children each morning** l'autobus ramasse les enfants tous les matins

2 VI ⓐ [*people*] se rassembler; [*things*] s'entasser; [*dust, water*] s'accumuler • **a crowd had ~ed outside the building** une foule s'était rassemblée devant le bâtiment

ⓑ (*= gather money*) **to ~ for charity** faire la quête pour des œuvres caritatives

3 ADV (*US*) **to call ~** téléphoner en PCV

4 COMP ▸**collect call** N (*US*) communication *f* en PCV

collectable [kə'lektəbl] ADJ **a ~ antique** *or* **item** une pièce de collection

collected [kə'lektɪd] ADJ serein

collection [kə'lekʃən] 1 N ⓐ [*of records, stamps*] collection *f* • **winter/summer ~** (*Fashion*) collection *f* d'hiver/d'été

ⓑ (*= anthology*) recueil *m*

ⓒ (*= pick-up*) [*of goods, refuse*] ramassage *m* • **your curtains are ready for ~** vos rideaux sont prêts, vous pouvez venir les chercher

ⓓ [*of mail*] levée *f*

ⓔ [*of money*] (*for charity*) collecte *f*; (*in church*) quête *f* • **to take the ~** faire la quête • **to take a ~ (for sb/sth)** faire une collecte (au profit de qn/qch)

ⓕ (*= act of gathering*) [*of taxes*] perception *f*; [*of rents*] encaissement *m*; [*of information, signatures*] collecte *f*

2 COMP ▸**collection box** N (*in church*) tronc *m* ▸**collection plate** N (*in church*) plateau *m* pour la quête

collective [kə'lektɪv] 1 ADJ collectif 2 N coopérative *f* 3 COMP ▸**collective bargaining** N négociations *fpl* pour une convention *f* collective

collector [kə'lektə^r] N [*of stamps, coins*] collectionneur *m*, -euse *f* ▸**collector's item** N pièce *f* de collection

college ['kɒlɪdʒ] 1 N ⓐ (*= university*) université *f*; (*= institution for higher education*) établissement *m* d'enseignement supérieur; (*for professional training*) lycée *m* technique • **College of Advanced Technology** (*Brit*) ≈ IUT *m* • **~ of agriculture** institut *m* agronomique • **~ of art** école *f* des beaux-arts • **College of Education** (*Brit*) ≈ IUFM *m*, institut *m* universitaire de formation des maîtres • **College of Further Education** (*Brit*) *établissement d'enseignement pour jeunes et adultes, délivrant essentiellement des diplômes techniques* • **~ of music** conservatoire *m* de musique • **to go to ~** faire des études supérieures

ⓑ (*within a university*) (*Brit*) collège *m*; (*US*) faculté *f*

C

2 (COMP) ▸ **college-bound** ADJ (*US*) **~-bound student** élève *mf* qui se destine aux études universitaires • **~-bound program** programme *m* de préparation aux études universitaires ▸ **college town** N (*US*) ville *f* universitaire

> **COLLEGE**
> Le terme **college** désigne tout établissement d'enseignement supérieur. En Grande-Bretagne, un **college** peut aussi bien dispenser l'enseignement des arts plastiques ou de la musique que préparer à des brevets de technicien supérieur en coiffure ou en secrétariat.
> Aux États-Unis, les universités sont administrativement divisées en **colleges**, qui correspondent à des facultés, par exemple « **College** of Arts and Sciences » et « **College** of Medicine ». Les « junior **colleges** » ou « community **colleges** » sont des établissements de premier cycle universitaire, qui assurent en outre la formation continue des adultes salariés. Les diplômes de troisième cycle universitaire sont décernés par une « graduate school ». → DEGREE, OXBRIDGE

collide [kə'laɪd] (VI) [*vehicles, trains, planes*] entrer en collision; [*people*] se heurter • **to ~ with** [+ *vehicle, train, plane*] entrer en collision avec; [+ *person*] heurter

collie ['kɒlɪ] (N) colley *m*

colliery ['kɒlɪərɪ] (N) (*Brit*) houillère *f*

collision [kə'lɪʒən] (N) collision *f* • **to come into ~ with** [+ *car, train*] entrer en collision avec ▸ **collision course** N **the planes were on a ~ course** les avions allaient se percuter • **to be on a ~ course** (*fig*) aller au-devant de l'affrontement

colloquial [kə'ləʊkwɪəl] (ADJ) familier

colloquialism [kə'ləʊkwɪəlɪzəm] (N) expression *f* familière

collude [kə'lu:d] (VI) s'associer (*dans une affaire louche*)

collusion [kə'lu:ʒən] (N) collusion *f* • **in ~ with ...** de connivence avec ...

Colo. (ABBR OF **Colorado**)

Cologne [kə'ləʊn] (N) ⓐ (= *city*) Cologne ⓑ **(eau de) ~** eau *f* de Cologne

cologne [kə'ləʊn] (N) eau *f* de Cologne

Colombia [kə'lɒmbɪə] (N) Colombie *f*

Colombian [kə'lɒmbɪən] 1 (ADJ) colombien 2 (N) Colombien(ne) *m(f)*

colon ['kəʊlən] (N) ⓐ (= *intestine*) côlon *m* ⓑ (= *punctuation*) deux-points *m inv*

colonel ['kɜ:nl] (N) colonel *m* • **Colonel Smith** le colonel Smith

colonial [kə'ləʊnɪəl] (ADJ, N) colonial(e) *m(f)*

colonialism [kə'ləʊnɪəlɪzəm] (N) colonialisme *m*

colonist ['kɒlənɪst] (N) colon *m* (*habitant etc d'une colonie*)

colonize ['kɒlənaɪz] (VT) coloniser

colony ['kɒlənɪ] (N) colonie *f*

color *etc* ['kʌlə^r] (*US*) = **colour**

colossal [kə'lɒsl] (ADJ) colossal

colossus [kə'lɒsəs] (N) (*pl* **colossi** *or* **colossuses**) colosse *m*

colostomy [kə'lɒstəmɪ] (N) colostomie *f*

colour, color (*US*) ['kʌlə^r] 1 (N) ⓐ couleur *f* • **what ~ is it?** de quelle couleur est-ce ? • **to change ~** changer de couleur • **to paint sth in bright/dark ~s** peindre qch de couleurs vives/sombres • **to see sth in its true ~s** voir qch sous son vrai jour
ⓑ (= *complexion*) teint *m*, couleur *f* (*du visage*) • **to get one's ~ back** reprendre des couleurs • **he had gone a funny ~** il avait pris une couleur bizarre • **to have a high ~** être rougeaud
ⓒ [*of race*] couleur *f* • **it is not a question of ~** ce n'est pas une question de race
2 (NPL) **colours** (= *symbol of allegiance*) couleurs *fpl* (*d'un club, d'un parti*) • **to get one's ~s** être sélectionné pour faire partie de l'équipe • **he showed his true ~s when he said ...** il s'est révélé tel qu'il est vraiment quand il a dit ...
3 (VT) ⓐ (= *give colour to*) colorer; (*with paint*) peindre; (*with crayons*) colorier; (= *dye*) teindre • **to ~ sth red** colorer (*or* colorier *etc*) qch en rouge
ⓑ [+ *story, description*] colorer; [+ *attitude, opinion*] influencer
4 (VI) (= *blush*) rougir
5 (COMP) ▸ **colour-blind** ADJ daltonien; (= *non-discriminatory*) sans discrimination raciale ▸ **colour blindness** N daltonisme *m* ▸ **colour film** N (*for camera*) pellicule *f* couleur(s) ▸ **colour photograph** N photo *f* en couleur(s) ▸ **colour scheme** N combinaison *f* de(s) couleurs ▸ **colour supplement** N (*Brit*) supplément *m* illustré ▸ **colour television** N télévision *f* en couleur(s)

coloured, colored (*US*) ['kʌləd] (ADJ) ⓐ (= *not black or white*) [*glass, water*] coloré; [*chalk, pencil, bead, fabric, garment*] de couleur; [*picture*] en couleur(s) • **to be ~ blue** être coloré en bleu • **brightly ~** aux couleurs vives • **coffee-~** couleur café *inv* ⓑ (*offensive*) [*person*]† de couleur ⓒ (*in South Africa*) [*person*] métis (métisse *f*)

colourfast, colorfast (*US*) ['kʌləfɑ:st] (ADJ) grand teint *inv*

colourful, colorful (*US*) ['kʌləfʊl] (ADJ) ⓐ (= *bright*) aux couleurs vives ⓑ [*story, figure*] pittoresque ⓒ [*life, career*] mouvementé

colouring, coloring (*US*) ['kʌlərɪŋ] 1 (N) ⓐ (= *complexion*) teint *m* ⓑ (= *colour*) couleurs *fpl* ⓒ (*in food*) colorant *m* (alimentaire) 2 (COMP) ▸ **colouring book** N album *m* à colorier

colourist, colorist (*US*) ['kʌlərɪst] (N) coloriste *mf*

colourless, colorless (*US*) ['kʌləlɪs] (ADJ) incolore; (*fig*) terne

colt [kəʊlt] (N) poulain *m*

Columbus [kə'lʌmbəs] (N) **(Christopher) ~** Christophe Colomb *m* ▸ **Columbus Day** N (*US*) *jour férié fixé le deuxième lundi d'octobre, commémorant la découverte de l'Amérique par Christophe Colomb*

column ['kɒləm] (N) colonne *f*

columnist ['kɒləmnɪst] (N) chroniqueur *m*

coma ['kəʊmə] (N) coma *m* • **in a ~** dans le coma

comatose ['kəʊmətəʊs] (ADJ) comateux

comb [kəʊm] 1 (N) ⓐ peigne *m* • **to run a ~ through one's hair** se donner un coup de peigne ⓑ [*of fowl*] crête *f* 2 (VT) ⓐ peigner • **to ~ one's hair** se peigner • **to ~ sb's hair** peigner qn ⓑ [+ *area, town*] ratisser • **he ~ed through the papers looking for evidence** il a passé les dossiers au peigne fin pour y chercher des preuves

combat ['kɒmbæt] 1 (N) combat *m* 2 (NPL) **combats** treillis *m* 3 (VTI) combattre 4 (COMP) ▸ **combat jacket** N veste *f* de treillis ▸ **combat trousers** NPL treillis *m*

combatant ['kɒmbətənt] (ADJ, N) combattant(e) *m(f)*

combative ['kɒmbətɪv] (ADJ) combatif

combination [,kɒmbɪ'neɪʃən] (N) combinaison *f*; [*of people*] association *f*; [*of interests*] coalition *f* • **~ of events**

concours *m* de circonstances ▸ **combination lock** N serrure *f* à combinaison

combine 1 (VT) combiner (**with** avec) • **they ~d forces** ils ont uni leurs forces • **to ~ business with pleasure** joindre l'utile à l'agréable 2 (VI) s'associer; [*parties*] fusionner; [*opponents*] se liguer; [*events*] concourir (**to do sth** à faire qch) 3 (N) ⓐ (= *group*) association *f* ⓑ (= *harvester*) moissonneuse-batteuse *f*

> Lorsque **combine** est un verbe, l'accent tombe sur la deuxième syllabe : [kəm'baɪn] ; lorsque c'est un nom, sur la première : ['kɒmbaɪn].

combined [kəm'baɪnd] (ADJ) combiné • **their ~ salaries** leurs deux salaires • **a ~ total of 300 points** un total de 300 points ▸ **combined honours** N (*Brit*) **to do ~ honours** faire un double cursus

combine harvester [,kɒmbaɪn'hɑːvɪstəʳ] (N) moissonneuse-batteuse *f*

combo* ['kɒmbəʊ] (N) (ABBR OF **combination**) combinaison *f*; (*Music*) petite formation *f* musicale

combustible [kəm'bʌstɪbl] (ADJ) [*substance*] combustible; [*situation*] explosif

combustion [kəm'bʌstʃən] (N) combustion *f*

come [kʌm]

1 INTRANSITIVE VERB	3 PHRASAL VERBS
2 COMPOUND	

> vb: pret **came**, ptp **come**

1 INTRANSITIVE VERB

ⓐ venir • **~ here** venez ici • **no one has ~** personne n'est venu • **~ and see me soon** venez me voir bientôt • **he has ~ to mend the television** il est venu réparer la télévision • **help came in time** les secours sont arrivés à temps • **to ~ home** rentrer (chez soi) • **coming!** j'arrive ! • **~ again?*** comment ? • **I don't know if I'm coming or going** je ne sais plus où donner de la tête • **the pain ~s and goes** la douleur est intermittente

▸ **to come** + *preposition* **he came after me with a gun** il me poursuivait un fusil à la main • **it came as a surprise to him** cela l'a surpris • **the adjective ~s before the noun** l'adjectif vient devant le nom • **to ~ behind sb/sth** suivre qn/qch • **to ~ between two people** (= *interfere*) s'interposer entre deux personnes • **to ~ for sb/sth** venir chercher qn/qch • **where do you ~ from?** tu viens d'où ? • **he ~s from Edinburgh** il vient d'Édimbourg • **he has just ~ from Edinburgh** il arrive d'Édimbourg • **they came to a crossroads** ils sont arrivés à un carrefour • **I'm sorry it has ~ to this** je suis désolé d'en être arrivé là • **if it ~s to that, ...** dans ce cas-là ... • **when it ~s to ...** quand il s'agit de ...

▸ **to come** + *-ing* **to ~ running/shouting** arriver en courant/en criant

▸ **to come** + *adverb/adjective* **to ~ apart** (= *fall to pieces*) tomber en morceaux • **it came apart in my hands** ça s'est cassé tout seul • **everything came right in the end** tout s'est arrangé à la fin

ⓑ (= *have one's place*) se trouver • **this passage ~s on page 10** ce passage se trouve à la page 10

ⓒ (= *happen*) arriver • **no harm will ~ to him** il ne lui arrivera rien de mal • **economic recovery came slowly** la reprise économique a été lente • **how do you ~ to be here?** comment se fait-il que vous soyez ici ? • **how ~?*** comment ça se fait ?* • **how ~ it's so expensive?*** comment se fait-il que cela soit si cher ? • **~ what may** quoi qu'il arrive

ⓓ (= *result from*) **nothing came of it** il n'en est rien sorti • **no good will ~ of it** il n'en sortira rien de bon

ⓔ (= *be available*) **this dress ~s in three sizes** cette robe existe en trois tailles • **how do you like your tea? — as it ~s** comment voulez-vous votre thé ? — ça m'est égal

ⓕ ▸ **to come to** + *infinitive* (= *end up*) finir par • **I have ~ to believe him** j'ai fini par le croire • **now I ~ to think of it** maintenant que j'y pense

ⓖ (= *reach orgasm*)** jouir

2 COMPOUND

▸ **come-on*** N (*gen* = *lure*) attrape-nigaud *m* • **to give sb the ~-on** (*sexual*) allumer* qn

3 PHRASAL VERBS

▸ **come about** VI (= *happen*) arriver • **how did it ~ about?** comment est-ce arrivé ?

▸ **come across** 1 VI ⓐ (= *cross*) traverser ⓑ **he ~s across as honest** il donne l'impression d'être honnête • **his speech came across very well** son discours a fait bonne impression • **his true feelings came across clearly** ses vrais sentiments transparaissaient clairement 2 VT INSEP (= *encounter by chance*) tomber sur

▸ **come along** VI ⓐ venir • **~ along!** (allez,) venez ! • **why don't you ~ along?** pourquoi ne viendrais-tu pas ? • **it was lucky you came along** c'est une chance que vous soyez venu ⓑ (= *progress*) faire des progrès; [*plans*] avancer • **he's coming along in French** il fait des progrès en français

▸ **come away** VI ⓐ (= *leave*) s'en aller • **~ away from there!** va-t'en de là ! ⓑ (= *become detached*) se détacher • **it came away in my hands** cela m'est resté dans les mains

▸ **come back** VI [*person, fashion*] revenir • **he came back two hours later** il est revenu deux heures plus tard • **it will ~ back to you eventually** (= *you'll remember*) ça te reviendra

▸ **come by** 1 VI passer • **he came by yesterday** il est passé hier 2 VT INSEP (= *obtain*) se procurer

▸ **come down** VI ⓐ descendre • **~ down from there at once!** descends de là tout de suite ! • **to ~ down in the world** descendre dans l'échelle sociale • **to ~ down on the side of sth** prendre position en faveur de qch ⓑ (= *fall*) [*rain, curtain*] tomber • **the plane came down on the motorway** l'avion s'est écrasé sur l'autoroute ⓒ **the problem ~s down to money** le problème se résume à une question d'argent • **when it ~s down to it** au fond ⓓ (= *be demolished*) être démoli ⓔ (= *drop*) [*prices*] baisser ⓕ (= *be transmitted*) [*tradition*] être transmis (de père en fils)

▸ **come down with** VT INSEP [+ *disease*] attraper • **to ~ down with flu** attraper la grippe

▸ **come forward** VI se présenter • **several witnesses have ~ forward** plusieurs personnes se sont présentées comme témoins • **after the burglary, her neighbours came forward with offers of help** après le cambriolage, ses voisins ont offert de l'aider • **to ~ forward with a suggestion** faire une suggestion

▸ **come in** VI ⓐ [*person*] entrer; [*tide*] monter • **~ in!** entrez ! • **reports are now coming in of a terrorist attack**

C

des informations nous parviennent selon lesquelles il y aurait eu un attentat terroriste **b** *(in a race)* arriver • **he came in fourth** il est arrivé quatrième **c** **he has £20,000 coming in every year** il touche 20 000 livres par an • **we have no money coming in at the moment** nous n'avons aucune rentrée d'argent en ce moment

▸ **come in for** VT INSEP [*+ criticism*] être l'objet de

▸ **come into** VT INSEP **a** *(= inherit)* hériter de • **to ~ into some money** faire un héritage **b** *(= play a role)* **logic doesn't really ~ into it** la logique n'a pas grand-chose à voir là-dedans

▸ **come off** 1 VI **a** [*button*] se découdre; [*mark*] partir **b** *(= take place)* avoir lieu **c** *(= succeed)* [*plan*] se réaliser; [*attempt, experiment*] réussir **d** *(in contest, conflict)* **to ~ off best** avoir le dessus • **to ~ off worse** avoir le dessous 2 VT INSEP **a** **he came off his bike** il est tombé de son vélo **b** [*+ drug*] arrêter **c** **~ off it!*** à d'autres !*

▸ **come on** 1 VI **a** **~ on, try again!** allez, encore un effort ! **b** *(= progress)* faire des progrès • **how are your plans coming on?** où en sont vos projets ? • **my knee's coming on fine** mon genou se remet bien **c** *(= start)* [*night*] tomber; [*illness*] se déclarer; [*storm*] éclater; [*seasons*] arriver • **it came on to rain** il s'est mis à pleuvoir **d** [*actor*] entrer en scène 2 VT INSEP *(= encounter by chance)* tomber sur

▸ **come on to** VT INSEP *(= start discussing)* aborder • **I'll ~ on to that in a moment** j'aborderai cette question dans un moment

▸ **come out** VI **a** sortir; [*sun, stars*] apparaître; [*truth, news, qualities*] apparaître au grand jour; [*stain*] partir **b** **to ~ out well** être réussi • **the photo came out well** la photo est réussie **c** *(with preposition)* **the total ~s out at 500** le total s'élève à 500 • **to ~ out for/against sth** prendre position pour/contre qch **d** *(Brit)* *(= come out on strike)* se mettre en grève **e** *(as gay)* révéler son homosexualité • **she came out as a lesbian** elle a révélé son homosexualité

▸ **come out with*** VT INSEP *(= say)* sortir* • **you never know what she's going to ~ out with next** on ne sait jamais ce qu'elle va sortir*

▸ **come over** 1 VI **a** venir • **he came over to England for a few months** il est venu passer quelques mois en Angleterre • **he came over to our way of thinking** il s'est rangé à notre avis **b** *(= feel suddenly)** **she came over all shy** elle s'est sentie toute timide **c** *(= make impression)* **he came over as a decent person** il a donné l'impression d'être une personne décente 2 VT INSEP [*feeling*] envahir • **a feeling of shyness came over her** la timidité l'envahit • **what's ~ over you?** qu'est-ce qui vous prend ?

▸ **come round** VI **a** **~ round to the back of the house** faites le tour de la maison • **she came round to where I was sitting** elle est venue jusqu'à moi **b** *(= drop in)* passer • **~ round and see me one evening** passez me voir un de ces soirs **c** *(= happen)* se tenir • **when the World Cup ~s round again** lors de la prochaine coupe du monde **d** *(= change one's mind)* changer d'avis • **perhaps in time she will ~ round** peut-être qu'elle changera d'avis avec le temps • **he came round to our way of thinking in the end** il a fini par se ranger à notre avis **e** *(= regain consciousness)* revenir à soi

▸ **come through** 1 VI **a** *(= survive)* s'en sortir **b** *(= arrive)* **reports of fighting are coming through** on raconte qu'il y a des combats • **his divorce has ~ through** son divorce a été prononcé **c** **what came through most was her enthusiasm** ce que l'on remarquait surtout, c'était son enthousiasme **d** **they came through on their promises** ils ont tenu parole 2 VT INSEP *(= survive)* [*+ illness, danger, war*] survivre à

▸ **come to** 1 VI *(= regain consciousness)* reprendre connaissance 2 VT INSEP *(= amount to)* se monter à • **how much does it ~ to?** ça se monte à combien ? • **it ~s to $20** ça fait 20 dollars en tout • **it ~s to the same thing** ça revient au même

▸ **come under** VT INSEP **a** *(= be subjected to)* [*+ sb's influence*] tomber sous; [*+ attack, pressure*] être l'objet de **b** *(= be classified under)* être classé sous **c** *(= be the responsibility of)* **this ~s under another department** c'est du ressort d'un autre service

▸ **come up** VI **a** monter • **do you ~ up to York often?** est-ce que vous montez souvent à York ? • **he came up to me** il s'est approché de moi • **he came up to me with a smile** il m'a abordé en souriant **b** [*accused*] comparaître (**before** devant); [*case*] être entendu (**before** par) **c** [*plant*] sortir **d** [*sun*] se lever **e** *(= arise)* être soulevé • **I'm afraid something's ~ up** malheureusement j'ai un empêchement **f** [*job*] se présenter

▸ **come up against** VT INSEP se heurter à

▸ **come upon** VT INSEP tomber sur

▸ **come up to** VT INSEP **a** *(= reach up to)* arriver à • **the water came up to his knees** l'eau lui arrivait (jusqu')aux genoux • **it's just coming up to five minutes to six** il est presque six heures moins cinq **b** *(= equal)* répondre à • **his work has not ~ up to our expectations** son travail n'a pas répondu à notre attente

▸ **come up with** VT INSEP [*+ object, money*] fournir; [*+ idea*] avoir; [*+ plan*] imaginer

---

comeback [ˈkʌmbæk] (N) **to make a ~** faire un come-back

comedian [kəˈmiːdɪən] (N) comique *m*

> ⚠ **comedian ≠ comédien**

comedienne [kəˌmiːdɪˈen] (N) comique *f*

comedown* [ˈkʌmdaʊn] (N) déchéance *f* • **his new job is a bit of a ~** ce nouveau travail est un peu une déchéance pour lui

comedy [ˈkɒmɪdɪ] (N) comédie *f*

comer [ˈkʌməʳ] (N) **open to all ~s** ouvert à tous

comet [ˈkɒmɪt] (N) comète *f*

comeuppance* [ˌkʌmˈʌpəns] (N) **to get one's ~** recevoir ce qu'on mérite

comfort [ˈkʌmfət] 1 (N) **a** *(= well-being)* confort *m* • **every (modern) ~** tout le confort moderne • **to live in ~** vivre dans l'aisance • **~s** *(= material goods)* commodités *fpl* (de la vie)
b *(= consolation)* réconfort *m* • **to take ~ from sth** trouver du réconfort dans qch • **if it's any ~ to you** si ça peut te consoler • **it is a ~ to know that ...** c'est consolant de savoir que ...
c *(= peace of mind)* **the fighting was too close for ~** les combats étaient dangereusement rapprochés
2 (VT) *(= console)* consoler; *(= bring relief to)* soulager
3 (COMP) ▸ **comfort food** N *aliments procurant une sensation de réconfort* ▸ **comfort station** N (US) toilette(s) *f(pl)*

comfortable [ˈkʌmfətəbl] (ADJ) **a** [*chair, bed*] confortable; [*temperature*] agréable
b *(= physically at ease)* **are you ~ there?** vous êtes bien ?

• **to feel ~** se sentir bien • **you don't look very ~** vous n'avez pas l'air bien installé • **to make o.s. ~** (*in armchair*) s'installer confortablement; (*= make o.s. at home*) se mettre à l'aise • **the patient is ~** le patient est dans un état satisfaisant • **to be a ~ winner of sth** remporter qch haut la main
ⓒ (*= mentally at ease*) [*person*] à l'aise • **to be ~ doing sth** être à l'aise pour faire qch
ⓓ (*financially*) aisé • **to be in ~ circumstances** être à l'aise (financièrement)

> ✎ The French word **confortable** is spelt with an **n** rather than an **m**.

comfortably ['kʌmfətəblɪ] ADV ⓐ [*sit, settle, sleep*] confortablement • **to be ~ off** être à l'aise (financièrement)
ⓑ [*manage, win, fit, afford*] sans difficulté

comforter ['kʌmfətəʳ] N ⓐ (*US = quilt*) édredon *m* ⓑ (*= person*) consolateur *m*, -trice *f* (*liter*)

comforting ['kʌmfətɪŋ] ADJ réconfortant

comfy* ['kʌmfɪ] ADJ [*chair, room*] confortable • **are you ~?** êtes-vous bien ?

comic ['kɒmɪk] 1 ADJ comique 2 N ⓐ (*= person*) comique *mf* ⓑ (*= magazine*) comic *m* • **the ~s** (*in newspaper*) les bandes *fpl* dessinées 3 COMP ▸ **comic book** N magazine *m* de bandes dessinées ▸ **comic relief** N (*Theatre*) intervalle *m* comique; (*fig*) moment *m* de détente (comique) → COMIC RELIEF ▸ **comic strip** N bande *f* dessinée, BD* *f*

> **COMIC RELIEF**
> Le **Comic Relief** est une organisation caritative qui s'est donné pour objectif de créer « un monde juste délivré de la pauvreté ». Elle collecte de l'argent au profit de personnes ou de communautés démunies, au Royaume-Uni et à l'étranger. Tous les deux ans, le **Comic Relief** organise un grand événement télévisé, le « Red Nose Day », réunissant des célébrités et des particuliers qui se font sponsoriser pour faire des « choses drôles » (par exemple porter des déguisements bizarres ; un nez en plastique rouge est généralement de rigueur). Le « Sport Relief » est une émanation de cette organisation. Cette manifestation caritative a lieu tous les deux ans sur trois jours, en alternance avec **Comic Relief**, avec la participation du public ainsi que de personnalités du monde du sport et du spectacle.

comical ['kɒmɪkəl] ADJ comique

coming ['kʌmɪŋ] 1 N arrivée *f*, venue *f* • **~ and going** va-et-vient *m* • **~s and goings** allées *fpl* et venues *fpl* 2 ADJ ⓐ [*weeks, months, years*] à venir; [*election, battle*] prochain *before n* • **the ~ year** l'année *f* à venir ⓑ **it's the ~ thing*** c'est le truc* qui devient à la mode 3 COMP ▸ **coming of age** N passage *m* à l'âge adulte

comma ['kɒmə] N virgule *f*

command [kə'mɑ:nd] 1 VT ⓐ (*= order*) ordonner (**sb to do sth** à qn de faire qch) • **to ~ that ...** ordonner que ... + *subj* • **to ~ sth to be done** donner l'ordre de (faire) faire qch
ⓑ [*+ army, ship*] commander
ⓒ (*= be in position to use*) [*+ money, services, resources*] disposer de
ⓓ [*+ respect*] imposer • **the party ~s tremendous support** le parti bénéficie d'un soutien formidable
ⓔ (*= overlook*) avoir vue sur
2 VI commander
3 N ⓐ (*= order*) ordre *m*, commandement *m*; (*Comput*) commande *f*
ⓑ (*= power, authority*) commandement *m* • **to take ~ of sth** prendre le commandement de qch • **to be in ~ of sth** être à la tête de qch
ⓒ (*= troops*) troupes *fpl*; (*= military authority*) commandement *m*
ⓓ (*= possession, mastery*) maîtrise *f*, possession *f* • **his ~ of English** sa maîtrise de l'anglais • **to have sth at one's ~** avoir qch à sa disposition
4 COMP ▸ **command post** N (*Mil*) poste *m* de commandement

commandant ['kɒmən,dænt] N commandant(e) *m(f)*

commandeer [,kɒmən'dɪəʳ] VT réquisitionner

commander [kə'mɑ:ndəʳ] N commandant(e) *m(f)* ▸ **commander in chief** N (*pl* **commanders in chief**) commandant(e) *m(f)* en chef, généralissime *m*

commanding [kə'mɑ:ndɪŋ] 1 ADJ ⓐ (*= powerful*) **to be in a ~ position** être en position de force • **to have a ~ lead** avoir une avance respectable ⓑ (*= authoritative*) imposant 2 COMP ▸ **commanding officer** N commandant(e) *m(f)*

commandment [kə'mɑ:ndmənt] N commandement *m*

commando [kə'mɑ:ndəʊ] N commando *m*

commemorate [kə'meməreɪt] VT commémorer

commemoration [kə,memə'reɪʃən] N commémoration *f*

commemorative [kə'memərətɪv] ADJ commémoratif

commence [kə'mens] VTI commencer (**to do sth, doing sth** à faire qch)

commencement [kə'mensmənt] N ⓐ commencement *m*, début *m* ⓑ (*= degree ceremony*) remise *f* des diplômes

commend [kə'mend] VT (*= praise*) faire l'éloge de; (*= recommend*) recommander • **his scheme has little to ~ it** son projet est difficile à défendre

commendable [kə'mendəbl] ADJ louable

commendation [,kɒmen'deɪʃən] N ⓐ (*= praise*) éloges *mpl* ⓑ (*= award*) récompense *f*

commensurate [kə'menʃərɪt] ADJ (*= proportionate*) proportionné (**with, to** à)

comment ['kɒment] 1 N (*spoken, written*) commentaire *m*, remarque *f*; (*written*) annotation *f* • **his action passed without ~** son action n'a donné lieu à aucun commentaire • **he let it pass without ~** il ne l'a pas relevé • **"no ~"** « je n'ai rien à dire » 2 VT **he ~ed that ...** il a fait remarquer que ... 3 VI faire des commentaires (**on** sur)

commentary ['kɒməntərɪ] N commentaire *m*; (*Sport*) reportage *m*

commentate ['kɒmenteɪt] VI assurer le commentaire

commentator ['kɒmenteɪtəʳ] N commentateur *m*, -trice *f*

commerce ['kɒmɜ:s] N commerce *m*, affaires *fpl*

commercial [kə'mɜ:ʃəl] 1 ADJ commercial; [*world*] du commerce; [*district*] commerçant 2 N publicité *f*, spot *m* publicitaire 3 COMP ▸ **commercial bank** N banque *f* commerciale ▸ **commercial break** N (*TV, Radio*) page *f* de publicité

commercialism [kə'mɜ:ʃəlɪzəm] N (*attitude*) mercantilisme *m* (*pej*); (*on large scale*) affairisme *m* (*pej*); (*= business practice*) commerce *m*, affaires *fpl*

C

commercialize [kə'mɜːʃəlaɪz] (VT) commercialiser
commercialized [kə'mɜːʃəlaɪzd] (ADJ) commercial
commercially [kə'mɜːʃəlɪ] (ADV) ⓐ [*viable, competitive*] commercialement ⓑ [*produce*] à échelle commerciale
commiserate [kə'mɪzəreɪt] (VI) témoigner de la sympathie (**with** à)
commissariat [ˌkɒmɪ'sɛərɪət] (N) (*Mil*) intendance *f*; (*Admin, Politics*) commissariat *m*
commissary ['kɒmɪsərɪ] (N) ⓐ (*US Mil etc* = *shop*) intendance *f* ⓑ (*US Mil* = *officer*) intendant *m* ⓒ (*US Cine*) restaurant *m* du studio ⓓ (= *representative*) représentant(e) *m(f)*
commission [kə'mɪʃən] 1 (N) ⓐ (*to artist, composer*) commande *f*
ⓑ (= *percentage*) commission *f* • **on ~** à la commission • **he gets 10% ~** il reçoit une commission de 10 %
ⓒ (= *body of people*) commission *f*
ⓓ **out of ~** [*ship, equipment*] hors de service
2 (VT) ⓐ donner mission à • **he was ~ed to inquire into ...** il a été chargé de faire une enquête sur ...
ⓑ [+ *artist*] passer une commande à; [+ *book, painting, article*] commander • **I was ~ed to paint her portrait** on m'a commandé son portrait
ⓒ [+ *officer*] nommer à un commandement • **he was ~ed in 1990** il a été nommé officier en 1990
ⓓ [+ *ship*] armer
3 (COMP) ▸ **commissioned officer** N officier *m* ▸ **Commission for Racial Equality** N (*Brit*) *commission pour l'égalité des races* → EOC, EEOC
commissionaire [kəˌmɪʃə'nɛəʳ] (N) (*Brit*) portier *m*
commissioner [kə'mɪʃənəʳ] (N) (*Brit Police*) ≈ préfet *m* de police; (*US Police*) (commissaire *m*) divisionnaire *m*
commit [kə'mɪt] 1 (VT) ⓐ [+ *crime*] commettre • **to ~ suicide** se suicider ⓑ (= *consign*) confier (**to** à) • **to ~ sb (to prison)** faire incarcérer qn • **to ~ sb for trial** mettre qn en accusation ⓒ **to ~ o.s.** s'engager (**to sth** à qch, **to doing** à faire) • **to be ~ted to a policy** s'être engagé à poursuivre une politique 2 (VI) **to ~ to sth/sb** s'engager à qch/envers qn
commitment [kə'mɪtmənt] (N) engagement *m*; (*financial*) engagement *m* financier • **his ~ to this cause** son engagement en faveur de cette cause • **I have many ~s** j'ai de multiples engagements
committal [kə'mɪtl] (N) remise *f* (**to** à, **aux soins de**); (*to prison*) incarcération *f*; (*for mental health reasons*) internement *m* • **~ for trial** mise *f* en accusation
committed [kə'mɪtɪd] (ADJ) [*Christian*] convaincu
committee [kə'mɪtɪ] (N) comité *m* • **to be** *or* **sit on a ~** faire partie d'un comité ▸ **committee meeting** N réunion *f* de comité
commode [kə'məʊd] (N) ⓐ (= *chest of drawers*) commode *f* ⓑ (*also* **night-commode**) chaise *f* percée
commodity [kə'mɒdɪtɪ] (N) produit *m* de base, matière *f* première
commodore ['kɒmədɔːʳ] (N) (*Mil*) contre-amiral *m*; [*of ship*] commodore *m*
common ['kɒmən] 1 (ADJ) ⓐ (= *shared*) [*interest, cause, language*] commun • **~ denominator/factor** dénominateur *m*/facteur *m* commun • **by ~ consent** d'un commun accord • **~ ground** terrain *m* d'entente • **it's ~ knowledge that ...** chacun sait que ... • **~ land** terrain *m* communal ▸ **common to** **it's something ~ to all young children** c'est quelque chose qu'on trouve chez tous les jeunes enfants • **a belief ~ to both Jews and Christians** une croyance partagée par les juifs et les chrétiens
▸ **in common** en commun • **they have nothing in ~** ils n'ont rien de commun • **in ~ with** en commun avec
ⓑ (= *ordinary*) commun • **it's quite ~** c'est très courant • **~ belief** croyance *f* universelle • **the ~ cold** le rhume de cerveau • **to be ~ currency** [*idea, story*] être répandu • **it's a ~ experience** cela arrive souvent • **the ~ people** le peuple • **a ~ occurrence** une chose fréquente • **a ~ sight** un spectacle familier
ⓒ (= *vulgar*) [*accent, person*] vulgaire • **they're as ~ as muck*** (*Brit*) ce sont des ploucs*
2 (N) (= *land*) terrain *m* communal
3 (COMP) ▸ **Common Agricultural Policy** N politique *f* agricole commune ▸ **common denominator** N dénominateur *m* commun ▸ **Common Entrance** N (*Brit*) *examen d'entrée dans l'enseignement privé* ▸ **common law** N droit *m* coutumier ▸ **common market** N (= *free trade organization*) organisation *f* de libre-échange, marché *m* commun (*entre pays quelconques*) ▸ **common room** N (*Brit*) salle *f* commune ▸ **common stock** N (*US Stock Exchange*) actions *fpl* ordinaires
commoner ['kɒmənəʳ] (N) roturier *m*
commonly ['kɒmənlɪ] (ADV) ⓐ [*use, occur, prescribe*] fréquemment; [*called*] couramment • **more ~ known as ...** plus connu sous le nom de ... ⓑ (= *generally*) généralement • **it is ~ believed that ...** on croit généralement que ... • **the ~ held view** l'opinion généralement répandue
commonness ['kɒmənnɪs] (N) (= *frequency*) fréquence *f*; (= *ordinariness*) caractère *m* ordinaire; (= *universality*) caractère *m* universel; (= *vulgarity*) vulgarité *f*
commonplace ['kɒmənpleɪs] 1 (ADJ) commun 2 (N) lieu *m* commun
Commons ['kɒmənz] (NPL) **the ~** les Communes *fpl*
commonsense ['kɒmən'sens] (N) bon sens *m*
commonwealth ['kɒmənwelθ] (N) **the Commonwealth** le Commonwealth

> **COMMONWEALTH**
>
> Le **Commonwealth**, ou **Commonwealth of Nations**, regroupe 53 États indépendants et plusieurs territoires qui reconnaissent tous le souverain britannique comme chef de cette association. Il fut formé en 1949 dans un souci de cohésion après le démantèlement de l'Empire britannique. Depuis 1930, les Jeux du Commonwealth ont lieu tous les quatre ans dans l'un des pays de l'organisation.

commotion [kə'məʊʃən] (N) ⓐ (= *noise*) **to make a ~** faire du tapage ⓑ (= *upheaval*) **to cause a ~** semer la perturbation
comms [kɒms] (ABBR OF **communications**) 1 (NPL) communication *f* 2 (ADJ) [*software, package, program*] de communication
communal ['kɒmjuːnl] (ADJ) commun; [*baths, showers*] collectif
commune 1 (VI) **to ~ with nature** communier avec la nature 2 (N) (= *people living together*) communauté *f* • **to live in a ~** vivre en communauté

> Lorsque **commune** est un verbe, l'accent tombe sur la deuxième syllabe : [kə'mjuːn], lorsque c'est un nom, sur la première : ['kɒmjuːn].

communicable [kə'mju:nɪkəbl] ADJ (*Med*) transmissible

communicate [kə'mju:nɪkeɪt] VTI ⓐ communiquer • **to ~ with sb by email/by telephone** communiquer avec qn par courrier électronique/par téléphone ⓑ **communicating rooms** des pièces *fpl* qui communiquent

communication [kə,mju:nɪ'keɪʃən] 1 N ⓐ communication *f* • **to be in ~ with sb** être en contact avec qn • **there has been no ~ between them** il n'y a eu aucun contact entre eux ⓑ (= *roads, railways, telegraph lines*) **~s** communications *fpl* 2 COMP ▸**communication cord** N (*Brit Rail*) sonnette *f* d'alarme ▸**communication skills** NPL **he has good ~ skills** il communique bien ▸**communications satellite** N satellite *m* de communication

communicative [kə'mju:nɪkətɪv] ADJ (= *talkative*) expansif

communion [kə'mju:nɪən] N communion *f* • **to make one's ~** communier • **to take ~** recevoir la communion

communiqué [kə'mju:nɪkeɪ] N communiqué *m*

communism ['kɒmjʊnɪzəm] N communisme *m*

communist ['kɒmjʊnɪst] ADJ, N communiste *mf*

community [kə'mju:nɪtɪ] N communauté *f* • **the French ~ in Edinburgh** la communauté française d'Édimbourg • **the student ~** les étudiants *mpl* • **to belong to the same ~** appartenir à la même communauté • **the ~** (= *the public*) la communauté • **for the good of the ~** pour le bien de la communauté • **~ of interests** communauté *f* d'intérêts • **the Community** (= *EU*) la Communauté ▸**community care** N (*Brit Social Work*) (= *home care*) soins *mpl* à domicile; (*also* **community care programme**) *programme visant à déléguer la responsabilité de l'État aux collectivités locales en matière d'aide sociale* ▸**community centre** N centre *m* socioculturel ▸**community college** N (*US Univ*) centre *m* universitaire (de premier cycle) ▸**community manager** N (*Internet*) animateur *m*, -trice *f* or gestionnaire *mf* de communauté ▸**community policing** N ≈ îlotage *m* ▸**community service** N travaux *mpl* d'intérêt général ▸**community worker** N animateur *m*, -trice *f* socioculturel(le)

commute [kə'mju:t] 1 VT [+ *sentence*] commuer (**into** en) 2 VI faire le trajet tous les jours (**between** entre, **from** de) 3 N trajet *m* (*entre son domicile et son lieu de travail*)

commuter [kə'mju:tə^r] N banlieusard(e) *m(f)* (*qui fait un trajet régulier pour se rendre à son travail*) • **I work in London but I'm a ~** je travaille à Londres mais je fais la navette tous les jours ▸**the commuter belt** N (*Brit*) la grande banlieue ▸**commuter train** N train *m* de banlieue

compact 1 ADJ compact 2 VT [+ *waste*] compacter; [+ *snow*] tasser 3 N ⓐ (*also* **powder compact**) poudrier *m* ⓑ (*US: also* **compact car**) (voiture *f*) compacte *f*; (*also* **compact camera**) (appareil-photo *m*) compact *m* 4 COMP ▸**compact disc** N disque *m* compact ▸**compact disc player** N lecteur *m* de CD

> Lorsque **compact** est un adjectif ou un verbe l'accent tombe sur la seconde syllabe : [kəm'pækt], lorsque c'est un nom, sur la première : ['kɒmpækt].

companion [kəm'pænjən] 1 N ⓐ (*male*) compagnon *m*; (*female*) compagne *f* • **travelling ~s** compagnons *mpl* de voyage • **~s in arms/in misfortune** compagnons *mpl* d'armes/d'infortune ⓑ (= *one of pair*) pendant *m* (**to** à) 2 COMP ▸**companion volume** N livret *m* d'accompagnement

companionable [kəm'pænjənəbl] ADJ [*person*] de compagnie agréable • **in ~ silence** dans un silence complice

companionship [kəm'pænjənʃɪp] N ⓐ (= *friendliness*) **I enjoy the ~ at the club** j'apprécie l'esprit de camaraderie du club ⓑ (= *company*) compagnie *f* • **she keeps a cat for ~** elle a un chat pour lui tenir compagnie

company ['kʌmpənɪ] 1 N ⓐ compagnie *f* • **to keep sb ~** tenir compagnie à qn • **to part ~ with** se séparer de • **in ~** en public • **in ~ with** en compagnie de • **to be in good ~** être en bonne compagnie • **he's good ~** il est de bonne compagnie • **she keeps a cat, it's ~ for her** elle a un chat, ça lui fait une compagnie • **we've got ~** nous avons de la visite

ⓑ (= *companions*) fréquentation *f* • **to get into bad ~** avoir de mauvaises fréquentations

ⓒ (= *firm*) entreprise *f* • **a pharmaceutical ~** un laboratoire pharmaceutique • **shipping ~** compagnie *f* de navigation • **and ~*** et compagnie

ⓓ (= *group*) compagnie *f*; [*of actors*] troupe *f* • **a ballet ~** un ballet (*troupe*)

2 COMP ▸**company car** N voiture *f* de fonction ▸**company director** N directeur *m*, -trice *f* général(e) ▸**company pension scheme** N régime *m* de retraite complémentaire (proposé par une entreprise)

> ⚠ In the business sense the most common translation for **company** is **entreprise**.

comparable ['kɒmpərəbl] ADJ comparable (**with, to** à)

comparative [kəm'pærətɪv] 1 ADJ ⓐ [*ease, safety, freedom, cost*] relatif • **he's a ~ stranger** je le connais relativement peu • **to be a ~ newcomer/beginner** être relativement nouveau/débutant ⓑ [*study, analysis, method*] comparatif; [*literature, religion, linguistics*] comparé 2 N comparatif *m*

comparatively [kəm'pærətɪvlɪ] ADV ⓐ (= *relatively*) relativement ⓑ (*involving comparison*) comparativement

compare [kəm'pɛə^r] 1 VT comparer (**with** à, avec, **to** à) • **~ the first letter with the second** comparez la première lettre avec la seconde • **~d to** *or* **with sth** comparé à qch • **to ~ notes with sb** (*fig*) échanger ses impressions avec qn

2 VI être comparable (**with** à) • **how do the cars ~ for speed?** quelles sont les vitesses respectives des voitures ? • **how do the prices ~?** est-ce que les prix sont comparables ? • **it doesn't** *or* **can't ~ with the previous one** il n'y a aucune comparaison avec le précédent • **he can't ~ with you** il n'y a pas de comparaison possible entre vous et lui • **it ~s very favourably** cela soutient la comparaison

3 N **beyond** *or* **without ~** sans comparaison possible

comparison [kəm'pærɪsn] N comparaison *f* (**with** avec, **to** à) • **in ~ with** *or* **to sth** • **by ~ with sth** par rapport à qch • **by** *or* **in ~** en comparaison • **for ~** à titre de comparaison • **to make a ~** faire une comparaison • **to stand ~ (with)** soutenir la comparaison (avec) • **there's no ~** ça ne se compare pas

> **comparaison** is spelt with an extra **a** in **-raison**.

compartment [kəm'pɑːtmənt] (N) compartiment *m*
compartmentalize [ˌkɒmpɑːt'mentəlaɪz] (VT) compartimenter
compass ['kʌmpəs] (N) ⓐ (*hand-held*) boussole *f*; (*on ship*) compas *m* ⓑ **(a pair of) ~es** compas *m* ⓒ (= *scope*) **within the ~ of** dans les limites de
compassion [kəm'pæʃən] (N) compassion *f*
compassionate [kəm'pæʃənət] (ADJ) compatissant • **on ~ grounds** pour raisons de convenance personnelle ▸ **compassionate leave** N (*Mil*) permission *f* exceptionnelle (*pour raisons familiales*)
compatibility [kəmˌpætə'bɪlɪtɪ] (N) compatibilité *f*
compatible [kəm'pætɪbl] (ADJ) ⓐ [*ideas, aims, interests, equipment*] compatible (**with sth** avec qch) ⓑ [*people*] fait pour s'entendre • **to be ~ with sb** bien s'entendre avec qn
compatriot [kəm'pætrɪət] (N) compatriote *mf*
compel [kəm'pel] (VT) ⓐ contraindre • **to be ~led to do sth** (*physically*) être contraint de faire qch; (*psychologically*) se sentir poussé à faire qch • **to feel morally ~led to do sth** se sentir moralement obligé de faire qch ⓑ [+ *admiration, respect*] forcer
compelling [kəm'pelɪŋ] (ADJ) ⓐ [*reason, argument, evidence*] irréfutable ⓑ [*story, film, book*] fascinant
compellingly [kəm'pelɪŋlɪ] (ADV) [*write, tell*] d'une manière fascinante; [*attractive*] irrésistiblement
compensate ['kɒmpənseɪt] 1 (VI) compenser (**by** en) • **to ~ for sth** compenser qch 2 (VT) dédommager (**for** de); (*in weight, strength*) compenser
compensation [ˌkɒmpən'seɪʃən] (N) dédommagement *m*; (*psychological*) compensation *f*; (*in weight, strength*) contrepoids *m* • **in ~** (*financial*) en dédommagement
compère ['kɒmpɛəʳ] 1 (N) animateur *m*, -trice *f* 2 (VT) présenter
compete [kəm'piːt] (VI) ⓐ rivaliser (**with sb** avec qn, **for sth** pour obtenir qch, **to do sth** pour faire qch) • **there were ten students competing for six places on the course** dix étudiants se disputaient les six places disponibles dans ce cours • **there were only four people competing** il n'y avait que quatre concurrents • **his poetry can't ~ with Eliot's** sa poésie ne peut pas rivaliser avec celle d'Eliot
ⓑ (*commercially*) faire concurrence (**with sb** à qn) • **there are six firms competing for a share in the market** six entreprises sont en concurrence sur ce marché • **to ~ internationally** être présent sur le marché international • **they are forced to ~ with the multinationals** ils sont obligés d'entrer en concurrence avec les multinationales
ⓒ (*Sport*) concourir (**against sb** avec qn, **to do sth** pour faire qch) • **to ~ in a race** participer à une course • **to ~ internationally** participer à des compétitions internationales • **he's competing against world-class athletes** il est en compétition avec des athlètes de stature mondiale • **there were only four teams competing** il n'y avait que quatre équipes en compétition
competence ['kɒmpɪtəns] (N) compétence *f* (**in** en)
competent ['kɒmpɪtənt] (ADJ) ⓐ [*person*] compétent (**at sth** dans qch, **to do sth** pour faire qch) • **to feel ~ to do sth** se sentir compétent pour faire qch ⓑ [*work, performance*] satisfaisant • **to do a ~ job** faire un travail satisfaisant
competently ['kɒmpɪtəntlɪ] (ADV) (= *proficiently*) avec compétence; (= *satisfactorily*) bien
competing [kəm'piːtɪŋ] (ADJ) concurrent
competition [ˌkɒmpɪ'tɪʃən] (N) ⓐ (= *rivalry*) compétition *f*; (*in business*) concurrence *f* • **unfair ~** concurrence *f* déloyale • **there was keen ~ for it** on se l'est âprement disputé • **in ~ with** en concurrence avec ⓑ (= *contest*) concours *m*; (*Sport*) compétition *f* • **to go in for a ~** se présenter à un concours • **beauty ~** concours *m* de beauté • **swimming ~** compétition *f* de natation ⓒ (= *competitors*) concurrence *f*; (*Sport*) concurrents *mpl*

> ⚠ The translation for **competition** is not always **compétition**.

competitive [kəm'petɪtɪv] (ADJ) ⓐ [*society, market, prices*] compétitif; [*product*] concurrentiel • **to gain a ~ advantage (over sb)** obtenir un avantage concurrentiel (sur qn) ⓑ [*person*] qui a l'esprit de compétition • **I'm a very ~ person** j'aime la compétition ⓒ [*sport*] de compétition ⓓ [*entry, selection*] par concours • **~ examination** concours *m*
competitively [kəm'petɪtɪvlɪ] (ADV) ⓐ **a very ~ priced car** une voiture à un prix très compétitif ⓑ (*in competitions*) **I stopped playing ~ in 1995** j'ai arrêté la compétition en 1995
competitiveness [kəm'petətɪvnɪs] (N) compétitivité *f*
competitor [kəm'petɪtəʳ] (N) concurrent(e) *m(f)*
compilation [ˌkɒmpɪ'leiʃən] (N) compilation *f*
compile [kəm'paɪl] (VT) [+ *dictionary*] élaborer; [+ *list, catalogue, inventory*] dresser
compiler [kəm'paɪləʳ] (N) compilateur *m*, -trice *f*; [*of dictionary*] rédacteur *m*, -trice *f*; (*Comput*) compilateur *m*
complacent [kəm'pleɪsənt] (ADJ) content de soi • **we can't afford to be ~** nous ne pouvons pas nous permettre de nous laisser aller
complain [kəm'pleɪn] (VI) ⓐ se plaindre (**of, about** de) • **to ~ that ...** se plaindre de ce que ... ⓑ (= *make a complaint*) se plaindre • **you should ~ to the manager** vous devriez vous plaindre au directeur
complainant [kəm'pleɪnənt] (N) (*in law*) plaignant(e) *m(f)*
complaint [kəm'pleɪnt] (N) ⓐ (= *expression of discontent*) plainte *f*; (*about goods, services*) réclamation *f* • **~s department** service *m* des réclamations • **I have no ~(s)** je n'ai pas lieu de me plaindre • **to make a ~** faire une réclamation ⓑ (= *illness*) maladie *f*
complement 1 (N) complément *m*; [*of staff*] effectif *m* • **the team has its full ~ of players** l'équipe est au grand complet 2 (VT) compléter

> Lorsque **complement** est un nom, la fin se prononce comme **ant** dans **giant** : ['kɒmplɪmənt] ; lorsque c'est un verbe elle se prononce comme **ent** dans **went** : ['kɒmplɪment].

complementary [ˌkɒmplɪ'mentərɪ] (ADJ) complémentaire ▸ **complementary medicine** N médecine *f* parallèle
complete [kəm'pliːt] 1 (ADJ) ⓐ [*change, surprise, disaster, failure, list, set*] complet (-ète *f*); [*lack*] total; [*approval*] entier • **the ~ works of Shakespeare** les œuvres *fpl* complètes de Shakespeare • **in ~ agreement** en parfait accord • **in ~ contrast to sb/sth** en contraste total avec qn/qch • **to take ~ control of sth** prendre le contrôle complet de qch

• **he is the ~ opposite of me** il est tout le contraire de moi • **to my ~ satisfaction** à ma grande satisfaction
b ~ **with sth** (= *also having*) avec qch • **a large hotel ~ with swimming pool** un grand hôtel avec piscine • **the camera comes ~ with its own carrying case** l'appareil photo est livré avec son étui
c (= *entire*) tout *inv* entier
d (= *finished*) [*work*] achevé • **the task is now ~** la tâche est accomplie
2 VT **a** [+ *collection*] compléter; [+ *piece of work*] terminer • **and to ~ his happiness/misfortune ...** et pour comble de bonheur/d'infortune ... • **to ~ an order** exécuter une commande
b [+ *form, questionnaire*] remplir

completely [kəm'pli:tlɪ] ADV complètement • **~ and utterly** totalement • **almost ~** presque entièrement

completion [kəm'pli:ʃən] N [*of work*] achèvement *m* • **near ~** presque achevé

complex ['kɒmpleks] **1** ADJ complexe **2** N complexe *m* • **industrial ~** complexe *m* industriel • **housing ~** (ensemble *m* de) résidences *fpl*; (*high rise*) grand ensemble *m* • **he's got a ~ about it** ça le complexe

complexion [kəm'plekʃən] N [*of face*] teint *m* • **that puts a new** *or* **different ~ on the whole affair** l'affaire se présente maintenant sous un tout autre aspect

complexity [kəm'pleksɪtɪ] N complexité *f*

compliance [kəm'plaɪəns] N (= *conformity*) conformité *f* • **in ~ with sth** conformément à qch

compliant [kəm'plaɪənt] ADJ accommodant; [*child*] docile

complicate ['kɒmplɪkeɪt] VT compliquer (**with** de) • **that ~s matters** cela complique les choses

complicated ['kɒmplɪkeɪtɪd] ADJ compliqué

complication [,kɒmplɪ'keɪʃən] N complication *f*

complicit [kəm'plɪsɪt] ADJ ~ **in sth** complice de qch

complicity [kəm'plɪsɪtɪ] N complicité *f*

compliment **1** N **a** compliment *m* • **to pay sb a ~** faire un compliment à qn • **to return the ~** retourner le compliment **b** (= *greeting*) **~s** compliments *mpl*, hommages *mpl* (*frm*) • **with the ~s of Mr Green** avec les compliments de M. Green **2** VT complimenter **3** COMP ▸ **compliments slip** N carte *f* (avec les compliments de l'expéditeur)

> Lorsque **compliment** est un nom, la fin se prononce comme **ant** dans **giant**: ['kɒmplɪmənt]; lorsque c'est un verbe elle se prononce comme **ent** dans **went**: ['kɒmplɪment].

complimentary [,kɒmplɪ'mentərɪ] ADJ **a** élogieux • **to be ~ about sb/sth** faire des compliments sur qn/qch **b** (= *free*) [*ticket, drink*] gratuit • **~ copy** exemplaire *m* offert à titre gracieux

comply [kəm'plaɪ] VI **a** [*person*] se soumettre (**with** à) • **to ~ with the rules** respecter le règlement • **to ~ with sb's wishes** se conformer aux désirs de qn **b** [*equipment, object*] (*to specifications*) être conforme (**with** à)

component [kəm'pəʊnənt] N élément *m*; [*of car, machine*] pièce *f* • **~s factory** usine *f* de pièces détachées

comport [kəm'pɔ:t] VT **to ~ o.s.** se comporter, se conduire

compose [kəm'pəʊz] VT composer • **to be ~d of** se composer de • **to ~ o.s.** se calmer • **to ~ one's thoughts** mettre de l'ordre dans ses idées

composed [kəm'pəʊzd] ADJ calme

composer [kəm'pəʊzə^r] N compositeur *m*, -trice *f*

composite ['kɒmpəzɪt] **1** ADJ composite **2** N (= *amalgam*) mélange *m*

composition [,kɒmpə'zɪʃən] N **a** (= *thing composed*) œuvre *f*; (= *essay*) rédaction *f* • **one of her most famous ~s** une de ses œuvres les plus célèbres **b** (= *activity*) composition *f* • **music of her own ~** une musique de sa composition **c** (= *make-up*) composition *f*

compos mentis [,kɒmpɒs'mentɪs] ADJ sain d'esprit

compost ['kɒmpɒst] N compost *m* ▸ **compost heap** N tas *m* de compost

composure [kəm'pəʊʒə^r] N calme *m* • **to lose (one's) ~** perdre contenance; (= *get angry*) perdre son sang-froid

compound **1** N **a** (= *substance*) composé *m*; (= *word*) (mot *m*) composé *m* **b** (= *enclosed area*) enclos *m*, enceinte *f* **2** ADJ [*interest*] composé; [*fracture*] multiple **3** VT [+ *problem, difficulties*] aggraver

> Lorsque **compound** est un nom ou un adjectif, l'accent tombe sur la première syllabe: ['kɒmpaʊnd], lorsque c'est un verbe, sur la seconde: [kəm'paʊnd].

comprehend [,kɒmprɪ'hend] VTI comprendre

comprehensible [,kɒmprɪ'hensəbl] ADJ compréhensible

comprehension [,kɒmprɪ'henʃn] N **a** (= *understanding*) compréhension *f* • **that is beyond my ~** cela dépasse mon entendement **b** (= *exercise*) exercice *m* de compréhension

comprehensive [,kɒmprɪ'hensɪv] **1** ADJ **a** [*description, report, survey, list*] complet(-ète); [*victory, defeat*] total; [*knowledge*] étendu • **~ measures** mesures *fpl* d'ensemble • **~ insurance (policy)** assurance *f* tous risques **b** (*Brit*) [*education, system*] polyvalent ▸ **comprehensive school** établissement *m* public d'enseignement secondaire **2** N = **comprehensive school**

> ⚠ **comprehensive ≠ compréhensif**

> **COMPREHENSIVE SCHOOL**
> Créées dans les années 60 par le gouvernement travailliste de l'époque, les **comprehensive schools** sont des établissements d'enseignement secondaire qui accueillent tous les élèves sans distinction, par opposition au système sélectif des « grammar schools ». La majorité des enfants britanniques fréquentent aujourd'hui une **comprehensive school**, mais les « grammar schools » n'ont pas toutes disparu.

comprehensively [,kɒmprɪ'hensɪvlɪ] ADV complètement • **to be ~ insured** avoir une assurance tous risques

compress [kəm'pres] VT [+ *substance*] comprimer; [+ *essay, facts*] condenser • **~ed air** air *m* comprimé

compression [kəm'preʃən] N compression *f*

compressor [kəm'presə^r] N compresseur *m*

comprise [kəm'praɪz] VT **a** (= *include*) être composé de • **to be ~d of** se composer de **b** (= *make up*) constituer • **women ~ 80% of the workforce** les femmes constituent 80 % de l'effectif

compromise ['kɒmprəmaɪz] **1** N compromis *m* • **to reach a ~** arriver à un compromis • **to agree to a ~** accepter un compromis **2** VI transiger (**over** sur)

3 (VT) [+ *safety, security*] compromettre • **to ~ o.s.** se compromettre

compromising ['kɒmprəmaɪzɪŋ] (ADJ) compromettant

comptroller [kən'trəʊləʳ] (N) contrôleur *m*, -euse *f* (des finances) ▸ **Comptroller General** N (*US*) ≈ président(e) *m(f)* de la Cour des comptes

compulsion [kəm'pʌlʃən] (N) ⓐ (= *desire*) envie *f* irrésistible; (*Psych*) compulsion *f* ⓑ (= *coercion*) contrainte *f* • **you are under no ~** vous n'êtes nullement obligé • **he felt a sudden ~ to run** il eut soudain l'envie irrésistible de courir

compulsive [kəm'pʌlsɪv] (ADJ) ⓐ (= *habitual*) **to be a ~ gambler/liar** être un joueur/menteur invétéré ⓑ [*behaviour, desire, need*] compulsif; [*reading*] fascinant • **the programme was ~ viewing** l'émission était fascinante

compulsively [kəm'pʌlsɪvlɪ] (ADV) ⓐ [*lie*] compulsivement; [*behave, gamble, talk*] d'une façon compulsive ⓑ (= *irresistibly*) **~ readable** fascinant à lire • **the series is ~ watchable** on n'arrive pas à décrocher de ce feuilleton

compulsory [kəm'pʌlsərɪ] (ADJ) obligatoire

compunction [kəm'pʌŋkʃən] (N) remords *m* • **without the slightest** *or* **the least ~** sans le moindre remords • **he had no ~ about doing it** il n'a eu aucun scrupule à le faire

computation [ˌkɒmpjʊ'teɪʃən] (N) ⓐ (*gen*) calcul *m* ⓑ (= *estimate*) estimation *f* (**of** de)

computational [ˌkɒmpjʊ'teɪʃənl] (ADJ) computationnel ▸ **computational linguistics** N linguistique *f* computationnelle

compute [kəm'pju:t] (VT) calculer

computer [kəm'pju:təʳ] (N) ordinateur *m* • **he is in ~s** il est dans l'informatique • **on ~** sur ordinateur • **to do sth by ~** faire qch sur ordinateur ▸ **computer-aided** ADJ assisté par ordinateur ▸ **computer crime** N (= *illegal activities*) criminalité *f* informatique; (= *illegal act*) délit *m* informatique ▸ **computer dating service** N club *m* de rencontres sélectionnées par ordinateur ▸ **computer error** N erreur *f* informatique ▸ **computer forensics** N informatique *f* légale ▸ **computer game** N jeu *m* électronique ▸ **computer geek*** N geek* *mf* ▸ **computer-generated** ADJ [*graphics*] généré par ordinateur; [*image*] de synthèse ▸ **computer graphics** N (= *field*) infographie *f*; (= *pictures*) images *fpl* de synthèse ▸ **computer graphics artist, computer graphics designer** N infographiste *mf* ▸ **computer keyboard** N clavier *m* d'ordinateur ▸ **computer language** N langage *m* de programmation ▸ **computer literacy** N compétence *f* en informatique ▸ **computer-literate** ADJ compétent en informatique ▸ **computer mouse** N souris *f* (d'ordinateur) ▸ **computer nerd*** N nerd* *mf* ▸ **computer operator** N opérateur *m*, -trice *f* de saisie ▸ **computer printout** N sortie *f* papier ▸ **computer program** N programme *m* informatique ▸ **computer programmer** N programmeur *m*, -euse *f* ▸ **computer programming** N programmation *f* ▸ **computer science** N informatique *f* ▸ **computer scientist** N informaticien(ne) *m(f)* ▸ **computer skills** NPL compétences *fpl* en informatique ▸ **computer studies** NPL informatique *f* ▸ **computer system** N système *m* informatique ▸ **computer virus** N virus *m* informatique

computerization [kəmˌpju:təraɪ'zeɪʃən] (N) informatisation *f*

computerize [kəm'pju:təraɪz] (VT) informatiser

computing [kəm'pju:tɪŋ] 1 (N) informatique *f* 2 (ADJ) [*service, department, facility, problem*] informatique; [*course*] d'informatique

comrade ['kɒmreɪd] (N) camarade *mf*

comradeship ['kɒmreɪdʃɪp] (N) camaraderie *f*

con* [kɒn] 1 (VT) arnaquer* • **to ~ sb into doing sth** amener qn à faire qch en l'abusant • **I've been ~ned!** je me suis fait avoir!* • **he ~ned his way into the building** il est entré dans l'immeuble par ruse 2 (N) ⓐ (= *swindle*) arnaque* *f* ⓑ‡ (ABBR OF **convict**) taulard‡ *m* 3 (COMP) ▸ **con artist*** N escroc *m* ▸ **con game*** N arnaque* *f* ▸ **con man*** N (*pl* **con men**) escroc *m* ▸ **con trick*** N arnaque* *f*

Con. (N) (*Brit*) (ABBR OF **Conservative**)

conc. (N) (ABBR OF **concessions**) **admission £5 (~ £4)** entrée 5 livres (tarif réduit 4 livres)

concave ['kɒn'keɪv] (ADJ) concave

conceal [kən'si:l] (VT) [+ *object*] cacher; [+ *news, event*] garder secret; [+ *emotions, thoughts*] dissimuler • **to ~ sth from sb** cacher qch à qn • **to ~ the fact that ...** dissimuler le fait que ... • **~ed lighting** éclairage *m* indirect

concealment [kən'si:lmənt] (N) dissimulation *f*

concede [kən'si:d] 1 (VT) concéder • **to ~ that ...** concéder que ... • **to ~ victory** s'avouer vaincu 2 (VI) céder

conceit [kən'si:t] (N) vanité *f*

conceited [kən'si:tɪd] (ADJ) vaniteux

conceivable [kən'si:vəbl] (ADJ) concevable

conceivably [kən'si:vəblɪ] (ADV) **she may ~ be right** il se peut qu'elle ait raison

conceive [kən'si:v] 1 (VT) concevoir • **I cannot ~ why he wants to do it** je ne comprends vraiment pas pourquoi il veut le faire 2 (VI) **she is unable to ~** elle ne peut pas avoir d'enfants • **to ~ of** concevoir • **I cannot ~ of anything better** je ne conçois rien de mieux

concentrate ['kɒnsəntreɪt] 1 (VT) [+ *attention*] concentrer; [+ *hopes*] reporter • **it ~s the mind** cela fait réfléchir 2 (VI) se concentrer • **to ~ on doing sth** se concentrer pour faire qch • **I just can't ~!** je n'arrive pas à me concentrer! • **~ on getting yourself a job** occupe-toi d'abord de trouver du travail 3 (ADJ, N) concentré *m*

concentrated ['kɒnsəntreɪtɪd] (ADJ) ⓐ [*liquid, substance*] concentré • **in a ~ form** sous une forme concentrée ⓑ [*effort*] intense; [*attack*] en règle

concentration [ˌkɒnsən'treɪʃən] (N) concentration *f* ▸ **concentration camp** N camp *m* de concentration

concentric [kən'sentrɪk] (ADJ) concentrique

concept ['kɒnsept] (N) idée *f*; (*Philos, Marketing*) concept *m*

conception [kən'sepʃən] (N) conception *f* • **he has not the slightest ~ of teamwork** il n'a pas la moindre idée de ce qu'est le travail en équipe • **a new ~ of democracy** une nouvelle conception de la démocratie

conceptual [kən'septjʊəl] (ADJ) conceptuel ▸ **conceptual art** N art *m* conceptuel

conceptualize [kən'septjʊəˌlaɪz] (VT) conceptualiser

concern [kən'sɜ:n] 1 (VT) ⓐ (= *be about, be the business of*) concerner; (= *be of importance to*) intéresser • **that doesn't ~ you** cela ne vous concerne pas • **to whom it may ~** (*frm*) à qui de droit • **as far as** *or* **so far as he is ~ed** en ce qui le concerne • **the persons ~ed** les personnes *fpl* concernées • **the department ~ed** le service en question • **to ~ o.s. with** s'occuper de • **we are ~ed only with facts** nous ne nous occupons que des faits

ⓑ (= *trouble, worry*) préoccuper • **to be ~ed by sth** être

préoccupé par qch • **what ~s me is that ...** ce qui me préoccupe, c'est que ...
2 (N) ⓐ (*= interest, business*) affaire *f*; (*= responsibility*) responsabilité *f* • **it's no ~ of his** cela ne le concerne pas • **it is of no ~ to him** il n'en a rien à faire • **what ~ is it of yours?** en quoi est-ce que cela vous regarde ?
ⓑ (*also* **business concern**) entreprise *f*
ⓒ (*= anxiety*) préoccupation *f*; (*stronger*) inquiétude *f* • **he was filled with ~** il était très préoccupé • **a look of ~** un regard inquiet • **it is of great ~ to us (that)** c'est un grand souci pour nous (que) • **this is a matter of some ~ to us** cela nous préoccupe

concerned [kən'sɜ:nd] (ADJ) (*= worried*) préoccupé • **to be ~ about sb** se faire du souci pour qn • **to be ~ about sth** être inquiet de qch • **to be ~ that ...** être inquiet que ... + *subj* • **I am ~ to hear that ...** j'apprends avec inquiétude que ... • **they are more ~ to save face than to ...** ils se soucient davantage de ne pas perdre la face que de ...

concerning [kən'sɜ:nɪŋ] (PREP) concernant

concert ['kɒnsət] (N) concert *m* • **in ~** en concert ▸ **concert hall** N salle *f* de concert ▸ **concert tour** N tournée *f* de concerts

concerted [kən'sɜ:tɪd] (ADJ) concerté

concertgoer ['kɒnsətgəʊəʳ] (N) amateur *m*, -trice *f* de concerts

concertina [,kɒnsə'ti:nə] 1 (N) concertina *m* 2 (VI) **the vehicles ~ed into each other** les véhicules se sont emboutis

concerto [kən'tʃɛətəʊ] (N) concerto *m*

concession [kən'seʃən] (N) (*= compromise*) concession *f*; (*= reduced price*) réduction *f*

concessionary [kən'seʃənərɪ] (ADJ) [*ticket, fare*] à prix réduit

conciliate [kən'sɪlɪeɪt] (VT) (*= reconcile*) concilier

conciliation [kən,sɪlɪ'eɪʃən] (N) ⓐ conciliation *f* ⓑ (*= resolution*) [*of dispute, differences*] règlement *m*

conciliatory [kən'sɪlɪətərɪ] (ADJ) conciliant

concise [kən'saɪs] (ADJ) (*= short*) concis; (*= shortened*) abrégé

concisely [kən'saɪslɪ] (ADV) de façon concise

conclave ['kɒnkleɪv] (N) (*Rel*) conclave *m*; (*fig*) réunion *f* privée • **in ~** (*fig*) en réunion privée

conclude [kən'klu:d] 1 (VT) ⓐ (*= end*) [*+ business, agenda*] conclure • **"to be ~d"** (*in magazine*) « suite et fin au prochain numéro » ⓑ (*= arrange*) [*+ treaty*] conclure ⓒ (*= infer*) conclure (**from** de, **that** que) 2 (VI) (*= end*) [*things, events*] se terminer (**with** par, sur); [*person*] conclure

concluding [kən'klu:dɪŋ] (ADJ) final

conclusion [kən'klu:ʒən] (N) conclusion *f* • **in ~** en conclusion • **to bring sth to a ~** mener qch à terme • **to come to the ~ that ...** conclure que ... • **to draw a ~ from sth** tirer une conclusion de qch

conclusive [kən'klu:sɪv] (ADJ) concluant

conclusively [kən'klu:sɪvlɪ] (ADV) de façon concluante

concoct [kən'kɒkt] (VT) concocter

concoction [kən'kɒkʃən] (N) mélange *m*

concord ['kɒŋkɔ:d] (N) entente *f*

concordance [kən'kɔ:dəns] (N) ⓐ (*= agreement*) accord *m* ⓑ (*= index*) index *m*

concourse ['kɒŋkɔ:s] (N) ⓐ (*in building, station*) hall *m*; (*in pedestrian precinct*) piazza *f* ⓑ [*of people*] rassemblement *m*

concrete ['kɒnkri:t] 1 (ADJ) ⓐ [*floor, wall, steps*] en béton; [*block*] de béton ⓑ (*= not abstract*) concret (-ète *f*) 2 (N) ⓐ béton *m* ⓑ (*Philos*) **the ~** le concret 3 (VT) bétonner 4 (COMP) ▸ **concrete jungle** N jungle *f* de béton ▸ **concrete mixer** N bétonneuse *f*

concur [kən'kɜ:ʳ] (VI) être d'accord (**with sb** avec qn, **in sth** sur qch); [*opinions*] converger

concurrence [kən'kʌrəns] (N) (*frm*) ⓐ (*= consent*) accord *m* ⓑ (*= coincidence*) coïncidence *f*

> ⚠ **concurrence** is not translated by the French word **concurrence**.

concurrent [kən'kʌrənt] (ADJ) simultané • **~ with** en même temps que • **he was given ~ sentences totalling 24 years** il a été condamné à 24 ans de prison par confusion des peines

concurrently [kən'kʌrəntlɪ] (ADV) simultanément

concussed [kən'kʌst] (ADJ) commotionné

concussion [kən'kʌʃən] (N) commotion *f* (cérébrale) • **he had ~** il a fait une commotion (cérébrale)

> ⚠ **concussion** is not translated by the French word **concussion**.

condemn [kən'dem] (VT) ⓐ [*+ person*] condamner (**to** à) • **to ~ sb to death** condamner qn à mort • **the ~ed man** le condamné à mort ⓑ [*+ building*] déclarer insalubre

condemnation [,kɒndem'neɪʃən] (N) condamnation *f* • **to draw ~** être condamné

condemnatory [kəndem'neɪtərɪ] (ADJ) réprobateur (-trice *f*)

condensation [,kɒnden'seɪʃən] (N) condensation *f*; (*on glass*) buée *f*

condense [kən'dens] 1 (VT) condenser 2 (VI) se condenser 3 (COMP) ▸ **condensed milk** N lait *m* concentré

condensing [kən'densɪŋ] (ADJ) **~ boiler** chaudière *f* à condensation

condescend [,kɒndɪ'send] (VI) condescendre (**to do** à faire) • **to ~ to sb** se montrer condescendant envers qn

condescending [,kɒndɪ'sendɪŋ] (ADJ) condescendant (**to** *or* **towards sb** avec qn)

condescension [,kɒndɪ'senʃən] (N) condescendance *f*

condiment ['kɒndɪmənt] (N) condiment *m*

condition [kən'dɪʃən] 1 (N) ⓐ (*= determining factor*) condition *f* • **on one ~** à une seule condition • **on this ~** à cette condition • **I'll lend you my car on ~ that you bring it back this evening** je vous prête ma voiture à condition que vous la rameniez ce soir
ⓑ (*= circumstance*) condition *f* • **under the present ~s** dans les conditions actuelles • **living ~s** conditions *fpl* de vie • **weather ~s** conditions *fpl* météorologiques
ⓒ (*= state*) état *m* • **physical/mental ~** état *m* physique/mental • **heart ~** maladie *f* de cœur • **in good ~** en bon état • **he's out of ~** il n'est pas en forme • **she was in no ~ to go out** elle n'était pas en état de sortir
2 (VT) ⓐ (*= determine*) déterminer
ⓑ [*+ hair, skin*] traiter
ⓒ (*psychologically*) conditionner • **he was ~ed into believing that ...** il a été conditionné à croire que ... • **~ed reflex** réflexe *m* conditionné

conditional [kən'dɪʃənl] 1 (ADJ) conditionnel • **to be ~ on sth** dépendre de qch 2 (N) conditionnel *m* • **in the ~** au

C

conditionnel 3 (COMP) ▸ **conditional discharge** N (*Brit*) condamnation *f* avec sursis • **a one-year ~ discharge** un an de prison avec sursis

> ✎ **conditionnel** ends in **-el** instead of **-al** and has a double **n**.

conditionally [kən'dɪʃnəlɪ] (ADV) [*agree*] sous condition
conditioner [kən'dɪʃənəʳ] (N) après-shampoing *m*
condo ['kɒn,dəʊ] (N) (*US*) appartement *m* (*en copropriété*)
condolence [kən'dəʊləns] (N) **~s** condoléances *fpl* • **letter of ~** lettre *f* de condoléances
condom ['kɒndəm] (N) préservatif *m*
condominium [,kɒndə'mɪnɪəm] (N) (*US*) (= *building*) immeuble *m* (*en copropriété*); (= *flat*) appartement *m* (*dans un immeuble en copropriété*)
condone [kən'dəʊn] (VT) (= *tolerate*) admettre • **we cannot ~ that kind of behaviour** nous ne pouvons pas admettre ce genre de comportement
conducive [kən'dju:sɪv] (ADJ) **to be ~ to** être propice à
conduct 1 (N) (= *behaviour*) conduite *f* • **good ~** bonne conduite *f* 2 (VT) ⓐ (= *lead*) conduire ⓑ (= *direct, manage*) diriger • **to ~ an orchestra** diriger un orchestre • **to ~ an inquiry** mener une enquête ⓒ **to ~ o.s.** se conduire ⓓ [+ *heat, electricity*] conduire

> 🔈 Lorsque **conduct** est un nom, l'accent tombe sur la première syllabe : ['kɒndʌkt], lorsque c'est un verbe, sur la seconde : [kən'dʌkt].

conductor [kən'dʌktəʳ] (N) ⓐ [*of orchestra*] chef *m* d'orchestre ⓑ (*on bus*) receveur *m*; (*US Rail*) chef *m* de train
conduit ['kɒndɪt] (N) ⓐ (*for water*) conduite *f* d'eau; (*for cables*) gaine *f* ⓑ (= *person*) intermédiaire *mf*
cone [kəʊn] (N) cône *m*; [*of ice cream*] cornet *m*
confection [kən'fekʃən] (N) ⓐ (= *sweet*) sucrerie *f*; (*Dress*) vêtement *m* de confection ⓑ (= *action, process*) confection *f*
confectioner [kən'fekʃənəʳ] (N) (= *sweet-maker*) confiseur *m*, -euse *f* ▸ **confectioner's sugar** N (*US*) sucre *m* glace
confectionery [kən'fekʃənərɪ] (N) confiserie *f*
confederacy [kən'fedərəsɪ] (N) ⓐ (*Politics* = *group of states*) confédération *f* • **the Confederacy** (*US Hist*) les États *mpl* confédérés ⓑ (= *conspiracy*) conspiration *f*
confederate [kən'fedərɪt] (N) (= *accomplice*) complice *mf*
confederation [kən,fedə'reɪʃən] (N) confédération *f*
confer [kən'fɜ:ʳ] 1 (VT) conférer (**on** à) • **to ~ a degree on** remettre un diplôme à 2 (VI) s'entretenir (**on** *or* **about sth** de qch)
conference ['kɒnfərəns] (N) (= *meeting*) conférence *f*; (*especially academic*) congrès *m*; (= *discussion*) réunion *f* • **to be in ~** être en réunion ▸ **conference call** N audio-conférence *f* ▸ **conference centre** N (= *building*) palais *m* des congrès; (*in institution*) centre *m* de conférences ▸ **conference committee** N (*US*) *commission mixte de compromis sur les projets de loi* ▸ **conference room** N salle *f* de conférences ▸ **conference table** N table *f* de conférence
confess [kən'fes] 1 (VT) ⓐ [+ *crime, mistake*] avouer • **he ~ed that he had stolen the money** il a avoué qu'il avait volé l'argent • **she ~ed herself guilty of ...** elle a avoué qu'elle était coupable de ... ⓑ [+ *sins*] confesser 2 (VI) ⓐ passer aux aveux • **to ~ to** [+ *crime, mistake*] avouer • **to ~ to a liking for sth** reconnaître qu'on aime qch • **to ~ to having done** avouer avoir fait ⓑ (*to priest*) se confesser
confession [kən'feʃən] (N) ⓐ [*of mistake, crime*] aveu *m*; (*to police*) aveux *mpl* • **to make a full ~** faire des aveux complets ⓑ (*to priest*) confession *f* • **to go to ~** aller se confesser • **to hear sb's ~** confesser qn
confessional [kən'feʃənl] (N) (*Rel*) confessionnal *m*
confetti [kən'feti:] (N) confettis *mpl*
confidant [,kɒnfɪ'dænt] (N) confident(e) *m(f)*
confide [kən'faɪd] (VT) confier • **she ~d to me that ...** elle m'a confié que ...
▸ **confide in** VT INSEP (= *tell secrets to*) se confier à • **to ~ in sb about sth** confier qch à qn
confidence ['kɒnfɪdəns] 1 (N) ⓐ (= *trust*) confiance *f* • **to have ~ in sb/sth** avoir confiance en qn/qch • **to put one's ~ in sb/sth** mettre sa confiance en qn/qch • **to have every ~ in sb/sth** faire totalement confiance à qn/qch • **I have every ~ that he will come back** je suis certain qu'il reviendra • **motion of no ~** motion *f* de censure ⓑ (= *self-confidence*) confiance *f* en soi • **he lacks ~** il manque d'assurance ⓒ (= *confidentiality*) confidence *f* • **to take sb into one's ~** faire des confidences à qn • **he told me that in ~** il me l'a dit en confidence
2 (COMP) ▸ **confidence trick** N abus *m* de confiance
confident ['kɒnfɪdənt] (ADJ) [*person*] sûr de soi; [*manner, smile*] confiant; [*performance*] plein d'assurance; [*reply*] assuré • **to be in a ~ mood** être confiant • **to be ~ of sth** être sûr de qch • **to be ~ about sth** avoir confiance en qch • **to be ~ that ...** être sûr que ...
confidential [,kɒnfɪ'denʃəl] (ADJ) confidentiel

> ✎ **confidentiel** ends in **-iel** instead of **-ial**.

confidentiality [,kɒnfɪ,denʃɪ'ælɪtɪ] (N) confidentialité *f*
confidentially [,kɒnfɪ'dənʃəlɪ] (ADV) confidentiellement • **to write ~ to sb** envoyer une lettre confidentielle à qn
confidently ['kɒnfɪdəntlɪ] (ADV) [*predict, speak, walk*] avec assurance; [*expect*] en toute confiance; [*smile*] d'un air assuré
configuration [kən,fɪgjʊ'reɪʃən] (N) configuration *f*
configure [kɒn'fɪgə] (VT) configurer
confine [kən'faɪn] 1 (VT) ⓐ (= *imprison*) enfermer • **to be ~d to bed** être obligé de garder le lit • **to ~ sb to barracks** consigner qn ⓑ (= *limit*) **to ~ o.s. to doing sth** se limiter à faire qch • **the damage is ~d to the back of the car** seul l'arrière de la voiture est endommagé ⓒ [+ *epidemic, conflict*] circonscrire 2 (NPL) **confines** ['kɒnfaɪnz] limites *fpl* • **within the ~s of sth** dans les limites de qch
confined [kən'faɪnd] (ADJ) **in a ~ space** dans un espace restreint • **the problem is not ~ to Scotland** le problème ne se limite pas à l'Écosse
confinement [kən'faɪnmənt] (N) (= *imprisonment*) détention *f*
confirm [kən'fɜ:m] (VT) confirmer • **we ~ receipt of your letter** nous accusons réception de votre courrier
confirmation [,kɒnfə'meɪʃən] (N) confirmation *f* • **the ~ of a booking** la confirmation d'une réservation • **that's subject to ~** cela reste à confirmer
confirmed [kən'fɜ:md] (ADJ) ⓐ [*atheist*] convaincu; [*bachelor*] endurci ⓑ [*booking*] confirmé

confiscate ['kɒnfɪskeɪt] (VT) confisquer (**sth from sb** qch à qn)
confiscation [,kɒnfɪs'keɪʃən] (N) confiscation *f*
conflict 1 (N) conflit *m*; (= *quarrel*) dispute *f* • **armed ~** conflit *m* armé • **to be in ~ with** être en conflit avec • **to come into ~ with sth** entrer en conflit avec qch 2 (VI) ⓐ être en conflit ⓑ [*ideas*] s'opposer; [*dates*] coïncider • **that ~s with what he told me** ceci est en contradiction avec ce qu'il m'a raconté 3 (COMP) ▸ **conflict diamond** N diamant *m* de la guerre, *diamant extrait dans une zone de conflit pour financer les activités guerrières*

> Lorsque **conflict** est un nom, l'accent tombe sur la première syllabe : ['kɒnflɪkt], lorsque c'est un verbe, sur la seconde : [kən'flɪkt].

conflicting [kən'flɪktɪŋ] (ADJ) [*interests*] conflictuel
confluence ['kɒnfluəns] (N) [*of rivers*] (= *place*) confluent *m*
conform [kən'fɔ:m] (VI) se conformer (**to, with** à)
conformist [kən'fɔ:mɪst] (ADJ, N) conformiste *mf*
conformity [kən'fɔ:mɪtɪ] (N) (= *conformism*) conformisme *m* • **in ~ with** conformément à
confound [kən'faʊnd] (VT) déconcerter
confront [kən'frʌnt] (VT) ⓐ (= *bring face to face*) confronter • **to be ~ed with sth** être confronté à qch ⓑ [+ *enemy, danger*] affronter • **the problems which ~ us** les problèmes auxquels nous devons faire face
confrontation [,kɒnfrən'teɪʃən] (N) affrontement *m*
confrontational [,kɒnfrən'teɪʃənəl] (ADJ) [*person*] conflictuel; [*style*] agressif • **to be ~** [*person*] rechercher l'affrontement
confuse [kən'fju:z] (VT) ⓐ (= *perplex*) désorienter • **you're just confusing me** tu ne fais que m'embrouiller (les idées) • **to ~ the issue** compliquer les choses ⓑ (= *mix up*) confondre • **don't ~ appearances with reality** ne prenez pas les apparences pour la réalité
confused [kən'fju:zd] (ADJ) (= *muddled*) désorienté; (= *perplexed*) déconcerté; [*mind*] embrouillé; (= *unclear*) confus • **to get ~** (= *muddled up*) ne plus savoir où on en est
confusing [kən'fju:zɪŋ] (ADJ) déroutant • **it's all very ~** on ne s'y retrouve plus
confusion [kən'fju:ʒən] (N) confusion *f* (**of X with Y** entre X et Y)
congeal [kən'dʒi:l] (VI) [*fat*] (se) figer; [*blood*] se coaguler
congenial [kən'dʒi:nɪəl] (ADJ) agréable
congenital [kən'dʒenɪtl] (ADJ) congénital; [*liar*] invétéré
congested [kən'dʒestɪd] (ADJ) ⓐ (*with traffic*) embouteillé ⓑ [*nose*] bouché; [*lungs*] congestionné
congestion [kən'dʒestʃən] (N) encombrement *m*; [*of lungs, nose*] congestion *f* ▸ **congestion charge** N taxe *f* embouteillage (*péage urbain visant à réduire la circulation*)
conglomerate [kən'glɒmərɪt] (N) conglomérat *m*
conglomeration [kən,glɒmə'reɪʃən] (N) [*of objects*] conglomérat *m*; [*of buildings*] agglomération *f*
Congo ['kɒŋgəʊ] (N) Congo *m*
congratulate [kən'grætjʊleɪt] (VT) féliciter (**sb on sth** qn de qch, **sb on doing** qn d'avoir fait) • **to ~ o.s. on sth** se féliciter de qch
congratulations [kən,grætjʊ'leɪʃənz] (NPL) félicitations *fpl* • **~!** toutes mes félicitations ! • **~ on your engagement** (toutes mes) félicitations à l'occasion de vos fiançailles
congratulatory [kən'grætjʊlətərɪ] (ADJ) de félicitations
congregate ['kɒŋgrɪgeɪt] (VI) se rassembler (**round** autour de)
congregation [,kɒŋgrɪ'geɪʃən] (N) assemblée *f* (des fidèles)
congress ['kɒŋgres] (N) congrès *m* • **Congress** (*US*) Congrès *m*

> **CONGRESS**
> Le **Congress** est le parlement des États-Unis. Il comprend la « House of Representatives » et le « Senate ». Représentants et sénateurs sont élus au suffrage universel direct. Le Congrès se réunit au « Capitol », à Washington.
> → CAPITOL, SENATE, HOUSE OF REPRESENTATIVES

Congressional [kɒŋ'greʃənl] (ADJ) du Congrès • **~ Record** Journal *m* Officiel du Congrès
congressman ['kɒŋgresmən] (N) (*pl* **-men**) (*US*) membre *m* du Congrès
congresswoman ['kɒŋgres,wʊmən] (N) (*pl* **-women**) (*US*) membre *m* du Congrès
conical ['kɒnɪkl] (ADJ) (de forme) conique
conifer ['kɒnɪfə^r] (N) conifère *m*
coniferous [kə'nɪfərəs] (ADJ) [*tree*] conifère; [*forest*] de conifères
conjecture [kən'dʒektʃə^r] 1 (VT) conjecturer 2 (N) conjecture *f*
conjoin [kən'dʒɔɪn] (*frm*) (VT) **~ed twins** (enfants *mpl*) siamois *mpl*
conjugal ['kɒndʒʊgəl] (ADJ) conjugal
conjugate ['kɒndʒʊgeɪt] (VT) conjuguer
conjugation [,kɒndʒʊ'geɪʃən] (N) conjugaison *f*
conjunction [kən'dʒʌŋkʃən] (N) conjonction *f* • **in ~ with** conjointement avec
conjunctivitis [kən,dʒʌŋktɪ'vaɪtɪs] (N) conjonctivite *f* • **to have ~** avoir une conjonctivite
conjure ['kʌndʒə^r] 1 (VT) [+ *victory*] faire surgir; [+ *image*] évoquer 2 (VI) faire des tours de passe-passe; (= *juggle*) jongler • **a name to ~ with** un nom prestigieux 3 (COMP) ▸ **conjuring trick** N tour *m* de passe-passe ▸ **conjure up** VT SEP faire apparaître; [+ *memories, image*] évoquer; [+ *meal*] préparer à partir de rien
conjurer, conjuror ['kʌndʒərə^r] (N) prestidigitateur *m*, -trice *f*
conker* ['kɒŋkə^r] (N) (*Brit*) marron *m*
conk out* [kɒŋk'aʊt] (VI) [*engine, machine*] tomber en rade*
Conn. (ABBR OF **Connecticut**)
connect [kə'nekt] 1 (VT) ⓐ (= *join*) connecter (**to** à); [+ *plug*] brancher (**to** sur); [+ *pipes, drains*] raccorder (**to** à); [+ *two objects*] raccorder • **to ~ sth to the mains** brancher qch sur le secteur • **we haven't been ~ed yet** nous ne sommes pas encore raccordés au réseau ⓑ [+ *telephone*] brancher; [+ *caller*] mettre en communication • **we're trying to ~ you** nous essayons d'obtenir votre correspondant ⓒ (= *associate*) associer (**with, to** à) • **I always ~ Paris with haute couture** j'associe toujours Paris à la haute couture ⓓ (= *form link between*) relier (**with, to** à) • **the city is ~ed to the sea by a canal** la ville est reliée à la mer par un canal 2 (VI) ⓐ (= *be joined*) [*two rooms*] communiquer; [*two parts, wires*] être raccordés

ⓑ [*coach, train, plane*] assurer la correspondance • **this train ~s with the Rome express** ce train assure la correspondance avec l'express de Rome
ⓒ [*two people*] se comprendre • **to ~ with sb** communiquer avec qn

connected [kə'nektɪd] ADJ lié (**to, with** à) • **the two incidents were not ~** il n'y a pas de lien entre les deux incidents • **his departure is not ~ with the murder** son départ n'a aucun rapport avec le meurtre

connecting [kə'nektɪŋ] ADJ [*link*] de connexion ▸ **connecting flight** N (vol *m* de) correspondance *f*

connection, connexion [kə'nekʃən] 1 N
ⓐ (= *association*) rapport *m* (**with** *or* **to** avec); (= *relationship*) rapports *mpl* (**with** *or* **to** avec) • **this has no ~ with what he did** ceci n'a aucun rapport avec ce qu'il a fait • **I didn't make the ~** je n'avais pas fait le rapport • **to build up a ~ with a firm** établir des relations d'affaires avec une entreprise • **to have no further ~ with sb** ne plus avoir aucun contact avec qn • **in ~ with sth** à propos de qch
ⓑ (= *associate*) relation *f* • **to have important ~s** avoir des relations (importantes)
ⓒ (= *train, bus, plane*) correspondance *f* • **to miss one's ~** rater la correspondance
ⓓ (*electrical*) raccordement *m*
ⓔ (= *link*) liaison *f* • **a telephone/radio/satellite ~** une liaison téléphonique/radio/par satellite
ⓕ [*of rods, tubes*] raccord *m*
2 COMP ▸ **connection charge, connection fee** N frais *mpl* de raccordement

> In the French word, the **ct** becomes an **x**.

connective [kə'nektɪv] 1 ADJ (*gen, Gram, Anatomy*) conjonctif 2 N (*Gram, Logic*) conjonction *f* 3 COMP ▸ **connective tissue** N (*Bio*) tissu *m* conjonctif

connectivity [ˌkɒnek'tɪvɪtɪ] N (*Comput*) connectivité *f*

connector [kə'nektəʳ] N (*gen*) raccord *m*, connecteur *m*; (*Elec*) pince *f* de bout, pince *f* de courant

connivance [kə'naɪvəns] N connivence *f*

connive [kə'naɪv] VI **to ~ in sth/in doing** être de connivence dans qch/pour faire

conniving [kə'naɪvɪŋ] ADJ intrigant

connoisseur [ˌkɒnə'sɜːʳ] N connaisseur *m*, -euse *f* (**of** de, en)

connotation [ˌkɒnəʊ'teɪʃən] N connotation *f*

conquer ['kɒŋkəʳ] VT vaincre; [+ *country*] conquérir; [+ *fear*] surmonter

conqueror ['kɒŋkərəʳ] N conquérant *m*

conquest ['kɒŋkwest] N conquête *f* • **to make a ~*** faire une conquête

Cons. ADJ, N (*Brit*) (ABBR OF **Conservative**)

conscience ['kɒnʃəns] N conscience *f* • **to have a clear ~** avoir la conscience tranquille • **he has a guilty ~** il a mauvaise conscience • **to have sth on one's ~** avoir qch sur la conscience

conscientious [ˌkɒnʃɪ'enʃəs] ADJ consciencieux ▸ **conscientious objector** N objecteur *m* de conscience

conscious ['kɒnʃəs] ADJ ⓐ conscient • **~ of sth** conscient de qch • **to become ~ of sth** prendre conscience de qch • **to be ~ of doing sth** avoir conscience de faire qch • **to be ~ that ...** être conscient du fait que ... • **to become ~ that ...** se rendre compte que ...
ⓑ (= *deliberate*) délibéré • **to make a ~ decision to do sth** décider en toute connaissance de cause de faire qch ⓒ **to be health-~** faire attention à sa santé • **to be security-~** être sensibilisé aux problèmes de sécurité • **politically ~** politisé • **environmentally ~** sensibilisé aux problèmes d'environnement

consciously ['kɒnʃəslɪ] ADV (= *with full awareness*) consciemment; (= *deliberately*) sciemment

consciousness ['kɒnʃəsnɪs] N connaissance *f* • **to lose ~** perdre connaissance • **to regain ~** reprendre connaissance

conscript 1 VT [+ *troops*] appeler sous les drapeaux 2 N (*Brit*) conscrit *m*

> Lorsque **conscript** est un verbe, l'accent tombe sur la seconde syllabe : [kən'skrɪpt], lorsque c'est un nom, sur la première : ['kɒnskrɪpt].

conscription [kən'skrɪpʃən] N conscription *f*

consecrate ['kɒnsɪkreɪt] VT consacrer • **~d ground** terre *f* consacrée

consecutive [kən'sekjʊtɪv] ADJ consécutif • **on four ~ days** pendant quatre jours consécutifs

consecutively [kən'sekjʊtɪvlɪ] ADV consécutivement

consensual [kən'sensjʊəl] ADJ consensuel

consensus [kən'sensəs] N consensus *m*

consent [kən'sent] 1 VI consentir (**to sth** à qch) • **~ing adults** adultes *mpl* consentants 2 N consentement *m* • **to give one's ~** donner son accord • **age of ~** âge *m* légal (*pour avoir des relations sexuelles*)

consequence ['kɒnsɪkwəns] N ⓐ (= *result*) conséquence *f* • **in ~** par conséquent • **as a ~ of sth** en conséquence de qch • **to take the ~s** accepter les conséquences ⓑ (= *importance*) importance *f* • **it's of no ~** cela n'a aucune importance

consequent ['kɒnsɪkwənt] ADJ (= *resulting*) résultant (**on** de) • **the loss of harvest ~ upon the flooding** la perte de la moisson résultant des *or* causée par les inondations

consequently ['kɒnsɪkwəntlɪ] ADV par conséquent

conservation [ˌkɒnsə'veɪʃən] N sauvegarde *f* • **energy ~** économies *fpl* d'énergie ▸ **conservation area** N (*Brit*) zone *f* de protection

conservationist [ˌkɒnsə'veɪʃənɪst] N écologiste *mf*

conservatism [kən'sɜːvətɪzəm] N conservatisme *m*

conservative [kən'sɜːvətɪv] 1 ADJ ⓐ conservateur (-trice *f*) • **the Conservative Party** le parti conservateur ⓑ (= *moderate*) [*estimate*] bas (basse *f*); (= *conventional*) classique • **at a ~ estimate** au bas mot 2 N conservateur *m*, -trice *f*

conservatory [kən'sɜːvətrɪ] N jardin *m* d'hiver

conserve [kən'sɜːv] VT conserver; [+ *one's resources, one's strength*] ménager; [+ *energy, supplies*] économiser

consider [kən'sɪdəʳ] VT ⓐ (= *think about*) examiner; [+ *question*] réfléchir à • **I had not ~ed taking it with me** je n'avais pas envisagé de l'emporter • **all things ~ed** tout bien considéré • **he is being ~ed for the post** on songe à lui pour le poste
ⓑ (= *take into account*) [+ *facts*] prendre en considération; [+ *person's feelings, cost, difficulties, dangers*] tenir compte de
ⓒ (= *be of the opinion*) considérer • **to ~ sb responsible** tenir qn pour responsable • **to ~ o.s. happy** s'estimer heureux • **~ yourself lucky*** estimez-vous heureux • **~ it as done** considérez que c'est chose faite • **I ~ it an honour** c'est un honneur pour moi

considerable [kən'sɪdərəbl] ADJ considérable • **to face ~ difficulties** être confronté à des difficultés considérables • **we had ~ difficulty in finding you** nous avons eu beaucoup de mal à vous trouver • **I've been living in England for a ~ time** je vis en Angleterre depuis très longtemps

considerably [kən'sɪdərəblɪ] ADV considérablement

considerate [kən'sɪdərɪt] ADJ prévenant (**towards** envers), attentionné

considerately [kən'sɪdərɪtlɪ] ADV gentiment

consideration [kən,sɪdə'reɪʃən] N **a** (= *thoughtfulness*) considération *f* • **show some ~!** aie un peu plus d'égards ! • **out of ~ for** par égard pour **b** (= *careful thought*) considération *f* • **to take sth into ~** prendre qch en considération • **taking everything into ~** tout bien considéré • **the matter is under ~** l'affaire est à l'étude • **after due ~** après mûre réflexion • **please give my suggestion your careful ~** je vous prie de bien vouloir considérer ma proposition **c** (= *factor*) considération *f* • **financial ~s** considérations *fpl* financières • **his age was an important ~** son âge constituait un facteur important

considering [kən'sɪdərɪŋ] **1** PREP (= *in view of*) étant donné • **~ the circumstances** compte tenu des circonstances **2** CONJ (= *given that*) étant donné que • **~ she has no money** étant donné qu'elle n'a pas d'argent **3** ADV (= *all things considered*) en fin de compte • **he played very well, ~** il a très bien joué, étant donné les circonstances

consigliere [,kɒnsɪglɪ'ɛərɪ] N homme *m* de confiance

consign [kən'saɪn] VT (= *hand over*) confier • **to ~ a child to sb's care** confier un enfant aux soins de qn

consignment [kən'saɪnmənt] N (*incoming*) arrivage *m*; (*outgoing*) envoi *m*

consist [kən'sɪst] VI **a** (= *be composed*) se composer (**of** de) • **the group ~s of three women** le groupe est composé de trois femmes **b** (= *have as its essence*) consister (**in doing** à faire, **in sth** dans qch) • **my work ~s mainly in helping customers** mon travail consiste principalement à aider les clients

consistency [kən'sɪstənsɪ] N **a** (= *texture*) consistance *f* **b** [*of actions, argument*] cohérence *f* • **to lack ~** manquer de cohérence

consistent [kən'sɪstənt] ADJ (= *coherent*) cohérent; (= *constant*) constant • **to be ~ with** (= *in agreement with*) être compatible avec; (= *compatible with*) correspondre à

consistently [kən'sɪstəntlɪ] ADV (= *unfailingly*) invariablement • **to be ~ successful** réussir invariablement • **you have ~ failed to meet the deadlines** vous avez constamment dépassé les délais

consolation [,kɒnsə'leɪʃən] N consolation *f* • **if it's any ~** si ça peut te (*or* vous) consoler • **that's not much (of a) ~** ça ne me console guère ▸ **consolation prize** N prix *m* de consolation

console[1] [kən'səʊl] VT consoler (**sb for sth** qn de qch)

console[2] ['kɒnsəʊl] N console *f* ▸ **console game** N jeu *m* de console

consolidate [kən'sɒlɪdeɪt] **1** VT **a** [+ *one's position*] consolider **b** [+ *businesses*] regrouper; [+ *loan*] consolider **2** VI se consolider

consonant ['kɒnsənənt] N consonne *f*

> The French word **consonne** has a double **n**.

consort **1** N (*also* **prince consort**) (prince *m*) consort *m* **2** VI (*frm*) (= *associate*) **to ~ with sb** fréquenter qn, frayer avec qn

> Lorsque **consort** est un adjectif ou un nom, l'accent tombe sur la première syllabe : ['kɒnsɔːt], lorsque c'est un verbe, sur la seconde : [kən'sɔːt].

consortium [kən'sɔːtɪəm] N (*pl* **consortia** [kən'sɔːtɪə]) consortium *m*

conspicuous [kən'spɪkjʊəs] ADJ **a** [*person, behaviour, clothes*] peu discret (-ète *f*) • **to be ~** se remarquer • **to feel ~** sentir que l'on attire les regards • **to look ~** se faire remarquer • **to be ~ by one's absence** briller par son absence **b** [*success, failure, absence*] manifeste ▸ **conspicuous consumption** N consommation *f* ostentatoire

conspiracy [kən'spɪrəsɪ] N (= *plot*) conspiration *f* ▸ **conspiracy theory** N thèse *f* du complot

conspirator [kən'spɪrətə^r] N conspirateur *m*, -trice *f*

conspiratorial [kən,spɪrə'tɔːrɪəl] ADJ [*whisper, smile, wink*] de conspirateur • **in a ~ manner** avec un air de conspirateur

conspire [kən'spaɪə^r] VI [*people*] conspirer • **to ~ to do sth** projeter de faire qch

constable ['kʌnstəbl] N (*Brit*) (*in town*) agent *m* de police; (*in country*) gendarme *m*

constabulary [kən'stæbjʊlərɪ] N (*Brit*) (*in town*) police *f* en uniforme; (*in country*) gendarmerie *f*

Constance ['kɒnstəns] N **Lake ~** le lac de Constance

constancy ['kɒnstənsɪ] N constance *f*

constant ['kɒnstənt] **1** ADJ [*problem, pressure, temperature, threat*] constant; [*quarrels, interruptions*] continuel; [*companion*] fidèle **2** N constante *f*

constantly ['kɒnstəntlɪ] ADV constamment • **~ evolving** en évolution constante

constellation [,kɒnstə'leɪʃən] N constellation *f*

consternation [,kɒnstə'neɪʃən] N consternation *f*

constipated ['kɒnstɪpeɪtɪd] ADJ constipé

constipation [,kɒnstɪ'peɪʃən] N constipation *f*

constituency [kən'stɪtjʊənsɪ] N circonscription *f* électorale

constituent [kən'stɪtjʊənt] **1** ADJ constitutif **2** N **a** [*of MP*] électeur *m*, -trice *f* (*de la circonscription d'un député*) • **one of my ~s wrote to me** une personne de ma circonscription m'a écrit **b** (= *part, element*) élément *m* constitutif

constitute ['kɒnstɪtjuːt] VT constituer

constitution [,kɒnstɪ'tjuːʃən] N **a** [*of country*] constitution *f* • **under the French ~** d'après la constitution française **b** [*of person*] **to have a strong ~** être de constitution robuste • **iron ~** santé *f* de fer

> **CONSTITUTION**
> Contrairement à la France ou aux États-Unis, la Grande-Bretagne n'a pas de constitution écrite à proprement parler. Le droit constitutionnel britannique se compose donc d'un ensemble de textes épars qui peut être amendé ou complété par le Parlement.

constitutional [,kɒnstɪ'tjuːʃənl] ADJ constitutionnel ▸ **constitutional monarchy** N monarchie *f* constitutionnelle

> **constitutionnel** ends in **-el** instead of **-al** and has a double **n**.

constrain [kən'streɪn] (VT) contraindre (**sb to do sth** qn à faire qch) • **women often feel ~ed by family commitments** les femmes trouvent souvent contraignantes les responsabilités familiales
constrained [kən'streɪnd] (ADJ) [*resources, budget*] limité
constraint [kən'streɪnt] (N) contrainte *f*
constrict [kən'strɪkt] (VT) [*+ muscle, throat*] serrer; (*= inhibit*) limiter
constriction [kən'strɪkʃən] (N) constriction *f*
construct 1 (VT) construire 2 (N) construction *f* mentale

> Lorsque **construct** est un verbe, l'accent tombe sur la seconde syllabe : [kən'strʌkt], lorsque c'est un nom, sur la première : ['kɒnstrʌkt].

construction [kən'strʌkʃən] 1 (N) construction *f* • **under ~** en construction 2 (COMP) ▸ **construction site** N chantier *m* ▸ **construction worker** N ouvrier *m* du bâtiment
constructive [kən'strʌktɪv] 1 (ADJ) constructif 2 (COMP) ▸ **constructive dismissal** N démission *f* forcée
constructively [kən'strʌktɪvlɪ] (ADV) d'une manière constructive
construe [kən'struː] (VT) interpréter • **her silence was ~d as consent** son silence a été interprété comme un assentiment
consul ['kɒnsəl] (N) consul(e) *m(f)*
consular ['kɒnsjʊləʳ] (ADJ) consulaire
consulate ['kɒnsjʊlɪt] (N) consulat *m*
consult [kən'sʌlt] 1 (VT) consulter (**about** sur, au sujet de) 2 (VI) discuter • **to ~ together over sth** se consulter au sujet de qch 3 (COMP) ▸ **consulting room** N (*Brit*) cabinet *m* de consultation
consultancy [kən'sʌltənsɪ] (N) (*= company, group*) cabinet-conseil *m* • **~ (service)** service *m* de consultants
consultant [kən'sʌltənt] (N) consultant(e) *m(f)*, conseiller *m*, -ère *f*; (*Brit = doctor*) chef *m* de service hospitalier
consultation [ˌkɒnsəl'teɪʃən] (N) consultation *f* • **in ~ with** en consultation avec • **to hold a ~** délibérer (**about** sur)
consultative [kən'sʌltətɪv] (ADJ) consultatif
consumable [kən'sjuːməbl] (ADJ) (*Econ etc*) de consommation • **~ goods** biens *mpl* or produits *mpl* de consommation
consume [kən'sjuːm] (VT) consommer • **~d by fire** dévoré par les flammes • **to be ~d with jealousy** être rongé par la jalousie
consumer [kən'sjuːməʳ] 1 (N) consommateur *m*, -trice *f* 2 (COMP) ▸ **consumer confidence** N confiance *f* des consommateurs ▸ **consumer credit** N crédit *m* à la consommation ▸ **consumer goods** NPL biens *mpl* de consommation ▸ **consumer group** N association *f* de consommateurs ▸ **consumer protection** N défense *f* du consommateur ▸ **consumer society** N société *f* de consommation ▸ **consumer watchdog** N organisme *m* de protection des consommateurs
consumerism [kən'sjuːməˌrɪzəm] (N) consumérisme *m*
consumerist [kən'sjuːməˌrɪst] (N) consumériste *mf*
consuming [kən'sjuːmɪŋ] (ADJ) [*desire*] ardent; [*passion*] dévorant
consummate 1 (ADJ) consommé 2 (VT) consommer

> Lorsque **consummate** est un adjectif, la fin se prononce comme **it** : [kən'sʌmɪt] ; lorsque c'est un verbe, elle se prononce comme **eight** : ['kɒnsʌmeɪt].

consumption [kən'sʌmpʃən] (N) consommation *f* • **not fit for human ~** non comestible
cont. (ABBR OF **continued**)
contact ['kɒntækt] 1 (N) ⓐ contact *m* • **to be in/come into ~ with sb** être/entrer en contact avec qn • **to make ~ (with sb)** prendre contact (avec qn) • **to lose ~ (with sb)** perdre contact (avec qn) • **point of ~** point *m* de contact ⓑ (*= person in organization*) contact *m*; (*= acquaintance*) connaissance *f* • **he has some ~s in Paris** il a des contacts à Paris ⓒ = **contact lens** 2 (VT) contacter • **where can you be ~ed?** où peut-on vous contacter ? 3 (COMP) ▸ **contact lens** N lentille *f* de contact
contactless ['kɒntæktlɪs] (ADJ) sans contact
contagious [kən'teɪdʒəs] (ADJ) contagieux
contain [kən'teɪn] (VT) contenir • **sea water ~s a lot of salt** l'eau de mer contient beaucoup de sel • **he couldn't ~ his delight** il ne se sentait plus de joie • **to ~ the enemy forces** contenir les troupes ennemies
container [kən'teɪnəʳ] 1 (N) ⓐ (*on train, ship*) conteneur *m* ⓑ (*= jug, box*) récipient *m*; (*for food*) barquette *f* 2 (COMP) ▸ **container port** N port *m* à conteneurs ▸ **container ship** N navire *m* porte-conteneurs
containment [kən'teɪnmənt] (N) (*Politics*) endiguement *m*
contaminant [kən'tæmɪnənt] (N) contaminant *m*
contaminate [kən'tæmɪneɪt] (VT) contaminer
contamination [kənˌtæmɪ'neɪʃən] (N) contamination *f*
contemplate ['kɒntempleɪt] (VT) ⓐ (*= consider*) envisager • **to ~ doing sth** envisager de faire qch ⓑ (*= look at*) contempler
contemplation [ˌkɒntem'pleɪʃən] (N) contemplation *f*
contemporary [kən'tempərərɪ] 1 (ADJ) contemporain (**with** de) 2 (N) contemporain(e) *m(f)*
contempt [kən'tempt] (N) mépris *m* • **to hold in ~** mépriser • **~ of court** outrage *m* à la Cour
contemptible [kən'temptəbl] (ADJ) méprisable
contemptuous [kən'temptjʊəs] (ADJ) méprisant; [*gesture*] de mépris • **to be ~ of sb/sth** avoir du mépris pour qn/qch
contemptuously [kən'temptjʊəslɪ] (ADV) avec mépris
contend [kən'tend] (VI) ⓐ (*= assert*) prétendre ⓑ (*set structures*)
▸ **to contend with** **to ~ with sb for sth** disputer qch à qn • **we have many problems to ~ with** nous sommes aux prises avec de nombreux problèmes • **he has a lot to ~ with** il a pas mal de problèmes à résoudre • **you'll have me to ~ with** vous aurez affaire à moi
▸ **to contend for** [*+ title, medal, prize*] se battre pour
contender [kən'tendəʳ] (N) prétendant(e) *m(f)* (**for** à); (*in contest, competition, race*) concurrent(e) *m(f)*; (*in election, for a job*) candidat(e) *m(f)*
content[1] [kən'tent] 1 (ADJ) satisfait • **to be ~ with sth** (*= not dissatisfied*) se contenter de qch • **she is quite ~ to stay there** elle ne demande pas mieux que de rester là 2 (VT) [*+ person*] satisfaire • **to ~ o.s. with doing sth** se contenter de faire qch
content[2] ['kɒntent] 1 (N) [*of book, play, film*] contenu *m* • **oranges have a high vitamin C ~** les oranges sont riches en vitamine C 2 (NPL) **contents** contenu *m*

• (table of) ~s table *f* des matières 3 COMP ▸ **content provider** N fournisseur *m* de contenus

contented [kən'tentɪd] ADJ satisfait (**with** de)

contentedly [kən'tentɪdlɪ] ADV avec contentement • **to smile ~** avoir un sourire de contentement

contention [kən'tenʃən] N ⓐ (= *disagreement*) dispute *f* ⓑ (= *argument*) affirmation *f* • **it is my ~ that ...** je soutiens que ... ⓒ **to be in ~** [*team, competitor*] être en compétition

contentious [kən'tenʃəs] ADJ controversé

contentment [kən'tentmənt] N contentement *m*

contest 1 N (= *struggle*) combat *m*; (*Sport*) rencontre *f* sportive; (= *competition*) concours *m* • **beauty ~** concours *m* de beauté 2 VT ⓐ (= *call into question*) contester • **to ~ a will** contester un testament ⓑ (= *compete for*) disputer • **to ~ a seat** [*candidate*] disputer un siège

> Lorsque **contest** est un nom, l'accent tombe sur la première syllabe : ['kɒntest], lorsque c'est un verbe, sur la seconde : [kən'test].

contestant [kən'testənt] N concurrent(e) *m(f)*

context ['kɒntekst] N contexte *m* • **in/out of ~** dans le/hors contexte • **to put sth in(to) ~** mettre qch en contexte

continent ['kɒntɪnənt] N continent *m* • **the Continent** (*Brit*) l'Europe *f* continentale • **on the Continent** (*Brit*) en Europe (*continentale*)

continental [,kɒntɪ'nentl] 1 ADJ continental 2 N (*Brit*) Européen(ne) *m(f)* (continental(e)) 3 COMP ▸ **continental breakfast** N petit déjeuner *m* continental

contingency [kən'tɪndʒənsɪ] N **to provide for all contingencies** parer à toute éventualité ▸ **contingency plans** NPL plans *mpl* d'urgence

contingent [kən'tɪndʒənt] 1 N contingent *m* 2 ADJ **to be ~ upon sth** dépendre de qch

continual [kən'tɪnjʊəl] ADJ continuel

continually [kən'tɪnjʊəlɪ] ADV continuellement

continuation [kən,tɪnjʊ'eɪʃən] N continuation *f*; (*after interruption*) reprise *f*; [*of serial, story*] suite *f*

continue [kən'tɪnjuː] 1 VT continuer (**to do sth** à *or* de faire qch); [+ *piece of work*] continuer; [+ *tradition*] perpétuer; [+ *policy*] maintenir; (*after interruption*) [+ *conversation, work*] reprendre • **to be ~d** [*serial, story*] à suivre • **~d on page 10** suite page 10 • **to ~ (on) one's way** poursuivre son chemin; (*after pause*) se remettre en marche 2 VI ⓐ continuer; (*after interruption*) reprendre • **I went to my room to ~ with my revision** je suis allé dans ma chambre pour continuer à réviser ⓑ (= *remain*) rester • **she ~d as his secretary** elle est restée sa secrétaire

continuing [kən'tɪnjʊɪŋ] ADJ [*accusations, speculation, concern*] persistant • **~ education** formation *f* permanente

continuity [,kɒntɪn'juːɪtɪ] 1 N continuité *f* 2 COMP ▸ **continuity announcer** N speaker(ine) *m(f)* annonçant la suite des émissions

continuous [kən'tɪnjʊəs] ADJ ⓐ continu • **~ assessment** contrôle *m* continu des connaissances ⓑ [*tense*] progressif

continuously [kən'tɪnjʊəslɪ] ADV (= *uninterruptedly*) sans interruption; (= *repeatedly*) continuellement

continuum [kən'tɪnjʊəm] N (*pl* **continuums** *or* **continua**) continuum *m* • **cost ~** échelle *for* éventail *m* des coûts

contort [kən'tɔːt] VT **to ~ one's body** se contorsionner • **to ~ one's face** grimacer

contortion [kən'tɔːʃən] N [*of acrobat*] contorsion *f*; [*of features*] crispation *f*

> The French word ends in **-sion** whereas the English word ends in **-tion**.

contortionist [kən'tɔːʃənɪst] N contorsionniste *mf*

> The French word is spelt with **-sion-** instead of **-tion-** and has a double **n**.

contour ['kɒntʊə^r] N contour *m* ▸ **contour line** N (*on map*) courbe *f* de niveau

contraband ['kɒntrəbænd] 1 N contrebande *f* 2 ADJ [*goods*] de contrebande

contraception [,kɒntrə'sepʃən] N contraception *f*

contraceptive [,kɒntrə'septɪv] 1 N contraceptif *m* 2 ADJ [*device, measures, pill*] contraceptif

contract 1 N (= *agreement*) contrat *m* • **to win a ~** remporter un contrat • **to put work out to ~** donner un travail en sous-traitance • **under ~ (to)** sous contrat (avec)

2 VT ⓐ [+ *alliance, illness, muscle*] contracter • **~ed form** forme *f* contractée

ⓑ ▸ **to contract to do sth** s'engager (par contrat) à faire qch

3 VI ⓐ [*metal, muscles*] se contracter

ⓑ s'engager (par contrat) • **he has ~ed for the building of the motorway** il a un contrat pour la construction de l'autoroute

4 COMP ▸ **contract killer** N tueur *m* à gages ▸ **contract price** N prix *m* contractuel

> Lorsque **contract** est un nom, l'accent tombe sur la première syllabe : ['kɒntrækt], lorsque c'est un verbe, sur la seconde : [kən'trækt].

▸ **contract out** VT SEP [+ *work*] sous-traiter (**to sb** à qn)

contraction [kən'trækʃən] N contraction *f*

contractor [kən'træktə^r] N entrepreneur *m*

contractual [kən'træktʃʊəl] ADJ contractuel

contradict [,kɒntrə'dɪkt] VT contredire • **don't ~!** ne (me) contredis pas ! • **his actions ~ed his words** ses actions démentaient ses paroles

contradiction [,kɒntrə'dɪkʃən] N contradiction *f* • **a ~ in terms** une contradiction dans les termes

contradictory [,kɒntrə'dɪktərɪ] ADJ contradictoire

contraflow ['kɒntrə,fləʊ] ADJ (*Brit*) **~ lane** voie *f* à contresens

contralto [kən'træltəʊ] 1 N (*pl* **contraltos**) contralto *m* 2 ADJ [*voice, part*] de contralto

contraption* [kən'træpʃən] N truc* *m*

contrary[1] ['kɒntrərɪ] 1 ADJ contraire (**to sth** à qch)

2 PREP ▸ **contrary to** contrairement à • **~ to popular belief** contrairement à ce que les gens croient

3 N **the ~** le contraire • **I think the ~ is true** je pense que c'est le contraire • **on the ~** au contraire • **come tomorrow unless you hear to the ~** venez demain sauf avis contraire

contrary[2] [kən'trɛərɪ] ADJ (= *unreasonable*) contrariant

C

contrast 1 (VT) mettre en contraste 2 (VI) contraster • **to ~ strongly** contraster fortement 3 (N) contraste *m* • **by ~** par contraste • **in ~ to** par opposition à

> Lorsque **contrast** est un verbe, l'accent tombe sur la seconde syllabe : [kən'trɑ:st], lorsque c'est un nom, sur la première : ['kɒntrɑ:st].

contrasting [kən'trɑ:stɪŋ] (ADJ) [*views*] très différent; [*colours*] contrasté

contravene [,kɒntrə'vi:n] (VT) contrevenir à (*frm*)

contravention [,kɒntrə'venʃən] (N) infraction *f* (**of** à) • **in ~ of the rules** en violation des règles

contribute [kən'trɪbju:t] 1 (VT) [*+ money*] donner • **he has ~d $5** il a donné 5 dollars • **to ~ an article to a newspaper** écrire un article pour un journal
2 (VI) ▸ **to contribute to** contribuer à • **to ~ to a discussion** participer à une discussion • **to ~ to a newspaper** collaborer à un journal

contribution [,kɒntrɪ'bju:ʃən] (N) contribution *f* → DWP

contributor [kən'trɪbjʊtə^r] (N) (*to publication*) collaborateur *m*, -trice *f*; [*of money, goods*] donateur *m*, -trice *f*; (*to discussion, conference*) participant(e) *m(f)* • **old buses are major ~s to pollution** les vieux bus contribuent beaucoup à la pollution

contributory [kən'trɪbjʊtərɪ] (ADJ) [*cause, reason*] accessoire • **a ~ factor in sth** un des facteurs responsables de qch

contrite ['kɒntraɪt] (ADJ) contrit

contrivance [kən'traɪvəns] (N) (= *tool, machine*) engin *m*; (= *scheme*) invention *f*

contrive [kən'traɪv] (VT) ⓐ (= *invent*) inventer ⓑ (= *manage*) **to ~ to do sth** s'arranger pour faire qch • **he ~d to make matters worse** il a trouvé le moyen d'aggraver les choses

contrived [kən'traɪvd] (ADJ) forcé

control [kən'trəʊl] 1 (N) ⓐ (= *authority*) autorité *f* • **he has no ~ over his children** il n'a aucune autorité sur ses enfants • **to keep ~ (of o.s.)** se contrôler • **to lose ~ (of o.s.)** perdre le contrôle de soi • **to lose ~ of a vehicle/situation** perdre le contrôle d'un véhicule/d'une situation • **circumstances beyond our ~** circonstances *fpl* indépendantes de notre volonté
▸ **in control** **to be in ~ of a vehicle/situation** être maître d'un véhicule/d'une situation • **who's in ~ here?** qui est le responsable ici ?
▸ **under + control** **to bring** *or* **get under ~** [*+ fire, inflation*] maîtriser; [*+ situation*] dominer • **the situation is under ~** on a la situation bien en main • **everything's under ~** tout est en ordre • **to keep a dog under ~** se faire obéir d'un chien • **under government ~** sous contrôle gouvernemental
ⓑ **volume ~** réglage *m* de volume • **price ~** contrôle *m* des prix
2 (NPL) **controls** [*of vehicle*] commandes *fpl*; [*of radio, TV*] boutons *mpl* de commande
3 (VT) [*+ emotions, expenditure, prices, immigration*] contrôler; [*+ child, animal*] se faire obéir de; [*+ car*] garder la maîtrise de; [*+ crowd*] contenir; [*+ organization, business*] diriger; [*+ inflation*] maîtriser • **to ~ o.s.** se contrôler
4 (COMP) ▸ **control freak*** N **he's a ~ freak** il veut tout régenter ▸ **control panel** N [*of aircraft, ship*] tableau *m* de bord; [*of TV, computer*] pupitre *m* de commande ▸ **control tower** N tour *f* de contrôle

> ⚠ **to control** is not always translated by **contrôler**.

controlled [kən'trəʊld] (ADJ) [*emotion*] contenu ▸ **controlled drug, controlled substance** N substance *f* inscrite au tableau

controller [kən'trəʊlə^r] (N) contrôleur *m*, -euse *f*

controversial [,kɒntrə'vɜ:ʃəl] (ADJ) controversé

controversy [kən'trɒvəsɪ] (N) controverse *f* • **there was a lot of ~ about it** ça a provoqué beaucoup de controverses • **to cause ~** provoquer une controverse

conundrum [kə'nʌndrəm] (N) énigme *f*

conurbation [,kɒnɜ:'beɪʃən] (N) (*Brit*) agglomération *f*

convalesce [,kɒnvə'les] (VI) relever de maladie • **to be convalescing** être en convalescence

convalescence [,kɒnvə'lesəns] (N) convalescence *f*

convalescent [,kɒnvə'lesənt] (ADJ) convalescent

convector [kən'vektə^r] (N) (*also* **convector heater**) convecteur *m*

convene [kən'vi:n] 1 (VT) convoquer 2 (VI) se réunir

convenience [kən'vi:nɪəns] 1 (N) ⓐ (= *comfort*) commodité *f* • **the ~ of a modern flat** la commodité d'un appartement moderne • **do it at your own ~** faites-le quand vous le pourrez ⓑ (*Brit*) toilettes *fpl*, WC *mpl*
2 (NPL) **conveniences** commodités *fpl* • **the house has all modern ~s** la maison a tout le confort moderne
3 (COMP) ▸ **convenience foods** NPL aliments *mpl* tout préparés; (*complete dishes*) plats *mpl* cuisinés ▸ **convenience market, convenience store** N (*US*) commerce *m* de proximité

convenient [kən'vi:nɪənt] (ADJ) [*place*] commode • **if it is ~ (to you)** si vous n'y voyez pas d'inconvénient • **will it be ~ for you to come tomorrow?** est-ce que cela vous convient de venir demain ? • **what would be a ~ time for you?** quelle heure vous conviendrait ? • **the house is ~ for shops and buses** la maison est bien située, à proximité des magasins et des lignes d'autobus

> ⚠ There is a French noun **inconvénient**, but no French adjective **convénient**.

conveniently [kən'vi:nɪəntlɪ] (ADV) ⓐ (= *handily*) **~ situated for the shops** bien situé pour les magasins • **to be ~ close to sth** être commodément situé à proximité de qch ⓑ (= *deliberately*) **he ~ forgot to post the letter** comme par hasard, il a oublié de poster la lettre

convent ['kɒnvənt] (N) couvent *m* • **to go into a ~** entrer au couvent ▸ **convent school** N couvent *m*

convention [kən'venʃən] (N) ⓐ (= *accepted behaviour*) usage *m*; (= *rule*) convention *f* ⓑ (= *conference, fair*) salon *m*

conventional [kən'venʃənl] (ADJ) ⓐ (= *unoriginal*) [*person, life, behaviour, tastes, opinions*] conventionnel; [*clothes*] classique ⓑ (= *traditional*) [*method, approach*] conventionnel; [*belief, values, medicine*] traditionnel; [*argument*] classique • **in the ~ sense** au sens traditionnel du terme

> **conventionnel** ends in **-el** instead of **-al** and has a double **n**.

converge [kən'vɜ:dʒ] (VI) converger (**on** sur)

convergence [kən'vɜ:dʒəns] (N) convergence *f*

conversant [kən'vɜ:sənt] (ADJ) **to be ~ with** [*+ cars, machinery*] s'y connaître en; [*+ language, science, laws, customs*] connaître; [*+ facts*] être au courant de • **I am not ~ with physics** je ne comprends rien à la physique

C

conversation [ˌkɒnvəˈseɪʃən] (N) conversation *f* • **to have a ~ with sb** avoir une conversation avec qn • **to be in ~ with sb** s'entretenir avec qn • **what was your ~ about?** de quoi parliez-vous ? • **to make ~** faire la conversation

conversational [ˌkɒnvəˈseɪʃənl] (ADJ) [*style*] de conversation • **his tone was ~** il parlait sur le ton de la conversation • **to learn ~ German** apprendre l'allemand courant

conversationalist [ˌkɒnvəˈseɪʃnəlɪst] (N) **he's a great ~** il a beaucoup de conversation

converse[1] [kənˈvɜːs] (VI) converser • **to ~ with sb about sth** s'entretenir avec qn de qch

converse[2] [ˈkɒnvɜːs] (N) inverse *m*

conversely [kɒnˈvɜːslɪ] (ADV) inversement

conversion [kənˈvɜːʃən] (N) conversion *f*; (*Rugby*) transformation *f* • **the ~ of salt water into drinking water** la transformation d'eau salée en eau potable • **his ~ to Catholicism** sa conversion au catholicisme
▸ **conversion rate** N (*Marketing*) taux *m* de conversion; (*Finance*) taux *m* de change; (*Rugby*) taux *m* de transformations réussies

convert 1 (N) converti(e) *m(f)* • **to become a ~ to sth** se convertir à qch 2 (VT) ⓐ (= *transform*) transformer (**into** en); (= *change belief*) convertir (**to** à) • **to ~ a try** (*Rugby*) transformer un essai • **he has ~ed me to his way of thinking** il m'a amené à sa façon de penser ⓑ [+ *house*] aménager (**into** en)

> Lorsque **convert** est un nom, l'accent tombe sur la première syllabe : [ˈkɒnvɜːt], lorsque c'est un verbe, sur la seconde : [kənˈvɜːt].

converted [kənˈvɜːtɪd] (ADJ) [*barn, chapel, loft*] aménagé

converter [kənˈvɜːtə[r]] (N) (*Elec, Metal*) convertisseur *m*

convertible [kənˈvɜːtəbl] 1 (ADJ) convertible (**into** en) 2 (N) (= *car*) (voiture *f*) décapotable *f*

convex [ˈkɒnˈveks] (ADJ) convexe

convey [kənˈveɪ] (VT) [+ *goods, passengers*] transporter; [+ *message, opinion, idea*] communiquer (**to** à); [+ *order, thanks*] transmettre (**to** à) • **to ~ to sb that ...** faire savoir à qn que ... • **words cannot ~ how I feel** les paroles ne peuvent traduire ce que je ressens

conveyance [kənˈveɪəns] (N) transport *m* • **~ of goods** transport *m* de marchandises

conveyor belt [kənˈveɪəˌbelt] (N) tapis *m* roulant

convict 1 (N) (= *prisoner*) prisonnier *m*, -ière *f*, détenu(e) *m(f)* 2 (VT) [+ *person*] reconnaître coupable • **to ~ sb of a crime** reconnaître qn coupable d'un crime • **he is a ~ed murderer** il a été reconnu coupable de meurtre

> Lorsque **convict** est un nom, l'accent tombe sur la première syllabe : [ˈkɒnvɪkt], lorsque c'est un verbe, sur la seconde : [kənˈvɪkt].

conviction [kənˈvɪkʃən] (N) ⓐ (= *belief*) conviction *f* • **the ~ that ...** la conviction selon laquelle ... • **to carry ~** être convaincant ⓑ (*in court*) condamnation *f* • **there were 12 ~s for drunkenness** 12 personnes ont été condamnées pour ivresse

convince [kənˈvɪns] (VT) convaincre (**sb of sth** qn de qch) • **I ~d him of my innocence** je l'ai convaincu que j'étais innocent • **a ~d Christian** un chrétien convaincu • **to ~ sb to do sth** persuader qn de faire qch

convincing [kənˈvɪnsɪŋ] (ADJ) ⓐ (= *persuasive*) convaincant ⓑ [*win, victory, lead*] net

convincingly [kənˈvɪnsɪŋlɪ] (ADV) ⓐ [*speak, demonstrate*] de façon convaincante ⓑ [*win, beat*] haut la main

convivial [kənˈvɪvɪəl] (ADJ) [*person*] de bonne compagnie; [*mood, atmosphere, occasion*] convivial • **in ~ company** en agréable compagnie

convoluted [ˈkɒnvəluːtɪd] (ADJ) [*sentence, plot*] alambiqué

convolutions [ˌkɒnvəˈluːʃənz] (NPL) [*of plot*] méandres *mpl*

convoy [ˈkɒnvɔɪ] (N) convoi *m* • **in ~** en convoi

convulse [kənˈvʌls] (VT) **to be ~d (with laughter)** se tordre de rire • **a face ~d with pain** un visage contracté par la douleur

convulsion [kənˈvʌlʃən] (N) ⓐ (= *fit*) convulsion *f* • **to have ~s** avoir des convulsions ⓑ (= *violent disturbance*) bouleversement *m*

coo [kuː] (VTI) [*doves*] roucouler; [*baby*] gazouiller

cook [kʊk] 1 (N) cuisinier *m*, -ière *f* • **she is a good ~** elle fait bien la cuisine 2 (VT) [+ *food*] (faire) cuire • **the fish wasn't ~ed** le poisson n'était pas (bien) cuit • **~ed breakfast** petit déjeuner *m* anglais • **~ed meat(s)** ≈ charcuterie *f* • **to ~ the books*** (*Brit*) truquer les comptes 3 (VI) [*food*] cuire; [*person*] faire la cuisine, cuisiner • **what's ~ing?*** (= *what's happening?*) qu'est-ce qui se passe ?
▸ **cook up*** VT SEP [+ *story, excuse*] inventer

cookbook [ˈkʊkbʊk] (N) livre *m* de cuisine

cooker [ˈkʊkə[r]] (N) (*Brit*) cuisinière *f* (*fourneau*)

cookery [ˈkʊkərɪ] (N) cuisine *f* (*activité*) • **~ book** (*Brit*) livre *m* de cuisine • **~ teacher** professeur *mf* d'enseignement ménager

cookie [ˈkʊkɪ] 1 (N) ⓐ (*US*) petit gâteau *m* (sec) • **that's the way the ~ crumbles!*** c'est la vie ! ⓑ (= *person*)* type* *m*; (*US* = *girl*)* jolie fille *f* • **tough ~** dur(e) *m(f)* à cuire* ⓒ (*Comput*) cookie *m* 2 (COMP) ▸ **cookie cutter** N (*US*) emporte-pièce *m inv*

cooking [ˈkʊkɪŋ] 1 (N) cuisine *f* (*activité*) • **French ~** la cuisine française • **who does the ~?** qui fait la cuisine ? 2 (COMP) [*utensils*] de cuisine; [*apples, chocolate*] à cuire
▸ **cooking time** N temps *m* de cuisson

cookout [ˈkʊkaʊt] (N) (*US*) barbecue *m*

cool [kuːl] 1 (ADJ) ⓐ (*in temperature*) frais (fraîche *f*) • **it is ~ outside** il fait frais dehors • **I feel ~er now** j'ai moins chaud maintenant • **I'm trying to get ~** j'essaie d'avoir moins chaud • **to keep sth ~** tenir qch au frais • **"keep in a ~ place"** « tenir au frais » • **"store in a ~, dark place"** « conserver au frais et à l'abri de la lumière » • **"serve ~, not cold"** « servir frais mais non glacé » • **his forehead is much ~er now** il a le front beaucoup moins chaud maintenant
ⓑ [*clothing*] léger • **to slip into something ~** passer quelque chose de plus léger
ⓒ [*colour*] rafraîchissant
ⓓ (= *calm*) calme • **the police's ~ handling of the riots** le calme avec lequel la police a fait face aux émeutes • **to keep a ~ head** garder la tête froide • **to keep** *or* **stay ~** garder son calme • **keep** *or* **stay ~!** du calme !
ⓔ (= *audacious, calm*) **he's a ~ customer*** il n'a pas froid aux yeux* • **as ~ as you please** [*person*] parfaitement décontracté • **to be (as) ~ as a cucumber** être d'un calme olympien

ⓕ (= *unfriendly*) froid (**with** *or* **towards sb** avec qn) • **to get a ~ reception** être fraîchement reçu • **the idea met with a ~ response** cette idée n'a guère suscité d'enthousiasme

ⓖ (= *trendy*)* cool* *inv* • **to look ~** avoir l'air cool*

ⓗ (= *excellent*)* super* *inv*

ⓘ (= *not upset*) **to be ~*** [*person*] rester cool*

ⓙ (= *full*) **he won a ~ £40,000*** il a gagné la coquette somme de 40 000 livres

2 N ⓐ fraîcheur *f*, frais *m* • **in the ~ of the evening** dans la fraîcheur du soir • **to keep sth in the ~** tenir qch au frais

ⓑ **keep your ~!*** t'énerve pas !* • **he lost his ~** (= *panicked*) il a paniqué; (= *got angry*) il s'est fichu en rogne*

3 VT [+ *air, wine*] rafraîchir • **~ it!*** du calme !

4 VI (*also* **cool down**) [*air*] (se) rafraîchir; [*liquid*] refroidir

5 COMP ▸ **cool bag** N sac *m* isotherme ▸ **cool box** N glacière *f* ▸ **cool-headed** ADJ calme

▸ **cool down** 1 VI refroidir; [*anger, person*] se calmer; [*critical situation*] se détendre 2 VT SEP (= *make colder*) faire refroidir; (= *make calmer*) calmer

▸ **cool off** VI (= *get cool*) se rafraîchir; (= *lose enthusiasm*) perdre son enthousiasme; (= *change one's affections*) se refroidir (**towards sb** à l'égard de qn, envers qn); (= *become less angry*) se calmer

coolant ['ku:lənt] N liquide *m* de refroidissement

cooler ['ku:ləʳ] N (*US*) (*for food*) glacière *f*

cooling ['ku:lɪŋ] ADJ [*drink, swim, breeze*] rafraîchissant ▸ **cooling-off period** N délai *m* de réflexion ▸ **cooling system** N circuit *m* de refroidissement ▸ **cooling tower** N tour *f* de refroidissement

coolly ['ku:lɪ] ADV ⓐ (= *calmly*) calmement ⓑ (= *in unfriendly way*) froidement ⓒ (= *unenthusiastically*) fraîchement ⓓ (= *audaciously*) avec une décontraction insolente

coolness ['ku:lnɪs] N [*of water, air, weather*] fraîcheur *f*; [*of welcome*] froideur *f*; (= *calmness*) calme *m*

coop [ku:p] N (*also* **hen coop**) cage *f* à poules

▸ **coop up** VT SEP [+ *person*] cloîtrer

co-op ['kəʊ'ɒp] N ⓐ (= *shop*) (ABBR OF **cooperative**) coopérative *f* ⓑ (*US*) (ABBR OF **cooperative apartment**) appartement *m* en copropriété ⓒ (*US Univ*) (ABBR OF **cooperative**) coopérative *f* étudiante

cooperate [kəʊ'ɒpəreɪt] VI (= *work together*) collaborer (**with sb** avec qn, **in sth** à qch, **to do sth** pour faire qch); (= *be cooperative*) coopérer • **I hope he'll ~** j'espère qu'il va coopérer

cooperation [kəʊˌɒpə'reɪʃən] N coopération *f* • **with the ~ of** en coopération avec, avec la coopération de

cooperative [kəʊ'ɒpərətɪv] 1 ADJ [*person, firm, attitude*] coopératif • **~ apartment** (*US*) appartement *m* en copropriété 2 N coopérative *f*

coordinate 1 N coordonnée *f* 2 NPL **coordinates** coordonnés *mpl* 3 VT coordonner • **to ~ patterns and colours** coordonner motifs et couleurs

> Lorsque **coordinate** est un nom, la fin se prononce comme **it**: [kəʊ'ɔ:dɪnɪt]; lorsque c'est un verbe, elle se prononce comme **eight**: [kəʊ'ɔ:dɪneɪt].

coordinated [kəʊ'ɔ:dɪneɪtɪd] ADJ ⓐ (= *organized*) coordonné ⓑ **to be well-~** [*person*] avoir une bonne coordination ⓒ (= *matching*) [*clothes, designs*] coordonné • **colour ~** [*clothes*] aux couleurs assorties

coordination [kəʊˌɔ:dɪ'neɪʃən] N coordination *f*

co-ownership [ˌkəʊ'əʊnəʃɪp] N copropriété *f*

cop* [kɒp] 1 N ⓐ (= *policeman*) flic* *m* • **to play at ~s and robbers** jouer aux gendarmes et aux voleurs ⓑ (*Brit*) **it's not much ~** ça ne vaut pas grand-chose 2 VT (*Brit*) **to ~ it** écoper* 3 COMP ▸ **cop-out*** N (= *excuse*) excuse *f* bidon*; (= *act*) échappatoire *f*

co-parent [kəʊ'peərənt] VT élever en coparentalité

co-parenting [kəʊ'peərəntɪŋ] N coparentalité *f*

COPD ['si:'əʊ'pi:'di:] N (ABBR OF **chronic obstructive pulmonary disease**) MPOC *f*, maladie *f* pulmonaire obstructive chronique

cope [kəʊp] VI se débrouiller • **can you ~?** vous arriverez à vous débrouiller ? • **he's coping pretty well** il ne se débrouille pas mal • **she just can't ~ any more** (= *she's overworked*) elle ne s'en sort plus; (= *work is too difficult for her*) elle est complètement dépassée

▸ **cope with** VT INSEP ⓐ (= *deal with*) [+ *task, person*] se charger de; [+ *situation*] faire face à; [+ *difficulties, problems*] (= *tackle*) affronter; (= *solve*) venir à bout de • **he's got a lot to ~ with** (*work*) il a du pain sur la planche*; (*problems*) il a pas mal de problèmes à résoudre ⓑ (= *manage*) s'en sortir avec • **we can't ~ with all this work** avec tout ce travail nous ne pouvons plus en sortir

copier ['kɒpɪəʳ] N (= *photocopier*) photocopieuse *f*

co-pilot ['kəʊ'paɪlət] N copilote *mf*

copious ['kəʊpɪəs] ADJ [*quantities*] grand; [*amount, notes*] abondant

copper ['kɒpəʳ] 1 N ⓐ cuivre *m* ⓑ (*Brit* = *money*)* **~s** de la petite monnaie ⓒ (*Brit* = *policeman*)* flic* *m* 2 COMP de *or* en cuivre; [*mine*] de cuivre ▸ **copper-coloured** ADJ cuivré

coppice ['kɒpɪs] N taillis *m*

co-production [ˌkəʊprə'dʌkʃən] N coproduction *f*

copse [kɒps] N taillis *m*

copulate ['kɒpjʊleɪt] VI copuler

copy ['kɒpɪ] 1 N ⓐ (= *duplicate*) copie *f*; [*of photographic print*] épreuve *f* • **to take** *or* **make a ~ of sth** faire une copie de qch

ⓑ [*of book*] exemplaire *m*; [*of magazine, newspaper*] numéro *m*

ⓒ (*for newspaper*) copie *f*; (*for advertisement*) message *m* • **to make good ~** être un bon sujet d'article • **the journalist handed in his ~** le journaliste a remis son article

2 VT ⓐ copier • **to ~ sb's work** (*at school*) copier sur qn • **to ~ sth to a disk** copier qch sur une disquette

ⓑ (= *send a copy to*) envoyer une copie à

3 COMP ▸ **copy and paste** N copier-coller *m* ♦ VT copier-coller ▸ **copy machine** N photocopieuse *f*

copycat* ['kɒpɪkæt] 1 N copieur *m*, -ieuse *f* 2 ADJ [*crime*] inspiré par un autre

copyright ['kɒpɪraɪt] N droit *m* d'auteur, copyright *m*

copywriter ['kɒpɪraɪtəʳ] N rédacteur *m*, -trice *f* publicitaire

coral ['kɒrəl] 1 N corail *m* 2 COMP de *or* en corail ▸ **coral reef** N récif *m* corallien

cord [kɔ:d] 1 N ⓐ (= *thick string*) grosse ficelle *f*; [*of curtains, pyjamas*] cordon *m*; (*also* **umbilical cord**) cordon *m* ombilical • **electrical ~** fil *m* électrique ⓑ (= *corduroy*) velours *m* côtelé **2** (NPL) **cords** pantalon *m* en velours côtelé **3** (ADJ) [*trousers, jacket*] en velours côtelé

cordial ['kɔ:dɪəl] **1** (ADJ) **a** (= *friendly*) cordial **b** (= *strong*) **to have a ~ dislike for sb/sth** détester qn/qch cordialement **2** (N) (*Brit*) cordial *m*

cordless ['kɔ:dlɪs] (ADJ) (= *with batteries*) à piles; [*kettle, iron, telephone*] sans fil

cordon ['kɔ:dn] **1** (N) cordon *m* **2** (VT) (*also* **cordon off**) [+ *area*] boucler **3** (COMP) ▸ **cordon bleu** ADJ cordon bleu

corduroy ['kɔ:dərɔɪ] **1** (N) velours *m* côtelé **2** (NPL) **corduroys** pantalon *m* en velours côtelé **3** (ADJ) [*trousers, jacket*] en velours côtelé

CORE [kɔ:ʳ] (N) (*US*) (ABBR OF **Congress of Racial Equality**) *organisation de défense des droits des minorités ethniques*

core [kɔ:ʳ] **1** (N) [*of fruit*] trognon *m*; [*of problem, nuclear reactor*] cœur *m*; (*Comput*) (*also* **core memory**) mémoire *f* centrale • **the earth's ~** le noyau terrestre • **he is rotten to the ~** il est pourri jusqu'à la moelle **2** (VT) [+ *fruit*] évider **3** (COMP) [*issue, assumption, subject*] fondamental ▸ **core business** N activité *f* principale ▸ **core curriculum** N tronc *m* commun ▸ **core subject** N matière *f* principale ▸ **core value** N valeur *f* essentielle *or* fondamentale

coriander [,kɒrɪ'ændəʳ] (N) coriandre *f*

cork [kɔ:k] **1** (N) **a** (= *material*) liège *m* **b** (*in bottle*) bouchon *m* • **to pull the ~ out of a bottle** déboucher une bouteille **2** (VT) (*also* **cork up**) boucher **3** (ADJ) [*tiles, flooring*] de *or* en liège

corkage ['kɔ:kɪdʒ] (N) droit *m* de bouchon (*payé par le client qui apporte dans un restaurant une bouteille achetée ailleurs*)

corked [kɔ:kt] (ADJ) [*wine*] bouchonné

corkscrew ['kɔ:kskru:] (N) tire-bouchon *m*

corm [kɔ:m] (N) bulbe *m* (*de crocus*)

cormorant ['kɔ:mərənt] (N) cormoran *m*

corn [kɔ:n] **1** (N) **a** (*Brit*) blé *m*; (*US*) maïs *m* • **~ on the cob** épis *mpl* de maïs **b** (*on foot*) cor *m* **2** (COMP) ▸ **corn bread** N (*US*) pain *m* de maïs ▸ **corn-fed** ADJ [*chicken*] de grain ▸ **corn oil** N huile *f* de maïs ▸ **corn pone** N (*US*) pain *m* de maïs

cornea ['kɔ:nɪə] (N) cornée *f*

corned beef [,kɔ:nd'bi:f] (N) corned-beef *m*

corner ['kɔ:nəʳ] **1** (N) **a** (= *angle*) coin *m*; (= *bend in road*) virage *m*; (*Football*) corner *m* • **to look at sb out of the ~ of one's eye** regarder qn du coin de l'œil • **to force sb into a ~** (*fig*) acculer qn • **to be in a (tight) ~** (*fig*) être dans une situation difficile • **it's just round the ~** (= *very near*) c'est à deux pas d'ici • **Christmas is just around the ~** Noël n'est pas loin • **the domestic robot is just around the ~** le robot domestique, c'est pour demain • **to take a ~** [*driver*] prendre un virage; [*footballer*] tirer un corner • **to cut ~s** prendre des raccourcis (*fig*) • **to turn the ~** tourner au coin de la rue; (*fig*) passer le moment critique; [*patient*] passer le cap

b (= *place*) **in every ~ of the house** dans tous les recoins de la maison • **in every ~ of Europe** dans toute l'Europe

c (= *position*) **to fight one's ~** défendre sa position

2 (VT) [+ *hunted animal*] acculer; (*fig*) coincer* • **she ~ed me in the hall** elle m'a coincé* dans l'entrée • **to ~ the market** accaparer le marché

3 (VI) **it ~s well** [*car*] elle tient bien la route dans les virages

4 (COMP) ▸ **corner shop** (*Brit*), **corner store** (*US*) N magasin *m* du coin

cornerstone ['kɔ:nəstəʊn] (N) pierre *f* angulaire

cornet ['kɔ:nɪt] (N) **a** (= *musical instrument*) cornet *m* (à pistons) • **~ player** cornettiste *mf* **b** (*Brit*) [*of ice cream*] cornet *m* (de glace)

cornfield ['kɔ:nfi:ld] (N) (*Brit*) champ *m* de blé; (*US*) champ *m* de maïs

cornflakes ['kɔ:nfleɪks] (NPL) corn-flakes *mpl*

cornflour ['kɔ:nflaʊəʳ] (N) (*Brit*) farine *f* de maïs

cornice ['kɔ:nɪs] (N) corniche *f*

Cornish ['kɔ:nɪʃ] (ADJ) de Cornouailles, cornouaillais ▸ **Cornish pasty** N *chausson à la viande et aux légumes*

cornstarch ['kɔ:nstɑ:tʃ] (N) (*US*) farine *f* de maïs

cornucopia [kɔ:njʊ'kəʊpɪə] (N) corne *f* d'abondance

Cornwall ['kɔ:nwəl] (N) Cornouailles *f* • **in ~** en Cornouailles

corny* ['kɔ:nɪ] (ADJ) [*joke*] éculé; [*film, novel*] à l'eau de rose; (= *obvious*) bateau* *inv*

corollary [kə'rɒlərɪ] (N) corollaire *m*

coronary ['kɒrənərɪ] **1** (ADJ) coronaire • **~ heart disease** maladie *f* coronarienne • **~ thrombosis** infarctus *m* du myocarde **2** (N) (= *heart attack*) infarctus *m*

coronation [,kɒrə'neɪʃən] (N) couronnement *m*

coroner ['kɒrənəʳ] (N) coroner *m* (*officiel chargé de déterminer les causes d'un décès*) • **~'s inquest** enquête *f* judiciaire (*menée par le coroner*)

coronet ['kɒrənɪt] (N) [*of duke*] couronne *f*; [*of lady*] diadème *m*

Corp, corp (ABBR OF **corporation**)

corporal ['kɔ:pərəl] **1** (N) caporal(e)-chef *m(f)* **2** (ADJ) corporel • **~ punishment** châtiment *m* corporel

corporate ['kɔ:pərɪt] **1** (ADJ) **a** [*executive, culture, planning*] d'entreprise; [*finance, image, identity*] de l'entreprise; [*affairs, debt*] des entreprises; [*strategy*] commercial **b** (= *joint*) [*decision, responsibility*] collectif; [*objective, action, ownership*] commun **2** (COMP) ▸ **corporate crime** N criminalité *f* d'entreprise ▸ **corporate culture** N culture *f* d'entreprise ▸ **corporate headquarters** NPL siège *m* social ▸ **corporate hospitality** N *réceptions aux frais d'une entreprise* ▸ **corporate law** N droit *m* des sociétés ▸ **corporate raider** N raider *m*

corporation [,kɔ:pə'reɪʃən] **1** (N) **a** (*Brit*) [*of town*] conseil *m* municipal **b** (= *company*) société *f* commerciale; (*US*) société *f* à responsabilité limitée **2** (COMP) ▸ **corporation tax** N (*Brit*) impôt *m* sur les sociétés

corps [kɔ:ʳ] (*pl* **corps** [kɔ:z]) (N) corps *m* → **army, diplomatic**

corpse [kɔ:ps] (N) cadavre *m*

corpus ['kɔ:pəs] (N) (*pl* **corpuses** *or* **corpora** ['kɔ:pərə]) (*Literature*) corpus *m*; (*Ling*) corpus *m*

corpuscle ['kɔ:pʌsl] (N) **(blood) ~** globule *m* sanguin • **red/white ~s** globules *mpl* rouges/blancs

corral [kə'rɑ:l] (N) (*US*) corral *m*

correct [kə'rekt] **1** (ADJ) **a** (= *right*) correct; [*suspicions*] fondé • **that's ~!** (*confirming guess*) exactement!; (*confirming right answer*) c'est exact! • **in the ~ order** dans le bon ordre • **to prove ~** s'avérer juste • **it is ~ to say that ...** il est juste de dire que ...

b **to be ~** [*person*] avoir raison • **you are quite ~** vous avez parfaitement raison • **he was ~ in his estimates** ses estimations étaient justes • **he is ~ in his assessment of the situation** son évaluation de la situation est juste • **to be ~ to do sth** avoir raison de faire qch

c (= *appropriate*) bon • **the ~ use of sth** le bon usage de qch

d (= *proper*) correct; [*etiquette, form of address*] convenable;

[*person*] comme il faut* • **it's the ~ thing to do** c'est l'usage

2 VT **a** corriger • **to ~ sb's punctuation/spelling** corriger la ponctuation/l'orthographe de qn • **to ~ o.s.** se reprendre • **~ me if I'm wrong** corrigez-moi si je me trompe

b (= *rectify*) [+ *problem*] arranger; [+ *imbalance*] redresser

3 COMP ▸ **correcting fluid** N liquide *m* correcteur

correction [kə'rekʃən] N correction *f* • **a page covered with ~s** une page couverte de corrections ▸ **correction fluid** N liquide *m* correcteur

correctional [kə'rekʃənəl] (*US*) ADJ [*system*] pénitentiaire ▸ **correctional facility** N établissement *m* pénitentiaire

corrective [kə'rektɪv] ADJ [*action*] rectificatif; (*in law, Med*) [*measures, training*] de rééducation • **~ surgery** chirurgie *f* réparatrice

correctly [kə'rektlɪ] ADV correctement • **if I understand you ~** si je vous ai bien compris • **if I remember ~** si je me souviens bien

correctness [kə'rektnɪs] N (= *appropriateness*) justesse *f*

correlate ['kɒrɪleɪt] 1 VI correspondre (**with** à) 2 VT mettre en corrélation (**sth with sth** qch et qch)

correlation [ˌkɒrɪ'leɪʃən] N corrélation *f*

correspond [ˌkɒrɪs'pɒnd] VI **a** (= *agree*) correspondre (**with** à) • **that does not ~ with what he said** cela ne correspond pas à ce qu'il a dit **b** (= *be equivalent*) correspondre (**to** à) **c** (= *exchange letters*) correspondre

correspondence [ˌkɒrɪs'pɒndəns] 1 N **a** (= *similarity, agreement*) correspondance *f* **b** (= *letter-writing*) correspondance *f* • **to be in ~ with sb** entretenir une correspondance avec qn 2 COMP ▸ **correspondence college** N établissement *m* d'enseignement par correspondance ▸ **correspondence course** N cours *m* par correspondance

correspondent [ˌkɒrɪs'pɒndənt] N correspondant(e) *m(f)* • **foreign ~** correspondant(e) *m(f)* à l'étranger • **sports ~** reporter *m* sportif • **from our special ~** de notre envoyé spécial

> **correspondant** ends in **-ant** whereas the English word **correspondent** ends **-ent**.

corresponding [ˌkɒrɪs'pɒndɪŋ] ADJ correspondant

correspondingly [ˌkɒrɪs'pɒndɪŋlɪ] ADV **a** (= *proportionately*) proportionnellement **b** (= *as a result*) en conséquence

corridor ['kɒrɪdɔːʳ] N couloir *m* • **the ~s of power** les allées *fpl* du pouvoir

corroborate [kə'rɒbəreɪt] VT corroborer

corrode [kə'rəʊd] 1 VT corroder 2 VI [*metals*] se corroder

corrosion [kə'rəʊʒən] N corrosion *f*

corrosive [kə'rəʊzɪv] ADJ [*substance*] corrosif; (= *harmful*) destructeur (-trice *f*)

corrugated ['kɒrəgeɪtɪd] ADJ [*tin, cardboard, paper*] ondulé; [*roof*] en tôle ondulée ▸ **corrugated iron** N tôle *f* ondulée

corrupt [kə'rʌpt] 1 ADJ **a** (= *dishonest*) corrompu; (= *depraved*) dépravé **b** [*data, text*] altéré 2 VT (= *make dishonest*) corrompre; (= *make immoral*) dépraver; [+ *data*] altérer

corruption [kə'rʌpʃən] N corruption *f*

corsage [kɔː'sɑːʒ] N (= *flowers*) petit bouquet *m* (*de fleurs porté au corsage*)

corset ['kɔːsɪt] N corset *m*

Corsica ['kɔːsɪkə] N Corse *f*

Corsican ['kɔːsɪkən] 1 ADJ corse 2 N Corse *mf*

cortisone ['kɔːtɪzəʊn] N cortisone *f*

COS [ˌsiːəʊ'es] (ABBR OF **cash on shipment**) comptant *m* à l'expédition

cos* [kɒz] CONJ (= *because*) parce que

cosh [kɒʃ] (*Brit*) 1 VT* cogner* sur 2 N matraque *f*

cosignatory ['kəʊ'sɪgnətərɪ] N cosignataire *mf*

cosiness ['kəʊzɪnɪs] N **a** [*of room, pub*] atmosphère *f* douillette **b** (= *intimacy*) intimité *f*

cosmetic [kɒz'metɪk] 1 ADJ [*surgery*] esthétique; [*change, measure*] superficiel 2 N cosmétique *m*

cosmic ['kɒzmɪk] ADJ cosmique

cosmonaut ['kɒzmənɔːt] N cosmonaute *mf*

cosmopolitan [ˌkɒzmə'pɒlɪtən] ADJ, N cosmopolite *mf*

cosmos ['kɒzmɒs] N cosmos *m*

cosset ['kɒsɪt] VT choyer

cost [kɒst] 1 VT **a** (*pret, ptp* **cost**) coûter • **how much** *or* **what will it ~ to have it repaired?** combien est-ce que cela coûtera de le faire réparer ? • **what does it ~ to get in?** quel est le prix d'entrée ? • **it ~ him a lot of money** cela lui a coûté cher • **it ~s too much** ça coûte trop cher • **it ~s the earth*** ça coûte les yeux de la tête • **it ~ her her job** cela lui a coûté son emploi

b (*pret, ptp* **costed**) [+ *policy, plan*] évaluer le coût de • **the job was ~ed at $2,000** le devis pour ces travaux s'est monté à 2 000 dollars

2 N **a** coût *m* • **at a ~ of £50** au prix de 50 livres • **to bear the ~ of sth** prendre en charge les frais de qch; (*fig*) faire les frais de qch • **at great ~** à grands frais • **at ~ (price)** au prix coûtant • **to my ~** à mes dépens • **at all ~s** à tout prix

b ▸ **costs** (*commercial*) coûts *mpl*; (*legal*) dépens *mpl*, frais *mpl* judiciaires • **to cut ~s** réduire les coûts

3 COMP ▸ **cost control** N contrôle *m* des dépenses ▸ **cost-cutting** N réduction *f* des coûts ▸ **cost-effective** ADJ rentable ▸ **cost-effectiveness** N rentabilité *f* ▸ **cost of living** N coût *m* de la vie ▸ **cost price** N (*Brit*) prix *m* coûtant *or* de revient

co-star ['kəʊstɑːʳ] 1 N partenaire *mf* 2 VI partager l'affiche

Costa Rica ['kɒstə'riːkə] N Costa Rica *m*

Costa Rican ['kɒstə'riːkən] 1 ADJ costaricain, costaricien 2 N Costaricain(e) *m(f)*, Costaricien(ne) *m(f)*

costing ['kɒstɪŋ] N évaluation *f* du coût

costly ['kɒstlɪ] ADJ coûteux

costume ['kɒstjuːm] N costume *m* • **national ~** costume *m* national • **in ~** (= *fancy dress*) déguisé ▸ **costume drama** N (= *film/play*) film *m*/pièce *f* en costumes d'époque; (*genre*) films *mpl*/pièces *fpl* en costumes d'époque ▸ **costume jewellery** N bijoux *mpl* fantaisie

cosy, cozy (*US*) ['kəʊzɪ] 1 ADJ **a** [*flat, room*] douillet, cosy; [*restaurant*] intime et confortable • **to be ~** [*person*] être bien • **it's ~ in here** on est bien ici **b** [*atmosphere, evening, chat, dinner*] intime **c** [*arrangement, deal, relationship*] commode 2 N (= *tea cosy*) couvre-théière *m* 3 VI **to ~ up to sb*** caresser qn dans le sens du poil*

cot [kɒt] (N) (*Brit: child's*) lit *m* de bébé; (*US = folding bed*) lit *m* de camp • **~-death** (*Brit*) mort *f* subite du nourrisson
cottage ['kɒtɪdʒ] (N) petite maison *f* à la campagne, cottage *m* ▸ **cottage cheese** N fromage *m* blanc (égoutté) ▸ **cottage industry** N (*at home*) industrie *f* familiale; (*informally organized*) activité *f* artisanale ▸ **cottage loaf** N (*Brit*) miche *f* de pain ▸ **cottage pie** N (*Brit*) ≈ hachis *m* Parmentier
cotton ['kɒtn] 1 (N) coton *m*; (*Brit*) (= *sewing thread*) fil *m* (de coton) 2 (COMP) [*shirt, dress*] de *or* en coton ▸ **cotton bud** N (*Brit*) coton-tige® *m* ▸ **cotton candy** N (*US*) barbe *f* à papa ▸ **cotton mill** N filature *f* de coton ▸ **cotton wool** N (*Brit*) ouate *f* • **to wrap a child up in ~ wool** élever un enfant dans du coton • **my legs felt like ~ wool*** j'avais les jambes en coton

> The French word has only one **t**.

▸ **cotton on*** VI (*Brit*) piger* • **to ~ on to sth** piger* qch
couch [kaʊtʃ] 1 (N) (= *settee*) canapé *m*; [*of psychoanalyst*] divan *m* 2 (VT) formuler • **the request was ~ed in the following terms** la demande était ainsi formulée 3 (COMP) ▸ **couch potato*** N mollasson* *m* (*qui passe son temps devant la télé*)
couchette [kuː'ʃet] (N) couchette *f*
couchsurfing ['kaʊtʃsɜːfɪŋ] (N) couchsurfing *m*, *hébergement temporaire gratuit chez un particulier*
cough [kɒf] 1 (N) toux *f* • **he has a bad ~** il tousse beaucoup • **he has a bit of a ~** il tousse un peu 2 (VI) tousser 3 (COMP) ▸ **cough drop** N pastille *f* pour la toux ▸ **cough mixture** N sirop *m* pour la toux, antitussif *m* ▸ **cough sweet** N pastille *f* pour la toux
▸ **cough up*** VT SEP [+ *money*] cracher*
could [kʊd] (MODAL VERB) ⓐ (*past*)

> When **could** refers to ability in the past, it is translated by the perfect of **pouvoir**, or by the imperfect if the time is continuous.

• **I couldn't phone because I had no change** je n'ai pas pu téléphoner parce que je n'avais pas de monnaie • **he ~ be charming when he wanted to be** il pouvait être charmant lorsqu'il le voulait

> When used with a verb of perception, **could** is not usually translated.

• **he ~ hear her shouting** il l'entendait crier

> When **could** means **knew how to**, it is translated by the imperfect of **savoir**.

• **she ~ read when she was three** elle savait lire à l'âge de trois ans • **I thought you ~ drive** je pensais que tu savais conduire
▸ **could have**

> **could have** is usually translated by the conditional of **avoir** + **pu**.

• **they ~ have been killed** ils auraient pu être tués • **you ~ have told me before** tu aurais pu me le dire plus tôt • **he ~ have helped us if he'd wanted to** il aurait pu nous aider s'il l'avait voulu • **I ~ have cried** j'en aurais pleuré
ⓑ (*present*)

> When **could** refers to the present, the present tense is generally used in French.

• **you ~ be right** tu as peut-être raison • **that ~ be the answer** c'est peut-être la solution • **you ~ be making a big mistake** tu es peut-être en train de faire une grosse erreur • **it ~ be true** cela pourrait être vrai
ⓒ (*conditional*)

> When **could** indicates future possibility, it is translated by the conditional.

• **we ~ win the championship this year** nous pourrions gagner le championnat cette année • **he ~ be released next year** il pourrait être libéré l'année prochaine • **you ~ try telephoning him** tu pourrais lui téléphoner • **you ~ at least apologize!** tu pourrais au moins t'excuser !
ⓓ (*polite requests*)

> When **could you, could I** etc are polite requests, the conditional of **pouvoir** is used.

• **~ you pass me the salt, please?** pourriez-vous me passer le sel, s'il vous plaît ? • **~ I have a word with you?** est-ce que je pourrais vous parler un instant (s'il vous plaît) ?
couldn't ['kʊdnt] (ABBR OF **could not**) → **could**
could've ['kʊdəv] (ABBR OF **could have**) → **could**
council ['kaʊnsl] (N) conseil *m* • **city** *or* **town ~** conseil *m* municipal ▸ **council estate** N (*Brit*) cité *f* ▸ **council flat** N (*Brit*) appartement *m* loué à la municipalité, ≈ HLM *m or f* ▸ **council house** N (*Brit*) maison *f* louée à la municipalité, ≈ HLM *m or f* ▸ **the Council of Europe** N le Conseil de l'Europe ▸ **council tax** N (*Brit*) impôts *mpl* locaux ▸ **council tenant** N (*Brit*) locataire *mf* d'un logement social
councillor ['kaʊnsɪləʳ] (N) conseiller *m*, -ère *f*
counsel ['kaʊnsəl] 1 (N) ⓐ (= *advice*) conseil *m* • **to keep one's own ~** (*intentions*) garder ses intentions pour soi; (*plans*) garder ses projets pour soi; (*opinions*) garder ses opinions pour soi ⓑ (*legal*) avocat(e) *m(f)* • **~ for the defence** (*Brit*) (avocat(e) *m(f)* de la) défense *f*, avocat(e) *m(f)* général(e) 2 (VT) (= *advise*) conseiller (**sb to do sth** à qn de faire qch)
counselling, counseling (*US*) ['kaʊnsəlɪŋ] (N) (= *advice*) conseils *mpl*; (*Psych, Social Work*) conseil *m* (psychologique)
counsellor, counselor (*US*) ['kaʊnsləʳ] (N) conseiller *m*, -ère *f*
count[1] [kaʊnt] 1 (N) ⓐ compte *m*; [*of votes at election*] dépouillement *m* • **at the last ~** la dernière fois qu'on a compté • **to be out for the ~*** (= *unconscious*) être KO*; (= *asleep*) avoir son compte* • **to keep ~ of sth** tenir le compte de qch • **he lost ~ of the tickets he had sold** il ne savait plus combien de billets il avait vendus
ⓑ (*legal*) chef *m* d'accusation
▸ **on + counts you're wrong on both ~s** tu te trompes dans les deux cas • **the movie is unique on several ~s** c'est un film unique à plusieurs égards • **this is a**

magnificent book on all ~s c'est un livre magnifique à tous les points de vue • **guilty on three ~s** reconnu coupable pour trois chefs d'accusation

2 (VT) ⓐ (= *add up*) compter • **to ~ the votes** dépouiller le scrutin • **to ~ sheep** compter les moutons • **to ~ the cost** (*fig*) faire le bilan • **without ~ing the cost** sans compter • **ten people not ~ing the children** dix personnes sans compter les enfants • **three more ~ing Charles** trois de plus, en comptant Charles

ⓑ (= *consider*) estimer • **we must ~ ourselves lucky** nous devons nous estimer heureux

3 (VI) ⓐ compter • **can he ~?** est-ce qu'il sait compter ?

ⓑ (= *be considered*) compter • **two children ~ as one adult** deux enfants comptent pour un adulte • **that doesn't ~** cela ne compte pas

ⓒ (= *have importance*) compter • **every minute ~s** chaque minute compte • **to ~ against sb** desservir qn • **that ~s for nothing** cela ne compte pas • **a university degree ~s for very little nowadays** de nos jours un diplôme universitaire n'a pas beaucoup de valeur

4 (COMP) ▸ **count noun** N nom *m* comptable

▸ **count in*** VT SEP **you can ~ me in!** je suis de la partie !

▸ **count on** VT INSEP compter (sur) • **I'm ~ing on you** je compte sur vous • **to ~ on doing sth** compter faire qch

▸ **count out** VT SEP ⓐ [+ *money*] compter pièce par pièce; [+ *small objects*] compter ⓑ **you can ~ me out of* this business** ne comptez pas sur moi dans cette affaire

▸ **count towards** VT INSEP **these contributions will ~ towards your pension** ces cotisations seront prises en compte pour votre retraite

▸ **count up** VT SEP compter

▸ **count upon** VT INSEP = **count on**

count² [kaʊnt] (N) (= *nobleman*) comte *m*

countdown ['kaʊntdaʊn] (N) compte *m* à rebours

countenance ['kaʊntɪnəns] 1 (N) (*liter* = *face*) (expression *f* du) visage *m* 2 (VT) (*frm*) admettre (**sb's doing sth** que qn fasse qch)

counter ['kaʊntəʳ] 1 (N) ⓐ (*in shop, canteen, pub*) comptoir *m*; (*in bank, post office*) guichet *m* • **to buy/sell medicines over the ~** acheter/vendre des médicaments sans ordonnance ⓑ (= *disc*) jeton *m* 2 (ADV) **to run ~ to sth** aller à l'encontre de qch 3 (ADJ) **~ to sth** contraire à qch 4 (VT) [+ *remark*] répliquer à (**with** par, **by saying** en disant); [+ *blow, argument*] contrer 5 (VI) (= *reply*) riposter

counteract [ˌkaʊntər'ækt] (VT) contrebalancer

counter-argument ['kaʊntərˌɑːgjʊmənt] (N) contre-argument *m*

counterattack ['kaʊntərəˌtæk] 1 (N) contre-attaque *f* 2 (VTI) contre-attaquer

counterbalance ['kaʊntəˌbæləns] 1 (N) contrepoids *m* 2 (VT) contrebalancer

counterbid ['kaʊntəbɪd] 1 (N) surenchère *f*, suroffre *f* 2 (VT) surenchérir de, faire une suroffre de 3 (VI) surenchérir, faire une suroffre • **to ~ for sth** surenchérir sur qch

counterclockwise [ˌkaʊntə'klɒkˌwaɪz] (ADV, ADJ) (US) dans le sens inverse des aiguilles d'une montre

countercultural [ˌkaʊntə'kʌltʃərəl] (ADJ) contreculturel

counterculture ['kaʊntəˌkʌltʃə] (N) contre-culture *f*

counterfeit ['kaʊntəfiːt] 1 (ADJ) faux (fausse *f*) • **~ coin/money** fausse pièce *f*/monnaie *f* 2 (N) faux *m*, contrefaçon *f* 3 (VT) [+ *banknote, signature*] contrefaire

counterfoil ['kaʊntəfɔɪl] (N) (*Brit*) [*of cheque*] talon *m*

counterman ['kaʊntəmæn] (N) (*pl* **-men**) (US) serveur *m*

countermand ['kaʊntəmɑːnd] (VT) [+ *order*] annuler

countermeasure ['kaʊntəmeʒəʳ] (N) contre-mesure *f*

counteroffensive ['kaʊntərəfensɪv] (N) contre-offensive *f*

counterpart ['kaʊntəpɑːt] (N) équivalent *m*; [*of person*] homologue *mf*

counterproductive [ˌkaʊntəprə'dʌktɪv] (ADJ) contre-productif

countersign ['kaʊntəsaɪn] (VT) contresigner

countersignature [ˌkaʊntə'sɪgnətʃəʳ] (N) contre-signature *f*

countertenor [ˌkaʊntə'tenəʳ] (N) (= *singer*) haute-contre *m*; (= *voice*) haute-contre *f*

counterterrorism [ˌkaʊntə'terərɪzəm] (N) anti-terrorisme *m*

countess ['kaʊntɪs] (N) comtesse *f*

countless ['kaʊntlɪs] (ADJ) innombrable • **on ~ occasions** en d'innombrables occasions

country ['kʌntrɪ] 1 (N) ⓐ pays *m* • **to go to the ~** (*Brit* = *call election*) appeler le pays aux urnes

ⓑ (*as opposed to town*) campagne *f* • **in the ~** à la campagne • **there is some lovely ~ to the north** il y a de beaux paysages dans le nord • **the surrounding ~** la campagne environnante

ⓒ (= *region*) région *f* • **mountainous ~** région *f* montagneuse • **this is Brontë ~** c'est le pays des Brontë

2 (COMP) [*lifestyle*] campagnard ▸ **country-and-western** N (= *music*) musique *f* country ▸ **country club** N club *m* de loisirs (*à la campagne*) ▸ **country dance, country dancing** N danse *f* folklorique ▸ **country house** N manoir *m* ▸ **country music** N (musique *f*) country *m*

countryman ['kʌntrɪmæn] (N) (*pl* **-men**) (*also* **fellow countryman**) compatriote *m*; (*as opposed to town dweller*) habitant *m* de la campagne, campagnard *m*

countryside ['kʌntrɪsaɪd] (N) **the ~** la campagne

countrywide ['kʌntrɪwaɪd] (ADJ) à l'échelle nationale

countrywoman ['kʌntrɪwʊmən] (N) (*pl* **-women**) (*also* **fellow countrywoman**) compatriote *f*; (*as opposed to town dweller*) habitante *f* de la campagne, campagnarde *f*

county ['kaʊntɪ] 1 (N) comté *m* (*division administrative*) 2 (ADJ) (*Brit*) [*voice, accent*] aristocratique • **he's very ~** il fait très aristocratie terrienne 3 (COMP) ▸ **county court** N ≈ tribunal *m* de grande instance ▸ **county prison** N prison *f* centrale ▸ **county seat** (US), **county town** N chef-lieu *m*

coup [kuː] (N) coup *m* d'État; (= *achievement*) (beau) coup *m*

couple ['kʌpl] 1 (N) ⓐ couple *m* • **the ~ have no children** le couple n'a pas d'enfants ⓑ **a ~ of** deux • **I've seen him a ~ of times** je l'ai vu deux ou trois fois • **I did it in a ~ of hours** je l'ai fait en deux heures environ 2 (VT) ⓐ [+ *ideas, names*] associer ⓑ **~d with** ajouté à

couplet ['kʌplɪt] (N) distique *m*

coupon ['kuːpɒn] (N) (= *money-off voucher*) bon *m* de réduction; (= *form in newspaper, magazine*) bulletin-réponse *m*; (*for rationed product*) ticket *m* de rationnement

courage ['kʌrɪdʒ] (N) courage *m* • **to have the ~ of one's convictions** avoir le courage de ses opinions

courageous [kə'reɪdʒəs] (ADJ) courageux

courgette [kʊəˈʒet] (N) (*Brit*) courgette *f*
courier [ˈkʊrɪəʳ] (N) (*delivering mail*) coursier *m*, -ière *f*; (= *tourist guide*) guide *m*

> ⚠ **courier ≠ courrier**

course [kɔːs] 1 (N) ⓐ ▸ **of course** bien sûr • **did he do it? — of ~/of ~ not!** est-ce qu'il l'a fait ? — bien sûr/bien sûr que non ! • **can I take it? — of ~!** est-ce que je peux le prendre ? — bien sûr ! • **do you love him? — of ~ I do/of ~ I don't!** tu l'aimes ? — bien sûr/bien sûr que non !
ⓑ [*of life, events, time*] cours *m* • **in the normal ~ of events** en temps normal • **in the ~ of the conversation** au cours de la conversation • **in the ~ of the next few months** au cours des prochains mois • **in the ~ of time** avec le temps
ⓒ [*of river, war*] cours *m*; [*of ship*] route *f* • **on ~ for** en route pour; (*fig*) sur la voie de • **to change ~** changer de cap • **to change the ~ of history** changer le cours de l'histoire • **to get back on ~** [*ship*] reprendre son cap • **to go off ~** [*ship, plane*] dévier de son cap; (*fig*) faire fausse route • **to take a certain ~ of action** adopter une certaine ligne de conduite • **there are several ~s open to us** plusieurs possibilités s'offrent à nous • **the best ~ would be to leave at once** le mieux serait de partir immédiatement • **to let sth take its ~** laisser qch suivre son cours • **the illness has run its ~** la maladie a suivi son cours
ⓓ (= *lessons*) cours *m* • **to do a French ~** suivre des cours de français • **we were on the same ~** nous suivions le même cours • **he gave a ~ of lectures on Proust** il a donné une série de conférences sur Proust • **German ~** (= *book*) méthode *f* d'allemand
ⓔ (*Sport*) parcours *m*
ⓕ [*of meal*] plat *m* • **first ~** entrée *f* • **three ~ meal** repas *m* complet (*entrée, plat principal, dessert*)
ⓖ [*of injections*] série *f* • **~ of treatment** traitement *m* • **the doctor put her on a ~ of antibiotics** le médecin lui a donné un traitement antibiotique
2 (VI) [*water*] couler à flots
3 (COMP) ▸ **course book** N manuel *m* ▸ **course credit** N unité *f* d'enseignement *ou* de valeur ▸ **course work** N (*Univ*) contrôle *m* continu

> ⚠ **course** is not always translated by **cours**.

court [kɔːt] 1 (N) ⓐ [*of law*] cour *f*, tribunal *m* • **to take sb to ~ over** *or* **about sth** poursuivre qn en justice pour qch ⓑ [*of monarch*] cour *f* ⓒ (*Tennis*) court *m*; (*Basketball*) terrain *m* 2 (VT) [+ *woman*] faire la cour à; [+ *danger, defeat*] aller au-devant de 3 (VI) **they are ~ing**† ils sortent ensemble 4 (COMP) ▸ **court case** N procès *m*, affaire *f* ▸ **court of appeal** (*Brit*), **court of appeals** (*US*) N cour *f* d'appel ▸ **court order** N ordonnance *f* du tribunal ▸ **court shoe** N (*Brit*) escarpin *m*
courteous [ˈkɜːtɪəs] (ADJ) courtois (**towards** envers)
courtesy [ˈkɜːtɪsɪ] (N) courtoisie *f* • **by ~ of** avec la permission de ▸ **courtesy bus** N navette *f* gratuite ▸ **courtesy call** N visite *f* de politesse ▸ **courtesy car** N (*provided by insurance company, garage*) véhicule *m* de remplacement
courthouse [ˈkɔːthaʊs] (N) tribunal *m*
courtier [ˈkɔːtɪəʳ] (N) (= *man*) courtisan *m*; (= *woman*) dame *f* de la cour
court martial [ˈkɔːtˈmɑːʃəl] 1 (N) cour *f* martiale • **to be tried by ~** passer en cour martiale 2 (VT) **court-martial** traduire en conseil de guerre
courtroom [ˈkɔːtruːm] (N) salle *f* d'audience • **~ drama** drame *m* judiciaire
courtship [ˈkɔːtʃɪp] (N) **his ~ of her** la cour qu'il lui fait (*or faisait etc*) • **during their ~** au temps où ils sortaient ensemble ▸ **courtship display** N [*of birds, animals*] parade *f* nuptiale
courtyard [ˈkɔːtjɑːd] (N) cour *f*
couscous [ˈkuːskuːs] (N) couscous *m*
cousin [ˈkʌzn] (N) cousin(e) *m(f)*
couture [kuːˈtjʊə] (N) haute couture *f*
couturier [kuːˈtʊərɪeɪ] (N) grand couturier *m*
cove [kəʊv] (N) crique *f*; (*US*) vallon *m* encaissé
covenant [ˈkʌvɪnənt] (N) (= *agreement*) convention *f*; (*to pay*) engagement *m*
Coventry [ˈkɒvəntrɪ] (N) Coventry • **to send sb to ~*** (*Brit*) mettre qn en quarantaine

---

cover [ˈkʌvəʳ]

1 NOUN	3 COMPOUNDS
2 TRANSITIVE VERB	4 PHRASAL VERBS

1 NOUN
ⓐ (*for protection*) (*over furniture*) housse *f*; (*over merchandise, vehicle*) bâche *f*; [*of lens*] bouchon *m*; [*of book*] couverture *f*; (= *lid*) couvercle *m* • **to read a book from ~ to ~** lire un livre de la première à la dernière page • **under separate ~** sous pli séparé
ⓑ (*= bedcover*) dessus-de-lit *m inv* • **the ~s** (= *bedclothes*) les couvertures *fpl*
ⓒ (*= shelter*) abri *m* • **to break ~** [*animal*] débusquer; [*hunted person*] sortir à découvert • **to run for ~** courir se mettre à l'abri • **his critics are already running for ~** c'est déjà le sauve-qui-peut général parmi ses détracteurs • **to take ~** (= *shelter*) s'abriter • **to take ~ from the rain** se mettre à l'abri de la pluie
▸ **under cover** à l'abri • **to get under ~** se mettre à l'abri • **under ~ of darkness** à la faveur de la nuit
ⓓ (*Brit Insurance*) couverture *f* • **full ~** assurance *f* tous risques • **fire ~** assurance-incendie *f* • **the ~ ends on 5 July** le contrat d'assurances expire le 5 juillet
ⓔ (*= means of concealing*) couverture *f* • **the conference was a ~ for an illegal political gathering** la conférence servait de couverture à un rassemblement politique illégal • **to blow sb's ~** démasquer qn
ⓕ (*Music*) reprise *f*
2 TRANSITIVE VERB
ⓐ couvrir (**with** de); (*all over*) recouvrir (**with** de) • **he ~ed the paper with scribbles** il a couvert la page de gribouillages • **~ the bowl with clingfilm** recouvrir le saladier de film alimentaire • **a black patch ~ed his left eye** un bandeau noir recouvrait son œil gauche • **his face was ~ed with spots** son visage était couvert de boutons • **the walls were ~ed with posters** les murs étaient couverts d'affiches • **he ~ed his face with his hands** il a caché son visage dans ses mains • **to ~ one's tracks** brouiller les pistes • **the soldiers ~ed our retreat** les soldats ont couvert notre retraite • **his men kept him ~ed** ses hommes le couvraient • **he said that to ~ himself** il a dit cela pour se couvrir

▸ **to cover for** *or* **against sth** (*Insurance*) **it doesn't ~ you for** *or* **against flood damage** vous n'êtes pas couvert contre les dégâts des eaux • **it ~s for fire only** cela ne couvre que l'incendie • **what does your travel insurance ~ you for?** que couvre votre assurance voyage ?

ⓑ (*= point gun at*) braquer un revolver sur • **I've got you ~ed!** ne bougez pas ou je tire !

ⓒ (*+ opposing player*) marquer

ⓓ (*+ distance*) parcourir • **we ~ed 8km in two hours** nous avons parcouru 8 km en deux heures • **we ~ed 300 miles on one tank of petrol** nous avons fait 300 miles avec un plein d'essence • **to ~ a lot of ground** (*travelling*) faire beaucoup de chemin; (*= deal with many subjects*) traiter un large éventail de questions

ⓔ (*= be sufficient for*) couvrir • **$50 will ~ everything** 50 dollars suffiront (à couvrir toutes les dépenses) • **to ~ one's costs** rentrer dans ses frais

ⓕ (*= deal with*) traiter • **the book ~s the subject thoroughly** le livre traite le sujet à fond • **the course ~s nutrition and exercise** le stage traite de la nutrition et de l'exercice physique • **his speech ~ed most of the points raised** son discours a couvert la plupart des questions • **no law ~s a situation like that** aucune loi ne prévoit une telle situation

ⓖ (*Press*) couvrir • **he was sent to ~ the riots** on l'a envoyé couvrir les émeutes • **all the papers ~ed the story** tous les journaux ont couvert l'affaire

ⓗ (*Music*) reprendre • **to ~ a song** reprendre une chanson

3 COMPOUNDS

▸ **cover charge** N couvert *m* (*prix*) ▸ **cover letter** N (*US*) lettre *f* d'accompagnement ▸ **cover-mounted** ADJ [*cassette, CD*] donné en prime ▸ **cover note** N (*Brit*) attestation *f* provisoire d'assurance ▸ **cover-up** N **there's been a ~-up** on a tenté d'étouffer l'affaire ▸ **cover version** N reprise *f*

4 PHRASAL VERBS

▸ **cover for** VT INSEP ⓐ (*= protect*) [*+ person*] protéger; (*Insurance*) [*+ risk*] couvrir • **why would she ~ for him if he's trying to kill her?** pourquoi le protégerait-elle s'il veut la tuer ? ⓑ (*= stand in for*) remplacer

▸ **cover up** 1 VI ⓐ se couvrir ⓑ **to ~ up for sb** couvrir qn 2 VT SEP ⓐ [*+ object*] recouvrir; [*+ child*] couvrir ⓑ (*= hide*) dissimuler; [*+ affair*] étouffer

coverage ['kʌvərɪdʒ] (N) couverture *f* • **to give sth ~** assurer la couverture de qch • **the match got nationwide ~** le match a été retransmis dans tout le pays • **it got full-page ~ in the main dailies** les principaux quotidiens y ont consacré une page entière

covering ['kʌvərɪŋ] (N) (*= wrapping*) couverture *f*; (*for floor, walls*) revêtement *m*; (*= layer*) couche *f* ▸ **covering letter** N (*Brit*) lettre *f* d'accompagnement

covermount ['kʌvəmaʊnt] (N) *CD, vidéo etc donné avec un magazine*

covert ['kʌvət] (ADJ) [*operation, action, surveillance, support*] secret • **he gave her a ~ glance** il l'a regardée à la dérobée

covet ['kʌvɪt] (VT) (*frm*) convoiter

covetous ['kʌvɪtəs] (ADJ) avide

cow [kaʊ] 1 (N) ⓐ vache *f*; (*= female*) [*of elephant*] femelle *f* • **till the ~s come home*** jusqu'à la saint-glinglin* ⓑ (*pej = woman*)‡ vache* *f* • **she's a cheeky ~** elle est vachement* culottée • **stupid ~!** pauvre conne !‡ 2 (VT) [*+ person*] intimider

coward ['kaʊəd] (N) lâche *mf*

cowardice ['kaʊədɪs], **cowardliness** ['kaʊədlɪnɪs] (N) lâcheté *f*

cowardly ['kaʊədlɪ] (ADJ) lâche

cowboy ['kaʊbɔɪ] (N) cow-boy *m*; (*Brit pej*)* fumiste* *m* ▸ **cowboy boots** NPL santiags* *mpl* ▸ **cowboy hat** N chapeau *m* de cow-boy

cower ['kaʊəʳ] (VI) se recroqueviller

co-worker ['kəʊ'wɜːkəʳ] (N) collègue *mf*

co-working ['kəʊwɜːkɪŋ] (N) travail *m* partagé, coworking *m*

cowpat ['kaʊpæt] (N) bouse *f* (de vache)

cowshed ['kaʊʃed] (N) étable *f*

cox [kɒks] (N) barreur *m*

coxswain ['kɒksn] (N) [*of lifeboat*] homme *m* de barre

coy [kɔɪ] (ADJ) ⓐ (*= demure*) faussement timide • **to go (all) ~*** faire son (*or* sa) timide ⓑ (*= evasive*) évasif (**about sth** à propos de qch)

coyote [kɔɪ'əʊtɪ] (N) coyote *m*

cozy ['kəʊzɪ] (*US*) = **cosy**

CP [siː'piː] (N) (ABBR OF **Communist Party**)

CPA [ˌsiːpiː'eɪ] (N) (*US*) (ABBR OF **certified public accountant**) expert-comptable *mf*

CPR [ˌsiːpiː'ɑːr] (N) (ABBR OF **cardiopulmonary resuscitation**) réanimation *f* cardio-pulmonaire, respiration *f* artificielle

CPU [ˌsiːpiː'juː] (N) (ABBR OF **central processing unit**) UC *f*

CPVE [ˌsiːpiːviː'iː] (N) (*Brit*) (ABBR OF **Certificate of Pre-vocational Education**) *brevet technique*

crab [kræb] (N) crabe *m*; (*also* **crabapple**) pomme *f* sauvage; (*also* **crabapple tree**) pommier *m* sauvage

crabby ['kræbɪ] (ADJ) [*person*] revêche

crack [kræk] 1 (N) ⓐ (*= split, slit*) fissure *f*; (*in glass, pottery, bone*) fêlure *f*; (*in wall*) lézarde *f*; (*in skin*) crevasse *f* • **leave the window open a ~** laissez la fenêtre entrouverte • **at the ~ of dawn** aux aurores*

ⓑ (*= noise*) [*of twigs*] craquement *m*; [*of whip*] claquement *m*

ⓒ (*= sharp blow*) **to give sb a ~ on the head** assener un grand coup sur la tête de qn

ⓓ (*= joke*)* plaisanterie *f* • **that was a ~ at your brother** ça, c'était pour votre frère

ⓔ (*= try*)* **to have a ~ at doing sth** essayer de faire qch • **to have a ~ at** [*+ title, record*] essayer de décrocher* • **let's have a ~ at it** essayons voir • **I'll have a ~ at it** je vais essayer

ⓕ (*= drug*) crack *m*

2 (VT) ⓐ [*+ pottery, glass, bone*] fêler; [*+ nut*] casser • **to ~ one's skull** se fendre le crâne • **to ~ a safe*** percer un coffre-fort

ⓑ [*+ whip*] faire claquer

ⓒ **to ~ a joke*** raconter une blague

ⓓ [*+ code*] déchiffrer • **to ~ a case** résoudre une affaire

3 (VI) ⓐ [*pottery, glass*] se fêler; [*ground*] se fissurer; [*ice*] se craqueler

ⓑ [*whip*] claquer

ⓒ [*voice*] se casser

ⓓ (*Brit*)* **to get ~ing** s'y mettre* • **let's get ~ing!** au boulot !*

ⓔ [*person*] craquer*

4 (ADJ) [*sportsman, sportswoman*] de première classe • **a ~ shot** un excellent fusil

5 COMP ▸ **crack cocaine** N crack *m* ▸ **crack house** N crack-house *f* ▸ **crack-up*** N (*physical*) effondrement *m*; (*mental*) dépression *f* nerveuse

▸ **crack down on** VT INSEP [*+ person*] sévir contre; [*+ expenditure, sb's actions*] mettre un frein à

▸ **crack up*** 1 VI ⓐ (*mentally*) craquer* • **I must be ~ing up!** (*hum*) ça ne tourne plus rond chez moi !* ⓑ (*with laughter*) se tordre de rire 2 VT SEP ⓐ (*= distress*) foutre en l'air‡ ⓑ (*= amuse*) faire marrer‡ ⓒ **it's not all it's ~ed up to be*** ce n'est pas aussi sensationnel qu'on le dit

crackdown ['krækdaʊn] N ~ **on** mesures *fpl* énergiques contre

cracked [krækt] 1 ADJ ⓐ [*cup, window, mirror, tooth, bone, rib*] fêlé; [*sink, plaster, paintwork, glaze, rubber*] craquelé; [*wall, ceiling*] lézardé; [*lips*] gercé; [*skin*] crevassé ⓑ (*= mad*)* timbré* 2 COMP ▸ **cracked wheat** N blé *m* concassé

cracker ['krækəʳ] N ⓐ (*= biscuit*) cracker *m*, biscuit *m* salé ⓑ (*= firework*) pétard *m* ⓒ (*Brit: also* **Christmas cracker**) diablotin *m* ⓓ (*Brit*) **to be a ~*** être super*

crackers‡ ['krækəz] ADJ (*Brit*) cinglé*

cracking ['krækɪŋ] 1 ADJ ⓐ (*Brit*) **at a ~ speed** *or* **pace** à un train d'enfer* ⓑ (*Brit*)* vachement* bon 2 ADV (*Brit*)* ~ **good** vachement* bon

crackle ['krækl] N (*on telephone*) friture* *f*

crackpot* ['krækpɒt] (*pej*) 1 N cinglé(e)* *m(f)* 2 ADJ [*idea*] tordu*

Cracow ['krækaʊ] N Cracovie

cradle ['kreɪdl] 1 N berceau *m* 2 VT **to ~ a child (in one's arms)** bercer un enfant (dans ses bras) • **he ~d the telephone under his chin** il maintenait le téléphone sous son menton

craft [krɑːft] 1 N ⓐ (*= skill*) art *m*, métier *m*; (*= school subject*) travaux *mpl* manuels ⓑ (*pl inv*) (*= boat*) embarcation *f*; (*= plane*) appareil *m* ⓒ (*= cunning*) astuce *f*, ruse *f* (*pej*) 2 NPL **crafts** ⓐ (*= leisure activity*) loisirs *mpl* créatifs ⓑ (*= objects*) objets *mpl* artisanaux, artisanat *m* 3 VT **beautifully ~ed** d'une facture superbe 4 COMP ▸ **craft fair** N exposition-vente *f* d'artisanat

craftsman ['krɑːftsmən] N (*pl* **-men**) artisan *m*; (*= writer*) artiste *m*

craftsmanship ['krɑːftsmənʃɪp] N (*= artistry*) art *m* • **what ~!** quel travail ! • **a superb piece of ~** un travail superbe

crafty ['krɑːftɪ] ADJ malin (-igne *f*), rusé (*pej*) • **he's a ~ one*** c'est un malin • **that was a ~ move*** c'était très astucieux

crag [kræg] N rocher *m* escarpé

craggy ['krægɪ] ADJ ⓐ [*mountain*] escarpé; [*cliff, outcrop*] à pic ⓑ [*face, features*] taillé à la serpe

cram [kræm] 1 VT ⓐ [*+ object*] entasser (**into** dans) • **to ~ clothes into a case** entasser des vêtements dans une valise • **we can't ~ any more people into the hall/the bus** on ne peut plus faire entrer personne dans la salle/l'autobus • **we were all ~med into one room** nous étions tous entassés dans une seule pièce ⓑ [*+ place*] bourrer (**with** de) • **a drawer ~med with letters** un tiroir bourré de lettres 2 VI ⓐ [*people*] s'entasser • **they all ~med into the kitchen** tout le monde s'est entassé dans la cuisine ⓑ **to ~ for an exam** bachoter

cramp [kræmp] 1 N crampe *f* • **to have ~ in one's leg** avoir une crampe à la jambe 2 VT **to ~ sb's style*** faire perdre ses moyens à qn

cramped [kræmpt] ADJ (*= not spacious*) exigu (-guë *f*) • **to live in ~ conditions** être logé à l'étroit

crampon ['kræmpən] N crampon *m*

cranberry ['krænbərɪ] N airelle *f* ▸ **cranberry sauce** N sauce *f* aux airelles

crane [kreɪn] 1 N grue *f* 2 VT **to ~ one's neck** tendre le cou 3 COMP ▸ **crane driver, crane operator** N grutier *m*, -ière *f*

cranium ['kreɪnɪəm] N crâne *m*

crank [kræŋk] 1 N ⓐ (*Brit = person*)* excentrique *mf* ⓑ (*= handle*) manivelle *f* 2 VT (*also* **crank up**) [*+ car*] démarrer à la manivelle

▸ **crank out** VT produire (avec effort)

crankshaft ['kræŋkʃɑːft] N vilebrequin *m*

cranky* ['kræŋkɪ] ADJ (*= eccentric*) loufoque*; (*US*) (*= bad-tempered*) grincheux

cranny ['krænɪ] N fissure *f*

crap‡ [kræp] 1 N (*= nonsense*) conneries‡ *fpl*; (*= junk*) merde** *f* • **the film was ~** le film était complètement nul 2 ADJ merdique‡ 3 VI chier**

crappy‡ ['kræpɪ] ADJ merdique‡

crash [kræʃ] 1 N ⓐ (*= accident*) [*of car, aeroplane*] accident *m*; (*Comput*) plantage* *m* • **in a car/plane ~** dans un accident de voiture/d'avion • **we had a ~ on the way here** nous avons eu un accident en venant ici

ⓑ (*= noise*) fracas *m*

2 VI ⓐ [*aeroplane*] s'écraser (au sol); [*vehicle*] avoir un accident; [*two vehicles*] entrer en collision • **the cars ~ed at the junction** les voitures se sont percutées au croisement • **to ~ into sth** rentrer dans qch • **the car ~ed through the gate** la voiture a enfoncé la barrière

ⓑ [*bank, firm*] faire faillite • **the stock market ~ed** les cours de la Bourse se sont effondrés

ⓒ (*Comput*) planter*

3 VT ⓐ [*+ car*] avoir un accident avec • **he ~ed the plane** il s'est écrasé (au sol) • **to ~ the gears** faire craquer les vitesses

4 COMP ▸ **crash barrier** N (*Brit*) glissière *f* de sécurité ▸ **crash course** N cours *m* intensif ▸ **crash diet** N régime *m* draconien ▸ **crash helmet** N casque *m* ▸ **crash-land** VI faire un atterrissage forcé ♦ VT poser en catastrophe ▸ **crash landing** N atterrissage *m* forcé

▸ **crash out*** VI (*= sleep*) dormir; (*= collapse*) s'écrouler

crashing† ['kræʃɪŋ] ADJ **a ~ bore** un raseur de première*

crass [kræs] ADJ [*comment, behaviour, film, person*] grossier; [*stupidity*] crasse

crate [kreɪt] N [*of fruit*] cageot *m*; [*of bottles*] caisse *f*

crater ['kreɪtəʳ] N cratère *m*

crave [kreɪv] VT [*+ drink, tobacco*] avoir très envie de • **to ~ affection** avoir grand besoin d'affection

craving ['kreɪvɪŋ] N (*for drink, drugs, tobacco*) grande envie *f* (**for** de); (*for affection*) grand besoin *m* (**for** de)

crawl [krɔːl] 1 N ⓐ **we had to go at a ~** nous avons dû avancer au pas

ⓑ (*Swimming*) crawl *m* • **to do the ~** nager le crawl

2 VI ⓐ [*insect*] courir; [*person*] ramper; [*injured person*] se traîner • **to ~ on one's hands and knees** marcher à quatre pattes • **the baby has begun to ~** le bébé commence à marcher à quatre pattes • **to ~ to sb** ramper devant qn* • **to make sb's skin ~** donner la chair de poule à qn • **the street is ~ing* with police** la rue grouille de policiers

ⓑ [*vehicle*] avancer au pas

crawler ['krɔːlə^r] (N) (= *person*)* lécheur* *m*, -euse* *f*, lèche-bottes* *mf inv* ▸ **crawler lane** N (*Brit*) file *f or* voie *f* pour véhicules lents

crayfish ['kreɪfɪʃ] (N) (*pl* **crayfish**) (*freshwater*) écrevisse *f*; (= *lobster*) langouste *f*

crayon ['kreɪən] (N) (= *coloured pencil*) crayon *m* (de couleur); (*wax*) crayon *m*

craze [kreɪz] (N) engouement *m*

crazed [kreɪzd] (ADJ) (= *mad*) fou (folle *f*) (**with** de)

crazy ['kreɪzɪ] 1 (ADJ) ⓐ (= *mad*) fou (folle *f*) • **to go ~** devenir fou • **it's enough to drive you ~** c'est à vous rendre fou • **it was a ~ idea** c'était une idée folle

ⓑ (= *enthusiastic*)* fou (folle *f*) (**about sb/sth** de qn/qch) • **I'm not ~ about it** ça ne m'emballe* pas • **he's ~ about her** il est fou d'elle

ⓒ [*price, height*] fou (folle *f*); (*US* = *excellent*) super* • **the tower leant at a ~ angle** la tour penchait dangereusement

ⓓ **like ~*** comme un fou (*or* une folle)

2 (N) (= *mad person*) fou *m*, folle *f*

3 (COMP) ▸ **crazy golf** N (*Brit*) minigolf *m* ▸ **crazy paving** N dallage *m* irrégulier (*en pierres plates*)

CRB [ˌsiːɑːˈbiː] (N) (ABBR OF **Criminal Records Bureau**) brigade *f* anticriminalité, ≈ BAC *f*

CRE [ˌsiːɑːrˈiː] (N) (*Brit*) (ABBR OF **Commission for Racial Equality**) *commission pour l'égalité des races* → EOC, EEOC

creak [kriːk] 1 (VI) grincer 2 (N) grincement *m*

creaky ['kriːkɪ] (ADJ) ⓐ (= *noisy*) grinçant ⓑ (= *old*) vieillot

cream [kriːm] 1 (N) crème *f* • **single/double ~** (*Brit*) crème *f* fraîche liquide/épaisse • **the ~ of society** la fine fleur de la société • **chocolate ~** chocolat *m* fourré (à la crème) • **~ of tomato soup** velouté *m* de tomates

2 (ADJ) (= *cream-coloured*) crème *inv*; (= *made with cream*) à la crème

3 (VT) [+ *butter*] battre • **~ (together) the sugar and the butter** travailler le beurre en crème avec le sucre

4 (COMP) ▸ **cream cake** N gâteau *m* à la crème ▸ **cream cheese** N fromage *m* frais à tartiner ▸ **cream cracker** N (*Brit*) cracker *m* ▸ **creamed potatoes** N purée *f* de pommes de terre ▸ **cream of tartar** N crème *f* de tartre ▸ **cream puff** N chou *m* à la crème ▸ **cream soda** N boisson *f* gazeuse à la vanille ▸ **cream tea** N (*Brit*) *goûter où l'on sert du thé et des scones avec de la crème et de la confiture*

▸ **cream off** VT SEP [+ *talents*] sélectionner; [+ *profits*] ramasser

creamery ['kriːmərɪ] (N) laiterie *f*

creamy ['kriːmɪ] (ADJ) crémeux

crease [kriːs] 1 (N) (*made intentionally*) pli *m*; (*made accidentally*) faux pli *m*; (*on face*) ride *f* 2 (VT) (*accidentally*) froisser; (*intentionally*) plisser 3 (VI) se froisser • **his face ~d with laughter** le rire a plissé son visage 4 (COMP) ▸ **crease-resistant** ADJ infroissable

▸ **crease up*** (*Brit*) 1 VT SEP (= *amuse*) faire mourir de rire 2 VI (= *laugh*) être plié en quatre*

create [kriːˈeɪt] 1 (VT) créer; [+ *impression*] produire; [+ *noise*] faire • **to ~ a sensation** faire sensation • **two posts have been ~d** il y a eu deux créations de poste 2 (VI) (*Brit* = *make a fuss*)‡ faire une scène

creation [kriːˈeɪʃən] (N) création *f* • **this is my latest ~** voici ma dernière création

creationism [kriːˈeɪʃənɪzəm] (N) créationnisme *m*

creative [kriːˈeɪtɪv] 1 (ADJ) ⓐ (= *imaginative*) créatif; [*energy, power*] créateur (-trice *f*); [*process*] de création • **the ~ use of language** l'utilisation créative du langage • **~ toys** jouets *mpl* d'éveil ⓑ (= *original*) [*person*] inventif; [*solution*] ingénieux 2 (COMP) ▸ **creative accounting** N manipulations *fpl* comptables ▸ **creative writing** N **~ writing course** atelier *m* d'écriture

creativity [ˌkriːeɪˈtɪvɪtɪ] (N) créativité *f*

creator [kriˈeɪtə^r] (N) créateur *m*, -trice *f*

creature ['kriːtʃə^r] (N) créature *f* • **dumb ~s** les bêtes *fpl* • **sea ~s** les animaux *mpl* marins • **she's a lovely ~** c'est une ravissante créature • **to be a ~ of habit** avoir ses (petites) habitudes ▸ **creature comforts** NPL confort *m* matériel • **he likes his ~ comforts** il aime son petit confort

crèche [kreɪʃ] (N) (*Brit*) (*up to 3 years old*) crèche *f*; (*after 3 years old*) garderie *f*

cred* [kred] (N) crédibilité *f* → **street**

credence ['kriːdəns] (N) **to give** *or* **lend ~ to** ajouter foi à

credentials [krɪˈdenʃəlz] (NPL) (= *identifying papers*) pièce *f* d'identité; (= *references*) références *fpl* • **to establish one's democratic ~** prouver son attachement aux valeurs démocratiques

credibility [ˌkredəˈbɪlɪtɪ] (N) crédibilité *f* • **to lose ~** perdre sa crédibilité ▸ **credibility gap** N manque *m* de crédibilité

credible ['kredɪbl] (ADJ) crédible • **it is scarcely ~ that ...** on a du mal à croire que ...

credit ['kredɪt] 1 (N) ⓐ (*financial*) crédit *m* • **to give sb ~** faire crédit à qn • **"no ~"** « la maison ne fait pas crédit » • **to buy on ~** acheter à crédit • **in ~** [*account*] approvisionné • **his ~ with the electorate** son crédit auprès des électeurs

ⓑ (= *belief*) **he's got more sense than people give him ~ for** il a plus de bon sens qu'on ne le croit

ⓒ **it is to his ~** c'est tout à son honneur • **he is a ~ to his family** il fait honneur à sa famille • **the only people to emerge with any ~** les seuls à s'en sortir avec honneur • **to give sb ~ for doing sth** reconnaître que qn a fait qch • **to take (the) ~ for sth** s'attribuer le mérite de qch • **~ where ~'s due** il faut reconnaître ce que les gens font de bien

ⓓ (*at university*) unité *f* d'enseignement

2 (NPL) **credits** [*of film*] générique *m*

3 (VT) ⓐ (= *believe*) [+ *rumour, news*] croire • **you wouldn't ~ it** vous ne le croiriez pas

ⓑ **to ~ sb/sth with (having) certain powers** reconnaître à qn/qch certains pouvoirs • **to be ~ed with having done sth** passer pour avoir fait qch • **I ~ed him with more sense** je lui croyais plus de bon sens • **it is ~ed with (having) magical powers** on lui attribue des pouvoirs magiques

ⓒ **to ~ £50 to sb** *or* **to sb's account** créditer qn de 50 livres

4 (COMP) ▸ **credit card** N carte *f* de crédit ▸ **credit crunch** N crise *f* du crédit ▸ **credit hour** N ≈ unité *f* d'enseignement ▸ **credit limit** N limite *f* de crédit ▸ **credit note** N (*Brit*) avoir *m* ▸ **credit rating** N indice *m* de solvabilité ▸ **credit side** N **on the ~ side** au crédit ▸ **credit slip** N (*US*) = **credit note** ▸ **credit transfer** N virement *m*

creditable ['kredɪtəbl] (ADJ) honorable

creditor ['kredɪtə^r] (N) créancier *m*, -ière *f*

creditworthy ['kredɪtwɜːðɪ] (ADJ) solvable

credo ['kreɪdəʊ] (N) credo *m*

credulity [krɪˈdjuːlɪtɪ] (N) crédulité *f*

credulous ['kredjʊləs] (ADJ) crédule
creed [kri:d] (N) credo *m*
creek [kri:k] (N) ⓐ (*Brit*) (= *inlet*) crique *f* • **to be up the ~ (without a paddle)*** être dans le pétrin* ⓑ (*US*) (= *stream*) ruisseau *m*
creep [kri:p] (*pret, ptp* **crept**) **1** (VI) [*animal, person, plant*] ramper; (= *move silently*) se glisser • **to ~ in/out/away** entrer/sortir/s'éloigner à pas de loup • **to ~ up on sb** [*person*] s'approcher de qn à pas de loup; [*old age*] prendre qn par surprise • **the traffic crept along** les voitures avançaient au pas • **an error crept into it** une erreur s'y est glissée **2** (N) ⓐ **it gives me the ~s*** ça me donne la chair de poule ⓑ (*pej*) (= *person*) sale type* *m*
creeper ['kri:pəʳ] (N) (= *plant*) plante *f* rampante
creepy ['kri:pɪ] (ADJ) qui donne la chair de poule ▸ **creepy-crawly*** N (*pl* **creepy-crawlies**) petite bestiole *f*
cremate [krɪ'meɪt] (VT) incinérer
cremation [krɪ'meɪʃən] (N) crémation *f*
crematorium [ˌkremə'tɔ:rɪəm], **crematory** (*US*) ['kreməˌtɔ:rɪ] (N) crématorium *m*
crème de la crème ['kremdəlɑ:'krem] (N) **the ~** le dessus du panier, le gratin*
creole ['kri:əʊl] **1** (ADJ) créole **2** (N) **Creole** Créole *mf*
creosote ['krɪəsəʊt] (N) créosote *f*
crêpe [kreɪp] (N) (= *fabric*) crêpe *m* ▸ **crêpe bandage** N bande *f* Velpeau® ▸ **crêpe paper** N papier *m* crépon
crept [krept] (VB) *pt, ptp of* **creep**
crescendo [krɪ'ʃendəʊ] (N) (*pl* **crescendos**) crescendo *m inv*
crescent ['kresnt] **1** (N) ⓐ croissant *m* ⓑ (= *street*) rue *f* (*en arc de cercle*) **2** (COMP) ▸ **crescent moon** N croissant *m* de lune ▸ **crescent-shaped** ADJ en (forme de) croissant
cress [kres] (N) cresson *m*
crest [krest] **1** (N) ⓐ [*of bird, wave, mountain*] crête *f* • **he is on the ~ of the wave** tout lui réussit en ce moment ⓑ **the family ~** les armoiries *fpl* familiales **2** (VT) [+ *wave, hill*] franchir la crête de
crestfallen ['krestˌfɔ:lən] (ADJ) [*person*] déconfit • **to look ~** avoir l'air penaud
Crete [kri:t] (N) Crète *f* • **in ~** en Crète
cretin ['kretɪn] (N) crétin(e) *m(f)*
Creutzfeldt-Jakob disease [ˌkrɔɪtsfelt'jækɒbdɪˌzi:z] (N) maladie *f* de Creutzfeldt-Jakob
crevasse [krɪ'væs] (N) crevasse *f*
crevice ['krevɪs] (N) fissure *f*
crew [kru:] **1** (N) [*of plane, ship*] équipage *m*; (*making film, rowing boat*) équipe *f*; (= *group*) bande *f* **2** (VI) **to ~ for sb** être l'équipier de qn **3** (VT) [+ *yacht*] armer **4** (COMP) ▸ **crew cut** N **to have a ~ cut** avoir les cheveux en brosse ▸ **crew-neck sweater** N pull *m* ras du cou
crewman ['kru:mən] (N) (*pl* **-men**) équipier *m*
crib [krɪb] **1** (N) ⓐ (*Brit*) (*for infant*) berceau *m*; (*US*) (*for toddler*) lit *m* d'enfant; (= *nativity scene*) crèche *f* ⓑ (= *plagiarism*) plagiat *m*; (*at school*) antisèche* *f* **2** (VT) copier • **to ~ sb's work** copier sur qn **3** (COMP) ▸ **crib death** N (*US*) mort *f* subite du nourrisson ▸ **crib sheet** N antisèche *f*
cribbage ['krɪbɪdʒ] (N) *jeu de cartes*
crick [krɪk] **1** (N) crampe *f* • **~ in the neck** torticolis *m* • **~ in the back** tour *m* de reins **2** (VT) **to ~ one's neck** attraper un torticolis • **to ~ one's back** se faire un tour de reins

cricket ['krɪkɪt] **1** (N) ⓐ (= *insect*) grillon *m* ⓑ (*Sport*) cricket *m* **2** (ADJ) de cricket

CRICKET

Le **cricket** est souvent considéré comme un sport typiquement anglais, bien qu'il soit pratiqué dans toute la Grande-Bretagne et dans beaucoup de pays du Commonwealth. C'est surtout un sport d'été, dans lequel deux équipes de onze joueurs s'affrontent selon des règles assez complexes.

Comme le base-ball aux États-Unis, ce sport a fourni à la langue courante un certain nombre d'expressions imagées, parmi lesquelles «a sticky wicket» (une situation difficile); «to knock someone for six» (démolir qn); «to be stumped» (sécher) et le fameux «it's not **cricket**» (cela ne se fait pas, ce n'est pas correct).

cricketer ['krɪkɪtəʳ] (N) joueur *m* de cricket
crikey* ['kraɪkɪ] (EXCL) (*Brit*) mince (alors)!
crime [kraɪm] (N) crime *m* • **minor ~** délit *m* • **a life of ~** une vie de criminel • **~ is on the increase** il y a un accroissement de la criminalité • **it would be a ~ to make him do it*** ce serait un crime de le forcer à le faire ▸ **crime of passion** N crime *m* passionnel ▸ **crime prevention** N prévention *f* de la criminalité ▸ **crime scene** N lieu *m* du crime ▸ **crime wave** N vague *f* de criminalité ▸ **crime writer** N auteur *m* de romans policiers
criminal ['krɪmɪnl] **1** (N) criminel *m*, -elle *f* **2** (ADJ) [*action, motive*] criminel • **a ~ waste of resources** un gaspillage criminel des ressources **3** (COMP) ▸ **criminal court** N cour *f* d'assises ▸ **criminal law** N droit *m* pénal ▸ **criminal offence** N délit *m* • **it's a ~ offence to do that** c'est un crime puni par la loi ▸ **criminal record** N casier *m* judiciaire • **he hasn't got a ~ record** il a un casier judiciaire vierge

criminel ends in **-el** instead of **-al**.

criminalize ['krɪmɪnəlaɪz] (VT) criminaliser
criminology [ˌkrɪmɪ'nɒlədʒɪ] (N) criminologie *f*
crimp [krɪmp] **1** (VT) ⓐ [+ *pastry*] pincer ⓑ (*US*) (= *reduce*) gêner **2** (N) (*US*) (= *person*) raseur* *m*, -euse* *f* • **to put a ~ in ...** être un handicap pour ...
crimson ['krɪmzn] (ADJ, N) cramoisi *m*
cringe [krɪndʒ] (VI) (= *shrink back*) avoir un mouvement de recul (**from** devant); (= *humble o.s.*) ramper (**before** devant) • **it makes me ~*** ça me hérisse
crinkle ['krɪŋkl] **1** (VI) [*eyes*] se plisser **2** (N) pli *m*
cripple ['krɪpl] **1** (N) (*offensive*) (= *lame*) estropié(e) *m(f)*; (= *disabled*) infirme *mf* • **he's an emotional ~** il est complètement bloqué sur le plan affectif **2** (VT) ⓐ estropier ⓑ [+ *production*] paralyser • **the club was ~d by lack of funds** le club manquait cruellement de fonds
crippled [krɪpld] (ADJ) ⓐ (= *physically disabled*) infirme • **the bomb blast left her ~** l'explosion l'a rendue infirme • **~ for life** handicapé à vie • **~ with arthritis** perclus d'arthrite • **~ with debt** criblé de dettes • **emotionally ~** affectivement très perturbé ⓑ [*ship*] désemparé
crippling ['krɪplɪŋ] (ADJ) ⓐ [*disease, illness, injury*] invalidant ⓑ [*pain, inflation, strike, effect*] paralysant; [*debt, cost*] écrasant • **a ~ blow** un coup dur
crisis ['kraɪsɪs] (N) (*pl* **crises** ['kraɪsi:z]) crise *f* • **to reach ~ point** atteindre un point critique • **we've got a ~ on our**

hands nous sommes dans une situation critique • **the first oil ~** le premier choc pétrolier ▸ **crisis management** N gestion *f* de crise

crisp [krɪsp] 1 ADJ (a) *[apple, salad]* croquant; *[biscuit, pastry, bacon]* croustillant (b) *[shirt, fabric]* tout propre (c) *(= refreshing)* **it was a lovely ~ morning** il faisait beau et froid ce matin-là (d) *(= clear) [picture]* net; *[voice, sound]* clair; *[style]* précis (e) *(= succinct) [writing, style]* épuré; *[phrase]* vif (f) *(= brisk) [tone, voice, comment]* sec (sèche *f*)
2 N *(Brit)* **(potato) ~s** (pommes) chips *fpl*

crispbread [ˈkrɪspbred] N pain *m* grillé suédois

crispy [ˈkrɪspɪ] ADJ croustillant

criss-cross [ˈkrɪskrɒs] 1 ADJ *[lines]* entrecroisées • **in a ~ pattern** en croisillons 2 VT entrecroiser (**by** de) 3 VI *[lines]* s'entrecroiser

criterion [kraɪˈtɪərɪən] N (*pl* **criteria** [kraɪˈtɪərɪə]) critère *m*

critic [ˈkrɪtɪk] N critique *m* • **film ~** critique *m* de cinéma • **he's a fierce ~ of the government** il est très critique à l'égard du gouvernement

critical [ˈkrɪtɪkəl] 1 ADJ (a) *(= important)* crucial (**for** *or* **to** pour) • **it was ~ for him to gain their support** il était crucial pour lui d'obtenir leur soutien
(b) *(= decisive)* critique • **at a ~ stage** dans une phase critique • **of ~ importance** d'une importance décisive
(c) *[patient]* dans un état critique • **in a ~ condition** • **on the ~ list** dans un état critique • **to be off the ~ list** être dans un état stable
(d) *(= censorious)* critique (**of sb/sth** à l'égard de qn/qch) • **~ remark** critique *f*
(e) *[study, writings, edition]* critique • **to be a ~ success** connaître un succès critique
2 COMP ▸ **critical mass** N masse *f* critique; *(fig)* point *m* critique

critically [ˈkrɪtɪkəlɪ] ADV (a) *(= crucially)* **to be ~ important** être d'une importance capitale • **a ~ important moment** un moment critique • **to be (running) ~ low on sth** manquer sérieusement de qch • **books are in ~ short supply** on manque sérieusement de livres (b) *[ill, injured]* gravement (c) *[speak, say]* sévèrement (d) *[study, examine, watch]* d'un œil critique (e) **~ acclaimed** salué par la critique

criticism [ˈkrɪtɪsɪzəm] N critique *f* • **the decision is open to ~** cette décision est critiquable

criticize [ˈkrɪtɪsaɪz] VT *[+ behaviour, person]* critiquer • **I don't want to ~, but** je ne veux pas avoir l'air de critiquer, mais

critique [krɪˈtiːk] N critique *f*

critter* [ˈkrɪtəʳ] N *(US)* créature *f*; *(= animal)* bête *f*

croak [krəʊk] 1 VI *[frog]* coasser; *[person]* parler d'une voix rauque; *(due to sore throat)* parler d'une voix enrouée
2 VT dire d'une voix rauque; *(due to sore throat)* dire d'une voix enrouée • **"help" he ~ed feebly** « au secours » appela-t-il d'une voix rauque

croaky [ˈkrəʊkɪ] ADJ *[voice]* rauque; *(due to sore throat)* enroué

Croat [ˈkrəʊæt] N Croate *mf*

Croatia [krəʊˈeɪʃɪə] N Croatie *f*

Croatian [krəʊˈeɪʃɪən] ADJ croate

crochet [ˈkrəʊʃeɪ] 1 N (*also* **crochet work**) crochet *m* 2 VT *[+ garment]* faire au crochet 3 VI faire du crochet

crock [krɒk] N (a) *(= pot)* cruche *f* (b) **he's an old ~*** c'est un croulant*

crockery [ˈkrɒkərɪ] N *(Brit)* vaisselle *f*

crocodile [ˈkrɒkədaɪl] 1 N (a) crocodile *m* (b) *(Brit) [of people]* file *f* (en rangs par deux) • **to walk in a ~** aller deux par deux 2 COMP *[shoes, handbag]* en crocodile, en croco* ▸ **crocodile clip** N pince *f* crocodile ▸ **crocodile tears** NPL larmes *fpl* de crocodile

crocus [ˈkrəʊkəs] N (*pl* **crocuses**) crocus *m*

Croesus [ˈkriːsəs] N **as rich as ~** riche comme Crésus

croft [krɒft] N petite exploitation *f* agricole

crofter [ˈkrɒftəʳ] N petit exploitant *m* agricole

crone [krəʊn] N vieille bique* *f*

crony* [ˈkrəʊnɪ] N copain* *m*, copine* *f*

crook [krʊk] 1 N (a) *(= criminal)** escroc *m* (b) *[of shepherd]* houlette *f*; *[of bishop]* crosse *f* (c) *[of arm]* creux *m* 2 VT *[+ one's finger]* recourber; *[+ one's arm]* plier

crooked [ˈkrʊkɪd] 1 ADJ (a) *[line, stick, back]* tordu; *[nose, tooth, picture, tie]* de travers (b) *(= dishonest)** *[person, business]* véreux; *[deal, method]* malhonnête 2 ADV* de travers

croon [kruːn] VTI *(= sing softly)* fredonner; *(in show business)* chanter *(en crooner)*

crop [krɒp] 1 N (a) *(= produce)* produit *m* agricole; *(= harvest)* récolte *f*; *[of problems, questions]* série *f* • **the ~s** *(at harvest time)* la récolte • **one of the basic ~s** l'une des cultures de base • **we had a good ~ of strawberries** la récolte de fraises a été bonne • **to get the ~s in** rentrer les récoltes
(b) *(Hairdressing)* **to give sb a (close) ~** couper ras les cheveux de qn • **Eton ~** coupe *f* à la garçonne
2 VT (a) *[animals] [+ grass]* brouter
(b) *[+ tail]* écourter; *[+ hair]* tondre • **~ped hair** cheveux *mpl* coupés ras
(c) *[+ photograph]* recadrer
3 VI **to ~ well** *[plant]* bien donner
4 COMP ▸ **crop circle** N cercle *m* dans les blés ▸ **crop sprayer** N *(= device)* pulvérisateur *m*; *(= plane)* avion-pulvérisateur *m* ▸ **crop top** N T-shirt (court et ajusté)
▸ **crop up** VI *[problems]* se présenter • **the subject ~ped up during the conversation** le sujet a été amené au cours de la conversation • **something's ~ped up and I can't come** j'ai un contretemps, je ne pourrai pas venir

cropper* [ˈkrɒpəʳ] N **to come a ~** *(= fall)* se casser la figure*; *(= fail in attempt)* se planter*

croquet [ˈkrəʊkeɪ] N croquet *m*

croquette [krəʊˈket] N croquette *f* • **potato ~** croquette *f* de pommes de terre

cross [krɒs] 1 N (a) *(= mark, emblem)* croix *f* • **to mark/sign with a ~** marquer/signer d'une croix • **the Cross** la Croix
(b) *(= mixture)* hybride *m* • **~ between two different breeds** croisement *m* de deux races différentes • **it's a ~ between a novel and a poem** cela tient du roman et du poème
(c) *[of material]* biais *m* • **a skirt cut on the ~** une jupe en biais
(d) *(Sport)* **to hit a ~ to sb** faire une longue passe en diagonale à qn
2 ADJ (a) *(= angry)* en colère • **to be ~ with sb** être en colère contre qn • **it makes me ~ when ...** cela me met en colère quand ... • **to get ~ with sb** se mettre en colère contre qn • **don't be ~ with me** il ne faut pas m'en vouloir
(b) *(= traverse, diagonal)* transversal, diagonal
3 VT (a) *[+ room, street, sea, river, bridge]* traverser; *[+ threshold, border]* franchir • **the bridge ~es the river here** c'est ici que le pont franchit la rivière • **it ~ed**

my mind that ... il m'est venu à l'esprit que ... • **to ~ cultures** [*idea, practice*] passer d'une culture à l'autre
ⓑ **to ~ one's arms/legs** croiser les bras/les jambes • **they've got their lines ~ed*** (*Brit*) il y a un malentendu quelque part
ⓒ **to ~ o.s.** se signer • **~ my heart (and hope to die)!*** croix de bois, croix de fer(, si je mens je vais en enfer)!*
ⓓ (= *thwart*) [+ *person*] contrecarrer les projets de; [+ *plans*] contrecarrer • **~ed in love** malheureux en amour
ⓔ (= *crossbreed*) [+ *animals, plants*] croiser (**with** avec)
4 VI ⓐ **to ~ from one place to another** passer d'un endroit à un autre • **to ~ from Newhaven to Dieppe** faire la traversée de Newhaven à Dieppe
ⓑ [*letters, paths*] se croiser
5 COMP ▸ **cross-border** ADJ transfrontalier ▸ **cross-Channel ferry** N ferry *m* trans-Manche ▸ **cross-check** VT [+ *facts*] vérifier par recoupement ▸ **cross-country** ADJ à travers champs • **~-country race** *or* **running** cross *m* • **~-country skiing** ski *m* de fond ▸ **cross-cultural** ADJ interculturel ▸ **cross-current** N contre-courant *m* ▸ **cross-dress** VI se travestir ▸ **cross-examination** N contre-interrogatoire *m* ▸ **cross-examine** VT interroger (de façon serrée); (*in court*) faire subir un contre-interrogatoire à ▸ **cross-eyed** ADJ qui louche • **to be ~-eyed** loucher ▸ **cross-fertilize** VT croiser ▸ **cross-legged** ADV [*sit*] en tailleur ▸ **cross-party** ADJ inter-partis ▸ **cross-platform** ADJ multiplateforme ▸ **cross-purposes** NPL **to be at ~-purposes with sb** (= *misunderstand*) comprendre qn de travers • **I think we are at ~-purposes** je crois que nous nous sommes mal compris • **we were talking at ~-purposes** il y avait un quiproquo ▸ **cross-question** VT faire subir un interrogatoire à ▸ **cross-reference** N renvoi *m* (**to** à) ♦ VT renvoyer ▸ **cross section** N (= *sample*) échantillon *m*
▸ **cross off** VT SEP [+ *item on list*] rayer
▸ **cross out** VT SEP [+ *word*] barrer
▸ **cross over** VI traverser

crossbar ['krɒsbɑːʳ] N (*Rugby*) barre *f* transversale; [*of bicycle*] barre *f*

crossbow ['krɒsbəʊ] N arbalète *f*

crossbreed ['krɒsbriːd] 1 N (= *animal*) hybride *m* 2 VT (*pret, ptp* **crossbred**) croiser

crossfire ['krɒsfaɪəʳ] N feux *mpl* croisés • **to be caught in the ~** (*fig*) être pris entre deux feux

crossing ['krɒsɪŋ] 1 N ⓐ (*by sea*) traversée *f* ⓑ (= *road junction*) croisement *m*; (*also* **pedestrian crossing**) passage *m* clouté • **cross at the ~** traversez sur le passage clouté 2 COMP ▸ **crossing point** N point *m* de passage; [*of river*] gué *m*

crossly ['krɒslɪ] ADV avec (mauvaise) humeur

crossover ['krɒsəʊvəʳ] N (*Music, Literature, Art*) mélange *m* de genres • **a jazz-rap ~** un mélange de jazz et de rap

crossroads ['krɒsrəʊdz] NPL croisement *m* • **to be at a ~** (*fig*) être à la croisée des chemins

crosswalk ['krɒswɔːk] N (*US*) passage *m* clouté

crosswind ['krɒswɪnd] N vent *m* de travers

crosswise ['krɒswaɪz] ADV (= *across*) en travers; (= *diagonally*) en diagonale

crossword ['krɒswɜːd] N (*also* **crossword puzzle**) mots *mpl* croisés

crotch [krɒtʃ] N [*of body, tree*] fourche *f*; [*of garment*] entrejambe *m* • **a kick in the ~** un coup de pied entre les jambes

crotchet ['krɒtʃɪt] N (*Brit*) noire *f*

crotchety ['krɒtʃɪtɪ] ADJ grincheux

crouch [kraʊtʃ] VI (*also* **crouch down**) [*person, animal*] s'accroupir; (*before springing*) se ramasser

croupier ['kruːpɪeɪ] N croupier *m*

crouton ['kruːtɒn] N croûton *m*

crow [krəʊ] 1 N corneille *f* • **as the ~ flies** à vol d'oiseau • **to make sb eat ~*** (*US*) faire ravaler ses paroles à qn
2 VI ⓐ [*cock*] chanter ⓑ [*victor*] chanter victoire • **it's nothing to ~ about** il n'y a pas de quoi pavoiser 3 COMP ▸ **crow's feet** NPL pattes *fpl* d'oie (*rides*)

crowbar ['krəʊbɑːʳ] N pince *f* monseigneur

crowd [kraʊd] 1 N ⓐ foule *f*; (*disorderly*) cohue *f* • **to get lost in the ~** se perdre dans la foule • **a large ~ had gathered** une foule immense s'était assemblée • **there was quite a ~** il y avait foule • **~s of people** une foule de gens • **to follow the ~** suivre le mouvement
ⓑ (= *group, circle*)* bande *f* • **the usual ~** la bande habituelle
2 VI **they ~ed into the small room** ils se sont entassés dans la petite pièce • **don't all ~ together** ne vous serrez donc pas comme ça • **they ~ed round to see ...** ils ont fait cercle pour voir ... • **they ~ed round him** ils se pressaient autour de lui • **to ~ in** entrer en foule
3 VT (= *push*) [+ *objects*] entasser (**into** dans); (= *jostle*) [+ *person*] bousculer • **pedestrians ~ed the streets** les piétons se pressaient dans les rues • **don't ~ me** ne poussez pas • **the houses are ~ed together** les maisons sont les unes sur les autres • **the house was ~ed with furniture** la maison était encombrée de meubles • **a house ~ed with guests** une maison pleine d'invités • **a week ~ed with incidents** une semaine riche en incidents
4 COMP ▸ **crowd-pleaser** N **to be a ~-pleaser** plaire aux foules ▸ **crowd-puller*** N grosse attraction *f* • **to be a real ~-puller** attirer les foules
▸ **crowd out** VT SEP **the place was ~ed out** c'était bondé

crowded ['kraʊdɪd] ADJ ⓐ [*room, street, train, beach*] bondé • **the place is getting ~** il commence à y avoir trop de monde • **the people live ~ together** les gens vivent les uns sur les autres • **~ with people** plein de monde
ⓑ [*city, area*] surpeuplé • **it is a very ~ profession** c'est une filière très encombrée ⓒ (= *packed with things*) [*place*] plein à craquer ⓓ (= *busy*) [*agenda, day*] chargé; [*life*] bien rempli

crowdfunding ['kraʊdfʌndɪŋ] N financement *m* participatif

crowdsource ['kraʊdsɔːs] VT avoir recours au crowdsourcing *or* à la communauté des internautes pour

crowdsourcing ['kraʊdsɔːsɪŋ] N production *f* participative, externalisation *f* ouverte

crown [kraʊn] 1 N ⓐ couronne *f* • **~ of thorns** couronne *f* d'épines • **to succeed to the ~** monter sur le trône • **the Crown** (= *prosecution*) la Couronne, ≈ le Ministère public
ⓑ [*of hill*] faîte *m*; [*of hat*] fond *m* • **the ~ (of the head)** le sommet de la tête • **the ~ of the road** le milieu de la route
ⓒ (*for tooth*) couronne *f*
2 VT couronner (**with** de); [+ *tooth*] mettre une couronne à • **he was ~ed king** il fut couronné roi • **his work was ~ed with success** son travail a été couronné de succès • **the hill is ~ed with trees** la colline est

C

couronnée d'arbres • **to ~ it all*** **it began to snow** pour couronner le tout, il s'est mis à neiger
3 (COMP) ▸ **Crown court** N Cour *f* d'assises (*en Angleterre et au Pays de Galles*) ▸ **crown jewels** NPL joyaux *mpl* de la couronne ▸ **crown prince** N prince *m* héritier ▸ **Crown Prosecution Service** N (*Brit*) ≈ Ministère *m* public (*qui décide si les affaires doivent être portées devant les tribunaux*) ▸ **crown prosecutor** N ≈ procureur *mf* de la République

crowning ['kraʊnɪŋ] (ADJ) [*achievement, moment*] suprême • **his ~ glory** son plus grand triomphe

crucial ['kruːʃəl] (ADJ) crucial • **~ to** *or* **for sb/sth** crucial pour qn/qch • **it is ~ that ...** il est essentiel que ... + *subj* • **to play a ~ role in sth** jouer un rôle capital dans qch

crucially ['kruːʃəlɪ] (ADV) [*influence, affect*] d'une manière décisive • **~ important** d'une importance cruciale

crucifix ['kruːsɪfɪks] (N) crucifix *m*; (*at roadside*) calvaire *m*

crucifixion [ˌkruːsɪ'fɪkʃən] (N) crucifiement *m* • **the Crucifixion** la crucifixion

crucify ['kruːsɪfaɪ] (VT) crucifier • **he'll ~ me*** **when he finds out!** il va m'étrangler quand il saura !

crude [kruːd] **1** (ADJ) **a** (= *vulgar*) grossier **b** (= *rudimentary*) rudimentaire; [*drawing*] schématique • **a ~ kind of ...** une forme grossière de ... • **a ~ method of doing sth** une façon rudimentaire de faire qch **2** (N) brut *m* **3** (COMP) ▸ **crude oil** N pétrole *m* brut

crudely ['kruːdlɪ] (ADV) **to put it ~** pour dire les choses crûment

cruel ['krʊəl] (ADJ) cruel (**to sb** avec qn) • **it was a ~ blow to his pride** sa fierté en a pris un coup*

cruelty ['krʊəltɪ] (N) cruauté *f* (**to** envers) • **divorce on the grounds of ~** divorce *m* pour sévices • **mental ~** cruauté *f* mentale

cruet ['kruːɪt] (N) (*Brit: also* **cruet set, cruet stand**) service *m* à condiments

cruise [kruːz] **1** (VI) **a** [*fleet, ship*] croiser • **my parents are cruising in the Pacific** mes parents sont en croisière dans le Pacifique **b** [*cars*] rouler; [*aircraft*] voler • **the car was cruising (along) at 120km/h** la voiture faisait 120 km/h sans effort • **to ~ to victory** remporter la victoire haut la main **c** [*taxi*] être en maraude; [*patrol car*] patrouiller • **a cruising taxi** un taxi en maraude **d** (= *look for pick-up*)* draguer* **2** (N) croisière *f* • **to go on a ~** partir en croisière **3** (COMP) ▸ **cruise missile** N missile *m* de croisière

cruiser ['kruːzə^r] (N) (= *warship*) croiseur *m*; (= *cabin cruiser*) bateau *m* de croisière

crumb [krʌm] (N) miette *f* • **~s of information** bribes *fpl* d'information • **a ~ of comfort** un brin de réconfort • **~s!*** zut !*

crumble ['krʌmbl] **1** (VT) [+ *bread*] émietter **2** (VI) [*buildings*] tomber en ruines; [*earth, rocks*] s'ébouler; [*bread*] s'émietter; [*hopes, economy*] s'effondrer; [*person*] se laisser abattre **3** (N) (*Brit*) (= *dessert*) crumble *m* • **apple ~** crumble aux pommes

crumbly ['krʌmblɪ] (ADJ) friable

crummy*, **crumby*** ['krʌmɪ] (ADJ) [*hotel, town, job, film*] minable • **what a ~ thing to do!** c'est minable de faire ça !

crumpet ['krʌmpɪt] (N) (*Brit*) petite crêpe *f* épaisse

crumple ['krʌmpl] **1** (VT) froisser; (*also* **crumple up**) chiffonner • **he ~d the paper (up) into a ball** il a fait une boule de la feuille de papier **2** (VI) se froisser • **her features ~d when she heard the news** son visage s'est décomposé quand elle a appris la nouvelle

crunch [krʌntʃ] **1** (VT) **a** (*with teeth*) croquer **b** (*underfoot*) faire craquer **c** **to ~ numbers** [*computer*] traiter des chiffres à grande vitesse **2** (VI) **he ~ed across the gravel** le gravier crissait sous ses pas **3** (N) **a** (= *sound of teeth*) coup *m* de dents; [*of broken glass*] craquement *m*; [*of gravel*] crissement *m* **b** (= *moment of reckoning*) **the ~*** l'instant *m* critique • **when it comes to the ~ he ...** dans une situation critique, il ...

crunchy ['krʌntʃɪ] (ADJ) [*foods*] croquant

crusade [kruː'seɪd] **1** (N) croisade *f* **2** (VI) partir en croisade

crusader [kruː'seɪdə^r] (N) militant(e) *m(f)* (**for** en faveur de, **against** en guerre contre); (*during the Crusades*) croisé *m*

crush [krʌʃ] **1** (N) **a** (= *crowd*) cohue *f* • **he was lost in the ~** il était perdu dans la cohue **b** **to have a ~ on sb*** avoir le béguin* pour qn **2** (VT) **a** (= *compress*) écraser; [+ *ice*] piler • **to ~ to a pulp** réduire en pulpe **b** [+ *clothes*] froisser • **we were very ~ed in the car** nous étions très tassés dans la voiture **c** (= *overwhelm*) écraser; [+ *hope*] détruire; (= *snub*) remettre à sa place **3** (VI) **a** se serrer • **they ~ed into the car** ils se sont entassés dans la voiture **b** [*clothes*] se froisser

crushing ['krʌʃɪŋ] (ADJ) [*defeat, victory*] écrasant; [*news*] accablant; [*blow, disappointment*] terrible; [*remark, reply*] cinglant

crust [krʌst] **1** (N) croûte *f* • **a thin ~ of ice** une fine couche de glace • **the earth's ~** la croûte terrestre **2** (VT) **~ed snow** neige *f* croûtée • **~ed with mud** couvert d'une croûte de boue

crustacean [krʌs'teɪʃən] (N) crustacé *m*

crusty ['krʌstɪ] (ADJ) [*loaf, roll*] croustillant

crutch [krʌtʃ] (N) **a** (= *support*) béquille *f* • **he gets about on ~es** il marche avec des béquilles • **alcohol is a ~ for him** l'alcool l'aide à vivre **b** (= *crotch*) fourche *f*; [*of trousers*] entrejambe *m*

crux [krʌks] (N) point *m* crucial; [*of problem*] cœur *m*, centre *m* • **the ~ of the matter** le cœur du problème

cry [kraɪ] **1** (N) **a** (= *loud shout*) cri *m* • **to give a ~** pousser un cri • **he heard a ~ for help** il a entendu crier au secours
▸ **in full cry** **they are in full ~ against the Prime Minister** ils s'acharnent sur le Premier ministre • **the newspapers are in full ~ over the scandal** les journaux ne parlent plus que de ce scandale
b (= *watchword*) slogan *m*
c (= *weep*) **she had a good ~*** elle a pleuré un bon coup*
2 (VT) **a** (= *shout out*) crier • **"here I am", he cried** « me voici » cria-t-il • **to ~ shame** crier au scandale • **to ~ wolf** crier au loup
b **to ~ o.s. to sleep** s'endormir en pleurant • **to ~ one's eyes out** pleurer toutes les larmes de son corps
3 (VI) **a** (= *weep*) pleurer (**about, over** sur) • **to ~ with rage** pleurer de rage • **we laughed till we cried** nous avons ri aux larmes • **he was ~ing for his mother** il pleurait en réclamant sa mère • **I'll give him something to ~ for!*** je vais lui apprendre à pleurnicher ! • (PROV) **it's no use ~ing over spilt milk** ce qui est fait est fait
b (= *call out*) pousser un cri (*or* des cris) • **he cried (out) with pain** il a poussé un cri de douleur • **to ~ for help** crier au secours • **to ~ for mercy** crier miséricorde • **to ~ foul** crier à l'injustice
▸ **cry off** VI (*Brit*) (*from meeting*) se décommander; (*from promise*) se dédire
▸ **cry out** VI crier • **to ~ out to sb** appeler qn en criant • **the door is ~ing out for a coat of paint*** la porte a bien besoin d'une couche de peinture

crying ['kraɪɪŋ] ADJ ~ **need for sth** besoin urgent de qch • **it's a ~ shame** c'est vraiment honteux
cryogenics [ˌkraɪə'dʒenɪks] N cryogénie *f*
crypt [krɪpt] N crypte *f*
cryptic ['krɪptɪk] ADJ (= *mysterious*) sibyllin; (= *terse*) laconique
cryptocurrency ['krɪptəʊˌkʌrənsɪ] N cryptomonnaie *f*, cryptodevise *f*
cryptogram ['krɪptəʊgræm] N cryptogramme *m*
crystal ['krɪstl] 1 N cristal *m* • **salt ~s** cristaux *mpl* de sel 2 COMP [*vase*] de *or* en cristal ▸ **crystal ball** N boule *f* de cristal ▸ **crystal-clear** ADJ clair comme de l'eau de roche • **they made it ~-clear that ...** ils ont clairement fait comprendre que ... ▸ **crystal meth** N méthamphétamine *f* (en cristaux), cristal meth *m*
crystallize ['krɪstəlaɪz] 1 VI se cristalliser 2 VT cristalliser 3 COMP ▸ **crystallized fruits** NPL fruits *mpl* confits
CSA [ˌsiːes'eɪ] N (*Brit*) (ABBR OF **Child Support Agency**)
CS gas [ˌsiːes'gæs] N (*Brit*) gaz *m* CS
CT (ABBR OF **Connecticut**)
cub [kʌb] N ⓐ [*of animal*] petit *m* ⓑ (*also* **cub scout**) louveteau *m*
Cuba ['kjuːbə] N Cuba *f or m* • **in ~** à Cuba
Cuban ['kjuːbən] 1 ADJ cubain 2 N Cubain(e) *m(f)*
cubbyhole ['kʌbɪhəʊl] N cagibi *m*
cube [kjuːb] 1 N cube *m* 2 VT [+ *meat, vegetables*] couper en cubes
cubic ['kjuːbɪk] ADJ [*centimetre, metre*] cube; (*in shape*) cubique • **~ capacity** volume *m*
cubicle ['kjuːbɪkəl] N (*in hospital, dormitory*) box *m*; (*in swimming baths*) cabine *f*; (*also* **shower cubicle**) cabine *f* de douche
cubism ['kjuːbɪzəm] N cubisme *m*
cuckoo ['kʊkuː] N coucou *m* ▸ **cuckoo clock** N coucou *m* (*pendule*)
cucumber ['kjuːkʌmbə^r] N concombre *m* • **~ sandwich** sandwich *m* au concombre
cuddle ['kʌdl] 1 N câlin *m* • **they were having a ~** ils se faisaient un câlin • **to give sb a ~** faire un câlin à qn 2 VT câliner 3 VI se faire un câlin
▸ **cuddle up** VI se pelotonner (**to, against** contre)
cuddly ['kʌdlɪ] ADJ [*child*] câlin • **~ toy** (jouet *m* en) peluche *f*
cudgel ['kʌdʒəl] 1 N trique *f* • **to take up the ~s on behalf of sb** prendre fait et cause pour qn 2 VT frapper à coups de trique
cue [kjuː] 1 N ⓐ (*verbal*) réplique *f* (*indiquant à un acteur qu'il doit parler*); (*action*) signal *m* • **to give sb his ~** [+ *actor*] donner la réplique à qn; (*fig*) donner le signal à qn • **to take one's ~ from sb** emboîter le pas à qn (*fig*) • **that was my ~ to ...** c'était mon signal pour ... • **Bob arrived right on ~** Bob est arrivé juste au bon moment ⓑ (*Billiards*) queue *f* de billard 2 VT [+ *actor*] donner la réplique à; (*on radio or TV*) donner le signal à
cuff [kʌf] 1 N ⓐ poignet *m*; [*of shirt*] manchette *f*; [*of coat*] parement *m*; (*US*) [*of trousers*] revers *m inv*
▸ **off the cuff** à l'improviste • **to speak off the ~** improviser
ⓑ (= *blow*) gifle *f*
2 VT (= *strike*) gifler
cufflink ['kʌflɪŋk] N bouton *m* de manchette
cuisine [kwɪ'ziːn] N cuisine *f*
cul-de-sac ['kʌldəˌsæk] N (*pl* **cul-de-sacs**) (*Brit*) cul-de-sac *m*
culinary ['kʌlɪnərɪ] ADJ culinaire
cull [kʌl] 1 VT ⓐ [+ *information, ideas*] sélectionner ⓑ [+ *seals, deer*] abattre 2 N abattage *m*
culminate ['kʌlmɪneɪt] VI **to ~ in sth** (= *end in*) finir par qch; (= *lead to*) mener à qch • **it ~d in his throwing her out** il a fini par la mettre à la porte
culmination [ˌkʌlmɪ'neɪʃən] N (= *climax*) point *m* culminant
culottes [kjuː'lɒts] NPL jupe-culotte *f*
culpable ['kʌlpəbl] ADJ coupable (**of** de)
culprit ['kʌlprɪt] N coupable *mf*
cult [kʌlt] N culte *m* (**of** de) ▸ **cult figure** N idole *f* ▸ **cult film, cult movie** N film-culte *m*
cultivate ['kʌltɪveɪt] VT cultiver
cultivated ['kʌltɪveɪtɪd] ADJ cultivé
cultivation [ˌkʌltɪ'veɪʃən] N culture *f*
cultural ['kʌltʃərəl] ADJ culturel
culture ['kʌltʃə^r] 1 N culture *f* • **French ~** la culture française • **a ~ of dependency** des habitudes fondées sur l'assistanat 2 COMP ▸ **culture clash** N conflit *m* culturel ▸ **culture shock** N choc *m* culturel ▸ **culture vulture*** N (*hum*) fana* *mf* de culture, cultureux *m*, -euse *f*
cultured ['kʌltʃəd] ADJ cultivé • **~ pearl** perle *f* de culture
-cum- [kʌm] PREP **a secretary-cum-chauffeur** une secrétaire qui fait office de chauffeur • **a dining room-cum-living room** une salle à manger-salon
cumbersome ['kʌmbəsəm] ADJ [*object*] lourd et encombrant; [*procedure, system*] lourd
cumin ['kʌmɪn] N cumin *m*
cumulative ['kjuːmjʊlətɪv] ADJ cumulatif
cunning ['kʌnɪŋ] 1 N astuce *f*; (= *deceit*) ruse *f* 2 ADJ astucieux; (= *deceitful*) rusé • **a ~ little gadget** un petit truc astucieux*
cunt** [kʌnt] (*offensive*) N ⓐ (= *genitals*) chatte** *f* ⓑ (= *person*) salope** *f*
cup [kʌp] 1 N ⓐ tasse *f* • **~ of tea** tasse de thé • **cider/champagne ~** cocktail *m* au cidre/au champagne • **that's just his ~ of tea*** c'est son truc* • **it isn't everyone's ~ of tea*** ça ne plaît pas à tout le monde
ⓑ (*also* **communion cup**) calice *m*
ⓒ (*Brit*) (= *prize, competition*) coupe *f*
ⓓ [*of brassière*] bonnet *m* (*de soutien-gorge*)
2 VT **to ~ one's hands** mettre ses deux mains en coupe • **to ~ one's hands round sth** mettre ses mains autour de qch
3 COMP ▸ **cup final** N (*Brit*) finale *f* de la coupe ▸ **cup-tie** N (*Brit*) match *m* comptant pour la coupe
cupboard ['kʌbəd] N placard *m* ▸ **cupboard love** N (*Brit*) amour *m* intéressé
cupcake ['kʌpkeɪk] N petit gâteau *m*
cupful ['kʌpfʊl] N tasse *f* (*contenu*)
cupidity [kjuː'pɪdɪtɪ] N (*frm*) cupidité *f*
cupola ['kjuːpələ] N (= *dome*) coupole *f*; (*US* = *belfry*) lanternon *m*
cuppa* ['kʌpə] N (*Brit*) tasse *f* de thé
curable ['kjʊərəbl] ADJ curable
curate[1] ['kjʊərɪt] N (= *churchman*) vicaire *m*
curate[2] [kjʊə'reɪt] VT [+ *exhibition*] organiser
curator [kjʊə'reɪtə^r] N [*of museum*] conservateur *m*, -trice *f*

curb [kɜːb] 1 N (a) (*on trade*) restriction *f* (**on** de) • **to put a ~ on sth** réduire qch (b) (*US = kerb*) bord *m* du trottoir 2 VT [*+ impatience, passion*] refréner; [*+ expenditure*] réduire 3 COMP ▸ **curb crawling** N (*US*) drague* *f* en voiture

curd [kɜːd] N (*gen pl*) **~(s)** lait *m* caillé

curdle [ˈkɜːdl] 1 VT [*+ milk*] cailler; [*+ mayonnaise*] faire tomber 2 VI [*milk*] cailler; [*mayonnaise*] tomber • **it made my blood ~** cela m'a glacé le sang

cure [kjʊəʳ] 1 VT (a) [*+ disease, patient*] guérir (**of** de); [*+ poverty, problem*] remédier à • **to be ~d (of sth)** être guéri (de qch) (b) [*+ meat, fish*] (*= salt*) saler; (*= smoke*) fumer; (*= dry*) sécher 2 N (*= remedy*) remède *m* (**for** à, contre); (*= recovery*) guérison *f* 3 COMP ▸ **cure-all** N panacée *f*

curfew [ˈkɜːfjuː] N couvre-feu *m* • **to impose a/lift the ~** imposer un/lever le couvre-feu

curio [ˈkjʊərɪəʊ] N bibelot *m*, curiosité *f*

curiosity [ˌkjʊərɪˈɒsɪtɪ] N curiosité *f* (**about** de) • **out of ~** par curiosité • (PROV) **~ killed the cat** la curiosité est un vilain défaut (PROV)

curious [ˈkjʊərɪəs] ADJ curieux • **I'm ~ to know what he did** je serais curieux de savoir ce qu'il a fait • **I'm ~ about him** il m'intrigue • **why do you ask? — I'm just ~** pourquoi vous me demandez ça? — par simple curiosité • **it is ~ that .../how ...** c'est curieux que ... + *subj*/comme ...

curiously [ˈkjʊərɪəslɪ] ADV (a) [*ask*] d'un ton inquisiteur (b) [*silent, reticent*] curieusement

curl [kɜːl] 1 N (a) [*of hair*] boucle *f* (de cheveux) (b) [*of smoke*] volute *f* 2 VT [*+ hair*] (*loosely*) (faire) boucler; (*tightly*) friser • **he ~ed his lip in disdain** il a eu une moue dédaigneuse 3 VI (a) [*hair*] (*tightly*) friser; (*loosely*) boucler • **his lip ~ed disdainfully** il a eu une moue dédaigneuse (b) [*person, animal*] = **curl up** 4 COMP ▸ **curling tongs** NPL fer *m* à friser

▸ **curl up** 1 VI s'enrouler; [*person*] se pelotonner; (*from shame*)* rentrer sous terre; [*cat*] se pelotonner; [*dog*] se coucher en rond • **he lay ~ed up on the floor** il était pelotonné par terre • **the smoke ~ed up** la fumée montait en volutes 2 VT SEP enrouler • **to ~ o.s. up** [*person, cat*] se pelotonner; [*dog*] se coucher en rond

curler [ˈkɜːləʳ] N bigoudi *m*

curlew [ˈkɜːljuː] N courlis *m*

curling [ˈkɜːlɪŋ] N (*Sport*) curling *m*

curly [ˈkɜːlɪ] ADJ [*hair*] (*loosely*) bouclé; (*tightly*) frisé • **~ eyelashes** cils *mpl* recourbés ▸ **curly-haired** ADJ aux cheveux bouclés (*or* frisés) ▸ **curly lettuce** N laitue *f* frisée

currant [ˈkʌrənt] 1 N (a) (*= fruit*) groseille *f*; (*= bush*) groseillier *m* (b) (*= dried fruit*) raisin *m* de Corinthe 2 COMP ▸ **currant bun** N petit pain *m* aux raisins

currency [ˈkʌrənsɪ] N (a) monnaie *f*, devise *f* • **this coin is no longer legal ~** cette pièce n'a plus cours (légal) • **I have no French ~** je n'ai pas d'argent français (b) (*= acceptance*) **to gain ~** se répandre

current [ˈkʌrənt] 1 ADJ [*situation, tendency, popularity, job*] actuel • **at the ~ rate of exchange** au cours actuel du change • **~ events** événements *mpl* actuels, actualité *f* • **~ expenditure** dépenses *fpl* courantes 2 N [*of air, water, electricity*] courant *m*; [*of opinions*] tendance *f* • **to go with the ~** suivre le courant • **to drift with the ~** [*boat*] aller au fil de l'eau • **to swim against the ~** nager à contre-courant; (*fig*) aller à contre-courant 3 COMP ▸ **current account** N (*Brit*) compte *m* courant ▸ **current affairs** NPL questions *fpl* d'actualité

currently [ˈkʌrəntlɪ] ADV actuellement

curriculum [kəˈrɪkjʊləm] N programme *m* ▸ **curriculum vitae** N curriculum vitae *m*

curried [ˈkʌrɪd] ADJ au curry

curry [ˈkʌrɪ] 1 N curry *m* • **beef ~** curry *m* de bœuf 2 VT **to ~ favour with sb** chercher à gagner la faveur de qn 3 COMP ▸ **curry powder** N curry *m*

curse [kɜːs] 1 N (a) (*= spell*) malédiction *f* • **to put a ~ on sb** maudire qn (b) (*= swearword*) juron *m* (c) (*= bane*) fléau *m* • **she has the ~*** (*= menstruation*) elle a ses règles 2 VT maudire • **to be ~d with** être affligé de 3 VI (*= swear*) jurer

cursor [ˈkɜːsəʳ] N curseur *m*

cursory [ˈkɜːsərɪ] ADJ (*= superficial*) superficiel; (*= hasty*) hâtif • **to take a ~ glance at** jeter un coup d'œil à

curt [kɜːt] ADJ brusque • **with a ~ nod** avec un bref signe de tête

curtail [kɜːˈteɪl] VT réduire

curtailment [kɜːˈteɪlmənt] N (*frm*) (a) [*of money, aid*] réduction *f* (b) [*of sb's power, freedom*] limitation *f*

curtain [ˈkɜːtn] 1 N (a) rideau *m* • **to draw the ~s** tirer les rideaux (b) (*Theatre*) rideau *m*; (*= time when curtain rises*) lever *m* de rideau; (*= time when curtain falls*) baisser *m* de rideau • **to bring the ~ down on sth** mettre fin à qch 2 COMP ▸ **curtain call** N rappel *m* ▸ **curtain raiser** N lever *m* de rideau

curtsey, curtsy [ˈkɜːtsɪ] 1 N révérence *f* 2 VI faire une révérence (**to** à)

curvaceous* [kɜːˈveɪʃəs] ADJ [*woman*] pulpeuse

curvature [ˈkɜːvətʃəʳ] N courbure *f*; [*of spine*] déviation *f*

curve [kɜːv] 1 N courbe *f* • **~ in the road** courbe *f* • **to be ahead of the ~** (*fig*) avoir une longueur d'avance 2 VI [*line, surface, road*] s'incurver

curved [kɜːvd] ADJ courbe; [*edge of table*] arrondi; (*= convex*) convexe

cushion [ˈkʊʃən] 1 N coussin *m* • **on a ~ of air** sur un coussin d'air 2 VT (*= protect*) protéger • **to ~ sb's fall** amortir la chute de qn • **to ~ sb against sth** protéger qn contre qch • **to ~ the impact of sth** amortir l'impact de qch 3 COMP ▸ **cushion cover** N housse *f* de coussin

cushy* [ˈkʊʃɪ] ADJ (*Brit*) peinard* • **a ~ job** une bonne planque*

cuss* [kʌs] (*US*) = **curse** 1 N (*= oath*) juron *m* 2 VI jurer

custard [ˈkʌstəd] N (*pouring*) crème *f* anglaise; (*set*) crème *f* renversée ▸ **custard powder** N crème *f* anglaise en poudre ▸ **custard tart** N flan *m*

custodial [kʌsˈtəʊdɪəl] ADJ [*parent*] qui a la garde des enfants • **~ sentence** peine *f* de prison

custodian [kʌsˈtəʊdɪən] N gardien(ne) *m(f)*

custody [ˈkʌstədɪ] N (a) garde *f* • **in safe ~** sous bonne garde • **she was given ~ of the children** elle a obtenu la garde des enfants (b) (*= imprisonment*) détention *f* provisoire; (*also* **police custody**) (*for short period*) garde *f* à vue • **in ~** en détention provisoire • **to be held in (police) ~** être mis en garde à vue • **to take sb into ~** placer qn en détention provisoire

custom [ˈkʌstəm] 1 N (a) coutume *f* • **it was his ~ to rest each morning** il avait coutume de se reposer chaque matin (b) (*Brit*) [*of shop*] clientèle *f* • **he has lost a lot of ~** il a perdu beaucoup de clients • **he took his ~**

elsewhere il est allé se fournir ailleurs **2** (ADJ) (= *custom-made*) personnalisé **3** (COMP) ▸**custom-built** ADJ fait sur commande ▸**custom-made** ADJ [*clothes*] (fait) sur mesure; [*other goods*] fait sur commande

customary [ˈkʌstəmərɪ] (ADJ) habituel • **it is ~ (to do that)** c'est la coutume • **it is ~ to thank the host** la coutume veut que l'on remercie *subj* son hôte

customer [ˈkʌstəməʳ] **1** (N) ⓐ (*in shop*) client(e) *m(f)* ⓑ (*Brit*) (= *person*)* type* *m* • **he's an awkward ~** il n'est pas commode • **queer ~** drôle de type* • **ugly ~** sale type* *m* **2** (COMP) ▸**customer base** N clientèle *f* ▸**customer services** NPL service *m* clients

customizable [ˌkʌstəˈmaɪzəbəl] (ADJ) personnalisable

customize [ˈkʌstəmaɪz] (VT) personnaliser

customs [ˈkʌstəmz] **1** (N) (*sg or pl*) douane *f* • **to go through (the) ~** passer la douane • **at the ~** à la douane **2** (COMP) [*regulations, receipt*] de la douane ▸**Customs and Excise** N (*Brit*) douanes *fpl* ▸**customs clearance** N dédouanement *m* ▸**customs declaration** N déclaration *f* en douane ▸**customs duty** N droits *mpl* de douane ▸**customs officer** N douanier *m*, -ière *f*

cut [kʌt] (*vb: pret, ptp* **cut**) **1** (N) ⓐ (= *slash, slit*) coupure *f*; (= *notch*) entaille *f* • **a deep ~ in the leg** une profonde coupure à la jambe • **he had a ~ on his chin from shaving** il s'était coupé au menton en se rasant • **minor ~s and bruises** des petites blessures • **the ~ and thrust of politics** le monde sans pitié de la politique • **the unkindest ~ of all** le coup le plus perfide • **he is a ~ above (the others)*** il est meilleur que les autres

ⓑ (= *reduction*) réduction *f* (**in** de) • **~s** (*in spending*) réductions *fpl* des dépenses • **a 1% ~ in interest rates** une réduction de 1% des taux d'intérêt • **drastic ~s** coupes *fpl* claires • **power ~** coupure *f* de courant • **to make ~s in a text** élaguer un texte • **the ~s in defence** *or* **the defence budget** la réduction du budget de la défense • **to take a ~ in salary** subir une réduction de salaire

ⓒ [*of meat*] morceau *m*

ⓓ (= *share*)* part *f* • **they got a bigger ~ than we did** ils ont eu une part plus grande que la nôtre

ⓔ [*of clothes*] coupe *f*

ⓕ (= *haircut*) **~ (and blow-dry)** coupe *f* (et brushing)

ⓖ (*Comput*) **~ and paste** couper-coller *m*

ⓗ (*in films*) (= *edit*) coupure *f*; (= *transition*) passage *m* (**from** de, **to** à)

2 (ADJ) [*flowers, grass*] coupé • **he had a ~ finger** il avait une coupure au doigt • **he's got a ~ lip** il s'est coupé la lèvre • **well-~ coat** manteau *m* bien coupé • **everything seemed ~ and dried** tout semblait parfaitement simple

3 (VT) ⓐ couper; [+ *meat*] découper; (= *notch*) entailler • **to ~ in half** couper en deux • **she ~ the cake in six** elle a coupé le gâteau en six • **to ~ in(to) pieces** couper en morceaux • **to ~ one's nails** se couper les ongles • **to have** *or* **get one's hair ~** se faire couper les cheveux • **to ~ one's finger** se couper le doigt • **to ~ o.s. (shaving)** se couper (en se rasant) • **to ~ sb's throat** égorger qn • **he is ~ting his own throat** il prépare sa propre ruine • **to ~ sth open** (*with knife*) ouvrir qch avec un couteau • **he ~ his head open** il s'est ouvert le crâne • **to ~ a visit short** écourter une visite • **to ~ sb short** couper la parole à qn • **to ~ a long story short, he came** bref, il est venu • **to ~ sb free** délivrer qn en coupant ses liens • **he couldn't ~ it as a singer** il n'a pas réussi à percer en tant que chanteur

ⓑ (= *shape*) tailler; [+ *channel*] creuser; [+ *figure, statue*] sculpter (**out of** dans); [+ *CD, record*] graver; [+ *diamond*] tailler; [+ *key*] faire; [+ *dress*] couper • **to ~ a hole in sth** faire un trou dans qch

ⓒ (= *mow, clip*) [+ *lawn, grass*] tondre; [+ *hedge*] tailler; [+ *corn, hay*] couper

ⓓ (= *not to go*) [+ *class, school*] sécher*; [+ *appointment*] manquer exprès

ⓔ (= *remove*) [+ *scene, passage*] couper

ⓕ (= *reduce*) réduire • **we've ~ spending by 35%** nous avons réduit les dépenses de 35 % • **we ~ the journey time by half** nous avons réduit de moitié la durée du trajet

ⓖ (= *stop*) couper • **to ~ electricity supplies** couper l'électricité

ⓗ [+ *cards*] couper

ⓘ [+ *film*] monter

ⓙ **to ~ and paste** [+ *document*] couper-coller

4 (VI) ⓐ [*person, knife*] couper • **he ~ into the cake** il a coupé le gâteau • **~ along the dotted line** découper suivant le pointillé • **the boat ~ through the waves** le bateau fendait l'eau • **that argument ~s both ways** c'est un argument à double tranchant • **to ~ and run*** se carapater*

ⓑ [*material*] se couper • **paper ~s easily** le papier se coupe facilement

ⓒ (= *take short route*) **to ~ across country** couper à travers champs • **if you ~ through the park you'll save time** si vous coupez par le parc vous gagnerez du temps

ⓓ (*in film*) **they ~ from the street to the shop scene** ils passent de la rue à la scène du magasin • **~!** coupez !

ⓔ (*Cards*) couper

5 (COMP) ▸**cut glass** N cristal *m* taillé ♦ADJ de *or* en cristal taillé ▸**cut-price, cut-rate** (*Brit*) ADJ à prix réduit ▸**cut-throat** ADJ **~-throat competition** concurrence *f* impitoyable ▸**cut up*** ADJ (*Brit* = *upset*) contrarié; (*US* = *funny*) rigolo* (-ote* *f*)

▸**cut across** VT INSEP [*problem, issue*] toucher

▸**cut back** VT SEP [+ *plants, shrubs*] élaguer; (*also* **cut back on**) [+ *production, expenditure*] réduire

▸**cut down** VT SEP ⓐ [+ *tree*] couper ⓑ [+ *expenses, pollution, article, essay*] réduire • **to ~ sb down to size*** remettre qn à sa place

▸**cut down on** VT INSEP [+ *food*] manger moins de; [+ *alcohol*] boire moins de; [+ *cigarettes*] fumer moins de; [+ *travel*] réduire

▸**cut in** VI (*into conversation*) intervenir

▸**cut off** VT SEP ⓐ couper (**from** dans) • **to ~ off sb's head** décapiter qn • **to ~ off one's nose to spite one's face** scier la branche sur laquelle on est assis (*par dépit*) ⓑ (= *disconnect*) couper • **our water supply has been ~ off** on nous a coupé l'eau • **we were ~ off** (*on phone*) nous avons été coupés • **to ~ sb off in the middle of a sentence** interrompre qn au milieu d'une phrase ⓒ (= *isolate*) isoler (**sb from sth** qn de qch) • **to ~ o.s. off from** se couper de • **he feels very ~ off in the country** il se sent très isolé à la campagne • **the town has been ~ off by floods** la ville a été isolée par des inondations

▸**cut out 1** VT SEP ⓐ [+ *picture, article*] découper (**of, from** dans); [+ *coat, dress*] tailler (**of, from** dans) • **to be ~ out for sth** avoir des dispositions pour qch • **he's not ~ out to be a doctor** il n'est pas fait pour être médecin • **we've got our work ~ out!** on va avoir du travail! • **you'll have your work ~ out to persuade**

him to come vous aurez du mal à le persuader de venir ⓑ [+ *rival*] supplanter ⓒ (= *remove*) enlever; [+ *intermediary, middleman*] supprimer; [+ *light*] empêcher de passer • **to ~ sb out of one's will** déshériter qn • **~ it out!*** ça suffit !* ⓓ (= *give up*) **to ~ out smoking/drinking** arrêter de fumer/boire **2** VI [*engine*] caler

▸ **cut up** **1** VI (*Brit*) **to ~ up rough*** se mettre en rogne* **2** VT SEP ⓐ [+ *wood, food*] couper; [+ *meat*] découper ⓑ [*driver*]* **he ~ me up** il m'a fait une queue de poisson ⓒ* **to be ~ up about sth** (= *unhappy*) être affecté par qch • **he was very ~ up by the death of his son** la mort de son fils l'a beaucoup affecté

cutaway ['kʌtəweɪ] (N) (*also* **cutaway drawing** *or* **sketch**) écorché *m*

cutback ['kʌtbæk] (N) (= *reduction*) réduction *f* (**in** de) • **drastic ~s** coupes *fpl* claires

cute* [kju:t] (ADJ) ⓐ (= *attractive*) mignon ⓑ (*US*) (= *clever*) malin (-igne *f*) • **don't try and be ~ (with me)!** ne fais pas le malin *or* la maligne !

cuticle ['kju:tɪkl] (N) [*of fingernails*] petite peau *f* ▸ **cuticle remover** N repousse-peaux *m*

cutlery ['kʌtlərɪ] (N) (*Brit*) couverts *mpl*

cutlet ['kʌtlɪt] (N) ⓐ côtelette *f*; [*of veal*] escalope *f* ⓑ (= *croquette*) croquette *f*

cutoff ['kʌtɒf] **1** (N) ⓐ (= *cutoff point*) limite *f* ⓑ [*of supplies*] interruption *f*; [*of electricity*] coupure *f* **2** (NPL) **cutoffs** (= *jeans*) jeans *mpl* coupés **3** (COMP) ▸ **cutoff date** N date *f* limite ▸ **cutoff point** N (*in age*) limite *f*; (*in time*) dernier délai *m*

cutout ['kʌtaʊt] (N) (= *figure*) découpage *m* • **his characters are just cardboard ~s** ses personnages manquent d'épaisseur

cutting ['kʌtɪŋ] **1** (N) [*of newspaper*] coupure *f*; [*of plant*] bouture *f* **2** (ADJ) ⓐ (= *scornful*) [*words, remark*] blessant ⓑ **to be at the ~ edge of scientific research** être à la pointe de la recherche scientifique **3** (COMP) ▸ **cutting-edge** ADJ de pointe ▸ **cutting room** N (*Ciné*) salle *f* de montage

cuttlefish ['kʌtlfɪʃ] (N) (*pl* **cuttlefish**) seiche *f*

CV [si:'vi:] (N) (ABBR OF **curriculum vitae**) CV *m*

cyanide ['saɪənaɪd] (N) cyanure *m*

cyberattack ['saɪbərə,tæk] (N) cyberattaque *f*

cyberbully ['saɪbə,bʊlɪ] (N) cyberharceleur *m*, -euse *f*

cyberbullying ['saɪbə,bʊlɪɪŋ] (N) cyberharcèlement *m*, cyberintimidation *f*

cybercafé ['saɪbə,kæfeɪ] (N) cybercafé *m*

cybercrime ['saɪbəkraɪm] (N) cybercrime *m*, cyberdélinquance *f*

cyberespionage [,saɪbəʳespɪə,nɑ:ʒ] (N) cyberespionnage *m*

cyberfraud ['saɪbəfrɔ:d] (N) cyberfraude *f*

cybernetics [,saɪbə'netɪks] (N) cybernétique *f*

cyberpet ['saɪbəpet] (N) Tamagotchi ® *m*

cybersecurity ['saɪbəsɪ,kjʊərɪtɪ] (N) cybersécurité *f*

cybersex ['saɪbəseks] (N) cybersexe *m*

cybershop ['saɪbəʃɒp] (N) cybermarchand *m*

cybershopping ['saɪbəʃɒpɪŋ] (N) cyberconsommation *f*

cyberspace ['saɪbəspeɪs] (N) cyberespace *m*

cyberspying ['saɪbə,spaɪɪŋ] (N) cyberespionnage *m*

cybersquatting ['saɪbəskwɒtɪŋ] (N) cybersquatting *m*

cyberstalker ['saɪbə,stɔ:kəʳ] (N) cyberharceleur *m*, -euse *f*

cyberstalking ['saɪbə,stɔ:kɪŋ] (N) cyberharcèlement *m*, cyberintimidation *f*

cyberstore ['saɪbə,stɔ:ʳ] (N) cybermarchand *m*

cyberterrorism ['saɪbə,terərɪzəm] (N) cyberterrorisme *m*

cyberterrorist ['saɪbə,terərɪst] (N) cyberterroriste *mf*

cyberwarfare ['saɪbə,wɔ:feəʳ] (N) cyberguerre *f*

cyclamen ['sɪkləmən] (N) cyclamen *m*

cycle ['saɪkl] **1** (N) ⓐ (= *bike*) vélo *m*, bicyclette *f* • **"no ~s"** « interdit aux cycles » ⓑ (*also* **menstrual cycle**) cycle *m* (menstruel) ⓒ [*of poems*] cycle *m* **2** (VI) faire du vélo • **he ~s to school** il va à l'école en vélo **3** (COMP) ▸ **cycle helmet** N casque *m* de vélo ▸ **cycle lane** (*Brit*), **cycle path** N piste *f* cyclable ▸ **cycle race** N course *f* cycliste ▸ **cycle rack** N (*on floor*) râtelier *m* à bicyclettes; (*on car*) porte-vélo(s) *m* ▸ **cycle shed** N abri *m* à vélos ▸ **cycle track** N (= *lane*) piste *f* cyclable; (= *racetrack*) vélodrome *m*

cycleway ['saɪklweɪ] (N) (*Brit*) piste *f* cyclable

cyclical ['saɪklɪkəl] (ADJ) cyclique

cycling ['saɪklɪŋ] (N) cyclisme *m* • **to do a lot of ~** faire beaucoup de vélo ▸ **cycling holiday** N **I'm going on a ~ holiday in Brittany** je pars en Bretagne faire du vélo ▸ **cycling shorts** NPL **(pair of) ~ shorts** (short *m* de) cycliste *m*

cyclist ['saɪklɪst] (N) cycliste *mf*

cyclone ['saɪkləʊn] (N) cyclone *m*

cygnet ['sɪgnɪt] (N) jeune cygne *m*

cylinder ['sɪlɪndəʳ] (N) cylindre *m*; [*of gas*] bouteille *f* ▸ **cylinder vacuum cleaner** N aspirateur-traîneau *m*

cylindrical [sɪ'lɪndrɪkəl] (ADJ) cylindrique

cymbal ['sɪmbəl] (N) cymbale *f*

cynic ['sɪnɪk] (N) cynique *mf*

cynical ['sɪnɪkəl] (ADJ) cynique

cynically ['sɪnɪklɪ] (ADV) cyniquement

cynicism ['sɪnɪsɪzəm] (N) cynisme *m*

cypress ['saɪprɪs] (N) cyprès *m*

Cypriot ['sɪprɪət] **1** (ADJ) chypriote • **Greek/Turkish ~** chypriote grec (grecque *f*)/turc (turque *f*) **2** (N) Chypriote *mf* • **Greek/Turkish ~** Chypriote *mf* grec (grecque)/turc (turque)

Cyprus ['saɪprəs] (N) Chypre *f* • **in ~** à Chypre

Cyrillic [sɪ'rɪlɪk] (ADJ) cyrillique

cyst [sɪst] (N) kyste *m*

cystic fibrosis [,sɪstɪkfaɪ'brəʊsɪs] (N) mucoviscidose *f*

cystitis [sɪs'taɪtɪs] (N) cystite *f*

czar [zɑ:ʳ] (N) tsar *m*

Czech [tʃek] **1** (ADJ) tchèque **2** (N) ⓐ Tchèque *mf* ⓑ (= *language*) tchèque *m* **3** (COMP) ▸ **the Czech Republic** N la République tchèque

Czechia ['tʃekiə] (N) Tchéquie *f*

Czechoslovakia [tʃekəʊslə'vækɪə] (N) Tchécoslovaquie *f*

Dd

D [di:] 1 N **a** (*Music*) ré *m* **b** (= *mark*) passable (10 *sur* 20) 2 COMP ▸ **D-day** N (*Mil, fig*) le jour J

DA [di:'eɪ] N (US) (ABBR OF **District Attorney**) ≈ procureur *mf*

dab [dæb] 1 N **a ~ of** un petit peu de • **a ~ of glue** une goutte de colle • **to give sth a ~ of paint** donner un petit coup de peinture à qch 2 VT tamponner • **to ~ one's eyes** se tamponner les yeux • **to ~ paint on sth** mettre un peu de peinture sur qch 3 ADJ **to be a ~ hand* at sth/at doing sth** (*Brit*) être doué en qch/pour faire qch
▸ **dab on** VT SEP appliquer par petites touches

dabble ['dæbl] VI **to ~ in** [+ *music, journalism, drugs*] tâter de • **to ~ on the Stock Exchange** boursicoter • **she ~d with the idea of going into acting** elle a pensé un moment devenir actrice

dachshund ['dækshʊnd] N teckel *m*

dad* [dæd] N papa *m*

daddy ['dædɪ] N* papa *m* ▸ **daddy-longlegs** N *pl inv* (*Brit*) tipule *f*; (*US, Can*) faucheux *m*

daffodil ['dæfədɪl] N jonquille *f*

daft* [dɑ:ft] ADJ [*person*] bête; [*idea, behaviour*] loufoque* • **that was a ~ thing to do** c'était pas très malin • **I'll get the bus — don't be ~, I'll give you a lift!** je vais prendre le bus — ne dis pas de bêtises, je te ramène ! • **to be ~ about sb/sth*** être fou de qn/qch • **he's ~ in the head‡** il est cinglé* • **~ as a brush*** complètement dingue*

dagger ['dægəʳ] N poignard *m* • **to be at ~s drawn with sb** être à couteaux tirés avec qn • **to look ~s at sb** lancer des regards furieux à qn

daily ['deɪlɪ] 1 ADV tous les jours • **the office is open ~** le bureau est ouvert tous les jours • **twice ~** deux fois par jour 2 ADJ quotidien; [*wage, charge*] journalier • **~ consumption** consommation *f* quotidienne • **~ life** la vie de tous les jours • **~ paper** quotidien *m* 3 N (= *newspaper*) quotidien *m*

dainty ['deɪntɪ] ADJ délicat

dairy ['dɛərɪ] 1 N (*on farm*) laiterie *f*; (= *shop*) crémerie *f* 2 COMP [*cow, farm*] laitier ▸ **dairy butter** N beurre *m* fermier ▸ **dairy farming** N industrie *f* laitière ▸ **dairy herd** N troupeau *m* de vaches laitières ▸ **dairy ice cream** N crème *f* glacée ▸ **dairy produce** N produits *mpl* laitiers

daisy ['deɪzɪ] N (= *flower*) pâquerette *f*; (*cultivated*) marguerite *f* ▸ **daisy chain** N guirlande *f* de pâquerettes

Dalai Lama ['dælaɪ'lɑ:mə] N dalaï-lama *m*

dale [deɪl] N vallon *m* • **the Yorkshire Dales** le pays vallonné du Yorkshire

dalliance ['dælɪəns] N (= *involvement with sth*) flirt *m* • **his brief ~ with politics** son bref flirt avec la politique

Dalmatian [dæl'meɪʃən] N (= *dog*) dalmatien *m*

dam [dæm] 1 N barrage *m* 2 VT [+ *river*] endiguer; [+ *lake*] construire un barrage sur

damage ['dæmɪdʒ] 1 N **a** (*physical*) dégâts *mpl* • **environmental ~** dégâts *mpl* causés à l'environnement • **earthquake/fire ~** dégâts *mpl* causés par un tremblement de terre/un incendie • **water ~** dégâts *mpl* des eaux • **~ to property** dégâts *mpl* matériels • **~ to the ozone layer** dégradation *f* de la couche d'ozone • **~ to the heart** lésions *fpl* cardiaques • **to do ~** causer des dégâts • **not much ~ was done to the house** la maison n'a pas subi de gros dégâts
b (*fig*) préjudice *m* (**to** à), tort *m* (**to** à) • **there was considerable ~ to the local economy** cela a fait énormément de tort à l'économie locale • **to do ~ to** [+ *person*] faire du tort à; [+ *reputation, country, economy*] nuire à • **there's no ~ done** il n'y a pas de mal • **the ~ is done** le mal est fait • **what's the ~?*** (= *how much is it?*) à combien s'élève la douloureuse ?*
2 NPL **damages** (= *compensation*) dommages *mpl* et intérêts *mpl*
3 VT [+ *furniture, goods, crops*] abîmer; [+ *eyesight, health*] être mauvais pour; [+ *environment, ozone layer*] entraîner une dégradation de; [+ *reputation, relationship, economy, image*] nuire à; [+ *cause, person, party*] faire du tort à • **~d goods** marchandises *fpl* endommagées
4 COMP ▸ **damage limitation** N **it's too late for ~ limitation** il est trop tard pour essayer de limiter les dégâts ▸ **damage-limitation exercise** N opération *f* visant à limiter les dégâts

damaging ['dæmɪdʒɪŋ] ADJ nuisible (**to** à)

Damascus [də'mɑ:skəs] N Damas • **that was his road to ~** c'est ainsi qu'il a trouvé son chemin de Damas

dammit‡ ['dæmɪt] EXCL merde !‡

damn [dæm] 1 EXCL‡ merde !‡
2 VT **a** (*Rel*) damner; [+ *book*] condamner
b‡ **~ him!** qu'il aille au diable ! • **~ you!** va te faire foutre !‡ • **shut up and listen to me, ~ you!** tais-toi et écoute-moi, bordel !‡ • **~ it!** merde !‡ • **well I'll be ~ed!** ça c'est trop fort ! • **I'm ~ed if ...** je veux bien être pendu si ...
3 N‡ **I don't give a ~** je m'en fous‡ • **he just doesn't give a ~ about anything** il se fout‡ de tout • **he doesn't give a ~ about anyone** il se fout‡ complètement des autres

4 (ADJ)* sacré* *before n* • **you ~ fool!** espèce de crétin !* • **it's a ~ nuisance!** c'est vachement* embêtant ! • **it's one ~ thing after another** ça n'arrête pas !* • **I don't know a ~ thing about it** je n'en sais fichtre* rien
5 (ADV)* sacrément* • **~ right!** et comment ! • **~ all** que dalle* • **you know ~ well** tu sais très bien • **he ~ well insulted me!** il m'a carrément injurié ! • **I should ~ well think so!** j'espère bien ! • **you know ~ well it's true!** tu sais très bien que c'est vrai !

damnation [dæm'neɪʃən] (N) damnation *f*

damned [dæmd] 1 (ADJ) ⓐ [*soul*] damné ⓑ* → **damn** 2 (ADV)* → **damn** 3 (NPL) **the damned** les damnés *mpl*

damnedest* ['dæmdɪst] (N) **to do one's ~ to help** faire tout son possible pour aider

damning ['dæmɪŋ] (ADJ) [*report, evidence*] accablant • **his speech was a ~ indictment of ...** son discours était un réquisitoire accablant contre ...

Damocles ['dæməkli:z] (N) **the Sword of ~** l'épée *f* de Damoclès

damp [dæmp] 1 (ADJ) humide; (*with sweat*) [*skin, palm*] moite • **a ~ patch** une tache d'humidité • **a ~ squib** (*Brit*) un pétard mouillé 2 (N) [*of atmosphere, walls*] humidité *f* 3 (COMP) ▸ **damp course** N (*Brit*) couche *f* d'étanchéité ▸ **damp-proof** ADJ imperméabilisé ▸ **damp-proof course** N = **damp course**

dampen ['dæmpən] (VT) [+ *cloth, ironing*] humecter; [+ *enthusiasm*] refroidir

damper* ['dæmpəʳ], **dampener*** (*US*) ['dæmpənəʳ] (N) **his presence put a ~ on things** sa présence a fait l'effet d'une douche froide • **the rain had put a ~ on their picnic** la pluie avait quelque peu gâché leur pique-nique

dampness ['dæmpnɪs] (N) humidité *f*; (= *sweatiness*) moiteur *f*

damson ['dæmzən] (N) (= *fruit*) prune *f* de Damas

dance [dɑ:ns] 1 (N) ⓐ (= *movement*) danse *f* • **may I have the next ~?** voudriez-vous m'accorder la prochaine danse ? ⓑ (= *social gathering*) bal *m* 2 (VT) [+ *waltz, tango*] danser 3 (VI) danser • **to ~ for joy** sauter de joie • **to ~ to the music** danser sur la musique 4 (COMP) [*class, teacher, partner*] de danse ▸ **dance band** N orchestre *m* ▸ **dance floor** N piste *f* de danse ▸ **dance hall** N dancing *m* ▸ **dance music** N dance music *f* ▸ **dance studio** N école *f* de danse

> The French words **danse** and **danser** have an **s** instead of a **c**.

dancer ['dɑ:nsəʳ] (N) danseur *m*, -euse *f*

dancing ['dɑ:nsɪŋ] 1 (N) danse *f* 2 (COMP) [*teacher, school*] de danse ▸ **dancing partner** N cavalier *m*, -ière *f* ▸ **dancing shoes** NPL [*of men*] escarpins *mpl*; [*of women*] chaussures *fpl* de danse

dandelion ['dændɪlaɪən] (N) pissenlit *m*

dandruff ['dændrəf] (N) pellicules *fpl* ▸ **dandruff shampoo** N shampoing *m* antipelliculaire

D&T [ˌdi:ənd'ti:] (N) (ABBR OF **design and technology**) (*Brit*) (*at school*) technologie *f*

Dane [deɪn] (N) Danois(e) *m(f)*

danger ['deɪndʒəʳ] 1 (N) danger *m* • **"~ keep out"** « danger : défense d'entrer » • **there's no ~ of that** il n'y a pas de danger • **there is a ~ of fire** il y a un risque d'incendie • **there was no ~ that she would be recognized** elle ne courait aucun risque d'être reconnue • **to be a ~ to sb/sth** être un danger pour qn/qch • **he's a ~ to himself** il risque de se faire du mal
▸ **in danger** en danger • **he wasn't in much ~** il ne courait pas grand risque
▸ **in danger of in ~ of extinction** menacé de disparition • **he was in ~ of losing his job** il risquait de perdre son emploi
▸ **out of danger** hors de danger
2 (COMP) ▸ **danger list** N **to be on the ~ list** être dans un état critique • **to be off the ~ list** être hors de danger ▸ **danger money** N prime *f* de risque ▸ **danger signal** N signal *m* d'alarme

dangerous ['deɪndʒrəs] (ADJ) dangereux; [*operation*] risqué (**for, to** pour) ▸ **dangerous driving** N conduite *f* dangereuse

dangerously ['deɪndʒrəslɪ] (ADV) dangereusement • **~ ill** gravement malade • **food supplies were ~ low** les vivres commençaient sérieusement à manquer • **he came ~ close to admitting it** il a été à deux doigts de l'admettre

dangle ['dæŋgl] 1 (VT) ⓐ [+ *object on string*] suspendre; [+ *arm, leg*] laisser pendre ⓑ [+ *prospect, offer*] faire miroiter (**before sb** à qn) 2 (VI) [*object on string, arms, legs*] pendre • **with arms dangling** les bras ballants • **with legs dangling** les jambes pendantes

Danish ['deɪnɪʃ] 1 (ADJ) danois 2 (COMP) ▸ **Danish blue** (= *cheese*) N bleu *m* du Danemark ▸ **Danish pastry** N feuilleté *m* (fourré aux fruits *etc*)

dank [dæŋk] (ADJ) froid et humide

Danube ['dænju:b] (N) Danube *m*

dappled ['dæpld] (ADJ) [*surface, horse*] tacheté

dare [dɛəʳ] 1 (VT, MODAL AUX VB) ⓐ oser • **he daren't climb that tree** il n'ose pas grimper à cet arbre • **he didn't ~ do it** il n'a pas osé le faire • **how ~ you!** comment osez-vous ? • **don't you ~ say that!** je vous défends de dire cela ! • **don't you ~!** ne t'avise pas de faire ça ! • **I daren't!** je n'ose pas ! • **the show was, ~ I say it, dull** le spectacle était, si je puis me permettre, ennuyeux
ⓑ **I ~ say he'll come** il viendra sans doute
ⓒ (= *challenge*) **to ~ sb to do sth** mettre qn au défi de faire qch • **I ~ you!** chiche !*
2 (N) défi *m* • **to do sth for a ~** faire qch pour relever un défi

daredevil ['dɛədevl] 1 (N) casse-cou *m inv* 2 (ADJ) [*behaviour*] casse-cou *inv*

daring ['dɛərɪŋ] (ADJ) [*person, attempt*] audacieux; [*dress, opinion, novel*] osé

daringly ['dɛərɪŋlɪ] (ADV) [*say, suggest*] avec audace • **a ~ low-cut dress** une robe au décolleté audacieux

dark [dɑ:k] 1 (ADJ) ⓐ (= *lacking light*) sombre; (= *unlit*) dans l'obscurité • **it's ~** il fait nuit • **it's getting ~** il commence à faire nuit • **to grow ~** s'assombrir • **the ~ side of the moon** la face cachée de la lune • **the whole house was ~** la maison était plongée dans l'obscurité • **to go ~** être plongé dans l'obscurité
ⓑ (= *dark-coloured*) [*colour, skin*] foncé; [*clothes, eyes*] sombre • **~ blue/green** bleu/vert foncé *inv* • **~ brown hair** cheveux *mpl* châtain foncé *inv* • **she's very ~** elle est très brune • **she has a ~ complexion** elle a le teint mat • **she has ~ hair** elle a les cheveux bruns
ⓒ (= *sinister*) **~ hints were dropped about a possible prosecution** on a fait planer la menace d'éventuelles poursuites judiciaires • **a ~ secret** un lourd secret • **~ deeds** de mauvaises actions *fpl*
ⓓ (= *gloomy*) [*thoughts, mood*] sombre • **these are ~ days**

for the steel industry c'est une époque sombre pour l'industrie sidérurgique • **to think ~ thoughts** broyer du noir • **to look on the ~ side of things** tout voir en noir **2** N obscurité *f* • **after ~** après la tombée de la nuit • **until ~** jusqu'à la tombée de la nuit • **to be afraid of the ~** avoir peur du noir • **she was sitting in the ~** elle était assise dans le noir • **I am quite in the ~ about it** j'ignore tout de cette histoire • **he has kept me in the ~ about what he wants to do** il ne m'a rien dit de ce qu'il voulait faire
3 COMP ▸ **the Dark Ages** NPL le Moyen Âge; (*fig*) l'époque *f* obscurantiste ▸ **dark chocolate** N chocolat *m* noir ▸ **dark energy** N (*Astron*) énergie *f* noire *or* sombre ▸ **dark glasses** NPL lunettes *fpl* noires ▸ **dark-haired** ADJ aux cheveux bruns ▸ **dark horse** N (*fig*) outsider *mf* • **you're a bit of a ~ horse, aren't you?** tu caches bien ton jeu ! ▸ **dark matter** N (*Astron*) matière *f* noire ▸ **dark-skinned** ADJ [*person, race*] de couleur ▸ **dark web** N web *m* sombre, dark web *m*

darken ['dɑːkən] **1** VT [+ *room, sky*] obscurcir; [+ *colour*] foncer; [+ *prospects*] assombrir • **a ~ed house** une maison sombre • **to ~ one's hair** se foncer les cheveux **2** VI [*sky*] s'assombrir; [*room*] s'obscurcir • **his eyes ~ed** son regard s'est assombri • **his mood ~ed** il s'est rembruni

darkly ['dɑːklɪ] ADV sinistrement • **"we'll see," he said ~** « on verra », dit-il d'un ton sinistre • **the newspapers hinted ~ at conspiracies** les journaux ont fait des allusions inquiétantes à des complots • **a ~ handsome man** un beau brun ténébreux

darkness ['dɑːknɪs] N obscurité *f* • **in total ~** dans une obscurité complète • **the house was in ~** la maison était plongée dans l'obscurité • **the forces of ~** les forces *fpl* des ténèbres

darknet ['dɑːk,net] N darknet *m*

darkroom ['dɑːkrʊm] N chambre *f* noire

darling ['dɑːlɪŋ] **1** N **she's a little ~** c'est un amour • **come here, ~** viens, mon chéri • **be a ~* and bring me my glasses** apporte-moi mes lunettes, tu seras un ange • **media ~** chouchou(te) *m(f)* des médias **2** ADJ* **a ~ little place** un petit coin adorable

darn¹ [dɑːn] VT [+ *socks*] repriser; [+ *clothes*] raccommoder

darn²* [dɑːn], **darned*** [dɑːnd] = **damn, damned**

darning ['dɑːnɪŋ] N raccommodage *m* ▸ **darning needle** N aiguille *f* à repriser

dart [dɑːt] **1** N **a** (= *movement*) **to make a sudden ~ at ...** se précipiter sur ... **b** (*Sport*) fléchette *f* • **a game of ~s** une partie de fléchettes • **I like playing ~s** j'aime jouer aux fléchettes **c** (= *weapon*) flèche *f* **2** VI se précipiter (**at** sur) • **to ~ in/out** entrer/sortir en coup de vent • **the snake's tongue ~ed out** le serpent dardait sa langue • **his eyes ~ed about nervously** il lançait des regards nerveux autour de lui

dartboard ['dɑːtbɔːd] N cible *f* (*de jeu de fléchettes*)

Darwinism ['dɑːwɪnɪzəm] N darwinisme *m*

dash [dæʃ] **1** N **a** (= *sudden rush*) **there was a ~ for the door** tout le monde s'est rué vers la porte • **there was a mad ~ to get the Christmas shopping done** ça a été la ruée dans les magasins pour acheter des cadeaux de Noël • **to make a ~ for/towards ...** se précipiter sur/vers ... • **to make a ~ for freedom** saisir l'occasion de s'enfuir • **he made a ~ for it*** il a pris ses jambes à son cou
b (= *small amount*) [*of liquid*] goutte *f*; [*of spice*] pincée *f*; [*of mustard*] pointe *f*; [*of vinegar, lemon*] filet *m* • **a ~ of soda** un peu d'eau de Seltz • **a ~ of colour** une touche de couleur
c **to cut a ~** faire de l'effet
d (= *punctuation mark*) tiret *m*
e [*of car*] tableau *m* de bord
2 VT **to ~ sb's hopes** anéantir les espoirs de qn
3 VI **a** (= *rush*) se précipiter • **to ~ away/back/up** s'en aller/revenir/monter à toute allure • **to ~ into a room** se précipiter dans une pièce • **I must ~*** il faut que je file*
b (= *crash*) **to ~ against sth** [*waves*] se briser contre qch; [*object*] se heurter à qch
▸ **dash off** **1** VI partir précipitamment **2** VT SEP [+ *letter*] écrire en vitesse

dashboard ['dæʃbɔːd] N tableau *m* de bord

dashcam ['dæʃkæm] N caméra *f* embarquée

DAT [diːeɪ'tiː] N (ABBR OF **digital audio tape**) DAT *m*

data ['deɪtə] **1** NPL (*often with sg vb*) données *fpl* **2** COMP [*collection, file*] de données ▸ **data bank** N banque *f* de données ▸ **data mining** N extraction *f* de données ▸ **data processing** N traitement *m* des données ▸ **data processor** N (= *machine*) machine *f* de traitement de données; (= *person*) informaticien(ne) *m(f)* ▸ **data protection** N protection *f* des données ▸ **Data Protection Act** N ≈ loi *f* informatique et libertés ▸ **data recovery** N récupération *f* de données ▸ **data retrieval** N extraction *f* de données ▸ **data security** N sécurité *f* des données ▸ **data warehousing** N stockage *m* de données numériques

database ['deɪtəbeɪs] N base *f* de données

Datapost ® ['deɪtəpəʊst] N (*Brit Post*) **by ~** en exprès, ≈ par Chronopost ®

date [deɪt] **1** N **a** (= *time of some event*) date *f* • **what is today's ~?** nous sommes le combien aujourd'hui ? • **what ~ is he coming (on)?** quel jour arrive-t-il ? • **what ~ is ...?** quelle est la date de ... ? • **departure/delivery ~** date *f* de départ/de livraison • **to set a ~** fixer une date • **have they set a ~ yet?** (*for wedding*) ont-ils déjà fixé la date du mariage ?
▸ **out of date** **to be out of ~** [*document*] être caduc; [*person*] ne plus être à la page*
▸ **to date** **to ~ we have accomplished nothing** jusqu'à présent nous n'avons rien accompli • **this is her best novel to ~** c'est le meilleur roman qu'elle ait jamais écrit
▸ **up to date** [*document*] à jour; [*building*] moderne; [*person*] à la page • **to be up to ~ in one's work** être à jour dans son travail • **to bring up to ~** [+ *accounts, correspondence*] mettre à jour; [+ *method*] moderniser • **to bring sb up to ~** mettre qn au courant (**about sth** de qch)
b (= *appointment*) rendez-vous *m*; (= *person*) petit(e) ami(e) *m(f)* • **to have a ~ with sb** (*with boyfriend, girlfriend*) avoir rendez-vous avec qn • **they made a ~ for 8 o'clock** ils ont fixé un rendez-vous pour 8 heures • **I've got a lunch ~ today** je déjeune avec quelqu'un aujourd'hui • **have you got a ~ for tonight?** (= *appointment*) as-tu (un) rendez-vous ce soir ?; (= *person*) tu as quelqu'un avec qui sortir ce soir ? • **he's my ~ for this evening** je sors avec lui ce soir
c (= *pop concert*) concert *m* • **they're playing three ~s in Britain** ils donnent trois concerts en Grande-Bretagne
d (= *fruit*) datte *f*; (= *tree*) dattier *m*
2 VT **a** dater; (*with machine*) composter • **a letter ~d 7 August** une lettre datée du 7 août • **a coin ~d 1390** une pièce datée de 1390
b (= *establish date of*) **the manuscript has been ~d at**

around 3,000 years old/1000 BC on estime que le manuscrit date de 3000 ans/remonte à l'an 1000 avant Jésus-Christ • **the hairstyles really ~ this film** les coiffures datent le film

ⓒ (= *go out with*) sortir avec

3 (VI) ⓐ **to ~ from** dater de • **to ~ back to** remonter à

ⓑ (= *become old-fashioned*) [*clothes, expressions*] dater

ⓒ (= *go out with sb*) **they're dating** ils sortent ensemble • **she has started dating** elle commence à sortir avec des garçons

4 (COMP) ▸ **date book** N (*US*) agenda *m* ▸ **date line** N ligne *f* de changement de jour ▸ **date of birth** N date *f* de naissance ▸ **date rape** N *viol commis par une connaissance lors d'un rendez-vous* ▸ **date-rape** VT **she was ~-raped** elle a été violée par une connaissance

dated ['deɪtɪd] (ADJ) [*book, film*] démodé; [*word, language, expression*] vieilli; [*idea*] désuet (-ète *f*)

dating ['deɪtɪŋ] (N) [*of ancient object*] datation *f* ▸ **dating agency** N agence *f* de rencontres

datum ['deɪtəm] (N) (*pl* **data**) donnée *f* → **data**

daub [dɔːb] (VT) (*pej*) (*with paint, make-up*) barbouiller (**with** de)

daughter ['dɔːtəʳ] (N) fille *f* ▸ **daughter-in-law** N (*pl* **daughters-in-law**) belle-fille *f*

daunt [dɔːnt] (VT) décourager • **nothing ~ed, he continued** il a continué sans se démonter

daunting ['dɔːntɪŋ] (ADJ) intimidant • **it's a ~ prospect** c'est une perspective intimidante

dauntless ['dɔːntlɪs] (ADJ) intrépide

dawdle ['dɔːdl] (VI) (= *walk slowly*) flâner; (= *go too slowly*) lambiner*

dawn [dɔːn] 1 (N) ⓐ aube *f* • **at ~** à l'aube • **from ~ to dusk** de l'aube au crépuscule

ⓑ [*of civilization*] aube *f*; [*of an idea, hope*] naissance *f*

2 (VI) ⓐ [*day*] se lever • **the day ~ed bright and clear** l'aube s'est levée, lumineuse et claire

ⓑ [*era, new society*] naître; [*hope*] luire • **an idea ~ed upon him** une idée lui est venue à l'esprit • **the truth ~ed upon her** elle a commencé à entrevoir la vérité • **it suddenly ~ed on him that no one would know** il lui vint tout à coup à l'esprit que personne ne saurait

3 (COMP) ▸ **dawn chorus** N (*Brit*) concert *m* (matinal) des oiseaux ▸ **dawn raid** N raid *m* • **the police made a ~ raid on his house** la police a fait une descente chez lui au lever du jour

day [deɪ] 1 (N) ⓐ (= *unit of time: 24 hours*) jour *m* • **three ~s ago** il y a trois jours • **twice a ~** deux fois par jour • **what ~ is it today?** quel jour sommes-nous aujourd'hui? • **what ~ of the month is it?** le combien sommes-nous? • **she arrived the ~ they left** elle est arrivée le jour de leur départ • **on that ~** ce jour-là • **on the following ~** le lendemain • **two years ago to the ~** il y a deux ans jour pour jour • **the ~ before yesterday** avant-hier • **the ~ before/two ~s before her birthday** la veille/l'avant-veille de son anniversaire • **the following ~** le lendemain • **the ~ after tomorrow** après-demain • **from that ~ on** à partir de ce jour • **he will come any ~ now** il va venir d'un jour à l'autre • **every ~** tous les jours • **every other ~** tous les deux jours • **one ~ she will come** un jour elle viendra • **one of these ~s** un de ces jours • **~ after ~** jour après jour • **for ~s on end** pendant des jours et des jours • **for ~s at a time** pendant des jours entiers • **~ by ~** de jour en jour • **~ in ~ out** jour après jour • **the other ~** l'autre jour • **it's been one of those ~s** ça a été une de ces journées où tout va de travers • **some ~** un de ces jours • **I remember it to this ~** je m'en souviens encore aujourd'hui • **he's fifty if he's a ~*** il a cinquante ans bien sonnés* • **from ~ one*** dès le premier jour • **that'll be the ~!** j'aimerais voir ça! • **let's make a ~ of it and ...** profitons de la journée pour ... • **to live from ~ to ~** vivre au jour le jour • **take it one ~ at a time** à chaque jour suffit sa peine

ⓑ (= *daylight hours*) jour *m*, journée *f* • **during the ~** pendant la journée • **to work all ~** travailler toute la journée • **to travel by ~** voyager de jour • **to work ~ and night** travailler jour et nuit • **to have a ~ out** faire une sortie • **to win the ~** remporter la victoire • **as clear as ~** clair comme le jour

ⓒ (= *working hours*) journée *f* • **paid by the ~** payé à la journée • **it's all in a ~'s work!** ça fait partie de la routine! • **to work an eight-hour ~** travailler huit heures par jour • **to take/get a ~ off** prendre/avoir un jour de congé • **it's my ~ off** c'est mon jour de congé

ⓓ (*period of time: often pl*) époque *f* • **these ~s** de nos jours • **in this ~ and age** par les temps qui courent • **in ~s to come** à l'avenir • **in his younger ~s** quand il était plus jeune • **in Queen Victoria's ~** du temps de la reine Victoria • **in those ~s** à l'époque • **in the good old ~s** au bon vieux temps • **in ~s gone by** autrefois • **those were the ~s!** c'était le bon vieux temps! • **those were sad ~s** c'était une époque sombre • **the happiest ~s of my life** les jours les plus heureux de ma vie • **to end one's ~s in misery** finir ses jours dans la misère • **that has had its ~** (= *old-fashioned*) c'est passé de mode; (= *worn out*) ça a fait son temps • **his ~ will come** son jour viendra • **during the early ~s of the war** au début de la guerre • **it's early ~s** (= *too early to say*) c'est un peu tôt pour le dire; (= *there's still time*) on n'en est encore qu'au début

2 (COMP) ▸ **day centre** N (*Brit*) centre *m* d'accueil ▸ **day job** N emploi *m* principal ▸ **the day of reckoning** N le jour du jugement dernier ▸ **day-old** ADJ [*bread*] de la veille; (= *yesterday's*) d'hier ▸ **day-pass** N (*for museum, train*) carte *f* d'abonnement valable pour une journée; (*at ski resort*) forfait *m* d'une journée ▸ **day pupil** N (*Brit*) externe *mf* ▸ **day release** N **to be on ~ release** faire un stage de formation à temps partiel ▸ **day return** N (*Brit*) (*for train*) aller et retour *m* (*valable pour la journée*) ▸ **day room** N (*in hospital*) salle *f* de séjour commune ▸ **day shift** N (= *workers*) équipe *f* de jour • **to be on ~ shift** travailler de jour ▸ **day surgery** N chirurgie *f* ambulatoire ▸ **day-to-day** ADJ quotidien • **on a ~-to-~ basis** au jour le jour ▸ **day trader** N (*on stock exchange*) opérateur *m* au jour le jour, day trader *m* ▸ **day trip** N excursion *f* (d'une journée) • **to go on a ~ trip to Calais** faire une excursion (d'une journée) à Calais ▸ **day-tripper** N excursionniste *mf*

daybreak ['deɪbreɪk] (N) **at ~** à l'aube

daycare ['deɪkɛəʳ] (N) (*for children*) garderie *f*; (*for old or disabled people*) *soins dans des centres d'accueil de jour* ▸ **daycare centre** N (*for children*) ≈ garderie *f*; (*for old or disabled people*) centre *m* d'accueil de jour ▸ **daycare worker** N (*US*) animateur *m*, -trice *f*

daydream ['deɪdriːm] 1 (N) rêverie *f* 2 (VI) rêvasser

daylight ['deɪlaɪt] (N) lumière *f* du jour • **in the ~** à la lumière du jour • **it's still ~** il fait encore jour • **to knock the living ~s out of sb*** (= *beat up*) tabasser* qn • **to scare the living ~s out of sb*** flanquer la frousse* à qn ▸**daylight robbery*** N (*Brit*) **it's ~ robbery** c'est de l'arnaque* ▸**daylight-saving time** N (*US*) heure *f* d'été

daypack ['deɪpæk] (N) (petit) sac *m* à dos de randonnée

daytime ['deɪtaɪm] 1 (N) **in the ~** pendant la journée 2 (ADJ) de jour 3 (COMP) ▸**daytime TV, daytime television** N *émissions télévisées diffusées dans la journée*

daze [deɪz] 1 (N) **in a ~** (*after blow*) étourdi; (*at news*) stupéfait; (*from drug*) hébété 2 (VT) [*drug*] hébéter; [*blow*] étourdir; [*news*] abasourdir

dazed [deɪzd] (ADJ) hébété

dazzle ['dæzl] (VT) éblouir

dazzling ['dæzlɪŋ] (ADJ) éblouissant

DBS [di:bi:'es] (N) ⓐ (ABBR OF **direct broadcasting by satellite**) diffusion *f* en direct par satellite ⓑ (ABBR OF **direct broadcasting satellite**) satellite *m* de diffusion directe

DC [di:'si:] (ABBR OF **direct current**) courant *m* continu

DCI [ˌdi:si:'aɪ] (N) (*Brit*) (ABBR OF **Detective Chief Inspector**) ≈ inspecteur *m*, -trice *f* divisionnaire

DD [di:'di:] ⓐ (*Univ*) (ABBR OF **Doctor of Divinity**) *docteur en théologie* ⓑ (*Commerce*) (ABBR OF **direct debit**) prélèvement *m* automatique ⓒ (*US Mil*) (ABBR OF **dishonourable discharge**) *exclusion de l'armée pour conduite déshonorante*

DDT [di:di:'ti:] (N) (ABBR OF **dichlorodiphenyltrichloroethane**) DDT *m*

DE¹ [di:'i:] (N) (ABBR OF **Department of Employment**) ministère *m* de l'Emploi

DE², De (ABBR OF **Delaware**)

DEA [di:i:'eɪ] (N) (*US*) (ABBR OF **Drug Enforcement Administration**) ≈ Brigade *f* des stupéfiants

deactivate [di:'æktɪveɪt] (VT) désactiver

dead [ded] 1 (ADJ) ⓐ [*person, animal, plant*] mort • **~ or alive** mort ou vif • **more ~ than alive** plus mort que vif • **~ and buried** mort et enterré • **to drop down ~** tomber (raide) mort • **as ~ as a doornail** tout ce qu'il y a de plus mort • **as ~ as a dodo** tout ce qu'il y a de plus mort • **will he do it? — over my ~ body!*** il le fera ? — il faudra d'abord qu'il me passe sur le corps ! • **to flog** (*Brit*) *or* **beat** (*US*) **a ~ horse** s'acharner inutilement • **~ in the water*** fichu* • **to leave sb for ~** laisser qn pour mort • **he was found to be ~ on arrival** les médecins n'ont pu que constater le décès • **I wouldn't be seen ~ with him!*** pour rien au monde je ne voudrais être vu avec lui ! • **I wouldn't be seen ~ in that pub!*** il est hors de question que je mette les pieds* dans ce bar ! • **you're ~ meat!‡** t'es un homme mort !*

ⓑ [*limbs*] engourdi • **my fingers are ~** j'ai les doigts gourds • **he's ~ from the neck up*** il n'a rien dans le ciboulot‡ • **he was ~ to the world*** il dormait comme une souche

ⓒ [*battery*] à plat; [*town*] mort • **the line is ~** il n'y a pas de tonalité • **the line's gone ~** la ligne est coupée • **the engine's ~** le moteur est en panne

ⓓ (= *absolute, exact*) **to hit sth ~ centre** frapper qch en plein milieu • **it's a ~ cert‡** c'est sûr et certain • **to be a ~ loss*** être nul* • **~ silence** silence *m* de mort

2 (ADV) (*Brit = exactly, completely*) **~ ahead** droit devant • **to be ~ certain* about sth** être absolument certain de qch • **to be ~ against* sth** être absolument opposé à qch • **she was ~ on target*** elle a mis dans le mille • **~ drunk*** ivre mort • **it's ~ easy*** c'est simple comme bonjour* • **to be ~ on time** être pile à l'heure • **it was ~ lucky*** c'était un coup de pot monstre‡ • **she's ~ right*** elle a tout à fait raison • **~ slow** (*as instruction*) roulez au pas • **to go ~ slow** aller extrêmement lentement • **to stop ~** s'arrêter net • **to cut sb ~** faire semblant de ne pas voir qn • **~ tired** crevé* • **he went ~ white** il est devenu pâle comme un mort

3 (N) **in the ~ of night** au plus profond de la nuit • **in the ~ of winter** au cœur de l'hiver

4 (NPL) **the dead** les morts *mpl*

5 (COMP) ▸**dead-beat*** ADJ crevé* ▸**dead end** N impasse *f* ▸**dead-end** ADJ **a ~-end job** un travail sans perspective d'avenir ▸**dead heat** N **the race was a ~ heat** ils sont arrivés ex æquo ▸**the Dead Sea** N la mer Morte ▸**dead weight** N poids *m* mort

deaden ['dedn] (VT) [+ *shock, blow*] amortir; [+ *feeling*] émousser; [+ *sound*] assourdir; [+ *pain*] calmer; [+ *nerve*] endormir

deadening ['dednɪŋ] (ADJ) abrutissant

deadline ['dedlaɪn] (N) date *f* (*or* heure *f*) limite; (*US*) (= *boundary*) limite *f* • **to work to a ~** avoir un délai à respecter • **he was working to a 6 o'clock ~** son travail devait être terminé à 6 heures, dernière limite

deadlock ['dedlɒk] (N) impasse *f* • **to reach ~** aboutir à une impasse

deadly ['dedlɪ] 1 (ADJ) ⓐ (= *lethal*) mortel (**to** pour); [*weapon, attack*] meurtrier • **to play a ~ game** jouer un jeu dangereux • **the seven ~ sins** les sept péchés capitaux ⓑ (= *devastating*) [*accuracy, logic*] implacable ⓒ (= *boring*)* mortel* 2 (ADV) **~ dull** mortellement ennuyeux • **I'm ~ serious** je suis on ne peut plus sérieux

deadpan ['dedpæn] (ADJ) [*face*] de marbre

deadwood ['dedwʊd] (N) bois *m* mort • **to get rid of the ~** (*in office, company*) élaguer

deaf [def] 1 (ADJ) sourd • **~ in one ear** sourd d'une oreille • **~ as a post** sourd comme un pot • **to be ~ to sth** rester sourd à qch • **to turn a ~ ear to sth** faire la sourde oreille à qch • **her pleas fell on ~ ears** ses appels n'ont pas été entendus 2 (NPL) **the deaf** les sourds *mpl* 3 (COMP) ▸**deaf aid** N sonotone® *m* ▸**deaf-and-dumb** ADJ (*offensive*) sourd-muet

deafen ['defn] (VT) assourdir

deafening ['defnɪŋ] (ADJ) assourdissant

deafness ['defnɪs] (N) surdité *f*

deal [di:l] (*vb: pret, ptp* **dealt**) 1 (N) ⓐ marché *m* • **to do a ~ with sb** conclure un marché avec qn • **it's a ~!*** marché conclu ! • **he got a very bad ~ on that car** (*US*) il a fait une très mauvaise affaire en achetant cette voiture • **it's your ~** (*Cards*) à vous de distribuer

▸**big deal big ~!** la belle affaire ! • **it's no big ~** qu'est-ce que ça peut faire ? • **the delay is no big ~** le retard n'a aucune importance

ⓑ ▸**a good** *or* **great deal (of)** (= *a lot*) beaucoup (de) • **to change a great ~** beaucoup changer • **to have a great ~ to do** avoir beaucoup à faire • **to think a great** *or* **good ~ of sb** avoir beaucoup d'estime pour qn • **to mean a great** *or* **good ~ to sb** compter beaucoup pour qn • **she's a good** *or* **great ~ cleverer than her brother** elle est beaucoup plus intelligente que son frère • **it says a great ~ for him** c'est tout à son honneur • **a good ~ of the work is done** une bonne partie du travail est terminée • **that's saying a good ~** ce n'est pas peu dire • **there's a good ~ of truth in what he says** il y a du vrai dans ce qu'il dit

2 (VT) [+ *cards*] distribuer; [+ *drugs*] revendre • **this dealt a blow to individual freedom** cela a porté un coup aux libertés individuelles

3 (VI) ⓐ [*firm*] **this company has been ~ing for 80 years** cette société est en activité depuis 80 ans • **to ~ on the Stock Exchange** faire des opérations de bourse • **to ~ in property** être dans l'immobilier
ⓑ (= *traffic*) **to ~** revendre de la drogue • **to ~ in stolen property** revendre des objets volés • **to ~ in pornography** faire le commerce de la pornographie • **they ~ in human misery** leur fonds de commerce, c'est la misère humaine • **we ~ in facts, not speculation** nous nous intéressons aux faits, pas aux suppositions
ⓒ (*Cards*) distribuer
▸ **deal out** VT SEP [+ *gifts, money*] distribuer • **to ~ out justice** rendre (la) justice
▸ **deal with** VT INSEP ⓐ (= *have to do with*) [+ *person*] avoir affaire à; [+ *customer*] traiter avec • **teachers who have to ~ with young children** les enseignants qui ont affaire à de jeunes enfants ⓑ (= *be responsible for*) s'occuper de • **I'll ~ with it** je m'occupe de ça • **he dealt with the problem very well** il a très bien résolu le problème • **the police officer ~ing with crime prevention** l'agent chargé de la prévention des crimes • **they dealt with him very fairly** ils ont été très corrects avec lui • **you must ~ with them firmly** il faut vous montrer fermes à leur égard • **the firm ~s with over 1,000 orders every week** l'entreprise traite plus de 1000 commandes par semaine ⓒ [*book, film*] traiter de; [*speaker*] parler de • **the next chapter ~s with ...** le chapitre suivant traite de ... • **I shall now ~ with ...** je vais maintenant vous parler de ... ⓓ (= *do business with*) avoir des relations commerciales avec • **a list of the suppliers our company ~s with** une liste des fournisseurs de notre société

dealbreaker ['di:lbreɪkəʳ] (N) **it was a ~** cela a fait capoter l'affaire

dealer ['di:ləʳ] (N) ⓐ (= *seller*) marchand *m* (**in** de); (= *wholesaler*) fournisseur *m* (en gros) (**in** de); (*on Stock Exchange*) opérateur *m* • **arms ~** marchand *m* d'armes • **Citroën ~** concessionnaire *mf* Citroën ⓑ (*Drugs*) dealer* *m*

dealership ['di:ləʃɪp] (N) concession *f*

dealings ['di:lɪŋz] (NPL) **to have ~ with sb** traiter avec qn

dealt [delt] (VB) *pt, ptp of* **deal**

dean [di:n] (N) doyen *m* • **~'s list** (*US*) liste *f* des meilleurs étudiants

dear [dɪəʳ] 1 (ADJ) ⓐ cher • **a ~ friend of mine** un de mes amis les plus chers • **to hold sth ~** chérir qch • **all that he holds ~** tout ce qui lui est cher • **Dear Daddy** Cher Papa • **Dear Alice and Robert** Chère Alice, cher Robert • **Dear Mr Smith** Cher Monsieur • **Dear Mr & Mrs Smith** Cher Monsieur, chère Madame • **Dear Sir** Monsieur • **Dear Sir or Madam** Madame, Monsieur
ⓑ (= *expensive*) cher • **to get ~er** augmenter
2 (EXCL) **~ me!** mon Dieu! • **oh ~!** oh là là!
3 (N) **my ~** mon ami(e); (*to child*) mon petit • **poor ~** (*to child*) pauvre petit; (*to woman*) ma pauvre • **give it to me, there's a ~!*** sois gentil, donne-le-moi!
4 (ADV) [*buy, pay, sell*] cher

dearest ['dɪərɪst] (N) chéri(e) *m(f)*

dearie* ['dɪərɪ] 1 (N) (*form of address*) mon petit chéri, ma petite chérie 2 (EXCL) **~ me!** mon Dieu!

dearly ['dɪəlɪ] (ADV) ⓐ [*love*] profondément • **"Dearly beloved ..."** «Mes bien chers frères ...» ⓑ (= *at great cost*) **he paid ~ for his success** son succès lui a coûté cher • **~ bought** chèrement payé

dearth [dɜ:θ] (N) [*of money, resources, water*] pénurie *f*; [*of ideas etc*] pauvreté *f*

deary* ['dɪərɪ] = **dearie**

death [deθ] 1 (N) mort *f* • **he fell to his ~** il est tombé et s'est tué • **to be at ~'s door** être à l'article de la mort • **it will be the ~ of him*** il le paiera de sa vie • **he'll be the ~ of me!*** il me tuera! • **to look like ~ warmed up*** or (*US*) **warmed over*** avoir l'air complètement nase*
▸ **to + death he was stabbed to ~** il est mort poignardé • **frozen to ~** mort de froid • **to starve/freeze to ~** mourir de faim/de froid • **to be scared/worried to ~** être mort de peur/d'inquiétude • **to be bored to ~*** s'ennuyer à mourir • **I'm sick to ~* of all this** j'en ai ras le bol de* tout ça • **to bleed to ~** se vider de son sang • **he drank himself to ~** c'est la boisson qui l'a tué • **to sentence sb to ~** condamner qn à mort • **to put sb to ~** exécuter qn • **to fight to the ~** lutter jusqu'à la mort • **a fight to the ~** une lutte à mort
2 (COMP) ▸ **death camp** N camp *m* de la mort ▸ **death cell** N cellule *f* de condamné à mort ▸ **death certificate** N acte *m* de décès ▸ **death duties** NPL (*Brit*) droits *mpl* de succession ▸ **death penalty** N peine *f* de mort ▸ **death rate** N mortalité *f* ▸ **death ray** N rayon *m* de la mort ▸ **death row** N couloir *m* de la mort • **he's on ~ row** il est dans le couloir de la mort ▸ **death sentence** N condamnation *f* à mort; (*fig*) arrêt *m* de mort ▸ **death spiral** N spirale *f* de la mort ▸ **death threat** N menace *f* de mort ▸ **death toll** N nombre *m* des victimes ▸ **death warrant** N ordre *m* d'exécution • **to sign one's own ~ warrant** signer son arrêt de mort ▸ **death wish** N attitude *f* suicidaire

deathbed ['deθbed] (N) lit *m* de mort • **he made a ~ confession** il s'est confessé sur son lit de mort

deathblow ['deθbləʊ] (N) coup *m* fatal

deathly ['deθlɪ] 1 (ADJ) [*pallor*] cadavérique • **a ~ silence** un silence de mort 2 (ADV) **~ pale** pâle comme la mort

deathtrap* ['deθtræp] (N) **to be a ~** [*vehicle, building*] être extrêmement dangereux

debacle, débâcle [deɪ'bɑ:kl] (N) fiasco *m*

debar [dɪ'bɑ:ʳ] (VT) (*from club, competition*) exclure • **to ~ sb from doing sth** interdire à qn de faire qch

debark [dɪ'bɑ:k] (VTI) (*US*) débarquer

debarkation [,di:bɑ:'keɪʃən] (N) (*US*) débarquement *m*

debase [dɪ'beɪs] (VT) [+ *word, object*] déprécier

debasement [dɪ'beɪsmənt] (N) [*of language, values*] dégradation *f*; [*of culture*] dévalorisation *f*

debatable [dɪ'beɪtəbl] (ADJ) discutable • **it is ~ whether ...** on est en droit de se demander si ...

debate [dɪ'beɪt] 1 (VT) [+ *question*] discuter • **much ~d** très discuté 2 (VI) discuter (**about** sur) 3 (N) discussion *f*; (*Parl*) débat(s) *m(pl)*; (*in debating society*) débat *m* contradictoire • **after much ~** après de longues discussions • **the ~ was about ...** la discussion portait sur ... • **to be in ~** [*fact, statement*] être controversé

debating [dɪ'beɪtɪŋ] (N) art *m* de la discussion ▸ **debating society** N société *f* de débats contradictoires

debauched [dɪ'bɔ:tʃd] (ADJ) [*person*] débauché; [*lifestyle*] de débauché

debauchery [dɪ'bɔ:tʃərɪ] (N) débauche *f*

debenture [dɪ'bentʃəʳ] (N) obligation *f*

debilitate [dɪ'bɪlɪteɪt] (VT) débiliter

debilitating [dɪ'bɪlɪteɪtɪŋ] (ADJ) débilitant

debility [dɪ'bɪlɪtɪ] (N) débilité *f*

debit ['debɪt] **1** (N) débit *m* **2** (VT) débiter • **to ~ sb's account** débiter le compte de qn • **to ~ a sum to sb** porter une somme au débit de qn **3** (COMP) ▸ **debit card** N carte *f* de paiement

debonair [ˌdebəˈnɛəʳ] (ADJ) d'une élégance nonchalante

debrief [ˌdiːˈbriːf] (VT) [+ *soldier, spy*] débriefer; [+ *freed hostages*] recueillir le témoignage de • **to be ~ed** faire un compte rendu oral

debriefing [ˌdiːˈbriːfɪŋ] (N) débriefing *m*

debris ['debriː] (N) débris *mpl*; [*of building*] décombres *mpl*

debt [det] (N) dette *f* • **bad ~s** créances *fpl* douteuses • **outstanding ~** créance *f* à recouvrer • **to be in ~** être endetté • **to be in ~ to sb** devoir de l'argent à qn • **I am $500 in ~** j'ai 500 dollars de dettes • **to get into ~** s'endetter • **to get out of ~** s'acquitter de ses dettes • **to be out of ~** ne plus avoir de dettes • **to be in sb's ~** (*fig*) être redevable à qn • **to repay a ~** (*fig*) acquitter une dette ▸ **debt burden** N endettement *m* ▸ **debt collector** N agent(e) *m(f)* de recouvrement (de créances) ▸ **debt relief** N allégement *m* de la dette ▸ **debt repayment** N remboursement *m* de la dette

debtor ['detəʳ] (N) débiteur *m*, -trice *f*

debug [diːˈbʌg] (VT) déboguer

debunk* [ˌdiːˈbʌŋk] (VT) [+ *myth, concept*] démythifier

début ['deɪbjuː] (N) début *m* • **he made his ~ as a pianist** il a débuté comme pianiste

Dec. (ABBR OF **December**)

decade ['dekeɪd] (N) décennie *f*

decadence ['dekədəns] (N) décadence *f*

decadent ['dekədənt] (ADJ) décadent

decaf*, decaff* ['diːkæf] (N) déca* *m*

decaffeinated [ˌdiːˈkæfɪneɪtɪd] (ADJ) [*coffee*] décaféiné; [*tea*] déthéiné

decamp [dɪˈkæmp] (VI) décamper

decant [dɪˈkænt] (VT) [+ *wine*] décanter

decanter [dɪˈkæntəʳ] (N) carafe *f*

decapitate [dɪˈkæpɪteɪt] (VT) décapiter

decapitation [dɪˌkæpɪˈteɪʃən] (N) décapitation *f*

decathlon [dɪˈkæθlən] (N) décathlon *m*

decay [dɪˈkeɪ] **1** (VI) **a** [*food, vegetation, corpse, flesh*] se décomposer; [*tooth*] se carier **b** [*building*] se délabrer **c** [*radioactive particle*] se désintégrer **d** [*civilization*] décliner; [*district, system*] se délabrer **2** (VT) [+ *tooth*] carier **3** (N) **a** [*of food, vegetation*] pourriture *f* **b** [*of tooth*] carie *f* • **to have tooth ~** avoir des caries **c** [*of building*] délabrement *m* • **to fall into ~** se délabrer **d** [*of radioactive particle*] désintégration *f* **e** [*of system, region, city*] déclin *m* • **social/industrial ~** déclin *m* social/industriel • **moral ~** déchéance *f* morale

decayed [dɪˈkeɪd] (ADJ) [*tooth*] carié; [*corpse*] décomposé

decaying [dɪˈkeɪɪŋ] (ADJ) **a** [*vegetation, food, corpse, flesh*] en décomposition; [*building*] en état de délabrement **b** [*civilization, district*] sur le déclin

deceased [dɪˈsiːst] **1** (ADJ) défunt **2** (N) **the ~** le défunt, la défunte

deceit [dɪˈsiːt] (N) duplicité *f*

deceitful [dɪˈsiːtfʊl] (ADJ) fourbe

deceitfully [dɪˈsiːtfəlɪ] (ADV) trompeusement

deceive [dɪˈsiːv] (VT) tromper • **he ~d me into thinking that he had bought it** il m'a fait croire qu'il l'avait acheté • **I thought my eyes were deceiving me** je n'en croyais pas mes yeux • **to be ~d by appearances** être trompé par les apparences • **to ~ o.s. (about sth)** se faire des illusions (à propos de qch)

decelerate [diːˈseləreɪt] (VI) décélérer

deceleration [ˈdiːˌseləˈreɪʃən] (N) décélération *f*

December [dɪˈsembəʳ] (N) décembre *m* → **September**

> ✎ The months in French are not spelt with a capital letter.

decency ['diːsənsɪ] (N) **common ~** (= *good manners*) la simple politesse • **to have the ~ to do sth** avoir la décence de faire qch • **to have a sense of ~** (= *seemliness*) avoir de la pudeur

decent ['diːsənt] (ADJ) **a** (= *respectable*) honnête; [*house, shoes*] convenable; (= *seemly*) [*language, behaviour, dress*] décent • **to do the ~ thing (by sb)** être correct (à l'égard de qn) • **are you ~?*** (= *dressed*) es-tu présentable ? **b** (= *good, pleasant*)* **a ~ sort of fellow** un type bien* • **it was ~ of him** c'était chic* de sa part • **I've got quite a ~ flat** j'ai un appartement qui est correct • **I could do with a ~ meal** un bon repas ne me ferait pas de mal **c** (*US* = *great*)* super*

decently ['diːsəntlɪ] (ADV) **a** (= *properly*) convenablement • **~ paid/housed** correctement payé/logé **b** (= *respectably*) [*dress*] convenablement; [*live, bury sb*] d'une façon décente; [*behave*] décemment • **they married as soon as they ~ could** ils se sont mariés dès que la décence l'a permis **c** (= *kindly*)* gentiment • **he very ~ lent me some money** il m'a très gentiment prêté de l'argent

decentralization [diːˌsentrəlaɪˈzeɪʃən] (N) décentralisation *f*

decentralize [diːˈsentrəlaɪz] (VT) décentraliser

deception [dɪˈsepʃən] (N) **a** (= *deceiving*) tromperie *f* • **to obtain money by ~** obtenir de l'argent par des moyens frauduleux **b** (= *deceitful act*) supercherie *f*

deceptive [dɪˈseptɪv] (ADJ) trompeur

deceptively [dɪˈseptɪvlɪ] (ADV) **it looks ~ simple** c'est plus compliqué qu'il n'y paraît • **he has a ~ gentle manner** il paraît gentil mais il ne faut pas s'y fier

decibel ['desɪbel] (N) décibel *m*

decide [dɪˈsaɪd] **1** (VT) **a** (= *make up one's mind*) décider (**to do sth** de faire qch) • **I ~d that I would go** j'ai décidé d'y aller • **what made you ~ to go?** qu'est-ce qui vous a décidé à y aller ? • **it has been ~d that ...** on a décidé que ... **b** (= *settle*) [+ *question, piece of business*] régler; [+ *sb's fate, future*] décider de **c** (= *cause to make up one's mind*) décider (**sb to do sth** qn à faire qch) **2** (VI) se décider • **you must ~** il faut vous décider • **to ~ against sth** se décider contre qch • **to ~ for sb** [*judge, arbitrator, committee*] donner raison à qn • **to ~ in favour of sb** donner gain de cause à qn

▸ **decide (up)on** VT INSEP [+ *thing, course of action*] se décider pour

decided [dɪˈsaɪdɪd] (ADJ) **a** (= *distinct*) net; [*advantage, improvement*] certain **b** [*opinions*] arrêté

decidedly [dɪˈsaɪdɪdlɪ] (ADV) (= *distinctly*) **~ odd/unpleasant** franchement bizarre/désagréable • **~ different** vraiment très différent

decider [dɪˈsaɪdəʳ] (N) (= *goal*) but *m* décisif; (= *point*) point *m* décisif; (= *factor*) facteur *m* décisif • **the ~** (= *game*) la belle

deciding [dɪˈsaɪdɪŋ] (ADJ) décisif

deciduous [dɪˈsɪdjʊəs] (ADJ) à feuilles caduques

decilitre, deciliter (*US*) ['desɪˌliːtəʳ] (N) décilitre *m*

decimal ['desɪməl] **1** (ADJ) [*number*] décimal • **to three ~ places** à la troisième décimale • **~ point** virgule *f* (*de fraction décimale*) **2** (N) décimale *f*
decimate ['desɪmeɪt] (VT) décimer
decipher [dɪ'saɪfəʳ] (VT) déchiffrer
decision [dɪ'sɪʒən] (N) décision *f* • **to come to a ~** prendre une décision • **with ~** [*act*] d'un air décidé; [*say*] d'un ton décidé • **a look of ~** un air décidé ▸ **decision-making** N **he's good at ~-making** il sait prendre des décisions
decisive [dɪ'saɪsɪv] (ADJ) **a** [*battle, step, role*] décisif **b** [*person, manner*] décidé • **he's very ~** c'est quelqu'un qui sait prendre des décisions
decisively [dɪ'saɪsɪvlɪ] (ADV) **a** [*defeat, reject, influence*] de manière décisive **b** [*speak, act*] avec fermeté
deck [dek] **1** (N) **a** [*of ship*] pont *m* • **to go up on ~** monter sur le pont **b** (US) (= *verandah*) véranda *f*; (*covered*) porche *m* **c** [*of vehicle*] plateforme *f* • **upper ~** [*of bus*] impériale *f* **d** (US) [*of cards*] jeu *m* de cartes **2** (VT) **a** (= *deck out*) [+ *person, room*] parer (**with** de) • **she was ~ed out in her Sunday best** elle s'était mise sur son trente et un **b** (= *knock down*)* flanquer* par terre **3** (COMP) ▸ **deck chair** N chaise *f* longue
decking ['dekɪŋ] (N) terrasse *f* en bois
declaim [dɪ'kleɪm] (VTI) déclamer
declamatory [dɪ'klæmətərɪ] (ADJ) déclamatoire
declaration [,deklə'reɪʃən] (N) déclaration *f* ▸ **the Declaration of Independence** N (US) la Déclaration d'indépendance
declare [dɪ'klɛəʳ] (VT) déclarer; [+ *results*] proclamer • **have you anything to ~?** avez-vous quelque chose à déclarer? • **to ~ war (on ...)** déclarer la guerre (à ...) • **to ~ a state of emergency** décréter l'état d'urgence • **to ~ o.s. in favour of** se déclarer en faveur de • **to ~ sb bankrupt** déclarer qn en faillite
declassify [di:'klæsɪfaɪ] (VT) déclassifier
decline [dɪ'klaɪn] **1** (N) [*of life, empire*] déclin *m* • **to be on the ~** [*fame, health*] décliner **2** (VT) refuser (**to do sth** de faire qch); [+ *invitation, offer*] décliner • **he offered me a lift but I ~d** il a proposé de m'emmener mais j'ai refusé **3** (VI) [*health, influence*] décliner; [*empire*] tomber en décadence; [*number*] baisser • **to ~ in importance** perdre de l'importance
declining [dɪ'klaɪnɪŋ] (ADJ) [*sales, standards, popularity*] en baisse • **a ~ industry** une industrie sur le déclin
declutter [di:'klʌtər] **1** (VT) désencombrer **2** (VI) faire du vide
decode [di:'kəʊd] (VT) décoder
decoder [di:'kəʊdəʳ] (N) décodeur *m*
decommission [,di:kə'mɪʃən] (VT) **a** [+ *nuclear power station*] fermer **b** [+ *warship, aircraft*] mettre hors service
decompose [,di:kəm'pəʊz] **1** (VT) décomposer **2** (VI) se décomposer
decomposition [,di:kɒmpə'zɪʃən] (N) décomposition *f*
decompress [,di:kəm'pres] (VT) décompresser
decompression [,di:kəm'preʃən] (N) décompression *f* ▸ **decompression chamber** N chambre *f* de décompression
decongestant [,di:kən'dʒestənt] (ADJ, N) décongestif *m*
deconsecrate [,di:'kɒnsɪkreɪt] (VT) séculariser
deconstruct [,di:kən'strʌkt] (VT) déconstruire
deconstruction [,di:kən'strʌkʃən] (N) déconstruction *f*
decontaminate [,di:kən'tæmɪneɪt] (VT) décontaminer
decontamination ['di:kən,tæmɪ'neɪʃən] (N) décontamination *f*
decontrol [,di:kən'trəʊl] **1** (VT) libérer des contrôles gouvernementaux **2** (N) [*of price*] libération *f*

décor [deɪkɔ:ʳ] (N) décor *m*
decorate ['dekəreɪt] **1** (VT) **a** décorer (**with** de); [+ *room*] peindre (et tapisser) **b** [+ *soldier*] décorer • **he was ~d for gallantry** il a été décoré pour sa bravoure **2** (VI) (= *paint*) peindre (et tapisser)

> ⚠ In the DIY sense **to decorate** is not translated by **décorer**.

decorating ['dekəreɪtɪŋ] (N) décoration *f* intérieure • **they are doing some ~** ils sont en train de refaire les peintures
decoration [,dekə'reɪʃən] (N) décoration *f* • **Christmas ~s** décorations *fpl* de Noël
decorative ['dekərətɪv] (ADJ) décoratif
decorator ['dekəreɪtəʳ] (N) (= *designer*) décorateur *m*, -trice *f*; (= *painter and decorator*) peintre *m* décorateur
decorous ['dekərəs] (ADJ) bienséant
decorum [dɪ'kɔ:rəm] (N) décorum *m* • **with ~** avec bienséance • **to have a sense of ~** avoir le sens des convenances
decoy ['di:kɔɪ] (N) (= *artificial bird*) leurre *m*; (= *person*) compère *m* • **police ~** policier *m* en civil (*servant à attirer un criminel dans une souricière*)
decrease **1** (VI) [*amount, numbers, population*] diminuer; [*strength*] décliner; [*intensity*] décroître; [*price, value*] baisser; [*enthusiasm*] se calmer **2** (VT) diminuer **3** (N) diminution *f* (**in** de); [*of power*] affaiblissement *m* (**in** de); [*of price, value, enthusiasm*] baisse *f* (**in** de) • **~ in speed** ralentissement *m* • **~ in strength** affaiblissement *m*

> 🔈 Lorsque **decrease** est un nom, l'accent tombe sur la première syllabe : ['di:kri:s], lorsque c'est un verbe, sur la seconde : [di:'kri:s].

decreasing [di:'kri:sɪŋ] (ADJ) [*sales, numbers*] en baisse; [*intensity*] décroissant; [*strength*] déclinant
decreasingly [di:'kri:sɪŋlɪ] (ADV) de moins en moins
decree [dɪ'kri:] **1** (N) décret *m* • **by royal/government ~** par ordonnance royale/du gouvernement **2** (VT) décréter (**that** que + *indic*); [*court*] ordonner (**that** que + *subj*)
decrepit [dɪ'krepɪt] (ADJ) délabré; [*person*]* décati*
decrepitude [dɪ'krepɪtju:d] (N) **a** [*of building*] délabrement *m*; [*of system*] vétusté *f* **b** (= *infirmity*) décrépitude *f*
decriminalize [di:'krɪmɪnəlaɪz] (VT) dépénaliser
decrypt [di:'krɪpt] (VT) décrypter
decryption [,di:'krɪpʃən] (N) (*Comput, TV*) décryptage *m*
dedicate ['dedɪkeɪt] (VT) **a** [+ *time, one's life*] consacrer (**to sth** à qch, **to doing sth** à faire qch); [+ *resources, money*] affecter (**to sth** à qch, **to doing sth** pour faire qch) **b** [+ *memorial, book, film, award*] dédier • **to ~ a song to sb** [*singer*] dédier une chanson à qn; [*disc jockey*] passer une chanson à l'intention de qn **c** [+ *church, shrine*] consacrer
dedicated ['dedɪkeɪtɪd] (ADJ) **a** [*person*] dévoué; [*work, attitude*] sérieux • **a ~ socialist** un socialiste convaincu • **to be ~ to sth** [*person*] tenir beaucoup à qch; [*organization*] se consacrer à qch • **we are ~ to providing quality service** nous faisons tout notre possible pour fournir un service de qualité **b** **~ to** (= *given over to*) consacré à **c** [*copy of book*] dédicacé **d** (= *specialized*) [*word processor*] dédié
dedication [,dedɪ'keɪʃən] (N) **a** [*of church*] consécration

f **b** (*in book, on radio*) dédicace *f* • **the ~ reads: "to Emma, with love from Harry"** le livre est dédicacé « à Emma, avec tout mon amour, Harry » **c** (= *devotion*) dévouement *m*

deduce [dɪ'dju:s] VT déduire

deduct [dɪ'dʌkt] VT [+ *amount*] déduire (**from** de); [+ *numbers*] soustraire (**from** de); [+ *tax*] retenir (**from** sur) • **to ~ something from the price** faire une remise • **to ~ 5% from the wages** prélever 5 % sur les salaires • **after ~ing 5%** déduction faite de 5 %

deductible [dɪ'dʌktəbl] ADJ à déduire; [*expenses*] déductible

deduction [dɪ'dʌkʃən] N **a** (= *amount deducted*) déduction *f* (**from** de); (*from wage*) retenue *f* (**from** sur) **b** (= *conclusion*) déduction *f* **c** (= *deductive reasoning*) raisonnement *m* déductif

deductive [dɪ'dʌktɪv] ADJ déductif

deed [di:d] **1** N **a** (= *action*) action *f*, acte *m* • **brave ~** acte *m* de bravoure • **good ~** bonne action *f* • **to do one's good ~ for the day** faire sa B.A. quotidienne **b** (= *legal contract*) acte *m* notarié **2** COMP ▸ **deed poll** N **to change one's name by ~ poll** ≈ changer de nom officiellement

deejay* ['di:ˌdʒeɪ] N disc-jockey *m*

deem [di:m] VT **to ~ sth necessary** considérer que qch est nécessaire

deep [di:p] **1** ADJ **a** [*water, hole, wound*] profond; [*mud, snow*] épais(-aisse); [*pan, container*] à hauts bords • **the lake was 4 metres ~** le lac avait 4 mètres de profondeur • **the water was 2 metres ~** la profondeur de l'eau était de 2 mètres • **he was ankle-~ in water** l'eau lui arrivait aux chevilles • **to be in ~ water** (*fig*) avoir de gros ennuis ▸ **deep in ~ in the forest/in enemy territory** au cœur de la forêt/du territoire ennemi • **~ in thought** absorbé dans ses pensées • **she was ~ in conversation** elle était en pleine conversation • **~ in debt** criblé de dettes **b** [*border*] large; [*shelf, cupboard*] profond • **the spectators stood ten ~** il y avait dix rangées de spectateurs • **a line of policemen three ~** trois rangées de policiers **c** (= *low-pitched*) grave; [*growl*] sourd **d** (= *strong in colour*) profond • **~ blue** bleu profond *inv* **e** [*breath, sigh*] profond • **~ breathing** respiration *f* profonde; (= *exercises*) exercices *mpl* respiratoires • **to take a ~ breath** respirer profondément **f** [*sorrow, admiration, divisions, sleep*] profond; [*concern, interest*] vif • **to gain a ~er understanding of sth** parvenir à mieux comprendre qch **g** (= *profound*) [*writer, thinker, book*] profond • **I'm not looking for a ~ and meaningful relationship** je ne recherche pas une relation sérieuse **h** (*Sport*) [*shot, volley, pass, cross*] long (longue)
2 ADV profondément • **to go ~ into the forest** pénétrer très avant dans la forêt • **it makes its burrow ~ underground** il creuse son terrier très profond • **don't go in too ~ if you can't swim** ne va pas trop loin si tu ne sais pas nager • **to thrust one's hands ~ in one's pockets** enfoncer ses mains dans ses poches • **to gaze ~ into sb's eyes** regarder qn au fond des yeux • **to run ~** [*divisions, tendency*] être profond; [*problems*] être grave; [*feelings*] être exacerbé; [*racism, prejudice*] être bien enraciné • **he's in pretty ~*** (*in relationship, plot*) il s'est engagé à fond • **~ down she still mistrusted him** en son for intérieur, elle se méfiait encore de lui
3 N (= *sea*) **the ~** les grands fonds *mpl* de l'océan
4 COMP ▸ **deep clean** N nettoyage *m* en profondeur ▸ **deep-clean** VT nettoyer à fond ▸ **the deep end** N le grand bain • **to go off at the ~ end*** se mettre dans tous ses états • **to jump in at the ~ end** (*fig*) foncer tête baissée • **to throw sb in at the ~ end*** mettre tout de suite qn dans le bain ▸ **deep-fat fryer** N friteuse *f* ▸ **deep freeze, deep freezer** (*US*) N congélateur *m* ▸ **deep-freeze** VT congeler ▸ **deep-fry** VT faire frire ▸ **deep fryer** N friteuse *f* ▸ **deep-pan pizza** N pizza *f* américaine, pizza *f* à pâte épaisse ▸ **deep-rooted** ADJ [*affection, prejudice*] profond; [*habit*] ancré ▸ **deep-sea** ADJ [*animal, plant*] pélagique ▸ **deep-sea diver** N plongeur *m* sous-marin ▸ **deep-sea diving** N plongée *f* sous-marine ▸ **deep-sea fisherman** N (*pl* **deep-sea fishermen**) pêcheur *m* de haute mer ▸ **deep-sea fishing** N pêche *f* hauturière ▸ **deep-seated** ADJ [*prejudice, dislike*] profond; [*conviction*] fermement ancré ▸ **deep-set** ADJ [*eyes*] très enfoncé ▸ **deep-six**‡ VT (*US*) (= *throw out*) balancer*; (= *kill*) liquider‡ ▸ **the Deep South** N (*US*) le Sud profond (*des États-Unis*) ▸ **deep space** N espace *m* intersidéral ▸ **deep vein thrombosis** N thrombose *f* veineuse profonde

deepen ['di:pən] **1** VT [+ *relationship, knowledge*] approfondir; [+ *gloom, recession*] aggraver **2** VI [*crisis, recession*] s'aggraver; [*relationship*] devenir plus profond; [*darkness*] s'épaissir

deepening ['di:pənɪŋ] **1** ADJ [*crisis, gloom, depression*] de plus en plus grave; [*friendship, understanding*] de plus en plus profond **2** N intensification *f*

deeply ['di:plɪ] ADV **a** [*cut, sleep, breathe, regret*] profondément; [*drink*] à longs traits • **~ embedded** profondément incrusté • **to sigh ~** pousser un gros soupir **b** [*shocked, divided, unhappy*] profondément; [*troubled, unpopular*] extrêmement • **~ in debt** criblé de dettes

deer [dɪəʳ] N (*pl* **deer**) (*male*) cerf *m*; (*female*) biche *f*; (= *red deer*) cerf *m*; (= *fallow deer*) daim *m*; (= *roe deer*) chevreuil *m*

deerstalker ['dɪəˌstɔ:kəʳ] N casquette *f* à la Sherlock Holmes

deface [dɪ'feɪs] VT dégrader

defamation [ˌdefə'meɪʃən] N diffamation *f*

defamatory [dɪ'fæmətərɪ] ADJ diffamatoire

defame [dɪ'feɪm] VT diffamer

default [dɪ'fɔ:lt] **1** N **a he got the job by ~** il a eu le poste en l'absence d'autres candidats valables • **match won by ~** match gagné par forfait **b** (*Comput*) positionnement *m* par défaut • **~ drive** lecteur *m* par défaut **2** VI (*on undertaking*) manquer à ses engagements

defeat [dɪ'fi:t] **1** N [*of army, team*] défaite *f*; [*of project, ambition*] échec *m*; [*of legal case, appeal*] rejet *m* **2** VT [+ *opponent, army*] vaincre; [+ *team*] battre; [+ *ambitions, plans, attempts*] faire échouer; [+ *government, opposition*] mettre en minorité; [+ *bill, amendment*] rejeter • **it ~s the object** ça va à l'encontre du but recherché

defeatism [dɪ'fi:tɪzəm] N défaitisme *m*

defeatist [dɪ'fi:tɪst] ADJ, N défaitiste *mf*

defecate ['defəkeɪt] VTI déféquer

defect **1** N défaut *m*; (*in workmanship*) malfaçon *f* • **speech ~** défaut *m* de prononciation **2** VI faire défection • **to ~ from one country to another** s'enfuir d'un pays pour aller dans un autre (*pour raisons politiques*) • **to ~ to another party** se rallier à un autre parti

> Lorsque **defect** est un nom, l'accent tombe sur la première syllabe : ['di:fekt], lorsque c'est un verbe, sur la seconde : [dɪ'fekt].

defection [dɪ'fekʃən] (N) défection *f* • **his ~ to the East was in all the papers** quand il est passé à l'Est, tous les journaux en ont parlé

defective [dɪ'fektɪv] (ADJ) [*goods, gene*] défectueux • **to be born with a ~ heart** naître avec une malformation cardiaque

defector [dɪ'fektəʳ] (N) transfuge *mf*

defence, defense (*US*) [dɪ'fens] 1 (N) ⓐ défense *f* • **to play in ~** jouer en défense • **in ~ of** pour défendre • **as a ~ against** pour se défendre contre • **to come to sb's ~** défendre qn • **Ministry of Defence** (*Brit*) • **Department of Defense** (*US*) ministère *m* de la Défense
ⓑ **defences** (= *weapons*) moyens *mpl* de défense; (= *constructions*) ouvrages *mpl* défensifs • **the body's ~s against disease** les défenses *fpl* de l'organisme contre la maladie
ⓒ (*in court*) défense *f* • **in his ~** à sa décharge • **witness for the ~** témoin *m* à décharge • **the case for the ~** la défense
ⓓ [*of argument, decision, action, belief*] justification *f*
2 (ADJ) [*policy*] de défense; [*minister*] de la défense; [*industry, manufacturer*] travaillant pour la défense nationale; [*contract*] destiné à la défense nationale

defenceless [dɪ'fenslɪs] (ADJ) sans défense

defend [dɪ'fend] 1 (VT) ⓐ défendre • **to ~ o.s.** se défendre • **to ~ one's own interests** défendre ses propres intérêts • **Smith successfully ~ed her title** Smith a réussi à conserver son titre ⓑ (= *justify*) justifier 2 (VI) défendre; (= *play in defence*) être en défense

defendant [dɪ'fendənt] (N) défendeur *m*, -deresse *f*; (*in criminal case*) prévenu(e) *m(f)*

defender [dɪ'fendəʳ] (N) défenseur *m*; [*of record*] détenteur *m*, -trice *f*; [*of title*] tenant(e) *m(f)*

defending [dɪ'fendɪŋ] (ADJ) **the ~ champion** le tenant du titre

defense [dɪ'fens] (*US*) = **defence**

defensible [dɪ'fensɪbl] (ADJ) défendable

defensive [dɪ'fensɪv] 1 (ADJ) défensif • **he's so ~!** il est toujours sur la défensive! 2 (N) **on the ~** sur la défensive

defensively [dɪ'fensɪvlɪ] (ADV) [*speak*] sur la défensive; [*play*] défensivement

defer [dɪ'fɜːʳ] 1 (VT) (= *put off*) [+ *journey, meeting*] remettre à plus tard; [+ *payment, decision, judgement*] différer 2 (VI) (= *submit*) **to ~ to sb** s'en remettre à qn

deference ['defərəns] (N) déférence *f* • **in ~ to** par déférence pour

deferential [ˌdefə'renʃəl] (ADJ) plein de déférence • **to be ~ to sb** se montrer plein de déférence envers qn

deferment [dɪ'fɜːmənt], **deferral** [dɪ'ferəl] (N) [*of payment*] report *m*

defiance [dɪ'faɪəns] (N) défi *m* • **an act of ~** un acte de défi • **in ~ of** [+ *the law, instructions*] au mépris de; [+ *person*] au mépris des ordres de

defiant [dɪ'faɪənt] (ADJ) [*reply, statement*] provocant; [*attitude, tone, look*] de défi; [*person*] rebelle • **the team is in ~ mood** l'équipe est prête à relever le défi

defiantly [dɪ'faɪəntlɪ] (ADV) [*speak*] d'un ton de défi; [*reply, stare*] d'un air de défi

deficiency [dɪ'fɪʃənsɪ] (N) ⓐ [*of iron, vitamins*] carence *f* (**of** en); [*of organ, immune system*] insuffisance *f* ⓑ (*in character, system*) faille *f*; (*in construction, machine*) imperfection *f*; (*in service*) faiblesse *f*

deficient [dɪ'fɪʃənt] (ADJ) (= *inadequate*) défectueux; (= *insufficient*) insuffisant • **to be ~ in sth** manquer de qch

deficit ['defɪsɪt] (N) déficit *m* • **in ~** en déficit

defile [dɪ'faɪl] (VT) (= *pollute*) souiller; (= *desecrate*) profaner

definable [dɪ'faɪnəbl] (ADJ) définissable

define [dɪ'faɪn] (VT) ⓐ définir; [+ *problem*] cerner • **she doesn't ~ herself as a feminist** elle ne se définit pas comme étant féministe ⓑ (= *outline*) **the tower was clearly ~d against the sky** la tour se détachait nettement sur le ciel

definite ['defɪnɪt] 1 (ADJ) ⓐ (= *fixed*) [*plan*] précis; [*intention, order, sale*] ferme • **is that ~?** c'est sûr? • **have you got a ~ date for the wedding?** avez-vous décidé de la date du mariage? • **nothing ~** rien de précis ⓑ (= *distinct*) [*feeling, increase*] net; [*advantage*] certain • **a ~ improvement** une nette amélioration • **it's a ~ possibility** c'est tout à fait possible ⓒ (= *positive*) [*person, tone*] catégorique; [*views*] arrêté • **to be ~ about sth** être catégorique à propos de qch 2 (COMP) ▸ **definite article** N article *m* défini

definitely ['defɪnɪtlɪ] (ADV) ⓐ [*decide, agree, say*] de manière définitive • **is he ~ coming?** est-il certain qu'il va venir? • **I'm ~ going to get in touch with them** vous pouvez compter sur moi, je prendrai contact avec eux ⓑ (*expressing an opinion*) vraiment • **you ~ need a holiday** tu as vraiment besoin de vacances • **she's ~ more intelligent than her brother** il est clair qu'elle est plus intelligente que son frère • **~ not** certainement pas • **~!** absolument!

definition [ˌdefɪ'nɪʃən] (N) ⓐ [*of word*] définition *f* • **by ~** par définition ⓑ [*of powers, duties*] délimitation *f*

definitive [dɪ'fɪnɪtɪv] (ADJ) [*answer, refusal*] définitif; [*map, book*] de référence

deflate [diː'fleɪt] 1 (VT) [+ *tyre*] dégonfler; [+ *person*] démonter 2 (VI) se dégonfler

deflated [diː'fleɪtɪd] (ADJ) (= *downcast*) découragé

deflation [diː'fleɪʃən] (N) (*economic*) déflation *f*

deflationary [diː'fleɪʃənərɪ] (ADJ) déflationniste

deflect [dɪ'flekt] (VT) dévier; [+ *criticism, attention*] détourner

deflection [dɪ'flekʃən] (N) déviation *f*

defo ['defəʊ] (EXCL)* (ABBR OF **definitely**) sûr!*, c'est clair!*

deforest [diː'fɒrɪst] (VT) déboiser

deforestation [diːˌfɒrɪ'steɪʃən] (N) déboisement *m*

deform [dɪ'fɔːm] (VT) déformer

deformed [dɪ'fɔːmd] (ADJ) difforme; [*structure*] déformé

deformity [dɪ'fɔːmɪtɪ] (N) [*of body*] difformité *f*

defrag [diː'fræg] (VT) (*Comput*) défragmenter

defragment [ˌdiːfræg'ment] (VT) (*Comput*) défragmenter

defraud [dɪ'frɔːd] (VT) [+ *state*] frauder; [+ *person*] escroquer • **to ~ sb of sth** escroquer qch à qn

defray [dɪ'freɪ] (VT) [+ *expenses*] rembourser; [+ *cost*] couvrir • **to ~ sb's expenses** défrayer qn

defriend [diː'frend] (VT) (*Internet*) supprimer de sa liste d'amis

defrost [diː'frɒst] 1 (VT) [+ *fridge, windscreen*] dégivrer; [+ *food*] décongeler 2 (VI) [*fridge*] se dégivrer; [*food*] décongeler

defroster [diː'frɒstəʳ] (N) (*for car*) dégivreur *m*; (*US*) (= *demister*) dispositif *m* antibuée

deft [deft] (ADJ) adroit

deftly ['deftlɪ] (ADV) adroitement

deftness ['deftnɪs] (N) adresse *f*

defunct [dɪ'fʌŋkt] (ADJ) **the now ~ Social Democratic Party** l'ex-parti social-démocrate • **the magazine is now ~** ce magazine a cessé de paraître

defuse [diː'fjuːz] (VT) désamorcer

defy [dɪ'faɪ] (VT) **a** (= *disobey*) [+ *law, convention*] ne pas respecter; [+ *person, orders*] désobéir à; (= *stand up to*) [+ *person*] défier • **the virus has defied all attempts to find a vaccine** jusqu'à maintenant, toutes les tentatives pour trouver un vaccin contre ce virus sont restées vaines **b** (= *contradict*) [+ *logic*] défier • **to ~ gravity** défier les lois de la gravité • **it defies description** cela défie toute description **c** (= *challenge*) **to ~ sb to do sth** mettre qn au défi de faire qch

degenerate 1 (VI) dégénérer (**into** en) • **the situation ~d into civil war** la situation a dégénéré en guerre civile • **the election campaign has ~d into farce** la campagne électorale a tourné à la farce 2 (ADJ) dégénéré 3 (N) dégénéré(e) *m(f)*

> Lorsque **degenerate** est un verbe, la fin se prononce comme **eight** : [dɪ'dʒenəreɪt] ; lorsque c'est un nom ou un adjectif, elle se prononce comme **it** : [dɪ'dʒenərɪt].

degeneration [dɪ,dʒenə'reɪʃən] (N) dégénérescence *f*

degenerative [dɪ'dʒenərɪtɪv] (ADJ) dégénératif

degradation [,degrə'deɪʃən] (N) **a** (= *damage*) dégradation *f* • **environmental ~** dégradation *f* de l'environnement **b** (= *debasement*) déchéance *f*; (= *humiliation*) humiliation *f* • **the moral ~ of our society** la déchéance morale de notre société • **the ~ of prison life** le caractère dégradant de la vie carcérale

degrade [dɪ'greɪd] (VT) (= *debase*) avilir (*liter*) • **he felt ~d** il se sentait avili

degrading [dɪ'greɪdɪŋ] (ADJ) dégradant (**to** pour)

degree [dɪ'gri:] 1 (N) **a** (*distance, temperature*) degré *m* • **a 180-~ turn** un virage à 180 degrés • **it was 35 ~s in the shade** il faisait 35 degrés à l'ombre • **he's got a temperature of 39 ~s** il a 39 de fièvre
b (= *amount*) degré *m* • **some ~ of independence** un certain degré d'indépendance • **with varying ~s of success** avec plus ou moins de succès • **to do sth by ~s** faire qch petit à petit • **to some ~** dans une certaine mesure • **to such a ~ that ...** à (un) tel point que ...
c **first-/second-/third-~ burns** brûlures *fpl* au premier/deuxième/troisième degré
d (*US*) **first-~ murder** homicide *m* volontaire • **second-~ murder** homicide *m* involontaire
e (= *academic qualification*) diplôme *m* (universitaire) • **first ~** ≈ licence *f* • **higher ~** (= *master's*) ≈ maîtrise *f*; (= *doctorate*) ≈ doctorat *m* • **~ in** licence *f* de • **I'm taking a ~ in science** je fais une licence de sciences • **he got his ~** il a eu son diplôme
2 (COMP) ▸ **degree ceremony** N (*Brit*) cérémonie *f* de remise des diplômes ▸ **degree course** N (*Brit*) **to do a ~ course (in)** faire une licence (de)

> **DEGREE**
>
> Dans les systèmes universitaires britannique et américain, le premier titre universitaire (généralement obtenu après trois ou quatre ans d'études supérieures) est le « bachelor's **degree** », qui permet à l'étudiant en lettres de devenir « Bachelor of Arts » (« BA » en Grande-Bretagne, « AB » aux États-Unis) et à l'étudiant en sciences ou en sciences humaines d'être un « Bachelor of Science » (« BSc » en Grande-Bretagne, « BS » aux États-Unis). L'année suivante débouche sur les diplômes de « Master of Arts » (« MA ») et de « Master of Science » (« MSc » en Grande-Bretagne, « MS » aux États-Unis).

dehumanize [di:'hju:mənaɪz] (VT) déshumaniser

dehumidifier [,di:hju:'mɪdɪfaɪə^r] (N) (= *machine*) déshumidificateur *m*

dehydrate [,di:haɪ'dreɪt] 1 (VI) se déshydrater 2 (VT) déshydrater

dehydrated [,di:haɪ'dreɪtɪd] (ADJ) déshydraté

dehydration [,di:haɪ'dreɪʃən] (N) déshydratation *f*

de-ice ['di:'aɪs] (VT) dégivrer

de-icer ['di:'aɪsə^r] (N) dégivreur *m*

de-icing ['di:'aɪsɪŋ] (N) dégivrage *m* ▸ **de-icing fluid** N antigel *m*

deign [deɪn] (VT) daigner (**to do sth** faire qch)

deity ['di:ɪtɪ] (N) divinité *f*

déjà vu [,deɪʒa:'vu:] (N) **a feeling of ~** une impression de déjà vu

dejected [dɪ'dʒektɪd] (ADJ) découragé

dejectedly [dɪ'dʒektɪdlɪ] (ADV) [*say*] d'un ton abattu; [*look*] d'un air abattu

dejection [dɪ'dʒekʃən] (N) abattement *m*

Del. (ABBR OF **Delaware**)

delay [dɪ'leɪ] 1 (VT) **a** (= *postpone*) [+ *action, event*] retarder; [+ *payment*] différer • **~ed effect** effet *m* à retardement • **to ~ doing sth** tarder à faire qch **b** (= *hold up*) retarder
2 (VI) s'attarder • **don't ~!** dépêchez-vous ! 3 (N) retard *m* • **there will be ~s to trains on the London-Brighton line** on prévoit des retards sur la ligne Londres-Brighton • **there will be ~s to traffic** il y aura des ralentissements • **"~s possible"** « ralentissements possibles » • **with as little ~ as possible** dans les plus brefs délais • **without ~** sans tarder
4 (COMP) ▸ **delayed-action** ADJ [*bomb, fuse*] à retardement

delaying [dɪ'leɪɪŋ] (ADJ) [*action*] dilatoire • **~ tactics** moyens *mpl* dilatoires

delectable [dɪ'lektəbl] (ADJ) délectable • **the ~ Miss Campbell** la délicieuse Mlle Campbell

delegate 1 (VT) [+ *authority, power*] déléguer (**to** à) • **to ~ responsibility** déléguer les responsabilités • **to ~ sb to do sth** déléguer qn pour faire qch 2 (VI) déléguer 3 (N) délégué(e) *m(f)* (**to** à)

> Lorsque **delegate** est un verbe, la fin se prononce comme **eight** : ['delɪgeɪt] ; lorsque c'est un nom, elle se prononce comme **it** : ['delɪgɪt].

delegation [,delɪ'geɪʃən] (N) délégation *f*

delete [dɪ'li:t] (VT) supprimer; (= *score out*) rayer • **"~ where inapplicable"** « rayer les mentions inutiles »

deletion [dɪ'li:ʃən] (N) effacement *m*; (= *thing deleted*) rature *f*

Delhi ['delɪ] (N) Delhi ▸ **Delhi belly*** N tourista* *f*

Delhiite ['delɪaɪt] (N) Dilliwalah *mf*, Delhiite *mf*

deli* ['delɪ] 1 (N) (ABBR OF **delicatessen**) traiteur *m*
2 (COMP) ▸ **deli counter** N rayon *m* traiteur

deliberate 1 (ADJ) **a** (= *intentional*) délibéré • **it wasn't ~** ce n'était pas fait exprès **b** (= *thoughtful*) [*decision*] mûrement réfléchi; (= *slow*) [*air*] décidé; [*manner, walk*] posé 2 (VI) **a** (= *think*) réfléchir **b** (= *discuss*) discuter

> Lorsque **deliberate** est un adjectif, la fin se prononce comme **it** : [dɪ'lɪbərɪt] ; lorsque c'est un verbe, elle se prononce comme **eight** : [dɪ'lɪbəreɪt].

deliberately [dɪ'lɪbərɪtlɪ] (ADV) **a** (= *on purpose*) délibérément • **I didn't do it ~** je ne l'ai pas fait exprès **b** (= *purposefully*) posément

d

deliberation [dɪˌlɪbəˈreɪʃən] (N) ⓐ (*= consideration*) réflexion *f* • **after careful ~** après mûre réflexion ⓑ **deliberations** (*= discussion*) discussions *fpl* ⓒ (*= slowness*) mesure *f*
delicacy [ˈdelɪkəsɪ] (N) ⓐ délicatesse *f* • **a matter of some ~** une affaire assez délicate ⓑ (*= special dish*) mets *m* délicat
delicate [ˈdelɪkɪt] (ADJ) délicat
delicately [ˈdelɪkɪtlɪ] (ADV) ⓐ (*= subtly*) délicatement • **~ flavoured** délicatement parfumé ⓑ (*= tactfully*) avec délicatesse • **~ worded** formulé avec délicatesse
delicatessen [ˌdelɪkəˈtesn] (N) épicerie *f* fine
delicious [dɪˈlɪʃəs] (ADJ) délicieux
deliciously [dɪˈlɪʃəslɪ] (ADV) délicieusement • **~ ironic** d'une ironie délicieuse
delight [dɪˈlaɪt] **1** (N) ⓐ (*= intense pleasure*) grand plaisir *m* • **to my ~** à ma plus grande joie • **to take (a) ~ in sth** prendre grand plaisir à qch ⓑ (*= source of pleasure*) régal *m* • **this book is a ~** ce livre est un régal • **a ~ to the eyes** un régal pour les yeux • **he's a ~ to watch** il fait plaisir à voir **2** (VT) [*+ person*] enchanter **3** (VI) prendre plaisir (**in sth** à qch)
delighted [dɪˈlaɪtɪd] (ADJ) ravi (**with** de) • **absolutely ~!** tout à fait ravi !
delightedly [dɪˈlaɪtɪdlɪ] (ADV) avec ravissement
delightful [dɪˈlaɪtfʊl] (ADJ) charmant
delightfully [dɪˈlaɪtfəlɪ] (ADV) [*friendly*] délicieusement; [*arranged, decorated*] d'une façon ravissante
delimit [diːˈlɪmɪt] (VT) délimiter
delineate [dɪˈlɪnɪeɪt] (VT) (*= describe*) décrire
delinquency [dɪˈlɪŋkwənsɪ] (N) délinquance *f*
delinquent [dɪˈlɪŋkwənt] **1** (ADJ) délinquant **2** (N) délinquant(e) *m(f)*
delirious [dɪˈlɪrɪəs] (ADJ) (*= raving*) délirant • **to be ~** délirer; [*crowd*] être en délire
deliriously [dɪˈlɪrɪəslɪ] (ADV) (*= ecstatically*) avec une joie délirante • **~ happy** fou de joie
delirium [dɪˈlɪrɪəm] (N) délire *m*
deliver [dɪˈlɪvəʳ] **1** (VT) ⓐ (*= take*) remettre (**to** à); [*+ letters*] distribuer (*à domicile*); [*+ goods*] livrer • **to ~ a message to sb** remettre un message à qn • **milk is ~ed every day** le lait est livré tous les jours • **"~ed free"** « livraison gratuite » • **to ~ the goods*** (*fig*) être à la hauteur
ⓑ (*= rescue*) délivrer
ⓒ [*+ speech, sermon*] prononcer • **to ~ an ultimatum** lancer un ultimatum
ⓓ [*+ baby*] mettre au monde; [*+ woman*] (faire) accoucher
ⓔ (*= hand over*) remettre
ⓕ [*+ blow*] porter
2 (VI) (*= do what is expected*)* être à la hauteur (**on sth** quant à qch) • **the match promised great things but didn't ~** le match promettait beaucoup mais n'a pas été à la hauteur

> ⚠ **délivrer** is not the most common translation for **to deliver**.

deliverables [dɪˈlɪvərəblz] (NPL) livrables *mpl*
deliverance [dɪˈlɪvərəns] (N) délivrance *f*
delivery [dɪˈlɪvərɪ] **1** (N) ⓐ [*of goods, parcels*] livraison *f*; [*of letters*] distribution *f* • **to pay on ~** payer à la livraison • **payable on ~** payable à la livraison ⓑ [*of baby*] accouchement *m* ⓒ [*of speaker*] élocution *f*; [*of speech*] débit *m* **2** (COMP) ▸ **delivery charge** N frais *mpl* de port ▸ **delivery man** N (*pl* **delivery men**) livreur *m* ▸ **delivery room** N salle *f* d'accouchement
delouse [diːˈlaʊs] (VT) épouiller
delta [ˈdeltə] (N) delta *m*
delude [dɪˈluːd] (VT) tromper • **to ~ sb into thinking that ...** faire croire à qn que ... • **to ~ o.s.** se faire des illusions
deluded [dɪˈluːdɪd] (ADJ) **to be ~** être victime d'illusions
deluge [ˈdeljuːdʒ] **1** (N) déluge *m* • **a ~ of protests** un déluge de protestations • **a ~ of letters** une avalanche de lettres **2** (VT) inonder (**with** de)
delusion [dɪˈluːʒən] (N) (*= false belief*) illusion *f*; (*= hallucination*) hallucination *f* • **to suffer from ~s** avoir des hallucinations • **to be labouring under a ~** être victime d'une illusion • **~s of grandeur** folie *f* des grandeurs
de luxe [dɪˈlʌks] (ADJ) de luxe • **a ~ flat** un appartement de grand standing • **~ model** modèle *m* grand luxe
delve [delv] (VI) (*= probe*) fouiller (**into** dans) • **to ~ into the past** fouiller le passé • **to ~ into one's pockets** fouiller dans ses poches
Dem. (US) **1** (N) (ABBR OF **Democrat**) **2** (ADJ) (ABBR OF **Democratic**)
demagog [ˈdeməgɒg] (N) (*US*) démagogue *mf*
demagogic [ˌdeməˈgɒgɪk] (ADJ) démagogique
demagogue [ˈdeməgɒg] (N) démagogue *mf*
demagogy [ˈdeməgɒgɪ] (N) démagogie *f*
demand [dɪˈmɑːnd] **1** (VT) réclamer • **to ~ to do sth** exiger de faire qch • **a question that ~s our attention** une question qui réclame notre attention
2 (N) ⓐ (*= claim*) (*for better pay*) revendication *f*; (*for money*) demande *f* • **payable on ~** payable sur demande • **final ~** dernier avertissement *m* • **to make ~s on sb** exiger beaucoup de qn • **I have many ~s on my time** je suis très pris
ⓑ (*for product, service*) demande *f* • **~ for this product is increasing** ce produit est de plus en plus demandé • **to create a ~ for a product** créer une demande pour un produit • **to be in (great) ~** être très demandé

> ⚠ **to demand ≠ demander**

demanding [dɪˈmɑːndɪŋ] (ADJ) [*job, role*] exigeant; [*schedule*] éprouvant • **physically ~** physiquement éprouvant • **intellectually ~** intellectuellement exigeant • **working with children can be emotionally ~** travailler avec des enfants peut être très éprouvant sur le plan émotionnel
demarcate [ˈdiːmɑːkeɪt] (VT) délimiter
demarcation [ˌdiːmɑːˈkeɪʃən] (N) démarcation *f*
demean [dɪˈmiːn] (VT) rabaisser • **to ~ o.s.** s'abaisser
demeaning [dɪˈmiːnɪŋ] (ADJ) dégradant (**to** pour)
demeanour, demeanor (US) [dɪˈmiːnəʳ] (N) (*= behaviour*) comportement *m*; (*= bearing*) maintien *m*
demented* [dɪˈmentɪd] (ADJ) (*= crazy*) fou (folle *f*)
dementia [dɪˈmenʃɪə] (N) démence *f*
demerara sugar [ˌdemərεərəˈʃʊgəʳ] (N) (*Brit*) sucre *m* roux
demerger [ˌdiːˈmɜːdʒəʳ] (N) (*Brit*) scission *f*
demilitarize [diːˈmɪlɪtəraɪz] (VT) démilitariser
demise [dɪˈmaɪz] (N) (*= death*) décès *m*; (*= end*) chute *f*
demist [diːˈmɪst] (VT) désembuer
demister [diːˈmɪstəʳ] (N) (*Brit: in car*) dispositif *m* antibuée

demo* ['deməʊ] (N) ⓐ (*Brit*) (ABBR OF **demonstration**) manif* *f* ⓑ (ABBR OF **demonstration tape**) démo *f*
demob* [ˈdiːˈmɒb] (*Brit*) 1 (N) ABBR OF **demobilization** 2 (COMP) ▸ **demob-happy** ADJ **to be ~-happy** être content d'en avoir fini
demobilization [ˈdiːˌməʊbɪlaɪˈzeɪʃən] (N) démobilisation *f*
demobilize [diːˈməʊbɪlaɪz] (VT) démobiliser
democracy [dɪˈmɒkrəsɪ] (N) démocratie *f*
Democrat [ˈdeməkræt] (N) (*US*) démocrate *mf*
democrat [ˈdeməkræt] (N) démocrate *mf*
democratic [ˌdeməˈkrætɪk] (ADJ) démocratique • **the Democratic Party** le parti démocrate • **the Democratic Republic of ...** la République démocratique de ...
democratically [ˌdeməˈkrætɪkəlɪ] (ADV) démocratiquement
democratize [dɪˈmɒkrətaɪz] (VT) démocratiser
demographic [ˌdeməˈɡræfɪk] (ADJ) démographique
demography [dɪˈmɒɡrəfɪ] (N) démographie *f*
demolish [dɪˈmɒlɪʃ] (VT) démolir; [+ *cake*] liquider*
demolition [ˌdeməˈlɪʃən] (N) démolition *f*
demon [ˈdiːmən] (N) démon *m* • **he's a ~ squash player** il joue au squash comme un dieu
demonic [diːˈmɒnɪk, dɪˈmɒnɪk] (ADJ) démoniaque
demonize [ˈdiːmənaɪz] (VT) diaboliser
demonstrable [ˈdemənstrəbl] (ADJ) démontrable
demonstrably [ˈdemənstrəblɪ] (ADV) manifestement
demonstrate [ˈdemənstreɪt] 1 (VT) ⓐ [+ *truth, need*] prouver • **to ~ that ...** prouver que ... ⓑ [+ *appliance*] faire une démonstration de; [+ *system*] expliquer • **to ~ how sth works** montrer le fonctionnement de qch • **to ~ how to do sth** montrer comment faire qch 2 (VI) manifester
demonstration [ˌdemənˈstreɪʃən] 1 (N) ⓐ (= *explanation*) démonstration *f* • **to give a ~** faire une démonstration ⓑ (= *protest march*) manifestation *f* • **to hold a ~** manifester 2 (ADJ) [*model, tape*] de démonstration

> ⚠ In the political sense **demonstration** is not translated by **démonstration**.

demonstrative [dɪˈmɒnstrətɪv] (ADJ) démonstratif
demonstrator [ˈdemənstreɪtəʳ] (N) (*on march*) manifestant(e) *m(f)*; (*in laboratory*) préparateur *m*, -trice *f*
demoralize [dɪˈmɒrəlaɪz] (VT) démoraliser • **to become ~d** se démoraliser
demoralizing [dɪˈmɒrəlaɪzɪŋ] (ADJ) démoralisant
demote [dɪˈməʊt] (VT) rétrograder
demotivate [ˌdiːˈməʊtɪveɪt] (VT) démotiver
demur [dɪˈmɜːʳ] (VI) rechigner
demure [dɪˈmjʊəʳ] (ADJ) [*smile, girl*] sage
demurely [dɪˈmjʊəlɪ] (ADV) (= *modestly*) [*smile*] d'un air sage • **~ dressed (in)** sagement habillé (de)
demutualize [ˌdɪˈmjuːtjʊəlaɪz] (VI) démutualiser
demystify [diːˈmɪstɪˌfaɪ] (VT) démystifier
den [den] (N) ⓐ [*of lion*] tanière *f*; [*of thieves*] repaire *m* • **the lion's ~** l'antre *m* du lion • **~ of iniquity** lieu *m* de perdition ⓑ (= *room*) antre *m*
denial [dɪˈnaɪəl] (N) dénégation *f*; (= *refusal*) déni *m*; [*of report, accusation*] démenti *m* • **to issue a ~** publier un démenti • **to be in ~ about sth** refuser d'admettre qch ▸ **denial of service** N (*Internet*) déni *m* de service ▸ **denial of service attack** N (*Internet*) attaque *f* par déni de service
denier [ˈdenɪəʳ] (N) denier *m*
denigrate [ˈdenɪɡreɪt] (VT) dénigrer
denigration [ˌdenɪˈɡreɪʃən] (N) dénigrement *m*
denim [ˈdenɪm] 1 (N) (toile *f* de) jean *m* 2 (NPL) **denims** (= *jeans*) jean *m*
Denmark [ˈdenmɑːk] (N) Danemark *m*
denomination [dɪˌnɒmɪˈneɪʃən] (N) (*religious*) confession *f*; [*of money*] valeur *f*
denominational [dɪˌnɒmɪˈneɪʃənl] (ADJ) confessionnel
denominator [dɪˈnɒmɪneɪtəʳ] (N) dénominateur *m* → **common**
denote [dɪˈnəʊt] (VT) (= *indicate*) dénoter; (= *mean*) signifier
denounce [dɪˈnaʊns] (VT) [+ *person, act*] dénoncer (**to** à) • **to ~ sb as an impostor** accuser publiquement qn d'imposture
dense [dens] (ADJ) dense; (= *stupid*)* bouché*
densely [ˈdenslɪ] (ADV) **~ populated** à forte densité démographique • **~ wooded** très boisé
density [ˈdensɪtɪ] (N) densité *f* • **double/high/single ~ diskette** disquette *f* double/haute/simple densité
dent [dent] 1 (N) (*in metal*) bosse *f*; (*in wood*) entaille *f* • **to make a ~ in** [+ *savings, budget*] faire un trou dans; [+ *sb's enthusiasm, confidence*] ébranler 2 (VT) [+ *hat, car*] cabosser
dental [ˈdentl] (ADJ) [*treatment, school*] dentaire • **a ~ appointment** un rendez-vous chez le dentiste ▸ **dental floss** N fil *m* dentaire ▸ **dental nurse** N assistant(e) *m(f)* dentaire ▸ **dental surgeon** N chirurgien *m* dentiste ▸ **dental surgery** N cabinet *m* dentaire
dentist [ˈdentɪst] (N) dentiste *mf* • **~'s chair** fauteuil *m* de dentiste • **~'s surgery** cabinet *m* dentaire • **to go to the ~** aller chez le dentiste
dentistry [ˈdentɪstrɪ] (N) dentisterie *f* • **to study ~** faire l'école dentaire
dentures [ˈdentʃəz] (NPL) dentier *m*
denunciation [dɪˌnʌnsɪˈeɪʃən] (N) [*of person, action*] dénonciation *f*; (*in public*) accusation *f* publique
Denver boot [ˌdenvəˈbuːt] (N) (*US on wheel*) sabot *m* (de Denver)
deny [dɪˈnaɪ] (VT) ⓐ (= *repudiate*) nier; [+ *sb's authority*] rejeter • **there is no ~ing it** c'est indéniable ⓑ (= *refuse*) **to ~ sb sth** refuser qch à qn • **to ~ sb the right to do sth** refuser à qn le droit de faire qch
deodorant [diːˈəʊdərənt] (ADJ, N) déodorant *m*
deodorize [diːˈəʊdəraɪz] (VT) désodoriser
deodorizer [diːˈəʊdəraɪzəʳ] (N) désodorisant *m*
depart [dɪˈpɑːt] (VI) ⓐ (= *go away*) partir • **to be about to ~** être sur le point de partir ⓑ (= *deviate*) **to ~ from** s'écarter de; [+ *habit, principle*] faire une entorse à
departed [dɪˈpɑːtɪd] 1 (ADJ) (= *dead*) défunt 2 (N) **the ~** le défunt, la défunte, les défunts *mpl*
department [dɪˈpɑːtmənt] (N) (*in office*) service *m*; [*of shop, store*] rayon *m*; (*in school*) section *f*; (*Univ*) ≈ département *m*; (= *government department*) ministère *m* • **he works in the sales ~** il travaille au service des ventes • **the shoe ~** le rayon des chaussures • **the French Department** (*in school*) la section de français; (*Univ*) le département de français • **gardening is my wife's ~*** le jardinage, c'est le rayon de ma femme ▸ **Department for Education and Employment** N (*Brit*) ≈ ministère *m* de l'Éducation et de l'Emploi ▸ **the Department of Health** N (*Brit*) le ministère de la Santé ▸ **department store** N grand magasin *m*
departmental [ˌdiːpɑːtˈmentl] (ADJ) du département; (*in office*) du service • **a ~ meeting** une réunion du département (*or* du service) • **~ manager** chef *m* de service

d

departure [dɪˈpɑːtʃəʳ] 1 (N) ⓐ [*of person, vehicle*] départ *m* • **on the point of ~** sur le point de partir ⓑ (*from custom, principle*) entorse *f* (**from** à); (*from law*) manquement *m* (**from** à) • **a ~ from the norm** une exception • **a ~ from the truth** une entorse à la vérité ⓒ (*= change of course, action*) nouvelle orientation *f* • **it's a new ~ in biochemistry** c'est une nouvelle voie qui s'ouvre pour la biochimie
2 (COMP) ▸ **departure board** N tableau *m* des départs ▸ **departure gate** N porte *f* d'embarquement ▸ **departure lounge** N salle *f* d'embarquement ▸ **departure tax** N taxe *f* d'aéroport ▸ **departure time** N heure *f* de départ

depend [dɪˈpend] (IMPERS VI) dépendre (**on** de) • **that ~s** cela dépend • **it ~s on you whether he comes or not** il ne tient qu'à vous qu'il vienne ou non • **it ~s on whether he will do it or not** cela dépend s'il veut le faire ou non • **it ~s (on) what you mean** cela dépend de ce que vous voulez dire • **~ing on the weather** en fonction du temps • **~ing on what happens tomorrow** selon ce qui se passera demain
▸ **depend on** VT INSEP ⓐ (*= count on*) compter sur; (*= be completely reliant on*) se reposer sur • **you can always ~ on him** on peut toujours compter sur lui • **he ~s on her for everything** il se repose sur elle pour tout • **I'm ~ing on you to tell me what he wants** je compte sur vous pour savoir ce qu'il veut • **you can ~ on it** soyez-en sûr ⓑ (*= need support or help from*) dépendre de • **I'm ~ing on you for moral support** votre appui moral m'est indispensable

dependable [dɪˈpendəbl] (ADJ) [*person*] sûr; [*information, car*] fiable • **he is not ~** on ne peut pas compter sur lui

dependant [dɪˈpendənt] (N) personne *f* à charge

dependence [dɪˈpendəns], **dependency** [dɪˈpendənsɪ] (N) dépendance *f* (**on** à l'égard de) • **~ on one's parents** dépendance *f* à l'égard de ses parents • **~ on drugs** dépendance *f* à la drogue

dependent [dɪˈpendənt] 1 (ADJ) ⓐ (*= reliant*) [*person*] dépendant (**on** de) • **to be (heavily) ~ on sth** dépendre (beaucoup) de qch • **to be ~ on sb to do sth** dépendre de qn pour faire qch • **drug-~** (*on illegal drugs*) toxicodépendant; (*on medical drugs*) en état de dépendance aux médicaments • **insulin-~** insulinodépendant ⓑ (*financially*) [*child, relative*] à charge • **to be financially ~ on sb** dépendre financièrement de qn ⓒ (*= contingent*) **to be ~ on sth** dépendre de qch 2 (N) personne *f* à charge

depict [dɪˈpɪkt] (VT) (*in words*) dépeindre; (*in picture*) représenter

depiction [dɪˈpɪkʃən] (N) (*written*) description *f*; (*pictorial*) représentation *f*

depilatory [dɪˈpɪlətərɪ] (ADJ, N) dépilatoire *m*

deplete [dɪˈpliːt] (VT) réduire • **numbers were greatly ~d** les effectifs étaient très réduits

depletion [dɪˈpliːʃən] (N) [*of resources, nutrients*] diminution *f*; [*of funds*] réduction *f*

deplorable [dɪˈplɔːrəbl] (ADJ) déplorable

deplorably [dɪˈplɔːrəblɪ] (ADV) [*behave*] de façon déplorable • **a ~ low level** un niveau déplorable

deplore [dɪˈplɔːʳ] (VT) déplorer • **to ~ the fact that ...** déplorer le fait que ...

deploy [dɪˈplɔɪ] (VT) déployer

deployment [dɪˈplɔɪmənt] (N) déploiement *m*

depopulate [ˌdiːˈpɒpjʊleɪt] (VT) dépeupler • **to become ~d** se dépeupler

depopulation [ˈdiːˌpɒpjʊˈleɪʃən] (N) dépeuplement *m* • **rural ~** exode *m* rural

deport [dɪˈpɔːt] (VT) expulser

deportation [ˌdiːpɔːˈteɪʃən] (N) expulsion *f* ▸ **deportation order** N arrêt *m* d'expulsion

deportee [ˌdiːpɔːˈtiː] (N) déporté(e) *m(f)*

deportment [dɪˈpɔːtmənt] (N) maintien *m*

depose [dɪˈpəʊz] (VT) [*+ king*] déposer; [*+ official*] destituer

deposit [dɪˈpɒzɪt] 1 (VT) déposer 2 (N) ⓐ (*in bank*) dépôt *m* • **to make a ~ of $50** déposer 50 dollars ⓑ (*= part payment*) acompte *m*; (*in hire purchase = down payment*) premier versement *m*; (*in hiring goods, renting accommodation: against damage*) caution *f*; (*on bottle, container*) consigne *f* • **to lose one's ~** (*Brit Politics*) perdre son cautionnement (*en obtenant un très faible score*) ⓒ [*of mineral, oil*] gisement *m*
3 (COMP) ▸ **deposit account** N (*Brit*) compte *m* sur livret ▸ **deposit slip** N bulletin *m* de versement

deposition [ˌdiːpəˈzɪʃən] (N) ⓐ [*of king*] déposition *f*; [*of official*] destitution *f* ⓑ (*in court*) déposition *f* sous serment

depositor [dɪˈpɒzɪtəʳ] (N) déposant(e) *m(f)*

depot [ˈdepəʊ] (N) ⓐ (*= warehouse*) dépôt *m* ⓑ (*= bus terminal*) dépôt *m*; (*= railway station*) gare *f*; (*= bus station*) gare *f* routière

depravation [ˌdeprəˈveɪʃən] (N) dépravation *f*

depraved [dɪˈpreɪvd] (ADJ) dépravé

depravity [dɪˈprævɪtɪ] (N) dépravation *f*

deprecating [ˈdeprɪkeɪtɪŋ], **deprecatory** [ˈdeprɪkətərɪ] (ADJ) (*= disapproving*) désapprobateur (-trice *f*); (*= condescending*) condescendant; (*= modest*) modeste

depreciate [dɪˈpriːʃɪeɪt] 1 (VT) déprécier 2 (VI) se déprécier

depreciation [dɪˌpriːʃɪˈeɪʃən] (N) [*of property, car, currency*] dépréciation *f*; [*of goods*] moins-value *f*

depress [dɪˈpres] (VT) ⓐ [*+ person*] déprimer ⓑ [*+ lever*] abaisser ⓒ [*+ trade, prices*] faire baisser

depressed [dɪˈprest] (ADJ) ⓐ [*person*] déprimé (**about** à cause de) • **to feel ~** être déprimé • **to get ~** déprimer • **to become ~** faire une dépression ⓑ [*region, market, economy*] déprimé; [*industry*] en déclin; [*share price*] bas (basse *f*)

depressing [dɪˈpresɪŋ] (ADJ) déprimant

depressingly [dɪˈpresɪŋlɪ] (ADV) **~ obvious** d'une évidence déprimante • **~ familiar** tellement familier que c'en est désespérant

depression [dɪˈpreʃən] (N) ⓐ (*= nervous condition*) dépression *f* (nerveuse) • **to suffer from ~** souffrir de dépression ⓑ (*= economic slump*) dépression *f* • **the Depression** la crise de 1929 • **the country's economy was in a state of ~** l'économie du pays était en pleine dépression ⓒ (*atmospheric*) dépression *f* (atmosphérique)

depressive [dɪˈpresɪv] (ADJ, N) dépressif *m*, -ive *f*

depressurization [dɪˌpreʃəraɪˈzeɪʃən] (N) dépressurisation *f*

depressurize [dɪˈpreʃəˌraɪz] (VT) dépressuriser; (*= take strain off*) [*+ person*] faciliter la vie à

deprivation [ˌdeprɪˈveɪʃən] (N) (*= act, state*) privation *f*; (*= loss*) perte *f*

deprive [dɪˈpraɪv] (VT) priver (**of** de) • **to be ~d of sth/sb** être privé de qch/qn • **to ~ o.s. of ...** se priver de ...

deprived [dɪˈpraɪvd] (ADJ) défavorisé

dept (ABBR OF **department**)

depth [depθ] 1 (N) ⓐ [*of water, hole, shelf*] profondeur *f*; [*of snow*] épaisseur *f* • **at a ~ of three metres** à trois mètres de profondeur • **to get out of one's ~** perdre pied • **don't go out of your ~** ne va pas là où tu n'as pas pied • **I'm completely out of my ~** je nage complètement*
ⓑ [*of voice*] profondeur *f*
ⓒ [*of colour*] intensité *f* • **in the ~ of winter** au cœur de l'hiver
ⓓ [*of knowledge, feeling, sorrow*] profondeur *f* • **a great ~ of feeling** une grande profondeur de sentiment • **there was little emotional ~ to their relationship** leurs sentiments l'un pour l'autre n'étaient pas très profonds • **to have intellectual ~** être profond • **to lack intellectual ~** manquer de profondeur • **he has no ~ of character** il manque de caractère • **in ~** en profondeur; [*examine*] en détail • **to interview sb in ~** interviewer qn longuement
2 (NPL) **depths the ~s of the ocean** les profondeurs *fpl* océaniques • **in the ~s of the forest** au cœur de la forêt • **to be in the ~s of despair** être au fond du désespoir • **the country is in the ~s of recession** le pays est plongé dans une profonde récession • **I would never sink to such ~s** je ne tomberais jamais assez bas pour faire cela

deputation [ˌdepjʊ'teɪʃən] (N) délégation *f*

deputize ['depjʊtaɪz] (VI) assurer l'intérim (**for sb** de qn)

deputy ['depjʊtɪ] 1 (N) ⓐ (= *second in command*) adjoint(e) *m(f)*; (*in business*) fondé *m* de pouvoir ⓑ (= *member of deputation*) délégué(e) *m(f)* ⓒ (*French Politics*) député(e) *m(f)* ⓓ (*US*) shérif *m* adjoint 2 (ADJ) adjoint 3 (COMP) ▸ **deputy chairman** N (*pl* **deputy chairmen**) vice-président *m* ▸ **deputy director** N sous-directeur *m*, -trice *f* ▸ **deputy head** N proviseur *mf* adjoint(e) ▸ **deputy headmaster** N proviseur *m* adjoint ▸ **deputy headmistress** N proviseur *mf* adjoint(e) ▸ **deputy mayor** N maire *m* adjoint ▸ **deputy president** N vice-président(e) *m(f)* ▸ **deputy prime minister** N vice-premier ministre *mf* ▸ **Deputy Secretary** N (*US*) ministre *mf* adjoint(e) ▸ **deputy sheriff** N (*US*) shérif *m* adjoint

derail [dɪ'reɪl] 1 (VT) faire dérailler 2 (VI) dérailler

derailment [dɪ'reɪlmənt] (N) déraillement *m*

deranged [dɪ'reɪndʒd] (ADJ) dérangé • **to be (mentally) ~** avoir le cerveau dérangé

derby ['dɑːbɪ, (*US*) 'dɜːbɪ] (N) (*Sport*) derby *m* • **local ~** match *m* entre équipes voisines

Derbys. (ABBR OF **Derbyshire**)

deregulate [dɪ'regjʊˌleɪt] (VT) [+ *prices*] libérer; [+ *transport system*] déréglementer

deregulation [dɪˌregjʊ'leɪʃən] (N) [*of prices*] libération *f*; [*of transport system*] déréglementation *f*

derelict ['derɪlɪkt] (ADJ) (= *abandoned*) abandonné; (= *ruined*) en ruines

dereliction [ˌderɪ'lɪkʃən] (N) [*of property*] état *m* d'abandon ▸ **dereliction of duty** N manquement *m* au devoir

deride [dɪ'raɪd] (VT) tourner en ridicule

derision [dɪ'rɪʒən] (N) dérision *f*

derisive [dɪ'raɪsɪv] (ADJ) railleur

derisively [dɪ'raɪsɪvlɪ] (ADV) [*speak*] d'un ton moqueur • **he laughed ~** il eut un petit rire moqueur

de-risk [diː'rɪsk] 1 (VT) éliminer tout risque *or* les risques de 2 (VI) éliminer tout risque *or* les risques

derisory [dɪ'raɪsərɪ] (ADJ) ⓐ [*amount, offer*] dérisoire ⓑ [*smile, person*] moqueur

derivation [ˌderɪ'veɪʃən] (N) dérivation *f*

derivative [dɪ'rɪvətɪv] 1 (ADJ) (= *not original*) peu original 2 (N) dérivé *m*

derive [dɪ'raɪv] 1 (VT) [+ *profit, satisfaction*] tirer; [+ *comfort, ideas*] puiser (**from** dans); [+ *name*] tenir; [+ *word*] faire dériver • **to ~ one's happiness from ...** trouver son bonheur dans ... • **to be ~d from** venir de; [*word*] dériver de 2 (VI) **to ~ from** venir de; [*power*] provenir de; [*word*] dériver de • **it all ~s from the fact that ...** tout cela provient du fait que ...

dermatitis [ˌdɜːmə'taɪtɪs] (N) dermatite *f*

dermatologist [ˌdɜːmə'tɒlədʒɪst] (N) dermatologue *mf*

dermatology [ˌdɜːmə'tɒlədʒɪ] (N) dermatologie *f*

derogatory [dɪ'rɒgətərɪ] (ADJ) [*remark*] désobligeant (**of, to** à); [*attitude*] de dénigrement

desalinate [diː'sælɪneɪt] (VT) dessaler

desalination [diːˌsælɪ'neɪʃən] (N) dessalement *m* ▸ **desalination plant** N usine *f* de dessalement

descale [diː'skeɪl] (VT) détartrer

descend [dɪ'send] 1 (VI) ⓐ (= *go down, come down*) descendre • **in ~ing order of importance** par ordre décroissant d'importance • **to ~ into** [+ *madness, chaos, anarchy*] sombrer dans • **his family ~s from William the Conqueror** sa famille descend de Guillaume le Conquérant • **I'd never ~ to that level** (= *lower myself to*) je ne m'abaisserais pas ainsi
ⓑ (= *attack or arrive suddenly*) faire une descente • **the moment the news was out, reporters ~ed** dès que la nouvelle a été connue, les reporters ont afflué sur les lieux • **to ~ on sb** tomber sur qn • **to ~ on a town** [*reporters, tourists, army*] envahir une ville • **to ~ on a building** [*reporters, tourists*] se précipiter vers un bâtiment; [*army, police*] faire une descente dans un bâtiment
2 (VT) **to be ~ed from** [+ *species, person*] descendre de

descendant [dɪ'sendənt] (N) descendant(e) *m(f)*

descent [dɪ'sent] (N) ⓐ (= *going down*) descente *f*; (*into crime*) chute *f* ⓑ (= *ancestry*) origine *f* • **of noble ~** de noble extraction

describe [dɪs'kraɪb] (VT) décrire • **~ what it is like** racontez comment c'est • **~ him for us** décrivez-le-nous • **she ~s herself as ordinary** elle se décrit comme quelqu'un d'ordinaire

description [dɪs'krɪpʃən] (N) ⓐ [*of person, scene, object*] description *f* • **he gave a ~ of what happened/how he had escaped** il a décrit ce qui s'était passé/la façon dont il s'était évadé • **police have issued a ~ of the man they are looking for** la police a diffusé le signalement de l'homme qu'elle recherche • **beyond ~** indescriptible
ⓑ (= *sort*) **people of all ~s** des gens de toutes sortes • **I need a bag of some ~** il me faut un sac, n'importe lequel

descriptive [dɪs'krɪptɪv] (ADJ) descriptif

desecrate ['desɪkreɪt] (VT) profaner

desecration [ˌdesɪ'kreɪʃən] (N) profanation *f*

desegregate [ˌdiː'segrɪgeɪt] (VT) abolir la ségrégation raciale dans • **~d schools** écoles *fpl* où la ségrégation raciale n'est plus pratiquée

desegregation ['diːˌsegrɪ'geɪʃən] (N) déségrégation *f*

deselect [ˌdiːsɪ'lekt] (VT) (*Brit*) [+ *candidate*] ne pas resélectionner

desensitize [ˌdiː'sensɪtaɪz] (VT) désensibiliser

desert[1] ['dezət] **1** (N) désert *m* **2** (COMP) [*region, animal, plant*] désertique ▸**desert boot** N chaussure *f* montante (*en daim et à lacets*) ▸**desert island** N île *f* déserte

desert[2] [dɪ'zɜːt] **1** (VT) [+ *land, cause, party*] déserter; [+ *spouse, family*] abandonner; [+ *friend*] délaisser • **his courage ~ed him** son courage l'a abandonné **2** (VI) déserter

deserted [dɪ'zɜːtɪd] (ADJ) désert

deserter [dɪ'zɜːtər] (N) déserteur *m*

desertification [dɪˌzɜːtɪfɪ'keɪʃən] (N) désertification *f*

desertion [dɪ'zɜːʃən] (N) désertion *f*; (*by husband, mother*) abandon *m* du domicile conjugal

deserts [dɪ'zɜːts] (NPL) **to get one's just ~** recevoir ce que l'on mérite

deserve [dɪ'zɜːv] (VT) [*person, object, suggestion*] mériter • **he ~s to win** il mérite de gagner • **he got what he ~d** il n'a eu que ce qu'il méritait

deservedly [dɪ'zɜːvɪdlɪ] (ADV) **the film was a flop, and ~ so** ce film a fait un flop*, et c'était justifié • **~, she was awarded an Oscar** elle a reçu un Oscar bien mérité

deserving [dɪ'zɜːvɪŋ] (ADJ) [*person*] méritant; [*action, cause*] louable

desiccate ['desɪkeɪt] (VT) dessécher ▸**desiccated coconut** N noix *f* de coco séchée

design [dɪ'zaɪn] **1** (N) ⓐ (= *pattern*) motif *m* • **a leaf ~** un motif de feuilles
ⓑ (= *plan drawn in detail*) [*of building, machine, car*] plan *m* (**of, for** de); [*of dress, hat*] modèle *m* (**of, for** de) • **have you seen the ~s for the new cathedral?** avez-vous vu les plans de la nouvelle cathédrale?
ⓒ (= *way in which sth is planned and made*) [*of clothes*] style *m*; [*of car, machine, building, book*] conception *f*; (= *look*) design *m* • **the ~ was faulty** la conception était défectueuse • **a dress in this summer's latest ~** une robe dans le style de cet été • **the ~ of the car allows ...** la façon dont la voiture est conçue permet ...
ⓓ (= *completed model*) modèle *m* • **a new ~ of car** un nouveau modèle de voiture • **the dress is an exclusive ~ by ...** cette robe est un modèle exclusif de ...
ⓔ (= *subject of study*) (*for furniture, housing*) design *m*; (*for clothing*) stylisme *m* • **industrial ~** design *m* industriel
ⓕ (= *intention*) **to have ~s on sb/sth** avoir des visées sur qn/qch • **by ~** (= *deliberately*) à dessein
2 (VT) ⓐ (= *think out*) [+ *object, car, model, building*] concevoir • **well-~ed** bien conçu
ⓑ (= *draw on paper*) dessiner
ⓒ (= *destine for particular purpose*) **room ~ed as a study** pièce conçue comme cabinet de travail • **car seats ~ed for maximum safety** des sièges de voiture conçus pour une sécurité maximale • **to be ~ed for sb** (= *aimed at particular person*) s'adresser à qn • **a course ~ed for foreign students** un cours s'adressant aux étudiants étrangers • **to be ~ed to do sth** (= *be made for sth*) être conçu pour faire qch; (= *be aimed at sth*) être destiné à faire qch • **a peace plan ~ed to end the civil war** un plan de paix visant à mettre fin à la guerre civile
3 (COMP) ▸**design and technology** N (*Brit*) (*at school*) technologie *f* ▸**design fault** N défaut *m* de conception

designate ['dezɪgneɪt] (VT) désigner (**as** comme, **to sth** à qch, **to do sth** pour faire qch) • **he was ~d to take charge of the operations** on l'a désigné comme responsable des opérations • **these posts ~ the boundary between ...** ces poteaux marquent la limite entre ... • **this area was ~d a priority development region** cette région a été classée zone de développement prioritaire ▸**designated driver** N **you either take a cab or you use a ~d driver** soit on prend un taxi, soit on désigne un conducteur qui ne boira pas

designation [ˌdezɪg'neɪʃən] (N) désignation *f*

designer [dɪ'zaɪnər] **1** (N) dessinateur *m*, -trice *f*; (*for furniture*) designer *m*; (*for clothes*) styliste *mf*; (*famous*) grand couturier *m* **2** (COMP) [*jeans, scarf*] haute couture; [*lager, mineral water*] branché* ▸**designer baby** N bébé *m* sur mesure ▸**designer drug** N drogue *f* de synthèse ▸**designer label** N griffe *f* • **clothes with ~ labels** des vêtements griffés

desirability [dɪˌzaɪrə'bɪlɪtɪ] (N) **that shows the ~ of reform** cela démontre que des réformes sont souhaitables

desirable [dɪ'zaɪərəbl] (ADJ) [*position*] enviable; [*offer*] tentant; [*person*] désirable; [*action, progress*] souhaitable • **it is ~ that ...** il est souhaitable que ... + *subj* • **~ residence for sale** belle propriété à vendre

desire [dɪ'zaɪər] **1** (N) désir *m* (**for** de, **to do sth** de faire qch) • **I have no ~ to do it** je n'ai nullement envie de le faire **2** (VT) (= *want*) désirer (**to do sth** faire qch) • **his work leaves a lot to be ~d** son travail laisse beaucoup à désirer • **his work leaves something to be ~d** son travail laisse à désirer • **cut the fabric to the ~d length** coupez la longueur voulue de tissu • **the ~d effect/result** l'effet/le résultat *m* voulu

desist [dɪ'zɪst] (VI) cesser

desk [desk] **1** (N) ⓐ (*for pupil*) pupitre *m*; (*for teacher*) bureau *m*; (*in office, home*) bureau *m*; (*bureau-type*) secrétaire *m* ⓑ (*Brit: in shop, restaurant*) caisse *f*; (*in hotel, at airport*) réception *f* **2** (COMP) ▸**desk-bound** ADJ sédentaire ▸**desk clerk** N (*US*) réceptionniste *mf* ▸**desk diary** N agenda *m* de bureau ▸**desk job** N travail *m* de bureau ▸**desk lamp** N lampe *f* de bureau ▸**desk pad** N bloc-notes *m*

desktop ['desktɒp] (ADJ) de bureau ▸**desktop publishing** N PAO *f* ▸**desktop computer** N ordinateur *m* de bureau

desolate ['desəlɪt] (ADJ) [*place*] désolé; [*landscape, beauty*] sauvage • **to feel ~** se sentir perdu

desolation [ˌdesə'leɪʃən] (N) ⓐ (= *grief*) abattement *m*; [*of landscape*] aspect *m* désolé ⓑ [*of country*] (*by war*) dévastation *f*

despair [dɪs'pɛər] **1** (N) désespoir *m* (**about, at, over** au sujet de, **at having done sth** d'avoir fait qch) • **to be in ~** être au désespoir • **to drive sb to ~** réduire qn au désespoir **2** (VI) (se) désespérer • **don't ~!** ne te désespère pas! • **to ~ of (doing) sth** désespérer de (faire) qch

despairing [dɪs'pɛərɪŋ] (ADJ) désespéré

despairingly [dɪs'pɛərɪŋlɪ] (ADV) [*say*] d'un ton désespéré; [*think*] avec désespoir • **to sigh ~** pousser un soupir de désespoir • **Emma looked ~ at Vanessa** Emma jeta à Vanessa un regard désespéré

despatch [dɪs'pætʃ] = **dispatch**

desperate ['despərɪt] (ADJ) [*situation, attempt, act, struggle*] désespéré; [*criminal*] prêt à tout • **he's a ~ man** il est prêt à tout • **to resort to ~ measures** recourir à des mesures de dernière extrémité • **to do something ~** commettre un acte désespéré • **I was ~ to see my children again** je voulais à tout prix revoir mes enfants • **both countries are ~ to avoid war** les deux pays veulent à tout prix éviter la guerre • **to be ~ for sb to do sth** vouloir à tout prix que qn fasse qch • **I'm ~*** (*for the lavatory*) j'ai une envie pressante*

desperately ['despərɪtlɪ] (ADV) ⓐ [*struggle, regret*] désespérément; [*say, look*] avec désespoir ⓑ [*poor, unhappy, worried*] terriblement • **~ shy** d'une timidité maladive • **to be ~ ill** être très gravement malade • **to be ~ short of sth** manquer cruellement de qch ⓒ (= *very*)* **I'm not ~ happy about it** ça ne me plaît pas trop • **I'm not ~ keen** ça ne me dit pas grand-chose

desperation [ˌdespəˈreɪʃən] (N) (= *state*) désespoir *m* • **to be in ~** être au désespoir • **to drive sb to ~** pousser qn à bout • **in ~ she killed him** poussée à bout, elle l'a tué • **in sheer ~** en désespoir de cause

despicable [dɪsˈpɪkəbl] (ADJ) ignoble

despicably [dɪsˈpɪkəblɪ] (ADV) d'une façon ignoble

despise [dɪsˈpaɪz] (VT) mépriser

despite [dɪsˈpaɪt] (PREP) malgré

despondence [dɪsˈpɒndəns], **despondency** [dɪsˈpɒndənsɪ] (N) découragement *m*

despondent [dɪsˈpɒndənt] (ADJ) découragé (**about** par)

despot [ˈdespɒt] (N) despote *m*

despotism [ˈdespətɪzəm] (N) despotisme *m*

dessert [dɪˈzɜːt] (N) dessert *m* ▸ **dessert chocolate** N chocolat *m* à croquer ▸ **dessert plate** N assiette *f* à dessert ▸ **dessert wine** N vin *m* de dessert

dessertspoon [dɪˈzɜːtspuːn] (N) (*Brit*) cuiller *f* à dessert

destabilization [diːˌsteɪbɪlaɪˈzeɪʃən] (N) déstabilisation *f*

destabilize [diːˈsteɪbɪˌlaɪz] (VT) déstabiliser

destination [ˌdestɪˈneɪʃən] (N) destination *f*

destine [ˈdestɪn] (VT) [+ *person, object*] destiner (**for** à)

destined [ˈdestɪnd] (ADJ) ⓐ (*by fate*) destiné (**to** à) • **they were ~ to meet again later** ils étaient destinés à se retrouver plus tard • **I was ~ never to see them again** je devais ne plus jamais les revoir ⓑ (= *heading for*) **~ for London** à destination de Londres • **a letter ~ for her** une lettre qui lui est destinée

destiny [ˈdestɪnɪ] (N) destin *m* • **Destiny** le destin • **it was his ~ to die in battle** il était écrit qu'il devait mourir au combat

destitute [ˈdestɪtjuːt] (ADJ) sans ressources • **to be utterly ~** être dans le dénuement le plus complet

destitution [ˌdestɪˈtjuːʃən] (N) dénuement *m*

de-stress* [ˌdiːˈstres] (VTI) déstresser*

destroy [dɪsˈtrɔɪ] (VT) détruire; [+ *dangerous animal, injured horse*] abattre; [+ *cat, dog*] faire piquer

destroyer [dɪsˈtrɔɪəʳ] (N) (= *ship*) destroyer *m*

destruction [dɪsˈtrʌkʃən] (N) destruction *f*

destructive [dɪsˈtrʌktɪv] (ADJ) destructeur (-trice *f*) • **he's very ~** [*child*] il casse tout • **environmentally ~ projects** des projets *mpl* destructeurs pour l'environnement • **to be ~ of the environment** détruire l'environnement

desultory [ˈdesəltərɪ] (ADJ) [*reading*] décousu; [*attempt*] peu suivi; [*firing, contact*] irrégulier • **to have a ~ conversation** échanger des propos décousus

det. (ABBR OF **detective**)

detach [dɪˈtætʃ] (VT) détacher • **a section became ~ed from ...** un morceau s'est détaché de ...

detachable [dɪˈtætʃəbl] (ADJ) amovible

detached [dɪˈtætʃt] 1 (ADJ) ⓐ (= *separate*) [*part, section*] détaché • **~ from reality** coupé de la réalité ⓑ [*opinion*] neutre; [*manner*] détaché • **he seemed very ~** il paraissait très indifférent 2 (COMP) ▸ **detached house** N (*Brit*) maison *f* individuelle

detachment [dɪˈtætʃmənt] (N) (= *indifference*) indifférence *f*

detail [ˈdiːteɪl] 1 (N) détail *m* • **in ~** en détail • **in great ~** dans les moindres détails • **his attention to ~** l'attention qu'il porte aux détails • **to go into ~** entrer dans les détails 2 (NPL) **details** (= *information*) renseignements *mpl*; (= *personal facts*) coordonnées *fpl* • **please send me ~s of ...** veuillez m'envoyer des renseignements sur ... • **she took down my ~s** elle a noté mes coordonnées 3 (VT) [+ *reason, fact*] exposer en détail; [+ *event*] raconter en détail; [+ *items, objects*] énumérer

detailed [ˈdiːteɪld] (ADJ) détaillé; [*investigation*] minutieux • **the police made a ~ search of the scene of the crime** la police a passé le lieu du crime au peigne fin

detain [dɪˈteɪn] (VT) retenir • **he has been ~ed at the office** il a été retenu au bureau

detainee [ˌdiːteɪˈniː] (N) détenu(e) *m(f)*; (*political*) prisonnier *m*, -ière *f* politique

detect [dɪˈtekt] (VT) [+ *substance, gas*] détecter; [+ *explosive*] découvrir; [+ *disease*] dépister; [+ *sadness*] déceler • **they ~ed traces of poison in the body** on a découvert des traces de poison dans le cadavre • **I thought I could ~ a note of sarcasm in his voice** j'ai cru déceler une note de sarcasme dans sa voix

detectable [dɪˈtektəbl] (ADJ) détectable

detection [dɪˈtekʃən] (N) [*of criminal, secret*] découverte *f*; [*of gas, mines*] détection *f*; [*of illness*] dépistage *m* • **to escape ~** [*criminal*] échapper aux recherches; [*mistake*] passer inaperçu

detective [dɪˈtektɪv] (N) policier *m* (en civil); (= *private detective*) détective *m* (privé) ▸ **detective story** N roman *m* policier ▸ **detective work** N investigations *fpl* • **a bit of ~ work** quelques investigations

detector [dɪˈtektəʳ] (N) détecteur *m*

detention [dɪˈtenʃən] (N) [*of criminal, spy*] détention *f*; (*at school*) retenue *f* • **to give a pupil two hours' ~** donner à un élève deux heures de retenue ▸ **detention centre, detention home** N (*US*) centre *m* de détention pour mineurs; (*for illegal immigrants*) centre *m* de rétention

deter [dɪˈtɜːʳ] (VT) (= *prevent*) dissuader; (= *discourage*) décourager • **don't let the weather ~ you** ne vous laissez pas arrêter par le temps

detergent [dɪˈtɜːdʒənt] (ADJ, N) détergent *m*

deteriorate [dɪˈtɪərɪəreɪt] (VI) se dégrader • **his schoolwork is deteriorating** son travail scolaire est de moins en moins bon

deterioration [dɪˌtɪərɪəˈreɪʃən] (N) détérioration *f* • **the ~ of his health** la dégradation de son état de santé

determinant [dɪˈtɜːmɪnənt] (ADJ, N) déterminant *m*

determination [dɪˌtɜːmɪˈneɪʃən] (N) détermination *f* • **an air of ~** un air résolu

determine [dɪˈtɜːmɪn] (VT) ⓐ (= *fix*) déterminer; [+ *date, price*] fixer ⓑ (= *resolve*) se déterminer (**to do sth** à faire qch); (= *cause to decide*) [+ *person*] décider (**to do sth** à faire qch)

determined [dɪˈtɜːmɪnd] (ADJ) [*person, appearance*] déterminé • **to make ~ efforts to do sth** faire un gros effort pour faire qch • **to make a ~ attempt to do sth** faire un gros effort pour faire qch • **to be ~ to do sth** être bien décidé à faire qch • **to be ~ that ...** être bien décidé à ce que ... + *subj*

determinedly [dɪˈtɜːmɪndlɪ] (ADV) [*say*] d'un ton déterminé; [*try*] résolument; [*walk, stride*] d'un pas résolu

determining [dɪ'tɜ:mɪnɪŋ] (ADJ) déterminant
deterrence [dɪ'terəns] (N) force *f* de dissuasion
deterrent [dɪ'terənt] (N) moyen *m* dissuasif; (*military*) force *f* de dissuasion • **to act as a ~** exercer un effet dissuasif
detest [dɪ'test] (VT) détester • **to ~ doing sth** détester faire qch
detestable [dɪ'testəbl] (ADJ) détestable
detonate ['detəneɪt] **1** (VI) détoner **2** (VT) faire exploser
detonation [,detə'neɪʃən] (N) détonation *f*
detonator ['detəneɪtəʳ] (N) détonateur *m*
detour ['di:,tʊəʳ] (N) détour *m*; (*for traffic*) déviation *f*
detox* [di:'tɒks] (N) désintoxication *f*
detoxification [di:,tɒksɪfɪ'keɪʃən] (N) désintoxication *f* ▸ **detoxification centre** N centre *m* de désintoxication ▸ **detoxification programme** N cure *f* de désintoxication
detoxify [di:'tɒksɪfaɪ] **1** (VT) détoxifier **2** (VI) se détoxifier
detract [dɪ'trækt] (VI) **to ~ from** [+ *quality, merit*] diminuer; [+ *reputation*] porter atteinte à
detractor [dɪ'træktəʳ] (N) détracteur *m*, -trice *f*
detriment ['detrɪmənt] (N) **to the ~ of** au détriment de • **without ~ to** sans préjudice pour
detrimental [,detrɪ'mentl] (ADJ) nuisible • **to have a ~ effect on sb/sth** nuire à qn/qch • **to be ~ to sth** nuire à qch • **this could have a ~ effect** cela pourrait avoir un effet néfaste
Deutschmark ['dɔɪtʃmɑ:k] (N) mark *m*
devaluation [,dɪvæljʊ'eɪʃən] (N) dévaluation *f*
devalue ['di:'vælju:] (VT) dévaluer
devastate ['devəsteɪt] (VT) [+ *town, land*] dévaster; [+ *opponent, opposition*] anéantir
devastated ['devəsteɪtɪd] (ADJ) **he was absolutely ~ when he heard the news** cette nouvelle l'a complètement anéanti
devastating ['devəsteɪtɪŋ] (ADJ) [*war, attack, storm, effect*] dévastateur (-trice *f*); [*consequence, result, loss*] désastreux; [*news, reply*] accablant; [*wit, charm*] irrésistible • **to have a ~ effect (on sb/sth)** avoir un effet dévastateur (sur qn/qch) • **with ~ effect** avec un effet dévastateur • **a ~ blow** un coup fatal
devastation [,devə'steɪʃən] (N) dévastation *f*
develop [dɪ'veləp] **1** (VT) **a** [+ *mind, body, business, skill*] développer **b** (= *change and improve*) [+ *region, area*] aménager • **this land is to be ~ed** on va construire sur ce terrain **c** [+ *habit, illness*] contracter; [+ *symptoms*] présenter • **to ~ a taste for sth** prendre goût à qch • **to ~ a talent for** montrer du talent pour • **to ~ a tendency to** manifester une tendance à **2** (VI) se développer; [*problem*] surgir; [*talent*] s'épanouir; [*friendship*] s'établir; [*jealousy*] s'installer; [*situation*] évoluer • **to ~ into** devenir

> The French word **développer** has a double **p**.

developed [dɪ'veləpt] (ADJ) [*economy, country*] développé
developer [dɪ'veləpəʳ] (N) (= *property developer*) promoteur *m*
developing [dɪ'veləpɪŋ] **1** (ADJ) [*country*] en voie de développement **2** (N) [*of photos*] développement *m* • **"~ and printing"** « développement et tirage »
development [dɪ'veləpmənt] **1** (N) **a** (= *act of developing*) développement *m* **b** (= *event*) fait *m* nouveau • **there have been no ~s** il n'y a pas eu d'élément nouveau • **the latest ~** les derniers développements • **an unexpected ~** un rebondissement **c** (= *building complex*) **an industrial ~** une zone industrielle • **housing ~** [*of houses*] lotissement *m*; [*of blocks of flats*] cité *f* • **shopping ~** centre *m* commercial • **office ~** immeuble(s) *m(pl)* de bureaux **2** (COMP) ▸ **development bank** N banque *f* de développement

> **développement** has a double **p** and an extra **e**.

developmental [dɪ,veləp'mentl] (ADJ) [*problems, stage*] de croissance
deviance ['di:vɪəns] (N) déviance *f*
deviant ['di:vɪənt] (ADJ, N) déviant(e) *m(f)*
deviate ['di:vɪeɪt] (VI) (*from truth, former statement*) dévier • **to ~ from the norm** s'écarter de la norme
deviation [,di:vɪ'eɪʃən] (N) déviation *f*
device [dɪ'vaɪs] (N) **a** (= *gadget*) appareil *m*; (*Comput*) dispositif *m* • **(explosive) ~** engin *m* (explosif) **b** **to be left to one's own ~s** être livré à soi-même • **left to his own ~s, he'd never have finished** par lui-même, il n'aurait jamais fini
devil ['devl] **1** (N) **a** diable *m* • **the Devil** le Diable **b** (*in exclamations*)* **poor ~!** pauvre diable ! • **he's a little ~!** c'est un petit démon ! • **he's a stubborn ~!** il est sacrément* entêté ! • **you little ~!** petit monstre ! • **go on, be a ~!** vas-y, vis dangereusement ! • **why the ~ didn't you say so?** pourquoi diable ne l'as-tu pas dit ? • **how the ~ would I know?** comment voulez-vous que je sache ? • **where the ~ is he?** où diable peut-il être ? • **who the ~ are you?** qui diable êtes-vous ? • **there will be the ~ to pay** ça va barder*
c (*phrases*) **speak of the ~!** quand on parle du loup (on en voit la queue) ! • **to play the ~'s advocate** se faire l'avocat du diable • **he has the luck of the ~*** il a une veine de cocu‡
2 (COMP) ▸ **devil-may-care** ADJ insouciant ▸ **devil's food cake** N (*US*) *gâteau au chocolat*
devilish ['devlɪʃ] (ADJ) diabolique
devious ['di:vɪəs] (ADJ) [*means*] détourné; [*person, behaviour, mind*] retors
devise [dɪ'vaɪz] (VT) [+ *scheme, style*] concevoir; [+ *plotline*] imaginer • **of his own devising** de son invention
devoid [dɪ'vɔɪd] (ADJ) **~ of** [+ *charm, talent, qualities, imagination*] dépourvu de; [+ *compassion, good sense, humour, interest, meaning*] dénué de
devolution [,di:və'lu:ʃən] (N) décentralisation *f*

> **DEVOLUTION**
> Au Royaume-Uni, le terme **devolution** désigne le transfert de certains pouvoirs statutaires du gouvernement central (basé à Westminster en Angleterre) aux autres pays du royaume. Cette décentralisation, qui délègue un certain nombre de pouvoirs aux assemblées et parlements nationaux, s'est mise en place à la suite de référendums tenus en 1997 en Écosse et au pays de Galles, et en 1998 en Irlande du Nord. Le gouvernement britannique reste responsable des dossiers tels que les affaires étrangères, la défense et la sécurité sociale. → SCOTTISH PARLIAMENT/SCOTTISH GOVERNMENT, WELSH ASSEMBLY/NATIONAL ASSEMBLY FOR WALES/WELSH ASSEMBLY GOVERNMENT, NORTHERN IRELAND ASSEMBLY/NORTHERN IRELAND EXECUTIVE

devolve [dɪ'vɒlv] 1 (VI) [*duty, responsibility*] incomber (**on, upon** à) 2 (VT) [*+ power, responsibility, authority*] déléguer (**to** à) • **a ~d government** un gouvernment décentralisé

devo max ['di:vəʊ'mæks] (N) (*esp Brit*) dévolution *f* maximale

devote [dɪ'vəʊt] (VT) [*+ time, life, book, resources*] consacrer (**to** à) • **to ~ o.s. to** se consacrer à • **the money ~d to education** l'argent consacré à l'éducation

devoted [dɪ'vəʊtɪd] (ADJ) ⓐ [*husband, mother, friend*] dévoué; [*friendship*] profond; [*follower*] fidèle • **to be a ~ admirer of sb** être un fervent admirateur de qn • **to be ~ to sb** être dévoué à qn • **to be ~ to sth** être fidèle à qch • **they are ~ to one another** ils sont très attachés l'un à l'autre ⓑ **~ to** (= *concerned with*) consacré à • **a museum ~ to ecology** un musée consacré à l'écologie

devotee [,devəʊ'ti:] (N) [*of doctrine, theory*] partisan(e) *m(f)*; [*of religion*] adepte *mf*; [*of sport, music, poetry*] passionné(e) *m(f)*

devotion [dɪ'vəʊʃən] (N) (*to duty, work*) dévouement *m* (**to** à); (*to friend*) profond attachement *m* (**to** pour); (*religious*) dévotion *f*

devour [dɪ'vaʊəʳ] (VT) dévorer

devout [dɪ'vaʊt] (ADJ) ⓐ (= *pious*) pieux; [*faith*] dévot; [*prayer, attention, hope*] fervent ⓑ [*supporter, opponent*] fervent

dew [dju:] (N) rosée *f*

dexterity [deks'terɪtɪ] (N) dextérité *f*; (*intellectual*) habileté *f* • **verbal ~** éloquence *f*

dexterous ['dekstrəs] (ADJ) [*person, movement*] adroit

DF [di:'ef] (ABBR OF **direction finder**) radiogoniomètre *m*

DFC [,di:ef'si:] (N) (ABBR OF **Distinguished Flying Cross**) *médaille décernée aux aviateurs militaires*

DfEE (N) (*Brit*) (ABBR OF **Department for Education and Employment**) ≈ ministère *m* de l'Éducation et du Travail

DG (N) (ABBR OF **director general**) directeur *m*, -trice *f* général(e)

DH [di:'eɪtʃ] (N) (*Brit*) (ABBR OF **Department of Health**) ministère *m* de la Santé

dhal [dɑ:l] (N) dhal *m*

DI [di:'aɪ] (N) ⓐ (ABBR OF **Donor Insemination**) insémination *f* artificielle ⓑ (*Brit Police*) (ABBR OF **Detective Inspector**) ≈ inspecteur *m*, -trice *f* (de police) principal(e)

diabetes [,daɪə'bi:ti:z] (N) diabète *m* • **to have ~** avoir du diabète

diabetic [,daɪə'betɪk] 1 (N) diabétique *mf* 2 (ADJ) ⓐ [*person*] diabétique ⓑ [*chocolate, jam*] pour diabétiques

diabolical [,daɪə'bɒlɪkəl] (ADJ) diabolique • **we had ~ weather*** il a fait un temps atroce

diagnose ['daɪəgnəʊz] (VT) diagnostiquer • **his illness was ~d as bronchitis** on a diagnostiqué une bronchite

diagnosis [,daɪəg'nəʊsɪs] (N) (*pl* **diagnoses** [,daɪəg'nəʊsi:z]) diagnostic *m*

diagnostic [,daɪəg'nɒstɪk] (ADJ) diagnostique

diagonal [daɪ'ægənl] (N) diagonale *f*

diagonally [daɪ'ægənəlɪ] (ADV) [*write, cross, cut, fold*] en diagonale; [*park*] en épi • **the bank is ~ opposite the church, on the right** par rapport à l'église, la banque est de l'autre côté de la rue, sur la droite

diagram ['daɪəgræm] (N) diagramme *m* • **as shown in the ~** comme le montre le diagramme

dial ['daɪəl] 1 (N) cadran *m* 2 (VT) [*+ number*] composer • **you need to ~ 336 1295** il faut composer le 336 1295 • **to ~ 999** (*Brit*) ≈ appeler police-secours 3 (COMP) ▸ **dial code** N (*US*) indicatif *m* ▸ **dial tone** N (*US*) tonalité *f*

dialect ['daɪəlekt] (N) dialecte *m*

dialling, dialing (*US*) ['daɪəlɪŋ] (N) composition *f* d'un numéro (de téléphone) ▸ **dialling code** N (*Brit*) indicatif *m* ▸ **dialling tone** N (*Brit*) tonalité *f*

dialogue, dialog (*US*) ['daɪəlɒg] (N) dialogue *m* ▸ **dialog box** N boîte *f* de dialogue

dialysis [daɪ'æləsɪs] (N) dialyse *f* ▸ **dialysis machine** N rein *m* artificiel

diameter [daɪ'æmɪtəʳ] (N) diamètre *m* • **the circle is one metre in ~** le cercle a un mètre de diamètre

diametrically [,daɪə'metrɪkəlɪ] (ADV) **~ opposed** diamétralement opposé (**to** à)

diamond ['daɪəmənd] 1 (N) ⓐ (= *stone*) diamant *m* ⓑ (= *shape*) losange *m* ⓒ (*Cards*) carreau *m* • **the ace of ~s** l'as de carreau ⓓ (*Baseball*) terrain *m* 2 (ADJ) [*necklace, ring*] de diamant(s) 3 (COMP) ▸ **diamond wedding** N noces *fpl* de diamant

diaper ['daɪəpəʳ] (N) (*US*) couche *f* (*de bébé*)

diaphanous [daɪ'æfənəs] (ADJ) (*liter*) diaphane

diaphragm ['daɪəfræm] (N) diaphragme *m*

diarrhoea, diarrhea (*US*) [,daɪə'ri:ə] (N) diarrhée *f* • **to have ~** avoir la diarrhée

diary ['daɪərɪ] (N) (= *record of events*) journal *m* (intime); (*for engagements*) agenda *m* • **to keep a ~** tenir un journal • **I've got it in my ~** je l'ai noté sur mon agenda

diaspora [daɪ'æspərə] (N) diaspora *f*

diatribe ['daɪətraɪb] (N) diatribe *f* (**against** contre)

dice [daɪs] 1 (N) (*pl inv*) dé *m* • **to play ~** jouer aux dés • **no ~!*** pas question! 2 (VI) **he was dicing with death** il jouait avec la mort 3 (VT) [*+ vegetables, meat*] couper en dés

dicey* ['daɪsɪ] (ADJ) (*Brit*) risqué

dichotomy [dɪ'kɒtəmɪ] (N) dichotomie *f*

dick** [dɪk] (N) (= *penis*) bite** *f*

Dickensian [dɪ'kenzɪən] (ADJ) à la Dickens

dickhead** ['dɪkhed] (N) tête *f* de nœud**

Dictaphone® ['dɪktəfəʊn] (N) dictaphone® *m*

dictate 1 (VT) dicter • **common sense ~s that ...** le bon sens veut que ...

2 (VI) ⓐ dicter • **she spent the morning dictating to her secretary** elle a passé la matinée à dicter des lettres à sa secrétaire

ⓑ (= *order about*) **to ~ to sb** imposer sa volonté à qn • **I won't be ~d to!** je n'ai pas d'ordres à recevoir!

3 (NPL) **dictates** [*of party*] consignes *fpl*; [*of fashion*] impératifs *mpl* • **the ~s of conscience** la voix de la conscience • **the ~s of reason** ce que dicte la raison

> Lorsque **dictate** est un verbe, l'accent tombe sur la deuxième syllabe : [dɪk'teɪt], lorsque c'est un nom, sur la première : ['dɪkteɪt].

dictation [dɪk'teɪʃən] (N) (*in school, office*) dictée *f*

dictator [dɪk'teɪtəʳ] (N) dictateur *m*

dictatorial [,dɪktə'tɔ:rɪəl] (ADJ) [*person*] tyrannique

dictatorship [dɪk'teɪtəʃɪp] (N) dictature *f*

diction ['dɪkʃən] (N) (= *pronunciation*) diction *f* • **his ~ is very good** il a une très bonne diction

dictionary ['dɪkʃənrɪ] (N) dictionnaire *m* • **French ~** dictionnaire *m* de français • **English-French ~** dictionnaire *m* anglais-français

> The French word **dictionnaire** has a double **n**.

dictum ['dɪktəm] (N) (*pl* **dictums** *or* **dicta**) (*= maxim*) dicton *m*; (*= pronouncement*) proposition *f*

did [dɪd] (VB) *pt of* **do**

didactic [dɪ'dæktɪk] (ADJ) didactique

diddle* ['dɪdl] (VT) (*Brit*) (*= cheat*) rouler* **• you've been ~d** tu t'es fait rouler* **• to ~ sb out of sth** carotter* qch à qn **• he ~d me out of £30** il m'a roulé de 30 livres*

didn't ['dɪdənt] (ABBR OF **did not**) → **do**

Dido ['daɪdəʊ] (N) Didon *f*

die [daɪ] 1 (VI) ⓐ [*person, animal, plant*] mourir; [*engine*] caler **• doctors told him he was dying** les médecins lui ont dit qu'il était condamné **• he ~d six months ago** il est décédé il y a six mois **• he ~d last night** il s'est éteint hier soir **• to ~ of cancer** mourir du cancer **• to ~ of hunger/cold** mourir de faim/froid **• to ~ from one's injuries** mourir des suites de ses blessures **• to ~ of a broken heart** mourir de chagrin **• I almost ~d of shame** j'étais mort de honte **• we nearly ~d of boredom** on s'ennuyait à mourir **• he ~d a hero** il est mort en héros **• he ~d happy** (*= died in peace*) il est mort heureux **• never say ~!*** il ne faut jamais désespérer! **• I'd rather ~!** plutôt mourir! **• I nearly ~d!** (*lit*) j'ai failli mourir!; (*of embarrassment*)* j'étais mort de honte! **• a car to ~ for*** une voiture de rêve **• it's to ~ for!*** ça me fait craquer!*

ⓑ (*= long*)* **to be dying to do sth** mourir d'envie de faire qch **• I'm dying for a cup of coffee** j'ai une envie folle de boire une tasse de café **• she was dying for him to kiss her** elle n'attendait qu'une chose : qu'il l'embrasse

ⓒ (*= die out*) [*fire, love, memory*] mourir; [*custom, language*] disparaître; [*sound*] s'éteindre **• her smile ~d on her lips** son sourire s'est évanoui **• the secret ~d with him** il a emporté le secret dans la tombe **• to ~ hard** [*tradition, attitude, prejudice*] avoir la vie dure

2 (VT) **to ~ a violent death** mourir de mort violente **• to ~ a lingering death** mourir d'une mort lente **• to ~ a painful death** mourir dans la souffrance

3 (N) (*pl* **dice** [daɪs]) dé *m* **• the ~ is cast** les dés sont jetés

▸ **die away** VI [*sound, voice, laughter*] s'éteindre **• his footsteps ~d away** le bruit de ses pas s'est éteint

▸ **die down** VI [*emotion, protest*] se calmer; [*wind*] tomber; [*fire*] s'éteindre; [*noise*] diminuer; [*applause*] cesser; [*violence, conflict*] s'atténuer

▸ **die off** VI mourir les uns après les autres

▸ **die out** VI [*species, family*] s'éteindre; [*custom*] disparaître **• to be dying out** [*species, tribe*] être en voie d'extinction; [*custom*] être en train de disparaître

diehard ['daɪhɑːd] 1 (N) (*= one who resists to the last*) jusqu'au-boutiste *mf*; (*= opponent of change*) conservateur *m*, -trice *f*; (*= obstinate politician*) réactionnaire *mf* 2 (ADJ) intransigeant; [*politician*] réactionnaire

diesel ['diːzəl] (N) (*= fuel*) gazole *m* **• it's a ~** (*= car*) c'est une diesel ▸ **diesel engine** N (*in car*) moteur *m* diesel; (*= locomotive*) motrice *f* ▸ **diesel fuel, diesel oil** N gazole *m*

diet ['daɪət] 1 (N) ⓐ (*= restricted food*) régime *m* **• to be/go on a ~** être/se mettre au régime **• he's on a special ~** il suit un régime spécial ⓑ (*= customary food*) alimentation *f* **• to live on a ~ of** (*= eat*) se nourrir de **• she lives on a constant ~ of TV soap operas** elle passe son temps à regarder des feuilletons à la télévision 2 (VI) suivre un régime

dietary ['daɪətərɪ] (ADJ) **~ habits** habitudes *fpl* alimentaires **• ~ fibre** fibres *fpl* alimentaires **• ~ supplement** complément *m* diététique

dieter ['daɪətəʳ] (N) personne *f* qui suit un régime

dietetic [,daɪə'tetɪk] (ADJ) diététique

dietician [,daɪə'tɪʃən] (N) diététicien(ne) *m(f)*

differ ['dɪfəʳ] (VI) ⓐ (*= be different*) différer (**from** de) ⓑ (*= disagree*) ne pas être d'accord (**from sb** avec qn, **about sth** sur qch) **• they ~ in their approach to the problem** ils se distinguent dans leur manière d'appréhender le problème **• I beg to ~** permettez-moi de ne pas partager cette opinion

difference ['dɪfrəns] (N) ⓐ (*= dissimilarity*) différence *f* (**in** de) **• that makes a big ~ to me** c'est très important pour moi **• to make a ~ in sth** changer qch **• that makes all the ~** ça change tout **• what ~ does it make?** quelle différence (cela fait-il)? **• what ~ does it make if ...?** qu'est-ce que ça peut faire que ... + *subj*? **• it makes no ~** ça ne change rien **• it makes no ~ to me** ça m'est égal **• for all the ~ it makes** pour ce que ça change **• it makes no ~ what colour your car is** peu importe la couleur de votre voiture **• same ~!*** c'est du pareil au même!* **• a car with a ~** une voiture pas comme les autres* **• ~ of opinion** divergence *f* d'opinions

ⓑ (*= quarrel*) différend *m*

different ['dɪfrənt] 1 (ADJ) différent (**from, to,** (*US*) **than** de) **• London is ~ from other cities** Londres est différente des autres villes **• go and put on a ~ tie** va mettre une autre cravate **• I feel a ~ person** je me sens revivre **• that's quite a ~ matter** c'est tout autre chose **• he wants to be ~** il veut se singulariser **• do you like my shirt? — well, it's ~!** tu l'aimes bien ma chemise ? — eh bien, elle n'est pas ordinaire!

2 (ADV) (tout) autrement **• this time everything turned out ~** cette fois, les choses se sont passées tout autrement **• she believes this, but I know ~** c'est ce qu'elle croit mais je sais qu'il n'en est rien **• children behave like that because they don't know any ~*** les enfants se comportent ainsi parce qu'ils ignorent que ça ne se fait pas **• to me things seemed normal because I didn't know any ~*** les choses me semblaient normales car je ne savais pas que ça pouvait être différent

differential [,dɪfə'renʃəl] 1 (ADJ) différentiel 2 (N) écart *m* **• pay ~** écart *m* de salaire

differentiate [,dɪfə'renʃɪeɪt] 1 (VI) faire la différence **• he cannot ~ between red and green** il ne fait pas la différence entre le rouge et le vert **• in his article he ~s between ...** dans son article, il fait la distinction entre ... 2 (VT) [*+ people, things*] différencier (**from** de)

differently ['dɪfrəntlɪ] (ADV) ⓐ différemment (**from** de) **• she was never treated ~ from the men** on ne l'a jamais traitée différemment des hommes **• he thinks ~ from you** il ne pense pas comme vous ⓑ **~ shaped** (*= of various shapes*) de différentes formes; (*= having other shapes*) de formes différentes ⓒ (*in politically correct language*) **~ abled** handicapé

difficult ['dɪfɪkəlt] (ADJ) ⓐ difficile **• there's nothing ~ about it** ça n'a rien de difficile **• to find it ~ to do sth** avoir du mal à faire qch **• the climate makes it ~ to grow crops** le climat rend les cultures difficiles **• he's ~ to get on with** il est difficile à vivre **• it is ~ to see what they could have done** on voit mal ce qu'ils auraient pu faire **• the ~ thing is knowing where to start** le plus difficile est de savoir par où commencer

ⓑ [*person, child*] difficile **• come on now, don't be ~!** allez, ne fais pas d'histoire!

difficulty ['dɪfɪkəltɪ] (N) difficulté *f* **• she has ~ walking** elle marche avec difficulté **• to make difficulties for**

sb créer des difficultés à qn • **to get into difficulties** se trouver en difficulté • **to be in financial difficulties** avoir des ennuis d'argent • **he's having difficulties with his wife** il a des problèmes avec sa femme

diffidence ['dɪfɪdəns] (N) manque *m* de confiance en soi

diffident ['dɪfɪdənt] (ADJ) [*smile*] embarrassé • **to be ~** [*person*] manquer de confiance en soi • **to be ~ about doing sth** hésiter à faire qch (par timidité)

diffidently ['dɪfɪdəntli] (ADV) [*speak, ask*] d'un ton mal assuré; [*behave*] avec timidité

diffuse [dɪ'fju:z] **1** (VT) diffuser • **~d lighting** éclairage *m* indirect **2** (VI) se diffuser

dig [dɪg] (*vb: pret, ptp* **dug**) **1** (N) **a** (*with hand/elbow*) coup *m* de poing/de coude • **to give sb a ~ in the ribs** donner un coup de coude dans les côtes de qn
b (*= sly comment*) pique *f* • **to have a ~ at sb** lancer une pique à qn • **was that a ~ at me?** c'est à moi que ça s'adresse ?
c (*archaeological*) fouilles *fpl* • **to go on a ~** aller faire des fouilles
2 (VT) **a** creuser; (*with spade*) bêcher; [*+ potatoes*] arracher
b [*+ fork, pencil*] enfoncer • **to ~ sb in the ribs** donner un coup de coude dans les côtes de qn
c (*US*)†* (*= understand*) piger*; (*= take notice of*) viser* • **you ~?** tu piges ?* • **I ~ that!** (*= enjoy*) ça me botte !*
3 (VI) **a** [*dog*] fouiller; [*person*] creuser
b **to ~ in one's pockets for sth** (*searching for sth*) fouiller dans ses poches pour trouver qch • **to ~ into one's purse** (*= spend money*) (*for oneself*) piocher dans ses économies; (*to help other people*) mettre la main au portemonnaie
▸ **dig in** **1** VI (*= eat*)* attaquer* • **~ in!** allez-y, n'attendez pas ! **2** VT SEP (*= push in*) [*+ blade, knife*] enfoncer • **to ~ one's heels in** se braquer • **to ~ the knife in** remuer le couteau dans la plaie
▸ **dig into** VT INSEP [*+ sb's past*] fouiller dans; (*= eat*)* attaquer*
▸ **dig out** VT SEP [*+ tree, plant*] déterrer; [*+ animal*] déloger; [*+ facts, information*] dénicher • **to ~ sb out of the rubble** sortir qn des décombres • **where did he ~ out* that old jacket?** où a-t-il été dénicher ce vieux blouson ?
▸ **dig up** VT SEP [*+ weeds, vegetables*] arracher; [*+ treasure, body*] déterrer; [*+ earth*] retourner; [*+ garden*] bêcher; [*+ fact, solution*] dénicher • **where did she ~ him up?*** où est-ce qu'elle a trouvé ce mec ?*

digest [daɪ'dʒest] **1** (VT) [*+ food, idea*] digérer • **this kind of food is not easy to ~** ce genre de nourriture est un peu indigeste **2** (VI) digérer

digestible [dɪ'dʒestəbl] (ADJ) digeste

digestion [dɪ'dʒestʃən] (N) digestion *f*

digestive [dɪ'dʒestɪv] **1** (ADJ) digestif **2** (N) (*Brit*) (*= digestive biscuit*) ≈ sablé *m*

digger ['dɪgə^r] (N) (*= machine*) pelleteuse *f*

digicam ['dɪdʒɪkæm] (N) caméra *f* numérique

digit ['dɪdʒɪt] (N) **a** (*= number*) chiffre *m* • **inflation is in three ~s** l'inflation atteint les trois chiffres **b** (*= finger*) doigt *m*; (*= toe*) orteil *m*

digital ['dɪdʒɪtəl] **1** (ADJ) numérique; [*tape, recorder*] audionumérique; [*watch*] à affichage numérique **2** (COMP) ▸ **digital camera** N appareil *m* (photo) numérique ▸ **digital cash** N argent *m* numérique ▸ **digital currency** N monnaie *f* numérique ▸ **digital divide** N fossé *m* numérique ▸ **digital footprint** N empreinte *f* numérique ▸ **digital gap** N fracture *f* numérique ▸ **digital immigrant** N immigrant(e) *m(f)* numérique ▸ **digital native** N natif *m*, -ive *f* numérique ▸ **digital pen** N stylo *m* numérique ▸ **digital radio** N radio *f* numérique ▸ **digital TV, digital television** N télévision *f* numérique ▸ **digital wallet** N portefeuille *m* numérique

digitize ['dɪdʒɪtaɪz] (VT) numériser

dignified ['dɪgnɪfaɪd] (ADJ) [*person, manner, silence*] digne

dignitary ['dɪgnɪtərɪ] (N) dignitaire *m*

dignity ['dɪgnɪtɪ] (N) dignité *f* • **he thinks that's beneath his ~** il se croit au-dessus de ça • **it would be beneath his ~ to do such a thing** il s'abaisserait en faisant une chose pareille • **he was allowed to die with ~** on lui a permis de mourir dans la dignité

digress [daɪ'gres] (VI) faire une digression • **... but I ~ ...** mais je m'écarte du sujet

digression [daɪ'greʃən] (N) digression *f*

dike [daɪk] (N) = **dyke**

diktat ['dɪktæt] (N) diktat *m*

dilapidated [dɪ'læpɪdeɪtɪd] (ADJ) [*house*] délabré • **in a ~ state** dans un état de délabrement

dilate [daɪ'leɪt] **1** (VT) dilater **2** (VI) (*= expand*) se dilater

dilemma [daɪ'lemə] (N) dilemme *m* • **to be in a ~** être pris dans un dilemme

diligence ['dɪlɪdʒəns] (N) zèle *m*

diligent ['dɪlɪdʒənt] (ADJ) [*student, work*] appliqué; [*search*] minutieux • **to be ~ in doing sth** faire qch avec zèle

dill [dɪl] (N) aneth *m*

dillydally ['dɪlɪdælɪ] (VI) (*= dawdle*) lambiner*; (*= fritter time away*) musarder; (*= vacillate*) tergiverser

dilute [daɪ'lu:t] **1** (VT) [*+ liquid*] diluer; [*+ sauce*] délayer • **"~ to taste"** « à diluer selon votre goût » **2** (ADJ) dilué

dilution [daɪ'lu:ʃən] (N) dilution *f*; (*fig*) édulcoration *f*

dim [dɪm] **1** (ADJ) **a** [*light, lamp*] faible; [*place, prospects*] sombre **b** [*shape, outline*] imprécis; [*memory*] vague **c** (*Brit = stupid*)* bouché* **2** (VT) **a** (*= turn down*) [*+ light*] baisser • **to ~ the lights** baisser les lumières • **to ~ the headlights** (*US*) se mettre en code(s) **b** [*+ colours, metals, beauty*] ternir; [*+ memory, outline*] effacer; [*+ mind, senses*] affaiblir **3** (VI) (*= grow dim*) **a** [*light*] baisser **b** [*metal, beauty*] se ternir; [*colours, outlines, memory*] s'estomper **4** (COMP) ▸ **dim-witted*** ADJ idiot

dime [daɪm] (N) (pièce *f* de) dix cents • **it's not worth a ~*** (*US*) cela ne vaut pas un clou* • **they're a ~ a dozen*** il y en a à la pelle*

dimension [daɪ'menʃən] (N) dimension *f*

diminish [dɪ'mɪnɪʃ] **1** (VT) [*+ strength, power, effect*] diminuer; [*+ numbers, cost, speed*] réduire; [*+ enthusiasm, optimism*] tempérer **2** (VI) diminuer

diminished [dɪ'mɪnɪʃt] (ADJ) [*strength, power*] amoindri; [*capacity, cost, numbers, resources*] réduit; [*enthusiasm, optimism*] tempéré; [*reputation*] terni ▸ **diminished responsibility** N responsabilité *f* atténuée

diminutive [dɪ'mɪnjʊtɪv] **1** (ADJ) minuscule **2** (N) diminutif *m*

dimly ['dɪmlɪ] (ADV) **a** [*shine*] faiblement • **~ lit** mal éclairé **b** [*see, hear, recollect*] vaguement • **I was ~ aware that someone was talking to me** j'étais vaguement conscient que quelqu'un me parlait

dimmer ['dɪmə^r] (N) **a** (*= dimmer switch*) variateur *m* (de lumière) **b** **~s** (*US*) (*= dipped headlights*) codes *mpl*; (*= parking lights*) feux *mpl* de position

dimple ['dɪmpl] (N) (*in chin, cheek*) fossette *f*

d

dimwit* ['dɪmwɪt] (N) crétin(e)* *m(f)*
din [dɪn] (N) vacarme *m* • **to make a ~*** faire du boucan*
dine [daɪn] (VI) dîner (**on** de) ▸ **dining car** N (*Brit*) wagon-restaurant *m* ▸ **dining hall** N réfectoire *m* ▸ **dining room** N salle *f* à manger; (*in hotel*) salle *f* de restaurant
▸ **dine out** VI dîner au restaurant
diner ['daɪnəʳ] (N) ⓐ (= *person*) dîneur *m*, -euse *f* ⓑ (*US*) petit restaurant *m*
dinghy ['dɪŋgɪ] (N) petit canot *m*; (*collapsible*) canot *m* pneumatique; (= *sailing dinghy*) dériveur *m*
dingy ['dɪndʒɪ] (ADJ) sombre et miteux
dinner ['dɪnəʳ] 1 (N) (= *evening meal*) dîner *m*; (= *lunch*) déjeuner *m* • **have you given the dog his ~?** tu as donné à manger au chien ? • **he was having his ~** (*in evening*) il était en train de dîner; (*at midday*) il était en train de déjeuner • **we're having some people to ~** nous avons du monde à dîner • **~'s ready!** le dîner est prêt ! • **we had a good ~** nous avons bien dîné • **to go out to ~** dîner au restaurant; (*at friends*) dîner chez des amis
2 (COMP) ▸ **dinner jacket** N (*Brit*) smoking *m* ▸ **dinner lady** N (*Brit*) femme *f* de service (*à la cantine*) ▸ **dinner money** N (*Brit*) argent *m* pour la cantine ▸ **dinner party** N dîner *m* (*sur invitation*) • **to give a ~ party** donner un dîner ▸ **dinner plate** N grande assiette *f* ▸ **dinner service** N service *m* de table ▸ **dinner table** N **at the ~ table** pendant le dîner ▸ **dinner time** N **at ~ time** à l'heure du dîner • **it's ~ time** c'est l'heure de dîner
dinosaur ['daɪnəsɔːʳ] (N) dinosaure *m*
dint [dɪnt] (N) **by ~ of (doing) sth** à force de (faire) qch
diocese ['daɪəsɪs] (N) diocèse *m*
dioxide [daɪ'ɒksaɪd] (N) dioxyde *m*
dioxin [daɪ'ɒksɪn] (N) dioxine *f*
DIP [dɪp] (N) (*Comput*) (ABBR OF **Dual-In-Line Package**) ~ **switch** commutateur *m* en boîtier DIP
dip [dɪp] 1 (VT) ⓐ (*into liquid*) tremper; [+ *spoon*] plonger • **walnuts ~ped in chocolate** noix *fpl* enrobées de chocolat • **~ the meat in flour** farinez la viande
ⓑ **to ~ one's headlights** (*Brit*) se mettre en codes
2 (VI) [*ground, road*] descendre; [*temperature, prices*] baisser • **the sun ~ped below the horizon** le soleil a disparu à l'horizon
▸ **to dip into** **it's the sort of book you can ~ into** c'est le genre de livre dans lequel on peut se plonger quand on en a envie • **to ~ into one's savings** puiser dans ses économies
3 (N) ⓐ (= *swim*) **to have a quick ~*** faire trempette*
ⓑ (*in ground*) déclivité *f*; (*in prices, unemployment, temperature*) fléchissement *m*
ⓒ (= *sauce*) sauce *f* froide (*dans laquelle on trempe des crudités, des chips*) • **avocado ~** purée *f* d'avocat
4 (COMP) ▸ **dipped headlights** NPL feux *mpl* de croisement • **to drive on ~ped headlights** rouler en codes
Dip. (ABBR OF **diploma**)
diphtheria [dɪf'θɪərɪə] (N) diphtérie *f*
diphthong ['dɪfθɒŋ] (N) diphtongue *f*
diploma [dɪ'pləʊmə] (N) diplôme *m* • **teacher's ~** diplôme *m* d'enseignement • **to have a ~ in ...** être diplômé en ...
diplomacy [dɪ'pləʊməsɪ] (N) diplomatie *f* • **to use ~** user de diplomatie
diplomat ['dɪpləmæt] (N) diplomate *mf*
diplomatic [,dɪplə'mætɪk] 1 (ADJ) ⓐ [*mission, relations*] diplomatique ⓑ (= *tactful*) [*person*] diplomate; [*action, behaviour*] diplomatique 2 (COMP) ▸ **diplomatic corps** N corps *m* diplomatique ▸ **diplomatic immunity** N immunité *f* diplomatique
Dipper ['dɪpəʳ] (N) (*US*) **the Big ~** la Grande Ourse • **the Little ~** la Petite Ourse
dipstick ['dɪpstɪk] (N) jauge *f* (*de niveau d'huile*)
dire ['daɪəʳ] (ADJ) ⓐ [*situation, consequences*] désastreux; [*warning, threat*] sinistre • **in ~ poverty** dans la misère • **to do sth out of ~ necessity** faire qch par nécessité • **to be in ~ need of sth** avoir terriblement besoin de qch • **to be in ~ straits** être dans une situation désastreuse ⓑ (= *awful*)* nul*
direct [dɪ'rekt] 1 (ADJ) direct • **a ~ flight** un vol direct • **to have ~ access to sth** avoir directement accès à qch • **"keep out of ~ sunlight"** « ne pas exposer à la lumière du soleil »
2 (VT) ⓐ (= *give directions to*) **to ~ sb to sth** indiquer le chemin de qch à qn • **can you ~ me to the town hall?** pourriez-vous m'indiquer le chemin de la mairie ?
ⓑ [+ *remark, question, letter*] adresser; [+ *threat*] proférer (**at** contre); [+ *efforts*] orienter; [+ *torch*] diriger • **to ~ sb's attention to** attirer l'attention de qn sur • **to ~ one's attention to sth** porter son attention sur qch • **the violence was ~ed against the police** les actes de violence étaient dirigés contre la police • **a policy ~ed towards improving public transport** une politique ayant pour but d'améliorer les transports publics
ⓒ (= *manage*) [+ *work, business, actors*] diriger; [+ *movements*] guider; [+ *play*] mettre en scène; [+ *film, programme*] réaliser
ⓓ (= *instruct*) charger (**sb to do sth** qn de faire qch) • **"to be taken as ~ed"** « respecter les doses prescrites » • **"to be taken as ~ed by your doctor"** « se conformer à la prescription du médecin »
3 (ADV) [*go, write*] directement • **to fly ~ from Glasgow to Paris** prendre un vol direct de Glasgow à Paris
4 (COMP) ▸ **direct access** N (*Comput*) accès *m* direct ▸ **direct current** N (*Elec*) courant *m* continu ▸ **direct debit** N prélèvement *m* automatique ▸ **direct mail** N publipostage *m* ▸ **direct marketing** N marketing *m* direct ▸ **direct object** N complément *m* d'objet direct ▸ **direct sales** NPL, **direct selling** N vente *f* directe ▸ **direct speech** N style *m* direct
direction [dɪ'rekʃən] (N) ⓐ (= *way*) direction *f* • **in every ~** dans toutes les directions • **in the wrong/right ~** dans la mauvaise/bonne direction • **it's a step in the right ~** c'est un pas dans la bonne direction • **in the opposite ~** en sens inverse • **in the ~ of ...** en direction de ... • **what ~ did he go in?** quelle direction a-t-il prise ?
ⓑ (= *management*) direction *f* • **under the ~ of ...** sous la direction de ... ⓒ [*of play*] mise *f* en scène; [*of film, TV programme*] réalisation *f* ⓓ (= *instruction*) instruction *f* • **~s for use** mode *m* d'emploi
directive [dɪ'rektɪv] (N) directive *f*
directly [dɪ'rektlɪ] 1 (ADV) ⓐ directement • **~ involved** directement impliqué • **the two murders are not ~ related** ces deux meurtres n'ont pas de rapport direct • **to be ~ descended from sb** descendre en ligne directe de qn • **he referred very ~ to the incident** il a fait référence très directement à l'incident • **the bus stops ~ opposite** le bus s'arrête juste en face • **~ opposite the railway station** juste en face de la gare
ⓑ (*Brit*) (= *immediately*) tout de suite • **~ after supper** tout de suite après le dîner • **she'll be here ~** elle arrive tout de suite

2 (CONJ) (*= as soon as*) dès que • **he'll come ~ he's ready** il viendra dès qu'il sera prêt

directness [dɪ'rektnɪs] (N) [*of character, reply, person*] franchise *f*; [*of attack, question*] caractère *m* direct

director [dɪ'rektəʳ] (N) [*of company, institution*] directeur *m*, -trice *f*; [*of play*] metteur *m* en scène; [*of film, TV programme*] réalisateur *m*, -trice *f* • **~ general** directeur *m*, -trice *f* général(e) ▸ **Director of Public Prosecutions** N (*Brit*) ≈ procureur *mf* général(e) ▸ **director of studies** N directeur *m*, -trice *f* d'études ▸ **director's chair** N fauteuil *m* de metteur en scène

directorate [dɪ'rektərɪt] (N) directoire *m*

directorial [ˌdɪrek'tɔːrɪəl] (ADJ) directorial

directorship [dɪ'rektəʃɪp] (N) (*= job*) direction *f*; (*= position*) poste *m* de directeur

directory [dɪ'rektərɪ] (N) (*= phone book*) annuaire *m*; (*Comput*) répertoire *m* (de dossiers) ▸ **directory assistance** N (*US*), **directory inquiries** NPL (*Brit*) renseignements *mpl*

dirt [dɜːt] **1** (N) **a** (*on skin, clothes, objects*) saleté *f*; (*= earth*) terre *f*; (*= mud*) boue *f* • **covered with ~** très sale; [*clothes, shoes, mudguards*] couvert de boue • **a layer of ~** une couche de saleté • **dog ~** crotte *f* de chien • **to treat sb like ~*** traiter qn comme un chien
b (*= scandal*)* ragots* *mpl*
2 (COMP) ▸ **dirt bike** N moto *f* tout-terrain (*de 50 cm³*) ▸ **dirt-cheap*** ADJ très bon marché *inv* • **it was ~-cheap** c'était donné ♦ ADV **I bought it ~-cheap** je l'ai acheté pour une bouchée de pain ▸ **dirt-poor*** ADJ (*US*) miséreux ▸ **dirt road** N chemin *m* de terre

dirty ['dɜːtɪ] **1** (ADJ) **a** sale; [*job, work*] salissant • **to get ~** se salir • **to get sth ~** salir qch • **to get one's hands ~** se salir les mains
b [*book, film, joke*] cochon*; [*language*] grossier • **a ~ word** un gros mot • **he's got a ~ mind** il a l'esprit mal tourné
c (*= unpleasant*) sale

> With this meaning **sale** goes before the noun.

• **politics is a ~ business** la politique est un sale métier • **it's a ~ job, but someone's got to do it** c'est un sale boulot*, mais il faut bien que quelqu'un le fasse • **to give sb a ~ look** regarder qn de travers • **to do sb's ~ work for them** faire le sale boulot* de qn
2 (ADV) **a** (*= unfairly*) **to play ~*** faire des coups en vache*
b (*= smuttily*) **to talk ~** dire des cochonneries
3 (VT) [*+ hands, clothes, reputation*] salir
4 (N) (*Brit*) **to do the ~ on sb*** faire une vacherie* à qn
5 (COMP) ▸ **dirty-minded** ADJ **~-minded kids** des gamins à l'esprit mal tourné ▸ **dirty old man*** N vieux cochon* *m* ▸ **dirty weekend*** N week-end *m* coquin

dis* [dɪs] (VT) = **diss**

disability [ˌdɪsə'bɪlɪtɪ] **1** (N) **a** (*= state*) invalidité *f* **b** (*= infirmity*) infirmité *f*; (*= handicap*) handicap *m* • **his ~ made him eligible for a pension** son infirmité lui donnait droit à une pension **2** (COMP) ▸ **disability allowance** N allocation *f* d'invalidité ▸ **disability pension** N pension *f* d'invalidité

disable [dɪs'eɪbl] (VT) [*illness, accident, injury*] rendre infirme; [*+ tank, gun*] mettre hors de combat

disabled [dɪs'eɪbld] **1** (ADJ) handicapé • **severely ~** souffrant d'un handicap sévère **2** (NPL) **the disabled** les handicapés *mpl* • **the severely ~** les personnes *fpl* souffrant d'un handicap sévère

disabuse [ˌdɪsə'bjuːz] (VT) **to ~ sb of sth** détromper qn de qch

disadvantage [ˌdɪsəd'vɑːntɪdʒ] **1** (N) désavantage *m* • **to be at a ~** être défavorisé • **you've got me at a ~** vous avez l'avantage sur moi • **to put sb at a ~** désavantager qn **2** (VT) désavantager

disadvantaged [ˌdɪsəd'vɑːntɪdʒd] **1** (ADJ) défavorisé • **educationally/socially ~** défavorisé sur le plan scolaire/social **2** (NPL) **the disadvantaged** les classes *fpl* défavorisées; (*economically*) les économiquement faibles *mpl*

disaffected [ˌdɪsə'fektɪd] (ADJ) (*= discontented*) mécontent

disaffection [ˌdɪsə'fekʃən] (N) mécontentement *m*

disagree [ˌdɪsə'griː] (VI) **a** (*= be of different opinion*) ne pas être d'accord • **I ~** je ne suis pas d'accord • **I ~ completely with you** je ne suis pas du tout d'accord avec vous • **they always ~** ils ne sont jamais du même avis • **to ~ with the suggestion that ...** être contre la suggestion que ... • **she ~s with everything he has done** elle est en désaccord avec tout ce qu'il a fait **b** (*= upset*)* **to ~ with sb** [*climate, food*] ne pas convenir à qn • **peppers ~ with him** il ne digère pas les poivrons

disagreeable [ˌdɪsə'grɪəbl] (ADJ) désagréable

disagreement [ˌdɪsə'griːmənt] (N) désaccord *m* • **to be in ~** [*people*] être en désaccord • **to have a ~ with sb (about sth)** avoir un différend avec qn (à propos de qch)

disallow [ˌdɪsə'laʊ] (VT) rejeter; [*+ goal*] refuser

disambiguate [ˌdɪsæm'bɪgjʊeɪt] (VT) désambiguïser

disappear [ˌdɪsə'pɪəʳ] (VI) disparaître • **he ~ed from view** on l'a perdu de vue • **the ship ~ed over the horizon** le navire a disparu à l'horizon • **to make sth ~** faire disparaître qch • **to do a ~ing trick*** s'éclipser

disappearance [ˌdɪsə'pɪərəns] (N) disparition *f*

disappoint [ˌdɪsə'pɔɪnt] (VT) décevoir

disappointed [ˌdɪsə'pɔɪntɪd] (ADJ) déçu • **to be ~ that ...** être déçu que ... *+ subj* • **to be ~ to learn** être déçu d'apprendre • **to be ~ with sth** être déçu par qch • **he was ~ with her reply** sa réponse l'a déçu • **to be ~ to have to do sth** être déçu de devoir faire qch • **we were ~ not to see her** nous avons été déçus de ne pas la voir • **to be ~ in sb** être déçu par qn • **I'm ~ in you** tu me déçois • **to be ~ in one's hopes** être déçu dans ses espoirs

disappointing [ˌdɪsə'pɔɪntɪŋ] (ADJ) décevant • **how ~!** comme c'est décevant !

disappointment [ˌdɪsə'pɔɪntmənt] (N) déception *f* • **to my great ~** à ma grande déception • **after a series of ~s** après une succession de déboires • **that was a great ~ to me** cela m'a beaucoup déçu

disapproval [ˌdɪsə'pruːvəl] (N) désapprobation *f* • **to show one's ~ of sth** marquer sa désapprobation à l'égard de qch

disapprove [ˌdɪsə'pruːv] (VI) **to ~ of sb** désapprouver qn • **to ~ of sth** réprouver qch • **to ~ of sb doing sth** désapprouver que qn fasse qch • **your mother would ~** ta mère n'approuverait pas

disapproving [ˌdɪsə'pruːvɪŋ] (ADJ) [*expression, look*] réprobateur (-trice *f*) • **to be ~ of sth** réprouver qch

disarm [dɪs'ɑːm] (VTI) désarmer

disarmament [dɪs'ɑːməmənt] (N) désarmement *m* ▸ **disarmament talks** NPL conférence *f* sur le désarmement

disarming [dɪs'ɑːmɪŋ] (ADJ) désarmant

disarray [ˌdɪsəˈreɪ] (N) (*frm*) confusion *f* • **the troops were in ~** la confusion régnait parmi les troupes • **a political party in ~** un parti politique en plein désarroi • **her clothes were in ~** ses vêtements étaient en désordre • **to fall into ~** sombrer dans le chaos
disassociate [ˌdɪsəˈsəʊʃɪeɪt] (VT) = **dissociate**
disaster [dɪˈzɑːstəʳ] (N) désastre *m*; (*from natural causes*) catastrophe *f* • **air ~** catastrophe *f* aérienne • **an environmental ~** une catastrophe écologique • **a financial ~** un désastre financier • **at the scene of the ~** sur les lieux de la catastrophe • **to be heading for ~** courir au désastre ▸ **disaster area** N région *f* sinistrée ▸ **disaster movie** N film *m* catastrophe ▸ **disaster victim** N victime *f* de la catastrophe
disastrous [dɪˈzɑːstrəs] (ADJ) désastreux
disband [dɪsˈbænd] **1** (VT) [+ *army*] disperser; [+ *corporation, club*] dissoudre **2** (VI) [*army*] se disperser; [*organization*] se dissoudre
disbelief [ˌdɪsbəˈliːf] (N) incrédulité *f* • **in ~** avec incrédulité
disbelieve [ˌdɪsbəˈliːv] (VT) [+ *person*] ne pas croire; [+ *news*] ne pas croire à
disc [dɪsk] (N) disque *m* ▸ **disc brakes** NPL freins *mpl* à disque ▸ **disc jockey** N disc-jockey *m*
discard [dɪsˈkɑːd] (VT) (= *get rid of*) se débarrasser de; (= *throw out*) jeter; [+ *idea, plan*] renoncer à
discern [dɪˈsɜːn] (VT) discerner
discernible [dɪˈsɜːnəbl] (ADJ) [*object*] visible; [*likeness, fault*] perceptible
discerning [dɪˈsɜːnɪŋ] (ADJ) [*person*] judicieux; [*taste, palate*] délicat
discernment [dɪˈsɜːnmənt] (N) discernement *m*
discharge **1** (VT) ⓐ [+ *cargo*] décharger ⓑ [+ *gas*] émettre; [+ *liquid, pollutants, sewage*] déverser ⓒ [+ *soldier*] démobiliser; (*for health reasons*) réformer; [+ *prisoner*] libérer; (*from hospital*) autoriser à quitter l'hôpital • **to ~ o.s.** (*from hospital*) signer sa décharge **2** (N) ⓐ (*in eyes, nose*) écoulement *m* ⓑ [*of prisoner*] libération *f*; [*of patient*] sortie *f*

> Lorsque **discharge** est un verbe, l'accent tombe sur la deuxième syllabe : [dɪsˈtʃɑːdʒ], lorsque c'est un nom, sur la première : [ˈdɪstʃɑːdʒ].

disciple [dɪˈsaɪpl] (N) disciple *m*
disciplinarian [ˌdɪsɪplɪˈnɛərɪən] (N) partisan(e) *m(f)* de la discipline
disciplinary [ˈdɪsɪplɪnərɪ] (ADJ) disciplinaire • **~ problems** problèmes *mpl* de discipline • **to take ~ action** prendre des mesures disciplinaires
discipline [ˈdɪsɪplɪn] **1** (N) discipline *f* **2** (VT) (= *control*) [+ *person, mind*] discipliner; (= *punish*) punir • **to ~ o.s. to do sth** s'obliger à faire qch
disciplined [ˈdɪsɪplɪnd] (ADJ) [*person, group*] discipliné; (= *methodical*) méthodique
disclaim [dɪsˈkleɪm] (VT) [+ *responsibility, authorship*] nier; [+ *paternity*] désavouer • **to ~ all knowledge of sth** nier toute connaissance de qch
disclaimer [dɪsˈkleɪməʳ] (N) ⓐ (= *denial*) démenti *m* • **to issue a ~** publier un démenti ⓑ (= *exclusion clause*) décharge *f* (de responsabilité)
disclose [dɪsˈkləʊz] (VT) [+ *secret, news*] divulguer; [+ *intentions*] dévoiler
disclosure [dɪsˈkləʊʒəʳ] (N) ⓐ (*by newspaper*) divulgation *f*; (*by individual to press*) communication *f* (de renseignements) (**to** à) ⓑ (= *fact revealed*) révélation *f*
disco* [ˈdɪskəʊ] (N) disco *m*
discolour, discolor (US) [dɪsˈkʌləʳ] **1** (VT) (= *spoil colour of*) décolorer; [+ *white material, teeth*] jaunir **2** (VI) (= *change colour*) se décolorer; [*white material, teeth*] jaunir
discomfort [dɪsˈkʌmfət] (N) gêne *f* • **I feel some ~ from it but not real pain** ça me gêne mais ça ne me fait pas vraiment mal • **much to my ~, he announced he would accompany me** à mon grand embarras, il a annoncé qu'il m'accompagnerait
disconcert [ˌdɪskənˈsɜːt] (VT) déconcerter
disconcerting [ˌdɪskənˈsɜːtɪŋ] (ADJ) déconcertant
disconnect [ˌdɪskəˈnekt] (VT) [+ *electrical apparatus, pipe*] débrancher; [+ *gas, electricity, water, phone*] couper • **we've been ~ed** (*Telec*) (*for non-payment*) on nous a coupé le téléphone
disconnected [ˌdɪskəˈnektɪd] (ADJ) [*speech*] décousu; [*thoughts*] sans suite; [*facts, events*] sans rapport
disconnection [ˌdɪskʌˈnekʃən] (N) [*of phone*] suspension *f* de ligne; [*of gas, electricity*] coupure *f*
disconsolate [dɪsˈkɒnsəlɪt] (ADJ) inconsolable
discontent [ˌdɪskənˈtent] (N) mécontentement *m*
discontented [ˌdɪskənˈtentɪd] (ADJ) mécontent (**with, about** de)
discontinue [ˌdɪskənˈtɪnjuː] (VT) cesser; [+ *product*] arrêter la production de; [+ *service*] supprimer; [+ *treatment*] arrêter • **to ~ one's subscription to a paper** résilier son abonnement à un journal • **a ~d line** un article qui ne se fait plus
discord [ˈdɪskɔːd] (N) dissension *f* • **civil ~** dissensions *fpl* civiles
discordant [dɪsˈkɔːdənt] (ADJ) discordant
discotheque [ˈdɪskəʊtek] (N) discothèque *f* (*dancing*)
discount **1** (N) escompte *m*; (*on article*) remise *f* • **to give a ~** faire une remise • **to buy at a ~** acheter au rabais **2** (VT) ⓐ [+ *sum of money*] faire une remise de ⓑ [+ *rumour*] ne pas prendre au sérieux; [+ *theory*] rejeter • **I ~ half of what he says** je ne crois pas la moitié de ce qu'il dit

> Lorsque **discount** est un nom, l'accent tombe sur la première syllabe : [ˈdɪskaʊnt], lorsque c'est un verbe, sur la seconde : [dɪsˈkaʊnt].

discounter [ˈdɪskaʊntəʳ] (N) discounteur *m*
discourage [dɪsˈkʌrɪdʒ] (VT) décourager • **to become ~d** se laisser décourager • **he isn't easily ~d** il ne se décourage pas facilement
discouragement [dɪsˈkʌrɪdʒmənt] (N) (= *act*) tentative *f* de dissuasion; (= *depression*) découragement *m*
discouraging [dɪsˈkʌrɪdʒɪŋ] (ADJ) décourageant
discourse [ˈdɪskɔːs] (N) discours *m*; (*written*) dissertation *f*
discourteous [dɪsˈkɜːtɪəs] (ADJ) impoli (**towards** envers, avec)
discover [dɪsˈkʌvəʳ] (VT) découvrir; [+ *mistake, loss*] se rendre compte de; (*after search*) [+ *book*] dénicher • **to ~ that ...** (= *find out*) apprendre que ...; (= *notice*) s'apercevoir que ...; (= *understand*) comprendre que ...
discovery [dɪsˈkʌvərɪ] (N) découverte *f* • **it led to the ~ of penicillin** cela a conduit à la découverte de la pénicilline • **that restaurant was quite a ~** ce restaurant a été vraiment une découverte
discredit [dɪsˈkredɪt] **1** (VT) (= *cast slur on*) discréditer; (= *make doubtful*) mettre en doute **2** (N) discrédit *m* • **to bring ~ upon sb** jeter le discrédit sur qn • **without**

any ~ to you sans que cela vous nuise en rien • **to be to sb's ~** discréditer qn

discreet [dɪs'kriːt] (ADJ) discret (-ète *f*) (**about** sur) • **at a ~ distance** à distance respectueuse

discreetly [dɪs'kriːtlɪ] (ADV) [*speak, behave*] discrètement; [*dress*] avec sobriété

discrepancy [dɪs'krepənsɪ] (N) différence *f*; (*between theories, accounts*) divergence *f* • **there were some discrepancies in the results** on a observé des disparités dans les résultats

discrete [dɪs'kriːt] (ADJ) individuel; (*Math, Med*) discret (-ète *f*)

discretion [dɪs'kreʃən] (N) discrétion *f* • **to leave sth to sb's ~** laisser qch à la discrétion de qn • **use your own ~** c'est à vous de juger

discretionary [dɪs'kreʃənərɪ] (ADJ) discrétionnaire

discriminate [dɪs'krɪmɪneɪt] (VI) (= *make unfair distinction*) introduire une discrimination • **to be ~d against** être victime d'une discrimination • **to ~ between** faire la différence entre

discriminating [dɪs'krɪmɪneɪtɪŋ] (ADJ) [*person, clientele*] averti; [*palate*] exercé; [*judgement*] perspicace • **he's not very ~** (*about books, TV*) il manque d'esprit critique; (*about food*) il n'a pas un goût très fin

discrimination [dɪsˌkrɪmɪ'neɪʃən] (N) **a** (= *prejudice*) discrimination *f* **b** (= *distinction*) distinction *f* **c** (= *judgement*) discernement *m*

discriminatory [dɪs'krɪmɪnətərɪ] (ADJ) discriminatoire

discus ['dɪskəs] (N) (*pl* **discuses** *or* **disci**) disque *m*

discuss [dɪs'kʌs] (VT) discuter de; [+ *issue, question, subject*] examiner • **we were ~ing him** nous parlions de lui • **I ~ed it with him** j'en ai discuté avec lui • **I won't ~ it any further** je ne veux plus en parler • **there's something I'd like to ~ with you** il y a quelque chose dont j'aimerais discuter avec toi

discussion [dɪs'kʌʃən] **1** (N) discussion *f* (**of, about** sur, au sujet de) • **under ~** en discussion; [*issue, proposal*] à l'étude • **a subject for ~** un sujet de discussion
2 (COMP) ▸ **discussion forum** N (*Comput*) forum *m* de discussion ▸ **discussion group** N groupe *m* de discussion ▸ **discussion thread** N (*Internet*) fil *m* de discussion

disdain [dɪs'deɪn] **1** (VT) dédaigner **2** (N) dédain *m* • **in ~** avec dédain

disdainful [dɪs'deɪnfʊl] (ADJ) dédaigneux

disease [dɪ'ziːz] (N) maladie *f*

diseased [dɪ'ziːzd] (ADJ) malade

disembark [ˌdɪsɪm'bɑːk] (VTI) débarquer

disembodied [ˌdɪsɪm'bɒdɪd] (ADJ) désincarné

disembowel [ˌdɪsɪm'baʊəl] (VT) éventrer

disempower [ˌdɪsem'paʊəʳ] (VT) déresponsabiliser

disenchanted [ˌdɪsɪn'tʃɑːntɪd] (ADJ) **to be ~ with sth** avoir perdu ses illusions sur qch

disenchantment [ˌdɪsɪn'tʃɑːntmənt] (N) désenchantement *m*

disengage [ˌdɪsɪn'geɪdʒ] (VT) [+ *object, hand*] dégager; [+ *machine*] déclencher • **to ~ o.s. from** se dégager de • **to ~ the clutch** débrayer

disengagement [ˌdɪsɪn'geɪdʒmənt] (N) (*Politics*) désengagement *m*

disentangle [ˌdɪsɪn'tæŋgl] (VT) [+ *wool, problem, mystery*] démêler • **to ~ o.s. from** se dépêtrer de

disfavour, disfavor (US) [dɪs'feɪvəʳ] (N) défaveur *f* • **to fall into ~** tomber en défaveur • **to fall into ~ with sb** tomber en défaveur auprès de qn • **to be in ~ with sb** être mal vu de qn • **to look with ~ on sth** regarder qch avec réprobation • **to look with ~ on sb** désapprouver qn

disfigure [dɪs'fɪgəʳ] (VT) défigurer

disfigurement [dɪs'fɪgəmənt] (N) défigurement *m*

disgrace [dɪs'greɪs] **1** (N) (= *dishonour*) honte *f*; (= *disfavour*) disgrâce *f* • **to be in ~** [*public figure, politician*] être en disgrâce; [*child, dog*] être en pénitence • **to bring ~ on sb** déshonorer qn • **it's a ~!** c'est une honte ! • **it's a ~ to our country** c'est une honte pour notre pays • **she's a ~ to her family** c'est la honte de sa famille • **you're a ~!** tu devrais avoir honte de toi !
2 (VT) [+ *family*] faire honte à; [+ *name, country*] déshonorer • **don't ~ us** ne nous fais pas honte • **to ~ o.s.** se couvrir de honte • **to be ~d** [*officer, politician*] être discrédité

disgraceful [dɪs'greɪsfʊl] (ADJ) honteux

disgracefully [dɪs'greɪsfəlɪ] (ADV) [*behave*] de manière scandaleuse

disgruntled [dɪs'grʌntld] (ADJ) (= *discontented*) mécontent (**about, with** de); [*expression*] renfrogné

disguise [dɪs'gaɪz] **1** (VT) déguiser; [+ *facts, feelings*] dissimuler • **to ~ o.s. as a woman** se déguiser en femme • **to be ~d as a woman** être déguisé en femme • **there is no disguising the fact that ...** on ne peut pas se dissimuler que ... **2** (N) déguisement *m* • **in ~** déguisé

> The French word **déguiser** does not have the first **s** as in the English word **disguise**.

disgust [dɪs'gʌst] **1** (N) dégoût *m* (**for, at** pour) • **he left in ~** il est parti dégoûté • **to my ~ he refused to do it** cela m'a écœuré qu'il refuse **2** (VT) dégoûter

disgusted [dɪs'gʌstɪd] (ADJ) dégoûté (**at** de, par)

disgusting [dɪs'gʌstɪŋ] (ADJ) dégoûtant; [*taste, smell*] répugnant • **it looks ~** ça a l'air dégoûtant • **it tastes ~** c'est dégoûtant • **it smells ~** ça pue • **you're ~!** tu es dégoûtant ! • **I think it's ~ that we have to pay** je trouve ça écœurant qu'on doive payer • **I think it's ~ how much money they've got** je trouve écœurant qu'ils aient tant d'argent

disgustingly [dɪs'gʌstɪŋlɪ] (ADV) ~ **dirty** d'une saleté répugnante

dish [dɪʃ] **1** (N) **a** (= *serving plate*) plat *m*; (= *dinner plate*) assiette *f* • **vegetable ~** plat *m* à légumes **b** **the dishes** la vaisselle • **to do the ~es** faire la vaisselle • **to clear away the breakfast ~es** débarrasser la table du petit déjeuner **c** (= *food*) plat *m* • **pasta ~** plat *m* de pâtes **d** (= *attractive person*)* (*man*) beau mec* *m*; (*woman*) belle nana* *f* **2** (COMP) ▸ **dish aerial, dish antenna** N (*US*) antenne *f* parabolique
▸ **dish out** VT SEP [+ *food*] servir; [+ *money, sweets, books*] distribuer; [+ *punishment*] administrer
▸ **dish up** VT SEP **a** [+ *food, meal*] servir **b** [+ *facts, statistics*]* resservir

dishcloth ['dɪʃklɒθ] (N) (*for washing*) lavette *f*; (*for drying*) torchon *m*

dishearten [dɪs'hɑːtn] (VT) décourager • **don't be ~ed** ne vous laissez pas décourager

disheartening [dɪs'hɑːtnɪŋ] (ADJ) décourageant

dishevelled [dɪ'ʃevəld] (ADJ) [*person, hair*] ébouriffé; [*clothes*] en désordre

dishonest [dɪs'ɒnɪst] (ADJ) malhonnête

dishonestly [dɪsˈɒnɪstlɪ] ADV [*behave*] malhonnêtement; [*obtain*] par des moyens malhonnêtes

dishonesty [dɪsˈɒnɪstɪ] N malhonnêteté *f*

dishonour [dɪsˈɒnəʳ] 1 N déshonneur *m* 2 VT [*+ person*] déshonorer

dishonourable [dɪsˈɒnərəbl] ADJ [*behaviour*] déshonorant ▸ **dishonourable discharge** N *exclusion de l'armée pour conduite déshonorante*

dishrack [ˈdɪʃræk] N égouttoir *m*

dishtowel [ˈdɪʃtaʊəl] N (*US*) torchon *m*

dishwasher [ˈdɪʃwɒʃəʳ] N (*= machine*) lave-vaisselle *m inv*

dishy* [ˈdɪʃɪ] ADJ (*Brit*) sexy*

disillusion [ˌdɪsɪˈluːʒən] 1 VT désabuser • **to be ~ed** être désabusé (**with** quant à) • **to grow ~ed** perdre ses illusions 2 N désillusion *f*

disillusionment [ˌdɪsɪˈluːʒənmənt] N désillusion *f*

disincentive [ˌdɪsɪnˈsentɪv] N **it's a real ~** cela a un effet dissuasif • **this is a ~ to work** cela n'incite pas à travailler

disinclined [ˌdɪsɪnˈklaɪnd] ADJ **to be ~ to do sth** être peu disposé à faire qch

disinfect [ˌdɪsɪnˈfekt] VT désinfecter

disinfectant [ˌdɪsɪnˈfektənt] ADJ, N désinfectant *m*

disinformation [ˌdɪsɪnfəˈmeɪʃən] N désinformation *f*

disingenuous [ˌdɪsɪnˈdʒenjʊəs] ADJ fourbe

disintegrate [dɪsˈɪntɪgreɪt] VI se désintégrer

disinterest [dɪsˈɪntrɪst] N ⓐ (*= impartiality*) désintéressement *m* ⓑ* (*= lack of interest*) désintérêt *m*

disinterested [dɪsˈɪntrɪstɪd] ADJ (*= impartial*) désintéressé

disjointed [dɪsˈdʒɔɪntɪd] ADJ [*film, style, conversation*] décousu

disk [dɪsk] 1 N ⓐ (*US*) = **disc** ⓑ (*for computer*) disque *m* 2 COMP ▸ **disk drive** N lecteur *m* de disques ▸ **disk pack** N unité *f* de disques ▸ **disk space** N espace *m* disque

diskette [dɪsˈket] N disquette *f*

dislike [dɪsˈlaɪk] 1 VT [*+ person, thing*] ne pas aimer • **to ~ doing sth** ne pas aimer faire qch • **I don't ~ it** cela ne me déplaît pas • **I ~ her** elle me déplaît • **I ~ this intensely** j'ai cela en horreur 2 N antipathie *f* • **his ~ of sb** l'antipathie qu'il éprouve pour qn • **his ~ of sth** son aversion pour qch • **one's likes and ~s** ce que l'on aime et ce que l'on n'aime pas • **to take an instant ~ to sb** prendre tout de suite qn en grippe

dislocate [ˈdɪsləʊkeɪt] VT **to ~ one's shoulder** se démettre l'épaule

dislocation [ˌdɪsləʊˈkeɪʃən] N ⓐ (*Med*) luxation *f* ⓑ (*of life, society*) bouleversement *m*

dislodge [dɪsˈlɒdʒ] VT [*+ object*] déplacer; [*+ dictator*] chasser

disloyal [dɪsˈlɔɪəl] ADJ [*person, behaviour*] déloyal (**to** envers)

dismal [ˈdɪzməl] ADJ ⓐ [*place, building*] lugubre; [*thought, prospects*] sombre; [*weather*] maussade ⓑ (*= awful*)* lamentable • **a ~ failure** un échec lamentable

dismantle [dɪsˈmæntl] VT [*+ machine, furniture*] démonter; [*+ system, department*] démanteler

dismantling [dɪsˈmæntəlɪŋ] N [*of company, department*] démantèlement *m*

dismay [dɪsˈmeɪ] 1 N consternation *f* • **to my ~** à ma grande consternation • **in ~** d'un air consterné 2 VT consterner

dismember [dɪsˈmembəʳ] VT démembrer

dismiss [dɪsˈmɪs] VT ⓐ [*+ employee*] renvoyer; [*+ official*] révoquer; [*+ class*] congédier; [*+ assembly*] dissoudre; [*+ troops*] faire rompre les rangs à ⓑ [*+ thought, possibility, suggestion*] écarter; [*+ request, appeal, claim*] rejeter • **to ~ a charge** prononcer le non-lieu • **the judge ~ed the case** le juge a classé l'affaire

dismissal [dɪsˈmɪsəl] N [*of employee*] renvoi *m*; [*of civil servant*] révocation *f* • **wrongful ~** licenciement *m* abusif

dismissive [dɪsˈmɪsɪv] ADJ dédaigneux

dismount [dɪsˈmaʊnt] VI descendre

disobedience [ˌdɪsəˈbiːdɪəns] N désobéissance *f* (**to** à)

disobedient [ˌdɪsəˈbiːdɪənt] ADJ [*child*] désobéissant (**to** à)

disobey [ˌdɪsəˈbeɪ] VT [*+ parents, officer*] désobéir à; [*+ law*] enfreindre

disorder [dɪsˈɔːdəʳ] N ⓐ (*= untidiness*) [*of room, plans*] désordre *m* • **to throw sth into ~** semer le désordre dans qch • **in ~** en désordre ⓑ (*= unrest*) troubles *mpl* ⓒ (*= illness*) troubles *mpl* • **mental ~** troubles *mpl* psychiques • **personality ~** troubles *mpl* de la personnalité • **eating ~** troubles *mpl* du comportement alimentaire • **skin ~** maladie *f* de la peau

disorderly [dɪsˈɔːdəlɪ] ADJ [*person, crowd*] agité; [*behaviour*] indiscipliné ▸ **disorderly conduct** N atteinte *f* à l'ordre public

disorganized [dɪsˈɔːgənaɪzd] ADJ désorganisé

disorient [dɪsˈɔːrɪent] VT désorienter

disorientate [dɪsˈɔːrɪənteɪt] VT désorienter

disown [dɪsˈəʊn] VT renier

disparaging [dɪsˈpærɪdʒɪŋ] ADJ désobligeant • **to be ~ about …** faire des remarques désobligeantes sur …

disparate [ˈdɪspərɪt] ADJ disparate

disparity [dɪsˈpærɪtɪ] N disparité *f*

dispassionate [dɪsˈpæʃənɪt] ADJ (*= unemotional*) froid; (*= unbiased*) impartial

dispatch [dɪsˈpætʃ] 1 VT ⓐ [*+ letter, goods*] expédier; [*+ messenger*] dépêcher; [*+ troops*] envoyer ⓑ (*= finish*) [*+ job*] expédier ⓒ (*= kill*) tuer 2 N ⓐ [*of letter, messenger*] envoi *m* ⓑ (*= official report*) dépêche *f* 3 COMP ▸ **dispatch box** N (*Brit*) ≈ tribune *f* (*d'où parlent les membres du gouvernement*); (*= case*) valise *f* officielle ▸ **dispatch rider** N coursier *m*

dispel [dɪsˈpel] VT dissiper

dispensable [dɪsˈpensəbl] ADJ dont on peut se passer

dispensary [dɪsˈpensərɪ] N (*Brit*) (*in hospital*) pharmacie *f*; (*in chemist's*) officine *f*

dispensation [ˌdɪspenˈseɪʃən] N (*= exemption*) dispense *f*

dispense [dɪsˈpens] VT ⓐ [*+ food*] distribuer; [*+ charity*] pratiquer; [*+ justice*] administrer; [*+ hospitality*] offrir ⓑ [*cash machine*] distribuer

▸ **dispense with** VT INSEP (*= do without*) se passer de; (*= make unnecessary*) rendre superflu

dispenser [dɪsˈpensəʳ] N (*= device*) distributeur *m*

dispensing chemist [dɪsˌpensɪŋˈkemɪst] N (*= person*) pharmacien(ne) *m(f)*; (*= shop*) pharmacie *f*

dispersal [dɪsˈpɜːsəl] N dispersion *f*

disperse [dɪsˈpɜːs] 1 VT disperser; [*+ clouds*] dissiper 2 VI (*= go away*) se disperser; [*fog, cloud, smoke, tension*] se dissiper

dispirited [dɪsˈpɪrɪtɪd] ADJ abattu

dispiriting [dɪsˈpɪrɪtɪŋ] ADJ décourageant

displace [dɪsˈpleɪs] VT déplacer ▸ **displaced person** N personne *f* déplacée

displacement [dɪs'pleɪsmənt] (N) [*of people*] déplacement *m*

display [dɪs'pleɪ] **1** (VT) **a** (= *show*) montrer; (*ostentatiously*) exhiber (*pej*) • **she ~ed the letter she had received from the President** elle a brandi la lettre qu'elle avait reçue du président
b [+ *item for sale, artwork*] exposer; [+ *notice, results*] afficher
c [+ *courage, interest, ignorance*] faire preuve de
d [*computer, watch*] afficher
2 (N) **a** (*ostentatious*) étalage *m*; [*of goods for sale, items in exhibition*] présentation *f*; [*of food products, wealth*] étalage *m*; [*of courage, interest, emotion*] manifestation *f*; [*of unity, support, strength, loyalty*] démonstration *f* • **a ~ of force** une démonstration de force • **public ~s of affection** des démonstrations publiques d'affection
▸ **on display** exposé • **to go on ~** être exposé
b (= *event*) **~ of gymnastics** spectacle *m* de gymnastique • **military ~** parade *f* militaire
c (*on computer screen*) affichage *m*
3 (COMP) ▸ **display cabinet, display case** N vitrine *f* (*meuble*)

displease [dɪs'pli:z] (VT) mécontenter

displeased [dɪs'pli:zd] (ADJ) **~ with** mécontent de

displeasure [dɪs'pleʒəʳ] (N) mécontentement *m*

disposable [dɪs'pəʊzəbl] **1** (ADJ) **a** [*razor, syringe, nappy*] jetable **b** [*earnings*] disponible **2** (COMP) ▸ **disposable income** N revenu(s) *m(pl)* disponible(s)

disposal [dɪs'pəʊzəl] (N) **a** [*of rubbish*] (= *destruction*) destruction *f*; [*of goods for sale*] vente *f* • **the ~ of nuclear waste** le retraitement des déchets nucléaires
b ▸ **at + disposal to have sth at one's ~** disposer de qch • **to put o.s./be at sb's ~** se mettre/être à la disposition de qn • **the means at one's ~** les moyens dont on dispose

dispose [dɪs'pəʊz] (VT) **to ~ sb to do sth** préparer qn à faire qch
▸ **dispose of** VT INSEP **a** (= *get rid of*) se débarrasser de; (= *sell*) vendre; [+ *chemical, industrial waste*] éliminer **b** [+ *question, problem, business*] expédier

> ⚠ **to dispose of ≠ disposer de**

disposed [dɪs'pəʊzd] (ADJ) **a to be ~ to do sth** être disposé à faire qch **b to be well-~ towards sb** être bien disposé envers qn

disposition [ˌdɪspə'zɪʃən] (N) **a** (= *temperament*) caractère *m* **b** (= *arrangement*) disposition *f*

dispossess [ˌdɪspə'zes] (VT) déposséder

disproportion [ˌdɪsprə'pɔ:ʃən] (N) disproportion *f*

disproportionate [ˌdɪsprə'pɔ:ʃnɪt] (ADJ) disproportionné (**to** par rapport à)

disprove [dɪs'pru:v] (VT) réfuter

dispute [dɪs'pju:t] **1** (N) **a** (= *controversy*) discussion *f* • **beyond ~** [*fact*] incontestable • **without ~** sans conteste • **there is some ~ about why he did it** on n'est pas d'accord sur ses motifs • **in ~** [*matter*] en discussion; [*facts, figures*] contesté • **a statement open to ~** une affirmation contestable
b (= *quarrel*) différend *m*
c (*Industry*) conflit *m* • **industrial ~** conflit *m* social • **wages ~** conflit *m* salarial
2 (VT) **a** (= *cast doubt on*) [+ *statement, claim*] contester • **I do not ~ the fact that …** je ne conteste pas que … + *subj*
b (= *debate*) [+ *question, subject*] discuter
c (= *try to win*) [+ *victory, possession*] disputer (**with sb** à qn)

disqualification [dɪsˌkwɒlɪfɪ'keɪʃən] (N) disqualification *f* • **his ~** (*for driving offence*) le retrait de son permis

disqualify [dɪs'kwɒlɪfaɪ] (VT) **a** (*Sport*) disqualifier **b** (= *debar*) rendre inapte (**from sth** à qch, **from doing sth** à faire qch) • **to ~ sb from driving** retirer à qn le permis de conduire **c** (= *incapacitate*) rendre incapable (**from doing sth** de faire qch) • **his lack of experience does not ~ him** son manque d'expérience n'est pas rédhibitoire

disquiet [dɪs'kwaɪət] (N) inquiétude *f*; (= *unrest*) agitation *f*

disquieting [dɪs'kwaɪətɪŋ] (ADJ) inquiétant

disregard [ˌdɪsrɪ'gɑ:d] **1** (VT) [+ *fact, advice, remark*] ne tenir aucun compte de; [+ *danger, feelings*] passer outre à **2** (N) [*of difficulty, comments, feelings*] indifférence *f* (**for** à); [*of danger*] mépris *m* (**for** de); [*of safety*] négligence *f* (**for** en ce qui concerne); [*of rule, law*] non-observation *f* (**for** de)

disrepair [ˌdɪsrɪ'peəʳ] (N) mauvais état *m* • **in ~** [*building*] délabré; [*road*] en mauvais état • **to fall into ~** [*building*] se délabrer; [*road*] se dégrader

disreputable [dɪs'repjʊtəbl] (ADJ) [*place, person*] peu recommandable; [*behaviour*] déshonorant

disrepute [ˌdɪsrɪ'pju:t] (N) **to bring sth into ~** jeter le discrédit sur qch • **to be brought into ~** être discrédité

disrespect [ˌdɪsrɪs'pekt] **1** (N) manque *m* de respect • **no ~ (to …)** avec tout le respect que je dois (à …) • **to show ~ to sb** manquer de respect envers qn **2** (VT) manquer de respect envers

disrespectful [ˌdɪsrɪs'pektfʊl] (ADJ) irrespectueux (**to** envers) • **to be ~ to sb** manquer de respect envers qn

disrupt [dɪs'rʌpt] (VT) [+ *debate, meeting, relations, train service*] perturber; [+ *plans*] déranger; [+ *communications*] interrompre

disruption [dɪs'rʌpʃən] (N) perturbation *f*

disruptive [dɪs'rʌptɪv] (ADJ) [*child, behaviour*] perturbateur (-trice *f*) • **to be a ~ influence** avoir une influence perturbatrice

diss‡ [dɪs] (VT) se payer la tête de*

dissatisfaction [ˌdɪssætɪs'fækʃən] (N) mécontentement *m* • **growing ~** mécontentement *m* croissant (**at, with** face à)

dissatisfied [ˌdɪs'sætɪsfaɪd] (ADJ) mécontent (**with** de)

dissect [dɪ'sekt] (VT) disséquer

disseminate [dɪ'semɪneɪt] (VT) disséminer; [+ *information*] diffuser

dissension [dɪ'senʃən] (N) dissension *f*

dissent [dɪ'sent] **1** (VI) (= *have different opinion*) avoir une opinion différente **2** (N) (= *political disagreement*) dissidence *f*

dissenter [dɪ'sentəʳ] (N) dissident(e) *m(f)*

dissenting [dɪ'sentɪŋ] (ADJ) [*voice*] dissident

dissertation [ˌdɪsə'teɪʃən] (N) (= *written paper*) mémoire *m*; (*US Univ*) thèse *f* de doctorat

disservice [dɪs'sɜ:vɪs] (N) **to do sb/sth a ~** rendre un mauvais service à qn/qch

dissident ['dɪsɪdənt] (ADJ, N) dissident(e) *m(f)*

dissimilar [dɪ'sɪmɪləʳ] (ADJ) différent (**to** de)

dissipate ['dɪsɪpeɪt] **1** (VT) (= *dispel*) dissiper; [+ *energy, efforts*] disperser **2** (VI) (= *clear*) se dissiper

dissociate [dɪ'səʊʃɪeɪt] (VT) dissocier • **to ~ o.s. from** se dissocier de

d

dissolute ['dɪsəlu:t] (ADJ) *[person]* débauché; *[way of life]* dissolu

dissolution [,dɪsə'lu:ʃən] (N) dissolution *f*

dissolve [dɪ'zɒlv] 1 (VT) dissoudre • **to ~ sth in water** faire dissoudre qch dans de l'eau • **~ the sugar in the sauce** faites fondre le sucre dans la sauce 2 (VI) ⓐ se dissoudre • **wait for the sugar to ~** attendez que le sucre soit fondu ⓑ *[hopes, fears]* s'évanouir • **to ~ into thin air** partir en fumée

dissonance ['dɪsənəns] (N) dissonance *f*

dissuade [dɪ'sweɪd] (VT) dissuader (**sb from doing sth** qn de faire qch)

distance ['dɪstəns] 1 (N) ⓐ (= *way*) distance *f* • **a short ~ away** à une faible distance • **it's no ~** c'est tout près • **to cover the ~ in two hours** parcourir la distance en deux heures • **at an equal ~ from each other** à égale distance l'un de l'autre • **the ~ between them** la distance qui les sépare • **the ~ between the rails** l'écartement *m* des rails • **to go the ~** tenir la distance • **it's within walking ~** on peut y aller à pied • **within walking ~ of shops** à proximité des commerces • **to keep one's ~ from sb** garder ses distances par rapport à qn • **at a ~** à une certaine distance • **at a ~ of two metres** à une distance de deux mètres • **to keep sb at a ~** tenir qn à distance ⓑ (= *long way*) **from a ~** de loin • **seen from a ~** vu de loin • **in the ~** au loin • **it's a good ~ away** c'est assez loin
2 (VT) distancer • **to ~ o.s. from sth** se distancier de qch
3 (COMP) ▸ **distance learning** N téléenseignement *m* ▸ **distance race** N (= *long-distance race*) course *f* de fond

distant ['dɪstənt] (ADJ) ⓐ (*in space, time*) lointain • **a ~ memory** un lointain souvenir • **in the ~ past** dans un passé lointain • **in the not too ~ future** dans un avenir assez proche ⓑ *[connection]* lointain; *[resemblance]* vague; *[relative, relationship]* éloigné ⓒ (= *distracted*) distrait • **there was a ~ look in her eyes** elle avait un regard absent ⓓ (= *reserved*) distant

distantly ['dɪstəntlɪ] (ADV) **I am ~ related to her** c'est une parente éloignée

distaste [dɪs'teɪst] (N) dégoût *m*

distasteful [dɪs'teɪstfʊl] (ADJ) déplaisant • **to be ~ to sb** déplaire à qn

distend [dɪs'tend] (VT) distendre

distil, distill (US) [dɪs'tɪl] (VT) *[+ alcohol, knowledge]* distiller ▸ **distilled water** N eau *f* déminéralisée

distillery [dɪs'tɪlərɪ] (N) distillerie *f*

distinct [dɪs'tɪŋkt] (ADJ) ⓐ (= *definite*) net

> With this meaning **net** goes before the noun.

[possibility] réel; *[memory]* distinct • **there was a ~ lack of enthusiasm for that idea** il était clair que cette idée ne déclenchait pas l'enthousiasme
ⓑ (= *different*) distinct
▸ **as distinct from ...** par opposition à ...

distinction [dɪs'tɪŋkʃən] (N) ⓐ distinction *f* • **to make a ~ between two things** faire une distinction entre deux choses • **a pianist of ~** un pianiste réputé ⓑ (= *excellent mark*) **he got a ~ in French** il a été reçu en français avec mention très bien

distinctive [dɪs'tɪŋktɪv] (ADJ) ⓐ (= *idiosyncratic*) caractéristique ⓑ (= *differentiating*) distinctif • **to be ~ of sth** caractériser qch

distinctly [dɪs'tɪŋktlɪ] (ADV) ⓐ (*with vb*) (= *clearly*) *[speak, hear]* distinctement; *[remember]* clairement ⓑ (*with adj*) (= *decidedly*) particulièrement • **it is ~ possible** c'est très possible • **~ better** nettement mieux

distinguish [dɪs'tɪŋgwɪʃ] 1 (VT) ⓐ (= *single out*) distinguer (**from** de) • **to ~ o.s.** se distinguer ⓑ (= *characterize*) caractériser 2 (VI) **to ~ between truth and fiction** distinguer la réalité de la fiction

distinguishable [dɪs'tɪŋgwɪʃəbl] (ADJ) ⓐ (= *distinct*) **the two parties are barely ~** les deux partis se distinguent à peine • **to be ~ by sth** se reconnaître à qch • **easily ~** facile à distinguer ⓑ (= *discernible*) *[words, outline]* perceptible

distinguished [dɪs'tɪŋgwɪʃt] (ADJ) *[person]* distingué; *[career, history]* brillant • **to look ~** avoir l'air distingué • **in ~ company** en illustre compagnie • **20 years of ~ service** 20 ans de bons et loyaux services

distinguishing [dɪs'tɪŋgwɪʃɪŋ] (ADJ) distinctif • **~ mark** caractéristique *f*; (*on passport*) signe *m* particulier

distort [dɪs'tɔ:t] (VT) déformer; *[+ judgement]* fausser

distorted [dɪs'tɔ:tɪd] (ADJ) ⓐ *[object, image, sound]* déformé • **his face was ~ with rage** ses traits étaient déformés par la colère ⓑ (= *biased*) *[report, impression]* faux (fausse *f*) • **a ~ version of the events** une version déformée des événements

distortion [dɪs'tɔ:ʃən] (N) distorsion *f*; *[of facts, text]* déformation *f*

> The English word **distortion** ends in **-tion** whereas the French word **distorsion** ends in **-sion**.

distract [dɪs'trækt] (VT) *[+ person]* distraire; (= *interrupt*) déranger • **the noise ~ed her from working** le bruit la distrayait de son travail • **the noise was ~ing him** le bruit le déconcentrait • **to ~ sb's attention** détourner l'attention de qn

distracted [dɪs'træktɪd] (ADJ) égaré • **to go ~** perdre la tête

distracting [dɪs'træktɪŋ] (ADJ) gênant

distraction [dɪs'trækʃən] (N) ⓐ (= *lack of attention*) distraction *f* ⓑ (= *interruption: to work*) interruption *f* ⓒ (= *entertainment*) distraction *f* ⓓ (= *madness*) folie *f* • **to drive sb to ~** rendre qn fou

distraught [dɪs'trɔ:t] (ADJ) éperdu (**with, from** de)

distress [dɪs'tres] 1 (N) ⓐ (*physical*) douleur *f*; (*mental*) détresse *f* • **to be in great ~** (*physical*) souffrir beaucoup; (*mental*) être bouleversé • **to be in great ~ over sth** être bouleversé par qch • **to cause ~ to** causer une grande peine à ⓑ (= *danger*) détresse *f* • **a ship in ~** un navire en perdition • **a plane in ~** un avion en détresse 2 (VT) affliger 3 (COMP) ▸ **distress rocket** N fusée *f* de détresse ▸ **distress signal** N signal *m* de détresse

distressed [dɪs'trest] (ADJ) (= *upset*) peiné (**by** par, de) • **she was very ~** elle était bouleversée

distressing [dɪs'tresɪŋ] (ADJ) pénible; *[inadequacy]* lamentable

distribute [dɪs'trɪbju:t] (VT) distribuer; *[+ dividends, load, weight]* répartir; *[+ goods, products]* être concessionnaire de

distribution [dɪstrɪ'bju:ʃən] 1 (N) ⓐ *[of food, supplies, newspaper]* distribution *f* ⓑ *[of resources, wealth, power]* répartition *f* • **geographical ~** répartition *f* géographique 2 (COMP) ▸ **distribution list** N (*Comput*) liste *f* de diffusion

distributor [dɪs'trɪbjʊtə^r] (N) [*of goods over an area*] concessionnaire *mf*; [*of films*] distributeur *m*

district ['dɪstrɪkt] (N) [*of a country*] région *f*; (*in town*) quartier *m*; (= *administrative area*) district *m*; (*in Paris*) arrondissement *m*; (*US*) (*Politics*) circonscription *f* ▸ **district attorney** N (*US*) ≈ procureur *m* ▸ **district council** N (*Brit*) ≈ conseil *m* général ▸ **district court** N (*US*) cour *f* fédérale (de grande instance) ▸ **district manager** N directeur *m*, -trice *f* régional(e) ▸ **district nurse** N infirmière *f* à domicile ▸ **District of Columbia** N (*US*) district *m* de Columbia

DISTRICT COUNCIL

En Grande-Bretagne, un **district council** est une administration locale qui gère un « district ». Les conseillers (« councillors ») sont élus au niveau local, en général tous les quatre ans. Le **district council** est financé par des impôts locaux et par des subventions du gouvernement.

DISTRICT OF COLUMBIA

Le **District of Columbia** (ou **DC**) est un territoire autonome de 180 km², qui n'a pas le statut d'État mais où s'étend la capitale fédérale, Washington (ou Washington **DC**), et qui contient donc les grandes institutions politiques des États-Unis et en particulier la Maison-Blanche et le Capitole.

distrust [dɪs'trʌst] 1 (VT) se méfier de 2 (N) méfiance *f*

distrustful [dɪs'trʌstfʊl] (ADJ) méfiant

disturb [dɪs'tɜ:b] (VT) ⓐ (= *inconvenience*) déranger • **sorry to ~ you** excusez-moi de vous déranger • **"do not ~"** « ne pas déranger » ⓑ (= *concern*) troubler • **the news ~ed him greatly** la nouvelle l'a beaucoup troublé ⓒ [+ *silence, balance*] rompre; [+ *sleep, rest*] troubler ⓓ [+ *waters, sediment, atmosphere*] troubler; [+ *papers, evidence*] déranger

disturbance [dɪs'tɜ:bəns] (N) (*political, social*) troubles *mpl*; (*in house, street*) tapage *m* • **to cause a ~** faire du tapage

disturbed [dɪs'tɜ:bd] (ADJ) ⓐ (= *mentally ill*) perturbé • **mentally ~** atteint de troubles mentaux ⓑ (= *concerned*) inquiet (-ète *f*) (**about** au sujet de) ⓒ (= *unsettled*) [*childhood, period, night, sleep*] troublé

disturbing [dɪs'tɜ:bɪŋ] (ADJ) (= *alarming*) troublant; (= *distracting*) gênant

disunity [dɪs'ju:nɪtɪ] (N) désunion *f*

disuse [dɪs'ju:s] (N) désuétude *f* • **to fall into ~** tomber en désuétude

disused [dɪs'ju:zd] (ADJ) désaffecté

ditch [dɪtʃ] 1 (N) (*by roadside, between fields*) fossé *m*; (*for irrigation*) rigole *f* 2 (VT) (= *get rid of*)* [+ *lover*] plaquer*; [+ *car*] abandonner • **to ~ a plane** faire un amerrissage forcé

dither* ['dɪðə^r] 1 (N) **to be in a ~** être dans tous ses états 2 (VI) hésiter • **to ~ over a decision** se tâter pour prendre une décision • **stop ~ing and get on with it!** arrête de te poser des questions et fais-le !

▸ **dither about*, dither around*** VI tourner en rond (*fig*)

ditto ['dɪtəʊ] (ADV) idem

diuretic [ˌdaɪjʊə'retɪk] (ADJ, N) diurétique *m*

diva ['di:və] (N) diva *f*

divan [dɪ'væn] (N) divan *m*

dive [daɪv] 1 (N) ⓐ [*of swimmer, goalkeeper*] plongeon *m*; [*of submarine, deep-sea diver*] plongée *f*; [*of aircraft*] piqué *m* • **to go into a ~** [*profits, sales*] dégringoler ⓑ (= *disreputable club, bar*)* bouge *m* ⓒ (*by footballer*)* chute *f* volontaire

2 (VI) ⓐ [*diver, submarine*] plonger; [*aircraft*] piquer • **he ~d in head first** il a piqué une tête dans l'eau ⓑ (= *plunge*) **to ~ in** entrer tête baissée • **he ~d into the crowd** il a plongé dans la foule • **he ~d under the table** il s'est jeté sous la table • **to ~ for cover** se précipiter pour se mettre à l'abri • **the keeper ~d for the ball** le gardien de but a plongé pour bloquer le ballon • **to ~ into one's pocket** plonger la main dans sa poche

3 (COMP) ▸ **dive-bomb** VT bombarder en piqué

▸ **dive in** VI ⓐ [*diver*] plonger ⓑ (= *start to eat*) **~ in!*** attaquez !*

diver ['daɪvə^r] (N) (= *person*) plongeur *m*; (= *deep-sea diver*) scaphandrier *m*

diverge [daɪ'vɜ:dʒ] (VI) diverger

divergence [daɪ'vɜ:dʒəns] (N) divergence *f*

divergent [daɪ'vɜ:dʒənt] (ADJ) divergent

diverse [daɪ'vɜ:s] (ADJ) divers

diversification [daɪˌvɜ:sɪfɪ'keɪʃən] (N) diversification *f*

diversify [daɪ'vɜ:sɪfaɪ] 1 (VT) diversifier 2 (VI) se diversifier

diversion [daɪ'vɜ:ʃən] (N) ⓐ (*Brit*) (= *redirecting*) [*of traffic*] déviation *f*; [*of ship*] déroutement *m*; [*of profits, stream*] détournement *m* ⓑ (*Brit*) (*on road*) déviation *f* ⓒ (= *relaxation*) distraction *f* ⓓ **to create a ~** (*to distract attention*) faire diversion

diversionary [daɪ'vɜ:ʃnərɪ] (ADJ) de diversion • **~ tactics** manœuvres *fpl* de diversion

diversity [daɪ'vɜ:sɪtɪ] (N) diversité *f*

divert [daɪ'vɜ:t] (VT) ⓐ détourner; [+ *train, plane, ship*] dérouter; (*Brit*) [+ *traffic*] dévier ⓑ (= *amuse*) divertir

divest [daɪ'vest] (VT) dépouiller

divide [dɪ'vaɪd] 1 (VT) diviser (**into** en) • **they ~d it amongst themselves** ils se le sont partagé • **he ~s his time between London and Los Angeles** il partage son temps entre Londres et Los Angeles 2 (VI) se diviser; [*road*] bifurquer 3 (N) (= *gap*) clivage *m* • **to bridge the ~ between ...** combler le fossé entre ... • **the racial/social ~** la fracture raciale/sociale

▸ **divide up** VT SEP = **divide**

divided [dɪ'vaɪdɪd] 1 (ADJ) ⓐ (= *in two parts*) divisé ⓑ (= *in disagreement*) divisé; [*opinion*] partagé • **to have ~ loyalties** être déchiré • **opinions are ~ over this** les avis sont partagés sur ce point 2 (COMP) ▸ **divided highway** N (*US*) route *f* à quatre voies → ROADS

dividend ['dɪvɪdend] (N) dividende *m*

dividing line [dɪ'vaɪdɪŋlaɪn] (N) ligne *f* de démarcation

divine [dɪ'vaɪn] (ADJ) divin • **darling, you look simply ~!*** chérie, tu es absolument divine ! • **the mousse tasted absolutely ~!*** la mousse était absolument divine !

diving ['daɪvɪŋ] 1 (N) ⓐ (*underwater*) plongée *f* sous-marine ⓑ (*from diving board*) plongeon *m* 2 (COMP) ▸ **diving board** N plongeoir *m*; (= *springboard*) tremplin *m* ▸ **diving suit** N scaphandre *m*

divinity [dɪ'vɪnɪtɪ] (N) (= *god*) divinité *f*; (= *theology*) théologie *f*

divisible [dɪ'vɪzəbl] (ADJ) divisible

division [dɪ'vɪʒən] (N) division *f*; (*between social classes*) fossé *m* ▸ **division sign** N signe *m* de division

divisive [dɪ'vaɪsɪv] (ADJ) **abortion is a ~ issue** l'avortement est un sujet qui divise l'opinion

divorce [dɪ'vɔːs] 1 (N) divorce *m* (**from** d'avec) • **to get a ~ from** obtenir le divorce d'avec 2 (VT) divorcer d'avec • **she ~d her husband** elle a divorcé d'avec son mari • **one cannot ~ education from politics** on ne peut pas séparer l'éducation de la politique 3 (VI) divorcer

divorced [dɪ'vɔːst] (ADJ) divorcé (**from** d'avec)

divorcee [dɪ,vɔː'siː] (N) divorcé(e) *m(f)*

divulge [daɪ'vʌldʒ] (VT) divulguer

Diwali [dɪ'wɑːlɪ] (N) Dipavali *m*

Dixie ['dɪksɪ], **Dixieland** ['dɪksɪlænd] (N) États *mpl* du Sud

DIY [diːaɪ'waɪ] (*Brit*) (ABBR OF **do-it-yourself**) bricolage *m*

dizziness ['dɪzɪnɪs] (N) (= *state*) vertige(s) *m(pl)* • **an attack of ~** des vertiges

dizzy ['dɪzɪ] (ADJ) **a** [*person*] pris de vertige • **to feel ~** avoir la tête qui tourne • **it makes me ~** ça me donne le vertige • **he was ~ from the heat** la chaleur lui faisait tourner la tête • **a ~ spell** un vertige • **he was ~ with success** le succès l'avait grisé **b** [*height*] vertigineux **c** [*person*] (= *scatterbrained*) écervelé • **a ~ blonde** une blonde évaporée

DJ [diː'dʒeɪ] (N) (ABBR OF **disc jockey**) DJ *m*

Djakarta [dʒə'kɑːtə] (N) Djakarta

Djibouti [dʒɪ'buːtɪ] (N) Djibouti • **in ~** à Djibouti

DM [diː'em] 1 (N) (ABBR OF **direct message**) MI (= *message instantané*) 2 (VT) (ABBR OF **direct-message**) envoyer un MI à

DMus (N) (ABBR OF **Doctor of Music**) *doctorat de musique*

DMZ (N) (ABBR OF **Demilitarized Zone**) zone *f* démilitarisée

DNA [,diːen'eɪ] 1 (N) (ABBR OF **deoxyribonucleic acid**) ADN *m* 2 (COMP) ▸ **DNA fingerprinting, DNA profiling** N analyse *f* d'empreinte *or* de profil ADN ▸ **DNA sequence** N séquence *f* d'ADN ▸ **DNA test** N test *m* ADN

D-notice ['diː,nəʊtɪs] (N) (*Brit Politics*) *consigne officielle à la presse de ne pas publier certaines informations relatives à la sécurité nationale*

---

do¹ [duː]

1	AUXILIARY VERB	4	NOUN
2	TRANSITIVE VERB	5	PLURAL NOUN
3	INTRANSITIVE VERB	6	PHRASAL VERBS

> vb: 3rd pers sg pres **does**, pret **did**, ptp **done**

1 AUXILIARY VERB

a

> There is no equivalent in French to the use of **do** in questions, negative statements and negative commands.

• **do you understand?** (est-ce que) vous comprenez ? • **I don't understand** je ne comprends pas • **didn't you like it?** tu n'as pas aimé ça ? • **don't worry!** ne t'en fais pas !

b (*in tag questions: seeking confirmation*) n'est-ce pas • **you know him, don't you?** vous le connaissez, n'est-ce pas ?

> The tag is sometimes not translated.

• **he didn't go, did he?** il n'y est pas allé(, n'est-ce pas) ? • **(so) you know him, do you?** alors comme ça vous le connaissez ? • **she said that, did she?** ah oui ? elle a dit ça ?

c (*in tag responses*) **they speak French — oh, do they?** ils parlent français — ah oui ? • **he wanted £1,000 for it — did he really?** il en demandait 1 000 livres — vraiment ? • **who broke the mirror? — I did** qui a cassé la glace ? — moi • **may I come in? — please do!** puis-je entrer ? — je t'en prie ! • **shall I ring her again? — no, don't!** est-ce que je la rappelle ? — surtout pas ! • **I'll tell him — don't!** je vais le lui dire — surtout pas !

> **oui** or **non** alone are often used to answer questions.

• **do you see them often? — yes, I do** vous les voyez souvent ? — oui • **did you see him? — no I didn't** est-ce que tu l'as vu ? — non

d (*substitute for another verb*) **he's always saying he'll stop smoking, but he never does** il dit toujours qu'il va s'arrêter de fumer mais il ne le fait pas • **you drive faster than I do** tu conduis plus vite que moi • **I like this colour, don't you?** j'aime bien cette couleur, pas toi ?

e (*encouraging*) **DO come!** venez donc ! • **DO tell him that ...** dites-lui bien que ...

f (*used for emphasis*) **I DO wish I could come with you** je voudrais tant pouvoir vous accompagner • **but I DO like pasta!** mais si j'aime bien les pâtes ! • **I am sure he never said that — he DID say it** je suis sûr qu'il n'a jamais dit ça — je t'assure que si ! • **so you DO know them!** alors comme ça tu les connais !

2 TRANSITIVE VERB

a faire • **what are you doing in the bathroom?** qu'est-ce que tu fais dans la salle de bains ? • **what do you do for a living?** que faites-vous dans la vie ? • **the car was doing 100mph** la voiture faisait du 160 km/h • **to do again** refaire • **it's all got to be done again** tout est à refaire • **now you've done it!** c'est malin ! • **that's done it!*** (*in dismay*) c'est fichu !*; (*satisfaction*) ça y est !

> Some **do** + noun combinations require a more specific French verb.

• **to do the flowers** arranger les fleurs • **to do one's hair** se coiffer • **to do one's teeth** se laver les dents • **to do nine subjects** étudier neuf matières • **to do an author** étudier un auteur • **he does his maths master to perfection** il imite son professeur de math à la perfection • **to do heroin*** prendre de l'héroïne

b (*= finish*) **to get done with sth** en finir avec qch

c (*= cook*) faire; (= *peel*) éplucher • **I'll do some pasta** je vais faire des pâtes • **how do you like your steak done?** comment voulez-vous votre bifteck ? • **I like steak well done** j'aime le bifteck bien cuit

d (*Brit = cheat*) **to be done*** se faire avoir*

e (*= suffice*) aller à • **will a kilo do you?** un kilo, ça ira ? • **that will do me nicely** ça ira très bien

f (*set structures*)

▸ **to do** + *preposition* **there's nothing I can do about it** je ne peux rien y faire • **he's been badly done by** on s'est très mal conduit avec lui • **what are we going to do for money?** comment allons-nous faire pour trouver de l'argent ? • **what can I do for you?** qu'est-ce que je peux faire pour vous ? • **could you do something for me?** est-ce que tu peux me rendre un service ? • **what are you doing to that poor cat?** qu'est-ce que tu es en train de faire à ce pauvre chat ? • **this theme has been done to death** c'est un sujet rebattu • **what have you done with my gloves?** qu'as-tu fait de mes gants ? • **he didn't know what to do with himself** il ne savait pas à quel saint se vouer • **what am I going to do with you?** qu'est-ce que je vais bien pouvoir faire de toi ?

3 INTRANSITIVE VERB

a (= act) faire • **do as your friends do** faites comme vos amis • **do as I say** fais ce que je dis • **he did well to take advice** il a bien fait de prendre conseil • **you would do well to rest more** vous feriez bien de vous reposer davantage • **he did right** il a bien fait • **he did right to go** il a bien fait d'y aller • **could you lend me £50? — nothing doing!*** tu pourrais me prêter 50 livres ? — pas question !

b (= get on) aller ; (*as regards health*) se porter • **how are you doing?** comment ça va ? • **how's he doing?** comment va-t-il ? • **the patient is doing better now** le malade va mieux • **he's doing well at school** il a de bons résultats à l'école • **the patient is doing very well** le malade est en très bonne voie • **how do you do?** (*on being introduced*) enchanté (de faire votre connaissance) • **the roses are doing well this year** les roses sont belles cette année

c (= finish) terminer • **have you done?** vous avez terminé ?

▸ **to have done with** **I've done with all that nonsense** je ne veux plus entendre parler de ces bêtises • **have you done with that book?** vous n'avez plus besoin de ce livre ?

d (= suit) aller • **this room will do** cette chambre fera l'affaire • **that will do for the moment** ça ira pour le moment • **that will never do!** il n'en est pas question ! • **it doesn't do to tell him what you think of him** ce n'est pas une bonne idée de lui dire ce qu'on pense de lui • **this coat will do as a blanket** ce manteau peut servir de couverture

e (= be sufficient) suffire • **three bottles of wine should do** trois bouteilles de vin devraient suffire • **can you lend me some money? — will £10 do?** peux-tu me prêter de l'argent ? — dix livres, ça ira ? • **that will do!** ça ira !

f ▸ **to have to do with** (*= be connected with*) **what has that got to do with it?** qu'est-ce que ça a à voir ? • **they say crime has nothing to do with unemployment** ils prétendent que la criminalité n'a rien à voir avec le chômage • **that has nothing to do with it!** cela n'a aucun rapport ! • **this debate has to do with the cost of living** ce débat porte sur le coût de la vie • **that's got a lot to do with it!** ça y est pour beaucoup ! • **money has a lot to do with it** l'argent y est pour beaucoup • **that has nothing to do with you!** ça ne vous regarde pas ! • **I won't have anything to do with it** je ne veux pas m'en mêler

4 NOUN

(Brit) fête *f* • **they had a big do for their twenty-fifth anniversary** ils ont fait une grande fête pour leur vingt-cinquième anniversaire de mariage

5 PLURAL NOUN

dos the dos and don'ts ce qu'il faut faire ou ne pas faire

6 PHRASAL VERBS

▸ **do away with** VT INSEP **a** (*= get rid of*) [*+ law, controls*] abolir ; [*+ nuclear weapons*] démanteler ; [*+ subsidies*] supprimer ; [*+ building*] démolir • **this will do away with the need for a UN presence** cela rendra la présence des Nations unies superflue **b** (*= kill*)* supprimer • **to do away with o.s.** se supprimer

▸ **do down*** VT SEP (*Brit*) [*+ person*] dénigrer • **she's always doing herself down** il faut toujours qu'elle se rabaisse

▸ **do for*** VT INSEP (*= ruin*) [*+ hopes, chances, project*] ficher* en l'air • **he's done for** il est fichu*

▸ **do in**** VT SEP **a** (*= kill*) buter** **b** (*= overwhelm*) **it does my head in** ça me prend la tête* **c** (*= exhaust*) épuiser • **to be done in** être claqué*

▸ **do out of*** VT SEP **to do sb out of £100** arnaquer* qn de 100 livres • **to do sb out of a job** piquer son travail à qn

▸ **do over** VT SEP **a** (*US = redo*)* refaire **b** (*Brit*)** (*= beat up*) tabasser* ; (*= ransack*) mettre sens dessus dessous • **the door was open: they had done the place over** la porte était ouverte : ils avaient mis la maison sens dessus dessous **c** (*= redecorate*) refaire

▸ **do up** **1** VI [*dress, jacket*] se fermer **2** VT SEP **a** (*= fasten*) [*+ buttons*] boutonner ; [*+ zip, dress*] fermer ; [*+ shoes*] lacer **b** (*= parcel together*) emballer • **to do sth up in a parcel** emballer qch • **to do up a parcel** faire un paquet **c** (*= renovate*) [*+ house, room*]* refaire ; (*= dress*)* arranger • **she was done up in a bizarre outfit** elle était bizarrement affublée • **to do o.s. up** se faire beau (belle *f*)

▸ **do with*** VT INSEP **a** **I could do with a cup of tea** je prendrais bien une tasse de thé • **the house could do with a coat of paint** la maison a besoin d'un bon coup de peinture **b** (*= tolerate*) supporter • **I can't be doing with whining children** je ne supporte pas les enfants qui pleurnichent

▸ **do without** **1** VT INSEP se passer de • **I could have done without that!** je m'en serais bien passé ! • **I can do without your advice!** je vous dispense de vos conseils !
2 VI **we had to do without** on a dû se serrer la ceinture

---

do² [dəʊ] N (*Music*) do *m*

doable*, **do-able*** [ˈduːəbl] ADJ faisable

d.o.b. (ABBR OF **date of birth**) date *f* de naissance

Doberman [ˈdəʊbəmən] N (*= dog*) doberman *m*

doc* [dɒk] N (*US*) docteur *m*

docile [ˈdəʊsaɪl] ADJ docile

dock [dɒk] **1** N **a** (*for ships*) dock *m* **b** (*Comput*) dock *m* **c** (*Brit*) (*in court*) banc *m* des accusés • **in the ~** au banc des accusés **2** VT **a** [*+ ship*] mettre à quai ; [*+ spacecraft*] arrimer **b** (*Brit*) [*+ wages*] faire une retenue sur • **to ~ £25 off sb's wages** retenir 25 livres sur le salaire de qn **3** VI **a** [*ship*] arriver à quai • **the ship has ~ed** le bateau est à quai **b** [*spacecraft*] s'arrimer (**with** à) • **the shuttle ~ed with the space station** la navette s'est arrimée à la station spatiale **4** COMP ▸ **docking station** N dock *m*, station *f* d'accueil

docker [ˈdɒkəʳ] N (*Brit*) docker *m*

dockyard [ˈdɒkjɑːd] N chantier *m* naval

doctor [ˈdɒktəʳ] **1** N **a** médecin *m* • **he/she is a ~** il/elle est médecin • **a woman ~** une femme médecin • **who is your ~?** qui est votre médecin traitant ? • **Doctor Allan** le docteur Allan • **to send for the ~** appeler le médecin • **at the ~'s** chez le médecin • **it's just what the ~ ordered***

c'est exactement ce qu'il me (*or* te *etc*) fallait ⓑ (= *person with PhD*) docteur *m* • **Doctor of Law** docteur *m* en droit
2 (VT) [+ *wine, food, document, figures*] trafiquer*

⚠ The most common translation of **doctor** is **médecin**.

doctoral ['dɒktərəl] (ADJ) ~ **student** doctorant(e) *m(f)* ▸ **doctoral thesis** N thèse *f* de doctorat
doctorate ['dɒktərɪt] (N) doctorat *m* • ~ **in science/in philosophy** doctorat *m* ès sciences/en philosophie
doctrine ['dɒktrɪn] (N) doctrine *f*
docudrama [ˌdɒkjʊ'drɑːmə] (N) (*TV etc*) docudrame *m*
document 1 (N) document *m* 2 (VT) [+ *case, article, report*] documenter • **well-~ed** établi

🔈 Lorsque **document** est un nom, la dernière voyelle se prononce comme **ant** dans **giant** : ['dɒkjʊmənt]; lorsque c'est un verbe elle se prononce comme **ent** dans **went** : ['dɒkjʊment].

documentary [ˌdɒkjʊ'mentərɪ] (ADJ, N) documentaire *m*
documentation [ˌdɒkjʊmen'teɪʃən] (N) documentation *f*
docu-soap ['dɒkjʊˌsəʊp] (N) feuilleton-documentaire *m*
DOD [ˌdiːəʊ'diː] (*US*) (ABBR OF **Department of Defense**) ministère *m* de la Défense
doddering ['dɒdərɪŋ], **doddery** ['dɒdərɪ] (ADJ) (= *trembling*) branlant; (= *senile*) gâteux
doddle* ['dɒdəl] (N) (*Brit*) **it's a ~** c'est simple comme bonjour*
Dodecanese [ˌdəʊdəkə'niːz] (N) Dodécanèse *m*
dodge [dɒdʒ] 1 (N) (*Brit* = *trick*)* truc* *m* 2 (VT) [+ *blow, question, work*] esquiver; [+ *pursuer*] échapper à; [+ *tax*] éviter de payer • **he ~d the issue** il a éludé la question
3 (VI) faire un saut de côté; (*Boxing, Fencing*) esquiver; (*Football, Rugby*) feinter • **to ~ out of sight** s'esquiver • **to ~ behind a tree** disparaître derrière un arbre • **to ~ through the traffic** se faufiler entre les voitures
dodgems ['dɒdʒəmz] (NPL) (*Brit*) autos *fpl* tamponneuses
dodgy* ['dɒdʒɪ] (ADJ) (*Brit*) ⓐ (= *uncertain*) risqué ⓑ (= *suspicious*) louche*
DOE [ˌdiːəʊ'iː] ⓐ (*Brit*) (ABBR OF **Department of the Environment**) ministère *m* de l'Environnement ⓑ (*US*) (ABBR OF **Department of Energy**) ministère *m* de l'Énergie
doe [dəʊ] (N) (= *deer*) biche *f*; (= *rabbit*) lapine *f* • **~-eyed** [*person*] aux yeux de biche
does [dʌz] (VB) *3rd pers sg pres of* **do**
doesn't ['dʌznt] (ABBR OF **does not**) → **do**
dog [dɒg] 1 (N) ⓐ chien(ne) *m(f)* • **it's a ~'s life** c'est une vie de chien • **to go to the ~s*** [*institution, business*] aller à vau-l'eau • **it's ~ eat ~** les loups se mangent entre eux
ⓑ (= *male animal*) mâle *m*
ⓒ (= *person*)* **lucky ~** veinard(e)* *m(f)* • **dirty ~** sale type* *m* • **sly ~** malin *m*, maligne *f*
2 (VT) (= *harass*) harceler • **~ged by ill fortune** poursuivi par la malchance
3 (COMP) ▸ **dog basket** N panier *m* pour chien ▸ **dog biscuit** N biscuit *m* pour chien ▸ **dog breeder** N éleveur *m*, -euse *f* de chiens ▸ **dog collar** N (*lit*) collier *m* de chien; (*clergyman's*) col *m* de pasteur ▸ **dog-eared** ADJ écorné ▸ **dog handler** N maître-chien *m* ▸ **dog paddle** N nage *f* en chien ♦ VI nager en chien ▸ **dog-tired*** ADJ crevé*
dogfish ['dɒgfɪʃ] (N) (*pl* **dogfish** *or* **dogfishes**) chien *m* de mer, roussette *f*
dogfood ['dɒgfuːd] (N) nourriture *f* pour chiens
dogged ['dɒgɪd] (ADJ) [*person, character*] tenace; [*courage, determination, refusal*] obstiné; [*resistance, battle*] acharné
doggy, doggie* ['dɒgɪ] (N) (*baby talk*) toutou* *m* ▸ **doggy bag*** N *petit sac pour emporter les restes après un repas au restaurant* ▸ **doggy paddle*** N nage *f* en chien ♦ VI nager en chien
doghouse ['dɒghaʊs] (N) **he is in the ~*** (*fig*) il n'est pas en odeur de sainteté
dogma ['dɒgmə] (N) dogme *m*
dogmatic [dɒg'mætɪk] (ADJ) dogmatique • **to be very ~ about sth** être très dogmatique sur qch
do-gooder [ˌduː'gʊdə^r] (N) bonne âme *f* (*iro*)
dogsbody* ['dɒgzbɒdɪ] (N) (*Brit*) **she's the general ~** c'est la bonne à tout faire
doh [dəʊ] (N) (*Music*) do *m*
doily ['dɔɪlɪ] (N) napperon *m*
doing ['duːɪŋ] (N) **this is your ~** c'est vous qui avez fait cela • **it was none of my ~** je n'y suis pour rien • **that takes some ~** ce n'est pas facile
do-it-yourself ['duːɪtjə'self] 1 (N) bricolage *m* 2 (ADJ) [*shop*] de bricolage • **~ enthusiast** bricoleur *m*, -euse *f*
Dolby ® ['dɒlbɪ] (N) Dolby ® *m*
doldrums ['dɒldrəmz] (NPL) **to be in the ~** [*person*] traverser une mauvaise passe; [*business, company*] être dans le marasme
dole [dəʊl] (N) allocation *f* de chômage • **to go on the ~** (*Brit*) s'inscrire au chômage ▸ **dole queue** N (*Brit*) **the ~ queues are lengthening** le nombre de chômeurs augmente
▸ **dole out** VT SEP distribuer
doll [dɒl] (N) poupée *f* • **to play with a ~** jouer à la poupée ▸ **doll's house** N maison *f* de poupée
dollar ['dɒlə^r] (N) dollar *m* ▸ **dollar bill** N billet *m* d'un dollar ▸ **dollar sign** N signe *m* du dollar
dollop ['dɒləp] (N) [*of cream, jam*] bonne cuillerée *f*
dolly [dɒlɪ] (N) (*baby talk*) (= *doll*) poupée *f*
dolphin ['dɒlfɪn] (N) dauphin *m*
domain [dəʊ'meɪn] (N) domaine *m* ▸ **domain name** N nom *m* de domaine
dome [dəʊm] (N) dôme *m*
domestic [də'mestɪk] 1 (ADJ) ⓐ (= *household*) domestique; [*fuel*] à usage domestique; [*quarrel*] (*within family*) de famille; (*between couple*) conjugal • **~ bliss** les joies *fpl* de la vie de famille • **the ~ chores** les tâches *fpl* ménagères • **~ harmony** l'harmonie *f* du ménage ⓑ (= *home-loving*) **she was never a very ~ sort of person** elle n'a jamais vraiment été une femme d'intérieur ⓒ (= *not foreign*) intérieur (-eure *f*) 2 (COMP) ▸ **domestic appliance** N appareil *m* ménager ▸ **domestic science** N arts *mpl* ménagers ▸ **domestic violence** N violence *f* domestique
domesticated [də'mestɪkeɪtɪd] (ADJ) ⓐ [*animal*] domestiqué ⓑ [*person*] **he's not very ~*** ce n'est pas vraiment un homme d'intérieur
domicile ['dɒmɪsaɪl] 1 (N) domicile *m* 2 (VT) domicilier
dominance ['dɒmɪnəns] (N) domination *f*
dominant ['dɒmɪnənt] (ADJ) dominant
dominate ['dɒmɪneɪt] (VTI) dominer
domination [ˌdɒmɪ'neɪʃən] (N) domination *f*

domineering [ˌdɒmɪˈnɪərɪŋ] (ADJ) autoritaire

Dominica [ˌdɒmɪˈniːkə] (N) Dominique *f*

Dominican [dəˈmɪnɪkən] 1 (ADJ) dominicain 2 (N) **a** (*Geog*) Dominicain(e) *m(f)* **b** (*Rel*) dominicain(e) *m(f)* 3 (COMP) ▸ **Dominican Republic** N République *f* dominicaine

dominion [dəˈmɪnɪən] (N) **a** (= *domination*) domination *f* (over sur) • **to have ~ over sb** maintenir qn sous sa domination **b** (= *territory*) territoire *m*

domino [ˈdɒmɪnəʊ] (N) (*pl* **dominoes**) domino *m* • **to play ~es** jouer aux dominos ▸ **domino effect** N effet *m* domino

don [dɒn] 1 (N) (*Brit* = *university teacher*) professeur *mf* d'université (*surtout à Oxford et à Cambridge*) 2 (VT) [+ *garment*] revêtir

donate [dəʊˈneɪt] (VT) donner • **to ~ blood** donner son sang • **~d by ...** offert par ...

donation [dəʊˈneɪʃən] (N) (= *gift*) don *m* • **would you like to give a ~?** voulez-vous donner quelque chose ?

done [dʌn] 1 (VB) *ptp of* **do** • **what's ~ cannot be undone** ce qui est fait est fait • **that's just not ~!** cela ne se fait pas ! • **it's as good as ~** c'est comme si c'était fait • **~!** (*concluding deal*) marché conclu ! • **consider it ~!** c'est comme si c'était fait ! 2 (ADJ) **a** **the ~ thing** ce qui se fait **b** (= *cooked*) cuit • **is it ~ yet?** est-ce que c'est cuit ? • **well ~** [*steak*] à point

dongle [ˈdɒŋgl] (N) dongle *m*, sentinelle *f*

donkey [ˈdɒŋkɪ] (N) âne *m* • **she hasn't been here for ~'s years*** (*Brit*) il y a une éternité qu'elle n'est pas venue ici ▸ **donkey jacket** N (*Brit*) caban *m* ▸ **donkey-work** N (*Brit*) **the ~-work** le gros du travail

donor [ˈdəʊnəʳ] (N) (*to charity*) donateur *m*, -trice *f*; [*of blood, organ for transplant*] donneur *m*, -euse *f* ▸ **donor card** N carte *f* de donneur d'organes

> The French word **donneur** has a double **n** and ends in **-eur**.

don't [dəʊnt] 1 (VB) (ABBR OF **do not**) → **do** 2 (NPL) **don'ts** choses *fpl* à ne pas faire

donut [ˈdəʊnʌt] (N) (*US*) beignet *m*

doodah* (*Brit*) [ˈduːdɑː], **doodad*** (*US*) [ˈdudæd] (N) (= *gadget*) petit bidule* *m*

doodle [ˈduːdl] 1 (VI) griffonner 2 (N) griffonnage *m*

doofer* [ˈduːfəʳ] (N) (*Brit*) **a** = **doodah** **b** (= *remote control*) zapette* *f*

doom [duːm] (N) (= *ruin*) ruine *f*; (= *fate*) destin *m* • **to send sb to their ~** (= *to their death*) envoyer qn à la mort

doomed [duːmd] (ADJ) [*attempt, relationship, project*] voué à l'échec • **there were eleven passengers on the ~ flight** il y avait onze passagers dans cet avion qui devait s'écraser • **to be ~ to do sth** être condamné à faire qch • **to be ~ to failure** être voué à l'échec

doomsday [ˈduːmzdeɪ] (N) jour *m* du Jugement dernier • **till ~** (*fig*) jusqu'à la fin des temps ▸ **Doomsday Clock** N horloge *f* de la fin du monde, horloge *f* de l'Apocalypse ▸ **doomsday cult** N secte *f* apocalyptique ▸ **doomsday scenario** N scénario *m* catastrophe

door [dɔːʳ] 1 (N) **a** porte *f* • **he shut the ~ in my face** il m'a fermé la porte au nez • **he came through the ~** il est passé par la porte • **"pay at the ~"** « billets à l'entrée » • **to get tickets at the ~** prendre les billets à l'entrée • **to go from ~ to ~** aller de porte en porte • **he lives two ~s down the street** il habite deux portes plus loin • **out of ~s** dehors

b (*phrases*) **to lay sth at sb's ~** imputer qch à qn • **to open the ~ to further negotiations** ouvrir la voie à des négociations ultérieures • **to keep the ~ open for further negotiations** laisser la porte ouverte à des négociations ultérieures • **to close the ~ on sth** barrer la route à qch • **as one ~ closes, another one opens** il y aura d'autres occasions • **to be on the ~** (*of theatre*) être à l'entrée • **a Harvard degree opens ~s** un diplôme de l'université de Harvard ouvre beaucoup de portes

2 (COMP) ▸ **door chain** N chaîne *f* de sûreté ▸ **door handle** N poignée *f* de porte ▸ **door-knocker** N heurtoir *m* ▸ **door-to-door** ADJ **~-to-~ delivery** livraison *f* à domicile • **we deliver ~-to-~** nous livrons à domicile • **~-to-~ salesman** vendeur *m* à domicile

doorbell [ˈdɔːbel] (N) sonnette *f* • **he heard the ~ ring** il entendit sonner à la porte • **there's the ~!** on sonne !

doorknob [ˈdɔːnɒb] (N) poignée *f* de porte

doorman [ˈdɔːmən] (N) (*pl* **-men**) [*of hotel*] portier *m*; (*of nightclub*) videur *m*

doormat [ˈdɔːmæt] (N) paillasson *m*

doorstep [ˈdɔːstep] (N) seuil *m* • **he left it on my ~** il l'a laissé devant ma porte • **the bus stop is just on my ~** l'arrêt du bus est juste devant ma porte • **we don't want a motorway on our ~** nous ne voulons pas d'autoroute par chez nous

doorway [ˈdɔːweɪ] (N) porte *f* • **in the ~** dans l'embrasure de la porte

dope [dəʊp] 1 (N) (= *drugs*)* dope* *f*; (*for athlete, horse*) dopant *m* • **to take ~** se droguer • **~ test** test *m* antidopage 2 (VT) [+ *horse, person*] doper; [+ *food, drink*] mettre une drogue dans

Dordogne [dɔrˈdɔɲ] (N) Dordogne *f*

dorm* [dɔːm] (N) (*Scol*) = **dormitory**

dormant [ˈdɔːmənt] (ADJ) [*volcano, passion*] endormi • **to lie ~** [*plan, organization*] être en sommeil

dormice [ˈdɔːmaɪs] (NPL) *of* **dormouse**

dormitory [ˈdɔːmɪtrɪ] (N) dortoir *m*; (*US: for students*) résidence *f* universitaire ▸ **dormitory town** N ville *f* dortoir

Dormobile® [ˈdɔːməbiːl] (N) (*Brit*) camping-car *m*

dormouse [ˈdɔːmaʊs] (N) (*pl* **-mice**) loir *m*

Dors. (ABBR OF **Dorset**)

DOS [dɒs] (N) (ABBR OF **disk operating system**) DOS *m*

dosage [ˈdəʊsɪdʒ] (N) (= *amount*) dose *f*; (*on medicine bottle*) posologie *f*

dose [dəʊs] (N) dose *f* • **in small/large ~s** à faible/haute dose • **she's all right in small ~s*** elle est supportable à petites doses • **to give sb a ~ of his own medicine** rendre à qn la monnaie de sa pièce • **to have a ~ of flu** avoir une bonne grippe*

dosh‡ [dɒʃ] (N) (*Brit*) (= *money*) fric‡ *m*

doss‡ [dɒs] (*Brit*) 1 (N) (= *easy task*) **he thought the course would be a ~** il croyait que le stage serait fastoche* 2 (VI) **a** (= *sleep*) pioncer‡ **b** (= *pass time aimlessly*) glander‡ ▸ **doss down**‡ VI pioncer‡ (quelque part)

dosser‡ [ˈdɒsəʳ] (N) (*Brit*) (= *vagrant*) clochard(e) *m(f)*

dossier [ˈdɒsɪeɪ] (N) dossier *m*

DOT [ˌdiːəʊˈtiː] (N) (*US*) (ABBR OF **Department of Transportation**) ministère *m* des Transports

dot [dɒt] 1 (N) point *m*; (*on material*) pois *m* • **they arrived on the ~ of 9pm** ils sont arrivés à 9 heures pile

2 (VT) **a field ~ted with flowers** un champ parsemé de fleurs • **hotels ~ted around the island** des hôtels éparpillés dans l'île • **there were paintings ~ted around the room** il y avait des tableaux un peu partout sur les murs de la pièce

dotcom, dot.com [dɒt'kɒm] (N) dotcom *f*, point com *f*

dote on ['dəʊtɒn] (VT INSEP) [+ *person*] être fou de

doting ['dəʊtɪŋ] (ADJ) (= *devoted*) **her ~ father** son père qui l'adore

dotted line [,dɒtɪd'laɪn] (N) ligne *f* pointillée • **to tear along the ~** détacher suivant le pointillé • **to sign on the ~** signer sur la ligne pointillée; (= *agree officially*) donner son consentement

double ['dʌbl] **1** (ADJ) **a** double

> This French adjective usually comes before the noun.

• **a ~ helping of ice cream** une double part de glace • **a ~ whisky** un double whisky • **with a ~ meaning** à double sens • **to lead a ~ life** mener une double vie

b (= *for two people*) pour deux personnes • **a ~ ticket** un billet pour deux personnes

c (*with numbers, letters*) **~ oh seven** (= 007) zéro zéro sept • **~ three four seven** (= 3347: *in phone number*) trente-trois quarante-sept • **my name is Bell, B E ~ L** mon nom est Bell, B, E, deux L • **spelt with a ~ "p"** écrit avec deux « p »

2 (ADV) **a** (= *twice*) deux fois • **to cost/pay ~** coûter/payer le double • **she earns ~ what I get** elle gagne le double de ce que je gagne • **he's ~ your age** il a le double de ton âge • **her salary is ~ what it was five years ago** son salaire est le double de ce qu'il était il y a cinq ans

b (= *in two*) **to fold sth ~** plier qch en deux • **to bend ~** se plier en deux • **bent ~ with pain** tordu de douleur • **to see ~** voir double

3 (N) **a** double *m* • **at the ~** au pas de course

b (= *exactly similar person*) sosie *m*

c (= *double bedroom*) chambre *f* double

4 (NPL) **doubles** (*Tennis*) double *m* • **mixed ~s** double *m* mixte • **ladies'/men's ~s** double *m* dames/messieurs

5 (VT) doubler • **think of a number and ~ it** pense à un chiffre et multiplie-le par deux

6 (VI) doubler • **the number of students has ~d** le nombre d'étudiants a doublé

7 (COMP) ▸ **double act** N duo *m* ▸ **double agent** N agent *m* double ▸ **double album** N double album *m* ▸ **double-barrelled** ADJ [*shotgun*] à deux coups; (*Brit*) [*surname*] à rallonge* ▸ **double bass** N contrebasse *f* ▸ **double bed** N lit *m* à deux places ▸ **double bedroom** N chambre *f* pour deux personnes; (*in hotel*) chambre *f* double ▸ **double bill** N double programme *m* ▸ **double-blind** ADJ [*test, experiment, method*] en double aveugle ▸ **double bluff** N **it's actually a ~ bluff** il (*or* elle *etc*) dit la vérité en faisant croire que c'est du bluff ▸ **double boiler** N casserole *f* à double fond ▸ **double-book** VI [*hotel, airline*] faire de la surréservation ♦ VT [+ *room, seat*] réserver pour deux personnes différentes ▸ **double booking** N surréservation *f* ▸ **double-breasted** ADJ [*jacket*] croisé ▸ **double chin** N double menton *m* ▸ **double-click** VI cliquer deux fois ▸ **double cream** N (*Brit*) crème *f* fraîche épaisse ▸ **double-cross*** VT doubler* ♦ N traîtrise *f* ▸ **double-dealing** N double jeu *m* ▸ **double-decker** N (= *bus*) autobus *m* à impériale ▸ **double-digit, double-figure** ADJ (*gen*) à deux chiffres ▸ **double glazing** N (*Brit*) double vitrage *m* • **to put in ~ glazing** installer un double vitrage ▸ **double-jointed** ADJ désarticulé ▸ **double-park** VI se garer en double file ▸ **double-quick*** ADJ **in ~-quick time** en deux temps trois mouvements* ▸ **double-sided** ADJ [*computer disk*] double face ▸ **double standard** N **to have ~ standards** faire deux poids, deux mesures ▸ **double take*** N **to do a ~ take** devoir y regarder à deux fois ▸ **double white lines** NPL lignes *fpl* blanches continues ▸ **double vision** N vision *f* double ▸ **double yellow lines** NPL double bande *f* jaune (*marquant l'interdiction de stationner*)

▸ **double back** VI [*person*] revenir sur ses pas; [*road*] faire un brusque crochet

▸ **double up** VI **a** (= *bend over sharply*) se plier • **to ~ up with laughter** se tordre de rire **b** (= *share room*) partager une chambre

double-check [,dʌbl'tʃek] **1** (VTI) revérifier **2** (N) revérification *f*

double-click [,dʌbl'klɪk] **1** (VI) double-cliquer **2** (VT) double-cliquer sur

doublespeak ['dʌblspiːk] (N) (*pej*) double langage *m*

doubly ['dʌblɪ] (ADV) doublement • **in order to make ~ sure** pour plus de sûreté

doubt [daʊt] **1** (N) doute *m* • **it is not in ~** [*outcome, result*] cela ne fait aucun doute • **I am in no ~ about what he means** je n'ai aucun doute sur ce qu'il veut dire • **there is room for ~** il est permis de douter • **there is some ~ as to whether he'll come** on ne sait pas très bien s'il viendra ou non • **to have one's ~s about sth** avoir des doutes sur qch • **to cast ~s on sth** jeter le doute sur qch • **I have no ~s about it** je n'en doute pas • **no ~ about it!** cela va sans dire! • **there is no ~ that ...** il n'y a pas de doute que ... + *indic* • **he'll come without any ~** il viendra sûrement • **no ~** sans doute • **without a ~** sans aucun doute • **it is beyond all ~** c'est indéniable • **beyond ~** [*prove*] de façon indubitable • **if in ~** en cas de doute

2 (VT) **to ~ sb/sth** douter de qn/qch • **I ~ it** j'en doute

▸ **to doubt whether/that/if ...** douter que ... • **I ~ whether he will come** je doute qu'il vienne • **I don't ~ that he will come** je ne doute pas qu'il vienne • **she didn't ~ that he would come** elle ne doutait pas qu'il viendrait • **I ~ if that is what she wanted** je doute que ce soit ce qu'elle voulait

doubtful ['daʊtfʊl] (ADJ) **a** (= *unconvinced*) peu convaincu • **to be ~ of sth** douter de qch • **to be ~ about sb/sth** avoir des doutes sur qn/qch • **I'm a bit ~** je n'en suis pas si sûr • **to be ~ about doing sth** hésiter à faire qch • **he was ~ whether ...** il doutait que ... + *subj* • **he was ~ whether he could ever manage it** il avait des doutes sur ses chances de réussite **b** (= *questionable*) douteux • **it is ~ that ...** il est douteux que ... + *subj* • **in ~ taste** d'un goût douteux

doubtless ['daʊtlɪs] (ADV) sans doute

douche [duːʃ] (N) **a** (*Med*) douche *f* thérapeutique; (*vaginal*) douche *f* vaginale **b** (*US*) (= *person*)* chieur* *m*

dough [dəʊ] (N) **a** pâte *f* **b** (= *money*)* fric* *m*

doughnut ['dəʊnʌt] (N) beignet *m* • **jam** (*Brit*) *or* **jelly** (*US*) **~** beignet *m* à la confiture

dour ['dʊəʳ] (ADJ) austère • **a ~ Scot** un Écossais austère

douse [daʊs] (VT) **a** (= *drench*) tremper **b** (= *extinguish*) éteindre

dove [dʌv] (N) colombe *f*

Dover ['dəʊvəʳ] (N) Douvres ▸ **Dover sole** N sole *f*

dovetail ['dʌvteɪl] (VI) concorder (**with** avec)

dowdy ['daʊdɪ] (ADJ) *[clothes, person]* ringard*

Dow Jones [ˌdaʊ'dʒəʊnz] (N) **the ~ index** l'indice *m* Dow Jones

down[1] [daʊn]

> When **down** is an element in a phrasal verb, eg **back down**, **play down**, look up the verb.

1 (ADV) ⓐ (= *to lower level*) en bas; (= *down to the ground*) par terre • **~!** (*said to a dog*) couché! • **~ with traitors!** à bas les traîtres! • **to come** *or* **go ~** descendre • **to fall ~** tomber (à terre) • **to run ~ a hill** descendre une colline en courant

ⓑ (= *at lower level*) en bas • **~ there** en bas • **I shall stay ~ here** je vais rester ici • **the blinds were ~** les stores étaient baissés • **Douglas isn't ~ yet** Douglas n'est pas encore descendu

ⓒ (*from larger town, the north, university*) **he came ~ from London yesterday** il est arrivé de Londres hier • **we're going ~ to Dover tomorrow** demain nous descendons à Douvres • **~ under*** (= *in Australia/New Zealand*) en Australie/Nouvelle-Zélande • **from ~ under*** d'Australie/de Nouvelle-Zélande

ⓓ (*indicating a reduction*) **the tyres are ~** les pneus sont dégonflés • **I'm £20 ~ on what I expected** j'ai 20 livres de moins que je ne pensais • **prices are ~ on last year's** les prix sont en baisse par rapport à l'année dernière • **the euro is ~ against the dollar** l'euro est en baisse par rapport au dollar • **I am ~ on my luck** je suis dans une mauvaise passe • **we are ~ to our last $5** il ne nous reste plus que 5 dollars

ⓔ (*in writing*) **I've got it ~ in my diary** c'est marqué sur mon agenda • **let's get it ~ on paper** mettons-le par écrit • **did you get ~ what he said?** as-tu noté ce qu'il a dit? • **to be ~ for the next race** être inscrit dans la prochaine course

ⓕ (*indicating range*) **~ to** jusqu'à • **from 1700 ~ to the present** de 1700 à nos jours • **from the biggest ~ to the smallest** du plus grand au plus petit

ⓖ ▸ **down to*** (= *the responsibility of*) **it's ~ to him to do it** c'est à lui de le faire • **it's ~ to him now** c'est à lui de jouer maintenant • **our success is all ~ to him** (= *attributable to*) c'est à lui seul que nous devons notre succès

2 (PREP) ⓐ (*indicating movement to lower level*) du haut en bas de • **he went ~ the hill** il a descendu la colline • **her hair hung ~ her back** ses cheveux lui tombaient dans le dos • **he ran his eye ~ the list** il a parcouru la liste des yeux

ⓑ (= *at a lower part of*) **she lives ~ the street** elle habite plus bas dans la rue • **it's just ~ the road** c'est tout près

ⓒ (= *along*) le long de • **he was walking ~ the street** il descendait la rue • **let's go ~ the pub*** allons au pub • **looking ~ this street, you can see ...** si vous regardez dans cette rue, vous verrez ...

3 (ADJ) **to be ~** (= *depressed*) avoir le cafard* • **the computer's ~** l'ordinateur est en panne

4 (VT) **to ~ an opponent*** terrasser un adversaire • **he ~ed three enemy planes** il a descendu* trois avions ennemis • **to ~ tools** (*Brit*) (= *stop work*) cesser le travail; (= *strike*) se mettre en grève • **he ~ed a glass of beer** il a descendu* un verre de bière

5 (COMP) ▸ **down-and-out** N SDF *mf* ▸ **down-in-the-mouth*** ADJ abattu ▸ **down payment** N acompte *m* • **to make a ~ payment of £100** verser un acompte de 100 livres ▸ **down-to-earth** ADJ **to be ~-to-earth** avoir les pieds bien sur terre

down[2] [daʊn] (N) (= *fluff, feathers*) duvet *m*

downbeat ['daʊnˌbiːt] (ADJ) (= *gloomy*) *[person]* abattu; *[ending, assessment]* pessimiste

downcast ['daʊnˌkɑːst] (ADJ) ⓐ (= *discouraged*) démoralisé ⓑ *[eyes]* baissé

downer* ['daʊnəʳ] (N) ⓐ (= *tranquilliser*) tranquillisant *m* ⓑ (= *depressing experience*) expérience *f* déprimante • **for lonely people, Christmas can be a ~** Noël peut donner le bourdon* aux personnes seules • **to be on a ~** déprimer*

downfall ['daʊnˌfɔːl] (N) *[of person, empire]* chute *f* • **it proved his ~** ça a causé sa perte

downgrade ['daʊnˌgreɪd] (VT) *[+ employee]* rétrograder (dans la hiérarchie); *[+ work, job]* dévaloriser

downhearted [ˌdaʊn'hɑːtɪd] (ADJ) abattu • **don't be ~!** ne te laisse pas abattre!

downhill ['daʊn'hɪl] 1 (ADJ) **~ skiing** ski *m* de piste • **~ competition** (*Ski*) épreuve *f* de descente • **it was ~ all the way after that** (= *got easier*) après cela, tout a été plus facile; (= *got worse*) après cela, tout est allé en empirant

2 (ADV) **to go ~** *[person, vehicle, road]* descendre; (= *get worse*) *[person]* être sur la mauvaise pente; *[company]* péricliter; *[economy]* se dégrader • **things just went ~ from there** par la suite les choses n'ont fait qu'empirer

Downing Street

> **DOWNING STREET**
>
> **Downing Street**, dans le quartier de Westminster à Londres, est la rue où résident officiellement le Premier ministre (au nº 10) et le chancelier de l'Échiquier, c'est-à-dire le ministre des Finances (au nº 11). Les médias utilisent souvent **Downing Street** ou «Number Ten» pour désigner le gouvernement, à la façon dont on parlerait de «Matignon» en France.

download ['daʊnˌləʊd] 1 (VT) télécharger 2 (N) téléchargement *m*

downloadable ['daʊnˌləʊdəbl] (ADJ) téléchargeable

downmarket ['daʊnˌmɑːkɪt] (ADJ) *[goods, car]* bas de gamme *inv*

downplay ['daʊnˌpleɪ] (VT) minimiser (l'importance de)

downpour ['daʊnˌpɔːʳ] (N) pluie *f* torrentielle • **we got caught in the ~** on a été pris par l'averse

downright ['daʊnraɪt] 1 (ADV) franchement • **it's ~ impossible** c'est carrément impossible 2 (ADJ) **a ~ refusal** un refus catégorique • **it's a ~ lie for him to say that ...** il ment effrontément quand il dit que ...

downscale ['daʊnskeɪl] 1 (VT) réduire (l'importance de) 2 (VI) réduire son train de vie

downside ['daʊnˌsaɪd] (N) ⓐ (*US*) **~ up** sens dessus dessous ⓑ (= *negative aspect*) inconvénient *m* • **on the ~** pour ce qui est des inconvénients

downsize ['daʊnsaɪz] 1 (VT) *[company]* réduire les effectifs de 2 (VI) (= *shed labour*) réduire ses effectifs

downsizing ['daʊnsaɪzɪŋ] (N) (*of company*) dégraissage *m* (des effectifs)

Down's syndrome ['daʊnzˌsɪndrəʊm] (N) trisomie *f* • **a person with ~** un(e) trisomique

downstairs ['daʊn'stɛəz] 1 (ADV) en bas; (= *to or on floor below*) à l'étage du dessous; (= *to or on ground floor*) au rez-de-chaussée • **to go** ~ descendre (l'escalier) • **to run** ~ descendre (l'escalier) en courant • **to rush** ~ dévaler l'escalier • **to fall** ~ tomber dans les escaliers • **the people** ~ (= *below*) les gens *mpl* du dessous **2** (ADJ) (= *on ground floor*) du rez-de-chaussée • **the** ~ **rooms** les pièces *fpl* du rez-de-chaussée • **a** ~ **flat** un appartement au rez-de-chaussée

downstream ['daʊn,stri:m] (ADJ, ADV) en aval • **to move** ~ descendre le courant

downswing ['daʊn,swɪŋ] (N) = **downturn**

downtime ['daʊntaɪm] (N) (*Comput*) temps *m* d'arrêt; [*of machine*] temps *m or* durée *f* d'immobilisation

downtown ['daʊn'taʊn] **1** (ADV) dans le centre • **to go** ~ aller en ville **2** (ADJ) ~ **Chicago** le centre de Chicago

downtrodden ['daʊn,trɒdən] (ADJ) opprimé

downturn ['daʊntɜ:n] (N) baisse *f*

downward ['daʊnwəd] **1** (ADJ) [*movement*] vers le bas • **a** ~ **trend** une tendance à la baisse **2** (ADV) = **downwards**

downwards ['daʊnwədz] (ADV) [*go*] vers le bas • **to slope gently** ~ descendre en pente douce • **place the card face** ~ posez la carte face en dessous

downwind ['daʊn,wɪnd] (ADV) [*be*] sous le vent (**of, from** par rapport à); [*move*] dans la direction du vent

downy ['daʊnɪ] (ADJ) ⓐ (= *furry*) [*skin, peach*] duveté; [*leaf*] duveteux • **covered with fine,** ~ **hair** couvert de poils fins et soyeux • ~ **softness** douceur *f* soyeuse ⓑ (= *feathery*) [*chick*] couvert de duvet ⓒ (= *down-filled*) garni de duvet

dowry ['daʊrɪ] (N) dot *f*

doz. (ABBR OF **dozen**)

doze [dəʊz] **1** (N) somme *m* **2** (VI) sommeiller • **to be dozing** être assoupi

▸ **doze off** VI s'assoupir

dozen ['dʌzn] (N) douzaine *f* • **three** ~ trois douzaines • **a** ~ **shirts** une douzaine de chemises • **half a** ~ une demi-douzaine • **€5 a** ~ 5 € la douzaine • ~**s of times** des dizaines de fois

dozy ['dəʊzɪ] (ADJ) ⓐ (= *sleepy*) à moitié endormi ⓑ (*Brit* = *stupid*)* empoté*

DP [di:'pi:] (N) (ABBR OF **data processing**) traitement *m* des données

DPP [di:pi:'pi:] (N) (*Brit*) (ABBR OF **Director of Public Prosecutions**) ≈ procureur *mf* général(e)

DPT [,di:pi:'ti:] (N) (ABBR OF **diptheria, pertussis, tetanus**) DT Coq *m*

Dr ['dɒktəʳ] (ABBR OF **Doctor**) **Dr R. Day** (*on envelope*) Dr R. Day • **Dear Dr Day** (*in letters*) (*man*) Cher Monsieur; (*woman*) Chère Madame; (*if known to writer*) Cher Docteur

drab [dræb] (ADJ) [*colour*] morne; [*clothes, surroundings, existence*] terne

draconian [drə'kəʊnɪən] (ADJ) draconien

Dracula ['drækjʊlə] (N) Dracula *m*

draft [drɑ:ft] **1** (N) ⓐ (= *outline*) avant-projet *m*; [*of letter, essay*] brouillon *m* ⓑ (*for money*) traite *f* ⓒ (*US* = *conscript intake*) contingent *m* • **to be** ~ **age** être en âge de faire son service militaire ⓓ (*US*) = **draught** **2** (VT) ⓐ [+ *letter*] faire le brouillon de; [+ *speech*] préparer ⓑ (*US*) [+ *conscript*] appeler (sous les drapeaux) • **to** ~ **sb to a post** détacher qn à un poste **3** (COMP) ▸ **draft dodger** N (*US*) insoumis *m*

draftsman ['dræftsmən] (N) (*pl* **-men**) (*US*) dessinateur *m* industriel

draftsmanship ['dræftsmənʃɪp] (N) (*US*) talent *m* de dessinateur

draftswoman ['dræftswʊmən] (N) (*pl* **-women**) (*US*) dessinatrice *f* industrielle

drafty ['dræftɪ] (ADJ) (*US*) = **draughty**

drag [dræg] **1** (N) ⓐ (= *tiresome person*)* raseur* *m*, -euse* *f*; (= *tiresome thing*)* corvée *f* • **what a** ~**!** quelle barbe !*

ⓑ (= *pull on cigarette*)* taffe* *f*

ⓒ (= *women's clothing worn by men*)* habits *mpl* de femme • **a man in** ~ un homme habillé en femme; (= *transvestite*) un travesti

ⓓ (*US* = *street*) **the main** ~ la grand-rue

2 (VI) (= *go slowly*) traîner • **the minutes** ~**ged** les minutes s'écoulaient avec lenteur

3 (VT) ⓐ [+ *person, object*] traîner • **he** ~**ged her out of the car** il l'a tirée de la voiture • **to** ~ **one's feet** (= *scuff feet*) traîner les pieds; (= *hold things up*) traîner les pieds • **she accused the government of** ~**ging its feet on reforms** elle a accusé le gouvernement de tarder à introduire des réformes

ⓑ [+ *river, lake*] draguer (**for** à la recherche de)

ⓒ (= *involve*) **don't** ~ **me into your affairs!** ne me mêle pas à tes histoires ! • **to** ~ **politics into sth** mêler la politique à qch

4 (COMP) ▸ **drag and drop** N glisser-poser *m* ▸ **drag artist** N travesti *m* ▸ **drag lift** N tire-fesses *m inv* ▸ **drag queen*** N drag queen *f*

▸ **drag about** VI, VT SEP traîner

▸ **drag along** VT SEP [+ *person*] (*to meeting, concert*) entraîner (à contrecœur) • **to** ~ **o.s. along** se traîner

▸ **drag away** VT SEP arracher (**from** à) • **she** ~**ged him away from the television*** elle l'a arraché de devant* la télévision • **if you manage to** ~ **yourself away from the bar*** si tu arrives à t'arracher du bar*

▸ **drag down** VT SEP entraîner (en bas) • **to** ~ **sb down to one's own level** rabaisser qn à son niveau • **he was** ~**ged down by the scandal** le scandale l'a discrédité

▸ **drag on** VI [*meeting, conflict*] traîner en longueur

▸ **drag out** **1** VI [*meeting, conflict*] traîner en longueur **2** VT SEP [+ *discussion*] faire traîner

▸ **drag up** VT SEP [+ *scandal, story*] ressortir • **the letter** ~**ged up painful memories** la lettre a fait ressurgir des souvenirs douloureux

dragon ['drægən] (N) dragon *m*

dragonfly ['drægənflaɪ] (N) libellule *f*

drain [dreɪn] **1** (N) (*in town*) égout *m*; (*in house*) canalisation *f* • **to throw one's money down the** ~ jeter son argent par les fenêtres • **to go down the** ~ (= *fail*) tomber à l'eau* • **all his hopes have gone down the** ~ tous ses espoirs ont été anéantis • **it's a** ~ **on our resources** cela épuise nos ressources **2** (VT) [+ *land, marshes*] drainer; [+ *vegetables, dishes*] égoutter; [+ *reservoir, glass, drink*] vider • **to** ~ **sb of strength** épuiser qn • **to** ~ **a country of resources** épuiser les ressources d'un pays **3** (VI) [*liquid*] s'écouler **4** (COMP) ▸ **draining board** N égouttoir *m*

▸ **drain away** **1** VI [*liquid*] s'écouler; [*strength*] s'épuiser **2** VT SEP [+ *liquid*] faire couler (*pour vider un récipient*)

drainage ['dreɪnɪdʒ] (N) (= *act of draining*) drainage *m*; (= *system of drains*) (*on land*) système *m* de drainage; [*of town*] système *m* d'égouts

drainboard ['dreɪnbɔ:d] (N) (*US*) égouttoir *m*

drainer ['dreɪnəʳ] (N) égouttoir *m*

drainpipe ['dreɪnpaɪp] (N) tuyau *m* d'écoulement

DRAM, D-RAM ['di:ræm] (N) (*Comput*) (ABBR OF **dynamic random access memory**) (mémoire *f*) DRAM *f*

dram [dræm] (N) (*esp Scot*) shot *m* de whisky

drama ['drɑːmə] 1 (N) ⓐ (*= theatre*) théâtre *m* ⓑ (*= play*) pièce *f* de théâtre ⓒ (*= catastrophe*) drame *m* 2 (COMP) ▸ **drama critic** N critique *m* dramatique ▸ **drama queen*** N (*pej*) **stop being such a ~ queen** arrête ton cinéma* ▸ **drama school** N école *f* d'art dramatique

dramatic [drə'mætɪk] (ADJ) ⓐ [*art*] dramatique ⓑ (*= marked*) [*fall, change, increase, effect*] spectaculaire

⚠ Except in the theatrical sense, **dramatic** is not translated by **dramatique**.

dramatically [drə'mætɪkəlɪ] (ADV) [*change, improve, increase, affect*] de façon spectaculaire; [*different, effective, successful*] extraordinairement

⚠ **dramatically ≠ dramatiquement**

dramatist ['dræmətɪst] (N) auteur *m* dramatique

dramatize ['dræmətaɪz] (VT) ⓐ [*+ novel*] adapter pour la scène (*or* pour le cinéma *or* pour la télévision) ⓑ (*= exaggerate*) dramatiser ⓒ (*US = highlight*) mettre en lumière

drank [dræŋk] (VB) *pt of* **drink**

drape [dreɪp] 1 (VT) draper (**with** de); [*+ room, altar*] tendre (**with** de) 2 (NPL) **drapes** (*US = curtains*) rideaux *mpl*

drastic ['dræstɪk] (ADJ) [*reform, measures, reduction*] drastique; [*remedy, surgery, change*] radical; [*consequences, decline*] dramatique • **to make ~ cuts in defence spending** faire des coupes claires dans le budget de la défense

drastically ['dræstɪkəlɪ] (ADV) [*cut, increase, reduce*] considérablement; [*change, improve*] **defence spending has been ~ cut** on a opéré des coupes claires dans le budget de la défense • **~ different** radicalement différent

drat* [dræt] (EXCL) zut!*

draught, draft (*US*) [drɑːft] 1 (N) ⓐ (*= breeze*) courant *m* d'air ⓑ **beer on ~** bière *f* à la pression ⓒ (*Brit*) **(game of) ~s** (jeu *m* de) dames *fpl* ⓓ (*= rough sketch*) = **draft** 2 (COMP) [*cider, beer*] à la pression ▸ **draught excluder** N bourrelet *m* (*de porte, de fenêtre*)

draughtboard ['drɑːftbɔːd] (N) (*Brit*) damier *m*

draughtproof, draftproof (*US*) ['drɑːftpruːf] 1 (ADJ) calfeutré 2 (VT) calfeutrer

draughtsman, draftsman (*US*) ['drɑːftsmən] (N) (*pl* **-men**) dessinateur *m* industriel

draughtsmanship, draftsmanship (*US*) ['drɑːftsmənʃɪp] (N) [*of artist*] talent *m* de dessinateur

draughtswoman, draftswoman (*US*) ['dræftswʊmən] (N) (*pl* **-women**) dessinatrice *f* industrielle

draughty, drafty (*US*) ['drɑːftɪ] (ADJ) [*room*] plein de courants d'air • **it's very ~ in here** il y a plein de courants d'air ici

draw [drɔː] (*pret* **drew**, *ptp* **drawn**) 1 (VT) ⓐ (*= pull*) [*+ object*] tirer • **to ~ the curtains** tirer les rideaux • **he drew his chair nearer the fire** il a rapproché sa chaise du feu • **he drew her close to him** il l'a attirée contre lui • **to ~ smoke into one's lungs** avaler la fumée (*d'une cigarette*)

ⓑ (*= pull behind*) tracter

ⓒ (*= extract*) [*+ cork*] enlever • **to ~ one's gun** dégainer son pistolet • **he drew a gun on me** il a sorti un pistolet et l'a braqué sur moi

ⓓ [*+ water*] (*from tap*) tirer (**from** de); (*from well*) puiser (**from** dans) • **the stone hit him and drew blood** la pierre l'a frappé et l'a fait saigner • **to ~ a card from the pack** tirer une carte du jeu • **to ~ a ticket out of a hat** tirer un billet d'un chapeau • **to ~ inspiration from** tirer son inspiration de • **to ~ strength from sth** puiser des forces dans qch • **to ~ comfort from sth** trouver un réconfort dans qch • **to ~ a smile from sb** arracher un sourire à qn • **to ~ a laugh from sb** arriver à faire rire qn • **her performance drew tears from the audience** son interprétation a arraché des larmes au public

ⓔ [*+ pension, salary*] toucher

ⓕ (*= attract*) [*+ attention, customer, crowd*] attirer • **the play has ~n a lot of criticism** la pièce a été très critiquée • **to feel ~n to sb** se sentir attiré par qn

ⓖ [*+ picture*] dessiner; [*+ plan, line, circle*] tracer ▸ **to draw the line** I ~ **the line at cheating*** (*myself*) je n'irai pas jusqu'à tricher; (*in others*) je n'admets pas que l'on triche • **we must ~ the line somewhere** il faut se fixer des limites • **it's hard to know where to ~ the line** il est difficile de savoir jusqu'où on peut aller

ⓗ (*= bring*) **to ~ sth to a close** mettre fin à qch

ⓘ (*= make*) [*+ conclusion*] tirer; [*+ comparison, parallel, distinction*] établir

ⓙ (*= cause to speak*) **he would not be ~n on the matter** il a refusé de parler de cette affaire

2 (VI) ⓐ (*= move*) **to ~ to one side** s'écarter • **to ~ round the table** se rassembler autour de la table • **the train drew into the station** le train est entré en gare • **the car drew over to the hard shoulder** la voiture s'est rangée sur le bas-côté • **he drew ahead of the other runners** il s'est détaché des autres coureurs • **the two horses drew level** les deux chevaux sont arrivés à la même hauteur • **to ~ near** [*person*] s'approcher (**to** de); [*time, event*] approcher • **to ~ nearer (to)** s'approcher un peu plus (de) • **to ~ to a close** toucher à sa fin

ⓑ (*= be equal*) [*two teams*] faire match nul; (*in competitions*) être ex æquo *inv* • **they drew for second place** ils sont arrivés deuxièmes ex æquo • **Scotland drew with Ireland** l'Écosse a fait match nul contre l'Irlande

ⓒ (*= do drawing*) dessiner • **he ~s well** il dessine bien • **to ~ from life** dessiner d'après nature

3 (N) ⓐ (*= lottery*) loterie *f*; (*to choose teams, winners*) tirage *m* au sort

ⓑ (*Sport*) match *m* nul • **the match ended in a ~** le match s'est terminé par un match nul

ⓒ (*= attraction*) attraction *f* • **Johnny Depp was the big ~** Johnny Depp était la grande attraction

ⓓ **to be quick on the ~** [*gunman*] dégainer vite

▸ **draw apart** VI s'éloigner l'un de l'autre

▸ **draw aside** 1 VI [*people*] s'écarter 2 VT SEP [*+ person*] prendre à part

▸ **draw away** VI ⓐ [*person*] s'écarter; [*car*] s'éloigner • **to ~ away from the kerb** s'éloigner du trottoir ⓑ (*= move ahead*) [*runner, racehorse*] se détacher

▸ **draw back** 1 VI (*= move backwards*) reculer 2 VT SEP [*+ person*] faire reculer; [*+ object, one's hand*] retirer

▸ **draw in** 1 VI ⓐ (*in car*) **to ~ in by the kerb** (*= stop*) s'arrêter le long du trottoir ⓑ (*Brit*) (*= get shorter*) **the days are ~ing in** les jours raccourcissent 2 VT SEP ⓐ [*+ air*] aspirer ⓑ [*+ crowds*] attirer ⓒ (*= pull in*) rentrer • **to ~ in one's claws** rentrer ses griffes

d

▸ **draw on** 1 VI [*time*] avancer 2 VT INSEP **to ~ on one's savings** prendre sur ses économies • **to ~ on one's imagination** faire appel à son imagination
▸ **draw out** 1 VI (= *become longer*) **the days are ~ing out** les jours rallongent 2 VT SEP ⓐ (= *bring out*) [+ *handkerchief, purse*] sortir (**from** de); [+ *money*] (*from bank*) retirer (**from** à, de); [+ *secret*] soutirer (**from** à) ⓑ (= *prolong*) prolonger
▸ **draw up** 1 VI (*in car*) s'arrêter 2 VT SEP ⓐ [+ *chair*] approcher • **to ~ o.s. up to one's full height** se dresser de toute sa hauteur ⓑ [+ *inventory, list*] dresser; [+ *contract, agreement*] établir; [+ *plan*] élaborer; [+ *report*] rédiger
▸ **draw upon** VT INSEP **to ~ upon one's savings** prendre sur ses économies • **to ~ upon one's imagination** faire appel à son imagination

drawback ['drɔːbæk] (N) (= *disadvantage*) inconvénient *m* (**to** à)

drawbridge ['drɔːbrɪdʒ] (N) pont-levis *m*

drawer [drɔːʳ] (N) [*of furniture*] tiroir *m*

drawing ['drɔːɪŋ] (N) dessin *m* • **a pencil ~** un dessin au crayon • **a chalk ~** un pastel • **rough ~** esquisse *f*
▸ **drawing board** N planche *f* à dessin • **the scheme is still on the ~ board** le projet est encore à l'étude • **back to the ~ board!** retour à la case départ! ▸ **drawing pin** N (*Brit*) punaise *f* ▸ **drawing room** N salon *m*

drawl [drɔːl] 1 (VI) parler d'une voix traînante 2 (VT) dire d'une voix traînante 3 (N) voix *f* traînante • **with a Southern ~** avec la voix traînante des gens du Sud des États-Unis

drawn [drɔːn] 1 (VB) *ptp of* **draw** 2 (ADJ) ⓐ [*curtains*] tiré ⓑ [*sword*] dégainé ⓒ [*features*] tiré; [*person, face*] aux traits tirés • **to look ~** avoir les traits tirés ⓓ [*match*] nul

drawstring ['drɔːstrɪŋ] (N) cordon *m*

DRC [diːɑː'siː] (N) (ABBR OF **Democratic Republic of the Congo**) RDC *f* (= *République démocratique du Congo*)

dread [dred] 1 (VT) redouter • **to ~ doing sth** redouter de faire qch • **to ~ that ...** redouter que ... ne + *subj* • **the ~ed Mrs Mitch** la redoutable Mme Mitch • **the ~ed exam/medicine** (*hum*) l'examen/le médicament tant redouté (*hum*) 2 (N) terreur *f*

dreadful ['dredfʊl] (ADJ) affreux; [*food*] épouvantable; [*film, book*] lamentable • **a ~ mistake** une erreur terrible • **what a ~ thing to happen!** quelle horreur! • **you look ~!** tu n'as pas l'air bien du tout! • **you look ~ (in that hat)!** tu es vraiment moche (avec ce chapeau)! • **I feel ~!** (= *ill*) je ne me sens pas bien du tout!; (= *guilty*) je m'en veux! • **I feel ~ about John/about what has happened** je m'en veux de ce qui est arrivé à John/de ce qui s'est passé

dreadfully ['dredfəlɪ] (ADV) ⓐ (= *badly*) [*behave, treat sb*] de façon abominable; [*suffer*] horriblement • **I miss him ~** il me manque terriblement • **I had a feeling that something was ~ wrong** j'ai senti que quelque chose de terrible venait de se passer ⓑ (= *very*) [*boring, late*] horriblement • **I'm ~ sorry** je suis terriblement désolé

dreadlocks ['dred,lɒks] (NPL) dreadlocks *fpl*

dream [driːm] (*vb: pret, ptp* **dreamed** *or* **dreamt**) 1 (N) ⓐ rêve *m* • **to have a ~ about sb/sth** rêver de qn/qch • **I've had a bad ~** j'ai fait un mauvais rêve • **the whole business was like a bad ~** c'était un vrai cauchemar • **sweet ~s!** fais de beaux rêves! • **to see sth in a ~** voir qch en rêve • **the man/house of my ~s** l'homme/la maison de mes rêves • **to have ~s of doing sth** rêver de faire qch • **it was like a ~ come true** c'était le rêve • **to make a ~ come true for sb** réaliser le rêve de qn • **never in my wildest ~s would I have thought that ...** jamais, même dans mes rêves les plus fous, je n'aurais imaginé que ... • **everything went like a ~*** tout s'est merveilleusement bien passé
ⓑ (*when awake*) **to be in a ~*** (= *not paying attention*) être dans les nuages; (= *daydreaming*) rêvasser
ⓒ (= *lovely person*)* amour* *m*; (= *lovely thing*)* merveille *f* • **isn't he a ~?** n'est-ce pas qu'il est adorable?
2 (ADJ) **a ~ house** une maison de rêve • **his ~ house** la maison de ses rêves • **he lives in a ~ world** il est complètement détaché des réalités
3 (VI) ⓐ (*in sleep*) rêver; (*when awake*) rêvasser • **to ~ of sb/sth** rêver de qn/qch • **to ~ of doing sth** rêver qu'on a fait qch • **~ on!*** tu peux toujours rêver!*
ⓑ (= *imagine, envisage*) songer (**of** à) • **I would never have dreamt of doing such a thing** je n'aurais jamais songé à faire une chose pareille • **I wouldn't ~ of telling her!** jamais il ne me viendrait à l'idée de lui dire cela! • **will you come? — I wouldn't ~ of it!** vous allez venir? — jamais de la vie! • **I wouldn't ~ of making fun of you** il ne me viendrait jamais à l'idée de me moquer de vous
4 (VT) ⓐ (*in sleep*) rêver • **I dreamt that she came** j'ai rêvé qu'elle venait • **you must have dreamt it!** vous avez dû (le) rêver!
ⓑ (= *imagine*) imaginer • **if I had dreamt you would do that ...** si j'avais pu imaginer un instant que tu ferais cela ... • **I didn't ~ he would come!** je n'ai jamais imaginé un instant qu'il viendrait!
▸ **dream up*** VT SEP [+ *idea*] imaginer • **where did you ~ that up?** où est-ce que vous êtes allé pêcher ça?*

dreamer ['driːməʳ] (N) rêveur *m*, -euse *f*

dreamlike ['driːmlaɪk] (ADJ) onirique

dreamt [dremt] (VB) *pt, ptp of* **dream**

dreary ['drɪərɪ] (ADJ) [*place, landscape*] morne; [*job, work, life*] monotone; [*day, person*] ennuyeux; [*weather*] maussade

dredge [dredʒ] 1 (VT) [+ *river, mud*] draguer 2 (VI) draguer
▸ **dredge up** VT SEP [+ *bottom of river, lake*] draguer; [+ *unpleasant facts*] déterrer

dredger ['dredʒəʳ] (N) dragueur *m*

dregs [dregz] (NPL) [*of wine*] lie *f* • **the ~ of society** la lie de la société

drench [drentʃ] (VT) tremper • **we got absolutely ~ed** on a été complètement trempés

dress [dres] 1 (N) ⓐ (= *woman's garment*) robe *f*
ⓑ (= *way of dressing*) tenue *f* • **in eastern/traditional ~** en tenue orientale/traditionnelle
2 (VT) ⓐ [+ *child, family, customer*] habiller • **to get ~ed** bien s'habiller • **he's old enough to ~ himself** il est assez grand pour s'habiller tout seul
ⓑ [+ *salad*] assaisonner; [+ *chicken, crab*] préparer
ⓒ [+ *wound*] panser • **to ~ sb's wound** panser la blessure de qn
3 (VI) s'habiller • **to ~ in black** s'habiller en noir • **to ~ as a woman** s'habiller en femme • **she ~es very well** elle s'habille avec goût
4 (COMP) ▸ **dress code** N tenue *f* (vestimentaire) de rigueur ▸ **dress circle** N (*Theatre*) corbeille *f* ▸ **dress designer** N couturier *m* ▸ **dress rehearsal** N répétition

f générale ▸ **dress sense** N **he has no ~ sense at all** il ne sait absolument pas s'habiller ▸ **dress shirt** N chemise *f* de soirée

▸ **dress up** 1 VI ⓐ (*= put on smart clothes*) bien s'habiller • **there's no need to ~ up** il n'y a pas besoin de se mettre sur son trente et un ⓑ (*= put on fancy dress*) se déguiser • **to ~ up as …** se déguiser en … • **the children love ~ing up** les enfants adorent se déguiser 2 VT SEP (*= disguise*) déguiser (**as** en)

dressed [drest] ADJ habillé • **casually ~** habillé de façon décontractée • **fully ~** entièrement habillé • **smartly ~** habillé avec élégance • **well-~** bien habillé • **~ in a suit/in white** vêtu d'un costume/de blanc • **~ as a man/a cowboy** habillé en homme/cow-boy • **to be all ~ up*** être sur son trente et un* • **she was ~ to kill*** elle était superbement habillée, prête à faire des ravages

dresser ['dresəʳ] N buffet *m*

dressing ['dresɪŋ] 1 N ⓐ (*= seasoning*) assaisonnement *m*; (*= stuffing*) farce *f* • **oil and vinegar ~** vinaigrette *f* ⓑ (*for wound*) pansement *m* 2 COMP ▸ **dressing gown** N (*Brit*) robe *f* de chambre; (*made of towelling*) peignoir *m*; (*= negligée*) déshabillé *m* ▸ **dressing room** N (*Theatre*) loge *f*; (*US: in shop*) cabine *f* d'essayage ▸ **dressing table** N coiffeuse *f* ▸ **dressing-up** N déguisement *m*

dressmaker ['dresmeɪkəʳ] N couturière *f*

dressmaking ['dresmeɪkɪŋ] N couture *f*

drew [dru:] VB *pt of* **draw**

dribble ['drɪbl] 1 VI ⓐ [*liquid*] tomber goutte à goutte; [*baby*] baver ⓑ (*Sport*) dribbler 2 VT ⓐ [*+ ball*] dribbler ⓑ [*+ liquid*] **~ olive oil over the fish** versez un filet d'huile d'olive sur le poisson 3 N ⓐ [*of water*] filet *m* ⓑ (*Sport*) dribble *m*

dribs and drabs [ˌdrɪbzənd'dræbz] NPL **in ~** petit à petit; [*arrive*] par petits groupes; [*pay*] au compte-gouttes

dried [draɪd] 1 VB *pt, ptp of* **dry** 2 ADJ [*flowers, vegetables*] séché; [*eggs, milk*] en poudre • **~ fruit/beans** fruits *mpl*/haricots *mpl* secs

dried-up [ˌdraɪd'ʌp] ADJ [*food*] sec (sèche *f*); [*stream, oasis*] desséché; [*well, spring*] tari

drier ['draɪəʳ] N = **dryer**

drift [drɪft] 1 VI (*on sea, river*) dériver; (*in wind/current*) être emporté (par le vent/le courant); [*snow, sand*] s'amonceler • **to ~ downstream** descendre la rivière emporté par le courant • **to ~ away/out/back** [*person*] partir/sortir/revenir d'une allure nonchalante • **he was ~ing aimlessly about** il flânait sans but • **to let things ~** laisser les choses aller à la dérive • **he ~ed into marriage** il s'est retrouvé marié • **to ~ from job to job** aller d'un travail à un autre • **the nation was ~ing towards a crisis** le pays allait vers la crise

2 N ⓐ [*of fallen snow*] congère *f*

ⓑ (*= meaning*)* **to get sb's ~** comprendre où qn veut en venir • **get my ~?** tu vois ce que je veux dire ?

▸ **drift apart** VI s'éloigner l'un de l'autre

▸ **drift off** VI (*= fall asleep*) se laisser gagner par le sommeil

drifter ['drɪftəʳ] N (*= person*) personne *f* qui se laisse aller *or* qui n'a pas de but dans la vie • **he's a bit of a ~** il manque un peu de stabilité

driftwood ['drɪftwʊd] N bois *m* (*trouvé sur une plage*) • **he makes sculptures out of ~** il fait des sculptures avec des morceaux de bois qu'il trouve sur la plage

drill [drɪl] 1 N ⓐ (*for DIY*) perceuse *f*; (*for roads*) marteau-piqueur *m*; [*of dentist*] roulette *f*

ⓑ (*= exercises*) exercices *m* • **what's the ~?*** qu'est-ce qu'il faut faire ? • **he doesn't know the ~*** il ne connaît pas la marche à suivre

2 VT ⓐ [*+ wood, metal*] percer; [*+ tooth*] fraiser • **to ~ an oil well** forer un puits de pétrole

ⓑ [*+ soldiers*] faire faire l'exercice à • **to ~ pupils in grammar** faire faire des exercices de grammaire à des élèves • **I ~ed it into him that he must not …** je lui ai bien enfoncé dans la tête qu'il ne doit pas …

3 VI (*for oil*) forer (**for** pour trouver)

drillhole ['drɪlhəʊl] N trou *m* de forage

drilling ['drɪlɪŋ] N [*of metal, wood*] perçage *m* • **~ for oil** forage *m* (pétrolier) ▸ **drilling platform** N plateforme *f* de forage ▸ **drilling rig** N derrick *m*; (*at sea*) plateforme *f*

drily ['draɪlɪ] ADV ⓐ (*= with dry humour*) [*say, observe*] d'un air pince-sans-rire ⓑ (*= unemotionally*) flegmatiquement

drink [drɪŋk] (*vb: pret* **drank**, *ptp* **drunk**) 1 N ⓐ (*= liquid to drink*) boisson *f* • **there's food and ~ in the kitchen** il y a à boire et à manger à la cuisine • **may I have a ~?** est-ce que je pourrais boire quelque chose ? • **to give sb a ~** donner à boire à qn

ⓑ (*= glass of alcoholic drink*) verre *m*; (*before meal*) apéritif *m* • **have a ~!** tu prendras bien un verre ? • **let's have a ~** allons prendre un verre • **I need a ~!** j'ai besoin de boire un verre ! • **to ask friends in for ~s** inviter des amis à venir prendre un verre

ⓒ (*= alcoholic liquor*) **to be under the influence of ~** être en état d'ivresse • **to be the worse for ~** avoir un coup dans le nez* • **to smell of ~** sentir l'alcool • **his worries drove him to ~** ses soucis l'ont poussé à boire

2 VT boire • **would you like something to ~?** voulez-vous boire quelque chose ? • **give me something to ~** donnez-moi quelque chose à boire • **this wine should be drunk at room temperature** ce vin se boit chambré

3 VI boire • **he doesn't ~** il ne boit pas • **"don't ~ and drive"** « boire ou conduire, il faut choisir » • **to ~ to sb/to sb's success** boire à qn/au succès de qn

4 COMP ▸ **drink driver** N (*Brit*) conducteur *m*, -trice *f* en état d'ivresse ▸ **drink-driving** N (*Brit*) conduite *f* en état d'ivresse ▸ **drink problem** N **to have a ~ problem** trop boire

▸ **drink in** VT SEP [*+ story*] avaler* • **the children were ~ing it all in** les enfants n'en perdaient pas une miette*

▸ **drink up** 1 VI finir son verre • **~ up!** finis ton verre !
2 VT SEP **to ~ sth up** finir son verre (*or* sa tasse) de qch

drinkable ['drɪŋkəbl] ADJ (*= not poisonous*) potable; (*= palatable*) buvable

drinker ['drɪŋkəʳ] N buveur *m*, -euse *f* • **he's a heavy ~** il boit beaucoup

drinking ['drɪŋkɪŋ] N **he wasn't used to ~** il n'avait pas l'habitude de boire • **there was a lot of heavy ~** on a beaucoup bu • **his ~ caused his marriage to break up** son penchant pour l'alcool a détruit son couple • **she left him because of his ~** elle l'a quitté parce qu'il buvait • **I don't object to ~ in moderation** je ne vois pas d'inconvénient à boire avec modération ▸ **drinking chocolate** N chocolat *m* en poudre ▸ **drinking fountain** N (*in street, office*) fontaine *f* d'eau potable ▸ **drinking straw**

N paille *f* ▸ **drinking-up time** N (*Brit*) *dernières minutes pour finir son verre avant la fermeture d'un pub* ▸ **drinking water** N eau *f* potable

drip [drɪp] 1 (VI) [*water, sweat, rain*] dégouliner; [*tap*] goutter; [*washing*] s'égoutter; [*hair, trees*] ruisseler (**with** de) • **to be ~ping with sweat** ruisseler de sueur • **his hands were ~ping with blood** ses mains ruisselaient de sang • **the walls were ~ping** les murs suintaient

2 (VT) [+ *liquid*] laisser tomber goutte à goutte • **you're ~ping paint all over the place** tu mets de la peinture partout

3 (N) ⓐ (= *sound*) **we listened to the ~, ~, ~ of the rain** nous écoutions le bruit de la pluie • **the slow ~ of the tap kept us awake** le bruit du robinet qui gouttait nous a empêché de dormir

ⓑ (= *drop*) goutte *f*

ⓒ (= *spineless person*)* lavette* *f* • **he's such a ~!** quelle lavette !*

ⓓ (= *liquid given intravenously*) perfusion *f*; (= *device*) goutte-à-goutte *m* • **to be on a ~** être sous perfusion

4 (COMP) ▸ **drip-dry** ADJ [*shirt*] qui ne nécessite aucun repassage; (*on label*) « ne pas repasser » ▸ **drip-feed** VT [+ *patient*] alimenter par perfusion; [+ *money, information*] donner au compte-gouttes

dripping ['drɪpɪŋ] 1 (N) ⓐ (= *fat*) graisse *f* (de rôti) ⓑ [*of water*] égouttement *m* 2 (ADJ) ⓐ [*tap, gutter*] qui goutte ⓑ (= *soaking*) trempé • **he's ~ wet*** il est trempé jusqu'aux os • **my coat is ~ wet*** mon manteau est trempé

drive [draɪv] (*vb: pret* **drove**, *ptp* **driven**) 1 (N) ⓐ (= *car journey*) trajet *m* en voiture • **to go for a ~** faire une promenade en voiture • **it's about one hour's ~ from London** c'est à environ une heure de voiture de Londres

ⓑ (= *private road*) allée *f*

ⓒ (*Golf*) drive *m*; (*Tennis*) coup *m* droit

ⓓ (= *energy*) énergie *f* • **to lack ~** manquer d'énergie

ⓔ (= *promotional campaign*) campagne *f* • **a ~ to boost sales** une campagne de promotion des ventes • **a recruitment ~** une campagne de recrutement • **the ~ towards democracy** le mouvement en faveur de la démocratie

ⓕ (*in computer*) unité *f* de disques

2 (VT) ⓐ [+ *car, train*] conduire; [+ *racing car*] piloter • **he ~s a lorry/taxi** il est camionneur/chauffeur de taxi • **he ~s a Peugeot** il a une Peugeot • **he ~s racing cars** il est pilote de course • **to ~ sb back** (*in car*) ramener qn en voiture • **I'll ~ you home** je vais vous ramener en voiture • **she drove me down to the coast** elle m'a emmené en voiture jusqu'à la côte • **he drove his car straight at me** il a dirigé sa voiture droit sur moi

ⓑ [+ *people, animals*] pousser (devant soi) • **to ~ sb out of the country** chasser qn du pays • **the dog drove the sheep into the farm** le chien a fait rentrer les moutons à la ferme • **the gale drove the ship off course** la tempête a fait dériver le navire

ⓒ [+ *machine*] [*person*] actionner; [*steam*] faire fonctionner • **machine driven by electricity** machine fonctionnant à l'électricité

ⓓ [+ *nail, stake*] enfoncer; (*Golf, Tennis*) driver • **to ~ a nail home** enfoncer un clou à fond • **to ~ a point home** réussir à faire comprendre un argument

ⓔ **to ~ sb hard** surcharger qn de travail • **to ~ sb mad** rendre qn fou • **to ~ sb to despair** réduire qn au désespoir • **to ~ sb to do sth** pousser qn à faire qch • **I was driven to it** j'y ai été contraint

3 (VI) (= *be the driver*) conduire; (= *go by car*) aller en voiture • **to ~ away/back** partir/revenir (en voiture) • **she drove down to the shops** elle est allée faire des courses en voiture • **can you ~?** savez-vous conduire ? • **to ~ at 50km/h** rouler à 50 km/h • **to ~ on the right** rouler à droite • **did you come by train? — no, we drove** êtes-vous venus en train ? — non, en voiture • **we have been driving all day** nous avons roulé toute la journée • **she was about to ~ under the bridge** elle allait s'engager sous le pont

4 (COMP) ▸ **drive-in** ADJ, N drive-in *m inv* • **~-in cinema** ciné-parc *m* ▸ **drive-through** (*Brit*), **drive-thru** N (= *restaurant*) drive-in *m inv* ♦ ADJ [*restaurant, drugstore*] drive-in

▸ **drive along** VI [*vehicle, person*] rouler

▸ **drive at** VT INSEP (= *intend, mean*) vouloir dire • **what are you driving at?** où voulez-vous en venir ?

▸ **drive away** 1 VI [*car*] démarrer; [*person*] s'en aller en voiture 2 VT SEP chasser

▸ **drive back** 1 VI [*car*] revenir; [*person*] rentrer en voiture 2 VT SEP ⓐ (= *cause to retreat*) refouler • **the storm drove him back** la tempête lui a fait rebrousser chemin ⓑ (= *convey back*) ramener (en voiture)

▸ **drive in** 1 VI [*car*] entrer; [*person*] entrer (en voiture) 2 VT SEP [+ *nail*] enfoncer

▸ **drive off** 1 VI [*car*] démarrer; [*person*] s'en aller en voiture 2 VT SEP ⓐ (= *repel*) chasser ⓑ (= *leave by car*) **to ~ off a ferry** débarquer d'un ferry (en voiture)

▸ **drive on** VI [*person, car*] poursuivre sa route; (*after stopping*) repartir

▸ **drive on to** VT INSEP [+ *ferry*] embarquer sur

▸ **drive out** 1 VI [*car*] sortir; [*person*] sortir (en voiture) 2 VT SEP [+ *person*] faire sortir

▸ **drive over** VT SEP (= *convey*) conduire en voiture

▸ **drive up** 1 VI [*car*] arriver; [*person*] arriver (en voiture) 2 VT INSEP **the car drove up the road** la voiture a remonté la rue

drivel* ['drɪvl] (N) bêtises *fpl* • **what (utter) ~!** quelles bêtises !

driven ['drɪvn] (VB) *ptp of* **drive**

driver ['draɪvə^r] 1 (N) ⓐ [*of car*] conducteur *m*, -trice *f*; [*of taxi, truck, bus*] chauffeur *m*; [*of racing car*] pilote *mf*; (*Brit*) [*of train*] conducteur *m*, -trice *f* • **car ~s** les automobilistes *mpl* • **to be a good ~** bien conduire • **he's a very careful ~** il conduit très prudemment ⓑ (= *golf club*) driver *m*

2 (COMP) ▸ **driver's license** N (*US*) permis *m* de conduire ▸ **driver's seat** N = **driving seat**

driverless ['draɪvəlɪs] (ADJ) (= *self-driving*) [*car, train*] autonome

driveway ['draɪvweɪ] (N) allée *f*

driving ['draɪvɪŋ] 1 (N) conduite *f* • **his ~ is awful** il conduit très mal • **bad ~** conduite *f* imprudente

2 (ADJ) ⓐ [*necessity*] impérieux; [*ambition*] sans bornes, démesuré

ⓑ **~ rain** pluie *f* battante

3 (COMP) ▸ **driving force** N moteur *m* • **the ~ force behind the reforms** le moteur des réformes ▸ **driving instructor** N moniteur *m*, -trice *f* d'auto-école ▸ **driving lesson** N leçon *f* de conduite ▸ **driving licence** N (*Brit*) permis *m* de conduire ▸ **driving mirror** N rétroviseur *m* ▸ **driving school** N auto-école *f* ▸ **driving seat** N place *f*

du conducteur • **to be in the ~ seat** (*in car*) être au volant; (*= be in control*) être aux commandes ▸**driving test** N examen *m* du permis de conduire • **to pass one's ~ test** avoir son permis (de conduire) • **to fail one's ~ test** rater son permis (de conduire)

DRIVING LICENCE, DRIVER'S LICENSE

En Grande-Bretagne, le permis de conduire (**driving licence**) s'obtient en deux étapes, les apprentis conducteurs n'ayant pendant un certain temps qu'un permis provisoire («provisional licence»). Le permis comporte la photographie du titulaire, mais il n'est pas obligatoire de l'avoir sur soi.

Aux États-Unis, l'âge d'obtention du permis (**driver's license**) varie suivant les États de quinze à vingt et un ans. Les apprentis conducteurs ou les adolescents peuvent obtenir un permis spécial («learner's license» ou «junior's license») qui n'est valable que pour certains trajets précis, celui du lycée par exemple. Le permis de conduire américain sert souvent de carte d'identité et doit être porté par son titulaire. Il doit être renouvelé tous les quatre, cinq ou six ans selon les États.

drizzle ['drɪzl] 1 (N) bruine *f* 2 (VI) bruiner

droll [drəʊl] (ADJ) drôle

dromedary ['drɒmɪdərɪ] (N) dromadaire *m*

drone [drəʊn] (N) ⓐ (*= bee*) faux-bourdon *m* ⓑ (*= sound*) [*of bees*] bourdonnement *m*; [*of engine, aircraft*] ronronnement *m*; (*louder*) vrombissement *m* ⓒ (*= aircraft*) drone *m*
▸**drone on** VI (*= speak monotonously*) faire de longs discours • **he ~d on about politics** il n'a pas arrêté de parler politique • **he ~d on and on for hours** il a parlé pendant des heures et des heures

drool [dru:l] (VI) baver • **to ~ over sth*** baver d'admiration devant qch

droop [dru:p] (VI) [*shoulders*] tomber; [*head*] pencher; [*eyelids*] s'abaisser; [*flowers*] piquer du nez

droopy ['dru:pɪ] (ADJ) [*moustache, tail, breasts*] pendant

drop [drɒp] 1 (N) ⓐ [*of liquid*] goutte *f* • **~ by ~** goutte à goutte • **there's only a ~ left** il n'en reste qu'une goutte
ⓑ (*= fall*) (*in temperature, prices*) baisse *f* (**in** de)
ⓒ (*= difference in level*) dénivellation *f*; (*= abyss*) précipice *m*; (*= fall*) chute *f* • **there's a ~ of ten metres between the roof and the ground** il y a dix mètres entre le toit et le sol • **a sheer ~** une descente à pic
2 (VT) ⓐ (*= let fall*) laisser tomber; (*= release, let go*) lâcher; [*+ bomb*] lancer; [*+ one's trousers*] baisser; [*+ car passenger*] déposer; [*+ boat passenger*] débarquer • **I'll ~ you here** je vous dépose ici • **to ~ a letter in the postbox** poster une lettre • **to ~ soldiers/supplies by parachute** parachuter des soldats/du ravitaillement
ⓑ **to ~ sb a line** écrire un mot à qn • **~ me a note** écrivez-moi un petit mot
ⓒ (*= omit*) **to ~ one's h's** ne pas prononcer les «h»
ⓓ (*= abandon*) [*+ habit, idea, plan*] renoncer à; [*+ work, school subject*] abandonner; [*+ TV programme, word, scene from play*] supprimer; [*+ friend, girlfriend, boyfriend*] laisser tomber • **to ~ everything** tout laisser tomber • **to ~ sb from a team** écarter qn d'une équipe • **let's ~ the subject** n'en parlons plus • **~ it!*** laisse tomber!*
3 (VI) ⓐ [*object, liquid*] tomber • **to ~ on one's knees** tomber à genoux • **I'm ready to ~*** je suis claqué* • **~ dead!**‡ va te faire foutre!‡
ⓑ (*= decrease*) baisser; [*wind*] tomber
ⓒ (*= end*) **let it ~!*** laisse tomber!*
4 (COMP) ▸**drop-add** N (*US Univ etc*) remplacement *m* d'un cours par un autre ▸**drop-dead**‡ ADV vachement* • **~-dead gorgeous*** (*Brit*) super* beau (belle *f*) ▸**drop-down menu** N menu *m* déroulant ▸**drop goal** N (*Rugby*) drop *m* • **to score a ~ goal** passer un drop ▸**drop handlebars** NPL guidon *m* de course ▸**drop-in centre** N (*Brit*) centre *m* d'accueil (*où l'on peut se rendre sans rendez-vous*) ▸**drop kick** N (*Rugby*) drop *m* ▸**drop-off** N (*in sales, interest*) diminution *f* (**in** de) ▸**drop shot** N (*Sport*) amorti *m* ▸**drop zone** N (*Aviat*) zone *f* de droppage
▸**drop behind** VI se laisser distancer; (*in work*) prendre du retard
▸**drop by** VI **to ~ by somewhere/on sb** passer quelque part/chez qn • **we'll ~ by if we're in town** nous passerons si nous sommes en ville
▸**drop down** VI tomber
▸**drop in** VI **to ~ in on sb** passer voir qn • **to ~ in at the grocer's** passer chez l'épicier • **do ~ in if you're in town** passez me voir (*or* nous voir) si vous êtes en ville
▸**drop off** 1 VI ⓐ (*= fall asleep*) s'endormir ⓑ [*leaves*] tomber; [*sales, interest*] diminuer 2 VT SEP (*= set down from car*) déposer
▸**drop out** VI [*contents*] tomber; (*from college*) abandonner ses études • **to ~ out of a competition** se retirer d'une compétition • **to ~ out of sight** [*person*] disparaître de la circulation
▸**drop round*** VI **we ~ped round to see him** nous sommes passés le voir • **he ~ped round to see us** il est passé nous voir

droplet ['drɒplɪt] (N) gouttelette *f*

dropout ['drɒpaʊt] 1 (N) (*from society*) marginal(e) *m(f)*; (*from college*) étudiant(e) *m(f)* qui abandonne ses études
2 (ADJ) **the ~ rate** le taux d'abandon

dropper ['drɒpəʳ] (N) compte-goutte(s) *m*

droppings ['drɒpɪŋz] (NPL) [*of bird*] fiente *f*; [*of animal*] crottes *fpl*

dross* [drɒs] (N) **the film was total ~** ce film était complètement nul

drought [draʊt] (N) sécheresse *f*

drove [drəʊv] 1 (VB) *pt of* **drive** 2 (N) **~s of people** des foules *fpl* de gens • **they came in ~s** ils arrivèrent en foule

drown [draʊn] 1 (VI) se noyer 2 (VT) [*+ person, animal*] noyer • **to ~ one's sorrows** noyer son chagrin
▸**drown out** VT SEP [*+ voice, sound, words*] couvrir

drowning ['draʊnɪŋ] (N) (*= death*) noyade *f* • **there were three ~s here last year** trois personnes se sont noyées ici l'année dernière

drowse [draʊz] (VI) être à moitié endormi

drowsiness ['draʊzɪnɪs] (N) somnolence *f* • **"may cause ~"** «peut entraîner la somnolence»

drowsy ['draʊzɪ] (ADJ) [*person, smile, look*] somnolent; [*voice*] ensommeillé • **he was still very ~** il était encore à moitié endormi • **these tablets will make you ~** ces comprimés vous donneront envie de dormir • **to grow ~** s'assoupir • **to feel ~** avoir envie de dormir

drudge [drʌdʒ] (N) **the household ~** la bonne à tout faire

drudgery ['drʌdʒərɪ] (N) corvée *f* • **it's sheer ~!** c'est une vraie corvée!

drug [drʌg] 1 (N) drogue *f*; (*= medicine*) médicament *m* • **he's on ~s** (*illegal*) il se drogue; (*as medication*) il prend

des médicaments (**for** contre) • **to do ~s*** se droguer
2 (VT) [+ *person*] droguer
3 (COMP) ▸**drug abuse** N usage *m* de stupéfiants ▸**drug abuser, drug addict** N toxicomane *mf* ▸**drug addiction** N toxicomanie *f* ▸**drug company** N laboratoire *m* pharmaceutique ▸**drug czar** N responsable *mf* de la lutte contre la drogue ▸**drug dealer** N revendeur *m*, -euse *f* de drogue ▸**drug-driving** N conduite *f* sous l'emprise de stupéfiants ▸**drug habit** N **to have a ~ habit** se droguer ▸**drug peddler, drug pusher** N revendeur *m*, -euse *f* de drogue, dealer* *m* ▸**drugs ring** N réseau *m* de trafiquants de drogue ▸**drugs test** N contrôle *m* antidopage ▸**drug-taker** N consommateur *m* de drogue ▸**drug-taking** N consommation *f* de drogue(s) ▸**drug test** N contrôle *m* antidopage ▸**drug trafficking** N trafic *m* de drogue ▸**drug user** N consommateur *m* de drogue

> ⚠ In the medical sense **drug** is translated by **médicament**.

drugstore ['drʌgstɔːʳ] (N) (*US*) drugstore *m*
druid ['druːɪd] (N) druide *m*
drum [drʌm] **1** (N) **a** (= *instrument*) tambour *m* • **the ~s** la batterie • **he plays ~s** il fait de la batterie • **on ~s, Robbie Fisher** à la batterie, Robbie Fisher
b (*for oil*) bidon *m*; (= *cylinder for wire*) tambour *m*
2 (VI) **he was ~ming on the table with his fingers** il tapotait sur la table • **the noise was ~ming in my ears** le bruit bourdonnait à mes oreilles
3 (VT) **to ~ one's fingers on the table** tambouriner avec les doigts sur la table • **to ~ sth into sb** seriner qch à qn
4 (COMP) ▸**drum kit** N batterie *f* ▸**drum machine** N boîte *f* à rythme ▸**drum roll** N roulement *m* de tambour ▸**drum set** N batterie *f*
▸ **drum up** VT SEP [+ *enthusiasm, support*] susciter; [+ *supporters*] battre le rappel de; [+ *customers*] racoler • **to ~ up business** attirer la clientèle
drumbeat ['drʌmbiːt] (N) battement *m* de tambour
drummer ['drʌməʳ] (N) (*in orchestra*) percussionniste *mf*; (*in marching band, jazzband, rock group*) batteur *m*
drumstick ['drʌmstɪk] (N) **a** (*for drum*) baguette *f* de tambour **b** [*of chicken, turkey*] pilon *m*
drunk [drʌŋk] **1** (VB) *ptp of* **drink** **2** (ADJ) ivre • **he was ~ on champagne** il s'était soûlé au champagne • **to get ~ (on champagne)** se soûler* (au champagne) • **to get sb ~ (on champagne)** soûler* qn (au champagne) • **~ and disorderly** ≈ en état d'ivresse publique • **~ with** *or* **on success/power** grisé par le succès/pouvoir
3 (N) (= *person*)* ivrogne *mf* **4** (COMP) ▸**drunk driver** N conducteur *m*, -trice *f* en état d'ivresse ▸**drunk driving** N conduite *f* en état d'ivresse
drunkard ['drʌŋkəd] (N) ivrogne *mf*
drunken ['drʌŋkən] (ADJ) **a** [*person*] (= *habitually*) ivrogne; (= *on one occasion*) ivre • **a ~ old man** un vieil ivrogne **b** [*quarrel, brawl*] d'ivrogne(s); [*state*] d'ivresse • **in a ~ rage** dans un état de fureur dû à l'alcool • **in a ~ stupor** dans une stupeur éthylique
drunkenness ['drʌŋkənnɪs] (N) (= *state*) ivresse *f*; (= *problem, habit*) ivrognerie *f*
dry [draɪ] **1** (ADJ) **a** sec (sèche *f*) • **wait till the glue is ~** attendez que la colle sèche • **her throat was ~** elle avait la gorge sèche • **her eyes were ~** elle avait les yeux secs • **there wasn't a ~ eye in the house** toute la salle était en larmes • **on ~ land** sur la terre ferme • **to wipe sth ~** essuyer qch • **to keep sth ~** tenir qch au sec • **"keep in a ~ place"** « tenir au sec » • **as ~ as a bone** complètement sec • **a ~ day** un jour sans pluie • **it was ~ and warm** (*weather*) le temps était sec et chaud • **to be ~*** (= *thirsty*) avoir le gosier sec*
b (= *dried-up*) [*riverbed, lake*] à sec; [*spring, river*] tari • **to run ~** [*river*] s'assécher; [*well*] tarir; [*resources*] s'épuiser
c [*wine, sherry*] sec (sèche *f*)
d (= *where alcohol is banned*) [*country, state*]* où l'alcool est prohibé
e [*humour, wit, person*]* pince-sans-rire *inv* • **he has a ~ sense of humour** il est pince-sans-rire
f (= *not lively*) [*book, subject, speech*] aride • **as ~ as dust** ennuyeux comme la pluie
2 (N) **in the ~** au sec
3 (VT) sécher • **to ~ one's eyes** sécher ses larmes • **to ~ the dishes** essuyer la vaisselle • **to ~ o.s.** se sécher • **he gave me a towel to ~ my hands** il m'a donné une serviette pour m'essuyer les mains
4 (VI) sécher
5 (COMP) ▸**dry-as-dust** ADJ aride ▸**dry-clean** VT nettoyer à sec • **"~-clean only"** (*on label*) « nettoyage à sec » • **to have a dress ~-cleaned** donner une robe à nettoyer ▸**dry-cleaner** N teinturier *m* • **to take a coat to the ~-cleaner's** porter un manteau chez le teinturier ▸**dry-cleaning** N nettoyage *m* à sec ▸**dry goods** NPL tissus *mpl* et articles *mpl* de mercerie ▸**dry dock** N cale *f* sèche ▸**dry ice** N neige *f* carbonique ▸**dry-roasted** ADJ [*peanuts*] grillé à sec ▸**dry rot** N pourriture *f* sèche (*du bois*) ▸**dry run** N (= *trial*) galop *m* d'essai; (= *rehearsal*) répétition *f* ▸**dry ski slope** N piste *f* de ski artificielle ▸**dry-stone wall** N mur *m* de pierres sèches
▸**dry off** VI, VT SEP sécher
▸**dry out** VI sécher
▸ **dry up** VI **a** [*stream, well*] se dessécher, (se) tarir; [*moisture*] s'évaporer; [*source of supply, inspiration*] se tarir **b** (= *dry the dishes*) essuyer la vaisselle
dryer ['draɪəʳ] (N) (*for hands*) sèche-mains *m inv*; (*for clothes*) sèche-linge *m inv*; (*for hair*) sèche-cheveu(x) *m*
dryly ['draɪlɪ] (ADV) = **drily**
dryness ['draɪnɪs] (N) [*of soil, weather, skin, hair*] sécheresse *f*
DS [diː'es] (N) (*Brit Police*) (ABBR OF **Detective Sergeant**) ≈ inspecteur(-chef) *m* (*ou* inspectrice(-chef) *f*) de police
DSC [ˌdiːes'siː] (N) (ABBR OF **Distinguished Service Cross**) *médaille militaire*
DSc (N) (*Univ*) (ABBR OF **Doctor of Science**) *doctorat ès sciences*
DSM [ˌdiːes'em] (N) (ABBR OF **Distinguished Service Medal**) *médaille militaire*
DSO [ˌdiːes'əʊ] (N) (*Brit*) (ABBR OF **Distinguished Service Order**) *médaille militaire*
DST (*US*) (ABBR OF **Daylight Saving Time**) heure *f* d'été
DT (*Comput*) (ABBR OF **data transmission**) transmission *f* de données
DTI [diːtiː'aɪ] (N) (*Brit Admin*) (ABBR OF **Department of Trade and Industry**) ≈ ministère *m* de l'Industrie
DTP [ˌdiːtiː'piː] (N) (ABBR OF **desktop publishing**) PAO *f*
DT's* [diː'tiːz] (NPL) (ABBR OF **delirium tremens**) delirium tremens *m*
dual ['djʊəl] (ADJ) double ▸**dual carriageway** N (*Brit*) route *f* à quatre voies → ROADS ▸**dual-control** ADJ à double commande ▸**dual controls** NPL double commande *f* ▸**dual-fuel** ADJ [*model*] bicombustible ▸**dual nationality** N

double nationalité *f* ▸ **dual personality** N dédoublement *m* de la personnalité ▸ **dual-purpose** ADJ à usage mixte

duality [djʊˈælɪtɪ] (N) dualité *f*

dub [dʌb] (VT) ⓐ (= *nickname*) surnommer • **she was ~bed "the Iron Lady"** elle était surnommée « la dame de fer » ⓑ [+ *film*] doubler

Dubai [duːˈbaɪ] (N) Dubaï *m*

dubbing [ˈdʌbɪŋ] (N) doublage *m*

dubious [ˈdjuːbɪəs] (ADJ) ⓐ [*claim, reputation, quality*] douteux; [*privilege, pleasure*] discutable ⓑ (= *unsure*) **to be ~ about sth** douter de qch • **I was ~ at first** au début, j'avais des doutes • **I am ~ that the new law will achieve anything** je doute que cette nouvelle loi serve *subj* à quelque chose • **to look ~** avoir l'air dubitatif

dubiously [ˈdjuːbɪəslɪ] (ADV) [*look at, smile, frown*] d'un air dubitatif; [*say*] d'un ton dubitatif

Dublin [ˈdʌblɪn] (N) Dublin ▸ **Dublin Bay prawn** N langoustine *f*

Dubliner [ˈdʌblɪnəʳ] (N) habitant(e) *m(f)* de Dublin

dubstep [ˈdʌbstep] (N) dubstep *m*

duchess [ˈdʌtʃɪs] (N) duchesse *f*

duck [dʌk] 1 (N) (= *bird*) canard *m*; (*female*) cane *f* • **he took to it like a ~ to water** c'était comme s'il avait fait ça toute sa vie 2 (VI) ⓐ (= *duck down*) se baisser vivement; (*in fight*) esquiver un coup ⓑ **he ~ed into his office** (*to hide*) il s'est réfugié dans son bureau 3 (VT) ⓐ **to ~ sb** pousser qn sous l'eau ⓑ [+ *one's head*] baisser vivement; [+ *blow, question*] esquiver; [+ *responsibility, decision*] se dérober à 4 (COMP) ▸ **duck pond** N mare *f* aux canards

▸ **duck out of** VT INSEP esquiver • **she ~ed out of going with them** elle s'est esquivée pour ne pas les accompagner • **he ~ed out of his commitments** il s'est dérobé à ses engagements

ducking [ˈdʌkɪŋ] (N) plongeon *m*, bain *m* forcé • **to give sb a ~** (= *push under water*) pousser qn sous l'eau; (= *push into water*) pousser qn dans l'eau • **~ and diving** dérobades *fpl*

duckling [ˈdʌklɪŋ] (N) caneton *m*; (*female*) canette *f*

duct [dʌkt] (N) canalisation *f*; (*in body*) canal *m*

dud* [dʌd] 1 (ADJ) (= *defective*) qui foire*; (= *worthless*) [*cheque*] en bois*; [*film, student, performance*] nul (nulle *f*); (= *counterfeit*) faux (fausse *f*) • **he replaced a ~ valve** il a remplacé un valve qui était nase* 2 (N) (= *shell*) obus *m* non éclaté; (= *bomb*) bombe *f* non éclatée; (= *person*) raté(e) *m(f)* • **Phil was a complete ~ at school** Phil était complètement nul à l'école

dude* [d(j)uːd] (N) (*US*) (= *man*) type* *m*

DUDE RANCH
Ranch où se retrouvent les nostalgiques de la vie du Far West. En argot, un **dude** est un citadin, ou un habitant de la côte est, trop soigné et trop bien habillé.

due [djuː] 1 (ADJ) ⓐ (= *expected*) **the train is ~ at 2.19** le train doit arriver à 14 h 19 • **the plane was ~ two hours ago** l'avion devait atterrir il y a deux heures • **to be ~ in** [*train, ferry, plane*] devoir arriver • **to be ~ out** [*magazine, record, film*] devoir sortir • **when is the baby ~?** quand doit naître le bébé ? • **the results are ~ next week** les résultats seront donnés la semaine prochaine • **he's ~ back tomorrow** il doit être de retour demain

ⓑ (= *payable*) [*sum, money*] dû (due *f*) • **when is the rent ~?** quand faut-il payer le loyer ? • **the sum ~ to me** la somme qui m'est due

ⓒ (= *owed*) **I am ~ six days' holiday** on me doit six jours de congé • **she is ~ for promotion** (= *will be promoted*) elle doit être promue; (= *should be promoted*) elle devrait être promue • **to be ~ for release in 2001** devoir être libéré en 2001 • **our thanks are ~ to Mr Bertillon** nous tenons à remercier M. Bertillon

ⓓ ▸ **due to** (= *because of*) **the match was cancelled ~ to bad weather** le match a été annulé en raison du mauvais temps • **it was ~ to his efforts that the trip was a success** c'est grâce à ses efforts que le voyage a été un succès • **the fall in sales is ~ to high interest rates** la chute des ventes s'explique par les taux d'intérêt élevés • **the accident was ~ to the icy road** l'accident était dû au verglas

ⓔ (= *proper*) **to give ~ attention to sb** prêter à qn l'attention qu'il mérite • **to receive ~ credit** être reconnu comme il se doit • **after ~ consideration** après mûre réflexion • **to have ~ regard for sth** respecter pleinement qch • **with ~ regard to sth** en tenant pleinement compte de qch • **with all ~ respect** sauf votre respect • **with (all) ~ respect to Mrs Harrison** malgré tout le respect que je dois à Mme Harrison • **driving without ~ care and attention** conduite *f* imprudente

▸ **in due course** (= *when the time is ripe*) en temps utile; (= *in the long run*) à la longue • **in ~ course, she found out that ...** elle finit par découvrir que ...

2 (ADV) **~ north/south** plein nord/sud (**of** par rapport à) • **to face ~ north** [*building*] être (en) plein nord; [*person*] faire face au nord

3 (N) **to give sb his ~** rendre justice à qn • **to give him his ~, he did try hard** il faut reconnaître qu'il a quand même fait tout son possible

4 (NPL) **dues** (= *fees*) cotisation *f*

duel [ˈdjʊəl] 1 (N) duel *m* 2 (VI) se battre en duel

duet [djuːˈet] (N) duo *m* • **to sing a ~** chanter en duo • **piano ~** morceau *m* à quatre mains

duff* [dʌf] (ADJ) (*Brit*) ⓐ (= *faulty*) détraqué* ⓑ [*suggestion, idea, film, record*] nul (nulle *f*)

▸ **duff up**‡ VT SEP casser la gueule à‡

duffel bag [ˈdʌfl‚bæg] (N) sac *m* marin

duffel coat [ˈdʌfl‚kəʊt] (N) duffel-coat *m*

duffer* [ˈdʌfəʳ] (N) nullard(e)* *m(f)* • **he is a ~ at French** il est nul en français

dug [dʌg] (VB) *pt, ptp of* **dig**

dugong [ˈduːgɒŋ] (N) dugong *m*

dugout [ˈdʌgaʊt] (N) (= *trench*) tranchée *f*; (= *canoe*) pirogue *f*

DUI [‚diːjuːˈaɪ] (N) (*US*) (ABBR OF **driving under the influence**) CEI *f*, conduite *f* en état d'ivresse

duke [djuːk] (N) duc *m*

dull [dʌl] 1 (ADJ) ⓐ (= *boring*) ennuyeux; [*place*] morne; [*food*] quelconque; [*style*] terne • **(there's) never a ~ minute** on ne s'ennuie jamais • **as ~ as ditchwater** ennuyeux comme la pluie ⓑ [*light, glow*] faible; [*colour, eyes, hair, skin, metal*] terne; [*weather, day*] maussade ⓒ [*pain, sound, feeling*] sourd • **with a ~ thud** avec un bruit sourd ⓓ (= *slow-witted*) borné ⓔ (= *blunt*) émoussé 2 (VT) [+ *blade, appetite, senses, pleasure*] émousser; [+ *mind*] engourdir; [+ *pain, grief, impression*] atténuer; [+ *sound*] assourdir; [+ *colour, metal*] ternir 3 (VI) [*edge, blade*] s'émousser; [*light*] baisser 4 (COMP) ▸ **dull-witted** ADJ dur à la détente*

dullness ['dʌlnɪs] (N) (= *tedium*) [*of book, evening, lecture*] manque *m* d'intérêt; [*of person*] personnalité *f* terne; [*of life*] grisaille *f*

duly ['dju:lɪ] (ADV) ⓐ (= *properly*) dûment • **~ elected** dûment élu ⓑ (= *suitably*) à juste titre • **the visitors were ~ impressed** comme il se devait, les visiteurs ont été impressionnés • **I asked him for his autograph and he ~ obliged** je lui ai demandé un autographe et il a accepté

dumb [dʌm] 1 (ADJ) ⓐ (= *unable to speak*) muet ⓑ (= *stupid*)* stupide; [*object, present*] ringard* • **a ~ blonde** une blonde évaporée • **to act ~** faire l'innocent
2 (NPL) **the dumb** les muets *mpl*
▸ **dumb down** VT SEP [+ *people*] abêtir; [+ *programmes*] niveler par le bas

dumbbell ['dʌmbel] (N) haltère *m*

dumbfounded [dʌm'faʊndɪd] (ADJ) sidéré • **I'm ~** je suis sidéré

dummy ['dʌmɪ] 1 (N) ⓐ (= *sham*) objet *m* factice; (= *model*) mannequin *m*; [*of ventriloquist*] marionnette *f* ⓑ (*Brit*) (= *baby's teat*) tétine *f* ⓒ (= *idiot*)* imbécile *mf* 2 (ADJ) faux (fausse *f*) 3 (COMP) ▸ **dummy run** N (*Brit*) (*in manufacturing*) essai *m*; (= *attack*) attaque *f* simulée

dump [dʌmp] 1 (N) ⓐ (= *place*) décharge *f* • **to be down in the ~s*** avoir le cafard* ⓑ (*for munitions*) dépôt *m* ⓒ (= *unpleasant place*)* trou *m* perdu*; (= *house, hotel*)* trou *m* à rats* ⓓ (*Comput*) vidage *m* 2 (VT) ⓐ [+ *rubbish*] déposer; [+ *sand, bricks*] décharger; [+ *goods for sale*] vendre à bas prix ⓑ (= *set down*) [+ *package, passenger*]* déposer ⓒ (= *get rid of*)* [+ *thing*] bazarder*; [+ *boyfriend, girlfriend*] larguer* ⓓ (*Comput*) [+ *data file*] vider • **to ~ to the printer** transférer sur l'imprimante

dumping ['dʌmpɪŋ] (N) [*of load, rubbish*] décharge *f*; (*in sea*) immersion *f*; [*of goods for sale*] dumping *m* ▸ **dumping ground** N dépotoir *m*

dumpling ['dʌmplɪŋ] (N) boulette *f* (de pâte)

Dumpster ® ['dʌmpstəʳ] (N) (*US*) benne *f* (à ordures)

dumpy* ['dʌmpɪ] (ADJ) courtaud

dunce [dʌns] (N) cancre* *m* • **to be a ~ at maths** être nul en math

dune [dju:n] (N) dune *f* ▸ **dune buggy** N buggy *m*

dung [dʌŋ] (N) [*of horse*] crottin *m*; [*of cattle*] bouse *f*; (= *manure*) fumier *m*

dungarees [ˌdʌŋgə'ri:z] (NPL) salopette *f*

dungeon ['dʌndʒən] (N) cachot *m* (souterrain)

dungheap ['dʌŋhi:p], **dunghill** ['dʌŋhɪl] (N) tas *m* de fumier

dunk [dʌŋk] (VT) tremper

Dunkirk [dʌn'kɜ:k] (N) Dunkerque

dunno‡ [də'nəʊ] = **don't know**

duo ['dju:əʊ] (N) duo *m*

dupe [dju:p] 1 (VT) duper • **to ~ sb into doing sth** amener qn à faire qch en le dupant 2 (N) dupe *f*

duplex ['dju:pleks] 1 (ADJ) duplex *inv* 2 (N) (*US*) (= *duplex house*) maison *f* jumelle; (= *duplex apartment*) duplex *m* → HOUSE

duplicate 1 (VT) [+ *document, key*] faire un double de; [+ *film*] faire un contretype de; (*on machine*) [+ *document*] polycopier; [+ *action*] répéter exactement • **that is merely duplicating work already done** cela revient à refaire le travail qu'on a déjà fait 2 (N) [*of document, key*] double *m* 3 (ADJ) [*copy*] en double • **I've got a ~ key** j'ai un double de la clé

> Lorsque **duplicate** est un nom ou un adjectif, la fin se prononce comme **it** : ['dju:plɪkɪt]; lorsque c'est un verbe, elle se prononce comme **eight** : ['dju:plɪkeɪt].

duplication [ˌdju:plɪ'keɪʃən] (N) duplication *f*

duplicity [dju:'plɪsɪtɪ] (N) duplicité *f*

Dur. (ABBR OF **Durham**)

durability [ˌdjʊərə'bɪlɪtɪ] (N) durabilité *f*

durable ['djʊərəbl] 1 (ADJ) durable • **CDs are more ~ than cassettes** les CD durent plus longtemps que les cassettes
2 (COMP) ▸ **durable goods** NPL biens *mpl* de consommation durables

duration [djʊə'reɪʃən] (N) durée *f* • **for the ~ of ...** pendant toute la durée de ... • **he stayed for the ~*** (= *for ages*) il est resté une éternité

duress [djʊə'res] (N) contrainte *f* • **under ~** sous la contrainte

Durex ® ['djʊəreks] (N) (*pl inv*) préservatif *m*

during ['djʊərɪŋ] (PREP) pendant • **~ the night** pendant la nuit

dusk [dʌsk] (N) (= *twilight*) crépuscule *m* • **at ~** au crépuscule • **shortly after ~** peu de temps après la tombée de la nuit

dusky ['dʌskɪ] (ADJ) ⓐ (= *dark-skinned*) [*person*] au teint basané; [*complexion*] basané ⓑ [*colour*] mat • **~ pink** vieux rose *inv*

dust [dʌst] 1 (N) poussière *f* • **I've got a speck of ~ in my eye** j'ai une poussière dans l'œil • **you couldn't see him for ~*** (*Brit*) il s'était volatilisé
2 (VT) ⓐ [+ *furniture*] épousseter; [+ *room*] essuyer la poussière dans
ⓑ (*with talc, sugar*) saupoudrer (**with** de)
3 (VI) épousseter
4 (COMP) ▸ **dust bag** N sac *m* à poussière (*d'aspirateur*) ▸ **dust cloth** N (*US*) chiffon *m* à poussière ▸ **dust cloud** N nuage *m* de poussière ▸ **dust cover** N [*of book*] jaquette *f*; [*of furniture*] housse *f* (de protection) ▸ **dust jacket** N jaquette *f* ▸ **dust mite** N acarien *m* ▸ **dust sheet** N housse *f* (de protection) ▸ **dust storm** N tempête *f* de poussière ▸ **dust-up*** N (*Brit*) accrochage* *m* • **to have a ~-up with sb** avoir un accrochage* avec qn
▸ **dust down, dust off** VT SEP épousseter

dustbin ['dʌstbɪn] (N) (*Brit*) poubelle *f* ▸ **dustbin man** N (*pl* **dustbin men**) (*Brit*) éboueur *m*

dustcart ['dʌstkɑ:t] (N) (*Brit*) camion *m* des éboueurs

duster ['dʌstəʳ] (N) ⓐ (*Brit*) chiffon *m* (à poussière) ⓑ (*US*) (= *overgarment*) blouse *f*; (= *housecoat*) robe *f* d'intérieur

dusting ['dʌstɪŋ] (N) [*of furniture*] époussetage *m* • **to do the ~** épousseter

dustman ['dʌstmən] (N) (*pl* **-men**) (*Brit*) éboueur *m*

dustpan ['dʌstpæn] (N) pelle *f* (à poussière)

dusty ['dʌstɪ] (ADJ) (= *covered in dust*) poussiéreux • **to get ~** se couvrir de poussière

Dutch [dʌtʃ] 1 (ADJ) néerlandais, hollandais • **I need some ~ courage** j'ai besoin d'un petit verre pour me donner du courage 2 (N) (= *language*) néerlandais *m* 3 (NPL) **the Dutch** les Néerlandais *mpl* 4 (ADV) **to go ~*** (*in restaurant*) payer chacun sa part; (*Cinema, Theatre*) payer chacun sa place

Dutchman ['dʌtʃmən] (N) (*pl* **-men**) Hollandais *m* • **if he's a professional footballer, then I'm a ~** je veux bien être pendu si c'est un footballeur professionnel

dutiful ['dju:tɪfʊl] (ADJ) [*child*] obéissant; [*spouse*] dévoué

dutifully ['dju:tɪfəlɪ] (ADV) consciencieusement

duty ['dju:tɪ] **1** (N) **a** (*moral, legal*) devoir *m* • **to do one's ~** faire son devoir (**by sb** envers qn) • **I feel ~ bound to say that ...** il est de mon devoir de dire que ... • **~ calls** le devoir m'appelle • **to make it one's ~ to do sth** se faire un devoir de faire qch • **in the course of one's ~** dans l'exercice de ses fonctions
b duties (= *responsibility*) fonctions *fpl* • **to take up one's duties** entrer en fonction • **to neglect one's duties** négliger ses fonctions • **my duties consist of ...** mes fonctions consistent à ... • **his duties as presidential adviser** ses fonctions de conseiller du président • **his duties have been taken over by his colleague** ses fonctions ont été reprises par son collègue
c ▸ **on duty** [*official*] de service; [*doctor, nurse*] de garde • **to be on ~** être de service (*or* de garde) • **to go on ~** [*doctor, nurse*] prendre son service
▸ **off duty** **to be off ~** ne pas être de service (*or* de garde) • **to go off ~** [*doctor, nurse*] quitter son service
d (= *tax*) taxe *f*; (*at Customs*) frais *mpl* de douane • **to pay ~ on sth** payer une taxe sur qch
2 (COMP) ▸ **duty-free** ADJ hors taxes ▸ **duty-free allowance** N *quantité autorisée de produits hors taxes* ▸ **duty-frees*** NPL (*Brit*) marchandises *fpl* hors taxes ▸ **duty-free shop** N boutique *f* hors taxes ▸ **duty-free shopping** N achat *m* de marchandises hors taxes

duvet ['du:veɪ] (N) (*Brit*) couette *f* ▸ **duvet cover** N housse *f* de couette

DV [di:'vi:] (ADV) (ABBR OF **Deo volente**) Dieu voulant

DVD [ˌdi:vi:'di:] (N) (ABBR OF **digital versatile disc**) DVD *m* ▸ **DVD burner** N graveur *m* de DVD ▸ **DVD player** N lecteur *m* de DVD ▸ **DVD-Rom** N DVD-ROM *m* ▸ **DVD writer** N graveur *m* de DVD

DVLA [ˌdi:vi:el'eɪ] (N) (*Brit*) (ABBR OF **Driver and Vehicle Licensing Agency**) *service des immatriculations et permis de conduire*

DVM [ˌdi:vi:'em] (N) (*US Univ*) (ABBR OF **Doctor of Veterinary Medicine**) *doctorat vétérinaire*

DVT [di:vi:'ti:] (N) (ABBR OF **deep vein thrombosis**) TVP *f*

dwarf [dwɔ:f] **1** (N) (*pl* **dwarfs** *or* **dwarves** [dwɔ:vz]) (*sometimes offensive*) nain(e) *m(f)* (*sometimes offensive*) **2** (ADJ) [*tree, star*] nain **3** (VT) [*skyscraper, person*] écraser (*fig*); [*achievement*] éclipser

dwell [dwel] (*pret, ptp* **dwelt** *or* **dwelled**) (VI) demeurer
▸ **dwell on** VT INSEP (= *think about*) ne pouvoir s'empêcher de penser à; (= *talk at length on*) s'étendre sur • **don't ~ on it** n'y pense plus • **to ~ on the past** revenir sans cesse sur le passé • **to ~ on the fact that ...** ressasser le fait que ...

dweller ['dweləʳ] (N) habitant(e) *m(f)*

dwelling ['dwelɪŋ] (N) résidence *f*

dwelt [dwelt] (VB) *pt, ptp of* **dwell**

DWEM (N) (*US*) (ABBR OF **Dead White European Male**) *homme célèbre qui devrait sa réputation à son appartenance au sexe masculin et à la race blanche*

dwindle ['dwɪndl] (VI) diminuer

dwindling ['dwɪndlɪŋ] (ADJ) [*number, interest, popularity*] décroissant; [*resources, supplies, funds, population*] en baisse • **~ audiences** un public de moins en moins nombreux

DWP

> **DWP**
> En Grande-Bretagne, le **DWP** (**Department for Work and Pensions**) est le ministère des Affaires sociales. Le **DWP** est chargé d'administrer les régimes de retraite ainsi qu'une large gamme de prestations sociales, notamment les allocations d'invalidité et de maladie ou encore les pensions alimentaires en faveur des enfants. → NATIONAL INSURANCE

dye [daɪ] **1** (N) (= *substance*) teinture *f*; (= *colour*) teinte *f* • **hair ~** teinture *f* pour les cheveux **2** (VT) teindre • **to ~ sth red** teindre qch en rouge • **to ~ one's hair** se teindre les cheveux

dyed [daɪd] (ADJ) [*hair, fabric*] teint • **~ blue** teint en bleu

dyed-in-the-wool [ˌdaɪdɪnðə'wʊl] (ADJ) bon teint *inv*

dying ['daɪɪŋ] **1** (ADJ) **a** [*person, animal, plant, fire*] mourant • **the ~ embers** les tisons *mpl* **b** (= *declining*) [*custom, industry*] en train de disparaître • **it's a ~ art** c'est un art en voie de disparition • **they are a ~ breed** c'est une espèce en voie d'extinction **c** (= *final*) [*words, wish*] dernier • **with his ~ breath** sur son lit de mort • **to my ~ day** jusqu'à mon dernier jour **2** (NPL) **the dying** les mourants *mpl*

dyke [daɪk] (N) **a** (= *channel*) fossé *m*; (= *wall*) digue *f*; (= *causeway*) chaussée *f* **b** (*offensive*) (= *lesbian*)‡ gouine‡ *f* (*sometimes offensive*)

dynamic [daɪ'næmɪk] (ADJ) dynamique

dynamically [daɪ'næmɪkəlɪ] (ADV) [*develop*] de façon dynamique

dynamics [daɪ'næmɪks] (N) dynamique *f*

dynamism ['daɪnəmɪzəm] (N) dynamisme *m*

dynamite ['daɪnəmaɪt] **1** (N) dynamite *f* • **that business is ~** c'est de la dynamite cette affaire • **it's political ~** du point de vue politique, c'est de la dynamite • **she's ~*** (= *terrific*) elle est super*; (= *sexy*) elle est super sexy* **2** (VT) dynamiter

dynamo ['daɪnəməʊ] (N) dynamo *f*

dynasty ['dɪnəstɪ] (N) dynastie *f*

dysentery ['dɪsɪntrɪ] (N) dysenterie *f*

dysfunction [dɪs'fʌŋkʃən] (N) dysfonctionnement *m*

dysfunctional [dɪs'fʌŋkʃənl] (ADJ) dysfonctionnel

dyslexia [dɪs'leksɪə] (N) dyslexie *f*

dyslexic [dɪs'leksɪk] (ADJ, N) dyslexique *mf*

dyspepsia [dɪs'pepsɪə] (N) dyspepsie *f*

dyspraxia [dɪs'præksɪə] (N) dyspraxie *f*

dyspraxic [dɪs'præksɪk] (ADJ) dyspraxique

dystrophy ['dɪstrəfɪ] (N) dystrophie *f*

E e

E, e [iː] 1 N a (*Music*) mi *m* b (ABBR OF **East**) E, est *m* c (*= mark*) ≈ faible d (*= ecstasy*) **E*** ecstasy *f* 2 COMP ▸ **E numbers** NPL (*Brit*) ≈ additifs *mpl* (alimentaires)

e- [iː] PREF (*= electronic*) e-

each [iːtʃ] 1 ADJ chaque • **~ day** chaque jour • **~ one of us** chacun(e) de nous • **~ and every one of us** chacun(e) de nous sans exception

2 PRON a (*= thing, person, group*) chacun(e) *m(f)* • **~ of the boys** chacun des garçons • **~ of us** chacun(e) *m(f)* de nous • **~ of them gave their opinion** chacun a donné son avis • **~ more beautiful than the next** tous plus beaux les uns que les autres • **a little of ~ please** un peu de chaque s'il vous plaît

b (*= apiece*) chacun(e) • **we gave them one apple ~** nous leur avons donné une pomme chacun • **the bags are $12 ~** les sacs coûtent 12 dollars chaque

c ▸ **each other** l'un(e) l'autre *m(f)*, les uns les autres *mpl*, les unes les autres *fpl* • **they respected ~ other** ils avaient du respect l'un pour l'autre

> French reflexive verbs are often used to translate verbs + **each other**.

• **they love ~ other** ils s'aiment • **they write to ~ other often** ils s'écrivent souvent • **they used to carry ~ other's books** ils s'aidaient à porter leurs livres

eager [ˈiːgəʳ] ADJ [*person, buyer*] empressé; [*volunteer*] enthousiaste • **in ~ anticipation** avec impatience • **to be ~ for** [*+ happiness, power, fame*] rechercher avidement; [*+ affection, information*] être avide de; [*+ vengeance, knowledge*] avoir soif de • **to be ~ for change** avoir soif de changement • **to be ~ to do sth** (*= keen*) désirer vivement faire qch; (*= impatient*) être impatient de faire qch • **she is ~ to help** elle ne demande qu'à aider • **she is ~ to please** (*= be helpful*) elle ne demande qu'à rendre service ▸ **eager beaver*** N personne *f* enthousiaste et consciencieuse

eagerly [ˈiːgəlɪ] ADV [*await*] avec impatience; [*say*] avec empressement

eagle [ˈiːgl] N aigle *m* ▸ **eagle eye** N **to keep an ~ eye on sth** surveiller qch très attentivement • **nothing escapes her ~ eye** rien n'échappe à son œil vigilant ▸ **eagle-eyed** ADJ aux yeux d'aigle ▸ **Eagle Scout** N (*US*) *scout du plus haut grade*

ear [ɪəʳ] 1 N a oreille *f* • **I'm all ~s!*** je suis tout ouïe ! • **it all came crashing down about his ~s** tout s'est effondré autour de lui • **your ~s must have been burning!*** vous avez dû entendre vos oreilles siffler ! • **to close one's ~s to sth** ne pas vouloir entendre qch • **to have one's ~ to the ground** être à l'affût de ce qui se dit • **to have an ~ for music** avoir l'oreille musicale • **to have a good ~** avoir une bonne oreille • **it goes in one ~ and out the other*** cela lui entre par une oreille et lui sort par l'autre • **to keep one's ~s open** ouvrir l'oreille • **you'll be out on your ~* if you're not careful** tu vas te faire virer* si tu ne fais pas attention • **to play by ~** (*musician*) jouer d'oreille • **I'll just play it by ~** je verrai quoi faire le moment venu • **to lend a sympathetic ~** prêter une oreille attentive • **to be up to the ~s in work*** avoir du travail par-dessus la tête • **to be up to the ~s in debt** être endetté jusqu'au cou • **he's got money coming out of his ~s*** il a de l'argent à ne plus savoir qu'en faire

b [*of grain, plant*] épi *m*

2 COMP ▸ **ear, nose and throat department** N service *m* d'oto-rhino-laryngologie ▸ **ear-splitting** ADJ [*sound*] strident

earache [ˈɪəreɪk] N mal *m* d'oreille(s) • **to have ~** avoir mal à l'oreille (*or* aux oreilles)

eardrum [ˈɪədrʌm] N tympan *m*

earful* [ˈɪəfʊl] N **to give sb an ~** (*= scold*) passer un savon* à qn

earl [ɜːl] N comte *m*

earlier [ˈɜːlɪə] *compar of* **early** 1 ADJ a (*in past*) précédent • **at an ~ date** plus tôt • **in ~ times** autrefois • **an ~ train** un train plus tôt b (*in future*) **at an ~ date** à une date plus rapprochée 2 ADV plus tôt • **she had left ten minutes ~** elle était partie dix minutes plus tôt • **~ on** (*before specified moment*) plus tôt • **~ today** plus tôt dans la journée • **I said ~ that ...** j'ai dit tout à l'heure que ...

earliest [ˈɜːlɪɪst] *superl of* **early** 1 ADJ (*= first possible*) **the ~ possible date for the election** la première date possible pour la tenue des élections • **at your ~ convenience** dans les meilleurs délais 2 N **at the ~** au plus tôt • **the ~ he can come is Monday** il ne peut pas venir avant lundi

earlobe [ˈɪələʊb] N lobe *m* d'oreille

early [ˈɜːlɪ] 1 ADJ a (*= near beginning of period*) [*years, days, film, book*] premier • **the ~ hours** les premières heures *fpl* • **in the ~ 90s** au début des années 90 • **in the ~ afternoon** en début d'après-midi • **at an ~ age** (très) jeune • **in ~ childhood** pendant la petite enfance • **the ~ days of the project** les débuts *mpl* du projet • **to be an ~ example of sth** être un des premiers exemples de qch • **two ~ goals** deux buts *mpl* en début de match

• **~ January** début janvier • **in its ~ stages** à ses débuts • **in ~ summer** au début de l'été • **to be in one's ~ thirties** avoir un peu plus de trente ans

b (*in day*) tôt • **don't go, it's still ~** ne t'en va pas, il est encore tôt • **we've got an ~ start tomorrow** nous partons tôt demain • **I caught an ~ train** j'ai pris un train tôt le matin • **it was ~ evening when we finished** nous avons fini tôt dans la soirée • **in the ~ morning** tôt le matin • **it's too ~ to say** il est trop tôt pour le dire • **it's ~ days*** (*Brit*) il est trop tôt pour en juger

c (= *before expected time*) [*departure, death*] prématuré; [*flowers, crop*] précoce • **to be ~** [*person, train*] être en avance • **I was two hours ~** j'étais deux heures en avance • **too ~** trop tôt • **to be ~ for an appointment** arriver en avance à un rendez-vous • **Easter is ~ this year** Pâques est tôt cette année • **to have an ~ lunch** déjeuner tôt • **to have an ~ night** se coucher tôt

d (= *occurring in near future*) **at an ~ date** bientôt • **"hoping for an ~ reply"** « dans l'espoir d'une prompte réponse »

2 ADV **a** (= *near beginning of period*) [*start*] tôt • **as ~ as next week** dès la semaine prochaine • **~ next month/year** tôt le mois prochain/l'année prochaine • **~ on** très tôt • **~ on in his career** au début de sa carrière • **~ this month/year** tôt dans le mois/l'année • **~ today** tôt dans la journée • **~ yesterday** hier en début de matinée

▸ **early in** • **~ in 1915** au début de 1915 • **~ in the year** au début de l'année • **~ in May** début mai • **~ in life** tôt dans la vie • **~ in the book** au début du livre • **~ in the morning** tôt le matin

b [*get up, go to bed, set off*] tôt, de bonne heure • **~ next day** tôt le lendemain • **too ~** trop tôt

c (= *before usual time*) [*arrive, end*] en avance; [*flower, harvest*] tôt

3 COMP ▸ **early adopter** N [*of new technologies*] précurseur *m*, pionnier *m* ▸ **early bird*** N lève-tôt* *mf inv* ▸ **early closing, early closing day** N (*Brit*) *jour de fermeture l'après-midi* ▸ **early retirement** N retraite *f* anticipée ▸ **early riser** N lève-tôt* *mf inv* ▸ **early-stage** ADJ [*disease*] en phase initiale, précoce • **~-stage breast cancer** cancer *m* du sein en phase initiale *or* précoce

earmark ['ɪəmɑːk] VT [+ *object, seat*] réserver (**for** à); [+ *funds*] affecter (**for** à)

earmuff ['ɪəmʌf] N cache-oreilles *m inv*

earn [ɜːn] VT gagner; [+ *interest*] rapporter • **to ~ one's living** gagner sa vie

earner ['ɜːnə^r] N **high ~s** gens *mpl* qui gagnent bien leur vie • **it's a nice little ~*** (*Brit*) ça rapporte bien

earnest ['ɜːnɪst] **1** ADJ sérieux **2** N **in earnest** (= *properly*) véritablement • **this time I am in ~** cette fois je ne plaisante pas

earnestly ['ɜːnɪstli] ADV [*say, look at*] avec sérieux; [*discuss, ask*] sérieusement

earnings ['ɜːnɪŋz] **1** NPL [*of person*] salaire *m*; [*of business*] bénéfices *mpl* **2** COMP ▸ **earnings-related** ADJ [*pension, contributions*] proportionnel au salaire

earphone ['ɪəfəʊn] N écouteur *m*

earpiece ['ɪəpiːs] N (*for personal stereo*) écouteur *m*

earplugs ['ɪəplʌgz] NPL (*for sleeping*) boules *fpl* Quiès®

earring ['ɪərɪŋ] N boucle *f* d'oreille

earshot ['ɪəʃɒt] N **out of ~** hors de portée de voix • **within ~** à portée de voix

earth [ɜːθ] **1** N **a** terre *f* • **to come down** *or* **be brought down to ~ (with a bump)** (*fig*) redescendre (brutalement) sur terre (*fig*) • **(the) Earth** la Terre • **on ~** sur terre • **it's heaven on ~** c'est le paradis sur terre • **to the ends of the ~** au bout du monde • **where/why/how on ~ ...?** où/pourquoi/comment diable ...? • **nothing on ~** rien au monde • **she looks like nothing on ~!** à quoi elle ressemble! • **to promise sb the ~** promettre la lune à qn • **it must have cost the ~!*** ça a dû coûter les yeux de la tête!*

b [*of fox, badger*] terrier *m* • **to go to ~** [*fox, criminal*] se terrer • **to run sb to ~** dépister qn

2 VT (*Brit*) [+ *appliance*] mettre à la terre

3 COMP ▸ **earth sciences** NPL sciences *fpl* de la terre ▸ **earth-shattering*** ADJ stupéfiant ▸ **earth tremor** N secousse *f* sismique

earthed [ɜːθt] ADJ (*Brit*) relié à la terre

earthenware ['ɜːθənwɛə^r] **1** N poterie *f* **2** ADJ [*jug*] en terre cuite

earthly ['ɜːθli] ADJ [*paradise, possessions*] terrestre • **there is no ~ reason to think that ...** il n'y a pas la moindre raison de croire que ...

earthmover ['ɜːθmuːvə^r] N bulldozer *m*

earthquake ['ɜːθkweɪk] N tremblement *m* de terre

earthworm ['ɜːθwɜːm] N ver *m* de terre

earthy ['ɜːθi] ADJ terreux; [*humour, language*] truculent

earwig ['ɪəwɪg] N perce-oreille *m*

ease [iːz] **1** N facilité *f* • **~ of reference/access** facilité *f* de consultation/d'accès • **for ~ of reference** pour faciliter la consultation • **with ~** facilement • **with the greatest of ~** avec la plus grande facilité • **a life of ~** une vie facile

▸ **at ease** à l'aise • **not at ~** mal à l'aise • **to put sb's mind at ~** tranquilliser qn • **to be at ~ with sb** être à l'aise avec qn • **to feel at ~ with oneself** être bien dans sa peau

2 VT **a** (= *relieve*) [+ *pain, suffering*] soulager; [+ *pressure, tension*] diminuer; [+ *restrictions*] assouplir; [+ *shortage*] pallier • **to ~ congestion** décongestionner

b (= *make easier*) faciliter

c (= *move gently*) **he ~d himself into the chair** il s'est laissé glisser dans le fauteuil • **he ~d himself through the gap** il s'est glissé par le trou

3 VI [*pressure, tension, fighting*] diminuer

▸ **ease back** VI (*US*) **to ~ back on sb/sth** se montrer moins strict envers qn/en ce qui concerne qch

▸ **ease off** **1** VI [*person*] (= *slow down*) ralentir; (= *work less hard*) se relâcher; (= *subside*) [*rain, wind, pain*] se calmer; [*pressure, traffic*] diminuer **2** VT SEP [+ *lid*] enlever doucement

▸ **ease up** VI [*person*] (= *relax*) se détendre; (= *make less effort*) relâcher ses efforts; [*situation*] se détendre • **to ~ up on sb/sth** se montrer moins strict envers qn/en ce qui concerne qch

easel ['iːzl] N chevalet *m*

easily ['iːzɪli] ADV **a** (= *without difficulty*) facilement **b** (= *very possibly*) bien • **he may ~ change his mind** il pourrait bien changer d'avis **c** (*with superlative*) de loin • **he was ~ the best candidate** c'était de loin le meilleur candidat **d** (*with amounts, measurements*) facilement • **that's ~ 50km** ça fait facilement 50 km

east [iːst] **1** N est *m* • **to the ~ of ...** à l'est de ... • **in the ~ of Scotland** dans l'est de l'Écosse

2 ADJ [*coast, wing*] est *inv* • **~ wind** vent *m* d'est • **on the ~ side** du côté est • **East London** l'est *m* de Londres

3 (ADV) [*go, travel, fly*] vers l'est • **we drove ~ for 100km** nous avons roulé vers l'est pendant 100 km • **it's ~ of Paris** c'est à l'est de Paris
4 (COMP) ▸ **East Africa** N Afrique *f* orientale ▸ **the East End** N les quartiers *mpl* est de Londres ▸ **East European** ADJ d'Europe de l'Est ♦ N Européen(ne) *m(f)* de l'Est ▸ **East German** ADJ est-allemand ♦ N Allemand(e) *m(f)* de l'Est ▸ **East Germany** N Allemagne *f* de l'Est ▸ **East Timor** N Timor-Oriental *m* ▸ **East Timorese** ADJ (est-)timorais ♦ N Timorais(e) *m(f)* (de l'Est)

eastbound ['i:stbaʊnd] (ADJ) [*traffic, vehicles*] en direction de l'est; [*carriageway*] est *inv* • **to be ~ on the M8** être sur la M8 en direction de l'est

Easter ['i:stə^r] 1 (N) Pâques *fpl* • **at ~** à Pâques • **Happy ~!** joyeuses Pâques ! 2 (COMP) [*holidays*] de Pâques ▸ **Easter egg** N œuf *m* de Pâques ▸ **Easter Island** N île *f* de Pâques • **the ~ Island statues** les statues *fpl* de l'île de Pâques ▸ **Easter Monday** N lundi *m* de Pâques ▸ **Easter Sunday** N dimanche *m* de Pâques

easterly ['i:stəlɪ] (ADJ) [*wind*] d'est • **in an ~ direction** en direction de l'est

eastern ['i:stən] (ADJ) est *inv*, de l'est • **the ~ coast** la côte est • **~ wall** mur *m* exposé à l'est • **~ France** l'est *m* de la France • **Eastern Europe** l'Europe *f* de l'est • **the Eastern bloc** le bloc de l'Est

eastward ['i:stwəd], **eastwards** ['i:stwədz] 1 (ADJ) [*route*] en direction de l'est; [*slope*] exposé à l'est 2 (ADV) vers l'est

easy ['i:zɪ] 1 (ADJ) ⓐ (= *not difficult*) facile • **as ~ as pie*** facile comme tout • **it's no ~ matter** c'est loin d'être facile • **~ to get on with** facile à vivre • **~ on the eye*** (*Brit*) *or* **on the eyes*** (*US*) agréable à regarder • **~ on the ear*** agréable à entendre • **to take the ~ option** choisir la solution de facilité • **at an ~ pace** à une allure modérée • **that's the ~ part** c'est ce qu'il y a de plus facile • **in ~ stages** par petites étapes • **to have an ~ time** avoir la vie belle • **it is ~ for him to do that** il lui est facile de faire cela • **that's ~ for you to say** pour toi, c'est facile à dire • **it is ~ to see that ...** on voit bien que ... • **it's ~ to see why** il est facile de comprendre pourquoi • **he is ~ to work with** c'est facile de travailler avec lui
ⓑ (= *relaxed*) [*temperament, disposition*] placide • **on ~ terms with sb** en bons termes avec qn • **I'm ~*** ça m'est égal
ⓒ (= *at ease*) **I don't feel ~ about it** ça me tracasse • **to feel ~ in one's mind** être tout à fait tranquille
ⓓ **on ~ terms** avec facilités de paiement
2 (ADV) ⓐ (= *gently*)* **to go ~ on sb/sth** y aller doucement avec qn/qch • **to take it ~** (= *rest*) lever le pied* • **take it ~!** (= *relax*) t'énerve pas !*; (*US*) (*when saying goodbye*) à plus !* • **~ does it!** doucement !
ⓑ (= *without difficulty*)* **to have it ~** se la couler douce* • **that's easier said than done!** c'est plus facile à dire qu'à faire ! • **~ come, ~ go!** (*money*) ce n'est que de l'argent !
3 (COMP) ▸ **easy-care** ADJ d'entretien facile ▸ **easy chair** N fauteuil *m* (rembourré) ▸ **easy-going** ADJ [*person*] facile à vivre; [*attitude*] complaisant ▸ **easy listening** N musique *f* légère ▸ **easy-listening** ADJ [*album, CD*] de musique légère ▸ **easy-peasy*** ADJ (*Brit*) fastoche*

eat [i:t] (*pret* **ate**, *ptp* **eaten**) 1 (VT) manger • **to ~ breakfast** prendre son petit déjeuner • **to ~ lunch** déjeuner • **to ~ dinner** dîner • **to ~ a meal** prendre un repas • **to ~ one's fill** manger à sa faim • **to ~ one's words** ravaler ses paroles • **I could ~ a horse*** j'ai une faim de loup • **he won't ~ you*** il ne va pas te manger • **what's ~ing you?*** qu'est-ce qui ne va pas ?
2 (VI) manger • **we ~ at eight** nous dînons à 20 heures • **to ~ like a horse** manger comme quatre • **to ~ like a bird** picorer • **he's ~ing us out of house and home*** son appétit va nous mettre à la rue • **I've got him ~ing out of my hand** il fait tout ce que je veux
3 (NPL) **eats*** bouffe* *f*
▸ **eat away** VT SEP [*sea*] éroder; [*acid, mice*] ronger
▸ **eat away at** VT INSEP [*acid, rust, pest*] ronger; [*rot, damp*] attaquer
▸ **eat in** 1 VI manger chez soi 2 VT **to ~ in or take away?** sur place ou à emporter ?
▸ **eat into** VT INSEP [*acid*] ronger • **it's really ~en into our savings** ça a fait un trou dans nos économies
▸ **eat out** VI aller au restaurant
▸ **eat up** 1 VI **~ up!** mangez ! 2 VT SEP (= *finish off*) finir • **~en up with envy** dévoré de jalousie 3 VT INSEP [*+ resources, profits*] absorber; [*+ savings*] engloutir • **this car ~s up the miles** cette voiture avale les kilomètres

eaten ['i:tn] (VB) *ptp of* **eat**

eater ['i:tə^r] (N) mangeur *m*, -euse *f*

eatery* ['i:tərɪ] (N) (café-)restaurant *m*

eating apple ['i:tɪŋ,æpl] (N) pomme *f* à couteau

eating disorder ['i:tɪŋdɪs,ɔ:də^r] (N) troubles *mpl* du comportement alimentaire

eaves ['i:vz] (NPL) avant-toit(s) *m(pl)* • **under the ~** sous le toit

eavesdrop ['i:vzdrɒp] (VI) écouter aux portes • **to ~ on a conversation** écouter une conversation privée

e-banking ['i:bæŋkɪŋ] (N) banque *f* en ligne

ebb [eb] 1 (N) [*of tide*] reflux *m* • **the ~ and flow** le flux et le reflux • **the tide is on the ~** la marée descend • **to be at a low ~** [*person, business*] aller mal • **his spirits were at a low ~** il avait le moral à zéro* 2 (VI) ⓐ [*tide*] descendre • **to ~ and flow** monter et descendre ⓑ (*also* **ebb away**) [*enthusiasm*] faiblir; [*strength*] décliner

e-bike ['i:baɪk] (N) VAE *m*

Ebola [ɪ'bəʊlə] (N) (= *virus*) virus *m* Ebola

ebony ['ebənɪ] 1 (N) ébène *f* 2 (ADJ) (= *ebony-coloured*) noir d'ébène; (= *made of ebony*) en ébène

e-book ['i:bʊk] (N) livre *m* électronique

EBRD [,i:bi:ɑ:'di:] (N) (ABBR OF **European Bank for Reconstruction and Development**) BERD *f*

ebullient [ɪ'bʌlɪənt] (ADJ) exubérant

e-business [,i:'bɪznɪs] (N) ⓐ (= *company*) entreprise *f* électronique ⓑ (= *commerce*) commerce *m* électronique, e-commerce *m*

EC [,i:'si:] 1 (N) (ABBR OF **European Community**) CE *f* 2 (ADJ) [*directive, states*] communautaire

e-card ['i:kɑ:d] (N) carte *f* de vœux électronique

ECB [,i:si:'bi:] (N) (ABBR OF **European Central Bank**) BCE *f*

eccentric [ik'sentrik] (ADJ, N) excentrique *mf*

eccentrically [ɪk'sentrɪkəlɪ] (ADV) de façon excentrique

eccentricity [,eksən'trɪsɪtɪ] (N) excentricité *f*

ecclesiastical [ɪ,kli:zɪ'æstɪkəl] (ADJ) ecclésiastique

ECG [,i:si:'dʒi:] (N) (ABBR OF **electrocardiograph**) ECG *m*

echelon ['eʃəlɒn] (N) échelon *m*

echo ['ekəʊ] 1 (N) (*pl* **echoes**) écho *m* 2 (VT) [*+ sound*] renvoyer • **to ~ sb's remarks** se faire l'écho des remarques de qn **3** (VI) [*sound*] (= *resonate*) retentir; (= *bounce back*) faire écho; [*place*] renvoyer l'écho

e-cigarette ['i:sɪgə,ret] (N) cigarette *f* électronique, e-cigarette *f*

éclair [eɪ'klɛəʳ, ɪ'klɛəʳ] (N) éclair *m*

eclectic [ɪ'klektɪk] (ADJ, N) éclectique *mf*

eclipse [ɪ'klɪps] **1** (N) éclipse *f* **2** (VT) éclipser

eco-development [,i:kəʊdɪ'veləpmənt] (N) écodéveloppement *m*

eco-friendly ['i:kəʊ,frendlɪ] (ADJ) respectueux de l'environnement

E-coli [i:'kəʊlaɪ] (N) E-coli *m*

ecological [,i:kə'lɒdʒɪkəl] (ADJ) écologique

ecologically [,i:kə'lɒdʒɪkəlɪ] (ADV) [*unacceptable*] écologiquement • **~ aware** sensibilisé aux problèmes écologiques • **~ minded** soucieux de l'environnement • **~ sound** écologique

ecologist [ɪ'kɒlədʒɪst] (N) écologiste *mf*

ecology [ɪ'kɒlədʒɪ] (N) écologie *f*

e-commerce ['i:,kɒmɜ:s] (N) commerce *m* électronique

economic [,i:kə'nɒmɪk] **1** (ADJ) ⓐ (= *to do with the economy*) économique • **the ~ situation** la conjoncture économique ⓑ (= *cost-effective*) rentable • **this business is no longer ~** cette affaire n'est plus rentable **2** (COMP) ▸ **economic migrant, economic refugee** N migrant(e) *m(f)* économique

economical [,i:kə'nɒmɪkəl] (ADJ) [*person*] économe; [*method, vehicle, machine*] économique; [*style, writing*] concis • **to be ~ with sth** économiser qch • **to be ~ with the truth** ne pas dire toute la vérité

economically [,i:kə'nɒmɪkəlɪ] (ADV) ⓐ (= *as regards the economy*) économiquement ⓑ (= *without waste*) de façon économe ⓒ [*write*] avec concision

economics [,i:kə'nɒmɪks] (N) (= *system*) économie *f*; (= *subject*) sciences *fpl* économiques • **the ~ of the project** (= *financial aspect*) l'aspect économique du projet

economist [ɪ'kɒnəmɪst] (N) économiste *mf*

economize [ɪ'kɒnəmaɪz] (VI) économiser

economy [ɪ'kɒnəmɪ] (N) économie *f* • **economies of scale** économies *fpl* d'échelle • **our ~ depends on ...** notre économie dépend de ... • **~ with words** économie *f* de mots ▸ **economy class** N classe *f* touriste ▸ **economy drive** N [*of government, firm*] restrictions *fpl* budgétaires • **I'm having an ~ drive this month** ce mois-ci je m'efforce de faire des économies ▸ **economy measure** N mesure *f* d'économie • **as an ~ measure** par mesure d'économie ▸ **economy pack** N paquet *m* économique ▸ **economy size** N taille *f* économique

ecophysiology [,i:kəʊfɪzɪ'ɒlədʒɪ] (N) écophysiologie *f*

ecosystem ['i:kəʊ,sɪstəm] (N) écosystème *m*

ecotarian [,i:kəʊ'teərɪən] (N) écotarien *m*, -ienne *f*, *personne consommant exclusivement des produits bio*

eco(-)tax ['i:kəʊ,tæks] (N) écotaxe *f*, taxe *f* écologique

eco-tourism [,i:kəʊ'tʊərɪzəm] (N) écotourisme *m*

ecotourist ['i:kəʊ,tʊərɪst] (N) écotouriste *mf*

ecotoxic [,i:kəʊ'tɒksɪk] (ADJ) écotoxique

eco-warrior* ['i:kəʊ,wɒrɪəʳ] (N) militant(e) *m(f)* écologiste

ecstasy ['ekstəsɪ] (N) ⓐ (= *joy*) extase *f* • **to be in ecstasies over** être en extase devant ⓑ (= *drug*) ecstasy *f*

ecstatic [eks'tætɪk] (ADJ) [*crowd*] en délire; [*welcome*] enthousiaste • **to be ~ about sth** être follement heureux de qch

ecstatically [eks'tætɪkəlɪ] (ADV) [*applaud*] à tout rompre; [*react*] avec un fol enthousiasme • **~ happy** follement heureux

ECT [,i:si:'ti:] (N) (ABBR OF **electroconvulsive therapy**) électrochocs *mpl*

ectopic pregnancy [ek'tɒpɪk'pregnənsɪ] (N) grossesse *f* extra-utérine

Ecuador ['ekwədɔ:ʳ] (N) Équateur *m*

ecumenical [,i:kjʊ'menɪkəl] (ADJ) œcuménique

eczema ['eksɪmə] (N) eczéma *m*

eddy ['edɪ] **1** (N) tourbillon *m* **2** (VI) [*smoke, leaves, dust*] tourbillonner; [*people*] tournoyer; [*water*] faire des tourbillons

edge [edʒ] **1** (N) ⓐ bord *m*; [*of coin*] tranche *f*; [*of cube, brick*] arête *f*; [*of forest*] lisière *f* • **on the ~ of the town** à la périphérie de la ville • **at the water's ~** au bord de l'eau • **the film had us on the ~ of our seats** (*Brit*) *or* **chairs** (*US*) le film nous a tenus en haleine

ⓑ (= *blade*) tranchant *m* • **a blade with a sharp ~** une lame bien affilée

ⓒ (= *brink*) **that pushed him over the ~** ça a été le comble • **to live life on the ~*** être sur le fil du rasoir

ⓓ (= *advantage*) **the company has lost its competitive ~** la société est devenue moins compétitive • **to have the ~ on** avoir un (léger) avantage sur • **to give sb the ~ on the competition** donner à qn un avantage sur la concurrence

ⓔ (= *sharpness*) **to take the ~ off** [+ *appetite*] calmer • **there was a slightly caustic ~ to his voice** il y avait des intonations caustiques dans sa voix

ⓕ ▸ **on edge** (= *tense*) **he's on ~** il est énervé • **my nerves are all on ~** j'ai les nerfs à vif • **it sets my teeth on ~** cela me fait grincer des dents

2 (VT) ⓐ (= *put a border on*) border (**with** de) • **~d with lace** bordé de dentelle

ⓑ (= *move*) **to ~ one's chair nearer the door** rapprocher sa chaise tout doucement de la porte

3 (VI) se glisser • **to ~ into** se glisser dans • **to ~ forward** avancer petit à petit • **to ~ away** s'éloigner tout doucement

edgeways ['edʒweɪz], **edgewise** ['edʒwaɪz] (ADV) de côté • **I couldn't get a word in ~*** je n'ai pas réussi à placer un mot

edging ['edʒɪŋ] (N) bordure *f*

edgy ['edʒɪ] (ADJ) nerveux

edible ['edɪbl] (ADJ) ⓐ (= *not poisonous*) comestible ⓑ (= *not disgusting*) mangeable

edict ['i:dɪkt] (N) décret *m*

edifice ['edɪfɪs] (N) édifice *m*

edifying ['edɪfaɪɪŋ] (ADJ) édifiant

Edinburgh ['edɪnbərə] (N) Édimbourg

> **EDINBURGH FESTIVAL**
>
> Le Festival d'Édimbourg, qui se tient chaque année durant trois semaines au mois d'août, est l'un des grands festivals européens. Il est réputé pour son programme officiel mais aussi pour son festival « off » (the Fringe) qui propose des spectacles aussi bien traditionnels que résolument d'avant-garde. Pendant la durée du Festival se tient par ailleurs, sur l'esplanade du château, un grand spectacle de musique militaire, le « Military Tattoo ».

edit ['edɪt] (VT) [+ *text, author, file*] éditer; [+ *newspaper, magazine*] être le rédacteur (*or* la rédactrice) en chef de;

e

[+ *radio or TV programme*] réaliser; [+ *film, tape*] monter
▸ **edit out** VT SEP supprimer; [+ *text, film*] couper

editable ['edɪtəbəl] (ADJ) [*text*] modifiable

editing ['edɪtɪŋ] (N) [*of magazine*] direction *f*; [*of article, series of texts*] mise *f* au point; [*of film, tape*] montage *m*; [*of computer file*] édition *f*

edition [ɪ'dɪʃən] (N) [*of newspaper, book*] édition *f*

editor ['edɪtə^r] (N) ⓐ (*running newspaper or magazine*) rédacteur *m*, -trice *f* en chef • **political ~** journaliste *mf* politique • **sports ~** journaliste *mf* sportif(-ive) • **"letters to the ~"** « courrier des lecteurs » ⓑ [*of writer, text, anthology*] directeur *m*, -trice *f* de la publication ⓒ [*of radio or TV programme*] réalisateur *m*, -trice *f* ⓓ [*of film*] monteur *m*, -euse *f*

> ⚠ **editor ≠ éditeur**

editorial [,edɪ'tɔːrɪəl] 1 (ADJ) [*meeting, staff*] de la rédaction; [*control, decision, policy*] éditorial 2 (N) éditorial *m*

editorialist [,edɪ'tɔːrɪəlɪst] (N) (*US*) éditorialiste *mf*

editorialize [,edɪ'tɔːrɪəlaɪz] (VI) exprimer une opinion

editorship ['edɪtəʃɪp] (N) [*of newspaper, magazine*] poste *m* de rédacteur en chef; (*Radio, TV*) poste *m* de réalisateur • **under sb's ~** *or* **the ~ of sb** sous la direction de qn

educate ['edjʊkeɪt] (VT) [+ *family, children*] éduquer; [+ *the mind, one's tastes*] former • **to be ~d at** faire ses études à • **a campaign to ~ people about the dangers of smoking** une campagne de sensibilisation du public aux dangers du tabac

educated ['edjʊkeɪtɪd] 1 (VB) *ptp of* **educate** 2 (ADJ) (= *cultured*) cultivé; (= *learned, trained*) instruit; [*palate, ear*] averti

education [,edjʊ'keɪʃən] (N) (*general concept*) éducation *f*; (= *teaching*) enseignement *m* • **our priorities are health and ~** nos priorités sont la santé et l'éducation • **he had a good ~** il a reçu une bonne éducation • **he has had very little ~** il n'a pas fait beaucoup d'études • **she has had a university ~** elle a fait des études supérieures • **the ~ he received at school** l'instruction qu'il a reçue à l'école • **primary/secondary ~** enseignement *m* primaire/secondaire • **~ is free in Britain** l'enseignement est gratuit en Grande-Bretagne • **the ~ system** le système éducatif • **people working in ~** les personnes qui travaillent dans l'enseignement ▸ **education authority** N (*Brit*) ≈ délégation *f* départementale de l'enseignement

educational [,edjʊ'keɪʃənl] 1 (ADJ) [*system, needs, toy, TV programme*] éducatif; [*establishment*] d'enseignement; [*standards*] de l'enseignement; [*theory*] de l'éducation; [*method, material*] pédagogique • **~ qualifications** diplômes *mpl* • **falling ~ standards** la baisse du niveau de l'enseignement 2 (COMP) ▸ **educational park** N (*US*) *complexe scolaire et universitaire* ▸ **educational psychologist** N psychopédagogue *mf* ▸ **educational psychology** N psychopédagogie *f*

educationalist [,edjʊ'keɪʃnəlɪst] (N) (*Brit*) pédagogue *mf*

educationally [,edjʊ'keɪʃnəlɪ] (ADV) [*deprived*] sur le plan éducatif • **~ sound principles** des principes sains du point de vue pédagogique

educator ['edjʊkeɪtə^r] (N) (*esp US*) éducateur *m*, -trice *f*

edutainment* [,edjʊ'teɪnmənt] (N) (= *games*) jeux *mpl* éducatifs; (= *programmes*) émissions *fpl* éducatives

Edwardian [ed'wɔːdɪən] (ADJ) (*Brit*) édouardien; [*lady, gentleman*] de l'époque d'Édouard VII • **in ~ days** à l'époque d'Édouard VII, au début du XXᵉ siècle • **the ~ era** ≈ la Belle Époque

EEC [,iːiː'siː] (N) (ABBR OF **European Economic Community**) CEE *f*

EEG [,iːiː'dʒiː] (N) (ABBR OF **electroencephalogram**) EEG *m*

eek* [iːk] (EXCL) ah !

eel [iːl] (N) anguille *f*

EEOC [,iːiːəʊ'siː] (N) (*US*) (ABBR OF **Equal Employment Opportunity Commission**)

> **EEOC**
> Aux États-Unis, la Commission pour l'égalité des chances (**EEOC**) lutte contre toutes les formes de discrimination raciale, religieuse ou sexuelle sur le lieu de travail. Les entreprises pratiquant une quelconque discrimination peuvent être poursuivies devant la justice fédérale.

eerie ['ɪərɪ] (ADJ) sinistre

eerily ['ɪərɪlɪ] (ADV) [*similar, familiar*] étrangement • **~ quiet** d'un calme inquiétant

eery ['ɪərɪ] (ADJ) sinistre

efface [ɪ'feɪs] (VT) effacer

effect [ɪ'fekt] 1 (N) ⓐ effet *m*; [*of wind, chemical, drug*] action *f* • **this rule will have the ~ of preventing ...** cette règle aura pour effet d'empêcher ... • **to come into ~** [*law*] prendre effet; [*policy*] être appliqué • **to have an ~ on sth** avoir un effet sur qch • **it won't have any ~ on him** ça n'aura aucun effet sur lui • **to take ~** [*drug*] agir; [*law*] prendre effet • **to little ~** sans grand résultat • **to no ~** en vain • **to use to good ~** savoir tirer avantage de • **with ~ from April** (*Brit*) à compter du mois d'avril • **he said it just for ~** il ne l'a dit que pour faire de l'effet • **personal ~s** (= *property*) effets *mpl* personnels
ⓑ (*set structures*)
▸ **in effect** de fait
▸ **to that effect a statement to that ~ has already been made** une déclaration a déjà été faite dans ce sens • **... or words to that ~** ... ou quelque chose de ce genre
▸ **to the effect that ... an announcement to the ~ that ...** un communiqué annonçant que ...
2 (VT) [+ *reform, reduction, payment, transformation*] effectuer; [+ *cure*] obtenir; [+ *improvement*] apporter; [+ *reconciliation, reunion*] amener

effective [ɪ'fektɪv] (ADJ) ⓐ (= *successful*) efficace (**in doing sth** pour faire qch) ⓑ (= *striking*) **it looks very ~** ça rend très bien ⓒ (= *actual*) [*control*] effectif; [*leader*] véritable ⓓ (= *operative*) [*law, ceasefire, insurance cover*] en vigueur (**from** à compter de, à partir de) • **to become ~** entrer en vigueur • **to become ~ immediately** prendre effet immédiatement

> ⚠ **effectif** is not the most common translation for **effective**.

effectively [ɪ'fektɪvlɪ] (ADV) ⓐ (= *successfully*) [*treat, teach, work, function*] efficacement ⓑ (= *in effect*) en réalité

effectiveness [ɪ'fektɪvnɪs] (N) efficacité *f*

effeminate [ɪ'femɪnɪt] (ADJ) efféminé

effervescent [,efə'vesnt] (ADJ) [*liquid, tablet*] effervescent

efficacy ['efɪkəsɪ], **efficaciousness** [,efɪ'keɪʃəsnɪs] (N) efficacité *f*

efficiency [ɪ'fɪʃənsɪ] (N) efficacité *f* ▸**efficiency apartment** N *(US)* studio *m*
efficient [ɪ'fɪʃənt] (ADJ) efficace
efficiently [ɪ'fɪʃəntlɪ] (ADV) efficacement
effigy ['efɪdʒɪ] (N) effigie *f*
effing‡ ['efɪŋ] *(Brit)* 1 (ADJ) **what an ~ waste of time!** merde !‡ quelle perte de temps ! 2 (N) **~ and blinding** grossièretés *fpl*
effluent ['efluənt] (N) effluent *m*
effort ['efət] (N) effort *m* • **it's not bad for a first ~** ça n'est pas si mal pour un début • **in an ~ to solve the problem** pour essayer de résoudre le problème • **what do you think of his latest ~?*** qu'est-ce que tu penses de ce qu'il vient de faire ? • **it's a pretty poor ~*** ça n'est pas une réussite • **the famine relief ~** la lutte contre la famine • **the government's ~ to avoid ...** les efforts *mpl* du gouvernement pour éviter ... • **the war ~** l'effort *m* de guerre • **with ~** avec difficulté • **without ~** sans effort • **it's not worth the ~** cela n'en vaut pas la peine
▸ **make + effort to make an ~ to do sth** s'efforcer de faire qch • **to make an ~ to adapt** faire un effort d'adaptation • **to make every ~ to do sth** faire tout son possible pour faire qch • **to make little ~ to do sth** ne pas faire beaucoup d'effort pour faire qch • **little ~ has been made to investigate this case** on ne s'est pas vraiment donné la peine d'enquêter sur cette affaire • **he made no ~ to be polite** il ne s'est pas donné la peine d'être poli
effortless ['efətlɪs] (ADJ) [*movement, style*] fluide; [*success, victory*] facile; [*charm, elegance, skill, superiority*] naturel • **with ~ ease** avec une parfaite aisance
effortlessly ['efətlɪslɪ] (ADV) sans effort
effrontery [ɪ'frʌntərɪ] (N) effronterie *f*
effusion [ɪ'fju:ʒən] (N) effusion *f*; [*of liquid*] écoulement *m*
effusive [ɪ'fju:sɪv] (ADJ) [*thanks, welcome*] chaleureux; [*praise*] enthousiaste; [*person*] expansif
effusively [ɪ'fju:sɪvlɪ] (ADV) [*greet, welcome, praise*] avec effusion • **to thank sb ~** se confondre en remerciements auprès de qn
E-fit ['i:fɪt] (N) portrait-robot *m* électronique
EFL [ˌi:ef'el] (N) (ABBR OF **English as a Foreign Language**) anglais *m* langue étrangère → TEFL, TESL, TESOL, ELT
EFTPOS ['eftpɒs] (N) (ABBR OF **electronic funds transfer at point of sale**) TEF/TPV *m*
eg, e.g. [ˌi:'dʒi:] (ADV) (= *for example*) par ex.
egalitarian [ɪˌgælɪ'tɛərɪən] 1 (N) égalitariste *mf* 2 (ADJ) [*person*] égalitariste; [*society, spirit, relationship, policy*] égalitaire
egalitarianism [ɪˌgælɪ'tɛərɪənɪzəm] (N) égalitarisme *m*
egg [eg] (N) œuf *m* • **~s and bacon** œufs *mpl* au bacon • **to put all one's ~s in one basket** mettre tous ses œufs dans le même panier • **to have ~ on one's face** avoir l'air plutôt ridicule ▸**egg-and-spoon race** N course *f* à la cuillère ▸**egg custard** N ≈ crème *f* aux œufs ▸**egg roll** N (= *sandwich*) petit pain *m* aux œufs (durs); (*Chinese*) pâté *m* impérial ▸**egg-shaped** ADJ en forme d'œuf ▸**egg-timer** N (*sand*) sablier *m*; (*automatic*) minuteur *m* ▸**egg whisk** N fouet *m* ▸**egg white** N blanc *m* d'œuf ▸**egg yolk** N jaune *m* d'œuf
▸**egg on** VT SEP pousser (**to do sth** à faire qch)
eggbeater ['egbi:tə^r] (N) (*rotary*) batteur *m* (à œufs); (*whisk*) fouet *m*
eggcup ['egkʌp] (N) coquetier *m*
egghead* ['eghed] (N) intello* *mf*
eggplant ['egplɑ:nt] (N) *(US)* aubergine *f*
eggshell ['egʃel] (N) coquille *f* (d'œuf)
EGM [ˌi:dʒi:'em] (N) (ABBR OF **extraordinary general meeting**) AGE *f*
ego ['i:gəʊ] (N) (= *pride*) amour-propre *m* • **he's got a big ~** il est très narcissique ▸**ego trip*** N **this lecture is just an ~ trip for him** cette conférence ne sert qu'à flatter son amour-propre
egocentric [ˌegəʊ'sentrɪk] (ADJ) égocentrique
egocentricity [ˌegəʊsen'trɪsɪtɪ] (N) égocentrisme *m*
egosurf ['i:gəʊˌsɜ:f] (VI) *chercher son nom sur Internet*
egotism ['egəʊtɪzəm] (N) égotisme *m*
egotist ['egəʊtɪst] (N) égotiste *mf*
egotistical [ˌegəʊ'tɪstɪkəl] (ADJ) égotiste
egregious [ɪ'gri:dʒəs] (ADJ) (*pej*) énorme (*iro*)
Egypt ['i:dʒɪpt] (N) Égypte *f*
Egyptian [ɪ'dʒɪpʃən] 1 (ADJ) égyptien 2 (N) Égyptien(ne) *m(f)*
Egyptologist [ˌi:dʒɪp'tɒlədʒɪst] (N) égyptologue *mf*
eh [eɪ] (EXCL) hein ?
EHRC [ˌi:eɪtʃɑ:'si:] (N) (ABBR OF **Equality and Human Rights Commission**)

> **EHRC**
> La Commission pour l'égalité et les droits de l'homme (**EHRC**) est un organisme publique britannique chargé de contrôler et protéger les droits de l'homme et de promouvoir l'égalité des chances pour tous, indépendamment de l'âge, du handicap, du sexe, de la race, etc.

eiderdown ['aɪdədaʊn] (N) (= *quilt*) édredon *m*
eight [eɪt] (NUMBER) huit *m inv* • **an ~-hour day** la journée de huit heures • **to work ~-hour shifts** faire des postes de huit heures • **there are ~** il y en a huit → **six**
eighteen ['eɪ'ti:n] (NUMBER) dix-huit *m inv* • **there are ~** il y en a dix-huit → **sixteen**
eighteenth ['eɪ'ti:nθ] 1 (ADJ) dix-huitième 2 (N) dix-huitième *mf* → **sixth**
eighth [eɪtθ] 1 (ADJ) huitième 2 (N) huitième *mf*; (= *fraction*) huitième *m* → **sixth**
eightieth ['eɪtɪəθ] (ADJ) quatre-vingtième *mf* → **sixth**
eighty ['eɪtɪ] (NUMBER) quatre-vingts *m inv* • **~-one** quatre-vingt-un • **~-two** quatre-vingt-deux • **~-first** quatre-vingt-unième • **page ~** la page quatre-vingt • **there are ~** il y en a quatre-vingts → **sixty**
Eire ['ɛərə] (N) République *f* d'Irlande, Eire *f*
eisteddfod [aɪ'stedfəd] (N) *concours de musique et de poésie en gallois*
either ['aɪðə^r, 'i:ðə^r] 1 (ADJ) ⓐ (= *one or other*) l'un(e) ou l'autre • **~ day would suit me** l'un ou l'autre jour me conviendrait • **I don't like ~ book** je n'aime ni l'un ni l'autre de ces livres • **~ way*, I can't do anything about it** de toute façon, je n'y peux rien
ⓑ (= *each*) chaque • **in ~ hand** dans chaque main • **on ~ side of the street** de chaque côté de la rue • **there were fields on ~ side** de part et d'autre s'étendaient des champs
2 (PRON) n'importe lequel (laquelle *f*) • **there are two boxes on the table, take ~** il y a deux boîtes sur la table, prenez n'importe laquelle • **I don't believe ~ of them** je ne les crois ni l'un ni l'autre • **give it to ~ of them** donnez-le soit à l'un soit à l'autre

3 (ADV) *(after neg statement)* non plus • **his singing is hopeless and he can't act** ~ il chante mal et il ne sait pas jouer non plus • **I have never heard of him — no, I haven't** ~ je n'ai jamais entendu parler de lui — moi non plus

4 (CONJ) ⓐ ▸ **either ... or** ou (bien) ... ou (bien), soit ... soit • **he must be** ~ **lazy or stupid** il doit être ou paresseux ou stupide • **he must** ~ **change his policy or resign** il faut soit qu'il change de politique soit qu'il démissionne • ~ **be quiet or get out!** ou tu te tais ou tu sors d'ici ! • **it was** ~ **him or his sister** c'était soit lui soit sa sœur • **it fails to be** ~ **funny or exciting** ce n'est ni amusant ni intéressant

ⓑ *(= moreover)* **that's an idea, and not a bad one** ~ c'est une idée, pas mauvaise d'ailleurs

ejaculate [ɪ'dʒækjʊleɪt] (VTI) *(= have orgasm)* éjaculer

ejaculation [ɪ,dʒækjʊ'leɪʃən] (N) éjaculation *f*

eject [ɪ'dʒekt] 1 (VT) éjecter; [*+ tenant, troublemaker*] expulser 2 (VI) [*pilot*] s'éjecter

ejector seat [ɪ'dʒektə,si:t] (N) siège *m* éjectable

eke [i:k] (VT) **to** ~ **out** *(by adding)* augmenter; *(by saving)* économiser • **he** ~**s out his pension by doing odd jobs** *(= supplement)* il fait des petits boulots pour arrondir sa pension • **to** ~ **out a living** vivoter

EKG [,i:keɪ'dʒi:] (N) *(US)* (ABBR OF **Electrokardiogramm**) ECG *m*

el [ɛl] (N) *(US)* métro *m* aérien

elaborate 1 (ADJ) [*system, ritual, drawing, meal*] élaboré; [*costume, style*] recherché; [*excuse, plan*] compliqué; [*precautions*] minutieux 2 (VT) élaborer 3 (VI) donner des précisions

> Lorsque **elaborate** est un adjectif, la fin se prononce comme **it**: [ɪ'læbərɪt]; lorsque c'est un verbe, elle se prononce comme **eight**: [ɪ'læbəreɪt].

elaborately [ɪ'læbərɪtlɪ] (ADV) [*decorated, dressed*] avec recherche

elapse [ɪ'læps] (VI) s'écouler

elastic [ɪ'læstɪk] (ADJ, N) élastique *m* ▸ **elastic band** N *(Brit)* élastique *m*

elasticated [ɪ'læstɪkeɪtɪd] (ADJ) *(Brit)* élastiqué

elasticity [,i:læs'tɪsɪtɪ] (N) élasticité *f*

Elastoplast ® [ɪ'læstə,plɑ:st] (N) *(Brit)* sparadrap *m*

elated [ɪ'leɪtɪd] (ADJ) transporté de joie • **to be** ~ exulter

elation [ɪ'leɪʃən] (N) allégresse *f*

elbow ['elbəʊ] 1 (N) coude *m* • **she leaned her** ~**s on the windowsill** elle s'est accoudée à la fenêtre • **to lean on one's** ~ s'appuyer sur le coude • **at his** ~ à ses côtés • **worn at the** ~**s** usé aux coudes

2 (VT) **to** ~ **sb aside** écarter qn du coude; *(fig)* jouer des coudes pour écarter qn • **he** ~**ed his way to the front** il a joué des coudes pour arriver devant • **to** ~ **one's way to the top** jouer des coudes pour arriver au sommet

3 (COMP) ▸ **elbow grease** N **to use a bit of** ~ **grease** mettre de l'huile de coude* ▸ **elbow room** N **to have enough** ~ **room** avoir de la place pour se retourner; *(fig)* avoir les coudées franches

elder ['eldəʳ] 1 (ADJ) aîné *(de deux)* • **my** ~ **sister** ma sœur aînée • ~ **statesman** vétéran *m* de la politique 2 (N) ⓐ *(= older person)* aîné(e) *m(f)* ⓑ [*of tribe, Church*] ~s anciens *mpl* ⓒ *(= tree)* sureau *m*

elderberry ['eldəberɪ] (N) baie *f* de sureau • ~ **wine** vin *m* de sureau

elderly ['eldəlɪ] 1 (ADJ) [*person*] âgé; [*vehicle, machine*] plutôt vieux (vieille *f*); *(masculine before vowel or silent "h")* vieil 2 (NPL) **the elderly** les personnes *fpl* âgées

eldest ['eldɪst] (ADJ, N) aîné(e) *m(f)* *(de plusieurs)* • **their** ~ **(child)** leur aîné(e) • **my** ~ **brother** l'aîné de mes frères

e-learning ['i:lɜ:nɪŋ] (N) apprentissage *m* en ligne

elect [ɪ'lekt] 1 (VT) ⓐ *(by vote)* élire • **he was** ~**ed chairman** il a été élu président • **to** ~ **sb to the senate** élire qn au sénat ⓑ *(= choose)* **to** ~ **to do sth** décider de faire qch 2 (ADJ) **the president** ~ le futur président

election [ɪ'lekʃən] 1 (N) élection *f* • **to hold an** ~ tenir une élection 2 (COMP) [*speech, agent*] électoral; [*day, results*] du scrutin ▸ **election campaign** N campagne *f* électorale ▸ **election manifesto** N programme *m* or manifeste *m* politique

electioneering [ɪ,lekʃə'nɪərɪŋ] (N) *(= campaign)* campagne *f* électorale; *(= propaganda)* propagande *f* électorale

elective [ɪ'lektɪv] 1 (ADJ) ⓐ *(= elected)* électif • **to hold** ~ **office** *(US)* avoir une fonction élective ⓑ *(= with power to elect)* électoral ⓒ [*surgery*] non urgent ⓓ *(esp US Scol, Univ)* [*course, subject*] facultatif 2 (N) *(US Scol, Univ)* *(= course)* cours *m* facultatif

elector [ɪ'lektəʳ] (N) électeur *m*, -trice *f*; *(US Politics)* membre *m* du collège électoral

electoral [ɪ'lektərəl] (ADJ) électoral ▸ **electoral college** N collège *m* électoral ▸ **electoral district, electoral division** N *(US)* circonscription *f* (électorale) ▸ **electoral register, electoral roll** N liste *f* électorale

> **ELECTORAL COLLEGE**
>
> Les Américains n'élisent pas directement leur président et leur vice-président, mais élisent des grands électeurs qui s'engagent à voter pour tel ou tel candidat et forment ensemble le **electoral college**. Le nombre total de grands électeurs s'élève à 538. Chaque État dispose du même nombre de grands électeurs que de sénateurs et de représentants au Congrès. Les plus petits États n'ont que 3 grands électeurs, tandis que les plus grands en ont 55.

electorate [ɪ'lektərɪt] (N) électorat *m*

electric [ɪ'lektrɪk] (ADJ) électrique ▸ **electric blanket** N couverture *f* chauffante ▸ **electric chair** N chaise *f* électrique ▸ **electric eye** N cellule *f* photoélectrique ▸ **electric fence** N clôture *f* électrifiée ▸ **electric fire, electric heater** N *(Brit)* radiateur *m* électrique ▸ **electric shock** N décharge *f* électrique • ~ **shock treatment** électrochocs *mpl* ▸ **electric storm** N orage *m* (électrique)

electrical [ɪ'lektrɪkəl] (ADJ) électrique ▸ **electrical engineer** N ingénieur *m* électricien ▸ **electrical engineering** N électrotechnique *f* ▸ **electrical failure** N panne *f* dans le circuit électrique ▸ **electrical fault** N défaut *m* du circuit électrique ▸ **electrical storm** N orage *m* (électrique)

electrically [ɪ'lektrɪkəlɪ] (ADV) [*heated*] à l'électricité; [*charged*] électriquement • ~ **powered** électrique

electrician [ɪlek'trɪʃən] (N) électricien(ne) *m(f)*

electricity [ɪlek'trɪsətɪ] (N) électricité *f* • **to switch off/on the** ~ couper/rétablir le courant ▸ **electricity board** N *(Brit)* office *m* régional de l'électricité

electrification [ɪ,lektrɪfɪ'keɪʃən] (N) électrification *f*

electrify [ɪ'lektrɪfaɪ] 1 (VT) ⓐ *(= make electric)* électrifier ⓑ [*+ audience*] électriser 2 (COMP) ▸ **electrified fence** N barrière *f* électrifiée

electrifying [ɪ'lektrɪfaɪɪŋ] (ADJ) électrisant

electrocardiogram [ɪˌlektrəʊˈkɑːdɪəgræm] (N) électrocardiogramme *m*
electrocute [ɪˈlektrəkjuːt] (VT) électrocuter
electrocution [ɪˌlektrəˈkjuːʃən] (N) électrocution *f*
electrode [ɪˈlektrəʊd] (N) électrode *f*
electrolysis [ɪlekˈtrɒlɪsɪs] (N) électrolyse *f*
electromagnetic [ɪˌlektrəʊmægˈnetɪk] (ADJ) électromagnétique
electron [ɪˈlektrɒn] **1** (N) électron *m* **2** (ADJ) électro-nique
electronic [ɪlekˈtrɒnɪk] **1** (ADJ) électronique **2** (COMP) ▸**electronic cigarette** N e-cigarette *f* ▸**electronic engineer** N électronicien(ne) *m(f)* ▸**electronic engineering** N électronique *f* ▸**electronic ink** N encre *f* électronique ▸**electronic mail** N courrier *m* électronique ▸**electronic publishing** N édition *f* électronique ▸**electronic tag** N [*of prisoner*] bracelet *m* électronique; [*of product*] étiquette *f* électronique ▸**electronic tagging** N [*of prisoner*] placement *m* sous surveillance électronique; [*of product*] étiquetage *m* électronique
electronically [ɪlekˈtrɒnɪkəlɪ] (ADV) électroniquement
electronics [ɪlekˈtrɒnɪks] (N) électronique *f*
elegance [ˈelɪgəns] (N) élégance *f*
elegant [ˈelɪgənt] (ADJ) élégant
elegantly [ˈelɪgəntlɪ] (ADV) élégamment; [*written*] dans un style élégant
elegiac [ˌelɪˈdʒaɪək] (ADJ) élégiaque
elegy [ˈelɪdʒɪ] (N) élégie *f*
element [ˈelɪmənt] **1** (N) **a** (= *part*) élément *m* • **the human ~** l'élément humain • **one of the key ~s of the peace plan** un des éléments clés du plan de paix • **the hooligan ~** les éléments incontrôlés • **the criminal ~** les criminels *mpl* • **the comic/tragic ~ in his poetry** la dimension comique/tragique dans sa poésie • **to be in one's ~** être dans son élément **b** (= *certain amount*) part *f* • **an ~ of danger/truth** une part de danger/de vérité **c** [*of heater, kettle*] résistance *f* **2** (NPL) **the elements** (= *weather*) les éléments *mpl*
elemental [ˌelɪˈmentl] (ADJ) [*drive, need, truth*] fondamental; [*emotion*] primaire
elementary [ˌelɪˈmentərɪ] (ADJ) élémentaire ▸**elementary teacher** N (*US*) professeur *mf* des écoles
elephant [ˈelɪfənt] (N) éléphant *m*

> Remember to include the accents in the French word **éléphant**.

elevate [ˈelɪveɪt] (VT) élever
elevated [ˈelɪveɪtɪd] (ADJ) élevé; [*platform, track*] surélevé
elevation [ˌelɪˈveɪʃən] (N) élévation *f*
elevator [ˈelɪveɪtəʳ] **1** (N) **a** (*US*) (= *lift*) ascenseur *m*; (= *hoist*) monte-charge *m inv* **b** (*US*) (= *silo*) silo *m* **2** (COMP) ▸**elevator car** N (*US*) cabine *f* d'ascenseur ▸**elevator shaft** N (*US*) cage *f* d'ascenseur
eleven [ɪˈlevn] (NUMBER) onze *m inv* • **the French ~** le onze de France • **there are ~** il y en a onze → **six**
elevenses* [ɪˈlevnzɪz] (NPL) (*Brit*) ≈ pause-café *f* (*dans la matinée*)
eleventh [ɪˈlevnθ] (ADJ) onzième • **at the ~ hour** à la onzième heure (N) onzième *mf* → **sixth**
elf [elf] (N) (*pl* **elves**) elfe *m*
elicit [ɪˈlɪsɪt] (VT) [+ *reply, explanation, information*] obtenir (**from** de); [+ *reaction*] susciter (**from** de la part de); [+ *admission, promise*] arracher (**from** à)
eligibility [ˌelɪdʒəˈbɪlɪtɪ] (N) (*for voting*) éligibilité *f*; (*for employment*) admissibilité *f*
eligible [ˈelɪdʒəbl] (ADJ) (*for membership*) éligible (**for** à) • **to be ~ for benefit** avoir droit à une allocation • **he's very ~*** c'est un très bon parti
eliminate [ɪˈlɪmɪneɪt] (VT) éliminer; [+ *possibility*] écarter
elimination [ɪˌlɪmɪˈneɪʃən] (N) élimination *f* • **by a process of ~** par élimination
eliminator [ɪˈlɪmɪneɪtəʳ] (N) (*Sport*) (épreuve *f*) éliminatoire *f*
elite [ɪˈliːt] **1** (N) (= *select group*) élite *f* **2** (ADJ) [*group*] d'élite; [*school, university*] prestigieux
elitism [ɪˈliːtɪzəm] (N) élitisme *m*
elitist [ɪˈliːtɪst] (ADJ, N) élitiste *mf*
elixir [ɪˈlɪksəʳ] (N) élixir *m*
Elizabethan [ɪˌlɪzəˈbiːθən] **1** (ADJ) élisabéthain **2** (N) Élisabéthain(e) *m(f)*
elk [elk] (N) élan *m*
ellipse [ɪˈlɪps] (N) ellipse *f*
elliptical [ɪˈlɪptɪkəl] (ADJ) elliptique
elm [elm] (N) orme *m*
elocution [ˌeləˈkjuːʃən] (N) élocution *f*
elongate [ˈiːlɒŋgeɪt] **1** (VT) allonger; [+ *line*] prolonger **2** (VI) s'allonger
elope [ɪˈləʊp] (VI) s'enfuir • **they ~d** ils se sont enfuis ensemble
eloquence [ˈeləkwəns] (N) éloquence *f*
eloquent [ˈeləkwənt] (ADJ) éloquent • **to be ~ about sth** parler avec éloquence de qch
eloquently [ˈeləkwəntlɪ] (ADV) avec éloquence
El Salvador [elˈsælvəˌdɔːʳ] (N) Salvador *m* • **in ~** au Salvador
else [els] (ADV) **a** d'autre • **if all ~ fails** si rien d'autre ne marche • **how ~ can I do it?** de quelle autre façon puis-je le faire ? • **not much ~** pas grand-chose d'autre • **what ~?** quoi d'autre ? • **what ~ could I do?** que pouvais-je faire d'autre ? • **where ~?** à quel autre endroit ? • **who ~?** qui d'autre ?
b (*set structures*)
▸**anybody else** **anybody ~ would have been satisfied** n'importe qui d'autre aurait été content • **is there anybody ~ there?** y a-t-il quelqu'un d'autre ?
▸**anywhere else** **did you go anywhere ~?** es-tu allé ailleurs ? • **you won't find this flower anywhere ~** vous ne trouverez cette fleur nulle part ailleurs
▸**anything else** **do you want anything ~?** voulez-vous autre chose ? • **have you anything ~ to say?** avez-vous quelque chose à ajouter ? • **will there be anything ~ sir?** désirez-vous autre chose monsieur ?
▸**nobody else, no one else** personne d'autre
▸**nothing else** rien d'autre • **nothing ~, thank you** rien d'autre, merci • **it was fun, if nothing ~** au moins on s'est amusé
▸**nowhere else** nulle part ailleurs • **nowhere ~ can you find beaches like these** on ne trouve de telles plages nulle part ailleurs
▸**somebody else, someone else** quelqu'un d'autre • **may I speak to someone ~?** puis-je parler à quelqu'un d'autre ?
▸**something else** autre chose • **she is something ~*** elle est vraiment fantastique
▸**someplace else** (*US*) ailleurs
▸**somewhere else** ailleurs

▸ **or else** sinon • **do it now or ~ you'll be punished** fais-le tout de suite, sinon tu seras puni • **do it or ~!*** tu as intérêt à le faire !

elsewhere [ˌelsˈwɛəʳ] (ADV) ailleurs • **from ~** (venu) d'ailleurs

ELT [ˌiːelˈtiː] (N) (ABBR OF **English Language Teaching**) enseignement *m* de l'anglais → TEFL, TESL, TESOL, ELT

elucidate [ɪˈluːsɪdeɪt] (VT) élucider

elude [ɪˈluːd] (VT) [*+ enemy, pursuit, arrest, police*] échapper à; [*+ justice*] se dérober à • **success ~d him** le succès restait hors de sa portée

elusive [ɪˈluːsɪv] (ADJ) [*person*] difficile à joindre; [*happiness*] insaisissable; [*quality*] indéfinissable; [*goal, success*] difficile à atteindre

elves [elvz] (NPL) *of* **elf**

'em* [əm] (PERS PRON) = **them**

emaciated [ɪˈmeɪsɪeɪtɪd] (ADJ) [*person, face*] émacié; [*limb*] décharné

email [ˈiːmeɪl] **1** (N) (ABBR OF **electronic mail**) e-mail *m*, courrier *m* électronique **2** (VT) **to ~ sb** envoyer un courrier électronique *or* un e-mail à qn • **to ~ sth** envoyer qch par courrier électronique *or* par e-mail **3** (COMP)
▸ **email address** N adresse *f* (e-)mail *or* électronique

emanate [ˈeməneɪt] (VI) émaner

emancipate [ɪˈmænsɪpeɪt] (VT) émanciper; [*+ slaves*] affranchir

emancipated [ɪˈmænsɪpeɪtɪd] (ADJ) émancipé

emancipation [ɪˌmænsɪˈpeɪʃən] (N) émancipation *f*

embalm [ɪmˈbɑːm] (VT) embaumer

embankment [ɪmˈbæŋkmənt] (N) [*of railway line, road*] talus *m*; [*of canal*] digue *f*; [*of river*] berge *f*

embargo [ɪmˈbɑːgəʊ] (N) (*pl* **embargoes**) embargo *m* • **to impose an ~ on** [*+ country*] imposer un embargo contre; [*+ goods*] imposer un embargo sur • **arms ~** embargo *m* sur les armes • **an oil ~** un embargo pétrolier

embark [ɪmˈbɑːk] **1** (VT) embarquer **2** (VI) embarquer (on à bord de, sur)
▸ **embark on** VT INSEP [*+ journey*] commencer; [*+ undertaking, explanation*] se lancer dans

embarkation [ˌembɑːˈkeɪʃən] (N) embarquement *m* • **~ card** carte *f* d'embarquement

embarrass [ɪmˈbærəs] (VT) embarrasser

embarrassed [ɪmˈbærəst] (ADJ) embarrassé • **I feel ~ about it** cela me gêne • **he was ~ about discussing his financial difficulties** cela le gênait de parler de ses problèmes financiers

embarrassing [ɪmˈbærəsɪŋ] (ADJ) embarrassant

embarrassingly [ɪmˈbærəsɪŋlɪ] (ADV) **~ few/bad** peu nombreux/mauvais à un point embarrassant

embarrassment [ɪmˈbærəsmənt] (N) **a** (*= emotion*) embarras *m* (**at** devant) • **to cause sb ~** mettre qn dans l'embarras • **financial ~** des ennuis *mpl* d'argent **b** (*= source of embarrassment*) **her son is an ~ to her** son fils est une source d'embarras pour elle

embassy [ˈembəsɪ] (N) ambassade *f* • **the French Embassy** l'ambassade *f* de France

embattled [ɪmˈbætld] (ADJ) **a** (*= beleaguered*) assiégé **b** (*= troubled*) en difficulté

embed [ɪmˈbed] (VT) **to become ~ded in sth** [*hook, nail*] s'enfoncer dans qch • **~ded in the memory** gravé dans la mémoire • **~ded journalist** journaliste embarqué

embellish [ɪmˈbelɪʃ] (VT) (*= adorn*) embellir; [*+ account*] enjoliver • **to ~ sth with** orner qch de

embellishment [ɪmˈbelɪʃmənt] (N) **a** (*= adornment*) embellissement *m*, ornement *m* • **stripped of ~** dépouillé de tout ornement **b** (*= added detail*) [*of story, truth*] embellissement *m*, enjolivement *m* **c** (*Music*) fioriture *f*

ember [ˈembəʳ] (N) charbon *m* ardent • **the ~s** la braise • **the dying ~s** les tisons *mpl*

embezzle [ɪmˈbezl] **1** (VT) détourner **2** (VI) détourner des fonds

embezzlement [ɪmˈbezlmənt] (N) détournement *m* de fonds

embezzler [ɪmˈbezləʳ] (N) escroc *m*

embittered [ɪmˈbɪtəd] (ADJ) aigri

emblazon [ɪmˈbleɪzən] (VT) **~ed across** (*= printed*) imprimé sur • **to be ~ed with** porter

emblem [ˈembləm] (N) emblème *m*

emblematic [ˌembləˈmætɪk] (ADJ) (*= characteristic*) représentatif; (*= symbolic*) symbolique

embodiment [ɪmˈbɒdɪmənt] (N) incarnation *f* • **to be the ~ of progress** incarner le progrès • **he is the ~ of kindness** c'est la bonté incarnée

embody [ɪmˈbɒdɪ] (VT) **a** [*+ spirit, quality*] incarner **b** (*= include*) [*+ ideas*] résumer; [*work*] renfermer

embolden [ɪmˈbəʊldən] (VT) enhardir

embossed [ɪmˈbɒst] (ADJ) [*letters, design*] en relief; [*paper, wallpaper, card*] gaufré; [*metal*] (*with stamp*) estampé; (*with tool*) repoussé • **~ writing paper** papier *m* à lettres à en-tête en relief • **to be ~ with sth** avoir qch en relief • **leather books ~ in gold** des livres à reliure de cuir estampée d'or

embrace [ɪmˈbreɪs] **1** (VT) **a** (*= hug*) étreindre **b** (*= welcome*) [*+ religion*] embrasser; [*+ cause*] épouser; [*+ change, idea*] accepter **2** (VI) s'étreindre **3** (N) étreinte *f* • **he held her in a tender ~** il l'enlaçait tendrement • **they were locked in an ~** ils étaient enlacés

embroider [ɪmˈbrɔɪdəʳ] **1** (VT) broder; [*+ facts, truth, story*] enjoliver **2** (VI) faire de la broderie

embroidery [ɪmˈbrɔɪdərɪ] (N) broderie *f*

embroil [ɪmˈbrɔɪl] (VT) **to ~ sb in sth** entraîner qn dans qch • **to get ~ed in sth** se laisser entraîner dans qch

embryo [ˈembrɪəʊ] (N) embryon *m* • **in ~** en germe

embryonic [ˌembrɪˈɒnɪk] (ADJ) en germe

emcee [ˈemˈsiː] (N) (*US*) (ABBR OF **master of ceremonies**) maître *m* de cérémonies; (*in show*) animateur *m*

emend [ɪˈmend] (VT) [*+ text*] corriger

emerald [ˈemərəld] **1** (N) (*= stone*) émeraude *f*; (*= colour*) (vert *m*) émeraude *m* **2** (ADJ) [*necklace, ring*] d'émeraudes; (*= emerald green*) émeraude *inv*

emerge [ɪˈmɜːdʒ] (VI) émerger • **it ~d that ...** il est apparu que ... • **to ~ as ...** se révéler (être) ... • **emerging countries** pays *mpl* émergents

emergence [ɪˈmɜːdʒəns] (N) [*of truth, facts*] émergence *f*; [*of new nation, theory*] naissance *f*

emergency [ɪˈmɜːdʒənsɪ] **1** (N) urgence *f* • **in case of ~** en cas d'urgence • **to be prepared for any ~** être prêt à toute éventualité • **state of ~** état *m* d'urgence
2 (COMP) [*measures, treatment, operation, repair*] d'urgence
▸ **emergency brake** N (*US = handbrake*) frein *m* à main
▸ **emergency exit** N issue *f* de secours ▸ **emergency landing** N atterrissage *m* forcé ▸ **emergency powers** NPL pouvoirs *mpl* spéciaux ▸ **emergency room** N (*US*) salle *f* des urgences ▸ **emergency service** N (*in hospital*) service *m* des urgences ▸ **emergency services** NPL services *mpl* d'urgence ▸ **emergency stop** N arrêt *m*

d'urgence ▸ **emergency telephone** N borne *f* d'urgence ▸ **emergency ward** N salle *f* des urgences

emergent [ɪ'mɜːdʒənt] ADJ émergent

emery board ['eməribɔːd] N lime *f* à ongles

emigrant ['emɪgrənt] N (*just leaving*) émigrant(e) *m(f)*; (*established*) émigré(e) *m(f)*

emigrate ['emɪgreɪt] VI émigrer

emigration [ˌemɪ'greɪʃən] N émigration *f*

eminence ['emɪnəns] N (= *distinction*) distinction *f* • **to achieve ~** parvenir à un rang éminent • **His Eminence** Son Éminence

eminent ['emɪnənt] ADJ éminent

eminently ['emɪnəntlɪ] ADV (= *very*) tout à fait

emirate [e'mɪərɪt] N émirat *m*

emissary ['emɪsərɪ] N émissaire *m*

emission [ɪ'mɪʃən] **1** N dégagement *m* **2** NPL **emissions** (= *substances*) émissions *fpl* **3** COMP ▸ **emissions trading** N échange *m* de quotas d'émissions

emit [ɪ'mɪt] VT émettre

Emmy ['emɪ] N *oscar de la télévision américaine*

emoji [ɪ'məʊdʒɪ] N emoji *m*

emoticon [ɪ'məʊtɪkən] N émoticon *m*

emotion [ɪ'məʊʃən] N émotion *f* • **a voice full of ~** une voix émue

emotional [ɪ'məʊʃənl] **1** ADJ **a** (= *psychological*) [*problem, development*] affectif • **his ~ state** son état émotionnel • **on an ~ level** sur le plan affectif **b** (= *emotive*) **it is an ~ issue** cette question soulève les passions **c** (= *full of emotion*) [*person*] émotif; (*on specific occasion*) ému; [*experience, event*] chargé d'émotion • **he became very ~** il est devenu très ému • **he's an ~ wreck** c'est une loque* **2** COMP ▸ **emotional blackmail*** N chantage *m* affectif

emotionally [ɪ'məʊʃnəlɪ] ADV **a** [*mature, stable*] sur le plan affectif • **~ deprived** privé d'affection • **to be ~ disturbed** souffrir de troubles affectifs • **to be ~ involved with sb** (= *care about*) s'engager affectivement avec qn **b** [*speak, describe, react*] avec émotion • **an ~ charged atmosphere** une atmosphère chargée d'émotion • **an ~ worded article** un article qui fait appel aux sentiments

emotive [ɪ'məʊtɪv] ADJ passionnel

empathize ['empəθaɪz] VI **to ~ with sb** comprendre ce que ressent qn

empathy ['empəθɪ] N empathie *f*

emperor ['empərəʳ] N empereur *m*

emphasis ['emfəsɪs] N (*in word, phrase*) accentuation *f* • **the ~ is on the first syllable** l'accent d'intensité tombe sur la première syllabe • **to lay ~ on sth** (= *draw attention to*) mettre l'accent sur qch • **the ~ is on sport** une importance particulière est accordée au sport

emphasize ['emfəsaɪz] VT [+ *fact, point*] insister sur; (= *draw attention to*) mettre en évidence; [+ *sth pleasant or flattering*] mettre en valeur • **this point cannot be too strongly ~d** on ne saurait trop insister sur ce point • **I must ~ that ...** je dois souligner le fait que ...

emphatic [ɪm'fætɪk] ADJ **a** [*person*] catégorique; [*denial, statement*] énergique • **the answer is an ~ no** la réponse est un non catégorique • **to be ~ about sth** insister sur qch • **to be ~ that ...** affirmer catégoriquement que ... **b** [*tone, gesture, nod*] emphatique

emphatically [ɪm'fætɪkəlɪ] ADV [*say, reply, refuse*] catégoriquement; [*deny*] farouchement

emphysema [emfɪ'siːmə] N emphysème *m*

empire ['empaɪəʳ] N empire *m*

empirical [em'pɪrɪkəl] ADJ empirique

employ [ɪm'plɔɪ] VT employer

employable [ɪm'plɔɪəbəl] ADJ employable

employee [ˌɪmplɔɪ'iː] N salarié(e) *m(f)* • **to be an ~ of ...** travailler chez ...

employer [ɪm'plɔɪəʳ] N employeur *m*, -euse *f* • **employers** (*collectively*) patronat *m* • **~'s contribution** cotisation *f* patronale

employment [ɪm'plɔɪmənt] N emploi *m* • **full ~** le plein emploi • **to be in ~** avoir un emploi • **in sb's ~** employé par qn • **conditions of ~** conditions *fpl* de travail • **to find/take up ~ (with)** trouver/prendre un emploi (chez) ▸ **employment agency** N agence *f* de placement ▸ **Employment Service** N (US) ≈ Agence *f* nationale pour l'emploi

emporium [em'pɔːrɪəm] N (*pl* **emporiums** *or* **emporia** [em'pɔːrɪə]) (= *shop*) grand magasin *m*

empower [ɪm'paʊəʳ] VT **a** (= *authorize*) **to ~ sb to do sth** autoriser qn à faire qch; (*legally*) habiliter qn à faire qch **b** **to ~ sb** (= *make stronger*) rendre qn plus fort; (= *make more independent*) permettre à qn de s'assumer

empowerment [ɪm'paʊəmənt] N émancipation *f*

empress ['emprɪs] N impératrice *f*

emptiness ['emptɪnɪs] N vide *m*

empty ['emptɪ] **1** ADJ **a** (= *containing nothing*) vide • **she was staring into ~ space** elle regardait fixement dans le vide • **there was an ~ space at the table** il y avait une place vide à la table • **on an ~ stomach** à jeun • **to be running on ~** [*car*] avoir le réservoir pratiquement vide; [*person*] avoir l'estomac vide; [*organization*] être à bout de souffle **b** (= *meaningless*) [*phrase, rhetoric*] creux; [*dream, hope*] vain • **~ talk** verbiage *m* • **~ promises** promesses *fpl* en l'air • **an ~ gesture** un geste vide de sens **c** (= *numb*) [*person*] vidé; [*feeling*] de vide • **when I heard the news I felt ~** quand j'ai appris la nouvelle, je me suis senti vidé

2 NPL **empties** (= *bottles*) bouteilles *fpl* vides; (= *glasses*) verres *mpl* vides

3 VT **a** [+ *vehicle*] décharger **b** (= *empty out*) [+ *bricks, books*] sortir; [+ *rubbish*] vider; [+ *liquid*] verser

4 VI [*water*] s'écouler; [*building, room, washing machine*] se vider

5 COMP ▸ **empty-handed** ADJ les mains vides ▸ **empty-headed** ADJ sot (sotte *f*)

EMS [ˌiːem'es] N (ABBR OF **European Monetary System**) SME *m*

EMU [ˌiːem'juː] N (ABBR OF **economic and monetary union**) UME *f*

emu ['iːmjuː] N émeu *m*

emulate ['emjʊleɪt] VT émuler

emulation [ˌemjʊ'leɪʃən] N émulation *f*

emulsifier [e'mʌlsɪˌfaɪəʳ] N émulsifiant *m*

emulsion [ɪ'mʌlʃən] N émulsion *f* • **~ paint** peinture-émulsion *f*

enable [ɪ'neɪbl] VT **to ~ sb to do sth** permettre à qn de faire qch

enact [ɪ'nækt] VT **a** [+ *law, decree*] promulguer **b** [+ *play, part*] jouer • **the drama which was ~ed yesterday** le drame qui s'est déroulé hier

enactment [ɪ'næktmənt] N promulgation *f*

enamel [ɪ'næməl] **1** N émail *m* • **tooth ~** émail *m* dentaire **2** VT émailler **3** COMP [*bath, bucket*] en émail

e

▸ **enamel paint** N peinture *f* laquée ▸ **enamel saucepan** N casserole *f* en émail

enamelled [ɪ'næməld] ADJ [*jewellery, bath*] en émail; [*metal*] émaillé

enamoured, enamored (*US*) [ɪ'næməd] ADJ **to be ~ of** [*+ person*] être amoureux de; [*+ thing*] être séduit par • **she was not ~ of the idea** l'idée ne l'enchantait pas

enc. (ABBR OF **enclosure(s)**) PJ

encampment [ɪn'kæmpmənt] N campement *m*

encapsulate [ɪn'kæpsjʊleɪt] VT incarner

encase [ɪn'keɪs] VT **~d in concrete** pris dans du béton • **~d in plastic** recouvert de plastique • **his arm was ~d in plaster** il avait le bras dans le plâtre

encephalogram [en'sefələgræm] N encéphalogramme *m*

enchant [ɪn'tʃɑːnt] VT enchanter • **the ~ed wood** le bois enchanté

enchanter [ɪn'tʃɑːntə^r] N enchanteur *m*

enchanting [ɪn'tʃɑːntɪŋ] ADJ ravissant

enchantment [ɪn'tʃɑːntmənt] N (*= spell*) enchantement *m*; (*= appeal*) charme *m*

enchantress [ɪn'tʃɑːntrɪs] N enchanteresse *f*

enchilada [ˌentʃɪ'lɑːdə] N enchilada *f*

encircle [ɪn'sɜːkl] VT entourer • **police ~d the building** la police a encerclé l'immeuble

enclave ['enkleɪv] N enclave *f*

enclose [ɪn'kləʊz] VT ⓐ (*= fence in*) clôturer; (*= surround*) entourer (**by** de) • **to ~ within** enfermer dans ⓑ (*with letter*) joindre (**in, with** à) • **letter enclosing a receipt** lettre *f* contenant un reçu • **please find ~d** veuillez trouver ci-joint • **the ~d cheque** le chèque ci-joint

enclosed [ɪn'kləʊzd] ADJ [*area*] fermé; [*garden, space*] clos

enclosure [ɪn'kləʊʒə^r] N (*= document enclosed*) pièce *f* jointe; (*= ground enclosed*) enclos *m* • **the ~** [*of racecourse*] le pesage • **the public ~** la pelouse

encode [ɪn'kəʊd] VTI coder

encoder [ɪn'kəʊdə^r] N encodeur *m*

encoding [ɪn'kəʊdɪŋ] N [*of message*] codage *m*; (*Comput, Ling*) encodage *m*

encompass [ɪn'kʌmpəs] VT (*= include*) englober

encore ['ɒŋkɔː^r] 1 EXCL bis! 2 N rappel *m* • **to call for an ~** bisser • **to play an ~** faire un bis

encounter [ɪn'kaʊntə^r] 1 VT [*+ person*] rencontrer (à l'improviste); [*+ enemy, danger*] affronter; [*+ opposition*] se heurter à; [*+ difficulties*] rencontrer 2 N rencontre *f* 3 COMP ▸ **encounter group** N atelier *m* de psychothérapie de groupe

encourage [ɪn'kʌrɪdʒ] VT encourager • **to ~ sb to do sth** encourager qn à faire qch

encouragement [ɪn'kʌrɪdʒmənt] N encouragement *m*

encouraging [ɪn'kʌrɪdʒɪŋ] ADJ encourageant

encroach [ɪn'krəʊtʃ] VI **to ~ on** [*+ sb's land, time, rights*] empiéter sur • **the sea is ~ing on the land** la mer gagne du terrain sur la terre ferme

encroachment [ɪn'krəʊtʃmənt] N empiètement *m* (**on** sur)

encrusted [ɪn'krʌstɪd] ADJ **~ with** [*+ jewels, gold*] incrusté de

encrypt [ɪn'krɪpt] VT crypter

encryption [ɪn'krɪpʃən] N cryptage *m*

encumber [ɪn'kʌmbə^r] VT [*+ person, room*] encombrer (**with** de) • **~ed with debts** criblé de dettes

encumbrance [ɪn'kʌmbrəns] N (*= burden*) fardeau *m*

encyclopaedia, encyclopedia [ɪnˌsaɪkləʊ'piːdɪə] N encyclopédie *f*

encyclop(a)edic [ɪnˌsaɪkləʊ'piːdɪk] ADJ encyclopédique

end [end]

1 NOUN	4 COMPOUNDS
2 TRANSITIVE VERB	5 PHRASAL VERBS
3 INTRANSITIVE VERB	

1 NOUN

ⓐ (*of film, chapter, month*) fin *f* • **until the ~ of time** jusqu'à la fin des temps • **it's not the ~ of the world!*** ce n'est pas la fin du monde! • **to get to the ~ of** [*+ book, holiday*] arriver à la fin de • **we'll never hear the ~ of it*** on n'a pas fini d'en entendre parler • **that's the ~ of the matter** le débat est clos • **there is no ~ to it all** cela n'en finit plus • **so that was the ~ of that theory!** à partir de là, cette théorie a été définitivement enterrée! • **then she found out he had no money, and that was the ~ of him** et quand elle s'est rendue compte qu'il n'avait pas d'argent, ça en a été fini de lui • **to be at an ~** être terminé • **to bring sth to an ~** mettre fin à qch • **to come to an ~** se terminer

ⓑ (*= cessation*) **he called for an ~ to the violence** il a lancé un appel pour que cesse la violence • **there is no sign of an ~ to population growth** rien ne semble indiquer que la population va cesser d'augmenter • **to put an ~ to sth** mettre fin à qch

ⓒ (*= farthest part*) bout *m* • **from ~ to ~** d'un bout à l'autre • **~ to ~** bout à bout • **the southern ~ of the town** les quartiers sud de la ville • **to the ~s of the earth** jusqu'au bout du monde • **to change ~s** (*Sport*) changer de côté • **you've opened the packet at the wrong ~** vous avez ouvert le paquet du mauvais côté • **he's reached the ~ of the line** (*= cannot progress*) il est dans une impasse • **there was silence at the other ~ of the line** il y eut un silence à l'autre bout du fil • **he can't see beyond the ~ of his nose** il ne voit pas plus loin que le bout de son nez • **to keep one's ~ up*** bien se défendre • **to make ~s meet** joindre les deux bouts • **how are things at your ~?** comment ça va de ton côté? • **to get one's ~ away‡** s'envoyer en l'air* • **at the other ~ of the spectrum** à l'autre extrême

ⓓ (*= purpose*) but *m* • **this policy is designed to achieve the same ~** cette politique poursuit le même but • **with this ~ in view** dans ce but • **those who use violence for political ~s** ceux qui se servent de la violence à des fins politiques • (PROV) **the ~ justifies the means** la fin justifie les moyens (PROV)

ⓔ (*set structures*)

▸ **at the end of** à la fin de • **at the ~ of the day** à la fin de la journée; (*= ultimately*) en fin de compte • **at the ~ of three weeks** au bout de trois semaines • **at the ~ of December** fin décembre • **at the ~ of the winter** à la fin de l'hiver • **at the ~ of the century** à la fin du siècle • **to be at the ~ of one's patience** être à bout de patience

▸ **in the end it succeeded in the ~** ça a fini par réussir • **he got used to it in the ~** il a fini par s'y habituer • **in the ~ they decided to …** ils ont fini par décider de …

▸ **no end** (= *a lot*)* **the decision caused no ~ of trouble** cette décision a causé énormément de problèmes • **the remark annoyed her no ~** cette remarque l'a profondément agacée • **her behaviour has improved no ~** son comportement s'est beaucoup amélioré
▸ **on end** (= *upright*) debout • **to stand a box on ~** mettre une caisse debout • **it makes my hair stand on ~!** ça me fait dresser les cheveux sur la tête ! • **they would talk for hours on ~** ils parlaient pendant des heures • **for days on ~** pendant des jours et des jours

2 TRANSITIVE VERB

(*= bring to an end*) mettre fin à • **to ~ one's days** finir ses jours • **to ~ it all** (= *kill oneself*) mettre fin à ses jours

3 INTRANSITIVE VERB

(*= come to an end*) se terminer • **where's it all going to ~?** comment tout cela finira-t-il ? • **verb ~ing in "re"** verbe se terminant en « re » • **it ~ed in a fight** ça s'est terminé par une bagarre • **the plan ~ed in failure** le projet s'est soldé par un échec • **the film ~s with the heroine dying** le film se termine par la mort de l'héroïne

4 COMPOUNDS

▸ **end product** N produit *m* fini; (= *final result*) résultat *m* final ▸ **end result** N résultat *m* ▸ **end table** N (*US*) table *f* basse ▸ **end user** N utilisateur *m*, -trice *f* final(e)

5 PHRASAL VERBS

▸ **end off** VT SEP finir
▸ **end up** VI se terminer • **she could have ~ed up a millionairess** elle aurait pu devenir millionnaire • **he ~ed up in Paris** il s'est retrouvé à Paris • **you'll ~ up in jail** tu vas finir en prison

---

endanger [ɪn'deɪndʒəʳ] VT [+ *life, interests, reputation*] mettre en danger; [+ *future, chances, health*] compromettre ▸ **endangered species** N espèce *f* menacée d'extinction

endear [ɪn'dɪəʳ] VT faire aimer (**to** de) • **this ~ed him to everybody** ça l'a rendu sympathique aux yeux de tout le monde

endearing [ɪn'dɪərɪŋ] ADJ [*person, quality, characteristic*] attachant; [*habit, manner*] touchant

endearingly [ɪn'dɪərɪŋlɪ] ADV [*say, smile*] de façon engageante • **~ shy** d'une timidité touchante

endearment [ɪn'dɪəmənt] N **term of ~** terme *m* d'affection

endeavour, endeavor (*US*) [ɪn'devəʳ] 1 N ⓐ (= *effort*) effort *m* • **in all areas of human ~** dans tous les secteurs de l'activité humaine ⓑ (= *attempt*) tentative *f* (**to do sth** pour faire qch) 2 VI s'efforcer (**to do sth** de faire qch)

endemic [en'demɪk] ADJ endémique (**to** à)

ending ['endɪŋ] N ⓐ fin *f* • **a story with a happy ~** une histoire qui finit bien ⓑ [*of word*] terminaison *f*

endive ['endaɪv] N (*curly*) chicorée *f*; (*smooth, flat*) endive *f*

endless ['endlɪs] ADJ ⓐ [*queue, speech, series, road*] interminable; [*expanse, variety, patience*] infini; [*supply, resources*] inépuisable • **to go to ~ trouble over sth** se donner un mal fou pour qch ⓑ (= *countless*) innombrable

endlessly ['endlɪslɪ] ADV [*talk*] sans arrêt

endorse [ɪn'dɔːs] VT ⓐ (= *sign*) [+ *document, cheque*] endosser • **he has had his licence ~d** (*Brit*) on lui a retiré des points sur son permis ⓑ (= *approve*) [+ *claim, candidature*] appuyer; [+ *opinion*] souscrire à; [+ *action, decision*] approuver • **to ~ a product** [*sportsman, celebrity*] faire de la promotion pour un produit

endorsement [ɪn'dɔːsmənt] N ⓐ (= *approval*) [*of proposal, policy*] adhésion *f*; [*of movement, claim, candidate*] appui *m*; [*of action, decision, efforts*] approbation *f* • **a letter of ~** une lettre d'approbation ⓑ (= *recommendation*) recommandation *f* • **to receive ~ from sb** être recommandé par qn • **he gets extra income from product ~s** il complète ses revenus en faisant de la promotion pour certains produits ⓒ (*Brit: on driving licence*) *infraction mentionnée sur le permis de conduire* • **he's already got three ~s** il a déjà perdu des points pour trois infractions

endow [ɪn'daʊ] VT [+ *institution, church*] doter (**with** de); [+ *prize, chair*] fonder • **to be ~ed with sth** être doté de qch

endowment [ɪn'daʊmənt] N (= *money*) (*for school, college*) dotation *f*; (*prize, university chair*) fondation *f* ▸ **endowment policy** N assurance *f* à capital différé

endurable [ɪn'djʊərəbl] ADJ supportable

endurance [ɪn'djʊərəns] N endurance *f* • **to have great powers of ~** avoir beaucoup d'endurance • **beyond ~** intolérable • **tried beyond ~** excédé ▸ **endurance test** N épreuve *f* d'endurance ▸ **endurance rider** N enduriste *mf* ▸ **endurance riding** N endurance *f* équestre

endure [ɪn'djʊəʳ] 1 VT ⓐ (= *put up with*) supporter • **it was more than I could ~** c'était plus que je ne pouvais supporter ⓑ (= *suffer*) subir • **the company ~d heavy losses** la société a subi de grosses pertes 2 VI (= *last*) [*building, peace, friendship*] durer; [*book, memory*] rester

enduring [ɪn'djʊərɪŋ] ADJ durable

enema ['enɪmə] N lavement *m*

enemy ['enəmɪ] 1 N ennemi(e) *m(f)* • **to make enemies** se faire des ennemis • **to make an ~ of sb** se faire un ennemi de qn • **he is his own worst ~** il est son pire ennemi 2 COMP [*tanks, forces*] ennemi ▸ **enemy-occupied** ADJ occupé par l'ennemi

> The French **ennemi** word has a double **n** and ends in **i**.

energetic [ˌenə'dʒetɪk] ADJ énergique; [*performance, campaign*] plein d'énergie • **squash is a very ~ game** le squash demande beaucoup d'énergie • **I don't feel very ~** je ne me sens pas d'attaque

energetically [ˌenə'dʒetɪkəlɪ] ADV énergiquement

energize ['enədʒaɪz] VT [+ *person*] regonfler; [+ *economy*] dynamiser; (*Elec*) alimenter (en courant)

energy ['enədʒɪ] 1 N énergie *f* • **I haven't the ~ to start again** (*Brit*) je n'ai pas le courage de recommencer • **to concentrate one's energies on doing sth** appliquer toute son énergie à faire qch • **with all one's ~** de toutes ses forces • **to save one's ~ for sth** économiser ses forces pour qch • **don't waste your ~*** ne te fatigue pas* 2 COMP ▸ **energy conservation** N conservation *f* de l'énergie ▸ **energy crisis** N crise *f* énergétique ▸ **energy drink** N boisson *f* énergisante ▸ **energy-efficient** ADJ économe en énergie ▸ **energy-saving** N économies *fpl* d'énergie ♦ ADJ d'économie d'énergie ▸ **energy transition** N transition *f* énergétique

enervating ['enɜːveɪtɪŋ] ADJ débilitant

enfold [ɪn'fəʊld] VT envelopper (**in** de)

enforce [ɪn'fɔːs] VT [+ *ruling, the law*] faire respecter; [+ *decision, policy*] appliquer; [+ *discipline*] imposer • **these laws aren't usually ~d** ces lois ne sont généralement pas appliquées

enforceable [ɪn'fɔːsɪbl] (ADJ) [*law*] exécutoire; [*rules*] applicable
enforced [ɪn'fɔːst] (ADJ) [*rest*] forcé
enforcement [ɪn'fɔːsmənt] (N) [*of decision, policy, law*] application *f*
enfranchise [ɪn'fræntʃaɪz] (VT) (*= give vote to*) accorder le droit de vote à
engage [ɪn'geɪdʒ] **1** (VT) **a** [*+ servant*] engager; [*+ workers*] embaucher; [*+ lawyer*] prendre **• to ~ sb's services** s'adjoindre les services de qn **b** [*+ sb's attention, interest*] éveiller **• to ~ sb in conversation** engager la conversation avec qn **2** (VI) **to ~ in** [*+ discussion*] prendre part à; [*+ politics, transaction*] se lancer dans; [*+ illegal activities*] se livrer à
engaged [ɪn'geɪdʒd] **1** (ADJ) **a** (*= betrothed*) **to be ~** être fiancé **• to get ~** se fiancer **• to get ~ to sb** se fiancer avec qn **b** (*Brit*) [*line, number, telephone*] occupé **• it's ~** ça sonne « occupé » **c** (*= not free*) occupé **• to be otherwise ~** [*person*] être déjà pris **d** (*= involved*) **~ in sth** [*+ task*] occupé à qch; [*+ criminal activity*] engagé dans qch **• ~ in doing sth** occupé à faire qch **2** (COMP) **▸ engaged tone** N (*Brit*) tonalité *f* « occupé » **• I got the ~ tone** ça sonnait « occupé »
engagement [ɪn'geɪdʒmənt] **1** (N) **a** (*= appointment*) rendez-vous *m inv* **• public ~** obligation *f* officielle **• I have a previous ~** je ne suis pas libre **b** (*= betrothal*) fiançailles *fpl* **• to break off one's ~** rompre ses fiançailles **2** (COMP) **▸ engagement ring** N bague *f* de fiançailles
engaging [ɪn'geɪdʒɪŋ] (ADJ) [*person*] charmant; [*smile, frankness*] engageant; [*personality*] attachant; [*manner*] aimable
engender [ɪn'dʒendəʳ] (VT) occasionner
engine ['endʒɪn] (N) (*= motor*) moteur *m*; [*of ship*] machine *f*; (*= locomotive*) locomotive *f* **• to sit facing the ~** être assis dans le sens de la marche **▸ engine driver** N (*Brit*) mécanicien *m*, -ienne *f* **▸ engine failure** N panne *f* de moteur **▸ engine room** N [*of ship*] salle *f* des machines
engineer [ˌendʒɪ'nɪəʳ] **1** (N) (*professional*) ingénieur *m*; (*= tradesman*) technicien *m*, -ienne *f*; (*= repair man*) réparateur *m*, -trice *f* **2** (VT) [*+ sb's dismissal, scheme*] organiser
engineering [ˌendʒɪ'nɪərɪŋ] (N) ingénierie *f* **• to study ~** faire des études d'ingénieur
England ['ɪŋglənd] (N) Angleterre *f*
English ['ɪŋglɪʃ] **1** (ADJ) anglais; [*queen*] d'Angleterre; [*teacher, dictionary*] d'anglais **2** (N) anglais *m* **• in plain ~** en termes très simples **• ~ as a Foreign Language** l'anglais *m* langue étrangère **• ~ as a Second Language** l'anglais *m* langue seconde **• ~ Language Teaching** l'enseignement *m* de l'anglais → TEFL, TESL, TESOL, ELT **3** (NPL) **the English** les Anglais *mpl* **4** (COMP) **▸ English breakfast** N (*in hotel*) petit déjeuner *m* anglais **▸ the English Channel** N la Manche **▸ English Heritage** N *organisme britannique de protection du patrimoine historique* **▸ English-speaker** N anglophone *mf* **▸ English-speaking** ADJ anglophone

> **ENGLISH**
> La prononciation standard de l'anglais parlé en Grande-Bretagne est appelée « Received Pronunciation » ou « RP ». Cette prononciation est dans l'ensemble celle des milieux cultivés et de la presse audiovisuelle, même si, sur ce plan, les accents régionaux sont aujourd'hui mieux représentés qu'autrefois. L'expression « Standard English » désigne la langue telle qu'elle est enseignée dans les écoles.
> L'anglais américain se distingue de l'anglais britannique surtout par sa prononciation mais aussi par des différences orthographiques et sémantiques. Le « Network Standard » désigne l'anglais américain standard, utilisé en particulier dans les médias.

Englishman ['ɪŋglɪʃmən] (N) (*pl* **-men**) Anglais *m*
Englishwoman ['ɪŋglɪʃwʊmən] (N) (*pl* **-women**) Anglaise *f*
engrave [ɪn'greɪv] (VT) graver **• ~d on the memory** gravé dans la mémoire
engraver [ɪn'greɪvəʳ] (N) graveur *m*
engraving [ɪn'greɪvɪŋ] (N) gravure *f*
engross [ɪn'grəʊs] (VT) **to be ~ed in** [*+ work*] être absorbé par; [*+ reading, thoughts*] être plongé dans
engrossing [ɪn'grəʊsɪŋ] (ADJ) absorbant
engulf [ɪn'gʌlf] (VT) engloutir **• to be ~ed in flames** être englouti par les flammes **• the crisis that has ~ed the country** la crise qui a submergé le pays
enhance [ɪn'hɑːns] (VT) [*+ attraction, status*] mettre en valeur; [*+ powers, prestige, reputation*] accroître; [*+ value, pleasure*] augmenter; [*+ position, chances*] améliorer
enhancement [ɪn'hɑːnsmənt] (N) [*of conditions*] amélioration *f*; [*of pension entitlement*] majoration *f*
enigma [ɪ'nɪgmə] (N) énigme *f*
enigmatic [ˌenɪg'mætɪk] (ADJ) énigmatique
enjoin [ɪn'dʒɔɪn] (VT) (*frm*) **a** (*= urge*) **to ~ sb to do sth** ordonner à qn de faire qch **b to ~ sb from doing sth** (*US = forbid*) interdire à qn de faire qch
enjoy [ɪn'dʒɔɪ] (VT) **a** aimer **• to ~ doing sth** aimer faire qch **• I ~ed doing it** cela m'a fait plaisir (de le faire) **• to ~ life** profiter de la vie **• to ~ a weekend/one's holidays** passer un bon week-end/de bonnes vacances **• ~ your meal!** bon appétit! **• I really ~ed that** (*meal*) j'ai vraiment bien mangé **b to enjoy o.s.** s'amuser **c** (*= benefit from*) [*+ rights, health, advantage*] jouir de
enjoyable [ɪn'dʒɔɪəbl] (ADJ) agréable
enjoyment [ɪn'dʒɔɪmənt] (N) (*= pleasure*) plaisir *m* **• to get ~ from doing sth** trouver du plaisir à faire qch
enlarge [ɪn'lɑːdʒ] **1** (VT) agrandir; [*+ field of knowledge, circle of friends*] étendre **2** (VI) (*= explain*) **to ~ (up)on** [*+ subject, difficulties*] s'étendre sur; [*+ idea*] développer
enlarged [ɪn'lɑːdʒd] (ADJ) [*photograph*] agrandi; [*majority*] accru; [*edition*] augmenté; [*gland, organ*] hypertrophié
enlargement [ɪn'lɑːdʒmənt] (N) (*= photograph, process*) agrandissement *m*
enlarger [ɪn'lɑːdʒəʳ] (N) (*for photographs*) agrandisseur *m*
enlighten [ɪn'laɪtn] (VT) éclairer (**sb about sth** qn sur qch)
enlightened [ɪn'laɪtnd] (ADJ) éclairé **• in this ~ age** en ce siècle éclairé
enlightening [ɪn'laɪtnɪŋ] (ADJ) instructif
enlightenment [ɪn'laɪtnmənt] (N) (*= truth*) vérité *f* **• we need some ~ on this point** nous avons besoin de quelques éclaircissements sur ce point **• the Age of Enlightenment** le Siècle des lumières
enlist [ɪn'lɪst] **1** (VI) s'engager **2** (VT) [*+ recruits*] enrôler; [*+ soldiers, supporters*] recruter **• to ~ sb's support** s'assurer le concours de qn
enliven [ɪn'laɪvn] (VT) [*+ conversation, visit, evening*] animer; [*+ décor, design*] égayer

enmity [ˈenmɪtɪ] (N) hostilité *f*

enormity [ɪˈnɔːmɪtɪ] (N) énormité *f*

enormous [ɪˈnɔːməs] (ADJ) énorme

enormously [ɪˈnɔːməslɪ] (ADV) [*enjoy, vary*] énormément • **to be ~ helpful** être d'un immense secours • **~ enjoyable** extrêmement agréable

enough [ɪˈnʌf] 1 (ADJ) assez (de) • **~ books** assez de livres • **~ money** assez d'argent • **I haven't got ~ room** je n'ai pas assez de place • **enough's enough!** ça suffit comme ça ! • **I've had ~** (*eating*) j'ai assez mangé; (*fed up*) j'en ai assez • **I've had more than ~ wine** j'ai bu un peu trop de vin • **there's more than ~ for everyone** il y en a largement assez pour tout le monde • **~ of this!** ça suffit comme ça ! • **~ said!*** assez parlé !* • **I think you have said ~** je pense que vous en avez assez dit • **that's ~** ça suffit • **this noise is ~ to drive you mad** ce bruit est à rendre fou • **I've got ~ to worry about already** j'ai assez de soucis comme ça

2 (ADV) **a** (= *sufficiently*) assez • **the proposed changes don't go far ~** les changements proposés ne vont pas assez loin • **I was fool ~ to believe him** j'ai été assez bête pour le croire • **are you warm ~?** avez-vous assez chaud ? • **we have waited long ~** nous avons assez attendu

b (= *tolerably*) assez • **he writes well ~** il écrit assez bien • **it's good ~ in its way** ce n'est pas mal dans le genre*

c (*intensifying*) **funnily ~, I saw him too** c'est curieux, moi aussi je l'ai vu

enquire [ɪnˈkwaɪəʳ] = **inquire**

enrage [ɪnˈreɪdʒ] (VT) mettre en rage • **he was ~d by this suggestion** cette proposition l'a rendu furieux

enrapture [ɪnˈræptʃəʳ] (VT) enchanter • **~d by ...** enchanté par ...

enrich [ɪnˈrɪtʃ] (VT) enrichir (**with** en); [*+ soil*] fertiliser • **vitamin-~ed** enrichi en vitamines

enrichment [ɪnˈrɪtʃmənt] (N) enrichissement *m*

enrol, enroll (US) [ɪnˈrəʊl] 1 (VT) [*+ student*] inscrire 2 (VI) [*student*] s'inscrire (**in** à) • **to ~ as a member of a club** s'inscrire à un club

enrolment, enrollment (US) [ɪnˈrəʊlmənt] (N) inscription *f* ▸ **enrolment fee** N frais *mpl* d'inscription

ensconce [ɪnˈskɒns] (VT) **to be ~d** être bien installé

ensemble [ɑ̃ːnsɑ̃ːmbl] (N) (= *collection*) ensemble *m*

enshrine [ɪnˈʃraɪn] (VT) [*+ principle, rights*] sauvegarder • **to be ~d in law** être garanti par la loi

enslave [ɪnˈsleɪv] (VT) asservir • **to be ~d by tradition** être l'esclave de la tradition

enslavement [ɪnˈsleɪvmənt] (N) asservissement *m*

ensue [ɪnˈsjuː] (VI) résulter

ensuing [ɪnˈsjuːɪŋ] (ADJ) [*battle, violence, discussion, argument, chaos*] qui s'ensuit (*or* s'ensuivit); [*months, weeks*] suivant

en suite [ˌɒnˈswiːt] (ADJ) **with an ~ bathroom** avec salle de bains attenante

ensure [ɪnˈʃʊəʳ] (VT) **a** [*+ success, stability*] assurer • **he did everything to ~ that she would come** il a tout fait pour qu'elle vienne • **~ that all windows are closed** assurez-vous que toutes les fenêtres sont fermées **b** = **insure**

ENT [iːenˈtiː] (ABBR OF **Ear, Nose and Throat**) ORL *f*

entail [ɪnˈteɪl] (VT) [*+ expense, work*] occasionner; [*+ risk, difficulty*] comporter; [*+ suffering*] entraîner • **it ~ed buying a car** cela nécessitait l'achat d'une voiture

entangle [ɪnˈtæŋgl] (VT) **to become ~d in** s'empêtrer dans • **to become ~d in an affair** se laisser entraîner dans une affaire

entanglement [ɪnˈtæŋglmənt] (N) **a** (*sexual*) liaison *f* compliquée **b** (= *difficulty*) imbroglio *m*

enter [ˈentəʳ] 1 (VT) **a** (= *come or go into*) entrer dans; [*+ road*] s'engager dans; [*+ university*] entrer à • **the thought never ~ed my head** cette pensée ne m'est jamais venue à l'esprit

b (= *record*) [*+ amount, name, fact, order*] inscrire; [*+ data*] entrer • **to ~ a horse for a race** engager un cheval dans une course • **to ~ a dog in a show** présenter un chien dans un concours • **to ~ a pupil for an exam** présenter un élève à un examen

2 (VI) **a** (= *come or go in*) entrer

b [*competitor*] **to ~ for a race** s'inscrire pour une course • **to ~ for an exam** s'inscrire à un examen

▸ **enter into** VT INSEP **a** (= *start*) [*+ correspondence, conversation*] entrer en; [*+ negotiations*] entamer; [*+ contract*] passer; [*+ alliance*] conclure **b** [*+ sb's plans, calculations*] entrer dans • **to ~ into the spirit of the game** entrer dans le jeu • **her money doesn't ~ into it** son argent n'a rien à voir là-dedans

enterprise [ˈentəpraɪz] (N) **a** (= *company*) entreprise *f* **b** (= *initiative*) initiative *f*

enterprising [ˈentəpraɪzɪŋ] (ADJ) plein d'initiative • **that was ~ of you!** vous avez fait preuve d'initiative !

entertain [ˌentəˈteɪn] 1 (VT) **a** (= *amuse*) [*+ audience*] divertir; (= *keep occupied*) [*+ children*] distraire • **why don't you go and ~ our guests?** tu veux bien aller t'occuper de nos invités ? **b** (= *offer hospitality to*) recevoir **c** (= *have in mind*) [*+ possibility*] envisager; [*+ intention, suspicion, doubt, hope*] nourrir; [*+ proposal*] accueillir • **to ~ the thought of doing sth** envisager de faire qch 2 (VI) **a** (= *amuse*) divertir **b** (= *offer hospitality*) recevoir • **do you ~ often?** vous recevez beaucoup ?

entertainer [ˌentəˈteɪnəʳ] (N) artiste *mf* (*de variétés*) • **he's a born ~** c'est un amuseur né

entertaining [ˌentəˈteɪnɪŋ] 1 (ADJ) divertissant 2 (N) **she loves ~** elle adore recevoir • **this dish is ideal for ~** c'est un plat idéal quand on reçoit

entertainment [ˌentəˈteɪnmənt] (N) **a** (= *amusement*) divertissements *mpl* • **the cinema is their favourite form of ~** le cinéma est leur divertissement préféré • **much to the ~ of ...** au grand divertissement de ... • **to make one's own ~** se divertir soi-même **b** (= *show*) spectacle *m* • **the world of ~** le monde du spectacle

enthral, enthrall [ɪnˈθrɔːl] (VT) [*book, film, performance*] captiver; [*scenery, entertainer, actor*] charmer; [*idea, thought*] enchanter

enthralling [ɪnˈθrɔːlɪŋ] (ADJ) [*story, film, match*] passionnant

enthrone [ɪnˈθrəʊn] (VT) introniser

enthuse [ɪnˈθuːz] 1 (VI) **to ~ about sth** s'enthousiasmer pour qch 2 (VT) **to be ~d by sth** être enthousiasmé par qch

enthusiasm [ɪnˈθuːzɪæzəm] (N) **a** enthousiasme *m* • **the idea filled her with ~** l'idée l'a enthousiasmée **b** (= *pet interest*) passion *f*

> The French word **enthousiasme** has **ou** instead of **u** and ends in **-e**.

enthusiast [ɪn'θu:zɪæst] N enthousiaste *mf* • **he is a jazz ~** il est passionné de jazz

enthusiastic [ɪn,θu:zɪ'æstɪk] ADJ enthousiaste • **he was very ~ about the plan** le projet l'a beaucoup enthousiasmé • **~ about doing sth** enthousiaste à l'idée de faire qch

enthusiastically [ɪn,θu:zɪ'æstɪkəlɪ] ADV avec enthousiasme

entice [ɪn'taɪs] VT attirer; *(with food, false promises)* allécher; *(with prospects)* séduire • **to ~ sb to do sth** entraîner qn à faire qch • **to ~ sb away from sth** éloigner qn de qch

enticement [ɪn'taɪsmənt] N *(= inducement)* offre *f* alléchante

enticing [ɪn'taɪsɪŋ] ADJ séduisant • **to look ~** [*food*] être appétissant; [*water*] être tentant

entire [ɪn'taɪəʳ] ADJ entier • **the ~ city** toute la ville • **his ~ career** toute sa carrière • **the ~ cost** l'intégralité du coût

entirely [ɪn'taɪəlɪ] ADV [*change, depend on, devote to*] entièrement; [*satisfied, clear, possible, happy, convinced*] tout à fait; [*new*] totalement • **I ~ agree** je suis entièrement d'accord • **made ~ of wood** entièrement fait en bois • **it's ~ up to you** c'est à toi de décider • **that's another matter ~** c'est une tout autre affaire

entirety [ɪn'taɪərətɪ] N **in its ~** en entier

entitle [ɪn'taɪtl] VT **a** *(= bestow right on)* autoriser (**to do** à faire) • **to ~ sb to sth** donner droit à qch à qn • **to be ~d to sth** avoir droit à qch • **I'm ~d to my own opinion** j'ai bien le droit d'avoir ma propre opinion • **to ~ sb to do sth** donner à qn le droit de faire qch • **to be ~d to do sth** *(by position, qualifications)* être habilité à faire qch; *(by conditions, rules)* avoir le droit de faire qch • **he is quite ~d to believe that ...** il est tout à fait en droit de croire que ... • **to be ~d to vote** *(in union election, for committee)* avoir voix délibérative

b *(= give title to)* intituler • **a book ~d "Blue Skies"** un livre qui a pour titre « Blue Skies »

entitlement [ɪn'taɪtəlmənt] N droit *m* (**to** à)

entity ['entɪtɪ] N entité *f*

entomologist [,entə'mɒlədʒɪst] N entomologiste *mf*

entomology [,entə'mɒlədʒɪ] N entomologie *f*

entourage ['ɒntʊrɑ:ʒ] N entourage *m*

entrails ['entreɪlz] NPL entrailles *fpl*

entrance **1** N **a** *(= way in)* entrée *f* (**to** de) • **to make an ~** faire son entrée

b *(= right to enter)* admission *f* • **~ to a school** admission *f* dans une école • **to gain ~ to a university** être admis dans une université • **~ is free for children** l'entrée est gratuite pour les enfants

2 VT *(= enchant)* enchanter • **she stood there ~d** elle restait là en extase

3 COMP ▸ **entrance fee** N prix *m* d'entrée ▸ **entrance hall** N hall *m* (d'entrée) ▸ **entrance ramp** N *(US)* bretelle *f* d'accès ▸ **entrance requirements** NPL conditions *fpl* d'admission

> Lorsque **entrance** est un nom, le premier **e** se prononce **e** et l'accent tombe sur la première syllabe : ['entrəns] ; lorsque c'est un verbe, le premier **e** se prononce **i** et l'accent tombe sur la deuxième syllabe : [ɪn'trɑ:ns].

entrancing [ɪn'trɑ:nsɪŋ] ADJ enchanteur (-teresse *f*)

entrant ['entrənt] N *(to profession)* nouveau venu *m*, nouvelle venue *f* (**to** dans, en); *(in race)* concurrent(e) *m(f)*; *(in competition, exam)* candidat(e) *m(f)*

entrap [ɪn'træp] VT prendre au piège • **to ~ sb into doing sth** amener qn à faire qch par la ruse

entrapment [ɪn'træpmənt] N *(in law)* *incitation policière à commettre un délit qui justifiera ensuite l'arrestation de son auteur*

entreat [ɪn'tri:t] VT supplier (**sb to do sth** qn de faire qch)

entreatingly [ɪn'tri:tɪŋlɪ] ADV [*look*] d'un air suppliant; [*ask*] d'un ton suppliant

entreaty [ɪn'tri:tɪ] N prière *f*

entrenched [ɪn'trentʃt] ADJ [*idea, attitude, belief*] enraciné; [*interests, power*] bien établi • **to become ~** [*idea, attitude, belief, suspicion*] s'enraciner; [*interests, power*] s'établir fermement

entrepreneur [,ɒntrəprə'nɜ:ʳ] N entrepreneur *m*, -euse *f* *(chef d'entreprise)*

entrepreneurial [,ɒntrəprə'nɜ:rɪəl] ADJ [*person, company*] entreprenant • **to have ~ flair** avoir l'esprit d'entreprise

entrepreneurship [,ɒntrəprə'nɜ:ʃɪp] N esprit *m* d'entreprise

entrust [ɪn'trʌst] VT confier (**to** à) • **to ~ sth to sb's care** confier qch aux soins de qn • **to ~ sb with a task** confier à qn une tâche

entry ['entrɪ] **1** N **a** *(= action)* entrée *f*; *(in competition)* participation *f* • **to make an ~** faire son entrée • **"no ~"** *(on gate)* « défense d'entrer »; *(in one-way street)* « sens interdit »

b *(= way in)* entrée *f*

c *(= item)* *(on list)* inscription *f*; *(in account book, ledger)* écriture *f*; *(in dictionary, encyclopedia)* *(= term)* article *m*; *(= headword)* entrée *f*

d *(= participants)* **there is a large ~ for the 200 metres** il y a beaucoup de concurrents pour le 200 mètres • **there are only three entries** *(for race, competition)* il n'y a que trois concurrents

2 COMP ▸ **entry fee** N prix *m* d'entrée ▸ **entry form** N fiche *f* d'inscription ▸ **entry-level** ADJ *(Comput)* de base; [*model, car, product*] d'entrée de gamme ▸ **entry permit** N visa *m* d'entrée ▸ **entry phone** N interphone *m* ▸ **entry requirements** NPL conditions *fpl* d'admission ▸ **entry visa** N visa *m* d'entrée

entwine [ɪn'twaɪn] VT enrouler • **the ivy had ~d itself around the post** le lierre s'était enroulé autour du poteau • **~d with** *(= decorated with)* orné de; *(= involved with)* lié à

enumerate [ɪ'nju:məreɪt] VT énumérer

enumeration [ɪ,nju:mə'reɪʃən] N énumération *f*

enunciate [ɪ'nʌnsɪeɪt] VT [*+ sound, word*] articuler; [*+ principle*] énoncer • **to ~ clearly** bien articuler

enunciation [ɪ,nʌnsɪ'eɪʃən] N [*of sound, word*] articulation *f*; [*of principle*] énonciation *f*

envelop [ɪn'veləp] VT envelopper

envelope ['envələʊp] N enveloppe *f* • **in a sealed ~** sous pli cacheté

> The French word **enveloppe** has a double **p**.

enviable ['envɪəbl] ADJ enviable

enviably ['envɪəblɪ] ADV ~ **slim** d'une minceur enviable • **an ~ high standard** un niveau enviable
envious ['envɪəs] ADJ envieux • **you're going to Barbados? — I'm very ~** tu vas à la Barbade ? — je t'envie beaucoup • **to be ~ of sb** envier qn • **people were ~ of his success** son succès a fait des envieux
enviously ['envɪəslɪ] ADV avec envie
environment [ɪn'vaɪərənmənt] N environnement *m* • **he has a good working ~** il travaille dans un cadre agréable • **working-class ~** milieu *m* ouvrier • **~-friendly** respectueux de l'environnement

> The French word has **nne** in the middle, compared to just **n** in the English word.

environmental [ɪn,vaɪərən'mentl] ADJ [*issues, disaster, problems*] écologique; [*effects*] sur l'environnement; [*group, movement*] écologiste • **~ damage** dégâts *mpl* causés à l'environnement • **~ regulations** lois *fpl* sur la protection de l'environnement • **~ impact** impact *m* sur l'environnement ▸ **environmental health** N (*Brit*) hygiène *f* publique ▸ **environmental studies** NPL études *fpl* de l'environnement
environmentalism [ɪn,vaɪərən'mentəlɪzəm] N environnementalisme *m*
environmentalist [ɪn,vaɪərən'mentəlɪst] N écologiste *mf*
environmentally [ɪn,vaɪərən'mentəlɪ] ADV (= *ecologically*) [*sensitive*] écologiquement • **to be ~ conscious** être sensibilisé aux problèmes de l'environnement • **to be ~ friendly** respecter l'environnement • **to be ~ harmful** nuire à l'environnement • **~ sound policies** des politiques respectueuses de l'environnement
envisage [ɪn'vɪzɪdʒ] VT (= *foresee*) prévoir; (= *imagine*) envisager • **it is ~d that ...** on prévoit que ... • **it is hard to ~ such a situation** il est difficile d'envisager une telle situation • **I can't ~ myself doing that** j'ai du mal à m'imaginer en train de faire ça
envision [ɪn'vɪʒən] VT = **envisage**
envoy ['envɔɪ] N envoyé(e) *m(f)*; (= *diplomat*) ministre *mf* plénipotentiaire
envy ['envɪ] **1** N envie *f* • **out of ~** par jalousie • **filled with ~** dévoré de jalousie • **it was the ~ of everyone** cela faisait envie à tout le monde **2** VT [+ *person, thing*] envier • **to ~ sb sth** envier qch à qn
enzyme ['enzaɪm] N enzyme *m*
EPA [,iːpiː'eɪ] (*US*) (ABBR OF **Environmental Protection Agency**) ≈ ministère *m* de l'Environnement
epaulet, epaulette ['epɔːlet] N épaulette *f*
ephemeral [ɪ'femərəl] ADJ éphémère
epic ['epɪk] **1** ADJ épique **2** N épopée *f*; (= *film*) film *m* à grand spectacle
epicentre, epicenter (*US*) ['epɪsentəʳ] N épicentre *m*
epidemic [,epɪ'demɪk] N épidémie *f*
epidermis [,epɪ'dɜːmɪs] N épiderme *m*
epidural [,epɪ'djʊərəl] ADJ, N ~ **(anaesthetic)** péridurale *f*
epigram ['epɪgræm] N épigramme *f*
epilepsy ['epɪlepsɪ] N épilepsie *f*
epileptic [,epɪ'leptɪk] **1** ADJ épileptique • **~ fit** crise *f* d'épilepsie **2** N épileptique *mf*
epilogue ['epɪlɒg] N épilogue *m*
Epiphany [ɪ'pɪfənɪ] N Épiphanie *f*
Episcopal [ɪ'pɪskəpəl] ADJ épiscopalien
Episcopalian [ɪ'pɪskə'peɪlɪən] **1** ADJ épiscopalien **2** N membre *m* de l'Église épiscopalienne • **the ~s** les épiscopaliens *mpl*
episode ['epɪsəʊd] N épisode *m*; [*of illness*] crise *f*
episodic [,epɪ'sɒdɪk] ADJ épisodique
epitaph ['epɪtɑːf] N épitaphe *f*
epithet ['epɪθet] N épithète *f*
epitome [ɪ'pɪtəmɪ] N [*of idea*] quintessence *f* • **she's the ~ of virtue** elle est la vertu incarnée
epitomize [ɪ'pɪtəmaɪz] VT incarner
epoch ['iːpɒk] N époque *f* • **to mark an ~** faire date
eponymous [ɪ'pɒnɪməs] ADJ éponyme
equable ['ekwəbl] ADJ [*temperament, climate*] égal • **he is very ~** il a un tempérament très égal
equably ['ekwəblɪ] ADV calmement
equal ['iːkwəl] **1** ADJ **a** égal • **to be ~ in size** être de la même taille • **~ pay for women** salaire égal pour les femmes • **~ rights** égalité *f* des droits • **with ~ enthusiasm** avec le même enthousiasme • **they are about ~** (*in value*) ils se valent à peu près • **to talk to sb on ~ terms** parler à qn d'égal à égal • **other things being ~** toutes choses étant égales par ailleurs • **to be on ~ terms** être sur un pied d'égalité • **to come ~ first** être classé premier ex æquo
b (= *capable*) **to be ~ to sth** être à la hauteur de qch • **the guards were ~ to anything** les gardes pouvaient faire face à n'importe quoi • **to be ~ to doing sth** être de taille à faire qch
2 N égal(e) *m(f)* • **our ~s** nos égaux *mpl* • **to treat sb as an ~** traiter qn d'égal à égal
3 VT (= *be equal of*) égaler **(in en)** • **there is nothing to ~ it** il n'y a rien de comparable
4 COMP ▸ **equal opportunities** NPL égalité *f* des chances ▸ **equal opportunity employer** N employeur *m* appliquant les principes de l'égalité des chances ▸ **equals sign** N signe *m* égal
equality [ɪ'kwɒlɪtɪ] N égalité *f* • **~ before the law** égalité *f* devant la loi • **~ of opportunity** l'égalité *f* des chances
equalize ['iːkwəlaɪz] **1** VT [+ *rights, opportunities*] garantir l'égalité de; [+ *chances*] équilibrer; [+ *wealth, possessions*] niveler; [+ *income, prices*] égaliser **2** VI (*Brit Sport*) égaliser
equalizer ['iːkwəlaɪzəʳ] N but *m* (*or* point *m*) égalisateur
equally ['iːkwəlɪ] ADV **a** (= *evenly*) [*divide, share*] en parts égales • **~ spaced** à intervalles réguliers
b (= *in the same way*) de la même manière • **this applies ~ to everyone** ceci s'applique à tout le monde de la même manière • **this applies ~ to men and to women** ceci s'applique aussi bien aux hommes qu'aux femmes
c (= *just as*) [*important, impressive, true, difficult*] tout aussi; [*clear*] également • **her mother was ~ disappointed** sa mère a été tout aussi déçue • **to be ~ successful** [*person*] réussir aussi bien; [*artist, exhibition*] avoir autant de succès • **she did ~ well in history** elle a eu de tout aussi bons résultats en histoire • **~ as good** aussi bon l'un que l'autre
equanimity [,ekwə'nɪmɪtɪ] N égalité *f* d'humeur • **with ~** avec sérénité
equate [ɪ'kweɪt] VT (= *identify*) assimiler **(with à)**; (= *compare*) mettre sur le même plan **(with que)**
equation [ɪ'kweɪʒən] N équation *f* • **that doesn't even enter the ~** ça n'entre même pas en ligne de compte

equator [ɪ'kweɪtəʳ] N équateur *m*
equatorial [ˌekwə'tɔːrɪəl] ADJ équatorial • **Equatorial Guinea** la Guinée équatoriale
equestrian [ɪ'kwestrɪən] ADJ équestre
equidistant ['iːkwɪ'dɪstənt] ADJ équidistant • **Orléans is ~ from Tours and Paris** Orléans est à égale distance de Tours et de Paris
equilateral ['iːkwɪ'lætərəl] ADJ équilatéral
equilibrium [ˌiːkwɪ'lɪbrɪəm] N équilibre *m* • **to lose one's ~** (*physically*) perdre l'équilibre • **to recover one's ~** (*fig*) retrouver son équilibre
equine ['ekwaɪn] ADJ chevalin
equinox ['iːkwɪnɒks] N équinoxe *m*
equip [ɪ'kwɪp] VT ⓐ (= *fit out*) équiper • **to be ~ped to do sth** [*factory*] être équipé pour faire qch • **to be ~ped to handle a problem** avoir les compétences nécessaires pour s'occuper d'un problème ⓑ (= *provide*) **to ~ with** équiper de • **to ~ o.s. with** s'équiper de
equipment [ɪ'kwɪpmənt] N équipement *m*; (*for office, laboratory, camping*) matériel *m* • **electrical ~** appareillage *m* électrique

> The French word **équipement** has an extra **e** in the middle.

equitable ['ekwɪtəbl] ADJ équitable
equitably ['ekwɪtəblɪ] ADV équitablement
equity ['ekwɪtɪ] N ⓐ (= *fairness*) équité *f* ⓑ (= *capital*) capital *m* propre • **equities** (*Brit: on stock exchange*) actions *fpl* cotées en bourse
equivalence [ɪ'kwɪvələns] N équivalence *f*
equivalent [ɪ'kwɪvələnt] 1 ADJ équivalent (**to** à) 2 N équivalent *m*
equivocal [ɪ'kwɪvəkəl] ADJ (= *ambiguous*) équivoque; (= *undecided*) indécis (**about sth** quant à qch)
equivocate [ɪ'kwɪvəkeɪt] VI user de faux-fuyants
equivocation [ɪˌkwɪvə'keɪʃən] N paroles *fpl* équivoques • **without ~** sans équivoque
ER ⓐ (ABBR OF **Elizabeth Regina**) reine *f* Élisabeth ⓑ (*US*) (ABBR OF **emergency room**) urgences *fpl*
er [ɜːʳ] INTERJ euh
era ['ɪərə] N ère *f* • **the Christian ~** l'ère *f* chrétienne • **the end of an ~** la fin d'une époque • **to mark an ~** marquer une époque
eradicate [ɪ'rædɪkeɪt] VT éradiquer
eradication [ɪˌrædɪ'keɪʃən] N éradication *f*
erasable [ɪ'reɪzəbl] ADJ effaçable
erase [ɪ'reɪz] VT effacer; (*with rubber*) gommer
eraser [ɪ'reɪzəʳ] N gomme *f*
e-reader ['iːriːdəʳ] N liseuse *f*, e-reader *m*
erect [ɪ'rekt] 1 ADJ ⓐ (= *upright*) droit; [*tail, ears*] dressé • **to hold o.s. ~** se tenir droit ⓑ [*penis, clitoris*] en érection; [*nipples*] durci 2 ADV [*walk*] (= *not slouching*) en se tenant droit 3 VT [+ *temple, statue*] ériger; [+ *wall, flats*] construire; [+ *traffic signs*] installer; [+ *scaffolding*] monter; [+ *altar, tent, mast, barricade*] dresser; [+ *obstacles, barrier*] élever
erection [ɪ'rekʃən] N érection *f*; [*of building, wall, fence*] construction *f*; [*of scaffolding*] montage *m* • **to have an ~** avoir une érection
ergonomic [ˌɜːgəʊ'nɒmɪk] ADJ ergonomique
ergonomically [ˌɜːgəʊ'nɒmɪkəlɪ] ADV **~ designed** ergonomique
ergonomics [ˌɜːgəʊ'nɒmɪks] N ergonomie *f*
ergonomist [ɜː'gɒnəmɪst] N ergonome *mf*
Eritrea [erɪ'treɪə] N Érythrée *f*
Eritrean [erɪ'treɪən] 1 ADJ érythréen 2 N Érythréen(ne) *m(f)*
ERM [ˌiːɑːr'em] N (ABBR OF **Exchange Rate Mechanism**) mécanisme *m* de change
ermine ['ɜːmɪn] N hermine *f*
erode [ɪ'rəʊd] 1 VT éroder; [+ *confidence*] saper 2 VI [*rock, soil, value*] s'éroder
erogenous [ɪ'rɒdʒənəs] ADJ érogène
erosion [ɪ'rəʊʒən] N érosion *f*
erotic [ɪ'rɒtɪk] ADJ érotique
erotica [ɪ'rɒtɪkə] NPL (*paintings*) art *m* érotique; (*books*) littérature *f* érotique; (*films*) films *mpl* érotiques
eroticism [ɪ'rɒtɪsɪzəm] N érotisme *m*
err [ɜːʳ] VI (= *be mistaken*) se tromper; (= *sin*) pécher • **to ~ in one's judgement** faire une erreur de jugement • **to ~ on the side of caution** pécher par excès de prudence • **to ~ is human** l'erreur est humaine
errand ['erənd] N course *f* • **to run ~s** faire des courses • **to be on an ~** faire une course • **an ~ of mercy** une visite de charité ▸ **errand boy** N garçon *m* de courses
erratic [ɪ'rætɪk] ADJ [*person, behaviour, moods*] fantasque; [*driving, performance, progress, movements, sales*] irrégulier; [*nature*] changeant
erratically [ɪ'rætɪkəlɪ] ADV [*behave, act*] de manière fantasque; [*work, play*] de façon irrégulière; [*drive*] de manière imprévisible
erroneous [ɪ'rəʊnɪəs] ADJ erroné
erroneously [ɪ'rəʊnɪəslɪ] ADV à tort
error ['erəʳ] N erreur *f* • **to make an ~** faire une erreur • **~ of judgement** erreur *f* de jugement • **~s and omissions excepted** sauf erreur ou omission • **~ message** message *m* d'erreur • **in ~** par erreur • **to see the ~ of one's ways** revenir de ses erreurs
erstwhile ['ɜːstwaɪl] (*o.f. or liter*) ADJ d'antan (*liter*)
erudite ['erʊdaɪt] ADJ érudit
erudition [ˌerʊ'dɪʃən] N érudition *f*
erupt [ɪ'rʌpt] VI ⓐ [*volcano*] entrer en éruption • **~ing volcano** volcan *m* en éruption ⓑ [*violence, protests, scandal, crisis*] éclater • **to ~ into violence** tourner à la violence • **the town ~ed into riots** la ville est devenue le théâtre de violentes émeutes • **she ~ed when she heard the news** elle a explosé en entendant la nouvelle ⓒ [*spots*] apparaître • **his face had ~ed (in spots)** son visage s'était soudain couvert de boutons
eruption [ɪ'rʌpʃən] N ⓐ [*of volcano*] éruption *f* ⓑ [*of violence, laughter*] explosion *f*; [*of anger*] accès *m*
escalate ['eskəleɪt] VI [*fighting, bombing, violence*] s'intensifier; [*tension, hostilities, costs*] monter en flèche • **prices are escalating** c'est l'escalade des prix
escalation [ˌeskə'leɪʃən] N [*of violence*] escalade *f*; [*of fighting, conflict, war*] intensification *f*; [*of tension, hostilities, costs, prices*] montée *f*
escalator ['eskəleɪtəʳ] N escalier *m* roulant
escapade ['eskəˌpeɪd] N (= *prank*) frasque *f*; (= *adventure*) équipée *f*
escape [ɪs'keɪp] 1 VI ⓐ (= *get away*) échapper (**from sb** à qn); (*from place*) s'échapper (**from** de); [*prisoner*] s'évader (**from** de) • **an ~d prisoner** un évadé • **he ~d with a few scratches** il s'en est tiré avec quelques égratignures ⓑ [*water, steam, gas*] s'échapper

2 VT ⓐ (*= avoid*) échapper à; [*+ consequences*] éviter; [*+ punishment*] se soustraire à • **he narrowly ~d injury** il a failli être blessé • **to ~ detection** ne pas se faire repérer ⓑ (*= be forgotten by*) échapper à • **his name ~s me** son nom m'échappe • **nothing ~s him** rien ne lui échappe • **it had not ~d her notice that …** il ne lui avait pas échappé que …
3 N fuite *f* • **to plan an ~** préparer une évasion • **to make one's ~** s'échapper; (*from place*) s'évader; [*prisoner*] s'évader • **to have a narrow ~** l'échapper belle • **~ from reality** évasion *f* hors de la réalité • **~ (key)** (*on computer*) touche *f* d'échappement
4 COMP ▸ **escape artist** N virtuose *mf* de l'évasion ▸ **escape route** N (*on road*) voie *f* de détresse

escapee [ɪskeɪ'piː] N évadé(e) *m(f)*

escapism [ɪs'keɪpɪzəm] N fuite *f* (de la réalité) • **it's sheer ~!** c'est simplement s'évader du réel!

escapist [ɪs'keɪpɪst] 1 N personne *f* qui fuit la réalité 2 ADJ [*film, reading*] d'évasion

escarpment [ɪs'kɑːpmənt] N escarpement *m*

eschew [ɪs'tʃuː] VT (*frm*) éviter

escort 1 N ⓐ (*= guard*) escorte *f* • **under ~** sous escorte ⓑ (*= companion*) (*female*) hôtesse *f*; (*male*) (*at dance*) cavalier *m*; (*= prostitute*) call-boy *m* 2 VT escorter • **to ~ sb to the door** raccompagner qn à la porte 3 COMP ▸ **escort agency** N agence *f* d'hôtesses

> Lorsque **escort** est un nom, l'accent tombe sur la première syllabe: ['eskɔːt], lorsque c'est un verbe, sur la seconde: [ɪs'kɔːt].

e-shopping ['iːʃɒpɪŋ] N achats *mpl* en ligne

Eskimo ['eskɪməʊ] (*sometimes offensive*) 1 N Esquimau(de) *m(f)* 2 ADJ esquimau (-de *f*)

ESL [,iːes'el] N (ABBR OF **English as a Second Language**) anglais *m* langue seconde

esophagus [ɪ'sɒfəgəs] N œsophage *m*

esoteric [,esəʊ'terɪk] ADJ ésotérique

ESP [,iːes'piː] N ⓐ (ABBR OF **extrasensory perception**) perception *f* extrasensorielle ⓑ (ABBR OF **English for Special Purposes**) anglais *m* langue de spécialité

especial [ɪs'peʃəl] ADJ particulier

especially [ɪs'peʃəlɪ] ADV ⓐ (*= particularly*) surtout • **~ as it's so late** d'autant plus qu'il est tard • **why me ~?** pourquoi moi en particulier? ⓑ (*= expressly*) spécialement • **I came ~ to see you** je suis venu spécialement pour te voir ⓒ (*= more than usual*) particulièrement • **is she pretty? — not ~** elle est jolie? — pas particulièrement

Esperanto [,espə'ræntəʊ] 1 N espéranto *m* 2 ADJ en espéranto

espionage ['espɪənɑːʒ] N espionnage *m*

esplanade [,esplə'neɪd] N esplanade *f*

espouse [ɪs'paʊz] VT [*+ cause, values, theory*] épouser

espresso [es'presəʊ] N (café *m*) express *m*

Esq. N (*Brit*) (ABBR OF **esquire**) **Brian Smith ~** (*on envelope*) M. Brian Smith

esquire [ɪs'kwaɪəʳ] N → **Esq.**

essay ['eseɪ] N essai *m*; (*at school*) rédaction *f*; (*longer*) dissertation *f*

essence ['esəns] N essence *f* • **vanilla ~** essence *f* de vanille • **the ~ of what was said** l'essentiel *m* de ce qui a été dit • **speed is of the ~** la vitesse est essentielle • **in ~** essentiellement

essential [ɪ'senʃəl] 1 ADJ essentiel • **it is ~ that …** il est essentiel que … *+ subj* 2 NPL **essentials** essentiel *m* • **I threw a few ~s into a bag and left** j'ai mis le strict nécessaire dans un sac et je suis parti 3 COMP ▸ **essential oil** N huile *f* essentielle

> **essentiel** ends in **-iel** instead of **-ial**.

essentially [ɪ'senʃəlɪ] ADV [*correct*] essentiellement • **she was ~ a generous person** au fond c'était quelqu'un de généreux • **things will remain ~ the same** pour l'essentiel, les choses ne changeront pas

establish [ɪs'tæblɪʃ] VT ⓐ [*+ factory, relations, sb's reputation*] établir; [*+ government, society, tribunal*] constituer; [*+ state, business*] fonder; [*+ laws, custom*] instaurer; [*+ post*] créer; [*+ power, authority*] asseoir; [*+ peace, order*] faire régner • **to ~ one's reputation as a scholar** se faire une réputation de savant ⓑ (*= prove*) établir

established [ɪs'tæblɪʃt] ADJ établi

establishment [ɪs'tæblɪʃmənt] N ⓐ (*= institution*) établissement *m* • **educational ~** établissement *m* scolaire ⓑ **the Establishment** l'establishment *m*

estate [ɪs'teɪt] 1 N ⓐ (*= land*) propriété *f*; (*= housing estate*) lotissement *m* • **country ~** terres *fpl* ⓑ (*= possessions*) biens *mpl*; [*of deceased*] succession *f* • **he left a large ~** il a laissé une grosse fortune (en héritage) ⓒ (*Brit*) (*= car*) break *m* 2 COMP ▸ **estate agency** N (*Brit*) agence *f* immobilière ▸ **estate agent** N (*Brit*) agent *m* immobilier ▸ **estate car** N (*Brit*) break *m*

esteem [ɪs'tiːm] 1 VT estimer; [*+ quality*] apprécier • **our ~ed colleague** notre estimé collègue 2 N estime *f* • **to hold sb in high ~** tenir qn en haute estime • **to hold sth in high ~** avoir une haute opinion de qch • **he went down in my ~** il a baissé dans mon estime

esthete ['iːsθiːt] N (*US*) esthète *mf*

estimate 1 N estimation *f*; (*for job, service, repairs*) devis *m* • **this figure is five times the original ~** ce chiffre est cinq fois supérieur à l'estimation initiale • **at a conservative ~** au bas mot • **this price is only a rough ~** ce prix n'est que très approximatif • **at a rough ~** approximativement
2 VT (*= guess, assess*) estimer • **I ~ there must be 40 of them** j'estime qu'il doit y en avoir 40 • **I ~ the total cost at …** j'évalue le coût total à … • **his fortune is ~d at …** on évalue sa fortune à …

> Lorsque **estimate** est un nom, la fin se prononce comme **it**: ['estɪmɪt]; lorsque c'est un verbe, elle se prononce comme **eight**: ['estɪmeɪt].

estimated ['estɪmeɪtɪd] ADJ [*number, cost, figure*] estimé • **an ~ 60,000 refugees have crossed the border** environ 60 000 réfugiés auraient traversé la frontière • **~ time of arrival** horaire *m* prévu d'arrivée

estimation [,estɪ'meɪʃən] N **in my ~** (*= in my opinion*) à mon avis • **he went up in my ~** il est monté dans mon estime

Estonia [e'stəʊnɪə] N Estonie *f*

Estonian [e'stəʊnɪən] 1 ADJ estonien 2 N (*= person*) Estonien(ne) *m(f)*

estranged [ɪs'treɪndʒd] ADJ **her ~ husband** son mari, dont elle est séparée

e

estrangement [ɪs'treɪndʒmənt] (N) [*of people*] séparation *f* (**from sb** d'avec qn); [*of countries*] brouille *f*
estrogen ['estrədʒən, 'i:strədʒən] (N) (*US*) œstrogène *m*
estuary ['estjʊərɪ] (N) estuaire *m*
e-tail ['i:teɪl] (N) commerce *m* électronique
etc [ɪt'setərə] (ABBR OF **et cetera**) etc.
etch [etʃ] (VTI) graver à l'eau forte • **~ed on his memory** gravé dans sa mémoire
etching ['etʃɪŋ] (N) (= *picture*) eau-forte *f*
eternal [ɪ't3:nl] (ADJ) éternel

> **eternel** ends in **-el** instead of **-al**.

eternally [ɪ't3:nəlɪ] (ADV) éternellement
eternity [ɪ't3:nɪtɪ] (N) éternité *f* • **we waited for what seemed like an ~** on a attendu pendant une éternité
ethanol ['eθənɒl] (N) éthanol *m*
ether ['i:θə^r] (N) éther *m*
ethereal [ɪ'θɪərɪəl] (ADJ) éthéré
ethic ['eθɪk] (N) éthique *f*
ethical ['eθɪkəl] (ADJ) (= *moral*) éthique • **not ~** contraire à l'éthique ▸ **ethical consumer** N alterconsommateur *m*, -trice *f*, consommateur *m*, -trice *f* éthique ▸ **ethical consumption** N consommation *f* éthique ▸ **ethical investment** N investissement *m* éthique *or* responsable ▸ **ethical investor** N investisseur *m* éthique
ethically ['eθɪklɪ] (ADV) [*behave, act*] conformément à l'éthique; [*sound, wrong*] d'un point de vue éthique
ethics ['eθɪks] **1** (N) (= *study*) éthique *f* **2** (NPL) (= *principles*) déontologie *f* • **medical ~** déontologie *f* médicale
Ethiopia [,i:θɪ'əʊpɪə] (N) Éthiopie *f*
Ethiopian [,i:θɪ'əʊpɪən] **1** (ADJ) éthiopien **2** (N) Éthiopien(ne) *m(f)*
ethnic ['eθnɪk] (ADJ) ethnique; [*food*] exotique ▸ **ethnic cleansing** N purification *f* ethnique ▸ **ethnic minority** N minorité *f* ethnique
ethnicity [eθ'nɪsɪtɪ] (N) ethnicité *f*
ethnography [eθ'nɒgrəfɪ] (N) ethnographie *f*
ethos ['i:θɒs] (N) philosophie *f*
e-ticket ['i:tɪkɪt] (N) billet *m* électronique (*acheté en ligne*)
etiquette ['etɪket] (N) étiquette *f*
Etonian [i:'təʊnɪən] (*Brit*) **1** (N) *élève du collège d'Eton* **2** (ADJ) du collège d'Eton
etymology [,etɪ'mɒlədʒɪ] (N) étymologie *f*
EU ['i:'ju:] (N) (ABBR OF **European Union**) UE *f*
eucalyptus [,ju:kə'lɪptəs] (N) eucalyptus *m*
eugenics [ju:'dʒenɪks] (N) eugénisme *m*
eulogize ['ju:lədʒaɪz] (VT) faire l'éloge de
eulogy ['ju:lədʒɪ] (N) panégyrique *m*; (*at funeral*) éloge *m* funèbre
euphemism ['ju:fəmɪzəm] (N) euphémisme *m*
euphemistic [,ju:fə'mɪstɪk] (ADJ) euphémique
euphemistically [,ju:fə'mɪstɪkəlɪ] (ADV) par euphémisme
euphoria [ju:'fɔ:rɪə] (N) euphorie *f*
euphoric [ju:'fɒrɪk] (ADJ) euphorique
Eurasian [jʊə'reɪʃn] **1** (ADJ) [*population*] eurasien; [*continent*] eurasiatique **2** (N) Eurasien(ne) *m(f)*
eureka [jʊə'ri:kə] (EXCL) eurêka !
euro ['jʊərəʊ] (N) (= *currency*) euro *m*
Eurocheque ['jʊərəʊ,tʃek] (N) eurochèque *m* ▸ **Eurocheque card** N carte *f* Eurochèque
Eurocrat ['jʊərəʊ,kræt] (N) eurocrate *mf*
Euroland ['jʊərəʊlænd] (N) Euroland *m*
Euro MP [,jʊərəʊem'pi:] (N) député(e) *m(f)* européen(ne)
Europe ['jʊərəp] (N) Europe *f* • **to go into ~** (*Brit*) entrer dans l'Union européenne
European [,jʊərə'pi:ən] **1** (ADJ) européen **2** (N) Européen(ne) *m(f)* **3** (COMP) ▸ **European Commission** N Commission *f* européenne ▸ **European Community** N Communauté *f* européenne ▸ **European Court of Human Rights** N Cour *f* européenne des droits de l'homme ▸ **European Court of Justice** N Cour *f* de justice des communautés européennes ▸ **European Economic Community** N Communauté *f* économique européenne ▸ **European Environment Agency** N Agence *f* européenne pour l'environnement ▸ **European Monetary System** N Système *m* monétaire européen ▸ **European monetary union** N Union *f* monétaire européenne ▸ **European Parliament** N Parlement *m* européen ▸ **European plan** N (*US*) (*in hotel*) chambre *f* seule ▸ **European Union** N Union *f* européenne
Europhile ['jʊərəʊfaɪl] (N, ADJ) europhile *(mf)*
Eurosceptic ['jʊərəʊ,skeptɪk] (N) eurosceptique *mf*
Eurostar ® ['jʊərəʊ,sta:^r] (N) Eurostar ® *m*
euthanasia [,ju:θə'neɪzɪə] (N) euthanasie *f*
euthanize ['ju:θə,naɪz] (VT) euthanasier
evacuate [ɪ'vækjʊeɪt] (VT) évacuer
evacuation [ɪ,vækjʊ'eɪʃən] (N) évacuation *f*
evacuee [ɪ,vækjʊ'i:] (N) évacué(e) *m(f)*
evade [ɪ'veɪd] (VT) [+ *pursuers*] échapper à; [+ *obligation, punishment*] se soustraire à; [+ *question*] éluder; [+ *law*] contourner • **to ~ military service** se soustraire à ses obligations militaires • **to ~ taxes** frauder le fisc
evaluate [ɪ'væljʊeɪt] (VT) évaluer
evaluation [ɪ,væljʊ'eɪʃən] (N) évaluation *f*
evangelical [,i:væn'dʒelɪkəl] (ADJ) évangélique
evangelism [ɪ'vændʒəlɪzəm] (N) évangélisation *f*
evangelist [ɪ'vændʒəlɪst] (N) évangéliste *m*
evaporate [ɪ'væpəreɪt] (VI) [*liquid*] s'évaporer; [*hopes*] s'envoler; [*dreams, fear, anger*] se dissiper ▸ **evaporated milk** N lait *m* condensé non sucré
evaporation [ɪ,væpə'reɪʃən] (N) évaporation *f*
evasion [ɪ'veɪʒən] (N) dérobade *f* (**of** devant)
evasive [ɪ'veɪzɪv] (ADJ) [*person, answer*] évasif • **to take ~ action** [*plane, ship*] faire des manœuvres d'évitement; [*person*] esquiver la difficulté
eve [i:v] (N) (= *day or night before*) veille *f* • **on the ~ of ...** la veille de ...
even ['i:vən] **1** (ADJ) **a** (= *equal*) [*quantities, distances, values*] égal • **the scores are ~** nous sommes à égalité • **the odds are about ~** les chances sont à peu près égales • **I'll give you ~ money** (*Brit*) *or* **~ odds** (*US*) **that ...** il y a une chance sur deux pour que ... + *subj* • **to get ~ with sb** rendre la monnaie de sa pièce à qn • **I'll get ~ with you for that** je te revaudrai ça
b (= *flat*) [*surface, ground*] plat
c (= *steady*) [*progress*] régulier; [*temperature, breathing*] égal
d (= *calm*) [*voice, tones, temper*] égal
e **~ number/date** nombre *m*/jour *m* pair
2 (ADV) **a** même • **~ in the holidays** même pendant les vacances
b (*with adjective or adverb*) encore • **~ better** encore mieux • **~ more easily** encore plus facilement
c (*with negative*) même • **without ~ saying goodbye**

sans même dire au revoir • **he can't ~ swim** il ne sait même pas nager

d ▸ **even if** même si + *indic*

▸ **even though** bien que + *subj* • **~ though we had tickets, we couldn't get in** malgré nos billets, nous n'avons pas pu entré

▸ **even so** quand même • **~ so he was disappointed** il a quand même été déçu • **yes, but ~ so** oui mais quand même

▸ **even then** **and ~ then she wasn't happy** mais elle n'était toujours pas contente

▸ **even as** **~ as we speak** en ce moment même • **~ as he spoke, the door opened** au moment même où il disait cela, la porte s'ouvrit

3 (COMP) ▸ **even-handed** ADJ équitable ▸ **even-tempered** ADJ d'humeur égale

▸ **even out** VT SEP [+ *burden, taxation*] répartir plus uniformément (**among** entre); [+ *prices*] égaliser; [+ *inequalities*] réduire

▸ **even up** VT SEP égaliser • **that will ~ things up** cela rétablira l'équilibre; (*financially*) cela compensera

evening ['iːvnɪŋ] (N) soir *m*; (*length of time*) soirée *f* • **all ~** toute la soirée • **every ~** tous les soirs • **every Monday ~** tous les lundis soir(s) • **the previous ~** la veille au soir • **that ~** ce soir-là • **this ~** ce soir • **tomorrow ~** demain soir • **in the ~(s)** le soir • **to go out in the ~** sortir le soir • **6 o'clock in the ~** 6 heures du soir • **on the ~ of the twenty-ninth** le vingt-neuf au soir • **to spend one's ~ reading** passer sa soirée à lire • **let's have an ~ out** (*tonight*) si on sortait ce soir?; (*some time*) nous devrions sortir un de ces soirs • **it's her ~ out** c'est le soir où elle sort ▸ **evening class** N cours *m* du soir ▸ **evening dress** N [*of man*] tenue *f* de soirée; [*of woman*] robe *f* du soir • **in ~ dress** (*man*) en tenue de soirée; (*woman*) en robe du soir ▸ **evening paper** N journal *m* du soir ▸ **evening performance** N (représentation *f* en) soirée *f* ▸ **evening primrose oil** N huile *f* d'onagre

evenly ['iːvənlɪ] (ADV) **a** (= *equally*) [*distribute*] également; (= *steadily*) [*breathe, beat, flow*] régulièrement • **to divide/split sth ~** diviser/répartir qch en parts égales • **~ matched** de force égale • **~ spaced** placés à intervalles réguliers • **spread the butter ~** étalez le beurre uniformément **b** (= *calmly*) [*say, ask, reply*] d'une voix égale

evenness ['iːvənnɪs] (N) [*of movements, performance*] régularité *f*; [*of ground*] caractère *m* plan, planéité *f* • **~ of temper** égalité *f* d'humeur

event [ɪ'vent] (N) **a** (= *happening*) événement *m* • **it's quite an ~** c'est un événement • **in the course of ~s** par la suite • **in the normal course of ~s** normalement • **after the ~** après coup **b** (= *case*) **in the ~ of death** en cas de décès • **in the unlikely ~ that ...** dans l'hypothèse improbable où ...; (*Brit*) **in the ~** (*as expected*) effectivement; (= *unexpectedly*) en fait • **in that ~** dans ce cas • **in any ~** en tout cas • **in either ~** dans l'un ou l'autre cas **c** (*Sport*) épreuve *f*; (*Racing*) course *f*

eventful [ɪ'ventfʊl] (ADJ) mouvementé

eventual [ɪ'ventʃʊəl] (ADJ) [*death, failure*] qui s'ensuit; [*success*] final • **the ~ winner of the election** le candidat qui a finalement remporté les élections • **it resulted in the ~ disappearance of ...** cela a finalement abouti à la disparition de ...

> ⚠ **eventual ≠ éventuel**

eventuality [ɪˌventʃʊ'ælɪtɪ] (N) éventualité *f*

eventually [ɪ'ventʃʊəlɪ] (ADV) finalement • **to do sth ~** finir par faire qch • **he ~ became Prime Minister** il est finalement devenu Premier ministre • **he ~ agreed that she was right** il a fini par admettre qu'elle avait raison • **did he turn up? — yes, ~** est-il venu ? — oui, finalement il est venu

> ⚠ **eventually ≠ éventuellement**

ever ['evəʳ] (ADV) **a** (= *at any time*) jamais • **nothing ~ happens** il ne se passe jamais rien • **if you ~ see her** si jamais vous la voyez • **I haven't ~ seen her** je ne l'ai jamais vue • **have you ~ seen her?** l'avez-vous déjà vue ? • **do you ~ see her?** est-ce qu'il vous arrive de la voir ? • **faster/more beautiful than ~** plus vite/plus beau que jamais • **the best meal I have ~ eaten** le meilleur repas que j'aie jamais fait • **the best grandmother ~** la meilleure grand-mère du monde
b (= *at all times*) **they lived happily ~ after** ils vécurent heureux • **all he ~ does is sleep** il ne fait que dormir • **yours ~** (*Brit: in letters*) cordialement • **~ increasing anxiety** inquiétude *f* qui ne cesse d'augmenter • **she is ~ present** elle est toujours là • **her ~-present anxiety** son angoisse constante
c (*intensive*) **the first ~** le tout premier • **as if I ~ would!** moi, faire ça ! • **why ~ not?** mais enfin, pourquoi pas ?
d (*set structures*)

▸ **as ever** comme toujours • **he's as handsome as ~** il est toujours aussi beau

▸ **ever since** **~ since I was a boy** depuis mon enfance • **~ since I have lived here** depuis que j'habite ici • **~ since then they have been very careful** depuis ils sont très prudents

▸ **ever so*** (*Brit*) **he is ~ so nice** il est tellement gentil • **I'm ~ so sorry** je suis vraiment désolé • **~ so slightly drunk** un tant soit peu ivre • **~ so pretty** joli comme tout • **thank you ~ so much** merci mille fois

▸ **ever such*** **they've got ~ such a big house** ils ont vraiment une grande maison • **it's ~ such a pity** c'est vraiment dommage

▸ **if ever** **if ~ you meet him ...** si jamais tu le rencontres ... • **we seldom if ~ go** nous n'y allons pour ainsi dire jamais • **he's a liar if ~ there was one** c'est le dernier des menteurs

Everest ['evərɪst] (N) **(Mount) ~** Everest *m*

evergreen ['evəgriːn] **1** (ADJ) [*tree, shrub*] à feuilles persistantes **2** (N) (= *tree*) arbre *m* à feuilles persistantes; (= *plant*) plante *f* à feuilles persistantes

everlasting [ˌevə'lɑːstɪŋ] (ADJ) éternel

every ['evrɪ] (ADJ) **a** (= *each*) chaque • **~ shop in the town** chaque magasin de la ville • **not ~ child has the same advantages** les enfants n'ont pas tous les mêmes avantages • **he spends ~ penny he earns** il dépense tout ce qu'il gagne • **~ one of them had brought something** chacun d'entre eux avait apporté quelque chose • **~ (single *or* last) one of them** tous sans exception • **~ time I see him** chaque fois que je le vois • **~ single time** chaque fois sans exception • **at ~ moment** à tout moment • **at ~ opportunity** à chaque occasion • **of ~ sort** de toute sorte • **from ~ side** de toute part • **of ~ age** de tout âge • **he became weaker ~ day** il devenait chaque jour plus faible

e

• **in ~ way** (= *from every point of view*) en tous points; (= *by every means*) par tous les moyens
ⓑ (*for emphasis*) **I have ~ confidence in him** j'ai pleine confiance en lui • **there is ~ chance that he will come** il y a toutes les chances qu'il vienne • **you have ~ reason to complain** vous avez tout lieu de vous plaindre • **I have ~ reason to think that ...** j'ai tout lieu de penser que ... • **his ~ action** chacune de ses actions • **his ~ wish** son moindre désir
ⓒ (*recurring intervals*) tous les, toutes les • **~ fifth day** tous les cinq jours • **one man in ~ ten** un homme sur dix • **~ quarter of an hour** tous les quarts d'heure • **~ few days** tous les deux ou trois jours • **~ 15 metres** tous les 15 mètres
▸ **every other ..., every second ...** **~ other** *or* **second child** un enfant sur deux • **~ other** *or* **second day** tous les deux jours • **~ other Wednesday** un mercredi sur deux
ⓓ (*in phrases*) **he is ~ bit as clever as his brother** il est tout aussi intelligent que son frère • **~ now and then** • **~ now and again** • **~ so often** de temps en temps • **~ man for himself** chacun pour soi • (PROV) **~ little helps** les petits ruisseaux font les grandes rivières (PROV)

everybody [ˈevrɪbɒdɪ] (PRON) tout le monde, chacun • **~ knows that** tout le monde sait cela • **~ has their** *or* **his own ideas about it** chacun a ses idées là-dessus • **~ else** tous les autres • **~ knows ~ else here** tout le monde se connaît ici • **~ who is anybody** tous les gens qui comptent • **listen, ~!** écoutez tous !

everyday [ˈevrɪdeɪ] (ADJ) [*thing, clothes, object, world*] de tous les jours; [*situation, language*] courant; [*activity, task, life, occurrence, problem*] quotidien • **it's too expensive for ~ use** c'est trop cher pour un usage courant • **words in ~ use** mots *mpl* d'usage courant

everyone [ˈevrɪwʌn] (PRON) = **everybody**

everyplace [ˈevrɪpleɪs] (ADV) (*US*) = **everywhere**

everything [ˈevrɪθɪŋ] (PRON) tout • **~ is ready** tout est prêt • **~ you have** tout ce que vous avez • **stamina is ~** l'endurance compte plus que tout • **success isn't ~** le succès n'est pas tout • **you can't have ~** on ne peut pas tout avoir

everywhere [ˈevrɪwɛəʳ] (ADV) partout • **~ in the world** partout dans le monde • **~ you go** *or* **one goes** où qu'on aille

evict [ɪˈvɪkt] (VT) expulser

eviction [ɪˈvɪkʃən] (N) expulsion *f* ▸ **eviction order** N arrêté *m* d'expulsion

evidence [ˈevɪdəns] (N) ⓐ (= *ground for belief*) évidence *f*; (= *testimony*) témoignage *m* • **on the ~ of this document** à en croire ce document
ⓑ (*in court*) (= *object, document*) preuve *f*; (= *statement*) témoignage *m* • **to give ~** témoigner • **to give ~ for/against sb** témoigner en faveur de/contre qn • **to call sb to give ~** convoquer qn pour qu'il témoigne • **to take sb's ~** recueillir la déposition de qn • **anything you say may be used in ~ against you** tout ce que vous direz pourra être retenu contre vous
ⓒ (= *signs*) **to show ~ of sth** montrer des signes de qch
ⓓ **to be in ~** [*object*] être en évidence • **his father was nowhere in ~** il n'y avait aucune trace de son père

evident [ˈevɪdənt] (ADJ) évident

evidently [ˈevɪdəntlɪ] (ADV) ⓐ (= *apparently*) apparemment • **was it suicide? — ~ not** était-ce un suicide ? — apparemment non ⓑ (= *obviously*) manifestement • **they ~ knew each other** manifestement, ils se connaissaient • **that is ~ not the case** ce n'est manifestement pas le cas

evil [ˈiːvl] **1** (ADJ) [*person, spell, reputation*] mauvais; [*deed, influence*] néfaste; [*power*] malfaisant; [*place*] maléfique; [*smell*] infect **2** (N) mal *m* • **the powers** *or* **forces of ~** les forces *fpl* du mal • **it's the lesser of two ~s** c'est le moindre mal • **social ~s** maux *mpl* sociaux • **the ~s of drink** les conséquences *fpl* funestes de la boisson • **one of the great ~s of our time** un des grands fléaux de notre temps **3** (COMP) ▸ **evil-smelling** ADJ nauséabond ▸ **evil spirit** N esprit *m* malfaisant

evince [ɪˈvɪns] (VT) (*frm*) [+ *surprise, desire*] manifester; [+ *qualities, talents*] faire preuve de

evocation [ˌevəˈkeɪʃən] (N) évocation *f*

evocative [ɪˈvɒkətɪv] (ADJ) évocateur (-trice *f*)

evoke [ɪˈvəʊk] (VT) [+ *spirit, memories*] évoquer; [+ *admiration*] susciter

evolution [ˌiːvəˈluːʃən] (N) évolution *f*

evolutionary [ˌiːvəˈluːʃnərɪ] (ADJ) [*stage, process*] évolutif

evolutionism [ˌiːvəˈluːʃənɪzəm] (N) évolutionnisme *m*

> The French word **évolutionnisme** has a double **n** and ends in **e**.

evolve [ɪˈvɒlv] **1** (VT) [+ *system, theory, plan*] élaborer **2** (VI) (*Bio*) évoluer • **to ~ from** (*fig*) se développer à partir de

ewe [juː] (N) brebis *f*

ex* [eks] (N) (= *former spouse or partner*) ex* *mf*

ex- [eks] (PREF) ex-, ancien • **ex-chairman** ex-président *m* • **he's my ex-boss** c'est mon ancien patron → **ex-husband, ex-serviceman**

exacerbate [ɪgˈzæsəˌbeɪt, ɪkˈsæsəˌbeɪt] (VT) [+ *problem, situation*] aggraver; [+ *pain, disease, hatred*] exacerber

exact [ɪgˈzækt] **1** (ADJ) ⓐ (= *precise*) exact • **can you be more ~?** pouvez-vous préciser un peu ? • **he's 44, to be ~** il a 44 ans, pour être précis • **he gave ~ instructions as to what had to be done** il a donné des instructions précises sur ce qu'il fallait faire • **what were his ~ instructions?** quelles étaient ses instructions exactes ? • **to be an ~ likeness of sb/sth** ressembler exactement à qn/qch • **to be the ~ opposite of sb/sth** être tout le contraire de qn/qch • **the ~ same thing*** exactement la même chose
ⓑ (= *meticulous*) [*person, study, work*] méticuleux; [*analysis, instrument*] précis
2 (VT) [+ *money, obedience*] exiger • **to ~ revenge** se venger • **to ~ a high price for sth** faire payer qch cher
3 (COMP) ▸ **exact science** N science *f* exacte

exacting [ɪgˈzæktɪŋ] (ADJ) [*person*] exigeant; [*task, activity, profession, work*] astreignant

exactly [ɪgˈzæktlɪ] (ADV) exactement • **to look ~ like sb** ressembler trait pour trait à qn • **I wanted to get things ~ right** je voulais que tout soit parfait • **at ~ 5 o'clock** à 5 heures précises • **it is 3 o'clock ~** il est exactement 3 heures • **~ what are you implying?** qu'est-ce que tu veux dire par là ? • **he didn't ~ say no, but ...** il n'a pas vraiment dit non, mais ... • **we don't ~ know** nous ne savons pas au juste • **it's easy, but not ~ interesting** c'est facile, mais pas vraiment ce qu'on appelle intéressant

exaggerate [ɪgˈzædʒəreɪt] **1** (VT) ⓐ (= *overstate*) exagérer; [+ *problem*] exagérer l'importance de • **the media ~d the number of victims** les médias ont exagéré le nombre des victimes ⓑ (= *emphasize*) accentuer **2** VI exagérer

exaggerated [ɪg'zædʒəreɪtɪd] ADJ exagéré; [*praise*] outré

exaggeration [ɪg,zædʒə'reɪʃən] N exagération *f*

exaltation [,egzɔ:l'teɪʃən] N exaltation *f*

exalted [ɪg'zɔ:ltɪd] ADJ (= *high*) [*rank, position, style*] élevé; [*person*] haut placé

exam [ɪg'zæm] N examen *m* ▸ **exam paper** N (= *exam itself*) examen *m*; (= *question paper*) sujet *m* d'examen; (= *answer paper*) copie *f*

examination [ɪg,zæmɪ'neɪʃən] N examen *m* • **on close ~, his papers proved to be false** un examen approfondi révéla que ses papiers étaient des faux ▸ **examination board** N (*Brit*) *comité chargé de l'organisation des examens scolaires nationaux*

examine [ɪg'zæmɪn] **1** VT ⓐ examiner ⓑ [+ *pupil, candidate*] faire passer un examen à; (*orally*) interroger ⓒ [+ *witness, suspect, accused*] interroger; [+ *case, document, evidence*] examiner **2** COMP ▸ **examining board** N (*Brit*) *comité chargé de l'organisation des examens scolaires nationaux*

examiner [ɪg'zæmɪnə^r] N examinateur *m*, -trice *f*

example [ɪg'zɑ:mpl] N exemple *m* • **for ~** par exemple • **to set a good ~** donner l'exemple • **she's an ~ to us all** c'est un exemple pour nous tous • **to take sb as an ~** prendre exemple sur qn • **to follow sb's ~** suivre l'exemple de qn • **to hold sb/sth up as an ~** ériger qn/qch en exemple • **to make an ~ of sb** punir qn pour l'exemple • **here is an ~ of the work** voici un échantillon du travail

> ✎ All the vowels in the French word are **e**s.

exasperated [ɪg'zɑ:spəreɪtɪd] ADJ exaspéré • **~ at** *or* **by** *or* **with sb/sth** exaspéré par qn/qch

exasperating [ɪg'zɑ:spəreɪtɪŋ] ADJ exaspérant

exasperation [ɪg,zɑ:spə'reɪʃən] N exaspération *f* • **"hurry!" he cried in ~** «dépêchez-vous!» cria-t-il, exaspéré

excavate ['ekskəveɪt] **1** VT [+ *ground, trench*] creuser; [+ *archaeological site*] fouiller; [+ *remains*] déterrer **2** VI (*on archaeological site*) faire des fouilles

excavation [,ekskə'veɪʃən] N ⓐ [*of tunnel*] creusement *m* • **~ work** excavations *fpl* ⓑ (*by archaeologists*) fouilles *fpl*

excavator ['ekskəveɪtə^r] N (= *machine*) excavatrice *f*

exceed [ɪk'si:d] VT (*in value, amount, length of time*) dépasser (**in** en, **by** de); [+ *expectations, limits, capabilities*] dépasser • **to ~ one's authority** commettre un abus de pouvoir • **to ~ the speed limit** dépasser la vitesse permise • **a fine not ~ing £50** une amende ne dépassant pas 50 livres

exceedingly [ɪk'si:dɪŋlɪ] ADV (*frm*) extrêmement

excel [ɪk'sel] **1** VI exceller • **to ~ in** *or* **at French/tennis** être excellent en français/au tennis **2** VT **to ~ o.s.** se surpasser

excellence ['eksələns] N excellence *f*

excellent ['eksələnt] ADJ excellent • **~!** parfait!

excellently ['eksələntlɪ] ADV admirablement

except [ɪk'sept] **1** PREP ⓐ sauf • **all ~ the eldest daughter** tous, sauf la fille aînée • **~ (for)** à part • **~ (that)** sauf que • **~ if** sauf si • **~ when** sauf quand ⓑ sinon • **what can they do ~ wait?** que peuvent-ils faire sinon attendre? **2** VT excepter (**from** de) • **not** *or* **without ~ing** sans excepter • **always ~ing** à l'exception de • **present company ~ed** exception faite des personnes présentes

excepting [ɪk'septɪŋ] PREP = **except**

exception [ɪk'sepʃən] N ⓐ exception *f* • **without ~** sans exception • **with the ~ of ...** à l'exception de ... • **to take ~ to** (= *demur*) trouver à redire à; (= *be offended*) s'offenser de • **I take ~ to that remark** je suis indigné par cette remarque ⓑ (= *singularity*) exception *f* • **to make an ~** faire une exception • **this case is an ~ to the rule** ce cas est une exception à la règle • **the ~ proves the rule** l'exception confirme la règle • **with this ~** à cette exception près

exceptional [ɪk'sepʃənl] ADJ exceptionnel

> ✎ **exceptionnel** ends in **-el** instead of **-al** and has an extra **n**.

exceptionally [ɪk'sepʃənəlɪ] ADV exceptionnellement

excerpt ['eksɜ:pt] N extrait *m*

excess [ɪk'ses] **1** N [*of precautions, enthusiasm*] excès *m* • **to ~** à l'excès • **to drink to ~** boire à l'excès • **to take** *or* **carry to ~** pousser à l'excès • **carried to ~** outré • **in ~ of 50 people have died** plus de 50 personnes sont mortes **2** COMP [*weight, production*] excédentaire ▸ **excess baggage, excess luggage** N excédent *m* de bagages ▸ **excess postage** N (*Brit*) surtaxe *f* (*pour affranchissement insuffisant*)

excessive [ɪk'sesɪv] ADJ [*amount, force, demands*] excessif; [*praise*] outré • **~ drinking** abus *m* d'alcool

excessively [ɪk'sesɪvlɪ] ADV [*drink, eat*] à l'excès; [*optimistic, proud, ambitious*] trop; [*boring, pretty*] excessivement

exchange [ɪks'tʃeɪndʒ] **1** VT échanger • **to ~ one thing for another** échanger une chose contre une autre **2** N ⓐ [*of things, people*] échange *m* ▸ **in exchange** en échange (**for** de) • **to give one thing in ~ for another** échanger une chose contre une autre ⓑ (= *money*) change *m* • **at the current rate of ~** au cours actuel du change ⓒ (= *telephone exchange*) central *m* (téléphonique) **3** COMP ▸ **exchange rate** N taux *m* de change ▸ **exchange rate mechanism** N mécanisme *m* de change ▸ **exchange visit** N échange *m* • **to be on an ~ visit** faire partie d'un échange

exchangeable [ɪks'tʃeɪndʒəbl] ADJ échangeable (**for** contre)

exchequer [ɪks'tʃekə^r] N (= *state treasury*) ministère *m* des Finances

excise ['eksaɪz] N taxe *f* ▸ **excise duties** NPL (*Brit*) impôts *mpl* indirects

excitable [ɪk'saɪtəbl] ADJ excitable • **to be in an ~ state** être tendu

excite [ɪk'saɪt] VT exciter • **to ~ enthusiasm/interest in sb** enthousiasmer/intéresser qn • **the issue has ~d a great deal of debate** le sujet a suscité de nombreux débats

excited [ɪk'saɪtɪd] ADJ ⓐ (= *exhilarated*) excité (**about** à) • **to get ~** s'exciter • **I'm really ~ about it** je suis tout excité à cette idée ⓑ (= *agitated*) [*person, gesture*] nerveux; [*state*] de nervosité • **to get ~ (about sth)** s'énerver (à propos de qch) • **it's nothing to get ~ about** il n'y a pas de quoi s'énerver • **don't get ~!** du calme!

excitedly [ɪk'saɪtɪdlɪ] (ADV) [*talk, chatter*] avec animation; [*behave*] avec agitation; [*run*] tout excité • **to wave ~** gesticuler
excitement [ɪk'saɪtmənt] (N) excitation *f* • **to be in a state of ~** être tout excité • **the book caused great ~ in literary circles** le livre a fait sensation dans les milieux littéraires • **there was great ~ when she announced that ...** elle a suscité un grand émoi lorsqu'elle a annoncé que ... • **she's looking for a bit of ~ in her life** elle cherche à donner un peu de piquant à sa vie • **sexual ~** excitation *f* sexuelle
exciting [ɪk'saɪtɪŋ] (ADJ) (= *exhilarating*) passionnant • **how ~!** c'est formidable! • **we had an ~ time** nous avons passé des moments formidables
excl. (ABBR OF **exclusive (of)**)
exclaim [ɪks'kleɪm] (VT) s'écrier • **"at last!" she ~ed** «enfin!» s'écria-t-elle
exclamation [,eksklə'meɪʃən] (N) exclamation *f* ▸ **exclamation mark, exclamation point** (US) N point *m* d'exclamation
exclude [ɪks'klu:d] (VT) exclure; (*from list*) écarter; (= *suspend from school*) exclure; (= *expel from school*) renvoyer • **the price ~s VAT** le prix est hors taxe • **£200, excluding VAT** 200 livres, hors taxe • **£15 per head excluding wine** 15 livres par personne, vin non compris
exclusion [ɪks'klu:ʒən] **1** (N) ⓐ exclusion *f* • **to the ~ of ...** à l'exclusion de ... ⓑ (*Brit Scol*) (*temporary*) exclusion *f*; (*permanent*) renvoi *m*, exclusion *f* définitive **2** (COMP) ▸ **exclusion zone** N zone *f* d'exclusion
exclusive [ɪks'klu:sɪv] **1** (ADJ) ⓐ exclusif • **~ to readers of ...** exclusivement pour les lecteurs de ... • **an interview ~ to ...** une interview exclusive accordée à ... • **to have ~ rights to sth** avoir l'exclusivité de qch ⓑ (= *select*) [*club*] fermé; [*district, resort, hotel, restaurant*] chic *inv*; [*gathering*] sélect ⓒ (= *not including*) **to be ~ of sth** exclure qch • **~ of postage and packing** frais d'expédition non compris • **~ of taxes** hors taxes **2** (N) (= *newspaper article*) exclusivité *f*
exclusively [ɪks'klu:sɪvlɪ] (ADV) exclusivement
excommunicate [,ekskə'mju:nɪkeɪt] (VT) excommunier
excommunication ['ekskə,mju:nɪ'keɪʃən] (N) excommunication *f*
ex-con* [,eks'kɒn] (N) ancien taulard* *m*
excrement ['ekskrɪmənt] (N) excrément *m*
excrete [ɪks'kri:t] (VT) excréter
excruciating [ɪks'kru:ʃɪeɪtɪŋ] (ADJ) [*suffering, misery, boredom*] insoutenable • **I was in ~ pain** je souffrais atrocement
excruciatingly [ɪks'kru:ʃɪeɪtɪŋlɪ] (ADV) [*painful*] atrocement; [*difficult, humiliating, embarrassing*] affreusement
excursion [ɪks'kɜ:ʃən] (N) excursion *f*; (*on foot, cycle*) randonnée *f*
excusable [ɪks'kju:zəbl] (ADJ) excusable
excuse **1** (VT) ⓐ excuser • **such rudeness cannot be ~d** une telle impolitesse est inexcusable • **to ~ o.s.** s'excuser (**for** de) • **one can be ~d for not understanding what she says** il est excusable qu'on ne comprenne pas ce qu'elle dit • **if you will ~ the expression** passez-moi l'expression • **and now if you will ~ me, I ...** et maintenant, si vous voulez bien m'excuser, je ... • **~ me for wondering if ...** permettez-moi de me demander si ... • **~ me!** excusez-moi!
ⓑ (= *exempt*) dispenser (**sb from doing sth** qn de faire qch) • **you are ~d** (*to children*) vous pouvez vous en aller • **he was ~d from the afternoon session** on l'a dispensé d'assister à la séance de l'après-midi
2 (N) excuse *f* • **there is no ~ for it** c'est inexcusable • **that is no ~ for his leaving so abruptly** cela ne l'excuse pas d'être parti si brusquement • **to find an ~ for sth** trouver une excuse à qch • **to make an ~ for sth** trouver une excuse à qch • **he's just making ~s** il se cherche des excuses • **his success was a good ~ for a family party** ce succès a fourni le prétexte à une fête de famille

> Lorsque **excuse** est un verbe, le **s** se prononce **z**: [ɪks'kju:z]; lorsque c'est un nom, il se prononce **s**: [ɪks'kju:s].

ex-directory [,eksdɪ'rektərɪ] (ADJ) (*Brit*) **I'm ~** je suis sur la liste rouge • **he's gone ~** il s'est fait mettre sur la liste rouge
exec* [ɪg'zek] (N) (ABBR OF **executive**) cadre *m*
executable [eksɪ'kju:təbl] (ADJ) (*Comput*) exécutable
execute ['eksɪkju:t] (VT) exécuter
execution [,eksɪ'kju:ʃən] (N) exécution *f*
executioner [,eksɪ'kju:ʃnə^r] (N) bourreau *m*
executive [ɪg'zekjʊtɪv] **1** (ADJ) ⓐ [*power, decision, function, role*] directorial; [*position, pay*] de cadre • **the ~ arm of the organization** l'organe exécutif de l'organisation ⓑ (*Brit*) (= *up-market*)* de luxe **2** (N) ⓐ (= *person*) cadre *m* • **senior ~** cadre *m* supérieur ⓑ (= *managing group: of organization*) bureau *m* • **to be on the ~** faire partie du bureau • **the trade union ~** le bureau du syndicat ⓒ (= *part of government*) exécutif *m* **3** (COMP) ▸ **executive lounge** N (*in airport*) salon *m* classe affaires ▸ **executive privilege** N (US) *privilège du président de ne pas communiquer certaines informations*

> ⚠ **exécutif** is not the most common translation for **executive**.

> **EXECUTIVE PRIVILEGE**
> Le «privilège de l'exécutif» est le droit dont bénéficie le président des États-Unis de ne pas divulguer au Congrès ou au pouvoir judiciaire certaines informations jugées confidentielles ou devant rester secrètes pour des raisons de sécurité nationale. Plusieurs présidents ont tenté d'obtenir un droit au secret total, y compris pour des motifs personnels, mais la Cour suprême s'y est opposée.

executor [ɪg'zekjʊtə^r] (N) (*in law*) exécuteur *m*, -trice *f* testamentaire
exemplar [ɪg'zemplɑ:^r] (N) exemple *m*
exemplary [ɪg'zemplərɪ] (ADJ) exemplaire
exemplify [ɪg'zemplɪfaɪ] (VT) (= *be example of*) être un exemple de
exempt [ɪg'zempt] **1** (ADJ) exempt **2** (VT) exempter (**from doing sth** de faire qch)
exemption [ɪg'zempʃən] (N) exonération *f* • **tax ~** exonération *f* fiscale
exercise ['eksəsaɪz] **1** (N) exercice *m* • **to do ~s every morning** faire de la gymnastique tous les matins • **a grammar ~** un exercice de grammaire • **a cost-cutting**

~ une opération de réduction des coûts **2** VT exercer • **to ~ one's dog** faire courir son chien **3** VI (*= take exercise*) faire de l'exercice **4** COMP ▸ **exercise bike** N vélo *m* d'appartement ▸ **exercise book** N (*for writing in*) cahier *m* d'exercices ▸ **exercise class** N cours *m* de remise en forme *or* de gymnastique ▸ **exercise programme** N programme *m* d'entraînement ▸ **exercise yard** N [*of prison*] cour *f*

> The final **s** in the English word becomes a **c** in the French word.

exert [ɪg'zɜːt] VT **a** [*+ pressure, influence*] exercer **b** **to ~ o.s.** (*physically*) se dépenser; (*= take trouble*) se donner du mal • **he didn't ~ himself unduly** il ne s'est pas donné trop de mal • **don't ~ yourself unnecessarily!** ne vous fatiguez pas inutilement!

exertion [ɪg'zɜːʃən] N **a** (*= effort*) effort *m* **b** [*of authority, influence*] exercice *m*

exfiltration [eksfɪl'treɪʃən] N exfiltration *f*

exfoliate [eks'fəʊlɪeɪt] VT gommer ▸ **exfoliating cream** N crème *f* exfoliante

exhale [eks'heɪl] VI expirer

exhaust [ɪg'zɔːst] **1** VT épuiser • **to ~ o.s. (doing sth)** s'épuiser (à faire qch) • **to ~ sb's patience** pousser qn à bout **2** N [*of car*] (*= system*) échappement *m*; (*= pipe*) pot *m* d'échappement • **~ fumes** gaz *m* d'échappement

exhausted [ɪg'zɔːstɪd] ADJ épuisé

exhausting [ɪg'zɔːstɪŋ] ADJ épuisant

exhaustion [ɪg'zɔːstʃən] N épuisement *m*

exhaustive [ɪg'zɔːstɪv] ADJ exhaustif; [*search*] minutieux; [*tests*] poussé • **to make an ~ study of sth** étudier qch de manière exhaustive

exhaustiveness [ɪg'zɔːstɪvnɪs] N exhaustivité *f*

exhibit [ɪg'zɪbɪt] **1** VT **a** [*+ art, merchandise*] exposer; [*+ animal*] montrer **b** [*+ courage, skill, ingenuity*] faire preuve de; [*+ tendencies*] montrer; [*+ behaviour*] afficher; [*+ symptoms*] présenter **2** VI [*artist, sculptor*] exposer **3** N **a** (*in exhibition*) œuvre *f* **b** (*= piece of evidence*) pièce *f* à conviction • **~ A** première pièce *f* à conviction **c** (*US*) (*= exhibition*) exposition *f* • **a retrospective ~** une rétrospective

exhibition [,eksɪ'bɪʃən] N exposition *f* • **to make an ~ of o.s.** se donner en spectacle ▸ **exhibition centre** N centre *m* d'expositions ▸ **exhibition match** N match-exhibition *m*

> ⚠ **exhibition** is not translated by the French word **exhibition**.

exhibitionism [,eksɪ'bɪʃənɪzəm] N exhibitionnisme *m*

> The French word **exhibitionnisme** contains an extra **n** and ends in **e**.

exhibitionist [,eksɪ'bɪʃənɪst] ADJ, N exhibitionniste *mf*

> The French word **exhibitionniste** contains an extra **n** and ends in **e**.

exhibitor [ɪg'zɪbɪtə^r] N exposant(e) *m(f)*

exhilarate [ɪg'zɪləreɪt] VT [*music, experience, speed*] rendre euphorique • **to be ~d** être euphorique

exhilarating [ɪg'zɪləreɪtɪŋ] ADJ [*experience, feeling, ride*] grisant; [*air*] vivifiant; [*activity*] exaltant

exhilaration [ɪg,zɪlə'reɪʃən] N euphorie *f*

exhort [ɪg'zɔːt] VT exhorter (**sb to sth** qn à qch, **sb to do sth** qn à faire qch)

exhume [eks'hjuːm] VT exhumer

ex-husband [,eks'hʌzbənd] N ex-mari *m*

exile ['eksaɪl] **1** N **a** (*= person*) exilé(e) *m(f)* **b** (*= condition*) exil *m* • **in ~** en exil • **to send into ~** envoyer en exil • **to go into ~** s'exiler **2** VT exiler (**from** de)

exiled ['eksaɪld] ADJ exilé

exist [ɪg'zɪst] VI **a** (*= be in existence*) exister **b** (*= live*) vivre • **we cannot ~ without water** nous ne pouvons pas vivre sans eau

existence [ɪg'zɪstəns] N existence *f* • **to be in ~** exister • **to come into ~** voir le jour • **to call into ~** créer

existential [,egzɪ'stenʃəl] ADJ existentiel

existentialism [,egzɪ'stenʃəlɪzəm] N existentialisme *m*

existentialist [,egzɪ'stenʃəlɪst] ADJ, N existentialiste *mf*

existing [ɪg'zɪstɪŋ] ADJ (*= present*) actuel; (*= available*) existant • **under ~ circumstances** dans les circonstances actuelles

exit ['eksɪt] **1** N sortie *f* • **to make one's ~** [*actor*] quitter la scène; [*person leaving*] sortir **2** VI (*= go out*) sortir **3** VT [*+ computer file, program*] quitter **4** COMP ▸ **exit poll** N sondage *m* effectué à la sortie des bureaux de vote ▸ **exit ramp** N (*US*) bretelle *f* d'accès ▸ **exit strategy** N stratégie *f* de repli ▸ **exit visa** N visa *m* de sortie

exodus ['eksədəs] N exode *m* • **there was a general ~** il y a eu un exode massif • **Exodus** (*Bible*) l'Exode *m*

exonerate [ɪg'zɒnəreɪt] VT disculper

exorbitant [ɪg'zɔːbɪtənt] ADJ exorbitant

exorcise ['eksɔːsaɪz] VT exorciser

exorcism ['eksɔːsɪzəm] N exorcisme *m*

exorcist ['eksɔːsɪst] N exorciste *mf*

exotic [ɪg'zɒtɪk] ADJ exotique

expand [ɪk'spænd] **1** VT [*+ business, trade, ideas*] développer; [*+ production*] augmenter; [*+ influence, empire*] étendre • **to ~ one's knowledge** élargir ses connaissances **2** VI **a** [*gas, liquid, metal*] se dilater; [*business, trade, ideas*] se développer; [*influence, empire*] s'étendre; [*knowledge*] s'élargir • **the market is ~ing** le marché est en expansion **b** **to ~ (up)on** développer

expanding [ɪk'spændɪŋ] ADJ [*market, industry, profession*] en expansion • **a rapidly ~ industry** une industrie en pleine expansion

expanse [ɪk'spæns] N étendue *f*

expansion [ɪk'spænʃən] N expansion *f* ▸ **expansion card** N carte *f* d'extension

expansionism [ɪk'spænʃənɪzəm] N expansionnisme *m*

> The French word **expansionnisme** has a double **n** between vowels and ends in **-e**.

expansionist [ɪk'spænʃənɪst] ADJ, N expansionniste *mf*

> The French word **expansionniste** has a double **n** between vowels and ends in **-e**.

expansive [ɪk'spænsɪv] ADJ [*person, mood, gesture*] expansif; [*smile*] chaleureux

expat* [eks'pæt] (N) (ABBR OF **expatriate**) expatrié(e) *m(f)* • **the ~ community** la communauté des expatriés

expatiate [ɪk'speɪʃɪeɪt] (VI) discourir

expatriate **1** (N) expatrié(e) *m(f)* • **British ~s** ressortissants *mpl* britanniques établis à l'étranger **2** (ADJ) [*family, community*] d'expatriés **3** (VT) expatrier

> Lorsque **expatriate** est un nom ou un adjectif, la fin se prononce comme **it**: [eks'pætrɪɪt]; lorsque c'est un verbe, elle se prononce comme **eight**: [eks'pætrɪeɪt].

expect [ɪk'spekt] **1** (VT) **a** (= *anticipate*) s'attendre à; (= *predict*) prévoir; (= *count on*) compter sur; (= *hope for*) espérer • **I ~ed as much** je m'y attendais • **as we had ~ed, he failed** il a échoué, comme nous l'avions prévu • **this suitcase is not as heavy as I ~ed** cette valise n'est pas aussi lourde que je le croyais • **I did not ~ that of him** je ne m'attendais pas à cela de lui • **we were ~ing rain** nous nous attendions à de la pluie • **to ~ that ...** s'attendre à ce que ... + *subj* • **I ~ that he'll come** je pense qu'il viendra • **to ~ to do sth** compter faire qch • **I know what to ~** je sais à quoi m'attendre • **well what did you ~?** il fallait s'y attendre ! • **to ~ the worst** s'attendre au pire • **as ~ed** comme prévu • **that was to be ~ed** il fallait s'y attendre • **it is ~ed that ...** on s'attend à ce que ... + *subj*

▸ **to be expected to do sth** **the talks are ~ed to last two or three days** les négociations devraient durer deux ou trois jours • **she is ~ed to make an announcement this afternoon** elle doit faire une déclaration cet après-midi • **inflation is ~ed to rise this year** on s'attend à ce que l'inflation augmente cette année

b (= *suppose*) **I ~ so** je crois que oui • **this work is very tiring — yes, I ~ it is** ce travail est très fatigant — oui, je m'en doute • **I ~ he'll soon have finished** je pense qu'il aura bientôt fini • **I ~ you're tired** je suppose que vous êtes fatigué

c (= *require*) attendre (**sth from sb** qch de qn) • **you can't ~ too much from him** il ne faut pas trop lui en demander • **the company ~s employees to be punctual** l'entreprise attend de ses employés qu'ils soient ponctuels • **what do you ~ of me?** qu'attendez-vous de moi ? • **I ~ you to tidy your own room** tu devras ranger ta chambre toi-même • **what do you ~ me to do about it?** que voulez-vous que j'y fasse ? • **you can't ~ them to take it seriously** comment voulez-vous qu'ils prennent cela au sérieux ? • **are we ~ed to leave now?** est-ce que nous sommes censés partir tout de suite ?

d (= *await*) [+ *letter, visitor*] attendre • **I am ~ing her tomorrow at 7pm** elle doit arriver demain à 19 heures • **we are ~ing the parcel this week** nous devons recevoir le colis cette semaine • **I am ~ing them for dinner** ils doivent venir dîner • **to be ~ing a baby** attendre un enfant

2 (VI) [*pregnant woman*] **she is ~ing*** elle attend un enfant

expectancy [ɪk'spektənsɪ] (N) (= *hopefulness*) espoir *m* • **an air of ~** une atmosphère d'impatience contenue • **a look of ~** un regard plein d'espoir • **awaited with eager ~** attendu avec une vive impatience

expectant [ɪks'pektənt] (ADJ) **a** [*mother, father*] futur *before n* **b** (= *excited*) [*person, crowd*] impatient; [*silence, face, eyes, smile*] plein d'attente • **with an ~ look on one's face** avec une expression d'attente sur son visage • **an ~ atmosphere** une atmosphère d'impatience contenue

expectantly [ɪk'spektəntlɪ] (ADV) [*look at, smile*] avec l'air d'attendre quelque chose • **to wait ~** attendre avec impatience

expectation [ˌekspek'teɪʃən] (N) attente *f* • **contrary to all ~** contre toute attente • **to come up to sb's ~s** répondre à l'attente de qn

expected [ɪk'spektɪd] (ADJ) [*change, growth*] attendu; [*arrival*] prévu; [*profit, loss*] escompté • **what is their ~ time of arrival?** à quelle heure doivent-ils arriver ?

expedient [ɪk'spiːdɪənt] **1** (ADJ) opportun **2** (N) expédient *m*

expedite ['ekspɪdaɪt] (VT) [+ *preparations, process*] accélérer; [+ *legal or official matters*] activer; [+ *business, task*] expédier; [+ *deal*] s'efforcer de conclure

expedition [ˌekspɪ'dɪʃən] (N) expédition *f*; (= *short trip*) tour *m* • **a fishing ~** une partie de pêche

expel [ɪk'spel] (VT) (*from country, meeting*) expulser; (*from party*) exclure; (*from school*) renvoyer

expend [ɪk'spend] (VT) **a** (= *spend*) [+ *time, energy*] consacrer (**on doing sth** à faire qch); [+ *money*] dépenser (**on doing sth** pour faire qch) **b** (= *use up*) [+ *ammunition, resources*] épuiser

expendable [ɪk'spendəbl] (ADJ) non indispensable

expenditure [ɪk'spendɪtʃəʳ] (N) (= *money spent*) dépense(s) *f(pl)* • **heavy ~** de grosses dépenses

expense [ɪk'spens] **1** (N) **a** (= *money spent*) frais *mpl* • **regardless of ~** quel qu'en soit le coût • **that will involve him in some ~** cela lui occasionnera des frais • **at my ~** à mes frais • **at public ~** aux frais de l'État • **at little ~** à peu de frais • **at great ~** à grands frais • **to go to the ~ of buying a car** aller jusqu'à acheter une voiture • **to put sb to ~** causer des dépenses à qn • **to put sb to great ~** occasionner de grosses dépenses à qn • **to go to great ~ on sb's account** engager de grosses dépenses pour qn • **to live at other people's ~** vivre à la charge des autres

b (= *disadvantage*) **at the ~ of** [+ *person, one's health, happiness*] au détriment de • **to have a good laugh at sb's ~** bien rire aux dépens de qn • **to get rich at other people's ~** s'enrichir aux dépens d'autrui

2 (NPL) **expenses** frais *mpl* • **he gets all his ~s paid** il se fait rembourser tous ses frais • **on ~s** sur note de frais

3 (COMP) ▸ **expense account** N frais *mpl* de représentation • **this will go on his ~ account** cela passera sur sa note de frais

expensive [ɪk'spensɪv] (ADJ) cher; [*hobby, holiday, undertaking*] coûteux • **this was an ~ mistake** c'est une erreur qui a coûté cher • **to have ~ tastes** avoir des goûts de luxe • **it is very ~ to live in London** ça revient très cher de vivre à Londres

expensively [ɪk'spensɪvlɪ] (ADV) [*furnished*] luxueusement • **she was ~ dressed** elle portait des vêtements chers

experience [ɪk'spɪərɪəns] **1** (N) expérience *f* • **in my ~** d'après mon expérience • **I know by ~** je sais par expérience • **from my own ~** d'après mon expérience personnelle • **that was quite an ~!** quelle expérience ! • **I know from bitter ~ that ...** j'ai appris à mes dépens que ... • **I had a pleasant/frightening ~** il m'est arrivé une aventure agréable/effrayante • **she's had some terrible ~s** elle a subi de rudes épreuves • **unfortunate ~** mésaventure *f*

▸ **experience of** **he has no ~ of real unhappiness** il n'a jamais vraiment connu le malheur • **he has no ~ of living in the country** il ne sait pas ce que c'est que de vivre à la campagne • **have you any previous ~ of this kind of work?** avez-vous déjà fait ce genre de travail ? • **I've had no ~ of driving this type of car** je n'ai jamais conduit une voiture de ce type

2 (VT) ⓐ (= *undergo*) [+ *misfortune, hardship*] connaître; [+ *setbacks, losses*] essuyer; [+ *conditions*] être confronté à; [+ *ill treatment*] subir; [+ *difficulties*] rencontrer

ⓑ (= *feel*) [+ *sensation, terror, remorse*] éprouver; [+ *emotion, joy, elation*] ressentir

experienced [ɪk'spɪərɪənst] (ADJ) [*person*] expérimenté • **she is not ~ enough** elle n'a pas assez d'expérience • **"~ driver required"** « on recherche chauffeur : expérience exigée » • **to be sexually ~** avoir de l'expérience sur le plan sexuel • **to be ~ in sth** avoir de l'expérience en qch • **to be ~ in doing sth** avoir l'habitude de faire qch

experiential [ɪk,spɪərɪ'enʃəl] (ADJ) qui résulte de l'expérience • **~ learning** apprentissage *m* expérientiel

experiment **1** (N) expérience *f* • **to carry out an ~** faire une expérience • **by way of ~** à titre d'expérience **2** (VI) faire une expérience • **to ~ with a new vaccine** expérimenter un nouveau vaccin • **to ~ on guinea pigs** faire des expériences sur des cobayes • **to ~ with drugs** goûter à la drogue

> Lorsque **experiment** est un nom, la fin se prononce comme **ant** dans **giant** : [ɪk'sperɪmənt] ; lorsque c'est un verbe, elle se prononce comme **ent** dans **went** : [ɪk'sperɪ,ment].

experimental [ɪk,sperɪ'mentl] (ADJ) expérimental

experimentally [ɪk,sperɪ'mentəlɪ] (ADV) (= *to see what happens*) pour voir

experimentation [ɪk,sperɪmen'teɪʃən] (N) expérimentation *f*

expert ['ekspɜːt] **1** (N) spécialiste *mf* (**on, at** en); (= *officially qualified*) expert *m* • **he is a wine ~** c'est un grand connaisseur en vins • **he is an ~ on the subject** c'est un expert en la matière **2** (ADJ) [*carpenter, hands*] expert; [*advice, opinion, knowledge*] d'un expert • **to be ~ at sth/at doing sth** être expert en qch/à faire qch • **he ran an ~ eye over the photographs** il a regardé les photographies d'un œil expert

expertise [,ekspə'tiːz] (N) (= *knowledge*) expertise *f*; (= *competence*) compétence *f* (**in** en)

expertly ['ekspɜːtlɪ] (ADV) de façon experte

expiration [,ekspə'reɪʃən] (N) = **expiry**

expire [ɪk'spaɪəʳ] (VI) [*lease, passport, licence, contract*] expirer; [*period, time limit*] arriver à terme

expiry [ɪk'spaɪərɪ] (N) expiration *f* • **~ date** date *f* d'expiration; (*on label*) à utiliser avant ...

explain [ɪk'spleɪn] (VT) expliquer; [+ *mystery*] élucider • **that is easily ~ed** cela s'explique facilement • **let me ~** je m'explique • **he ~ed to us why he had been absent** il nous a expliqué pourquoi il avait été absent

▸ **explain away** VT SEP justifier

explainable [ɪk'spleɪnəbl] (ADJ) explicable • **that is easily ~** cela s'explique facilement

explanation [,eksplə'neɪʃən] (N) explication *f* • **these instructions need some ~** ces instructions demandent quelques éclaircissements • **to find an ~ for sth** trouver l'explication de qch

explanatory [ɪk'splænətərɪ] (ADJ) explicatif

expletive [ɪk'spliːtɪv] (N) juron *m*

explicable [ɪk'splɪkəbl] (ADJ) explicable

explicit [ɪk'splɪsɪt] (ADJ) explicite • **in ~ detail** avec force détails

explicitly [ɪk'splɪsɪtlɪ] (ADV) explicitement

explode [ɪk'spləʊd] **1** (VI) exploser • **to ~ with laughter** éclater de rire **2** (VT) [+ *bomb*] faire exploser; [+ *theory, argument*] faire voler en éclats • **to ~ the myth that ...** démolir le mythe selon lequel ...

exploit **1** (N) ⓐ (*heroic*) exploit *m*; (= *feat*) prouesse *f* ⓑ **exploits** (= *adventures*) aventures *fpl* **2** (VT) exploiter; [+ *situation*] profiter de

> Lorsque **exploit** est un nom, l'accent tombe sur la première syllabe : ['eksplɔɪt], lorsque c'est un verbe, sur la seconde : [ɪk'splɔɪt].

exploitable [ɪk'splɔɪtəbl] (ADJ) exploitable

exploitation [,eksplɔɪ'teɪʃən] (N) exploitation *f*

exploitative [ɪk'splɔɪtətɪv] (ADJ) exploiteur (-trice *f*)

exploration [,eksplə'reɪʃən] (N) exploration *f*

exploratory [ɪk'splɒrətərɪ] (ADJ) [*expedition, drilling*] de reconnaissance; [*meeting, trip, stage*] exploratoire • **to have ~ surgery** subir une opération exploratoire

explore [ɪk'splɔːʳ] (VT) explorer • **to go exploring** partir en exploration • **to ~ the ground** tâter le terrain • **to ~ every avenue** examiner toutes les possibilités • **to ~ the possibilities** étudier les possibilités

explorer [ɪk'splɔːrəʳ] (N) explorateur *m*, -trice *f*

explosion [ɪk'spləʊʒən] (N) explosion *f*; [*of violence*] flambée *f* • **an ~ in demand for sth** une explosion de la demande en qch • **price ~** flambée *f* des prix

explosive [ɪk'spləʊsɪv] **1** (ADJ) explosif • **an ~ mixture** un mélange explosif **2** (N) (= *substance*) explosif *m*

expo ['ekspəʊ] (N) (ABBR OF **exposition**) expo* *f*

exponent [ɪk'spəʊnənt] (N) [*of theory*] champion(ne) *m(f)* • **the principal ~ of this movement** le chef de file de ce mouvement

exponential [,ekspəʊ'nenʃəl] (ADJ) exponentiel

export **1** (VT) exporter (**to** vers) **2** (VI) exporter (**to** vers) **3** (N) ⓐ exportation *f* • **for ~ only** réservé à l'exportation ⓑ (= *object, commodity*) produit *m* d'exportation • **ban on ~s** interdiction *f* des exportations **4** (COMP) ▸ **export licence** N licence *f* d'exportation ▸ **export manager** N responsable *mf* du service export ▸ **export permit** N licence *f* d'exportation

> Lorsque **export** est un verbe, l'accent tombe sur la seconde syllabe : [ek'spɔːt], lorsque c'est un nom, sur la première : ['ekspɔːt].

exportable [ɪk'spɔːtəbl] (ADJ) exportable

exporter [ɪk'spɔːtəʳ] (N) (= *person*) exportateur *m*, -trice *f*; (= *country*) pays *m* exportateur

expose [ɪk'spəʊz] (VT) ⓐ (= *uncover*) exposer; [+ *wire, nerve, body part*] mettre à nu • **to ~ to radiation** exposer à des radiations • **to ~ to danger** exposer au danger • **to ~ o.s. to criticism** s'exposer à la critique • **to be ~d to view** s'offrir à la vue • **he ~d himself to the risk of losing his job** il a pris le risque de perdre sa place • **the course ~s**

students to many points of view le cours présente aux étudiants de nombreux points de vue • **to ~ o.s.** (*indecently*) commettre un outrage à la pudeur
▸ **to be exposed to** [+ *idea, experience*] être confronté à
ⓑ (= *unmask*) [+ *vice, scandal, plot, lie*] dévoiler; [+ *secret*] éventer; (= *denounce*) démasquer (**as** comme étant) • **the affair ~d him as a fraud** cette affaire a montré que c'était un imposteur
ⓒ [+ *photograph*] exposer

exposé [ek'spəʊzeɪ] N révélations *fpl*

> ⚠ **exposé** is not translated by the French word **exposé**.

exposed [ɪk'spəʊzd] ADJ (= *unprotected*) exposé; [*ground*] découvert • **the house is in a very ~ position** la maison est très exposée

exposition [ˌekspə'zɪʃən] N exposition *f*

exposure [ɪk'spəʊʒə^r] N ⓐ (= *contact*) exposition *f* (**to sth** à qch) • **to risk ~ to a virus** risquer d'être mis en contact avec un virus • **education means ~ to new ideas** l'éducation, c'est être confronté à des idées nouvelles
ⓑ (= *hypothermia*) hypothermie *f* • **to die of ~** mourir de froid ⓒ [*of secret, corruption, scandal*] révélation *f*; [*of person*] dénonciation *f* ⓓ (= *publicity*) **it got a lot of ~ on television** on l'a beaucoup vu à la télévision ⓔ (= *photograph*) pose *f*; (= *amount of light*) exposition *f*; (= *exposure time*) temps *m* de pose • **a 36-~ film** une pellicule 36 poses

expound [ɪk'spaʊnd] VT [+ *theory*] expliquer; [+ *one's views*] exposer

express [ɪk'spres] 1 VT exprimer • **to ~ o.s.** s'exprimer • **they have ~ed (an) interest in ...** ils ont manifesté de l'intérêt pour ... 2 ADJ ⓐ [*order, instruction*] exprès (-esse *f*); [*purpose, intention*] délibéré • **with the ~ purpose of doing sth** dans le seul but de faire qch ⓑ [*letter, delivery, mail*] exprès *inv*; [*service*] express *inv* 3 ADV [*send*] en exprès 4 N (= *train*) rapide *m* 5 COMP ▸ **express delivery, express mail** N (*Brit*) (= *system*) distribution *f* exprès • **to send sth by ~ delivery** *or* **mail** envoyer qch en exprès ▸ **express train** N train *m* express

expression [ɪk'spreʃən] N expression *f*

expressionism [ɪk'spreʃənɪzəm] N expressionnisme *m*

> ✎ The French word **expressionnisme** has a double **n** and ends in **-e**.

expressionist [ɪk'spreʃənɪst] ADJ, N expressionniste *mf*

> ✎ The French word **expressionniste** has a double **n** and ends in **-e**.

expressionless [ɪk'spreʃənlɪs] ADJ [*person*] sans expression; [*face, eyes, look*] inexpressif; [*voice*] monotone; [*playing, style*] plat

expressive [ɪk'spresɪv] ADJ [*face, gesture*] expressif; [*power*] d'expression

expressiveness [ɪk'spresɪvnɪs] N expressivité *f*; [*of words*] force *f* expressive

expressly [ɪk'spreslɪ] ADV expressément

expresso [ɪk'spresəʊ] N (café *m*) express *m*

expressway [ɪk'spresweɪ] N voie *f* express

expropriate [eks'prəʊprɪeɪt] VT exproprier

expulsion [ɪk'spʌlʃən] N expulsion *f*; (*from school*) renvoi *m* ▸ **expulsion order** N arrêté *m* d'expulsion

expurgate ['ekspɜ:geɪt] VT expurger

exquisite [ɪk'skwɪzɪt] ADJ exquis • **in ~ detail** dans les moindres détails

exquisitely [ɪk'skwɪzɪtlɪ] ADV de façon exquise • **~ beautiful** d'une beauté exquise

ex-serviceman [ˌeks'sɜ:vɪsmæn] N (*pl* **ex-servicemen**) ancien militaire *m*; (= *war veteran*) ancien combattant *m*

extant [ek'stænt] ADJ existant

extemporize [ɪk'stempəraɪz] VTI improviser

extend [ɪk'stend] 1 VT ⓐ (= *enlarge*) agrandir; [+ *powers, business*] étendre; [+ *sphere of influence*] élargir; [+ *limits, period*] prolonger • **to ~ one's vocabulary** enrichir son vocabulaire • **to ~ a time limit** accorder un délai
ⓑ (= *prolong*) prolonger (**by** de) • **to ~ one's stay by two weeks** prolonger son séjour de deux semaines
ⓒ (= *give*) [+ *hospitality, friendship*] offrir; [+ *thanks, condolences, congratulations*] présenter • **to ~ an invitation** adresser une invitation
ⓓ (= *stretch out*) [+ *arm*] étendre • **to ~ one's hand (to sb)** tendre la main (à qn) • **to be fully ~ed** [*ladder, telescope*] être entièrement déployé
2 VI [*wall, estate*] s'étendre (**to, as far as** jusqu'à); [*table*] s'allonger; [*meeting, visit*] se prolonger (**over** pendant) • **the caves ~ for some 10 kilometres** les grottes s'étendent sur quelque 10 kilomètres • **the table ~s to 220cm** avec ses rallonges, cette table fait 220 cm

extendable [ɪk'stendəbl] ADJ [*ladder*] coulissante; [*contract, lease*] renouvelable

extended [ɪk'stendɪd] ADJ prolongé; [*leave*] longue durée • **for an ~ period** pendant une période supplémentaire • **~ care facilities** (*US*) soins *mpl* pour convalescents • **the ~ family** la famille élargie

extension [ɪk'stenʃən] 1 N ⓐ (*to building*) **to build an ~ to a house** agrandir une maison • **a new ~ to the library** une nouvelle annexe de la bibliothèque
ⓑ (= *continuation*) prolongement *m* (**to sth** de qch); (= *extra part*) (*for table, pipe*) rallonge *f*
ⓒ (= *extra time*) prolongation *f* (**to sth** de qch) • **there will be no ~ of the deadline** le délai ne sera pas prolongé • **to grant an ~ of a deadline** accorder un délai supplémentaire
ⓓ (= *development*) [*of rights, powers*] extension *f*; [*of idea, concept*] développement *m* • **by ~** par extension
ⓔ (= *phone*) (*in house*) appareil *m* supplémentaire; (*in office*) poste *m* • **you can get me on ~ 308** vous pouvez me joindre au poste 308
2 COMP ▸ **extension cable, extension cord** (*US*) N prolongateur *m* ▸ **extension ladder** N échelle *f* coulissante ▸ **extension lead** N prolongateur *m*

extensive [ɪk'stensɪv] ADJ [*area, knowledge, range*] étendu; [*damage, alterations, experience*] considérable; [*reforms*] de grande envergure; [*research, discussions*] approfondi; [*menu*] varié; [*tour*] complet (-ète *f*) • **to make ~ use of sth** beaucoup utiliser qch • **her visit got ~ coverage** sa visite a fait l'objet de très nombreux articles

extensively [ɪk'stensɪvlɪ] ADV [*travel, work, write*] beaucoup; [*damage*] considérablement; [*revise, discuss*] en profondeur; [*quote, report*] abondamment • **to use sth ~** beaucoup utiliser qch • **the story was covered ~ in the press** cette histoire a fait l'objet de nombreux articles dans la presse • **the band has toured ~** le groupe a fait des tournées un peu partout

extent [ɪk'stent] (N) ⓐ (= *size*) étendue *f*; (= *length*) longueur *f* ⓑ [*of commitments, losses*] importance *f*; [*of knowledge, power, influence, damage*] étendue *f* ⓒ (= *degree*) mesure *f* • **to what ~?** dans quelle mesure ? • **to some ~** dans une certaine mesure • **to a large ~** dans une grande mesure • **to a small ~** dans une faible mesure • **to such an ~ that …** à tel point que …

extenuate [ɪk'stenjʊ,eɪt] (VT) atténuer • **extenuating circumstances** circonstances *fpl* atténuantes

exterior [ɪk'stɪərɪəʳ] 1 (ADJ) extérieur (-eure *f*) 2 (N) extérieur *m* • **on the ~** à l'extérieur • **underneath his rough ~, he …** sous ses dehors rudes, il …

exterminate [ɪk'stɜːmɪ,neɪt] (VT) exterminer

extermination [ɪk,stɜːmɪ'neɪʃən] (N) extermination *f*

exterminator [ɪk'stɜːmɪ,neɪtəʳ] (N) (*US*) (= *rat-catcher*) employé(e) *m(f)* des services de dératisation

external [ɪk'stɜːnl] 1 (ADJ) extérieur (-eure *f*) • **"for ~ use only"** « à usage externe » 2 (NPL) **the externals** les apparences *fpl* 3 (COMP) ▸ **external examiner** N (*Brit*) examinateur *m*, -trice *f* extérieur(e)

externalize [ɪk'stɜːnə,laɪz] (VT) extérioriser

externally [ɪk'stɜːnəlɪ] (ADV) (= *from the outside*) de l'extérieur; (= *on the outside*) sur l'extérieur • **"to be used ~"** « à usage externe »

extinct [ɪk'stɪŋkt] (ADJ) ⓐ (= *no longer existing*) disparu • **to become ~** disparaître • **to be nearly ~** être en voie d'extinction ⓑ [*volcano*] éteint

extinction [ɪk'stɪŋkʃən] (N) extinction *f*

extinguish [ɪk'stɪŋgwɪʃ] (VT) éteindre; [+ *hopes*] anéantir

extinguisher [ɪk'stɪŋgwɪʃəʳ] (N) extincteur *m*

extn (ABBR OF **extension**) (= *phone*) poste *m*

extol [ɪk'stəʊl] (VT) [+ *person*] porter aux nues; [+ *act, quality*] vanter • **to ~ the virtues of …** chanter les louanges de …

extort [ɪk'stɔːt] (VT) [+ *money*] extorquer (**from** à)

extortion [ɪk'stɔːʃən] (N) extorsion *f*

> The English word **extortion** ends in **-tion** whereas the French word **extorsion** ends in **-sion**.

extortionate [ɪk'stɔːʃənɪt] (ADJ) exorbitant

extortionist [ɪk'stɔːʃənɪst] (N) escroc *m*

extra ['ekstrə] 1 (ADJ) supplémentaire • **to work ~ hours** faire des heures supplémentaires • **take an ~ pair of shoes** prends une paire de chaussures supplémentaire • **for ~ safety** pour plus de sécurité • **take ~ care!** fais bien attention ! • **to earn an ~ $80 a week** gagner 80 dollars de plus par semaine • **wine is ~** le vin est en supplément • **there's no ~ charge for the wine** le vin est compris • **take some ~ money just to be on the safe side** prends un peu plus d'argent, on ne sait jamais • **to go to ~ expense** faire des frais • **~ pay** supplément *m* de salaire • **postage and packing ~** frais d'expédition non compris

2 (ADV) ⓐ (= *more money*) **to pay/charge ~** payer/faire payer un supplément • **a room with a bath costs ~** les chambres avec salle de bains coûtent plus cher ⓑ (= *especially*)* [*cautious, special*] encore plus • **he was ~ nice to her** il a été extrêmement gentil avec elle • **I'll try ~ hard** je ferai un effort tout particulier • **~ large** [*eggs*] très gros; [*garment*] extra large

3 (N) ⓐ (= *perk*) à-côté *m* ⓑ (= *actor*) figurant(e) *m(f)* ⓒ (*US*) (= *gasoline*) super(carburant) *m*

4 (NPL) **extras** (= *expenses*) frais *mpl* supplémentaires • **those little ~s** (= *luxuries*) ces petits extras *mpl* • **there are no hidden ~s** il n'y a pas de faux frais

5 (COMP) ▸ **extra time** N prolongations *fpl* • **the match went to ~ time** on a joué les prolongations

extract 1 (VT) [+ *juice, minerals, oil, bullet*] extraire (**from** de); [+ *tooth*] arracher; [+ *confession, promise*] arracher (**from** à); [+ *information, money*] soutirer (**from** à) 2 (N) extrait *m* • **~s from Voltaire** morceaux *mpl* choisis de Voltaire

> Lorsque **extract** est un verbe, l'accent tombe sur la seconde syllabe : [ɪk'strækt], lorsque c'est un nom, sur la première : ['ekstrækt].

extraction [ɪk'strækʃən] (N) extraction *f* • **to be of Scottish ~** être d'origine écossaise

extractor [ɪk'stræktəʳ] (N) extracteur *m* ▸ **extractor fan** N (*Brit*) ventilateur *m* ▸ **extractor hood** N (*Brit*) hotte *f* aspirante

extracurricular ['ekstrəkə'rɪkjʊləʳ] (ADJ) périscolaire; [*sports, activities*] en dehors des heures de classe

extradite ['ekstrə,daɪt] (VT) extrader

extradition [,ekstrə'dɪʃən] (N) extradition *f*

extramarital ['ekstrə'mærɪtl] (ADJ) extraconjugal

extramural ['ekstrə'mjʊərəl] (ADJ) [*course*] hors faculté (*donné par des professeurs accrédités par la faculté et ouvert au public*) • **Department of Extramural Studies** (*Brit*) ≈ Institut *m* d'éducation permanente

extraneous [ɪk'streɪnɪəs] (ADJ) (= *irrelevant*) étranger au sujet • **~ to** étranger à

extranet ['ekstrənet] (N) extranet *m*

extraordinaire [ek,strɔːdɪ'nɛəʳ] (ADJ) (*after n: esp hum*) hors du commun

extraordinarily [ɪk'strɔːdnrɪlɪ] (ADV) extraordinairement

extraordinary [ɪk'strɔːdnrɪ] (ADJ) extraordinaire • **there's nothing ~ about that** cela n'a rien d'extraordinaire • **what an ~ thing to say!** quelle idée saugrenue ! • **the ~ thing is that he's right** ce qu'il y a d'extraordinaire c'est qu'il a raison

extrapolate [ɪk'stræpəleɪt] (VT) extrapoler (**from** à partir de)

extrapolation [ɪk,stræpə'leɪʃən] (N) extrapolation *f*

extrasensory ['ekstrə'sensərɪ] (ADJ) extrasensoriel ▸ **extrasensory perception** N perception *f* extrasensorielle

extra-special [,ekstrə'speʃəl] (ADJ) exceptionnel

extraterrestrial [,ekstrətɪ'restrɪəl] (ADJ, N) extraterrestre *mf*

extravagance [ɪk'strævəgəns] (N) ⓐ (= *overspending*) **he was accused of ~** on l'a accusé d'avoir fait des dépenses extravagantes ⓑ (= *thing bought*) folie *f* ⓒ (= *wastefulness*) gaspillage *m*

extravagant [ɪk'strævəgənt] (ADJ) ⓐ (*financially*) [*person*] dépensier; [*tastes*] de luxe; [*gift*] somptueux; [*price*] exorbitant • **~ spending** dépenses *fpl* excessives • **it seems ~ to hire a car** ça paraît exagéré de louer une voiture • **it was very ~ of him to buy this ring** il a fait une folie en achetant cette bague • **to have an ~ lifestyle**

mener un train de vie fastueux **b** (= *exaggerated*) extravagant

extravagantly [ɪkˈstrævəgəntlɪ] ADV [*spend*] sans compter; [*use*] avec prodigalité; [*entertain*] sans regarder à la dépense; [*furnish*] avec luxe • **to live ~** mener un train de vie fastueux

extravaganza [ɪkˌstrævəˈgænzə] N (= *show*) spectacle *m* somptueux

extreme [ɪkˈstriːm] **1** ADJ extrême • **in ~ danger** en très grand danger • **~ old age** l'extrême vieillesse *f* • **he died in ~ poverty** il est mort dans une misère extrême • **the ~ left/right** l'extrême gauche *f*/droite *f* • **to be ~ in one's opinions** être extrémiste

2 N extrême *m* • **in the ~** à l'extrême • **to go from one ~ to the other** passer d'un extrême à l'autre • **~s of temperature** des écarts *mpl* extrêmes de température • **to go to ~s** pousser les choses à l'extrême • **I won't go to that ~** je n'irai pas jusque-là

3 COMP ▸ **extreme sport** N sport *m* extrême

> Remember to include the accent in the French word **extrême**.

extremely [ɪkˈstriːmlɪ] ADV extrêmement • **to be ~ successful** avoir énormément de succès

extremism [ɪkˈstriːmɪzəm] N extrémisme *m*

extremist [ɪkˈstriːmɪst] ADJ, N extrémiste *mf*

extremity [ɪkˈstremɪtɪ] N extrémité *f* • **extremities** (= *hands and feet*) extrémités *fpl*

extricate [ˈekstrɪkeɪt] VT [+ *object*] dégager • **to ~ o.s.** s'extirper; (*from situation*) se tirer

extroversion [ˌekstrəˈvɜːʃən] N extraversion *f*

extrovert [ˈekstrəʊvɜːt] **1** ADJ extraverti **2** N extraverti(e) *m(f)*

extroverted [ˈekstrəʊvɜːtɪd] ADJ extraverti

exuberance [ɪgˈzjuːbərəns] N exubérance *f*

exuberant [ɪgˈzjuːbərənt] ADJ exubérant; [*colour*] vif

exuberantly [ɪgˈzjuːbərəntlɪ] ADV [*laugh, greet*] avec exubérance • **to be ~ happy** manifester une joie exubérante

exude [ɪgˈzjuːd] VT [+ *resin, blood*] exsuder • **to ~ water** suinter • **he ~s charm** il a un charme fou • **he ~s confidence** il respire la confiance en soi

exult [ɪgˈzʌlt] VI (= *rejoice*) se réjouir (**in, at** de, **over** à propos de)

exultant [ɪgˈzʌltənt] ADJ triomphant • **to be ~** être d'humeur joyeuse

ex-wife [ˌeksˈwaɪf] N (*pl* **ex-wives**) ex-femme *f*

eye [aɪ]

1 NOUN	3 COMPOUNDS
2 TRANSITIVE VERB	4 PHRASAL VERB

1 NOUN

a (*of person, animal*) œil *m* • **~s** yeux *mpl* • **to have blue ~s** avoir les yeux bleus • **a girl with blue ~s** une fille aux yeux bleus • **a catastrophe is unfolding before our very ~s** une catastrophe se déroule actuellement sous nos yeux • **with tears in her ~s** les larmes aux yeux • **he couldn't keep his ~s open*** il dormait debout • **to let one's ~ rest on sth** poser son regard sur qch • **I've never set ~s on him*** je ne l'ai jamais vu • **I haven't got ~s in the back of my head** je n'ai pas le don d'ubiquité • **why don't you use your ~s?** tu es aveugle ? • **I saw it with my own ~s** je l'ai vu de mes propres yeux • **an ~ for an ~ and a tooth for a tooth** œil pour œil, dent pour dent • **to give sb the ~*** faire de l'œil* à qn • **to see ~ to ~ with sb** être d'accord avec qn • **the story is seen through the ~s of a child** l'histoire est vue à travers les yeux d'un enfant

b (*of needle*) chas *m*; [*of potato*] œil *m* (yeux *pl*); [*of hurricane*] œil *m* • **the ~ of the storm** l'œil *m* du cyclone

c (= *surveillance*) **to keep an ~ on things** garder la boutique* • **will you keep an ~ on the baby?** vous pouvez surveiller le bébé ? • **he chopped the onions under his mother's watchful ~** il coupait les oignons sous l'œil attentif de sa mère • **with a critical/an uneasy ~** d'un œil critique/inquiet

d (= *flair*) **customers with an ~ for a bargain** les clients qui savent flairer les bonnes affaires • **she's got an ~ for a good story** elle sait repérer l'histoire qui intéressera les lecteurs • **you need an ~ for detail** il faut avoir le sens du détail

e **eyes** (= *attention*): **he only had eyes for her** il n'avait d'yeux que pour elle • **he didn't take his ~s off her** il ne l'a pas quittée des yeux • **he couldn't take his ~s off the cakes** il dévorait les gâteaux des yeux • **all ~s are on him** tous les regards sont tournés vers lui • **to be all ~s*** être tout yeux • **this will open his ~s to the truth** ça va lui ouvrir les yeux • **for your ~s only** confidentiel • **"~s only"** (*US*) « top secret » • **to keep one's ~s open** ouvrir l'œil • **keep your ~s open for a hotel** essayez de repérer* un hôtel

f **eyes** (= *opinion*): **in the eyes of ...** aux yeux de ... • **in his ~s** à ses yeux • **in the ~s of the law** aux yeux de la loi • **to look at sth through someone else's ~s** regarder qch avec les yeux de quelqu'un d'autre

g (*set structures*)

▸ **in the eye** **it hits you in the ~** cela saute aux yeux • **that's one in the ~ for him*** c'est bien fait pour lui*

▸ **to close one's eyes to sth** **to close one's ~s to a problem** occulter un problème • **to close one's ~s to the dangers of sth** refuser de voir les écueils de qch • **one can't close one's ~s to the fact that ...** il faut bien reconnaître que ...

▸ **to have one's eye on sth*** **he's got his ~ on the championship** il a en vue le championnat • **I've already got my ~ on a house** j'ai déjà une maison en vue

▸ **up to one's eyes** **to be up to one's ~s in work** être débordé de travail • **to be up to one's ~s in debt** être endetté jusqu'au cou

▸ **with + eyes** **with one's ~s closed** les yeux fermés • **he went into it with his ~s wide open** il s'est engagé en toute connaissance de cause • **I could do it with my ~s shut** je pourrais le faire les yeux fermés

▸ **with an eye to** **with an ~ to the future** en prévision de l'avenir • **to look at a house with an ~ to buying** visiter une maison dans la perspective de l'acheter

2 TRANSITIVE VERB

(= *look at*) regarder • **they ~d the newcomer with interest** ils regardaient le nouveau venu avec intérêt

3 COMPOUNDS

▸ **eye candy*** N (= *woman*) belle fille *f*; (= *man*) beau mec* *m* ▸ **eye-catching** ADJ [*dress, colour*] voyant; [*headline, display*] accrocheur ▸ **eye contact** N **to avoid ~ contact with sb** éviter de regarder qn ▸ **eye doctor** N (*US*) oculiste *mf*

▸ **eye level** N **at ~ level** au niveau des yeux ▸ **eye-opener*** N (= *surprise*) révélation *f* • **that was an ~-opener for him** cela lui a ouvert les yeux ▸ **eye-patch** N bandeau *m* ▸ **eye socket** N orbite *f* ▸ **eye test** N examen *m* de la vue

4 PHRASAL VERB

▸ **eye up*** VT SEP (*Brit*) reluquer*

eyeball ['aɪbɔːl] (N) globe *m* oculaire • **to stand ~ to ~ with sb*** se trouver nez à nez avec qn • **to be up to one's ~s in work*** être débordé (de travail) • **to be up to one's ~s in debt*** être endetté jusqu'au cou*

eyebrow ['aɪbraʊ] (N) sourcil *m* ▸ **eyebrow pencil** N crayon *m* à sourcils

-eyed [aɪd] (ADJ) (*in compounds*) **brown~** aux yeux marron

eyedrops ['aɪdrɒps] (NPL) collyre *m*

eyeful ['aɪfʊl] (N) **she's quite an ~*** elle est vraiment canon*

eyeglasses ['aɪglɑːsɪz] (NPL) (*US*) lunettes *fpl*

eyelash ['aɪlæʃ] (N) cil *m*

eyelid ['aɪlɪd] (N) paupière *f*

eyeliner ['aɪlaɪnəʳ] (N) eye-liner *m*

eyepiece ['aɪpiːs] (N) oculaire *m*

eyeshade ['aɪʃeɪd] (N) visière *f*

eyeshadow ['aɪʃædəʊ] (N) fard *m* à paupières

eyesight ['aɪsaɪt] (N) vue *f* • **to have good ~** avoir une bonne vue

eyesore ['aɪsɔːʳ] (N) horreur *f* • **these tower blocks are an ~** ces immeubles sont hideux

eyestrain ['aɪstreɪn] (N) **to have ~** avoir les yeux fatigués

eyetooth ['aɪtuːθ] (N) (*pl* **-teeth** ['aɪtiːθ]) canine *f* supérieure • **I'd give my eyeteeth* to go to China** qu'est-ce que je ne donnerais pas pour aller en Chine !

eyewash ['aɪwɒʃ] (N) **that's a lot of ~** (= *nonsense*) c'est du vent

eyewear ['aɪwɛəʳ] (N) lunetterie *f*

eyewitness ['aɪ,wɪtnɪs] (N) témoin *m* oculaire ▸ **eyewitness account** N récit *m* de témoin oculaire

e-zine ['iːziːn] (N) e-zine *m*

e

Ff

F [ef] (N) **a** (*Music*) fa *m* **b** (= *mark*) faible

FAA [ˌefeɪˈeɪ] (*US*) (ABBR OF **Federal Aviation Administration**) Direction *f* générale de l'aviation civile

fab‡ [fæb], **fabby‡** [ˈfæbɪ] (ADJ) (*Brit*) (ABBR OF **fabulous**) sensass*

fable [ˈfeɪbl] (N) fable *f*

fabled [ˈfeɪbld] (ADJ) légendaire

fabric [ˈfæbrɪk] **1** (N) **a** (= *cloth*) tissu *m* • **cotton ~s** cotonnades *fpl* • **woollen ~s** lainages *mpl* **b** [*of building, society*] structure *f* **2** (COMP) ▸ **fabric conditioner, fabric softener** N produit *m* assouplissant

fabricate [ˈfæbrɪkeɪt] (VT) fabriquer

fabrication [ˌfæbrɪˈkeɪʃən] (N) [*of goods*] fabrication *f* • **it is pure ~** c'est une invention pure et simple • **~ of evidence** fabrication *f* de preuves

fabulous* [ˈfæbjʊləs] (ADJ) (= *wonderful*) fabuleux

face [feɪs]

1 NOUN	4 COMPOUNDS
2 TRANSITIVE VERB	5 PHRASAL VERB
3 INTRANSITIVE VERB	

1 NOUN

a (*of person*) visage *m* • **his ~ is familiar** son visage me dit quelque chose • **injuries to the ~** blessures *fpl* au visage • **he won't show his ~ here again** il ne remettra plus les pieds ici • **to go red in the ~** rougir • **I could never look him in the ~ again** je ne pourrais plus jamais le regarder en face • **you're lying, it's written all over your ~!*** tu mens, ça se lit sur ton visage ! • **in the ~ of this threat** face à cette menace • **it blew up in my ~** ça m'a explosé à la figure • **he told him so to his ~** il le lui a dit en face • **to come ~ to ~ with** [+ *person*] se trouver nez à nez avec • **get out of my ~!‡** fous-moi la paix !‡

b (= *front*) **he was lying ~ down** il était à plat ventre • **he was lying ~ up** il était allongé sur le dos

c (= *expression*) mine *f* • **to make ~s** faire des grimaces • **to put a brave ~ on things** faire bonne contenance

d (= *appearance*) visage *m* • **the changing ~ of Malaysian politics** le visage changeant de la politique malaise • **the unacceptable ~ of capitalism** la face inacceptable du capitalisme

▸ **on the face of it** à première vue

e (= *person*)* **a familiar ~** un visage familier • **we need some new ~s on the team** notre équipe a besoin de sang neuf

f (*of mountain*) face *f*

g (= *surface*) [*of playing card*] face *f*; [*of clock*] cadran *m* • **it fell ~ up/down** [*playing card, photo*] elle est tombée face en dessus/en dessous • **to turn sth ~ up** retourner qch • **he vanished off the ~ of the earth** il a complètement disparu

h (= *prestige*) **to lose ~*** perdre la face

2 TRANSITIVE VERB

a (= *look towards*) faire face à • **he was facing me** il me faisait face • **facing one another** l'un en face de l'autre • **he was facing the wall** il était face au mur

b (= *look out onto*) [*building*] donner sur

c (= *confront*) **two problems ~d them** ils se trouvaient devant deux problèmes • **the economic difficulties facing the country** les difficultés économiques que rencontre le pays

▸ **faced with the government, ~d with renewed wage demands ...** le gouvernement, confronté à de nouvelles revendications salariales ... • **he was ~d with a bill for £100** il se voyait obligé de payer une note de 100 livres • **he was ~d with the prospect of doing it himself** il risquait d'avoir à le faire lui-même

d (= *face up to*) [+ *problem*] affronter; [+ *truth*] regarder en face • **she ~d the problem at last** elle a enfin affronté le problème • **to ~ the music** affronter la tempête • **to ~ facts** se rendre à l'évidence • **she won't ~ the fact that he's not going to come back** elle ne veut pas se rendre à l'évidence et admettre qu'il ne reviendra pas • **let's ~ it** regardons les choses en face

▸ **can't face I can't ~ doing it** je n'ai pas le courage de le faire • **I can't ~ breakfast this morning** je ne peux rien avaler ce matin • **I can't ~ the washing up** je n'ai pas le courage de faire la vaisselle

e (= *risk incurring*) risquer • **many people were facing redundancy** beaucoup de gens risquaient d'être licenciés

f (= *appear before*) affronter • **he seemed quite calm as he ~d the press** il semblait calme au moment d'affronter la presse • **he was summoned to ~ the judge** il a été convoqué devant le juge

3 INTRANSITIVE VERB

a (*person*) faire face (**towards** à)

b (*house*) être orienté • **a window facing south** une fenêtre orientée au sud • **a room facing towards the sea** une chambre donnant sur la mer

4 COMPOUNDS

▸**face card** N (US) figure *f* ▸**face cloth** N ≈ gant *m* de toilette ▸**face cream** N crème *f* pour le visage ▸**face flannel** N (Brit) ≈ gant *m* de toilette ▸**face-lift** N lifting *m* • **to have a ~-lift** se faire faire un lifting • **to give a ~-lift to** [+ *house*] (*exterior*) ravaler la façade de; (*interior*) retaper; [+ *political party, company*] rajeunir l'image de • **the town has been given a ~-lift** la ville a fait peau neuve ▸**face mask** N masque *m*; (*Cosmetics*) masque *m* (de beauté) ▸**face-off** N (*Hockey*) remise *f* en jeu; (*fig*) confrontation *f* ▸**face pack** N masque *m* (de beauté) ▸**face powder** N poudre *f* ▸**face-saving** ADJ **it was a ~-saving exercise on their part** ils l'ont fait pour sauver la face ▸**face time** N temps *m* en face-à-face ▸**face-to-face** ADJ face à face ▸**face value** N **to take a statement at ~ value** prendre une déclaration au pied de la lettre • **to take sb at ~ value** juger qn sur les apparences

5 PHRASAL VERB

▸**face up to** VT INSEP faire face à • **to ~ up to the fact that ...** admettre que ...

faceless ['feɪslɪs] (ADJ) anonyme

facet ['fæsɪt] (N) facette *f*

facetious [fə'siːʃəs] (ADJ) [*person*] facétieux; [*remark*] plaisant

facial ['feɪʃəl] **1** (ADJ) [*muscles, expression*] du visage; [*injury*] au visage • **~ features** traits *mpl* du visage • **~ hair** poils *mpl* du visage **2** (N) **to have a ~*** se faire faire un soin du visage **3** (COMP) ▸**facial recognition** N reconnaissance *f* faciale ▸**facial recognition software** N logiciel *m* de reconnaissance faciale

facilitate [fə'sɪlɪteɪt] (VT) faciliter

facilitator [fə'sɪlɪteɪtəʳ] (N) (*political*) médiateur *m*, -trice *f*; (*educational*) animateur *m*, -trice *f*

facility [fə'sɪlɪtɪ] (N) **a** **facilities** (= *equipment*) équipements *mpl* (**for** de) • **military facilities** installations *fpl* militaires • **storage facilities** entrepôts *mpl* • **toilet facilities** toilettes *fpl* • **health care facilities** services *mpl* de santé • **child care facilities** crèches *fpl*; (*for older children*) garderies *fpl* • **the flat has no cooking facilities** l'appartement n'est pas équipé pour faire la cuisine • **student facilities include a library and language laboratory** les étudiants disposent notamment d'une bibliothèque et d'un laboratoire de langues

b (= *means*) possibilité *f* (**for doing** de faire) • **the bank offers the ~ to pay over 50 weeks** la banque offre la possibilité d'étaler les paiements sur 50 semaines • **we have no facilities for disposing of toxic waste** nous ne sommes pas en mesure d'éliminer les déchets toxiques • **the machine does not have the ~ to run this program** l'appareil ne permet pas d'exécuter ce programme

c (= *device*) mécanisme *m*; (*on computer*) fonction *f* • **the clock has a stopwatch ~** le réveil peut aussi servir de chronomètre • **the oven has an automatic timing ~** le four est doté d'un minuteur automatique • **there's a ~ for storing data** il y a une fonction de mise en mémoire des données

d (= *place*) **nuclear ~** (= *arms factory*) usine *f* nucléaire; (= *power station*) centrale *f* nucléaire

e (= *ease*) facilité *f* • **to express o.s. with ~** s'exprimer avec facilité • **her ~ for learning** sa facilité à apprendre • **he has a great ~ for languages** il a beaucoup de facilité en langues

facsimile [fæk'sɪmɪlɪ] (N) fac-similé *m* • **in ~** en facsimilé

fact [fækt] **1** (N) **a** fait *m* • **the ~ that he is here** le fait qu'il soit là • **in view of the ~ that ...** étant donné que ... • **despite the ~ that ...** bien que ... + *subj* • **is it a ~ that ...?** est-il vrai que ...? • **is that a ~?** vraiment? • **and that's a ~** c'est certain • **to know for a ~ that ...** être certain que ... • **we haven't got all the ~s and figures yet** nous ne disposons pas encore de tous les éléments • **it's a ~ of life** la vie est ainsi faite • **it's time he knew the ~s of life** il est temps de lui apprendre les choses de la vie; (*about sex*) il est temps qu'il sache comment les enfants viennent au monde

▸ **in fact** en fait; (*reinforcing sth*) effectivement • **only I knew that Phyllis was, in ~, David's sister** j'étais le seul à savoir que Phyllis était en fait la sœur de David • **he had promised to send the books and in ~ they arrived the next day** il avait promis d'envoyer les livres et ils sont effectivement arrivés le lendemain

b (= *reality*) réalité *f* • **~ and fiction** la réalité et la fiction • **he can't tell ~ from fiction** il ne sait pas séparer le vrai du faux • **the ~ of the matter is that ...** le fait est que ... • **I accept what he says as ~** je ne mets pas en doute la véracité de ses propos

2 (COMP) ▸**fact-finding** ADJ **~-finding committee** commission *f* d'enquête • **they were on a ~-finding mission to the front** ils étaient partis en mission d'inspection au front • **~-finding session** séance *f* d'information ▸**fact sheet** N fiche *f* d'information

faction ['fækʃən] (N) faction *f*

factional ['fækʃənl] (ADJ) entre factions

factor ['fæktəʳ] (N) facteur *m* • **risk ~** facteur *m* de risque • **safety ~** facteur *m* de sécurité • **determining ~** facteur *m* décisif • **price is very much a determining ~ in deciding which car to buy** le prix est un critère déterminant lors de l'achat d'une voiture • **the scandal was a contributing ~ in his defeat** le scandale a contribué à sa défaite • **output has risen by a ~ of ten** la production a été multipliée par dix • **sun protection ~ 25** indice *m* de protection 25

factory ['fæktərɪ] (N) usine *f* • **shoe ~** usine *f* de chaussures • **car ~** usine *f* automobile • **arms ~** manufacture *f* d'armes ▸**Factory Acts** NPL (Brit) législation *f* industrielle ▸**factory farming** N élevage *m* industriel ▸**factory floor** N ateliers *mpl* • **workers on the ~ floor** ouvriers *mpl* ▸**factory outlet** N magasin *m* d'usine ▸**factory ship** N navire-usine *m* ▸**factory worker** N ouvrier *m*, -ière *f*

factual ['fæktjʊəl] (ADJ) [*information*] factuel; [*error*] de fait

factually ['fæktjʊəlɪ] (ADV) [*accurate, wrong*] dans les faits

faculty ['fækəltɪ] (N) **a** faculté *f* • **to have all one's faculties** avoir toutes ses facultés • **critical ~** le sens critique • **the Faculty of Arts** la faculté des lettres • **the medical ~** la faculté de médecine • **the Faculty** (US) le corps enseignant **b** (= *aptitude*) aptitude *f* (**for doing** à faire)

fad [fæd] (N) (*personal*) lubie *f*; (= *fashion*) mode *f* • **her latest food ~** sa dernière lubie en matière de nourriture • **a passing ~** un engouement passager

fade [feɪd] (VI) **a** [*colour*] passer; [*material*] se décolorer; [*light*] baisser • **guaranteed not to ~** garanti bon teint **b** (*also* **fade away**) [*memory*] s'effacer; [*interest*] décliner; [*sympathy*] diminuer; [*sound*] s'affaiblir; (*hopes*) s'évanouir • **her voice ~d into silence** sa voix s'est éteinte • **the sound is fading** (*on radio*) il y a du fading

• **hopes are fading of finding any more survivors** l'espoir de découvrir d'autres survivants s'amenuise • **this singer ~d into obscurity after just one hit** ce chanteur est retombé dans l'anonymat après seulement un tube*

faded ['feɪdɪd] ADJ [*material*] décoloré; [*jeans*] délavé

faeces, feces (*US*) ['fi:si:z] NPL selles *fpl*

faff* [fæf] VI (*Brit*) **to ~ about** *or* **around** glandouiller*

fag [fæg] 1 N ⓐ (*Brit*) (= *cigarette*)* clope* *f* ⓑ (*offensive*) (= *homosexual*)* pédé* *m* (*sometimes offensive*) 2 COMP ▸**fag end*** N [*of cigarette*] mégot* *m*; (= *remainder*) reste *m*; [*of conversation*] dernières bribes *fpl* ▸**fag hag*** N (*offensive*) **she's a ~ hag** elle a des amis homos*

Fahrenheit ['færənhaɪt] ADJ Fahrenheit *inv* • **degrees ~** degrés *mpl* Fahrenheit

fail [feɪl] 1 VI ⓐ (= *be unsuccessful*) échouer; [*business*] faire faillite • **to ~ in an exam/in Latin** échouer à un examen/en latin • **to ~ by five votes** échouer à cinq voix près • **to ~ miserably** échouer lamentablement • **he ~ed in his attempt to take control of the company** sa tentative de prendre le contrôle de la société a échoué

ⓑ (= *grow weak*) [*hearing, health*] décliner; [*eyesight*] baisser; [*invalid, voice*] s'affaiblir • **his heart ~ed** il a eu une défaillance cardiaque • **the daylight was beginning to ~** le jour commençait à baisser

ⓒ (= *run short*) manquer • **crops ~ed because of the drought** la sécheresse a détruit les récoltes

ⓓ (= *break down*) [*engine*] tomber en panne; [*brakes*] lâcher

2 VT ⓐ [+ *examination*] échouer à • **to ~ Latin** échouer en latin • **he's a ~ed writer** c'est un écrivain raté

ⓑ [+ *candidate*] recaler*

ⓒ (= *let down*) [+ *business partner*] manquer à ses engagements envers; [+ *friend*] décevoir • **he felt that he'd ~ed his family** il avait le sentiment d'avoir manqué à ses devoirs envers sa famille • **words ~ me!** les mots me manquent! • **his memory often ~s him** sa mémoire le trahit souvent

ⓓ (= *omit*) **to ~ to do** manquer de faire • **he never ~s to write** il ne manque jamais d'écrire • **he ~ed to visit her** il a omis de lui rendre visite • **he ~ed to meet the deadline** il n'est pas parvenu à respecter les délais • **he ~ed to keep his word** il a manqué à sa parole • **he ~ed to turn up for dinner** il ne s'est pas montré au dîner • **they ~ed to get an agreement** ils ne sont pas parvenus à un accord • **she never ~s to amaze me** elle me surprendra toujours • **I ~ to see why** je ne vois pas pourquoi • **he was fined for ~ing to stop at a red light** il a eu une contravention pour avoir brûlé un feu rouge

3 N **without ~** [*happen*] immanquablement; [*come, do*] chaque fois • **every morning without ~, she takes the dog for a walk** chaque matin sans exception, elle sort son chien • **you must take these tablets every day without ~** il faut que vous preniez ces cachets tous les jours sans faute

4 COMP ▸**fail-safe** ADJ à sûreté intégrée

failing ['feɪlɪŋ] 1 N (= *fault*) défaut *m* 2 PREP à défaut de • **~ this** sinon • **~ which we ...** sinon, nous ... 3 ADJ [*eyesight, health, memory*] défaillant; [*economy*] déprimé • **in the ~ light** dans le crépuscule • **their marriage is ~** leur couple va à vau-l'eau

failure ['feɪljə^r] N ⓐ (= *lack of success*) échec *m*; [*of business*] faillite *f* • **the play was a ~** la pièce a fait un four • **this plan ended in ~** le plan a échoué • **his ~ to convince them** son incapacité à les convaincre ⓑ (= *unsuccessful person*) raté(e) *m(f)* ⓒ **heart/kidney ~** défaillance *f* cardiaque/rénale ⓓ **engine ~** panne *f* ⓔ (= *omission*) **his ~ to answer** le fait qu'il n'a pas répondu • **the government's ~ to comply with European legal obligations** le non-respect des lois européennes par le gouvernement

faint [feɪnt] 1 ADJ ⓐ (= *slight*) léger; [*writing*] à peine visible; [*recollection*] vague; [*voice, light, breathing*] faible • **I haven't the ~est idea** je n'en ai pas la moindre idée ⓑ **to feel ~** se sentir mal • **to be ~ with hunger** défaillir de faim 2 VI (= *lose consciousness*) s'évanouir • **he ~ed from the pain** la douleur lui a fait perdre connaissance 3 COMP ▸**fainting fit, fainting spell** (*US*) N évanouissement *m*

fainthearted [ˌfeɪnt'hɑ:tɪd] ADJ timoré • **it's not for the ~** [*venture, investment*] ça demande un certain courage

faintly ['feɪntlɪ] ADV (= *slightly*) légèrement • **in a ~ disappointed tone** avec une nuance de déception dans la voix

fair [fɛə^r] 1 N (= *fête*) foire *f*; (*Brit*) (= *funfair*) fête *f* foraine • **the Book Fair** le Salon du livre

2 ADJ ⓐ (= *just*) juste; [*competition, fight, player*] loyal • **be ~** sois juste • **it's not ~** ce n'est pas juste • **to be ~ to him, he thought he had paid for it** soyons justes, il croyait l'avoir payé • **this isn't ~ on either of us** ce n'est juste ni pour toi ni pour moi • **it's ~ to say that ...** il est juste de dire que ... • **that's a ~ point** c'est juste • **to give sb a ~ deal** agir équitablement envers qn • **~ enough!** d'accord! • **all this is ~ enough, but ...** d'accord mais ... • **he was ~ game for the critics** c'était une proie rêvée pour les critiques • **~'s ~!** ce n'est que justice! • **all's ~ in love and war** en amour comme à la guerre, tous les coups sont permis • **by ~ means or foul** par tous les moyens • **he got his ~ share of the money** il a eu l'argent qui lui revenait • **he's had his ~ share of trouble*** il a eu sa part de soucis • **it was all ~ and square** tout était correct • **to get a ~ trial** bénéficier d'un procès équitable • **to give sb ~ warning of sth** prévenir qn de qch

ⓑ [*sum, number*] considérable; [*size*] respectable • **there's a ~ amount of money left** il reste pas mal d'argent • **he's travelled a ~ amount** il a pas mal voyagé

ⓒ (= *average*) passable • **"~"** « passable » • **in ~ condition** en assez bon état

ⓓ (= *reasonable*) [*guess*] juste • **he has a ~ chance of success** il a des chances de réussir • **I had a ~ idea of what to expect** je savais à quoi m'attendre

ⓔ (= *light-coloured*) [*hair*] blond; [*complexion, skin*] clair • **she's ~** elle est blonde

ⓕ (= *fine*) [*weather*] beau (belle *f*) • **this ~ city of ours** notre belle ville

3 ADV **to play ~** jouer franc jeu • **he won ~ and square** il a gagné sans tricher

4 COMP ▸**fair-haired** ADJ aux cheveux blonds ▸**fair-minded** ADJ impartial ▸**fair play** N fair-play *m* ▸**fair-sized** ADJ assez grand ▸**fair-skinned** ADJ à la peau claire ▸**fair trade** N commerce *m* équitable ▸**fair-weather friends** NPL amis *mpl* des beaux jours

fairground ['fɛəgraʊnd] N champ *m* de foire

fairly ['fɛəlɪ] ADV ⓐ (= *moderately*) assez • **he did ~ well in the exam** il a assez bien réussi l'examen • **~ soon** d'ici peu ⓑ (= *justly*) [*treat, judge, distribute*] équitablement; [*obtain, describe*] honnêtement; [*claim*] à juste titre

fairness [ˈfɛənɪs] 1 N ⓐ (= *justice*) équité *f* • **in all ~** en toute justice • **in ~ to him** pour être juste envers lui ⓑ [*of skin*] blancheur *f* 2 COMP ▸ **Fairness Doctrine** N (*US*) principe *m* de l'impartialité

fairy [ˈfɛərɪ] 1 N ⓐ fée *f* • **the wicked ~** la fée Carabosse • **he's away with the fairies*** il est un peu dérangé* ⓑ (*offensive*) (= *homosexual*)*‡ pédé*‡ *m* (*sometimes offensive*) 2 COMP ▸ **fairy godmother** N bonne fée *f* ▸ **fairy lights** NPL guirlande *f* électrique ▸ **fairy story, fairy tale** N conte *m* de fées; (= *untruth*) histoire *f* à dormir debout ▸ **fairy-tale** ADJ [*romance*] enchanteur(-teresse) • **a ~-tale ending** un dénouement romanesque

faith [feɪθ] 1 N ⓐ (= *belief*) foi *f* • **to have ~ in sb** avoir confiance en qn • **to have ~ in sb's judgement** se fier au jugement de qn • **I've lost ~ in him** je ne lui fais plus confiance • **to put one's ~ in** mettre tous ses espoirs en • **good ~** bonne foi *f* • **to do sth in all good ~** faire qch en toute bonne foi • **bad ~** mauvaise foi *f* • **to act in bad ~** être de mauvaise foi

ⓑ (= *religion*) religion *f* • **the Christian ~** la foi chrétienne 2 COMP ▸ **faith healer** N guérisseur *m*, -euse *f* ▸ **faith school** N école *f* confessionnelle

faithful [ˈfeɪθfʊl] 1 ADJ [*person, account*] fidèle • **to be ~ to sb's wishes** respecter les désirs de qn 2 NPL **the faithful** (= *Christians*) les fidèles *mpl* • **the party ~** les fidèles *mpl* du parti

faithfully [ˈfeɪθfəlɪ] ADV [*serve*] loyalement • **to promise ~** donner sa parole • **Yours ~** (*Brit*) Je vous prie d'agréer, Monsieur (*or* Madame), l'expression de mes sentiments distingués

faithless [ˈfeɪθlɪs] ADJ [*husband*] infidèle

fake [feɪk] 1 N faux *m* • **the certificate was a ~** le certificat était un faux • **he's a ~** c'est un imposteur 2 ADJ [*passport, painting*] faux (fausse *f*); [*photograph*] truqué • **a ~ suntan** un bronzage artificiel • **~ pearls** fausses perles 3 VT [*+ document*] faire un faux de; [*+ signature*] imiter; [*+ accounts*] falsifier • **to ~ illness** faire semblant d'être malade • **to ~ orgasm** simuler l'orgasme 4 COMP ▸ **fake news** N fake news *fpl*, *fausse information (diffusée sur Internet et les réseaux sociaux)*

falcon [ˈfɔːlkən] N faucon *m*

falconry [ˈfɔːlkənrɪ] N fauconnerie *f*

Falklands [ˈfɔːlkləndz] NPL **the ~** • **the Falkland Islands** les Malouines *fpl*

fall [fɔːl] (*vb: pret* **fell**, *ptp* **fallen**) 1 N ⓐ [*of person, rocks*] chute *f*; (*in price, temperature*) baisse *f* (**in** de) • **to be heading for a ~** courir à l'échec

ⓑ (*US*) (= *autumn*) automne *m* • **in the ~** en automne

2 NPL **falls** (= *waterfall*) chute *f* d'eau • **the Niagara Falls** les chutes du Niagara

3 VI ⓐ [*person, object*] tomber; [*building*] s'effondrer; [*temperature, price*] baisser • **he fell into the river** il est tombé dans la rivière • **to ~ off a bike** tomber de vélo • **he let the cup ~** il a laissé tomber la tasse • **to ~ on one's feet** retomber sur ses pieds • **he fell into bed** il s'est effondré sur son lit • **his face fell** son visage s'est assombri • **her hair fell to her shoulders** les cheveux lui tombaient sur les épaules • **the ground fell steeply to the valley floor** le terrain descendait en pente raide vers le fond de la vallée • **to ~ to one's knees** tomber à genoux • **he was ~ing over himself to be polite*** il était excessivement poli • **Christmas Day ~s on a Sunday** Noël tombe un dimanche

ⓑ ▸ **to fall** + *adjective* **to ~ ill** tomber malade • **to ~ pregnant** tomber enceinte • **to ~ asleep** s'endormir • **to ~ silent** se taire • **his work fell short of our expectations** son travail n'a pas répondu à notre attente

4 COMP ▸ **fall-back position** N position *f* de repli ▸ **fall guy*** N (= *scapegoat*) bouc *m* émissaire; (= *easy victim*) pigeon* *m*

▸ **fall about*** VI (*Brit*) (= *fall about laughing*) se tordre de rire*

▸ **fall apart** VI s'effondrer; [*scheme, deal*] tomber à l'eau

▸ **fall back** VI (= *retreat*) reculer • **some money to ~ back on** un peu d'argent en réserve

▸ **fall behind** VI rester en arrière; [*runner*] se laisser distancer • **to ~ behind with one's work** prendre du retard dans son travail • **she fell behind with the rent** elle était en retard pour son loyer

▸ **fall down** VI ⓐ tomber ⓑ (= *fail*) [*person*] échouer • **she fell down on the last essay** elle a raté la dernière dissertation

▸ **fall for** VT INSEP ⓐ **to ~ for sb** tomber amoureux de qn ⓑ (= *be taken in by*) **he really fell for it!*** il s'est vraiment fait avoir!*

▸ **fall in** VI ⓐ **she leaned over the pool and fell in** elle s'est penchée au-dessus de la piscine et elle est tombée dedans ⓑ [*troops*] former les rangs

▸ **fall into** VT INSEP [*+ trap*] tomber dans; [*+ disfavour, disuse*] tomber en • **to ~ into a deep sleep** sombrer dans un profond sommeil • **to ~ into debt** s'endetter • **she fell into a deep depression** elle a sombré dans la dépression • **to ~ into decline** connaître le déclin • **the city fell into decline at the end of the 16th century** le déclin de la ville remonte à la fin du 16e siècle • **the students ~ into three categories** les étudiants se divisent en trois catégories

▸ **fall in with** VT INSEP **he fell in with a bad crowd** il s'est mis à avoir de mauvaises fréquentations

▸ **fall off** VI ⓐ tomber ⓑ [*sales, numbers, attendances*] décliner • **public support for the project has ~en off** l'opinion publique a retiré son soutien au projet

▸ **fall on** VT INSEP **to ~ on hard times** avoir des revers de fortune

▸ **fall out** VI (= *quarrel*) se brouiller

▸ **fall over** VI tomber par terre

▸ **fall through** VI **all their plans have ~en through** tous leurs projets sont tombés à l'eau

fallacy [ˈfæləsɪ] N illusion *f*

fallback [ˈfɔːlbæk] N recul *m* • **as a ~ they will start building their own dealer network** ils vont mettre sur pied un réseau de distribution pour avoir une position de repli

fallen [ˈfɔːlən] 1 VB *ptp of* **fall** 2 ADJ tombé • **~ leaf** feuille *f* morte

fallible [ˈfæləbl] ADJ faillible

falling [ˈfɔːlɪŋ] ADJ [*prices, profits, standards, inflation*] en baisse • **"beware ~ rocks"** « attention : chutes de pierres » ▸ **falling-off** N (= *decline*) déclin *m* ▸ **falling-out*** N brouille *f*

fallout [ˈfɔːlaʊt] N retombées *fpl* ▸ **fallout shelter** N abri *m* antiatomique

fallow [ˈfæləʊ] ADJ [*land*] en jachère

false [fɔːls] 1 ADJ ⓐ faux (fausse *f*) • **to give ~ evidence** fournir un faux témoignage • **to make a ~ confession** faire de faux aveux • **he gave the police a ~ name** il a

donné un faux nom à la police • **to ring ~** sonner faux • **a ~ sense of security** une illusion de sécurité • **a box with a ~ bottom** une boîte à double fond
ⓑ (= *wrongful*) ~ **imprisonment** détention *f* arbitraire
2 (COMP) ▸ **false alarm** N fausse alerte *f* ▸ **false beginner** N faux débutant *m*, grand débutant *m* ▸ **false economy** N fausse économie *f* ▸ **false friend** N faux ami *m* ▸ **false move** N faux pas *m* • **to make a ~ move** faire un faux pas ▸ **false negative** N résultat *m* faussement négatif ▸ **false positive** N résultat *m* faussement positif ▸ **false start** N faux départ *m* ▸ **false teeth** NPL dentier *m*

falsehood [ˈfɔːlshʊd] (N) mensonge *m*

falsely [ˈfɔːlslɪ] (ADV) [*claim, declare, report*] faussement; [*accuse, convict*] à tort

falsify [ˈfɔːlsɪfaɪ] (VT) [*+ document*] falsifier; [*+ evidence*] maquiller; [*+ story, facts*] dénaturer; [*+ accounts, figures*] truquer

falsity [ˈfɔːlsɪtɪ] (N) fausseté *f*

falter [ˈfɔːltəʳ] (VI) [*voice*] hésiter; (= *waver*) vaciller; [*courage*] faiblir • **her steps ~ed** elle chancela

fame [feɪm] (N) gloire *f*; (= *celebrity*) célébrité *f* • **this book brought him ~** ce livre l'a rendu célèbre • **~ and fortune** la gloire et la fortune • **Margaret Mitchell of "Gone with the Wind" ~** Margaret Mitchell, connue pour son livre « Autant en emporte le vent »

famed [feɪmd] (ADJ) célèbre

familiar [fəˈmɪljəʳ] (ADJ) ⓐ (= *well-known*) familier; [*complaint*] habituel • **these problems are all too ~** ces problèmes sont, hélas, bien connus • **his face is ~** son visage me dit quelque chose ⓑ (= *conversant*) **to be ~ with sth** bien connaître qch ⓒ (= *intimate*) **to be on ~ terms with sb** bien connaître qn • **he got much too ~** il s'est permis des familiarités

familiarity [fəˌmɪlɪˈærɪtɪ] (N) familiarité *f*

familiarize [fəˈmɪlɪəraɪz] (VT) **to ~ sb with sth** habituer qn à qch • **to ~ o.s. with** se familiariser avec

family [ˈfæmɪlɪ] (N) famille *f* • **has he any ~?** (= *relatives*) a-t-il de la famille ?; (= *children*) a-t-il des enfants ? • **it runs in the ~** c'est de famille • **they'd like to start a ~** ils aimeraient avoir des enfants • **he's one of the ~** il fait partie de la famille ▸ **family business** N entreprise *f* familiale ▸ **family circle** N cercle *m* familial ▸ **family credit** N (*Brit*) ≈ complément *m* familial ▸ **Family Crisis Intervention Unit** N (*US*) ≈ police-secours *f* (*intervenant en cas de drames familiaux*) ▸ **family doctor** N médecin *m* de famille ▸ **family friend** N ami(e) *m(f)* de la famille ▸ **family man** N (*pl* **family men**) **he's a ~ man** il aime la vie de famille ▸ **family-minded** ADJ **to be ~-minded** avoir le sens de la famille ▸ **family name** N nom *m* de famille ▸ **family planning** N planning *m* familial ▸ **family planning clinic** N centre *m* de planning familial ▸ **family practitioner** N (*US*) généraliste *m* ▸ **family room** N (*US*) (*in house*) salle *f* de séjour (*réservée à la famille plutôt qu'aux invités*); (*Brit*) (*in pub*) *salle autorisée aux enfants*; (*in hotel*) chambre *f* familiale ▸ **family-size packet** N paquet *m* familial ▸ **family tree** N arbre *m* généalogique ▸ **family values** NPL valeurs *fpl* familiales

famine [ˈfæmɪn] (N) famine *f*

famished [ˈfæmɪʃt] (ADJ) affamé • **I'm absolutely ~*** je meurs de faim

famous [ˈfeɪməs] (ADJ) célèbre • **~ last words!*** on verra bien ! • **so when's this ~ party going to be?** alors, cette fameuse soirée, quand est-ce qu'elle va avoir lieu ?

> ⚠ **fameux** is not the most common translation for **famous**.

famously [ˈfeɪməslɪ] (ADV) ⓐ **a ~ arrogant film star** une vedette de cinéma connue pour son arrogance • **there have been hurricanes here, most ~ in 1987** il y a eu des ouragans ici, dont le plus connu en 1987 ⓑ (= *well*)†* **to get on ~** s'entendre comme larrons en foire*

fan [fæn] 1 (N) ⓐ (= *device*) éventail *m*; (*mechanical*) ventilateur *m* • **electric ~** ventilateur *m* ⓑ (= *admirer*) [*of person*] admirateur *m*, -trice *f*; [*of personality, pop star, music style*] fan *mf*; [*of sports team*] supporter *m* • **football ~** amateur *m* de football 2 (VT) ⓐ [*+ person, object*] rafraîchir ⓑ [*+ violence, hatred, fears*] attiser 3 (COMP) ▸ **fan-assisted oven** N four *m* à chaleur tournante ▸ **fan belt** N courroie *f* de ventilateur ▸ **fan club** N fan-club *m* ▸ **fan heater** N (*Brit*) radiateur *m* soufflant ▸ **fan mail** N courrier *m* des fans • **she receives lots of ~ mail** elle reçoit beaucoup de lettres d'admirateurs
▸ **fan out** VI [*troops, searchers*] se déployer

fanatic [fəˈnætɪk] (N) fanatique *mf* • **a religious ~** un fanatique religieux • **(s)he's a football ~** c'est un(e) fana* de football

fanatical [fəˈnætɪkl] (ADJ) fanatique • **to be ~ about sth** être un(e) fanatique de qch

fanaticism [fəˈnætɪsɪzəm] (N) fanatisme *m*

fanboy* [ˈfænbɔɪ] (N) fan *m* (*de musique, film, chanteur, etc*)

fanciful [ˈfænsɪfʊl] (ADJ) [*ideas*] fantasque

fancy [ˈfænsɪ] 1 (N) ⓐ (= *whim*) caprice *m* • **a passing ~** une lubie • **he only works when the ~ takes him** il ne travaille que quand ça lui plaît
ⓑ (= *liking*) **to take a ~ to sth** prendre goût à qch • **the story tickled his ~** cette histoire a frappé son imagination
ⓒ (= *fantasy*) imagination *f*
2 (VT) ⓐ (= *want*) avoir envie de; (= *like*) aimer • **do you ~ going for a walk?** as-tu envie d'aller faire une promenade ? • **do you ~ a drink?** ça vous dirait de prendre un verre ? • **I don't ~ the idea** cette idée ne me dit rien • **he fancies himself*** (*Brit*) il ne se prend pas pour rien • **he fancies himself as an actor*** il se prend pour un acteur • **he fancies her*** (*Brit*) il s'est entiché* d'elle
ⓑ (= *imagine*) s'imaginer; (= *rather think*) croire • **I rather ~ he's gone out** je crois qu'il est sorti • **~ that!*** voyez-vous ça ! • **~ anyone doing that!** les gens font de ces choses ! • **~ seeing you here!*** tiens ! vous ici ! • **~ him winning!*** qui aurait cru qu'il allait gagner !
3 (ADJ) ⓐ (= *sophisticated*) sophistiqué; (= *showy*) tape-à-l'œil *inv* • **good plain food, nothing ~** de la nourriture simple, sans chichis
ⓑ (= *expensive*) chic *inv*
ⓒ [*word, language*] recherché
ⓓ (= *high-quality*) de luxe
4 (COMP) ▸ **fancy dress** N déguisement *m* • **in ~ dress** déguisé

fanfare [ˈfænfɛəʳ] (N) fanfare *f* • **a ~ of publicity** un déploiement de publicité

fang [fæŋ] (N) [*of dog, vampire*] croc *m*; [*of snake*] crochet *m*

fangirl* [ˈfæŋɡɜːl] (N) fan *f* (*de musique, film, chanteur, etc*)

fanny [ˈfænɪ] 1 (N) ⓐ (*US*)* (= *buttocks*) cul** *m*, fesses *fpl* ⓑ (*Brit*)** (= *genitals*) chatte** *f* 2 (COMP) ▸ **fanny pack** N (*US*) banane *f*

fantasize [ˈfæntəsaɪz] (VI) fantasmer (**about** sur)

fantastic [fæn'tæstɪk]* (ADJ) ⓐ (*= fabulous*) formidable • **you look ~!** (*= healthy*) tu as une mine superbe !; (*= attractive*) tu es superbe ! ⓑ (*= huge*) phénoménal

fantastically [fæn'tæstɪkəlɪ] (ADV) [*complicated, expensive*] incroyablement

fantasy ['fæntəzɪ] 1 (N) ⓐ (*= imagination*) imagination *f* ⓑ (*= notion*) idée *f* fantasque 2 (COMP) ▸ **fantasy football** N fantasy football *m*

fanzine ['fænziːn] (N) (ABBR OF **fan magazine**) fanzine *m*

FAO [,efeɪ'əʊ] (ABBR OF **Food and Agriculture Organization**) FAO *f*

FAQ (N) (*Comput*) (ABBR OF **frequently asked questions**) FAQ *f*

far [fɑːʳ] (*compar* **farther** *or* **further**, *superl* **farthest** *or* **furthest**) 1 (ADV) ⓐ loin • **how ~ is it to Glasgow?** combien y a-t-il de kilomètres jusqu'à Glasgow ? • **how ~ is it from Glasgow to Edinburgh?** quelle distance y a-t-il entre Glasgow et Édimbourg ? • **is it ~?** c'est loin ? • **how ~ are you going?** jusqu'où allez-vous ? • **how ~ have you got with your plans?** où en êtes-vous de vos projets ? • **he'll go ~** il ira loin • **£10 doesn't go ~ these days** avec 10 livres, on ne va pas loin de nos jours • **this scheme does not go ~ enough** ce projet ne va pas assez loin • **I would even go so ~ as to say that ...** j'irais même jusqu'à dire que ... • **that's going too ~** cela dépasse les bornes • **I wouldn't go that ~** je n'irais pas jusque-là • **he's gone too ~ this time!** il est vraiment allé trop loin cette fois ! • **he has gone too ~ to back out now** il est trop engagé pour reculer maintenant • **he took the joke too ~** il a poussé trop loin la plaisanterie • **so ~ and no further** jusque-là mais pas plus loin • **so ~ so good** jusqu'ici ça va • **we have ten volunteers so ~** nous avons dix volontaires pour l'instant • **~ be it from me to doubt you** loin de moi l'idée de douter de vous

▸ **far from** loin de • **your work is ~ from satisfactory** votre travail est loin d'être satisfaisant • **~ from it!** loin de là !

▸ **far** + *adverb/preposition* (*= a long way*) **~ above** loin au-dessus • **~ away in the distance** au loin • **~ beyond** bien au-delà • **it's ~ beyond what I can afford** c'est bien au-dessus de mes moyens • **he wasn't ~ off when I caught sight of him** il n'était pas loin quand je l'ai aperçu • **his birthday is not ~ off** c'est bientôt son anniversaire • **~ out at sea** au large

ⓑ ▸ **as far as** **we went as ~ as the town** nous sommes allés jusqu'à la ville • **we didn't go as ~ as the others** nous ne sommes pas allés aussi loin que les autres • **as ~ as I know** pour autant que je sache • **as ~ as I can tell** d'après moi • **as ~ as the eye can see** à perte de vue • **as ~ as I'm concerned** en ce qui me concerne • **as ~ back as I can remember** d'aussi loin que je m'en souvienne • **as ~ back as 1945** dès 1945

ⓒ (*= very much*) beaucoup • **~ too expensive** beaucoup trop cher

▸ **by far** de loin • **this is by ~ the best** c'est de loin ce qu'il y a de mieux • **he's by ~ the oldest** il est de loin le plus âgé

▸ **not far** **my guess wasn't ~ out** je n'étais pas loin de la vérité • **she's not ~ off her target** elle n'est pas loin d'avoir atteint son objectif • **you're not ~ wrong** tu n'es pas loin de la vérité • **it's not ~ wrong** [*figures*] c'est presque ça

2 (ADJ) ⓐ (*= distant*) **on the ~ side of** de l'autre côté de • **in the ~ north of Scotland** tout au nord de l'Écosse • **it's a ~ cry from what he promised** on est loin de ce qu'il avait promis

ⓑ (*Politics*) **the ~ right/left** l'extrême droite *f*/gauche *f*

3 (COMP) ▸ **the Far East** N l'Extrême-Orient *m* ▸ **far-fetched** ADJ [*story, idea*] tiré par les cheveux ▸ **far-reaching** ADJ d'une grande portée

faraway ['fɑːrəweɪ] (ADJ) lointain

farce [fɑːs] (N) **the elections were a ~** les élections furent une mascarade

farcical ['fɑːsɪkəl] (ADJ) (*= ridiculous*) risible

fare [fɛəʳ] 1 (N) ⓐ (*on tube, bus*) prix *m* du ticket; (*on train, boat, plane*) prix *m* du billet; (*in taxi*) prix *m* de la course • **~s are going to go up** les tarifs *mpl* vont augmenter ⓑ (*= passenger in taxi*) client(e) *m(f)* ⓒ (*= food*) nourriture *f* • **traditional Christmas ~** les plats *mpl* traditionnels de Noël 2 (VI) (*= get on*) **he ~d better at his second attempt** il a mieux réussi à sa deuxième tentative • **how did you ~?** comment ça s'est passé ? 3 (COMP) ▸ **fare-dodger** N (*Brit*) resquilleur* *m*, -euse* *f*

farewell [fɛə'wel] (N, EXCL) adieu *m* • **you can say ~ to your chances of promotion!** tu peux dire adieu à tes chances de promotion ! • **a ~ dinner** un dîner d'adieu

farm [fɑːm] 1 (N) ferme *f* • **pig ~** élevage *m* de porcs • **to work on a ~** travailler dans une ferme 2 (VT) [*+ land*] cultiver; [*+ fish*] faire l'élevage de 3 (COMP) ▸ **farm animal** N animal *m* de ferme ▸ **farm produce** N produits *mpl* agricoles ▸ **farm shop** N vente *f* à la ferme ▸ **farm worker** N ouvrier *m*, -ière *f* agricole

▸ **farm out** VT SEP **to ~ out work** recourir à un sous-traitant • **the firm ~ed out the plumbing to a local tradesman** l'entreprise a confié la plomberie à un sous-traitant local • **she ~ed her children out on her sister-in-law** elle a donné ses enfants à garder à sa belle-sœur

farmer ['fɑːməʳ] (N) agriculteur *m*, -trice *f* ▸ **farmers' market** N marché *m* de producteurs, marché fermier

farmhouse ['fɑːmhaʊs] (N) ferme *f*

farming ['fɑːmɪŋ] (N) agriculture *f* • **pig ~** élevage *m* de porcs ▸ **farming communities** NPL collectivités *fpl* rurales ▸ **farming methods** N méthodes *fpl* agricoles

farmland ['fɑːmlænd] (N) terres *fpl* cultivées

farmyard ['fɑːmjɑːd] (N) cour *f* de ferme

Faroes ['fɛərəʊz] (NPL) **the ~** les îles *fpl* Féroé

Farsi [fɑːsɪ] (N) farsi *m*

fart‡ [fɑːt] 1 (N) pet* *m* • **he's a boring old ~** c'est un vieux schnoque* 2 (VI) péter*

farther ['fɑːðəʳ] *compar of* **far** (ADV) plus loin • **how much ~ is it?** c'est encore loin ? • **have you got much ~ to go?** vous allez beaucoup plus loin ? • **I can't go any ~** je n'en peux plus • **nothing could be ~ from the truth** rien n'est plus éloigné de la vérité • **I can't see any ~ than the next six months** je n'arrive pas à voir au-delà des six prochains mois • **to get ~ and ~ away** s'éloigner de plus en plus • **~ back** plus en arrière • **~ away** plus loin • **we're no ~ forward after all that** après tout ça, on n'est pas plus avancé

farthest ['fɑːðɪst] *superl of* **far** 1 (ADJ) **the ~** le plus éloigné, la plus éloignée • **I walked to the ~ point of the island** je suis allé jusqu'à l'extrémité de l'île 2 (ADV) **the ~** le plus loin

fascia ['feɪʃə] (N) (*for mobile phone*) coque *f*

fascinate ['fæsɪneɪt] (VT) [*speaker, tale*] captiver; [*sight*] fasciner

fascinating ['fæsɪneɪtɪŋ] (ADJ) [*person, place, sight*] fascinant; [*book, film*] captivant; [*subject*] passionnant

fascination [,fæsɪ'neɪʃən] (N) fascination *f* • **his ~ with the sea** la fascination qu'exerce sur lui la mer

fascism ['fæʃɪzəm] (N) fascisme *m*

fascist ['fæʃɪst] (ADJ, N) fasciste *mf*

fashion ['fæʃən] **1** (N) **a** (= *latest clothes, ideas*) mode *f* • **in ~** à la mode • **it's the latest ~** c'est la dernière mode • **she always wears the latest ~s** elle est toujours habillée à la dernière mode • **out of ~** démodé • **to set the ~ for** lancer la mode de • **to come into ~** devenir à la mode • **to go out of ~** se démoder • **it's no longer the ~ to send children away to school** ça ne se fait plus de mettre ses enfants en pension

b (= *manner*) façon *f* • **in his own ~** à sa façon • **I can cook after a ~** je me débrouille en cuisine, sans plus • **it worked, after a ~** ça a marché plus ou moins bien • **in the French ~** à la française

2 (COMP) ▸**fashion-conscious** ADJ **to be ~-conscious** suivre la mode ▸**fashion designer** N styliste *mf* • **the great ~ designers** (= *couturiers*) les grands couturiers *mpl* ▸**fashion editor** N rédacteur *m*, -trice *f* de mode ▸**fashion house** N maison *f* de couture ▸**fashion magazine** N magazine *m* de mode ▸**fashion model** N mannequin *m* ▸**fashion show** N défilé *m* de mode ▸**fashion victim*** N victime *f* de la mode

fashionable ['fæʃnəbl] (ADJ) à la mode; [*hotel*] chic *inv*; [*district*] prisé; (= *in the public eye*) en vue • **it is ~ to criticize these theories** c'est à la mode de critiquer ces théories

fashionista* [fæʃə'nɪstə] (N) victime *f* de la mode

fast [fɑːst] **1** (ADJ) **a** (= *speedy*) rapide • **she's a ~ walker/reader** elle marche/lit vite • **to pull a ~ one on sb*** rouler qn* • **my watch is five minutes ~** ma montre avance de cinq minutes

b [*colour*] **is the dye ~?** est-ce que ça déteindra ?

2 (ADV) **a** (= *quickly*) vite • **the environment is ~ becoming a major political issue** l'environnement prend une place de plus en plus importante dans les débats politiques • **he ran off as ~ as his legs could carry him** il s'est sauvé à toutes jambes • **not so ~!** (*interrupting*) pas si vite !*

b (= *firmly*) **to be ~ asleep** dormir à poings fermés • **to be stuck ~** être coincé • **to stand ~** tenir bon

3 (COMP) ▸**fast breeder reactor** N surgénérateur *m* ▸**fast-flowing** ADJ au cours rapide ▸**fast food** N fast-food *m* ▸**fast-food chain** N chaîne *f* de fast-food ▸**fast forward** N avance *f* rapide ▸**fast-forward** VT faire avancer rapidement ▸**the fast lane** N (*in Britain*) ≈ la voie de gauche; (*in US*) ≈ la voie de droite ▸**fast motion** N avance *f* rapide • **to watch sth in ~ motion** regarder qch en accéléré ▸**fast-moving** ADJ rapide; [*industry, sector*] en évolution constante ▸**fast-track** N **her career was on the ~-track** elle progressait rapidement dans sa carrière • **this put the company on a ~-track to privatization** cela a accéléré la privatisation de l'entreprise ♦ ADJ [*approach*] expéditif • **~-track degree** diplôme *m* de formation accélérée

fasten ['fɑːsn] (VT) attacher; [+ *box*] fermer • **to ~ one's seat belt** attacher sa ceinture de sécurité • **to ~ one's hopes on sth** placer tous ses espoirs dans qch

fastener ['fɑːsnəʳ] (N) [*of bag, necklace*] fermoir *m*; [*of garment*] fermeture *f* • **a zip ~** une fermeture éclair® • **a Velcro® ~** une fermeture velcro® • **a snap ~** un bouton-pression

fastidious [fæs'tɪdɪəs] (ADJ) (= *meticulous*) minutieux • **her ~ attention to detail** l'attention pointilleuse qu'elle porte aux détails • **their inspectors are very ~** leurs inspecteurs sont très tatillons • **he's ~ about hygiene** il est pointilleux en ce qui concerne l'hygiène

fat [fæt] **1** (N) graisse *f*; (*on cooked meat*) gras *m*; (*for cooking*) matière grasse *f* • **try to cut down the amount of ~ in your diet** essayez de manger moins de matières grasses • **animal ~** graisse *f* animale • **body ~** tissu *m* adipeux • **to live off the ~ of the land** vivre grassement

2 (ADJ) **a** (= *overweight*) gros (grosse *f*); [*face*] joufflu • **she has got a lot ~ter** elle a beaucoup grossi • **to get ~** s'engraisser

b (= *fatty*) gras (grasse *f*)

c (= *large*)* [*profit, cheque*] gros (grosse *f*) • **~ chance!** ça m'étonnerait ! • **he wants to be a racing driver — ~ chance!** il veut être pilote de course — il n'a aucune chance !

▸ **a fat lot*** **a ~ lot he cares!** il s'en fiche !* • **a ~ lot of good that did!** nous voilà bien avancés ! • **a ~ lot of help she was!** c'est fou ce qu'elle m'a aidé !* • **a ~ lot he knows about it!** comme s'il y connaissait quelque chose ! • **that's a ~ lot of use!** pour ce que ça sert !

3 (COMP) ▸**fat camp** N centre *m* d'amaigrissement ▸**fat cat** N gros riche* *m* ▸**fat-free** ADJ [*diet*] sans matières grasses

fatal ['feɪtl] (ADJ) **a** [*injury, illness*] mortel; [*consequences*] fatal **b** (= *disastrous*) [*mistake*] fatal; [*flaw*] malheureux • **it would be ~ to do that** ce serait une erreur fatale de faire cela

fatalist ['feɪtəlɪst] (N, ADJ) fataliste *mf*

fatality [fə'tælɪtɪ] (N) **a** (= *accident*) accident *m* mortel; (= *person*) mort *m* • **there were no fatalities** il n'y a pas eu de victimes • **road fatalities** victimes *fpl* des accidents de la route **b** (= *fatalism*) fatalisme *m*

fatally ['feɪtəlɪ] (ADV) **a** [*wounded, injured*] mortellement **b** (= *irrevocably*) irrémédiablement • **~ flawed** voué à l'échec

⚠ **fatally ≠ fatalement**

fate [feɪt] (N) **a** (= *force*) destin *m* **b** (= *one's lot*) sort *m* • **to leave sb to his ~** abandonner qn à son sort • **to meet one's ~** trouver la mort

fated ['feɪtɪd] (ADJ) **they were ~ to meet again** il était dit qu'ils se reverraient

fateful ['feɪtfʊl] (ADJ) [*day, words*] fatidique; [*journey*] fatal; [*meeting*] décisif • **to be ~ for sb** être fatal pour qn

father ['fɑːðəʳ] **1** (N) père *m* • (PROV) **like ~ like son** tel père tel fils (PROV) • **Father Paul** le père Paul • **yes, Father** oui, mon père • **Our Father** Notre Père **2** (VT) [+ *child*] engendrer • **he ~ed three children** il a eu trois enfants **3** (COMP) ▸**Father Christmas** N (*Brit*) père *m* Noël ▸**father-in-law** N (*pl* **fathers-in-law**) beau-père *m* ▸**Father's Day** N fête *f* des Pères

fatherhood ['fɑːðəhʊd] (N) paternité *f*

fatherland ['fɑːðəlænd] (N) patrie *f*

fatherless ['fɑːðəlɪs] (ADJ) orphelin de père

fatherly ['fɑːðəlɪ] (ADJ) paternel

fathom ['fæðəm] **1** (N) brasse *f* (= 1,83 *m*) **2** (VT) [+ *mystery*] pénétrer

fatigue [fə'tiːg] (N) **a** grande fatigue *f* **b** (= *jadedness*) donor ~ la lassitude des donateurs • **they blamed the low turn-out on voter ~** ils ont attribué la faible participation électorale à la lassitude des électeurs

fatten ['fætn] (VT) engraisser; [+ *geese*] gaver

fattening ['fætnɪŋ] (ADJ) **cream is ~** la crème fait grossir

fatty ['fætɪ] 1 (ADJ) ⓐ [*food*] gras (grasse *f*) ⓑ [*tissue*] adipeux 2 (COMP) ▸ **fatty acid** N acide *m* gras

fatuous ['fætjʊəs] (ADJ) stupide

fatwa ['fætwə] (N) fatwa *f*

faucet ['fɔːsɪt] (N) (US) robinet *m*

fault [fɔːlt] 1 (N) ⓐ (*in person, scheme, machine*) défaut *m* • **the ~ lay in the production process** l'anomalie se situait au niveau de la production • **an electrical ~** un défaut du circuit électrique • **to find ~ with sth** trouver à redire à qch • **to find ~ with sb** critiquer qn • **he is always finding ~** il trouve toujours à redire • **she is generous to a ~** elle est généreuse à l'excès

ⓑ (= *responsibility*) faute *f* • **whose ~ is it?** c'est la faute à qui ? • **it's not my ~** ce n'est pas de ma faute • **it's your own ~** c'est de votre faute • **through no ~ of her own** sans qu'elle y soit pour quelque chose

▸ **at fault to be at ~** être fautif • **he denied he was at ~** il a nié avoir fait une erreur • **you were at ~ in not telling me** vous avez eu tort de ne pas me le dire

ⓒ (*Tennis*) faute *f*

ⓓ (*Geol*) faille *f*

2 (VT) **you can't ~ him** on ne peut pas le prendre en défaut • **you can't ~ her on her handling of the situation** la manière dont elle a géré la situation est irréprochable

3 (COMP) ▸ **fault-finding** N critiques *fpl* ▸ **fault line** N ligne *f* de faille

faultless ['fɔːltlɪs] (ADJ) irréprochable; [*performance*] parfait

faulty ['fɔːltɪ] (ADJ) [*machine*] défectueux

fauna ['fɔːnə] (N) faune *f*

faux pas [fəʊ'pɑː] (N) gaffe* *f*

fave* [feɪv] 1 (ADJ) favori 2 (N) favori(te) *m(f)*

favour, favor (US) ['feɪvəʳ] 1 (N) ⓐ (= *act of kindness*) (*small*) service *m*; (*more major*) faveur *f* • **to do sb a ~** rendre service à qn • **to ask sb a ~** demander un service à qn • **he did it as a ~ to his brother** il l'a fait pour rendre service à son frère • **do me a ~ and ...** sois gentil, ... • **you're not doing yourself any ~s** tu ne te facilites pas les choses • **do me a ~!*** (*iro*) tu te fiches de moi !*

ⓑ (= *approval*) **to be in ~** être en faveur • **to be out of ~** ne pas avoir la cote • **to be in ~ with sb** être bien vu de qn • **to find ~ with sb** [*person*] s'attirer les bonnes grâces de qn; [*suggestion*] gagner l'approbation de qn

▸ **to be in favour of sth** être pour qch • **to be in ~ of doing sth** être pour faire qch • **they voted in ~ of accepting the pay offer** ils ont voté en faveur de la proposition salariale

ⓒ (= *advantage*) faveur *f* • **the court decided in her ~** le tribunal lui a donné gain de cause • **the exchange rate is in our ~** le taux de change joue en notre faveur • **circumstances were all working in her ~** les circonstances lui étaient favorables • **that's a point in his ~** c'est un bon point pour lui

ⓓ (= *partiality*) faveur *f* • **to show ~ to sb** accorder un traitement de faveur à qn

2 (VT) ⓐ (= *be in favour of*) [+ *idea, option*] être partisan de

ⓑ (= *prefer*) [+ *person*] préférer; [+ *candidate, pupil*] montrer une préférence pour

ⓒ (= *help*) favoriser • **tax cuts which ~ the rich** des réductions d'impôts qui favorisent les riches • **the weather ~ed the journey** le temps a favorisé le voyage • **circumstances that ~ this scheme** circonstances favorables à ce projet • **he did not ~ us with a reply** il n'a même pas eu l'amabilité de nous répondre

favourable, favorable (US) ['feɪvərəbl] (ADJ) ⓐ (= *positive*) favorable • **to show sth in a ~ light** montrer qch sous un jour favorable ⓑ [*terms, deal*] avantageux

favourably, favorably (US) ['feɪvərəblɪ] (ADV) ⓐ (= *approvingly*) favorablement ⓑ [*placed*] bien • **to compare ~ with sb/sth** soutenir la comparaison avec qn/qch

favourite, favorite (US) ['feɪvərɪt] 1 (N) préféré(e) *m(f)*; (*at court, in race*) favori(te) *m(f)* • **he's his mother's ~** c'est le préféré de sa mère • **that song is a great ~ of mine** c'est une de mes chansons préférées • **he sang a lot of old ~s** il a chanté beaucoup de vieux succès 2 (ADJ) favori(te) *m(f)*, préféré

favouritism, favoritism (US) ['feɪvərɪtɪzəm] (N) favoritisme *m*

fawn [fɔːn] 1 (N) faon *m* 2 (ADJ) (= *colour*) fauve *inv* 3 (VI) **to ~ on sb** [*person*] lécher les bottes de qn*

fax [fæks] 1 (N) (= *machine*) télécopieur *m*; (= *transmission*) fax *m* • **~ number** numéro *m* de fax • **by ~** par fax 2 (VT) [+ *document*] faxer; [+ *person*] envoyer un fax à

faze* [feɪz] (VT) déboussoler*

FBI [,efbiː'aɪ] (N) (US) (ABBR OF **Federal Bureau of Investigation**) FBI *m*

FCC [,efsiː'siː] (US) (ABBR OF **Federal Communications Commission**) ≈ Conseil *m* supérieur de l'audiovisuel

FCO [,efsiː'əʊ] (Brit) (ABBR OF **Foreign and Commonwealth Office**) ministère *m* des Affaires étrangères et du Commonwealth

FDA [,efdiː'eɪ] (US) (ABBR OF **Food and Drug Administration**) FDA *f*

> **FDA**
>
> La **Food and Drug Administration** ou **FDA** est l'organisme qui a pour mission de tester l'innocuité des aliments, additifs alimentaires, médicaments et cosmétiques aux États-Unis, et de délivrer les autorisations de mise sur le marché.

FE [ef'iː] (N) (ABBR OF **Further Education**) enseignement *m* postscolaire

fear [fɪəʳ] 1 (N) ⓐ (= *fright*) peur *f* • **I was shivering with ~** je tremblais de peur • **~ of failure** la peur de l'échec • **~ of flying** la peur de l'avion • **~ of heights** vertige *m* • **to have a ~ of** avoir peur de • **there are ~s that unemployment will rise** on craint que le chômage n'augmente • **have no ~** soyez sans crainte • **he lived in ~ of being discovered** il vivait dans la peur d'être découvert • **to go in ~ of one's life** craindre pour sa vie • **for ~ of waking him** de peur de le réveiller • **the ~ of God** la crainte de Dieu • **to put the ~ of God into sb*** (= *frighten*) faire une peur bleue à qn

ⓑ (= *likelihood*) risque *m* • **there's no ~ of that!** ça ne risque pas d'arriver !

2 (VT) craindre • **to ~ the worst** craindre le pire • **to ~**

that avoir peur que ... ne + *subj* • **I ~ he won't come** j'ai (bien) peur qu'il ne vienne pas • **many women ~ to go out at night** beaucoup de femmes ont peur de sortir le soir

3 (VI) **to ~ for one's life** craindre pour sa vie • **we ~ for their safety** nous craignons pour leur sécurité • **never ~!** ne craignez rien ! • **~ not!** n'ayez crainte !

fearful ['fɪəfʊl] (ADJ) ⓐ (= *frightened*) **I was ~ of waking her** je craignais de la réveiller ⓑ [*spectacle, noise*] effrayant; [*accident*] épouvantable

fearfully ['fɪəfəlɪ] (ADV) craintivement

fearless ['fɪəlɪs] (ADJ) intrépide

fearsome ['fɪəsəm] (ADJ) [*opponent*] redoutable

feasibility [,fi:zə'bɪlɪtɪ] (N) [*of plan, suggestion*] faisabilité *f* • **~ of doing** possibilité *f* de faire • **to doubt the ~ of a scheme** douter qu'un plan soit réalisable ▸ **feasibility study** N étude *f* de faisabilité

feasible ['fi:zəbl] (ADJ) (= *practicable*) [*plan, suggestion*] réaliste • **it would be ~ to put all the data on one disk** il serait possible de rassembler toutes les données sur une seule disquette • **it was not economically ~ to ...** il n'était pas économiquement viable de ...

feast [fi:st] 1 (N) ⓐ festin *m* ⓑ (*religious*) fête *f* • **the ~ of St John** la Saint-Jean 2 (VI) festoyer • **to ~ on sth** se régaler de qch

feat [fi:t] (N) exploit *m* • **getting him to speak was quite a ~** cela n'a pas été une mince affaire de le faire parler

feather ['feðə^r] 1 (N) plume *f* • **you could have knocked me down with a ~!*** j'en suis resté baba* 2 (VT) **to ~ one's nest** faire sa pelote 3 (COMP) ▸ **feather duster** N plumeau *m*

featherweight ['feðəweɪt] (*Boxing*) 1 (N) poids *m* plume 2 (ADJ) [*championship*] poids plume *inv*

feature ['fi:tʃə^r] 1 (N) ⓐ [*of face, person*] trait *m*; [*of machine, countryside*] particularité *f* • **personal attacks have been a ~ of these elections** ces élections ont été marquées par une série d'attaques personnelles

ⓑ (= *film*) long métrage *m*

2 (VT) (= *give prominence to*) **a film featuring John Wayne** un film avec John Wayne • **the murder was ~d on the front page** le meurtre était à la une • **a new album featuring their latest hit single** un nouvel album où figure leur dernier tube*

3 (VI) ⓐ (*in films*) jouer

ⓑ (= *appear*) figurer • **the story ~d on all of today's front pages** cette histoire faisait la une de tous les journaux aujourd'hui

4 (COMP) ▸ **feature article** N article *m* de fond ▸ **feature film** N long métrage *m* ▸ **features editor** N chef *mf* de rubrique, rubricard(e) *m(f)*

featureless ['fi:tʃəlɪs] (ADJ) monotone

Feb. (ABBR OF **February**)

February ['februərɪ] (N) février *m* → **September**

> The months in French are not spelt with a capital letter.

feckless ['feklɪs] (ADJ) [*person*] inepte; [*attempt*] maladroit

Fed* [fed] 1 (ABBR) (*US*) (ABBR OF **Federal**) 2 (N) ⓐ agent *m* du FBI ⓑ (ABBR OF **Federal Reserve Bank**)

fed [fed] (VB) *pret, ptp of* **feed** • **well ~** bien nourri ▸ **fed up*** ADJ **to be ~ up** en avoir marre* • **I'm ~ up waiting for him** j'en ai marre* de l'attendre • **to be ~ up to the back teeth*** en avoir ras le bol* (**with doing** de faire)

federal ['fedərəl] 1 (ADJ) fédéral 2 (N) (*US*) (*Hist*) nordiste *m* 3 (COMP) ▸ **Federal Aviation Administration** N (*US*) Direction *f* générale de l'aviation civile ▸ **Federal Bureau of Investigation** N (*US*) FBI *m* ▸ **Federal court** N (*US*) cour *f* fédérale ▸ **federal holiday** N (*US*) jour *m* férié ▸ **Federal Republic of Germany** N République *f* fédérale d'Allemagne

federalism ['fedərəlɪzəm] (N) fédéralisme *m*

federalist ['fedərəlɪst] (ADJ, N) fédéraliste *mf*

federation [,fedə'reɪʃən] (N) fédération *f*

fee [fi:] (N) [*of doctor, lawyer*] honoraires *mpl*; [*of artist, footballer*] cachet *m*; (*for school, university*) frais *mpl* de scolarité; (*for examination*) droits *mpl* • **is there a ~?** est-ce qu'il faut payer ? • **you can borrow more books for a small ~** contre une somme modique vous pouvez emprunter d'autres livres ▸ **fee-paying school** N établissement *m* d'enseignement privé

feeble ['fi:bl] (ADJ) ⓐ faible ⓑ (= *poor*) [*excuse*] piètre; [*attempt*] vague; [*joke*] médiocre

feebly ['fi:blɪ] (ADV) [*smile, shine*] faiblement; [*say, explain*] sans grande conviction

feed [fi:d] (*vb: pret, ptp* **fed**) 1 (N) ⓐ (= *food*) nourriture *f* • **cattle ~** aliments *mpl* pour bétail

ⓑ [*of baby*] (*breast-fed*) tétée *f*; (*bottle-fed*) biberon *m*; (*solid*) repas *m*

ⓒ (*Comput*) (= *facility*) flux *m*

ⓓ (= *broadcast*) **live ~** diffusion *f* en streaming *or* en flux

2 (VT) ⓐ nourrir; [+ *child, animal*] donner à manger à • **I have three hungry mouths to ~** j'ai trois bouches à nourrir • **what do you ~ your cat on?** que donnez-vous à manger à votre chat ? • **he can ~ himself now** [*child*] il sait manger tout seul maintenant • **to ~ sth to sb** donner qch à manger à qn • **you shouldn't ~ him that** vous ne devriez pas lui donner cela à manger • **to ~ sb information** fournir des informations à qn • **to ~ one's habit*** se procurer sa drogue

ⓑ [+ *fire, furnace, machine*] alimenter • **to ~ data into a computer** entrer des données dans un ordinateur

3 (VI) [*animal*] se nourrir; (*on pasture*) paître; [*baby*] manger; (*at breast*) téter • **to ~ on** se nourrir de

feedback ['fi:dbæk] (N) réactions *fpl*; (*from questionnaire*) retour *m* de l'information • **to give sb ~ on sth** faire part à qn de ses réactions sur qch

feeder ['fi:də^r] 1 (N) (= *device*) (*for machine*) chargeur *m* 2 (COMP) [*canal*] d'amenée; [*railway*] secondaire; [*road*] d'accès

feeding ['fi:dɪŋ] (N) (= *food*) alimentation *f*; (= *action of feeding animal*) nourrissage *m* ▸ **feeding frenzy** N **the press was in a ~ frenzy** la presse s'est déchaînée ▸ **feeding time** N [*of baby*] (*breast-feeding*) heure *f* de la tétée; (*bottle-feeding*) heure *f* du biberon; (*in zoo*) heure *f* de nourrir les animaux

feel [fi:l]

1 NOUN	3 INTRANSITIVE VERB
2 TRANSITIVE VERB	

> vb: pret, ptp **felt**

1 NOUN

ⓐ (= *texture*) toucher *m* • **to know sth by the ~ (of it)** reconnaître qch au toucher

ⓑ (= sensation) sensation *f* • **she liked the ~ of the sun on her face** elle aimait sentir le soleil sur son visage

ⓒ (= impression) **you have to get the ~ of a new car** il faut se faire à une nouvelle voiture • **the palms bring a Mediterranean ~ to the garden** les palmiers donnent un aspect méditerranéen au jardin • **the room has a cosy ~** on se sent bien dans cette pièce • **there's a nostalgic ~ to his music** il y a quelque chose de nostalgique dans sa musique

ⓓ (= intuition) **to have a ~ for languages** être doué pour les langues • **to have a ~ for doing sth** savoir s'y prendre pour faire qch

2 TRANSITIVE VERB

ⓐ (= touch) toucher; (= *explore with one's fingers*) palper • **she felt the jacket to see if it was made of wool** elle a touché la veste pour voir si c'était de la laine • **to ~ sb's pulse** tâter le pouls de qn

▸ **to feel one's way** avancer à tâtons • **he got out of bed and felt his way to the telephone** il s'est levé et a avancé à tâtons jusqu'au téléphone • **I'm still ~ing my way around** j'essaie de m'y retrouver • **she's still ~ing her way in her new job** elle n'est pas encore complètement habituée à son nouveau travail

ⓑ (= experience physically) [+ *blow, caress, pain*] sentir • **I felt a few drops of rain** j'ai senti quelques gouttes de pluie • **she could ~ the heat from the radiator** elle sentait la chaleur du radiateur • **he felt it move** il l'a senti bouger

ⓒ (= be affected by) **to ~ the cold** être sensible au froid • **she really ~s the cold** elle est très frileuse • **she felt the loss of her father greatly** elle a été très affectée par la mort de son père

ⓓ (= experience emotionally) [+ *sympathy*] éprouver; [+ *grief*] ressentir • **the effects will be felt later** les effets se feront sentir plus tard • **he felt a great sense of relief** il a éprouvé un grand soulagement • **to ~ o.s. blushing** se sentir rougir

ⓔ (= believe) penser • **I ~ he has spoilt everything** je pense qu'il a tout gâché • **he felt he had to speak out** il a pensé qu'il devait parler • **he felt it necessary to point out ...** il a jugé nécessaire de faire remarquer ... • **I ~ strongly that ...** je suis convaincu que ... • **if you ~ strongly about it** si cela vous tient à cœur • **I can't help ~ing that something is wrong** je ne peux m'empêcher de penser que quelque chose ne va pas

3 INTRANSITIVE VERB

ⓐ (physically) se sentir • **how do you ~ today?** comment vous sentez-vous aujourd'hui ? • **he doesn't ~ quite himself today** il ne se sent pas tout à fait dans son assiette aujourd'hui • **to ~ old** se sentir vieux • **to ~ cold/hot/hungry/thirsty** avoir froid/chaud/faim/soif • **I felt very sleepy** j'avais très sommeil • **I ~ like a new man** je me sens un autre homme

ⓑ (emotionally) **I couldn't help ~ing envious** je ne pouvais pas m'empêcher d'éprouver de la jalousie • **I ~ sure that ...** je suis sûr que ... • **he ~s confident of success** il s'estime capable de réussir • **I ~ very bad about leaving you here** cela m'ennuie beaucoup de vous laisser ici • **how do you ~ about him?** que pensez-vous de lui ?

▸ **to feel for sb** compatir aux malheurs de qn • **we ~ for you in your sorrow** nous partageons votre douleur

ⓒ ▸ **to feel like sth** (= *want*) avoir envie de qch • **I ~ like an ice cream** j'ai envie d'une glace • **do you ~ like a walk?** ça vous dit d'aller vous promener ? • **I don't ~ like it** je n'en ai pas envie

ⓓ (= have impression) **I felt as if I was going to faint** j'avais l'impression que j'allais m'évanouir

ⓔ (= give impression) **to ~ hard/soft** [*object*] être dur/doux au toucher • **the oars felt heavy and awkward** les rames étaient lourdes et difficiles à manier • **it ~s like thunder** on dirait qu'il va y avoir de l'orage

ⓕ (= grope) **she felt in her pocket for some change** elle a fouillé dans sa poche pour trouver de la monnaie • **he was ~ing in the dark for the door** il tâtonnait dans le noir pour trouver la porte

---

feeler ['fi:ləʳ] (N) [*of insect*] antenne *f* • **to put out ~s** tâter le terrain

feelgood ['fi:lgʊd] (ADJ) [*film, song*] qui donne un sentiment de bien-être • **the ~ factor** le sentiment de bien-être

feeling ['fi:lɪŋ] (N) ⓐ (*physical*) sensation *f*

ⓑ (= *impression*) sentiment *m* • **I've got a funny ~ she will succeed** j'ai comme l'impression qu'elle va réussir • **I know the ~!** je sais ce que c'est ! • **there was a general ~ that ...** on avait l'impression que ...

ⓒ (= *emotion*) sentiment *m* • **he appealed to their ~s rather than their reason** il faisait appel à leurs sentiments plutôt qu'à leur raison • **you can imagine my ~s when I heard the news** tu t'imagines ce que j'ai ressenti quand j'ai appris la nouvelle • **~s ran high about the new motorway** la nouvelle autoroute a déchaîné les passions • **I didn't mean to hurt your ~s** je ne voulais pas te blesser

ⓓ (= *sensitivity*) émotion *f*; (= *compassion*) sympathie *f* • **she sang with ~** elle a chanté avec sentiment • **he spoke with great ~** il a parlé avec chaleur • **ill ~** animosité *f*

feet [fi:t] (NPL) *of* **foot**

feign [feɪn] (VT) [+ *surprise*] feindre; [+ *madness*] simuler • **to ~ sleep** faire semblant de dormir

feisty* ['faɪstɪ] (ADJ) ⓐ (= *lively*) fougueux ⓑ (US) (= *quarrelsome*) bagarreur*

feline ['fi:laɪn] (ADJ, N) félin(e) *m(f)*

fell [fel] 1 (VB) *pt of* **fall** 2 (VT) [+ *tree*] abattre 3 (N) (Brit) (= *mountain*) mont *m* • **the ~s** la lande ▸ **fell running** N course *f* en montagne ▸ **fell walking** N randonnée *f* en montagne

fella* ['felə] (N) (= *chap*) type* *m*; (= *boyfriend*) petit ami *m*

fellow ['feləʊ] 1 (N) ⓐ (= *man*)* type* *m*, homme *m* • **a poor old ~** un pauvre vieux • **some poor ~ will have to rewrite this** il y aura un pauvre malheureux qui devra récrire cela • **poor little ~** pauvre petit *m* (bonhomme *m*)

ⓑ (= *comrade*) camarade *m* • **they have no concern for their ~s** ils ne se soucient pas des autres

ⓒ [*of society*] membre *m*

ⓓ (*in universities*) (US) boursier *m*, -ière *f*; (Brit) ≈ chargé(e) *m(f)* de cours (*souvent membre du conseil d'administration*)

2 (COMP) ▸ **fellow being** N semblable *mf* ▸ **fellow citizen** N concitoyen(ne) *m(f)* ▸ **fellow countryman** (*pl* **fellow countrymen**), **fellow countrywoman** (*pl* **fellow countrywomen**) N compatriote *mf* ▸ **fellow feeling** N sympathie *f* ▸ **fellow inmate** N codétenu(e) *m(f)* ▸ **fellow men** NPL semblables *mpl* ▸ **fellow passenger** N compagnon *m* de voyage, compagne *f* de voyage

fellowship ['feləʊʃɪp] (N) ⓐ (= *comradeship*) camaraderie *f*

ⓑ (*= society*) association *f* ⓒ (*at universities*) (*US = scholarship*) bourse *f* d'études; (*Brit = post*) poste *m* d'enseignement et de recherche

felon ['felən] (N) criminel(le) *m(f)*

felony ['felənɪ] (N) crime *m*

felt [felt] 1 (VB) *pt, ptp of* **feel** 2 (N) feutre *m* 3 (COMP) de *or* en feutre ▸**felt hat** N feutre *m* (*chapeau*) ▸**felt-tip pen** N feutre *m*

female ['fi:meɪl] 1 (ADJ) [*animal, plant*] femelle; [*subject*] du sexe féminin; [*company, vote*] des femmes; [*organs, health problems*] féminin • **a ~ child** une fille • **~ students** étudiantes *fpl* • **~ cat** chatte *f* 2 (N) (*= person*) femme *f*, fille *f*; (*= animal*) femelle *f*

femicide ['femɪsaɪd] (N) féminicide *m*

Femidom® ['fɛmɪdɒm] (N) Femidom® *m*

feminine ['femɪnɪn] 1 (ADJ) féminin 2 (N) féminin *m* • **in the ~** au féminin

femininity [ˌfemɪ'nɪnɪtɪ] (N) féminité *f*

feminism ['femɪnɪzəm] (N) féminisme *m*

feminist ['femɪnɪst] (N, ADJ) féministe *mf*

fence [fens] 1 (N) clôture *f* • **to sit on the ~** s'abstenir de prendre position 2 (VI) (*Sport*) faire de l'escrime 3 (COMP) ▸**fence-mending** N (*esp Politics*) réconciliation *f* ▸**fence in** VT SEP [*+ land*] clôturer

fencing ['fensɪŋ] (N) (*= sport*) escrime *f*

fend [fend] (VI) **to ~ for o.s.** se débrouiller (tout seul) ▸ **fend off** VT SEP [*+ blow*] parer; [*+ attack, attacker*] repousser; [*+ question*] éluder

fender ['fendəʳ] (N) (*US*) (*= wing*) aile *f*

feng shui [ˌfeŋ'ʃu:ɪ] (N) feng-shui *m*

fennel ['fenl] (N) fenouil *m*

feral ['fɪərəl] (ADJ) sauvage

ferment [fə'ment] (VI) fermenter

fermentation [ˌfɜ:men'teɪʃən] (N) fermentation *f*

fern [fɜ:n] (N) fougère *f*

ferocious [fə'rəʊʃəs] (ADJ) [*animal, person, fighting*] féroce; [*attack, argument*] violent

ferociously [fə'rəʊʃəslɪ] (ADV) ⓐ [*beat, struggle*] violemment • **to fight ~** [*person*] se battre âprement; [*animal*] se battre férocement ⓑ [*independent*] farouchement • **to be ~ competitive** avoir un esprit de compétition acharné

ferocity [fə'rɒsɪtɪ] (N) férocité *f*

ferret ['ferɪt] 1 (N) furet *m* 2 (VI) (*also* **ferret about**) fureter ▸**ferret out** VT SEP [*+ secret, person*] dénicher

ferry ['ferɪ] 1 (N) (*large*) ferry-boat *m*; (*small*) bac *m*; (*Can*) traversier *m* 2 (VT) ⓐ (*across water*) transporter sur l'autre rive ⓑ (*= transport*) [*+ people, things*] transporter • **he ferried voters to and from the polls** il a fait la navette avec sa voiture pour emmener les électeurs au bureau de vote

fertile ['fɜ:taɪl] (ADJ) [*soil, person*] fertile; [*animal*] fécond • **to have a ~ imagination** avoir une imagination fertile • **to be ~ ground for sth** être un terrain propice pour qch

fertility [fə'tɪlɪtɪ] (N) [*of soil, man*] fertilité *f*; [*of woman, animal*] fécondité *f* ▸**fertility drug** N médicament *m* contre la stérilité

fertilization [ˌfɜ:tɪlaɪ'zeɪʃən] (N) [*of animal, egg*] fécondation *f*

fertilize ['fɜ:tɪlaɪz] (VT) [*+ animal, egg*] féconder

fertilizer ['fɜ:tɪlaɪzəʳ] (N) engrais *m*

fervent ['fɜ:vənt] (ADJ) [*admirer*] fervent; [*supporter, belief, desire*] ardent

fervently ['fɜ:vəntlɪ] (ADV) [*hope*] ardemment; [*support*] avec ferveur

fervour, fervor (*US*) ['fɜ:vəʳ] (N) ferveur *f*

fester ['festəʳ] (VI) [*wound*] suppurer; [*resentment*] couver

festival ['festɪvəl] (N) (*religious*) fête *f*; (*musical*) festival *m*

festive ['festɪv] (ADJ) [*food, decorations, music*] de fête • **the ~ season** la période des fêtes

festivity [fes'tɪvɪtɪ] (N) (*also* **festivities**) fête *f*, réjouissances *fpl*

festoon [fes'tu:n] (VT) (*= bedeck*) orner

feta ['fetə] (N) feta *f*

fetch [fetʃ] (VT) (*= go and get*) aller chercher • **it ~ed a good price** ça a atteint un bon prix

fête [feɪt] (N) (*Brit*) fête *f*; (*for charity*) kermesse *f*

fetish ['fetɪʃ] (N) fétiche *m*; (*Psych*) objet *m* de fétichisation • **she has a real ~ about cleanliness** elle est obsédée par la propreté

fetters ['fetəs] (NPL) [*of prisoner*] fers *mpl* • **to put a prisoner in ~** mettre un prisonnier aux fers

fetus ['fi:təs] (N) (*US*) fœtus *m*

feud [fju:d] (N) querelle *f*

feudal ['fju:dl] (ADJ) féodal

fever ['fi:vəʳ] (N) fièvre *f* • **to run a ~** avoir de la fièvre • **gambling ~** la fièvre du jeu • **enthusiasm reached ~ pitch** l'enthousiasme était à son comble ▸**fever blister** N (*US*) bouton *m* de fièvre

fevered ['fi:vəd] (ADJ) [*imagination*] exalté

feverish ['fi:vərɪʃ] (ADJ) [*person*] fiévreux

few [fju:] (ADJ, PRON) ⓐ (*= not many*) peu (de) • **~ books** peu de livres • **~ of them came** peu d'entre eux sont venus • **he is one of the ~ people able to do this** c'est l'une des rares personnes qui puisse le faire • **these past ~ weeks** ces dernières semaines • **the next ~ days** les (quelques) jours qui viennent • **with ~ exceptions** à de rares exceptions près • **such occasions are ~ and far between** de telles occasions sont rares • **there are always the ~ who think that ...** il y a toujours la minorité qui croit que ... • **so ~ have been sold** on en a vendu si peu • **as ~ as three cigarettes a day** seulement trois cigarettes par jour ⓑ (*set structures*)

▸ **a few** (*= some*) quelques(-uns), quelques(-unes) • **a ~ books** quelques livres *mpl* • **I know a ~ of these people** je connais quelques-unes de ces personnes • **a ~ thought otherwise** certains pensaient autrement • **I'd like a ~ more** j'en voudrais quelques-un(e)s de plus • **a ~ more ideas** d'autres idées • **he has had a good ~ (drinks)** il a pas mal* bu • **there were only a ~ of us** nous n'étions qu'une poignée

▸ **quite a few** **how many? — quite a ~** combien? — pas mal* • **quite a ~ books** pas mal* de livres • **I saw quite a ~ people there** j'y ai vu pas mal* de gens

▸ **too few** trop peu • **he has too ~ books** il a trop peu de livres • **there were three too ~** il en manquait trois • **too ~ of them realize that ...** trop peu d'entre eux sont conscients que ...

fewer ['fju:əʳ] (ADJ, PRON) *compar of* **few** moins (de) • **we have sold ~ this year** nous en avons moins vendu cette année • **he has ~ books than you** il a moins de livres que vous • **there are ~ opportunities for doing it** les occasions de le faire sont plus rares • **no ~ than 37 pupils were ill** il y a eu pas moins de 37 élèves malades • **the ~ the better** moins il y en a, mieux c'est • **few came and ~ stayed** peu sont venus et encore moins sont restés

fewest ['fju:ɪst] (ADJ, PRON) *superl of* **few** le moins (de) • **we sold ~ last year** c'est l'année dernière que nous en avons le moins vendu • **he has (the) ~ books** c'est lui qui a le moins de livres

FGM [ˌefdʒi:'em] (N) (ABBR OF **female genital mutilation**) MGF *f*, mutilation *f* génitale féminine

fiancé [fɪ'ɒnseɪ] (N) fiancé *m*

fiancée [fɪ'ɒnseɪ] (N) fiancée *f*

fiasco [fɪ'æskəʊ] (N) fiasco *m*

fib* [fɪb] (N) bobard* *m*

fibre, fiber (US) ['faɪbəʳ] 1 (N) ⓐ (= *thread*) fibre *f* • **cotton ~** fibre *f* de coton • **a man of great moral ~** un homme d'une grande force morale ⓑ (*dietary*) fibres *fpl* alimentaires • **a diet high in ~** un régime riche en fibres
2 (COMP) ▸ **fibre optics** NPL la fibre optique

fibreglass, fiberglass (US) ['faɪbəglɑ:s] (N) fibre *f* de verre

fibreoptic cable, fiberoptic cable (US) [ˌfaɪbər ɒptɪk'keɪbl] (N) câble *m* en fibres optiques

fibroid ['faɪbrɔɪd] (N) fibrome *m*

fickle ['fɪkl] (ADJ) inconstant

fiction ['fɪkʃən] (N) ⓐ (= *literature*) **(works of) ~** œuvres *fpl* de fiction • **the ~ section** (*in bookshop*) la section romans • **a writer of ~** un romancier ⓑ (= *falsehood*) fiction *f* • **there is still this ~ that you can find a job if you try hard enough** il y a encore des gens qui s'imaginent qu'il suffit d'un peu de persévérance pour trouver du travail • **they can't tell fact from ~** ils ne font pas la différence entre la réalité et la fiction

fictional ['fɪkʃənl] (ADJ) [*character, setting*] fictif

fictitious [fɪk'tɪʃəs] (ADJ) (= *false*) faux (fausse *f*)

fiddle ['fɪdl] 1 (N) ⓐ (= *violin*) violon *m* ⓑ (*Brit* = *cheating*)* combine* *f* • **tax ~** fraude *f* fiscale • **he's on the ~** il traficote* 2 (VI) **can't you stop fiddling (around)!** tiens-toi donc tranquille! • **to ~ with a pencil** tripoter un crayon 3 (VT) (*Brit*) [+ *accounts, expenses claim*]* truquer

fiddly* ['fɪdlɪ] (ADJ) [*task*] minutieux

fidelity [fɪ'delɪtɪ] (N) fidélité *f*

fidget ['fɪdʒɪt] (VI) (= *wriggle*) gigoter* • **stop ~ing!** reste donc tranquille!

field [fi:ld] 1 (N) ⓐ champ *m* • **~ of battle** champ *m* de bataille • **to die in the ~** tomber au champ d'honneur
ⓑ (*Sport*) terrain *m* • **football ~** terrain *m* de football • **to take the ~** entrer sur le terrain
ⓒ (= *sphere of activity, knowledge*) domaine *m* • **it's not my ~** ce n'est pas mon domaine
2 (VT) [+ *team*] faire jouer • **to ~ questions** répondre au pied levé (à des questions)
3 (COMP) ▸ **field day** N grand jour *m* • **the press had a ~ day with the story** la presse a fait ses choux gras de cette histoire ▸ **field event** N concours *m* ▸ **field hockey** N (*US*) hockey *m* sur gazon ▸ **field hospital** N antenne *f* chirurgicale ▸ **field marshal** N (*Brit*) ≈ maréchal *m* ▸ **field study** N enquête *f* sur le terrain ▸ **field-test** VT tester sur le terrain ▸ **field trip** N voyage *m* d'étude

fielder ['fi:ldəʳ] (N) (*Cricket*) joueur *m* de champ

fiend [fi:nd] (N) ⓐ démon *m* ⓑ (= *fanatic*)* mordu(e)* *m(f)*

fiendishly ['fi:ndɪʃlɪ] (ADV) (= *extremely*)* [*difficult, complicated, expensive*] abominablement • **~ clever** [*person*] d'une intelligence redoutable; [*idea*] extrêmement ingénieux

fierce [fɪəs] (ADJ) [*animal, person, battle*] féroce; [*attack, argument*] violent; [*debate*] houleux; [*opposition*] farouche; [*criticism, critic*] virulent • **competition for the post was ~** la concurrence pour le poste a été rude

fiercely ['fɪəslɪ] (ADV) [*fight, defend*] avec acharnement; [*oppose*] farouchement • **~ independent** farouchement indépendant • **to be ~ competitive** avoir un esprit de compétition acharné

fierceness ['fɪəsnɪs] (N) [*of person, animal*] férocité *f*; [*of passion, sun*] ardeur *f*; [*of love, fighting, competition, heat, fire*] intensité *f*

fiery ['faɪərɪ] (ADJ) [*colour*] rougeoyant; [*person, character*] fougueux; [*temper*] explosif

fiesta [fɪ'estə] (N) fiesta *f*

FIFA ['fi:fə] (N) (ABBR OF **Fédération internationale de football-association**) FIFA *f*

fifteen [fɪf'ti:n] (NUMBER) quinze *m inv* • **about ~ books** une quinzaine de livres • **the French ~** (*Rugby*) le quinze de France • **there are ~** il y en a quinze → **six**

fifteenth [fɪf'ti:nθ] (ADJ, N) quinzième *mf*; (= *fraction*) quinzième *m* → **sixth**

fifth [fɪfθ] (ADJ, N) cinquième *mf*; (= *fraction*) cinquième *m* • **to take the Fifth** (*US*) invoquer le cinquième amendement pour refuser de répondre → **sixth**

> **FIFTH AMENDMENT**
>
> Le cinquième amendement de la constitution des États-Unis protège le citoyen contre certains abus de pouvoir. Ainsi, on ne peut incarcérer une personne ou lui confisquer ses biens sans procès ; on ne peut non plus la juger deux fois pour un même délit. Enfin, tout citoyen peut invoquer cet amendement pour refuser de fournir des éléments de preuve susceptibles de se retourner contre lui.

fiftieth ['fɪftɪɪθ] (ADJ, N) cinquantième *mf*; (= *fraction*) cinquantième *m* → **sixth**

fifty ['fɪftɪ] (NUMBER) cinquante *m inv* • **about ~ books** une cinquantaine de livres • **there are ~** il y en a cinquante → **sixty** ▸ **fifty-fifty** ADJ, ADV moitié-moitié, fifty-fifty* • **to go ~-~ with sb** partager moitié-moitié *or* fifty-fifty* avec qn • **we have a ~-~ chance of success** nous avons cinquante pour cent de chances *or* une chance sur deux de réussir

fig [fɪg] (N) (= *fruit*) figue *f*; (= *fig tree*) figuier *m*

fight [faɪt] (*vb: pret, ptp* **fought**) 1 (N) ⓐ (= *punch-up*) bagarre* *f*; (= *battle*) combat *m*, bataille *f*; (*Boxing*) combat *m*; (*against disease, poverty*) lutte *f*; (= *quarrel*) dispute *f* • **to have a ~ with sb** se battre avec qn; (= *argue*) se disputer avec qn • **he put up a good ~** il s'est bien défendu • **we won't go down without a ~** nous n'abandonnerons pas sans nous être battus
ⓑ (= *spirit*) **there was no ~ left in him** il n'avait plus envie de lutter
2 (VI) [*person, animal*] se battre; (*for rights, against disease*) lutter; (= *quarrel*) se disputer • **the dogs were ~ing over a bone** les chiens se disputaient un os • **to ~ against disease** lutter contre la maladie • **to ~ for sb** se battre pour qn • **to ~ for one's life** lutter contre la mort
3 (VT) combattre; [+ *person*] se battre avec • **we're ~ing a losing battle** c'est un combat perdu d'avance • **to ~ a campaign** (*Politics*) mener une campagne • **we shall ~ this decision all the way** nous combattrons cette décision jusqu'au bout
▸ **fight back** 1 VI (*against attacker*) rendre les coups;

(*Sport*) se reprendre **2** VT SEP [+ *tears*] refouler
▸ **fight off** VT SEP [+ *attack*] repousser • **she fought off her attackers** elle a repoussé ses agresseurs
▸ **fight on** VI continuer le combat

fightback ['faɪtbæk] N (*Brit Sport*) reprise *f*

fighter ['faɪtəʳ] N (*Boxing*) boxeur *m* • **he's a ~** (= *determined*) c'est un battant ▸ **fighter pilot** N pilote *m* de chasse ▸ **fighter plane** N avion *m* de chasse

fighting ['faɪtɪŋ] **1** N (*in war*) combat *m*; (*in classroom, pub*) bagarres* *fpl* • **~ broke out between police and demonstrators** des incidents ont éclaté entre la police et les manifestants **2** ADJ **~ man** combattant *m* • **he's got a lot of ~ spirit** c'est un battant • **~ fit** (*Brit*) en pleine forme • **~ talk** paroles *fpl* de défi

figment ['fɪgmənt] N **a ~ of his imagination** le pur produit de son imagination

figurative ['fɪgjʊrətɪv] ADJ [*language*] figuré

figuratively ['fɪgjʊrətɪvlɪ] ADV au sens figuré • **~ speaking** métaphoriquement parlant

figure ['fɪgəʳ] **1** N ⓐ (= *number*) chiffre *m* • **I can't give you the exact ~s** je ne peux pas vous donner les chiffres exacts • **the unemployment ~s** les chiffres du chômage • **to put a ~ to sth** chiffrer qch • **a three-~ number** un nombre à trois chiffres • **to get into double ~s** atteindre la dizaine; [*inflation*] atteindre 10% • **he earns well into six ~s** il gagne bien plus de cent mille livres • **to bring inflation down to single ~s** faire passer l'inflation en dessous de la barre des 10 %
ⓑ (= *diagram*) figure *f*
ⓒ (= *shape*) [*of person*] ligne *f* • **to improve one's ~** soigner sa ligne • **she has a good ~** elle est bien faite • **she doesn't have the ~ for that dress** elle n'est pas faite pour porter cette robe
ⓓ (= *human form*) silhouette *f* • **I saw a ~ approach** j'ai vu une silhouette s'approcher
ⓔ (= *important person*) personnage *m*
2 VT (*US*) (= *think*) penser • **I ~ it like this** je vois la chose comme ceci
3 VI ⓐ (= *appear*) figurer • **his name doesn't ~ on this list** son nom ne figure pas sur cette liste
ⓑ (= *make sense*) **that ~s*** ça paraît logique
4 COMP ▸ **figure-hugging** ADJ [*dress*] moulant ▸ **figure skater** N patineur *m*, -euse *f* artistique ▸ **figure skating** N (*in display*) patinage *m* artistique
▸ **figure on** VT INSEP **I hadn't ~d on that** je n'avais pas tenu compte de ça • **I wasn't figuring on having to do that** je ne m'attendais pas à devoir faire ça
▸ **figure out** VT SEP ⓐ (= *understand*) arriver à comprendre • **I can't ~ out how much it comes to** je n'arrive pas à calculer le total ⓑ (= *plan*) calculer • **they had it all ~d out** ils avaient bien calculé leur coup

figurehead ['fɪgəhed] N chef *m* de file; [*of ship*] figure *f* de proue

Fiji ['fi:dʒi:] N Fidji • **in ~** à *or* aux Fidji

Fijian [fɪ'dʒi:ən] **1** ADJ fidjien **2** N ⓐ Fidjien(ne) *m(f)* ⓑ (= *language*) fidjien *m*

filament ['fɪləmənt] N filament *m*

file [faɪl] **1** N ⓐ (= *folder*) dossier *m*; (*with hinges*) classeur *m*; (= *papers*) dossier *m*; (*Comput*) fichier *m* • **do we have a ~ on her?** est-ce que nous avons un dossier sur elle? • **there's something on ~ about him** le dossier contient des renseignements sur lui • **to be on ~** [*person*] être fiché • **his fingerprints are on ~** la police a ses empreintes • **to keep sb's details on ~** garder les coordonnées de qn • **to keep information about sth on ~** avoir un dossier sur qch • **they have closed the ~ on the case** ils ont classé l'affaire
ⓑ (*for metal, nails*) lime *f*
ⓒ (= *line*) file *f* • **in single ~** en file indienne
2 VT ⓐ [+ *notes, letters, files*] classer; (*into file*) joindre au dossier • **to ~ a claim** déposer une requête • **to ~ a claim for damages** intenter un procès en dommages-intérêts • **to ~ a petition** introduire une requête
ⓑ limer • **to ~ one's nails** se limer les ongles
3 VI **to ~ in/out** entrer/sortir en file • **they ~d slowly past the ticket collector** ils sont passés lentement les uns après les autres devant le contrôleur
4 COMP ▸ **file manager** N (*Comput*) gestionnaire *m* de fichiers ▸ **file-sharing** N (*Comput*) partage *m* de fichiers
▸ **file for** VT INSEP **to ~ for divorce** demander le divorce • **to ~ for bankruptcy** déposer son bilan

filename ['faɪlneɪm] N nom *m* de fichier

filibuster ['fɪlɪbʌstəʳ] **1** N (*Politics*) obstruction *f* parlementaire **2** VI (*Politics*) faire de l'obstruction parlementaire

filing ['faɪlɪŋ] N [*of documents*] classement *m* ▸ **filing cabinet** N classeur *m* (*meuble*) ▸ **filing clerk** N (*Brit*) documentaliste *mf*

Filipino [,fɪlɪ'pi:nəʊ] **1** ADJ philippin **2** N ⓐ (= *person*) Philippin(e) *m(f)* ⓑ (= *language*) tagalog *m*

fill [fɪl] **1** VT ⓐ [+ *bucket, hole*] remplir (**with** de) • **smoke ~ed the room** la pièce s'est remplie de fumée • **the thought ~s me with horror** cette pensée m'horrifie • **~ed with admiration** plein d'admiration • **~ed with anger** en proie à la colère
ⓑ [+ *post, job*] [*employer*] pourvoir • **the position is already ~ed** le poste est déjà pourvu • **to ~ a need** répondre à un besoin • **to ~ a gap** combler un vide
2 VI (= *fill up*) [*bath, bus, hall*] se remplir • **her eyes ~ed with tears** ses yeux se sont remplis de larmes
3 N **to eat one's ~** manger à sa faim • **she's had her ~ of married life** elle en a assez de la vie conjugale
▸ **fill in 1** VI **to ~ in for sb** remplacer qn (temporairement) **2** VT SEP ⓐ [+ *form*] remplir; [+ *report*] compléter • **to ~ sb in on sth*** mettre qn au courant de qch ⓑ [+ *hole*] boucher
▸ **fill out** VT SEP [+ *form*] remplir
▸ **fill up 1** VI ⓐ [*bath, bus, hall*] se remplir ⓑ (*with petrol*) faire le plein (d'essence) **2** VT SEP ⓐ [+ *tank*] remplir • **~ it up!*** (*with petrol*) (faites) le plein! ⓑ [+ *hole*] boucher

filler ['fɪləʳ] **1** N (*for walls*) enduit *m* de rebouchage ; (*for wood*) pâte *f* à bois ; (*for car*) mastic *m* ; (*in lesson, show, newspaper*)* bouche-trou *m* **2** NPL **fillers** (= *cosmetic treatment*) comblement *m*

fillet ['fɪlɪt], **filet** (*US*) [fɪ'leɪ] **1** N [*of beef, pork, fish*] filet *m* **2** VT [+ *fish*] découper en filets **3** COMP ▸ **fillet steak** N (*one slice*) bifteck *m* dans le filet; (*piece*) chateaubriand *m*

filling ['fɪlɪŋ] **1** N ⓐ (*in tooth*) plombage *m* • **my ~'s come out** mon plombage est parti ⓑ (*in pie, sandwich*) garniture *f* • **chocolates with a coffee ~** chocolats *mpl* fourrés au café **2** ADJ [*food*] substantiel **3** COMP ▸ **filling station** N station-service *f*

film [fɪlm] **1** N ⓐ (*Brit*) (= *movie*) film *m* • **to go to a ~** aller voir un film ⓑ (*for camera*) pellicule *f* ⓒ (*for wrapping food*) film *m* (alimentaire) transparent ⓓ [*of dust, mud*] pellicule *f* **2** VT filmer **3** VI tourner un film • **they were ~ing in Spain** le tournage avait lieu en Espagne **4** COMP ▸ **film censor** N censeur(e) *m(f)* cinématographique ▸ **film festival** N festival *m* du cinéma

▸ **film-maker** N cinéaste *mf* ▸ **film noir** N film *m* noir ▸ **film première** N première *f* ▸ **film rating** N (*Brit*) *système de classification des films* ▸ **film rights** NPL droits *mpl* d'adaptation (cinématographique) ▸ **film set** N plateau *m* de tournage ▸ **film star** N vedette *f* de cinéma ▸ **film studio** N studio *m* (de cinéma) ▸ **film test** N bout *m* d'essai • **to give sb a ~ test** faire tourner un bout d'essai à qn

filming ['fɪlmɪŋ] (N) (*Cine*) tournage *m*

Filofax ® ['faɪləʊ,fæks] (N) Filofax ® *m*

filter ['fɪltəʳ] 1 (N) filtre *m* 2 (VT) [+ *liquids*] filtrer; [+ *air*] purifier 3 (VI) [*light, liquid, sound*] filtrer • **the light ~ed through the shutters** la lumière filtrait à travers les volets • **to ~ back** [*people*] revenir par petits groupes 4 (COMP) ▸ **filter cigarette** N cigarette *f* (à bout) filtre ▸ **filter coffee** N café *m* filtre ▸ **filter lane** N file *f* (*matérialisée sur la chaussée*) ▸ **filter light** N (*on traffic light*) flèche *f* (*de feux de signalisation*) ▸ **filter paper** N papier *m* filtre

▸ **filter in** VI **news of the massacre began to ~ in** des nouvelles du massacre ont commencé à filtrer

▸ **filter through** VI [*light*] filtrer • **the news ~ed through at last** la nouvelle a fini par transpirer

filth [fɪlθ] (N) saleté *f* • **this book is sheer ~** ce livre est une vraie saleté

filthy ['fɪlθɪ] (ADJ) ⓐ (= *dirty*) crasseux ⓑ (= *disgusting*) [*creature, habit*] dégoûtant • **~ rich*** bourré de fric* ⓒ (= *obscene*) obscène • **to have a ~ mind** avoir l'esprit mal tourné

fin [fɪn] (N) [*of fish*] nageoire *f*; [*of shark*] aileron *m*

final ['faɪnl] 1 (ADJ) ⓐ (= *last*) dernier • **a ~-year student** un étudiant de dernière année

ⓑ [*result, draft*] définitif • **the judges' decision is ~** la décision des juges est sans appel • **to have the ~ say** avoir le dernier mot • **and that's ~!** point final!

ⓒ (= *ultimate*) [*humiliation*] suprême

2 (N) (*US Sport*) (*also* **finals**) finale *f*

3 (NPL) **finals** (= *exams*) examens *mpl* de dernière année

4 (COMP) ▸ **the final curtain** N la chute du rideau ▸ **final demand** N dernier rappel *m* ▸ **final edition** N dernière édition *f* ▸ **final instalment** N (= *payment*) versement *m* libératoire ▸ **the final whistle** N le coup de sifflet final

finale [fɪ'nɑːlɪ] (N) **the grand ~** l'apothéose *f*

finalist ['faɪnəlɪst] (N) finaliste *mf*

finality [faɪ'nælɪtɪ] (N) irrévocabilité *f*

finalize ['faɪnəlaɪz] (VT) [+ *text*] finaliser; [+ *plans*] mettre la dernière main à; [+ *details*] mettre au point • **their divorce is now ~d** le divorce est maintenant prononcé

finally ['faɪnəlɪ] (ADV) ⓐ (= *eventually*) finalement ⓑ (= *lastly*) pour finir

finance [faɪ'næns] 1 (N) finance *f* • **Minister of Finance** ministre *mf* des Finances 2 (NPL) **finances** finances *fpl* 3 (VT) [+ *scheme*] (= *supply money for*) financer; (= *obtain money for*) trouver des fonds pour 4 (COMP) ▸ **finance company** N compagnie *f* financière

financial [faɪ'nænʃəl] (ADJ) financier • **to depend on sb for ~ support** dépendre financièrement de qn ▸ **financial management** N gestion *f* financière ▸ **financial plan** N plan *m* de financement ▸ **financial year** N (*Brit*) exercice *m* budgétaire

2 (NPL) **financials** ⓐ (= *reports*) bilan *m* d'activité ⓑ (= *financial sector*) finance *f*

financially [faɪ'nænʃəlɪ] (ADV) financièrement • **to be struggling ~** avoir des problèmes financiers

financier [faɪ'nænsɪəʳ] (N) financier *m*

find [faɪnd] (*pret, ptp* **found**) 1 (VT) ⓐ trouver; [+ *lost person or object*] retrouver • **to ~ one's place in a book** retrouver sa page dans un livre • **they soon found him again** ils l'ont vite retrouvé • **we left everything as we found it** nous avons tout laissé en l'état • **he was found dead in bed** on l'a trouvé mort dans son lit • **the castle is to be found near Tours** le château se trouve près de Tours • **to ~ work** trouver du travail • **I can never ~ anything to say to him** je ne trouve jamais rien à lui dire • **to ~ the courage to do** trouver le courage de faire • **I can't ~ time to read** je n'arrive pas à trouver le temps de lire • **to ~ one's feet** s'acclimater • **to ~ some difficulty in doing** éprouver une certaine difficulté à faire • **I couldn't ~ it in my heart to refuse** je n'ai pas eu le cœur de refuser • **he ~s it difficult to walk** il lui est difficile de marcher • **I ~ that I have plenty of time** il se trouve que j'ai tout mon temps

▸ **find + way they couldn't ~ the way back** ils n'ont pas pu trouver le chemin du retour • **can you ~ your own way out?** pouvez-vous trouver la sortie tout seul? • **it found its way into my bag** ça s'est retrouvé dans mon sac

▸ **to find o.s. I found myself wondering** je me suis surpris à me demander • **I found myself thinking that ...** je me suis surpris à penser que ... • **he found himself at last** il a enfin trouvé sa voie

ⓑ (= *realize*) constater; [+ *cure, solution, answer*] trouver • **you will ~ that I am right** vous constaterez que j'ai raison • **I went there yesterday, only to ~ her out** j'y suis allé hier, mais elle était sortie

ⓒ **to ~ sb guilty** déclarer qn coupable • **how do you ~ the accused?** quel est votre verdict?

2 (VI) **to ~ against the accused** se prononcer contre l'accusé

3 (N) trouvaille *f* • **that was a lucky ~** ça, c'est une trouvaille!

▸ **find out** 1 VI ⓐ (= *make enquiries*) se renseigner (**about** sur) ⓑ (= *know*) **we didn't ~ out about it in time** nous ne l'avons pas su à temps 2 VT SEP ⓐ (= *discover*) découvrir; [+ *answer*] trouver ⓑ (= *discover the misdeeds of*) [+ *person*] démasquer • **she doesn't want her parents to ~ out** elle ne veut pas que ses parents le sachent

findings ['faɪndɪŋz] (NPL) conclusions *fpl*

fine [faɪn] 1 (ADJ) ⓐ (= *excellent*) [*performer, player, piece of work*] excellent; [*place, object, example*] beau (belle *f*); [*view*] superbe • **the finest footballer of his generation** le meilleur footballeur de sa génération • **to be in ~ form** être en pleine forme • **to be in ~ health** être en bonne santé • **it was his finest hour** ce fut son heure de gloire

ⓑ (= *acceptable*) bien *inv* • **you look ~** tu es très bien • **your idea sounds ~** votre idée semble bonne • **the coffee's just ~** le café est parfait • **everything's ~** tout va bien • **everything's going to be just ~** tout va bien se passer • **any questions? no? ~!** des questions? non? parfait! • **this bike is ~ for me** ce vélo me convient parfaitement • **that's all very ~, but ...** c'est bien beau mais ...

ⓒ (= *not unwell*) **to be ~** aller bien • **how are you? — ~ thanks** comment allez-vous? — bien, merci • **don't worry, I'm sure he'll be ~** ne t'inquiète pas, je suis sûr qu'il se remettra • **to feel ~** se sentir bien

ⓓ (= *without problems*) **she'll be ~, the others will look after her** il ne lui arrivera rien, les autres s'occuperont d'elle • **I'll be ~ on my own** je me débrouillerai très bien tout seul

ⓔ (*expressing agreement*) très bien • **I'll be back by lunchtime — ~!** je serai de retour à l'heure du déjeuner

— très bien ! • **that's ~ by me** d'accord • **if you want to give me a hand, that's ~ by me** si tu veux me donner un coup de main, je veux bien • **shall we have another beer? — ~ by me!** on prend encore une bière ? — bonne idée !

f (*iro*) **a ~ friend you are!** c'est beau l'amitié ! • **you're a ~ one!** t'es bon, toi !* • **you're a ~ one to talk!** ça te va bien de dire ça !

g (= *refined*) [*person*] bien *inv*; [*feelings*] raffiné

h (= *superior*) [*food, ingredients*] raffiné; [*wine*] fin; [*china, fabric*] beau (belle *f*), raffiné • **meat of the ~st quality** viande *f* de première qualité

i (= *delicate*) [*fabric, rain, hair, features*] fin

j (= *subtle*) [*adjustment*] minutieux; [*detail, distinction*] subtil • **there's a ~ line between genius and madness** entre le génie et la folie, la marge est étroite • **not to put too ~ a point on it** pour parler franchement

k [*weather, day*] beau (belle *f*) • **coastal areas will be ~** il fera beau sur la côte

2 (ADV) **a** (= *well*)* bien • **we get on ~** nous nous entendons bien

b (= *not coarsely*) **to chop sth ~** hacher qch menu • **to cut sth ~** couper qch finement • **you're cutting it too ~** c'est un peu juste

3 (N) (= *penalty*) amende *f*; (*for driving offence*) contravention *f*

4 (VT) condamner à une amende; (*for driving offence*) donner une contravention à • **they ~d him heavily** ils l'ont condamné à une lourde amende • **he was ~d for exceeding the speed limit** il a eu une contravention pour excès de vitesse

5 (COMP) ▸ **fine art** N (= *subject*) beaux-arts *mpl*; (= *works*) objets *mpl* d'art • **the ~ arts** les beaux-arts *mpl* ▸ **fine-tooth comb** N **he went through the documents with a ~-tooth comb** il a passé les documents au peigne fin ▸ **fine-tune** VT [+ *production, the economy*] régler avec précision ▸ **fine-tuning** N réglage *m* minutieux

finely ['faɪnlɪ] (ADV) **a** [*crafted, carved*] finement **b** (= *not coarsely*) [*chop*] menu; [*slice*] en tranches fines; [*grate*] fin **c** (= *delicately*) **the distinction was ~ drawn** la distinction était très subtile • **a ~ tuned car** une voiture bien réglée

finery ['faɪnərɪ] (N) **wedding guests in all their ~** les invités d'un mariage vêtus de leurs plus beaux habits

finesse [fɪ'nes] **1** (N) finesse *f* **2** (VT) (= *manage skilfully*) [+ *problem, questions*] aborder avec finesse; (= *avoid*) esquiver

finger ['fɪŋgəʳ] (N) doigt *m* • **index ~** index *m* • **to count on one's ~s** compter sur ses doigts • **to point one's ~ at sb** montrer qn du doigt • **he wouldn't lift a ~ to help me** il ne lèverait pas le petit doigt pour m'aider • **to point the ~ of suspicion at sb** faire peser des soupçons sur qn • **to point the ~ of blame at sb** faire porter le blâme à qn • **~s crossed!** croisons les doigts ! • **keep your ~s crossed for me!** souhaite-moi bonne chance ! • **there's something wrong, but I can't put my ~ on it** il y a quelque chose qui cloche* mais je ne peux pas mettre le doigt dessus ▸ **finger bowl** N rince-doigts *m inv* ▸ **finger food** N amuse-gueules *mpl* ▸ **finger painting** N peinture *f* avec les doigts ▸ **finger-pointing** N **all the ~-pointing in the wake of the crisis** la vague de mises en cause consécutive à la crise • **it turned into a ~-pointing exercise** tout le monde s'est mis à se renvoyer la balle

fingernail ['fɪŋgəneɪl] (N) ongle *m*

fingerprint ['fɪŋgəprɪnt] **1** (N) empreinte *f* digitale **2** (VT) [+ *weapon*] relever les empreintes digitales sur; [+ *room*] relever les empreintes digitales dans; [+ *person*] relever les empreintes digitales de

fingertip ['fɪŋgətɪp] (N) bout *m* du doigt • **all the basic controls are at your ~s** toutes les commandes principales sont à portée de main

finicky ['fɪnɪkɪ] (ADJ) [*person*] pointilleux; [*work, job*] minutieux

finish ['fɪnɪʃ] **1** (N) **a** (= *end*) fin *f*; [*of race*] arrivée *f* • **to fight to the ~** se battre jusqu'au bout **b** [*of woodwork*] finition *f* **2** (VT) [+ *work, meal, supplies*] finir • **~ your soup** finis ta soupe • **to ~ doing sth** finir de faire qch • **to put the ~ing touches to sth** mettre la dernière main à qch

3 (VI) [*film, meeting*] se terminer; [*holiday, contract*] prendre fin; [*runner, horse*] arriver • **he ~ed by saying that ...** il a terminé en disant que ... • **to ~ first** (*in race*) arriver premier **4** (COMP) ▸ **finish line** N (*US*) ligne *f* d'arrivée

▸ **finish off** VT SEP **a** [+ *work*] terminer **b** [+ *food, meal*] finir

▸ **finish with** VT INSEP [+ *person*] plaquer* • **she's ~ed with him*** (*in relationship*) elle l'a plaqué* • **I've ~ed with the paper** je n'ai plus besoin du journal

finished ['fɪnɪʃt] (ADJ) **a** (= *at end*) **to be ~** être fini; [*person*] avoir fini • **to be ~ with sth** (= *have given up*) avoir arrêté qch • **he is ~ with boxing** il a arrêté la boxe • **to be ~ with sb** (*after questioning*) en avoir fini avec qn; (= *have had enough of*) ne plus vouloir entendre parler de qn

b (= *without a future*) **to be ~** [*politician, sportsperson, career*] être fini

c (= *decorated*) **the bedroom is ~ with cream curtains** les rideaux crème complètent harmonieusement le décor de la chambre • **beautifully ~ wood** du bois magnifiquement fini

d (= *final*) [*product, painting*] fini

finishing line ['fɪnɪʃɪŋ,laɪn] (N) ligne *f* d'arrivée

finite ['faɪnaɪt] (ADJ) (= *limited*) [*number, world*] fini; [*amount, resources*] limité

Finland ['fɪnlənd] (N) Finlande *f*

Finn [fɪn] (N) Finlandais(e) *m(f)*

Finnish ['fɪnɪʃ] **1** (ADJ) finlandais; [*literature, culture*] finnois **2** (N) (= *language*) finnois *m*

fir [fɜːʳ] (N) sapin *m* • **~ cone** pomme *f* de pin

fire [faɪəʳ] **1** (N) **a** feu *m*; (*in building, forest*) incendie *m* • **a nice ~** un bon feu • **4 died in the ~** 4 personnes sont mortes dans l'incendie • **~!** au feu ! • **the house was on ~** la maison était en feu • **come and sit by the ~** venez vous installer au coin du feu • **to set ~ to sth** mettre le feu à qch • **to catch ~** prendre feu

b (*Brit*) (= *heater*) radiateur *m*

c (= *shots*) feu *m* • **to open ~** ouvrir le feu • **~!** feu ! • **under ~** sous le feu de l'ennemi • **to come under ~** (= *be criticized*) essuyer des critiques • **to return ~** riposter • **to hold one's ~** suspendre le tir

2 (VT) **a** (= *set fire to*) mettre le feu à; [+ *imagination, passions, enthusiasm*] enflammer

b [+ *rocket*] lancer • **to ~ a gun at sb** tirer (un coup de fusil) sur qn • **to ~ a shot** tirer un coup de feu (**at** sur) • **to ~ questions at sb** bombarder qn de questions

c (= *dismiss*)* virer* • **you're ~d!** vous êtes viré* !

d [+ *pottery*] cuire

3 (VI) [*person*] tirer (**at** sur) • **~ away** vas-y !

4 COMP ▸**fire alarm** N alarme *f* d'incendie ▸**fire appliance** N (*Brit*) (= *vehicle*) voiture *f* de pompiers ▸**fire brigade** N (*Brit*) (brigade *f* des) (sapeurs-)pompiers *mpl* ▸**fire chief** N (*US*) capitaine *m* des pompiers ▸**fire crew** N (escouade *f* de) pompiers *mpl* ▸**fire department** N (*US*) (brigade *f* des) (sapeurs-)pompiers *mpl* ▸**fire door** N porte *f* coupe-feu ▸**fire drill** N exercice *m* d'évacuation ▸**fire-eater** N (*lit*) cracheur *m* de feu; (*fig*) belliqueux *m*, -euse *f* ▸**fire engine** N voiture *f* de pompiers ▸**fire escape** N (= *staircase*) escalier *m* de secours ▸**fire exit** N sortie *f* de secours ▸**fire extinguisher** N extincteur *m* ▸**fire fighter** N (= *fireman*) pompier *m* ▸**fire-fighting** ADJ [*equipment, team*] de lutte contre les incendies ▸**fire hazard** N **it's a ~ hazard** cela pourrait provoquer un incendie ▸**fire hydrant** N bouche *f* d'incendie ▸**fire insurance** N assurance-incendie *f* ▸**fire power** N puissance *f* de feu ▸**fire prevention** N mesures *fpl* de prévention contre l'incendie ▸**fire-raising** N (*Brit*) pyromanie *f* ▸**fire regulations** NPL consignes *fpl* en cas d'incendie ▸**fire retardant** ADJ, N ignifuge *m* ▸**fire sale** N (*lit*) *vente de marchandises endommagées dans un incendie*; (*fig*) braderie *f* ▸**fire service** N = **fire brigade** ▸**fire station** N caserne *f* de pompiers ▸**fire truck** N (*US*) voiture *f* de pompiers ▸**fire warden** N (*US*) responsable *mf* de la lutte anti-incendie

▸**fire up** VT SEP [+ *person*] enthousiasmer; [+ *imagination*] exalter

firearm ['faɪərɑ:m] N arme *f* à feu

fireball ['faɪəbɔ:l] N (*Mil*) bombe *f* explosive; (*lightning, nuclear*) boule *f* de feu

firebomb ['faɪəbɒm] 1 N bombe *f* incendiaire 2 VT lancer une bombe incendiaire (*or* des bombes incendiaires) sur

firebrand ['faɪəbrænd] N **he's a real ~** (= *energetic person*) il pète le feu*; (*causing unrest*) c'est un fauteur de troubles

firefight ['faɪəfaɪt] N échange *m* de coups de feu

firelighter ['faɪə,laɪtə^r] N allume-feu *m*; (= *sticks*) ligot *m*

fireman ['faɪəmən] N (*pl* **-men**) (sapeur-)pompier *m*

fireplace ['faɪəpleɪs] N cheminée *f*

fireproof ['faɪəpru:f] ADJ [*material*] ininflammable ▸**fireproof dish** N plat *m* allant au feu

fireside ['faɪəsaɪd] N coin *m* du feu

firestorm ['faɪəstɔ:m] N (*lit*) incendie *m* dévastateur • **a ~ of criticism** une avalanche de critiques • **a ~ of controversy** une vive controverse

firewall ['faɪəwɔ:l] N (*Comput*) pare-feu *m*

firewood ['faɪəwʊd] N bois *m* de chauffage

firework ['faɪəwɜ:k] 1 N (fusée *f* de) feu *m* d'artifice 2 NPL **fireworks** feux *mpl* d'artifice

firing ['faɪərɪŋ] N (= *shooting*) tir *m* ▸**firing line** N ligne *f* de tir • **to be in the ~ line** être dans la ligne de tir; (*fig*) être sous le feu des attaques ▸**firing squad** N peloton *m* d'exécution

firm [fɜ:m] 1 N entreprise *f*

2 ADJ **a** (= *hard*) [*fruit, ground, handshake*] ferme

b (= *secure*) [*table, ladder*] stable; [*voice*] ferme • **to keep a ~ grip on** [*object, person*] tenir fermement

c (= *strong*) [*foundation*] solide • **to be on a ~ footing** [*finances, relationship*] être sain • **it is my ~ belief that ...** je crois fermement que ... • **to have a ~ grasp of sth** [*subject, theory*] avoir de solides connaissances sur qch • **they became ~ friends** ils sont devenus de grands amis • **to keep a ~ grip on power** tenir fermement les rênes du pouvoir

d (= *resolute*) ferme • **to be ~ with sb** être ferme avec qn • **to take a ~ stand (against sth)** adopter une attitude ferme (contre qch) • **to stand ~ (against sth)** tenir bon (face à qch)

e (= *definite*) [*conclusion*] définitif; [*information, news*] sûr; [*evidence*] solide; [*date*] fixé • **~ offer** offre *f* ferme

f [*price, currency*] stable • **the euro was ~ against the dollar** l'euro est resté stable par rapport au dollar

▸ **firm up** VT SEP [+ *muscles*] raffermir; [+ *currency*] consolider

firmly ['fɜ:mlɪ] ADV [*fix, base*] solidement; [*establish, stick*] bien; [*root, believe*] fermement; [*say*] avec fermeté • **~ in place** bien en place • **to be ~ committed to doing sth** s'être engagé à faire qch • **to be ~ in control of the situation** avoir la situation bien en main • **~ held opinions** des convictions *fpl* • **~ opposed to sth** fermement opposé à qch

firmware ['fɜ:mwɛə^r] N (*Comput*) microprogramme *m*

first [fɜ:st] 1 ADJ premier • **the ~ of May** le premier mai • **the twenty-~ time** la vingt et unième fois • **Charles the First** Charles Ier • **~ principles** principes *mpl* premiers • **they won for the ~ and last time in 1992** ils ont gagné une seule et unique fois en 1992 • **there's always a ~ time** il y a un début à tout • **she doesn't know the ~ thing about it** elle n'y connaît rien • **he went out ~ thing this morning** il est sorti très tôt ce matin • **I'll do it ~ thing in the morning** je le ferai demain à la première heure • **~ things ~!** les choses importantes d'abord ! • **~ fruits** premiers résultats

2 ADV **a** (= *at first*) d'abord; (= *firstly*) premièrement; (= *in the beginning*) au début; (= *as a preliminary*) tout d'abord • **when we ~ met** la première fois que nous nous sommes rencontrés • **when we ~ lived here** quand nous sommes venus habiter ici • **~ separate the eggs** séparez d'abord les jaunes des blancs • **~ of all** tout d'abord • **~ and foremost** en tout premier lieu • **he's a patriot ~ and a socialist second** il est patriote avant d'être socialiste • **she arrived ~** elle est arrivée la première • **to come ~** (= *arrive*) arriver le premier; (*in exam, competition*) être reçu premier • **my family comes ~** ma famille passe avant tout • **one's health comes ~** il faut penser à sa santé d'abord • **I must finish this ~** il faut que je termine ça d'abord

b (= *for the first time*) pour la première fois

c (= *in preference*) plutôt • **I'd die ~!** plutôt mourir !

3 N **a** premier *m*, -ière *f* • **they were the ~ to come** ils sont arrivés les premiers • **another ~ for Britain** (= *achievement*) une nouvelle première pour la Grande-Bretagne • **~ in, ~ out** premier entré, premier sorti • **from ~ to last** du début à la fin • **the ~ I heard of it was when ...** la première fois que j'en ai entendu parler, c'est quand ...

▸**at first** d'abord, au début

b (= *first gear*) première *f* (vitesse) • **in ~** en première

c (*Brit*) (= *degree*) **he got a ~** ≈ il a eu sa licence avec mention très bien

4 COMP ▸**first aid** N premiers secours *mpl* *or* soins *mpl* • **to give ~ aid** donner les premiers soins *or* secours ▸**first aider** N secouriste *mf* ▸**first-aid kit** N trousse *f* de premiers secours ▸**first-born** ADJ, N premier-né *m*, première-née *f* ▸**first cousin** N cousin(e) *m(f)* germain(e)

f

‣ **first edition** N première édition *f* ‣ **first-ever** ADJ tout premier ‣ **the first family** N (*US*) la famille du président ‣ **first floor** N **on the ~ floor** (*Brit*) au premier (étage); (*US*) au rez-de-chaussée ‣ **first form** N (*Brit*) ≈ (classe *f* de) sixième *f* ‣ **first-generation** ADJ de première génération • **he's a ~-generation American** c'est un Américain de la première génération ‣ **first grade** N (*US*) cours *m* préparatoire ‣ **first-hand** ADJ [*news, information*] de première main ‣ **first lady** N (*US*) première dame *f* des États-Unis (*ou personne servant d'hôtesse à sa place*) ‣ **first language** N première langue *f* ‣ **first lieutenant** N (*Brit*) (*in navy*) lieutenant(e) *m(f)* de vaisseau; (*US*) (*in air force*) lieutenant(e) *m(f)* ‣ **First Minister** N (*in Scotland*) *chef du gouvernement régional écossais* ‣ **first minister** N Premier(-ière) *m(f)* ministre ‣ **first name** N prénom *m* • **my ~ name is Ellis** mon prénom est Ellis ‣ **first-name** ADJ **to be on ~-name terms with sb** appeler qn par son prénom ‣ **first officer** N second *m* ‣ **first night** N (*Theatre etc*) première *f* ‣ **first-past-the-post system** N système *m* majoritaire à un tour ‣ **first-rate** ADJ excellent • **to do a ~-rate job** faire un excellent travail ‣ **First Secretary** N (*in Wales*) *chef du gouvernement régional gallois* ‣ **first-time buyer** N accédant *m* à la propriété ‣ **the First World War** N la Première Guerre mondiale ‣ **first-timer*** N (= *novice*) débutant(e) *m(f)* ‣ **first year** N (*at university*) première année *f*; (= *student*) étudiant(e) *m(f)* de première année

first-class [,fɜːst'klɑːs] 1 ADJ ⓐ (= *first-rate*) [*facilities, service*] excellent; [*candidate*] remarquable ⓑ [*travel, flight*] en première (classe); [*ticket, passenger, compartment*] de première (classe) ⓒ [*letter, stamp*] en tarif prioritaire ⓓ **a ~ degree** ≈ une licence avec mention très bien
2 ADV [*travel, fly*] en première classe; [*send*] en tarif prioritaire

firstly ['fɜːstlɪ] ADV premièrement

fiscal ['fɪskəl] ADJ fiscal ‣ **fiscal cliff** N *conjonction de l'augmentation des impôts et de la réduction des dépenses publiques risquant de créer une récession* ‣ **fiscal year** N année *f* fiscale

fish [fɪʃ] 1 N (*pl* **fish**) poisson *m* • **I caught two ~** j'ai pris deux poissons • **do you like ~?** tu aimes le poisson? • **there are plenty more ~ in the sea** les occasions ne manquent pas; (*relationship*) un(e) de perdu(e) dix de retrouvé(e)s • **he's like a ~ out of water** il n'est pas du tout dans son élément
2 VI pêcher • **to go ~ing** aller à la pêche • **to go salmon ~ing** aller à la pêche au saumon • **to ~ for trout** pêcher la truite • **to ~ for compliments** chercher les compliments
3 COMP ‣ **fish and chips** N poisson *m* frit et frites ‣ **fish-and-chip shop** N friterie *f* ‣ **fish cake** N croquette *f* de poisson ‣ **fish factory** N conserverie *f* de poisson ‣ **fish farm** N centre *m* de pisciculture ‣ **fish farmer** N pisciculteur *m*, -trice *f* ‣ **fish farming** N pisciculture *f* ‣ **fish fingers** NPL (*Brit*) poisson *m* pané en bâtonnets ‣ **fish knife** N (*pl* **fish knives**) couteau *m* à poisson • **~ knife and fork** couvert *m* à poisson ‣ **fish market** N (*retail*) marché *m* au poisson; (*wholesale*) criée *f* ‣ **fish paste** N beurre *m* de poisson ‣ **fish shop** N poissonnerie *f* ‣ **fish slice** N (*Brit*) pelle *f* à poisson ‣ **fish sticks** NPL (*US*) poisson *m* pané en bâtonnets ‣ **fish tank** N aquarium *m*
‣ **fish out** VT SEP (*from water*) repêcher; (*from box, drawer*) sortir

fishbone ['fɪʃbəʊn] N arête *f*

fishbowl ['fɪʃbəʊl] N bocal *m* (à poissons)

fisherman ['fɪʃəmən] N (*pl* **-men**) pêcheur *m* • **he's a keen ~** il aime beaucoup la pêche

fishery ['fɪʃərɪ] N pêche *f*

fishing ['fɪʃɪŋ] N pêche *f* • **"~ prohibited"** « pêche interdite » ‣ **fishing boat** N bateau *m* de pêche ‣ **fishing line** N ligne *f* de pêche ‣ **fishing net** N (*on fishing boat*) filet *m* (de pêche); [*of angler, child*] épuisette *f* ‣ **fishing permit** N permis *m* de pêche ‣ **fishing rod** N canne *f* à pêche ‣ **fishing tackle** N attirail *m* de pêche

fishmonger ['fɪʃ,mʌŋgəʳ] N (*Brit*) poissonnier *m*, -ière *f*

fishy ['fɪʃɪ] ADJ ⓐ [*smell*] de poisson • **it smells ~ in here** ça sent le poisson ici ⓑ (= *suspicious*)* louche • **it seems rather ~** ça ne me paraît pas très catholique*

fission ['fɪʃən] N fission *f*

fissure ['fɪʃəʳ] N fissure *f*

fist [fɪst] N poing *m* • **he shook his ~ at me** il m'a menacé du poing ‣ **fist fight** N pugilat *m* • **to have a ~ fight** se battre à coups de poing

fit [fɪt] 1 ADJ ⓐ (= *able*) capable (**for** de); (= *worthy*) digne (**for** de) • **a meal ~ for a king** un repas digne d'un roi • **to be ~ for nothing** n'être bon à rien • **to be ~ to drop*** tomber de fatigue • **you're not ~ to be a mother** tu es une mère indigne • **~ to drink** (= *palatable*) buvable; (= *not poisonous*) potable • **~ for (human) consumption** propre à la consommation
ⓑ (= *right and proper*) convenable; [*time, occasion*] propice • **to see ~ to do sth** juger bon de faire qch • **I'll do as I see ~** je ferai comme bon me semblera
ⓒ (= *in trim*) en forme; (= *healthy*) en bonne santé • **to be as ~ as a fiddle** être en pleine forme • **she's not ~ to travel** elle n'est pas en état de voyager • **will he be ~ for Saturday's match?** sera-t-il en état de jouer samedi?
2 N ⓐ [*of epilepsy*] crise *f* • **~ of coughing** quinte *f* de toux • **to have a ~** avoir une crise • **she'll have a ~!*** elle va piquer une crise!*
ⓑ (= *outburst*) accès *m* • **in a ~ of anger** dans un accès de colère • **to be in ~s** se tordre de rire • **to get a ~ of the giggles** avoir le fou rire
‣ **in fits and starts** par à-coups
ⓒ (= *size*) **your dress is a very good ~** cette robe est exactement à votre taille • **the crash helmet was a tight ~** le casque était un peu juste pour lui
3 VT ⓐ (= *be the right size for*) [*clothes*] aller à • **the dress ~s her like a glove** cette robe lui va comme un gant • **the washing machine is too big to ~ this space** la machine à laver est trop grande pour entrer dans cet espace • **the key doesn't ~ the lock** cette clé ne correspond pas à la serrure • **the cover is tailored to ~ the seat** la housse est faite pour s'adapter au siège • **sheets to ~ a double bed** des draps pour un grand lit • **"one size ~s all"** « taille unique »
ⓑ (= *find space or time for*) **you can ~ five people into this car** il y a de la place pour cinq dans cette voiture • **I can't ~ any more meetings into my day** je n'ai pas le temps pour d'autres réunions dans mon emploi du temps
ⓒ (= *correspond to*) [+ *mood, definition, stereotype*] correspondre à; [+ *needs*] répondre à • **a man ~ting this description** un homme répondant à ce signalement • **to ~ the circumstances** être adapté aux circonstances • **the facts ~ the theory** les faits concordent avec la théorie • **she doesn't ~ the profile of a typical drug smuggler** elle ne correspond pas à l'idée que l'on se fait

d'un trafiquant de drogue • the punishment should ~ the crime le châtiment doit être proportionné au crime ⓓ (= *put in place*) mettre; (= *fix*) fixer; (= *install*) mettre • to ~ a key in a lock engager une clé dans une serrure • to ~ two things together assembler deux objets • ~ part A to part B assemblez la pièce A avec la pièce B • to ~ sth into place mettre qch en place • to have a new kitchen ~ted se faire installer une nouvelle cuisine
4 VI ⓐ (= *be the right size*) I liked the dress but it didn't ~ j'aimais la robe, mais elle n'était pas à ma taille • does it ~? est-ce que c'est la bonne taille ? • this key doesn't ~ ce n'est pas la bonne clé • the saucepan lid doesn't ~ le couvercle ne va pas sur la casserole
ⓑ (= *have enough room*) tenir • it's too big to ~ into the box c'est trop grand pour tenir dans la boîte • my CV ~s onto one page mon CV tient en une page
ⓒ (= *match*) [*facts*] cadrer • how does this idea ~ into your overall plan? comment cette idée s'inscrit-elle dans votre plan d'ensemble ? • people don't always ~ neatly into categories les gens ne rentrent pas toujours facilement dans des catégories bien définies • suddenly everything ~ted into place soudain, tout est devenu clair
▸ fit in 1 VI ⓐ (= *match*) [*fact*] cadrer • this doesn't ~ in with what I was taught at school ceci ne correspond pas à ce que l'on m'a appris à l'école ⓑ (= *integrate*) at school she has problems ~ting in à l'école elle a du mal à s'intégrer ⓒ (= *have room*) will we all ~ in? y aura-t-il assez de place pour nous tous ? 2 VT SEP ⓐ (= *find room for*) trouver de la place pour • can you ~ another bag in? y a-t-il encore de la place pour un sac ? ⓑ (= *adapt*) adapter • I'll try to ~ my plans in with yours je tâcherai de m'adapter en fonction de tes plans ⓒ (= *find time for*) prendre • the doctor can ~ you in tomorrow at three le docteur peut vous prendre demain à 15 heures • can you ~ in a quick meeting? avez-vous le temps d'assister à une réunion rapide ?

fitful ['fɪtfʊl] ADJ [*sleep*] agité

fitness ['fɪtnɪs] 1 N ⓐ (= *physical trimness*) forme *f*; (= *health*) santé *f* ⓑ (= *suitability*) [*of person*] aptitude *f* (for à) 2 COMP ▸ fitness class N cours *m* de fitness ▸ fitness fanatic* N fana* *mf* de fitness *or* de forme physique ▸ fitness instructor N professeur *mf* de fitness ▸ fitness test N test *m* de condition physique

fitted ['fɪtɪd] 1 ADJ ⓐ (*Brit*) [*wardrobe, kitchen units*] encastré • a fully-~ kitchen une cuisine entièrement équipée ⓑ (= *tailored*) ajusté 2 COMP ▸ fitted carpet N moquette *f*

fitter ['fɪtəʳ] N [*of machinery*] monteur *m*

fitting ['fɪtɪŋ] 1 ADJ (= *appropriate*) pertinent 2 N [*of dress*] essayage *m* 3 NPL fittings (*Brit*) installations *fpl* • electrical ~s installations *fpl* électriques • furniture and ~s mobilier et installations 4 COMP ▸ fitting room N salon *m* d'essayage

five [faɪv] NUMBER cinq *m inv* • there are ~ il y en a cinq • to take ~* faire une pause ▸ five a day NPL *les cinq portions constituant l'apport journalier conseillé en fruits et légumes* ▸ five-a-side, five-a-side football N (*Brit*) football *m* à cinq ▸ five-o'clock shadow N barbe *f* d'un jour ▸ five-star hotel N hôtel *m* cinq étoiles → six

fiver* ['faɪvəʳ] N (*Brit*) cinq livres *fpl*

fix [fɪks] 1 VT ⓐ (= *make firm*) fixer; (*with ropes*) attacher ⓑ (= *direct*) diriger; [+ *attention*] fixer • to ~ one's eyes on sb/sth fixer qn/qch du regard • all eyes were ~ed on her tous les regards étaient tournés vers elle • to ~ sth in one's mind graver qch dans son esprit
ⓒ (= *arrange*) décider; [+ *time, date, price, limit*] fixer
ⓓ* to ~ one's hair se passer un coup de peigne • can I ~ you a drink? (*US*) vous prendrez bien un verre ?
ⓔ (= *deal with*) arranger; (= *mend*) réparer • don't worry, I'll ~ it all ne vous en faites pas, je vais tout arranger
ⓕ (= *rig*)* truquer
2 VI (*US* = *intend*) to be ~ing to do sth* compter faire qch
3 N ⓐ (= *difficult situation*)* to be in a ~ être dans le pétrin*
ⓑ (= *dose*)⁑ dose *f* • to get o.s. a ~ [*of drug*] se shooter⁑
ⓒ [*of boat, plane*] position *f* • I've got a ~ on him now j'ai sa position maintenant
ⓓ (= *trick*) it's a ~* c'est truqué
▸ fix up 1 VI s'arranger 2 VT SEP arranger • I'll try to ~ something up je tâcherai d'arranger quelque chose • to ~ sb up with sth trouver qch pour qn

fixated [fɪk'seɪtɪd] ADJ (*Psych*) qui fait une fixation; (*fig*) obsédé (on par)

fixation [fɪk'seɪʃən] N fixation *f* • to have a ~ about sth/sb faire une fixation sur qch/qn

fixed [fɪkst] 1 ADJ ⓐ [*position, time, price*] fixe; [*smile*] figé • (of) no ~ abode sans domicile fixe • there's no ~ agenda il n'y a pas d'ordre du jour bien arrêté ⓑ (= *rigged*) truqué ⓒ* how are we ~ for time? on a combien de temps ? • how are you ~ for tonight? tu es libre ce soir ? • how are you ~ for transport? comment fais-tu pour le transport ? 2 COMP ▸ fixed assets NPL immobilisations *fpl* ▸ fixed penalty, fixed-penalty fine N amende *f* forfaitaire ▸ fixed-term contract N contrat *m* à durée déterminée

fixture ['fɪkstʃəʳ] N ⓐ (*in building*) installation *f* fixe • the house was sold with ~s and fittings (*Brit*) on a vendu la maison avec toutes les installations ⓑ (*Brit Sport*) rencontre *f* • ~ list calendrier *m*

fizz [fɪz] 1 VI pétiller 2 N (= *excitement*) punch* *m*

fizzle out [,fɪzl'aʊt] VI [*enthusiasm*] tomber; [*event*] se terminer; [*book, film, plot*] se terminer en queue de poisson

fizzy ['fɪzɪ] ADJ (*Brit*) gazeux

fjord [fjɔːd] N fjord *m*

FL (ABBR OF Florida)

Fla. (ABBR OF Florida)

flab* [flæb] N (= *fat*) graisse *f* superflue

flabbergasted* ['flæbəgɑːstɪd] ADJ sidéré*

flabby ['flæbɪ] ADJ flasque

flaccid ['flæksɪd] ADJ flasque

flag [flæg] 1 N ⓐ drapeau *m*; (*on ship*) pavillon *m* • white ~ drapeau *m* blanc • to keep the ~ flying maintenir les traditions • to fly the ~ for one's country défendre les couleurs de son pays ⓑ (*for charity*) insigne *m* (*d'une œuvre charitable*) ⓒ (= *flagstone*) dalle *f* 2 VT (= *mark*) marquer 3 VI [*athlete*] faiblir; [*worker*] se relâcher; [*conversation*] languir • he's ~ging il ne va pas fort • his spirits were ~ging il n'avait plus le moral 4 COMP ▸ flag-waving ADJ cocardier
▸ flag down VT SEP [+ *taxi*] héler • a policeman ~ged us down un agent de police nous a fait signe d'arrêter
▸ flag up VT SEP to ~ sth up to sb signaler qch à l'attention de qn

flagging ['flægɪŋ] ADJ [*strength*] déclinant; [*enthusiasm*] émoussé; [*conversation*] languissant • he soon revived

f

their ~ **spirits** il a rapidement remonté leur moral défaillant

flagpole ['flægpəʊl] N mât *m*

flagrant ['fleɪgrənt] ADJ flagrant

flagship ['flægʃɪp] **1** N vaisseau *m* amiral **2** ADJ ~ **product/company** produit *m*/entreprise *f* phare

flagstaff ['flægstɑːf] N mât *m*

flail [fleɪl] VI [*arms*] battre l'air

flair [flɛəʳ] N ⓐ (= *talent*) flair *m* • **to have a ~ for sth** avoir un don pour qch ⓑ (= *style*) style *m*

flak [flæk] N ⓐ (= *criticism*)* critiques *fpl* • **he got a lot of ~** il s'est fait descendre en flammes ⓑ (= *firing*) tir *m* antiaérien; (= *guns*) canons *mpl* antiaériens

flake [fleɪk] **1** N [*of snow*] flocon *m* **2** VI [*plaster, paint*] s'écailler; [*skin*] peler **3** VT écailler • **~d almonds** amandes *fpl* effilées

▸ **flake out*** VI (Brit) (= *collapse*) tomber dans les pommes*; (= *fall asleep*) s'endormir • **to be ~d out** être crevé*

flaky ['fleɪkɪ] **1** ADJ ⓐ [*skin*] squameux ⓑ **to be a bit ~*** avoir un pète au casque* **2** COMP ▸ **flaky pastry** N pâte *f* feuilletée

flamboyant [flæm'bɔɪənt] ADJ [*clothes*] voyant; [*person*] haut en couleur; [*style*] extravagant

flame [fleɪm] **1** N ⓐ flamme *f* • **to fan the ~s** attiser le feu; (*fig*) jeter de l'huile sur le feu

▸ **in flames** en feu • **to go up in ~s** partir en fumée

ⓑ **she's one of his old ~s*** c'est une de ses ex*

2 VI [*fire*] flamber

3 VT **to ~ sb** (= *send abusive email*) envoyer des messages d'insultes à qn

flameproof ['fleɪmpruːf] ADJ [*casserole*] allant au feu

flamethrower ['fleɪm,θrəʊəʳ] N lance-flammes *m inv*

flaming ['fleɪmɪŋ] **1** ADJ ⓐ [*torch*] allumé ⓑ [*sunset*] embrasé • **~ red hair** des cheveux d'un roux flamboyant ⓒ [*row*]* violent ⓓ (Brit) (= *damn*)* fichu* • **it's a ~ nuisance!** c'est vraiment enquiquinant !* **2** ADV (Brit)* **he's ~ useless!** il est complètement nul !*

flamingo [flə'mɪŋgəʊ] N flamant *m* rose

flammable ['flæməbl] ADJ inflammable

flan [flæn] N (= *tart*) tarte *f*

Flanders ['flɑːndəz] N Flandre *f*

flank [flæŋk] **1** N flanc *m* **2** VT flanquer • **~ed by two policemen** encadré par deux gendarmes

flannel ['flænl] **1** N ⓐ (= *fabric*) flanelle *f* ⓑ (Brit: *also* **face flannel**) ≈ gant *m* de toilette **2** NPL **flannels** (Brit) (= *trousers*) pantalon *m* de flanelle

flannelette [,flænə'let] N coton *m* flanelle

flap [flæp] **1** N ⓐ [*of wings*] battement *m* ⓑ [*of pocket, book cover*] rabat *m* ⓒ (= *panic*) **to be in a ~*** être dans tous ses états **2** VI ⓐ [*wings*] battre; [*sails*] claquer ⓑ (= *be panicky*)* paniquer • **stop ~ping!** t'affole pas !* **3** VT **the bird ~ped its wings** l'oiseau battait des ailes

flapjack ['flæpdʒæk] N (= *biscuit*) biscuit *m* d'avoine à la mélasse; (US) (= *pancake*) crêpe *f* épaisse

flare [flɛəʳ] **1** N ⓐ [*of torch*] éclat *m* ⓑ (= *signal*) signal *m*; (= *distress signal*) fusée *f* de détresse ⓒ (Dress) évasement *m* **2** NPL **flares*** pantalon *m* à pattes d'éléphant **3** VI ⓐ [*match*] s'enflammer ⓑ [*fighting*] éclater • **tempers ~d** les esprits se sont échauffés ⓒ [*skirt*] s'évaser; [*nostrils*] se dilater • **~d skirt** jupe *f* évasée • **~d trousers** pantalon *m* à pattes d'éléphant **4** COMP ▸ **flare-up** N [*of fighting*] intensification *f*

▸ **flare up** VI [*person*] s'emporter; [*fighting*] éclater • **his eczema ~d up** il a eu une nouvelle poussée d'eczéma

flash [flæʃ] **1** N ⓐ (= *sudden light*) lueur *f* soudaine • **a ~ of light** un jet de lumière • **a ~ of lightning** un éclair

ⓑ (= *brief moment*) **it happened in a ~** c'est arrivé en un clin d'œil • **it came to him in a ~ that ...** l'idée lui est venue tout d'un coup que ... • **~ of genius** éclair *m* de génie • **a ~ in the pan** (= *short-lived success*) un feu de paille

ⓒ (= *glimpse*) coup *m* d'œil • **despite his illness, there were ~es of the old Henry** malgré sa maladie, il y avait des moments où Henry redevenait lui-même

ⓓ (Phot) flash *m*

ⓔ (US) (= *torch*) torche *f*

2 VI ⓐ [*light*] (*on and off*) clignoter • **the blade ~ed in the sunlight** la lame a brillé au soleil • **~ing light** [*of police car*] gyrophare *m*; [*of answerphone*] diode *f* • **her eyes ~ed with anger** ses yeux lançaient des éclairs

ⓑ (= *move quickly*) **to ~ past** [*person, vehicle*] passer comme un éclair • **the thought ~ed across his mind that ...** l'idée lui a traversé l'esprit que ... • **his whole life ~ed before him** il a vu défiler toute sa vie

ⓒ (= *expose o.s. indecently*)* s'exhiber

3 VT ⓐ [+ *light*] projeter • **to ~ a torch in sb's face** éclairer le visage de qn avec une torche • **to ~ one's headlights** • **to ~ the high beams** (US) faire un appel de phares

ⓑ (= *show quickly*) **the screen was ~ing a message at me** l'écran m'envoyait un message • **these images were ~ed across television screens worldwide** ces images sont apparues sur les écrans de télévision du monde entier

ⓒ (= *flaunt*) étaler (aux yeux de tous)

4 ADJ * tape-à-l'œil

5 COMP ▸ **flash bulb** N ampoule *f* de flash ▸ **flash card** N fiche *f* (*support pédagogique*) ▸ **flash drive** N clé *f* USB ▸ **flash flood** N crue *f* subite ▸ **flash mob** N rassemblement *m* or mobilisation *f* éclair

flashback ['flæʃbæk] N flash-back *m inv*

flasher* ['flæʃəʳ] N (= *person*) exhibitionniste *m*

flashlight ['flæʃlaɪt] N [*of camera*] flash *m*; (US = *torch*) torche *f*

flashy ['flæʃɪ] ADJ [*person*] tapageur; [*car*] tape-à-l'œil *inv*

flask [flɑːsk] N (= *vacuum flask*) thermos *f*; (= *hip flask*) flasque *f*; (*in laboratory*) ballon *m*

flat [flæt] **1** ADJ ⓐ plat; [*tyre*] crevé • **he was lying ~ on the floor** il était étendu par terre • **to fall ~** [*event, joke*] tomber à plat; [*scheme*] ne rien donner • **as ~ as a pancake*** [*surface, countryside*] tout plat • **to be in a ~ spin*** (Brit) être dans tous ses états

ⓑ (= *dull*) plat; (= *unexciting*) morne; [*battery*] à plat; [*beer*] éventé • **I was feeling rather ~** je n'avais pas la pêche*

ⓒ (= *off-key*) trop bas (basse *f*) • **B ~** (= *semitone lower*) si *m* bémol

ⓓ [*refusal*] net (nette *f*)

ⓔ (= *all-inclusive*) **~ rate** forfait *m* • **~ price** prix *m* forfaitaire

2 ADV ⓐ **he turned it down ~** il l'a refusé tout net • **to be ~ broke*** être fauché* • **in ten seconds ~** en dix secondes chrono*

▸ **flat out to be ~ out** (= *exhausted*) être vidé* • **to be working ~ out** (Brit) travailler d'arrache-pied

ⓑ [*sing, play*] trop bas

3 N ⓐ (Brit) (= *apartment*) appartement *m* • **to go ~-hunting** chercher un appartement

ⓑ *[of hand, blade]* plat *m* ⓒ *(= dry land)* plaine *f*; *(= marsh)* marécage *m* ⓓ *(= note)* bémol *m* ⓔ *(= tyre)* crevaison *f* • **we had a ~** nous avons crevé 4 COMP ▸**flat cap** N *(Brit)* casquette *f* ▸**flat-chested** ADJ **she is ~-chested** elle n'a pas de poitrine ▸**flat feet** NPL **to have ~ feet** avoir les pieds plats ▸**flat pack** N meuble *m* en kit ▸**flat screen** N écran *m* plat ▸**flat season** N *(Racing)* saison *f* des courses de plat ▸**flat-sharing** N colocation *f*

> The French word **appartement** has a double **p** and an extra **e** in the middle.

flatly [ˈflætlɪ] ADV ⓐ *(= firmly)* catégoriquement • **to be ~ opposed to sth** être catégoriquement opposé à qch ⓑ *(= unemotionally)* avec impassibilité

flatmate [ˈflætmeɪt] N colocataire *mf*

flatness [ˈflætnɪs] N ⓐ *[of countryside, surface]* aspect *m* plat; *[of curve]* aplatissement *m* ⓑ *(= dullness)* monotonie *f*

flatscreen [ˈflætskriːn] 1 ADJ à écran plat 2 N écran *m* plat

flatten [ˈflætn] VT ⓐ *(= make less bumpy)* aplanir ⓑ *(= destroy)* *[+ building]* raser; *(= knock over)* *[+ person]** étendre* ⓒ *(= defeat)** écraser*

flatter [ˈflætəʳ] VT flatter

flatterer [ˈflætərəʳ] N flatteur *m*, -euse *f*

flattering [ˈflætərɪŋ] ADJ ⓐ *[person, remark]* flatteur (**to sb** pour qn) ⓑ *[clothes]* flatteur • **it wasn't a very ~ photo (of him)** cette photo ne l'avantageait pas beaucoup

flatteringly [ˈflætərɪŋlɪ] ADV flatteusement

flattery [ˈflætərɪ] N flatterie *f* • **~ will get you nowhere** la flatterie ne mène à rien

flatulence [ˈflætjʊləns] N flatulence *f*

flatware [ˈflætwɛəʳ] N *(US)* couverts *mpl*

flaunt [flɔːnt] VT *[+ wealth]* étaler; *[+ lover, possession]* exhiber • **to ~ o.s.** s'exhiber

flavour, flavor *(US)* [ˈfleɪvəʳ] 1 N goût *m*; *[of ice cream]* parfum *m* • **the film gives the ~ of Paris in the twenties** le film rend bien l'atmosphère du Paris des années vingt • **to be (the) ~ of the month*** être la coqueluche du moment 2 VT *(with fruit, spirits)* parfumer (**with** à); *(with herbs)* assaisonner • **to ~ a sauce with garlic** relever une sauce avec de l'ail • **pineapple-~ed** (parfumé) à l'ananas

flavourful, flavorful *(US)* [ˈfleɪvəˌfəl] ADJ goûteux

flavouring, flavoring *(US)* [ˈfleɪvərɪŋ] N parfum *m*

flavourless, flavorless *(US)* [ˈfleɪvəlɪs] ADJ insipide

flavoursome, flavorsome *(US)* [ˈfleɪvəsəm] ADJ goûteux

flaw [flɔː] N *(in material, character)* défaut *m*; *(in argument)* faille *f* • **everything seems to be working out, but there's just one ~** tout semble s'arranger, il n'y a qu'un problème

flawed [flɔːd] ADJ défectueux • **his career was ~ by this incident** cet incident a nui à sa carrière

flawless [ˈflɔːlɪs] ADJ parfait • **he spoke ~ English** il parlait un anglais impeccable

flax [flæks] N lin *m*

flaxen [ˈflæksən] ADJ *[hair]* blond filasse *inv*

flay [fleɪ] VT ⓐ *(= beat)* fouetter; *(= criticize)* éreinter ⓑ *[+ animal]* *(= skin)* écorcher

flea [fliː] N puce *f* ▸**flea collar** N collier *m* antipuces ▸**flea market** N marché *m* aux puces ▸**flea powder** N poudre *f* antipuces

fleck [flek] 1 N *[of colour, blood]* petite tache *f*; *[of dust]* particule *f* 2 VT tacheter • **dress ~ed with mud** robe *f* éclaboussée de boue • **hair ~ed with grey** cheveux *mpl* grisonnants

fled [fled] VB *pt, ptp of* **flee**

fledgeling, fledgling [ˈfledʒlɪŋ] N ⓐ *(= bird)* oisillon *m* ⓑ *(= novice)* novice *mf*

flee [fliː] *(pret, ptp* **fled***)* 1 VI s'enfuir (**before** devant, **from** de) • **they fled to Britain** ils se sont enfuis en Grande-Bretagne 2 VT *[+ country]* s'enfuir de; *[+ war, danger]* fuir

fleece [fliːs] 1 N ⓐ *[of sheep]* toison *f* ⓑ *(= jacket)* polaire *f* 2 VT *(= swindle)* escroquer; *(= overcharge)* estamper*

fleecy [ˈfliːsɪ] ADJ *[blanket]* laineux; *[jacket]* en laine polaire

fleet [fliːt] N *[of ships]* flotte *f*; *[of vehicles]* parc *m*

fleeting [ˈfliːtɪŋ] ADJ furtif • **a ~ visit** une visite en coup de vent • **to catch a ~ glimpse of sb/sth** entrapercevoir qn/qch • **to make a ~ appearance** faire une brève apparition

Fleet Street [ˈfliːtˌstriːt] N *(Brit)* *les milieux de la presse londonienne*

Fleming [ˈflemɪŋ] N Flamand(e) *m(f)*

Flemish [ˈflemɪʃ] 1 ADJ flamand 2 N *(= language)* flamand *m*

flesh [fleʃ] N chair *f* • **to make sb's ~ crawl** donner la chair de poule à qn • **my own ~ and blood** la chair de ma chair • **in the ~** en chair et en os • **the sins of the ~** les péchés *mpl* de la chair ▸**flesh wound** N blessure *f* superficielle

▸ **flesh out** VT SEP *[+ essay, speech]* étoffer; *[+ proposal]* développer

fleshy [ˈfleʃɪ] ADJ *[face, cheeks]* rebondi; *[fruit, leaf]* charnu

flew [fluː] VB *pt of* **fly**

flex [fleks] 1 VT *[+ knees]* fléchir • **to ~ one's muscles** faire jouer ses muscles 2 N *(Brit)* *[of lamp]* fil *m*; *[of telephone]* cordon *m*

flexi [ˈfleksɪ] ABBR* = **flexitime**

flexibility [ˌfleksɪˈbɪlɪtɪ] N *[of material, limbs]* souplesse *f*; *[of approach, working hours]* flexibilité *f*

flexible [ˈfleksəbl] ADJ *[object, person, approach]* flexible • **~ working hours** horaire flexible • **I'm ~** je peux toujours m'arranger • **to be ~ in one's approach** faire preuve de souplesse

flexitarian [ˌfleksɪˈtɛərɪən] N, ADJ flexitarien(ne) *m(f)*

flexitime [ˈfleksɪˌtaɪm] N *(Brit)* horaire *m* flexible • **to work ~** avoir un horaire flexible

flick [flɪk] 1 N ⓐ petit coup *m* • **at the ~ of a switch** rien qu'en appuyant sur un bouton ⓑ *(Brit = film)** film *m* • **the ~s** le ciné* 2 VT donner un petit coup à • **to ~ a switch on/off** allumer/éteindre • **to ~ a ball of paper at sb** envoyer d'une chiquenaude une boulette de papier à qn • **he ~ed his cigarette ash into the ashtray** il a fait tomber la cendre de sa cigarette dans le cendrier 3 COMP ▸**flick knife** N *(pl* **flick knives***)* *(Brit)* couteau *m* à cran d'arrêt

▸ **flick through** VT INSEP *[+ pages of book]* feuilleter • **to ~ through the TV channels** zapper

flicker [ˈflɪkəʳ] 1 VI *[flames, light]* danser; *(before going out)* vaciller 2 N *[of flames, light]* danse *f*; *(before going*

f

out) vacillement *m* • **without a ~ of a smile** sans l'ombre d'un sourire

flier [ˈflaɪəʳ] (N) ⓐ *(= handbill)* prospectus *m* ⓑ *(= person)* aviateur *m*, -trice *f* • **to be a nervous ~** avoir peur de l'avion

flight [flaɪt] **1** (N) ⓐ *[of bird, plane]* vol *m*; *[of ball, bullet]* trajectoire *f* • **in ~** en plein vol

ⓑ *(= plane trip)* vol *m* • **~ number 776 from/to Madrid** le vol numéro 776 en provenance/à destination de Madrid • **did you have a good ~?** vous avez fait bon voyage ?

ⓒ **~ of stairs** escalier *m* • **we had to climb three ~s to get to his room** nous avons dû monter trois étages pour arriver à sa chambre • **he lives three ~s up** il habite au troisième

ⓓ **a ~ of fancy** *(= harebrained idea)* une idée folle; *(= figment of imagination)* une pure invention

ⓔ *(= act of fleeing)* fuite *f*

2 (COMP) ▸**flight attendant** N steward *m*/hôtesse *f* de l'air ▸**flight deck** N *[of plane]* cabine *f* de pilotage; *[of aircraft carrier]* pont *m* d'envol ▸**flight engineer** N mécanicien *m* de bord ▸**flight recorder** N enregistreur *m* de vol ▸**flight socks** NPL chaussettes *fpl* de contention

flighty [ˈflaɪtɪ] (ADJ) frivole; *(in love)* volage

flimsy [ˈflɪmzɪ] (ADJ) ⓐ *(= fragile) [object, structure]* peu solide; *[fabric]* peu résistant ⓑ *(= thin)* mince ⓒ *(= feeble) [evidence]* peu convaincant; *[excuse]* piètre

flinch [flɪntʃ] (VI) broncher • **to ~ from a task** reculer devant une tâche • **without ~ing** sans sourciller

fling [flɪŋ] *(vb: pret, ptp* **flung***)* **1** (N)* ⓐ *(= affair)* aventure *f* • **he had a brief ~ with my sister** il a eu une brève aventure avec ma sœur

ⓑ *(= period of enjoyment)* **to have a last ~** faire une dernière folie

2 (VT) *[+ object]* lancer (**at sb** à qn, **at sth** sur qch) • **he flung his opponent to the ground** il a jeté son adversaire à terre • **the door was flung open** la porte s'est ouverte brusquement • **to ~ one's arms round sb** sauter au cou de qn • **to ~ one's coat off** enlever son manteau d'un geste brusque • **to ~ o.s. off a bridge** se jeter d'un pont • **to ~ o.s. into a hobby** se lancer à corps perdu dans une activité • **she flung herself* at him** elle s'est jetée à sa tête

▸**fling up** VT SEP jeter en l'air • **to ~ one's arms up in exasperation** lever les bras au ciel en signe d'exaspération

flint [flɪnt] (N) silex *m*; *(for lighter)* pierre *f* à briquet

flip [flɪp] **1** (N) **to decide sth on the ~ of a coin** décider qch en tirant à pile ou face **2** (VT) donner un petit coup à; *[+ pancake]* faire sauter • **to ~ a coin** tirer à pile ou face • **to ~ one's lid*‡** exploser **3** (VI) *(angrily)*‡ piquer une crise* (**over** à cause de) **4** (ADJ) *[remark]* désinvolte **5** (EXCL)* zut !* **6** (COMP) ▸**flip-flops** NPL *(= sandals)* tongs *fpl* ▸**flip side** N *[of record]* face *f* B; *(fig)* envers *m* ▸**flip-top bin** N poubelle *f* à couvercle pivotant

▸**flip through** VT INSEP *[+ book]* feuilleter

flipboard [ˈflɪpbɔːd], **flipchart** [ˈflɪptʃɑːt] (N) tableau *m* de conférence

flippant [ˈflɪpənt] (ADJ) désinvolte

flipped [flɪpt] (ADJ) ▸**flipped classroom** N classe *f* inversée

flipper [ˈflɪpəʳ] (N) *[of animal]* nageoire *f* • **~s** *[of swimmer]* palmes *fpl*

flipping* [ˈflɪpɪŋ] **1** (ADJ) *(Brit)* fichu* *before n* **2** (ADV) *(Brit)* drôlement* • **it's ~ impossible!** c'est vraiment impossible !

flirt [flɜːt] **1** (VI) flirter **2** (N) **he's a ~** c'est un dragueur

flirtation [flɜːˈteɪʃən] (N) flirt *m*

flirtatious [flɜːˈteɪʃəs] (ADJ) charmeur

flirty* [ˈflɜːtɪ] (ADJ) *[person, behaviour]* dragueur*; *[clothes]* sexy *inv*

flit [flɪt] (VI) ⓐ *[bats, butterflies]* voltiger • **the idea ~ted through his head** l'idée lui a traversé l'esprit ⓑ *[person]* **to ~ between New York and Paris** faire la navette entre New York et Paris

float [fləʊt] **1** (N) ⓐ *(for fishing)* flotteur *m* ⓑ *(= vehicle in a parade)* char *m* ⓒ *(also* **cash float***)* fonds *m* de caisse ⓓ *(US) (= drink) milk-shake ou soda contenant une boule de glace*

2 (VI) flotter; *[ship]* être à flot; *[swimmer]* faire la planche • **the raft ~ed down the river** le radeau a descendu la rivière • **to ~ back up to the surface** remonter à la surface **3** (VT) ⓐ *[+ object]* faire flotter; *[+ idea]* lancer ⓑ *[+ currency]* laisser flotter **4** (COMP) ▸**floating voter** N *(Brit Politics)* électeur *m*, -trice *f* indécis(e)

▸**float around*** VI *[rumour]* circuler • **have you seen my glasses ~ing around anywhere?** as-tu vu mes lunettes ?

flock [flɒk] **1** (N) troupeau *m*; *[of birds in flight]* vol *m* • **they came in ~s** ils sont venus en masse **2** (VI) **to ~ in/out** entrer/sortir en masse • **people ~ed to see him** les gens sont allés le voir en masse

flog [flɒg] (VT) ⓐ flageller ⓑ *(Brit = sell)*‡ fourguer* • **how much did you manage to ~ it for?** tu as réussi à en tirer combien ?

flood [flʌd] **1** (N) inondation *f* • **"~"** *(notice on road)* ≈ « attention route inondée » • **~s of tears** un torrent de larmes • **a ~ of letters/protests** un déluge de lettres/de protestations • **a ~ of immigrants** une marée d'immigrants **2** (VT) inonder • **he was ~ed with applications** il a été inondé de demandes **3** (VI) *[river]* déborder • **refugees ~ed across the border** des flots de réfugiés ont franchi la frontière **4** (COMP) ▸**flood damage** N dégâts *mpl* des eaux ▸**flood plain** N lit *m* majeur ▸**flood-risk zone** N zone *f* inondable

▸**flood back** VI *[memories, worries]* resurgir • **it brought all the memories ~ing back** cela a fait resurgir tous les souvenirs

flooding [ˈflʌdɪŋ] (N) inondation *f* • **because of ~** à cause des inondations

floodlight [ˈflʌdlaɪt] (N) *(= light)* lumière *f* (des projecteurs) • **to play a match under ~s** jouer un match en nocturne

floor [flɔːʳ] **1** (N) ⓐ sol *m*; *(wooden)* plancher *m*; *(for dance)* piste *f* (de danse); *[of valley, ocean]* fond *m* • **she was sitting on the ~** elle était assise par terre • **last year, sales went through the ~** l'année dernière les ventes ont chuté

ⓑ *(= storey)* étage *m*

2 (VT) ⓐ faire le sol de; *(with wooden boards)* parqueter ⓑ *(= knock down) [+ opponent]* terrasser; *(Boxing)* envoyer au tapis

ⓒ *(= silence)** réduire au silence • **this argument ~ed him** il n'a rien trouvé à répondre

3 (COMP) ▸**floor area** N *[of flat, offices]* surface *f* au sol ▸**floor covering** N revêtement *m* de sol ▸**floor plan** N plan *m* de niveau ▸**floor polish** N cire *f* ▸**floor show** N spectacle *m* de variétés *(dans un restaurant, cabaret etc)*

floorboard [ˈflɔːbɔːd] (N) planche *f (de plancher)* • **the ~s** le plancher

flooring [ˈflɔːrɪŋ] (N) *(made of wood)* parquet *m*; *(tiled)* carrelage *m*; *(= material)* revêtement *m* (de sol)

flop [flɒp] 1 (VI) ⓐ (*= drop*) s'affaler • **he ~ped down in a chair** il s'est affalé dans un fauteuil ⓑ (*= fail*) [*play, film, record*] faire un four 2 (N) (*= failure*)* [*of business venture, scheme*] fiasco *m* • **the play was a ~** la pièce a été un four

floppy ['flɒpɪ] (ADJ) [*hat*] à bords flottants; [*dog ears*] tombant ▸ **floppy disk** N disquette *f*

flora ['flɔːrə] (N) flore *f*

floral [flɔːrəl] (ADJ) [*dress, wallpaper, curtains, print*] à fleurs; [*arrangement, display*] floral ▸ **floral tributes** NPL fleurs *fpl* et couronnes *fpl*

Florence ['flɒrəns] (N) Florence

Florida ['flɒrɪdɑ] (N) Floride *f* • **in ~** en Floride

florist ['flɒrɪst] (N) fleuriste *mf* • **~'s shop** fleuriste *m*

floss [flɒs] 1 (N) bourre *f* de soie; (*= dental floss*) fil *m* dentaire 2 (VTI) **to ~ (one's teeth)** utiliser du fil dentaire

flotation [fləʊ'teɪʃən] (N) [*of shares*] émission *f*; [*of loan*] lancement *m*; [*of company*] constitution *f*

flotilla [flə'tɪlə] (N) flottille *f*

flotsam ['flɒtsəm] (N) ~ **and jetsam** (*lit*) épaves *fpl* flottantes et rejetées • **the ~ and jetsam of our society** (*fig*) les laissés-pour-compte de notre société

flounder ['flaʊndə^r] (VI) (*= move with difficulty*) patauger (péniblement) • **I watched him ~ing about in the water** je le regardais patauger péniblement dans l'eau • **his career was ~ing** sa carrière traversait une mauvaise passe • **the economy was ~ing** l'économie battait de l'aile

flour ['flaʊə^r] (N) farine *f*

flourish ['flʌrɪʃ] (VI) [*plants, business, town, market*] prospérer • **the local fox population was ~ing** les renards se multipliaient dans la région • **racism and crime ~ed in poor areas** le racisme et la criminalité se développaient dans les quartiers pauvres

flourishing ['flʌrɪʃɪŋ] (ADJ) [*business, economy*] florissant; [*plant*] qui prospère

flout [flaʊt] (VT) [*+ orders, advice*] ignorer

flow [fləʊ] 1 (VI) ⓐ (*= run*) [*river, blood from wound*] couler • **the river ~s into the sea** le fleuve se jette dans la mer • **tears were ~ing down her cheeks** les larmes coulaient sur ses joues • **the wine ~ed all evening** le vin a coulé à flots toute la soirée

ⓑ (*= circulate*) [*electric current, blood in veins*] circuler • **traffic ~ed freely** la circulation était fluide

ⓒ (*= move, stream*) **refugees continue to ~ in from the war zone** les réfugiés fuyant la zone des conflits continuent à affluer • **the money keeps ~ing in** l'argent continue à rentrer

ⓓ (*= be well-written*) **the article ~s nicely** l'article est écrit dans un style très fluide • **it doesn't ~** [*text*] le style est heurté

2 (N) ⓐ [*of river*] courant *m* • **he stopped the ~ of blood** il a arrêté l'écoulement de sang

ⓑ [*of electric current, blood in veins*] circulation *f* • **it hindered the ~ of traffic** ça a ralenti la circulation

ⓒ [*of donations, orders*] flot *m* • **the phone rang, interrupting the ~ of conversation** le téléphone a sonné, interrompant le déroulement de la conversation • **the ~ of information** le flux d'informations • **to be in full ~** [*speaker*] être sur sa lancée • **to go with the ~** (*fig*) suivre le mouvement

3 (COMP) ▸ **flow chart** N organigramme *m*

flower ['flaʊə^r] 1 (N) fleur *f* 2 (VI) fleurir 3 (COMP) ▸ **flower arrangement** N (*= flowers*) composition *f* florale ▸ **flower arranging** N art *m* floral ▸ **flower bed** N parterre *m* de fleurs ▸ **flower seller** N marchand(e) *m(f)* de fleurs (ambulant(e)) ▸ **flower shop** N magasin *m* de fleurs • **at the ~ shop** chez le fleuriste ▸ **flower show** N floralies *fpl*

flowered ['flaʊəd] (ADJ) [*fabric, garment*] à fleurs

flowering ['flaʊərɪŋ] 1 (N) (*fig*) floraison *f* 2 (ADJ) (*= which flowers*) à fleurs

flowerpot ['flaʊəpɒt] (N) pot *m* de fleurs

flowery ['flaʊərɪ] (ADJ) ⓐ [*dress, wallpaper*] à fleurs ⓑ [*language*] fleuri

flowing ['fləʊɪŋ] (ADJ) [*water*] qui coule; [*hair, skirt*] flottant

flown [fləʊn] (VB) *ptp of* **fly**

flu [fluː] (N) grippe *f* • **to have ~** avoir la grippe

fluctuate ['flʌktjʊeɪt] (VI) [*prices, temperature*] fluctuer

fluctuation [ˌflʌktjʊ'eɪʃən] (N) fluctuation *f*

fluency ['fluːənsɪ] (N) (*in speech*) facilité *f* d'élocution • **his ~ in English** son aisance à s'exprimer en anglais

fluent ['fluːənt] (ADJ) (*in foreign language*) **he is ~ in Italian** il parle couramment l'italien

fluently ['fluːəntlɪ] (ADV) [*speak foreign language*] couramment

fluff [flʌf] 1 (N) (*on birds, young animals*) duvet *m*; (*from material*) peluche *f* 2 (VT) [*+ pillows*] faire bouffer

fluffy ['flʌfɪ] (ADJ) ⓐ (*= soft*) [*hair*] duveteux; [*kitten, rabbit*] au pelage duveteux; [*cloud*] floconneux • **~ toy** (*= soft toy*) peluche *f* ⓑ [*cake, mashed potatoes*] léger

fluid ['fluːɪd] (ADJ, N) fluide *m* ▸ **fluid ounce** N *mesure de capacité (Brit : 0,028 litres, US : 0,030 litres)*

fluke [fluːk] 1 (N) (*= chance event*) coup *m* de chance extraordinaire • **by a sheer ~** par un hasard extraordinaire 2 (ADJ) [*coincidence, circumstances*] extraordinaire • **he scored a ~ goal** il a marqué un but tout à fait par hasard

flummox* ['flʌməks] (VT) **it ~ed me** ça m'a coupé le sifflet*

flung [flʌŋ] (VB) *pret, ptp of* **fling**

flunk* [flʌŋk] (VT) (*esp US*) (*= fail*) **to ~ French/an exam** être recalé* *or* être collé* en français/à un examen • **they ~ed ten candidates** ils ont recalé* *or* collé* dix candidats

fluorescent [flʊə'resnt] (ADJ) [*bulb, tube*] fluorescent; [*lighting*] au néon; [*clothes*] fluo* *inv*

fluoride ['flʊəraɪd] (N) fluorure *m* ▸ **fluoride toothpaste** N dentifrice *m* au fluor

flurry ['flʌrɪ] (N) [*of snow*] rafale *f* • **a ~ of activity** un débordement d'activité • **a ~ of protest** une vague de protestations

flush [flʌʃ] 1 (N) ⓐ (*= blush*) rougeur *f* • **hot ~es** bouffées *fpl* de chaleur ⓑ **she's not in the first ~ of youth** elle n'est pas de la première jeunesse ⓒ [*of lavatory*] chasse *f* (d'eau) 2 (ADJ) au ras (**with** de) • **~ with the ground** à ras de terre 3 (VI) [*face, person*] rougir • **to ~ with shame** rougir de honte 4 (VT) **to ~ the toilet** tirer la chasse (d'eau) • **to ~ sth down the toilet** faire passer qch dans les toilettes

▸ **flush out** 1 VT SEP (*with water*) nettoyer à grande eau 2 VT INSEP **they ~ed them out of their hiding places** ils les ont fait sortir de leur cachette • **they tried to ~ out illegal workers operating in the country** ils ont fait la chasse aux travailleurs clandestins opérant dans le pays

flushed [flʌʃt] (ADJ) [*person, face, cheeks*] tout rouge • **~ with anger** rouge de colère

fluster ['flʌstəʳ] 1 (VT) énerver • **to get ~ed** s'énerver
2 (N) **to be in a ~** être dans tous ses états

flute [flu:t] (N) flûte *f*

flutter ['flʌtəʳ] 1 (VI) ⓐ [*flag*] flotter; [*bird, moth, butterfly*] voleter ⓑ [*person*] papillonner ⓒ [*heart*] palpiter 2 (VT) **the bird ~ed its wings** l'oiseau a battu des ailes • **to ~ one's eyelashes** battre des cils (**at sb** dans la direction de qn)

flux [flʌks] (N) fluctuation *f* • **to be in a state of ~** fluctuer continuellement

fly [flaɪ] (*pret* **flew**, *ptp* **flown**) 1 (N) ⓐ (= *insect*) mouche *f* • **they were dropping like flies*** ils tombaient comme des mouches* • **he wouldn't hurt a ~** il ne ferait pas de mal à une mouche • **I wish I were a ~ on the wall** j'aimerais être une petite souris
ⓑ (*on trousers*) braguette *f*
2 (ADJ) (= *astute*) rusé
3 (VI) ⓐ [*bird, insect, plane*] voler; [*air passenger*] voyager en avion; [*pilot*] piloter • **I don't like ~ing** je n'aime pas (prendre) l'avion • **I always ~** je prends toujours l'avion • **how did you get here? — I flew** comment es-tu venu ? — en avion • **to ~ away** [*bird*] s'envoler • **we flew in from Rome this morning** nous sommes arrivés de Rome par avion ce matin • **a bee flew in through the window** une abeille est entrée par la fenêtre
ⓑ [*time*] passer vite • **it's late, I must ~!** il est tard, il faut que je me sauve ! • **to ~ into a rage** s'emporter • **to ~ off the handle*** sortir de ses gonds • **to let ~ at sb** (*in angry words*) prendre qn violemment à partie • **the door flew open** la porte s'est ouverte brusquement
ⓒ [*flag*] flotter
4 (VT) [+ *aircraft*] piloter; [+ *person*] emmener en avion; [+ *goods*] transporter par avion • **the building was ~ing the French flag** le drapeau français flottait sur l'immeuble • **to ~ a kite** faire voler un cerf-volant • **to ~ Air France** voler sur Air France
5 (COMP) ▸ **fly-button** N bouton *m* de braguette ▸ **fly-by-night** N (= *irresponsible person*) tout-fou* *m*; (= *decamping debtor*) débiteur *m*, -trice *f* qui déménage à la cloche de bois* ♦ ADJ [*person*] tout-fou* *inv*; [*firm, operation*] véreux ▸ **fly-drive holiday** N formule *f* avion plus voiture ▸ **fly fishing** N pêche *f* à la mouche ▸ **fly-on-the-wall documentary** N document *m* pris sur le vif ▸ **fly paper** N papier *m* tue-mouches ▸ **fly-posting** N (Brit) affichage *m* illégal ▸ **fly spray** N bombe *f* insecticide ▸ **fly swat** N tapette *f*

flyer ['flaɪəʳ] (N) = **flier**

flying ['flaɪɪŋ] 1 (N) (= *action*) vol *m*; (= *activity*) aviation *f* • **he likes ~** [*passenger*] il aime (prendre) l'avion; [*pilot*] il aime piloter • **he's frightened of ~** il a peur de prendre l'avion
2 (ADJ) [*animal, insect*] volant • **~ glass** éclats *mpl* de verre • **~ visit** visite *f* éclair *inv*
3 (COMP) ▸ **flying ambulance** N (= *plane*) avion *m* sanitaire; (= *helicopter*) hélicoptère *m* sanitaire ▸ **flying doctor** N médecin *m* volant ▸ **flying fox** N roussette *f* ▸ **flying machine** N machine *f* volante ▸ **flying saucer** N soucoupe *f* volante ▸ **Flying Squad** N (*Brit Police*) brigade *f* volante (*de la police judiciaire*) ▸ **flying start** N **to get off to a ~ start** [*racing car, runner*] prendre un très bon départ; [*scheme, plan*] démarrer en trombe ▸ **flying time** N temps *m* de vol

flyover ['flaɪ,əʊvəʳ] (N) ⓐ (*Brit: over road*) autopont *m* ⓑ (*US: by planes*) défilé *m* aérien

flypast ['flaɪpɑ:st] (N) (*Brit*) défilé *m* aérien

FM [ef'em] (ABBR OF **frequency modulation**) FM

FO [ef'əʊ] (*Brit*) (ABBR OF **Foreign Office**) ≈ ministère *m* des Affaires étrangères

foal [fəʊl] (N) (= *horse*) poulain *m*

foam [fəʊm] 1 (N) [*of beer*] mousse *f*; [*of sea*] écume *f* 2 (VI) **to ~ at the mouth** [*animal*] baver; [*angry person*] écumer de rage 3 (COMP) ▸ **foam bath** N bain *m* moussant ▸ **foam rubber** N caoutchouc *m* mousse ®

fob [fɒb] (VT) **to ~ sb off with sth** refiler* qch à qn • **to ~ sb off with promises** se débarrasser de qn par de belles promesses ▸ **fob watch** N montre *f* de gousset

focal ['fəʊkəl] (ADJ) focal ▸ **focal point** N point *m* de convergence; [*of meeting, discussions*] point *m* central • **the ~ point for visitors** le lieu où convergent les visiteurs • **the ~ point of the talks was security** les discussions étaient centrées sur la sécurité

focus ['fəʊkəs] 1 (N) ⓐ (*Phot*) **the picture is in/out of ~** l'image est nette/floue
ⓑ (= *main point*) **to keep sth in ~** ne pas perdre de vue qch • **he was the ~ of attention** il était le centre d'attraction
2 (VT) ⓐ [+ *instrument, camera*] mettre au point • **to ~ the camera** mettre au point (l'appareil photo)
ⓑ (= *direct*) [+ *heat rays*] faire converger; [+ *attention*] concentrer • **all eyes were ~ed on him** tous les regards étaient fixés sur lui
3 (VI) (*Phot*) mettre au point
▸ **to focus on** [*eyes*] se fixer sur; [*person*] fixer son regard sur; (= *concentrate on*) se concentrer sur • **we must ~ on raising funds** il faut nous concentrer sur la collecte des fonds • **the meeting ~ed on the problems of the unemployed** la réunion a surtout porté sur les problèmes des chômeurs
4 (COMP) ▸ **focus group** N groupe *m* de discussion

focused ['fəʊkəst] (ADJ) [*sales efforts, approach*] ciblé • **I wasn't ~** je me dispersais

fodder ['fɒdəʳ] (N) fourrage *m*

foe [fəʊ] (N) (*liter, lit, fig*) ennemi(e) *m(f)*, adversaire *mf*

foetus ['fi:təs] (N) fœtus *m*

fog [fɒg] (N) brouillard *m*; (*at sea*) brume *f*
▸ **fog up** VI [*mirror, glasses*] s'embuer

fogbound ['fɒgbaʊnd] (ADJ) bloqué par le brouillard

fogey* ['fəʊgɪ] (N) **old ~** vieille baderne* *f*

foggy ['fɒgɪ] (ADJ) [*night*] de brouillard; [*landscape, weather*] brumeux • **it is ~** il y a du brouillard • **I haven't the foggiest (idea)!*** je n'en ai pas la moindre idée

foglamp (*Brit*) ['fɒglæmp], **foglight** ['fɒglaɪt] (N) feu *m* de brouillard

foil [fɔɪl] 1 (N) (= *tinfoil*) papier *m* d'aluminium 2 (VT) [+ *attempts*] déjouer; [+ *plans*] contrecarrer

foist [fɔɪst] (VT) **to ~ sth on sb** refiler* qch à qn

fold [fəʊld] 1 (N) ⓐ (*in paper, cloth*) pli *m* ⓑ (= *enclosure*) parc *m* à moutons • **they have come back to the ~** (*people*) ils sont rentrés au bercail 2 (VT) [+ *paper, blanket*] plier • **to ~ a page in two** plier une feuille en deux • **to ~ one's arms** (se) croiser les bras 3 (VI) ⓐ [*chair, table*] se (re)plier ⓑ (= *fail*)* [*business*] fermer (ses portes); [*play*] quitter l'affiche 4 (COMP) ▸ **fold-up** ADJ [*chair, table*] pliant
▸ **fold away** VI [*table, bed*] se (re)plier

foldaway ['fəʊldə,weɪ] (ADJ) [*bed*] pliant

folder ['fəʊldəʳ] (N) ⓐ (= *file*) chemise *f*; (*with hinges*) classeur *m* ⓑ (*Comput*) (= *directory*) répertoire *m*

folding ['fəʊldɪŋ] ADJ [*bed, table*] pliant

foliage ['fəʊlɪɪdʒ] N feuillage *m*

folic acid [ˌfəʊlɪk'æsɪd] N acide *m* folique

folk [fəʊk] N gens *mpl* • **a lot of ~ believe ...** beaucoup de gens croient ... • **what will ~ think?** qu'est-ce que les gens vont penser ? • **old ~** les personnes *fpl* âgées • **my old ~s** (= *parents*) mes vieux* *mpl* • **hello ~s!*** bonjour tout le monde !* • **my ~s*** ma famille ▸ **folk art** N art *m* populaire ▸ **folk dance, folk dancing** N danse *f* folklorique ▸ **folk music** N (*traditional*) musique *f* folklorique; (*contemporary*) musique *f* folk *inv* ▸ **folk singer** N (*traditional*) chanteur *m*, -euse *f* de chansons folkloriques; (*contemporary*) chanteur *m*, -euse *f* folk *inv*

folklore ['fəʊklɔːʳ] N folklore *m*

follicle ['fɒlɪkl] N follicule *m*

follow ['fɒləʊ] 1 VT suivre • **he ~ed me into the room** il m'a suivi dans la pièce • **we're being ~ed** on nous suit • **they ~ed the guide** ils ont suivi le guide • **he'll be a difficult man to ~** il sera difficile de lui succéder • **to have sb ~ed** faire suivre qn • **a bodyguard ~ed the president everywhere** un garde du corps accompagnait le président partout • **he arrived first, ~ed by the ambassador** il est arrivé le premier, suivi de l'ambassadeur • **he ~ed his father into the business** il a pris la succession de son père • **to ~ sb's advice** suivre les conseils de qn • **do you ~ football?** vous suivez le football ? • **which team do you ~?** tu es supporter de quelle équipe ? • **do you ~ me?** (= *understand*) vous me suivez ?

▸ **to follow suit** en faire autant

2 VI ⓐ suivre • **to ~ hard on sb's heels** être sur les talons de qn • **to ~ in sb's footsteps** suivre les traces de qn • **we had ice cream to ~** ensuite nous avons pris de la glace • **his argument was as ~s** son raisonnement était le suivant

ⓑ (= *result*) **it ~s that ...** il s'ensuit que ... • **it ~s from this that ...** il s'ensuit que ... • **that doesn't ~** pas forcément

3 COMP ▸ **follow-my-leader** N (*Brit*) ≈ pigeon vole *m* ▸ **follow-through** N (*to a project, survey*) suite *f* ▸ **follow-up** N (*on file, case*) suivi *m* (**on, of** de) • **this course is a ~-up to the beginners' course** ce cours fait suite au cours pour débutants ▸ **follow-up interview** N entretien *m* complémentaire

▸ **follow about, follow around** VT SEP suivre (partout)

▸ **follow on** VI (= *come after*) suivre

▸ **follow out** VT SEP [+ *order*] exécuter; [+ *instructions*] suivre

▸ **follow through** 1 VI (*Golf, Tennis*) accompagner sa balle 2 VT SEP [+ *idea, plan*] poursuivre jusqu'au bout

▸ **follow up** VT SEP ⓐ (= *benefit from*) [+ *success, victory*] exploiter; [+ *offer*] donner suite à ⓑ (= *not lose track of*) suivre • **we must ~ this business up** il faudra suivre cette affaire • **this is a case to ~ up** c'est une affaire à suivre ⓒ (= *reinforce*) [+ *victory*] asseoir; [+ *remark*] compléter (**with** par) • **they ~ed up their insults with threats** ils ont fait suivre leurs insultes de menaces

follower ['fɒləʊəʳ] N [*of political or military leader*] partisan(e) *m(f)*; [*of religious leader*] disciple *mf*; [*of religion*] adepte *mf*; (*on social media*) suiveur *m*, -euse *f* • **~s of fashion** les adeptes *mfpl* de la mode

following ['fɒləʊɪŋ] 1 ADJ suivant • **the ~ day** le lendemain • **he made the ~ remarks** il a fait les remarques suivantes 2 N ⓐ [*of political or military leader*] partisans *mpl*; [*of religion*] adeptes *mfpl*; [*of religious leader*] disciples *mfpl*; (*Sport*) supporters *mpl* ⓑ **he said the ~** il a dit ceci • **his argument was the ~** son raisonnement était le suivant 3 PREP ⓐ (= *after*) après • **~ the concert there will be ...** après le concert il y aura ... ⓑ (= *as a result of*) suite à • **~ our meeting** suite à notre entretien

folly ['fɒlɪ] N folie *f*

foment [fəʊ'ment] VT fomenter

fond [fɒnd] ADJ ⓐ ▸ **fond of to be ~ of sb** bien aimer qn • **to grow ~ of sb** se prendre d'affection pour qn • **to be ~ of sth** aimer beaucoup qch • **to grow ~ of sth** se mettre à aimer qch • **to be ~ of sweet things** être friand de sucreries • **to be ~ of doing sth** aimer beaucoup faire qch ⓑ (= *loving*) [*look*] tendre • **to bid a ~ farewell to sb/sth** faire de tendres adieux à qn/qch

ⓒ **~ memories** des souvenirs *mpl* très agréables

fondle ['fɒndl] VT caresser

fondly ['fɒndlɪ] ADV (= *affectionately*) [*remember, think of*] avec tendresse; [*say*] affectueusement • **to smile ~ at sb** faire un tendre sourire à qn

fondness ['fɒndnɪs] N (*for things*) penchant *m*

font [fɒnt] N ⓐ (*in printing*) fonte *f*; (*Comput*) police *f* de caractères ⓑ (*in church*) fonts *mpl* baptismaux

food [fuːd] 1 N ⓐ (= *sth to eat*) nourriture *f* • **there was no ~ in the house** il n'y avait rien à manger dans la maison • **to give sb ~** donner à manger à qn • **to buy ~** acheter à manger • **the cost of ~** le prix des denrées alimentaires • **to be off one's ~*** avoir perdu l'appétit • **he likes plain ~** il aime la nourriture simple • **it gave me ~ for thought** cela m'a donné à réfléchir

ⓑ (= *specific substance*) aliment *m* • **a new ~ for babies** un nouvel aliment pour bébés • **pet ~** aliments *mpl* pour animaux • **tins of dog/cat ~** des boîtes d'aliments pour chiens/chats

2 COMP ▸ **food bank** N banque *f* alimentaire ▸ **food chain** N chaîne *f* alimentaire ▸ **food colouring** N colorant *m* alimentaire ▸ **food counter** N rayon *m* (d')alimentation ▸ **food miles** NPL kilométrage *m* alimentaire ▸ **food mixer** N mixeur *m* ▸ **food parcel** N colis *m* de vivres ▸ **food poisoning** N intoxication *f* alimentaire ▸ **food processing** N (*industrial*) transformation *f* des aliments • **the ~ processing industry** l'industrie *f* agro-alimentaire ▸ **food processor** N robot *m* ménager ▸ **food rationing** N rationnement *m* alimentaire ▸ **food security** N sécurité *f* alimentaire ▸ **food supplies** NPL vivres *mpl* ▸ **food technology** N (*Scol*) cours *m* de cuisine

foodie* ['fuːdɪ] N gastronome *mf*

foodstuffs ['fuːdstʌfs] NPL denrées *fpl* alimentaires

fool [fuːl] 1 N ⓐ imbécile *mf* • **any ~ can do that** n'importe quel imbécile peut faire ça • **don't be a ~!** ne sois pas stupide ! • **I felt such a ~** je me suis vraiment senti bête • **he was a ~ not to accept** il a été bête de ne pas accepter • **what a ~ I was to think ...** ce que j'ai pu être bête de penser ... • **he's no ~** il est loin d'être bête • **more ~ you!*** ce que tu es bête ! • **to make a ~ of sb** (= *ridicule*) ridiculiser qn • **he made a ~ of himself in front of everybody** il s'est ridiculisé devant tout le monde

ⓑ (*Brit*) (= *dessert*) mousse *f* de fruits • **strawberry ~** mousse *f* de fraise

2 VI ⓐ (= *act silly*) **no ~ing*, he really said it** sans blague*, il a vraiment dit ça

ⓑ ▸ **to fool with** (= *mess with*) [+ *drugs, drink, electricity*] toucher à* • **she's not someone you should ~ with** avec elle on ne plaisante pas

3 (VT) berner • **it ~ed nobody** personne n'a été dupe • **you can't ~ me!** je ne marche pas!*

▸ **fool around** VI ⓐ (= *waste time*) perdre son temps ⓑ (= *play the fool*) faire l'imbécile • **stop ~ing around!** arrête de faire l'imbécile! • **to ~ around with sth** (= *play with*) faire l'imbécile avec qch; (= *mess with*) [+ *drugs, drink, electricity*] toucher à qch* ⓒ (= *have an affair*) avoir une liaison

foolhardy [ˈfuːlˌhɑːdɪ] (ADJ) imprudent

foolish [ˈfuːlɪʃ] (ADJ) ⓐ (= *foolhardy*) [*person*] bête; [*action, decision, mistake*] stupide • **don't do anything ~** ne faites pas de bêtises • **what a ~ thing to do!** quelle bêtise! • **it would be ~ to believe her** ce serait stupide de la croire • **I was ~ enough to do it** j'ai été assez bête pour le faire ⓑ (= *ridiculous*) [*person, question*] ridicule • **to make sb look ~** rendre qn ridicule

foolishly [ˈfuːlɪʃlɪ] (ADV) (= *unwisely*) [*ignore, forget, admit*] bêtement • **~, I allowed myself to be persuaded** bêtement, je me suis laissé persuader

foolproof [ˈfuːlpruːf] (ADJ) [*method*] infaillible; [*piece of machinery*] indéréglable

foolscap [ˈfuːlskæp] (N) ≈ papier *m* ministre

foot [fʊt] 1 (N) (*pl* **feet**) ⓐ pied *m*; [*of dog, cat, bird*] patte *f* • **to be on one's feet** être debout • **I'm on my feet all day long** je suis debout toute la journée • **to land on one's feet** retomber sur ses pieds • **to stand on one's own two feet** voler de ses propres ailes • **to go on ~** aller à pied • **to keep one's feet on the ground** garder les pieds sur terre • **he was trampled under ~ by the crowd** la foule l'a piétiné • **the children have been under my feet the whole day** les enfants ont été dans mes jambes toute la journée • **you've got to put your ~ down** (= *be firm*) il faut réagir • **to put one's ~ in it*** mettre les pieds dans le plat • **he didn't put a ~ wrong** il n'a pas commis la moindre erreur • **to get off on the right/wrong ~** [*people, relationship*] être bien/mal parti • **I got off on the wrong ~ with him** j'ai mal commencé avec lui • **to get one's feet under the table*** (*Brit*) s'installer • **to put one's feet up*** se reposer un peu • **to take the weight off one's feet** (s'asseoir pour) se reposer un peu • **to be dead on one's feet*** être complètement à plat* • **she is absolutely run off her feet*** elle ne sait plus où donner de la tête • **I've never set ~ there** je n'y ai jamais mis les pieds • **my ~!*** mon œil!*

ⓑ [*of hill, bed*] pied *m*; [*of stairs*] bas *m* • **at the ~ of the page** en bas de la page

ⓒ (= *measure*) pied *m* (anglais) (= 30,48 cm)

2 (VT) **to ~ the bill*** payer la note

3 (COMP) ▸ **foot brake** N frein *m* à pied ▸ **foot-dragging** N atermoiements *mpl* ▸ **foot passengers** NPL [*of ferry*] passagers *mpl* sans véhicule ▸ **foot patrol** N patrouille *f* à pied ▸ **foot soldier** N fantassin *m*

footage [ˈfʊtɪdʒ] (N) (= *material on film*) séquences *fpl* • **they showed some ~ of the riots** ils ont diffusé quelques séquences sur les émeutes • **archive ~** documents *mpl* d'archives

football [ˈfʊtbɔːl] 1 (N) ⓐ (= *game*) (*Brit*) football *m*; (*US*) football *m* américain ⓑ (= *ball*) ballon *m* (de football)

2 (COMP) [*ground, match, team, coach*] de football ▸ **football hooligan** N (*Brit*) hooligan *m* ▸ **football league** N championnat *m* de football • **the Football League** (*Brit*) *la fédération anglaise de football* ▸ **football player** N (*Brit*) joueur *m*, -euse *f* de football; (*US*) joueur *m* de football américain ▸ **football pools** NPL (*Brit*) ≈ loto *m* sportif

footballer [ˈfʊtbɔːləʳ] (N) (*Brit*) footballeur *m*, -euse *f*

footballing [ˈfʊtbɔːlɪŋ] (ADJ) [*career*] de footballeur

footbridge [ˈfʊtbrɪdʒ] (N) passerelle *f*

footfall [ˈfʊtfɔːl] (N) ⓐ (*Commerce*) fréquentation *f* ⓑ (= *footstep*) (bruit *m* de) pas *m*

foothills [ˈfʊthɪlz] (NPL) contreforts *mpl*

foothold [ˈfʊthəʊld] (N) prise *f* (de pied) • **to gain a ~** [*newcomer*] se faire (progressivement) accepter; [*idea, fascism*] s'enraciner; [*company*] prendre pied

footie*, **footy*** [ˈfʊtɪ] (N) (*Brit*) foot* *m*

footing [ˈfʊtɪŋ] (N) prise *f* (de pied) • **to lose one's ~** perdre l'équilibre • **to be on a friendly ~ with sb** être en termes amicaux avec qn • **on an equal ~** sur un pied d'égalité

footman [ˈfʊtmən] (N) (*pl* **-men**) valet *m* de pied

footnote [ˈfʊtnəʊt] (N) note *f* en bas de (la) page; (*fig*) post-scriptum *m*

footpath [ˈfʊtpɑːθ] (N) sentier *m*

footprint [ˈfʊtprɪnt] (N) empreinte *f* (de pied) • **ecological** *or* **environmental ~** empreinte *f* écologique

footrest [ˈfʊtrest] (N) (= *part of chair*) repose-pieds *m inv*; (= *footstool*) tabouret *m* (*pour les pieds*)

footstep [ˈfʊtstep] (N) pas *m*

footstool [ˈfʊtstuːl] (N) tabouret *m* (*pour les pieds*)

footwear [ˈfʊtwɛəʳ] (N) chaussures *fpl*

footwork [ˈfʊtwɜːk] (N) (*Sport, Dancing*) jeu *m* de jambes • **legal/financial/political ~** manœuvre *f* juridique/financière/politique

for [fɔːʳ] PREPOSITION

> When **for** is an element in a phrasal verb, eg **look for**, **stand for**, look up the verb. When it is part of a set combination, eg **for sale**, **noted for**, look up the other word.

ⓐ pour • **a letter ~ you** une lettre pour toi • **a collection ~ the homeless** une quête pour les sans-abri • **he went there ~ a rest** il y est allé pour se reposer • **it is warm ~ January** il fait bon pour un mois de janvier • **~ or against** pour ou contre • **I'm ~ helping him** je suis partisan de l'aider • **I've got some news ~ you** j'ai du nouveau à t'apprendre • **what's this knife ~?** à quoi sert ce couteau? • **it's time ~ dinner** c'est l'heure de dîner • **I decided that it was the job ~ me** j'ai décidé que ce travail était fait pour moi

ⓑ (= *going to*) pour • **this isn't the bus ~ Lyons** ce n'est pas le bus pour Lyon

ⓒ (= *on behalf of*) **~ me/you** à ma/ta place • **I'll see her ~ you if you like** je peux aller la voir à ta place si tu veux • **will you go ~ me?** est-ce que vous pouvez y aller à ma place?

ⓓ (= *as in*) comme • **D ~ Daniel** D comme Daniel

ⓔ (= *in exchange for*) **I'll give you this book ~ that one** je vous échange ce livre contre celui-là • **he'll do it ~ $25** il le fera pour 25 dollars

> When used with **pay** and **sell**, **for** is not translated.

• **to pay $5 ~ a ticket** payer un billet 5 dollars • **I sold it ~ $20** je l'ai vendu 20 dollars

ⓕ (= *because of*) pour • **~ this reason** pour cette raison • **to go to prison ~ theft** aller en prison pour vol

ⓖ (= *from*) de • **~ fear of being left behind** de peur d'être oublié

h (= up to) à • **that's ~ him to decide** c'est à lui de décider • **it's not ~ me to say** ce n'est pas à moi de le dire
i (= in spite of) malgré • **~ all his wealth** malgré toute sa richesse
j (= for a distance of) sur • **a road lined with trees ~ 3km** une route bordée d'arbres sur 3km • **there was nothing to be seen ~ miles** il n'y avait rien à voir sur des kilomètres • **we walked ~ 2km** nous avons marché (pendant) 2km
k (time in the past or future) pendant • **he suffered terribly ~ six months** il a horriblement souffert pendant six mois

> With certain verbs **pendant** may be omitted.

• **I worked/stayed there ~ three months** j'y ai travaillé/j'y suis resté (pendant) trois mois • **he went away ~ two weeks** il est parti (pendant) quinze jours

> When **for** refers to future time, it is translated by **pour** after **aller** and **partir**.

• **he's going there ~ six months** il va là-bas pour six mois
l (uncompleted states and actions) depuis, ça fait ... que

> French generally uses the present and imperfect where English uses the perfect and past perfect.

• **he's been here ~ ten days** il est ici depuis dix jours, ça fait dix jours qu'il est ici • **I have known her ~ five years** je la connais depuis cinq ans, ça fait cinq ans que je la connais • **I have been working here ~ three months** je travaille ici depuis trois mois, ça fait trois mois que je travaille ici • **I had known her ~ years** je la connaissais depuis des années • **I had been working there ~ three months when ...** je travaillais là depuis trois mois quand ... • **he hasn't worked ~ two years** il n'a pas travaillé depuis deux ans, ça fait deux ans qu'il ne travaille pas • **she hadn't seen him ~ three months** elle ne l'avait pas vu depuis trois mois, cela faisait trois mois qu'elle ne l'avait pas vu
m (phrases with infinitive) **~ this to be possible** pour que cela soit possible • **I brought it ~ you to see** je l'ai apporté pour vous le montrer • **there is still time ~ him to come** il a encore le temps d'arriver

forage ['fɒrɪdʒ] 1 (N) fourrage *m* 2 (VI) **to ~ for food** [*animal*] rechercher sa nourriture
foray ['fɒreɪ] (N) (*into business, politics*) incursion *f* (**into** dans) • **they made a ~ into Turkey** [*soldiers*] ils ont fait une incursion en Turquie
forbad, forbade [fə'bæd] (VB) *pret of* **forbid**
forbearance [fɔː'bɛərəns] (N) patience *f*
forbearing [fɔː'bɛərɪŋ] (ADJ) patient
forbid [fə'bɪd] (*pret* **forbad(e)**, *ptp* **forbidden**) (VT) interdire • **to ~ sb to do sth** interdire à qn de faire qch • **to ~ sb alcohol** interdire l'alcool à qn • **they are ~den to do that** on leur a interdit de faire cela • **~den by law** interdit par la loi • **smoking is ~den** il est interdit de fumer • **his pride ~s him to ask for help** sa fierté lui interdit de demander de l'aide • **Heaven ~!*** grands dieux non! • **Heaven ~ I should do anything illegal** Dieu me garde de faire quoi que ce soit d'illégal

forbidden [fə'bɪdn] 1 (VB) *pt of* **forbid** 2 (ADJ) [*food, place*] interdit; [*subject, word*] tabou
forbidding [fə'bɪdɪŋ] (ADJ) [*person*] à l'allure sévère
force [fɔːs] 1 (N) **a** (= *strength*) force *f*; [*of phrase, word*] poids *m* • **to use ~** employer la force (**to do** pour faire) • **by sheer ~** par la simple force • **to resort to ~** avoir recours à la force • **to settle a dispute by ~** régler une querelle par la force • **his argument lacked ~** son argument manquait de poids • **I don't quite see the ~ of his argument** je ne trouve pas que son argument ait beaucoup de poids • **the police were there in ~** la police était là en force • **to come into ~** [*law, prices*] entrer en vigueur • **the rule has now come into ~** le règlement est désormais en vigueur
▸ **force of** by **~ of** à force de • **by sheer ~ of will** à force de volonté • **~ of circumstances** force *f* des choses • **from ~ of habit** par la force de l'habitude
b (= *power*) force *f* • **the ~s of Nature** les forces *fpl* de la nature • **there are several ~s at work** il y a plusieurs forces en présence
c (= *body of men*) force *f* • **allied ~s** (*Brit*) armées *fpl* alliées
2 (VT) **a** (= *constrain*) forcer (**sb to do** qn à faire) • **to be ~d to do sth** être forcé de faire qch • **to ~ o.s. to do sth** se forcer à faire qch • **to ~ sb's hand** forcer la main à qn
b (= *impose*) [+ *conditions*] imposer (**on sb** à qn) • **the decision was ~d on me by events** cette décision m'a été imposée par les événements
c (= *push*) **to ~ one's way into** entrer de force dans • **to ~ one's way through sth** se frayer un passage à travers qch • **the lorry ~d the car off the road** le camion a forcé la voiture à quitter la route
d (= *break open*) [+ *lock*] forcer • **to ~ open a door** forcer une porte
3 (COMP) ▸ **force-feed** VT nourrir de force; [+ *animal*] gaver
▸ **force down** VT SEP **to ~ food down** se forcer à manger
forced [fɔːst] (ADJ) forcé
forceful ['fɔːsfʊl] (ADJ) **a** (= *hard*) [*blow, kick, punch*] violent **b** (= *vigorous*) [*personality*] énergique • **he was ~ in his condemnation of the regime** il a condamné énergiquement le régime
forcefully ['fɔːsfʊlɪ] (ADV) avec force; [*act, intervene*] avec détermination
forceps ['fɔːseps] (NPL) forceps *m*
forcible ['fɔːsəbl] (ADJ) (= *forced*) forcé
forcibly ['fɔːsəblɪ] (ADV) (= *by force*) de force
ford [fɔːd] (N) gué *m*
fore [fɔːʳ] 1 (ADJ) [*foot, limb*] antérieur 2 (N) **to come to the ~** [*person*] se mettre en évidence; [*sb's courage*] se manifester
forearm ['fɔːrɑːm] (N) avant-bras *m inv*
foreboding [fɔː'bəʊdɪŋ] (N) pressentiment *m* • **to have a ~ that** avoir le pressentiment que
forecast ['fɔːkɑːst] (*pret, ptp* **forecast**) 1 (VT) [+ *weather*] prévoir 2 (N) **a** prévisions *fpl* **b** (= *weather forecast*) bulletin *m* météorologique • **the ~ is good** la météo* est bonne
forecaster ['fɔː,kɑːstəʳ] (N) [*of weather*] météorologue *mf*; (*economic*) prévisionniste *mf*
foreclose [fɔː'kləʊz] (VT) (*in law*) saisir • **to ~ (on) a mortgage** saisir un bien hypothéqué
forecourt ['fɔːkɔːt] (N) aire *f* de stationnement

forefinger ['fɔːˌfɪŋgəʳ] (N) index *m*
forefront ['fɔːfrʌnt] (N) **at the ~ of** [*+ technology, progress*] à la pointe de • **at the ~ of their minds** au centre de leurs préoccupations
forego [fɔː'gəʊ] (*pret* **forewent**, *ptp* **foregone**) (VT) renoncer à
foregone ['fɔːgɒn] (ADJ) **it was a ~ conclusion** c'était à prévoir
foreground ['fɔːgraʊnd] (N) **in the ~** au premier plan
forehand ['fɔːhænd] (N) coup *m* droit
forehead ['fɒrɪd] (N) front *m* • **on his ~** au front
foreign ['fɒrən] 1 (ADJ) **a** [*country, language*] étranger; [*holiday, travel*] à l'étranger; [*goods*] de l'étranger • **he comes from a ~ country** il vient de l'étranger **b** (*= alien*) **~ to** étranger à • **lying is quite ~ to him** le mensonge lui est (complètement) étranger
2 (COMP) ▸**foreign affairs** NPL affaires *fpl* étrangères • **Minister of Foreign Affairs** ministre *mf* des Affaires étrangères • **Ministry of Foreign Affairs** ministère *m* des Affaires étrangères ▸**foreign body** N corps *m* étranger ▸**foreign correspondent** N correspondant(e) *m(f)* à l'étranger ▸**foreign currency** N devises *fpl* étrangères ▸**foreign exchange** N (*= currency*) devises *fpl*; (*= system*) change *m* • **the ~ exchange market** le marché des changes ▸**Foreign Legion** N Légion *f* (étrangère) ▸**Foreign Office** N (*Brit*) ≈ ministère *m* des Affaires étrangères ▸**foreign policy** N politique *f* étrangère ▸**Foreign Secretary** N (*Brit*) ≈ ministre *mf* des Affaires étrangères
foreigner ['fɒrənəʳ] (N) étranger *m*, -ère *f*
foreleg ['fɔːleg] (N) patte *f* antérieure
foreman ['fɔːmən] (N) (*pl* **-men**) contremaître *m*; [*of jury*] président *m*
foremost ['fɔːməʊst] 1 (ADJ) [*authority, writer*] plus éminent • **to be ~ in sb's mind** être au centre des préoccupations de qn 2 (ADV) (*= above all*) **first and ~** d'abord et avant tout
forename ['fɔːneɪm] (N) prénom *m*
forensic [fə'rensɪk] 1 (ADJ) [*test, laboratory*] médico-légal 2 (NPL) **forensics** **a** (*= science*) médecine *f* légale **b** (*= police department*) service *m* médico-légal 3 (COMP) ▸**forensic evidence** N preuves *fpl* relevées lors d'une expertise médico-légale ▸**forensic medicine** N médecine *f* légale ▸**forensic scientist** N médecin *m* légiste
foreplay ['fɔːpleɪ] (N) préliminaires *mpl* (*amoureux*)
forerunner ['fɔːˌrʌnəʳ] (N) (*= person*) précurseur *m*; [*of machine, invention*] ancêtre *m*
foresee [fɔː'siː] (*pret* **foresaw**, *ptp* **foreseen**) (VT) prévoir
foreseeable [fɔː'siːəbl] (ADJ) prévisible • **in the ~ future** dans un proche avenir
foreshadow [fɔː'ʃædəʊ] (VT) [*+ event etc*] présager
foresight ['fɔːsaɪt] (N) prévoyance *f* • **lack of ~** imprévoyance *f* • **to have the ~ to do sth** faire preuve de prévoyance en faisant qch
forest ['fɒrɪst] (N) forêt *f* ▸**forest fire** N incendie *m* de forêt ▸**forest ranger** N garde *m* forestier
forestall [fɔː'stɔːl] (VT) prévenir
forested ['fɒrɪstɪd] (ADJ) boisé
forester ['fɒrɪstəʳ] (N) forestier *m*
forestry ['fɒrɪstrɪ] (N) foresterie *f* ▸**the Forestry Commission** N (*Brit*) ≈ l'Office *m* des Eaux et Forêts
foretaste ['fɔːteɪst] (N) avant-goût *m*
foretell [fɔː'tel] (*pret, ptp* **foretold**) (VT) prédire
forethought ['fɔːθɔːt] (N) prévoyance *f* • **lack of ~** imprévoyance *f*
forever, for ever [fər'evəʳ] (ADV) **a** (*= eternally*) [*live, last, remember*] toujours • **~ and ever** à jamais **b** (*= definitively*) [*change, disappear, lose*] pour toujours • **he left ~** il est parti pour toujours **c** (*= a long time*)* [*take*] une éternité • **the meeting lasted ~** la réunion n'en finissait pas **d** (*= constantly*) **to be ~ doing sth** être sans arrêt en train de faire qch
forewarn [fɔː'wɔːn] (VT) prévenir • (PROV) **~ed is forearmed** un homme averti en vaut deux (PROV)
foreword ['fɔːwɜːd] (N) avant-propos *m inv*
forfeit ['fɔːfɪt] 1 (VT) perdre 2 (N) prix *m*
forgave [fə'geɪv] (VB) *pt of* **forgive**
forge [fɔːdʒ] 1 (VT) **a** (*= fake*) contrefaire • **to ~ a Renoir** faire un faux Renoir • **it's ~d** c'est un faux **b** (*= establish*) [*+ ties, links*] forger 2 (N) forge *f*
forger ['fɔːdʒəʳ] (N) faussaire *mf*
forgery ['fɔːdʒərɪ] (N) **a** (*= counterfeiting*) [*of banknote, signature, document*] contrefaçon *f* • **to prosecute sb for ~** poursuivre qn pour faux (et usage de faux) **b** (*= thing forged*) faux *m* • **the signature was a ~** la signature était fausse
forget [fə'get] (*pret* **forgot**, *ptp* **forgotten**) 1 (VT) oublier • **I've forgotten all my Spanish** j'ai oublié tout mon espagnol • **she never ~s a face** elle n'oublie jamais un visage • **I ~ who said ...** je ne sais plus qui a dit ... • **not ~ting ...** sans oublier ... • **we completely forgot the time** nous avons complètement oublié l'heure • **and don't you ~ it!*** et tâche de ne pas oublier ! • **~ it!*** laisse tomber !* • **she'll never let him ~ it** elle ne manque pas une occasion de le lui rappeler • **to ~ to do sth** oublier de faire qch • **I've forgotten how to do it** j'ai oublié comment on fait • **to ~ one's manners** oublier toutes ses bonnes manières
2 (VI) oublier • **I completely forgot** j'ai complètement oublié • **I've forgotten all about it** je n'y pense plus • **~ about it!*** n'y pensez plus ! • **if that's the kind of work you're going to do, you can ~ about promotion** si c'est comme ça que tu vas travailler, tu peux dire adieu à ta promotion
forgetful [fə'getfʊl] (ADJ) étourdi • **he is very ~** il est très étourdi
forgetfulness [fə'getfʊlnɪs] (N) étourderie *f*
forgettable [fə'getəbəl] (ADJ) peu mémorable
forgive [fə'gɪv] (*pret* **forgave**, *ptp* **forgiven**) (VT) pardonner • **to ~ sb (for) sth** pardonner qch à qn • **to ~ sb for doing sth** pardonner à qn de faire qch • **~ me for asking, but ...** excuse-moi de demander, mais ... • **one could be ~n for thinking ...** on serait excusable de penser ...
forgiveness [fə'gɪvnɪs] (N) (*= pardon*) pardon *m*
forgiving [fə'gɪvɪŋ] (ADJ) indulgent
forgo [fɔː'gəʊ] (*pret* **forwent**, *ptp* **forgone**) (VT) renoncer à
forgot [fə'gɒt] (VB) *pt of* **forget**
forgotten [fə'gɒtn] (VB) *ptp of* **forget**
fork [fɔːk] 1 (N) **a** (*at table*) fourchette *f* **b** [*of branches*] fourche *f*; [*of roads, railways*] embranchement *m* 2 (COMP) ▸**fork-lift truck** N chariot *m* élévateur (à fourche) ▸**fork out*** 1 VI casquer‡ 2 VT SEP [*+ money*] allonger‡
forked [fɔːkt] (ADJ) fourchu ▸**forked lightning** N éclair *m* en zigzags
forkful ['fɔːkfʊl] (N) **a ~ of mashed potato** une pleine fourchette de purée

forlorn [fə'lɔ:n] ADJ ⓐ (= *miserable*) [*person*] triste et délaissé; [*voice*] triste • **to look ~** avoir l'air triste et délaissé ⓑ [*attempt*] désespéré • **it is a ~ hope** c'est un mince espoir

form [fɔ:m] 1 N ⓐ forme *f* • **the various ~s of energy** les différentes formes d'énergie • **medicine in tablet ~** médicament *m* sous forme de comprimés • **the first prize will take the ~ of a trip to Rome** le premier prix sera un voyage à Rome • **the correct ~ of address for a bishop** la manière correcte de s'adresser à un évêque • **her letters are to be published in book ~** ses lettres doivent être publiées sous forme de livre • **the human ~** la forme humaine • **I saw a ~ in the fog** j'ai vu une silhouette dans le brouillard • **to take ~** prendre forme • **to study ~** (*Brit*) ≈ préparer son tiercé
▸ **on form** en forme
ⓑ (= *document*) formulaire *m*; (*for tax returns*) feuille *f* • **to fill out a ~** remplir un formulaire
ⓒ (*Brit*) (= *class*) classe *f* • **he's in the sixth ~** ≈ il est en première
2 VT ⓐ [+ *shape, character, government*] former
ⓑ (= *develop*) [+ *habit*] contracter • **to ~ an opinion** se faire une opinion • **to ~ an impression** se faire une impression
ⓒ (= *constitute*) composer • **the ministers who ~ the government** les ministres qui composent le gouvernement • **to ~ a queue** se mettre en file
3 VI [*queue, company, blood clots*] se former; [*idea*] prendre forme

formal ['fɔ:məl] 1 ADJ ⓐ [*person, behaviour, welcome*] cérémonieux; [*dinner, function*] protocolaire; [*letter*] respectant les convenances • **lunch was a ~ affair** le déjeuner était assez protocolaire ⓑ (= *official*) [*talks, complaint, surrender*] officiel ⓒ (= *professional*) **he had no ~ training** il n'avait pas vraiment de formation • **he had little ~ education** il n'a pas été beaucoup à l'école
2 COMP ▸ **formal dress** N tenue *f* de cérémonie; (= *evening dress*) tenue *f* de soirée

formaldehyde [fɔ:'mældɪhaɪd] N formol *m*

formality [fɔ:'mælɪtɪ] N formalité *f* • **it's just a ~** ce n'est qu'une simple formalité

formalize ['fɔ:məlaɪz] VT (= *make formal*) formaliser; (= *make official*) officialiser

formally ['fɔ:məlɪ] ADV ⓐ [*say, shake hands*] cérémonieusement ⓑ (= *officially*) [*agree, launch*] officiellement • **~ charged** mis en examen • **we have been ~ invited** nous avons reçu une invitation officielle ⓒ **to be ~ dressed** être en tenue de cérémonie; (= *in evening dress*) être en tenue de soirée

format ['fɔ:mæt] 1 N ⓐ (= *type*) [*of computer data, publication*] format *m* • **dictionaries published in both paper and electronic ~** des dictionnaires publiés à la fois en version papier et en version électronique • **available in cassette or CD ~** disponible en cassette ou CD ⓑ (= *presentation*) [*of book, newspaper*] présentation *f*; [*of TV, radio programme*] présentation *f* • **dictionaries in three-column ~** des dictionnaires publiés dans une présentation sur trois colonnes 2 VT (*Comput*) formater

formation [fɔ:'meɪʃən] 1 N ⓐ [*of character, government*] formation *f*; [*of plan*] élaboration *f*; [*of committee*] création *f* ⓑ (= *pattern*) formation *f* • **battle ~** formation *f* de combat • **in close ~** en ordre serré 2 COMP ▸ **formation flying** N vol *m* en formation

formative ['fɔ:mətɪv] ADJ formateur (-trice *f*)

formatting ['fɔ:mætɪŋ] N (*Comput*) formatage *m*

former ['fɔ:məʳ] 1 ADJ ⓐ (= *previous*) [*president, employee*] ancien

> With this meaning **ancien** goes before the noun.

[*strength*] d'autrefois • **the ~ Soviet Union** l'ex-Union *f* soviétique • **the ~ Yugoslavia** l'ex-Yougoslavie *f* • **my ~ wife/husband** mon ex-femme/ex-mari • **the buildings have now been restored to their ~ glory** les bâtiments rénovés ont retrouvé leur splendeur d'antan • **he was a shadow of his ~ self** il n'était plus que l'ombre de lui-même • **in a ~ life** au cours d'une vie antérieure • **in ~ times** autrefois
ⓑ (= *first*) **the ~ option** la première option
2 PRON **the ~** le premier, la première • **the ~ ... the latter** le premier ... le dernier • **of the two ideas I prefer the ~** des deux idées je préfère la première • **the ~ is the more expensive of the two systems** ce premier système est le plus coûteux des deux
3 COMP ▸ **former pupil** N ancien(ne) élève *m(f)*

formerly ['fɔ:məlɪ] ADV autrefois • **Lake Malawi, ~ Lake Nyasa** le lac Malawi, anciennement lac Nyassa

Formica® [fɔ:'maɪkə] N Formica® *m*, plastique *m* laminé

formidable ['fɔ:mɪdəbl] ADJ [*task, reputation, person*] redoutable; [*obstacle*] formidable

formula ['fɔ:mjʊlə] N ⓐ formule *f* • **winning ~** formule *f* idéale • **Formula One/Two/Three** la formule un/deux/trois • **a ~-one car** une voiture de formule un ⓑ (= *baby milk*) lait *m* maternisé

formulaic [,fɔ:mjʊ'leɪɪk] ADJ convenu

formulate ['fɔ:mjʊleɪt] VT formuler

formulation [,fɔ:mjʊ'leɪʃən] N ⓐ (= *creation*) [*of idea, theory, policy*] formulation *f*; [*of policy, plan*] élaboration *f* ⓑ (= *formula*) [*of vaccine*] formule *f*

fornicate ['fɔ:nɪkeɪt] VI forniquer

forsake [fə'seɪk] (*pret* **forsook**, *ptp* **forsaken**) VT abandonner

fort [fɔ:t] N (*military*) fort *m* • **to hold the ~** garder la boutique*

forte ['fɔ:tɪ, (*US*) fɔ:t] N fort *m* • **generosity is not his ~** la générosité n'est pas son fort

forth [fɔ:θ] ADV

> When **forth** is an element in a phrasal verb, eg **sally forth**, **venture forth**, look up the verb.

ⓐ (= *out*) de l'avant • **to go back and ~ between ...** faire la navette entre ... ⓑ (= *onward*) **and so ~** et ainsi de suite

forthcoming [fɔ:θ'kʌmɪŋ] ADJ ⓐ (= *imminent*) [*event, visit, election, album*] prochain • **in a ~ book, he examines ...** dans un livre qui va bientôt sortir, il examine ... ⓑ (= *available*) **to be ~** [*funds, support*] être disponible • **no answer was ~** il n'y a pas eu de réponse

forthright ['fɔ:θraɪt] ADJ [*person, manner, answer*] direct • **to be ~ in one's response** donner une réponse directe • **to be ~ about sth** ne pas mâcher ses mots à propos de qch

fortieth ['fɔ:tɪɪθ] ADJ, N quarantième *mf* → **sixth**

fortification [,fɔ:tɪfɪ'keɪʃən] N fortification *f*

fortify ['fɔ:tɪfaɪ] VT [+ *place*] fortifier; [+ *person*] réconforter • **fortified place** place *f* forte • **fortified wine** ≈ vin *m* doux

fortnight ['fɔːtnaɪt] (N) (*Brit*) quinzaine *f* • **a ~'s holiday** quinze jours de vacances • **a ~ tomorrow** demain en quinze • **for a ~** pour une quinzaine • **in a ~** dans quinze jours

fortnightly ['fɔːtnaɪtlɪ] (*Brit*) **1** (ADJ) [*magazine*] bimensuel **2** (ADV) tous les quinze jours

fortress ['fɔːtrɪs] (N) (= *prison*) forteresse *f*; (= *medieval castle*) château *m* fort • **~ Europe** la forteresse Europe

fortuitous [fɔː'tjuːɪtəs] (ADJ) fortuit

fortunate ['fɔːtʃənɪt] (ADJ) [*coincidence, choice*] heureux • **to be ~** [*person*] avoir de la chance • **we are ~ that ...** nous avons de la chance que ... • **it was ~ for him that ...** heureusement pour lui que ... • **they were ~ to escape** ils ont eu de la chance de s'en tirer • **she is in the ~ position of having plenty of choice** elle a la chance d'avoir plein d'options • **how ~!** quelle chance !

fortunately ['fɔːtʃənɪtlɪ] (ADV) heureusement

fortune ['fɔːtʃən] **1** (N) ⓐ (= *chance*) chance *f* • **by good ~** par bonheur • **I had the good ~ to meet him** j'ai eu la chance de le rencontrer • **~ favoured him** la chance lui a souri • **to tell sb's ~** dire la bonne aventure à qn
ⓑ (= *riches*) fortune *f* • **to make a ~** faire fortune • **to come into a ~** hériter d'une fortune • **to spend/cost a ~** dépenser/coûter une fortune
2 (COMP) ▸**fortune cookie** N (*US*) beignet *m* chinois (*renfermant un horoscope ou une devise*) ▸**fortune-teller** N diseur *m*, -euse *f* de bonne aventure; (*with cards*) tireuse *f* de cartes ▸**fortune-telling** N (art *m* de la) divination; (*with cards*) cartomancie *f*

forty ['fɔːtɪ] (NUMBER) quarante *m inv* • **there are ~** il y en a quarante • **about ~ books** une quarantaine de livres • **to have ~ winks*** faire un petit somme → **sixty**

forum ['fɔːrəm] (N) tribune *f* • **it's an open ~** c'est une tribune libre

forward ['fɔːwəd]

> When **forward** is an element in a phrasal verb, eg **come forward**, **step forward**, look up the verb.

1 (ADV) (*also* **forwards**) en avant • **to go ~** avancer • **to go straight ~** aller droit devant soi • **~ march!** en avant, marche ! • **from that moment ~** à partir de ce moment-là • **to come ~** se présenter • **he went backward(s) and ~(s) between the station and the house** il allait et venait entre la gare et la maison • **to put the clocks ~** avancer les pendules
▸**going forward** (= *in the future*) à l'avenir, dorénavant
2 (ADJ) ⓐ (= *in front, ahead*) en avant, vers l'avant • **this seat is too far ~** ce siège est trop en avant • **I'm no further ~ (with this problem)** me voilà bien avancé !
ⓑ (= *bold*) effronté
3 (N) (*Sport*) avant *m*
4 (VT) [+ *mail*] faire suivre
5 (COMP) ▸**forwarding address** N **he left no ~ing address** il est parti sans laisser d'adresse ▸**forward-looking** ADJ tourné vers l'avenir ▸**forward planning** N planification *f* ▸**forward slash** N barre *f* oblique

forwards ['fɔːwədz] (ADV) = **forward**

fossil ['fɒsl] (N) fossile *m* ▸**fossil energy** N énergie *f* fossile ▸**fossil fuel** N combustible *m* fossile

fossilized ['fɒsɪlaɪzd] (ADJ) fossilisé

foster ['fɒstəʳ] **1** (VT) ⓐ [+ *child*] élever ⓑ [+ *friendship*] encourager ⓒ [+ *idea*] nourrir **2** (COMP) ▸**foster child** N enfant *mf* placé(e) dans une famille d'accueil ▸**foster home** N famille *f* d'accueil ▸**foster mother** N mère *f* adoptive (*d'un enfant placé*)

fought [fɔːt] (VB) *pt, ptp of* **fight**

foul [faʊl] **1** (ADJ) ⓐ (= *disgusting*) [*place, smell*] immonde • **to smell ~** puer
ⓑ (= *bad*) **~ luck** terrible malchance *f* • **~ weather** sale* temps *m*
ⓒ [*language, abuse*] grossier • **to have a ~ mouth** être grossier • **to have a ~ temper** avoir un sale caractère • **in a ~ mood** d'une humeur massacrante
ⓓ [*shot*] mauvais; [*tackle*] irrégulier
ⓔ **to fall ~ of the law** avoir maille à partir avec la justice
2 (N) (*Football*) faute *f*
3 (VT) ⓐ (= *pollute*) polluer
ⓑ [*dog*] souiller
ⓒ (*Sport*) commettre une faute sur
4 (VI) (= *become entangled or jammed*) **to ~ on sth** [*rope, line*] s'emmêler dans qch; [*mechanism*] se prendre dans qch
5 (COMP) ▸**foul-mouthed** ADJ grossier (-ière *f*) ▸**foul play** N (*Sport*) jeu *m* irrégulier • **he suspected ~ play** il se doutait que ce n'était pas un accident ▸**foul-smelling** ADJ puant ▸**foul-tasting** ADJ infect ▸**foul-tempered** ADJ **to be ~-tempered** avoir un caractère de cochon* ▸**foul-up*** N cafouillage* *m*

found [faʊnd] (VT) ⓐ fonder (**on** sur) • **my suspicions were ~ed on fact** mes soupçons reposaient sur des faits réels ⓑ *pt, ptp of* **find**

foundation [faʊn'deɪʃən] **1** (N) ⓐ (= *founding*) fondation *f* ⓑ (= *establishment*) fondation *f* ⓒ [*of social structure, idea*] fondement *m* • **without ~** sans fondement ⓓ (*also* **foundation cream**) fond *m* de teint **2** (NPL) **foundations** [*of building*] fondations *fpl* • **to lay the ~s of sth** poser les bases de qch • **to rock sth to its ~s** profondément ébranler qch
3 (COMP) ▸**foundation course** N (*Brit*) cours *m* d'initiation

founder ['faʊndəʳ] **1** (N) fondateur *m*, -trice *f* **2** (VI) [*ship*] sombrer; [*plans*] s'effondrer; [*hopes*] s'en aller en fumée
3 (COMP) ▸**founder member** N (*Brit*) membre *m* fondateur

founding ['faʊndɪŋ] (N) → **foundation** ▸**founding fathers** NPL (*US*) pères *mpl* fondateurs (*qui élaborèrent la Constitution fédérale des États-Unis*)

fount [faʊnt] (N) **the ~ of knowledge** la source du savoir

fountain ['faʊntɪn] (N) fontaine *f* ▸**fountain pen** N stylo *m* (à) plume

four [fɔːʳ] (NUMBER) quatre *m inv* • **there are ~** il y en a quatre • **to the ~ corners of the earth** aux quatre coins du monde • **on all ~s** à quatre pattes ▸**four-by-four** N 4x4 *m*, quatre-quatre *m* ▸**four-door** ADJ [*car*] (à) quatre portes ▸**four-engined plane** N quadrimoteur *m* ▸**four-eyes*̣** N binoclard(e)* *m(f)* ▸**four-leaf clover** N trèfle *m* à quatre feuilles ▸**four-legged** ADJ à quatre pattes ▸**four-legged friend** N (*hum*) compagnon *m* à quatre pattes ▸**four-letter word** N gros mot *m* ▸**four-poster** N lit *m* à baldaquin ▸**four-star petrol** N (*Brit*) super(carburant) *m* ▸**four-wheel drive** N (= *car*) quatre-quatre *m* • **with ~-wheel drive** à quatre roues motrices → **six**

foursome ['fɔːsəm] (N) (= *game*) partie *f* à quatre; (= *two women, two men*) deux couples *mpl* • **we went in a ~** nous y sommes allés à quatre

fourteen ['fɔː'tiːn] (NUMBER) quatorze *m inv* • **there are ~** il y en a quatorze → **six**

fourteenth ['fɔː'tiːnθ] (ADJ, N) quatorzième *mf*; (= *fraction*) quatorzième *m* • **Louis the Fourteenth** Louis XIV • **the ~ of July** le quatorze juillet → **sixth**

fourth [fɔːθ] (ADJ, N) quatrième *mf*; (*US*) (= *fraction*) quart *m* • **he lives on the ~ floor** (*Brit*) il habite au quatrième étage; (*US*) il habite au cinquième étage • **to change into ~ gear** passer en quatrième → **sixth**

> **FOURTH OF JULY**
> Le 4 juillet, ou jour de l'indépendance (« Independence Day »), est la grande fête nationale des États-Unis. Elle commémore l'adoption en 1776 de la Déclaration d'indépendance, rédigée par Thomas Jefferson, qui proclame la séparation des 13 colonies américaines de la Grande-Bretagne.

fowl [faʊl] (N) volaille *f*

fox [fɒks] (N) renard *m*

foxhunting [ˈfɒksˌhʌntɪŋ] (N) chasse *f* au renard • **to go ~** aller à la chasse au renard

foyer [ˈfɔɪeɪ] (N) [*of theatre*] foyer *m*; [*of hotel*] hall *m*; (*US*) [*of house*] vestibule *m*

fracking [ˈfrækɪŋ] (N) fracturation *f* hydraulique

fraction [ˈfrækʃən] (N) (*in maths*) fraction *f* • **for a ~ of a second** pendant une fraction de seconde • **she only spends a ~ of what she earns** elle ne dépense qu'une infime partie de ce qu'elle gagne

fractionally [ˈfrækʃnəlɪ] (ADV) un tout petit peu

fractious [ˈfrækʃəs] (ADJ) grincheux

fracture [ˈfræktʃəʳ] 1 (N) fracture *f* 2 (VT) fracturer • **she ~d her hip** elle s'est fracturé la hanche

fragile [ˈfrædʒaɪl] (ADJ) fragile

fragment 1 (N) fragment *m*; [*of glass*] éclat *m* • **~s of conversation** bribes *fpl* de conversation 2 (VI) [*organization, system*] éclater

> Lorsque **fragment** est un nom, l'accent tombe sur la première syllabe : [ˈfrægmənt], lorsque c'est un verbe, sur la seconde : [frægˈment].

fragmentation [ˌfrægmenˈteɪʃən] (N) fragmentation *f* ▸ **fragmentation grenade** N (*Mil*) grenade *f* à fragmentation

fragmented [frægˈmentɪd] (ADJ) [*story*] fragmentaire

fragrance [ˈfreɪgrəns] (N) (= *perfume*) parfum *m*

fragrant [ˈfreɪgrənt] (ADJ) odorant

frail [freɪl] (ADJ) [*person*] frêle; [*health*] fragile

frailty [ˈfreɪltɪ] (N) [*of person, health*] fragilité *f*

frame [freɪm] 1 (N) [*of picture, bicycle*] cadre *m*; [*of building*] charpente *f*; [*of window, door*] chambranle *m*
2 (NPL) **frames** [*of spectacles*] monture *f*
3 (VT) ⓐ [+ *picture*] encadrer • **he appeared ~d in the doorway** il apparut dans l'encadrement de la porte • **to ~ a subject** [*photographer*] cadrer un sujet
ⓑ **he claimed he had been ~d*** il a prétendu être victime d'un coup monté
4 (COMP) ▸ **frame of mind** N état *m* d'esprit • **I'm not in the right ~ of mind to do this job** je ne suis pas d'humeur à faire ce travail • **to be in a positive ~ of mind** être positif ▸ **frame-up*** N coup *m* monté

framework [ˈfreɪmwɜːk] (N) (= *frame*) structure *f*; (= *basis*) cadre *m* • **the ~ of society** la structure de la société • **a legal ~** un cadre légal • **within the ~ of ...** dans le cadre de ... ▸ **framework agreement** N accord-cadre *m*

France [frɑːns] (N) France *f* • **in ~** en France

franchise [ˈfræntʃaɪz] (N) ⓐ (*political*) droit *m* de vote ⓑ (*in business*) franchise *f*

Franco- [ˈfræŋkəʊ] (PREF) franco- • **~British** franco-britannique

frank [fræŋk] 1 (ADJ) [*person, comment*] franc (franche *f*) • **to be ~ (with you) ...** franchement ... 2 (VT) [+ *letter*] affranchir

Frankfurt [ˈfræŋkfɜːt] (N) Francfort

frankfurter [ˈfræŋkˌfɜːtəʳ] (N) (= *sausage*) saucisse *f* de Francfort

frankly [ˈfræŋklɪ] (ADV) franchement

frankness [ˈfræŋknɪs] (N) franchise *f*

frantic [ˈfræntɪk] (ADJ) [*person*] dans tous ses états; [*phone call, search*] désespéré; [*effort, rush*] frénétique • **~ with worry** fou (folle *f*) d'inquiétude

frantically [ˈfræntɪkəlɪ] (ADV) [*search*] désespérément; [*write*] avec frénésie

fraternal [frəˈtɜːnl] (ADJ) fraternel

> **fraternel** ends in **-el** instead of **-al**.

fraternity [frəˈtɜːnɪtɪ] (N) (= *comradeship*) fraternité *f*; (*US*) (*at university*) association *f* d'étudiants • **the hunting ~** les chasseurs *mpl* → SORORITY, FRATERNITY

fraternize [ˈfrætənaɪz] (VI) fraterniser

fraud [frɔːd] 1 (N) ⓐ (= *criminal deception*) fraude *f*; (*financial*) escroquerie *f* • **tax ~** fraude *f* fiscale • **credit card ~** escroquerie *f* à la carte de crédit ⓑ (= *impostor*) imposteur *m* 2 (COMP) ▸ **Fraud Squad** N service *m* de la répression des fraudes

fraudster [ˈfrɔːdstəʳ] (N) fraudeur *m*, -euse *f*

fraudulent [ˈfrɔːdjʊlənt] (ADJ) frauduleux

fraught [frɔːt] (ADJ) ⓐ (= *filled*) **~ with difficulty** plein de difficultés • **~ with danger** périlleux ⓑ (= *anxious*) [*person, situation, meeting*] tendu

fray [freɪ] 1 (VT) **tempers were getting ~ed** on commençait à s'énerver • **my nerves are ~ed** je suis à bout de nerfs 2 (VI) [*cloth, garment*] s'effilocher • **his sleeve was ~ing at the cuff** sa manche était usée au poignet

frazzle* [ˈfræzl] (N) **worn to a ~** crevé* • **burnt to a ~** carbonisé

freak [friːk] 1 (N) ⓐ (= *abnormal person or animal*) monstre *m* • **~ of nature** accident *m* de la nature ⓑ (= *fanatic*)* **a health food ~** un(e) fana* des produits bio ⓒ (= *abnormal event*) **his winning was really just a ~** il n'a gagné que grâce à un hasard extraordinaire 2 (ADJ) [*storm, weather*] anormal; [*victory*] inattendu
▸ **freak out*** 1 VI (= *get angry*) piquer une crise*; (= *panic*) paniquer 2 VT SEP **to ~ sb out** (= *frighten*) ficher les jetons à qn*

freckle [ˈfrekl] (N) tache *f* de rousseur

free [friː]

1 ADJECTIVE	3 TRANSITIVE VERB
2 ADVERB	4 COMPOUNDS

1 ADJECTIVE

ⓐ (**person, animal, country**) libre • **he managed to get ~** il a réussi à se libérer • **to go ~** [*prisoner*] être relâché • **to set a prisoner ~** libérer un prisonnier • **they had to cut the driver ~ from the wreckage** ils ont dû désincarcérer le conducteur du véhicule accidenté • **to have a ~ hand to do sth** avoir carte blanche pour faire qch • **he was ~**

to refuse il était libre de refuser • **you're ~ to choose** vous êtes libre de choisir • **I will be ~ at 2 o'clock** je serai libre à 14 heures • **it's a ~ country!** on est en république !* • **to be/get ~ of sb** être débarrassé/se débarrasser de qn • **is this seat ~?** est-ce que cette place est libre ?

▸ **to feel free to do sth please feel ~ to ask questions** n'hésitez pas à poser des questions • **a school where children feel ~ to express themselves** une école où les enfants se sentent libres de s'exprimer • **can I borrow your pen? — feel ~*** est-ce que je peux vous emprunter votre stylo ? — je vous en prie

▸ **free from** *or* **of** (*= without*) **to be ~ from responsibility** être dégagé de toute responsabilité • **to be ~ of pain** ne pas souffrir • **a world ~ of nuclear weapons** un monde sans armes nucléaires • **the elections have been ~ of violence** les élections se sont déroulées sans violence

ⓑ (*= costing nothing*) [*object, ticket*] gratuit • **"~ mug with each towel"** « une chope gratuite pour tout achat d'une serviette » • **admission ~** entrée *f* libre • **delivery ~** livraison *f* gratuite • **as a ~ gift** en cadeau • **~ sample** échantillon *m* gratuit • **there's no such thing as a ~ lunch** tout se paie

ⓒ (*= lavish*) généreux • **to be ~ with one's money** dépenser son argent sans compter • **you're very ~ with your advice** (*iro*) vous êtes particulièrement prodigue de conseils (*iro*)

2 ADVERB

ⓐ (*= without payment*) [*give, get, travel*] gratuitement

ⓑ (*= without restraint*) [*run about*] en liberté

ⓒ (*= expressing release*) **to pull ~** se dégager • **to wriggle ~** [*person*] se libérer en se tortillant

3 TRANSITIVE VERB

ⓐ (*= liberate*) [*+ nation, slave, caged animal, prisoner*] libérer; [*+ person*] (*from wreckage*) dégager; (*from burden*) soulager

ⓑ (*= untie*) [*+ person, animal*] détacher

4 COMPOUNDS

▸ **free agent** N **to be a ~ agent** avoir toute liberté d'action ▸ **Free Church** N (*Brit*) église *f* non-conformiste ♦ ADJ non-conformiste ▸ **free climbing** N escalade *f* libre ▸ **free(-)diving** N plongée *f* libre ▸ **free enterprise** N libre entreprise *f* ▸ **free-enterprise economy** N économie *f* de marché ▸ **free fall** N chute *f* libre • **to go into ~ fall** faire une chute libre ▸ **free flight** N (*in plane*) vol *m* libre ▸ **free-floating** ADJ (*in water, space*) qui flotte librement; (*fig*) [*person*] sans attaches ▸ **free-for-all** N mêlée *f* générale ▸ **free house** N (*Brit*) pub *m* (*qui n'appartient pas à une chaîne*) ▸ **free kick** N (*Sport*) coup *m* franc ▸ **free-market economy** N économie *f* de marché ▸ **free-marketeer** N partisan *m* de l'économie de marché ▸ **free of charge** ADV gratuitement ▸ **free period** N heure *f* de permanence ▸ **free radical** N radical *m* libre ▸ **free-range chicken** N poulet *m* élevé en plein air ▸ **free-range egg** N œuf *m* de poule élevée en plein air ▸ **free running** N parkour *m* ▸ **free speech** N liberté *f* de parole ▸ **free spirit** N esprit *m* libre ▸ **free-spirited** ADJ [*person, ways*] non conformiste ▸ **free-standing** ADJ [*furniture*] non encastré ▸ **free throw** N (*US Sport*) lancer *m* franc ▸ **free-to-air** ADJ (*TV*) gratuit ▸ **free trade** N libre-échange *m* ▸ **free-trade zone** N zone *f* franche ▸ **free vote** N vote *m* de conscience (*sans consigne de vote*) ▸ **free will** N **he did it of his own ~ will** il l'a fait de son propre gré

freebie ['friːbɪ] N (*= free gift*) (petit) cadeau *m*; (*= free trip*) voyage *m* à l'œil*; (*= free newspaper*) journal *m* gratis*

freedom ['friːdəm] N liberté *f* • **~ of choice** liberté de choix • **~ of information** liberté *f* d'information • **~ of the press** liberté *f* de la presse • **~ of speech** liberté *f* de parole • **to give sb ~ to do as he wishes** laisser les mains libres à qn ▸ **freedom fighter** N partisan *m* ▸ **Freedom of Information Act** N (*US*) loi *f* sur la liberté d'information

Freefone® ['friːfəʊn] N (*Brit*) appel *m* gratuit, ≈ numéro® *m* vert

freegan [friːgən] N déchétarien(ne) *m(f)*

freehold ['friːhəʊld] N (*Brit*) propriété *f* foncière libre (*à perpétuité*)

freelance ['friːlɑːns] 1 ADJ [*journalist, designer*] indépendant, freelance *inv*; [*work*] en freelance 2 ADV [*work*] en freelance • **to go ~** se mettre à son compte

freelancer ['friːlɑːnsəʳ] N free-lance *mf*; (*= journalist*) pigiste *mf*

freely ['friːlɪ] ADV ⓐ (*= unrestrictedly*) [*travel, elect*] en toute liberté; [*talk, speak*] librement • **to move ~** [*person*] se déplacer en toute liberté • **traffic is moving ~** la circulation est fluide • **to be ~ available** [*drugs*] être en vente libre; [*information*] être facile à trouver ⓑ (*= willingly*) [*admit*] volontiers ⓒ (*= liberally*) [*spend*] sans compter • **the wine was flowing ~** le vin coulait à flots

Freepost® ['friːpəʊst] N (*Brit*) port *m* payé

freestyle ['friːstaɪl] N (*= swimming*) nage *f* libre

freethinker [ˌfriːˈθɪŋkəʳ] N libre-penseur *m*, -euse *f*

freethinking [ˌfriːˈθɪŋkɪŋ] 1 ADJ libre penseur 2 N libre pensée *f*

Freeview® ['friːvjuː] N (*Brit*) télévision *f* numérique terrestre, ≈ TNT *f*

freeware ['friːwɛəʳ] N (*= software*) logiciel *m* gratuit

freeway ['friːweɪ] N (*US*) autoroute *f* (*sans péage*)

freewheeling [ˌfriːˈwiːlɪŋ] ADJ [*person*] insouciant; [*scheme, lifestyle*] peu orthodoxe

freeze [friːz] (*pret* **froze**, *ptp* **frozen**) 1 VI ⓐ [*liquid*] geler; [*food*] se congeler • **to ~ to death** mourir de froid • **the lake has frozen** le lac est gelé

ⓑ (*= stop*) se figer • **he froze (in his tracks)** il est resté figé sur place • **~!** pas un geste !

2 VT ⓐ [*+ liquid*] geler; [*+ food*] congeler; (*industrially*) surgeler

ⓑ [*+ assets, credit, wages, prices*] geler; [*+ bank account*] bloquer

3 N ⓐ (*= cold period*) **the big ~ of 1948** la vague de froid de 1948

ⓑ [*of prices, credit*] gel *m* • **a wage ~** un gel des salaires • **a ~ on nuclear weapons testing** un gel des essais nucléaires

4 COMP ▸ **freeze-dry** VT lyophiliser ▸ **freeze-frame** N [*of film, video*] arrêt *m* sur image ♦ VT **to ~-frame a video** faire un arrêt sur image

▸ **freeze over** VI [*lake, river*] geler; [*windscreen*] givrer • **the river has frozen over** la rivière est gelée

freezer ['friːzəʳ] 1 N congélateur *m* 2 COMP ▸ **freezer bag** N sac *m* congélation ▸ **freezer compartment** N freezer *m* ▸ **freezer container** N barquette *f* congélation

freezing ['friːzɪŋ] 1 ADJ ⓐ (*= icy*) glacial ⓑ (*also* **freezing cold**) [*person*] gelé • **my hands are ~** j'ai les mains gelées • **it's ~** il fait un froid glacial • **it's ~ in**

here on gèle ici 2 (COMP) ▸**freezing point** N point *m* de congélation • **below ~ point** au-dessous de zéro (centigrade)

freight [freɪt] (N) fret *m* • **air ~** fret *m* aérien ▸**freight car** N (*US*) wagon *m* de marchandises ▸**freight charges** NPL fret *m* ▸**freight plane** N avion-cargo *m* ▸**freight train** N train *m* de marchandises

freighter ['freɪtəʳ] (N) (= *ship*) cargo *m*

French [frentʃ] 1 (ADJ) français; [*ambassador, embassy, monarch*] de France; [*teacher*] de français 2 (N) (= *language*) français *m* 3 (NPL) **the French** les Français *mpl* 4 (COMP) ▸**the French Academy** N l'Académie *f* française ▸**French Canadian** ADJ canadien français ▸**French dressing** N (= *vinaigrette*) vinaigrette *f* ▸**French fries** NPL frites *fpl* ▸**French kiss*** N baiser *m* avec la langue, patin* *m* ♦VI se rouler un patin* ▸**French mustard** N moutarde *f* douce ▸**the French Riviera** N la Côte d'Azur ▸**French-speaking** ADJ francophone ▸**French toast** N (= *fried bread in egg*) pain *m* perdu ▸**French window** N porte-fenêtre *f*

Frenchman ['frentʃmən] (N) (*pl* **-men**) Français *m*

Frenchwoman ['frentʃwʊmən] (N) (*pl* **-women**) Française *f*

frenetic [frə'netɪk] (ADJ) [*pace*] frénétique

frenzied ['frenzɪd] (ADJ) [*attack*] sauvage

frenzy ['frenzɪ] (N) frénésie *f* • **to be in a ~** être au comble de l'excitation • **a ~ of activity** une activité folle • **a media ~** un délire médiatique

frequency ['fri:kwənsɪ] (N) fréquence *f*

frequent 1 (ADJ) fréquent 2 (VT) fréquenter 3 (COMP) ▸**frequent flyer** N **he's a ~ flyer** il prend beaucoup l'avion ▸**frequent-flyer programme** N programme *m* de fidélisation ▸**frequent wash shampoo** N shampoing *m* usage fréquent

> Lorsque **frequent** est un adjectif, l'accent tombe sur la première syllabe : ['fri:kwənt], lorsque c'est un verbe, sur la seconde : [frɪ'kwent].

frequently ['fri:kwəntlɪ] (ADV) fréquemment ▸**frequently asked questions** NPL questions *fpl* fréquentes

fresco ['freskəʊ] (N) fresque *f*

fresh [freʃ] 1 (ADJ) **a** frais (fraîche *f*); [*clothes*] propre • **it's still ~ in my mind** c'est encore tout frais dans ma mémoire • **a ~ coat of paint** une nouvelle couche de peinture • **to feel ~** être frais et dispos
b (= *renewed*) nouveau (nouvelle *f*) • **to make a ~ pot of tea** refaire du thé • **to take a ~ look at sth** regarder qch sous un jour nouveau • **to make a ~ start** prendre un nouveau départ
2 (ADV) **milk ~ from the cow** du lait fraîchement trait • **the bread is ~ from the oven** le pain est frais sorti du four
3 (COMP) ▸**fresh air** N air *m* frais • **I'm going out for some ~ air** je sors prendre l'air • **in the ~ air** au grand air ▸**fresh water** N (= *not salt*) eau *f* douce

freshen ['freʃn] (VI) [*wind, air*] fraîchir
▸**freshen up** VI (= *wash o.s.*) faire un brin de toilette

fresher ['freʃəʳ] (N) (*Brit*) (= *student*) étudiant(e) *m(f)* de première année ▸**freshers' week** N (*Brit*) semaine *f* d'accueil des étudiants

> **FRESHERS' WEEK**
> Dans les universités et les établissements d'enseignement supérieur britanniques, **Freshers' week** désigne la semaine avant le début des cours pendant laquelle les étudiants de première année se familiarisent avec leur établissement et leur nouvel environnement, s'orientent et rencontrent leurs condisciples lors de manifestations socioculturelles. Traditionnellement, une « Freshers' Fair » permet aux étudiants de s'informer sur les différents clubs et associations auxquels ils peuvent s'inscrire. La semaine se termine généralement par un « Freshers' ball ».

freshly ['freʃlɪ] (ADV) [*ground*] fraîchement • **~ baked bread** du pain frais sorti du four • **~-cut flowers** des fleurs fraîchement cueillies • **~ squeezed orange juice** orange *f* pressée

freshman ['freʃmən] (N) (*pl* **-men**) (*US*) étudiant(e) *m(f)* de première année

freshwater ['freʃ,wɔ:təʳ] (ADJ) [*fish, lake*] d'eau douce

fret [fret] 1 (VI) (= *become anxious*) se tracasser (**about** à propos de); [*baby*] pleurer • **don't ~!** ne t'en fais pas!
2 (N) [*of guitar*] touchette *f*

fretful ['fretfʊl] (ADJ) [*person*] irritable; [*baby, child*] pleurnicheur

Freudian ['frɔɪdɪən] (ADJ) freudien ▸**Freudian slip** N lapsus *m*

Fri. (ABBR OF **Friday**)

friction ['frɪkʃən] (N) friction *f* • **there is a certain amount of ~ between them** il y a des frictions entre eux

Friday ['fraɪdɪ] (N) vendredi *m* • **~ the thirteenth** vendredi treize

> Days of the week in French are not spelt with a capital letter.

fridge [frɪdʒ] (N) (*Brit*) (ABBR OF **refrigerator**) réfrigérateur *m* ▸**fridge-freezer** N réfrigérateur *m* congélateur

fried [fraɪd] (VB) *pt, ptp of* **fry**

friend [frend] 1 (N) ami(e) *m(f)*; (= *schoolmate, workmate*) copain* *m*, copine* *f* • **a ~ of mine** un de mes amis • **he's no ~ of mine** il ne fait pas partie de mes amis • **to make ~s with sb** devenir ami avec qn • **to be ~s with sb** être ami avec qn • **close ~s** amis *mpl* intimes • **we're just good ~s** on est simplement amis • **Friends of the Earth** les Amis *mpl* de la Terre 2 (VT) (*Internet*) ajouter comme ami(e) 3 (COMP) ▸**friend with benefits** N (*euph*) ami-amant *m*, amie-amante *f*

friendliness ['frendlɪnɪs] (N) gentillesse *f*

friendly ['frendlɪ] (ADJ) [*person, animal*] gentil (**to sb** avec qn); [*gesture, atmosphere*] amical; [*face*] avenant; [*welcome*] chaleureux; [*advice*] d'ami; [*place*] accueillant • **to feel ~ towards sb** être bien disposé envers qn • **it's nice to see a ~ face!** ça fait plaisir de voir un visage sympathique! • **to be ~ with sb** être ami avec qn • **to become ~ with sb** se lier d'amitié avec qn ▸**friendly fire** N tirs *mpl* de son propre camp ▸**friendly match** N (*Sport*) match *m* amical

friendship ['frendʃɪp] (N) amitié *f* • **out of ~** par amitié

frier ['fraɪəʳ] (N) = **fryer**

fries* [fraɪz] (NPL) frites *fpl*

frigate ['frɪgɪt] (N) frégate *f* (*navire*)

fright [fraɪt] (N) **a** peur *f* • **to get the ~ of one's life** avoir la frayeur de sa vie • **to give sb a ~** faire peur à qn

• **to take ~** prendre peur **b** (= *person*)* **she looks a ~** elle est à faire peur

frighten ['fraɪtn] VT faire peur à • **did he ~ you?** est-ce qu'il vous a fait peur ? • **it ~ed the life out of him*** ça lui a fait une peur bleue • **to ~ sb into doing sth** faire peur à qn pour qu'il fasse qch

▸ **frighten away** VT SEP [+ *birds*] effaroucher; [+ *children*] chasser (en leur faisant peur); [+ *buyers, investors*] faire fuir

frightened ['fraɪtnd] ADJ effrayé • **to be ~ (of sb/sth)** avoir peur (de qn/qch) • **to be ~ of doing sth** avoir peur de faire qch • **to be ~ that ...** avoir peur que ... • **to be ~ to death* of sb/sth** avoir une peur bleue de qn/qch

frightening ['fraɪtnɪŋ] ADJ effrayant

frightful†* ['fraɪtfʊl] ADJ (= *awful*) affreux • **he's a ~ bore** il est terriblement ennuyeux

frigid ['frɪdʒɪd] ADJ (*sexually*) frigide

frill [frɪl] N [*of dress*] volant *m* • **without any ~s** [*ceremony, service*] sans façon

frilly ['frɪlɪ] ADJ [*shirt, dress*] à fanfreluches; [*underwear*] à dentelles

fringe [frɪndʒ] **1** N **a** (*Brit* = *hair*) frange *f* **b** [*of rug, shawl*] frange *f* **c** (= *edge*) [*of forest*] lisière *f* • **to live on the ~s of society** vivre en marge de la société **2** COMP ▸ **fringe benefits** NPL avantages *mpl* divers; (*company car*) avantages *mpl* en nature ▸ **fringe festival** N festival *m* off ▸ **fringe group** N groupe *m* marginal ▸ **fringe theatre** N (*Brit*) théâtre *m* d'avant-garde

Frisbee® ['frɪzbɪ] N Frisbee® *m*

frisk [frɪsk] VT [+ *person*] fouiller

frisky ['frɪskɪ] ADJ (= *lively*) sémillant

fritter ['frɪtəʳ] N (= *food*) beignet *m* • **apple ~** beignet *m* aux pommes

▸ **fritter away** VT SEP [+ *money, time*] gaspiller

frivolous ['frɪvələs] ADJ [*person, object, activity, remark*] frivole

frizzy ['frɪzɪ] ADJ [*hair*] crépu

fro [frəʊ] ADV **to and fro** de long en large • **journeys to and ~ between London and Edinburgh** allers et retours *mpl* entre Londres et Édimbourg

frog [frɒg] N grenouille *f* • **to have a ~ in one's throat** avoir un chat dans la gorge ▸ **frog-march** VT **to ~-march sb in/out** (= *hustle*) faire entrer/sortir qn de force ▸ **frogs' legs** NPL (*as food*) cuisses *fpl* de grenouilles

Froggy‡ ['frɒgɪ] N (*Brit pej*) Franchouillard(e)* *m(f)* (*pej*), Français(e) *m(f)*

frogman ['frɒgmən] N (*pl* **-men**) homme-grenouille *m*

frogspawn ['frɒgspɔːn] N frai *m* de grenouille

frolic ['frɒlɪk] VI [*people*] batifoler*; [*lambs*] gambader

from [frɒm] PREP **a** de • **~ house to house** de maison en maison • **~ town to town** de ville en ville • **to jump ~ a wall** sauter d'un mur • **to travel ~ London to Paris** voyager de Londres à Paris • **he comes ~ London** il est (originaire) de Londres • **where are you ~?** d'où êtes-vous (originaire) ? • **it is 10km ~ there** c'est à 10 km de là • **not far ~ here** pas loin d'ici • **far ~ blaming you** loin de vous le reprocher • **a letter ~ my mother** une lettre de ma mère • **tell him ~ me** dites-lui de ma part • **~ a picture by Picasso** d'après un tableau de Picasso • **he took/stole it ~ them** il le leur a pris/volé • **to shelter ~ the rain** s'abriter de la pluie • **~ bad to worse** de mal en pis • **he went ~ office boy to director in five years** de garçon de bureau, il est passé directeur en cinq ans • **seen ~ above** vu d'en haut • **she was looking at him ~ over the wall** elle le regardait depuis l'autre côté du mur • **~ under the table** de dessous la table

b (*time*) (*starting point*) à partir de, de • **~ 14 July** à partir du 14 juillet • **~ beginning to end** du début (jusqu')à la fin • **~ her childhood onwards ...** dès son enfance ... • **~ time to time** de temps en temps • **~ day to day** de jour en jour • **~ year to year** d'année en année • **five years ~ now** dans cinq ans

c (*used with prices, numbers*) à partir de • **wine ~ 10 euros a bottle** vins à partir de 10 € la bouteille • **take 12 ~ 18** soustrayez 12 de 18 • **3 ~ 8 leaves 5** 8 moins 3 égalent 5

d (*source*) **to drink ~ a stream/a glass** boire à un ruisseau/dans un verre • **he took it ~ the cupboard** il l'a pris dans le placard • **to take sth ~ a shelf** prendre qch sur une étagère • **to speak ~ notes** parler en lisant ses notes • **~ your point of view** de votre point de vue

e (*cause, reason*) **he died ~ his injuries** il est mort des suites de ses blessures • **~ what I heard ...** d'après ce que j'ai entendu ... • **~ what I can see ...** à ce que je vois ... • **~ the look of things ...** à en juger par les apparences ...

front [frʌnt] **1** N **a** (= *not back*) [*of car, train*] avant *m*; [*of class*] premier rang *m*; [*of shirt, dress*] devant *m*; [*of building*] façade *f* • **she was lying on her ~*** elle était couchée sur le ventre • **it fastens at the ~** cela se ferme devant • **he pushed his way to the ~ of the crowd** il s'est frayé un chemin jusqu'au premier rang de la foule

▸ **in front** [*be, walk*] devant • **in ~ of the table** devant la table • **to send sb on in ~** envoyer qn en avant • **to be in ~** (*Sport*) mener

▸ **in the front** **to sit in the ~ (of the car)** être assis à l'avant (de la voiture)

b (*Mil, Politics*) front *m* • **there was fighting on several ~s** on se battait sur plusieurs fronts • **on all ~s** sur tous les fronts

c (*weather*) front *m* • **cold/warm ~** front *m* froid/chaud

d (*Brit*) (= *sea front*) (*beach*) bord *m* de mer; (*prom*) front *m* de mer • **a house on the ~** une maison sur le front de mer

e **he's putting on a brave ~** il fait bonne contenance

2 ADJ de devant • **~ garden** jardin *m* de devant • **on the ~ cover** en couverture • **~ door** [*of house*] porte *f* d'entrée • **to be in the ~ line** être en première ligne • **on the ~ page** (*Press*) en première page • **the ~ panel** [*of machine*] le panneau de devant • **~ room** pièce *f* donnant sur la rue; (= *lounge*) salon *m* • **in the ~ row** au premier rang • **to have a ~ seat** avoir une place au premier rang; (*fig*) être aux premières loges • **~ tooth** dent *f* de devant • **~ wheel** roue *f* avant • **~ view** vue *f* de face

3 VT (*Brit*) [+ *company*] être à la tête de

4 COMP ▸ **the front bench** N (*Brit*) (= *government*) les ministres *mpl*; (= *opposition*) les membres *mpl* du cabinet fantôme ▸ **the front benches** NPL (*Brit*) (= *place*) *le banc des ministres et celui des membres du cabinet fantôme*; (= *people*) ≈ les chefs de file des partis politiques ▸ **front burner** N **to be on the ~ burner** être une question prioritaire ▸ **front crawl** N (*Swimming*) crawl *m* ▸ **front-line** ADJ [*troops, news*] du front; [*countries, areas*] limitrophe (*d'un pays en guerre*) ▸ **front-loading washing machine** N lave-linge *m* à chargement frontal ▸ **front-page news** N gros titres *mpl* • **it was ~-page news for a month** cela a fait la une* (des journaux) pendant un mois ▸ **front runner** N **he is a ~ runner for the party leadership** c'est l'un des favoris pour la présidence du parti ▸**front-wheel drive** N (= *car, system*) traction *f* avant

FRONT BENCH
Le **front bench** est le banc du gouvernement, placé à la droite du « Speaker », ou celui du cabinet fantôme, placé à sa gauche. Ils se font face dans l'enceinte de la Chambre des communes. Par extension, **front bench** désigne les dirigeants des groupes parlementaires de la majorité et de l'opposition, qui sont appelés « frontbenchers » par opposition aux autres députés qui sont appelés « backbenchers ». → BACKBENCHER, SHADOW CABINET

frontal ['frʌntl] ADJ [*assault, attack*] de front • **to make a ~ assault** *or* **attack on sth** attaquer qch de front

frontbencher [,frʌnt'bentʃəʳ] N (*Brit Parl*) (*government*) ministre *mf*; (*opposition*) membre *m* du cabinet fantôme

frontier ['frʌntɪəʳ] 1 N frontière *f* 2 COMP [*town, zone*] frontalier ▸**frontier dispute** N incident *m* de frontière ▸**frontier post** N poste *m* frontière ▸**frontier technology** N technologie *f* de pointe

frost [frɒst] 1 N gel *m* 2 VT (= *ice*) [+ *cake*] glacer ▸**frost over** VI [*window*] se givrer

frostbite ['frɒstbaɪt] N engelures *fpl*

frostbitten ['frɒst,bɪtn] ADJ [*hands, feet*] gelé • **to be ~** [*rosebushes, vegetables*] avoir gelé

frosted ['frɒstɪd] 1 ADJ ⓐ (= *frost-covered*) [*plants, windscreen*] couvert de givre ⓑ [*eyeshadow, nail varnish*] nacré ⓒ (= *iced*) [*cake*] recouvert d'un glaçage 2 COMP ▸**frosted glass** N (*for window*) verre *m* dépoli

frostily ['frɒstɪlɪ] ADV [*greet, reply*] sur un ton glacial

frosting ['frɒstɪŋ] N (= *icing*) glaçage *m*; (= *icing sugar*) sucre *m* glace

frosty ['frɒstɪ] ADJ ⓐ [*night, morning, weather*] glacial; [*ground, grass, window*] couvert de givre • **it is ~** il y a du givre ⓑ (= *unfriendly*) [*atmosphere, reception*] glacial

froth [frɒθ] 1 N [*of liquids, beer*] mousse *f* 2 VI mousser • **a cup of ~ing coffee** une tasse de café mousseux • **to ~ at the mouth** [*dog, horse*] écumer; [*angry person*] écumer de rage

frothy ['frɒθɪ] ADJ mousseux

frown [fraʊn] 1 N froncement *m* (de sourcils) 2 VI froncer les sourcils • **to ~ at sb** regarder qn en fronçant les sourcils • **he ~ed at the interruption** l'interruption l'a fait sourciller ▸**frown on** VT INSEP [+ *suggestion*] désapprouver

froze [frəʊz] VB *pt of* **freeze**

frozen ['frəʊzn] 1 VB *ptp of* **freeze** 2 ADJ ⓐ [*lake, pipe*] gelé • **to be ~ solid** être complètement gelé ⓑ (= *preserved*) [*vegetables, meat*] (*industrially*) surgelé; (*at home*) congelé ⓒ (= *very cold*)* **I'm ~ stiff** je suis complètement gelé • **~ to death*** frigorifié* ⓓ (= *immobile*) **~ with fear** glacé de peur • **~ to the spot** cloué sur place ⓔ [*prices, wages*] gelé 3 COMP ▸**frozen assets** NPL avoirs *mpl* gelés ▸**frozen food** N (*industrially*) aliments *mpl* surgelés; (*at home*) aliments *mpl* congelés ▸**frozen food compartment** N partie *f* congélateur

fructose ['frʌktəʊs] N fructose *m*

frugal ['fru:gəl] ADJ frugal

fruit [fru:t] N (*collective n*) fruit *m* • **may I have some ~?** puis-je avoir un fruit ? • **a piece of ~** (= *whole fruit*) un fruit; (= *segment*) un morceau de fruit • **~ is good for you** les fruits sont bons pour la santé • **the ~ of his labour** les fruits de son travail • **it is the ~ of much hard work** c'est le fruit d'un long travail • **to enjoy the ~s of one's success** savourer sa réussite ▸**fruit basket** N corbeille *f* à fruits ▸**fruit bowl** N coupe *f* à fruits ▸**fruit cake** N cake *m* ▸**fruit cocktail** N macédoine *f* de fruits (en boîte) ▸**fruit dish** N (*for dessert*) coupe *f* à fruits ▸**fruit fly** N mouche *f* du vinaigre ▸**fruit juice** N jus *m* de fruit(s) ▸**fruit machine** N (*Brit*) machine *f* à sous ▸**fruit salad** N salade *f* de fruits ▸**fruit tree** N arbre *m* fruitier

fruitful ['fru:tfʊl] ADJ [*relationship, discussion*] fructueux; [*life*] bien rempli

fruition [fru:'ɪʃən] N **to bring to ~** concrétiser • **to come to ~** se réaliser

fruitless ['fru:tlɪs] ADJ [*talks*] stérile

fruity ['fru:tɪ] ADJ [*flavour, wine*] fruité

frump [frʌmp] N femme *f* mal fagotée

frumpish ['frʌmpɪʃ], **frumpy** ['frʌmpɪ] ADJ mal fagoté

frustrate [frʌs'treɪt] VT ⓐ (= *thwart*) [+ *attempts, plans*] contrecarrer • **to ~ sb's hopes** frustrer les espoirs de qn • **rescuers were ~d in their search by bad weather** (= *hindered*) le mauvais temps a gêné les sauveteurs dans leurs recherches; (= *stopped*) le mauvais temps a empêché les sauveteurs de continuer leurs recherches ⓑ (= *irritate, annoy*) [+ *person*] énerver • **it really ~s me when people interrupt me** ça m'énerve que l'on m'interrompe

frustrated [frʌs'treɪtɪd] ADJ ⓐ (= *thwarted, unfulfilled*) [*person, love, desire*] frustré; [*ambition*] déçu • **in a ~ effort to speak to him** dans un vain effort pour lui parler • **he's a ~ intellectual** c'est un intellectuel frustré • **he feels very ~ in his present job** il se sent très frustré dans son poste actuel ⓑ (= *irritated*) énervé ⓒ (*sexually*) frustré

frustrating [frʌs'treɪtɪŋ] ADJ [*situation, experience, morning*] frustrant • **it's very ~ having no money** c'est vraiment frustrant de ne pas avoir d'argent

frustration [frʌs'treɪʃən] N frustration *f*

fry [fraɪ] (*pret, ptp* **fried**) 1 VT [+ *meat, fish, vegetables, bread*] (= *deep-fry*) (faire) frire; (= *shallow-fry*) faire revenir • **to ~ eggs** faire des œufs sur le plat • **fried eggs** œufs *mpl* sur le plat • **fried fish** poisson *m* frit • **fried food is fattening** les fritures *fpl* font grossir • **fried potatoes** pommes *fpl* (de terre) sautées • **fried rice** ≈ riz *m* cantonais 2 VI frire 3 COMP ▸**fry-up*** N (*Brit* = *dish*) *plat composé de saucisses, œufs, bacon etc cuits à la poêle*

fryer ['fraɪəʳ] N sauteuse *f*

frying pan ['fraɪɪŋ,pæn] N poêle *f* (à frire)

frying steak ['fraɪɪŋ,steɪk] N steak *m* (à frire)

fuck** [fʌk] 1 N (= *act*) baise** *f* 2 VTI baiser** • **~!** putain de merde !** • **~ you!** va te faire foutre !** • **~ all** (*Brit*) que dalle* • **I know ~ all about it** (*Brit*) j'en sais foutrement rien* ▸**fuck off**** VI foutre le camp* • **~ off!** va te faire foutre !**

fucking** ['fʌkɪŋ] 1 ADJ **~ hell!** putain de merde !** • **~ bastard/bitch** espèce *f* de salaud**/salope** • **this ~ phone** ce putain* de téléphone • **I haven't a ~ clue** je n'en sais foutrement rien* 2 ADV foutrement* • **it's ~ cold** ça caille* • **don't be ~ stupid!** fais pas le con !* • **I don't ~ know!** j'en sais foutrement rien !*

fuddy-duddy* ['fʌdɪ,dʌdɪ] ADJ [*person, ideas*] vieux jeu *inv*

fudge [fʌdʒ] 1 N (*to eat*) caramel(s) *m(pl)* • **a piece of ~** un caramel 2 VT [+ *question, issue*]* esquiver

fuel [fjʊəl] 1 (N) (*for heating, aircraft*) combustible *m*; (*for car engine*) carburant *m* • **the statistics gave him ~ for further attacks on the government** les statistiques lui ont fourni des munitions pour renouveler ses attaques contre le gouvernement
2 (VT) [*+ tension, speculation, controversy, fears*] attiser
3 (COMP) ▸ **fuel cell** N pile *f* à combustible ▸ **fuel duty** = **fuel tax** ▸ **fuel-efficient** ADJ économique ▸ **fuel gauge** N (*in car, aircraft*) jauge *f* de carburant ▸ **fuel injection engine** N moteur *m* à injection ▸ **fuel poverty** N pauvreté *f* énergétique ▸ **fuel pump** N pompe *f* d'alimentation ▸ **fuel tank** N réservoir *m* (de carburant); [*of ship*] soute *f* à mazout ▸ **fuel tax** N taxe *f* intérieure sur les produits pétroliers

fugitive ['fju:dʒɪtɪv] (N) fugitif *m*, -ive *f* • **he was a ~ from justice** il fuyait la justice

fugue [fju:g] (N) fugue *f*

fulfil, fulfill (US) [fʊl'fɪl] (VT) [*+ task, prophecy*] accomplir; [*+ order*] exécuter; [*+ function, contract*] remplir; [*+ plan, ambition*] réaliser; [*+ desire*] satisfaire; [*+ promise*] tenir • **to feel ~led** être épanoui

fulfilling [fʊl'fɪlɪŋ] (ADJ) [*job, career*] épanouissant

fulfilment, fulfillment (US) [fʊl'fɪlmənt] (N) **to have a sense of ~** se sentir épanoui

full [fʊl]

1 ADJECTIVE	3 NOUN
2 ADVERB	4 COMPOUNDS

1 ADJECTIVE

ⓐ (= *filled*) plein; [*hotel*] complet (-ète *f*) • **I'm ~!*** j'ai trop mangé ! • **you'll work better on a ~ stomach** tu travailleras mieux le ventre plein • **"house ~"** (*Theatre*) « complet » • **I have a ~ morning ahead of me** j'ai une matinée chargée devant moi • **he's had a ~ life** il a eu une vie (bien) remplie

▸ **full of** plein de • **pockets ~ of money** des poches pleines d'argent • **a look ~ of hate** un regard plein de haine • **he's ~ of hope** il est plein d'espoir • **he's ~ of good ideas** il est plein de bonnes idées • **~ of one's own importance** plein de suffisance • **~ of oneself** imbu de soi-même

ⓑ (= *complete*) **I waited two ~ hours** j'ai attendu deux bonnes heures • **a ~ 10 kilometres** 10 bons kilomètres • **~ employment** plein emploi *m* • **to pay ~ fare** payer plein tarif • **in ~ flight** en plein vol • **to pay ~ price for sth** (*for goods*) acheter qch au prix fort; (*for tickets, fares*) payer qch plein tarif • **at ~ speed** à toute vitesse • **to go ~ steam ahead** avancer à plein régime • **~ member** membre *m* à part entière

ⓒ (= *ample*) [*lips*] charnu; [*figure*] replet (-ète *f*) • **clothes for the ~er figure** des vêtements pour personnes fortes

2 ADVERB

to hit sb ~ in the face frapper qn en plein visage • **to go ~ out** mettre le paquet* • **to turn the volume up ~** mettre le volume à fond

▸ **full well** [*know, understand*] fort bien

3 NOUN

▸ **in full to write one's name in ~** écrire son nom en entier • **to publish a letter in ~** publier une lettre intégralement

▸ **to the full** pleinement

4 COMPOUNDS

▸ **full beam** N (*Brit*) **to drive with one's headlights on ~ beam** rouler en pleins phares ▸ **full-blooded** ADJ (= *vigorous*) vigoureux; (= *of unmixed race*) de race pure ▸ **full-blown** ADJ [*crisis, epidemic*] généralisé • **he has ~-blown Aids** il a un sida déclaré ▸ **full-bodied** ADJ [*wine*] qui a du corps ▸ **full-cream milk** N lait *m* entier ▸ **full-face** ADJ [*photograph*] de face ▸ **full-fledged** ADJ (US) = **fully-fledged** → **fully** ▸ **full frontal** N nu *m* intégral de face ▸ **full-frontal** ADJ [*photograph*] d'un nu intégral de face • **~-frontal assault** attaque *f* de front ▸ **full-grown** ADJ [*child*] parvenu au terme de sa croissance; [*animal, man, woman*] adulte ▸ **full-length** ADJ [*mirror*] en pied; [*dress*] long; [*curtains*] tombant jusqu'au sol ▸ **full moon** N pleine lune *f* ▸ **full name** N nom *m* et prénom(s) *m(pl)* ▸ **full-on*** ADJ **~-on military intervention** intervention *f* militaire massive • **they had a ~-on traditional wedding** c'était un mariage traditionnel, fait dans les règles • **she's a bit ~-on** elle est un peu envahissante ▸ **full-page** ADJ [*advert, article*] pleine page ▸ **full pay** N **to be suspended on ~ pay** être suspendu de ses fonctions sans perte de salaire ▸ **full-sized** ADJ (= *life-sized*) [*drawing*] grandeur nature *inv*; (= *adult-sized*) [*bicycle, violin, bed*] d'adulte ▸ **full stop** N (*Brit Gram*) point *m* ▸ **full time** ADV [*work*] à plein temps ♦ N (*Brit Sport*) fin *f* de match ▸ **full-time** ADJ [*employment*] à plein temps • **she's a ~-time secretary** elle est secrétaire à plein temps • **it's a ~-time job looking after those children*** c'est un travail à temps plein de s'occuper de ces enfants-là • **~-time score** (*Sport*) score *m* final

fullback ['fʊlbæk] (N) (*Sport*) arrière *m*

full-scale ['fʊl'skeɪl] (ADJ) ⓐ [*war, conflict*] généralisé; [*attack, negotiations*] de grande envergure ⓑ [*drawing, model*] grandeur nature *inv*

fully ['fʊlɪ] (ADV) [*justify*] complètement; [*understand*] très bien; [*satisfied*] entièrement ▸ **fully-fitted kitchen** N cuisine *f* entièrement équipée ▸ **fully-fledged** ADJ [*system*] à part entière • **he's now a ~-fledged doctor/architect** (*Brit*) il est maintenant médecin/architecte diplômé

fulminate ['fʌlmɪneɪt] (VI) fulminer (**against** contre)

fumble ['fʌmbl] (VI) **to ~ for sth in the dark** chercher qch à tâtons dans l'obscurité • **to ~ for sth in a pocket/a drawer** fouiller dans une poche/un tiroir pour trouver qch • **to ~ with sth** tripoter qch (maladroitement)

fume [fju:m] 1 (VI) ⓐ [*liquids, gases*] dégager des vapeurs ⓑ (= *be furious*)* fulminer • **he's fuming** il est fumasse*
2 (NPL) **fumes** émanations *fpl* • **petrol ~s** vapeurs *fpl* d'essence • **car exhaust ~s** gaz *m* d'échappement

fumigate ['fju:mɪgeɪt] (VT) désinfecter par fumigation

fun [fʌn] 1 (N) ⓐ (= *amusement*) **he had great ~** il s'est beaucoup amusé • **have ~!*** amusez-vous bien ! • **he's good ~** on s'amuse bien avec lui • **sailing is good ~** c'est amusant de faire de la voile • **what ~!** ce que c'est amusant ! • **it's not much ~ for us** ce n'est pas très amusant pour nous • **to spoil his** (*or* **our** *etc*) **~** [*person*] jouer les trouble-fête; [*event, weather*] gâcher le plaisir • **there'll be ~ and games over this decision*** (*iro*) cette décision va faire du potin* • **we had a bit of ~ getting the car started*** (= *difficulty*) pour faire partir la voiture ça n'a pas été une partie de plaisir
ⓑ ▸ **to make fun of sb/sth** se moquer de qn/qch
2 (ADJ) amusant • **it's a ~ thing to do** c'est amusant à faire • **she's a really ~ person** on s'amuse vraiment bien avec elle

3 (COMP) ▸ **fun-loving** ADJ **she's a ~-loving girl** elle aime s'amuser ▸ **fun run** N course *f* de fond pour amateurs

function ['fʌŋkʃən] 1 (N) ⓐ fonction *f* ⓑ (= *meeting*) réunion *f*; (= *reception*) réception *f* 2 (VI) fonctionner • **to ~ as** [*person, thing*] faire fonction de 3 (COMP) ▸ **function key** N (*Comput*) touche *f* de fonction ▸ **function room** N salle *f* de réception

> **fonction** is spelt with an **o** instead of a **u**.

functional ['fʌŋkʃnəl] (ADJ) fonctionnel

> **fonctionnel** is spelt with an **o** instead of a **u**, has a double **n** and ends in **-el** instead of **-al**.

functionality [fʌŋkʃə'nælɪtɪ] (N) fonctionnalité *f*

> **fonctionnalité** is spelt with an **o** instead of a **u** and has a double **n**.

functionary ['fʌŋk ʃənərɪ] (N) employé(e) *m(f)* (*d'une administration*); (*in civil service, local government*) fonctionnaire *mf*

fund [fʌnd] 1 (N) fonds *m* • **to start a ~** lancer une souscription 2 (NPL) **funds** fonds *mpl* • **public ~s** les fonds publics 3 (VT) [+ *project*] financer; [+ *firm*] doter en capital 4 (COMP) ▸ **fund-raiser** N (= *person*) collecteur *m*, -trice *f* de fonds; (= *dinner*) dîner *m* organisé pour collecter des fonds ▸ **fund-raising** N collecte *f* de fonds ♦ ADJ [*dinner, event*] organisé pour collecter des fonds

fundamental [,fʌndə'mentl] (ADJ) [*principle, right, question*] fondamental • **this is ~ to the smooth running of the company** c'est essentiel pour la bonne marche de l'entreprise • **it is ~ to our understanding of the problem** c'est fondamental si nous voulons comprendre le problème

> **fondamental** is spelt with an **o** instead of a **u**.

fundamentalism [,fʌndə'mentəlɪzəm] (N) fondamentalisme *m*

> **fondamentalisme** is spelt with an **o** instead of a **u**.

fundamentalist [,fʌndə'mentəlɪst] (ADJ, N) fondamentaliste *mf*

> **fondamentaliste** is spelt with an **o** instead of a **u**.

fundamentally [,fʌndə'mentəlɪ] (ADV) fondamentalement • **~ important** d'une importance capitale • **the plan is ~ flawed** le plan est vicié à la base

> **fondamentalement** is spelt with an **o** instead of a **u**.

funder ['fʌndə^r] (N) bailleur *m* de fonds

funding ['fʌndɪŋ] (N) financement *m* • **they're hoping to get government ~ for the scheme** ils espèrent obtenir un financement du gouvernement pour ce programme

funeral ['fju:nərəl] (N) enterrement *m* • **state ~** funérailles nationales ▸ **funeral director** N entrepreneur *m* de pompes funèbres ▸ **funeral home** (*US*), **funeral parlour** N funérarium *m* ▸ **funeral procession** N cortège *m* funèbre ▸ **funeral pyre** N bûcher *m* (funéraire) ▸ **funeral service** N cérémonie *f* funèbre

funfair ['fʌnfɛə^r] (N) (*Brit*) fête *f* (foraine)

fungal ['fʌŋgəl] (ADJ) [*infection*] fongique

fungi ['fʌŋgaɪ] (NPL) *of* **fungus**

fungus ['fʌŋgəs] (N) (*pl* **fungi**) champignon *m*

funicular railway [fju:,nɪkjʊlə'reɪlweɪ] (N) funiculaire *m*

funky ['fʌŋkɪ] (ADJ) [*music, rhythm*] funky *inv*

funnel ['fʌnl] 1 (N) ⓐ (*for pouring through*) entonnoir *m* ⓑ (*Brit*) [*of ship, engine*] cheminée *f* 2 (VT) (faire) passer dans un entonnoir

funnily* ['fʌnɪlɪ] (ADV) [*behave, walk*] bizarrement • **~ enough ...** curieusement ...

funny ['fʌnɪ] 1 (ADJ) ⓐ (= *amusing*) [*person, story, film*] drôle; [*voice, walk*] comique • **it's not ~** ça n'a rien de drôle • **what's so ~?** qu'est-ce qu'il y a de drôle ? • **to see the ~ side of sth** voir le côté amusant de qch ⓑ (= *strange*)* drôle • **he's ~ that way** il est bizarre pour ça • **the meat tastes ~** la viande a un drôle de goût • **a ~ idea** une drôle d'idée • **to feel ~** (= *ill*) se sentir tout drôle • **I have a ~ feeling I'm going to regret this** j'ai comme l'impression que je vais le regretter • **~ you should say that** c'est drôle que vous disiez cela • **it's a ~ old world** c'est tout de même bizarre ⓒ (= *fishy*)* louche* • **~ business** magouilles* *fpl* • **don't try anything ~!*** ne fais pas le malin (*or* la maligne) ! 2 (COMP) ▸ **funny bone*** N petit juif* *m* ▸ **funny farm*** N maison *f* de fous ▸ **funny money*** N (= *large amount*) sommes *fpl* astronomiques

fur [fɜ:^r] 1 (N) ⓐ [*of animal*] pelage *m* ⓑ (*often pl* = *animal skins*) fourrure *f* ⓒ (= *limescale*) (dépôt *m* de) calcaire *m* 2 (COMP) ▸ **fur coat** N manteau *m* de fourrure
▸ **fur up** VI [*kettle*] s'entartrer

furious ['fjʊərɪəs] (ADJ) ⓐ (= *angry*) [*person*] furieux (**about** *or* **at sth** de qch) • **she was ~ at being disturbed** elle était furieuse d'avoir été dérangée • **to be ~ with sb (for doing sth)** être furieux contre qn (parce qu'il a fait qch) • **to be ~ with o.s. for doing sth** s'en vouloir d'avoir fait qch • **I was ~ that he'd come** j'étais furieux qu'il soit venu ⓑ (= *energetic*) [*pace*] effréné ⓒ (= *violent*) [*row, attack*] violent; [*battle, struggle*] acharné

furiously ['fjʊərɪəslɪ] (ADV) ⓐ (= *angrily*) [*say, react*] avec fureur ⓑ (= *frantically*) [*work*] comme un(e) forcené(e); [*fight*] avec acharnement • **her heart was beating ~** son cœur battait la chamade

furnace ['fɜ:nɪs] (N) (*industrial*) fourneau *m* • **this room is like a ~** cette pièce est une vraie fournaise

furnish ['fɜ:nɪʃ] (VT) ⓐ [+ *house*] meubler (**with** de) • **~ed flat** (*Brit*) *or* **apartment** (*US*) appartement *m* meublé ⓑ (= *supply*) [+ *object, information*] fournir • **to ~ sb with sth** fournir qch à qn

furnishings ['fɜ:nɪʃɪŋz] (NPL) mobilier *m*

furniture ['fɜ:nɪtʃə^r] (N) mobilier *m* • **a piece of ~** un meuble • **I must buy some ~** il faut que j'achète des meubles • **one settee and three chairs were all the ~** un sofa et trois chaises constituaient tout le mobilier • **he treats her as part of the ~** il la traite comme si elle faisait partie du décor • **he's like part of the ~** (*regular: in pub etc*) il fait partie des meubles • **dining-room ~** des meubles *mpl* de salle à manger ▸ **furniture mover** N

f

(*US*) déménageur *m* ▸ **furniture polish** N encaustique *f* ▸ **furniture remover** N déménageur *m* ▸ **furniture shop** N magasin *m* d'ameublement ▸ **furniture van** N camion *m* de déménagement

furore [fjʊə'rɔːrɪ], **furor** (*US*) [fjʊ'rɔːʳ] (N) (= *protests*) scandale *m*

furrow ['fʌrəʊ] (N) (*Agric*) sillon *m*; (*on brow*) ride *f*

furry ['fɜːrɪ] (ADJ) ⓐ [*animal*] à poil ⓑ [*slippers*] en fausse fourrure • ~ **toy** (= *soft toy*) peluche *f* ⓒ [*kettle*] entartré

further ['fɜːðəʳ] *compar of* **far** 1 (ADV) ⓐ = **farther** ⓑ (= *more*) plus • **he questioned us no** ~ il ne nous a pas posé d'autres questions • **without troubling any** ~ sans plus se tracasser • **I got no** ~ **with him** je ne suis arrivé à rien de plus avec lui • **until you hear** ~ jusqu'à nouvel avis • **we heard nothing** ~ **from him** nous n'avons pas eu d'autres nouvelles de lui • **this mustn't go any** ~ il ne faut pas que cela aille plus loin • **I think we should take this matter** ~ je pense que nous devrions poursuivre cette affaire • **to study/examine an issue** ~ approfondir l'étude/l'examen d'une question • ~ **to your letter** comme suite à votre lettre
2 (ADJ) (= *additional*) nouveau (nouvelle *f*), supplémentaire • **until** ~ **notice** jusqu'à nouvel ordre • **without** ~ **delay** sans plus attendre • **without** ~ **ado** sans plus de cérémonie • **upon** ~ **consideration** après plus ample réflexion • **awaiting** ~ **details** en attendant de plus amples détails • **please send me** ~ **details of ...** (*in letter*) veuillez m'envoyer de plus amples renseignements concernant ...
3 (VT) [+ *one's interests, a cause*] servir
4 (COMP) ▸ **further education** N enseignement *m* post-scolaire

furthermore [,fɜːðə'mɔːʳ] (ADV) en outre

furthermost ['fɜːðəməʊst] (ADJ) **the** ~ le plus éloigné, la plus éloignée

furthest ['fɜːðɪst] 1 (ADJ) **the house** ~ **from here** la maison la plus éloignée d'ici • **they went by boat to the** ~ **point of the island** ils se sont rendus en bateau à l'extrémité de l'île 2 (ADV) **let's see who can throw the ball** ~ voyons qui peut jeter la balle le plus loin

furtive ['fɜːtɪv] (ADJ) [*behaviour*] furtif; [*person*] sournois • **she sneaked out for a** ~ **cigarette** elle s'éclipsa pour fumer en douce*

furtively ['fɜːtɪvlɪ] (ADV) furtivement

fury ['fjʊərɪ] (N) [*of person*] fureur *f* • **to fly into a** ~ se mettre dans une rage folle
▸ **like fury*** **to work like** ~ travailler comme un fou • **to run like** ~ courir comme un dératé*

fuse, fuze (*US*) [fjuːz] 1 (VT) ⓐ (= *unite*) [+ *metal*] fondre ⓑ (*fig*) faire fusionner 2 (VI) ⓐ [*metals*] fondre; (*fig*: *also* **fuse together**) fusionner ⓑ (*Brit*) **the television** (*or* **the lights** *etc*) **~d** les plombs ont sauté 3 (N) ⓐ (= *wire*) fusible *m* ⓑ [*of bomb*] détonateur *m* • **this incident lit the** ~ **which led to the war** cet incident a été le détonateur de la guerre • **to have a short** ~* être soupe au lait 4 (COMP) ▸ **fuse box** N boîte *f* à fusibles ▸ **fuse wire** N fusible *m*

fuselage ['fjuːzəlɑːʒ] (N) fuselage *m*

fusion ['fjuːʒən] (N) fusion *f*

fuss [fʌs] 1 (N) (= *commotion stirred up*) tapage *m*; (= *excitement, agitation in reaction to sth*) agitation *f*; (= *complaints, objections, difficulties*) histoires *fpl* • **I think all this** ~ **is only a publicity stunt** je pense que tout ce tapage n'est qu'un truc publicitaire • **the company introduced a new computer system with the minimum of** ~ la société a mis en place un nouveau système informatique sans que cela perturbe le travail • **the government's proposals have caused a great deal of** ~ les propositions du gouvernement ont provoqué beaucoup d'agitation • **I don't know what all the** ~ **is about** je ne sais pas pourquoi on fait tant d'histoires • **a lot of** ~ **about nothing** beaucoup de bruit pour rien • **without any** ~ [*marry, be buried*] en toute simplicité • **to kick up a** ~* faire un tas d'histoires*
▸ **to make a fuss** **to make a** ~ **about sth** (*justifiably*) protester à propos de qch; (*unjustifiably*) faire tout un plat de qch* • **you were quite right to make a** ~ vous avez eu tout à fait raison de protester • **to make a** ~ **of** (*Brit*) *or* **over** (*US*) **sb** être aux petits soins pour qn
2 (VI) (= *rush around busily*) s'affairer • **to** ~ **over sb** être aux petits soins pour qn; (*pej*) embêter qn (par des attentions excessives)

fussily ['fʌsɪlɪ] (ADV) (*pej*) ⓐ (= *painstakingly*) [*check, adjust*] de façon tatillonne ⓑ (*pej* = *overelaborately*) ~ **ornate** tarabiscoté • ~ **dressed** habillé de façon apprêtée

fusspot* ['fʌspɒt] (N) (= *finicky person*) coupeur *m*, -euse *f* de cheveux en quatre

fussy ['fʌsɪ] (ADJ) ⓐ (= *exacting*) [*person*] tatillon (**about sth** sur qch) • **to be a** ~ **eater** être difficile sur la nourriture • **tea or coffee? — I'm not** ~* thé ou café? — ça m'est égal ⓑ (= *overelaborate*) [*design, furnishings*] tarabiscoté; [*food*] (trop) élaboré

fusty ['fʌstɪ] (ADJ) **a** ~ **smell** une odeur de renfermé

futile ['fjuːtaɪl] (ADJ) [*remark*] futile; [*attempt*] vain *before n*

futility [fjuː'tɪlɪtɪ] (N) futilité *f*

futon ['fuːtɒn] (N) futon *m*

future ['fjuːtʃəʳ] 1 (N) ⓐ avenir *m* • **what the** ~ **holds for us** ce que l'avenir nous réserve • **there is a real** ~ **for bright young people in this firm** cette entreprise offre de réelles perspectives d'avenir pour des jeunes gens doués • **in the** ~ à l'avenir • **in the not too distant** ~ dans un proche avenir • **there's no** ~ **in it** [+ *product, relationship*] cela n'a aucun avenir
ⓑ (*Gram*) futur *m* • **in the** ~ au futur
2 (ADJ) [*plans, role*] futur; [*king, queen*] futur *before n* • **her** ~ **husband** son futur mari • ~ **generations** les générations *fpl* futures • **at some** ~ **date** à une date ultérieure • **in** ~ **years** dans les années à venir • **for** ~ **reference** pour référence ultérieure

> The English word ends in **e** whereas the French word does not.

futurist ['fjuːtʃərɪst] (N) ⓐ (*esp US* = *futurologist*) futurologue *mf* ⓑ (*Art*) futuriste *mf*

futuristic [,fjuːtʃə'rɪstɪk] (ADJ) futuriste

futurologist [,fjuːtʃər'ɒlədʒɪst] (N) futurologue *mf*

futurology [,fjuːtʃər'ɒlədʒɪ] (N) futurologie *f*, prospective *f*

fuzz [fʌz] (N) (= *light growth*) duvet *m*

fuzzy ['fʌzɪ] (ADJ) ⓐ [*photograph, logic*] flou ⓑ (= *confused*) [*idea, distinction*] confus ⓒ (= *downy*) duveteux

FY [ɛf'waɪ] (N) (ABBR OF **fiscal year**) année *f* fiscale, exercice *m* fiscal

FYI [,ɛfwaɪ'aɪ] (ABBR OF **for your information**) à titre d'information

Gg

G, g [dʒiː] N (*Music*) sol *m* ▸ **G-string** N (= *garment*) string *m*

g. (a) (ABBR OF **gram(s)**) g *inv* (b) (ABBR OF **gravity**) g

GA (ABBR OF **Georgia**)

gab* [gæb] → **gift**

gabble [ˈgæbl] VTI (= *talk indistinctly*) bafouiller; (= *talk unintelligibly*) baragouiner* • **he ~d on about the accident** il nous a fait une description volubile de l'accident • **he ~d out an excuse** il a bafouillé une excuse

gable [ˈgeɪbl] N pignon *m*

Gabon [gəˈbɒn] N Gabon *m*

gadget [ˈgædʒɪt] N gadget *m*

gadgetry [ˈgædʒɪtrɪ] N gadgets *mpl*

Gaelic [ˈgeɪlɪk, ˈgælɪk] ADJ, N gaélique *m*

gaffe [gæf] N gaffe *f*

gaffer‡ [ˈgæfəʳ] N (a) **an old ~** un vieux bonhomme (b) (*Brit*) (= *boss*) boss* *m*

gag [gæg] 1 N (a) (*in mouth*) bâillon *m* • **the new law will put a ~ on the free press** la nouvelle loi aura pour effet de bâillonner la liberté de la presse (b) (= *joke*)* blague *f*; (*by comedian*) (*unscripted*) improvisation *f* comique; (*visual*) gag *m* 2 VT bâillonner 3 VI (= *retch*)* avoir des haut-le-cœur 4 COMP ▸ **gag law*, gag rule*** N (*US*) loi *f* limitant la durée des débats

gaga‡ [ˈgɑːgɑː] ADJ gaga* *f inv*

gage [geɪdʒ] (*US*) = **gauge**

gaggle [ˈgægl] N troupeau *m*

gaiety [ˈgeɪɪtɪ] N gaieté *f*

gaily [ˈgeɪlɪ] ADV (a) [*painted, dressed*] de couleurs vives • **~ coloured** aux couleurs vives (b) [*chatter*] gaiement

gain [geɪn] 1 N (= *profit*) gain *m*; (= *increase*) augmentation *f* • **to do sth for financial ~** faire qch pour le profit • **his loss is our ~** ce qui est mauvais pour lui est bon pour nous • **a ~ in weight** une augmentation de poids • **a ~ in productivity/efficiency** un gain de productivité/d'efficacité

2 NPL **gains** gains *mpl*

3 VT (a) [+ *money, approval, respect*] gagner; [+ *liberty*] obtenir; [+ *support*] s'attirer • **what have you ~ed by doing that?** qu'est-ce que tu as gagné à faire ça? • **he'll ~ nothing by being rude** il ne gagnera rien à être impoli • **these shares have ~ed three points** ces actions ont enregistré une hausse de trois points • **my watch has ~ed five minutes** ma montre a pris cinq minutes d'avance • **to ~ access** *or* **entry to** avoir accès à • **to ~ sb's confidence** gagner la confiance de qn • **to ~ control (of)** prendre le contrôle (de) • **Cyprus ~ed independence from Britain in 1960** Chypre a obtenu son indépendance de l'Angleterre en 1960 • **Labour has ~ed three seats** les travaillistes ont gagné trois nouveaux sièges

(b) (= *acquire more*) **to ~ ground** gagner du terrain • **to ~ momentum** [*moving object*] prendre de la vitesse; [*project, trend*] prendre de l'ampleur • **to ~ speed** prendre de la vitesse • **to ~ time** gagner du temps (**by doing sth** en faisant qch)

(c) **to ~ experience** acquérir de l'expérience • **to ~ popularity/prestige** gagner en popularité/prestige • **to ~ strength** [*person, movement*] devenir plus fort; [*storm*] devenir plus violent • **to ~ weight** prendre du poids • **she's ~ed 3kg** elle a pris 3 kg

4 VI (a) (= *benefit*) gagner • **I don't think you'll ~ from this** je ne crois pas que tu y gagneras quelque chose • **he hasn't ~ed by the exchange** il n'a pas gagné au change (b) **to ~ in popularity/confidence** gagner en popularité/confiance

▸ **gain on** VT INSEP (= *catch up with*) rattraper

gainer [ˈgeɪnəʳ] N (= *person*) gagnant(e) *m(f)*; (*Stock Exchange*) valeur *f* en hausse

gainful [ˈgeɪnfʊl] ADJ (= *worthwhile*) utile; (= *lucrative*) lucratif • **to be in ~ employment** avoir un emploi rémunéré

gainfully [ˈgeɪnfʊlɪ] ADV **to be ~ employed** (= *in paid work*) avoir un emploi rémunéré; (= *doing sth useful*) ne pas perdre son temps

gait [geɪt] N démarche *f* • **with an awkward ~** d'une démarche gauche

gaiter [ˈgeɪtəʳ] N guêtre *f*

gal†* [gæl] N = **girl**

gala [ˈgɑːlə] 1 N gala *m* • **opening/closing ~** gala *m* d'ouverture/de clôture • **swimming/sports ~** grand concours *m* de natation/d'athlétisme 2 ADJ [*evening, dinner, concert*] de gala

galaxy [ˈgæləksɪ] N galaxie *f*

gale [geɪl] N coup *m* de vent • **a force 8 ~** un vent de force 8 • **it was blowing a ~** le vent soufflait très fort • **~s of laughter** grands éclats *mpl* de rire ▸ **gale force winds** NPL vent *m* soufflant en tempête ▸ **gale warning** N avis *m* de coup de vent

gall [gɔːl] 1 N (= *effrontery*) effronterie *f* • **she had the ~ to say that ...** elle a eu l'effronterie de dire que ... 2 VT exaspérer • **it ~s me that ...** cela m'exaspère que ...

gallant ['gælənt] (ADJ) [*fight*] héroïque
gall-bladder ['gɔːlblædəʳ] (N) vésicule *f* biliaire
gallery ['gælərɪ] (N) ⓐ galerie *f* ⓑ (= *art gallery*) (*state-owned*) musée *m*; (*private, selling paintings*) galerie *f*; (*US* = *auction room*) salle *f* des ventes ⓒ (*Theatre*) dernier balcon *m*
galley ['gælɪ] (N) (= *ship*) galère *f*; (= *ship's kitchen*) coquerie *f*, cuisine *f* ▸ **galley kitchen** N cuisine *f* couloir ▸ **galley slave** N galérien *m*
gallicism ['gælɪsɪzəm] (N) gallicisme *m*
galling ['gɔːlɪŋ] (ADJ) exaspérant
gallivant [ˌgælɪ'vænt] (VI) (*also* **gallivant about, gallivant around**) se balader
gallon ['gælən] (N) gallon *m* (*Brit* = 4,546 *l*, *US* = 3,785 *l*)
gallop ['gæləp] 1 (N) galop *m* • **to go for a ~** faire un galop • **to break into a ~** se mettre au galop • **at a ~** au galop 2 (VI) [*horse, rider*] galoper • **to ~ away/back** *etc* partir/revenir *etc* au galop • **to go ~ing down the street** descendre la rue au galop • **to ~ through a book*** lire un livre à toute vitesse
galloping ['gæləpɪŋ] (ADJ) [*economy, interest rates, prices*] en hausse vertigineuse • **~ inflation** inflation *f* galopante
gallows ['gæləʊz] (N) gibet *m* • **he'll end up on the ~** il finira au gibet
gallstone ['gɔːlstəʊn] (N) calcul *m* biliaire
galore [gə'lɔːʳ] (ADV) en abondance • **bargains ~** de bonnes affaires en pagaille*
galvanize ['gælvənaɪz] (VT) galvaniser; [+ *discussions, debate, market, economy*] stimuler • **to ~ sb into action** pousser qn à agir • **to ~ sb into doing sth** pousser qn à faire qch
Gambia ['gæmbɪə] (N) Gambie *f*
Gambian ['gæmbɪən] 1 (N) Gambien(ne) *m(f)* 2 (ADJ) gambien
gambit ['gæmbɪt] (N) (*Chess*) gambit *m*; (= *ruse*) manœuvre *f*
gamble ['gæmbl] 1 (N) pari *m* • **a political ~** un pari politique • **it was a bit of a ~ but ...** c'était un peu risqué mais ... • **the ~ paid off** ça a payé de prendre ce risque • **to take a ~** prendre un risque • **to have a ~ on a horse** miser sur un cheval • **to have a ~ on the stock exchange** jouer en Bourse
2 (VI) jouer • **to ~ on the stock exchange** jouer en Bourse • **we had been gambling on fine weather** nous avions misé sur le beau temps • **to ~ on doing sth** (*confident of success*) compter faire qch; (*less sure*) penser faire qch • **he was gambling on them being late** il comptait sur leur retard • **to ~ with sb's life** jouer avec la vie de qn • **to ~ with one's future** mettre en jeu son avenir
▸ **gamble away** VT SEP [+ *money*] perdre au jeu
gambler ['gæmbləʳ] (N) joueur *m*, -euse *f* • **he's a bit of a ~** (= *a risk-taker*) il a le goût du risque
gambling ['gæmblɪŋ] (N) (= *action*) jeu *m*; (= *games played*) jeux *mpl* d'argent • **his ~ ruined his family** sa passion du jeu a ruiné sa famille • **~ man** joueur *m*
game [geɪm] 1 (N) ⓐ jeu *m*; (= *match*) [*of football, rugby, cricket*] match *m*; [*of tennis, billiards, chess*] partie *f*; [*of bridge*] manche *f* • **a ~ of cards** une partie de cartes • **card ~s** jeux *mpl* de cartes • **video ~s** jeux *mpl* vidéo *inv* • **to have a ~ of** [+ *chess*] faire une partie de; [+ *football*] faire un match de • **~, set and match** jeu, set et match • **it's all part of the ~** cela fait partie du jeu • **he's just playing silly ~s** il n'est pas sérieux • **he's off his ~*** il n'est pas en forme • **to put sb off his ~** troubler qn
ⓑ (= *enterprise*) **it's a profitable ~** c'est une entreprise rentable • **how long have you been in this ~?*** cela fait combien de temps que vous faites ça ?
ⓒ (*set structures*) **~ on!*** on y va ! • **the ~ is up** tout est fichu* • **they saw the ~ was up** ils ont vu que la partie était perdue • **OK, the ~'s up!** ça suffit maintenant, tu es démasqué ! • **don't play his ~** n'entre pas dans son jeu • **we soon saw through his ~** nous avons vite vu clair dans son petit jeu • **two can play at that ~** on peut être deux à jouer à ce jeu-là • **what's your ~?*** à quoi tu joues ?* • **I wonder what his ~ is*** je me demande ce qu'il mijote* • **to beat sb at their own ~** battre qn sur son propre terrain • **to spoil sb's ~** déjouer les manigances de qn • **to be on the ~‡** [*prostitute*] faire le trottoir*
ⓓ (= *animals*) gibier *m* • **big/small ~** gros/petit gibier *m*
2 (NPL) **games** (*Brit*) (*at school*) sport *m*, éducation *f* physique et sportive • **to be good at ~s** être sportif • **we get ~s on Thursdays** nous avons sport le jeudi
3 (ADJ) ⓐ (= *brave*) courageux • **to be ~** avoir du cran* ⓑ (= *prepared*) prêt (**to do sth** à faire qch) • **are you ~?** tu en as envie ? • **I'm ~ if you are** je marche si tu marches* • **he's ~ for anything** il est toujours prêt à tout
4 (COMP) ▸ **game-changer** N élément *m* or événement *m* déterminant ▸ **game-changing** ADJ déterminant ▸ **game park** N réserve *f* naturelle ▸ **game plan** N stratégie *f* • **what's the ~ plan?** comment va-t-on s'organiser ? ▸ **game reserve** N réserve *f* naturelle ▸ **games console** N console *f* de jeux ▸ **game show** N (*on TV*) jeu *m* télévisé; (*on radio*) jeu *m* radiophonique ▸ **games master, games mistress** N professeur *mf* d'éducation physique et sportive ▸ **game warden** N garde-chasse *m*
gamekeeper ['geɪmˌkiːpəʳ] (N) garde-chasse *m*
gameplay ['geɪmpleɪ] (N) (*Comput*) jouabilité *f*
gamer* ['geɪməʳ] (N) (*Comput*) gameur *m*, -euse *f*, gamer *m*
gamesmanship ['geɪmzmənʃɪp] (N) **a piece of ~** un stratagème • **an element of political ~** une part de stratégie politique • **to be good at ~** savoir utiliser les règles (du jeu) à son avantage
gaming ['geɪmɪŋ] (N) ⓐ (*Comput*) jeu *m* ⓑ = **gambling** ▸ **gaming laws** NPL législation *f* sur les jeux d'argent
gammon ['gæmən] (N) (*Brit*) jambon *m* fumé ▸ **gammon steak** N *épaisse tranche de jambon fumé*
gamut ['gæmət] (N) gamme *f* • **to run the ~ of** passer par toute la gamme de
G&T, G and T [ˌdʒiːən'tiː] (N) (ABBR OF **gin and tonic**) gin-tonic *m*
gang [gæŋ] (N) [*of workmen*] équipe *f*; [*of criminals, youths, friends*] bande *f*; [*of prisoners*] convoi *m* • **do you want to be in our ~?** veux-tu faire partie de notre bande ? • **they roam the streets in ~s** ils traînent dans les rues en bandes ▸ **gang rape** N viol *m* collectif ▸ **gang warfare** N guerre *f* des gangs
▸ **gang up‡** VI **to ~ up on** *or* **against sb** se liguer contre qn
Ganges ['gændʒiːz] (N) Gange *m*
gangland* ['gæŋˌlænd] (N) **~ boss** chef *m* de gang • **~ killing** règlement *m* de comptes (entre gangs)
gangling ['gæŋglɪŋ] (ADJ) [*person*] dégingandé • **a ~ boy** un échalas
ganglion ['gæŋglɪən] (N) ganglion *m*
gangly ['gæŋglɪ] (ADJ) dégingandé

gangmaster [ˈgæŋˌmɑːstəʳ] (N) *recruteur de main d'œuvre (souvent étrangère, essentiellement pour des travaux agricoles et de pêcherie, mal rémunérée)*

gangplank [ˈgæŋˌplæŋk] (N) passerelle *f* (de débarquement)

gangrene [ˈgæŋgriːn] (N) gangrène *f*

gangsta rap [ˈgæŋstəˌræp] (N) gangsta rap *m*

gangster [ˈgæŋstəʳ] (N) gangster *m* • **~ movie** film *m* de gangsters

gangway [ˈgæŋˌweɪ] (N) passerelle *f*; (*Brit*) (*in bus*) couloir *m*; (*Theatre*) allée *f* • **~!** dégagez !

gannet [ˈgænɪt] (N) fou *m* de Bassan

gaol [dʒeɪl] (N) (*Brit*) = **jail**

gap [gæp] **1** (N) **a** trou *m*; (*between floorboards*) interstice *m*; (*in pavement*) brèche *f*; (*between curtains*) intervalle *m*; (*in clouds, fog*) trouée *f*; (*between teeth*) écart *m* • **to fill in a ~** boucher un trou • **fill the ~s with an appropriate verb** écrivez le verbe manquant à l'endroit indiqué

b (*in time*) intervalle *m*; (*in timetable*) trou *m*; (*in conversation, narrative*) interruption *f*; (*in education*) lacune *f* • **a ~ in his memory** un trou de mémoire • **he left a ~ which will be hard to fill** il a laissé un vide qui sera difficile à combler • **she returned after a ~ of four years** elle est rentrée après une absence de quatre ans • **she closed the ~ to 4 seconds** [*athlete*] elle est revenue à 4 secondes de sa concurrente • **we want to close the ~ between public and private sector salaries** nous voulons réduire l'écart entre les salaires du secteur public et ceux du secteur privé

2 (COMP) ▸ **gap year** N **he spent his ~ year in India** avant d'entrer à l'université, il a passé un an en Inde

gape [geɪp] (VI) rester bouche bée • **to ~ at sb/sth** regarder qn/qch bouche bée

gaping [ˈgeɪpɪŋ] (ADJ) béant

garage [ˈgærɑːʒ] (N) garage *m* ▸ **garage mechanic** N mécanicien *m* ▸ **garage sale** N vide-grenier *m* → CAR-BOOT SALE, GARAGE SALE

garb [gɑːb] (N) costume *m* • **in medieval ~** en costume médiéval

garbage [ˈgɑːbɪdʒ] (N) ordures *fpl*; (*= worthless objects*) rebut *m*; (*= nonsense*) foutaises‡ *fpl* ▸ **garbage can** N (*US*) poubelle *f* ▸ **garbage chute** N (*US*) vide-ordures *m inv* ▸ **garbage collector** N (*US*) éboueur *m* ▸ **garbage disposal unit** N (*US*) broyeur *m* à ordures ▸ **garbage man** N (*pl* **garbage men**) (*US*) éboueur *m* ▸ **garbage shute** N (*US*) vide-ordures *m inv* ▸ **garbage truck** N (*US*) camion *m* des éboueurs

garbled [ˈgɑːbld] (ADJ) confus

Gardaí [ˈgɑːdɪ] (N) (*= police*) **the ~** *police irlandaise*

garden [ˈgɑːdn] **1** (N) jardin *m* • **~s** (*public*) jardin *m* public; [*of manor house*] parc *m* • **herb ~** jardin *m* d'herbes aromatiques • **vegetable ~** potager *m*

2 (VI) jardiner

3 (COMP) ▸ **garden centre** N jardinerie *f* ▸ **garden flat** N rez-de-jardin *m* ▸ **garden gnome** N nain *m* de jardin ▸ **garden hose** N tuyau *m* d'arrosage ▸ **garden of remembrance** N jardin *m* du souvenir (*dans un cimetière*) ▸ **garden party** N garden-party *f* ▸ **garden path** N **to lead sb up the ~ path*** mener qn en bateau* ▸ **garden suburb** N banlieue *f* résidentielle (*aménagée par un paysagiste*) ▸ **garden tools** NPL outils *mpl* de jardinage ▸ **garden-variety** ADJ (*US*) (*= ordinary*) ordinaire

gardener [ˈgɑːdnəʳ] (N) jardinier *m*, -ière *f*

gardening [ˈgɑːdnɪŋ] (N) jardinage *m*

gargle [ˈgɑːgl] **1** (VI) se gargariser **2** (N) gargarisme *m*

gargoyle [ˈgɑːgɔɪl] (N) gargouille *f*

garish [ˈgɛərɪʃ] (ADJ) [*colour*] criard; [*clothes*] aux couleurs criardes; [*décor*] tapageur

garland [ˈgɑːlənd] (N) guirlande *f*

garlic [ˈgɑːlɪk] (N) ail *m* ▸ **garlic bread** N pain *m* à l'ail ▸ **garlic press** N presse-ail *m inv* ▸ **garlic sausage** N saucisson *m* à l'ail

garlicky [ˈgɑːlɪkɪ] (ADJ) [*flavour, smell*] d'ail; [*sauce*] à l'ail; [*food*] aillé; [*breath*] qui sent l'ail

garment [ˈgɑːmənt] (N) vêtement *m*

garner [ˈgɑːnəʳ] (VT) [*+ information, reviews*] recueillir

garnish [ˈgɑːnɪʃ] **1** (VT) [*+ food*] décorer **2** (N) décoration *f*

garret [ˈgærət] (N) (*= room*) mansarde *f*; (*= attic*) grenier *m*

garrison [ˈgærɪsən] **1** (N) garnison *f* **2** (VT) [*+ fort*] placer une garnison dans; [*+ troops*] mettre en garnison

garrulous [ˈgærʊləs] (ADJ) loquace

garter [ˈgɑːtəʳ] (N) jarretière *f*; (*US: from belt*) jarretelle *f*

gas [gæs] **1** (N) (*pl* **gas(s)es**) **a** gaz *m inv* • **to cook with ~** faire la cuisine au gaz • **to turn on/off the ~** allumer/fermer le gaz • **the dentist gave me ~** le dentiste m'a fait une anesthésie au gaz

b (*US = fuel*) essence *f* • **to step on the ~*** (*in car*) appuyer sur le champignon*; (*= hurry up*) se magner* • **to take one's foot off the ~*** lever le pied

2 (VT) asphyxier; (*in war*) gazer

3 (COMP) ▸ **gas central heating** N chauffage *m* central au gaz ▸ **gas chamber** N chambre *f* à gaz ▸ **gas cooker** N cuisinière *f* à gaz; (*portable*) réchaud *m* à gaz ▸ **gas cylinder** N bouteille *f* de gaz ▸ **gas fire** N appareil *m* de chauffage à gaz ▸ **gas-fired central heating** N chauffage *m* central au gaz ▸ **gas guzzler‡** N (*US = car*) voiture *f* qui suce‡ beaucoup ▸ **gas heater** N appareil *m* de chauffage à gaz; (*for heating water*) chauffe-eau *m inv* (à gaz) ▸ **gas jet** N brûleur *m* à gaz ▸ **gas lamp** N lampe *f* à gaz ▸ **gas lighter** N (*for cooker*) allume-gaz *m inv* ▸ **gas main** N canalisation *f* de gaz ▸ **gas meter** N compteur *m* à gaz ▸ **gas mileage** N (*US*) consommation *f* d'essence ▸ **gas oven** N four *m* à gaz ▸ **gas pedal** N (*US*) pédale *f* d'accélérateur ▸ **gas pipe** N tuyau *m* à gaz ▸ **gas pipeline** N gazoduc *m* ▸ **gas ring** N (*= part of cooker*) brûleur *m*; (*= small stove*) réchaud *m* à gaz ▸ **gas station** N (*US*) station-service *f* ▸ **gas stove** N (*portable*) réchaud *m* à gaz; (*larger*) cuisinière *f* à gaz ▸ **gas tank** N (*US*) réservoir *m* à essence

Gascony [ˈgæskənɪ] (N) Gascogne *f*

gaseous [ˈgæsɪəs] (ADJ) gazeux

gash [gæʃ] **1** (N) (*in flesh*) entaille *f*; (*on face*) balafre *f*; (*in cloth, leather*) grande déchirure *f* **2** (VT) [*+ flesh*] entailler; [*+ face*] balafrer; [*+ cloth, leather*] déchirer • **she ~ed her arm** elle s'est entaillé le bras

gaslight [ˈgæslaɪt] (N) bec *m* du gaz • **by ~** au gaz

gasman* [ˈgæsmən] (N) (*pl* **-men**) employé *m* du gaz

gasmask [ˈgæsmæsk] (N) masque *m* à gaz

gasoline [ˈgæsəʊliːn] (N) (*US*) essence *f*

gasp [gɑːsp] **1** (N) halètement *m* • **to give a ~ of surprise/fear** avoir le souffle coupé par la surprise/la peur **2** (VI) (*= choke*) haleter; (*from astonishment*) avoir le souffle coupé • **to make sb ~** couper le souffle à qn • **to ~ for air** haleter • **I'm ~ing* for a cup of tea/a cigarette** je meurs d'envie de boire une tasse de thé/de fumer une cigarette • **I was ~ing!*** (*= thirsty*) je mourrais de soif **3** (VT) **"no!" she ~ed** « non ! » souffla-t-elle

gassy ['gæsɪ] (ADJ) gazeux

gastric ['gæstrɪk] (ADJ) gastrique ▸ **gastric band** N anneau *m* gastrique ▸ **gastric flu** N grippe *f* gastro-intestinale

gastroenteritis [,gæstrəʊ,entə'raɪtɪs] (N) gastro-entérite *f*

gastrointestinal [,gæstrəʊɪn'testɪnl] (ADJ) gastro-intestinal

gastronomic [,gæstrə'nɒmɪk] (ADJ) gastronomique

gastronomy [gæs'trɒnəmɪ] (N) gastronomie *f*

gastro-pub ['gæstrəʊpʌb] (N) pub *m* gastronomique

gasworks ['gæswɜːks] (N) (*pl inv*) usine *f* à gaz

gate [geɪt] **1** (N) **a** [*of garden, town, airport*] porte *f*; [*of castle*] grille *f*; [*of field, level crossing*] barrière *f*; (*large, metallic*) portail *m*; [*of sports ground*] entrée *f* • **the factory ~** (*= entrance*) l'entrée *f* de l'usine **b** (*Sport*) (*= attendance*) spectateurs *mpl*; (*= money*) entrées *fpl* • **there was a ~ of 5,000** il y avait 5 000 spectateurs • **the match got a good ~** le match a fait beaucoup d'entrées **2** (COMP) ▸ **gate money** N (*Sport*) recette *f* ▸ **gated community** N ensemble *m* résidentiel fermé

-GATE

Le suffixe **-gate** ajouté à un nom indique que ce dernier est l'objet d'un scandale public. Il vient du fameux scandale du Watergate, qui entraîna la disgrâce et la démission du président américain Richard Nixon. Parmi les noms de scandale en **-gate**, citons le « Contragate » (qui révéla dans les années 1980 l'aide des Américains aux rebelles Contra nicaraguayens), et le « Celebgate » ; celui-ci fait référence à des centaines de photos privées, appartenant à de nombreuses célébrités, qui ont fuité via un fournisseur de stockage de données dans le nuage et se sont retrouvées sur plusieurs sites et réseaux sociaux.

gâteau ['gætəʊ] (N) (*pl* **gâteaux** ['gætəʊz]) (*Brit*) gros gâteau *m* fourré

gatecrash ['geɪtkræʃ] **1** (VI) (*without invitation*) s'introduire sans invitation; (*without paying*) resquiller* **2** (VT) s'introduire (sans invitation) dans • **to ~ a match** assister à un match sans payer

gatecrasher ['geɪt,kræʃəʳ] (N) (*without invitation*) intrus(e) *m(f)*; (*without paying*) resquilleur* *m*, -euse* *f*

gatehouse ['geɪthaʊs] (N) [*of castle*] corps *m* de garde; [*of park*] maison *f* du gardien

gatekeeper ['geɪt,kiːpəʳ] (N) [*of block of flats*] portier *m*, -ière *f*; [*of factory*] gardien(ne) *m(f)*

gatepost ['geɪtpəʊst] (N) montant *m* (de porte) • **between you, me and the ~*** soit dit entre nous

gateway ['geɪtweɪ] (N) entrée *f* • **New York, the ~ to America** New York, porte de l'Amérique • **it proved the ~ to success** cela ouvrit toutes grandes les portes du succès

gather ['gæðəʳ] **1** (VT) **a** [*+ people, objects*] rassembler **b** (*= attract*) attirer **c** [*+ flowers*] cueillir; [*+ wood, sticks, mushrooms*] ramasser; [*+ taxes*] percevoir; [*+ information, data, evidence*] réunir • **to ~ dirt** s'encrasser • **to ~ dust** prendre la poussière • **to ~ momentum** [*vehicle, object*] prendre de la vitesse; [*political movement, pressure group*] prendre de l'ampleur • **to ~ one's thoughts** se concentrer • **to ~ speed** prendre de la vitesse • **to ~ strength** [*person*] reprendre des forces; [*feeling, movement*] se renforcer • **she is trying to ~ support for her ideas/her candidacy** elle essaie de rallier les gens à ses idées/sa candidature **d** **she ~ed him in her arms** elle l'a serré dans ses bras • **he ~ed his cloak around him** il a ramené son manteau contre lui • **she ~ed up her skirts** elle a ramassé ses jupes • **her hair was ~ed into a bun** ses cheveux étaient ramassés en chignon **e** (*Sewing*) froncer • **a ~ed skirt** une jupe froncée **f** (*= infer*) déduire • **I ~ from this report (that) ...** je déduis de ce rapport (que) ... • **I ~ from the papers that ...** d'après ce que disent les journaux, je crois comprendre que ... • **I ~ from him that ...** je comprends d'après ce qu'il me dit que ... • **what are we to ~ from that?** que devons-nous en déduire ? • **as far as I can ~** d'après ce que je comprends • **I ~ she won't be coming** d'après ce que j'ai compris, elle ne viendra pas • **as you will have ~ed** comme vous l'aurez compris • **as will be ~ed from my report** comme il ressort de mon rapport • **so I ~** c'est ce que j'ai cru comprendre • **I ~ed that** j'avais compris

2 (VI) (*= collect*) [*people*] se rassembler; [*troops*] se masser; [*objects, dust*] s'accumuler; [*clouds*] s'amonceler • **they ~ed round him** ils se sont rassemblés autour de lui • **a crowd had ~ed in front of the embassy** une foule s'était massée devant l'ambassade • **a crowd of demonstrators had ~ed** des manifestants s'étaient rassemblés

▸ **gather in** VT SEP [*+ crops*] rentrer; [*+ money, taxes*] faire rentrer; [*+ papers, essays*] ramasser • **the dress is ~ed in at the waist** la robe est froncée à la taille

▸ **gather round** VI s'approcher • **~ round!** approchez-vous !

▸ **gather together** **1** VI se rassembler **2** VT SEP [*+ people, objects*] rassembler

▸ **gather up** VT SEP [*+ papers, clothes, toys*] ramasser • **to ~ up one's courage/one's strength** rassembler son courage/ses forces • **he ~ed himself up to his full height** il s'est redressé

gathering ['gæðərɪŋ] **1** (N) (*= group of people*) assemblée *f* • **a family ~** une réunion de famille • **a ~ of 12 heads of state** une rencontre de 12 chefs d'État **2** (ADJ) [*dusk, darkness, gloom*] grandissant; [*crowd*] en train de se former • **the ~ clouds** les nuages qui s'amoncellent (*or* s'amoncelaient) • **the ~ storm** l'orage qui se prépare (*or* se préparait) • **with ~ speed** de plus en plus vite

gauche [gəʊʃ] (ADJ) maladroit

gaudy ['gɔːdɪ] (ADJ) [*clothes*] aux couleurs voyantes; [*colour*] voyant

gauge [geɪdʒ] **1** (N) (*= standard measure*) calibre *m*; [*of rails*] écartement *m*; (*= instrument*) jauge *f* • **oil ~** jauge *f* du niveau d'huile • **the survey was seen as a good ~ of employment trends** l'enquête a été considérée comme un bon indicateur des tendances de l'emploi

2 (VT) [*+ temperature*] mesurer; [*+ oil*] jauger; [*+ wind*] mesurer la vitesse de; [*+ sb's abilities*] évaluer; [*+ course of events*] prévoir • **to ~ a distance** (*by looking*) évaluer une distance à vue d'œil • **I tried to ~ whether she was pleased or not** j'ai essayé de deviner si elle était contente ou pas • **we must try to ~ how strong public opinion is** nous devons essayer d'évaluer le poids de l'opinion publique • **to ~ the right moment** calculer le bon moment

Gaul [gɔːl] (N) (*= country*) Gaule *f*; (*= person*) Gaulois(e) *m(f)*

gaunt [gɔːnt] (ADJ) émacié • **he looks ~** il a les traits tirés

gauntlet [ˈgɔːntlɪt] (N) (*= glove*) gant *m* (à crispin) • **to throw down/take up the ~** lancer un/relever le défi • **he had to run the ~ through the crowd** il a dû foncer à travers une foule hostile • **he ran the ~ of public criticism** il essuya le feu des critiques du public

gauze [gɔːz] (N) gaze *f*

gave [geɪv] (VB) *pt of* **give**

gawk [gɔːk] (VI) rester bouche bée (**at** devant)

gawky [ˈgɔːkɪ] (ADJ) empoté

gawp* [gɔːp] (VI) (*Brit*) rester bouche bée • **to ~ at sb/sth** regarder qn/qch bouche bée

gay [geɪ] **1** (ADJ) **a** (*= homosexual*) gay *inv* • **~ men and women** homosexuels *mpl* et lesbiennes *fpl* • **~ rights** droits *mpl* des homosexuels • **~ marriage** mariage *m* homosexuel **b** (*= cheerful*)† [*person, company, occasion*] joyeux; [*music, party, appearance, colour*] gai; [*costume*] aux couleurs gaies • **with ~ abandon** avec une belle désinvolture **2** (N) homosexuel(le) *m(f)*

Gaza strip [ˌgɑːzəˈstrɪp] (N) bande *f* de Gaza

gaze [geɪz] **1** (N) regard *m* (fixe) • **his ~ met mine** son regard a croisé le mien **2** (VI) regarder • **to ~ into space** regarder dans le vide • **to ~ at sth** regarder qch • **they ~d into each other's eyes** ils se regardaient les yeux dans les yeux • **to ~ out of the window** regarder fixement par la fenêtre • **to ~ at o.s. in the mirror** se regarder fixement dans le miroir

gazebo [gəˈziːbəʊ] (N) (*pl* **gazebos** *or* **gazeboes**) belvédère *m (pavillon)*

gazelle [gəˈzel] (N) gazelle *f*

gazette [gəˈzet] (N) gazette *f*

gazetteer [ˌgæzɪˈtɪəʳ] (N) index *m* géographique

gazump [gəˈzʌmp] (VT) (*Brit*) **he was ~ed** *le vendeur est revenu sur sa promesse de vente (en acceptant une meilleure offre)*

gazumping [gəˈzʌmpɪŋ] (N) (*Brit*) *fait de revenir sur une promesse de vente pour accepter une offre plus élevée*

GB [dʒiːˈbiː] (ABBR OF **Great Britain**) GB

GBH [dʒiːbiːˈeɪtʃ] (N) (*Brit*) (ABBR OF **grievous bodily harm**) ≈ coups *mpl* et blessures *fpl*

GCH [ˌdʒiːsiːˈeɪtʃ] (N) (ABBR OF **gas(-fired) central heating**) chauffage *m* central au gaz

GCHQ [ˌdʒiːsiːeɪtʃˈkjuː] (N) (*Brit*) (ABBR OF **Government Communications Headquarters**) *service gouvernemental d'interception des communications*

GCSE [ˌdʒiːsiːesˈiː] (N) (*Brit*) (ABBR OF **General Certificate of Secondary Education**) ≈ brevet *m* des collèges

> **GCSE**
> En Angleterre, au pays de Galles et en Irlande du Nord, le **General Certificate of Secondary Education** ou **GCSE** est l'équivalent du brevet des collèges français. Le nombre de matières est généralement compris entre 8 et 11, certaines, comme l'anglais, les maths et les sciences, étant obligatoires pour tous les candidats. À l'issue de cet examen, que les élèves passent généralement à l'âge de seize ans, ils peuvent soit quitter l'école, soit préparer les « A levels », qui correspondent au baccalauréat français. L'équivalent écossais du **GCSE** porte le nom de « National Qualifications » ou « NQs ». → A LEVELS

Gdns (ABBR OF **Gardens**)

GDP [dʒiːdiːˈpiː] (N) (ABBR OF **gross domestic product**) PIB *m*

gear [gɪəʳ] **1** (N) **a** (*= equipment*) matériel *m*; (*for gardening*) outils *mpl*
b (*= belongings*)* affaires *fpl* • **he leaves his ~ all over the house** il laisse traîner ses affaires dans toute la maison
c (*Brit*) (*= clothing*) vêtements *mpl* • **he had his tennis ~ on** il était en tenue de tennis • **put on your tennis ~** mets tes affaires de tennis
d (*= apparatus*) dispositif *m* • **safety ~** dispositif *m* de sécurité
e [*of car*] (*= mechanism*) embrayage *m*; (*= speed*) vitesse *f* • **in ~** en prise • **not in ~** au point mort • **she put the car into ~** elle a mis la voiture en prise • **to change** *or* **shift** (*US*) **~** changer de vitesse • **first** *or* **bottom ~** première *f* • **second/third/fourth ~** deuxième *f*/troisième *f*/quatrième *f* • **top ~** (*Brit*) • **high ~** (*US*) (*= fourth*) quatrième *f*; (*= fifth*) cinquième *f* • **in second ~** en seconde • **to change** *or* **shift** (*US*) **into third ~** passer en troisième • **to get one's brain in ~*** faire travailler ses méninges*
2 (VT) adapter (**to** à) • **classes ~ed to their needs** des cours adaptés à leurs besoins • **movies ~ed primarily to a US audience** des films s'adressant essentiellement à un public américain • **training is ~ed to make staff more efficient** la formation est conçue pour rendre le personnel plus compétent
3 (COMP) ▸ **gear lever** (*Brit*), **gear stick** N levier *m* de vitesse
▸ **gear up** **1** VI (*= get ready*) se préparer **2** VT SEP (*= make ready*)* **he is ~ing himself up for the presidential elections** il se prépare pour les élections présidentielles • **they were all ~ed up for the new sales campaign** ils étaient fin prêts pour la nouvelle campagne de ventes

gearbox [ˈgɪəbɒks] (N) boîte *f* de vitesses

gearshift [ˈgɪəʃɪft] (N) (*US*) levier *m* de vitesse

GED [ˌdʒiːiːˈdiː] (N) (*US*) (ABBR OF **general equivalency diploma**) *diplôme d'études secondaires obtenu en candidat libre*

gee [dʒiː] (EXCL) **a** (*US*)* eh bien ! • **~ whiz!** mince alors !* **b** **~ up!** (*to horse*) hue !

geek* [giːk] (N) (*= computer freak*) geek *mf* • **mobile phone ~** accro *mf* du téléphone portable

geeky* [ˈgiːkɪ] (ADJ) **a** (*esp US*) débile* **b** dingue* d'informatique *or* de nouvelles technologies

geese [giːs] (NPL) *of* **goose**

geezer†* [ˈgiːzəʳ] (N) (*esp Brit*) bonhomme* *m*

Geiger counter [ˈgaɪgəˌkaʊntəʳ] (N) compteur *m* Geiger

gel [dʒel] **1** (N) gel *m* **2** (VI) **a** [*jelly*] prendre **b** [*plan*] prendre tournure; [*people*] (*into team, group*) s'intégrer (**with** à); [*partnership, team*] se souder

gelatin, gelatine [ˈdʒelətiːn] (N) gélatine *f*

gelignite [ˈdʒelɪgnaɪt] (N) plastic *m*

gem [dʒem] (N) **a** (*= precious stone*) pierre *f* précieuse **b** (*= marvel*) merveille *f* • **this painting is a real ~** ce tableau est une merveille • **I must read you this little ~ from the newspaper** il faut que je te lise cette perle dans le journal • **thanks, Pat, you're a ~** merci, Pat, tu es un ange

Gemini [ˈdʒemɪnaɪ] (NPL) Gémeaux *mpl* • **I'm ~** je suis Gémeaux

Gen. (ABBR OF **general**)

gender ['dʒendəʳ] (N) ⓐ (*Gram*) genre *m* ⓑ (= *sex*) sexe *m* • **discrimination on grounds of ~** discrimination *f* sexuelle **2** (COMP) ▸ **gender-fluid** ADJ [*person*] de genre fluide ▸ **gender pay gap** N inégalités *fpl* salariales entre hommes et femmes

gene [dʒi:n] (N) gène *m* ▸ **gene therapy** N thérapie *f* génétique

genealogy [ˌdʒi:nɪ'ælədʒɪ] (N) généalogie *f*

general ['dʒenərəl] **1** (ADJ) ⓐ général • **the ~ idea** l'idée *f* générale • **to give sb a ~ idea of a subject** donner à qn un aperçu d'un sujet • **I've got the ~ idea** je vois en gros de quoi il s'agit • **there was ~ agreement** il y avait un consensus • **in ~ use** d'usage courant • **for ~ use** pour l'usage du public

▸ **in general** en général

ⓑ (= *unspecific*) [*answer, discussion, enquiry*] d'ordre général • **in ~ terms** d'une manière générale • **as a ~ rule** en règle générale

ⓒ (= *approximate*) **in the ~ direction of the village** dans la direction approximative du village

2 (N) (*in armed forces*) général(e) *m(f)*

3 (COMP) ▸ **general anaesthetic** N anesthésie *f* générale ▸ **General Certificate of Education** N (*Brit*) *examen passé à 18 ans*, ≈ baccalauréat *m* ▸ **General Certificate of Secondary Education** N (*Brit*) *examen passé à 16 ans*, ≈ brevet *m* des collèges → GCSE ▸ **general delivery** N (*US, Can*) poste *f* restante ▸ **general election** N élections *fpl* législatives ▸ **general hospital** N centre *m* hospitalier ▸ **general knowledge** N culture *f* générale ▸ **General Manager** N directeur *m*, -trice *f* général(e) ▸ **general meeting** N assemblée *f* générale ▸ **general practice** N (*Brit* = *work*) médecine *f* générale; (= *place*) cabinet *m* de médecine générale • **to be in ~ practice** être médecin généraliste ▸ **general practitioner** N (médecin *m*) généraliste *m* ▸ **the general public** N le grand public ▸ **general-purpose** ADJ [*tool, substance*] universel; [*dictionary*] général ▸ **general science** N (*at school*) *physique, chimie et biologie* ▸ **general strike** N grève *f* générale ▸ **General Studies** NPL (*Brit*) *cours de culture générale pour élèves spécialisés*

generality [ˌdʒenə'rælɪtɪ] (N) ⓐ (*gen pl*) généralité *f* • **to talk in generalities** dire des généralités ⓑ caractère *m* général

generalization [ˌdʒenərəlaɪ'zeɪʃən] (N) généralisation *f*

generalize ['dʒenərəlaɪz] (VTI) généraliser

generally ['dʒenərəlɪ] (ADV) ⓐ généralement • **~, the course is okay** dans l'ensemble, le cours est bien ⓑ (= *widely*) [*available*] partout ⓒ (= *in general terms*) **to talk ~ about sth** dire des généralités sur qch • **~ speaking** en règle générale

generate ['dʒenəreɪt] (VT) [+ *electricity, heat*] produire; [+ *income, wealth*] générer; [+ *interest*] susciter; [+ *publicity*] faire • **to ~ excitement** susciter l'enthousiasme

generation [ˌdʒenə'reɪʃən] **1** (N) ⓐ génération *f* • **the younger ~** la jeune génération • **he is a first-/second-~ American** c'est un Américain de première/deuxième génération ⓑ [*of electricity, heat*] production *f* **2** (COMP) ▸ **the generation gap** N le conflit des générations

generational [ˌdʒenə'reɪʃənl] (ADJ) (= *within one generation*) de sa (*or* leur *etc*) génération; (= *between generations*) générationnel

generator ['dʒenəreɪtəʳ] (N) groupe *m* électrogène

generic [dʒɪ'nerɪk] **1** (ADJ) générique **2** (N) (*Med*) générique *m*

generosity [ˌdʒenə'rɒsɪtɪ] (N) générosité *f*

generous ['dʒenərəs] (ADJ) [*person, gesture*] généreux • **to be in a ~ mood** être d'humeur généreuse • **to be ~ in one's praise of sth** ne pas tarir d'éloges sur qch • **that's very ~ of you** c'est très généreux de ta part • **she's very ~ with her time** elle n'est pas avare de son temps • **a ~ helping of cake** une grosse part de gâteau

generously ['dʒenərəslɪ] (ADV) [*give, offer, season*] généreusement; [*say*] avec générosité

genesis ['dʒenɪsɪs] (N) genèse *f* • **Genesis** (*Bible*) la Genèse

genetic [dʒɪ'netɪk] (ADJ) génétique ▸ **genetic engineering** N génie *m* génétique

genetically [dʒɪ'netɪkəlɪ] (ADV) génétiquement • **~ engineered** génétiquement manipulé • **~ modified** génétiquement modifié

geneticist [dʒɪ'netɪsɪst] (N) généticien(ne) *m(f)*

genetics [dʒɪ'netɪks] (N) génétique *f*

Geneva [dʒɪ'ni:və] (N) Genève • **Lake ~** le lac Léman *or* de Genève

genial ['dʒi:nɪəl] (ADJ) [*person, atmosphere*] cordial; [*smile, look*] engageant

genie ['dʒi:nɪ] (N) génie *m*

genital ['dʒenɪtl] **1** (ADJ) génital **2** (NPL) **genitals** organes *mpl* génitaux

genitive ['dʒenɪtɪv] (N) (*Gram*) génitif *m* • **in the ~** au génitif

genius ['dʒi:nɪəs] (N) génie *m* • **man of ~** homme *m* de génie • **to have ~** avoir du génie • **to have a ~ for doing sth** avoir le don pour faire qch • **a stroke of ~** un trait de génie

Genoa ['dʒenəʊə] (N) Gênes

genocidaire [dʒenəsɪ'dɛəʳ] (N) génocidaire *mf*

genocide ['dʒenəʊsaɪd] (N) génocide *m*

genome ['dʒi:nəʊm] (N) génome *m*

genre ['ʒɒnrə] (N) genre *m*

gent [dʒent] (N) (ABBR OF **gentleman**) ⓐ **~s' shoes** chaussures *fpl* pour hommes • **the ~s** (*Brit*) les toilettes *fpl* pour hommes • **"gents"** (*Brit*) (= *toilets*) « messieurs » ⓑ* monsieur *m* • **he's a real ~** c'est quelqu'un de très bien

genteel [dʒen'ti:l] (ADJ) [*person, manners*] distingué

Gentile ['dʒentaɪl] (N) Gentil(e) *m(f)*

gentle ['dʒentl] (ADJ) ⓐ [*person, animal, voice*] doux (douce *f*) • **to be ~ with sb** être doux avec qn • **her ~ manner** sa douceur ⓑ [*touch, breeze*] léger; [*transition*] sans heurts; [*exercise*] modéré; [*slope*] doux (douce *f*) • **to cook over a ~ heat** faire cuire à feu doux ⓒ [*detergent, beauty product*] doux (douce *f*) • **it is ~ on the skin** ça n'irrite pas la peau ⓓ [*hint, reminder*] discret (-ète *f*) • **to use a little ~ persuasion** utiliser la manière douce

gentleman ['dʒentlmən] (*pl* **-men**) (N) ⓐ (= *man*) monsieur *m* • **there's a ~ to see you** il y a un monsieur qui voudrait vous voir • **"gentlemen"** (= *toilets*) « messieurs » ⓑ (= *man of breeding*) gentleman *m* • **he is a perfect ~** c'est un vrai gentleman • **to behave like a ~** se comporter en gentleman • **he's no ~!** ce n'est pas un gentleman !

gentlemanly ['dʒentlmənlɪ] (ADJ) [*man*] bien élevé; [*manner, conduct*] courtois

gentlemen ['dʒentlmən] (NPL) *of* **gentleman**

gentleness ['dʒentlnɪs] (N) douceur *f*

gently [ˈdʒentlɪ] ADV (a) [*say, smile, remind, suggest*] gentiment (b) [*shake, caress, touch, exercise*] doucement • **~ does it!** doucement ! • **~ sloping hills** des collines en pente douce • **the road slopes ~ down to the river** la route descend en pente douce vers la rivière • **to simmer ~** faire cuire à feu doux

gentry [ˈdʒentrɪ] N **the ~** la haute bourgeoisie

genuine [ˈdʒenjʊɪn] ADJ (a) [*refugee, antique*] authentique; [*leather, silver*] véritable • **it's the ~ article*** c'est du vrai (b) [*belief, tears, interest, offer*] sincère; [*laughter, disbelief*] franc (franche *f*) • **this was a ~ mistake** c'était vraiment une erreur (c) [*person, relationship*] sincère

genuinely [ˈdʒenjʊɪnlɪ] ADV [*interested*] sincèrement; [*surprised, worried, sorry*] réellement; [*pleased*] vraiment • **she ~ believed that …** elle croyait sincèrement que … • **I ~ want to help** je veux vraiment aider

genus [ˈdʒenəs] N (*pl* **genera** *or* **genuses**) (*Bio*) genre *m*

geo-blocked [ˈdʒiːəʊˌblɒkt] ADJ géobloqué

geo-blocking [ˈdʒiːəʊˌblɒkɪŋ] N géoblocage *m*

geoengineering [ˌdʒiːəʊendʒɪˈnɪərɪŋ] N géo-ingénierie *f*

geographer [dʒɪˈɒgrəfəʳ] N géographe *mf*

geographic [dʒɪəˈgræfɪk], **geographical** [dʒɪəˈgræfɪkəl] ADJ géographique

geography [dʒɪˈɒgrəfɪ] N (= *science*) géographie *f*

geolocate [ˌdʒiːəʊləʊˈkeɪt] VT géolocaliser

geolocation [ˌdʒiːəʊləʊˈkeɪʃən] N géolocalisation *f*

geological [dʒɪəʊˈlɒdʒɪkəl] ADJ géologique

geologist [dʒɪˈɒlədʒɪst] N géologue *mf*

geology [dʒɪˈɒlədʒɪ] N géologie *f*

geometric [dʒɪəʊˈmetrɪk], **geometrical** [dʒɪəʊˈmetrɪkəl] ADJ géométrique

geometry [dʒɪˈɒmɪtrɪ] N géométrie *f*

geopolitical [ˌdʒiːəʊpəˈlɪtɪkəl] ADJ géopolitique

geopolitics [ˌdʒiːəʊˈpɒlɪtɪks] N géopolitique *f*

Geordie* [ˈdʒɔːdɪ] N (*Brit*) natif *de Tyneside*

Georgia [ˈdʒɔːdʒə] N Géorgie *f* • **in ~** en Géorgie

Georgian [ˈdʒɔːdʒən] ADJ (a) [*architecture*] géorgien (*entre 1714 et 1830*) (b) (= *of Georgia*) [*person, language*] géorgien; [*town*] de Géorgie; [*capital*] de la Géorgie

geothermal [ˌdʒiːəʊˈθɜːməl] ADJ géothermique • **~ power** énergie *f* géothermique

geranium [dʒɪˈreɪnɪəm] N géranium *m*

gerbil [ˈdʒɜːbɪl] N gerbille *f*

geriatric [ˌdʒerɪˈætrɪk] **1** ADJ [*hospital*] gériatrique; [*ward*] de gériatrie; [*patient, nurse*] en gériatrie • **~ care** soins *mpl* aux personnes âgées • **~ medicine** gériatrie *f* **2** N (= *person*) malade *mf* gériatrique

geriatrics [ˌdʒerɪˈætrɪks] N gériatrie *f*

germ [dʒɜːm] N (= *microbe*) microbe *m* ▸ **germ warfare** N guerre *f* bactériologique

German [ˈdʒɜːmən] **1** ADJ allemand; [*teacher*] d'allemand • **East/West ~** d'Allemagne de l'Est/de l'Ouest, est-/ouest-allemand **2** N (a) Allemand(e) *m(f)* (b) (= *language*) allemand *m* **3** COMP ▸ **the German Democratic Republic** N la République démocratique allemande ▸ **German measles** N rubéole *f* ▸ **German shepherd** N berger *m* allemand ▸ **German speaker** N germanophone *mf* ▸ **German-speaking** ADJ germanophone

germane [dʒɜːˈmeɪn] ADJ pertinent (**to** par rapport à)

Germany [ˈdʒɜːmənɪ] N Allemagne *f* • **East/West ~** l'Allemagne *f* de l'Est/de l'Ouest

germinate [ˈdʒɜːmɪneɪt] **1** VI germer **2** VT faire germer

germination [ˌdʒɜːmɪˈneɪʃən] N germination *f*

gerrymandering [ˈdʒerɪmændərɪŋ] N charcutage *m* électoral

gerund [ˈdʒerənd] N gérondif *m*

gestation [dʒesˈteɪʃən] N gestation *f*

gesticulate [dʒesˈtɪkjʊleɪt] VI faire de grands gestes (**at sb** pour attirer l'attention de qn)

gesture [ˈdʒestʃəʳ] **1** N geste *m* • **a ~ of good will** un geste de bonne volonté • **friendly ~** témoignage *m* d'amitié • **a ~ of defiance** un signe de méfiance • **they did it as a ~ of support** ils l'ont fait pour manifester leur soutien • **what a nice ~!** quelle délicate attention ! **2** VI **to ~ to sb to do sth** faire signe à qn de faire qch • **he ~d towards the door** il désigna la porte d'un geste • **he ~d with his head towards the safe** il a indiqué le coffre d'un signe de tête

---

get [get]

1	TRANSITIVE VERB	3	COMPOUNDS
2	INTRANSITIVE VERB	4	PHRASAL VERBS

> vb: pret, ptp **got**, ptp (US) **gotten**

1 TRANSITIVE VERB

> When **get** is part of a set combination, eg **get the sack**, **get hold of**, look up the other word.

(a) (= *have, receive, obtain*) avoir

> **avoir** covers a wide range of meanings, and like **get** is unspecific.

• **I go whenever I ~ the chance** j'y vais dès que j'en ai l'occasion • **he got a fine** il a eu une amende • **I got a lot of presents** j'ai eu beaucoup de cadeaux

> Some **get** + noun combinations may take a more specific French verb.

• **it was impossible to ~ help** il était impossible d'obtenir de l'aide • **he got help from the others** il s'est fait aider par les autres • **first I need to ~ a better idea of the situation** je dois d'abord me faire une meilleure idée de la situation • **I think he got the wrong impression** je pense qu'il s'est fait des idées • **they ~ lunch at school** ils déjeunent à l'école • **if I'm not working I ~ no pay** si je ne travaille pas je ne suis pas payé • **this area doesn't ~ much rain** il ne pleut pas beaucoup dans cette région • **we'll ~ a sandwich in town** on prendra un sandwich en ville • **this room ~s a lot of sun** cette pièce est très ensoleillée • **he got two years** il s'est pris* deux ans de prison ▸ **have/has got I've got toothache** j'ai mal aux dents • **I have got three sisters** j'ai trois sœurs • **how many have you got?** combien en avez-vous ? • **I've got it!** (= *have safely*) (ça y est) je l'ai ! • **you're okay, I've got you!** ne t'en fais pas, je te tiens !

(b) (= *find*) trouver • **he got me a job** il m'a trouvé un emploi • **it's difficult to ~ a hotel room in August** c'est difficile de trouver une chambre d'hôtel en août • **you ~ different kinds of …** on trouve plusieurs sortes de … • **you'll ~ him at home if you phone this evening** tu le trouveras chez lui si tu appelles ce soir • **I've been trying to ~ you all week** ça fait une semaine que j'essaie de t'avoir • **you can ~ me on the mobile** tu peux m'appeler sur mon portable

c (*= buy*) acheter • **where do they ~ their raw materials?** où est-ce qu'ils achètent leurs matières premières ? • **to ~ sth cheap** acheter qch bon marché

d (*= fetch, pick up*) aller chercher • **I must go and ~ some bread** il faut que j'aille chercher du pain • **can you ~ my coat from the cleaners?** est-ce que tu peux aller chercher mon manteau au pressing ? • **can I ~ you a drink?** est-ce que je peux vous offrir quelque chose ?

e (*= take*) prendre • **I'll ~ the bus** je vais prendre le bus • **I don't ~ the local paper** je ne prends pas le journal local

f (*= call in*) appeler • **we had to ~ a plumber** nous avons dû appeler un plombier

g (*= prepare*) préparer • **she was ~ting breakfast** elle préparait le petit déjeuner

h (*= catch*) [*+ disease, fugitive*] attraper; [*+ name, details*] comprendre • **I didn't ~ your name** je n'ai pas compris votre nom • **we'll ~ them yet!** on leur revaudra ça ! • **he'll ~ you for that!** qu'est-ce que tu vas prendre !*

i (*= understand*) **~ it?*** t'as pigé ?* • **I don't ~ it*** je ne comprends pas • **you've got it in one!*** tu as tout compris ! • **I don't ~ you*** je ne vous suis pas • **I don't ~ the joke** je ne vois pas ce qu'il y a de drôle • **let me ~ this right, you're saying that …** alors, si je comprends bien, tu dis que … • **don't ~ me wrong** comprenez-moi bien

j (*= answer*) **can you ~ the phone?** est-ce que tu peux répondre ? • **I'll ~ it!** j'y vais !

k (*= annoy*)* agacer • **that's what really ~s me** c'est ce qui m'agace le plus

l (*set structures*)

▸ **to get** *+ adjective*

> This construction is often translated by a verb alone. Look up the relevant adjective.

• **to ~ one's hands dirty** se salir les mains • **to ~ sb drunk** soûler qn • **you're ~ting me worried** tu m'inquiètes

▸ **to get sth done** (*by someone else*) faire faire qch • **to ~ one's hair cut** se faire couper les cheveux • **I need to ~ my car serviced** je dois faire réviser ma voiture • **when do you think you'll ~ it finished?** (*= when will you finish it*) quand penses-tu avoir fini ? • **you can't ~ anything done round here** (*= do anything*) il est impossible de travailler ici

▸ **to get sb/sth to do sth** **~ him to clean the car** fais-lui laver la voiture • **I'll ~ her to ring you back** je lui demanderai de te rappeler

> **réussir** or **pouvoir** may be used when speaking of achieving a result.

• **we eventually got her to change her mind** nous avons finalement réussi à la faire changer d'avis • **I couldn't ~ the washing machine to work** je n'ai pas réussi à faire marcher le lave-linge • **to ~ sth going** [*+ machine*] faire marcher qch

▸ **to get sb/sth somewhere** **to ~ sth downstairs** descendre qch • **how can we ~ it home?** comment faire pour l'apporter à la maison ? • **threatening me will ~ you nowhere** tu n'obtiendras rien de moi par la menace • **to ~ sth upstairs** monter qch

▸ **to get sb/sth** *+ preposition* **to ~ sb by the arm** saisir qn par le bras • **to ~ sb by the throat** prendre qn à la gorge • **he ~s a lot of money for his paintings** il gagne beaucoup d'argent avec ses tableaux • **he ~s his red hair from his mother** il a les cheveux roux de sa mère • **the bullet got him in the arm** la balle l'a atteint au bras • **he managed to ~ the card into the envelope** il a réussi à faire entrer la carte dans l'enveloppe • **to ~ o.s. into a difficult position** se mettre dans une situation délicate • **we got him on to the subject of the war** nous l'avons amené à parler de la guerre • **she ~s a lot of pleasure out of gardening** elle prend beaucoup de plaisir à jardiner • **I couldn't ~ the stain out of the tablecloth** je n'ai pas réussi à enlever la tache sur la nappe • **to ~ sth past the customs** réussir à passer qch à la douane • **I'll never ~ the car through here** je n'arriverai jamais à faire passer la voiture par ici • **to ~ sth to sb** faire parvenir qch à qn • **to ~ a child to bed** mettre un enfant au lit

2 INTRANSITIVE VERB

a (*= go*) aller (**to** à, **from** de); (*= arrive*) arriver; (*= be*) être • **how do you ~ there?** comment fait-on pour y aller ? • **can you ~ there from London by bus?** est-ce qu'on peut y aller de Londres en bus ? • **what time do you ~ to Sheffield?** à quelle heure arrivez-vous à Sheffield ?

▸ **to get** *+ adverb/preposition* **you won't ~ anywhere if you behave like that** tu n'arriveras à rien en te conduisant comme ça • **how did that box ~ here?** comment cette boîte est-elle arrivée ici ? • **what's got into him?** qu'est-ce qui lui prend ? • **we're ~ting nowhere fast*** on fait du sur place* • **now we're ~ting somewhere!*** enfin du progrès ! • **how's your thesis going? — I'm ~ting there** où en es-tu avec ta thèse ? — ça avance • **where did you ~ to?** où étais-tu donc passé ? • **where can he have got to?** où est-il passé ? • **where have you got to?** (*in book, work*) où en êtes-vous ? • **don't let it ~ to you*** ne te fais pas de bile* pour ça

b (*set structures*)

▸ **to get** *+ adjective*

> This construction is often translated by a verb alone.

• **I hope you'll ~ better soon** j'espère que tu vas vite te remettre • **things are ~ting complicated** les choses se compliquent • **this is ~ting expensive** ça commence à faire cher • **she's afraid of ~ting fat** elle a peur de grossir • **it's ~ting late** il se fait tard • **I'm ~ting nervous** je commence à avoir le trac • **he's ~ting old** il vieillit, il se fait vieux • **this is ~ting ridiculous** ça devient ridicule • **how stupid can you ~?** il faut vraiment être stupide ! • **to ~ used to sth/to doing** s'habituer à qch/à faire

▸ **to get** *+ past participle (passive)* **he got beaten up** il s'est fait tabasser* • **several windows got broken** plusieurs fenêtres ont été brisées • **to ~ paid** se faire payer

> Reflexive verbs are used when the sense is not passive.

• **to ~ dressed** s'habiller • **to ~ married** se marier • **to ~ washed** se laver

▸ **to get to** + *infinitive* **he's ~ting to be an old man** il se fait vieux • **it's ~ting to be impossible** ça devient impossible • **to ~ to know sb** apprendre à connaître qn • **we got to like him in the end** nous avons fini par l'apprécier • **students only ~ to use the library between 2pm and 8pm** les étudiants ne peuvent utiliser la bibliothèque qu'entre 14 heures et 20 heures

▸ **have got to** + *infinitive* (= *must*) **you've got to come** il faut que vous veniez *subj* • **have you got to go and see her?** est-ce que vous êtes obligé d'aller la voir ? • **you've got to be joking!** tu plaisantes !

▸ **to get** + *-ing* (= *begin*) **to ~ going** partir • **I got talking to him in the train** j'ai parlé avec lui dans le train • **I got to thinking that ...*** je me suis dit que ...

3 COMPOUNDS

▸ **get-rich-quick scheme*** N *combine pour faire fortune rapidement* ▸ **get-together** N réunion *f* ▸ **get-up-and-go*** N **he's got lots of ~-up-and-go** il est très dynamique ▸ **get-well card** N carte *f* de vœux (pour un prompt rétablissement)

4 PHRASAL VERBS

▸ **get about** VI **a** (= *move about*) se déplacer • **he ~s about with a stick/on crutches** il marche avec une canne/des béquilles • **she ~s about quite well despite her handicap** elle arrive assez bien à se déplacer malgré son handicap **b** (= *travel*) voyager • **she ~s about a lot** elle voyage beaucoup **c** [*news*] circuler • **the story had got about that ...** des rumeurs circulaient selon lesquelles ... • **it has got about that ...** le bruit court que ... • **I don't want it to ~ about** je ne veux pas que ça s'ébruite

▸ **get above** VT INSEP **to ~ above o.s.** avoir la grosse tête* • **you're ~ting above yourself!** pour qui te prends-tu ?

▸ **get across** 1 VI [*person crossing*] traverser; [*meaning, message*] passer • **the message is ~ting across that people must ...** les gens commencent à comprendre qu'il faut ... 2 VT SEP [+ *person crossing*] faire traverser; [+ *ideas, intentions, desires*] communiquer (**to sb** à qn) • **to ~ sth across to sb** faire comprendre qch à qn

▸ **get ahead** VI (*in race*) prendre de l'avance; (*in career*) monter en grade

▸ **get along** VI **a** (= *go*) aller (**to** à); (= *leave*) s'en aller • **I must be ~ting along** il faut que je m'en aille **b** (= *manage*) se débrouiller • **to ~ along without sth/sb** se débrouiller sans qch/qn **c** (= *progress*) [*work*] avancer; [*student, invalid*] faire des progrès **d** (= *be on good terms*) (bien) s'entendre • **I don't ~ along with him at all** je ne m'entends pas du tout avec lui

▸ **get around** 1 VI → **get about** 2 VT SEP → **get round** 3 VT INSEP → **get round**

▸ **get at** VT INSEP **a** [+ *object, person, place*] atteindre **b** [+ *facts, truth*] découvrir **c** (= *suggest*) **what are you ~ting at?** où voulez-vous en venir ? **d** (*Brit*) (= *attack*) s'en prendre à • **she's always ~ting at her brother** elle s'en prend toujours à son frère • **I feel got at** je me sens visé **e** (= *influence*)* suborner • **there's a danger witnesses will be got at** il y a un risque de subornation de témoins

▸ **get away** 1 VI **a** (= *leave*) partir • **to ~ away from a place** quitter un endroit • **I usually ~ away from work at six** je quitte généralement (le travail) à 6 heures • **I'll try to ~ away from work early** j'essaierai de rentrer du travail plus tôt • **we are not going to be able to ~ away this year** nous n'allons pas pouvoir partir en vacances cette année • **~ away (with you)!*** à d'autres ! **b** (= *escape*) s'échapper • **to ~ away from** [+ *people, situation*] échapper à; [+ *idea*] renoncer à • **he was trying to ~ away when he was shot** il essayait de s'échapper quand on lui a tiré dessus • **she moved here to ~ away from the stress of city life** elle est venue s'installer ici pour échapper au stress de la vie citadine • **he went to the Bahamas to ~ away from it all** il est allé aux Bahamas pour laisser tous ses problèmes derrière lui • **the thief got away with the money** le voleur est parti avec l'argent 2 VT SEP **a** (= *take*) emmener; (= *move away*) éloigner; (= *send off*) expédier **b** (= *remove*) **to ~ sth away from sb** enlever qch à qn

▸ **get away with** VT (= *suffer no consequences*) **she got away with saying some outrageous things** elle a tenu impunément des propos choquants • **he broke the law and got away with it** il a violé la loi en toute impunité • **you'll never ~ away with that!** on ne te laissera pas passer ça !* • **he ~s away with murder*** il peut se permettre de faire n'importe quoi

▸ **get back** 1 VI **a** (= *return*) revenir • **to ~ back** rentrer chez soi • **life is starting to ~ back to normal** la vie reprend son cours • **to ~ back to work** reprendre le travail • **to ~ back to the point** revenir au sujet • **let's ~ back to why you didn't come yesterday** revenons à la question de savoir pourquoi vous n'êtes pas venu hier • **to ~ back to sb*** recontacter qn; (*on phone*) rappeler qn • **can I ~ back to you on that?*** puis-je vous recontacter à ce sujet ?; (*on phone*) puis-je vous rappeler à ce sujet ? **b** (= *move backwards*) reculer • **~ back!** reculez ! 2 VT SEP **a** (= *recover*) [+ *sth lent, sth lost, stolen*] récupérer; [+ *strength*] reprendre; [+ *one's husband, partner*] faire revenir • **he's trying desperately to ~ her back** il essaie désespérément de la faire revenir • **I won't ~ my car back until Thursday** je ne récupérerai pas ma voiture avant jeudi • **I was afraid I wouldn't ~ my passport back** j'avais peur de ne pas récupérer mon passeport • **to ~ one's money back** se faire rembourser **b** (= *return*) rendre • **I'll ~ it back to you as soon as I can** je vous le rendrai dès que possible

▸ **get back at*** VT INSEP (= *retaliate against*) prendre sa revanche sur

▸ **get by** VI **a** (= *pass*) passer **b** (= *manage*) arriver à s'en sortir* • **she ~s by on very little money** elle arrive à s'en sortir* avec très peu d'argent • **he'll ~ by!** il s'en sortira !*

▸ **get down** 1 VI descendre (**from, off** de) • **may I ~ down?** (*at table*) est-ce que je peux sortir de table ? • **to ~ down on one's knees** se mettre à genoux • **~ down!** (= *climb down*) descends !; (= *lie down*) couche-toi ! 2 VT SEP **a** (*from upstairs, attic*) descendre; (*from shelf*) prendre **b** (= *swallow*) [+ *food, pill*]* avaler **c** (= *make note of*) noter **d** (= *depress*) déprimer • **don't let it ~ you down!** ne te laisse pas abattre !

▸ **get down to** VT INSEP **to ~ down to doing sth** se mettre à faire qch • **to ~ down to work** se mettre au travail • **you'll have to ~ down to it** il faut vous y mettre • **when you ~ down to it there's not much difference between them** en y regardant de plus près il n'y a pas grande différence entre eux • **to ~ down to business** passer aux choses sérieuses • **let's ~ down to the details** regardons ça de plus près

▸ **get in** 1 VI **a** [*person*] (= *enter*) entrer; (= *be admitted to university, school*) être admis • **do you think we'll ~ in?** tu

g

crois qu'on réussira à entrer ? ⓑ (*= arrive*) [*train, bus, plane*] arriver ⓒ (*= be elected*) [*member*] être élu; [*party*] accéder au pouvoir **2** VT SEP ⓐ [*+ harvest*] rentrer • **did you ~ your essay in on time?** as-tu rendu ta dissertation à temps ? ⓑ (*= buy*) acheter • **to ~ in supplies** s'approvisionner ⓒ (*= fit in*) glisser • **he got in a reference to his new book** il a glissé une allusion à son dernier livre • **it was hard to ~ a word in** c'était difficile de placer un mot • **he managed to ~ in a game of golf** il a réussi à trouver le temps de faire une partie de golf

▸ **get into** VT INSEP ⓐ (*= enter*) [*+ house, park*] entrer dans; [*+ car, train*] monter dans • **he got into a good university** il a été admis dans une bonne université • **to ~ into politics** entrer en politique • **to ~ into the way of doing sth** (*= make a habit of*) prendre l'habitude de faire qch • **I don't know what has got into him** je ne sais pas ce qui lui a pris ⓑ [*+ clothes*] mettre • **I can't ~ into these jeans any more** je ne peux plus rentrer dans ce jean

▸ **get in with** VT INSEP ⓐ (*= gain favour of*) (réussir à) se faire bien voir de • **he tried to ~ in with the headmaster** il a essayé de se faire bien voir du directeur ⓑ (*= become friendly with*) se mettre à fréquenter • **he got in with local drug dealers** il s'est mis à fréquenter les trafiquants de drogue du quartier

▸ **get off** **1** VI ⓐ (*from vehicle*) descendre • **to tell sb where to ~ off*** envoyer promener qn* ⓑ (*= depart*) [*person*] partir; [*car*] démarrer; [*plane*] décoller • **to ~ off to a good start** [*project, discussion*] bien partir • **to ~ off to sleep** s'endormir ⓒ (*= escape*) s'en tirer • **to ~ off with a reprimand** en être quitte pour une réprimande ⓓ (*= leave work*) finir; (*= take time off*) se libérer • **we ~ off at 5 o'clock** nous finissons à 5 heures • **I can't ~ off early today** je ne peux pas m'en aller de bonne heure aujourd'hui **2** VT SEP ⓐ [*+ bus, train*] descendre de ⓑ [*+ clothes, shoes*] enlever ⓒ (*= dispatch*) **I'll phone you once I've got the children off to school** je t'appellerai une fois que les enfants seront partis à l'école • **to ~ a child off to sleep** faire dormir un enfant ⓓ (*= save from punishment*) faire acquitter • **a good lawyer will ~ him off** un bon avocat le fera acquitter **3** VT INSEP ⓐ **to ~ off a bus/a bike** descendre d'un bus/de vélo • **they got off the boat** ils sont descendus à terre • **he got off his horse** il est descendu de cheval • **~ off the floor!** levez-vous ! • **I wish he would ~ off my back!*** si seulement il pouvait me ficher la paix* ! • **we've rather got off the subject** nous nous sommes plutôt éloignés du sujet ⓑ (*= be excused*)* **to ~ off gym** se faire dispenser des cours de gym

▸ **get off with*** VT INSEP (*Brit*) lever*

▸ **get on** **1** VI ⓐ (*on to bus, bike*) monter; (*on to ship*) monter à bord ⓑ (*= advance, make progress*) avancer • **how are you ~ting on?** comment ça marche ?* • **how did you ~ on?** comment ça s'est passé ? • **to be ~ting on*** (*= getting old*) se faire vieux • **he's ~ting on for 40** il approche de la quarantaine • **it's ~ting on for 3 o'clock** il n'est pas loin de 3 heures • **I must be ~ting on now** il faut que j'y aille • **this will do to be ~ting on with** ça ira pour le moment • **there were ~ting on for 100 people** il y avait pas loin de 100 personnes ⓒ (*= succeed*) réussir • **if you want to ~ on, you must ...** si tu veux réussir, tu dois ... ⓓ (*= agree*) s'entendre • **we don't ~ on** nous ne nous entendons pas • **I ~ on well with her** je m'entends bien avec elle **2** VT SEP (*= put on*) [*+ clothes, shoes*] mettre **3** VT INSEP **to ~ on a horse** monter sur un cheval • **to ~ on a bicycle** monter sur sa bicyclette • **to ~ on a train** monter dans un train • **to ~ back on one's feet** se remettre debout

▸ **get on to** VT INSEP ⓐ (*= get in touch with*) se mettre en rapport avec; (*= speak to*) parler à; (*= ring up*) téléphoner à ⓑ (*= start talking about*) aborder • **we got on to (the subject of) money** nous avons abordé la question de l'argent

▸ **get on with** VT INSEP ⓐ (*= continue*) continuer • **while they talked she got on with her work** pendant qu'ils parlaient, elle a continué à travailler • **~ on with it!** (*working*) allez, au travail !; (*telling sth*) accouche !* ⓑ (*= start on*) se mettre à • **I'd better ~ on with the job!** il faut que je m'y mette !

▸ **get out** **1** VI ⓐ sortir (**of** de); (*from vehicle*) descendre (**of** de) • **~ out!** sortez ! • **let's ~ out of here!** sortons d'ici ! ⓑ (*= escape*) s'échapper (**of** de) • **to ~ out of** [*+ task, obligation*] échapper à; [*+ difficulty*] surmonter • **you'll have to do it, you can't ~ out of it** il faut que tu le fasses, tu ne peux pas y échapper • **some people will do anything to ~ out of paying taxes** certaines personnes feraient n'importe quoi pour éviter de payer des impôts • **he's trying to ~ out of going to the funeral** il essaie de trouver une excuse pour ne pas aller à l'enterrement ⓒ [*news*] se répandre; [*secret*] être éventé • **wait till the news ~s out!** attends que la nouvelle soit ébruitée ! **2** VT SEP ⓐ (*= bring out*) [*+ object*] sortir • **he got his diary out of his pocket** il a sorti son agenda de sa poche ⓑ (*= remove*) [*+ nail, tooth*] arracher; [*+ stain*] enlever • **I can't ~ it out of my mind** je n'arrive pas à chasser cela de mon esprit ⓒ (*= free*) [*+ person*] faire sortir • **it ~s me out of the house** ça me fait sortir

▸ **get over** **1** VI (*= cross*) traverser; [*message, meaning*] passer*; [*speaker*] se faire entendre **2** VT INSEP ⓐ [*+ road*] traverser; [*+ obstacle, difficulty*] surmonter; [*+ problem*] résoudre ⓑ (*= recover from*) **to ~ over an illness** se remettre d'une maladie • **to ~ over sb's death** se remettre de la mort de qn • **I can't ~ over it** je n'en reviens pas • **I can't ~ over the fact that ...** je n'en reviens pas que ... + *subj* • **I can't ~ over how much he's changed** je n'en reviens pas de voir combien il a changé • **she never really got over him*** elle ne l'a jamais vraiment oublié **3** VT SEP ⓐ [*+ person, animal, vehicle*] faire passer ⓑ (*= communicate*) faire comprendre; [*+ ideas*] communiquer

▸ **get over with** VT SEP (*= have done with*) en finir • **let's ~ it over with** finissons-en • **I was glad to ~ the injections over with** j'étais content d'en avoir fini avec ces piqûres

▸ **get round** **1** VI = **get about** **2** VT SEP **to ~ sb round to one's way of thinking** rallier qn à son point de vue **3** VT INSEP ⓐ [*+ obstacle, difficulty, law*] contourner ⓑ [*+ person*] amadouer

▸ **get round to*** VT INSEP **to ~ round to doing sth** trouver le temps de faire qch • **I don't think I'll ~ round to it before next week** je ne pense pas trouver le temps de m'en occuper avant la semaine prochaine

▸ **get through** **1** VI ⓐ [*news*] parvenir (**to** à); [*signal*] être reçu • **I think the message is ~ting through to him** je pense qu'il commence à comprendre ⓑ (*= be accepted, pass*) [*candidate*] être reçu; [*motion, bill*] passer • **to ~ through to the third round** [*team*] se qualifier pour le troisième tour ⓒ (*on phone*) obtenir la communication • **I phoned you several times but couldn't ~ through** je t'ai appelé plusieurs fois mais je n'ai pas pu t'avoir ⓓ (*= communicate with*) **to ~ through to sb** communiquer avec qn • **he can't ~ through to his son at all** il n'arrive pas du tout à communiquer avec son fils **2** VT INSEP ⓐ [+ *hole, window*] passer par; [+ *hedge*] passer à travers; [+ *crowd*] se frayer un chemin à travers ⓑ (= *do*) [+ *work*] faire; [+ *book*] lire (en entier) • **we've got a lot of work to ~ through** nous avons beaucoup à faire • **he got through a lot of work** il a abattu beaucoup de travail ⓒ (= *use*) [+ *supplies*] utiliser; [+ *money*] dépenser; [+ *food*] manger; [+ *drink*] boire • **we ~ through £150 per week** nous dépensons 150 livres par semaine ⓓ (= *survive*) **how are they going to ~ through the winter?** comment vont-ils passer l'hiver? • **we couldn't ~ through a day without arguing** pas un jour ne se passait sans que nous ne nous disputions **3** VT SEP ⓐ [+ *person, object*] faire passer • **we couldn't ~ the sofa through the door** on n'a pas pu faire passer le sofa par la porte • **to ~ the message through to sb that ...** faire comprendre à qn que ... ⓑ **to ~ a bill through** faire adopter un projet de loi

▸ **get together** **1** VI se réunir • **let's ~ together on Thursday** retrouvons-nous jeudi • **this is the only place where villagers can ~ together** c'est le seul endroit où les gens du village peuvent se réunir **2** VT SEP [+ *people, ideas, money*] rassembler; [+ *group*] former • **let me just ~ my things together** je rassemble mes affaires et j'arrive

▸ **get under** **1** VI (= *pass underneath*) passer par-dessous **2** VT INSEP **to ~ under a fence/a rope** passer sous une barrière/une corde

▸ **get up** **1** VI ⓐ (= *rise*) [*person*] se lever (**from** de); [*wind*] se lever • **what time did you ~ up?** à quelle heure t'es-tu levé? ⓑ (*on a chair, on stage*) monter **2** VT INSEP **he couldn't ~ up the tree** il n'a pas réussi à monter à l'arbre **3** VT SEP ⓐ **we eventually got the truck up the hill** on a finalement réussi à faire monter le camion jusqu'en haut de la côte • **to ~ up speed** prendre de la vitesse ⓑ (*from bed*) [+ *person*] faire lever; (= *wake*) réveiller

▸ **get up to** VT INSEP ⓐ (= *catch up with*) rattraper ⓑ (= *reach*) arriver à • **I've got up to page 17** j'en suis à la page 17 • **where did we ~ up to last week?** où en sommes-nous arrivés la semaine dernière? ⓒ (= *be involved in*)* **to ~ up to mischief** faire des bêtises • **you never know what he'll ~ up to next** on ne sait jamais ce qu'il va inventer • **do you realize what they've been ~ting up to?** tu sais ce qu'ils ont trouvé le moyen de faire? • **what have you been ~ting up to lately?** qu'est-ce que tu deviens?

---

getaway ['getəweɪ] N **to make one's ~** s'enfuir • **they had a ~ car waiting** ils avaient une voiture pour s'enfuir

getup* ['getʌp] N (= *clothing*) tenue *f*

geyser ['gi:zəʳ, (*US*) 'gaɪzəʳ] N geyser *m*

Ghana ['gɑ:nə] N Ghana *m*

Ghanaian [gɑ:'neɪən] **1** ADJ ghanéen **2** N Ghanéen(ne) *m(f)*

ghastly ['gɑ:stlɪ] ADJ épouvantable • **with a ~ smile** avec un sourire horrible • **to look ~** avoir une mine de déterré

ghee [gi:] N beurre *m* clarifié

Ghent [gent] N Gand

gherkin ['gɜ:kɪn] N cornichon *m*

ghetto ['getəʊ] N ghetto *m* ▸ **ghetto-blaster*** N (gros) radiocassette *m*

GHG [ˌdʒi:eɪtʃ'dʒi:] N (ABBR OF **greenhouse gas**) GES *m* (= *gaz à effet de serre*)

ghost [gəʊst] N fantôme *m* • **I haven't a ~ of a chance** je n'ai pas la moindre chance • **to give up the ~*** rendre l'âme • **you look as if you've seen a ~!** on dirait que tu as vu un revenant! ▸ **ghost story** N histoire *f* de revenants ▸ **ghost town** ville *f* fantôme ▸ **ghost train** (*Brit*) train *m* fantôme ▸ **ghost writer** nègre *m*

ghostly ['gəʊstlɪ] ADJ spectral

ghoul [gu:l] N goule *f*

ghoulish ['gu:lɪʃ] ADJ (= *morbid*) morbide

GHQ [ˌdʒi:eɪtʃ'kju:] N (ABBR OF **General Headquarters**) GQG *m*

GI* [dʒi:'aɪ] N (*US*) GI *m*

giant ['dʒaɪənt] **1** N géant *m* **2** ADJ [*object*] géant; [*strides*] de géant; [*helping, amount*] gigantesque **3** COMP ▸ **giant killer** N vainqueur *m* surprise (*équipe de second plan qui parvient à battre une grande équipe*)

gibber ['dʒɪbəʳ] VI baragouiner* • **to ~ with fear** bafouiller de peur • **~ing idiot*** crétin* *m* • **I was a ~ing wreck** j'étais à bout de nerfs

gibberish ['dʒɪbərɪʃ] N charabia* *m*

gibe [dʒaɪb] **1** VI **to ~ at sb** se moquer de qn **2** N moquerie *f*

giblets ['dʒɪblɪts] NPL abats *mpl* (*de volaille*)

Gibraltar [dʒɪ'brɔ:ltəʳ] N Gibraltar • **in ~** à Gibraltar

giddiness ['gɪdɪnɪs] N vertiges *mpl* • **a bout of ~** un vertige

giddy ['gɪdɪ] ADJ [*person*] pris de vertige • **I feel ~** j'ai la tête qui tourne • **to make sb ~** donner le vertige à qn • **~ spells** vertiges *mpl* • **the ~ heights of senior management** les hautes sphères de la direction générale

gift [gɪft] **1** N ⓐ (= *present*) cadeau *m* ⓑ (= *donation*) don *m* • **to make sb a ~ of sth** faire don de qch à qn ⓒ (= *talent*) don *m* • **he has a ~ for maths** il a un don pour les maths • **to have the ~ of the gab*** avoir la langue bien pendue • (PROV) **don't look a ~ horse in the mouth** à cheval donné, il ne faut pas regarder à la bouche ou à la bride (PROV) **2** COMP ▸ **gift shop** N boutique *f* de cadeaux ▸ **gift token, gift voucher** N chèque-cadeau *m*

gifted ['gɪftɪd] ADJ doué • **the ~ child** l'enfant *m* surdoué

giftwrap ['gɪftræp] VT **to ~ a package** faire un paquet-cadeau • **could you ~ it for me?** pouvez-vous me faire un paquet-cadeau?

giftwrapped ['gɪftræpt] ADJ sous emballage-cadeau

giftwrapping ['gɪftræpɪŋ] N emballage-cadeau *m*

gig[1] [gɪg] N (= *concert*) concert *m* • **they had a regular ~ at the Cavern** ils jouaient régulièrement au Cavern ▸ **gig economy** N économie *f* reposant sur le travail précaire

gig[2]* [gɪg] N (ABBR OF **gigabyte**) giga *m*

gigabyte ['dʒɪgəˌbaɪt] N gigaoctet *m*

gigantic [dʒaɪ'gæntɪk] ADJ gigantesque

giggle ['gɪgl] VI rire sottement • **stop giggling!** ne riez pas sottement comme ça! • **"stop that!" she ~d** «arrête!» dit-elle en gloussant **2** N petit rire *m* • **to have/get the ~s** avoir/attraper le fou rire • **she had a fit of the ~s** elle avait le fou rire • **it was a bit of a ~*** (*Brit*) ça nous a bien fait rigoler* • **he did it for a ~*** (*Brit*) il a fait ça pour rigoler*

giggly ['gɪglɪ] ADJ **the girls were in a ~ mood** les filles riaient bêtement

gigolo ['ʒɪgələʊ] N gigolo *m*

gild [gɪld] VT (*pret* **gilded**, *ptp* **gilded** *or* **gilt**) dorer

gilding ['gɪldɪŋ] N dorure *f*

gills [gɪlz] NPL ouïes *fpl* • **he was looking a bit green around the ~*** il était vert

gilt [gɪlt] 1 (VB) ptp of **gild** 2 (N) (= *gold*) dorure *f* 3 (NPL) **gilts** (*Brit*) = **gilt-edged securities** 4 (ADJ) doré 5 (COMP)
▸ **gilt-edged securities** NPL (*Brit*), **gilt-edged stock** N (*government-issued*) obligations *fpl* d'État; (= *safe investment*) valeurs *fpl* de père de famille

gimlet ['gɪmlɪt] (N) vrille *f*

gimme* ['gɪmi:] = **give me**

gimmick ['gɪmɪk] (N) gadget* *m* • **advertising ~** stratagème *m* publicitaire • **election ~** procédé *m* pour s'attirer des suffrages • **it's just a sales ~** c'est simplement une astuce promotionnelle

gimmicky ['gɪmɪkɪ] (ADJ) **it's a bit ~** ça fait un peu gadget

gin [dʒɪn] (N) gin *m* • **~ and tonic** gin-tonic *m*

ginger ['dʒɪndʒəʳ] 1 (N) gingembre *m* 2 (ADJ) ⓐ [*hair*] roux (rousse *f*) ⓑ [*biscuit, cake*] au gingembre 3 (COMP)
▸ **ginger ale** N (*Brit*) boisson *f* gazeuse au gingembre
▸ **ginger beer** N (*Brit*) boisson *f* gazeuse au gingembre
▸ **ginger nut, ginger snap** N gâteau *m* sec au gingembre

gingerbread ['dʒɪndʒəbred] (N) pain *m* d'épices

gingerly ['dʒɪndʒəlɪ] (ADV) avec précaution

gingham ['gɪŋəm] (N) vichy *m*

ginseng [dʒɪn'seŋ] (N) ginseng *m*

gipsy ['dʒɪpsɪ] 1 (N) bohémien(ne) *m(f)*; (*Spanish*) gitan(e) *m(f)*; (*Central European*) Tsigane *mf* 2 (ADJ) [*caravan, custom*] de bohémien; (*Spanish*) de gitan; (*Central European*) tsigane; [*music*] tsigane

giraffe [dʒɪ'rɑ:f] (N) girafe *f*

> The French word **girafe** has only one **f**.

girder ['gɜ:dəʳ] (N) poutre *f* métallique

girdle ['gɜ:dl] (N) (= *corset*) gaine *f*

girl [gɜ:l] 1 (N) ⓐ fille *f* • **the ~ who looks after the children** la jeune fille qui s'occupe des enfants • **a little ~** une petite fille • **an English ~** une jeune Anglaise • **~s' school** école *f* de jeunes filles ⓑ (= *daughter*) fille *f*; (= *pupil*) élève *f* 2 (COMP) ▸ **girl band** N (*Music*) girls band *m* ▸ **girl guide** (*Brit*), **girl scout** (*US*) N éclaireuse *f*

girlfriend ['gɜ:lfrend] (N) [*of boy*] petite amie *f*; [*of girl*] amie *f*

girlie, girly ['gɜ:lɪ] (ADJ) de filles ▸ **girlie magazine*** N magazine *m* de fesse*

girlish ['gɜ:lɪʃ] (ADJ) [*boy*] efféminé; [*behaviour, appearance*] (*woman's*) de petite fille; (*man's, boy's*) efféminé

giro* ['dʒaɪrəʊ] (N) (*Brit*) ≈ mandat *m* postal (*servant au paiement des prestations de chômage ou de maladie*) • **by ~ transfer** par virement postal

girth [gɜ:θ] (N) ⓐ [*of tree*] circonférence *f*; [*of waist*] tour *m* de taille ⓑ [*of saddle*] sangle *f*

gist [dʒɪst] (N) essentiel *m* • **to get the ~ of sth** comprendre l'essentiel de qch • **give me the ~ of what he said** résumez-moi ce qu'il a dit, en deux mots

git* [gɪt] (N) (*Brit*) (*pej*) con* *m*, conne* *f*

---

give [gɪv]

1 TRANSITIVE VERB	4 COMPOUNDS
2 INTRANSITIVE VERB	5 PHRASAL VERBS
3 NOUN	

> vb: pret **gave**, ptp **given**

1 TRANSITIVE VERB

> When **give** is part of a set combination, eg **give evidence**, **give blood**, look up the other word.

ⓐ donner (**to** à); [+ *gift*] offrir (**to** à) • **what are you going to ~ her?** (*as present*) qu'est-ce que tu vas lui offrir ? • **they haven't yet ~n their answer** ils n'ont pas encore donné de réponse • **the judge gave him five years** le juge l'a condamné à cinq ans de prison • **this lamp doesn't ~ much light** cette lampe éclaire mal

> **give** + noun may be translated by a verb alone.

• **can you ~ me a bed for the night?** pouvez-vous me loger pour la nuit ? • **they gave us a lot of help** ils nous ont beaucoup aidés • **I'll ~ you a call** je vous appellerai
▸ **to be given** (= *receive*)

> In French the recipient is not made the subject of a passive construction.

• **she was ~n a huge bouquet** on lui a offert un énorme bouquet • **we were ~n a warm reception** on nous a accueillis chaleureusement
▸ **to give and take** **one must ~ and take** il faut faire des concessions
▸ **give or take ...** **~ or take a few minutes** à quelques minutes près • **a hundred people, ~ or take a few** à peu près cent personnes

ⓑ (= *cause, cause to feel*) faire • **it gave me a shock** ça m'a fait un choc • **keying ~s me a pain in my wrist** le travail de saisie me fait mal au poignet • **it gave me a funny feeling** ça m'a fait un drôle d'effet • **I was ~n to understand that ...** on m'avait laissé entendre que ... • **her grandchildren ~ her a lot of pleasure** ses petits-enfants lui procurent beaucoup de plaisir • **it ~s me great pleasure to introduce ...** c'est avec grand plaisir que je vous présente ...

ⓒ (= *pass on*) **OK, I'll ~ him the message** d'accord, je lui ferai la commission • **you've ~n me your cold** tu m'as passé ton rhume • **~ him my love** faites-lui mes amitiés

ⓓ (= *put through to*) passer • **could you ~ me Mr Smith/extension 231?** pouvez-vous me passer M. Smith/le poste 231 ?

ⓔ (*with time expressions*) **~ him time to get home** laissez-lui le temps de rentrer • **~ yourself time to think about it before you decide** prends le temps de réfléchir avant de te décider • **~ me time!** attends un peu ! • **I can't ~ you any longer, you must pay me now** je ne peux plus vous accorder de délai, il faut que vous payiez maintenant • **the doctors gave him two years (to live)** les médecins lui ont donné deux ans (à vivre)

ⓕ (= *utter*) [+ *sigh, cry*] pousser

ⓖ (= *pay*) payer; (= *offer*) donner • **what did you ~ for it?** combien l'avez-vous payé ? • **I'd ~ a lot/anything to know** je donnerais gros/n'importe quoi pour savoir • **what will you ~ me for it?** combien m'en donnez-vous ? • **I don't ~ much for his chances** je ne donne pas cher de ses chances

ⓗ (*set structures*) **he gave as good as he got** il a rendu coup pour coup • **~ it all you've got!*** mets-y le paquet !* • **I wouldn't have it if you gave it to me*** tu me le donnerais que je n'en voudrais pas • **I'll ~ him something to cry about!*** je lui apprendrai à pleurer! • **to ~ sb what for*** passer un savon à qn* • **he wants $100? I'll ~ him $100!*** il veut 100 dollars? il peut toujours courir!* • **I'll ~ you that** *(agreeing)* je suis d'accord là-dessus • **don't ~ me that!*** ne me raconte pas d'histoires!*

ⓘ ▸ **to give way** (= *yield*) [*person*] céder (**to sth** à qch); (= *stand back*) s'écarter; (= *agree*) finir par donner son accord; [*car, traffic*] céder le passage; (= *collapse*) [*bridge, ceiling, floor*] s'effondrer; [*ground*] se dérober; [*cable, rope*] céder; [*legs*] fléchir • **"~ way"** «cédez le passage» • **"~ way to traffic from the right"** «priorité à droite» • **I gave way to temptation** j'ai cédé à la tentation • **he gave way to their demands** il a cédé à leurs revendications • **she gave way to tears** elle n'a pas pu retenir ses larmes • **his shock gave way to anger** sa surprise a fait place à la colère

2 INTRANSITIVE VERB

ⓐ (= *collapse*) céder • **the chair gave under his weight** la chaise a cédé sous son poids

ⓑ (= *yield*) [*cloth, elastic*] se détendre

ⓒ (US) **what ~s?*** alors, qu'est-ce qui se passe?

3 NOUN

(= *flexibility*)* mou *m* • **there is a lot of ~ in this rope** cette corde est très lâche

4 COMPOUNDS

▸ **give-and-take** N concessions *fpl* mutuelles • **there must be a certain amount of ~-and-take** il faut que chacun fasse des concessions

5 PHRASAL VERBS

▸ **give away** VT SEP ⓐ [+ *prizes*] distribuer; [+ *bride*] conduire à l'autel; [+ *money, goods*] donner • **at this price I'm giving it away** à ce prix-là c'est donné ⓑ [+ *names, details*] donner; [+ *secrets*] révéler • **to ~ sb away** [+ *person, accomplice*] dénoncer qn; [*reaction, expression*] trahir qn • **to ~ o.s. away** se trahir • **don't ~ anything away** ne dis rien • **his face gave nothing away** son visage ne trahissait aucune émotion • **to ~ the game away*** vendre la mèche*

▸ **give back** VT SEP [+ *object, freedom*] rendre

▸ **give in 1** VI (= *surrender*) capituler; (= *yield*) céder (**to** à) • **the troops gave in after three weeks** les troupes ont capitulé au bout de trois semaines • **I pestered my parents until they gave in** j'ai harcelé mes parents jusqu'à ce qu'ils cèdent • **I ~ in!** *(in games)* j'abandonne!; *(in guessing)* je donne ma langue au chat!* **2** VT SEP [+ *essay, exam paper, key*] rendre; [+ *manuscript, report*] remettre

▸ **give off** VT SEP [+ *heat, gas, smell*] dégager

▸ **give out 1** VI [*supplies*] s'épuiser; [*patience*] être à bout; [*heart*] lâcher **2** VT SEP ⓐ [+ *books, food*] distribuer ⓑ [+ *information, details*] donner ⓒ [+ *radio signal*] émettre

▸ **give up 1** VI abandonner • **I ~ up** j'abandonne; *(in guessing)* je donne ma langue au chat* • **don't ~ up!** tenez bon! **2** VT SEP ⓐ (= *renounce*) [+ *interests*] abandonner; [+ *seat, territory*] céder; [+ *habit, idea, hope, claim*] renoncer à; [+ *job*] quitter; [+ *business*] se retirer de • **to ~ up the struggle** abandonner la partie • **I gave it up as a bad job** j'ai laissé tomber* ⓑ (= *stop*) arrêter • **to ~ up smoking** arrêter de fumer • **I've ~n up trying to persuade her** j'ai renoncé à essayer de la convaincre • **eventually he gave up trying** au bout d'un moment il a renoncé ⓒ (= *deliver, hand over*) **to ~ o.s. up** se rendre • **she gave the baby up for adoption** elle a fait adopter le bébé

▸ **give up on** VT INSEP ⓐ (= *renounce*) [+ *idea*] renoncer à • **I finally gave up on it** j'ai fini par y renoncer • **the washing machine has ~n up on me*** la machine à laver m'a lâché* ⓑ (= *stop expecting*) [+ *visitor*] ne plus attendre; (= *lose faith in*) perdre espoir en

---

giveaway ['gɪvəweɪ] **1** N ⓐ (= *revelation*) **it was a real ~ when he said that ...** il s'est vraiment trahi en disant que ... • **the fact that she knew his name was a ~** le simple fait qu'elle sache son nom était révélateur • **what a ~!** là tu t'es trahi (*or* il s'est trahi *etc*)! ⓑ (= *free gift*) cadeau *m* (publicitaire) **2** ADJ [*price*] dérisoire

given ['gɪvn] **1** VB *ptp of* **give** **2** ADJ donné • **at a ~ time** à un moment donné • **of a ~ size** d'une taille donnée • **~ name** nom *m* de baptême • **~ that ...** étant donné que ... **3** PREP **~ the opportunity** si l'occasion se présentait

gizmo* ['gɪzməʊ] N machin* *m*

GLA [ˌdʒiːelˈeɪ] N *(Brit)* (ABBR OF **Greater London Authority**)

glacial ['gleɪsɪəl] ADJ ⓐ *(Geol)* glaciaire ⓑ [*person, stare, atmosphere*] glacial

glacier ['glæsɪəʳ] N glacier *m*

glad [glæd] ADJ (= *pleased*) **to be ~ (about sth)** être content (de qch) • **I had a great time — I'm ~** je me suis beaucoup amusé — j'en suis ravi • **he was ~ of a chance to change the subject** il était content de pouvoir changer de sujet • **I'd be ~ of some help with this** j'aimerais bien qu'on m'aide • **I'm ~ that you came** je suis content que vous soyez venu • **I'm ~ that I've come** je suis content d'être venu • **to be ~ to do sth** (= *happy*) être content de faire qch; (= *willing*) se faire un plaisir de faire qch • **I shall be ~ to come** ça me fera plaisir de venir • **~ to know you!** très heureux de faire votre connaissance! • **I'd be only too ~ to help** je serais heureux de pouvoir vous aider

gladden ['glædn] VT [+ *person*] réjouir • **to ~ sb's heart** réjouir qn • **it ~s the heart** ça fait chaud au cœur

glade [gleɪd] N clairière *f*

gladiator ['glædɪeɪtəʳ] N gladiateur *m*

gladiolus [ˌglædɪ'əʊləs] N (*pl* **gladioli** [ˌglædɪ'əʊlaɪ]) glaïeul *m*

gladly ['glædlɪ] ADV (= *happily*) avec plaisir; (= *willingly*) volontiers • **will you help me? — ~** voulez-vous m'aider? — volontiers

glam* [glæm] ADJ (ABBR OF **glamorous**) ▸ **glam rock*** N *(Music)* glam-rock *m* (*mouvement musical des années 70*)

glamor ['glæməʳ] (US) = **glamour**

glamorize ['glæməraɪz] VT montrer *or* présenter sous un jour séduisant

glamorous ['glæmərəs] ADJ [*person, clothes, photo*] glamour *inv*; [*lifestyle*] de star; [*restaurant*] chic; [*occasion*] éclatant; [*production*] somptueux; [*job*] prestigieux

glamour, glamor (US) ['glæməʳ] N [*of person*] glamour *m*; [*of occasion*] éclat *m*; [*of situation*] prestige *m* • **the ~ of show biz** le côté glamour du monde du showbiz • **the ~ of being on television** le prestige que confère un passage à la télévision

glance [glɑːns] **1** N regard *m* • **to take a ~ at** jeter un coup d'œil à • **Susan and I exchanged a ~** Susan et moi avons échangé un regard • **at a ~** d'un coup d'œil • **at first ~** à première vue **2** VI ⓐ (= *look*) jeter un coup d'œil (**at** sur, à) • **she ~d in my direction** elle a jeté un coup d'œil vers moi • **he picked up the book and ~d**

g

through it il a pris le livre et l'a feuilleté **b to ~ off** [*bullet*] ricocher sur; [*arrow*] dévier sur

glancing ['glɑːnsɪŋ] ADJ [*blow*] oblique

gland [glænd] N glande *f*

glandular fever [ˌglændjʊlə'fiːvəʳ] N mononucléose *f* infectieuse

glare [glɛəʳ] **1** VI **a** [*person*] lancer un regard furieux (**at** à) **b** [*sun, lights*] être éblouissant **2** N **a** [*of person*] regard *m* furieux • **he gave me an angry ~** il m'a lancé un regard furieux **b** [*of light*] éclat *m* aveuglant; [*of headlights*] éblouissement *m* • **the ~ of publicity** le feu des projecteurs

glaring ['glɛərɪŋ] ADJ [*eyes, look*] brillant de colère; [*light, sun*] éblouissant; [*error, contradiction*] flagrant; [*omission*] manifeste

glaringly ['glɛərɪŋlɪ] ADV **it is ~ obvious (that ...)** c'est une évidence aveuglante (que ...)

glass [glɑːs] **1** N **a** (= *material*) verre *m* • **pane of ~** vitre *f* • **I cut myself on the broken ~** je me suis coupé avec l'éclat de verre • **under ~** (*plants*) sous châssis **b** (*for drinking*) verre *m*; (= *glassful*) verre *m* • **a ~ of wine** un verre de vin • **a wine ~** un verre à vin **2** ADJ [*bottle, ornament*] en verre **3** COMP ▸ **glass ceiling** N plafond *m* de verre ▸ **glass door** N porte *f* vitrée

glassblower ['glɑːsbləʊəʳ] N souffleur *m* de verre

glasses [glɑːsɪz] NPL (= *spectacles*) lunettes *fpl*; (= *binoculars*) jumelles *fpl*

glassful ['glɑːsfʊl] N verre *m*

glasshouse ['glɑːshaʊs] N (*Brit: for plants*) serre *f*

glassware ['glɑːswɛəʳ] N objets *mpl* en verre

glaze [gleɪz] **1** VT **a** [*+ door, window*] vitrer **b** [*+ pottery, tiles*] vernisser; [*+ cake, meat*] glacer **2** N (*on pottery, tiles*) vernis *m*; (*in cooking*) glaçage *m*

▸ **glaze over** VI [*person*] prendre un air absent • **his eyes ~d over** (*from boredom*) il prit un air absent

glazed [gleɪzd] ADJ **a** [*door, window*] vitré **b** [*pottery, tiles*] vernissé; [*cake, meat*] glacé • **he had a ~ look** il avait le regard vide

glazier ['gleɪzɪəʳ] N vitrier *m*

gleam [gliːm] **1** N [*of light*] lueur *f*; [*of sunshine*] rayon *m* de lumière; [*of metal*] reflet *m*; [*of water*] miroitement *m* • **a ~ of hope/interest** une lueur d'espoir/d'intérêt **2** VI [*lamp, star, eyes*] luire; [*polished metal, shoes*] reluire; [*blade, water*] miroiter • **his eyes ~ed wickedly** il avait une lueur mauvaise dans les yeux • **his hair ~ed in the sun** ses cheveux brillaient au soleil • **his forehead ~ed with sweat** son front était luisant de sueur

gleaming ['gliːmɪŋ] ADJ [*star, metal, shoes*] brillant; [*kitchen*] étincelant

glean [gliːn] VTI glaner

glee [gliː] N jubilation *f* • **they were rubbing their hands in ~** ils se frottaient les mains en jubilant

gleeful ['gliːfʊl] ADJ jubilant; [*smile, look*] de jubilation

gleefully ['gliːfəlɪ] ADV [*say, point out*] en jubilant • **to laugh ~** rire avec jubilation

glen [glen] N vallon *m*

glib [glɪb] ADJ [*answer, excuse, phrase, lie*] léger; [*person*] bavard • **~ talk** paroles *fpl* en l'air • **to make ~ promises** faire des promesses en l'air

glide [glaɪd] VI **a to ~ in/out** [*person*] (*silently*) entrer/sortir sans bruit; (*gracefully*) entrer/sortir avec grâce; (*majestically*) entrer/sortir majestueusement **b** [*bird, plane*] planer

glider ['glaɪdəʳ] N (= *plane*) planeur *m*

gliding ['glaɪdɪŋ] N vol *m* à voile

glimmer ['glɪməʳ] **1** VI [*light, fire*] luire; [*water*] miroiter **2** N [*of light, candle*] lueur *f*; [*of water*] miroitement *m* • **a ~ of hope** une lueur d'espoir

glimpse [glɪmps] **1** N aperçu *m* • **to catch a ~ of** entrevoir **2** VT entrevoir

glint [glɪnt] **1** N [*of light*] éclair *m*; [*of metal*] reflet *m* • **he had a ~ in his eye** il avait une lueur dans le regard **2** VI [*metal object, glass, wet road*] luire; [*eyes*] briller • **the sea ~ed in the sun** la mer miroitait au soleil

glisten ['glɪsn] VI [*water, metal object*] scintiller; [*wet surface*] luire • **her eyes ~ed (with tears)** ses yeux brillaient (de larmes) • **his face was ~ing with sweat** son visage était luisant de sueur

glitch* [glɪtʃ] N pépin *m*

glitter ['glɪtəʳ] **1** VI scintiller **2** N scintillement *m*

glitterati* [ˌglɪtə'rɑːtiː] NPL **the ~** le beau monde, les célébrités *fpl*

glittering ['glɪtərɪŋ] ADJ [*stars, lights, ice*] scintillant; [*jewel, eyes*] étincelant; [*career, future*] brillant; [*occasion, social event*] somptueux

glitz* [glɪts] N clinquant *m*

glitzy* ['glɪtsɪ] ADJ clinquant

gloat [gləʊt] VI jubiler • **he was ~ing over his success** son succès le faisait jubiler • **that's nothing to ~ about!** il n'y a pas de quoi jubiler !

global ['gləʊbl] **1** ADJ **a** (= *worldwide*) mondial • **a ~ ban on nuclear testing** une interdiction totale des essais nucléaires • **on a ~ scale** à l'échelle mondiale **b** (= *comprehensive*) global **2** COMP ▸ **the global village** N le village planétaire ▸ **global warming** N réchauffement *m* de la planète

globalization [ˌgləʊbəlaɪ'zeɪʃən] N mondialisation *f*

globalize ['gləʊbəlaɪz] **1** VI [*company*] passer à l'échelle mondiale **2** VT [*+ economy, business, culture*] mondialiser • **rock music has become ~d** le rock s'est mondialisé

globalized ['gləʊbəlaɪzd] ADJ mondialisé

globally ['gləʊbəlɪ] ADV (= *worldwide*) à l'échelle mondiale

globe [gləʊb] N globe *m* • **all over the ~** sur toute la surface du globe • **countries on the far side of the ~** les pays à l'autre bout du monde ▸ **globe-trotter** N globe-trotter *mf*

gloom [gluːm] N (= *darkness*) obscurité *f*; (= *melancholy*) morosité *f* • **economic ~** morosité *f* économique

gloomily ['gluːmɪlɪ] ADV [*say*] d'un air sombre

gloomy ['gluːmɪ] ADJ [*person, thoughts, look, mood*] sombre; [*weather, day, outlook*] morose; [*voice, place*] morne • **to feel ~** se sentir morose • **to look ~** [*person*] avoir l'air sombre; [*future*] être sombre

glorified ['glɔːrɪfaɪd] ADJ **he's a sort of ~ secretary** il ne fait que du secrétariat amélioré

glorify ['glɔːrɪfaɪ] VT glorifier

glorious ['glɔːrɪəs] ADJ **a** (= *beautiful*) magnifique **b** [*career, future*] brillant; [*years, days, era*] glorieux; [*victory*] éclatant

glory ['glɔːrɪ] **1** N gloire *f* • **there she was in all her ~*** elle était là dans toute sa splendeur **2** VI **to ~ in sth** (= *revel in*) se glorifier de qch; (= *enjoy*) savourer qch

Glos (ABBR OF **Gloucestershire**)

gloss [glɒs] **1** N **a** (= *shine*) lustre *m*; [*of person's hair, animal's coat*] brillant *m* • **to put an optimistic ~ on**

sth présenter qch sous un jour favorable **b** (= *paint*) peinture *f* brillante **2** COMP [*paint*] brillant ▸ **gloss finish** N brillant *m*

▸ **gloss over** VT INSEP (= *play down*) glisser sur; (= *cover up*) dissimuler

glossary [ˈglɒsərɪ] N glossaire *m*

glossy [ˈglɒsɪ] ADJ [*fur, material*] luisant; [*photograph*] sur papier brillant; [*hair*] brillant; [*leaves*] vernissé • **~ magazine** magazine *f* de luxe (*sur papier couché*)

Gloucs (ABBR OF **Gloucestershire**)

glove [glʌv] N gant *m* ▸ **glove box, glove compartment** N boîte *f* à gants ▸ **glove puppet** N marionnette *f* (à gaine)

glow [gləʊ] **1** VI [*fire, sky*] rougeoyer; [*metal, cigarette end, lamp*] luire; [*colour, jewel*] rutiler; [*complexion, face*] rayonner; [*eyes*] briller • **her cheeks ~ed** elle avait les joues toutes rouges • **to ~ red** rougeoyer • **he was ~ing with health** il était éclatant de santé • **to ~ with enthusiasm** brûler d'enthousiasme • **she ~ed with pride** elle rayonnait de fierté • **~ing with confidence** respirant la confiance **2** N [*of fire, metal*] rougeoiement *m*; [*of sun*] embrasement *m*; [*of complexion, colour, jewel*] éclat *m*; [*of lamp*] lueur *f* **3** COMP ▸ **glow-worm** N ver *m* luisant

glower [ˈglaʊə^r] VI **to ~ at sb** lancer à qn des regards noirs

glowing [ˈgləʊɪŋ] ADJ [*coals, fire, sky*] rougeoyant; [*colour, jewel*] rutilant; [*cigarette end*] luisant; [*eyes*] brillant; [*complexion*] éclatant; [*report, tribute*] élogieux • **to give a ~ description of sth** décrire qch en termes dithyrambiques • **to speak of sb in ~ terms** parler de qn en termes élogieux

glucose [ˈglu:kəʊs] N glucose *m*

glue [glu:] **1** N colle *f* **2** VT coller (**to, on** à) • **she ~d the pieces together** (*from broken object*) elle a recollé les morceaux; (*from kit*) elle a collé les morceaux ensemble • **to ~ sth back on** recoller qch • **his face was ~d to the window** son visage était collé à la vitre • **to keep one's eyes ~d to sth*** avoir les yeux fixés sur qch • **~d to the television*** cloué devant la télévision **3** COMP ▸ **glue-sniffer** N sniffeur* *m*, -euse* *f* de colle ▸ **glue-sniffing** N inhalation *f* de colle

glum [glʌm] ADJ sombre • **to feel ~** avoir des idées noires

glut [glʌt] N excès *m* • **there is a ~ of ...** il y a excès de ...

glute* [glu:t] N fessier *m*

gluten [ˈglu:tən] N gluten *m* ▸ **gluten-free** ADJ sans gluten

glutton [ˈglʌtn] N gourmand(e) *m(f)* • **to be a ~ for work** être un bourreau de travail • **he's a ~ for punishment** il est masochiste

gluttonous [ˈglʌtənəs] ADJ goulu

gluttony [ˈglʌtənɪ] N gloutonnerie *f*

glycerine [ˌglɪsəˈri:n] N glycérine *f*

glyphosate [ˈglaɪfəseɪt] N glyphosate *m*

GM [ˌdʒi:ˈem] ADJ (ABBR OF **genetically modified**) génétiquement modifié • **GM foods** aliments *mpl* génétiquement modifiés ▸ **GM-free** ADJ sans OGM

GMOs [ˌdʒi:emˈəʊz] NPL (ABBR OF **genetically modified organisms**) OGM *mpl*

GMT [ˌdʒi:emˈti:] (ABBR OF **Greenwich Mean Time**) GMT

gnarled [nɑ:ld] ADJ [*tree, roots, hands, fingers*] noueux; [*old person*] ratatiné

gnash [næʃ] VT **to ~ one's teeth** [*person*] grincer des dents

gnat [næt] N moucheron *m*

gnaw [nɔ:] **1** VI ronger • **to ~ at a bone** ronger un os • **the rat had ~ed through the cable** le rat avait complètement rongé le câble **2** VT ronger • **~ed by fear** tenaillé par la peur

gnawing [ˈnɔ:ɪŋ] ADJ [*fear, doubt, guilt, hunger, pain*] tenaillant

gnome [nəʊm] N gnome *m*

GNP [ˌdʒi:enˈpi:] N (ABBR OF **gross national product**) PNB *m*

gnu [nu:] N (*pl* **gnus** *or* **gnu**) gnou *m*

GNVQ [ˌdʒi:envi:ˈkju:] N (*Brit*) (ABBR OF **General National Vocational Qualification**) *diplôme professionnel national*

---

go [gəʊ]

1	INTRANSITIVE VERB	**4**	NOUN
2	MODAL VERB	**5**	COMPOUNDS
3	TRANSITIVE VERB	**6**	PHRASAL VERBS

> vb: 3rd pers sg pres **goes**, pret **went**, ptp **gone**

> When **go** is part of a set combination, eg **go cheap**, **go too far**, look up the other word.

1 INTRANSITIVE VERB

a (= *move*) aller • **where are you going?** où allez-vous ? • **he's gone to see his mother** il est allé voir sa mère • **I wouldn't go as far as to say that** je n'irais pas jusque là • **there he goes!** le voilà ! • **you can go next** allez-y(, je vous en prie) !

▸ **to go** + *preposition* **the train goes at 90km/h** le train roule à 90 km/h • **to go down the hill** descendre la colline • **to go for a walk** aller se promener • **where do we go from here?** qu'est-ce qu'on fait maintenant ? • **to go on a journey** faire un voyage • **to go to France/to London** aller en France/à Londres • **to go to the swimming pool** aller à la piscine • **to go to the doctor's** aller chez le médecin • **to go to sb for sth** aller demander qch à qn • **to go up the hill** monter la colline

▸ **to go** + *-ing* **to go fishing** aller à la pêche • **to go riding** (aller) faire du cheval • **to go swimming** (aller) nager

▸ **go and ... I'll go and check the train times** je vais vérifier les horaires de trains • **go and get me it!** va me le chercher ! • **don't go and tell her I gave it you*** ne va pas lui dire que je te l'ai donné • **now you've gone and broken it!*** ça y est, tu l'as cassé !

b (= *depart*) partir; (= *disappear*) disparaître; [*time*] passer; (= *be sacked*) être licencié • **when does the train go?** quand part le train ? • **everybody had gone** tout le monde était parti • **my bag has gone** mon sac a disparu • **we must be going** il faut qu'on y aille • **go!** (*at beginning of race*) partez ! • **after I've gone** (= *left*) après mon départ; (= *died*) quand je ne serai plus là • **after a week all our money had gone** en l'espace d'une semaine, nous avions dépensé tout notre argent • **he'll have to go** [*employee*] on ne peut pas le garder • **the car will have to go** on va devoir se séparer de la voiture • **there goes my chance of promotion!** je peux faire une croix sur ma promotion ! • **going, going, gone!** une fois, deux fois, trois fois, adjugé, vendu !

▸ **to let sb go** (*= allow to leave*) laisser partir qn; (*= make redundant*) se séparer de qn; (*= stop gripping*) lâcher qn • **to let o.s. go** se laisser aller

▸ **to let go** lâcher prise • **let go!** lâchez! • **to let go of sth/sb** lâcher qch/qn • **eventually parents have to let go of their children** tôt ou tard, les parents doivent laisser leurs enfants voler de leurs propres ailes

▸ **to let sth go** **they have let their garden go** ils ont laissé leur jardin à l'abandon • **we'll let it go at that** n'en parlons plus

c (*= start*) [*car, machine*] démarrer; (*= function*) [*machine, watch, car*] marcher • **how do you make this go?** comment est-ce que ça marche? • **to be going** [*machine, engine*] être en marche • **it won't go** ça ne marche pas

▸ **to get going** [*person*] (*= leave*) **let's get going!** allons-y!; (*= start*) **to get going with sth** s'occuper de qch • **once he gets going ...** une fois lancé ... • **to get a machine going** mettre une machine en marche • **to get things going** activer les choses

▸ **to keep going** (*= continue*) [*person*] continuer; [*business*] se maintenir • **the police signalled her to stop but she kept going** la police lui a fait signe de s'arrêter mais elle a continué son chemin • **this hope kept her going** cet espoir lui a permis de tenir • **a cup of coffee is enough to keep her going all morning** elle réussit à tenir toute la matinée avec un café

d (*= begin*) **there he goes again!** le voilà qui recommence! • **here goes!*** allez, on y va!

e (*= progress*) aller, marcher • **the project was going well** le projet marchait bien • **how's it going?** (comment) ça va? • **the way things are going** si ça continue comme ça • **all went well for him until ...** tout s'est bien passé pour lui jusqu'au moment où... • **add the sugar, stirring as you go** ajoutez le sucre, en remuant au fur et à mesure

f (*= turn out*) [*events*] se passer • **how did your holiday go?** comment se sont passées tes vacances? • **the evening went very well** la soirée s'est très bien passée • **let's wait and see how things go** attendons de voir ce qui va se passer • **that's the way things go, I'm afraid** c'est malheureux mais c'est comme ça

g (*= become*) devenir • **have you gone mad?** tu es devenu fou? • **she went pale** elle est devenue pâle • **the biscuits have gone soft** les biscuits ont ramolli • **the lights went red** les feux sont passés au rouge

h (*= fail*) [*fuse*] sauter; [*bulb*] griller; [*material*] être usé; [*sight*] baisser; [*strength*] manquer • **his mind is going** il n'a plus toute sa tête • **my voice is going** je n'ai presque plus de voix • **the lining's going** la doublure est usée

i (*= be sold*) **how much do you think the house will go for?** combien crois-tu que la maison va être vendue? • **it went for $550** c'est parti à 550 dollars

j (*= be given*) [*prize, reward, inheritance*] revenir (**to** à)

k (*= be accepted*) **the story goes that ...** le bruit court que ... • **anything goes these days*** tout est permis de nos jours • **that goes without saying** cela va sans dire • **what he says goes** c'est lui qui fait la loi

l (*= apply*) **that goes for you too** c'est valable pour toi aussi • **that goes for me too** (*= I agree with that*) je suis aussi de cet avis • **as far as your suggestion goes ...** pour ce qui est de ta suggestion ...

▸ **as far as it goes** **this explanation is fine, as far as it goes** cette explication vaut ce qu'elle vaut

m (*= available*) **are there any jobs going?** y a-t-il des postes vacants? • **there just aren't any jobs going** il n'y a pas de travail • **is there any coffee going?** est-ce qu'il y a du café? • **I'll have whatever's going** donnez-moi ce qu'il y a

n (*tune*) **the tune goes like this** voici l'air • **I don't know how the song goes** je ne connais pas cette chanson

o (*= make sound or movement*) faire; [*bell, clock*] sonner • **go like that with your left foot** faites comme ça avec votre pied gauche

p (*= serve*) **the money will go to compensate the victims** cet argent servira à dédommager les victimes • **the qualities that go to make a great man** les qualités qui font un grand homme

q (*implying comparison*)

▸ **as ... go** **he's not bad, as estate agents go** il n'est pas mauvais pour un agent immobilier

r (*= elapse*) **there is a week to go before the election** il reste une semaine avant les élections

s (*US = take away*) **to go** [*food*] à emporter

2 MODAL VERB

(*indicating future*)

▸ **to be going to** + *infinitive* aller • **I'm going to phone him this afternoon** je vais l'appeler cet après-midi • **it's going to rain** il va pleuvoir • **I was just going to do it** j'allais le faire • **I was going to do it yesterday but I forgot** j'avais l'intention de le faire hier mais j'ai oublié

3 TRANSITIVE VERB

a (*= travel*) [*+ distance*] faire • **we had gone only 3km** nous n'avions fait que 3 km

▸ **to go it alone** se débrouiller tout seul

▸ **to go one better** aller encore plus loin

b (*= make sound*) faire • **he went "psst"** «psst» fit-il

4 NOUN (*pl* **goes**)

a (*= motion*)* **it's all go!** ça n'arrête pas! • **to be always on the go** être toujours sur la brèche • **to keep sb on the go** ne pas laisser souffler qn • **he's got two projects on the go at the moment** il a deux projets en chantier actuellement

b (*= attempt*)* coup *m* • **at one** *or* **a go** d'un seul coup • **it's your go** (*in games*) c'est ton tour

▸ **to have a go** (*= try*) essayer • **to have a go at sth** essayer de faire qch • **to have another go** réessayer • **to have a go at sb** (*verbally*) s'en prendre à qn*; (*physically*) se jeter sur qn

c (*= success*) **to make a go of sth** réussir qch • **they tried to make a go of their marriage** ils ont essayé de donner une chance à leur couple

5 COMPOUNDS

▸ **go-ahead** ADJ (*Brit*) dynamique ♦ N **to give sb the go-ahead (to do)*** donner le feu vert à qn (pour faire) ▸ **go-between** N intermédiaire *mf* ▸ **go-cart** N kart *m* ▸ **go-carting** N karting *m* ▸ **go-getter*** N fonceur* *m*, -euse* *f* ▸ **go-getting*** ADJ [*person*] fonceur*; [*approach, attitude*] de battant ▸ **go-kart** N = **go-cart** ▸ **go-karting** N = **go-carting** ▸ **go-slow** N (*Brit*) grève *f* perlée ▸ **go-to** ADJ [*person*] **the go-to guy on the team** le type sur lequel on peut compter dans l'équipe

6 PHRASAL VERBS

▸ **go about** **1** VI **a** aller • **to go about barefoot** se promener pieds nus • **they go about in gangs** ils vont en bandes • **he goes about telling people what to do** il est toujours à dire aux gens ce qu'il faut faire **b** [*rumour*] courir **2** VT INSEP **a** [*+ task, duties*] **he went about the task methodically** il s'y est pris de façon méthodique • **he doesn't know how to go about it** il ne sait pas s'y prendre • **how does one go about getting seats?** comment fait-on pour avoir des places ? **b** (*= be occupied with*) **to go about one's business** vaquer à ses affaires

▸ **go across 1** VI (*= cross*) traverser • **she went across to Mrs. Smith's** elle est allée en face chez Mme Smith **2** VT INSEP [*+ river, road*] traverser

▸ **go after** VT INSEP (*= follow*) suivre; (*= attack*) attaquer • **go after him!** suivez-le ! • **to go after a job** poser sa candidature à un poste

▸ **go against** VT INSEP **a** (*= prove hostile to*) [*vote, judgement, decision*] être défavorable à • **the decision went against him** la décision lui a été défavorable • **everything began to go against us** tout se liguait contre nous **b** (*= oppose*) aller à l'encontre de • **conditions which went against national interests** des conditions qui allaient à l'encontre des intérêts nationaux • **to go against public opinion** aller à contre-courant de l'opinion publique • **to go against sb's wishes** s'opposer à la volonté de qn • **it goes against my principles** c'est contre mes principes

▸ **go ahead** VI passer devant; [*event*] avoir (bien) lieu; [*work*] avancer • **go ahead!** allez-y ! • **the exhibition will go ahead as planned** l'exposition aura lieu comme prévu • **to go ahead with a plan** mettre un plan à exécution

▸ **go along** VI aller • **why don't you go along too?** pourquoi n'iriez-vous pas aussi ? • **I'll tell you as we go along** je vous le dirai en cours de route • **I check as I go along** je vérifie au fur et à mesure • **to go along with sb** aller avec qn; (*= agree with*) être d'accord avec qn • **I can't go along with that at all** je ne suis pas du tout d'accord là-dessus

▸ **go around** VI **a** = **go about, go round b what goes around comes around** tout finit par se payer

▸ **go away** VI partir; (*on holiday*) partir (en vacances); [*pain*] disparaître • **we need to go away and think about this** nous devons prendre le temps d'y réfléchir

▸ **go back** VI **a** (*= return*) retourner • **we went back to the beach after lunch** nous sommes retournés à la plage après le déjeuner • **it's getting dark, shall we go back?** il commence à faire nuit, on rentre ? • **to go back to a point** revenir sur un point • **to go back to the beginning** revenir au début • **to go back to work** reprendre le travail **b** (*= retreat*) reculer **c** (*in time*) remonter • **my memories don't go back that far** mes souvenirs ne remontent pas aussi loin • **we go back a long way** on se connaît depuis longtemps **d** (*= revert*) revenir (to à) • **I don't want to go back to the old system** je ne veux pas revenir à l'ancien système • **to go back to one's former habits** retomber dans ses anciennes habitudes **e** (*= extend*) s'étendre • **the cave goes back 300 metres** la grotte fait 300 mètres de long

▸ **go back on** VT INSEP [*+ decision, promise*] revenir sur

▸ **go before** VI (*= happen earlier*) **everything that went before** tout ce qui s'est passé avant • **to go before a court** comparaître devant un tribunal

▸ **go by 1** VI [*person*] passer; [*period of time*] (se) passer • **we've let the opportunity go by** nous avons laissé passer l'occasion • **as time goes by** avec le temps • **in days gone by** dans le temps jadis **2** VT INSEP (*= judge by*) **if first impressions are anything to go by** s'il faut se fier à sa première impression • **that's nothing to go by** ce n'est pas une référence • **to go by appearances** juger d'après les apparences

▸ **go down** VI **a** (*= descend*) descendre; (*= fall*) tomber; (*= sink*) couler; [*plane*] s'écraser • **we watched the sun go down** nous avons regarder le soleil se coucher **b** (*= be swallowed*) **it went down the wrong way** j'ai (*or* il a *etc*) avalé de travers **c** (*= be accepted*) **I wonder how that will go down with her parents** je me demande comment ses parents vont prendre ça • **to go down well/badly** être bien/mal accueilli • **it went down well** ça a bien passé **d** [*value, price, standards*] baisser • **the house has gone down in value** la maison s'est dépréciée **e** (*= be relegated*) être relégué **f** [*stage curtain*] tomber; [*theatre lights*] s'éteindre **g** (*= go as far as*) aller • **go down to the bottom of the page** allez au bas de la page **h** [*balloon, tyre*] se dégonfler • **my ankle's OK, the swelling has gone down** ma cheville va bien, elle a désenflé

▸ **go down as** VT INSEP (*= be regarded as*) être considéré comme; (*= be remembered as*) passer à la postérité comme • **the victory will go down as one of the highlights of the year** cette victoire restera dans les mémoires comme l'un des grands moments de l'année

▸ **go down with*** VT INSEP [*+ illness*] attraper

▸ **go for** VT INSEP **a** (*= attack*) attaquer • **he went for me with a knife** il m'a attaqué avec un couteau **b** (*= like*)* **she went for him in a big way** elle en pinçait* pour lui • **I don't go for that sort of talk** je n'aime pas qu'on parle comme ça **c** (*= strive for*) essayer d'avoir; (*= choose*) choisir • **go for it!*** vas-y ! • **I decided to go for it*** j'ai décidé de tenter le coup **d he's got a lot going for him*** il a beaucoup d'atouts • **the theory has a lot going for it** cette théorie a de nombreux mérites

▸ **go forward** VI **a** (*= move ahead*) avancer; [*economy*] progresser **b** (*= take place*) avoir lieu **c** (*= continue*) maintenir • **if they go forward with these proposals** s'ils maintiennent ces propositions **d going forward** (*= in the future*) à l'avenir, dorénavant

▸ **go in** VI **a** (*= enter*) entrer • **they went in by the back door** ils sont entrés par la porte de derrière • **I must go in now** il faut que je rentre maintenant **b** (*= attack*) attaquer **c** [*sun*] se cacher

▸ **go in for** VT INSEP **a** [*+ examination*] se présenter à; [*+ position, job*] poser sa candidature à; [*+ competition, race*] prendre part à **b** [*+ sport*] pratiquer; [*+ hobby*] se livrer à; [*+ style*] affectionner; [*+ medicine, accounting, politics*] faire • **I don't go in for bright colours** je ne raffole pas des couleurs vives • **he doesn't go in for reading much** il n'aime pas beaucoup lire

▸ **go into** VT INSEP **a** [*+ profession, field*] **he doesn't want to go into industry** il ne veut pas travailler dans l'industrie **b** (*= embark on*) [*+ explanation*] se lancer dans • **he went into a long explanation** il s'est lancé dans une longue explication • **to go into details** rentrer dans les détails • **let's not go into that now** laissons cela pour le moment **c** (*= investigate*) étudier • **this matter is being gone into** on étudie la question • **we haven't got time to go into that** nous n'avons pas le temps de nous pencher sur ce problème • **to go into a question in detail** approfondir une question **d** (*= be devoted to*) être investi dans • **a lot of money went into the research** on a investi beaucoup d'argent dans la recherche

▸ **go off** 1 VI ⓐ (*= leave*) partir ⓑ [*alarm clock*] sonner; [*alarm*] se déclencher • **the gun didn't go off** le coup n'est pas parti ⓒ [*light, radio, TV*] s'éteindre; [*heating*] s'arrêter ⓓ (*Brit*) [*meat*] s'avarier; [*milk*] tourner; [*butter*] rancir ⓔ [*event*] se passer • **the evening went off very well** la soirée s'est très bien passée 2 VT INSEP (*Brit*)* **I'm starting to go off the idea** ça ne me dit plus grand-chose • **I've gone off skiing** le ski ne me tente plus beaucoup • **I used to like him, but I've gone off him lately** je l'aimais bien mais depuis un certain temps il m'agace

▸ **go off with** VT INSEP partir avec • **his wife went off with another man** sa femme est partie avec un autre homme

▸ **go on** 1 VI ⓐ (*= proceed on one's way*) (*without stopping*) poursuivre son chemin; (*after stopping*) continuer sa route; (*by car*) reprendre la route ⓑ (*= continue*) continuer (**doing** à faire) • **to go on speaking** continuer à parler; (*after pause*) reprendre (la parole) • **go on with your work** continuez votre travail • **go on trying!** essaie encore! • **go on!** continuez! • **go on with you!*** à d'autres!* • **if you go on doing that, you'll get into trouble** si tu continues, tu vas avoir des ennuis • **that's enough to be going on with** ça suffit pour l'instant • **the rioting went on all night** les émeutes ont duré toute la nuit • **life went on uneventfully** la vie poursuivit son cours paisiblement ⓒ (*= talk*)* **to go on about sth** ne pas arrêter de parler de qch • **don't go on about it!** ça va, j'ai compris! • **he goes on and on about it** il n'arrête pas d'en parler ⓓ (*= nag*)* **to go on at sb** s'en prendre à qn • **she went on and on at him** elle n'a pas cessé de s'en prendre à lui • **she's always going on at him about doing up the kitchen** elle n'arrête pas de le harceler pour qu'il refasse la cuisine ⓔ (*= proceed*) passer • **to go on to another matter** passer à un autre sujet • **he went on to say that ...** puis il a dit que ... • **he retired from football and went on to become a journalist** il a abandonné le football et est devenu journaliste ⓕ (*= happen*) se dérouler; (*for a stated time*) durer • **several matches were going on at the same time** plusieurs matchs se déroulaient en même temps • **how long has this been going on?** depuis combien de temps est-ce que ça dure? • **while this was going on** pendant ce temps • **what's going on here?** qu'est-ce qui se passe ici? ⓖ (*= pass*) **things got easier as time went on** avec le temps les choses sont devenues plus faciles • **as the day went on he became more and more anxious** au fil des heures, il devenait de plus en plus inquiet ⓗ (*= behave*)* **that's no way to go on** c'est une conduite inacceptable! • **what a way to go on!** en voilà des manières! ⓘ (*= progress*) [*person, patient*] aller • **how is he going on?** comment va-t-il? ⓙ (*= approach*)* **she's going on 50** elle va sur la cinquantaine • **Ann's 25 going on 50** Ann a 25 ans mais on lui en donnerait 50 2 VT INSEP (*= be guided by*) **we don't have much to go on yet** nous n'avons pas beaucoup d'indices pour l'instant

▸ **go on for** VT INSEP **it's going on for 100km** c'est à une centaine de kilomètres

▸ **go out** VI ⓐ (*= leave*) sortir • **to go out of a room** sortir d'une pièce • **to go out shopping** aller faire des courses • **to go out for a meal** aller au restaurant • **he goes out a lot** il sort beaucoup • **she doesn't go out with him any more** elle ne sort plus avec lui • **most mothers have to go out to work** la plupart des mères de famille doivent travailler ⓑ [*fire, light*] s'éteindre ⓒ (*= travel*) aller (**to** à) • **she went out to Bangkok** elle est allée à Bangkok ⓓ [*sea*] se retirer; [*tide*] descendre ⓔ **my heart went out to him** j'ai été vraiment désolé pour lui ⓕ [*invitation*] être envoyé; [*radio programme, TV programme*] être diffusé • **an appeal has gone out for people to give blood** un appel a été lancé pour encourager les dons de sang • **the programme goes out on Friday evenings** l'émission passe le vendredi soir ⓖ (*Sport*) (*= be eliminated*) être éliminé

▸ **go over** 1 VI ⓐ (*= cross*) aller • **to go over to France** aller en France • **she went over to Mrs Smith's** elle est allée chez Mme Smith • **the ball went over into the field** le ballon est passé par-dessus et est tombé dans le champ ⓑ (*= be overturned*) se retourner 2 VT INSEP ⓐ (*= examine*) [*+ accounts, report*] vérifier • **to go over a house** visiter une maison • **I went over his essay with him** j'ai regardé sa dissertation avec lui ⓑ (*= review*) [*+ speech*] revoir; [*+ facts, points*] récapituler • **to go over the events of the day** repasser les événements de la journée • **let's go over the facts again** récapitulons les faits

▸ **go over to** VT INSEP passer à • **we're going over to a new system** nous passons à un nouveau système • **to go over to the enemy** passer à l'ennemi

▸ **go round** VI ⓐ (*= turn*) tourner • **my head is going round** j'ai la tête qui tourne ⓑ **to go round to sb's house** aller chez qn ⓒ (*= be sufficient*) suffire (pour tout le monde) • **there's enough food to go round** il y a assez à manger pour tout le monde • **to make the money go round** joindre les deux bouts* ⓓ (*= circulate*) [*document, story*] circuler • **there's a rumour going round that ...** le bruit court que ... ⓔ = **go about**

▸ **go through** 1 VI (*= be agreed*) [*proposal*] être accepté; [*business deal*] être conclu • **the deal did not go through** l'affaire n'a pas été conclue 2 VT INSEP ⓐ (*= suffer, endure*) endurer • **after all he's gone through** après tout ce qu'il a enduré • **he's going through a very difficult time** il traverse une période difficile ⓑ (*= examine*) [*+ list*] examiner; [*+ book*] parcourir; [*+ mail*] regarder; [*+ subject, plan*] étudier; [*+ one's pockets*] fouiller dans • **I went through my drawers looking for a pair of socks** j'ai cherché une paire de chaussettes dans mes tiroirs • **I went through his essay with him** j'ai regardé sa dissertation avec lui ⓒ (*= use up*) [*+ money*] dépenser; (*= wear out*) user ⓓ (*= carry out*) [*+ routine, course of study*] suivre; [*+ formalities*] accomplir; [*+ apprenticeship*] faire

▸ **go through with** VT INSEP (*= persist with*) [*+ plan, threat*] mettre à exécution • **in the end she couldn't go through with it** en fin de compte elle n'a pas pu le faire

▸ **go together** VI [*colours, flavours*] aller (bien) ensemble; [*events, conditions, ideas*] aller de pair

▸ **go under** VI ⓐ (*= sink*) [*ship, person*] couler ⓑ (*= fail*) [*person, business*] faire faillite

▸ **go up** 1 VI ⓐ monter • **when the curtain goes up** lorsque le rideau se lève • **to go up in price** augmenter • **to go up a class** passer dans la classe supérieure ⓑ (*= approach*) **I wanted to go up and talk to him** je voulais m'approcher de lui et lui parler • **a man went up to him and asked him the time** un homme s'est approché et lui a demandé l'heure 2 VT INSEP [*+ hill*] gravir • **to go up the stairs** monter l'escalier • **to go up the street** remonter la rue

▸ **go with** VT INSEP ⓐ [*circumstances, event, conditions*] aller (de pair) avec • **ill health goes with poverty** la pauvreté et la mauvaise santé vont de pair • **the house goes with the job** le logement va avec le poste ⓑ [*colours*] aller bien avec; [*furnishings*] être assorti à; [*behaviour, opinions*] cadrer avec • **I want a hat to go with my coat** je cherche un chapeau assorti à mon manteau

▸ **go without** 1 VI se priver de tout • **mothers feed their children and go without themselves** les mères nourrissent leurs enfants et se privent elles-mêmes de tout 2 VT INSEP se priver de

goad [gəʊd] (VT) **to ~ sb into doing sth** harceler qn jusqu'à ce qu'il fasse qch

goal [gəʊl] (N) but *m* • **to set o.s. a ~** se fixer un but • **to play in ~** être gardien de but • **to win by three ~s to two** gagner par trois buts à deux ▸ **goal-area** N surface *f* de but ▸ **goal average, goal difference** N (*Brit*) goal-average *m* ▸ **goal-kick** N coup *m* de pied de renvoi (aux six mètres) ▸ **goal-line** N ligne *f* de but ▸ **goal post** N montant *m* de but • **to move the ~ posts** (= *change the rules*) changer les règles du jeu

goalie* ['gəʊlɪ] (N) (ABBR OF **goalkeeper**) gardien(ne) *m(f)* de but

goalkeeper ['gəʊlki:pəʳ] (N) gardien(ne) *m(f)* de but

goalless ['gəʊllɪs] (ADJ) [*match*] au score vierge • **a ~ draw** un match nul zéro à zéro

goalwards ['gəʊlwədz] (ADV) en direction du but adverse

goat [gəʊt] (N) chèvre *f* • **to get sb's ~*** taper sur les nerfs* de qn ▸ **goat's cheese** N fromage *m* de chèvre

gob‡ [gɒb] (N) (= *mouth*) gueule‡ *f* • **shut your ~!** ta gueule!‡

gobble ['gɒbl] 1 (VI) [*turkey*] glouglouter 2 (VT) (*also* **gobble up**) [+ *food*] engloutir • **don't ~!** ne mange pas si vite!

goblet ['gɒblɪt] (N) (= *glass*) verre *m* à pied; (= *cup*) coupe *f*

goblin ['gɒblɪn] (N) lutin *m*

gobsmacked‡ ['gɒb,smækd] (ADJ) (*Brit*) sidéré*

god [gɒd] (N) ⓐ dieu *m* • **God** Dieu *m* • **he thinks he's God's gift* to women** il se prend pour Don Juan ⓑ (*phrases*) **my God!*** mon Dieu! • **God help you* if your mother ever finds out about this!** si ta mère apprend ça je te souhaite bien de la chance! • **God only knows*** Dieu seul le sait • **and God knows what else*** et Dieu sait quoi • **God knows I've tried*** Dieu sait si j'ai essayé • **he went God knows where*** il est parti Dieu sait où • **for God's sake!*** (*crossly*) nom d'un chien!* • **I wish to God I hadn't told him!*** j'aurais mieux fait de ne rien lui dire! ⓒ (*Brit Theatre*) **the ~s*** le poulailler*

godchild ['gɒdtʃaɪld] (N) (*pl* **-children**) filleul(e) *m(f)*

goddam(n)‡ ['gɒdæm], **goddamned**‡ ['gɒdæmd] (ADJ) sacré* *before n*

goddaughter ['gɒddɔ:təʳ] (N) filleule *f*

goddess ['gɒdɪs] (N) déesse *f*

godfather ['gɒdfɑ:ðəʳ] (N) parrain *m*

godforsaken ['gɒdfə,seɪkən] (ADJ) [*town, place*] perdu

godless ['gɒdlɪs] (ADJ) [*person, action, life*] impie

godmother ['gɒdmʌðəʳ] (N) marraine *f*

godparents ['gɒdpɛərənts] (NPL) **his ~** son parrain et sa marraine

godsend ['gɒdsend] (N) aubaine *f*

godson ['gɒdsʌn] (N) filleul *m*

goes [gəʊz] (VB) → **go**

gofer ['gəʊfəʳ] (N) coursier *m*, -ière *f*

goggle ['gɒgl] 1 (VI) **to ~ at sb/sth*** regarder qn/qch avec de gros yeux ronds 2 (NPL) **goggles** [*of motorcyclist, welder*] lunettes *fpl* protectrices; [*of skindiver*] lunettes *fpl* de plongée

going ['gəʊɪŋ] 1 (N) ⓐ (= *departure*) départ *m* ⓑ (= *progress*) **that was good ~** ça a été rapide • **it was slow ~** on n'avançait pas • **it was hard ~** on a eu du mal • **the meeting was hard ~** la réunion était laborieuse ⓒ (= *conditions*) état *m* du terrain • **it's rough ~** (*walking*) on marche mal; (*in car*) la route est mauvaise • **he got out while the ~ was good*** il est parti au bon moment
2 (ADJ) ⓐ **the ~ rate/price** le tarif/le prix normal ⓑ (*after superl adj*)* **it's the best thing ~** il n'y a rien de mieux • **the best computer game ~** le meilleur jeu électronique du moment
3 (COMP) ▸ **going concern** N affaire *f* florissante ▸ **going-over** N (*pl* **goings-over**) (= *cleaning*) nettoyage *m*; (= *beating*) passage *m* à tabac* • **to give sth a thorough ~-over** (= *check*) inspecter qch soigneusement; (= *clean*) nettoyer qch à fond ▸ **goings-on*** NPL (= *behaviour*) manigances *fpl*; (= *happenings*) événements *mpl*

Golan ['gəʊlæn] (N) **the ~ Heights** le plateau du Golan

gold [gəʊld] 1 (N) or *m*
2 (ADJ) [*watch, tooth*] en or; [*coin, ingot, letters*] d'or; [*paint*] doré • **a green and ~ flag** un drapeau vert et or
3 (COMP) ▸ **gold disc** N disque *m* d'or ▸ **gold dust** N **to be like ~ dust** être une denrée rare ▸ **gold leaf** N feuille *f* d'or ▸ **gold medal** N médaille *f* d'or ▸ **gold mine** N mine *f* d'or • **he's sitting on a ~ mine** il est assis sur une véritable mine d'or ▸ **gold-plated** ADJ plaqué or *inv* ▸ **gold record** N disque *m* d'or ▸ **gold reserves** NPL réserves *fpl* d'or ▸ **gold rush** N ruée *f* vers l'or ▸ **gold standard** N étalon-or *m*

golden ['gəʊldən] 1 (ADJ) ⓐ (= *gold-coloured*) doré ⓑ (= *made of gold*) en or
2 (COMP) ▸ **golden age** N âge *m* d'or ▸ **the Golden Arches**® NPL *symbole de McDonald*® ▸ **golden boy*** N (*popular*) enfant *m* chéri; (*gifted*) jeune prodige *m*; (*financially successful*) golden boy *m* ▸ **golden eagle** N aigle *m* royal ▸ **the Golden Gate Bridge** N le pont du Golden Gate ▸ **golden goal** N but *m* en or ▸ **golden handshake** N grosse prime *f* de départ ▸ **golden jubilee** N (*Brit*) cinquantième anniversaire *m* ▸ **golden oldie*** N (= *song*) vieux classique *m*; (= *person*) vieille star *f* ▸ **golden opportunity** N occasion *f* en or ▸ **golden rule** N règle *f* d'or ▸ **golden syrup** N (*Brit*) sirop *m* de sucre roux ▸ **golden wedding anniversary** N noces *fpl* d'or

goldfish ['gəʊldfɪʃ] (*pl* **goldfish**) (N) poisson *m* rouge ▸ **goldfish bowl** N bocal *m* (à poissons)

goldsmith ['gəʊldsmɪθ] (N) orfèvre *m*

golf [gɒlf] (N) golf *m* ▸ **golf ball** N balle *f* de golf ▸ **golf club** N club *m* de golf ▸ **golf course** N (terrain *m* de) golf *m*

golfer ['gɒlfəʳ] (N) joueur *m*, -euse *f* de golf

golfing ['gɒlfɪŋ] 1 (ADJ) [*equipment, trousers*] de golf • **to go on a ~ holiday** partir en vacances faire du golf 2 (N) golf *m*

Goliath [gə'laɪəθ] (N) Goliath *m*

gondola ['gɒndələ] (N) gondole *f*

gone [gɒn] 1 (VB) *ptp of* **go** 2 (ADJ) ⓐ **to be ~** [*object*] avoir disparu; [*enthusiasm*] être retombé • **the coffee is all ~** il n'y a plus de café • **~ are the days when ...** le temps n'est plus où ... • **he is ~** il est parti • **to be long ~** ne plus

g

existier depuis longtemps **b** (*Brit*) (= *after*) **it's just ~ three** il est un peu plus de 3 heures

goner* ['gɒnəʳ] (N) **to be a ~** être fichu*

gong [gɒŋ] (N) gong *m*

gonna* ['gənə] = **going to**

gonorrhoea [,gɒnə'rɪə] (N) blennorragie *f*

goo* [gu:] (N) matière *f* visqueuse *or* gluante

good [gʊd]

1 ADJECTIVE
2 NOUN
3 COMPOUNDS

compar **better**, superl **best**

1 ADJECTIVE

When **good** is part of a set combination, eg **in a good temper**, **a good deal of**, look up the noun.

a bon • **a piece of ~ news** une bonne nouvelle • **he's a ~ man** c'est un homme bon • **we had ~ weather** nous avons eu du beau temps • **we had a ~ time** nous nous sommes bien amusés • **it's too ~ to be true** c'est trop beau pour être vrai • **he's on to a ~ thing*** il a trouvé un bon filon* • **it's a ~ job I was there** heureusement que j'étais là • **it will take you a ~ hour** il vous faudra une bonne heure • **a ~ 8 kilometres** 8 bons kilomètres

b (= *kind*) gentil • **be ~ to him** soyez gentil avec lui • **that's very ~ of you** c'est très gentil de votre part • **I tried to find something ~ to say about him** j'ai essayé de trouver quelque chose de bien à dire sur lui • **would you be ~ enough to tell me** auriez-vous l'obligeance de me dire

c (= *well-behaved*) [*child, animal*] sage • **be ~!** sois sage! • **Andrew was as ~ as gold** Andrew a été sage comme une image

d (= *at ease*) **I feel ~** je me sens bien • **I don't feel too ~ about that*** (= *ashamed*) j'ai un peu honte de moi

e (= *attractive*) joli • **she's got ~ legs** elle a de jolies jambes • **that looks ~ on you** ça vous va bien • **you look ~!** (= *healthy*) tu as bonne mine!; (= *well-dressed*) tu es très bien comme ça!

f (= *thorough*) **to have a ~ cry** pleurer un bon coup

Verb + adverb may be used in French, instead of adjective + noun. For combinations other than the following, look up the noun.

• **give it a ~ rinse** rincez-le bien • **give it a ~ stir** mélangez-le bien

g (*in greetings*) **~ afternoon** (*early*) bonjour; (*later*) bonsoir; (*on leaving*) bonsoir • **~ morning** bonjour • **Robert sends his ~ wishes** Robert envoie ses amitiés • **with all ~ wishes** (*in letter*) cordialement

h (*in exclamations*) **~!** bien! • **that's a ~ one!** [*joke, story*] elle est bien bonne celle-là!*

i (*emphatic use*) **we had a ~ long talk** nous avons longuement discuté • **a ~ long walk** une grande promenade • **~ old Charles!*** ce bon vieux Charles! • **~ strong shoes** de bonnes chaussures

j (*set structures*)

▸ **it's good to it's ~ to be here** ça fait plaisir d'être ici • **it's ~ to see you looking so well** ça fait plaisir de te voir en si bonne forme • **it's ~ to see you** je suis content de te voir • **it's ~ to talk** ça fait du bien de parler • **it's ~ to be alive** il fait bon vivre

▸ **good at** [+ *academic subject*] bon en • **~ at French** bon en français • **he's ~ at everything** il est bon en tout • **she's ~ at singing** elle chante bien • **she's ~ at putting people at their ease** elle sait mettre les gens à l'aise

▸ **good with she's ~ with children** elle sait s'y prendre avec les enfants • **she's ~ with her hands** elle est habile de ses mains

▸ **good enough that's ~ enough for me** cela me suffit • **that's not ~ enough** ça ne suffit pas • **it's just not ~ enough!** (*indignantly*) ça ne va pas du tout!

▸ **good for** (= *healthy for*) **milk is ~ for children** le lait est bon pour les enfants • **it's ~ for you** c'est bon pour la santé • **the shock was ~ for him** le choc lui a été salutaire • **this ticket is ~ for three months** (= *valid for*) ce billet est valable trois mois • **my car is ~ for another few years** ma voiture tiendra bien encore quelques années

▸ **what's good for if you know what's ~ for you you'll say yes** si tu as le moindre bon sens tu accepteras • **what's ~ for the consumer isn't necessarily ~ for the economy** ce qui bon pour le consommateur ne l'est pas forcément pour l'économie

▸ **more than is good for they tend to eat and drink more than is ~ for them** ils ont tendance à boire et à manger plus que de raison • **some children know more than is ~ for them** certains enfants en savent plus qu'ils ne devraient

▸ **as good as** (= *practically*) pratiquement • **his career is as ~ as over** sa carrière est pratiquement terminée • **she as ~ as told me that ...** elle m'a dit à peu de chose près que ... • **it was as ~ as a holiday** c'étaient presque des vacances • **it's as ~ as saying that ...** autant dire que ... • **he was as ~ as his word** il a tenu promesse

▸ **as good as new** [*thing*] comme neuf (neuve *f*) • **in a day or so he'll be as ~ as new** dans un jour ou deux il sera complètement rétabli

▸ **to make good** (= *succeed*) faire son chemin; [*ex-criminal*] s'acheter une conduite*; (= *compensate for*) [+ *deficit*] combler; [+ *deficiency, losses*] compenser; [+ *expenses*] rembourser; [+ *injustice, damage*] réparer • **to make ~ a loss to sb** dédommager qn d'une perte • **to make ~ a promise** tenir une promesse

2 NOUN

a (= *virtue*) bien *m* • **~ and evil** le bien et le mal • **there's some ~ in him** il a de bons côtés

b (= *good deeds*) **to do ~** faire le bien • **she's up to no ~*** elle prépare un mauvais coup*

c (= *advantage, profit*) bien *m* • **it's for his own ~** c'est pour son bien • **for the ~ of the country** pour le bien du pays • **the common ~** l'intérêt *m* commun • **a lot of ~ that's done!** nous voilà bien avancés! • **he'll come to no ~** il finira mal

▸ **to do sb good** faire du bien à qn • **that will do you ~** cela vous fera du bien • **what ~ will that do you?** ça t'avancera à quoi? • **a fat lot of ~ that will do you!*** tu seras bien avancé! • **a lot of ~ that's done him!** le voilà bien avancé! • **it does my heart ~ to see him** ça me réjouit de le voir

d (= use) **what's the ~?** à quoi bon ? • **what's the ~ of hurrying?** à quoi bon se presser ? • **it's not much ~ to me** [*advice, suggestion*] ça ne m'avance pas à grand-chose; [*object, money*] ça ne me sert pas à grand-chose • **that won't be much ~** cela ne servira pas à grand-chose • **if that is any ~ to you** si ça peut t'être utile • **is he any ~?** [*worker, singer*] qu'est-ce qu'il vaut ?

▸ **no good** (= *useless*) **it's no ~** ça ne sert à rien • **it's no ~ saying that** ça ne sert à rien de dire cela • **it's no ~ worrying** ça ne sert à rien de se faire du souci • **it's no ~, I'll never get it finished in time** il n'y a rien à faire, je n'arriverai jamais à le finir à temps • **that's no ~** ça ne va pas • **I'm no ~ at maths** je suis mauvais en maths

e ▸ **for good** pour de bon • **he's gone for ~** il est parti pour de bon • **for ~ and all** une (bonne) fois pour toutes • **to settle down for ~** se fixer définitivement

3 COMPOUNDS

▸ **good-for-nothing** N bon *m*, bonne *f* à rien ▸ **Good Friday** N Vendredi *m* saint ▸ **good guy** N (*Cine*) gentil *m* ▸ **good-humoured** ADJ [*person, appearance, smile*] jovial; [*joke*] sans malice ▸ **good-looking** ADJ beau (belle *f*) ▸ **good looks** NPL beauté *f* ▸ **good-natured** ADJ [*person*] facile à vivre; [*smile, laughter*] bon enfant *inv* ▸ **good-tempered** ADJ [*person*] qui a bon caractère

GOOD FRIDAY AGREEMENT

Le **Good Friday Agreement** («Accord du Vendredi saint»), également appelé le **Belfast Agreement**, a été signé le 10 avril 1998 dans le cadre du processus de paix qui devait mettre fin aux «Troubles» en Irlande du Nord. Il avait pour but de régler les relations entre l'Irlande du Nord et la République d'Irlande et entre ces deux pays et l'Angleterre, l'Écosse et le pays de Galles. Il a mis en place la «Northern Ireland Assembly» et lui a délégué certains pouvoirs. L'accord fut soumis à référendum le 22 mai 1998 et la population vota majoritairement pour.

goodbye [gʊd'baɪ] EXCL au revoir ! • **to say ~ to sb** dire au revoir à qn • **you can say ~ to peace and quiet!** tu peux dire adieu à ta tranquillité !

goodness ['gʊdnɪs] N **a** [*of person*] bonté *f* • **out of the ~ of his heart** par pure gentillesse • **my ~!*** bonté divine ! • **~ knows*** Dieu sait • **for ~' sake*** pour l'amour de Dieu • **I wish to ~ I had never met him!*** si seulement j'avais pu ne jamais le rencontrer ! **b** (*in food*) qualités *fpl* nutritives • **to be full of natural ~** être plein de bonnes choses

goodnight [gʊd'naɪt] EXCL bonne nuit !

goods [gʊdz] NPL marchandises *fpl*

goodwill [,gʊd'wɪl] N bonne volonté *f* ▸ **goodwill mission** N visite *f* d'amitié

goody* ['gʊdɪ] **1** EXCL chouette !* **2** N **a** (= *person*) **the goodies and the baddies*** les bons *mpl* et les méchants *mpl* **b** **goodies*** (= *edible treats*) friandises *fpl*; (= *gifts*) petits cadeaux *mpl* **3** COMP ▸ **goody bag*** N sac *m* de cadeaux

gooey* ['gu:ɪ] ADJ [*substance, mess*] gluant; [*cake, dessert*] fondant; [*film, story*] à l'eau de rose

goof* [gu:f] **1** N cinglé(e)* *m(f)* **2** VI gaffer*

▸ **goof around*** VI (*US*) faire l'imbécile

▸ **goof up*** **1** VI (*US*) gaffer* **2** VT SEP gâcher

goofy* ['gu:fɪ] ADJ (= *mad*) cinglé*; (= *silly*) niais

Google® ['gu:gl] **1** VI faire une recherche Google® **2** VT (= *do a search on*) googler

goose [gu:s] (*pl* **geese**) **1** N oie *f* **2** VT (= *prod**) **to ~ sb** donner un petit coup sur les fesses de qn **3** COMP ▸ **goose bumps** NPL, **goose flesh** N, **goose pimples** NPL **to come out in ~ bumps** avoir la chair de poule • **that gives me ~ bumps** cela me donne la chair de poule

gooseberry ['gʊzbərɪ] N (= *fruit*) groseille *f* à maquereau; (= *gooseberry bush*) groseillier *m* • **to play ~** (*Brit*) tenir la chandelle

gopher ['gəʊfə^r] N **a** (= *squirrel*) spermophile *m* **b** (= *person*) coursier *m*, -ière *f*

gore [gɔ:^r] **1** N (= *blood*) sang *m* **2** VT (= *injure*) encorner • **~d to death** tué d'un coup de corne

gorge [gɔ:dʒ] **1** N gorge *f* **2** VT **to ~ o.s.** se gaver (**with** de) **3** VI se gaver (**on** de)

gorgeous ['gɔ:dʒəs] ADJ superbe; [*food, wine*] sensationnel; [*eyes, hair*]* splendide • **to look ~** avoir l'air superbe • **to smell ~** sentir délicieusement bon • **a ~ blonde*** une superbe blonde

gorilla [gə'rɪlə] N gorille *m*

gormless* ['gɔ:mlɪs] ADJ (*Brit*) empoté

gorse [gɔ:s] N ajoncs *mpl* ▸ **gorse bush** N ajonc *m*

gory ['gɔ:rɪ] ADJ sanglant • **tell me all the ~ details!*** raconte-moi tous les détails sordides !

gosh* [gɒʃ] EXCL mince !*

gospel ['gɒspəl] N **a** évangile *m* • **to take sth as ~*** prendre qch pour parole d'évangile **b** (= *music*) gospel *m*

goss* [gɒs] N (*Brit*) (= *gossip*) potins *mpl*, commérages *mpl*

gossamer ['gɒsəmə^r] N (= *cobweb*) fils *mpl* de la Vierge; (= *gauze*) gaze *f*; (= *light fabric*) tulle *m*

gossip ['gɒsɪp] **1** N **a** (= *rumours*) commérages *mpl* (*pej*) • **what's the latest ~?** quels sont les derniers potins ? • **a piece of ~** un ragot* **b** (= *chat*) **we had a good old ~** on a bien papoté* **c** (= *person*) commère *f* **2** VI **a** (= *chat*) papoter **b** (*maliciously*) faire des commérages (**about** sur) **3** COMP ▸ **gossip column** N échos *mpl*

got [gɒt] VB *pt, ptp of* **get**

gotcha‡ ['gɒtʃə] EXCL (= *I've got you*) **a** (= *I see*) pigé !* **b** (*when catching sb, catching sb out*) je te tiens !*; (*when hitting sb*) je t'ai eu !*

Gothic ['gɒθɪk] ADJ, N gothique *m*

gotta* ['gɒtə] MODAL AUX VB (= *have got to*) **I/he's/they ~ go** je dois/il doit/ils doivent partir

gotten ['gɒtn] VB (*US*) *ptp of* **get**

gouge [gaʊdʒ] VT [*+ wood*] évider • **to ~ a hole in sth** creuser un trou dans qch

▸ **gouge out** VT SEP évider • **to ~ sb's eyes out** arracher les yeux à qn

gourd [gʊəd] N gourde *f*

gourmet ['gʊəmeɪ] **1** N gourmet *m* **2** ADJ [*food, restaurant*] gastronomique

gout [gaʊt] N goutte *f*

Gov. (ABBR OF **governor**)

govern ['gʌvən] **1** VT **a** [*head of state*] gouverner **b** [*law, rule, principle*] régir • **international guidelines ~ing the export of arms** les directives internationales régissant l'exportation des armes • **there are strict rules ~ing how much lawyers can charge** il existe des règles strictes fixant le montant des honoraires des avocats **2** VI gouverner

governance ['gʌvənəns] N (*frm*) (= *governing*) gouvernement *m*, gouvernance *f*; (= *authority*) autorité *f*

governess ['gʌvənɪs] N gouvernante *f*

governing ['gʌvənɪŋ] (ADJ) [*party, coalition*] au pouvoir ▸**governing body** N [*of sport*] comité *m* directeur; [*of association*] conseil *m* d'administration; [*of school*] conseil *m* d'établissement; [*of university*] conseil *m* d'université

government ['gʌvənmənt] 1 (N) [*of country*] gouvernement *m*; [*of province, city*] administration *f* • **a project financed by the ~** un projet financé par l'État
2 (ADJ) [*policy, decision, intervention, spending*] du gouvernement; [*grant*] d'État; [*responsibility, loan*] de l'État

> **gouvernement** has **ou** instead of **o** and an extra **e** in the middle.

governmental [,gʌvən'mentl] (ADJ) gouvernemental

governor ['gʌvənəʳ] (N) [*of state, bank*] gouverneur *m*; (*Brit*) [*of prison*] directeur *m*, -trice *f*; [*of institution*] administrateur *m*, -trice *f*; (*Brit*) [*of school*] ≈ membre *m* d'un conseil d'établissement

gown [gaʊn] (N) [*of woman, lawyer*] robe *f*; [*of student*] toge *f*

GP [dʒiː'piː] (N) (ABBR OF **General Practitioner**) (médecin *m*) généraliste *m* • **she's a GP** elle est généraliste • **to go to one's GP** aller voir son médecin traitant

GPA [dʒiːpiː'eɪ] (N) (*US*) (ABBR OF **grade point average**) moyenne *f* des notes

GPS [,dʒiːpiː'es] (N) (ABBR OF **global positioning system**) GPS *m*

grab [græb] 1 (N) **to make a ~ for sth** faire un geste vif pour saisir qch • **to be up for ~s*** (= *available*) être disponible • **there are big money prizes up for ~s** il y a de grosses sommes d'argent à gagner
2 (VT) ⓐ [+ *object*] saisir • **~ hold of this for a minute** tiens ça une minute • **he ~bed me** il m'a empoigné • **she ~bed him by the arm** elle l'a empoigné par le bras
ⓑ (= *seize unlawfully*) [+ *land, power*] s'emparer de
ⓒ [+ *snack, sandwich*]* avaler; [+ *seat*]* prendre
ⓓ [+ *sb's attention*]* attirer; [+ *opportunity*]* saisir • **they're trying to ~ a share of the market** ils essaient de prendre une part de marché • **how does that ~ you?*** qu'est-ce que tu en dis ?*
3 (VI) **to ~ at a rope** essayer d'agripper une corde • **don't ~!** (*to child*) doucement !
4 (COMP) ▸**grab bag*** N (*US*) *sac où l'on pioche des petits cadeaux* ▸**grab bar, grab rail** N barre *f* de maintien *or* d'appui

grace [greɪs] 1 (N) ⓐ grâce *f*
ⓑ (= *prayer*) **to say ~** (*before meals*) dire le bénédicité
ⓒ (*phrases*) **to do sth with good/bad ~** faire qch de bonne/mauvaise grâce • **he had the good ~ to apologize** il a eu la bonne grâce de s'excuser • **his saving ~** ce qui le rachète
ⓓ (= *respite*) répit *m* • **a day's ~** un jour de répit
ⓔ (= *title*) **His Grace the Archbishop** Monseigneur l'Archevêque • **His Grace the Duke** Monsieur le duc • **Her Grace the Duchess** Madame la duchesse • **yes, your Grace** oui, Monseigneur (*or* Monsieur le duc *or* Madame la duchesse)
2 (VT) ⓐ (= *adorn*) orner (**with** de)
ⓑ honorer (**with** de) • **the queen ~d the performance with her presence** la reine a honoré la représentation de sa présence

graceful ['greɪsfʊl] (ADJ) [*movement, animal, person*] gracieux; [*apology, retraction*] élégant

gracefully ['greɪsfəlɪ] (ADV) avec grâce; [*retire*] avec dignité; [*apologize*] élégamment • **to admit defeat ~** s'avouer vaincu de bonne grâce • **to grow old ~** vieillir avec grâce

gracious ['greɪʃəs] 1 (ADJ) ⓐ (= *kindly*) [*person, smile, gesture*] bienveillant; (= *courteous*) courtois ⓑ (= *elegant*) **~ living** la vie de luxe 2 (EXCL)* **good ~!** mon Dieu ! • **good ~ no!** jamais de la vie ! • **good ~ me!** oh, mon Dieu !

graciously ['greɪʃəslɪ] (ADV) ⓐ (= *courteously*) [*wave, smile*] gracieusement; [*accept, agree*] de bonne grâce; [*consent, allow*] gracieusement ⓑ (= *elegantly*) [*live*] avec raffinement

grade [greɪd] 1 (N) ⓐ [*of goods*] (= *quality*) qualité *f*; (= *size*) calibre *m*
ⓑ (*in hierarchy*) (*in company etc*) échelon *m*; (= *military rank*) rang *m* • **to make the ~** se montrer à la hauteur • **he'll never make the ~** il n'y arrivera jamais • **salary ~** échelon *m* (salarial)
ⓒ (= *mark*) note *f* • **to get good/poor ~s** avoir de bonnes/mauvaises notes
ⓓ (*US*) (= *school class*) année *f* → GRADE
ⓔ (*US*) (= *slope*) rampe *f*
2 (VT) ⓐ (= *sort out*) [+ *produce, accommodation, colours, questions*] classer; (*by size*) [+ *apples, eggs*] calibrer • **the exercises are ~d according to difficulty** les exercices sont classés selon leur degré de difficulté
ⓑ (= *make progressively easier, more difficult, darker, lighter*) [+ *work, exercises, colours*] graduer
ⓒ (= *mark*) [+ *pupil, work*] noter
ⓓ (*US*) (= *level*) [+ *ground*] niveler
3 (COMP) ▸**grade book** N (*US*) cahier *m* de notes ▸**grade crossing** N (*US*) passage *m* à niveau ▸**grade point average** N (*US*) (note *f*) moyenne *f* ▸**grade school** N (*US*) école *f* primaire ▸**grade sheet** N (*US*) relevé *m* de notes

> **GRADE**
> Aux États-Unis et au Canada, on désigne sous le nom de **grade** chacune des douze années de la scolarité obligatoire, depuis le cours préparatoire (« first **grade** ») jusqu'à la terminale (« twelfth **grade** »). On notera les surnoms donnés aux élèves des quatre dernières années : « freshman » (petit nouveau) en 9ᵉ année (la première année du deuxième cycle du secondaire), « sophomore » en 10ᵉ année, « junior » en 11ᵉ et « senior » en terminale.

graded ['greɪdɪd] (ADJ) [*charges, rates, tax*] (= *increasing*) progressif; (= *decreasing*) dégressif; [*tests, exercises*] classé par degré de difficulté

gradient ['greɪdɪənt] (N) inclinaison *f* • **a ~ of 10%** une inclinaison de 10 %

grading ['greɪdɪŋ] (N) classification *f*; (*by size*) calibrage *m*; [*of schoolwork*] notation *f*

gradual ['grædjʊəl] (ADJ) progressif; [*slope*] doux (douce *f*)

gradually ['grædjʊəlɪ] (ADV) progressivement

graduate 1 (VT) graduer
2 (VI) (= *get diploma*) ≈ obtenir sa licence (*or* son diplôme *etc*); (*US*) (*from high school*) ≈ obtenir son baccalauréat • **he ~d as an architect** il a eu son diplôme d'architecte
3 (N) (= *holder of diploma*) ≈ licencié(e) *m(f)*, ≈ diplômé(e) *m(f)*
4 (ADJ) [*teacher, staff*] ≈ diplômé • **~ course** études *fpl*

de troisième cycle • **Graduate Record Examination** (US Univ) *examen d'entrée dans le second cycle* • **~ school** (US) troisième cycle *m* d'université • **~ student** (US) étudiant(e) *m(f)* de troisième cycle • **~ studies** études *fpl* de troisième cycle

> Lorsque **graduate** est un verbe, la fin se prononce comme **eight** : ['grædjʊeɪt] ; lorsque c'est un nom ou un adjectif, elle se prononce comme **it** : ['grædjʊɪt].

graduation [ˌgrædjʊ'eɪʃən] (N) (= *ceremony*) cérémonie *f* de remise des diplômes; (*by student*) obtention *f* du diplôme • **I'm hoping to get a good job after ~** j'espère trouver un bon emploi une fois que j'aurai mon diplôme ▸ **graduation ceremony** N cérémonie *f* de remise des diplômes ▸ **graduation day** N jour *m* de la remise des diplômes

> **GRADUATION**
> La **graduation** est la cérémonie de remise des diplômes universitaires. C'est un événement important, où les étudiants, revêtus de leur toge et de leur toque noires, reçoivent officiellement leur diplôme des mains du recteur. Les familles assistent à la cérémonie et les photos prises à cette occasion occupent généralement une place d'honneur dans les intérieurs anglo-saxons.
> Aux États-Unis, le terme désigne aussi la cérémonie qui marque la fin des études secondaires.

graffiti [grə'fiːtɪ] (N) graffiti *m* • **~ artist** graffiteur *m*, -euse *f*

graft [grɑːft] 1 (N) ⓐ greffe *f* • **they did a skin ~** ils ont fait une greffe de la peau ⓑ (= *bribery*) corruption *f* ⓒ (*Brit* = *work*)* **hard ~** boulot* *m* acharné 2 (VT) ⓐ greffer ⓑ (= *get by bribery*) obtenir par la corruption; (= *get by swindling*) obtenir par escroquerie 3 (VI) (= *engage in bribery*) recevoir des pots-de-vin; (= *swindle*) faire de l'escroquerie

graham cracker ['greɪəmˌkrækəʳ] (N) (US) biscuit *m* à la farine complète

grain [greɪn] (N) ⓐ céréale(s) *f(pl)*; (US) blé *m* ⓑ (= *single grain*) [*of cereal, salt, sand*] grain *m*; [*of sense, malice, truth*] brin *m* • **a few ~s of rice** quelques grains de riz ⓒ (*in leather, of photo*) grain *m*; (*in wood, meat*) fibre *f* • **with the ~** dans le sens de la fibre • **against the ~** en travers de la fibre • **it goes against the ~ for him to apologize** ce n'est pas dans sa nature de s'excuser • **I'll do it, but it goes against the ~** je le ferai, mais pas de bon cœur

grainy ['greɪnɪ] (ADJ) [*photo*] qui a du grain; [*substance*] granuleux

gram [græm] (N) gramme *m*

grammar ['græməʳ] (N) grammaire *f* ▸ **grammar school** N (*Brit*) ≈ lycée *m* (*avec examen d'entrée*); (US) ≈ école *f* primaire → COMPREHENSIVE SCHOOL

grammatical [grə'mætɪkəl] (ADJ) ⓐ [*structure, sentence, rule*] grammatical ⓑ (= *correct*) grammaticalement correct • **he speaks perfectly ~ English** il parle un anglais parfaitement correct du point de vue grammatical

gramme [græm] (N) (*Brit*) gramme *m*

gramophone ['græməfəʊn] (N) phonographe *m*

gran* [græn] (N) (*Brit*) mamie* *f*

Granada [grə'nɑːda] (N) (*in Spain*) Grenade

grand [grænd] 1 (ADJ) ⓐ (= *impressive*) [*architecture*] grandiose; [*building, staircase*] majestueux; [*occasion*] grand • **to do things on a ~ scale** faire les choses en grand • **to live in ~ style** mener la grande vie ⓑ (= *ambitious*) [*scheme, design*] ambitieux 2 (N) (*pl inv*)* (= £1000) mille livres *fpl*; (= $1000) mille dollars *mpl* 3 (COMP) ▸ **the Grand Old Party** N (US) le parti républicain ▸ **grand piano** N piano *m* à queue ▸ **grand slam** N grand chelem *m* ▸ **grand total** N total *m* général

> **GRAND JURY**
> Dans le système judiciaire américain, le **grand jury** est le jury d'accusation, qui décide si une personne devra comparaître devant le jury de jugement (« trial jury » ou « petit jury »), qui statuera sur son éventuelle culpabilité. Composé de 12 à 23 personnes, le **grand jury** se réunit à huis clos ; il a le droit de citer des témoins à comparaître.

g

grandchild ['græntʃaɪld] 1 (N) petit(e)-enfant *m(f)* 2 (NPL) **grandchildren** petits-enfants *mpl*

grand(d)ad* ['grændæd] (N) papi* *m*

granddaughter ['grændɔːtəʳ] (N) petite-fille *f*

grandeur ['grændjəʳ] (N) [*of scenery, house*] splendeur *f*

grandfather ['grændfɑːðəʳ] (N) grand-père *m* ▸ **grandfather clock** N horloge *f* comtoise

grandiose ['grændɪəʊz] (ADJ) grandiose; [*style*] grandiloquent

grandma* ['grændmɑː] (N) mamie* *f*

grandmother ['grænmʌðəʳ] (N) grand-mère *f*

grandpa* ['grænpɑː] (N) papi* *m*

grandparents ['grændpɛərənts] (NPL) grands-parents *mpl*

Grand Prix [grɒnd'priː] (N) Grand Prix *m* • **the Monaco ~** le Grand Prix de Monaco

grandson ['grænsʌn] (N) petit-fils *m*

grandstand ['grændstænd] (N) tribune *f*

grandstanding ['grændstændɪŋ] (N) (*political*) démagogie *f*

granite ['grænɪt] 1 (N) granit *m* 2 (ADJ) en granit

grannie*, granny* ['grænɪ] (N) mamie* *f* ▸ **granny flat** N petit appartement *m* indépendant (*en annexe*)

granola [græ'nəʊlə] (N) (US) muesli *m* (*aux céréales légèrement caramélisées*)

grant [grɑːnt] 1 (VT) ⓐ [+ *favour, permission*] accorder; [+ *wish*] exaucer; [+ *request*] accéder à • **to ~ sb permission to do sth** accorder à qn l'autorisation de faire qch • **they were ~ed an extension of three weeks** on leur a accordé un délai de trois semaines
ⓑ (= *admit*) admettre • **to ~ a proposition** admettre la vérité d'une proposition • **it must be ~ed that ...** il faut admettre que ... • **I ~ you that** je vous l'accorde • **I ~ that he is honest** je reconnais qu'il est honnête
ⓒ ▸ **to take sb/sth for granted** **he takes her for ~ed** pour lui, elle fait partie des meubles • **stop taking me for ~ed!** aie un peu plus d'égards pour moi ! • **to take details/sb's agreement for ~ed** considérer les détails/l'accord de qn comme allant de soi • **we can take it for ~ed that he will come** nous pouvons partir du principe qu'il va venir • **he takes it for ~ed that ...** il trouve tout naturel que ... + *subj*
2 (N) (= *sum of money*) subvention *f*; (*Brit*) (= *scholarship*) bourse *f* • **they have a government ~ to aid research**

ils ont une subvention gouvernementale d'aide à la recherche • **to be on a ~** [*student*] avoir une bourse
3 COMP ▸**grant-aided** ADJ subventionné par l'État ▸**grant-maintained school** N (*Brit*) *établissement scolaire financé par l'État et non par une collectivité locale*

granted ['grɑːntɪd] 1 CONJ **~ that this is true** en admettant que ce soit vrai 2 ADV **~, he doesn't look too bad for his age** c'est vrai, il n'est pas mal pour son âge

granular ['grænjʊləʳ] ADJ granulaire

granulated sugar [ˌgrænjʊleɪtɪd'ʃʊgəʳ] N sucre *m* semoule

granule ['grænjuːl] N granule *m*

grape [greɪp] N grain *m* de raisin *m* • **~s** raisin *m* ▸**grape harvest** N vendange *f*

grapefruit ['greɪpfruːt] N pamplemousse *m*

grapevine ['greɪpvaɪn] N **I hear through the ~ that ...** j'ai appris par le téléphone arabe que ...

graph [grɑːf] N graphique *m* ▸**graph paper** N papier *m* quadrillé; (*in millimetres*) papier *m* millimétré

graphic ['græfɪk] 1 ADJ ⓐ (*= vivid*) [*account, description*] imagé • **to describe sth in ~ detail** faire une description très crue de qch ⓑ (*in art, mathematics*) graphique 2 COMP ▸**graphic artist** N graphiste *mf* ▸**the graphic arts** NPL les arts *mpl* graphiques ▸**graphic design** N graphisme *m* ▸**graphic designer** N graphiste *mf* ▸**graphic equalizer** N égaliseur *m* graphique

graphical ['græfɪkəl] ADJ (*gen, also Math*) graphique ▸**graphical display unit** N (*Comput*) visuel *m* graphique ▸**graphical user interface** N (*Comput*) interface *f* graphique

graphics ['græfɪks] N (*on computer*) graphisme *m* ▸**graphics card** N carte *f* graphique

graphite ['græfaɪt] N graphite *m*

grapple ['græpl] VI **to ~ with** [*+ person*] lutter avec; [*+ problem, task, book, subject*] se colleter avec

grasp [grɑːsp] 1 VT [*+ object, opportunity, meaning*] saisir 2 N ⓐ (*= hold*) prise *f*; (*stronger*) poigne *f* • **a strong ~** une forte poigne • **to lose one's ~ on sth** lâcher qch • **to lose one's ~ on reality** perdre le sens de la réalité • **to let sth/sb slip from one's ~** laisser échapper qch/qn • **to have sb/sth in one's ~** (*= have power over*) avoir qn/qch sous son emprise • **to have sth within one's ~** avoir qch à portée de la main • **peace is now within our ~** la paix est à présent à notre portée
ⓑ (*= understanding*) compréhension *f* • **he has a good ~ of basic mathematics** il a de bonnes bases en mathématiques • **it is beyond my ~** cela me dépasse • **this subject is within everyone's ~** ce sujet est à la portée de tout le monde
▸**grasp at** VT INSEP [*+ object*] essayer d'agripper; [*+ hope*] chercher à se raccrocher à; [*+ opportunity*] chercher à saisir

grasping ['grɑːspɪŋ] ADJ (*= greedy*) cupide

grass [grɑːs] 1 N herbe *f* • **"keep off the ~"** «défense de marcher sur la pelouse» 2 VT [*+ garden, square*] gazonner; [*+ field, land*] enherber 3 COMP ▸**the grass roots** NPL [*of movement, party*] la base • **~-roots candidate/movement** candidat *m*/mouvement *m* populaire ▸**grass snake** N couleuvre *f*

grasshopper ['grɑːshɒpəʳ] N sauterelle *f*

grassland ['grɑːslænd] N prairie *f*

grassy ['grɑːsɪ] ADJ [*slope, hillside*] herbeux

grate [greɪt] 1 N (*= fireplace*) foyer *m* • **a fire in the ~** un feu dans l'âtre 2 VT [*+ cheese, carrot*] râper 3 VI **it ~d on his nerves** ça lui tapait sur les nerfs*

grateful ['greɪtfʊl] ADJ [*person*] reconnaissant (**to** à, **for** de) • **I am ~ for your support** je vous suis reconnaissant de votre soutien • **I'd be ~ if you would come** je serais très heureux si vous pouviez venir • **with ~ thanks** avec mes (*or* nos) plus sincères remerciements • **I would be ~ if you could send me ...** (*in letter*) je vous serais reconnaissant de bien vouloir m'envoyer ...

gratefully ['greɪtfəlɪ] ADV avec gratitude • **all donations ~ received** tous les dons seront les bienvenus

grater ['greɪtəʳ] N râpe *f* • **cheese ~** râpe *f* à fromage

gratification [ˌgrætɪfɪ'keɪʃən] N (*= pleasure*) satisfaction *f*; (*= fulfilment*) [*of desires*] assouvissement *m* • **to his ~ he learnt that ...** à sa grande satisfaction il apprit que ... • **sexual ~** le plaisir sexuel

gratify ['grætɪfaɪ] VT (*= please*) [*+ person*] faire plaisir à; (*= fulfil*) [*+ desire*] satisfaire • **I was gratified to hear that ...** j'ai appris avec grand plaisir que ...

gratifying ['grætɪfaɪɪŋ] ADJ (*= pleasing*) agréable • **it is ~ to learn that ...** cela fait plaisir d'apprendre que ...

grating ['greɪtɪŋ] 1 N grille *f* 2 ADJ [*voice, sound*] grinçant

gratis ['grætɪs] ADV gratuitement

gratitude ['grætɪtjuːd] N gratitude *f* (**towards** envers, **for** de)

gratuitous [grə'tjuːɪtəs] ADJ gratuit

gratuity [grə'tjuːɪtɪ] N (*= tip*) pourboire *m*

grave [greɪv] 1 N tombe *f*; (*more elaborate*) tombeau *m* 2 ADJ (*= solemn*) grave • **to have ~ doubts about sth** douter sérieusement de qch

gravel ['grævəl] N (*= stones*) gravier *m*; (*finer*) gravillon *m* ▸**gravel pit** N gravière *f*

gravely ['greɪvlɪ] ADV gravement

gravestone ['greɪvstəʊn] N pierre *f* tombale

graveyard ['greɪvjɑːd] N cimetière *m* ▸**graveyard shift*** N (*US*) équipe *f* de nuit

gravitate ['grævɪteɪt] VI graviter (**round** autour de)

gravitational [ˌgrævɪ'teɪʃənl] ADJ gravitationnel • **~ field/force** champ *m*/force *f* de gravitation ▸**gravitational pull** N attraction *f* universelle ▸**gravitational waves** N ondes *f* gravitationnelles

gravity ['grævɪtɪ] N ⓐ (*= force*) pesanteur *f* • **centre of ~** centre de gravité ⓑ (*= seriousness*) gravité *f*

gravy ['greɪvɪ] N sauce *f* (*au jus de viande*) ▸**gravy train*** N **to be on** *or* **ride the ~ train** avoir trouvé le bon filon*

gray [greɪ] (*US*) = **grey**

graze [greɪz] 1 VI (*= eat grass*) brouter 2 VT ⓐ (*= touch lightly*) effleurer • **it only ~d him** cela n'a fait que l'effleurer ⓑ (*= scrape*) [*+ skin, hand*] érafler • **to ~ one's knees** s'écorcher les genoux • **the bullet ~d his arm** la balle lui a éraflé le bras 3 N éraflure *f*

grazing area [ˌgreɪzɪŋ'ɛərɪə] N pâturage *m*

grease [griːs] 1 N graisse *f* 2 VT graisser

greaseproof paper [ˌgriːspruːf'peɪpəʳ] N papier *m* sulfurisé

greasy ['griːsɪ] ADJ ⓐ [*hair, skin, ointment, food, surface*] gras (grasse *f*); [*overalls, tools*] graisseux • **~ hands** mains *fpl* pleines de graisse ⓑ (*= smarmy*) obséquieux

great [greɪt] 1 ADJ ⓐ (*in size, importance*) grand • **with ~ difficulty** avec de grandes difficultés • **a ~ many people** un grand nombre de gens • **to study sth in ~ depth** étudier qch à fond • **to a ~ extent** dans une large

mesure • **a ~ man** un grand homme • **the ~est names in football/poetry** les plus grands noms du football/de la poésie • **he has a ~ future** il a un bel avenir (devant lui)
b (*= excellent*)* [*person, place*] super* *inv*; [*holiday, idea*] génial* • **you were ~!** tu as été sensationnel !* • **he's the ~est!** il est formidable ! • **that's ~!** c'est super !* • **I feel ~** je me sens en pleine forme • **my wife isn't feeling so ~** ma femme ne se sent pas trop bien • **this cookbook is ~ for desserts** ce livre de cuisine est excellent pour les desserts • **you look ~** (*= healthy*) tu as vraiment bonne mine; (*= attractive*) tu es superbe • **we had a ~ time** c'était merveilleux • **it was ~ fun** c'était très amusant
c (*= enthusiastic*) **he's a ~ angler** il est passionné de pêche • **they are ~ friends** ce sont de grands amis • **he's a ~ one for criticizing others*** il ne rate pas une occasion de critiquer les autres
d (*= expert*)* **he's a ~ teacher** c'est un excellent professeur • **he's ~ at maths** il est vachement fort* en maths
2 ADV * **a** (*= excellently*) super bien* • **she's doing ~** elle s'en tire super bien*
b ~ big [*object, animal, kiss*] énorme
3 EXCL (*= brilliant*)* super*
4 COMP ▸ **great-aunt** N grand-tante *f* ▸ **Great Britain** N Grande-Bretagne *f* → GREAT BRITAIN ▸ **Greater London** N Grand Londres *m* ▸ **Greater Manchester** N agglomération *f* de Manchester ▸ **great-grandchild** (*pl* **great-grandchildren**) N arrière-petit-fils *m*, arrière-petite-fille *f* ▸ **great-grandfather** N arrière-grand-père *m* ▸ **great-grandmother** N arrière-grand-mère *f* ▸ **the Great Lakes** NPL les Grands Lacs *mpl* ▸ **the Great Plains** NPL les Grandes Plaines *fpl* ▸ **great-uncle** N grand-oncle *m* ▸ **the Great Wall of China** N la Grande Muraille de Chine

GREAT BRITAIN, UNITED KINGDOM

Dans l'usage courant, il est fréquent d'employer les mots **Britain** ou **England** pour désigner l'ensemble du Royaume-Uni, mais cet usage est impropre.

La Grande-Bretagne, **Great Britain** ou **Britain** désigne l'ensemble composé de l'Angleterre, du pays de Galles et de l'Écosse, né en 1707 de l'union de deux royaumes. Avec l'Irlande, l'île de Man et les îles Anglo-Normandes, la Grande-Bretagne constitue les îles Britanniques ou **British Isles**, qui sont une notion géographique puisqu'elles comprennent deux pays : le Royaume-Uni (capitale : Londres) et la République d'Irlande (capitale : Dublin).

Le Royaume-Uni (de Grande-Bretagne et d'Irlande du Nord), en anglais **United Kingdom (of Great Britain and Northern Ireland)** ou **UK**, est la désignation officielle d'une entité politique. Ses citoyens sont des Britanniques.

greater ['greɪtəʳ], **greatest** ['greɪtɪst] ADJ *compar, superl of* **great**
greatly ['greɪtlɪ] ADV [*regret*] vivement; [*surprise*] beaucoup; [*prefer*] de beaucoup; [*admire, influence, increase*] énormément; [*improve, diminish*] considérablement; [*exaggerate*] largement • **to be ~ superior to sb/sth** être nettement supérieur à qn/qch
greatness ['greɪtnɪs] N grandeur *f*
Greece [gri:s] N Grèce *f*
greed [gri:d] N (*for food*) gourmandise *f*; (*for money, power*) avidité *f*
greedily ['gri:dɪlɪ] ADV [*eat, drink*] goulûment • **he eyed the food ~** il a regardé la nourriture d'un air vorace
greedy ['gri:dɪ] ADJ (*for food*) gourmand; (*for money, power*) avide (**for** de) • **don't be ~!** (*at table*) ne sois pas si gourmand !; (*asking for money*) n'en demande pas tant !
Greek [gri:k] **1** ADJ grec (grecque *f*); [*teacher*] de grec **2** N **a** Grec(que) *m(f)* **b** (*= language*) grec *m* **3** COMP ▸ **Greek Cypriot** N Chypriote *mf* grec(que) ♦ ADJ chypriote grec(que)
green [gri:n] **1** ADJ **a** (*in colour*) vert • **dark ~** vert *inv* foncé *inv* • **light ~** vert *inv* clair *inv* • **pale ~** vert *inv* pâle *inv* • **to be ~ with envy** être vert de jalousie
b (*= inexperienced*)* inexpérimenté; (*= naïve*)* naïf (naïve *f*) • **I'm not as ~ as I look!** je ne suis pas si naïf que j'en ai l'air !
c (*= ecological*)* écologiste; [*product, person*] écolo* *inv*
2 N **a** (*= colour*) vert *m* • **dressed in ~** habillé en vert
b (*= lawn*) pelouse *f*; (*= village green*) ≈ place *f* (du village) (gazonnée); (*Golf*) vert *m*; (*= bowling green*) *terrain gazonné pour le jeu de boules*
3 NPL **greens a** (*Brit*) (*= vegetables*) légumes *mpl* verts
b (*Politics*) **the Greens** les Verts *mpl*
4 COMP ▸ **green bean** N haricot *m* vert ▸ **green belt** N (*Brit*) ceinture *f* verte ▸ **green card** N (*in Britain = driving insurance*) carte *f* verte; (*in US*) (*= work permit*) permis *m* de travail ▸ **green card holder** N (*US*) détenteur *m*, -trice *f* d'un permis de travail ▸ **Green Cross Code** N (*Brit*) *code de prévention routière destiné aux enfants* ▸ **green fingers** NPL (*Brit*) **he's got ~ fingers** il a la main verte ▸ **green light** N (*= traffic light*) feu *m* vert • **to give sb/sth the ~ light** donner le feu vert à qn/qch ▸ **Green Paper** N (*Brit Politics*) ≈ livre *m* blanc ▸ **the Green Party** N (*Brit*) les Verts *mpl* ▸ **green pepper** N poivron *m* vert ▸ **green salad** N salade *f* (verte) ▸ **green tax** N écotaxe *f* ▸ **green tomato** N tomatille *f*
greenback* ['gri:nbæk] N (*US = dollar*) dollar *m*
greenery ['gri:nərɪ] N verdure *f*
greenfly ['gri:nflaɪ] N (*pl* **greenfly**) puceron *m* (des plantes)
greengage ['gri:ngeɪdʒ] N (*Brit*) reine-claude *f*
greengrocer ['gri:ngrəʊsəʳ] N (*Brit*) marchand(e) *m(f)* de fruits et légumes • **~'s** magasin *m* de fruits et légumes
greenhouse ['gri:nhaʊs] N serre *f* • **the ~ effect** l'effet *m* de serre • **~ gas** gaz *m* contribuant à l'effet de serre
greenish ['gri:nɪʃ] ADJ tirant sur le vert, verdâtre (*pej*) • **~-blue/-yellow** bleu/jaune tirant sur le vert
Greenland ['gri:nlənd] **1** N Groenland *m* **2** ADJ groenlandais
greet [gri:t] VT [*+ person*] (*= say or wave hello to*) saluer; (*= welcome*) accueillir • **he ~ed me with the news that …** il m'a accueilli en m'apprenant que … • **the statement was ~ed with laughter** la déclaration fut accueillie par des rires
greeting ['gri:tɪŋ] N salutation *f*; (*= welcome*) accueil *m* • **~s** salutations *fpl* • **Xmas ~s** vœux *mpl* de Noël • **~s card** carte *f* de vœux
gregarious [grɪ'gɛərɪəs] ADJ [*animal, tendency*] grégaire; [*person*] sociable • **man is ~** l'homme est un animal grégaire
gremlin* ['gremlɪn] N (*hum*) diablotin *m*
Grenada [grə'neɪ:da] N Grenade *f*
grenade [grɪ'neɪd] N grenade *f*
Grenadian [grə'neɪdɪən] **1** ADJ grenadin **2** N Grenadin(e) *m(f)*

g

grew [gruː] (VB) *pt of* **grow**

grey, gray (US) [greɪ] **1** (ADJ) **a** (*in colour*) gris • **dark ~** gris *inv* foncé *inv* • **light ~** gris *inv* clair *inv* • **pale ~** gris *inv* pâle *inv* • **he is totally ~** (*hair*) il a les cheveux complètement gris • **he is going ~** il grisonne • **~ skies** ciel *m* gris
b [*person, face, complexion*] blême • **to turn ~** blêmir
c (*fig*) (= *bleak*) [*time, world*] morne; [*outlook, prospect*] sombre; (= *boring*) [*person, image*] terne; [*city, town*] triste
d (= *of old people*) **the ~ vote** le vote des plus de 60 ans • **~ power** l'importance économique des plus de 60 ans
2 (N) (= *colour*) gris *m* • **dressed in ~** habillé en gris
3 (VI) [*hair*] grisonner • **~ing hair** cheveux *mpl* grisonnants • **he was ~ing at the temples** il avait les tempes grisonnantes
4 (COMP) ▸ **grey area** N zone *f* floue ▸ **grey-haired** ADJ grisonnant ▸ **grey market** N marché *m* gris ▸ **grey matter*** N (= *intelligence*) matière *f* grise ▸ **grey squirrel** N écureuil *m* gris, petit-gris *m* ▸ **grey vote** N vote *m* des seniors ▸ **grey water** N eaux *fpl* grises

Greyhound ['greɪhaʊnd] (N) Greyhound *mpl*

> **GREYHOUND**
> Les cars de tourisme de la compagnie **Greyhound** sillonnent tout le territoire des États-Unis et du Canada. Ce moyen de transport très répandu et peu coûteux perpétue symboliquement la tradition des grandes migrations américaines.

greyhound ['greɪhaʊnd] (N) lévrier *m* ▸ **greyhound racing** N courses *fpl* de lévriers

grid [grɪd] (N) grille *f* • **the national ~** le réseau électrique national

griddle ['grɪdl] (N) (= *metal plate*) gril *m* en fonte; (= *part of stove*) plaque *f* chauffante

gridiron ['grɪdaɪən] (N) (= *utensil*) gril *m*

gridlock ['grɪdlɒk] (N) (US) (*in traffic*) bouchon *m*; (*in talks*) impasse *f*

gridlocked ['grɪdlɒkt] (ADJ) [*road*] embouteillé; [*traffic*] bloqué; [*government, negotiations*] dans une impasse

grief [griːf] **1** (N) **a** (= *mental pain*) chagrin *m* • **good ~!*** mon Dieu ! • **to come to ~** [*vehicle, rider, driver*] avoir un accident; [*plan, marriage*] tourner mal **b** (= *trouble*)* ennuis *mpl* • **to give sb ~** faire de la peine à qn **2** (COMP) ▸ **grief-stricken** ADJ affligé

grievance ['griːvəns] (N) grief *m* • **to have a ~ against sb** avoir un grief contre qn

grieve [griːv] **1** (VT) peiner • **it ~s us to see ...** nous sommes peinés de voir ... **2** (VI) avoir de la peine (**at, about, over** à cause de) • **to ~ for sb/sth** pleurer qn/qch

grievous ['griːvəs] (ADJ) [*injury, error, injustice, wound*] grave; [*loss*] cruel; [*blow*] sévère; [*news*] affreux; [*crime, offence*] odieux ▸ **grievous bodily harm** N ≈ coups *mpl* et blessures *fpl*

grill [grɪl] **1** (N) **a** (= *cooking utensil*) gril *m*; (= *restaurant*) grill *m* • **brown it under the ~** faites-le dorer au gril **b** = **grille** **2** (VT) **a** (= *cook*) (faire) griller • **~ed fish** poisson *m* grillé **b** (= *interrogate*) cuisiner*

grille [grɪl] (N) (= *grating*) grille *f*; [*of door*] judas *m* • **radiator ~** [*of car*] calandre *f*

grim [grɪm] (ADJ) **a** [*place*] sinistre; [*news, situation*] mauvais • **things are looking pretty ~** les perspectives ne sont guère réjouissantes **b** [*person, face, expression*] (= *stern*) sévère; (= *worried*) sombre; [*smile*] amer; [*humour*] macabre; [*voice*] sombre • **to look ~** (= *angry*) avoir une mine sévère; (= *worried*) avoir une mine sombre • **with ~ determination** avec une volonté inflexible **c** (= *bad*)* nul* • **his singing's pretty ~** il chante comme une casserole • **to feel ~** (= *unwell*) ne pas être dans son assiette

grimace [grɪ'meɪs] **1** (N) grimace *f* **2** (VI) (*from disgust, pain*) grimacer • **he ~d at the taste/the sight of ...** il a fait une grimace en goûtant/voyant ...

grime [graɪm] (N) crasse *f*

grimly ['grɪmlɪ] (ADV) [*frown, look at, say*] d'un air sévère; [*continue, hold on*] avec détermination; [*fight, struggle*] farouchement • **~ determined** farouchement déterminé • **to smile ~** avoir un sourire amer

grimy ['graɪmɪ] (ADJ) crasseux

grin [grɪn] **1** (VI) sourire; (*broadly*) avoir un large sourire • **we must just ~ and bear it** il faut le prendre avec le sourire **2** (N) large sourire *m* • **take that stupid ~ off your face!** arrête de sourire bêtement !

grind [graɪnd] (*pret, ptp* **ground**) **1** (N) **a** (= *sound*) grincement *m*
b (= *dull hard work*)* boulot* *m* pénible • **the daily ~** le boulot* quotidien • **she found housework a ~** le ménage était une corvée pour elle
c (US = *swot*)* bûcheur* *m*, -euse* *f*
2 (VT) [+ *corn, coffee, pepper*] moudre; (US) [+ *meat*] hacher • **to ~ sth to a powder** réduire qch en poudre • **to ~ one's teeth** grincer des dents
3 (VI) **a** grincer • **to ~ to a halt** [*vehicle*] s'immobiliser dans un grincement de freins; [*process, production, negotiations*] s'enliser • **the traffic had ground to a halt** la circulation était paralysée
b (= *work hard*)* bûcher*
▸ **grind down** VT SEP **a** [+ *substance*] pulvériser **b** (= *oppress*) opprimer; (= *wear down*) [+ *one's opponents*] avoir à l'usure • **ground down by poverty** accablé par la misère
▸ **grind up** VT SEP pulvériser

grinder ['graɪndəʳ] (N) (= *apparatus*) broyeur *m*; (*for sharpening*) meule *f* à aiguiser

grindstone ['graɪndstəʊn] (N) meule *f* (à aiguiser) • **to keep sb's nose to the ~** faire travailler qn sans relâche • **to keep one's nose to the ~** travailler sans relâche

grip [grɪp] **1** (N) **a** poigne *f* • **he has a strong ~** il a une bonne poigne
▸ **to be in the grip of sth** **to be in the ~ of fear** être en proie à la peur • **the country is in the ~ of a recession/of a severe drought** le pays est en proie à la récession/à une sécheresse terrible
▸ **to lose one's grip** (*on object*) lâcher prise • **he lost his ~ on the rope** il a lâché la corde • **he's losing his ~*** (*on situation*) il perd un peu les pédales* • **I must be losing my ~!*** je ne fais que des bêtises ! • **to lose one's ~ on reality** perdre le sens de la réalité
▸ **to get a grip on sth** [+ *object*] empoigner qch • **to get a ~ on the situation** prendre la situation en main • **to get a ~ on o.s.*** se ressaisir • **get a ~ on yourself!*** ressaisis-toi !
b (= *handle*) poignée *f*; (*on racket*) prise *f* de raquette; (*on golf club, bat*) prise *f*
c (= *suitcase*) valise *f*; (US) (= *bag*) sac *m* de voyage
2 (NPL) **grips** **to get to ~s with a problem** s'attaquer à un problème • **we have never had to come to ~s with**

such a situation nous n'avons jamais été confrontés à pareille situation
3 (VT) ⓐ (*= grasp*) [*+ rope, sb's arm*] saisir; (*= hold*) tenir serré • **to ~ sb's hand** (*= grasp*) saisir la main de qn; (*= hold*) tenir la main de qn serrée • **to ~ the road** [*tyres*] adhérer à la chaussée • **the car ~s the road well** la voiture tient bien la route
ⓑ [*fear*] saisir • **~ped by terror** saisi de terreur
ⓒ (*= interest strongly*) [*film, story*] captiver • **a film that really ~s you** un film vraiment palpitant
4 (VI) [*wheels*] adhérer; [*screw, vice, brakes*] mordre

gripe* ['graɪp] (N) **his main ~ was that ...** son principal sujet de plainte était que ...

gripping ['grɪpɪŋ] (ADJ) (*= exciting*) palpitant

grisly ['grɪzlɪ] (ADJ) (*= gruesome*) sinistre; (*= terrifying*) horrible

grist [grɪst] (N) **it's all ~ to his mill** cela apporte de l'eau à son moulin

gristle ['grɪsl] (N) nerfs *m* (*surtout dans la viande cuite*)

gristly ['grɪslɪ] (ADJ) [*meat*] nerveux

grit [grɪt] 1 (N) ⓐ (*= gravel*) gravillon *m* • **I've got (a piece of) ~ in my eye** j'ai une poussière dans l'œil ⓑ (*= courage*)* cran* *m* • **he's got ~** il a du cran* 2 (VT) ⓐ **to ~ one's teeth** serrer les dents ⓑ **to ~ a road** sabler une route

gritty ['grɪtɪ] (ADJ) ⓐ (*= stony, grainy*) [*soil*] graveleux; [*texture*] grumeleux ⓑ (*= courageous*) [*person, determination*]* solide ⓒ [*realism*] cru; [*film, drama, account*] réaliste

grizzle ['grɪzl] (VI) (*Brit*) (*= whine*) pleurnicher; (*= complain*) ronchonner*

grizzly ['grɪzlɪ] (N) (*also* **grizzly bear**) grizzly *m*

groan [grəʊn] 1 (N) [*of pain*] gémissement *m*; [*of disapproval, dismay*] grognement *m* • **this news was greeted with ~s** cette nouvelle a été accueillie par des murmures désapprobateurs 2 (VI) ⓐ (*in pain*) gémir (**with** de); (*in disapproval, dismay*) grommeler ⓑ [*planks, door*] grincer 3 (VT) (*in pain*) dire en gémissant; (*in disapproval, dismay*) dire en grommelant

grocer ['grəʊsəʳ] (N) épicier *m*, -ière *f* • **at the ~'s** à l'épicerie

grocery ['grəʊsərɪ] 1 (N) (*= shop*) épicerie *f* 2 (NPL) **groceries** épicerie *f* • **I spent £25 on groceries** j'ai dépensé 25 livres en épicerie

groggy* ['grɒgɪ] (ADJ) [*person*] (*= weak*) faible; (*= unsteady*) groggy*; [*voice*] faible

groin [grɔɪn] (N) aine *f*

groom [gru:m] 1 (N) ⓐ (*for horses*) palefrenier *m* ⓑ (*= bridegroom*) (*just married*) (jeune) marié *m*; (*about to be married*) (futur) marié *m* 2 (VT) [*+ horse*] panser • **the cat was ~ing itself** le chat faisait sa toilette • **to ~ o.s.** [*person*] s'arranger • **well-~ed** [*person*] très soigné; [*hair*] bien coiffé • **she is being ~ed for stardom** on la prépare à devenir une star • **he is ~ing him as his successor** il en a fait son poulain

grooming ['gru:mɪŋ] (N) ⓐ (*= care*) soins *mpl* de beauté • **~ products** produits *mpl* de toilette *or* de beauté ⓑ [*of dog*] toilettage *m*; [*of horse*] pansage *m*; [*of candidate*] préparation *f*; (*Internet*) [*of child*] mise *f* en confiance (*pour en abuser sexuellement*)

groove [gru:v] 1 (N) (*in wood*) rainure *f*; (*in record*) sillon *m* 2 (VI) (*= dance*)* danser • **to ~ to the music** danser au rythme de la musique

groovy* ['gru:vɪ] (ADJ) vachement bien*

grope [grəʊp] 1 (VI) tâtonner • **to ~ around for sth** (*in a room*) chercher qch à tâtons • **I ~d around in my bag for the keys** j'ai fouillé dans mon sac pour trouver les clés
2 (VT) ⓐ **to ~ one's way towards** avancer à tâtons vers • **to ~ one's way in/out** entrer/sortir à tâtons ⓑ (*= touch sexually*)* peloter* 3 (N) (*sexual*) **to have a ~*** [*couple*] se peloter*

gross [grəʊs] 1 (ADJ) ⓐ [*injustice*] flagrant; [*inequalities, abuse, violation*] choquant; [*exaggeration, mismanagement*] manifeste; [*simplification*] grossier; [*error*] énorme ⓑ (*= disgusting*)* dégoûtant ⓒ [*income, profit, weight*] brut • **she earns $30,000 ~ per annum** elle gagne 30 000 dollars brut par an 2 (COMP) ▸ **gross domestic product** N produit *m* intérieur brut ▸ **gross indecency** N outrage *m* à la pudeur ▸ **gross misconduct** N faute *f* grave ▸ **gross national product** N produit *m* national brut ▸ **gross negligence** N (*in law*) ≈ faute *f* grave

grossly ['grəʊslɪ] (ADV) [*exaggerate, overestimate, underestimate*] grossièrement; [*overpaid, underpaid*] nettement; [*inadequate*] [*inaccurate*] totalement; [*misleading, inefficient, irresponsible*] terriblement • **~ unfair** d'une injustice flagrante

grotesque [grəʊ'tesk] (ADJ) grotesque; [*appearance*] monstrueux; [*sight, spectacle*] choquant

grotto ['grɒtəʊ] (N) grotte *f*

grotty* ['grɒtɪ] (ADJ) (*Brit*) [*clothes*] cradingue*; [*place, food*] minable* • **to feel ~** (*= unwell*) être mal fichu*

grouch* [graʊtʃ] 1 (VI) râler* 2 (N) (*= person*) râleur* *m*, -euse* *f* • **his main ~ is that ...** (*= complaint*) il râle* surtout parce que ...

grouchy* ['graʊtʃɪ] (ADJ) ronchon*

ground[1] [graʊnd] 1 (N) ⓐ **the ~** la terre, le sol • **above ~** en surface • **below ~** sous terre • **to fall to the ~** tomber par terre • **burnt to the ~** réduit en cendres • **to lie/sit on the ~** se coucher/s'asseoir par terre • **to have one's feet firmly on the ~** avoir les pieds sur terre • **to get off the ~** [*plane*] décoller; [*scheme*] démarrer • **to get sth off the ~** (faire) démarrer qch • **that suits me down to the ~*** ça me va tout à fait • **to run a car into the ~** user une voiture jusqu'à ce qu'elle soit bonne pour la casse • **to run a business into the ~** laisser péricliter une entreprise • **to run sb into the ~** épuiser qn • **to run o.s. into the ~ with work** s'épuiser au travail
ⓑ (*= piece of land*) terrain *m*; (*= soil*) terre *f*, terrain *m* • **stony ~** terrain *m* caillouteux • **neutral ~** terrain *m* neutre • **to meet sb on his own ~** affronter qn sur son propre terrain • **to be on dangerous ~** être sur un terrain glissant • **on familiar ~** en terrain familier • **to stand one's ~** tenir bon • **to lose ~** perdre du terrain; [*party, politician*] être en perte de vitesse • **to clear the ~** déblayer le terrain
ⓒ (*= area for special purpose*) terrain *m* • **football ~** terrain *m* de football
ⓓ (*US Elec*) terre *f*
2 (NPL) **grounds** ⓐ (*= coffee grounds*) marc *m* (de café)
ⓑ (*= gardens*) parc *m*
ⓒ (*= reason*) motif *m* • **~s for divorce/dismissal** motifs *mpl* de divorce/licenciement • **~s for complaint** grief *m* • **there are ~s for believing that ...** il y a lieu de penser que ... • **the situation gives ~s for anxiety** la situation est préoccupante • **the latest figures give us ~s for optimism** les derniers chiffres nous permettent d'être optimistes • **on personal/medical ~s** pour (des) raisons

personnelles/médicales • **on what ~s?** à quel titre ? • **on the ~s of** pour raison de • **on the ~s that ...** en raison du fait que ...

3 (VT) ⓐ [*+ plane, pilot*] interdire de voler à; (*= keep on ground*) retenir au sol

ⓑ [*+ teenager*]* priver de sortie

ⓒ [*+ ship*] faire s'échouer • **the tanker was ~ed on the rocks** le pétrolier s'était échoué sur les rochers

ⓓ (*US Elec*) mettre à la terre

ⓔ (*= base*) fonder (**on, in** sur) • **her argument was ~ed in fact** son argument était fondé sur des faits

4 (COMP) ▸**ground attack** N offensive *f* terrestre ▸**ground control** N contrôle *m* au sol ▸**ground crew** N équipe *f* au sol ▸**ground floor** N rez-de-chaussée *m* ▸**ground-floor** ADJ [*flat, room*] au rez-de-chaussée; [*window*] du rez-de-chaussée ▸**ground forces** NPL forces *fpl* terrestres ▸**ground frost** N gelée *f* blanche ▸**ground level** N **at ~ level** au niveau du sol ▸**ground rules** NPL procédure *f* • **we can't change the ~ rules at this stage** on ne peut pas changer les règles du jeu maintenant ▸**ground staff** N personnel *m* au sol ▸**ground troops** NPL armée *f* de terre ▸**ground zero** N [*of nuclear explosion*] point *m* de radiation maximum au sol ▸**Ground Zero** N (*in US*) Ground Zero *m*

ground² [graʊnd] 1 (VB) *pt, ptp of* **grind** 2 (ADJ) [*coffee, spices*] moulu 3 (COMP) ▸**ground beef** N (*US*) bœuf *m* haché

groundbreaking ['graʊndbreɪkɪŋ] (ADJ) révolutionnaire

groundhog ['graʊndhɒg] (N) (*US*) marmotte *f* d'Amérique

> **GROUNDHOG DAY**
> **Groundhog Day** est une tradition américaine selon laquelle on peut prédire l'arrivée du printemps en observant le comportement de la marmotte d'Amérique, censée sortir de son hibernation le 2 février. Si le soleil brille ce jour-là, la marmotte est tellement effrayée par son ombre qu'elle prolonge son hibernation de six semaines, ce qui signifie que l'hiver se prolongera d'autant. La sortie de la marmotte est filmée chaque année à Punxsutawney, en Pennsylvanie, et l'événement est diffusé à l'échelle nationale.

grounding ['graʊndɪŋ] (N) (*= basic knowledge*) bases *fpl* (**in** en) • **she had a good ~ in French** elle avait de bonnes bases en français

groundless ['graʊndlɪs] (ADJ) sans fondement

groundnut ['graʊndnʌt] (N) arachide *f* ▸**groundnut oil** N huile *f* d'arachide

groundsheet ['graʊndʃiːt] (N) tapis *m* de sol

groundsman ['graʊndzmən] (*pl* **-men**) (N) [*of playing field*] gardien *m* (de stade)

groundswell ['graʊndswel] (N) lame *f* de fond

groundwork ['graʊndwɜːk] (N) travail *m* préparatoire

group [gruːp] 1 (N) groupe *m* • **to stand in ~s** former des petits groupes • **to form a ~ round sth/sb** se rassembler autour de qch/qn

2 (VI) [*people*] se regrouper • **to ~ round sth/sb** se rassembler autour de qch/qn

3 (VT) [*+ objects, people*] rassembler; [*+ ideas, theories, numbers*] regrouper • **the children ~ed themselves around the teacher** les enfants se sont groupés autour du professeur • **pupils are ~ed according to age and ability** les élèves sont répartis en groupes en fonction de leur âge et de leurs aptitudes

4 (COMP) ▸**group booking** N réservation *f* de groupe ▸**group chat** N (*Internet*) discussion *f* de groupe ▸**group therapy** N thérapie *f* de groupe

groupie* ['gruːpɪ] (N) groupie* *mf*

grouping ['gruːpɪŋ] (N) groupement *m*

groupware ['gruːpwɛəʳ] (N) (*Comput*) collecticiel *m*, groupware *m* ▸**groupware package** N logiciel *m* de productivité de groupe

grouse [graʊs] (N) (*pl* **grouse**) (*= bird*) grouse *f*

grove [grəʊv] (N) bosquet *m* • **an olive ~** une oliveraie

grovel ['grɒvl] (VI) (*= humble oneself*) ramper (**to, before** devant)

grow [grəʊ] (*pret* **grew**, *ptp* **grown**) 1 (VI) ⓐ [*plant, hair*] pousser; [*person, animal*] grandir; [*tumour*] grossir • **she's letting her hair ~** elle se laisse pousser les cheveux • **to ~ to a height of 60cm** atteindre 60 cm de haut • **he has ~n 5cm** il a grandi de 5 cm • **haven't you ~n!** comme tu as grandi !

ⓑ [*numbers, population, fear, love*] augmenter; [*club, group*] s'agrandir; [*economy, market*] être en expansion • **their friendship grew as time went on** leur amitié a grandi avec le temps • **fears are ~ing for the safety of the hostages** on craint de plus en plus pour la sécurité des otages • **pressure is ~ing on him to resign** on fait de plus en plus pression sur lui pour qu'il démissionne • **their policies kept the economy ~ing** grâce à leur politique, la croissance de l'économie s'est maintenue • **the economy/market is ~ing at 3% a year** l'économie/le marché connaît une croissance de 3 % par an • **the population is ~ing at 2% a year** la population augmente de 2 % par an

▸ **to grow in** + *noun* **to ~ in popularity** gagner en popularité • **to ~ in confidence** prendre de l'assurance • **to ~ in strength** se renforcer

▸ **to grow to do sth** commencer à faire qch • **to ~ to like/dislike/fear sth** commencer à aimer/détester/redouter qch • **I had ~n to like him** j'avais fini par l'apprécier

▸ **to grow** + *adjective* **to ~ big(ger)** grandir • **to ~ old(er)** vieillir • **to ~ angry** se mettre en colère • **to ~ rare(r)** se faire (plus) rare • **to ~ used to sth** s'habituer à qch

2 (VT) [*+ plants, crops*] cultiver; [*+ one's hair, beard, nails*] laisser pousser • **organically-~n vegetables** légumes *mpl* biologiques • **she has ~n her hair** elle s'est laissé pousser les cheveux

3 (COMP) ▸**grow bag** N *sac contenant du terreau enrichi où l'on peut faire pousser directement des plantes*

▸ **grow apart** VI s'éloigner peu à peu

▸ **grow into** VT INSEP ⓐ (*= become*) devenir • **he's ~n into quite a handsome boy** il est devenu très beau garçon (en grandissant) ⓑ **that suit is too big for you but you'll ~ into it** le costume est trop grand pour toi mais il t'ira quand tu auras grandi • **he grew into the job** peu à peu, il a appris les ficelles du métier • **to ~ into the habit of doing sth** prendre (avec le temps) l'habitude de faire qch

▸ **grow on** VT INSEP **his paintings ~ on you** plus on regarde ses tableaux, plus on les apprécie

▸ **grow out of** VT INSEP **he's ~n out of this jacket** cette veste est devenue trop petite pour lui • **to ~ out of the habit of doing sth** perdre l'habitude de faire qch

▸ **grow up** VI ⓐ [*person, animal*] devenir adulte • **when I ~ up I'm going to be a doctor** quand je serai grand je serai médecin • **~ up!*** arrête tes enfantillages ! ⓑ [*friendship, hatred*] se développer; [*custom*] se répandre

grower ['grəʊəʳ] (N) (= *person*) producteur *m*, -trice *f* • **vegetable ~** maraîcher *m*, -ère *f*

growing ['grəʊɪŋ] 1 (ADJ) ⓐ [*child*] en pleine croissance • **he's a ~ boy** il est en pleine croissance ⓑ [*number, friendship, hatred*] grandissant • **a ~ feeling of frustration** un sentiment croissant de frustration 2 (COMP) ▸ **growing pains*** NPL crise *f* de croissance ▸ **growing season** N (*Agric*) période *f* de croissance

growl [graʊl] 1 (VI) [*animal*] grogner (**at** contre); [*person*] ronchonner* 2 (N) grognement *m*

grown [grəʊn] 1 (VB) *ptp of* **grow** 2 (ADJ) **he's a ~ man** il est adulte

grown-up [,grəʊn'ʌp] 1 (ADJ) ⓐ (= *adult*) [*children*] adulte • **when he is ~** quand il sera grand ⓑ (= *mature*) [*child, adolescent*] mûr; [*behaviour*] de grande personne • **your brother's very ~ for his age** ton frère est très mûr pour son âge • **you think you're so ~!** tu te prends pour une grande personne ! • **she looks very ~** elle fait très adulte • **try to be more ~ about it** essaie d'être un peu plus adulte 2 (N) grande personne *f*, adulte *mf*

growth [grəʊθ] 1 (N) ⓐ (= *act of growing*) croissance *f* ⓑ (= *tumour*) tumeur *f* 2 (COMP) ▸ **growth area** N (= *sector of economy*) secteur *m* en expansion; (= *region*) région *f* en expansion ▸ **growth rate** N taux *m* de croissance

grub [grʌb] (N) ⓐ (= *larva*) larve *f*; (*in apple*) ver *m* ⓑ (= *food*)‡ bouffe‡ *f* • **~'s up!** à la soupe !*

grubby ['grʌbɪ] (ADJ) sale

grudge [grʌdʒ] 1 (VT) **to ~ doing sth** faire qch à contrecœur • **she ~s paying £20 a ticket** cela lui fait mal au cœur de payer 20 livres le billet • **I won't ~ you $5** je ne vais pas te refuser 5 dollars 2 (N) rancune *f* • **to bear a ~ against sb** en vouloir à qn 3 (COMP) ▸ **grudge match*** N (*pl* **grudge matches**) règlement *m* de comptes

grudging ['grʌdʒɪŋ] (ADJ) [*consent, approval, support*] réticent; [*apology, praise*] fait à contrecœur • **he won their ~ admiration/respect** ils ont fini par l'admirer/le respecter malgré eux • **to be ~ in one's support for sth** apporter un soutien réticent à qch

grudgingly ['grʌdʒɪŋlɪ] (ADV) à contrecœur

gruelling, grueling (*US*) ['grʊəlɪŋ] (ADJ) éreintant

gruesome ['gru:səm] (ADJ) horrible

gruff [grʌf] (ADJ) bourru

gruffly ['grʌflɪ] (ADV) [*say*] d'un ton bourru

grumble ['grʌmbl] 1 (VI) [*person*] ronchonner* (**at, about** contre) • **oh, stop grumbling!** oh, arrête de ronchonner !* 2 (N) ronchonnement* *m* • **to do sth without a ~** faire qch sans ronchonner*

grumpy ['grʌmpɪ] (ADJ) grognon*

grunge [grʌndʒ] (N) grunge *m*

grungy* ['grʌndʒɪ] (ADJ) crado‡ *inv*

grunt [grʌnt] 1 (VTI) grogner • **to ~ a reply** grogner une réponse • **"no," he ~ed** « non » grommela-t-il 2 (N) grognement *m*

GSM [,dʒi:es'em] (N) (ABBR OF **Global System for Mobile Communications**) GSM *m*

Gt (ADJ) (ABBR OF **Great**) **Gt Britain** la Grande-Bretagne • **Gt Yarmouth** Great Yarmouth

guacamole [,gwɑ:kə'məʊlɪ] (N) guacamole *m*

Guadeloupe [,gwɑ:də'lu:p] (N) Guadeloupe *f*

guarantee [,gærən'ti:] 1 (N) garantie *f* • **to be under ~** être sous garantie • **there is a year's ~ on this watch** cette montre est garantie un an • **"money-back ~ with all items"** « remboursement garanti sur tous les articles » • **you have my ~ that ...** je vous garantis que ... • **there's no ~ that it will happen** il n'est pas garanti que cela arrivera • **there's no ~ that it actually happened** il n'est pas certain que cela soit arrivé

2 (VT) garantir • **I ~ that it won't happen again** je vous garantis que cela ne se reproduira pas • **I can't ~ that he will come** je ne peux pas garantir qu'il viendra

> ✎ **garantie** is not spelt with a **u** like the English word **guarantee** and ends in **-ie** instead of **-ee**.

guarantor [,gærən'tɔ:ʳ] (N) garant(e) *m(f)*

guard [gɑ:d] 1 (N) ⓐ (= *act of guarding*) garde *f* • **to put a ~ on sb/sth** faire surveiller qn/qch • **to come off ~** finir son tour de garde • **to be on ~** être de garde • **to go on ~** prendre son tour de garde • **to stand ~** être de garde • **to stand ~ on** (*against attack*) garder; (*against theft, escape*) surveiller • **to stand ~ over sb/sth** monter la garde auprès de qn/qch • **to be under ~** être sous bonne garde • **to keep sb under ~** garder qn sous surveillance • **he was taken under ~ to ...** il a été emmené sous escorte à ...

ⓑ (*Boxing, Fencing*) garde *f*

ⓒ (= *wariness*) **to be on one's ~** se méfier (**against** de), se tenir sur ses gardes (**against** contre) • **to put sb on his ~** mettre qn en garde (**against** contre) • **to be off one's ~** ne pas être sur ses gardes • **to catch sb off ~** prendre qn au dépourvu • **to put sb off his ~** tromper la vigilance de qn

ⓓ (= *person*) (*in prison*) gardien(ne) *m(f)*; (*in army*) garde *f* • **to change (the) ~** faire la relève de la garde

ⓔ (*Brit*) (*on train*) chef *m* de train

2 (VT) (*against attack*) garder (**from, against** contre); (*against theft, escape*) surveiller • **the frontier is heavily ~ed** la frontière est solidement gardée • **the dog ~ed the house** le chien gardait la maison • **~ it with your life!** veillez bien dessus ! • **to ~ o.s. against sth** se prémunir contre qch • **a closely ~ed secret** un secret bien gardé

3 (COMP) ▸ **guard dog** N chien *m* de garde ▸ **guard duty** N **to be on ~ duty** être de garde ▸ **guard of honour** N garde *f* d'honneur ▸ **guard's van** N (*Brit*) fourgon *m*

▸ **guard against** VT INSEP se protéger contre • **to ~ against doing sth** (bien) se garder de faire qch • **in order to ~ against this** pour éviter cela • **we must try to ~ against this happening again** nous devons essayer d'empêcher que cela ne se reproduise

guarded ['gɑ:dɪd] (ADJ) [*response, remark, optimism*] prudent; [*support, smile*] réservé • **he is ~ about his intentions** il ne dit rien sur ses intentions • **to give a ~ welcome to sth** accueillir qch avec circonspection

guardedly ['gɑ:dɪdlɪ] (ADV) **~ optimistic** d'un optimisme prudent

guardian ['gɑ:dɪən] 1 (N) ⓐ gardien(ne) *m(f)* ⓑ [*of minor*] tuteur *m*, -trice *f* 2 (COMP) ▸ **guardian angel** N ange *m* gardien

> ✎ **gardien** is not spelt with a **u** like the English word **guardian** and ends in **-ien** instead of **-ian**.

guardianship ['gɑːdɪənʃɪp] (N) *(in law)* tutelle *f*
guardrail ['gɑːdreɪl] (N) *[of staircase]* rampe *f*; *[of balcony]* balustrade *f*; *[of road]* glissière *f* de sécurité
guardsman ['gɑːdzmən] (N) *(pl* **-men***)* garde *m*
Guatemala [,gwɑːtɪ'mɑːlə] (N) Guatemala *m*
Guatemalan [,gwɑːtɪ'mɑːlən] 1 (ADJ) guatémaltèque 2 (N) Guatémaltèque *mf*
guava ['gwɑːvə] (N) *(= fruit)* goyave *f*; *(= tree)* goyavier *m*
gubernatorial [,guːbənə'tɔːrɪəl] (ADJ) *(esp US)* de *or* du gouverneur
Guernsey ['gɜːnzɪ] (N) Guernesey *f* • **in ~** à Guernesey
guerrilla [gə'rɪlə] 1 (N) guérillero *m* 2 (COMP) *[tactics]* de guérilla ▸ **guerrilla warfare** N guérilla *f*

> The French words **guérilla** and **guérillero** contain one **r** whereas the English words contain two.

guess [ges] 1 (N) supposition *f* • **to have a ~ (at sth)** essayer de deviner (qch) • **he made a wild ~** il a lancé une réponse au hasard • **three ~es!** essaie de deviner! • **that was a good ~!** tu as deviné juste! • **that was a good ~ but ...** c'est une bonne idée, mais ... • **how did you know? — it was just a lucky ~** comment as-tu deviné ? — j'ai dit ça au hasard • **my ~ is that he refused** d'après moi, il a refusé • **it's anyone's ~ who will win*** impossible de prévoir qui va gagner • **will he come tomorrow? — it's anyone's ~*** viendra-t-il demain ? — qui sait ? • **at a ~ I would say there were 200** à vue de nez, il y en avait 200 • **at a rough ~** à vue de nez • **an educated ~** une supposition éclairée • **your ~ is as good as mine!*** je n'en sais pas plus que toi !
2 (VT) **a** *[+ answer, name]* deviner; *(= estimate)* *[+ height, numbers]* évaluer; *(= surmise)* supposer • **to ~ sb's age** deviner l'âge de qn • **you've ~ed it!** tu as deviné ! • **I ~ed as much** je m'en doutais • **I ~ed he was about 20** je lui donnais à peu près 20 ans • **~ how heavy he is** devine combien il pèse • **can you ~ what it means?** devine ce que ça veut dire • **~ what!*** tu sais quoi ? • **~ who!*** devine qui c'est ! • **you'll never ~ who's coming to see us!** tu ne devineras jamais qui va venir nous voir !
b *(= think)* supposer • **he'll be about 40 I ~** je lui donnerais la quarantaine • **I ~ she's decided not to come** je suppose qu'elle a décidé de ne pas venir • **I ~ so** je suppose • **I ~ not** non
3 (VI) deviner • **~!** essaie de deviner!, devine un peu ! • **you'll never ~!** tu ne devineras jamais ! • **to ~ right** deviner juste • **to ~ wrong** tomber à côté • **to keep sb ~ing** laisser qn dans le doute
4 (COMP) ▸ **guessing game** N **to play a ~ing game** jouer aux devinettes
guesstimate* ['gestɪmɪt] (N) estimation *f* approximative
guesswork ['geswɜːk] (N) conjecture *f* • **it was sheer ~** ce n'étaient que des conjectures • **by ~** en devinant
guest [gest] (N) *(at home)* invité(e) *m(f)*; *(at table)* convive *mf*; *(in hotel)* client(e) *m(f)*; *(in boarding house)* pensionnaire *mf*; *(on TV, radio show)* invité(e) *m(f)* • **~ of honour** invité(e) *m(f)* d'honneur • **be my ~!*** je vous en prie ! ▸ **guest appearance** N **to make a ~ appearance on sb's show** être invité sur le plateau de qn ▸ **guest artist** N invité(e) *m(f)* spécial(e) ▸ **guest book** N livre *m* d'or ▸ **guest list** N liste *f* des invités ▸ **guest room** N chambre *f* d'amis ▸ **guest speaker** N conférencier *m*, -ière *f* *(invité(e) par un club, une organisation)*
guesthouse ['gesthaʊs] (N) *(Brit)* pension *f* de famille
guffaw [gʌ'fɔː] (VI) s'esclaffer
Guiana [gaɪ'ænə] (N) Guyanes *fpl*
guidance ['gaɪdəns] (N) conseils *mpl* • **he needs some ~ about how to go about it** il a besoin de conseils quant à la façon de procéder • **for your ~** à titre d'information ▸ **guidance counselor** N *(US)* conseiller *m*, -ère *f* d'orientation
guide [gaɪd] 1 (N) **a** guide *m* • **this figure is only a ~** ce chiffre n'est donné qu'à titre indicatif • **last year's figures will be a good ~** les statistiques de l'année dernière serviront d'indication générale • **these results are not a very good ~ as to his ability** ces résultats ne reflètent pas vraiment ses compétences • **as a rough ~, count four apples to the pound** comptez en gros quatre pommes par livre
b *(Brit)* *(= girl guide)* éclaireuse *f*; *(Catholic)* guide *f*
2 (VT) guider • **to be ~d by sb/sth** se laisser guider par qn/qch
3 (COMP) ▸ **guide dog** N chien *m* d'aveugle
guidebook ['gaɪdbʊk] (N) guide *m* (touristique)
guided ['gaɪdɪd] (ADJ) *[rocket, missile]* téléguidé ▸ **guided tour** N visite *f* guidée
guideline ['gaɪdlaɪn] (N) **a** *(= rough guide)* indication *f*; *(= advice)* conseil *m* • **an IQ test is merely a ~** un test de QI n'a qu'une valeur indicative • **follow these simple ~s for a healthy diet** pour vous alimenter sainement, il suffit de suivre ces conseils **b** *(= official directive)* directive *f* • **safety/health ~s** directives *fpl* concernant la sécurité/santé
guiding ['gaɪdɪŋ] (ADJ) *[idea, principle]* directeur (-trice *f*) • **he is the ~ force behind these reforms** il est le moteur de ces réformes
guild [gɪld] (N) **a** *(Hist)* guilde *f* • **goldsmiths' ~** guilde *f* des orfèvres **b** association *f* • **the church ~** le conseil paroissial • **women's ~** association *f* féminine
guile [gaɪl] (N) *(= deceit)* duplicité *f*; *(= cunning)* ruse *f*
guileless ['gaɪllɪs] (ADJ) candide
guillotine [,gɪlə'tiːn] 1 (N) *(for beheading)* guillotine *f*; *(for paper-cutting)* massicot *m* 2 (VT) *[+ person]* guillotiner; *[+ paper]* massicoter
guilt [gɪlt] (N) culpabilité *f*
guilty ['gɪltɪ] (ADJ) coupable • **to be found ~/not ~ (of sth)** être déclaré coupable/non coupable (de qch) • **to plead ~/not ~ (to sth)** plaider coupable/non coupable (de qch) • **how do you plead? ~ or not ~?** plaidez-vous coupable ou non coupable ? • **a verdict of ~/not ~** un verdict de culpabilité/d'acquittement • **he had a ~ look on his face** il avait une expression coupable • **to feel ~** culpabiliser • **to make sb feel ~** culpabiliser qn • **to feel ~ about sth** se sentir coupable de qch • **I felt ~ that I had not thanked her** je culpabilisais de ne pas l'avoir remerciée ▸ **guilty conscience** N mauvaise conscience *f* • **I have a ~ conscience about not writing** j'ai mauvaise conscience de ne pas avoir écrit ▸ **the guilty party** N le coupable
Guinea ['gɪnɪ] (N) Guinée *f* ▸ **Guinea-Bissau** N Guinée-Bissau *f* ▸ **guinea-fowl** N *(pl inv)* pintade *f* ▸ **guinea-pig** N cochon *m* d'Inde; *(fig)* cobaye *m*
guise [gaɪz] (N) **in a new ~** sous une autre forme • **under the ~ of scientific research** sous couvert de recherche scientifique • **under the ~ of doing sth** sous prétexte de faire qch

guitar [gɪ'tɑːʳ] (N) guitare *f*

> The French word **guitare** ends in **-e**.

guitarist [gɪ'tɑːrɪst] (N) guitariste *mf*

gulf [gʌlf] 1 (N) ⓐ (*in ocean*) golfe *m* • **the Persian Gulf** le golfe Persique ⓑ (= *abyss*) gouffre *m* 2 (COMP) ▸ **the Gulf of Mexico** N le golfe du Mexique ▸ **the Gulf States** NPL (*Middle East*) les États *mpl* du Golfe; (*in US*) les États *mpl* du golfe du Mexique ▸ **the Gulf Stream** N le Gulf Stream ▸ **the Gulf War** N la guerre du Golfe

gull [gʌl] (N) goéland *m*, mouette *f*

gullet ['gʌlɪt] (N) (= *throat*) gosier *m* • **it really stuck in my ~** ça m'est resté en travers de la gorge*

gullible ['gʌlɪbl] (ADJ) crédule

gully ['gʌlɪ] (N) ⓐ (= *ravine*) ravine *f* ⓑ (= *drain*) caniveau *m*

gulp [gʌlp] 1 (N) ⓐ (= *action*) **to swallow sth in one ~** avaler qch d'un seul coup • **he emptied the glass in one ~** il a vidé le verre d'un (seul) trait • **"yes," he replied with a ~** « oui » répondit-il la gorge serrée ⓑ (= *mouthful*) [*of food*] bouchée *f*; [*of drink*] gorgée *f* • **he took a ~ of milk** il a avalé une gorgée de lait 2 (VT) [+ *food*] engloutir; [+ *drink*] avaler d'un trait • **don't ~ your food** mâche ce que tu manges 3 (VI) essayer d'avaler; (*from emotion*) avoir un serrement à la gorge • **he ~ed** sa gorge s'est serrée

gum [gʌm] 1 (N) ⓐ (*in mouth*) gencive *f* ⓑ (= *glue*) colle *f* ⓒ (= *chewing gum*) chewing-gum *m* 2 (VT) (= *put gum on*) gommer; (= *stick*) coller (**to** à) • **~med envelope/label** enveloppe *f*/étiquette *f* gommée 3 (COMP) ▸ **gum disease** N gingivite *f* ▸ **gum shield** protège-dents *m*

gumdrop ['gʌmdrɒp] (N) boule *f* de gomme

gumption* ['gʌmpʃən] (N) jugeote* *f* • **use your ~!** un peu de jugeote !* • **he's got a lot of ~** il a de la jugeote*

gun [gʌn] 1 (N) arme *f* à feu; (= *handgun*) revolver *m*; (= *rifle*) fusil *m*; (= *cannon*) canon *m* • **he's got a ~!** il est armé ! • **the thief was carrying a ~** le voleur était armé • **to be going great ~s*** [*business*] marcher très fort*; [*person*] être en pleine forme • **he's the fastest ~ in the West** c'est la meilleure gâchette de l'Ouest • **to stick to one's ~s** camper sur ses positions 2 (NPL) **guns*** (= *biceps*) biscoteaux* *mpl* 3 (COMP) ▸ **gun crime** N crimes *mpl* commis avec une arme à feu ▸ **gun dog** N chien *m* de chasse ▸ **the gun laws** NPL (*US*) les lois *fpl* sur le port d'armes ▸ **gun licence, gun license** (*US*) N permis *m* de port d'armes

▸ **gun down** VT SEP abattre

> **GUN CONTROL**
>
> Aux États-Unis, la réglementation du port d'armes est un sujet très controversé. La montée de la violence préoccupe de nombreux Américains mais le droit pour tous les citoyens de détenir des armes à feu est inscrit dans la constitution et certains lobbies encouragent fortement la pratique de l'autodéfense.

gunboat ['gʌnbəʊt] (N) canonnière *f* ▸ **gunboat diplomacy** N politique *f* de la canonnière

gunfight ['gʌnfaɪt] (N) échange *m* de coups de feu

gunfire [gʌnfaɪəʳ] (N) [*of rifles*] coups *mpl* de feu; [*of cannons*] tir *m* d'artillerie

gunge* [gʌndʒ] (N) (*Brit*) substance *f* gluante

gunk* [gʌŋk] (N) substance *f* gluante

gunman ['gʌnmən] (N) (*pl* **-men**) bandit *m* armé; (= *terrorist*) terroriste *m*

gunpoint ['gʌnpɔɪnt] (N) **to hold sb at ~** tenir qn sous la menace d'une arme • **he did it at ~** il l'a fait sous la menace d'une arme

gunpowder ['gʌnpaʊdəʳ] (N) poudre *f* à canon • **the Gunpowder Plot** (*Brit Hist*) la Conspiration des poudres

gunship ['gʌnʃɪp] (N) (*also* **helicopter gunship**) hélicoptère *m* de combat

gunshot ['gʌnʃɒt] (N) (= *sound*) coup *m* de feu ▸ **gunshot wound** N blessure *f* par balle

gunsmith ['gʌnsmɪθ] (N) armurier *m*

gurgle ['gɜːgl] 1 (N) [*of water*] gargouillis *m*; [*of baby*] gazouillis *m* 2 (VI) [*water*] gargouiller; [*stream*] murmurer; [*baby*] gazouiller

gurney ['gɜːnɪ] (N) (*US*) lit *m* à roulettes

guru ['gʊruː] (N) gourou *m*

gush [gʌʃ] (VI) jaillir • **to ~ in/out/through** [*water*] entrer/sortir/traverser en bouillonnant

gushing ['gʌʃɪŋ] (ADJ) [*water*] jaillissant; [*person, enthusiasm, welcome*] trop exubérant

gust [gʌst] (N) [*of wind*] rafale *f* • **the wind was blowing in ~s** le vent soufflait en rafales • **~s of 100km/h** des rafales de 100 km/h

gusto ['gʌstəʊ] (N) enthousiasme *m* • **with ~** avec brio

gusty ['gʌstɪ] (ADJ) [*weather*] venteux • **a ~ day** un jour de grand vent • **~ wind** du vent en rafales

gut [gʌt] 1 (N) intestin *m* • **to work one's ~s out**‡ se crever* au travail • **I hate his ~s**‡ je ne peux pas le blairer‡ 2 (NPL) **guts*** (= *courage*) cran* *m* • **he's got ~s** il a du cran* • **he's got no ~s** il n'a rien dans le ventre* • **it takes a lot of ~s to do that** il faut beaucoup de cran* pour faire ça 3 (ADJ) **a ~ reaction** une réaction instinctive • **I've got a ~ feeling about it** je le sens au fond de moi-même • **my ~ feeling is that ...** instinctivement, je sens que ... 4 (VT) [+ *animal, fish*] vider • **the house was ~ted by fire** le feu n'a laissé que les quatre murs de la maison 5 (COMP) ▸ **gut-wrenching** ADJ abominable

gutsy* ['gʌtsɪ] (ADJ) (= *plucky*) courageux

gutted‡ ['gʌtɪd] (ADJ) (*Brit* = *disappointed*) écœuré

gutter ['gʌtəʳ] (N) [*of roof*] gouttière *f*; [*of road*] caniveau *m* • **the ~ press** la presse à scandales

guttural ['gʌtərəl] (ADJ) guttural

guy [gaɪ] (N) ⓐ (= *man*)* mec* *m* • **the good/bad ~s** les bons *mpl*/les méchants *mpl* • **nice ~** mec *m* bien* • **hi, ~s!** salut les mecs !* • **what are you ~s doing tonight?** qu'est-ce que vous faites ce soir, les mecs ?* • **the ~s** (= *friends*) les copains *mpl* ⓑ (*Brit*) *effigie de Guy Fawkes*

> **GUY FAWKES' NIGHT**
>
> **Guy Fawkes' Night**, ou « Bonfire Night », commémore l'échec du complot (le « Gunpowder Plot ») contre Jacques Ier et son parlement le 5 novembre 1605. L'un des conspirateurs, Guy Fawkes, avait été surpris dans les caves du parlement alors qu'il s'apprêtait à y mettre le feu. Chaque année, le 5 novembre, beaucoup de gens font un feu de joie et un feu d'artifice dans leur jardin. La plupart des municipalités font de même, mais dans un parc et de façon plus officielle.

guzzle* ['gʌzl] (VT) [+ *food, petrol*] bouffer*; [+ *drink*] siffler*

gym [dʒɪm] 1 (N) ⓐ (= *gymnastics*)* gym* *f* ⓑ (= *gymnasium*) gymnase *m*; (*in school*) salle *f* de gym* 2 (COMP) ▸ **gym**

g

shoes NPL chaussures *fpl* de gym* ▸**gym slip** (*Brit*), **gym suit** (*US*) N tunique *f* (*d'écolière*)

gymkhana [dʒɪm'kɑːnə] (N) (*Brit*) gymkhana *m*

gymnasium [dʒɪm'neɪzɪəm] (N) (*pl* **gymnasia** [dʒɪm'neɪzɪə]) gymnase *m*; (*in school*) salle *f* de gymnastique

gymnast ['dʒɪmnæst] (N) gymnaste *mf*

gymnastic [dʒɪm'næstɪk] (ADJ) [*ability*] en gymnastique; [*exercise, routine*] de gymnastique

gymnastics [dʒɪm'næstɪks] (NPL) (= *exercises*) gymnastique *f* • **to do ~** faire de la gymnastique • **mental ~** gymnastique *f* intellectuelle

gynaecologist, gynecologist (*US*) [,gaɪnɪ'kɒlədʒɪst] (N) gynécologue *mf*

gynaecology, gynecology (*US*) [,gaɪnɪ'kɒlədʒɪ] (N) gynécologie *f*

gyp * [dʒɪp] (N) (*Brit*) **my leg is giving me ~** j'ai mal à la jambe

gypsum ['dʒɪpsəm] (N) gypse *m*

gypsy ['dʒɪpsɪ] = **gipsy**

gyrate [,dʒaɪə'reɪt] (VI) tournoyer

gyropod ['dʒaɪərəpɒd] (N) gyropode *m*

gyroscope ['dʒaɪərəskəʊp] (N) gyroscope *m*

H h

habit [ˈhæbɪt] 1 (N) ⓐ habitude *f* • **eating ~s** habitudes *fpl* alimentaires • **a survey of British reading ~s** une étude sur ce que lisent les Britanniques • **to be in the ~ of doing sth** avoir pour habitude de faire qch • **I don't make a ~ of it** je ne le fais pas souvent • **you can do it this time, but don't make a ~ of it** d'accord pour cette fois, mais il ne faut pas que cela devienne une habitude • **to get into bad ~s** prendre de mauvaises habitudes • **to get into/out of the ~ of doing sth** prendre/perdre l'habitude de faire qch • **to have a ~ of doing sth** avoir l'habitude de faire qch • **history has a ~ of repeating itself** l'histoire a tendance à se répéter • **to do sth out of ~** faire qch par habitude
ⓑ **to have a ~** [*drug user*] être dépendant
ⓒ (= *robe*) habit *m*
2 (COMP) ▸**habit-forming** ADJ **tobacco is ~-forming** le tabac crée une accoutumance

habitable [ˈhæbɪtəbl] (ADJ) habitable

habitat [ˈhæbɪtæt] (N) habitat *m*

habitation [ˌhæbɪˈteɪʃən] (N) habitation *f* • **unfit for human ~** inhabitable

habitual [həˈbɪtjʊəl] (ADJ) habituel; [*liar*] invétéré

habitually [həˈbɪtjʊəlɪ] (ADV) habituellement

hack [hæk] 1 (N) (= *journalist*) journaleux *m*, -euse *f* (*pej*); (= *politician*) politicard(e) *m(f)* (*pej*) • **a ~ writer** un plumitif
2 (VT) ⓐ (= *cut*) tailler • **to ~ sth to pieces** tailler qch en pièces • **the victims had been ~ed to death** les victimes avaient été massacrées à coups de hache ⓑ **he just can't ~ it*** (= *can't manage it*) il est complètement largué* 3 (VI) ⓐ (= *cut*) **to ~ at sth** essayer de couper qch ⓑ **to ~ into** [+ *computer system*] s'introduire dans
▸ **hack off** VT SEP couper

hacked off* [ˈhæktˈɒf] (ADJ) **to be ~ (with sb/sth)** (*annoyed*) en avoir ras la casquette (de qn/qch)*

hacker [ˈhækəʳ] (N) (= *computer enthusiast*) mordu(e)* *m(f)* d'informatique; (= *computer pirate*) pirate *m* informatique

hacking [ˈhækɪŋ] (N) (= *enthusiasm*) engouement *m* pour l'informatique; (= *piracy*) piratage *m* informatique

hackneyed [ˈhæknɪd] (ADJ) [*word, image*] banal; [*theme*] rebattu; [*metaphor*] usé • **~ expression** cliché *m*

hacksaw [ˈhæksɔː] (N) scie *f* à métaux

hacktivist* [ˈhæktɪvɪst] (N) hacktiviste *mf*

had [hæd] (VB) *pt, ptp of* **have**

haddock [ˈhædək] (N) églefin *m* • **smoked ~** haddock *m*

hadn't [ˈhædnt] (ABBR OF **had not**) → **have**

haematology, hematology (US) [ˌhiːməˈtɒlədʒɪ] (N) hématologie *f*

haemoglobin, hemoglobin (US) [ˌhiːməʊˈgləʊbɪn] (N) hémoglobine *f*

haemophilia, hemophilia (US) [ˌhiːməʊˈfɪlɪə] (N) hémophilie *f*

haemophiliac, hemophiliac (US) [ˌhiːməʊˈfɪlɪæk] (ADJ, N) hémophile *mf*

haemorrhage, hemorrhage (US) [ˈhemərɪdʒ] 1 (N) hémorragie *f* 2 (VI) faire une hémorragie

haemorrhoids, hemorrhoids (US) [ˈhemərɔɪdz] (NPL) hémorroïdes *fpl*

hag [hæg] (N) vieille sorcière *f*

haggard [ˈhægəd] (ADJ) défait • **to look ~** avoir la mine défaite

haggis [ˈhægɪs] (N) haggis *m*

haggle [ˈhægl] (VI) (= *bargain*) marchander; (= *quibble*) ergoter • **to ~ over the price** (= *bargain*) débattre le prix; (= *quibble*) chicaner sur le prix

haggling [ˈhæglɪŋ] (N) (= *bargaining*) marchandage *m*; (= *quibbling*) ergotage *m*

Hague [heɪg] (N) **The ~** La Haye

hail [heɪl] 1 (N) grêle *f*; [*of bullets, blows*] pluie *f* 2 (VI) grêler • **it is ~ing** il grêle 3 (VT) ⓐ (= *acclaim*) saluer ⓑ [+ *taxi, person*] héler 4 (COMP) ▸**Hail Mary** N (*Rel*) Je vous salue Marie *m inv*

hailstone [ˈheɪlstəʊn] (N) grêlon *m*

hailstorm [ˈheɪlstɔːm] (N) averse *f* de grêle

hair [hɛəʳ] 1 (N) ⓐ cheveux *mpl*; (*on body*) poils *mpl* • **he has black ~** il a les cheveux noirs • **a man with long ~** un homme aux cheveux longs • **to wash one's ~** se laver les cheveux • **to do one's ~** se coiffer • **her ~ always looks nice** elle est toujours bien coiffée • **to have one's ~ done** se faire coiffer • **to get one's ~ cut** se faire couper les cheveux • **to let one's ~ down*** se laisser aller • **keep your ~ on!*** (*Brit*) du calme ! • **to get sb out of one's ~** (= *get rid of them*) se débarrasser de qn • **it made my ~ stand on end** cela m'a fait dresser les cheveux sur la tête
ⓑ (= *single human hair*) cheveu *m*; (*on body*) poil *m* • **I'm starting to get some grey ~s** je commence à avoir des cheveux gris • **not a ~ out of place** tiré à quatre épingles • **this will put ~s on your chest*** [*spicy food, strong drink*] c'est pour les vrais hommes
ⓒ (= *single animal hair*) poil *m*; (= *animal's coat*) pelage *m* • **I'm allergic to cat ~** je suis allergique aux poils de chat
2 (COMP) ▸**hair appointment** N rendez-vous *m* chez le coiffeur ▸**hair care** N produit *m* coiffant ▸**hair clippers** NPL tondeuse *f* (de coiffeur) ▸**hair conditioner**

N après-shampoing *m* ▸ **hair-dryer** N sèche-cheveu(x) *m* ▸ **hair gel** N gel *m* coiffant ▸ **hair grip** N (*Brit*) pince *f* à cheveux ▸ **hair-raising*** ADJ terrifiant ▸ **hair slide** N (*Brit*) barrette *f* ▸ **hair spray** N laque *f* (*pour cheveux*) ▸ **hair style** N coiffure *f* ▸ **hair stylist** N coiffeur *m*, -euse *f*

hairband [ˈhɛəbænd] (N) bandeau *m*

hairbrush [ˈhɛəbrʌʃ] (N) brosse *f* à cheveux

haircut [ˈhɛəkʌt] (N) **to get a ~** se faire couper les cheveux • **I like your ~** j'aime bien ta coupe de cheveux

hairdo* [ˈhɛədu:] (N) coiffure *f* • **do you like my ~?** tu aimes ma coiffure ?

hairdresser [ˈhɛədresəʳ] (N) coiffeur *m*, -euse *f* • **I'm going to the ~'s** je vais chez le coiffeur ▸ **hairdresser's salon** N salon *m* de coiffure

hairdressing [ˈhɛədresɪŋ] (N) coiffure *f* (*métier*)

hairless [ˈhɛəlɪs] (ADJ) [*head*] chauve; [*face, chin*] imberbe; [*body, legs*] glabre

hairline [ˈhɛəlaɪn] (N) (*on head*) naissance *f* des cheveux ▸ **hairline crack** N fine fissure *f* ▸ **hairline fracture** N fêlure *f*

hairnet [ˈhɛənet] (N) résille *f*

hairpiece [ˈhɛəpi:s] (N) postiche *m*

hairpin [hɛəpɪn] (N) épingle *f* à cheveux ▸ **hairpin bend, hairpin curve** (*US*) N virage *m* en épingle à cheveux

hair's breadth [ˈhɛəzbretθ] (N) **the bullet missed him by a ~** la balle l'a manqué de justesse • **she was within a ~ of selling the business** elle était à deux doigts de vendre l'affaire

hairy [ˈhɛərɪ] (ADJ) ⓐ [*person, body*] poilu; [*animal*] très poilu; [*chest, legs*] velu ⓑ (= *scary*)* **his driving is a bit ~** sa façon de conduire file la pétoche‡ • **there were some ~ moments** on a eu des sueurs froides

Haiti [ˈheɪtɪ] (N) Haïti *m* • **in ~** en Haïti

hake [heɪk] (N) (*pl* **hake**) (*Brit*) colin *m*

halal [hæˈlæl] (ADJ) [*meat, butcher*] halal *inv* or hallal *inv*

halcyon [ˈhælsɪən] (ADJ) (*liter*) **~ days** jours *mpl* heureux

hale [heɪl] (ADJ) **to be ~ and hearty** être en pleine santé

half [hɑ:f] (*pl* **halves**) 1 (N) ⓐ (*of one whole*) moitié *f* • **to take ~ of sth** prendre la moitié de qch • **I spent ~ the night thinking about it** j'ai passé la moitié de la nuit à y penser • **nearly ~ of all marriages end in divorce** près de la moitié des mariages se terminent par un divorce • **100 employees, ~ of whom are part-time** 100 employés, dont la moitié sont à temps partiel • **in the first ~ of this year** au cours du premier semestre de l'année • **I haven't told you the ~ of it yet!*** et c'est pas tout !* • **my better ~*** ma douce moitié • **to see how the other ~ lives*** voir comment vivent les autres • **in ~ a second*** en moins de rien

ⓑ (*in numbers, calculations*) demi *m* • **two halves make a whole** deux demis font un entier

▸ **and a half** **two and a ~** deux et demi • **two and a ~ hours** deux heures et demie • **two kilos and a ~** deux kilos et demi • **that was a day and a ~!*** je te raconte pas ma journée !*

▸ **by + half** **he's too clever by ~*** c'est un petit malin • **he doesn't do things by halves** il ne fait pas les choses à moitié

▸ **in half** **to cut sth in ~** [*+ object*] couper qch en deux; [*+ costs, prices, workforce*] réduire qch de moitié • **the plate broke in ~** l'assiette s'est cassée en deux

▸ **to go halves on sth** partager qch • **we always go halves on the phone bill** nous partageons toujours la note de téléphone en deux • **we went halves on a taxi** nous avons partagé un taxi

ⓒ (= *part of match*) mi-temps *f* • **the first/second ~** la première/seconde mi-temps

ⓓ (*Brit*) (= *half-pint*) demi *m*

2 (ADJ) demi • **a ~ cup** une demi-tasse • **a ~ bottle of wine** une demi-bouteille de vin

3 (ADV) ⓐ (= 50%) **a mixture of ~ milk, ~ cream** un mélange moitié lait moitié crème • **he's ~ French ~ English** il est à moitié français et à moitié anglais • **he earns ~ as much as you** il gagne deux fois moins que vous • **she earns ~ as much again as him** elle gagne une fois et demie son salaire • **a PC costs ~ as much again in Europe as in America** les PC coûtent une fois et demie plus cher en Europe qu'en Amérique

ⓑ (= *partially*) à moitié • **~ asleep** à moitié endormi • **the work is only ~ done** le travail n'est qu'à moitié fait • **he only ~ understands** il ne comprend qu'à moitié • **she was ~ laughing ~ crying** elle était partagée entre le rire et les larmes • **~ angry, ~ amused** mi-fâché, mi-amusé

ⓒ (= *almost*) un peu • **I'm ~ afraid that ...** j'ai un peu peur que ... ne + *subj* • **I'm ~ inclined to do it** je suis tenté de le faire • **I ~ suspect that ...** je soupçonne que ...

ⓓ (*Brit: emphatic*)* **I didn't ~ get told off** je me suis vraiment fait enguirlander* • **not ~!** tu parles !*

ⓔ (*telling the time*) **it is ~ past three** il est trois heures et demie • **what time is it? — ~ past** quelle heure est-il ? — la demie

4 (COMP)

> Most adjectives made up of **half** + adjective can be translated by **à moitié** + adjective.

▸ **half-a-dozen** N demi-douzaine *f* • **~-a-dozen students** une demi-douzaine d'étudiants ▸ **half-and-half** ADV moitié-moitié ♦ N (*US*) (= *milk and cream*) *mélange mi-crème mi-lait* ▸ **half-an-hour** N demi-heure *f* • **it took ~-an-hour** ça a pris une demi-heure ▸ **half-baked** ADJ [*plan, idea*] à la noix*; [*attempt*] maladroit ▸ **half-board** N (*Brit*) demi-pension *f* ▸ **half-brother** N demi-frère *m* ▸ **half-day** N demi-journée *f* • **to have a ~-day (holiday)** avoir une demi-journée (de congé) ▸ **half-dead** ADJ à moitié mort ▸ **half-dozen** N demi-douzaine *f* ▸ **half-fare** N demi-tarif *m* ▸ **half-grown** ADJ à mi-croissance ▸ **half-hearted** ADJ [*person, welcome*] peu enthousiaste; [*manner*] tiède; [*attempt*] timide ▸ **half-heartedly** ADV sans enthousiasme; [*try*] sans conviction ▸ **half-hour** N demi-heure *f* • **the clock struck the ~-hour** l'horloge a sonné la demie ♦ ADJ [*wait*] d'une demi-heure ▸ **half-life** N demi-vie *f* ▸ **half measure** N demi-mesure *f* • **~ measures will not do** on ne peut se contenter de demi-mesures • **there are no ~ measures with him** il ne fait jamais les choses à moitié ▸ **half-moon** N demi-lune *f* ▸ **half pay** N **to be on ~ pay** toucher un demi-salaire ▸ **half-pint** N ≈ quart *m* de litre ▸ **half price** N **at ~ price** à moitié prix • **children are admitted ~ price** les enfants paient demi-tarif ♦ ADJ **tickets are ~ price this week** les billets sont à moitié prix cette semaine ▸ **half-sister** N demi-sœur *f* ▸ **half term** N (*Brit*) *congé en milieu de trimestre* ▸ **half-timbered** ADJ à colombage ▸ **half time** N (*Sport*) mi-temps *f* • **at ~ time** à la mi-temps ♦ ADJ **~-time score** score *m* à la mi-temps ▸ **half-truth** N demi-vérité *f* ▸ **half-yearly** ADJ

(*Brit*) semestriel ♦ ADV tous les six mois

halfpenny ['heɪpnɪ] (N) (*pl* **halfpennies** *or* **halfpence** ['heɪpəns]) demi-penny *m*

halfway ['hɑːf'weɪ] (ADV) (*in distance*) à mi-chemin • **to be ~ along the road** être à mi-chemin • **~ along** vers le milieu • **~ between ...** à mi-chemin entre ... • **~ down** à mi-pente • **~ up the tree** à mi-hauteur de l'arbre • **he was ~ down/up the stairs** il avait descendu/monté la moitié de l'escalier • **her hair reaches ~ down her back** ses cheveux lui arrivent au milieu du dos • **to be ~ there** être à mi-chemin • **~ through the film** au milieu du film • **~ to Paris** à mi-chemin de Paris • **anything ~ decent will be incredibly expensive** pour avoir quelque chose d'à peu près correct, il faut compter une fortune • **to go ~** faire la moitié du chemin • **the decision goes ~ to giving the strikers what they want** cette décision va dans le sens des revendications des grévistes • **I'll meet you ~** (*between two places*) j'irai à votre rencontre; (= *I'll compromise*) coupons la poire en deux* ▸ **halfway house** N (*for rehabilitation*) centre *m* de réadaptation; (= *compromise*) compromis *m*

halfwit ['hɑːfwɪt] (N) imbécile *mf*

halibut ['hælɪbət] (N) flétan *m*

hall [hɔːl] 1 (N) ⓐ (= *large public room*) salle *f*; (= *college refectory*) réfectoire *m* ⓑ (= *mansion*) manoir *m* ⓒ (= *entrance*) [*of house*] entrée *f*; [*of hotel*] hall *m* ⓓ (*US*) (= *corridor*) couloir *m* ⓔ (*Brit*) (*also* **hall of residence**) résidence *f* universitaire • **to live in ~** habiter en résidence universitaire 2 (COMP) ▸ **Hall of Fame** N panthéon *m* ▸ **hall porter** N (*Brit*) (*in hotel*) portier *m*

hallelujah [,hælɪ'luːjə] (EXCL, N) alléluia *m*

hallmark ['hɔːlmɑːk] 1 (N) [*of gold, silver*] poinçon *m* • **the ~ of genius** la marque du génie 2 (VT) poinçonner

hallo [hə'ləʊ] (EXCL) (*Brit*) = **hello**

hallowed ['hæləʊd] (ADJ) ⓐ (= *venerable*) sacré ⓑ (= *holy*) saint • **on ~ ground** en terre sacrée

Halloween, Hallowe'en [,hæləʊ'iːn] (N) Halloween *m*

> **HALLOWEEN**
> La fête d'**Halloween**, célébrée le 31 octobre (jour où, pensait-on, les morts venaient rendre visite aux vivants), est une très ancienne tradition dans les pays anglo-saxons. De nombreuses coutumes américaines ont été adoptées par les Britanniques. Ainsi, il est courant de confectionner des lanternes à partir d'une citrouille évidée dans laquelle on a découpé un visage menaçant. Les enfants se déguisent en sorcières, fantômes, etc, et vont de porte en porte quémander des sucreries en menaçant les réfractaires de leur jouer un mauvais tour.

hallucinate [hə'luːsɪ,neɪt] (VI) avoir des hallucinations

hallucination [hə,luːsɪ'neɪʃən] (N) hallucination *f*

hallucinatory [hə'luːsɪnətərɪ] (ADJ) hallucinogène

hallucinogenic [hə,luːsɪnəʊ'dʒenɪk] (ADJ) hallucinogène

hallway ['hɔːlweɪ] (N) = **hall**

halo ['heɪləʊ] (N) [*of saint*] auréole *f*

halogen ['hælə,dʒen] (N) halogène *m*

halt [hɔːlt] 1 (N) arrêt *m* • **to come to a ~** s'arrêter • **to call a ~ to sth** mettre fin à qch • **to call for a ~ to sth** demander l'arrêt de qch 2 (VI) s'arrêter • **~!** halte! 3 (VT) [+ *vehicle*] faire arrêter; [+ *process*] interrompre 4 (COMP) ▸ **halt sign** N (panneau *m*) stop *m*

halter ['hɔːltəʳ] (N) licou *m*

halterneck ['hɔːltə'nek] 1 (N) dos-nu *m inv* 2 (ADJ) dos nu *inv*

halting ['hɔːltɪŋ] (ADJ) hésitant

halve [hɑːv] 1 (VT) ⓐ (= *divide in two*) couper en deux ⓑ (= *reduce by half*) réduire de moitié 2 (VI) [*sales, figures*] être réduit de moitié

halves [hɑːvz] (NPL) *of* **half**

ham [hæm] 1 (N) ⓐ jambon *m* ⓑ (= *actor*)* cabotin(e)* *m(f)* (*pej*) ⓒ (= *radio enthusiast*)* radioamateur *m* 2 (COMP) ▸ **ham acting** N cabotinage* *m* ▸ **ham-fisted** ADJ maladroit ▸ **ham sandwich** N sandwich *m* au jambon

▸ **ham up*** VT SEP [+ *part, speech*] forcer • **to ~ it up** forcer son rôle

Hamburg ['hæmbɜːg] (N) Hambourg

hamburger ['hæm,bɜːgəʳ] (N) hamburger *m*; (*US*) (= *mince*) viande *f* hachée

hamlet ['hæmlɪt] (N) hameau *m*

hammer ['hæməʳ] 1 (N) marteau *m* • **the ~ and sickle** la faucille et le marteau • **they were going at it ~ and tongs** (= *working*) ils y mettaient tout leur cœur; (= *arguing*) ils discutaient âprement • **to come under the ~** (*at auction*) être mis aux enchères

2 (VT) ⓐ [+ *metal*] marteler • **to ~ a nail into a plank** enfoncer un clou dans une planche (à coups de marteau) • **to ~ the table with one's fists** frapper du poing sur la table • **to ~ a point home** insister sur un point • **I tried to ~ some sense into him** j'ai essayé de lui faire entendre raison • **I'd had it ~ed into me that ...** on m'avait enfoncé dans la tête que ...

ⓑ (*Brit*)* (= *defeat*) battre à plates coutures; (= *criticize severely*) descendre en flammes; (= *damage severely*) frapper de plein fouet

3 (VI) ⓐ (*with a hammer*) donner des coups de marteau ⓑ **he was ~ing at the door** il frappait à la porte à coups redoublés • **he was ~ing away on the piano** il tapait sur le piano comme un sourd • **my heart was ~ing** mon cœur battait très fort

▸ **hammer in** VT SEP enfoncer (au marteau)

▸ **hammer out** VT SEP [+ *plan, agreement*] élaborer (avec difficulté) • **to ~ out a solution** finir par trouver une solution

hammered* ['hæməd] (ADJ) (*Brit*) (= *drunk*) bourré*, pinté*

hammering* ['hæmərɪŋ] (N) (= *defeat*) raclée* *f*; (= *criticism*) descente *f* en flammes • **to take a ~** [*team*] prendre une raclée*; [*play, film*] se faire éreinter

hammock ['hæmək] (N) hamac *m*

hamper ['hæmpəʳ] 1 (N) panier *m* d'osier • **a food ~** un panier garni (*de nourriture*) 2 (VT) (= *hinder*) gêner

hamster ['hæmstəʳ] (N) hamster *m*

hamstring ['hæmstrɪŋ] (N) tendon *m* du jarret ▸ **hamstring injury** N claquage *m* (au jarret)

hand [hænd]

1 NOUN	3 COMPOUNDS
2 TRANSITIVE VERB	4 PHRASAL VERBS

1 NOUN

ⓐ (= *part of body*) main *f* • **he took her by the ~** il l'a prise par la main • **to take sth with both ~s** prendre qch à deux mains • **give me your ~** donne-moi la main • **my**

h

~s are tied j'ai les mains liées • **I could do it with one ~ tied behind my back** je pourrais le faire les yeux fermés • **~ in ~** main dans la main • **to go ~ in ~** (*fig*) aller de pair

b (*= help*) coup *m* de main • **could you give me a ~?** tu peux me donner un coup de main ? • **would you like a ~ with moving that?** tu veux un coup de main pour déplacer ça ?

c (*= influence*) influence *f* • **you could see his ~ in everything the committee did** on reconnaissait son influence dans tout ce que faisait le comité

d (*= worker*) ouvrier *m*, -ière *f* • **the ship was lost with all ~s** le navire a disparu corps et biens • **the wedding's next week, so it's all ~s on deck** le mariage a lieu la semaine prochaine, alors on a besoin de tout le monde

e (*of clock, watch*) aiguille *f*

f (*Cards*) (*= cards one has*) jeu *m*; (*= game*) partie *f* • **I've got a good ~** j'ai un beau jeu • **we played a ~ of bridge** nous avons fait une partie de bridge

g (*= handwriting*) écriture *f* • **she recognized his neat ~** elle a reconnu son écriture bien nette • **the letter was written in his own ~** la lettre était écrite de sa propre main

h (*set structures*)

▸ *preposition* + **hand** **many suffered at the ~s of the secret police** beaucoup de gens ont souffert aux mains de la police secrète • **their defeat at the ~s of Manchester** leur défaite face à Manchester • **she had a book in her ~** elle avait un livre à la main • **she was holding the earrings in her ~** elle tenait les boucles d'oreilles dans sa main • **my life is in your ~s** ma vie est entre vos mains • **in one's own ~s** entre ses mains • **to put o.s. in sb's ~s** s'en remettre à qn • **to put sth into sb's ~s** confier qch à qn • **to fall into the ~s of** tomber aux mains de • **the children are now off our ~s** maintenant nous n'avons plus les enfants à la maison • **to get sth off one's ~s** se débarrasser de qch • **I'll take it off your ~s** je vous débarrasse ? • **we've got a difficult job on our ~s** une tâche difficile nous attend • **he had time on his ~s** il avait du temps devant lui • **to sit on one's ~s** rester sans rien faire • **she's got the boss eating out of her ~** elle fait marcher le patron au doigt et à l'œil • **it is out of his ~s** ce n'est plus lui qui s'en occupe

▸ **hand** + *preposition/adverb* **she won ~s down** elle a gagné haut la main • **to get one's ~ in** se faire la main • **to have a ~ in** [+ *task, achievement*] jouer un rôle dans; [+ *crime*] être mêlé à • **I had no ~ in it** je n'y suis pour rien • **to take a ~ in sth** contribuer à qch • **to keep one's ~ in** garder la main • **keep your ~s off my things!*** touche pas à mes affaires !* • **~s off!*** bas les pattes !* • **to get one's ~s on sth** mettre la main sur qch • **just wait till I get my ~s on him!*** attends un peu que je lui mette la main dessus ! • **she read everything she could get her ~s on** elle a lu tout ce qui lui tombait sous la main • **he can set his ~ to most things** il y a peu de choses qu'il ne sache pas faire • **~s up!** (*at gun point*) haut les mains !; (*in school*) levez la main !

▸ *adjective* + **hand** **they gave him a big ~** ils l'ont applaudi bien fort • **he grabbed the opportunity with both ~s** il a sauté sur l'occasion • **to rule with a firm ~** gouverner d'une main ferme • **at first ~** de première main • **I've got my ~s full at the moment** je suis débordé en ce moment • **to have one's ~s full with** avoir fort à faire avec • **to be in good ~s** être en bonnes mains • **he's an old ~!** il connaît la musique ! • **on the one ~ ..., on the other ~** d'une part ..., d'autre part • **yes, but on the other ~ he is very rich** oui, mais il est très riche • **to gain the upper ~** prendre l'avantage • **to get into the wrong ~s** tomber entre de mauvaises mains

▸ **hand** + *noun* **he's making money ~ over fist** il fait des affaires en or • **we're losing money ~ over fist** nous perdons énormément d'argent • **he was bound ~ and foot** il était pieds et poings liés • **she expected to be waited on ~ and foot** elle voulait être servie comme une princesse • **they are ~ in glove** ils sont de mèche • **they were walking along ~ in ~** ils marchaient main dans la main • **research and teaching go ~ in ~** la recherche et l'enseignement vont de pair • **from ~ to ~** de main en main • **on (one's) ~s and knees** à quatre pattes • **to live from ~ to mouth** vivre au jour le jour

▸ *verb* + **hand** **to force sb's ~** forcer la main à qn • **to show one's ~** dévoiler son jeu • **he turned his ~ to writing** il s'est mis à écrire • **he can turn his ~ to anything** il sait tout faire

▸ **at hand** (*= close by*) à portée de main • **having the equipment at ~ will be very helpful** ce sera très pratique d'avoir l'équipement à portée de main

▸ **by hand** à la main • **made by ~** fait (à la) main • **the letter was delivered by ~** quelqu'un a apporté la lettre

▸ **in hand** **Jason was at the door, suitcase in ~** Jason était à la porte, sa valise à la main • **he opened the door, gun in ~** il a ouvert la porte, pistolet au poing • **he had the situation well in ~** il avait la situation bien en main • **to take sb in ~** prendre qn en main • **he had £6,000 in ~** il avait 6 000 livres de disponibles • **let's concentrate on the job in ~** revenons à nos moutons

▸ **off hand** **I don't know off ~** je ne pourrais pas le dire de tête

▸ **on hand** sur place • **there are experts on ~ to give you advice** il y a des experts sur place pour vous conseiller

▸ **out of hand** **to dismiss sth out of ~** rejeter qch d'emblée • **to get out of ~** [*situation, spending*] échapper à tout contrôle

▸ **to hand** **I haven't got the letter to ~** je n'ai pas la lettre sous la main • **the information to ~** les renseignements *mpl* disponibles • **she seized the first weapon to ~** elle s'est emparée de la première arme venue

2 TRANSITIVE VERB

(*= give*) donner; (*= hold out*) tendre • **to ~ sb sth** donner qch à qn • **you've got to ~ it to him*, he did it very well** il faut reconnaître qu'il l'a très bien fait

3 COMPOUNDS

▸ **hand-baggage** N bagages *mpl* à main ▸ **hand cream** N crème *f* pour les mains ▸ **hand-drier, hand-dryer** N sèche-mains *m inv* ▸ **hand grenade** N grenade *f* ▸ **hand-held** ADJ portable ▸ **hand-knitted** ADJ tricoté à la main ▸ **hand lotion** N lotion *f* pour les mains ▸ **hand-luggage** N bagages *mpl* à main ▸ **hand-me-down*** N vêtement *m* déjà porté ▸ **hand-out** N (*= leaflet*) prospectus *m*; (*at lecture, meeting*) polycopié *m*; (*= subsidy*) subvention *f* ▸ **hand-painted** ADJ peint à la main ▸ **hand-pick** VT [+ *people*] trier sur le volet ▸ **hand-picked** ADJ [*people*] trié sur le volet ▸ **hand puppet** N marionnette *f* à gaine ▸ **hands-free** ADJ [*telephone*] mains libres ▸ **hands-off** ADJ [*policy*] de non-intervention ▸ **hands-on** ADJ [*experience*] pratique ▸ **hand-to-hand** ADJ, ADV **to fight ~-to-~**

combattre corps à corps • ~-to-~ **fighting** du corps à corps ▸**hand-to-mouth** ADJ **to lead a ~-to-mouth existence** vivre au jour le jour ▸**hand towel** N essuie-mains *m inv* ▸**hand wash** VT laver à la main ▸**hand-woven** ADJ tissé à la main

4 PHRASAL VERBS

▸**hand around** VT SEP = **hand round**

▸**hand back** VT SEP rendre (**to** à)

▸**hand down** VT SEP ⓐ [+ *object*] **he ~ed me down the dictionary from the top shelf** il m'a passé le dictionnaire qui était en haut de l'étagère ⓑ (= *pass on*) transmettre • **the farm's been ~ed down from generation to generation** cette ferme s'est transmise de génération en génération

▸**hand in** VT SEP remettre (**to** à) • ~ **this in at the office** remettez cela à quelqu'un au bureau • **your wallet's been ~ed in at reception** on a rapporté votre portefeuille à la réception

▸**hand on** VT SEP ⓐ (= *pass to sb else*) donner (**to** à) ⓑ = **hand down**

▸**hand out** VT SEP distribuer • **to ~ out advice** donner des conseils

▸**hand over** **1** VI **to ~ over to sb** passer le relais à qn; (*at meeting*) passer le micro à qn; (*on radio, TV*) passer l'antenne à qn **2** VT SEP [+ *object*] remettre; [+ *criminal*] livrer; [+ *authority, powers*] (= *transfer*) transmettre; (= *surrender*) céder; [+ *property, business*] céder

▸**hand round** VT SEP [+ *bottle, papers*] faire circuler; [+ *cakes*] faire passer; [*hostess*] offrir

handbag ['hændbæg] (N) sac *m* à main

handball ['hændbɔ:l] (N) ⓐ (= *sport*) handball *m* ⓑ (= *offence in football*) faute *f* de main

handbasin ['hænd,beɪsn] (N) lavabo *m*

handbook ['hænd,bʊk] (N) (= *manual*) manuel *m*

handbrake ['hænd,breɪk] (N) (*Brit*) frein *m* à main

handcuff ['hændkʌf] **1** (N) menotte *f* **2** (VT) passer les menottes à • **to be ~ed** avoir les menottes aux poignets

handful ['hændfʊl] (N) ⓐ poignée *f* • **there was only a ~ of people at the concert** il n'y avait qu'une poignée de gens au concert • **she was swallowing sleeping pills by the ~** elle se bourrait de somnifères ⓑ (= *nuisance*) **they can be a ~*** ils me donnent parfois du fil à retordre

handgun ['hændgʌn] (N) pistolet *m*

handicap ['hændɪkæp] **1** (N) ⓐ (= *disability*) handicap *m*; (= *disadvantage*) désavantage *m* ⓑ (*Sport*) handicap *m* **2** (VT) handicaper

handicapped ['hændɪkæpt] **1** (ADJ) handicapé • **a physically ~ child** un enfant handicapé physique **2** (NPL) **the handicapped** les handicapés *mpl* • **the mentally ~** les handicapés *mpl* mentaux

> The French word has only one **p**.

handicraft ['hændɪkrɑ:ft] **1** (N) (= *work*) artisanat *m* **2** (NPL) **handicrafts** (= *products*) objets *mpl* artisanaux

handiwork ['hændɪwɜ:k] (N) œuvre *f*

handkerchief ['hæŋkətʃɪf] (N) mouchoir *m*

handle ['hændl] **1** (N) ⓐ [*of basket, bucket*] anse *f*; [*of broom, spade, knife*] manche *m*; [*of door, drawer, suitcase*] poignée *f*; [*of saucepan*] queue *f* • **to have a ~ on** [+ *problem, state of affairs*] comprendre ⓑ* (= *nickname*) blase* *m*, blaze* *m*; (= *username*) nom *m* d'utilisateur; (*on radio*) QRZ* *m*

2 (VT) ⓐ [+ *fruit, food*] toucher à; (= *move by hand*) manipuler • **please do not ~ the goods** prière de ne pas toucher aux marchandises • **"~ with care"** « fragile » ⓑ (= *deal with*) [+ *ship, car*] manœuvrer; [+ *weapon, money, person, animal*] manier • **he ~d the situation very well** il a très bien géré la situation • **I could have ~d it better than I did** j'aurais pu mieux m'y prendre • **you didn't ~ that very well!** vous ne vous y êtes pas bien pris ! • **I'll ~ this** je vais m'en occuper • **he knows how to ~ his son** il sait s'y prendre avec son fils • **this child is very hard to ~** cet enfant est très difficile • **Orly ~s 5 million passengers a year** le trafic à Orly est de 5 millions de voyageurs par an • **we ~ 200 passengers a day** nos services accueillent 200 voyageurs par jour

ⓒ (= *sell*) **we don't ~ that type of product** nous ne faisons pas ce genre de produit • **to ~ stolen goods** receler des objets volés • **to ~ drugs** être revendeur de drogue

3 (VI) **to ~ well** [*car*] être facile à manier

handlebars ['hændlbɑ:z] (NPL) guidon *m*

handler ['hændləʳ] (N) (= *dog handler*) maître-chien *m*

handling ['hændlɪŋ] (N) [*of stolen goods*] recel *m* • ~ **of drugs** trafic *m* de drogue • **his ~ of the matter** la façon dont il a géré l'affaire • **toxic waste requires very careful ~** les déchets toxiques doivent être manipulés avec beaucoup de précaution ▸**handling charges** NPL frais *mpl* de manutention

handmade [,hænd'meɪd] (ADJ) fait (à la) main

handover ['hændəʊvəʳ] (N) [*of company, colony*] cession *f* • **the ~ of power** la passation des pouvoirs

handrail ['hændreɪl] (N) [*of stairs*] rampe *f*; [*of bridge, quay*] garde-fou *m*

handset ['hændset] (N) combiné *m*

handshake ['hændʃeɪk] (N) poignée *f* de main

handsome ['hænsəm] (ADJ) beau (belle *f*); [*sum*] coquet • **a ~ salary** un bon salaire • **to win a ~ victory** remporter une belle victoire • **to win by a ~ margin** gagner haut la main

handsomely ['hænsəmlɪ] (ADV) ⓐ [*reward, contribute*] généreusement ⓑ [*win*] haut la main • **this strategy paid off ~** cette stratégie s'est révélée payante

handstand ['hændstænd] (N) appui *m* renversé

handwash ['hændwɒʃ] (N) savon *m* liquide

handwriting ['hændraɪtɪŋ] (N) écriture *f* • **he has seen the ~ on the wall** (*US*) il mesure la gravité de la situation

handwritten ['hændrɪtən] (ADJ) manuscrit, écrit à la main

handy ['hændɪ] (ADJ) ⓐ [*tool, hint*] pratique • **he's coming to see us tomorrow — that's ~!** il vient nous voir demain — ça tombe bien ! • **to come in ~** être utile; (*money*) tomber à pic

ⓑ (= *conveniently close*)* proche • **in a ~ place** à portée de (la) main • **the shops are very ~** les magasins sont tout près • **to be ~ for the shops** être à proximité des magasins • **to keep sth ~** avoir qch à portée de main

ⓒ (= *skilful*) adroit • **he's ~ around the house** il est bricoleur • **he's ~ in the kitchen** il se débrouille bien en cuisine • **to be ~ with sth** savoir bien se servir de qch

handyman ['hændɪmæn] (N) (*pl* **-men**) (= *do-it-yourselfer*) bricoleur *m*

hang [hæŋ] (*pret, ptp* **hung**) **1** (VT) ⓐ [+ *lamp, curtains, decorations, painting*] accrocher; [+ *wallpaper*] poser • **to ~ clothes on the line** étendre du linge • **to ~ one's head** baisser la tête • **the trees were hung with lights** les arbres étaient décorés de lumières

h

ⓑ (*pret, ptp* **hanged**) [*+ criminal*] pendre • **he was ~ed for murder** il a été pendu pour meurtre • **he ~ed himself** il s'est pendu

2 (VI) ⓐ [*rope, dangling object*] pendre (**on, from** à) • **a suit that ~s well** un costume qui tombe bien • **a picture ~ing on the wall** un tableau accroché au mur • **to ~ out of the window** [*person*] se pencher par la fenêtre; [*thing*] pendre à la fenêtre

ⓑ (*= hover*) **fog hung over the valley** un brouillard planait sur la vallée • **the threat of unemployment ~s over us** la menace du chômage pèse sur nous • **the question was left ~ing in the air** la question est restée en suspens • **time hung heavy on his hands** il trouvait le temps long

ⓒ [*criminal*] être pendu • **he'll ~ for it** cela lui vaudra la corde

3 (N) **to get the ~ of*** (*= understand*) comprendre • **to get the ~ of doing sth** attraper le coup* pour faire qch • **you'll soon get the ~ of it** tu auras vite fait de t'y mettre • **she's getting the ~ of her new job** elle commence à s'habituer à son nouveau travail

4 (COMP) ▸ **hang-glider** N deltaplane ® *m* ▸ **hang-gliding** N deltaplane ® *m* • **to go ~-gliding** faire du deltaplane ® ▸ **hang-up*** N (*= complex*) complexe *m* (**about** à cause de) • **to have sexual ~-ups** avoir des blocages (sexuels)

▸ **hang about, hang around** 1 VI (*= loiter*) traîner; (*= wait*) attendre • **he's always ~ing about here** il est toujours à traîner par ici • **he got sick of ~ing around waiting for me** il en a eu marre* de m'attendre • **they always ~ around together** ils sont toujours ensemble • **to keep sb ~ing about** faire attendre qn • **~ about!*** attends! 2 VT INSEP **the crowd who hung around the cafe** les habitués du café

▸ **hang back** VI (*when walking*) rester en arrière • **she hung back from suggesting this** elle hésitait à le proposer

▸ **hang down** VI pendre

▸ **hang in*** VI s'accrocher • **~ in there, Bill, you're going to make it** accroche-toi, Bill, tu vas y arriver

▸ **hang on** 1 VI ⓐ (*= wait*)* attendre • **~ on!** attendez!; (*on phone*) ne quittez pas! • **~ on, I didn't say that!** attends un peu, ce n'est pas ce que j'ai dit! ⓑ (*= hold out*) tenir bon • **he managed to ~ on till help came** il réussit à tenir bon jusqu'à l'arrivée des secours ⓒ **to ~ on to sth** (*= cling on to*) se cramponner à qch; (*= look after*)* garder qch 2 VT INSEP ⓐ se cramponner à • **to ~ on sb's arm** se cramponner au bras de qn • **to ~ on sb's every word** boire les paroles de qn ⓑ (*= depend on*) dépendre de • **everything ~s on his decision** tout dépend de sa décision

▸ **hang out** 1 VI ⓐ [*tongue*] pendre • **your shirt's ~ing out** ta chemise pend • **let it all ~ out!**‡ défoulez-vous! ⓑ (*= live*)* crécher‡ 2 VT SEP [*+ washing*] étendre (dehors)

▸ **hang together** VI [*argument, story*] se tenir; [*statements*] s'accorder

▸ **hang up** 1 VI (*on telephone*) raccrocher • **to ~ up on sb** raccrocher au nez de qn 2 VT SEP [*+ hat, picture*] accrocher (**on** à, **sur**)

hangar [ˈhæŋəʳ] (N) hangar *m*

hangdog [ˈhæŋdɒg] (N) **to have a ~ expression** avoir un air de chien battu

hanger [ˈhæŋəʳ] (N) (*= coat hanger*) cintre *m*

hanger-on [ˈhæŋərˈɒn] (N) (*pl* **hangers-on**) parasite *m*

hanging [ˈhæŋɪŋ] 1 (N) (*= execution*) pendaison *f* 2 (NPL) **hangings** (*on wall*) tentures *fpl* 3 (ADJ) suspendu • **~ basket** panier *m* suspendu

hangman [ˈhæŋmən] (N) (*pl* **-men**) ⓐ (*= executioner*) bourreau *m* ⓑ (*= game*) pendu *m* • **to play ~** jouer au pendu

hangover [ˈhæŋəʊvəʳ] (N) ⓐ (*after drinking*) **to have a ~** avoir la gueule de bois* ⓑ (*= relic*) **this problem is a ~ from the previous administration** c'est un problème que nous avons hérité de l'administration précédente

hanker [ˈhæŋkəʳ] (VI) **to ~ for** rêver de

hankering [ˈhæŋkərɪŋ] (N) **to have a ~ for sth** rêver de qch

hankie*, **hanky*** [ˈhæŋkɪ] (N) mouchoir *m*

hanky-panky* [ˈhæŋkɪˈpæŋkɪ] (N) (*sexual*) batifolage *m*; (*US*) (*= jiggery-pokery*) magouilles *fpl*

Hants (ABBR OF **Hampshire**)

Hanukkah [ˈhɑːnəkə] (N) Hanoukka *f*

haphazard [ˌhæpˈhæzəd] (ADJ) **in a somewhat ~ fashion** un peu n'importe comment

hapless [ˈhæplɪs] (ADJ) malheureux *before n*

happen [ˈhæpən] (VI) arriver, se passer • **something ~ed** il est arrivé quelque chose • **what's ~ed?** qu'est-ce qui s'est passé? • **as if nothing had ~ed** comme si de rien n'était • **whatever ~s** quoi qu'il arrive • **don't let it ~ again!** et que cela ne se reproduise pas! • **these things ~** ce sont des choses qui arrivent • **what has ~ed to him?** (*= befallen*) qu'est-ce qui lui est arrivé?; (*= become of*) qu'est-ce qu'il est devenu? • **if anything ~ed to me my wife would have enough money** s'il m'arrivait quelque chose ma femme aurait assez d'argent • **something has ~ed to him** il lui est arrivé quelque chose • **a funny thing ~ed to me this morning** il m'est arrivé quelque chose de bizarre ce matin • **let's pretend it never ~ed** faisons comme si rien ne s'était passé • **as it ~s I'm going there today** il se trouve que j'y vais aujourd'hui

▸ **to happen to do sth he ~ed to tell me that ...** il me disait justement que ... • **the first paper I came across ~ed to be the Daily Mail** le premier journal qui m'est tombé sous la main s'est trouvé être le Daily Mail • **I ~ to know he is not rich** je sais qu'en fait il n'est pas riche • **if you ~ to see her** si tu as l'occasion de la voir

▸ **happen on** VT INSEP [*+ object*] trouver par hasard

happening [ˈhæpnɪŋ] 1 (N) (*= event*) événement *m*; (*= performance*) happening *m* 2 (ADJ) (*= exciting*)* branché*

happily [ˈhæpɪlɪ] (ADV) ⓐ [*say*] d'un air heureux • **it all ended ~** tout s'est bien terminé • **I'm a ~ married man** je suis heureux en ménage • **they lived ~ ever after** ils vécurent heureux ⓑ (*= without difficulty*) sans problème ⓒ (*= willingly*) [*offer, lend*] volontiers ⓓ (*= fortunately*) heureusement

happiness [ˈhæpɪnɪs] (N) bonheur *m*

happy [ˈhæpɪ] 1 (ADJ) ⓐ [*person, smile, time, outcome*] heureux • **to have a ~ ending** bien se terminer • **to have ~ memories of sth** garder un bon souvenir de qch • **to be ~ about sth** être heureux de qch • **I'm ~ that you came** je suis content que vous soyez venu • **I'm ~ to say that ...** j'ai le plaisir de vous dire que ... • **I'm just ~ to have a job** je m'estime heureux d'avoir un emploi

ⓑ (*= contented*) [*person*] content; [*childhood, life, marriage, family*] heureux • **we like to keep the customers ~** nous voulons que nos clients soient satisfaits • **you're not just saying that to keep me ~?** tu ne dis pas ça juste pour me faire plaisir? • **to be ~ with sth** être satisfait de qch • **I'm not ~ about leaving him alone** ça ne me plaît pas trop de le laisser seul

c (*= glad*) **to be ~ to do sth** bien vouloir faire qch • **she was quite ~ to stay alone** cela ne la dérangeait pas (du tout) de rester seule • **I would be ~ to have your comments** n'hésitez pas à me faire part de vos commentaires • **I'd be more than ~ to do that** je le ferais volontiers

d (*in greetings*) **~ birthday!** bon anniversaire! • **~ Christmas!** joyeux Noël! • **~ Easter!** joyeuses Pâques! • **~ New Year!** bonne année! • **~ holidays!** (*US*) joyeuses fêtes!

e (*= tipsy*)* éméché*

2 COMP ▸ **the happy couple** N les jeunes mariés *mpl* ▸ **the happy event** N (*= birth*) l'heureux événement *m* ▸ **happy-go-lucky** ADJ insouciant ▸ **happy hour** N happy hour *f* ▸ **happy medium** N juste milieu *m*

haptic ['hæptɪk] ADJ haptique, tactile

harangue [hə'ræŋ] **1** VT [*+ crowd*] haranguer; [*+ individual*] sermonner **2** N (*to crowd*) harangue *f*; (*to individual*) sermon *m*

harass ['hærəs] VT harceler • **he sexually ~ed her** il la harcelait sexuellement

harassed ['hærəst] ADJ harcelé • **to feel ~** être harcelé

harassment ['hærəsmənt] N harcèlement *m* • **police ~** harcèlement *m* policier

harbinger ['hɑːbɪndʒə^r] N (*liter*) signe *m* avant-coureur

harbour, harbor (*US*) ['hɑːbə^r] **1** N (*for boats*) port *m* **2** VT **a** (*= give shelter to*) **to ~ a criminal** abriter un criminel **b** [*+ suspicions, hope*] entretenir • **to ~ a grudge against sb** garder rancune à qn

hard [hɑːd] **1** ADJ **a** (*= not soft*) dur; [*blow, kick, punch*] violent • **to go ~** durcir • **the ground was frozen ~** le sol était durci par le gel • **the lake was frozen ~** le lac était complètement gelé • **to set ~** [*concrete, clay*] bien prendre • **no ~ feelings!** sans rancune! • **to show there are no ~ feelings** pour montrer qu'il n'y a pas de rancune entre nous (*or* eux *etc*) • **to take a ~ line with sb/on sth** se montrer intransigeant avec qn/quand il s'agit de qch • **to be ~ on sb** [*person*] être dur avec qn • **~ luck!** pas de chance! • **she thinks she's really ~*** elle se considère comme une dure

b (*= not easy*) dur; [*battle, fight*] rude • **to find it ~ to do sth** avoir du mal à faire qch • **I find it ~ to believe that ...** j'ai du mal à croire que ... • **their prices are ~ to beat** leurs prix sont imbattables • **to be ~ to translate** être difficile à traduire • **good managers are ~ to find these days** il est difficile de trouver de bons cadres de nos jours • **I've had a ~ day** ma journée a été dure • **a ~ day's work** une rude journée de travail • **it's ~ work!** c'est dur! • **times are ~** les temps sont durs • **those were ~ times** c'était une époque difficile • **he always has to do things the ~ way** il faut toujours qu'il cherche la difficulté • **to learn the ~ way** l'apprendre à ses dépens • **to play ~ to get*** se faire désirer

▸ **a hard time** **she's having a ~ time at the moment** elle traverse une période difficile • **to have a ~ time doing sth** avoir du mal à faire qch • **to give sb a ~ time*** en faire voir de toutes les couleurs à qn

c (*= committed*) **he's a ~ worker** il est travailleur • **he's a ~ drinker** il boit beaucoup

d [*winter, climate*] rude; [*frost*] fort

e [*evidence*] tangible; [*fact*] concret

2 ADV **a** [*push, pull, rain, snow*] fort; [*work*] dur; [*study*] assidûment; [*listen, think*] bien • **she slammed the door ~** elle a claqué violemment la porte • **to hit ~** frapper fort • **to look ~ at** [*+ person*] dévisager; [*+ thing*] bien regarder • **to try ~** faire un gros effort • **no matter how ~ I try, I ...** j'ai beau essayer, je ... • **as ~ as one can** de toutes ses forces • **to be ~ at it*** travailler dur • **she works ~ at keeping fit** elle fait de gros efforts pour rester en forme

▸ **to be hard put to do sth** avoir beaucoup de mal à faire qch

b (*= badly*) **to take sth ~** être très affecté par qch • **she feels ~ done by** elle se sent injustement traitée

3 COMP ▸ **hard-and-fast** ADJ [*rule*] absolu ▸ **hard-bitten** ADJ dur à cuire* ▸ **hard-boiled** ADJ [*egg*] dur ▸ **hard cash** N argent *m* liquide ▸ **hard copy** N version *f* papier ▸ **hard core** N noyau *m* dur ▸ **hard-core** ADJ **~-core pornography** pornographie *f* hard ▸ **hard court** N court *m* en dur ▸ **hard currency** N devise *f* forte ▸ **hard disk** N disque *m* dur ▸ **hard-drinking** ADJ qui boit beaucoup ▸ **hard drive** N disque *m* dur ▸ **hard-earned** ADJ durement gagné ▸ **hard-fought** ADJ [*battle*] acharné; [*election, competition*] âprement disputé ▸ **hard hat** N casque *m*; (*= riding hat*) bombe *f*; (*US*) (*= construction worker*) ouvrier *m* du bâtiment ▸ **hard-headed** ADJ **a ~-headed businessman** un homme d'affaires qui a la tête sur les épaules ▸ **hard-hearted** ADJ insensible ▸ **hard-hitting** ADJ sans complaisance ▸ **hard labour, hard labor** (*US*) N travaux *mpl* forcés ▸ **hard-line** ADJ pur et dur ▸ **hard-liner** N pur(e) *m(f)* et dur(e) *m(f)* ▸ **hard-nosed** ADJ dur ▸ **hard of hearing** ADJ dur d'oreille ▸ **the hard-of-hearing** NPL les malentendants *mpl* ▸ **hard porn*** N porno *m* hard* ▸ **hard rock** N hard rock *m* ▸ **hard sell** N (*Commerce*) vente *f* agressive ▸ **hard-sell** ADJ **~-sell approach** approche *f* agressive ▸ **hard shoulder** N (*Brit*) bande *f* d'arrêt d'urgence ▸ **hard-up*** ADJ fauché* ▸ **hard-wearing** ADJ résistant ▸ **hard-wired** ADJ (*Comput*) câblé ▸ **hard-won** ADJ durement gagné ▸ **hard-working** ADJ travailleur

hardback ['hɑːdbæk] N livre *m* relié

hardball ['hɑːdbɔːl] N (*US*) base-ball *m* • **to play ~*** (*fig*) employer la manière forte, ne pas prendre de gants

hardboard ['hɑːdbɔːd] N panneau *m* de particules

hardcover ['hɑːd,kʌvə^r] N (*US*) livre *m* relié

harden ['hɑːdn] **1** VT durcir • **to ~ o.s. to sth** s'endurcir à qch **2** VI durcir • **his voice ~ed** sa voix se fit dure • **attitudes are ~ing** les attitudes se durcissent

hardened ['hɑːdnd] ADJ [*substance*] durci; [*criminal*] endurci

hardening ['hɑːdnɪŋ] N durcissement *m* • **I noticed a ~ of his attitude** j'ai remarqué que son attitude se durcissait

hardly ['hɑːdlɪ] ADV à peine • **I can ~ hear you** je vous entends à peine • **I ~ know you** je vous connais à peine • **he had ~ opened his mouth when ...** à peine avait-il ouvert la bouche que ... • **you'll ~ believe it** vous aurez du mal à le croire • **I need ~ point out that ...** je n'ai pas besoin de faire remarquer que ... • **they were ~ more than 18 inches apart** ils étaient à moins de 50 centimètres l'un de l'autre • **~ a day goes by without a visit from someone** il est rare qu'une journée se passe sans qu'il y ait une visite • **Nicki had ~ slept** Nicki avait à peine dormi • **~ anyone/anything/anywhere/ever**

presque personne/rien/nulle part/jamais • **you have ~ eaten anything** tu n'as presque rien mangé • **~!** (*= not at all*) certainement pas ! • **he would ~ have said that** il n'aurait tout de même pas dit cela • **it's ~ surprising his ideas didn't catch on** il n'est guère surprenant que ses idées n'aient pas eu plus de succès → **any, anything** *etc*

hardness ['hɑːdnɪs] (N) dureté *f*

hardship ['hɑːdʃɪp] (N) (*= circumstances*) épreuves *fpl*; (*= suffering*) souffrance *f*; (*= poverty*) pauvreté *f*; (*= deprivation*) privation *f* • **he has suffered great ~** il a connu de dures épreuves • **periods of economic ~** des périodes de difficultés économiques • **many students are experiencing severe financial ~** beaucoup d'étudiants ont de gros problèmes d'argent

hardware ['hɑːdwɛəʳ] (N) (*items*) quincaillerie *f*; (*Comput*) hardware *m* ▸ **hardware store** N (*US*) quincaillerie *f*

hardwood ['hɑːdwʊd] **1** (N) bois *m* dur **2** (COMP) de feuillu

hardy ['hɑːdɪ] (ADJ) robuste; [*plant*] rustique

hare [hɛəʳ] **1** (N) lièvre *m* **2** (VI) (*Brit*) **to ~ off*** détaler

harebrained ['hɛəbreɪnd] (ADJ) [*person*] écervelé; [*plan, scheme*] insensé

harem [hɑː'riːm] (N) harem *m*

Harley Street ['hɑːlɪˌstriːt] (N) Harley Street (*haut lieu de la médecine privée à Londres*)

harm [hɑːm] **1** (N) mal *m* • **to do sb ~** faire du mal à qn • **he never did any ~ to anyone** il n'a jamais fait de mal à personne • **a bit of exercise never did anyone any ~** un peu d'exercice physique n'a jamais fait de mal à personne • **the ~'s done now** le mal est fait maintenant • **no ~ done!** il n'y a pas de mal ! • **it can't do you any ~** ça ne peut pas te faire de mal • **it will do more ~ than good** cela fera plus de mal que de bien • **he means no ~** il n'a pas de mauvaises intentions • **make sure that no ~ comes to him** fais en sorte qu'il ne lui arrive rien • **I don't see any ~ in it** je n'y vois aucun mal • **there's no ~ in an occasional drink** un petit verre de temps en temps ne peut pas faire de mal • **there's no ~ in asking** on peut toujours demander • **in ~'s way** en danger • **to keep a child out of ~'s way** mettre un enfant à l'abri du danger

2 (VT) [*+ person*] (*= damage*) faire du tort à; (*= hurt*) faire du mal à; [*+ reputation, interests, cause*] nuire à • **products which ~ the environment** des produits nocifs pour l'environnement

harmful ['hɑːmfʊl] (ADJ) [*substance, rays, effects*] nocif • **to be ~ to** être mauvais pour

harmless ['hɑːmlɪs] (ADJ) [*animal, substance, joke*] inoffensif (**to** pour); [*hobby, pleasure*] innocent • **it's just a bit of ~ fun** ce n'est pas bien méchant

harmonica [hɑː'mɒnɪkə] (N) harmonica *m*

harmonious [hɑː'məʊnɪəs] (ADJ) harmonieux

harmonize ['hɑːmənaɪz] (VI) (*= go together*) s'harmoniser

harmony ['hɑːmənɪ] (N) harmonie *f* • **in ~** en harmonie

harness ['hɑːnɪs] **1** (N) harnais *m* **2** (VT) **a** [*+ horse*] harnacher **b** [*+ emotions*] maîtriser; [*+ source of energy*] domestiquer

harp [hɑːp] **1** (N) harpe *f* **2** (VI)* **to ~ on about sth** [*+ subject, event*] s'étendre sur qch • **stop ~ing on about it!** cesse de nous rebattre les oreilles avec ça ! • **I don't want to ~ on about it** je ne veux pas revenir toujours là-dessus

harpist ['hɑːpɪst] (N) harpiste *mf*

harpoon [hɑː'puːn] **1** (N) harpon *m* **2** (VT) harponner

harpsichord ['hɑːpsɪkɔːd] (N) clavecin *m*

harrow ['hærəʊ] **1** (N) herse *f* **2** (VT) **a** [*+ field*] herser **b** [*+ person*] tourmenter

harrowing ['hærəʊɪŋ] (ADJ) [*story, account, film*] poignant; [*experience*] extrêmement pénible; [*picture*] difficile à supporter

harry ['hærɪ] (VT) (*gen, Mil*) harceler

harsh [hɑːʃ] **1** (ADJ) **a** [*words, reality, measures*] dur; [*person, punishment*] sévère **b** [*conditions, environment*] dur; [*climate, winter, weather*] rude **c** [*voice*] dur; [*sound*] discordant; [*light*] cru; [*contrast*] fort; [*cleaner, detergent*] corrosif **2** (VT) **to ~ sb's buzz** gâcher le plaisir de qn

harshly ['hɑːʃlɪ] (ADV) [*treat, criticize, judge*] sévèrement; [*say*] durement

harshness ['hɑːʃnɪs] (N) **a** [*of manner*] rudesse *f*; [*of words, conditions*] dureté *f*; [*of climate*] rigueur *f*; [*of punishment, laws*] sévérité *f* **b** (*to the taste*) âpreté *f*; (*to the ear*) discordance *f*

harvest ['hɑːvɪst] **1** (N) [*of grain*] moisson *f*; [*of fruit*] récolte *f*; [*of grapes*] vendange *f* • **to get in the ~** faire la moisson • **poor ~s** mauvaises récoltes *fpl* **2** (VT) [*+ grain*] moissonner; [*+ fruit*] récolter; [*+ grapes*] vendanger **3** (COMP) ▸ **harvest festival** N fête *f* de la moisson ▸ **harvest time** N **at ~ time** pendant la moisson

has [hæz] (VB) *3rd pers sg pres of* **have**

has-been* ['hæzbiːn] (N) has been* *m inv*

hash [hæʃ] **1** (N) **a** (*= mess*)* **he made a ~ of it** il a raté son affaire **b** (*= dish*) *plat en sauce à base de viande hachée et de légumes* **c** (*= hashish*)* hasch* *m* **d** (*= sign*) dièse *m* **2** (COMP) ▸ **hash browns** NPL pommes *fpl* de terre sautées (*servies au petit déjeuner*) ▸ **hash key** N touche *f* dièse

hashish ['hæʃɪʃ] (N) haschich *m*

hashtag ['hæʃtæg] (N) hashtag *m*, mot-dièse *m*

hasn't ['hæznt] (ABBR OF **has not**) → **have**

hassle* ['hæsl] **1** (N) **a** (*= fuss*) histoire *f*; (*= worries*) tracas *mpl* • **what a ~!** quelle histoire ! • **it's a ~!** c'est toute une histoire ! • **it's no ~!** ce n'est pas un problème ! • **it isn't worth the ~** ça ne vaut pas la peine • **preparing for a wedding is such a ~** les préparatifs d'un mariage, c'est toute une affaire **b** (*US*) (*= squabble*) chamaillerie* *f* **c** (*= bustle, confusion*) pagaille *f* **2** (VT) (*= harass*) embêter • **stop hassling me, will you?** arrête donc de m'embêter ! • **he was continually being ~d for money** on l'embêtait sans arrêt pour lui demander de l'argent **3** (VI) (*US*) (*= quarrel*) se battre **4** (COMP) ▸ **hassle-free** ADJ sans histoire

haste [heɪst] (N) hâte *f* • **to do sth in ~** faire qch à la hâte • **in their ~ to explain what had happened** dans leur précipitation à expliquer ce qui s'était passé • (PROV) **more ~ less speed** hâtez-vous lentement

hasten ['heɪsn] **1** (VI) se hâter (**to do sth** de faire qch) • **... I ~ to add** ... je m'empresse d'ajouter • **to ~ away** partir à la hâte **2** (VT) hâter • **to ~ sb's departure** hâter le départ de qn • **the strikes that ~ed the collapse of the Soviet Union** les grèves qui ont précipité l'effondrement de l'Union soviétique

hastily ['heɪstɪlɪ] (ADV) hâtivement; (*= excessively quickly*) précipitamment • **a ~ arranged press conference** une conférence de presse organisée à la hâte

hasty ['heɪstɪ] (ADJ) **a** [*departure, escape, retreat*] précipité; [*glance, examination, visit, sketch*] rapide **b** (*= rash*) hâtif;

[*marriage*] précipité • **perhaps I was a bit ~** (*in actions*) j'ai sans doute agi avec précipitation

hat [hæt] 1 (N) chapeau *m* • **to take one's ~ off to sb** tirer son chapeau à qn • **~s off to them for helping the homeless!** leur action en faveur des SDF mérite un coup de chapeau • **to keep sth under one's ~*** garder qch pour soi • **to pass round the ~** *or* **to pass the ~** (*US*) **for sb** faire la quête pour qn
▸ **at the drop of a hat** (= *immediately*) sur le champ
2 (COMP) ▸ **hat trick** N **to score a ~ trick** (= *score three times*) réussir trois coups consécutifs; (= *win three matches*) gagner trois matchs consécutifs

hatch [hætʃ] 1 (VT) ⓐ [+ *chick, egg*] faire éclore ⓑ [+ *plot*] tramer; [+ *plan*] couver 2 (VI) (*also* **hatch out**) [*chick*] éclore 3 (N) (*on boat*) écoutille *f* • **down the ~!*** cul sec!*

hatchback ['hætʃbæk] (N) voiture *f* à hayon

hatcheck ['hættʃek] (N) préposé(e) *m(f)* au vestiaire

hatchery ['hætʃərɪ] (N) couvoir *m* (*local pour l'incubation des œufs, notamment de poisson*)

hatchet ['hætʃɪt] (N) hachette *f* ▸ **hatchet job** N démolissage *m* • **to do a ~ job on sb*** démolir qn ▸ **hatchet man*** N (*pl* **hatchet men**) (*in industry etc*) homme *m* de main

hate [heɪt] 1 (VT) haïr; (*weaker*) détester • **what he ~s most of all is ...** ce qu'il déteste le plus au monde c'est ... • **I ~ it when she cries** j'ai horreur quand elle pleure • **to ~ o.s.** s'en vouloir (**for doing sth** de faire qch) • **to ~ doing sth** détester faire qch • **he ~s being ordered about** il a horreur qu'on lui donne des ordres • **I ~ being late** je déteste être en retard • **I ~ to tell you this, but ...** je suis désolé de vous le dire, mais ... • **I ~ to admit it, but you were right** je suis obligé d'admettre que vous aviez raison • **I would ~ to keep him waiting** je ne voudrais surtout pas le faire attendre • **I would ~ him to think that ...** je ne voudrais surtout pas qu'il pense que ...
2 (N) haine *f*
3 (COMP) ▸ **hate campaign** N campagne *f* de dénigrement ▸ **hate mail** N lettres *fpl* d'injures

hated ['heɪtɪd] (ADJ) haï

hateful ['heɪtfʊl] (ADJ) ⓐ (= *horrible*) odieux ⓑ (= *full of hate*) haineux

hater ['heɪtə^{r}] (N) personne *f* haineuse • **cop-~** anti-flic* *mf* • **woman-~** misogyne *m* haineux

hatred ['heɪtrɪd] (N) haine *f* • **to feel ~ for sb** haïr qn

haughty ['hɔːtɪ] (ADJ) hautain

haul [hɔːl] 1 (N) ⓐ (= *journey*) **the long ~ between Paris and Grenoble** le long voyage entre Paris et Grenoble • **revitalizing the economy will be a long ~** relancer l'économie prendra beaucoup de temps ⓑ (= *booty*) butin *m* • **a drugs ~** une saisie de drogue 2 (VT) (= *pull*) traîner • **to ~ sb over the coals** passer un savon* à qn • **she was ~ed before the magistrates*** elle a été traînée devant les tribunaux
▸ **haul down** VT SEP [+ *object*] descendre (*en tirant*)
▸ **haul in** VT SEP [+ *line, catch*] amener
▸ **haul up** VT SEP [+ *object*] monter (*en tirant*) • **to ~ o.s. up** se hisser • **to be ~ed up in court*** être traîné devant les tribunaux

haulage ['hɔːlɪdʒ] (N) (= *business*) transport *m* routier; (= *charge*) frais *mpl* de transport ▸ **haulage company** N (*Brit*) entreprise *f* de transports (routiers) ▸ **haulage contractor** N = **haulier**

haulier ['hɔːlɪə^{r}] (N) (*Brit*) (= *company*) entreprise *f* de transports (routiers); (= *driver*) routier *m*

haunch [hɔːntʃ] (N) hanche *f* • **~es** [*of animal*] arrière-train *m* • **squatting on his ~es** (*person*) accroupi • **~ of venison** cuissot *m* de chevreuil

haunt [hɔːnt] 1 (VT) hanter • **to be ~ed by memories** être hanté par des souvenirs 2 (N) [*of criminals*] repaire *m* • **it is a favourite ~ of artists** c'est un lieu fréquenté par les artistes • **this café is one of his favourite ~s** ce café est un de ses endroits favoris

haunted ['hɔːntɪd] (ADJ) [*house*] hanté; [*look, expression*] égaré; [*face, eyes*] hagard • **he looks ~** il a un air hagard

haunting ['hɔːntɪŋ] (ADJ) obsédant

haute couture [ˌəʊt kuː'tʊə^{r}] (N) haute couture *f*

---

have [hæv]

1 AUXILIARY VERB	4 NOUN
2 MODAL VERB	5 PHRASAL VERBS
3 TRANSITIVE VERB	

> 3rd pers sg pres **has**, pret, ptp **had**

> When **have** is part of a set combination, eg **have a look**, **have a good time**, look up the noun.

1 AUXILIARY VERB

ⓐ avoir

> **avoir** is the auxiliary used with most verbs to form past tenses. For important exceptions see below.

• **I ~ eaten** j'ai mangé • **I had eaten** j'avais mangé • **haven't you grown!** comme tu as grandi!

> Note the agreement of the past participle with the preceding direct object.

• **I haven't seen her** je ne l'ai pas vue • **I hadn't seen him** je ne l'avais pas vu • **if I had seen her I would have spoken to her** si je l'avais vue, je lui aurais parlé • **having seen them** les ayant vus

> When describing uncompleted states or actions, French generally uses the present and imperfect where English uses the perfect and past perfect.

• **I ~ lived** *or* **~ been living here for 10 years/since January** j'habite ici depuis 10 ans/depuis janvier • **I had lived** *or* **had been living there for 10 years** j'habitais là depuis 10 ans
▸ **to have just ...** venir de ... • **I ~ just seen him** je viens de le voir • **I had just spoken to him** je venais de lui parler

ⓑ être

> **être** is the auxiliary used with all reflexives, and the following verbs when used intransitively: **aller**, **arriver**, **descendre**, **devenir**, **entrer**, **monter**, **mourir**, **naître**, **partir**, **passer**, **rentrer**, **rester**, **retourner**, **revenir**, **sortir**, **tomber**, **venir**.

• **I ~ gone** je suis allé • **I've made a mistake** je me suis trompé • **I had gone** j'étais allé • **I had made a mistake** je m'étais trompé

c (*in tag questions: seeking confirmation*) n'est-ce pas • **you've seen her, haven't you?** vous l'avez vue, n'est-ce pas ? • **he hasn't told anyone, has he?** il n'en a parlé à personne, n'est-ce pas ?

d (*in tag responses*) **he's got a new job — oh has he?** il a un nouveau travail — ah bon ? • **you've dropped your book — so I ~!** vous avez laissé tomber votre livre — en effet !

> **(mais) si** or **(mais) non** are used to contradict.

• **you haven't seen her — yes I ~!** vous ne l'avez pas vue — (mais) si ! • **you've made a mistake — no I haven't!** vous vous êtes trompé — mais non !

> **oui** or **non** are often sufficient when answering questions.

• **have you met him? — yes I ~** est-ce que tu l'as rencontré ? — oui • **has he arrived? — no he hasn't** est-ce qu'il est arrivé ? — non

e (*avoiding repetition of verb*) **~ you ever been there? if you ~ ...** y êtes-vous déjà allé ? si oui, ... • **~ you tried it? if you haven't ...** est-ce que vous avez goûté ça ? si vous ne l'avez pas fait, ...

2 MODAL VERB

▸ **to have to** + *infinitive* devoir, falloir

> **falloir** is always used in the third person singular, in an impersonal construction. Note that **falloir que** is always followed by the subjunctive.

• **they ~ to work hard** ils doivent travailler dur, il faut qu'ils travaillent dur • **they had to work hard** ils ont dû travailler dur, il a fallu qu'ils travaillent dur • **you're going to ~ to work hard!** tu vas devoir travailler dur !, il va falloir que tu travailles dur ! • **I'll ~ to leave now or I'll miss the train** il faut que je parte, sinon je vais rater mon train • **he had to pay all the money back** il a dû tout rembourser • **don't you ~ to get permission?** est-ce qu'on ne doit pas demander la permission ? • **do you ~ to go now?** est-ce que vous devez partir tout de suite ? • **we've had to work late twice this week** nous avons dû rester travailler tard deux fois cette semaine • **we'll ~ to find an alternative** nous allons devoir trouver une autre solution • **the locks will ~ to be changed** il va falloir changer les serrures • **what kind of equipment would you ~ to have?** quel type de matériel vous faudrait-il ? • **it has to be the biggest scandal this year** c'est sans aucun doute le plus gros scandale de l'année • **it still has to be proved** ça reste à prouver • **do you ~ to make such a noise?** tu ne pourrais pas faire un peu moins de bruit ?

▸ **don't/doesn't have to** + *infinitive*

> Note that **falloir** and **devoir** are not used.

• **he doesn't ~ to work** il n'a pas besoin de travailler • **you didn't ~ to tell her!** tu n'avais pas besoin de le lui dire ! • **it's nice not to ~ to work on Saturdays** c'est agréable de ne pas avoir à travailler le samedi • **I don't ~ to do it** je ne suis pas obligé *or* forcé de le faire

3 TRANSITIVE VERB

a avoir • **I ~** *or* **I've got three books** j'ai trois livres • **~ you got a suitcase?** avez-vous une valise ? • **she has blue eyes** elle a les yeux bleus • **~ you got this jumper in black?** est-ce que vous avez ce pull en noir ? • **I haven't any more** je n'en ai plus • **I ~ got nothing to do** je n'ai rien à faire • **I've got a headache** j'ai mal à la tête • **I had my camera ready** j'avais mon appareil tout prêt • **to ~ a child** avoir un enfant • **she is having a baby in April** elle va avoir un bébé en avril • **our cat has had kittens** notre chatte a eu des petits • **I'll ~ everything ready** je veillerai à ce que tout soit prêt

b (*= eat, drink, take*) **he had an egg for breakfast** il a mangé un œuf au petit déjeuner • **I'll just ~ a sandwich** je vais juste prendre un sandwich • **~ some more** reprends-en • **shall we ~ a coffee?** on prend un café ? • **to ~ tea with sb** prendre le thé avec qn • **I've had a couple of aspirins** j'ai pris deux aspirines

▸ **will you have ...?** (*in offers*) **will you ~ tea or coffee?** vous prendrez du thé ou du café ?

c (*= spend*) passer • **what sort of day have you had?** est-ce que tu as passé une bonne journée ? • **to ~ a pleasant evening** passer une bonne soirée

d (*= smoke*) fumer • **he had a cigarette** il a fumé une cigarette

e (*= catch*) tenir • **he had me by the throat** il me tenait à la gorge • **I've got him where I want him!*** je le tiens ! • **to be had*** (*= taken in*) se faire avoir • **you've been had** tu t'es fait avoir*

f (*set structures*)

▸ **to let sb have** (*= give*) donner à qn • **let me ~ your address** donnez-moi votre adresse • **I'll let you ~ it for $100** je vous le cède pour 100 dollars

▸ **must have** *or* **have to have** **I must ~ £50 at once** il me faut 50 livres immédiatement • **I must** *or* **have to ~ them by this afternoon** il me les faut pour cet après-midi

▸ **won't have** (*= refuse to accept*) **I won't ~ this nonsense!** je ne tolérerai pas ces enfantillages ! • **I won't ~ it!** je ne tolérerai pas ça ! • **I won't ~ him risking his neck on that motorbike** je ne veux pas qu'il risque sa vie sur cette moto

▸ **would have** (*= wish*) **what would you ~ me do?** que voulez-vous que je fasse ? • **I would ~ you know that ...** sachez que ...

▸ **to have sth done** [+ *service*] faire faire qch • **to ~ sth mended** faire réparer qch • **to ~ one's hair cut** se faire couper les cheveux • **I've had the brakes checked** j'ai fait vérifier les freins • **he had his car stolen** il s'est fait voler sa voiture • **he had his worst fears confirmed** ses pires craintes se sont réalisées

▸ **to have sb do sth** faire faire qch à qn • **I had him clean the car** je lui ai fait nettoyer la voiture • **she soon had them all reading and writing** elle a réussi très rapidement à leur apprendre à lire et à écrire

▸ **had better** (*= should*) **I had better go now** il vaut mieux que j'y aille • **you'd better not tell him that!** tu ferais mieux de ne pas lui dire ça !

▸ **to have had it*** **I've had it** (*= am done for*) je suis fichu* • **I've had it up to here** j'en ai marre !*

▸ **to have to do with** **I ~ nothing to do with it** je n'y suis pour rien • **that has nothing to do with it** ça n'a rien à voir

4 NOUN

the ~s and the ~-nots les riches *mpl* et les pauvres *mpl*

▸ **have in** VT SEP ⓐ faire venir • **we'll ~ them in and discuss it** nous allons les faire venir pour en discuter ⓑ **to ~ it in for sb*** avoir une dent contre qn ⓒ **to ~ it in one** en être capable • **she has got it in her** elle en est capable

▸ **have off** VT SEP (*Brit*) **to ~ it off with sb*** s'envoyer* qn

▸ **have on** VT SEP ⓐ [+ *clothes*] porter • **he had nothing on** il était tout nu ⓑ (*Brit* = *have planned*) **I've got so much on this week that ...** j'ai tant de choses à faire cette semaine que ... • **I've got nothing on this evening** je suis libre ce soir ⓒ (*Brit* = *tease*)* faire marcher* ⓓ **Richard has nothing on him!*** Richard ne lui arrive pas à la cheville ! • **the police ~ nothing on me*** la police n'a pas de preuve contre moi

▸ **have out** VT SEP ⓐ **to ~ a tooth out** se faire arracher une dent ⓑ **to ~ it out with sb** s'expliquer avec qn

▸ **have round** VT SEP [+ *friends, neighbours*] inviter

▸ **have up** VT SEP **to be had up** passer en jugement (**for doing sth** pour avoir fait qch)

haven ['heɪvn] (N) **a ~ of** [+ *peace, tranquillity*] un havre de • **a ~ for** [+ *animals, refugees*] un refuge pour

have-nots ['hævnɒts] (NPL) → **have**

haven't ['hævnt] (ABBR OF **have not**) → **have**

haversack ['hævəsæk] (N) musette *f*; (= *rucksack*) sac *m* à dos

havoc ['hævək] (N) ravages *mpl*; (*less serious*) dégâts *mpl* • **to cause ~** causer des ravages • **this wreaked ~ with their plans** cela a bouleversé tous leurs projets • **to wreak ~ on sb's life** complètement bouleverser la vie de qn • **to play ~ with** [+ *schedule, plans*] bouleverser; [+ *health, skin*] être très mauvais pour

Hawaii [hə'waɪɪ] (N) Hawaï • **in ~** à Hawaï

hawk [hɔːk] 1 (N) faucon *m* • **to watch sb like a ~** avoir qn à l'œil* 2 (VT) (= *peddle*) colporter; (*in street*) vendre (*dans la rue*)

hawker ['hɔːkər] (N) colporteur *m*; (*door-to-door*) démarcheur *m*, -euse *f*

hawkish ['hɔːkɪʃ] (ADJ) belliciste

hawthorn ['hɔːθɔːn] (N) aubépine *f*

hay [heɪ] (N) foin *m* • (PROV) **to make ~ while the sun shines** ≈ battre le fer pendant qu'il est chaud ▸ **hay fever** N rhume *m* des foins

haystack ['heɪstæk] (N) meule *f* de foin

haywire* ['heɪwaɪər] (ADJ) **to go ~** [*plans*] être perturbé; [*machine*] se détraquer

hazard ['hæzəd] 1 (N) ⓐ (= *risk*) risque *m*; (*stronger*) danger *m* • **natural ~s** risques *mpl* naturels • **to be a safety ~** constituer un danger • **these waste materials pose an environmental ~** ces déchets sont un risque pour l'environnement ⓑ (= *obstacle*) obstacle *m* 2 (VT) ⓐ [+ *remark, suggestion*] hasarder • **to ~ a guess** hasarder une hypothèse ⓑ [+ *life, reputation, one's fortune*] risquer 3 (COMP) ▸ **hazard warning lights** NPL feux *mpl* de détresse

hazardous ['hæzədəs] (ADJ) dangereux (**to** *or* **for sb/sth** pour qn/qch) ▸ **hazardous waste** N déchets *mpl* dangereux

haze [heɪz] 1 (N) brume *f* (légère) 2 (VT) (*US*) [+ *new student*] bizuter

hazel ['heɪzl] 1 (N) noisetier *m* 2 (ADJ) (couleur) noisette *inv* • **~ eyes** yeux *mpl* noisette

hazelnut ['heɪzlnʌt] (N) noisette *f*

hazy ['heɪzɪ] (ADJ) ⓐ [*sunshine, sun*] voilé; [*day, sky*] brumeux • **it's very ~ today** (*with heat, dust*) l'air est brumeux aujourd'hui ⓑ [*outline, vision, details*] flou; [*idea, memory*] vague • **to be ~ about sth** [*person*] n'avoir qu'une vague idée de qch

H-bomb ['aɪtʃbɒm] (N) bombe *f* H

HD (ABBR) (ABBR OF **high definition**) HD

HDD (N) (ABBR OF **hard disk drive**) unité *f* de disque dur

HDTV (N) (ABBR OF **high definition television**) TVHD *f*

he [hiː] 1 (PERS PRON) ⓐ (*unstressed*) il • **he has come** il est venu • **here he is** le voici • **he is a doctor** il est médecin • **he is a small man** c'est un homme petit ⓑ (*stressed*) lui • **HE didn't do it** ce n'est pas lui qui l'a fait 2 (N)* mâle *m* • **it's a he** (*animal*) c'est un mâle; (*baby*) c'est un garçon 3 (COMP) ▸ **he-man*** N (*pl* **he-men**) (vrai) mec* *m*

head [hed]

1	NOUN	4	COMPOUNDS
2	TRANSITIVE VERB	5	PHRASAL VERBS
3	INTRANSITIVE VERB		

1 NOUN

ⓐ tête *f* • **to hit sb on the ~** frapper qn à la tête • **to keep one's ~ down*** (= *avoid trouble*) garder un profil bas; (= *work hard*) travailler dur • **~ down** (= *upside down*) la tête en bas; (= *looking down*) la tête baissée • **my ~ is aching** j'ai mal à la tête • **~ of hair** chevelure *f* • **to stand on one's ~** faire le poirier • **I could do it standing on my ~** c'est simple comme bonjour • **to stand sth on its ~** prendre le contre-pied de qch • **she is a ~ taller than her sister** elle dépasse sa sœur d'une tête • **to keep one's ~ above water** (= *avoid failure*) se maintenir à flot • **to have a big ~** avoir la grosse tête* • **he went over my ~ to the director** il m'a court-circuité et est allé voir le directeur • **his ideas went right over my ~** ses idées me dépassaient complètement • **he's got his ~ in the sand** il pratique la politique de l'autruche • **he was talking his ~ off*** il n'arrêtait pas de parler • **to shout one's ~ off*** crier à tue-tête • **to laugh one's ~ off** rire aux éclats • **on your own ~ be it!** à vos risques et périls !

▸ **a head, per head** par tête

▸ **from head to foot** *or* **toe** de la tête aux pieds • **he was dressed in black from ~ to foot** *or* **toe** il était habillé en noir de la tête aux pieds • **he was trembling from ~ to foot** il tremblait de tout son corps

▸ **head and shoulders** **he stands ~ and shoulders above everybody else** (*in height*) il dépasse tout le monde d'une tête; (*in quality*) il surpasse tout le monde

▸ **head over heels** **to go ~ over heels** (*accidentally*) faire la culbute; (*on purpose*) faire une galipette • **to be ~ over heels in love with sb** être follement amoureux de qn

ⓑ (= *mind, intellect*) tête *f* • **I can't do it in my ~** je ne peux pas calculer ça de tête • **to get sth into one's ~*** se mettre qch dans la tête • **I can't get that into his ~*** je n'arrive pas à lui faire comprendre • **to take it into one's ~ to do sth** se mettre en tête de faire qch • **it didn't enter his ~ that** ça ne lui est pas venu à l'idée que ... • **you never know what's going on in his ~** on ne sait jamais ce qui lui passe par la tête • **what put that idea into his ~?** qu'est-ce qui lui a mis cette idée-là en tête ? • **she's got her ~ screwed on*** elle a la tête sur les épaules • **two ~s are better than one** deux avis valent mieux qu'un • **we put our ~s together*** nous y avons réfléchi ensemble

h

• **to keep one's ~** garder son sang-froid • **to lose one's ~** perdre la tête • **his success went to his ~** son succès lui est monté à la tête • **he's off his ~*** il a perdu la boule* • **to get one's ~ round sth*** (= *understand*) piger* qch • **it does my ~ in*** ça me prend la tête*

▸ **a (good) head (for)** **she has a good ~ for figures** elle est douée en calcul • **she has a good ~ for heights** elle n'a jamais le vertige • **he has no ~ for heights** il a le vertige • **she has a good business ~** elle a le sens des affaires

▸ **out of one's head** **I can't get it out of my ~** je ne peux pas me sortir ça de la tête • **he couldn't get her out of his ~** il ne pouvait pas s'empêcher de penser à elle • **it went right out of my ~** ça m'est tout à fait sorti de la tête

c (*of cattle*) (*pl*) **20 ~ of cattle** 20 têtes *fpl* de bétail

d (*specific part*) [*of flower, pin*] tête *f*; [*of arrow*] pointe *f*; [*of spear*] fer *m*; (*on beer*) mousse *f*; (*on tape recorder*) tête *f* (*de lecture, d'enregistrement*)

e ▸ **to come to a head** [*problem*] devenir critique • **it all came to a ~ yesterday** les choses ont atteint un point critique hier

▸ **to bring things to a head** précipiter les choses

f (*= top end*) [*of staircase*] haut *m* • **at the ~ of** (*lake, valley*) à l'extrémité de; (*table*) au bout de; (*procession*) en tête de; (= *in charge of*) à la tête de • **at the ~ of the queue** en tête de file

g (*of vegetable, lettuce, cabbage*) pomme *f*; [*of celery*] pied *m*; [*of garlic*] tête *f*

h (*= leader*) [*of family*] chef *m* • **~ of department** [*of company*] chef *m* de service • **~ of state** chef *m* d'État

i (*of school*) (*Brit*) directeur *m* (*or* directrice *f*) d'école • **~ of department** [*of school, college*] professeur *mf* responsable de section

j (*of coin*) face *f* • **~s or tails?** pile ou face ? • **I can't make ~ or tail of it** je n'y comprends rien

2 TRANSITIVE VERB

a (*= lead*) être à la tête de; [+ *procession, list, poll*] être en tête de • **~ed by ...** dirigé par ...

b (*= direct*) **he got in the car and ~ed it towards town** il est monté dans la voiture et s'est dirigé vers la ville

c (*= put at head of*) [+ *chapter*] intituler

d (*Football*) **to ~ the ball** faire une tête

3 INTRANSITIVE VERB

(*= go*) **to ~ for** *or* **towards** [*person, vehicle*] se diriger vers; [*ship*] mettre le cap sur • **he ~ed up the hill** il s'est mis à monter la colline • **he was ~ing home** il était sur le chemin du retour • **he's ~ing for trouble** il va avoir des ennuis • **they're ~ing for victory** ils sont bien partis pour gagner

4 COMPOUNDS

(*buyer, assistant*) principal ▸ **head boy** N (*Brit*) *élève de terminale assumant diverses responsabilités* ▸ **head girl** N (*Brit*) *élève de terminale assumant diverses responsabilités* ▸ **head office** N siège *m* social ▸ **head start** N **to have a ~ start** être avantagé dès le départ (**over** *or* **on sb** par rapport à qn) ▸ **head teacher** N (*Brit*) directeur *m* (*or* directrice *f*) d'école ▸ **head-to-head** ADJ [*contest, competition*] direct ◆ N affrontement *m* direct ▸ **head waiter** N maître *m* d'hôtel

5 PHRASAL VERBS

▸ **head off** **1** VI partir **2** VT SEP [+ *person*] barrer la route à; [+ *questions*] éluder; [+ *trouble*] éviter

▸ **head up** VT INSEP [+ *organization, team*] diriger

headache ['hedeɪk] (N) **a** (= *pain*) mal *m* de tête • **to have a ~** avoir mal à la tête **b** (= *problem*) problème *m* • **his daughter is a real ~** sa fille est impossible

headband ['hedbænd] (N) bandeau *m*

headboard ['hedbɔːd] (N) [*of bed*] tête *f* de lit

headbutt ['hedbʌt] **1** (N) coup *m* de tête **2** (VT) donner un coup de tête à

headcheese ['hedtʃiːz] (N) (*US*) fromage *m* de tête

headcount ['hedkaʊnt] (N) **a** comptage *m* • **let's do a ~** comptons-les **b** (= *workforce*) effectifs *mpl*

headdress ['heddres] (N) (*of feathers*) coiffure *f*

headed ['hedɪd] (ADJ) (*Brit*) **~ notepaper** papier *m* à lettres à en-tête

header ['hedəʳ] (N) (*Football*) tête *f*

headfirst [ˌhed'fɜːst] (ADV) la tête la première

headgear ['hedgɪəʳ] (N) (= *hat*) chapeau *m* • **protective ~** casque *m*

headhunt ['hedhʌnt] **1** (VI) recruter des cadres pour une entreprise **2** (VT) recruter

headhunter ['hedhʌntəʳ] (N) chasseur *m* de têtes

heading ['hedɪŋ] (N) (= *title*) titre *m* • **under this ~** sous ce titre • **this comes under the ~ of ...** c'est sous la rubrique ...

headlamp ['hedlæmp] (N) = **headlight**

headland ['hedlənd] (N) cap *m*

headlight ['hedlaɪt] (N) (*Brit*) phare *m* • **he had his ~s on** il était en phares

headline ['hedlaɪn] (N) [*of newspaper*] gros titre *m*; (*on radio, TV*) grand titre *m* • **to hit the ~s*** [*story, person*] faire les gros titres; [*scandal, crime*] défrayer la chronique • **here are the news ~s** voici les titres de l'actualité ▸ **headline news** N **to be ~ news** faire les gros titres

headliner* ['hedlaɪnəʳ] (N) (*Music, Theatre*) vedette *f*

headlong ['hedlɒŋ] **1** (ADV) [*run, rush, plunge*] tête baissée • **she fell ~ down the stairs** elle est tombée la tête la première dans les escaliers **2** (ADJ) [*fall*] vertigineux • **~ dash** ruée *f* • **he made a ~ dash for the door** il s'est rué vers la porte

headmaster ['hedmɑːstəʳ] (N) directeur *m* d'école

headmistress ['hedmɪstrɪs] (N) directrice *f* d'école

head-on ['hed'ɒn] **1** (ADV) **a** (*physically*) **to collide ~** se heurter de plein fouet • **to collide ~ with sth** heurter qch de plein fouet **b** [*confront, tackle, meet*] de front **2** (ADJ) **a** [*collision*] frontal **b** [*confrontation*] direct

headphones ['hedfəʊnz] (NPL) casque *m* (*écouteurs*)

headquarters ['hedkwɔːtəz] (NPL) siège *m*; [*of army division*] quartier *m* général

headrest ['hedrest] (N) appui-tête *m*

headroom ['hedrʊm] (N) (*under ceiling*) hauteur *f* sous plafond; (*under bridge*) hauteur *f* limite • **there is not enough ~** (*under bridge*) le pont est trop bas; (*under roof*) le plafond est trop bas

headscarf ['hedskɑːf] (N) foulard *m*

headset ['hedset] (N) casque *m* (*écouteurs*)

headstand ['hedstænd] (N) **to do a ~** faire le poirier

headstone ['hedstəʊn] (N) [*of grave*] pierre *f* tombale

headstrong ['hedstrɒŋ] (ADJ) têtu

heads-up* ['hedzʌp] (N) **to give sb a ~** prévenir qn • **thanks for the ~!** merci de m'avoir prévenu !

headway ['hedweɪ] (N) progrès *m* • **to make ~** progresser • **I didn't make much ~ with him** je n'ai pas beaucoup progressé avec lui

headwind ['hedwɪnd] (N) vent *m* contraire

heady ['hedɪ] (ADJ) [*scent*] capiteux; [*experience, brew*] grisant • **it's ~ stuff*** c'est grisant

heal [hi:l] 1 (VI) [*wound*] se cicatriser 2 (VT) [+ *person*] guérir (**of** de); [+ *wound*] cicatriser • **time will ~ the pain** votre chagrin s'estompera avec le temps

healer ['hi:ləʳ] (N) guérisseur *m*, -euse *f*

healing ['hi:lɪŋ] (ADJ) [*properties*] curatif; [*powers*] de guérison • **the ~ process** le processus de guérison

health [helθ] 1 (N) santé *f* • **in good/poor ~** en bonne/mauvaise santé • **to have ~ problems** avoir des problèmes de santé • **to drink (to) sb's ~** boire à la santé de qn • **your ~!** à votre santé ! • **Department of Health** (*Brit*) ≈ ministère *m* de la Santé

2 (COMP) ▸ **health and safety** N normes *fpl* d'hygiène et de sécurité ▸ **Health Authority** N (*Brit*) administration *f* régionale de la santé publique ▸ **health care** N services *mpl* médicaux ▸ **health care worker** N membre *m* du personnel soignant ▸ **health centre** N ≈ centre *m* médicosocial ▸ **health check** N visite *f* médicale; (*more thorough*) bilan *m* de santé ▸ **health club** N club *m* de remise en forme ▸ **health education** N éducation *f* à la santé ▸ **health farm** N établissement *m* de remise en forme ▸ **health foods** NPL aliments *mpl* diététiques ▸ **health food shop, health food store** (*US*) N magasin *m* de produits diététiques ▸ **health hazard** N risque *m* pour la santé ▸ **health insurance** N assurance *f* maladie ▸ **health officer** N inspecteur *m*, -trice *f* de la santé ▸ **health risk** N risque *m* pour la santé ▸ **Health Service** N (*Brit*) → NHS ▸ **health tourism** N tourisme *m* médical *or* de santé ▸ **health visitor** N (*Brit*) ≈ infirmière *f* visiteuse ▸ **health warning** N (*on cigarette packet*) *mise en garde du ministère de la Santé*

> **HEALTH MAINTENANCE ORGANIZATION**
> Aux États-Unis, les **health maintenance organizations** sont des organismes privés qui dispensent des soins médicaux (y compris hospitaliers) à leurs adhérents. Dans une volonté de maîtrise des coûts, ces organismes insistent sur la médecine préventive et obligent à consulter des médecins agréés.

healthful ['helθfʊl] (ADJ) sain

healthily ['helθɪlɪ] (ADV) [*live, eat, grow*] sainement

healthy ['helθɪ] (ADJ) ⓐ (= *in good health*) en bonne santé; [*body, skin, hair*] sain; [*appetite*] solide • **he is very ~** il est en très bonne santé • **to stay ~** rester en bonne santé • **her skin had a ~ glow** sa peau éclatait de santé • **a ~ mind in a ~ body** un esprit sain dans un corps sain
ⓑ [*relationship*] sain; [*company, economy*] en bonne santé
ⓒ (= *healthful*) sain; [*climate*] salubre; [*exercise*] bon pour la santé • **advice on ~ living** conseils *mpl* pour vivre sainement ⓓ [*profit*] substantiel; [*scepticism*] salutaire

heap [hi:p] 1 (N) ⓐ tas *m* • **in a ~** en tas • **to collapse in a ~** [*person*] s'effondrer comme une masse • **a whole ~ of trouble** tout un tas* d'ennuis • **to be at the bottom of the ~** être en bas de l'échelle
▸ **heaps of*** (*money, people, ideas*) des tas* de • **she has ~s of enthusiasm** elle déborde d'enthousiasme • **we've got ~s of time** nous avons largement le temps • **to have ~s of things to do** avoir un tas* de choses à faire
ⓑ (= *car*)*‡ tas *m* de ferraille*
2 (VT) ⓐ (= *heap up*) empiler
ⓑ (= *give*) **to ~ praise on sb** couvrir qn d'éloges • **to ~ scorn on sb** couvrir qn de mépris
▸ **heap up** VT SEP empiler • **to ~ sth up on top of sth** entasser qch sur qch

heaped [hi:pt] (ADJ) **a ~ spoonful** une grosse cuillerée

hear [hɪəʳ] (*pret, ptp* **heard**) 1 (VT) ⓐ entendre • **did you ~ what he said?** avez-vous entendu ce qu'il a dit ? • **I heard him say that ...** je l'ai entendu dire que ... • **I heard someone come in** j'ai entendu quelqu'un entrer • **to make o.s. heard** se faire entendre • **I couldn't ~ myself think*** je ne m'entendais plus penser • **to ~ him talk you'd think he was an expert** à l'entendre, on dirait que c'est un expert • **I have heard it said that ...** j'ai entendu dire que ... • **let's ~ it for ...*** un grand bravo pour ...

> Note that when **can** is used with **hear** it is not translated.

• **can you ~ him?** vous l'entendez ? • **I can't ~ you!** je ne vous entends pas !
ⓑ (= *learn*) **have you heard the news?** connaissez-vous la nouvelle ? • **have you heard the one about the Scotsman who ...** tu connais l'histoire de l'Écossais qui ... • **I've been ~ing bad things about him** on m'a dit du mal de lui • **he had heard that they had left** il avait entendu dire qu'ils étaient partis • **I ~ you've been ill** on m'a dit que vous aviez été malade • **did you ~ if she's accepted the job?** savez-vous si elle a accepté le poste ?
ⓒ (= *listen to*) [+ *lecture*] assister à • **to ~ a case** [*judge*] entendre une cause • **the court has been ~ing evidence that he was ...** le tribunal a entendu des témoignages selon lesquels il aurait été ...
2 (VI) ⓐ entendre • **he cannot ~ very well** il n'entend pas très bien
ⓑ (= *get news*) avoir des nouvelles • **I ~ from my daughter every week** j'ai des nouvelles de ma fille chaque semaine • **hoping to ~ from you** (*in informal letter*) en espérant avoir bientôt de tes nouvelles • **to ~ about** *or* **of sb/sth** entendre parler de qn/qch • **I ~ about him from his mother** j'ai de ses nouvelles par sa mère • **he was never heard of again** on n'a plus jamais entendu parler de lui • **I've never heard of him!** je ne le connais pas ! • **everyone has heard of him** tout le monde a entendu parler de lui • **I've never heard of such a thing!** je n'ai jamais entendu parler d'une chose pareille ! • **I won't ~ of you going there** je ne veux absolument pas que tu y ailles • **no! I won't ~ of it!** non, je ne veux pas en entendre parler !
3 (EXCL) **hear, hear!** bravo !
▸ **hear out** VT SEP écouter jusqu'au bout

heard [hɜ:d] (VB) *pt, ptp of* **hear**

hearing ['hɪərɪŋ] 1 (N) ⓐ (= *sense*) ouïe *f* • **to have good ~** avoir l'ouïe fine • **his ~'s not very good** il n'entend pas très bien • **in my ~** en ma présence ⓑ (= *meeting*) séance *f* • **court ~** audience *f* • **to give sb a fair ~** laisser s'expliquer qn 2 (COMP) ▸ **hearing aid** N audiophone *m* ▸ **hearing-impaired** ADJ (= *deaf*) sourd; (= *hard of hearing*) malentendant

hearsay ['hɪəseɪ] (N) **it's only ~** ce ne sont que des rumeurs

hearse [hɜ:s] (N) corbillard *m*

heart [hɑ:t]

1 NOUN	3 COMPOUNDS
2 PLURAL NOUN	

1 NOUN

ⓐ cœur *m* • **to have a weak ~** avoir le cœur malade

• **I didn't have the ~ to tell him** je n'ai pas eu le cœur de le lui dire • **a cry from the ~** un cri du cœur • **to speak from the ~** parler du fond du cœur • **in his ~ of ~s he thought ...** au fond de lui-même, il pensait ... • **his ~ isn't in it** le cœur n'y est pas • **his ~ isn't in his work** il n'a pas le cœur à l'ouvrage • **his ~ is in the right place** il a bon cœur • **this is something which is close to his ~** c'est quelque chose qui lui tient à cœur • **a man after my own ~** un homme selon mon cœur • **with all my ~** de tout mon cœur • **have a ~!*** pitié!* • **to take sth to ~** prendre qch à cœur • **he has set his ~ on going to Paris** il veut à tout prix aller à Paris • **my ~ was in my mouth** mon cœur battait la chamade • **to eat to one's ~'s content** manger tout son soûl • **it was his ~'s desire** c'était son désir le plus cher • **to have a ~ of gold** avoir un cœur en or • **~ and soul** corps et âme • **he put his ~ and soul into his work** il s'est donné à son travail corps et âme

▸ **at heart** au fond • **I'm an optimist at ~** au fond je suis optimiste • **she's still a child at ~** elle est restée très enfant • **we have your best interests at ~** vos intérêts nous tiennent à cœur

▸ **by heart** par cœur • **to know by ~** savoir par cœur • **to learn sth by ~** apprendre qch par cœur

ⓑ (= *courage*) courage *m* • **to put new ~ into sb** redonner (du) courage à qn • **to lose/take ~** perdre/prendre courage

ⓒ (= *centre*) [*of town, lettuce*] cœur *m* • **in the ~ of the forest** au cœur de la forêt • **in the ~ of the country** en pleine campagne • **the ~ of the matter** le fond du problème

2 PLURAL NOUN

hearts (*Cards*) cœur *m* • **queen/six of ~s** dame *f*/six *m* de cœur

3 COMPOUNDS

▸ **heart attack** N crise *f* cardiaque ▸ **heart condition** N maladie *f* de cœur • **to have a ~ condition** être cardiaque ▸ **heart disease** N maladie *f* de cœur ▸ **heart failure** N insuffisance *f* cardiaque; (= *cardiac arrest*) arrêt *m* du cœur ▸ **heart-rate** N rythme *m* cardiaque ▸ **heart-searching** N **after much ~-searching he ...** après s'être longuement interrogé, il ... ▸ **heart-shaped** ADJ en (forme de) cœur ▸ **heart-throb*** N (= *person*) idole *f*; (*US*) = **heartbeat** ▸ **heart-to-heart** ADJ, ADV à cœur ouvert ♦ N **to have a ~-to-~ (with sb)*** parler à cœur ouvert (avec qn) ▸ **heart transplant** N greffe *f* du cœur ▸ **heart trouble** N problèmes *mpl* cardiaques

heartache ['hɑ:teɪk] (N) chagrin *m*

heartbeat ['hɑ:tbi:t] (N) ⓐ battement *m* du cœur ⓑ (= *pulse*) pouls *m*

heartbreak ['hɑ:tbreɪk] (N) déchirement *m*

heartbreaking ['hɑ:tbreɪkɪŋ] (ADJ) [*appeal, cry, sound*] déchirant • **it was ~ to see him like that** ça fendait le cœur de le voir comme ça

heartbroken ['hɑ:tbrəʊkn] (ADJ) **to be ~** avoir un immense chagrin; (*stronger*) avoir le cœur brisé; [*child*] avoir un gros chagrin

heartburn ['hɑ:tbɜ:n] (N) brûlures *fpl* d'estomac

hearten ['hɑ:tn] (VT) encourager

heartening ['hɑ:tnɪŋ] (ADJ) encourageant

heartfelt ['hɑ:tfelt] (ADJ) **to make a ~ appeal** lancer un appel du fond du cœur • **~ sympathy** condoléances *fpl* sincères

hearth [hɑ:θ] (N) foyer *m* ▸ **hearth rug** N devant *m* de foyer

heartily ['hɑ:tɪlɪ] (ADV) [*laugh*] de bon cœur; [*say, welcome*] chaleureusement; [*eat*] de bon appétit; [*drink*] avec entrain; [*recommend*] vivement; [*agree*] pleinement; [*congratulate, endorse*] de tout cœur • **to be ~ sick of sb/sth*** en avoir vraiment par-dessus la tête* de qn/qch • **to dislike sb ~** détester cordialement qn

heartland ['hɑ:tlænd] (N) (*also* **heartlands**) [*of country, continent*] cœur *m* • **the Tory ~** le bastion traditionnel des conservateurs

heartless ['hɑ:tlɪs] (ADJ) [*person*] sans cœur; [*treatment*] cruel

heartrending ['hɑ:trendɪŋ] (ADJ) [*cry, appeal*] déchirant • **it was ~ to see him** ça fendait le cœur de le voir

heartstrings ['hɑ:tstrɪŋz] (NPL) **to pull at sb's ~** jouer sur la corde sensible de qn

heartwarming ['hɑ:twɔ:mɪŋ] (ADJ) réconfortant

hearty ['hɑ:tɪ] (ADJ) ⓐ [*welcome, thanks*] chaleureux; [*appetite*] solide ⓑ [*food, soup*] consistant; [*meal*] copieux ⓒ [*endorsement, condemnation*] sans réserves • **to be in ~ agreement with sb/sth** être absolument d'accord avec qn/qch • **please accept my heartiest congratulations** je vous adresse mes plus vives félicitations • **to have a ~ dislike of sb** détester cordialement qn

heat [hi:t] **1** (N) ⓐ chaleur *f* • **how can you work in this ~?** comment pouvez-vous travailler avec cette chaleur ? • **in the ~ of the day** au moment le plus chaud de la journée • **we were trying to stay cool in the 35-degree ~** nous essayions de nous rafraîchir alors qu'il faisait 35 degrés • **in the ~ of the moment** dans le feu de l'action

ⓑ (*in cooking*) feu *m* • **cook over a medium ~** cuire à feu moyen • **lower the ~ and allow to simmer** réduire le feu et laisser mijoter

ⓒ (= *pressure*) pression *f* • **to turn the ~ on sb*** faire pression sur qn • **to turn up the ~ on sb*** accentuer la pression sur qn • **the ~ is on*** on est sous pression • **it'll take the ~ off us*** ça nous permettra de souffler un peu

ⓓ (*Sport*) épreuve *f* éliminatoire

ⓔ (*Brit*) (*animal*) **on ~** en chaleur

2 (VT) chauffer

3 (VI) [*liquid*] chauffer

4 (COMP) ▸ **heat haze** N brume *f* de chaleur ▸ **heat map** N carte *f* thermique ▸ **heat-resistant** ADJ [*dish*] allant *inv* au four

▸ **heat up** **1** VI chauffer; [*room*] se réchauffer **2** VT SEP réchauffer

heated ['hi:tɪd] (ADJ) [*swimming pool*] chauffé; [*towel rail*] chauffant; [*debate, discussion*] très animé; [*argument, words*] vif • **to get ~** [*person*] s'échauffer; [*debate*] devenir de plus en plus animé

heater ['hi:tə^r] (N) (*for room*) radiateur *m*; (*for water*) chauffe-eau *m inv*; [*of car*] chauffage *m*

heath [hi:θ] (N) (*Brit*) (= *moorland*) lande *f*

heathen ['hi:ðən] (*pej*) **1** (ADJ) (= *unbelieving*) païen; (= *barbarous*) sauvage **2** (N) païen(ne) *m(f)*

heather ['heðə^r] (N) bruyère *f*

heating ['hi:tɪŋ] (N) chauffage *m* ▸ **heating system** N système *m* de chauffage

heatproof ['hi:tpru:f] (ADJ) [*dish*] allant *inv* au four

heatstroke ['hi:tstrəʊk] (N) coup *m* de chaleur

heatwave ['hi:tweɪv] (N) vague *f* de chaleur

heave [hi:v] (*vb: pret, ptp* **heaved**) **1** (VT) (= *lift*) soulever (avec effort); (= *pull*) tirer (avec effort); (= *drag*) traîner (avec effort); (= *throw*) lancer • **to ~ a sigh of relief**

pousser un gros soupir de soulagement **2** (VI) [*person*] (= *retch*) avoir des haut-le-cœur; (= *vomit*) vomir • **his stomach was heaving** son estomac se soulevait **3** (N) **to give a ~** faire un effort pour soulever (*or* lancer *or* tirer *etc*)

heaven ['hevn] **1** (N) ⓐ (= *paradise*) ciel *m*, paradis *m* • **to go to ~** aller au ciel • **in ~** au ciel • **he was in ~** il était aux anges • **I thought I'd died and gone to ~!*** j'étais aux anges • **it was ~*** c'était divin • **~ knows when** Dieu sait quand • **when will you come back? — ~ knows!** quand reviendras-tu ? — Dieu seul le sait ! • **(good) ~s!*** mon Dieu ! • **for ~'s sake*** pour l'amour de Dieu*
ⓑ **the heavens** (= *sky*) le ciel • **the ~s opened** le ciel se mit à déverser des trombes d'eau
2 (COMP) ▸ **heaven-sent** ADJ providentiel

heavenly ['hevnlı] (ADJ) céleste; (= *delightful*) divin

heavily ['hevılı] (ADV) ⓐ [*rely on, influence, censor, subsidize*] fortement; [*rain, snow*] très fort; [*bleed*] abondamment; [*smoke, drink*] beaucoup; [*gamble*] gros; [*criticize*] vivement; [*tax*] lourdement • **~ in debt** fortement endetté • **to be ~ disguised** avoir un déguisement très élaboré • **~ fined** condamné à une lourde amende • **~ involved in** [+ *politics, interest group*] très engagé dans; [+ *drugs, illegal business*] fortement impliqué dans • **~ made-up eyes** yeux *mpl* très maquillés • **~ outnumbered** très inférieur en nombre • **she's ~ pregnant** elle est bientôt à terme • **~ weighted in sb's favour** fortement favorable à qn • **to borrow ~** emprunter de grosses sommes • **to invest ~** beaucoup investir
ⓑ **to be ~ into*** [+ *sport, music, computers*] être un(e) mordu(e) de* • **he's ~ into drugs** il se drogue beaucoup • **they're ~ into health foods** ils ne jurent que par les produits bio
ⓒ (= *deeply*) [*breathe, pant*] bruyamment; [*sleep, sigh*] profondément
ⓓ (= *clumsily*) lourdement
ⓔ (= *solidly*) **~ built** solidement bâti • **her attacker is described as aged 30-40 and ~ built** son agresseur aurait entre 30 et 40 ans et serait de forte carrure
ⓕ [*embroidered*] richement

heavy ['hevı] **1** (ADJ) lourd; [*payments, charges*] important; [*crop*] abondant; [*rain, shower*] fort *before n*; (= *tedious*) indigeste; [*fighting, shelling*] intensif; [*traffic*] dense; [*sigh, work*] gros (grosse *f*) *before n* • **to make heavier** alourdir • **how ~ is it?** combien ça pèse ? • **to be a ~ drinker** être un gros buveur • **to be a ~ sleeper** avoir le sommeil lourd • **his voice was ~ with sarcasm** son ton était très sarcastique • **eyes ~ with sleep** yeux *mpl* lourds de sommeil • **my car is ~ on petrol** ma voiture consomme beaucoup (d'essence) • **I've had a ~ day** j'ai eu une journée chargée • **~ gunfire** feu *m* nourri • **~ blow** coup *m* violent; (*fig*) rude coup *m* • **a man of ~ build** un homme de forte carrure • **there were ~ casualties** il y a eu de nombreuses victimes • **a ~ concentration of ...** une forte concentration de ... • **a ~ cold** un gros rhume • **~ periods** règles *fpl* abondantes • **~ features** traits *mpl* épais • **this book is very ~ going** ce livre est très indigeste • **with a ~ heart** le cœur gros • **~ sea** grosse mer *f* • **it's ~ stuff*** (= *not superficial*) ça a de la substance; (= *difficult, tedious*) c'est indigeste • **he made ~ weather of it** il en a vraiment rajouté* • **he did all the ~ work** c'est lui qui a fait le gros travail
2 (ADV) lourdement • **to weigh ~ on** peser lourdement sur
3 (COMP) ▸ **heavy-duty** ADJ [*carpet, equipment*] à usage intensif ▸ **heavy goods vehicle** N poids *m* lourd ▸ **heavy-handed** ADJ **to be ~-handed** être maladroit ▸ **heavy industry** N industrie *f* lourde ▸ **heavy metal** N (= *music*) heavy metal *m*

heavyweight ['hevıweıt] **1** (N) (*Boxing*) poids *m* lourd; (= *influential person*)* grosse pointure *f* **2** (ADJ) ⓐ [*bout, champion, class*] poids lourds *inv* • **a ~ boxer** un poids lourd ⓑ (= *serious*) sérieux

Hebrew ['hi:bru:] (N) (= *language*) hébreu *m*; (= *person*) Hébreu *m*

Hebrides ['hebrıdi:z] (NPL) **the ~** les Hébrides *fpl*

heck* [hek] **1** (EXCL) zut !* **2** (N) **a ~ of a lot of** plein de* • **I'm in one ~ of a mess** je suis dans un sacré pétrin* • **what the ~ is he doing?** qu'est-ce qu'il fiche* ? • **what the ~!** et puis zut !*

heckle ['hekl] (VTI) chahuter

heckler ['heklə^r] (N) élément *m* perturbateur

heckling ['heklıŋ] (N) chahut *m*

hectare ['hekta:^r] (N) hectare *m*

hectic ['hektık] (ADJ) trépidant; [*day*] mouvementé; [*schedule*] très chargé; [*activity*] fiévreux

hector ['hektə^r] (VT) harceler

he'd [hi:d] (ABBR OF **he had, he would**) → **have, would**

hedge [hedʒ] **1** (N) haie *f* • **a ~ against inflation** une protection contre l'inflation **2** (VI) ⓐ (*in answering*) se dérober ⓑ (= *protect o.s.*) **to ~ against sth** se prémunir contre qch **3** (VT) **to ~ one's bets** se couvrir **4** (COMP) ▸ **hedge fund** N fonds *m* spéculatif ▸ **hedge trimmer** N taille-haie *m*

hedgehog ['hedʒ,hɒg] (N) hérisson *m*

hedgerow ['hedʒrəʊ] (N) haie *f*

hedonism ['hi:dənızəm] (N) hédonisme *m*

hedonist ['hi:dənıst] (ADJ, N) hédoniste *mf*

heed [hi:d] **1** (VT) tenir compte de • **he didn't ~ the warning** il n'a tenu aucun compte de cet avertissement **2** (N) **to take ~ of sth** tenir compte de qch • **to pay no ~ to sb** ne pas écouter qn • **pay no ~ to these rumours** ne faites pas attention à ces rumeurs

heedless ['hi:dlıs] (ADJ) (= *not thinking*) étourdi; (= *not caring*) insouciant • **~ of danger, ...** sans se soucier du danger, ...

heel [hi:l] **1** (N) talon *m* • **high ~s** talons *mpl* hauts • **at sb's ~s** sur les talons de qn • **to be hot on sb's ~s** marcher sur les talons de qn • **this meeting follows hot on the ~s of last month's talks** cette réunion arrive juste après les négociations du mois dernier • **to take to one's ~s** prendre ses jambes à son cou • **under the ~ of** sous la botte de • **~!** (*to dog*) au pied ! • **to bring sb to ~** rappeler qn à l'ordre **2** (VT) [+ *shoes*] refaire un talon à **3** (COMP) ▸ **heel-bar** N talon-minute *m*

hefty* ['heftı] (ADJ) [*person*] costaud*; [*profit, fine, increase, meal*] sacré*; [*bill*] salé*

hegemony [hı'geməni] (N) hégémonie *f*

heh [hɛ] (EXCL) eh !

heifer ['hefə^r] (N) génisse *f*

height [haıt] (N) ⓐ [*of object, building*] hauteur *f*; [*of person*] taille *f*; [*of mountain*] altitude *f* • **what ~ are you?** combien mesurez-vous ? • **his ~ is 5 foot 9 inches** il fait 1 mètre 75 • **of average ~** de taille moyenne • **her weight is normal for her ~** son poids est normal par rapport à sa taille • **he drew himself up to his full ~** il s'est dressé de toute sa hauteur • **at shoulder ~** à hauteur des épaules

h

• **fear of ~s** vertige *m* • **to be afraid of ~s** avoir le vertige
ⓑ (= *altitude*) altitude *f* • **to gain ~** prendre de l'altitude • **to lose ~** perdre de l'altitude • **~ above sea level** altitude au-dessus du niveau de la mer
ⓒ (= *utmost*) [*of fortune, success*] apogée *m*; [*of glory, fame*] sommet *m*; [*of absurdity, folly*] comble *m* • **at the ~ of his power** au sommet de sa puissance • **at the ~ of his career** à l'apogée de sa carrière • **at the ~ of summer/the storm** au cœur de l'été/l'orage • **at the ~ of the season** au plus fort de la saison • **the ~ of fashion** la toute dernière mode • **the ~ of luxury** le comble du luxe • **the ~ of bad manners** le comble de l'impolitesse • **the crisis was at its ~** la crise avait atteint son paroxysme

heighten ['haɪtn] **1** (VT) augmenter; [*+ flavour*] relever • **this gave her a ~ed awareness of his vulnerability** cela lui a permis de mieux se rendre compte de sa vulnérabilité **2** (VI) [*tension*] monter; [*fear*] s'intensifier

heinous ['heɪnəs] (ADJ) odieux

heir [ɛəʳ] (N) héritier *m* • **he is ~ to a fortune** il héritera d'une fortune • **~ to the throne** héritier *m* de la couronne • **rightful ~** héritier *m* légitime

heiress ['ɛəres] (N) héritière *f* (**to** de)

heirloom ['ɛəlu:m] (N) héritage *m* • **this silver is a family ~** c'est de l'argenterie de famille

heist* [haɪst] (*US*) (N) (= *robbery*) hold-up *m inv*; (= *burglary*) casse‡ *m*

held [held] (VB) *pt, ptp of* **hold**

helicopter ['helɪkɒptəʳ] **1** (N) hélicoptère *m* **2** (ADJ) [*patrol, rescue*] en hélicoptère; [*pilot*] d'hélicoptère

heliport ['helɪpɔ:t] (N) héliport *m*

helium ['hi:lɪəm] (N) hélium *m*

he'll [hi:l] (ABBR OF **he will**) → **will**

hell [hel] (N) enfer *m* • **in ~** en enfer • **to make sb's life ~** rendre la vie infernale à qn • **all ~ broke loose** ça a fait tout un foin* • **it's ~ on earth** c'est l'enfer • **a living ~** un véritable enfer • **to go through ~** vivre l'enfer • **oh ~!** merde !‡ • **the holiday from ~** des vacances de cauchemar • **there'll be ~ to pay** ça va barder*
▸ **a/one hell of a** **to make a ~ of a noise** faire un boucan du diable* • **a ~ of a lot of people** des masses* de gens • **he's a ~ of a nice guy** c'est un type vachement bien* • **we had a ~ of a time** (= *bad*) ça n'a pas été marrant*; (= *good*) ça a été génial* • **they had one ~ of a fight** ils se sont étripés
▸ **the hell** **he did it for the ~ of it** il l'a fait parce qu'il en avait envie • **they beat the ~ out of me** ils m'ont roué de coups • **let's get the ~ out of here** barronsnous‡ • **he scared the ~ out of me** il m'a fiché une de ces frousses* • **what the ~!** (*in surprise*) merde alors !‡; (*dismissive*) qu'est-ce que ça peut bien faire ! • **what the ~ does he want now?** qu'est-ce qu'il peut bien vouloir maintenant ? • **what the ~'s going on?** mais bon sang* qu'est-ce qui se passe ? • **where the ~ have I put it?** où est-ce que j'ai bien pu le foutre ?‡ • **where the ~ have you been?** où t'étais passé ?*
▸ **as hell** **I was angry as ~** j'étais vraiment en boule* • **it's hot as ~** on crève* de chaud
▸ **like hell** **to work like ~** travailler comme un fou* • **to run like ~** courir comme un dératé* • **it hurts like ~** ça fait vachement* mal • **will you do it? — like ~ I will!** tu vas le faire ? — tu rigoles* !
▸ **to hell** **to ~ with him!** qu'il aille se faire voir !* • **to ~ with it!** la barbe !* • **go to ~!** va te faire voir* !
▸ **to give sb hell** (= *make their life a misery*) rendre la vie infernale à qn; (= *scold*) passer une engueulade‡ à qn • **the children give her ~** les enfants lui en font voir de toutes les couleurs

hellbent* [ˌhel'bent] (ADJ) **to be ~ on doing sth** *or* **to do** (*US*) **sth** vouloir à tout prix faire qch

hellish* ['helɪʃ] (ADJ) infernal; [*problems*] épouvantable

hellishly* ['helɪʃlɪ] (ADV) horriblement

hello [hə'ləʊ] (EXCL) bonjour !; (*on phone*) allô !; (*to attract attention*) hé !; (*in surprise*) tiens !

helm [helm] (N) barre *f* • **to be at the ~** être à la barre

helmet ['helmɪt] (N) casque *m*

help [help] **1** (N) ⓐ aide *f*; (*in emergency*) secours *m* • **~!** au secours ! • **thank you for your ~** merci de votre aide • **with the ~ of a computer** à l'aide d'un ordinateur • **he did it without ~** il l'a fait tout seul • **to shout for ~** appeler au secours • **to ask sb for ~** demander de l'aide à qn • **to be of ~ to sb** rendre service à qn • **can I be of ~?** je peux vous aider ? • **I was glad to be of ~** j'ai été content d'avoir pu rendre service • **it was of no ~ at all** cela n'a servi à rien du tout • **you've been a great ~** vous m'avez vraiment rendu service • **you're a great ~!** tu es d'un précieux secours
ⓑ (= *cleaner*) femme *f* de ménage
2 (VT) ⓐ aider • **to ~ sb do sth** aider qn à faire qch • **let me ~ you with that suitcase** je vais vous aider à porter votre valise • **she ~s her son with his homework** elle aide son fils à faire ses devoirs • **he got his brother to ~ him** il s'est fait aider par son frère • **that doesn't ~ much** cela ne sert pas à grand-chose • **so ~ me* I'll kill him!** je le tuerai, je le jure ! • **every little ~s** les petits ruisseaux font les grandes rivières (PROV) • **can I ~ you?** je peux vous aider ? • **to ~ each other** s'entraider • **he is ~ing the police with their inquiries** il est en train de répondre aux questions de la police • **it ~s exports** cela favorise les exportations • **to ~ sb across** aider qn à traverser • **to ~ sb down** aider qn à descendre • **to ~ sb to his feet** aider qn à se lever • **to ~ sb on with his coat** aider qn à mettre son manteau • **to ~ sb off with his coat** aider qn à enlever son manteau
ⓑ (= *serve*) **to ~ o.s.** se servir • **he ~ed himself to vegetables** il s'est servi en légumes • **~ yourself to leaflets** voilà des prospectus, servez-vous • **~ yourself!** servez-vous !
ⓒ (= *avoid*) **don't say more than you can ~** n'en dites pas plus qu'il ne faut • **not if I can ~ it!** sûrement pas !
▸ **can't help** **one can't ~ wondering whether ...** on ne peut s'empêcher de se demander si ... • **he can't ~ being stupid** ce n'est pas de sa faute s'il est idiot • **why are you laughing? — I can't ~ it** pourquoi riez-vous ? — c'est plus fort que moi • **it can't be ~ed** tant pis !
▸ **couldn't help** **I couldn't ~ laughing** je n'ai pas pu m'empêcher de rire • **sorry, I couldn't ~ it** désolé, je ne l'ai pas fait exprès
3 (COMP) ▸ **help desk** N service *m* d'assistance ▸ **help menu** N menu *m* d'aide
▸ **help along** VT SEP [*+ person*] aider à marcher; [*+ scheme*] faire avancer
▸ **help out** **1** VI aider; (*financially*) dépanner* **2** VT SEP aider; (*financially*) dépanner*

helper ['helpəʳ] (N) aide *mf*

helpful ['helpfʊl] (ADJ) [*person, staff*] serviable (**to sb** avec qn); [*suggestion, book*] utile

helpfully ['helpfəlɪ] (ADV) [*say*] avec obligeance; [*suggest, explain*] obligeamment

helping ['helpɪŋ] **1** (N) (*= food*) portion *f* • **to take a second ~ of sth** reprendre de qch **2** (ADJ) **to give a ~ hand** aider

helpless ['helplɪs] (ADJ) ⓐ (*= defenceless*) sans défense ⓑ (*= powerless*) **to feel ~** ne savoir que faire • **he was ~ to do anything** il a été incapable de faire quoi que ce soit • **to be ~ with laughter** être mort de rire

helplessly ['helplɪslɪ] (ADV) ⓐ (*= impotently*) [*stand, look on*] sans pouvoir rien faire • **he was lying ~ on the ground** il était allongé par terre, sans pouvoir bouger ⓑ (*= uncontrollably*) sans pouvoir se retenir

helpline ['helplaɪn] (N) service *m* d'assistance téléphonique

Helsinki [hel'sɪŋkɪ] (N) Helsinki

helter-skelter ['heltə'skeltəʳ] **1** (ADV) [*run*] comme un fou (*or* une folle) **2** (N) (*Brit*) (*in fairground*) toboggan *m*

hem [hem] **1** (N) ourlet *m* **2** (VT) (*= sew*) ourler
▸ **hem in** VT SEP ⓐ [*+ houses, people*] cerner ⓑ (*= hinder*) entraver • **I feel ~med in** je me sens oppressé

hemiplegic [,hemɪ'pli:dʒɪk] (ADJ, N) hémiplégique *mf*

hemisphere ['hemɪsfɪəʳ] (N) hémisphère *m* • **the northern/southern ~** l'hémisphère *m* nord/sud

hemline ['hemlaɪn] (N) ourlet *m*

hemp [hemp] (N) chanvre *m*

hen [hen] (N) poule *f*; (*= female bird*) femelle *f* ▸ **hen night***, **hen party*** N (*Brit*) soirée *f* entre femmes

hence [hens] (ADV) ⓐ (*= therefore*) d'où • **~ the name** d'où son nom • **it will drive up the price of oil, and ~ the price of petrol** ça fera monter le prix du pétrole, et donc celui de l'essence ⓑ (*= from now*) d'ici • **two years ~** d'ici deux ans

henceforth [hens'fɔ:θ], **henceforward** [hens'fɔ:wəd] (ADV) (*frm*) dorénavant

henchman ['hentʃmən] (N) (*pl* **-men**) homme *m* de main

henna ['henə] (N) henné *m*

henpecked ['henpekt] (ADJ) **he's a ~ husband** sa femme le mène par le bout du nez

hepatitis [,hepə'taɪtɪs] (N) hépatite *f*

her [hɜ:ʳ] **1** (PERSONAL PRONOUN) ⓐ (*direct object*) la; (*before vowel or silent "h"*) l' • **they hate ~** ils la détestent • **I'm going to call ~** je vais l'appeler

> **la** precedes the verb, except in positive commands.

• **look at ~!** regardez-la!

> When **l'** is the object of a tense consisting of **avoir** + past participle, **e** is added to the past participle.

• **he kissed ~** il l'a embrassée • **I had seen ~** je l'avais vue
ⓑ (*indirect object*) lui

> Some French verbs take an indirect object. This means they are either followed by **à** + noun, or require an indirect pronoun.

• **what are you giving Pat? — we're going to give ~ a CD** qu'allez-vous offrir à Pat? — nous allons lui offrir un CD

> When **lui** translates **her** in past tenses, **e** is NOT added to the past participle.

• **have you phoned Suzy? — yes, I phoned ~ last night** tu as téléphoné à Suzy? — oui je lui ai téléphoné hier soir

> **lui** precedes the verb, except in positive commands.

• **phone ~** téléphone-lui
▸ **to her** lui • **what are you going to say to ~?** qu'est-ce que tu vas lui dire? • **I'm speaking to ~** je lui parle
ⓒ (*emphatic*) elle • **it's ~** c'est elle
ⓓ ▸ *preposition* + **her** elle • **I am thinking about ~** je pense à elle • **I'm proud of ~** je suis fier d'elle • **without ~** sans elle • **younger than ~** plus jeune qu'elle
2 (POSSESSIVE ADJECTIVE) son, sa, ses

> **son** is used instead of **sa** before a vowel or silent **h**.

• **~ book** son livre • **~ table** sa table • **~ address** son adresse *f* • **~ clothes** ses vêtements

herald ['herəld] (VT) annoncer

heraldry ['herəldrɪ] (N) héraldique *f*

herb [hɜ:b, (*US*) ɜ:b] (N) herbe *f* • **herbs** (*for cooking*) fines herbes *fpl* ▸ **herb garden** N jardin *m* d'herbes aromatiques ▸ **herb tea** N infusion *f*

herbaceous [hɜ:'beɪʃəs] (ADJ) herbacé • **~ border** bordure *f* de plantes herbacées

herbal ['hɜ:bəl] (ADJ) d'herbes ▸ **herbal remedy** N remède *m* à base de plantes ▸ **herbal tea** N infusion *f*

herbalism ['hɜ:bəlɪzəm] (N) phytothérapie *f*

herbalist ['hɜ:bəlɪst] (N) herboriste *mf*

herbicide ['hɜ:bɪsaɪd] (N) herbicide *m*

herbivore ['hɜ:bɪvɔ:ʳ] (N) herbivore *m*

herd [hɜ:d] **1** (N) troupeau *m* • **to follow the ~** être comme un mouton de Panurge **2** (VT) [*+ animals*] mener en troupeau • **to ~ into** [*+ people*] parquer dans • **the group was ~ed into a bus** ils ont fait monter le groupe dans un bus **3** (COMP) ▸ **herd instinct** N instinct *m* grégaire

here [hɪəʳ] **1** (ADV) ⓐ ici

> French speakers very often use **là** instead of the more correct **ici**.

• **I live ~** j'habite ici • **come ~** venez ici • **spring is ~** le printemps est là • **this man ~ saw it** cet homme-ci l'a vu • **Mr Moore is not ~ just now** M. Moore n'est pas là en ce moment • **are you there? — yes I'm ~** vous êtes là? — oui je suis là • **I shan't be ~ this afternoon** je ne serai pas là cet après-midi • **I'm ~ to help!** à votre service! • **~ I would like to mention Ms Knight** j'aimerais ici mentionner Mme Knight
ⓑ

> When **here** is used to make an announcement or an introduction, it is usually translated **voilà**; **voici** is slightly more formal.

• **~ I am** me voilà • **~ we are at last!** nous voilà enfin arrivés! • **~ you are!** (*giving sth*) voilà! • **~ come my friends** voilà mes amis qui arrivent • **~ goes!*** allons-y! • **~ we go again!** c'est reparti!*

h

ⓒ *(set structures)*
▸ *preposition* + **here** **around ~** par ici • **put it in ~** mettez-le ici • **in ~ please** par ici, s'il vous plaît • **near ~** près d'ici • **over ~** ici • **it's cold up ~** il fait froid ici • **up to ~** jusqu'ici • **from ~ to London** d'ici à Londres
▸ **here and there** çà et là • **~, there and everywhere** un peu partout
▸ **neither here nor there** **it's neither ~ nor there** ça n'a aucun rapport
▸ **here and now** tout de suite • **I must warn you ~ and now that ...** il faut que je vous prévienne tout de suite que ...
▸ **here's to ...** **~'s to you!** à la tienne !, à la vôtre ! • **~'s to your success!** à votre succès !
2 (EXCL) **~, I didn't promise that at all!** dites donc, je n'ai jamais promis cela ! • **~, you try to open it!*** tiens, essaie de l'ouvrir !

hereafter [hɪər'ɑːftəʳ] **1** (ADV) (*= in the future*) dorénavant **2** (N) **the ~** l'au-delà *m*

hereby [hɪə'baɪ] (ADV) par la présente

hereditary [hɪ'redɪtərɪ] (ADJ) héréditaire

heredity [hɪ'redɪtɪ] (N) hérédité *f*

herein [hɪə'rɪn] (ADV) (*frm*) (*= in this matter*) en ceci; (*= in this writing*) ci-inclus

heresy ['herəsɪ] (N) hérésie *f*

heretic ['herətɪk] (N) hérétique *mf*

heretical [hɪ'retɪkəl] (ADJ) hérétique

herewith [,hɪə'wɪð] (ADV) **I am sending you ~** je vous envoie ci-joint

heritage ['herɪtɪdʒ] (N) patrimoine *m* • **our national ~** notre patrimoine national • **Quebec's French ~** les racines françaises du Québec ▸ **heritage centre** N (*Brit*) musée *m*

hermetic [hɜː'metɪk] (ADJ) hermétique

hermetically [hɜː'metɪkəlɪ] (ADV) hermétiquement • **~ sealed** hermétiquement fermé

hermit ['hɜːmɪt] (N) ermite *m*

hernia ['hɜːnɪə] (N) hernie *f*

hero ['hɪərəʊ] (*pl* **heroes**) (N) héros *m* • **to give sb a ~'s welcome** accueillir qn comme un héros ▸ **hero-worship** N culte *m*

heroic [hɪ'rəʊɪk] (ADJ) héroïque • **to put up ~ resistance** résister héroïquement

heroin ['herəʊɪn] (N) héroïne *f* (*drogue*) ▸ **heroin addict** N héroïnomane *mf* ▸ **heroin addiction** N héroïnomanie *f* ▸ **heroin user** N héroïnomane *mf*

heroine ['herəʊɪn] (N) héroïne *f* (*femme*)

heroism ['herəʊɪzəm] (N) héroïsme *m*

heron ['herən] (N) héron *m*

herpes ['hɜːpiːz] (N) herpès *m*

herring ['herɪŋ] (N) hareng *m*

hers [hɜːz] (POSS PRON) le sien, la sienne, les siens, les siennes • **my hands are clean, ~ are dirty** mes mains sont propres, les siennes sont sales • **~ is a difficult job** son travail est difficile • **this book is ~** ce livre est à elle • **a friend of ~** un de ses amis • **it's no fault of ~** ce n'est pas de sa faute • **that car of ~** sa fichue* voiture • **that stupid son of ~** son idiot de fils

herself [hɜː'self] (PERS PRON) ⓐ (*reflexive*) se • **she has hurt ~** elle s'est blessée • **she poured ~ a whisky** elle s'est servi un whisky • **"why not?" she said to ~** « pourquoi pas ? » se dit-elle ⓑ (*emphatic*) elle-même • **she told me ~** elle me l'a dit elle-même ⓒ (*after preposition*) **she's proud of ~** elle est fière d'elle • **she kept three for ~** elle s'en est réservé trois • **by ~** toute seule

Herts (ABBR OF **Hertfordshire**)

he's [hiːz] (ABBR OF **he is, he has**) → **be, have**

hesitant ['hezɪtənt] (ADJ) hésitant • **to be ~ about doing sth** hésiter à faire qch

hesitate ['hezɪteɪt] (VI) hésiter • **don't ~ to ask me** n'hésitez pas à me demander

hesitation [,hezɪ'teɪʃən] (N) hésitation *f* • **without the slightest ~** sans la moindre hésitation • **I have no ~ in saying that ...** je n'hésite pas à dire que ... • **I had no ~ about taking the job** j'ai accepté ce travail sans la moindre hésitation

hessian ['hesɪən] **1** (N) jute *m* **2** (ADJ) en toile de jute

heterogeneous ['hetərəʊ'dʒiːnɪəs] (ADJ) hétérogène

heterosexual ['hetərəʊ'seksjʊəl] (ADJ, N) hétérosexuel(le) *m(f)*

heterosexuality [,hetərəʊ,seksjʊ'ælɪtɪ] (N) hétérosexualité *f*

het up* [,het'ʌp] (ADJ) énervé • **he gets ~ about the slightest thing** il se met dans tous ses états pour un rien

heuristic [hjʊə'rɪstɪk] (ADJ) heuristique

hew [hjuː] (VT) (*pret* **hewed**, *ptp* **hewn** *or* **hewed**) [+ *stone*] tailler; [+ *wood*] couper

hexagon ['heksəgən] (N) hexagone *m*

hexagonal [hek'sægənəl] (ADJ) hexagonal

hey [heɪ] (EXCL) hé !

heyday ['heɪdeɪ] (N) (*= golden age*) âge *m* d'or • **in his ~** (*= at his most famous*) à l'apogée de sa gloire

HGV [,eɪtʃdʒiː'viː] (N) (ABBR OF **heavy goods vehicle**) poids *m* lourd

HHS [,eɪtʃeɪtʃ'es] (N) (US) (ABBR OF **Health and Human Services**) *ministère américain de la Santé et des Affaires sociales*

HI (ABBR OF **Hawaii**)

hi* [haɪ] (EXCL) (*= greeting*) salut !*

hiatus [haɪ'eɪtəs] (N) (*pl* **hiatuses** *or* **hiatus**) ⓐ (*= interruption*) interruption *f*; (*in series, manuscript etc*) lacune *f* • **after a two-week ~** après une interruption de deux semaines ⓑ (*Linguistics*) hiatus *m*

hibernate ['haɪbəneɪt] (VI) hiberner

hibernation [,haɪbə'neɪʃən] (N) hibernation *f* • **in ~** en hibernation

hiccup ['hɪkʌp] **1** (N) ⓐ hoquet *m* • **to have ~s** avoir le hoquet ⓑ (*= minor setback*) contretemps *m* **2** (VI) hoqueter

hick‡ [hɪk] (N) (US) péquenaud(e)‡ *m(f)*

hickey* ['hɪkɪ] (N) (US) (*= pimple*) petit bouton *m*; (*= lovebite*) suçon *m*

hidden ['hɪdn] **1** (VB) *ptp of* **hide** **2** (ADJ) caché • **~ meaning** sens *m* caché • **"no ~ extras"** « garanti sans suppléments » **3** (COMP) ▸ **hidden agenda** N intentions *fpl* cachées

hide [haɪd] (*pret* **hid** [hɪd], *ptp* **hidden** ['hɪdn]) **1** (VT) cacher • **to ~ sth from sb** cacher qch à qn • **to ~ o.s.** se cacher • **I've got nothing to ~** je n'ai rien à cacher • **he's hiding something** il nous cache quelque chose • **to ~ one's face** se cacher le visage • **hidden from sight** dérobé aux regards • **"no hidden extras"** « garanti sans suppléments » **2** (VI) se cacher **3** (N) ⓐ (*Brit*) (*for hunters, bird-watchers*) cachette *f* ⓑ (*= skin*) peau *f*; (*= leather*) cuir *m* **4** (COMP) ▸ **hide-and-seek** N cache-cache *m* • **to play ~-and-seek** jouer à cache-cache

hideaway ['haɪdəweɪ] (N) cachette *f*
hideous ['hɪdɪəs] (ADJ) hideux; [*crime*] abominable
hideously ['hɪdɪəslɪ] (ADV) [*deformed, ugly*] hideusement; [*embarrassed*] affreusement; [*expensive*] horriblement
hideout ['haɪdaʊt] (N) cachette *f*
hiding ['haɪdɪŋ] 1 (N) ⓐ **to be in ~** se tenir caché • **to go into ~** se cacher • **to come out of ~** sortir de sa cachette ⓑ (= *beating*) raclée* *f* 2 (COMP) ▸ **hiding place** N cachette *f*
hierarchy ['haɪərɑːkɪ] (N) hiérarchie *f*
hieroglyphics [,haɪərə'glɪfɪks] (NPL) (= *illegible writing*) écriture *f* illisible
hi-fi ['haɪ'faɪ] (N) chaîne *f* hi-fi ▸ **hi-fi equipment** N matériel *m* hi-fi
higgledy-piggledy* ['hɪgldɪ'pɪgldɪ] (ADJ, ADV) pêle-mêle *inv*
Higgs boson ['hɪgz'bəʊsn] (N) **the ~** le boson de Higgs
high [haɪ] 1 (ADJ) ⓐ haut • **a 40-metre ~ building** un bâtiment de 40 mètres de haut • **the wall is 2 metres ~** le mur fait 2 mètres de haut • **how ~ is that tower?** quelle est la hauteur de cette tour ? • **how ~ is the mountain?** quelle est l'altitude de la montagne ? • **when he was only so ~*** alors qu'il était haut comme trois pommes • **~ cheekbones** pommettes *fpl* saillantes • **on ~ ground** (= *on hill*) en hauteur; (= *on mountain*) en altitude • **to have the moral ~ ground** (= *moral superiority*) avoir l'avantage moral • **to take the moral ~ ground** prendre l'avantage moral
ⓑ (*in degree, number, strength*) [*frequency, latitude, tension*] haut *before n*; [*speed, number*] grand *before n*; [*rent, price*] élevé; [*sound, voice*] aigu(-guë) • **to have ~ blood pressure** avoir de la tension • **official reports say casualties have been ~** selon les rapports officiels, il y a beaucoup de morts et de blessés • **to have ~ expectations of sb/sth** beaucoup attendre de qn/qch • **~ official** haut fonctionnaire *m* • **to have a ~ opinion of sb/sth** avoir une haute opinion de qn/qch • **in ~ places** en haut lieu • **to pay a ~ price for sth** payer qch cher • **he has a ~ temperature** il a beaucoup de fièvre • **the temperature was in the ~ 30s** la température approchait les quarante degrés • **it's ~ time you went home** il est grand temps que tu rentres • **in ~ gear** en quatrième (*or* cinquième) vitesse
▸ **high in ...** [+ *fat, nitrogen*] à forte teneur en
ⓒ (= *drunk*)* parti* • **he was ~** (= *on drugs*) il planait* • **to get ~ on alcohol** s'enivrer • **he was ~ on speed** il planait* après avoir pris du speed • **she was ~ on her latest success** elle était enivrée par son dernier succès
2 (ADV) ⓐ [*climb, jump, throw*] haut; [*fly*] à haute altitude • **~ above our heads** bien au-dessus de nos têtes • **how ~ can you jump?** à quelle hauteur peux-tu sauter ? • **the house was built ~ on the hillside** la maison était construite en haut de la colline • **a house ~ up in the hills** une maison perchée dans les collines • **she was quite ~ up in the organization** elle était assez haut placée dans l'organisation • **economic reform is ~ on the agenda** la réforme économique est l'une des priorités • **to set one's sights ~** viser haut
ⓑ (*in degree, number, strength*) **the numbers go as ~ as 200** les nombres montent jusqu'à 200 • **I had to go as ~ as $200 for it** j'ai dû aller jusqu'à 200 dollars pour l'avoir • **to hunt ~ and low for sb** chercher qn partout • **to look ~ and low for sth** chercher qch partout • **to hold one's head up ~** avoir la tête haute • **to play ~** [*gambler*] jouer gros (jeu) • **feelings ran ~** les esprits étaient échauffés
3 (N) ⓐ (= *high point*) **the cost of living reached a new ~** le coût de la vie a atteint un nouveau record • **the euro closed at a new ~** l'euro a atteint un nouveau record en clôture • **~s and lows** les hauts *mpl* et les bas *mpl*
ⓑ **on high** en haut • **from on ~** d'en haut • **orders from on ~** des ordres venus d'en haut
ⓒ (= *weather system*) zone *f* de haute pression
4 (COMP) ▸ **high and dry** ADJ [*boat*] échoué • **to leave sb ~ and dry** laisser qn en plan* ▸ **high and mighty*** ADJ **to be ~ and mighty** se donner de grands airs ▸ **high-angle shot** N (*Cine*) plongée *f* ▸ **high beam** N (*US*) pleins phares *mpl* ▸ **high-class** ADJ [*hotel, food, service*] sélect; [*neighbourhood, flat*] (de) grand standing; [*person*] du grand monde; [*prostitute*] de luxe ▸ **High Court** N Haute cour *f* ▸ **high definition** ADJ, N haute définition *f* ▸ **high-density** ADJ haute densité *inv* ▸ **high-end** ADJ (= *top-of-the-range*) haut de gamme *inv* ▸ **high explosive** N explosif *m* puissant ▸ **high fibre diet** N (= *régime*) régime *m* riche en fibres; (= *food eaten*) alimentation *f* riche en fibres ▸ **high flier** N jeune loup *m* ▸ **high-flown** ADJ [*style, discourse*] ampoulé ▸ **high flyer** N jeune loup *m* ▸ **high-flying** ADJ [*aim, ambition*] extravagant; [*person*] plein d'avenir ▸ **high-frequency** ADJ à haute fréquence ▸ **high-grade** ADJ de qualité supérieure ▸ **high-handed** ADJ despotique ▸ **high heels** NPL hauts talons *mpl* ▸ **high horse** N **to be on one's ~ horse** être sur ses grands chevaux ▸ **high-impact** ADJ [*aerobics, exercise*] high-impact *inv* ▸ **high-income** ADJ à hauts revenus ▸ **high-interest** ADJ à intérêt élevé ▸ **high jump** N saut *m* en hauteur ▸ **high jumper** N sauteur *m*, -euse *f* en hauteur ▸ **high-level** ADJ [*meeting, discussions*] à un très haut niveau; [*computer language, programming*] de haut niveau • **~-level nuclear waste** déchets *mpl* hautement radioactifs ▸ **high life** N **to live the ~ life** mener la grande vie ▸ **high living** N grande vie *f* ▸ **high-minded** ADJ [*person*] d'une grande élévation morale; [*ambition, wish*] noble ▸ **high-necked** ADJ à col haut ▸ **high-performance** ADJ très performant ▸ **high-octane** ADJ [*petrol*] à indice d'octane élevé; (*fig*) (= *powerful, exciting*) puissant ▸ **high-pitched** ADJ [*voice, sound, note*] aigu(-guë) ▸ **high point** N [*of visit, holiday*] grand moment *m* • **the ~ point of the show/evening** le clou du spectacle/de la soirée ▸ **high-powered** ADJ [*car*] très puissant; [*person*] de haut vol • **~-powered businessman** homme *m* d'affaires de haut vol ▸ **high-pressure** ADJ à haute pression • **~-pressure area** zone *f* de haute pression ▸ **high-profile** ADJ [*position, politician*] très en vue; [*role*] très influent; [*issue*] très discuté ▸ **high-ranking** ADJ haut placé • **~-ranking official** haut fonctionnaire *m* ▸ **high resolution** N haute résolution *f* ▸ **high-resolution** ADJ haute résolution *inv* ▸ **high-rise** N tour *f* (d'habitation) ▸ **high-risk** ADJ à haut risque ▸ **high school** N (*US*) ≈ lycée *m*; (*Brit*) établissement *m* d'enseignement secondaire • **~ school diploma** (*US*) diplôme *m* de fin d'études secondaires, ≈ baccalauréat *m* → HIGH SCHOOL ▸ **high seas** NPL **on the ~ seas** en haute mer ▸ **high season** N (*Brit*) haute saison *f* ▸ **high-sided vehicle** N véhicule *m* haut (*donnant prise au vent*) ▸ **high sign*** N (*US*) signe *m* d'intelligence • **to give sb a ~ sign** faire un signe d'intelligence à qn ▸ **high society** N haute société *f* ▸ **high-speed** ADJ ultrarapide • **a ~-speed chase** une course poursuite • **~-speed train** train *m* à grande vitesse ▸ **high-spirited** ADJ [*person*] plein d'entrain;

[*horse*] fougueux ▸**high spirits** NPL entrain *m* • **in ~ spirits** (= *lively*) plein d'entrain; (= *happy*) tout joyeux ▸**high spot** N [*of visit, holiday*] grand moment *m* • **the ~ spot of the show/evening** le clou du spectacle/de la soirée ▸**high stakes** NPL **to play for ~ stakes** jouer gros jeu ▸**high street** N (*Brit*) [*of village*] grand-rue *f*; [*of town*] rue *f* principale ▸**high-street** ADJ (*Brit*) [*shop, store*] qui appartient à une grande chaîne • **the ~-street banks** les grandes banques *fpl* ▸**high-strung** ADJ (*US*) très nerveux ▸**high summer** N cœur *m* de l'été • **in ~ summer** en plein été ▸**high tech** N high-tech *m inv* ▸**high-tech** ADJ de haute technologie; [*computer*] sophistiqué; [*industry, medicine, technique*] de pointe ▸**high tide** N marée *f* haute • **at ~ tide** à marée haute ▸**high-visibility clothing** N vêtements *mpl* haute visibilité ▸**high-visibility vest** N gilet *m* haute visibilité ▸**high wire** N (= *tightrope*) corde *f* raide • **to be walking the ~ wire** être sur la corde raide ▸**high-up*** N grosse légume* *f*

HIGH COURT

Dans le système juridique anglais et gallois, la **High Court** est une cour de droit civil chargée des affaires plus importantes et complexes que celles traitées par les « County Courts ». En Écosse en revanche, la **High Court (of Justiciary)** est la plus haute cour de justice, à laquelle les affaires les plus graves, telles que meurtre et viol, sont soumises et où elles sont jugées devant un jury.

HIGH SCHOOL

Aux États-Unis, la **high school** se compose de la « junior high school », qui correspond au collège, et de la « senior high school », qui correspond au lycée. Les élèves reçus à leur examen final se voient remettre leur diplôme au cours d'une importante cérémonie appelée « Graduation ».

La vie des **high schools** a inspiré de nombreux films et téléfilms américains ; on y voit le rôle qu'y jouent les sports (en particulier le football américain et le basket-ball) et certaines manifestations mondaines comme le bal de fin d'année des élèves de terminale, le « Senior Prom ».

→ GRADE, GRADUATION, PROM

highball ['haɪbɔːl] N (*US*) (= *drink*) whisky *m* à l'eau (avec de la glace)

highbrow ['haɪbraʊ] 1 N intellectuel(le) *m(f)* 2 ADJ [*tastes, interests*] d'intellectuel; [*music*] pour intellectuels

highchair ['haɪtʃɛəʳ] N chaise *f* haute (*pour enfants*)

higher ['haɪəʳ] *compar of* **high** 1 ADJ [*animal, primate, species, plant*] supérieur; [*degree, diploma*] d'études supérieures • **any number ~ than six** tout nombre supérieur à six • **the ~ classes** les grandes classes *fpl* • **the ~ income brackets** les tranches *fpl* de revenus supérieures

2 ADV plus haut • **~ up** plus haut • **~ and ~** de plus en plus haut • **unemployment is climbing ~ and ~** le chômage augmente de plus en plus

3 N (*in Scottish education system*) diplôme *m* de fin d'études secondaires, ≈ baccalauréat *m*

4 COMP ▸**higher education** N enseignement *m* supérieur ▸**Higher Grade** N (*in Scottish education system*) diplôme *m* de fin d'études secondaires, ≈ baccalauréat *m* → A LEVELS

highlander ['haɪləndəʳ] N montagnard *m*; (*in Britain*) habitant(e) *m(f)* des Highlands

highlands ['haɪləndz] NPL montagnes *fpl* • **the Highlands** (*in Britain*) les Highlands *mpl*

highlight ['haɪlaɪt] 1 N a (= *high point*) **the ~s of the match** les temps *mpl* forts du match • **the ~ of the evening** le clou de la soirée b (*in hair*) reflet *m* • **to have ~s put in one's hair** se faire faire des mèches *fpl* 2 VT a (= *emphasize*) souligner b (*with highlighter pen*) surligner; (= *underline*) souligner; (*on computer*) sélectionner

highlighted ['haɪˌlaɪtɪd] ADJ [*hair*] méché

highlighter ['haɪˌlaɪtəʳ] N (= *pen*) surligneur *m*

highly ['haɪlɪ] 1 ADV a (= *very*) très; [*skilled, qualified, unlikely, professional*] hautement • **~ respected** éminemment respecté • **~ acclaimed by the critics** salué par la critique • **~ recommended** hautement recommandé • **~ polished** [*wood*] bien astiqué • **~ charged** [*atmosphere*] très tendu; [*debate*] à l'atmosphère très tendue • **~ seasoned** fortement assaisonné

b (= *at or to a high level*) **~-paid** [*person, job*] très bien payé • **~-trained** [*scientist, academic*] de haut niveau; [*sportsman*] bien entraîné • **~-rated** très estimé

c (*with vb*) **to speak/think ~ of sb/sth** dire/penser beaucoup de bien de qn/qch • **to praise sb ~** chanter les louanges de qn • **I don't rate him very ~ at all** je n'ai pas une très haute opinion de lui

2 COMP ▸**highly strung** ADJ très nerveux

highness ['haɪnɪs] N **His** *or* **Her/Your Highness** Son/Votre Altesse *f*

hightail* ['haɪteɪl] VT (*US*) **they ~ed it back to town** ils sont revenus en ville à toute vitesse

highway ['haɪweɪ] 1 N a (*US*) (= *main road*) grande route *f* b (= *public highway*) voie *f* publique 2 COMP ▸**highway code** N (*Brit*) code *m* de la route ▸**highway patrol** N (*US*) police *f* de la route ▸**highway robbery** N banditisme *m* de grand chemin • **it's ~ robbery!** c'est du vol manifeste !

highwayman ['haɪweɪmən] N (*pl* **-men**) bandit *m* de grand chemin

HIIT [hɪt] N (ABBR OF **high-intensity interval training**) entraînement *m* par intervalle à haute intensité

hijab [hɪ'dʒæb] N hidjab *m*

hijack ['haɪdʒæk] VT [+ *plane*] détourner; [+ *idea*] s'approprier

hijacker ['haɪdʒækəʳ] N pirate *m* (de l'air/de la route/du rail)

hijacking ['haɪdʒækɪŋ] N détournement *m*

hike [haɪk] 1 N a (*for pleasure*) randonnée *f* (à pied); (*for training*) marche *f* à pied • **to go for a ~** faire une randonnée b (= *increase*)* hausse *f* 2 VI faire des randonnées • **we spent our holidays hiking in France** nous avons randonné en France pendant nos vacances

hiker ['haɪkəʳ] N randonneur *m*, -euse *f*

hiking ['haɪkɪŋ] N randonnée *f* (à pied) ▸**hiking boots** NPL chaussures *fpl* de randonnée

hilarious [hɪ'lɛərɪəs] ADJ hilarant

hilarity [hɪ'lærɪtɪ] N hilarité *f* • **it caused a lot of ~** cela a déchaîné l'hilarité

hill [hɪl] N colline *f*; (= *slope*) côte *f*; (*up*) montée *f*; (*down*) descente *f* • **he was going up the ~** il montait la colline • **he's over the ~*** il se fait vieux ▸**hill walker** N randonneur *m*, -euse *f* ▸**hill walking** N randonnée *f* (en montagne)

hillbilly* ['hɪlbɪlɪ] N (*US*) péquenaud* *m*

hillside ['hɪlsaɪd] N coteau *m* • **on the ~** à flanc de coteau

hilltop ['hɪltɒp] 1 N **on the ~** en haut de la colline 2 ADJ [*village*] perché en haut d'une colline

hilly [ˈhɪlɪ] (ADJ) [*country*] vallonné; [*road*] qui monte et qui descend

hilt [hɪlt] (N) [*of sword*] garde *f* • **to back sb to the ~** soutenir qn à fond

him [hɪm] (PERSONAL PRONOUN) **a** (*direct object*) le; (*before vowel or silent "h"*) l' • **she hates ~** elle le déteste • **I'm going to call ~** je vais l'appeler

> **le** precedes the verb, except in positive commands.

• **don't disturb ~** ne le dérangez pas • **look at ~!** regardez-le!

> When the French verb consists of **avoir** + past participle, **l'** precedes the form of **avoir**.

• **I have seen ~** je l'ai vu

b (*indirect object*) lui

> Some French verbs take an indirect object. This means they are either followed by **à** + noun, or require an indirect pronoun.

• **I'm going to phone ~ tomorrow** je vais lui téléphoner demain • **we're going to give ~ a present** nous allons lui offrir un cadeau

> **lui** precedes the verb, except in positive commands.

• **don't phone ~** ne lui téléphone pas • **phone ~** téléphone-lui

▸ **to him** lui • **what are you going to say to ~?** qu'est-ce que tu vas lui dire? • **I'm speaking to ~** je lui parle • **nobody spoke to ~** personne ne lui a parlé

c (*emphatic*) lui • **it's ~** c'est lui

d ▸ *preposition* + **him** lui • **I am thinking about ~** je pense à lui • **I'm proud of ~** je suis fier de lui • **without ~** sans lui • **younger than ~** plus jeune que lui

Himalayas [ˌhɪməˈleɪəz] (NPL) **the ~** l'Himalaya *m*

himself [hɪmˈself] (PERS PRON) **a** (*as reflexive*) se • **he has hurt ~** il s'est blessé • **he poured ~ a whisky** il s'est servi un whisky • **"why not?" he said to ~** « pourquoi pas ? » se dit-il

b (*emphatic use*) lui-même • **he told me ~** il me l'a dit lui-même • **I saw the teacher ~** j'ai vu le professeur en personne

c (*after preposition*) **he's proud of ~** il est fier de lui • **he kept three for ~** il en a gardé trois pour lui • **(all) by ~** tout seul

d (*= normal*) **he hasn't been ~ lately** il n'est pas dans son état normal ces temps-ci; (*= not feeling well*) il n'est pas dans son assiette ces temps-ci

hind [haɪnd] (ADJ) [*legs*] de derrière • **she could talk the ~ legs off a donkey*** c'est un vrai moulin à paroles

hinder [ˈhɪndəʳ] (VT) (*= prevent*) entraver; (*= delay*) retarder • **the rescue team's efforts were ~ed by the bad weather** le travail des sauveteurs a été gêné par le mauvais temps • **the rocky terrain ~ed their progress** le terrain rocheux les a freinés • **poor diet is ~ing her recovery** sa mauvaise alimentation retarde sa guérison • **high interest rates are ~ing recovery** les taux d'intérêt élevés freinent la reprise

Hindi [ˈhɪndi] (N) hindi *m*

hindquarters [ˈhaɪndˌkwɔːtəz] (NPL) arrière-train *m*

hindrance [ˈhɪndrəns] (N) obstacle *m* • **to be a ~ to sb/sth** gêner qn/qch • **he is more of a ~ than a help** il gêne plus qu'il n'aide

hindsight [ˈhaɪndsaɪt] (N) **in ~** avec le recul • **it was, in ~, a mistake** rétrospectivement, je pense que c'était une erreur

Hindu [ˈhɪnduː] **1** (ADJ) hindou **2** (N) hindou(e) *m(f)*

Hinduism [ˈhɪndʊˌɪzəm] (N) hindouisme *m*

hinge [hɪndʒ] **1** (N) [*of door*] gond *m*, charnière *f* • **the door came off its ~s** la porte est sortie de ses gonds **2** (VI) **to ~ on sth** dépendre de qch

hinged [hɪndʒd] (ADJ) à charnière(s)

hint [hɪnt] **1** (N) **a** allusion *f* • **to drop a ~** faire une allusion • **to drop a ~ that ...** faire une allusion au fait que ... • **he dropped me a ~ that he would like an invitation** il m'a fait comprendre qu'il aimerait être invité • **he dropped a gentle ~ about it** il y a fait une allusion discrète • **there are strong ~s from the government that ...** le gouvernement a clairement laissé entendre que ... • **he knows how to take a ~** il comprend à demi-mot • **I can take a ~** j'ai compris • **he can't take a ~** il ne comprend pas vite • **I'll give you a ~** je vais vous donner un indice • **he gave no ~ of his feelings** il n'a rien laissé transparaître de ses sentiments

b (*= advice*) conseil *m*

c (*= trace*) [*of colour*] touche *f*; [*of taste, flavour*] soupçon *m* • **there was a ~ of sadness in his smile** il y avait un peu de tristesse dans son sourire • **at the first ~ of trouble** au moindre problème

2 (VT) insinuer • **he ~ed strongly that ...** il a lourdement insinué que ... • **he ~ed to me that he was unhappy** il m'a laissé entendre qu'il était malheureux

3 (VI) **to ~ at sth** faire allusion à qch • **what are you ~ing at?** qu'est-ce que vous voulez dire par là ? • **are you ~ing at something?** c'est une allusion ? • **the newspapers ~ed darkly at conspiracies** les journaux ont fait des allusions inquiétantes à des complots • **the president ~ed at the possibility of tax cuts** le président a laissé entendre qu'il pourrait y avoir une baisse des impôts

hinterland [ˈhɪntəlænd] (N) arrière-pays *m inv*

hip [hɪp] **1** (N) hanche *f* • **to break one's ~** se casser le col du fémur **2** (EXCL) **~ ~ hurrah!** hip hip hip hourra! **3** (ADJ) (*= up-to-date*)* branché* **4** (COMP) ▸ **hip flask** N flasque *f* ▸ **hip measurement** N tour *m* de hanches ▸ **hip pocket** N poche *f* revolver *inv* ▸ **hip replacement** N **she's had a ~ replacement** on lui a posé une prothèse de la hanche ▸ **hip size** N tour *m* de hanches

hip-hop [ˈhɪphɒp] (N) hip-hop *m*

hippie* [ˈhɪpɪ] (ADJ, N) (*in the sixties*) hippie *mf*; (*modern-day*) baba *mf* cool

hippo* [ˈhɪpəʊ] (N) hippopotame *m*

hippopotamus [ˌhɪpəˈpɒtəməs] (N) hippopotame *m*

hippy* [ˈhɪpɪ] (ADJ, N) (*in the sixties*) hippie *mf*; (*modern-day*) baba *mf* cool

hipster [ˈhɪpstəʳ] **1** (N) (*= fashionable person*)* hipster *mf* **2** (NPL) **hipsters** (Brit) (*= clothing*) pantalon *m* taille basse

hire [ˈhaɪəʳ] **1** (N) (*Brit = act of hiring*) location *f* • **for ~** [*car, boat, building*] à louer; [*taxi*] libre • **on ~** en location • **car/ski ~** location *f* de voitures/de skis **2** (VT) **a** (*Brit*) (*= rent*) louer • **a ~d car** une voiture de location **b** (*= employ*) [*+ person*] embaucher • **a ~d killer** un tueur à gages

3 (VI) embaucher 4 (COMP) ▸ **hire car** N (Brit) voiture *f* de location ▸ **hire purchase** N (Brit) achat *m* à crédit • **on ~ purchase** à crédit

▸ **hire out** VT SEP ⓐ (Brit) (= *rent out*) louer ⓑ (US) **he ~s himself out as a gardener** il loue ses services comme jardinier

Hiroshima [ˌhɪrəˈʃiːmə] (N) Hiroshima

his [hɪz] 1 (POSS ADJ) son, sa, ses • **~ book** son livre • **~ table** sa table • **~ friend** son ami(e) • **~ clothes** ses vêtements • **he has broken ~ leg** il s'est cassé la jambe

2 (POSS PRON) le sien, la sienne, les siens, les siennes • **my hands are clean, ~ are dirty** mes mains sont propres, les siennes sont sales • **~ is a specialized field** son domaine est spécialisé • **this book is ~** ce livre est à lui

▸ **of his a friend of ~** un de ses amis • **it's no fault of ~** ce n'est pas de sa faute • **that car of ~** sa fichue* voiture • **that stupid son of ~** son idiot de fils • **that temper of ~** son sale caractère

Hispanic [hɪˈspænɪk] 1 (ADJ) hispanique; (*in America*) hispano-américain 2 (N) Hispano-Américain(e) *m(f)*

hiss [hɪs] 1 (VI) [*person, snake*] siffler; [*cat*] cracher 2 (VT) siffler • **"come here," he ~ed** « viens ici », siffla-t-il 3 (N) sifflement *m* • **there were ~es as he went on stage** il y a eu des sifflets lorsqu'il est entré en scène

hissy fit* [ˈhɪsɪfɪt] (N) crise* *f* • **to throw a ~** piquer une crise*

historian [hɪˈstɔːrɪən] (N) historien(ne) *m(f)*

historic [hɪˈstɒrɪk] (ADJ) historique • **site of ~ interest** site *m* historique • **a ~ occasion** un événement historique

historical [hɪˈstɒrɪkəl] (ADJ) historique • **the ~ background to the case** l'historique *m* de l'affaire • **place of ~ interest** site *m* historique • **from a ~ perspective** d'un point de vue historique ▸ **historical novel** N roman *m* historique

history [ˈhɪstərɪ] (N) histoire *f* • **to make ~** créer un précédent • **it will go down in ~ (as ...)** cela entrera dans l'histoire (comme étant ...) • **that's all ancient ~** c'est de l'histoire ancienne tout cela • **the recent ceasefire agreement is already ~** le récent cessez-le-feu n'est déjà plus qu'un souvenir • **... and the rest is ~** ... le reste appartient à l'histoire • **what is his medical ~?** quel est son passé médical ? • **he has a ~ of psychiatric disorders** il a des antécédents de troubles psychiatriques • **the accused had a ~ of violent behaviour** l'accusé avait déjà commis des actes de violence

histrionics [ˌhɪstrɪˈɒnɪks] (NPL) **I'm tired of his ~** (*pej*) j'en ai assez de ses airs dramatiques *or* de son cinéma*

hit [hɪt] (*vb: pret, ptp* **hit**) 1 (N) ⓐ (= *stroke, blow*) coup *m*

ⓑ (= *successful stroke*) beau coup *m*; (*with bomb, bullet, shell*) tir *m* réussi • **three ~s and three misses** trois succès et trois échecs

ⓒ (= *book, film*) gros succès *m*; (= *song*) tube* *m* • **the play was a big ~** la pièce a eu un énorme succès • **to make a ~ of sth*** réussir qch • **she was a big ~ with my sister** elle a beaucoup plu à ma sœur

ⓓ (*Comput*) (*to website*) visite *f*; (*on search engine*) résultat *m* de recherche

2 (VT) ⓐ (= *strike*) frapper; (= *knock against*) heurter; (= *reach*) atteindre; [+ *key on keyboard*] appuyer sur • **he ~ his brother** il a frappé son frère • **his father used to ~ him** son père le battait • **to ~ sb where it hurts** (*in fight*) frapper qn là où ça fait mal; (*by saying or doing sth hurtful*) toucher le point faible de qn • **she ~ him a blow across the face** elle l'a frappé au visage • **he ~ his head on the corner of the table** sa tête a heurté le coin de la table • **the stone ~ the window** la pierre a heurté la fenêtre • **he ~ the nail with a hammer** il a tapé sur le clou avec un marteau • **you've ~ the nail on the head!** vous avez mis le doigt dessus ! • **that ~ home!** le coup a porté ! • **to ~ the ground running*** se mettre immédiatement au travail • **he was ~ by flying glass** il a reçu des éclats de verre • **the president was ~ by three bullets** le président a reçu trois balles • **the house was ~ by a bomb** la maison a été atteinte par une bombe • **the tree was ~ by lightning** l'arbre a été frappé par la foudre • **you won't know what's ~ you when the baby arrives!*** ta vie va être bouleversée par l'arrivée du bébé

ⓑ (= *affect adversely*) toucher • **California was the area hardest ~ by the storms** la Californie a été la région la plus touchée par les tempêtes • **production was ~ by the strike** la production a été affectée par la grève

ⓒ **to ~ the papers** [*news, story*] être à la une* des journaux • **what will happen when the story ~s the front page?** que se passera-t-il quand cette histoire fera la une* des journaux ? • **oil prices ~ record levels yesterday** le prix du pétrole a atteint un niveau record hier • **then it ~ me*** (= *realization*) ça a fait tilt* • **it suddenly ~ me* that ...** j'ai soudain réalisé que ... • **to ~ sb for $10*** taper* qn de 10 dollars • **to ~ the bottle*** se mettre à picoler* • **to ~ the roof*** sortir de ses gonds • **to ~ the deck*** (= *get down*) s'aplatir au sol; (= *get knocked down*) tomber par terre; [*boxer*] aller au tapis • **to ~ the sack*** se pieuter* • **to ~ the road*** se mettre en route • **to ~ the dance floor*** aller sur la piste (de danse) • **it ~s the spot*** [*food, drink*] ça fait du bien ! ; (= *succeeds*) ça tombe à pic !*

ⓓ (= *collide with*) heurter • **the car ~ a pedestrian** la voiture a renversé un piéton

ⓔ (= *find*) trouver; [+ *problems, difficulties*] rencontrer • **we've ~ a snag** on est tombé sur un os*

3 (VI) (= *collide*) se cogner (**against** à, contre)

4 (COMP) ▸ **hit-and-miss** ADJ [*work*] fait au petit bonheur; [*attitude*] désinvolte; [*technique*] empirique • **it was all rather ~-and-miss** il n'y avait pas beaucoup de méthode dans tout cela ▸ **hit-and-run accident** N accident *m* avec délit de fuite ▸ **hit-and-run driver** N chauffard *m* coupable du délit de fuite ▸ **hit list** N liste *f* noire • **he's on her ~ list** elle l'a dans le collimateur* ▸ **hit parade** N hit-parade *m* ▸ **hit single** N tube* *m*

▸ **hit back** 1 VI riposter • **to ~ back at sb** se venger de qn • **to ~ back at sb's criticism/accusations** riposter à la critique/aux accusations de qn 2 VT SEP **to ~ sb back** frapper qn en retour

▸ **hit off*** VT SEP **to ~ it off with sb** bien s'entendre avec qn • **they ~ it off straight away** ils se sont immédiatement bien entendus

▸ **hit on** VT INSEP ⓐ tomber sur ⓑ (US)* draguer*

▸ **hit out** VI ⓐ (*physically*) **the police ~ out with batons** la police a distribué des coups de matraque • **to ~ out at sb** donner un coup à qn ⓑ (= *retaliate*) riposter • **to ~ out at sb** s'en prendre à qn • **to ~ out at sb's criticism/accusations** riposter à la critique/aux accusations de qn

▸ **hit upon** VT INSEP tomber sur

hitch [hɪtʃ] 1 (N) (= *obstacle*) (petit) problème *m* • **there's been a ~** il y a eu un (petit) problème • **the only ~ is that ...** le seul ennui c'est que ... • **without a ~** sans accroc

2 (VT) ⓐ (= *fasten*) attacher; [*of boat*] amarrer • **to get ~ed**‡ se marier
ⓑ (= *be hitch-hiking*)* **to ~ a lift** faire du stop* • **to ~ a lift to Paris** faire du stop* jusqu'à Paris • **I ~ed a ride with a truck driver** j'ai été pris en stop* par un routier
3 (VI)* faire du stop*
4 (COMP) ▸ **hitch-hike** VI faire du stop* • **they ~-hiked to Paris** ils sont allés à Paris en stop ▸ **hitch-hiker** N auto-stoppeur *m*, -euse *f* ▸ **hitch-hiking** N auto-stop *m*
▸ **hitch up** VT SEP ⓐ [+ *horses*] atteler (**to** à) ⓑ [+ *trousers, skirt*] remonter

hi-tec, hi-tech ['haɪ'tek] (ADJ) = **high-tech**

hither ['hɪðəʳ] (ADV) **~ and thither** (*Brit*) • **~ and yon** (*US*) (= *to and fro*) çà et là

hitherto [ˌhɪðə'tuː] (ADV) jusqu'ici

hitman* ['hɪtmæn] (N) (*pl* **-men**) tueur *m* à gages

HIV [ˌeɪtʃaɪ'viː] (N) (ABBR OF **human immunodeficiency virus**) HIV *m* ▸ **HIV-negative** ADJ séronégatif ▸ **HIV-positive** ADJ séropositif

hive [haɪv] (N) ruche *f* • **a ~ of activity** une vraie ruche

hiya‡ ['haɪjə] (EXCL) salut !*

HM [eɪtʃ'em] (N) (ABBR OF **His** *or* **Her Majesty**) S.M., Sa Majesté

HMS [ˌeɪtʃem'es] (N) (*Brit*) (ABBR OF **His** *or* **Her Majesty's Ship**)

HNC [ˌeɪtʃen'siː] (N) (*Brit*) (ABBR OF **Higher National Certificate**) ≈ BTS *m*

HND [ˌeɪtʃen'diː] (N) (*Brit*) (ABBR OF **Higher National Diploma**) ≈ DUT *m*

hoagie, hoagy ['həʊgɪ] (N) (*US*) grand sandwich *m* mixte

hoard [hɔːd] 1 (N) réserves *fpl*; (*pej*) stock *m* (*pej*); (= *treasure*) trésor *m* • **a ~ of food** des provisions *fpl* • **a ~ of silver and jewels** un trésor d'argenterie et de bijoux
2 (VT) [+ *food*] stocker; [+ *money*] amasser

hoarding ['hɔːdɪŋ] (N) ⓐ (= *act of saving*) accumulation *f*; [*of capital*] thésaurisation *f* ⓑ (*Brit*) (*for advertisements*) panneau *m* d'affichage

hoarse [hɔːs] (ADJ) enroué • **he shouted himself ~** il s'est enroué à force de crier

hoax [həʊks] 1 (N) canular *m* • **to play a ~ on sb** faire un canular à qn 2 (VT) faire un canular à • **we were completely ~ed** on nous a eus*

hob [hɒb] (N) (*on cooker*) plan *m* de cuisson

hobble ['hɒbl] 1 (VI) clopiner • **to ~ along** aller clopin-clopant • **to ~ in** entrer en clopinant 2 (VT) entraver

hobby ['hɒbɪ] (N) passe-temps *m inv* • **he began to paint as a ~** il a commencé la peinture comme passe-temps ▸ **hobby-horse** N (= *toy*) tête *f* de cheval (*sur un manche*); (= *rocking horse*) cheval *m* à bascule • **he's off on his ~-horse** (= *pet subject*) le voilà reparti

hobnob ['hɒbnɒb] (VI) **to ~ with** frayer avec

hobo ['həʊbəʊ] (N) (*pl* **hobo(e)s**) (*US*) ⓐ (= *tramp*) clochard *m* ⓑ (= *migratory worker*) saisonnier *m*

hock [hɒk] 1 (N) ⓐ [*of animal*] jarret *m* ⓑ (*Brit*) (= *wine*) vin *m* du Rhin ⓒ **in hock** [*object*] au mont-de-piété; [*person*] endetté 2 (VT) (= *pawn*)* mettre au mont-de-piété

hockey ['hɒkɪ] 1 (N) (= *field hockey*) hockey *m*; (= *ice hockey*) hockey *m* sur glace 2 (COMP) [*match, pitch*] de hockey ▸ **hockey player** N hockeyeur *m*, -euse *f*, joueur *m*, -euse *f* de hockey ▸ **hockey stick** N crosse *f* de hockey

hocus-pocus ['həʊkəs'pəʊkəs] (N) ⓐ (= *trickery*) **a bit of ~** des tours *mpl* de passe-passe ⓑ (= *mumbo-jumbo*) galimatias *m*

hodgepodge ['hɒdʒpɒdʒ] (N) fatras *m*

hoe [həʊ] 1 (N) binette *f* 2 (VT) [+ *ground*] biner

hog [hɒg] 1 (N) porc *m* 2 (VT)* monopoliser • **don't ~ all the sweets** ne garde pas tous les bonbons pour toi • **to ~ the credit** s'attribuer tout le mérite • **to ~ the limelight** monopoliser l'attention

Hogmanay [ˌhɒgmə'neɪ] (N) (*Scot*) Saint-Sylvestre *f*

> **HOGMANAY**
> **Hogmanay** est le nom donné à la Saint-Sylvestre en Écosse. À cette occasion, la famille et les amis se réunissent pour entendre sonner les douze coups de minuit et fêter le « first-footing », une coutume qui veut qu'on se rende chez ses amis et voisins en apportant quelque chose à boire (du whisky en général) et un morceau de charbon en gage de prospérité pour la nouvelle année.

hogtie ['hɒgtaɪ] (VT) (*US*) (= *hinder*) entraver • **to be ~d** être pieds et poings liés

hogwash* ['hɒgwɒʃ] (N) (= *nonsense*) inepties *fpl*

hoi polloi [ˌhɔɪpə'lɔɪ] (NPL) **the ~** la populace

hoist [hɔɪst] 1 (VT) hisser 2 (N) ⓐ (= *equipment*) appareil *m* de levage; (= *winch*) treuil *m*; (= *crane*) grue *f*; (*for goods*) monte-charge *m inv*; (*made of rope*) palan *m* ⓑ **to give sth a ~ up** hisser qch

hoity-toity* ['hɔɪtɪ'tɔɪtɪ] (ADJ) (*pej*) prétentieux

hokey* ['həʊkɪ] (ADJ) (*US*) ⓐ (= *phoney*) bidon* *inv* ⓑ (= *corny*) [*story, song*] cucul la praline* *inv*; [*excuse*] tiré par les cheveux

hokum* ['həʊkəm] (N) (*US*) (= *nonsense*) foutaises‡ *fpl*; (= *sentimentality*) niaiseries *fpl*

hold [həʊld]

1 NOUN	3 INTRANSITIVE VERB
2 TRANSITIVE VERB	4 PHRASAL VERBS

➢ vb: pret, ptp **held**

1 NOUN

ⓐ (= *grip*) prise *f* • **he loosened his ~** il a desserré son étreinte *f* • **I tried to break free from his ~** j'ai essayé de me dégager • **to seize ~ of** saisir • **to have ~ of sth** tenir qch

ⓑ (= *control*) emprise *f* • **the president has consolidated his ~ on the media** le président a renforcé son emprise sur les médias

ⓒ (*Wrestling*) prise *f* • **no ~s barred*** tous les coups sont (*or* étaient *etc*) permis

ⓓ (*of hairspray, hair gel*) fixation *f*

ⓔ (*of ship*) cale *f*; [*of plane*] soute *f*

ⓕ (*set structures*)

▸ **to catch hold (of sth)** attraper (qch) • **he caught ~ of her arm** il l'a attrapée par le bras

▸ **to get/take a hold of** (= *catch*) prendre • **to get a ~ of o.s.** se contrôler • **get a ~ of yourself!** ressaisis-toi !

▸ **to get hold of** (= *find*) [+ *object*] réussir à se procurer; [+ *details, information*] réussir à obtenir; (= *contact*) [+ *person*] contacter • **can you get ~ of £500 by tomorrow?** est-ce que tu peux te procurer 500 livres d'ici demain ? • **children can all too easily get ~ of drugs** les enfants peuvent trop facilement se procurer de la drogue • **where did you get ~ of that idea?** où as-tu été pêcher* cette idée ?

• **the press got ~ of the story** la presse s'est emparée de l'histoire

▸ **to take hold** [*fire*] prendre; [*custom*] se répandre; [*idea*] faire son chemin; [*recession, economic recovery, disease*] s'installer; [*ceasefire*] tenir • **take ~!** tiens!

▸ **to keep hold of** tenir fermement • **keep ~ of the idea that ...** dites-vous bien que ...

▸ **on hold** [*phone call, order*] en attente • **nuclear testing was put on ~** les essais nucléaires ont été suspendus • **he put his career on ~ to spend more time with his family** il a mis sa carrière entre parenthèses pour se consacrer davantage à sa famille

2 TRANSITIVE VERB

a (*= grasp*) tenir • **he held my arm** il me tenait le bras • **she was ~ing her sister's hand** elle tenait la main de sa sœur • **they were ~ing hands** ils se tenaient par la main • **she held him tight** elle l'a serré très fort • **~ him tight or he'll fall** tenez-le bien pour qu'il ne tombe pas

b (*= keep in place*) **to ~ sth in place** maintenir qch en place • **she held the door open** elle a tenu la porte (ouverte)

c (*= support*) supporter • **the ladder won't ~ you** l'échelle ne supportera pas ton poids

d (*= maintain*) **to ~ o.s. upright** se tenir droit • **to ~ an opinion** avoir une opinion • **to ~ sb's attention/interest** retenir l'attention/l'intérêt de qn • **this car ~s the road well** cette voiture tient bien la route • **to ~ one's breath** retenir son souffle • **don't ~ your breath!** (*= don't count on it*) n'y compte pas trop! • **~ the line please!** ne quittez pas!

e (*= possess*) [*+ ticket, permit, driving licence*] avoir; [*+ shares, record*] détenir

f (*= defend successfully*) tenir • **the army held the bridge against the enemy** l'armée a tenu le pont malgré les attaques de l'ennemi • **to ~ one's serve** (*Tennis*) gagner son service

▸ **to hold one's own** bien se débrouiller • **he can ~ his own in German** il se débrouille très bien en allemand • **he can ~ his own with anybody** il ne s'en laisse pas remontrer

g (*= occupy*) [*+ post, position*] occuper • **he ~s the post of headmaster** il occupe le poste de directeur

h (*= cause to take place*) [*+ meeting, election, debate*] tenir; [*+ conversation*] avoir; [*+ examination*] organiser • **the exhibition is always held here** l'exposition se tient toujours ici • **they are ~ing a service to mark the day** ils ont prévu une cérémonie pour commémorer ce jour • **to ~ interviews** [*employer*] faire passer des entretiens • **the interviews are being held in London** les entretiens ont lieu à Londres

i (*= contain*) contenir • **this box will ~ all my books** cette caisse est assez grande pour contenir tous mes livres • **this bottle ~s one litre** cette bouteille peut contenir un litre • **this room ~s 20 people** cette salle peut accueillir 20 personnes • **I wonder what the future ~s** je me demande ce que l'avenir nous réserve • **she can ~ her drink!*** elle supporte très bien l'alcool

j (*= keep*) garder • **I will ~ the money until ...** je garderai l'argent jusqu'à ce que ... • **my lawyer ~s these documents** ces documents sont chez mon avocat • **we don't ~ that information on our files** nous n'avons pas ces informations dans nos fichiers • **the data is held on computer** les données sont informatisées

k (*= restrain*) [*+ person*] retenir • **the police held him for two days** la police l'a gardé (à vue) pendant deux jours • **there's no ~ing him** il n'y a pas moyen de l'arrêter • **~ it!*** stop!

l (*= believe*) **to ~ that ...** maintenir que ... • **to ~ sth to be true** considérer qch comme vrai • **to ~ sb responsible for sth** tenir qn pour responsable de qch • **to ~ in high esteem** tenir en haute estime

m ▸ **to hold sth against sb** en vouloir à qn de qch • **I don't ~ it against him** je ne lui en veux pas

3 INTRANSITIVE VERB

a (*= remain in place*) [*rope, nail, dam*] tenir • **to ~ firm** (*= stay in place*) tenir

b (*weather*) se maintenir

c (*on phone*) **can you ~, please?** ne quittez pas! • **I've been ~ing for several minutes** cela fait plusieurs minutes que j'attends

d (*statement, argument*) être valable • **your argument doesn't ~** votre argument n'est pas valable

4 PHRASAL VERBS

▸ **hold back** **1** VI (*= not move forward*) rester en arrière; (*= not act*) se retenir • **I held back from telling him what I really thought** je me suis retenu de lui dire ce que je pensais vraiment **2** VT SEP **a** [*+ fears, emotions*] maîtriser; [*+ tears*] retenir • **the police held back the crowd** la police a contenu la foule • **to ~ sb back from doing sth** empêcher qn de faire qch • **they held back the names of the victims** ils n'ont pas divulgué le nom des victimes • **he was ~ing something back from me** il me cachait quelque chose **b** (*US*) [*+ pupil*] faire redoubler • **to be held back** redoubler

▸ **hold down** VT SEP **a** (*= keep in place*) maintenir en place; [*+ person*] maîtriser **b** [*+ aspiring person*] empêcher de progresser **c** [*+ costs, prices, inflation, taxes*] empêcher d'augmenter **d** [*+ job*] (*= have*) occuper; (*= keep*) garder • **she's managed to ~ down a job as well as looking after the children** elle a réussi à continuer de travailler tout en s'occupant des enfants • **he can't ~ down a job** il ne garde jamais longtemps le même travail

▸ **hold forth** VI faire des discours

▸ **hold in** VT SEP retenir • **~ your stomach in!** rentre ton ventre! • **go ahead and cry, don't ~ it in** laisse-toi aller et pleure, n'essaie pas de te retenir

▸ **hold off** **1** VI **the rain has held off so far** jusqu'ici il n'a pas plu **2** VT SEP **a** (*= prevent from approaching*) tenir à distance • **try to ~ him off a little longer** (*= make him wait*) essayez de le faire patienter encore un peu **b** (*= resist*) **to ~ off a challenge from sb** résister aux attaques de qn **c** (*= delay*) **to ~ off doing sth** attendre pour faire qch

▸ **hold on** **1** VI **a** (*= endure*) tenir bon **b** (*= wait*) attendre • **~ on!** attendez!; (*on telephone*) ne quittez pas! **2** VT SEP maintenir (en place) • **this hinge ~s the lid on** cette charnière maintient le couvercle en place

▸ **hold on to** VT INSEP **a** (*= cling to*) [*+ rope, raft, branch*] s'accrocher à; [*+ hope, idea*] se raccrocher à **b** (*= keep*) garder • **~ on to this for me** (*= hold it*) tiens-moi ça; (*= keep it*) garde-moi ça • **~ on to that, it might be valuable** garde-le, ça a peut-être de la valeur

▸ **hold out** **1** VI **a** (*= last*) [*supplies*] durer • **how long will the food ~ out?** combien de temps est-ce que les provisions vont durer? • **if his luck ~s out** s'il continue à avoir de la chance **b** (*= resist*) tenir bon • **to ~ out against** [*+ enemy, attacks*] tenir bon devant; [*+ change, progress, threats*] résister à • **they are ~ing out for more** pay ils continuent de demander une augmentation **2** VT SEP [+ *object, hand*] tendre (**sth to sb** qch à qn) • **to ~ out one's arms** ouvrir les bras **3** VT INSEP **to ~ out the hope of sth** permettre d'espérer qch • **the doctors ~ out little hope for him** les médecins ont peu d'espoir de le sauver • **the negotiations held out little hope of a settlement** les négociations laissaient entrevoir peu d'espoir de parvenir à un accord

▸ **hold out on*** VT INSEP **you've been ~ing out on me!** tu m'as caché quelque chose !

▸ **hold over** VT SEP remettre • **the meeting was held over until Friday** la réunion a été remise à vendredi

▸ **hold to** **1** VT INSEP s'en tenir à • **I ~ to what I said** je m'en tiens à ce que j'ai dit **2** VT SEP **to ~ sb to a promise** faire tenir parole à qn • **I'll ~ you to that!** je te prends au mot !

▸ **hold together** **1** VI [*objects*] tenir (ensemble); [*groups, people*] rester uni • **the coalition will never ~ together for six months** la coalition ne tiendra jamais six mois • **we must ~ together** il faut rester unis **2** VT SEP [+ *objects*] maintenir ensemble; [+ *political party*] maintenir l'union de • **he held the family together** c'est grâce à lui que la famille est restée unie

▸ **hold up** **1** VI **a** (*physically*) tenir • **that building won't ~ up much longer** ce bâtiment ne tiendra plus longtemps debout **b** [*argument*] être valable • **the evidence doesn't ~ up** ces preuves ne résistent pas à l'analyse **2** VT SEP **a** (*= raise*) lever • **~ it up higher** tiens-le plus haut • **~ up your hand** levez la main • **~ it up so that we can see it** levez-le pour qu'on le voit • **I'll never be able to ~ my head up again** je ne pourrai plus jamais marcher la tête haute **b** (*= support*) soutenir • **the roof is held up by pillars** le toit est soutenu par des piliers **c** (*= stop*) arrêter; (*= suspend*) suspendre; (*= cause delay to*) retarder • **the traffic was held up by the accident** l'accident a ralenti la circulation • **I'm sorry, I was held up** excusez-moi, j'ai été retenu **d** [*robber*] attaquer (à main armée)

holdall ['həʊldɔːl] (N) (*Brit*) (sac *m*) fourre-tout *m inv*

holder ['həʊldəʳ] (N) **a** [*of ticket, card, record, title*] détenteur *m*, -trice *f*; [*of passport, office, post, diploma*] titulaire *mf* • **account ~** titulaire *mf* d'un compte **b** (*= object*) support *m*

holding company ['həʊldɪŋˌkʌmpənɪ] (N) holding *m*

holdings ['həʊldɪŋz] (NPL) (*= lands*) avoirs *mpl* fonciers; (*= stocks*) intérêts *mpl*

holdout ['həʊldaʊt] (N) (*US*) *personne qui fait obstacle*, obstacle *m* • **Britain was the only ~ on this agreement** la Grande-Bretagne était le seul pays à faire obstacle à cet accord

holdup ['həʊldʌp] (N) **a** (*= robbery*) attaque *f* à main armée **b** (*= delay*) retard *m*; (*in traffic*) embouteillage *m* • **there's been a ~ in the delivery** il y a eu un retard de livraison

hole [həʊl] **1** (N) **a** trou *m*; [*of rabbit, fox*] terrier *m* • **to wear a ~ in sth** trouer qch • **I need it like I need a ~ in the head!*‡** je n'ai vraiment pas besoin de ça ! • **it made a ~ in his savings** cela a fait un trou dans ses économies • **to blow a ~ in sb's plans** saborder les plans de qn • **there were some ~s in his argument** il y avait des failles *fpl* dans son argumentation

b (*= town*)* trou* *m*; (*= house*)* baraque* *f*

2 (COMP) ▸ **hole in one** N (*Golf*) trou *m* en un ▸ **hole-in-the-wall*** N (*Brit*) (*= cash dispenser*) distributeur *m* de billets

▸ **hole up** VI [*animal, criminal*] se terrer • **she's been ~d up in her study all day** elle a passé toute la journée enfermée dans son bureau

holiday ['hɒlɪdeɪ] **1** (N) (*= vacation*) vacances *fpl*; (*= day off*) jour *m* de congé *m*; (*= public holiday*) jour *m* férié • **to take a ~** prendre des vacances • **to take a month's ~** prendre un mois de vacances • **paid ~s** congés *mpl* payés • **tomorrow is a ~** demain est un jour férié • **the school ~(s)** les vacances *fpl* scolaires • **the Christmas ~(s)** les vacances *fpl* de Noël

▸ **on holiday** en vacances

2 (VI) passer les vacances

3 (COMP) ▸ **holiday camp** N (*Brit*) camp *m* de vacances ▸ **holiday home** N maison *f* de vacances ▸ **holiday job** N (*Brit*) emploi *m* temporaire (*pendant les vacances*) ▸ **holiday-maker** N (*Brit*) vacancier *m*, -ière *f* ▸ **holiday pay** N congés *mpl* payés ▸ **holiday resort** N station *f* touristique ▸ **holiday season** N période *f* de vacances ▸ **holiday spirit** N ambiance *f* de vacances ▸ **holiday traffic** N (*leaving*) départs *mpl* en vacances; (*returning*) retours *mpl* de vacances ▸ **holiday tummy*** N tourista* *f*, turista* *f*

holier-than-thou* ['həʊlɪəðən'ðaʊ] (ADJ) [*person, attitude*] suffisant

holiness ['həʊlɪnɪs] (N) sainteté *f* • **His Holiness** Sa Sainteté

holistic [həʊ'lɪstɪk] (ADJ) holistique

Holland ['hɒlənd] (N) Hollande *f*

holler* ['hɒləʳ] (VTI) brailler • **to ~ at sb** (*= tell off*) crier après qn

hollow ['hɒləʊ] **1** (ADJ) [*object*] creux; [*victory*] faux (fausse *f*); [*promise, threat*] vain • **to have a ~ feeling in one's stomach** (*from hunger*) avoir le ventre creux • **~ words** des paroles *fpl* creuses **2** (N) (*in ground, tree*) creux *m*; (*= valley*) cuvette *f*

▸ **hollow out** VT creuser; [+ *fruit*] évider

holly ['hɒlɪ] (N) houx *m*

hollyhock ['hɒlɪˌhɒk] (N) rose *f* trémière

Hollywood ['hɒlɪˌwʊd] (N) Hollywood

holocaust ['hɒləkɔːst] (N) holocauste *m*

hologram ['hɒləˌɡræm] (N) hologramme *m*

hols* [hɒlz] (N) (*Brit*) (ABBR OF **holidays**) vacances *fpl*

holster ['həʊlstəʳ] (N) étui *m* de revolver

holy ['həʊlɪ] (ADJ) saint • **on ~ ground** dans un lieu saint ▸ **the Holy Bible** N la sainte Bible ▸ **Holy Communion** N sainte communion *f* ▸ **the Holy Ghost** N le Saint-Esprit ▸ **Holy Grail** N (*fig*) graal *m* • **the Holy Grail** le Saint-Graal ▸ **the Holy Land** N la Terre sainte • **in the Holy Land** en Terre sainte ▸ **holy matrimony** N liens *mpl* sacrés du mariage • **they were joined in ~ matrimony** ils ont été unis par les liens sacrés du mariage ▸ **Holy See** N Saint-Siège *m* ▸ **the Holy Spirit** N le Saint-Esprit ▸ **the Holy Trinity** N la sainte Trinité ▸ **holy water** N eau *f* bénite ▸ **Holy Week** N semaine *f* sainte

homage ['hɒmɪdʒ] (N) hommage *m* • **to pay ~ to sb/sth** rendre hommage à qn/qch • **in ~ to sb/sth** en hommage à qn/qch

home [həʊm] **1** (N) **a** (*= place to live*) maison *f* • **to have a ~ of one's own** avoir sa propre maison (*or* son propre appartement) • **he was glad to see his ~ again** il était

h

content de rentrer chez lui • **it is quite near my ~** c'est tout près de chez moi • **his ~ is in Paris** il habite Paris • **for some years he made his ~ in France** pendant quelques années il a habité en France • **refugees who made their ~ in Britain** les réfugiés qui se sont installés en Grande-Bretagne • **Warwick is ~ to some 550 international students** Warwick accueille quelque 550 étudiants étrangers • **he is far from ~** il est loin de chez lui • **he has no ~** il n'a pas de foyer • **to give sb/an animal a ~** recueillir qn/un animal chez soi • **it's a ~ from ~** (*Brit*) *or* **away from ~** (*US*) c'est mon second chez-moi (*or* son second chez-soi *etc*) • **she has a lovely ~** c'est très joli chez elle • **he comes from a broken ~** il vient d'un foyer désuni • **"good ~ wanted for kitten"** « cherche foyer accueillant pour chaton » • **accidents in the ~** accidents *mpl* domestiques • **let's concentrate on problems closer to ~** occupons-nous de problèmes qui nous concernent plus directement

▸ **at home** chez soi (*or* lui *or* moi *etc*), à la maison • **I'll be at ~ this afternoon** je serai chez moi cet après-midi • **is Paul at ~?** est-ce que Paul est à la maison ? • **Celtic are playing Rangers at ~** le Celtic joue à domicile contre les Rangers • **to feel at ~ with sb** se sentir à l'aise avec qn • **he doesn't feel at ~ in English** il n'est pas à l'aise en anglais • **to make o.s. at ~** se mettre à l'aise • **make yourself at ~!** faites comme chez vous ! • **who's he when he's at ~?*** qui c'est celui-là ?* • **what's that when it's at ~?*** qu'est-ce que c'est que ça ? • **at ~ and abroad** ici et à l'étranger • **the Russians, at ~ and abroad** les Russes, chez eux et à l'étranger

ⓑ (*= country of origin*) pays *m* natal • **Scotland is the ~ of the haggis** l'Écosse est le pays du haggis

ⓒ (*= institution*) institution *f*; (*shorter-term*) foyer *m* • **children's ~** maison *f* pour enfants

ⓓ (*Baseball*) base *f* de départ

2 (ADV) ⓐ chez soi (*or* lui *or* moi *etc*), à la maison • **to go ~** rentrer à la maison • **to get ~** rentrer • **I got ~ at 5 o'clock** je suis rentré à 5 heures • **I'll be ~ at 5 o'clock** je serai à la maison à 5 heures • **I met him on the journey ~** je l'ai rencontré sur le chemin du retour • **I must write ~** il faut que j'écrive à ma famille • **it's nothing to write ~ about*** ça ne casse pas des briques* • **to be ~ and dry** *or* **~ free** (*US*) être arrivé au bout de ses peines

ⓑ (*from abroad*) dans son pays, chez soi • **he came ~ from abroad** il est rentré de l'étranger • **to go ~** rentrer dans son pays

ⓒ **to drive a nail ~** enfoncer un clou à fond • **to bring sth ~ to sb** faire comprendre qch à qn • **to hammer sth ~** (*= make a point*) bien faire comprendre qch

3 (ADJ) [*atmosphere*] de famille; (*= national*) national; [*policy, market*] intérieur (-eure *f*)

4 (COMP) ▸ **home address** N (*on forms*) domicile *m* (permanent); (*as opposed to business address*) adresse *f* personnelle ▸ **home advantage** N (*Sport*) avantage *m* à l'équipe qui reçoit ▸ **home-baked** ADJ fait maison ▸ **home banking** N banque *f* à domicile ▸ **home base** N [*of person*] port *m* d'attache; [*of guerrillas*] base *f*; [*of company*] siège *m* ▸ **home birth** N accouchement *m* à domicile ▸ **home brew** N (*= beer*) bière *f* maison; (*= wine*) vin *m* maison ▸ **home comforts** NPL confort *m* du foyer ▸ **home computer** N ordinateur *m* personnel ▸ **home cooking** N cuisine *f* familiale ▸ **the Home Counties** NPL (*Brit*) *les comtés qui entourent Londres* ▸ **home economics** N économie *f* domestique ▸ **home ground** N **to play at one's ~ ground** jouer sur son terrain • **to be on ~ ground** être sur son terrain ▸ **home-grown** ADJ (*= not foreign*) du pays; (*= from own garden*) du jardin ▸ **home help** N (*Brit*) (*= person*) aide *f* ménagère ▸ **home improvements** NPL (*= DIY*) bricolage *m* ▸ **home leave** N (*gen*) congé *m* à domicile; (*for soldier*) permission *f* ▸ **home life** N vie *f* de famille ▸ **home loan** N prêt *m* immobilier ▸ **home-loving** ADJ casanier ▸ **home-made** ADJ fait maison ▸ **home-maker** N femme *f* d'intérieur ▸ **home match** N match *m* à domicile ▸ **home movie** N vidéo *f* amateur ▸ **the Home Office** N (*Brit*) ≈ le ministère de l'Intérieur ▸ **home owner** N propriétaire *mf* ▸ **home page** N (*on the internet*) page *f* d'accueil ▸ **home rule** N autonomie *f* ▸ **home run** N (*Baseball*) coup *m* de circuit • **to hit a ~ run** réussir un coup de circuit; (*US fig*) réussir un beau coup ▸ **Home Secretary** N (*Brit*) ≈ ministre *mf* de l'Intérieur ▸ **home shopping** N (*by post, telephone*) *achat par correspondance ou par téléphone*; (*by computer, television*) téléachat *m* ▸ **home side** N équipe *f* qui reçoit ▸ **home straight, home stretch** N **to be in the ~ straight** être dans la dernière ligne droite ▸ **home team** N équipe *f* qui reçoit ▸ **home town** N **my ~ town** (*= place of birth*) ma ville natale; (*= where I grew up*) la ville où j'ai grandi ▸ **home truth** N **I'll tell him a few ~ truths** je vais lui dire ses quatre vérités ▸ **home video** N vidéo *f* amateur ▸ **home visit** N (*by doctor*) visite *f* à domicile

▸ **home in on, home on to** VT INSEP [*missile*] (*= move towards*) se diriger sur; (*= reach*) atteindre

homebody* ['həʊmbɒdɪ] (N) (*US*) pantouflard(e)* *m(f)*

homeboy* ['həʊmbɔɪ] (N) (*US*) pote* *m*

homebred ['həʊm,bred] (ADJ) (*= indigenous*) indigène

homecoming ['həʊmkʌmɪŋ] (N) ⓐ retour *m* à la maison; (*to one's country*) retour *m* au pays; [*of soldier*] retour *m* au foyer ⓑ (*US*) (*at school or college*) fête *f* annuelle (*marquant le début de l'année universitaire*)

homegirl* ['həʊmgɜːl] (N) (*US*) copine* *f*

homeland ['həʊmlænd] (N) patrie *f*

homeless ['həʊmlɪs] 1 (ADJ) sans domicile 2 (NPL) **the homeless** les SDF *mpl*

homelessness ['həʊmlɪsnɪs] (N) **~ is on the increase** il y a de plus en plus de SDF • **what's the government doing about ~?** que fait le gouvernement pour les SDF ?

homely ['həʊmlɪ] (ADJ) ⓐ (*Brit*) [*person*] aux goûts simples; [*atmosphere, room, place*] accueillant; [*dish, food*] simple ⓑ (*US*) (*= plain*) [*person*] quelconque; [*appearance*] peu attrayant

homeopath ['həʊmɪəʊpæθ] (N) homéopathe *mf*

homeopathic [,həʊmɪəʊ'pæθɪk] (ADJ) [*medicine, methods*] homéopathique

homeopathy [,həʊmɪ'ɒpəθɪ] (N) homéopathie *f*

homeroom ['həʊmrʊm] (N) (*US*) salle *f* de classe (*affectée à une classe particulière*) ▸ **homeroom teacher** N ≈ professeur *mf* principal(e)

homesick ['həʊmsɪk] (ADJ) **to be ~** (*for place*) avoir le mal du pays; (*for one's family*) s'ennuyer de sa famille • **to be ~ for sth** avoir la nostalgie de qch

homestead ['həʊmsted] (N) (*= house*) propriété *f*; (*= farm*) ferme *f*; (*Austral, NZ*) (*= ranch*) ranch *m*

homesteader ['həʊmstedəʳ] (N) ⓐ (*US*) colon *m* (*pionnier*) ⓑ (*= farm-owner*) propriétaire *mf* d'une ferme; (*Austral, NZ*) (*= ranch-owner*) propriétaire *mf* d'un ranch

homeward ['həʊmwəd] 1 (ADJ) de retour • **~ journey** (voyage *m* de) retour *m* 2 (ADV) (*Brit*) (*also* **homewards**) **to head ~** retourner chez soi • **to hurry ~** se dépêcher de rentrer chez soi 3 (COMP) ▸ **homeward bound** ADV **to be ~ bound** être sur le chemin de retour • **~-bound commuters** banlieusards *mpl* rentrant chez eux

homework ['həʊmwɜːk] (N) (*for school*) devoirs *mpl* • **to do one's ~** (= *research*) se documenter, faire ses devoirs

homicidal [,hɒmɪ'saɪdl] (ADJ) [*urges*] homicide; [*rage*] meurtrier • **~ maniac** fou *m* dangereux, folle *f* dangereuse

homicide ['hɒmɪsaɪd] (N) (= *act*) homicide *m*

homing ['həʊmɪŋ] (ADJ) [*missile*] à tête chercheuse ▸ **homing device** N tête *f* chercheuse ▸ **homing instinct** N instinct *m* de retour (à l'habitat d'origine) ▸ **homing pigeon** N pigeon *m* voyageur

homogeneous [,həʊmə'dʒiːnɪəs] (ADJ) homogène

homophobia [,hɒməʊ'fəʊbɪə] (N) homophobie *f*

homophobic [,hɒməʊ'fəʊbɪk] (ADJ) homophobe

homophone ['hɒməfəʊn] (N) homophone *m*

homophonic [,hɒmə'fɒnɪk] (ADJ) homophone

homosexual [,hɒməʊ'seksjʊəl] (ADJ, N) homosexuel(le) *m(f)*

homosexuality [,hɒməʊseksjʊ'ælɪtɪ] (N) homosexualité *f*

hon* [hʌn] (N) (*US*) (ABBR OF **honey**) **hi, ~!** bonjour, chéri(e)!

honcho* ['hɒntʃəʊ] (N) (*US*) patron *m*

Honduran [hɒn'djʊərən] 1 (ADJ) hondurien 2 (N) Hondurien(ne) *m(f)*

Honduras [hɒn'djʊərəs] (N) Honduras *m* • **in ~** au Honduras

hone [həʊn] (VT) ⓐ [+ *abilities, wit, skill*] affiner ⓑ [+ *blade*] affûter

honest ['ɒnɪst] (ADJ) honnête; [*money, profit*] honnêtement acquis • **now, be ~!** allons, sois honnête! • **to be ~ (with you) ...** à vrai dire ... • **he's got an ~ face** il a l'air honnête • **~ to God!*** (*expressing sincerity*) parole d'honneur!; (*expressing impatience*) vingt dieux!* • **by ~ means** par des moyens honnêtes • **an ~ mistake** une erreur commise en toute bonne foi • **I'd like your ~ opinion of it** j'aimerais que vous me donniez honnêtement votre avis • **an ~ day's work** une honnête journée de travail • **the ~ truth** la pure vérité ▸ **honest broker** N (*Brit esp Politics*) médiateur *m*, -trice *f*

> **honnête** has a double **n** and does not contain an **s**.

honestly ['ɒnɪstlɪ] (ADV) [*act, behave, say, answer*] honnêtement; [*think, expect*] vraiment • **~?** c'est vrai? • **I can ~ say that ...** franchement, je peux dire que ... • **I ~ believe that ...** je suis convaincu que ... • **no, ~, I'm fine** non, vraiment, je me sens bien • **~, I don't care** honnêtement, ça m'est égal • **I didn't do it, ~** ce n'est pas moi, je le jure • **quite ~ ...** en toute honnêteté ... • **~, that woman!*** celle-là, alors!* • **~, this is getting ridiculous!*** ça devient vraiment ridicule!

> The French word **honnêtement** has a double **n**.

honesty ['ɒnɪstɪ] (N) [*of person*] honnêteté *f*; [*of words, writing*] franchise *f* • **in all ~** en toute honnêteté

> **honnêteté** has a double **n** and does not contain an **s**.

honey ['hʌnɪ] (N) ⓐ miel *m* ⓑ (= *person*) **yes, ~*** oui, chéri(e) • **she's a ~*** elle est adorable

honeycomb ['hʌnɪkəʊm] 1 (N) (*from beehive*) rayon *m* de miel 2 (ADJ) [*textile, pattern*] en nid d'abeille 3 (VT) **the palace was ~ed with corridors** le palais était un dédale de couloirs

honeymoon ['hʌnɪ,muːn] 1 (N) (= *trip*) voyage *m* de noces; (= *period*) lune *f* de miel • **their ~ was spent in Paris** ils sont allés à Paris en voyage de noces • **we were on our ~** nous étions en voyage de noces 2 (VI) passer son voyage de noces 3 (COMP) ▸ **honeymoon period** N [*of politician*] état *m* de grâce ▸ **honeymoon suite** N suite *f* nuptiale

honeysuckle ['hʌnɪsʌkəl] (N) chèvrefeuille *m*

Hong Kong [,hɒŋ'kɒŋ] (N) Hong-Kong • **in ~** à Hong-Kong

honk [hɒŋk] 1 (VI) [*driver*] klaxonner 2 (VT) **to ~ one's horn** klaxonner

Honolulu [,hɒnə'luːluː] (N) Honolulu

honor ['ɒnə^r] (*US*) = **honour**

honorable ['ɒnərəbl] (ADJ) (*US*) = **honourable**

honorary ['ɒnərərɪ] (ADJ) [*official, member*] honoraire; [*duties, titles*] honorifique; [*degree*] accordé à titre honorifique

honour, honor (*US*) ['ɒnə^r] 1 (N) ⓐ honneur *m* • **in ~ of ...** en l'honneur de ... • **it is a great ~ for me** c'est un grand honneur pour moi • **to what do we owe this ~?** qu'est-ce qui nous vaut cet honneur? • **he is an ~ to his school** il fait honneur à son école

ⓑ **to do the ~s** (= *introductions*) faire les présentations (*entre invités*)

ⓒ (*title*) **Your/His Honour** Votre/Son Honneur

ⓓ (*Brit*) (= *degree*) **to take ~s in English** ≈ faire une licence d'anglais • **he got first-/second-class ~s in English** ≈ il a eu sa licence d'anglais avec mention très bien/mention bien

ⓔ (*Brit*) (= *award*) distinction *f* honorifique

2 (VT) honorer; [+ *agreement*] respecter • **to feel ~ed** être honoré • **I'm ~ed** je suis très honoré • **I'd be ~ed** je serais très honoré • **she ~ed them with her presence** elle les honora de sa présence • **~ed guest** invité(e) *m(f)* d'honneur

3 (COMP) ▸ **honor guard** N (*US*) = **guard of honour** ▸ **honor roll** N (*US*) (*at school*) tableau *m* d'honneur ▸ **honors degree** N (*US*) licence *f* avec mention ▸ **honor society** N (*US*) club *m* des meilleurs élèves ▸ **honour-bound** ADJ **to be ~-bound to do sth** être tenu par l'honneur de faire qch ▸ **honours degree** N (*Brit*) ≈ licence *f*

> The French word **honneur** has a double **n**.

> **HONOURS DEGREE**
>
> Un **honours degree** est un diplôme universitaire que l'on reçoit généralement après trois années d'études en Angleterre et quatre années en Écosse. Les mentions qui l'accompagnent sont, par ordre décroissant : « first class » (très bien), « upper second class » (bien), « lower second class » (assez bien), et « third class » (sans mention). Le titulaire d'un **honours degree** peut l'indiquer ainsi à la suite de son nom : Peter Jones BA Hons. → ORDINARY DEGREE

HONOURS LIST

La **Honours List** est la liste des citoyens du Royaume-Uni et du Commonwealth auxquels le souverain confère un titre ou une décoration. Cette liste, établie par le Premier ministre et approuvée par le monarque, est publiée deux fois par an au moment de la nouvelle année (**New Year's Honours List**) et de l'anniversaire de la reine en juin (**Queen's Birthday Honours List**). Des personnes qui se sont distinguées dans le monde des affaires, du sport, des médias et des forces armées, mais également des citoyens "ordinaires" qui se consacrent à des œuvres de charité sont ainsi récompensés.

honourable, honorable (*US*) ['ɒnərəbl] (ADJ) [*person, action, intentions*] honorable • **the Honourable ...** l'honorable ... • **my right Honourable friend** (*Brit*) mon honorable collègue • **the right Honourable member for Weston** (*Brit*) ≈ Monsieur (*or* Madame) le député de Weston

honourably, honorably (*US*) ['ɒnərəblɪ] (ADV) honorablement

Hons. (N) (*Brit*) (= *degree*) (ABBR OF **honours**)

hood [hʊd] (N) ⓐ (*on garment*) capuchon *m*; [*of executioner, terrorist*] cagoule *f* • **rain ~** capuche *f* ⓑ (*US*) (*on car*) capot *m* ⓒ (*over fire, cooker*) hotte *f* ⓓ (= *hoodlum*)* truand *m*

hooded ['hʊdɪd] (ADJ) [*monk, figure*] encapuchonné; [*gunman*] encagoulé

hoodie ['hʊdɪ] (N) ⓐ (= *top*) sweat *m* à capuche ⓑ (= *youth*) jeune *m* à capuche

hoodlum ['hu:dləm] (N) truand *m*

hoodwink ['hʊd,wɪŋk] (VT) tromper • **they ~ed me into accepting** j'ai accepté sur la foi d'informations erronées

hooey* ['hu:ɪ] (N) (*US*) bêtises *fpl*

hoof [hu:f] (N) (*pl* **hooves**) sabot *m*

hook [hʊk] **1** (N) crochet *m*; (*for hanging coats*) patère *f*; (*on dress*) agrafe *f*; (*for fishing*) hameçon *m* • **he swallowed the story ~, line and sinker*** il a gobé* tout ce qu'on lui a raconté

▸ **by hook or by crook** coûte que coûte

▸ **off the hook** **to take the phone off the ~** décrocher le téléphone • **the phone's off the ~** le téléphone est décroché • **the phone was ringing off the ~*** (*US*) le téléphone n'arrêtait pas de sonner • **to get sb off the ~*** tirer qn d'affaire • **to let sb off the ~*** [+ *wrongdoer*] ficher la paix à qn*; [+ *sb with problem*] tirer qn d'affaire • **he's off the ~*** il est tiré d'affaire

2 (VT) ⓐ (= *attach*) accrocher

ⓑ [+ *fish*] prendre

3 (COMP) ▸ **hook-up*** N (*with person*) relation *f* d'un soir; (*on radio or TV*) duplex *m*

▸ **hook on** **1** VI s'accrocher (**to** à)

2 VT SEP accrocher (**to** à)

▸ **hook up** **1** VI [*dress*] s'agrafer

2 VT SEP ⓐ [+ *dress*] agrafer

ⓑ (*on radio or TV*)* faire un duplex entre

hooked [hʊkt] (ADJ) ⓐ (= *hook-shaped*) [*nose*] crochu; [*object*] recourbé ⓑ (= *fascinated*)* fasciné (**on** par), accroché*; (= *dependent*)* dépendant (**on** de) • **he's ~ on it** il ne peut plus s'en passer • **to get ~ on** [+ *drugs*] devenir accro* à; [+ *jazz, television*] devenir enragé* de

hooker ['hʊkəʳ] (N) ⓐ (*Rugby*) talonneur *m*, -euse *f* ⓑ (= *prostitute*)* pute* *f*

hookey, hooky* ['hʊkɪ] (N) **to play ~** sécher les cours

hooligan ['hu:lɪgən] (N) hooligan *m*

hooliganism ['hu:lɪgənɪzəm] (N) hooliganisme *m*

hoop [hu:p] (N) cerceau *m* • **to make sb jump through ~s** (= *put to the test*) mettre qn à l'épreuve

hooray [hu:'reɪ] (EXCL) hourra

hoot [hu:t] **1** (N) [*of owl*] hululement *m*; [*of car*] coup *m* de klaxon ® • **we heard ~s of laughter** on a entendu des éclats de rire • **I don't give a ~*** je m'en fiche* • **it was a ~*** c'était tordant* • **she's a ~*** elle est impayable* **2** (VI) [*owl*] hululer; [*driver*] klaxonner • **to ~ with laughter** rire aux éclats • **to ~ with delight** pousser des cris de joie **3** (VT) **to ~ one's horn** klaxonner

hooter ['hu:təʳ] (N) ⓐ [*of factory*] sirène *f*; (*Brit*) [*of car*] klaxon ® *m* ⓑ (*Brit* = *nose*)* pif* *m*

Hoover ® ['hu:vəʳ] (*Brit*) **1** (N) aspirateur *m* **2** (VT) **to hoover a carpet/a room** passer l'aspirateur sur un tapis/dans une pièce

hooves [hu:vz] (NPL) *of* **hoof**

hop [hɒp] **1** (N) [*of person, animal*] saut *m*; [*of bird*] sautillement *m* • **to catch sb on the ~** prendre qn au dépourvu • **it's a short ~ from Paris to Brussels** il n'y a qu'un saut de Paris à Bruxelles

2 (NPL) **hops** (= *plant*) houblon *m*

3 (VI) [*person*] (*on one foot*) sauter à cloche-pied; (= *jump*) sauter; [*bird*] sautiller • **~ in!** (*in vehicle*) montez ! • **he ~ped out of bed** il a sauté du lit • **he ~ped onto a plane for London** il a attrapé un avion pour Londres

4 (VT) **to ~ it*** (*Brit*) ficher le camp* • **~ it!*** (*Brit*) fiche le camp !*

hope [həʊp] **1** (N) espoir *m* (**of doing sth** de faire qch) • **she lives in the ~ of seeing her son again** elle vit dans l'espoir de revoir un jour son fils • **in the ~ that ...** dans l'espoir que ... • **to have ~s of doing sth** avoir l'espoir de faire qch • **I haven't much ~ of succeeding** je n'ai pas beaucoup d'espoir de réussir • **to give up ~** perdre espoir • **to give up ~ of doing sth** abandonner l'espoir de faire qch • **beyond ~** sans espoir • **she hasn't a ~ of being promoted** elle n'a pas la moindre chance d'être promue • **there is no ~ of that** c'est hors de question • **he set out with high ~s** il s'est lancé avec l'espoir de faire de grandes choses • **she had high ~s of winning** elle avait bon espoir de gagner • **don't raise her ~s too much** ne lui donne pas trop d'espoir • **don't get your ~s up too much** n'aie pas trop d'espoir • **to lose all ~ of sth/of doing** perdre tout espoir de qch/de faire • **my ~ is that ...** ce que j'espère c'est que ... • **you're my last ~** tu es mon dernier espoir • **some ~!*** tu parles !*

2 (VI) espérer • **to ~ for money/for success** espérer gagner de l'argent/avoir du succès • **they were still hoping for a peaceful solution to the crisis** ils espéraient toujours trouver une solution pacifique à la crise • **we're hoping for fine weather** nous espérons avoir du beau temps • **it was too much to ~ for (that ...)** ça aurait été trop beau (que ... + *subj*) • **to ~ for the best** espérer que tout se passe au mieux • **to ~ against hope** espérer en dépit de tout

3 (VT) espérer • **I ~ he comes** j'espère qu'il viendra • **I ~ to see you** j'espère te voir • **hoping to hear from you** (*in letter*) dans l'espoir d'avoir de vos nouvelles • **I ~ so** (*answer to question*) j'espère que oui; (*agreeing with sb's statement*) je l'espère • **I ~ not** (*answer to question*) j'espère que non; (*agreeing*) j'espère bien que non !

hopeful ['həʊpfʊl] 1 (ADJ) ⓐ (= *optimistic*) [*person, face*] plein d'espoir • **to be ~ (that ...)** avoir bon espoir (que ...) • **I'll ask her but I'm not too ~** je lui demanderai mais je n'y crois pas trop • **to be ~ of doing sth** avoir bon espoir de faire qch ⓑ (= *promising*) [*sign, future*] prometteur; [*situation, news*] encourageant 2 (N) **the young ~s** (*showing promise*) les jeunes espoirs *mpl* • **the British Olympic ~s** (*hoping to make team*) les candidats *mpl* à la sélection pour l'équipe olympique britannique; (*hoping to win medal*) les prétendants *mpl* britanniques à une médaille olympique

hopefully ['həʊpfəlɪ] (ADV) ⓐ (= *optimistically*) [*say, look at*] avec espoir • **... she asked ~** ... demanda-t-elle pleine d'espoir ⓑ (= *one hopes*) avec un peu de chance • **~ we'll be able to find a solution** avec un peu de chance, nous trouverons une solution • **~ it won't rain** j'espère qu'il ne va pas pleuvoir • **~!** je l'espère ! • **~ not!** j'espère que non !

hopeless ['həʊplɪs] (ADJ) ⓐ [*situation, attempt*] désespéré; [*task*] impossible • **it's ~!** c'est désespérant ! • **he's a ~ case*** c'est un cas désespéré ⓑ (= *useless*)* nul • **he's a ~ teacher** il est nul comme professeur • **to be ~ at maths** être nul en maths • **to be ~ at doing sth** être nul quand il s'agit de faire qch

hopelessly ['həʊplɪslɪ] (ADV) [*confused*] [*lost*] complètement • **~ naïve** d'une naïveté désespérante • **to be ~ in love (with sb)** être éperdument amoureux (de qn)

hopscotch ['hɒpskɒtʃ] (N) marelle *f*

horde [hɔːd] (N) horde *f* • **~s of people** des foules de gens

horizon [hə'raɪzn] (N) horizon *m* • **on the ~** à l'horizon • **to broaden one's ~s** élargir ses horizons • **to open new ~s for sb** ouvrir des horizons à qn

horizontal [ˌhɒrɪ'zɒntl] 1 (ADJ) horizontal 2 (N) (= *line*) horizontale *f*

hormonal [hɔː'məʊnəl] (ADJ) hormonal

hormone ['hɔːməʊn] (N) hormone *f* ▸ **hormone replacement therapy** N traitement *m* hormonal (substitutif)

horn [hɔːn] 1 (N) ⓐ corne *f* ⓑ (= *musical instrument*) cor *m* ⓒ [*of car*] klaxon® *m*; [*of boat*] sirène *f* • **to sound one's ~** klaxonner 2 (ADJ) [*handle, ornament*] en corne 3 (COMP) ▸ **horn-rimmed spectacles** NPL lunettes *fpl* à monture d'écaille

hornet ['hɔːnɪt] (N) frelon *m* • **his inquiries stirred up a ~'s nest** ses investigations ont mis le feu aux poudres

horny‡ ['hɔːnɪ] (ADJ) excité*

horoscope ['hɒrəskəʊp] (N) horoscope *m*

horrendous [hɒ'rendəs] (ADJ) épouvantable

horrible ['hɒrɪbl] (ADJ) ⓐ (= *horrific*) horrible; [*moment, truth*] terrible ⓑ (= *unpleasant*) épouvantable; [*clothes*] affreux; [*mistake*] terrible ⓒ (= *unkind*)* [*person*] méchant (**to sb** avec qn) • **that's a ~ thing to say!** c'est vraiment méchant de dire des choses pareilles !

horribly ['hɒrɪblɪ] (ADV) ⓐ [*cruel, disfigured, injured*] horriblement ⓑ [*expensive, guilty, embarrassed, uncomfortable*] terriblement • **it's all gone ~ wrong** les choses ont très mal tourné • **I'm going to be ~ late*** je vais être affreusement en retard

horrid ['hɒrɪd] (ADJ) [*person*] ignoble; [*place*] épouvantable • **a ~ child** une (petite) horreur*

horrific [hɒ'rɪfɪk] (ADJ) horrible

horrified ['hɒrɪfaɪd] (ADJ) horrifié

horrify ['hɒrɪfaɪ] (VT) horrifier

horrifying ['hɒrɪfaɪɪŋ] (ADJ) effrayant

horror ['hɒrəʳ] 1 (N) horreur *f* • **to my ~ I realized that ...** je me suis rendu compte avec horreur que ... • **they watched in ~ as the train left the tracks** le train a déraillé sous leurs yeux horrifiés • **you little ~!*** petit monstre !* 2 (COMP) ▸ **horror film** N film *m* d'épouvante ▸ **horror story** N histoire *f* d'épouvante ▸ **horror-stricken, horror-struck** ADJ horrifié

horse [hɔːs] (N) cheval *m* • **straight from the ~'s mouth** de source sûre • **hold your ~s!*** minute !* ▸ **horse chestnut** N (= *nut*) marron *m* (d'Inde); (= *horse chestnut tree*) marronnier *m* (d'Inde) ▸ **horse-drawn** ADJ tiré par des chevaux ▸ **the Horse Guards** NPL (*Brit*) la Garde à cheval ▸ **horse manure** N crottin *m* de cheval ▸ **horse race** N course *f* de chevaux ▸ **horse-racing** N courses *fpl* de chevaux ▸ **horse-riding** N (*Brit*) équitation *f* • **to go ~-riding** faire de l'équitation ▸ **horse show** N concours *m* hippique ▸ **horse trials** NPL concours *m* hippique

▸ **horse about***, **horse around*** VI chahuter • **stop horsing about!** arrêtez de chahuter !

horseback ['hɔːsbæk] (N) **on ~** à cheval ▸ **horseback riding** N (*US*) équitation *f*

horsebox ['hɔːsbɒks] (N) (*Brit*) van *m*; (*in stable*) box *m*

horsefly ['hɔːsflaɪ] (N) taon *m*

horseman ['hɔːsmən] (N) (*pl* **-men**) cavalier *m*

horsemanship ['hɔːsmənʃɪp] (N) talent *m* de cavalier

horseplay ['hɔːspleɪ] (N) chahut *m*

horsepower ['hɔːspaʊəʳ] (N) puissance *f* (en chevaux); (= *unit*) cheval-vapeur *m* • **a ten-~ car** une dix-chevaux

horseradish ['hɔːsrædɪʃ] (N) raifort *m* ▸ **horseradish sauce** N sauce *f* au raifort

horseshoe ['hɔːsʃuː] (N) fer *m* à cheval

horsewoman ['hɔːswʊmən] (N) (*pl* **-women**) cavalière *f*

horsey*, **horsy*** ['hɔːsɪ] (ADJ) ⓐ (= *fond of horses*) passionné de chevaux; (= *fond of riding*) passionné d'équitation ⓑ (*in appearance*) [*person, face*] chevalin

horticultural [ˌhɔːtɪ'kʌltʃərəl] (ADJ) horticole • **~ show** floralies *fpl*

horticulture ['hɔːtɪkʌltʃəʳ] (N) horticulture *f*

hose [həʊz] 1 (N) ⓐ (= *pipe*) tuyau *m*; (= *garden hose*) tuyau *m* d'arrosage; (= *fire hose*) tuyau *m* d'incendie ⓑ (*pl inv*) (= *stockings*) bas *mpl* 2 (VT) (*in garden*) arroser au jet; [*firemen*] arroser à la lance

▸ **hose down, hose out** VT SEP laver au jet

hosepipe ['həʊzpaɪp] (N) (*in garden*) tuyau *m* d'arrosage; [*of fireman*] tuyau *m* d'incendie ▸ **hosepipe ban** N (*Brit*) *interdiction d'arroser pour cause de pénurie d'eau*

hospice ['hɒspɪs] (N) hospice *m*; (*for terminally ill*) établissement *m* de soins palliatifs

hospitable [hɒs'pɪtəbl] (ADJ) [*people, place*] hospitalier; [*person*] accueillant; [*environment*] propice (**to sth** à qch)

hospital ['hɒspɪtl] 1 (N) hôpital *m* • **in ~** à l'hôpital • **he's had to go into ~** il a été hospitalisé 2 (ADJ) [*treatment, staff*] hospitalier; [*bed*] d'hôpital; [*dispute, strike*] des hôpitaux

hospitality [ˌhɒspɪ'tælɪtɪ] (N) hospitalité *f* ▸ **hospitality industry** N industrie *f* hôtelière, hôtellerie *f*

hospitalize ['hɒspɪtəlaɪz] (VT) hospitaliser

host [həʊst] 1 (N) ⓐ (= *person*) hôte *m*; [*of TV, radio show*] présentateur *m*, -trice *f* ⓑ (= *crowd*) foule *f* • **a ~ of friends** une foule d'amis • **a whole ~ of reasons** toute une série de raisons ⓒ (*in religious ceremony*) hostie *f* ⓓ (= *computer*) ordinateur *m* hôte 2 (VT) [*+ show*] animer; [*+ party*] organiser; [*+ festival, event*] accueillir; [*+ website*] héberger

h

3 (COMP) ▸**host country** N [*of conference, games*] pays *m* hôte ▸**host family** N famille *f* d'accueil

hostage ['hɒstɪdʒ] (N) otage *m* • **to take/hold sb ~** prendre/retenir qn en otage ▸**hostage-taker** N preneur *m*, -euse *f* d'otage

hostel ['hɒstəl] 1 (N) (*for students, workers*) foyer *m* • **youth ~** auberge *f* de jeunesse 2 (VI) **to go youth ~ling** aller passer ses vacances en auberges de jeunesse

hostess ['həʊstɪs] (N) hôtesse *f*; (*in night club*) entraîneuse *f*; [*of TV, radio show*] présentatrice *f* ▸**hostess trolley** N (*Brit*) table *f* roulante chauffante

hostile ['hɒstaɪl, (*US*) 'hɒstəl] (ADJ) hostile (**to** à); [*fire, force, aircraft*] ennemi ▸**hostile takeover bid** N OPA *f* hostile

hostility [hɒ'stɪlɪtɪ] (N) hostilité *f*

hot [hɒt] 1 (ADJ) ⓐ chaud • **to be ~** [*person*] avoir chaud; [*thing*] être chaud • **it's ~ today** il fait chaud aujourd'hui • **it's too ~ in here** il fait trop chaud ici • **to get ~** [*person*] commencer à avoir chaud; [*thing*] devenir chaud • **it was a very ~ day** il a fait très chaud • **the ~ sun** le soleil brûlant • **I can't drink ~ things** je ne peux pas boire chaud • **to get into ~ water** s'attirer des ennuis • **to be all ~ and bothered** (*= perspiring*) être en nage; (*= flustered*) être dans tous ses états • **to be/get ~ under the collar*** être/se mettre dans tous ses états

ⓑ [*curry*] épicé; [*spices*] fort • **he's got a ~ temper** il s'emporte rapidement • **the ~ favourite** le grand favori • **a ~ tip** un tuyau sûr* • **to be ~ on the trail** être sur la bonne piste • **to be ~ on sb's trail** être sur les talons de qn • **news ~ from the press** informations *fpl* de dernière minute

ⓒ (*= very good*)* super* • **not so ~** pas terrible* • **he's pretty ~ at maths** il est super bon en maths* • **she is so ~** (*sexually*) elle est super sexy* • **the hottest show in town** un spectacle à voir absolument

2 (NPL) **hots‡** **to have the ~s for sb** craquer* complètement pour qn

3 (COMP) ▸**hot air*** N (*= nonsense*) blablabla* *m* • **it's all ~ air** c'est du vent • **he's all ~ air** c'est une grande gueule‡ ▸**hot-air balloon** N montgolfière *f* ▸**hot-blooded** ADJ (*= passionate*) passionné ▸**hot cross bun** N brioche *f* du Vendredi saint ▸**hot dog** N hot-dog *m* ▸**hot flash** (*US*), **hot flush** N bouffée *f* de chaleur ▸**hot key** N (*Comput*) raccourci *m* clavier ▸**hot potato*** N (*= subject*) sujet *m* brûlant • **he dropped the idea like a ~ potato** il a laissé tomber cette idée ▸**hot seat*** N **to be in the ~ seat** être en première ligne ▸**hot spot*** N (*Brit*) (*= trouble area*) point *m* chaud; (*for wireless access*) borne *f* ▸**hot stuff*** N **to be ~ stuff** (*= terrific*) être terrible* ▸**hot-tempered** ADJ emporté ▸**hot tub** N jacuzzi® *m* ▸**hot-water bottle** N bouillotte *f* ▸**hot-wire*** VT [*+ car*] démarrer en faisant se toucher les fils de contact

▸ **hot up*** VI chauffer* • **things are ~ting up in the Middle East** cela commence à chauffer* au Moyen-Orient

hotbed ['hɒtbed] (N) **a ~ of social unrest** un foyer d'agitation sociale

hotchpotch ['hɒtʃpɒtʃ] (N) fatras *m*

hot-desking [ˌhɒt'deskɪŋ] (N) partage *m* de bureaux

hotel [həʊ'tel] 1 (N) hôtel *m* • **they're staying at a ~** ils sont à l'hôtel 2 (COMP) [*manager, receptionist, room*] d'hôtel ▸**the hotel industry** N l'industrie *f* hôtelière

hotelier [həʊ'telɪəʳ], **hotelkeeper** [həʊ'telˌkiːpəʳ] (N) hôtelier *m*, -ière *f*

hotfoot [hɒt'fʊt] 1 (VT) **to ~ it*** galoper 2 (ADV) à toute vitesse

hothead ['hɒthed] (N) tête *f* brûlée

hothouse ['hɒthaʊs] (N) (*= greenhouse*) serre *f* (chaude); (*= hotbed*) foyer *m* • **~ plants** plantes *fpl* de serre

hotline ['hɒtlaɪn] (N) service *m* d'assistance par téléphone; (*to head of state*) téléphone *m* rouge (**to** avec)

hotly ['hɒtlɪ] (ADV) [*debated, disputed*] avec passion • **~ pursued (by sb)** poursuivi de très près (par qn) • **the man ~ tipped to become the next president** l'homme donné comme grand favori de la course à la présidence • **to be ~ contested** être l'objet d'une lutte acharnée

hotplate ['hɒtpleɪt] (N) plaque *f* chauffante

hotpot ['hɒtpɒt] (N) *ragoût de viande aux pommes de terre*

hotshot* ['hɒtʃɒt] (N) crack* *m*

houmous, houmus ['huːməs] (N) hoummous *m*

hound [haʊnd] 1 (N) chien *m* de meute; (*= any dog*) chien *m* • **the ~s** (*Brit*) la meute 2 (VT) [*+ person*] harceler

hour ['aʊəʳ] 1 (N) heure *f* • **half an ~** une demi-heure • **an ~ and a half** une heure et demie • **four ~s' walk from here** à quatre heures de marche d'ici • **London is an ~ away from here** Londres est à une heure d'ici • **getting there would take ~s** il faudrait des heures pour s'y rendre • **she's been waiting for ~s** elle attend depuis des heures • **to be ~s late** être en retard de plusieurs heures • **in the early ~s of the morning** aux premières heures du jour • **at all ~s (of the day and night)** à toute heure (du jour et de la nuit) • **at this late ~** (*= late stage*) à ce stade avancé • **to keep regular ~s** avoir une vie réglée • **to work long ~s** avoir des journées très longues • **after ~s** (*Brit*) (*of shops, pubs*) après l'heure de fermeture; (*of offices*) après les heures de bureau • **80km an ~** 80 km à l'heure • **she is paid $8 an ~** elle est payée 8 dollars de l'heure • **on the ~** à l'heure juste (toutes les heures) • **hour by hour** heure par heure

▸ **by the hour** à l'heure • **to pay sb by the ~** payer qn à l'heure

▸ **out of + hours** **out of ~s** en dehors des heures d'ouverture • **out of school ~s** en dehors des heures de cours

2 (COMP) ▸**hour hand** N petite aiguille *f*

hourglass ['aʊəglɑːs] (N) sablier *m*

hourly ['aʊəlɪ] 1 (ADJ) ⓐ (*= every hour*) **the ~ news broadcast** les nouvelles diffusées toutes les heures • **at ~ intervals** toutes les heures ⓑ (*= per hour*) [*earnings, wage, rate*] horaire; [*worker, job*] payé à l'heure • **paid on an ~ basis** payé à l'heure 2 (ADV) [*fly, update*] toutes les heures; [*pay*] à l'heure

house 1 (N) ⓐ maison *f* • **at my ~** chez moi • **come to my ~** viens chez moi • **to keep ~ for sb** tenir la maison de qn • **to set up ~** s'installer • **they've set up ~ together** ils habitent ensemble; [*couple*] ils se sont mis en ménage • **to put one's ~ in order** mettre de l'ordre dans ses affaires • **they got on like a ~ on fire** ils s'entendaient à merveille • **to be as safe as ~s** être tout à fait sûr • **their jobs are safe as ~s** ils ne risquent pas du tout de perdre leur emploi

ⓑ (*in parliament*) **the House** la Chambre

ⓒ (*= auditorium*) salle *f*; (*= audience*) spectateurs *mpl* • **a full ~** une salle pleine • **to play to full ~s** jouer à guichets fermés • **"~ full"** « complet » • **to bring the ~ down** faire crouler la salle sous les applaudissements

d (= *family, company*) **publishing ~** maison *f* d'édition • **steak ~** grill *m* • **the world's top fashion ~s** les plus grandes maisons *fpl* de couture du monde • **drinks are on the ~!*** c'est la tournée du patron !

e (*Brit*) (*in school*) groupe *m* d'internes

f **House (music)** house music *f*

2 (VT) [+ *person*] héberger • **the town offered to ~ six refugee families** la ville a proposé de loger six familles de réfugiés • **this building ~s five families/a motorcycle museum** ce bâtiment abrite cinq familles/un musée de la moto

3 (COMP) ▸**house agent** N (*Brit*) agent(e) *m(f)* immobilier(-ière) ▸**house arrest** N **to put sb under ~ arrest** assigner qn à résidence • **to be under ~ arrest** être en résidence surveillée ▸**house-clean** VI (*US*) faire le ménage ▸**house-cleaning** N (*US*) ménage *m* ▸**house-hunt** VI (*Brit*) être à la recherche d'une maison (*or* d'un appartement) ▸**house-hunting** N (*Brit*) recherche *f* d'une maison (*or* d'un appartement) ▸**the House of Commons** N (*Brit*) la Chambre des communes ▸**the House of Lords** N (*Brit*) la Chambre des lords ▸**the House of Representatives** N (*US*) la Chambre des représentants ▸**house-owner** N propriétaire *mf* d'une maison ▸**house plant** N plante *f* d'intérieur ▸**house prices** NPL prix *mpl* de l'immobilier ▸**house-proud** ADJ **she's very ~-proud** tout est toujours impeccable chez elle ▸**house rule** N **no drugs is a ~ rule** les drogues sont interdites ici • **~ rules** règlement *m* interne ▸**house sale** N vente *f* immobilière ▸**house-sharing** N colocation *f* ▸**house-sit** VI **to ~-sit for sb** garder la maison de qn ▸**the Houses of Parliament** N (*in Britain*) (= *building*) le palais de Westminster; (= *members*) le Parlement ▸**house-to-house** ADJ porte à porte *inv* • **~-to-~ search** perquisition *f* systématique dans le quartier • **to make a ~-to-~ search for sb** aller de porte en porte à la recherche de qn ▸**house-trained** ADJ (*Brit*) [*animal*] propre ▸**house-warming party** N pendaison *f* de crémaillère • **to give a ~-warming party** pendre la crémaillère ▸**house wine** N cuvée *f* du patron

> Lorsque **house** est un nom, le **se** final se prononce **s** : [haʊs] ; lorsque c'est un verbe, il se prononce **z** : [haʊz] ; notez que le pluriel du nom, **houses**, se prononce comme le verbe : ['haʊzɪz].

> **HOUSE**
> Les types de logements portent souvent des noms différents en anglais britannique et en anglais américain ; ainsi, un appartement se dit respectivement « flat » (Brit) et « apartment » (US). Un « condominium » (US) est un immeuble d'habitation dont les appartements appartiennent à des propriétaires individuels alors que les parties communes sont en copropriété.
> Les rangées de maisons identiques et contiguës sont appelées « terraced houses » (Brit) ou « row houses » (US). Les « semi-detached houses » (Brit) ou « duplex houses » (US) sont des maisons jumelles, tandis que la « detached house » (Brit) est un pavillon.
> Deux autres types de maisons répandues aux États-Unis sont les « ranch houses » – de longues bâtisses généralement de plain-pied – et les « colonials », maisons de style 18ème siècle en bardeaux ou en briques, comportant souvent un portique.

> **HOUSE OF COMMONS, HOUSE OF LORDS**
> Le parlement en Grande-Bretagne est constitué de deux assemblées : la **House of Commons**, présidée par le « Speaker » et composée de 650 députés (les « Members of Parliament » ou « MPs »), élus au suffrage universel direct. Ceux-ci reçoivent un salaire. La Chambre des communes siège environ 150 jours par an. La **House of Lords**, présidée par le « Lord Chancellor », est composée de « lords » ; elle peut amender certains projets de loi votés par la **House of Commons**, mais elle n'est pas habilitée à débattre des projets de lois de finances. La **House of Lords** fait également office de juridiction suprême en Angleterre et au pays de Galles.

> **HOUSE OF REPRESENTATIVES**
> Aux États-Unis, le parlement, appelé « Congress », est constitué du « Senate » et de la **House of Representatives**. Cette dernière comprend 435 membres, le nombre de ces représentants par État étant proportionnel à la densité de population de cet État. Ils sont élus pour deux ans au suffrage universel direct et siègent au « Capitol », à Washington DC. → CONGRESS, CAPITOL

h

houseboat ['haʊsbəʊt] (N) péniche *f* (aménagée)

housebound ['haʊsbaʊnd] (ADJ) confiné chez soi

housebroken ['haʊsbrəʊkən] (ADJ) (*US*) propre

housecoat ['haʊskəʊt] (N) (= *dressing gown*) peignoir *m*

housefly ['haʊsflaɪ] (N) mouche *f*

houseguest ['haʊsgest] (N) invité(e) *m(f)*

household ['haʊs,həʊld] 1 (N) ménage *m* • **poor ~s** les ménages *mpl* pauvres • **there were seven people in his ~** sept personnes vivaient sous son toit • **the whole ~ was there to greet him** tous les gens de la maison étaient là pour l'accueillir

2 (COMP) [*accounts, expenses, equipment*] du ménage ▸**household appliance** N appareil *m* électroménager ▸**household chores** NPL travaux *mpl* ménagers ▸**household goods** NPL appareils *mpl* ménagers ▸**household insurance** N assurance *f* multirisque habitation ▸**household linen** N linge *m* de maison ▸**household name** N **she is a ~ name** elle est connue partout • **Kleeno is a ~ name** Kleeno est une marque très connue ▸**household rubbish** N (*Brit*) ordures *fpl* ménagères ▸**household word** N **it's a ~ word** c'est un mot que tout le monde connaît

householder ['haʊs,həʊldəʳ] (N) occupant(e) *m(f)*; (= *owner*) propriétaire *mf*; (= *person renting*) locataire *mf*; (= *head of house*) chef *m* de famille

housekeeper ['haʊski:pəʳ] (N) (*in sb else's house*) gouvernante *f*; (*in institution*) intendante *f* • **his wife is a good ~** sa femme est une bonne maîtresse de maison

housekeeping ['haʊski:pɪŋ] (N) **a** (= *work*) ménage *m* **b** (= *money*) argent *m* du ménage **c** (*Comput*) gestion *f* des disques

housemartin ['haʊsmɑ:tɪn] (N) hirondelle *f* de fenêtre

housemaster ['haʊsmɑ:stəʳ] (N) (*Brit*) *professeur responsable d'un groupe d'internes*

housemate ['haʊsmeɪt] (N) **my ~** la personne avec qui je partage la maison; (*both renting*) mon *or* ma colocataire

housemistress ['haʊsmɪstrɪs] (N) (*Brit*) *professeur responsable d'un groupe d'internes*

housewife ['haʊs,waɪf] (N) (*pl* **-wives** [waɪvz]) ménagère *f*; (*as opposed to career woman*) femme *f* au foyer

housewives ['haʊs,waɪvz] (NPL) *of* **housewife**

housework ['haʊswɜːk] (N) ménage *m*
housing ['haʊzɪŋ] **1** (N) logement *m* • **affordable ~ is difficult to find** les logements à des prix abordables sont difficiles à trouver
2 (COMP) [*matters, problem*] de logement; [*crisis*] du logement ▸ **housing association** N (*Brit*) (*for providing housing*) *association qui construit et rénove des logements pour les louer à des prix raisonnables*; (*for co-ownership*) association *f* de copropriétaires ▸ **housing benefit** N allocation *f* logement ▸ **housing conditions** NPL conditions *fpl* de logement ▸ **housing development** N (*US*) ensemble *m* immobilier privé ▸ **housing estate** N (*Brit*) (= *council-owned flats*) cité *f*; (= *privately-owned houses*) lotissement *m* ▸ **housing list** N (*Brit*) *liste d'attente pour obtenir un logement social* ▸ **housing project** N (*US*) (= *place*) ≈ cité *f* ▸ **housing shortage** N pénurie *f* de logements
hove [həʊv] (VB) *pt, ptp of* **heave**
hovel ['hɒvəl] (N) taudis *m*
hover ['hɒvəʳ] (VI) [*bird, butterfly*] voltiger; [*bird of prey, helicopter, danger*] planer; [*fog*] flotter • **a waiter ~ed over us** un garçon (de café) tournait autour de nous • **she was ~ing in the doorway** elle hésitait sur le pas de la porte
hoverboard ['hɒvəbɔːd] (N) hoverboard *m*, gyroskate *m*
hovercraft ['hɒvəkrɑːft] (N) aéroglisseur *m*
hoverport ['hɒvəpɔːt] (N) hoverport *m*
how [haʊ] (ADV) ⓐ (= *in what way*) comment • **~ did you come?** comment êtes-vous venu ? • **to learn ~ to do sth** apprendre à faire qch • **I know ~ to do it** je sais le faire • **he'll show you ~ to do it** il va vous montrer comment faire • **~ do you like your steak?** quelle cuisson voulez-vous pour votre bifteck ? • **~ did you like the film?** comment avez-vous trouvé le film ? • **~ was the play?** comment avez-vous trouvé la pièce ? • **~ is it that ...?** comment se fait-il que ... + *subj* ? • **~ could you?** comment as-tu pu faire une chose pareille ? • **~ could you do/say that?** comment as-tu pu faire/dire une chose pareille ? • **~ can that be?** comment cela ? • **~ come?*** comment ça se fait ?* • **~ come you aren't going out?*** pourquoi tu ne sors pas ? • **and ~!*** et comment !*
▸ **how about ...*** **~ about going for a walk?** et si on allait se promener ? • **~ about you?** et toi ?
ⓑ **~'s that?*** (= *how possible, in what way*) comment ça ?; (= *what is your opinion*) qu'est-ce que tu en penses ?; (= *agreed*) d'accord ? • **~'s that for size/height?** ça va pour la taille/la hauteur ? • **~'s that for luck?** quelle veine !*
ⓒ (*health*) **~ are you?** comment allez-vous ? • **tell me ~ she is** dites-moi comment elle va • **~ do you do?** (*on being introduced*) enchanté • **~ are things?*** comment ça va ? • **~'s business?** comment vont les affaires ? • **~'s life?*** comment ça va ?
ⓓ (*with adjective or adverb*) comme

> When **how** is used to ask about degree or quantity, eg **how long?**, **how much?**, look up the other word.

• **~ nice!** comme c'est gentil ! • **~ he has grown!** comme il a grandi ! • **I can't tell you ~ glad I was to leave that place** vous ne pouvez pas savoir à quel point j'étais heureux de quitter cet endroit • **~ splendid!** c'est merveilleux ! • **~ kind of you!** c'est très aimable à vous !
ⓔ (= *that*) que • **she told me ~ she had seen the child lying on the ground** elle m'a raconté qu'elle avait vu l'enfant couché par terre

howdy* ['haʊdɪ] (EXCL) (*US*) salut !
however [haʊ'evəʳ] **1** (ADV) ⓐ (= *nevertheless*) cependant • **that is one reason. It is not, ~, the only one** c'est une raison. Ce n'est cependant pas la seule
ⓑ (= *no matter how*) **~ tall he may be, ...** il a beau être grand, ... • **~ much money he has ...** il a beau être riche ... • **~ hard she tried, she couldn't remember my name** malgré tous ses efforts, elle n'arrivait pas à se souvenir de mon nom • **~ many people there are** quel que soit le nombre de personnes
ⓒ (= *how on earth*) (*in questions*) comment donc • **~ did you manage to do that?** comment donc as-tu réussi à faire ça ?
2 (CONJ) de quelque manière que + *subj* • **~ we tell her about this, she won't be pleased** qu'on le lui dise d'une manière ou d'une autre, elle ne sera pas contente • **~ you do it, it will never be right** quoi que vous fassiez, ce ne sera jamais bien • **~ that may be** quoi qu'il en soit
howl [haʊl] **1** (N) [*of person, animal*] hurlement *m*; [*of wind*] mugissement *m* **2** (VI) ⓐ [*person, animal*] hurler; [*wind*] mugir • **to ~ with laughter** rire aux éclats • **to ~ with pain/rage** hurler de douleur/de rage ⓑ (= *cry*)* pleurer; [*baby*] brailler*
howler* ['haʊləʳ] (N) gaffe* *f*
howling ['haʊlɪŋ] (N) [*of person, animal*] hurlements *mpl*; [*of wind*] mugissement *m*
HP* [eɪtʃ'piː] (N) (*Brit*) (ABBR OF **hire purchase**)
HQ [eɪtʃ'kjuː] (N) (ABBR OF **headquarters**) QG *m*
HR [eɪtʃ'ɑːʳ] (N) (ABBR OF **human resources**) ressources *fpl* humaines
hr (ABBR OF **hour**) h • **28 hrs** 28 h
HRH [ˌeɪtʃɑːr'eɪtʃ] (ABBR OF **His** *or* **Her Royal Highness**) S.A.R.
HRT [ˌeɪtʃɑː'tiː] (N) (ABBR OF **hormone replacement therapy**)
HTML [ˌeɪtʃtiːem'el] (N) (ABBR OF **hypertext markup language**) HTML *m*
hub [hʌb] (N) [*of wheel*] moyeu *m* • **a ~ of finance/activity/operations** un centre financier/d'activité/d'opérations • **the island's social ~** le centre de la vie sociale de l'île • **the ~ of their environmental policy** la pierre angulaire de leur politique écologique ▸ **hub airport** N (*US*) plaque *f* tournante du transport aérien
hubbub ['hʌbʌb] (N) tohu-bohu *m*
hubby* ['hʌbɪ] (N) (*pl* **hubbies**) (ABBR OF **husband**) mari *m*, bonhomme* *m*
hubcap ['hʌbkæp] (N) enjoliveur *m*
hubris ['hjuːbrɪs] (N) orgueil *m* (démesuré)
huckster ['hʌkstəʳ] (N) (*US*) (= *hawker*) colporteur *m*; (*fig pej*) mercanti *m*; (= *salesman*)* vendeur *m* de choc*; (*in fairground*) bonimenteur *m*
huddle ['hʌdl] **1** (N) [*of people*] petit groupe *m* compact • **a ~ of houses in the valley** quelques maisons blotties dans la vallée **2** (VI) se blottir les uns contre les autres • **we ~d round the fire** nous nous sommes blottis autour du feu
▸ **huddle together** VI se blottir les uns contre les autres
hue [hjuː] (N) ⓐ (= *colour*) teinte *f* ⓑ **~ and cry** clameur *f* • **to raise a ~ and cry** crier haro (**against** sur)
huff [hʌf] **1** (N)* **to be in a ~** être vexé • **to go into a ~** prendre la mouche • **he went off in a ~** il s'est vexé et il est parti **2** (VI) **to ~ and puff** (= *breathe heavily*) souffler comme un bœuf*

huffy* ['hʌfɪ] ADJ (= *annoyed*) vexé; (= *sulky*) boudeur; (= *touchy*) susceptible

hug [hʌg] 1 VT ⓐ (= *hold close*) serrer dans ses bras • **to ~ one another** s'étreindre ⓑ (= *keep close to*) serrer • **to ~ the kerb** serrer le trottoir 2 VI s'étreindre • **we ~ged and kissed** nous nous sommes embrassés 3 N étreinte *f* • **to give sb a ~** serrer qn dans ses bras • **he gave the child a big ~** il a serré l'enfant bien fort dans ses bras

huge [hju:dʒ] ADJ énorme • **on a ~ scale** sur une très grande échelle

hugely ['hju:dʒlɪ] ADV [*popular, expensive, important*] extrêmement; [*enjoy o.s., vary, increase*] énormément • **a ~ successful film** un film qui a eu un énorme succès

hulk [hʌlk] N **big ~ of a man** mastodonte *m*

hulking ['hʌlkɪŋ] ADJ imposant • **he was a ~ great brute*** c'était un gros malabar*

hull [hʌl] N [*of ship*] coque *f*

hullabaloo* [,hʌləbə'lu:] N (= *noise*) raffut* *m* • **there was quite a ~ about the missing money** on a fait toute une histoire à propos de l'argent disparu • **I don't know what all the ~ is about** (= *noise*) je ne sais pas d'où vient ce raffut*; (= *fuss*) je ne comprends pas pourquoi on en fait toute une histoire

hullo [hʌ'ləʊ] EXCL = **hello**

hum [hʌm] 1 VI [*insect*] bourdonner; [*person*] fredonner; [*machine*] vrombir 2 VT [+ *tune*] fredonner 3 N [*of insect, conversation*] bourdonnement *m*; [*of machine*] vrombissement *m*

human ['hju:mən] 1 ADJ humain • **he's only ~ after all** après tout, ce n'est qu'un homme • **to lack the ~ touch** manquer de chaleur humaine • **not fit for ~ consumption** impropre à la consommation
2 N humain *m*
3 COMP ▸ **human being** N être *m* humain ▸ **human growth hormone** N hormone *f* de croissance (humaine) ▸ **human interest** N dimension *f* humaine ▸ **human nature** N nature *f* humaine ▸ **human race** N race *f* humaine ▸ **human resources** NPL ressources *fpl* humaines ▸ **human rights** NPL droits *mpl* de l'homme ▸ **human rights campaigner** N défenseur *m* des droits de l'homme ▸ **human shield** N bouclier *m* humain

humane [hju:'meɪn] ADJ humain • **the ~ killing of cattle** l'abattage *m* sans cruauté du bétail ▸ **the Humane Society** N (US) *société protectrice des animaux*

humanely [hju:'meɪnlɪ] ADV [*treat*] humainement; [*kill*] sans cruauté

humanism ['hju:mənɪzəm] N humanisme *m*

humanitarian [hju:,mænɪ'tɛərɪən] ADJ humanitaire

humanitarianism [hju:,mænɪ'tɛərɪənɪzəm] N humanitarisme *m*

humanity [hju:'mænɪtɪ] 1 N humanité *f* 2 NPL **the humanities** les humanités *fpl*

humankind [,hju:mən'kaɪnd] N l'humanité *f*

humanly ['hju:mənlɪ] ADV **if it is ~ possible** si c'est humainement possible

humble ['hʌmbl] 1 ADJ ⓐ (= *lowly*) humble • **of ~ origins** d'origine modeste • **in my ~ opinion** à mon humble avis • **to eat ~ pie** faire amende honorable ⓑ (= *unassuming*) modeste ⓒ **it makes me feel very ~** ça me donne un sentiment de grande humilité 2 VT (= *humiliate*) rabaisser • **Ted's words ~d me** les paroles de Ted ont été une leçon d'humilité pour moi • **to ~ o.s.** se rabaisser

humbly ['hʌmblɪ] ADV humblement

humbug ['hʌmbʌg] N ⓐ (= *person*) charlatan *m* ⓑ (*Brit*) (= *sweet*) bonbon *m* à la menthe

humdrum ['hʌm,drʌm] ADJ monotone

humid ['hju:mɪd] ADJ [*climate*] humide et chaud • **it's ~ today** il fait lourd aujourd'hui

humidifier [hju:'mɪdɪfaɪəʳ] N humidificateur *m*

humidity [hju:'mɪdɪtɪ] N humidité *f*

humiliate [hju:'mɪlɪeɪt] VT humilier

humiliating [hju:'mɪlɪeɪtɪŋ] ADJ humiliant

humiliation [hju:,mɪlɪ'eɪʃən] N humiliation *f*

humility [hju:'mɪlɪtɪ] N humilité *f*

hummingbird ['hʌmɪŋbɜ:d] N oiseau-mouche *m*

hummus ['hʊməs] N hoummous *m*

humongous‡ [hju:'mɒŋgəs] ADJ énorme

humor ['hju:məʳ] (US) = **humour**

humorist ['hju:mərɪst] N humoriste *mf*

humorless ['hju:məlɪs] ADJ (US) = **humourless**

humorous ['hju:mərəs] ADJ (= *amusing*) humoristique

humorously ['hju:mərəslɪ] ADV avec humour

humour, humor (US) ['hju:məʳ] 1 N humour *m* • **the ~ of the situation** le comique de la situation 2 VT [+ *person*] faire plaisir à; [+ *sb's wishes, whims*] se plier à • **just ~ him!** fais-lui plaisir !

humourless, humorless (US) ['hju:məlɪs] ADJ [*person*] qui manque d'humour; [*laugh, style*] sans humour

hump [hʌmp] N bosse *f*

humpback ['hʌmpbæk] N (*also* **humpback whale**) baleine *f* à bosse

humpbacked ['hʌmpbækt] ADJ ⓐ [*person*] bossu ⓑ (*Brit*) [*bridge*] en dos d'âne

humungous‡ [hju:'mʌŋgəs] ADJ énorme

humus ['hju:məs] N humus *m*

hunch [hʌntʃ] 1 VT **to ~ one's back** arrondir le dos • **to ~ one's shoulders** se voûter • **~ed shoulders** épaules *fpl* voûtées • **with ~ed shoulders** la tête rentrée dans les épaules 2 N (= *premonition*)* pressentiment *m* • **to have a ~ that ...** avoir l'impression que ... • **it's only a ~** ce n'est qu'une impression • **your ~ paid off** vous avez bien fait de vous fier à votre intuition • **his ~ proved right** son intuition était juste • **to act on a ~** suivre son intuition

hunchback ['hʌntʃbæk] N bossu(e) *m(f)*

hunchbacked ['hʌntʃbækt] ADJ bossu

hunched ['hʌntʃt] ADJ recroquevillé • **she sat ~ over her typewriter** elle était penchée sur sa machine à écrire • **he sat ~ over his books** il était assis penché sur ses livres

hundred ['hʌndrəd] NUMBER cent • **a ~ chairs** cent chaises • **two ~ chairs** deux cents chaises • **about a ~ books** une centaine de livres • **a ~ and one** cent un • **a ~ per cent** cent pour cent • **it was a ~ per cent successful** cela a réussi à cent pour cent • **in seventeen ~** en dix-sept cents • **in seventeen ~ and ninety-six** en dix-sept cent quatre-vingt-seize • **to live to be a ~** devenir centenaire • **they came in their ~s** ils sont venus par centaines • **~s of** des centaines de • **I've told you ~s of times!** je te l'ai dit mille fois !

> **cent** is written with an **s** on the end when there are two or more hundreds, but not when it is followed by another number, as in 'six hundred and two'.

hundredth ['hʌndrɪdθ] 1 ADJ centième 2 N (*= person, thing*) centième *mf*; (*= fraction*) centième *m*

hundredweight ['hʌndrədweɪt] N (*Brit, Can*) cent douze livres *fpl* (50,7 kg); (*US*) cent livres *fpl* (45,3 kg)

hung [hʌŋ] 1 VB *pret, ptp of* **hang** 2 COMP ▸**hung over*** ADJ **to be ~ over** avoir la gueule de bois* ▸**hung parliament** N parlement *m* sans majorité ▸**hung up*** ADJ (*= tense*) complexé • **he's ~ up about it** il en fait un complexe • **to be ~ up on sb/sth** (*= obsessed*) être fou (folle *f*) de qn/qch

Hungarian [hʌŋ'gɛərɪən] 1 ADJ hongrois 2 N ⓐ Hongrois(e) *m(f)* ⓑ (*= language*) hongrois *m*

Hungary ['hʌŋgərɪ] N Hongrie *f*

hunger ['hʌŋgə^r] N faim *f* (**for** de) ▸**hunger strike** N grève *f* de la faim • **to go on ~ strike** faire la grève de la faim ▸**hunger striker** N gréviste *mf* de la faim

hungrily ['hʌŋgrɪlɪ] ADV [*eat*] goulûment; [*look, wait*] avidement

hungry ['hʌŋgrɪ] ADJ ⓐ (*for food*) affamé • **to be ~** avoir faim • **I'm so ~** j'ai tellement faim • **to be very ~** avoir très faim • **to make sb ~** donner faim à qn • **when he was a child he often went ~** quand il était enfant, il ne mangeait pas toujours à sa faim • **digging the garden is ~ work** ça donne faim de bêcher

ⓑ (*= eager*) **they were ~ for news** ils attendaient avidement des nouvelles • **the child is ~ for love** cet enfant a besoin d'amour • **~ for success** [*executive*] avide de réussir; [*artist, writer*] avide de succès

hunk [hʌŋk] N ⓐ [*of bread, cheese*] gros morceau *m* ⓑ (*= attractive man*)* beau mec* *m*

hunky* ['hʌŋkɪ] ADJ [*man*] bien foutu*

hunt [hʌnt] 1 N chasse *f* • **elephant/tiger ~** chasse *f* à l'éléphant/au tigre • **the ~ for the missing child** la battue pour retrouver l'enfant disparu • **the ~ for the murderer** la chasse au meurtrier • **to be on the ~ for a cheap house** être à la recherche d'une maison bon marché • **the ~ is on for ...** on cherche ...

2 VT ⓐ (*= seek*) chercher; (*= pursue*) poursuivre

ⓑ [*+ fox, deer*] chasser

3 VI chasser • **to go ~ing** aller à la chasse • **to ~ for** [*+ animal*] chasser; [*+ object, facts, missing person*] être à la recherche de • **he is ~ing for a job** il est à la recherche d'un travail • **he ~ed in his pocket for his pen** il a fouillé dans sa poche pour trouver son stylo • **we ~ed around for cardboard and glue** nous avons cherché partout du carton et de la colle • **~ around until you find what you need** fouillez jusqu'à ce que vous trouviez ce dont vous avez besoin

4 COMP ▸**hunt saboteur, hunt sab*** N (*Brit*) *militant qui participe à des actions directes contre les chasses à courre*

▸**hunt down** VT SEP [*+ animal*] pourchasser; [*+ person*] traquer; [*+ object, facts, details, quotation*] dénicher

▸**hunt out** VT SEP dénicher

hunter ['hʌntə^r] N (*= person*) chasseur *m*, -euse *f* ▸**hunter-gatherer** N chasseur-cueilleur *m*

hunting ['hʌntɪŋ] 1 N chasse *f*; (*with dogs*) chasse *f* à courre; (*= fox hunting*) chasse *f* au renard 2 COMP ▸**hunting ground** N terrain *m* de chasse ▸**hunting season** N saison *f* de chasse

huntsman ['hʌntsmən] N (*pl* **-men**) chasseur *m*

hurdle ['hɜːdl] N (*for fences*) claie *f*; (*in race*) haie *f*; (*= obstacle*) obstacle *m* • **the 100-metre ~s** le 100 mètres haies

hurdler ['hɜːdlə^r] N (*Sport*) coureur *m*, -euse *f* de haies

hurl [hɜːl] VT [*+ object, stone*] jeter (avec violence) (**at** contre) • **they were ~ed to the ground by the blast** ils ont été projetés à terre par le souffle de l'explosion • **to ~ o.s. at sb/sth** se ruer sur qn/qch • **he ~ed himself from a 10th floor window** il s'est jeté d'une fenêtre du 10ème étage • **to ~ abuse at sb** lancer des injures à qn

hurly-burly ['hɜːlɪ'bɜːlɪ] N (*= commotion*) tohu-bohu *m*; (*= uproar*) tumulte *m* • **the ~ of politics** le tourbillon de la politique • **the ~ of election campaigning** le tourbillon de la campagne électorale

hurrah [hʊ'rɑː], **hurray** [hʊ'reɪ] N hourra *m* • **~ for Robert!** vive Robert!

hurricane ['hʌrɪkən] N ouragan *m*

hurried ['hʌrɪd] ADJ [*steps, departure*] précipité; [*decision*] pris à la hâte; [*reading, visit, meeting*] très rapide; [*work*] fait à la hâte • **a ~ breakfast** un petit déjeuner pris à la hâte • **a ~ goodbye** des adieux précipités

hurriedly ['hʌrɪdlɪ] ADV (*= quickly*) en hâte; (*faster than one would wish*) à la hâte

hurry ['hʌrɪ] 1 N (*= haste*) hâte *f*; (*= eagerness*) empressement *m* • **what's your ~?*** qu'est-ce qui vous presse? • **there's no ~** rien ne presse

▸**in a hurry** **to be in a ~** être pressé • **to be in a ~ to do sth** avoir hâte de faire qch • **it was done in a ~** ça a été fait à toute vitesse • **he left in a ~** il est parti précipitamment • **he won't come back here in a ~!*** il ne reviendra pas de sitôt! • **are you in a ~ for this?** vous en avez un besoin urgent?

▸**in no hurry** **I'm in no particular ~** je ne suis pas particulièrement pressé • **I'm in no ~ to do that again!*** je ne recommencerai pas de sitôt!

2 VI ⓐ se dépêcher (**to do sth** de faire qch) • **do ~!** dépêchez-vous! • **don't ~** ne vous pressez pas • **I must ~** il faut que je me dépêche

ⓑ **to ~ in/out/through** entrer/sortir/traverser en vitesse • **she hurried over to her sister's** elle s'est précipitée chez sa sœur • **he hurried after her** il a couru pour la rattraper • **they hurried up the stairs** ils ont monté l'escalier quatre à quatre • **she hurried home** elle s'est dépêchée de rentrer

3 VT ⓐ [*+ person*] bousculer; [*+ piece of work*] presser • **I don't want to ~ you** je ne veux pas vous bousculer • **he won't be hurried** vous ne le ferez pas se dépêcher • **this job can't be hurried** ce travail prend du temps • **I won't be hurried into a decision** je refuse de prendre une décision précipitée

ⓑ **to ~ sb in/out/through** faire entrer/sortir/traverser qn en vitesse • **they hurried him to a doctor** ils l'ont emmené d'urgence chez un médecin

▸**hurry along** 1 VI marcher d'un pas pressé • **~ along please!** pressons un peu, s'il vous plaît! 2 VT SEP [*+ person*] faire se dépêcher; [*+ work*] activer • **we're trying to ~ things along a little** nous essayons d'activer un peu les choses

▸**hurry back** VI se presser de revenir • **~ back!** (*to guest*) revenez-nous bientôt! • **don't ~ back: I'll be here till 6 o'clock** ne te presse pas, je serai ici jusqu'à 6 heures

▸**hurry on** 1 VI **she hurried on to the next stop** elle s'est pressée de gagner l'arrêt suivant • **they hurried on to the next question** ils sont vite passés à la question suivante • **she hurried on ahead** elle est partie devant 2 VT SEP [*+ person*] faire se dépêcher; [*+ work*] activer

▸**hurry up** 1 VI se dépêcher • **~ up!** dépêchez-vous!

• ~ **up and take your bath** dépêche-toi de prendre ton bain • ~ **up with that coffee** (*bringing it*) dépêche-toi d'apporter ce café; (*drinking it*) dépêche-toi de boire ton café **2** VT SEP [+ *person*] faire se dépêcher; [+ *work*] activer

hurt [hɜːt] (*pret, ptp* **hurt**) **1** (VT) **a** (= *do physical damage to*) faire du mal à; (= *cause physical pain to*) faire mal à • **to ~ o.s.** se faire mal • **to ~ one's arm** se faire mal au bras • **I hope I haven't ~ you?** j'espère que je ne vous ai pas fait mal ? • **to get ~** se faire mal • **someone is bound to get ~** quelqu'un va se faire du mal • **a little rest won't ~ him** un peu de repos ne lui fera pas de mal • **a glass of wine never ~ anyone** un verre de vin n'a jamais fait de mal à personne

b (*emotionally*) blesser • **someone is bound to get ~** il y a toujours quelqu'un qui pâtit • **what ~ most was ...** le plus blessant c'était ... • **to ~ sb's feelings** blesser qn

c [+ *sb's reputation, career*] nuire à • **an embargo would ~ the economy** un embargo serait mauvais pour l'économie

2 (VI) **a** faire mal • **that ~s** ça fait mal • **my arm ~s** mon bras me fait mal • **it doesn't ~ much** ça ne fait pas très mal • **where does it ~?** où avez-vous mal ?

b (= *suffer emotionally*) souffrir

3 (N) douleur *f*

4 (ADJ) blessé

hurtful [ˈhɜːtfʊl] (ADJ) [*remark*] blessant • **what a ~ thing to say!** c'est vraiment blessant ce que tu as dit !

hurtle [ˈhɜːtl] (VI) **to ~ along** [*car*] rouler à toute vitesse • **to ~ past sb** passer en trombe devant qn • **she went hurtling down the hill** elle a dévalé la pente

husband [ˈhʌzbənd] (N) mari *m*

husbandry [ˈhʌzbəndrɪ] (N) (*Agric*) agriculture *f*; (*fig*) économie *f* • **good ~** bonne gestion *f*

hush [hʌʃ] **1** (N) silence *m* • **an expectant ~ fell over the crowd** les spectateurs ont retenu leur souffle **2** (EXCL) chut ! **3** (VI) se taire **4** (COMP) ▸ **hush-hush*** ADJ ultra-secret (-ète *f*) ▸ **hush money*** N **to pay sb ~ money** acheter le silence de qn

▸ **hush up** VT SEP [+ *scandal, news*] étouffer; [+ *fact*] cacher; [+ *person*] faire taire

hushed [hʌʃt] (ADJ) [*voice, conversation*] étouffé • **there was a ~ silence** (*of expectation*) tout le monde a retenu son souffle

husk [hʌsk] (N) [*of maize, rice*] enveloppe *f*; [*of chestnut*] bogue *f*

husky [ˈhʌskɪ] **1** (ADJ) **a** (= *hoarse*) [*person*] enroué; [*voice*] rauque **b** (= *burly*) costaud* **2** (N) (= *dog*) husky *m*

hustings [ˈhʌstɪŋz] (NPL) campagne *f* électorale • **candidates are battling it out at the ~** les élections mettent aux prises les candidats

hustle [ˈhʌsl] **1** (VT) **a** [+ *person*] pousser • **to ~ sb in/out/away** faire entrer/sortir/partir qn en le poussant • **they ~d him into a car** ils l'ont poussé dans une voiture • **I won't be ~d into anything** je ne ferai rien si on me bouscule **b** (= *cause to proceed*) **to ~ legislation through** faire voter des lois à la hâte • **to ~ things along** faire activer les choses **2** (N) **the ~ and bustle of city life** le tourbillon de la vie en ville

hustler* [ˈhʌsləʳ] (N) (= *swindler*) arnaqueur *m*, -euse *f*; (= *prostitute*) prostitué(e) *m(f)*

hut [hʌt] (N) (= *primitive dwelling*) case *f*; (= *shed*) cabane *f*

hutch [hʌtʃ] (N) [*of rabbit*] clapier *m*; (*US*) (= *dresser*) vaisselier *m*

hyacinth [ˈhaɪəsɪnθ] (N) jacinthe *f*

hybrid [ˈhaɪbrɪd] (ADJ, N) hybride *m* ▸ **hybrid car** N voiture *f* hybride ▸ **hybrid engine** N moteur *m* hybride

hydrangea [haɪˈdreɪndʒə] (N) hortensia *m*

hydrant [ˈhaɪdrənt] (N) prise *f* d'eau; (= *fire hydrant*) bouche *f* d'incendie

hydrate [ˈhaɪdreɪt] (VT) hydrater

hydraulic [haɪˈdrɒlɪk] (ADJ) hydraulique

hydrocarbon [ˌhaɪdrəʊˈkɑːbən] (N) hydrocarbure *m*

hydrochloric [ˌhaɪdrəʊˈklɒrɪk] (ADJ) chlorhydrique

hydroelectric [ˌhaɪdrəʊɪˈlektrɪk] **1** (ADJ) hydroélectrique **2** (COMP) ▸ **hydroelectric power** N énergie *f* hydroélectrique

hydroelectricity [ˌhaɪdrəʊɪlekˈtrɪsɪtɪ] (N) hydroélectricité *f*

hydrofoil [ˈhaɪdrəʊˌfɔɪl] (N) hydrofoil *m*

hydrogen [ˈhaɪdrɪdʒən] (N) hydrogène *m* ▸ **hydrogen bomb** N bombe *f* à hydrogène ▸ **hydrogen peroxide** N eau *f* oxygénée

hydroplane [ˈhaɪdrəʊˌpleɪn] (N) hydroglisseur *m*

hydrotherapy [ˌhaɪdrəʊˈθerəpɪ] (N) hydrothérapie *f*

hyena [haɪˈiːnə] (N) hyène *f*

hygiene [ˈhaɪdʒiːn] (N) hygiène *f*

hygienic [haɪˈdʒiːnɪk] (ADJ) hygiénique

hygienist [ˈhaɪdʒiːnɪst] (N) hygiéniste *mf*

hymn [hɪm] (N) cantique *m* ▸ **hymn book** N livre *m* de cantiques

hype* [haɪp] **1** (N) (= *publicity*) battage *m* publicitaire; (*in media*) battage *m* médiatique **2** (VT) (*also* **hype up**) (= *publicize*) [+ *book, product, film*] faire un énorme battage autour de

hyper* [ˈhaɪpəʳ] (ADJ) surexcité

hyperactive [ˌhaɪpərˈæktɪv] (ADJ) hyperactif

hyperbola [haɪˈpɜːbələ] (N) (*pl* **hyperbolas** *or* **hyperbole** [haɪˈpɜːbəliː]) (*Math*) hyperbole *f*

hyperbole [haɪˈpɜːbəlɪ] (N) (*Literature*) hyperbole *f*

hyperconnectivity [ˌhaɪpəkɒnekˈtɪvəti] (N) hyperconnectivité *f*

hyperlink [ˈhaɪpəlɪŋk] (N) lien *m* hypertexte

hypermarket [ˈhaɪpəmɑːkɪt] (N) (*Brit*) hypermarché *m*

hyperrealism [ˌhaɪpəˈrɪəlɪzəm] (N) hyperréalisme *m*

hypersensitive [ˌhaɪpəˈsensɪtɪv] (ADJ) hypersensible

hypersexual (ADJ) **a** (= *oversexed*) hypersexuel **b** (= *inappropriately sexualized*) hypersexualisé

hypertext [ˈhaɪpəˌtekst] (N) hypertexte *m*

hypertrophy [haɪˈpɜːtrəfɪ] **1** (N) hypertrophie *f* **2** (VT) hypertrophier **3** (VI) s'hypertrophier

hyperventilate [ˌhaɪpəˈventɪleɪt] (VI) hyperventiler

hyperventilation [ˌhaɪpəventɪˈleɪʃən] (N) hyperventilation *f*

hyphen [ˈhaɪfən] (N) trait *m* d'union

hyphenated [ˈhaɪfəneɪtɪd] (ADJ) [*word*] à trait d'union • **is it ~?** ça s'écrit avec un trait d'union ?

hypnosis [hɪpˈnəʊsɪs] (N) (*pl* **hypnoses** [hɪpˈnəʊsiːz]) hypnose *f* • **under ~** sous hypnose

hypnotherapist [ˌhɪpnəʊˈθerəpɪst] (N) hypno-thérapeute *mf*

hypnotherapy [ˌhɪpnəʊˈθerəpɪ] (N) hypnothérapie *f*

hypnotic [hɪpˈnɒtɪk] (ADJ) hypnotique; [*rhythm, effect, eyes, voice*] envoûtant

hypnotism [ˈhɪpnətɪzəm] (N) hypnotisme *m*

hypnotist [ˈhɪpnətɪst] (N) hypnotiseur *m*, -euse *f*

hypnotize ['hɪpnətaɪz] (VT) hypnotiser **• to ~ sb into doing sth** faire faire qch à qn sous hypnose **• to ~ o.s.** s'hypnotiser

hypoallergenic [ˌhaɪpəʊælə'genɪk] (ADJ) hypoallergénique

hypochondriac [ˌhaɪpəʊ'kɒndrɪæk] (ADJ, N) hypocondriaque *mf*

hypocrisy [hɪ'pɒkrɪsɪ] (N) hypocrisie *f*

hypocrite ['hɪpəkrɪt] (N) hypocrite *mf*

hypocritical [ˌhɪpə'krɪtɪkəl] (ADJ) hypocrite

hypodermic [ˌhaɪpə'dɜːmɪk] (ADJ) hypodermique

hypothalamus [ˌhaɪpə'θæləməs] (N) (*pl* **hypothalami** [ˌhaɪpə'θæləmaɪ]) hypothalamus *m*

hypothermia [ˌhaɪpəʊ'θɜːmɪə] (N) hypothermie *f*

hypothesis [haɪ'pɒθɪsɪs] (N) (*pl* **hypotheses** [haɪ'pɒθɪsiːz]) hypothèse *f*

hypothesize [ˌhaɪ'pɒθɪˌsaɪz] 1 (VT) conjecturer **• it was ~d that ...** on est parti de l'hypothèse que ... 2 (VI) se livrer à des conjectures

hypothetic [ˌhaɪpəʊ'θetɪk], **hypothetical** [ˌhaɪpəʊ'θetɪkəl] (ADJ) hypothétique

hysterectomy [ˌhɪstə'rektəmɪ] (N) hystérectomie *f*

hysteria [hɪs'tɪərɪə] (N) hystérie *f*

hysterical [hɪs'terɪkəl] (ADJ) ⓐ hystérique; (*= overexcited*) surexcité; [*laugh, sobs, weeping*] convulsif **• ~ crying** une violente crise de larmes ⓑ (*= hilarious*)* [*joke, scene, comedian*] tordant* **• ~ laughter** fou rire *m*

hysterically [hɪs'terɪkəlɪ] (ADV) **to weep ~** avoir une violente crise de larmes **• to laugh ~** rire convulsivement **• it was ~ funny*** c'était à se tordre de rire

hysterics [hɪs'terɪks] (NPL) ⓐ (*= tears, shouts*) crise *f* de nerfs **• to go into ~** avoir une crise de nerfs **• she was nearly in ~** elle était au bord de la crise de nerfs ⓑ (*= laughter*)* crise *f* de fou rire **• to go into ~** attraper le fou rire **• we were in ~ about it** on a ri aux larmes **• he had us all in ~** il nous a fait rire aux larmes

I i

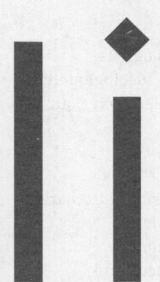

I [aɪ] (PERS PRON) *(unstressed)* je; *(before vowel or silent "h")* j'; *(stressed)* moi • **he and I are going to sing** lui et moi, nous allons chanter • **no, I'll do it** non, c'est moi qui vais le faire

IA, Ia. (ABBR OF **Iowa**)

IBA [ˌaɪbiːˈeɪ] (N) *(Brit)* (ABBR OF **Independent Broadcasting Authority**) *haute autorité contrôlant les sociétés indépendantes de radiotélévision*

IBRD [ˌaɪbiːɑːˈdiː] (N) (ABBR OF **International Bank for Reconstruction and Development**) BIRD *f*

ICC [ˌaɪsiːˈsiː] (N) (ABBR OF **International Criminal Court**) CPI *f (= Cour pénale internationale)*

ice [aɪs] **1** (N) **a** glace *f*; *(on road)* verglas *m*; *(for drink)* glaçons *mpl* • **my hands are like ~** j'ai les mains glacées • **to put sth on ~** *[+ melon, wine]* mettre qch à rafraîchir; *[+ champagne]* mettre qch à frapper • **to keep sth on ~** *[+ food, drink]* garder qch sur *or* dans de la glace • **to break the ~** briser la glace • **that cuts no ~ with me** ça ne m'impressionne guère

b *(Brit)* (= *ice cream*) glace *f* • **raspberry ~** glace *f* à la framboise

2 (VT) glacer

3 (COMP) ▸**ice age** N période *f* glaciaire ▸**ice axe** N piolet *m* ▸**ice bucket** N seau *m* à glace ▸**ice-cold** ADJ *[drink, hands]* glacé; *[room]* glacial ▸**ice cream** N glace *f* ▸**ice-cream cone** N cornet *m* de glace ▸**ice-cream van** N camionnette *f* de vendeur de glaces ▸**ice cube** N glaçon *m* ▸**ice floe** N banquise *f* (flottante) ▸**ice hockey** N hockey *m* sur glace ▸**ice lolly** N *(Brit)* sucette *f* glacée ▸**ice pack** N poche *f* de glace ▸**ice pick** N pic *m* à glace ▸**ice rink** N patinoire *f* ▸**ice skate** N patin *m* (à glace) ▸**ice-skate** VI faire du patin (à glace) ▸**ice skater** N patineur *m*, -euse *f* (sur glace) ▸**ice-skating** N patinage *m* (sur glace) ▸**ice sheet** N couche *f* de glace ▸**ice tray** N bac *m* à glaçons ▸**ice water** N *(US)* eau *f* glacée

▸**ice over** **1** VI *[windscreen, aircraft wings]* givrer; *[river]* geler **2** VT SEP **to be ~d over** *[windscreen, aircraft wings]* être givré; *[river, lake]* être gelé

▸**ice up** **1** VI *[windscreen, aircraft, mechanism, lock]* se givrer **2** VT SEP **to be ~d up** *[windscreen, aircraft wings]* être givré; *[river, lake]* être gelé

iceberg [ˈaɪsbɜːg] (N) iceberg *m* ▸**iceberg lettuce** N laitue *f* iceberg *(laitue croquante)*

icebox [ˈaɪsbɒks] (N) *(Brit = freezer compartment)* freezer *m*; *(= insulated box)* glacière *f* • **this room is like an ~** cette pièce est une vraie glacière

icebreaker [ˈaɪsˌbreɪkəʳ] (N) *(= ship)* brise-glace *m* • **as an ~** pour briser la glace

icecap [ˈaɪskæp] (N) calotte *f* glaciaire

iced [aɪst] (ADJ) glacé

Iceland [ˈaɪslənd] (N) Islande *f*

Icelandic [aɪsˈlændɪk] **1** (ADJ) islandais **2** (N) *(= language)* islandais *m*

icicle [ˈaɪsɪkl] (N) glaçon *m (naturel)*

icily [ˈaɪsɪlɪ] (ADV) *[say]* sur un ton glacial; *[smile, stare]* d'un air glacial

icing [ˈaɪsɪŋ] (N) glaçage *m* • **it's the ~ on the cake** c'est la cerise sur le gâteau ▸**icing sugar** N *(Brit)* sucre *m* glace

icky* [ˈɪkɪ] (ADJ) *(= messy)* poisseux; *(= horrible)* dégueulasse*

icon [ˈaɪkɒn] (N) icône *f*; *(= idol)* idole *f* • **a feminist/gay ~** une idole pour les féministes/les homosexuels • **a fashion ~** une figure emblématique de la mode

iconic [aɪˈkɒnɪk] (ADJ) *[figure]* emblématique • **to achieve ~ status** devenir une idole

iconoclast [aɪˈkɒnəklæst] (N) iconoclaste *mf*

iconoclastic [aɪˌkɒnəˈklæstɪk] (ADJ) iconoclaste

ICT [ˌaɪsiːˈtiː] *(Brit Scol)* (ABBR OF **Information and Communications Technology**) TIC *fpl*

ICU [ˌaɪsiːˈjuː] (N) (ABBR OF **intensive care unit**) USI *f*

icy [ˈaɪsɪ] (ADJ) **a** *(= covered with ice)* *[road, pavement]* verglacé; *[lake, river, sea]* gelé • **~ conditions** *(on roads)* verglas *m* • **it's ~ this morning** il gèle ce matin **b** *(= cold)* glacé • **it was ~ yesterday** il faisait un froid glacial hier • **her hands were ~ cold** elle avait les mains glacées **c** *(= unfriendly)* glacial

ID [aɪˈdiː] **1** ABBR OF **Idaho** **2** (N) (ABBR OF **identification**) pièce *f* d'identité • **she asked me for some ID** elle m'a demandé une pièce d'identité **3** (COMP) ▸**ID card** N carte *f* d'identité ▸**ID thief** N usurpateur *m*, -trice *f* d'identité

I'd [aɪd] (ABBR OF **I had, I should, I would**) → **have, should, would**

Ida. (ABBR OF **Idaho**)

idea [aɪˈdɪə] (N) **a** *(= thought, purpose)* idée *f* • **whose ~ was it to take this route?** qui a eu l'idée de prendre cet itinéraire ? • **it wasn't my ~!** ce n'est pas moi qui en ai eu l'idée ! • **where did you get the ~ that I wasn't well?** où as-tu été chercher que je n'allais pas bien ? • **where did you get that ~?** où est-ce que tu as pris cette idée ? • **what gave you the ~ that I couldn't come?** qu'est-ce qui t'a fait penser que je ne pourrais pas venir ? • **don't get any ~s!*** ce n'est pas la peine d'y penser ! • **once he gets an ~ into his head** une fois qu'il s'est mis une idée en tête

• **to put ~s into sb's head** mettre des idées dans la tête de qn • **if that's your ~ of fun** si c'est ça que tu appelles t'amuser • **that's not my ~ of a holiday** ce n'est pas ce que j'appelle des vacances
ⓑ (= *vague knowledge*) idée *f* • **I've got some ~ of what this is all about** j'ai une vague idée de ce dont il s'agit • **have you any ~ of what he meant to do?** avez-vous idée de ce qu'il voulait faire ? • **I haven't the slightest ~** je n'en ai pas la moindre idée • **I had an ~ that he'd joined the army** j'avais dans l'idée qu'il s'était engagé dans l'armée • **I had no ~ they knew each other** j'ignorais absolument qu'ils se connaissaient • **he has no ~ what he's doing!** il fait n'importe quoi ! • **it was awful, you've no ~!** c'était terrible, tu ne peux pas t'imaginer ! • **can you give me a rough ~ of how many you want?** pouvez-vous m'indiquer en gros combien vous en voulez ? • **this will give you an ~ of how much it will cost** cela vous donnera une idée de ce que ça va coûter • **you're getting the ~!*** tu commences à comprendre ! • **I've got the general ~*** je vois à peu près ce dont il s'agit • **that's the ~!*** c'est ça ! • **what's the big ~?*** ça ne va pas, non ?*

ideal [aɪˈdɪəl] 1 (ADJ) idéal 2 (N) idéal *m*

idealism [aɪˈdɪəlɪzəm] (N) idéalisme *m*

idealist [aɪˈdɪəlɪst] (ADJ, N) idéaliste *mf*

idealistic [aɪˌdɪəˈlɪstɪk] (ADJ) idéaliste

idealize [aɪˈdɪəlaɪz] (VT) idéaliser

ideally [aɪˈdɪəlɪ] (ADV) ⓐ (= *preferably*) **~, you should brush your teeth after every meal** pour bien faire, il faudrait se brosser les dents après chaque repas • **~, every child should get individual attention** l'idéal serait que chaque enfant soit suivi individuellement • **~ I'd like to leave about five** autant que possible, j'aimerais partir vers cinq heures
ⓑ (= *perfectly*) **he is ~ suited to the job** il est parfait pour ce poste • **I'm not ~ placed to give you advice** je ne suis pas le mieux placé pour vous conseiller • **the village is ~ situated** la situation du village est idéale

identical [aɪˈdentɪkəl] (ADJ) identique (**to** à) • **~ twins** vrais jumeaux *mpl*, vraies jumelles *fpl*

identifiable [aɪˈdentɪˌfaɪəbl] (ADJ) identifiable; [*goal, group*] distinct; [*person*] repérable

identification [aɪˌdentɪfɪˈkeɪʃən] 1 (N) ⓐ identification *f* • **he's made a formal ~ of the body** il a formellement identifié le corps ⓑ (= *empathy*) **his ~ with the problem** sa compréhension profonde du problème ⓒ (= *proof of identity*) pièce *f* d'identité 2 (COMP) ▸ **identification papers** NPL papiers *mpl* d'identité ▸ **identification parade** N (*Brit*) séance *f* d'identification (d'un suspect)

identifier [aɪˈdentɪfaɪəʳ] (N) (*Comput*) identifiant *m*, identificateur *m*

identify [aɪˈdentɪfaɪ] 1 (VT) identifier • **she identified him as the man who had attacked her** elle l'a identifié comme étant son agresseur • **to ~ o.s. with** s'identifier à 2 (VI) s'identifier (**with** à) • **a character the audience can ~ with** un personnage auquel le public peut s'identifier

Identikit® [aɪˈdentɪkɪt] (N) portrait-robot *m*

identity [aɪˈdentɪtɪ] (N) identité *f* • **proof of ~** pièce *f* d'identité • **a case of mistaken ~** une erreur d'identité ▸ **identity card** N carte *f* d'identité ▸ **identity papers** NPL pièces *fpl* d'identité ▸ **identity parade** N (*Brit*) séance *f* d'identification (d'un suspect) ▸ **identity theft, ID theft** N vol *m* d'identité ▸ **identity thief** N voleur *m*, -euse *f* d'identité

ideological [ˌaɪdɪəˈlɒdʒɪkəl] (ADJ) idéologique

ideologically [ˌaɪdɪəˈlɒdʒɪkəlɪ] (ADV) idéologiquement • **to be ~ opposed to sth** être hostile à qch pour des raisons idéologiques

ideology [ˌaɪdɪˈɒlədʒɪ] (N) idéologie *f*

idiocy [ˈɪdɪəsɪ] (N) stupidité *f*

idiom [ˈɪdɪəm] (N) ⓐ (= *phrase*) expression *f* idiomatique ⓑ (= *language*) idiome *m* ⓒ (= *style*) style *m*

idiomatic [ˌɪdɪəˈmætɪk] (ADJ) idiomatique

idiosyncrasy [ˌɪdɪəˈsɪŋkrəsɪ] (N) particularité *f*

idiosyncratic [ˌɪdɪəsɪŋˈkrætɪk] (ADJ) particulier

idiot [ˈɪdɪət] 1 (N) idiot(e) *m(f)* • **to act like an ~** se conduire en idiot • **to feel like an ~** se sentir idiot • **what an ~ I am!** que je suis idiot ! 2 (COMP) ▸ **idiot box**‡ N (*US TV*) téloche* *f* ▸ **idiot-proof*** ADJ [*method*] infaillible; [*machine*] indétraquable

idiotic [ˌɪdɪˈɒtɪk] (ADJ) idiot • **that was ~ of you!** ce que tu as été idiot ! • **what an ~ thing to say!** c'est idiot de dire une chose pareille !

idle [ˈaɪdl] (ADJ) ⓐ (= *lazy*) fainéant • **the ~ rich** les riches oisifs *mpl* ⓑ (= *inactive*) [*person*] inactif; [*employee*] désœuvré; [*machinery*] à l'arrêt; [*factory*] arrêté; [*land*] inexploité • **he has not been ~ during his absence** il n'a pas chômé pendant son absence • **to stand ~** [*machinery, vehicle, factory*] être à l'arrêt • **to lie ~** [*money*] dormir; [*land*] rester inexploité • **in an ~ moment** pendant un moment d'oisiveté ⓒ (= *futile*) [*threat*] vain *before n*; [*speculation, talk, remark*] oiseux • **out of ~ curiosity** par pure curiosité • **~ gossip** ragots *mpl*
▸ **idle away** VT SEP **to ~ away one's time** passer le temps

idleness [ˈaɪdlnɪs] (N) paresse *f*

idler [ˈaɪdləʳ] (N) paresseux *m*, -euse *f*

idly [ˈaɪdlɪ] (ADV) ⓐ [*sit*] sans rien faire • **to stand ~ by (while ...)** rester sans rien faire (pendant que ...) ⓑ [*say*] négligemment; [*talk*] pour passer le temps

idol [ˈaɪdl] (N) idole *f* • **a teen ~** une idole des jeunes

idolatry [aɪˈdɒlətrɪ] (N) idolâtrie *f*

idolize [ˈaɪdəlaɪz] (VT) idolâtrer

idyll [ˈɪdɪl] (N) idylle *f*

idyllic [ɪˈdɪlɪk] (ADJ) idyllique

i.e. [ˌaɪˈiː] (ABBR OF **id est**) c'est-à-dire

IED [ˌaɪiːˈdiː] (N) (ABBR OF **improvised explosive device**) EEI *m*

if [ɪf] 1 (CONJ) ⓐ (*condition*) (= *supposing that*) si • **if I were you** si j'étais vous • **even if I knew I wouldn't tell you** même si je le savais, je ne te le dirais pas • **if they are to be believed** à les en croire • **if it is true that ...** s'il est vrai que ... • **if necessary** si nécessaire • **that's the house, if I'm not mistaken** voilà la maison, si je ne me trompe • **they're coming at Christmas if they don't change their minds** ils viennent à Noël à moins qu'ils ne changent d'avis • **if I know her, she'll refuse** telle que je la connais, elle refusera
ⓑ (= *whenever*) si • **if I asked him he helped me** si je le lui demandais il m'aidait • **if she wants any help she asks me** si elle a besoin d'aide elle s'adresse à moi
ⓒ (= *although*) si • **even if it takes me all day I'll do it** (même) si cela doit me prendre toute la journée je le ferai • **even if it is a good film it's rather long** c'est un bon film mais il est un peu long • **nice weather, even if rather cold** temps agréable, bien qu'un peu froid • **even if he tells me himself I won't believe it** même s'il me le

dit lui-même je ne le croirai pas

d (*= granted that, admitting that*) si • **even if he did say that, he didn't mean to hurt you** quand bien même il l'aurait dit, il n'avait aucune intention de vous faire de la peine

e (*= whether*) si • **do you know if they have gone?** savez-vous s'ils sont partis ? • **I wonder if it's true** je me demande si c'est vrai

f (*set structures*)

▸ **as if** comme si • **he acts as if he were rich** il se conduit comme s'il était riche • **as if by chance** comme par hasard • **he stood there as if he were dumb** il restait là comme (s'il était) muet • **it isn't as if we were rich** ce n'est pas comme si nous étions riches

▸ **if anything** **if anything, it's even smaller** c'est peut-être encore plus petit • **if anything, this one is bigger** c'est plutôt celui-ci qui est le plus grand

▸ **if + not** **if not** sinon • **if it weren't for him, I wouldn't go** si j'y vais, c'est pour lui • **if it hadn't been for you, I would have despaired** sans toi, j'aurais désespéré • **if it isn't our old friend Smith!** tiens ! mais c'est notre bon vieux Smith !

▸ **if only** si seulement • **if only I had known!** si seulement j'avais su ! • **if only it were that simple!** si seulement c'était aussi simple ! • **if only for a moment** ne serait-ce que pour un instant • **I'd better write to her, if only to let her know that …** il faudrait que je lui écrive, ne serait-ce que pour lui faire savoir que …

▸ **if so** le cas échéant

2 (N) **ifs and buts** les si *mpl* et les mais *mpl* • **it's a big if** c'est un grand point d'interrogation

iffy* ['ɪfɪ] (ADJ) **a** (*= uncertain*) [*outcome, future*] incertain **b** (*= dodgy*) [*method*] suspect • **an ~ neighbourhood** un quartier louche • **it all seems a bit ~ to me** ça me paraît un peu suspect • **I was feeling a bit ~** je n'étais pas vraiment dans mon assiette*

igloo ['ɪglu:] (N) igloo *m*

ignite [ɪg'naɪt] **1** (VT) **a** (*= set fire to*) mettre le feu à **b** [*passions, interest*] susciter; [*conflict, controversy*] déclencher **2** (VI) **a** (*= catch fire*) prendre feu **b** [*conflict, controversy*] se déclencher

ignition [ɪg'nɪʃən] (N) (*in car*) allumage *m*; (*= starting mechanism*) contact *m* • **to switch on/turn off the ~** mettre/couper le contact ▸ **ignition key** N clé *f* de contact

ignominy ['ɪgnəmɪnɪ] (N) ignominie *f* • **to suffer the ~ of …** avoir l'humiliation de …

ignoramus [,ɪgnə'reɪməs] (N) ignare *mf*

ignorance ['ɪgnərəns] (N) ignorance *f* • **to be in ~ of sth** ignorer qch • **to keep sb in ~ of sth** tenir qn dans l'ignorance de qch • **in my ~** dans mon ignorance • **~ of the law is no excuse** nul n'est censé ignorer la loi • **~ is bliss** il vaut mieux ne pas savoir

ignorant ['ɪgnərənt] (ADJ) ignorant • **~ of** ignorant de • **to be ~ of the facts** ignorer les faits

ignore [ɪg'nɔ:ʳ] (VT) (*= take no notice of*) ignorer; [*+ invitation, letter*] ne pas répondre à; [*+ rule, prohibition*] ne pas respecter • **we cannot ~ this behaviour any longer** nous ne pouvons plus fermer les yeux sur ce genre de comportement

IL (ABBR OF **Illinois**)

ilk [ɪlk] (N) **of that ~** de cet acabit • **of the same ~** du même acabit

I'll [aɪl] (ABBR OF **I shall, I will**) → **shall, will**

ill [ɪl] **1** (ADJ) (*compar* **worse**, *superl* **worst**) **a** (*= unwell*) malade • **to be taken ~** tomber malade • **to feel ~** ne pas se sentir bien • **to look ~** avoir l'air malade • **to make sb ~** rendre qn malade • **to be ~ with pneumonia** avoir une pneumonie • **~ with jealousy** malade de jalousie • **he's seriously ~ in hospital** il est à l'hôpital dans un état grave

b (*= bad*) mauvais • **~ effects** conséquences *fpl* négatives • **~ luck** malchance *f* • **as ~ luck would have it, he …** le malheur a voulu qu'il … *+ subj* • **~ temper** mauvaise humeur *f* • **~ omen** mauvais augure *m* • **~ feeling** ressentiment *m* • **no ~ feeling!** sans rancune ! • **I bear him no ~ will** je ne lui en veux pas • **just to show there's no ~ will, I'll do it** je vais le faire pour bien montrer que je ne suis pas rancunier

2 (N) mal *m* • **to speak ~ of sb** dire du mal de qn

3 (NPL) **ills** maux *mpl*

4 (ADV) mal • **he can ~ afford the expense** il peut difficilement se permettre la dépense • **we can ~ afford another scandal** nous ne pouvons guère nous permettre un autre scandale

5 (COMP) ▸ **ill-advised** ADJ peu judicieux • **you would be ~-advised to do that** vous auriez tort de faire cela ▸ **ill-at-ease** ADJ mal à l'aise ▸ **ill-considered** ADJ [*action, words*] irréfléchi; [*measures*] hâtif ▸ **ill-conceived** ADJ [*plan, policy*] mal conçu ▸ **ill-equipped** ADJ mal équipé (**with** en) • **to be ~-equipped to do sth** [*person*] être mal armé pour faire qch ▸ **ill-fated** ADJ malchanceux ▸ **ill-fitting** ADJ **~-fitting shoes** des chaussures qui ne vont pas bien ▸ **ill-founded** ADJ [*belief, argument*] mal fondé; [*rumour*] sans fondement ▸ **ill health** N mauvaise santé *f* ▸ **ill-humoured** ADJ de mauvaise humeur ▸ **ill-informed** ADJ [*person*] mal informé; [*comment, criticism*] mal fondé; [*essay, speech*] plein d'inexactitudes ▸ **ill-mannered** ADJ [*person, behaviour*] grossier ▸ **ill-prepared** ADJ mal préparé ▸ **ill-tempered** ADJ (*habitually*) désagréable; (*on one occasion*) de mauvaise humeur ▸ **ill-timed** ADJ inopportun ▸ **ill-treat** VT maltraiter ▸ **ill-treatment** N mauvais traitements *mpl*

Ill. (ABBR OF **Illinois**)

illegal [ɪ'li:gəl] (ADJ) illégal • **~ alien** étranger *m*, -ère *f* en situation irrégulière • **~ immigrant** immigré(e) *m(f)* clandestin(e)

illegality [,ɪli:'gælɪtɪ] (N) illégalité *f*

illegally [ɪ'li:gəlɪ] (ADV) illégalement • **to be ~ parked** être en stationnement interdit

illegible [ɪ'ledʒəbl] (ADJ) illisible

illegitimate [,ɪlɪ'dʒɪtɪmɪt] (ADJ) illégitime

illicit [ɪ'lɪsɪt] (ADJ) illicite

illiteracy [ɪ'lɪtərəsɪ] (N) analphabétisme *m*

illiterate [ɪ'lɪtərɪt] **1** (ADJ) [*person*] analphabète • **he is computer ~** il ne connaît rien à l'informatique **2** (N) analphabète *mf*

illness ['ɪlnɪs] (N) maladie *f*

illogical [ɪ'lɒdʒɪkəl] (ADJ) illogique

illuminate [ɪ'lu:mɪneɪt] (VT) **a** (*= light up*) éclairer; (*for special effect*) illuminer • **~d sign** enseigne *f* lumineuse **b** [*+ question, subject*] faire la lumière sur

illuminating [ɪ'lu:mɪneɪtɪŋ] (ADJ) éclairant

illumination [ɪ,lu:mɪ'neɪʃən] **1** (N) (*= lights*) éclairage *m* **2** (NPL) (*Brit*) **illuminations** (*= decorative lights*) illuminations *fpl*

illusion [ɪ'lu:ʒən] (N) illusion *f* • **to be under an ~** se faire des illusions • **to be under the ~ that ...** avoir l'illusion que ... • **to be under no ~** ne se faire aucune illusion • **I have no ~s about what will happen to him** je ne me fais aucune illusion sur le sort qui l'attend • **no one has any ~s about winning the war** personne ne se fait d'illusions sur l'issue de la guerre • **an ~ of space** une impression d'espace

illusionist [ɪ'lu:ʒənɪst] (N) illusionniste *mf*

> The French word **illusionniste** has a double **n** and ends in **-e**.

illustrate ['ɪləstreɪt] (VT) illustrer • **this can best be ~d as follows** la meilleure illustration qu'on puisse en donner est la suivante • **to ~ that ...** illustrer le fait que ...

illustration [,ɪləs'treɪʃən] (N) illustration *f* • **by way of ~** à titre d'exemple

illustrative ['ɪləstrətɪv] (ADJ) [*example*] illustratif

illustrator ['ɪləstreɪtə^r] (N) illustrateur *m*, -trice *f*

illustrious [ɪ'lʌstrɪəs] (ADJ) illustre

I'm [aɪm] (ABBR OF **I am**) → **be**

IM (N) ⓐ (ABBR OF **instant messaging**) messagerie *f* instantanée ⓑ (ABBR OF **instant message**) message *m* instantané (VT) envoyer un message instantané à

image ['ɪmɪdʒ] 1 (N) ⓐ (= *likeness*) image *f* • **~ in the mirror** réflexion *f* dans le miroir • **he is the spitting* ~ of his father** c'est tout le portrait de son père • **they had quite the wrong ~ of him** ils se faisaient une idée tout à fait fausse de lui ⓑ (*also* **public image**) image *f* (de marque) 2 (COMP) ▸ **image-conscious** ADJ **he is very ~-conscious** il se soucie beaucoup de son image

imagery ['ɪmɪdʒərɪ] (N) imagerie *f* • **language full of ~** langage *m* imagé

imaginable [ɪ'mædʒɪnəbl] (ADJ) imaginable • **every activity ~** toutes les activités imaginables

imaginary [ɪ'mædʒɪnərɪ] (ADJ) imaginaire

imagination [ɪ,mædʒɪ'neɪʃən] (N) imagination *f* • **to have a vivid ~** avoir une imagination fertile • **she lets her ~ run away with her** elle se laisse emporter par son imagination • **to catch sb's ~** frapper l'imagination de qn • **it is all your ~!** vous vous faites des idées! • **use your ~!** tu n'as pas beaucoup d'imagination!

imaginative [ɪ'mædʒɪnətɪv] (ADJ) [*person, book, film, approach*] plein d'imagination; [*solution, system, device*] inventif

imagine [ɪ'mædʒɪn] (VT) ⓐ (= *picture to o.s.*) (s')imaginer • **~ life 100 years ago** imaginez(-vous) la vie il y a 100 ans • **I can't ~ myself at 60** je ne m'imagine pas du tout à 60 ans • **(just) ~!** tu (t')imagines! • **(you can) ~ how I felt!** vous imaginez ce que j'ai pu ressentir! • **I can ~!** je m'en doute! • **(you can) ~ how pleased I was!** vous pensez si j'étais content! • **I can just ~ his reaction when he sees her** je vois d'ici sa réaction quand il la verra • **I can't ~ living there** je ne me vois pas vivre là • **he's (always) imagining things** il se fait des idées
ⓑ (= *suppose*) imaginer (**that** que) • **you won't want to stay long, I ~** vous ne resterez pas longtemps, j'imagine • **I didn't ~ he would come** je ne pensais pas qu'il viendrait • **was he meeting someone? — I ~ so** il avait un rendez-vous? — j'imagine
ⓒ (= *believe wrongly*) croire • **don't ~ that I can help you** n'allez pas croire que je puisse vous aider • **I ~d I heard someone speak** j'ai cru entendre parler • **I ~d you to be dark-haired** je vous imaginais avec les cheveux bruns

imaging ['ɪmɪdʒɪŋ] (N) (*Comput*) imagerie *f* → **thermal**

imam [ɪ'mɑ:m] (N) imam *m*

imbalance [ɪm'bæləns] (N) déséquilibre *m*

imbalanced [ɪm'bælənst] (ADJ) déséquilibré

imbecile ['ɪmbəsi:l] (N) imbécile *mf* • **you ~!** espèce d'imbécile!

imbibe [ɪm'baɪb] (VT) (= *drink*) boire; (*fig*) [+ *ideas, information*] absorber

imbue [ɪm'bju:] (VT) imprégner (**with** de) • **~d with** imprégné de

IMF [,aɪem'ef] (ABBR OF **International Monetary Fund**) FMI *m*

IMHO [,aɪemeɪtʃ'əʊ] (ABBR) (ABBR OF **in my humble opinion**) à mon humble avis

imitate ['ɪmɪteɪt] (VT) imiter

imitation [,ɪmɪ'teɪʃən] 1 (N) imitation *f* • **in ~ of** en imitant • **"beware of ~s"** « se méfier des contrefaçons » • **it's only ~** c'est de l'imitation • **I do a pretty good ~ of him** j'arrive assez bien à l'imiter 2 (ADJ) faux (fausse *f*) *before n* • **~ silk/ivory** imitation *f* soie/ivoire • **~ leather** imitation *f* cuir, similicuir *m* • **an ~ firearm** une arme à feu factice

immaculate [ɪ'mækjʊlɪt] (ADJ) [*garment*] immaculé; [*house, hair*] impeccable; [*performance*] parfait

immaculately [ɪ'mækjʊlɪtlɪ] (ADV) de façon impeccable • **~ clean** d'une propreté impeccable • **an ~ kept house** une maison impeccablement tenue

immaterial [,ɪmə'tɪərɪəl] (ADJ) (= *unimportant*) sans importance • **it is ~ whether he did or not** il importe peu qu'il l'ait fait ou non • **that's ~** (= *not important*) ça n'a pas d'importance; (= *not relevant*) ça n'est pas pertinent

immature [,ɪmə'tjʊə^r] (ADJ) ⓐ (= *childish*) immature ⓑ (= *not full-grown*) [*fruit*] vert; [*animal, tree*] jeune

immaturity [,ɪmə'tjʊərɪtɪ] (N) manque *m* de maturité

immeasurable [ɪ'meʒərəbl] (ADJ) [*amount, space*] incommensurable; [*joy, suffering*] infini; [*wealth, value*] inestimable

immediacy [ɪ'mi:dɪəsɪ] (N) immédiateté *f*

immediate [ɪ'mi:dɪət] (ADJ) **to take ~ action** agir immédiatement • **he has no ~ plans to retire** il n'envisage pas de prendre sa retraite dans l'immédiat • **my ~ concern was for the children** mon premier souci a été les enfants • **his most ~ task** sa tâche la plus urgente

immediately [ɪ'mi:dɪətlɪ] 1 (ADV) ⓐ (= *at once*) immédiatement • **the years ~ following the Second World War** les années qui ont immédiatement suivi la Seconde Guerre mondiale • **~ upon arrival** dès l'arrivée ⓑ (= *directly*) directement • **~ behind/above** directement derrière/au-dessus 2 (CONJ) dès que • **~ I returned, I ...** dès mon retour, je ...

immemorial [,ɪmɪ'mɔ:rɪəl] (ADJ) immémorial • **from time ~** de toute éternité

immense [ɪ'mens] (ADJ) immense

immensely [ɪ'menslɪ] (ADV) [*rich, popular*] extrêmement; [*enjoy, help*] énormément • **to be ~ successful** connaître un succès énorme

immensity [ɪ'mensɪtɪ] (N) immensité *f*

immerse [ɪ'mɜ:s] (VT) immerger • **to ~ o.s. in** se plonger dans • **to be ~d in one's work** être absorbé dans son travail

immersion [ɪ'mɜ:ʃən] (N) immersion *f* ▸ **immersion heater** N (*Brit*) (= *boiler*) chauffe-eau *m inv* électrique; (= *device*) thermoplongeur *m*

immigrant ['ɪmɪgrənt] ADJ, N *(newly arrived)* immigrant(e) *m(f)*; *(well-established)* immigré(e) *m(f)*
immigrate ['ɪmɪgreɪt] VI immigrer
immigration [,ɪmɪ'greɪʃən] N immigration *f*
imminent ['ɪmɪnənt] ADJ imminent
immobile [ɪ'məʊbaɪl] ADJ immobile
immobility [,ɪməʊ'bɪlɪtɪ] N immobilité *f*
immobilize [ɪ'məʊbɪlaɪz] VT immobiliser
immobilizer [ɪ'məʊbɪlaɪzəʳ] N *(Brit)* dispositif *m* antidémarrage
immodest [ɪ'mɒdɪst] ADJ **a** *(= indecent)* indécent **b** *(= presumptuous)* impudent
immodesty [ɪ'mɒdɪstɪ] N **a** *(= indecency)* indécence *f* **b** *(= presumption)* impudence *f*
immoral [ɪ'mɒrəl] ADJ immoral
immorality [,ɪmə'rælɪtɪ] N immoralité *f*
immortal [ɪ'mɔːtl] **1** ADJ immortel **2** N immortel(le) *m(f)*
immortality [,ɪmɔː'tælɪtɪ] N immortalité *f*
immortalize [ɪ'mɔːtəlaɪz] VT immortaliser
immovable [ɪ'muːvəbl] ADJ *[object]* fixe; *[courage, decision]* inébranlable
immune [ɪ'mjuːn] ADJ immunisé (**from, to** contre) • **~ from taxation** exonéré d'impôt • **to be ~ from prosecution** bénéficier de l'immunité ▸ **immune deficiency** N déficience *f* immunitaire ▸ **immune system** N système *m* immunitaire
immunity [ɪ'mjuːnɪtɪ] N immunité *f* (**from, to** contre)
immunization [,ɪmjʊnaɪ'zeɪʃən] N immunisation *f*
immunize ['ɪmjʊnaɪz] VT immuniser
immunodeficiency [ɪ,mjʊnəʊdɪ'fɪʃənsɪ] N immunodéficience *f*
immutable [ɪ'mjuːtəbl] ADJ immuable
impact ['ɪmpækt] N impact *m* • **the asteroid exploded on ~** l'astéroïde a explosé au moment de l'impact • **to make an ~ on sb** *(= affect)* créer un choc chez qn; *(= impress)* faire une forte impression sur qn • **to have an ~ on sth** avoir des incidences sur qch
impair [ɪm'pɛəʳ] VT *[+ abilities, sight, hearing]* altérer; *[+ negotiations]* compromettre; *[+ strength]* diminuer
impaired [ɪm'pɛəd] ADJ *[sight, hearing]* affaibli; *[faculties, health]* détérioré; *[strength]* diminué
impairment [ɪm'pɛəmənt] N **a** *(= defect)* déficience *f* • **hearing/visual ~** déficience *f* auditive/visuelle • **speech** *or* **language ~s** troubles *mpl* du langage **b** *(= weakening)* *[of judgement, mental functions]* affaiblissement *m*
impale [ɪm'peɪl] VT empaler
impalpable [ɪm'pælpəbl] ADJ impalpable
impart [ɪm'pɑːt] VT communiquer
impartial [ɪm'pɑːʃəl] ADJ impartial
impartiality [ɪm,pɑːʃɪ'ælɪtɪ] N impartialité *f*
impassable [ɪm'pɑːsəbl] ADJ *[barrier, river]* infranchissable; *[road]* impraticable
impasse [æm'pɑːs] N impasse *f* • **to reach an ~** se retrouver dans une impasse
impassioned [ɪm'pæʃnd] ADJ *[plea, speech]* passionné
impassive [ɪm'pæsɪv] ADJ impassible
impatience [ɪm'peɪʃəns] N **a** *(= eagerness)* impatience *f* **b** *(= intolerance)* intolérance *f* (**of sth** à l'égard de qch, **with sb** à l'égard de qn)
impatient [ɪm'peɪʃənt] ADJ **a** *(= eager)* *[person, answer]* impatient • **~ to leave** impatient de partir • **to become ~** s'impatienter • **they are ~ for jobs** ils ont hâte d'obtenir un emploi **b** *(= intolerant)* intolérant (**of sth** à l'égard de qch, **with sb** à l'égard de qn, **at** par rapport à)
impatiently [ɪm'peɪʃəntlɪ] ADV *[wait, say]* impatiemment; *[nod]* avec impatience
impeach [ɪm'piːtʃ] VT *[+ public official]* mettre en accusation *(en vue de destituer)*; *[+ US president]* entamer la procédure d'impeachment contre
impeachment [ɪm'piːtʃmənt] N *[of public official]* mise *f* en accusation *(en vue d'une destitution)*; *[of US president]* procédure *f* d'impeachment
impeccable [ɪm'pekəbl] ADJ *[manners, behaviour, taste]* irréprochable; *[English, service, clothes]* impeccable
impeccably [ɪm'pekəblɪ] ADV *[dress]* impeccablement; *[behave]* de façon irréprochable
impede [ɪm'piːd] VT entraver
impediment [ɪm'pedɪmənt] N **a** *(= obstacle)* obstacle *m* **b** *(= speech impediment)* défaut *m* d'élocution
impel [ɪm'pel] VT *(= compel)* obliger (**to do sth** à faire qch); *(= urge)* inciter (**to do sth** à faire qch)
impending [ɪm'pendɪŋ] ADJ imminent
impenetrable [ɪm'penɪtrəbl] ADJ *[forest]* impénétrable; *[barrier]* infranchissable; *[mystery]* insondable
impenitent [ɪm'penɪtənt] ADJ impénitent
imperative [ɪm'perətɪv] **1** ADJ impératif • **immediate action is ~** il est impératif d'agir immédiatement • **it is ~ that he should do this** il est impératif qu'il le fasse **2** N impératif *m* • **in the ~** à l'impératif
imperceptible [,ɪmpə'septəbl] ADJ imperceptible (**to** à)
imperceptibly [,ɪmpə'septəblɪ] ADV imperceptiblement
imperfect [ɪm'pɜːfɪkt] **1** ADJ **a** imparfait; *[goods, copy]* défectueux **b** *[tense]* de l'imparfait **2** N imparfait *m* • **in the ~ (tense)** à l'imparfait
imperfection [,ɪmpə'fekʃən] N imperfection *f* (**in sth** de qch); *(in china, glass, jewel)* défaut *m* (**in sth** de qch)
imperial [ɪm'pɪərɪəl] ADJ impérial ▸ **imperial system** N *système anglo-saxon de poids et mesures*

> **IMPERIAL SYSTEM**
> Le système dit « impérial » des poids et mesures reste utilisé en Grande-Bretagne, parallèlement au système métrique, officiellement adopté en 1971 et enseigné dans les écoles. Beaucoup de gens connaissent leur poids en « stones and pounds » et leur taille en « feet and inches ». Les distances sont, elles, données en « miles ».
> Aux États-Unis, le système impérial est encore officiellement en usage pour toutes les unités de poids et mesures. Pour les liquides, beaucoup de noms sont les mêmes que dans le système britannique, mais attention : la contenance diffère. D'autre part, les gens se pèsent en « pounds » plutôt qu'en « stones ».

imperialism [ɪm'pɪərɪəlɪzəm] N impérialisme *m*
imperialist [ɪm'pɪərɪəlɪst] ADJ, N impérialiste *mf*
imperious [ɪm'pɪərɪəs] ADJ impérieux
impersonal [ɪm'pɜːsnl] ADJ impersonnel

> The French word **impersonnel** ends in **-el** instead of **-al** and has a double **n**.

impersonate [ɪm'pɜːsəneɪt] VT se faire passer pour; *(for entertainment)* imiter

impersonation [ɪm,pɜːsəˈneɪʃən] (N) (*to entertain*) imitation *f*; (*to deceive*) usurpation *f* d'identité
impersonator [ɪmˈpɜːsəneɪtəʳ] (N) (= *entertainer*) imitateur *m*, -trice *f*; (= *impostor*) usurpateur *m*, -trice *f* d'identité
impertinence [ɪmˈpɜːtɪnəns] (N) impertinence *f*
impertinent [ɪmˈpɜːtɪnənt] (ADJ) impertinent (**to sb** envers qn)
impertinently [ɪmˈpɜːtɪnəntlɪ] (ADV) avec impertinence
impervious [ɪmˈpɜːvɪəs] (ADJ) imperméable (**to** à) • **he is ~ to criticism** il est imperméable à toute critique • **he is ~ to change** rien ne peut le changer
impetuosity [ɪm,petjʊˈɒsɪtɪ] (N) impétuosité *f*
impetuous [ɪmˈpetjʊəs] (ADJ) impétueux
impetus [ˈɪmpɪtəs] (N) impulsion *f* • **the ~ for this comes from ...** l'impulsion vient de ... • **to lend new ~ to sth** donner un nouvel élan à qch • **to gain ~** [*movement*] prendre de l'ampleur; [*idea*] se développer
impiety [ɪmˈpaɪətɪ] (N) impiété *f*
impinge [ɪmˈpɪndʒ] (VI) **to ~ on sb/sth** affecter qn/qch • **to ~ on sb's rights** porter atteinte aux droits de qn
impish [ˈɪmpɪʃ] (ADJ) espiègle
implacable [ɪmˈplækəbl] (ADJ) implacable
implant 1 (VT) implanter 2 (N) implant *m*

> Lorsque **implant** est un verbe, l'accent tombe sur la seconde syllabe : [ɪmˈplɑːnt], lorsque c'est un nom, sur la première : [ˈɪmplɑːnt].

implausible [ɪmˈplɔːzəbl] (ADJ) peu plausible
implement 1 (N) outil *m* • **farm ~s** matériel *m* agricole 2 (VT) [+ *decision, recommendation*] mettre en œuvre; [+ *law*] appliquer; [+ *system*] mettre en place; [+ *idea*] mettre en pratique

> Lorsque **implement** est un nom, **ent** se prononce comme **ant** dans **giant** : [ˈɪmplɪmənt], lorsque c'est un verbe, comme dans **went** : [ˈɪmplɪment].

implementation [,ɪmplɪmenˈteɪʃən] (N) [*of plan*] mise *f* en œuvre; [*of law, peace agreement*] application *f*
implicate [ˈɪmplɪkeɪt] (VT) impliquer
implication [,ɪmplɪˈkeɪʃən] (N) ⓐ (= *inference*) insinuation *f* • **by ~** par voie de conséquence • **he didn't realize the full ~ of his words** il n'a pas mesuré toute la portée de ses paroles ⓑ (= *possible result*) implication *f* • **we shall have to study all the ~s** il nous faudra étudier toutes les conséquences (possibles)
implicit [ɪmˈplɪsɪt] (ADJ) ⓐ (= *implied*) implicite; [*recognition*] tacite ⓑ (= *unquestioning*) absolu
implicitly [ɪmˈplɪsɪtlɪ] (ADV) ⓐ (= *indirectly*) implicitement ⓑ (= *unquestioningly*) tout à fait
implied [ɪmˈplaɪd] (ADJ) implicite
implode [ɪmˈpləʊd] (VI) imploser
implore [ɪmˈplɔːʳ] (VT) implorer (**sb to do sth** qn de faire qch) • **I ~ you!** je vous en supplie !
imploring [ɪmˈplɔːrɪŋ] (ADJ) implorant
imploringly [ɪmˈplɔːrɪŋlɪ] (ADV) [*say*] d'un ton implorant • **to look ~ at sb** supplier qn du regard
imply [ɪmˈplaɪ] (VT) ⓐ [*person*] laisser entendre; (= *insinuate*) insinuer • **he implied that he would come** il a laissé entendre qu'il viendrait • **are you ~ing that ...?** voulez-vous insinuer que ...? ⓑ (= *indicate*) impliquer • **that implies some intelligence** cela suppose une certaine intelligence
impolite [,ɪmpəˈlaɪt] (ADJ) impoli (**to sb** avec qn)
impolitely [,ɪmpəˈlaɪtlɪ] (ADV) impoliment
import 1 (N) importation *f* (**into** en) 2 (VT) importer • **~ed goods** marchandises *fpl* d'importation

> Lorsque **import** est un nom, l'accent tombe sur la première syllabe : [ˈɪmpɔːt], lorsque c'est un verbe, sur la seconde : [ɪmˈpɔːt].

importance [ɪmˈpɔːtəns] (N) importance *f* • **to be of ~** avoir de l'importance • **of some ~** assez important • **of great ~** très important • **of no ~** sans importance • **to give ~ to sth** [*person*] attacher de l'importance à qch; [*event, development*] accorder de l'importance à qch • **man of ~** homme *m* important • **he is full of his own ~** il est imbu de lui-même
important [ɪmˈpɔːtənt] (ADJ) important (**to** *or* **for sb/sth** pour qn/qch) • **the ~ thing is not to win but to take part** l'important n'est pas de gagner mais de participer • **the most ~ thing to remember is ...** ce qu'il faut surtout retenir, c'est ... • **to make sb feel ~** donner à qn un sentiment d'importance • **he's trying to look ~** il fait l'important • **it is ~ for you to do this** il est important que tu le fasses
importantly [ɪmˈpɔːtəntlɪ] (ADV) **more ~** surtout • **we need clothes, medicine, and most ~ food** nous avons besoin de vêtements, de médicaments, et surtout de nourriture
importer [ɪmˈpɔːtəʳ] (N) (= *person*) importateur *m*, -trice *f*; (= *country*) (pays *m*) importateur *m*
impose [ɪmˈpəʊz] 1 (VT) imposer (**on** à); [+ *sanctions*] infliger (**on** à) • **to ~ a fine on sb** condamner qn à une amende • **to ~ a tax on sth** taxer qch • **to ~ o.s. (on sb)** s'imposer (à qn) 2 (VI) s'imposer • **I don't want to ~** je ne veux pas m'imposer • **to ~ on sb** abuser de la gentillesse de qn
imposing [ɪmˈpəʊzɪŋ] (ADJ) imposant
imposition [,ɪmpəˈzɪʃən] (N) ⓐ [*of sanction, law, tax*] imposition *f* ⓑ **it's rather an ~ on her** c'est abuser de sa gentillesse
impossibility [ɪm,pɒsəˈbɪlɪtɪ] (N) impossibilité *f* (**of sth** de qch, **of doing sth** de faire qch)
impossible [ɪmˈpɒsəbl] 1 (ADJ) impossible • **it is ~ for him to leave** il lui est impossible de partir • **to make it ~ for sb to do sth** mettre qn dans l'impossibilité de faire qch • **it is/is not ~ that ...** il est/n'est pas impossible que ... + *subj* • **that boy is ~!*** ce garçon est impossible ! 2 (N) **to ask for the ~** demander l'impossible
impossibly [ɪmˈpɒsəblɪ] (ADV) [*small, large, late*] incroyablement • **her standards were ~ high** ses exigences étaient impossibles à satisfaire
imposter, impostor [ɪmˈpɒstəʳ] (N) imposteur *m*
impotence [ˈɪmpətəns] (N) impuissance *f*
impotent [ˈɪmpətənt] (ADJ) impuissant
impound [ɪmˈpaʊnd] (VT) [+ *property*] confisquer; [+ *car*] mettre en fourrière
impoverish [ɪmˈpɒvərɪʃ] (VT) appauvrir
impoverished [ɪmˈpɒvərɪʃt] (ADJ) pauvre
impracticable [ɪmˈpræktɪkəbl] (ADJ) impraticable
impractical [ɪmˈpræktɪkəl] (ADJ) [*plan*] difficilement applicable; [*clothes*] peu pratique • **it would be ~ to ...** ce

ne serait pas pratique de ...
imprecise [ˌɪmprɪˈsaɪs] (ADJ) imprécis
impregnable [ɪmˈpregnəbl] (ADJ) imprenable
impregnate [ˈɪmpregneɪt] (VT) ⓐ (= *fertilize*) féconder ⓑ (= *saturate*) imprégner (**with** de)
impresario [ˌɪmpreˈsɑːrɪəʊ] (N) impresario *m*
impress [ɪmˈpres] 1 (VT) [*+ person*] impressionner • **to be ~ed by sth** être impressionné par qch • **he is not easily ~ed** il ne se laisse pas facilement impressionner • **I am not ~ed** (*negative opinion*) (*by object, performance*) ça me laisse froid; (*by sb's behaviour*) ça ne m'impressionne pas • **he does it just to ~ people** il ne le fait que pour épater la galerie 2 (VI) [*work of art, performance*] être impressionnant; [*person*] faire bonne impression
impression [ɪmˈpreʃən] (N) ⓐ (= *effect*) impression *f* • **to make an ~ on sb** faire impression à qn • **to make an ~ on sth** avoir un effet sur qch • **to make a good/bad ~ on sb** faire bonne/mauvaise impression à qn ⓑ (= *vague idea*) impression *f* • **I was under the ~ that ...** j'avais l'impression que ... • **that wasn't my ~!** ce n'est pas l'impression que j'ai eue! ⓒ (= *imitation*) imitation *f* • **to do ~s** faire des imitations
impressionable [ɪmˈpreʃnəbl] (ADJ) impressionnable • **at an ~ age** à un âge où l'on est impressionnable
impressionism [ɪmˈpreʃənɪzəm] (N) impressionnisme *m*

> The French word **impressionnisme** has a double **n** and ends in **-e**.

impressionist [ɪmˈpreʃənɪst] (ADJ, N) impressionniste *mf*

> The French word **impressionniste** has a double **n** and ends in **-e**.

impressive [ɪmˈpresɪv] (ADJ) impressionnant
impressively [ɪmˈpresɪvlɪ] (ADV) [*big, brave*] remarquablement; [*win, perform*] d'une manière impressionnante
imprint 1 (VT) imprimer 2 (N) empreinte *f*

> Lorsque **imprint** est un verbe, l'accent tombe sur la seconde syllabe : [ɪmˈprɪnt], lorsque c'est un nom, sur la première : [ˈɪmprɪnt].

imprison [ɪmˈprɪzn] (VT) emprisonner
imprisonment [ɪmˈprɪznmənt] (N) emprisonnement *m* • **to sentence sb to seven years' ~/to life ~** condamner qn à sept ans de prison/à la prison à vie • **the prospect of ~** la perspective de la prison
improbability [ɪmˌprɒbəˈbɪlɪtɪ] (N) ⓐ (= *unlikelihood*) improbabilité *f* ⓑ (= *implausibility*) invraisemblance *f*
improbable [ɪmˈprɒbəbl] (ADJ) ⓐ (= *unlikely*) improbable • **it is ~ that ...** il est peu probable que ... + *subj* ⓑ (= *implausible*) invraisemblable • **~ as it sounds ...** aussi invraisemblable que cela paraisse ...
impromptu [ɪmˈprɒmptjuː] (ADJ) impromptu • **to make an ~ speech** faire un discours au pied levé
improper [ɪmˈprɒpəʳ] (ADJ) ⓐ (= *indecent*) [*suggestion*] indécent ⓑ (= *dishonest*) malhonnête • **~ use of company funds** abus *m* de biens sociaux ⓒ (= *wrong*) [*diagnosis*] incorrect • **the ~ use of this software** la mauvaise utilisation du logiciel
improperly [ɪmˈprɒpəlɪ] (ADV) ⓐ (= *dishonestly*) [*act*] de façon irrégulière ⓑ (= *incorrectly*) [*diagnose, treat*] mal • **a word used ~** un mot employé improprement
impropriety [ˌɪmprəˈpraɪətɪ] (N) inconvenance *f*
improv* [ˈɪmprɒv] (N) impro* *f*
improve [ɪmˈpruːv] 1 (VT) (= *make better*) améliorer; [*+ physique*] développer; [*+ building, property*] rénover • **she's trying to ~ her mind** elle essaie de se cultiver • **he wants to ~ his French** il veut se perfectionner en français
2 (VI) (= *get better*) s'améliorer; [*physique*] se développer; [*student, patient*] faire des progrès • **the service has ~d** la qualité du service s'est améliorée • **his French is improving** il fait des progrès en français • **safety has definitely ~d** il y a eu une nette amélioration au niveau de la sécurité • **business is improving** les affaires reprennent • **this wine ~s with age** ce vin se bonifie en vieillissant • **to ~ on sth** améliorer qch • **to ~ on previous performance** faire mieux que la dernière fois
improved [ɪmˈpruːvd] (ADJ) meilleur • **"new ~ formula"** « nouvelle formule »
improvement [ɪmˈpruːvmənt] (N) amélioration *f* • **there has been some ~ in the patient's condition** l'état du malade s'est un peu amélioré • **it is open to ~** ça peut être amélioré • **he has shown some ~ in French** il a fait quelques progrès en français • **there is room for ~** on pourrait faire mieux • **to carry out ~s to a house** faire des travaux d'aménagement dans une maison
improvisation [ˌɪmprəvaɪˈzeɪʃən] (N) improvisation *f*
improvise [ˈɪmprəvaɪz] (VTI) improviser
impudent [ˈɪmpjʊdənt] (ADJ) impudent
impulse [ˈɪmpʌls] (N) impulsion *f* • **rash ~** coup *m* de tête • **on a sudden ~ he ...** pris d'une impulsion soudaine il ... • **to act on ~** agir par impulsion ▸ **impulse buy** N achat *m* d'impulsion
impulsion [ɪmˈpʌlʃən] (N) impulsion *f*
impulsive [ɪmˈpʌlsɪv] (ADJ) [*act, person*] impulsif; [*remark*] irréfléchi
impunity [ɪmˈpjuːnɪtɪ] (N) impunité *f* • **with ~** impunément
impure [ɪmˈpjʊəʳ] (ADJ) impur; [*drug*] frelaté
impurity [ɪmˈpjʊərɪtɪ] (N) impureté *f*
IN (ABBR OF **Indiana**)

---

in [ɪn]

1 PREPOSITION	4 PLURAL NOUN
2 ADVERB	5 COMPOUNDS
3 ADJECTIVE	

1 PREPOSITION

> When **in** is an element in a phrasal verb, eg **ask in**, **fill in**, look up the verb. When it is part of a set combination, eg **in danger**, **weak in**, look up the other word.

ⓐ (*place*) dans • **in the box** dans la boîte • **in the street** dans la rue
▸ **in it/them** (= *inside it, inside them*) dedans • **our bags were stolen, and our passports were in them** on nous a volé nos sacs et nos passeports étaient dedans

b *(people, animals, plants)* chez • **a condition rare in a child of that age** une maladie rare chez un enfant de cet âge • **you find this instinct in animals** on trouve cet instinct chez les animaux • **it's something I admire in her** c'est quelque chose que j'admire chez elle

c *(with geographical names)*

▸ **in** + *feminine countries, regions, islands* en

> Feminine countries usually end in **-e**.

• **in England** en Angleterre • **in Provence** en Provence • **in Sicily** en Sicile • **in Louisiana** en Louisiane • **in Cornwall** en Cornouailles

> **en** is also used with masculine countries beginning with a vowel or silent **h**.

• **in Israel** en Israël

▸ **in** + *masculine country* au • **in Japan/Kuwait** au Japon/Koweït

> Note also the following:

• **in the Sahara** au Sahara

▸ **in** + *plural country/group of islands* aux • **in the United States** aux États-Unis

▸ **in** + *town/island without article* à • **in London** à Londres • **in Cuba** à Cuba

▸ **in** + *masculine state/French region/county* dans • **in Poitou** dans le Poitou • **in Sussex** dans le Sussex

> **dans** is also used with islands with **île** in their name, and with many departments.

• **in the Isle of Man** dans l'île de Man • **in the Var** dans le Var • **in the Vendée** en Vendée

d *(with time expressions)* (= *in the space of*) en; (= *after*) dans • **I can't do it in two hours** je ne peux pas le faire en deux heures • **he has written twice in three years** il a écrit deux fois en trois ans • **it'll be ready in three hours** ce sera prêt dans trois heures • **I'll be back in a week** je reviendrai dans une semaine • **once in a hundred years** une fois tous les cent ans

e *(month, year, season)* en • **in May** en mai • **in 2001** en 2001 • **in summer/autumn/winter** en été/automne/hiver • **in spring** au printemps

> Look up the noun when translating such phrases as **in the morning**, **in the end**.

f *(= wearing)* en • **they were all in shorts** ils étaient tous en short • **in his slippers** en pantoufles • **you look nice in that dress** tu es jolie dans cette robe

g *(language, medium, material)* en • **in French** en français • **in marble/velvet** en marbre/velours

h *(ratio)* sur • **one man in ten** un homme sur dix • **a one in fifty chance of survival** une chance sur cinquante de survie

i *(following superlative)* de • **the highest mountain in Europe** la plus haute montagne d'Europe

j *(= while)* en • **in trying to save her he fell into the water himself** en essayant de la sauver, il est tombé à l'eau

2 ADVERB

a *(= inside)* à l'intérieur • **she opened the door and they all rushed in** elle a ouvert la porte et ils se sont tous précipités à l'intérieur

> When **in** means **in it** or **in them**, it is translated by **y**.

• **she opened her bag and put the ticket in** elle a ouvert son sac et y a mis le billet

b *(at home, work)*

▸ **to be in** [*person*] être là • **the boss isn't in yet** le patron n'est pas encore là

> When **in** means **at home**, **chez** + pronoun can also be used.

• **he's usually in on Saturday morning** il est généralement chez lui le samedi matin • **you're never in!** tu n'es jamais chez toi ! • **is Paul in?** est-ce que Paul est là ?

> **to be in** may require a more specific translation.

• **the essays have to be in by Friday** les dissertations doivent être rendues d'ici vendredi

c *(set structures)*

▸ **in between** + *noun/pronoun* entre • **he positioned himself in between the two weakest players** il s'est placé entre les deux joueurs les plus faibles • **in between adventures, he finds time for ...** entre deux aventures, il trouve le temps de ...

▸ **to be in for sth** (= *be threatened with*) **we are in for trouble*** nous allons avoir des ennuis • **you don't know what you're in for!*** tu ne sais pas ce qui t'attend ! • **he's in for it!*** il va en prendre pour son grade !*

▸ **to be in on sth*** (= *know about*) **to be in on a secret** être au courant d'un secret

▸ **in that** (= *seeing that*) **the new treatment is preferable in that ...** le nouveau traitement est préférable car ...

▸ **to be well in with sb*** être dans les petits papiers de qn* • **she's well in with the management** elle est bien avec la direction

3 ADJECTIVE

*(= fashionable)** à la mode • **it's the in place to eat** c'est le restaurant branché* en ce moment • **it's the in thing to ...** c'est très à la mode de ...

4 PLURAL NOUN

to know the ins and outs of a matter connaître les tenants et aboutissants d'une affaire • **she knows the ins and outs of the system** elle connaît le système dans ses moindres détails

5 COMPOUNDS

▸ **in-built** ADJ [*tendency*] inné; [*feature, device*] intégré ▸ **in-car entertainment system** N autoradio *m* ▸ **the in-crowd*** N les branchés* *mpl* • **to be in with the in-crowd** faire partie des branchés* ▸ **in-depth** ADJ en profondeur ▸ **in-group** N cercle *m* fermé ▸ **in-house** ADJ [*training*] en entreprise ♦ ADV [*train, produce*] en interne ▸ **in-joke** N plaisanterie *f* pour initiés ▸ **in-laws*** NPL (= *parents-in-law*) beaux-parents *mpl*; (*others*) belle-famille *f* ▸ **in-patient** N malade *mf* hospitalisé(e) ▸ **in-service education** N (*US*) formation *f* continue ▸ **in-service training** N formation *f* continue • **to have in-service** training faire un stage d'initiation ▸ **in-store** ADJ [*detective*] employé par le magasin ▸ **in-tray** N corbeille *f* « arrivée »

in. (ABBR OF **inch(es)**)
inability [ˌɪnəˈbɪlɪtɪ] (N) incapacité *f* (**to do sth** à faire qch)
inaccessible [ˌɪnækˈsesəbl] (ADJ) inaccessible (**to sb/sth** à qn/qch)
inaccuracy [ɪnˈækjʊrəsɪ] (N) inexactitude *f*
inaccurate [ɪnˈækjʊrɪt] (ADJ) inexact; [*method, instrument*] imprécis
inaccurately [ɪnˈækjʊrɪtlɪ] (ADV) [*answer, quote, report*] avec inexactitude
inaction [ɪnˈækʃən] (N) inaction *f*
inactive [ɪnˈæktɪv] (ADJ) inactif
inactivity [ˌɪnækˈtɪvɪtɪ] (N) inactivité *f*
inadequacy [ɪnˈædɪkwəsɪ] (N) insuffisance *f*
inadequate [ɪnˈædɪkwɪt] (ADJ) insuffisant; [*housing, training*] inadéquat • **he felt totally ~** il ne se sentait absolument pas à la hauteur
inadequately [ɪnˈædɪkwɪtlɪ] (ADV) insuffisamment
inadmissible [ˌɪnədˈmɪsəbl] (ADJ) inadmissible • **~ evidence** témoignage *m* irrecevable
inadvertence [ˌɪnədˈvɜːtəns] (N) manque *m* d'attention
inadvertent [ˌɪnədˈvɜːtənt] (ADJ) [*person*] insouciant (**to** de) • **an ~ error** une inadvertance
inadvertently [ˌɪnədˈvɜːtəntlɪ] (ADV) par inadvertance
inadvisable [ˌɪnədˈvaɪzəbl] (ADJ) inopportun • **it would be ~ to do that** il est déconseillé de faire cela
inalienable [ɪnˈeɪlɪənəbl] (ADJ) inaliénable
inane [ɪˈneɪn] (ADJ) bête • **~ remark** ineptie *f*
inanimate [ɪnˈænɪmɪt] (ADJ) inanimé
inapplicable [ɪnˈæplɪkəbl] (ADJ) inapplicable (**to** à)
inappropriate [ˌɪnəˈprəʊprɪɪt] (ADJ) [*action, behaviour, remark*] inopportun; [*expression*] impropre • **it would be ~ for me to comment** il ne m'appartient pas de commenter
inappropriately [ˌɪnəˈprəʊprɪɪtlɪ] (ADV) [*remark, reply*] mal à propos • **to behave ~** ne pas se comporter comme il faut • **he was dressed ~ for ...** il n'était pas habillé comme il fallait pour ...
inarticulate [ˌɪnɑːˈtɪkjʊlɪt] (ADJ) [*speech*] mal articulé • **he is ~** (= *unable to express himself*) il s'exprime mal
inasmuch [ɪnəzˈmʌtʃ] (ADV) **~ as** (= *seeing that*) vu que; (= *insofar as*) dans la mesure où
inattentive [ˌɪnəˈtentɪv] (ADJ) (= *not paying attention*) distrait; (= *neglectful*) peu attentionné (**towards sb** envers qn)
inaudible [ɪnˈɔːdəbl] (ADJ) inaudible • **sounds that are ~ to humans** des sons qui sont imperceptibles à l'oreille humaine
inaugural [ɪˈnɔːgjʊrəl] (ADJ) inaugural • **~ ceremony** cérémonie *f* d'inauguration
inaugurate [ɪˈnɔːgjʊreɪt] (VT) [+ *building*] inaugurer; [+ *president, official*] investir dans ses fonctions
inauguration [ɪˌnɔːgjʊˈreɪʃən] (N) [*of building*] inauguration *f*; [*of president, official*] investiture *f* ▸ **Inauguration Day** N (*US*) jour *m* de l'investiture du président
inauspicious [ˌɪnɔːsˈpɪʃəs] (ADJ) [*beginning, event*] de mauvais augure; [*circumstances*] fâcheux
inauthentic [ɪnɔːˈθentɪk] (ADJ) [*document*] non authentique; [*person, feeling*] artificiel

inboard [ˈɪnˌbɔːd] **1** (ADV) à bord **2** (ADJ) intérieur (-eure *f*) **3** (COMP) ▸ **inboard motor** N moteur *m* in-bord *m*
inborn [ˈɪnˌbɔːn] (ADJ) [*ability, fear*] inné; [*fault*] congénital
inbound [ˈɪnˌbaʊnd] (ADJ) **an ~ flight from Honduras** un vol en provenance du Honduras
inbox [ˈɪnbɒks] (N) (*for email*) boîte *f* de réception
inbred [ˈɪnˌbred] (ADJ) inné (**in sb** chez qn)
inbreeding [ˈɪnˌbriːdɪŋ] (N) [*of animals*] croisement *m* d'animaux de même souche • **there is a lot of ~ in the tribe** il y a beaucoup d'unions consanguines au sein de la tribu
inc (ABBR OF **inclusive**)
Inc. (ABBR OF **Incorporated**) SA
incalculable [ɪnˈkælkjʊləbl] (ADJ) incalculable; [*value, importance, benefit*] inestimable
incandescent [ˌɪnkænˈdesnt] (ADJ) incandescent
incantation [ˌɪnkænˈteɪʃən] (N) incantation *f*
incapable [ɪnˈkeɪpəbl] (ADJ) [*person*] incapable • **I'm not ~, I can manage** je ne suis pas invalide, je peux me débrouiller
incapacitate [ˌɪnkəˈpæsɪteɪt] (VT) handicaper
incapacity [ˌɪnkəˈpæsɪtɪ] **1** (N) **a** incapacité *f* (**to do** de faire) **b** (*in law*) incapacité *f* (légale) **2** (COMP) ▸ **incapacity benefit** N (*Brit*) allocation *f* d'invalidité
incarcerate [ɪnˈkɑːsəreɪt] (VT) incarcérer
incarceration [ɪnˌkɑːsəˈreɪʃən] (N) incarcération *f*
incarnate **1** (ADJ) incarné **2** (VT) incarner

> Lorsque **incarnate** est un adjectif, la fin se prononce comme **it** et l'accent tombe sur la deuxième syllabe : [ɪnˈkɑːnɪt] ; lorsque c'est un verbe, elle se prononce comme **eight** et l'accent tombe sur la première syllabe : [ˈɪnkɑːneɪt].

incarnation [ˌɪnkɑːˈneɪʃən] (N) incarnation *f* • **in a previous ~** dans une vie antérieure
incendiary [ɪnˈsendɪərɪ] (ADJ) incendiaire ▸ **incendiary device** N dispositif *m* incendiaire
incense **1** (VT) (= *anger*) mettre en fureur; (*stronger*) mettre dans une rage folle **2** (N) encens *m* **3** (COMP) ▸ **incense burner** N brûle-encens *m*

> Lorsque **incense** est un verbe, l'accent tombe sur la deuxième syllabe : [ɪnˈsens], lorsque c'est un nom, sur la première : [ˈɪnsens].

incensed [ɪnˈsenst] (ADJ) révolté (**at, by** par)
incentive [ɪnˈsentɪv] **1** (N) **a** (= *motivation*) motivation *f* • **there is no ~ to work hard** rien ne vous incite à travailler dur • **what ~ is there to work faster?** pour quelle raison se mettrait-on à travailler plus vite ? • **they have little ~ to keep going** peu de choses les motivent à continuer • **to provide ~s for sth** encourager qch à l'aide de mesures incitatives **b** (= *promised reward*) incitation *f* • **financial/economic ~s** incitations *fpl* financières/économiques • **they offered him an ~** ils lui ont promis qu'il serait récompensé **2** (COMP) ▸ **incentive bonus, incentive payment** N prime *f* de rendement
inception [ɪnˈsepʃən] (N) commencement *m* • **since its ~** depuis ses débuts
incessant [ɪnˈsesnt] (ADJ) incessant
incessantly [ɪnˈsesntlɪ] (ADV) sans arrêt
incest [ˈɪnsest] (N) inceste *m*

incestuous [ɪn'sestjʊəs] (ADJ) incestueux

inch [ɪntʃ] 1 (N) pouce *m* (= *2,54 cm*) • **he has grown a few ~es since last year** ≈ il a grandi de quelques centimètres depuis l'année dernière • **he couldn't see an ~ in front of him** il n'y voyait pas à deux pas • **he wouldn't budge an ~** (= *move*) il n'a pas voulu bouger d'un pouce; (= *make concessions*) il n'a pas voulu faire la plus petite concession • **he missed being run over by ~es** il a été à deux doigts de se faire écraser • **give him an ~ and he'll take a mile** vous lui donnez le doigt, il vous prend le bras
▸ **every inch he's every ~ a soldier** il a tout d'un soldat • **he knows every ~ of the district** il connaît la région comme sa poche • **we searched every ~ of the room** nous avons cherché partout dans la pièce
▸ **inch by inch the police were searching the area ~ by ~** la police passait le quartier au peigne fin • **an ~-by-~ search** une fouille minutieuse
▸ **within an inch of to come within an ~ of succeeding** être à deux doigts de réussir • **they beat him to within an ~ of his life** ils l'ont battu presque à mort
2 (VI) **to ~ forward/out/in** avancer/sortir/entrer peu à peu • **to ~ through** se frayer peu à peu un passage • **prices are ~ing up** les prix augmentent petit à petit
3 (VT) **to ~ sth forward/in/out** faire avancer/entrer/sortir qch peu à peu

incidence ['ɪnsɪdəns] (N) [*of disease*] incidence *f*; [*of crime*] taux *m* • **the high ~ of heart disease in men over 40** l'incidence élevée des maladies cardiaques chez les hommes de plus de 40 ans • **record ~s of pneumonia** un nombre record de cas de pneumonie

incident ['ɪnsɪdənt] (N) incident *m* • **without ~** sans incident • **a novel full of ~** un roman plein de péripéties • **a life full of ~** une vie mouvementée ▸ **incident room** N (*Police*) bureau *m* de police (*provisoirement installé sur les lieux d'une enquête*)

incidental [ˌɪnsɪ'dentl] 1 (ADJ) secondaire 2 (N) **that's just an ~** (= *irrelevance*) ça n'a pas de rapport avec la question 3 (NPL) **incidentals** (= *expenses*) faux frais *mpl* 4 (COMP) ▸ **incidental expenses** NPL faux frais *mpl* ▸ **incidental music** N (*on TV, radio*) musique *f* de fond; (*for film*) musique *f* de film

incidentally [ˌɪnsɪ'dentəlɪ] (ADV) (*at start of sentence*) au fait; (*in middle, at end of sentence*) entre parenthèses • **~, why have you come?** au fait, pourquoi es-tu venu ? • **the tower, ~, dates from the 12th century** la tour, entre parenthèses, date du 12ème siècle

incinerate [ɪn'sɪnəreɪt] (VT) incinérer

incineration [ɪnsɪnə'reɪʃən] (N) incinération *f*

incinerator [ɪn'sɪnəreɪtəʳ] (N) incinérateur *m*

incipient [ɪn'sɪpɪənt] (ADJ) naissant

incision [ɪn'sɪʒən] (N) incision *f*

incisive [ɪn'saɪsɪv] (ADJ) [*comment, criticism*] incisif; [*mind*] pénétrant • **she's very ~** elle a l'esprit très vif

incisor [ɪn'saɪzəʳ] (N) incisive *f*

incite [ɪn'saɪt] (VT) inciter • **to ~ sb to violence/revolt** inciter qn à la violence/la révolte • **to ~ sb to do sth** inciter qn à faire qch

incitement [ɪn'saɪtmənt] (N) incitation *f* (**to** à)

incl. (ABBR OF **inclusive**)

inclination [ˌɪnklɪ'neɪʃən] (N) (= *liking*) inclination *f*; (= *tendency*) tendance *f*; (= *desire*) envie *f* • **I have neither the time nor the ~** je n'ai ni le temps ni l'envie • **to follow one's own ~s** suivre son inclination • **her natural ~ was to help him** son inclination naturelle la portait à lui venir en aide

incline 1 (VT) ⓐ (= *bend*) incliner • **~d at an angle of ...** incliné à un angle de ...
ⓑ (*generally passive use*) **to ~ sb to do sth** porter qn à faire qch • **to be ~d to do sth** (= *have tendency to*) avoir tendance à faire qch; (= *feel desire to*) être enclin à faire qch • **he's ~d to be lazy** il a tendance à être paresseux • **the drawer is ~d to stick** le tiroir a tendance à se coincer • **I'm ~d to think that ...** je suis enclin à penser que ... • **I'm ~d to believe you** je suis tenté de te croire • **if you feel ~d** si le cœur vous en dit • **to be favourably ~d towards sb** être bien disposé envers qn
2 (VI) ⓐ (= *slope*) s'incliner
ⓑ (= *tend towards*) **his politics ~ towards socialism** il a des idées proches du socialisme
3 (N) pente *f*

> Lorsque **incline** est un verbe, l'accent tombe sur la deuxième syllabe : [ɪn'klaɪn], lorsque c'est un nom, sur la première : ['ɪnklaɪn].

include [ɪn'klu:d] (VT) comprendre • **your name is not ~d on the list** votre nom ne figure pas sur la liste • **the wine was ~d in the overall price** le vin était compris dans le prix • **"service ~d/not ~d"** « service compris/non compris » • **everything ~d** tout compris • **the hostages ~ three Britons** il y a trois Britanniques parmi les otages • **does that remark ~ me?** est-ce que cette remarque s'adresse aussi à moi ? • **the invitation ~s everybody** l'invitation s'adresse à tout le monde • **everyone, children ~d** tout le monde, les enfants y compris • **all of us, myself ~d** nous tous, moi y compris
▸ **include out*** VT SEP **~ me out!** ne comptez pas sur moi !

including [ɪn'klu:dɪŋ] (PREP) y compris • **that comes to $200 ~ packing** cela fait 200 dollars y compris l'emballage • **not ~ service charge** service non compris • **up to and ~ chapter five** jusqu'au chapitre cinq inclus • **up to and ~ 4 May** jusqu'au 4 mai inclus • **several people, ~ my father, had been invited** plusieurs personnes, dont mon père, avaient été invitées

inclusion [ɪn'klu:ʒən] (N) inclusion *f*

inclusive [ɪn'klu:sɪv] (ADJ) ⓐ (= *comprehensive*) [*price, package*] tout compris *inv*; [*amount, sum*] global • **~ terms** (prix *m*) tout compris • **~ of postage and packing** port et emballage compris • **all prices are ~ of VAT** tous les prix incluent la TVA • **cost ~ of travel** prix voyage compris
ⓑ (= *included*) inclus • **Tuesday to Saturday ~** de mardi à samedi inclus • **rows A to M ~** de la rangée A à M incluse • **from 1 to 6 May ~** du 1er au 6 mai inclus • **up to page five ~** jusqu'à la page cinq incluse

inclusiveness [ɪn'klu:sɪvnɪs] (N) inclusivité *f*

incognito [ɪnkɒg'ni:təʊ] 1 (ADV) incognito 2 (ADJ) **to remain ~** garder l'incognito

incoherence [ˌɪnkəʊ'hɪərəns] (N) incohérence *f*

incoherent [ˌɪnkəʊ'hɪərənt] (ADJ) [*person, speech, letter*] incohérent; [*style*] décousu • **he was ~ with rage** la fureur le rendait incohérent

incoherently [ˌɪnkəʊ'hɪərəntlɪ] (ADV) de façon incohérente

income ['ɪnkʌm] (N) revenu(s) *m(pl)* • **low-~ families** les familles *fpl* à faible revenu • **an ~ of $15,000 a year** un revenu de 15 000 dollars par an • **private ~** revenus *mpl* personnels ▸ **income bracket, income group** N tranche *f* de revenus ▸ **incomes policy** N politique *f* des revenus ▸ **Income Support** N (*Brit*) ≈ revenu *m* minimum d'insertion ▸ **income tax** N (*gen*) impôt *m* sur le revenu; [*of corporations*] impôt *m* sur les bénéfices ▸ **income tax inspector** N inspecteur *m*, -trice *f* des impôts ▸ **income tax return** N déclaration *f* de revenus

incoming ['ɪn,kʌmɪŋ] ADJ [*plane, flight, mail*] à l'arrivée; [*tide*] montant; [*president, government*] nouveau (nouvelle *f*) • **they would not let him receive ~ calls** ils ne le laissaient pas recevoir d'appels • **this telephone only takes ~ calls** ce téléphone ne prend que les appels de l'extérieur

incommunicado [,ɪnkəmjʊnɪ'kɑ:dəʊ] 1 ADJ **to be ~** être injoignable 2 ADV **to be held ~** être tenu au secret

incomparable [ɪn'kɒmpərəbl] ADJ incomparable (**to, with** à)

incomparably [ɪn'kɒmpərəblɪ] ADV incomparablement

incompatibility ['ɪnkəm,pætə'bɪlɪtɪ] N incompatibilité *f* • **divorce on the grounds of ~** divorce *m* pour incompatibilité d'humeur

incompatible [,ɪnkəm'pætəbl] ADJ incompatible • **we were totally ~** il y avait incompatibilité totale entre nous

incompetence [ɪn'kɒmpɪtəns], **incompetency** [ɪn'kɒmpɪtənsɪ] N incompétence *f*

incompetent [ɪn'kɒmpɪtənt] ADJ, N incompétent(e) *m(f)*

incomplete [,ɪnkəm'pli:t] ADJ incomplet (-ète *f*)

incomprehensible [ɪn,kɒmprɪ'hensəbl] ADJ incompréhensible (**to sb** à qn)

incomprehension [ɪn,kɒmprɪ'henʃən] N incompréhension *f*

inconceivable [,ɪnkən'si:vəbl] ADJ inconcevable

inconclusive [,ɪnkən'klu:sɪv] ADJ [*outcome, results, evidence*] peu concluant; [*war, fighting*] sans vainqueur ni vaincu

incongruity [,ɪnkɒŋ'gru:ɪtɪ] N [*of behaviour, dress, remark*] incongruité *f*; [*of situation*] absurdité *f*

incongruous [ɪn'kɒŋgrʊəs] ADJ (= *out of place*) incongru; (= *absurd*) absurde • **he was an ~ figure among the tourists** il ne semblait pas à sa place au milieu des touristes • **it was an ~ setting for a wedding** c'était un cadre un peu inattendu pour un mariage

inconsequential [ɪn,kɒnsɪ'kwenʃəl] ADJ (= *unimportant*) sans importance

inconsiderable [,ɪnkən'sɪdərəbl] ADJ insignifiant • **a not ~ sum of money** une somme d'argent non négligeable

inconsiderate [,ɪnkən'sɪdərɪt] ADJ [*person*] peu prévenant; [*action, reply*] inconsidéré • **to be ~ towards sb** manquer d'égards envers qn • **that was very ~ of you** c'était très incorrect de ta part

inconsistency [,ɪnkən'sɪstənsɪ] N [*of facts*] incohérence *f*

inconsistent [,ɪnkən'sɪstənt] ADJ ⓐ (= *capricious*) [*person*] inconstant; [*behaviour*] incohérent ⓑ (= *variable*) inégal ⓒ (= *contradictory*) contradictoire • **to be ~ with sth** être en contradiction avec qch

⚠ **inconsistent ≠ inconsistant**

inconsolable [,ɪnkən'səʊləbl] ADJ inconsolable

inconspicuous [,ɪnkən'spɪkjʊəs] ADJ [*person, action*] qui passe inaperçu; [*dress*] discret (-ète *f*) • **he tried to make himself ~** il a essayé de passer inaperçu

inconspicuously [,ɪnkən'spɪkjʊəslɪ] ADV discrètement

incontinence [ɪn'kɒntɪnəns] N incontinence *f*

incontinent [ɪn'kɒntɪnənt] ADJ incontinent

incontrovertible [ɪn,kɒntrə'vɜ:təbl] ADJ [*proof, evidence, argument*] irréfutable; [*fact*] indéniable

inconvenience [,ɪnkən'vi:nɪəns] 1 N ⓐ (= *disadvantage*) inconvénient *m* ⓑ (= *bother*) **to put sb to great ~** causer beaucoup de dérangement à qn • **I don't want to put you to any ~** je ne veux surtout pas vous déranger • **he went to a great deal of ~ to help me** il s'est donné beaucoup de mal pour m'aider • **the management apologizes for any ~ caused by this work** la direction vous prie de bien vouloir excuser la gêne occasionnée par les travaux 2 VT déranger

inconvenient [,ɪnkən'vi:nɪənt] ADJ [*time, moment*] inopportun; [*visitor*] importun; [*information, truth*] gênant; [*arrangement, location*] peu pratique • **I can come back later if it is ~** je peux revenir plus tard si je vous dérange

incorporate [ɪn'kɔ:pəreɪt] VT ⓐ (= *introduce as part*) incorporer ⓑ (= *include, contain*) comprendre; (= *bring together*) rassembler ⓒ [+ *company*] absorber • **Smith Robinson Incorporated** Smith Robinson SA

incorrect [,ɪnkə'rekt] ADJ incorrect; [*assumption, belief*] erroné; [*diet, dress*] inadapté • **he is ~ in his belief that ...** il se trompe en croyant que ...

incorrectly [,ɪnkə'rektlɪ] ADV [*behave*] incorrectement • **we assumed ~ that ...** nous avons supposé à tort que ...

incorrigible [ɪn'kɒrɪdʒəbl] ADJ incorrigible

increase 1 VI augmenter; [*trade*] se développer; [*noise, effort*] s'intensifier; [*rain, wind*] redoubler • **to ~ in volume** augmenter de volume • **to ~ in height** [*person*] grandir; [*tree*] pousser; [*building*] gagner de la hauteur

2 VT augmenter (**by** de); [+ *trade, business*] développer; [+ *noise*] intensifier • **a greatly ~d risk of heart disease** un risque considérablement accru de contracter une maladie du cœur • **they've ~d her salary to $20,000 a year** son salaire a été porté à 20 000 dollars par an • **to ~ speed** accélérer • **she ~d her efforts** elle redoubla ses efforts

3 N augmentation *f*; [*of trade, business*] développement *m*; [*of noise*] intensification *f* • **there has been an ~ in police activity** la police a intensifié ses activités • **a pay ~** une augmentation (de salaire)

▸ **on the increase racial attacks are on the ~** les agressions raciales sont en augmentation • **inflation is on the ~** l'inflation est de plus en plus forte

> Lorsque **increase** est un verbe, l'accent tombe sur la deuxième syllabe : [ɪn'kri:s], lorsque c'est un nom, sur la première : ['ɪnkri:s].

increasing [ɪn'kri:sɪŋ] ADJ croissant • **there is ~ concern about the effect of these drugs** on se préoccupe de plus en plus de l'effet de ces drogues • **there is ~ evidence to suggest that ...** de plus en plus d'éléments tendent à prouver que ... • **there are ~ signs that ...** il semble de plus en plus que ...

i

increasingly [ɪnˈkriːsɪŋlɪ] ADV (*= more and more*) de plus en plus; (*= more and more often*) de plus en plus souvent • **~ well** de mieux en mieux • **~ unreliable** de moins en moins fiable
incredible [ɪnˈkredəbl] ADJ incroyable • **it is ~ that ...** il est incroyable que ... + *subj* • **~ though it may seem ...** aussi incroyable que cela puisse paraître ...
incredibly [ɪnˈkredəblɪ] ADV incroyablement
incredulity [ˌɪnkrɪˈdjuːlɪtɪ] N incrédulité *f*
incredulous [ɪnˈkredjʊləs] ADJ incrédule
incredulously [ɪnˈkredjʊləslɪ] ADV [*say*] d'un ton incrédule; [*watch*] d'un air incrédule
increment [ˈɪnkrɪmənt] 1 N (*in salary*) échelon *m* 2 VT augmenter
incremental [ˌɪnkrɪˈmentl] ADJ [*cost*] marginal; [*rise, increase*] progressif
incriminate [ɪnˈkrɪmɪneɪt] VT incriminer • **he was afraid of incriminating himself** il avait peur de se compromettre
incriminating [ɪnˈkrɪmɪneɪtɪŋ] ADJ compromettant • **~ document** pièce *f* à conviction • **~ evidence** pièces *fpl* à conviction
incrimination [ɪnˌkrɪmɪˈneɪʃən] N incrimination *f*
incubate [ˈɪnkjʊbeɪt] 1 VT incuber 2 VI être en incubation
incubation [ˌɪnkjʊˈbeɪʃən] N incubation *f*
incubator [ˈɪnkjʊbeɪtəʳ] N incubateur *m*; (*for chicks, eggs, babies*) couveuse *f*
inculcate [ˈɪnkʌlkeɪt] VT inculquer (**sth in sb, sb with sth** qch à qn)
incumbent [ɪnˈkʌmbənt] 1 ADJ ⓐ **to be ~ (up)on sb to do sth** incomber à qn de faire qch ⓑ (*in office*) en exercice • **the ~ President** le président en exercice; (*before elections*) le président sortant 2 N titulaire *m* • **the present ~ of the White House** l'occupant actuel de la Maison-Blanche
incur [ɪnˈkɜːʳ] VT [*+ blame, costs*] encourir; [*+ risk*] courir; [*+ debts*] contracter; [*+ loss*] subir
incurable [ɪnˈkjʊərəbl] ADJ incurable • **he's an ~ romantic** c'est un romantique incorrigible
incurably [ɪnˈkjʊərəblɪ] ADV incurablement • **the ~ ill** les incurables *mpl*
incursion [ɪnˈkɜːʃən] N incursion *f*
Ind. (ABBR OF **Indiana**)
indebted [ɪnˈdetɪd] ADJ ⓐ (*financially*) endetté • **I was ~ to the tune of £13,000** mes dettes s'élevaient à 13 000 livres • **heavily ~** fortement endetté ⓑ (*= grateful*) **I am ~ to him for pointing out that ...** je lui suis redevable d'avoir fait remarquer que ...
indebtedness [ɪnˈdetɪdnɪs] N dette *f*
indecency [ɪnˈdiːsnsɪ] N indécence *f*; (*= criminal offence*) attentat *m* à la pudeur
indecent [ɪnˈdiːsnt] ADJ indécent • **~ material** documents *mpl* contraires aux bonnes mœurs ▸ **indecent assault** N attentat *m* à la pudeur (**on sb** contre qn) ▸ **indecent behaviour** N outrage *m* aux bonnes mœurs ▸ **indecent exposure** N outrage *m* public à la pudeur
indecently [ɪnˈdiːsntlɪ] ADV de façon indécente • **to ~ assault sb** attenter à la pudeur de qn • **to ~ expose oneself** commettre un outrage public à la pudeur
indecipherable [ˌɪndɪˈsaɪfərəbl] ADJ indéchiffrable
indecision [ˌɪndɪˈsɪʒən] N indécision *f*
indecisive [ˌɪndɪˈsaɪsɪv] ADJ ⓐ (*= uncertain*) indécis (**about** *or* **over sth** à propos de qch) ⓑ (*= inconclusive*) peu concluant
indecisively [ˌɪndɪˈsaɪsɪvlɪ] ADV de façon indécise
indeed [ɪnˈdiːd] ADV ⓐ (*indicating confirmation, agreement*) en effet • **he promised to help and ~ he helped us a lot** il a promis de nous aider et effectivement il nous a beaucoup aidés • **I am ~ quite tired** je suis en effet assez fatigué • **did you know him? — I did ~** vous le connaissiez ? — oui, tout à fait • **are you coming? — ~ I am!** vous venez ? — bien sûr !
ⓑ (*introducing further information*) d'ailleurs • **I don't know what she said, ~ I don't want to know** je ne sais pas ce qu'elle a dit, d'ailleurs je ne veux pas le savoir • **he was happy, ~ delighted, to hear the news** il était content, et même ravi, d'entendre la nouvelle
ⓒ (*as intensifier*) vraiment • **that's praise ~ coming from him** venant de lui, c'est vraiment un compliment • **I am very grateful/pleased ~** je suis vraiment reconnaissant/très content • **thank you very much ~** je vous remercie infiniment
ⓓ (*showing interest, irony, surprise*) **~?** vraiment ? • **did you ~!** vraiment ? • **who is that man? — who is he ~?** qui est-ce ? — bonne question !
indefatigable [ˌɪndɪˈfætɪgəbl] ADJ infatigable
indefensible [ˌɪndɪˈfensəbl] ADJ indéfendable
indefinable [ˌɪndɪˈfaɪnəbl] ADJ indéfinissable
indefinite [ɪnˈdefɪnɪt] 1 ADJ ⓐ (*= unspecified*) indéterminé; [*strike, ban*] illimité ⓑ (*= vague*) [*feelings*] indéfini; [*word, plans*] imprécis 2 COMP ▸ **indefinite article** N article *m* indéfini
indefinitely [ɪnˈdefɪnɪtlɪ] ADV [*last, continue, stay*] indéfiniment; [*adjourn*] pour une durée indéterminée • **the meeting has been postponed ~** la réunion a été reportée à une date indéterminée
indelible [ɪnˈdeləbl] ADJ indélébile
indelicate [ɪnˈdelɪkɪt] ADJ (*= indiscreet*) indélicat; (*= tactless*) indiscret (-ète *f*)
indemnity [ɪnˈdemnɪtɪ] N ⓐ (*= compensation*) indemnité *f* ⓑ (*= insurance*) assurance *f*
indent [ɪnˈdent] VT ⓐ [*+ word, line*] mettre en alinéa; [*+ whole paragraph*] mettre en retrait ⓑ **~ed coastline** littoral *m* découpé
indentation [ˌɪndenˈteɪʃən] N (*= hollow mark*) empreinte *f*; (*= footprint*) trace *f* de pas; (*= dent*) bosse *f*
independence [ˌɪndɪˈpendəns] N indépendance *f* (**from** par rapport à) ▸ **Independence Day** N (*US*) fête *f* de l'Indépendance américaine (*le 4 juillet*)

> The **e** in the ending **-dence** in the English word becomes an **a** in the French word **indépendance**.

independent [ˌɪndɪˈpendənt] ADJ indépendant; [*radio*] libre • **to have ~ means** avoir une fortune personnelle ▸ **independent school** N (*Brit*) établissement *m* d'enseignement privé

> The French word **indépendant** ends in **-ant** whereas the English word ends in **-ent**.

independently [ˌɪndɪˈpendəntlɪ] ADV [*act, live*] de façon indépendante; [*think*] par soi-même; [*research, negotiate, investigate*] séparément • **~ of sb/sth** indépendamment de qn/qch • **to be ~ wealthy** avoir une fortune personnelle

indescribable [ˌɪndɪsˈkraɪbəbl] ADJ indescriptible

indescribably [ˌɪndɪsˈkraɪbəblɪ] ADV ~ **filthy** d'une saleté indescriptible • **it was ~ awful** c'était affreux au-delà de toute expression

indestructible [ˌɪndɪsˈtrʌktəbl] ADJ indestructible

indeterminate [ˌɪndɪˈtɜːmɪnɪt] ADJ indéterminé

index [ˈɪndeks] 1 N ⓐ (*pl* **indexes**) (*in book*) index *m* ⓑ (*pl* **indices**) (*= number expressing ratio*) indice *m* • **cost-of-living ~** indice *m* du coût de la vie • **share ~** indice *m* boursier 2 VT indexer 3 COMP ▸ **index card** N fiche *f* ▸ **index finger** N index *m* ▸ **index-linked** ADJ (*Brit*) indexé

India [ˈɪndɪə] N Inde *f*

Indian [ˈɪndɪən] 1 ADJ indien 2 N Indien(ne) *m(f)* 3 COMP ▸ **Indian elephant** N éléphant *m* d'Asie ▸ **Indian Ocean** N océan *m* Indien ▸ **Indian summer** N (*= warm weather*) été *m* indien ▸ **Indian wrestling** N (*US*) bras *m* de fer

indicate [ˈɪndɪkeɪt] 1 VT ⓐ (*= be a sign of*) indiquer ⓑ (*= make known*) [*+ intentions, opinion*] faire part de; [*+ feelings*] laisser voir • **he ~d that I was to leave** il m'a fait comprendre que je devais partir • **he ~d that he might resign** il a laissé entendre qu'il pourrait démissionner ⓒ (*= call for*) indiquer • **the use of penicillin is clearly ~d** le recours à la pénicilline est tout à fait indiqué • **a new approach to the wages problem is ~d** il convient d'aborder le problème des salaires sous un nouvel angle 2 VI (*in car*) mettre son clignotant • **he was indicating left** il avait mis son clignotant à gauche

indication [ˌɪndɪˈkeɪʃən] N indication *f* • **we had no ~ that it was going to take place** rien ne laissait prévoir que cela allait arriver • **there is every ~ that she's right** tout porte à croire qu'elle a raison • **it is some ~ of how popular she is** cela montre à quel point elle est populaire • **if this result is any ~, he ...** à en juger par ce résultat, il ... • **to give sb an ~ of one's feelings/intentions** manifester ses sentiments/faire part de ses intentions à qn • **he gave us some ~ of what he meant** il nous a donné une idée de ce qu'il voulait dire • **he gave no ~ that he was ready to compromise** il n'a aucunement laissé entendre qu'il était prêt à transiger

indicative [ɪnˈdɪkətɪv] 1 ADJ ⓐ **to be ~ of sth** être révélateur de qch • **to be ~ of the fact that ...** montrer que ... ⓑ (*Gram*) indicatif 2 N (*in grammar*) (mode *m*) indicatif *m* • **in the ~** à l'indicatif

indicator [ˈɪndɪkeɪtəʳ] N indicateur *m*; (*Brit: on car*) clignotant *m*

indices [ˈɪndɪsiːz] NPL *of* **index**

indict [ɪnˈdaɪt] VT mettre en examen

indictable [ɪnˈdaɪtəbl] ADJ **an ~ offence** une infraction grave

indictment [ɪnˈdaɪtmənt] N (*= bill*) acte *m* d'accusation (**for** de); (*= process*) mise *f* en examen (**for** pour); (*US*) accusation *f* (*par le jury d'accusation*) • **such poverty is an ~ of the political system** une telle pauvreté est une véritable mise en cause du système politique • **it is a sad ~ of our times** c'est un triste signe des temps

indie* [ˈɪndɪ] N (musique *f*) indie *m*

Indies [ˈɪndɪz] NPL Indes *fpl*

indifference [ɪnˈdɪfrəns] N indifférence *f* (**towards** envers)

indifferent [ɪnˈdɪfrənt] ADJ ⓐ (*= lacking interest*) indifférent (**to** à) ⓑ (*= mediocre*) médiocre • **good, bad or ~** bon, mauvais ou quelconque

indifferently [ɪnˈdɪfrəntlɪ] ADV ⓐ (*= uninterestedly*) avec indifférence ⓑ (*= badly*) médiocrement

indigenous [ɪnˈdɪdʒɪnəs] ADJ indigène • **the elephant is ~ to India** l'éléphant est un animal indigène en Inde

indigent [ˈɪndɪdʒənt] ADJ (*frm*) indigent

indigestible [ˌɪndɪˈdʒestəbl] ADJ [*food*] inassimilable (par l'organisme); [*information*] indigeste

indigestion [ˌɪndɪˈdʒestʃən] N indigestion *f* • **to have an attack of ~** avoir une indigestion

indignant [ɪnˈdɪgnənt] ADJ indigné (**at sth** de qch) • **to become ~** s'indigner • **to make sb ~** indigner qn

indignantly [ɪnˈdɪgnəntlɪ] ADV avec indignation

indignation [ˌɪndɪgˈneɪʃən] N indignation *f* (**at** devant, **with** contre) • **she was filled with ~ at their working conditions** leurs conditions de travail la remplissaient d'indignation

indignity [ɪnˈdɪgnɪtɪ] N outrage *m* • **it was the final ~** c'était le comble de l'outrage • **he suffered the ~ of having to ...** il subit l'outrage d'avoir à ...

indigo [ˈɪndɪgəʊ] N (*pl* **indigos** *or* **indigoes**) indigo *m*

indirect [ˌɪndɪˈrekt] 1 ADJ indirect 2 COMP ▸ **indirect object** N complément *m* d'objet indirect ▸ **indirect speech** N (*Gram*) discours *m* indirect ▸ **indirect tax** N impôt *m* indirect

indirectly [ˌɪndɪˈrektlɪ] ADV indirectement

indiscernible [ˌɪndɪˈsɜːnəbl] ADJ indiscernable

> The **-ible** in the English word **indiscernible** becomes **-able** in the French word **indiscernable**.

indiscreet [ˌɪndɪsˈkriːt] ADJ indiscret (-ète *f*)

indiscreetly [ˌɪndɪsˈkriːtlɪ] ADV indiscrètement

indiscretion [ˌɪndɪsˈkreʃən] N indiscrétion *f* • **a youthful ~** une erreur de jeunesse

indiscriminate [ˌɪndɪsˈkrɪmɪnɪt] ADJ [*killing, violence*] aveugle; [*punishment*] distribué à tort et à travers • **~ use of pesticides** emploi *m* sans discernement des pesticides • **to be ~ in one's attacks** attaquer sans discernement

indiscriminately [ˌɪndɪsˈkrɪmɪnɪtlɪ] ADV [*use, kill, fire*] sans discernement; [*read, watch TV*] de façon non sélective

indispensable [ˌɪndɪsˈpensəbl] ADJ indispensable (**to** à)

indisposed [ˌɪndɪsˈpəʊzd] ADJ ⓐ (*= unwell*) souffrant ⓑ (*= disinclined*) **to be ~ to do sth** être peu disposé à faire qch

indisputable [ˌɪndɪsˈpjuːtəbl] ADJ incontestable

indisputably [ˌɪndɪsˈpjuːtəblɪ] ADV incontestablement

indistinct [ˌɪndɪsˈtɪŋkt] ADJ [*sound, shape*] indistinct; [*memory, photograph*] flou

indistinctly [ˌɪndɪsˈtɪŋktlɪ] ADV [*see, hear, speak*] indistinctement; [*remember*] vaguement

indistinguishable [ˌɪndɪsˈtɪŋgwɪʃəbl] ADJ indifférenciable

individual [ˌɪndɪˈvɪdjʊəl] 1 ADJ ⓐ (*= separate*) individuel ⓑ (*= distinctive, characteristic*) personnel • **he has an ~ style** il a un style personnel 2 N individu *m*

individualism [ˌɪndɪˈvɪdjʊəlɪzəm] N individualisme *m*

individualistic [ˌɪndɪˌvɪdjʊəˈlɪstɪk] ADJ individualiste

i

individuality [ˌɪndɪˌvɪdjʊˈælɪtɪ] N individualité *f*

individually [ˌɪndɪˈvɪdjʊəlɪ] ADV **a** (*= separately*) individuellement **b** (*= uniquely*) de façon personnalisée • **~ designed flats** appartements *mpl* personnalisés

Indo-China [ˈɪndəʊˈtʃaɪnə] N Indochine *f*

indoctrinate [ɪnˈdɒktrɪneɪt] VT endoctriner • **they've all been ~d** ils sont tous endoctrinés • **to ~ sb with ideas** inculquer des idées à qn • **to ~ sb with political ideas** inculquer des doctrines politiques à qn

indoctrination [ɪnˌdɒktrɪˈneɪʃən] N endoctrinement *m*

indolence [ˈɪndələns] N indolence *f*

indolent [ˈɪndələnt] ADJ indolent

indomitable [ɪnˈdɒmɪtəbl] ADJ indomptable • **her ~ spirit** sa ténacité à toute épreuve

Indonesia [ˌɪndəˈniːzɪə] N Indonésie *f*

Indonesian [ˌɪndəˈniːzɪən] **1** ADJ indonésien **2** N (*= person*) Indonésien(ne) *m(f)*

indoor [ˈɪndɔːʳ] ADJ [*activity, shoes, photography*] d'intérieur; [*market, swimming pool*] couvert; [*sports*] en salle; [*job*] (*in office*) dans un bureau; (*at home*) à la maison • **~ aerial** antenne *f* intérieure • **~ games** (*squash, basketball*) sports *mpl* en salle; (*board games*) jeux *mpl* de société

indoors [ɪnˈdɔːz] ADV (*in building*) à l'intérieur; (*at home*) chez soi • **to go ~** rentrer • **to take sb ~** faire entrer qn • **I can't stay ~ forever** je ne peux pas rester enfermé tout le temps

indubitable [ɪnˈdjuːbɪtəbl] ADJ indubitable

indubitably [ɪnˈdjuːbɪtəblɪ] ADV indubitablement

induce [ɪnˈdjuːs] VT **a** (*= persuade*) inciter (**sb to do sth** qn à faire qch) • **nothing would ever ~ me to go back there** rien ne pourrait me décider à retourner là-bas **b** (*= bring about*) provoquer • **to ~ labour** provoquer l'accouchement • **she was ~d** son accouchement a été provoqué

inducement [ɪnˈdjuːsmənt] N (*= reward*) récompense *f*; (*= bribe*) pot-de-vin *m* • **and as an added ~ we are offering ...** et comme avantage supplémentaire nous offrons ... • **financial/cash ~s** avantages *mpl* financiers/en espèces

induct [ɪnˈdʌkt] VT [*+ president*] établir dans ses fonctions; [*+ clergyman*] installer; (*US*) [*+ new recruit*] incorporer

induction [ɪnˈdʌkʃən] **1** N **a** induction *f* **b** [*of clergyman, president*] installation *f*; [*of new staff members*] intégration *f*; (*US*) [*of new recruit*] incorporation *f* **2** COMP ▸ **induction course, induction training** N cours *m* d'introduction ▸ **induction year** N ≈ année *f* de stage

inductive [ɪnˈdʌktɪv] ADJ inductif

indulge [ɪnˈdʌldʒ] **1** VT (*= spoil*) [*+ person*] gâter; (*= give way to*) [*+ person, desires, laziness*] céder à • **he ~s her every whim** il lui passe tous ses caprices • **~ yourself with a nice glass of wine** faites-vous plaisir et prenez un bon verre de vin • **go on, ~ yourself!** allez, laissez-vous tenter ! **2** VI **to ~ in sth** se permettre qch

indulgence [ɪnˈdʌldʒəns] N **a** (*= tolerance*) indulgence *f* **b** (*= luxury*) luxe *m*; (*= treat*) gâterie *f* • **he allowed himself the ~ of a day off work** il s'est offert le luxe de prendre un jour de congé • **smoking was his one ~** la cigarette était son seul petit plaisir

indulgent [ɪnˈdʌldʒənt] ADJ indulgent (**to** envers, pour)

industrial [ɪnˈdʌstrɪəl] ADJ industriel; [*worker*] de l'industrie; [*accident, injury*] du travail ▸ **industrial action** N (*Brit*) action *f* revendicative; (*= strike*) grève *f* • **to take ~ action** (*= go on strike*) se mettre en grève ▸ **industrial dispute** N (*Brit*) conflit *m* social ▸ **industrial estate** (*Brit*), **industrial park** N zone *f* industrielle ▸ **industrial relations** NPL relations *fpl* patronat-syndicats; (*= field of study*) relations *fpl* sociales ▸ **Industrial Revolution** N révolution *f* industrielle ▸ **industrial tribunal** N ≈ conseil *m* de prud'hommes ▸ **industrial unrest** N troubles *mpl* sociaux

> The French word **industriel** ends in **-iel** instead of **-ial**.

industrialist [ɪnˈdʌstrɪəlɪst] N industriel *m*

industrialization [ɪnˌdʌstrɪəlaɪˈzeɪʃən] N industrialisation *f*

industrialize [ɪnˈdʌstrɪəlaɪz] VT industrialiser ▸ **industrialized countries** NPL pays *mpl* industrialisés

industrious [ɪnˈdʌstrɪəs] ADJ travailleur

industriously [ɪnˈdʌstrɪəslɪ] ADV assidûment

industry [ˈɪndəstrɪ] N industrie *f* • **the hotel ~** l'industrie *f* hôtelière • **the tourist ~** le secteur du tourisme

inebriated [ɪˈniːbrɪˌeɪtɪd] ADJ ivre

inedible [ɪnˈedɪbl] ADJ (*= not meant to be eaten*) non comestible; (*= not fit to be eaten*) immangeable

ineffective [ˌɪnɪˈfektɪv], **ineffectual** [ˌɪnɪˈfektjʊəl] ADJ inefficace (**in doing sth** pour faire qch)

inefficacy [ɪnˈefɪkəsɪ] N inefficacité *f*

inefficiency [ˌɪnɪˈfɪʃənsɪ] N [*of action, machine, measures*] inefficacité *f*; [*of person*] manque *m* d'efficacité

inefficient [ˌɪnɪˈfɪʃənt] ADJ [*person, measures, drug*] inefficace; [*machine, factory*] peu performant

inefficiently [ˌɪnɪˈfɪʃəntlɪ] ADV inefficacement

inelegant [ɪnˈelɪgənt] ADJ peu élégant

ineligible [ɪnˈelɪdʒəbl] ADJ [*candidate*] inéligible • **he's ~ for social security benefits** il n'a pas droit aux prestations de la Sécurité sociale • **he's ~ to vote** il n'a pas le droit de vote

inept [ɪˈnept] ADJ (*= incompetent*) incompétent; [*remark*] déplacé

ineptitude [ɪˈneptɪtjuːd] N (*= incompetence*) incompétence *f*; [*of remark*] caractère *m* déplacé

inequality [ˌɪnɪˈkwɒlɪtɪ] N inégalité *f*

inequity [ɪnˈekwɪtɪ] N injustice *f*

inert [ɪˈnɜːt] ADJ inerte

inertia [ɪˈnɜːʃə] N inertie *f*

inescapable [ˌɪnɪsˈkeɪpəbl] ADJ inévitable

inevitability [ɪnˌevɪtəˈbɪlɪtɪ] N caractère *m* inévitable

inevitable [ɪnˈevɪtəbl] **1** ADJ inévitable **2** N **the ~** l'inévitable *m*

inevitably [ɪnˈevɪtəblɪ] ADV inévitablement

inexact [ˌɪnɪgˈzækt] ADJ inexact

inexcusable [ˌɪnɪksˈkjuːzəbl] ADJ inexcusable • **it is ~ that ...** il est inexcusable que ... + *subj*

inexcusably [ˌɪnɪksˈkjuːzəblɪ] ADV **~ lazy/careless** d'une paresse/d'une négligence inexcusable

inexhaustible [ˌɪnɪgˈzɔːstəbl] ADJ inépuisable

inexorable [ɪnˈeksərəbl] ADJ inexorable

inexorably [ɪnˈeksərəblɪ] ADV inexorablement

inexpensive [ˌɪnɪksˈpensɪv] ADJ peu cher

inexperience [ˌɪnɪksˈpɪərɪəns] N manque *m* d'expérience

inexperienced [ˌɪnɪks'pɪərɪənst] (ADJ) inexpérimenté • **I am very ~ in matters of this kind** j'ai très peu d'expérience dans ce genre de choses • **he's too ~** il manque trop d'expérience • **to be sexually ~** manquer d'expérience sexuelle
inexplicable [ˌɪnɪks'plɪkəbl] (ADJ) inexplicable
inexplicably [ˌɪnɪks'plɪkəblɪ] (ADV) inexplicablement
inexpressible [ˌɪnɪks'presəbl] (ADJ) inexprimable
inextricable [ˌɪnɪks'trɪkəbl] (ADJ) inextricable
inextricably [ˌɪnɪks'trɪkəblɪ] (ADV) inextricablement
infallible [ɪn'fæləbl] (ADJ) infaillible
infamous ['ɪnfəməs] (ADJ) [*person, place*] tristement célèbre; [*incident*] notoire; [*case, trial*] ignominieux • **his ~ temper** son mauvais caractère notoire
infancy ['ɪnfənsɪ] (N) ⓐ petite enfance *f*, bas âge *m* • **since early ~** dès la toute petite enfance *f* • **child still in ~** enfant *mf* encore en bas âge • **a quarter of these children die in ~** un quart de ces enfants meurent en bas âge ⓑ (*= early stages*) débuts *mpl* • **when radio was still in its ~** quand la radio en était encore à ses débuts
infant ['ɪnfənt] (N) (*= newborn*) nouveau-né *m*; (*= baby*) nourrisson *m*; (*= young child*) enfant *mf* en bas âge • **she teaches ~s** elle enseigne aux tout-petits ▸ **infant mortality** N mortalité *f* infantile ▸ **infant school** N (*Brit*) ≈ cours *m* préparatoire et première année de cours élémentaire (*entre quatre et sept ans*)
infanticide [ɪn'fæntɪsaɪd] (N) infanticide *m*
infantile ['ɪnfəntaɪl] (ADJ) infantile
infantry ['ɪnfəntrɪ] (N) infanterie *f*
infatuated [ɪn'fætjʊeɪtɪd] (ADJ) **to be ~ with** être fou de • **to become ~ with** s'enticher de
infatuation [ɪnˌfætjʊ'eɪʃən] (N) amour *m* fou
infect [ɪn'fekt] (VT) [*+ person, wound*] infecter; [*+ blood*] contaminer • **his wound became ~ed** sa blessure s'est infectée • **~ed blood** sang *m* contaminé • **to ~ sb with a disease** transmettre une maladie à qn • **to be ~ed with malaria/hepatitis** être atteint du paludisme/de l'hépatite • **~ed with HIV** séropositif
infection [ɪn'fekʃən] (N) [*of person, wound*] infection *f*; [*of blood*] contamination *f* • **there's some ~ in the wound** la blessure est légèrement infectée • **a throat ~** une angine • **an ear ~** une otite
infectious [ɪn'fekʃəs] (ADJ) contagieux
infer [ɪn'fɜːʳ] (VT) ⓐ (*= conclude*) déduire ⓑ (*= imply*)* laisser entendre • **what are you ~ring?** qu'est-ce que vous insinuez ?
inference ['ɪnfərəns] (N) (*= conclusion*) déduction *f* • **by ~** par déduction • **the ~ is that he is unwilling to help us** nous devons en conclure qu'il n'est pas disposé à nous aider • **to draw an ~ from sth** tirer une conclusion de qch
inferior [ɪn'fɪərɪəʳ] **1** (ADJ) inférieur (-eure *f*) (**to sb** à qn, **in sth** en qch); [*product*] de qualité inférieure; [*service, work*] de second ordre • **he makes me feel ~** il me donne un sentiment d'infériorité **2** (N) (*in quality, social standing*) inférieur *m*, -eure *f*; (*in authority, rank*) subalterne *mf*
inferiority [ɪnˌfɪərɪ'ɒrɪtɪ] (N) infériorité *f* (**to** par rapport à) ▸ **inferiority complex** N complexe *m* d'infériorité
infernal* [ɪn'fɜːnl] (ADJ) [*noise*] infernal; [*heat, weather*] abominable; [*car, computer*] satané* • **it's an ~ nuisance** c'est vraiment empoisonnant
inferno [ɪn'fɜːnəʊ] (N) **a blazing ~** un brasier
infertile [ɪn'fɜːtaɪl] (ADJ) stérile
infertility [ˌɪnfɜː'tɪlɪtɪ] (N) stérilité *f*

infest [ɪn'fest] (VT) infester • **~ed with** infesté de
infidel ['ɪnfɪdəl] (N) (*liter, Hist, Rel*) infidèle† *mf*; (*Rel*) incroyant(e) *m(f)*
infidelity [ˌɪnfɪ'delɪtɪ] (N) infidélité *f* • **divorce on the grounds of ~** divorce *m* pour cause d'adultère
infighting ['ɪnˌfaɪtɪŋ] (N) (*within group*) luttes *fpl* intestines
infiltrate ['ɪnfɪlˌtreɪt] **1** (VI) s'infiltrer **2** (VT) [*+ group, organization*] infiltrer; [*troops*] [*+ territory, city, enemy lines*] s'infiltrer dans
infiltrator ['ɪnfɪlˌtreɪtəʳ] (N) (*inside organization, country*) agent *m* infiltré
infinite ['ɪnfɪnɪt] **1** (ADJ) infini • **the choice is ~** le choix est illimité • **it gave her ~ pleasure** cela lui a fait infiniment plaisir • **in their ~ wisdom, they ...** (*iro*) dans leur infinie sagesse, ils ... **2** (N) infini *m*
infinitely ['ɪnfɪnɪtlɪ] (ADV) infiniment
infinitesimal [ˌɪnfɪnɪ'tesɪməl] (ADJ) infinitésimal
infinitive [ɪn'fɪnɪtɪv] **1** (N) infinitif *m* • **in the ~** à l'infinitif **2** (ADJ) infinitif
infinity [ɪn'fɪnɪtɪ] (N) infinité *f*; (*Math*) infini *m* • **to ~** à l'infini
infirm [ɪn'fɜːm] **1** (ADJ) (*= sick*) infirme **2** (NPL) **the infirm** les infirmes *mpl*
infirmary [ɪn'fɜːmərɪ] (N) (*= hospital*) hôpital *m*; (*in school*) infirmerie *f*
infirmity [ɪn'fɜːmɪtɪ] (N) infirmité *f*
inflame [ɪn'fleɪm] (VT) [*+ anger, desire, hatred*] attiser
inflamed [ɪn'fleɪmd] (ADJ) [*wound, organ*] enflammé • **if it becomes ~, see a doctor** si ça s'infecte, consultez un médecin
inflammable [ɪn'flæməbl] (ADJ) ⓐ [*liquid, substance*] inflammable ⓑ [*situation*] explosif
inflammation [ˌɪnflə'meɪʃən] (N) inflammation *f*
inflammatory [ɪn'flæmətərɪ] (ADJ) [*speech, remark*] incendiaire
inflatable [ɪn'fleɪtɪbl] **1** (ADJ) [*dinghy, mattress*] pneumatique; [*toy, rubber ring*] gonflable **2** (N) objet *m* gonflable; (*= dinghy*) canot *m* pneumatique
inflate [ɪn'fleɪt] **1** (VT) gonfler **2** (VI) se gonfler
inflated [ɪn'fleɪtɪd] (ADJ) [*price, salary, insurance claim*] excessif • **he has an ~ ego** il a une très haute opinion de lui-même
inflation [ɪn'fleɪʃən] (N) inflation *f*; [*of prices*] hausse *f* ▸ **inflation-proof** ADJ protégé contre l'inflation ▸ **inflation rate** N taux *m* d'inflation
inflationary [ɪn'fleɪʃnərɪ] (ADJ) inflationniste
inflationist [ɪn'fleɪʃənɪst] (N) partisan(e) *m(f)* d'une politique inflationniste
inflect [ɪn'flekt] **1** (VT) (*= conjugate*) conjuguer; (*= decline*) décliner • **~ed form** forme *f* fléchie **2** (VI) **a verb which ~s** un verbe flexionnel • **does this noun ~ in the plural?** ce nom prend-il la marque du pluriel ?
inflection [ɪn'flekʃən] (N) [*of voice*] inflexion *f*; [*of word*] flexion *f*
inflexibility [ɪnˌfleksɪ'bɪlɪtɪ] (N) inflexibilité *f*
inflexible [ɪn'fleksəbl] (ADJ) [*person, attitude*] inflexible; [*object, system, policy*] rigide
inflexion [ɪn'flekʃən] (N) [*of voice*] inflexion *f*; [*of word*] flexion *f*
inflict [ɪn'flɪkt] (VT) infliger (**on** à) • **to ~ damage** causer des dégâts
in-flight ['ɪnˌflaɪt] (ADJ) [*refuelling*] en vol; [*film, enter-*

i

tainment] proposé pendant le vol • ~ **meal** repas *m* servi pendant le vol • ~ **magazine** magazine *m* de voyage (*destiné aux passagers d'un avion*)

inflow [ˈɪnfləʊ] (N) ⓐ [*of water*] arrivée *f* ⓑ [*of capital*] entrée *f*

influence [ˈɪnflʊəns] 1 (N) influence *f* • **under the ~ of his advisers, he ...** influencé par ses conseillers, il ... • **under the ~ of drink/drugs** sous l'effet de la boisson/des drogues • **he was under the ~*** (*= drunk*) il était pompette* • **her book was a great ~ on him** son livre a eu beaucoup d'influence sur lui • **to exert ~ over sb** exercer une influence sur qn • **I shall bring all my ~ to bear on him** j'essaierai d'user de toute mon influence pour le persuader • **a man of ~** un homme influent • **she is a good ~ in the school/on the pupils** elle a une bonne influence dans l'établissement/sur les élèves
2 (VT) influencer • **don't be ~d by him** ne vous laissez pas influencer par lui • **he's easily ~d** il est très influençable

influencer [ˈɪnflʊənsəʳ] (N) influenceur *m*, -euse *f*

influential [ˌɪnflʊˈenʃəl] (ADJ) influent • **to be ~** avoir de l'influence

influenza [ˌɪnflʊˈenzə] (N) grippe *f*

influx [ˈɪnflʌks] (N) [*of people*] afflux *m*; [*of new ideas, attitudes*] flux *m* • **the ~ of tourists/foreign workers** l'afflux de touristes/de travailleurs étrangers

info* [ˈɪnfəʊ] (N) (ABBR OF **information**) renseignements *mpl*; (*= tips*) tuyaux* *mpl*

infomercial [ˈɪnfəʊmɜːʃəl] (N) (*US*) (*for product*) publireportage *m*; (*Politics*) *émission où un candidat présente son programme électoral*

inform [ɪnˈfɔːm] 1 (VT) ⓐ informer (**of** de); (*= warn*) avertir (**of** de) • **keep me ~ed** tenez-moi au courant • **we must ~ the police** il faut avertir la police ⓑ (*= contribute to*) contribuer à; (*= influence*) inspirer 2 (VI) **to ~ on sb** dénoncer qn

informal [ɪnˈfɔːməl] (ADJ) ⓐ (*= relaxed*) décontracté ⓑ [*language, expression*] familier ⓒ (*= unceremonious*) [*party, meal, visit*] sans cérémonie; [*clothes*] décontracté • **it was a very ~ occasion** c'était une occasion dénuée de toute formalité • **it's just an ~ get-together between friends** ce sera à la bonne franquette • **it will be quite ~** ce sera sans cérémonie • **"dress ~"** « tenue de ville » ⓓ (*= unofficial*) non officiel

informality [ˌɪnfɔːˈmælɪtɪ] (N) [*of visit, style, language*] simplicité *f*; [*of agreement, occasion*] caractère *m* informel

informally [ɪnˈfɔːməlɪ] (ADV) [*talk, dress*] de façon décontractée; [*invite*] sans cérémonie; [*discuss*] de façon informelle

informant [ɪnˈfɔːmənt] (N) ⓐ informateur *m*, -trice *f* • **who is your ~?** de qui tenez-vous cette information ? ⓑ (*= police informer*) indicateur *m*, -trice *f*

information [ˌɪnfəˈmeɪʃən] 1 (N) ⓐ (*= facts*) renseignements *mpl*, information(s) *f(pl)* • **a piece of ~** un renseignement, une information • **to give sb ~ about sth/sb** renseigner qn sur qch/qn • **to get ~ about sth/sb** obtenir des informations sur qch/qn • **to ask for ~ about sth/sb** demander des renseignements sur qch/qn • **I need more ~ about it** il me faut des informations plus complètes • **the police are seeking ~ about ...** la police enquête sur ... • **I enclose for your ~ a copy of ...** à titre d'information je joins une copie de ... • **"for your ~"** (*on document*) « pour information » • **for your ~, he ...** nous vous informons qu'il ...; (*iro*) au cas où vous ne le sauriez pas, il ... ⓑ (*US*) (*= telephone service*) (service *m* des) renseignements *mpl*
2 (COMP) ▸ **information bureau** N bureau *m* de renseignements ▸ **information desk** N accueil *m* ▸ **information highway** N autoroute *f* de l'information ▸ **information pack** N (*Brit*) documentation *f* ▸ **information retrieval** N recherche *f* documentaire ▸ **information service** N bureau *m* de renseignements ▸ **information superhighway** N autoroute *f* de l'information ▸ **information technology** N informatique *f*

informational [ˌɪnfəˈmeɪʃənl] (ADJ) [*needs, meeting, documentary, programme*] d'information

informative [ɪnˈfɔːmətɪv] (ADJ) instructif

informed [ɪnˈfɔːmd] (ADJ) [*person*] informé; [*debate, discussion*] approfondi; [*opinion, criticism*] fondé • **an ~ decision** une décision prise en connaissance de cause • **to make an ~ choice** choisir en connaissance de cause • **~ sources** sources *fpl* bien informées • **an ~ guess** une hypothèse fondée sur la connaissance des faits

informer [ɪnˈfɔːməʳ] (N) délateur *m*, -trice *f* • **police ~** indicateur *m*, -trice *f* • **to turn ~** (*on specific occasion*) dénoncer ses complices; (*long-term*) devenir indicateur

infotainment [ˌɪnfəʊˈteɪnmənt] (N) info-spectacle *m*

infotech* [ˈɪnfəʊˌtek] (N) technologie *f* or technologies *fpl* de l'information

infraction [ɪnˈfrækʃən] (N) infraction *f* (**of** à)

infrared [ˈɪnfrəˈred] (ADJ) infrarouge

infrastructure [ˈɪnfrəˌstrʌktʃəʳ] (N) infrastructure *f*

infrequent [ɪnˈfriːkwənt] (ADJ) peu fréquent

infrequently [ɪnˈfriːkwəntlɪ] (ADV) peu souvent • **not ~** assez fréquemment

infringe [ɪnˈfrɪndʒ] 1 (VT) [*+ law, rule*] enfreindre • **to ~ copyright** enfreindre la législation sur les droits d'auteur • **to ~ sb's rights** porter atteinte aux droits de qn 2 (VI) **to ~ upon sb's rights** porter atteinte aux droits de qn • **to ~ on sb's privacy** porter atteinte à la vie privée de qn

infringement [ɪnˈfrɪndʒmənt] (N) [*of law*] violation *f*; [*of rule*] infraction *f* (**of sth** à qch); [*of rights, liberties*] atteinte *f* (**of sth** à qch) • **to be in ~ of a law** enfreindre une loi • **~ of copyright** infraction *f* à la législation sur les droits d'auteur • **~ of patent** contrefaçon *f* de brevet

infuriate [ɪnˈfjʊərɪeɪt] (VT) rendre furieux • **it ~s me that ...** cela me rend fou que ... + *subj* • **to be ~d** être furieux • **she was ~d to hear that ...** elle était furieuse d'apprendre que ... • **to be ~d by sth/sb** être exaspéré par qch/qn

infuriating [ɪnˈfjʊərɪeɪtɪŋ] (ADJ) exaspérant

infuriatingly [ɪnˈfjʊərɪeɪtɪŋlɪ] (ADV) **~ slow/cheerful** d'une lenteur/gaieté exaspérante

infuse [ɪnˈfjuːz] 1 (VT) infuser; [*+ tea, herbs*] faire infuser; [*+ ideas*] insuffler (**into** à) 2 (VI) [*tea, herbs*] infuser

infusion [ɪnˈfjuːʒən] (N) infusion *f*

ingenious [ɪnˈdʒiːnɪəs] (ADJ) ingénieux

ingeniously [ɪnˈdʒiːnɪəslɪ] (ADV) ingénieusement

ingenuity [ˌɪndʒɪˈnjuːɪtɪ] (N) ingéniosité *f*

ingenuous [ɪnˈdʒenjʊəs] (ADJ) (*= naïve*) naïf (naïve *f*); (*= candid*) franc (franche *f*)

ingest [ɪnˈdʒest] (VT) ingérer

ingot [ˈɪŋgət] (N) lingot *m*

ingrained [ˈɪnˈgreɪnd] (ADJ) ⓐ (*= deep-seated*) enraciné (**in sb** chez qn, **in sth** dans qch); [*habit*] invétéré ⓑ [*dirt*] incrusté • ~ **with dirt** encrassé

ingratiate [ɪnˈgreɪʃɪeɪt] (VT) **to ~ o.s. with sb** se faire bien voir de qn

ingratiating [ɪnˈgreɪʃɪeɪtɪŋ] (ADJ) doucereux

ingratitude [ɪnˈgrætɪtjuːd] (N) ingratitude *f*

ingredient [ɪnˈgriːdɪənt] (N) ingrédient *m*

ingrowing [ˈɪn,grəʊɪŋ] (ADJ) ~ **nail** ongle *m* incarné

ingrown [ˈɪn,grəʊn] (ADJ) (*US*) ~ **nail** ongle *m* incarné

inhabit [ɪnˈhæbɪt] (VT) [*+ town, country*] habiter; [*+ house*] habiter (dans) • **~ed** habité

inhabitable [ɪnˈhæbɪtəbl] (ADJ) habitable

inhabitant [ɪnˈhæbɪtənt] (N) habitant(e) *m(f)*

inhalation [,ɪnhəˈleɪʃən] (N) inhalation *f*

inhale [ɪnˈheɪl] **1** (VT) [*+ gas*] inhaler; [*+ perfume*] humer; [*smoker*] avaler **2** (VI) [*smoker*] avaler la fumée

inhaler [ɪnˈheɪləʳ] (N) inhalateur *m*

inherent [ɪnˈhɪərənt] (ADJ) inhérent (**in** à)

inherently [ɪnˈhɪərəntlɪ] (ADV) [*involved, dangerous, difficult*] par nature • **there is nothing ~ wrong with the system** le système n'a rien de mauvais en soi

inherit [ɪnˈherɪt] **1** (VT) hériter de • **she ~ed $10,000** elle a hérité de 10 000 dollars **2** (VI) hériter

inheritance [ɪnˈherɪtəns] **1** (N) **a** (*= succession*) succession *f* **b** (*= thing inherited*) héritage *m*; [*of nation*] patrimoine *m* • **to come into an ~** faire un héritage • **it's part of our cultural ~** cela fait partie de notre patrimoine culturel • **our genetic ~** notre patrimoine génétique **2** (COMP) ▸ **inheritance tax** N droits *mpl* de succession

inherited [ɪnˈherɪtɪd] (ADJ) [*disease, defect*] héréditaire; [*gene*] hérité

inhibit [ɪnˈhɪbɪt] (VT) [*+ growth, development*] (*= slow down*) freiner; (*= hinder*) entraver; (*= prevent*) empêcher

inhibited [ɪnˈhɪbɪtɪd] (ADJ) inhibé • **to be sexually ~** être refoulé sexuellement

inhibition [ɪnhɪˈbɪʃən] (N) inhibition *f*

inhospitable [,ɪnhɒsˈpɪtəbl] (ADJ) [*person, behaviour, reception*] peu accueillant; [*country, climate*] inhospitalier; [*weather*] désagréable

inhuman [ɪnˈhjuːmən] (ADJ) inhumain

inhumane [,ɪnhju(ː)ˈmeɪn] (ADJ) inhumain

inhumanity [,ɪnhjuːˈmænɪtɪ] (N) inhumanité *f*

inimical [ɪˈnɪmɪkəl] (ADJ) (*= hostile*) hostile • **~ to** défavorable à

inimitable [ɪˈnɪmɪtəbl] (ADJ) inimitable

initial [ɪˈnɪʃəl] **1** (ADJ) **a** initial • **in the ~ stages** au début **b** ~ **letter** initiale *f* **2** (N) initiale *f* • **~s** initiales *fpl*; (*as signature*) paraphe *m* **3** (VT) [*+ letter, document*] parapher; (*= approve*) viser

initialize [ɪˈnɪʃəlaɪz] (VT) initialiser

initially [ɪˈnɪʃəlɪ] (ADV) au début

initiate **1** (VT) **a** [*+ negotiations, discussion, action, reform*] engager; [*+ enterprise, fashion*] lancer; [*+ scheme*] mettre en place • **to ~ proceedings against sb** intenter un procès à qn **b** [*+ person*] initier • **to ~ sb into a science/a secret** initier qn à une science/un secret • **to ~ sb into a society** admettre qn au sein d'une société **2** (ADJ, N) initié(e) *m(f)*

> Lorsque **initiate** est un verbe, la fin se prononce comme **eight** : [ɪˈnɪʃɪeɪt]; lorsque c'est un nom ou un adjectif, elle se prononce comme **it** : [ɪˈnɪʃɪɪt].

initiation [ɪ,nɪʃɪˈeɪʃən] (N) **a** [*of negotiations, discussion, action, reform, enterprise, fashion*] lancement *m*; [*of scheme*] mise *f* en place **b** (*into society*) initiation *f* (**into** à)

initiative [ɪˈnɪʃətɪv] (N) initiative *f* • **to take the ~** prendre l'initiative (**in doing sth** de faire qch) • **to use one's ~** faire preuve d'initiative • **on one's own ~** de sa propre initiative • **he's got ~** il a de l'initiative • **a new peace ~** une nouvelle initiative de paix

initiator [ɪˈnɪʃɪeɪtəʳ] (N) instigateur *m*, -trice *f*

inject [ɪnˈdʒekt] (VT) **a** [*+ liquid, gas*] injecter • **to ~ sb with sth** faire une piqûre de qch à qn • **he ~s himself** [*diabetic*] il se fait ses piqûres • **to ~ drugs** [*addict*] se piquer* **b** **to ~ sb with enthusiasm** communiquer de l'enthousiasme à qn • **I wanted to ~ some humour into my speech** je voulais introduire un peu d'humour dans mon discours • **she ~ed some money into the company** elle a injecté de l'argent dans la société

injection [ɪnˈdʒekʃən] (N) injection *f* • **to have an ~** avoir une piqûre • **a $250 million cash ~** un apport de 250 millions de dollars

injunction [ɪnˈdʒʌŋkʃən] (N) injonction *f*; (*= court order*) ordonnance *f* (**to do sth** de faire qch, **against doing sth** de ne pas faire qch)

injure [ˈɪndʒəʳ] (VT) **a** (*= hurt physically*) [*+ person, limb*] blesser • **to ~ o.s.** se blesser • **to ~ one's leg** se blesser à la jambe **b** [*+ person*] (*= wrong*) nuire à; (*= offend*) blesser; [*+ reputation, trade*] compromettre • **to ~ sb's feelings** offenser qn

injured [ˈɪndʒəd] **1** (ADJ) **a** (*physically*) blessé; (*in road accident*) accidenté **b** (*= offended*) [*person, look, voice*] offensé; [*wife, husband*] trompé • **the ~ party** la partie lésée **2** (NPL) **the injured** les blessés *mpl*

injurious [ɪnˈdʒʊərɪəs] (ADJ) nuisible (**to** à)

injury [ˈɪndʒərɪ] **1** (N) **a** (*physical*) blessure *f* • **to do sb an ~** blesser qn • **you'll do yourself an ~!** tu vas te faire mal ! • **three players have injuries** il y a trois joueurs blessés **b** (*= wrong*) (*to person*) tort *m*; (*to reputation*) atteinte *f* **2** (COMP) ▸ **injury time** N (*Brit*) arrêts *mpl* de jeu • **to play ~ time** jouer les arrêts de jeu

injustice [ɪnˈdʒʌstɪs] (N) injustice *f* • **to do sb an ~** être injuste envers qn

ink [ɪŋk] **1** (N) encre *f* **2** (VT) encrer **3** (COMP) ▸ **ink blot** N tache *f* d'encre ▸ **ink-jet printer** N imprimante *f* à jet d'encre

inkling [ˈɪŋklɪŋ] (N) soupçon *m* • **I had no ~ that ...** je ne me doutais pas du tout que ...

inkstain [ˈɪŋksteɪn] (N) tache *f* d'encre

inky [ˈɪŋkɪ] (ADJ) **a** (*= dark*) [*colour, sky*] très sombre **b** (*= covered with ink*) plein d'encre

inlaid [ˈɪnˈleɪd] (ADJ) [*brooch, sword*] incrusté (**with** de); [*box, table*] marqueté

inland [ˈɪnlænd] **1** (ADJ) intérieur (-eure *f*) • ~ **waterways** canaux *mpl* et rivières *fpl* **2** (ADV) à l'intérieur • **to go ~** aller dans l'arrière-pays **3** (COMP) ▸ **the Inland Revenue** N (*= organization, system*) le fisc

inlay (*vb: pret, ptp* **inlaid**) **1** (N) [*of brooch, sword*] incrustation *f*; [*of table, box*] marqueterie *f* **2** (VT) [*+ brooch, sword*] incruster (**with** de); [*+ table, box*] marqueter

> Lorsque **inlay** est un nom, l'accent tombe sur la première syllabe : [ˈɪnleɪ], lorsque c'est un verbe, sur la seconde : [,ɪnˈleɪ].

inlet [ˈɪnlet] (N) ⓐ [*of sea*] crique *f*; [*of river*] bras *m* de rivière ⓑ (*for air*) arrivée *f*
in-line skating [ˌɪnlaɪnˈskeɪtɪŋ] (N) roller *m* en ligne
inmate [ˈɪnmeɪt] (N) [*of prison*] détenu(e) *m(f)*; [*of asylum*] interné(e) *m(f)*; [*of hospital*] malade *mf*
inmost [ˈɪnməʊst] (ADJ) **my ~ thoughts** mes pensées les plus secrètes • **my ~ feelings** mes sentiments les plus intimes • **in one's ~ being** au plus profond de soi-même
inn [ɪn] (N) auberge *f*; (*in town*) hôtel *m*
innards* [ˈɪnədz] (NPL) entrailles *fpl*
innate [ɪˈneɪt] (ADJ) inné
innately [ɪˈneɪtlɪ] (ADV) foncièrement
inner [ˈɪnəʳ] **1** (ADJ) ⓐ [*room, courtyard*] intérieur(-eure) ⓑ [*emotions, thoughts*] intime; [*life*] intérieur(-eure) • **the ~ meaning** le sens profond • **the ~ man** (= *spiritual self*) l'homme *m* intérieur • **the discovery of the ~ self** la découverte de soi **2** (COMP) ▸**inner city** N quartiers *mpl* déshérités (*du centre-ville*) ▸**inner-city** ADJ [*buildings, problems, crime, renewal*] des quartiers déshérités ▸**inner tube** N chambre *f* à air

> **INNER CITY**
> L'expression **inner city** désigne initialement le centre des villes. Dans l'évolution des villes anglo-saxonnes, les quartiers du centre, délaissés par les classes aisées, se caractérisent souvent par une grande pauvreté, un taux de chômage élevé, de très mauvaises conditions de logement et des tensions entre les groupes ethniques. En ce sens, la notion de **inner city** correspond plutôt en français aux banlieues à problèmes.

innermost [ˈɪnəməʊst] (ADJ) = **inmost**
inning [ˈɪnɪŋ] (N) (*Baseball*) tour *m* de batte
innings [ˈɪnɪŋz] (N) (*pl inv*) (*Cricket*) tour *m* de batte • **I've had a good ~*** (= *life*) j'ai bien profité de l'existence
innit‡ [ˈɪnɪt] (ADV) (*Brit*) ~? pas vrai ?*
innkeeper [ˈɪnkiːpəʳ] (N) (*wayside*) aubergiste *mf*; (*in town*) hôtelier *m*, -ière *f*
innocence [ˈɪnəsns] (N) innocence *f* • **in all ~** en toute innocence • **to protest one's ~** protester de son innocence
innocent [ˈɪnəsnt] **1** (ADJ) innocent • **to be found ~ of sth** être déclaré innocent de qch • **an ~ mistake** une erreur commise en toute innocence **2** (N) **he's a bit of an ~*** c'est un grand innocent • **he tried to come the ~ with me*** il a essayé de jouer aux innocents avec moi
innocently [ˈɪnəsntlɪ] (ADV) en toute innocence
innocuous [ɪˈnɒkjʊəs] (ADJ) inoffensif
innovate [ˈɪnəʊveɪt] (VTI) innover
innovation [ˌɪnəʊˈveɪʃən] (N) innovation *f*
innovative [ˈɪnəʊˌveɪtɪv] (ADJ) [*person, organization*] innovateur (-trice *f*); [*idea, design*] novateur (-trice *f*); [*product*] original
innovator [ˈɪnəʊveɪtəʳ] (N) innovateur *m*, -trice *f*
innuendo [ˌɪnjʊˈendəʊ] (N) (*pl* **innuendo(e)s**) insinuation *f* • **to make ~(e)s about sb** insinuer qch sur qn • **sexual ~** allusions *fpl* grivoises
innumerable [ɪˈnjuːmərəbl] (ADJ) innombrable
innumeracy [ɪˈnjuːmərəsɪ] (N) innumérisme *m*
innumerate [ɪˈnjuːmərɪt] (ADJ) **he's totally ~** il ne sait pas du tout compter
inoculate [ɪˈnɒkjʊleɪt] (VT) vacciner • **to ~ sb with sth** inoculer qch à qn
inoculation [ɪˌnɒkjʊˈleɪʃən] (N) inoculation *f*
inoffensive [ˌɪnəˈfensɪv] (ADJ) inoffensif
inoperable [ɪnˈɒpərəbl] (ADJ) inopérable
inoperative [ɪnˈɒpərətɪv] (ADJ) inopérant
inopportune [ɪnˈɒpətjuːn] (ADJ) inopportun
inordinate [ɪˈnɔːdɪnɪt] (ADJ) [*size, number, quantity*] démesuré; [*demands*] extravagant; [*pride, pleasure*] extrême • **an ~ amount of luggage/time/money** énormément de bagages/de temps/d'argent • **an ~ sum of money** une somme exorbitante
inordinately [ɪˈnɔːdɪnɪtlɪ] (ADV) [*hot, difficult, proud*] excessivement • **to be ~ fond of sth** aimer particulièrement qch
inorganic [ˌɪnɔːˈgænɪk] (ADJ) inorganique
inpatient [ˈɪnˌpeɪʃənt] (N) malade *mf* hospitalisé(e)
input [ˈɪnpʊt] **1** (N) ⓐ (= *contribution*) contribution *f*; [*of funds, labour*] apport *m* • **we need a regular ~ of new ideas** nous avons besoin d'un apport constant de nouvelles idées • **his ~ was very valuable** sa contribution était très utile • **artistic/creative ~** apport *m* artistique/créatif ⓑ (= *data*) input *m*; (= *act of inputting*) saisie *f* (de données) **2** (VT) [+ *data*] saisir **3** (COMP) ▸**input/output** N (*Comput*) entrée-sortie *f*
inquest [ˈɪnkwest] (N) enquête *f* (criminelle)
inquire [ɪnˈkwaɪəʳ] **1** (VI) se renseigner (**about sth** sur qch); (= *ask*) demander • **to ~ after sb/sth** demander des nouvelles de qn/qch • **I'll go and ~** je vais demander • **~ at the office** demandez au bureau • **to ~ into** [+ *subject*] faire des recherches sur; [+ *possibilities*] se renseigner sur **2** (VT) demander • **he rang up to ~ how she was** il a téléphoné pour demander comment elle allait
inquiring [ɪnˈkwaɪərɪŋ] (ADJ) [*attitude*] curieux; [*look*] interrogateur (-trice *f*)
inquiringly [ɪnˈkwaɪərɪŋlɪ] (ADV) [*look*] d'un air interrogateur; [*say*] d'un ton interrogateur
inquiry [ɪnˈkwaɪərɪ] **1** (N) ⓐ (*from individual*) demande *f* de renseignements • **to make inquiries (about sb/sth)** se renseigner (sur qn/qch) ⓑ (*official, legal*) enquête *f* • **to set up an ~ (into sth)** ouvrir une enquête (sur qch) • **committee of ~** commission *f* d'enquête • **to hold an ~ (into sth)** enquêter (sur qch) • **a murder ~** une enquête sur un meurtre • **they are pursuing a new line of ~** ils suivent une nouvelle piste • **the police are making inquiries** la police enquête **2** (COMP) ▸**inquiry desk, inquiry office** N (bureau *m* de) renseignements *mpl*
inquisition [ˌɪnkwɪˈzɪʃən] (N) investigation *f*; (*in law*) enquête *f* (judiciaire) • **the Inquisition** (*Rel*) l'Inquisition *f*
inquisitive [ɪnˈkwɪzɪtɪv] (ADJ) curieux
inquisitively [ɪnˈkwɪzɪtɪvlɪ] (ADV) avec curiosité; (*pej*) d'un air inquisiteur
inquisitiveness [ɪnˈkwɪzɪtɪvnɪs] (N) curiosité *f*; (*pej*) indiscrétion *f*
inroads [ˈɪnrəʊd] (NPL) **to make ~ into** [+ *supplies*] entamer; [+ *sb's rights*] empiéter sur • **they have made significant ~ into this market** ils ont fait une percée importante sur ce marché
inrush [ˈɪnˌrʌʃ] (N) irruption *f*
insalubrious [ˌɪnsəˈluːbrɪəs] (ADJ) insalubre
insane [ɪnˈseɪn] (ADJ) [*person*] fou (folle *f*) • **to go ~** devenir fou • **to drive sb ~** rendre qn fou • **you must be ~!** tu es fou !
insanely [ɪnˈseɪnlɪ] (ADV) **~ possessive/expensive** follement possessif/cher • **~ jealous** (*on one occasion*) fou

de jalousie; *(by nature)* d'une jalousie maladive

insanitary [ɪnˈsænɪtərɪ] (ADJ) insalubre

insanity [ɪnˈsænɪtɪ] (N) démence *f*

insatiable [ɪnˈseɪʃəbl] (ADJ) insatiable (**for sth** de qch)

insatiably [ɪnˈseɪʃəblɪ] (ADV) **to be ~ hungry** avoir une faim insatiable • **to be ~ curious** être d'une curiosité insatiable

inscribe [ɪnˈskraɪb] (VT) *(= write)* inscrire; *(= engrave)* graver • **a watch ~d with his name** une montre gravée à son nom

inscription [ɪnˈskrɪpʃən] (N) *(on coin, monument)* inscription *f*; *(= dedication)* dédicace *f*

inscrutable [ɪnˈskru:təbl] (ADJ) impénétrable (**to sb/sth** à qn/qch)

insect [ˈɪnsekt] (N) insecte *m* ▸ **insect bite** N piqûre *f* d'insecte ▸ **insect repellent** N antimoustiques *inv* ▸ **insect spray** N bombe *f* insecticide

insecticide [ɪnˈsektɪsaɪd] (ADJ, N) insecticide *m*

insecure [ˌɪnsɪˈkjʊəʳ] (ADJ) ⓐ *(= unsure of oneself)* **to feel ~** se sentir mal dans sa peau ⓑ *[future]* incertain; *[job, rights]* précaire ⓒ *[building, district, ladder]* peu sûr; *[rope, load]* mal arrimé

insecurity [ˌɪnsɪˈkjʊərɪtɪ] (N) insécurité *f*

insemination [ɪnˌsemɪˈneɪʃən] (N) insémination *f*

insensibility [ɪnˌsensəˈbɪlɪtɪ] (N) insensibilité *f*

insensible [ɪnˈsensəbl] (ADJ) ⓐ *(= unconscious)* inconscient ⓑ *(= impervious)* insensible (**to sth** à qch)

insensibly [ɪnˈsensɪblɪ] (ADV) insensiblement

insensitive [ɪnˈsensɪtɪv] (ADJ) insensible (**to sth** à qch, **to sb** envers qn); *[remark, act]* indélicat • **policies which are ~ to the needs of ...** des mesures qui ne tiennent pas compte des besoins de ...

insensitivity [ɪnˌsensɪˈtɪvɪtɪ] (N) insensibilité *f*

inseparable [ɪnˈsepərəbl] (ADJ) inséparable (**from** de)

inseparably [ɪnˈsepərəblɪ] (ADV) inséparablement

insert 1 (VT) insérer; *[+ finger]* enfoncer; *[+ key]* introduire 2 (N) encart *m*

> Lorsque **insert** est un verbe, l'accent tombe sur la seconde syllabe : [ɪnˈsɜ:t], lorsque c'est un nom, sur la première : [ˈɪnsɜ:t].

insertion [ɪnˈsɜ:ʃən] (N) insertion *f*

inset [ˈɪnset] (N) encadré *m*

inshore [ˈɪnˈʃɔ:ʳ] 1 (ADJ) côtier • **~ fishing** pêche *f* côtière 2 (ADV) *[be, fish]* près de la côte; *[blow, flow, go]* vers la côte

inside [ˈɪnˈsaɪd]

> When **inside** is an element in a phrasal verb, eg **step inside**, look up the verb.

1 (ADV) ⓐ dedans, à l'intérieur • **come ~!** entrez (donc) ! • **let's go ~** rentrons
ⓑ *(= in jail)** à l'ombre*
2 (PREP) ⓐ *(of place)* à l'intérieur de, dans • **he was waiting ~ the house** il attendait à l'intérieur de la maison *or* dans la maison • **she was standing just ~ the gate** *(seen from inside)* elle était juste de ce côté-ci de la barrière; *(seen from outside)* elle était juste de l'autre côté de la barrière
ⓑ *(of time)* en moins de • **he came back ~ three minutes** *or* **~ of three minutes** *(US)* il est revenu en moins de trois minutes • **he was well ~ the record time** il avait largement battu le record
3 (N) intérieur *m* • **on the ~** à l'intérieur • **the door is bolted from the ~** la porte est fermée de l'intérieur • **I heard music coming from ~** j'ai entendu de la musique qui venait de l'intérieur
▸ **inside out your coat is ~ out** ton manteau est à l'envers • **her umbrella blew ~ out** son parapluie s'est retourné sous l'effet du vent • **I turned the bag ~ out** j'ai retourné le sac • **he knows his subject ~ out** il connaît son sujet à fond • **he knows the district ~ out** il connaît le quartier comme sa poche • **we know each other ~ out** nous nous connaissons parfaitement
4 (NPL) **insides** *(= stomach)** ventre *m* • **he felt fear grip his ~s** il a senti la peur le prendre au ventre
5 (ADJ) ⓐ intérieur (-eure *f*) • **~ pocket** poche *f* intérieure • **to get ~ information** obtenir des renseignements de première main • **the ~ story** les dessous *mpl* de l'histoire • **it must have been an ~ job*** *(theft)* c'est un coup qui a dû être monté par quelqu'un de la maison
ⓑ *[wheel, headlight]* *(in Britain)* gauche; *(in US, continental Europe)* droit • **the ~ lane** *(in Britain)* ≈ la voie de gauche; *(in US, continental Europe)* ≈ la voie de droite
6 (COMP) ▸ **inside leg** N entrejambe *m*

insider [ɪnˈsaɪdəʳ] (N) *(= person with inside information)* initié(e) *m(f)* ▸ **insider dealing, insider trading** N délit *m* d'initiés

insidious [ɪnˈsɪdɪəs] (ADJ) insidieux

insight [ˈɪnsaɪt] (N) ⓐ *(= revealing glimpse)* aperçu *m* (**into** de, **about** sur) • **to give sb an ~ into sth** donner à qn un aperçu de qch • **this gave us new ~s into what's been happening** cela nous a donné un nouvel éclairage sur ce qui s'est passé • **that will give you an ~ into his reasons for doing it** cela vous éclairera sur les raisons qui l'ont poussé à le faire ⓑ *(= discernment)* perspicacité *f*

insightful [ˈɪnsaɪtfʊl] (ADJ) perspicace

insignia [ɪnˈsɪgnɪə] (N) insigne *m*

insignificance [ˌɪnsɪgˈnɪfɪkəns] (N) insignifiance *f*

insignificant [ˌɪnsɪgˈnɪfɪkənt] (ADJ) insignifiant • **not ~** non négligeable

insincere [ˌɪnsɪnˈsɪəʳ] (ADJ) hypocrite

insincerity [ˌɪnsɪnˈserɪtɪ] (N) hypocrisie *f*

insinuate [ɪnˈsɪnjʊeɪt] (VT) insinuer • **what are you insinuating?** qu'est-ce que tu veux insinuer par là ?

insinuating [ɪnˈsɪnjʊeɪtɪŋ] (ADJ) *[person]* insinuant; *[tone, smile, manner]* plein de sous-entendus

insinuation [ɪnˌsɪnjʊˈeɪʃən] (N) insinuation *f*

insipid [ɪnˈsɪpɪd] (ADJ) insipide; *[colour]* fade

insist [ɪnˈsɪst] 1 (VI) insister • **to ~ on doing sth** insister pour faire qch • **they ~ed on silence** ils ont exigé le silence • **he ~ed on the need for dialogue** il a insisté sur le besoin de dialogue 2 (VT) ⓐ *(= demand)* insister • **I must ~ that you let me help** laisse-moi t'aider, j'insiste • **she ~ed that I should come** elle a insisté pour que je vienne ⓑ *(= affirm)* soutenir • **he ~s that he has seen her before** il soutient l'avoir déjà vue

insistence [ɪnˈsɪstəns] (N) insistance *f* • **I did it at his ~** je l'ai fait parce qu'il a insisté

insistent [ɪnˈsɪstənt] (ADJ) insistant • **she was most ~ about it** elle a beaucoup insisté là-dessus

insistently [ɪnˈsɪstəntlɪ] (ADV) avec insistance

insofar [ˌɪnsəʊˈfɑ:ʳ] (ADV) **~ as** dans la mesure où

insole [ˈɪnˌsəʊl] (N) semelle *f* intérieure

insolence ['ɪnsələns] (N) insolence *f* (**to** envers)
insolent ['ɪnsələnt] (ADJ) insolent (**with sb** avec qn)
insoluble [ɪn'sɒljʊbl] (ADJ) insoluble
insolvency [ɪn'sɒlvənsɪ] (N) insolvabilité *f*; (= *bankruptcy*) faillite *f*
insolvent [ɪn'sɒlvənt] (ADJ) insolvable
insomnia [ɪn'sɒmnɪə] (N) insomnie *f*
insomniac [ɪn'sɒmnɪæk] (ADJ, N) insomniaque *mf*
insomuch [ˌɪnsəʊ'mʌtʃ] (ADV) **~ that** à tel point que • **~ as** d'autant que
insource ['ɪnsɔːs] (VT) internaliser
inspect [ɪn'spekt] (VT) [+ *document, object*] inspecter; (*Brit*) [+ *ticket*] contrôler
inspection [ɪn'spekʃən] (N) [*of document, object*] examen *m*; (*Brit*) [*of ticket*] contrôle *m*; [*of machinery, troops*] inspection *f* • **on closer ~** en regardant de plus près
inspector [ɪn'spektəʳ] (N) ⓐ inspecteur *m*, -trice *f*; (*Brit*) (*on bus, train*) contrôleur *m*, -euse *f* • **tax ~** (*Brit*) inspecteur *m*, -trice *f* des impôts ⓑ (*Brit*) (= *police inspector*) inspecteur *m*, -trice *f* (de police) ⓒ (*Brit*) (= *schools inspector*) inspecteur *m*, -trice *f*
inspiration [ˌɪnspə'reɪʃən] (N) inspiration *f* • **to draw one's ~ from sth** s'inspirer de qch • **to be an ~ to sb** [*person, thing*] être une source d'inspiration pour qn • **to be the ~ for sth** servir d'inspiration pour qch
inspirational [ˌɪnspə'reɪʃənl] (ADJ) [*teacher, leader*] stimulant; [*book, film*] inspirant
inspire [ɪn'spaɪəʳ] (VT) inspirer • **to ~ sb to do sth** donner envie à qn de faire qch • **the book is ~d by a real person** le livre s'inspire d'un personnage réel • **to ~ confidence in sb** inspirer confiance à qn • **to ~ courage in sb** insuffler du courage à qn • **to ~ sb with an idea** inspirer une idée à qn
inspired [ɪn'spaɪəd] (ADJ) ⓐ [*person, performance, idea, choice*] inspiré • **that was an ~ guess!** bien deviné! ⓑ (= *motivated*) **politically/classically ~** d'inspiration politique/classique
inspiring [ɪn'spaɪərɪŋ] (ADJ) ⓐ [*story, film, example*] édifiant • **it wasn't particularly ~** ce n'était pas terrible* ⓑ [*teacher, leader*] stimulant
instability [ˌɪnstə'bɪlɪtɪ] (N) instabilité *f*
instal, install [ɪn'stɔːl] (VT) installer • **to ~ o.s. in** s'installer dans
installation [ˌɪnstə'leɪʃən] (N) installation *f*
installer [ɪn'stɔːləʳ] (N) ⓐ (= *person*) installateur *m*, -trice *f* ⓑ (*Comput*) installeur *m*
instalment, installment (*US*) [ɪn'stɔːlmənt] 1 (N) ⓐ (= *payment*) versement *m*; (= *down payment*) acompte *m*; [*of loan, investment, credit*] versement *m* • **to pay an ~** faire un versement • **to pay by ~s** payer en plusieurs versements • **monthly ~** mensualité *f* ⓑ [*of story, serial*] épisode *m*; [*of book*] fascicule *m* 2 (COMP) ▸ **installment plan** N (*US*) contrat *m* de vente à crédit • **to buy on the installment plan** acheter à crédit
instance ['ɪnstəns] (N) (= *example*) cas *m*; (= *occasion*) circonstance *f* • **in many ~s** dans bien des cas • **in the first ~** en premier lieu • **as an ~ of** comme exemple de • **for ~** par exemple
instant ['ɪnstənt] 1 (ADJ) ⓐ [*relief, response, effect*] immédiat; [*need*] urgent • **this calls for ~ action** ceci nécessite des mesures immédiates • **~ camera/photography** appareil *m* photo/photographie *f* à développement instantané • **I took an ~ dislike to him** je l'ai tout de suite trouvé antipathique ⓑ [*coffee*] soluble; [*potatoes*] déshydraté; [*food*] à préparation rapide • **~ soup** potage *m* instantané 2 (N) instant *m* • **come here this ~** viens ici tout de suite • **for an ~** pendant un instant • **he left the ~ he heard the news** il est parti dès qu'il a appris la nouvelle 3 (COMP) ▸ **instant message** N message *m* instantané ▸ **instant messaging** N messagerie *f* instantanée ▸ **instant replay** N *répétition immédiate d'une séquence*; (*slow-motion*) ralenti *m*
instantaneous [ˌɪnstən'teɪnɪəs] (ADJ) instantané
instantaneously [ˌɪnstən'teɪnɪəslɪ] (ADV) instantanément
instantly ['ɪnstəntlɪ] (ADV) [*die, be killed*] sur le coup; [*know, recognize*] immédiatement; [*recognizable, available*] immédiatement • **~ likeable** [*person*] sympathique au premier abord
instead [ɪn'sted] (ADV) **if you don't like orange juice, have some mineral water ~** si vous n'aimez pas le jus d'orange, prenez plutôt de l'eau minérale • **his brother came ~** (= *instead of him*) son frère est venu à sa place • **I didn't go to the office, I went to the cinema ~** au lieu d'aller au bureau, je suis allé au cinéma
▸ **instead of** au lieu de • **~ of going to school** au lieu d'aller à l'école • **we decided to have dinner at 8 o'clock ~ of 7** nous avons décidé de dîner à 8 heures au lieu de 7 • **Emma came ~ of Liz** Emma est venue à la place de Liz • **Emma came ~ of her** Emma est venue à sa place • **use olive oil ~ of butter** remplacez le beurre par de l'huile d'olive • **this is ~ of a birthday present** cela tient lieu de cadeau d'anniversaire
instep ['ɪnstep] (N) ⓐ [*of foot*] cou-de-pied *m* • **to have a high ~** avoir le pied cambré ⓑ [*of shoe*] cambrure *f*
instigate ['ɪnstɪgeɪt] (VT) être l'instigateur de
instigation [ˌɪnstɪ'geɪʃən] (N) instigation *f* • **at sb's ~** à l'instigation de qn
instigator ['ɪnstɪgeɪtəʳ] (N) instigateur *m*, -trice *f*
instil, instill (*US*) [ɪn'stɪl] (VT) [+ *courage, optimism*] insuffler (**into sb** à qn); [+ *knowledge, principles*] inculquer (**into sb** à qn); [+ *idea, fact*] faire comprendre (**into sb** à qn); [+ *fear*] faire naître (**into sb** chez qn) • **to ~ into sb that ...** faire entrer dans l'esprit de qn que ...
instinct ['ɪnstɪŋkt] (N) instinct *m* • **from ~** d'instinct • **to have a good business ~** avoir le sens des affaires
instinctive [ɪn'stɪŋktɪv] (ADJ) instinctif
instinctively [ɪn'stɪŋktɪvlɪ] (ADV) instinctivement
institute ['ɪnstɪtjuːt] 1 (VT) ⓐ [+ *system, rules*] instituer; [+ *society*] fonder • **newly ~d** [*post*] récemment créé; [*organization*] de fondation récente ⓑ [+ *inquiry*] ouvrir; [+ *action*] entreprendre • **to ~ proceedings against sb** intenter un procès contre qn 2 (N) institut *m*
institution [ˌɪnstɪ'tjuːʃən] (N) institution *f* • **financial/credit/educational ~** établissement *m* financier/de crédit/d'enseignement • **an academic ~** un établissement d'enseignement supérieur
institutional [ˌɪnstɪ'tjuːʃənl] (ADJ) ⓐ (= *of institutions*) [*reform, structure*] institutionnel • **~ care** soins *mpl* en institution ⓑ (= *of companies*) [*investors, funds, buying*] institutionnel ⓒ (= *reminiscent of institutions*) [*food*] d'internat; [*place*] froid et impersonnel

> The French word **institutionnel** ends in **-el** instead of **-al** and has a double **n**.

institutionalize [ˌɪnstɪˈtjuːʃnəlaɪz] VT ⓐ [+ *person*] placer dans une institution ⓑ [+ *procedure, custom, event*] institutionnaliser

institutionalized [ˌɪnstɪˈtjuːʃnəlaɪzd] ADJ ⓐ (= *living in an institution*) vivant en institution ⓑ (= *dependent*) dépendant ⓒ (= *ingrained*) institutionnalisé • **to become ~** devenir une institution

instruct [ɪnˈstrʌkt] VT ⓐ (= *teach*) [+ *person*] instruire • **to ~ sb in sth** apprendre qch à qn • **to ~ sb in how to do sth** enseigner à qn comment faire qch ⓑ (= *direct*) [+ *person*] donner des instructions à • **to ~ sb to do sth** charger qn de faire qch • **I am ~ed to inform you that ...** je suis chargé de vous informer que ...

instruction [ɪnˈstrʌkʃən] 1 N ⓐ (= *teaching*) instruction *f* • **to give ~ to sb (in sth)** instruire qn (en qch) • **driving ~** leçons *fpl* de conduite
ⓑ (*gen pl*) **instructions** instructions *fpl* • **he gave me precise ~s on what to do if ...** il m'a donné des instructions précises sur la conduite à tenir au cas où ... • **he gave me ~s not to leave until ...** il m'a donné ordre de ne pas partir avant ... • **to act according to ~s** se conformer aux instructions • **the ~s are on the back of the box** le mode d'emploi est au dos de la boîte
2 COMP ▸ **instruction book** N mode *m* d'emploi ▸ **instruction manual** N manuel *m* d'utilisation

instructive [ɪnˈstrʌktɪv] ADJ instructif

instructor [ɪnˈstrʌktəʳ] N professeur *mf* • **driving ~** moniteur *m*, -trice *f* d'auto-école • **flying ~** instructeur *m*, -trice *f* de pilotage • **skiing ~** moniteur *m*, -trice *f* de ski

instrument [ˈɪnstrʊmənt] N instrument *m* ▸ **instrument panel** N tableau *m* de bord

instrumental [ˌɪnstrʊˈmentl] ADJ ⓐ [*role*] déterminant • **to be ~ in sth** jouer un rôle clé dans qch ⓑ [*music*] instrumental; [*recording, album*] de musique instrumentale

instrumentalist [ˌɪnstrʊˈmentəlɪst] N instrumentiste *mf*

instrumentation [ˌɪnstrʊmenˈteɪʃən] N instrumentation *f*

insubordinate [ˌɪnsəˈbɔːdənɪt] ADJ insubordonné

insubordination [ˈɪnsəˌbɔːdɪˈneɪʃən] N insubordination *f*

insubstantial [ˌɪnsəbˈstænʃəl] ADJ [*sum, amount*] peu important; [*meal, work*] peu substantiel; [*argument*] sans substance; [*evidence*] sans fondement; [*structure*] peu solide

insufferable [ɪnˈsʌfərəbl] ADJ insupportable

insufficient [ˌɪnsəˈfɪʃənt] ADJ insuffisant

insufficiently [ˌɪnsəˈfɪʃəntlɪ] ADV insuffisamment

insular [ˈɪnsjələʳ] ADJ (= *narrow-minded*) borné; [*community, existence*] coupé du monde extérieur

insularity [ˌɪnsjʊˈlærɪtɪ] N (= *narrow-mindedness*) étroitesse *f* d'esprit; [*of community, existence*] fermeture *f* au monde extérieur; [*of outlook, views*] étroitesse *f*

insulate [ˈɪnsjʊleɪt] 1 VT ⓐ (*against cold, heat*) [+ *room, roof*] isoler; [+ *water tank*] calorifuger; (*against sound*) insonoriser • **~d handle** poignée *f* isolante ⓑ [+ *person*] (= *separate*) séparer (**from** de); (= *protect*) protéger (**against** de) 2 COMP ▸ **insulating material** N isolant *m* ▸ **insulating tape** N (ruban *m*) isolant *m*; (*adhesive*) chatterton *m*

insulation [ˌɪnsjʊˈleɪʃən] N ⓐ isolation *f*; (*against sound*) insonorisation *f* ⓑ (= *material*) isolant *m*

insulin [ˈɪnsjʊlɪn] N insuline *f*

insult 1 VT insulter 2 N insulte *f*

> Lorsque **insult** est un verbe, l'accent tombe sur la seconde syllabe: [ɪnˈsʌlt], lorsque c'est un nom, sur la première: [ˈɪnsʌlt].

insulting [ɪnˈsʌltɪŋ] ADJ insultant • **to be ~ to sb** [*remarks, comments*] être un affront à qn

insultingly [ɪnˈsʌltɪŋlɪ] ADV [*behave, talk*] de façon insultante • **~ sexist** d'un sexisme insultant

insurance [ɪnˈʃʊərəns] N assurance *f* (**on sth** pour qch); (= *policy*) contrat *m* d'assurances (**on sth** pour qch) • **he pays $300 a year in ~** il paie 300 dollars d'assurance par an • **to take out ~** contracter une assurance • **to take out ~ against** s'assurer contre • **to do sth as an ~ against sth** faire qch comme garantie contre qch ▸ **insurance adjuster** N (*US*) expert *m* en sinistres ▸ **insurance agent** N agent *m* d'assurances ▸ **insurance broker** N courtier *m* d'assurances ▸ **insurance certificate** N attestation *f* d'assurance ▸ **insurance claim** N (déclaration *f* de) sinistre *m* ▸ **insurance company** N compagnie *f* d'assurances ▸ **insurance policy** N police *f* d'assurance ▸ **insurance premium** N prime *f* d'assurance

insure [ɪnˈʃʊəʳ] VT [+ *car, house*] (faire) assurer • **to ~ one's life** s'assurer sur la vie • **I am ~d against fire** je suis assuré contre l'incendie

insured [ɪnˈʃʊed] ADJ, N assuré(e) *m(f)*

insurer [ɪnˈʃʊərəʳ] N assureur *m*

insurgence [ɪnˈsɜːdʒəns], **insurgency** [ɪnˈsɜːdʒənsɪ] N insurrection *f*

insurgent [ɪnˈsɜːdʒənt] ADJ, N insurgé(e) *m(f)*

insurmountable [ˌɪnsəˈmaʊntəbl] ADJ insurmontable

insurrection [ˌɪnsəˈrekʃən] N insurrection *f* • **to rise in ~** se soulever

intact [ɪnˈtækt] ADJ intact • **to survive ~** rester intact

intake [ˈɪnteɪk] N ⓐ [*of pupils, students*] (nombre *m* des) inscriptions *fpl*; [*of soldiers*] contingent *m* • **the latest ~ of young graduates into our company** le dernier contingent de jeunes diplômés recrutés par notre société ⓑ [*of protein, liquid, alcohol*] consommation *f* • **food ~** ration *f* alimentaire

intangible [ɪnˈtændʒəbl] ADJ intangible

integral [ˈɪntɪgrəl] ADJ **to be an ~ part of sth** faire partie intégrante de qch

integrate [ˈɪntɪgreɪt] 1 VT intégrer 2 VI [*person, religious or ethnic group*] s'intégrer

integrated [ˈɪntɪgreɪtɪd] ADJ intégré ▸ **integrated circuit** N (*Elec*) circuit *m* intégré ▸ **integrated school** établissement *m* scolaire où se pratique l'intégration

integration [ˌɪntɪˈgreɪʃən] N intégration *f*

integrity [ɪnˈtegrɪtɪ] N (= *honesty*) intégrité *f* • **a man of ~** un homme intègre

intellect [ˈɪntɪlekt] N (= *reasoning power*) intellect *m* • **a man of great ~** (= *cleverness*) un homme d'une grande intelligence

intellectual [ɪntɪˈlektjʊəl] 1 ADJ intellectuel; [*group, family*] d'intellectuels 2 N intellectuel(le) *m(f)*

intellectualize [ɪntɪˈlektjʊəlaɪz] 1 VT intellectualiser 2 VI **you always have to ~** il faut toujours que tu intellectualises tout

intellectually [ɪntɪ'lektjʊəlɪ] (ADV) intellectuellement

intelligence [ɪn'telɪdʒəns] 1 (N) ⓐ intelligence *f* • **his book shows ~** son livre est intelligent • **use your ~!** réfléchis ! ⓑ (= *information*) information(s) *f(pl)* ⓒ **Military/Naval Intelligence** service *m* de renseignements de l'armée de Terre/de la Marine • **he was in Intelligence during the war** il était dans les services de renseignements pendant la guerre 2 (COMP) ▸ **intelligence agent** N agent *m* de renseignements ▸ **Intelligence officer** N (*Brit*) officier *m* de renseignements ▸ **intelligence quotient** N quotient *m* intellectuel ▸ **Intelligence Service** N (*Brit*) services *mpl* secrets ▸ **intelligence test** N test *m* d'intelligence

intelligent [ɪn'telɪdʒənt] (ADJ) intelligent ▸ **intelligent design** N (*Rel*) dessein *m* intelligent

intelligently [ɪn'telɪdʒəntlɪ] (ADV) intelligemment

intelligentsia [ɪn,telɪ'dʒentsɪə] (N) **the ~** l'intelligentsia *f*

intelligible [ɪn'telɪdʒəbl] (ADJ) intelligible

intend [ɪn'tend] (VT) **to ~ to do sth** avoir l'intention de faire qch • **it was ~ed that they should leave early** il était prévu qu'ils partent tôt • **this scheme is ~ed to help the poor** ce projet est destiné à venir en aide aux indigents • **~ed for** destiné à • **the building was originally ~ed as a sports complex** le bâtiment devait initialement être un complexe sportif • **I ~ed it as a compliment** ça se voulait être un compliment • **he ~ed no harm** il l'a fait sans mauvaise intention

intended [ɪn'tendɪd] (ADJ) [*target, victim*] visé; [*effect*] voulu; [*insult*] intentionnel • **his ~ trip to China** le voyage qu'il avait projeté de faire en Chine

intense [ɪn'tens] (ADJ) ⓐ intense; [*fear, anger, hatred*] violent; [*interest, enthusiasm, competition*] très vif ⓑ (= *passionate*) [*person*] sérieux; [*relationship*] passionné; [*gaze, expression*] d'une grande intensité

intensely [ɪn'tenslɪ] (ADV) ⓐ (= *very*) extrêmement ⓑ [*concentrate, look at*] intensément • **I dislike her ~** elle me déplaît profondément

intensification [ɪn,tensɪfɪ'keɪʃən] (N) intensification *f*

intensifier [ɪn'tensɪfaɪəʳ] (N) (*Gram*) intensif *m*

intensify [ɪn'tensɪfaɪ] 1 (VT) intensifier 2 (VI) [*fighting, competition, speculation*] s'intensifier; [*heat, pain, emotion*] augmenter

intensity [ɪn'tensɪtɪ] (N) intensité *f*

intensive [ɪn'tensɪv] (ADJ) intensif ▸ **intensive care** N **to be in ~ care** être en soins intensifs ▸ **intensive care unit** N unité *f* de soins intensifs

intensively [ɪn'tensɪvlɪ] (ADV) intensivement

intent [ɪn'tent] 1 (N) intention *f* • **with good ~** dans une bonne intention • **to do sth with ~** faire qch de propos délibéré • **with criminal ~** dans un but délictueux • **with ~ to do sth** dans l'intention de faire qch • **to all ~s and purposes** pratiquement
2 (ADJ) ⓐ (= *absorbed*) [*face, expression*] attentif • **~ on his work** absorbé par son travail • **he was ~ on what she was saying** il écoutait attentivement ce qu'elle disait
ⓑ (= *determined*) **to be ~ on doing sth** être résolu à faire qch • **~ on revenge** résolu à se venger • **he was so ~ on seeing her that ...** il voulait tellement la voir que ...

intention [ɪn'tenʃən] (N) intention *f* • **he has every ~ of doing this** il a bien l'intention de le faire • **I haven't the slightest ~ of staying here** je n'ai pas la moindre intention de rester ici • **with the ~ of doing sth** dans l'intention de faire qch

intentional [ɪn'tenʃənl] (ADJ) intentionnel

> **intentionnel** ends in **-el** instead of **-al** and has a double **n**.

intentionally [ɪn'tenʃnəlɪ] (ADV) intentionnellement • **~ vague/misleading** délibérément vague/trompeur

intently [ɪn'tentlɪ] (ADV) attentivement • **they were talking ~ about work** ils étaient en pleine discussion à parler travail

interact [,ɪntər'ækt] (VI) [*substances*] interagir • **we don't ~ very well** le courant passe mal entre nous

interaction [,ɪntər'ækʃən] (N) interaction *f*

interactive [,ɪntər'æktɪv] 1 (ADJ) interactif 2 (COMP) ▸ **interactive whiteboard** N tableau *m* (blanc) interactif

interactively [,ɪntər'æktɪvlɪ] (ADV) (*Comput*) [*work*] en mode conversationnel *or* interactif

interactivity [,ɪntəræk'tɪvɪtɪ] (N) interactivité *f*

interbreed ['ɪntə'bri:d] (*pret, ptp* **interbred** ['ɪntə'bred]) 1 (VT) croiser 2 (VI) se croiser

intercede [,ɪntə'si:d] (VI) intercéder (**with** auprès de, **for** pour, en faveur de)

intercept [,ɪntə'sept] (VT) [+ *message, plane, suspect*] intercepter; [+ *person*] arrêter au passage

interception [,ɪntə'sepʃən] (N) interception *f*

interchange 1 (N) ⓐ (= *exchange*) échange *m*; (= *alternation*) alternance *f* ⓑ (*on motorway*) échangeur *m* 2 (VT) (= *alternate*) faire alterner; (= *change positions of*) changer de place; (= *exchange*) échanger 3 (VI) (= *change position*) changer de place; (= *alternate*) alterner

> Lorsque **interchange** est un nom, l'accent tombe sur la première syllabe : ['ɪntə,tʃeɪndʒ], lorsque c'est un verbe, sur la troisième : [,ɪntə'tʃeɪndʒ].

interchangeable [,ɪntə'tʃeɪndʒəbl] (ADJ) interchangeable

inter-city [,ɪntə'sɪtɪ] 1 (ADJ) interurbain 2 (N) (*Brit*) (*also* **inter-city train**) train *m* rapide

intercollegiate ['ɪntəkə'li:dʒɪɪt] (ADJ) entre collèges

intercom ['ɪntəkɒm] (N) interphone *m* • **over the ~** à l'interphone

interconnect [,ɪntəkə'nekt] 1 (VT) connecter; [+ *computer systems*] interconnecter 2 (VI) [*rooms, tunnels*] communiquer; [*parts of a structure*] être relié(e)s

intercourse ['ɪntəkɔ:s] (N) ⓐ (*frm*) relations *fpl* • **human/social ~** relations *fpl* humaines/sociales ⓑ **sexual ~** rapports *mpl* (sexuels) • **to have ~** avoir des rapports

interdepartmental ['ɪntə,di:pɑ:t'mentl] (ADJ) entre départements; (*in government*) interministériel

interdependence [,ɪntədɪ'pendəns] (N) interdépendance *f*

interdependent [,ɪntədɪ'pendənt] (ADJ) interdépendant

interdisciplinary [,ɪntə'dɪsɪplɪnərɪ] (ADJ) interdisciplinaire

interest ['ɪntrɪst] 1 (N) ⓐ intérêt *m* • **to take an ~ in** s'intéresser à • **to show an ~ in sb/sth** manifester de l'intérêt pour qn/qch • **to take a great ~ in sb/sth** s'intéresser vivement à qn/qch • **that's of no ~ to me** ça ne m'intéresse pas
ⓑ (= *hobby*) **what are your ~s?** à quoi vous intéressez-vous ? • **my main ~ is baroque architecture** mon

principal centre d'intérêt est l'architecture baroque • **special ~ holidays** vacances *fpl* à thème

ⓒ (= *advantage, well-being*) intérêt *m* • **in one's own ~** dans son (propre) intérêt • **it is in your own ~ to do so** il est de votre intérêt d'agir ainsi • **to act in sb's ~** agir dans l'intérêt de qn • **in the ~s of hygiene/safety** par souci d'hygiène/de sécurité • **in the ~s of peace/national security** dans l'intérêt de la paix/la sécurité nationale • **in the public ~** dans l'intérêt public

ⓓ (= *share, stake*) intérêts *mpl*, participation *f* • **he has business ~s abroad** il a des intérêts commerciaux à l'étranger • **Switzerland is looking after British ~s** la Suisse défend les intérêts britanniques • **he has sold his ~ in the firm** il a vendu la participation qu'il avait dans l'entreprise

ⓔ (*earned on investment*) intérêt(s) *m(pl)* • **to carry ~** rapporter des intérêts

2 VT intéresser • **to be ~ed in sth/sb** s'intéresser à qch/qn • **I'm not ~ed in football** le football ne m'intéresse pas • **the company is ~ed in buying land** l'entreprise est intéressée par l'achat de terrains • **I'm not ~ed!** ça ne m'intéresse pas ! • **can I ~ you in contributing to ...?** est-ce que cela vous intéresserait de contribuer à ...? • **can I ~ you in a new computer?** seriez-vous intéressé par un nouvel ordinateur ?

3 COMP ▸ **interest-free** ADJ sans intérêt ▸ **interest rate** N taux *m* d'intérêt

interested ['ɪntrɪstɪd] ADJ ⓐ (= *attentive*) **with an ~ expression** avec une expression intéressée • **I'm not ~ in it** cela ne m'intéresse pas ⓑ (= *involved*) intéressé • **to be an ~ party** être une des parties intéressées

interesting ['ɪntrɪstɪŋ] ADJ intéressant • **the ~ thing about it is that ...** ce qu'il y a d'intéressant à ce propos, c'est que ...

interestingly ['ɪntrɪstɪŋlɪ] ADV de façon intéressante • **~ (enough), he ...** chose intéressante, il ...

interface ['ɪntəfeɪs] 1 N interface *f* • **user ~** interface *f* utilisateur 2 VTI interfacer

interfacing ['ɪntəfeɪsɪŋ] N ⓐ (*Sewing*) entoilage *m* ⓑ (*Comput*) interfaçage *m*, interface *f*

interfere [,ɪntə'fɪəʳ] VI ⓐ (= *intrude*) **stop interfering!** ne vous mêlez pas de ce qui ne vous regarde pas ! • **he's always interfering** il se mêle toujours de ce qui ne le regarde pas • **to ~ with sb's plans** [*weather, accident, circumstances*] contrarier les projets de qn • **computer games can ~ with school work** les jeux électroniques peuvent perturber le travail scolaire • **tiredness ~s with your ability to study** la fatigue affecte l'aptitude à étudier

ⓑ (*sexually*) **to ~ with sb** abuser de qn • **the child had been ~d with** on avait abusé de l'enfant

ⓒ (= *handle*) **don't ~ with my camera*** ne touche pas à mon appareil photo

interference [,ɪntə'fɪərəns] N ⓐ (= *intervention*) ingérence *f* • **state ~** ingérence *f* de l'État ⓑ (*on radio*) interférences *fpl*

interfering [,ɪntə'fɪərɪŋ] ADJ [*person*] importun; [*neighbour*] envahissant • **he's an ~ busybody** il se mêle toujours de ce qui ne le regarde pas

intergovernmental [,ɪntəgʌvn'mentl] ADJ intergouvernemental

interim ['ɪntərɪm] 1 N intérim *m* • **in the ~** dans l'intérim 2 ADJ [*arrangement, report, government, payment, loan*] provisoire; [*post, chairman*] intérimaire • **the ~ period** l'intérim *m*

interior [ɪn'tɪərɪəʳ] 1 ADJ intérieur (-eure *f*) 2 N intérieur *m* • **Minister/Ministry of the Interior** ministre *mf*/ministère *m* de l'Intérieur • **Secretary/Department of the Interior** (US) *ministre/ministère de l'Environnement chargé des Parcs nationaux* 3 COMP ▸ **interior decoration** N décoration *f* d'intérieur ▸ **interior decorator** N décorateur *m*, -trice *f* d'intérieur ▸ **interior design** N architecture *f* d'intérieur ▸ **interior designer** N architecte *mf* d'intérieur

interject [,ɪntə'dʒekt] VT [+ *remark, question*] placer • **"yes," he ~ed** « oui », dit-il soudain

interlink [,ɪntə'lɪŋk] 1 VI [*parts of a structure*] se rejoindre; [*factors, problems*] être liés; [*bus, train services*] interconnecter 2 VT **to be ~ed** [*factors, problems*] être lié (**with** à)

interlock [,ɪntə'lɒk] VI (= *click into place*) s'enclencher; (= *join together*) s'emboîter; [*problems, ideas, projects*] être étroitement lié

interloper ['ɪntələʊpəʳ] N intrus(e) *m(f)*

interlude ['ɪntəlu:d] N intervalle *m*; (*in play*) intermède *m* • **musical ~** intermède *m* musical

intermarriage [,ɪntə'mærɪdʒ] N (*within family, tribe*) mariage *m* endogamique; (*between families, tribes*) mariage *m*

intermarry ['ɪntə'mærɪ] VI (*within one's own family, tribe*) pratiquer l'endogamie; (*with other family, tribe*) se marier entre eux • **to ~ with** se marier avec

intermediary [,ɪntə'mi:dɪərɪ] ADJ, N intermédiaire *mf*

intermediate [,ɪntə'mi:dɪət] 1 ADJ intermédiaire; [*course, exam*] de niveau moyen 2 N **language courses for ~s** des cours de langue pour les étudiants de niveau intermédiaire

interminable [ɪn'tɜ:mɪnəbl] ADJ interminable

interminably [ɪn'tɜ:mɪnəblɪ] ADV [*talk, argue*] interminablement • **~ long** interminable

intermingle [,ɪntə'mɪŋgl] VI se mêler

intermission [,ɪntə'mɪʃən] N ⓐ interruption *f*; (*in hostilities*) trêve *f* ⓑ (*in play, film*) entracte *m*

intermittent [,ɪntə'mɪtənt] ADJ intermittent

intermittently [,ɪntə'mɪtəntlɪ] ADV par intermittence

intern 1 VT interner 2 N (US) interne *mf* (*dans un hôpital*)

> Lorsque **intern** est un verbe, l'accent tombe sur la seconde syllabe : [ɪn'tɜ:n], lorsque c'est un nom, sur la première : ['ɪntɜ:n].

internal [ɪn'tɜ:nl] 1 ADJ interne 2 COMP ▸ **internal combustion engine** N moteur *m* à combustion interne ▸ **Internal Revenue Service** N (US) ≈ fisc *m*

internalize [ɪn'tɜ:nə,laɪz] VT [+ *problem*] intérioriser

internally [ɪn'tɜ:nəlɪ] ADV intérieurement • **to bleed ~** avoir des hémorragies internes • **"to be taken ~"** « à usage interne » • **"not to be taken ~"** « pour usage externe »

international [,ɪntə'næʃnəl] 1 ADJ international 2 N (*Brit Sport*) (= *match*) match *m* international; (= *player*) international(e) *m(f)* 3 COMP ▸ **International Court of Justice** N Cour *f* internationale de Justice ▸ **International Date Line** N ligne *f* de changement de date ▸ **International Monetary Fund** N Fonds *m* monétaire international

internationalism [,ɪntə'næʃnəlɪzəm] N internationalisme *m*

internationalist [ˌɪntəˈnæʃnəlɪst] (ADJ, N) internationaliste *mf*
internationalize [ˌɪntəˈnæʃnəlaɪz] (VT) internationaliser
internationally [ˌɪntəˈnæʃnəlɪ] (ADV) [*recognized*] internationalement; [*discussed, accepted, competitive*] au niveau international • **~ renowned** de réputation internationale • **~ respected** respecté dans le monde entier
internee [ˌɪntɜːˈniː] (N) interné(e) *m(f)*
internet, Internet [ˈɪntənet] (N) **the ~** l'Internet *m* ▸ **internet access** N accès *m* Internet ▸ **internet café** N cybercafé *m* ▸ **internet entrepreneur** N entrepreneaute *mf* ▸ **internet of things** N Internet *m* des objets ▸ **internet service provider** N fournisseur *m* d'accès à Internet ▸ **internet store** N boutique *f* Internet
internment [ɪnˈtɜːnmənt] (N) internement *m*
internship [ˈɪntɜːnʃɪp] (N) (*US*) (*in hospital*) internat *m*; (*in company*) stage *m* en entreprise
interpersonal [ˌɪntəˈpɜːsnl] (ADJ) **~ relationships** relations *fpl* interpersonnelles • **~ skills** compétences *fpl* relationnelles
interplay [ˈɪntəpleɪ] (N) interaction *f*
interpret [ɪnˈtɜːprɪt] 1 (VT) interpréter 2 (VI) servir d'interprète
interpretation [ɪnˌtɜːprɪˈteɪʃən] (N) interprétation *f* ▸ **interpretation centre, interpretation center** (*US*) N centre *m* d'interprétation
interpreter [ɪnˈtɜːprɪtəʳ] (N) interprète *mf*
interpreting [ɪnˈtɜːprɪtɪŋ] (N) interprétariat *m*
interracial [ˌɪntəˈreɪʃəl] (ADJ) [*marriage*] mixte; [*problems, violence*] interracial
interrelate [ˌɪntərɪˈleɪt] 1 (VT) mettre en corrélation 2 (VI) [*concepts*] être en corrélation • **the way in which we ~ with others** la manière dont nous communiquons les uns avec les autres
interrelated [ˌɪntərɪˈleɪtɪd] (ADJ) étroitement lié
interrogate [ɪnˈterəgeɪt] (VT) interroger; (*Police*) soumettre à un interrogatoire
interrogation [ɪnˌterəˈgeɪʃən] (N) interrogation *f*; (*Police*) interrogatoire *m*
interrogative [ˌɪntəˈrɒgətɪv] 1 (ADJ) [*look, tone*] interrogateur (-trice *f*); (*Gram*) interrogatif 2 (N) (*Ling*) interrogatif *m* • **in the ~** à l'interrogatif
interrogator [ɪnˈterəgeɪtəʳ] (N) interrogateur *m*, -trice *f*
interrupt [ˌɪntəˈrʌpt] (VT) interrompre • **don't ~!** pas d'interruptions !
interruption [ˌɪntəˈrʌpʃən] (N) interruption *f*
intersect [ˌɪntəˈsekt] (VI) [*wires, roads*] se croiser
intersection [ˌɪntəˈsekʃən] (N) intersection *f*; (*US = crossroads*) croisement *m*
intersperse [ˌɪntəˈspɜːs] (VT) parsemer (**among, between** dans, parmi) • **a book ~d with quotations** un livre émaillé de citations
interstate [ˌɪntəˈsteɪt] (*US*) 1 (ADJ) [*commerce*] entre États 2 (N) (*= interstate highway*) autoroute *f* (*qui relie plusieurs États*) → ROADS
intertwine [ˌɪntəˈtwaɪn] 1 (VT) entrelacer • **their destinies are ~d** leurs destins sont inextricablement liés 2 (VI) s'entrelacer
interval [ˈɪntəvəl] 1 (N) ⓐ (*in time*) intervalle *m* • **at ~s** par intervalles • **at frequent/regular ~s** à intervalles rapprochés/réguliers • **at rare ~s** de loin en loin • **at fortnightly ~s** tous les quinze jours • **there was an ~ for discussion** il y eut une pause pour la discussion • **showery ~s** averses *fpl* ⓑ (*in play*) entracte *m*; (*during match*) mi-temps *f* ⓒ (*= space between objects*) intervalle *m* • **at ~s of 2 metres** à 2 mètres d'intervalle 2 (COMP) ▸ **interval training** N (*Sport*) entraînement *f* en fractionné
intervene [ˌɪntəˈviːn] (VI) ⓐ [*person*] intervenir ⓑ [*event, circumstances*] survenir; [*time*] s'écouler • **war ~d** survint la guerre • **if nothing ~s** s'il ne se passe rien entre-temps
intervening [ˌɪntəˈviːnɪŋ] (ADJ) [*event*] survenu; [*period of time*] intermédiaire • **the ~ years were happy** les années qui s'écoulèrent entre-temps furent heureuses • **I had spent the ~ time in London** entre-temps j'étais resté à Londres
intervention [ˌɪntəˈvenʃən] (N) intervention *f*
interventionist [ˌɪntəˈvenʃənɪst] (N, ADJ) interventionniste *mf*

The French word contains a double **n** and ends in **-e**.

interview [ˈɪntəvjuː] 1 (N) ⓐ (*for job, place on course*) entretien *m*; (*to discuss working conditions, pay rise*) entrevue *f* • **to invite sb to an ~** convoquer qn pour un entretien • **to come to an ~** se présenter à un entretien • **the ~s will be held next week** les entretiens auront lieu la semaine prochaine
ⓑ (*in media*) interview *f* • **to give an ~** accorder une interview
2 (VT) ⓐ (*for job, place on course*) faire passer un entretien à • **he is being ~ed on Monday** il a un entretien lundi • **she was ~ed for the job** elle a passé un entretien pour le poste
ⓑ (*in media*) interviewer
ⓒ (*Police*) interroger • **he was ~ed by the police** il a été interrogé par la police • **the police want to ~ him** la police le recherche
3 (VI) **we shall be ~ing throughout next week** nous faisons passer des entretiens toute la semaine prochaine
interviewee [ˌɪntəvjʊˈiː] (N) (*for job, place on course*) candidat(e) *m(f)* (*qui passe un entretien*); (*in media*) interviewé(e) *m(f)*
interviewer [ˈɪntəvjʊəʳ] (N) (*in media*) interviewer *m*; (*in opinion poll*) enquêteur *m*, -trice *f* • **the ~ asked me ...** (*for job*) la personne qui m'a fait passer l'entretien m'a demandé ...
interwar [ˈɪntəˈwɔːʳ] (ADJ) **the ~ years** l'entre-deux-guerres *m*
interweave [ˌɪntəˈwiːv] 1 (VT) [*+ threads*] tisser ensemble; [*+ stories, subplots*] entremêler 2 (VI) s'entrelacer
intestate [ɪnˈtestɪt] (ADJ) intestat *f inv* • **to die ~** mourir ab intestat
intestinal [ɪnˈtestɪnl] (ADJ) intestinal
intestine [ɪnˈtestɪn] (N) intestin *m* • **small ~** intestin *m* grêle • **large ~** gros intestin *m*
intimacy [ˈɪntɪməsɪ] (N) ⓐ intimité *f* ⓑ (*sexual*) rapports *mpl* (sexuels)
intimate 1 (ADJ) intime; [*link, bond*] étroit • **to be on ~ terms** être intime; (*sexually*) avoir des relations intimes • **an ~ candlelit dinner for two** un dîner aux chandelles en tête-à-tête • **to have an ~ knowledge of sth** avoir une connaissance approfondie de qch 2 (N) intime *mf* 3 (VT) ⓐ (*= hint*) laisser entendre ⓑ (*= make known*

officially) annoncer • **he ~d that he approved** il a annoncé qu'il était d'accord

Lorsque **intimate** est un adjectif ou un nom, la fin se prononce comme **it** : ['ɪntɪmɪt] ; lorsque c'est un verbe, elle se prononce comme **eight** : ['ɪntɪmeɪt].

intimately ['ɪntɪmɪtlɪ] ADV [*know*] intimement; [*talk*] en toute intimité • **to be ~ involved in a project** être très engagé dans un projet • **to be ~ involved with sb** (*sexually*) avoir des relations intimes avec qn • **~ linked** *or* **connected** étroitement lié • **to be ~ acquainted with sb/sth** connaître intimement qn/qch

intimation [,ɪntɪ'meɪʃən] N (= *announcement*) annonce *f*; (= *hint*) indication *f* • **this was the first ~ we had of their refusal** c'était la première fois qu'on nous notifiait leur refus • **he gave no ~ that he was going to resign** rien dans son comportement ne permettait de deviner qu'il allait démissionner

intimidate [ɪn'tɪmɪdeɪt] VT intimider

intimidating [ɪn'tɪmɪdeɪtɪŋ] ADJ intimidant; [*tactics*] d'intimidation

intimidation [ɪn,tɪmɪ'deɪʃən] N intimidation *f*

into ['ɪntʊ] PREP

When **into** is an element in a phrasal verb, eg **break into, look into, walk into**, look up the verb.

dans • **to come** *or* **go ~ a room** entrer dans une pièce • **to go ~ town** aller en ville • **to get ~ a car** monter dans une voiture *or* en voiture • **he helped his mother ~ the car** il a aidé sa mère à monter dans la voiture • **she fell ~ the lake** elle est tombée dans le lac • **it broke ~ a thousand pieces** ça s'est cassé en mille morceaux • **to change euros ~ dollars** changer des euros contre des dollars • **to translate sth ~ French** traduire qch en français • **far ~ the night** tard dans la nuit • **it continued well ~ 1996** cela a continué pendant une bonne partie de 1996 • **he's well ~ his fifties/sixties** il a une bonne cinquantaine/soixantaine d'années • **4 ~ 12 goes 3** 12 divisé par 4 égale 3 • **the children are ~ everything*** les enfants touchent à tout • **she's ~* health foods** les aliments naturels, c'est son truc* • **to be ~ drugs*** toucher à la drogue*

intolerable [ɪn'tɒlərəbl] ADJ intolérable

intolerably [ɪn'tɒlərəblɪ] ADV **a** [*high, expensive, rude, arrogant*] horriblement **b** [*annoy, disturb, behave*] de façon intolérable

intolerance [ɪn'tɒlərəns] N intolérance *f*

intolerant [ɪn'tɒlərənt] ADJ intolérant • **to be ~ of** ne pas supporter

intonation [,ɪntəʊ'neɪʃən] N intonation *f*

intone [ɪn'təʊn] VT entonner

intoxicate [ɪn'tɒksɪkeɪt] VT enivrer

intoxicated [ɪn'tɒksɪkeɪtɪd] ADJ (= *drunk*) en état d'ivresse • **~ by success** enivré par le succès

intoxicating [ɪn'tɒksɪkeɪtɪŋ] ADJ [*drink*] alcoolisé; [*effect, perfume*] enivrant

intoxication [ɪn,tɒksɪ'keɪʃən] N ivresse *f* • **in a state of ~** en état d'ivresse

intractable [ɪn'træktəbl] ADJ [*problem*] insoluble; [*illness*] réfractaire (à tout traitement); [*child*] difficile; [*opponent*] irréductible

intramural [,ɪntrə'mjʊərəl] **1** ADJ [*studies, competitions*] à l'intérieur d'un même établissement **2** NPL **intramurals** (*US*) matchs *mpl* entre étudiants d'un même établissement

intramuscular [,ɪntrə'mʌskjʊlə^r] ADJ intramusculaire

intranet ['ɪntrənet] N intranet *m*

intransigence [ɪn'trænsɪdʒəns] N intransigeance *f*

intransigent [ɪn'trænsɪdʒənt] ADJ, N intransigeant(e) *m(f)*

intransitive [ɪn'trænsɪtɪv] ADJ, N intransitif *m*

intrauterine [,ɪntrə'ju:təraɪn] ADJ intra-utérin ▸ **intrauterine device** N stérilet *m*

intravenous [,ɪntrə'vi:nəs] ADJ intraveineux • **~ drug users/drug use** consommateurs *mpl*/consommation *f* de drogue par voie intraveineuse ▸ **intravenous drip** N perfusion *f*

intravenously [,ɪntrə'vi:nəslɪ] ADV par voie intraveineuse

intrepid [ɪn'trepɪd] ADJ intrépide

intricacy ['ɪntrɪkəsɪ] N complexité *f*

intricate ['ɪntrɪkɪt] ADJ complexe

intricately ['ɪntrɪkɪtlɪ] ADV **~ designed** (*in conception*) de conception très élaborée; (*elaborately drawn*) au dessin très élaboré • **~ patterned tiles** des carreaux aux motifs très élaborés

intrigue [ɪn'tri:g] **1** VT intriguer • **go on, I'm ~d** continue, ça m'intrigue • **I'm ~d to hear what she's been saying** je suis curieux de savoir ce qu'elle a dit • **I was ~d by what you said** ce que vous avez dit m'a intrigué **2** N intrigue *f*

intriguing [ɪn'tri:gɪŋ] ADJ fascinant

intrinsic [ɪn'trɪnsɪk] ADJ intrinsèque

intrinsically [ɪn'trɪnsɪklɪ] ADV intrinsèquement

intro* ['ɪntrəʊ] N (ABBR OF **introduction**) intro* *f*

introduce [,ɪntrə'dju:s] VT **a** (= *make acquainted*) présenter • **he ~d me to his friend** il m'a présenté à son ami • **I ~d myself to my new neighbour** je me suis présenté à mon nouveau voisin • **we haven't been ~d** nous n'avons pas été présentés • **may I ~ Mr Smith?** puis-je vous présenter M. Smith ? • **he ~d me to the delights of skiing** il m'a initié aux plaisirs du ski • **who ~d him to drugs?** qui lui a fait connaître la drogue ? **b** [+ *speaker, subject, TV or radio programme*] présenter **c** (= *bring in*) [+ *reform, new method*] introduire; (= *tackle*) [+ *subject, question*] aborder • **to ~ a bill** présenter un projet de loi

⚠ **introduire** is not the most common translation for **to introduce**.

introduction [,ɪntrə'dʌkʃən] N **a** (= *introducing*) introduction *f*; [*of system, legislation*] mise *f* en place • **his ~ to professional football** ses débuts dans le football professionnel **b** [*of person*] présentation *f* • **someone who needs no ~** une personne qu'il est inutile de présenter • **will you do* the ~s?** voulez-vous faire les présentations ? **c** (*to book*) introduction *f* **d** (= *elementary course*) introduction *f*

introductory [,ɪntrə'dʌktərɪ] ADJ préliminaire • **a few ~ words** quelques mots d'introduction • **~ remarks** remarques *fpl* préliminaires • **~ offer** offre *f* de lancement • **an ~ price of £2.99** un prix de lancement de 2,99 livres

introspection [,ɪntrəʊ'spekʃən] N introspection *f*

introspective [ˌɪntrəʊˈspektɪv] (ADJ) [*person*] intérieur; [*look*] intériorisé

introvert [ˈɪntrəʊvɜːt] **1** (N) introverti(e) *m(f)* **2** (ADJ) introverti

introverted [ˈɪntrəʊvɜːtɪd] (ADJ) introverti; [*system, society*] replié sur soi-même

intrude [ɪnˈtruːd] (VI) [*person*] s'imposer • **to ~ on sb's privacy** s'ingérer dans la vie privée de qn • **to ~ on sb's grief** ne pas respecter le chagrin de qn • **to ~ into sb's affairs** s'immiscer dans les affaires de qn • **I don't want to ~ on your meeting** je ne veux pas interrompre votre réunion • **don't let personal feelings ~** ne vous laissez pas influencer par vos sentiments • **am I intruding?** est-ce que je (vous) dérange ?

intruder [ɪnˈtruːdəʳ] (N) intrus(e) *m(f)* • **I felt like an ~** je me sentais de trop ▸ **intruder alarm** N alarme *f* anti-effraction

intrusion [ɪnˈtruːʒən] (N) intrusion *f* • **excuse this ~** excusez-moi de vous déranger

intrusive [ɪnˈtruːsɪv] (ADJ) [*person*] indiscret (-ète *f*); [*presence*] importun

intuit [ɪnˈtjʊɪt] (VT) **to ~ that …** avoir l'intuition que …

intuition [ˌɪntjuːˈɪʃən] (N) intuition *f*

intuitive [ɪnˈtjuːɪtɪv] (ADJ) intuitif

intuitively [ɪnˈtjuːɪtɪvlɪ] (ADV) intuitivement

Inuit [ˈɪnjuːɪt] **1** (N) Inuit *mf* • **the ~s** les Inuit *mpl* **2** (ADJ) inuit *inv*

inundate [ˈɪnʌndeɪt] (VT) inonder (**with** de) • **to be ~d with work** être débordé de travail • **to be ~d with letters** être submergé de lettres

inure [ɪnˈjʊəʳ] (VT) **to be ~d to** [+ *criticism, cold*] être endurci contre; [+ *sb's charms*] être insensible à; [+ *pressures*] être habitué à

invade [ɪnˈveɪd] (VT) envahir • **the city was ~d by tourists** la ville a été envahie par les touristes • **to ~ sb's privacy** porter atteinte à la vie privée de qn • **to ~ sb's rights** empiéter sur les droits de qn

invader [ɪnˈveɪdəʳ] (N) envahisseur *m*, -euse *f*

invading [ɪnˈveɪdɪŋ] (ADJ) [*army, troops*] d'invasion

invalid[1] [ˈɪnvəlɪd] **1** (N) (= *sick person*) malade *mf*; (*with disability*) invalide *mf* **2** (ADJ) (= *ill*) malade; (*with disability*) invalide **3** (COMP) ▸ **invalid car, invalid carriage** N (*Brit*) voiture *f* pour handicapé

invalid[2] [ɪnˈvælɪd] (ADJ) non valide; [*argument*] nul (nulle *f*) • **to become ~** [*ticket*] être périmé • **to declare sth ~** déclarer qch nul

invalidate [ɪnˈvælɪdeɪt] (VT) invalider; [+ *will*] rendre nul et sans effet; [+ *contract*] annuler

invalidity [ɪnvəˈlɪdɪtɪ] (N) ⓐ (= *disability*) invalidité *f* • **~ benefit** allocation *f* d'invalidité ⓑ [*of argument*] nullité *f*; [*of law, election*] invalidité *f*

invaluable [ɪnˈvæljʊəbl] (ADJ) très précieux

invariable [ɪnˈvɛərɪəbl] (ADJ) invariable

invariably [ɪnˈvɛərɪəblɪ] (ADV) invariablement

invasion [ɪnˈveɪʒən] (N) invasion *f* • **~ of privacy** atteinte *f* à la vie privée

invasive [ɪnˈveɪsɪv] (ADJ) [*disease*] qui gagne du terrain; [*cancer, surgery*] invasif

invective [ɪnˈvektɪv] (N) invective *f* • **torrent of ~** flot *m* d'invectives • **racist ~** injures *fpl* racistes

inveigle [ɪnˈviːgl] (VT) **to ~ sb into sth** entraîner qn dans qch (par la ruse) • **to ~ sb into doing** entraîner qn à faire (par la ruse)

invent [ɪnˈvent] (VT) inventer

invention [ɪnˈvenʃən] (N) invention *f*

inventive [ɪnˈventɪv] (ADJ) inventif

inventiveness [ɪnˈventɪvnɪs] (N) inventivité *f*

inventor [ɪnˈventəʳ] (N) inventeur *m*, -trice *f*

inventory [ˈɪnvəntrɪ] **1** (N) inventaire *m*; (*US*) (= *stock*) stock *m* • **to draw up an ~ of sth** faire un inventaire de qch **2** (VT) inventorier

inverse [ˈɪnvɜːs] **1** (ADJ) inverse • **in ~ order** en sens inverse • **in ~ proportion to** inversement proportionnel à • **an ~ relationship between …** une relation inverse entre … **2** (N) inverse *m*

inversely [ɪnˈvɜːslɪ] (ADV) inversement

inversion [ɪnˈvɜːʃən] (N) inversion *f*; [*of values, roles*] renversement *m*

invert [ɪnˈvɜːt] **1** (VT) ⓐ [+ *order, words*] inverser; [+ *roles*] intervertir ⓑ [+ *cup, object*] retourner **2** (COMP) ▸ **inverted commas** NPL (*Brit*) guillemets *mpl* • **in ~ed commas** entre guillemets ▸ **inverted snobbery** N snobisme *m* à rebours

invertebrate [ɪnˈvɜːtɪbrɪt] (ADJ, N) invertébré *m*

invest [ɪnˈvest] **1** (VT) ⓐ [+ *money, capital, funds*] investir (**in** dans, en) • **to ~ money** placer de l'argent • **I have ~ed a lot of time in this project** j'ai consacré beaucoup de temps à ce projet • **she ~ed a lot of effort in it** elle s'est beaucoup investie ⓑ (= *endow*) investir (**sb with sth** qn de qch) • **to ~ sb as** [+ *monarch, president*] élever qn à la dignité de **2** (VI) investir • **to ~ in shares/property** investir dans des actions/dans l'immobilier • **I've ~ed in a new car** (*hum*) j'ai investi dans une nouvelle voiture

investigate [ɪnˈvestɪgeɪt] (VT) [+ *question, possibilities*] examiner; [+ *motive, reason, crime*] enquêter sur

investigation [ɪnˌvestɪˈgeɪʃən] (N) ⓐ [*of facts, question*] examen *m*; [*of crime*] enquête *f* (**of** sur) • **to be under ~ for sth** faire l'objet d'une enquête pour qch • **the matter under ~** la question à l'étude ⓑ [*of researcher*] investigation *f*; [*of policeman*] enquête *f* • **his ~s led him to believe that …** ses investigations l'ont amené à penser que … • **to order an ~ into sth** ordonner une enquête sur qch

investigative [ɪnˈvestɪgətɪv] (ADJ) d'investigation

investigator [ɪnˈvestɪgeɪtəʳ] (N) investigateur *m*, -trice *f*

investiture [ɪnˈvestɪtʃəʳ] (N) investiture *f*

investment [ɪnˈvestmənt] (N) [*of money*] investissement *m* ▸ **investment bank** N (*US*) banque *f* d'investissement ▸ **investment company** N société *f* d'investissement

investor [ɪnˈvestəʳ] (N) investisseur *m*; (= *shareholder*) actionnaire *mf* • **big/small ~s** les gros/petits actionnaires *mpl*

inveterate [ɪnˈvetərɪt] (ADJ) [*gambler, smoker, liar, traveller*] invétéré; [*laziness, extravagance*] incurable

invidious [ɪnˈvɪdɪəs] (ADJ) [*comparison*] impossible; [*position*] pénible

invigilate [ɪnˈvɪdʒɪleɪt] (*Brit*) **1** (VI) être de surveillance (à un examen) **2** (VT) [+ *examination*] surveiller

invigilator [ɪnˈvɪdʒɪleɪtəʳ] (N) (*Brit*) surveillant(e) *m(f)* (*à un examen*)

invigorate [ɪnˈvɪgəreɪt] (VT) [+ *person*] [*drink, food, thought*] redonner des forces à; [*climate, air*] vivifier; [*exercise*] tonifier; [+ *campaign*] animer • **to feel ~d** se sentir revigoré

invigorating [ɪnˈvɪgəreɪtɪŋ] (ADJ) [*climate, air, walk*] vivifiant; [*speech*] stimulant

invincible [ɪn'vɪnsəbl] (ADJ) ⓐ (= *unbeatable*) invincible ⓑ [*faith, belief, spirit*] inébranlable

inviolable [ɪn'vaɪələbl] (ADJ) inviolable

invisible [ɪn'vɪzəbl] (ADJ) invisible • **to feel ~** (= *ignored*) se sentir ignoré ▸ **invisible earnings** NPL revenus *mpl* invisibles

invisibly [ɪn'vɪzəblɪ] (ADV) invisiblement

invitation [,ɪnvɪ'teɪʃən] (N) invitation *f* • **~ to dinner** invitation *f* à dîner • **at sb's ~** à l'invitation de qn • **by ~ only** sur invitation seulement • **~ to bid** avis *m* d'appel d'offres • **this lock is an open ~ to burglars!** cette serrure est une véritable invite au cambriolage! ▸ **invitation card** N (carte *f* d')invitation *f*

invite 1 (VT) ⓐ (= *ask*) [+ *person*] inviter (**to do** à faire) • **to ~ sb to dinner** inviter qn à dîner • **he ~d him for a drink** il l'a invité à prendre un verre • **I've never been ~d to their house** je n'ai jamais été invité chez eux • **he was ~d to the ceremony** il a été invité à la cérémonie • **to ~ sb in/up** inviter qn à entrer/monter

ⓑ (= *ask for*) [+ *sb's attention, subscriptions*] demander • **when he had finished he ~d questions from the audience** quand il eut fini il invita le public à poser des questions • **he was ~d to give his opinion** on l'a invité à donner son avis

ⓒ (= *lead to*) [+ *questions, doubts*] susciter; [+ *discussion*] inviter à; [+ *failure, defeat*] chercher

2 (N)* invitation *f*

> Lorsque **invite** est un verbe, l'accent tombe sur la deuxième syllabe : [ɪn'vaɪt], lorsque c'est un nom, sur la première : ['ɪnvaɪt].

▸ **invite out** VT SEP inviter (à sortir) • **I've been ~d out to dinner this evening** j'ai été invité à dîner ce soir

▸ **invite over** VT SEP inviter (à venir) • **they often ~ us over for a drink** ils nous invitent souvent à venir prendre un verre chez eux • **let's ~ them over some time** invitons-les un de ces jours • **he ~d me over to his table** il m'invita à venir m'asseoir à sa table

invitee [,ɪnvaɪ'tiː] (N) invité(e) *m(f)*

inviting [ɪn'vaɪtɪŋ] (ADJ) [*place, room, atmosphere*] accueillant; [*dish, smell*] alléchant; [*prospect*] tentant • **the water looked very ~** l'eau était très tentante • **it's not an ~ prospect** ce n'est pas une perspective alléchante

in vitro [ɪn'viːtrəʊ] (ADJ, ADV) in vitro

invoice ['ɪnvɔɪs] 1 (N) facture *f* 2 (VT) [+ *customer, goods*] facturer • **they will ~ us for the maintenance** ils vont nous facturer l'entretien

invoicing ['ɪnvɔɪsɪŋ] (N) facturation *f*

invoke [ɪn'vəʊk] (VT) invoquer

involuntarily [ɪn'vɒləntərɪlɪ] (ADV) involontairement

involuntary [ɪn'vɒləntərɪ] (ADJ) involontaire

involve [ɪn'vɒlv] (VT) ⓐ (= *implicate*) impliquer • **to get ~d in sth** (= *get dragged into*) se laisser entraîner dans qch; (*from choice*) s'engager dans qch • **he was so ~d in politics that he had no time to ...** il était tellement engagé dans la politique qu'il n'avait pas le temps de ... • **a riot involving a hundred prison inmates** une émeute à laquelle ont pris part cent détenus • **how did you come to be ~d?** comment vous êtes-vous trouvé impliqué? • **the police became ~d** la police est intervenue • **the factors/forces/principles ~d** les facteurs *mpl*/forces *fpl*/principes *mpl* en jeu • **the vehicles ~d** les véhicules *mpl* en cause • **the person ~d** l'intéressé(e) *m(f)* • **to get ~d with sb** (*socially*) se mettre à fréquenter qn; (= *fall in love with*) avoir une liaison avec qn • **she likes him but she doesn't want to get (too) ~d*** elle l'aime bien, mais elle ne veut pas (trop) s'engager

ⓑ (= *entail*) impliquer; (= *cause*) occasionner; (= *demand*) exiger • **such a project ~s considerable planning** un tel projet exige une organisation considérable • **there will be a good deal of work ~d** cela demandera beaucoup de travail

involved [ɪn'vɒlvd] (ADJ) (= *complicated*) compliqué

involvement [ɪn'vɒlvmənt] (N) (= *rôle*) rôle *m*; (= *participation*) participation *f* (**in** à) • **his ~ in the affair** son rôle dans l'affaire • **his ~ in politics** son engagement *m* politique • **we don't know the extent of her ~** nous ne savons pas dans quelle mesure elle est impliquée • **she denied any ~ with drugs** elle a nié toute implication dans des affaires de drogues

invulnerable [ɪn'vʌlnərəbl] (ADJ) invulnérable

inward ['ɪnwəd] 1 (ADJ) [*movement*] vers l'intérieur; [*happiness, peace*] intérieur (-eure *f*); [*thoughts, desire*] intime 2 (ADV) [*move*] vers l'intérieur 3 (COMP) ▸ **inward investment** N investissements *mpl* étrangers ▸ **inward-looking** ADJ replié sur soi(-même)

inwardly ['ɪnwədlɪ] (ADV) [*groan, smile*] intérieurement • **she was ~ furious** en son for intérieur elle était furieuse

inwards ['ɪnwədz] (ADV) [*move*] vers l'intérieur • **his thoughts turned ~** il devint songeur

IOC [,aɪəʊ'siː] (N) (ABBR OF **International Olympic Committee**) CIO *m*

iodine ['aɪədiːn] (N) iode *m*

IOM (ABBR OF **Isle of Man**)

ion ['aɪən] (N) ion *m*

ionizer ['aɪənaɪzə^r] (N) ioniseur *m*

iota [aɪ'əʊtə] (N) **if he had an ~ of sense** s'il avait un grain de bon sens • **not an ~ of truth** pas un mot de vrai • **it won't make an ~ of difference** cela ne changera absolument rien

IOU [,aɪəʊ'juː] (N) (ABBR OF **I owe you**) reconnaissance *f* de dette • **he gave me an ~ for £20** il m'a signé un reçu de 20 livres

IOW (ABBR OF **Isle of Wight**)

iPad® ['aɪ,pæd] (N) iPad® *m*

IP address [aɪ'piːədres] (N) (*Comput*) (ABBR OF **Internet Protocol address**) adresse *f* IP

iPhone® ['aɪ,fəʊn] (N) iPhone® *m*

iPlayer® ['aɪ,pleɪə^r] (N) iPlayer® *m* (*service de la BBC permettant de visionner des programmes en ligne*)

iPod ® ['aɪpɒd] (N) iPod ® *m*

IQ [,aɪ'kjuː] (N) (ABBR OF **intelligence quotient**) QI *m*

IRA [,aɪɑː'reɪ] (N) (ABBR OF **Irish Republican Army**) IRA *f*

Iran [ɪ'rɑːn] (N) Iran *m* • **in ~** en Iran

Iranian [ɪ'reɪnɪən] 1 (ADJ) iranien 2 (N) (= *person*) Iranien(ne) *m(f)*

Iraq [ɪ'rɑːk] (N) Irak *m* • **in ~** en Irak

Iraqi [ɪ'rɑːkɪ] 1 (ADJ) irakien 2 (N) Irakien(ne) *m(f)*

irascible [ɪ'ræsɪbl] (ADJ) irascible

irate [aɪ'reɪt] (ADJ) furieux

IRC [,aɪɑː'siː] (N) (ABBR OF **Internet Relay Chat**) IRC *m*

Ireland ['aɪələnd] (N) Irlande *f* • **the Republic of ~** la République d'Irlande

iridescent [ˌɪrɪˈdesnt] (ADJ) irisé
iris [ˈaɪərɪs] (N) iris *m*
Irish [ˈaɪərɪʃ] **1** (ADJ) irlandais; [*teacher*] d'irlandais **2** (N) (*language*) irlandais *m* **3** (NPL) **the Irish** les Irlandais *mpl* **4** (COMP) ▸ **Irish coffee** N irish coffee *m* ▸ **the Irish Sea** N la mer *f* d'Irlande ▸ **Irish stew** N ragoût *m* de mouton (*avec pommes de terre et oignons*)
Irishman [ˈaɪərɪʃmən] (N) (*pl* **-men**) Irlandais *m*
Irishwoman [ˈaɪərɪʃˌwʊmən] (N) (*pl* **-women**) Irlandaise *f*
irk [ɜːk] (VT) contrarier
irksome [ˈɜːksəm] (ADJ) [*restriction*] agaçant; [*task*] ingrat
iron [ˈaɪən] **1** (N) **a** (*= metal*) fer *m* • **scrap ~** ferraille *f*
b (*for laundry*) fer *m* (à repasser) • **electric ~** fer *m* électrique • **to give a dress an ~*** donner un coup de fer à une robe • **to have too many ~s in the fire** mener trop de choses de front
c (*Golf*) fer *m*
2 (VT) repasser
3 (VI) repasser
4 (COMP) [*tool, bridge*] en fer; [*determination*] de fer ▸ **the Iron Age** N l'âge *m* de fer ▸ **the Iron Curtain** N le rideau de fer ▸ **iron hand** N **to rule with an ~ hand** gouverner d'une main de fer
▸ **iron out** VT SEP [*+ creases*] faire disparaître au fer; [*+ difficulties, differences*] aplanir; [*+ problems*] régler
ironic [aɪˈrɒnɪk], **ironical** [aɪˈrɒnɪkəl] (ADJ) ironique
ironically [aɪˈrɒnɪkəlɪ] (ADV) ironiquement • **~, she never turned up** l'ironie de la chose, c'est qu'elle n'est pas venue du tout
ironing [ˈaɪənɪŋ] (N) repassage *m* • **to do the ~** faire le repassage • **it doesn't need ~** cela n'a pas besoin d'être repassé ▸ **ironing board** N planche *f* à repasser
ironmonger [ˈaɪənˌmʌŋgəʳ] (N) (*Brit*) quincaillier *m*, -ière *f* • **~'s** quincaillerie *f*
ironwork [ˈaɪənwɜːk] (N) ferronnerie *f*
irony [ˈaɪərənɪ] (N) ironie *f* • **the ~ of it is that ...** l'ironie de la chose c'est que ...
irradiate [ɪˈreɪdɪeɪt] (VT) irradier
irrational [ɪˈræʃənl] (ADJ) irrationnel

> **irrationnel** ends in **-el** instead of **-al** and has a double **n**.

irrationally [ɪˈræʃnəlɪ] (ADV) irrationnellement
irreconcilable [ɪˌrekənˈsaɪləbl] (ADJ) [*differences*] inconciliable; [*enemy*] irréconciliable; [*conflict*] insoluble; [*hatred*] implacable
irrefutable [ˌɪrɪˈfjuːtəbl] (ADJ) [*argument, evidence*] irréfutable; [*testimony*] irrécusable
irregular [ɪˈregjʊləʳ] (ADJ) irrégulier • **all this is most ~** (*= against regulations*) tout cela n'est pas du tout régulier; (*= unorthodox*) cela ne se fait pas
irregularity [ɪˌregjʊˈlærɪtɪ] (N) irrégularité *f*
irrelevance [ɪˈreləvəns], **irrelevancy** [ɪˈreləvənsɪ] (N) manque *m* de pertinence (**to** par rapport à) • **a report full of ~s** un compte rendu qui s'écarte sans cesse du sujet • **she dismissed this idea as an ~** elle a écarté cette idée comme étant non pertinente
irrelevant [ɪˈreləvənt] (ADJ) [*facts, details*] non pertinent; [*question, remark*] hors de propos • **~ to** sans rapport avec • **that's ~** ça n'a aucun rapport • **many of these issues seem ~ to the younger generation** beaucoup de ces problèmes sont étrangers aux préoccupations de la jeune génération
irreparable [ɪˈrepərəbl] (ADJ) irrémédiable
irreparably [ɪˈrepərəblɪ] (ADV) irréparablement
irreplaceable [ˌɪrɪˈpleɪsəbl] (ADJ) irremplaçable
irrepressible [ˌɪrɪˈpresəbl] (ADJ) irrépressible • **the ~ Sally Fox** l'infatigable Sally Fox
irreproachable [ˌɪrɪˈprəʊtʃəbl] (ADJ) irréprochable
irresistible [ˌɪrɪˈzɪstəbl] (ADJ) irrésistible (**to sb** pour qn)
irresistibly [ˌɪrɪˈzɪstəblɪ] (ADV) irrésistiblement • **she found him ~ attractive** elle lui trouvait un charme irrésistible
irresolute [ɪˈrezəluːt] (ADJ) irrésolu
irrespective [ˌɪrɪˈspektɪv] (ADJ) **~ of: they were all the same price, ~ of their quality** ils étaient tous au même prix, indépendamment de leur qualité • **~ of race, creed or colour** sans distinction de race, de religion ou de couleur • **~ of whether they are needed** que l'on en ait besoin ou non
irresponsibility [ˈɪrɪsˌpɒnsəˈbɪlɪtɪ] (N) irresponsabilité *f*

> The **-ibility** in the English word becomes **-abilité** in the French word.

irresponsible [ˌɪrɪsˈpɒnsəbl] (ADJ) irresponsable

> The **-ible** in the English word becomes **-able** in the French word.

irresponsibly [ˌɪrɪsˈpɒnsɪblɪ] (ADV) [*act*] de façon irresponsable
irretrievable [ˌɪrɪˈtriːvəbl] (ADJ) [*harm, damage, loss*] irréparable; [*object*] irrécupérable
irretrievably [ˌɪrɪˈtriːvəblɪ] (ADV) irrémédiablement
irreverence [ɪˈrevərəns] (N) irrévérence *f*
irreverent [ɪˈrevərənt] (ADJ) irrévérencieux
irreversible [ˌɪrɪˈvɜːsəbl] (ADJ) irréversible; [*decision, judgment*] irrévocable
irrevocable [ɪˈrevəkəbl] (ADJ) irrévocable
irrigate [ˈɪrɪgeɪt] (VT) irriguer
irrigation [ˌɪrɪˈgeɪʃən] (N) irrigation *f*
irritability [ˌɪrɪtəˈbɪlɪtɪ] (N) irritabilité *f*
irritable [ˈɪrɪtəbl] (ADJ) irritable; (*stronger*) irascible • **he became ~ with her** il s'est mis en colère contre elle
irritably [ˈɪrɪtəblɪ] (ADV) avec irritation
irritant [ˈɪrɪtənt] (N) (*= substance*) produit *m* irritant; (*= annoying noise, interference*) source *f* d'irritation
irritate [ˈɪrɪteɪt] (VT) irriter • **to become ~d** s'irriter
irritating [ˈɪrɪteɪtɪŋ] (ADJ) irritant
irritation [ˌɪrɪˈteɪʃən] (N) **a** (*= annoyance*) irritation *f* **b** (*= irritant*) source *f* d'irritation
IRS [ˌaɪɑːrˈes] (N) (*US*) (ABBR OF **Internal Revenue Service**) **the ~** ≈ le fisc
is [ɪz] → **be**
ISA [ˈaɪsə] (N) (*Brit*) (ABBR OF **Individual Savings Account**) plan *m* d'épargne défiscalisé
ISDN [ˌaɪesdiːˈen] (N) (ABBR OF **Integrated Services Digital Network**) RNIS *m*
Islam [ˈɪzlɑːm] (N) islam *m*
Islamic [ɪzˈlæmɪk] (ADJ) islamique • **the ~ Republic of ...** la République islamique de ...
Islamist [ˈɪzləmɪst] (N) islamiste *mf*

Islamophobe [ɪzˈlɑːməˌfəʊb] (N) islamophobe *mf*
Islamophobic [ˌɪzlɑːməˈfəʊbɪk] (ADJ) islamophobe
island [ˈaɪlənd] **1** (N) île *f* **2** (COMP) [*people, community*] insulaire ▸**island-hopping*** N **to go ~-hopping** aller d'île en île
islander [ˈaɪləndəʳ] (N) insulaire *mf*
isle [aɪl] (N) île *f* ▸**the Isle of Man** N l'île *f* de Man ▸**the Isle of Wight** N l'île *f* de Wight
isn't [ˈɪznt] (ABBR OF **is not**) → **be**
isolate [ˈaɪsəʊleɪt] (VT) isoler (**from** de)
isolated [ˈaɪsəʊleɪtɪd] (ADJ) isolé • **to keep sb/sth ~** tenir qn/qch à l'écart
isolation [ˌaɪsəʊˈleɪʃən] (N) isolement *m* • **to be kept in ~** [*prisoner*] être maintenu en isolement • **my remarks should not be considered in ~** mes remarques ne devraient pas être considérées hors contexte • **taken in ~ these statements can be dangerously misleading** hors contexte ces déclarations risquent d'être mal interprétées • **to act in ~** agir seul • **to deal with sth in ~** traiter de qch à part
isolationism [ˌaɪsəʊˈleɪʃənɪzəm] (N) isolationnisme *m*
isolationist [ˌaɪsəʊˈleɪʃənɪst] (ADJ, N) isolationniste *mf*
isotope [ˈaɪsəʊtəʊp] (ADJ, N) isotope *m*
ISP [ˌaɪesˈpiː] (N) (ABBR OF **Internet Service Provider**) FAI *m*, fournisseur *m* d'accès à Internet
Israel [ˈɪzreəl] (N) Israël *m* • **in ~** en Israël
Israeli [ɪzˈreɪlɪ] **1** (ADJ) israélien **2** (N) Israélien(ne) *m(f)*
issue [ˈɪʃuː] **1** (N) **a** (= *question*) question *f* • **it is a very difficult ~** c'est une question très complexe • **the ~ is whether ...** la question est de savoir si ...
▸**at issue this was not the question at ~** il ne s'agissait pas de cela • **the point at ~ is ...** la question qui se pose est ... • **his political future is at ~** son avenir politique est en question • **what is at ~ is whether/how ...** la question est de savoir si/comment ...
▸**to make an issue of sth** monter qch en épingle • **he makes an ~ of every tiny detail** il fait une montagne du moindre détail • **I don't want to make an ~ of it but ...** je ne veux pas trop insister là-dessus mais ...
▸**to take issue with sb** engager une controverse avec qn • **I feel I must take ~ with you on this** je me permets de ne pas partager votre avis là-dessus
b (= *release*) [*of book*] publication *f*; [*of goods, tickets*] distribution *f*; [*of passport, document*] délivrance *f*; [*of banknote, cheque, shares, stamp*] émission *f*; [*of proclamation*] parution *f*; [*of warrant, writ, summons*] lancement *m* • **these coins are a new ~** ces pièces viennent d'être émises
c [*of newspaper, magazine*] numéro *m*
d (= *outcome*) résultat *m*
2 (VT) [+ *book*] publier; [+ *order*] donner; [+ *goods, tickets*] distribuer; [+ *passport, document*] délivrer; [+ *banknote, cheque, shares, stamps*] émettre; [+ *proclamation*] faire; [+ *threat, warrant, writ*] lancer; [+ *verdict*] rendre • **to ~ a statement** faire une déclaration • **to ~ a summons** lancer une assignation • **to ~ sth to sb** fournir qch à qn
Istanbul [ˌɪstænˈbuːl] (N) Istanbul
IT [ˈaɪˈtiː] (ABBR OF **information technology**) informatique *f*
it [ɪt] (PRONOUN)

> When **it** is used with a preposition, eg **above it**, **in it**, **of it**, look up the other word.

a (*masculine subject*) il; (*feminine subject*) elle

> If **it** stands for a noun that is masculine in French, use **il**. Use **elle** if the French noun is feminine.

• **where's the sugar? — it's on the table** où est le sucre? — il est sur la table • **our TV is old but it works** notre télévision est vieille mais elle marche • **don't have the soup, it's awful** ne prends pas la soupe, elle est dégoûtante • **you can't have that room, it's mine** tu ne peux pas avoir cette chambre, c'est la mienne • **this picture isn't a Picasso, it's a fake** ce (tableau) n'est pas un vrai Picasso, c'est un faux
b (*masculine object*) le; (*feminine object*) la; (*before vowel or silent "h"*) l'

> The French pronoun precedes the verb, except in positive commands.

• **there's a croissant left, do you want it?** il reste un croissant, tu le veux? • **she dropped the earring and couldn't find it** elle a laissé tomber la boucle d'oreille et n'a pas réussi à la retrouver • **he borrowed lots of money and never paid it back** il a emprunté beaucoup d'argent et ne l'a jamais remboursé • **the sauce is delicious, taste it!** cette sauce est délicieuse, goûte-la!
c (*indirect object*) lui • **she let the dog in and gave it a drink** elle a laissé entrer le chien et lui a donné à boire
d (*unspecific*) ce • **what is it?** [*thing*] qu'est-ce que c'est? • **who is it?** qui est-ce?; (*at the door*) qui est là? • **it's no use** ça ne sert à rien • **it's poor countries who suffer most** ce sont les pays pauvres qui en souffrent le plus • **it was your father who phoned** c'est ton père qui a téléphoné • **she really thinks she's it*** elle se prend vraiment pour le nombril du monde*
▸**that's it!** (*approval, agreement*) c'est ça!; (*achievement, dismay*) ça y est!; (*anger*) ça suffit!
▸**it's** + *adjective* + **to it's hard to understand** c'est difficile à comprendre • **it's easy to understand this point of view** ce point de vue est facile à comprendre • **it's annoying to think we didn't need to pay so much** on n'aurait pas eu besoin de payer autant, c'est agaçant
e (*weather, time, date*) **it's hot today** il fait chaud aujourd'hui • **it's 3 o'clock** il est 3 heures • **it's Wednesday 16 October** nous sommes (le) mercredi 16 octobre
Italian [ɪˈtæljən] **1** (ADJ) italien; [*teacher*] d'italien **2** (N) **a** Italien(ne) *m(f)* **b** (= *language*) italien *m*
italic [ɪˈtælɪk] **1** (ADJ) italique **2** (NPL) **italics** italique *m*
Italy [ˈɪtəlɪ] (N) Italie *f*
itch [ɪtʃ] **1** (N) démangeaison *f* • **I've got an ~ in my leg/back** ma jambe/mon dos me démange **2** (VI) [*person*] avoir des démangeaisons • **my back ~es** mon dos me démange • **my eyes are ~ing** j'ai les yeux qui me piquent • **I was ~ing to get started*** cela me démangeait de commencer
itchiness [ˈɪtʃɪnɪs] (N) démangeaisons *fpl*
itching [ˈɪtʃɪŋ] (N) démangeaison *f*
itchy [ˈɪtʃɪ] (ADJ) **my eyes are ~** j'ai les yeux qui me piquent • **my skin is ~** ça me démange • **my scalp is ~** j'ai le cuir chevelu qui me démange • **this sweater is ~** ce pull me gratte • **to have ~ feet*** (= *be impatient*) avoir la bougeotte* • **to have ~ fingers*** (= *be impatient to act*) ne pas tenir en place; (= *be likely to steal*) être un peu chapardeur

it'd ['ɪtd] (ABBR OF **it had, it would**) → **have, would**

item ['aɪtəm] (N) ⓐ (= *thing, article*) article *m* • **sale ~s** articles *mpl* soldés • **~s on the agenda** points *mpl* à l'ordre du jour • **the main news ~** l'information *f* principale • **we have several ~s for discussion** nous avons plusieurs questions à discuter • **they're an ~*** (= *a couple*) ils sont ensemble ⓑ (*used with uncountable nouns*) **an ~ of clothing** un vêtement • **an ~ of food** un aliment • **an ~ of jewellery** un bijou

itemize ['aɪtəmaɪz] (VT) détailler

itinerant [ɪ'tɪnərənt] (ADJ) [*preacher*] itinérant; [*actor, musician*] ambulant

itinerary [aɪ'tɪnərərɪ] (N) itinéraire *m*

it'll ['ɪtl] (ABBR OF **it will**) → **will**

ITN [,aɪtiː'en] (N) (*Brit*) (ABBR OF **Independent Television News**) *chaîne indépendante d'actualités télévisées*

its [ɪts] (POSS ADJ)

> ➢ **its** is translated by **son**, **sa** or **ses**, according to whether the noun it qualifies is masculine, feminine or plural. Note that **son** must also be used with feminine nouns beginning with a vowel or silent **h**.

• **~ body** son corps • **~ breath** son haleine • **~ head** sa tête • **~ ears** ses oreilles

it's [ɪts] (ABBR OF **it is, it has**) → **be, have**

itself [ɪt'self] (PRON) ⓐ

> ➢ When used emphatically, **itself** is translated **lui-même** if the noun it refers to is masculine, and **elle-même** if the noun is feminine.

• **the book ~ is not valuable** le livre lui-même n'a pas grande valeur • **the chair ~ was covered with ink** la chaise elle-même était couverte d'encre • **this was ~ a sign of progress** c'était en soi un signe encourageant • **I live in the city ~** j'habite dans la ville même ▸ **by itself** **the door closes by ~** la porte se ferme toute seule • **the mere will to cooperate is by ~ not sufficient** la simple volonté de coopérer n'est pas suffisante en soi ▸ **in itself** en soi • **just reaching the semifinals has been an achievement in ~** arriver en demi-finale a déjà été un exploit en soi • **an end in ~** une fin en soi ▸ **in and of itself** en soi

ⓑ (*emphasizing quality*) **you've been kindness ~** vous avez été la gentillesse même • **it was simplicity ~** c'était la simplicité même

ⓒ (*reflexive*) se • **the dog hurt ~** le chien s'est fait mal • **the computer can reprogram ~** l'ordinateur peut se reprogrammer tout seul

ITV [,aɪtiː'viː] (N) (*Brit*) (ABBR OF **Independent Television**) *chaîne indépendante de télévision*

IUD [,aɪjuː'diː] (N) (ABBR OF **intrauterine device**) stérilet *m*

IV, i.v. ['aɪ'viː] (ABBR OF **intravenous(ly)**) par voie intraveineuse

I've [aɪv] (ABBR OF **I have**) → **have**

IVF [,aɪviː'ef] (N) (ABBR OF **in vitro fertilization**) FIV *f*

ivory ['aɪvərɪ] **1** (N) ivoire *m* **2** (COMP) [*statue, figure*] en ivoire; (*also* **ivory-coloured**) ivoire *inv* ▸ **the Ivory Coast** N la Côte-d'Ivoire ▸ **ivory tower** N tour *f* d'ivoire

ivy ['aɪvɪ] **1** (N) lierre *m* **2** (COMP) ▸ **Ivy League** N (*US*) *les huit grandes universités privées du nord-est* ♦ ADJ ≈ BCBG*

> **IVY LEAGUE**
>
> Les universités dites de l'**Ivy League** sont huit universités privées du nord-est des États-Unis (Harvard, Yale, Pennsylvania, Princeton, Columbia, Brown, Dartmouth et Cornell). Bien que le terme désigne à l'origine une compétition sportive entre les équipes des huit établissements, il a acquis une connotation beaucoup plus large en raison de la rivalité non seulement sportive mais aussi intellectuelle qui les oppose. Il est aujourd'hui synonyme d'excellence et d'élitisme.
>
> Un **Ivy Leaguer** est un étudiant appartenant à l'une de ces universités, ou toute personne qui en adopte les modes et les comportements.

Jj

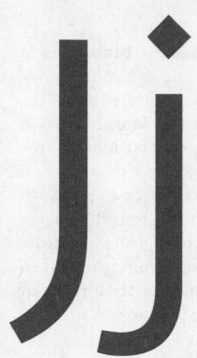

jab [dʒæb] **1** (VT) [*+ stick*] enfoncer (**into** dans) • **he ~bed his elbow into my side** il m'a donné un coup de coude dans les côtes **2** (N) ⓐ coup *m* (*donné avec un objet pointu*) ⓑ (*Brit = injection*)* piqûre *f* ⓒ (*Boxing*) direct *m*

jabber ['dʒæbəʳ] (VI) (*= speak unintelligibly*) baragouiner

jack [dʒæk] **1** (N) ⓐ (*for wheel*) cric *m* ⓑ (*Cards*) valet *m* **2** (NPL) **jacks** (*= game*) osselets *mpl* **3** (COMP) ▸**jack-in-the-box** N diable *m* (à ressort) ▸**jack-knife** VI **the lorry ~-knifed** la remorque (du camion) s'est mise en travers ▸**jack of all trades** N (*pl* **jacks of all trades**) **he's a ~ of all trades** c'est un touche-à-tout ▸**jack plug** N jack *m*

▸**jack in**⁑ VT SEP (*Brit*) plaquer*

▸ **jack up** VT SEP ⓐ [*+ car*] soulever avec un cric ⓑ [*+ prices, wages*]* faire grimper

jackal ['dʒækɔːl] (N) chacal *m*

jackass* ['dʒækæs] (N) (*= fool*) crétin* *m*

jackboot ['dʒækbuːt] (N) botte *f* cavalière

jackdaw ['dʒækdɔː] (N) choucas *m*

jacket ['dʒækɪt] (N) (*fitted*) veste *f*; (*blouson*) blouson *m*; [*of book*] jaquette *f* • **~ potatoes** (*Brit*) pommes *fpl* de terre en robe des champs

jackpot ['dʒækpɒt] (N) gros lot *m* • **to hit the ~** (*= be successful*) faire un tabac*

Jacuzzi® [dʒə'kuːzɪ] (N) jacuzzi® *m*

jade [dʒeɪd] **1** (N) jade *m* **2** (ADJ) (*= colour*) (couleur de) jade *inv* **3** (COMP) ▸**jade-green** ADJ vert jade *inv*

jaded ['dʒeɪdɪd] (ADJ) [*person*] las (lasse *f*) (**with** de)

jagged ['dʒægɪd] (ADJ) [*rocks, edge*] déchiqueté; [*tear*] en dents de scie; [*hole*] aux bords irréguliers

jaguar ['dʒægjʊəʳ] (N) jaguar *m*

jail [dʒeɪl] **1** (N) prison *f* • **he is in ~** il est en prison • **to send sb to ~** envoyer qn en prison • **to send sb to ~ for five years** condamner qn à cinq ans de prison **2** (VT) mettre en prison • **to ~ sb for life** condamner qn (à la réclusion) à perpétuité **3** (COMP) ▸**jail sentence** N peine *f* de prison • **she got a three-year ~ sentence** elle a été condamnée à (une peine de) trois ans de prison

jailbird* ['dʒeɪlbɜːd] (N) récidiviste *mf*

jailbreak ['dʒeɪlbreɪk] (N) évasion *f* (de prison)

jailer ['dʒeɪləʳ] (N) geôlier *m*, -ière *f*

jalapeño [,dʒælə'piːnəʊ, hælə'penjəʊ] (N) (piment *m*) jalapeño *m*

jam [dʒæm] **1** (N) ⓐ confiture *f* • **cherry ~** confiture *f* de cerises • **you want ~ on it!*** (*Brit*) et quoi encore ? ⓑ (*= traffic jam*) embouteillage *m* ⓒ (*= mess*)* pétrin* *m* • **to be in a ~** être dans le pétrin* **2** (VT) ⓐ (*= stuff*) entasser; (*= thrust*) fourrer • **the prisoners were ~med into a small cell** les prisonniers ont été entassés dans une petite cellule • **he ~med his hat on** il a enfoncé son chapeau sur sa tête ⓑ (*= stick*) coincer • **to be ~med between the wall and the door** être coincé entre le mur et la porte • **he got his finger ~med in the door** il s'est coincé le doigt dans la porte • **the coins got ~med in the machine** les pièces se sont coincées dans la machine ⓒ (*= make unworkable*) [*+ lock, brake*] bloquer; [*+ mechanism, gun, machine*] enrayer ⓓ (*= block*) [*+ street, corridor*] encombrer • **a street ~med with cars** une rue embouteillée • **the street was ~med with people** la rue était noire de monde • **spectators ~med the stadium** les spectateurs se sont entassés dans le stade ⓔ [*+ station, broadcast*] brouiller; [*+ switchboard*] encombrer **3** (VI) ⓐ (*= become stuck*) [*door, switch, lever, photocopier*] se coincer; [*mechanism, gun*] s'enrayer; [*brake*] se bloquer • **the key ~med in the lock** la clé s'est coincée dans la serrure ⓑ (*= press tightly*) **the crowd ~med into the courtroom** la foule s'est entassée dans la salle de tribunal **4** (COMP) [*tart*] à la confiture ▸**jam jar, jam pot** N pot *m* à confiture ▸**jam-packed** ADJ [*room*] comble; [*bus*] bondé; [*container, suitcase*] plein à ras bord ▸**jam session** N bœuf* *m*

Jamaica [dʒə'meɪkə] (N) Jamaïque *f* • **in ~** à la Jamaïque

Jamaican [dʒə'meɪkən] **1** (ADJ) jamaïquain **2** (N) Jamaïquain(e) *m(f)*

jamb [dʒæm] (N) montant *m*

jamboree [,dʒæmbə'riː] (N) (*= gathering*) grand rassemblement *m*; (*= merrymaking*) festivités *fpl*; (*scouts*) jamboree *m*

jammies* ['dʒæmɪz] (NPL) pyjama *m*

jamming ['dʒæmɪŋ] (N) [*of station, broadcast, signal*] brouillage *m*

Jan. (ABBR OF **January**)

jangle ['dʒæŋgl] **1** (VI) cliqueter • **his nerves were jangling** il avait les nerfs à vif **2** (VT) faire cliqueter • **~d nerves** nerfs *mpl* à vif

janitor ['dʒænɪtəʳ] (N) concierge *mf*

January ['dʒænjʊərɪ] (N) janvier *m* → **September**

> The months in French are not spelt with a capital letter.

Japan [dʒəˈpæn] (N) Japon *m* • **in ~** au Japon
Japanese [ˌdʒæpəˈniːz] **1** (ADJ) japonais **2** (N) **a** Japonais(e) *m(f)* **b** (= *language*) japonais *m*
jar [dʒɑːʳ] **1** (N) **a** (*glass*) bocal *m*; (*earthenware*) pot *m* **b** (*Brit* = *drink*)* pot* *m* • **we had a few ~s** on a pris quelques verres **2** (VI) **a** (= *sound discordant*) rendre un son discordant; (= *vibrate*) vibrer • **to ~ against sth** heurter qch (avec un bruit discordant) **b** (= *clash*) [*colours*] jurer; [*ideas, opinions*] se heurter **3** (VT) (= *shake*) ébranler; (= *disturb*) commotionner • **the explosion ~red the whole building** l'explosion a ébranlé tout le bâtiment
jargon [ˈdʒɑːɡən] (N) jargon *m*
jarring [ˈdʒɑːrɪŋ] (ADJ) (= *discordant*) discordant
jasmine [ˈdʒæzmɪn] (N) jasmin *m* • **~ tea** thé *m* au jasmin
jaundice [ˈdʒɔːndɪs] (N) jaunisse *f*
jaundiced [ˈdʒɔːndɪst] (ADJ) (= *bitter*) amer • **to take a ~ view of sth** voir qch d'un mauvais œil
jaunt [dʒɔːnt] (N) **to go for a ~** aller faire un tour
jauntily [ˈdʒɔːntɪlɪ] (ADV) [*walk*] d'un pas leste
jaunty [ˈdʒɔːntɪ] (ADJ) (= *cheery*) enjoué; [*step*] leste
javelin [ˈdʒævlɪn] (N) javelot *m* • **the ~** (= *competition*) le (lancer du) javelot ▸ **javelin thrower** N lanceur *m*, -euse *f* de javelot
jaw [dʒɔː] **1** (N) mâchoire *f* • **his ~ dropped** il en est resté bouche bée **2** (VI) (= *chat*)* papoter*
jawbone [ˈdʒɔːbəʊn] **1** (N) (os *m*) maxillaire *m* **2** (VT) (*US*) chercher à convaincre
jawline [ˈdʒɔːlaɪn] (N) menton *m*
jay [dʒeɪ] (N) geai *m*
jaywalker [ˈdʒeɪˌwɔːkəʳ] (N) piéton(ne) *m(f)* indiscipliné(e)
jazz [dʒæz] **1** (N) jazz *m* • **and all that ~*** et tout le bataclan* **2** (ADJ) [*band, club*] de jazz
▸ **jazz up** VT SEP **a** [+ *music*] **to ~ up the classics** mettre les classiques au goût du jour **b** [+ *occasion*]* animer • **she ~ed her outfit up with a scarf** elle a égayé sa tenue avec un foulard
jazzy [ˈdʒæzɪ] (ADJ) **a** (= *showy*)* voyant **b** [*music*] jazzy; [*rhythm*] de jazz
JCB ® [ˌdʒeɪsiːˈbiː] (N) pelle *f* hydraulique automotrice
J-Cloth ® [ˈdʒeɪˈklɒθ] (N) lavette *f*
jealous [ˈdʒeləs] (ADJ) (= *envious*) jaloux • **~ feelings** jalousie *f*
jealously [ˈdʒeləslɪ] (ADV) [*watch*] d'un œil jaloux; [*guard*] jalousement
jealousy [ˈdʒeləsɪ] (N) jalousie *f*
jeans [dʒiːnz] (NPL) jean *m* • **a new pair of ~** un nouveau jean
Jeep ® [dʒiːp] (N) Jeep ® *f*
jeer [dʒɪəʳ] **1** (N) huée *f* **2** (NPL) **jeers** raillerie *f* **3** (VI) [*individual*] railler; [*crowd*] huer • **to ~ at sb** railler qn **4** (VT) (= *shout at*) huer
jeering [ˈdʒɪərɪŋ] **1** (ADJ) railleur **2** (N) (= *mocking remarks*) railleries *fpl*; [*of crowd*] huées *fpl*
jeggings [ˈdʒeɡɪŋz] (NPL) jeggins *mpl*
Jehovah's Witness [dʒɪˌhəʊvəzˈwɪtnɪs] (N) Témoin *m* de Jéhovah
Jekyll and Hyde [ˌdʒekləndˈhaɪd] (N) **a ~ (character)** une sorte de Docteur Jekyll et Mister Hyde
Jell-O ®, **jello** [ˈdʒeləʊ] (N) (*US*) gelée *f*
jelly [ˈdʒelɪ] (N) gelée *f*; (*US*) (= *jam*) confiture *f* • **blackcurrant ~** gelée *f* de cassis ▸ **jelly baby** N bonbon *m* à la gélatine (*en forme de bébé*) ▸ **jelly bean** N bonbon *m* à la gelée ▸ **jelly roll** N (*US*) gâteau *m* roulé
jellyfish [ˈdʒelɪfɪʃ] (N) (*pl* **jellyfish**) méduse *f*
jeopardize [ˈdʒepədaɪz] (VT) mettre en danger
jeopardy [ˈdʒepədɪ] (N) péril *m* • **my business is in ~** mon affaire risque de couler
jerk [dʒɜːk] **1** (N) **a** (= *movement*) secousse *f* **b** (= *person*)* pauvre type* *m* **2** (VT) (= *move abruptly*) bouger brusquement • **she ~ed her head up** elle a brusquement redressé la tête **3** (VI) **a** **the car ~ed along** la voiture roulait en cahotant • **he ~ed away (from me)** il s'est brusquement écarté de moi **b** [*person, muscle*] se contracter
jerkin [ˈdʒɜːkɪn] (N) gilet *m*
jerky [ˈdʒɜːkɪ] (ADJ) saccadé
Jersey [ˈdʒɜːzɪ] (N) Jersey *f* • **in ~** à Jersey • **a ~ cow** une vache jersiaise
jersey [ˈdʒɜːzɪ] (N) (= *pullover*) pull *m*; (= *material*) jersey *m*
Jerusalem [dʒəˈruːsələm] (N) Jérusalem ▸ **Jerusalem artichoke** N topinambour *m*
jest [dʒest] **1** (N) plaisanterie *f* • **in ~** pour rire **2** (VI) plaisanter
jester [ˈdʒestəʳ] (N) bouffon *m*
Jesuit [ˈdʒezjʊɪt] (N, ADJ) jésuite *m*
Jesus [ˈdʒiːzəs] (N) Jésus *m* • **~ Christ** Jésus-Christ *m*
jet [dʒet] **1** (N) **a** (= *plane*) avion *m* à réaction **b** [*of liquid, gas*] jet *m* **c** (= *stone*) jais *m* **2** (VI) (= *fly*)* voyager en avion • **she's ~ting off to Spain next week** elle prend l'avion pour l'Espagne la semaine prochaine **3** (COMP) ▸ **jet-black** ADJ noir comme jais ▸ **jet engine** N moteur *m* à réaction ▸ **jet lag** N fatigue *f* due au décalage horaire ▸ **jet-lagged** ADJ **to be ~-lagged** souffrir du décalage horaire ▸ **jet set** N jet-set *m or f* ▸ **jet ski** N scooter *m* des mers ▸ **jet stream** N jet-stream *m*
jetsam [ˈdʒetsəm] (N) → **flotsam**
jettison [ˈdʒetɪsn] (VT) [+ *idea, system, plans*] abandonner; [+ *product*] se défaire de; [+ *fuel, cargo*] larguer
jetty [ˈdʒetɪ] (N) (= *breakwater*) jetée *f*; (= *landing pier*) embarcadère *m*; (*wooden*) appontement *m*
Jew [dʒuː] (N) juif *m*, juive *f*
jewel [ˈdʒuːəl] (N) (= *gem*) pierre *f* précieuse; (= *piece of jewellery*) bijou *m* • **the ~ in the crown of ...** le joyau de ... ▸ **jewel case** N coffret *m* à bijoux; (*for CD*) boîtier *m* de disque compact
jeweller, jeweler (*US*) [ˈdʒuːələʳ] (N) bijoutier *m* • **~'s (shop)** bijouterie *f*
jewellery, jewelry (*US*) [ˈdʒuːəlrɪ] (N) bijoux *mpl* • **a piece of ~** un bijou • **jewelry store** (*US*) bijouterie *f*
Jewish [ˈdʒuːɪʃ] (ADJ) juif
jib [dʒɪb] **1** (N) foc *m* **2** (VI) [*person*] rechigner (**at sth** à qch)
jibe [dʒaɪb] **1** (N) raillerie *f* **2** (VI) (*US* = *agree*)* concorder
jiffy* [ˈdʒɪfɪ] (N) **wait a ~** attends une minute ▸ **Jiffy bag** ® N enveloppe *f* matelassée
jig [dʒɪɡ] **1** (N) (= *dance*) gigue *f* **2** (VI) (= *jig about*) se trémousser • **to ~ up and down** sautiller
jiggle [ˈdʒɪɡl] (VT) secouer légèrement
jigsaw [ˈdʒɪɡˌsɔː] (N) **a** (= *puzzle*) puzzle *m* **b** (= *saw*) scie *f* sauteuse
jihad [dʒɪˈhæd] (N) djihad *m*
jihadism [dʒɪˈhædɪzəm] (N) djihadisme *m*
jihadist [dʒɪˈhædɪst] (N) djihadiste *mf*
jilbab [ˈdʒɪlbæb] (N) jilbab *m*
jilt [dʒɪlt] (VT) plaquer*

jingle ['dʒɪŋgl] 1 (N) ⓐ [*of jewellery*] tintement *m*; (*clinking*) cliquetis *m* ⓑ (= *catchy verse*) sonal *m* • **advertising ~** jingle *m*, sonal *m* publicitaire 2 (VI) (*musically*) tinter; (= *clink*) cliqueter 3 (VT) (*musically*) faire tinter; (= *clink*) faire cliqueter

jingoism ['dʒɪŋgəʊɪzəm] (N) chauvinisme *m*

jinx* [dʒɪŋks] 1 (N) **to put a ~ on sb** porter la guigne* à qn • **to put a ~ on sth** jeter un sort à qch 2 (VT) [+ *person*] porter la guigne* à • **to be ~ed** [*person*] avoir la guigne*

jitters* ['dʒɪtəz] (NPL) frousse* *f* • **to have the ~** être nerveux; (*before performance*) avoir le trac

jittery* ['dʒɪtərɪ] (ADJ) nerveux • **to be ~** avoir la frousse*

jiujitsu [dʒuː'dʒɪtsuː] (N) jiu-jitsu *m*

jive [dʒaɪv] (VI) danser le swing

Jnr (ABBR OF **Junior**) Jr

job [dʒɒb] 1 (N) ⓐ (= *piece of work*) travail *m* • **I've got a little ~ for you** j'ai un petit travail pour vous • **he has made a good ~ of it** il a fait du bon travail • **it's not ideal but it'll do the ~*** ce n'est pas l'idéal mais cela fera l'affaire • **we could have done a far better ~ of running the project than they have** on aurait pu gérer ce projet beaucoup mieux qu'eux

ⓑ (= *employment*) emploi *m* • **to get a ~** trouver un emploi • **to look for a ~** chercher un emploi • **to lose one's ~** perdre son emploi • **a ~ as a librarian** un emploi de bibliothécaire • **teaching ~s** emplois *mpl* dans l'enseignement • **he's got a holiday ~** il a un petit boulot* pour les vacances • **to be out of a ~** être au chômage • **7,000 ~s lost** 7 000 suppressions d'emplois • **on-the-~ training** (*formal*) formation *f* dans l'entreprise; (*informal*) formation *f* sur le tas • **~s for the boys*** (*Brit*) des boulots pour les copains*

ⓒ (= *duty*) travail *m* • **it's not my ~ to supervise him** ce n'est pas à moi de contrôler ce qu'il fait • **he's only doing his ~** il ne fait que son travail • **he knows his ~** il connaît son affaire • **that's not his ~** ce n'est pas son travail • **I had the ~ of telling them** c'est moi qui ai dû le leur dire

ⓓ (= *state of affairs*) **it's a good ~ he managed to meet you** c'est une chance qu'il ait pu vous rencontrer • **and a good ~ too!** à la bonne heure ! • **to give sth up as a bad ~** renoncer à qch en désespoir de cause • **this is just the ~*** (*Brit*) c'est exactement ce qu'il faut

ⓔ (= *difficult time*) **to have a ~ to do sth** avoir du mal à faire qch • **you'll have a ~ to convince him!** vous aurez du mal à le convaincre !

ⓕ (= *robbery*)* **to do a ~** faire un coup • **a put-up ~** un coup monté

2 (COMP) ▸**job centre** N (*Brit*) ≈ ANPE *f*, ≈ Agence *f* nationale pour l'emploi ▸**job club** N (*Brit*) club *m* d'entraide pour chômeurs ▸**job creation** N création *f* d'emplois ▸**job creation scheme** N plan *m* de création d'emplois ▸**job description** N description *f* de poste ▸**job lot** N lot *m* d'articles divers ▸**job offer** N offre *f* d'emploi ▸**job queue** N [*of printer*] file *f* d'attente ▸**job satisfaction** N satisfaction *f* au travail ▸**job security** N sécurité *f* de l'emploi ▸**job seeker** N (*Brit*) demandeur *m*, -euse *f* d'emploi ▸**job seeker's allowance** N (*Brit*) allocation *f* de demandeur d'emploi ▸**job-share** (*Brit*) N partage *m* de poste ♦ VI partager un poste ▸**job sharing** N partage *m* de poste ▸**job title** N intitulé *m* de poste

jobless ['dʒɒblɪs] 1 (ADJ) sans emploi, au chômage 2 (NPL) **the jobless** les chômeurs *mpl*

jock [dʒɒk] (N) (*US*) sportif *m*

jockey ['dʒɒkɪ] 1 (N) jockey *m* 2 (VI) **to ~ for position** manœuvrer pour se placer avantageusement 3 (COMP) ▸**jockey shorts**® NPL caleçon *m*

jockstrap ['dʒɒkstræp] (N) slip *m* de sport

jocular ['dʒɒkjʊlə^r] (ADJ) (= *humorous*) plaisant

jodhpurs ['dʒɒdpəz] (NPL) jodhpurs *mpl*

jog [dʒɒg] 1 (N) ⓐ (= *run*) jogging *m* • **to go for a ~** aller faire un jogging ⓑ (= *trot*) petit trot *m* • **he set off at a ~ down the path** il s'est mis à descendre le sentier au petit trot 2 (VT) (= *shake*) secouer; (= *nudge*) pousser • **to ~ sb's memory** rafraîchir la mémoire de qn 3 (VI) faire du jogging

jogger ['dʒɒgə^r] (N) joggeur *m*, -euse *f*

jogging ['dʒɒgɪŋ] (N) jogging *m* ▸**jogging suit** N (tenue *f* de) jogging *m*

Johannesburg [dʒəʊ'hænɪsbɜːg] (N) Johannesburg

john [dʒɒn] (N) (*US* = *lavatory*) **the ~*** les chiottes* *fpl*

join [dʒɔɪn] 1 (VT) ⓐ (= *attach*) attacher; (= *assemble*) [+ *parts*] assembler • **to ~ two ends of a chain** relier les deux bouts d'une chaîne • **~ the panels (together) with screws** assemblez les panneaux à l'aide de vis

ⓑ (= *link*) relier (to à) • **to ~ hands** se donner la main • **they ~ed forces** ils ont uni leurs forces • **to ~ forces (with sb) to do** s'unir (à qn) pour faire

ⓒ (= *merge with*) [*river*] [+ *another river, the sea*] se jeter dans; [*road*] [+ *another road*] rejoindre • **this is where the river ~s the sea** c'est là que le fleuve se jette dans la mer

ⓓ (= *become member of*) adhérer à; [+ *circus, religious order*] entrer dans; [+ *procession*] se joindre à • **to ~ NATO** devenir membre de l'OTAN • **he ~ed Liverpool** [*player*] il a rejoint l'équipe de Liverpool • **to ~ the army** s'engager dans l'armée • **to ~ a trade union** se syndiquer • **~ the club!*** bienvenue au club !

ⓔ [+ *person*] rejoindre • **I'll ~ you in five minutes** je vous rejoins dans cinq minutes • **will you ~ us?** (= *come with us*) voulez-vous venir avec nous ?; (*in restaurant*) voulez-vous vous asseoir à notre table ? • **to ~ the queue** prendre la queue

2 (VI) (= *merge*) [*roads, rivers*] se rejoindre; (= *become a member*) devenir membre • **London and Washington have ~ed in condemning these actions** Londres et Washington ont toutes deux condamné ces actions

3 (N) (*in mended object*) ligne *f* de raccord; (*Sewing*) couture *f*

▸**join in** 1 VI participer • **~ in!** (*in singing*) chantez avec nous ! 2 VT INSEP [+ *game, activity*] participer à; [+ *conversation*] prendre part à; [+ *protests, shouts*] joindre sa voix à; [+ *thanks, wishes*] se joindre à

▸**join up** 1 VI [*recruit*] s'engager 2 VT SEP assembler; [+ *pieces of wood or metal*] abouter

joiner ['dʒɔɪnə^r] (N) (*Brit*) menuisier *m*

joinery ['dʒɔɪnərɪ] (N) (*Brit*) menuiserie *f*

joint [dʒɔɪnt] 1 (N) ⓐ (= *bone*) articulation *f* • **my ~s are aching** j'ai mal aux articulations • **that put his nose out of ~** ça l'a défrisé*

ⓑ (*Brit*) [*of meat*] rôti *m*

ⓒ (= *night club*)* boîte* *f*; (= *disreputable pub*)* bouge *m*

ⓓ (*Drugs*)* joint* *m*

2 (ADJ) [*statement, action, approach, control, decision*] commun; [*effort*] conjugué • **to come ~ first** (*in race, competition*) être classé premier ex aequo • **to make a ~ decision to do sth** décider d'un commun accord de faire qch • **~ responsibility** coresponsabilité *f*

3 (VT) (*Brit*) [+ *chicken*] découper (aux jointures)

4 (COMP) ▸**joint account** N compte *m* joint ▸**joint honours** N (*Brit*) ≈licence *f* préparée dans deux matières (*ayant le même coefficient*) ▸**joint ownership** N copropriété *f* ▸**joint venture** N entreprise *f* commune; (*= company, operation*) joint-venture *f*

jointly ['dʒɔɪntlɪ] (ADV) conjointement • **to be ~ responsible for sth** être conjointement responsable de qch

joist [dʒɔɪst] (N) (*wooden*) solive *f*; (*metal*) poutrelle *f*

jojoba [həʊ'həʊbə] (N) jojoba *m*

joke [dʒəʊk] 1 (N) plaisanterie *f* • **for a ~** pour rire • **to make a ~ about sth** plaisanter sur qch • **he can't take a ~** il ne comprend pas la plaisanterie • **it's no ~!** (*= it's not easy*) ce n'est pas une petite affaire !; (*= it's not enjoyable*) ce n'est pas drôle • **having pneumonia is no ~** une pneumonie, ce n'est pas rien • **what a ~!** ce que c'est drôle ! • **it's a ~!*** (*= useless*) c'est de la blague !* • **the situation is getting beyond a ~*** la situation devient alarmante

2 (VI) plaisanter • **you're joking!** vous voulez rire ! • **I'm not joking** je ne plaisante pas • **I was only joking** ce n'était qu'une plaisanterie

joker ['dʒəʊkəʳ] (N) ⓐ (*= idiot*)* rigolo* *m* ⓑ (*Cards*) joker *m*

joking ['dʒəʊkɪŋ] 1 (ADJ) [*tone*] de plaisanterie 2 (N) plaisanterie *f*

jokingly ['dʒəʊkɪŋlɪ] (ADV) pour plaisanter

jollity ['dʒɒlɪtɪ] (N) joyeuse humeur *f*

jolly ['dʒɒlɪ] 1 (ADJ) (*= cheerful*) jovial 2 (ADV) (*Brit = very*)* drôlement* • **you are ~ lucky** tu as une drôle de veine* • **~ good!** (*expressing approval*) très bien !

jolt [dʒəʊlt] 1 (VI) [*vehicle*] cahoter • **to ~ along** avancer en cahotant 2 (VT) secouer • **she was ~ed awake** elle s'est réveillée en sursaut • **to ~ sb into action** pousser qn à agir • **it ~ed her out of her self-pity** ça l'a tellement secouée qu'elle a arrêté de s'apitoyer sur son sort 3 (N) (*= jerk*) secousse *f*; (*= shock*) choc *m*

Jordan ['dʒɔːdn] (N) (*= country*) Jordanie *f*

joss stick ['dʒɒs,stɪk] (N) bâton *m* d'encens

jostle ['dʒɒsl] 1 (VI) **to ~ for sth** jouer des coudes pour obtenir qch 2 (VT) bousculer

jot [dʒɒt] 1 (N) brin *m* • **there is not a ~ of truth in this** il n'y a pas un brin de vérité là-dedans 2 (VT) noter
▸**jot down** VT SEP noter • **to ~ down notes** prendre des notes

jotter ['dʒɒtəʳ] (N) (*Brit*) (*= exercise book*) cahier *m* (de brouillon); (*= pad*) bloc-notes *m*

joule [dʒuːl] (N) joule *m*

journal ['dʒɜːnl] (N) ⓐ (*= periodical*) revue *f*; (*= newspaper*) journal *m* ⓑ (*= diary*) journal *m*

journalism ['dʒɜːnəlɪzəm] (N) journalisme *m*

journalist ['dʒɜːnəlɪst] (N) journaliste *mf*

journalistic [,dʒɜːnə'lɪstɪk] (ADJ) [*profession, community, experience, talent, cliché*] de journaliste; [*style, career*] journalistique

journey ['dʒɜːnɪ] (N) trajet *m*; (*= travelling*) voyage *m* • **to go on a ~** partir en voyage • **it's a 50-minute train ~ from Glasgow to Edinburgh** le trajet Glasgow-Édimbourg en train prend 50 minutes • **the return ~** le retour • **a car ~** un trajet en voiture • **a long bus ~** un long trajet en autobus

⚠ **journey≠journée**

jovial ['dʒəʊvɪəl] (ADJ) jovial

joy [dʒɔɪ] (N) joie *f*; (*= enjoyable thing*) plaisir *m* • **to my great ~** à ma grande joie • **the ~s of motherhood** les joies de la maternité • **this car is a ~ to drive** c'est un vrai plaisir de conduire cette voiture • **any ~?*** alors, ça a marché ?

joyful ['dʒɔɪfʊl] (ADJ) joyeux

joyfully ['dʒɔɪfəlɪ] (ADV) [*greet, sing*] joyeusement

joyride ['dʒɔɪ,raɪd] (VI) (*also* **go joyriding**) faire une virée* dans une voiture volée

joyrider ['dʒɔɪ,raɪdəʳ] (N) jeune chauffard *m* au volant d'une voiture volée

joyriding ['dʒɔɪ,raɪdɪŋ] (N) **~ is on the increase** il y a de plus en plus de jeunes qui volent une voiture juste pour aller faire une virée*

joystick ['dʒɔɪstɪk] (N) (*Aviat*) manche *m* à balai; (*Comput*) manette *f* (de jeu)

JP [,dʒeɪ'piː] (N) (*Brit*) (ABBR OF **Justice of the Peace**) juge *m* de paix

Jr (*US*) (ABBR OF **Junior**) Jr

jubilant ['dʒuːbɪlənt] (ADJ) [*person*] débordant de joie • **he was ~** il jubilait

jubilation [,dʒuːbɪ'leɪʃən] (N) allégresse *f*

jubilee ['dʒuːbɪliː] (N) jubilé *m*

Judaism ['dʒuːdeɪɪzəm] (N) judaïsme *m*

Judas ['dʒuːdəs] (N) (*= traitor*) judas *m*

judder ['dʒʌdəʳ] (VI) (*Brit*) vibrer; (*stronger*) trépider

Judea [dʒuː'diːə] (N) Judée *f*

judge [dʒʌdʒ] 1 (N) juge *m*; (*= member of judging panel*) membre *m* du jury • **to come before a ~** [*accused*] comparaître devant un juge; [*case*] être entendu par un juge • **to be a good ~ of wine** s'y connaître en vins • **I'll be the ~ of that** c'est à moi de juger 2 (VT) ⓐ (*= assess*) juger ⓑ (*= consider*) estimer • **to ~ it necessary to do sth** estimer nécessaire de faire qch 3 (VI) juger • **to ~ for oneself** juger par soi-même • **judging from** à en juger par

judgement, judgment ['dʒʌdʒmənt] (N) ⓐ (*judicial, religious*) jugement *m* ⓑ (*= opinion*) avis *m* • **to give one's ~ on sth** donner son avis sur qch • **in my ~** selon moi ⓒ (*= sense*) jugement *m* • **to have sound ~** avoir du jugement

judgemental, judgmental [dʒʌdʒ'mentəl] (ADJ) **he is very ~** il porte toujours des jugements catégoriques

judicial [dʒuː'dɪʃəl] (ADJ) judiciaire • **the ~ process** la procédure judiciaire ▸**judicial inquiry** N enquête *f* judiciaire ▸**judicial review** N (*Brit*) réexamen *m* d'une décision de justice (*par une juridiction supérieure*); (*US*) examen *m* de la constitutionnalité d'une loi

judiciary [dʒuː'dɪʃɪərɪ] 1 (ADJ) judiciaire 2 (N) ⓐ (*= system*) système *m* judiciaire ⓑ (*= body of judges*) magistrature *f* ⓒ (*= branch of government*) pouvoir *m* judiciaire

judicious [dʒuː'dɪʃəs] (ADJ) judicieux

judiciously [dʒuː'dɪʃəslɪ] (ADV) [*use, say*] judicieusement

judo ['dʒuːdəʊ] (N) judo *m*

jug [dʒʌg] (N) (*for water*) carafe *f*; (*for wine*) pichet *m*; (*round, heavy, jar-shaped*) cruche *f*; (*for milk*) pot *m*

juggernaut ['dʒʌgənɔːt] (N) (*Brit*) (*= truck*) gros poids lourd *m*; (*fig*) mastodonte *m*

juggle ['dʒʌgl] 1 (VI) jongler 2 (VT) [*+ balls, plates, figures*] jongler avec; [*+ one's time*] essayer de partager • **to ~ a career and a family** jongler pour concilier sa carrière et sa vie de famille

juggler ['dʒʌglər] (N) jongleur *m*, -euse *f*
juggling ['dʒʌglɪŋ] (N) ⓐ (*with balls, plates*) jonglerie *f* ⓑ (*= clever organization*) **combining career and family requires a lot of ~** il faut beaucoup jongler pour concilier sa carrière et sa famille
jugular ['dʒʌgjʊlər] (N) (veine *f*) jugulaire *f* • **to go for the ~** frapper au point le plus faible
juice [dʒu:s] (N) [*of fruit, meat*] jus *m* • **orange ~** jus *m* d'orange • **digestive ~s** sucs *mpl* digestifs
juicy ['dʒu:sɪ] (ADJ) ⓐ [*fruit, steak*] juteux ⓑ (*= desirable*)* [*role, part*] savoureux; [*deal*] juteux* ⓒ [*story, scandal, details*] croustillant • **I heard some ~ gossip about him** j'ai entendu des histoires bien croustillantes à son sujet
jukebox ['dʒu:kbɒks] (N) juke-box *m*
Jul. (ABBR OF **July**)
July [dʒu:'laɪ] (N) juillet *m* → **September**

> The months in French are not spelt with a capital letter.

jumble ['dʒʌmbl] **1** (VT) ⓐ [*+ objects, clothes, figures*] mélanger ⓑ [*+ facts, details*] brouiller • **~d thoughts** pensées *fpl* confuses **2** (N) ⓐ [*of objects*] fouillis *m* • **a ~ of papers** un tas de papiers en vrac • **in a ~** [*objects, papers, toys*] en vrac • **a ~ of words** une suite de mots sans queue ni tête • **a ~ of ideas** des idées *fpl* confuses ⓑ (*Brit*) (*= junk*) bric-à-brac *m* **3** (COMP) ▸**jumble sale** N (*Brit*) vente *f* de charité (*d'objets d'occasion*)
▸**jumble up** VT SEP mélanger
jumbo ['dʒʌmbəʊ] **1** (N)* jumbo-jet *m* **2** (ADJ) [*bottle, vegetable, prawn*] géant **3** (COMP) ▸**jumbo jet** N jumbo-jet *m* ▸**jumbo pack** N paquet *m* géant; [*of bottles, cans*] emballage *m* géant
jump [dʒʌmp] **1** (N) ⓐ saut *m*; [*of fear, nervousness*] sursaut *m* • **to give a ~** sauter; (*nervously*) sursauter • **to be one ~ ahead** avoir une longueur d'avance (**of** sur)
ⓑ (*= leap*) bond *m* • **a ~ in profits** un bond des profits • **it's a big ~ from medical student to doctor** il y a une grande différence entre être étudiant en médecine et devenir médecin
ⓒ (*Horse-riding*) obstacle *m*
2 (VI) ⓐ (*= leap*) sauter • **to ~ across a stream** franchir un ruisseau d'un bond • **to ~ into the river** sauter dans la rivière • **to ~ off a bus** sauter d'un autobus • **to ~ off a wall** sauter (du haut) d'un mur • **to ~ over a wall** sauter un mur • **he managed to ~ clear as the car went over the cliff** il a réussi à sauter hors de la voiture au moment où celle-ci passait par-dessus la falaise • **to ~ up and down** sauter
ⓑ (*from nervousness*) sursauter • **to make sb ~** [*loud noise*] faire sursauter qn • **it almost made him ~ out of his skin*** ça l'a fait sauter au plafond* • **his heart ~ed** (*with fear*) il a eu un coup au cœur
ⓒ (*fig*) [*person*] sauter • **to ~ from one subject to another** sauter d'un sujet à un autre • **she ~ed from seventh place to second** elle est passée directement de la septième à la seconde place • **to ~ at** [*+ chance, offer*] sauter sur; [*+ idea*] accueillir avec enthousiasme • **to ~ down sb's throat*** rembarrer* qn • **to ~ to conclusions** tirer des conclusions hâtives • **he ~ed to the conclusion that ...** il en a conclu hâtivement que ... • **to ~ to sb's defence** s'empresser de prendre la défense de qn
ⓓ [*prices, shares, profits, costs*] faire un bond • **her salary ~ed from $15,000 to $22,000** son salaire est passé brusquement de 15 000 à 22 000 dollars
3 (VT) ⓐ sauter • **to ~ 2 metres** sauter 2 mètres • **the disease has ~ed a generation** cette maladie a sauté une génération • **the company's shares ~ed 3%** les actions de la société ont fait un bond de 3% • **to ~ bail** ne pas comparaître au tribunal (*après une libération sous caution*) • **to ~ the gun*** agir prématurément • **to ~ a red light*** [*motorist*] brûler un feu rouge • **to ~ the queue*** (*Brit*) passer avant son tour • **to ~ the rails** [*train*] dérailler • **to ~ ship** déserter le navire; (*= join rival organization*) passer dans un autre camp
ⓑ [*rider*] [*+ horse*] faire sauter
ⓒ (*= attack*) **to ~ sb*** sauter sur qn
4 (COMP) ▸**jumped-up*** ADJ (*Brit*) (*= pushy*) parvenu; (*= cheeky*) effronté; (*= conceited*) prétentieux ▸**jump-jet** N avion *m* à décollage vertical ▸**jump leads** NPL (*Brit*) câbles *mpl* de démarrage (*pour batterie*) ▸**jump rope** N (*US*) corde *f* à sauter ▸**jump suit** N (*gen*) combinaison(-pantalon) *f*
▸**jump about, jump around** VI sautiller
▸**jump in** VI sauter dedans • **~ in!** (*into vehicle*) montez!; (*into swimming pool*) sautez!
▸**jump on** **1** VI (*onto truck, bus*) **~ on!** montez! **2** VT INSEP ⓐ **to ~ on a bus** sauter dans un autobus • **to ~ on one's bicycle** sauter sur son vélo ⓑ (*= reprimand*)* tomber sur*
▸**jump out** VI sauter • **to ~ out of bed** sauter du lit • **to ~ out of the window** sauter par la fenêtre • **to ~ out of a car** sauter d'une voiture
jumper ['dʒʌmpər] (N) (*Brit*) pull *m* ▸**jumper cables** NPL (*US*) câbles *mpl* de démarrage (*pour batterie*)
jumping ['dʒʌmpɪŋ] **1** (N) saut *m*; (*= equitation*) jumping *m*, concours *m* hippique **2** (ADJ) (*= lively*)* plein d'animation **3** (COMP) ▸**jumping-off point** N tremplin *m* • **they used the agreement as a ~-off point for further negotiations** ils se sont servis de l'accord comme d'un tremplin pour d'autres négociations ▸**jumping rope** N (*US*) corde *f* à sauter
jump-start ['dʒʌmpstɑ:t] **1** (VT) ⓐ **to ~ a car** (*by pushing*) faire démarrer une voiture en la poussant; (*with jump leads*) faire démarrer une voiture en branchant sa batterie sur une autre ⓑ [*+ negotiations, process, economy*] relancer **2** (N) **to give sb a ~** (*by pushing*) faire démarrer la voiture de qn en la poussant; (*with jump leads*) faire démarrer la voiture de qn en branchant sa batterie sur une autre
Jun. ⓐ (ABBR OF **June**) ⓑ (ABBR OF **Junior**) Jr
junction ['dʒʌŋkʃən] (N) (*Brit*) (*= meeting place*) [*of roads*] bifurcation *f*; (*= crossroads*) carrefour *m*; [*of rivers*] confluent *m*; [*of railway lines*] embranchement *m*; [*of pipes*] raccordement *m*; (*= station*) gare *f* de jonction • **leave the motorway at ~ 13** prenez la sortie numéro 13
juncture ['dʒʌŋktʃər] (N) **at this ~** à ce moment
June [dʒu:n] (N) juin *m* → **September**

> The months in French are not spelt with a capital letter.

jungle ['dʒʌŋgl] (N) jungle *f*
junior ['dʒu:nɪər] **1** (ADJ) ⓐ (*in age*) cadet • **John Smith, Junior** John Smith fils
ⓑ (*in position*) [*employee, job*] subalterne • **he is ~ to me in the business** il est au-dessous de moi dans l'entreprise
ⓒ (*Sport*) [*competition, team, title*] junior; (*= under 11*) ≈ de

poussins; (= 12 to 13) ≈ de benjamins; (= 14 to 15) ≈ de minimes; (= 16 to 17) ≈ de cadets; (= 18 to 19) ≈ de juniors

2 (N) ⓐ cadet(te) *m(f)* • **he is two years my ~** il est mon cadet de deux ans

ⓑ *(Brit) (at school)* petit(e) élève *m(f) (de 7 à 11 ans)*; *(US) (at school)* élève *mf* de classe de première; *(US) (at university)* étudiant(e) *m(f)* de troisième année

ⓒ *(Sport)* junior *mf*; *(= under 11)* ≈ poussin *m*; *(= 12 to 13)* ≈ benjamin(e) *m(f)*; *(= 14 to 15)* ≈ minime *mf*; *(= 16 to 17)* ≈ cadet(te) *m(f)*; *(= 18 to 19)* ≈ junior *mf*

3 (COMP) ▸**junior class** N **the ~ classes** les petites classes *fpl (de 7 à 11 ans)* ▸**junior clerk** N petit commis *m* ▸**junior college** N *(US)* institut *m* universitaire (du premier cycle) ▸**junior doctor** N interne *mf* des hôpitaux ▸**junior high school** N *(US)* ≈ collège *m* ▸**junior leaving certificate** N *(Ir)* ≈ brevet *m* des collèges ▸**junior partner** N associé(-adjoint) *m* ▸**junior school** N *(Brit)* école *f* primaire *(de 7 à 11 ans)*

junk [dʒʌŋk] **1** (N) *(= discarded objects)* bric-à-brac *m inv*; *(= metal)* ferraille *f*; *(= bad quality goods)** camelote* *f*; *(= worthless objects)** pacotille *f* **2** (VT)* bazarder*

3 (COMP) ▸**junk food*** N **to eat ~ food** manger des cochonneries* ▸**junk heap** N dépotoir *m* ▸**junk mail** N imprimés *mpl* publicitaires *(envoyés par la poste)* ▸**junk shop** N (boutique *f* de) brocante *f*

junkie* [ˈdʒʌŋkɪ] (N) drogué(e) *m(f)* • **a television ~** un accro* de la télé

junkyard [ˈdʒʌŋkjɑːd] (N) entrepôt *m* de chiffonnier-ferrailleur

Jupiter [ˈdʒuːpɪtəʳ] (N) *(Astron)* Jupiter *f*

jurisdiction [ˌdʒʊərɪsˈdɪkʃən] (N) juridiction *f*; *(Admin)* compétence *f*

juror [ˈdʒʊərəʳ] (N) juré *m*

jury [ˈdʒʊərɪ] (N) jury *m* • **to be on the ~** faire partie du jury • **the ~ is out** le jury s'est retiré pour délibérer; *(fig)* cela reste à voir • **the ~ is out on whether this is true** reste à voir si c'est vrai ▸**jury box** N banc *m* des jurés ▸**jury duty** N *(US, Scot)* **to do ~ duty** faire partie d'un jury ▸**jury service** N **to do ~ service** faire partie d'un jury

---

just [dʒʌst]

1 ADVERB	2 ADJECTIVE

1 ADVERB

ⓐ (= exactly) juste, exactement • **it's ~ 9 o'clock** il est 9 heures juste • **you're ~ in time** vous arrivez juste à temps • **it's ~ what I wanted** c'est exactement ce que je voulais • **that's ~ what I thought** c'est exactement ce que je pensais • **~ then** juste à ce moment • **he has to have everything ~ so*** il faut que tout soit exactement comme il veut • **he's ~ like his father** *(physically)* c'est le portrait de son père; *(in behaviour)* il est comme son père • **~ what are you implying?** qu'est-ce que tu veux dire au juste ?

▸**just on** tout juste • **it's ~ on 2 kilos** ça fait tout juste 2 kilos • **it's ~ on nine** il est tout juste 9 heures

ⓑ (indicating position) juste • **my house is ~ here** ma maison est juste ici • **~ past the station** juste après la gare • **~ over there** là(, tout près)

ⓒ (= at this or that moment) **we're ~ off** nous partons à l'instant • **I'm ~ coming!** j'arrive ! • **it's okay, I was ~ leaving** ce n'est pas grave, je partais • **are you leaving? — not ~ yet** tu pars ? — pas tout de suite • **~ as we arrived it began to rain** juste au moment où nous arrivions, il s'est mis à pleuvoir

ⓓ (referring to recent time) **this book is ~ out** ce livre vient de paraître • **I saw him ~ last week** je l'ai vu pas plus tard que la semaine dernière

▸**to have just done sth** venir de faire qch • **he had ~ left** il venait de partir • **I've ~ this minute finished it** je viens tout juste de le finir

ⓔ (= barely) **I'll ~ catch the train if I hurry** j'aurai tout juste le temps d'attraper le train si je me dépêche • **his voice was ~ audible** sa voix était tout juste audible

▸**only just** tout juste • **I will only ~ get there on time** j'arriverai tout juste à l'heure • **I have only ~ enough money** j'ai tout juste assez d'argent • **we only ~ missed the train** nous avons raté le train de peu • **he passed the exam but only ~** il a été reçu à l'examen mais de justesse

ⓕ (= slightly) juste • **~ after 9 o'clock** juste après 9 heures • **~ after he came** juste après son arrivée • **~ after this** juste après • **~ before Christmas** juste avant Noël • **~ before it started to rain** juste avant qu'il ne commence à pleuvoir • **that's ~ over the kilo** cela fait juste un peu plus du kilo • **~ over £10** un peu plus de 10 livres • **~ under £10** un peu moins de 10 livres • **it's ~ after 9 o'clock** il est un peu plus de 9 heures

ⓖ (= conceivably) **it may ~ be possible** ce n'est pas totalement exclu

ⓗ (= merely) juste • **it's ~ a suggestion** c'est juste une suggestion • **~ a few** juste quelques-uns • **~ a little bit** juste un petit peu • **that's ~ your opinion** ça c'est ce que tu penses

ⓘ (= simply) (tout) simplement • **I ~ told him to go away** je lui ai simplement dit de s'en aller • **I would ~ like to say this** je voudrais juste dire ceci • **it was ~ marvellous!** c'était absolument merveilleux ! • **she's ~ amazing!** elle est tout simplement stupéfiante ! • **that's ~ stupid!** c'est complètement stupide • **we're managing ~ fine** on s'en sort (sans problème) • **it's ~ one of those things** ce sont des choses qui arrivent ! • **I ~ can't imagine what's happened to him** je n'arrive tout simplement pas à comprendre ce qui a pu lui arriver • **you should ~ send it back** vous n'avez qu'à le renvoyer • **I can't find £1,000 ~ like that** je ne peux pas trouver 1 000 livres comme ça

ⓙ (= specially) spécialement • **I did it ~ for you** je l'ai fait spécialement pour toi

ⓚ (in imagination) **I can ~ hear the roars of laughter** j'entends déjà les rires (que ça provoquerait)

ⓛ (in commands, requests, threats) **~ wait here a minute** attends une minute ici • **~ be reasonable** sois donc (un peu) raisonnable • **~ a moment please** un instant s'il vous plaît • **~ imagine!*** tu t'imagines un peu !* • **~ look at that!** regarde-moi ça !* • **~ you dare!*** essaie un peu pour voir !

ⓜ (in rejoinders) **that's ~ it!** • **that's ~ the point!** justement ! • **yes, but ~ the same ...** oui, mais tout de même ...

ⓝ (set structures)

▸**just about** *(= approximately)* à peu près • **it's ~ about 5 kilos** ça pèse à peu près 5 kilos • **have you finished? — ~ about** avez-vous fini ? — presque

▸**to be just about to do sth** être sur le point de faire qch • **we were ~ about to leave** on était sur le point de partir

▸**just as** **leave everything ~ as you find it** laissez tout exactement en l'état • **come ~ as you are** venez comme vous êtes • **~ as I thought!** c'est bien ce que je pensais ! • **I wasn't expecting much, which was ~ as well** je ne m'attendais pas à grand-chose, heureusement
▸**just in case** ~ **in case it rains** juste au cas où il pleuvrait • **I'm taking a sleeping bag, ~ in case** j'emmène un sac de couchage, au cas où
▸**just now** (= *a short time ago*) à l'instant • **I saw him ~ now** je l'ai vu à l'instant • **I'm busy ~ now** (= *at the moment*) je suis occupé (pour l'instant)

2 ADJECTIVE

(= *fair*) juste (**to** *or* **towards sb** avec qn)

---

justice [ˈdʒʌstɪs] 1 (N) ⓐ (= *fairness, law*) justice *f* • **I must, in all ~, say that ...** pour être juste, je dois dire que ... • **this photograph doesn't do him ~** cette photo ne l'avantage pas • **to do ~ to a meal** faire honneur à un repas • **to bring sb to ~** traduire qn en justice ⓑ (= *judge*) (*Brit*) juge *m*; (*US*) juge *m* de la Cour Suprême 2 (COMP) ▸**Justice Department** N ministère *m* de la Justice ▸**Justice of the Peace** N juge *m* de paix

justifiable [ˌdʒʌstɪˈfaɪəbl] (ADJ) [*action*] justifié; [*desire, emotion*] légitime; [*choice*] défendable

justifiably [ˌdʒʌstɪˈfaɪəblɪ] (ADV) à juste titre • **he was angry, and ~ so** il était en colère, et il y avait de quoi

justification [ˌdʒʌstɪfɪˈkeɪʃən] (N) justification *f* (**of, for** de, à, pour) • **he had no ~ for lying** il n'avait aucune raison valable de mentir

justify [ˈdʒʌstɪfaɪ] (VT) [+ *behaviour, action*] justifier; [+ *decision*] prouver le bien-fondé de • **this does not ~ his being late** cela ne justifie pas son retard • **to be justified in doing sth** avoir de bonnes raisons de faire qch

justly [ˈdʒʌstlɪ] (ADV) ⓐ [*proud, famous, claim, accuse*] à juste titre ⓑ [*treat, rule, govern, reward*] justement

justness [ˈdʒʌstnɪs] (N) [*of cause*] justesse *f*

jut [dʒʌt] (VI) (= *jut out*) dépasser • **the cliff ~s out into the sea** la falaise avance dans la mer • **to ~ out over the sea** surplomber la mer

juvenile [ˈdʒuːvənaɪl] 1 (N) jeune *mf* 2 (ADJ) ⓐ (= *young*) [*animal*] jeune ⓑ [*violence, employment*] des jeunes; [*diabetes, arthritis*] juvénile • **~ crime** délinquance *f* juvénile ⓒ (= *immature*) [*behaviour, attitude*] puéril 3 (COMP) ▸**juvenile court** N tribunal *m* pour enfants ▸**juvenile delinquency** N délinquance *f* juvénile ▸**juvenile delinquent** N jeune délinquant(e) *m(f)*

juxtapose [ˈdʒʌkstəpəʊz] (VT) juxtaposer

juxtaposition [ˌdʒʌkstəpəˈzɪʃən] (N) juxtaposition *f*

j

K k

kaftan ['kæftæn] (N) caftan *m*
kale [keɪl] (N) chou *m* frisé
kaleidoscope [kə'laɪdəskəʊp] (N) kaléidoscope *m*
kamikaze [,kæmɪ'kɑːzɪ] (ADJ) kamikaze
Kampuchea [,kæmpʊ'tʃɪə] (N) Kampuchéa *m*
Kan. (ABBR OF **Kansas**)
kangaroo [,kæŋgə'ruː] (N) kangourou *m* ▸ **kangaroo court** N tribunal *m* irrégulier
Kans. (ABBR OF **Kansas**)
kaput* [kə'pʊt] (ADJ) fichu*
karaoke [,kɑːrə'əʊkɪ] **1** (N) karaoké *m* **2** (ADJ) [*competition, singer*] de karaoké **3** (COMP) ▸ **karaoke machine** N karaoké *m*
karate [kə'rɑːtɪ] (N) karaté *m*
karma ['kɑːmə] (N) karma *m*
Kashmir [kæʃ'mɪəʳ] (N) Cachemire *m*
Kashmiri [kæʃ'mɪərɪ] (ADJ) cachemirien
kayak ['kaɪæk] (N) kayak *m*
Kazak(h) [kə'zɑːk] **1** (ADJ) kazakh **2** (N) **a** (= *person*) Kazakh(e) *m(f)* **b** (= *language*) kazakh *m*
Kazakhstan [,kɑːzɑːk'stæn] (N) Kazakhstan *m*
KB (ABBR OF **kilobyte**) Ko *m*
kebab [kə'bæb] (N) (= *shish kebab*) brochette *f*; (= *doner kebab*) doner kebab *m*
kedgeree [,kedʒə'riː] (N) (*Brit*) *pilaf de poisson*
keel [kiːl] (N) quille *f* • **on an even ~** stable • **to keep sth on an even ~** maintenir qch en équilibre • **to get back on an even ~** retrouver l'équilibre
▸ **keel over*** VI [*person*] tourner de l'œil* • **I nearly ~ed over when I saw Catherine** j'ai failli tomber à la renverse en voyant Catherine
keen [kiːn] (ADJ) **a** (= *eager*) **to be ~ to do sth** *or* **on doing sth** tenir à faire qch • **he's not ~ on her coming** il ne tient pas à ce qu'elle vienne • **to be ~ for sb to do sth** tenir à ce que qn fasse qch • **she's ~ to have a family** elle a envie d'avoir des enfants • **to await sth with ~ anticipation** attendre qch avec beaucoup d'impatience
b (= *enthusiastic*) [*student*] enthousiaste • **a ~ photographer** un passionné de photo • **he tried not to seem too ~** il a essayé de ne pas se montrer trop enthousiaste • **to be (as) ~ as mustard*** (*Brit*) déborder d'enthousiasme • **to be ~ on cycling** aimer beaucoup le vélo • **to be ~ on an idea** être emballé* par une idée
▸ **to be keen on sb*** (= *sexually attracted*) en pincer* pour qn • **I'm not too ~ on him** il ne me plaît pas beaucoup
c (= *acute*) [*desire, interest, sense of humour, intellect*] vif • **to have a ~ awareness of sth** être très conscient de qch • **to have a ~ eye for detail** être minutieux
d [*competition, fight*] acharné
keenly ['kiːnlɪ] (ADV) [*interested*] vivement; [*aware*] profondément; [*awaited*] impatiemment
keenness ['kiːnnɪs] (N) **a** (= *eagerness*) volonté *f* • **the government's ~ for economic reform** la volonté du gouvernement de mettre en place des réformes économiques **b** (= *enthusiasm*) [*of student*] enthousiasme *m* **c** [*of intellect*] finesse *f* • **~ of sight** acuité *f* visuelle

---

keep [kiːp]

1 TRANSITIVE VERB	**4** COMPOUNDS
2 INTRANSITIVE VERB	**5** PHRASAL VERBS
3 NOUN	

> vb: pret, ptp **kept**

1 TRANSITIVE VERB

> When **keep** is part of a set combination, eg **keep control**, **keep an appointment**, look up the noun.

a (= *retain*) garder • **you can ~ this book** tu peux garder ce livre • **~ the change!** gardez la monnaie ! • **to ~ sth for o.s.** garder qch pour soi • **~ it to yourself*** garde ça pour toi • **I can't ~ telephone numbers in my head** je n'arrive pas à retenir les numéros de téléphone
b (= *put aside*) garder • **we're ~ing the best ones for Christmas** nous gardons les meilleurs pour Noël • **you must ~ it in a cold place** il faut le conserver au froid
c (= *have ready*) avoir • **I always ~ a blanket in the car** j'ai toujours une couverture dans la voiture
d (= *stock*) faire • **we don't ~ that model any more** nous ne faisons plus ce modèle
e (= *store*) ranger • **where do you ~ the sugar?** où est-ce que vous rangez le sucre ? • **~ it somewhere safe** mettez-le en lieu sûr
f (= *detain*) retenir • **they kept him prisoner for two years** ils l'ont gardé prisonnier pendant deux ans • **what kept you?** qu'est-ce qui vous a retenu ? • **he was kept in hospital over night** il a dû passer une nuit à l'hôpital • **they kept him in a dark room** il était enfermé dans une salle sombre • **the flu kept her in bed** une

grippe l'a forcée à garder le lit

g (= have) [+ *shop*] tenir; [+ *bees, chickens*] élever

h (= support) subvenir aux besoins de; [+ *mistress*] entretenir • **you can't ~ a family on that** ça ne suffit pas pour faire vivre une famille • **I have three children to ~** j'ai trois enfants à nourrir

i (= observe) [+ *law, vow*] respecter

j (+ accounts, diary) tenir • **~ a note of this number** note ce numéro

k (set structures)

▸ **to keep sb at sth** **they kept him at it all day** ils l'ont fait travailler toute la journée

▸ **to keep sth from sb** (= *conceal*) cacher qch à qn • **I know he's ~ing something from me** je sais qu'il me cache quelque chose

▸ **to keep sb from doing sth** (= *prevent*) empêcher qn de faire qch • **what can we do to ~ it from happening again?** que pouvons-nous faire pour que ça ne se reproduise pas ?

▸ **to keep sb to sth** **she kept him to his promise** elle l'a forcé à tenir sa promesse

▸ **to keep o.s. to o.s.** se tenir à l'écart • **she ~s herself to herself** elle n'est pas très sociable

▸ **to keep sb/sth** + *-ing* **to ~ sb waiting** faire attendre qn • **~ him talking while …** fais-lui la conversation pendant que … • **she managed to ~ the conversation going** elle a réussi à entretenir la conversation • **he kept the engine running** il a laissé le moteur en marche

▸ **to keep sb/sth** + *adjective* **to ~ sth clean** tenir qch propre • **exercise will ~ you fit** l'exercice physique vous maintiendra en forme • **~ me informed** tenez-moi au courant

2 INTRANSITIVE VERB

a (= continue) continuer • **to ~ straight on** continuer tout droit

b (= remain) rester • **to ~ in the middle of the road** rester au milieu de la route

c (in health) aller • **how are you ~ing?** comment allez-vous ? • **she's not ~ing well** elle ne va pas bien

d (food) se conserver • **that letter will ~ until tomorrow** cette lettre peut attendre jusqu'à demain

e (set structures)

▸ **to keep** + *-ing* **to ~ doing sth** (= *continue*) continuer de faire qch; (= *do repeatedly*) ne pas arrêter de faire qch • **he kept walking** il a continué de marcher • **he kept interrupting us** il n'a pas arrêté de nous couper la parole • **I ~ forgetting to pay the gas bill** j'oublie tout le temps de payer la facture de gaz

▸ **to keep** + *preposition* **she bit her lip to ~ from crying** elle s'est mordu la lèvre pour s'empêcher de pleurer • **he's promised to ~ off alcohol** il a promis de ne plus boire • **"~ off the grass"** « défense de marcher sur les pelouses » • **~ on this road until you come to …** suivez cette route jusqu'à ce que vous arriviez à … • **~ to the left!** gardez votre gauche ! • **she ~s to herself** elle n'est pas très sociable

▸ **to keep** + *adjective* **~ calm!** reste calme ! • **to ~ fit** se maintenir en forme • **to ~ still** se tenir tranquille

3 NOUN

a (= livelihood, food) **I got £30 a week and my ~** je gagnais 30 livres par semaine logé et nourri

b (of castle) donjon *m*

c ▸ **for keeps*** (= *permanently*) pour toujours

4 COMPOUNDS

▸ **keep-fit** N (*Brit*) aérobic *f* • **she does ~-fit once a week** elle fait de l'aérobic une fois par semaine • **~-fit classes** cours *mpl* d'aérobic

5 PHRASAL VERBS

▸ **keep at** VT INSEP **a** (= *continue*) continuer • **you should ~ at it** tu devrais persévérer **b** (= *nag at*) harceler

▸ **keep away** 1 VI ne pas s'approcher • **~ away from the fire** ne t'approche pas du feu 2 VT SEP empêcher de s'approcher • **the police kept the crowds away** la police a empêché la foule de s'approcher

▸ **keep back** 1 VI ne pas approcher 2 VT SEP **a** (= *restrain*) retenir • **he struggled to ~ back his tears** il retenait ses larmes à grand-peine **b** (= *conceal*) cacher; [+ *secrets*] ne pas révéler • **I'm sure he's ~ing something back** je suis sûr qu'il me (*or nous etc*) cache quelque chose

▸ **keep down** 1 VI rester à couvert 2 VT SEP **a** [+ *one's anger*] contenir • **it's just a way to ~ women down** c'est une manière de cantonner les femmes à un statut inférieur **b** [+ *inflation, costs*] maîtriser; [+ *number*] limiter • **to ~ prices down** empêcher les prix de monter • **could you ~ the noise down?** est-ce que vous pourriez faire un peu moins de bruit ? • **she drank some water but couldn't ~ it down** elle a bu de l'eau mais elle a tout vomi

▸ **keep in** 1 VI **to ~ in with sb** rester en bons termes avec qn 2 VT SEP [+ *anger*] contenir

▸ **keep off** 1 VI [*person*] rester à l'écart • **if the rain ~s off** s'il ne se met pas à pleuvoir 2 VT SEP **they want to ~ young people off the streets** ils veulent empêcher les jeunes de traîner dans les rues • **~ your hands off!** pas touche !*

▸ **keep on** 1 VI **a** (= *continue*) continuer • **he kept on reading** il a continué de lire • **~ on till you get to the school** continuez jusqu'à l'école **b** (*Brit* = *nag*) **don't ~ on!*** laisse-moi tranquille ! 2 VT SEP [+ *employee*] garder

▸ **keep on about*** VT INSEP (*Brit*) ne pas arrêter de parler de

▸ **keep on at*** VT INSEP (*Brit*) harceler • **she kept on at him to look for a job** elle le harcelait pour qu'il cherche du travail

▸ **keep out** 1 VI rester en dehors • **"~ out"** « défense d'entrer » • **~ out of this!** ne t'en mêle pas ! 2 VT SEP [+ *person, dog*] ne pas laisser entrer • **that coat looks as if it will ~ out the cold** ce manteau doit bien protéger du froid

▸ **keep to** VT INSEP [+ *promise*] tenir; [+ *agreement, rules, schedule*] respecter; [+ *plan*] s'en tenir à

▸ **keep up** 1 VI [*prices*] se maintenir • **I hope the good weather will ~ up** j'espère que le beau temps va se maintenir • **they went so fast I couldn't ~ up** ils allaient si vite que je n'arrivais pas à suivre

▸ **to keep up with** **to ~ up with sb** (*in race, walk*) aller aussi vite que qn; (*in work*) se maintenir au niveau de qn • **slow down, I can't ~ up with you** ralentis un peu, je ne peux pas te suivre • **to ~ up with the class** se maintenir au niveau de la classe • **the company has failed to ~ up with the times** la société n'a pas réussi à évoluer • **to ~ up with demand** parvenir à satisfaire la demande

2 VT SEP **a** [+ *pressure, standards*] maintenir; [+ *correspondence*] entretenir; [+ *study*] continuer • **they can no longer ~ the payments up** ils n'arrivent plus à payer les traites • **~ it up!** continuez ! **b** (= *maintain*) [+ *house*] maintenir en bon état

k

keeper ['ki:pəʳ] (N) (*in museum*) conservateur *m*, -trice *f*; (*in park, zoo*) gardien *m*; (= *goalkeeper*) gardien(ne) *m(f)* de but

keeping ['ki:pɪŋ] (N) ⓐ (= *care*) garde *f* • **to put sth in sb's ~** confier qch à qn
ⓑ ▸ **to be in keeping with** [+ *regulation, status, tradition*] être conforme à; [+ *character*] correspondre à

keepsake ['ki:pseɪk] (N) souvenir *m*

keg [keg] (N) [*of beer*] petit tonneau *m*

kelp [kelp] (N) varech *m*

Ken. (ABBR OF **Kentucky**)

kennel ['kenl] 1 (N) [*of dog*] niche *f* 2 (NPL) **kennels** chenil *m*

Kenya ['kenjə] (N) Kenya *m*

Kenyan ['kenjən] 1 (N) Kényan(e) *m(f)* 2 (ADJ) kényan

kept [kept] (VB) *pret, ptp of* **keep**

kerb [kɜ:b] (N) (*Brit*) bord *m* du trottoir ▸ **kerb crawling** N drague* *f* en voiture

kerbside ['kɜ:bsaɪd] (N) trottoir *m*

kerfuffle* [kə'fʌfl] (N) (*Brit*) histoire* *f* • **what a ~!** quelle histoire !*, que d'histoires !*

kernel ['kɜ:nl] (N) ⓐ [*of nut, fruit stone*] amande *f*; (= *seed*) grain *m* • **there's a ~ of truth in what he says** il y a un grain de vérité dans ce qu'il dit ⓑ (*Comput*) noyau *m*

kerosene ['kerəsi:n] (N) ⓐ (= *aircraft fuel*) kérosène *m* ⓑ (*US*) (*for stoves, lamps*) pétrole *m*

kestrel ['kestrəl] (N) crécerelle *f*

ketchup ['ketʃəp] (N) ketchup *m*

kettle ['ketl] (N) bouilloire *f* • **the ~'s boiling** l'eau bout (dans la bouilloire) • **I'll put the ~ on** je vais mettre l'eau à chauffer • **that's a fine ~ of fish** quel micmac !* • **that's a different ~ of fish** c'est une autre affaire

kettledrum ['ketldrʌm] (N) timbale *f*

key [ki:] 1 (N) ⓐ clé *f* • **leave the ~ in the door** laisse la clé sur la porte • **he holds the ~ to the mystery** il détient la clé du mystère • **the ~ to ending this recession** la solution pour mettre fin à la récession
ⓑ (*to map, diagram*) légende *f*
ⓒ [*of piano, computer*] touche *f*
ⓓ [*of music*] ton *m* • **in the ~ of C** en do • **in the major ~** en mode majeur • **change of ~** changement *m* de ton
2 (ADJ) (= *crucial*) clé *inv*
3 (VT) (*also* **key in**) [+ *text, data*] saisir
4 (COMP) ▸ **key card** N (*at hotel etc*) carte *f* magnétique ▸ **key ring** N porte-clé(s) *m* ▸ **key stage** N (*Brit Scol*) cycle *m*, niveau *m* ▸ **key worker** N (*esp Brit*) (*Med, Social Work*) coordinateur *m*, -trice *f* de soins

keyboard ['ki:bɔ:d] 1 (N) clavier *m* • **he has good ~ skills** il tape vite et bien 2 (VT) [+ *text*] saisir 3 (NPL) **keyboards** clavier *m* électronique • **he's on ~s** il est aux claviers
4 (COMP) ▸ **keyboard warrior*** N guerrier *m*, -ière *f* du clavier, *personne utilisant les réseaux sociaux pour exprimer ses opinions*

keyboarder ['ki:bɔ:dəʳ] (N) claviste *mf*

keyboardist ['ki:bɔ:dɪst] (N) claviériste *mf*

keyed up [ˌki:d'ʌp] (ADJ) **she was (all) ~ about the interview** la perspective de l'entrevue la rendait nerveuse

keyhole ['ki:həʊl] (N) trou *m* de serrure • **through the ~** par le trou de la serrure ▸ **keyhole surgery** N chirurgie *f* endoscopique

keynote ['ki:nəʊt] (N) [*of speech, policy*] idée-force *f* ▸ **keynote speech** N discours-programme *m*

keypad ['ki:pæd] (N) pavé *m* numérique

keystroke ['ki:strəʊk] (N) frappe *f*

khaki ['kɑ:kɪ] (ADJ) kaki *inv*

kHz (ABBR OF **kilohertz**)

kibbutz [kɪ'bʊts] (N) (*pl* **kibbutzim** [kɪ'bʊtsɪm]) kibboutz *m*

kick [kɪk] 1 (N) ⓐ (= *action*) coup *m* de pied • **to give the door a ~** donner un coup de pied dans la porte • **this refusal was a ~ in the teeth for her*** ce refus lui a fait l'effet d'une gifle
ⓑ (= *thrill*)* **I get a ~ out of it** ça me donne un plaisir fou* • **he did it for ~s** il l'a fait pour le plaisir
ⓒ (= *zest*)* **a drink with ~ in it** une boisson qui vous donne un coup de fouet
2 (VI) ⓐ [*person*] donner un coup de pied; [*footballer*] shooter; [*baby in womb*] donner des coups de pied; [*horse*] ruer
ⓑ (= *object to sth*)* **to ~ against sth** se rebiffer contre qch*
3 (VT) ⓐ [*person*] donner un coup de pied à; [*horse*] lancer une ruade à • **she ~ed him in the stomach** elle lui a donné un coup de pied dans le ventre • **I could have ~ed myself*** je me serais giflé • **to ~ sb in the teeth*** faire un coup vache* à qn • **to ~ the bucket**‡ (= *die*) casser sa pipe‡
ⓑ (= *stop*) **to ~ the habit** [*smoker*] arrêter de fumer; [*drug addict*] décrocher*
4 (COMP) ▸ **kick boxing** N boxe *f* française ▸ **kick-off** N [*of football match*] coup *m* d'envoi; [*of meeting*] début *m* ▸ **kick-stand** N [*of motorcycle*] béquille *f* ▸ **kick-start** VT [+ *motorcycle*] démarrer au kick; [+ *economy, negotiations, process*] relancer ▸ **kick-starter** N [*of motorcycle*] kick *m*

▸ **kick about, kick around** 1 VI [*clothes, person*]‡ traîner 2 VT SEP **to ~ a ball about** *or* **around** s'amuser avec un ballon • **to ~ sb around** (= *mistreat*) malmener qn • **to ~ an idea around*** débattre une idée

▸ **kick in** 1 VT SEP [+ *door*] enfoncer à coups de pied • **to ~ sb's teeth in*** casser la figure* à qn 2 VI (= *take effect*)* [*drug*] commencer à agir; [*mechanism*] entrer en action

▸ **kick off** 1 VI [*footballer*] donner le coup d'envoi • **the party ~ed off in great style** la soirée a démarré* en beauté 2 VT SEP enlever

▸ **kick out*** VT SEP [+ *person, employee*] flanquer* à la porte

▸ **kick up** VT SEP **to ~ up a fuss*** faire toute une histoire

kickback* ['kɪkbæk] (N) (= *reaction*) réaction *f*; (= *bribe*) pot-de-vin *m*

kid [kɪd] 1 (N) ⓐ (= *child*)* gosse* *mf* • **when I was a ~** quand j'étais gosse* • **to be like a ~ in a candy store** (*US*) être aux anges
ⓑ (= *goat*) cabri *m*
ⓒ (= *leather*) chevreau *m*
2 (VT) (= *tease*)* **to ~ sb** faire marcher qn* • **no ~ding!** sans blague !* • **who are you trying to ~?** à qui tu veux faire croire ça ? • **to ~ o.s. that …** s'imaginer que …
3 (VI) (= *tease*)* raconter des blagues* • **I was only ~ding** j'ai dit ça pour plaisanter
4 (COMP) ▸ **kid brother*** N petit frère *m* ▸ **kid gloves** NPL gants *mpl* de chevreau • **to handle with ~ gloves** [+ *person*] prendre des gants avec*; [+ *subject*] traiter avec précaution ▸ **kid sister*** N petite sœur *f*

kidnap ['kɪdnæp] (VT) kidnapper

kidnapper, kidnaper (*US*) ['kɪdnæpəʳ] (N) ravisseur *m*, -euse *f*

kidnapping, kidnaping (*US*) ['kɪdnæpɪŋ] (N) kidnapping *m*

kidney ['kɪdnɪ] (N) (= *organ*) rein *m*; (*for cooking*) rognon *m* ▸ **kidney bean** N haricot *m* rouge ▸ **kidney disease** N maladie *f* rénale ▸ **kidney donor** N donneur *m*, -euse *f* de reins ▸ **kidney failure** N insuffisance *f* rénale ▸ **kidney stone** N calcul *m* rénal ▸ **kidney transplant** N greffe *f* du rein

kielbasa [ki:l'bɑ:sə] (N) kielbasa *m*

kill [kɪl] 1 (VT) ⓐ tuer • **the earthquake ~ed five people** le tremblement de terre a fait cinq morts • **to be ~ed in action** tomber au champ d'honneur • **he certainly wasn't ~ing himself** le moins qu'on puisse dire c'est qu'il ne se surmenait pas • **I'll do it (even) if it ~s me** je le ferai même si je dois y laisser ma peau* • **my feet are ~ing me** j'ai un de ces* mal aux pieds • (PROV) **to ~ two birds with one stone** faire d'une pierre deux coups (PROV)
ⓑ [+ *proposal*] faire échouer; [+ *rumour*] étouffer; [+ *pain*] supprimer • **to ~ time** tuer le temps
2 (VI) [*cancer, drugs, drink*] tuer
3 (N) (*at hunt*) mise *f* à mort • **the tiger had made a ~** le tigre avait tué une proie • **the lion dragged his ~ over to the trees** le lion a traîné sa proie sous les arbres
▸ **kill off** VT SEP [+ *people*] tuer; [+ *weeds, infection*] éliminer

killer ['kɪləʳ] (N) (= *murderer*) assassin *m* • **diphtheria was once a ~** autrefois la diphtérie tuait • **it's a ~*** (= *hard work*) c'est tuant ▸ **killer instinct** N **he's got the ~ instinct** c'est un tueur ▸ **killer whale** N orque *f*

killing ['kɪlɪŋ] (N) [*of person*] meurtre *m*; [*of group of people*] massacre *m*; [*of animal*] mise *f* à mort • **to make a ~** (*in buying and selling*) réussir un beau coup ▸ **killing fields** NPL charniers *mpl*

killjoy ['kɪldʒɔɪ] (N) rabat-joie *mf inv*

kiln [kɪln] (N) four *m* • **pottery ~** four *m* céramique

kilo ['ki:ləʊ] (N) kilo *m*

kilobyte ['kɪləʊ,baɪt] (N) kilo-octet *m*

kilogram, kilogramme ['kɪləʊgræm] (N) kilogramme *m*

kilohertz ['kɪləʊ,hɜ:ts] (N) *pl inv* kilohertz *m*

kilometre, kilometer (US) ['kɪləʊ,mi:təʳ, kɪ'lɒmətəʳ] (N) kilomètre *m* • **it is 5 ~s to the town** la ville est à 5 kilomètres

kilowatt ['kɪləʊwɒt] (N) kilowatt *m*

kilt [kɪlt] (N) kilt *m*

kin [kɪn] (N) famille *f*

kind [kaɪnd] 1 (N) (= *type*) genre *m*; [*of car*] marque *f* • **this ~ of pen** ce genre de stylo • **books of all ~s** des livres de tous genres • **what ~ of flour do you want? — the ~ you gave me last time** quelle sorte de farine voulez-vous ? — celle que vous m'avez donnée la dernière fois • **what ~ of dog is he?** qu'est-ce que c'est comme (race de) chien ? • **he is not the ~ of man to refuse** ce n'est pas le genre d'homme à refuser • **he's not that ~ of person** ce n'est pas son genre • **what ~ of people does he think we are?** pour qui nous prend-il ? • **what ~ of a fool does he take me for?** il me prend pour un imbécile ! • **what ~ of an answer do you call that?** vous appelez ça une réponse ? • **you know the ~ of thing I mean** vous voyez ce que je veux dire • **I don't like that ~ of talk** je n'aime pas ce genre de propos • **it's my ~* of film** c'est le genre de film que j'aime • **I'll do nothing of the ~** je n'en ferai rien ! • **this painting is the only one of its ~** ce tableau est unique en son genre • **payment in ~** paiement en nature
▸ **a kind of** une sorte de • **there was a ~ of tinkling sound** on entendait comme un bruit de grelot
▸ **of a kind** it was an apology of a ~ ça pouvait ressembler à une excuse • **they're two of a ~** ils sont du même genre; (*pej*) ils sont du même acabit
▸ **kind of*** **I was ~ of frightened that ...** j'avais un peu peur que ... • **he was ~ of worried-looking** il avait l'air plutôt inquiet • **it's ~ of blue** c'est plutôt bleu • **aren't you pleased? — ~ of!** tu n'es pas content ? — si, assez !
2 (ADJ) [*person, remark, smile*] gentil; [*gesture*] aimable; [*thought*] attentionné; [*face*] affable • **to be ~ to sb** [*person*] être gentil avec qn • **to be ~ to animals** être bon avec les animaux • **that's very ~ of you** c'est très gentil (à vous) • **life has been ~ to me** j'ai eu de la chance dans la vie • **to have a ~ heart** avoir bon cœur • **the critics were not ~ to the film** les critiques n'ont pas été tendres avec le film • **he was ~ enough to write to me** il a eu la gentillesse de m'écrire • **please be so ~ as to ...** veuillez avoir la gentillesse de ...
3 (COMP) ▸ **kind-hearted** ADJ bon

kindergarten ['kɪndə,gɑ:tn] (N) jardin *m* d'enfants; (*state-run*) maternelle *f*

Kindle® ['kɪndl] (N) Kindle® *m*

kindling ['kɪndlɪŋ] (N) (= *wood*) petit bois *m*

kindly ['kaɪndlɪ] (ADV) ⓐ (= *in a caring way*) avec bienveillance ⓑ (= *generously*) aimablement ⓒ (= *please*) **~ be seated** veuillez vous asseoir • **will you ~ be quiet!** veux-tu te taire ? ⓓ (= *favourably*) **to think ~ of sb** apprécier qn • **to look ~ (up)on sb/sth** considérer qn/qch avec bienveillance • **she didn't take it ~ when I said that** elle n'a pas apprécié quand j'ai dit cela

kindness ['kaɪndnɪs] (N) gentillesse *f* • **to show ~ to sb** être gentil avec qn • **out of the ~ of his heart** par bonté d'âme

kindred ['kɪndrɪd] (N) (= *relatives*) famille *f* ▸ **kindred spirit** N âme *f* sœur

kinetic [kɪ'netɪk] (ADJ) cinétique

king [kɪŋ] 1 (N) ⓐ roi *m* • **King David** le roi David ⓑ (*Cards, Chess*) roi *m*; (*Draughts*) dame *f* 2 (COMP) ▸ **king-size bed** N grand lit *m* → QUEEN'S SPEECH, KING'S SPEECH

kingdom ['kɪŋdəm] (N) royaume *m* • **the plant/animal ~** le règne végétal/animal

kingfisher ['kɪŋfɪʃəʳ] (N) martin-pêcheur *m*

kingpin ['kɪŋpɪn] (N) [*of organization*] pilier *m*; (US) (= *skittle*) première quille *f*

kink [kɪŋk] (N) (*in rope*) nœud *m* • **her hair has a ~ in it** ses cheveux frisent légèrement

kinky ['kɪŋkɪ] (ADJ) ⓐ [*underwear*]* d'un goût spécial • **~ sex** des pratiques sexuelles un peu spéciales ⓑ [*hair*] frisé

kinship ['kɪnʃɪp] (N) ⓐ (= *blood relationship*) parenté *f* ⓑ (= *bond*) affinité *f*

kinsman ['kɪnzmən] (N) (*pl* **-men**) parent *m*

kinswoman ['kɪnz,wʊmən] (N) (*pl* **-women**) parente *f*

kiosk ['ki:ɒsk] (N) (*for selling*) kiosque *m*; (Brit) (= *phone box*) cabine *f* téléphonique

kip* [kɪp] (Brit) 1 (N) (= *nap*) roupillon* *m* • **to get some ~** piquer un roupillon* 2 (VI) se pieuter* • **we ~ped on the floor** on a dormi par terre

kipper ['kɪpəʳ] (N) (Brit) hareng *m* fumé salé

Kirg(h)iz ['kɜ:gɪz] 1 (ADJ) kirghiz *inv* 2 (N) ⓐ (= *person*) Kirghiz(e) *m(f)* ⓑ (= *language*) kirghiz *m*

Kirg(h)izia [ˌkɜːˈgɪzɪə] (N) Kirghizstan *m*
Kiribati [ˈkɪrɪbæs] (N) Kiribati *fpl*
kiss [kɪs] **1** (N) baiser *m* • **to give sb a ~** donner un baiser à qn • **give me a ~** embrasse-moi • **~ of life** bouche-à-bouche *m* • **to give the ~ of death to ...** porter le coup fatal à ...
2 (VT) embrasser • **to ~ sb's cheek** embrasser qn sur la joue • **to ~ sb's hand** baiser la main de qn • **they ~ed each other** ils se sont embrassés • **to ~ sb good night** souhaiter bonne nuit à qn en l'embrassant • **I'll ~ it better** un petit bisou* et ça ira mieux
3 (VI) s'embrasser • **to ~ and make up** faire la paix • **to ~ and tell** raconter des secrets d'alcôve
kissagram [ˈkɪsəˌgræm] (N) *baiser télégraphié*
kit [kɪt] (N) **a** (= *parts for assembly*) kit *m* • **he built it from a ~** il l'a assemblé à partir d'un kit • **in ~ form** en kit **b** (= *set of items*) trousse *f* • **puncture-repair ~** trousse *f* de réparations • **first-aid ~** trousse *f* d'urgence **c** (= *clothes*)* affaires *fpl* • **have you got your gym ~?** tu as tes affaires de gym ? • **get your ~ off!**‡ à poil !*
kitbag [ˈkɪtbæg] (N) sac *m* (*de sportif, de soldat*)
kitchen [ˈkɪtʃɪn] **1** (N) cuisine *f* **2** (COMP) [*table*] de cuisine ▸ **kitchen cabinet** N (*Politics*) (*Brit*) proches conseillers *mpl* du Premier ministre; (*US*) proches conseillers *mpl* du Président → CABINET ▸ **kitchen foil** N papier *m* d'aluminium ▸ **kitchen paper, kitchen roll** N essuie-tout *m inv* ▸ **kitchen sink** N évier *m* • **I've packed everything but the ~ sink*** j'ai tout emporté sauf les murs
kitchenware [ˈkɪtʃɪnwɛəʳ] (N) (= *dishes*) vaisselle *f*; (= *equipment*) ustensiles *mpl* de cuisine
kite [kaɪt] (N) (= *toy*) cerf-volant *m*; (= *bird*) milan *m*
kith [kɪθ] (N) **~ and kin** amis *mpl* et parents *mpl*
kitsch [kɪtʃ] **1** (N) kitsch *m* **2** (ADJ) kitsch *inv*
kitten [ˈkɪtn] (N) chaton *m* • **to have ~s**‡ (*Brit*) (= *be angry*) piquer une crise*
kitty [ˈkɪtɪ] **1** (N) **a** [*of money*] cagnotte *f* **b** (= *cat*)* minou* *m* **2** (COMP) ▸ **Kitty Litter**® N (*US*) litière *f* pour chats
kiwi [ˈkiːwiː] (N) (= *bird, fruit*) kiwi *m*
Kleenex® [ˈkliːneks] (N) (*pl* **Kleenex**) Kleenex® *m*
kleptomaniac [ˌkleptəʊˈmeɪnɪæk] (ADJ, N) kleptomane *mf*
km (N) (ABBR OF **kilometre(s)**) km
kmh (N) (ABBR OF **kilometres per hour**) km/h
knack [næk] (N) **a** (= *physical dexterity*) tour *m* de main • **there's a ~ to it** il y a un tour de main à prendre **b** (= *talent*) **to have the ~ of doing sth** avoir le don pour faire qch
knackered‡ [ˈnækəd] (ADJ) (*Brit*) **a** (= *tired out*) crevé* **b** (= *broken*) foutu‡
knapsack [ˈnæpsæk] (N) sac *m* à dos
knead [niːd] (VT) [+ *dough*] pétrir; [+ *muscles*] malaxer
knee [niː] (N) genou *m* • **these trousers have gone at the ~(s)** ce pantalon est usé aux genoux • **to sit on sb's ~** s'asseoir sur les genoux de qn • **to put a child over one's ~** (= *smack*) donner une fessée à un enfant • **to go down on one's ~s to sb** supplier qn à genoux • **to bring sb to his ~s** forcer qn à se soumettre ▸ **knee-deep** ADJ **the water was ~-deep** l'eau arrivait aux genoux • **to be ~-deep in paperwork*** être dans la paperasse jusqu'au cou* ▸ **knee-high** ADJ à hauteur de genou • **~-high to a grasshopper*** haut comme trois pommes* ▸ **knee-jerk** ADJ [*reaction*] réflexe ▸ **knee-length** ADJ [*skirt*] qui s'arrête au genou; [*boots*] haut
kneecap [ˈniːkæp] **1** (N) rotule *f* **2** (VT) (= *shoot*) tirer dans le genou de
kneel [niːl] (*pret, ptp* **knelt** *or* **kneeled**) (VI) (= *kneel down*) s'agenouiller; (= *be kneeling*) être agenouillé
kneepad [ˈniːpæd] (N) genouillère *f*
knell [nel] (N) glas *m* • **to sound the (death) ~** sonner le glas
knelt [nelt] (VB) *pt, ptp of* **kneel**
knew [njuː] (VB) *pt of* **know**
knickerbocker glory [ˌnɪkəbɒkəˈglɔːrɪ] (N) (*Brit*) *coupe glacée faite de glace, de gelée, de crème et de fruits*
knickerbockers [ˈnɪkəˌbɒkəʳz] (NPL) (*knee-length*) knickers *mpl*
knickers [ˈnɪkəz] (NPL) (*Brit*) culotte *f* • **to get one's ~ in a twist**‡ se mettre dans tous ses états
knick-knack [ˈnɪknæk] (N) bibelot *m*, babiole *f*; (*on dress*) colifichet *m*
knife [naɪf] **1** (N) (*pl* **knives**) couteau *m*; (= *pocket knife*) canif *m* • **the knives are out for him*** on en a après lui • **to go under the ~*** (= *undergo operation*) passer sur le billard* • **you could have cut the atmosphere with a ~** il y avait de la tension dans l'air **2** (VT) [+ *person*] donner un coup de couteau à **3** (COMP) ▸ **knife crime** N crime *m* à l'arme blanche ▸ **knife edge** N **on a ~ edge** (= *tense*) sur des charbons ardents • **the success of the scheme was balanced on a ~ edge** la réussite du projet ne tenait qu'à un fil
knifing [ˈnaɪfɪŋ] (N) attaque *f* au couteau
knight [naɪt] **1** (N) chevalier *m*; (*Chess*) cavalier *m* • **a ~ in shining armour** un sauveur **2** (VT) (*Brit*) [*sovereign*] faire chevalier
knighthood [ˈnaɪthʊd] (N) (*Brit*) (= *rank*) titre *m* de chevalier • **to get a ~** être fait chevalier
knit [nɪt] (*pret, ptp* **knitted** *or* **knit**) **1** (VT) [+ *garment*] tricoter • **"~ three, purl one"** « trois mailles à l'endroit, une maille à l'envers » • **to ~ one's brows** froncer les sourcils **2** (VI) **a** tricoter **b** (*also* **knit together**) [*bone*] se souder
knitting [ˈnɪtɪŋ] (N) tricot *m* ▸ **knitting machine** N machine *f* à tricoter ▸ **knitting needle** N aiguille *f* à tricoter
knitwear [ˈnɪtwɛəʳ] (N) tricots *mpl*
knives [naɪvz] (NPL) *of* **knife**
knob [nɒb] (N) **a** [*of door*] bouton *m* **b** (*Brit*) **~ of butter** noix *f* de beurre
knobbly [ˈnɒblɪ], **knobby** [ˈnɒbɪ] (ADJ) noueux
knock [nɒk] **1** (N) **a** (= *blow*) coup *m*; (= *collision*) choc *m* • **he got a ~ (on the head)** il a reçu un coup (sur la tête) **b** (*at door*) **there was a ~ at the door** on a frappé (à la porte) • **I heard a ~ (at the door)** j'ai entendu frapper (à la porte)
c (= *setback*) revers *m* • **~s** (= *criticism*)* critiques *fpl* • **to take a ~** [*person*] en prendre un coup* • **his pride has taken a ~** son orgueil en a pris un coup • **his confidence has taken a ~** sa confiance a été sérieusement ébranlée
2 (VT) **a** [+ *object*] frapper • **to ~ a nail in (with a hammer)** enfoncer un clou (à coups de marteau) • **he ~ed the ball into the hedge** il a envoyé la balle dans la haie • **to ~ a glass off a table** faire tomber un verre d'une table • **to ~ one's head on** *or* **against sth** se cogner la tête contre qch • **that ~ed his plans on the head*** (*Brit*) ça a flanqué* par terre ses projets • **to ~ some sense into sb*** ramener qn à la raison • **to ~ spots off sb*** battre qn à plate(s) couture(s) • **to ~ spots off sth*** être beaucoup mieux que qch

b [+ *person*] **to ~ sb to the ground** jeter qn à terre • **to ~ sb unconscious** assommer qn • **to ~ sb dead*** épater qn* • **go out there and ~ 'em dead!*** montre-leur de quoi tu es capable ! • **his wife's death really ~ed him sideways*** (*Brit*) la mort de sa femme l'a profondément ébranlé • **to ~ sb for six*** (*Brit*) [*news*] faire un choc à qn
c (*in building*) **to ~ two rooms into one** abattre la cloison entre deux pièces
d (= *denigrate*)* [+ *person, plan, idea*] dénigrer • **don't ~ it!** arrête de dénigrer !
3 (VI) (= *bump*) frapper • **his knees were ~ing** il tremblait de peur • **to ~ against** *or* **into sb/sth** se cogner contre qn/qch • **he ~ed into the table** il s'est cogné dans la table • **the car ~ed into the lamppost** la voiture a heurté le réverbère
4 (COMP) ▸**knock-kneed** ADJ **to be ~-kneed** avoir les genoux cagneux ▸**knock-on** N (*Rugby*) en-avant *m inv* ▸**knock-on effect** N répercussions *fpl* ▸**knock-up** N (*Tennis*) **to have a ~-up** faire des balles
▸ **knock about*, knock around*** 1 VI (= *travel*) bourlinguer*; (= *hang around*) traîner • **what are all these boxes ~ing about in the garage?** que font tous ces cartons dans le garage ? • **who's he ~ing around with these days?** qui est-ce qu'il fréquente en ce moment ? 2 VT INSEP **he's ~ing about France somewhere** il se balade* quelque part en France 3 VT SEP (= *beat*) taper sur • **he ~s her about** il lui tape dessus*
▸ **knock back*** VT SEP **a** [+ *drink*] s'envoyer* **b** (= *cost*) coûter • **how much did it ~ you back?** ça vous a coûté combien ? **c** (= *shock*) sonner* • **the news ~ed her back a bit** la nouvelle l'a un peu sonnée* **d** (= *refuse*) [+ *offer, invitation*] refuser; [+ *person*] jeter*
▸ **knock down** VT SEP **a** [+ *person*] renverser • **he got ~ed down by a bus** il a été renversé par un autobus **b** [+ *building*] démolir; [+ *door*] (= *remove*) démolir; (= *kick in*) enfoncer • **he ~ed me down with one blow** il m'a jeté à terre d'un seul coup **c** [+ *price*] baisser
▸ **knock off** 1 VI (= *leave work*)* quitter son travail 2 VT SEP **a** **I got ~ed off my bike** j'ai été renversé en vélo • **to ~ sb's block off*** casser la figure* à qn **b** (= *reduce price by*) faire une remise de • **I'll ~ off £10** je vous fais une remise de 10 livres • **she ~ed 15 seconds off the world record** elle a battu le record du monde de 15 secondes **c** (*Brit* = *steal*)* piquer* **d** (= *stop*) **~ it off!*** ça suffit ! **e** (= *kill*)* liquider*
▸ **knock out** VT SEP **a** (= *stun*) **to ~ sb out** [*person, drug*] assommer qn; [*boxer*] mettre qn KO **b** (= *exhaust*) mettre à plat* **c** (*from competition*) éliminer **d** [+ *electricity*] couper
▸ **knock over** VT SEP [+ *object, pedestrian*] renverser • **he was ~ed over by a taxi** il a été renversé par un taxi
▸ **knock up** 1 VI (*Tennis*) faire des balles 2 VT SEP **a** [+ *meal*] improviser; [+ *shed*] bricoler (en vitesse) **b** (= *make pregnant*)** engrosser**

knockback* ['nɒkbæk] (N) revers *m* • **to get a ~** se prendre une veste*

knockdown ['nɒkdaʊn] (ADJ) **~ price** prix *m* très avantageux

knocker ['nɒkəʳ] (N) (*on door*) heurtoir *m*

knocking ['nɒkɪŋ] (N) coups *mpl* • **I can hear ~ at the door** j'entends frapper à la porte ▸**knocking-off time*** N heure *f* de la sortie

knockout ['nɒkaʊt] 1 (N) **a** (*Boxing*) knock-out *m inv* **b** **to be a ~*** [*person*] être sensationnel* 2 (ADJ) **a** (*Boxing*) **the ~ blow came in round six** il a été mis KO au sixième round **b** (*Brit*) [*tournament*] à élimination directe

knot [nɒt] 1 (N) **a** nœud *m* • **to tie a ~** faire un nœud • **to have a ~ in one's stomach** avoir l'estomac noué **b** (= *unit of speed*) nœud *m* **c** (*in wood*) nœud *m* 2 (VT) [+ *tie*] nouer

knotty ['nɒtɪ] (ADJ) **a** [*wood*] noueux **b** [*problem*] épineux

know [nəʊ]

1	TRANSITIVE VERB	4	NOUN
2	INTRANSITIVE VERB	5	COMPOUNDS
3	SET STRUCTURES		

> vb: pret **knew**, ptp **known**

1 TRANSITIVE VERB

> When **know** is part of set combinations, eg **know the ropes, know the score**, look up the noun.

a (= *have knowledge of*) connaître • **to ~ the results/the truth** connaître les résultats/la vérité • **I ~ the problem!** je connais le problème !

> **savoir** can often also be used.

• **to ~ the difference between** connaître *or* savoir la différence entre • **to ~ French** savoir le français • **that's worth ~ing** c'est bon à savoir

> When **to know** is followed by a clause, **savoir** must be used. Unlike **that**, **que** can never be omitted.

• **I ~ (that) you're wrong** je sais que vous avez tort • **to ~ how to do sth** savoir faire qch • **I ~ how you feel** je comprends ce que tu ressens • **you don't ~ how relieved I am** vous ne pouvez pas savoir comme je suis soulagé • **he ~s what he's talking about** il sait de quoi il parle • **you ~ what I mean** tu vois ce que je veux dire • **I don't ~ where to begin** je ne sais pas par où commencer • **I don't ~ why he reacted like that** je ne sais pas pourquoi il a réagi comme ça
b (= *be acquainted with*) [+ *person, place*] connaître • **I ~ him well** je le connais bien • **do you ~ Paris?** connaissez-vous Paris ? • **to ~ sb by sight** connaître qn de vue • **I don't ~ her to speak to** je ne la connais que de vue • **everyone ~s him as Dizzy** on le connaît sous le nom de Dizzy
c (= *recognize*) reconnaître • **to ~ sb by his walk** reconnaître qn à sa démarche • **I ~ real expertise when I see it!** je sais reconnaître un spécialiste quand j'en vois un ! • **she ~s a good thing when she sees it*** elle ne laisse pas passer les bonnes occasions
d (= *be certain*) **I don't ~ that it's made things any easier** je ne suis pas sûr que ça ait simplifié les choses • **I don't ~ if I can do it** je ne suis pas sûr de pouvoir le faire
e (*exclamations*) **well, what do you ~!*** tiens, tiens ! • **(do) you ~ what*, I think she did it!** tu sais quoi*, je pense que c'est elle qui a fait ça ! • **she's furious! — don't I ~ it!*** elle est furieuse ! — à qui le dis-tu !

2 INTRANSITIVE VERB

savoir • **who ~s?** qui sait ? • **is she nice? — I wouldn't ~*** est-ce qu'elle est gentille ? — je ne sais pas • **how should I ~?**

comment veux-tu que je sache ? • **as far as I ~** à ma connaissance • **not as far as I ~** pas à ma connaissance • **for all I ~** pour ce que j'en sais • **you never ~** on ne sait jamais

3 SET STRUCTURES

▸**to know sth about sth/sb to ~ a lot about sth/sb** en savoir long sur qch/qn • **I don't ~ much about him** je ne le connais pas beaucoup • **she ~s all about computers** elle s'y connaît en informatique • **I ~ nothing about it** je ne sais rien à ce sujet

▸**to know about sth/sb I didn't ~ about their quarrel** je n'étais pas au courant de leur dispute • **do you ~ about Paul?** tu es au courant pour Paul ? • **so you're satisfied? — I don't ~ about that** alors tu es satisfait ? — pas vraiment • **I'm not going to school tomorrow — I don't ~ about that!*** je ne vais pas à l'école demain — c'est ce qu'on va voir !

▸**to know of** (*= be acquainted with*) connaître ; (*= be aware of*) savoir ; (*= learn about*) apprendre ; (*= have heard of*) avoir entendu parler de • **do you ~ of a good hairdresser?** connaissez-vous un bon coiffeur ? • **is he married? — not that I ~ of** il est marié ? — pas que je sache • **I knew of his death through a friend** j'ai appris sa mort par un ami • **I ~ of you through your sister** j'ai entendu parler de vous par votre sœur

▸**to know sb/sth from sb/sth** (*= distinguish*) savoir faire la différence entre qn/qch et qn/qch • **he doesn't ~ good wine from cheap plonk*** il ne sait pas faire la différence entre un bon vin et une piquette*

▸**to know sb/sth** + *infinitive* **I've never ~n him to smile** je ne l'ai jamais vu sourire • **well, it has been ~n to happen** enfin, ça c'est déjà vu

▸**to know better I ~ better than to offer advice** je me garde bien de donner des conseils • **you ought to have ~n better** tu aurais dû réfléchir • **he should ~ better at his age** à son âge il devrait avoir un peu plus de bon sens • **he says he didn't do it but I ~ better** il dit qu'il ne l'a pas fait mais je ne suis pas dupe

▸**to know best well, you ~ best!** c'est toi qui sais ! • **mother ~s best!** maman a toujours raison !

▸**to get to know** [*+ person*] faire plus ample connaissance avec • **I'd like to get to ~ you better** j'aimerais faire plus ample connaissance avec vous

▸**to let sb know I'll let you ~ on Monday** je te dirai ça lundi • **if you can't come, please let me ~** préviens-moi si tu ne peux pas venir

▸**to let sb know sth** dire qch à qn • **let me ~ if I can help** si je peux me rendre utile, dites-le-moi

4 NOUN

▸**to be in the know*** être au courant

5 COMPOUNDS

▸**know-all*** N (*Brit*) je-sais-tout* *mf* ▸**know-how*** N savoir-faire *m* ▸**know-it-all*** N (*US*) je-sais-tout* *mf*

---

knowing ['nəʊɪŋ] ADJ [*look*] entendu

knowingly ['nəʊɪŋlɪ] ADV [*look*] d'un air entendu

knowledge ['nɒlɪdʒ] 1 N ⓐ (*= understanding, awareness*) connaissance *f* • **to have ~ of sth** avoir connaissance de qch • **to have no ~ of sth** ne pas savoir qch • **not to my ~** pas à ma connaissance • **without his ~** à son insu • **to bring sth to sb's ~** porter qch à la connaissance de qn • **it has come to my ~ that ...** j'ai appris que ... • **it's common ~ that ...** il est de notoriété publique que ...

ⓑ (*= body of knowledge*) savoir *m* ; (*in a given field*) connaissances *fpl* • **my ~ of English is elementary** mes connaissances d'anglais sont élémentaires • **he has a working ~ of Japanese** il possède les éléments de base du japonais

2 COMP ▸**knowledge-based system** N (*Comput*) système *m* expert

knowledgeable ['nɒlɪdʒəbl] ADJ [*person*] (*in general*) cultivé ; (*in a given subject*) qui s'y connaît • **she's very ~ about cars** elle s'y connaît en voitures

known [nəʊn] 1 VB *ptp of* **know** 2 ADJ connu (**to sb** de qn) • **she wishes to be ~ as Jane Beattie** elle veut se faire appeler Jane Beattie • **to make sth ~ to sb** faire savoir qch à qn • **to make o.s. ~ to sb** se présenter à qn • **to let it be ~ that ...** faire savoir que ... • **it is a ~ fact that ...** c'est un fait établi que ... • **the most dangerous snake ~ to man** le serpent le plus dangereux que l'homme connaisse

knuckle ['nʌkl] N articulation *f* du doigt • **to crack one's ~s** faire craquer ses doigts

▸**knuckle down*** VI s'y mettre • **to ~ down to work** s'atteler au travail

▸**knuckle under*** VI céder

knuckleduster ['nʌkl,dʌstəʳ] N coup-de-poing *m* américain

KO* ['keɪ'əʊ] (ABBR OF **knockout**) 1 N (*= blow*) KO *m* 2 VT mettre KO

koala [kəʊ'ɑːlə] N (*also* **koala bear**) koala *m*

kookie*, kooky* ['kuːkɪ] ADJ (*US*) cinglé*

Koran [kɒ'rɑːn] N Coran *m*

Koranic [kɒ'rænɪk] ADJ coranique

Korea [kə'rɪə] N Corée *f*

Korean [kə'rɪən] ADJ coréen • **North/South ~** nord-/sud-coréen

korma ['kɔːmə] N *type de curry souvent préparé à la crème et à la noix de coco*

kosher ['kəʊʃəʳ] ADJ kasher *inv* • **it's ~*** c'est OK*

Kosovar ['kɒsəvɑːʳ] 1 ADJ kosovar *f inv* 2 N Kosovar *mf*

Kosovo ['kɒsəvəʊ] N Kosovo *m*

kowtow ['kaʊ'taʊ] VI se prosterner • **to ~ to sb** faire des courbettes devant qn

Kremlin ['kremlɪn] N Kremlin *m*

krypton ['krɪptɒn] N krypton *m*

KS (ABBR OF **Kansas**)

kudos* ['kjuːdɒs] N gloire *f*

Kurd [kɜːd] N Kurde *mf*

Kurdish ['kɜːdɪʃ] ADJ kurde

Kurdistan [,kɜːdɪ'stɑːn] N Kurdistan *m*

Kuwait [kʊ'weɪt] N Koweït *m*

Kuwaiti [kʊ'weɪtɪ] 1 N Koweïtien(ne) *m(f)* 2 ADJ koweïtien

kW (ABBR OF **kilowatt**) kW

KY (ABBR OF **Kentucky**)

L

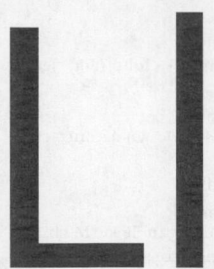

L, l [el] 1 N (ABBR OF **litre(s)**) l 2 ADJ (ABBR OF **large**) L 3 COMP ▸**L-plate** N (*Brit*) *plaque signalant la conduite accompagnée*; [*of driving school*] plaque *f* d'auto-école ▸**L-shaped** ADJ [*room*] en L

LA¹ [el'eɪ] (ABBR OF **Los Angeles**)

LA² (ABBR OF **Louisiana**)

La. ⓐ (ABBR OF **Lane**) ⓑ (ABBR OF **Louisiana**)

lab* [læb] 1 N (ABBR OF **laboratory**) labo* *m* 2 COMP [*work, test*] en laboratoire ▸**lab coat** N blouse *f* blanche ▸**lab technician** N technicien(ne) *m(f)* de laboratoire

label ['leɪbl] 1 N étiquette *f*; (= *brand guarantee*) label *m* • **an album on the Technix ~** un album sorti sous le label Technix • **he was stuck with the ~ of "political activist"** il avait du mal à se défaire de l'étiquette d'« activiste politique »

2 VT ⓐ [+ *parcel, bottle*] coller une étiquette (*or* des étiquettes) sur; [+ *goods for sale*] étiqueter • **all packets must be clearly ~led** tous les paquets doivent être clairement étiquetés • **the bottle was not ~led** il n'y avait pas d'étiquette sur la bouteille • **the bottle was ~led "poison"** sur la bouteille il y avait marqué « poison »

ⓑ [+ *person, group*] étiqueter • **he was ~led a dissident** on l'a étiqueté comme dissident

labelling, labeling (*US*) ['leɪblɪŋ] N étiquetage *m*

labor ['leɪbəʳ] (*US*) = **labour**

laboratory [lə'bɒrətərɪ, (*US*) 'læbrətərɪ] 1 N laboratoire *m* 2 COMP [*experiment, instrument*] de laboratoire ▸**laboratory assistant** N laborantin(e) *m(f)* ▸**laboratory technician** N technicien(ne) *m(f)* de laboratoire

laborious [lə'bɔːrɪəs] ADJ laborieux

labour, labor (*US*) ['leɪbəʳ] 1 N ⓐ (= *hard work*) travail *m* • **this biography is clearly a ~ of love** il est évident que cette biographie a été écrite avec amour

ⓑ (= *workers*) main-d'œuvre *f* • **Minister/Ministry of Labour** • **Secretary/Department of Labor** (*US*) ministre *mf*/ministère *m* du Travail

ⓒ (= *political party*) **Labour** le parti travailliste • **he votes Labour** il vote travailliste

ⓓ (*in childbirth*) travail *m* • **in ~** en travail • **to go into ~** commencer à avoir des contractions

2 ADJ **Labour** [*leader, party*] travailliste

3 VI ⓐ (= *work with effort*) travailler dur (**at** à); (= *work with difficulty*) peiner (**at** sur) • **to ~ to do sth** peiner pour faire qch • **to ~ up a slope** gravir péniblement une pente

ⓑ **to ~ under a delusion** être victime d'une illusion • **to ~ under the misapprehension that ...** s'imaginer que ...

4 VT insister sur

5 COMP [*dispute, trouble*] ouvrier ▸**Labor Day** N fête *f* du Travail ▸**labor union** N (*US*) syndicat *m* ▸**labour camp** N camp *m* de travail ▸**labour force** N population *f* active ▸**labour-intensive** ADJ employant beaucoup de main-d'œuvre ▸**labour market** N marché *m* du travail ▸**the Labour movement** N le mouvement travailliste ▸**labour pains** NPL douleurs *fpl* de l'accouchement ▸**the Labour Party** N le Parti travailliste ▸**labour relations** NPL relations *fpl* du travail ▸**labour-saving** ADJ qui facilite le travail ▸**labour-saving device** N (*in household*) appareil *m* ménager ▸**labour ward** N salle *f* d'accouchement

> **LABOR DAY**
>
> La fête du Travail aux États-Unis et au Canada est fixée au premier lundi de septembre. Instituée par le Congrès en 1894 après avoir été réclamée par les mouvements ouvriers pendant douze ans, elle a perdu une grande partie de son caractère politique pour devenir un jour férié assez ordinaire et l'occasion de partir pour un long week-end avant la rentrée des classes.

laboured, labored (*US*) ['leɪbəd] ADJ ⓐ [*movement*] pénible; [*negotiations, process*] laborieux ⓑ [*joke*] lourd; [*style*] laborieux

labourer, laborer (*US*) ['leɪbərəʳ] N ouvrier *m*

Labrador ['læbrə,dɔːʳ] N (*also* **labrador**) labrador *m*

labyrinth ['læbɪrɪnθ] N labyrinthe *m*

lace [leɪs] 1 N ⓐ (= *fabric*) dentelle *f* ⓑ (= *shoelace*) lacet *m* 2 VT ⓐ lacer ⓑ **to ~ with** [+ *alcohol*] arroser de • **tea ~d with whisky** du thé arrosé de whisky • **coffee ~d with cyanide** du café dans lequel on a ajouté du cyanure

3 VI se lacer 4 COMP [*collar, curtains*] en dentelle ▸**lace-up shoes** NPL (*Brit*) chaussures *fpl* à lacets

lacerate ['læsəreɪt] VT lacérer

laceration [,læsə'reɪʃən] N (= *act*) lacération *f*; (= *tear*) déchirure *f*

lack [læk] 1 N manque *m* • **such was their ~ of confidence that ...** ils manquaient tellement de confiance que ... • **there was a complete ~ of interest in my proposals** mes suggestions se sont heurtées à une indifférence totale • **there was no ~ of applicants** ce n'étaient pas les candidats qui manquaient

▸**through lack of** faute de

2 (VT) manquer de • **we ~ the resources** nous manquons de ressources • **he doesn't ~ talent** il ne manque pas de talent

3 (VI) ⓐ **to be ~ing** [*food, money*] manquer • **innovation has been sadly ~ing throughout this project** l'innovation a fait cruellement défaut dans ce projet

ⓑ **to be ~ing in** [*person*] manquer de

lacklustre, lackluster (*US*) ['læk,lʌstəʳ] (ADJ) terne

laconic [lə'kɒnɪk] (ADJ) laconique

lacquer ['lækəʳ] 1 (N) laque *f* 2 (VT) [*+ wood*] laquer; (*Brit*) [*+ hair*] mettre de la laque sur

lactate ['lækteɪt] (VT) produire du lait

lactic acid ['læktɪk-] (N) acide *m* lactique

lactose ['læktəʊs] (N) lactose *m*

lacy ['leɪsɪ] (ADJ) (*= made of lace*) en dentelle; (*= decorated with lace*) avec des dentelles • **a ~ pattern** un motif de dentelle

lad [læd] (N) (*= boy*) garçon *m*; (*= son*)* fiston* *m* • **when I was a ~** quand j'étais jeune • **he's only a ~** ce n'est qu'un gosse* • **I'm going for a drink with the ~s*** (*Brit*) je vais boire un pot* avec les copains • **come on ~s!** allez les gars!* • **he's one of the ~s*** (*Brit*) il fait partie de la bande • **he's a bit of a ~*** (*Brit*) c'est un chaud lapin*

ladder ['lædəʳ] 1 (N) ⓐ échelle *f* • **to be at the top/bottom of the ~** être en haut/en bas de l'échelle • **to move up the social ~** monter dans l'échelle sociale • **to move up the career ~** monter dans la hiérarchie • **to get on the housing ~** accéder à la propriété ⓑ (*Brit*) (*in tights*) maille *f* filée • **to have a ~ in one's tights** avoir un collant filé 2 (VTI) (*Brit*) filer

laddish* ['lædɪʃ] (ADJ) (*Brit*) macho* *inv*

laden ['leɪdn] (ADJ) chargé (**with** de) • **fully ~ ship** navire *m* avec un plein chargement • **~ with debt** couvert de dettes

ladle ['leɪdl] (N) louche *f*

▸ **ladle out** VT SEP [*+ soup*] servir (à la louche); [*+ money, advice*]* prodiguer

lady ['leɪdɪ] 1 (N) ⓐ (*= woman*) dame *f* • **young ~** (*married*) jeune femme *f*; (*unmarried*) jeune fille *f* • **a little old ~** une petite vieille* • **look here, young ~!** dites donc, jeune fille! • **this is the young ~ who served me** voilà la demoiselle qui m'a servi • **Ladies and Gentlemen!** Mesdames, Mesdemoiselles, Messieurs! • **good morning, ladies and gentlemen** bonjour mesdames, bonjour mesdemoiselles, bonjour messieurs

ⓑ (*in titles*) **Lady Davenport** lady Davenport

ⓒ (*for women*) **ladies' hairdresser** coiffeur *m*, -euse *f* pour dames • **he's a ladies' man** c'est un homme à femmes

ⓓ **ladies** (*= public lavatory*) toilettes *fpl* (pour dames) • **where is the ladies?** où sont les toilettes (pour dames)? • **"Ladies"** (*on sign*) « Dames »

2 (COMP) ▸ **lady friend*** N amie *f* ▸ **lady-in-waiting** N (*pl* **ladies-in-waiting**) dame *f* d'honneur

ladybird ['leɪdɪbɜːd] (N) (*Brit*) coccinelle *f*

ladybug ['leɪdɪbʌg] (N) (*US*) coccinelle *f*

ladylike ['leɪdɪlaɪk] (ADJ) [*person, manners*] distingué

ladyship ['leɪdɪʃɪp] (N) **Her/Your Ladyship** Madame *f* (la comtesse *or* la baronne)

lag [læg] (VI) être à la traîne • **he was ~ging behind the others** il était à la traîne; (*physically*) il traînait derrière les autres • **their country ~s behind ours in this area** leur pays a du retard sur le nôtre dans ce domaine

▸ **lag behind** VI être à la traîne

lager ['lɑːgəʳ] (N) ≈ bière *f* blonde • **~ lout** (*Brit*) jeune voyou *m* (*porté sur la bière*)

lagoon [lə'guːn] (N) lagon *m*

laid [leɪd] (VB) *pt, ptp of* **lay** ▸ **laid-back*** ADJ décontracté

lain [leɪn] (VB) *ptp of* **lie**

lair [lɛəʳ] (N) tanière *f*; (*fig*) repaire *m*

laity ['leɪɪtɪ] (NPL) **the ~** les laïcs *mpl*

lake [leɪk] (N) lac *m* • **Lake Michigan** le lac Michigan • **Lake Constance** le lac de Constance • **Lake Geneva** le lac Léman *or* de Genève ▸ **the Lake District** N la région des lacs

lama ['lɑːmə] (N) lama *m*

lamb [læm] 1 (N) agneau *m* • **my little ~!*** mon trésor! • **poor ~!*** pauvre petit(e)! 2 (ADJ) d'agneau

lambswool ['læmzwʊl] (N) lambswool *m*

lame [leɪm] 1 (ADJ) ⓐ (*= disabled*) [*person*] éclopé; [*horse*] boiteux; [*leg*] estropié • **to be ~** boiter • **to go ~** [*horse*] se mettre à boiter ⓑ [*excuse*] mauvais; [*performance*] piètre *before n*; [*joke*] vaseux; [*argument*] boiteux 2 (COMP) ▸ **lame duck** N (*= failure*) canard *m* boiteux; (*US Politics*) *homme politique non réélu qui assure l'intérim en attendant l'entrée en fonction de son successeur*

lament [lə'ment] 1 (N) ⓐ lamentation *f* ⓑ (*= poem*) élégie *f*; (*= song*) complainte *f*; (*at funeral*) chant *m* funèbre 2 (VT) [*+ loss, lack*] regretter • **to ~ sb's death** pleurer la mort de qn • **to ~ the fact that ...** regretter que ... *+ subj* • **our late ~ed sister** notre regrettée sœur 3 (VI) se lamenter (**for** sur) • **to ~ over one's lost youth** pleurer sa jeunesse perdue

lamentable ['læməntəbl] (ADJ) [*situation, performance*] déplorable; [*incident*] regrettable

lamentably ['læməntəblɪ] (ADV) lamentablement • **there are still ~ few women surgeons** il est déplorable qu'il y ait toujours aussi peu de femmes chirurgiens

laminate ['læmɪneɪt] (N) stratifié *m*

laminated ['læmɪneɪtɪd] (ADJ) [*wood*] stratifié; [*metal*] laminé; [*glass*] feuilleté; [*windscreen*] en verre feuilleté

laminator ['læmɪneɪtəʳ] (N) plastifieuse *f*

lamp [læmp] (N) (*= light*) lampe *f*; (*= bulb*) ampoule *f*

lamplight ['læmplaɪt] (N) **by ~** à la lumière d'une lampe

lampoon [læm'puːn] 1 (N) virulente satire *f*; (*written*) pamphlet *m*; (*spoken*) diatribe *f* 2 (VT) railler

lamppost ['læmppəʊst] (N) réverbère *m*

lampshade ['læmpʃeɪd] (N) abat-jour *m inv*

LAN [læn] (N) (*Comput*) (ABBR OF **local area network**) → **local**

lance [lɑːns] 1 (N) lance *f* 2 (VT) [*+ abscess*] percer

lancet ['lɑːnsɪt] (N) lancette *f*

Lancs (ABBR OF **Lancashire**)

land [lænd] 1 (N) ⓐ terre *f* • **on ~** à terre • **on dry ~** sur la terre ferme • **to go by ~** voyager par voie de terre • **to see how the ~ lies** tâter le terrain

ⓑ (*= farmland*) terre *f* • **agricultural ~** terres *fpl* agricoles • **to work (on) the ~** travailler la terre • **many people have left the ~** beaucoup de gens ont quitté la terre

ⓒ (*= property*) (*large*) terre(s) *f(pl)*; (*smaller*) terrain *m* • **a piece of ~** un terrain

ⓓ (*= country*) pays *m* • **throughout the ~** dans tout le pays • **a ~ of contrasts** une terre de contrastes • **a ~ of opportunity** un pays où tout le monde a ses chances • **to be in the ~ of the living** être encore de ce monde • **~ of milk and honey** pays *m* de cocagne

2 (VT) ⓐ [+cargo] décharger; [+passengers] débarquer; [+aircraft] poser; [+fish] prendre • **to ~ a blow on sb's cheek** frapper qn sur la joue
ⓑ (= obtain)* [+job, contract] décrocher*
ⓒ (Brit = cause to be)* **to ~ sb in it** mettre qn dans le pétrin* • **that will ~ you in trouble** ça va vous attirer des ennuis • **buying the house ~ed him in debt** l'achat de la maison l'a mis financièrement dans le pétrin* • **that's what ~ed him in jail** c'est comme ça qu'il s'est retrouvé en prison
ⓓ (Brit)* **to be ~ed with sth** (= left with) rester avec qch sur les bras; (= forced to take on) devoir se coltiner qch* • **now we're ~ed with all this extra work** maintenant il faut qu'on se coltine tout ce boulot en plus* • **I've got ~ed with this job** on m'a collé* ce travail
3 (VI) ⓐ [aircraft] atterrir • **to ~ on the moon** atterrir sur la lune • **we ~ed at Orly** nous avons atterri à Orly • **as the plane was coming in to ~** comme l'avion s'apprêtait à atterrir
ⓑ (= fall) tomber; (after a jump) retomber • **he slipped and ~ed heavily on his arm** il a glissé et est tombé lourdement sur le bras • **to ~ awkwardly** mal retomber • **to ~ on sth** [falling object] tomber sur qch; [person or animal jumping] retomber sur qch; [bird, insect] se poser sur qch • **to ~ on one's feet** retomber sur ses pieds
4 (COMP) ▸ **land mass** N bloc *m* continental
▸ **land up*** VI atterrir* • **to ~ up in jail** atterrir* en prison • **the report ~ed up on my desk** le rapport a atterri* sur mon bureau • **we finally ~ed up in a small café** nous avons fini par échouer dans un petit café

landed ['lændɪd] (ADJ) [proprietor] terrien; [property] foncier ▸ **landed gentry** N aristocratie *f* terrienne

landfill ['lændfɪl] (N) enfouissement *m* des déchets • **~ site** décharge *f* contrôlée

landing ['lændɪŋ] 1 (N) ⓐ [of aircraft, spacecraft] atterrissage *m*; (on sea) amerrissage *m*; (on moon) alunissage *m*; (on deck) appontage *m* ⓑ (from ship) débarquement *m* • **the Normandy ~s** le débarquement (du 6 juin 1944) ⓒ [of high jumper, ski jumper, gymnast] réception *f* ⓓ (between stairs) palier *m*; (= storey) étage *m* 2 (COMP) ▸ **landing card** N carte *f* de débarquement ▸ **landing gear** N train *m* d'atterrissage ▸ **landing stage** N (Brit) débarcadère *m* ▸ **landing strip** N piste *f* d'atterrissage

landlady ['lænd,leɪdɪ] (N) propriétaire *f*

landline ['lændlaɪn] (N) ligne *f* terrestre • **can I call you on your ~?** je peux t'appeler sur ton fixe ?

landlocked ['lændlɒkt] (ADJ) (= totally enclosed) [country] enclavé; [sea] intérieur; (= almost totally enclosed) entouré par les terres

landlord ['lænd,lɔːd] (N) propriétaire *m*

landmark ['lændmɑːk] (N) point *m* de repère • **a ~ in ...** (= important moment) un moment marquant de ...

landmine ['lændmaɪn] (N) mine *f*

landowner ['lændəʊnəʳ] (N) propriétaire *m* terrien

landscape ['lænd,skeɪp] 1 (N) paysage *m* 2 (VT) aménager 3 (ADJ, ADV) (format) en format paysage 4 (COMP) ▸ **landscape architect** N architecte *mf* paysagiste ▸ **landscape gardener** N jardinier *m*, -ière *f* paysagiste ▸ **landscape gardening** N aménagement *m* de jardins ▸ **landscape mode** N format *m* paysage ▸ **landscape painter** N (peintre *mf*) paysagiste *mf*

landscaper ['lænd,skeɪpəʳ] (N) paysagiste *mf*

landslide ['lænd,slaɪd] (N) glissement *m* de terrain; [of loose rocks] éboulement *m*; (Politics) (= landslide victory) victoire *f* écrasante • **to win by a ~** remporter une victoire écrasante • **~ majority** majorité *f* écrasante

lane [leɪn] (N) ⓐ petite route *f*; (in town) ruelle *f* ⓑ (= part of road) voie *f*; (= line of traffic) file *f* • **"keep in ~"** « ne changez pas de file » • **"get in ~"** « mettez-vous dans la bonne file » • **(to be in) the left-hand ~** (rouler sur) la voie de gauche • **traffic was reduced to a single ~** on ne roulait plus que sur une seule file ⓒ (for ships, runners, swimmers) couloir *m* • **air/shipping ~** couloir *m* aérien/de navigation

language ['læŋgwɪdʒ] 1 (N) ⓐ (= particular tongue) langue *f* • **the French ~** la langue française • **he's studying ~s** il fait des études de langue
ⓑ (= ability to talk) langage *m* • **the faculty of ~** le langage • **he's studying ~** il étudie les sciences du langage
ⓒ (= specialized terminology) langage *m* • **scientific/legal ~** langage *m* scientifique/juridique
ⓓ (= individual's manner of expression) langage *m* • **(watch your) ~!*** surveille ton langage ! • **strong** *or* **bad** *or* **foul ~** gros mots *mpl*
2 (COMP) [degree, studies, textbooks] de langue; [department] de langues; [students] en langues; [ability] à s'exprimer ▸ **language barrier** N barrière *f* de la langue ▸ **language laboratory, language lab*** N laboratoire *m* de langues ▸ **language school** N école *f* de langues

> The English word contains a **u** whereas the French word **langage** does not.

languid ['læŋgwɪd] (ADJ) languissant

languish ['læŋgwɪʃ] (VI) (se) languir (**for, over** après); (in prison) dépérir

lank [læŋk] (ADJ) [hair] raide et terne

lanky ['læŋkɪ] (ADJ) dégingandé

lantern ['læntən] (N) lanterne *f*

Laos [laʊs] (N) Laos *m*

Laotian ['laʊʃɪən] 1 (ADJ) laotien 2 (N) Laotien(ne) *m(f)*

lap [læp] 1 (N) ⓐ (= knees) genoux *mpl* • **sitting on his mother's ~** assis sur les genoux de sa mère • **it fell right into his ~*** ça lui est tombé tout cuit dans le bec* • **they dropped the problem in his ~** ils lui ont collé* le problème • **it's in the ~ of the gods** il faut s'en remettre au destin • **to live in the ~ of luxury** vivre dans le plus grand luxe
ⓑ (Sport) tour *m* de piste • **to run a ~** faire un tour de piste • **on the 10th ~** au 10ᵉ tour • **~ of honour** tour *m* d'honneur • **we're on the last ~** (of project, task) on a fait le plus difficile
2 (VT) ⓐ [+milk] laper
ⓑ [+runner, car] prendre un tour d'avance sur
3 (VI) [waves] clapoter
❸ (COMP) ▸ **lap dancing** N *danse érotique où la danseuse s'assied sur les genoux d'un client*
▸ **lap up** VT SEP ⓐ [+milk] laper ⓑ [+information]* absorber; [+compliments]* boire comme du petit-lait*; [+attention]* se délecter de • **he fairly ~ped it up** il buvait du petit-lait*

LAPD [,eleɪpiː'diː] (N) (ABBR OF **Los Angeles Police Department**) police *f* de Los Angeles

lapel [lə'pel] (N) revers *m* (de veston) • **~ mike*** micro *m* cravate

Lapland ['læp,lænd] (N) Laponie *f*

lapse [læps] 1 (N) ⓐ (= *fault*) faute *f*; (*in behaviour*) écart *m* de conduite • **a serious security ~** une grave défaillance du dispositif de sécurité • **~s of judgement** des erreurs *fpl* de jugement • **memory ~** trou *m* de mémoire • **a momentary ~ of concentration** un moment d'inattention
ⓑ (= *passage of time*) intervalle *m* • **a time ~** un laps de temps • **after a ~ of ten weeks** au bout de dix semaines
2 (VI) ⓐ (= *err*) faire un écart de conduite
ⓑ (= *stop practising religion*) cesser de pratiquer
ⓒ **to ~ into bad habits** prendre de mauvaises habitudes • **he ~d into French** il s'est remis à parler français
ⓓ [*act, law*] devenir caduc; [*contract, ticket, passport*] expirer; [*membership, subscription*] venir à expiration • **her insurance policy has ~d** sa police d'assurance est périmée

laptop ['læptɒp] (N) (*also* **laptop computer**) (ordinateur *m*) portable *m*

larceny ['lɑːsənɪ] (N) vol *m*

larch [lɑːtʃ] (N) mélèze *m*

lard [lɑːd] (N) saindoux *m*

larder ['lɑːdəʳ] (N) (= *cupboard*) garde-manger *m inv*; (= *small room*) cellier *m*

large [lɑːdʒ] 1 (ADJ) grand; [*dose*] fort; [*sum, share, group*] important; [*family, crowd*] nombreux • **to grow ~(r)** [*stomach*] grossir; [*population, overdraft*] augmenter • **to make ~r** agrandir • **the ~ size** (*of packet, tube*) le grand modèle • **a ~ number of them refused** beaucoup d'entre eux ont refusé • **~ numbers of people came** les gens sont venus nombreux • **to a ~ extent** dans une grande mesure • **in ~ measure** dans une large mesure • **in ~ part** en grande partie • **there he was ~ as life** c'était bien lui • **~r than life** [*character*] plus vrai que nature
2 (N) ▸ **at large** (= *at liberty*) en liberté; (*US*) [*candidate, congressman*] non rattaché à une circonscription électorale • **the country/population at ~** (= *as a whole*) le pays/la population dans son ensemble
3 (ADV) ▸ **by and large** d'une façon générale
4 (COMP) ▸ **large intestine** N gros intestin *m* ▸ **large-scale** ADJ [*map, production, attack, operation*] à grande échelle; [*unrest*] général; [*reforms*] de grande ampleur

largely ['lɑːdʒlɪ] (ADV) [*correct, responsible*] en grande partie; [*ignore*] largement

lark [lɑːk] (N) ⓐ (= *bird*) alouette *f* • **to be up with the ~** se lever avec les poules ⓑ (= *joke*) **we only did it for a ~** on l'a seulement fait pour rigoler* • **I don't believe in all this horoscope ~** je ne crois pas à ces histoires d'horoscope
▸ **lark about*** VI faire le fou* • **they were ~ing about with a ball/on their bikes** ils s'amusaient avec une balle/leurs vélos

larva ['lɑːvə] (N) (*pl* **larvae** ['lɑːviː]) larve *f*

laryngitis [ˌlærɪn'dʒaɪtɪs] (N) laryngite *f*

larynx ['lærɪŋks] (N) larynx *m*

lasagne [lə'zænjə] (N) lasagne *f inv*

lascivious [lə'sɪvɪəs] (ADJ) lascif

laser ['leɪzəʳ] 1 (N) laser *m* 2 (VT) ⓐ traiter au laser ⓑ (*also* **laser off**) enlever au laser 3 (COMP) ▸ **laser beam** N rayon *m* laser ▸ **laser disk** N disque *m* laser ▸ **laser gun** N (= *weapon*) pistolet *m* laser; (= *speed gun*) pistolet *m* radar ▸ **laser printer** N imprimante *f* laser ▸ **laser show** N spectacle *m* laser

lash [læʃ] 1 (N) ⓐ (= *blow from whip*) coup *m* de fouet ⓑ (= *eyelash*) cil *m* 2 (VT) ⓐ [*person*] (= *beat*) fouetter; (= *flog*) flageller ⓑ [*storm*] s'abattre sur; [*wind, hail*] cingler; [*waves*] fouetter ⓒ (= *fasten*) attacher fermement • **to ~ sth to a post** attacher solidement qch à un piquet 3 (VI) **the rain was ~ing against the window** la pluie fouettait les carreaux
▸ **lash down** 1 VI [*rain*] tomber avec violence 2 VT SEP [+ *cargo*] arrimer
▸ **lash out** 1 VI ⓐ **to ~ out at sb (with a knife)** envoyer des coups (de couteau) à qn • **she ~ed out with her fists** elle s'est débattue à coups de poing • **to ~ out at sb** (*verbally*) agresser qn ⓑ (= *spend a lot of money*)* faire une folie* • **he ~ed out on a car** il a fait une folie* et s'est payé une voiture 2 VT SEP [+ *money*]* lâcher*

lashing ['læʃɪŋ] (N) ⓐ (= *flogging*) flagellation *f* • **to give sb a ~** donner le fouet à qn; (*verbally*) réprimander sévèrement qn ⓑ **with ~s* of cream** avec une montagne de crème

lass [læs] (N) jeune fille *f*

lasso [læ'suː] 1 (N) lasso *m* 2 (VT) prendre au lasso

last [lɑːst] 1 (ADJ) ⓐ (= *final*) dernier *before n* • **the ~ Saturday of the month** le dernier samedi du mois • **the ~ ten pages** les dix dernières pages • **second ~** avant-dernier • **the ~ time but one** l'avant-dernière fois • **to make it through to the ~ four** (*in tournament*) atteindre les demi-finales; (*in race*) arriver dans les quatre premiers • **he took the ~ sandwich** il a pris le dernier sandwich • **that's the ~ time I lend you anything!** c'est la dernière fois que je te prête quelque chose ! • **I'll get it, if it's the ~ thing I do** je l'aurai coûte que coûte
▸ **at the last minute** à la dernière minute
▸ **last thing** juste avant de se coucher
▸ **to be on one's/its last legs*** [*person*] être à bout; [*company*] être au bord de la faillite • **the washing machine is on its ~ legs*** la machine à laver va bientôt nous lâcher*
▸ **the last word** **she always wants to have the ~ word** elle veut toujours avoir le dernier mot • **it's the ~ word in luxury** c'est ce qu'il y a de plus luxueux
ⓑ (= *past*) dernier • **~ week/year** la semaine/l'année dernière • **~ month/summer** le mois/l'été dernier • **~ night** (= *evening*) hier soir; (= *night*) la nuit dernière • **~ Monday** lundi dernier • **for the ~ few days** ces jours-ci • **for the ~ few weeks** ces dernières semaines • **he hasn't been seen these ~ two years** on ne l'a pas vu depuis deux ans • **for the ~ two years he has been ...** depuis deux ans il est ... • **the night before ~** avant-hier soir • **the week before ~** l'avant-dernière semaine • **what did you do ~ time?** qu'avez-vous fait la dernière fois ? • **he was ill the ~ time I saw him** il était malade la dernière fois que je l'ai vu • **this time ~ year** l'an dernier à la même époque
ⓒ (= *least likely or desirable*) dernier • **he's the ~ person to ask** c'est la dernière personne à qui demander • **that's the ~ thing to worry about** c'est le dernier de mes (*or* ses *etc*) soucis
2 (ADV) ⓐ (= *at the end*) en dernier • **she arrived ~** elle est arrivée la dernière • **he arrived ~ of all** il est arrivé le dernier • **his horse came in ~** son cheval est arrivé (bon) dernier • **~ but not least** enfin et surtout • **to leave sth till ~** garder qch pour la fin
ⓑ (= *most recently*) la dernière fois • **when I ~ saw him** la dernière fois que je l'ai vu
ⓒ (= *finally*) pour terminer • **~, I would like to say ...**

pour terminer, je voudrais dire ...
3 (N) dernier *m*, -ière *f* • **he was the ~ of the Tudors** ce fut le dernier des Tudor • **this is the ~ of the pears** (*one*) c'est la dernière poire; (*several*) ce sont les dernières poires • **this is the ~ of the cider** c'est tout ce qui reste comme cidre • **the ~ but one** l'avant-dernier *m*, -ière *f* • **I'd be the ~ to criticize, but ...** j'ai horreur de critiquer, mais ... • **each one better than the ~** tous meilleurs les uns que les autres
▸ **the last (of sth)** (*= the end*) **you haven't heard the ~ of this!** vous n'avez pas fini d'en entendre parler!; (*threatening*) vous aurez de mes nouvelles! • **the ~ I heard, she was abroad** aux dernières nouvelles, elle était à l'étranger • **I shall be glad to see the ~ of this** je serai content de voir tout ceci terminé • **we were glad to see the ~ of him** nous avons été contents de le voir partir • **that was the ~ I saw of him** je ne l'ai pas revu depuis • **to the ~** jusqu'à la fin
▸ **at (long) last** enfin • **at long ~ he came** il a enfin fini par arriver • **here he is! — at ~!** le voici! — enfin!
4 (VI) ⓐ (*= continue*) [*pain, film, supplies*] durer • **it ~ed two hours** cela a duré deux heures • **it's too good to ~** c'est trop beau pour durer • **will this good weather ~ till Saturday?** est-ce que le beau temps va durer jusqu'à samedi?
ⓑ (*= hold out*) tenir • **no one ~s long in this job** personne ne tient longtemps dans ce poste • **after he got pneumonia he didn't ~ long** après sa pneumonie il n'a pas vécu longtemps • **that whisky didn't ~ long** ce whisky n'a pas fait long feu
ⓒ (*= remain usable*) durer • **made to ~** fait pour durer • **this table will ~ a lifetime** cette table vous fera toute une vie
5 (VT) durer • **this should ~ you a week** cela devrait vous suffire pour une semaine • **I have enough money to ~ me a lifetime** j'ai assez d'argent pour tenir jusqu'à la fin de mes jours
6 (COMP) ▸ **last-ditch, last-gasp** ADJ ultime ▸ **last-minute** ADJ de dernière minute ▸ **the Last Supper** N (*in Bible*) la Cène
▸ **last out** 1 VI [*person*] tenir (le coup); [*money*] suffire 2 VT SEP faire • **he won't ~ the winter out** il ne passera pas l'hiver* • **my money doesn't ~ out the month** mon argent ne me fait pas le mois

lasting ['lɑːstɪŋ] (ADJ) [*friendship, benefit, impression, effect*] durable • **to cause ~ damage to sb/sth** affecter qn/qch de façon durable

lastly ['lɑːstlɪ] (ADV) enfin

latch [lætʃ] (N) loquet *m* • **the door is on the ~** la porte n'est pas fermée à clé • **to leave the door on the ~** fermer la porte sans la verrouiller
▸ **latch on*** VI ⓐ (*= grab*) s'accrocher (to à) ⓑ (*= understand*) comprendre
▸ **latch on to*** VT INSEP ⓐ (*= get possession of*) prendre possession de; (*= catch hold of*) saisir; (*US*) (*= obtain*) se procurer • **he ~ed on to me as soon as I arrived** il n'a pas arrêté de me coller* depuis que je suis arrivé • **he ~es on to the slightest mistake** il ne laisse pas passer la moindre erreur ⓑ (*= understand*) comprendre; (*= realize*) se rendre compte de • **when children ~ on to the idea that reading is fun** quand les enfants se rendent compte que la lecture est un plaisir

late [leɪt] (*compar* **later**, *superl* **latest**) 1 (ADJ) ⓐ (*= after scheduled time*) **to be ~** [*person*] être en retard • **to be ~ arriving** arriver avec du retard • **to be ~ for an appointment** être en retard à un rendez-vous • **I was ~ for work** je suis arrivé au travail en retard • **to be ~ with sth** avoir du retard dans qch • **I was ~ with the rent** (*now paid*) j'avais payé mon loyer en retard • **the train is ~** le train est en retard • **your essay is ~** vous rendez votre dissertation en retard • **too ~** trop tard • **to make sb ~** mettre qn en retard • **I apologized for my ~ arrival** je me suis excusé d'être arrivé en retard • **we apologize for the ~ arrival of flight XY 709** nous vous prions d'excuser le retard du vol XY 709 • **~ arrivals will not be admitted** les retardataires ne seront pas admis • **his campaign got off to a ~ start** sa campagne a démarré tard
ⓑ (*with time expressions*) **to be 20 minutes ~** avoir 20 minutes de retard • **it made me an hour ~** j'ai eu une heure de retard à cause de ça • **the train is 30 minutes ~** le train a 30 minutes de retard • **I was two hours ~ for work** je suis arrivé au travail avec deux heures de retard
ⓒ (*= after usual time*) [*crop, flowers*] tardif; [*booking*] de dernière minute • **Easter is ~ this year** Pâques est tard cette année • **spring was ~** le printemps était en retard
ⓓ (*= at advanced time of day*) tard • **it was very ~** il était très tard • **it's getting ~** il se fait tard • **to work ~ hours** travailler tard le soir • **to have a ~ meal/lunch** manger/déjeuner tard • **there's a ~ film on Saturdays** (*at cinema*) le samedi, il y a une séance supplémentaire le soir • **the ~ film tonight is ...** (*on TV*) le film diffusé en fin de soirée est ... • **there's a ~ show on Saturdays** (*at theatre*) il y a une seconde représentation en soirée le samedi
ⓔ (*= near end of period or series*) **the ~st edition of the catalogue** la toute dernière édition du catalogue • **at this ~ stage** à ce stade avancé • **he was in his ~ thirties** il approchait de la quarantaine • **in the ~ afternoon** en fin d'après-midi • **in ~ June/September** fin juin/septembre • **in ~ spring** à la fin du printemps • **in the ~ 1990s** à la fin des années 90
ⓕ (*= dead*) feu (*liter*) • **the ~ Harry Thomas** feu Harry Thomas • **my ~ wife** ma défunte (*frm*) femme
2 (ADV) ⓐ (*= after scheduled time*) [*arrive*] en retard; [*start, finish, deliver*] avec du retard • **to arrive ~ for sth** (*meeting, dinner, film*) arriver en retard à qch • **too ~** trop tard
ⓑ (*= after usual time*) tard • **they married ~ in life** ils se sont mariés sur le tard • **she had started learning German quite ~ in life** elle avait commencé à apprendre l'allemand assez tard
ⓒ (*= at advanced time of day*) [*work, get up, sleep, start, finish*] tard • **they stayed up talking until very ~** ils sont restés à parler jusque tard dans la nuit • **the shop is open ~ on Thursdays** le magasin est ouvert en nocturne le jeudi • **to stay up ~** veiller • **to work ~ (at the office)** travailler tard (au bureau) • **~ at night** tard dans la soirée • **~ last night** tard hier soir • **~ in the afternoon** en fin d'après-midi • **it is rather ~ in the day to change your mind** c'est un peu tard pour changer d'avis
ⓓ (*= near end of period*) **~ in 1992** fin 1992 • **~ in the year** en fin d'année • **~ last year** à la fin de l'année dernière • **~ in May** fin mai • **they scored ~ in the second half** ils ont marqué vers la fin de la deuxième mi-temps • **it wasn't until relatively ~ in his career that ...** ce n'est que vers la fin de sa carrière que ...
ⓔ (*= recently*) **as ~ as last week** pas plus tard que la semaine dernière • **as ~ as 1950** jusqu'en 1950 • **as ~ as**

the 1980s jusque dans les années 80 ▸ **of late** (= *lately*) ces derniers temps

3 (COMP) ▸ **late developer** N **he's a ~ developer** il n'est pas précoce ▸ **late-night opening** N [*of shop*] nocturne *f* ▸ **late-night shopping** N **there's ~-night shopping on Thursdays** le magasin ouvre en nocturne le jeudi ▸ **late riser** N lève-tard* *mf*

latecomer ['leɪtkʌmə^r] (N) retardataire *mf*

lately ['leɪtlɪ] (ADV) ces derniers temps

lateness ['leɪtnɪs] (N) retard *m*

latent ['leɪtənt] (ADJ) latent

later ['leɪtə^r] *compar of* **late** 1 (ADV) plus tard • **~ that night** plus tard (dans la soirée) • **even ~** encore plus tard • **two years ~** deux ans plus tard • **~ on** (*in period of time, film*) plus tard; (*in book*) plus loin • **no ~ than ...** pas plus tard que ... • **essays must be handed in not ~ than Monday morning** les dissertations devront être remises lundi matin dernier délai • **see you ~!*** (= *in a few minutes*) à tout à l'heure !; (*longer*) à plus tard !

2 (ADJ) ⓐ (= *subsequent*) [*chapter, date*] ultérieur (-eure *f*) • **we'll discuss it at a ~ meeting** nous en discuterons au cours d'une réunion ultérieure • **I decided to take a ~ train** j'ai décidé de prendre un train plus tard • **the ~ train** (*of two*) le train suivant • **a ~ edition** une édition postérieure • **this version is ~ than that one** (= *subsequent*) cette version est postérieure à celle-là

ⓑ (*in period or series*) **at a ~ stage** plus tard • **at a ~ stage in the negotiations** lors d'une phase ultérieure des négociations • **in ~ life** plus tard • **in his ~ years** vers la fin de sa vie

lateral ['lætərəl] (ADJ) latéral ▸ **lateral thinking** N (*esp Brit*) pensée *f* latérale

latest ['leɪtɪst] *superl of* **late** 1 (ADJ) ⓐ (= *most recent*) dernier • **his ~ film** son dernier film • **the ~ in a series of murders** le dernier en date d'une série de meurtres • **the very ~ technology** la toute dernière technologie

ⓑ (= *last possible*) **what is the ~ date for applications?** quelle est la date limite de dépôt des candidatures ? • **the ~ date he could give the car back was 31 July** il fallait qu'il rende la voiture au plus tard le 31 juillet • **the ~ possible date for the election** la date limite pour les élections • **the ~ time you may come is 4 o'clock** vous devez (absolument) arriver avant 4 heures • **the ~ time for doing it is April** il faut le faire en avril au plus tard • **at the ~ possible moment** au tout dernier moment

2 (ADV) **to arrive the ~** être le dernier (*or* la dernière) à arriver

3 (N) ⓐ (= *latest version*)* **it's the ~ in computer games** c'est le dernier né des jeux électroniques • **the very ~ in technology** le dernier cri de la technologie • **have you heard the ~?** (= *news*) tu connais la dernière ?* • **what's the ~ on this affair?** (= *news*) qu'y a-t-il de nouveau sur cette affaire ?

ⓑ (= *latest time*) **when is the ~ I can come?** quand est-ce que je peux arriver au plus tard ? • **I'll be there by noon at the ~** j'y serai à midi au plus tard • **give me your essay by Monday at the ~** rendez-moi votre dissertation lundi dernier délai

latex ['leɪteks] (N) latex *m*

lathe [leɪð] (N) tour *m*

lather ['lɑːðə^r] 1 (N) ⓐ [*of soap*] mousse *f* ⓑ [*of horse*] écume *f* • **in a ~*** [*person*] dans tous ses états 2 (VT) **to ~ one's face** se savonner le visage 3 (VI) [*soap*] mousser

Latin ['lætɪn] 1 (ADJ) ⓐ [*text, grammar, poet*] latin; [*lesson, teacher*] de latin ⓑ [*people, temperament, culture*] (*European*) latin; (*in US*) latino-américain 2 (N) ⓐ (= *language*) latin *m* ⓑ Latin(e) *m(f)*; (*in US*) Latino-Américain(e) *m(f)*

3 (COMP) ▸ **Latin America** N Amérique *f* latine ▸ **Latin-American** ADJ latino-américain ♦ N Latino-Américain(e) *m(f)* ▸ **the Latin quarter** N le quartier latin

Latino [læ'tiːnəʊ] (N) (*pl* **Latinos**) (*in US*) Latino *mf*

latitude ['lætɪtjuːd] (N) latitude *f*

latter ['lætə^r] 1 (ADJ) ⓐ (= *second of two*) second; (= *last one mentioned*) dernier • **the ~ proposition was accepted** cette dernière proposition fut acceptée • **of the two, we prefer the ~ solution** nous préférons la seconde solution • **the ~ half** la seconde moitié • **the ~ half of the month** la seconde quinzaine du mois

ⓑ (= *later*) **in the ~ stages of the war** vers la fin de la guerre

2 (N) **the ~ is the more expensive of the two systems** ce dernier système est le plus coûteux des deux • **of the two solutions, I prefer the ~** je préfère la seconde solution

lattice ['lætɪs] (N) treillis *m*; (= *fence*) claire-voie *f*; (*on tart*) croisillons *mpl*

Latvia ['lætvɪə] (N) Lettonie *f*

Latvian ['lætvɪən] 1 (ADJ) lette, letton (-on(n)e *f*)

2 (N) ⓐ Lette *mf*, Letton((n)e) *m(f)*, Latvien(ne) *m(f)* ⓑ (= *language*) lette *m*, letton *m*

laud [lɔːd] (VT) (*liter*) louanger (*liter*)

laudable ['lɔːdəbl] (ADJ) louable

laugh [lɑːf] 1 (N) ⓐ rire *m* • **to have a good ~ at sb/sth** bien rire de qn/qch • **his act didn't get a single ~** son numéro n'a fait rire personne • **that joke always gets a ~** cette plaisanterie fait toujours rire • **he had the last ~** finalement c'est lui qui a bien ri • **we'll see who has the last ~** rira bien qui rira le dernier • **it was a ~ a minute!** c'était d'un drôle !

ⓑ (= *amusing time*)* **it was a good ~** on a bien rigolé* • **if you want a ~ go to her German class!** si tu veux rigoler* va assister à son cours d'allemand ! • **what a ~!** quelle rigolade !* • **just for ~s** histoire de rire* • **he's always good for a ~** il nous fera toujours rire • **his films are always good for a ~** ses films sont toujours drôles • **he's a good ~** on rigole* bien avec lui

2 (VI) rire • **it's easy for you to ~!** tu peux rire ! • **you've got to ~*** il vaut mieux en rire • **I didn't know whether to ~ or cry** je ne savais plus si je devais rire ou pleurer • **he ~ed until he cried** il pleurait de rire • **to ~ about sth** rire de qch • **there's nothing to ~ about** il n'y a pas de quoi rire • **to ~ to o.s.** rire dans sa barbe • **he makes me ~** il me fait rire • **don't make me ~*** (= *don't be silly*) ne me fais pas rire • **to ~ in sb's face** rire au nez de qn • **he'll soon be ~ing on the other side of his face** il va bientôt rire jaune • **I'll make you ~ on the other side of your face!** tu vas le regretter ! • **once we get this contract signed we're ~ing*** une fois ce contrat signé, ce sera dans la poche*

3 (VT) **"don't be silly," he ~ed** « ne sois pas idiot » dit-il en riant • **to be ~ed out of court** [*person, idea*] être tourné en ridicule • **he ~ed himself silly*** il a ri comme une baleine*

▸ **laugh at** VT INSEP [+ *person, sb's behaviour*] rire de; (*unpleasantly*) se moquer de; [+ *difficulty, danger*] se rire de • **he never ~s at my jokes** mes plaisanteries ne le font jamais rire

▸ **laugh off** VT SEP ⓐ **to ~ one's head off*** rire comme une baleine* ⓑ **she managed to ~ it off** elle a réussi à tourner la chose en plaisanterie • **you can't ~ this one off** cette fois tu ne t'en tireras pas par la plaisanterie

laughable ['lɑːfəbl] (ADJ) [*person, behaviour, idea*] ridicule; [*offer, amount*] dérisoire

laughing ['lɑːfɪŋ] (ADJ) [*person, face, eyes*] rieur • **this is no ~ matter** il n'y a pas de quoi rire • **I'm in no ~ mood** (= *angry*) je ne suis pas d'humeur à rire; (= *sad*) je n'ai pas le cœur à rire ▸ **laughing stock** N **he was the ~ stock of the class** il était la risée de la classe • **he made himself a ~ stock** il s'est couvert de ridicule

laughter ['lɑːftəʳ] (N) rire(s) *m(pl)* • **there was a little nervous ~** on entendit quelques rires nerveux • **~ is good for you** cela fait du bien de rire • **their ~ could be heard in the next room** on les entendait rire dans la pièce à côté

launch [lɔːntʃ] 1 (N) ⓐ (= *motorboat*) (*for patrol*) vedette *f*; (*for pleasure*) bateau *m* de plaisance • **police ~** vedette *f* de la police ⓑ [*of ship, spacecraft, product*] lancement *m* 2 (VT) [+ *boat, rocket, company, career*] lancer; [+ *investigation*] ouvrir 3 (VI) **to ~ into** [+ *speech, explanation, attack*] se lancer dans 4 (COMP) ▸ **launch date** N date *f* de lancement ▸ **launch pad** N rampe *f* de lancement

launching ['lɔːntʃɪŋ] (N) lancement *m* ▸ **launching pad** N rampe *f* de lancement ▸ **launching site** N aire *f* de lancement

launder ['lɔːndəʳ] (VT) ⓐ [+ *clothes*] laver • **to send sth to be ~ed** envoyer qch à la blanchisserie ⓑ [+ *money*] blanchir

Launderette® [,lɔːndə'ret] (N) (*Brit*) laverie *f* automatique

Laundromat® ['lɔːndrəmæt] (N) (*US*) laverie *f* automatique

laundry ['lɔːndrɪ] 1 (N) ⓐ (= *washing*) linge *m* • **to do the ~** faire la lessive ⓑ (= *place*) blanchisserie *f* 2 (COMP) ▸ **laundry basket** N panier *m* à linge

laureate ['lɔːrɪɪt] (ADJ, N) lauréat(e) *m(f)* • **(poet) ~** poète *m* lauréat

laurel ['lɒrəl] (N) laurier *m* • **to rest on one's ~s** se reposer sur ses lauriers

lava ['lɑːvə] (N) lave *f* ▸ **lava flow** N coulée *f* de lave

lavatory ['lævətrɪ] (N) toilettes *fpl* • **to put sth down the ~** jeter qch dans les WC ▸ **lavatory paper** N papier *m* hygiénique

lavender ['lævɪndəʳ] 1 (N) lavande *f* 2 (ADJ) lavande *inv*

lavish ['lævɪʃ] 1 (ADJ) ⓐ [*person*] prodigue (**with** de) • **to be ~ with one's money** dépenser sans compter ⓑ (= *generous*) [*expenditure*] considérable; [*amount*] gigantesque; [*meal*] copieux; [*hospitality*] généreux • **to bestow ~ praise on sb** se répandre en éloges sur qn 2 (VT) prodiguer (**sth on sb** qch à qn)

lavishly ['lævɪʃlɪ] (ADV) [*illustrated, decorated, furnished*] somptueusement • **to spend ~** dépenser sans compter

law [lɔː] 1 (N) ⓐ (= *legislation*) loi *f* • **when a bill becomes ~** quand un projet de loi est voté • **to be above the ~** être au-dessus des lois • **to keep within the ~** rester dans la légalité • **to take the ~ into one's own hands** (se) faire justice soi-même • **the ~ of the land** la législation du pays • **the ~ of the jungle** la loi de la jungle • **to have the ~ on one's side** avoir la loi pour soi • **he's a ~ unto himself** il ne fait que ce qu'il veut
▸ **against the law** contraire à la loi
▸ **by law** conformément à la loi
ⓑ (= *operation of the law*) justice *f* • **court of ~** tribunal *m*
ⓒ (= *system, profession*) droit *m* • **civil/criminal ~** le droit civil/pénal • **to study ~** faire du droit • **to practise ~** [*solicitor*] être notaire; [*barrister*] être avocat(e) • **Faculty of Law** faculté *f* de droit
ⓓ (= *regulation*) loi *f* • **to pass a ~** voter une loi • **several ~s have been passed against pollution** plusieurs lois ont été votées pour combattre la pollution • **there should be a ~ against it!** ça devrait être interdit ! • **there's no ~ against it!** ce n'est pas défendu !
ⓔ (= *principle*) loi *f* • **the ~ of averages** la loi des probabilités • **the ~s of gravity** la loi de la pesanteur
2 (COMP) ▸ **law-abiding** ADJ respectueux des lois ▸ **law and order** N ordre *m* public ▸ **law court** N tribunal *m* ▸ **Law Courts** NPL ≈ Palais *m* de justice ▸ **Law Lords** NPL (*Brit*) *juges siégeant à la Chambre des lords* ▸ **law school** N faculté *f* de droit • **he's at ~ school** il fait du droit ▸ **law student** N étudiant(e) *m(f)* en droit

lawful ['lɔːfʊl] (ADJ) [*action, contract*] légal; [*child*] légitime

lawfully ['lɔːfəlɪ] (ADV) légalement

lawless ['lɔːlɪs] (ADJ) [*country*] sans loi; [*period*] d'anarchie; [*person*] sans foi ni loi • **we live in an increasingly ~ society** nous vivons dans une société de plus en plus dominée par la loi de la jungle

lawmaker ['lɔː,meɪkəʳ] (N) (*US*) législateur *m*, -trice *f*

lawn [lɔːn] (N) pelouse *f*

lawnmower ['lɔːnməʊəʳ] (N) tondeuse *f* (à gazon)

lawsuit ['lɔːsuːt] (N) procès *m* • **to bring a ~ against sb** intenter un procès à qn

lawyer ['lɔːjəʳ] (N) avocat(e) *m/f*; (= *legal expert*) juriste *mf*

> **LAWYER**
> Il existe deux catégories d'avocats en Grande-Bretagne : les « solicitors » et les « barristers » (appelés « advocates » en Écosse). Les premiers sont à la fois des notaires, qui traitent donc les transactions immobilières, les affaires de succession, etc, et des avocats habilités à plaider au civil dans les instances inférieures. Les seconds sont des avocats plus spécialisés, qui interviennent au pénal ou au civil dans les instances supérieures, y compris pour défendre des affaires dont ils sont saisis par des « solicitors ».
> Aux États-Unis, les avocats sont appelés « attorneys ». Ils travaillent souvent selon le système dit « no win no fee » (c'est-à-dire que le client ne paie les honoraires que s'il a gain de cause), ce qui leur permet de défendre des clients pauvres dans des affaires importantes, avec la perspective d'être bien rétribués en cas de succès. Ainsi, les dommages et intérêts demandés dans les affaires civiles sont souvent beaucoup plus élevés qu'en Europe, et les Américains ont volontiers recours aux voies judiciaires pour régler leurs différends.

lax [læks] (ADJ) [*behaviour, discipline*] laxiste; [*person*] négligent • **to be ~ in doing sth** faire qch avec négligence • **to be ~ about security/one's work** négliger la sécurité/son travail • **he's become very ~ recently** il s'est beaucoup laissé aller récemment

laxative ['læksətɪv] (ADJ, N) laxatif *m*

laxity ['læksɪtɪ], **laxness** ['læksnɪs] (N) [*of behaviour, discipline*] laxisme *m*; [*of person*] négligence *f*

lay [leɪ] (*vb: pret, ptp* **laid**) **1** (VB) *pt of* **lie**
2 (VT) ⓐ (*= place*) [*+ cards, objects*] poser; (*= stretch out*) [*+ cloth*] étendre • **she laid her hand on my shoulder** elle a posé la main sur mon épaule • **I didn't ~ a finger on him** je ne l'ai pas touché • **if you so much as ~ a finger on me ...** si tu oses lever la main sur moi ... • **I wish I could ~ my hands on a good dictionary** si seulement je pouvais mettre la main sur un bon dictionnaire • **to ~ it on the line*** y aller carrément* • **he laid it on me*** (*US = explained*) il m'a tout expliqué • **to ~ one on sb**‡ (*Brit = hit*) coller un pain‡ à qn
ⓑ (*= put down*) poser
ⓒ [*+ egg*] pondre
ⓓ [*+ snare, trap*] tendre (**for** à); [*+ plans*] élaborer • **to ~ the table** (*Brit*) mettre la table • **even the best-laid plans can go wrong** même les projets les mieux élaborés peuvent échouer
ⓔ (*with adjective*) **to ~ bare one's innermost thoughts** dévoiler ses pensées les plus profondes • **the blow laid him flat** le coup l'a étendu par terre • **the storm laid the town flat** la tempête a dévasté la ville • **to be laid low** être immobilisé • **he was laid low with flu** la grippe l'obligeait à garder le lit • **to ~ o.s. open to criticism** s'exposer à la critique • **to ~ a town to waste** dévaster une ville
ⓕ (*= impose*) [*+ tax*] faire payer (**on sth** sur qch); [*+ burden*] imposer (**on sb** à qn)
ⓖ [*+ money*] parier • **to ~ a bet** parier
ⓗ [*+ accusation, charge*] porter • **we shall ~ the facts before him** nous lui exposerons les faits • **they laid their plan before him** ils lui ont exposé leur projet • **he laid his case before the commission** il a soumis son cas à la commission
ⓘ (*= have sex with*)* baiser** • **to get laid** se faire sauter‡
3 (VI) pondre
4 (N) ⓐ [*of countryside*] configuration *f*
ⓑ‡ **she's an easy ~** elle couche* avec n'importe qui • **he's/she's a good ~** c'est un bon coup‡
5 (COMP) ▸ **lay-by** N (*Brit*) aire *f* de repos ▸ **lay-off** N licenciement *m* ▸ **lay person** N (*Rel*) laïc *m*, laïque *f*; (*fig*) profane *mf*
▸ **lay aside** VT SEP ⓐ (*= save*) mettre de côté ⓑ [*+ prejudice, principles*] laisser de côté; [*+ disagreements*] faire taire
▸ **lay down** VT SEP ⓐ [*+ object*] poser • **to ~ down one's arms** déposer les armes • **to ~ down one's life for sb** sacrifier sa vie pour qn ⓑ [*+ rule*] établir; [*+ condition, price*] fixer • **it is laid down in the rules that ...** il est stipulé dans le règlement que ... • **to ~ down a policy** définir une politique • **to ~ down the law** essayer de faire la loi
▸ **lay in** VT SEP [*+ goods, reserves*] faire provision de • **to ~ in provisions** faire des provisions
▸ **lay into*** VT INSEP **he laid into him** (*= attacked*) il lui est rentré dedans*; (*= scolded*) il lui a passé un savon*
▸ **lay off** **1** VT SEP [*+ workers*] licencier **2** VT INSEP (*= leave alone*)* **you'd better ~ off drinking for a while** tu ferais mieux de t'abstenir de boire pendant un temps • **~ off!** (*= stop*) ça suffit !; (*= don't touch*) pas touche !* • **~ off him!** fiche-lui la paix !* • **I told him to ~ off** je lui ai dit d'arrêter
▸ **lay on** VT SEP (*Brit*) [*+ water, gas*] installer; [*+ facilities, entertainment*] fournir • **I'll have a car laid on for you** je mettrai une voiture à votre disposition • **everything will be laid on** il y aura tout ce qu'il faut • **to ~ it on thick*** en rajouter*
▸ **lay out** VT SEP ⓐ [*+ garden*] dessiner; [*+ house*] concevoir; [*+ essay*] faire le plan de • **a well laid-out flat** un appartement bien conçu ⓑ [*+ clothes*] préparer; [*+ goods for sale*] étaler • **the meal that had been laid out for them** le repas qui leur avait été préparé ⓒ [*+ reasons, events*] exposer ⓓ [*+ money*] débourser (**on** pour) ⓔ (*= knock out*) mettre KO
▸ **lay up** VT SEP ⓐ [*+ provisions*] amasser ⓑ **he is laid up (in bed) with flu** il est au lit avec la grippe

layabout* ['leɪəbaʊt] (N) (*Brit*) feignant(e)* *m(f)*

layer ['leɪəʳ] **1** (N) [*of paint, dust, sand*] couche *f* • **several ~s of clothing** plusieurs épaisseurs *fpl* de vêtements **2** (VT) [*+ hair*] couper en dégradé

layman ['leɪmən] (N) (*pl* **-men**) (*not religious*) laïc *m*; (*not specialist*) profane *m*

layout ['leɪaʊt] (N) [*of house, school*] agencement *m*; [*of district*] disposition *f*; [*of essay*] plan *m*; [*of advertisement, newspaper article*] mise *f* en page

layover ['leɪ,əʊvəʳ] (N) (*US*) halte *f*

laze around [,leɪzə'raʊnd] (VI) paresser • **we lazed around in the sun for a week** nous avons passé une semaine au soleil à ne rien faire • **stop lazing around and do some work!** cesse de perdre ton temps et mets-toi au travail !

lazily ['leɪzɪlɪ] (ADV) [*stretch, yawn, watch*] paresseusement; [*smile*] avec indolence

laziness ['leɪzɪnɪs] (N) paresse *f*

lazy ['leɪzɪ] (ADJ) ⓐ (*= idle*) paresseux • **I'm feeling ~ today** je n'ai envie de rien faire aujourd'hui ⓑ (*= sloppy*) [*attitude*] nonchalant; [*writing, work*] peu soigné; [*style*] relâché ⓒ (*= relaxed*) [*gesture, smile*] indolent; [*hour, day, afternoon*] de détente; [*lunch, dinner*] décontracté • **we had a ~ holiday on the beach** nous avons passé des vacances reposantes à la plage

lazybones* ['leɪzɪbəʊnz] (N) feignant(e)* *m(f)*

lb (ABBR OF **libra**) (*= pound*) livre *f*

LCD [,elsi:'di:] (N) (ABBR OF **liquid crystal display**) LCD *m*

---

lead[1] [li:d]

1 NOUN	4 INTRANSITIVE VERB
2 ADJECTIVE	5 COMP
3 TRANSITIVE VERB	6 PHRASAL VERBS

➢ vb: pret, ptp **led**

1 NOUN
ⓐ (Sport) **to be in the ~** (*in match*) mener; (*in race, league*) être en tête • **to take the ~** (*in race*) prendre la tête; (*in match, league*) mener • **to have a three-point ~** avoir trois points d'avance • **to have a two-minute/ten-metre ~ over sb** avoir deux minutes/dix mètres d'avance sur qn
ⓑ (*= initiative*) **to follow sb's ~** suivre l'exemple de qn • **to give the ~** montrer le chemin • **to give sb a ~** montrer l'exemple à qn • **to take the ~ in doing sth** être le premier à faire qch
ⓒ (*= clue*) piste *f* • **the police have a ~** la police tient une piste • **the fingerprints gave them a ~** les empreintes les ont mis sur la piste

d (in play, film) rôle *m* principal • **to play the ~** tenir le rôle principal • **to sing the ~** chanter le rôle principal • **male/female ~** premier rôle *m* masculin/féminin • **juvenile ~** jeune premier *m*

e (= leash) laisse *f* • **dogs must be kept on a ~** les chiens doivent être tenus en laisse

f (= electrical flex) fil *m*

g (= news article) article *m* à la une; (= *editorial*) éditorial *m* • **the financial crisis is the ~ in this morning's papers** (= *headlines*) la crise financière fait les gros titres des journaux ce matin

2 ADJECTIVE

~ guitarist première guitare *f* • **~ vocalist** (chanteur *m*) leader *m*, (chanteuse *f*) leader *f*

3 TRANSITIVE VERB

a (= show the way to) [+ *person, horse*] conduire (**to** à); [+ *procession, parade*] être à la tête de • **to ~ sb in/out/across** faire entrer/sortir/traverser qn • **to ~ sb into a room** faire entrer qn dans une pièce • **the guide led them through the courtyard** le guide leur a fait traverser la cour • **this ~s me to an important point** cela m'amène à un point important

▸ **to lead the way** (= *go ahead*) aller devant; (= *show the way*) montrer le chemin • **he led the way to the garage** il nous (*or* les *etc*) a menés jusqu'au garage • **will you ~ the way?** passez devant, nous vous suivons

b (= be leader of) [+ *government, team*] être à la tête de; [+ *regiment*] commander

c (= be ahead of) **they were ~ing us by 10 metres** ils avaient une avance de 10 mètres sur nous • **to ~ the field** être en tête • **our country ~s the world in textiles** notre pays est le leader mondial dans le textile

d (+ life, existence) mener • **they ~ a simple life** ils mènent une vie simple

e (= induce, bring) amener • **I am led to the conclusion that ...** je suis amené à conclure que ...

▸ **to lead sb to do sth** **he led me to believe that he would help me** il m'a amené à croire qu'il m'aiderait • **what led you to think that?** qu'est-ce qui vous a amené à penser ça ?

4 INTRANSITIVE VERB

a (= be ahead) (*in match*) mener; (*in race*) être en tête • **which horse is ~ing?** quel est le cheval en tête ? • **to ~ by half a length/three points** avoir une demi-longueur/trois points d'avance • **to ~ by four goals to three** mener (par) quatre buts à trois

b (= go ahead) aller devant; (= *show the way*) montrer le chemin • **you ~, I'll follow** passez devant, je vous suis

c (dancer) mener

d (road, corridor, door) mener (**to** à) • **where is all this ~ing?** (*trend, events*) où cela va-t-il nous mener ?; (*questions, reasoning*) où veut-il (*or* voulez-vous *etc*) en venir ? • **the streets that ~ into/from the square** les rues qui débouchent sur/partent de la place

e ▸ **to lead to** **it led to war** cela a conduit à la guerre • **it led to his arrest** cela a abouti à son arrestation • **it led to nothing** ça n'a mené à rien • **it led to a change in his attitude** cela a provoqué un changement dans son attitude • **one thing led to another and we ...** une chose en amenant une autre, nous ...

5 COMP

▸ **lead-in** N entrée *f* en matière ▸ **lead-up** N préparation *f* (**to sth** de qch)

6 PHRASAL VERBS

▸ **lead away** VT SEP emmener • **he was led away by the soldiers** il a été emmené par les soldats • **they led him away to the cells** ils l'ont conduit en cellule

▸ **lead back** VT SEP ramener • **they led us back to the office** ils nous ont ramenés au bureau

▸ **lead off** 1 VI (= *begin*) commencer 2 VT INSEP [*corridor, path*] partir de • **a passage ~ing off the foyer** un couloir qui part du foyer • **the rooms which ~ off the corridor** les pièces qui donnent sur le couloir 3 VT SEP = **lead away**

▸ **lead on** 1 VI (= *lead the way*) marcher devant 2 VT SEP (= *tease*) taquiner; (= *fool*) duper; (= *raise hopes in*) donner de faux espoirs à; (*sexually*) allumer*

▸ **lead up** VI **a** [*path*] conduire • **this road ~s up to the castle** cette route mène au château • **this staircase ~s up to the roof** cet escalier donne accès au toit **b** (= *precede*) précéder • **the years that led up to the war** les années qui ont précédé la guerre • **the events that led up to the revolution** les événements qui ont conduit à la révolution **c** (= *lead on*) **what are you ~ing up to?** où voulez-vous en venir ?

---

lead² [led] 1 (N) **a** (= *metal*) plomb *m* • **they pumped him full of ~*** ils l'ont criblé de balles **b** [*of pencil*] mine *f* 2 (ADJ) [*object, weight*] en plomb 3 (COMP) ▸ **lead-free** ADJ sans plomb ▸ **lead pencil** N crayon *m* à papier ▸ **lead poisoning** N saturnisme *m* ▸ **lead replacement petrol** N ≈ super *m*

leaded ['ledɪd] (ADJ) [*petrol*] au plomb

leader ['li:dəʳ] 1 (N) **a** [*of expedition, gang*] chef *mf*; [*of club*] dirigeant(e) *m(f)*; (= *guide*) guide *mf*; [*of riot, strike*] meneur *m*, -euse *f*; [*of group of soldiers*] commandant(e) *m(f)* • **the ~ of the Socialist Party** le chef de file du parti socialiste • **he's a born ~** il est né pour commander • **one of the ~s in the scientific field** une des sommités du monde scientifique • **they're the world ~s in the cosmetics industry** ce sont les leaders mondiaux de l'industrie cosmétique

b (*in race*) (= *runner*) coureur *m*, -euse *f* de tête; (= *horse*) cheval *m* de tête; (*in league*) leader *m* • **he managed to stay up with the ~s** il a réussi à rester dans le peloton de tête

2 (COMP) ▸ **Leader of the House** N (*Brit*) président(e) *m(f)* de la Chambre (*des communes ou des lords*)

leaderboard ['li:dəbɔ:d] (N) (*Golf*) leaderboard *m*

leadership ['li:dəʃɪp] (N) **a** direction *f* • **under his ~** sous sa direction • **to take over the ~ of the country** prendre la succession à la tête du pays • **they were rivals for the party ~** ils se disputaient la direction du parti • **he has ~ potential** il a l'étoffe d'un chef • **he praised her ~ during the crisis** il a loué la manière dont elle a géré la crise **b** (= *leaders collectively*) dirigeants *mpl* • **the union ~ has agreed to arbitration** les dirigeants du syndicat ont accepté l'arbitrage

leading ['li:dɪŋ] 1 (ADJ) **a** (= *important*) important • **a ~ industrialist** un industriel de premier plan • **a ~ industrial nation** une des principales nations industrialisées

b (= *most important*) principal • **Britain's ~ car manufacturer** le premier constructeur automobile britannique • **one of the ~ figures of the twenties** un personnage marquant des années vingt • **one of the country's ~ writers** un des écrivains les plus importants du pays

c [*role, part*] principal • **to play the ~ role (in a film/**

play) être la vedette (d'un film/d'une pièce) • **to play a ~ role in sth** jouer un rôle majeur dans qch
ⓓ [*runner, driver, car*] en tête de course; [*club, team*] en tête du classement
2 (COMP) ▸**leading article** N (*Brit*) éditorial *m*; (*US*) article *m* de tête ▸**leading edge** N **to be at** *or* **on the ~ edge of technology** être à la pointe de la technologie ▸**leading lady** N actrice *f* principale ▸**leading light** N **he's one of the ~ lights in the campaign** c'est une des personnalités les plus en vue de la campagne ▸**leading man** N (*pl* **leading men**) acteur *m* principal ▸**leading question** N question *f* tendancieuse

leaf [li:f] (*pl* **leaves**) (N) ⓐ [*of plant*] feuille *f* • **in ~** en feuilles • **to come into ~** se couvrir de feuilles ⓑ [*of book*] page *f* • **you should take a ~ out of his book** vous devriez prendre exemple sur lui • **to turn over a new ~** se racheter une conduite
▸**leaf through** VT INSEP [*+ book*] feuilleter

leaflet ['li:flɪt] (N) prospectus *m*; (*political or religious*) tract *m*; (= *instruction sheet*) mode *m* d'emploi

leafleting ['li:flətɪŋ] (N) (*for company*) distribution *f* de prospectus; (*for political party*) tractage *m*

leafy ['li:fɪ] (ADJ) [*vegetables*] à feuilles; [*lane*] bordé d'arbres; [*suburb*] vert • **in ~ surroundings** dans un cadre verdoyant

league [li:g] 1 (N) ⓐ (= *association*) ligue *f* • **to form a ~ against** se liguer contre • **to be in ~ with sb** être de connivence avec qn
ⓑ (*Football*) championnat *m*; (*Baseball*) division *f* • **major/minor ~** première/deuxième division *f*
ⓒ (= *class*) catégorie *f* • **they're in a different ~** ils ne sont pas du même calibre • **in the big ~** dans le peloton de tête • **this is way out of your ~!** tu n'es pas de taille!
2 (COMP) ▸**league champions** NPL (*Brit*) vainqueurs *mpl* du championnat ▸**league championship** N championnat *m* ▸**league match** N (*Brit*) match *m* de championnat ▸**league table** N classement *m* du championnat

leak [li:k] 1 (N) ⓐ (*in bucket, pipe, roof, bottle, pen*) fuite *f*; (*in boat*) voie *f* d'eau; (*in shoe*) trou *m* • **to spring a ~** [*bucket, pipe*] se mettre à fuir; [*boat*] commencer à faire eau • **a gas ~** une fuite de gaz ⓑ [*of information*] fuite *f*
2 (VI) ⓐ [*bucket, pen, pipe, bottle, roof*] fuir; [*ship*] faire eau; [*shoe*] prendre l'eau ⓑ [*gas, liquid*] fuir 3 (VT) ⓐ [*+ liquid*] répandre • **the tanker had ~ed its contents all over the road** le contenu du camion-citerne s'était répandu sur la route ⓑ [*+ information*] divulguer
▸**leak out** VI [*gas, liquid*] s'échapper; [*secret, news*] filtrer • **it finally ~ed out that ...** on a fini par apprendre que ...

leakage ['li:kɪdʒ] (N) (= *leak*) fuite *f*; (= *amount lost*) perte *f*

leakproof ['li:kpru:f] (ADJ) étanche

leaky ['li:kɪ] (ADJ) [*roof, pipe, bucket*] qui fuit; [*boat*] qui fait eau; [*shoe*] qui prend l'eau

lean [li:n] (*pret, ptp* **leaned** *or* **leant**) 1 (ADJ) ⓐ (= *not fat*) [*person, body*] mince; [*animal*] svelte; [*meat*] maigre
ⓑ (= *poor*) [*harvest*] maigre • **~ years** années *fpl* de vaches maigres • **there are ~ times ahead in the property market** le marché de l'immobilier connaîtra une période difficile • **we had a ~ time of it** on a mangé de la vache enragée
2 (VI) ⓐ [*wall, construction*] pencher • **to ~ towards the left** (*politically*) avoir des sympathies pour la gauche
ⓑ (= *support o.s.*) s'appuyer (**against** contre); (*with one's back*) s'adosser (**against** à); (*with elbows*) s'accouder (**on** à) • **to be ~ing against the wall** [*ladder, bike*] être appuyé contre le mur; [*person*] être adossé au mur • **to ~ on one's elbows** s'appuyer sur les coudes • **to ~ on sb for support** s'appuyer sur qn • **to ~ heavily on sb for advice** compter beaucoup sur qn pour ses conseils
ⓒ (= *apply pressure*)* faire pression • **they ~ed on him for payment** ils ont fait pression sur lui pour qu'il paie
3 (VT) [*+ ladder, bike*] appuyer (**against** contre) • **to ~ one's head on sb's shoulder** poser sa tête sur l'épaule de qn
▸**lean back** 1 VI se pencher en arrière • **to ~ back against sth** s'adosser à qch 2 VT SEP [*+ chair*] pencher en arrière • **to ~ one's head back** renverser la tête (en arrière)
▸**lean forward** 1 VI se pencher en avant 2 VT SEP pencher en avant
▸**lean out** VI se pencher au dehors • **to ~ out of the window** se pencher par la fenêtre • **"do not ~ out"** « ne pas se pencher au dehors »
▸**lean over** VI [*person*] (= *forward*) se pencher en avant; (= *sideways*) se pencher sur le côté; [*object, tree*] pencher • **to ~ over backwards** se pencher en arrière

leaning ['li:nɪŋ] 1 (N) (= *liking*) penchant *m* (**towards** pour); (= *tendency*) tendance *f* (**towards** à) • **political ~s** tendances politiques 2 (ADJ) [*wall, building*] penché
3 (COMP) ▸**the Leaning Tower of Pisa** N la tour de Pise

leanness ['li:nnɪs] (N) maigreur *f*

leant [lent] (VB) *pt, ptp of* **lean**

leap [li:p] (*vb: pret, ptp* **leaped** *or* **leapt**) 1 (N) bond *m* • **to take a ~** bondir • **at one ~** d'un bond • **a ~ in inflation** un bond dans l'inflation • **there has been a ~ of 13% in sales** les ventes ont fait un bond de 13 % • **a great ~ forward** un grand bond en avant • **a giant ~ for mankind** un pas de géant pour l'humanité • **in ~s and bounds** à pas de géant
2 (VI) ⓐ [*person, animal, fish*] sauter; [*flames*] jaillir • **to ~ in/out** entrer/sortir d'un bond • **to ~ to one's feet** se lever d'un bond • **he leapt into/out of the car** il sauta dans/de la voiture • **he leapt out of bed** il sauta du lit • **to ~ over a ditch** sauter par-dessus un fossé • **he leapt into the air** il fit un bond en l'air • **he leapt for joy** il a sauté de joie
ⓑ [*profits, sales, prices, unemployment*] faire un bond • **the shares leapt from 125p to 190p** les actions ont fait un bond de 125 à 190 pence • **her heart leapt** son cœur a bondi • **to ~ to the conclusion that ...** conclure un peu hâtivement que ... • **you mustn't ~ to conclusions** il ne faut pas tirer de conclusions hâtives • **to ~ to sb's defence** s'empresser de prendre la défense de qn • **to ~ at sth** [*+ chance, suggestion, offer*] sauter sur qch; [*+ idea*] accueillir qch avec enthousiasme
3 (VT) [*+ stream, hedge*] sauter par-dessus
4 (COMP) ▸**leap year** N année *f* bissextile
▸**leap about** VI gambader • **to ~ about with excitement** sauter de joie
▸**leap up** VI (*off ground*) sauter en l'air; (*to one's feet*) se lever d'un bond; [*flame*] jaillir • **the dog leapt up at him** le chien lui a sauté dessus

leapfrog ['li:p,frɒg] 1 (N) saute-mouton *m* 2 (VI) **to ~ over** [*+ person*] sauter à saute-mouton par-dessus; [*+ stool, object*] sauter par-dessus (*en prenant appui*); (= *overtake*) [*+ competitor, rival*] dépasser

leapt [lept] (VB) *pt, ptp of* **leap**

learn [lɜ:n] (*pret, ptp* **learned** *or* **learnt**) 1 (VT) apprendre • **to ~ to do sth** apprendre à faire qch • **he's learnt his lesson** il a compris la leçon • **I was sorry to ~ that you had been ill** j'ai appris avec regret que vous aviez été malade
2 (VI) apprendre • **he'll ~!** un jour il comprendra ! • **we are ~ing about the Revolution at school** on étudie la Révolution en classe • **to ~ from experience** apprendre par l'expérience • **to ~ from one's mistakes** tirer la leçon de ses erreurs • **I was sorry to ~ about your illness** j'ai appris avec regret votre maladie

learned ['lɜ:nɪd] (ADJ) [*person, society, essay*] savant; [*profession*] intellectuel

learner ['lɜ:nəʳ] (N) apprenant(e) *m(f)*; (Brit) (= *driver*) apprenti(e) conducteur *m*, -trice *f* • **you are a quick ~** vous apprenez vite • **a ~s' dictionary** un dictionnaire pour apprenants • **language ~** étudiant(e) *m(f)* en langues

learning ['lɜ:nɪŋ] 1 (N) ⓐ (= *fund of knowledge*) érudition *f* • **a man of ~** (*in humanities*) un érudit; (*in sciences*) un savant ⓑ (= *act*) apprentissage *m* • **language ~** apprentissage *m* des langues • **children who are behind in their ~** des enfants qui ont du retard à l'école • **a place of ~** un lieu d'étude 2 (COMP) ▸ **learning curve** N **we're on a steep ~ curve** nous devons apprendre très vite ▸ **learning difficulties, learning disabilities** NPL (*in adults*) difficultés *fpl* d'apprentissage; (*in children*) difficultés *fpl* scolaires ▸ **learning-disabled** ADJ (US) ayant des difficultés d'apprentissage

learnt [lɜ:nt] (VB) *pt, ptp of* **learn**

lease [li:s] 1 (N) (= *contract, duration*) bail *m* • **long ~** bail *m* à long terme • **to be given a new ~ of** (Brit) *or* **on** (US) **life** retrouver une nouvelle jeunesse 2 (VT) [+ *house, car*] louer à bail

leasehold ['li:shəʊld] 1 (N) (= *contract*) ≈ bail *m*; (= *property*) propriété *f* louée à bail 2 (ADJ) loué à bail 3 (ADV) [*buy*] à bail

leaseholder ['li:shəʊldəʳ] (N) locataire *mf*

leash [li:ʃ] (N) (*for dog*) laisse *f* • **to keep a dog on a ~** tenir un chien en laisse • **to keep sb on a short ~** tenir la bride haute à qn • **to give sb a longer ~** laisser la bride sur le cou à qn

least [li:st] *superl of* **little** 1 (ADJ) **the ~** (= *smallest amount of*) le moins de; (= *smallest*) le moindre, la moindre • **he has the ~ money** c'est lui qui a le moins d'argent • **the ~ thing upsets her** la moindre chose la contrarie • **with the ~ possible expenditure** avec le moins de dépenses possibles • **that's the ~ of our worries** c'est le cadet de nos soucis
2 (PRON) **the ~** le moins • **you've given me the ~** c'est à moi que tu en as donné le moins • **it's the ~ I can do** c'est la moindre des choses • **it's the ~ one can expect** c'est la moindre des choses • **what's the ~ you are willing to accept?** quel prix minimum êtes-vous prêt à accepter ?
▸ **at least** (*with quantity, comparison*) au moins; (*parenthetically*) du moins • **it costs $5 at ~** cela coûte au moins 5 dollars • **there were at ~ eight books** il y avait au moins huit livres • **he's at ~ as old as you** il a au moins votre âge • **he eats at ~ as much as I do** il mange au moins autant que moi • **at ~ it's not raining** au moins il ne pleut pas • **you could at ~ have told me!** tu aurais pu au moins me le dire ! • **I can at ~ try** je peux toujours essayer • **he's ill, at ~ that's what he says** il est malade, du moins c'est ce qu'il dit
▸ **at the very least** du moins
▸ **in the least** **not in the ~!** pas du tout ! • **he was not in the ~ tired** il n'était pas le moins du monde fatigué • **it didn't surprise me in the ~** ça ne m'a pas étonné du tout • **it doesn't matter in the ~** cela n'a pas la moindre importance
▸ **the least bit** **I wasn't the ~ bit surprised** je n'étais pas le moins du monde étonné
▸ **to say the least** **I was annoyed, to say the ~** j'étais mécontent, c'est le moins qu'on puisse dire • **she was not very careful, to say the ~** elle était pour le moins imprudente
3 (ADV) **the ~** le moins, la moins • **the ~ expensive** le moins cher • **the ~ expensive car** la voiture la moins chère • **when you are ~ expecting it** quand vous vous y attendez le moins
▸ **least of all** **he deserves it ~ of all** c'est lui qui le mérite le moins • **nobody seemed amused, ~ of all John** cela ne semblait amuser personne et surtout pas John
▸ **not least** **all countries, not ~ the USA** tous les pays, et en particulier les USA • **not ~ because ...** notamment parce que ...

leather ['leðəʳ] 1 (N) cuir *m* 2 (NPL) **leathers** (= *suit*) cuir* *m*; (= *trousers*) pantalon *m* en cuir 3 (ADJ) [*boots, jacket, seat*] en cuir 4 (COMP) ▸ **leather goods** NPL articles *mpl* en cuir

leathery ['leðərɪ] (ADJ) [*substance*] coriace; [*skin*] tanné

leave [li:v] (*vb: pret, ptp* **left**) 1 (N) ⓐ (= *holiday*) congé *m*; (*for soldier*) permission *f* • **how much ~ do you get?** vous avez droit à combien de jours de congé ? • **six weeks' ~** congé *m* de six semaines • **to be on ~** être en congé • **on ~ of absence** en congé exceptionnel; (*soldier*) en permission spéciale
ⓑ (= *consent*) permission *f* • **to ask ~ (from sb) to do sth** demander (à qn) la permission de faire qch
ⓒ (= *departure*) **to take one's ~ (of sb)** prendre congé (de qn) • **have you taken ~ of your senses?** avez-vous perdu la tête ?
2 (VT) ⓐ (= *go away from*) quitter • **to ~ home/school** quitter la maison/l'école • **they were left to starve** on les a laissés mourir de faim • **to ~ the rails** [*train*] dérailler
ⓑ (= *forget*) oublier • **he left his umbrella on the train** il a oublié son parapluie dans le train
ⓒ (= *deposit*) laisser • **he left the children with a neighbour** il a laissé les enfants à un voisin • **he ~s a widow and one son** il laisse une veuve et un orphelin • **to ~ a message for sb** laisser un message à qn • **to ~ the waiter a tip** laisser un pourboire au garçon • **can I ~ my camera with you?** puis-je vous confier mon appareil photo ? • **I was left feeling very disappointed** ça m'a beaucoup déçu • **this will ~ them with huge debts** ils vont se retrouver avec de grosses dettes
ⓓ (= *allow to remain*) laisser • **~ it where it is** laisse-le où il est • **it left me free for the afternoon** cela m'a laissé l'après-midi de libre • **he left it lying on the floor** il l'a laissé traîner par terre • **I'll ~ it to you to decide** je te laisse décider • **I'll ~ you to judge** je vous laisse juger • **I'll ~ the matter in your hands** je vous confie l'affaire • **shall we go via Paris? — I'll ~ it to you** et si on passait par Paris ? — c'est vous qui décidez • **~ it to me!** laissez-moi faire ! • **I'll ~ you to it*** je vous laisse

• **I wanted to ~ myself at least £80 a week** je voulais garder au moins 80 livres par semaine • **let's ~ it at that** tenons-nous-en là • **it left a good impression on me** cela m'a fait bonne impression • **to ~ sb in charge of a house/shop** laisser à qn la garde d'une maison/d'une boutique

ⓔ (*Math*) **three from six ~s three** six moins trois égalent trois • **if you take four from seven, what are you left with?** si tu soustrais quatre à sept, qu'est-ce qui te reste ?

ⓕ (*in will*) laisser (**to** à)

3 (VI) partir • **to ~ for Paris** partir pour Paris • **it's time we left** il est l'heure de partir

▸ **leave behind** VT SEP ⓐ (= *not take*) (*deliberately*) laisser; (*accidentally*) oublier • **he left the children behind in Paris** il a laissé les enfants à Paris • **you'll get left behind if you don't hurry up** on va te laisser là si tu ne te dépêches pas ⓑ [+ *opponent in race*] distancer; [+ *fellow students*] dépasser

▸ **leave in** VT SEP [+ *paragraph, words*] garder; [+ *plug*] laisser • **~ the cake in for 50 minutes** laisser cuire le gâteau pendant 50 minutes

▸ **leave off** 1 VI (= *stop*)* s'arrêter • **where did we ~ off?** (*in work, reading*) où nous sommes-nous arrêtés ? • **~ off!** ça suffit !* 2 VT SEP ⓐ (= *stop*)* arrêter (**doing sth** de faire qch) ⓑ (= *not put back on*) ne pas remettre ⓒ [+ *gas, heating, tap*] laisser fermé; [+ *light*] laisser éteint ⓓ (= *not add to list*) (*deliberately*) exclure; (*accidentally*) oublier

▸ **leave on** VT SEP ⓐ [+ *one's hat, coat*] garder; [+ *lid*] laisser ⓑ [+ *gas, heating, tap*] laisser ouvert; [+ *light*] laisser allumé

▸ **leave out** VT SEP ⓐ (= *omit*) (*accidentally*) oublier; (*deliberately*) exclure; [+ *line in text*] sauter • **they left him out** ils l'ont tenu à l'écart • **I'm feeling left out** j'ai l'impression d'être tenu à l'écart • **~ it out!**‡ arrête !* ⓑ (= *not put back*) laisser sorti; (= *leave visible*) [+ *food, note*] laisser • **I left the box out on the table** j'ai laissé la boîte sortie sur la table • **to ~ sth out in the rain** laisser qch dehors sous la pluie

Leaver ['li:vəʳ] (N) (*Brit*) (*from EU*) *partisan de la sortie de l'Union européenne*

leaves [li:vz] (NPL) *of* **leaf**

leaving ['li:vɪŋ] (N) départ *m* ▸ **leaving certificate** N (*Ir*) ≈ baccalauréat *m* ▸ **leaving present** N cadeau *m* de départ

Lebanese [,lebə'ni:z] 1 (ADJ) libanais 2 (N) (*pl inv*) Libanais(e) *m(f)*

Lebanon ['lebənən] (N) Liban *m*

lecherous ['letʃərəs] (ADJ) lubrique

lectern ['lektən] (N) lutrin *m*

lecture ['lektʃəʳ] 1 (N) conférence *f*; (*as part of university course*) cours *m* magistral • **he's giving a ~ at the museum** il fait une conférence au musée • **to give sb a ~ (about sth)** (= *reproach*) sermonner qn (au sujet de qch)

2 (VI) faire une conférence; (*as part of university course*) faire un cours magistral • **he ~s at 10 o'clock** il fait son cours à 10 heures • **he ~s at Bristol** il enseigne à l'université de Bristol

3 (VT) (= *reprove*) réprimander (**for having done sth** pour avoir fait qch)

4 (COMP) ▸ **lecture theatre** N salle *f* de conférences; (*Univ*) amphithéâtre *m*

> ⚠ **lecture** is not translated by the French word **lecture**.

lecturer ['lektʃərəʳ] (N) ⓐ (= *speaker*) conférencier *m*, -ière *f* ⓑ (*Brit Univ*) ≈ enseignant(e) *m(f)* à l'université • **senior ~** ≈ maître *m* de conférences

LED [,eli:'di:] (N) (ABBR OF **light-emitting diode**) (diode *f*) LED *f*

led [led] (VB) *pt, ptp of* **lead**

ledge [ledʒ] (N) (*on wall*) rebord *m*; (= *window ledge*) rebord *m* (de la fenêtre); (*on mountain*) saillie *f*; (*under sea*) (= *ridge*) haut-fond *m*; (= *reef*) récif *m*

ledger ['ledʒəʳ] (N) grand-livre *m*

leech [li:tʃ] (N) sangsue *f* • **he clung to me like a ~ all evening** il est resté pendu à mes basques* toute la soirée

leek [li:k] (N) poireau *m*

leer [lɪəʳ] (VI) **to ~ at sb** lorgner qn

leeway ['li:weɪ] (N) (= *freedom*) liberté *f*; (= *margin for action*) latitude *f* • **he gives his children too much ~** il donne trop de liberté à ses enfants • **that gives him a certain amount of ~** cela lui donne une certaine latitude

left [left] 1 (VB) *pt, ptp of* **leave**

▸ **to be left** rester • **what's ~?** qu'est-ce qui reste ? • **who's ~?** qui est-ce qui reste ? • **there'll be none ~** il n'en restera pas • **how many are ~?** combien est-ce qu'il en reste ? • **there are three cakes ~** il reste trois gâteaux • **are there any ~?** est-ce qu'il en reste ? • **nothing was ~ for me but to sell the house** il ne me restait plus qu'à vendre la maison • **I've got $6 ~** il me reste six dollars • **I'll have nothing ~** il ne me restera plus rien • **I've no money ~** il ne me reste plus d'argent • **have you got any ~?** est-ce qu'il vous en reste ?

▸ **left over there's nothing ~ over** il ne reste plus rien • **if there's any money ~ over** s'il reste de l'argent • **how much was ~ over?** combien en reste-t-il ?

2 (ADJ) gauche • **my ~ arm/foot** mon bras/pied gauche • **to have two ~ feet*** être pataud

3 (ADV) [*turn, look*] à gauche • **go ~ at the church** tournez à gauche à l'église

4 (N) ⓐ gauche *f* • **on your ~** sur votre gauche • **on the ~** à gauche • **the door on the ~** la porte de gauche • **to drive on the ~** conduire à gauche • **to the ~** à gauche • **to keep to the ~** (*in car*) tenir sa gauche

ⓑ **the Left** (*Politics*) la gauche • **he's further to the Left than I am** il est plus à gauche que moi • **the parties of the Left** les partis *mpl* de gauche

5 (COMP) ▸ **left-click** (*Comput*) VI cliquer à gauche ♦ VT cliquer à gauche sur ▸ **left-hand** ADJ de gauche • **the ~-hand door/page** la porte/page de gauche • **~-hand drive car** conduite *f* à gauche (*véhicule*) • **this car is ~-hand drive** cette voiture a la conduite à gauche • **on the ~-hand side** à gauche • **a ~-hand turn** un virage à gauche ▸ **left-handed** ADJ [*person*] gaucher ▸ **left-hander** N (= *person*) gaucher *m*, -ère *f* ▸ **left luggage** N (*Brit*) bagages *mpl* en consigne ▸ **left-luggage locker** N (casier *m* à) consigne *f* automatique ▸ **left-luggage office** N consigne *f* ▸ **left wing** N (*Politics*) gauche *f* ▸ **left-wing** ADJ [*newspaper, view*] de gauche • **he's very ~-wing** il est très à gauche ▸ **left-winger** N (*Politics*) homme *m* (*or* femme *f*) de gauche

leftie* ['leftɪ] (N) ⓐ (= *left-winger*) gauchiste *mf* ⓑ (*US*) (= *left-handed person*) gaucher *m*, -ère *f*

leftist ['leftɪst] (*Politics*) 1 (N) gauchiste *mf* 2 (ADJ) de gauche

leftover ['left,əʊvəʳ] 1 (N) vestige *m* (**from** de) • **a ~ from**

the days when ... un vestige de l'époque où ... 2 (NPL) **leftovers** (*after meal*) restes *mpl* 3 (ADJ) restant • **a bottle with some ~ wine in it** une bouteille avec un restant de vin • **a ~ bottle of wine** une bouteille de vin qui reste (*or* restait *etc*)

lefty* ['leftɪ] (N) = **leftie**

leg [leg] 1 (N) ⓐ [*of person*] jambe *f*; [*of horse*] membre *m*; [*of other animal, bird, insect*] patte *f* • **to give sb a ~ up** faire la courte échelle à qn; (= *give help to*) donner un coup de pouce à qn • **he hasn't got a ~ to stand on** il ne peut s'appuyer sur rien • **to pull sb's ~** (= *hoax*) faire marcher qn; (= *tease*) taquiner qn • **to get one's ~ over*** (*Brit*) s'envoyer en l'air*
ⓑ (*as food*) [*of lamb*] gigot *m*; [*of pork, chicken, frog*] cuisse *f*
ⓒ [*of piece of furniture*] pied *m*; [*of trousers, tights*] jambe *f*
ⓓ [*of journey*] étape *f*
ⓔ (*Sport*) **first ~** (= *match*) match *m* aller • **return ~** match *m* retour • **to run the first ~** (*in relay*) courir le premier relais
2 (VT) **to ~ it*** (= *run*) cavaler*; (= *flee*) se barrer*

legacy ['legəsɪ] (N) legs *m* • **to leave a ~ to sb** faire un legs à qn • **the ~ of the past** l'héritage *m* du passé

legal ['li:gəl] 1 (ADJ) ⓐ (= *concerning the law*) [*error, protection*] judiciaire; [*question, battle, services*] juridique; [*status*] légal • **to take ~ action against sb** intenter un procès à qn • **to take ~ advice (on sth)** consulter un avocat (à propos de qch) • **it's a ~ matter** c'est une question juridique • **for ~ reasons** pour des raisons légales
ⓑ [*act, decision, right, obligation*] légal
2 (COMP) ▸ **legal adviser** N conseiller *m*, -ère *f* juridique ▸ **legal aid** N aide *f* judiciaire ▸ **legal costs** NPL frais *mpl* de justice ▸ **legal currency** N monnaie *f* légale • **this note is no longer ~ currency** ce billet n'a plus cours ▸ **legal department** N [*of bank, firm*] service *m* du contentieux ▸ **legal fees** NPL frais *mpl* de justice ▸ **legal high** N drogue *f* euphorisante légale ▸ **legal holiday** N (*US*) jour *m* férié ▸ **legal offence** N infraction *f* à la loi ▸ **legal opinion** N avis *m* juridique ▸ **legal proceedings** NPL poursuites *fpl* • **to start ~ proceedings against sb** engager des poursuites contre qn ▸ **the legal profession** N (= *lawyers*) les juristes *mfpl* • **to go into the ~ profession** faire une carrière juridique ▸ **legal system** N système *m* juridique ▸ **legal tender** N monnaie *f* légale

legalistic [,li:gə'lɪstɪk] (ADJ) légaliste

legality [lɪ'gælɪtɪ] (N) légalité *f*

legalization [,li:gəlaɪ'zeɪʃən] (N) légalisation *f*

legalize ['li:gəlaɪz] (VT) légaliser

legally ['li:gəlɪ] (ADV) légalement

legend ['ledʒənd] (N) légende *f* • **a ~ in his own lifetime** une légende vivante

legendary ['ledʒəndərɪ] (ADJ) légendaire • **to achieve ~ status** devenir légendaire

leggings ['legɪŋz] (NPL) (*for woman*) caleçon *m*; (= *legwarmers*) jambières *fpl*; (*protective*) cuissardes *fpl*

legible ['ledʒəbl] (ADJ) lisible

legibly ['ledʒəblɪ] (ADV) de façon lisible

legion ['li:dʒən] 1 (N) légion *f* 2 (ADJ) **books on the subject are ~** les ouvrages sur ce sujet sont légion

legionnaire [,li:dʒə'nɛəʳ] (N) légionnaire *m* ▸ **legionnaire's disease** N maladie *f* du légionnaire

legislate ['ledʒɪsleɪt] (VI) légiférer

legislation [,ledʒɪs'leɪʃən] (N) (= *body of laws*) législation *f*; (= *single law*) loi *f* • **a piece of ~** une loi • **to bring in ~** faire des lois • **the government is considering ~ against ...** le gouvernement envisage de légiférer contre ...

legislative ['ledʒɪslətɪv] (ADJ) [*reform, assembly, powers, process*] législatif; [*session*] parlementaire; [*programme*] de lois; [*proposals*] de loi • **the ~ body** le (corps) législatif

legislator ['ledʒɪsleɪtəʳ] (N) législateur *m*, -trice *f*

legislature ['ledʒɪsləʧəʳ] (N) corps *m* législatif

legit* [lə'dʒɪt] (ADJ) [*business, deal, person*] réglo* • **to go ~** faire les choses dans les règles

legitimacy [lɪ'dʒɪtɪməsɪ] (N) légitimité *f*

legitimate 1 (ADJ) [*government, business, child, target*] légitime; [*reason, argument, conclusion*] valable; [*complaint*] fondé
2 (VT) légitimer

> Lorsque **legitimate** est un adjectif, la fin se prononce comme **it**: [lɪ'dʒɪtɪmɪt]; lorsque c'est un verbe, elle se prononce comme **eight**: [lɪ'dʒɪtɪmeɪt].

legitimize [lɪ'dʒɪtɪmaɪz] (VT) légitimer

legless ['leglɪs] (ADJ) ⓐ (= *without legs*) sans jambes ⓑ (*Brit* = *drunk*)* bourré*

legroom ['legrʊm] (N) place *f* pour les jambes

legume ['legju:m] (N) (= *plant*) fabacée *f*; (= *pod*) gousse *f*

legwork* ['legwɜ:k] (N) [*of reporter, investigator*] travail *m* sur le terrain • **I had to do all the ~** c'est moi qui ai dû me déplacer

Leics. (ABBR OF **Leicestershire**)

leisure ['leʒəʳ, (*US*) 'li:ʒəʳ] 1 (N) temps *m* libre • **a life of ~** une vie oisive • **in my moments of ~** à mes moments perdus • **do it at your ~** prenez tout votre temps • **think about it at your ~** réfléchissez-y à tête reposée • **a park where the public can stroll at ~** un parc où l'on peut flâner à sa guise 2 (COMP) [*pursuits, activities*] de loisirs ▸ **leisure centre** N (*Brit*) centre *m* de loisirs ▸ **leisure complex** N complexe *m* de loisirs ▸ **the leisure industry** N l'industrie *f* des loisirs ▸ **leisure wear** N vêtements *mpl* décontractés

leisurely ['leʒəlɪ] (ADJ) [*pace, stroll, meal, occupation*] tranquille • **to adopt a ~ approach to sth** aborder qch avec décontraction • **to have a ~ bath** prendre tranquillement un bain

leitmotif, leitmotiv ['laɪtməʊ,ti:f] (N) leitmotiv *m*

lemon ['lemən] 1 (N) citron *m*; (= *tree*) citronnier *m* • **I stood there like a ~*** j'étais là comme un imbécile
2 (ADJ) (*in colour*) citron *inv* 3 (COMP) ▸ **lemon cheese, lemon curd** N (*Brit*) crème *f* au citron ▸ **lemon grass** N citronnelle *f* ▸ **lemon juice** N jus *m* de citron; (= *drink*) citron *m* pressé ▸ **lemon sole** N (*Brit*) limande-sole *f* ▸ **lemon squash** N ≈ citronnade *f* ▸ **lemon squeezer** N presse-citron *m* ▸ **lemon tea** N thé *m* au citron ▸ **lemon tree** N citronnier *m* ▸ **lemon yellow** ADJ, N jaune citron *m inv*

lemonade [,lemə'neɪd] (N) (*still*) citronnade *f*; (*fizzy*) limonade *f*

lemur ['li:məʳ] (N) lémurien *m*; (*ring-tailed*) lémur *m*

lend [lend] (*pret, ptp* **lent**) (VT) ⓐ [+ *money, possessions*] prêter • **to ~ sb sth** prêter qch à qn ⓑ [+ *importance*] accorder; [+ *dignity, mystery*] conférer • **to ~ credibility to sth** donner une certaine crédibilité à qch • **to ~ authority to sth** conférer une certaine autorité à qch • **to ~ an ear (to sb)** prêter l'oreille (à qn) ⓒ (*reflexive*) **to ~ itself** (*or* **o.s.**) **to ...** se prêter à ... • **the novel doesn't ~ itself to being filmed** ce roman ne se prête pas à une

adaptation cinématographique
▸ **lend out** VT SEP prêter

lender ['lendəʳ] (N) prêteur *m*, -euse *f* → **moneylender**

lending ['lendɪŋ] (N) prêt *m* ▸ **lending library** N bibliothèque *f* de prêt ▸ **lending rate** N taux *m* de prêt

length [leŋ(k)θ] (N) ⓐ (*in space*) longueur *f* • **it was 6 metres in ~** il faisait 6 mètres de long • **over the ~ and breadth of England** dans toute l'Angleterre
▸ **to go to the length/to ... lengths he went to the ~ of asking my advice** il est allé jusqu'à me demander conseil • **I've gone to great ~s to get it finished** je me suis donné beaucoup de mal pour le terminer • **he would go to any ~s to succeed** il ne reculerait devant rien pour réussir • **I didn't think he would go to such ~s to get the job** je n'aurais pas cru qu'il serait allé jusque-là pour avoir le poste
ⓑ (*in time*) durée *f* • **the ~ of time needed to ...** le temps nécessaire pour ... • **they can't sit still for any ~ of time** ils n'arrivent pas à tenir en place
▸ **at length** (= *at last*) enfin; (= *for a long time*) fort longuement; (= *in detail*) dans le détail
ⓒ (*Sport*) longueur *f* • **to win by a ~** gagner d'une longueur • **four ~s of the pool** quatre longueurs de piscine
ⓓ [*of rope, wire*] morceau *m*; [*of wallpaper*] lé *m*; [*of cloth*] métrage *m*; [*of track*] tronçon *m*

lengthen ['leŋ(k)θən] 1 (VT) [+ *object*] allonger; [+ *visit, life*] prolonger 2 (VI) [*shadows, queue*] s'allonger; [*visit*] se prolonger; [*days, nights*] rallonger

lengthways ['leŋ(k)θ,weɪz], **lengthwise** ['leŋ(k)θ,waɪz] (ADV) dans le sens de la longueur

lengthy ['leŋ(k)θɪ] (ADJ) très long (longue *f*)

leniency ['liːnɪənsɪ] (N) [*of parent, teacher, treatment*] indulgence *f*; [*of government, judge, sentence*] clémence *f* • **to show ~** se montrer indulgent

lenient ['liːnɪənt] (ADJ) [*parent, teacher, treatment*] indulgent; [*government, judge, sentence*] clément

leniently ['liːnɪəntlɪ] (ADV) avec indulgence

Lenin ['lenɪn] (N) Lénine *m*

lens [lenz] (N) (*for magnifying*) lentille *f*; [*of camera*] objectif *m*; [*of spectacles*] verre *m*; (= *contact lens*) verre *m* de contact
▸ **lens cap** N bouchon *m* d'objectif

Lent [lent] (N) carême *m* • **during ~** pendant le carême

lent [lent] (VB) *pt, ptp of* **lend**

lentil ['lentl] (N) lentille *f*

Leo ['liːəʊ] (N) Lion *m* • **I'm ~** je suis Lion

leopard ['lepəd] (N) léopard *m*

leopardskin ['lepədskɪn] 1 (N) peau *f* de léopard 2 (ADJ) (*real*) en peau de léopard; (*fake*) léopard *inv*

leotard ['liːətɑːd] (N) justaucorps *m*

leper ['lepəʳ] (N) lépreux *m*, -euse *f*

leprosy ['leprəsɪ] (N) lèpre *f*

lesbian ['lezbɪən] 1 (ADJ) lesbien; [*couple*] de lesbiennes; [*relationship, affair*] homosexuel (*entre femmes*) • **the ~ and gay community** la communauté gay et lesbienne 2 (N) lesbienne *f*

lesbianism ['lezbɪənɪzəm] (N) lesbianisme *m*

lesion ['liːʒən] (N) lésion *f*

less [les] *compar of* **little** 1 (ADJ, PRON) ⓐ (*in amount, size, degree*) moins (de) • **~ butter** moins de beurre • **even ~** encore moins • **even ~ butter** encore moins de beurre • **much ~ milk** beaucoup moins de lait • **a little ~ cream** un peu moins de crème • **~ and ~** de moins en moins • **~ and ~ money** de moins en moins d'argent • **of ~ importance** de moindre importance • **I have ~ time for reading** j'ai moins le temps de lire • **can't you let me have it for ~?** vous ne pouvez pas me faire un prix ? • **~ of your cheek!*** assez d'impertinence ! • **~ noise please!** moins de bruit s'il vous plaît ! • **we see ~ of her now** nous la voyons moins souvent maintenant
▸ **less than** moins que; (*before a number*) moins de • **I have ~ than you** j'en ai moins que vous • **I need ~ than that** il m'en faut moins que cela • **~ than half the audience** moins de la moitié de l'assistance • **in ~ than a month** en moins d'un mois • **not ~ than one kilo** pas moins d'un kilo • **a sum ~ than £100** une somme de moins de 100 livres • **it is ~ than perfect** on ne peut pas dire que ce soit parfait • **in ~ than no time*** en un rien de temps
▸ **less ... than** moins ... que • **I have ~ money than you** j'ai moins d'argent que vous • **it took ~ time than I expected** cela a pris moins de temps que je ne pensais • **we eat ~ bread than we used to** nous mangeons moins de pain qu'avant
▸ **no less I think no ~ of him for that** il n'est pas descendu dans mon estime pour autant • **he's bought a boat, no ~*** il s'est payé un bateau, rien que ça* • **I was told the news by the bishop, no ~*** c'est l'évêque en personne, s'il vous plaît*, qui m'a appris la nouvelle
▸ **no less + than he has no ~ than four months' holiday a year** il a au moins quatre mois de vacances par an • **it costs no ~ than £100** ça ne coûte pas moins de 100 livres • **with no ~ skill than enthusiasm** avec non moins d'habileté que d'enthousiasme
▸ **nothing less than** rien moins que • **he's nothing ~ than a thief** c'est tout simplement un voleur • **it's nothing ~ than disgraceful** le moins qu'on puisse dire c'est que c'est une honte
2 (ADV) ⓐ moins • **you must eat ~** il faut que vous mangiez moins • **we see each other ~ nowadays** nous nous voyons moins ces derniers temps • **to grow ~** diminuer • **that's ~ important** c'est moins important • **~ and ~** de moins en moins • **even ~** encore moins • **~ often** moins souvent
▸ **less ... than it's ~ expensive than you think** c'est moins cher que vous ne croyez • **the problem is ~ one of money than of personnel** c'est moins un problème d'argent qu'un problème de personnel
▸ **no less ... than she is no ~ intelligent than you** elle n'est pas moins intelligente que vous
▸ **none the less he was none the ~ pleased to see me** il n'en était pas moins content de me voir
▸ **the less ... the ~ he works the ~ he earns** moins il travaille, moins il gagne • **the ~ you worry about it the better** moins vous vous ferez du souci à ce sujet, mieux ça vaudra • **the ~ said about it the better** mieux vaut ne pas en parler
3 (PREP) moins • **~ 10%** moins 10 %

lessen ['lesn] 1 (VT) diminuer; [+ *cost*] réduire; [+ *anxiety, pain*] atténuer; [+ *shock*] amortir 2 (VI) [*tension, pain*] diminuer

lesser ['lesəʳ] (ADJ) moindre • **to a ~ extent** à un moindre degré • **the ~ of two evils** le moindre de deux maux

lesson ['lesn] (N) leçon *f* • **driving ~** leçon *f* de conduite • **to take ~s in** prendre des leçons de • **to give ~s in** donner des leçons de • **we have ~s from nine to midday**

nous avons cours de 9 heures à midi • **~s start at 9 o'clock** les cours commencent à 9 heures • **let that be a ~ to you!** que cela te serve de leçon ! • **there's one ~ to be learnt from the war** il y a une leçon à tirer de cette guerre

lest [lest] CONJ (*liter*) de peur *or* de crainte de + *infin*

let [let] (*pret, ptp* **let**)

1 TRANSITIVE VERB
2 NOUN
3 COMPOUNDS
4 PHRASAL VERBS

1 TRANSITIVE VERB

When **let** is part of a fixed expression such as **let alone**, **let go**, look up the other word.

ⓐ (*= allow*) laisser • **to ~ sb do sth** laisser qn faire qch • **he wouldn't ~ us** il n'a pas voulu • **I won't ~ you be treated like that** je ne permettrai pas qu'on vous traite de cette façon • **to ~ sb into a secret** révéler un secret à qn • **don't ~ me forget** rappelle-le-moi • **don't ~ the fire go out** ne laisse pas le feu s'éteindre • **~ me have a look** faites voir • **~ me help you** laissez-moi vous aider • **~ me tell you, you're making a mistake** je vais vous dire, vous faites une erreur • **when can you ~ me have it?** quand pourrais-je l'avoir ? • **~ him have it!** (*= give*) donne-le-lui !; (*= shoot*)* règle-lui son compte !* • **~ him be!** laisse-le (tranquille) ! • **~ me catch you stealing again!*** que je t'y prenne encore à voler ! • **I ~ myself be persuaded** je me suis laissé convaincre

ⓑ (*used to form imperative of 1st person*) **don't ~ me keep you** je ne veux pas vous retenir • **don't ~ me see you doing that again** que je ne t'y reprenne pas • **~ me see ...** voyons ... • **~ me think** laissez-moi réfléchir

▸ **let's** **~'s go for a walk** allons nous promener • **~'s go!** allons-y ! • **~'s get out of here!** fichons le camp !* • **~'s not start yet** ne commençons pas tout de suite

ⓒ (*used to form imperative of 3rd person*) **if he wants the book, ~ him come and get it himself** s'il veut le livre, qu'il vienne le chercher lui-même • **~ him say what he likes, I don't care** qu'il dise ce qu'il veut, ça m'est égal • **~ that be a warning to you** que cela vous serve d'avertissement • **just ~ them try!** qu'ils essaient un peu !

ⓓ (*= hire out*) louer • **"flat to ~"** « appartement à louer » • **"to ~"** « à louer »

2 NOUN

(*Tennis*) let *m* • **~!** filet !

3 COMPOUNDS

▸ **let-down*** N déception *f* ▸ **let-up*** N (*= decrease*) diminution *f*; (*= stop*) arrêt *m*; (*= respite*) répit *m* • **he worked five hours without a ~-up** il a travaillé cinq heures d'affilée

4 PHRASAL VERBS

▸ **let down** VT SEP ⓐ [*+ window*] baisser; [*+ one's hair*] dénouer; [*+ dress*] rallonger; [*+ tyre*] dégonfler; (*on rope*) descendre • **to ~ down a hem** défaire un ourlet (*pour rallonger un vêtement*) ⓑ (*= disappoint*) décevoir • **we're expecting you on Sunday, don't ~ us down** nous vous attendons dimanche, ne nous faites pas faux bond • **you've ~ the side down** tu ne nous (*or* leur) as pas fait honneur

▸ **let in** VT SEP [*+ person, cat*] laisser entrer • **can you ~ him in?** pouvez-vous lui ouvrir ? • **they wouldn't ~ me in** ils ne voulaient pas me laisser entrer • **he ~ himself in with a key** il est entré avec une clé • **to ~ in water** [*shoes, tent*] prendre l'eau; [*roof*] laisser entrer la pluie • **the curtains ~ the light in** les rideaux laissent entrer la lumière

▸ **to let sb in for sth*** **see what you've ~ me in for now!** tu vois dans quelle situation tu m'as mis ! • **if I'd known what you were ~ting me in for I'd never have come** si j'avais su ce qui m'attendait je ne serais jamais venu • **you don't know what you're ~ting yourself in for** tu ne sais pas à quoi tu t'engages

▸ **to let sb in on sth** mettre qn au courant de qch • **can't we ~ him in on it?** ne peut-on pas le mettre au courant ?

▸ **let off** VT SEP ⓐ [*+ bomb*] faire exploser; [*+ firework*] tirer; [*+ firearm*] faire partir ⓑ (*= release*) dégager ⓒ (*= allow to leave*) laisser partir ⓓ (*= excuse*) dispenser • **to ~ sb off sth** dispenser qn de qch • **if you don't want to do it, I'll ~ you off** si tu ne veux pas le faire, je t'en dispense ⓔ (*= not punish*) ne pas punir • **he ~ me off** il ne m'a pas puni • **I'll ~ you off this time** je ferme les yeux pour cette fois • **he was ~ off with a fine** il s'en est tiré* avec une amende • **to ~ sb off lightly** laisser qn s'en tirer à bon compte

▸ **let on*** 1 VI **I won't ~ on** je ne dirai rien • **don't ~ on!** motus ! • **don't ~ on about what they did** ne va pas raconter ce qu'ils ont fait 2 VT SEP **to ~ on that ...** dire que ...

▸ **let out** VT SEP ⓐ [*+ person, cat*] laisser sortir; [*+ prisoner*] relâcher; [*+ cattle, caged bird*] lâcher • **~ me out!** laissez-moi sortir ! • **he ~ himself out quietly** il est sorti sans faire de bruit • **I'll ~ myself out** pas besoin de me reconduire • **they are ~ out of school at 4** on les libère à 16 heures • **to ~ the air out of a tyre** dégonfler un pneu ⓑ [*+ secret, news*] révéler ⓒ [*+ shout, cry*] laisser échapper ⓓ [*+ dress*] élargir • **to ~ out a seam** défaire une couture (*pour agrandir un vêtement*) ⓔ [*+ house*] louer

▸ **let past** VT SEP [*+ person, vehicle*] laisser passer

▸ **let through** VT SEP [*+ vehicle, person, light*] laisser passer

▸ **let up** VI [*rain*] diminuer; [*cold weather*] s'adoucir • **he didn't ~ up until he'd finished** il ne s'est accordé aucun répit avant d'avoir fini • **she worked all night without ~ting up** elle a travaillé toute la nuit sans relâche • **what a talker she is, she never ~s up!** quelle bavarde, elle n'arrête pas ! • **to ~ up on sb*** lâcher la bride à qn

lethal ['li:θəl] ADJ [*poison, injection, dose*] mortel; [*attack, blow*] fatal; [*weapon, explosion*] meurtrier • **by ~ injection** par injection mortelle • **a ~ combination of ...** [*+ drink, drugs*] un mélange fatal de ...; [*+ ignorance, fear, poverty*] un mélange explosif de ... • **that stuff is ~!*** (*coffee, beer*) c'est redoutable, ce truc !*

lethargic [lɪ'θɑ:dʒɪk] ADJ [*person*] léthargique; [*movement*] indolent • **to feel ~** se sentir tout mou

lethargy ['leθədʒɪ] N léthargie *f*

let's [lets] = **let us** → **let**

letter ['letəʳ] 1 N ⓐ [*of alphabet*] lettre *f* • **to the ~** à la lettre ⓑ (*= written communication*) lettre *f* • **by ~** par lettre ⓒ (*= literature*) **man of ~s** homme *m* de lettres 2 COMP ▸ **letter bomb** N lettre *f* piégée ▸ **letter-card** N (*Brit*) carte-lettre *f* ▸ **letter opener** N coupe-papier *m inv*

letterbox ['letəbɒks] N boîte *f* aux lettres

lettering ['letərɪŋ] N (*= engraving*) gravure *f*; (*= letters*) caractères *mpl*

letting ['letɪŋ] (N) location *f* ▸**letting agency** N agence *f* de location
lettuce ['letɪs] (N) *(as plant, whole)* laitue *f*; *(leaves, as salad)* salade *f*
leukaemia, leukemia *(US)* [luː'kiːmɪə] (N) leucémie *f*
level ['levl] **1** (N) ⓐ niveau *m*; *[of substance in body]* taux *m* • **the ~ of support for the government is high/low** beaucoup/peu de gens soutiennent le gouvernement • **the ~ of violence is very high** il y a énormément de violence • **the ~ of public interest in the scheme remains low** le public continue à manifester peu d'intérêt pour ce projet • **the rising ~ of inflation** l'augmentation *f* de l'inflation
▸ **on + level** **on a ~ with ...** au même niveau que ... • **I'm telling you on the ~*** je te le dis franchement • **is this on the ~?*** est-ce que c'est réglo ?* • **is he on the ~?*** est-ce qu'il joue franc-jeu ?
ⓑ *(= spirit level)* niveau *m* à bulle
2 (ADJ) ⓐ *[surface]* plan • **~ ground** terrain *m* plat • **the tray must be absolutely ~** il faut que le plateau soit parfaitement horizontal • **a ~ spoonful** une cuillerée rase • **to do one's ~ best (to do sth)*** faire de son mieux (pour faire qch)
ⓑ *(= equal)* *(at same standard)* à égalité; *(at same height)* à la même hauteur • **the two contestants are dead ~** les deux participants sont exactement à égalité • **hold the two sticks absolutely ~ (with each other)** tiens les deux bâtons exactement à la même hauteur
▸ **to be level with sb** *(in race)* être à la hauteur de qn; *(in league)* être à égalité avec qn
▸ **to draw level with sb** *(in race)* arriver à la hauteur de qn; *(in league)* être ex aequo avec qn • **she slowed down a little to let the car draw ~ with her** elle a ralenti un peu afin de permettre à la voiture d'arriver à sa hauteur
ⓒ *[voice, tones]* calme • **she gave him a ~ stare** elle l'a dévisagé calmement • **to keep a ~ head** garder tout son sang-froid
ⓓ *(US = honest)** honnête
3 (VT) ⓐ *(= make level)* *[+ site, ground]* niveler; *[+ quantities]* répartir également • **to ~ the score** égaliser
ⓑ *(= demolish)* raser
ⓒ *(= aim)* **to ~ a blow at sb** allonger un coup de poing à qn • **to ~ a gun at sb** braquer un pistolet sur qn • **to ~ an accusation at sb** porter une accusation contre qn • **to ~ criticism at sb** formuler des critiques à l'encontre de qn • **to ~ charges at sb** porter des accusations contre qn
4 (VI) **I'll ~ with you** je vais être franc avec vous
5 (COMP) ▸**level crossing** N *(Brit)* passage *m* à niveau ▸**level-headed** ADJ pondéré ▸**level-pegging** ADJ *(Brit)* **they were ~-pegging** ils étaient au coude à coude
▸ **level off** **1** VI *[statistics, results, prices]* se stabiliser **2** VT SEP niveler
▸ **level out** **1** VI *[statistics, results, prices]* se stabiliser; *[road]* s'aplanir **2** VT SEP niveler
leveller, leveler *(US)* ['levləʳ] (N) **poverty is a great ~** tous les hommes sont égaux dans la misère • (PROV) **death is the great ~** nous sommes tous égaux devant la mort
levelling, leveling *(US)* ['levlɪŋ] (N) nivellement *m* ▸**levelling down** N nivellement *m* par le bas ▸**levelling off** N nivellement *m*; *[of economic tendency]* stabilisation *f* ▸**levelling up** N nivellement *m* par le haut
lever ['liːvəʳ] **1** (N) levier *m*; *(small)* manette *f* • **he used it as a ~ to get what he wanted** cela lui a servi de levier pour arriver à ses fins **2** (VT) **to ~ sth into position** mettre qch en place (à l'aide d'un levier) • **to ~ sth out/open** extraire/ouvrir qch (au moyen d'un levier) • **he ~ed himself out of the chair** il s'est extirpé* du fauteuil
▸ **lever up** VT SEP soulever au moyen d'un levier • **he ~ed himself up on one elbow** il s'est soulevé sur un coude
leverage ['liːvərɪdʒ] (N) force *f* de levier; *(= influence)* influence *f*
levy ['levɪ] **1** (N) *(= tax)* taxe *f* **2** (VT) ⓐ *(= impose)* *[+ tax]* prélever; *[+ fine]* infliger (**on sb** à qn) ⓑ *(= collect)* *[+ taxes, contributions]* percevoir
lewd [luːd] (ADJ) obscène
lexical ['leksɪkəl] (ADJ) lexical
lexicographer [ˌleksɪ'kɒgrəfəʳ] (N) lexicographe *mf*
lexicography [ˌleksɪ'kɒgrəfɪ] (N) lexicographie *f*
lexicon ['leksɪkən] (N) ⓐ *(= wordlist, lexis)* lexique *m* ⓑ *(= terminology, language)* vocabulaire *m* • **the word "perestroika" has entered the political ~** le mot « perestroïka » fait désormais partie du vocabulaire politique
LGBT [ˌeldʒiːbiː'tiː] (ADJ) (ABBR OF **lesbian, gay, bisexual, and transgender**) LGBT
LI (ABBR OF **Long Island**)
liability [ˌlaɪə'bɪlɪtɪ] (N) ⓐ *(= responsibility)* responsabilité *f* • **don't admit ~ for the accident** refusez de reconnaître la responsabilité de l'accident ⓑ *(= obligation)* **~ for tax** assujettissement *m* à l'impôt ⓒ **liabilities** *(= debts)* passif *m* ⓓ *(= handicap)* **this car is a ~** on n'arrête pas d'avoir des problèmes avec cette voiture • **he's a real ~** ce type est un boulet*
liable ['laɪəbl] (ADJ) ⓐ **to be ~ to do sth** *(= be likely to)* avoir des chances de faire qch; *(= risk)* risquer de faire qch • **he's ~ to refuse** il risque de refuser
ⓑ *(= subject)* **to be ~ to sth** être sujet à qch • **to be ~ to imprisonment/a fine** être passible d'emprisonnement/d'une amende • **to be ~ for prosecution** s'exposer à des poursuites • **to be ~ for duty** *[goods]* être assujetti à des droits; *[person]* avoir à payer des droits • **to be ~ for tax** *[person]* être imposable; *[thing]* être assujetti à la taxation
ⓒ *(= legally responsible)* (civilement) responsable (**for sb/sth** de qn/qch) • **~ for damages** tenu de verser des dommages et intérêts • **to be held ~ (for sth)** être tenu pour responsable (de qch)
liaise [liː'eɪz] (VI) *(Brit)* se contacter • **to ~ with** *(= cooperate with)* se concerter avec; *(= act as go-between)* assurer la liaison avec • **to ~ between** assurer la liaison entre
liaison [liː'eɪzɒn] (N) liaison *f*
liar ['laɪəʳ] (N) menteur *m*, -euse *f*
libel ['laɪbəl] **1** (N) diffamation *f* (par écrit) • **to sue sb for ~** intenter un procès en diffamation à qn **2** (VT) diffamer (par écrit)
libellous, libelous *(US)* ['laɪbələs] (ADJ) diffamatoire
liberal ['lɪbərəl] **1** (ADJ) ⓐ *[education, régime, society]* libéral; *[ideas, views]* progressiste; *[person]* large d'esprit ⓑ *(= generous)* généreux • **a ~ amount of** beaucoup de • **she made ~ use of the hairspray** elle a utilisé beaucoup de laque ⓒ *(Brit Politics)* **Liberal** libéral **2** (N) **Liberal** *(Politics)* libéral(e) *m(f)* **3** (COMP) ▸**liberal arts** NPL sciences *fpl* humaines ▸**Liberal Democrat** N *(Politics)* libéral(e)-démocrate *m(f)*

liberalism ['lɪbərəlɪzəm] (N) libéralisme *m*
liberalize ['lɪbərəlaɪz] (VT) libéraliser
liberally ['lɪbərəlɪ] (ADV) généreusement
liberate ['lɪbəreɪt] (VT) libérer
liberated ['lɪbəreɪtɪd] (ADJ) libéré
liberation [,lɪbə'reɪʃən] (N) libération *f*
liberator ['lɪbəreɪtəʳ] (N) libérateur *m*, -trice *f*
Liberia [laɪ'bɪərɪə] (N) Libéria *m*
Liberian [laɪ'bɪərɪən] 1 (ADJ) libérien 2 (N) Libérien(ne) *m(f)*
libertarian [,lɪbə'tɛərɪən] (ADJ) libertaire
libertine ['lɪbəti:n] (ADJ, N) libertin(e) *m(f)*
liberty ['lɪbətɪ] (N) ⓐ (= *freedom*) liberté *f*
▸ **at liberty to leave sb at ~ to do sth** permettre à qn de faire qch • **you are at ~ to choose** libre à vous de choisir • **I am not at ~ to reveal that information** je n'ai pas le droit de révéler ces informations
ⓑ (= *presumption*) liberté *f* • **to take liberties (with sb)** prendre des libertés (avec qn) • **to take the ~ of doing sth** prendre la liberté de faire qch • **what a ~!*** quel toupet !*
libido [lɪ'bi:dəʊ] (N) libido *f*
Libra ['li:brə] (N) Balance *f* • **I'm ~** je suis Balance
librarian [laɪ'brɛərɪən] (N) bibliothécaire *mf*
library ['laɪbrərɪ] (N) bibliothèque *f* ▸ **library book** N livre *m* de bibliothèque ▸ **library card** N carte *f* de bibliothèque ▸ **library pictures** NPL (*TV*) images *fpl* d'archives ▸ **library ticket** N carte *f* de bibliothèque

⚠ **library ≠ librairie**

LIBRARY OF CONGRESS
La Bibliothèque du Congrès a été fondée à Washington en 1800, initialement pour servir les besoins des membres du Congrès. Devenue par la suite la Bibliothèque nationale des États-Unis, elle reçoit, au titre du dépôt légal, deux exemplaires de chaque ouvrage publié dans le pays et possède un fonds très riche de manuscrits, partitions de musique, cartes, films et enregistrements. C'est elle qui attribue au niveau international les numéros d'ISBN.

Libya ['lɪbɪə] (N) Libye *f*
Libyan ['lɪbɪən] 1 (N) Libyen(ne) *m(f)* 2 (ADJ) libyen • **~ Arab Jamahiriya** Jamahiriya *f* arabe libyenne • **the ~ Desert** le désert de Libye
lice [laɪs] (NPL) *of* **louse**
licence, license (*US*) ['laɪsəns] 1 (N) ⓐ (= *permit*) permis *m*; (*for manufacturing, trading*) licence *f*; (*for radio, TV*) redevance *f* • **driving ~** (*Brit*) permis *m* de conduire • **pilot's ~** brevet *m* de pilote • **to manufacture sth under ~** fabriquer qch sous licence ⓑ (= *freedom*) licence *f* 2 (COMP) ▸ **licence fee** N (*Brit TV*) redevance *f* ▸ **licence number** N [*of licence*] numéro *m* de permis de conduire; [*of car*] numéro *m* d'immatriculation ▸ **licence plate** N plaque *f* d'immatriculation

⚠ **licence** is not the most common translation for **licence**.

license ['laɪsəns] 1 (N) (*US*) = **licence** 2 (VT) ⓐ (= *give licence to*) donner une licence à; [+ *car*] [*licensing authority*] délivrer la vignette à; [*owner*] acheter la vignette de • **is that gun ~d?** avez-vous un permis pour cette arme ? • **the shop is ~d to sell tobacco** le magasin a une licence de bureau de tabac • **~d premises** établissement *m* ayant une licence de débit de boissons ⓑ (= *permit*) autoriser (**sb to do sth** qn à faire qch) 3 (COMP) ▸ **license plate** N (*US*) plaque *f* d'immatriculation
licensee [,laɪsən'si:] (N) titulaire *mf* d'une licence; (*Brit*) [*of pub*] patron(ne) *m(f)*
licensing ['laɪsənsɪŋ] (ADJ) **the ~ authority** l'organisme *m* délivrant les permis (*or* les licences *etc*) ▸ **licensing agreement** N accord *m* de licence ▸ **licensing hours** NPL (*Brit*) heures *fpl* d'ouverture légales (*des débits de boisson*)

LICENSING LAWS
En Grande-Bretagne, les lois réglementant la vente et la consommation d'alcool sont connues sous le nom de **licensing laws**. L'âge minimum pour boire de l'alcool dans les lieux publics est de 18 ans.
Aux États-Unis, chaque État a sa propre législation en la matière. L'âge minimum varie de 18 à 21 ans et, dans certains comtés, il reste rigoureusement interdit de vendre ou de consommer de l'alcool. Dans d'autres, on ne peut acheter les boissons alcoolisées que dans des magasins spécialisés appelés « liquor stores » ou « package stores ». La plupart des restaurants et discothèques ont une licence (« liquor license ») qui les autorise à vendre de l'alcool.

lichee [,laɪ'tʃi:] (N) litchi *m*
lichen ['laɪkən] (N) lichen *m*
lick [lɪk] 1 (N) ⓐ coup *m* de langue • **the cat gave me a ~** le chat m'a donné un coup de langue • **let me have a ~** je peux goûter ? • **a ~ of paint** un (petit) coup de peinture ⓑ (= *speed*)* **at a fair ~** en quatrième vitesse*
2 (VT) ⓐ [*person, animal, flames*] lécher • **to ~ sth clean** nettoyer qch à coups de langue • **to ~ one's lips** se lécher les lèvres; (*fig*) se frotter les mains • **to ~ sb's boots*** lécher les bottes à qn*
ⓑ (= *defeat*)* écraser*; (= *outdo*)* tabasser* • **I've got it ~ed** [+ *problem, puzzle*] j'ai trouvé la solution; [+ *bad habit*] j'ai réussi à m'arrêter • **it's got me ~ed** [*problem*] ça me dépasse
licorice ['lɪkərɪs] (N) (*US*) réglisse *m*
lid [lɪd] (N) ⓐ couvercle *m* • **to keep the ~ on** [+ *scandal, affair*] étouffer; [+ *crime*] contenir ⓑ (= *eyelid*) paupière *f*
lie[1] [laɪ] (*pret* **lay**, *ptp* **lain**) 1 (VI) ⓐ [*person, animal*] (= *lie down*) s'allonger; (= *be lying down*) être allongé • **go and ~ on the bed** allez vous allonger sur le lit • **he was lying on the floor** (*resting*) il était allongé par terre; (*unable to move*) il était étendu par terre • **she lay in bed until 10 o'clock** elle est restée au lit jusqu'à 10 heures • **she was lying in bed** elle était au lit • **~ on your side** allonge-toi sur le côté • **she was lying face downwards** elle était étendue à plat ventre • **~ still!** ne bouge pas ! • **his body was lying on the ground** son corps gisait sur le sol • **here ~s ...** (*on tombstone*) ci-gît ... • **to ~ in state** être exposé solennellement • **to ~ low** (= *hide*) se cacher; (= *stay out of limelight*) se faire oublier
ⓑ [*object*] être; [*place, road*] se trouver; [*land, sea*] s'étendre; (= *remain*) rester, être • **the book lay on the table** le livre était sur la table • **his clothes were lying on the floor** ses vêtements étaient par terre • **the money is lying idle in the bank** l'argent dort à la banque • **the**

I

factory lay idle l'usine ne tournait plus • **the snow lay two metres deep** il y avait deux mètres de neige • **the town lay in ruins** la ville était en ruines • **the meal lay heavy on his stomach** le repas lui pesait sur l'estomac • **the crime lay heavy on his conscience** ce crime lui pesait sur la conscience • **the valley lay before us** la vallée s'étendait devant nous • **Stroud ~s to the west of Oxford** Stroud se trouve à l'ouest d'Oxford • **the years that ~ before us** les années à venir • **what ~s ahead** (*in future*) l'avenir • **the whole world lay at her feet** toutes les portes lui étaient ouvertes • **to let things ~** laisser les choses comme elles sont

ⓒ (*with abstract subject*) **to ~ in sth** résider dans qch • **the trouble ~s in his shyness** le problème vient de sa timidité • **he knows where his interests ~** il sait où résident ses intérêts • **what ~s behind his refusal?** quelle est la véritable raison de son refus ?

2 (N) **the ~ of the land** la configuration *f* du terrain

3 (COMP) ▸ **lie-down** N (*Brit*) **to have a ~-down** s'allonger ▸ **lie-in** N (*Brit*) **to have a ~-in** faire la grasse matinée

▸ **lie about, lie around** VI ⓐ [*objects, clothes, books*] traîner • **don't leave that money lying about** ne laissez pas traîner cet argent ⓑ [*person*] traîner • **don't just ~ about all day!** tâche de ne pas traîner toute la journée !

▸ **lie back** VI (*in chair, on bed*) se renverser (en arrière) • **just ~ back and enjoy yourself!** laisse-toi donc vivre !

▸ **lie down** VI [*person, animal*] s'allonger • **he lay down for a while** il s'est allongé quelques instants • **when I arrived she was lying down** quand je suis arrivé elle était allongée • **~ down!** (*to dog*) couché ! • **to ~ down on the job*** tirer au flanc* • **to take sth lying down*** encaisser qch* sans broncher • **I won't take it lying down*** je ne vais pas me laisser faire

▸ **lie in** VI (= *stay in bed*) faire la grasse matinée

lie² [laɪ] (*vb: pret, ptp* **lied**) 1 (N) mensonge *m* • **to tell ~s** dire des mensonges • **I tell a ~*** je dis une bêtise • **that's a ~!** c'est un mensonge ! 2 (VI) mentir

lieu [luː] (N) **in ~ of** à la place de • **one month's notice or £2,400 in ~** un mois de préavis ou 2400 livres à titre de compensation

Lieut. (ABBR OF **Lieutenant**)

lieutenant [lefˈtenənt, (*US*) luːˈtenənt] (N) ⓐ (*in army, navy*) lieutenant(e) *m(f)* ⓑ (*US Police*) (*uniformed*) lieutenant(e) *m(f)* de police; (*plain clothes*) inspecteur *m*, -trice *f* de police

life [laɪf] 1 (N) (*pl* **lives**) ⓐ vie *f* • **a matter of ~ and death** une question de vie ou de mort • **loss of ~** perte *f* de vies humaines • **to lose one's ~** perdre la vie • **no lives were lost** il n'y a eu aucune victime • **to take one's (own) ~** se donner la mort • **to take sb's ~** donner la mort à qn • **to take one's ~ in one's hands** risquer sa vie • **to bring sb back to ~** ranimer qn • **to lay down one's ~** sacrifier sa vie • **he ran for his ~** il a pris ses jambes à son cou • **run for your lives!** sauve qui peut ! • **I couldn't for the ~ of me tell you his name*** je ne pourrais absolument pas vous dire son nom

ⓑ (= *living things*) vie *f* • **is there ~ on Mars?** y a-t-il de la vie sur Mars ? • **bird ~** les oiseaux *mpl* • **insect ~** les insectes *mpl* • **animal and plant ~** la faune et la flore

ⓒ (= *existence*) vie *f* • **~ went on uneventfully** la vie poursuivit son cours paisible • **~ goes on** la vie continue • **he lived in France all his ~** il a vécu toute sa vie en France • **she began ~ as a teacher** elle a débuté comme professeur • **in her early ~** dans sa jeunesse • **in later ~** plus tard (dans la vie) • **in his later ~** vers la fin de sa vie • **late in ~** sur le tard

ⓓ (= *way of living*) vie *f* • **which do you prefer, town or country ~?** que préférez-vous, la vie à la ville ou à la campagne ? • **to lead a busy ~** avoir une vie bien remplie • **the good ~** (*pleasant*) la belle vie • **to make a new ~ for o.s.** commencer une nouvelle vie • **to have a ~ of its own** n'en faire qu'à sa tête

ⓔ (= *liveliness*) **there isn't much ~ in our village** notre village est plutôt mort • **she brought the party to ~** elle a mis de l'animation dans la soirée • **the town came to ~ when the sailors arrived** la ville s'éveillait à l'arrivée des marins • **it put new ~ into me** ça m'a ragaillardi • **he's the ~ and soul of the party** c'est un boute-en-train

ⓕ (*in exclamations*) **that's ~!** c'est la vie ! • **get a ~!*** secoue-toi un peu !* • **how's ~?** comment (ça) va ? • **not on your ~!*** jamais de la vie ! • **this is the ~!*** voilà comment je comprends la vie ! • **what a ~!** quelle vie !

ⓖ (= *lifespan*) vie *f*; [*of car, ship, government, battery*] durée *f* de vie • **for the first time in my ~** pour la première fois de ma vie • **never in (all) my ~ have I seen such stupidity** jamais de ma vie je n'ai vu une telle stupidité • **it will last you for ~** cela vous durera toute votre vie • **for the rest of his ~** pour le restant de ses jours • **at my time of ~** à mon âge • **to be sent to prison for ~** être condamné à perpétuité • **friends for ~** amis pour toujours • **a job for ~** un emploi pour la vie • **my car's nearing the end of its ~** ma voiture a fait son temps

ⓗ (= *life imprisonment*)* **he got ~** il a été condamné à perpétuité • **he's doing ~ (for murder)** il purge une peine de réclusion à perpétuité (pour meurtre)

2 (COMP) [*subscription*] à vie ▸ **life-affirming** ADJ (humainement) positif ▸ **life assurance** N assurance-vie *f* ▸ **life coach** N coach *mf* (personnel(le)) ▸ **life cycle** N cycle *m* de vie ▸ **life drawing** N dessin *m* d'après nature ▸ **life-enhancing** ADJ revigorant ▸ **life expectancy** N espérance *f* de vie ▸ **life form** N forme *f* de vie ▸ **life history** N **her ~ history** l'histoire *f* de sa vie ▸ **life impri-sonment** N réclusion *f* à perpétuité ▸ **life insurance** N assurance-vie *f* ▸ **life jacket** N gilet *m* de sauvetage ▸ **life member** N membre *m* à vie ▸ **life peer** N (*Brit*) pair *m* à vie ▸ **life preserver** N (*US* = *life jacket*) gilet *m* de sauvetage ▸ **life raft** N radeau *m* de sauvetage ▸ **life-saver** N (= *person*) maître *m* nageur-sauveteur • **that money was a ~-saver** cet argent m'a (*or* lui a *etc*) sauvé la vie ▸ **life-saving** N (= *rescuing*) sauvetage *m*; (= *first aid*) secourisme *m* ♦ ADJ de sauvetage ▸ **life sentence** N condamnation *f* à la réclusion à perpétuité ▸ **life-size, life-sized** ADJ grandeur nature *inv* ▸ **life span** N durée *f* de vie ▸ **life story** N biographie *f* • **his ~ story** l'histoire *f* de sa vie • **he started telling me his ~ story*** il a commencé à me raconter sa vie ▸ **life support machine** N **he's on a ~ support machine** il est sous assistance respiratoire ▸ **life's work** N œuvre *f* d'une vie ▸ **life-threatening** ADJ [*disease, emergency*] extrêmement grave ▸ **life-vest** ADJ (*US*) gilet *m* de sauvetage

lifebelt [ˈlaɪfbelt] (N) bouée *f* de sauvetage

lifeblood [ˈlaɪfblʌd] (N) élément *m* vital

lifeboat [ˈlaɪfbəʊt] (N) (*from shore*) canot *m* de sauvetage

lifeguard [ˈlaɪfgɑːd] (N) (*on beach*) maître nageur-sauveteur *m*

lifeless [ˈlaɪflɪs] (ADJ) [*person, eyes*] sans vie; [*animal*] mort; [*body, style, novel, description*] plat; [*hair, voice*] terne; [*team, player*] sans énergie

lifelike ['laɪflaɪk] (ADJ) [*waxwork, painting*] ressemblant; [*dummy, doll*] qui semble vivant

lifeline ['laɪflaɪn] (N) (*on ship*) main *f* courante; (*for diver*) corde *f* de sécurité • **it was his ~** c'était vital pour lui

lifelong ['laɪflɒŋ] (ADJ) [*ambition*] de toute ma (*or* sa *etc*) vie; [*friend, friendship*] de toujours

lifestyle ['laɪfstaɪl] (N) mode *m* de vie

lifetime ['laɪftaɪm] (N) ⓐ [*of person*] vie *f* • **it won't happen in my ~** je ne verrai pas cela de mon vivant • **it was the chance of a ~** c'était la chance de ma (*or* sa *etc*) vie • **it was the holiday of a ~** c'étaient les plus belles vacances de ma (*or* sa *etc*) vie • **the experience of a ~** une expérience inoubliable • **once in a ~** une fois dans la vie • **the work of a ~** l'œuvre de toute une vie • **a ~'s experience/work** l'expérience/le travail de toute une vie • **he received a ~ achievement award** il a été récompensé pour l'ensemble de sa carrière (*ou de son œuvre, etc.*)

ⓑ (= *eternity*) **an hour that seemed like a ~** une heure qui semblait une éternité

lift [lɪft] 1 (N) ⓐ (*Brit*) (= *elevator*) ascenseur *m*; (*for goods*) monte-charge *m inv*

ⓑ (*Ski*) remontée *f* mécanique

ⓒ (= *act of lifting*) **give the box a ~** soulève la boîte

ⓓ (= *transport*) **can I give you a ~?** est-ce que je peux vous déposer quelque part ? • **I gave him a ~ to Paris** je l'ai emmené jusqu'à Paris • **we didn't get any ~s** personne ne s'est arrêté pour nous prendre • **he stood there hoping for a ~** il était là (debout) dans l'espoir d'être pris en stop

ⓔ (= *boost*) **it gave us a ~** cela nous a remonté le moral

2 (VT) ⓐ (= *raise*) lever • **to ~ sb/sth onto a table** soulever qn/qch et le poser sur une table • **to ~ sb/sth off a table** descendre qn/qch d'une table • **to ~ sb over a wall** faire passer qn par-dessus un mur • **to ~ weights** (*as sport*) faire des haltères

ⓑ [+ *restrictions*] supprimer; [+ *ban, siege*] lever

ⓒ (= *copy*)* [+ *quotation, passage*] piquer* • **he ~ed that idea from Sartre** il a piqué* cette idée à Sartre

3 (VI) [*lid*] se soulever; [*fog*] se lever

4 (COMP) ▸ **lift attendant** N (*Brit*) liftier *m*, -ière *f* ▸ **lift-off** N (*Space*) décollage *m* • **we have ~-off!** décollage ! ▸ **lift shaft** N (*Brit*) cage *f* d'ascenseur

▸ **lift down** VT SEP [+ *box, person*] descendre • **to ~ sth down from a shelf** descendre qch d'une étagère

▸ **lift off** 1 VI (*Space*) décoller 2 VT SEP [+ *lid*] enlever • **he ~ed the child off the table** il a descendu l'enfant de la table

▸ **lift out** VT SEP [+ *object*] sortir • **he ~ed the child out of his playpen** il a sorti l'enfant de son parc

▸ **lift up** 1 VI [*drawbridge*] se soulever 2 VT SEP [+ *object, carpet, skirt, person*] soulever • **to ~ up one's eyes** lever les yeux • **to ~ up one's head** lever la tête

ligament ['lɪgəmənt] (N) ligament *m*

light [laɪt] (*vb: pret, ptp* **lit**) 1 (N) ⓐ lumière *f* • **by the ~ of sth** à la lumière de qch • **there were ~s on in several of the rooms** il y avait de la lumière dans plusieurs pièces • **~s out at 9 o'clock** extinction des feux à 21 heures • **the ~ was beginning to fail** le jour commençait à baisser • **~ and shade** ombre *f* et lumière *f* • **in (the) ~ of** à la lumière de • **you're holding it against the ~** vous le tenez à contre-jour • **you're in my ~** tu es dans mon jour • **there is a ~ at the end of the tunnel** on voit le bout du tunnel • **can you throw any ~ on this question?** pouvez-vous donner des éclaircissements sur cette question ?

▸ *adjective* + **light in a good/bad ~** sous un jour favorable/défavorable • **the incident revealed him in a new ~** l'incident l'a révélé sous un jour nouveau • **to see sth in a different ~** voir qch sous un jour différent • **in the cold ~ of day** à tête reposée • **to cast a new ~ on a subject** jeter un éclairage nouveau sur un sujet

▸ **to see the light** (= *understand*) comprendre • **to see the ~ of day** (= *be born*) venir au monde; (= *be published*) paraître

▸ **to bring to light** faire apparaître

▸ **to come to light** être dévoilé • **new facts have come to ~** on a découvert des faits nouveaux

▸ **at first light** au point du jour

ⓑ (*in eyes*) lueur *f*

ⓒ (= *lamp*) lampe *f* • **desk ~** lampe *f* de bureau

ⓓ [*of vehicle, cycle*] feu *m*; (= *headlight*) phare *m* • **have you got your ~s on?** as-tu mis tes phares (*or* tes feux) ?

ⓔ (= *traffic light*) feu *m* • **he went through a red ~** il a grillé un feu rouge • **the ~s aren't working** les feux sont en panne • **the ~s were red** le feu était rouge • **he stopped at the ~s** il s'est arrêté au feu (rouge)

ⓕ (*for cigarette*) feu *m* • **have you got a ~?** avez-vous du feu ? • **to set ~ to sth** (*Brit*) mettre le feu à qch

2 (ADJ) ⓐ [*evening, room*] clair • **it was getting ~** il commençait à faire jour • **while it's still ~** pendant qu'il fait encore jour

ⓑ [*hair, colour, skin*] clair • **~ blue** bleu clair *inv*

ⓒ (= *not heavy*) léger • **as ~ as a feather** léger comme une plume • **to be ~ on one's feet** avoir le pas léger • **to be a ~ sleeper** avoir le sommeil léger • **~ housework** petits travaux ménagers • **to make ~ of sth** prendre qch à la légère • **to make ~ work of sth** faire qch sans difficulté

3 (VT) ⓐ [+ *candle, cigarette, gas*] allumer • **to ~ a match** frotter une allumette • **he lit the fire** il a allumé le feu • **he lit a fire** il a fait du feu

ⓑ (= *illuminate*) éclairer • **lit by electricity** éclairé à l'électricité

4 (VI) ⓐ **the fire won't ~** le feu ne veut pas prendre

ⓑ **to ~ upon sth** trouver qch par hasard

5 (ADV) **to travel ~** voyager léger

6 (COMP) ▸ **light aircraft** petit avion *m* ▸ **light ale** (*Brit*) *sorte de bière blonde légère* ▸ **light beer** N (*US*) bière *f* allégée ▸ **light bulb** N ampoule *f* électrique ▸ **light entertainment** N variétés *fpl* ▸ **light fitting** N appareil *m* d'éclairage ▸ **light-footed** ADJ au pas léger ▸ **light-haired** ADJ blond ▸ **light-headed** ADJ étourdi ▸ **light-hearted** ADJ [*person, laugh, atmosphere*] gai; [*discussion*] enjoué ▸ **light opera** N opérette *f* ▸ **light pen** N crayon *m* optique ▸ **light reading** N lecture *f* facile ▸ **light show** N éclairages *mpl* ▸ **lights-out** N extinction *f* des feux ▸ **light switch** N interrupteur *m*

▸ **light up** 1 VI ⓐ s'allumer • **her eyes/face lit up** son regard/visage s'est éclairé ⓑ (= *start to smoke*)* allumer une cigarette (*or* une pipe *etc*) 2 VT SEP (= *illuminate*) éclairer • **a smile lit up her face** un sourire éclaira son visage

lighten ['laɪtn] 1 (VT) ⓐ [+ *darkness*] éclairer ⓑ [+ *colour, hair*] éclaircir ⓒ [+ *burden, tax*] alléger ⓓ [+ *atmosphere*] détendre; [+ *discussion*] rendre plus léger • **to ~ sb's mood** dérider qn 2 (VI) ⓐ [*sky*] s'éclaircir ⓑ [*load*] se réduire

• **her heart ~ed at the news** la nouvelle l'a soulagée d'un grand poids

▸ **lighten up*** VI se relaxer

lighter ['laɪtəʳ] (N) *(for gas cooker)* allume-gaz *m inv*; *(= cigarette lighter)* briquet *m* ▸ **lighter fuel** N gaz *m* *(or essence f)* à briquet

lighthouse ['laɪthaʊs] (N) phare *m* ▸ **lighthouse keeper** N gardien(ne) *m(f)* de phare

lighting ['laɪtɪŋ] (N) *(= lights)* éclairage *m*; *(in theatre)* éclairages *mpl* ▸ **lighting effects** NPL jeux *mpl* d'éclairage ▸ **lighting engineer** N éclairagiste *mf* ▸ **lighting-up time** N *(Brit)* *heure à laquelle les automobilistes sont tenus d'allumer leurs phares*

lightly ['laɪtlɪ] (ADV) ⓐ *[stroke, brush]* délicatement • **she touched his brow ~ with her hand** elle lui a effleuré le front de la main • **season ~ with pepper** assaisonner légèrement de poivre • **~ boiled egg** ≈ œuf *m* mollet • **~ cooked** pas trop cuit ⓑ *(= light-heartedly)* *[speak]* légèrement; *[remark, say]* d'un ton dégagé • **to take sth ~** prendre qch à la légère • **to get off ~** s'en tirer à bon compte

lightness ['laɪtnɪs] (N) ⓐ *(= brightness)* clarté *f* ⓑ *(in weight)* légèreté *f*

lightning ['laɪtnɪŋ] 1 (N) *(= flash)* éclair *m* • **we saw ~** nous avons vu des éclairs • **there was a lot of ~** il y avait beaucoup d'éclairs • **a flash of ~** un éclair • **struck by ~** frappé par la foudre • **like ~*** avec la rapidité de l'éclair 2 (ADJ) *[attack]* foudroyant; *[strike]* surprise *inv*; *[visit]* éclair *inv* 3 (COMP) ▸ **lightning conductor, lightning rod** *(US)* N paratonnerre *m*

lightweight ['laɪtweɪt] (ADJ) léger

light-year ['laɪtjɪəʳ] (N) année-lumière *f* • **3000 ~s away** à 3 000 années-lumière • **that's ~s away** c'est tellement loin

likable ['laɪkəbl] (ADJ) sympathique

---

like [laɪk]

1 ADJECTIVE	5 NOUN
2 PREPOSITION	6 PLURAL NOUN
3 ADVERB	7 TRANSITIVE VERB
4 CONJUNCTION	8 COMPOUNDS

1 ADJECTIVE

(= similar) semblable • **they are as ~ as two peas** ils se ressemblent comme deux gouttes d'eau

2 PREPOSITION

ⓐ (= in comparisons) comme • **he is ~ his father** il est comme son père • **he's just ~ anybody else** il est comme tout le monde • **he spoke ~ an aristocrat** il parlait comme un aristocrate • **a house ~ mine** une maison comme la mienne • **I found one ~ it** j'ai trouvé le même • **I never saw anything ~ it!** je n'ai jamais rien vu de pareil ! • **can't you just accept it ~ everyone else?** tu ne peux pas simplement l'accepter comme tout le monde ? • **to be ~ sb/sth** *(= look like)* ressembler à qn/qch • **they are very ~ one another** ils se ressemblent beaucoup • **that's just ~ him!** c'est bien de lui ! • **it's not ~ him to be late** ça ne lui ressemble pas d'être en retard • (PROV) **~ father, ~ son** tel père, tel fils (PROV) • **cities ~ Leeds and Glasgow** des villes comme Leeds et Glasgow • **that's more ~ it!*** voilà qui est mieux !

▸ **like that** comme ça • **don't do it ~ that** ne fais pas comme ça • **some people are ~ that** il y a des gens comme ça • **it wasn't ~ that at all** ce n'est pas comme ça que ça s'est passé • **people ~ that can't be trusted** on ne peut pas se fier à des gens pareils

▸ **like this** comme ça • **you do it ~ this** tu fais comme ça • **it happened ~ this ...** ça s'est passé comme ça ... • **it was ~ this, I'd just got home ...** voilà, je venais juste de rentrer chez moi ...

▸ **something/nothing like** **it cost something ~ £100** cela a coûté dans les 100 livres • **he's called Middlewick or something ~ that** il s'appelle Middlewick ou quelque chose comme ça • **there's nothing ~ real silk** rien ne vaut la soie véritable • **that's nothing ~ it!** ça n'est pas du tout ça !

ⓑ (asking for descriptions) **what's he ~?** comment est-il ? • **you know what she's ~*** vous savez comment elle est • **what's he ~ as a teacher?** que vaut-il comme professeur ? • **what was the film ~?** comment as-tu trouvé le film ? • **what's the weather ~ in Paris?** quel temps fait-il à Paris ?

3 ADVERB

ⓐ (= near) **that record's nothing ~ as good as this one** ce disque est loin de valoir celui-là • **he asked her to do it — ordered her, more ~!*** il lui a demandé de le faire — il le lui a ordonné, plutôt !

4 CONJUNCTION

ⓐ (= as)* comme • **he can't play poker ~ his brother can** il ne joue pas au poker aussi bien que son frère • **~ we used to** comme nous en avions l'habitude • **it's just ~ I say** c'est comme je vous le dis

ⓑ (= as if)* comme si • **he behaved ~ he was afraid** il se conduisait comme s'il avait peur • **it's not ~ she's poor, or anything** ce n'est pas comme si elle était pauvre

5 NOUN

(= similar thing) **you're not comparing ~ with ~** ce sont deux choses (complètement) différentes • **oranges, lemons and the ~** les oranges, les citrons et autres fruits de ce genre • **the ~ of which we'll never see again** comme on n'en reverra plus jamais • **did you ever see the ~ of it?*** a-t-on jamais vu une chose pareille ? • **we'll never see his ~ again** nous ne verrons plus jamais quelqu'un comme lui • **the ~s of him*** les gens comme lui

6 PLURAL NOUN

likes goûts *mpl* • **he knows all my ~s and dislikes** il sait tout ce que j'aime et ce que je n'aime pas

7 TRANSITIVE VERB

ⓐ (+ person) aimer bien • **I ~ him** je l'aime bien • **he is well ~d here** on l'aime bien ici • **how do you ~ him?** comment le trouvez-vous ? • **I don't ~ the look of him** son allure ne me dit rien qui vaille

ⓑ (+ object, food, activity) aimer (bien) • **I ~ that shirt** j'aime bien cette chemise • **which do you ~ best?** lequel préfères-tu ? • **I ~ to have a rest after lunch** j'aime bien me reposer après déjeuner • **I ~ people to be punctual** j'aime que les gens soient à l'heure • **I don't ~ it when he's unhappy** je n'aime pas ça quand il est malheureux • **how do you ~ Paris?** est-ce que Paris vous plaît ? • **how do you ~ it here?** ça vous plaît ici ? • **Joe won't ~ it** cela ne plaira pas à Joe • **whether he ~s it or not** que cela lui plaise ou non

ⓒ (= want, wish) vouloir • **I can do it when/where/as much as/how I ~** je peux le faire quand/où/autant que/comme je veux • **whenever you ~** quand vous voudrez

• **don't think you can do as you ~** ne croyez pas que vous pouvez faire ce que vous voulez • **if you ~** si vous voulez • **she can do what(ever) she ~s with him** elle fait tout ce qu'elle veut de lui • **I'll go out as much as I ~** je sortirai autant qu'il me plaira • **he can say what he ~s, I won't change my mind** il peut dire ce qu'il veut, je ne changerai pas d'avis • **I'd ~ to go home** je voudrais rentrer à la maison • **I didn't ~ to disturb you** je ne voulais pas vous déranger • **I thought of asking him but I didn't ~ to** j'ai bien pensé le lui demander mais j'étais gêné

▸ **would + like** (*in offers, requests*) **would you ~ a drink?** voulez-vous boire quelque chose ? • **would you ~ me to go and get it?** veux-tu que j'aille le chercher ? • **when would you ~ breakfast?** à quelle heure voulez-vous votre petit déjeuner ? • **which one would you ~?** lequel voudriez-vous ? • **I would ~ more time** je voudrais plus de temps • **I would ~ you to speak to him** je voudrais que tu lui parles *subj* • **how do you ~ your steak?** comment voulez-vous votre steak ?

> When **would like** has conditional meaning, the conditional of **aimer** is used.

• **would you ~ to go to Paris?** aimerais-tu aller à Paris ? • **how would you ~ to go to Paris?** est-ce que cela te plairait d'aller à Paris ?

8 COMPOUNDS

▸ **like-minded** ADJ de même sensibilité • **it was nice to be with ~-minded people** c'était agréable d'être en compagnie de gens qui ont la même vision des choses

---

likeable ['laɪkəbl] ADJ sympathique

likelihood ['laɪklɪhʊd] N probabilité *f* • **in all ~** selon toute probabilité • **there is little ~ of his coming** il est peu probable qu'il vienne • **there is a strong ~ of his coming** il est très probable qu'il viendra • **there is no ~ of that** c'est plus qu'improbable

likely ['laɪklɪ] **1** ADJ **a** [*result, consequences*] probable • **it is ~ that ...** il est probable que ... + *subj* • **it is not ~ that ...** il est peu probable que ... + *subj* • **it's hardly ~ that ...** il est peu probable que ... + *subj*

b **he is ~ to ...** il est bien possible qu'il ... + *subj* • **to be ~ to win/succeed** [*person*] avoir de fortes chances de gagner/réussir • **she is not ~ to come** il est peu probable qu'elle vienne • **this trend is ~ to continue** cette tendance va probablement se poursuivre • **he is not ~ to succeed** il a peu de chances de réussir • **the man most ~ to succeed** l'homme qui a le plus de chances de réussir • **that is not ~ to happen** cela a peu de chances de se produire • **they were not ~ to forget it** ils n'étaient pas près de l'oublier

> When **likely to** refers to an unwelcome prospect, **risquer** may be used.

• **to be ~ to fail/refuse** [*person*] risquer d'échouer/de refuser • **she is ~ to arrive at any time** elle va probablement arriver d'une minute à l'autre; (*unwelcome*) elle risque d'arriver d'une minute à l'autre • **this incident is ~ to cause trouble** cet incident risque de créer des problèmes

c (*= plausible*) plausible • **a ~ story!** elle est bonne, celle-là !

d (*= promising*) **he's a ~ candidate** c'est un candidat qui promet • **he glanced round for a ~-looking person to help him** il chercha des yeux une personne susceptible de l'aider • **a ~ place for him to be hiding** un endroit où il pouvait être caché

2 ADV **a** (*US*) (*= probably*) probablement • **some prisoners will ~ be released soon** certains prisonniers seront probablement bientôt libérés

b **very** *or* **most ~** très probablement • **it will very** *or* **most ~ rain** il va sûrement pleuvoir

▸ **as likely as not** sans doute

c (*Brit*)* **not ~!** sûrement pas !* • **are you going? — not ~!** tu y vas ? — sûrement pas !

liken ['laɪkən] VT comparer (**to** à)

likeness ['laɪknɪs] N **a** (*= resemblance*) ressemblance *f* (**to** avec) • **a strong family ~** un air de famille très marqué **b** (*= portrait*) portrait *m* • **it is a good ~** c'est très ressemblant

likewise ['laɪkwaɪz] ADV (*= similarly*) de même; (*= also*) également; (*= moreover*) de plus • **to do ~** faire de même

liking ['laɪkɪŋ] N (*for person*) sympathie *f*; (*for thing*) penchant *m* • **to take a ~ to sb** se prendre d'amitié pour qn • **to have a ~ for sth** aimer qch • **to your/his ~** à votre/son goût

lilac ['laɪlək] N, ADJ lilas *m*

Lilo ® ['laɪ,ləʊ] N matelas *m* pneumatique

lilt [lɪlt] N [*of speech, song*] rythme *m* • **her voice had a pleasant ~** sa voix avait des inflexions mélodieuses

lilting ['lɪltɪŋ] ADJ [*song*] cadencé; [*voice*] aux inflexions mélodieuses

lily ['lɪlɪ] N lis *m* ▸ **lily of the valley** N muguet *m*

limb [lɪm] N membre *m* • **to tear ~ from ~** [+ *person*] mettre en pièces • **to be out on a ~** (*= isolated*) être isolé; (*= vulnerable*) être dans une situation délicate • **to go out on a ~** prendre des risques

limber up [,lɪmbər'ʌp] VI (*before sport*) faire des exercices d'assouplissement

limbo ['lɪmbəʊ] N **in ~** (*= forgotten*) tombé dans l'oubli

lime [laɪm] **1** N **a** (*= substance*) chaux *f* **b** (*= fruit*) citron *m* vert **c** (*= citrus tree*) lime *f*; (*= linden*) tilleul *m* **d** (*= drink*) jus *m* de citron vert • **lager and ~** bière *f* citron vert **2** COMP ▸ **lime cordial** N sirop *m* de citron vert ▸ **lime green** N vert *m* jaune *inv*

limelight ['laɪmlaɪt] N feux *mpl* de la rampe • **to be in the ~** être sous les feux des projecteurs

limerick ['lɪmərɪk] N limerick *m* (*poème humoristique ou burlesque en cinq vers, dont les rimes se succèdent dans l'ordre aabba*)

limestone ['laɪmstəʊn] N calcaire *m*

limit ['lɪmɪt] **1** N limite *f*; (*= restriction*) limitation *f* • **there is a 60km/h ~ on this road** la vitesse est limitée à 60 km/h sur cette route • **that's the ~!*** ça dépasse les bornes ! • **there are ~s!*** il y a des limites ! • **off ~s** [*area, district*] d'accès interdit • **he was three times over the ~** [*driver*] il avait trois fois la dose d'alcool autorisée • **there is a ~ to my patience** ma patience a des limites • **there is a ~ to what one can do** il y a une limite à ce que l'on peut faire • **within the ~s of** dans les limites de • **within a 5-mile ~** dans un rayon de 8 kilomètres • **it is true within ~s** c'est vrai dans une certaine mesure

2 VT limiter • **to ~ o.s. to a few remarks** se limiter à quelques remarques • **to ~ o.s. to ten cigarettes a day**

se limiter à dix cigarettes par jour • **Neo-Fascism is not ~ed to Europe** le néofascisme ne se limite pas à l'Europe • **the government's attempts to ~ unemployment to 2.5 million** les efforts du gouvernement pour maintenir le chômage en dessous de la barre des 2,5 millions

limitation [ˌlɪmɪˈteɪʃən] N limitation *f* • **the ~ of nuclear weapons** la limitation des armes nucléaires • **he knows his ~s** il connaît ses limites

limited [ˈlɪmɪtɪd] 1 ADJ ⓐ (*= restricted*) limité • **for a ~ period only** seulement pendant une période limitée • **to a ~ extent** jusqu'à un certain point ⓑ (*Brit*) **Smith and Sons Limited** ≈ Smith et fils, SA 2 COMP ▸ **limited company** N (*Brit*) (*also* **private limited company**) ≈ société *f* à responsabilité limitée ▸ **limited edition** N [*of poster, print*] tirage *m* limité

limitless [ˈlɪmɪtlɪs] ADJ [*power, opportunities*] illimité

limo* [ˈlɪməʊ] N (ABBR OF **limousine**) limousine *f*

limousine [ˈlɪməziːn] N limousine *f*

limp [lɪmp] 1 ADJ (*= not firm*) mou (molle *f*); [*lettuce, flowers*] flétri • **his body went ~** tous les muscles de son corps se sont relâchés • **to be ~ with exhaustion** être épuisé 2 VI [*person*] boiter • **to ~ along** avancer en boitant • **he ~ed to the door** il est allé à la porte en boitant • **the plane managed to ~ home** l'avion a réussi à regagner sa base tant bien que mal 3 N (*= handicap*) **to have a ~** • **to walk with a ~** boiter

limpet [ˈlɪmpɪt] N patelle *f*

limpid [ˈlɪmpɪd] (*liter*) ADJ limpide

linchpin [ˈlɪntʃˌpɪn] N (*= important factor*) élément *m* essentiel; (*= person*) cheville *f* ouvrière

Lincs (ABBR OF **Lincolnshire**)

linden [ˈlɪndən] N (*also* **linden tree**) tilleul *m*

line [laɪn]

1 NOUN	3 COMPOUNDS
2 TRANSITIVE VERB	4 PHRASAL VERB

1 NOUN

ⓐ (*= mark*) ligne *f*; (*= pen stroke*) trait *m* • **to put a ~ through sth** barrer qch • **to draw a ~ under sth** (*in exercise book*) tirer un trait sous qch • **~ by ~** ligne par ligne

ⓑ (*= boundary*) frontière *f* • **there's a fine ~ between genius and madness** il n'y a qu'un pas du génie à la folie

ⓒ (*= wrinkle*) ride *f*

ⓓ (*= shape*) **the rounded ~s of this car** les lignes *fpl* arrondies de cette voiture • **clothes that follow the ~s of the body** des vêtements qui épousent les formes *fpl* du corps

ⓔ (*= rope*) corde *f*; (*Fishing*) ligne *f*; (*= washing line*) corde *f* à linge

ⓕ (*for phone*) ligne *f* • **it's a bad ~** la ligne est mauvaise • **the ~'s gone dead** (*during conversation*) on a été coupé • **the ~s are down** les lignes ont été coupées • **the ~ is engaged** la ligne est occupée • **Mr Smith is on the ~** j'ai M. Smith en ligne

ⓖ (*of writing*) ligne *f*; [*of poem*] vers *m*; (*= letter*)* mot *m* • **new ~** (*in dictation*) à la ligne • **a six-~ stanza** une strophe de six vers • **drop me a ~*** envoyez-moi un petit mot • **to read between the ~s** lire entre les lignes • **lines** (*as school punishment*) lignes *fpl* à copier • **to learn one's ~s** [*actor*] apprendre son texte

ⓗ (*US = queue*) file *f* (d'attente) • **to form a ~** faire la queue • **to wait in ~** faire la queue

ⓘ (*= row*) [*of trees, parked cars, hills*] rangée *f*; [*of cars in traffic jam*] file *f*; [*of people*] (*side by side*) rang *m*; (*one behind another*) file *f*; (*= assembly line*) chaîne *f* • **they sat in a ~ in front of him** ils se sont assis en rang devant lui • **to fall into ~** s'aligner • **to fall into ~ with sb** (*= conform*) se ranger à l'avis de qn

ⓙ (*= succession*) série *f*; (*= descent*) lignée *f* • **the latest in a long ~ of tragedies** la dernière d'une longue série de tragédies • **in a direct ~ from** en droite ligne de

ⓚ (*= route*) ligne *f* • **the Cunard Line** la compagnie Cunard • **the New York-Southampton ~** la ligne New York-Southampton

ⓛ (*= track*) voie *f* • **the ~ was blocked for several hours** la voie a été bloquée plusieurs heures • **cross the ~ by the footbridge** empruntez la passerelle pour traverser la voie

ⓜ (*= direction*) **the broad ~s** [*of story, plan*] les grandes lignes *fpl* • **~ of argument** raisonnement *m* • **~ of research** axe *m* de recherche • **you're on the right ~s** vous êtes sur la bonne voie • **on ethnic ~s** selon des critères ethniques

ⓝ (*= stance*) position *f*; (*= argument*) argument *m* • **they voted against the government ~** ils ont voté contre la position adoptée par le gouvernement • **they came out with their usual ~*** ils ont sorti leur argument habituel • **to take a strong ~ on ...** se montrer ferme sur ...

ⓞ (*= field*)* **~ of business** secteur *m* d'activité • **it's a profitable ~ of business** c'est un secteur d'activité très rentable • **you must be very aware of that in your ~ of business** vous devez en être très conscient dans votre métier • **what's your ~ of business?** que faites-vous dans la vie ? • **we're in the same ~ of business** nous sommes dans la même branche • **cocktail parties are not my ~** les cocktails, ce n'est pas mon truc* • **he's got a nice ~ in rude jokes** il connaît plein d'histoires cochonnes*

ⓟ (*= product*) **this lager is the shop's best selling ~** cette bière blonde est ce qui se vend le mieux

ⓠ (*= course*) **in the ~ of duty** dans l'exercice de ses (*or* mes *etc*) fonctions • **it's all in the ~ of duty*** ça fait partie du boulot*

ⓡ (*= spiel*) **to give sb a ~*** baratiner* qn

ⓢ (*in battle*) ligne *f* • **in the front ~** en première ligne • **behind (the) enemy ~s** derrière les lignes ennemies

ⓣ (*set structures*)

▸ **along the line all along the ~** (*= constantly*) toujours; (*= everywhere*) partout • **didn't I tell you that all along the ~?** c'est ce que je n'ai pas arrêté de te dire • **they've been involved all along the ~** ils y participent depuis le début • **somewhere along the ~ he got an engineering degree** je ne sais pas exactement quand, il a décroché son diplôme d'ingénieur

▸ **along ... lines he'd already said something along those ~s** il avait déjà dit quelque chose du même genre • **we are all thinking along the same ~s** nous sommes tous du même avis • **I hope we'll continue along the same ~s** j'espère que nous continuerons sur cette lancée • **along political/racial ~s** selon des critères politiques/raciaux

▸ **in line to keep sb in ~** faire tenir qn tranquille • **if the Prime Minister fails to keep the rebels in ~** si le

Premier ministre ne réussit pas à maîtriser les éléments rebelles • **to be in ~ for a job** être sur les rangs pour un emploi • **our system is broadly in ~ with that of other countries** notre système correspond plus ou moins à celui des autres pays

▸ **into line** **to come into ~** [*person, group*] se conformer (**with** à) • **to bring sth into ~ with sth** aligner qch sur qch

▸ **on line** (*= on computer*) en ligne • **to come on ~** [*power station, machine*] entrer en service

▸ **on the line** (*= at stake*)* en jeu • **my job is on the ~** mon emploi est en jeu • **to put one's reputation on the ~** mettre sa réputation en jeu • **to put o.s. on the ~** prendre de gros risques

▸ **out of line*** **he was completely out of ~ to suggest that ...** (*= unreasonable*) il n'aurait vraiment pas dû suggérer que ... • **he is out of ~ with his party** (*= in conflict*) il est en décalage par rapport à son parti • **their debts are completely out of ~ with their incomes** leur endettement est tout à fait disproportionné par rapport à leurs revenus

2 TRANSITIVE VERB

ⓐ (= mark) [*+ face*] marquer • **his face was ~d with exhaustion** il avait le visage marqué par la fatigue • **~d paper** papier *m* réglé

ⓑ (= put lining in) [*+ clothes, box*] doubler (**with** de); [*+ inside of tank, container*] revêtir • **to ~ one's pockets** se remplir les poches • **eat something to ~ your stomach** ne reste pas l'estomac vide • **cheering crowds ~d the route** une foule enthousiaste faisait la haie tout le long du parcours • **the road was ~d with trees** la route était bordée d'arbres

3 COMPOUNDS

▸ **line dancing** N *sorte de danse country* ▸ **line judge** N juge *m* de ligne ▸ **line manager** N (*Brit*) supérieur *m* hiérarchique ▸ **line of attack** N plan *m* d'attaque; (*fig*) plan *m* d'action ▸ **line of communication** N ligne *f* de communication • **to keep the ~s of communication open with sb** ne pas rompre le dialogue avec qn ▸ **line of fire** N ligne *f* de tir • **right in the ~ of fire** en plein dans la ligne de tir ▸ **line of vision** N champ *m* de vision ▸ **line-out** N touche *f* ▸ **line-up** N [*of people*] file *f*; (*= identity parade*) séance *f* d'identification (d'un suspect); (*Football*) composition *f* de l'équipe *f* • **the new ~-up** la nouvelle équipe

4 PHRASAL VERB

▸ **line up** 1 VI ⓐ (*= stand in row*) se mettre en rang(s); (*= stand in queue*) faire la queue ⓑ (*= align o.s.*) **to ~ up against sb/sth** se liguer contre qn/qch • **to ~ up behind sth** défendre qch • **most senators ~d up in support of the president** la plupart des sénateurs ont soutenu le président • **to ~ up with sb** se ranger du côté de qn
2 VT SEP ⓐ [*+ people, objects*] aligner • **~ them up against the wall** alignez-les contre le mur • **they were ~d up and shot** on les a alignés pour les fusiller ⓑ (*= find*)* trouver • **we must ~ up a chairman for the meeting** il faut que nous trouvions un président pour la réunion • **have you got something ~d up for this evening?** est-ce que tu as prévu quelque chose pour ce soir ? • **have you got someone ~d up?** avez-vous quelqu'un en vue ? • **I wonder what he's got ~d up for us** je me demande ce qu'il nous prépare

---

lineage [ˈlɪnɪɪdʒ] N (*= ancestry*) famille *f*; (*= descendants*) lignée *f*

linear [ˈlɪnɪəʳ] ADJ linéaire

linebacker [ˈlaɪnbækəʳ] N (*US Sport*) linebacker *m*, défenseur *m* (*positionné derrière la ligne*)

linen [ˈlɪnɪn] 1 N ⓐ (*= fabric*) lin *m* ⓑ (*= sheets etc*) linge *m* (de maison) • **dirty ~** linge *m* sale 2 ADJ [*suit, thread*] de lin 3 COMP ▸ **linen basket** N panier *m* à linge ▸ **linen closet, linen cupboard** N armoire *f* à linge

liner [ˈlaɪnəʳ] N (*= ship*) paquebot *m*

linesman [ˈlaɪnzmən] N (*pl* **-men**) (*Tennis*) juge *m* de ligne; (*Football, Rugby*) juge *m* de touche

linger [ˈlɪŋgəʳ] VI [*person*] (*= wait behind*) s'attarder; (*= take one's time*) prendre son temps; (*= dawdle*) traîner; [*smell, pain*] persister; [*memory, doubt*] subsister • **to ~ over a meal** rester longtemps à table • **to ~ on a subject** s'attarder sur un sujet

lingerie [ˈlænʒəriː] N lingerie *f*

lingering [ˈlɪŋgərɪŋ] ADJ [*look*] long (longue *f*) • **I still have ~ doubts** j'ai encore quelques doutes

lingo* [ˈlɪŋgəʊ] N (*pl* **lingoes**) (*= language*) langue *f*; (*= jargon*) jargon *m*

linguist [ˈlɪŋgwɪst] N linguiste *mf* • **I'm no great ~** je ne suis pas vraiment doué pour les langues

linguistic [lɪŋˈgwɪstɪk] ADJ linguistique

linguistics [lɪŋˈgwɪstɪks] N linguistique *f*

liniment [ˈlɪnɪmənt] N baume *m*

lining [ˈlaɪnɪŋ] N doublure *f*; [*of tank, container*] revêtement *m* intérieur; [*of brakes*] garniture *f*

link [lɪŋk] 1 N ⓐ [*of chain*] maillon *m*
ⓑ (*= connection, also Comput*) lien *m* • **rail ~** liaison *f* ferroviaire • **there must be a ~ between the two phenomena** il doit y avoir un lien entre ces deux phénomènes • **he broke off all ~s with his friends** il a rompu tous les ponts avec ses amis
2 VT ⓐ (*physically*) lier • **to ~ arms** se donner le bras
ⓑ (*= establish communication between*) relier • **~ed by rail** reliés par voie ferrée • **the tunnel ~s Britain and France** le tunnel relie la Grande-Bretagne à la France
ⓒ (*= establish logical connection between*) établir un lien entre • **to ~ sth with sb** établir un lien entre qch et qn • **the police are not ~ing him with the murder** la police n'a établi aucun rapport entre lui et le meurtre • **smoking and lung cancer are closely ~ed** il existe un rapport étroit entre le tabagisme et le cancer de poumon
3 VI (*Comput*) **to ~ to** créer un lien (*or* des liens) vers
4 COMP ▸ **link-up** N lien *m*; (*on TV or radio*) liaison *f*
▸ **link together** 1 VI se rejoindre 2 VT SEP [*+ two objects*] joindre; (*by means of a third*) relier
▸ **link up** 1 VI [*persons*] se rejoindre; [*firms, organizations*] s'associer • **they ~ed up with the other group** ils ont rejoint l'autre groupe 2 VT SEP (*= connect*) raccorder • **the plan to ~ all schools up to the internet** le projet de connecter toutes les écoles à l'Internet

linkage [ˈlɪŋkɪdʒ] N lien *m*

lino* [ˈlaɪnəʊ] N (*Brit*) lino *m*

linoleum [lɪˈnəʊlɪəm] N linoléum *m*

lint [lɪnt] N ⓐ (*for treating wounds*) tissu *m* ouaté (*pour pansements*) ⓑ (*US*) (*= fluff*) peluches *fpl*

lintel [ˈlɪntl] N linteau *m*

lion [ˈlaɪən] N lion *m* • **to get the ~'s share** se tailler la part du lion ▸ **lion cub** N lionceau *m* ▸ **lion-tamer** N dompteur *m*, -euse *f* de lions

lioness [ˈlaɪənɪs] N lionne *f*

lip [lɪp] 1 N ⓐ (*= part of body*) lèvre *f* • **it was on everyone's**

~s c'était sur toutes les lèvres **b** *[of jug]* bec *m*; *[of crater]* bord *m* **c** *(= insolence)** insolence *f* **• less of your ~!** ne sois pas insolent ! **2** COMP **▸ lip balm** N baume *m* pour les lèvres **▸ lip gloss** N brillant *m* à lèvres **▸ lip-read** VT lire sur les lèvres **▸ lip-reading** N lecture *f* labiale **▸ lip salve** N *(Brit)* baume *m* pour les lèvres **▸ lip service** N **he only pays ~ service to socialism** il n'est socialiste qu'en paroles **▸ lip-sync(h)** VTI chanter en play-back

liposuction ['lɪpəʊˌsʌkʃən] N liposuccion *f*

lipstick ['lɪpstɪk] N rouge *m* à lèvres

liquefy ['lɪkwɪfaɪ] **1** VT liquéfier **2** VI se liquéfier

liqueur [lɪ'kjʊəʳ] N liqueur *f* **▸ liqueur chocolates** NPL chocolats *mpl* à la liqueur **▸ liqueur glass** N verre *m* à liqueur

liquid ['lɪkwɪd] **1** ADJ liquide **2** N liquide *m* **3** COMP **▸ liquid assets** *(Finance)* liquidités *fpl* **▸ liquid crystal** N cristal *m* liquide **• ~ crystal display** affichage *m* à cristaux liquides

liquidate ['lɪkwɪdeɪt] VT liquider

liquidation [ˌlɪkwɪ'deɪʃən] N liquidation *f*; *[of debt]* remboursement *m* **• to go into ~** déposer son bilan

liquidator ['lɪkwɪˌdeɪtəʳ] N ≈ liquidateur *m*

liquidity [lɪ'kwɪdɪtɪ] N *(Econ)* liquidité *f*

liquidize ['lɪkwɪdaɪz] VT *(in liquidizer)* passer au mixer

liquidizer ['lɪkwɪdaɪzəʳ] N *(Brit)* mixer *m*

liquor ['lɪkəʳ] N *(= alcoholic drink)* boissons *fpl* alcoolisées; *(= spirits)* spiritueux *m* **• he can't hold his ~** il ne supporte pas l'alcool **▸ liquor license** N *(US)* licence *f* de débit de boissons **▸ liquor store** N *(US)* magasin *m* de vins et spiritueux → LICENSING LAWS

liquorice ['lɪkərɪs] N *(Brit)* *(= sweet)* réglisse *m* **▸ liquorice all-sorts** NPL *(Brit)* bonbons *mpl* au réglisse

Lisbon ['lɪzbən] N Lisbonne

lisp [lɪsp] **1** VI zézayer **2** N zézaiement *m* **• to have a ~** zézayer

list [lɪst] **1** N liste *f* **• that's at the top of my ~** je le ferai en priorité **2** VT *(= make list of)* faire la liste de; *(= write down)* inscrire; *(Comput)* lister; *(= enumerate)* énumérer **• your name isn't ~ed** votre nom n'est pas sur la liste **• ~ed on the Stock Exchange** coté en Bourse **3** VI *(= lean)* gîter **• the ship is ~ing badly** le bateau gîte dangereusement **4** COMP **▸ listed building** N *(Brit)* monument *m* classé **▸ listed company** N société *f* cotée en Bourse **▸ list price** N prix *m* catalogue

listen ['lɪsn] VI écouter **• ~ to me** écoute-moi **• ~!** écoute ! **• you never ~ to a word I say!** tu n'écoutes jamais ce que je dis ! **• to ~ to the radio** écouter la radio **• to ~ for** *[+ voice, remark, sign]* guetter; *[+ footsteps]* guetter le bruit de **• ~, I can't stop to talk now** écoute, je n'ai pas le temps de parler maintenant **• he wouldn't ~ to reason** il n'a pas voulu entendre raison **• when I asked him to stop, he wouldn't ~** quand je lui ai demandé d'arrêter, il n'a rien voulu entendre

▸ listen in VI *(= eavesdrop)* **to ~ in on sth** écouter qch secrètement

▸ listen out for VT INSEP *[+ voice, remark, sign]* guetter; *[+ footsteps]* guetter le bruit de

▸ listen up VI écouter

listener ['lɪsnəʳ] N *(to speaker, radio)* auditeur *m*, -trice *f* **• she's a good ~** elle sait écouter

listeria [lɪ'stɪərɪə] N listeria *f*

listing ['lɪstɪŋ] N *(= making list)* listage *m* **• the TV ~s** les programmes *mpl* de télévision **▸ listings magazine** N guide *m* des spectacles; *(just TV and radio)* magazine *m* de télévision

listless ['lɪstlɪs] ADJ *(= without energy)* sans énergie **• the heat made him ~** la chaleur lui enlevait son énergie

lit [lɪt] **1** VB *pt, ptp of* **light** **2** ADJ éclairé **• the street was very badly ~** la rue était très mal éclairée

litany ['lɪtənɪ] N litanie *f*

liter ['li:təʳ] N *(US)* litre *m*

literacy ['lɪtərəsɪ] **1** N *[of person]* alphabétisation *f* **• there is a low degree of ~ in that country** le degré d'alphabétisation est bas dans ce pays **• many adults have problems with ~** de nombreux adultes ont du mal à lire et à écrire **2** COMP **▸ literacy hour** N *(Brit) heure de cours consacrée à la lecture et à l'écriture à l'école primaire*

literal ['lɪtərəl] ADJ littéral **• in the ~ sense** au sens propre du terme

> The French word **littéral** has a double **t**.

literally ['lɪtərəlɪ] ADV littéralement **• to take sb/sth ~** prendre qn/qch au pied de la lettre

> The French word **littéralement** has a double **t** but only one **l**.

literary ['lɪtərərɪ] ADJ littéraire **▸ literary criticism** N critique *f* littéraire

> The French word **littéraire** has a double **t**.

literate ['lɪtərɪt] ADJ **a** *(= able to read and write)* **few people are ~** beaucoup de gens ne savent ni lire ni écrire **b** *(= educated)* instruit; *(= cultured)* cultivé **• highly ~** très instruit **c** *(= competent)* **to be scientifically ~** avoir des connaissances de base en sciences

literature ['lɪtərɪtʃəʳ] N **a** *(= literary works)* littérature *f* **b** *(= documentation)* documentation *f* **• educational ~** documentation *f* pédagogique **• sales ~** brochures *fpl* publicitaires **• I've read all the ~ about it** je me suis bien documenté sur le sujet

> The French word **littérature** has a double **t**.

lithe [laɪð] ADJ souple

lithograph ['lɪθəʊgrɑ:f] N lithographie *f (estampe)*

Lithuania [ˌlɪθjʊ'eɪnɪə] N Lituanie *f*

Lithuanian [ˌlɪθjʊ'eɪnɪən] **1** ADJ lituanien **2** N *(= person)* Lituanien(ne) *m(f)*

litigant ['lɪtɪgənt] N plaideur *m*, -euse *f*

litigate ['lɪtɪgeɪt] **1** VI plaider **2** VT mettre en litige

litigation [ˌlɪtɪ'geɪʃən] N litige *m*

litigious [lɪ'tɪdʒəs] ADJ *(= given to litigation)* procédurier; *(= argumentative)* chicanier

litre ['li:təʳ] N litre *m*

litter ['lɪtəʳ] **1** N **a** *(= rubbish)* détritus *mpl*; *(= papers)* vieux papiers *mpl*; *(left after picnic)* papiers *mpl* gras **• "~"** *(on bin)* « papiers » **b** *(= animal's offspring)* portée *f* **c** **cat ~** litière *f* pour chats **2** VT *[rubbish, papers]* joncher **(with de)** **• the floor was ~ed with paper** des papiers jonchaient le sol **• the desk was ~ed with books** le bureau était couvert de livres **• the streets were ~ed with corpses** les rues étaient jonchées de cadavres **3** COMP **▸ litter bin** N *(Brit)* poubelle *f* **▸ litter box** *(US)*,

litter tray (*Brit*) N caisse *f* à litière

litterbug* ['lɪtəbʌg], **litter-lout*** ['lɪtəlaʊt] (N) *personne qui jette des détritus par terre*

little[1] ['lɪtl] (ADJ) petit ▸ **little finger** N petit doigt *m* ▸ **Little League** N (*US*) *championnat de baseball pour les moins de 12 ans* ▸ **little toe** N petit orteil *m*

little[2] ['lɪtl]

1 ADJECTIVE	3 ADVERB
2 PRONOUN	4 SET STRUCTURES

➤ compar **less**, superl **least**

1 ADJECTIVE

(= *not much*) peu de • **there is ~ hope of finding survivors** il y a peu d'espoir de retrouver des survivants • **I have very ~ money** j'ai très peu d'argent • **so ~ time** si peu de temps • **I have ~ time for reading** je n'ai pas beaucoup le temps de lire

▸ **a little ...** (= *some*) un peu de ... • **I have a ~ money left** il me reste un peu d'argent • **would you like a ~ milk in your tea?** voulez-vous un peu de lait dans votre thé ? • **we're having a ~ trouble** nous avons un petit problème

▸ **no little ...** **with no ~ difficulty** avec beaucoup de difficulté

2 PRONOUN

ⓐ (= *not much*) pas grand-chose • **there was ~ anyone could do** il n'y avait pas grand-chose à faire • **he did ~ to help** il n'a pas fait grand-chose pour aider • **he did very ~** il n'a vraiment pas fait grand-chose • **he had ~ to say** il n'avait pas grand-chose à dire • **that has very ~ to do with it!** ça n'a pas grand-chose à voir ! • **I know too ~ about him to have an opinion** je le connais trop mal pour me former une opinion • **I see ~ of her nowadays** je ne la vois plus beaucoup • **he had ~ or nothing to say about it** il n'avait pratiquement rien à dire sur le sujet • **however ~ you give, we'll be grateful** votre contribution, même la plus modeste, sera la bienvenue

▸ **so little** **so ~ of what he says is true** il y a si peu de vrai dans ce qu'il dit • **so ~ of the population is literate** la population est si peu alphabétisée • **he lost weight because he ate so ~** il a perdu du poids parce qu'il mangeait très peu

ⓑ (= *small amount*) **the ~ I have seen is excellent** le peu que j'en ai vu est excellent • **I did what ~ I could** j'ai fait ce que j'ai pu • **every ~ helps** (= *gift*) tous les dons sont les bienvenus

▸ **a little** (= *a certain amount*) un peu; (= *a short time*) un moment • **give me a ~** donne-m'en un peu • **I'd like a ~ of everything** je voudrais un peu de tout • **they'll have to wait a ~** ils vont devoir attendre un moment • **after a ~** au bout d'un moment

3 ADVERB

ⓐ (= *not much*) **they spoke very ~ on the way home** ils n'ont pas dit grand-chose sur le chemin du retour • **it's ~ better now he's rewritten it** ça n'est pas beaucoup mieux maintenant qu'il l'a récrit • **it's ~ short of madness** ça frise la folie • **~ more than a month ago** il y a à peine plus d'un mois • **a ~-known work by Bach** un morceau peu connu de Bach

▸ **a little ...** (= *somewhat*) un peu ... • **she is a ~ tired** elle est un peu fatiguée • **a ~ too big** un peu trop grand • **a ~ more** un peu plus • **a ~ less** un peu moins • **a ~ later** un peu plus tard • **a ~ more cream** un peu plus de crème

ⓑ (= *not at all*) **he ~ imagined that ...** il était loin de s'imaginer que ... • **~ did he think that ...** il était loin de se douter que ...

ⓒ (= *rarely*) rarement • **it happens very ~** cela arrive très rarement • **I watch television very ~ nowadays** je ne regarde plus beaucoup la télévision

4 SET STRUCTURES

▸ **as little as** **as ~ as possible** le moins possible • **you could get one for as ~ as £20** on peut en trouver pour seulement 20 livres • **you can eat well for as ~ as $5** on peut bien manger pour 5 dollars • **I like him as ~ as you do** je ne l'aime pas plus que toi

▸ **little by little** petit à petit, peu à peu

▸ **to make little of sth** (= *accomplish easily*) faire qch sans aucun mal; (= *play down*) minimiser qch; (= *underestimate*) sous-estimer qch • **the sailors made ~ of loading the huge boxes** les marins chargeaient les énormes caisses sans aucun mal • **he made ~ of his opportunities** (= *failed to exploit*) il n'a pas tiré parti des possibilités qu'il avait

▸ **to say little for sb** (= *reflect badly on*) **it says ~ for him** cela n'est pas vraiment à son honneur • **it says ~ for his honesty** cela en dit long sur son honnêteté (*iro*)

liturgy ['lɪtədʒɪ] (N) liturgie *f*

livable ['lɪvəbl] (ADJ) [*building, world, house*] agréable à vivre

live[1] [lɪv] 1 (VI) ⓐ vivre; (= *survive*) survivre; (*after illness, accident*) s'en sortir • **she has only six months to ~** il ne lui reste plus que six mois à vivre • **she won't ~ to see it** elle ne vivra pas assez longtemps pour le voir • **the doctor said she would ~** le docteur a dit qu'elle s'en sortirait • **nothing could ~ in such a hostile environment** rien ne pourrait survivre dans un environnement si hostile • **he didn't ~ long after his wife died** il n'a pas survécu longtemps à sa femme • **I'll remember it as long as I ~** je m'en souviendrai toute ma vie • **to ~ to be 90** vivre jusqu'à 90 ans • **you'll ~!*** tu n'en mourras pas ! • **she ~s for her children** elle ne vit que pour ses enfants • **to ~ in luxury** vivre dans le luxe • **to ~ in fear** vivre dans la peur • **he just ~d for football** il ne vivait que pour le football • **I've got nothing left to ~ for** je n'ai plus de raison de vivre • **you must learn to ~ with it** il faut que tu t'y fasses • **you ~ and learn** on apprend à tout âge • (PROV) **~ and let ~** il faut se montrer tolérant • **let's ~ a little!*** il faut profiter de la vie ! • **if you haven't been to Rio you haven't ~d!*** si tu n'as pas vu Rio, tu n'as rien vu !

ⓑ (= *earn one's living*) gagner sa vie

ⓒ (= *reside*) habiter • **where do you ~?** où habitez-vous ? • **to ~ in London** habiter à Londres • **to ~ in a flat** habiter un appartement • **she ~s in Station Road** elle habite Station Road • **this is a nice place to ~** il fait bon vivre ici • **he still ~s with his mother** il vit encore chez sa mère • **he's living with Ann** il vit avec Ann • **he's not an easy person to ~ with** il n'est pas facile à vivre • **where does the teapot ~?*** où est-ce que vous rangez la théière ?

2 (VT) vivre • **to ~ a life of luxury** vivre dans le luxe • **to ~ a healthy life** mener une vie saine • **to ~ life to the full** profiter au maximum de la vie • **to ~ a lie** vivre

dans le mensonge • **to ~ the part** entrer dans la peau du personnage

3 (COMP) ▸ **lived-in** ADJ [*house, flat*] habité; [*face*] marqué par le temps ▸ **live-in** ADJ [*housekeeper*] à demeure • **~-in lover** petit(e) ami(e) *m(f)* avec qui l'on vit • **~-in partner** compagnon *m*, compagne *f*

▸ **live down** VT SEP [+ *disgrace*] faire oublier (avec le temps) • **you'll never ~ it down!** jamais tu ne feras oublier ça !

▸ **live off** VT INSEP ⓐ [+ *person*] vivre aux crochets de ⓑ [+ *fruit, rice*] se nourrir de; [+ *money, benefit*] vivre avec • **to ~ off the land** vivre des ressources naturelles

▸ **live on** 1 VI [*person*] continuer à vivre; [*tradition*] survivre 2 VT INSEP ⓐ (= *feed on*) se nourrir de • **you can't ~ on air*** on ne vit pas de l'air du temps ⓑ (= *subsist on*) **to ~ on $10,000 a year** vivre avec 10 000 dollars par an • **we have just enough to ~ on** nous avons juste de quoi vivre • **what does he ~ on?** de quoi vit-il ? ⓒ (= *depend financially on*) vivre aux crochets de

▸ **live through** VT INSEP (= *experience*) connaître • **she ~d through two world wars** elle a connu deux guerres mondiales

▸ **live together** VI (*as man and wife*) vivre ensemble; (*as flatmates*) partager un appartement

▸ **live up** VT SEP **to ~ it up*** (= *have fun*) s'éclater*

▸ **live up to** VT INSEP (= *be equal to*) être à la hauteur de; (= *be worthy of*) répondre à • **to ~ up to sb's expectations** être à la hauteur des attentes de qn • **the holiday didn't ~ up to expectations** les vacances n'ont pas été ce qu'on avait espéré

live² [laɪv] 1 (ADJ) ⓐ (= *not dead*) vivant • **a real ~ spaceman** un astronaute en chair et en os

ⓑ (= *not recorded*) en direct • **the programme was ~** cette émission était en direct • **"recorded ~"** « enregistré en public »

ⓒ [*bullet*] réel; (= *unexploded*) non explosé

ⓓ (*with electric current*) **that's ~!** c'est branché ! • **the switch was ~** l'interrupteur était mal isolé (et dangereux)

2 (ADV) en direct • **to play ~** (*on stage*) jouer sur scène • **it was broadcast ~** c'était diffusé en direct • **the match is brought to you ~ from Dundee** le match vous est transmis en direct depuis Dundee

3 (COMP) ▸ **live wire** N fil *m* sous tension • **he's a (real) ~ wire*** il a un dynamisme fou ▸ **live yoghurt** N yaourt *m* aux ferments actifs

liveblog [laɪvˈblɒɡ] 1 (N) blog *m* live 2 (VI) bloguer en live

livelihood [ˈlaɪvlɪhʊd] (N) source *f* de revenus • **to earn one's ~** gagner sa vie • **his ~ depends on ...** son gagne-pain dépend de ... • **their principal ~ is tourism** leur principale source de revenus est le tourisme

lively [ˈlaɪvlɪ] (ADJ) ⓐ [*person, personality, mind*] vif • **she took a ~ interest in everything** elle manifestait un vif intérêt pour tout ⓑ [*party, bar, atmosphere, debate*] animé; [*description, style*] vivant • **things were getting quite ~** ça commençait à chauffer* • **come on, look ~!** allez, remue-toi !*

liven up [ˌlaɪvnˈʌp] 1 (VT) [+ *person*] égayer; [+ *evening, discussion, party*] animer 2 (VI) (= *get more lively*) s'animer • **things are beginning to ~ up** ça commence à s'animer

liver [ˈlɪvəʳ] (N) foie *m* ▸ **liver sausage** N saucisse *f* au pâté de foie ▸ **liver spot** N tache *f* brune (*sur la peau*)

livery [ˈlɪvərɪ] (N) ⓐ [*of servant*] livrée *f* ⓑ [*of company*] couleurs *fpl*

lives [laɪvz] (NPL) *of* **life**

livestock [ˈlaɪvstɒk] (N) *bétail et animaux de basse-cour*

livestream [ˈlaɪvˌstriːm] 1 (N) diffusion *f* en direct sur Internet 2 (VT) diffuser en direct sur Internet

livid* [ˈlɪvɪd] (ADJ) (= *furious*) furieux (**about sth** à propos de qch) • **to be ~ at having to do sth** être furieux de devoir faire qch

living [ˈlɪvɪŋ] 1 (ADJ) vivant • **the greatest ~ pianist** le plus grand pianiste vivant • **in ~ memory** de mémoire d'homme

2 (N) ⓐ (= *livelihood*) vie *f* • **to earn a ~ as an artist** gagner sa vie en tant qu'artiste • **to work for one's ~** travailler pour gagner sa vie • **what does he do for a ~?** que fait-il dans la vie ?

ⓑ (= *way of life*) vie *f* • **healthy ~** une vie saine

3 (NPL) **the living** les vivants *mpl*

4 (COMP) ▸ **living conditions** NPL conditions *fpl* de vie ▸ **living expenses** NPL frais *mpl* de subsistance ▸ **living quarters** NPL quartiers *mpl* ▸ **living room** N salon *m* ▸ **living standards** NPL niveau *m* de vie ▸ **living wage** N **they were asking for a ~ wage** ils demandaient un salaire décent • **£50 a week isn't a ~ wage** on ne peut pas vivre avec 50 livres par semaine ▸ **living will** N testament *m* de vie

lizard [ˈlɪzəd] (N) lézard *m*

llama [ˈlɑːmə] (N) lama *m* (*animal*)

load [ləʊd] 1 (N) ⓐ (= *cargo*) charge *f*; [*of ship*] cargaison *f*; (= *weight*) poids *m* • **he was carrying a heavy ~** il était lourdement chargé • **I put another ~ in the washing machine** j'ai fait une autre machine

ⓑ (= *burden*) charge *f*; (= *mental strain*) poids *m* • **supporting his brother's family was a heavy ~ for him** c'était pour lui une lourde charge de faire vivre la famille de son frère • **to take a ~ off sb's mind** soulager qn • **that's a ~ off my mind!** c'est un poids en moins !

ⓒ ▸ **a load of*** un tas de* • **that's a ~ of rubbish!** tout ça c'est de la blague !* • **get a ~ of this!*‡** (= *look*) vise* un peu ça !

▸ **loads of*** des tas de* • **there were ~s of people there** il y avait des tas de gens* • **we've got ~s of time** on a tout notre temps • **he's got ~s of money** il est plein de fric*

2 (VT) ⓐ charger (**with** de) • **she was ~ed with shopping** elle ployait sous le poids de ses achats • **they arrived ~ed with presents for us** ils sont arrivés chargés de cadeaux pour nous • **to ~ sb with gifts** couvrir qn de cadeaux • **I had problems ~ing the software onto my computer** j'ai eu du mal à charger le logiciel sur mon ordinateur

ⓑ [+ *dice*] piper • **to ~ the dice against sb** défavoriser qn

3 (COMP) ▸ **load-bearing** ADJ porteur

▸ **load down** VT SEP charger (**with** de)

▸ **load up** VI [*ship, lorry*] se charger; [*person*] charger • **to ~ up with sth** charger qch

loaded [ˈləʊdɪd] (ADJ) ⓐ (= *full*) chargé ⓑ (= *rich*)* **to be ~** être plein aux as* ⓒ **a ~ question** une question tendancieuse ⓓ [*dice*] pipé • **the dice were ~ against him** il avait peu de chances de réussir • **the situation is ~ in our favour** la situation nous est favorable

loaf [ləʊf] 1 (N) (*pl* **loaves**) pain *m*; (= *round loaf*) miche *f* de pain • **use your ~!*‡** (*Brit*) fais marcher tes méninges !*

2 (VI) (= *loaf around*) traîner

loafer [ˈləʊfəʳ] (N) (= *shoe*) mocassin *m*

loan [ləʊn] 1 (N) (= *money*) (*lent*) prêt *m*; (*borrowed*) emprunt *m* • **can I ask you for a ~?** pouvez-vous m'accorder un prêt ? • **I asked Barbara for the ~ of her car** j'ai demandé à Barbara de me prêter sa voiture

▸ **on loan this picture is on ~ from the city museum** ce tableau est prêté par le musée municipal • **I have a car on ~ from the company** la société me prête une voiture • **my assistant is on ~ to another department at the moment** mon assistant est détaché dans un autre service en ce moment • **the book is out on ~** (*in library*) le livre est sorti

2 VT prêter (**sth to sb** qch à qn)

3 COMP ▸ **loan shark*** N usurier *m*, -ière *f*

loath [ləʊθ] ADJ **to be ~ to do sth** répugner à faire qch

loathe [ləʊð] VT détester • **to ~ doing sth** détester faire qch

loathing [ˈləʊðɪŋ] N dégoût *m* • **he fills me with ~** il me dégoûte

loathsome [ˈləʊðsəm] ADJ détestable

loaves [ləʊvz] NPL *of* **loaf**

lob [lɒb] 1 VT [*+ stone*] lancer (en l'air); (*Tennis*) lober 2 VI (*Tennis*) lober 3 N lob *m*

lobby [ˈlɒbɪ] 1 N ⓐ [*of hotel*] hall *m*; [*of private house*] vestibule *m*; [*of theatre*] foyer *m* (des spectateurs) ⓑ (*= pressure group*) lobby *m* 2 VT [*+ person*] faire pression sur; (*US*) [*+ proposal, cause*] soutenir activement 3 VI (*= campaign*) **to ~ for sth** faire pression pour obtenir qch

lobbyist [lɒbɪɪst] N membre *m* d'un groupe de pression

lobe [ləʊb] N lobe *m*

lobster [ˈlɒbstəʳ] N homard *m* ▸ **lobster pot** N casier *m* à homards

local [ˈləʊkəl] 1 ADJ local; [*shops, library*] du quartier; [*pain*] localisé • **he's a ~ man** il est du coin* • **a ~ call** une communication locale • **of ~ interest** d'intérêt local

2 N ⓐ (*= person*)* personne *f* du coin* • **the ~s** les gens du coin*

ⓑ (*Brit = pub*)* bistrot* *m* du coin • **my ~** le pub où je vais

3 COMP ▸ **local anaesthetic** N anesthésie *f* locale ▸ **local area network** N réseau *m* local ▸ **local authority** N collectivité *f* locale ▸ **local education authority** N *autorité locale chargée de l'enseignement* ▸ **local government** N administration *f* locale • **~ government elections** élections *fpl* municipales ▸ **local time** N heure *f* locale

> ⚠ **local** is not always translated by the French word **local**.

locale [ləʊˈkɑːl] N endroit *m*

localism [ˈləʊkəˌlɪzəm] N décentralisation *f*

locality [ləʊˈkælɪtɪ] N (*= place*) localité *f*; (*= district*) région *f* • **in the ~** dans les environs • **tourist attractions in your ~** les hauts lieux touristiques de votre région

localize [ˈləʊkəlaɪz] VT localiser

locally [ˈləʊkəlɪ] ADV localement • **to live ~** habiter dans le coin • **both nationally and ~** à l'échelon tant national que local • **to be available ~** être disponible sur place • **to buy sth ~** acheter qch sur place • **~ grown** cultivé localement

locate [ləʊˈkeɪt] VT ⓐ (*= find*) repérer; [*+ leak, cause*] localiser • **I can't ~ the school on this map** je n'arrive pas à repérer l'école sur ce plan • **have you ~d my briefcase?** avez-vous retrouvé ma serviette ? • **the doctors have ~d the cause of the pain** les médecins ont localisé la cause de la douleur ⓑ (*= situate*) situer • **they decided to ~ the factory in Manchester** ils ont décidé de construire l'usine à Manchester • **the college is ~d in London** le collège est situé à Londres

location [ləʊˈkeɪʃən] N ⓐ (*= position*) emplacement *m* • **a hotel set in a beautiful ~** un hôtel situé dans un endroit magnifique ⓑ (*= setting for film*) extérieur *m* • **to film in foreign ~s** tourner en décor naturel à l'étranger • **on ~** en décor naturel ⓒ (*= finding*) repérage *m*

> ⚠ **location** is not translated by the French word **location**, which means **rental**.

loch [lɒx] N (*Scot*) loch *m* • **Loch Lomond** le loch Lomond

lock [lɒk] 1 N ⓐ [*of door, box*] serrure *f*; (*on steering wheel, bike*) antivol *m*

▸ **under lock and key** [*possessions*] sous clé; [*prisoner*] sous les verrous • **to put sth under ~ and key** mettre qch sous clé • **to put sb under ~ and key** enfermer qn à clé; [*+ prisoner*] mettre qn sous les verrous

▸ **lock, stock and barrel** en bloc • **they rejected the proposals ~, stock and barrel** ils ont rejeté les suggestions en bloc

ⓑ (*Comput*) verrouillage *m*

ⓒ [*of canal*] écluse *f*

ⓓ [*of hair*] mèche *f*; (*= ringlet*) boucle *f* • **his ~s** ses cheveux *mpl* • **her curly ~s** ses boucles *fpl*

2 VT ⓐ [*+ door, suitcase, car, safe*] fermer à clé • **to ~ horns** (*= argue*) se disputer • **to ~ horns with sb** avoir une prise de bec avec qn

ⓑ [*+ person*] enfermer (**in** dans) • **he got ~ed in the bathroom** il s'est retrouvé enfermé dans la salle de bains

ⓒ [*+ mechanism*] bloquer; [*+ computer system, file*] verrouiller • **he ~ed the steering wheel on his car** il a bloqué la direction de sa voiture • **to ~ the wheels** (*by braking*) bloquer les roues

ⓓ (*= grip*) **she was ~ed in his arms** elle était serrée dans ses bras • **the two armies were ~ed in combat** les deux armées étaient aux prises

3 VI ⓐ [*door*] fermer à clé

ⓑ [*wheel, elbow*] se bloquer

4 COMP ▸ **lock gate** N porte *f* d'écluse ▸ **lock keeper** N éclusier *m*, -ière *f* ▸ **lock-up** N (*Brit*) (*= garage*) box *m*; (*Brit*) (*= shop*) boutique *f* (*sans logement*); (*US*)* (*= prison*) prison *f*; (*= cell*) cellule *f*

▸ **lock away** VT SEP [*+ object, jewels*] mettre sous clé; [*+ criminal*] mettre sous les verrous; [*+ mental patient*] interner

▸ **lock in** VT SEP [*+ person, dog*] enfermer (à l'intérieur) • **to ~ o.s. in** s'enfermer (à l'intérieur)

▸ **lock on** VI **to ~ on to sth** [*radar*] capter qch

▸ **lock out** VT SEP ⓐ [*+ person*] (*deliberately*) mettre à la porte; (*by mistake*) enfermer dehors • **to find o.s. ~ed out** (*by mistake*) se retrouver à la porte • **to ~ o.s. out** s'enfermer dehors ⓑ [*+ workers*] lockouter

▸ **lock up** 1 VI fermer à clé • **will you ~ up when you leave?** voulez-vous tout fermer en partant ? • **to ~ up for the night** tout fermer pour la nuit 2 VT SEP [*+ object, jewels*] mettre sous clé; [*+ house*] fermer à clé; [*+ criminal*] mettre sous les verrous; [*+ mental patient*] interner • **you ought to be ~ed up!*** on devrait t'interner !

lockdown [ˈlɒkdaʊn] N **to be in** *or* **under ~** [*place*] faire l'objet de mesures de confinement **• to be on ~** [*prisoner*] être confiné dans sa cellule

locker ['lɒkəʳ] N casier *m* (*fermant à clé*) **• the left-luggage ~s** la consigne (automatique) **▸ locker-room** N vestiaire *m*

locket ['lɒkɪt] N médaillon *m* (*bijou*)

lockjaw ['lɒkdʒɔː] N tétanos *m*

lockout ['lɒkaʊt] N [*of workers*] lock-out *m inv*

locksmith ['lɒksmɪθ] N serrurier *m*

loco* ['ləʊkəʊ] ADJ (*US*) dingue*

locomotive [,ləʊkə'məʊtɪv] N locomotive *f*

locum ['ləʊkəm] N (*esp Brit*) suppléant(e) *m(f)* (*de prêtre ou de médecin etc*)

locust ['ləʊkəst] N locuste *f*

lodge [lɒdʒ] **1** N (= *small house in grounds*) maison *f* de gardien; (= *porter's room in building*) loge *f* **2** VT ⓐ [+ *person*] loger ⓑ [+ *bullet*] loger **• to ~ an appeal** se pourvoir en cassation **• to ~ a complaint against** déposer une plainte contre **3** VI [*person*] être logé (**with** chez); [*bullet*] se loger

lodger ['lɒdʒəʳ] N (*Brit*) (*room only*) locataire *mf*; (*room and meals*) pensionnaire *mf* **• to take (in) ~s** (*room only*) louer des chambres; (*room and meals*) prendre des pensionnaires

lodging ['lɒdʒɪŋ] **1** N (= *accommodation*) hébergement *m* **• they gave us a night's ~** ils nous ont hébergés une nuit **2** NPL **lodgings** (= *room*) chambre *f*; (= *flatlet*) logement *m*

loft [lɒft] N [*of house, barn*] grenier *m*; (= *living space in former warehouse*) loft *m* **▸ loft conversion** N (*Brit*) (= *accommodation*) grenier *m* aménagé

lofty ['lɒftɪ] ADJ ⓐ [*building, ceiling, mountain*] haut **• to rise to a ~ position in government** atteindre un poste élevé au gouvernement ⓑ [*aim, idea*] noble **• their ~ rhetoric** leurs beaux discours

log [lɒg] **1** N ⓐ (*for fire*) bûche *f* ⓑ (= *ship's record*) journal *m* de bord **2** VT (= *record*) noter **• details of the crime are ~ged in the computer** les données concernant le crime sont entrées dans l'ordinateur **3** COMP **▸ log cabin** N cabane *f* en rondins **▸ log fire** N feu *m* de bois
▸ log in (*Comput*) **1** VI se connecter **2** VT SEP connecter
▸ log off (*Comput*) **1** VI se déconnecter **2** VT SEP déconnecter
▸ log on (*Comput*) **1** VI se connecter **2** VT SEP connecter
▸ log out (*Comput*) **1** VI se déconnecter **2** VT SEP déconnecter

logbook ['lɒgbʊk] N ⓐ (= *ship's record*) journal *m* de bord ⓑ (*Brit: for car*) ≈ carte *f* grise

loggerheads ['lɒgəhedz] NPL **to be at ~ (with)** être en désaccord (avec)

loggia ['lɒdʒɪə] N (*pl* **loggias** *or* **loggie** ['lɒdʒe]) loggia *f*

logic ['lɒdʒɪk] N logique *f* **• I can't see the ~ of it** ça ne me paraît pas rationnel

logical ['lɒdʒɪkəl] ADJ logique

logically ['lɒdʒɪkəlɪ] ADV [*possible, consistent*] logiquement; [*consider, examine, discuss*] rationnellement

login ['lɒgɪn] N (= *session*) ouverture *f* de session; (= *user name*) nom *m* d'utilisateur, identifiant *m*

logistic [lɒ'dʒɪstɪk], **logistical** [lɒ'dʒɪstɪkəl] ADJ logistique

logistics [lɒ'dʒɪstɪks] NPL logistique *f*

logo ['ləʊgəʊ] N logo *m*

loin [lɔɪn] N [*of pork*] filet *m*; [*of veal*] longe *f*; [*of beef*] aloyau *m* **• ~ chop** côte *f* première

loiter ['lɔɪtəʳ] VI traîner; (*suspiciously*) rôder **• to be charged with ~ing** être accusé d'un délit d'intention

LOL*, **lol*** [lɒl] (ABBR OF **laugh out loud**) MDR, LOL

loll [lɒl] VI [*person*] se prélasser; [*head*] pendre
▸ loll about, loll around VI flâner

lollipop ['lɒlɪpɒp] N sucette *f* **▸ lollipop lady*, lollipop man*** N (*Brit*) *personne chargée d'aider les écoliers à traverser la rue*

> **LOLLIPOP MEN, LOLLIPOP LADIES**
> Les **lollipop men** et **lollipop ladies** sont employés pour aider les enfants à traverser la rue à proximité des écoles. On les repère facilement grâce à leur uniforme jaune et à la pancarte ronde (dont la forme rappelle une sucette) qu'ils portent pour faire signe aux automobilistes de s'arrêter.

lolly ['lɒlɪ] N (*Brit*) ⓐ (= *sweet*)* sucette *f* ⓑ (= *money*)** fric** *m*

London ['lʌndən] **1** N Londres **2** ADJ londonien

Londoner ['lʌndənəʳ] N Londonien(ne) *m(f)*

lone [ləʊn] ADJ [*gunman*] isolé; [*rider*] solitaire; [*survivor*] unique **• a ~ figure** une silhouette solitaire **▸ lone parent** N *père ou mère qui élève seul ses enfants*

loneliness ['ləʊnlɪnɪs] N [*of person*] solitude *f*

lonely ['ləʊnlɪ] ADJ [*time, life, job*] solitaire; [*village, house*] isolé; [*road*] peu fréquenté **• to be** *or* **feel ~** se sentir seul

loner ['ləʊnəʳ] N solitaire *mf*

lonesome ['ləʊnsəm] ADJ = **lonely**

---

long [lɒŋ]

1 ADJECTIVE	4 NOUN
2 ADVERB	5 COMPOUNDS
3 INTRANSITIVE VERB	

1 ADJECTIVE

ⓐ *in size* long (longue *f*) **• the wall is 10 metres ~** le mur fait 10 mètres de long **• a wall 10 metres ~** un mur de 10 mètres de long **• how ~ is the swimming pool?** quelle est la longueur de la piscine ? **• to get ~er** [*queue*] s'allonger; [*hair*] pousser **• he's getting a bit ~ in the tooth*** il n'est plus tout jeune **• not by a ~ shot*** loin de là **• it's a ~ shot but we might be lucky** c'est très risqué mais nous aurons peut-être de la chance

ⓑ *in distance* **it's a ~ way** c'est loin **• it's a ~ way to the shops** les magasins sont loin

ⓒ *in time* long (longue *f*); [*delay*] important **• at ~ last** enfin **• in the ~ run** à la longue **• in the ~ term** à long terme **• the days are getting ~er** les jours rallongent **• ~ time no see!**** ça fait une paye !* **• he's not ~ for this world*** il n'en a plus pour longtemps **• the reply was not ~ in coming** la réponse n'a pas tardé à venir
▸ a long time longtemps **• a ~ time ago** il y a longtemps **• that was a ~, ~ time ago** il y a bien longtemps de cela **• it will be a ~ time before I see her again** je ne la reverrai pas avant longtemps **• it will be remembered for a ~ time to come** on s'en souviendra longtemps **• it'll be a ~ time before I do that again!** je ne recommencerai pas de si tôt ! **• have you been studying English for a ~ time?** il y a longtemps que vous étudiez l'anglais ? **• it's a ~ time since I last saw him** ça fait longtemps que je ne l'ai pas vu **• he has not been seen for a ~ time** cela fait

longtemps qu'on ne l'a pas vu • **you took a ~ time to get here** tu as mis du temps pour venir • **it takes a ~ time for the drug to act** ce médicament met du temps à agir • **it took a ~ time for the truth to be accepted** les gens ont mis très longtemps à accepter la vérité

2 ADVERB

ⓐ (= *a long time*) longtemps • **they didn't stay ~** ils ne sont pas restés longtemps • **he hasn't been gone ~** il n'y a pas longtemps qu'il est parti • **it didn't take him ~ to realize that ...** il n'a pas mis longtemps à se rendre compte que ... • **are you going away for ~?** vous partez pour longtemps? • **not for ~** pas pour longtemps • **not for much ~er** plus pour très longtemps • **will you be ~?** tu en as pour longtemps? • **I won't be ~** je n'en ai pas pour longtemps • **don't be ~** dépêche-toi • **he hasn't ~ to live** il n'en a plus pour longtemps • **women live ~er than men** les femmes vivent plus longtemps que les hommes • **have you been here/been waiting ~?** vous êtes ici/vous attendez depuis longtemps? • **his ~-awaited reply** sa réponse longtemps attendue • **~ live the King!** vive le roi! • **I only had ~ enough to buy a paper** j'ai juste eu le temps d'acheter un journal • **six months at the ~est** six mois au plus • **so ~!*** à bientôt!

ⓑ (= *through*) **all night ~** toute la nuit • **all summer ~** tout l'été • **his whole life ~** toute sa vie

ⓒ (*set structures*)

▸ **before long** (+ *future*) dans peu de temps; (+ *past*) peu après

▸ **how long?** (*in time*) **how ~ will you be?** (*doing job*) ça va te demander combien de temps? • **how ~ did they stay?** combien de temps sont-ils restés? • **how ~ is it since you saw him?** cela fait combien de temps que tu ne l'as pas vu? • **how ~ are the holidays?** les vacances durent combien de temps?

> In the following **depuis** + present/imperfect translates English perfect/pluperfect continuous.

• **how ~ have you been learning Greek?** depuis combien de temps apprenez-vous le grec? • **how ~ had you been waiting?** depuis combien de temps attendiez-vous?

▸ **long ago** il y a longtemps • **how ~ ago was it?** il y a combien de temps de ça? • **as ~ ago as 1930** déjà en 1930 • **not ~ ago** il n'y a pas longtemps • **he arrived not ~ ago** il n'y a pas longtemps qu'il est arrivé

▸ **long after** longtemps après • **~ after he died** longtemps après sa mort

▸ **long before ~ before the war** bien avant la guerre • **his wife had died ~ before** sa femme était morte depuis longtemps • **you should have done it ~ before now** vous auriez dû le faire il y a longtemps • **not ~ before the war** peu avant la guerre • **not ~ before his wife died** peu avant la mort de sa femme • **she had died not ~ before** elle était morte peu de temps avant

▸ **long since** il y a longtemps • **it's not ~ since he died** il est mort il n'y a pas longtemps • **he thought of friends ~ since dead** il a pensé à des amis morts depuis longtemps

▸ **any/no/a little longer I can't stay any ~er** je ne peux pas rester plus longtemps • **she no ~er wishes to do it** elle ne veut plus le faire • **he is no ~er living there** il n'y habite plus • **wait a little ~er** attendez encore un peu

▸ **as long as** (*conditional*) à condition que + *subj* • **you can borrow it as ~ as John doesn't mind** vous pouvez l'emprunter à condition que John n'y voie pas d'inconvénient • **as ~ as necessary** le temps qu'il faudra • **stay as ~ as you like** restez autant que vous voulez • **as ~ as this crisis lasts** tant que durera cette crise

3 INTRANSITIVE VERB

to ~ to do sth (= *hope to*) avoir très envie de faire qch; (= *dream of*) rêver de faire qch • **I'm ~ing to meet her** j'ai très envie de la rencontrer • **to ~ for sth** (= *hope for*) avoir très envie de qch; (= *dream of*) rêver de qch • **to ~ for sb to do sth** mourir d'envie que qn fasse qch • **she ~ed for her friends** ses amis lui manquaient beaucoup

4 NOUN

the ~ and the short of it is that ... le fin mot de l'histoire, c'est que ...

5 COMPOUNDS

▸ **long-distance** ADJ [*race, runner*] de fond • **~-distance call** appel *m* longue distance • **~-distance flight** vol *m* long-courrier • **~-distance lorry driver** (*Brit*) routier *m* ♦ ADV **to call sb ~-distance** appeler qn à longue distance ▸ **long-drawn-out** ADJ interminable ▸ **long drink** N long drink *m* ▸ **long-grain rice** N riz *m* long ▸ **long-haired** ADJ [*person*] aux cheveux longs; [*animal*] à longs poils ▸ **long-haul** N transport *m* à longue distance • **~-haul airline/flight** ligne *f*/vol *m* long-courrier ▸ **long jump** N saut *m* en longueur ▸ **long jumper** N sauteur *m*, -euse *f* en longueur ▸ **long-lasting** ADJ durable • **to be longer-lasting** durer plus longtemps ▸ **long-legged** ADJ [*person*] aux jambes longues; [*animal*] à longues pattes ▸ **long-life** ADJ [*milk*] longue conservation; [*batteries*] longue durée ▸ **long-lost** ADJ [*person*] perdu de vue depuis longtemps; [*thing*] perdu depuis longtemps ▸ **long-range** ADJ [*missile, rocket*] à longue portée; [*planning*] à long terme • **~-range weather forecast** prévisions *fpl* météorologiques à long terme ▸ **long-running** ADJ [*play*] à l'affiche depuis longtemps; [*dispute*] vieux; [*TV programme*] diffusé depuis longtemps • **~-running series** (*TV*) série-fleuve *f* ▸ **long-sighted** ADJ (*Brit*) hypermétrope; (*in old age*) presbyte; (*fig*) [*person*] qui voit loin; [*decision*] pris avec prévoyance; [*attitude*] prévoyant ▸ **long-sleeved** ADJ à manches longues ▸ **long-standing** ADJ de longue date ▸ **long-stay car park** N parking *m* longue durée ▸ **long-suffering** ADJ d'une patience à toute épreuve ▸ **long-time** ADJ de longue date, vieux (vieille *f*) ▸ **long wave** N grandes ondes *fpl* • **on ~ wave** sur les grandes ondes ▸ **long-winded** ADJ [*speech*] interminable

---

longevity [lɒn'dʒevɪtɪ] (N) longévité *f*

longing ['lɒŋɪŋ] 1 (N) ⓐ (= *urge, craving*) envie *f* (**for sth** de qch) • **to have a sudden ~ to do sth** avoir une envie soudaine de faire qch ⓑ (= *nostalgia*) nostalgie *f* • **his ~ for the happy days of his childhood** la nostalgie qu'il avait des jours heureux de son enfance 2 (ADJ) [*look, glance*] (*for sth*) plein d'envie; (*for sb*) plein de désir

longingly ['lɒŋɪŋlɪ] (ADV) **to look ~ at sb** regarder qn d'un air langoureux • **to look ~ at sth** regarder qch avec convoitise • **to think ~ of sb** penser amoureusement à qn • **to think ~ of sth** penser avec envie à qch

longitude ['lɒŋgɪtju:d] (N) longitude *f* • **at a ~ of 48°** par 48° de longitude

long-term ['lɒŋ'tɜ:m] (ADJ) à long terme • **he's in a ~ relationship** il est avec la même personne depuis longtemps ▸ **long-term car park** N parking *m* longue durée ▸ **the long-term unemployed** NPL les chômeurs *mpl* de longue durée

loo* [lu:] (N) (*Brit*) toilettes *fpl* • **he's in the ~** il est au petit coin*

loofah ['lu:fə] (N) luffa *m*

look [lʊk]

1	NOUN	4	TRANSITIVE VERB
2	PLURAL NOUN	5	COMPOUNDS
3	INTRANSITIVE VERB	6	PHRASAL VERBS

1 NOUN

ⓐ (= *glance*) **do you want a ~?** tu veux jeter un coup d'œil? • **and now for a quick ~ at the papers** et maintenant, les grands titres de vos journaux

▸ **to have/take a look** **let me have a ~** (= *may I*) fais voir; (= *I'm going to*) je vais voir • **let me have another ~** (= *may I*) je peux regarder encore une fois? • **to take a ~ at sth** jeter un coup d'œil à qch • **take a ~ at this!** regarde! • **to take another ~ at sth** examiner qch de plus près • **to take a good ~ at sth** bien regarder qch • **to take a good ~ at sb** regarder qn avec attention • **take a good ~!** regarde bien! • **to take a long hard ~ at sth** examiner qch de près • **to take a long hard ~ at o.s.** (*psychologically*) faire son autocritique • **to have a ~ round the house** visiter la maison • **I just want to have a ~ round** (*in town*) je veux simplement faire un tour; (*in a shop*) je ne fais que regarder • **have a ~ through the telescope** regarde dans le télescope

ⓑ (= *expression*) regard *m* • **an inquiring ~** un regard interrogateur • **we got some very odd ~s** les gens nous ont regardé d'un drôle d'air • **I told her what I thought and if ~s could kill*, I'd be dead** je lui ai dit ce que je pensais et elle m'a fusillé du regard

ⓒ (= *search*) **to have a ~ for sth** chercher qch • **have another ~!** cherche bien!

ⓓ (= *appearance*) air *m* • **there was a sad ~ about him** il avait l'air plutôt triste • **I like the ~ of her*** je trouve qu'elle a l'air sympathique • **I don't like the ~ of him*** il a une tête qui ne me revient pas* • **by the ~s of him*** à le voir • **by the ~s of it*** de toute évidence • **you can't go by ~s** il ne faut pas se fier aux apparences (PROV) • **I don't like the ~ of this at all*** ça ne me dit rien qui vaille

ⓔ (= *style*) look* *m* • **I need a new ~** il faut que je change de look*

2 PLURAL NOUN

looks* beauté *f* • **~s aren't everything** la beauté n'est pas tout • **she has kept her ~s** elle est restée belle • **she's losing her ~s** elle n'est plus aussi belle qu'autrefois

3 INTRANSITIVE VERB

ⓐ (= *see, glance*) regarder • **~ over there!** regarde là-bas! • **~!** regarde! • **~ and see if he's still there** regarde s'il est encore là • **~ what a mess you've made!** regarde le gâchis que tu as fait! • **~ who's here!*** regarde qui est là! • **to ~ the other way** (= *avert one's eyes*) détourner le regard; (*fig*) fermer les yeux (*fig*) • (PROV) **~ before you leap** il faut réfléchir avant d'agir

▸ **to look** + *adverb/preposition* **he ~ed around him for an ashtray** il a cherché un cendrier des yeux • **to ~ down one's nose at sb*** regarder qn de haut • **she ~s down her nose* at romantic novels** elle méprise les romans à l'eau de rose • **to ~ down the list** parcourir la liste • **~ here*, we must discuss it first** écoutez, il faut d'abord en discuter • **~ here*, that isn't what I said!** dites donc, ce n'est pas (du tout) ce que j'ai dit! • **she ~ed into his eyes** elle l'a regardé droit dans les yeux; (*romantically*) elle a plongé son regard dans le sien • **to ~ over sb's shoulder** regarder par-dessus l'épaule de qn; (*fig*) être constamment sur le dos de qn • **to be ~ing over one's shoulder** (*fig*) être sur ses gardes • **he ~ed right through me*** il a fait comme s'il ne me voyait pas

ⓑ (= *face*) [*building*] donner • **the house ~s onto the main street** la maison donne sur la rue principale

ⓒ (= *search*) chercher • **you should have ~ed more carefully** tu aurais dû chercher un peu mieux

ⓓ (= *seem*) avoir l'air • **he ~s about 40** il doit avoir la quarantaine • **he ~s about 75 kilos** il doit faire environ 75 kilos • **she's tired and she ~s it** elle est fatiguée et ça se voit • **he's 50 and he ~s it** il a 50 ans et il les fait • **how did she ~?** (*health*) comment va-t-elle?; (*on hearing news*) quelle tête elle a fait? • **how do I ~?** comment me trouves-tu? • **how does it ~ to you?** qu'en pensez-vous?

▸ **to look as if** **try to ~ as if you're glad to see them!** essaie d'avoir l'air content de les voir! • **it ~s as if it's going to snow** on dirait qu'il va neiger • **it doesn't ~ as if he's coming** on dirait qu'il ne va pas venir

▸ **to look** + *adjective/noun* **she ~s her age** elle fait son âge • **it will ~ bad** ça va faire mauvais effet • **you must ~ your best for this interview** il faut que tu présentes bien pour cet entretien • **they made me ~ a fool** ils m'ont ridiculisé • **he ~s good in uniform** l'uniforme lui va bien • **that dress ~s good on her** cette robe lui va bien • **that pie ~s good** cette tarte a l'air bonne • **how are you getting on with your autobiography? — it's ~ing good** comment avance ton autobiographie? — elle avance bien • **it ~s good on paper** c'est très bien sur le papier • **that hairstyle makes her ~ old** cette coiffure la vieillit • **it makes him ~ ten years older/younger** ça le vieillit/rajeunit de dix ans • **he ~s older than that** il a l'air plus âgé que ça • **to ~ the part** avoir le physique de l'emploi* • **how pretty you ~!** comme vous êtes jolie! • **it ~s promising** c'est prometteur • **it ~s all right to me** ça m'a l'air d'aller • **to make sb ~ small** rabaisser qn • **she ~s tired** elle a l'air fatigué(e) • **you're ~ing well** vous avez bonne mine • **she doesn't ~ well** elle n'a pas bonne mine

▸ **to look like** **what does he ~ like?** comment est-il? • **he ~s like his father** il ressemble à son père • **the picture doesn't ~ like him at all** on ne le reconnaît pas du tout sur cette photo • **he ~s like a soldier** il a l'air d'un soldat • **it ~s like salt** (= *seems*) on dirait du sel • **this ~s to me like the right shop** cela m'a l'air d'être le bon magasin • **it ~s like rain*** on dirait qu'il va pleuvoir • **the rain doesn't ~ like stopping** la pluie n'a pas l'air de vouloir s'arrêter • **it certainly ~s like it** ça m'en a tout l'air • **the evening ~ed like being interesting** la soirée promettait d'être intéressante

4 TRANSITIVE VERB

regarder • **to ~ sb in the face** regarder qn en face • **to ~ sb up and down** toiser qn • **~ where you're going!** regarde où tu vas! • **~ what you've done now!** regarde ce que tu as fait!

5 COMPOUNDS

▸ **look-alike*** N sosie *m* • **a Churchill ~-alike** un sosie de Churchill ▸ **look-in*** N **our team didn't have** *or* **get a ~-in** notre équipe n'a jamais eu la moindre chance de gagner

6 PHRASAL VERBS

▸ **look about** VI regarder autour de soi • **to ~ about for sb/sth** chercher qn/qch (des yeux)

▸ **look after** VT INSEP [+ *invalid, child, animal, plant*] s'occuper de; [+ *one's possessions*] prendre soin de; [+ *finances*] gérer • **she doesn't ~ after herself properly** elle se néglige • **~ after yourself!*** prends soin de toi ! • **she's quite old enough to ~ after herself** elle est assez grande pour se débrouiller* toute seule • **he certainly ~s after his car** il bichonne sa voiture • **we're well ~ed after here** on s'occupe bien de nous ici • **they ~ed after the house while we were away** ils se sont occupés de la maison en notre absence • **will you ~ after my bag for me?** tu peux surveiller mon sac ? • **to ~ after one's own interests** protéger ses intérêts

▸ **look ahead** VI (*in front*) regarder devant soi; (*to future*) penser à l'avenir • **I'm ~ing ahead at what might happen** j'essaie d'imaginer ce qui pourrait se passer

▸ **look around** VI regarder autour de soi • **to ~ around for sb/sth** chercher qn/qch (des yeux)

▸ **look at** VT INSEP ⓐ (*= observe*) [+ *person, object*] regarder • **just ~ at this mess!** regarde un peu ce fouillis ! • **just ~ at you!*** regarde de quoi tu as l'air ! • **to ~ at him you would never think that ...** à le voir, on n'imaginerait pas que ... • **it isn't much to ~ at*** ça ne paie pas de mine ⓑ (*= consider*) [+ *situation, problem*] examiner • **let's ~ at the facts** examinons les faits • **he now ~ed at her with new respect** il commença à la considérer avec respect • **that's one way of ~ing at it** c'est une façon de voir les choses • **it depends on how you ~ at it** tout dépend comment on voit la chose ⓒ (*= check*) vérifier; (*= see to*) s'occuper de • **will you ~ at the carburettor?** pourriez-vous vérifier le carburateur ? ⓓ (*= have in prospect*)* **you're ~ing at a minimum of £65** ça va vous coûter 65 livres au minimum • **they are ~ing at savings of $3 million** les économies pourraient atteindre 3 millions de dollars

▸ **look away** VI détourner les yeux (**from** de); (*fig*) fermer les yeux

▸ **look back** VI regarder derrière soi • **she ~ed back at Marie and smiled** elle se retourna pour regarder Marie et lui sourit • **after that he never ~ed back*** après, ça n'a fait qu'aller de mieux en mieux pour lui • **there's no point ~ing back** ça ne sert à rien de revenir sur le passé • **~ing back, I'm surprised I didn't suspect anything** avec le recul, je suis étonné de n'avoir rien soupçonné • **to ~ back on sth** (*= remember, evaluate*) repenser à qch • **when they ~ back on this match ...** lorsqu'ils repenseront à ce match ... • **we can ~ back over 20 years of happy marriage** nous avons derrière nous 20 ans de bonheur conjugal

▸ **look behind** VI regarder en arrière

▸ **look down** VI baisser les yeux • **to ~ down at the ground** regarder par terre • **don't ~ down or you'll fall** ne regarde pas en bas, sinon tu vas tomber

▸ **look down on** VT INSEP ⓐ (*= despise*) mépriser ⓑ (*= overlook*) dominer • **the castle ~s down on the valley** le château domine la vallée

▸ **look for** VT INSEP ⓐ (*= seek*) [+ *object, work*] chercher • **to be ~ing for trouble*** chercher les ennuis ⓑ (*= expect*) [+ *praise, reward*] espérer

▸ **look forward to** VT INSEP [+ *event, meal, trip, holiday*] attendre avec impatience • **I'm ~ing forward to seeing them** j'ai hâte de les voir • **I ~ forward to meeting you on the 5th** je vous verrai donc avec plaisir le 5 • **~ing forward to hearing from you** (*in letter*) en espérant avoir bientôt de vos nouvelles • **I ~ forward to hearing from you** (*frm*) dans l'attente de votre réponse (*frm*) • **I ~ forward to the day when ...** j'attends avec impatience le jour où ... • **are you ~ing forward to your birthday?** tu te réjouis pour ton anniversaire ? • **we'd been ~ing forward to it for weeks** on attendait ça depuis des semaines • **I'm really ~ing forward to it** je m'en réjouis à l'avance

▸ **look in** VI regarder à l'intérieur • **to ~ in on sb** passer voir qn • **the doctor will ~ in again tomorrow** le docteur repassera demain

▸ **look into** VT INSEP (*= examine*) examiner • **there's obviously been a mistake. I'll ~ into it** il y a dû y avoir une erreur . Je vais m'en occuper

▸ **look on** 1 VI regarder (faire) • **they just ~ed on while the raiders escaped** ils ont regardé les bandits s'enfuir sans intervenir • **he wrote the letter while I ~ed on** il a écrit la lettre tandis que je le regardais faire 2 VT INSEP considérer

▸ **look out** 1 VI ⓐ (*= look outside*) regarder dehors • **to ~ out of the window** regarder par la fenêtre ⓑ (*= take care*) faire attention • **I told you to ~ out!** je t'avais bien dit de faire attention ! • **~ out!** attention ! 2 VT SEP (*Brit*) (*= look for*) chercher; (*= find*) trouver • **I'll ~ out some old magazines** je vais essayer de trouver des vieux magazines • **I've ~ed out the minutes of the meeting** j'ai trouvé le procès-verbal de la réunion

▸ **look out for** VT INSEP ⓐ (*= look for*) chercher; (*= watch out for*) [+ *sth good*] essayer de repérer; [+ *danger*] se méfier de • **~ out for special deals** soyez à l'affût des bonnes affaires • **~ out for ice on the road** faites attention au verglas ⓑ (*= look after*)* [+ *person*] s'occuper de • **we ~ out for each other** on se tient les coudes

▸ **look over** VT SEP [+ *document, list*] parcourir; [+ *goods, produce*] inspecter; [+ *town, building*] visiter; [+ *person*] (*quickly*) jeter un coup d'œil à; (*slowly*) regarder de la tête aux pieds

▸ **look round** 1 VI ⓐ (*= glance about*) regarder (autour de soi) • **we're just ~ing round** (*in shop*) on regarde ⓑ (*= search*) chercher • **I ~ed round for you after the concert** je vous ai cherché après le concert ⓒ (*= look back*) se retourner • **I ~ed round to see where he was** je me suis retourné pour voir où il était • **don't ~ round!** ne vous retournez pas ! 2 VT INSEP [+ *town, factory*] visiter

▸ **look through** VT INSEP ⓐ (*= scan*) [+ *mail*] regarder; (*thoroughly*) [+ *papers, book*] examiner; (*briefly*) [+ *papers, book*] parcourir ⓑ (*= revise*) [+ *lesson*] réviser; (*= re-read*) [+ *notes*] relire ⓒ (*= ignore*) **he just ~ed right through me*** il a fait comme s'il ne me voyait pas

▸ **look to** VT INSEP ⓐ (*= seek help from*) se tourner vers • **many sufferers ~ to alternative therapies** de nombreux malades se tournent vers les médecines parallèles • **I ~ to you for help** je compte sur votre aide ⓑ (*= think of*) penser à • **to ~ to the future** penser à l'avenir ⓒ (*= seek to*) chercher à • **they are ~ing to make a profit** ils cherchent à réaliser un bénéfice

▸ **look up** 1 VI ⓐ (*= glance upwards*) regarder en haut; (*from reading*) lever les yeux ⓑ (*= improve*)* [*prospects, weather*] s'améliorer; [*business*] reprendre • **things are ~ing up** ça va mieux • **oil shares are ~ing up** les actions pétrolières remontent 2 VT SEP ⓐ (*= seek out*)* [+ *person*] passer voir • ~ **me up the next time you are in London** passez me voir la prochaine fois que vous serez à Londres **b** (*in reference book*) [+ *name, word*] chercher • **to ~ up a word in the dictionary** chercher un mot dans le dictionnaire • **you'll have to ~ that one up** [+ *word*] il va falloir que tu cherches dans le dictionnaire **3** VT INSEP [+ *reference book*] consulter

▸ **look upon** VT INSEP considérer

▸ **look up to** VT INSEP (= *admire*) admirer

loom [lu:m] **1** VI (= *appear*) [*building, mountain*] se dessiner; [*figure, ship*] surgir; [*danger, crisis*] menacer; [*event*] être imminent • **the dark mountains ~ed up in front of us** les sombres montagnes sont apparues devant nous • **a recession is ~ing in the United States** une récession menace sérieusement les États-Unis **2** N métier *m* à tisser

loony* ['lu:nı] (*often offensive*) **1** N cinglé(e)* *m(f)* **2** ADJ cinglé* **3** COMP ▸ **loony bin*** N (*offensive*) maison *f* de fous • **in the ~ bin** chez les fous ▸ **the loony left*** N (*Brit*) (*Politics*) *l'aile extrémiste du parti travailliste*

loop [lu:p] **1** N boucle *f* • **to put a ~ in sth** faire une boucle à qch • **to be in the ~** être dans la boucle **2** VT [+ *string*] faire une boucle à • **he ~ed the rope round the post** il a passé la corde autour du poteau • **to ~ the loop** [*plane*] faire un looping

loophole ['lu:phəʊl] N (*in law, argument, regulations*) faille *f* • **we must try to find a ~** il faut que nous trouvions une échappatoire

loopy* ['lu:pı] ADJ cinglé* • **to go ~** perdre les pédales*

loose [lu:s] **1** ADJ **a** [*animal*] (= *free*) en liberté; (= *escaped*) échappé; [*hair*] libre • **~ chippings** gravillons *mpl* • **~ covers** (*Brit*) housses *fpl* • **to be at a ~ end** ne pas trop savoir quoi faire • **to tie up the ~ ends** régler les détails qui restent • **to get ~** [*animal*] s'échapper • **to have come ~** [*page*] s'être détaché; [*hair*] s'être dénoué • **to turn an animal ~** lâcher un animal • **we can't let him ~* on the budget** on ne peut pas le laisser s'occuper du budget tout seul • **we can't let him ~* on that class** on ne peut pas le laisser livré à lui-même dans cette classe • **to tear o.s. ~** se dégager • **to tear sth ~** détacher qch (en déchirant)

b (= *not firmly in place*) [*screw*] desserré; [*brick, tooth*] descellé • **a ~ connection** (*electrical*) un mauvais contact • **to be working ~** [*knot, screw*] se desserrer; [*stone, brick*] être descellé • **to have come ~** [*knot*] s'être défait; [*screw*] s'être desserré; [*stone, brick*] être descellé; [*tooth*] bouger • **hang ~!*** relax!*

c (= *not pre-packed*) [*biscuits, carrots*] en vrac; [*butter, cheese*] à la coupe

d (= *not tight*) [*skin*] flasque; [*coat, dress*] (= *generously cut*) ample; (= *not tight enough*) large; [*collar*] lâche • **these trousers are too ~ round the waist** ce pantalon est trop large à la taille • **~ clothes are better for summer wear** l'été il vaut mieux porter des vêtements amples

e (= *not strict*) [*discipline, style*] relâché; [*translation*] approximatif; (= *vague*) [*reasoning, thinking*] peu rigoureux; [*association, link*] vague • **a ~ interpretation of the rules** une interprétation assez libre du règlement

2 N **on the ~*** en cavale • **there was a crowd of kids on the ~* in the town** il y avait une bande de jeunes qui traînait dans les rues • **a gang of hooligans on the ~*** une bande de voyous déchaînés

3 VT (= *undo*) défaire; (= *untie*) dénouer; (= *free*) [+ *animal*] lâcher; [+ *prisoner*] relâcher

4 COMP ▸ **loose cannon*** N franc-tireur *m* ▸ **loose change** N petite monnaie *f* ▸ **loose-fitting** ADJ ample ▸ **loose-leaf** ADJ à feuilles mobiles ▸ **loose-leaf binder** N classeur *m* (à feuilles mobiles) ▸ **loose-leafed** ADJ à feuilles mobiles

loosely ['lu:slı] ADV [*hold*] sans serrer; [*tie*] lâchement; [*translated*] approximativement; [*connected*] vaguement

loosen ['lu:sn] **1** VT [+ *screw, belt, knot*] desserrer; [+ *rope*] relâcher; [+ *shoelace*] défaire; [+ *laws, restrictions*] assouplir • **to ~ one's grip (on sth)** desserrer son étreinte (sur qch); (= *be less strict with*) desserrer son étreinte (sur qch) • **to ~ sb's tongue** délier la langue à qn **2** VI [*screw*] se desserrer; [*knot*] (= *slacken*) se desserrer; (= *come undone*) se défaire; [*rope*] se détendre

▸ **loosen up** **1** VI **a** (= *limber up*) faire des exercices d'assouplissement; (*before race*) s'échauffer **b** (= *become less strict with*) **to ~ up on sb*** se montrer moins strict envers qn **2** VT SEP **to ~ up one's muscles** faire des exercices d'assouplissement; (*before race*) s'échauffer

loot [lu:t] **1** N (= *plunder, prizes*) butin *m*; (= *money*) fric* *m* **2** VT [+ *town, shop, goods*] piller **3** VI **to go ~ing** se livrer au pillage

looter ['lu:təʳ] N pillard *m*

looting ['lu:tıŋ] N pillage *m*

lop [lɒp] VT [+ *tree*] tailler; [+ *branch*] couper

▸ **lop off** VT SEP couper

lopsided ['lɒp'saıdıd] ADJ **a** (= *not straight*) de travers; [*smile*] de travers; (= *asymmetric*) disproportionné **b** (= *unequal*) [*contest*] inégal

lord [lɔ:d] **1** N **a** seigneur *m* • **~ of the manor** châtelain *m* • **~ and master** seigneur *m* et maître *m* • **Lord (John) Smith** lord (John) Smith • **the (House of) Lords** la Chambre des lords • **my Lord** Monsieur le comte (*or* baron *etc*); (*to judge*) Monsieur le Juge; (*to bishop*) Monseigneur

b (= *God*) **the Lord** le Seigneur • **Our Lord** le Seigneur notre Dieu • **the Lord's supper** la sainte Cène • **the Lord's prayer** le Notre-Père

c (*as expletive*) **good Lord!*** mon Dieu! • **oh Lord!*** Seigneur! • **Lord knows* (what/who)** Dieu sait (quoi/qui)

2 COMP ▸ **Lord Mayor** N lord-maire *m* (*titre du maire des principales villes anglaises et galloises*)

lordship ['lɔ:dʃıp] N **your Lordship** Monsieur le comte (*or* le baron *etc*); (*to judge*) Monsieur le Juge; (*to bishop*) Monseigneur

lore [lɔ:ʳ] N **a** (= *traditions*) tradition(s) *f(pl)* → **folklore** **b** (= *knowledge*) **his bird/wood ~** sa (grande) connaissance des oiseaux/de la vie dans la forêt

lorry ['lɒrı] N (*Brit*) camion *m* • **it fell off the back of a ~*** c'est tombé d'un camion* ▸ **lorry driver** N camionneur *m*; (*long-distance*) routier *m* ▸ **lorry load** N **a ~ load of sand** un (plein) camion de sable

Los Angeles [lɒs'ændʒıli:z] N Los Angeles

lose [lu:z] (*pret, ptp* **lost**) **1** VT **a** perdre • **there's no time to ~** il n'y a pas de temps à perdre • **there's not a minute to ~** il n'y a pas une minute à perdre • **you've got nothing to ~** tu n'as rien à perdre • **you've got nothing to ~ by helping him** tu n'as rien à perdre à l'aider • **to ~ weight** perdre du poids • **to ~ one's life** perdre la vie • **100 men were lost** 100 hommes ont perdu la vie • **20 lives were lost in the explosion** 20 personnes ont trouvé la mort dans l'explosion • **he didn't ~ any sleep over it**

ça ne l'a pas empêché de dormir • **don't ~ any sleep over it!** ne vous en faites pas! • **to ~ one's voice** avoir une extinction de voix • **to ~ interest in sth** se désintéresser de qch • **he's lost his licence** (*= been disqualified from driving*) on lui a retiré son permis de conduire • **the ship was lost with all hands** le navire a sombré corps et biens • **this was not lost on him** cela ne lui a pas échappé • **to ~ ten minutes a day** [*watch, clock*] retarder de dix minutes par jour • **you've lost me there*** je ne vous suis plus • **that will ~ you your job** cela va vous coûter votre place • **that lost us the war** cela nous a fait perdre la guerre

▸ **to get lost** [*person*] se perdre • **he got lost in the wood** il s'est perdu dans la forêt • **to get lost in the post** être égaré par la poste • **get lost!**‡ barre-toi!‡

▸ **to lose it*** disjoncter*

ⓑ (*= make redundant*) licencier • **they had to ~ 100 workers** ils ont dû licencier 100 employés

ⓒ (*= shake off*) semer • **he managed to ~ the detective who was following him** il a réussi à semer le détective qui le suivait

2 (VI) perdre • **they lost 6-1** ils ont perdu 6 à 1 • **they lost to the new team** ils se sont fait battre par la nouvelle équipe • **he lost on the deal** il a été perdant dans l'affaire • **you can't ~!*** tu n'as rien à perdre!

▸ **lose out** VI être perdant • **to ~ out on a deal** être perdant dans une affaire • **he lost out on it** il a été perdant

loser ['lu:zəʳ] (N) ⓐ perdant(e) *m(f)* • **good/bad ~** bon/mauvais joueur *m*, bonne/mauvaise joueuse *f* ⓑ (*= failure*)* loser* *m* • **he's a born ~** c'est un loser*

losing ['lu:zɪŋ] (ADJ) [*team, party, candidate*] perdant • **to fight a ~ battle** livrer une bataille perdue d'avance • **to be on the ~ side** être du côté des perdants • **to be on a ~ streak*** être dans une période de déveine*

loss [lɒs] **1** (N) perte *f* • **~es amounting to $2 million** des pertes s'élevant à 2 millions de dollars • **to suffer heavy ~es** subir de lourdes pertes • **to sell sth at a ~** vendre qch à perte • **to cut one's ~es** sauver les meubles* • **~ of appetite/blood** perte *f* d'appétit/de sang • **hair/weight ~** perte *f* de cheveux/de poids • **~ of earnings** perte *f* de revenus • **job ~es** suppressions *fpl* d'emploi • **the factory closed with the ~ of 300 jobs** l'usine a fermé et 300 emplois ont été supprimés

▸ **to be at a loss** **to be at a ~ to explain sth** être embarrassé pour expliquer qch • **we are at a ~ to know why he did it** nous ne savons absolument pas pourquoi il l'a fait • **to be at a ~ for words** ne pas trouver ses mots • **he's never at a ~ for words** il a toujours quelque chose à dire

2 (COMP) ▸ **loss adjuster** N (*Brit*) expert *m* en sinistres ▸ **loss-making** ADJ [*product*] vendu à perte; [*firm*] déficitaire

lost [lɒst] **1** (VB) *pt, ptp of* **lose**

2 (ADJ) perdu • **to be ~ for words** ne pas trouver ses mots • **to give sb/sth up for ~** considérer qn/qch comme perdu • **a ~ cause** une cause perdue • **all is not ~!** tout n'est pas perdu! • **my advice was ~ on him** il n'a pas écouté mes conseils • **modern music is ~ on me** (*= don't understand it*) je ne comprends rien à la musique moderne • **the remark was ~ on him** il n'a pas compris la remarque • **to make up for ~ time** rattraper le temps perdu • **he was ~ in thought** il était perdu dans ses pensées

3 (COMP) ▸ **lost and found** N (*US*) objets *mpl* trouvés ▸ **lost property** N objets *mpl* trouvés ▸ **lost property office** N bureau *m* des objets *mpl* trouvés

lot [lɒt] **1** (N) ⓐ (*expressing quantity*)

▸ **a lot** (*= a great deal*) beaucoup • **I've learned a ~** j'ai beaucoup appris • **we don't go out a ~** nous ne sortons pas beaucoup • **things have changed quite a ~** les choses ont beaucoup changé • **I'd give a ~ to know ...** je donnerais cher pour savoir ... • **there wasn't a ~ we could do** nous ne pouvions pas faire grand-chose • **he cries such a ~** il pleure tellement • **he's a ~ better** il va beaucoup mieux • **a ~ you care!*** tu t'en fiches oui!* • **thanks a ~!*** merci beaucoup!

▸ **a lot of** beaucoup de • **a ~ of money** beaucoup d'argent • **quite a ~ of** [*+ people, cars, money*] pas mal de • **such a ~ of ...** tellement de ... • **what a ~ of people!** que de monde! • **we see a ~ of her** nous la voyons souvent

ⓑ (*= destiny*) sort *m* • **she is content with her ~** elle est contente de son sort • **to throw in one's ~ with sb** partager le sort de qn

ⓒ (*= random selection*) **by ~** par tirage au sort • **to draw ~s** tirer au sort

ⓓ (*= batch*) lot *m* • **~ no. 69 is an antique table** le lot n° 69 est une table ancienne • **are you coming, you ~?*** vous venez, vous autres?* • **he's a bad ~*** il ne vaut pas cher* • **you rotten ~!*** vous êtes vaches!‡

ⓔ ▸ **the lot*** (*= everything*) tout; (*= all*) tous, toutes • **that's the ~** c'est tout • **here are the apples, take the ~** voici les pommes, prends-les toutes • **here's some money, just take the ~** voici de l'argent, prends tout • **the whole ~ cost me $1** ça m'a coûté un dollar en tout • **the ~ of you** vous tous

ⓕ (*US*) (*= plot of land*) lot *m* (de terrain) • **empty ~** terrain *m* disponible

2 (NPL) **lots*** (*= plenty*) **I've got ~s** j'en ai plein* • **there's ~s left** il en reste plein* • **~s better/bigger** bien mieux/plus grand • **~s of complaints** plein de* réclamations • **there's ~s of it** il y en a plein* • **there were ~s of them** il y en avait plein*

loth [ləʊθ] (ADJ) **to be ~ to do sth** répugner à faire qch

lotion ['ləʊʃən] (N) lotion *f*

lottery ['lɒtərɪ] (N) loterie *f* • **~ ticket** billet *m* de loterie

lotus ['ləʊtəs] (N) lotus *m* ▸ **the lotus position** N la position du lotus

loud [laʊd] **1** (ADJ) ⓐ [*voice, music*] fort; [*laugh, noise*] grand; [*thunder*] fracassant; [*protests*] vigoureux; [*behaviour*] tapageur • **this remark was greeted by ~ applause** un tonnerre d'applaudissements a accueilli cette remarque ⓑ [*colour, clothes*] voyant

2 (ADV) fort • **speak a bit ~er** parle un peu plus fort

▸ **out loud** tout haut • **to laugh out ~** rire tout haut

▸ **loud and clear** **I am receiving you ~ and clear** je vous reçois cinq sur cinq • **we could hear it ~ and clear** nous l'entendions clairement

3 (COMP) ▸ **loud-mouth*** N grande gueule‡ *f* ▸ **loud-mouthed*** ADJ fort en gueule*

loudhailer [ˌlaʊd'heɪləʳ] (N) (*Brit*) porte-voix *m inv*

loudly ['laʊdlɪ] (ADV) ⓐ [*say*] d'une voix forte; [*talk, shout*] fort; [*laugh, knock, applaud, quarrel, complain*] bruyamment; [*proclaim*] haut et fort ⓑ [*protest*] vigoureusement

loudspeaker [ˌlaʊd'spi:kəʳ] (N) enceinte *f*

Louisiana [lu:ˌi:zɪ'ænə] (N) Louisiane *f* • **in ~** en Louisiane

lounge [laʊndʒ] **1** (N) (*Brit*) [*of house, hotel*] salon *m*; (*in airport*) salle *f* d'embarquement **2** (VI) se prélasser **3** (COMP) ▸ **lounge bar** N [*of pub*] ≈ salon *m* ▸ **lounge suit** N (*Brit*) complet(-veston) *m*

▸ **lounge about, lounge around** VI paresser

lounger [ˈlaʊndʒəʳ] (N) transat *m*

louse [laʊs] (N) (*pl* **lice**) ⓐ (= *insect*) pou *m* ⓑ (= *person*)* salaud* *m*

▸ **louse up*** VT SEP [+ *deal, event*] faire foirer*

lousy* [ˈlaʊzɪ] (ADJ) ⓐ [*car, day, weather*] pourri*; [*idea, film, book, pay*] nul; [*food*] infect; [*mood*] massacrant • **to be a ~ teacher** être nul en tant que professeur • **he's a ~ driver** il conduit comme un pied* • **to be ~ at sth** être nul en qch • **she's been having a ~ time lately** la vie n'est pas drôle pour elle en ce moment

ⓑ (*expressing displeasure*) malheureux • **50 ~ pounds!** 50 malheureuses livres ! • **you can keep your ~ job, I don't want it!** gardez votre boulot de merde*, je n'en veux pas !

ⓒ (= *ill*) **to feel ~** être mal fichu*

lout [laʊt] (N) rustre *m*

loutish [ˈlaʊtɪʃ] (ADJ) [*manners*] de rustre • **his ~ behaviour** la grossièreté de sa conduite

louvre, louver (*US*) [ˈluːvəʳ] (N) (*in roof*) lucarne *f*; (*on window*) persienne *f*

lovable [ˈlʌvəbl] (ADJ) adorable

love [lʌv] **1** (N) ⓐ (*for person*) amour *m* • **her ~ for her children** son amour pour ses enfants • **her children's ~ for her** l'amour que lui portent ses enfants • **to make ~** faire l'amour • **it was ~ at first sight** ça a été le coup de foudre • **there's no ~ lost between them** ils ne peuvent pas se sentir*

▸ **for love to marry for ~** faire un mariage d'amour • **for ~ of her son** par amour pour son fils • **for the ~ of God** pour l'amour de Dieu • **don't give me any money, I'm doing it for ~** ne me donnez pas d'argent, je le fais parce que ça me fait plaisir • **I won't do it for ~ nor money** je ne le ferai pour rien au monde • **it wasn't to be had for ~ nor money** c'était introuvable

▸ **in love they are in ~** ils s'aiment • **she's in ~** elle est amoureuse • **to be in ~ (with)** être amoureux (de) • **to fall in ~ (with)** tomber amoureux (de)

ⓑ (*in letter*) **~ from Jim** affectueusement, Jim • **all my ~, Jim** bises, Jim • **give her my ~** fais-lui mes amitiés • **~ and kisses** grosses bises *fpl* • **he sends you his ~** il t'envoie ses amitiés

ⓒ (= *object of affections, thing, object*) passion *f*; (= *person*) amour *m* • **the theatre was her great ~** le théâtre était sa grande passion • **his first ~ was football** il aimait le football par-dessus tout • **she is the ~ of my life** c'est la femme de ma vie

ⓓ (*Brit: term of address*)* (*to child*) mon petit, ma petite; (*to man*) mon chéri; (*to woman*) ma chérie; (*between strangers*) (*to man*) mon petit monsieur*; (*to woman*) ma petite dame*

> En Grande-Bretagne, ne vous étonnez pas si une vendeuse ou un conducteur d'autobus vous appelle **love** ou **dear** - cette manière de s'adresser à des inconnus n'a aucune connotation sexuelle.

ⓔ (*Tennis*) zéro *m* • **~ 30** zéro 30

2 (VT) ⓐ [+ *person*] aimer • **he didn't just like her, he ~d her** il ne l'aimait pas d'amitié, mais d'amour • **I ~ you** je t'aime • **they ~ each other** ils s'aiment • **I must ~ you and leave you*** malheureusement, il faut que je vous quitte

ⓑ [+ *music, food, activity, place*] aimer (beaucoup); (*stronger*) adorer • **to ~ doing sth** adorer faire qch • **he ~s reading/photography** il adore lire/la photographie • **I'd ~ to come** je serais ravi de venir • **I'd ~ to!** (*in answer to question*) avec plaisir ! • **I'd ~ to but unfortunately ...** j'aimerais bien, malheureusement ... • **I ~ the way she smiles** j'adore son sourire • **she's going to ~ that!** (*sarcastic*) elle va être ravie !

3 (COMP) ▸ **love affair** N liaison *f* (amoureuse); (*with idea, activity*) passion *f* (**with** pour) ▸ **love child*** N enfant *mf* de l'amour ▸ **loved ones** NPL êtres *mpl* chers • **my ~d ones** les êtres qui me sont chers ▸ **love handles*** NPL poignées *fpl* d'amour* ▸ **love-hate relationship** N relation *f* amour-haine • **they have a ~-hate relationship** ils s'aiment et se détestent à la fois ▸ **love letter** N lettre *f* d'amour ▸ **love life*** N **how's your ~ life (these days)?** comment vont les amours ? ▸ **love nest*** N nid *m* d'amour ▸ **love scene** N scène *f* d'amour ▸ **love story** N histoire *f* d'amour ▸ **love triangle** N triangle *m* amoureux

lovebirds [ˈlʌvbɜːdz] (NPL) (= *lovers*) tourtereaux *mpl*

lovebite [ˈlʌvbaɪt] (N) suçon *m*

lovely [ˈlʌvlɪ] (ADJ) ⓐ (= *beautiful*) [*woman, place, clothes, flower*] ravissant; [*baby, animal, picture, voice*] beau (belle *f*) • **you look ~** tu es ravissante

ⓑ (= *pleasant*) [*person*] charmant; [*day, flavour, meal, surprise, weather, holiday*] merveilleux; [*food, smell*] délicieux; [*idea*] excellent • **thanks, that's ~*** (= *fine*) merci, c'est parfait • **it's ~ to see you again** ça me fait très plaisir de te revoir • **it's been ~ to see you** j'ai été vraiment content de vous voir • **we had a ~ time** nous nous sommes bien amusés • **he made a ~ job of it** il a fait du très bon travail • **the water's ~ and warm** l'eau est bonne

lovemaking [ˈlʌv,meɪkɪŋ] (N) rapports *mpl* sexuels • **after ~** après l'amour

lover [ˈlʌvəʳ] (N) ⓐ amant *m* • **they are ~s** ils ont une liaison • **they have been ~s for two years** leur liaison dure depuis deux ans ⓑ [*of hobby, wine*] amateur *m* • **he's a ~ of good food** il est grand amateur de bonne cuisine • **art ~** amateur *m* d'art • **he's a nature ~** c'est un amoureux de la nature

lovesick [ˈlʌvsɪk] (ADJ) transi d'amour

lovesong [ˈlʌvsɒŋ] (N) chanson *f* d'amour

loving [ˈlʌvɪŋ] (ADJ) affectueux; [*marriage*] heureux; [*wife, husband, parent*] aimant; [*family*] uni; [*smile*] plein de tendresse • **~ kindness** bonté *f* • **with ~ care** avec le plus grand soin

lovingly [ˈlʌvɪŋlɪ] (ADV) ⓐ [*look at*] (= *with affection*) tendrement; (= *with love*) amoureusement ⓑ (= *carefully*) [*restored, maintained*] avec amour

low [ləʊ] **1** (ADJ) ⓐ bas (basse) • **at ~ tide** à marée basse • **~ water** marée *f* basse • **he's at a ~ point in his career** il est dans le creux de la vague • **a dress with a ~ neck** une robe décolletée • **in a ~ voice** (= *softly*) à voix basse • **people on ~ incomes** les gens à faibles revenus • **at the ~est price** au meilleur prix • **at ~ speed** à petite vitesse • **in ~ gear** en première ou en seconde (vitesse) • **the temperature is in the ~ thirties** il fait entre 30 et 35 degrés • **the fire is getting ~** le feu est en train de s'éteindre • **cook on a ~ heat** cuire à feu doux • **people**

of ~ **intelligence** les gens peu intelligents • **to have a ~ opinion of sth** ne pas avoir bonne opinion de qch • **supplies are running ~** les provisions diminuent

▸ **low in** ~ **in fat** à faible teneur en matières grasses • ~ **in nitrogen** contenant peu d'azote

▸ **low on** **we're a bit ~ on petrol** nous n'avons plus beaucoup d'essence • **they were ~ on water** ils étaient à court d'eau

ⓑ (*= depressed*) déprimé • **to be in ~ spirits** être déprimé

ⓒ [*behaviour*] ignoble • **the ~est of the ~** le dernier des derniers

2 (ADV) ⓐ (*= in low position*) [*aim, fly*] bas • **to bow ~** saluer bien bas • **a dress cut ~ at the back** une robe très décolletée dans le dos • **~er down the wall** plus bas sur le mur • **~er down the hill** plus bas sur la colline • **the plane flew ~ over the town** l'avion a survolé la ville à basse altitude • **I wouldn't stoop so ~ as to do that** je ne m'abaisserais pas à faire cela

ⓑ (*= at low volume, intensity, cost*) **to turn the heating/lights/music down ~** baisser le chauffage/la lumière/la musique • **the song is pitched too ~ for me** le ton de cette chanson est trop bas pour moi

3 (N) ⓐ (*= weather system*) dépression *f*

ⓑ (*= low point*) **prices have reached an all-time ~** les prix ont atteint leur niveau le plus bas • **the euro has fallen to a new ~** l'euro a atteint son niveau le plus bas

4 (COMP) ▸ **low-budget** ADJ [*film, project*] à petit budget ▸ **low-calorie** ADJ basses calories ▸ **low-carb*** ADJ pauvre en glucides ▸ **low-cost** ADJ bon marché ▸ **low-cut** ADJ [*dress*] décolleté ▸ **lowest common denominator** N plus petit commun dénominateur *m* ▸ **low-fat** ADJ [*diet*] pauvre en matières grasses; [*milk, cheese*] allégé ▸ **low-flying** ADJ volant à basse altitude ▸ **low-grade** ADJ de qualité inférieure ▸ **low-impact** ADJ [*aerobics, exercise*] de faible impact ▸ **low-key** ADJ discret(-ète) • **to keep sth ~-key** faire qch de façon discrète ▸ **low-level** ADJ bas (basse); [*radiation*] faible; [*job*] subalterne; [*talks, discussions*] préparatoire • **~-level waste** déchets *mpl* faiblement radioactifs ▸ **low-lying** ADJ à basse altitude ▸ **low-paid** ADJ mal payé ▸ **low-pitched** ADJ bas (basse) ▸ **low-powered** ADJ de faible puissance ▸ **low-pressure** ADJ à basse pression ▸ **low-profile** ADJ discret(-ète) ▸ **low-quality** ADJ [*goods*] de qualité inférieure ▸ **low-rent** ADJ à loyer modéré ▸ **low-rise** ADJ de faible hauteur ▸ **low season** N basse saison *f* ♦ ADJ [*rates, holiday*] pendant la basse saison ▸ **low-slung** ADJ [*chair*] bas (basse); [*sports car*] surbaissé ▸ **low-sulphur** ADJ [*petrol etc*] à faible teneur en soufre ▸ **low-tar** ADJ [*cigarette*] à faible teneur en goudron ▸ **low-tech** ADJ [*machinery*] rudimentaire; [*design*] sommaire ▸ **low-water mark** N laisse *f* de basse mer

lowbrow* ['ləʊbraʊ] (ADJ) sans prétentions intellectuelles

low-down* ['ləʊdaʊn] 1 (ADJ) [*person*] méprisable • **a ~ trick** un sale tour 2 (N) **to get the ~ on sth** se renseigner sur qch • **to give sb the ~ on sth** mettre qn au courant de qch

lower ['ləʊəʳ] *compar of* **low** 1 (ADJ) inférieur(-eure *f*) • **the ~ half of the body** le bas du corps • **the ~ shelf** l'étagère *f* du bas

2 (VT) ⓐ [*+ blind, window*] baisser; [*+ sail, flag*] amener; [*+ lifeboat*] mettre à la mer • **to ~ sth on a rope** descendre qch au bout d'une corde

ⓑ [*+ pressure, heating, price, voice*] baisser • **to ~ sb's morale** démoraliser qn • **~ your voice!** parle moins fort ! • **he ~ed his voice to a whisper** il s'est mis à chuchoter • **to ~ o.s. to do sth** s'abaisser à faire qch

3 (COMP) ▸ **the lower back** N le bas du dos ▸ **lower-case** ADJ en bas de casse ▸ **lower class** N classe *f* populaire • **~-class family** famille *f* ouvrière ▸ **lower deck** N [*of bus*] étage *m* inférieur; [*of ship*] pont *m* inférieur ▸ **the Lower House** N (*Parl*) la Chambre basse ▸ **lower-income** ADJ [*group, family*] économiquement faible ▸ **lower lip** N lèvre *f* inférieure ▸ **lower middle class** N classe *f* moyenne • **a ~ middle-class family** une famille de la classe moyenne ▸ **lower sixth** N (*Brit*) ≈ classe *f* de première

lowland ['ləʊlənd] (ADJ) **in ~ areas** dans les zones de basse altitude

lowly ['ləʊlɪ] (ADJ) humble

lox [lɒks] (N) (*US*) saumon *m* fumé

loyal ['lɔɪəl] (ADJ) [*friend, supporter*] loyal; [*wife, customer, reader, employee*] fidèle • **he has a ~ following** il a des partisans fidèles • **to be ~ to sb/sth** être fidèle à qn/qch

loyalist ['lɔɪəlɪst] (ADJ, N) loyaliste *mf*

loyally ['lɔɪəlɪ] (ADV) [*serve, support*] fidèlement

loyalty ['lɔɪəltɪ] (N) loyauté *f* (**to** envers); (*to cause*) dévouement *m* (**to** à) • **my first ~ is to my family** ma famille passe avant tout • **to pledge one's ~ to sb** promettre d'être loyal envers qn • **to decide where one's loyalties lie** choisir son camp • **to have divided loyalties** être partagé ▸ **loyalty card** N (*Brit*) carte *f* de fidélité

lozenge ['lɒzɪndʒ] (N) ⓐ (*= medicated sweet*) pastille *f* ⓑ (*= shape*) losange *m*

LPG [elpiː'dʒiː] (N) (ABBR OF **liquefied petroleum gas**) GPL *m*

LRP [elɑː'piː] (N) (ABBR OF **lead replacement petrol**) ≈ super *m*

LSD [eles'diː] (N) LSD *m*

LSE [ˌeles'iː] (N) (ABBR OF **London School of Economics**)

Lt. (ABBR OF **Lieutenant**)

Ltd (*Brit*) (ABBR OF **Limited**) **Smith & Co. ~** Smith & Cie SA

lubricant ['luːbrɪkənt] (ADJ, N) lubrifiant *m*

lubricate ['luːbrɪkeɪt] (VT) ⓐ lubrifier ⓑ (*= ease*) faciliter

lucid ['luːsɪd] (ADJ) ⓐ lucide; [*moment*] de lucidité ⓑ [*style, explanation*] clair

lucidity [luː'sɪdɪtɪ] (N) ⓐ [*of style, explanation*] clarté *f* ⓑ [*of mind*] lucidité *f*

luck [lʌk] (N) ⓐ chance *f* • **good ~** chance *f* • **bad ~** malchance *f* • **it's good ~ to see a black cat** cela porte bonheur de voir un chat noir • **to bring bad ~** porter malheur (à qn) • **it brought us nothing but bad ~** cela ne nous a vraiment pas porté chance • **good ~!** bonne chance ! • **hard ~!*** pas de veine !* • **better ~ next time!*** vous aurez (*or* nous aurons *etc*) plus de chance la prochaine fois ! • **any ~?*** (*= did it work?*) alors ça a marché ?; (*= did you find it?*) tu as trouvé • **no ~?*** (*= didn't it work?*) ça n'a pas marché ?; (*= didn't you find it?*) tu n'as pas trouvé ? • **worse ~!*** malheureusement ! • **to have the good/bad ~ to do sth** avoir la chance/la malchance de faire qch • **~ was on his side** la chance lui souriait • **as ~ would have it** comme par hasard • **don't push your ~*** ne tire pas trop sur la corde* • **he's pushing his ~*** il y va un peu fort • **it's the ~ of the draw** c'est une question de chance • **just my ~!*** c'est bien ma veine !* • **to be down**

L

on one's ~* (= *be unlucky*) avoir la poisse*; (= *go through bad patch*) traverser une mauvaise passe
b (= *good fortune*) chance *f* • **you're in ~*** tu as de la chance • **you're out of ~*** tu n'as pas de chance • **that's a bit of ~!*** coup de pot !* • **no such ~!*** ç'aurait été trop beau ! • **with any ~ …** avec un peu de chance …
▸ **luck out*** VI (*US*) avoir de la veine*

luckily [ˈlʌkɪlɪ] (ADV) heureusement

lucky [ˈlʌkɪ] **1** (ADJ) **a** **to be ~** avoir de la chance • **we were ~ with the weather** on a eu de la chance avec le temps • **he is ~ to be alive** il a de la chance d'être en vie • **he's ~ I didn't run him over** il a eu de la chance, j'aurais pu l'écraser • **it was ~ you got here in time** heureusement que vous êtes arrivé à temps • **to be ~ in love** être heureux en amour • **I'm ~, I've got an excellent teacher** j'ai la chance d'avoir un excellent professeur • **to count o.s. ~** s'estimer heureux • **some people are born ~** il y a des gens qui ont de la chance • **~ winner** heureux gagnant *m*, heureuse gagnante *f* • **(you) ~ thing*!** veinard(e) !* • **~ you!*** tu en as de la veine !* • **if you're ~** avec un peu de chance • **you'll be ~!*** (= *not likely*) tu peux toujours courir !* • **you'll be ~* if you get any breakfast** tu pourras t'estimer heureux si tu as un petit déjeuner • **you'll be ~ to get £50 for it** tu auras du mal à en tirer 50 livres • **I should be so ~!*** ce serait trop beau !*
b [*coincidence, shot*] heureux • **that was ~!** quelle chance ! • **to have a ~ escape** l'échapper belle • **a ~ chance** un coup de chance • **a ~ break*** un coup de bol* • **how did you know? — it was just a ~ guess** comment as-tu deviné ? — j'ai dit ça au hasard • **it's your ~ day*** c'est ton jour de chance
c [*number, horseshoe*] porte-bonheur *inv* • **a ~ charm** un porte-bonheur
2 (COMP) ▸ **lucky dip** N (*Brit*) (*at fair*) ≈ pêche *f* à la ligne; (*fig*) loterie *f* (*fig*)

lucrative [ˈluːkrətɪv] (ADJ) lucratif

ludicrous [ˈluːdɪkrəs] (ADJ) ridicule

ludo [ˈluːdəʊ] (N) (*Brit*) jeu *m* des petits chevaux

lug* [lʌg] (VT) traîner • **to ~ sth up** monter qch en le traînant • **to ~ sth out** traîner qch dehors

luge [luːʒ] (N) luge *f*

luggage [ˈlʌgɪdʒ] (N) bagages *mpl* ▸ **luggage handler** N (*at airport*) bagagiste *m* ▸ **luggage locker** N casier *m* de consigne *f* automatique ▸ **luggage rack** N (*in train*) porte-bagage(s) *m*; (*on car*) galerie *f*

lugubrious [lʊˈguːbrɪəs] (ADJ) lugubre

lukewarm [ˈluːkwɔːm] (ADJ) **a** (*in temperature*) tiède **b** (= *unenthusiastic*) peu enthousiaste • **to be ~ about sth** ne pas être enthousiasmé par qch

lull [lʌl] **1** (N) (*in storm*) accalmie *f*; (*in hostilities, conversation*) arrêt *m* **2** (VT) [+ *person, fear*] apaiser • **to be ~ed into a false sense of security** s'endormir dans une fausse sécurité

lullaby [ˈlʌləbaɪ] (N) berceuse *f*

lumbago [lʌmˈbeɪgəʊ] (N) lumbago *m*

lumbar [ˈlʌmbə^r] (ADJ) lombaire ▸ **lumbar puncture** N ponction *f* lombaire

lumber [ˈlʌmbə^r] **1** (N) (= *wood*) bois *m* de construction **2** (VT) (*Brit* = *burden*) **to ~ sb with sth*** coller* qch à qn • **he got ~ed with the job of making the list** il s'est tapé* le boulot de dresser la liste • **I got ~ed with Ruth for the evening** j'ai dû me coltiner* Ruth toute la soirée **3** (VI) (= *lumber along*) [*person, animal*] marcher pesamment

lumberjack [ˈlʌmbədʒæk] (N) bûcheron *m* ▸ **lumberjack shirt** N *épaisse chemise à carreaux*

luminary [ˈluːmɪnərɪ] (N) (= *person*) lumière *f*

luminous [ˈluːmɪnəs] (ADJ) lumineux

lump [lʌmp] **1** (N) **a** (= *piece*) morceau *m*; [*of clay, earth*] motte *f*; (*in sauce*) grumeau *m* **b** [*cancerous*] grosseur *f*; (= *swelling*) protubérance *f*; (*from bump*) bosse *f* • **to have a ~ in one's throat** avoir une boule dans la gorge **c** (= *person*)* empoté(e)* *m(f)* **2** (VT) (*Brit*)* **you'll just have to ~ it** t'as pas le choix* • **like it or ~ it, you'll have to go** que ça te plaise ou non il faudra que tu y ailles **3** (COMP) ▸ **lump sum** N montant *m* forfaitaire; (= *payment*) versement *m* unique
▸ **lump together** VT SEP [+ *people, cases*] mettre dans la même catégorie

lumpy [ˈlʌmpɪ] (ADJ) [*mattress*] plein de bosses; [*sauce, mixture*] grumeleux • **to go ~** [*sauce*] faire des grumeaux

lunacy [ˈluːnəsɪ] (N) démence *f* • **that's sheer ~!** c'est de la pure folie !

lunar [ˈluːnə^r] (ADJ) lunaire; [*eclipse*] de lune ▸ **lunar landing** N alunissage *m*

lunatic [ˈluːnətɪk] (N, ADJ) fou *m*, folle *f* • **he's a ~!** il est fou à lier ! ▸ **lunatic asylum** N (*offensive*) asile *m* d'aliénés ▸ **the lunatic fringe** N les extrémistes *mpl* fanatiques

lunch [lʌntʃ] (N) déjeuner *m* • **we're having pork for ~** nous avons du porc pour le déjeuner • **to have ~** déjeuner • **he is at ~** (= *away from office*) il est parti déjeuner • **to be out to ~*** (= *crazy*) débloquer* • **come for ~ on Sunday** venez déjeuner dimanche ▸ **lunch break** N heure *f* du déjeuner ▸ **lunch hour** N **it's his ~ hour just now** c'est l'heure à laquelle il déjeune • **during one's ~ hour** à l'heure du déjeuner

lunchbox [ˈlʌntʃbɒks] (N) boîte *f* à sandwiches

luncheon [ˈlʌntʃən] (N) déjeuner *m* ▸ **luncheon voucher** N ticket-restaurant *m*

lunchpail [ˈlʌntʃpeɪl] (N) (*US*) boîte *f* à sandwiches

lunchtime [ˈlʌntʃtaɪm] (N) **it's ~** c'est l'heure de déjeuner • **at ~** à l'heure du déjeuner

lung [lʌŋ] **1** (N) poumon *m* • **at the top of one's ~s** à tue-tête **2** (COMP) [*disease, infection*] pulmonaire ▸ **lung cancer** N cancer *m* du poumon

lunge [lʌndʒ] (VI) **a** (= *move*) faire un mouvement brusque en avant **b** (= *attack*) **to ~ at sb** envoyer un coup à qn

lurch [lɜːtʃ] **1** (N) [*of person*] vacillement *m*; [*of car, ship*] embardée *f* • **the party's ~ to the right** le virage à droite du parti • **to leave sb in the ~** laisser qn en plan* **2** (VI) [*person*] tituber; [*car, ship*] faire une embardée • **to ~ along** [*person*] avancer en titubant • **the car ~ed forwards** la voiture avançait en faisant des embardées • **the ship ~ed from side to side** le bateau se mit à rouler violemment • **he ~ed to his feet** il s'est levé en titubant • **to ~ towards crisis** sombrer dans la crise

lure [ljʊə^r] **1** (N) **a** (= *charm*) [*of sea, travel*] attrait *m* • **the ~ of money** l'attrait *m* exercé par l'argent • **the ~ of profit** l'appât *m* du gain **b** (= *decoy*) leurre *m* **2** (VT) attirer • **clever advertising to ~ customers in** de la publicité accrocheuse pour faire entrer les clients • **to ~ sb into a trap** attirer qn dans un piège
▸ **lure away** VT SEP **to ~ customers away from one's competitors** attirer les clients de ses concurrents

lurid [ˈljʊərɪd] (ADJ) **a** [*story, image, photo*] horrible; [*headlines*] à sensation; [*scandal, rumour*] sordide • **in ~ detail** avec un luxe de détails sordides • **~ details of**

their relationship les détails les plus scabreux de leur liaison **b** [*colour*] criard

lurk [lɜːk] VI [*person*] se cacher (*dans un but malveillant*); [*danger*] menacer; [*doubt*] persister • **he was ~ing behind the bush** il se cachait derrière le buisson

luscious [ˈlʌʃəs] ADJ **a** (= *beautiful*)* [*woman, blonde, lips*] pulpeux **b** [*food*] succulent

lush [lʌʃ] ADJ **a** (= *luxuriant*) [*field, vegetation*] luxuriant; [*pasture*] riche **b** [*hotel, surroundings*] luxueux

lust [lʌst] N (*sexual*) désir *m* (sexuel); (= *deadly sin*) luxure *f*; (*for fame, power*) soif *f* (**for** de) • **the ~ for life** la rage de vivre

▸ **lust after, lust for** VT INSEP [+ *woman, riches*] convoiter; [+ *revenge, power*] avoir soif de

luster [ˈlʌstəʳ] N (US) (= *shine*) lustre *m*; (= *renown*) éclat *m*

lustful [ˈlʌstfʊl] ADJ (= *lecherous*) lascif

lustre [ˈlʌstəʳ] N (= *shine*) lustre *m*; (= *renown*) éclat *m*

lusty [ˈlʌstɪ] ADJ vigoureux

lute [luːt] N luth *m*

luv* [lʌv] (*Brit*) = **love**

Luxembourg, Luxemburg [ˈlʌksəmbɜːg] N Luxembourg • **the Grand Duchy of ~** le grand-duché de Luxembourg

Luxembourger, Luxemburger [ˈlʌksəmbɜːgəʳ] N Luxembourgeois(e) *m(f)*

luxuriant [lʌgˈzjʊərɪənt] ADJ luxuriant

luxuriate [lʌgˈzjʊərɪeɪt] VI (= *revel*) **to ~ in sth** s'abandonner avec délices à qch

luxurious [lʌgˈzjʊərɪəs] ADJ luxueux; [*tastes*] de luxe

luxury [ˈlʌkʃərɪ] **1** N luxe *m* • **to live in ~** vivre dans le luxe • **it's quite a ~ for me to go to the theatre** c'est du luxe pour moi d'aller au théâtre • **what a ~ to have a bath at last!** quel luxe de pouvoir enfin prendre un bain! **2** ADJ [*goods, article, item*] de luxe; [*flat, hotel*] de grand standing • **a ~ car** une voiture de luxe

LW (ABBR OF **long wave**) GO *fpl*

lychee [ˈlaɪtʃiː] N litchi *m*

Lycra® [ˈlaɪkrə] **1** N Lycra® *m* **2** ADJ en Lycra

lying [ˈlaɪɪŋ] **1** N (= *telling lies*) mensonge(s) *m(pl)* • **~ won't help** ça ne te sert à rien de mentir **2** ADJ [*person*] menteur; [*statement, story*] mensonger • **you ~ bastard!**** sale menteur!*

lynch [lɪntʃ] VT (= *hang*) exécuter sommairement (*par pendaison*); (= *kill*) lyncher ▸ **lynch mob** N lyncheurs *mpl*

lynching [ˈlɪntʃɪŋ] N (= *action, result*) lynchage *m*

lynchpin [ˈlɪntʃpɪn] N (= *important factor*) élément *m* essentiel; (= *person*) cheville *f* ouvrière

lynx [lɪŋks] N (*pl* **lynxes** *or* **lynx**) lynx *m inv*

lyric [ˈlɪrɪk] **1** N (= *words of song*) **~s** paroles *fpl* **2** ADJ lyrique

lyrical [ˈlɪrɪkəl] ADJ lyrique

lyricist [ˈlɪrɪsɪst] N (= *song-writer*) parolier *m*, -ière *f*

l

Mm

M, m [em] (N) **a** (*Brit*) (ABBR OF **motorway**) **on the M6** sur l'autoroute *M6* **b** (ABBR OF **million(s)**) **c** (ABBR OF **metre(s)**) m

ma* [mɑː] (N) maman *f*

MA [ˌem'eɪ] (N) (ABBR OF **Master of Arts**) **to have an MA in French** ≈ avoir une maîtrise de français → DEGREE

ma'am [mæm] (N) (ABBR OF **madam**) Madame *f*, Mademoiselle *f*

mac* [mæk] (N) (*Brit*) (ABBR OF **mackintosh**) imper* *m*

macabre [mə'kɑːbrə] (ADJ) macabre

macaroni [ˌmækə'rəʊnɪ] (N) macaroni(s) *m(pl)* ▸ **macaroni cheese** N gratin *m* de macaroni(s)

macaroon [ˌmækə'ruːn] (N) macaron *m*

Mace® [meɪs] (N) (= *gas*) gaz *m* incapacitant, mace *m*

mace [meɪs] (N) **a** (= *ceremonial staff*) masse *f* **b** (= *spice*) macis *m*

Macedonia [ˌmæsɪ'dəʊnɪə] (N) Macédoine *f*

macerate ['mæsəreɪt] (VTI) macérer

machete [mə'ʃetɪ] (N) machette *f*

Machiavellian [ˌmækɪə'velɪən] (ADJ) machiavélique

machination [ˌmækɪ'neɪʃən] (N) machination *f*

machine [mə'ʃiːn] **1** (N) machine *f* • **the company is a real money-making ~** cette société est une vraie machine à fabriquer de l'argent • **publicity ~** appareil *m* publicitaire • **the political ~** l'appareil *m* politique

2 (VT) **a** [+ *metal part*] usiner

b (*Sewing*) piquer (à la machine)

3 (COMP) ▸ **machine-assisted translation** N traduction *f* assistée par ordinateur ▸ **machine code** N (*Comput*) code *m* machine ▸ **machine error** N erreur *f* technique ▸ **machine gun** N mitrailleuse *f* ▸ **machine intelligence** N intelligence *f* artificielle ▸ **machine operator** N opérateur *m*, -trice *f* ▸ **machine-readable** ADJ (*Comput*) exploitable par un ordinateur • **in ~-readable form** sous une forme exploitable par ordinateur ▸ **machine-stitch** VT piquer à la machine ▸ **machine translation** N traduction *f* automatique ▸ **machine-washable** ADJ lavable en machine

machinery [mə'ʃiːnərɪ] (N) **a** (= *machines collectively*) machines *fpl*; (= *parts of machine*) mécanisme *m* • **a piece of ~** une machine • **to get caught in the ~** être pris dans la machine • **agricultural ~** machines *fpl* agricoles • **industrial ~** équipements *mpl* industriels **b** **the ~ of government** l'appareil *m* d'État • **the ~ to enforce this legislation doesn't exist** aucun dispositif d'application n'a été mis en place pour cette législation

machinist [mə'ʃiːnɪst] (N) machiniste *mf*

machismo [mæ'tʃiːzməʊ] (N) machisme *m*

macho ['mætʃəʊ] **1** (N) macho* *m* **2** (ADJ) macho* *f inv*

mackerel ['mækrəl] (N) maquereau *m*

mackintosh ['mækɪntɒʃ] (N) imperméable *m*

macro ['mækrəʊ] (N) **a** (*Comput*) macro *f* **b** **~ lens** objectif *m* macro

macrobiotic [ˌmækrəʊbaɪ'ɒtɪk] (ADJ) macrobiotique

macrocosm ['mækrəʊkɒzəm] (N) macrocosme *m*

macroeconomics [ˌmækrəʊˌiːkə'nɒmɪks] (N) macroéconomie *f*

mad [mæd] **1** (ADJ) **a** [*person*] fou (folle *f*); [*idea*] insensé; [*race*] effréné • **to go ~** devenir fou • **this is idealism gone ~** c'est de l'idéalisme qui vire à la folie • **to drive sb ~** rendre qn fou • **as ~ as a hatter** • **(stark) raving ~*** • **stark staring ~*** fou à lier • **that was a ~ thing to do** il fallait être fou pour faire cela • **you must be ~!** ça va pas, non !* • **you must be ~, cycling in this weather!** il faut vraiment que tu sois fou pour faire du vélo par ce temps ! • **we had a ~ dash for the bus** nous avons dû foncer* pour attraper le bus

▸ **like mad*** **to run/laugh/work like ~** courir/rire/travailler comme un fou • **the phone has been ringing like ~** le téléphone n'a pas arrêté de sonner

b (= *angry*) furieux • **to be ~ at** *or* **with sb** être furieux contre qn • **to get ~ at** *or* **with sb** s'emporter contre qn • **he was ~ at** *or* **with me for spilling the tea** il était furieux contre moi parce que j'avais renversé le thé • **he makes me ~!** ce qu'il peut m'agacer !

c (= *enthusiastic*)* **~ on** *or* **about sth** dingue* de qch • **to be ~ on** *or* **about sb** être fou de qn • **to be ~ on** *or* **about football** être dingue* de football • **I'm not ~ about it** ça ne m'emballe pas*

d (= *excited*)* **the audience went ~** le public s'est déchaîné • **the dog went ~ when he saw his master** le chien est devenu comme fou quand il a vu son maître

2 (COMP) ▸ **mad cow disease** N maladie *f* de la vache folle

Madagascar [ˌmædə'gæskəʳ] (N) Madagascar

madam ['mædəm] (N) madame *f* • **Dear Madam** Madame • **she's a little ~*** (*Brit*) c'est une petite pimbêche

madcap ['mædkæp] (ADJ, N) écervelé(e) *m(f)*

madden ['mædn] (VT) rendre fou; (= *infuriate*) exaspérer • **~ed by pain** fou de douleur

maddening ['mædnɪŋ] (ADJ) exaspérant

made [meɪd] (VB) *pt, ptp of* **make** ▸ **made-to-measure** ADJ (fait) sur mesure ▸ **made-up** ADJ ⓐ [*story*] inventé; (*pej*) faux (fausse *f*) ⓑ (*with cosmetics*) maquillé

Madeira [məˈdɪərə] (N) Madère *f*

madhouse* [ˈmædhaʊs] (N) maison *f* de fous

madly [ˈmædlɪ] (ADV) [*scream, grin*] comme un fou • **to fall ~ in love with sb** tomber éperdument amoureux de qn • **we were ~ rushing for the train** c'était la course pour attraper le train

madman [ˈmædmən] (N) (*pl* **-men**) fou *m*

madness [ˈmædnɪs] (N) folie *f* • **what ~!** c'est de la pure folie !

madrasah, madrassa [məˈdræsə] (N) madrasa *f*, école *f* coranique

Madrid [məˈdrɪd] (N) Madrid

madwoman [ˈmædwʊmən] (N) (*pl* **-women**) folle *f*

maelstrom [ˈmeɪlstrəʊm] (N) tourbillon *m*, maelström *m*

maestro [ˈmaɪstrəʊ] (N) (*pl* **maestros** *or* **maestri** [ˈmaɪstrɪ]) maestro *m*

MAFF [mæf] (N) (ABBR OF **Ministry of Agriculture, Fisheries and Food**) ministère *m* de l'Agriculture, de la Pêche et de l'Alimentation

mafia [ˈmæfɪə] (N) mafia *f*

mag* [mæg] (N) (ABBR OF **magazine**) magazine *m*

magazine [ˌmægəˈziːn] (N) ⓐ (= *publication*) magazine *m* ⓑ (*in gun*) magasin *m*

maggot [ˈmægət] (N) asticot *m*

Maghreb [ˈmɑːgreb] (N) Maghreb *m*

magic [ˈmædʒɪk] 1 (N) magie *f* • **as if by ~** comme par enchantement 2 (ADJ) ⓐ (= *supernatural*) magique • **to say the ~ word** prononcer la formule magique ⓑ (= *brilliant*)* super* 3 (COMP) ▸ **magic carpet** N tapis *m* volant ▸ **magic mushroom*** N champignon *m* hallucinogène

magical [ˈmædʒɪkəl] (ADJ) [*powers, place, moment*] magique; [*story, experience*] merveilleux

magician [məˈdʒɪʃən] (N) magicien(ne) *m(f)*

magistrate [ˈmædʒɪstreɪt] (N) magistrat *m* • **~s' court** ≈ tribunal *m* d'instance

magnanimity [ˌmægnəˈnɪmɪtɪ] (N) magnanimité *f*

magnanimous [mægˈnænɪməs] (ADJ) magnanime (**to sb** envers qn)

magnate [ˈmægneɪt] (N) magnat *m*

magnesium [mægˈniːzɪəm] (N) magnésium *m*

magnet [ˈmægnɪt] (N) aimant *m*

magnetic [mægˈnetɪk] (ADJ) magnétique ▸ **magnetic field** N champ *m* magnétique ▸ **magnetic storm** N orage *m* magnétique ▸ **magnetic strip, magnetic stripe** N piste *f* magnétique ▸ **magnetic tape** N bande *f* magnétique

magnetism [ˈmægnɪtɪzəm] (N) magnétisme *m*

magnification [ˌmægnɪfɪˈkeɪʃən] (N) grossissement *m* • **under ~** au microscope

magnificence [mægˈnɪfɪsəns] (N) magnificence *f*

magnificent [mægˈnɪfɪsənt] (ADJ) magnifique; [*meal*] splendide

magnify [ˈmægnɪfaɪ] (VT) [+ *image*] grossir; [+ *sound*] amplifier • **to ~ sth four times** grossir qch quatre fois ▸ **magnifying glass** N loupe *f*

magnitude [ˈmægnɪtjuːd] (N) [*of problem*] ampleur *f*; (*Astron*) magnitude *f*

magnolia [mægˈnəʊlɪə] (N) ⓐ (*also* **magnolia tree**) magnolia *m* ⓑ (= *colour*) rose *m* pâle

magnum opus [ˌmægnəmˈəʊpəs] (N) œuvre *f* maîtresse

magpie [ˈmægpaɪ] (N) pie *f*

mahjong(g) [ˌmɑːˈdʒɒŋ] (N) ma(h)-jong *m*

mahogany [məˈhɒgənɪ] 1 (N) acajou *m* 2 (ADJ) (= *made of mahogany*) en acajou; (= *mahogany-coloured*) acajou *inv*

maid [meɪd] (N) (= *servant*) domestique *f*; (*in hotel*) femme *f* de chambre ▸ **maid of honour** N demoiselle *f* d'honneur

maiden [ˈmeɪdn] 1 (N) (*liter*) jeune fille *f* 2 (COMP) [*flight*] inaugural ▸ **maiden name** N nom *m* de jeune fille ▸ **maiden speech** N premier discours *m* (*d'un député etc*) ▸ **maiden voyage** N voyage *m* inaugural

mail [meɪl] 1 (N) ⓐ (= *postal system*) poste *f* • **by ~** par la poste
ⓑ (= *letters*) courrier *m*
ⓒ (= *email*) courrier *m* électronique, e-mail *m* • **to send sb a ~** envoyer un e-mail *or* un message électronique à qn
2 (VT) ⓐ (= *post*) envoyer (par la poste)
ⓑ (= *e-mail*) [+ *message*] envoyer par courrier électronique • **to ~ sb** envoyer un e-mail *or* un message électronique à qn
3 (COMP) ▸ **mail coach** N (*on train*) wagon-poste *m* ▸ **mail-merge** N (*Comput*) publipostage *m* ▸ **mail order** N vente *f* par correspondance ▸ **mail-order catalogue** N catalogue *m* de vente par correspondance • **~-order firm** • **~-order house** maison *f* de vente par correspondance ▸ **mail room** N service *m* courrier ▸ **mail van** N (*Brit*) (= *truck*) camionnette *f* des postes; (= *on train*) wagon *m* postal

mailbox [ˈmeɪlbɒks] (N) boîte *f* aux lettres

mailing [ˈmeɪlɪŋ] (N) publipostage *m* ▸ **mailing address** N (*US*) adresse *f* postale ▸ **mailing list** N liste *f* d'adresses

mailman [ˈmeɪlmæn] (N) (*pl* **-men**) (*US*) facteur *m*

mailshot [ˈmeɪlʃɒt] (N) (*Brit*) mailing *m*

maim [meɪm] (VT) estropier • **to be ~ed for life** être estropié à vie

main [meɪn] 1 (ADJ) principal • **one of his ~ concerns was ...** l'une de ses préoccupations majeures était ... • **the ~ objective of the meeting** le principal objectif de cette réunion • **the ~ thing is to keep quiet** l'essentiel est de se taire • **the ~ thing to remember is ...** ce qu'il ne faut surtout pas oublier c'est ...
▸ **in the main** dans l'ensemble
2 (N) (= *pipe, wire*) conduite *f* principale
3 (NPL) **the mains** le secteur • **connected to the ~s** branché sur le secteur • **to turn off the electricity at the ~s** couper le courant au compteur • **the water comes from the ~s** l'eau vient directement de la conduite
4 (COMP) ▸ **main course** N plat *m* principal ▸ **main drag*** N (*US*) rue *f* principale • **off the ~ drag** en dehors des grandes artères ▸ **main line** N (= *railway*) grande ligne *f* ▸ **main man*** N (*US*) meilleur pote* *m* ▸ **main memory** N (*Comput*) mémoire *f* centrale ▸ **main office** N siège *m* ▸ **main road** N grande route *f* ▸ **mains supply** N **to be on the ~s supply** (*for electricity, gas, water*) être raccordé au réseau ▸ **main street** N rue *f* principale

mainframe [ˈmeɪnfreɪm] (N) (*also* **mainframe computer**) unité *f* centrale

mainland [ˈmeɪnlənd] 1 (N) continent *m* (*opposé à une île*) • **the Greek ~** la Grèce continentale • **the Mainland** (= *mainland Britain*) la Grande-Bretagne (*l'Angleterre, l'Écosse et le Pays de Galles*) 2 (ADJ) continental

m

mainline ['meɪnlaɪn] 1 (ADJ) ⓐ (= *principal*) → **mainstream** ⓑ [*station, train*] de grande ligne 2 (VI) (= *inject drug*)* se shooter* 3 (VT) (= *inject*) **to ~ heroin*** se shooter* à l'héroïne
mainly ['meɪnlɪ] (ADV) surtout
mainsail ['meɪnseɪl] (N) grand-voile *f*
mainspring ['meɪnsprɪŋ] (N) [*of clock*] ressort *m* principal; [*of action*] mobile *m* principal
mainstay ['meɪnsteɪ] (N) point *m* d'appui • **he was the ~ of the organization** c'était lui le pilier de l'organisation
mainstream ['meɪnstri:m] 1 (ADJ) [*political party*] grand; [*press*] à grand tirage; [*music*] grand public *inv* • **fascism has never been part of ~ politics in Britain** le fascisme n'a jamais fait partie des grands courants politiques en Grande-Bretagne 2 (N) [*of politics*] courant *m* dominant
maintain [meɪn'teɪn] (VT) ⓐ (= *keep up*) maintenir; [+ *friendship*] entretenir; [+ *advantage*] conserver • **to ~ the status quo** maintenir le statu quo • **to ~ sth at a constant temperature** maintenir qch à une température constante • **to ~ control** garder le contrôle • **the government has failed to ~ standards of health care** le gouvernement n'a pas réussi à maintenir la qualité des soins médicaux • **he ~ed his opposition to ...** il continua à s'opposer à ... • **products which help to ~ healthy skin** des produits qui aident à garder une peau en bonne santé • **to ~ one's weight** garder le même poids
ⓑ [+ *road, building, car, machine*] entretenir
ⓒ [+ *opinion*] soutenir • **to ~ one's innocence** clamer son innocence • **I ~ that ...** je soutiens que ...
maintenance ['meɪntɪnəns] 1 (N) ⓐ [*of road, building, car, machine*] entretien *m* • **car ~** mécanique *f* (auto) ⓑ [*of family*] entretien *m*; (*after divorce*) pension *f* alimentaire • **he pays £50 per week ~** il verse une pension alimentaire de 50 livres par semaine ⓒ (= *preservation*) maintien *m* 2 (COMP) ▸ **maintenance grant** N [*of student*] bourse *f* (d'études) ▸ **maintenance order** N ordonnance *f* de versement de pension alimentaire
maisonette [,meɪzə'net] (N) duplex *m*
maize [meɪz] (N) (*Brit*) maïs *m*
Maj. (ABBR OF **Major**)
majestic [mə'dʒestɪk] (ADJ) majestueux
majesty ['mædʒɪstɪ] (N) majesté *f* • **Your Majesty** Votre Majesté • **His** *or* **Her Majesty's Government** (*Brit*) le gouvernement britannique
major ['meɪdʒə^r] 1 (ADJ) majeur • **of ~ importance** d'une importance majeure • **~ repairs** grosses réparations *fpl* • **it was a ~ success** cela a eu un succès considérable 2 (N) ⓐ (= *army officer*) commandant(e) *m(f)* ⓑ (*US*) (= *subject studied*) dominante *f* ⓒ (*US*) (= *student*) **psychology ~** étudiant(e) *m(f)* en psychologie 3 (VI) (*US*) **to ~ in chemistry** se spécialiser en chimie 4 (COMP) ▸ **major key** N ton *m* majeur • **in the ~ key** en majeur ▸ **major league** N (*US*) première division *f*
Majorca [mə'jɔ:kə] (N) Majorque *f* • **in ~** à Majorque
majority [mə'dʒɒrɪtɪ] 1 (N) ⓐ majorité *f* • **to be in the ~** être majoritaire • **elected by a ~ of nine** élu avec une majorité de neuf voix • **in the ~ of cases** dans la majorité des cas ⓑ (*in age*) majorité *f* 2 (ADJ) [*government, rule*] majoritaire • **~ decision** décision *f* prise à la majorité 3 (COMP) ▸ **majority opinion** N (*US*) arrêt *m* rendu à la majorité (*des votes des juges*) ▸ **majority verdict** N verdict *m* rendu à la majorité
majorly* ['meɪdʒəlɪ] (ADV) vachement* • **he was ~ annoyed/depressed** il était vachement mécontent/déprimé*

make [meɪk]

1 TRANSITIVE VERB	4 COMPOUNDS
2 INTRANSITIVE VERB	5 PHRASAL VERBS
3 NOUN	

> vb: pret, ptp **made**

1 TRANSITIVE VERB

> When **make** is part of a set combination, eg **make a case, make sure**, look up the other word.

ⓐ (= *produce*) faire; [+ *machines*] fabriquer • **I'm going to ~ a cake** je vais faire un gâteau • **he made it himself** il l'a fait lui-même • **two and two ~ four** deux et deux font quatre • **how much does that ~ (altogether)?** combien ça fait (en tout)? • **that ~s a total of 18 points** ça fait 18 points en tout • **to ~ a payment** effectuer un paiement • **to ~ sth into sth else** transformer qch en qch
▸ **made** + *preposition* **they were made for each other** ils étaient faits l'un pour l'autre • **made in France** (*on label*) fabriqué en France • **the frames are made of plastic** la monture est en plastique • **this car wasn't made to carry eight people** cette voiture n'est pas faite pour transporter huit personnes
ⓑ (+ *money*) [*person*] gagner; [*company*] réaliser un bénéfice net de; [*product*] rapporter • **he ~s $400 a week** il gagne 400 dollars par semaine • **the company made $1.4 million last year** la société a réalisé un bénéfice net de 1,4 millions de dollars l'année dernière • **the deal made him £500** cette affaire lui a rapporté 500 livres
ⓒ (+ *destination*) arriver à; [+ *train, plane*] avoir • **will we ~ Paris before lunch?** est-ce que nous arriverons à Paris avant le déjeuner? • **the novel made the bestseller list** le roman est devenu un best-seller • **he made (it into) the first team** il a réussi à être sélectionné dans l'équipe première
ⓓ (= *reckon*) **what time do you ~ it?** quelle heure as-tu?
ⓔ (= *ensure success of*) **the beautiful pictures ~ the book** ce livre doit beaucoup à ses magnifiques images • **that film made her** ce film l'a consacrée • **he's got it made*** son avenir est assuré • **to ~ or break sb** assurer ou briser la carrière de qn • **his visit made my day!*** sa visite m'a fait un plaisir fou!*
ⓕ (= *be, constitute*) faire • **he'll ~ a good footballer** il fera un bon footballeur • **they ~ a handsome pair** ils forment un beau couple • **these books ~ a set** ces livres forment une collection
ⓖ (*set structures*)
▸ **to make sb do sth** (= *cause to*) faire faire qch à qn; (= *force*) obliger qn à faire qch • **to ~ sb laugh** faire rire qn • **what made you believe that ...?** qu'est-ce qui vous a fait croire que ...? • **they made him tell them the password** ils l'ont obligé à leur dire le mot de passe • **I don't know what ~s him do it** je ne sais pas ce qui le pousse à faire ça

▸ **to make sb sth** (= *choose as*) **to ~ sb king** mettre qn sur le trône • **he made John his assistant** il a fait de John son assistant
▸ **to make of what did you ~ of the film?** que penses-tu de ce film ? • **what do you ~ of him?** qu'est-ce que tu penses de lui ?
▸ **to make sb** + *adjective* **to ~ o.s. useful** se rendre utile • **to ~ sb happy/unhappy** rendre qn heureux/malheureux • **~ yourself comfortable** mettez-vous à l'aise

> Look up other combinations, eg **make sb thirsty**, **make o.s. ridiculous**, at the adjective.

▸ **to make believe** (= *pretend*) faire semblant; (= *imagine*) imaginer • **let's ~ believe we're on a desert island** imaginons que nous sommes sur une île déserte
▸ **to make do** (= *manage*) se débrouiller • **I'll ~ do with what I've got** je vais me débrouiller avec ce que j'ai • **you'll have to ~ do with me** (= *be satisfied*) tu vas devoir te contenter de moi
▸ **to make it** (= *come*) venir; (= *arrive*) arriver; (= *succeed*) réussir • **I can't ~ it** je ne peux pas venir • **he made it just in time** il est arrivé juste à temps • **you've got the talent to ~ it** tu as tout pour réussir • **can you ~ it by 3 o'clock?** est-ce que tu peux y être pour 3 heures ?
▸ **to make it** + *time, date, amount* **let's ~ it 5 o'clock** si on disait 5 heures ? • **I'm coming tomorrow — okay, can you ~ it the afternoon?** je viendrai demain — d'accord, mais est-ce que tu peux venir dans l'après-midi ?

2 INTRANSITIVE VERB

(= *act*)
▸ **to make as if he made as if to strike me** il fit mine de me frapper • **she made as if to protest, then hesitated** elle parut sur le point de protester, puis hésita

3 NOUN

ⓐ (= *brand*) marque *f* • **it's a good ~** c'est une bonne marque • **what ~ of car do you drive?** qu'est-ce que vous avez comme voiture ?
ⓑ ▸ **to be on the make*** (= *trying to make money*) chercher à se remplir les poches*; (= *trying to get power*) avoir une ambition dévorante

4 COMPOUNDS

▸ **make-believe** N **to play at ~-believe** jouer à faire semblant • **she lives in a world of ~-believe** elle vit dans un monde d'illusions ♦ ADJ **his story is pure ~-believe** son histoire est pure fantaisie ▸ **make-or-break*** ADJ décisif

5 PHRASAL VERBS

▸ **make for** VT INSEP ⓐ (= *go to*) **he made for the door** il se dirigea vers la porte • **to ~ for home** rentrer (chez soi) ⓑ (= *produce*) produire; (= *contribute to*) contribuer à • **happy parents ~ for a happy child** des parents heureux font des enfants heureux
▸ **make off*** VI se tirer*
▸ **make out** 1 VI ⓐ (= *manage*)* se débrouiller ⓑ (*US* = *have sex*)‡ s'envoyer en l'air‡ • **to ~ out with sb** s'envoyer‡ qn 2 VT SEP ⓐ (= *distinguish*) distinguer; (= *hear*) comprendre; [+ *handwriting*] déchiffrer • **I could just ~ out three figures** j'arrivais tout juste à distinguer trois silhouettes • **how do you ~ that out?** qu'est-ce qui vous fait penser cela ? • **I can't ~ out why he is here** je n'arrive pas à comprendre pourquoi il est ici ⓑ (= *claim, pretend*) prétendre; (= *portray as*) présenter comme • **he's not as stupid as he ~s out** il n'est pas aussi stupide qu'il le prétend • **the programme made her out to be naive** l'émission la présentait comme une femme naïve • **they made him out to be a fool** ils disaient que c'était un imbécile ⓒ [+ *cheque*] libeller; [+ *will*] faire • **cheques made out to ...** chèques *mpl* libellés à l'ordre de ...
▸ **make over** VT SEP ⓐ (= *assign*) [+ *money, land*] transférer (**to** à) ⓑ (= *remake*) [+ *garment, story*] reprendre; (= *convert*) [+ *building*] convertir
▸ **make up** 1 VI ⓐ (= *become friends again*) se réconcilier ⓑ (= *apply cosmetics*) se maquiller 2 VT SEP ⓐ [+ *story, excuse*] inventer • **you're making it up!** tu l'inventes (de toutes pièces) ! ⓑ (= *put together*) [+ *parcel*] faire; [+ *dish, medicine*] préparer • **to ~ up a prescription** préparer une ordonnance • **have you made up the beds?** as-tu fait les lits ? ⓒ [+ *deficit*] compenser; [+ *sum of money, numbers*] compléter • **to ~ up the difference** mettre la différence • **they made up the number with five amateurs** ils ont complété l'effectif en faisant appel à cinq amateurs • **to ~ up lost time** rattraper le temps perdu • **to ~ up lost ground** regagner le terrain perdu ⓓ (= *repay*) **to ~ sth up to sb** revaloir qch à qn • **I'll ~ it up to you** je te revaudrai ça ⓔ [+ *dispute*] mettre fin à; [+ *differences*] régler • **let's ~ it up** faisons la paix ⓕ (= *apply cosmetics to*) maquiller • **to ~ o.s. up** se maquiller ⓖ (= *compose*) composer; (= *represent*) constituer • **the group was made up of six teachers** le groupe était composé de six professeurs • **they ~ up 6% of the population** ils constituent 6 % de la population
▸ **make up for** VT INSEP compenser • **money can't ~ up for what we've suffered** l'argent ne peut compenser ce que nous avons souffert • **he tried to ~ up for all the trouble he'd caused** il essaya de se faire pardonner les ennuis qu'il avait causés • **he made up for all the mistakes he'd made** il s'est rattrapé pour toutes les erreurs qu'il avait commises • **to ~ up for lost time** rattraper le temps perdu

makeover [ˈmeɪkəʊvəʳ] (N) changement *m* de look* • **to have a ~** changer de look* • **to give sb a ~** relooker* qn

makeshift [ˈmeɪkʃɪft] (ADJ) de fortune

make-up [ˈmeɪkʌp] 1 (N) ⓐ (= *cosmetics*) maquillage *m* • **she wears too much ~** elle est trop maquillée ⓑ (= *nature*) [*of object, group*] constitution *f*; [*of person*] tempérament *m* 2 (COMP) ▸ **make-up bag** N trousse *f* de maquillage ▸ **make-up remover** N démaquillant *m*

making [ˈmeɪkɪŋ] (N) fabrication *f*; [*of dress*] confection *f* • **cheese-/wine-~** fabrication *f* du fromage/du vin • **all his troubles are of his own ~** tous ses ennuis sont de sa faute • **decision-~** prise *f* de décisions • **he wrote a book on the ~ of the film** il a écrit un livre sur la genèse du film • **it was the ~ of him** (= *made him successful*) son succès est parti de là
▸ **in the making a new system is in the ~** un nouveau système est en train de se créer • **a star in the ~** une star en herbe • **it's a disaster in the ~** ça risque de tourner au désastre • **it's history in the ~** c'est l'histoire en train de se faire
▸ **the makings of he has the ~s of a minister** il a l'étoffe d'un ministre • **we have all the ~s of a great movie** il y a tous les ingrédients pour faire un grand film

maladjusted [ˌmæləˈdʒʌstɪd] (ADJ) inadapté

malaise [mæˈleɪz] (N) (*frm*) malaise *m*

m

malaria [məˈlɛərɪə] N paludisme *m*, malaria *f*
Malawi [məˈlɑːwɪ] N Malawi *m*
Malawian [məˈlɑːwɪən] 1 N Malawien(ne) *m(f)* 2 ADJ malawien
Malay [məˈleɪ] 1 ADJ malais 2 N (= *person*) Malais(e) *m(f)*
Malaysia [məˈleɪzɪə] N Malaisie *f*
Malaysian [məˈleɪzɪən] 1 ADJ malais 2 N Malais(e) *m(f)*
Maldives [ˈmɔːldaɪvz] NPL Maldives *fpl*
male [meɪl] 1 ADJ mâle • **~ child** enfant *m* mâle • **the ~ sex** le sexe masculin 2 N (= *animal*) mâle *m*; (= *man*) homme *m* 3 COMP ▸ **male-dominated** ADJ dominé par les hommes
malevolence [məˈlevələns] N malveillance *f* (**towards** envers)
malevolent [məˈlevələnt] ADJ malveillant
malfunction [ˌmælˈfʌŋkʃən] 1 N défaillance *f* 2 VI mal fonctionner
Mali [ˈmɑːlɪ] N Mali *m*
malice [ˈmælɪs] N méchanceté *f* • **to bear sb ~** vouloir du mal à qn
malicious [məˈlɪʃəs] ADJ [*person*] méchant; [*rumour, phone call*] malveillant • **~ gossip** médisances *fpl* • **with ~ intent** avec l'intention de nuire

> **malicious ≠ malicieux**

malign [məˈlaɪn] 1 ADJ pernicieux 2 VT calomnier
malignancy [məˈlɪgnənsɪ] N [*of tumour, disease*] malignité *f*
malignant [məˈlɪgnənt] ADJ a [*tumour, disease*] malin (-igne *f*) b [*influence*] nocif; [*person*] malveillant
malingerer [məˈlɪŋgərəʳ] N faux malade *m*, fausse malade *f* • **he's a ~** il se fait passer pour malade
mall [mɔːl] N (*US*) (= *pedestrianized street*) rue *f* piétonnière; (= *shopping mall*) centre *m* commercial
malleable [ˈmælɪəbl] ADJ malléable
mallet [ˈmælɪt] N maillet *m*
malnourished [ˌmælˈnʌrɪʃt] ADJ malnutri
malnutrition [ˌmælnjʊˈtrɪʃən] N malnutrition *f*
malpractice [ˌmælˈpræktɪs] N (= *wrongdoing*) faute *f* professionnelle ▸ **malpractice suit** N (*US*) procès *m* pour faute professionnelle • **to bring a ~ suit against sb** poursuivre qn pour faute professionnelle
malt [mɔːlt] N malt *m* ▸ **malt vinegar** N vinaigre *m* de malt ▸ **malt whisky** N (whisky *m*) pur malt *m*
Malta [ˈmɔːltə] N Malte • **in ~** à Malte
maltreat [ˌmælˈtriːt] VT maltraiter
malware [ˈmælˌwɛəʳ] N (*Comput*) malware *m*, logiciel *m* néfaste
mammal [ˈmæməl] N mammifère *m*
mammogram [ˈmæməgræm] N mammographie *f*
mammoth [ˈmæməθ] 1 N mammouth *m* 2 ADJ colossal
man [mæn] 1 N (*pl* **men**) a homme *m* • **an old ~** un vieil homme • **I don't like the ~** je n'aime pas ce type* • **the ~'s an idiot** c'est un imbécile • **~ and wife** mari et femme • **to live as ~ and wife** vivre maritalement • **her ~*** (*informal*) son homme • **my old ~*** (= *father*) mon paternel*; (= *husband*) mon homme* • **he took it like a ~** il a pris ça courageusement • **he was ~ enough to apologize** il a eu le courage de s'excuser • **any ~ would have done the same** n'importe qui aurait fait de même • **what else could a ~ do?** qu'est-ce qu'on aurait pu faire d'autre ?
b (= *sort*) **I'm a whisky ~ myself** personnellement, je préfère le whisky • **he's a man's ~** c'est un homme qui est plus à l'aise avec les hommes • **he's a Leeds ~** il est de Leeds • **he's the ~ for the job** c'est l'homme qu'il nous (*or* leur *etc*) faut • **the ~ in the street** Monsieur Tout-le-monde • **a ~ of the world** un homme d'expérience • **a ~ about town** un homme du monde
c (*in compounds*) **the ice-cream ~** le marchand de glaces • **the gas ~** l'employé *m* du gaz
d (= *humanity in general*) **Man** l'homme *m*
e (*Chess*) pièce *f*; (*Draughts*) pion *m*
2 VT (= *provide staff for*) assurer une permanence à; (= *work at*) être de service à • **they haven't enough staff to ~ the office every day** ils n'ont pas assez de personnel pour assurer une permanence au bureau tous les jours • **who will ~ the enquiry desk?** qui sera de service au bureau des renseignements ? • **the troops who ~ned the look-out posts** les troupes qui tenaient les postes d'observation
3 COMP ▸ **man-eater** N (= *woman*) mante *f* religieuse ▸ **man-made** ADJ [*fibre, fabric*] synthétique; [*lake, barrier*] artificiel ▸ **man of the match** N homme *m* du match ▸ **man-to-man** ADJ, ADV d'homme à homme ▸ **man up*** VI faire preuve de plus de courage
manacle [ˈmænəkl] 1 N **~s** menottes *fpl* 2 VT mettre les menottes à
manage [ˈmænɪdʒ] 1 VT a [+ *business, hotel, shop, time, capital*] gérer; [+ *organization*] diriger; [+ *football team, boxer, actors*] être le manager de
b (= *handle*) [+ *boat, vehicle*] manœuvrer; [+ *animal, person*] savoir s'y prendre avec • **difficult to ~** [*horse, child*] difficile; [*hair*] difficile à coiffer
c (= *succeed*) **to ~ to do sth** arriver à faire qch • **how did you ~ not to spill it?** comment as-tu fait pour ne pas le renverser ?
d **how much will you give? — I can ~ £50** combien allez-vous donner ? — je peux mettre 50 livres • **surely you could ~ another biscuit?** tu mangeras bien encore un biscuit ? • **can you ~ the suitcases?** pouvez-vous porter les valises ? • **I ~d a smile** j'ai réussi à sourire
2 VI (= *get by*) se débrouiller • **can you ~?** tu y arriveras ? • **thanks, I can ~** merci, ça va • **I can ~ without him** je peux me débrouiller sans lui • **she ~s on $100 a week** elle se débrouille avec 100 dollars par semaine
manageable [ˈmænɪdʒəbl] ADJ [*number, proportions*] raisonnable; [*task*] faisable; [*hair*] facile à coiffer; [*vehicle, boat*] maniable
management [ˈmænɪdʒmənt] 1 N a (= *managing*) gestion *f* • **his skilful ~ of his staff** l'habileté avec laquelle il dirige son personnel b (= *people in charge*) direction *f* • **"under new ~"** « changement de propriétaire »
2 COMP ▸ **management buyout** N rachat *m* d'une entreprise par ses cadres ▸ **management consultant** N conseiller *m* en gestion (d'entreprise)
manager [ˈmænɪdʒəʳ] N [*of company*] directeur *m*, -trice *f*; [*of restaurant, hotel, shop*] gérant(e) *m(f)*; [*of actor, boxer*] manager *m*; [*of sports team*] directeur *m*, -trice *f* sportif(ive) • **general ~** directeur *m*, -trice *f* général(e) • **to be a good ~** être bon gestionnaire
manageress [ˌmænɪdʒəˈres] N gérante *f*
managerial [ˌmænəˈdʒɪərɪəl] ADJ d'encadrement • **proven ~ skills** des compétences confirmées en matière de gestion • **a ~ decision** une décision de la direction

managing director [ˌmænədʒɪŋdɪˈrektəʳ] (N) (*Brit*) PDG *mf*

Mandarin [ˈmændərɪn] (N) (= *Mandarin Chinese*) mandarin *m*

mandarin [ˈmændərɪn] (N) ⓐ (= *fruit*) mandarine *f* ⓑ (= *person*) mandarin *m*

mandate [ˈmændeɪt] 1 (N) (= *authority*) mandat *m* • **under French ~** sous mandat français • **the union has a ~ to ...** le syndicat est mandaté pour ... 2 (VT) ⓐ (= *give authority to*) donner mandat à ⓑ (*US*) (= *make obligatory*) rendre obligatoire ⓒ [+ *territory*] mettre sous le mandat (**to** de)

mandatory [ˈmændətərɪ] (ADJ) ⓐ (= *obligatory*) obligatoire ⓑ (= *not discretionary*) [*life sentence*] automatique ⓒ [*state, functions*] mandataire • **to have ~ powers** avoir des pouvoirs conférés par mandat

mane [meɪn] (N) crinière *f*

maneuver *etc* [məˈnuːvəʳ] (*US*) = **manoeuvre** *etc*

manfully [ˈmænfəlɪ] (ADV) vaillamment

manga [ˈmæŋgə] (N) manga *m*

manganese [ˌmæŋgəˈniːz] (N) manganèse *m*

manger [ˈmeɪndʒəʳ] (N) (*for animals*) mangeoire *f*; (*Nativity*) crèche *f*

mangle [ˈmæŋgl] (VT) mutiler • **~d wreckage** épave disloquée

mango [ˈmæŋgəʊ] (N) (= *fruit*) mangue *f*

mangrove [ˈmæŋgrəʊv] (N) palétuvier *m*

mangy [ˈmeɪndʒɪ] (ADJ) ⓐ (= *diseased*) galeux ⓑ (= *shabby*)* miteux

manhandle [ˈmænˌhændl] (VT) (= *treat roughly*) malmener; (= *move by hand*) manutentionner

manhole [ˈmænhəʊl] (N) bouche *f* d'égout

manhood [ˈmænhʊd] (N) ⓐ (= *age, state*) âge *m* d'homme ⓑ (= *manliness*) virilité *f*

manhunt [ˈmænhʌnt] (N) chasse *f* à l'homme

mania [ˈmeɪnɪə] (N) manie *f* • **to have a ~ for (doing) sth*** avoir la manie de (faire) qch

maniac [ˈmeɪnɪæk] (N) fou *m*, folle *f* • **he drives like a ~*** il conduit comme un fou

manic [ˈmænɪk] (ADJ) [*person*] surexcité; (*clinically*) maniaque; [*energy*] frénétique; [*grin*] de dément(e); [*laughter*] hystérique ▸ **manic depression** N cyclothymie *f* ▸ **manic-depressive** ADJ, N cyclothymique *mf*

manicure [ˈmænɪˌkjʊəʳ] 1 (N) manucure *f* • **to have a ~** se faire manucurer 2 (VT) [+ *person*] manucurer • **to ~ one's nails** se faire les ongles 3 (COMP) ▸ **manicure set** N trousse *f* de manucure

manifest [ˈmænɪfest] 1 (ADJ) manifeste 2 (VT) manifester

manifestation [ˌmænɪfesˈteɪʃən] (N) manifestation *f*

manifesto [ˌmænɪˈfestəʊ] (N) manifeste *m*

manifold [ˈmænɪfəʊld] (ADJ) (*frm*) nombreux

Manila [məˈnɪlə] (N) Manille

manipulate [məˈnɪpjʊleɪt] (VT) manipuler; [+ *events*] agir sur • **to ~ a situation** faire son jeu des circonstances • **to ~ sb into doing sth** manipuler qn pour lui faire faire qch

manipulation [məˌnɪpjʊˈleɪʃən] (N) manipulation *f*

manipulative [məˈnɪpjʊlətɪv] (ADJ) manipulateur (-trice *f*)

mankind [mænˈkaɪnd] (N) humanité *f* • **for ~** pour l'humanité

manky* [ˈmæŋkɪ] (ADJ) (*Brit*) cradingue*

manliness [ˈmænlɪnɪs] (N) virilité *f*

manly [ˈmænlɪ] (ADJ) viril

manna [ˈmænə] (N) manne *f* • **~ from heaven** manne *f* providentielle

manned [mænd] (ADJ) [*spacecraft, flight*] habité

mannequin [ˈmænɪkɪn] (N) mannequin *m*

manner [ˈmænəʳ] 1 (N) ⓐ (= *way*) manière *f* • **the ~ in which he did it** la manière dont il l'a fait • **in this ~** de cette manière • **in the ~ of Van Gogh** à la manière de Van Gogh • **in a ~ of speaking** pour ainsi dire • **it's a ~ of speaking** c'est une façon de parler ⓑ (= *attitude*) attitude *f* • **I don't like his ~** je n'aime pas son attitude ⓒ **all ~ of birds** toutes sortes d'oiseaux
2 (NPL) **manners** manières *fpl* • **good/bad ~s** bonnes/mauvaises manières *fpl* • **it's good/bad ~s** ça se fait/ne se fait pas • **he has no ~s** il n'a aucun savoir-vivre; [*child*] il est mal élevé

mannerism [ˈmænərɪzəm] (N) (= *habit*) trait *m* particulier; (= *quirk*) manie *f*

manoeuvrable, maneuverable (*US*) [məˈnuːvrəbl] (ADJ) maniable

manoeuvre, maneuver (*US*) [məˈnuːvəʳ] 1 (N) manœuvre *f* • **to be on ~s** être en manœuvres • **it doesn't leave much room for ~** cela ne laisse pas une grande marge de manœuvre 2 (VTI) manœuvrer • **they ~d the gun into position** ils ont manœuvré le canon pour le mettre en position • **he ~d the car through the gate** à force de manœuvres il a fait passer la voiture par le portail • **the government tried to ~ itself into a stronger position** le gouvernement a essayé de manœuvrer pour renforcer ses positions

manor [ˈmænəʳ] (N) (*also* **manor house**) manoir *m*

manpower [ˈmænˌpaʊəʳ] (N) main-d'œuvre *f* • **the shortage of skilled ~** la pénurie de main-d'œuvre qualifiée

mansion [ˈmænʃən] (N) (*in town*) hôtel *m* particulier; (*in country*) manoir *m*

manslaughter [ˈmænslɔːtəʳ] (N) homicide *m*

mantelpiece [ˈmæntlpiːs] (N) tablette *f* de cheminée

mantle [ˈmæntl] (N) **to take up** *or* **on the ~ of** assumer le rôle de

mantra [ˈmæntrə] (N) mantra *m*

manual [ˈmænjʊəl] 1 (ADJ) manuel; [*typewriter*] mécanique • **~ labour** main-d'œuvre *f* • **~ controls** commandes *fpl* manuelles 2 (N) (= *book*) manuel *m*

manufacture [ˌmænjʊˈfæktʃəʳ] 1 (N) fabrication *f*; [*of clothes*] confection *f* 2 (VT) fabriquer; [+ *clothes*] confectionner • **~d goods** produits *mpl* manufacturés

manufacturer [ˌmænjʊˈfæktʃərəʳ] (N) fabricant *m*

manufacturing [ˌmænjʊˈfæktʃərɪŋ] 1 (N) fabrication *f* 2 (ADJ) [*sector*] industriel; [*industry*] de transformation

manure [məˈnjʊəʳ] (N) fumier *m* • **liquid ~** purin *m* ▸ **manure heap** N tas *m* de fumier

manuscript [ˈmænjʊskrɪpt] (N, ADJ) manuscrit *m*

Manx [mæŋks] (ADJ) de l'île de Man

many [ˈmenɪ] (ADJ, PRON) (*compar* **more**, *superl* **most**) beaucoup (de) • **~ of them** beaucoup d'entre eux • **~ people** beaucoup de gens • **~ came** beaucoup sont venus • **~ believe that to be true** beaucoup de gens croient que c'est vrai • **~ times** de nombreuses fois • **~ a time** maintes fois • **I've lived here for ~ years** j'habite ici depuis des années • **he lived there for ~ years** il y a

m

vécu de nombreuses années • **in ~ cases** dans bien des cas • **~ happy returns!** bon anniversaire ! • **I have as ~ problems as you** j'ai autant de problèmes que vous • **there were as ~ again outside the hall** il y en avait autant dehors que dans la salle • **how ~?** combien ? • **how ~ people?** combien de personnes ? • **however ~ there may be** quel que soit leur nombre • **there were so ~ (that ...)** il y en avait tant (que ...) • **so ~ dresses** tant de robes

▸ **too many** there were too ~ il y en avait trop • **too ~ cakes** trop de gâteaux • **three too ~** trois de trop • **he's had one too ~*** il a bu un coup de trop • **there are too ~ of you** vous êtes trop nombreux

Maori ['maʊrɪ] 1 (ADJ) maori 2 (N) (*= person*) Maori(e) *m(f)*

map [mæp] 1 (N) carte *f*; [*of town, subway*] plan *m* • **~ of Paris** plan *m* de Paris • **~ of France** carte *f* de la France • **this will put Bishopbriggs on the ~** cela fera connaître Bishopbriggs 2 (VT) [*+ area*] dresser la carte de; [*+ route*] tracer

▸ **map out** VT SEP [*+ route*] tracer; [*+ strategy*] élaborer • **he hasn't yet ~ped out what he will do** il n'a pas encore de plan précis de ce qu'il va faire

maple ['meɪpl] (N) érable *m* ▸ **maple syrup** N sirop *m* d'érable

mapping ['mæpɪŋ] (N) (*Comput*) mappage *m*

mar [mɑːʳ] (VT) gâcher

Mar. (ABBR OF **March**)

marathon ['mærəθən] 1 (N) marathon *m* 2 (ADJ) ⓐ [*runner*] de marathon ⓑ (*= very long*) marathon *inv* • **a ~ session** une séance-marathon

marauder [mə'rɔːdəʳ] (N) maraudeur *m*, -euse *f*

marble ['mɑːbl] 1 (N) ⓐ (*= stone, sculpture*) marbre *m* ⓑ (*= toy*) bille *f* • **to play ~s** jouer aux billes • **to lose one's ~s*** perdre la boule* 2 (ADJ) [*staircase, statue*] de *or* en marbre

March [mɑːtʃ] (N) mars *m* → **September**

> The months in French are not spelt with a capital letter.

march [mɑːtʃ] 1 (N) ⓐ marche *f* • **on the ~** en marche • **quick/slow ~** marche *f* rapide/lente • **a day's ~** une journée de marche

ⓑ (*= demonstration*) manifestation *f*

2 (VI) ⓐ [*soldiers*] marcher au pas • **to ~ into battle** marcher au combat • **to ~ past sb** défiler devant qn • **to ~ in/out/up** (*briskly*) entrer/sortir/monter d'un pas énergique; (*angrily*) entrer/sortir/monter d'un air furieux • **he ~ed up to me** il s'est approché de moi d'un air décidé

ⓑ (*= demonstrate*) manifester

3 (VT) **to ~ sb in/out/away** faire entrer/faire sortir/emmener qn tambour battant • **to ~ sb off to prison*** embarquer qn en prison*

4 (COMP) ▸ **marching band** N (*US*) orchestre *m* d'école (avec majorettes) ▸ **marching orders*** NPL **to give sb his ~ing orders** envoyer promener* qn • **to get one's ~ing orders** se faire mettre à la porte ▸ **march-past** N défilé *m*

marcher ['mɑːtʃəʳ] (N) (*= demonstrator*) manifestant(e) *m(f)*

Mardi Gras ['mɑːdɪ,grɑː] (N) mardi gras *m inv*, carnaval *m*

mare [mɛəʳ] (N) jument *f*

margarine [,mɑːdʒə'riːn] (N) margarine *f*

marge* [mɑːdʒ] (N) (*Brit*) (ABBR OF **margarine**) margarine *f*

margin ['mɑːdʒɪn] (N) marge *f* • **do not write in the ~** n'écrivez rien dans la marge • **to win by a wide/narrow ~** gagner haut la main/de justesse • **to allow a ~ for ...** laisser une marge pour ... • **to allow for a ~ of error** prévoir une marge d'erreur • **profit ~** marge *f* bénéficiaire

marginal ['mɑːdʒɪnl] 1 (ADJ) ⓐ marginal (**to sth** par rapport à qch); [*issue*] insignifiant; [*improvement*] négligeable • **a ~ case** un cas limite ⓑ (*Brit*) [*seat, constituency*] à faible majorité 2 (N) (*Brit*) (*= seat*) siège *m* à faible majorité

> **MARGINAL SEAT**
>
> En Grande-Bretagne, siège de député obtenu à une faible majorité et qui ne peut donc être considéré comme solidement acquis à un parti, contrairement au « safe seat » (siège sûr). Les circonscriptions à faible majorité, appelées « marginal constituencies », intéressent particulièrement les médias en cas d'élection partielle, car elles constituent un bon baromètre de la popularité du parti au pouvoir.

marginalize ['mɑːdʒɪnəlaɪz] (VT) marginaliser

marginally ['mɑːdʒɪnəlɪ] (ADV) légèrement

marigold ['mærɪgəʊld] (N) (*= flower*) souci *m*

marijuana, marihuana [mærɪ'wɑːnə] (N) marijuana *f*

marina [mə'riːnə] (N) marina *f*

marinade [,mærɪ'neɪd] 1 (N) marinade *f* 2 (VT) mariner

marinate ['mærɪneɪt] (VT) mariner

marine [mə'riːn] 1 (ADJ) [*plant, animal*] marin; [*products*] de la mer 2 (N) fusilier *m* marin; (*US*) marine *m* 3 (COMP) ▸ **marine biology** N océanographie *f* biologique ▸ **marine life** N vie *f* marine

marital ['mærɪtl] (ADJ) conjugal • **~ breakdown** rupture *f* des rapports conjugaux ▸ **marital status** N état *m* civil

maritime ['mærɪtaɪm] (ADJ) maritime

marjoram ['mɑːdʒərəm] (N) marjolaine *f*

mark [mɑːk] 1 (N) ⓐ (*= physical marking*) marque *f*; (*= stain*) tache *f* • **he was found without a ~ on his body** quand on l'a trouvé, son corps ne portait aucune trace de blessure

ⓑ (*= sign*) signe *m* • **as a ~ of respect** en signe de respect • **as a ~ of my gratitude** en témoignage de ma gratitude

ⓒ (*= hallmark*) marque *f* • **it bears the ~(s) of genius** cela porte la marque du génie • **it is the ~ of a good teacher** c'est le signe d'un bon professeur • **to react the way he did was the ~ of a true hero** il s'est montré un véritable héros en réagissant comme il l'a fait • **he has made his ~** il s'est imposé • **to make one's ~ as a politician** s'imposer comme homme politique

ⓓ (*= grade*) note *f* • **good/bad ~** bonne/mauvaise note *f* • **the ~ is out of 20** c'est une note sur 20 • **he got full ~s** (*Brit*) il a eu vingt sur vingt • **full ~s for trying** c'est bien d'avoir essayé • **full ~s for honesty** bravo pour l'honnêteté

ⓔ **on your ~s! (get) set! go!** à vos marques ! prêts ! partez !

ⓕ (*= level*) barre *f* • **the number of unemployed has reached the 2 million ~** le chiffre du chômage a atteint la barre des 2 millions

g (= *brand name*) marque *f*
h (= *oven temperature*) **(gas) ~ 6** thermostat *m* 6
i (= *currency*) mark *m*
j (*set structures*)
▸ **off the mark** **to be off the ~** être loin de la vérité • **it's way off the ~*** c'est complètement à côté de la plaque* • **to be quick off the ~** (= *quick on the uptake*) avoir l'esprit vif; (= *quick in reacting*) avoir des réactions rapides • **to be quick off the ~ in doing sth** ne pas perdre de temps pour faire qch
▸ **on the mark** **to be right on the ~** [*observation*] être très pertinent
▸ **up to the mark** **his work isn't up to the ~** son travail laisse à désirer
2 VT **a** marquer; (= *stain*) tacher • **the accident ~ed him for life** l'accident l'a marqué pour la vie • **they ~ed his grave with a cross** ils ont mis une croix sur sa tombe • **in order to ~ the occasion** pour marquer l'occasion • **this ~s him as a future manager** cela laisse présager pour lui une carrière de cadre • **to ~ time** attendre son heure
b [+ *essay, exam*] corriger • **to ~ sth right/wrong** marquer qch juste/faux
c [+ *price*] indiquer
3 VI se tacher • **this material ~s easily** ce tissu se tache facilement
4 COMP ▸ **mark-up** N (= *increase*) majoration *f* de prix; (= *profit margin*) bénéfice *m*
▸ **mark down** VT SEP **a** (= *write down*) noter **b** [+ *goods*] démarquer **c** [+ *pupil*] baisser la note de
▸ **mark off** VT SEP **a** (= *separate*) [+ *section of text*] délimiter **b** (= *divide by boundary*) délimiter; [+ *distance*] mesurer; [+ *road, boundary*] tracer **c** [+ *items on list*] cocher • **he ~ed the names off** il cochait les noms (sur la liste)
▸ **mark out** VT SEP **a** [+ *zone*] délimiter; [+ *field*] borner; [+ *route*] baliser • **to ~ out a tennis court** tracer les lignes d'un court de tennis **b** (= *single out*) désigner • **he was ~ed out long ago for that job** il y a longtemps qu'on l'avait prévu pour ce poste
▸ **mark up** VT SEP **a** (= *put a price on*) indiquer le prix de **b** (= *increase*) [+ *price*] majorer; [+ *goods*] majorer le prix de **c** [+ *pupil*] gonfler la note de

marked [mɑːkt] ADJ **a** (= *noticeable*) [*improvement, increase*] sensible; [*tendency, difference*] marqué; [*contrast*] frappant; [*accent*] prononcé • **it is becoming more ~** cela s'accentue **b** **to be a ~ man** être un homme marqué

markedly [ˈmɑːkɪdlɪ] ADV sensiblement • **to be ~ better/worse** être nettement mieux/moins bien

marker [ˈmɑːkəʳ] N **a** (= *pen*) marqueur *m* **b** (= *flag, stake*) jalon *m* **c** (= *bookmark*) signet *m* **d** (*Football*) marqueur *m*, -euse *f* • **to shake off one's ~** se démarquer

market [ˈmɑːkɪt] **1** N marché *m* • **to go to ~** aller au marché • **fish ~** marché *m* aux poissons • **free ~** marché *m* libre • **home/world ~** marché *m* intérieur/mondial • **there is a ready ~ for small cars** les petites voitures se vendent bien • **there's no ~ for typewriters** il n'y a pas de marché pour les machines à écrire • **this appeals to the French ~** cela plaît à la clientèle française • **they control 72% of the ~** ils contrôlent 72 % du marché • **to be in the ~ for sth** être acheteur de qch • **to put sth on the ~** mettre qch sur le marché
2 VT (= *promote*) commercialiser; (= *sell*) vendre; (= *find outlet for*) trouver un débouché pour
3 COMP ▸ **market analysis** N analyse *f* de marché ▸ **market-driven** ADJ **a ~-driven product** un produit conçu pour mieux répondre aux besoins du marché ▸ **market economy** N économie *f* de marché ▸ **market forces** NPL forces *fpl* du marché ▸ **market garden** N (*Brit*) jardin *m* maraîcher ▸ **market leader** N leader *m* du marché ▸ **market place** N (= *square*) place *f* du marché • **in the ~ place** (*economic*) sur le marché ▸ **market price** N prix *m* du marché • **at ~ price** au prix courant ▸ **market research** N étude *f* de marché ▸ **market share** N part *f* de marché ▸ **market value** N valeur *f* marchande

marketability [ˌmɑːkɪtəˈbɪlɪtɪ] N possibilité *f* de commercialisation

marketable [ˈmɑːkɪtəbl] ADJ **a** facilement commercialisable **b** [*person*] coté

marketing [ˈmɑːkɪtɪŋ] **1** N marketing *m*; (= *department*) service *m* marketing **2** ADJ [*concept, plan*] de marketing **3** COMP ▸ **marketing department** N service *m* marketing ▸ **marketing manager** N directeur *m*, -trice *f* du marketing ▸ **marketing mix** N marketing mix *m* ▸ **marketing strategy** N stratégie *f* marketing

marketize [ˈmɑːkɪtaɪz] VT convertir en économie de marché

marking [ˈmɑːkɪŋ] **1** N **a** [*of animals, goods*] marquage *m* **b** (*Brit*) (= *correcting*) correction *f* des copies; (= *marks given*) notes *fpl* **c** (*Football*) marquage *m* **2** NPL **markings** (*on animal*) taches *fpl*; (*on road*) signalisation *f* horizontale

marksman [ˈmɑːksmən] N (*pl* **-men**) tireur *m* d'élite

marksmanship [ˈmɑːksmənʃɪp] N adresse *f* au tir

marmalade [ˈmɑːməleɪd] N marmelade *f* (*d'agrumes*)

marmoset [mɑːməˈzet] N marmouset *m*

maroon [məˈruːn] ADJ (= *colour*) bordeaux *inv*

marooned [məˈruːnd] ADJ **to be ~** être abandonné

marquee [mɑːˈkiː] N (= *tent*) grande tente *f*

marquess, marquis [ˈmɑːkwɪs] N marquis *m*

marriage [ˈmærɪdʒ] N mariage *m* (**to** avec) • **to give sb in ~** donner qn en mariage • **civil ~** mariage *m* civil • **they are related by ~** ils sont parents par alliance ▸ **marriage ceremony** N mariage *m* ▸ **marriage certificate** N acte *m* de mariage ▸ **marriage guidance** N conseil *m* conjugal ▸ **marriage guidance counsellor** N conseiller *m*, -ère *f* conjugal(e) ▸ **marriage of convenience** N mariage *m* de convenance ▸ **marriage vows** NPL vœux *mpl* de mariage

> The English word **marriage** has a double **r** whereas the French word **mariage** has only one **r**.

married [ˈmærɪd] ADJ marié (**to** à, avec) • **he is a ~ man** c'est un homme marié • **to be happily ~** être heureux en ménage • **to be ~ to one's job** ne vivre que pour son travail ▸ **married life** N vie *f* conjugale ▸ **married name** N nom *m* de femme mariée

> The French word **marié** has only one **r**.

marrow [ˈmærəʊ] N **a** (*in bone*) moelle *f* • **to be frozen to the ~** être frigorifié **b** (*Brit*) (= *vegetable*) courge *f* • **baby ~** courgette *f*

marrowbone [ˈmærəʊbəʊn] N os *m* à moelle

marry [ˈmærɪ] **1** VT **a** (= *take in marriage*) épouser • **will you ~ me?** veux-tu m'épouser ? • **to get married** se marier • **they've been married for ten years** ils sont mariés depuis dix ans ⓑ (*= give in marriage*) marier • **he has three daughters to ~ (off)** il a trois filles à marier 2 (VI) se marier • **to ~ for money/love** faire un mariage d'argent/d'amour • **to ~ into money** épouser une grosse fortune • **to ~ again** se remarier

> The French word **marier** has only one **r** in the middle.

Mars [mɑːz] (N) (*= planet*) Mars *f*
Marseillaise [ˌmɑːseɪˈjeɪz] (N) Marseillaise *f*
Marseilles [mɑːˈseɪ] (N) Marseille
marsh [mɑːʃ] (N) marais *m*, marécage *m*
marshal [ˈmɑːʃəl] 1 (N) ⓐ (*military*) maréchal *m* ⓑ (*Brit: at demonstration, sports event*) membre *m* du service d'ordre ⓒ (*US*) (*= law officer*) marshal *m* (*magistrat et officier de police fédérale*) 2 (VT) ⓐ [*+ troops*] rassembler; [*+ crowd, traffic*] canaliser • **the police ~led the procession into the town** la police a fait entrer le cortège en bon ordre dans la ville ⓑ [*+ resources*] mobiliser; [*+ support*] obtenir
marshmallow [mɑːʃˈmæləʊ] (N) (*= sweet*) marshmallow *m*
marshy [ˈmɑːʃɪ] (ADJ) marécageux
marsupial [mɑːˈsuːpɪəl] (ADJ, N) marsupial *m*
martial [ˈmɑːʃəl] (ADJ) [*music*] militaire; [*spirit*] guerrier ▸ **martial art** N art *m* martial ▸ **martial law** N loi *f* martiale • **to be under ~ law** être soumis à la loi martiale
Martian [ˈmɑːʃən] (N, ADJ) martien(ne) *m(f)*
martinet [ˌmɑːtɪˈnet] (N) **to be a (real) ~** être impitoyable en matière de discipline
Martinique [ˌmɑːtɪˈniːk] (N) Martinique *f* • **in ~** à la Martinique
martyr [ˈmɑːtəʳ] 1 (N) martyr(e) *m(f)* (**to de**) • **he is a ~ to migraine(s)** ses migraines lui font souffrir le martyre • **don't be such a ~!*** arrête de jouer les martyrs! 2 (VT) martyriser
martyrdom [ˈmɑːtədəm] (N) martyre *m*
marvel [ˈmɑːvəl] 1 (N) (*= thing*) merveille *f* • **the ~s of modern science** les prodiges *mpl* de la science moderne • **it's a ~ of Gothic architecture** c'est un joyau de l'architecture gothique • **it's a ~ that ...** c'est un miracle que ... + *subj* 2 (VI) s'émerveiller (**at** de)
marvellous, marvelous (*US*) [ˈmɑːvələs] (ADJ) merveilleux • **to have a ~ time** s'amuser énormément
Marxism [ˈmɑːksɪzəm] (N) marxisme *m*
Marxist [ˈmɑːksɪst] (ADJ, N) marxiste *mf*
marzipan [ˈmɑːzɪˌpæn] (N) pâte *f* d'amandes
mascara [mæsˈkɑːrə] (N) mascara *m*
mascot [ˈmæskət] (N) mascotte *f*
masculine [ˈmæskjʊlɪn] (ADJ, N) masculin *m*
masculinity [ˌmæskjʊˈlɪnɪtɪ] (N) masculinité *f*
MASH [mæʃ] (N) (*US*) (ABBR OF **mobile army surgical hospital**) unité *f* chirurgicale mobile de campagne
mash [mæʃ] 1 (N) ⓐ (*= pulp*) pulpe *f* ⓑ (*Brit = potatoes*)* purée *f* (de pommes de terre) 2 (VT) écraser; [*+ potatoes*] faire une purée de • **~ed potatoes** purée *f* (de pommes de terre)
mask [mɑːsk] (N) masque *m* ▸ **masked ball** N bal *m* masqué ▸ **masking tape** N ruban *m* de masquage
masochism [ˈmæsəʊkɪzəm] (N) masochisme *m*
masochist [ˈmæsəʊkɪst] (N) masochiste *mf*
masochistic [ˌmæsəʊˈkɪstɪk] (ADJ) masochiste
mason [ˈmeɪsn] (N) ⓐ (*= stoneworker*) maçon *m* ⓑ (*= freemason*) franc-maçon *m*
masonic [məˈsɒnɪk] (ADJ) maçonnique
masonry [ˈmeɪsənrɪ] (N) ⓐ (*= stonework*) maçonnerie *f* ⓑ (*= freemasonry*) franc-maçonnerie *f*
masquerade [ˌmæskəˈreɪd] 1 (N) mascarade *f* 2 (VI) **to ~ as ...** se faire passer pour ...
mass [mæs] 1 (N) ⓐ [*of substance, objects*] masse *f* • **a ~ of daisies** une multitude de pâquerettes • **the great ~ of people** la grande majorité des gens ⓑ (*= people*) **the ~es** les masses (populaires) • **Shakespeare for the ~es** Shakespeare à l'usage des masses ⓒ (*religious*) messe *f* • **to go to ~** aller à la messe
2 (NPL) **masses*** **~es (of ...)** des tas* (de ...)
3 (ADJ) ⓐ [*unemployment, destruction*] massif; [*resignations, redundancies*] en masse; [*hysteria*] collectif ⓑ [*culture, movement*] de masse
4 (VI) [*troops*] se masser; [*clouds*] s'amonceler
5 (COMP) ▸ **mass grave** N charnier *m* ▸ **mass hysteria** N hystérie *f* collective ▸ **mass marketing** N commercialisation *f* de masse ▸ **mass media** NPL (mass-)médias *mpl* ▸ **mass murder** N massacre *m* ▸ **mass murderer** N auteur *m* d'un massacre ▸ **mass-produce** VT fabriquer en série ▸ **mass production** N fabrication *f* en série
Mass. (ABBR OF **Massachusetts**)
massacre [ˈmæsəkəʳ] 1 (N) massacre *m* 2 (VT) massacrer
massage [ˈmæsɑːʒ] 1 (N) massage *m* 2 (VT) [*+ body, face*] masser; [*+ figures*] manipuler
massive [ˈmæsɪv] (ADJ) ⓐ [*explosion, increase*] massif; [*majority*] écrasant; [*heart attack*] foudroyant • **on a ~ scale** à très grande échelle ⓑ (*= huge*)* énorme
massively [ˈmæsɪvlɪ] (ADV) [*reduce*] énormément; [*successful, popular*] extrêmement
mast [mɑːst] (N) mât *m*; (*for radio*) pylône *m* • **the ~s of a ship** la mâture d'un navire
mastectomy [mæˈstektəmɪ] (N) mastectomie *f*
master [ˈmɑːstəʳ] 1 (N) ⓐ [*of household*] maître *m* • **the ~ of the house** le maître de maison • **to be ~ in one's own house** être maître chez soi • **to be one's own ~** être son (propre) maître • **to be (the) ~ of one's destiny** être maître de sa destinée • **he is a ~ of the violin** c'est un virtuose du violon
ⓑ (*= degree*) **a ~'s** ≈ une maîtrise
ⓒ (*in secondary school*)† professeur *m*; (*in primary school*)† maître *m*
ⓓ (*Brit: title for boys*) monsieur *m*
2 (VT) ⓐ [*+ emotion, situation*] maîtriser; [*+ difficulty*] surmonter
ⓑ [*+ language, skill*] maîtriser • **he has ~ed Greek** il maîtrise parfaitement le grec • **he'll never ~ the violin** il ne saura jamais bien jouer du violon • **he has ~ed the trumpet** il est devenu très bon trompettiste
3 (COMP) ▸ **master bedroom** N chambre *f* principale ▸ **master class** N cours *m* de (grand) maître ▸ **master copy** N original *m* ▸ **master disk** N (*Comput*) disque *m* d'exploitation ▸ **master key** N passe-partout *m inv* ▸ **Master of Arts** N ≈ titulaire *mf* d'une maîtrise en lettres → DEGREE ▸ **master of ceremonies** N maître *m* des cérémonies; (*for entertainment*) animateur *m* ▸ **master**

plan N schéma *m* directeur ▸ **master stroke** N coup *m* de maître ▸ **master tape** N bande *f* mère

masterful ['mɑːstəfʊl] ADJ [*person*] à l'autorité naturelle; [*performance*] magistral

masterly ['mɑːstəlɪ] ADJ magistral

mastermind ['mɑːstəmaɪnd] 1 N cerveau *m* 2 VT **he ~ed the whole thing** il était le cerveau derrière l'opération

masterpiece ['mɑːstəpiːs] N chef-d'œuvre *m*

mastery ['mɑːstərɪ] N maîtrise *f*

masthead ['mɑːsthed] N [*of newspaper*] (= *title*) titre *m*; (= *staff etc*) liste *f* des collaborateurs

masturbate ['mæstəbeɪt] VI se masturber

masturbation [ˌmæstə'beɪʃən] N masturbation *f*

mat [mæt] N a (*for floors*) (petit) tapis *m*; (*at door*) paillasson *m*; (*in car, gym*) tapis *m* • **to go to the ~ for sb/to do sth** (*US*) monter au créneau pour qn/pour faire qch
b (*on table*) (*heat-resistant*) dessous-de-plat *m inv*; (= *place mat*) set *m* (de table)

match [mætʃ] 1 N a (*Sport*) match *m* • **to play a ~ against sb** disputer un match contre qn • **international ~** rencontre *f* internationale
b (*for lighting fire*) allumette *f* • **to strike a ~** gratter une allumette • **to put a ~ to sth** mettre le feu à qch
c (= *equal*) égal(e) *m(f)* • **to meet one's ~ (in sb)** trouver à qui parler (avec qn) • **he's no ~ for Paul** il ne fait pas le poids contre Paul
d (= *complement*) **to be a good ~** [*clothes, colours*] aller bien ensemble
e (= *marriage*)† mariage *m* • **he's a good ~ for her** ils vont bien ensemble
2 VT a (= *produce equal to*) **to ~ sb's offer** faire une offre équivalente à celle de qn • **this is ~ed only by ...** cela n'a d'égal que ...
b [*clothes, colours*] (*intended as a set*) être assorti à; (*a good match*) aller bien avec • **his tie doesn't ~ his shirt** sa cravate ne va pas avec sa chemise
c (= *pair off*) **she ~ed her wits against his strength** elle opposait son intelligence à sa force • **they are well ~ed** [*opponents*] ils sont de force égale; [*couple*] ils sont bien assortis
3 VI a [*colours*] aller bien ensemble; [*socks*] faire la paire • **with (a) skirt to ~** avec (une) jupe assortie
b **to ~ up to** (= *be equal to*) égaler • **she doesn't ~ up to her sister in intelligence** elle n'a pas l'intelligence de sa sœur • **he didn't ~ up to his father's expectations** il n'a pas été à la hauteur des espérances de son père
4 COMP ▸ **match day** N jour *m* de match ▸ **match-fixing** N **there were allegations of ~-fixing** selon certains, le match aurait été truqué ▸ **match point** N balle *f* de match

matchbox ['mætʃbɒks] N boîte *f* d'allumettes

matching ['mætʃɪŋ] ADJ assorti • **her ~ blue sweater and skirt** son pull bleu et sa jupe assortie • **a ~ pair** une paire

matchmake* ['mætʃmeɪk] VI jouer les entremetteurs

matchmaker ['mætʃmeɪkəʳ] N entremetteur *m*, -euse *f*

matchstick ['mætʃstɪk] N allumette *f*

mate [meɪt] 1 N a (*Brit* = *friend*)* copain* *m*, copine* *f* • **he's a good ~** c'est un bon copain* b (*at work*) camarade *mf* c [*of animal*] mâle *m*, femelle *f* d (*on ship*) ≈ second *m* e (*Chess*) mat *m* 2 VT a [*animal*] accoupler (**with** à) b (*Chess*) mettre mat 3 VI s'accoupler (**with** à, avec)

material [mə'tɪərɪəl] 1 ADJ a (= *physical*) matériel • **~ evidence** preuves *fpl* matérielles
b (= *relevant*) pertinent (**to sth** pour qch) • **~ witness** témoin *m* de fait
2 N a (= *substance*) substance *f*
b (= *cloth*) tissu *m*
c (= *substances from which product is made*) matériau *m* • **building ~s** matériaux *mpl* de construction • **he's not university ~** il n'est pas capable d'entreprendre des études supérieures
d (= *necessary tools*) matériel *m* • **reading ~** lecture *f*; (*for studies*) ouvrages *mpl* à consulter • **teaching ~(s)** matériel *m* pédagogique
e (= *information*) données *fpl* • **I had all the ~ I needed** j'avais tout ce qu'il me fallait • **reference ~** ouvrages *mpl* de référence
f (= *sth written, composed*) **all his ~ is original** tout ce qu'il écrit (*or* chante *etc*) est original • **an album of original ~** un album de titres inédits • **we cannot publish this ~** nous ne pouvons pas publier ce texte • **I added some new ~** j'ai ajouté des éléments nouveaux • **publicity ~** matériel *m* publicitaire

> The French word **matériel** ends in **-iel** instead of **-ial**.

materialism [mə'tɪərɪəlɪzəm] N matérialisme *m*

materialistic [məˌtɪərɪə'lɪstɪk] ADJ matérialiste

materialize [mə'tɪərɪəlaɪz] VI se matérialiser; [*idea*] prendre forme • **the promised cash didn't ~** l'argent promis ne s'est pas matérialisé • **none of the anticipated difficulties ~d** les difficultés auxquelles on s'attendait ne se sont pas présentées

maternal [mə'tɜːnəl] ADJ maternel

> The French word **maternel** ends in **-el** instead of **-al**.

maternity [mə'tɜːnɪtɪ] N maternité *f* ▸ **maternity benefit** N (*Brit*) allocation *f* de maternité ▸ **maternity clothes** NPL vêtements *mpl* de grossesse ▸ **maternity hospital** N maternité *f* ▸ **maternity leave** N congé *m* de maternité ▸ **maternity pay** N (*Brit*) *salaire versé pendant le congé de maternité* ▸ **maternity ward** N (service *m* d') obstétrique *f*

matey* ['meɪtɪ] ADJ (*Brit*) copain* *m* (copine* *f*) (**with sb** avec qn)

math* [mæθ] N (*US*) (ABBR OF **mathematics**) math(s)* *fpl*

mathematical [ˌmæθə'mætɪkəl] ADJ mathématique • **I haven't got a ~ mind** je n'ai pas l'esprit mathématique

mathematician [ˌmæθəmə'tɪʃən] N mathématicien(ne) *m(f)*

mathematics [ˌmæθə'mætɪks] N mathématiques *fpl*

maths* [mæθs] N (*Brit*) (ABBR OF **mathematics**) math(s)* *fpl*

matinée ['mætɪneɪ] N matinée *f*

mating ['meɪtɪŋ] N accouplement *m* ▸ **mating call** N appel *m* du mâle ▸ **mating season** N saison *f* des amours

matriarchal [ˌmeɪtrɪ'ɑːkl] ADJ matriarcal

m

matrices ['meɪtrɪsiːz] (NPL) *of* **matrix**
matriculation [mə,trɪkjʊ'leɪʃən] 1 (N) (*for university*) inscription *f* 2 (ADJ) [*card, fee*] d'inscription
matrimonial [,mætrɪ'məʊnɪəl] (ADJ) [*problems*] matrimonial; [*law*] sur le mariage • **the ~ home** le domicile conjugal
matrimony ['mætrɪmənɪ] (N) mariage *m*
matrix ['meɪtrɪks] (N) (*pl* **matrices**) matrice *f*
matron ['meɪtrən] 1 (N) ⓐ (= *nurse*) surveillante *f* générale; (*in school*) infirmière *f* ⓑ [*of old people's home*] directrice *f* ⓒ (= *woman*)† matrone† *f* 2 (COMP) ▸ **matron of honour** N dame *f* d'honneur
matronly ['meɪtrənlɪ] (ADJ) [*figure*] imposant; [*manner, clothes*] de matrone
matt, matte [mæt] (ADJ) mat ▸ **matt emulsion** N peinture *f* mate ▸ **matt photograph** N photo *f* sur papier mat
matted ['mætɪd] (ADJ) [*hair*] emmêlé
matter ['mætəʳ] 1 (N) ⓐ (= *physical substance*) matière *f* • **vegetable/inanimate ~** matière *f* végétale/inanimée
ⓑ (= *content*) contenu *m* • **~ and form** le fond et la forme
ⓒ (= *affair*) affaire *f* • **the ~ in hand** l'affaire en question • **the ~ is closed** l'affaire est close • **for that ~** d'ailleurs • **there's the ~ of my expenses** il y a la question de mes frais • **it is a ~ of great concern** c'est extrêmement inquiétant • **it took a ~ of days** cela a été l'affaire de quelques jours • **as a ~ of course** automatiquement • **as a ~ of fact** en fait • **it's a ~ of life and death** c'est une question de vie ou de mort • **that's a ~ of opinion!** c'est discutable ! • **it is only a ~ of time** ce n'est qu'une question de temps
ⓓ (= *importance*) **no ~!** peu importe ! • **it must be done, no ~ how** cela doit être fait par n'importe quel moyen • **no ~ when he comes** quelle que soit l'heure à laquelle il arrive • **no ~ what he says** quoi qu'il dise • **no ~ where/who** où/qui que ce soit
ⓔ (= *problem*) **what's the ~?** qu'est-ce qu'il y a ? • **what's the ~ with him?** qu'est-ce qu'il a ? • **what's the ~ with your hand?** qu'est-ce que vous avez à la main ? • **what's the ~ with trying to help him?** quel inconvénient y a-t-il à ce qu'on l'aide ? • **there's something the ~ with the engine** il y a quelque chose qui ne va pas dans le moteur • **as if nothing was the ~** comme si de rien n'était • **nothing's the ~*** il n'y a rien • **there's nothing the ~ with that idea** il n'y a rien à redire à cette idée
2 (VI) importer (**to** à) • **it doesn't ~** ça ne fait rien • **it doesn't ~ whether ...** cela ne fait rien si ... • **it doesn't ~ who/where** peu importe la personne/l'endroit • **what does it ~?** qu'est-ce que cela peut faire ? • **why should it ~ to me?** pourquoi est-ce que cela me ferait quelque chose ? • **some things ~ more than others** il y a des choses qui importent plus que d'autres • **nothing else ~s** le reste n'a aucune importance 3 (COMP) ▸ **matter-of-fact** ADJ [*tone*] neutre; [*style*] prosaïque; [*attitude, person*] terre à terre
matting ['mætɪŋ] (N) nattes *fpl*
mattress ['mætrɪs] (N) matelas *m* ▸ **mattress protector** N protège-matelas *m inv*
maturation [,mætjʊə'reɪʃən] (N) maturation *f*; [*of whisky*] vieillissement *m*
mature [mə'tjʊəʳ] 1 (ADJ) mûr; [*wine*] vieux; [*cheese*] affiné; [*investment*] échu 2 (VT) faire mûrir 3 (VI) [*person*] mûrir; [*wine*] vieillir; [*cheese*] s'affiner; [*investment*] arriver à échéance 4 (COMP) ▸ **mature student** N étudiant(e) *m(f)* de plus de 26 ans (*ou de 21 ans dans certains cas*)
maturity [mə'tjʊərɪtɪ] (N) maturité *f*
maudlin ['mɔːdlɪn] (ADJ) larmoyant • **to get ~ about sth** devenir excessivement sentimental à propos de qch
maul [mɔːl] (VT) ⓐ (= *attack*) mutiler; (*fatally*) déchiqueter ⓑ (= *manhandle*) malmener ⓒ (*sexually*)* tripoter • **stop ~ing me!** arrête de me tripoter !
Maundy Thursday [,mɔːndɪ'θɜːzdɪ] (N) jeudi *m* saint
Mauritius [mə'rɪʃəs] (N) île *f* Maurice • **in ~** à l'île Maurice
mausoleum [,mɔːsə'lɪəm] (N) mausolée *m*
mauve [məʊv] (ADJ, N) mauve *m inv*
maverick ['mævərɪk] 1 (N) (= *person*) franc-tireur *m* (*fig*) 2 (ADJ) non-conformiste
mawkish ['mɔːkɪʃ] (ADJ) (= *sentimental*) mièvre
max* [mæks] (ABBR OF **maximum**) 1 (ADV) max* • **a couple of weeks, ~** quinze jours, max* 2 (N) max* *m* • **to do sth to the ~** faire qch à fond
maxim ['mæksɪm] (N) maxime *f*
maximization [,mæksɪmaɪ'zeɪʃən] (N) optimisation *f*
maximize ['mæksɪmaɪz] (VT) optimiser
maximum ['mæksɪməm] 1 (N) maximum *m* • **a ~ of $8** 8 dollars au maximum • **to the ~** à fond 2 (ADJ) maximum • **~ security prison** prison *f* de haute sécurité • **~ speed** vitesse *f* maximale • **~ temperatures** températures *fpl* maximales 3 (ADV) (au) maximum • **twice a week ~** deux fois par semaine (au) maximum
May [meɪ] (N) mai *m* ▸ **May Day** N Premier Mai *m* (*fête du Travail*) • **on ~ Day** le Premier Mai → **September**

> The months in French are not spelt with a capital letter.

may [meɪ] (MODAL VERB) ⓐ (= *might*)

> When **may** expresses present, future or past possibility, it is often translated by **peut-être**, with the appropriate tense of the French verb.

• **you ~ be making a big mistake** tu es peut-être en train de faire une grosse erreur • **he ~ arrive late** il arrivera peut-être en retard • **I ~ have left it behind** je l'ai peut-être oublié • **a vegetarian diet ~ not provide enough iron** il se peut qu'un régime végétarien soit trop pauvre en fer • **it ~ rain later** il se peut qu'il pleuve plus tard • **be that as it ~** quoi qu'il en soit
▸ **may as well one ~ as well say £5 million** autant dire 5 millions de livres • **I ~ as well tell you all about it** je ferais aussi bien de tout vous dire • **you ~ as well leave now** vous feriez aussi bien de partir tout de suite
▸ **may well this ~ well be his last chance** c'est peut-être sa dernière chance • **that ~ well be so** c'est bien possible • **one ~ well ask if this is a waste of money** on est en droit de se demander si c'est une dépense inutile
ⓑ (= *can*) pouvoir • **the sleeping bag ~ be used as a bedcover** le sac de couchage peut servir de couvre-lit • **you ~ go now** vous pouvez partir • **~ I interrupt for a moment?** je peux vous interrompre une seconde ? • **~ I tell her now? — you ~ as well** est-ce que je peux le lui dire maintenant ? — après tout, pourquoi pas ? • **~ I help you?** est-ce que je peux vous aider ?; (*in shop*)

vous désirez ? • ~ I? vous permettez ?
ⓒ (*in prayers, wishes*) ~ **he rest in peace** qu'il repose en paix

maybe ['meɪbi:] (ADV) peut-être • ~ **he'll be there** il y sera peut-être • ~, ~ **not** peut-être que oui, peut-être que non

mayday ['meɪdeɪ] (N) SOS *m*

mayfly ['meɪflaɪ] (N) éphémère *f*

mayhem ['meɪhem] (N) (= *havoc*) pagaille* *f*

mayo* ['meɪəʊ] (N) (*US*) (ABBR OF **mayonnaise**)

mayonnaise [ˌmeɪə'neɪz] (N) mayonnaise *f*

mayor [mɛəʳ] (N) maire *m*

mayoress ['mɛəres] (N) ⓐ (= *female mayor*) maire *m* ⓑ (= *wife of mayor*) femme *f* du maire

maypole ['meɪpəʊl] (N) mât *m* de cocagne

maze [meɪz] (N) labyrinthe *m*

MB [em'bi:] ⓐ (N) (ABBR OF **megabyte**) Mo ⓑ (ABBR OF **Manitoba**)

MBA ['embi:'eɪ] (N) (ABBR OF **Master of Business Administration**) *mastère de gestion*

MC [em'si:] (N) ⓐ (ABBR OF **Master of Ceremonies**) ⓑ (*US*) (ABBR OF **Member of Congress**)

m-commerce ['emˌkɒmɜ:s] (N) m-commerce *m*

MD [em'di:] (N) ⓐ (*Univ*) (ABBR OF **Doctor of Medicine**) → **medicine** ⓑ (*Brit*) (ABBR OF **Managing Director**) PDG *m* ⓒ (*Music*) (ABBR OF **minidisc**) MD *m*

Md. (ABBR OF **Maryland**)

ME [ˌem'i:] (N) (ABBR OF **myalgic encephalomyelitis**) syndrome *m* de la fatigue chronique

me [mi:] **1** (PERS PRON) ⓐ (*direct*) (*unstressed*) me; (*before vowel or silent "h"*) m'; (*stressed*) moi • **he can see me** il me voit • **he saw me** il m'a vu • **you don't like jazz? Me, I love it*** tu n'aimes pas le jazz ? Moi, j'adore
ⓑ (*indirect*) me, moi; (*before vowel or silent "h"*) m' • **he gave me the book** il m'a donné le livre
ⓒ (*after preposition etc*) moi • **give it to me** donnez-le-moi • **he was speaking to me** il me parlait • **I'll take it with me** je l'emporterai avec moi • **it's me** c'est moi • **you're smaller than me** tu es plus petit que moi • **if you were me** à ma place
2 (N) (*Music*) mi *m*
3 (COMP) ▸ **me time** N temps *m* à soi (*or* moi)

Me. (ABBR OF **Maine**)

mead [mi:d] (N) (= *drink*) hydromel *m*

meadow ['medəʊ] (N) pré *m*

meagre, meager (*US*) ['mi:gəʳ] (ADJ) maigre *before n*

meal [mi:l] **1** (N) ⓐ (= *food*) repas *m* • **to have a** ~ prendre un repas • **to have a good** ~ bien manger • **we had a** ~ **at the Sea Crest Hotel** nous avons déjeuné (*or* dîné) au Sea Crest Hotel • **midday** ~ déjeuner *m* • **evening** ~ dîner *m* • **to make a** ~ **of sth*** faire tout un plat de qch*
ⓑ (= *flour*) farine *f*
2 (COMP) ▸ **meals on wheels** NPL *repas livrés à domicile aux personnes âgées ou handicapées* ▸ **meal ticket** N ticket-repas *m*; (= *job*)* gagne-pain *m inv* • **she's your** ~ **ticket** sans elle tu crèverais de faim*

mealtime ['mi:ltaɪm] (N) heure *f* du repas • **at** ~**s** aux heures des repas

mealy ['mi:lɪ] (ADJ) farineux ▸ **mealy-mouthed** ADJ **to be** ~**-mouthed** tourner autour du pot*

mean [mi:n] **1** (VT) (*pret, ptp* **meant**) ⓐ (= *signify*) vouloir dire • **what do you** ~ **(by that)?** que voulez-vous dire (par là) ? • **see what I** ~**?*** tu vois ce que je veux dire ? • **the name** ~**s nothing to me** ce nom ne me dit rien • **the play didn't** ~ **a thing to her** la pièce n'avait aucun sens pour elle • **what does this** ~**?** qu'est-ce que cela veut dire ? • **it** ~**s he won't be coming** cela veut dire qu'il ne viendra pas • **this** ~**s war** c'est la guerre à coup sûr • **it will** ~ **a lot of expense** cela entraînera beaucoup de dépenses • **a pound** ~**s a lot to him** une livre représente une grosse somme pour lui • **don't I** ~ **anything to you at all?** je ne suis donc rien pour toi ? • **you** ~ **everything to me** tu es tout pour moi • **money doesn't** ~ **happiness** l'argent ne fait pas le bonheur • **you don't really** ~ **that?** vous n'êtes pas sérieux ? • **he said it as if he meant it** il n'avait pas l'air de plaisanter
ⓑ (= *intend*) avoir l'intention (**to do sth** de faire qch) • **I meant to come yesterday** j'avais l'intention de venir hier • **I didn't** ~ **to break it** je n'ai pas fait exprès de le casser • **I didn't** ~ **to!** je ne l'ai pas fait exprès ! • **I touched it without** ~**ing to** je l'ai touché sans le vouloir • **I** ~ **to succeed** j'ai bien l'intention de réussir • **I'm sure he didn't** ~ **it** je suis sûr que ce n'était pas intentionnel • **he didn't** ~ **anything by it** (*referring to an action*) il l'a fait sans penser à mal; (*referring to a comment*) il l'a dit sans penser à mal • **I meant it as a joke** c'était pour rire • **she** ~**s well** cela part d'un bon sentiment • **he meant you when he said ...** c'est à vous qu'il faisait allusion lorsqu'il disait ... • **that book is meant for children** ce livre est destiné aux enfants • **it was meant to be** le destin en avait décidé ainsi • **this portrait is meant to be Anne** ce portrait est censé représenter Anne • **it's meant to be good** c'est censé être bien
2 (N) (= *middle term*) milieu *m*; (*mathematical*) moyenne *f*
3 (ADJ) ⓐ (= *average*) moyen
ⓑ (*Brit*) (= *stingy, unpleasant*) mesquin • ~ **with one's money** avare • **don't be so** ~**!** ne sois pas si radin !* • **a** ~ **trick** un sale tour • **that was** ~ **of them** c'était mesquin de leur part
ⓒ (*US*) [*horse, dog*]* vicieux
ⓓ (= *inferior*) **he's no** ~ **singer** c'est un chanteur de talent • **it was no** ~ **feat** cela a été un véritable exploit
ⓔ (= *excellent*)* super* • **she plays a** ~ **game of tennis** elle joue super* bien au tennis
4 (COMP) ▸ **mean-spirited** ADJ mesquin

meander [mɪ'ændəʳ] **1** (VI) ⓐ [*river*] serpenter ⓑ [*person*] flâner **2** (N) méandre *m*

meandering [mɪ'ændərɪŋ] (ADJ) ⓐ [*river, path*] sinueux ⓑ [*speech*] plein de méandres

meaning ['mi:nɪŋ] (N) sens *m*, signification *f* • **literal** ~ sens *m* propre • **what is the** ~ **of this word?** quel est le sens de ce mot ? • **he doesn't know the** ~ **of the word "fear"** il ne sait pas ce que le mot « peur » veut dire • **she doesn't know the** ~ **of love** elle ne sait pas ce qu'est l'amour

meaningful ['mi:nɪŋfʊl] (ADJ) [*relationship, discussion*] sérieux; [*experience*] important; [*look, smile*] éloquent

meaningless ['mi:nɪŋlɪs] (ADJ) ⓐ [*words, song, action, gesture*] dénué de sens • **to be** ~ **(to sb)** ne rien vouloir dire (pour qn) ⓑ [*existence*] futile; [*suffering*] vain

meanness ['mi:nnɪs] (N) ⓐ (= *stinginess*) mesquinerie *f* ⓑ (= *unkindness*) méchanceté *f* • ~ **of spirit** mesquinerie *f* ⓒ (*US*) (= *viciousness*)* comportement *m* sauvage

means [mi:nz] **1** (N) ⓐ (= *way*) moyen(s) *m(pl)* • **to find the** ~ **to do** *or* **of doing sth** trouver le(s) moyen(s) de faire qch • **the only** ~ **of contacting him is ...** le seul moyen de le joindre, c'est ... • **the** ~ **to an end** le moyen d'arriver

à ses fins • **by all ~!** (*= of course*) mais certainement! • **by no ~** nullement • **she is by no ~ stupid** elle est loin d'être stupide
▸ **by means of ...** au moyen de ... • **by ~ of hard work** à force de travail
ⓑ (*= wealth*) moyens *mpl* • **he is a man of ~** il a de gros moyens* • **to live within one's ~** vivre selon ses moyens
2 COMP ▸ **means-test** VT **to ~-test sb** examiner les ressources de qn (*avant d'accorder certaines prestations sociales*) • **the grant is not ~-tested** cette allocation ne dépend pas des ressources familiales (*or* personnelles)

meant [ment] VB *pt, ptp of* **mean**

meantime ['mi:ntaɪm], **meanwhile** ['mi:nwaɪl] ADV (**in the**) ~ en attendant, pendant ce temps

measles ['mi:zlz] N rougeole *f*

measly* ['mi:zlɪ] ADJ misérable • **a ~ £5!** 5 misérables livres!

measurable ['meʒərəbl] ADJ mesurable

measure ['meʒə^r] 1 N ⓐ mesure *f*; [*of alcohol*] dose *f* • **for good ~** pour faire bonne mesure • **made to ~** fait sur mesure • **liquid ~** mesure *f* de capacité pour les liquides • **it had a ~ of success** cela a eu un certain succès
ⓑ (*= gauge*) **to be the ~ of sth** donner la mesure de qch • **this exam is just a ~ of how you're getting on** cet examen sert simplement à évaluer votre progression
ⓒ (*= step*) mesure *f* • **drastic/precautionary ~s** mesures *fpl* draconiennes/de précaution • **to take ~s against** prendre des mesures contre • **~s aimed at building confidence between states** des mesures *fpl* visant à créer un climat de confiance entre États
2 VT mesurer; [*+ success, performance*] évaluer • **to ~ the height of sth** mesurer la hauteur de qch • **to be ~d for a dress** faire prendre ses mesures pour une robe • **what does it ~?** quelles sont ses dimensions? • **the room ~s 4 metres across** la pièce fait 4 mètres de large • **to be ~d against** être comparé à • **to ~ one's strength against sb** se mesurer à qn
3 COMP ▸ **measuring jug** N pot *m* gradué ▸ **measuring tape** N centimètre *m*
▸ **measure out** VT SEP mesurer
▸ **measure up** 1 VT SEP [*+ wood*] mesurer; [*+ person*] jauger 2 VI (*= be adequate*) être à la hauteur
▸ **measure up to** VT INSEP [*+ task*] être à la hauteur de • **he doesn't ~ up to her** il ne soutient pas la comparaison avec elle

measured ['meʒəd] ADJ [*pace, statement*] modéré • **to make a ~ response to sth** réagir de façon modérée à qch • **to speak in ~ tones** parler d'un ton mesuré

measurement ['meʒəmənt] N **~s** mesures *fpl* • **to take the ~s of a room** prendre les mesures d'une pièce • **what are your ~s?** quelles sont vos mesures?

meat [mi:t] N viande *f* • **cold ~** viande *f* froide • **~ and two veg*** de la viande avec des pommes de terre et un légume • **this is ~ and drink to them** ils se régalent (*fig*) • **there's not much ~ on her*** elle n'est pas bien grosse • (PROV) **one man's ~ is another man's poison** le malheur des uns fait le bonheur des autres (PROV) ▸ **meat-eater** N (*= animal*) carnivore *m* • **he's a big ~-eater** c'est un gros mangeur de viande ▸ **meat hook** N crochet *m* de boucherie ▸ **meat loaf** N pain *m* de viande

meatball ['mi:tbɔ:l] N boulette *f* de viande

meaty ['mi:tɪ] ADJ ⓐ [*flavour*] de viande; [*sauce, stock*] à base de viande • **a ~ sauce** une sauce qui contient beaucoup de viande • **to have a ~ texture** avoir la consistance de la viande ⓑ [*legs*] gros (grosse *f*) *before n* ⓒ [*book, role*] substantiel

Mecca ['mekə] N La Mecque *f* • **a ~ for Japanese tourists** la Mecque des touristes japonais

mechanic [mɪ'kænɪk] N mécanicien *m*, -ienne *f*

mechanical [mɪ'kænɪkəl] 1 ADJ ⓐ [*device, problem*] mécanique • **a ~ failure** une panne ⓑ **their prayers are ~ repetition** leurs prières sont des répétitions mécaniques • **his dancing is ~** il danse d'une manière guindée 2 COMP ▸ **mechanical drawing** N dessin *m* à l'échelle ▸ **mechanical engineering** N (*= theory*) mécanique *f*; (*= practice*) construction *f* mécanique

> The French word **mécanique** has no **h**.

mechanically [mɪ'kænɪkəlɪ] ADV ⓐ [*operate, work, harvest*] mécaniquement • **to be ~ minded** *or* **inclined** avoir le sens de la mécanique ⓑ (*= unthinkingly*) [*eat, drink, say, reply, shake hands*] machinalement, mécaniquement

> The French word **mécaniquement** has no **h**.

mechanics [mɪ'kænɪks] 1 N (*= science*) mécanique *f* 2 NPL mécanisme *m* • **the ~ of government** les mécanismes *mpl* du gouvernement

mechanism ['mekənɪzəm] N mécanisme *m* • **defence ~** mécanisme *m* de défense

mechanization [,mekənaɪ'zeɪʃən] N mécanisation *f*

mechanize ['mekənaɪz] VT mécaniser

MEd [em'ed] N (ABBR OF **Master of Education**) ≈ CAPES *m*

Med* [med] N **the ~** (*= sea*) la Méditerranée; (*= region*) région *f* méditerranéenne

medal ['medl] N médaille *f* • **athletics ~** médaille *f* d'athlétisme

medallion [mɪ'dæljən] N médaillon *m*

> The French word **médaillon** has an **i** before the double **l**, not after as in English.

medallist, medalist (US) ['medəlɪst] N médaillé(e) *m(f)* • **he's a silver ~** il est médaillé d'argent

meddle ['medl] VI ⓐ (*= interfere*) se mêler (**in** de) • **stop meddling!** cesse de te mêler de ce qui ne te regarde pas! ⓑ (*= tamper*) toucher (**with** à)

meddlesome ['medlsəm], **meddling** ['medlɪŋ] ADJ [*person*] indiscret

media ['mi:dɪə] 1 NPL **the ~** les médias *mpl* • **the ~ have welcomed her visit** les médias ont salué sa visite • **the government's restrictions on the ~** les restrictions que le gouvernement a imposées aux médias 2 COMP [*attention, reaction*] des médias; [*coverage*] médiatique ▸ **media circus*** N cirque *m* médiatique ▸ **media star** N vedette *f* des médias ▸ **media studies** NPL études *fpl* de communication

median ['mi:dɪən] 1 ADJ médian 2 N médiane *f* 3 COMP ▸ **median strip** N (US) (*on motorway*) terre-plein *m* central

mediate ['mi:dɪeɪt] 1 VI servir d'intermédiaire 2 VT [*+ peace, settlement*] obtenir par médiation; [*+ dispute*] arbitrer

mediation [,mi:dɪ'eɪʃən] N médiation *f* • **through the ~ of sb** par l'entremise *f* de qn

mediator ['mi:dɪeɪtə^r] N médiateur *m*, -trice *f*

medic* ['medɪk] (N) (*= student*) étudiant(e) *m(f)* en médecine; (*= doctor*) toubib* *m*
Medicaid ['medɪ,keɪd] (N) (*US*) Medicaid *m*

> **MEDICAID, MEDICARE**
> **Medicaid** est un organisme américain, administré conjointement par le gouvernement fédéral et par les États, qui prend en charge les traitements hospitaliers et les soins médicaux des personnes de moins de 65 ans vivant en dessous du seuil de pauvreté officiel.
> **Medicare** est un régime d'assurance maladie, financé par le gouvernement fédéral, qui prend en charge une partie des coûts d'hospitalisation et de traitement des personnes âgées de plus de 65 ans, des insuffisants rénaux et de certains handicapés. Toute personne non couverte par **Medicare** ou **Medicaid** doit prendre en charge personnellement ses soins de santé par le biais d'une assurance maladie privée.

medical ['medɪkəl] (ADJ) médical • **seek ~ advice** consultez un médecin ▸ **medical board** N commission *f* médicale, conseil *m* de santé ▸ **medical care** N soins *mpl* médicaux ▸ **medical doctor** N docteur *m* en médecine ▸ **medical examination** N (*in hospital, school*) visite *f* médicale; (*private*) examen *m* médical ▸ **medical examiner** N (*US*) médecin *m* légiste ▸ **medical history** N (*= record*) dossier *m* médical; (*= background*) antécédents *mpl* médicaux ▸ **medical insurance** N assurance *f* maladie ▸ **medical officer** N médecin *m* du travail ▸ **the medical profession** N (*= personnel*) le corps médical ▸ **the Medical Research Council** N (*Brit*) *organisme d'aide à la recherche médicale* ▸ **medical school** N faculté *f* de médecine ▸ **medical student** N étudiant(e) *m(f)* en médecine
medicalize ['medɪkə,laɪz] (VT) médicaliser
Medicare ['medɪkɛəʳ] (N) (*US*) Medicare *m* → MEDICAID, MEDICARE
medicated ['medɪkeɪtɪd] (ADJ) [*shampoo*] traitant
medication [,medɪ'keɪʃən] (N) médication *f*
medicinal [me'dɪsɪnl] (ADJ) [*plant, value*] médicinal; [*property, quality*] thérapeutique • **for ~ purposes** à des fins thérapeutiques
medicine ['medsn, 'medɪsn] 1 (N) ⓐ (*= science*) médecine *f* • **to study ~** faire médecine • **Doctor of Medicine** docteur *m* en médecine ⓑ (*= drug*) médicament *m* • **it's a very good ~ for colds** c'est un excellent remède contre les rhumes • **let's give him a taste of his own ~** on va lui rendre la monnaie de sa pièce 2 (COMP) ▸ **medicine cabinet** N (armoire *f* à) pharmacie *f* ▸ **medicine man** N (*pl* **medicine men**) sorcier *m* guérisseur

> ✎ The French word **médecine** has an **e** in the middle whereas the Engish word has an **i**.

medieval [,medɪ'i:vəl] (ADJ) ⓐ médiéval • **~ Europe** l'Europe *f* médiévale ⓑ (*= primitive*) moyenâgeux (*pej*)
mediocre [,mi:dɪ'əʊkəʳ] (ADJ) médiocre
mediocrity [,mi:dɪ'ɒkrɪtɪ] (N) médiocrité *f*
meditate ['medɪteɪt] (VI) méditer (**about** sur)
meditation [,medɪ'teɪʃən] (N) méditation *f* (**about** sur)
Mediterranean [,medɪtə'reɪnɪən] 1 (ADJ) [*coast, climate, diet*] méditerranéen; [*island*] de la Méditerranée • **the ~ Sea** la mer Méditerranée • **~ people** les Méditerranéens *mpl* 2 (N) ⓐ **the ~** (*= sea*) la Méditerranée; (*= region*) la région méditerranéenne ⓑ (*= person*) méditerranéen(ne) *m(f)*
medium ['mi:dɪəm] 1 (N) (*pl* **media**) ⓐ moyen *m* • **through the ~ of the press** par voie de presse • **advertising ~** support *m* publicitaire • **English is the ~ of instruction** l'anglais est la langue d'enseignement ⓑ (*= mid-point*) milieu *m* • **the happy ~** le juste milieu ⓒ (*pl* **mediums**) (*spiritual*) médium *m* 2 (ADJ) moyen 3 (COMP) ▸ **medium-dry** ADJ [*wine, sherry, cider*] demi-sec ▸ **medium range missile** N missile *m* à moyenne portée ▸ **medium rare** ADJ [*steaks*] à point ▸ **medium-sized** ADJ de taille moyenne ▸ **medium-sweet** ADJ [*wine, sherry, cider*] demi-doux ▸ **medium-term** ADJ à moyen terme ▸ **medium-wave** ADJ sur ondes moyennes
medley ['medlɪ] (N) mélange *m*; [*of music*] pot-pourri *m* • **400 metres ~** (*Swimming*) le 400 mètres quatre nages
meek [mi:k] (ADJ) [*person*] docile • **~ and mild** doux et docile
meet [mi:t] (*vb: pret, ptp* **met**) 1 (VT) ⓐ [*+ person*] (*by chance*) rencontrer; (*coming in opposite direction*) croiser; (*by arrangement*) retrouver; (*= go to meet*) aller chercher; (*= come to meet*) venir chercher • **to arrange to ~ sb at 3 o'clock** donner rendez-vous à qn à 3 heures • **I'll ~ you outside the cinema** je te retrouve devant le cinéma • **he went to ~ them** il est allé à leur rencontre • **I'm due back at 10 o'clock, can you ~ me off the plane?** je reviens à 10 heures, peux-tu venir me chercher ?
ⓑ (*= make acquaintance of*) faire la connaissance de • **pleased to ~ you** enchanté de faire votre connaissance
ⓒ (*= encounter*) [*+ opponent, obstacle*] rencontrer; [*+ danger*] faire face à • **he met his death in 1880** il trouva la mort en 1880 • **I met his eye** mon regard rencontra le sien • **I dared not ~ her eye** je n'osais pas la regarder en face • **there's more to this than ~s the eye** il y a anguille sous roche
ⓓ [*+ expenses*] régler; [*+ responsibilities*] faire face à, s'acquitter de; [*+ objective*] atteindre; [*+ demand*] répondre à; [*+ condition*] remplir • **to ~ the deadline** respecter les délais • **to ~ the payments on a washing machine** payer les traites d'une machine à laver • **this ~s our requirements** cela correspond à nos besoins • **it did not ~ our expectations** nous n'en avons pas été satisfaits
2 (VI) ⓐ [*people*] (*by chance*) se rencontrer; (*by arrangement*) se retrouver; (*more than once*) se voir; (*= become acquainted*) faire connaissance • **to ~ again** se revoir • **have you met before?** vous vous connaissez ? • **they arranged to ~ at 10 o'clock** ils se sont donné rendez-vous à 10 heures
ⓑ [*parliament, committee*] se réunir
ⓒ [*lines, roads*] se croiser; [*rivers*] confluer • **our eyes met** nos regards se croisèrent
3 (N) ⓐ (*= sporting event*) meeting *m*
ⓑ (*Brit = hunt*) rendez-vous *m* de chasse (*au renard*)
4 (COMP) ▸ **meet-up** N rencontre *f*
▸ **meet up** VI (*by chance*) se rencontrer; (*by arrangement*) se retrouver • **to ~ up with sb** retrouver qn
▸ **meet with** VT INSEP ⓐ [*+ difficulties, resistance, obstacles*] rencontrer • **he met with an accident** il lui est arrivé un accident • **this suggestion was met with angry protests** de vives protestations ont accueilli cette suggestion • **this met with no response** il n'y a pas eu de réponse ⓑ (*US*) [*+ person*] (*by chance*) rencontrer; (*by arrangement*) retrouver

m

meeting ['mi:tɪŋ] 1 N a [*of group*] réunion *f* • **business ~** réunion *f* • **he's in a ~** il est en réunion • **I've got ~s all afternoon** je suis pris par des réunions tout l'après-midi • **to call a ~ to discuss sth** convoquer une réunion pour débattre qch b (*between individuals*) rencontre *f*; (*arranged*) rendez-vous *m*; (*formal*) entrevue *f* • **he had a ~ with the ambassador** il a eu une entrevue avec l'ambassadeur
2 COMP ▸ **meeting place** N lieu *m* de réunion

mega* ['megə] ADJ hypergénial*

megabit ['megəbɪt] N mégabit *m*

megabyte ['megə,baɪt] N méga-octet *m*, Mo *m*

megahertz ['megə,hɜ:ts] N (*pl* **megahertz**) mégahertz *m*

megalomania [,megələʊ'meɪnɪə] N mégalomanie *f*

megalomaniac [,megələʊ'meɪnɪæk] ADJ, N mégalomane *mf*

megaphone ['megəfəʊn] N mégaphone *m*

megapixel ['megəpɪksl] N mégapixel *m*

megastore ['megə,stɔ:ʳ] N mégastore *m*

megawatt ['megəwɒt] N mégawatt *m*

meh* [me, mə] EXCL bof!* ADJ bof* • **the party was a bit ~** la soirée était un peu bof*

melancholy ['melənkəlɪ] 1 N mélancolie *f* 2 ADJ mélancolique • **to be in a ~ mood** être d'humeur mélancolique

melanin ['melənɪn] N mélanine *f*

melanoma [,melə'nəʊmə] N mélanome *m*

melee, mêlée ['meleɪ] N mêlée *f*

mellow ['meləʊ] 1 ADJ a (= *soft*) doux (douce *f*); [*wine, flavour*] moelleux b (= *relaxed*)* relax* *inv* 2 VT [+ *wine*] donner du moelleux à; [+ *person*] adoucir • **the years have ~ed him** il s'est adouci avec les années 3 VI [*wine*] se velouter; [*voice, person*] s'adoucir

melodic [mɪ'lɒdɪk] ADJ (= *melodious*) mélodieux

melodious [mɪ'ləʊdɪəs] ADJ mélodieux

melodrama ['meləʊ,drɑ:mə] N mélodrame *m*

melodramatic [,meləʊdrə'mætɪk] 1 ADJ mélodramatique 2 NPL **melodramatics** mélo* *m* • **I've had enough of your ~s** j'en ai assez de ton cinéma*

melody ['melədɪ] N mélodie *f*

melon ['melən] N melon *m*

melt [melt] 1 VI a [*ice, butter*] fondre • **her heart ~ed with pity** elle fondit devant ce spectacle • **one colour ~ed into another** les couleurs se fondaient les unes dans les autres • **he looks as if butter wouldn't ~ in his mouth** on lui donnerait le bon Dieu sans confession* b (= *be too hot*) **to be ~ing*** être en nage
2 VT [+ *butter*] (faire) fondre; [+ *metal*] fondre • **to ~ sb's heart** attendrir qn • **~ed butter** beurre *m* fondu
3 COMP ▸ **melting point** N point *m* de fusion ▸ **melting pot** N melting-pot *m* • **the country was a ~ing pot of many nationalities** ce pays a été un melting-pot
▸ **melt away** VI [*confidence*] disparaître; [*crowd*] se disperser
▸ **melt down** VT SEP fondre

meltdown ['meltdaʊn] N fusion *f* (*du cœur d'un réacteur nucléaire*)

member ['membəʳ] 1 N membre *m* • **"~s only"** « réservé aux adhérents » • **a ~ of the audience** un membre de l'assistance; (= *hearer*) un auditeur; (= *spectator*) un spectateur • **they treated her like a ~ of the family** ils l'ont traitée comme un membre de la famille • **a ~ of staff** (*in school*) un professeur; (*in firm*) un(e) employé(e) *m(f)* ▸ **member of the public** **a ~ of the public reported the incident** quelqu'un a signalé cet incident à la police • **five ~s of the public were injured during the riots** cinq civils ont été blessés pendant les émeutes • **"not open to ~s of the public"** « interdit au public »
2 COMP ▸ **Member of Congress** N (*US*) membre *m* du Congrès ▸ **Member of Parliament** N (*Brit*) ≈ député *m* ▸ **Member of the European Parliament** N (*Brit*) député *m* européen ▸ **member states** NPL États *mpl* membres

membership ['membəʃɪp] 1 N a adhésion *f* • **Britain's ~ of the EU** l'appartenance *f* de la Grande-Bretagne à l'UE • **when I applied for ~ of the club** quand j'ai fait ma demande d'adhésion au club b (= *number of members*) **this society has a ~ of over 800** cette société a plus de 800 membres 2 COMP ▸ **membership card** N carte *f* d'adhérent ▸ **membership fee** N cotisation *f*

membrane ['membreɪn] N membrane *f*

meme [mi:m] N mème *m*

memento [mə'mentəʊ] N (= *keepsake*) souvenir *m* • **as a ~ of** en souvenir de

memo ['meməʊ] N note *f* (de service) ▸ **memo pad** N bloc-notes *m*

memoir ['memwɑ:ʳ] 1 N (= *essay*) mémoire *m* (**on** sur); (= *short biography*) notice *f* biographique 2 NPL **memoirs** (*autobiographical*) mémoires *mpl*; [*of learned society*] actes *mpl*

memorabilia [,memərə'bɪlɪə] N souvenirs *mpl* (*objets*)

memorable ['memərəbl] ADJ mémorable

memorandum [,memə'rændəm] N (*pl* **memoranda** [,memə'rændə]) a (= *communication within company*) note *f* (de service) • **he sent a ~ round about the drop in sales** il a fait circuler une note à propos de la baisse des ventes b (= *diplomatic communication*) mémorandum *m*

memorial [mɪ'mɔ:rɪəl] 1 ADJ commémoratif 2 N a (= *sth serving as reminder*) **this scholarship is a ~ to John F. Kennedy** cette bourse d'études a été créée en mémoire de John F. Kennedy b (= *monument*) monument *m*
3 COMP ▸ **Memorial Day** N (*US*) jour *m* des soldats morts au champ d'honneur ▸ **memorial park** N (*US*) cimetière *m* ▸ **memorial service** N ≈ messe *f* de souvenir

MEMORIAL DAY

Memorial Day est un jour férié aux États-Unis, le dernier lundi de mai. Il a été institué à la mémoire des soldats américains morts au combat.

memorize ['meməraɪz] VT mémoriser

memory ['memərɪ] 1 N a (= *faculty*) mémoire *f* • **to have a good ~** avoir (une) bonne mémoire • **to have a ~ for faces** avoir la mémoire des visages • **to quote from ~** citer de mémoire • **to have a long ~** ne pas oublier facilement • **to commit to ~** [+ *poem*] apprendre par cœur; [+ *facts, figures*] mémoriser • **loss of ~** perte *f* de mémoire • **back-up ~** [*of computer*] mémoire *f* auxiliaire
b (= *recollection*) souvenir *m* • **childhood memories** souvenirs *mpl* d'enfance • **he had happy memories of his father** il avait de bons souvenirs de son père • **to keep sb's ~ alive** entretenir la mémoire de qn • **in ~ of** à la mémoire de
2 COMP ▸ **memory bank** N banque *f* de données ▸ **memory capacity** N mémoire *f* ▸ **memory card** N (*for digital camera*) carte *f* mémoire ▸ **memory chip** N puce *f* mémoire ▸ **memory lane** N **it was a trip down ~ lane**

c'était un pèlerinage sur les lieux du passé ▸ **memory stick** N (*for camera*) carte *f* mémoire; (= *USB flash drive*) clé *f* USB

men [men] (NPL) *of* **man** • **that'll separate the ~ from the boys** cela fera la différence (entre les hommes et les mauviettes*) ▸ **men's room** N (*US*) toilettes *fpl* pour hommes

menace ['menɪs] 1 (N) menace *f* • **he's a ~ to the public** c'est un danger public 2 (VT) menacer

menacing ['menɪsɪŋ] (ADJ) menaçant

menagerie [mɪ'nædʒərɪ] (N) ménagerie *f*

mend [mend] 1 (VT) ⓐ (= *repair*) réparer; [+ *clothes*] raccommoder ⓑ [+ *marriage*] sauver • **to ~ relations with sb** renouer de bonnes relations avec qn • **to ~ one's ways** s'amender 2 (VI) [*person*] se remettre; [*part of body*] guérir 3 (N) **to be on the ~** [*person*] aller mieux • **the economy is on the ~** la reprise est en vue

mending ['mendɪŋ] (N) raccommodage *m*

menfolk ['menfəʊk] (NPL) **the ~** les hommes *mpl*

menial ['mi:nɪəl] (ADJ) [*position*] subalterne • **~ tasks** corvées *fpl*

meningitis [,menɪn'dʒaɪtɪs] (N) méningite *f*

menopause ['menəʊpɔ:z] (N) ménopause *f* • **the male ~** l'andropause *f*

menorah [mɪ'nɔ:rə] (N) ménorah *f*

Menorca [mɪ'nɔ:kə] (N) Minorque *f* • **in ~** à Minorque

menstrual ['menstrʊəl] (ADJ) menstruel ▸ **menstrual cycle** N cycle *m* (menstruel)

menstruate ['menstrʊeɪt] (VI) avoir ses règles

menstruation [,menstrʊ'eɪʃən] (N) menstruation *f*

menswear ['menzwɛə^r] (N) (= *clothing*) prêt-à-porter *m* masculin

mental ['mentl] 1 (ADJ) ⓐ (= *not physical*) mental • **I made a ~ note of her phone number** j'ai noté mentalement son numéro de téléphone ⓑ (= *mad*)* cinglé* • **to go ~** perdre la boule* 2 (COMP) ▸ **mental age** N âge *m* mental ▸ **mental arithmetic** N calcul *m* mental ▸ **mental block** N blocage *m* ▸ **mental handicap** N (†, *sometimes offensive*) handicap *m* mental ▸ **mental health** N [*of person*] santé *f* mentale; (= *profession*) psychiatrie *f* ▸ **mental illness** N maladie *f* mentale ▸ **mental patient** N (†, *sometimes offensive*) malade *mf* mental(e)

mentality [men'tælɪtɪ] (N) mentalité *f*

mentally ['mentəlɪ] (ADV) **a ~ handicapped child** (†, *sometimes offensive*) un enfant handicapé mental • **he is ~ handicapped** (†, *sometimes offensive*) c'est un handicapé mental • **a ~ ill person** un(e) malade mental(e) • **the ~ ill** les malades *mpl* mentaux • **~ disturbed** déséquilibré

menthol ['menθɒl] (N) menthol *m* ▸ **menthol cigarettes** NPL cigarettes *fpl* mentholées

mention ['menʃən] 1 (VT) mentionner • **he ~ed to me that you were coming** il m'a dit que vous alliez venir • **I'll ~ it to him** je le lui signalerai • **to ~ sb in one's will** coucher qn sur son testament • **he didn't ~ the accident** il n'a pas mentionné l'accident • **just ~ my name** dites que c'est de ma part • **without ~ing any names** sans donner de noms • **don't ~ it!** il n'y a pas de quoi! • **not to ~ ...** sans compter ... • **it is not worth ~ing** cela ne vaut pas la peine d'en parler
2 (N) mention *f* • **it got a ~ in the news** on en a parlé aux informations

mentor ['mentɔ:^r] 1 (N) mentor *m* 2 (VT) servir de mentor à

mentoring ['mentɔ:rɪŋ] (N) accompagnement *m*, mentorat *m* ▸ **mentoring programme, mentoring program** (*US*) N programme *m* d'accompagnement ▸ **mentoring scheme** N plan *m* d'accompagnement

menu ['menju:] (N) menu *m* • **on the ~** au menu

MEP [,emi:'pi:] (N) (*Brit*) (ABBR OF **Member of the European Parliament**) député *m* européen

mercantile ['mɜ:kəntaɪl] (ADJ) [*class, navy, vessel*] marchand; [*affairs*] commercial; [*nation*] commerçant; [*firm, court*] de commerce

mercenary ['mɜ:sɪnərɪ] (ADJ, N) mercenaire *m*

merchandise ['mɜ:tʃəndaɪz] (N) marchandises *fpl*

merchandizer ['mɜ:tʃəndaɪzə^r] (N) marchandiseur *m*

merchandizing ['mɜ:tʃəndaɪzɪŋ] (N) merchandising *m*

merchant ['mɜ:tʃənt] (N) (= *trader*) négociant *m*; (= *wholesaler*) grossiste *m*; (= *retailer*) détaillant *m*; (= *shopkeeper*) commerçant *m* • **timber ~** marchand *m* de bois ▸ **merchant bank** N (*Brit*) banque *f* d'affaires ▸ **merchant banker** N (*Brit*) banquier *m* d'affaires ▸ **merchant marine** (*US*), **merchant navy** (*Brit*) N marine *f* marchande ▸ **merchant seaman** N (*pl* **merchant seamen**) marin *m* de la marine marchande

merciful ['mɜ:sɪfʊl] (ADJ) ⓐ (= *compassionate*) clément (**to** *or* **towards sb** envers qn); [*God*] miséricordieux (**to** *or* **towards sb** envers qn) ⓑ (= *welcome*) **death came as a ~ release** la mort fut une délivrance

mercifully ['mɜ:sɪfəlɪ] (ADV) ⓐ (= *compassionately*) avec clémence ⓑ (= *fortunately*) **~ it didn't rain** par bonheur il n'a pas plu

merciless ['mɜ:sɪlɪs] (ADJ) [*attack, treatment*] impitoyable; [*sun, scrutiny*] implacable

mercurial [mɜ:'kjʊərɪəl] (ADJ) [*person, temperament*] lunatique; [*moods*] changeant

mercury ['mɜ:kjʊrɪ] (N) ⓐ (= *metal*) mercure *m* ⓑ **Mercury** (= *planet*) Mercure *f*

mercy ['mɜ:sɪ] 1 (N) ⓐ pitié *f* • **to have ~ on sb** avoir pitié de qn • **have ~ on me!** ayez pitié de moi! • **to beg for ~** demander grâce • **he was beaten without ~** il a été battu impitoyablement • **at the ~ of sb** à la merci de qn • **to leave sb to the ~ of ...** abandonner qn à la merci de ... ⓑ (= *piece of good fortune*) **it's a ~ that ...** heureusement que ... + *indic* 2 (COMP) [*flight, journey*] de secours ▸ **mercy killing** N euthanasie *f*

mere [mɪə^r] (ADJ) simple *before n* • **the ~ mention of sth** le simple fait de mentionner qch • **the ~ sight of him makes me shiver** je frissonne rien qu'à le voir • **the merest hint of sth** le moindre soupçon de qch • **he's a ~ clerk** c'est un simple employé de bureau • **I was a ~ child when I married him** je n'étais qu'une enfant quand je l'ai épousé • **by a ~ chance** par pur hasard • **a ~ £45** 45 livres seulement

merely ['mɪəlɪ] (ADV) simplement • **I ~ said that she was coming** j'ai simplement dit qu'elle venait • **he ~ nodded** il se contenta de faire un signe de tête • **it's ~ a formality** c'est une simple formalité

merge [mɜ:dʒ] 1 (VI) ⓐ [*colours*] se fondre (**into, with** dans); [*roads*] se joindre (**with** à) • **to ~ into** [+ *darkness, background*] se fondre dans ⓑ [*companies*] fusionner 2 (VT) ⓐ unifier • **the states were ~d in 1976** ces États se sont unifiés en 1976 ⓑ [+ *company*] fusionner • **the firms were ~d** les entreprises ont fusionné

merger ['mɜ:dʒə^r] (N) fusion *f*

meridian [mə'rɪdɪən] (N) méridien *m*

meringue [mə'ræŋ] (N) meringue *f*

merit ['merɪt] 1 (N) mérite *m* • **the great ~ of this scheme** le grand mérite de ce projet • **he sees little ~ in ...** il ne

m

voit pas vraiment l'intérêt de ... • **to judge sb on their own ~s** juger qn selon ses mérites **2** (VT) mériter • **this ~s fuller discussion** ceci mérite plus ample discussion **3** (COMP) ▸ **merit system** N (*US*) système *m* de recrutement et de promotion par voie de concours

meritocracy [ˌmerɪ'tɒkrəsɪ] (N) méritocratie *f*

mermaid ['mɜːmeɪd] (N) sirène *f*

merrily ['merɪlɪ] (ADV) **a** (*= jovially*) joyeusement **b** (*= obliviously*)* gaiement • **I was chattering away ~, without realizing that ...** je bavardais gaiement sans me rendre compte que ...

merriment ['merɪmənt] (N) joie *f*; (*= laughter*) hilarité *f*

merry ['merɪ] **1** (ADJ) **a** (*= cheerful*) joyeux • **Merry Christmas** Joyeux Noël • **to make ~** se divertir **b** (*Brit = tipsy*)* éméché* **2** (COMP) ▸ **merry-go-round** N (*in fairground*) manège *m*; (*= whirl*) tourbillon *m*

mesh [meʃ] **1** (N) **a** [*of net*] maille *f* • **netting with a 5cm ~** filet *m* à mailles de 5 cm **b** (*= fabric*) tissu *m* à mailles • **nylon ~** tulle *m* de nylon® • **wire ~** grillage *m* **2** (VI) [*gears*] s'engrener; [*dates, planes*] concorder; [*two people*] avoir des affinités

mesmerize ['mezməraɪz] (VT) hypnotiser • **I was ~d** j'étais comme hypnotisé

mess [mes] **1** (N) **a** (*= confusion of objects*) fouillis *m*; (*= dirt*) saleté *f* • **your bedroom's a ~!*** ta chambre est un vrai fouillis! • **get this ~ cleared up at once!** range-moi ce fouillis tout de suite! • **an administrative ~** une pagaille* administrative • **you look a ~** tu n'es pas présentable • **he's a ~*** (*emotionally, psychologically*) il est complètement déboussolé*; (*US*) (*= no use*) il n'est bon à rien • **to get (o.s.) out of a ~** se sortir d'un mauvais pas • **to get sb out of a ~** sortir qn d'un mauvais pas

▸ **in a mess the house was in a terrible ~** la maison était dans un désordre épouvantable • **he left everything in a ~** il a tout laissé en désordre • **to be in a ~** (*fig*) être dans de beaux draps • **his life is in a ~** c'est la pagaille* dans sa vie

▸ **to make a mess your boots have made an awful ~ on the carpet** tu as fait des saletés sur le tapis avec tes bottes • **the cat has made a ~ in the kitchen** le chat a fait des saletés dans la cuisine • **to make a ~ of** [*+ one's life*] gâcher • **to make a ~ of things** tout gâcher

b (*= canteen*) (*in army*) mess *m*; (*in navy*) carré *m*

2 (COMP) ▸ **mess hall** (*US*), **mess room** N (*in army*) mess *m*; (*in navy*) carré *m*

▸ **mess about*** **1** VI **a** (*= act the fool*) faire l'imbécile; (*= play in water, mud*) patauger • **stop ~ing about!** arrête tes bêtises! • **I love ~ing about with paint** j'aime faire de la peinture **b** (*= waste time*) perdre son temps • **he was ~ing about with his friends** il traînait avec ses copains • **what were you doing? — just ~ing about** que faisais-tu? — rien de particulier **2** VT SEP (*Brit = upset*) embêter • **stop ~ing me about** arrête de me traiter par-dessus la jambe*

▸ **mess about with*** VT INSEP **a** (*= fiddle with*) tripoter **b** (*= amuse o.s. with*) **they were ~ing about with a ball** ils s'amusaient à taper dans un ballon

▸ **mess around*** VTI = **mess about**

▸ **mess around with*** VT INSEP = **mess about with**

▸ **mess up 1** VT SEP [*+ clothes*] salir; [*+ room*] mettre en désordre; [*+ task, plans, life*] gâcher • **to ~ sb's hair up** décoiffer qn • **that's ~ed everything up!** ça a tout gâché! • **it really ~ed me up when she left** ça m'a fichu en l'air* quand elle est partie **2** VI **I've really ~ed up this time** j'ai vraiment fait l'imbécile cette fois

▸ **mess with*** VT INSEP [*+ people*] se frotter à*; [*+ drugs, drinks*] toucher à* • **if you ~ with me ...** (*threatening*) si tu m'embêtes ...

message ['mesɪdʒ] **1** (N) **a** message *m* • **to leave a ~ (for sb)** laisser un message (pour qn) • **I'll give him the ~** je lui ferai la commission • **to get the ~*** (*= understand*) comprendre • **to get the ~ across (to sb)** se faire comprendre (de qn) **b** (*Scot*) (*= errand*) course *f* **2** (COMP) ▸ **message board** N (*Comput*) forum *m* ▸ **message switching** N (*Comput*) commutation *f* des messages

messaging ['mesɪdʒɪŋ] (N) (*Comput*) messagerie *f*

messenger ['mesɪndʒə^r] (N) messager *m*, -ère *f*; (*in hotel*) coursier *m*

Messiah [mɪ'saɪə] (N) Messie *m*

Messrs ['mesəz] (NPL) (*Brit*) (ABBR OF **Messieurs**) MM., messieurs *mpl*

messy ['mesɪ] (ADJ) **a** (*= producing mess*) [*person*] désordonné; [*activity, job*] salissant • **to be a ~ eater** manger salement **b** (*= untidy*) [*room, desk*] en désordre; [*job*] bâclé; [*handwriting*] peu soigné **c** (*= complicated*) [*business*] embrouillé; [*process*] délicat; [*relationship*] compliqué • **he had been through a ~ divorce** son divorce avait été difficile

met [met] (VB) *pt, ptp of* **meet**

metabolic [ˌmetə'bɒlɪk] (ADJ) [*disorder*] du métabolisme

metabolism [me'tæbəlɪzəm] (N) métabolisme *m*

metabolize [me'tæbəlaɪz] (VT) métaboliser

metal ['metl] **1** (N) métal *m* **2** (COMP) en métal ▸ **metal detector** N détecteur *m* de métaux

metallic [mɪ'tælɪk] (ADJ) métallique; [*paint*] métallisé • **a ~ blue Ford** une Ford bleu métallisé

metallurgy [me'tælədʒɪ] (N) métallurgie *f*

metalwork ['metlwɜːk] (N) ferronnerie *f*

metamorphose [ˌmetə'mɔːfəʊz] **1** (VT) métamorphoser (**into** en) **2** (VI) se métamorphoser (**into** en)

metamorphosis [ˌmetə'mɔːfəsɪs] (N) (*pl* **metamorphoses** [ˌmetə'mɔːfəˌsiːz]) métamorphose *f*

metaphor ['metəfə^r] (N) métaphore *f*

metaphorical [ˌmetə'fɒrɪkəl] (ADJ) métaphorique • **to talk in ~ terms** parler par métaphores

metaphorically [ˌmetə'fɒrɪkəlɪ] (ADV) [*speak*] métaphoriquement • **~ speaking** métaphoriquement

metaphysical [ˌmetə'fɪzɪkəl] (ADJ) métaphysique

metaphysics [ˌmetə'fɪzɪks] (N) métaphysique *f*

meteor ['miːtɪə^r] (N) météore *m*

meteoric [ˌmiːtɪ'ɒrɪk] (ADJ) [*career*] fulgurant

meteorite ['miːtɪəraɪt] (N) météorite *f*

meteorological [ˌmiːtɪərə'lɒdʒɪkəl] (ADJ) météorologique

meteorologist [ˌmiːtɪə'rɒlədʒɪst] (N) météorologiste *mf*, météorologue *mf*

meteorology [ˌmiːtɪə'rɒlədʒɪ] (N) météorologie *f*

mete out [ˌmiːt'aʊt] (VT) [*+ punishment*] infliger • **to ~ justice** rendre la justice

meter ['miːtə^r] **1** (N) **a** (*= measuring device*) compteur *m* • **electricity ~** compteur *m* d'électricité • **to read the ~** relever le compteur **b** (*= parking meter*) parcmètre *m* **c** (*US*) mètre *m* **2** (COMP) ▸ **meter reader** N releveur *m* de compteurs

methane ['miːθeɪn] (N) méthane *m*

method ['meθəd] (N) méthode *f*; [*of payment*] moyen *m* • **there are several ~s of doing this** il y a plusieurs méthodes pour faire cela • **teaching ~s** méthodes *fpl* pédagogiques • **there's ~ in his madness** il n'est pas si fou qu'il en a l'air ▸ **method acting** N système *m* de Stanislavski ▸ **method actor, method actress** N adepte *mf* du système de Stanislavski
methodical [mɪ'θɒdɪkəl] (ADJ) méthodique
Methodist ['meθədɪst] (ADJ, N) méthodiste *mf*
methodology [,meθə'dɒlədʒɪ] (N) méthodologie *f*
meths* [meθs] (N) (*Brit*) (ABBR OF **methylated spirits**)
methylated spirits [,meθɪleɪtɪd'spɪrɪts] (NPL) alcool *m* à brûler
meticulous [mɪ'tɪkjʊləs] (ADJ) méticuleux • **to be ~ about sth** apporter un soin méticuleux à qch • **~ attention to detail** souci *m* minutieux du détail
Met Office ['met,ɒfɪs] (N) **the ~** (*in Britain*) ≈ la Météorologie nationale
metre ['mi:təʳ] (N) (= *measurement, also poetic*) mètre *m*
metric ['metrɪk] (ADJ) [*measurement*] du système métrique; [*equivalent*] dans le système métrique • **Britain went ~* in 1971** la Grande-Bretagne a adopté le système métrique en 1971 ▸ **the metric system** N le système métrique
metrics ['metrɪks] (N) métrique *f*
metro ['metrəʊ] (N) métro *m*
metronome ['metrənəʊm] (N) métronome *m*
metropolis [mɪ'trɒpəlɪs] (N) (*pl* **metropolises**) métropole *f* (*ville*)
metropolitan [,metrə'pɒlɪtən] **1** (ADJ) métropolitain **2** (N) (= *(arch)bishop*) métropolitain *m*; (*in Orthodox Church*) métropolite *m* **3** (COMP) ▸ **the Metropolitan Police** N (*Brit*) la police de Londres
metrosexual [,metrə'seksjʊəl] **1** (ADJ) métrosexuel **2** (N) métrosexuel *m*
metrosexuality [,metrə,seksjʊ'ælɪtɪ] (N) métrosexualité *f*
mettle ['metl] (N) courage *m* • **to show one's ~** montrer de quoi on est capable • **to test sb's ~** mettre qn à l'épreuve • **to be on one's ~** être prêt à donner le meilleur de soi-même
mew [mju:] **1** (N) [*of cat*] miaulement *m* **2** (VI) miauler
mews [mju:z] (N) (*Brit*) (= *small street*) ruelle *f* ▸ **mews flat** N *petit appartement aménagé dans une ancienne écurie*
Mexican ['meksɪkən] **1** (ADJ) mexicain **2** (N) Mexicain(e) *m(f)* **3** (COMP) ▸ **Mexican wave** N hola *f*
Mexico ['meksɪkəʊ] (N) Mexique *m* ▸ **Mexico City** N Mexico
mezzanine ['mezəni:n] (N) (= *floor*) entresol *m*
mg (N) (ABBR OF **milligram(s)**) mg
Mgr (ABBR OF **Monseigneur**) Mgr
MHR [,emeɪtʃ'ɑ:ʳ] (N) (*in US*) (ABBR OF **Member of the House of Representatives**) ≈ député *m*
MHz (ABBR OF **megahertz**) MHz
MI (ABBR OF **Michigan**)
mi [mi:] (N) (*Music*) mi *m*
MI5 [,emaɪ'faɪv] (N) (*Brit*) (ABBR OF **Military Intelligence 5**) *service britannique chargé de la surveillance du territoire*, ≈ DST *f*
MI6 [,emaɪ'sɪks] (N) (*Brit*) (ABBR OF **Military Intelligence 6**) *services britanniques d'espionnage et de contre-espionnage*, ≈ DGSE *f*
MIA [,emaɪ'eɪ] (ADJ) (ABBR OF **missing in action**) [*soldier*] porté disparu
miaow [mi:'aʊ] **1** (N) miaou *m* **2** (VI) miauler
mice [maɪs] (NPL) *of* **mouse**
Mich. (ABBR OF **Michigan**)

mickey ['mɪkɪ] (N) (*Brit*) **to take the ~* out of sb** se payer la tête de qn ▸ **Mickey Mouse*** ADJ [*job, courses*] pas sérieux; [*degree*] sans valeur
micro* ['maɪkrəʊ] (N) micro* *m* (*ordinateur*)
microbe ['maɪkrəʊb] (N) microbe *m*
microbiological [,maɪkrəʊbaɪəʊ'lɒdʒɪkəl] (ADJ) microbiologique
microbiology [,maɪkrəʊbaɪ'ɒlədʒɪ] (N) microbiologie *f*
microblog ['maɪkrəʊ,blɒg] (N) microblog *m*
microblogger ['maɪkrəʊ,blɒgəʳ] (N) microblogueur *m*, -euse *f*
microblogging ['maɪkrəʊ,blɒgɪŋ] (N) microblogging *m*
microchip ['maɪkrəʊ,tʃɪp] (N) puce *f* (électronique)
microcomputer ['maɪkrəʊkəm'pju:təʳ] (N) micro-ordinateur *m*
microcosm ['maɪkrəʊ,kɒzəm] (N) microcosme *m*
microeconomic ['maɪkrəʊ,i:kə'nɒmɪk] (ADJ) micro-économique
microeconomics ['maɪkrəʊ,i:kə'nɒmɪks] (N) micro-économie *f*
microelectronics ['maɪkrəʊɪlek'trɒnɪks] (N) micro-électronique *f*
microfibre, microfiber (*US*) ['maɪkrəʊ,faɪbəʳ] (N) microfibre *f*
microfiche ['maɪkrəʊ,fi:ʃ] (N) microfiche *f*
microfiction ['maɪkrəʊ,fɪkʃən] (N) microfiction *f*
microfilm ['maɪkrəʊ,fɪlm] (N) microfilm *m* ▸ **microfilm reader** N microlecteur *m*
microlight ['maɪkrəʊ,laɪt] (N) (= *aircraft*) ULM *m*
microorganism ['maɪkrəʊ'ɔ:gə,nɪzəm] (N) micro-organisme *m*
microphone ['maɪkrəʊ,fəʊn] (N) microphone *m*
microprocessor [,maɪkrəʊ'prəʊsesəʳ] (N) microprocesseur *m*
micro-scooter ['maɪkraʊ,sku:təʳ] (N) trottinette *f*
microscope ['maɪkrəʊskəʊp] (N) microscope *m* • **under the ~** au microscope
microscopic [,maɪkrə'skɒpɪk] (ADJ) microscopique; [*examination, analysis*] au microscope
microsurgery ['maɪkrəʊ,sɜ:dʒərɪ] (N) microchirurgie *f*
microwavable, microwaveable ['maɪkrəʊweɪvəbl] (ADJ) qui peut être cuit au micro-ondes
microwave ['maɪkrəʊ,weɪv] **1** (N) **a** (= *wave*) micro-onde *f* **b** (= *oven*) (four *m* à) micro-ondes *m* **2** (VT) faire cuire au micro-ondes
mid [mɪd] (PREF) **in ~ May** à la mi-mai • **~ morning** au milieu de la matinée • **in ~ discussion** au beau milieu de la discussion • **she's in her ~ forties** elle a dans les quarante-cinq ans
midair [,mɪd'eəʳ] **1** (N) **in ~** en plein ciel • **to leave sth in ~** laisser qch en suspens **2** (ADJ) [*collision*] en plein ciel
midday **1** (N) midi *m* • **at ~** à midi **2** (ADJ) [*sun, heat*] de midi

> Lorsque **midday** est un nom, l'accent tombe sur la seconde syllabe: [,mɪd'deɪ], lorsque c'est un adjectif, sur la première: ['mɪddeɪ].

middle ['mɪdl] **1** (ADJ) du milieu • **the ~ button of his jacket** le bouton du milieu de sa veste • **she's in her ~ forties** elle a dans les quarante-cinq ans • **to take the ~ course** choisir la solution intermédiaire • **I'm the ~ child of three** je suis le deuxième de trois enfants **2** (N) **a** milieu *m* • **in the ~ of the night** au milieu de la nuit • **in the ~ of the room** au milieu de la pièce • **right in the ~ (of ...)** au beau milieu (de ...) • **in the ~ of June** à la mi-juin • **by the ~ of the 20th century** vers le milieu du 20ème siècle • **it's in the ~ of nowhere*** c'est dans un coin paumé* • **I was in the ~ of my work** j'étais en plein travail • **I'm in the ~ of reading it** je suis justement en train de le lire

b (= *waist*)* taille *f*

3 COMP ▸ **middle age** N ≈ la cinquantaine • **he's reached ~ age** il a la cinquantaine ▸ **middle-aged** ADJ [*person*] d'âge moyen; [*outlook*] vieux jeu *inv* ▸ **the Middle Ages** NPL le Moyen Âge ▸ **Middle America** N l'Amérique *f* profonde ▸ **middle class** N **the ~ classes** les classes *fpl* moyennes ▸ **middle-class** ADJ des classes moyennes ▸ **middle-distance race** N course *f* de demi-fond ▸ **middle ear** N oreille *f* moyenne ▸ **Middle East** N Moyen-Orient *m* ▸ **Middle Eastern** ADJ du Moyen-Orient ▸ **Middle England** N l'Angleterre *f* profonde ▸ **middle finger** N majeur *m* ▸ **middle-grade manager** N (*US*) cadre *m* moyen ▸ **middle ground** N terrain *m* d'entente ▸ **middle management** N cadres *mpl* moyens • **to be in ~ management** être cadre moyen ▸ **middle manager** N cadre *m* moyen ▸ **middle name** N deuxième prénom *m* • **discretion is my ~ name** (*Brit*) la discrétion est ma plus grande vertu ▸ **middle-of-the-road** ADJ modéré; [*music*] grand public *inv* ▸ **middle school** N ≈ premier cycle *m* du secondaire ▸ **middle-sized** ADJ [*town, company*] de taille moyenne

middlebrow* [ˈmɪdlbraʊ] ADJ sans prétentions intellectuelles

middleman [ˈmɪdlmæn] N (*pl* **-men**) intermédiaire *m* • **to cut out the ~** se passer d'intermédiaire

middleweight [ˈmɪdlweɪt] **1** N (poids *m*) moyen *m* **2** ADJ de poids moyen

middling* [ˈmɪdlɪŋ] ADJ moyen • **business is only ~** les affaires vont moyennement

Middx (ABBR OF **Middlesex**)

Mideast [ˈmɪdiːst] N (*US*) Moyen-Orient *m*

midfield [ˈmɪdˌfiːld] N (= *place, player*) milieu *m* de terrain

midge [mɪdʒ] N moucheron *m*

midget [ˈmɪdʒɪt] **1** N (*offensive*) puce *f* **2** ADJ tout petit

MIDI system [ˈmɪdɪˌsɪstəm] N chaîne *f* midi

Midlands [ˈmɪdləndz] NPL (*Brit*) **the ~** les Midlands (*les comtés du centre de l'Angleterre*)

midlife [ˈmɪdˌlaɪf] N **in ~** autour de la cinquantaine ▸ **midlife crisis** N crise *f* de la cinquantaine

midnight [ˈmɪdnaɪt] N minuit *m* ▸ **midnight oil** N **to burn the ~ oil** travailler très tard dans la nuit

mid-price [ˈmɪdˌpraɪs] ADJ milieu de gamme *inv* • **~ computers** des ordinateurs milieu de gamme

mid-range [ˈmɪdreɪndʒ] ADJ de milieu de gamme

midriff [ˈmɪdrɪf] N ventre *m*

midst [mɪdst] N **in the ~ of** (= *in the middle of*) au milieu de; (= *among*) parmi; (= *during*) au beau milieu de • **we are in the ~ of an economic crisis** nous sommes en pleine crise économique • **in our ~** parmi nous

midstream [ˈmɪdˈstriːm] N **in ~** au milieu du courant; (*when speaking*) au beau milieu d'une phrase

midsummer [ˈmɪdˌsʌməʳ] **1** N (= *height of summer*) cœur *m* de l'été; (= *solstice*) solstice *m* d'été **2** COMP [*heat*] estival ▸ **Midsummer Day** N Saint-Jean *f*

midterm [ˈmɪdˈtɜːm] N (= *midterm holiday*) ≈ petites vacances *fpl* ▸ **midterm elections** NPL ≈ élections *fpl* législatives (*intervenant au milieu du mandat présidentiel*) ▸ **midterm exams** NPL examens *mpl* de milieu de trimestre

midway [ˌmɪdˈweɪ] **1** ADV [*stop*] à mi-chemin • **~ between** à mi-chemin entre • **~ through** en plein milieu de **2** N (*US: in fair*) emplacement *m* d'attractions foraines

midweek [ˌmɪdˈwiːk] ADJ, ADV en milieu de semaine

Midwest [ˌmɪdˈwest] N (*in US*) **the ~** le Midwest

Midwestern [ˌmɪdˈwestən] ADJ du Midwest

midwife [ˈmɪdwaɪf] N (*pl* **-wives**) sage-femme *f*

midwifery [ˈmɪdwɪfərɪ] N (= *profession*) profession *f* de sage-femme • **she's studying ~** elle fait des études de sage-femme

midwinter [ˌmɪdˈwɪntəʳ] **1** N (= *period*) milieu *m* de l'hiver; (= *solstice*) solstice *m* d'hiver **2** ADJ [*cold, snow*] hivernal

miffed* [mɪft] ADJ **to be ~ about sth** être vexé de qch

might [maɪt] **1** MODAL VERB **a** (= *may*)

> When **might** expresses present, future or past possibility, it is often translated by **peut-être**, with the appropriate tense of the French verb.

• **you ~ be right** tu as peut-être raison • **he ~ still be alive** il est peut-être encore vivant • **you ~ be making a big mistake** tu es peut-être en train de faire une grosse erreur • **I ~ have left it behind** je l'ai peut-être oublié • **I heard what ~ have been an explosion** j'ai entendu ce qui était peut-être une explosion

> When **might** expresses future possibility, the conditional of **pouvoir** can also be used.

• **the two countries ~ go to war** les deux pays pourraient entrer en guerre • **you ~ regret it later** tu pourrais le regretter plus tard

▸ **might as well I ~ as well tell you all about it** je ferais aussi bien de tout vous dire • **you ~ as well leave now** vous feriez aussi bien de partir tout de suite

b (= *could*)

> When **might** means **could**, it is translated by the conditional of **pouvoir**.

• **the kind of people who ~ be interested** le genre de personnes qui pourraient être intéressées • **you ~ try writing to him** tu pourrais toujours lui écrire • **it ~ be an idea to tell him** cela pourrait être une bonne idée de lui en parler • **you ~ have told me you weren't coming!** tu aurais pu me prévenir que tu ne viendrais pas ! • **you ~ at least say thank you** tu pourrais au moins dire merci

▸ **might I** (*frm*) **~ I suggest that ...?** puis-je me permettre de suggérer que ... ?

c (= *should*) **I ~ have known** j'aurais dû m'en douter

> When **you might** is used to give advice in a tactful way, the conditional of **devoir** is used.

• **you ~ want to consider other options** vous devriez peut-être considérer d'autres options

d (*emphatic*) **and, I ~ add, it was entirely his fault** et

j'ajouterais que c'était entièrement de sa faute • **why did he give her his credit card? — you ~ well ask!** mais pourquoi lui a-t-il donné sa carte de crédit ? — va savoir ! • **one ~ well ask whether ...** on est en droit de se demander si ... • **try as he ~, he couldn't do it** il a eu beau essayer, il n'y est pas arrivé
2 (NOUN) force(s) *f(pl)* • **with all one's ~** de toutes ses forces

mighty ['maɪtɪ] **1** (ADJ) puissant **2** (ADV) (*US*)* vachement*

migraine ['miːgreɪn] (N) migraine *f* • **to suffer from ~s** souffrir de migraines

migrant ['maɪgrənt] **1** (ADJ) ⓐ [*worker, labour*] itinérant; (*= seasonal*) saisonnier ⓑ [*bird, animal*] migrateur (-trice *f*) **2** (N) ⓐ (*= bird, animal*) migrateur *m*; (*= person*) migrant(e) *m(f)* ⓑ (*= migrant worker*) travailleur *m* itinérant; (*seasonal*) travailleur *m* saisonnier

migrate [maɪ'greɪt] (VI) migrer

migration [maɪ'greɪʃən] (N) migration *f*

migratory [maɪ'greɪtərɪ] (ADJ) ⓐ [*bird, animal*] migrateur (-trice *f*); [*habits*] migratoire ⓑ (*= seasonal*) saisonnier; [*population*] itinérant; (*= nomadic*) nomade

mike* [maɪk] (N) (ABBR OF **microphone**) micro *m*

mild [maɪld] **1** (ADJ) doux (douce *f*); [*tobacco, punishment*] léger; [*exercise, protest*] modéré; [*illness*] bénin (-igne *f*) • **it's ~ today** il fait doux aujourd'hui • **he had a ~ form of polio** il a eu la poliomyélite sous une forme bénigne • **a ~ sedative** un sédatif léger • **a ~ curry** un curry pas trop fort **2** (N) (*Brit*) (*= mild ale*) *sorte de bière brune anglaise*

mildew ['mɪldjuː] (N) moisissure *f*; (*on plant*) mildiou *m*

mildly ['maɪldlɪ] (ADV) ⓐ (*= gently*) doucement • **to protest ~** protester timidement • **that's putting it ~** c'est le moins que l'on puisse dire ⓑ (*= moderately*) [*interested, amusing*] modérément; [*surprised*] légèrement

mildness ['maɪldnɪs] (N) [*of manner, weather, soap*] douceur *f*; [*of flavour, tobacco*] légèreté *f*; [*of illness*] bénignité *f*

mile [maɪl] **1** (N) mile *m* (= 1609,33 m) • **it's 12 ~s to Manchester** ≈ il y a vingt kilomètres d'ici à Manchester • **30 ~s per gallon** ≈ huit litres aux cent • **50 ~s per hour** ≈ 80 kilomètres à l'heure • **they live ~s away** ils habitent à cent lieues d'ici • **we've walked ~s!** on a marché pendant des kilomètres ! • **you could smell it a ~ off** ça se sentait à un kilomètre • **sorry, I was ~s away*** (*= day-dreaming*) désolé, j'étais ailleurs → IMPERIAL SYSTEM
2 (NPL) **miles*** (*= lots*) **he's ~s bigger than you** il est bien plus grand que toi

mileage ['maɪlɪdʒ] **1** (N) ⓐ (*= distance covered*) ≈ kilométrage *m* • **the car had a low ~** la voiture avait peu de kilomètres ⓑ (*= usefulness*)* **he got a lot of ~ out of it** [*of story, event*] il en a tiré le maximum **2** (COMP) ▸ **mileage allowance** N ≈ indemnité *f* kilométrique ▸ **mileage indicator** N ≈ compteur *m* kilométrique

milestone ['maɪlstəʊn] (N) (*on road*) ≈ borne *f* kilométrique; (*in life, career*) événement *m* marquant

milieu ['miːljɜː] (N) (*pl* **milieus**) milieu *m* (social)

militant ['mɪlɪtənt] (ADJ, N) militant(e) *m(f)*

militarism ['mɪlɪtərɪzəm] (N) militarisme *m*

militaristic [,mɪlɪtə'rɪstɪk] (ADJ) militariste

military ['mɪlɪtərɪ] **1** (ADJ) militaire • **~ academy** école *f* (spéciale) militaire • **to do one's ~ service** faire son service militaire **2** (N) **the ~** l'armée *f* **3** (COMP) ▸ **military police** N police *f* militaire ▸ **military policeman** N agent *m* de la police militaire

militate ['mɪlɪteɪt] (VI) militer

militia [mɪ'lɪʃə] (N) milice *f* • **the ~** (*US*) la réserve (territoriale)

militiaman [mɪ'lɪʃəmən] (N) (*pl* **-men**) milicien *m*

milk [mɪlk] **1** (N) lait *m* • **moisturising ~** lait *m* hydratant **2** (VT) ⓐ [*+ cow*] traire • **he really ~ed the applause** il faisait tout pour que les gens continuent d'applaudir ⓑ (*= rob*) dépouiller • **they ~ed the insurance company** ils ont exploité à fond la compagnie d'assurances **3** (COMP) ▸ **milk chocolate** N chocolat *m* au lait ▸ **milk float** N (*Brit*) camionnette *f* de laitier ▸ **milk jug** N pot *m* à lait ▸ **milk products** NPL produits *mpl* laitiers ▸ **milk round** N (*Brit*) tournée *f* (du laitier); (*Univ*)* *tournée de recrutement dans les universités* ▸ **milk shake** N milk-shake *m* ▸ **milk tooth** N dent *f* de lait

milking ['mɪlkɪŋ] (N) traite *f* ▸ **milking machine** N trayeuse *f*

milkman ['mɪlkmən] (N) (*pl* **-men**) laitier *m*

milky ['mɪlkɪ] (ADJ) (*in colour*) laiteux; [*coffee, tea*] avec beaucoup de lait ▸ **the Milky Way** N la Voie lactée ▸ **milky-white** ADJ d'un blanc laiteux

mill [mɪl] **1** (N) ⓐ (*= windmill or water mill*) moulin *m*; (*for grain*) minoterie *f* • **pepper-~** moulin *m* à poivre ⓑ (*= factory*) usine *f*; (*= steel mill*) aciérie *f* • **paper ~** (usine *f* de) papeterie *f* **2** (VT) [*+ flour, coffee, pepper*] moudre **3** (COMP) ▸ **mill wheel** N roue *f* de moulin ▸ **mill worker** N ouvrier *m*, -ière *f* des filatures

▸ **mill about, mill around** VI [*crowd*] grouiller

millennium [mɪ'lenɪəm] (N) (*pl* **millennia** [mɪ'lenɪə]) millénaire *m* • **the ~** le millénium • **the ~ bug** le bogue de l'an 2000

miller ['mɪləʳ] (N) meunier *m*; (*large-scale*) minotier *m*

millet ['mɪlɪt] (N) millet *m*

milligramme ['mɪlɪgræm] (N) milligramme *m*

millilitre, milliliter (*US*) ['mɪlɪ,liːtəʳ] (N) millilitre *m*

millimetre, millimeter (*US*) ['mɪlɪ,miːtəʳ] (N) millimètre *m*

million ['mɪljən] (NUMBER) million *m* • **a ~ men** un million d'hommes • **he's one in a ~*** c'est la perle des hommes • **~s of ...*** des milliers de ... • **thanks a ~!*** merci mille fois ! • **to feel like a ~ dollars*** se sentir dans une forme époustouflante*

millionaire [,mɪljə'nɛəʳ] (N) millionnaire *mf*

> The French word **millionnaire** has a double **n**.

millionairess [,mɪljə'nɛərɪs] (N) millionnaire *f*

millipede ['mɪlɪpiːd] (N) mille-patte(s) *m*

millisecond ['mɪlɪ,sekənd] (N) milliseconde *f*

millstone ['mɪlstəʊn] (N) (*for grinding*) meule *f* • **it's a ~ round his neck** c'est un boulet qu'il traîne avec lui

milometer [maɪ'lɒmɪtəʳ] (N) (*Brit*) ≈ compteur *m* kilométrique

mime [maɪm] **1** (N) mime *m* **2** (VTI) mimer • **to ~ to a tape** chanter en play-back **3** (COMP) ▸ **mime artist** N mime *mf*

mimic ['mɪmɪk] **1** (N) imitateur *m*, -trice *f* **2** (VT) imiter

mimicry ['mɪmɪkrɪ] (N) imitation *f*

Min. (*Brit*) (ABBR OF **Ministry**)

min. [mɪn] (ABBR OF **minute, minimum**) min.

minaret ['mɪnəret] (N) minaret *m*

mince [mɪns] **1** (N) (*Brit*) viande *f* hachée **2** (VT) ⓐ hacher • **~d beef** bœuf *m* haché ⓑ **he didn't ~ (his)**

m

words il n'a pas mâché ses mots 3 (COMP) ▸ **mince pie** N tartelette *f* de Noël (aux fruits secs)

mincemeat ['mɪnsmiːt] (N) (*= sweet filling*) *hachis de fruits secs, de pommes et de graisse*; (*US*) (*= meat*) viande *f* hachée • **to make ~ of** [*+ opponent, arguments*] pulvériser

mincer ['mɪnsəʳ] (N) hachoir *m* (*appareil*)

mind [maɪnd]

1 NOUN	3 INTRANSITIVE VERB
2 TRANSITIVE VERB	4 COMPOUNDS

1 NOUN

ⓐ (*= brain*) esprit *m* • **he has the ~ of a five-year-old** il a cinq ans d'âge mental • **~ over matter** victoire de l'esprit sur la matière • **his ~ went blank** il a eu un trou • **at the back of my ~ I had the feeling that ...** je sentais confusément que ... • **of sound ~** sain d'esprit • **that's a weight off my ~*** c'est un gros souci de moins • **what's on your ~?** qu'est-ce qui vous préoccupe ? • **to spring to ~** venir à l'esprit • **I can't get it out of my ~** je ne peux pas m'empêcher d'y penser • **to read sb's ~** lire dans les pensées de qn • **to put sb's ~ at rest** rassurer qn • **to have one's ~ on sth** être préoccupé par qch • **to bring sth to ~** rappeler qch • **to let one's ~ wander** relâcher son attention • **it went right out of my ~** ça m'est complètement sorti de la tête* • **to keep one's ~ on sth** se concentrer sur qch • **you can do it if you put your ~ to it** tu peux le faire si tu le veux vraiment • **this will take her ~ off her troubles** cela lui changera les idées • **great ~s think alike** les grands esprits se rencontrent

ⓑ (*= opinion*) **to my ~** à mon avis • **to have a ~ of one's own** [*person*] savoir ce qu'on veut • **they were of like ~** ils étaient d'accord • **I'm still of the same ~** je n'ai pas changé d'avis • **to know one's own ~** savoir ce que l'on veut

▸ **to make up one's mind (to do sth)** décider (de faire qch)

ⓒ (*= inclination*) envie *f* • **you can do it if you have a ~ (to)** vous pouvez le faire si vous en avez envie • **I've a good ~ to do it*** j'ai bien envie de le faire • **nothing is further from my ~!** (bien) loin de moi cette pensée ! • **I was of a ~ to go and see him** j'avais l'intention d'aller le voir

ⓓ (*set structures*)

▸ **in + mind** **it's all in the ~** tout ça, c'est dans la tête* • **to bear sth in ~** (*= take account of*) tenir compte de qch; (*= remember*) ne pas oublier qch • **have you (got) anything particular in ~?** avez-vous quelque chose de particulier en tête ? • **to be in two ~s about doing sth** hésiter à faire qch • **I'm not clear in my own ~ about it** je ne sais pas qu'en penser moi-même • **to stick in sb's ~** rester gravé dans la mémoire de qn • **nobody in their right ~ would do that** aucun être sensé ne ferait cela

▸ **to be/go out of one's mind** **to be/go out of one's ~ with worry** être/devenir fou d'inquiétude • **you must be out of your ~!** tu es complètement fou !

2 TRANSITIVE VERB

ⓐ (*= pay attention to*) faire attention à; (*= beware of*) prendre garde à; (*US = listen to*) écouter • **~ you don't fall!** prenez garde de ne pas tomber ! • **~ the step!** attention à la marche ! • **~ your language!** surveille ton langage ! • **~ how you go*** prends bien soin de toi • **don't ~ me!*** ne vous gênez surtout pas (pour moi) !* (*iro*)

ⓑ (*= object to*) **I don't ~ ironing** ça ne me dérange pas de faire le repassage • **I wouldn't ~ a cup of coffee*** je prendrais bien une tasse de café • **if you don't ~ my saying (so)** si je puis me permettre • **I don't ~ going with you** je veux bien vous accompagner • **I don't ~ where we go** peu m'importe où nous allons • **cigarette? — I don't ~ if I do** une cigarette ? — ce n'est pas de refus !*

▸ **would you mind** + *gerund* **would you ~ opening the door?** cela vous ennuierait d'ouvrir la porte ?

ⓒ (*= look after*) [*+ children, animals*] garder; [*+ shop*] tenir

3 INTRANSITIVE VERB

(*= object*) **do you ~ if I take this book? — I don't ~ at all** ça ne vous ennuie pas que je prenne ce livre ? — mais non, je vous en prie

▸ **never mind** (*= don't worry*) ne t'en fais pas !; (*= it makes no odds*) ça ne fait rien ! • **he can't walk, never ~* run** il ne peut pas marcher, encore moins courir • **never you ~!*** ça ne te regarde pas !

▸ **mind you*** **~ you, it won't be easy** cela dit, ce ne sera pas facile • **~ you, he could be right** peut-être qu'il a raison après tout

4 COMPOUNDS

▸ **mind-altering** ADJ [*drug, substance*] psychotrope ▸ **mind-bending***, **mind-blowing*** ADJ [*drug*] hallucinogène; [*experience, news*] hallucinant ▸ **mind-boggling*** ADJ époustouflant* ▸ **mind game** N **to play ~ games with sb** chercher à manœuvrer qn psychologiquement ▸ **mind map** N carte *f* heuristique ▸ **mind-numbing*** ADJ ennuyeux à mourir ▸ **mind reader** N télépathe *mf* • **I'm not a ~ reader!*** je ne suis pas devin ! ▸ **mind set** N mentalité *f*

-minded ['maɪndɪd] (ADJ) (*suffix*) **business~** qui a le sens des affaires • **he's become very ecology~** il est devenu très sensible aux problèmes écologiques

minder ['maɪndəʳ] (N) ⓐ (*Brit*) (*= child-minder*) gardienne *f*. ⓑ (*= bodyguard*)* ange *m* gardien (*fig*)

mindful ['maɪndfʊl] (ADJ) **to be ~ of sth** être attentif à qch

mindfulness ['maɪndfʊlnəs] (N) pleine conscience *f*

mindless ['maɪndlɪs] (ADJ) ⓐ (*Brit*) [*violence*] gratuit ⓑ [*work, film*] bêtifiant; [*person*] stupide

mindlessly ['maɪndlɪslɪ] (ADV) ⓐ (*Brit*) (*= senselessly*) sans rime ni raison, gratuitement • **they were ~ smashing windows** ils s'amusaient à pulvériser les vitres ⓑ (*= without any mental effort*) sans réfléchir, machinalement; (*= stupidly*) bêtement • **~ entertaining films** les films de pur divertissement

mine¹ [maɪn] (POSS PRON) le mien, la mienne, les miens *mpl*, les miennes *fpl* • **that book is ~** ce livre est à moi • **which dress do you prefer, hers or ~?** quelle robe préférez-vous, la sienne ou la mienne ? • **a friend of ~** un de mes amis • **I think that cousin of ~* is responsible** je pense que c'est mon cousin qui est responsable

mine² [maɪn] 1 (N) mine *f* • **coal ~** mine *f* de charbon • **to go down the ~(s)** descendre à la mine • **a (real) ~ of information** une véritable mine de renseignements 2 (VT) ⓐ [*+ coal*] extraire ⓑ [*+ sea, beach*] miner 3 (VI) exploiter un gisement • **to ~ for coal** exploiter une mine de charbon

minefield ['maɪnfiːld] (N) champ *m* de mines • **it's a political ~** c'est un terrain politiquement miné

miner ['maɪnəʳ] (N) mineur *m*
mineral ['mɪnərəl] 1 (N, ADJ) minéral *m* 2 (NPL) **minerals** (*Brit*) (= *soft drinks*) boissons *fpl* gazeuses 3 (COMP) ▸ **mineral deposits** NPL gisements *mpl* miniers ▸ **mineral water** N eau *f* minérale
mineshaft ['maɪnʃɑ:ft] (N) puits *m* de mine
minesweeper ['maɪnswi:pəʳ] (N) dragueur *m* de mines
mingle ['mɪŋgl] (VI) (= *mix*) se mélanger; (*at party*) se mêler aux invités • **to ~ with the crowd** se mêler à la foule • **guests ate and ~d** les invités ont mangé et discuté
mingy* ['mɪndʒɪ] (ADJ) (*Brit*) ⓐ (= *mean*) radin* (**about sth** en ce qui concerne qch) ⓑ (= *measly*) misérable
mini ['mɪnɪ] (N) (*Fashion*) mode *f* mini
miniature ['mɪnɪtʃəʳ] 1 (N) ⓐ (= *painting*) miniature *f* • **in ~** en miniature ⓑ [*of whisky*] mignonnette *f* 2 (ADJ) miniature 3 (COMP) ▸ **miniature golf** N minigolf *m*
minibar ['mɪnɪbɑ:ʳ] (N) minibar *m*
minibreak ['mɪnɪbreɪk] (N) petit voyage *m*, mini-séjour *m*
minibus ['mɪnɪ,bʌs] (N) minibus *m*
minicab ['mɪnɪ,kæb] (N) (*Brit*) taxi *m* (*qu'il faut commander par téléphone*)
minicam ['mɪnɪkæm] (N) minicam *f*
minicomputer ['mɪnɪkəm'pju:təʳ] (N) mini-ordinateur *m*
minidisc ['mɪnɪdɪsk] (N) MiniDisc *m* ▸ **mindisc player** N lecteur *m* de MiniDisc
minim ['mɪnɪm] (N) (*Brit*) blanche *f* ▸ **minim rest** N demi-pause *f*
minimal ['mɪnɪml] (ADJ) [*risk, resources, effect*] minime; [*level, requirements*] minimal • **the money saved is ~** la somme d'argent économisée est minime • **~ loss of life** des pertes en vies humaines minimales • **with ~ effort** avec un minimum d'effort
minimalist ['mɪnɪməlɪst] (ADJ, N) minimaliste *mf*
minimalistic [mɪnɪməl'ɪstɪk] (ADJ) minimaliste
minimally ['mɪnɪməlɪ] (ADV) à peine
minimarket ['mɪnɪ,mɑ:kɪt], **minimart** ['mɪnɪ,mɑ:t] (N) supérette *f*
minimize ['mɪnɪmaɪz] (VT) ⓐ (= *reduce to minimum*) réduire au minimum ⓑ (= *play down*) minimiser
minimum ['mɪnɪməm] (N, ADJ) minimum *m* • **a ~ of $100** un minimum de 100 dollars • **to reduce to a ~** réduire au minimum • **to keep costs to a ~** maintenir les coûts au plus bas ▸ **minimum wage** N salaire *m* minimum
mining ['maɪnɪŋ] (N) [*of coal*] exploitation *f* minière
minion ['mɪnɪən] (N) sous-fifre* *m*
miniseries ['mɪnɪsɪərɪz] (N) mini-feuilleton *m*
miniskirt ['mɪnɪ,skɜ:t] (N) minijupe *f*
minister ['mɪnɪstəʳ] 1 (N) ⓐ (*Brit: in government*) ministre *mf* ⓑ (*religious*) pasteur *m* 2 (VI) **to ~ to sb's needs** pourvoir aux besoins de qn • **to ~ to sb** secourir qn 3 (COMP) ▸ **Minister of Health** N ministre *mf* de la Santé ▸ **Minister of State** N (*Brit*) ≈ secrétaire *m* d'État
ministerial [,mɪnɪs'tɪərɪəl] (ADJ) [*meeting, reshuffle, decision*] ministériel; [*duties*] de ministre • **at ~ level** au niveau ministériel • **to hold ~ office** occuper des fonctions ministérielles
ministry ['mɪnɪstrɪ] (N) ⓐ (= *government department*) ministère *m* • **Ministry of Defence** ministère *m* de la Défense ⓑ (= *clergy*) **the ~** le saint ministère • **to enter the ~** devenir pasteur
mink [mɪŋk] (N) (= *animal, fur, coat*) vison *m*
minke ['mɪŋkɪ] (N) (*also* **minke whale**) baleine *f* minke
Minn. (ABBR OF **Minnesota**)
minnow ['mɪnəʊ] (N) (= *fish*) vairon *m*
minor ['maɪnəʳ] 1 (ADJ) ⓐ [*change, problem, defect, importance*] mineur; [*detail, repairs*] petit • **~ offence** ≈ délit *m* mineur • **~ operation** (= *surgery*) opération *f* bénigne • **to play a ~ part** jouer un rôle secondaire ⓑ (*Music*) **G ~** sol mineur • **in the ~ key** en mineur 2 (N) ⓐ (= *child*) mineur(e) *m(f)* ⓑ (*US*) (= *subject studied*) matière *f* secondaire 3 (VI) (*US*) **to ~ in chemistry** étudier la chimie comme matière secondaire *or* sous-dominante
Minorca [mɪ'nɔ:kə] (N) Minorque *f* • **in ~** à Minorque
minority [maɪ'nɒrɪtɪ] 1 (N) minorité *f* 2 (ADJ) [*party, opinion*] minoritaire
minster ['mɪnstəʳ] (N) cathédrale *f*; [*of monastery*] église *f* abbatiale
minstrel ['mɪnstrəl] (N) ménestrel *m*
mint [mɪnt] 1 (N) ⓐ (= *plant, herb*) menthe *f* ⓑ (= *sweet*) bonbon *m* à la menthe ⓒ (*for making coins*) hôtel *m* de la Monnaie ⓓ (= *large sum*)* **to make a ~** faire fortune 2 (VT) [+ *coins*] battre 3 (COMP) ▸ **mint condition** N **in ~ condition** en parfait état ▸ **mint sauce** N sauce *f* à la menthe ▸ **mint tea** N (= *herbal tea*) infusion *f* de menthe; (= *tea with mint*) thé *m* à la menthe
minuet [,mɪnjʊ'et] (N) menuet *m*
minus ['maɪnəs] 1 (PREP) ⓐ (*Math*) moins • **five ~ three equals two** cinq moins trois égale(nt) deux • **A/B ~** (= *grade*) ≈ A/B moins ⓑ (= *without*)* sans • **they found his wallet ~ the money** ils ont retrouvé son porte-feuille mais sans l'argent 2 (N) (= *sign*) moins *m* • **the ~es far outweigh any possible gain** les inconvénients l'emportent largement sur les avantages éventuels 3 (COMP) ▸ **minus sign** N (signe *m*) moins *m*
minuscule ['mɪnə,skju:l] (ADJ) minuscule
minute[1] ['mɪnɪt] 1 (N) minute *f* • **it is 23 ~s past 2** il est 2 heures 23 (minutes) • **I'll do it in a ~** je le ferai dans une minute • **I'll do it the ~ he comes** je le ferai dès qu'il arrivera • **I've just this ~ heard of it*** je viens de l'apprendre à la minute • **any ~ now*** d'une minute à l'autre • **to leave things till the last ~** tout faire à la dernière minute • **wait a ~** attendez une minute • **up to the ~** [*equipment*] dernier modèle *inv*; [*fashion*] dernier cri *inv*; [*news*] de dernière heure
2 (NPL) **minutes** [*of meeting*] compte *m* rendu • **to take the ~s of a meeting** rédiger le compte rendu d'une réunion
3 (COMP) ▸ **minute hand** N grande aiguille *f* ▸ **minute steak** N entrecôte *f* minute
minute[2] [maɪ'nju:t] (ADJ) (= *tiny*) minuscule; (= *detailed*) minutieux • **in ~ detail** jusque dans les moindres détails
minutely [maɪ'nju:tlɪ] (ADV) ⓐ (= *in detail*) minutieusement ⓑ (= *slightly*) très légèrement
minutiae [mɪ'nju:ʃɪi:] (NPL) menus détails *mpl*
minx [mɪŋks] (N) (petite) espiègle *f*
miracle ['mɪrəkl] (N) miracle *m* • **it is a ~ that ...** c'est un miracle que ... + *subj* • **it will be a ~ if ...** ce sera un miracle si ... ▸ **miracle cure, miracle drug** N remède *m* miracle ▸ **miracle worker** N **I'm not a ~ worker!*** je ne suis pas le bon Dieu !
miraculous [mɪ'rækjʊləs] (ADJ) miraculeux • **to make**

m

a ~ **recovery** guérir miraculeusement • **to be nothing short of** ~ être tout bonnement miraculeux

mirage ['mɪrɑːʒ] (N) mirage *m*

mire ['maɪəʳ] (N) (*frm*) **to drag sb's name through the** ~ traîner (le nom de) qn dans la boue

mirror ['mɪrəʳ] **1** (N) miroir *m*; (*in car*) rétroviseur *m* • **to look at o.s. in the** ~ se regarder dans le miroir **2** (VT) refléter • **to be ~ed by sth** se refléter dans qch **3** (COMP) ▸**mirror image** N image *f* inversée ▸**mirror site** N (*Comput*) site *m* miroir

> The French word **miroir** contains only one **r** and has an extra **i**.

mirth [mɜːθ] (N) hilarité *f*

mirthless ['mɜːθlɪs] (ADJ) sans joie

misadventure [,mɪsəd'ventʃəʳ] (N) mésaventure *f* • **death by** ~ mort *f* accidentelle

misanthrope ['mɪzənθrəʊp] (N) misanthrope *mf*

misapprehension ['mɪs,æprɪ'henʃən] (N) méprise *f*

misappropriate ['mɪsə'prəʊprɪeɪt] (VT) [+ *money, funds*] détourner

misbehave ['mɪsbɪ'heɪv] (VI) se conduire mal; [*child*] ne pas être sage

misbehaviour, misbehavior (*US*) ['mɪsbɪ'heɪvjəʳ] (N) [*of person, child*] mauvaise conduite *f*

misc. (ADJ) (ABBR OF **miscellaneous**) divers

miscalculate ['mɪs'kælkjʊleɪt] (VT, VI) mal calculer

miscalculation ['mɪs,kælkjʊ'leɪʃən] (N) mauvais calcul *m*

miscarriage ['mɪs'kærɪdʒ] (N) **a** (*during pregnancy*) fausse couche *f* • **to have a** ~ faire une fausse couche **b** ~ **of justice** erreur *f* judiciaire

miscarry [,mɪs'kærɪ] (VI) faire une fausse couche

miscast ['mɪs'kɑːst] (*pret, ptp* **miscast**) (VT) **he was** ~ on n'aurait pas dû lui donner ce rôle

miscellaneous [,mɪsɪ'leɪnɪəs] (ADJ) divers

miscellany [mɪ'selənɪ] (N) [*of objects*] collection *f* hétéroclite

mischance [,mɪs'tʃɑːns] (N) malchance *f* • **by (a)** ~ par malchance

mischief ['mɪstʃɪf] (N) malice *f* • **he's up to** ~ il prépare un mauvais coup • **to get into** ~ faire des siennes • **to keep sb out of** ~ empêcher qn de faire des bêtises • **to do sb a** ~* faire du mal à qn ▸**mischief-maker** N semeur *m*, -euse *f* de discorde

mischievous ['mɪstʃɪvəs] (ADJ) [*person, smile, glance*] malicieux; [*child, behaviour*] espiègle

miscommunication [mɪskə,mjuːnɪ'keɪʃən] (N) échec *m* de communication

misconceived [,mɪskən'siːvd] (ADJ) [*plan*] peu judicieux; [*idea*] faux (fausse *f*)

misconception ['mɪskən'sepʃən] (N) (= *wrong idea*) idée *f* fausse

misconduct [,mɪs'kɒndʌkt] (N) mauvaise conduite *f*; (*sexual*) adultère *m* • **professional** ~ faute *f* professionnelle • **allegations of police** ~ des allégations *fpl* selon lesquelles la police aurait commis des abus

misconstrue ['mɪskən'struː] (VT) mal interpréter

miscount ['mɪs'kaʊnt] **1** (N) (*during election*) erreur *f* dans le décompte des voix **2** (VTI) mal compter

misdeed ['mɪs'diːd] (N) méfait *m*

misdemeanour, misdemeanor (*US*) [,mɪsdɪ'miːnəʳ] (N) **a** (= *misdeed*) incartade *f* **b** (*judicial*) (*Brit*) infraction *f*; (*US*) délit *m*

misdiagnose [,mɪsdaɪəg'nəʊz] (VT) **a** [+ *patient*] faire une erreur de diagnostic sur **b** [+ *problem, situation*] mal analyser

misdial ['mɪs,daɪəl] (VI) faire *or* composer le mauvais numéro

misdirect ['mɪsdɪ'rekt] (VT) [+ *person*] mal renseigner; [+ *efforts*] mal diriger; [+ *operation, scheme*] mal gérer

miser ['maɪzəʳ] (N) avare *mf*

miserable ['mɪzərəbl] (ADJ) **a** (= *unhappy*) malheureux • **to feel** ~ (= *unhappy*) ne pas avoir le moral; (= *unwell*) être mal en point • **she's been having a** ~ **time recently** la vie n'est pas drôle pour elle en ce moment **b** ~ **weather*** un temps affreux **c** (= *wretched*) [*person, place*] misérable; [*sight*] lamentable **d** (= *paltry*) misérable

miserably ['mɪzərəblɪ] (ADV) **a** (= *unhappily*) d'un air malheureux **b** (= *wretchedly*) [*live*] misérablement; [*perform, fail*] lamentablement

miserly ['maɪzəlɪ] (ADJ) **a** [*person*] avare (**with sth** de qch) **b** [*sum, amount*] dérisoire • **a** ~ **$8** 8 malheureux dollars

misery ['mɪzərɪ] **1** (N) **a** (= *unhappiness*) souffrances *fpl* • **to make sb's life a** ~ [*person*] mener la vie dure à qn; [*illness*] gâcher la vie de qn • **put him out of his** ~* **and tell him the results** abrégez ses souffrances et donnez-lui les résultats **b** (= *misfortune, poverty*) misère *f* **2** (COMP) ▸**misery guts*** N rabat-joie *m inv* ▸**misery memoir** N autobiographie *f* dramatique

misfire ['mɪs'faɪəʳ] (VI) [*plan*] rater; [*car engine*] avoir des ratés; [*gun*] faire long feu

misfit ['mɪsfɪt] (N) (= *person*) inadapté(e) *m(f)* • **he's always been a** ~ **here** il n'a jamais su s'adapter ici

misfortune [mɪs'fɔːtʃən] (N) malheur *m*; (= *bad luck*) malchance *f* • **I had the** ~ **to meet him** j'ai eu le malheur de le rencontrer

misgiving [mɪs'gɪvɪŋ] (N) appréhension *f* • **I had ~s about the scheme** j'avais des doutes quant au projet

misguided ['mɪs'gaɪdɪd] (ADJ) [*person*] dans l'erreur; [*attempt*] peu judicieux; [*belief*] erroné • **to be** ~ **in doing sth** avoir tort de faire qch

mishandle ['mɪs'hændl] (VT) [+ *problem*] mal aborder • **he ~d the whole situation** il a mal géré la situation

mishap ['mɪshæp] (N) mésaventure *f* • **slight** ~ contretemps *m*

mishear ['mɪs'hɪəʳ] (*pret, ptp* **misheard** ['mɪs'hɜːd]) (VT) mal entendre

mishit ['mɪs'hɪt] **1** (N) coup *m* manqué **2** (VT) [+ *ball*] mal frapper

mishmash* ['mɪʃmæʃ] (N) méli-mélo* *m*

misinform ['mɪsɪn'fɔːm] (VT) mal renseigner

misinformation [,mɪsɪnfə'meɪʃən] (N) désinformation *f*

misinterpret ['mɪsɪn'tɜːprɪt] (VT) mal interpréter

misinterpretation ['mɪsɪn,tɜːprɪ'teɪʃən] (N) interprétation *f* erronée • **open to** ~ qui prête à confusion

misjudge ['mɪs'dʒʌdʒ] (VT) [+ *amount, time*] mal évaluer; (= *underestimate*) sous-estimer; [+ *person*] se méprendre sur le compte de

mislay [,mɪs'leɪ] (*pret, ptp* **mislaid**) (VT) égarer

mislead [,mɪs'liːd] (*pret, ptp* **misled**) (VT) induire en erreur

misleading [,mɪs'liːdɪŋ] (ADJ) [*information, report*]

trompeur • ~ **advertising** publicité *f* mensongère

misled [ˌmɪsˈlɛd] (VB) *pt, ptp of* **mislead**

mismanage [ˈmɪsˈmænɪdʒ] (VT) mal gérer

mismanagement [ˈmɪsˈmænɪdʒmənt] (N) mauvaise gestion *f*

mismatch [mɪsˈmætʃ] (N) [*of objects*] disparité *f*; [*of colours, styles*] dissonance *f*

misnomer [ˈmɪsˈnəʊməʳ] (N) terme *m* impropre • **that is a ~** c'est un terme qui ne convient pas du tout

misogynist [mɪˈsɒdʒɪnɪst] (N, ADJ) misogyne *mf*

misogyny [mɪˈsɒdʒɪnɪ] (N) misogynie *f*

misplace [ˈmɪsˈpleɪs] (VT) ⓐ [+ *object, affection, trust*] mal placer ⓑ (= *lose*) égarer

misplaced [ˈmɪsˈpleɪst] (ADJ) [*remark, humour*] déplacé; [*confidence*] mal fondé; [*priorities*] mal choisi

misprint [ˈmɪsprɪnt] (N) faute *f* d'impression

mispronounce [ˌmɪsprəˈnaʊns] (VT) mal prononcer

misquote [ˈmɪsˈkwəʊt] (VT) citer inexactement • **he was ~d in the press** la presse a déformé ses propos

misread [ˈmɪsˈriːd] (*pret, ptp* **misread** [ˈmɪsˈrɛd]) (VT) ⓐ (= *misinterpret*) mal interpréter • **he misread the whole situation** il a interprété la situation de façon tout à fait incorrecte ⓑ [+ *word*] mal lire

misrepresent [ˈmɪsˌreprɪˈzent] (VT) [+ *facts*] déformer; [+ *person*] donner une impression incorrecte de • **he was ~ed in the press** la presse a donné de lui une image inexacte

miss [mɪs] **1** (N) ⓐ (*Sport*) coup *m* manqué
▸ **to give sth a miss*** se passer de qch • **we gave the Louvre a ~*** nous ne sommes pas allés au Louvre • **I'll give my evening class a ~ this week*** tant pis pour mon cours du soir cette semaine
ⓑ (= *title*) **Miss** Mademoiselle *f* • **Dear Miss Smith** Chère Mademoiselle
2 (VT) ⓐ manquer; [+ *bus, train, plane*] rater • **you haven't ~ed much!** vous n'avez pas raté grand-chose ! • **to ~ the boat*** (*fig*) louper le coche* • **she doesn't ~ a trick*** rien ne lui échappe • **you can't ~ our house** vous trouverez tout de suite notre maison • **don't ~ the Louvre** ne manquez pas d'aller au Louvre • **I ~ed him at the station by five minutes** je l'ai raté de cinq minutes à la gare • **to ~ a payment (on sth)** sauter un versement (pour qch) • **I ~ed what you said** (= *didn't hear*) je n'ai pas entendu ce que vous avez dit • **I ~ed the point of that joke** je n'ai pas compris ce que ça avait de drôle • **he narrowly ~ed being killed** il a bien failli se tuer
ⓑ (= *long for*) **I ~ you** tu me manques • **I do ~ Paris** Paris me manque beaucoup • **he will be greatly ~ed** il nous manquera beaucoup • **he won't be ~ed** personne ne le regrettera
ⓒ **I'm ~ing $8*** il me manque 8 dollars • **here's your pen back — I hadn't even ~ed it!** je vous rends votre stylo — je n'avais même pas remarqué que je ne l'avais plus !
3 (VI) [*shot, person*] rater • **you can't ~!** (= *you'll succeed*) vous ne pouvez pas ne pas réussir !
▸ **miss out** **1** VT SEP sauter **2** VI (= *lose out*) ne pas obtenir son dû
▸ **miss out on*** VT INSEP [+ *opportunity, bargain*] rater

Miss. (ABBR OF **Mississippi**)

misshapen [ˈmɪsˈʃeɪpən] (ADJ) difforme

missile [ˈmɪsaɪl] (N) missile *m*; (= *stone thrown*) projectile *m* ▸ **missile launcher** N lance-missiles *m inv*

missing [ˈmɪsɪŋ] **1** (ADJ) ⓐ (= *lost*) **to be ~** avoir disparu (**from sth** de qch) • **to go ~** disparaître
ⓑ (= *lacking*) **to be ~** [*person, object, details, information*] manquer (**from sth** à qch) • **how many are ~?** combien en manque-t-il ? • **there's nothing ~** il ne manque rien • **there's a button ~ from my jacket** il manque un bouton à ma veste
ⓒ [*serviceman, fisherman, plane*] porté disparu • **one man is still ~** (*after rescue operation etc*) un homme est toujours porté disparu
2 (COMP) ▸ **missing person** N personne *f* disparue ▸ **Missing Persons Bureau** N *service de police enquêtant sur les personnes disparues*

mission [ˈmɪʃən] (N) mission *f* • **his ~ in life is to help others** sa mission dans la vie est d'aider les autres ▸ **mission statement** N ordre *m* de mission

missionary [ˈmɪʃənrɪ] (N, ADJ) missionnaire *mf*

missis‡ [ˈmɪsɪz] (N) **the/my ~** (= *wife*) la/ma bourgeoise‡ • **hey ~!** eh, Madame !

misspell [ˈmɪsˈspel] (*pret, ptp* **misspelled** *or* **misspelt**) (VT) mal orthographier

misspent [ˌmɪsˈspent] (ADJ) **~ youth** folle jeunesse *f*

missus‡ [ˈmɪsɪz] (N) = **missis**

mist [mɪst] (N) brume *f*; (*on glass*) buée *f* • **morning ~** brume *f* matinale • **lost in the ~s of time** perdu dans la nuit des temps
▸ **mist over, mist up** VI [*view*] se couvrir de brume; [*mirror*] s'embuer

mistake [mɪsˈteɪk] (*vb: pret* **mistook**, *ptp* **mistaken**) **1** (N) (= *error*) erreur *f*; (= *misunderstanding*) méprise *f* • **let there be no ~ about it** qu'on ne s'y trompe pas • **it was a ~ to do that** c'était une erreur de faire cela • **my ~ was to do ...** mon erreur a été de faire ... • **there must be some ~** il doit y avoir erreur • **by ~** par erreur
▸ **to make + mistake** faire une erreur *or* une faute; (= *misunderstand*) se tromper • **to make a ~ in a calculation** faire une erreur de calcul • **you're making a big ~** tu fais une grave erreur • **to make the ~ of thinking sth** faire l'erreur de penser qch
2 (VT) [+ *meaning*] mal comprendre; [+ *intentions*] se méprendre sur • **there's no mistaking her** il est impossible de ne pas la reconnaître • **to ~ A for B** prendre A pour B

mistaken [mɪsˈteɪkən] **1** (VB) *ptp of* **mistake** **2** (ADJ) ⓐ (= *wrong*) **to be ~ (about sb/sth)** se tromper (à propos de qn/qch) • **to be ~ in thinking that ...** se tromper en croyant que ... • **unless I'm (very much) ~** si je ne me trompe • **that's just where you're ~!** c'est là que vous vous trompez ! ⓑ (= *erroneous*) [*belief, idea*] erroné • **to do sth in the ~ belief that ...** faire qch en croyant à tort que ... • **it was a case of ~ identity** il y avait erreur de personnes

mistakenly [mɪsˈteɪkənlɪ] (ADV) ⓐ [*believe, assume*] à tort ⓑ [*kill, attack*] par erreur

mister [ˈmɪstəʳ] (N) monsieur *m* • **Mister Right*** l'homme idéal

mistime [ˈmɪsˈtaɪm] (VT) [+ *act, blow, kick*] mal calculer • **~d remark** remarque *f* inopportune • **he ~d it** il a choisi le mauvais moment

mistletoe [ˈmɪsltəʊ] (N) gui *m*

mistook [mɪsˈtʊk] (VB) *pt of* **mistake**

mistranslation [ˈmɪstrænzˈleɪʃən] (N) erreur *f* de traduction

mistreat [ˌmɪsˈtriːt] (VT) maltraiter

m

mistreatment [ˌmɪsˈtriːtmənt] (N) mauvais traitement *m*

mistress [ˈmɪstrɪs] (N) ⓐ maîtresse *f* ⓑ (*Brit*)† (*in secondary school*) professeur *f*

mistrial [ˌmɪsˈtraɪəl] (N) (*Brit*) procès *m* entaché d'un vice de procédure; (*US*) procès *m* ajourné pour défaut d'unanimité dans le jury

mistrust [mɪsˈtrʌst] 1 (N) méfiance *f* (**of** à l'égard de) 2 (VT) [*+ person, sb's motives*] se méfier de

mistrustful [mɪsˈtrʌstfʊl] (ADJ) méfiant

misty [ˈmɪstɪ] (ADJ) [*weather*] brumeux; [*day*] de brume, brumeux; [*mirror, windowpane*] embué; [*eyes, look*] embrumé, embué; [*outline, recollection, idea*] nébuleux, flou • **~ blue/grey/green** bleu/gris/vert vaporeux *or* fondu ▸ **misty-eyed** ADJ (= *near tears*) qui a les yeux embués de larmes; (= *sentimental*) qui a la larme à l'œil

misunderstand [ˈmɪsʌndəˈstænd] (*pret, ptp* **misunderstood**) (VT) mal comprendre • **don't ~ me** comprenez moi bien • **she was misunderstood all her life** toute sa vie elle est restée incomprise

misunderstanding [ˈmɪsʌndəˈstændɪŋ] (N) malentendu *m*

misunderstood [ˈmɪsʌndəˈstʊd] (VB) *pt, ptp of* **misunderstand**

misuse 1 (N) [*of power*] abus *m*; [*of money, energies*] mauvais emploi *m* • **~ of funds** détournement *m* de fonds 2 (VT) [*+ power*] abuser de; [*+ money, energies*] mal employer; [*+ funds*] détourner

> Lorsque **misuse** est un nom, le **se** final se prononce **s**: [ˌmɪsˈjuːs]; lorsque c'est un verbe, il se prononce **z**: [ˌmɪsˈjuːz].

MIT [ˈemaɪˈtiː] (N) (ABBR OF **Massachusetts Institute of Technology**)

mite [maɪt] (N) ⓐ (= *small amount*) **not a ~ of truth** pas une parcelle de vérité • **we were a ~ surprised*** nous avons été un tantinet surpris ⓑ (= *animal*) mite *f* ⓒ (= *small child*) petit(e) *m(f)* • **poor little ~** (le) pauvre petit

miter [ˈmaɪtəʳ] (N) (*US*) [*of bishop*] mitre *f*

mitigate [ˈmɪtɪgeɪt] (VT) [*+ sentence, suffering*] alléger; [*+ effect*] atténuer • **mitigating circumstances** circonstances *fpl* atténuantes

mitigation [ˌmɪtɪˈgeɪʃən] (N) ⓐ [*of sentence*] allègement *m* ⓑ (= *excuse for crime*) circonstances *fpl* atténuantes • **to tender a plea in ~** plaider les circonstances atténuantes

mitre [ˈmaɪtəʳ] (N) [*of bishop*] mitre *f*

mitt [mɪt] (N) ⓐ (= *mitten*) moufle *f* ⓑ (*Baseball*) gant *m* de baseball ⓒ (= *hand*)⁑ paluche* *f*

mitten [ˈmɪtn] (N) moufle *f*

mix [mɪks] 1 (N) ⓐ (= *combination*) mélange *m* • **the company's product ~** les différents articles produits par l'entreprise • **the broad racial ~ in this country** le brassage des races dans ce pays • **pupils study a broad ~ of subjects at this school** les élèves étudient des matières diverses dans cette école
ⓑ (*for cooking*) **(packet) cake ~** préparation *f* pour gâteau
2 (VT) ⓐ [*+ liquids, ingredients, colours*] mélanger (**with** avec, à); [*+ cement*] préparer • **~ the eggs into the sugar** incorporez les œufs au sucre • **never ~ your drinks!** évitez les mélanges! • **to ~ business and pleasure** joindre l'utile à l'agréable • **to ~ one's metaphors** mélanger des métaphores
ⓑ [*+ track, album*] mixer
3 (VI) ⓐ se mélanger • **oil and water don't ~** l'huile et l'eau ne se mélangent pas • **religion and politics don't ~** la religion et la politique ne font pas bon ménage • **to ~ and match** faire des mélanges
ⓑ (*socially*) **he ~es with all kinds of people** il fréquente toutes sortes de gens
4 (COMP) ▸ **mixing bowl** N saladier *m* ▸ **mix-up** N confusion *f* • **there was a ~-up over tickets** il y a eu confusion en ce qui concerne les billets
▸ **mix in** VT SEP **~ in the eggs with ...** incorporez les œufs à ...
▸ **mix up** VT SEP ⓐ (= *confuse*) confondre • **he ~ed her up with Jane** il l'a confondue avec Jane ⓑ (= *put in disorder*) mélanger ⓒ (= *involve*) **to ~ sb up in sth** impliquer qn dans qch • **to get ~ed up in an affair** se trouver mêlé à une affaire • **he is ~ed up with a lot of criminals** il fréquente un tas de malfaiteurs ⓓ (= *muddle*) **to be ~ed up** [*person*] être perturbé • **I'm all ~ed up about it** je ne sais plus où j'en suis

mixed [mɪkst] 1 (ADJ) ⓐ [*school, bathing*] mixte; [*neighbourhood*] mélangé • **~ herbs** herbes *fpl* mélangés • **a woman of ~ blood** une sang-mêlé • **in ~ company** en présence d'hommes et de femmes • **~ nuts** noix *fpl* et noisettes *fpl* assorties • **~ vegetables** assortiment *m* de légumes • **to be of ~ parentage** être issu d'un mariage mixte
ⓑ (= *varying*) [*reviews, emotions, signals*] contradictoire; [*results, reaction*] inégal; [*success, reception*] mitigé • **she had ~ feelings about it** elle était partagée à ce sujet
2 (COMP) ▸ **mixed ability** N **~-ability group** classe *f* sans groupes de niveau ▸ **mixed bag** N **to be a ~ bag (of sth)** être un mélange (de qch) ▸ **mixed doubles** NPL double *m* mixte ▸ **mixed economy** N économie *f* mixte ▸ **mixed marriage** N mariage *m* mixte ▸ **mixed martial arts** N arts *mpl* martiaux mixtes ▸ **mixed media** ADJ multimédia ▸ **mixed metaphor** N mélange *m* de métaphores ▸ **mixed race** N **to be of ~ race** être métis • **people of ~ race** métis *mpl* ▸ **mixed-up** ADJ [*person*] désorienté • **he's a ~-up kid*** c'est un gosse* perturbé

mixer [ˈmɪksəʳ] (N) ⓐ (*for cooking*) **hand ~** batteur *m* à main • **electric ~** mixer *m* ⓑ (= *cement mixer*) bétonnière *f* ⓒ (= *drink*) boisson *f* gazeuse (*servant à couper un alcool*) ⓓ (= *sound mixer*) ingénieur *m* du son

mixture [ˈmɪkstʃəʳ] (N) mélange *m* • **they spoke in a ~ of French and English** ils parlaient un mélange de français et d'anglais • **the course offers a ~ of subjects** le cours propose des matières diverses

ml (N) (ABBR OF **millilitre(s)**) ml

MLA [ˌemelˈeɪ] (N) (*Brit Politics*) (ABBR OF **Member of the Legislative Assembly**) député *m*

m-learning [ˈemlɜːnɪŋ] (N) apprentissage *m* mobile

MLR [ˌemelˈɑːʳ] (N) (ABBR OF **minimum lending rate**)

mm (ABBR OF **millimetre(s)**) mm

MMR [ˌememˈɑːʳ] (N) (ABBR OF **measles, mumps, rubella**) ROR *m* ▸ **MMR vaccine** N vaccin *m* ROR

MMS [ˌememˈes] (N) (ABBR OF **multimedia messaging service**) MMS *m*

MN (ABBR OF **Minnesota**)

mnemonic [nɪˈmɒnɪk] (ADJ, N) mnémotechnique *f*

MO, Mo. (ABBR OF **Missouri**)

moan ['məʊn] 1 N ⓐ (= *groan*) gémissement *m* ⓑ (= *complaint*) **to have a ~ about sth** se plaindre de qch 2 VTI (= *groan*) gémir; (= *complain*) se plaindre • **she's always ~ing about the weather** elle se plaint toujours du temps

moaner* ['məʊnəʳ] N râleur* *m*, -euse* *f*

moat [məʊt] N douves *fpl*

mob [mɒb] 1 N ⓐ (= *crowd*) foule *f* • **the ~** (= *the common people*) la populace ⓑ (= *group*)* bande *f* ⓒ [*of criminals*] gang *m* • **the Mob*** (= *Mafia*) la Maf(f)ia 2 VT [+ *person*] (= *surround*) faire foule autour de; (= *attack*) assaillir; [+ *place*] assiéger • **the shops were ~bed*** les magasins étaient pris d'assaut 3 COMP ▸ **mob rule** N (*pej*) loi *f* de la populace ▸ **mob violence** N violence *f* collective

mobbing ['mɒbɪŋ] N harcèlement *m* moral, mobbing *m*

mobile ['məʊbaɪl] 1 ADJ mobile 2 N ⓐ (*Brit*) (= *phone*) portable *m* ⓑ (= *decoration*) mobile *m* 3 COMP ▸ **mobile home** N mobile home *m* ▸ **mobile library** N bibliobus *m* ▸ **mobile number** N (*Brit*) numéro *m* de portable ▸ **mobile payment** N (*Brit*) paiement *m* par portable ▸ **mobile phone** N (*Brit*) téléphone *m* portable ▸ **mobile phone mast** N (*Brit*) antenne-relais *f* (*de téléphonie mobile*)

mobility [məʊ'bɪlɪtɪ] N mobilité *f* ▸ **mobility allowance** N allocation *f* de transport (*pour handicapés*)

mobilize ['məʊbɪlaɪz] VTI mobiliser

moccasin ['mɒkəsɪn] N mocassin *m*

mocha ['mɒkə] N moka *m*

mock [mɒk] 1 VT (= *scoff at*) se moquer de; (= *mimic*) parodier 2 VI se moquer (**at** de) 3 ADJ [*anger, modesty*] simulé • **a ~ trial** un simulacre de procès 4 NPL **mocks*** (*Brit*) (= *exams*) examens *mpl* blancs 5 COMP ▸ **mock examination** N examen *m* blanc ▸ **mock-up** N maquette *f*

▸ **mock up** VT SEP faire la maquette de

mockery ['mɒkərɪ] N ⓐ (= *mocking*) moquerie *f* • **to make a ~ of sb/sth** tourner qn/qch en dérision ⓑ (= *travesty*) **it is a ~ of justice** c'est une parodie de justice

mocking ['mɒkɪŋ] 1 N moquerie *f* 2 ADJ moqueur

mockingbird ['mɒkɪŋ,bɜːd] N (merle *m*) moqueur *m*

MOD [,eməʊ'diː] N (*Brit*) (ABBR OF **Ministry of Defence**)

mod cons [mɒd'kɒnz] NPL (*Brit*) (ABBR OF **modern conveniences**) **house with all ~** maison *f* tout confort

mode [məʊd] N (= *way*) mode *m*

model ['mɒdl] 1 N ⓐ (= *small-scale representation*) modèle *m* (réduit); (*Archit*) maquette *f*
ⓑ (= *standard*) modèle *m* • **he was a ~ of discretion** c'était un modèle de discrétion
ⓒ (= *person*) (*Art*) modèle *m*; (*Fashion*) mannequin *m* • **male ~** mannequin *m* masculin
ⓓ (= *version*) modèle *m* • **the latest ~s** (= *garments*) les derniers modèles *mpl* • **sports ~** (= *car*) modèle *m* sport
2 ADJ ⓐ (= *exemplary*) modèle
ⓑ (= *miniature*) miniature • **~ car/aeroplane** modèle *m* réduit de voiture/d'avion
3 VT ⓐ (= *base*) **to ~ sth on sth** modeler qch sur qch • **to ~ o.s. on sb** prendre modèle sur qn
ⓑ (*Fashion*) **to ~ clothes** être mannequin
ⓒ (= *make model of*) modeler (**in** en)
4 VI (*for artist*) poser; (*Fashion*) être mannequin (**for** chez)

modelling, modeling (*US*) ['mɒdlɪŋ] N **she does ~** (*Fashion*) elle travaille comme mannequin; (*for artist*) elle travaille comme modèle ▸ **modelling clay** N pâte *f* à modeler

modem ['məʊdem] N modem *m*

moderate 1 ADJ [*amount, speed, views, demands*] modéré; [*language, terms*] mesuré; [*size*] moyen; [*improvement, reduction, success*] léger; [*climate*] tempéré • **over a ~ heat** à feu moyen 2 N (= *politician*) modéré(e) *m(f)* 3 VT ⓐ (= *restrain*) modérer • **moderating influence** influence *f* modératrice ⓑ (= *preside over*) présider

> Lorsque **moderate** est un adjectif, la fin se prononce comme **it**: ['mɒdərɪt]; lorsque c'est un verbe, elle se prononce comme **eight**: ['mɒdəreɪt].

moderately ['mɒdərɪtlɪ] ADV ⓐ [*wealthy, pleased, expensive, difficult*] moyennement • **she did ~ well in her exams** elle s'en est relativement bien tirée à ses examens ⓑ [*increase, decline*] quelque peu ⓒ [*act*] avec modération

moderation [,mɒdə'reɪʃən] N modération *f* • **in ~** [*drink, exercise*] avec modération

moderator ['mɒdəreɪtəʳ] N ⓐ (*in assembly, discussion*) président(e) *m(f)* ⓑ (*Brit*) (= *examiner*) examinateur *m*, -trice *f*

modern ['mɒdən] ADJ moderne • **~ languages** langues *fpl* vivantes • **~-day** des temps modernes

> The French word **moderne** ends in **-e**.

modernism ['mɒdənɪzəm] N modernisme *m*

modernist ['mɒdənɪst] ADJ, N moderniste *mf*

modernity [mɒ'dɜːnɪtɪ] N modernité *f*

modernization [,mɒdənaɪ'zeɪʃən] N modernisation *f*

modernize ['mɒdənaɪz] VT moderniser

modest ['mɒdɪst] ADJ ⓐ modeste • **to be ~ about sth** être modeste à propos de qch • **his ~ origins** ses modestes origines • **a family of ~ means** une famille aux moyens modestes ⓑ (= *decorous*) [*person*] pudique; [*clothes*] décent

modestly ['mɒdɪstlɪ] ADV ⓐ (= *not boastfully*) modestement ⓑ (= *in moderation*) [*drink*] modérément • **to live ~** vivre simplement ⓒ (= *decorously*) [*behave*] pudiquement; [*dress*] avec pudeur

modesty ['mɒdɪstɪ] N modestie *f* • **false ~** fausse modestie *f*

modicum ['mɒdɪkəm] N **a ~ of ...** un minimum de ...

modification [,mɒdɪfɪ'keɪʃən] N modification *f* (**to, in** à)

modifier ['mɒdɪfaɪəʳ] N modificateur *m*

modify ['mɒdɪfaɪ] VT ⓐ (= *change*) modifier ⓑ (= *moderate*) modérer • **he'll have to ~ his demands** il faudra qu'il modère ses exigences

modish ['məʊdɪʃ] ADJ à la mode

modular ['mɒdjʊləʳ] ADJ [*course, curriculum*] par modules • **~ degree** licence *f* (*par modules*)

modulate ['mɒdjʊleɪt] VT moduler

modulation [,mɒdjʊ'leɪʃən] N modulation *f*

module ['mɒdjuːl] N module *m*

mogul ['məʊgəl] N ⓐ (= *powerful person*) nabab *m* ⓑ (*Ski*) bosse *f* • **~ skiing** ski *m* sur bosses

mohair ['məʊhɛəʳ] N mohair *m*

Mohammed [məʊ'hæmɪd] N Mohammed *m*, Mahomet *m*

m

Mohican [məʊ'hi:kən] (N) Mohican *mf* • **mohican (hairstyle)** iroquoise *f*
moist [mɔɪst] (ADJ) [*atmosphere, climate, skin*] humide; (*unpleasantly*) moite; [*cake*] moelleux
moisten ['mɔɪsn] (VT) humecter; (*in cooking*) mouiller légèrement
moisture ['mɔɪstʃə^r] (N) humidité *f*; (*on glass*) buée *f*
moisturize ['mɔɪstʃəraɪz] (VT) [+ *skin*] hydrater; [+ *air, atmosphere*] humidifier
moisturizer ['mɔɪstʃəraɪzə^r] (N) produit *m* hydratant
mojo* ['məʊdʒəʊ] (N) (*US*) mojo* *m*, charisme *m*
molar ['məʊlə^r] (N) molaire *f*
molasses [məʊ'læsɪz] (N) mélasse *f*
mold [məʊld] (*US*) = **mould**
Moldavia [mɒl'deɪvɪə] (N) Moldavie *f*
Moldavian [mɒl'deɪvɪən] **1** (N) Moldave *mf* **2** (ADJ) moldave
Moldova [mɒl'dəʊvə] (N) Moldova *f*
mole [məʊl] (N) ⓐ (*on skin*) grain *m* de beauté ⓑ (= *animal, spy*) taupe *f*
molecular [məʊ'lekjʊlə^r] (ADJ) moléculaire ▸ **molecular gastronomy** N cuisine *f* moléculaire
molecule ['mɒlɪkju:l] (N) molécule *f*
molehill ['məʊlhɪl] (N) taupinière *f*
molest [məʊ'lest] (VT) (*sexually*) commettre une agression sexuelle sur • **to be ~ed** subir une agression sexuelle
molester [məʊ'lestə^r] (N) (= *child molester*) auteur *m* d'une agression sexuelle
mollify ['mɒlɪfaɪ] (VT) apaiser
mollusc, mollusk (*US*) ['mɒləsk] (N) mollusque *m*
mollycoddle ['mɒlɪkɒdl] (VT) surprotéger
Molotov cocktail [ˌmɒlətɒf'kɒkteɪl] (N) cocktail *m* Molotov
molt [məʊlt] (*US*) = **moult**
molten ['məʊltən] (ADJ) en fusion
mom* [mɒm] **1** (N) (*US*) maman *f* **2** (COMP) ▸ **mom-and-pop*** ADJ (*US*) familial ▸ **mom-and-pop store*** N (*US*) commerce *m* familial
moment ['məʊmənt] (N) moment *m* • **wait a ~!** (attendez) un instant ! • **just a ~!** (attendez) un instant !; (*objecting to sth*) attendez ! • **I'll only be a ~** j'en ai pour un instant • **a ~ ago** il y a un instant • **a ~ later** un instant plus tard • **that very ~** à cet instant précis • **the ~ he arrives** dès qu'il arrivera • **at this ~ in time** en ce moment • **at that ~** à ce moment-là • **(at) any ~** d'un moment à l'autre • **for a ~** un instant • **for the ~** pour le moment • **from the ~ I saw him** dès l'instant où je l'ai vu • **from that ~** dès cet instant • **the ~ of truth** l'heure *f* de vérité • **he has his ~s** (= *good points*) il a ses bons côtés
momentarily ['məʊməntərɪlɪ] (ADV) ⓐ (= *temporarily*) momentanément ⓑ (*US*) (= *shortly*) dans un instant
momentary ['məʊməntərɪ] (ADJ) [*lapse, silence*] momentané; [*panic, hesitation*] passager • **a ~ lapse of concentration** un moment d'inattention
momentous [məʊ'mentəs] (ADJ) [*event, occasion*] de grande importance; [*decision*] capital
momentum [məʊ'mentəm] (N) [*of political movement*] dynamisme *m*; (*Physics*) moment *m* • **to gain ~** gagner du terrain • **to lose ~** être en perte de vitesse
mommy* ['mɒmɪ] (N) (*US*) maman *f*
Mon. (ABBR OF **Monday**)
Monaco ['mɒnəkəʊ] (N) Monaco *m* • **in ~** à Monaco
monarch ['mɒnək] (N) monarque *m*
monarchist ['mɒnəkɪst] (ADJ, N) monarchiste *mf*
monarchy ['mɒnəkɪ] (N) monarchie *f*
monastery ['mɒnəstərɪ] (N) monastère *m*
monastic [mə'næstɪk] (ADJ) [*life*] monacal; [*vows*] monastique
Monday ['mʌndɪ] (N) lundi *m* → **Saturday**

> Days of the week in French are not spelt with a capital letter.

Monegasque [mɒnə'gæsk] **1** (ADJ) monégasque **2** (N) Monégasque *mf*
monetarist ['mʌnɪtərɪst] (ADJ, N) monétariste *mf*
monetary ['mʌnɪtərɪ] (ADJ) [*policy, control, value*] monétaire; [*gain*] financier • **economic and ~ union** union *f* économique et monétaire
monetization [ˌmʌnɪtaɪ'zeɪʃən] (N) monétisation *f*
monetize ['mʌnɪtaɪz] (VT) monétiser
money ['mʌnɪ] **1** (N) ⓐ argent *m* • **to make ~** [*person*] gagner de l'argent; [*business*] être lucratif • **he made his ~ selling computer systems** il s'est enrichi en vendant des systèmes informatiques • **to come into ~** (*by inheritance*) hériter (d'une somme d'argent) • **I paid good ~ for it** ça m'a coûté de l'argent • **he's earning good ~** il gagne bien sa vie • **to get one's ~'s worth** en avoir pour son argent • **to get one's ~ back** se faire rembourser • **to put ~ into sth** placer son argent dans qch • **is there ~ in it?** est-ce que ça rapporte ? • **it was ~ well spent** c'était une bonne affaire ⓑ (*phrases*) **he's made of ~*** il roule sur l'or* • **he's rolling in ~*** il roule sur l'or* • **he's got ~ to burn** il a de l'argent à ne savoir qu'en faire • **we're in the ~ now!*** nous roulons sur l'or* maintenant • **~ doesn't grow on trees** l'argent ne tombe pas du ciel • **to put one's ~ where one's mouth is** joindre l'acte à la parole (*en déboursant une somme d'argent*) • **he spends ~ like water** l'argent lui fond dans les mains • **his analysis was right on the ~** (*US*) son analyse était tout à fait juste • (PROV) **(the love of) ~ is the root of all evil** (l'amour de) l'argent est la racine de tous les maux
2 (NPL) **moneys, monies** sommes *fpl* d'argent • **~s paid out** versements *mpl* • **~s received** recettes *fpl*
3 (COMP) [*difficulties, problems, questions*] d'argent ▸ **money belt** N ceinture-portefeuille *f* ▸ **money-laundering** N blanchiment *m* d'argent ▸ **money market** N marché *m* monétaire ▸ **money order** N (*US*) mandat *m* postal ▸ **money spinner*** N (*Brit*) mine *f* d'or (*fig*)
moneybags‡ ['mʌnɪbægz] (N) **he's a ~** il est plein aux as‡
moneybox ['mʌnɪbɒks] (N) tirelire *f*
moneyed ['mʌnɪd] (ADJ) riche
moneylender ['mʌnɪlendə^r] (N) prêteur *m*, -euse *f* sur gages
moneymaker ['mʌnɪmeɪkə^r] (N) **to be a ~** [*scheme*] être lucratif
moneymaking ['mʌnɪmeɪkɪŋ] **1** (N) acquisition *f* d'argent **2** (ADJ) lucratif
Mongolia [mɒŋ'gəʊlɪə] (N) Mongolie *f*
mongoose ['mɒŋgu:s] (N) (*pl* **mongooses**) mangouste *f*
mongrel ['mʌŋgrəl] (N) (chien *m*) bâtard *m*
moniker‡ ['mɒnɪkə^r] (N) (= *name*) nom *m*; (= *nickname*) surnom *m*
monitor ['mɒnɪtə^r] **1** (N) (= *device*) moniteur *m* **2** (VT) [+ *person, work, system*] suivre de près; [+ *equipment*] contrôler • **a machine ~s the patient's progress** une

machine contrôle l'évolution de l'état du malade • **to ~ the situation** surveiller l'évolution des choses

monk [mʌŋk] (N) moine *m*

monkey ['mʌŋkɪ] (N) singe *m* • **you little ~!*** petit galopin ! • **to make a ~ out of sb** tourner qn en ridicule • **to have a ~ on one's back*** (*US Drugs*) être esclave de la drogue • **I don't give a ~'s*** (*Brit*) je n'en ai rien à foutre* ▸ **monkey bars** NPL cage *f* à poules ▸ **monkey business*** N (*dishonest*) affaire *f* louche; (*mischievous*) singeries *fpl* ▸ **monkey nut** N (*Brit*) cacahuète *f* ▸ **monkey wrench** N clé *f* à molette • **to throw a ~ wrench into the works*** (*US*) flanquer la pagaille*

monkfish ['mʌŋkfɪʃ] (N) lotte *f*

mono ['mɒnəʊ] (ADJ) (ABBR OF **monophonic**) mono *inv*

monochrome ['mɒnəkrəʊm] (N) monochrome *m*; (= *photograph, film*) noir *m* et blanc *m*

monocle ['mɒnəkl] (N) monocle *m*

monogamous [mə'nɒgəməs] (ADJ) monogame

monogamy [mə'nɒgəmɪ] (N) monogamie *f*

monogram ['mɒnəgræm] (N) monogramme *m*

monograph ['mɒnəgræf] (N) monographie *f*

monolingual [,mɒnəʊ'lɪŋgwəl] (ADJ) monolingue

monolith ['mɒnəlɪθ] (N) ⓐ (= *stone*) monolithe *m* ⓑ (= *organization*) mastodonte *m*

monolithic [,mɒnə'lɪθɪk] (ADJ) [*system*] monolithique; [*building*] colossal

monologue, monolog (*US*) ['mɒnəlɒg] (N) monologue *m*

monopolistic [mənɒpə'lɪstɪk] (ADJ) monopolistique

monopolize [mə'nɒpəlaɪz] (VT) monopoliser

monopoly [mə'nɒpəlɪ] (N) monopole *m* (**of, in** de)

monorail ['mɒnəʊreɪl] (N) monorail *m*

monosodium glutamate [mɒnəʊ'səʊdɪəm'glu:təmeɪt] (N) glutamate *m* (de sodium)

monosyllable ['mɒnə,sɪləbl] (N) monosyllabe *m* • **to answer in ~s** répondre par monosyllabes

monotone ['mɒnətəʊn] (N) (= *voice/tone*) voix *f*/ton *m* monocorde

monotonous [mə'nɒtənəs] (ADJ) monotone

monotony [mə'nɒtənɪ] (N) monotonie *f*

monsoon [mɒn'su:n] (N) mousson *f* • **the ~ season** la mousson d'été

monster ['mɒnstəʳ] **1** (N) monstre *m* **2** (ADJ)* monstre*

monstrosity [mɒn'strɒsɪtɪ] (N) (= *thing*) monstruosité *f*; (= *person*) monstre *m*

monstrous ['mɒnstrəs] (ADJ) monstrueux

Mont. (ABBR OF **Montana**)

montage [mɒn'tɑ:ʒ] (N) montage *m*

Mont Blanc [,mɔ̃m'blɑ̃ŋ] (N) mont *m* Blanc

Monte Carlo [,mɒntɪ'kɑ:ləʊ] (N) Monte-Carlo

Montenegrin [,mɒntɪ'ni:grɪn], **Montenegran** [,mɒntɪ'ni:grən] (ADJ) monténégrin

Montenegro [,mɒntɪ'ni:grəʊ] (N) Monténégro *m*

Montezuma's revenge* [,mɒntɪzumǝzrɪ'vendʒ] (N) (*US*) tourista* *f*

month [mʌnθ] (N) mois *m* • **in the ~ of May** au mois de mai • **every ~** tous les mois • **at the end of this ~** à la fin du mois • **he owes his landlady two ~s' rent** il doit deux mois à sa propriétaire • **six ~s pregnant** enceinte de six mois

monthly ['mʌnθlɪ] **1** (ADJ) mensuel • **on a ~ basis** [*pay*] mensuellement; [*happen, do sth*] tous les mois • **~ payment** mensualité *f* • **~ ticket** carte *f* (d'abonnement) mensuelle **2** (N) (= *publication*) mensuel *m* **3** (ADV) [*publish, pay*] mensuellement; [*happen*] tous les mois

Montreal [,mɒntrɪ'ɔ:l] (N) Montréal

monty* ['mɒntɪ] (N) (*Brit*) **the full ~** la totale*

monument ['mɒnjʊmənt] (N) monument *m* (**to, of** à)

monumental [,mɒnjʊ'mentl] (ADJ) [*task, achievement*] monumental; [*effort, success*] prodigieux • **on a ~ scale** sur une très grande échelle

moo [mu:] (VI) meugler

MOOC [mu:k] (N) (ABBR OF **massive open online course**) mooc *m*

mooch about*, **mooch around*** ['mu:tʃəbaʊt], ['mu:tʃəraʊnd] (VI) glander*

mood [mu:d] **1** (N) humeur *f* • **to be in a good ~** être de bonne humeur • **I'm in no ~ to listen to him** je ne suis pas d'humeur à l'écouter • **he's in one of his ~s** il est encore mal luné* • **the ~ of the meeting** l'état d'esprit de l'assemblée

▸ **in the mood** **I'm in the ~ for dancing** je danserais volontiers • **are you in the ~ for chess?** une partie d'échecs ça vous dit* ? • **he plays well when he's in the ~** quand il veut il joue bien* • **I'm not in the ~** ça ne me dit rien

2 (COMP) ▸ **mood-altering** ADJ [*drug, effect*] qui affecte l'humeur ▸ **mood swing** N saute *f* d'humeur

moodily ['mu:dɪlɪ] (ADV) (= *bad-temperedly*) d'un air maussade; (= *gloomily*) d'un air morose

moody ['mu:dɪ] (ADJ) ⓐ (= *sulky*) de mauvaise humeur • **Elvis's ~ looks** la beauté ténébreuse d'Elvis ⓑ (= *temperamental*) d'humeur changeante • **to be ~** être lunatique ⓒ (= *atmospheric*) sombre

moon [mu:n] **1** (N) lune *f* • **by the light of the ~** au clair de lune • **many ~s ago** il y a de cela bien longtemps • **he's over the ~* (about it)** il est aux anges **2** (VI) (= *exhibit buttocks*)* montrer son cul** **3** (COMP) ▸ **moon-faced** ADJ au visage rond ▸ **moon landing** N alunissage *m*

▸ **moon about, moon around** VI musarder en rêvassant

▸ **moon over** VT INSEP **to ~ over sb** soupirer pour qn

moonbeam ['mu:nbi:m] (N) rayon *m* de lune

Moonie* ['mu:nɪ] (N) adepte *mf* de la secte Moon

moonlight ['mu:nlaɪt] **1** (N) clair *m* de lune • **by ~** au clair de lune **2** (VI) (= *work extra*)* faire des extras au noir

moonlighting* ['mu:nlaɪtɪŋ] (N) travail *m* au noir

moonlit ['mu:nlɪt] (ADJ) éclairé par la lune • **a ~ night** une nuit de lune

moonshine* ['mu:nʃaɪn] (N) (= *nonsense*) sornettes *fpl*; (*US* = *illegal spirits*) alcool *m* de contrebande

moor [mʊəʳ] **1** (N) (= *land*) lande *f* **2** (VT) [+ *ship*] amarrer **3** (VI) mouiller

mooring ['mʊərɪŋ] (N) (= *place*) mouillage *m*; (= *ropes*) amarres *fpl*

Moorish ['mʊərɪʃ] (ADJ) [*architecture*] mauresque

moorland ['mʊələnd] (N) lande *f*; (*boggy*) terrain *m* tourbeux

moose [mu:s] (N) *pl inv* (*in Canada*) orignal *m*; (*in Europe*) élan *m*

moot [mu:t] **1** (ADJ) **it's a ~ point** c'est discutable **2** (VT) **it has been ~ed that ...** on a suggéré que ...

mop [mɒp] **1** (N) ⓐ (*for floor*) balai *m* à franges ⓑ [*of hair*] tignasse *f* **2** (VT) [+ *floor, surface*] passer la serpillière sur • **to ~ one's brow** s'éponger le front

▸ **mop up** VT SEP ⓐ [+ *liquid*] éponger ⓑ [+ *profits*] récupérer

m

mope [məʊp] (VI) se morfondre
▸ **mope about, mope around** VI passer son temps à se morfondre
moped ['məʊped] (N) cyclomoteur *m*
MOR [,eməʊ'ɑːʳ] (ADJ) (ABBR OF **middle-of-the-road**) grand public *inv*
moral ['mɒrəl] 1 (ADJ) moral • **to have a ~ obligation to do** être dans l'obligation morale de faire • **~ support** soutien *m* moral • **~ standards are falling** le sens moral se perd 2 (N) [*of story*] morale *f* 3 (NPL) **morals** moralité *f* • **he has no ~s** il est sans moralité
morale [mɒ'rɑːl] (N) moral *m* • **his ~ was very low** il avait le moral à zéro ▸ **morale booster** N **to be a ~ booster for sb** remonter le moral de qn
moralist ['mɒrəlɪst] (N) moraliste *mf*
morality [mə'rælɪtɪ] (N) moralité *f*
moralize ['mɒrəlaɪz] (VI) moraliser (**about** sur)
morally ['mɒrəlɪ] (ADV) moralement • **~ wrong** contraire à la morale
morass [mə'ræs] (N) **a ~ of problems** des problèmes à n'en plus finir*
moratorium [,mɒrə'tɔːrɪəm] (N) (*pl* **moratoria** [,mɒrə'tɔːrɪə]) moratoire *m*
morbid ['mɔːbɪd] (ADJ) [*person, thoughts*] morbide; [*fear*] maladif • **don't be so ~!** cesse donc de broyer du noir!
morbidly ['mɔːbɪdlɪ] (ADV) **to be ~ fascinated by sb/sth** avoir une fascination malsaine pour qn/qch
mordant ['mɔːdənt] (ADJ) mordant

more [mɔːʳ] *compar of* **many, much**

1 ADJECTIVE	3 ADVERB
2 PRONOUN	

1 ADJECTIVE

ⓐ (= *greater in amount*) plus de • **a lot ~ time** beaucoup plus de temps • **there's no ~ rice** il n'y a plus de riz • **have some ~ ice cream** reprenez de la glace
▸ **more ... than** plus de ... que • **he's got ~ money than you** il a plus d'argent que vous • **~ people than usual** plus de gens que de coutume
ⓑ (= *additional*) encore de • **~ tea?** encore un peu de thé ?

> Note that in the following **some** and **any** when used with **more** are translated by **du** and **de la**.

• **I'd like some ~ meat** je voudrais encore de la viande • **is there any ~ wine?** y a-t-il encore du vin ?
▸ **a few/several more** **I need a few ~ examples** il me faut encore quelques exemples • **unfortunately it'll take several ~ days** cela prendra malheureusement quelques jours de plus

2 PRONOUN

ⓐ (= *greater quantity*) plus • **a little ~** un peu plus • **I need a lot ~** il m'en faut beaucoup plus • **I haven't any ~** je n'en ai plus • **and what's ~** et qui plus est • **we'd like to see ~ of her** nous aimerions la voir plus souvent • **I'll find out ~ about it** je vais me renseigner
▸ **more than** (*before a number*) plus de • **~ than 20 came** plus de 20 personnes sont venues • **not ~ than a kilo** pas plus d'un kilo • **it cost ~ than I expected** c'était plus cher que je ne pensais • **that's ~ than enough** c'est amplement suffisant
▸ **no/nothing more** **no ~, thanks** (*in restaurant*) ça suffit, merci • **I've nothing ~ to say** je n'ai rien à ajouter • **let's say nothing ~ about it** n'en parlons plus
▸ **anything more** **I don't want anything ~** (*to eat*) je ne veux plus rien
ⓑ (= *others*) d'autres • **have you got any ~ like these?** en avez-vous d'autres comme ça ?

3 ADVERB

ⓐ (*with adjectives and adverbs*) plus • **~ difficult** plus difficile • **~ easily** plus facilement • **~ and ~ difficult** de plus en plus difficile • **only ~ so** mais encore plus • **each ~ beautiful than the next** tous plus beaux les uns que les autres • **the house is ~ than half built** la maison est plus qu'à moitié construite
ⓑ (*with verbs*) plus, davantage • **you must rest ~** vous devez vous reposer davantage • **she talks even ~ than he does** elle parle encore plus que lui • **I like apples ~ than oranges** je préfère les pommes aux oranges • **it will ~ than cover the cost** cela couvrira largement les frais
ⓒ (= *rather*) plutôt • **it's ~ a short story than a novel** c'est une nouvelle plutôt qu'un roman
ⓓ (= *again*) **once ~** une fois de plus • **once ~, they have disappointed us** une fois de plus, ils nous ont déçus • **only once ~** une dernière fois
▸ **any more** plus • **I won't do it any ~** je ne le ferai plus
ⓔ (*set structures*)
▸ **more or less** plus ou moins • **neither ~ nor less** ni plus ni moins
▸ **the more ...** plus ... • **the ~ you rest the quicker you'll get better** plus vous vous reposerez plus vous vous rétablirez rapidement • **the ~ I think of it the ~ ashamed I feel** plus j'y pense plus j'ai honte • **he is all the ~ happy** il est d'autant plus heureux • **all the ~ so because ...** d'autant plus que ...

moreover [mɔː'rəʊvəʳ] (ADV) de plus
mores ['mɔːreɪz] (NPL) mœurs *fpl*
morgue [mɔːg] (N) morgue *f*
moribund ['mɒrɪbʌnd] (ADJ) moribond
Mormon ['mɔːmən] (N, ADJ) mormon(e) *m(f)*
morning ['mɔːnɪŋ] 1 (N) matin *m*; (= *duration*) matinée *f* • **on the ~ of 23 January** le 23 janvier au matin • **during the ~** pendant la matinée • **I was busy all ~** j'ai été occupé toute la matinée • **good ~!** bonjour! • **he came in the ~** il est arrivé dans la matinée • **it happened first thing in the ~** c'est arrivé en tout début de matinée • **I'll do it first thing in the ~** je le ferai demain à la première heure • **at 7 o'clock in the ~** à 7 heures du matin • **to get up very early in the ~** se lever très tôt le matin • **I work in the ~** je travaille le matin • **a ~'s work** une matinée de travail • **this ~** ce matin • **tomorrow ~** demain matin • **yesterday ~** hier matin • **the next ~** le lendemain matin • **every Sunday ~** tous les dimanches matin
2 (ADJ) [*walk, swim*] matinal
3 (COMP) ▸ **morning-after pill** N pilule *f* du lendemain ▸ **morning sickness** N nausées *fpl* matinales ▸ **morning star** N étoile *f* du matin
Moroccan [mə'rɒkən] 1 (ADJ) marocain 2 (N) Marocain(e) *m(f)*
Morocco [mə'rɒkəʊ] (N) Maroc *m*
moron* ['mɔːrɒn] (N) (*offensive*) (= *idiot*) débile *mf* moyen(e)
moronic* [mə'rɒnɪk] (ADJ) (*offensive*) crétin*

morose [mə'rəʊs] (ADJ) morose
morphine ['mɔːfiːn] (N) morphine *f*
morphing ['mɔːfɪŋ] (N) *(Cine, Comput)* morphing *m*
morphology [mɔː'fɒlədʒɪ] (N) morphologie *f*
morris dancing ['mɒrɪs,dɑːnsɪŋ] (N) *danse folklorique anglaise*

MORRIS DANCING
Le **morris dancing** est une danse folklorique anglaise traditionnellement réservée aux hommes. Habillés tout en blanc et portant des clochettes, ils exécutent différentes figures avec des mouchoirs et de longs bâtons. Cette danse est restée populaire dans les fêtes de village.

Morse code [,mɔːs'kəʊd] (N) morse *m*
morsel ['mɔːsl] (N) (petit) morceau *m*
mortal ['mɔːtl] 1 (ADJ) mortel • **~ sin** péché *m* mortel 2 (N) mortel(le) *m(f)*
mortality [mɔː'tælɪtɪ] (N) mortalité *f*
mortar ['mɔːtəʳ] (N) mortier *m*
mortgage ['mɔːgɪdʒ] 1 (N) emprunt *m* logement • **to take out a ~** contracter un emprunt logement (**on, for** pour) 2 (VT) [*+ house, one's future*] hypothéquer 3 (COMP) ▸ **mortgage payment** N remboursement *m* d'un emprunt logement ▸ **mortgage relief** N *(Brit) exonération fiscale sur les emprunts logement*
mortician [mɔː'tɪʃən] (N) *(US)* entrepreneur *m* de pompes funèbres
mortified ['mɔːtɪfaɪd] (ADJ) **I was ~ to learn that ...** j'ai cru mourir de honte en apprenant que ...
mortify ['mɔːtɪfaɪ] (VT) faire honte à
mortifying ['mɔːtɪfaɪɪŋ] (ADJ) humiliant (**to sb** pour qn)
mortise lock ['mɔːtɪs,lɒk] (N) serrure *f* encastrée
mortuary ['mɔːtjʊərɪ] 1 (N) morgue *f* 2 (ADJ) mortuaire
mosaic [məʊ'zeɪɪk] 1 (N) mosaïque *f* 2 (ADJ) en mosaïque
Moscow ['mɒskəʊ] (N) Moscou
mosey‡ ['məʊzɪ] (VI) *(US)* **they ~ed over to Joe's** ils sont allés faire un tour chez Joe
Moslem ['mɒzləm] (N, ADJ) musulman(e) *m(f)*
mosque [mɒsk] (N) mosquée *f*
mosquito [mɒs'kiːtəʊ] (N) moustique *m* ▸ **mosquito bite** N piqûre *f* de moustique ▸ **mosquito net** N moustiquaire *f*
moss [mɒs] (N) mousse *f* *(végétal)*
mossy ['mɒsɪ] (ADJ) moussu
most [məʊst] *superl of* **many, much** 1 (ADJ, PRON) ⓐ *(= greatest in amount)* **the ~** le plus (de) • **he earns the ~ money** c'est lui qui gagne le plus d'argent • **who has got the ~?** qui en a le plus ? • **at the very ~** tout au plus
▸ **to make the most of** [*+ one's time*] bien employer; [*+ opportunity, sb's absence*] profiter (au maximum) de; [*+ one's talents, business offer*] tirer le meilleur parti de; [*+ one's resources*] utiliser au mieux • **make the ~ of it!** profitez-en bien ! • **to make the ~ of o.s.** se mettre en valeur
ⓑ *(= largest part)* la plus grande partie (de); *(= greatest number)* la plupart (de) • **~ people** la plupart des gens • **~ of the money** la majeure partie de l'argent • **~ of them** la plupart d'entre eux • **~ of the day** la majeure partie de la journée • **~ of the time** la plupart du temps • **for the ~ part** pour la plupart
2 (ADV) ⓐ *(forming superl of adjs and advs)* **the ~** le plus • **the ~ intelligent boy** le garçon le plus intelligent • **he talked ~** c'est lui qui a parlé le plus • **what he wants ~ of all** ce qu'il désire par-dessus tout
ⓑ *(= very)* très • **~ likely** très probablement • **it's a ~ useful gadget** c'est un gadget des plus utiles
ⓒ *(US) (= almost)** presque
mostly ['məʊstlɪ] (ADV) ⓐ *(= chiefly)* surtout • **he now works ~ in Hollywood** à présent, il travaille surtout à Hollywood ⓑ *(= almost all)* pour la plupart • **more than one hundred people, ~ women** plus de cent personnes, pour la plupart des femmes ⓒ *(= usually)* en général
MOT [,eməʊ'tiː] *(Brit)* 1 (N) ⓐ (ABBR OF **Ministry of Transport**) ⓑ *(= MOT test)* ≈ contrôle *m* technique • **the car has passed its ~** ≈ la voiture a obtenu le certificat de contrôle technique 2 (VT) **to get one's car ~'d** ≈ faire passer sa voiture au contrôle technique
motel [məʊ'tel] (N) motel *m*
moth [mɒθ] (N) papillon *m* de nuit; *(= clothes-moth)* mite *f*
mothball ['mɒθbɔːl] 1 (N) boule *f* de naphtaline • **to put in ~s** [*+ project*] remiser au placard 2 (VT) [*+ project*] remiser au placard
mother ['mʌðəʳ] 1 (N) ⓐ mère *f* • **Ann, a ~ of three** Ann, une mère de trois enfants • **the Reverend Mother** la Révérende Mère • **she's her ~'s daughter** c'est (bien) la fille de sa mère
ⓑ *(= greatest)** **the ~ of all battles** une bataille sans précédent • **the ~ of all traffic jams** un énorme embouteillage
2 (VT) *(= act as mother to)* s'occuper de; *(= indulge, protect)* materner • **why do men so often want their girlfriends to ~ them?** pourquoi les hommes veulent-ils si souvent se faire materner par leur petite amie ?
3 (COMP) ▸ **mother country** N mère patrie *f* ▸ **mother-in-law** N (*pl* **mothers-in-law**) belle-mère *f* ▸ **Mother Nature** N Dame Nature *f* ▸ **Mother of God** N Marie, mère *f* de Dieu ▸ **mother-of-pearl** N nacre *f* ▸ **Mother's Day** N fête *f* des Mères ▸ **Mother Superior** N Mère *f* supérieure ▸ **mother-to-be** N (*pl* **mothers-to-be**) future maman *f* ▸ **mother tongue** N langue *f* maternelle
motherboard ['mʌðəbɔːd] (N) *(Comput)* carte *f* mère
motherfucker** ['mʌðəfʌkəʳ] (N) *(esp US) (= person)* enculé** *m*; *(= thing)* saloperie‡ *f*
motherhood ['mʌðəhʊd] (N) maternité *f*
motherly ['mʌðəlɪ] (ADJ) maternel
mothproof ['mɒθpruːf] 1 (ADJ) traité à l'antimite 2 (VT) traiter à l'antimite
motif [məʊ'tiːf] (N) motif *m*
motion ['məʊʃən] 1 (N) ⓐ mouvement *m* • **to set in ~** [*+ machine*] mettre en marche; [*+ process*] mettre en branle • **to set the wheels in ~** lancer le processus ⓑ *(= gesture)* mouvement *m* • **to go through the ~s of doing sth** *(mechanically)* faire qch machinalement; *(insincerely)* faire mine de faire qch ⓒ *(at meeting, in parliament)* motion *f* 2 (VI) **to ~ to sb to do sth** faire signe à qn de faire qch 3 (COMP) ▸ **motion picture** N film *m* ▸ **motion sickness** N mal *m* des transports
motionless ['məʊʃənlɪs] (ADJ) immobile • **to lie ~** rester étendu sans bouger
motivate ['məʊtɪveɪt] (VT) motiver (**to do** à *or* pour faire)
motivated ['məʊtɪveɪtɪd] (ADJ) motivé (**to do sth** pour faire qch) • **highly ~** extrêmement motivé
motivation [,məʊtɪ'veɪʃən] (N) motivation *f* • **he lacks ~**

m

il manque de motivation (**to do** pour faire)

motive ['məʊtɪv] 1 N (*= reason*) raison *f*; (*for action*) motifs *mpl*; (*for crime*) mobile *m* • **his ~ for saying that** la raison pour laquelle il a dit cela • **he had no ~ for killing her** il n'avait aucune raison de la tuer • **what was the ~ for the murder?** quel était le mobile du meurtre ? 2 ADJ **~ power** force *f* motrice

motley ['mɒtlɪ] ADJ [*collection, assortment*] disparate • **what a ~ crew!** en voilà une belle équipe !*

motocross ['məʊtəkrɒs] N moto-cross *m*

motor ['məʊtəʳ] 1 N a (*= engine*) moteur *m* b (*Brit = car*)* bagnole* *f* 2 ADJ [*muscle, nerve*] moteur (-trice *f*) 3 COMP [*accident*] de voiture ▸ **motor home** N (*US*) camping-car *m* ▸ **motor industry** N industrie *f* automobile ▸ **motor insurance** N assurance-automobile *f* ▸ **motor mechanic** N mécanicien *m*, -ienne *f* ▸ **motor neuron disease** N sclérose *f* latérale amyotrophique ▸ **motor racing** N course *f* automobile ▸ **motor show** N salon *m* de l'automobile ▸ **the motor trade** N (le secteur de) l'automobile *f*

motorail ['məʊtəreɪl] N train *m* auto-couchettes

motorbike ['məʊtəbaɪk] N moto *f*

motorboat ['məʊtəbəʊt] N bateau *m* à moteur

motorcade ['məʊtəkeɪd] N cortège *m* de voitures

motorcar ['məʊtəkɑːʳ] N (*Brit*) automobile *f*

motorcycle ['məʊtəsaɪkl] N moto(cyclette) *f*

motorcyclist ['məʊtəsaɪklɪst] N motard(e) *m(f)*

motoring ['məʊtərɪŋ] 1 N promenades *fpl* en voiture 2 ADJ [*accident*] de voiture; [*holiday*] en voiture

motorist ['məʊtərɪst] N automobiliste *mf*

motormouth‡ ['məʊtəmaʊθ] N moulin *m* à paroles*

motorway ['məʊtəweɪ] (*Brit*) 1 N autoroute *f* → ROADS 2 ADJ [*exit, junction*] d'autoroute

mottled ['mɒtld] ADJ [*leaf, skin, colour*] marbré (**with sth** de qch) • **~ complexion** teint *m* brouillé

motto ['mɒtəʊ] N devise *f*

mould, mold (*US*) [məʊld] 1 N a (*= container*) moule *m*; (*= model*) modèle *m* • **to cast metal in a ~** couler du métal • **to break the ~** (*= reorganize*) rompre avec la tradition • **men of his ~** des hommes de son calibre* b (*= fungus*) moisissure *f* 2 VT a [*+ metals*] couler; [*+ plaster, clay*] mouler; [*+ figure*] modeler (**in, out of** en); [*+ sb's character*] former

moulding, molding (*US*) ['məʊldɪŋ] N a (*= process*) moulage *m*; [*of metal*] coulée *f* b (*= influencing*) [*of character, public opinion*] formation *f*

mouldy, moldy (*US*) ['məʊldɪ] ADJ moisi • **to go ~** moisir • **to smell ~** sentir le moisi

moult, molt (*US*) [məʊlt] 1 N mue *f* 2 VI [*dog, cat*] perdre ses poils; [*bird*] muer

mound [maʊnd] N a [*of earth*] monticule *m*; (*= burial mound*) tumulus *m* b (*= pile*) tas *m*, monceau *m*

mount [maʊnt] 1 N a (*= mountain*) mont *m* • **Mount Carmel** le mont Carmel b (*= horse*) monture *f* c [*of machine*] support *m*; [*of painting, photo*] carton *m* de montage 2 VT a [*+ campaign, rescue operation*] monter • **to ~ an offensive** monter une attaque b [*+ horse*] monter sur; [*+ ladder*] monter à; [*+ cycle*] enfourcher c [*+ picture, photo*] monter sur un carton 3 VI [*pressure, tension*] monter; [*concern*] grandir; [*debts, losses*] augmenter • **opposition to the treaty is ~ing** l'opposition au traité grandit • **pressure is ~ing on him to resign** la pression s'accentue pour qu'il démissionne

▸ **mount up** VI (*= increase*) monter; (*= accumulate*) s'accumuler • **it all ~s up** tout cela finit par chiffrer

mountain ['maʊntɪn] 1 N montagne *f* • **to live in the ~s** habiter à la montagne • **to make a ~ out of a molehill** (se) faire une montagne d'une taupinière • **we have a ~ to climb** nous allons devoir soulever des montagnes • **a ~ of dirty washing** un monceau de linge sale • **a ~ of work** un travail fou

2 COMP [*people*] montagnard; [*animal, plant*] des montagnes; [*air*] de la montagne; [*path, scenery*] de montagne ▸ **mountain bike** N VTT *m* ▸ **mountain climber** N alpiniste *mf* ▸ **mountain dew*** N whisky *m* (*illicitement distillé*) ▸ **mountain pass** N col *m* ▸ **mountain range** N chaîne *f* de montagnes ▸ **mountain top** N cime *f*

mountaineer [ˌmaʊntɪ'nɪəʳ] N alpiniste *mf*

mountaineering [ˌmaʊntɪ'nɪərɪŋ] N alpinisme *m*

mountainous ['maʊntɪnəs] ADJ a (*= hilly*) montagneux b (*= immense*) colossal

mountainside ['maʊntɪnsaɪd] N versant *m* d'une (*or* de la) montagne

mounted ['maʊntɪd] ADJ [*troops*] à cheval ▸ **mounted police** N police *f* montée

mourn [mɔːn] 1 VI pleurer • **to ~ for sb** pleurer qn • **to ~ for sth** pleurer la perte de qch 2 VT [*+ person*] pleurer; [*+ sth gone*] pleurer la perte de • **he was still ~ing the loss of his son** il pleurait encore son fils

mourner ['mɔːnəʳ] N parent(e) *m(f) ou* ami(e) *m(f)* du défunt • **the ~s** le cortège funèbre

mournful ['mɔːnfʊl] ADJ [*person, music*] mélancolique; [*occasion*] triste

mourning ['mɔːnɪŋ] N deuil *m* • **to be in ~ (for sb)** être en deuil (de qn) • **to come out of ~** quitter le deuil

mouse [maʊs] N (*pl* **mice**) souris *f* ▸ **mouse mat, mouse pad** N tapis *m* de souris

mousetrap ['maʊstræp] N souricière *f*

moussaka [mʊ'sɑːkə] N moussaka *f*

mousse [muːs] N (*= dessert*) mousse *f* • **chocolate ~** mousse *f* au chocolat • **(styling) ~** (*for hair*) mousse *f* coiffante

moustache [məs'tɑːʃ], **mustache** (*US*) ['mʌstæʃ] N moustache(s) *f(pl)*

mousy ['maʊsɪ] ADJ [*hair*] châtain terne *inv*; [*person*] effacé • **~ brown** brun terne *inv*

mouth 1 N (*pl* **mouths**) a [*of person, horse, cow*] bouche *f*; [*of dog, cat, lion*] gueule *f* • **with one's ~ wide open** la bouche grand ouverte • **it makes my ~ water** cela me met l'eau à la bouche • **he never opened his ~** il n'a pas ouvert la bouche • **he kept his ~ shut (about it)** il n'en a pas soufflé mot • **shut your ~!**‡ ferme-la !‡ • **he's a big ~*** c'est une grande gueule‡ • **me and my big ~!*** j'ai encore perdu une occasion de me taire !

b [*of river*] embouchure *f*; [*of cave*] entrée *f*

2 VT a (*soundlessly*) articuler en silence

b (*insincerely*) [*+ platitudes, rhetoric*] débiter

3 COMP ▸ **mouth organ** N harmonica *m* ▸ **mouth-to-mouth, mouth-to-mouth resuscitation** N bouche-à-bouche *m inv* ▸ **mouth ulcer** N aphte *m* ▸ **mouth-watering** ADJ qui met l'eau à la bouche

> Lorsque **mouth** est un nom, le **th** final se prononce comme dans **both** : [maʊθ] ; lorsque c'est un verbe, il se prononce comme dans **then** : [maʊð]; notez que le pluriel du nom, **mouths**, se prononce comme le verbe : [maʊðz].

mouthful ['maʊθfʊl] (N) [*of food*] bouchée *f*; [*of drink*] gorgée *f* • **he swallowed it in one ~** [*+ food*] il n'en a fait qu'une bouchée; [*+ drink*] il l'a avalé d'un trait • **it's a real ~ of a name!*** c'est un nom à coucher dehors! • **to give sb a ~*** (*= reprimand*) enguirlander* qn

mouthpiece ['maʊθpiːs] (N) [*of musical instrument*] embouchoir *m*; [*of telephone*] microphone *m*; (*= spokesman*) porte-parole *m inv*

mouthwash ['maʊθwɒʃ] (N) bain *m* de bouche

movable ['muːvəbl] **1** (ADJ) mobile **2** (NPL) **movables** biens *mpl* meubles

move [muːv]

1 NOUN	3 INTRANSITIVE VERB
2 TRANSITIVE VERB	4 PHRASAL VERBS

1 NOUN

ⓐ mouvement *m*

▸ **to be on the move** [*troops*] être en marche • **she's always on the ~** (*= travelling for work*) elle est toujours en déplacement; [*child*] elle ne tient pas en place; (*= busy*)* elle n'arrête jamais

▸ **to make a move** (*= leave*) manifester l'intention de partir; (*= act*) faire quelque chose • **it's time we made a ~** (*= left*) il est temps que nous partions; (*= did sth*) il est temps que nous fassions quelque chose • **get a ~ on!*** remue-toi!*

ⓑ (*= change*) [*of house*] déménagement *m*; [*of job*] changement *m* d'emploi

ⓒ (*in games*) [*of chessman*] coup *m*; (*= player's turn*) tour *m*; (*fig*) démarche *f* • **it's your ~** (c'est) à vous de jouer • **what's the next ~?** et maintenant, qu'est-ce qu'on fait? • **we must watch his every ~** il nous faut surveiller tous ses faits et gestes

2 TRANSITIVE VERB

ⓐ (*= change position of*) [*+ object*] déplacer; [*+ limbs*] remuer; [*+ troops*] transporter • **~ your chair nearer the fire** approchez votre chaise du feu • **can you ~ your fingers?** pouvez-vous remuer vos doigts? • **~ your feet off the table** enlève tes pieds de la table • **the wind ~s the leaves** le vent agite les feuilles • **to ~ house** (*Brit*) déménager • **he's asked to be ~d to a different department** il a demandé à être muté dans un autre service • **to ~ heaven and earth to do sth** remuer ciel et terre pour faire qch

ⓑ (*= change timing of*) **to ~ sth (forward/back)** [*+ event, date*] avancer/reculer qch

ⓒ (*emotionally*) émouvoir • **she's easily ~d** elle est facilement émue • **to ~ sb to tears** émouvoir qn jusqu'aux larmes

ⓓ (*= stimulate*) inciter (**sb to do sth** qn à faire qch) • **I am ~d to ask who ...** j'en viens à me demander qui ...

ⓔ (*= propose*) proposer • **to ~ that sth be done** proposer que qch soit fait

3 INTRANSITIVE VERB

ⓐ (*person, animal*) (*= stir*) bouger • **don't ~!** ne bougez pas! • **I saw something moving over there** j'ai vu quelque chose bouger là-bas • **keep moving!** circulez! • **do not get off while the bus is moving** attendez l'arrêt complet de l'autobus pour descendre • **the coach was moving at 30km/h** le car roulait à 30 (km) à l'heure • **you can't ~ for books in that room*** on ne peut plus bouger dans cette pièce tellement il y a de livres

▸ **to move** + *preposition* **I'll not ~ from here** je ne bougerai pas d'ici • **he has ~d into another class** il est passé dans une autre classe • **he ~d slowly towards the door** il se dirigea lentement vers la porte

ⓑ (*= depart*) **it's time we were moving** il est temps de partir

ⓒ (*= move house*) [*person, family*] déménager; [*business*] être transféré • **to ~ to a bigger house** emménager dans une maison plus grande

ⓓ (*= progress*) [*plans, talks*] avancer • **he got things moving** il a fait avancé les choses

ⓔ (*= act*) agir • **we'll have to ~ quickly if we want to avoid ...** il nous faudra agir sans tarder si nous voulons éviter ...

ⓕ (*in games*) [*player*] jouer • **it's you to ~** c'est à vous de jouer

4 PHRASAL VERBS

▸ **move about** **1** VI se déplacer • **he can ~ about only with difficulty** il ne se déplace qu'avec peine • **we've ~d about a good deal** (*= moved house*) nous avons souvent déménagé **2** VT SEP [*+ object, furniture*] déplacer

▸ **move along** **1** VI avancer, circuler • **~ along there!** (*on bus*) avancez un peu!; (*policeman*) circulez! **2** VT SEP [*+ crowd*] faire circuler

▸ **move around** = **move about**

▸ **move away** **1** VI ⓐ (*= depart*) partir ⓑ (*= move house*) déménager • **they've ~d away from here** ils n'habitent plus ici **2** VT SEP [*+ person, object*] éloigner

▸ **move back** **1** VI ⓐ (*= withdraw*) reculer ⓑ (*to original position*) retourner ⓒ (*= move house*) **they've ~d back to London** ils sont retournés habiter (à) Londres **2** VT SEP ⓐ (*backwards*) [*+ person, crowd*] faire reculer; [*+ object, furniture*] reculer ⓑ (*to original position*) [*+ person*] faire revenir; [*+ object*] remettre

▸ **move forward** **1** VI [*person, troops, vehicle*] avancer **2** VT SEP [*+ person, vehicle*] faire avancer; [*+ object*] avancer • **to ~ troops forward** ordonner l'avance des troupes

▸ **move in** **1** VI ⓐ [*police*] intervenir ⓑ (*to a house*) emménager **2** VT SEP [*+ person*] faire entrer; [*+ furniture*] installer

▸ **move off** **1** VI [*car*] démarrer; [*train, procession*] s'ébranler **2** VT SEP [*+ object*] enlever

▸ **move on** **1** VI avancer; (*after stopping*) se remettre en route; [*time*] passer • **they ~d on to another site** ils sont allés s'installer plus loin • **moving on now to ...** passons maintenant à ... **2** VT SEP [*+ person*] faire circuler

▸ **move out** **1** VI déménager • **to ~ out of a flat** déménager d'un appartement **2** VT SEP [*+ person*] faire sortir

▸ **move over** **1** VI se pousser • **~ over!** pousse-toi! **2** VT SEP [*+ object*] déplacer

▸ **move up** **1** VI ⓐ **can you ~ up a few seats?** pouvez-vous vous pousser un peu? ⓑ [*employee*] avoir de l'avancement; (*in league table*) progresser dans le classement • **to ~ up a class** passer dans la classe supérieure **2** VT SEP ⓐ [*+ person*] faire monter; [*+ object*] monter ⓑ (*= promote*) [*+ employee*] donner de l'avancement à

moveable ['muːvəbl] (ADJ) mobile

movement ['muːvmənt] **1** (N) ⓐ mouvement *m* • **massage the skin using small circular ~s** massez la

m

peau en faisant de petits mouvements circulaires • **eye ~s** (*during sleep*) mouvements *mpl* oculaires • **there was a ~ towards the exit** il y eut un mouvement vers la sortie • **there has been some ~ towards fewer customs restrictions** il semble que l'on aille vers une réduction des restrictions douanières • **the free ~ of labour, capital and goods** la libre circulation de la main-d'œuvre, des capitaux et des marchandises • **a downward ~ in share prices** une tendance à la baisse du prix des actions • **resistance ~** mouvement *m* de résistance
ⓑ (*= bowel movement*) selles *fpl*
2 (NPL) **movements** (*= comings and goings*) allées *fpl* et venues *fpl* • **the police know little about his ~s** la police ne sait pas grand-chose sur ses allées et venues

mover ['mu:vəʳ] (N) ⓐ [*of motion*] auteur *m* d'une motion ⓑ **the ~s and shakers*** les personnages *mpl* influents

movie ['mu:vɪ] (N) film *m* • **the ~s*** le ciné* • **to go to the ~s*** aller au ciné* ▸ **the movie industry** N l'industrie *f* cinématographique ▸ **movie star** N vedette *f* de cinéma ▸ **movie theater** N (*US*) cinéma *m* (*salle*)

moviegoer ['mu:vɪgəʊəʳ] (N) cinéphile *mf*

moving ['mu:vɪŋ] 1 (ADJ) ⓐ (*emotionally*) émouvant • **it was a deeply ~ moment** c'était un moment vraiment très émouvant ⓑ (*= in motion*) [*vehicle*] en marche; [*picture*] animé • **~ part** (*in machine*) pièce *f* mobile • **~ target** cible *f* mouvante 2 (COMP) ▸ **moving walkway** N trottoir *m* roulant

mow [məʊ] (*pret* **mowed**, *ptp* **mowed** *or* **mown**) (VT) **to ~ the lawn** tondre le gazon
▸ **mow down** VT SEP [*+ people, troops*] faucher

mower ['məʊəʳ] (N) (*for crops*) faucheuse *f*; (*= lawnmower*) tondeuse *f* (à gazon)

mown [məʊn] (VB) *ptp of* **mow**

Mozambican [məʊzəm'bi:kən] 1 (ADJ) mozambicain 2 (N) Mozambicain(e) *m(f)*

Mozambique [məʊzəm'bi:k] (N) Mozambique *m*

mozzarella [mɒtsə'relə] (N) mozzarella *f*

MP [em'pi:] (N) ⓐ (*Brit*) (ABBR OF **Member of Parliament**) député *m* ⓑ (ABBR OF **Military Police**)

MP3 [,empi:'θri:] (N) mp3 *m* ▸ **MP3 player** N lecteur *m* mp3, baladeur *m* numérique

mpg [,empi:'dʒi:] (N) (ABBR OF **miles per gallon**)

mph [,empi:'eɪtʃ] (N) (ABBR OF **miles per hour**) ≈ km/h

MPV [,empi:'vi:] (N) (ABBR OF **multipurpose vehicle**) (*= people-carrier*) monospace *m*

Mr ['mɪstəʳ] (N) (*pl* **Messrs**) M., Monsieur • **Mr Smith** M. Smith • **Mr Chairman** monsieur le président

MRI [,emɑ:r'aɪ] 1 (N) (ABBR OF **magnetic resonance imaging**) IRM *f*, imagerie *f* par résonance magnétique 2 (COMP) ▸ **MRI scan** N IRM *f*

MRP [,emɑ:'pi:] (N) (ABBR OF **manufacturers' recommended price**) prix *m* public

Mrs ['mɪsɪz] (N) (*pl inv*) Mme

MS [,em'es] (N) ⓐ (ABBR OF **manuscript**) ⓑ (ABBR OF **multiple sclerosis**) ⓒ (*US*) (ABBR OF **Master of Science**) *maîtrise de sciences* → DEGREE

Ms [mɪz, məz] (N) ≈ Mme

> **MS**
>
> **Ms** est un titre utilisé à la place de « Mrs » (Mme) ou de « Miss » (Mlle) pour éviter la distinction traditionnelle entre femmes mariées et non mariées. Il se veut ainsi l'équivalent du « Mr » (M.) pour les hommes.

MSc [,emes'si:] (N) (*Brit*) (ABBR OF **Master of Science**) **to have an ~ in Biology** avoir une maîtrise de biologie → DEGREE

MSG [,emes'dʒi:] (N) (ABBR OF **monosodium glutamate**) glutamate *m* de sodium

MSP [,emes'pi:] (N) (ABBR OF **Member of the Scottish Parliament**) député *m* au Parlement écossais

MT (ABBR OF **Montana**)

Mt (ABBR OF **Mount**) Mt

MTV [,emti:'vi:] (N) (ABBR OF **music television**) MTV

---

much [mʌtʃ]

> 1 PRONOUN
> 2 ADJECTIVE
> 3 ADVERB

> compar **more**, superl **most**

1 PRONOUN

ⓐ (*= a lot*) **~ has happened since then** beaucoup de choses se sont passées depuis • **we have ~ to be thankful for** nous avons tout lieu d'être reconnaissants • **does it cost ~?** est-ce que ça coûte cher ? • **is it worth ~?** est-ce que ça a de la valeur ?
▸ **much of** (*= a large part of*) une bonne partie de • **~ of what you say** une bonne partie de ce que vous dites
▸ **to make much of sth** attacher beaucoup d'importance à qch • **he made too ~ of it** il y attachait trop d'importance
ⓑ (*in negative sentences*)
▸ **not/nothing ... much** (*= a small amount*) pas beaucoup • **I haven't got ~ left** il ne m'en reste pas beaucoup • **what was stolen? — nothing ~** qu'est-ce qui a été volé ? — pas grand-chose • **he hadn't ~ to say about it** il n'avait pas grand-chose à en dire • **there's not ~ anyone can do about it** il n'y a pas grand-chose à faire • **we don't see ~ of each other** nous ne nous voyons pas beaucoup • **it isn't up to ~*** ce n'est pas terrible* • **she won but there wasn't ~ in it** elle a gagné mais de justesse

> Constructions with **valoir** are often used when assessing value or merit.

• **I don't think ~ of that film** à mon avis ce film ne vaut pas grand-chose • **there isn't ~ in it** (*in choice, competition*) ça se vaut

2 ADJECTIVE

beaucoup de • **~ money** beaucoup d'argent • **~ crime goes unreported** beaucoup de crimes ne sont pas signalés • **without ~ money** avec peu d'argent • **it's a bit ~!*** c'est un peu fort !

3 ADVERB

ⓐ (*= to a great degree*) beaucoup • **he hasn't changed ~** il n'a pas beaucoup changé • **she doesn't go out ~** elle ne sort pas beaucoup • **~ bigger** beaucoup plus grand • **~ more easily** beaucoup plus facilement • **it doesn't ~ matter** ça n'a pas grande importance • **~ to my amazement** à ma grande stupéfaction
▸ **very much thank you very ~** merci beaucoup • **I very ~ hope that ...** j'espère de tout cœur que ...
ⓑ (*= more or less*) **it's ~ the same** c'est quasiment la même chose • **the town is ~ the same as it was ten years ago** la ville n'a pas beaucoup changé en dix ans

c (set structures)

▸ **as much** **as ~ again** encore autant • **twice as ~** deux fois plus • **half as ~ again** la moitié de plus • **I thought as ~!** c'est bien ce que je pensais ! • **as ~ as possible** autant que possible • **as ~ time as ...** autant de temps que ... • **I need it as ~ as you do** j'en ai autant besoin que toi • **I love him as ~ as ever** je l'aime toujours autant • **twice as ~ money as ...** deux fois plus d'argent que ... • **I didn't enjoy it as ~ as all that** je ne l'ai pas aimé tant que ça • **you could pay as ~ as $200 for that** ça peut te coûter jusqu'à 200 dollars

▸ **however much** **however ~ you like him ...** quelle que soit votre affection pour lui, ...

▸ **how much?** combien ? • **how ~ does it cost?** combien ça coûte ?

▸ **much as** **~ as I dislike doing this, ...** bien que je n'aime pas du tout faire cela, ...

▸ **much less** (*= and even less*) **he couldn't understand the question, ~ less answer it** il ne pouvait pas comprendre la question et encore moins y répondre

▸ **not much of a*** (*= not a great*) **he is not ~ of a writer** ce n'est pas un très bon écrivain • **I'm not ~ of a drinker** je ne bois pas beaucoup

▸ **so much** (*= a lot*) tellement • **he'd drunk so ~ that ...** il avait tellement bu que ... • **so ~ of what he says is untrue** il y a tellement de mensonges dans ce qu'il dit • **he beat me by so ~** il m'a battu de ça • **so ~ so that ...** à tel point que ... • **so ~ for his help!** c'est ça qu'il appelle aider ! • **so ~ for that!** tant pis ! • **so ~ the better!** tant mieux !

▸ **not so much ... as** **I think of her not so ~ as a doctor but as a friend** je la considère plus comme une amie que comme un médecin

▸ **this/that much** **this ~?** (ça ira) comme ça ? • **he was at least this ~ taller than me** il était plus grand que moi d'au moins ça • **I know this ~ ...** ce que je sais, c'est que ... • **this ~ is certain ...** un point est acquis ... • **this ~ is true ...** ce qui est sûr, c'est que ...

▸ **too much** trop • **I've eaten too ~** j'ai trop mangé • **he talks too ~** il parle trop • **that was too ~ for me** c'en était trop pour moi • **too ~ sugar** trop de sucre • **the stress was too ~ for me** je n'arrivais plus à supporter le stress

muchness* ['mʌtʃnɪs] (N) **they're much of a ~** c'est blanc bonnet et bonnet blanc

muck [mʌk] 1 (N) a (*= dirt*) saletés *fpl*; (*= mud*) boue *f* b (*= manure*) fumier *m* c (*describing food, film, book*) cochonnerie(s)* *f(pl)* 2 (COMP) ▸ **muck heap** N tas *m* d'ordures

▸ **muck about***, **muck around*** (*Brit*) 1 VI a (*= spend time aimlessly*) perdre son temps b (*= potter around*) **he enjoys ~ing about in the garden** il aime bricoler dans le jardin c (*= play the fool*) faire l'idiot • **to ~ about with sth** tripoter qch 2 VT SEP [*+ person*] traiter par-dessus la jambe*

▸ **muck in*** VI (*Brit*) **everyone ~s in here** tout le monde met la main à la pâte* ici

▸ **muck out** VT SEP (*Brit*) nettoyer

▸ **muck up** (*Brit*) VT SEP a (*= ruin*)* [*+ task*] saloper*; [*+ plans, deal*] chambouler* • **he's really ~ed things up!** il a vraiment tout flanqué par terre !* b (*= make dirty*) salir

muckraking ['mʌkreɪkɪŋ] (N) mise *f* au jour de scandales

mucky* ['mʌkɪ] (ADJ) (*Brit*) a (*= dirty*) boueux • **to get ~** se salir b (*= smutty*) cochon*

mucus ['mju:kəs] (N) mucus *m*, mucosités *fpl*

mud [mʌd] (N) boue *f* • **car stuck in the ~** voiture *f* embourbée • **to drag sb's name through the ~** traîner qn dans la boue ▸ **mud flap** N pare-boue *m inv*; [*of truck*] bavette *f* ▸ **mud flat** N laisse *f* de vase ▸ **mud hut** N hutte *f* de terre ▸ **mud wrestling** N catch *m* dans la boue (*généralement féminin*)

mudbath ['mʌdbæθ] (N) bain *m* de boue

muddle ['mʌdl] (N) fouillis *m*; (*fig*) pagaille* *f* • **the ~ of papers on her desk** le fouillis de papiers sur son bureau • **a financial ~** un imbroglio financier • **what a ~!** (*= disorder*) quel fouillis !; (*= mix-up*) quelle pagaille !* • **to be in a ~** [*person*] ne plus s'y retrouver (**over sth** dans qch); [*ideas*] être embrouillé; [*plan*] être confus • **to get into a ~** s'embrouiller (**over sth** dans qch, au sujet de qch) • **the files have got into a real ~** les dossiers sont sens dessus dessous ▸ **muddle-headed** ADJ [*person*] brouillon; [*plan, ideas*] confus

▸ **muddle along** VI se débrouiller tant bien que mal

▸ **muddle through** VI s'en sortir tant bien que mal • **I expect we'll ~ through** je suppose que nous nous en sortirons d'une façon ou d'une autre

▸ **muddle up** VT SEP a (*= mistake*) **he sometimes ~s me up with my sister** des fois, il me prend pour ma sœur b (*= perplex*) [*+ person, sb's ideas*] embrouiller • **to be ~d up** être embrouillé • **to get ~d up** [*person, ideas*] s'embrouiller c [*+ facts, story, details*] embrouiller

muddy ['mʌdɪ] 1 (ADJ) [*clothes, object*] couvert de boue 2 (VT) [*+ clothes, shoes*] crotter • **to ~ the waters** (*= cause confusion*) brouiller les pistes

mudflat ['mʌdflæt] (N) laisse *f* de vase

mudguard ['mʌdgɑ:d] (N) (*Brit*) [*of bicycle*] garde-boue *m inv*

mudpack ['mʌdpæk] (N) masque *m* (de beauté) à l'argile

mudslide ['mʌdslaɪd] (N) coulée *f* de boue

muesli ['mju:zlɪ] (N) muesli *m*

muezzin [mu:'ezɪn] (N) muezzin *m*

muff [mʌf] 1 (N) (*for hands*) manchon *m* 2 (VT)* rater • **to ~ it** rater son coup

muffin ['mʌfɪn] (N) muffin *m*

muffle ['mʌfl] (VT) [*+ sound*] assourdir • **in a ~d voice** d'une voix étouffée

muffler ['mʌfləʳ] (N) a (*= scarf*) cache-nez *m inv* b (*US*) [*of car*] silencieux *m*

mufti* ['mʌftɪ] (N) (*Brit*) tenue *f* civile

mug [mʌg] 1 (N) a (*= cup*) grande tasse *f* • **a ~ of coffee** un grand café b (*= face*)‡ bouille* *f* • **ugly ~** sale gueule *f* c (*Brit*) (*= fool*)‡ andouille‡ *f* • **it's a ~'s game** c'est un piège à con‡ 2 (VT) (*= assault*) agresser 3 (COMP) ▸ **mug shot*** N photo *f* d'identité

▸ **mug up*** VT SEP (*Brit*) bûcher*

mugger ['mʌgəʳ] (N) agresseur *m*

mugging ['mʌgɪŋ] (N) agression *f*

muggins‡ ['mʌgɪnz] (N) (*Brit*) idiot(e) *m(f)* • **~ had to pay for it** (*= oneself*) c'est encore ma pomme‡ qui a payé

muggy ['mʌgɪ] (ADJ) chaud et humide • **it's very ~ today** il fait très lourd aujourd'hui

mulatto [mju:'lætəʊ] (*offensive*) 1 (N) mulâtre *mf* 2 (ADJ) mulâtre *f inv*

mulberry ['mʌlbərɪ] (N) (*= fruit*) mûre *f*; (*= mulberry tree*) mûrier *m*

mulch [mʌltʃ] (N) paillis *m*

mule [mju:l] (N) ⓐ mulet *m*; (*female*) mule *f* • **stubborn as a ~** têtu comme une mule ⓑ (= *slipper*) mule *f*

mulish ['mju:lɪʃ] (ADJ) (*pej*) [*person*] têtu; [*attitude*] buté

mullah ['mʌlə] (N) mollah *m*

mulled [mʌld] (ADJ) **(a glass of) ~ wine** (un) vin chaud

mullet ['mʌlɪt] (N) **grey ~** mulet *m* • **red ~** rouget *m*

mull over [,mʌl'əʊvəʳ] (VT SEP) retourner dans sa tête

multi- ['mʌltɪ] (PREF) multi

multicoloured, multicolored (*US*) ['mʌltɪ,kʌləd] (ADJ) multicolore

multicultural [,mʌltɪ'kʌltʃərəl] (ADJ) multiculturel

multiculturalism [,mʌltɪ'kʌltʃərəlɪzəm] (N) multiculturalisme *m*

multidisciplinary [,mʌltɪ'dɪsɪplɪnərɪ] (ADJ) pluridisciplinaire • **~ system** pluridisciplinarité *f*

multifaceted [,mʌltɪ'fæsɪtɪd] (ADJ) à multiples facettes

multifarious [,mʌltɪ'feərɪəs] (ADJ) multiple

multigrain ['mʌltɪ,greɪn] (ADJ) multicéréales, multigrains

multigym ['mʌltɪ,dʒɪm] (N) banc *m* de musculation

multilateral [,mʌltɪ'lætərəl] (ADJ) multilatéral

multilingual [,mʌltɪ'lɪŋgwəl] (ADJ) multilingue; [*person*] polyglotte; [*pamphlet, announcement, sign*] en plusieurs langues

multimedia ['mʌltɪ'mi:dɪə] (ADJ) multimédia *inv*

multimillion ['mʌltɪ'mɪljən] (ADJ) **a ~ pound deal** une affaire de plusieurs millions de livres

multimillionaire [,mʌltɪ,mɪljə'nɛəʳ] (N) multimillionnaire *mf*

multinational [,mʌltɪ'næʃənl] **1** (N) multinationale *f* **2** (ADJ) multinational

multiparty [,mʌltɪ'pɑ:tɪ] (ADJ) (*Politics*) pluripartite

multiple ['mʌltɪpl] (N, ADJ) multiple *m* ▸ **multiple choice** N (*also* **multiple-choice exam** *or* **test**) QCM *m*, questionnaire *m* à choix multiple; (*also* **multiple-choice question**) question *f* à choix multiple ▸ **multiple-entry visa** N *visa autorisant à entrer plusieurs fois dans un pays* ▸ **multiple personality** N dédoublement *m* de la personnalité ▸ **multiple sclerosis** N sclérose *f* en plaques

multiplex ['mʌltɪpleks] (N) multiplex *m*; (*also* **multiplex cinema**) complexe *m* multisalle

multiplication [,mʌltɪplɪ'keɪʃən] (N) multiplication *f* ▸ **multiplication sign** N signe *m* de multiplication

multiplicity [,mʌltɪ'plɪsɪtɪ] (N) multiplicité *f*

multiply ['mʌltɪplaɪ] **1** (VT) multiplier **2** (VI) se multiplier

multiracial [,mʌltɪ'reɪʃəl] (ADJ) multiracial

multistorey [,mʌltɪ'stɔ:rɪ], **multistoreyed, multistoried** (*US*) [,mʌltɪ'stɔ:rɪd] (ADJ) à étages • **~ car park** parking *m* à étages

multitask ['mʌltɪ,tɑ:sk] (VI) être multitâche

multitasker [,mʌltɪ'tɑ:skəʳ] (N) **to be a ~** être multitâche, être un(e) multitâche

multi-tasking [,mʌltɪ'tɑ:skɪŋ] (N) (*Comput*) traitement *m* multitâche; (*by person*) capacité *f* à mener plusieurs tâches de front

multitool ['mʌlti,tu:l] (N) multioutils *m*

multitude ['mʌltɪtju:d] (N) multitude *f* • **that hides a ~ of sins** c'est un véritable cache-misère

multivitamin [,mʌltɪ'vɪtəmɪn] (N) complexe *m* vitaminé • **~ tablet** comprimé *m* de multivitamines

mum* [mʌm] **1** (N) (*Brit*) (= *mother*) maman *f* **2** (ADJ) (= *quiet*) **to keep ~ (about sth)** ne pas piper mot (de qch)

mumble ['mʌmbl] **1** (VT) marmonner • **to ~ an answer** marmonner une réponse **2** (N) marmonnement *m*

mumbo jumbo [,mʌmbəʊ'dʒʌmbəʊ] (N) (= *nonsense*) charabia* *m*; (= *pretentious ceremony*) salamalecs* *mpl*

mummify ['mʌmɪfaɪ] (VT) momifier

mummy ['mʌmɪ] (N) ⓐ (*Brit* = *mother*)* maman *f* • **~'s boy** fils *m* à sa maman* ⓑ (*embalmed*) momie *f*

mumps [mʌmps] (N) oreillons *mpl*

munch [mʌntʃ] (VTI) croquer

munchies‡ ['mʌntʃɪz] (NPL) **to have the ~** avoir un creux*

mundane [,mʌn'deɪn] (ADJ) [*issue*] banal; [*task*] courant • **on a more ~ level** plus prosaïquement

municipal [mju:'nɪsɪpəl] (ADJ) municipal ▸ **municipal court** N (*US*) *tribunal local de première instance*

municipality [mju:,nɪsɪ'pælɪtɪ] (N) municipalité *f*

munitions [mju:'nɪʃənz] (NPL) munitions *fpl* ▸ **munitions dump** N dépôt *m* de munitions ▸ **munitions factory** N fabrique *f* de munitions

mural ['mjʊərəl] **1** (ADJ) mural **2** (N) peinture *f* murale; (*in Modern Art*) mural *m*

murder ['mɜ:dəʳ] **1** (N) meurtre *m*; (*premeditated*) assassinat *m* • **he was screaming blue ~*** il criait comme un putois • **she lets the children get away with ~*** elle passe tout aux enfants • **the heat in here is ~*** il fait une chaleur infernale **2** (VT) [+ *person*] assassiner; [+ *song, music*] massacrer; [+ *opponent*] écraser **3** (COMP) ▸ **murder hunt** N chasse *f* à l'homme (*pour retrouver le meurtrier*) ▸ **murder trial** N ≈ procès *m* pour homicide ▸ **murder weapon** N arme *f* du crime

murderer ['mɜ:dərəʳ] (N) meurtrier *m*

murderess ['mɜ:dərɪs] (N) meurtrière *f*

murderous ['mɜ:dərəs] (ADJ) meurtrier

murk [mɜ:k], **murkiness** ['mɜ:kɪnɪs] (N) obscurité *f*

murky ['mɜ:kɪ] (ADJ) [*room, day, sky*] sombre; [*fog, night*] épais (épaisse *f*); [*water*] trouble; [*colour*] terne • **his ~ past** son passé trouble

murmur ['mɜ:məʳ] **1** (N) ⓐ murmure *m* • **to speak in a ~** chuchoter • **there were ~s of disagreement** il y eut des murmures de désapprobation ⓑ **a heart ~** un souffle au cœur **2** (VT, VI) murmurer

muscle ['mʌsl] (N) ⓐ (*in body*) muscle *m* • **he didn't move a ~** il n'a pas sourcillé • **put some ~ into it*** mets-y un peu plus de nerf* ⓑ (= *power*) poids *m*

▸ **muscle in*** VI (*Brit*) **to ~ in on a discussion** essayer de s'imposer dans une discussion

muscular ['mʌskjʊləʳ] **1** (ADJ) ⓐ (= *brawny*) musclé ⓑ [*disease*] musculaire **2** (COMP) ▸ **muscular dystrophy** N dystrophie *f* musculaire

muse [mju:z] **1** (VI) méditer (**on, about** sur) **2** (VT) **"they might accept," he ~d** « il se pourrait qu'ils acceptent » dit-il d'un ton songeur **3** (N) (*also* **Muse**) muse *f*

museum [mju:'zɪəm] (N) musée *m*

mush [mʌʃ] (N) ⓐ (= *food*) bouillie *f* ⓑ (*sentimental*) guimauve *f*

mushroom ['mʌʃrʊm] **1** (N) champignon *m* (comestible) **2** (VI) ⓐ (= *grow quickly*) [*town*] pousser comme un champignon; [*market*] connaître une expansion rapide; [*population*] connaître une croissance rapide ⓑ (= *spring up*) apparaître un peu partout **3** (COMP) [*soup, omelette*] aux champignons; [*flavour*] de champignons ▸ **mushroom cloud** N champignon *m* atomique

mushrooming ['mʌʃrʊmɪŋ] 1 (N) [*of town, market*] expansion *f* rapide 2 (ADJ) [*problem*] de plus en plus présent; [*population*] qui connaît une croissance rapide
mushy ['mʌʃɪ] 1 (ADJ) **a** [*vegetables*] en bouillie; [*fruit*] blet **b** [*film, book*] à l'eau de rose 2 (COMP) ▸ **mushy peas** NPL (*Brit*) purée *f* de petits pois
music ['mju:zɪk] 1 (N) musique *f* • **it was ~ to his ears** il était ravi d'entendre ça 2 (COMP) [*teacher, lesson, exam*] de musique ▸ **music box** N boîte *f* à musique ▸ **music centre** N (= *stereo*) chaîne *f* (stéréo) ▸ **music festival** N festival *m* de musique ▸ **music lover** N mélomane *mf* ▸ **music stand** N pupitre *m* à musique ▸ **music therapy** N musicothérapie *f* ▸ **music video** N vidéoclip *m*
musical ['mju:zɪkəl] 1 (ADJ) [*career, talent*] de musicien; [*family, person*] musicien • **he comes from a ~ family** ils sont très musiciens dans sa famille 2 (N) (= *show*) comédie *f* musicale 3 (COMP) ▸ **musical chairs** NPL chaises *fpl* musicales ▸ **musical director** N directeur *m* musical ▸ **musical instrument** N instrument *m* de musique
musician [mju:'zɪʃən] (N) musicien(ne) *m(f)*
musicianship [mju:'zɪʃənʃɪp] (N) talent *m* (de musicien)
musicology [,mju:zɪ'kɒlədʒɪ] (N) musicologie *f*
musk [mʌsk] (N) musc *m*
musket ['mʌskɪt] (N) mousquet *m*
musketeer [,mʌskɪ'tɪəʳ] (N) mousquetaire *m*
muskrat ['mʌskræt] (N) rat *m* musqué
musky ['mʌskɪ] (ADJ) musqué
Muslim ['mʊzlɪm] 1 (N) musulman(e) *m(f)* 2 (ADJ) musulman
muslin ['mʌzlɪn] 1 (N) mousseline *f* 2 (ADJ) de *or* en mousseline
mussel ['mʌsl] (N) moule *f*
must [mʌst] 1 (MODAL VERB) **a** (*obligation*)

> When **must** expresses obligation, it is translated either by the impersonal expression **il faut que**, which is followed by the subjunctive, or by **devoir**, followed by the infinitive; **il faut que** is more emphatic.

• **I ~ be going** il faut que je m'en aille • **I ~ phone my mother** il faut que j'appelle ma mère • **I ~ see him!** il faut absolument que je le voie! • **you ~ get your brakes checked** tu dois absolument faire vérifier tes freins • **you ~ hand your work in on time** tu dois rendre ton travail à temps • **why ~ you always be so pessimistic?** pourquoi faut-il toujours que tu sois si pessimiste?
▸ **must not** (*forbidding*) **patients ~ not be put at risk** il ne faut pas mettre en danger la santé des patients • **it ~ not be forgotten that ...** il ne faut pas oublier que ... • **"the windows ~ not be opened"** « défense d'ouvrir les fenêtres »
▸ **I must say** *or* **admit this came as a surprise, I ~ say** je dois avouer que cela m'a surpris • **I ~ admit I'm envious** je dois avouer que je suis jaloux
b (*invitations, suggestions*)

> When **you must** is used to make invitations and suggestions more forceful, the imperative may be used in French.

• **you ~ come and have dinner some time** venez dîner à la maison un de ces jours • **you ~ be very careful** faites bien attention • **you ~ stop being so negative** ne sois pas si négatif
▸ **you mustn't** (= *don't*) **you mustn't touch it** n'y touche pas • **you mustn't forget to send her a card** n'oublie pas de lui envoyer une carte
c (*indicating certainty*) **he ~ be wrong** il doit se tromper • **he ~ be regretting it, mustn't he?** il le regrette sûrement • **he ~ be mad!** il est fou! • **you ~ be joking!** vous plaisantez!

> When **must** refers to the past, it is translated by the imperfect of **devoir**.

• **I thought he ~ be really old** je me suis dit qu'il devait être très vieux • **he said there ~ be some mistake** il a dit qu'il devait y avoir une erreur
▸ **must have made/had/been** *etc*

> The perfect tense of **devoir** + infinitive is generally used to translate **must have** + past participle.

• **I ~ have made a mistake** j'ai dû me tromper • **you ~ have had some idea of the situation** tu as dû te rendre compte de la situation • **was he disappointed? — he ~ have been!** est-ce qu'il a été déçu? — sûrement!
2 (NOUN) (= *indispensable thing*)* must* *m* • **a ~ for all students!** un must pour les étudiants!
3 (COMP) ▸ **must-have** N must *m* ♦ ADJ incontournable
mustache ['mʌstæʃ] (N) (*US*) = **moustache**
mustang ['mʌstæŋ] (N) mustang *m*
mustard ['mʌstəd] (N) moutarde *f* • **it doesn't cut the ~*** ça ne fait pas le poids* ▸ **mustard powder** N farine *f* de moutarde
muster ['mʌstəʳ] 1 (N) **to pass ~** être acceptable 2 (VT) [+ *helpers, number*] réunir; [+ *strength, courage, energy*] rassembler • **they could only ~ five volunteers** ils n'ont trouvé que cinq volontaires 3 (VI) (= *gather, assemble*) se réunir
mustiness ['mʌstɪnɪs] (N) (= *stale smell*) odeur *f* de renfermé; (= *damp smell*) odeur *f* de moisi
mustn't ['mʌsnt] = **must not** → **must**
musty ['mʌstɪ] (ADJ) [*book, clothes*] moisi • **a ~ smell** (*stale*) une odeur de renfermé; (*damp*) une odeur de moisi • **to smell ~** [*book, clothes*] avoir une odeur de moisi; [*room*] sentir le renfermé
mutant ['mju:tənt] (ADJ, N) mutant(e) *m(f)*
mutate [mju:'teɪt] (VI) muter; (= *change*) se transformer (**into sth** en qch)
mutation [mju:'teɪʃən] (N) mutation *f*
mute [mju:t] 1 (ADJ) muet; [*consent*] tacite 2 (N) (*for instrument*) sourdine *f*
muted ['mju:tɪd] (ADJ) [*voice, sound*] assourdi; [*colour*] sourd; [*criticism, enthusiasm*] modéré
mutilate ['mju:tɪleɪt] (VT) mutiler
mutilation [,mju:tɪ'leɪʃən] (N) mutilation *f*
mutinous ['mju:tɪnəs] (ADJ) [*crew, soldiers*] prêt à se mutiner • **the children were already fairly ~** les enfants regimbaient déjà
mutiny ['mju:tɪnɪ] 1 (N) mutinerie *f*; (*fig*) révolte *f* 2 (VI) se mutiner; (*fig*) se révolter
mutt* [mʌt] (N) **a** (= *fool*) crétin(e)* *m(f)* **b** (= *dog*) clebs* *m*
mutter ['mʌtəʳ] 1 (N) marmonnement *m* 2 (VT) marmonner • **he ~ed something to himself** il a

m

marmonné quelque chose entre ses dents • **a ~ed conversation** une conversation à voix basse 3 (VI) marmonner • **to ~ to oneself** marmonner entre ses dents

mutton ['mʌtn] (N) mouton *m* • **leg of ~** gigot *m* • **she's ~ dressed as lamb*** elle s'habille trop jeune pour son âge

mutual ['mju:tjʊəl] 1 (ADJ) ⓐ [*support, respect, destruction*] mutuel • **I didn't like him and the feeling was ~** je ne l'aimais pas et c'était réciproque ⓑ (= *common*) [*interest, friend*] commun • **by ~ consent** par consentement mutuel 2 (COMP) ▸ **mutual fund** N (*US*) société *f* d'investissement (*de type SICAV*)

mutually ['mju:tjʊəlɪ] (ADV) **the meeting will take place at a ~ convenient time** la réunion aura lieu à une heure qui convient aux deux parties • **a ~ acceptable solution** une solution acceptable pour les deux parties en présence • **the two things are not ~ exclusive** ces deux choses ne sont pas incompatibles

Muzak® ['mju:zæk] (N) musique *f* (d'ambiance) enregistrée

muzzle ['mʌzl] 1 (N) ⓐ (= *dog's nose*) museau *m* ⓑ [*of gun*] canon *m* ⓒ (*to stop dog biting*) muselière *f* 2 (VT) museler

muzzy ['mʌzɪ] (ADJ) (*Brit*) **to feel ~** être un peu embrouillé • **a ~ feeling** un sentiment de confusion

MW (N) (ABBR OF **medium wave**) PO

my [maɪ] (POSS ADJ) mon, ma, mes • **my book** mon livre • **my table** ma table • **my friend** mon ami(e) • **my clothes** mes vêtements • **MY book** mon livre à moi • **I've broken my leg** je me suis cassé la jambe

Myanmar ['mjænmɑ:ʳ] (N) Myanmar *m*

myopia [maɪ'əʊpɪə] (N) myopie *f*

myopic [maɪ'ɒpɪk] (ADJ) [*person*] myope; [*measures*] à courte vue; [*views*] étroit

myriad ['mɪrɪəd] 1 (N) myriade *f* 2 (ADJ) innombrable

myrrh [mɜ:ʳ] (N) myrrhe *f*

myself [maɪ'self] (PERS PRON) (*reflexive: direct and indirect*) me; (*emphatic*) moi-même; (*after preposition*) moi • **I've hurt ~** je me suis blessé • **I said to ~** je me suis dit • **people like ~** des gens comme moi • **I've kept one for ~** j'en ai gardé un pour moi • **I told him ~** je le lui ai dit moi-même • **I'm not ~ today** je ne suis pas dans mon assiette aujourd'hui

▸ **(all) by myself** tout seul

mysterious [mɪs'tɪərɪəs] (ADJ) mystérieux • **why are you being so ~?** pourquoi tous ces mystères ?

mysteriously [mɪs'tɪərɪəslɪ] (ADV) mystérieusement

mystery ['mɪstərɪ] (N) ⓐ mystère *m* • **there's no ~ about it** ça n'a rien de mystérieux • **it's a ~ to me how he did it** je n'arrive pas à comprendre comment il l'a fait ⓑ (= *book*) roman *m* à énigmes • **a murder ~** un roman policier

mystic ['mɪstɪk] 1 (ADJ) (*Rel*) mystique; [*power*] occulte 2 (N) mystique *mf*

mystical ['mɪstɪkəl] (ADJ) mystique

mysticism ['mɪstɪsɪzəm] (N) mysticisme *m*

mystify ['mɪstɪfaɪ] (VT) rendre perplexe • **I was mystified** j'étais perplexe

mystique [mɪs'ti:k] (N) mystique *f*

myth [mɪθ] (N) mythe *m*

mythical ['mɪθɪkəl] (ADJ) mythique

mythological [,mɪθə'lɒdʒɪkəl] (ADJ) mythologique

mythology [mɪ'θɒlədʒɪ] (N) mythologie *f*

Nn

N, n [en] (N) ⓐ **to the nth degree** à la puissance mille ⓑ(ABBR OF **north**) N

'n'* [ən] (CONJ) = **and**

n/a (ABBR OF **not applicable**) sans objet

nab* [næb] (VT) (= *catch in wrongdoing*) pincer*

nadir ['neɪdɪəʳ] (N) nadir *m*; (*fig*) point *m* le plus bas • **his fortunes reached their ~ when ...** il atteignit le comble de l'infortune quand ...

naff* [næf] (ADJ) (*Brit*) ringard*

NAFTA ['næftə] (N) (ABBR OF **North American Free Trade Agreement**) ALENA *m*

nag [næg] 1 (VT) [*person*] harceler; [*anxiety*] tenailler* • **to ~ sb to do sth** harceler qn pour qu'il fasse qch • **to ~ sb about sth** embêter* qn avec qch 2 (VI) [*person*] (= *scold*) ne pas arrêter de faire des remarques; [*pain, doubts*] être lancinant 3 (N) (= *horse*)* cheval *m*; (*pej*) canasson* *m* (*pej*)

nagging ['nægɪŋ] 1 (ADJ) ⓐ [*doubt, feeling, fear, worry, question*] persistant; [*pain*] tenace ⓑ [*wife*] qui n'arrête pas de faire des remarques; [*voice*] insistant 2 (N) remarques *fpl* continuelles

nail [neɪl] 1 (N) ⓐ [*of finger, toe*] ongle *m*
ⓑ (*metal*) clou *m* • **to pay on the ~** payer rubis sur l'ongle • **that decision was another ~ in his coffin** cette décision a été un nouveau coup dur pour lui • **to be as tough as ~s** (= *resilient*) être coriace; (*towards other people*) être impitoyable
2 (VT) ⓐ (= *fix with nails*) clouer • **to ~ the lid on a crate** clouer le couvercle d'une caisse • **to ~ one's colours to the mast** proclamer une fois pour toutes sa position
ⓑ (= *catch in crime*) [+ *person*]* pincer*
3 (COMP) ▸**nail-biting** ADJ [*film*] à suspense; [*finish, match*] serré ▸**nail bomb** N ≈ bombe *f* de fabrication artisanale ▸**nail clippers** NPL coupe-ongles *m inv*, pince *f* à ongles ▸**nail extensions** NPL prothèses *fpl* ongulaires ▸**nail polish** N vernis *m* à ongles ▸**nail polish remover** N dissolvant *m* ▸**nail scissors** NPL ciseaux *mpl* à ongles ▸**nail varnish** N (*Brit*) vernis *m* à ongles
▸ **nail down** VT SEP ⓐ [+ *lid*] clouer ⓑ [+ *hesitating person*] obtenir une réponse (ferme et définitive) de; [+ *agreement, policy*] arrêter
▸ **nail up** VT SEP ⓐ [+ *picture*] fixer par des clous ⓑ [+ *door*] condamner (en clouant) ⓒ [+ *box*] clouer

nailfile ['neɪlfaɪl] (N) lime *f* à ongles

Nairobi [naɪ'rəʊbɪ] (N) Nairobi

naïve, naive [naɪ'i:v] (ADJ) naïf (naïve *f*) • **it is ~ to think that ...** il faut être naïf pour croire que ...

naïvely, naively [naɪ'i:vlɪ] (ADV) naïvement

naivety [naɪ'i:vtɪ] (N) naïveté *f*

naked ['neɪkɪd] (ADJ) ⓐ nu • **to go ~** être (tout) nu • **~ to the waist** torse nu • **visible/invisible to the ~ eye** visible/invisible à l'œil nu ⓑ (= *pure*) [*hatred*] non déguisé; [*ambition, aggression*] pur

nakedness ['neɪkɪdnɪs] (N) nudité *f*

name [neɪm] 1 (N) ⓐ nom *m* • **what's your ~?** comment vous appelez-vous ? • **my ~ is Robert** je m'appelle Robert • **what ~ shall I say?** (*on telephone*) c'est de la part de qui ? • **please fill in your ~ and address** prière d'inscrire vos nom, prénom et adresse • **to take sb's ~ and address** noter les coordonnées de qn • **to put one's ~ down for a class** s'inscrire à un cours • **he writes under the ~ of John Smith** il écrit sous le pseudonyme de John Smith • **she's the boss in all but ~** elle est le patron sans en avoir le titre • **to refer to sb by ~** désigner qn par son nom • **without mentioning any ~s** sans citer personne • **that's the ~ of the game** (= *that's what matters*) c'est ce qui compte; (= *that's how it is*) c'est comme ça • **all the big ~s were there** toutes les célébrités étaient là
ⓑ (= *reputation*) réputation *f* • **he has a ~ for honesty** il a la réputation d'être honnête • **to have a bad ~** avoir mauvaise réputation • **to get a bad ~** se faire une mauvaise réputation • **to make one's ~** se faire un nom • **this book made his ~** ce livre l'a rendu célèbre
ⓒ (= *insult*) **to call sb ~s** traiter qn de tous les noms
2 (VT) ⓐ (= *give a name to*) nommer; [+ *comet, star, mountain*] donner un nom à • **a person ~d Smith** un(e) dénommé(e) Smith • **to ~ a child after sb** donner à un enfant le nom de qn
ⓑ (= *give name of*) nommer; (= *list*) citer • **he refused to ~ his accomplices** il a refusé de révéler les noms de ses complices • **~ the chief works of Shakespeare** citez les principaux ouvrages de Shakespeare • **they have been ~d as witnesses** ils ont été cités comme témoins • **he has been ~d as the leader of the expedition** on l'a désigné pour diriger l'expédition
ⓒ (= *fix*) [+ *date, price*] fixer • **~ your price** fixez votre prix
3 (COMP) ▸**name day** N fête *f* ▸**name-drop** VI émailler sa conversation de noms de gens en vue ▸**name tape** N marque *f*

nameless ['neɪmlɪs] ADJ ⓐ (*= unnamed*) anonyme • **some people, who shall remain ~ ...** des gens dont je ne citerai pas le nom ... ⓑ (*= indefinable*) indéfinissable

namely ['neɪmlɪ] ADV à savoir

nameplate ['neɪmpleɪt] N plaque *f*

namesake ['neɪmseɪk] N homonyme *m*

Namibia [nə'mɪbɪə] N Namibie *f*

Namibian [nɑː'mɪbɪən] **1** ADJ namibien **2** N Namibien(ne) *m(f)*

nan* [næn], **nana*** ['nænə] N (*Brit*) (*= grandmother*) mamie *f*, mémé *f*

nanny ['nænɪ] N (*= live-in carer*) nurse *f*; (*= daytime carer*) nourrice *f* ▸ **nanny state** N (*esp Brit*) État-providence *m*

nanobot ['nænəʊˌbɒt] N nanorobot *m*

nanotechnology [ˌnænəʊtek'nɒlədʒɪ] N nanotechnologie *f*

nanotube ['nænəʊˌtjuːb] N nanotube *m*

nap [næp] **1** N (*= sleep*) petit somme *m* • **afternoon ~** sieste *f* • **to take a ~** faire un petit somme; (*after lunch*) faire la sieste **2** VI faire un (petit) somme • **to catch sb ~ping** (*= unawares*) prendre qn au dépourvu; (*= in error*) surprendre qn en défaut

napalm ['neɪpɑːm] N napalm *m*

nape [neɪp] N **the ~ of the neck** la nuque

napkin ['næpkɪn] N serviette *f*

Naples ['neɪplz] N Naples

Napoleon [nə'pəʊlɪən] N Napoléon *m*

nappy ['næpɪ] (*Brit*) N couche *f* ▸ **nappy liner** N protège-couche *m* ▸ **nappy rash** N **to have ~ rash** avoir les fesses rouges

narcissistic [ˌnɑːsɪ'sɪstɪk] ADJ [*person*] narcissique

narcissus [nɑː'sɪsəs] N (*pl* **narcissi**) (*= flower*) narcisse *m*

narcotic [nɑː'kɒtɪk] **1** N (*= illegal drug*) stupéfiant *m* **2** ADJ [*effect*] narcotique • **~ drug** narcotique *m* **3** COMP ▸ **narcotics agent** N agent *m* de la brigade des stupéfiants

narked* [nɑːkt] ADJ de mauvais poil*

narrate [nə'reɪt] VT raconter

narration [nə'reɪʃən] N narration *f*

narrative ['nærətɪv] **1** N (*= story, account*) récit *m* **2** ADJ [*poem, style*] narratif

narrator [nə'reɪtə^{r}] N narrateur *m*, -trice *f*

narrow ['nærəʊ] **1** ADJ ⓐ étroit ⓑ [*mind*] étroit; [*outlook*] restreint; [*majority*] faible • **a ~ victory** une victoire remportée de justesse • **we had a ~ escape** nous l'avons échappé belle

2 VI ⓐ [*road, valley*] se rétrécir ⓑ [*majority*] s'amenuiser • **the choice has ~ed to five candidates** il ne reste que cinq candidats en lice

3 VT [*+ choice*] restreindre; [*+ differences*] réduire • **they are hoping to ~ the gap between rich and poor nations** ils espèrent réduire l'écart entre pays riches et pays pauvres

4 COMP ▸ **narrow boat** N (*Brit*) péniche *f* ▸ **narrow-gauge line** N (*Rail*) voie *f* étroite ▸ **narrow-minded** ADJ borné ▸ **narrow-mindedness** N étroitesse *f* d'esprit

▸ **narrow down** VT SEP [*+ choice, meaning, interpretation*] restreindre

narrowly ['nærəʊlɪ] ADV ⓐ (*= only just*) [*escape, avoid, defeat*] de justesse; [*miss, fail*] de peu ⓑ (*= restrictively*) [*defined*] d'une manière restrictive

narrowness ['nærəʊnɪs] N étroitesse *f*

NASA ['næsə] N (*US*) (ABBR OF **National Aeronautics and Space Administration**) NASA *f*

nasal ['neɪzəl] ADJ nasal; [*accent*] nasillard

nascent ['næsnt] ADJ (*frm*) (*= developing*) [*democracy, science, industry*] naissant

nastily ['nɑːstɪlɪ] ADV [*say, laugh*] méchamment

nastiness ['nɑːstɪnɪs] N (*= spitefulness*) méchanceté *f*

nasturtium [nəs'tɜːʃəm] N (*= flower*) capucine *f*

nasty ['nɑːstɪ] ADJ ⓐ (*= unkind, spiteful*) [*person, remark*] méchant • **to be ~ to sb** être méchant avec qn • **to have a ~ temper** avoir un sale caractère • **a ~ trick** un sale tour ⓑ [*habit, rumour*] vilain; [*bend*] dangereux; [*smell, taste, moment*] mauvais *before n*; [*feeling, situation, experience*] désagréable; [*weather*] affreux • **a ~ shock** une mauvaise surprise • **to turn ~** [*situation*] mal tourner; [*weather*] se gâter • **to smell ~** sentir mauvais • **to taste ~** avoir un goût désagréable ⓒ (*= serious*) [*accident*] grave; [*fall, wound*] vilain • **a ~ cold** un gros rhume

nation ['neɪʃən] N nation *f* ▸ **nation-state** N État-nation *m*

national ['næʃənl] **1** ADJ national; [*election, referendum*] à l'échelle nationale • **on a ~ scale** à l'échelon national • **the ~ and local papers** la presse nationale et la presse locale

2 N (*= person*) ressortissant(e) *m(f)* • **he's a French ~** il est de nationalité française • **foreign ~s** ressortissants *mpl* étrangers

3 COMP ▸ **national anthem** N hymne *m* national ▸ **national costume** N costume *m* national ▸ **National Curriculum** N (*Brit*) programme *m* d'enseignement obligatoire ▸ **national debt** N dette *f* publique ▸ **national dress** N costume *m* national ▸ **National Front** N (*Brit*) (*Politics*) *parti britannique d'extrême-droite* ▸ **national government** N (*= not local*) gouvernement *m* (central); (*= coalition*) gouvernement *m* de coalition ▸ **national grid** N (*Brit*) (*Elec*) réseau *m* national ▸ **National Guard** N (*US*) garde *f* nationale (*milice de volontaires*) ▸ **National Health** N **I got it on the National Health*** ≈ ça m'a été remboursé par la Sécurité sociale ▸ **National Health Service** N (*Brit*) ≈ Sécurité *f* sociale → NHS ▸ **National Insurance** N (*Brit*) ≈ Sécurité *f* sociale → NI ▸ **National Insurance contributions** NPL (*Brit*) ≈ cotisations *fpl* de Sécurité sociale ▸ **National Insurance number** N (*Brit*) ≈ numéro *m* de Sécurité sociale ▸ **the National Lottery** N (*Brit*) ≈ le Loto ▸ **national park** N parc *m* national ▸ **national service** N service *m* militaire ▸ **National Socialism** N national-socialisme *m* ▸ **National Trust** N (*Brit*) *organisme privé de sauvegarde des monuments historiques et des sites*

NATIONAL CURRICULUM

Le **National Curriculum** est le programme d'enseignement dans les écoles d'Angleterre et du pays de Galles. Il comprend les matières suivantes : anglais, mathématiques, sciences, design et technologie, histoire, géographie, musique, art, éducation physique, éducation civique, informatique et une langue vivante étrangère (plus le gallois dans les écoles du pays de Galles). Tous les établissements primaires et secondaires doivent proposer un enseignement religieux, et les écoles secondaires des cours d'éducation sexuelle, mais les parents sont libres d'en dispenser leurs enfants s'ils le souhaitent.

NATIONAL INSURANCE
La **National Insurance** est le régime de sécurité sociale britannique auquel cotisent les salariés, leurs employeurs et les travailleurs indépendants. Une partie de ces contributions finance l'assurance maladie (« National Health Service »), mais l'essentiel sert à payer les pensions de retraite, l'assurance chômage et les allocations de veuvage, d'invalidité et de maternité. → NHS

NATIONAL TRUST
Le **National Trust** est un organisme indépendant, à but non lucratif, dont la mission est de protéger et de mettre en valeur les monuments et les sites britanniques dont l'intérêt historique ou la beauté naturelle le justifient.

nationalism ['næʃnəlɪzəm] (N) nationalisme *m*
nationalist ['næʃnəlɪst] (ADJ, N) nationaliste *mf*
nationalistic [,næʃnə'lɪstɪk] (ADJ) nationaliste
nationality [,næʃə'nælɪtɪ] (N) nationalité *f*
nationalization [,næʃnəlaɪ'zeɪʃən] (N) nationalisation *f*
nationalize ['næʃnəlaɪz] (VT) nationaliser
nationally ['næʃnəlɪ] (ADV) [*distribute*] dans l'ensemble du pays; [*broadcast*] sur l'ensemble du pays; [*organize*] à l'échelon national
nationhood ['neɪʃənhʊd] (N) (= *existence as a nation*) statut *m* de nation; (= *national identity*) identité *f* nationale
nationwide ['neɪʃənwaɪd] 1 (ADJ) [*strike, protest*] national 2 (ADV) à l'échelle nationale
native ['neɪtɪv] 1 (ADJ) ⓐ (= *original*) [*country*] natal; [*language*] maternel • **~ land** pays *m* natal • **~ speaker** locuteur *m* natif • **French ~ speaker** francophone *mf* ⓑ [*talent, ability*] inné ⓒ [*plant, animal*] indigène 2 (N) (= *person*) autochtone *mf* • **a ~ of France** un(e) Français(e) de naissance • **he is a ~ of Bourges** il est originaire de Bourges 3 (COMP) ▸ **Native American** N Indien(ne) *m(f)* d'Amérique ♦ ADJ amérindien

NATIVE AMERICAN
Aux États-Unis, l'expression **Native Americans** désigne les populations autochtones, par opposition aux Américains d'origine européenne, africaine ou asiatique. On peut aussi parler d'« American Indian » (Indien d'Amérique), mais l'on évite les dénominations « Red Indian » ou « redskin » (Peau-Rouge), considérées comme méprisantes ou insultantes.

nativity [nə'tɪvɪtɪ] 1 (N) ⓐ (*Rel*) **Nativity** Nativité *f* ⓑ (*Astrol*) horoscope *m* 2 (COMP) ▸ **nativity play** N pièce *f* représentant la Nativité
NATO ['neɪtəʊ] (N) (ABBR OF **North Atlantic Treaty Organization**) OTAN *f*
natter* ['nætəʳ] (*Brit*) 1 (VI) (= *chat*) bavarder 2 (N) (= *chat*) **to have a ~** faire un brin de causette*
natural ['nætʃrəl] 1 (ADJ) ⓐ (= *normal*) naturel • **it's only ~** c'est tout naturel • **it is ~ for this animal to hibernate** il est dans la nature de cet animal d'hiberner • **to die of ~ causes** mourir de mort naturelle
ⓑ (= *of or from nature*) naturel • **~ resources** ressources *fpl* naturelles
ⓒ (= *inborn*) inné • **to have a ~ talent for** avoir un don (inné) pour
ⓓ (= *unaffected*) [*person, manner*] naturel
ⓔ (*Music*) naturel • **B ~** si *m* naturel
ⓕ (= *biological*) [*parents, child*] biologique
2 (N) (*Music*) (= *sign*) bécarre *m*
3 (COMP) ▸ **natural childbirth** N accouchement *m* naturel ▸ **natural gas** N gaz *m* naturel ▸ **natural history** N histoire *f* naturelle ▸ **natural selection** N sélection *f* naturelle ▸ **natural wastage** N (*Industry*) départs *mpl* naturels

The French word **naturel** ends in **-el** instead of **-al**.

naturalist ['nætʃrəlɪst] (ADJ, N) naturaliste *mf*
naturalize ['nætʃrəlaɪz] (VT) **to be ~d** se faire naturaliser
naturally ['nætʃrəlɪ] (ADV) ⓐ (= *of course*) naturellement • **~, I understand your feelings** naturellement, je comprends vos sentiments • **~ enough** bien naturellement ⓑ [*behave, talk, smile*] avec naturel ⓒ (= *by nature*) [*cautious, cheerful*] de nature • **her hair is ~ curly** elle frise naturellement
naturalness ['nætʃrəlnɪs] (N) naturel *m*
nature ['neɪtʃəʳ] 1 (N) ⓐ nature *f* • **he loves ~** il aime la nature • **let ~ take its course** laissez faire la nature
ⓑ (= *character*) [*of person, animal*] nature *f* • **by ~** de nature • **he has a nice ~** c'est quelqu'un de très gentil • **the ~ of the soil** la nature du sol
ⓒ (= *type, sort*) genre *m* • **things of this ~** ce genre de chose • **ceremonies of a religious ~** cérémonies *fpl* religieuses
2 (COMP) ▸ **nature lover** N amoureux *m*, -euse *f* de la nature ▸ **nature reserve** N réserve *f* naturelle ▸ **nature study** N (= *school subject*) sciences *fpl* naturelles ▸ **nature trail** N sentier *m* de découverte de la nature
naturist ['neɪtʃərɪst] (N) naturiste *mf*
naturopath ['neɪtʃərə,pæθ] (N) naturopathe *mf*
naught [nɔːt] (N) zéro *m* • **~s and crosses** (*Brit*) ≈ morpion *m* (*jeu*)
naughtiness ['nɔːtɪnɪs] (N) [*of child*] méchanceté *f*
naughty ['nɔːtɪ] (ADJ) ⓐ (= *badly behaved*) **a ~ boy/girl** un méchant garçon/une méchante (petite) fille • **you ~ boy/girl!** vilain/vilaine ! ⓑ (*Brit*) (= *suggestive*) osé
nausea ['nɔːsɪə] (N) nausée *f*; (*fig*) dégoût *m*
nauseate ['nɔːsɪeɪt] (VT) écœurer
nauseating ['nɔːsɪeɪtɪŋ] (ADJ) écœurant
nauseous ['nɔːsɪəs] (ADJ) (= *queasy*) **to feel ~ (at the sight/thought of sth)** avoir la nausée (à la vue/pensée de qch) • **to make sb feel ~** donner la nausée à qn
nautical ['nɔːtɪkəl] (ADJ) [*chart, theme, look*] marin ▸ **nautical mile** N mille *m* marin
naval ['neɪvəl] (ADJ) [*battle*] naval; [*affairs*] de la marine; [*commander*] de marine ▸ **naval architect** N architecte *m* naval ▸ **naval base** N base *f* navale ▸ **naval college** N école *f* navale ▸ **naval officer** N officier *m* de marine
nave [neɪv] (N) [*of church*] nef *f*
navel ['neɪvəl] (N) nombril *m* ▸ **navel orange** N navel *f inv*
navigable ['nævɪgəbl] (ADJ) navigable
navigate ['nævɪgeɪt] 1 (VI) naviguer • **you drive, I'll ~** (*in car*) tu prends le volant, moi je lis la carte 2 (VT) ⓐ (= *plot course of*) **to ~ a ship (*or* a plane)** naviguer ⓑ (= *steer*) [+ *boat, aircraft*] piloter
navigation [,nævɪ'geɪʃən] (N) navigation *f*
navigator ['nævɪgeɪtəʳ] (N) navigateur *m*
navvy ['nævɪ] (N) (*Brit*) terrassier *m*

navy ['neɪvɪ] (N) marine *f* • **he's in the ~** il est dans la marine ▸ **navy-blue** N, ADJ bleu marine *m inv*

naysayer ['neɪ,seɪəʳ] (N) détracteur *m*, -trice *f*

Nazi ['nɑːtsɪ] 1 (N) nazi(e) *m(f)* 2 (ADJ) nazi

NB [en'biː] ⓐ (ABBR OF **nota bene**) NB ⓑ (ABBR OF **New Brunswick**)

NC (ABBR OF **North Carolina**)

NCO [,ensiː'əʊ] (N) (ABBR OF **non-commissioned officer**) sous-officier *m*

NCT [,ensiː'tiː] (N) (ABBR OF **National Curriculum Test**) *examen national*

ND (ABBR OF **North Dakota**)

NE (ABBR OF **north-east**) N-E

Neanderthal [nɪ'ændətɑːl] (ADJ) [*age, times*] de Néanderthal

neap tide ['niːptaɪd] (N) marée *f* de morte-eau

near [nɪəʳ] 1 (ADV) ⓐ (*in space*) tout près; (*in time*) proche • **he lives quite ~** il habite tout près • **~ at hand** [*object*] à portée de (la) main; [*event*] tout proche • **to draw ~ (to)** s'approcher (de) • **~ to where I had seen him** près de l'endroit où je l'avais vu • **she was ~ to tears** elle était au bord des larmes

ⓑ (*in degree*) presque • **this train is nowhere ~ full** ce train est loin d'être plein

ⓒ (*= close*) **that's ~ enough*** ça pourra aller

2 (PREP) ⓐ (*in space*) près de • **~ here/there** près d'ici/de là • **~ the church** près de l'église • **don't come ~ me** ne vous approchez pas de moi • **it's ~ the end of the book** c'est vers la fin du livre • **her birthday is ~ mine** son anniversaire est proche du mien

ⓑ (*= on the point of*) **the work is ~ completion** le travail est presque terminé

ⓒ (*= on the same level*) au niveau de • **to be ~ sth** se rapprocher de qch; (*fig*) ressembler à qch • **French is ~er Latin than English is** le français est plus proche du latin que l'anglais • **nobody comes anywhere ~ him** personne ne lui arrive à la cheville

3 (ADJ) ⓐ (*= close in space*) proche • **to the ~est pound** à une livre près

ⓑ (*= close in time*) proche • **in the ~ future** dans un proche avenir

ⓒ (*fig*) [*relative*] proche • **the ~est equivalent** ce qui s'en rapproche le plus • **his ~est rival** son plus dangereux rival • **a ~ miss** (*Aviat*) une quasi-collision • **that was a ~ thing** (*gen*) il s'en est fallu de peu • **it was a ~ thing** (*of election, race result*) ça a été très juste

4 (VT) [*+ place*] approcher de; [*+ person*] approcher • **my book is ~ing completion** mon livre est presque terminé

5 (COMP) ▸ **the Near East** N le Proche-Orient ▸ **near-sighted** ADJ **to be ~-sighted** être myope ▸ **near-sightedness** N myopie *f*

nearby [,nɪə'baɪ] 1 (ADV) tout près 2 (ADJ) voisin • **a ~ house** une maison voisine

nearly ['nɪəlɪ] (ADV) ⓐ (*= almost*) presque • **I've ~ finished** j'ai presque fini • **it's ~ time to go** il est presque l'heure de partir • **she is ~ 60** elle a près de 60 ans • **their marks are ~ the same** leurs notes sont à peu près les mêmes • **she was ~ crying** elle était au bord des larmes ⓑ **not ~** loin de • **that's not ~ enough** c'est loin d'être suffisant

nearness ['nɪənɪs] (N) proximité *f*

nearside ['nɪə,saɪd] 1 (N) (*in Britain*) côté *m* gauche; (*in France, US*) côté *m* droit 2 (ADJ) (*in Britain*) de gauche; (*in France, US*) de droite

neat [niːt] (ADJ) ⓐ (*= ordered*) [*room, desk*] bien rangé; [*garden*] bien entretenu; [*hair*] bien coiffé; [*handwriting, appearance*] soigné • **everything was ~ and tidy** tout était bien rangé • **in ~ rows** en rangées régulières ⓑ (*= skilful and effective*) [*solution, plan*] ingénieux; [*category*] bien défini; [*explanation*] (*= clever*) astucieux; (*= devious*) habile ⓒ (*US*) (*= good*)* super* ⓓ (*= undiluted*) sec (sèche *f*)

neatly ['niːtlɪ] (ADV) ⓐ (*= carefully*) soigneusement ⓑ (*= just right*) [*fit, work out*] parfaitement

neatness ['niːtnɪs] (N) (*= tidiness*) [*of clothes, house*] netteté *f* • **the ~ of her work/appearance** le soin qu'elle apporte à son travail/à sa tenue

nebulous ['nebjʊləs] (ADJ) [*notion, concept*] vague

NEC [,eniː'siː] (N) (ABBR OF **National Executive Committee**)

necessarily ['nesɪsərɪlɪ] (ADV) ⓐ (*= automatically*) **not ~** pas forcément • **this is not ~ the case** ce n'est pas forcément le cas ⓑ (*= inevitably*) [*slow, short*] nécessairement

necessary ['nesɪsərɪ] 1 (ADJ) ⓐ (*= required*) nécessaire (**to, for sth** à qch) • **all the qualifications ~ for this job** toutes les qualifications requises pour ce poste • **if ~** si nécessaire • **where ~** le cas échéant • **to do more than is ~** en faire plus qu'il n'est nécessaire • **to do whatever is ~** faire le nécessaire • **to make it ~ for sb to do sth** mettre qn dans la nécessité de faire qch • **it is ~ that ...** il est nécessaire que ... *+ subj*

ⓑ (*= inevitable*) [*consequence*] inéluctable; [*result*] inévitable • **there is no ~ connection between ...** il n'y a pas nécessairement de rapport entre ...

2 (N) **to do the ~*** faire le nécessaire

necessitate [nɪ'sesɪteɪt] (VT) nécessiter

necessitous [nɪ'sesɪtəs] (ADJ) nécessiteux

necessity [nɪ'sesɪtɪ] (N) ⓐ (*= compelling circumstances*) nécessité *f*; (*= need, compulsion*) besoin *m* • **the ~ of doing** le besoin de faire • **she questioned the ~ of buying a new car** elle mettait en doute la nécessité d'acheter une voiture neuve • **she regretted the ~ of making him redundant** elle regrettait d'avoir à le licencier • **is there any ~?** est-ce nécessaire? • **from ~** par la force des choses • **of ~** par nécessité • **a case of absolute ~** un cas de force majeure

ⓑ (*= necessary object*) chose *f* indispensable • **a dishwasher is a ~** il est indispensable d'avoir un lave-vaisselle • **a basic ~** (*= product*) un produit de première nécessité • **water is a basic ~ of life** l'eau est indispensable à la vie

neck [nek] 1 (N) ⓐ cou *m* • **to risk one's ~** risquer sa vie • **he's up to his ~ in it*** (*in crime, plot*) il est mouillé jusqu'au cou* • **to be up to one's ~ in work*** être débordé de travail • **he's up to his ~ in debt*** il est endetté jusqu'au cou • **he got it in the ~‡** (*= got told off*) il en a pris pour son grade* • **to stick one's ~ out*** se mouiller*

ⓑ [*of dress, shirt*] encolure *f* • **high/square ~** col *m* montant/carré • **a dress with a low ~** une robe décolletée • **a shirt with a 38cm ~** une chemise qui fait 38 cm d'encolure

ⓒ [*of bottle*] goulot *m*; [*of vase*] col *m*; [*of guitar, violin*] manche *m* • **in this ~ of the woods** par ici

2 (VI) [*couple*]* se peloter* • **to ~ with sb** peloter* qn

3 (COMP) ▸ **neck and neck** ADV à égalité

necklace ['neklɪs] (N) collier *m*

neckline ['neklaɪn] (N) encolure *f*

necktie ['nektaɪ] (N) cravate *f*

nectar ['nektəʳ] (N) nectar *m*

nectarine ['nektərɪn] (N) nectarine *f*

need [niːd] 1 (N) besoin *m* • **when the ~ arises** quand le besoin s'en fait sentir • **I can't see the ~ for it** je n'en

vois pas la nécessité • **your ~ is greater than mine** vous en avez plus besoin que moi • **in times of ~** dans les moments difficiles
▸ **if need be** si besoin est
▸ **in need to be in ~** être dans le besoin • **to be badly in ~ of sth** avoir grand besoin de qch
▸ **no need to have no ~ to do sth** ne pas avoir besoin de faire qch • **there's no ~ to cry** ce n'est pas la peine de pleurer • **there's no ~ to hurry** ce n'est pas la peine de se presser • **no ~ to rush!** il n'y a pas le feu !* • **no ~ to worry!** inutile de s'inquiéter ! • **there's no ~ for you to come** vous n'êtes pas obligé de venir
2 (VT) ⓐ (*= require*) [*person, thing*] avoir besoin de • **I ~ money** j'ai besoin d'argent • **I ~ more money** il me faut plus d'argent • **I ~ it** j'en ai besoin • **have you got all you ~?** vous avez tout ce qu'il vous faut ? • **it's just what I ~ed** c'est tout à fait ce qu'il me fallait • **I ~ two more to complete the series** il m'en faut encore deux pour compléter la série • **the house ~s to be repainted** la maison a besoin d'être repeinte • **a much ~ed holiday** des vacances dont on a (*or* dont j'ai *etc*) grand besoin • **he doesn't ~ me to tell him** il n'a pas besoin que je le lui dise • **he ~s to have everything explained to him in detail** il faut tout lui expliquer en détail • **you only ~ed to ask** tu n'avais qu'à demander • **I don't ~ this hassle!*** je n'a pas besoin de tous ces embêtements !* • **who ~s politicians anyway?*** pour ce que l'on a à faire des hommes politiques !*
ⓑ (*= demand*) demander • **this book ~s careful reading** ce livre demande à être lu attentivement • **this coat ~s to be cleaned regularly** ce manteau doit être nettoyé régulièrement • **this will ~ some explaining** cela requiert des explications
3 (MODAL VERB) ⓐ (*indicating obligation*) **~ he go?** est-il obligé d'y aller ? • **you needn't wait** vous n'êtes pas obligé d'attendre • **I told her she ~n't reply** je lui ai dit qu'elle n'était pas obligée de répondre • **we needn't have hurried** ce n'était pas la peine qu'on se presse • **~ we go into all this now?** faut-il discuter de tout cela maintenant ? • **I ~ hardly say that ...** inutile de dire que ... • **~ I say more?** ai-je besoin d'en dire plus ? • **you needn't say any more** inutile d'en dire plus • **no one ~ go hungry nowadays** de nos jours personne ne devrait souffrir de la faim
ⓑ (*indicating logical necessity*) **~ that be true?** est-ce nécessairement vrai ? • **that needn't be the case** ce n'est pas forcément le cas • **it ~ not follow that ...** il ne s'ensuit pas nécessairement que ...
4 (COMP) ▸ **need-to-know** ADJ **we operate on a ~-to-know basis** nous n'informons que les personnes directement concernées

needle [ˈniːdl] 1 (N) aiguille *f* • **knitting/darning ~** aiguille *f* à tricoter/à repriser • **pine ~** aiguille *f* de pin • **it's like looking for a ~ in a haystack** autant chercher une aiguille dans une botte de foin 2 (VT) (*= annoy*)* asticoter*; (*= sting*)* piquer au vif 3 (COMP) ▸ **needle exchange** N (*= swapping*) échange *m* de seringues; (*= place*) centre *m* d'échange de seringues

needless [ˈniːdlɪs] (ADJ) [*suffering, repetition, expense*] inutile; [*cruelty, destruction*] gratuit; [*remark, sarcasm, rudeness*] déplacé • **~ to say, ...** inutile de dire que ...

needlessly [ˈniːdlɪslɪ] (ADV) [*repeat, prolong*] inutilement; [*die*] en vain; [*suffer*] pour rien • **you're worrying quite ~** vous vous inquiétez sans raison • **he was ~ rude** il a été d'une impolitesse tout à fait déplacée

needlework [ˈniːdlwɜːk] (N) couture *f*

needn't [ˈniːdnt] = **need not** → **need**

needy [ˈniːdɪ] 1 (ADJ) [*person*] nécessiteux; [*area*] sinistré • **he's very ~ at the moment** (*emotionally*) il a besoin de beaucoup d'attention en ce moment 2 (NPL) **the needy** les nécessiteux *mpl*

negative [ˈnegətɪv] 1 (ADJ) négatif; [*effect, influence*] néfaste • **he's a very ~ person** c'est quelqu'un de très négatif 2 (N) ⓐ (*= negative answer*) réponse *f* négative • **to answer in the ~** répondre négativement • **"~"** (*as answer*) « négatif » ⓑ (*Gram*) négation *f* • **double ~** double négation *f* • **in(to) the ~** à la forme négative ⓒ (*Phot*) négatif *m* 3 (COMP) ▸ **negative equity** N moins-value *f*

neglect [nɪˈglekt] 1 (VT) [*+ person, animal*] délaisser; [*+ garden, house, car, machinery*] ne pas entretenir; [*+ rule, law, advice*] ne tenir aucun compte de; [*+ duty, obligation, promise*] manquer à; [*+ business, work, hobby, one's health*] négliger; [*+ opportunity*] laisser passer • **to ~ one's appearance** se négliger • **to ~ to do sth** négliger de faire qch 2 (N) [*of duty, obligation*] manquement *m* (**of** à) • **the building collapsed after years of ~** le bâtiment, à l'abandon depuis des années, s'est écroulé • **the garden was in a state of ~** le jardin était à l'abandon

neglected [nɪˈglektɪd] (ADJ) ⓐ (*= uncared-for*) [*person, district*] délaissé; [*house, garden*] mal entretenu; [*appearance*] négligé ⓑ (*= forgotten*) [*play*] méconnu • **a ~ area of scientific research** un domaine négligé de la recherche scientifique

neglectful [nɪˈglektfʊl] (ADJ) négligent • **to be ~ of sth** négliger qch

negligence [ˈneglɪdʒəns] (N) négligence *f* • **through ~** par négligence

negligent [ˈneglɪdʒənt] (ADJ) ⓐ (*= careless*) négligent • **to be ~ of sth** négliger qch ⓑ (*= nonchalant*) nonchalant

negligently [ˈneglɪdʒəntlɪ] (ADV) ⓐ (*= carelessly*) **to behave ~** faire preuve de négligence ⓑ (*= nonchalantly*) négligemment

negligible [ˈneglɪdʒəbl] (ADJ) négligeable

> ✎ The ending **-ible** in the English word changes to **-eable** in the French word.

negotiable [nɪˈgəʊʃɪəbl] (ADJ) négociable

> ✎ The French word **négociable** has a **c** where the English word has a **t**.

negotiate [nɪˈgəʊʃɪeɪt] 1 (VT) ⓐ [*+ sale, loan, settlement, salary*] négocier ⓑ [*+ obstacle, hill, rapids*] franchir; [*+ river*] (*= sail on*) naviguer; (*= cross*) franchir; [*+ bend in road*] négocier; [*+ difficulty*] surmonter 2 (VI) négocier (**with sb for sth** avec qn pour obtenir qch)

> ✎ The French word **négocier** has a **c** where the English word has a **t**.

negotiation [nɪˌgəʊʃɪˈeɪʃən] (N) (*= discussion*) négociation *f* • **to begin ~s with sb** engager des négociations avec qn

> ✎ The French word **négociation** has a **c** where the English word has a **t**.

negotiator [nɪˈɡəʊʃɪeɪtəʳ] (N) négociateur *m*, -trice *f*

> The French word **négociateur** has a **c** where the English word has a **t**.

Negro [ˈniːɡrəʊ] (*offensive*) **1** (ADJ) noir **2** (N) (*pl* **Negroes**) Noir *m*

neigh [neɪ] **1** (VI) hennir **2** (N) hennissement *m*

neighbour, neighbor (US) [ˈneɪbəʳ] **1** (N) voisin(e) *m(f)* • **she is my ~** c'est ma voisine • **she is a good ~** c'est une bonne voisine • **Britain's nearest ~ is France** la France est le pays le plus proche de la Grande-Bretagne **2** (VI) (US) **to neighbor with sb** avoir de bons rapports de voisinage avec qn **3** (COMP) ▸ **neighbor states** NPL (US) États *mpl* limitrophes

neighbourhood, neighborhood (US) [ˈneɪbəhʊd] **1** (N) (= *district*) quartier *m*; (= *area nearby*) voisinage *m* • **it's not a nice ~** c'est un quartier plutôt mal famé • **something in the ~ of £100** environ 100 livres **2** (ADJ) [*doctor, shops*] du quartier; [*café*] du coin **3** (COMP) ▸ **neighbourhood watch** N *système de surveillance assuré par les habitants d'un quartier*

neighbouring, neighboring (US) [ˈneɪbərɪŋ] (ADJ) voisin • **in ~ Italy** dans l'Italie voisine

neighbourly, neighborly (US) [ˈneɪbəlɪ] (ADJ) [*person*] aimable (**to sb** avec qn); [*feeling*] amical; [*behaviour, gesture*] de bon voisin • **to behave in a ~ way** se conduire en bon voisin • **that's very ~ of you** c'est très aimable de votre part

neither [ˈnaɪðəʳ, ˈniːðəʳ] **1** (ADV) ▸ **neither ... nor** ni ... ni • **~ good nor bad** ni bon ni mauvais • **I've seen ~ him nor her** je ne les ai vus ni l'un ni l'autre • **he can ~ read nor write** il ne sait ni lire ni écrire • **the house has ~ water nor electricity** la maison n'a ni eau ni électricité • **~ you nor I know** ni vous ni moi ne le savons • **he ~ knows nor cares** il n'en sait rien et ça lui est égal
▸ **neither here nor there** **that's ~ here nor there** ce n'est pas la question • **an extra couple of miles is ~ here nor there** on n'est pas à deux ou trois kilomètres près
2 (CONJ) **if you don't go, ~ shall I** si tu n'y vas pas je n'irai pas non plus • **I'm not going — ~ am I** je n'y vais pas — moi non plus • **he didn't do it — ~ did his brother** il ne l'a pas fait — son frère non plus
3 (ADJ) **~ story is true** aucune des deux histoires n'est vraie • **in ~ case** ni dans un cas ni dans l'autre
4 (PRON) ni l'un(e) ni l'autre • **~ of them knows** ils ne le savent ni l'un ni l'autre • **which do you prefer? — ~** lequel préférez-vous ? — ni l'un ni l'autre

neofascism [ˌniːəʊˈfæʃɪzəm] (N) néofascisme *m*

neofascist [ˌniːəʊˈfæʃɪst] (ADJ, N) néofasciste *mf*

neolithic [ˌniːəʊˈlɪθɪk] (ADJ) [*site, tomb*] néolithique; [*person*] du néolithique ▸ **the Neolithic Age, the Neolithic Period** N le néolithique

neologism [nɪˈɒləˌdʒɪzəm] (N) néologisme *m*

neon [ˈniːɒn] **1** (N) néon *m* **2** (COMP) [*lamp, lighting*] au néon ▸ **neon sign** N enseigne *f* au néon

neonatal [ˌniːəʊˈneɪtəl] (ADJ) néonatal

neonazi [ˌniːəʊˈnɑːtsɪ] (ADJ, N) néonazi(e) *m(f)*

neosoul [ˌniəʊsəʊl] (N) neo soul *m*

Nepal [nɪˈpɔːl] (N) Népal *m*

Nepalese [ˌnepɔːˈliːz], **Nepali** [nɪˈpɔːlɪ] **1** (ADJ) népalais **2** (N) (*pl inv*) (= *person*) Népalais(e) *m(f)*

nephew [ˈnefjuː] (N) neveu *m*

nepotism [ˈnepətɪzəm] (N) népotisme *m*

nerd * [nɜːd] (N) pauvre mec* *m*

nerdish * [ˈnɜːdɪʃ], **nerdy** * [ˈnɜːdɪ] (ADJ) ringard*

nerve [nɜːv] **1** (N) **a** (*in body, tooth*) nerf *m*; (*in leaf*) nervure *f* • **his speech struck a raw ~** son discours a touché un point sensible
b (= *courage*) sang-froid *m* • **to keep one's ~** garder son sang-froid • **he never got his ~ back** il n'a jamais repris confiance en lui • **I haven't the ~ to do that** je n'ai pas le courage de faire ça • **he lost his ~** le courage lui a manqué
c (= *cheek*)* culot* *m* • **you've got a ~!** tu as du culot* • **of all the ~!** quel culot !* • **he had the ~ to say that ...** il a eu le culot* de dire que ...
2 (NPL) **nerves** (= *nervousness*) nervosité *f* • **it's only ~s** c'est de la nervosité • **she suffers from ~s** elle a les nerfs fragiles • **to have an attack of ~s** (*before performance, exam*) avoir le trac* • **to be a bundle of ~s** être un paquet de nerfs • **his ~s were on edge** il avait les nerfs à vif • **he/the noise gets on my ~s** il/ce bruit me tape sur les nerfs* • **to have ~s of steel** avoir des nerfs d'acier • **war of ~s** guerre *f* des nerfs
3 (COMP) ▸ **nerve centre** N centre *m* nerveux ▸ **nerve-racking** ADJ très éprouvant (pour les nerfs)

nervous [ˈnɜːvəs] (ADJ) nerveux • **to be ~ about sth** appréhender qch • **to be ~ about doing sth** hésiter à faire qch • **don't be ~, it'll be all right** ne t'inquiète pas, tout se passera bien • **people of a ~ disposition** les personnes sensibles • **to feel ~** être nerveux; (*before performance, exam*) avoir le trac* • **he makes me feel ~** il me met mal à l'aise ▸ **nervous breakdown** N dépression *f* nerveuse • **to have a ~ breakdown** faire une dépression nerveuse ▸ **nervous exhaustion** N fatigue *f* nerveuse; (*serious*) surmenage *m* ▸ **nervous system** N système *m* nerveux ▸ **nervous wreck*** N **to be a ~ wreck** être à bout de nerfs • **to make sb a ~ wreck** pousser qn à bout

> ⚠ **nervous** is not always translated by **nerveux**.

nervously [ˈnɜːvəslɪ] (ADV) nerveusement

nervy* [ˈnɜːvɪ] (ADJ) **a** (= *nervous*) nerveux **b** (US) (= *cheeky*) **to be ~** avoir du culot*

nest [nest] **1** (N) nid *m*; (= *contents*) nichée *f* • **to fly the ~** quitter le nid **2** (VI) (= *make its nest*) nicher **3** (COMP) ▸ **nest egg** N (= *money*) pécule *m*

nestle [ˈnesl] (VI) [*person*] se blottir (**up to, against** contre); [*house*] se nicher • **to ~ against sb's shoulder** se blottir contre l'épaule de qn • **a house nestling among the trees** une maison nichée parmi les arbres

net [net] **1** (N) **a** filet *m* • **~ curtains** voilages *mpl* **b** (*figurative uses*) **to slip through the ~** passer à travers les mailles du filet • **to be caught in the ~** être pris au piège • **to walk into the ~** tomber dans le panneau **c** **the Net** (= *internet*) le Net • **Net surfer** (N) internaute *mf*
2 (VT) **a** (= *catch in a net*) prendre au filet • **the police ~ted several wanted men** un coup de filet de la police a permis d'arrêter plusieurs personnes recherchées
b [*business deal*] rapporter (net); [*person*] gagner (net)
3 (ADJ) net; [*result, effect*] final • **the price is $15 ~** le prix net est de 15 dollars

netball [ˈnetbɔːl] (N) (*Brit*) netball *m*

Netherlands [ˈneðələndz] **1** (NPL) **the ~** les Pays-Bas *mpl* • **in the ~** aux Pays-Bas **2** (ADJ) néerlandais

netiquette [ˈnetɪket] (N) netiquette *f*

netsurfing [ˈnetsɜːfɪŋ] (N) surfing *m*

netting ['netɪŋ] (N) (= *nets*) filets *mpl*; (= *mesh*) mailles *fpl* • **wire ~** treillis *m* métallique

nettle ['netl] **1** (N) ortie *f* • **to grasp the ~** (*Brit*) prendre le taureau par les cornes **2** (VT) agacer

network ['netwɜːk] **1** (N) réseau *m* • **rail ~** réseau *m* ferroviaire • **road ~** réseau *m* routier • **a ~ of narrow streets** un lacis de ruelles **2** (VT) [+ *TV programmes*] diffuser sur l'ensemble du réseau; [+ *computers*] interconnecter **3** (VI) (= *form business contacts*) prendre des contacts **4** (COMP) ▸ **Network Standard** N (*US*) américain *m* standard → ENGLISH

networking ['net,wɜːkɪŋ] (N) ⓐ (= *making contacts*) **these seminars make ~ very easy** ces séminaires facilitent les prises de contact ⓑ (*Internet*) (*also* **social networking**) réseautage *m* (social) ⓒ (= *working as part of network*) travail *m* en réseau • **~ software** logiciels *mpl* de gestion de réseau

neural ['njʊərəl] (ADJ) [*tube*] neural; [*system*] nerveux ▸ **neural network** N (*Comput*) réseau *m* neuronal

neuralgia [njʊ'rældʒə] (N) névralgie *f*

neurological [,njʊərə'lɒdʒɪkəl] (ADJ) neurologique

neuron ['njʊərɒn], **neurone** ['njʊərəun] (N) neurone *m*

neurosis [njʊ'rəʊsɪs] (N) (*pl* **neuroses** [njʊ'rəʊsiːz]) névrose *f*

neurotic [njʊ'rɒtɪk] **1** (ADJ) [*person*] névrosé; [*behaviour, personality, disorder*] névrotique **2** (N) névrosé(e) *m(f)*

neurotypical [,njʊərəʊ'tɪpɪkəl] (ADJ) neurotypique

neuter ['njuːtəʳ] **1** (ADJ) neutre **2** (N) (*Gram*) neutre *m* **3** (VT) [+ *animal*] châtrer

neutral ['njuːtrəl] **1** (ADJ) neutre • **let's meet on ~ territory** rencontrons-nous en terrain neutre • **let's try to find some ~ ground** essayons de trouver un terrain d'entente **2** (N) ⓐ (= *person from neutral country*) habitant(e) *m(f)* d'un pays neutre ⓑ (= *gear*) point *m* mort • **in ~** au point mort

neutrality [njuː'trælɪtɪ] (N) neutralité *f*

neutralize ['njuːtrəlaɪz] (VT) neutraliser

neutron ['njuːtrɒn] (N) neutron *m* ▸ **neutron bomb** N bombe *f* à neutrons ▸ **neutron star** N étoile *f* à neutrons

never ['nevəʳ] **1** (ADV) ⓐ ne ... jamais • **I ~ eat strawberries** je ne mange jamais de fraises • **I have ~ seen him** je ne l'ai jamais vu • **I've ~ seen him before** je ne l'ai jamais vu • **he will ~ come back** il ne reviendra jamais • **~ in all my life** jamais de ma vie • **I ~ heard such a thing!** je n'ai jamais entendu une chose pareille!

▸ **never ... again** (ne ...) plus jamais • **~ say that again** ne répète jamais ça • **we'll ~ see her again** on ne la reverra (plus) jamais • **~ again!** plus jamais!

▸ **never before** **~ before had there been such a disaster** jamais on n'avait connu tel désastre

▸ **never yet** **I have ~ yet been able to find ...** je n'ai encore jamais pu trouver ...

ⓑ (*emphatic*) **that will ~ do!** c'est inadmissible! • **I ~ slept a wink** je n'ai pas fermé l'œil • **he ~ so much as smiled** il n'a pas même souri • **he ~ said a word** il n'a pas pipé mot • **~ was a child more loved** jamais enfant ne fut plus aimé • **I've left it behind! — ~!** je l'ai oublié! — c'est pas vrai!* • **you must ~ ever come here again** il n'est pas question que tu remettes les pieds ici • **well I ~!*** ça alors!* • **~ mind!** ça ne fait rien!

2 (COMP) ▸ **never-ending** ADJ interminable

nevertheless [,nevəðə'les] (ADV) néanmoins

new [njuː] **1** (ADJ) ⓐ (= *different, not seen before*) nouveau (nouvelle); (*masculine before vowel or silent "h"*) nouvel; (= *not old*) neuf (neuve) • **I've got a ~ car** (= *different*) j'ai une nouvelle voiture; (= *brand-new*) j'ai une voiture neuve • **as good as ~** comme neuf • **the ~ people at number five** les nouveaux arrivants du numéro cinq • **~ recruit** nouvelle recrue *f* • **are you ~ here?** vous venez d'arriver ici ?; (*in school, firm*) vous êtes nouveau ici ? • **the New Left** la nouvelle gauche • **he's a ~ man since he remarried** c'est un autre homme depuis qu'il s'est remarié • **that's nothing ~!** ça n'est pas nouveau ! • **that's a ~ one on me!*** première nouvelle !* • **what's ~?*** quoi de neuf ?*

▸ **to be new to sth** **I'm ~ to this kind of work** je n'ai jamais fait ce genre de travail • **he's ~ to the area** il est nouveau dans le quartier

ⓑ (= *fresh*) [*bread, cheese*] frais (fraîche); [*wine*] nouveau (nouvelle)

2 (COMP) ▸ **New Age** ADJ New Age *inv* ▸ **New Brunswick** N Nouveau-Brunswick *m* ▸ **new build** N logement *m* neuf ▸ **new-build** ADJ [*house, flat*] neuf (neuve) ▸ **New England** N Nouvelle-Angleterre *f* ▸ **New Englander** N habitant(e) *m(f)* de la Nouvelle-Angleterre ▸ **new face** N nouveau visage *m* ▸ **new-fangled** ADJ (*pej*) ultramoderne ▸ **new-found** ADJ de fraîche date ▸ **New Guinea** N Nouvelle-Guinée *f* ▸ **new-laid egg** N œuf *m* du jour ▸ **new look** N new-look *m* ▸ **new-look** ADJ new-look *inv* ▸ **New Mexico** N Nouveau-Mexique *m* ▸ **new moon** N nouvelle lune *f* ▸ **new-mown** ADJ [*grass*] frais coupé; [*hay*] frais fauché ▸ **New Orleans** N La Nouvelle-Orléans *f* ▸ **new potato** N pomme *f* de terre nouvelle ▸ **the New Testament** N le Nouveau Testament ▸ **new town** N (*Brit*) ville *f* nouvelle ▸ **the New World** N le Nouveau Monde ▸ **New Year** N → **New Year** ▸ **New York** N New York • **in New York State** dans l'État de New York ♦ ADJ new-yorkais ▸ **New Yorker** N New-Yorkais(e) *m(f)* ▸ **New Zealand** N Nouvelle-Zélande *f* ♦ ADJ néo-zélandais ▸ **New Zealander** N Néo-Zélandais(e) *m(f)*

newbie* ['njuːbɪ] (N) petit nouveau *m*, petite nouvelle *f*; (*Internet*) newbie *mf*

newborn ['njuːbɔːn] (ADJ) [*child, animal*] nouveau-né; [*nation, organization*] tout jeune

newcomer ['njuːkʌməʳ] (N) nouveau venu *m*, nouvelle venue *f* • **they are ~s to this town** ils viennent d'arriver dans cette ville

Newfoundland ['njuːfəndlənd] **1** (N) Terre-Neuve *f* **2** (ADJ) terre-neuvien

newly ['njuːlɪ] (ADV) nouvellement • **the ~-elected members** les membres nouvellement élus • **~ arrived** récemment arrivé • **when I was ~ married** quand j'étais jeune marié ▸ **newly-weds** NPL jeunes mariés *mpl*

news [njuːz] (N) nouvelles *fpl* • **a piece of ~** une nouvelle; (*in newspaper, on TV*) une information • **to listen to/watch the ~** écouter/regarder les informations • **financial/sporting ~** rubrique *f* financière/sportive • **have you heard the ~?** tu es au courant ? • **have you heard the ~ about Paul?** vous savez ce qui est arrivé à Paul ? • **have you any ~ of him?** (= *heard from him*) avez-vous de ses nouvelles ? • **do let me have your ~** surtout donnez-moi de vos nouvelles • **what's your ~?** quoi de neuf ?* • **is there any ~?** y a-t-il du nouveau ? • **I've got ~ for you!** j'ai du nouveau à vous annoncer ! • **this is ~ to me!*** première nouvelle !* • **good ~** bonnes nouvelles *fpl* • **bad** *or* **sad ~** mauvaises nouvelles *fpl* • **he's/it's bad ~*** on a toujours

n

des ennuis avec lui/ça • **when the ~ broke** quand on a su la nouvelle ▸ **news agency** N agence *f* de presse ▸ **news broadcast, news bulletin** N bulletin *m* d'informations ▸ **news conference** N conférence *f* de presse ▸ **news flash** N flash *m* d'information ▸ **news headlines** NPL titres *mpl* de l'actualité ▸ **news item** N information *f* ▸ **news magazine** N magazine *m* d'actualités ▸ **news release** N communiqué *m* de presse ▸ **news stand** N kiosque *m* à journaux

newsagent ['nju:zˌeidʒənt] (N) (*Brit*) marchand(e) *m(f)* de journaux ▸ **newsagent's** N (*Brit*) maison *f* de la presse

newscast ['nju:zkɑ:st] (N) (*US*) (bulletin *m* d')informations *fpl*

newscaster ['nju:zkɑ:stəʳ] (N) présentateur *m*, -trice *f* de journal télévisé

newsdealer ['nju:zdi:ləʳ] (N) (*US*) marchand(e) *m(f)* de journaux

newsgroup ['nju:zgru:p] (N) (*on the internet*) forum *m* de discussion

newsletter ['nju:zletəʳ] (N) bulletin *m* (*d'une entreprise*)

newspaper ['nju:zˌpeɪpəʳ] (N) journal *m* • **daily ~** quotidien *m* • **weekly ~** hebdomadaire *m* • **he works for a ~** il travaille pour un journal

newsprint ['nju:zprɪnt] (N) (= *paper*) papier *m* journal; (= *ink*) encre *f* d'imprimerie

newsreader ['nju:zri:dəʳ] (N) (*Brit*) présentateur *m*, -trice *f* de journal télévisé

newsreel ['nju:zri:l] (N) actualités *fpl* filmées

newsroom ['nju:zrʊm] (N) salle *f* de rédaction

newsvendor ['nju:zvendəʳ] (N) vendeur *m* de journaux

newsworthy ['nju:zwɜ:ðɪ] (ADJ) **to be ~** valoir la peine d'être publié

newt [nju:t] (N) triton *m*

New Year [ˌnju:'jɪəʳ] (N) nouvel an *m*, nouvelle année *f* • **to bring in the ~** fêter le nouvel an • **Happy ~!** bonne année ! • **to wish sb a happy ~** souhaiter la bonne année à qn ▸ **New Year resolution** N bonne résolution *f* (de nouvel an) ▸ **New Year's*** N (*US*) (= *day*) jour *m* de l'an; (= *eve*) Saint-Sylvestre *f* ▸ **New Year's Day** N jour *m* de l'an ▸ **New Year's Eve** N Saint-Sylvestre *f*

next [nekst] **1** (ADJ) **a** (*in future*) prochain; (*in past*) suivant • **come back ~ week/month** revenez la semaine prochaine/le mois prochain • **he came back the ~ week** il est revenu la semaine suivante • **he came back the ~ day** il est revenu le lendemain • **during the ~ five days he did not go out** il n'est pas sorti pendant les cinq jours qui ont suivi • **I will finish this in the ~ five days** je finirai ceci dans les cinq jours qui viennent • **the ~ morning** le lendemain matin • **~ time I see him** la prochaine fois que je le verrai • **the ~ time I saw him** quand je l'ai revu • **this time ~ week** d'ici huit jours • **the ~ moment** l'instant d'après • **from one moment to the ~** d'un moment à l'autre • **the year after ~** dans deux ans • **~ Wednesday** mercredi prochain • **~ March** en mars prochain • **~ year** l'année prochaine

b (*in series, list*) (= *following*) [*page, case*] suivant; (= *which is to come*) prochain • **he got off at the ~ stop** il est descendu à l'arrêt suivant • **you get off at the ~ stop** vous descendez au prochain arrêt • **who's ~?** à qui le tour ? • **you're ~** c'est à vous • **~ please!** au suivant ! • **I was ~ to speak** ce fut ensuite à mon tour de parler • **on the ~ page** à la page suivante • **the ~ thing to do is ...** la première chose à faire maintenant est de ... • **he saw that the ~ thing to do was ...** il a vu que ce qu'il devait faire ensuite (c')était ... • **the ~ thing I knew, he had gone*** et tout d'un coup, il avait disparu • **the ~ size up/down** la taille au-dessus/au-dessous

c (= *immediately adjacent*) [*house, street, room*] d'à côté

2 (ADV) **a** ensuite • **~ we had lunch** ensuite nous avons déjeuné • **what shall we do ~?** qu'allons-nous faire maintenant ? • **when you ~ come to see us** la prochaine fois que vous viendrez nous voir • **when I ~ saw him** quand je l'ai revu (la fois suivante) • **a new dress! whatever ~?** une nouvelle robe ! et puis quoi encore ?

b (*with superlative*) **the ~ best thing would be to speak to his brother** à défaut le mieux serait de parler à son frère • **this is my ~ oldest daughter after Marie** c'est la plus âgée de mes filles après Marie

c (*set structures*)

▸ **next to** à côté de • **his room is ~ to mine** sa chambre est à côté de la mienne • **the church stands ~ to the school** l'église est à côté de l'école • **he was sitting ~ to me** il était assis à côté de moi • **to wear wool ~ to the skin** porter de la laine à même la peau

▸ **next to last** **the ~ to last row** l'avant-dernier rang • **he was ~ to last** il était avant-dernier

▸ **next to nothing*** presque rien • **I got it for ~ to nothing** je l'ai payé trois fois rien

3 (N) prochain(e) *m(f)* • **the ~ to speak is Paul** c'est Paul qui parle ensuite • **the ~ to arrive was Robert** c'est Robert qui est arrivé ensuite

4 (COMP) ▸ **next of kin** N **"~ of kin"** (*on forms*) « nom et prénom de votre plus proche parent » • **who is your ~ of kin?** qui est votre plus proche parent ? • **the police will inform the ~ of kin** la police préviendra la famille

next door [ˌnekst'dɔ:ʳ] **1** (N) maison *f* (*or* appartement *m*) d'à côté • **it's the man from ~** c'est le monsieur d'à côté **2** (ADV) [*live, go*] à côté • **she lived ~ to me** elle habitait à côté de chez moi • **we live ~ to each other** nous sommes voisins • **he has the room ~ to me at the hotel** il a la chambre à côté de la mienne à l'hôtel • **the house ~** la maison d'à côté **3** (ADJ) **next-door** [*neighbour, room*] d'à côté

NF (ABBR OF **Newfoundland**)

NFL [enef'el] (N) (*US*) (ABBR OF **National Football League**) Fédération *f* américaine de football

Nfld (ABBR OF **Newfoundland**)

NGO [ˌendʒi:'əʊ] (N) (ABBR OF **non-governmental organization**) ONG *f*

NH (ABBR OF **New Hampshire**)

NHS [ˌeneɪtʃ'es] (N) (*Brit*) (ABBR OF **National Health Service**) ≈ Sécurité *f* sociale

NHS

Le **National Health Service**, ou **NHS**, est la branche maladie du régime de sécurité sociale qui, depuis 1948, assure des soins médicaux gratuits à toute personne résidant en Grande-Bretagne. Le **NHS** est essentiellement financé par l'impôt, mais aussi par les charges et les cotisations sociales et, enfin, par la quote-part à la charge de l'assuré sur les médicaments prescrits. Chacune des quatre nations du Royaume-Uni possède son propre système, financé et géré de façon indépendante. Les soins dentaires et les médicaments en Angleterre, au pays de Galles et en Irlande du Nord ne sont pas gratuits, à l'exception notamment des personnes bénéficiant de certaines prestations sociales, des enfants et des femmes enceintes.

NI [en'aɪ] (Brit) (ABBR OF **National Insurance**) ≈ Sécurité *f* sociale → NATIONAL INSURANCE

nib [nɪb] (N) [*of pen*] plume *f*

nibble ['nɪbl] 1 (VTI) [*person*] [+ *food*] grignoter; [+ *pen, finger, ear*] mordiller; [*sheep, goats*] brouter; [*fish*] mordre • **to ~ at one's food** chipoter • **she was nibbling some chocolate** elle grignotait un morceau de chocolat • **he was nibbling her ear** il lui mordillait l'oreille • **she ~d her pencil** elle mordillait son crayon 2 (N) ⓐ (*Fishing*) touche *f* ⓑ (= *snack*) **I feel like a ~*** je grignoterais bien quelque chose 3 (NPL) **nibbles** (= *snacks*) amuse-gueule(s) *m(pl)*

NIC [,enaɪ'si:] (N) (Brit) (ABBR OF **National Insurance Contribution**) → NATIONAL INSURANCE

Nicaragua [,nɪkə'rægjʊə] (N) Nicaragua *m*

Nicaraguan [,nɪkə'rægjʊən] 1 (ADJ) nicaraguayen 2 (N) Nicaraguayen(ne) *m(f)*

nice [naɪs] 1 (ADJ) ⓐ (= *pleasant*) [*person*] sympathique; [*view, weather, day, thing, smile, voice*] beau (belle *f*); [*holiday*] agréable; [*smell, taste, meal, idea*] bon • **he seems like a ~ person** il a l'air sympathique • **it's ~ here** on est bien ici • **to smell ~** sentir bon • **to taste ~** avoir bon goût • **you look very ~** tu es très bien • **you look ~ in that dress** cette robe te va bien • **a ~ little house** une jolie petite maison • **it would be ~ if ...** ce serait bien si ... • **it would be ~ to know what they intend to do** j'aimerais bien savoir ce qu'ils ont l'intention de faire • **~ to see you** ça fait plaisir de vous voir • **~ to have met you** ça m'a fait plaisir de faire votre connaissance • **~ to meet you!*** enchanté! • **a ~ cup of coffee** un bon petit café • **have a ~ day!** bonne journée! • **we had a ~ evening** nous avons passé une bonne soirée • **did you have a ~ time at the party?** vous vous êtes bien amusés à la soirée?

ⓑ (= *kind*) gentil (**to sb** avec qn) • **he was perfectly ~ about it** il a bien pris la chose • **that wasn't ~ of you** ce n'était pas gentil de votre part • **it's ~ of you to do that** c'est gentil à vous de faire cela • **to say ~ things about sb/sth** dire du bien de qn/sur qch

ⓒ (= *respectable*) [*person, behaviour, expression, book, film*] convenable • **not ~** peu convenable • **that's not ~!** ça ne se fait pas! • **~ girls don't do that** les filles bien élevées ne font pas ce genre de chose

ⓓ (*used as intensifier*)* **a ~ bright colour** une belle couleur vive • **to have a ~ cold drink** boire quelque chose de bien frais • **he gets ~ long holidays** il a la chance d'avoir de longues vacances • **we had a ~ long chat** nous avons bien bavardé

▸ **nice and ... to get up ~ and early** se lever de bonne heure • **we'll take it ~ and easy** on va y aller doucement • **it's so ~ and peaceful here** c'est tellement paisible ici • **I like my coffee ~ and sweet** j'aime mon café bien sucré • **it's ~ and warm outside** il fait bon dehors

ⓔ (*ironic*) joli • **you're in a ~ mess** vous voilà dans un joli pétrin* • **here's a ~ state of affairs!** c'est du joli! • **that's a ~ way to talk!** c'est sympa* ce que tu dis! (*iro*) • **you're so stupid! — oh that's ~!** ce que tu peux être stupide! — merci pour le compliment! • **~ friends you've got!** ils sont bien, tes amis!

2 (COMP) ▸ **nice-looking** ADJ beau (belle *f*) • **he's ~-looking** il est beau garçon

nicely ['naɪslɪ] (ADV) ⓐ [*work, progress*] bien • **that will do ~!*** c'est parfait! • **to be doing very ~ for o.s.*** s'en sortir très bien • **to be coming along ~*** bien se présenter

ⓑ (= *politely*) [*eat, thank, ask*] poliment • **a ~ behaved child** un enfant bien élevé

niceties ['naɪsɪtɪz] (NPL) (= *subtleties*) subtilités *fpl* • **legal/diplomatic ~** subtilités *fpl* juridiques/diplomatiques • **social ~** mondanités *fpl*

niche [ni:ʃ] (N) niche *f*; (*in market*) créneau *m* • **to find one's ~ in life** trouver sa voie (dans la vie)

nick [nɪk] 1 (N) ⓐ (*in wood*) encoche *f*; (*in blade, dish*) ébréchure *f*; (*on face, skin*) (petite) coupure *f* • **in the ~ of time** juste à temps ⓑ (*Brit*)‡ taule* *f* • **to be in the ~** être en taule* ⓒ (*Brit* = *condition*)* **in good/bad ~** en bon/mauvais état 2 (VT) ⓐ [+ *plank, stick*] faire une encoche (*or* des encoches) sur; [+ *blade, dish*] ébrécher • **he ~ed his chin while shaving** il s'est coupé au menton en se rasant ⓑ (*Brit* = *arrest*)‡ pincer* • **to get ~ed** se faire pincer* ⓒ (*Brit* = *steal*)‡ piquer*

nickel ['nɪkl] (N) ⓐ (= *metal*) nickel *m* ⓑ (*in Canada, US* = *coin*) pièce *f* de cinq cents

nickname ['nɪkneɪm] 1 (N) surnom *m*; (= *short form of name*) diminutif *m* 2 (VT) surnommer • **John, ~d "Taffy"** John, surnommé « Taffy »

nicotine ['nɪkəti:n] (N) nicotine *f* ▸ **nicotine patch** N timbre *m* à la nicotine

niece [ni:s] (N) nièce *f*

nifty* ['nɪftɪ] (ADJ) ⓐ (= *excellent*) chouette*; (= *stylish*) chic *inv* ⓑ (= *skilful*) habile • **he's pretty ~ with a screwdriver** il manie drôlement bien le tournevis

Niger ['naɪdʒəʳ] 1 (N) (= *country, river*) Niger *m* 2 (ADJ) nigérien

Nigeria [naɪ'dʒɪərɪə] (N) Nigeria *m*

Nigerian [naɪ'dʒɪərɪən] 1 (N) Nigérian(e) *m(f)* 2 (ADJ) nigérian

niggardly ['nɪgədlɪ] (ADJ) [*person*] pingre; [*amount, portion*] mesquin; [*salary*] piètre • **a ~ £50** 50 malheureuses livres

nigger** ['nɪgəʳ] (N) (*offensive*) nègre *m*, négresse *f* (*racist*)

niggle ['nɪgl] 1 (VI) [*person*] (= *go into detail*) couper les cheveux en quatre; (= *find fault*) trouver toujours à redire 2 (VT) **his conscience was niggling him** sa conscience le travaillait

niggling ['nɪglɪŋ] 1 (ADJ) [*doubt, suspicion*] obsédant; [*person*] tatillon; [*details*] insignifiant 2 (N) chicanerie *f*

night [naɪt] 1 (N) ⓐ nuit *f*; (= *evening*) soir *m* • **to spend the ~ (with sb)** passer la nuit (avec qn) • **he needs a good ~'s sleep** il a besoin d'une bonne nuit de sommeil • **~ is falling** la nuit tombe • **he went out into the ~** il partit dans la nuit • **he's on ~s this week** il est de nuit cette semaine • **to work ~s** travailler de nuit • **I can't sleep at ~s** (*US*) je ne peux pas dormir la nuit • **tomorrow ~** demain soir • **the ~ before** la veille au soir • **the ~ before last** avant-hier soir *m* • **Monday ~** (= *evening*) lundi soir; (= *night-time*) dans la nuit de lundi à mardi • **last ~** (= *night-time*) la nuit dernière; (= *evening*) hier soir • **~ after ~** des nuits durant • **~ and day** nuit et jour • **to have a ~ out** sortir le soir • **to make a ~ of it*** prolonger la soirée

▸ **all night** toute la nuit • **to sit up all ~ talking** passer la nuit (entière) à bavarder

▸ **at night** la nuit • **6 o'clock at ~** 6 heures du soir

▸ **by night** de nuit

ⓑ (= *period of sleep*) **to have a good/bad ~** passer une bonne/mauvaise nuit • **I've had several bad ~s in a row** j'ai mal dormi plusieurs nuits de suite • **I've had too**

n

many late ~s je me suis couché tard trop souvent • **she's used to late ~s** elle a l'habitude de se coucher tard
2 (COMP) ▸**night light** N veilleuse *f* ▸**night-night*** EXCL bonne nuit ▸**night owl*** N couche-tard *mf inv* ▸**night porter** N gardien *m* de nuit ▸**night safe** N coffre *m* de nuit ▸**night school** N cours *mpl* du soir ▸**night shelter** N asile *m* de nuit ▸**night shift** N (= *workers*) équipe *f* de nuit; (= *work*) poste *m* de nuit • **to be on ~ shift** être de nuit ▸**night stick** N (*US Police*) matraque *f* (d'agent de police) ▸**night-time** N nuit *f* • **at ~-time** la nuit • **in the ~-time** pendant la nuit ▸**night watchman** N (*pl* **night watchmen**) gardien *m* de nuit

nightcap ['naɪtkæp] (N) ⓐ (= *hat*) bonnet *m* de nuit ⓑ (= *drink*) **would you like a ~?** voulez-vous boire quelque chose avant d'aller vous coucher ?

nightclothes ['naɪtkləʊðz] (NPL) vêtements *mpl* de nuit

nightclub ['naɪtklʌb] (N) boîte *f* de nuit

nightclubber ['naɪtklʌbəʳ] (N) noctambule *mf*, habitué(e) *m(f)* des boîtes de nuit

nightclubbing ['naɪtklʌbɪŋ] (N) sorties *fpl* en boîte de nuit

nightdress ['naɪtdres] (N) chemise *f* de nuit

nightfall ['naɪtfɔːl] (N) **at ~** à la tombée de la nuit

nightgown ['naɪtgaʊn] (N) chemise *f* de nuit

nightie* ['naɪtɪ] (N) chemise *f* de nuit

nightingale ['naɪtɪŋgeɪl] (N) rossignol *m*

nightlife ['naɪtlaɪf] (N) vie *f* nocturne

nightly ['naɪtlɪ] **1** (ADJ) **muggings are a ~ occurrence** il y a des agressions toutes les nuits • **~ performance** (*Theatre*) représentation *f* tous les soirs **2** (ADV) (= *every evening*) tous les soirs; (= *every night*) toutes les nuits

nightmare ['naɪtmɛəʳ] (N) cauchemar *m* • **what a ~!*** quel cauchemar ! • **to be sb's worst ~** être la hantise de qn ▸**nightmare scenario** N scénario *m* catastrophe

nightmarish ['naɪtmɛərɪʃ] (ADJ) de cauchemar

nightspot* ['naɪtspɒt] (N) boîte *f* de nuit

nil [nɪl] (N) zéro *m* • **his motivation was ~** il n'était pas du tout motivé

Nile [naɪl] (N) Nil *m*

nimble ['nɪmbl] (ADJ) [*person, fingers, feet*] agile; [*mind*] vif; [*car*] maniable ▸**nimble-fingered** ADJ aux doigts agiles ▸**nimble-footed** ADJ au pied léger ▸**nimble-minded, nimble-witted** ADJ à l'esprit vif

nimbly ['nɪmblɪ] (ADV) [*move, jump*] lestement

nine [naɪn] (NUMBER) neuf *m inv* • **there are ~** il y en a neuf • **~ times out of ten** neuf fois sur dix • **dressed up to the ~s*** sur son trente et un ▸**nine-to-five*** ADJ **~-to-five job** travail *m* de bureau → **six**

nineteen ['naɪn'tiːn] (NUMBER) dix-neuf *m inv* • **there are ~** il y en a dix-neuf • **he talks ~ to the dozen*** (*Brit*) c'est un vrai moulin à paroles • **they were talking ~ to the dozen*** ils jacassaient comme des pies → **six**

nineteenth ['naɪn'tiːnθ] (ADJ, N) dix-neuvième *mf*; (= *fraction*) dix-neuvième *m* → **sixth**

ninetieth ['naɪntɪɪθ] (ADJ, N) quatre-vingt-dixième *mf*; (= *fraction*) quatre-vingt-dixième *m* → **sixth**

ninety ['naɪntɪ] (NUMBER) quatre-vingt-dix *m inv* • **there are ~** il y en a quatre-vingt-dix • **~-one** quatre-vingt-onze • **~-nine** quatre-vingt-dix-neuf • **~-nine times out of a hundred** quatre-vingt dix-neuf fois sur cent • **to be in one's nineties** avoir plus de quatre-vingt-dix ans

ninth [naɪnθ] (ADJ, N) neuvième *mf*; (= *fraction*) neuvième *m* → **sixth**

nip [nɪp] **1** (N) (= *pinch*) pinçon *m*; (= *bite*) morsure *f* • **the dog gave him a ~** le chien l'a mordillé • **there's a ~ in the air today** (= *chill*) il fait frisquet aujourd'hui **2** (VT) (= *pinch*) pincer; (= *bite*) mordiller • **to ~ sth in the bud** écraser qch dans l'œuf **3** (VI) (*Brit*)* **to ~ up/down/out** monter/descendre/sortir deux minutes • **he ~ped into the café** il a fait un saut au café

▸**nip along*** VI (*Brit*) [*person*] aller d'un bon pas; [*car*] filer • **~ along to Anne's house** fais un saut chez Anne

▸**nip in*** VI (*Brit*) entrer un instant • **I've just ~ped in for a minute** je ne fais qu'entrer et sortir • **to ~ in and out of the traffic** se faufiler entre les voitures

nipple ['nɪpl] (N) ⓐ (= *part of body*) mamelon *m* ⓑ [*of baby's bottle*] tétine *f*

nippy* ['nɪpɪ] (ADJ) ⓐ (= *chilly*) [*weather, wind*] frisquet • **it's a bit ~ today** il fait frisquet aujourd'hui ⓑ (*Brit*) (= *brisk*) [*person*] rapide • **a ~ little car** une petite voiture nerveuse

niqab [nɪ'kɑːb] (N) niqab *m*

nirvana [nɪə'vɑːnə] (N) nirvana *m*

nit [nɪt] **1** (N) ⓐ (= *louse-egg*) lente *f* ⓑ (*Brit* = *fool*)‡ crétin(e)* *m(f)* **2** (COMP) ▸**nit-pick*** VI **he's always ~-picking** il est très tatillon ▸**nit-picker*** N tatillon *m*, -onne *f*

nite* [naɪt] (N) (= *night*) nuit *f*

nitrate ['naɪtreɪt] (N) nitrate *m*

nitrogen ['naɪtrədʒən] (N) azote *m*

nitty-gritty* ['nɪtɪ'grɪtɪ] (N) **to get down to the ~** passer aux choses sérieuses

nitwit‡ ['nɪtwɪt] (N) crétin(e)* *m(f)*

NJ (ABBR OF **New Jersey**)

NM, N.Mex. (ABBR OF **New Mexico**)

no [nəʊ] **1** (PARTICLE) non • **I won't take no for an answer*** j'insiste

2 (N) (*pl* **noes**) non *m inv* • **the noes have it** les non l'emportent • **there were seven noes** il y avait sept voix contre

3 (ADJ)

> For set expressions such as **by no means, no more**, look up the other word

ⓐ (= *not any*) pas de • **she had no coat** elle n'avait pas de manteau • **I have no idea** je n'ai aucune idée • **no two are alike** il n'y en a pas deux pareils • **no sensible man would have done that** aucun homme sensé n'aurait fait ça • **it's of no interest** ça n'a aucun intérêt

ⓑ (*emphatic*) **he's no friend of mine** il n'est pas de mes amis • **he's no genius** il n'a rien d'un génie • **headache or no headache, you'll have to do it*** migraine ou pas, tu vas devoir le faire • **theirs is no easy task** leur tâche n'est pas facile

ⓒ (*forbidding*) **no smoking** défense de fumer • **no entry** défense d'entrer • **no parking** stationnement *m* interdit • **no nonsense!** pas d'histoires !*

ⓓ (*with gerund*) **there's no knowing what he'll do next** impossible de dire ce qu'il fera après • **there's no pleasing him** (quoi qu'on fasse) il n'est jamais satisfait

4 (ADV)

> For set expressions such as **no less (than), no longer, no sooner said than done**, look up the other word.

(*with comparative*) **no bigger/stronger/more intelligent than ...** pas plus grand/fort/intelligent que ... • **the patient is no better** le malade ne va pas mieux • **I can go no further** je ne peux pas aller plus loin

5 (COMP) ▸**no-brainer** N **it's a no-brainer** (= *obvious*) ça tombe sous le sens ▸**no-claims bonus** N (*Insurance*) bonus *m* ▸**no-fly zone** N zone *f* d'exclusion aérienne ▸**no-frills** ADJ avec service minimum ▸**no-go** ADJ **it's no-go*** ça ne marche pas • **no-go area** zone *f* interdite ▸**no-good*** ADJ, N nul (nulle *f*)* ▸**no-holds-barred** ADJ où tous les coups sont permis ▸**no-hoper*** N raté(e) *m(f)* ▸**no-man's-land** N (*in battle*) no man's land *m*; (= *wasteland*) terrain *m* vague; (= *indefinite area*) zone *f* mal définie ▸**no-no*** N **it's a no-no** (= *forbidden*) ça ne se fait pas; (= *impossible*) c'est impossible ▸**no-nonsense** ADJ [*approach, attitude*] raisonnable ▸**no one** N = **nobody** ▸**no place*** ADV = **nowhere** ▸**no-show** N défection *f* ▸**no-win situation** N impasse *f*

no. (ABBR OF **number**) n°

Noah ['nəʊə] (N) Noé *m* • **~'s ark** l'arche *f* de Noé

Nobel [nəʊ'bel] (N) **~ prize** prix *m* Nobel • **~ prizewinner** (lauréat(e) *m(f)* du) prix *m* Nobel

nobility [nəʊ'bɪlɪtɪ] (N) noblesse *f*

noble ['nəʊbl] **1** (ADJ) ⓐ noble ⓑ (= *unselfish*)* généreux **2** (N) noble *mf*

nobleman ['nəʊblmən] (N) (*pl* **-men**) noble *m*

noblewoman ['nəʊblwʊmən] (N) (*pl* **-women**) noble *f*

nobly ['nəʊblɪ] (ADV) ⓐ noblement ⓑ (= *selflessly*) [*volunteer, offer*]* généreusement • **he ~ volunteered to do the washing up** il s'est généreusement proposé pour faire la vaisselle

nobody ['nəʊbədɪ] **1** (PRON) personne • **I saw ~** je n'ai vu personne • **~ knows** personne ne le sait • **~ spoke to me** personne ne m'a parlé • **who saw him? — ~** qui l'a vu? — personne • **it is ~'s business** cela ne regarde personne • **what I do is ~'s business** ce que je fais ne regarde personne • **like ~'s business*** [*run*] comme un dératé*; [*work*] d'arrache-pied • **he's ~'s fool** c'est loin d'être un imbécile **2** (N) moins que rien *mf inv* • **he's just a ~** c'est un moins que rien

nocturnal [nɒk'tɜːnl] (ADJ) [*animal, activity, habits*] nocturne; [*raid*] de nuit

nod [nɒd] **1** (N) signe *m* de tête • **he gave me a ~** il m'a fait un signe de tête; (*in greeting*) il m'a salué de la tête; (*signifying "yes"*) il m'a fait signe que oui de la tête • **to answer with a ~** répondre d'un signe de tête

2 (VI) (= *move head*) faire un signe de tête; (*as sign of assent*) hocher la tête • **to ~ to sb** faire un signe de tête à qn; (*in greeting*) saluer qn d'un signe de tête • **he ~ded to me to go** de la tête il m'a fait signe de m'en aller

3 (VT) **to ~ one's head** (= *move head down*) faire un signe de (la) tête; (*as sign of assent*) faire un signe de tête affirmatif • **to ~ one's agreement/approval** manifester son assentiment/son approbation par un signe de tête

▸ **nod off*** VI s'endormir • **I ~ded off for a moment** j'ai piqué un roupillon

node [nəʊd] (N) nœud *m*

noise [nɔɪz] (N) bruit *m* • **to make a ~** faire du bruit • **to make reassuring ~s** (= *say reassuring things*) tenir des propos rassurants ▸**noise music** N musique *f* bruitiste ▸**noise pollution** N nuisances *fpl* sonores

noiseless ['nɔɪzlɪs] (ADJ) silencieux

noisily ['nɔɪzɪlɪ] (ADV) bruyamment

noisy ['nɔɪzɪ] (ADJ) bruyant

nomad ['nəʊmæd] (N) nomade *mf*

nomadic [nəʊ'mædɪk] (ADJ) nomade

nominal ['nɒmɪnl] (ADJ) ⓐ [*value*] nominal; [*agreement, power, rights*] théorique; [*leader*] fictif • **he's a ~ socialist/Christian** il n'a de socialiste/chrétien que le nom ⓑ [*fee, charge, sum*] modique; [*wage, salary, rent*] insignifiant; [*fine, penalty*] symbolique

nominate ['nɒmɪneɪt] (VT) ⓐ (= *appoint*) nommer • **he was ~d chairman** il a été nommé président ⓑ (= *propose*) proposer • **he was ~d for the presidency** il a été proposé comme candidat à la présidence • **they ~d Mr Lambotte for mayor** ils ont proposé M. Lambotte comme candidat à la mairie • **to ~ sb for an Oscar** nominer qn pour un Oscar

nomination [,nɒmɪ'neɪʃən] (N) ⓐ (= *appointment*) nomination *f* (**to** à) ⓑ (*for job*) proposition *f* de candidature; (*for presidency*) investiture *f* ⓒ (*for film award*) nomination *f*

nominee [,nɒmɪ'niː] (N) (*for post*) personne *f* désignée; (*in election*) candidat(e) *m(f)* désigné(e) • **Oscar ~** nominé(e) *m(f)* aux Oscars

non- [nɒn] **1** (PREF) non- • **strikers and ~strikers** grévistes *mpl* et non-grévistes *mpl* • **believers and ~believers** croyants *mpl* et non-croyants *mpl*

2 (COMP)

> In hyphenated compounds, **non** is usually translated by **non**. Note that in French the hyphen is only used when **non** is followed by a noun: **non-agression** but **non toxique**.

▸**non-attendance** N absence *f* ▸**non-alcoholic** ADJ sans alcool ▸**non-believer** N (*Rel*) incroyant(e) *m(f)* ▸**non-custodial sentence** N peine *f* non privative de liberté ▸**non-denominational** ADJ non confessionnel ▸**non-dom*** N non-dom *mf*, *personne résidant en Grande-Bretagne sans y être domiciliée, échappant ainsi à l'impôt* ▸**non-domiciled** ADJ non domicilié ▸**non-drinker** N personne *f* qui ne boit pas d'alcool ▸**non-drip** ADJ qui ne coule pas ▸**non-EU** ADJ [*citizens, passports*] non communautaire; [*imports*] hors Union européenne ▸**non-nuclear** ADJ [*weapon*] conventionnel; [*country*] non doté de l'arme nucléaire ▸**non-party** ADJ [*vote, decision*] indépendant ▸**non-professional** ADJ [*player*] amateur • **~professional conduct** manquement *m* aux devoirs de sa profession ♦ N amateur *mf* ▸**non-resident** ADJ non résident • **~resident course** stage *m* sans hébergement ▸**non-union** ADJ [*company, organization*] n'employant pas de personnel syndiqué ▸**non-white** N personne *f* de couleur ♦ ADJ de couleur

nonchalant ['nɒnʃələnt] (ADJ) nonchalant • **to be ~ about sth** prendre qch avec nonchalance

noncommittal ['nɒnkə'mɪtl] (ADJ) [*person*] qui ne s'engage pas; [*letter, statement*] qui n'engage à rien; [*expression, attitude*] réservé • **he gave a ~ answer** il fit une réponse évasive • **he was very ~ about it** il ne s'est pas prononcé là-dessus

nonconformist ['nɒnkən'fɔːmɪst] **1** (N) non-conformiste *mf* **2** (ADJ) non conformiste

nondescript ['nɒndɪskrɪpt] (ADJ) quelconque; [*colour*] indéfinissable

n

none [nʌn] (PRON) **a** *(used with countable noun)* aucun(e) *m(f)* • **~ of the books** aucun des livres • **I want ~ of your excuses!** vos excuses ne m'intéressent pas ! • **we tried all the keys but ~ of them fitted** nous avons essayé toutes les clés mais aucune n'allait • **"distinguishing marks: ~"** « signes particuliers : néant »
b *(used with uncountable noun)* **~ of this money** pas un centime de cet argent • **~ of this cheese** pas un gramme de ce fromage • **~ of this milk** pas une goutte de ce lait • **~ of this land** pas une parcelle de ce terrain • **there's ~ left** il n'en reste plus • **he asked me for money but I had ~ on me** il m'a demandé de l'argent mais je n'en avais pas sur moi • **~ of this** rien de ceci • **~ of that!** pas de ça ! • **~ of it made any sense** rien de tout cela ne semblait cohérent • **he would have ~ of it** il ne voulait rien savoir
▸ **none at all I need money but have ~ at all** j'ai besoin d'argent mais je n'en ai pas du tout • **there was no evidence, ~ at all** il n'y avait aucune preuve, absolument aucune • **is there any bread left? — ~ at all** y a-t-il encore du pain ? — plus du tout
▸ **none of them/you/us** aucun d'entre eux/vous/nous • **~ of them knew** aucun d'entre eux ne savait
▸ **none other than their guest was ~ other than the president himself** leur invité n'était autre que le président en personne
▸ **none the ... he was ~ the wiser** il n'était pas plus avancé • **he's ~ the worse for it** il ne s'en porte pas plus mal • **she's looking ~ the worse for her ordeal** cette épreuve ne semble pas l'avoir trop marquée • **I like him ~ the less for it** je ne l'aime pas moins pour cela • **the house would be ~ the worse for a coat of paint** une couche de peinture ne ferait pas de mal à cette maison
▸ **none too ... it's ~ too warm** il ne fait pas tellement chaud • **and ~ too soon either!** et ce n'est pas trop tôt ! • **she was ~ too happy about it** elle était loin d'être contente • **he was ~ too pleased at being disturbed** ça ne l'a pas enchanté qu'on le dérange

nonentity [nɒ'nentɪtɪ] (N) personne *f* sans intérêt • **he's a complete ~** c'est une nullité

nonessential [ˌnɒnɪ'senʃl] **1** (ADJ) accessoire **2** (NPL) **nonessentials** accessoires *mpl* • **the ~s** l'accessoire *m*

nonetheless [ˌnɒnðə'les] (ADV) néanmoins

nonevent* ['nɒnɪ'vent] (N) non-événement *m*

nonexistent ['nɒnɪg'zɪstənt] (ADJ) inexistant

nonfattening [ˌnɒn'fætnɪŋ] (ADJ) qui ne fait pas grossir

nonfiction [ˌnɒn'fɪkʃən] (N) littérature *f* non romanesque • **he only reads ~** il ne lit jamais de romans

nongovernmental [ˌnɒngʌvən'mentl] (ADJ) non gouvernemental

nonintervention [ˌnɒnɪntə'venʃən] (N) non-intervention *f*

nonjudg(e)mental [ˌnɒndʒʌdʒ'mentəl] (ADJ) neutre

nonpayment ['nɒn'peɪmənt] (N) non-paiement *m*

nonplussed ['nɒn'plʌst] (ADJ) déconcerté

nonpolluting ['nɒnpə'lu:tɪŋ] (ADJ) non polluant

nonprofitmaking ['nɒn'prɒfɪtmeɪkɪŋ], **nonprofit** (US) ['nɒn'prɒfɪt] (ADJ) à but non lucratif

nonrunner ['nɒn'rʌnəʳ] (N) non-partant *m*

nonscheduled ['nɒn'ʃedju:ld] (ADJ) *[plane, flight]* spécial

nonsense ['nɒnsəns] (N) absurdités *fpl* • **to talk ~** dire n'importe quoi • **that's ~!** c'est n'importe quoi ! • **oh, ~!** oh, ne dis pas n'importe quoi ! • **I'm putting on weight — ~!** je grossis — ne dis pas de bêtises ! • **all this ~ about them not being able to pay** toutes ces histoires selon lesquelles ils seraient incapables de payer • **it is ~ to say ...** il est absurde de dire ... • **he will stand no ~ from anybody** il ne se laissera pas faire par qui que ce soit • **he won't stand any ~ about that** il ne plaisante pas là-dessus • **I've had enough of this ~!** j'en ai assez de ces histoires ! • **stop this ~!** arrête tes idioties ! • **to make a ~ of** *[+ project, efforts]* rendre inutile; *[+ claim]* invalider

nonsensical [nɒn'sensɪkəl] (ADJ) absurde

nonskilled ['nɒn'skɪld] (ADJ) *[work, worker]* non qualifié

nonslip ['nɒn'slɪp] (ADJ) antidérapant

nonsmoker ['nɒn'sməʊkəʳ] (N) *(= person)* non-fumeur *m*, -euse *f* • **he is a ~** il ne fume pas

nonsmoking ['nɒn'sməʊkɪŋ] (ADJ) *[flight, seat, compartment, area]* non-fumeurs *inv*; *[office, restaurant]* où il est interdit de fumer

nonspecialist ['nɒn'speʃəlɪst] **1** (N) non-spécialiste *mf* **2** (ADJ) *[knowledge, dictionary]* général

nonstarter ['nɒn'stɑ:təʳ] (N) **a** *(= horse)* non-partant *m* **b** *(= person)* nullité *f* **c** *(= idea)* **it is a ~** c'est voué à l'échec

nonstick ['nɒn'stɪk] (ADJ) antiadhésif

nonstop [ˌnɒn'stɒp] **1** (ADJ) *[flight]* sans escale; *[train]* direct; *[journey]* sans arrêt; *[music]* ininterrompu • **the movie's two hours of ~ action** les deux heures d'action ininterrompue du film **2** (ADV) *[talk, work, rain]* sans arrêt • **to fly ~ from London to Chicago** faire Londres-Chicago sans escale

nontaxable ['nɒn'tæksəbl] (ADJ) non imposable

nontoxic [ˌnɒn'tɒksɪk] (ADJ) non toxique

nontransferable ['nɒntræns'fɜ:rəbl] (ADJ) *[ticket]* non transmissible; *[share]* nominatif; *[pension]* non réversible

nonviolence [ˌnɒn'vaɪələns] (N) non-violence *f*

nonviolent [ˌnɒn'vaɪələnt] (ADJ) non violent

noodles ['nu:dlz] (NPL) nouilles *fpl*

nook [nʊk] (N) *(= corner)* recoin *m*; *(= remote spot)* retraite *f* • **~s and crannies** coins *mpl* et recoins *mpl* • **breakfast ~** coin-repas *m*

noon [nu:n] (N) midi *m* • **at/about ~** à/vers midi

noose [nu:s] (N) *[of hangman]* corde *f*

nope‡ [nəʊp] (PARTICLE) non

nor [nɔ:ʳ] (CONJ) **a** *(following "neither")* ni • **neither you ~ I can do it** ni vous ni moi (nous) ne pouvons le faire • **she neither eats ~ drinks** elle ne mange ni ne boit **b** *(= neither)* **I won't go and ~ will you** je n'irai pas et toi non plus • **I don't like him — ~ do I** je ne l'aime pas — moi non plus

norm [nɔ:m] (N) norme *f*

normal ['nɔ:məl] **1** (ADJ) normal; *(= usual)* habituel • **it's perfectly ~ to feel that way** il est tout à fait normal de ressentir cela • **it was quite ~ for him to be late** c'était tout à fait dans ses habitudes d'arriver en retard • **it's ~ practice** il est normal de faire ainsi • **to buy sth for half the ~ price** acheter qch à moitié prix • **~ service will be resumed as soon as possible** *(on TV)* nos émissions reprendront dès que possible • **as ~** comme d'habitude
2 (N) **above/below ~** au-dessus/en dessous de la normale • **temperatures below ~** des températures

en dessous des normales saisonnières • **to return to ~** revenir à la normale

normality [nɔːˈmælɪtɪ], **normalcy** (*US*) [ˈnɔːməlsɪ] (N) normalité *f*

normally [ˈnɔːməlɪ] (ADV) (*= usually*) d'habitude; (*= as normal*) normalement • **he ~ arrives at about 10 o'clock** d'habitude il arrive vers 10 heures • **the trains are running ~** les trains circulent normalement

Norman [ˈnɔːmən] (ADJ) (*= from Normandy*) normand; [*church, architecture*] roman • **the ~ Conquest** la conquête normande

Normandy [ˈnɔːməndɪ] (N) Normandie *f*

north [nɔːθ] 1 (N) nord *m* • **to the ~ of ...** au nord de ... • **house facing the ~** maison *f* exposée au nord • **the wind is blowing from the ~** le vent vient du nord • **to live in the ~** habiter dans le nord • **in the ~ of Scotland** dans le nord de l'Écosse

2 (ADJ) nord *inv* • **~ wind** vent *m* du nord • **in ~ Wales/ London** dans le nord du pays de Galles/de Londres • **on the ~ side** du côté nord

3 (ADV) [*lie, be*] au nord (**of** de); [*go*] vers le nord • **further ~** plus au nord • **~ of the island** au nord de l'île • **the town lies ~ of the border** la ville est située au nord de la frontière • **we drove ~ for 100km** nous avons roulé pendant 100 km vers le nord • **go ~ till you get to Oxford** allez vers le nord jusqu'à Oxford • **to sail due ~** aller droit vers le nord • **~ by ~-east** nord quart nord-est

4 (COMP) ▸ **North Africa** N Afrique *f* du Nord ▸ **North African** ADJ nord-africain ♦ N Nord-Africain(e) *m(f)* ▸ **North America** N Amérique *f* du Nord ▸ **North American** ADJ nord-américain ♦ N Nord-Américain(e) *m(f)* ▸ **the North Atlantic** N l'Atlantique *m* nord ▸ **North Atlantic Treaty Organization** N Organisation *f* du traité de l'Atlantique nord ▸ **North Carolina** N Caroline *f* du Nord • **in North Carolina** en Caroline du Nord ▸ **north-east** N nord-est *m* ♦ ADJ nord-est *inv* ♦ ADV vers le nord-est ▸ **north-easterly** ADJ [*wind, direction*] du nord-est; [*situation*] au nord-est ♦ ADV vers le nord-est ▸ **north-eastern** ADJ nord-est *inv* ▸ **north-facing** ADJ exposé au nord ▸ **North Korea** N Corée *f* du Nord ▸ **North Korean** ADJ nord-coréen ♦ N Nord-Coréen(ne) *m(f)* ▸ **North Pole** N pôle *m* Nord ▸ **North Sea** N mer *f* du Nord ▸ **North Sea gas** N (*Brit*) gaz *m* naturel de la mer du Nord ▸ **North Sea oil** N pétrole *m* de la mer du Nord ▸ **North Vietnam** N Vietnam *m* du Nord ▸ **North Vietnamese** ADJ nord-vietnamien ♦ N Nord-Vietnamien(ne) *m(f)* ▸ **north-west** N nord-ouest *m* ♦ ADJ nord-ouest *inv* ♦ ADV vers le nord-ouest ▸ **north-westerly** ADJ [*wind, direction*] du nord-ouest; [*situation*] au nord-ouest ♦ ADV vers le nord-ouest ▸ **north-western** ADJ nord-ouest *inv*, du nord-ouest

Northants (ABBR OF **Northamptonshire**)

northbound [nɔːθbaʊnd] (ADJ) [*traffic*] en direction du nord; [*carriageway*] nord *inv*

Northd (ABBR OF **Northumberland**)

northerly [ˈnɔːðəlɪ] 1 (ADJ) [*wind*] du nord; [*situation*] au nord; [*direction*] vers le nord • **in a ~ direction** en direction du nord 2 (ADV) vers le nord

northern [ˈnɔːðən] (ADJ) [*province, state, neighbour*] du nord; [*border, suburbs*] nord *inv* • **the ~ coast** le littoral nord • **in ~ Spain** dans le nord de l'Espagne • **~ hemisphere** hémisphère *m* nord ▸ **Northern Ireland** N Irlande *f* du Nord ▸ **Northern Ireland Assembly** N Assemblée *f* d'Irlande du Nord ▸ **the northern lights** NPL l'aurore *f* boréale

> **NORTHERN IRELAND ASSEMBLY AND NORTHERN IRELAND EXECUTIVE**
>
> La **Northern Ireland Assembly** (Assemblée d'Irlande du Nord) a été instaurée en 1998, à la suite du « Good Friday Agreement » également appelé le « Belfast Agreement ». Suspendue à plusieurs reprises, cette assemblée a été à nouveau dissoute en 2017 en raison de graves dissensions entre les deux partis principaux. Ce parlement en partie autonome contrôle le travail du **Northern Ireland Executive**, pouvoir exécutif responsable des dossiers décentralisés tels que les arts, la santé, l'éducation, l'agriculture et le développement rural. Les affaires étrangères, la défense et la sécurité sociale restent du ressort du gouvernement britannique qui siège à Westminster. Le « First Minister » est à la tête du **Northern Ireland Executive**.
>
> → DEVOLUTION, GOOD FRIDAY AGREEMENT

northerner [ˈnɔːðənəʳ] (N) habitant(e) *m(f)* du Nord • **he is a ~** il vient du Nord

northernmost [ˈnɔːðənməʊst] (ADJ) **the ~ point** le point le plus au nord

Northumb (ABBR OF **Northumberland**)

Northumbria [nɔːˈθʌmbrɪə] (N) Northumbrie *f*

Norway [ˈnɔːweɪ] (N) Norvège *f*

Norwegian [nɔːˈwiːdʒən] 1 (ADJ) norvégien 2 (N) ⓐ (*= person*) Norvégien(ne) *m(f)* ⓑ (*= language*) norvégien *m*

nose [nəʊz] 1 (N) ⓐ [*of person, animal*] nez *m*; [*of dog, cat*] museau *m* • **his ~ was bleeding** il saignait du nez • **the horse won by a ~** le cheval a gagné d'une demi-tête • **to speak through one's ~** parler du nez

ⓑ (*in phrases*) **to have a ~ for sth** savoir flairer qch • **he's got a ~ for a bargain** il sait flairer les bonnes affaires • **with one's ~ in the air** d'un air hautain • **she's always got her ~ in a book*** elle a toujours le nez fourré dans un livre* • **it was there right under his ~ all the time** c'était là juste sous son nez • **she did it right under his ~** elle l'a fait sous son nez • **to look down one's ~ at sb/sth** prendre qn/qch de haut • **he can't see beyond the end of his ~** il ne voit pas plus loin que le bout de son nez • **to turn one's ~ up (at sth)** faire le dégoûté (devant qch) • **to keep one's ~ out of sth** ne pas se mêler de qch • **to stick one's ~ into sth** mettre son nez dans qch • **you'd better keep your ~ clean*** tu ferais mieux de te tenir à carreau* • **to lead sb by the ~** mener qn par le bout du nez • **it gets up my ~*** ça me sort par les trous de nez* • **right on the ~*** en plein dans le mille

2 (COMP) ▸ **nose cone** N [*of missile*] ogive *f* ▸ **nose drops** NPL gouttes *fpl* pour le nez ▸ **nose job*** N (*plastic surgery*) **to have a ~ job** se faire refaire le nez ▸ **nose ring** N anneau *m* de nez ▸ **nose stud** N clou *m* pour le nez

▸ **nose about***, **nose around*** VI fouiner*

nosebleed [ˈnəʊzbliːd] (N) saignement *m* de nez • **to have a ~** saigner du nez

nosedive [ˈnəʊzdaɪv] 1 (N) **to go into a ~** [*plane*] descendre en piqué • **to take a ~** [*stocks*] baisser rapidement; [*prices, sales*] chuter 2 (VI) [*plane*] descendre en piqué; [*stocks*] baisser rapidement; [*prices, sales*] chuter

nosey* [ˈnəʊzɪ] (ADJ) fouineur* • **to be ~** fourrer* son nez partout • **don't be so ~!** mêlez-vous de vos affaires ! • **Nosey Parker** fouineur* *m*, -euse* *f*

nosh* [nɒʃ] **1** (N) *(Brit)* (= *food*) bouffe* *f* • **to have some ~** bouffer* **2** (COMP) ▸ **nosh-up*** N *(Brit)* bouffe* *f* • **to have a ~-up** bouffer*

nostalgia [nɒs'tældʒɪə] (N) nostalgie *f*

nostalgic [nɒs'tældʒɪk] (ADJ) nostalgique • **to be ~ about sth** avoir la nostalgie de qch

nostril ['nɒstrəl] (N) narine *f*; [*of horse*] naseau *m*

nosy* ['nəʊzɪ] (ADJ) = **nosey**

not [nɒt] (ADV) **a** (*with verb*) ne ... pas • **he is ~ here** il n'est pas ici • **he has ~** *or* **hasn't come** il n'est pas venu • **he will ~** *or* **won't stay** (*prediction*) il ne restera pas; (*refusal*) il ne veut pas rester • **is it ~?** • **isn't it?** n'est-ce pas ? • **you have got it, haven't you?** vous l'avez, non ? • **he told me ~ to come** il m'a dit de ne pas venir

b (*as substitute for clause*) non • **is it going to rain? — I hope ~** va-t-il pleuvoir ? — j'espère que non • **it would appear ~** il semble que non

c ▸ **not so for the young and the ~ so young** pour les jeunes et les moins jeunes

d (*understatement*) **~ without reason** non sans raison • **~ without some regrets** non sans quelques regrets

e (*with pronoun*) **~ me!** pas moi ! • **~ one book** pas un livre • **~ one man knew** pas un ne savait • **~ everyone can do that** tout le monde n'en est pas capable • **~ any more** plus (maintenant)

f (*with adj*) non • **~ guilty** non coupable • **~ negotiable** non négociable

g (*set structures*)

▸ **not at all are you cold? — ~ at all** avez-vous froid ? — pas du tout • **thank you very much — ~ at all** merci beaucoup — je vous en prie

▸ **not only ... but also ...** non seulement ... mais aussi ...

▸ **not that ... ~ that I care** non pas que cela me fasse quelque chose • **~ that I know of** pas que je sache • **~ that they haven't been useful** ce n'est pas qu'ils n'aient pas été utiles

notable ['nəʊtəbl] (ADJ) [*designer, philosopher, example*] éminent; [*fact*] notable; [*success*] remarquable • **with a few ~ exceptions** à quelques notables exceptions près • **to be ~ for sth** se distinguer par qch • **it is ~ that ...** il est intéressant de constater que ... + *indic*

notably ['nəʊtəblɪ] (ADV) **a** (= *in particular*) notamment **b** (= *noticeably*) notablement

notary ['nəʊtərɪ] (N) notaire *mf*

notation [nəʊ'teɪʃən] (N) notation *f*

notch [nɒtʃ] (N) (*in wood, stick*) encoche *f*; (*in belt*) cran *m*; (*in blade*) ébréchure *f* • **he pulled his belt in one ~** il a resserré sa ceinture d'un cran

▸ **notch up** VT SEP marquer

note [nəʊt] **1** (N) **a** note *f* • **to make a ~ of sth** prendre qch en note • **I must make a mental ~ to buy some more** il faut que je pense à en racheter • **to take ~s** prendre des notes • **lecture ~s** notes *fpl* de cours

b (= *informal letter*) mot *m* • **take a ~ to Mr Jones** (*to secretary*) je vais vous dicter un mot pour M. Jones • **just a quick ~ to tell you ...** juste un petit mot pour te dire ...

c (*Music*) note *f*; [*of piano*] touche *f*

d (= *tone*) note *f* • **on an optimistic/positive ~** sur une note optimiste/positive • **on a personal/practical ~** d'un point de vue personnel/pratique • **if I could add just a personal ~** si je peux me permettre une remarque personnelle • **on a more positive ~ ...** pour continuer sur une note plus optimiste ... • **on a more serious ~ ...** plus sérieusement ...

e (= *implication*) note *f* • **with a ~ of anxiety in his voice** avec une pointe d'anxiété dans la voix

f (*Brit*) (= *banknote*) billet *m* • **a ten-euro ~** un billet de dix euros

g (= *notability*) **a man of ~** un homme éminent • **nothing of ~** rien d'important

h (= *notice*) **to take ~ of** remarquer • **they will take ~ of what you say** ils feront attention à ce que vous direz • **worthy of ~** remarquable

2 (VT) **a** noter

b (= *notice*) constater • **to ~ an error** constater une erreur • **I ~ that ...** je constate que ... • **~ that ...** notez bien que ...

▸ **note down** VT SEP noter • **let me ~ that down** laissez-moi le noter • **to ~ down sb's remarks** noter les remarques de qn • **to ~ down an appointment in one's diary** noter un rendez-vous dans son agenda

notebook ['nəʊtbʊk] (N) **a** (= *notepad*) calepin *m*; (*for schoolwork*) cahier *m*; (*tear-off*) bloc-notes *m* **b** (*also* **notebook computer**) notebook *m*

noted ['nəʊtɪd] (ADJ) [*historian, writer*] éminent; [*thing, fact*] célèbre • **to be ~ for sth/for doing sth** être connu pour qch/pour avoir fait qch • **a man not ~ for his generosity** un homme qui ne passe pas pour être particulièrement généreux

notepad ['nəʊtpæd] (N) bloc-notes *m*

notepaper ['nəʊtpeɪpəʳ] (N) papier *m* à lettres

noteworthy ['nəʊtwɜ:ðɪ] (ADJ) remarquable

nothing ['nʌθɪŋ] **1** (PRON) **a** rien • **I saw ~** je n'ai rien vu • **~ happened** il n'est rien arrivé • **to eat ~** ne rien manger • **~ to eat/read** rien à manger/à lire • **he's had ~ to eat yet** il n'a encore rien mangé • **~ could be easier** rien de plus simple • **~ pleases him** rien ne le satisfait

▸ **nothing** + *adjective* rien de • **~ new/interesting** rien de nouveau/d'intéressant

b (*set phrases*) **as if ~ had happened** comme si de rien n'était • **fit for ~** bon à rien • **to say ~ of ...** sans parler de ... • **I can do ~ about it** je n'y peux rien • **~ of the kind!** absolument pas ! • **to think ~ of doing sth** (= *consider normal*) trouver naturel de faire qch; (= *do without thinking*) faire qch sans y penser; (= *do unscrupulously*) n'avoir aucun scrupule à faire qch • **think ~ of it!** (= *don't thank me*) mais je vous en prie ! • **don't apologize, it's ~** ne vous excusez pas, ce n'est rien • **£500 is ~ to her** 500 livres, ce n'est rien pour elle • **she means ~ to him** elle n'est rien pour lui • **it means ~ to me whether he comes or not** il m'est indifférent qu'il vienne ou non • **that's ~ to what is to come** ce n'est rien à côté de ce qui nous attend • **I can make ~ of it** je n'y comprends rien • **to come to ~** ne rien donner • **to be reduced to ~** être réduit à néant • **there is ~ to laugh at** il n'y a pas de quoi rire • **he had ~ to say for himself** (= *no explanation*) il n'avait aucune excuse; (= *no conversation*) il n'avait pas de conversation • **I have ~ against him/the idea** je n'ai rien contre lui/cette idée • **there's ~ to it*** c'est facile (comme tout*) • (PROV) **~ ventured ~ gained** qui ne risque rien n'a rien (PROV)

▸ **for nothing** pour rien • **he was working for ~** il travaillait gratuitement • **all his fame counted for ~** toute sa gloire ne comptait pour rien

▸ **nothing in ... there's ~ in it** (= *not interesting*) c'est sans intérêt; (= *not true*) ce n'est absolument pas vrai; (= *no difference*) c'est du pareil au même; (*in contest = very close*) c'est très serré • **there's ~ in these rumours** il n'y a rien de vrai dans ces rumeurs • **there's ~ in it* for us** nous n'avons rien à y gagner • **Oxford is leading, but there's ~ in it** Oxford est en tête, mais c'est très serré

2 (N) ⓐ (= *zero*) zéro *m*

ⓑ (= *worthless person*) nullité *f*; (= *worthless thing*) rien *m* • **it's a mere ~ compared with what he spent last year** ça n'est rien en comparaison de ce qu'il a dépensé l'an dernier

3 (ADV) ~ **less than** rien moins que • **it was ~ like as big as we thought** c'était loin d'être aussi grand qu'on avait cru

notice ['nəʊtɪs] **1** (N) ⓐ (= *prior warning*) avis *m*; (= *period*) délai *m*; (= *end of work contract*) (*by employer*) congé *m*; (*by employee*) démission *f* • **I must have some ~ of what you intend to do** il faut que je sois prévenu de ce que vous avez l'intention de faire • **we require six days' ~** nous demandons un préavis de six jours • **a week's ~** une semaine de préavis • **I must have at least a week's ~ if you want to ...** il faut me prévenir au moins une semaine à l'avance si vous voulez ... • **advance ~** préavis *m* • **final ~** dernier avertissement *m* • **to get one's ~** (*from job*) être licencié • **to hand in one's ~** [*professional or office worker*] donner sa démission

▸ **to give + notice** **to give ~ to** [+ *tenant*] donner congé à; [+ *landlord*] donner un préavis de départ à • **to give ~ that ...** faire savoir que ... • **to give ~ of sth** annoncer qch • **to give sb ~ of sth** prévenir qn de qch • **to give sb ~ that ...** aviser qn que ... • **to give sb ~** [+ *employee*] licencier qn

▸ **at a moment's notice** immédiatement

▸ **at short notice** **he rang me up at short ~** il m'a téléphoné à la dernière minute • **you must be ready to leave at very short ~** il faut que vous soyez prêt à partir dans les plus brefs délais

▸ **until further notice** jusqu'à nouvel ordre

ⓑ (= *announcement*) annonce *f*; (*in newspaper*) (= *advert*) annonce *f*; (= *short article*) entrefilet *m*; (= *poster*) affiche *f*; (= *sign*) pancarte *f* • **birth/marriage/death ~** annonce *f* de naissance/mariage/décès • **public ~** avis *m* au public • **I saw a ~ in the paper about the concert** j'ai vu une annonce dans le journal à propos du concert • **the ~ says "keep out"** la pancarte dit « défense d'entrer »

ⓒ (= *review*) [*of book, film, play*] critique *f* • **the book got good ~s** le livre a eu de bonnes critiques

ⓓ (= *attention*) **it escaped his ~ that ...** il ne s'est pas aperçu que ... • **to avoid ~** passer inaperçu • **to bring sth to sb's ~** faire observer qch à qn • **it has come to my ~ that ...** on m'a signalé que ...

▸ **to take + notice** **to take ~ of sb/sth** prêter attention à qn/qch • **I wasn't taking much ~ at the time** je ne faisais pas très attention à ce moment-là • **to take no ~ of sb/sth** ne pas faire attention à qn/qch • **take no ~!** ne faites pas attention ! • **he took no ~ of her remarks** il n'a absolument pas tenu compte de ses remarques • **he took no ~ of her** il l'a complètement ignorée

2 (VT) remarquer; (= *heed*) faire attention à • **I ~d a tear in his coat** j'ai remarqué un accroc dans son manteau • **when he ~d me he called out to me** quand il m'a vu, il m'a appelé • **without my noticing it** sans que je le remarque • **I'm afraid I didn't ~** malheureusement je n'ai pas remarqué • **I never ~ such things** je ne remarque jamais ce genre de chose • **I ~ you have a new dress** je vois que vous avez une nouvelle robe • **yes, so I've ~d!** j'ai remarqué !

3 (COMP) ▸ **notice board** N (= *printed or painted sign*) pancarte *f*; (*for holding announcements*) panneau *m* d'affichage

noticeable ['nəʊtɪsəbl] (ADJ) [*effect, difference, improvement*] sensible; [*lack*] évident • **it isn't really ~** ça ne se voit pas vraiment • **it is ~ that ...** on voit bien que ... • **to be ~ by one's absence** briller par son absence

noticeably ['nəʊtɪsəblɪ] (ADV) [*better, worse, higher, lower*] nettement • **to improve ~** s'améliorer sensiblement

notification [,nəʊtɪfɪ'keɪʃən] (N) avis *m*; [*of marriage, engagement*] annonce *f*; [*of birth, death*] déclaration *f*

notify ['nəʊtɪfaɪ] (VT) **to ~ sth to sb** signaler qch à qn • **to ~ sb of sth** aviser qn de qch • **any change of address must be notified** tout changement d'adresse doit être signalé • **you will be notified later of the result** on vous communiquera le résultat plus tard

notion ['nəʊʃən] **1** (N) ⓐ (= *thought*) idée *f* • **he somehow got hold of the ~ that she wouldn't help him** il s'est mis en tête qu'elle ne l'aiderait pas • **where did you get the ~ that I couldn't come?** qu'est-ce qui t'a fait penser que je ne pourrais pas venir ? • **to put ~s into sb's head*** mettre des idées dans la tête de qn

ⓑ (= *opinion*) idée *f*; (= *way of thinking*) façon *f* de penser • **he has some odd ~s** il a de drôles d'idées • **it wasn't my ~ of a holiday** ce n'était pas ce que j'appelle des vacances

ⓒ (= *vague knowledge*) notion *f* • **I've got some ~ of physics** j'ai quelques notions de physique • **have you any ~ of what he meant to do?** avez-vous la moindre idée de ce qu'il voulait faire ? • **I have a ~ that he was going to Paris** j'ai dans l'idée qu'il allait à Paris • **he has no ~ of time** il n'a pas la notion du temps

2 (NPL) **notions** (US) (= *ribbons, thread*) articles *mpl* de mercerie *f*

notional ['nəʊʃənl] (ADJ) (= *hypothetical*) [*value, profit, amount*] théorique; [*time, line*] imaginaire

notoriety [,nəʊtə'raɪətɪ] (N) réputation *f*

notorious [nəʊ'tɔːrɪəs] (ADJ) [*criminal, liar*] notoire; [*crime, case*] célèbre; [*person, prison*] tristement célèbre • **to be ~ for one's meanness** être d'une mesquinerie notoire • **to be ~ for one's racism** être bien connu pour ses idées racistes

notoriously [nəʊ'tɔːrɪəslɪ] (ADV) [*slow, unreliable, fickle*] notoirement • **~ cruel/inefficient** d'une cruauté/incompétence notoire • **it is ~ difficult to do that** chacun sait à quel point c'est difficile à faire

Notts (ABBR OF **Nottinghamshire**)

notwithstanding [,nɒtwɪθ'stændɪŋ] **1** (PREP) malgré **2** (ADV) néanmoins **3** (CONJ) bien que + *subj*

nougat ['nuːgɑː, 'nʌgət] (N) nougat *m*

nought [nɔːt] (N) = **naught**

noun [naʊn] (N) nom *m*

nourish ['nʌrɪʃ] (VT) [+ *person*] nourrir (**with** de); [+ *hopes*] entretenir

nourishing ['nʌrɪʃɪŋ] (ADJ) nourrissant

nourishment ['nʌrɪʃmənt] (N) (= *food*) nourriture *f* • **sugar provides no real ~** le sucre n'est pas vraiment nourrissant

Nov. (ABBR OF **November**)

Nova Scotia [,nəʊvə'skəʊʃə] (N) Nouvelle-Écosse *f*

n

novel ['nɒvəl] **1** (N) roman *m* **2** (ADJ) original

novelist ['nɒvəlɪst] (N) romancier *m*, -ière *f*

novella [nəʊ'velə] (N) (*pl* **novellas** *or* **novelle** [nəʊ'veleɪ]) roman *m* court

novelty ['nɒvəltɪ] (N) ⓐ (*= newness*) nouveauté *f*; (*= unusualness*) étrangeté *f* • **once the ~ has worn off** une fois passée la nouveauté ⓑ (*= idea, thing*) innovation *f* • **it was quite a ~** c'était une innovation ⓒ (*= item for sale*) babiole *f*

November [nəʊ'vembəʳ] (N) novembre *m* → **September**

> The months in French are not spelt with a capital letter.

novice ['nɒvɪs] (N) novice *mf* • **to be a ~ at sth** être novice en qch

NOW [naʊ] (US) (ABBR OF **National Organization for Women**) *organisation féministe*

now [naʊ] **1** (ADV) ⓐ (*= at this time*) maintenant; (*= these days, at the moment*) actuellement; (*= at that time*) alors • **~ I'm ready** je suis prêt maintenant • **the couple, who ~ have three children ...** ce couple, qui a maintenant trois enfants ... • **they won't be long ~** ils ne vont plus tarder • **what are you doing ~?** qu'est-ce que tu fais en ce moment? • **he ~ understood why she had left him** il comprit alors pourquoi elle l'avait quitté • **~ is the time to do it** c'est le moment de le faire • **I'll do it right ~** je vais le faire tout de suite • **I am doing it ~** je suis en train de le faire • **~ for the question of your expenses** et maintenant pour ce qui est de vos frais • **it's ~ or never!** c'est le moment ou jamais! • **between ~ and next Tuesday** d'ici à mardi prochain

▸ **before now** **you should have done that before ~** ça devrait déjà être fait • **before ~ people thought that ...** auparavant on pensait que ... • **you should have finished long before ~** il y a longtemps que ça devrait être fini • **long before ~ it was realized that ...** il y a longtemps déjà, on comprenait que ...

▸ **by now** **they should have arrived by ~** ils devraient être déjà arrivés • **by ~ it was clear that ...** dès lors, il était évident que ...

▸ **even now** **even ~ there's time to change your mind** vous pouvez encore changer d'avis • **even ~ he doesn't believe me** il ne me croit toujours pas • **people do that even ~** les gens font ça encore aujourd'hui

▸ **(every) now and again, (every) now and then** de temps en temps

▸ **for now** **that will do for ~** ça ira pour le moment

▸ **from now** **three weeks from ~** dans trois semaines • **from ~ until then** d'ici là

▸ **from now on** (*with present and future tense*) à partir de maintenant; (*with past tense*) dès lors

▸ **till** *or* **until** *or* **up to now** (*= till this moment*) jusqu'à présent; (*= till that moment*) jusque-là

ⓑ (*without reference to time*) **~!** bon! • **~, ~!** allons, allons! • **~, Simon!** (*warning*) allons, Simon! • **come ~!** allons! • **well, ~!** eh bien! • **~ then, let's start!** bon, commençons! • **~ then, what's all this?** alors, qu'est-ce que c'est que ça? • **~, they had been looking for him all morning** or ils avaient passé toute la matinée à sa recherche • **~ do be quiet for a minute** bon, ça suffit!

2 (CONJ) maintenant que • **~ that you've seen him** maintenant que vous l'avez vu

nowadays ['naʊədeɪz] (ADV) (*in contrast to past years*) de nos jours; (*in contrast to recently*) ces jours-ci • **rents are very high ~** les loyers sont très élevés de nos jours • **why don't we ever see Jim ~?** pourquoi ne voit-on plus Jim ces temps-ci?

nowhere ['nəʊwɛəʳ] (ADV) nulle part • **they have ~ to go** ils n'ont nulle part où aller • **there was ~ to hide** il n'y avait aucun endroit où se cacher • **from ~** de nulle part • **there is ~ more romantic than Paris** il n'y a pas d'endroit plus romantique que Paris • **where are you going? — ~ special** où vas-tu? — nulle part • **she was ~ to be found** elle était introuvable • **he was ~ to be seen** il avait disparu • **to be going ~ fast*** [*person*] n'arriver à rien; [*talks*] être dans l'impasse

▸ **nowhere near** **his house is ~ near the church** sa maison n'est pas près de l'église du tout • **you are ~ near the truth** vous êtes très loin de la vérité • **we're ~ near finding a cure** nous sommes loin d'avoir trouvé un traitement • **she is ~ near as clever as he is** elle est nettement moins intelligente que lui • **£10 is ~ near enough** 10 livres sont loin de suffire

noxious ['nɒkʃəs] (ADJ) [*gas, substance*] nocif; [*smell*] infect • **to have a ~ effect on** avoir un effet nocif sur

nozzle ['nɒzl] (N) [*of hose*] jet *m*; (*for icing*) douille *f*; [*of vacuum cleaner*] suceur *m*

NRA [,enɑ:r'eɪ] (N) ⓐ (US) (ABBR OF **National Rifle Association**) *organisation américaine militant pour le droit du port d'armes* ⓑ (Brit) (ABBR OF **National Rivers Authority**) *administration nationale des cours d'eau*

NS (ABBR OF **Nova Scotia**)

NSPCC [,enes,pi:si:'si:] (N) (Brit) (ABBR OF **National Society for the Prevention of Cruelty to Children**) *société pour la protection de l'enfance*

nuance ['nju:ɑ̃:ns] (N) nuance *f*

nuclear ['nju:klɪəʳ] (ADJ) nucléaire ▸ **nuclear capability** N capacité *f* nucléaire ▸ **nuclear deterrent** N force *f* de dissuasion nucléaire ▸ **nuclear family** N famille *f* nucléaire ▸ **nuclear-free** ADJ [*zone, world*] dénucléarisé ▸ **nuclear-powered** ADJ (à propulsion) nucléaire ▸ **nuclear reactor** N réacteur *m* nucléaire ▸ **nuclear scientist** N (savant(e) *m(f)*) atomiste *mf* ▸ **nuclear waste** N déchets *mpl* nucléaires

nucleus ['nju:klɪəs] (N) (*pl* **nuclei**) noyau *m*

nude [nju:d] **1** (ADJ) [*person, body*] nu; [*photograph*] de nu • **to bathe ~** se baigner nu • **~ scene** (*in film*) scène *f* déshabillée • **~ figures** (*in art*) nus *mpl* **2** (N) nu *m* • **in the ~** nu

nudge [nʌdʒ] **1** (VT) ⓐ (*with elbow*) donner un petit coup de coude à ⓑ (*= encourage*) encourager • **to ~ sb into doing sth** amener qn à faire qch **2** (N) (*with elbow*) coup *m* de coude; (*= encouragement*) coup *m* de pouce

nudist ['nju:dɪst] (ADJ, N) nudiste *mf* ▸ **nudist camp** N camp *m* de nudistes ▸ **nudist colony** N colonie *f* de nudistes

nudity ['nju:dɪtɪ] (N) nudité *f*

nugget ['nʌgɪt] (N) pépite *f* • **gold ~** pépite *f* d'or

nuisance ['nju:sns] **1** (N) ⓐ (*= annoying thing or event*) **what a ~ he can't come** c'est ennuyeux qu'il ne puisse pas venir • **it's a ~ having to shave** c'est agaçant d'avoir à se raser • **these weeds are a ~** ces mauvaises herbes sont une vraie plaie* • **what a ~!** c'est vraiment ennuyeux! ⓑ (*= annoying person*) peste *f* • **that child is a ~** cet enfant est une peste • **what a ~ you are!** ce que tu peux être agaçant ! • **you're being a ~** tu es agaçant • **sorry to be a ~** désolé de vous déranger • **to make a ~ of o.s.** embêter le monde*

2 (COMP) ▸ **nuisance call** N appel *m* anonyme ▸ **nuisance caller** N auteur *m* d'un appel anonyme

nuke* [nju:k] (VT) [+ *city*] lancer une bombe atomique sur; [+ *nation, enemy*] lancer une attaque nucléaire contre; (= *destroy*) détruire à l'arme nucléaire

null [nʌl] (ADJ) [*act, decree*] nul (nulle *f*) • **~ and void** nul et non avenu

nullify ['nʌlɪfaɪ] (VT) invalider

numb [nʌm] 1 (ADJ) ⓐ [*person, limb, face*] engourdi • **to go ~** s'engourdir • **~ with cold** engourdi par le froid ⓑ (= *stunned*) [*person*] hébété • **~ with disbelief** hébété • **~ with fright** paralysé par la peur • **~ with grief** muet de douleur • **~ with shock** abasourdi par le choc 2 (VT) engourdir • **~ed with grief** muet de douleur • **~ed with fear** paralysé par la peur • **it ~s the pain** cela endort la douleur

number ['nʌmbəʳ] 1 (N) ⓐ nombre *m*; (*when written*) chiffre *m*

ⓑ (= *quantity, amount*) nombre *m* • **a ~ of people** un certain nombre de personnes • **large ~s of people** un grand nombre de personnes • **a great ~ of books/chairs** une grande quantité de livres/chaises • **on a ~ of occasions** à plusieurs occasions • **there are a ~ of things which ...** il y a un certain nombre de choses qui ... • **any ~ can play** le nombre de joueurs est illimité • **I've told you any ~ of* times** je te l'ai dit mille fois • **to win by sheer ~s** l'emporter par le nombre

ⓒ [*of bus, page, house, phone, lottery*] numéro *m* • **wrong ~** faux numéro • **to get a wrong ~** se tromper de numéro • **that's the wrong ~** ce n'est pas le bon numéro • **she lives at ~ four** elle habite au numéro quatre • **registration ~** (*of car*) (numéro *m* d')immatriculation *f* • **to take a car's ~** relever le numéro d'immatriculation d'une voiture • **I've got his ~!*** je l'ai repéré ! • **his ~'s up*** son compte est bon

ⓓ [*of newspaper, journal*] numéro *m*

ⓔ [*of music hall, circus*] numéro *m*; [*of pianist, band*] morceau *m*; [*of singer*] chanson *f*; [*of dancer*] danse *f* • **there were several dance ~s on the programme** le programme comprenait plusieurs numéros de danse • **my next ~ will be ...** (*singer*) je vais maintenant chanter ...

2 (VT) ⓐ (= *give a number to*) numéroter • **they are ~ed from one to ten** ils sont numérotés de un à dix • **the houses are not ~ed** les maisons n'ont pas de numéro

ⓑ (= *include*) compter • **I ~ him among my friends** je le compte parmi mes amis

ⓒ **his days were ~ed** ses jours étaient comptés

3 (COMP) ▸ **number one** N **to be ~ one (in the charts)** être numéro un (au hit-parade) • **he's the ~ one there** c'est lui le numéro un • **the ~ one English player** le meilleur joueur anglais • **to look after ~ one*** penser avant tout à soi ▸ **number plate** N (*Brit*) plaque *f* d'immatriculation • **a car with French ~ plates** une voiture immatriculée en France ▸ **numbers game** N **to play the ~s game** jouer sur les chiffres ▸ **Number 10** N 10 Downing Street (*résidence du Premier ministre*) → DOWNING STREET ▸ **number two** N [*of political party*] numéro deux *m* • **he's my ~ two*** il est mon second

numbness ['nʌmnɪs] (N) engourdissement *m*

numeracy ['nju:mərəsɪ] (N) notions *fpl* de calcul

numeral ['nju:mərəl] (N) chiffre *m* • **Arabic/Roman ~** chiffre *m* arabe/romain

numerate ['nju:mərɪt] (ADJ) **to be ~** savoir compter • **he is barely ~** il sait à peine compter

numerical [nju:'merɪkəl] (ADJ) numérique • **in ~ order** dans l'ordre numérique

numeric keypad [nju:ˌmerɪk'ki:pæd] (N) pavé *m* numérique

numerous ['nju:mərəs] (ADJ) nombreux

nun [nʌn] (N) religieuse *f* • **to become a ~** prendre le voile

Nunavut ['nʌnəvʌt] (N) Nunavut *m*

nurse [nɜ:s] 1 (N) (*in hospital*) infirmier *m*, -ière *f*; (*at home*) garde-malade *mf* • **male ~** (*in hospital*) infirmier *m* 2 (VT) ⓐ [+ *person, illness, injury*] soigner • **she ~d him through pneumonia** elle l'a soigné pendant sa pneumonie • **she ~d him back to health** il a guéri grâce à ses soins • **to ~ a cold** soigner un rhume ⓑ [+ *baby*] (= *suckle*) allaiter; (*Brit*) (= *cradle in arms*) bercer (dans ses bras) ⓒ [+ *hope, ambition*] nourrir; [+ *plan, plot*] préparer • **to ~ one's wounded pride** panser ses plaies

nursery ['nɜ:sərɪ] 1 (N) ⓐ (= *room*) chambre *f* d'enfants ⓑ (= *institution*) (*daytime only*) crèche *f*; (*daytime or residential*) pouponnière *f* ⓒ (*for growing plants*) pépinière *f* • **a ~ of talent** une pépinière de talents 2 (COMP) ▸ **nursery education** N enseignement *m* en école maternelle ▸ **nursery nurse** N puéricultrice *f* ▸ **nursery rhyme** N comptine *f* ▸ **nursery school** N (*state-run*) école *f* maternelle; (*gen private*) jardin *m* d'enfants • **~ school teacher** (*state-run*) professeur *mf* d'école maternelle; (*private*) jardinière *f* d'enfants ▸ **nursery slopes** NPL (*Brit Ski*) pistes *fpl* pour débutants

nursing ['nɜ:sɪŋ] 1 (ADJ) ⓐ **~ mother** mère *f* qui allaite • **room for ~ mothers** salle *f* réservée aux mères qui allaitent ⓑ **the ~ staff** [*of hospital*] le personnel soignant 2 (N) (= *profession of nurse*) profession *f* d'infirmière; (= *care of invalids*) soins *mpl* • **she's going in for ~** elle va être infirmière 3 (COMP) ▸ **nursing home** N (*for medical, surgical cases*) clinique *f*; (*for mental cases, disabled*) maison *f* de santé; (*for convalescence/rest cure*) maison *f* de convalescence; (*for old people*) maison *f* de retraite

nurture ['nɜ:tʃəʳ] (VT) (= *rear*) élever; (= *feed*) nourrir (**on** de)

NUS [ˌenju:'es] (N) (*Brit*) (ABBR OF **National Union of Students**) *syndicat*

nu soul [nju:səʊ] (N) = **neosoul**

NUT [ˌenju:'ti:] (N) (*Brit*) (ABBR OF **National Union of Teachers**) *syndicat*

nut [nʌt] 1 (N) ⓐ (= *hazelnut*) noisette *f*; (= *walnut*) noix *f*; (= *almond*) amande *f* • **this chocolate has got ~s in it** c'est du chocolat aux noisettes • **mixed ~s** noisettes, cacahouètes, amandes *etc* panachées • **he's a tough ~*** **to crack** c'est un dur à cuire* • **that's a hard ~ to crack*** ce n'est pas un petit problème

ⓑ (*screwed onto bolt*) écrou *m* • **the ~s and bolts of ...** les détails *mpl* pratiques de ...

ⓒ (= *head*)‡ caboche* *f* • **use your ~!** réfléchis donc un peu ! • **to be off one's ~** être tombé sur la tête* • **you must be off your ~!** mais ça va pas !* • **to go off one's ~** perdre la boule‡ • **to do one's ~** (*Brit*) piquer une crise*

ⓓ (= *mad person*) **he's a real ~‡** il est cinglé*

2 (COMP) ▸ **nut allergy** N allergie *f* aux oléagineux, ≈ allergie *f* aux cacahuètes

n

nutcase* [ˈnʌtkeɪs] (N) dingue* *mf* • **he's a ~** il est dingue*

nutcrackers [ˈnʌtkrækəz] (NPL) casse-noix *m inv*

nutmeg [ˈnʌtmeg] (N) (noix *f*) muscade *f*

nutrient [ˈnju:trɪənt] **1** (ADJ) nutritif **2** (N) élément *m* nutritif

nutrition [nju:ˈtrɪʃən] (N) nutrition *f*; (= *subject*) diététique *f*

nutritional [nju:ˈtrɪʃənl] **1** (ADJ) [*information, advice*] nutritionnel; [*value, content, requirements, deficiencies*] nutritif **2** (COMP) ▸ **nutritional therapist** N nutrithérapeute *mf* ▸ **nutritional therapy** N nutrithérapie *f*

> **nutrionnel** ends in **-el** instead of **-al** and has a double **n**.

nutritionist [nju:ˈtrɪʃənɪst] (N) nutritionniste *mf*

> The French word **nutritionniste** has a double **n** and ends in **-e**.

nutritious [nju:ˈtrɪʃəs] (ADJ) nutritif

nuts* [nʌts] (ADJ) dingue* • **to go ~** perdre la boule* • **to be ~ about sb/sth** être dingue* de qn/qch

nutshell [ˈnʌtʃel] (N) coquille *f* de noix (*or* de noisette *etc*) • **in a ~** en un mot

nutter* [ˈnʌtəʳ] (N) (*Brit*) cinglé(e)* *m(f)*

nutty [ˈnʌtɪ] (ADJ) **a** [*flavour, taste, smell*] de noisette (*ou* de noix *etc*) **b** (= *mad*)* [*idea, person*] dingue* • **to be ~ about sb/sth** (= *enthusiastic*) être dingue* de qn/qch

Nuyorican [nju:jɒˈri:kən] (N) *Portoricain(e) vivant à New York*

nuzzle [ˈnʌzl] (VI) **the dog ~d up to my leg** le chien est venu fourrer son nez contre ma jambe • **she ~d up to me** elle est venue se blottir contre moi

NV (ABBR OF **Nevada**)

NVQ [ˌenvi:ˈkju:] (N) (ABBR OF **National Vocational Qualification**) ≈ CAP *m*

> **NVQ**
>
> Les **National Vocational Qualifications**, ou **NVQ**, sont un système de qualifications à la fois théoriques et pratiques destinées essentiellement aux personnes occupant déjà un emploi. Toutefois, certains établissements secondaires préparent à ces examens, en plus ou à la place des examens traditionnels (« GCSE » ou « A levels »). Ce système existe en Angleterre, au pays de Galles et en Irlande du Nord ; en Écosse, il existe une filière comparable qui porte le nom de « Scottish Vocational Qualifications » ou « SVQ ».

NW (ABBR OF **north-west**) N-O

NY (ABBR OF **New York**)

NYC [enwaɪˈsi:] (N) (ABBR OF **New York City**)

nylon [ˈnaɪlɒn] **1** (N) nylon ® *m* **2** (ADJ) [*stockings, clothes*] en nylon ® **3** (NPL) **nylons** bas *mpl* (*or* collant *m*) en nylon ®

nymph [nɪmf] (N) nymphe *f*

nymphomaniac [ˌnɪmfəʊˈmeɪnɪæk] (ADJ, N) nymphomane *f*

NYPD [ˈenˈwaɪˈpi:ˈdi:] (N) (ABBR OF **New York Police Department**) police *f* new-yorkaise

NYSE [ˌenwaɪesˈi:] (N) (ABBR OF **New York Stock Exchange**) *Bourse de New York*

NZ (ABBR OF **New Zealand**)

Oo

oaf [əʊf] (N) mufle *m*

oak [əʊk] **1** (N) (= *wood, tree*) chêne *m* **2** (ADJ) (= *made of oak*) de *or* en chêne

OAP [ˌəʊeɪˈpiː] (N) (*Brit*) (ABBR OF **old age pensioner**) retraité(e) *m(f)*

oar [ɔːʳ] (N) rame *f*

oarsman [ˈɔːzmən] (N) (*pl* **-men**) rameur *m*

oasis [əʊˈeɪsɪs] (N) (*pl* **oases** [əʊˈeɪsiːz]) oasis *f*

oatcake [ˈəʊtkeɪk] (N) galette *f* d'avoine

oath [əʊθ] (N) (*pl* **oaths** [əʊðz]) ⓐ serment *m* • **to take the ~** prêter serment • **under ~** sous serment ⓑ (= *bad language*) juron *m*

oatmeal [ˈəʊtmiːl] (N) (= *cereal*) flocons *mpl* d'avoine; (*US*) (= *porridge*) porridge *m*

oats [əʊts] (NPL) avoine *f*

obdurate [ˈɒbdjʊrɪt] (ADJ) obstiné

OBE [ˌəʊbiːˈiː] (N) (ABBR OF **Officer of the Order of the British Empire**) *titre honorifique* → HONOURS LIST

obedience [əˈbiːdɪəns] (N) obéissance *f* • **in ~ to the law** conformément à la loi

obedient [əˈbiːdɪənt] (ADJ) obéissant • **to be ~ to sb** obéir à qn

obediently [əˈbiːdɪəntlɪ] (ADV) docilement

obelisk [ˈɒbɪlɪsk] (N) obélisque *m*

obese [əʊˈbiːs] (ADJ) obèse

obesity [əʊˈbiːsɪtɪ] (N) obésité *f*

obey [əˈbeɪ] **1** (VT) obéir à **2** (VI) obéir

obituary [əˈbɪtjʊərɪ] (N) nécrologie *f* ▸ **obituary column** N rubrique *f* nécrologique

object **1** (N) ⓐ (= *thing*) objet *m* • **~ of pity/ridicule** objet *m* de pitié/de risée

ⓑ (= *aim*) but *m* • **with this ~ in view** dans ce but • **with the ~ of clarifying the situation** dans le but de clarifier la situation • **money is no ~ to him** l'argent n'est pas un problème pour lui

ⓒ [*of verb*] complément *m* d'objet

2 (VI) soulever une objection • **he didn't ~ when ...** il n'a soulevé aucune objection quand ... • **I ~!** je proteste ! • **if you don't ~** si vous n'y voyez pas d'inconvénient • **I ~ to that remark** je proteste contre cette remarque • **I don't ~ to helping you** je veux bien vous aider • **she ~ed to him as spokesperson** elle s'opposait à ce qu'il soit porte-parole • **they ~ed to him because he was too young** ils lui ont objecté son jeune âge

3 (VT) **to ~ that ...** objecter que ...

4 (COMP) ▸ **object lesson** N **it was an ~ lesson in good manners** c'était une démonstration de bonnes manières ▸ **object-oriented** ADJ (*Comput*) orienté objet

> Lorsque **object** est un nom, l'accent tombe sur la première syllabe : [ˈɒbdʒɪkt], lorsque c'est un verbe, sur la seconde : [əbˈdʒekt].

objection [əbˈdʒekʃən] (N) objection *f* • **I have no ~** je n'ai pas d'objection • **if you have no ~** si vous n'y voyez pas d'inconvénient • **I have no ~ to him** je n'ai rien contre lui • **have you any ~ to my smoking?** est-ce que cela vous dérange si je fume ? • **to raise an ~** soulever une objection • **~!** (*in court*) objection ! • **~ overruled!** objection rejetée !

objectionable [əbˈdʒekʃnəbl] (ADJ) [*smell*] nauséabond; [*behaviour, attitude*] déplorable; [*language*] choquant; [*remark*] désobligeant • **I find him thoroughly ~** il me déplaît souverainement

objective [əbˈdʒektɪv] **1** (ADJ) (= *impartial*) objectif **2** (N) (= *goal*) objectif *m* • **to reach one's ~** atteindre son objectif

objectively [əbˈdʒektɪvlɪ] (ADV) objectivement

objectivity [ˌɒbdʒɪkˈtɪvɪtɪ] (N) objectivité *f*

objector [əbˈdʒektəʳ] (N) opposant(e) *m(f)*

obligate [ˈɒblɪgeɪt] (VT) **to be ~d to do sth** être obligé de *or* contraint à faire qch

obligation [ˌɒblɪˈgeɪʃən] (N) ⓐ (= *duty*) obligation *f* • **to be under an ~ to do sth** être dans l'obligation de faire qch • **to feel an ~ to do sth** se sentir obligé de faire qch • **I'm under no ~ to do it** rien ne m'oblige à le faire • **these long years of study put students under an ~ to their parents** ces longues études font des étudiants les obligés de leurs parents • **you have an ~ to see that ...** il vous incombe de veiller à ce que ... + *subj* ⓑ (= *commitment*) engagement *m* • **to meet one's ~s** respecter ses engagements

obligatory [ɒˈblɪgətərɪ] (ADJ) obligatoire • **it is not ~ to attend** il n'est pas obligatoire d'y assister • **it is ~ for you to attend** vous êtes tenu d'y assister • **to make it ~ for sb to do sth** obliger qn à faire qch

oblige [əˈblaɪdʒ] **1** (VT) ⓐ (= *compel*) obliger • **to be ~d to do sth** être obligé de faire qch

ⓑ (= *do a favour to*) rendre service à • **he did it to ~ us** il l'a fait pour nous rendre service • **I am much ~d to you** je vous remercie infiniment • **I would be ~d if you would read it to us** je vous serais reconnaissant de bien vouloir nous le lire

2 (VI) **she is always ready to ~** elle est toujours prête à rendre service **• anything to ~!*** à votre service ! **• we asked him the way and he ~d with directions** nous lui avons demandé notre chemin et il nous a obligeamment donné des indications

obliging [əˈblaɪdʒɪŋ] (ADJ) obligeant **• it is very ~ of them** c'est très aimable de leur part

oblique [əˈbliːk] **1** (ADJ) ⓐ *[approach, reference, criticism]* indirect ⓑ *[line, cut]* oblique ⓒ *[angle]* (= *acute*) aigu (-guë *f*); (= *obtuse*) obtus **2** (N) *(Brit)* barre *f* oblique

obliquely [əˈbliːklɪ] (ADV) *[refer to, answer]* indirectement

obliterate [əˈblɪtəreɪt] (VT) (= *destroy*) anéantir; *[+ writing]* rendre illisible; *[+ memory, impressions]* effacer

oblivion [əˈblɪvɪən] (N) oubli *m*

oblivious [əˈblɪvɪəs] (ADJ) inconscient (**to sth** de qch) **• ~ to sb** inconscient de la présence de qn

oblong [ˈɒblɒŋ] **1** (ADJ) rectangulaire **2** (N) rectangle *m*

obnoxious [əbˈnɒkʃəs] (ADJ) odieux

oboe [ˈəʊbəʊ] (N) hautbois *m*

obscene [əbˈsiːn] (ADJ) obscène

obscenely [əbˈsiːnlɪ] (ADV) *[fat]* monstrueusement **• ~ rich** d'une richesse indécente **• she earns ~ large amounts of money** elle gagne tellement d'argent que c'en est indécent

obscenity [əbˈsenɪtɪ] (N) obscénité *f*

obscure [əbˈskjʊəʳ] **1** (ADJ) obscur **2** (VT) (= *hide*) cacher **• to ~ the issue** embrouiller les choses

obscurity [əbˈskjʊərɪtɪ] (N) obscurité *f*

obsequious [əbˈsiːkwɪəs] (ADJ) obséquieux

observable [əbˈzɜːvəbl] (ADJ) observable

observance [əbˈzɜːvəns] (N) *[of rule, law]* observation *f*; *[of custom, Sabbath]* observance *f*

observant [əbˈzɜːvənt] (ADJ) observateur (-trice *f*)

observation [ˌɒbzəˈveɪʃən] **1** (N) ⓐ observation *f* **• his powers of ~** son don *m* d'observation **• to be under ~** *(in hospital)* être en observation; *(by police)* être sous surveillance **• they kept the house under ~** ils surveillaient la maison ⓑ (= *remark*) observation *f* **2** (COMP) ▸ **observation deck** N terrasse *f* panoramique ▸ **observation post** N poste *m* d'observation ▸ **observation tower** N mirador *m* ▸ **observation ward** N salle *f* d'observation

observational [ˌɒbzəˈveɪʃənl] (ADJ) *[skills, test]* d'observation; *[evidence, data, study]* basé sur l'observation

observatory [əbˈzɜːvətrɪ] (N) observatoire *m*

observe [əbˈzɜːv] (VT) ⓐ (= *study*) observer **• to ~ sth closely** observer qch attentivement **• I'm only here to ~** je suis ici en tant qu'observateur ⓑ (= *obey*) *[+ rule, custom, ceasefire]* respecter; *[+ silence, the Sabbath]* observer ⓒ (= *celebrate*) célébrer ⓓ (= *say*) remarquer **• he ~d that the weather was cold** il a remarqué qu'il faisait froid

observer [əbˈzɜːvəʳ] (N) ⓐ observateur *m*, -trice *f* **• UN ~s** observateurs *mpl* de l'ONU ⓑ (= *analyst, commentator*) spécialiste *mf* **• an ~ of Soviet politics** un spécialiste de la politique soviétique

obsess [əbˈses] **1** (VT) obséder **• ~ed by** obsédé par **2** (VI) **to ~ about sth** être obsédé par qch

obsession [əbˈseʃən] (N) obsession *f* **• sport is an ~ with him** c'est un obsédé de sport **• he has an ~ about cleanliness** c'est un maniaque de la propreté

obsessional [əbˈseʃənl] (ADJ) obsessionnel **• to be ~ about tidiness/cleanliness** *etc* être un maniaque de l'ordre/de la propreté *etc*

> **obsessionnel** has a double **n** and ends in **-el** instead of **-al**.

obsessive [əbˈsesɪv] (ADJ) *[behaviour, love]* obsessionnel; *[need, interest]* maladif; *[memory, thought]* obsédant **• to be ~ about tidiness** être un maniaque de l'ordre **• his ~ tidiness** son obsession de l'ordre

obsessively [əbˈsesɪvlɪ] (ADV) *[love, hate]* de façon obsessionnelle **• she is ~ tidy** c'est une maniaque de l'ordre

obsolescence [ˌɒbsəˈlesns] (N) *[of machinery, goods]* obsolescence *f* **• built-in ~** obsolescence *f* programmée

obsolescent [ˌɒbsəˈlesnt] (ADJ) obsolescent

obsolete [ˈɒbsəliːt] (ADJ) obsolète

obstacle [ˈɒbstəkl] (N) obstacle *m* **• to put an ~ in the way of sth/in sb's way** faire obstacle à qch/qn ▸ **obstacle course** N parcours *m* du combattant ▸ **obstacle race** N course *f* d'obstacles

obstetrician [ˌɒbstəˈtrɪʃən] (N) obstétricien(ne) *m(f)*

obstetrics [ɒbˈstetrɪks] (N) obstétrique *f*

obstinacy [ˈɒbstɪnəsɪ] (N) obstination *f* (**in doing** à faire)

obstinate [ˈɒbstɪnɪt] (ADJ) obstiné

obstinately [ˈɒbstɪnɪtlɪ] (ADV) obstinément

obstreperous [əbˈstrepərəs] (ADJ) tapageur

obstruct [əbˈstrʌkt] (VT) ⓐ *[+ road, artery, windpipe]* obstruer; *[+ pipe, view]* boucher ⓑ *[+ progress, traffic, plan, person]* entraver ⓒ *(Sport)* faire obstruction à

obstruction [əbˈstrʌkʃən] (N) ⓐ *(to plan, progress, view)* obstacle *m*; *(in pipe)* bouchon *m*; *(in artery, windpipe)* obstruction *f* **• the country's ~ of the UN inspection process** l'obstruction de ce pays au processus d'inspection de l'ONU **• legal ~s** obstacles *mpl* juridiques **• to cause an ~** entraver la circulation ⓑ *(Sport)* obstruction *f*

obstructionism [əbˈstrʌkʃənɪzəm] (N) obstructionnisme *m*

> The French word has a double **n** and ends in **-e**.

obstructionist [əbˈstrʌkʃənɪst] **1** (ADJ) obstructionniste **• to adopt ~ tactics** faire de l'obstruction, pratiquer l'obstruction **2** (N) obstructionniste *mf*

> The French word has a double **n** and ends in **-e**.

obstructive [əbˈstrʌktɪv] (ADJ) **he's intent on being ~** il fait de l'obstruction systématique

obtain [əbˈteɪn] (VT) obtenir **• this gas is ~ed from coal** on obtient ce gaz à partir du charbon

obtainable [əbˈteɪnəbl] (ADJ) *[product]* disponible

obtrude [əbˈtruːd] (VI) *(frm)* *[object]* être gênant; *[person]* s'imposer

obtrusive [əbˈtruːsɪv] (ADJ) *[object, building, presence]* gênant; *[person]* envahissant

obtuse [əbˈtjuːs] (ADJ) obtus

obverse [ˈɒbvɜːs] (N) *[of coin]* face *f*

obviate [ˈɒbvɪeɪt] (VT) *[+ difficulty]* obvier à; *[+ need, necessity]* éviter; *[+ danger, objection]* prévenir

obvious [ˈɒbvɪəs] **1** (ADJ) ⓐ (= *clear*) évident (**to sb** pour qn); *[lie]* flagrant **• it is ~ that ...** il est évident que ... **• an ~ injustice** une injustice patente **• he was the ~ choice for the role** il était tout désigné pour ce rôle **• it's the ~ thing to do** c'est la chose à faire **• the ~ thing to do is to leave** la chose évidente à faire c'est de partir

ⓑ (*= predictable*) [*remark, response*] prévisible **2** (N) **you are stating the ~** vous enfoncez une porte ouverte

obviously ['ɒbvɪəslɪ] (ADV) [*angry, upset, happy, pregnant*] visiblement • **she ~ adores her sister** il est évident qu'elle adore sa sœur • **he was ~ not drunk** de toute évidence, il n'était pas ivre • **he was not ~ drunk** à le voir, on ne pouvait pas dire s'il était ivre • **~ I am delighted** je suis bien entendu ravi • **~!** évidemment ! • **~ not!** apparemment non !

occasion [ə'keɪʒən] **1** (N) ⓐ (*= particular time, date, occurrence*) occasion *f* • **on the ~ of sth** à l'occasion de qch • **on that ~** à cette occasion • **on several ~s** à plusieurs reprises • **on great ~s** dans les grandes occasions • **on a previous ~** précédemment • **I'll do it on the first possible ~** je le ferai à la première occasion • **on ~** à l'occasion • **should the ~ arise** le cas échéant • **he has few ~s to speak Italian** il n'a pas souvent l'occasion de parler italien • **he took the ~ to say ...** il en a profité pour dire ... • **to rise to the ~** être à la hauteur de la situation

ⓑ (*= event*) événement *m*, occasion *f* • **a big ~** un grand événement • **music written for the ~** musique spécialement composée pour l'occasion

ⓒ (*= reason*) raison *f* • **you had no ~ to say that** vous n'aviez aucune raison de dire cela • **there is no ~ for alarm** il n'y a pas lieu de s'inquiéter • **there was no ~ for it** ce n'était pas nécessaire

2 (VT) (*frm*) occasionner

occasional [ə'keɪʒənl] (ADJ) [*rain, showers*] intermittent • **I have the ~ headache** j'ai de temps en temps des maux de tête • **she made ~ visits to England** elle allait de temps en temps en Angleterre • **they had passed an ~ car on the road** ils avaient croisé quelques rares voitures ▸ **occasional table** N (*Brit*) table *f* d'appoint

occasionally [ə'keɪʒnəlɪ] (ADV) parfois • **only very ~** rarement

occult [ɒ'kʌlt] **1** (ADJ) occulte **2** (N) **the ~** l'occulte *m*

occupancy ['ɒkjʊpənsɪ] (N) occupation *f*

occupant ['ɒkjʊpənt] (N) occupant(e) *m(f)*

occupation [,ɒkjʊ'peɪʃən] (N) ⓐ (*= trade*) métier *m*; (*= profession*) profession *f*; (*= work*) emploi *m*; (*= activity, pastime*) occupation *f* • **he is a plumber by ~** il est plombier de métier • **"occupation: teacher"** « occupation : professeur » ⓑ [*of house*] occupation *f* • **the house is ready for ~** la maison est prête à être habitée ⓒ (*by army*) occupation *f* • **under (military) ~** sous occupation (militaire)

> ⚠ **occupation** is not always translated by the French word **occupation**.

occupational [,ɒkjʊ'peɪʃənl] (ADJ) [*training, group*] professionnel; [*safety*] au travail ▸ **occupational hazard** N risque *m* professionnel; (*fig*) risque *m* du métier ▸ **occupational health** N santé *f* du travail ▸ **occupational pension** N retraite *f* complémentaire ▸ **occupational therapist** N ergothérapeute *mf* ▸ **occupational therapy** N ergothérapie *f*

occupied ['ɒkjʊpaɪd] (ADJ) ⓐ (*= inhabited*) habité ⓑ [*toilet, room, seat, bed*] occupé ⓒ (*by army*) occupé

occupier ['ɒkjʊpaɪəʳ] (N) [*of house*] occupant(e) *m(f)*, habitant(e) *m(f)*

occupy ['ɒkjʊpaɪ] (VT) ⓐ [*+ house*] habiter; [*+ post*] occuper ⓑ [*troops, demonstrators*] occuper ⓒ [*+ attention, mind, person, time, space*] occuper • **to ~ one's time (with doing sth)** s'occuper (à faire qch) • **to be occupied with sth** être pris par qch

occur [ə'kɜːʳ] (VI) ⓐ [*event*] se produire, arriver; [*difficulty, opportunity*] se présenter; [*change, disease, error*] se produire; [*word*] se rencontrer • **if a vacancy ~s** s'il y a un poste vacant ⓑ **to ~ to sb** [*idea*] venir à l'esprit de qn • **it ~red to me that he might have gone** l'idée m'a traversé l'esprit qu'il pouvait être parti • **it ~red to me that we could ...** je me suis dit que nous pourrions ... • **it didn't ~ to him to refuse** il n'a pas eu l'idée de refuser

occurrence [ə'kʌrəns] (N) (*= event*) **this is a common ~** cela arrive souvent • **an everyday ~** un fait journalier

OCD [,əʊsiː'diː] (N) (ABBR OF **obsessive compulsive disorder**) TOC *m*

ocean ['əʊʃən] (N) océan *m* • **it's a drop in the ~** c'est une goutte d'eau dans l'océan ▸ **ocean bed** N fonds *mpl* sous-marins ▸ **ocean-going** ADJ de haute mer

ochre, ocher (US) ['əʊkəʳ] (N) (*= colour*) ocre *m*

o'clock [ə'klɒk] (ADV) **it is one ~** il est une heure • **it's 4 ~ in the morning** il est 4 heures du matin • **at 7 ~** (*morning*) à 7 heures (du matin); (*evening*) à 7 heures (du soir), à 19 heures • **at 12 ~** (*= midday*) à midi; (*= midnight*) à minuit • **the 6 ~ bus/train** le bus/train de 6 heures • **the Nine O'Clock News** le journal de 21 heures

OCR [,əʊsiː'ɑːʳ] (N) (ABBR OF **optical character recognition**) OCR *m*, ROC *f*

Oct. (ABBR OF **October**)

octagon ['ɒktəgən] (N) octogone *m*

octagonal [ɒk'tægənl] (ADJ) octogonal

octane ['ɒkteɪn] (N) octane *m* • **high ~ petrol** carburant *m* à indice d'octane élevé

octave ['ɒktɪv] (N) octave *f*

October [ɒk'təʊbəʳ] (N) octobre *m* → **September**

> ✎ The months in French are not spelt with a capital letter.

octopus ['ɒktəpəs] (*pl* **octopuses**) (N) pieuvre *f*; (*as food*) poulpe *m*

OD* [əʊ'diː] (N) (ABBR OF **overdose**)

odd [ɒd] **1** (ADJ) ⓐ (*= strange*) bizarre • **the ~ thing about it is ...** ce qui est bizarre c'est ...

ⓑ [*number*] impair

ⓒ [*shoe, sock*] dépareillé • **£5 and some ~ pennies** 5 livres et quelques pennies • **any ~ piece of wood** un morceau de bois quelconque • **an ~ scrap of paper** un bout de papier • **the ~ one out** l'exception *f*

ⓓ (*= and a few more*)* **sixty-~** soixante et quelques

ⓔ (*= occasional*) **he has written the ~ article** il a écrit un ou deux articles • **I get the ~ letter from him** je reçois une lettre de lui de temps en temps • **in ~ moments he ...** à ses moments perdus, il ... • **~ jobs** travaux *mpl* divers, petits travaux *mpl* • **to do ~ jobs about the house** (*= housework*) faire un peu de ménage; (*= do-it-yourself*) bricoler dans la maison • **I've got one or two ~ jobs for you** j'ai deux ou trois choses à te faire faire

2 (COMP) ▸ **odd-job man** N homme *m* à tout faire ▸ **odd-looking** ADJ à l'air bizarre

oddball* ['ɒdbɔːl] (N) excentrique *mf*

oddity ['ɒdɪtɪ] (N) (*= person, thing*) exception *f*; (*= odd trait*) singularité *f*

O

oddly ['ɒdlɪ] (ADV) curieusement • **they sound ~ like the Beatles** leur musique ressemble curieusement à celle des Beatles • **~ enough ...** chose curieuse, ...

odds [ɒdz] **1** (NPL) **a** (*Betting*) cote *f* • **I got short/long ~** on m'a donné une faible/forte cote • **the ~ are 6 to 4 on** la cote est à 4 contre 6 • **the ~ are 6 to 4 against** la cote est à 6 contre 4 • **I got £30 over the ~ for it** (*Brit*) on me l'a payé 30 livres de plus que prévu

b (= *balance of probability*) chances *fpl* • **all the ~ are against you** vous n'avez pratiquement aucune chance d'y arriver • **the ~ are against him coming** il est pratiquement certain qu'il ne viendra pas • **the ~ against another attack are very high** une nouvelle attaque est hautement improbable • **the ~ are on him coming** il y a de fortes chances qu'il vienne • **to fight against heavy ~** avoir peu de chances de réussir • **he succeeded against all the ~** il a réussi alors que tout était contre lui

c (= *difference*) **it makes no ~** cela n'a pas d'importance • **it makes no ~ to me** ça m'est complètement égal

d **to be at ~ with sb over sth** ne pas être d'accord avec qn sur qch • **his pompous tone was at ~ with his vulgar language** son ton pompeux ne cadrait pas avec son langage vulgaire

2 (COMP) ▸ **odds and ends** NPL (= *objects*) bricoles* *fpl* • **we still have a few ~ and ends to settle** il nous reste encore quelques points à régler ▸ **odds-on favourite** N grand favori *m* • **he's the ~-on favourite for the job** c'est le grand favori pour le poste

ode [əʊd] (N) ode *f*

odious ['əʊdɪəs] (ADJ) odieux

odometer [ɒ'dɒmɪtəʳ] (N) (*US*) odomètre *m*

odour, odor (*US*) ['əʊdəʳ] (N) odeur *f*

odourless, odorless (*US*) ['əʊdəlɪs] (ADJ) inodore

OECD [ˌəʊiːsiː'diː] (N) (ABBR OF **Organization for Economic Cooperation and Development**) OCDE *f*

oesophagus [iː'sɒfəgəs] (N) œsophage *m*

oestrogen ['iːstrəʊdʒən] (N) œstrogène *m*

of [ɒv, əv] (PREP) **a** de

> **de + le = du, de + les = des**

• **a cry of pain** un cri de douleur • **a kilo of oranges** un kilo d'oranges • **the wife of the doctor** la femme du médecin • **a portrait of the queen** un portrait de la reine • **the average age of the students** l'âge moyen des étudiants • **south of Paris** au sud de Paris • **to die of hunger** mourir de faim • **the city of Paris** la ville de Paris • **his love of animals** son amour pour les animaux • **it was kind of him to say so** c'était gentil de sa part de dire cela • **how much of this do you want?** combien en voulez-vous ? • **the tip of it is broken** le bout est cassé • **the whole of the house** toute la maison • **you of all people ought to know** vous devriez le savoir mieux que personne

▸ **of** + *possessive* **a friend of Paul's** un ami de Paul • **a friend of ours** un de nos amis • **a painting of the queen's** un tableau qui appartient à la reine • **that funny nose of hers** son drôle de nez

b (*with numbers*) **there are six of them** (*people*) ils sont six; (*things*) il y en a six • **he asked the six of us to lunch** il nous a invités tous les six à déjeuner • **he's got four sisters, I've met two of them** il a quatre sœurs, j'en ai rencontré deux

c (= *about*) de • **what do you think of him?** que pensez-vous de lui ? • **what do you think of it?** qu'en pensez-vous ? • **what of it?** et alors ?

d (*material*) de, en • **a dress made of wool** une robe en *or* de laine

e (*in descriptions*) de • **a girl of ten** une fille de dix ans • **a question of no importance** une question sans importance • **a town of narrow streets** une ville aux rues étroites • **that idiot of a doctor** cet imbécile de docteur

f (*with dates*) **the 2nd of June** le 2 juin

g (*with times*) (*US*) **a quarter of six** six heures moins le quart

Ofcom ['ɒfkɒm] (N) (*Brit*) (ABBR OF **Office of Communications Regulation**) organe de régulation des télécommunications

off [ɒf]

1 PREPOSITION	4 NOUN
2 ADVERB	5 COMPOUNDS
3 ADJECTIVE	

> When **off** is an element in a phrasal verb, eg **keep off**, **take off**, look up the verb. When it is part of a set combination, eg **off duty**, **far off**, look up the other word.

1 PREPOSITION

a (= *from*) de • **he jumped ~ the wall** il a sauté du mur • **the orange fell ~ the table** l'orange est tombée de la table • **he cut a piece ~ the steak** il a coupé un morceau du steak • **he was sitting on the wall and fell ~ it** il était assis sur le mur et il est tombé

> Note the French prepositions used in the following:

• **he took the book ~ the table** il a pris le livre sur la table • **we ate ~ paper plates** nous avons mangé dans des assiettes en carton

b (= *missing from*) **there are two buttons ~ my coat** il manque deux boutons à mon manteau • **the lid was ~ the tin** le couvercle n'était pas sur la boîte

c (= *away from*) de • **the helicopter was just a few metres ~ the ground** l'hélicoptère n'était qu'à quelques mètres du sol • **a flat just ~ the high street** un appartement dans une rue qui donne sur la rue principale • **it's ~ the coast of Brittany** c'est au large de la Bretagne

d (= *not taking, avoiding*)* **I'm ~ coffee/cheese at the moment** je ne bois pas de café/ne mange pas de fromage en ce moment

2 ADVERB

a (= *away*) **the house is 5km ~** la maison est à 5 km • **my holiday is a week ~** je suis en vacances dans une semaine

▸ **to be off*** (= *going*) partir • **we're ~ to France today** nous partons pour la France aujourd'hui • **they're ~!** (*in race*) les voilà partis ! • **I must be ~** il faut que je me sauve* • **~ you go!** file !* • **where are you ~ to?** où allez-vous ?

b (*as holiday*) **I've got this afternoon ~** j'ai congé cet après-midi • **to take a day** ~ prendre un jour de congé • **he gets one week** ~ **a month** il a une semaine de congé par mois

c (= *removed*) **he had his coat** ~ il avait enlevé son manteau • **the lid was** ~ le couvercle n'était pas mis

d (*as reduction*) **10%** ~ 10 % de remise *or* de rabais • **I'll give you 10%** ~ je vais vous faire une remise *or* un rabais de 10 %

e (*referring to time*)*

▸ **off and on** par intermittence • **they lived together** ~ **and on for six years** ils ont vécu ensemble six ans, par intermittence

3 ADJECTIVE

a (= *absent from work*) **he's been** ~ **for three weeks** cela fait trois semaines qu'il est absent • **he's** ~ **sick** il est en congé de maladie

b (= *off duty*) **she's** ~ **at 4 o'clock today** elle termine à 4 heures aujourd'hui • **he's** ~ **on Tuesdays** il ne travaille pas le mardi

c (= *not functioning, disconnected*) [*machine, TV, light*] éteint; [*engine, gas at main, electricity, water*] coupé; [*tap*] fermé; [*brake*] desserré

d (= *cancelled*) [*meeting, trip, match*] annulé

e (= *bad*) (*Brit*) [*fish, meat*] avarié; [*milk*] tourné; [*butter*] rance • **it's** ~ ce n'est plus bon

f (*indicating wealth, possession*) **they are comfortably** ~ ils sont aisés • **how are you** ~ **for bread?** qu'est-ce que vous avez comme pain ?

g (= *not right*)* **it was a bit ~, him leaving like that** ce n'était pas très bien de sa part de partir comme ça • **that's a bit ~!** ce n'est pas très sympa !*

4 NOUN

(= *start*)* **to be ready for the** ~ être prêt à partir

5 COMPOUNDS

▸ **off air** ADV (*TV, Radio*) hors antenne • **to go** ~ **air** [*broadcast*] rendre l'antenne; [*station*] cesser d'émettre • **to take sb** ~ **air** reprendre l'antenne à qn • **to take sth** ~ **air** arrêter la diffusion de qch ▸ **off-air** ADJ (*TV, Radio*) hors antenne ▸ **off-centre** ADJ décentré ▸ **off chance** N **I came on the** ~ **chance of seeing her** je suis venu à tout hasard, en pensant que je la verrais peut-être ▸ **off-colour** ADJ (*Brit*) **he's ~-colour today** il n'est pas dans son assiette* aujourd'hui ▸ **off day** N **a** (= *bad day*) **he was having an** ~ **day** il n'était pas en forme ce jour-là **b** (*US*) (= *holiday*) jour *m* de congé ▸ **off-key** ADV **to sing ~-key** chanter faux ▸ **off-licence** N (*Brit*) (= *shop*) magasin *m* de vins et spiritueux ▸ **off-limits** ADJ interdit (d'accès) ▸ **off-line** (*Comput*) ADJ autonome ♦ ADV **to go ~-line** [*computer*] se mettre en mode autonome • **to put the printer ~-line** mettre l'imprimante en mode manuel ▸ **off-load** VT [+ *goods*] décharger; [+ *task, responsibilities*] se décharger de ▸ **off-peak** (*Brit*) ADJ [*period, time, hour*] creux; [*train, electricity*] en période creuse; [*telephone call*] à tarif réduit (*aux heures creuses*) • **~-peak rates** tarif *m* réduit • **~-peak ticket** billet *m* au tarif réduit heures creuses ♦ ADV (*outside rush hour*) en dehors des heures de pointe; (*outside holiday season*) en période creuse ▸ **off-piste** ADJ, ADV hors-piste ▸ **off-putting** ADJ [*task*] rebutant; [*food*] peu ragoûtant; [*person, manner*] rébarbatif ▸ **off-road** ADJ [*driving, vehicle*] tout terrain *inv* ▸ **off-roader** N véhicule *m* tout terrain ▸ **off-sales** N (*Brit*) (= *shop*) magasin *m* de vins et spiritueux ▸ **off-screen** ADJ hors écran ▸ **off-season** ADJ hors saison ♦ N basse saison *f* • **in the ~-season** en basse saison ▸ **off-the-cuff** ADJ impromptu ▸ **off-the-peg, off-the-rack** (*US*) ADJ de confection ▸ **off-the-record** ADJ (= *unofficial*) officieux; (= *confidential*) confidentiel ▸ **off-the-shelf** ADJ [*goods, item*] immédiatement disponible ♦ ADV **to buy sth ~-the-shelf** acheter qch directement ▸ **off-the-wall*** ADJ bizarre ▸ **off-white** ADJ blanc cassé *inv* ▸ **off year** N (*US Politics*) *année sans élections importantes*

> **OFF-BROADWAY**
> Dans le monde du théâtre new-yorkais, on qualifie de **off-Broadway** les pièces qui ne sont pas montées dans les grandes salles de Broadway. Les salles **off-Broadway**, généralement assez petites, proposent des billets à des prix raisonnables. Aujourd'hui, les théâtres les plus à l'avant-garde sont appelés **off-off-Broadway**.

offal ['ɒfəl] N abats *mpl*

offbeat* ['ɒfbiːt] ADJ original; [*person, behaviour, clothes*] excentrique • **his** ~ **sense of humour** son sens de l'humour très particulier

offence, offense (*US*) [ə'fens] N **a** (= *crime*) délit *m* • **it is an** ~ **to ...** il est illégal de ... • **first** ~ premier délit *m* • **to commit an** ~ commettre un délit **b** (= *insult*) **to cause** ~ **to sb** offenser qn • **to take** ~ s'offenser • **to take** ~ **at sth** mal prendre qch **c** (= *military attack*) attaque *f* • **the** ~ (*US Sport*) les attaquants *mpl*

offend [ə'fend] 1 VT [+ *person*] offenser • **to be ~ed** s'offenser • **to be ~ed at sth** mal prendre qch • **she was ~ed by my remark** elle a mal pris ma remarque
2 VI **a** (= *cause offence*) choquer • **scenes that may** ~ des scènes qui peuvent choquer **b** (= *break the law*) commettre un délit

offender [ə'fendəʳ] N (= *lawbreaker*) délinquant(e) *m(f)*; (*against traffic regulations*) contrevenant(e) *m(f)* • **persistent** ~ récidiviste *mf* • **small firms are the worst** ~**s when it comes to ...** les petites entreprises sont les plus coupables quand il s'agit de ...

offending [ə'fendɪŋ] ADJ **the** ~ **word/object** le mot/l'objet incriminé

offense [ə'fens] N (*US*) = **offence**

offensive [ə'fensɪv] 1 ADJ **a** (= *shocking*) choquant • ~ **language** grossièretés *fpl* • ~ **remarks** remarques désobligeantes • **they found his behaviour very** ~ sa conduite les a profondément choqués • **these stereotypes are** ~ **to women** ces stéréotypes sont une insulte aux femmes **b** (= *attacking*) [*action, tactics*] offensif 2 N offensive *f* • **to be on the** ~ avoir pris l'offensive • **to go on the** ~ passer à l'offensive 3 COMP ▸ **offensive weapon** N arme *f* offensive

offer ['ɒfəʳ] 1 N offre *f* • **make me an ~!** faites-moi une offre ! • **I'm open to ~s** je suis ouvert à toute proposition • **to make sb an** ~ **for sth** faire une offre à qn pour qch • **£50 or nearest** ~ (*in advertisement*) 50 livres, à débattre • ~ **of marriage** demande *f* en mariage
▸ **on offer** en promotion
2 VT offrir; [+ *opinion*] émettre • **to** ~ **to do sth** offrir de faire qch • **he ~ed me a sweet** il m'a offert un bonbon • **she ~ed me her house for the holidays** elle m'a proposé sa maison pour les vacances • **to have a lot to** ~ [*place*] être attrayant; [*person*] avoir beaucoup de qualités

offering ['ɒfərɪŋ] N (= *thing offered*) offre *f*; (= *suggestion*) suggestion *f*; (*religious*) offrande *f*

O

offhand [ɒfˈhænd] **1** ADJ (= *casual*) désinvolte; (= *curt*) brusque **2** ADV **do you know ~ whether ...?** est-ce que vous pouvez me dire comme ça si ...?

office [ˈɒfɪs] **1** N **a** (= *place*) bureau *m*; (= *part of organization*) service *m* • **our London ~** notre bureau de Londres • **the sales ~** le service des ventes • **he works in an ~** il travaille dans un bureau
b (= *function*) fonction *f* • **to be in ~** [*mayor, minister*] être en fonction; [*government*] être au pouvoir • **to take ~** [*mayor, minister*] entrer en fonction; [*political party, government*] arriver au pouvoir • **public ~** fonctions *fpl* officielles
▸ **good offices** bons offices *mpl*
2 ADJ [*staff, furniture, worker, hours*] de bureau
3 COMP ▸ **office automation** N bureautique *f* ▸ **office block** N (*Brit*) immeuble *m* de bureaux ▸ **office job** N **he's got an ~ job** il travaille dans un bureau ▸ **office junior** N employé(e) *m(f)* de bureau ▸ **Office of Fair Trading** N ≈ Direction *f* générale de la concurrence, de la consommation et de la répression des fraudes ▸ **Office of Management and Budget** N (*US*) *organisme chargé de gérer les ministères et de préparer le budget* ▸ **office party** N fête *f* au bureau ▸ **office politics** N politique *f* interne ▸ **office worker** N employé(e) *m(f)* de bureau

officer [ˈɒfɪsəʳ] **1** N **a** (*in armed forces*) officier *m* **b** (= *official*) [*of organization*] membre *m* du comité directeur **c** **police ~** policier *m* **2** COMP ▸ **officers' mess** N mess *m* (des officiers) ▸ **Officers' Training Corps** N (*Brit*) *corps volontaire de formation d'officiers*

official [əˈfɪʃəl] **1** ADJ officiel; [*uniform*] réglementaire • **it's not yet ~** ce n'est pas encore officiel • **through ~ channels** par les voies officielles **2** N (= *person in authority*) officiel *m*; [*of civil service*] fonctionnaire *mf*; [*of railways, post office*] employé(e) *m(f)* **3** COMP ▸ **Official Secrets Act** N (*Brit*) *loi relative aux secrets d'État*

> The French word **officiel** ends in **-iel** instead of **-ial**.

officially [əˈfɪʃəlɪ] ADV officiellement

> The English word contains **-all-** whereas the French word **officiellement** contains **-ell-**.

officiate [əˈfɪʃɪeɪt] VI (*at competition, sports match*) arbitrer; (*at ceremony*) officier

officious [əˈfɪʃəs] ADJ trop zélé

officiously [əˈfɪʃəslɪ] ADV avec un zèle excessif

offing [ˈɒfɪŋ] N **in the ~** en vue

offset [ɒfˈset] (*pret, ptp* **offset**) VT (= *compensate for*) compenser • **the increase in costs was ~ by higher productivity** l'augmentation des coûts a été compensée par une amélioration de la productivité

offshoot [ˈɒfʃuːt] N [*of organization*] ramification *f*; [*of scheme, discussion, action*] conséquence *f*

offshore [ɒfˈʃɔːʳ] **1** ADJ **a** [*rig, platform*] offshore *inv*; [*drilling, well*] en mer; [*waters*] du large; [*fishing*] au large • **~ worker** ouvrier *m* travaillant sur une plateforme offshore **b** [*investment, fund*] offshore *inv* **2** ADV **a** (= *near coast*) au large • **20 miles ~** à 20 milles de la côte **b** **to invest ~** faire des investissements offshore

offside [ˈɒfˈsaɪd] (*Sport*) **1** N hors-jeu *m inv* **2** ADJ **to be ~** être hors jeu

offspring [ˈɒfsprɪŋ] N (*pl inv*) progéniture *f*

offstage [ˈɒfˈsteɪdʒ] ADV, ADJ dans les coulisses

Ofgas [ˈɒfgæs] N (*Brit*) *organisme de contrôle des réseaux de distribution du gaz*

Oflot [ˈɒflɒt] N (*Brit*) *organisme de contrôle de la loterie nationale*

Ofqual [ˈɒfˌkwɒl] N (ABBR OF **Office of Qualifications and Examinations Regulation**) *instance de réglementation des examens et des diplômes en Angleterre et en Irlande du Nord*

Ofsted [ˈɒfsted] N (*Brit*) *organisme de contrôle des établissements scolaires*

OFT [əʊefˈtiː] N (*Brit*) (ABBR OF **Office of Fair Trading**) ≈ DGCCRF *f*

Oftel [ˈɒftel] N (*Brit*) *organisme de contrôle des réseaux de télécommunication*

often [ˈɒfən, ˈɒftən] ADV souvent • **all too ~** trop souvent • **it cannot be said too ~ that ...** on ne répétera jamais assez que ... • **once too ~** une fois de trop • **every so ~** (*in time*) de temps en temps, de temps à autre; (*in spacing, distance*) ça et là • **as ~ as not** la plupart du temps • **how ~ have I warned you about him?** combien de fois t'ai-je dit de te méfier de lui ? • **how ~ do the boats leave?** les bateaux partent tous les combien ?

oftentimes [ˈɒfəntaɪmz, ˈɒftəntaɪmz] ADV (*US*) souvent

Ofwat [ˈɒfwɒt] N (*Brit*) *organisme de contrôle des réseaux de distribution d'eau*

ogle* [ˈəʊgl] VT reluquer*

ogre [ˈəʊgəʳ] N ogre *m*

OH (ABBR OF **Ohio**)

oh [əʊ] EXCL oh !, ah ! • **oh dear!** oh là là ! • **oh no you don't!** pas question ! • **oh, just a minute** euh, une minute

OHP [ˌəʊeɪtʃˈpiː] N (ABBR OF **overhead projector**) rétroprojecteur *m*

oi* [ɔɪ] EXCL (*Brit*) hé !

oil [ɔɪl] **1** N **a** (*for car, cooking, painting*) huile *f* • **to check the ~** vérifier le niveau d'huile • **to change the ~** faire la vidange • **to pour ~ on troubled waters** ramener le calme
b (= *petroleum*) pétrole *m*
2 VT [+ *machine*] lubrifier
3 COMP [*industry, platform*] pétrolier; [*prices*] du pétrole ▸ **oil change** N vidange *f* ▸ **oil-dependent** ADJ pétrodépendant ▸ **oil drum** N baril *m* de pétrole ▸ **oil filter** N filtre *m* à huile ▸ **oil-fired** ADJ [*heating*] au mazout ▸ **oil lamp** N lampe *f* à pétrole ▸ **oil painting** N huile *f* ▸ **oil pipeline** N oléoduc *m*, pipe-line *m* ▸ **oil pressure** N pression *f* d'huile ▸ **oil refinery** N raffinerie *f* (de pétrole) ▸ **oil rig** N (*on land*) derrick *m*; (*at sea*) plateforme *f* pétrolière ▸ **oil slick** N (*at sea*) nappe *f* de pétrole; (*on beach*) marée *f* noire ▸ **oil stove** N (*paraffin*) poêle *m* à pétrole; (*fuel oil*) poêle *m* à mazout ▸ **oil tanker** N (= *ship*) pétrolier *m*; (= *truck*) camion-citerne *m* ▸ **oil well** N puits *m* de pétrole

oilcan [ˈɔɪlkæn] N (*for lubricating*) burette *f*; (*for storage*) bidon *m* d'huile

oilcloth [ˈɔɪlklɒθ] N toile *f* cirée

oilfield [ˈɔɪlfiːld] N champ *m* pétrolier

oilskin [ˈɔɪlskɪn] **1** N toile *f* cirée **2** NPL **oilskins** (*Brit*) (= *clothes*) cirés *mpl*

oily [ˈɔɪlɪ] **1** ADJ **a** (= *greasy*) gras (grasse *f*); (*containing oil*) huileux **b** (= *smarmy*) mielleux **2** COMP ▸ **oily fish** N poisson *m* gras

ointment [ˈɔɪntmənt] N pommade *f*

OJ* ['əʊdʒeɪ] (N) (US) (ABBR OF **orange juice**) jus *m* d'orange

OK* ['əʊ'keɪ] (*vb: pret, ptp* **OK'd**) **1** (EXCL) OK!* • **I'm coming too, OK?** je viens aussi, OK ?* • **OK, OK!** (*= don't fuss*) ça va !

2 (ADJ) **a** (*= agreed*) **it's OK by me!** (je suis) d'accord ! • **is it OK with you if I come too?** ça ne vous ennuie pas si je vous accompagne ?

b (*no problem*) **everything's OK** tout va bien • **it's OK, it's not your fault** ce n'est pas grave, ce n'est pas de ta faute • **thanks! — that's OK** merci ! — de rien

c (*= in good health, undamaged*) **are you OK?** tout va bien ?; (*after accident*) tu n'as rien ? • **the car is OK** la voiture est intacte

d (*= likeable*) **he's an OK guy** c'est un type bien*

e (*= well provided for*) **another drink? — no thanks, I'm OK** un autre verre ? — non merci, ça va

3 (ADV) **she's doing OK** [*patient*] elle va bien; (*in career, at school*) elle se débrouille bien

4 (VT) (*= agree to*) approuver

5 (N) **to get/give the OK** recevoir/donner le feu vert

okay* ['əʊ'keɪ] = **OK**

Okla. (ABBR OF **Oklahoma**)

okra ['əʊkrə] (N) gombo *m*

old [əʊld] **1** (ADJ) **a** (*= aged*) vieux (vieille)

> The masculine form of **vieux** is **vieil** when the adjective precedes a vowel or silent **h**.

• **an ~ man** un vieil homme • **an ~ lady** une vieille dame • **~ people** les personnes âgées • **~er people** les personnes *fpl* d'un certain âge • **~ for his years** (*= mature*) mûr (pour son âge) • **to get ~(er)** vieillir • **to be ~ before one's time** être vieux avant l'âge • **my ~ man‡** (*= husband*) mon homme*; (*= father*) mon paternel*

b (*of specified age*) **how ~ are you?** quel âge as-tu ? • **he is ten years ~** il a dix ans • **at ten years ~** à (l'âge de) dix ans • **a six-year-~ boy** un garçon de six ans • **for 10 to 15-year-~s** destiné aux 10-15 ans • **he's ~er than you** il est plus âgé que toi • **he's six years ~er than you** il a six ans de plus que toi • **she's the ~est** c'est elle la plus vieille • **~er brother** frère *m* aîné • **his ~est son** son fils aîné • **you're ~ enough to know better!** à ton âge tu devrais avoir plus de bon sens !

c (*= not new, not recent*) vieux (vieille); (*with antique value*) ancien *after n* • **an ~ building** un vieil immeuble • **the ~ part of Nice** le vieux Nice • **Martyn? we're ~ friends** Martyn ? c'est un ami de longue date

d (*= former*) [*school, home*] ancien *before n* • **this is the ~ way of doing it** c'est comme ça que l'on faisait autrefois • **in the ~ days** autrefois • **just like ~ times!** c'est comme au bon vieux temps ! • **in the good ~ days** au bon vieux temps

e (*as intensifier*) **any ~ how*** n'importe comment

2 (N) **in days of ~** au temps jadis • **I know him of ~** je le connais depuis longtemps

3 (NPL) **the old** les personnes *fpl* âgées

4 (COMP) ▸ **old age** N vieillesse *f* ▸ **old age pensioner** N (*Brit*) retraité(e) *m(f)* ▸ **the Old Bailey** N (*Brit*) *cour d'assises de Londres* ▸ **the Old Bill‡** N (*Brit*) la rousse‡ ▸ **old boy** N (*Brit*) [*of school*] ancien élève *m* ▸ **old-fashioned** ADJ démodé; [*person*] vieux jeu *inv* ▸ **old girl** N (*Brit*) [*of school*] ancienne élève *f* ▸ **Old Glory** N (*US*) bannière *f* étoilée ▸ **old hat** N **that's ~ hat!*** c'est dépassé ! ▸ **old maid** N vieille fille *f* ▸ **old master** N (*= painting*) tableau *m* de maître ▸ **old people's home** N maison *f* de retraite ▸ **old school tie** N *cravate aux couleurs de l'ancienne école de qn* ▸ **old-style** ADJ à l'ancienne (mode) ▸ **Old Testament** N Ancien Testament *m* ▸ **old-timer*** N vieux* *m* ▸ **old wives' tale** N conte *m* de bonne femme ▸ **the Old World** N le Vieux Monde *m* ▸ **old-world** ADJ [*charm, atmosphere*] désuet(-ète)

> **OLD SCHOOL TIE**
>
> La cravate est l'élément distinctif principal de l'uniforme que portent les élèves des écoles britanniques, à tel point qu'elle en est venue à symboliser le réseau de relations dont continuent de bénéficier au cours de leur carrière les anciens élèves des écoles les plus prestigieuses. On dira ainsi « how did he get the job? — it was a case of the **old school tie** » (il a fait jouer ses relations).

olden ['əʊldən] (ADJ) **the ~ days** le temps jadis

oligarch ['ɒlɪ,gɑːk] (N) oligarque *mf*

olive ['ɒlɪv] **1** (N) **a** (*= fruit*) olive *f*; (*= tree*) olivier *m* **b** (*= colour*) vert *m* olive **2** (ADJ) vert olive *inv*; [*complexion, skin*] mat **3** (COMP) ▸ **olive branch** N **to hold out the ~ branch to sb** tendre à qn le rameau d'olivier ▸ **olive-green** ADJ, N vert olive *m inv* ▸ **olive oil** N huile *f* d'olive

Olympic [əʊ'lɪmpɪk] (ADJ) olympique ▸ **the Olympic Games ®, the Olympics ®** NPL les Jeux *mpl* olympiques

Oman [əʊ'mɑːn] (N) **(the Sultanate of) ~** (le Sultanat d') Oman *m*

Omani [əʊ'mɑːnɪ] **1** (N) Omanais(e) *m(f)* **2** (ADJ) omanais

ombudsman ['ɒmbʊdzmən] (N) (*pl* **-men**) médiateur *m*

omega ['əʊmɪgə] (N) oméga *m*

omelette ['ɒmlɪt] (N) omelette *f* • **cheese ~** omelette *f* au fromage

omen ['əʊmən] (N) présage *m*

OMG* [,əʊem'dʒiː] (EXCL) (ABBR OF **oh my God**) OMD !

ominous ['ɒmɪnəs] (ADJ) [*sign, event*] de mauvais augure; [*warning*] menaçant • **there was an ~ silence** il y eut un silence lourd

ominously ['ɒmɪnəslɪ] (ADV) [*say*] sombrement • **he was ~ quiet** son silence ne présageait rien de bon

omission [əʊ'mɪʃən] (N) omission *f*

omit [əʊ'mɪt] (VT) omettre

omnibus ['ɒmnɪbəs] (N) **a** (*= bus*)† omnibus† *m* **b** (*also* **omnibus edition**) [*of book*] édition *f* complète; (*Brit*) [*of programme*] *récapitulation des épisodes de la semaine ou du mois*

omnipotence [ɒm'nɪpətəns] (N) toute-puissance *f*

omnipotent [ɒm'nɪpətənt] (ADJ) tout puissant

omniscient [ɒm'nɪsɪənt] (ADJ) omniscient

omnivorous [ɒm'nɪvərəs] (ADJ) omnivore

ON (ABBR OF **Ontario**)

on [ɒn]

1 ADVERB	3 ADJECTIVE
2 PREPOSITION	4 COMPOUNDS

1 ADVERB

> When **on** is an element in a phrasal verb, eg **get on, go on**, look up the verb. When it is part of a set combination, such as **later on**, look up the other word.

O

ⓐ (= in place) **the lid is on** le couvercle est mis • **it was not on properly** ça avait été mal mis
ⓑ (in time expressions) **from that time on** à partir de ce moment-là • **it was well on into September** septembre était déjà bien avancé
ⓒ (indicating continuation) **let's drive on a bit** continuons un peu • **if you read on, you'll see that ...** si tu continues (de lire), tu verras que ...
ⓓ (set structures)
▸ **on and off*** par intermittence • **they lived together on and off for six years** ils ont vécu ensemble six ans, par intermittence
▸ **on and on** **they talked on and on for hours** ils ont parlé pendant des heures
▸ **to be on about sth*** (= *talk*) **I don't know what you're on about** qu'est-ce que tu racontes ?*
▸ **to be on at sb*** (= *nag*) **he's always on at me** il est toujours après moi*
▸ **to be on to sb*** (= *speak to*) parler à qn • **he's been on to me about the broken window** il m'a parlé du carreau cassé
▸ **to be on to sb/sth*** (= *have found out about*) **the police are on to him** la police est sur sa piste • **I'm on to something** je suis sur une piste intéressante

2 PREPOSITION

> When **on** occurs in a set combination, eg **on the right**, **on occasion**, look up the other word.

ⓐ (indicating place) sur • **on the pavement** sur le trottoir • **he threw it on the table** il l'a jeté sur la table • **I have no money on me** je n'ai pas d'argent sur moi • **there were posters on the wall** il y avait des posters sur le mur *or* au mur • **what page are we on?** à quelle page sommes-nous ? • **the ring on her finger** la bague qu'elle porte au doigt • **on the other side of the road** de l'autre côté de la route

> **on it** and **on them** (when **them** refers to things) are not translated by preposition + pronoun.

• **you can't wear that shirt, there's a stain on it** tu ne peux pas porter cette chemise, elle a une tache • **bottles with no labels on them** des bouteilles sans étiquette
▸ **on** + *island* **on an island** dans *or* sur une île • **on the island of ...** dans *or* sur l'île de ... • **on Skye** sur l'île de Skye
ⓑ (with street names) dans • **a house on North Street** une maison dans North Street
ⓒ (= on board) dans • **there were a lot of people on the train** il y avait beaucoup de monde dans le train • **he came on the train/bus** il est venu en train/en bus • **I went on the train/bus** j'ai pris le train/le bus
ⓓ (= at the time of)
▸ **on** + *noun* **on my arrival home** à mon arrivée à la maison
▸ **on** + *-ing* **on hearing this** en entendant cela • **on completing the course, she got a job in an office** à la fin de son stage elle a trouvé un emploi dans un bureau
ⓔ (with day, date) **on Sunday** dimanche • **on Sundays** le dimanche • **on 1 December** le 1er décembre • **on the evening of 3 December** le 3 décembre au soir • **on Easter Day** le jour de Pâques
ⓕ (with number) (*score*) avec; (*phone number*) à • **Smith is second on 21 points** Smith est deuxième avec 21 points • **you can get me on 329 3065** tu peux m'appeler au 329 30 65
ⓖ (TV, Radio) **on the radio/TV** à la radio/la télévision • **on the BBC** à la BBC • **on Radio 3/Channel 4** sur Radio 3/Channel 4
ⓗ (= earning) **he's on $19,000 a year** il gagne 19 000 dollars par an
ⓘ (= taking, using) **the doctor put her on antibiotics** le médecin l'a mise sous antibiotiques • **he's on heroin** il se drogue à l'héroïne
ⓙ (= playing) **with Louis Armstrong on trumpet** avec Louis Armstrong à la trompette
ⓚ (= about, concerning) sur • **a lecture on medical ethics** un cours sur l'éthique médicale • **a decision on this project** une décision sur ce projet
ⓛ (= doing) **he's on a course** il suit un cours • **I'm on a new project** je travaille sur un nouveau projet
ⓜ (= at the expense of) **it's on me** c'est moi qui paie
ⓝ (indicating membership) **to be on the team/committee** faire partie de l'équipe/du comité

3 ADJECTIVE

ⓐ (= functioning) [*machine, engine*] en marche; [*radio, TV, light*] allumé; [*handbrake*] mis; [*electricity*] branché; [*tap, gas at mains*] ouvert • **leave the tap on** laisse le robinet ouvert • **the "on" switch** l'interrupteur *m*
ⓑ (= taking place) **there's a match on at Wimbledon** il y a un match à Wimbledon • **while the meeting was on** pendant la réunion • **is the party still on?** est-ce que la fête a toujours lieu ? • **the play is on in London** la pièce se joue à Londres • **what's on?** (*at theatre, cinema*) qu'est-ce qu'on joue ?; (*on TV*) qu'est-ce qu'il y a à la télévision ?
ⓒ (= on duty) **I'm on every Saturday** je travaille tous les samedis
ⓓ (indicating agreement) **you're on!*** d'accord ! • **it's not on*** (*Brit*) (= *not acceptable*) c'est inadmissible

4 COMPOUNDS

▸ **on-line** ADJ, ADV → **online** ▸ **on-off switch** N interrupteur *m* marche-arrêt ▸ **on-screen** ADJ, ADV à l'écran ▸ **on-site** ADJ sur place

---

once [wʌns] **1** ADV ⓐ (= *on one occasion*) une fois • **without looking back ~** sans se retourner une seule fois • **you ~ said you'd never do that** vous avez dit un jour que vous ne le feriez jamais • **only ~** une seule fois • **~ or twice** une ou deux fois • **more than ~** plus d'une fois • **not ~** pas une seule fois • **~ again** encore une fois • **~ before** une fois déjà • **~ a month** une fois par mois • **~ every two days** une fois tous les deux jours • **~ in a while** de temps en temps • **for ~** pour une fois • **just this ~** juste pour cette fois-ci • **~ and for all** une fois pour toutes • **~ a thief, always a thief** qui a volé volera
ⓑ (= *formerly*) autrefois • **a ~ powerful nation** une nation autrefois puissante • **~ upon a time there were three little pigs** il était une fois trois petits cochons
ⓒ ▸ **at once** (= *immediately*) immédiatement; (= *simultaneously*) en même temps • **all at ~** (= *simultaneously*) tous (toutes *fpl*) en même temps *or* à la fois; (= *suddenly*) tout à coup

2 (CONJ) **~ she'd seen him she left** après l'avoir vu elle est partie • **~ you give him the chance** dès qu'il en aura l'occasion

3 (COMP) ▸**once-only** ADJ **a ~-only offer** une offre unique ▸**once-over*** N (= *quick look*) **to give sth the ~-over** vérifier qch très rapidement, jeter un coup d'œil rapide à qch • **I gave the room a quick ~-over with the duster** (= *quick clean*) j'ai passé un coup de chiffon dans la pièce

oncoming [ˈɒnkʌmɪŋ] (ADJ) [*traffic, vehicle*] venant en sens inverse; [*headlights, troops*] qui approche

one [wʌn] **1** (ADJ) **a** (*number*) un, une • **I've got ~ brother and ~ sister** j'ai un frère et une sœur • **she is ~ year old** elle a un an • **~ hundred and twenty** cent vingt • **twenty-~ cows** vingt et une vaches • **it's ~ o'clock** il est une heure • **~ day** un jour • **~ hot summer afternoon she ...** par un chaud après-midi d'été, elle ... • **that's ~ way of doing it** c'est une façon de le faire • **~ or two changes** une ou deux modifications

▸**one ... the other ~ girl was French, the other was Swiss** une des filles était française, l'autre était suisse • **the sea is on ~ side, the mountains on the other** d'un côté, il y a la mer, de l'autre les montagnes

▸**one thing** (= *something that*) **~ thing I'd like to know is where he got the money** ce que j'aimerais savoir, c'est d'où lui vient l'argent • **if there's ~ thing I can't stand it's ...** s'il y a une chose que je ne supporte pas, c'est ...

▸**one person** (= *somebody that*) **~ person I hate is Roy** s'il y a quelqu'un que je déteste, c'est Roy

b (= *a single*) un seul • **with ~ voice** d'une seule voix • **the ~ man/woman who could do it** le seul/la seule qui puisse le faire

▸**one and only my ~ and only pleasure** mon seul et unique plaisir • **the ~ and only Charlie Chaplin!** le seul, l'unique Charlot!

c (= *same*) même • **they all went in the ~ car** ils y sont tous allés dans la même voiture • **it's ~ and the same thing** c'est la même chose

2 (N) un(e) *m(f)* • **~, two, three** un, deux, trois • **twenty-~** vingt et un • **~ by ~** un par un • **chapter ~** chapitre un • **in ~s and twos** par petits groupes • **he's president and secretary all in ~** il est à la fois président et secrétaire général • **I for ~ don't believe it** pour ma part, je ne le crois pas • **the crowd rose as ~** ils se sont tous levés comme un seul homme • **to get ~ up*** prendre l'avantage

> ⊳ When **one** is in contrast to **others**, it is translated by **l'un(e)**.

• **~ after the other** l'un après l'autre • **you can't have ~ without the other** on ne peut pas avoir l'un sans l'autre

▸**one of them** (= *male*) l'un d'eux; (= *female*) l'une d'entre elles; (= *thing*) l'un(e) • **he looked at his cards and discarded ~ of them** il a regardé ses cartes et en a jeté une • **any ~ of them** n'importe lequel (*or* laquelle)

3 (PRON) **a** un(e)

> ⊳ Note the use of **en** in French when **one** means **one of these**.

• **would you like ~?** en voulez-vous un(e) ? • **he's ~ of my best friends** c'est un de mes meilleurs amis • **she's ~ of my best friends** c'est une de mes meilleures amies • **he's ~ of us** il est des nôtres • **he's a teacher and wants me to be ~ too** il est professeur et veux que je le devienne aussi • **the problem is ~ of money** c'est une question d'argent • **he's not ~ to agree to that sort of thing** il n'est pas du genre à accepter ce genre de choses • **I'm not much of a ~ for sweets*** je n'aime pas trop les bonbons

▸*adjective +* **one**

> ⊳ Note that in this case **one** is not translated.

• **that's a difficult ~!** (= *question*) ça c'est difficile ! • **he's a clever ~** c'est un malin • **the little ~s** les petits

> ⊳ The article and adjective in French are masculine or feminine, depending on the noun referred to.

• **I'd like a big ~** (= *glass*) j'en voudrais un grand • **I'd like the big ~** (= *slice*) je voudrais la grosse

▸**the one** (+ *clause, phrase*) **the ~ who** *or* **that...** celui qui (*or* celle qui)... • **the ~ on the floor** celui (*or* celle) qui est par terre • **he's the ~ with brown hair** c'est celui qui a les cheveux bruns • **is this the ~ you wanted?** c'est bien celui-ci (*or* celle-ci) que vous vouliez ?

▸**one another** l'un(e) l'autre • **separated from ~ another** séparé(e)s l'un(e) de l'autre • **they love ~ another** ils s'aiment • **we write to ~ another often** nous nous écrivons souvent

b (*impersonal subject*) on • **~ never knows** on ne sait jamais • **shares can bring ~ an additional income** on peut compléter ses revenus avec des actions

4 (COMP) ▸**one-armed bandit*** N machine *f* à sous ▸**one-day** ADJ [*seminar, course*] d'une journée ▸**one-dimensional** ADJ unidimensionnel; [*character*] carré ▸**one-handed** ADV d'une (seule) main ▸**one-legged** ADJ unijambiste ▸**one-liner** N (= *joke*) bon mot *m* ▸**one-man** ADJ [*business*] individuel; [*canoe*] monoplace ▸**one-man band** N homme-orchestre *m* • **his company is a ~-man band*** il fait marcher l'affaire tout seul ▸**one-man show** N [*of performer*] spectacle *m* solo, one-man show *m* ▸**one-night stand** N (*sex*) liaison *f* sans lendemain ▸**one-off*** (*Brit*) ADJ unique ♦ N **it's a ~-off** (*object*) il n'y en a qu'un comme ça; (*event*) ça ne va pas se reproduire ▸**one-on-one, one-one** (*US*) ADJ = **one-to-one** ▸**one-parent family** N famille *f* monoparentale ▸**one-party system** N système *m* à parti unique ▸**one-piece swimsuit** N maillot *m* une pièce ▸**one-shot*** ADJ (*US*) = **one-off** ▸**one-sided** ADJ [*decision*] unilatéral; [*contest, game*] inégal; [*judgement, account*] partial ▸**one-size** ADJ taille unique *inv* ▸**one-size-fits-all** ADJ [*policy, approach*] unique ▸**one-time** ADJ ancien *before n* ▸**one-to-one, one-on-one, one-one** (*US*) ADJ [*conversation*] en tête-à-tête; [*training, counselling*] individuel • **to have a ~-to-~ meeting with sb** voir qn en tête-à-tête • **~-to-~ tuition** leçons *fpl* particulières ▸**one-track** ADJ **to have a ~-track mind** n'avoir qu'une idée en tête ▸**one-upmanship*** N art *m* de faire mieux que les autres ▸**one-way** ADJ [*street, relationship*] à sens unique; **~-way trip** aller *m* simple • **a ~-way ticket** un aller simple • **it's a ~-way ticket to disaster*** c'est la catastrophe assurée ▸**one-way street** N **to be a ~-way street** [*relationship, agreement*] être à sens unique ▸**one-woman** ADJ [*business*] individuel

onerous [ˈɒnərəs] (ADJ) (*frm*) pénible

O

oneself [wʌn'self] (PRON) **a** (*reflexive*) se • **to hurt ~** se blesser **b** (*after preposition*) soi(-même) • **to be sure of ~** être sûr de soi • **to be angry with ~** être en colère contre soi-même • **by ~** tout seul **c** (*emphatic*) soi-même • **one must do it ~** il faut le faire soi-même

onesie ['wʌnzɪ] (N) grenouillère *f*

ongoing ['ɒngəʊɪŋ] (ADJ) en cours; [*support*] constant

onion ['ʌnjən] (N) oignon *m* ▸ **onion ring** N rondelle *f* d'oignon en beignet ▸ **onion soup** N soupe *f* à l'oignon

online, on-line (*Comput*) **1** (ADJ) en ligne **2** (ADV) **to go ~** se connecter à Internet • **to put the printer ~** connecter l'imprimante **3** (COMP) ▸ **online banking** N banque *f* en ligne ▸ **online dating** N rencontres *fpl* en ligne ▸ **online dating site** N site *m* de rencontres en ligne ▸ **online purchase** N achat *m* en ligne ▸ **online shopping** N achats *mpl* en ligne

> Lorsque **online** est un adjectif, l'accent tombe sur la première syllabe : ['ɒnlaɪn], lorsque c'est un adverbe, sur la seconde : [ɒn'laɪn].

onlooker ['ɒnlʊkəʳ] (N) spectateur *m*, -trice *f*

only ['əʊnlɪ] **1** (ADJ) seul • **you're the ~ one to think of that** vous êtes le seul (*or* la seule) à y avoir pensé • **I'm tired! — you're not the ~ one!** je suis fatigué ! — vous n'êtes pas le seul ! • **it's the ~ one left** c'est le seul qui reste • **the ~ book he has** le seul livre qu'il ait • **his ~ answer was to sigh deeply** pour toute réponse il a poussé un profond soupir • **the ~ thing is that it's too late** seulement il est trop tard

2 (ADV) ne ... que • **he's ~ ten** il n'a que dix ans • **I'm ~ the secretary** je ne suis que le secrétaire • **~ Paul can come** il n'y a que Paul qui puisse venir • **a ticket for one person ~** un billet pour une seule personne • **"ladies ~"** « réservé aux dames » • **he can ~ wait** il ne peut qu'attendre • **I can ~ say how sorry I am** tout ce que je peux dire c'est que je suis désolé • **I ~ looked at it** je n'ai fait que jeter un coup d'œil • **you've ~ to ask** vous n'avez qu'à demander • **~ to think of it** rien que d'y penser • **it's ~ that I thought he might ...** c'est que je pensais qu'il pourrait ... • **it's ~ too true** ce n'est que trop vrai • **not ~ Paris but also Rome** non seulement Paris mais aussi Rome • **~ yesterday, he ...** hier encore il ... • **I received it ~ yesterday** je ne l'ai reçu qu'hier

▸ **only just he has ~ just arrived** il vient tout juste d'arriver • **I caught the train but ~ just** j'ai eu le train mais de justesse

3 (CONJ) seulement • **I would buy it, ~ it's too expensive** je l'achèterais bien, seulement c'est trop cher • **if ~** si seulement • **~ if** seulement si

4 (COMP) ▸ **only child** N enfant *mf* unique

o.n.o. [əʊen'əʊ] (ABBR OF **or nearest offer**) à déb., à débattre

onset ['ɒnset] (N) (= *beginning*) début *m* • **at the ~** d'emblée

onshore ['ɒn'ʃɔːʳ] (ADJ) [*breeze*] du large; [*oilfield, job*] à terre

onside [ɒn'saɪd] (ADJ) **to be ~** ne pas être hors jeu

onslaught ['ɒnslɔːt] (N) attaque *f*

onstage ['ɒnsteɪdʒ] (ADJ, ADV) en scène

Ont. (ABBR OF **Ontario**)

onto ['ɒntʊ] (PREP) = **on to** → **on**

ontology [ɒn'tɒlədʒɪ] (N) ontologie *f*

onus ['əʊnəs] (N) responsabilité *f* • **the ~ is on him to do it** c'est à lui de le faire

onward ['ɒnwəd] **1** (ADJ) **~ flight** *or* **connection** correspondance *f* • **the ~ march of socialism** la marche en avant du socialisme **2** (ADV) = **onwards**

onwards ['ɒnwədz] (ADV) **a** (*in direction*) **to continue** (*or* **walk** *or* **sail**) **~** continuer à avancer **b** (*in development*) **to move ~** aller de l'avant **c** (*in time*) **from that time ~** depuis • **from now ~** désormais • **from today ~** à partir d'aujourd'hui

onyx ['ɒnɪks] (N) onyx *m*

oops* [ʊps] (EXCL) houp ! • **~-a-daisy!** hop-là !

ooze [uːz] **1** (VI) [*liquid*] suinter **2** (VT) **she was oozing charm** elle était pleine de charme

opal ['əʊpəl] (N) opale *f*

opaque [əʊ'peɪk] (ADJ) opaque

OPEC ['əʊpek] (N) (ABBR OF **Organization of Petroleum-Exporting Countries**) OPEP *f*

open ['əʊpən] **1** (ADJ) **a** (= *not closed*) ouvert • **the shops are ~** les magasins sont ouverts • **the house is not ~ to visitors** la maison n'est pas ouverte au public • **he is an ~ book** c'est un homme transparent • **I'm ~ to advice** je suis ouvert à toutes les suggestions • **it is ~ to question** ce n'est pas sûr

b (= *not enclosed*) [*car, carriage*] découvert • **the ~ air** le plein air • **in the ~ air** [*eat*] en plein air; [*live, walk*] au grand air; [*sleep*] à la belle étoile • **in ~ country** à la campagne • **the wide ~ spaces** les grands espaces

c (= *unrestricted*) [*economy*] ouvert; [*meeting, trial*] public(-ique) • **~ tournament** tournoi *m* open

d (= *available*) [*post, job*] vacant • **this post is still ~** ce poste est encore vacant • **the offer is still ~** cette proposition tient toujours • **the course is not ~ to men** les hommes ne sont pas acceptés dans ce cours • **several choices were ~ to them** plusieurs choix se présentaient à eux

e (= *frank*) ouvert; [*admiration, envy*] non dissimulé • **I'm going to be completely ~ with you** je vais être tout à fait franc avec vous

f (= *undecided*) **let's leave the date ~** attendons avant de fixer une date • **to keep an ~ mind on sth** réserver son jugement sur qch

2 (N) **a** **out in the ~** (= *out of doors*) dehors, en plein air • **to sleep out in the ~** dormir à la belle étoile • **to come out into the ~** [*fact*] apparaître au grand jour; [*scandal*] éclater au grand jour • **why can't we do it out in the ~?** (= *not secretly*) pourquoi ne pouvons-nous pas le faire ouvertement ?

b (*Golf, Tennis*) **the Open** l'Open *m*

3 (VT) **a** ouvrir • **to ~ the window** ouvrir la fenêtre • **it ~s the way for new discoveries** cela ouvre la voie à de nouvelles découvertes

b (= *begin*) [+ *meeting, exhibition, trial*] ouvrir; [+ *conversation*] entamer; [+ *new building, institution*] inaugurer

4 (VI) **a** [*door, book, eyes, flower*] s'ouvrir; [*shop, museum, bank*] ouvrir • **the door ~ed** la porte s'est ouverte • **this door ~s onto the garden** cette porte donne sur le jardin

b (= *begin*) [*meeting, match*] commencer; [*trial*] s'ouvrir • **the film ~s next week** la première du film a lieu la semaine prochaine

5 (COMP) ▸ **open-air** ADJ en plein air • **~-air theatre** théâtre *m* en plein air ▸ **open-and-shut** ADJ **it's an ~-and-shut case** la solution est évidente ▸ **open cheque** N (*Brit*) chèque *m* non barré ▸ **open data** N données *fpl* ouvertes ▸ **open day** N (*Brit*) journée *f* portes ouvertes ▸ **open-ended, open-end** (*US*) ADJ [*ticket*] open *inv*; [*question*] ouvert ▸**open government** N politique *f* de transparence ▸**open-handed** ADJ **to be ~-handed** être généreux ▸**open-heart surgery** N chirurgie *f* à cœur ouvert ▸**open learning** N *enseignement universitaire à la carte, notamment par correspondance* ▸**open letter** N lettre *f* ouverte ▸**open market** N (*Econ*) marché *m* libre ▸**open-minded** ADJ à l'esprit ouvert ▸**open-mouthed** ADJ, ADV bouche bée ▸**open-necked** ADJ à col ouvert ▸**open-plan** ADJ sans cloison; [*office*] paysagé ▸**open primary** N (*US*) *élection primaire ouverte aux non-inscrits d'un parti* ▸**open prison** N prison *f* ouverte ▸**open sandwich** N tartine *f* ▸**open secret** N secret *m* de Polichinelle ▸**open-source** N accès *m* libre ▸**open-source software** N logiciel *m* libre ▸**open-standard** ADJ open-standard, en standard ouvert ▸**open ticket** N billet *m* open ▸**the Open University** N (*Brit*) *centre d'enseignement universitaire par correspondance* ▸**open verdict** N verdict *m* constatant un décès sans cause déterminée

▸**open out** VI [*passage, tunnel, street*] s'élargir

▸**open up** 1 VI ⓐ [*new shop, business*] s'ouvrir; [*new career*] commencer; [*opportunity*] se présenter
ⓑ (= *confide*) **I couldn't get him to ~ up at all** je ne suis pas arrivé à le faire parler
2 VT SEP ouvrir; [+ *blocked road*] dégager; [+ *possibilities*] offrir

> **OPEN UNIVERSITY**
> L'**Open University** est un organisme d'enseignement universitaire à distance. Cet enseignement comprend des cours en ligne, des devoirs qui sont envoyés par l'étudiant à son directeur ou sa directrice d'études, et un séjour obligatoire en université d'été. Il faut préparer un certain nombre d'unités de valeur pendant une période de temps déterminée et obtenir la moyenne à un certain nombre d'entre elles pour obtenir le diplôme visé.

opener ['əʊpnəʳ] (N) ⓐ (*esp in compounds*) *personne ou dispositif qui ouvre* → **bottle, eye, tin** ⓑ (*Theatre*) (= *artiste*) artiste *mf* en lever de rideau; (= *act*) lever *m* de rideau

opening ['əʊpnɪŋ] 1 (N) ⓐ (= *gap*) ouverture *f*; (*in wall*) brèche *f*; [*of door, window*] embrasure *f*
ⓑ (= *beginning*) [*of meeting, play*] ouverture *f*
ⓒ (= *act of opening*) [*of door, road, letter*] ouverture *f*; [*of ceremony, exhibition*] inauguration *f*; (*in court case*) exposition *f* des faits; (*Cards, Chess*) ouverture *f*
ⓓ (= *opportunity*) occasion *f*; (*for work, trade*) débouché *m*; (= *specific job*) poste *m* • **there are a lot of ~s in computing** il y a beaucoup de débouchés dans l'informatique • **we have an ~ for an engineer** nous avons un poste d'ingénieur à pourvoir
2 (ADJ) [*ceremony, speech*] inaugural; [*remark*] préliminaire • **~ hours** heures *fpl* d'ouverture • **~ night** (*of play, show*) première *f* • **~ price** (*for stocks and shares*) cours *m* d'ouverture • **~ shot** (*in battle*) premier coup *m* de feu; (*in debate, campaign*) coup *m* d'envoi • **~ time** (*Brit*) l'heure *f* d'ouverture des pubs

openly ['əʊpənlɪ] (ADV) ouvertement • **she wept ~** elle n'a pas caché ses larmes

openness ['əʊpnnɪs] (N) franchise *f*

opera ['ɒpərə] (N) opéra *m* ▸**opera glasses** NPL jumelles *fpl* de théâtre ▸**opera house** N opéra *m* ▸**opera singer** N chanteur *m*, -euse *f* d'opéra

operate ['ɒpəreɪt] 1 (VI) ⓐ [*fleet, regiment, thief*] opérer; [*system, sb's mind*] fonctionner; [*law*] jouer • **commercial banks can now ~ in the country** les banques commerciales peuvent maintenant opérer dans ce pays • **to ~ on the stock exchange** effectuer des opérations en bourse
ⓑ (= *have effect*) [*drug, medicine, propaganda*] faire effet
ⓒ (= *perform surgery*) opérer • **he was ~d on for appendicitis** il a été opéré de l'appendicite • **to ~ on sb's eyes** opérer qn des yeux 2 (VT) [*person*] [+ *machine, switchboard, brakes*] faire marcher; [+ *system*] pratiquer; [+ *business, factory*] diriger • **this switch ~s a fan** ce bouton actionne un ventilateur

operatic [ˌɒpəˈrætɪk] (ADJ) [*aria, role*] d'opéra • **~ society** association *f* d'amateurs d'art lyrique

operating ['ɒpəreɪtɪŋ] (ADJ) [*cost, deficit, expenses, profit*] d'exploitation ▸**operating instructions** NPL mode *m* d'emploi ▸**operating manual** N manuel *m* d'utilisation ▸**operating room** N (*US*) salle *f* d'opération ▸**operating system** N système *m* d'exploitation ▸**operating table** N table *f* d'opération ▸**operating theatre** N (*Brit*) salle *f* d'opération

operation [ˌɒpəˈreɪʃən] 1 (N) ⓐ (= *action*) opération *f* • **rebuilding ~s began at once** les opérations de reconstruction ont commencé immédiatement ⓑ (= *functioning*) [*of mind, digestion, machine, business*] fonctionnement *m*; [*of drug*] action *f*; [*of system*] application *f* • **to be in ~** [*law, system*] être en vigueur; [*machine, business*] fonctionner • **to come into ~** [*law, system*] entrer en vigueur; [*machine, factory*] devenir opérationnel • **to put into ~** [+ *plan*] mettre en application; [+ *law*] mettre en vigueur; [+ *machine*] mettre en service
ⓒ (= *surgery*) opération *f* • **to have an ~** se faire opérer (**for** de) 2 (COMP) ▸**operations room** N centre *m* d'opérations

operational [ˌɒpəˈreɪʃənl] (ADJ) ⓐ [*staff, troops, vehicle, plan, system*] opérationnel • **on ~ duties** (*Police*) en service
ⓑ [*expenses, profit*] d'exploitation; [*problems*] de fonctionnement • **~ strategy** [*of trading company*] stratégie *f* d'intervention

> The French word **opérationnel** ends in **-el** instead of **-al** and has a double **n**.

operative ['ɒpərətɪv] 1 (ADJ) (= *functioning*) opérationnel • **the ~ word** le mot clé 2 (N) (= *worker*) ouvrier *m*, -ière *f*; (= *machine operator*) opérateur *m*, -trice *f*; (= *secret agent*) agent *m* secret • **cleaning ~** agent *m* d'entretien

operator ['ɒpəreɪtəʳ] (N) ⓐ (= *person*) [*of machine*] opérateur *m*, -trice *f*; (*on telephone*) (*for reporting faults*) opérateur *m*, -trice *f*; (*on switchboard*) standardiste *mf*
ⓑ (*Math*) opérateur *m*

operetta [ˌɒpəˈretə] (N) opérette *f*

opiate ['əʊpɪɪt] (N) opiacé *m*

opinion [əˈpɪnjən] (N) (= *point of view*) opinion *f*; (= *professional advice*) avis *m* • **what is your ~ of this book?** quel est votre opinion sur ce livre ? • **I've got a low ~ of him** je n'ai pas une très bonne opinion de lui • **political ~s** opinions *fpl* politiques • **in my ~** à mon avis • **in the ~ of** d'après • **to be of the ~ that ...** être d'avis que ... • **it's a matter of ~ whether this decision is a wise one** les avis divergent sur la sagesse de cette décision ▸**opinion leader** N leader *mf* d'opinion ▸**opinion poll** N sondage *m* d'opinion

opinionated [əˈpɪnjəneɪtɪd] (ADJ) **to be ~** avoir des opinions très arrêtées

opium ['əʊpɪəm] (N) opium *m* ▸**opium den** N fumerie *f* d'opium

O

opponent [əˈpəʊnənt] (N) adversaire *mf*; [*of government*] opposant(e) *m(f)* • **he has always been an ~ of nationalization** il s'est toujours opposé aux nationalisations

opportune [ˈɒpətjuːn] (ADJ) **you have come at an ~ moment** vous arrivez au moment opportun • **it seemed ~ to me to …** le moment m'a semblé opportun de …

opportunism [ˌɒpəˈtjuːnɪzəm] (N) opportunisme *m*

opportunist [ˌɒpəˈtjuːnɪst] (ADJ, N) opportuniste *mf*

opportunistic [ˌɒpətjuːˈnɪstɪk] (ADJ) opportuniste

opportunity [ˌɒpəˈtjuːnɪtɪ] 1 (N) ⓐ (= *occasion*) occasion *f* • **to have the ~ to do sth** avoir l'occasion de faire qch • **to take the ~ of doing** *or* **to do sth** profiter de l'occasion pour faire qch • **if you get the ~** si vous en avez l'occasion • **you really missed your ~ there!** tu as vraiment laissé passer ta chance !

ⓑ (= *possibility*) chance *f*; (*in career*) perspective *f* d'avenir • **equality of ~** égalité *f* des chances • **to make the most of one's opportunities** profiter pleinement de ses chances • **this job offers great opportunities** ce poste offre d'excellentes perspectives d'avenir

2 (COMP) ▸ **opportunity shop** N (*Austral*) *boutique vendant des articles d'occasion au profit d'une organisation caritative*

oppose [əˈpəʊz] (VT) s'opposer à; (*Parl*) [+ *motion, resolution*] faire opposition à • **the President ~s sending the refugees back** le président s'oppose au renvoi des réfugiés

opposed [əˈpəʊzd] (ADJ) [*aims, attitudes, viewpoints*] opposé • **as ~ to** par opposition à

opposing [əˈpəʊzɪŋ] (ADJ) [*factions, forces, views*] opposé • **the ~ team** l'équipe adverse • **the ~ votes** les voix contre

opposite [ˈɒpəzɪt] 1 (ADJ) opposé; (= *facing*) d'en face • **it's in the ~ direction** c'est dans la direction opposée • **"see map on ~ page"** « voir plan ci-contre » • **the ~ sex** l'autre sexe *m* • **his ~ number** son homologue *mf*

2 (ADV) en face • **the family who live ~** la famille qui habite en face • **the house ~** la maison d'en face • **~ to** en face de

3 (PREP) en face de • **the house is ~ the church** la maison est en face de l'église • **they sat ~ one another** ils étaient assis face à face • **to play ~ sb** (*in play, film*) partager la vedette avec qn

4 (N) contraire *m* • **quite the ~!** bien au contraire ! • **what's the ~ of white?** quel est le contraire de blanc ?

opposition [ˌɒpəˈzɪʃən] (N) ⓐ (= *resistance*) opposition *f* • **his ~ to the scheme** son opposition au projet • **in ~ (to)** en opposition (avec) • **to be in ~** [*political party*] être dans l'opposition • **they put up considerable ~** ils ont opposé une vive résistance ⓑ **the ~** (*Politics*) l'opposition *f*; (*in sports match*) l'adversaire *m*; (*in business*) la concurrence

oppress [əˈpres] (VT) ⓐ [*political regime*] opprimer ⓑ [*anxiety, heat*] oppresser

oppression [əˈpreʃən] (N) oppression *f*

oppressive [əˈpresɪv] (ADJ) ⓐ [*system, regime, law*] oppressif ⓑ [*air, heat, silence*] oppressant; [*weather*] lourd

oppressively [əˈpresɪvlɪ] (ADV) ⓐ [*rule*] de manière oppressive ⓑ (= *uncomfortably*) **the room was ~ hot** on étouffait dans la pièce

oppressor [əˈpresəʳ] (N) oppresseur *m*

opprobrium [əˈprəʊbrɪəm] (N) opprobre *m*

opt [ɒpt] (VI) **to ~ for sth** opter pour qch • **to ~ to do sth** choisir de faire qch

▸ **opt out** VI **to ~ out of a contract** résilier un contrat • **he ~ed out of going** il a choisi de ne pas y aller

optic [ˈɒptɪk] (ADJ) optique ▸ **optic nerve** N nerf *m* optique

optical [ˈɒptɪkəl] (ADJ) optique ▸ **optical fibre** N fibre *f* optique ▸ **optical illusion** N illusion *f* d'optique

optician [ɒpˈtɪʃən] (N) opticien(ne) *m(f)*; (*for eyesight tests*) oculiste *mf*

optics [ˈɒptɪks] (NPL) optique *f*

optimal [ˈɒptɪml] (ADJ) optimal

optimism [ˈɒptɪmɪzəm] (N) optimisme *m*

optimist [ˈɒptɪmɪst] (N) optimiste *mf*

optimistic [ˌɒptɪˈmɪstɪk] (ADJ) optimiste (**about sth** quant à qch) • **she was ~ that she would succeed** elle avait bon espoir de réussir

optimistically [ˌɒptɪˈmɪstɪklɪ] (ADV) avec optimisme

optimize [ˈɒptɪmaɪz] (VT) optimiser

optimum [ˈɒptɪməm] (ADJ) [*level, number, time*] optimal

option [ˈɒpʃən] (N) option *f* • **that's the best ~** c'est la meilleure option • **I have no ~** je n'ai pas le choix • **he had no ~ but to come** il n'a pas pu faire autrement que de venir • **he kept his ~s open** il n'a pas voulu s'engager • **to give sb the ~ of doing sth** donner à qn la possibilité de faire qch • **programme offering ~s** (*in school, university*) programme *m* optionnel • **to take up the ~** lever l'option

optional [ˈɒpʃənl] (ADJ) [*course, subject*] facultatif; [*accessories*] en option • **a medical with ~ eye test** un contrôle médical avec un éventuel examen de la vue • **the car is available with ~ airbags** cette voiture est disponible avec airbags en option • **~ extra** option *f*

> ⚠ **facultatif** is the most common translation of **optional**.

opt-out [ˈɒptaʊt] (N) (*esp Brit: also* **opt-out clause**) (*in law, Commerce*) clause *f* de sortie; (*from treaty*) clause *f* d'exemption

opulence [ˈɒpjʊləns] (N) [*of furnishings, costume*] somptuosité *f*; [*of person, lifestyle*] opulence *f*

opulent [ˈɒpjʊlənt] (ADJ) [*building, room, film, production*] somptueux; [*person, lifestyle*] opulent

opus [ˈəʊpəs] (N) opus *m*

OR (ABBR OF **Oregon**)

or [ɔːʳ] (CONJ) ou; (*with negative*) ni • **red or black?** rouge ou noir ? • **without tears or sighs** sans larmes ni soupirs • **he could not read or write** il ne savait ni lire ni écrire • **an hour or so** environ une heure • **or else** ou bien • **do it or else!*** fais-le, sinon (tu vas voir) !

oracle [ˈɒrəkl] (N) oracle *m*

oral [ˈɔːrəl] 1 (ADJ) ⓐ (= *spoken*) oral ⓑ [*cavity, hygiene*] buccal 2 (N) oral *m* 3 (COMP) ▸ **oral examiner** N examinateur *m*, -trice *f* à l'oral ▸ **oral history** N histoire *f* orale ▸ **oral sex** N rapports *mpl* bucco-génitaux

orally [ˈɔːrəlɪ] (ADV) ⓐ (= *verbally*) oralement ⓑ (= *by mouth*) par voie orale • **medicine to be taken ~** médicament à prendre par voie orale

orange [ˈɒrɪndʒ] 1 (N) (= *fruit*) orange *f*; (= *tree*) oranger *m*; (= *colour*) orange *m* 2 (ADJ) (*in colour*) orange *inv*; [*drink*] à l'orange; [*flavour*] d'orange 3 (COMP) ▸ **orange blossom** N fleurs *fpl* d'oranger ▸ **orange box, orange crate** (*US*) N caisse *f* à oranges ▸ **orange juice** N jus *m* d'orange ▸ **Orange march** N (*Brit*) défilé *m* des Orangistes → ORANGE MARCH ▸ **orange marmalade** N confiture *f* d'oranges ▸ **the Orange Order** N (*Brit*) l'Ordre *f* d'Orange ▸ **orange peel** N écorce *f* d'orange; (*in cooking*) zeste *m* d'orange

> **ORANGE MARCH**
>
> Les **Orange marches** sont les parades annuelles des membres de l'Ordre d'Orange («Orange Order»), une organisation fraternelle protestante, qui se tiennent en particulier en Irlande du Nord, en Écosse ainsi que dans certaines régions d'Angleterre et de la République d'Irlande. Les défilés ont lieu en été, les événements principaux se concentrant le 12 juillet, jour de commémoration de la victoire du roi protestant Guillaume d'Orange à la bataille de Boyne en 1690. Les **Orange marches** s'appellent également les **Orange walks** ou **Orange parades**. Ces parades, très controversées, sont considérées par beaucoup de Britanniques comme sectaires et susceptibles d'inciter à la violence.

orangeade ['ɒrɪndʒ'eɪd] N orangeade *f*

Orangeman ['ɒrɪndʒmən] N (*pl* **-men**) (*Ir*) orangiste *m*

orang-outang [ɔːˌræŋuː'tæŋ] N orang-outan *m*

oration [ɔː'reɪʃən] N discours *m* solennel

orator ['ɒrətəʳ] N orateur *m*, -trice *f*

oratorio [ˌɒrə'tɔːrɪəʊ] N (*pl* **oratorios**) oratorio *m*

oratory ['ɒrətərɪ] N (*= art*) art *m* oratoire • **brilliant piece of ~** brillant discours *m*

orb [ɔːb] N (*= sphere*) sphère *f*

orbit ['ɔːbɪt] 1 N orbite *f* • **to be in ~** être en orbite 2 VT être en orbite autour de 3 VI orbiter

orbital ['ɔːbɪtl] ADJ (*Space*) orbital; (*Brit*) [*road, motorway*] périphérique

Orcadian [ɔː'keɪdɪən] ADJ des Orcades

orchard ['ɔːtʃəd] N verger *m* • **cherry ~** cerisaie *f*

orchestra ['ɔːkɪstrə] 1 N ⓐ orchestre *m* ⓑ (*US*) (*Theatre*) (fauteuils *mpl* d')orchestre *m* 2 COMP ▸ **orchestra pit** N fosse *f* d'orchestre

orchestral [ɔː'kestrəl] ADJ [*music*] orchestral; [*work, arrangement*] pour orchestre

orchestrate ['ɔːkɪstreɪt] VT orchestrer

orchid ['ɔːkɪd] N orchidée *f*

ordain [ɔː'deɪn] VT ⓐ (*= order*) décréter ⓑ **he was ~ed** il a été ordonné prêtre

ordeal [ɔː'diːl] N épreuve *f* • **they suffered terrible ~s** ils ont subi des épreuves terribles • **speaking in public was an ~ for him** parler en public était un supplice pour lui • **~ by fire** épreuve *f* du feu

---

order ['ɔːdəʳ]

1 NOUN	4 COMPOUNDS
2 TRANSITIVE VERB	5 PHRASAL VERB
3 INTRANSITIVE VERB	

1 NOUN

ⓐ (*= sequence*) ordre *m* • **to be in ~** être en ordre • **to put in ~** ranger dans l'ordre • **the pages were out of ~** les pages n'étaient pas dans le bon ordre • **in ~ of precedence** par ordre de préséance

ⓑ (*= proper state*)

▸ **in order** [*room*] en ordre; [*passport, documents*] en règle • **to put one's affairs in ~** mettre de l'ordre dans ses affaires

▸ **to be in order** (*= proper*) [*action, request*] être dans les règles • **that's quite in ~** je n'y vois aucune objection • **would it be in ~ for me to speak to her?** pourrais-je lui parler ? • **reforms are clearly in ~** de toute évidence des réformes s'imposent • **it seems a celebration is in ~!** il va falloir fêter ça !

▸ **out of order** [*machine*] en panne; [*remark*]* déplacé • **the machine is out of ~** la machine est en panne • **"out of ~"** «hors service» • **you're way out of ~!*** ça se fait pas !*

▸ *adjective* + **order in short ~** sans délai • **in working ~** en état de marche • **in good ~** (*= in good condition*) en bon état

ⓒ (*expressing purpose*)

▸ **in order to** pour • **I did it in ~ to clarify matters** je l'ai fait pour clarifier la situation

▸ **in order that** afin que + *subj* • **in ~ that we may create jobs** afin que nous puissions créer des emplois

ⓓ (*= proper behaviour*) ordre *m* • **to keep ~** [*police*] faire régner l'ordre; [*teacher*] faire régner la discipline • **she can't keep her class in ~** elle n'arrive pas à tenir sa classe • **~, ~!** silence ! • **to call sb to ~** rappeler qn à l'ordre • **a point of ~** (*in meeting*) un point de procédure

ⓔ (*= category*) (*biological*) ordre *m*; (*social*) classe *f*; (*= kind*) ordre *m* • **the lower ~s** les classes *fpl* inférieures • **the present crisis is of a very different ~** la crise actuelle est d'un tout autre ordre • **of a high ~** de premier ordre • **~ of magnitude** ordre *m* de grandeur • **something in the ~ of €3,000** de l'ordre de 3 000 €

ⓕ (*= the way things are*) ordre *m* • **a new world ~** un nouvel ordre mondial • **the old ~ is changing** le monde change • **strikes were the ~ of the day** les grèves étaient à l'ordre du jour

ⓖ (*= command*) ordre *m* • **that's an ~!** c'est un ordre ! • **on the ~s of sb** sur l'ordre de qn • **by ~ of sb/sth** par ordre de qn/qch • **to give sb ~s to do sth** ordonner à qn de faire qch • **I don't take ~s from you!** je n'ai pas d'ordres à recevoir de vous ! • **to be under ~s to do sth** avoir reçu l'ordre de faire qch

ⓗ (*from customer*) commande *f* • **to place an ~ with sb for sth** passer une commande de qch à qn • **we have the shelves on ~ for you** vos étagères sont commandées • **made to ~** fait sur commande

ⓘ (*= portion of food*) portion *f* • **an ~ of French fries** une portion de frites

ⓙ (*legal*) **~ of the Court** injonction *f* du tribunal

ⓚ (*religious*) ordre *m* • **the Benedictine Order** l'ordre *m* des bénédictins

ⓛ (*= account*) **pay to the ~ of sb** payer à l'ordre de qn

2 TRANSITIVE VERB

ⓐ (*= command*) **to ~ sb to do sth** ordonner à qn de faire qch • **he ~ed that the army should advance** il a donné l'ordre à l'armée d'avancer

ⓑ (*= ask for*) [*+ goods, meal, taxi*] commander • **to ~ more wine** redemander du vin

ⓒ (*= put in sequence*) classer • **they are ~ed by date** ils sont classés dans l'ordre chronologique

ⓓ (*+ one's affairs*) régler

3 INTRANSITIVE VERB

(*in restaurant*) passer sa commande • **are you ready to ~?** vous avez choisi ?

4 COMPOUNDS

▸ **order book** N carnet *m* de commandes ▸ **order form** N bulletin *m* de commande ▸ **the Order of Merit** N (*Brit*) l'ordre *m* du mérite

5 PHRASAL VERB

▸ **order about, order around** VT SEP **he likes ~ing people about** il aime donner des ordres à tout le monde

---

orderly ['ɔːdəlɪ] **1** (ADJ) (= *tidy*) ordonné; (= *methodical*) méthodique; (= *disciplined*) discipliné; [*queue*] ordonné • **in an ~ fashion** en bon ordre **2** (N) ⓐ (= *soldier*) planton *m*; (= *officer*) ordonnance *f* ⓑ (*in hospital*) garçon *m* de salle

ordinal ['ɔːdɪnl] (ADJ, N) ordinal *m*

ordinance ['ɔːdɪnəns] (N) ordonnance *f*

ordinarily ['ɔːdnrɪlɪ] (ADV) normalement

ordinary ['ɔːdnrɪ] **1** (ADJ) ⓐ (= *usual*) habituel; [*clothes*] de tous les jours • **my ~ grocer's** mon épicerie habituelle • **in the ~ way** d'ordinaire ⓑ (= *unexceptional*) [*person, day*] ordinaire; [*intelligence, reader*] moyen • **mine was a fairly ~ childhood** j'ai eu une enfance assez ordinaire • **~ people** le commun des mortels • **~ Germans** l'Allemand *m* moyen • **she's no ~ woman** c'est une femme extraordinaire **2** (N) ordinaire *m* • **out of the ~** hors du commun • **nothing out of the ~** rien d'exceptionnel **3** (COMP) ▸ **ordinary degree** N (*Brit*) ≈ licence *f*

> **ORDINARY DEGREE**
> Un **ordinary degree** est un diplôme moins prestigieux que le « honours degree » et que l'on obtient en général après trois années d'études universitaires. Il peut aussi être décerné en cas d'échec au « honours degree ».
> → HONOURS DEGREE

ordination [ˌɔːdɪ'neɪʃən] (N) ordination *f*

ordnance ['ɔːdnəns] (N) (= *guns*) artillerie *f* ▸ **Ordnance Survey map** N ≈ carte *f* d'état-major

ore [ɔːʳ] (N) minerai *m* • **iron ~** minerai *m* de fer

Ore., Oreg. (ABBR OF **Oregon**)

oregano [ˌɒrɪ'gɑːnəʊ, (*US*) ə'regənəʊ] (N) origan *m*

organ ['ɔːgən] **1** (N) ⓐ (= *musical instrument*) orgue *m* ⓑ (= *body part*) organe *m* ⓒ (= *mouthpiece*) organe *m* • **the chief ~ of the administration** l'organe de l'administration **2** (COMP) ▸ **organ donor** N donneur *m*, -euse *f* d'organes ▸ **organ-grinder** N joueur *m*, -euse *f* d'orgue de Barbarie ▸ **organ transplant** N greffe *f* d'organe

organic [ɔː'gænɪk] **1** (ADJ) ⓐ [*farm, farmer, produce, food*] biologique ⓑ [*matter, waste, fertilizer, compound*] organique **2** (COMP) ▸ **organic chemistry** N chimie *f* organique

organism ['ɔːgənɪzəm] (N) organisme *m*

organist ['ɔːgənɪst] (N) organiste *mf*

organization [ˌɔːgənaɪ'zeɪʃən] (N) organisation *f* • **youth ~** association *f* de jeunes • **his work lacks ~** son travail manque d'organisation

organizational [ˌɔːgənaɪ'zeɪʃənl] (ADJ) [*skill, ability*] d'organisateur; [*support, goals, structure*] organisationnel • **~ change** (*in law*) changement *m* structurel, modification *f* structurelle

> The French word has a double **n** and ends in **-el** whereas the English word ends in **-al**.

organize ['ɔːgənaɪz] (VT) organiser • **to ~ a trip** organiser un voyage • **to ~ transport** s'occuper du transport • **to ~ one's thoughts** mettre de l'ordre dans ses idées • **to get ~d** s'organiser

organized ['ɔːgənaɪzd] (ADJ) organisé ▸ **organized chaos** N (*hum*) désordre *m* organisé ▸ **organized crime** N crime *m* organisé ▸ **organized labour** N main-d'œuvre *f* syndiquée ▸ **organized religion** N religion *f* en tant qu'institution

organizer ['ɔːgənaɪzəʳ] (N) ⓐ [*of event*] organisateur *m*, -trice *f* ⓑ (= *diary*) organiseur *m*

organophosphate [ɔːˌgənəʊ'fɒsfeɪt] (N) organophosphoré *m*

orgasm ['ɔːgæzəm] **1** (N) orgasme *m* **2** (VI) avoir un orgasme

orgy ['ɔːdʒɪ] (N) orgie *f*

orient ['ɔːrɪənt] **1** (N) **the Orient** l'Orient *m* **2** (VT) orienter

oriental [ˌɔːrɪ'entəl] (ADJ) oriental

orientate ['ɔːrɪənteɪt] (VT) orienter

orientated ['ɔːrɪənteɪtɪd] (ADJ) = **oriented**

orientation [ˌɔːrɪən'teɪʃən] (N) orientation *f*

oriented ['ɔːrɪəntɪd] (ADJ) **the film is ~ to the British audience** ce film s'adresse en premier lieu au public britannique • **their policies are ~ towards controlling inflation** leur politique vise à juguler l'inflation • **pupil-~** adapté aux besoins de l'élève • **an export-~ economy** une économie axée sur l'exportation

orienteering [ˌɔːrɪən'tɪərɪŋ] (N) courses *fpl* d'orientation

orifice ['ɒrɪfɪs] (N) orifice *m*

origami [ˌɒrɪ'gɑːmɪ] (N) origami *m*

origin ['ɒrɪdʒɪn] (N) origine *f* • **country of ~** pays *m* d'origine

original [ə'rɪdʒɪnl] **1** (ADJ) ⓐ (= *earliest*) [*meaning*] originel; [*inhabitant*] premier; [*purpose, suggestion*] initial; [*shape, colour*] d'origine ⓑ (= *not copied*) [*painting, idea, writer*] original ⓒ (= *unconventional*) original • **he's an ~ thinker** c'est un esprit original **2** (N) [*of painting, document*] original *m* • **to read Dante in the ~** lire Dante dans le texte **3** (COMP) ▸ **original sin** N le péché originel

originality [əˌrɪdʒɪ'nælɪtɪ] (N) originalité *f*

originally [ə'rɪdʒənəlɪ] (ADV) ⓐ (= *at first*) à l'origine • **he's ~ from Armenia** il est originaire d'Arménie ⓑ (= *unconventionally*) de façon originale

originate [ə'rɪdʒɪneɪt] (VI) **to ~ from** [*person*] être originaire de; [*goods*] provenir de • **where/who did this idea ~ from?** d'où/de qui émane cette idée ?

originator [ə'rɪdʒɪneɪtəʳ] (N) **to be the ~ of** [*idea, project*] être à l'origine de

Orkney ['ɔːknɪ] (N), **Orkneys** ['ɔːknɪz] (NPL) Orcades *fpl*

ornament ['ɔːnəmənt] (N) objet *m* décoratif

ornamental [ˌɔːnə'mentl] (ADJ) décoratif; [*garden, pond*] d'agrément

ornate [ɔː'neɪt] (ADJ) très orné

ornithologist [ˌɔːnɪ'θɒlədʒɪst] (N) ornithologue *mf*

ornithology [ˌɔːnɪ'θɒlədʒɪ] (N) ornithologie *f*

orphan ['ɔːfən] **1** (N) orphelin(e) *m(f)* **2** (VT) **to be ~ed** devenir orphelin(e)

orphanage ['ɔːfənɪdʒ] (N) orphelinat *m*

orthodontist [ˌɔːθəʊ'dɒntɪst] (N) orthodontiste *mf*

orthodox ['ɔːθədɒks] (ADJ) orthodoxe; [*medicine*] traditionnel ▸ **the Orthodox Church** N l'Église *f* orthodoxe

orthodoxy ['ɔːθədɒksɪ] (N) orthodoxie *f*

orthographic(al) [ˌɔːθə'græfɪk(əl)] (ADJ) orthographique

orthopaedic, orthopedic (*US*) [ˌɔːθəʊ'piːdɪk] (ADJ) orthopédique

orthopaedics, orthopedics (*US*) [ˌɔːθəʊ'piːdɪks] (N) orthopédie *f*

Oscar ['ɒskəʳ] (N) (= *award*) oscar *m*

oscillate ['ɒsɪleɪt] (VI) osciller

Oslo ['ɒzləʊ] (N) Oslo

osmosis [ɒz'məʊsɪs] (N) osmose *f* • **by ~** par osmose

Ostend [ɒs'tend] (N) Ostende
ostensible [ɒs'tensəbl] (ADJ) prétendu (*before n*)
ostensibly [ɒs'tensəblɪ] (ADV) ostensiblement • **he went out, ~ to telephone** il est sorti, apparemment pour téléphoner
ostentation [ˌɒsten'teɪʃən] (N) ostentation *f*
ostentatious [ˌɒsten'teɪʃəs] (ADJ) [*car, clothes*] tape-à-l'œil *inv*; [*surroundings, person*] prétentieux; [*gesture, attempt, manner*] ostentatoire (*liter*)
ostentatiously [ɒsten'teɪʃəslɪ] (ADV) [*decorate, live*] avec ostentation; [*dress*] de façon voyante
osteopath ['ɒstɪəpæθ] (N) ostéopathe *mf*
osteopathy [ˌɒstɪ'ɒpəθɪ] (N) ostéopathie *f*
osteoporosis [ˌɒstɪəupɔː'rəusɪs] (N) ostéoporose *f*
ostracize ['ɒstrəsaɪz] (VT) ostraciser
ostrich ['ɒstrɪtʃ] (N) autruche *f*
OTC [ˌəutiː'siː] (N) (*Brit*) (ABBR OF **Officers' Training Corps**) corps *m* volontaire de formation d'officiers
other ['ʌðəʳ] 1 (ADJ) autre • **the ~ one** l'autre *mf* • **the ~ five** les cinq autres • **~ people have done it** d'autres l'ont fait • **~ people's property** la propriété d'autrui • **the ~ day/week** l'autre jour/semaine • **come back some ~ time** revenez un autre jour • **some fool or ~** un idiot
2 (PRON) autre • **and these five ~s** et ces cinq autres • **some ~s** d'autres • **~s have spoken of him** d'autres ont parlé de lui • **he doesn't like hurting ~s** il n'aime pas faire de mal aux autres • **some like flying, ~s prefer the train** les uns aiment prendre l'avion, les autres préfèrent le train • **one or ~ of them will come** il y en aura bien un qui viendra
3 (ADV) autrement • **he could not have acted ~ than he did** il n'aurait pas pu agir autrement • **I wouldn't wish things ~ than they are** les choses sont très bien comme elles sont • **~ than that, I said nothing** à part ça, je n'ai rien dit • **I've told nobody ~ than him** je ne l'ai dit à personne d'autre que lui
otherwise ['ʌðəwaɪz] 1 (ADV) ⓐ (= *in another way*) autrement • **it cannot be ~** il ne peut en être autrement • **until proved ~** jusqu'à preuve du contraire • **a debate about the merits or ~ of this proposal** un débat sur les mérites ou autres de cette proposition • **he was ~ occupied** il était occupé à autre chose • **Montgomery, ~ known as Monty** Montgomery, également connu sous le nom de Monty
ⓑ (= *in other respects*) autrement • **~ it's a very good car** autrement c'est une excellente voiture • **an ~ excellent essay** une dissertation par ailleurs excellente
2 (CONJ) sinon • **take down the number, ~ you'll forget it** note le numéro, sinon tu vas l'oublier
OTT* [ˌəutiː'tiː] (ADJ) (ABBR OF **over the top**) excessif
Ottawa ['ɒtəwə] (N) (= *city*) Ottawa
otter ['ɒtəʳ] (N) loutre *f*
OU [əu'juː] (*Brit*) (ABBR OF **Open University**)
ouch [autʃ] (EXCL) aïe!
ought [ɔːt] (MODAL VERB) ⓐ (*obligation*) **I ~ to do it** je devrais le faire, il faudrait que je le fasse • **he th~ he ~ to tell you** il a pensé qu'il devait vous le dire • **this ~ to have been finished long ago** cela aurait dû être terminé il y a longtemps ⓑ (*probability*) **they ~ to be arriving soon** ils devraient bientôt arriver • **he ~ to have got there by now** il a dû arriver (à l'heure qu'il est)
Ouija®, **ouija** ['wiːdʒə] (N) **~ board** oui-ja *m inv*
ounce [auns] (N) once *f* (*environ 28 g*)
our ['auəʳ] (POSS ADJ) notre; (*plural*) nos • **~ book** notre livre • **~ table** notre table • **~ clothes** nos vêtements • **~ proposals** nos propositions • **that's OUR car** c'est notre voiture (à nous*)
ours ['auəz] (POSS PRON) le nôtre; (*feminine*) la nôtre; (*plural*) les nôtres • **their car is bigger than ~** leur voiture est plus grosse que la nôtre • **this car is ~** cette voiture est à nous • **a friend of ~** un de nos amis • **I think it's one of ~** je crois que c'est un des nôtres • **it's no fault of ~** ce n'est pas de notre faute • **it's no business of ~** cela ne nous regarde pas
ourselves [ˌauə'selvz] (PERS PRON) ⓐ (*reflexive*) nous • **we enjoyed ~** nous nous sommes bien amusés ⓑ (*after prep*) nous • **we said to ~** nous nous sommes dit • **for ~** pour nous • **all by ~** tout seuls (toutes seules *f*) ⓒ (*emphatic*) nous-mêmes • **we did it ~** nous l'avons fait nous-mêmes ⓓ (= *us*) nous • **people like ~** des gens comme nous
oust [aust] (VT) évincer • **they ~ed him from the chairmanship** ils l'ont évincé de la présidence

out [aut]

1 ADVERB	4 NOUN
2 ADJECTIVE	5 TRANSITIVE VERB
3 PREPOSITION	6 COMPOUNDS

> When **out** is an element in a phrasal verb, eg **get out**, **go out**, look up the verb. When **out** is part of a set combination, eg **day out**, look up the noun.

1 ADVERB
ⓐ (= *not in*) **Paul is ~** Paul est sorti • **he's ~ a good deal** il sort beaucoup • **he's ~ fishing** il est parti à la pêche • **when the tide is ~** à marée basse • **(the ball is) ~!** (*Tennis*) (la balle est) out!

> When followed by a preposition, **out** is not usually translated.

• **he's ~ in the garden** il est dans le jardin
▸ **to want out*** **the cat wants ~** le chat veut sortir • **he wants ~** (*of marriage, contract*) il a envie de tout plaquer*
ⓑ (= *outside*) dehors • **it's hot ~** il fait chaud dehors • **~ you go!** sortez!
ⓒ (*expressing distance*) **the boat was 10 miles ~ to sea** le bateau était à 10 milles de la côte • **their house is 10km ~ of town** leur maison est à 10 km de la ville
ⓓ (*homosexual*) **to be ~*** assumer son homosexualité
ⓔ (*set structures*)
▸ **to be out and about again** être de nouveau sur pied
▸ **out here** ici • **come in! — no, I like it ~ here** entre! — non, je suis bien ici!
▸ **out there** (= *in that place*) là-bas
▸ **out with it!*** vas-y, parle!

2 ADJECTIVE
ⓐ (*light, fire, gas*) éteint
ⓑ (= *available*) [*model, edition, video*] sorti
ⓒ (= *unavailable*) (*for lending, renting*) **that book is ~** ce livre est sorti
ⓓ (= *revealed*) **the secret is ~** le secret n'en est plus un
ⓔ (= *unconscious*) sans connaissance • **he was ~ for 30 seconds** il est resté sans connaissance pendant 30 secondes

f (= wrong) **their timing was 5 minutes ~** ils s'étaient trompés de 5 minutes • **you're not far ~*** tu n'es pas tombé loin*
g (= unacceptable) [*idea, suggestion*] **that's right ~, I'm afraid** il n'en est pas question
h (= defeated) (*in games*) **you're ~** tu es éliminé • **the socialists are ~** (*politically*) les socialistes sont battus
i (= finished) **before the month was ~** avant la fin du mois
j (= striking) **~ on strike** en grève
k (= unfashionable) passé de mode • **long skirts are ~** les jupes longues sont passées de mode
l (flowers, sun) **the roses are ~** les rosiers sont en fleurs • **the sun was ~** le soleil brillait
m (set structures)
▸ **to be out to do sth*** (= *seeking to do*) chercher à faire qch
▸ **to be out for sth*** **she was just ~ for a good time** elle ne cherchait qu'à s'amuser
3 PREPOSITION
▸ **out of**

> When **out of** is an element in a phrasal verb, eg **run out of**, look up the verb. When it is part of a set combination, eg **out of danger**, **out of the way**, look up the noun.

a (= outside) en dehors de, hors de • **he lives ~ of town** il habite à l'extérieur de la ville • **they were 100km ~ of Paris** ils étaient à 100 km de Paris
▸ **out of it*** **I was glad to be ~ of it** (= *escaped from situation*) j'étais bien content d'y avoir échappé • **I felt rather ~ of it at the party** je me suis senti un peu isolé à cette fête
b (= absent) **he's ~ of the office at the moment** il n'est pas au bureau actuellement
c (= through) par • **~ of the window** par la fenêtre
d (= from) **only one chapter ~ of the novel** un seul chapitre du roman • **a model made ~ of matchsticks** une maquette construite avec des allumettes • **he had made the table ~ of a crate** il avait fabriqué la table avec une caisse • **he looked like something ~ of "Star Trek"** il semblait tout droit sorti de « Star Trek »

> In the following **dans** describes the original position of the thing being moved.

• **to take sth ~ of a drawer** prendre qch dans un tiroir • **to drink ~ of a glass** boire dans un verre • **he copied the poem ~ of a book** il a copié le poème dans un livre
e (= because of) par • **~ of curiosity/necessity** par curiosité/nécessité
f (= from among) sur • **in nine cases ~ of ten** dans neuf cas sur dix
g (= without) **we are ~ of bread** nous n'avons plus de pain
h (= sheltered from) à l'abri de • **~ of the wind** à l'abri du vent
i (= eliminated from) éliminé de • **~ of the World Cup** éliminé de la Coupe du monde
4 NOUN
▸ **on the outs with sb*** (*US*) brouillé avec qn
5 TRANSITIVE VERB
(+ homosexual) révéler l'homosexualité de
6 COMPOUNDS
▸ **out-and-out** ADJ [*lie*] pur et simple; [*liar, cheat*] fini; [*racist, fascist*] pur et dur ▸ **out-of-body experience** N expérience *f* de sortie du corps ▸ **out-of-bounds** ADJ [*place*] interdit; (*US*) [*ball*] sorti ▸ **out-of-court** ADJ [*settlement, agreement*] à l'amiable ▸ **out-of-date** ADJ [*passport, ticket*] périmé; [*clothes, theory, concept*] démodé; [*word*] vieilli ▸ **out-of-doors** ADV = **outdoors** ▸ **out-of-the-ordinary** ADJ insolite ▸ **out-of-the-way** ADJ (= *remote*) isolé ▸ **out-of-this-world*** ADJ fantastique* ▸ **out-of-town** ADJ [*shopping centre, cinema*] en périphérie ▸ **out-of-work** ADJ au chômage; [*actor*] sans engagement ▸ **out-tray** N corbeille *f* de départ

---

outage ['aʊtɪdʒ] (N) (*US*) coupure *f* de courant
outback ['aʊtbæk] (N) **the ~** (*in Australia*) l'intérieur *m* du pays
outbid [aʊt'bɪd] (*pret, ptp* **outbid**) (VT) enchérir sur
outboard ['aʊtbɔːd] (N) (= *outboard motor*) (moteur *m*) hors-bord *m*
outbound ['aʊtbaʊnd] (ADJ) [*flight*] en partance
outbox ['aʊtbɒks] (N) boîte *f* d'envoi
outbreak ['aʊtbreɪk] (N) [*of war, fighting*] début *m*; [*of violence*] éruption *f*; [*of disease*] accès *m* • **at the ~ of war** au début de la guerre
outbuilding ['aʊtbɪldɪŋ] (N) dépendance *f*
outburst ['aʊtbɜːst] (N) **an angry ~** un accès de colère • **he was ashamed of his ~** il avait honte de s'être emporté
outcast ['aʊtkɑːst] (N) exclu(e) *m(f)*
outclass [aʊt'klɑːs] (VT) surpasser
outcome ['aʊtkʌm] (N) [*of meeting, discussion*] issue *f*; [*of decision*] conséquence *f*
outcrop ['aʊtkrɒp] (N) affleurement *m*
outcry ['aʊtkraɪ] (N) (= *protest*) tollé *m* • **there was a general ~ against the decision** cette décision a provoqué un tollé général
outdated [aʊt'deɪtɪd] (ADJ) dépassé; [*clothes*] démodé
outdistance [aʊt'dɪstəns] (VT) distancer
outdo [aʊt'duː] (*pret* **outdid**, *ptp* **outdone**) (VT) **to ~ sb in sth** faire mieux que qn en qch • **not to be outdone** pour ne pas être en reste
outdoor ['aʊtdɔːʳ] (ADJ) [*activities*] de plein air; [*work, swimming pool, tennis court*] en plein air; [*market*] à ciel ouvert • **~ centre** centre *m* aéré
outdoors ['aʊt'dɔːz] **1** (ADV) dehors; [*live*] au grand air; [*sleep*] à la belle étoile • **to be ~** être dehors • **to go ~** sortir **2** (N) **the great ~** les grands espaces *mpl*
outer ['aʊtəʳ] (ADJ) extérieur (-eure *f*); [*door*] qui donne sur l'extérieur • **~ garments** vêtements *mpl* de dessus
▸ **outer space** N espace *m*
outfield ['aʊtfiːld] (N) champ *m or* terrain *m* extérieur
outfielder ['aʊtfiːldəʳ] (N) joueur *m*, -euse *f* de champ *or* de terrain extérieur
outfit ['aʊtfɪt] (N) **a** (= *set of clothes*) tenue *f*; (*for child*) panoplie *f* • **skiing ~** tenue *f* de ski • **cowboy ~** panoplie *f* de cow-boy **b** (= *clothes and equipment*) équipement *m*; (= *tools*) matériel *m* **c** (= *team*)* équipe *f*; (= *company*)* boîte* *f*
outgoing ['aʊtgəʊɪŋ] **1** (ADJ) **a** (= *departing*) [*president, tenant*] sortant; [*flight, mail*] en partance • **I can't make ~ calls** je ne peux pas téléphoner à l'extérieur **b** (= *extrovert*) extraverti **2** (NPL) **outgoings** (*Brit*) dépenses *fpl*
outgrow [aʊt'grəʊ] (*pret* **outgrew**, *ptp* **outgrown**) (VT) **a** [+ *clothes*] **he's ~n this coat** ce manteau est devenu trop petit pour lui **b** **to ~ sth** [*hobby, sport*] ne plus s'intéresser à qch; [*opinion, way of life*] abandonner qch

en prenant de l'âge • **I've ~n going to clubs** je n'ai plus l'âge de sortir en boîte

outhouse ['aʊthaʊs] (N) ⓐ (= *shed*) appentis *m* ⓑ (*US*) (= *lavatory*) cabinets *mpl* extérieurs

outing ['aʊtɪŋ] (N) sortie *f* • **to go on an ~** faire une sortie

outlandish [aʊt'lændɪʃ] (ADJ) excentrique

outlast [aʊt'lɑːst] (VT) survivre à

outlaw ['aʊtlɔː] 1 (N) hors-la-loi *m* 2 (VT) [+ *person*] mettre hors la loi; [+ *activity, organization*] proscrire

outlay ['aʊtleɪ] (N) (= *spending*) dépenses *fpl*; (= *investment*) mise *f* de fonds

outlet ['aʊtlet] 1 (N) ⓐ (*for water*) sortie *f*; (*US* = *socket*) prise *f* de courant ⓑ (*for talents*) débouché *m*; (*for energy, emotions*) exutoire *m* (**for** à) ⓒ (*for goods*) débouché *m* 2 (COMP) ▸ **outlet pipe** N tuyau *m* de vidange ▸ **outlet valve** N robinet *m* de vidange

outline ['aʊtlaɪn] 1 (N) ⓐ (= *shape*) [*of object*] contour *m*; [*of building, tree*] silhouette *f* ⓑ (= *summary*) résumé *m*; (*less exact*) esquisse *f* • **~s** (= *main features*) grandes lignes *fpl* • **to give an ~ of sth** faire un résumé de qch • **rough ~ of an article** canevas *m* d'un article • **I'll give you a quick ~ of the project** je vais vous donner un aperçu du projet

2 (VT) ⓐ tracer le contour de • **she ~d her eyes with kohl** elle a souligné ses yeux d'un trait de khôl ⓑ (= *summarize*) [+ *theory, idea*] exposer les grandes lignes de; [+ *facts, details*] passer brièvement en revue • **to ~ the situation** donner un aperçu de la situation

outlive [aʊt'lɪv] (VT) survivre à • **he ~d her by ten years** il lui a survécu dix ans • **to have ~d one's usefulness** avoir fait son temps

outlook ['aʊtlʊk] (N) ⓐ (= *view*) vue *f* ⓑ (= *prospect*) perspectives *fpl* (d'avenir) • **the economic ~** les perspectives *fpl* économiques • **the ~ for tomorrow is wet** on annonce de la pluie pour demain • **the ~ for us is rather rosy*** les choses s'annoncent assez bien pour nous ⓒ (= *attitude*) vision *f* (du monde)

outlying ['aʊtlaɪɪŋ] (ADJ) [*area*] écarté • **the ~ villages** les villages les plus éloignés

outmanoeuvre, outmaneuver (*US*) [ˌaʊtmə'nuːvəʳ] (VT) déjouer les plans de

outmoded [aʊt'məʊdɪd] (ADJ) démodé; [*equipment*] dépassé

outnumber [aʊt'nʌmbəʳ] (VT) être plus nombreux que • **we were ~ed five to one** ils étaient cinq fois plus nombreux que nous

outpace [aʊt'peɪs] (VT) dépasser

outpatient ['aʊtpeɪʃənt] (N) malade *mf* en consultation externe ▸ **outpatients department** N service *m* de consultation externe ▸ **outpatient surgery** N chirurgie *f* ambulatoire

outperform [ˌaʊtpə'fɔːm] (VT) être plus performant que

outplay [aʊt'pleɪ] (VT) (*Sport*) dominer (par son jeu)

outpost ['aʊtpəʊst] (N) (*military*) avant-poste *m*; [*of organization*] antenne *f*

outpouring ['aʊtpɔːrɪŋ] (N) [*of feeling*] accès *m*

output ['aʊtpʊt] (*vb: pret, ptp* **output**) 1 (N) ⓐ [*of factory, mine, writer*] production *f*; [*of agricultural land, machine, worker*] rendement *m* ⓑ (*Comput*) sortie *f*; (= *output data*) données *fpl* de sortie ⓒ (*electrical*) puissance *f* (de sortie) 2 (VT) ⓐ (*Comput*) sortir ⓑ [*factory*] produire

outrage 1 (N) ⓐ (= *emotion*) indignation *f* • **there was public ~ at the news** la nouvelle a suscité l'indignation générale ⓑ (= *act, event*) atrocité *f* • **it's an ~!** c'est un scandale ! • **it's an ~ against humanity** c'est une injure à l'humanité 2 (VT) indigner

> Lorsque **outrage** est un nom, l'accent tombe sur la première syllabe : ['aʊtreɪdʒ], lorsque c'est un verbe, sur la deuxième : [aʊt'reɪdʒ].

outraged ['aʊtreɪdʒd] (ADJ) indigné

outrageous [aʊt'reɪdʒəs] (ADJ) (= *scandalous*) scandaleux; [*remark*] outrancier; [*story, claim, clothes, idea*] extravagant • **he's ~!*** il dépasse les bornes !*

outreach ['aʊtriːtʃ] (N) *programme destiné à informer les personnes défavorisées de leurs droits et des aides dont elles peuvent bénéficier*, ≈ travail *m* de proximité ▸ **outreach worker** N *travailleur social de terrain informant de leurs droits les personnes défavorisées*, ≈ travailleur *m*, -euse *f* de proximité

outrider ['aʊtˌraɪdəʳ] (N) (*on motorcycle*) motocycliste *mf*

outright 1 (ADV) ⓐ [*say, tell*] carrément; [*laugh*] franchement ⓑ [*refuse, deny*] catégoriquement • **he won ~** il a gagné haut la main ⓒ (= *instantly*) **to be killed ~** être tué sur le coup 2 (ADJ) ⓐ (= *undisguised*) [*lie*] pur; [*hostility*] franc (franche *f*); [*condemnation*] catégorique ⓑ (= *absolute*) [*victory*] total; [*majority*] absolu; [*winner*] incontesté

> Lorsque **outright** est un adverbe, l'accent tombe sur la seconde syllabe : [aʊt'raɪt], lorsque c'est un adjectif, sur la première : ['aʊtraɪt].

outrun [aʊt'rʌn] (*pret* **outran**, *ptp* **outrun**) (VT) distancer

outset ['aʊtset] (N) début *m* • **at the ~** au début • **from the ~** dès le début

outshine [aʊt'ʃaɪn] (*pret, ptp* **outshone**) (VT) éclipser

outside ['aʊt'saɪd] 1 (ADV) dehors • **it's cold ~** il fait froid dehors • **to go ~** sortir

2 (PREP) ⓐ à l'extérieur de • **store flammable substances ~ the house** conservez les produits inflammables à l'extérieur de la maison • **to live ~ London** vivre à l'extérieur de Londres • **a man was standing ~ the house** un homme se tenait devant la maison • **the noise was coming from ~ the house** le bruit venait de dehors • **women who work ~ the home** les femmes qui travaillent à l'extérieur ▸ **outside of** (= *outside*) à l'extérieur de; (= *apart from*) à part • **~ of Britain** hors de la Grande-Bretagne • **nobody ~ of my husband** personne à part mon mari

ⓑ (= *beyond*) en dehors de • **~ office hours** en dehors des heures de bureau • **that falls ~ our jurisdiction** cela ne relève pas de notre compétence • **sex ~ marriage** relations sexuelles hors mariage

3 (N) extérieur *m* • **the box was dirty on the ~** la boîte était sale à l'extérieur • **to look at sth from the ~** regarder qch de l'extérieur • **judging from the ~** vu de l'extérieur

4 (ADJ) ⓐ (= *outdoor*) extérieur ⓑ [*world, community, influence*] extérieur; [*consultant, investor*] externe • **~ examiner** examinateur *m*, -trice *f* externe • **without ~ help** sans aide extérieure • **~ line** ligne *f* extérieure • **~ interests** (= *hobbies*) passe-temps *mpl* ⓒ (= *faint*) **there is an ~ chance he'll come** il y a une petite chance qu'il vienne

5 (COMP) ▸ **outside broadcast** N émission *f* réalisée en extérieur ▸ **outside lane** N [*of road*] (*in Britain*) voie *f* de droite; (*in US, Europe*) voie *f* de gauche; [*of running track*] piste *f* extérieure

O

outsider ['aʊt'saɪdəʳ] (N) ⓐ (= *stranger*) étranger *m*, -ère *f* ⓑ (= *unlikely winner*) outsider *m*

outsize ['aʊtsaɪz] (ADJ) [*clothes*] grande taille *inv*

outskirts ['aʊtskɜːts] (NPL) [*of town*] périphérie *f* • **on the ~** en périphérie • **on the ~ of London** à la périphérie de Londres

outsmart* [aʊt'smɑːt] (VT) se montrer plus malin (-igne *f*) que

outsource ['aʊtsɔːs] (VT) externaliser

outsourcing ['aʊtsɔːsɪŋ] (N) externalisation *f*

outspoken [aʊt'spəʊkən] (ADJ) [*person, criticism*] franc (franche *f*) • **an ~ critic** un critique virulent • **he's fairly ~** il ne mâche pas ses mots

outstanding [aʊt'stændɪŋ] (ADJ) ⓐ (= *exceptional*) remarquable • **an area of ~ natural beauty** (*Brit*) une zone naturelle protégée ⓑ (= *remaining*) [*debt, balance*] impayé; [*issue, problem*] non résolu

outstandingly [aʊt'stændɪŋlɪ] (ADV) [*good, beautiful*] exceptionnellement • **to be ~ successful** réussir remarquablement

outstay [aʊt'steɪ] (VT) **I hope I haven't ~ed my welcome** j'espère que je n'ai pas abusé de votre hospitalité

outstretched ['aʊtstretʃt] (ADJ) [*arm, hand*] tendu; [*wings*] déployé

outstrip [aʊt'strɪp] (VT) devancer

outtake ['aʊtteɪk] (N) chute *f*

outvote [aʊt'vəʊt] (VT) mettre en minorité

outward ['aʊtwəd] **1** (ADJ) ⓐ (= *from a place*) **the ~ journey** le voyage aller ⓑ (= *external*) extérieur (-eure *f*) **2** (ADV) ⓐ [*face, move*] vers l'extérieur ⓑ **~ bound** [*ship*] en partance

outwardly ['aʊtwədlɪ] (ADV) [*calm*] extérieurement; [*respectable*] en apparence

outwards ['aʊtwədz] (ADV) vers l'extérieur

outweigh [aʊt'weɪ] (VT) l'emporter sur

outwit [aʊt'wɪt] (VT) se montrer plus malin (-igne *f*) que

oval ['əʊvəl] **1** (ADJ) ovale **2** (N) ovale *m* **3** (COMP) ▸ **the Oval Office** N le bureau ovale (*de la Maison-Blanche*)

> **OVAL OFFICE**
> Le **Oval Office** est le bureau personnel du président des États-Unis à la Maison-Blanche, ainsi appelé du fait de sa forme ovale. Par extension, ce terme désigne la présidence elle-même.

ovarian [əʊ'veərɪən] (ADJ) ovarien

ovary ['əʊvərɪ] (N) ovaire *m*

ovation [əʊ'veɪʃən] (N) ovation *f* • **to give sb a standing ~** ovationner qn

oven ['ʌvn] (N) four *m* • **in the ~** au four • **in a hot ~** à four chaud ▸ **oven glove** N (*Brit*) gant *m* de cuisine

ovenproof ['ʌvnpruːf] (ADJ) allant au four *inv*

---

over ['əʊvəʳ]

> **1** ADVERB **2** ADJECTIVE **3** PREPOSITION **4** NOUN **5** COMPOUND

> When **over** is an element in a phrasal verb, eg **come over**, **turn over**, look up the verb.

1 ADVERB

ⓐ (= *here*) **when you're next ~ this way** la prochaine fois que vous passerez par ici • **they were ~ for the day** ils sont venus passer la journée chez nous

▸ **to have sb over** (= *invite*) inviter qn chez soi • **I must have them ~ some time** il faut que je les invite chez moi un de ces jours

ⓑ (= *there*) là • **I'll be ~ at 7 o'clock** je serai là à 7 heures

ⓒ (= *above*) dessus • **heat the syrup and pour it ~** chauffer la mélasse et versez-la dessus

ⓓ (*with adverb/preposition*)

> When followed by an adverb or a preposition, **over** is not usually translated.

• **~ here** ici • **~ there** là-bas • **they're ~ from Canada for the summer** ils sont venus du Canada pour passer l'été ici • **they're ~ in France** ils sont en France • **~ against the wall** contre le mur

ⓔ (= *more*) plus • **if it is 2 metres or ~** si ça fait 2 mètres ou plus • **children of six and ~** les enfants de six ans et plus

ⓕ (= *in succession*) **he did it five times ~** il l'a fait cinq fois de suite

▸ **over and over again** **William played the same tune ~ and ~ again** William a joué le même air je ne sais combien de fois • **I got bored doing the same thing ~ and ~ again** je m'ennuyais à refaire toujours la même chose

ⓖ (= *remaining*) **there are three ~** il en reste trois • **there were two slices each and one ~** il y avait deux tranches par personne et une en plus

ⓗ (*on two-way radio*) **~!** à vous ! • **~ and out!** terminé !

2 ADJECTIVE

(= *finished*) **after the war was ~** après la guerre • **when this is all ~** quand tout cela sera fini • **when the exams are ~** quand les examens seront finis

▸ **over and done with** fini • **when it's all ~ and done with** quand ce sera fini • **to get sth ~ and done with** en finir avec qch

3 PREPOSITION

> When **over** occurs in a set combination, eg **over the moon**, **an advantage over**, look up the noun. When **over** is used with a verb such as **jump**, **trip**, **step**, look up the verb.

ⓐ (= *on top of*) sur • **she put an apron on ~ her dress** elle a mis un tablier sur sa robe • **I spilled coffee ~ it** j'ai renversé du café dessus

ⓑ (= *above*) au-dessus de • **the water came ~ his knees** l'eau lui arrivait au-dessus des genoux

ⓒ (= *across*) de l'autre côté de • **it's just ~ the river** c'est juste de l'autre côté de la rivière • **the bridge ~ the river** le pont qui enjambe la rivière • **there is a café ~ the road** il y a un café en face • **the house ~ the road** la maison d'en face

ⓓ (= *during*) **~ the summer** pendant l'été • **~ Christmas** pendant les fêtes de Noël • **the meetings take place ~ several days** les réunions se déroulent sur plusieurs jours • **~ a period of** sur une période de • **~ the last few years** ces dernières années

ⓔ (= *about*) **they fell out ~ money** ils se sont brouillés pour une question d'argent

f (= *more than*) plus de • **they stayed for ~ three hours** ils sont restés plus de trois heures • **she is ~ 60** elle a plus de 60 ans • **the ~-18s** les plus de 18 ans • **well ~ 200 people** bien plus de 200 personnes • **all numbers ~ 20** tous les chiffres au-dessus de 20

▸ **over and above** **this was ~ and above his normal duties** cela dépassait le cadre de ses fonctions • **spending has gone up by 7% ~ and above inflation** les dépenses ont augmenté de 7 %, hors inflation • **~ and above the fact that ...** sans compter que ...

g (= *on*) **I spent a lot of time ~ that report** j'ai passé beaucoup de temps sur ce rapport • **he took hours ~ the preparations** il a consacré des heures à ces préparatifs

h (= *while having*) **they chatted ~ a cup of coffee** ils ont bavardé autour d'une tasse de café

i (= *recovered from*)

▸ **to be over sth** [*+ illness, bad experience*] s'être remis de qch • **hoping you'll soon be ~ it** en espérant que tu te remettras vite • **we're ~ the worst now** le pire est passé maintenant

4 NOUN

(*Cricket*) série *f* de six balles

5 COMPOUND

▸ **over-the-counter** ADJ [*drugs, medicine*] vendu sans ordonnance ▸ **over-the-top** ADJ (= *exaggerated*) délirant • **it was really ~-the-top** c'était vraiment trop*

overact [əʊvər'ækt] (VI) en faire trop

overactive [əʊvər'æktɪv] (ADJ) [*imagination*] débordant

overall 1 (ADJ) (= *total*) total; [*effect, impression*] d'ensemble; [*improvement*] global; [*winner, leader, victory*] (*Sport*) au classement général • **this wine was the ~ winner with our judges** ce vin était champion toutes catégories auprès de notre jury • **an ~ majority** une majorité absolue • **she has ~ responsibility for the students** elle a la responsabilité générale des étudiants
2 (ADV) (= *in general*) dans l'ensemble • **~, it was disappointing** dans l'ensemble, ce fut décevant • **the quality of education ~** la qualité générale de l'enseignement • **he came first ~** il est arrivé premier au classement général
3 (NPL) **overalls** bleu *m* de travail

> Lorsque **overall** est un adjectif ou un nom, l'accent tombe sur la première syllabe : ['əʊvərɔːl], lorsque c'est un adverbe, sur la dernière : [ˌəʊvər'ɔːl].

overarm ['əʊvərɑːm] (ADV, ADJ) par en dessus

overattentive [əʊvərə'tentɪv] (ADJ) [*parent*] surprotecteur; [*lover*] trop empressé

overawe [əʊvər'ɔː] (VT) impressionner

overbalance [ˌəʊvə'bæləns] (VI) [*person*] perdre l'équilibre; [*object*] se renverser

overbearing [əʊvə'bɛərɪŋ] (ADJ) dominateur (-trice *f*)

overblown [əʊvə'bləʊn] (ADJ) [*style*] ampoulé

overboard ['əʊvəbɔːd] (ADV) [*fall, jump*] par-dessus bord • **man ~!** un homme à la mer ! • **to go ~*** (*fig*) exagérer

overbook [əʊvə'bʊk] (VTI) surréserver

overbooking [ˌəʊvə'bʊkɪŋ] (N) surréservation *f*, surbooking *m*

overburdened [əʊvə'bɜːdnd] (ADJ) [*person*] surchargé; [*system*] saturé

overcame [əʊvə'keɪm] (VB) *pt of* **overcome**

overcapacity [ˌəʊvəkə'pæsɪtɪ] (N) surcapacité *f*

overcast ['əʊvəˌkɑːst] (ADJ) [*sky*] couvert

overcharge [ˌəʊvə'tʃɑːdʒ] (VT) **to ~ sb for sth** faire payer qch trop cher à qn

overcoat ['əʊvəkəʊt] (N) pardessus *m*

overcome [ˌəʊvə'kʌm] (*pret* **overcame**, *ptp* **overcome**) (VT) [*+ difficulty, obstacle, temptation*] surmonter; [*+ opposition*] triompher de; [*+ enemy*] battre • **to be ~ by temptation** succomber à la tentation • **~ with despair** complètement désespéré

overcompensate [əʊvə'kɒmpənseɪt] (VI) faire de la surcompensation

overconfident [əʊvə'kɒnfɪdənt] (ADJ) trop sûr de soi

overcrowded [əʊvə'kraʊdɪd] (ADJ) [*city, prison, house*] surpeuplé; [*class*] surchargé; [*train, bus*] bondé

overcrowding [əʊvə'kraʊdɪŋ] (N) surpeuplement *m* • **~ in classrooms** les classes surchargées

overdevelopment [ˌəʊvədɪ'veləpmənt] (N) (*Econ*) surdéveloppement *m*

overdo [ˌəʊvə'duː] (*pret* **overdid**, *ptp* **overdone**) (VT) (= *exaggerate*) exagérer; (= *do too much*) [*+ exercise*] faire trop de • **don't ~ the beer** ne bois pas trop de bière • **to ~ it** (= *push o.s. too hard*) s'épuiser; (= *exaggerate*) exagérer

overdone [ˌəʊvə'dʌn] 1 (VB) *ptp of* **overdo** 2 (ADJ) (= *overcooked*) trop cuit

overdose ['əʊvədəʊs] 1 (N) overdose *f* • **to take an ~** faire une overdose 2 (VI) faire une overdose • **to ~ on sth** faire une overdose de qch • **to ~ on chocolate*** forcer* sur le chocolat

overdraft ['əʊvədrɑːft] (N) découvert *m*

overdrawn [əʊvə'drɔːn] (ADJ) [*person, account*] à découvert • **I'm £500 ~** j'ai un découvert de 500 livres

overdressed ['əʊvədrest] (ADJ) trop habillé

overdrive ['əʊvədraɪv] (N) **to go into ~*** mettre les bouchées doubles

overdue [ˌəʊvə'djuː] (ADJ) [*payment*] arriéré • **that change is long ~** il y a longtemps que ce changement aurait dû intervenir • **the baby is ~** le bébé aurait déjà dû naître

overeat [əʊvər'iːt] (*pret* **overate**, *ptp* **overeaten**) (VI) trop manger

overemphasize [əʊvər'emfəsaɪz] (VT) accorder trop d'importance à • **the importance of education cannot be ~d** on n'insistera jamais assez sur l'importance de l'éducation

overestimate [əʊvər'estɪmeɪt] (VT) surestimer

overexcited [əʊvərɪk'saɪtɪd] (ADJ) surexcité

overexert [əʊvərɪg'zɜːt] (VT) **to ~ o.s.** se surmener

overexpose [əʊvərɪks'pəʊz] (VT) [*+ film, photograph*] surexposer

overfeed [əʊvə'fiːd] (VT) (*pret, ptp* **overfed**) trop donner à manger à

overfishing [əʊvə'fɪʃɪŋ] (N) surpêche *f*

overflow 1 (N) [*of bath, sink*] trop-plein *m* 2 (VI) **a** [*liquid, river, container*] déborder; [*room, prison*] être plein à craquer • **to be full to ~ing** [*bin*] être plein à ras bords; [*room, prison*] être plein à craquer **b** (= *be full of*) **the town was ~ing with tourists** la ville était envahie par les touristes • **he was ~ing with optimism** il débordait d'optimisme
3 (COMP) ▸ **overflow pipe** N (tuyau *m* de) trop-plein *m*

> Lorsque **overflow** est un nom, l'accent tombe sur la première syllabe : ['əʊvəfləʊ], lorsque c'est un verbe, sur la dernière : [ˌəʊvə'fləʊ].

O

overgenerous [əʊvə'dʒenərəs] (ADJ) *[person]* prodigue (**with** de); *[amount, helping]* excessif

overgrown ['əʊvə'grəʊn] (ADJ) *[path, garden]* envahi par la végétation • **he's just an ~ schoolboy** il se conduit comme un enfant

overhang (*vb: pret, ptp* **overhung**) **1** (VT) surplomber **2** (N) surplomb *m*

> Lorsque **overhang** est un verbe, l'accent tombe sur la dernière syllabe : [,əʊvə'hæŋ], lorsque c'est un nom, sur la première : ['əʊvə,hæŋ].

overhanging [,əʊvə'hæŋɪŋ] (ADJ) en surplomb

overhaul **1** (N) *[of vehicle, machine]* révision *f*; *[of system, programme]* remaniement *m* **2** (VT) *[+ vehicle, machine]* réviser; *[+ system, programme]* remanier

> Lorsque **overhaul** est un nom, l'accent tombe sur la première syllabe : ['əʊvəhɔ:l], lorsque c'est un verbe, sur la dernière : [,əʊvə'hɔ:l].

overhead **1** (ADV) (= *up above*) au-dessus de nos (*or* vos *etc*) têtes; (= *in the sky*) dans le ciel; (= *on the floor above*) à l'étage au-dessus **2** (ADJ) *[wires, cables, railway]* aérien **3** (N) (*US*) frais *mpl* généraux **4** (NPL) **overheads** (*Brit*) frais *mpl* généraux **5** (COMP) ▸ **overhead light** N plafonnier *m* ▸ **overhead projector** N rétroprojecteur *m*

> Lorsque **overhead** est un adverbe, l'accent tombe sur la dernière syllabe : [,əʊvə'hed], lorsque c'est un adjectif ou un nom, sur la première : ['əʊvəhed].

overhear [,əʊvə'hɪəʳ] (*pret, ptp* **overheard**) (VT) surprendre • **he was overheard to say that ...** on l'a surpris à dire que ... • **I overheard two doctors discussing my case** j'ai entendu deux médecins discuter de mon cas

overheat [əʊvə'hi:t] **1** (VT) surchauffer **2** (VI) chauffer

overimpressed [əʊvərɪm'prest] (N) **I'm not ~ with his work** je ne suis pas vraiment impressionné par son travail

overindulge [əʊvərɪn'dʌldʒ] (VI) faire des excès

overjoyed [,əʊvə'dʒɔɪd] (ADJ) ravi • **~ about sth** ravi de qch

overkill ['əʊvəkɪl] (N) **it's ~** c'est excessif

overland ['əʊvəlænd] (ADJ, ADV) par voie de terre

overlap **1** (VI) se recouvrir partiellement; *[teeth, boards, tiles]* se chevaucher • **our holidays ~** nos vacances coïncident en partie **2** (VT) *[+ edges]* chevaucher **3** (N) chevauchement *m*

> Lorsque **overlap** est un verbe, l'accent tombe sur la dernière syllabe : [,əʊvə'læp], lorsque c'est un nom, sur la première : ['əʊvəlæp].

overlay [,əʊvə'leɪ] (*vb: pret, ptp* **overlaid** [,əʊvə'leɪd]) (VT) (re)couvrir (**with** de)

overleaf ['əʊvəli:f] (ADV) au verso

overload **1** (N) surcharge *f* **2** (VT) surcharger (**with** de)

> Lorsque **overload** est un nom, l'accent tombe sur la première syllabe : ['əʊvə,ləʊd], lorsque c'est un verbe, sur la dernière : [,əʊvə'ləʊd].

overlook [,əʊvə'lʊk] (VT) **a** *[house, window]* donner sur **b** (= *miss*) **I ~ed that** cela m'a échappé • **it is easy to ~ the fact that ...** on oublie facilement que ... **c** (= *allow to pass*) passer sur • **we'll ~ it this time** nous passerons là-dessus cette fois-ci

overly ['əʊvəlɪ] (ADV) trop

overmanning [əʊvə'mænɪŋ] (N) sureffectifs *mpl*

overmuch [əʊvə'mʌtʃ] (ADV) **I don't like it ~** ça ne me plaît pas trop

overnight **1** (ADV) **a** (= *during the night*) pendant la nuit • **it rained ~** il a plu pendant la nuit • **to stay ~ with sb** passer la nuit chez qn
b (= *suddenly*) du jour au lendemain • **the town had changed ~** la ville avait changé du jour au lendemain
2 (ADJ) **a** *[journey]* de nuit • **~ accommodation is included** la nuit d'hôtel est comprise dans le prix
b (= *sudden*) **there had been an ~ change of plan** les plans avaient changé du jour au lendemain
3 (COMP) ▸ **overnight bag** N sac *m* de voyage

> Lorsque **overnight** est un adverbe, l'accent tombe sur la dernière syllabe : [,əʊvə'naɪt], lorsque c'est un adjectif, sur la première : ['əʊvə,naɪt].

overpass ['əʊvəpɑ:s] (N) (*US*) pont *m* autoroutier; (*at flyover*) autopont *m*

overpay [əʊvə'peɪ] (*pret, ptp* **overpaid**) (VT) trop payer • **he was overpaid by $50** on lui a payé 50 dollars de trop

overplay [əʊvə'pleɪ] (VT) **to ~ one's hand** aller trop loin

overpopulated [əʊvə'pɒpjʊleɪtɪd] (ADJ) surpeuplé

overpopulation [əʊvəpɒpjʊ'leɪʃən] (N) surpopulation *f*

overpower [,əʊvə'paʊəʳ] (VT) *[+ thief, assailant]* maîtriser; *[+ army, team, opponent]* battre

overpowering [,əʊvə'paʊərɪŋ] (ADJ) *[desire, need, strength]* irrésistible; *[feeling, force]* irrépressible; *[smell, flavour]* envahissant; *[heat]* accablant; *[person, manner]* dominateur (-trice *f*)

overpriced [əʊvə'praɪst] (ADJ) excessivement cher

overproduction [əʊvəprə'dʌkʃən] (N) surproduction *f*

overprotective [əʊvəprə'tektɪv] (ADJ) surprotecteur (-trice *f*)

overqualified [əʊvə'kwɒlɪfaɪd] (ADJ) surqualifié

overrated [əʊvə'reɪtɪd] (ADJ) surfait

overreach [əʊvə'ri:tʃ] (VT) **to ~ o.s.** vouloir trop entreprendre

overreact [,əʊvəri:'ækt] (VI) réagir de manière excessive

override [,əʊvə'raɪd] (*pret* **overrode**, *ptp* **overridden**) (VT) *[+ order, instructions]* passer outre à; *[+ decision]* annuler; *[+ opinion, objection]* ne pas tenir compte de • **he overrode them and approved the grant** passant outre à leur décision, il a accordé la subvention • **this fact ~s all others** ce fait l'emporte sur tous les autres

overriding [,əʊvə'raɪdɪŋ] (ADJ) *[need, consideration, objective, importance]* primordial; *[concern, feeling]* premier; *[factor]* prépondérant

overrule [,əʊvə'ru:l] (VT) *[+ judgement, decision]* annuler; *[+ objection]* rejeter • **I objected but was ~d** j'ai fait objection mais mon objection a été rejetée

overrun [,əʊvə'rʌn] (*pret* **overran**, *ptp* **overrun**) **1** (VI) **to ~ (by ten minutes)** *[speaker]* dépasser le temps imparti (de dix minutes); *[programme, concert]* dépasser l'heure prévue (de dix minutes) **2** (VT) envahir

overseas ['əʊvə'si:z] 1 (ADV) outre-mer; (= *abroad*) à l'étranger 2 (ADJ) [*market, trade*] extérieur (-eure *f*); [*student, visitor*] étranger; [*aid*] aux pays étrangers

oversee [əʊvə'si:] (*pret* **oversaw**, *ptp* **overseen**) (VT) surveiller

overseer ['əʊvəsi:əʳ] (N) (*in factory*) contremaître *m*

oversensitive [əʊvə'sensɪtɪv] (ADJ) (= *touchy*) trop susceptible

oversexed [əʊvə'sekst] (ADJ) très porté sur le sexe

overshadow [əʊvə'ʃædəʊ] (VT) ⓐ [*tree, building*] dominer ⓑ (= *cloud*) assombrir; (= *eclipse*) [+ *person, achievement*] éclipser • **her childhood was ~ed by her mother's death** son enfance a été assombrie par la mort de sa mère

overshoot [ˌəʊvə'ʃu:t] (*pret, ptp* **overshot**) (VT) dépasser

oversight ['əʊvəsaɪt] (N) (= *omission*) omission *f* • **by an ~** par inadvertance

oversimplification ['əʊvəˌsɪmplɪfɪ'keɪʃən] (N) simplification *f* excessive

oversimplify [əʊvə'sɪmplɪfaɪ] (VT) trop simplifier

oversleep [əʊvə'sli:p] (*pret, ptp* **overslept**) (VI) **I overslept** je me suis réveillé trop tard

overspend [əʊvə'spend] (*pret, ptp* **overspent**) 1 (VI) trop dépenser 2 (N) dépassement *m* de budget

overspill ['əʊvəspɪl] (N) (*Brit*) **the London ~** l'excédent *m* de la population de Londres

overstaffed [əʊvə'stɑ:ft] (ADJ) en sureffectif

overstate [əʊvə'steɪt] (VT) exagérer

overstatement [əʊvə'steɪtmənt] (N) exagération *f*

overstay [əʊvə'steɪ] (VT) **to ~ one's visa** rester après l'expiration de son visa

overstep [ˌəʊvə'step] (VT) **to ~ one's authority** abuser de son autorité • **to ~ the mark** dépasser les bornes

overstretched [əʊvə'stretʃt] (ADJ) [*person*] débordé; [*budget*] extrêmement serré

overt [əʊ'vɜ:t] (ADJ) [*hostility*] manifeste; [*discrimination, racism*] flagrant

overtake [ˌəʊvə'teɪk] (*pret* **overtook**, *ptp* **overtaken**) 1 (VT) [+ *car*] (*Brit*) doubler; [+ *competitor, rival, runner*] dépasser • **the terrible fate that has ~n them** le tragique sort qui les a frappés 2 (VI) dépasser

overtax [əʊvə'tæks] (VT) ⓐ (*financially*) trop imposer ⓑ (= *overstretch*) surmener • **to ~ one's strength** se surmener

overthrow [ˌəʊvə'θrəʊ] (*pret* **overthrew**, *ptp* **overthrown**) (VT) renverser

overtime ['əʊvətaɪm] 1 (N) ⓐ heures *fpl* supplémentaires • **I'm doing ~** je fais des heures supplémentaires • **his imagination was working ~** il se laissait emporter par son imagination ⓑ (*US Sport*) prolongation *f* • **to play ~** jouer les prolongations 2 (COMP) ▸ **overtime pay** N (rémunération *f* pour) heures *fpl* supplémentaires

overtly [əʊ'vɜ:tlɪ] (ADV) ouvertement

overtone ['əʊvətəʊn] (N) (= *hint*) note *f* • **~s** connotations *fpl* • **to have political ~s** avoir des connotations politiques

overtook [ˌəʊvə'tʊk] (VB) *pt of* **overtake**

overture ['əʊvətjʊəʳ] (N) ouverture *f* • **to make ~s to sb** faire des avances à qn

overturn [ˌəʊvə'tɜ:n] 1 (VT) ⓐ [+ *car, chair*] renverser ⓑ [+ *government*] renverser; [+ *decision, judgement*] annuler 2 (VI) [*car*] se retourner

overuse [əʊvə'ju:z] (VT) [+ *product, word*] abuser de

overview ['əʊvəvju:] (N) vue *f* d'ensemble

overweight [ˌəʊvə'weɪt] (ADJ) **to be ~** avoir un excès de poids • **to be 5 kilos ~** peser 5 kilos de trop

overwhelm [ˌəʊvə'welm] (VT) ⓐ [*emotions, misfortunes*] accabler; [*shame, praise, kindness*] rendre confus • **I am ~ed by his kindness** je suis tout confus de sa gentillesse • **to be ~ed with work** être débordé de travail • **we have been ~ed with offers of help** nous avons été submergés d'offres d'aide ⓑ [*earth, lava, avalanche*] ensevelir; [+ *one's enemy, opponent*] écraser

overwhelming [ˌəʊvə'welmɪŋ] (ADJ) [*victory, majority, defeat*] écrasant; [*desire, power, pressure*] irrésistible; [*success*] énorme; [*evidence, heat*] accablant • **to give ~ support to sth** soutenir qch à fond • **my ~ impression is that ...** mon impression dominante est que ... • **an ~ sense of relief** un immense soulagement • **the government survived against ~ odds** le gouvernement a survécu alors qu'il avait tout contre lui

overwhelmingly [ˌəʊvə'welmɪŋlɪ] (ADV) [*attractive, strange*] extrêmement; [*vote, approve, reject*] massivement; [*white, male, positive, negative*] en grande majorité

overwork [ˌəʊvə'wɜ:k] 1 (N) surmenage *m* 2 (VT) [+ *person*] surcharger de travail 3 (VI) se surmener

overwrite [ˌəʊvə'raɪt] (VT) [+ *computer file*] écraser

overwrought [əʊvə'rɔ:t] (ADJ) (= *upset*) [*person*] à bout

overzealous [əʊvə'zeləs] (ADJ) trop zélé • **to be ~** faire de l'excès de zèle

ovulate ['ɒvjuleɪt] (VI) ovuler

ovulation [ˌɒvjʊ'leɪʃən] (N) ovulation *f*

ovum ['əʊvəm] (N) (*pl* **ova**) ovule *m*

ow [aʊ] (EXCL) = **ouch**

owe [əʊ] (VT) devoir (**to sb** à qn) • **he ~s me $5** il me doit 5 dollars • **I still ~ him for the meal** je lui dois toujours le (prix du) repas • **I ~ you a lunch** je vous dois un déjeuner • **you ~ him nothing** vous ne lui devez rien • **he ~s his failure to his own carelessness** il doit son échec à sa négligence • **to what do I ~ the honour of ...?** qu'est-ce qui me vaut l'honneur de ...? • **I ~ it to him to do that** je lui dois bien de faire cela • **you ~ it to yourself to make a success of it** vous vous devez de réussir • **I ~ my family my grateful thanks for their understanding** je suis profondément reconnaissant à ma famille de sa compréhension

owing ['əʊɪŋ] 1 (ADJ) dû • **the amount ~ on the house** ce qui reste dû sur le prix de la maison 2 (PREP) **~ to** en raison de, à cause de

owl [aʊl] (N) chouette *f*; (*with ear tufts*) hibou *m* • **a wise old ~** (= *person*) un vieux sage

own [əʊn] 1 (ADJ) propre *before n* • **his ~ car** sa propre voiture • **it's her ~ company** c'est sa société • **I saw it with my ~ eyes** je l'ai vu de mes propres yeux • **but your ~ brother said so** mais c'est votre frère qui l'a dit • **all my ~ work!** je l'ai fait moi-même ! • **he's his ~ man** il est son propre maître • **he is his ~ worst enemy** il est son pire ennemi • **he does his ~ cooking** il se fait la cuisine lui-même • **the house has its ~ garage** la maison a son garage particulier • **"~ garden"** «jardin privatif» • **he scored an ~ goal** (*Brit*) il a marqué un but contre son camp; (*fig*) ça s'est retourné contre lui • **to do one's ~ thing*** faire son truc à soi*

2 (PRON) ⓐ **that's my ~** c'est à moi • **my time is my ~** je suis libre de mon temps • **I haven't a minute to call my ~** je n'ai pas une minute à moi • **it's all my ~** c'est tout à moi • **a style all his ~** un style bien à lui • **it has a charm**

O

all of its ~ cela possède un charme tout particulier • **it's my very ~** c'est à moi tout seul • **she wants a room of her ~** elle veut sa propre chambre • **I have money of my ~** j'ai de l'argent à moi

b (*phrases*) **to look after one's ~** s'occuper des siens • **each to his ~** chacun ses goûts • **to come into one's ~** montrer de quoi on est capable • **organic farming is now coming into its ~** l'agriculture biologique commence à prendre de l'importance • **to get one's ~ back on sb for sth** prendre sa revanche sur qn de qch

▸ **on one's own** **to be on one's ~** être tout seul • **did you do it all on your ~?** est-ce que vous l'avez fait tout seul ? • **if I can get him on his ~** si je réussis à le voir seul à seul

3 (VT) posséder • **who ~s this house?** à qui appartient cette maison ? • **he acts as if he ~s the place*** il se comporte comme en pays conquis

4 (COMP) ▸ **own-brand, own-label** ADJ **their ~-brand** *or* **~-label peas** leur propre marque de petits pois

▸ **own up** VI avouer • **to ~ up to sth** admettre qch • **he ~ed up to having taken it** il a avoué l'avoir pris • **come on, ~ up!** allons, avoue !

owner [ˈəʊnəʳ] (N) propriétaire *mf* • **he is the proud ~ of ...** il est l'heureux propriétaire de ... • **the ~ of the white car** le propriétaire de la voiture blanche • **all dog ~s will agree that ...** tous ceux qui ont un chien conviendront que ... • **at ~'s risk** aux risques du client ▸ **owner-occupied house** N maison *f* occupée par son propriétaire ▸ **owner-occupier** N (*Brit*) propriétaire *m* occupant

ownership [ˈəʊnəʃɪp] (N) possession *f* • **his ~ of the vehicle was not in dispute** on ne lui contestait pas la propriété du véhicule • **to take ~ of sth** [+ *house, car*] s'approprier qch ; [+ *responsibilities, actions*] assumer qch ; [+ *problem, project*] assumer la responsabilité de qch

ox [ɒks] (*pl* **oxen** [ˈɒksən]) (N) bœuf *m* • **as strong as an ox** fort comme un bœuf

Oxbridge [ˈɒksbrɪdʒ] (*Brit*) **1** (N) *l'université d'Oxford ou de Cambridge (ou les deux)* **2** (ADJ) [*education*] à l'université d'Oxford ou de Cambridge ; [*attitude*] typique des universitaires d'Oxford ou de Cambridge

> **OXBRIDGE**
>
> **Oxbridge**, nom formé à partir des noms de Ox(ford) et (Cam)bridge, s'utilise pour parler de ces deux universités comme formant un tout, dans la mesure où elles sont toutes deux mondialement connues, et les plus prestigieuses des universités britanniques.

Oxfam [ˈɒksfæm] (N) (*Brit*) (ABBR OF **Oxford Committee for Famine Relief**) *association caritative d'aide au tiers-monde*

oxford [ˈɒksfəd] (N) (= *shoe*) chaussure *f* à lacets

oxidation [ˌɒksɪˈdeɪʃən] (N) oxydation *f*

oxide [ˈɒksaɪd] (N) oxyde *m*

oxidize [ˈɒksɪdaɪz] (VI) s'oxyder

oxtail [ˈɒksteɪl] (N) queue *f* de bœuf ▸ **oxtail soup** N soupe *f* à la queue de bœuf

oxyacetylene [ˈɒksɪəˈsetɪliːn] (ADJ) oxyacétylénique ▸ **oxyacetylene torch** N chalumeau *m* oxyacétylénique

oxygen [ˈɒksɪdʒən] (N) oxygène *m* ▸ **oxygen cylinder** N bouteille *f* d'oxygène ▸ **oxygen mask** N masque *m* à oxygène ▸ **oxygen tank** N ballon *m* d'oxygène ▸ **oxygen tent** N tente *f* à oxygène

oxygenate [ˈɒksɪdʒəneɪt] (VT) oxygéner

oxygenation [ˌɒksɪdʒəˈneɪʃən] (N) oxygénation *f*

oxymoron [ˌɒksɪˈmɔːrɒn] (N) (*pl* **oxymora** [ˌɒksɪˈmɔːrə]) oxymore *m*

oyster [ˈɔɪstəʳ] (N) huître *f* • **the world is his ~** le monde est à lui ▸ **oyster bed** N banc *m* d'huîtres ▸ **oyster cracker** N (*US*) petit biscuit *m* salé ▸ **oyster farming** N ostréiculture *f* ▸ **oyster shell** N coquille *f* d'huître

Oz* [ɒz] (ABBR OF **Australia**)

ozone [ˈəʊzəʊn] (N) ozone *m* ▸ **ozone-friendly** ADJ **~-friendly products** produits qui préservent la couche d'ozone ▸ **ozone hole** N trou *m* d'ozone ▸ **ozone layer** N couche *f* d'ozone ▸ **ozone-safe** ADJ sans danger pour la couche d'ozone

Pp

P, p [piː] 1 (N) ⓐ (= *letter*) **to mind one's Ps and Qs*** se surveiller ⓑ (ABBR OF **penny**) penny *m* ⓒ (ABBR OF **pence**) pence *mpl* 2 (COMP) ▸**P45** N (*Brit*) *attestation de fin de contrat de travail*

PA [piːˈeɪ] (N) ⓐ (ABBR OF **personal assistant**) secrétaire *mf* de direction ⓑ (ABBR OF **public-address system**) sono* *f* • **it was announced over the PA that ...** on a annoncé par haut-parleur que ... ⓒ (ABBR OF **Pennsylvania**)

pa* [pɑː] (N) papa *m*

p.a. (ABBR OF **per annum**) par an

pace [peɪs] 1 (N) ⓐ (= *measure*) pas *m* • **to take two ~s forward** faire deux pas en avant • **to put sb through his** *or* **her ~s** mettre qn à l'épreuve

ⓑ (= *speed*) (*walking*) pas *m*; (*running*) allure *f*; [*of action*] rythme *m* • **to quicken one's ~** [*walker*] presser le pas • **the ~ of life remains slow there** le rythme de vie y reste assez lent • **their snail-like ~** leur extrême lenteur • **to set the ~** (*in race*) mener le train; (*fig*) donner le ton • **earnings have not kept ~ with inflation** les salaires n'ont pas suivi le rythme de l'inflation • **to do sth at one's own ~** faire qch à son rythme • **he can't stand the ~** il n'arrive pas à tenir le rythme

2 (VI) **to ~ up and down** faire les cent pas

3 (VT) **to ~ o.s.** ménager ses forces

pacemaker [ˈpeɪs,meɪkəʳ] (N) (= *device*) pacemaker *m*; (= *person*) **to be (the) ~** mener le train

Pacific [pəˈsɪfɪk] (N) Pacifique *m* ▸**the Pacific Ocean** N l'océan *m* Pacifique

pacifier [ˈpæsɪfaɪəʳ] (N) (*US*) (= *baby's dummy*) tétine *f*

pacifism [ˈpæsɪfɪzəm] (N) pacifisme *m*

pacifist [ˈpæsɪfɪst] (ADJ, N) pacifiste *mf*

pacify [ˈpæsɪfaɪ] (VT) [+ *person*] calmer

pack [pæk] 1 (N) ⓐ (= *packet*) paquet *m*; [*of horse, mule*] charge *f*; (= *backpack*) sac *m* à dos • **a ~ of cigarettes** (= *individual packet*) un paquet de cigarettes; (= *carton*) une cartouche de cigarettes • **the yoghurt is sold in ~s of four** le yaourt se vend par lots de quatre

ⓑ (= *group*) [*of hounds, brownies, cubs*] meute *f*; (*Rugby*) pack *m* • **a ~ of lies** un tissu de mensonges • **they're behaving like a ~ of kids!** ils se comportent comme des gamins !

ⓒ [*of cards*] jeu *m*

2 (VT) ⓐ (= *parcel up*) emballer • **to ~ one's things** faire ses bagages • **I've ~ed four shirts** j'ai mis quatre chemises dans la valise

ⓑ (= *fill tightly*) remplir (**with** de) • **to ~ one's case** faire sa valise • **to ~ one's bags** faire ses bagages; (*fig*) plier bagage • **the book is ~ed with information** le livre est bourré de renseignements

ⓒ (= *crush together*) [+ *earth, objects*] tasser; [+ *people*] entasser

ⓓ (= *contain*) **a film that still ~s real punch*** un film qui est toujours aussi fort • **to ~ a gun*** (*US*) porter un revolver

3 (VI) ⓐ (= *do one's luggage*) faire ses bagages

ⓑ (= *cram*) **they ~ed into the stadium** ils se sont entassés dans le stade

4 (COMP) ▸**pack animal** N bête *f* de somme ▸**pack ice** N banquise *f*

▸**pack in*** 1 VI (= *break down*) [*machine, car*] rendre l'âme 2 VT SEP (*Brit*) [+ *person, job*] plaquer* • **~ it in!** (*Brit*) (= *stop doing sth*) laisse tomber !* • **it's ~ing them in** [*film*] il attire les foules

▸**pack off*** VT SEP **to ~ a child off to bed** expédier un enfant au lit

▸**pack up** 1 VI ⓐ (= *do one's luggage*) faire ses bagages; (*moving house*) faire ses cartons ⓑ (= *give up and go*)* plier bagage • **I think I'll ~ up and go home now** je crois que je vais m'arrêter là et rentrer chez moi ⓒ (*Brit* = *break down*)* rendre l'âme* 2 VT SEP [+ *object, book*] emballer • **he ~ed up his things** il a rassemblé ses affaires

package [ˈpækɪdʒ] 1 (N) ⓐ (= *parcel*) paquet *m* ⓑ (= *contract*) contrat *m* global; [*of reforms, measures*] ensemble *m*; (= *software*) progiciel *m* • **a ~ of measures** un train de mesures • **an aid ~** un programme d'aide • **it's part of the ~** c'est compris dans le prix ⓒ (= *holiday*) voyage *m* organisé 2 (VT) (= *wrap up*) emballer; (= *present*) présenter 3 (COMP) ▸**package deal** N (= *contract*) contrat *m* global ▸**package holiday** N voyage *m* organisé ▸**package store** N (*US*) magasin *m* de vins et spiritueux → LICENSING LAWS ▸**package tour** N voyage *m* organisé

packager [ˈpækɪdʒəʳ] (N) (*Publishing*) package(u)r *m*

packaging [ˈpækɪdʒɪŋ] (N) emballage *m*

packed [pækt] 1 (ADJ) ⓐ (*with people*) bondé • **to be ~ solid** être plein à craquer ⓑ (*with luggage ready*) **I'm ~ and ready to leave** j'ai fait mes bagages, je suis prêt ⓒ (= *compressed*) [*snow, soil*] tassé • **the snow was ~ hard** la neige était bien tassée 2 (COMP) ▸**packed lunch** N (*Brit*) **I'll take a ~ lunch** je vais emporter des sandwichs

packer [ˈpækəʳ] (N) (= *person*) emballeur *m*, -euse *f*

packet [ˈpækɪt] (N) paquet *m*; [*of sweets*] sachet *m* • **to cost a ~*** coûter une somme folle ▸**packet switching** N (*Comput, Telec*) commutation *f* par paquets

packing ['pækɪŋ] (N) [*of parcel, goods*] emballage *m* • **to do one's ~** faire ses bagages ▸ **packing case** N caisse *f*

pact [pækt] (N) pacte *m* • **we made a ~ to share the profits** nous nous sommes mis d'accord pour partager les bénéfices

pad [pæd] 1 (N) ⓐ (*to prevent friction, damage*) coussinet *m* ⓑ (*Football*) protège-cheville *m inv*; (*Hockey*) jambière *f* ⓒ (*= paper*) bloc *m*; (*smaller*) bloc-notes *m*; (*also* **writing pad**) bloc *m* (de papier à lettres) ⓓ (*= sanitary towel*)* serviette *f* hygiénique ⓔ (*for helicopter*) hélisurface *f* 2 (VI) **to ~ about** aller et venir à pas feutrés 3 (VT) [+ *cushion, shoulders*] rembourrer; [+ *furniture, door*] capitonner
▸ **pad out** VT SEP [+ *speech, essay*] étoffer; (*pej*) délayer

padded ['pædɪd] (ADJ) [*garment, envelope*] matelassé ▸ **padded cell** N cellule *f* capitonnée ▸ **padded shoulders** NPL épaules *fpl* rembourrées

padding ['pædɪŋ] (N) (*= material*) bourre *f*; (*in book, speech*) remplissage *m*

paddle ['pædl] 1 (N) ⓐ [*of canoe*] pagaie *f* ⓑ **to have a ~** faire trempette ⓒ (*US*) (*= table tennis bat*) raquette *f* de ping-pong 2 (VI) (*in water*) barboter; (*in mud*) patauger 3 (COMP) ▸ **paddle boat, paddle steamer** (*Brit*) N bateau *m* à aubes ▸ **paddling pool** N (*Brit*) pataugeoire *f*
▸ **paddle along** VI (*in boat*) pagayer

paddock ['pædək] (N) enclos *m*; (*Racing*) paddock *m*

paddy field ['pædɪ,fi:ld] (N) rizière *f*

padlock ['pædlɒk] 1 (N) cadenas *m* 2 (VT) cadenasser

paediatric, pediatric (*esp US*) [,pi:dɪ'ætrɪk] (ADJ) [*department*] de pédiatrie

paediatrician, pediatrician (*esp US*) [,pi:dɪə'trɪʃən] (N) pédiatre *mf*

paediatrics, pediatrics (*esp US*) [,pi:dɪ'ætrɪks] (N) pédiatrie *f*

paedo*, **pedo*** (*esp US*) ['pi:dəʊ] (N) (ABBR OF **paedophile**) pédophile *m*

paedophile, pedophile (*esp US*) ['pi:dəʊfaɪl] (N) pédophile *m* ▸ **paedophile ring** N réseau *m* de pédophiles

paella [paɪ'elə] (N) paella *f*

pagan ['peɪgən] (ADJ, N) païen(ne) *m(f)*

page [peɪdʒ] 1 (N) ⓐ (*in book*) page *f* • **on ~ 10** à la page 10 • **continued on ~ 20** suite page 20 ⓑ (*= boy*) (*at court*) page *m* ⓒ (*US*) (*at wedding*) garçon *m* d'honneur 2 (VT) (*= call for*) [+ *person*] faire appeler 3 (COMP) ▸ **page-turner** N livre *m* passionnant • **her novel is a real ~-turner** son roman se lit d'une traite

pageant ['pædʒənt] (N) (*historical*) spectacle *m* historique; (*= parade*) défilé *m*

pageantry ['pædʒəntrɪ] (N) apparat *m*

pageboy ['peɪdʒ,bɔɪ] (N) (*Brit*) (*at wedding*) garçon *m* d'honneur

pager ['peɪdʒə^r] (N) récepteur *m* d'appel; [*of doctor*] bip* *m*

pagoda [pə'gəʊdə] (N) pagode *f*

paid [peɪd] 1 (VB) *pt, ptp of* **pay** 2 (ADJ) [*staff, employee*] salarié; [*work*] rémunéré; [*holidays*] payé • **to be in ~ employment** avoir un emploi rémunéré • **highly ~** très bien payé 3 (COMP) ▸ **paid-up** ADJ **~-up member** membre *m* à jour de sa cotisation

pail [peɪl] (N) seau *m*

pain [peɪn] (N) douleur *f* • **to be in (great) ~** souffrir (beaucoup) • **a cry of ~** un cri de douleur • **chest ~** douleurs *fpl* dans la poitrine • **he suffers from back ~** il a mal au dos • **to take ~s (not) to do sth** se donner beaucoup de mal pour (ne pas) faire qch • **to spare no ~s** ne pas ménager ses efforts • **for one's ~s** pour sa peine • **on ~ of death** sous peine de mort • **he's a real ~*** il est vraiment casse-pieds* ▸ **pain barrier** N **to go through the ~ barrier** vaincre la douleur ▸ **pain relief** N soulagement *m* de la douleur ▸ **pain threshold** N seuil *m* de douleur

pained [peɪnd] (ADJ) [*expression*] peiné

painful ['peɪnfʊl] (ADJ) ⓐ [*wound*] douloureux • **my hand is ~** j'ai mal à la main ⓑ (*= distressing*) pénible

painfully ['peɪnfəlɪ] (ADV) ⓐ [*throb*] douloureusement ⓑ [*shy, sensitive, thin, slow*] terriblement • **my ignorance was ~ obvious** mon ignorance n'était que trop évidente

painkiller ['peɪn,kɪlə^r] (N) analgésique *m*

painless ['peɪnlɪs] (ADJ) indolore • **the exam was fairly ~*** l'examen n'avait rien de bien méchant*

painstaking ['peɪnz,teɪkɪŋ] (ADJ) méticuleux

paint [peɪnt] 1 (N) peinture *f* 2 (VT) peindre • **to ~ a wall red** peindre un mur en rouge • **to ~ one's nails** se vernir les ongles • **to ~ the town red** faire la noce* • **to ~ o.s. into a corner** se mettre dans une impasse • **she ~ed a vivid picture of the moment she escaped** elle a décrit son évasion avec beaucoup de verve 3 (VI) peindre • **to ~ in oils** faire de la peinture à l'huile • **to ~ in waterco-lours** faire de l'aquarelle 4 (COMP) ▸ **paint stripper** N décapant *m*

paintball ['peɪntbɔ:l] (N) paintball *m*

paintbox ['peɪntbɒks] (N) boîte *f* de couleurs

paintbrush ['peɪntbrʌʃ] (N) pinceau *m*

painter ['peɪntə^r] (N) ⓐ peintre *m* ⓑ (*= housepainter*) peintre *m* en bâtiments • **~ and decorator** peintre *m* décorateur

painting ['peɪntɪŋ] (N) ⓐ (*= activity*) peinture *f* ⓑ (*= picture*) tableau *m*

paintwork ['peɪntwɜ:k] (N) peinture *f*

pair [peə^r] 1 (N) ⓐ (*= two*) paire *f* • **these socks are not a ~** ces chaussettes sont dépareillées • **a ~ of scissors** une paire de ciseaux • **a ~ of pyjamas** un pyjama • **I've only got one ~ of hands!** je ne peux pas tout faire à la fois! • **to be a safe ~ of hands** être fiable • **you two are a right ~!*** vous faites vraiment la paire! • **in ~s** [*work*] à deux; [*enter*] par deux
ⓑ [*of animals*] paire *f*; (*mated*) couple *m*
2 (VT) **to be ~ed with sb** (*in competition*) avoir qn comme partenaire; (*at work*) travailler en équipe avec
▸ **pair off** VI [*people*] se mettre par deux • **to ~ off with sb** se mettre avec qn

paisley ['peɪzlɪ] (N) (*= design*) motif *m* cachemire

pajamas [pə'dʒɑ:məz] (NPL) (*US*) pyjama *m*

Paki** ['pækɪ] (N) (*Brit*) (*offensive*) (ABBR OF **Pakistani**) Pakistanais(e) *m(f)*

Pakistan [,pɑ:kɪs'tɑ:n] (N) Pakistan *m*

Pakistani [,pɑ:kɪs'tɑ:nɪ] 1 (ADJ) pakistanais 2 (N) Pakistanais(e) *m(f)*

pakora [pə'kɔ:rə] (N) *petit beignet indien*

pal* [pæl] (N) pote* *mf*; (*form of address*) mon vieux*, ma vieille*

palace ['pælɪs] (N) palais *m*

palatable ['pælətəbl] (ADJ) [*food*] savoureux; [*fact*] acceptable

palate ['pælɪt] (N) palais *m*

palatial [pə'leɪʃəl] (ADJ) **the house is ~** la maison est un véritable palais

palaver* [pə'lɑ:və^r] (N) (*= fuss*) bazar* *m* • **what a ~!** quel bazar!*

pale [peɪl] 1 (ADJ) pâle; (*from sickness, fear*) blême; [*moonlight*] blafard • **to grow ~** pâlir • **he looked ~** il était blême 2 (VI) **it ~s into insignificance beside ...** cela paraît dérisoire par rapport à ... 3 (N) **to be beyond the ~** [*behaviour, ideas*] être inadmissible; [*person*] dépasser les bornes 4 (COMP) ▸ **pale ale** N (*Brit*) *bière blonde légère* ▸ **pale-skinned** ADJ à la peau claire

paleness ['peɪlnɪs] (N) pâleur *f*

Palestine ['pælɪstaɪn] (N) Palestine *f*

Palestinian [,pæləs'tɪnɪən] 1 (ADJ) palestinien 2 (N) Palestinien(ne) *m(f)*

palette ['pælɪt] (N) palette *f* ▸ **palette knife** N (*pl* **palette knives**) spatule *f*

palisade [,pælɪ'seɪd] (N) palissade *f*

pall [pɔːl] 1 (VI) perdre son charme (**on sb** pour qn) 2 (N) [*of smoke*] voile *m* • **to cast a ~ over** [*+ event, celebration*] assombrir

pallet ['pælɪt] (N) (*for handling goods*) palette *f*

palliative ['pælɪətɪv] 1 (ADJ, N) palliatif *m* 2 (COMP) ▸ **palliative care** N soins *mpl* palliatifs

pallid ['pælɪd] (ADJ) blafard; (*= unexciting*) insipide

pally* ['pælɪ] (ADJ) très copain* (copine* *f*)

palm [pɑːm] 1 (N) **a** [*of hand*] paume *f* • **to read sb's ~** lire les lignes de la main à qn • **to have sb in the ~ of one's hand** faire de qn ce qu'on veut **b** (*= tree*) palmier *m* 2 (COMP) ▸ **palm device** N palm *m* (*produit électronique qui tient dans la main*) ▸ **palm oil** N huile *f* de palme ▸ **Palm Sunday** N dimanche *m* des Rameaux *mpl*

▸ **palm off** VT SEP [*+ sth worthless*] refiler* (**on, onto** à) • **to ~ sb off** se débarrasser de qn • **they ~ed the children off on me** ils m'ont refilé les enfants*

palmtop (computer) ['pɑːmtɒp(kəm'pjuːtəʳ)] (N) ordinateur *m* de poche

palpable ['pælpəbəl] (ADJ) palpable

palpitation [,pælpɪ'teɪʃən] (N) palpitation *f*

paltry ['pɔːltrɪ] (ADJ) [*amount*] dérisoire

pamper ['pæmpəʳ] (VT) dorloter • **~ your skin with ...** offrez à votre peau ... • **to ~ o.s.** se faire plaisir

pamphlet ['pæmflɪt] (N) brochure *f*

pan [pæn] 1 (N) **a** casserole *f*; (*US: for baking*) moule *m* à gâteau **b** [*of lavatory*] cuvette *f* • **to go down the ~**‡ tomber à l'eau 2 (VT) (*= criticize harshly*) [*+ film, book*]* éreinter 3 (VI) [*camera*] faire un panoramique (**to** sur) 4 (COMP) ▸ **pan-fry** VT poêler • **~-fried salmon** saumon *m* poêlé ▸ **pan scrubber** N tampon *m* à récurer

▸ **pan out*** VI (*= turn out well*) bien se goupiller*

panacea [,pænə'sɪə] (N) panacée *f*

panache [pə'næʃ] (N) panache *m* • **with great ~** avec panache

Panama ['pænə,mɑː] (N) Panama *m* ▸ **the Panama Canal** N le canal de Panama ▸ **Panama hat** N panama *m*

Panamanian [,pænə'meɪnɪən] 1 (ADJ) panaméen 2 (N) Panaméen(ne) *m(f)*

pancake ['pænkeɪk] (N) crêpe *f* ▸ **Pancake Day, Pancake Tuesday** N (*Brit*) mardi *m* gras

pancreas ['pæŋkrɪəs] (N) pancréas *m*

panda ['pændə] (N) panda *m*

pandemic [pæn'demɪk] (N) pandémie *f*

pandemonium [,pændɪ'məʊnɪəm] (N) chahut *m* • **~ broke loose** il y eut un chahut monstre

pander ['pændəʳ] (VI) **to ~ to** [*+ person*] se prêter aux exigences de; [*+ whims, desires*] se plier à; [*+ tastes, weaknesses*] flatter

p & h [,piːənd'eɪtʃ] (N) (*US*) (ABBR OF **postage and handling**) port et manutention

Pandora's box [pæn,dɔːrəz'bɒks] (N) boîte *f* de Pandore

p & p [,piːənd'piː] (N) (ABBR OF **postage and packing**) frais *mpl* de port et d'emballage

pane [peɪn] (N) vitre *f*

panel ['pænəl] 1 (N) **a** [*of door, wall*] panneau *m* **b** (*= group*) (*for interview*) jury *m* d'entretien • **~ of examiners** jury *m* **c** (*on programme*) invités *mpl*; (*for game*) jury *m* • **a ~ of experts** un groupe d'experts **d** (*in inquiry*) commission *f* d'enquête; (*= committee*) comité *m* 2 (COMP) ▸ **panel game** N (*on radio*) jeu *m* radiophonique; (*on TV*) jeu *m* télévisé ▸ **panel truck, panel van** N (*US*) camionnette *f*

panelled, paneled (*US*) ['pænəld] (ADJ) [*door*] à panneaux • **oak-~** lambrissé de chêne

panelling, paneling (*US*) ['pænəlɪŋ] (N) lambris *m*

panellist, panelist (*US*) ['pænəlɪst] (N) (*on programme*) invité(e) *m(f)*

pang [pæŋ] (N) pincement *m* de cœur • **a ~ of conscience** un accès de mauvaise conscience • **hunger ~s** tiraillements *mpl* d'estomac

panhandle ['pænhændl] 1 (N) (*US*) (*= strip of land*) bande *f* de terre 2 (VI) (*US = beg*)‡ faire la manche* 3 (VT) (*US = beg from*)‡ mendier auprès de

panhandler‡ ['pænhændləʳ] (N) (*US*) (*= beggar*) mendiant(e) *m(f)*

panic ['pænɪk] 1 (N) panique *f* • **to get into a ~** paniquer • **in a ~** complètement paniqué 2 (VI) paniquer • **don't ~!*** pas de panique ! 3 (VT) [*+ person*] faire paniquer • **he was ~ked by his wife's behaviour** il s'est affolé en voyant le comportement de sa femme • **they were ~ked by the prospect of ...** ils étaient pris de panique à la perspective de ... 4 (COMP) ▸ **panic attack** N crise *f* de panique ▸ **panic button** N alarme *f* ▸ **panic buying** N achats *mpl* effectués sous l'emprise de la panique ▸ **panic stations*** NPL **it was ~ stations** ça a été la panique générale ▸ **panic-stricken** ADJ affolé

panicky ['pænɪkɪ] (ADJ) **to feel ~** être pris de panique

panini [pæ'niːnɪ] (N) panini *m*

pannier ['pænɪəʳ] (N) (*on cycle, motorcycle*) sacoche *f*

panorama [,pænə'rɑːmə] (N) panorama *m*

panoramic [,pænə'ræmɪk] (ADJ) panoramique

Pan pipes ['pænpaɪps] (NPL) flûte *f* de Pan

pansy ['pænzɪ] (N) (*= flower*) pensée *f*

pant [pænt] (VI) haleter • **to ~ for breath** être hors d'haleine • **he ~ed up the hill** il grimpa la colline en haletant

pantechnicon [pæn'teknɪkən] (N) (*Brit*) grand camion *m* de déménagement

panther ['pænθəʳ] (N) panthère *f*

panties ['pæntɪz] (NPL) slip *m*

pantihose ['pæntɪhəʊz] (NPL) collant *m*

panto* ['pæntəʊ] (N) (*Brit*) (ABBR OF **pantomime**)

pantomime ['pæntəmaɪm] (N) (*Brit*) **a** (*= show*) *spectacle de Noël pour enfants* **b** (*= fuss*) comédie *f* • **this ~ of secrecy** cette comédie du secret

PANTOMIME

La **pantomime** ou **panto** est un spectacle de théâtre pour enfants monté au moment de Noël. Le sujet en est un conte de fées ou une histoire populaire (par ex. Cendrillon ou Aladin), généralement présenté sous la forme d'une comédie bouffonne avec des chansons, des costumes fantaisistes et des décors féeriques. Les acteurs font beaucoup appel à la participation du public. Les principaux rôles masculins et féminins sont souvent interprétés par des acteurs du sexe opposé.

pantry ['pæntrɪ] (N) garde-manger *m inv*

pants [pænts] (NPL) ⓐ (*Brit*) (= *underwear*) **(a pair of)** ~ un slip ⓑ (= *trousers*) **(a pair of)** ~ un pantalon • **she's the one who wears the ~*** c'est elle qui porte la culotte • **to be caught with one's ~ down*** être pris au dépourvu • **to bore the ~ off sb*** barber qn*

pantsuit ['pæntsu:t] (N) tailleur-pantalon *m*

pantyhose ['pæntɪhəʊz] (N) collant *m*

panty liner ['pæntɪ,laɪnəʳ] (N) protège-slip *m*

Pap [pæp] (N) ▸ **Pap smear, Pap test** N frottis *m* de dépistage

papacy ['peɪpəsɪ] (N) papauté *f*

papal ['peɪpəl] (ADJ) [*throne*] pontifical; [*visit*] du pape

paparazzi (NPL) [,pæpə'rætsi:] paparazzi *m inv*

papaya [pə'paɪə] (N) papaye *f*

paper ['peɪpəʳ] 1 (N) ⓐ papier *m* • **his desk was covered with ~** son bureau était couvert de papiers • **a piece of ~** (= *odd bit*) un morceau de papier; (= *sheet*) une feuille de papier • **he was asked to put his suggestions down on ~** on lui a demandé de mettre ses suggestions par écrit • **the project is impressive on ~** sur le papier, le projet est impressionnant

ⓑ (= *newspaper*) journal *m*

ⓒ (= *set of exam questions*) épreuve *f* écrite; (= *student's written answers*) copie *f* • **a geography ~** une épreuve de géographie

ⓓ (= *scholarly work*) (*printed*) article *m*; (*spoken*) conférence *f*; (*in seminar: by student*) exposé *m* • **to write a ~ on** écrire un article sur

ⓔ (= *wallpaper*) papier *m* peint

2 (NPL) **papers** (= *documents*) papiers *mpl* • **show me your ~s** vos papiers, s'il vous plaît

3 (VT) [+ *room, walls*] tapisser

4 (ADJ) en papier; [*plate*] en carton

5 (COMP) ▸ **paper bag** N sac *m* en papier ▸ **paper cup** N gobelet *m* en carton ▸ **paper handkerchief** N mouchoir *m* en papier ▸ **paper lantern** N lampion *m* ▸ **paper mill** N usine *f* de papier ▸ **paper qualifications** NPL diplômes *mpl* ▸ **paper round** N tournée *f* de distribution des journaux ▸ **paper shop** N (*Brit*) marchand *m* de journaux ▸ **paper-thin** ADJ extrêmement fin ▸ **paper trail** N traces *fpl* écrites

▸ **paper over** VT INSEP [+ *differences, disagreements*] passer sur

paperback ['peɪpəbæk] (N) livre *m* de poche • **it exists in ~** ça existe en poche

paperboy ['peɪpəbɔɪ] (N) livreur *m* de journaux

paperclip ['peɪpəklɪp] (N) trombone *m*

papergirl ['peɪpəgɜ:l] (N) livreuse *f* de journaux

paperweight ['peɪpəweɪt] (N) presse-papier(s) *m*

paperwork ['peɪpəwɜ:k] (N) tâches *fpl* administratives

papier-mâché [,pæpjeɪ'mæʃeɪ] (N) papier *m* mâché

paprika ['pæprɪkə] (N) paprika *m*

Papuan ['pæpjʊən] (ADJ) papou

Papua New Guinea [,pæpjʊənju:'gɪni:] (N) Papouasie-Nouvelle-Guinée *f*

par [pɑ:ʳ] (N) ⓐ **to be on a ~ with** être comparable à • **a disaster on a ~ with Chernobyl** une catastrophe comparable à celle de Tchernobyl ⓑ (= *standard*) **his work isn't up to ~** • **his work is below ~** son travail laisse à désirer • **to feel below** *or* **under ~** ne pas être en forme ⓒ (*Golf*) par *m* • **four over ~** quatre coups au-dessus du par • **that's ~ for the course** (= *typical*) c'est typique • **his behaviour was ~ for the course** ça ne m'étonne pas de lui

para* ['pærə] (N) ⓐ (ABBR OF **paragraph**) ⓑ (*Brit*) (ABBR OF **paratrooper**) para* *m*

paraben ['pəræben] (N) paraben *m*, parabène *m*

parable ['pærəbl] (N) parabole *f*

parabola [pə'ræbələ] (N) parabole *f*

paracetamol [pærə'si:təmɒl] (N) paracétamol *m*

parachute ['pærəʃu:t] 1 (N) parachute *m* 2 (VI) descendre en parachute 3 (VT) parachuter 4 (COMP) ▸ **parachute jump** N saut *m* en parachute

parade [pə'reɪd] 1 (N) ⓐ (= *procession*) défilé *m* ⓑ (= *series*) **an endless ~ of advertisements** des publicités à n'en plus finir 2 (VT) (= *display*) afficher • **these reforms were ~d as progress** ces réformes ont été présentées comme un progrès 3 (VI) [*soldiers*] défiler

▸ **parade about*, parade around*** VI pavaner

paradigm ['pærədaɪm] (N) paradigme *m*

paradise ['pærədaɪs] (N) paradis *m*

paradox ['pærədɒks] (N) paradoxe *m*

paradoxical [,pærə'dɒksɪkəl] (ADJ) paradoxal

paradoxically [,pærə'dɒksɪkəlɪ] (ADV) paradoxalement

paraffin ['pærəfɪn] (N) (*Brit* = *fuel*) pétrole *m* ▸ **paraffin heater** N poêle *m* à mazout ▸ **paraffin lamp** N lampe *f* à pétrole ▸ **paraffin wax** N paraffine *f*

parafoil ['pærəfɔɪl] (N) parafoil *m*

paragliding ['pærə,glaɪdɪŋ] (N) parapente *m*

paragon ['pærəgən] (N) modèle *m*

paragraph ['pærəgrɑ:f] (N) paragraphe *m* • **"new ~"** « à la ligne » • **to begin a new ~** aller à la ligne

Paraguay ['pærəgwaɪ] (N) Paraguay *m*

Paraguayan [,pærə'gwaɪən] 1 (ADJ) paraguayen 2 (N) Paraguayen(ne) *m(f)*

parakeet ['pærəki:t] (N) perruche *f*

parallel ['pærəlel] 1 (ADJ) parallèle (**with, to** à); (= *similar*) [*situation, process, event, operation*] analogue • **the road runs ~ to the railway** la route est parallèle à la voie de chemin de fer 2 (N) parallèle *m* • **to draw a ~ between** établir un parallèle entre • **an event without ~** un événement sans précédent • **to happen in ~ with sth** arriver parallèlement à qch 3 (COMP) ▸ **parallel bars** NPL barres *fpl* parallèles ▸ **parallel processing** N traitement *m* en parallèle

Paralympic Games [pærə,lɪmpɪk'geɪmz] (NPL) Jeux *mpl* paralympiques

paralysis [pə'ræləsɪs] (N) (*pl* **paralyses** [pə'ræləsi:z]) paralysie *f*

paralytic [,pærə'lɪtɪk] (ADJ) ⓐ paralytique ⓑ (*Brit* = *drunk*)* bourré*

paralyze ['pærəlaɪz] (VT) paralyser • **his arm is ~d** il est paralysé du bras • **~d from the neck down** complètement paralysé • **~d with fear** paralysé de peur • **paralyzing shyness** timidité *f* maladive

paramedic [,pærə'medɪk] (N) auxiliaire *mf* médical(e)

parameter [pə'ræmɪtəʳ] (N) paramètre *m* • **to set the ~s of** *or* **for sth** définir les paramètres de qch • **within the ~s of ...** dans les limites de ...

paramilitary [,pærə'mɪlɪtərɪ] 1 (ADJ) paramilitaire 2 (N) **the paramilitaries** les forces *fpl* paramilitaires

paramount ['pærəmaʊnt] (ADJ) primordial • **of ~ importance** d'une importance primordiale

paranoia [,pærə'nɔɪə] (N) paranoïa *f*

paranoid ['pærənɔɪd] (ADJ) paranoïaque

paranormal [ˌpærə'nɔːməl] 1 (ADJ) paranormal 2 (N) **the ~** les phénomènes *mpl* paranormaux

parapet ['pærəpɪt] (N) parapet *m* • **to keep one's head below the ~** ne pas prendre de risques

paraphernalia [ˌpærəfə'neɪlɪə] (N) (*pl inv*) attirail *m*

paraphrase ['pærəfreɪz] 1 (N) paraphrase *f* 2 (VT) paraphraser

paraplegic [ˌpærə'pliːdʒɪk] (ADJ, N) paraplégique *mf*

parapsychology [ˌpærəsaɪ'kɒlədʒɪ] (N) parapsychologie *f*

parascending ['pærəˌsendɪŋ] (N) parachutisme *m* ascensionnel

parasite ['pærəˌsaɪt] (N) parasite *m*

parasitic(al) [ˌpærə'sɪtɪk(əl)] (ADJ) parasite

parasol ['pærəˌsɒl] (N) (*held in hand*) ombrelle *f*; (*over table, on beach*) parasol *m*

parasport ['pærəˌspɔːt] (N) handisport *m*

paratrooper ['pærətruːpə^r] (N) parachutiste *mf* (*soldat*)

parcel ['pɑːsəl] (N) colis *m* ▸ **parcel bomb** N colis *m* piégé ▸ **parcel post** N **to send sth ~ post** envoyer qch par colis postal

▸ **parcel out** VT SEP distribuer; [+ *territory, inheritance*] partager

▸ **parcel up** VT SEP empaqueter

parched [pɑːtʃt] (ADJ) [*lips, soil, plants*] desséché • **I'm ~!*** je meurs de soif !*

parchment ['pɑːtʃmənt] (N) parchemin *m*

pardon ['pɑːdən] 1 (N) pardon *m* 2 (VT) ⓐ [+ *mistake*] pardonner • **~ me** excusez-moi • **~?** pardon ? • **~ me?** (*US*) pardon ? • **~ my asking, but ...** excusez-moi de vous poser cette question, mais ... • **if you'll ~ the expression** si vous me pardonnez l'expression ⓑ [+ *criminal*] gracier; (= *grant amnesty to*) amnistier

pare [peə^r] (VT) ⓐ [+ *fruit*] éplucher; [+ *nails*] couper ⓑ (= *reduce: also* **pare down**) réduire

parent ['peərənt] (N) (= *father*) père *m*; (= *mother*) mère *f* • **his ~s** ses parents *mpl* ▸ **parent company** N maison *f* mère ▸ **parents' evening** N réunion *f* de parents d'élèves ▸ **parent-teacher association** N (*in school*) association *f* de parents d'élèves et de professeurs

parentage ['peərəntɪdʒ] (N) **of Scottish ~** (*mother and father*) (né) de parents écossais

parental [pə'rentl] (ADJ) [*choice*] des parents; [*involvement, responsibility*] parental • **~ authority** l'autorité *f* parentale ▸ **parental leave** N congé *m* parental

parenthesis [pə'renθɪsɪs] (N) (*pl* **parentheses** [pə'renθɪsiːz]) parenthèse *f*

parenthood ['peərənthʊd] (N) condition *f* de parent • **the responsibilities of ~** les responsabilités *fpl* que l'on a quand on a des enfants

parenting ['peərəntɪŋ] (N) éducation *f* des enfants • **~ is a full-time occupation** élever un enfant est un travail à plein temps

pariah [pə'raɪə] (N) paria *m*

Paris ['pærɪs] 1 (N) Paris 2 (ADJ) [*society, nightlife, metro*] parisien

parish ['pærɪʃ] (N) paroisse *f*; (*Brit: civil*) commune *f* ▸ **parish church** N église *f* paroissiale ▸ **parish priest** N (*Catholic*) curé *m*; (*Protestant*) pasteur *m*

parishioner [pə'rɪʃənə^r] (N) paroissien(ne) *m(f)*

Parisian [pə'rɪzɪən] 1 (ADJ) parisien; [*life*] à Paris 2 (N) Parisien(ne) *m(f)*

parity ['pærɪtɪ] (N) parité *f*

park [pɑːk] 1 (N) parc *m* 2 (VT) ⓐ [+ *vehicle*] garer • **a line of ~ed cars** une rangée de voitures en stationnement • **he was ~ed near the theatre** il était garé près du théâtre ⓑ (= *leave*)* **to ~ a child with sb** laisser un enfant chez qn 3 (VI) stationner • **do not ~ here** ne stationnez pas ici 4 (COMP) ▸ **park-and-ride** N *stationnement en périphérie d'agglomération combiné à un système de transport en commun* ▸ **park keeper** N (*Brit*) gardien(ne) *m(f)* de parc

parka ['pɑːkə] (N) parka *f*

parking ['pɑːkɪŋ] (N) stationnement *m* • **"no ~"** « défense de stationner » • **~ is very difficult** c'est très difficile de trouver à stationner • **there's plenty of ~ (space)** il y a de la place pour stationner ▸ **parking brake** N (*US*) frein *m* à main ▸ **parking garage** N (*US*) parking *m* (couvert) ▸ **parking lights** NPL (*US*) feux *mpl* de position ▸ **parking lot** N (*US*) parking *m* ▸ **parking meter** N parcmètre *m* ▸ **parking offence** N infraction *f* aux règles de stationnement ▸ **parking place, parking space** N place *f* de stationnement ▸ **parking ticket** N PV* *m*, contravention *f*

Parkinson's disease ['pɑːkɪnsənzdɪˌziːz] (N) maladie *f* de Parkinson

parkland ['pɑːklænd] (N) espace(s) *m(pl)* vert(s)

parkour [pɑː'kʊə^r] (N) parkour *m*, PK *m*

parkway ['pɑːkweɪ] (N) (*US*) *route à plusieurs voies bordée d'espaces verts*

parlance ['pɑːləns] (N) langage *m*

parliament ['pɑːləmənt] (N) (= *institution, building*) parlement *m*; (= *period in government*) législature *f* • **in Parliament** au Parlement • **to go into** *or* **enter Parliament** entrer au Parlement

> **PARLIAMENT**
>
> Le **Parliament** est l'assemblée législative britannique ; elle est composée de deux chambres : la « House of Commons » et la « House of Lords ». Ses bureaux sont les « Houses of Parliament » au palais de Westminster à Londres. Chaque **Parliament** est en général élu pour cinq ans. Les débats du **Parliament** sont retransmis à la télévision. → HOUSE OF COMMONS, HOUSE OF LORDS

parliamentarian [ˌpɑːləmen'teərɪən] (N) (*Brit* = *MP*) parlementaire *mf*

parliamentary [ˌpɑːlə'mentərɪ] (ADJ) parlementaire • **~ candidate** candidat *m* au Parlement

parlour†, **parlor**† (*US*) ['pɑːlə^r] (N) (*in house*) petit salon *m* • **~ game** jeu *m* de société

parlourmaid ['pɑːləmeɪd] (N) servante *f*

parlous ['pɑːləs] (ADJ) (*frm*) alarmant

Parma ['pɑːmə] (N) Parme

Parmesan [ˌpɑːmɪ'zæn] (N) (*also* **Parmesan cheese**) parmesan *m*

parochial [pə'rəʊkɪəl] (ADJ) [*attitude, outlook*] borné • **they're very ~** ils ne sont pas très ouverts sur le monde ▸ **parochial school** N (*US*) école *f* catholique

parody ['pærədɪ] 1 (N) parodie *f* 2 (VT) parodier

parole [pə'rəʊl] 1 (N) (= *period of release*) liberté *f* conditionnelle; (= *act of release*) mise *f* en liberté conditionnelle • **on ~** en liberté conditionnelle 2 (VT) [+ *prisoner*] placer en liberté conditionnelle

paroxysm ['pærəksɪzəm] (N) paroxysme *m* • **~s of rage** une rage folle

parquet ['pɑːkeɪ] (N) ⓐ (*also* **parquet flooring**) parquet *m* ⓑ (*US*) (*Theatre*) parterre *m*

P

parrot ['pærət] (N) perroquet *m* ▸ **parrot-fashion** ADV comme un perroquet

parry ['pærɪ] (VT) [+ *blow, attack*] parer; [+ *question*] éluder

parse [pɑ:z] (VT) faire l'analyse grammaticale de

parsimonious [,pɑ:sɪ'məʊnɪəs] (ADJ) parcimonieux

parsley ['pɑ:slɪ] (N) persil *m* ▸ **parsley sauce** N sauce *f* persillée

parsnip ['pɑ:snɪp] (N) panais *m*

parson ['pɑ:sn] (N) (= *parish priest*) pasteur *m*

part [pɑ:t] 1 (N) ⓐ (= *section, division*) partie *f* • **he spent ~ of his childhood in Wales** il a passé une partie de son enfance au pays de Galles • **in ~** en partie • **it's all ~ of growing up** c'est normal quand on grandit • **to him, it's all ~ of the job** pour lui, ça fait partie du travail • **respect is an important ~ of any relationship** le respect est un élément important de toute relation • **an important ~ of her work is ...** une part importante de son travail consiste à ... • **to be ~ and parcel of sth** faire partie (intégrante) de qch

▸ **for the most part** dans l'ensemble

ⓑ (= *episode*) [*of book, play*] partie *f*; [*of serial*] épisode *m* • **a six-~ serial** un feuilleton en six épisodes

ⓒ [*of machine*] pièce *f* • **you can't get the ~s for this model** on ne trouve pas de pièces pour ce modèle

ⓓ (= *measure*) mesure *f*

ⓔ (= *role*) rôle *m* • **he was just right for the ~** il était parfait pour ce rôle • **we all have our ~ to play** nous avons tous notre rôle à jouer • **he had no ~ in it** il n'y était pour rien • **I want no ~ in it** je ne veux pas m'en mêler

▸ **to take part (in sth)** participer (à qch)

ⓕ (= *behalf*) part *f* • **for my ~** pour ma part • **an error on the ~ of his secretary** une erreur de sa secrétaire

ⓖ (= *place*) **in this ~ of the world** dans le coin*

ⓗ (US) (= *parting*) (*in hair*) raie *f*

2 (ADV) (= *partly*) en partie • **she is ~ French** elle a des origines françaises • **this novel is ~ thriller, ~ ghost story** ce roman est à la fois un thriller et une histoire de fantômes

3 (VT) ⓐ [+ *people, boxers*] séparer • **they were ~ed during the war** ils ont étés séparés pendant la guerre

▸ **to part company with sb** (= *leave*) quitter qn; (= *disagree*) ne plus être d'accord avec qn

ⓑ **to ~ one's hair** se faire une raie

4 (VI) (= *take leave of each other*) se quitter; (= *break up*) [*couple, boxers*] se séparer; (= *open up*) [*crowd, lips*] s'ouvrir • **to ~ from sb** quitter qn • **to ~ with** [+ *money*] débourser; [+ *possessions*] se défaire de; [+ *employee*] se séparer de

5 (COMP) ▸ **part exchange** N (*Brit*) reprise *f* • **to take a car in ~ exchange** reprendre une voiture ▸ **part of speech** N partie *f* du discours ▸ **part payment** N (= *exchange*) règlement *m* partiel; (= *deposit*) arrhes *fpl* ▸ **part-time** ADJ à temps partiel • **to have a ~-time job** travailler à temps partiel ♦ ADV [*work, study*] à temps partiel ▸ **part-timer** N employé(e) *m(f)* à temps partiel

partake [pɑ:'teɪk] (*pret* **partook**, *ptp* **partaken**) (VI) (*frm*) **to ~ in** prendre part à • **to ~ of** [+ *meal*] prendre

Parthenon ['pɑ:θənɒn] (N) Parthénon *m*

partial ['pɑ:ʃəl] (ADJ) ⓐ [*success, explanation, eclipse*] partiel ⓑ (= *biased*) partial • **to be ~ to sth** avoir un faible pour qch

> The French word **partiel** ends in **-iel** instead of **-ial**.

partially ['pɑ:ʃəlɪ] (ADV) (= *partly*) en partie • **~ hidden by the trees** en partie caché par les arbres • **the driver was ~ responsible for the accident** le conducteur était en partie responsable de l'accident ▸ **partially-sighted** ADJ **to be ~-sighted** être malvoyant

participant [pɑ:'tɪsɪpənt] (N) participant(e) *m(f)* (**in** à)

participate [pɑ:'tɪsɪpeɪt] (VI) participer (**in** à)

participation [pɑ:,tɪsɪ'peɪʃən] (N) participation *f* (**in** à)

participle ['pɑ:tɪsɪpl] (N) participe *m* • **past/present ~** participe *m* passé/présent

> The French word **participe** does not contain an **l** like the English word **participle**.

particle ['pɑ:tɪkl] (N) (= *small piece*) particule *f*; (*fig*) parcelle *f* • **dust ~s** grains *mpl* de poussière • **a ~ of truth** une parcelle de vérité • **not a ~ of evidence** pas l'ombre d'une preuve ▸ **particle accelerator** N accélérateur *m* de particules ▸ **particle physics** N physique *f* des particules

> The French word **particule** contains a **u**.

particular [pə'tɪkjʊlə^r] 1 (ADJ) ⓐ (= *specific*) particulier • **in this ~ case** dans ce cas particulier • **for no ~ reason** sans raison particulière • **that ~ brand** cette marque-là • **the report moves from the ~ to the general** le rapport va du particulier au général

ⓑ (= *special*) particulier • **nothing ~ happened** il ne s'est rien passé de particulier • **to be of ~ interest to sb** intéresser qn (tout) particulièrement • **to pay ~ attention to sth** faire particulièrement attention à qch

ⓒ (= *fussy*) exigeant • **he is ~ about his food** il est difficile pour la nourriture • **which do you want? — I'm not ~** lequel voulez-vous ? — cela m'est égal

2 (N) ⓐ ▸ **in particular** en particulier • **anything/anybody in ~** quelque chose/quelqu'un en particulier

ⓑ (= *detail*) détail *m* • **in every ~** en tout point • **he is wrong in one ~** il se trompe sur un point

3 (NPL) **particulars** (= *information*) détails *mpl*; (= *description*) description *f*; [*of person*] (= *description*) signalement *m*; (= *name, address*) coordonnées *fpl* • **full ~s** tous les détails • **for further ~s apply to ...** pour de plus amples renseignements s'adresser à ...

particularity [pə,tɪkjʊ'lærɪtɪ] (N) particularité *f*

particularly [pə'tɪkjʊləlɪ] (ADV) (= *especially*) [*good, bad, well, badly*] particulièrement • **not ~** pas particulièrement • **it's dangerous for children, ~ young ones** c'est dangereux pour les enfants, surtout pour les tout jeunes

particulate [pɑ:'tɪkjʊlət] 1 (ADJ) [*emissions, levels*] de particules; [*filter*] à particules; [*pollution*] aux particules 2 (NPL) **particulates** particules *fpl* dangereuses

parting ['pɑ:tɪŋ] 1 (N) ⓐ séparation *f* • **the ~ of the ways** la croisée des chemins ⓑ (*Brit*) [*of hair*] raie *f* • **to have a centre ~** avoir la raie au milieu 2 (ADJ) [*gift, words*] d'adieu • **~ shot** pointe *f*

partisan [,pɑ:tɪ'zæn] (N) partisan *m*

partition [pɑ:'tɪʃən] 1 (N) ⓐ (*also* **partition wall**) cloison *f* ⓑ (= *dividing*) [*of country*] partition *f* 2 (VT) [+ *property*] diviser; [+ *country*] diviser en deux; [+ *estate*] morceler; [+ *room*] cloisonner

partly ['pɑ:tlɪ] (ADV) en partie

partner ['pɑ:tnə^r] 1 (N) ⓐ partenaire *mf*; (*in business*) associé(e) *m(f)* • **our European ~s** nos partenaires européens • **~s in crime** complices *mpl* ⓑ (*Sport*) partenaire *mf*; (*Dancing*) cavalier *m*, -ière *f* ⓒ (*= boyfriend*) compagnon *m*; (*= girlfriend*) compagne *f* • **bring your ~ along** venez avec votre conjoint 2 (VT) (*Dancing*) être le cavalier (*or* la cavalière) de; (*in competitions*) être le (*or* la) partenaire de

partnership [ˈpɑːtnəʃɪp] (N) association *f* • **to go into ~** s'associer

partridge [ˈpɑːtrɪdʒ] (N) perdrix *f*; (*to eat*) perdreau *m*

partway [ˌpɑːtˈweɪ] (ADV) **~ along** (*or* **there**) à mi-chemin

party [ˈpɑːtɪ] 1 (N) ⓐ (*political*) parti *m*
ⓑ (*= group of travellers*) groupe *m*
ⓒ (*= celebration*) fête *f*; (*in the evening*) soirée *f*; (*formal*) réception *f* • **to have a ~** organiser une fête • **birthday ~** fête *f* d'anniversaire
ⓓ (*legal*) partie *f* • **all parties concerned** toutes les parties concernées • **to be ~ to a crime** être complice d'un crime
2 (ADJ) [*politics, leader*] de parti, du parti
3 (VI) * faire la fête • **let's ~!** faisons la fête ! • **I'm not a great one for ~ing** je ne suis pas fêtard(e)*
4 (COMP) ▸ **party animal*** N fêtard(e)* *m(f)* ▸ **party line** N (*Politics*) ligne *f* du parti • **to toe the ~ line** suivre la ligne du parti ▸ **party piece*** N **to do one's ~ piece** faire son numéro* ▸ **party political** ADJ **~ political broadcast** *émission réservée à un parti politique* ▸ **party politics** N politique *f* de parti; (*pej*) politique *f* politicienne ▸ **party pooper*** N rabat-joie *m inv* ▸ **party spirit** N (*Politics*) esprit *m* de parti; (*= gaiety*) entrain *m* ▸ **party trick** N numéro *m* (fait dans les fêtes)

pashmina [pæʃˈmiːnə] (N) pashmina *m*

pass [pɑːs] 1 (N) ⓐ (*= permit*) [*of journalist, worker*] laissez-passer *m inv*; (*for travel*) carte *f* d'abonnement
ⓑ (*in mountains*) défilé *m*
ⓒ (*in exam*) mention *f* passable • **to get a ~ in history** être reçu en histoire
ⓓ (*= state*)* **things have come to a pretty ~ when ...** il faut que les choses aillent bien mal pour que ...
ⓔ (*Football*) passe *f*
ⓕ (*= sexual advance*) **to make a ~* at sb** faire du plat* à qn
2 (VI) ⓐ (*= come, go*) passer; [*procession*] défiler; (*= overtake*) doubler • **to let sb ~** laisser passer qn • **letters ~ed between them** ils ont échangé des lettres • **the virus ~es easily from one person to another** le virus se transmet facilement d'une personne à l'autre • **the land has now ~ed into private hands** le terrain appartient désormais à un propriétaire privé
ⓑ [*time*] s'écouler • **three hours had ~ed** trois heures s'étaient écoulées • **three days had ~ed** trois jours s'étaient écoulés • **I'm very conscious of time ~ing** j'ai une conscience aiguë du temps qui passe
ⓒ (*= go away*) [*pain, crisis*] passer; [*danger*] disparaître; [*memory*] s'effacer
ⓓ (*in exam*) être reçu (**in** en)
ⓔ (*= take place*) se passer • **all that ~ed between them** tout ce qui s'est passé entre eux
ⓕ (*= be accepted*) **what ~es for law and order in this country** ce que l'on appelle l'ordre public dans ce pays • **she could ~ for 20** on lui donnerait 20 ans • **will this do? — oh, it'll ~*** est-ce que ça convient ? — oh, ça peut aller • **he let it ~** il a laissé passer
ⓖ (*Cards*) passer • **(I) ~!** (*in games*) (je) passe !; (*fig*) aucune idée !
ⓗ (*Sport*) faire une passe
3 (VT) ⓐ (*= go past*) [*+ building, person*] passer devant; [*+ barrier, frontier*] passer; (*= overtake*) doubler; (*Sport*) (*= go beyond*) dépasser • **when you have ~ed the town hall ...** quand vous aurez dépassé la mairie ... • **they ~ed each other on the way** ils se sont croisés en chemin
ⓑ [*+ exam*] être reçu à
ⓒ [*+ time*] passer • **just to ~ the time** pour passer le temps
ⓓ (*= hand over*) (faire) passer • **please ~ the salt** faites passer le sel s'il vous plaît • **~ me the box** passez-moi la boîte • **to ~ sth down the line** faire passer qch (de main en main)
ⓔ (*= accept*) [*+ candidate*] recevoir; [*+ proposal*] adopter • **they didn't ~ him** ils l'ont recalé • **the doctor ~ed him fit for work** le docteur l'a déclaré apte à reprendre le travail
ⓕ (*= utter*) **to ~ comment (on sth)** faire un commentaire (sur qch) • **to ~ judgement** prononcer un jugement
ⓖ (*= move*) passer • **he ~ed his hand over his brow** il s'est passé la main sur le front
ⓗ (*Sport*) [*+ ball*] passer
ⓘ [*+ forged money, stolen goods*] écouler
ⓙ (*= excrete*) **to ~ water** uriner
4 (COMP) ▸ **pass degree** N (*Univ*) ≈ licence *f* obtenue sans mention ▸ **pass key** N passe-partout *m inv* ▸ **pass mark** N moyenne *f* • **to get a ~ mark** avoir la moyenne ▸ **pass rate** N taux *m* de réussite

> ⚠ In the context of exams **passer** is not the translation for **to pass**.

▸ **pass away** VI (*= die*) décéder

▸ **pass by** 1 VI passer (à côté); [*procession*] défiler • **I saw him ~ing by** je l'ai vu passer
2 VT SEP **life has ~ed me by** je n'ai pas vraiment vécu • **fashion just ~es him by** la mode le laisse froid

▸ **pass down** 1 VI [*inheritance*] être transmis (**to** à)
2 VT SEP transmettre • **to ~ sth down (in a family)** transmettre qch par héritage (dans une famille) • **~ed down from father to son** transmis de père en fils

▸ **pass off** 1 VI ⓐ [*faintness, headache*] passer
ⓑ (*= take place*) [*events*] se dérouler • **the demonstration ~ed off peacefully** la manifestation s'est déroulée pacifiquement
2 VT SEP faire passer • **to ~ something off as something else** faire passer une chose pour une autre

▸ **pass on** 1 VI ⓐ (*= die*) décéder
ⓑ (*= continue one's way*) passer son chemin
2 VT SEP (*= hand on*) [*+ object*] (faire) passer (**to** à); [*+ news*] faire circuler; [*+ message*] transmettre • **to ~ on old clothes to sb** repasser de vieux vêtements à qn • **to ~ on a tax to the consumer** répercuter un impôt sur le consommateur

▸ **pass out** 1 VI ⓐ (*= faint*) perdre connaissance; (*from drink*) tomber ivre mort
ⓑ (*Brit*) (*= complete training*) (*Police*) finir son entraînement (*avec succès*); (*Mil*) finir ses classes (*avec succès*)
2 VT SEP [*+ leaflets*] distribuer

▸ **pass over** 1 VI (*= die*) décéder
2 VT SEP [*+ person, event, matter*] ne pas mentionner • **to ~ sth over in silence** passer qch sous silence • **he was ~ed over in favour of his brother** on lui a préféré son frère • **she was ~ed over for promotion** on ne lui a pas accordé la promotion qu'elle attendait

P

3 VT INSEP (= *ignore*) passer sous silence
▸ **pass round** VT SEP [+ *bottle*] faire passer
▸ **pass up** VT SEP (= *forego*) laisser passer

passable ['pɑ:səbl] ADJ ⓐ (= *tolerable*) assez bon • **he spoke ~ French** il parlait assez bien français ⓑ [*road*] praticable

passage ['pæsɪdʒ] N ⓐ (= *passing*) passage *m*; [*of bill, law*] adoption *f* • **with the ~ of time he understood** avec le temps il finit par comprendre ⓑ (*by sea*) traversée *f* • **he worked his ~ to Australia** il a travaillé pour se payer la traversée en Australie ⓒ (= *way through*) passage *m* ⓓ (= *passageway*) (*indoors*) couloir *m* ⓔ [*of text, music*] passage *m*

passageway ['pæsɪdʒweɪ] N (*indoors*) couloir *m*

passbook ['pɑ:sbʊk] N (= *bank book*) livret *m* (bancaire)

passcode ['pɑ:skəʊd] N ⓐ (*to a building*) digicode ® *m* ⓑ (*to a device, computer system*) code *m* d'accès

passenger ['pæsndʒə^r] N (*in train*) voyageur *m*, -euse *f*; (*in boat, plane, car*) passager *m*, -ère *f* ▸ **passenger door** N [*of car*] portière *f* avant côté passager ▸ **passenger enquiries** NPL renseignements *mpl* ▸ **passenger list** N liste *f* des passagers ▸ **passenger seat** N [*of car*] (*in front*) siège *m* du passager; (*in back*) siège *m* arrière

passer-by [pɑ:sə'baɪ] N (*pl* **passers-by**) passant(e) *m(f)*

passing ['pɑ:sɪŋ] 1 ADJ ⓐ (= *moving by*) [*person, car*] qui passe (*or* passait *etc*) ⓑ (= *brief*) passager • **a ~ interest in sth/sb** un intérêt passager pour qch/qn • **to bear only a ~ resemblance to sb** ne ressembler que vaguement à qn • **with every ~ year** année après année 2 N ⓐ **with the ~ of time** avec le temps • **in ~** en passant ⓑ (*in car*) (= *overtaking*) dépassement *m* ⓒ (= *death*) décès *m*

passion ['pæʃən] N passion *f* (**for** de) • **to have a ~ for music** être passionné de musique ▸ **passion fruit** N fruit *m* de la passion

passionate ['pæʃənɪt] ADJ passionné; [*speech*] véhément

> ✎ The French word **passionné** has a double **n**.

passionately ['pæʃənɪtlɪ] ADV passionnément; [*argue, make love*] avec passion; [*opposed*] farouchement • **to be ~ fond of sth** adorer qch • **to be ~ in love with sb** aimer passionnément qn

> ✎ The French word has a double **n** and ends in **-ément** whereas the English word ends in **-ately**.

passive ['pæsɪv] 1 ADJ ⓐ (= *unresponsive*) passif ⓑ [*vocabulary, understanding, tense*] passif; [*verb*] au passif 2 N (*Gram*) passif *m* • **in the ~** au passif 3 COMP ▸ **passive resistance** N résistance *f* passive ▸ **passive smoking** N tabagisme *m* passif

passkey ['pɑ:ski:] N passe-partout *m inv*

Passover ['pɑ:səʊvə^r] N pâque *f* (juive)

passport ['pɑ:spɔ:t] N passeport *m* • **visitor's ~** (*Brit*) passeport *m* temporaire • **~ to success** clé *f* de la réussite ▸ **passport control** N contrôle *m* des passeports ▸ **passport holder** N titulaire *mf* de passeport

password ['pɑ:swɜ:d] N mot *m* de passe

past [pɑ:st] 1 N ⓐ passé *m* • **in the ~** dans le passé; (*longer ago*) autrefois • **several times in the ~** plusieurs fois dans le passé • **in the ~, many of these babies would have died** autrefois, beaucoup de ces bébés seraient morts • **she lives in the ~** elle vit dans le passé • **it's a thing of the ~** cela appartient au passé • **new vaccines could make these illnesses a thing of the ~** de nouveaux vaccins pourraient faire disparaître ces maladies ⓑ (= *tense*) passé *m* • **in the ~** au passé
2 ADJ ⓐ passé • **in times ~** jadis • **in ~ centuries** pendant les siècles passés • **the ~ week** la semaine dernière • **the ~ few days** ces derniers jours • **she's been out of work for the ~ three years** elle est au chômage depuis trois ans • **all that is now ~** tout cela c'est du passé • **~ president** ancien président *m*
ⓑ (*Gram*) passé; [*verb*] au passé; [*form, ending*] du passé
3 PREP ⓐ (*beyond in time*) plus de • **it is ~ 11 o'clock** il est 11 heures passées • **half ~ three** (*Brit*) trois heures et demie • **quarter ~ three** (*Brit*) trois heures et quart • **at 20 ~ three** (*Brit*) à 3 heures 20 • **the train goes at five ~*** (*Brit*) le train part à cinq* • **she is ~ 60** elle a 60 ans passés
ⓑ (= *beyond in space*) au delà de • **~ it** au delà • **just ~ the post office** juste après la poste • **I think we've gone ~ it** (= *missed it*) je pense que nous l'avons dépassé
ⓒ (= *in front of*) devant • **he goes ~ the house every day** il passe tous les jours devant la maison
ⓓ (= *beyond limits of*) **I'm ~ caring** j'ai cessé de m'en faire • **he's a bit ~ it (now)*** il n'est plus dans la course* • **I wouldn't put it ~ her* to have done it** je la crois capable d'avoir fait ça • **I wouldn't put it ~ him** cela ne m'étonnerait pas de lui
4 ADV

> ➢ When **past** is an element in a phrasal verb, eg **let past**, **run past**, look up the verb.

devant • **to go** *or* **walk ~** passer
5 COMP ▸ **past historic** N passé *m* simple ▸ **past master** N **to be a ~ master at sth** être expert en qch • **to be a ~ master at doing sth** avoir l'art de faire qch ▸ **past participle** N participe *m* passé ▸ **past perfect** N plus-que-parfait *m* ▸ **past tense** N passé *m* • **in the ~ tense** au passé

pasta ['pæstə] N pâtes *fpl*

paste [peɪst] 1 N ⓐ (= *spread*) (*meat*) pâté *m*; (*fish*) beurre *m*; (*vegetable, fruit*) purée *f* • **mix the butter and flour into a ~** travaillez le beurre et la farine pour en faire une pâte ⓑ (= *glue*) colle *f* • **wallpaper ~** colle *f* pour papier peint 2 VT ⓐ coller; [+ *wallpaper*] enduire de colle ⓑ (*Comput*) coller • **to ~ text into a document** insérer un texte dans un document

pastel ['pæstəl] 1 N ⓐ (= *pencil, drawing*) pastel *m* ⓑ (*also* **pastel colour**) ton *m* pastel *inv* 2 ADJ [*shade*] pastel *inv*

pasteurization [ˌpæstəraɪ'zeɪʃən] N pasteurisation *f*

pasteurize ['pæstəraɪz] VT pasteuriser

pasteurized ['pæstəraɪzd] ADJ pasteurisé

pastille ['pæstɪl] N pastille *f*

pastime ['pɑ:staɪm] N passe-temps *m inv*

pastor ['pɑ:stə^r] N pasteur *m*

pastoral ['pɑ:stərəl] ADJ ⓐ (= *rural*) pastoral; [*beauty, joys*] champêtre ⓑ [*care*] (*by priest*) pastoral ⓒ [*role, duties*] (*in school*) de conseiller • **in a ~ capacity** dans un rôle de conseiller

pastry ['peɪstrɪ] 1 N ⓐ pâte *f* ⓑ (= *cake*) pâtisserie *f* 2 COMP ▸ **pastry case** N croûte *f* • **in a ~ case** en croûte ▸ **pastry chef, pastry cook** N pâtissier *m*, -ière *f*

pasture ['pɑ:stʃə^r] 1 N pâturage *m* • **to seek ~s new** chercher de nouveaux horizons 2 VT faire paître 3 COMP ▸ **pasture land** N pâturage(s) *m(pl)*

pasty[1] ['peɪstɪ] ADJ pâteux; [*face, complexion*] terreux • **~-faced** au teint terreux

pasty[2] ['pæstɪ] N (*Brit*) petit pâté *m* en croûte (*contenant généralement de la viande, des oignons et des pommes de terre*)

pat [pæt] **1** VT [*+ object*] tapoter; [*+ animal*] flatter • **he ~ted my hand** il me tapota la main • **to ~ o.s. on the back** se féliciter (soi-même)
2 N ⓐ (*= tap*) petite tape *f* • **to give sb a ~ on the back** (*fig*) complimenter qn • **you deserve a ~ on the back** félicitations !
ⓑ [*of butter*] portion *f* de beurre
3 ADJ [*answer, remark*] tout prêt
▸ **off pat to know sth off ~** savoir qch sur le bout des doigts • **she had all the answers off ~** elle a pu répondre du tac au tac

patch [pætʃ] **1** N ⓐ (*for clothes*) pièce *f*; (*for inner tube*) rustine® *f*; (*over eye*) cache *m*; (*nicotine, HRT*) patch *m*
ⓑ [*of colour*] tache *f*; [*of sky*] coin *m*; [*of land*] parcelle *f*; [*of vegetables*] carré *m*; [*of ice*] plaque *f*; [*of water*] flaque *f* • **a damp ~** une tache d'humidité • **he's got a bald ~** il a le crâne un peu dégarni • **a bad ~** un moment difficile • **to hit a bad ~** entrer dans une mauvaise passe • **it isn't a ~ on ...** ça ne soutient pas la comparaison avec ... • **he's not a ~ on our old boss*** il est loin de valoir notre ancien patron
ⓒ (*for program*) correction *f* (de programme)
ⓓ (*Brit*) [*of policeman, social worker*]* secteur *m*
2 VT [*+ clothes*] rapiécer; [*+ tyre*] réparer
3 COMP ▸ **patch test** N (*Med*) test *m* cutané
▸ **patch up** VT SEP [*+ clothes*] rapiécer; [*+ injured person*]* rafistoler* • **they soon ~ed up their differences** ils se sont vite rabibochés*

patchwork ['pætʃwɜːk] **1** N patchwork *m* **2** ADJ [*quilt*] en patchwork

patchy ['pætʃɪ] ADJ inégal

pâté ['pæteɪ] N pâté *m*

patent ['pætənt] **1** ADJ (*= obvious*) manifeste **2** N (*= licence*) brevet *m* d'invention **3** VT faire breveter **4** COMP ▸ **patent leather** N cuir *m* verni ▸ **Patent Office** N (*Brit*) ≈ Institut *m* national de la propriété industrielle

patently ['peɪtəntlɪ] ADV manifestement • **~ obvious** absolument évident

paternal [pə'tɜːnl] ADJ paternel

> The French word **paternel** ends in **-el** instead of **-al**.

paternalistic [pətɜːnə'lɪstɪk] ADJ paternaliste

paternity [pə'tɜːnɪtɪ] N paternité *f* ▸ **paternity leave** N congé *m* de paternité ▸ **paternity suit** N action *f* en recherche de paternité

path [pɑːθ] **1** N ⓐ sentier *m*; (*in garden*) allée *f* ⓑ (*= route*) [*of bullet, hurricane*] trajectoire *f*; [*of advancing person*] chemin *m* • **the storm destroyed everything in its ~** la tempête a tout détruit sur son passage • **he stepped off the kerb into the ~ of a car** il est descendu du trottoir au moment où une voiture arrivait ⓒ (*= way*) voie *f* • **the ~ to success** la voie du succès • **the ~ towards independence** la voie vers l'indépendance **2** COMP ▸ **path-breaking** ADJ révolutionnaire ▸ **path lab*** N laboratoire *m* d'analyses ▸ **path name** N (*Comput*) nom *m* d'accès

pathetic [pə'θetɪk] ADJ ⓐ (*= very sad*) [*sight, grief*] pitoyable ⓑ (*= feeble*)* [*person, piece of work, performance*] pitoyable • **a ~ attempt** une tentative lamentable

pathetically [pə'θetɪklɪ] ADV (*= terribly*) **~ thin/shy** d'une maigreur/timidité pitoyable • **a ~ small number** un nombre ridiculement faible

pathogen ['pæθədʒən] N agent *m* pathogène

pathogenic [ˌpæθə'dʒenɪk] ADJ pathogène

pathological [ˌpæθə'lɒdʒɪkəl] ADJ pathologique

pathologist [pə'θɒlədʒɪst] N pathologiste *mf*

pathology [pə'θɒlədʒɪ] N pathologie *f*

pathos ['peɪθɒs] N pathétique *m* • **the ~ of the situation** le pathétique de la situation

pathway [pɑːθweɪ] N ⓐ (*in woods etc*) sentier *m*; (*in garden*) allée *f* ⓑ (*fig*) voie *f*

patience ['peɪʃəns] N ⓐ patience *f* • **she doesn't have much ~ with children** elle n'est pas très patiente avec les enfants • **I have no ~ with these people** ces gens m'exaspèrent • **to lose one's ~** perdre patience • **my ~ is wearing thin** ma patience a des limites • **my ~ is exhausted** ma patience est à bout ⓑ (*Brit Cards*) réussite *f* • **to play ~** faire des réussites

patient ['peɪʃənt] **1** ADJ patient • **be ~!** soyez patient ! **2** N patient(e) *m(f)*; (*post-operative*) opéré(e) *m(f)* • **a doctor's ~s** les patients d'un médecin • **psychiatric ~** malade *mf* psychiatrique • **cancer ~** cancéreux *m*, -euse *f* ▸ **patient care** soins *mpl* (*aux patients*)

patiently ['peɪʃəntlɪ] ADV patiemment

patio ['pætɪəʊ] N patio *m* ▸ **patio doors** NPL portes-fenêtres *fpl* (*donnant sur un patio*) ▸ **patio furniture** N meubles *mpl* de jardin ▸ **patio heater** N chauffage *m* de terrasse

patois ['pætwɑː] N (*pl* **patois**) patois *m*

patriarch ['peɪtrɪɑːk] N patriarche *m*

patriarchal [ˌpeɪtrɪ'ɑːkəl] ADJ patriarcal

patriot ['peɪtrɪət] N patriote *mf*

patriotic [ˌpætrɪ'ɒtɪk] ADJ patriotique; [*person*] patriote

patriotism ['pætrɪətɪzəm] N patriotisme *m*

patrol [pə'trəʊl] **1** N patrouille *f* • **to be on ~** patrouiller **2** VT [*+ district, town, streets*] patrouiller dans **3** VI [*troops, police*] patrouiller **4** COMP ▸ **patrol car** N voiture *f* de police ▸ **patrol wagon** N (*US*) fourgon *m* cellulaire

patrolboat [pə'trəʊlbəʊt] N patrouilleur *m*

patrolman [pə'trəʊlmən] N (*pl* **-men**) ⓐ (*US*) agent *m* de police ⓑ (*for breakdown service*) agent *m* (*d'une société de dépannage*)

patrolwoman [pə'trəʊlˌwʊmən] N (*pl* **-women**) (*US*) femme *f* agent de police

patron ['peɪtrən] **1** N ⓐ [*of artist*] protecteur *m*, -trice *f* ⓑ (*= customer*) client(e) *m(f)* • **our ~s** notre clientèle *f* • **"parking for ~s only"** « stationnement réservé à la clientèle » **2** COMP ▸ **patron saint** N saint(e) patron(ne) *m(f)*

patronage ['pætrənɪdʒ] N patronage *m*

patronize ['pætrənaɪz] VT ⓐ [*+ person*] traiter avec condescendance ⓑ [*person*] [*+ shop, firm*] se fournir chez; [*+ bar*] fréquenter

patronizing ['pætrənaɪzɪŋ] ADJ condescendant

patsy‡ ['pætsɪ] N (*US*) pigeon* *m*

patter ['pætəʳ] **1** N ⓐ [*of comedian*] baratin* *m*; [*of salesman*] boniment *m* ⓑ [*of rain, hail*] crépitement *m* **2** VI [*rain*] tambouriner (**on** contre)

pattern ['pætən] N ⓐ (*on material, wallpaper*) motif *m* • **a floral ~** un motif floral • **the torches made ~s of light on the walls** la lumière des torches dessinait des formes sur les murs
ⓑ (*for sewing*) patron *m*; (*for knitting*) modèle *m*
ⓒ (*= model*) modèle *m* • **on the ~ of ...** sur le modèle de ...

• **this set a ~ for future meetings** cela a institué un modèle pour les réunions suivantes
ⓓ (*= standard, behaviour*) **eating ~s** habitudes *fpl* alimentaires • **my sleep ~s became very disturbed** je n'arrivais plus à dormir régulièrement • **the earth's weather ~s** les tendances *fpl* climatiques de la terre • **there is a ~ in their behaviour** on observe certaines constantes dans leur comportement • **to be part of a ~** faire partie d'un tout • **it followed the usual ~** [*interview, crime, epidemic*] cela s'est passé selon le scénario habituel • **a clear ~ emerges from these statistics** un schéma très net se dégage de ces statistiques • **this week's violence follows a sadly familiar ~** les actes de violence de cette semaine suivent un scénario trop familier • **these attacks all followed the same ~** ces agressions se sont toutes déroulées de la même manière
ⓔ [*of sentence*] structure *f*

patterned ['pætənd] ADJ à motifs

patty ['pætɪ] N rondelle *f* (de viande hachée) ▸ **patty pan** N petit moule *m*

paucity ['pɔːsɪtɪ] N [*of ideas*] indigence *f*

paunch [pɔːntʃ] N panse *f*

pauper ['pɔːpəʳ] N indigent(e) *m(f)* • **~'s grave** fosse *f* commune

pause [pɔːz] 1 N pause *f* • **after a ~, he added ...** il marqua une pause et ajouta ... • **a ~ in the conversation** un bref silence (dans la conversation) • **to give sb ~ for thought** donner à réfléchir à qn • **there was a ~ for refreshments** on s'arrêta pour prendre des rafraîchissements
2 VI ⓐ (*= stop*) s'arrêter • **to ~ for breath** s'arrêter pour reprendre haleine • **they ~d for lunch** ils ont fait une pause-déjeuner
ⓑ (*in speaking*) marquer une pause • **to ~ for thought** prendre le temps de réfléchir
3 VT **to ~ a tape** appuyer sur la touche « pause » d'un magnétophone

pave [peɪv] VT [*+ street*] paver • **to ~ the way (for)** ouvrir la voie (à)

pavement ['peɪvmənt] 1 N ⓐ (*Brit*) trottoir *m* ⓑ (*US*) (*= roadway*) chaussée *f* 2 COMP ▸ **pavement artist** N (*Brit*) artiste *mf* de rue ▸ **pavement café** N (*Brit*) café *m* avec terrasse (*sur le trottoir*)

pavilion [pə'vɪlɪən] N ⓐ (*= tent, building*) pavillon *m* ⓑ (*Brit Sport*) pavillon *m* des vestiaires

paving ['peɪvɪŋ] 1 N ⓐ (*material*) (*= stone*) pavé *m*; (*= flagstones*) dalles *fpl* ⓑ (*= paved ground*) dallage *m*
2 COMP ▸ **paving stone** N pavé *m*

pavlova [pæv'ləʊvə] N gâteau *m* meringué aux fruits

paw [pɔː] 1 N ⓐ [*of animal*] patte *f* ⓑ (*= hand*)* patte* *f* • **keep your ~s off!** bas les pattes !* 2 VT **to ~ the ground** [*horse*] piaffer

pawn [pɔːn] 1 N (*Chess*) pion *m* • **he is a mere ~** il n'est qu'un pion sur l'échiquier 2 VT [*+ one's watch*] mettre en gage

pawnbroker ['pɔːn,brəʊkəʳ] N prêteur *m*, -euse *f* sur gages • **pawnbroker's** bureau *m* de prêteur sur gages

pawnshop ['pɔːnʃɒp] N bureau *m* de prêteur sur gages

pawpaw ['pɔːpɔː] N papaye *f*

pay [peɪ] (*vb: pret, ptp* **paid**) 1 N salaire *m*; [*of manual worker*] paie *f*; [*of soldier*] solde *f* • **three weeks' ~** trois semaines de salaire • **to be on half ~** toucher la moitié de son salaire • **the ~'s not very good** ce n'est pas très bien payé • **holidays with ~** congés *mpl* payés • **time off without ~** congé *m* sans solde
2 VT ⓐ [*+ person*] payer (**to do** pour faire, **for doing** pour faire) • **to ~ sb $20** payer qn 20 dollars • **he paid them $20 for the ticket** il leur a acheté le billet pour 20 dollars • **he paid them $20 for the work** il les a payés 20 dollars pour ce travail • **that's what you're paid for** c'est pour cela qu'on vous paie • **I get paid on Fridays** je touche ma paie le vendredi • **I am paid monthly** je suis payé au mois
ⓑ [*+ instalments, money, bill*] payer; [*+ deposit*] verser; [*+ debt*] s'acquitter de • **he paid $20 for the ticket** il a payé le billet 20 dollars • **he paid a lot for his suit** il a payé très cher son costume • **to ~ cash** payer comptant • **to ~ money into an account** verser de l'argent sur un compte
ⓒ [*+ interest*] rapporter; [*+ dividend*] distribuer • **shares that ~ 5%** des actions qui rapportent 5 % • **it would ~ you to be nice to him** vous gagneriez à être aimable avec lui • **the business is ~ing its way now** l'affaire est maintenant rentable • **to ~ the price (for sth)** payer le prix (de qch) • **to ~ the price of fame** payer le prix de la célébrité • **they've paid a high price for their naivety** ils ont payé très cher leur naïveté
▸ **to put paid to** **to put paid to sb's hopes/chances** ruiner les espoirs/chances de qn
ⓓ **to ~ sb a visit** rendre visite à qn • **we paid a visit to Paris on our way south** nous avons fait un petit tour à Paris en descendant vers le sud
3 VI ⓐ payer • **his job ~s well** son travail paie bien • **I offered to ~ for my mother** j'ai proposé de payer pour ma mère • **to ~ for the meal** payer le repas • **to ~ through the nose for sth*** payer le prix fort pour qch • **you'll ~ for this!** vous (me) le payerez ! • **he made a mistake and he's had to ~ for it** il a fait une erreur et il l'a payée cher
ⓑ (*= be profitable*) rapporter, être rentable • **does it ~?** est-ce que ça rapporte ? • **we need to sell 600 to make it ~** nous devons en vendre 600 pour que ce soit rentable • **crime doesn't ~** le crime ne paie pas • **it ~s to advertise** la publicité rapporte • **it always ~s to ask an expert's opinion** on a toujours intérêt à demander l'avis d'un expert
4 COMP [*dispute, negotiation*] salarial ▸ **pay-and-display** ADJ (*Brit*) [*car park*] à horodateur ▸ **pay-as-you-go** ADJ [*mobile phone*] à carte rechargeable ♦ N (*US*) retenue *f* à la source de l'impôt sur le revenu ▸ **pay-as-you-throw** ADJ [*charge, tax*] proportionnel au poids des déchets ménagers • **~-as-you-throw scheme** *système de taxation proportionnelle au poids des déchets ménagers* ▸ **pay award** N augmentation *f* de salaire ▸ **pay bed** N (*Brit*) lit *m* (d'hôpital) payant (*par opposition aux soins gratuits du système de Sécurité sociale britannique*) ▸ **pay check** N (*US*) paie *f* ▸ **pay cheque** N (*Brit*) paie *f* ▸ **pay claim** N revendication *f* salariale ▸ **pay day** N jour *m* de paie ▸ **pay desk** N caisse *f* ▸ **pay envelope** N (*US*) enveloppe *f* de paie ▸ **pay increase** N augmentation *f* de salaire ▸ **paying-in slip** N bordereau *m* de versement ▸ **pay packet** N (*Brit*) (*= wages*) paie *f* ▸ **pay-per-click** ADJ [*search, advertising, campaign*] de paiement par clic ▸ **pay-per-view** ADJ à la carte ♦ N télévision *f* à la carte ▸ **pay phone** N téléphone *m* public ▸ **pay raise** N (*US*) augmentation *f* de salaire ▸ **pay rise** N (*Brit*) augmentation *f* de salaire ▸ **pay station** N (*US*)

téléphone *m* public; (*for parking*) horodateur *m* ▸ **pay structure** N (*Industry*) barème *m* des salaires ▸ **pay talks** NPL négociations *fpl* salariales ▸ **pay TV** N télévision *f* payante

▸ **pay back** VT SEP ⓐ rembourser • **I paid my brother back the £10 I owed him** j'ai remboursé à mon frère les 10 livres que je lui devais
ⓑ (= *get even with*) **to ~ sb back for doing sth** faire payer à qn qch qu'il a fait • **I'll ~ you back for that!** je vous revaudrai ça !

▸ **pay down** VT SEP **he paid £10 down** (*as deposit*) il a versé un acompte de 10 livres

▸ **pay in** VT SEP verser (to à) • **to ~ in money at the bank** verser de l'argent sur son compte • **to ~ in a cheque** déposer un chèque

▸ **pay off** 1 VI [*risk, scheme, decision*] être payant; [*patience*] être récompensé • **his patience paid off in the long run** finalement sa patience a été récompensée
2 VT SEP ⓐ [+ *debts*] s'acquitter de; [+ *loan*] rembourser • **to ~ sb off** (= *bribe*) acheter qn
ⓑ [+ *worker, staff*] licencier

▸ **pay out** 1 VI [*insurance policy*] rembourser
2 VT SEP (= *spend*) débourser • **they paid out a large sum of money on new equipment** ils ont dépensé beaucoup d'argent pour acheter de nouveaux équipements

▸ **pay up** VI payer • **~ up!** payez !

payable [ˈpeɪəbəl] (ADJ) payable • **to make a cheque ~ to sb** faire un chèque à l'ordre de qn • **please make cheques ~ to ...** les chèques doivent être libellés à l'ordre de ...

payback [ˈpeɪˌbæk] (N) [*of investment*] bénéfice *m*; [*of debt*] remboursement *m*

payday [ˈpeɪdeɪ] 1 (N) jour *m* de paie 2 (COMP) ▸ **payday lender** N prêteur *m* sur salaire ▸ **payday lending** N prêt *m* sur salaire ▸ **payday loan** N prêt *m* sur salaire

PAYE [ˌpiːeɪwaɪˈiː] (N) (*Brit*) (ABBR OF **Pay As You Earn**) retenue *f* à la source de l'impôt sur le revenu

payee [peɪˈiː] (N) [*of cheque*] bénéficiaire *mf*

paying guest [ˌpeɪɪŋˈgest] (N) hôte *m* payant

payload [ˈpeɪləʊd] (N) charge *f* utile

payment [ˈpeɪmənt] (N) (= *money*) paiement *m*; (*into account*) versement *m*; (= *monthly repayment*) mensualité *f* • **to make a ~** effectuer un paiement • **method of ~** mode *m* de paiement • **£150, in monthly ~s of £10** 150 livres, payables en mensualités de 10 livres • **without ~** à titre gracieux • **we demand ~ in full** nous exigeons le paiement intégral • **~ by instalments** paiement *m* par traites • **on ~ of a deposit/£50** moyennant une caution/la somme de 50 livres • **the car will be yours on ~ of the balance** la voiture vous appartiendra une fois que vous aurez réglé le solde • **in ~ for ...** en règlement de ... • **cash ~** (*not credit*) paiement *m* comptant; (*in cash*) paiement *m* en liquide ▸ **payment card** N carte *f* de paiement ▸ **payment holiday** N report *m* d'échéance (*de prêt*)

payoff [ˈpeɪɒf] (N) ⓐ (= *advantage*) retombée *f* ⓑ (= *bribe*)* pot-de-vin *m* ⓒ [*of worker*] (= *sum of money*) prime *f* de départ

payout [ˈpeɪaʊt] (N) (*in lottery*) prix *m*; (*from insurance*) dédommagement *m*

payroll [ˈpeɪrəʊl] (N) **the factory has 60 people on the ~** l'usine compte 60 employés

payslip [ˈpeɪslɪp] (N) bulletin *m* de salaire

paywall [ˈpeɪwɔːl] (N) (*Internet*) mur *m* (payant) • **behind a ~** derrière un mur payant

PC [piːˈsiː] 1 (N) ⓐ (ABBR OF **personal computer**) PC *m* ⓑ (ABBR OF **Police Constable**) agent *m* de police 2 (ADJ)* (ABBR OF **politically correct**) politiquement correct

pc [piːˈsiː] (N) (ABBR OF **postcard**) carte *f* postale

PCB [ˌpiːsiːˈbiː] (N) ⓐ (ABBR OF **polychlorinated biphenyl**) PCB *m* ⓑ (ABBR OF **printed circuit board**) circuit *m* imprimé

pcm (ADV) (ABBR OF **per calendar month**) par mois

PD [piːˈdiː] (N) (*US*) (ABBR OF **police department**) services *mpl* de police

pd (ABBR OF **paid**) payé

PDA [piːdiːˈeɪ] (N) (ABBR OF **personal digital assistant**) PDA *m*, assistant *m* personnel (numérique)

PDF, pdf [ˌpiːdiːˈef] (N) (ABBR OF **Portable Document Format**) pdf *m*

PE [piːˈiː] (N) ⓐ (*at school*) (ABBR OF **physical education**) éducation *f* physique ⓑ (ABBR OF **Prince Edward Island**)

pea [piː] (N) pois *m* • **green ~s** petits pois *mpl* • **they are as like as two ~s** ils se ressemblent comme deux gouttes d'eau ▸ **pea green** N vert *m inv* pomme ▸ **pea-green** ADJ vert pomme *inv* ▸ **pea jacket** N caban *m* ▸ **pea soup** N soupe *f* aux pois; (*from split peas*) soupe *f* aux pois cassés

peace [piːs] 1 (N) paix *f*; (= *treaty*) (traité *m* de) paix *f* • **a lasting ~** une paix durable • **to live at ~ with ...** vivre en paix avec ... • **to be at ~** être en paix • **to make ~** faire la paix • **to make ~ with ...** signer la paix avec ... • **~ of mind** tranquillité *f* d'esprit • **to disturb sb's ~ of mind** troubler l'esprit de qn • **leave him in ~** laisse-le tranquille • **to be at ~ with oneself** avoir la conscience tranquille • **he gives them no ~** il ne les laisse pas en paix • **I need a bit of ~ and quiet** j'ai besoin d'un peu de calme • **anything for the sake of ~ and quiet** n'importe quoi pour avoir la paix
2 (COMP) [*march, demonstration*] pour la paix; [*negotiations, negotiator*] de paix ▸ **peace campaigner** N militant(e) *m(f)* pour la paix; (*for nuclear disarmament*) militant(e) *m(f)* pour le désarmement nucléaire ▸ **peace conference** N conférence *f* de paix ▸ **Peace Corps** N (*US*) *organisation américaine de coopération et d'aide aux pays en développement* ▸ **peace dividend** N *économies sur le budget militaire réalisées depuis la fin d'une guerre et notamment de la guerre froide* ▸ **peace envoy** N négociateur *m*, -trice *f* de paix ▸ **peace-loving** ADJ pacifique ▸ **Peace Movement** N Mouvement *m* pour la paix; (*for nuclear disarmament*) Mouvement *m* pour le désarmement nucléaire ▸ **peace offering** N gage *m* de réconciliation ▸ **the peace process** N le processus de paix ▸ **peace studies** NPL études *fpl* sur la paix ▸ **peace talks** NPL pourparlers *mpl* de paix ▸ **peace treaty** N (traité *m* de) paix *f*

peaceable [ˈpiːsəbl] (ADJ) pacifique

peaceably [ˈpiːsəblɪ] (ADV) [*say, speak, agree*] pacifiquement; [*gather, assemble, behave*] de manière pacifique

peaceful [ˈpiːsfʊl] (ADJ) ⓐ (= *quiet*) paisible; [*meeting*] calme ⓑ (= *not quarrelsome*) pacifique; (= *non-violent*) non violent • **~ coexistence** coexistence *f* pacifique • **to do sth by ~ means** faire qch en utilisant des moyens pacifiques • **for ~ purposes** à des fins pacifiques

peacefully [ˈpiːsfəlɪ] (ADV) [*demonstrate, disperse*] dans le calme; [*live, sleep, lie*] tranquillement; [*die*] paisiblement • **the demonstration passed off ~** la manifestation s'est déroulée dans le calme

peacekeeper [ˈpiːsˌkiːpəʳ] (N) soldat *m* de la paix

peacekeeping [ˈpiːsˌkiːpɪŋ] (N) maintien *m* de la paix ▸ **peacekeeping force** N force *f* de maintien de la paix

P

peacemaker ['pi:s,meɪkəʳ] (N) pacificateur *m*, -trice *f*; (*esp international politics*) artisan(e) *m(f)* de la paix
peacetime ['pi:staɪm] 1 (N) **in ~** en temps de paix 2 (ADJ) en temps de paix
peach [pi:tʃ] 1 (N) ⓐ pêche *f*; (= *tree*) pêcher *m* ⓑ (= *beauty*)* **she's a ~!** elle est jolie comme un cœur!* 2 (ADJ) (couleur) pêche *inv*
peachy* ['pi:tʃɪ] (ADJ) (= *excellent*) super*
peacock ['pi:kɒk] (N) paon *m*
peak [pi:k] 1 (N) ⓐ (= *summit*) sommet *m*; (= *mountain itself*) pic *m*
ⓑ [*of cap*] visière *f*
ⓒ (= *high point*) sommet *m* • **the ~ of perfection** la perfection absolue • **when demand was at its ~** quand la demande était à son maximum • **to be at the ~ of one's popularity** être au faîte de sa popularité • **discontent reached its ~** le mécontentement était à son comble • **traffic reaches its ~ about 5 o'clock** l'heure de pointe (de la circulation) est vers 17 heures • **at the ~ of condition** au meilleur de sa forme
2 (VI) [*sales, demand*] atteindre son niveau maximum • **to ~ at 45%** atteindre au maximum 45 %
3 (COMP) ▸ **peak hours** NPL heures *fpl* d'affluence ▸ **peak rate** N plein tarif *m* ▸ **peak season** N pleine saison *f* ▸ **peak time** N (*Brit*) (*TV*) heures *fpl* de grande écoute; (*for traffic, train services*) heures *fpl* de pointe ▸ **peak-time** ADJ (*Brit*) [*programme*] diffusé à des heures de grande écoute; [*traffic, train services*] des périodes de pointe
peaked [pi:kt] (ADJ) [*cap*] à visière
peaky* ['pi:kɪ] (ADJ) fatigué • **to look ~** avoir mauvaise mine
peal [pi:l] 1 (N) **~ of bells** (= *sound*) sonnerie *f* de cloches; (= *set*) carillon *m* • **to go off into ~s of laughter** rire aux éclats 2 (VI) [*bells*] carillonner
peanut ['pi:nʌt] (N) (= *nut*) cacahuète *f*; (= *plant*) arachide *f* • **to work for ~s*** travailler pour des clopinettes* • **$300 is ~s for him*** pour lui 300 dollars ce n'est rien ▸ **peanut allergy** N allergie *f* aux cacahuètes ▸ **peanut butter** N beurre *m* de cacahuètes ▸ **peanut oil** N huile *f* d'arachide
pear [pɛəʳ] (N) poire *f*; (= *tree*) poirier *m* ▸ **pear-shaped** ADJ **to be ~-shaped*** [*woman*] être large des hanches • **things started to go ~-shaped*** les choses ont commencé à mal tourner
pearl [pɜ:l] (N) perle *f* • **~s of wisdom** trésors *mpl* de sagesse ▸ **pearl barley** N orge *m* perlé ▸ **pearl button** N bouton *m* de nacre ▸ **pearl grey** N gris *m* perle *inv* ▸ **pearl-grey** ADJ gris perle *inv* ▸ **pearl necklace** N collier *m* de perles
peasant ['pezənt] 1 (N) paysan(ne) *m(f)* • **the ~s** (*Hist, Sociol*) la paysannerie 2 (ADJ) [*life*] rural • **~ farmer** petit(e) exploitant(e) *m(f)* agricole
peat [pi:t] (N) tourbe *f* ▸ **peat bog** N tourbière *f*
pebble ['pebl] 1 (N) galet *m* • **he's not the only ~ on the beach** il n'y a pas que lui sur terre 2 (ADJ) [*beach*] de galets
pecan ['pi:kən] (N) (noix *f*) pacane *f*
peck [pek] 1 (N) ⓐ [*of bird*] coup *m* de bec ⓑ (= *hasty kiss*) bise *f* • **to give sb a ~ on the cheek** faire la bise à qn 2 (VT) [*bird*] donner un coup de bec à 3 (VI) **to ~ at** [*bird*] [+ *object, ground*] picorer; [+ *person*] donner un coup de bec à • **to ~ at one's food** [*person*] manger du bout des dents 4 (COMP) ▸ **pecking order, peck order** (*US*) N ordre *m* hiérarchique
peckish* ['pekɪʃ] (ADJ) **to feel ~** avoir un petit creux*
pecs* [peks] (NPL) pectoraux *mpl*
peculiar [pɪ'kju:lɪəʳ] (ADJ) ⓐ (= *odd*) bizarre • **to feel ~** se sentir bizarre ⓑ (= *unique*) **~ to** propre à • **an animal ~ to Africa** un animal qui ne vit qu'en Afrique
peculiarity [pɪ,kjʊlɪ'ærɪtɪ] (N) ⓐ (= *distinctive feature*) particularité *f* ⓑ (= *oddity*) bizarrerie *f* • **she's got her little peculiarities** elle a ses petites manies
peculiarly [pɪ'kju:lɪəlɪ] (ADV) ⓐ (= *oddly*) étrangement ⓑ (= *uniquely*) particulièrement • **a ~ British characteristic** une caractéristique typiquement britannique
pecuniary [pɪ'kju:nɪərɪ] (ADJ) pécuniaire
pedal ['pedl] 1 (N) pédale *f* 2 (VI) [*cyclist*] pédaler • **he ~led through the town** il a traversé la ville en vélo 3 (VT) [+ *machine, cycle*] appuyer sur les pédales de • **Tamsin ~led the three miles to the restaurant** Tamsin a fait les cinq kilomètres jusqu'au restaurant à bicyclette 4 (COMP) ▸ **pedal bin** N poubelle *f* à pédale ▸ **pedal cycle** N bicyclette *f*
pedalo ['pedələʊ] (N) pédalo® *m*
pedant ['pedənt] (N) pédant(e) *m(f)*
pedantic [pɪ'dæntɪk] (ADJ) pédant
peddle ['pedl] (VT) [+ *goods*] colporter; [+ *ideas*] propager; [+ *drugs*] faire le trafic de
peddler ['pedləʳ] (N) [*of drugs*] revendeur *m*, -euse *f*
pedestal ['pedɪstl] (N) piédestal *m* • **to knock sb off their ~** faire tomber qn de son piédestal
pedestrian [pɪ'destrɪən] 1 (N) piéton *m* 2 (ADJ) (= *prosaic*) prosaïque 3 (COMP) ▸ **pedestrian crossing** N (*Brit*) passage *m* pour piétons ▸ **pedestrian precinct** (*Brit*), **pedestrian zone** (*US*) N zone *f* piétonne
pedestrianize [pɪ'destrɪə,naɪz] (VT) [+ *area*] transformer en zone piétonne
pediatric *etc* (*esp US*) = **paediatric** *etc*
pedicure ['pedɪkjʊəʳ] (N) pédicurie *f*
pedigree ['pedɪgri:] 1 (N) pedigree *m*; [*of person*] ascendance *f* 2 (ADJ) [*dog, cattle*] de race
pedlar ['pedləʳ] (N) (*door to door*) colporteur *m*; (*in street*) camelot *m*
pedophile ['pi:dəʊfaɪl] (N) (*esp US*) = **paedophile**
pee* [pi:] 1 (VI) faire pipi* 2 (N) pipi* *m* • **I need a ~** j'ai envie de faire pipi*
peek [pi:k] 1 (N) coup *m* d'œil (furtif) • **to take a ~ at sb/sth** jeter un coup d'œil (furtif) sur qn/qch 2 (VI) jeter un coup d'œil (furtif) (**at** sur) • **no ~ing!** on ne regarde pas!
peel [pi:l] 1 (N) [*of apple, potato*] épluchure *f*; [*of orange*] écorce *f*; (*grated*) zeste *m* 2 (VT) [+ *fruit*] peler; [+ *potato*] éplucher • **to keep one's eyes ~ed*** ouvrir l'œil 3 (VI) [*paint*] s'écailler; [*skin, part of body*] peler
▸ **peel back** VT SEP [+ *film, covering*] décoller
peeler ['pi:ləʳ] (N) (couteau-)éplucheur *m*
peep [pi:p] 1 (N) ⓐ coup *m* d'œil • **to have a ~ at sth** jeter un coup d'œil sur qch ⓑ [*of bird*] pépiement *m* • **there wasn't a ~ of protest about this** il n'y a pas eu la moindre protestation à ce sujet 2 (VI) ⓐ jeter un coup d'œil sur • **she ~ed into the box** elle a jeté un coup d'œil à l'intérieur de la boîte ⓑ [*bird*] pépier 3 (COMP) ▸ **peep-bo*** EXCL coucou! ▸ **Peeping Tom** N voyeur *m*
▸ **peep out** VI **the sun ~ed out from behind the clouds** le soleil s'est montré entre les nuages
peephole ['pi:phəʊl] (N) trou *m* (*pour épier*); (*in front door*) judas *m*
peeps* [pi:ps] (NPL) gens *mpl* • **hey ~, what's up?** salut la compagnie, ça boume?*

peeptoe sandal [ˌpi:ptəʊ'sændl] (N) sandale *f* (*ouverte au bout*)

peer [pɪəʳ] 1 (VI) (= *look*) **to ~ at sb** regarder qn; (*shortsightedly*) regarder qn avec des yeux de myope • **to ~ at a photograph** scruter une photographie • **to ~ into sb's face** dévisager qn

2 (N) ⓐ (= *social equal*) pair *m* • **accepted by his ~s** accepté par ses pairs

ⓑ (*in achievement*) égal(e) *m(f)* • **as a musician he has no ~** comme musicien il n'a pas son pareil

ⓒ (= *noble*) pair *m*

3 (COMP) ▸ **peer group** N pairs *mpl* ▸ **peer pressure** N pressions *fpl* exercées par l'entourage ▸ **peer review** N [*of journal, article, research*] examen *m or* révision *f* par des pairs ▸ **peer-reviewed** ADJ [*journal, article, research*] revu par des pairs ▸ **peer-to-peer** ADJ [*network, file sharing*] peer-to-peer, de pair à pair

peerage ['pɪərɪdʒ] (N) (= *rank*) pairie *f*; (= *the peers*) pairs *mpl*

peerless ['pɪəlɪs] (ADJ) hors pair

peeved* [pi:vd] (ADJ) en rogne*

peevish ['pi:vɪʃ] (ADJ) maussade; [*child*] grognon

peg [peg] 1 (N) (*wooden*) cheville *f*; (*metal*) fiche *f*; (*for coat, hat*) patère *f*; (= *tent peg*) piquet *m*; (*Brit* = *clothes peg*) pince *f* à linge • **to take sb down a ~ or two** remettre qn à sa place 2 (VT) (= *fix*) [+ *object*] fixer à l'aide de fiches (*or* de piquets *etc*); [+ *prices, wages*] stabiliser • **to ~ clothes out** étendre du linge

PEI (ABBR OF **Prince Edward Island**)

pejorative [pɪ'dʒɒrətɪv] (ADJ) péjoratif

Pekin [pi:'kɪn], **Peking** [pi:'kɪŋ] (N) Pékin

Pekinese, Pekingese [ˌpi:kɪ'ni:z] (N) (*pl inv*) (= *dog*) pékinois *m*

pelican ['pelɪkən] (N) pélican *m* ▸ **pelican crossing** N (*Brit*) passage *m* pour piétons (*avec feux de circulation*)

pellet ['pelɪt] (N) ⓐ (*for gun*) (grain *m* de) plomb *m* ⓑ [*of animal food*] granulé *m*

pell-mell ['pel'mel] (ADV) [*run, dash, drive*] comme un fou

pelmet ['pelmɪt] (N) (*wooden*) lambrequin *m*; (*cloth*) cantonnière *f*

pelt [pelt] 1 (VT) bombarder (**with** de) • **they were ~ed with tomatoes** on les a bombardés de tomates 2 (VI) **to ~ down the street** descendre la rue à toutes jambes • **it's ~ing down*** il tombe des cordes* • **full ~** à toute vitesse 3 (N) (= *skin*) peau *f*; (= *fur*) fourrure *f*

pelvic ['pelvɪk] (ADJ) pelvien ▸ **pelvic floor** N plancher *m* pelvien ▸ **pelvic inflammatory disease** N salpingite *f* aiguë, pelvipéritonite *f*

pelvis ['pelvɪs] (N) bassin *m*

pen [pen] 1 (N) ⓐ stylo *m* • **to put ~ to paper** prendre la plume ⓑ (*for animals*) enclos *m* 2 (VT) ⓐ (= *write*) écrire ⓑ (*also* **pen up**) [+ *animals*] parquer; [+ *people*] enfermer 3 (COMP) ▸ **pen friend** N (*Brit*) correspondant(e) *m(f)* ▸ **pen name** N pseudonyme *m* ▸ **pen pal** N correspondant(e) *m(f)*

penal ['pi:nl] (ADJ) pénal • **~ reform** réforme *f* du système pénal ▸ **penal code** N code *m* pénal

penalize ['pi:nəlaɪz] (VT) pénaliser

penalty ['penəltɪ] (N) (= *punishment*) peine *f*; (= *fine*) pénalité *f*; (*Sport*) pénalité *f*; (*Football*) penalty *m* • **a five-point ~ for a wrong answer** (*in games*) cinq points de pénalité pour chaque erreur • **he has paid the ~ for antagonizing them** il les a contrariés et en a subi les conséquences ▸ **penalty area, penalty box** N surface *f* de réparation ▸ **penalty goal** N but *m* sur penalty ▸ **penalty kick** N (*Football*) penalty *m*; (*Rugby*) coup *m* de pied de pénalité ▸ **penalty shoot-out** N (épreuve *f* des) tirs *mpl* au but

penance ['penəns] (N) pénitence *f* • **to do ~** faire pénitence

pence [pens] (NPL) *of* **penny**

penchant ['pɑ̃:ʃɑ̃:ŋ] (N) penchant *m*

pencil ['pensl] (N) crayon *m* • **to write in ~** écrire au crayon ▸ **pencil case** N trousse *f* (d'écolier) ▸ **pencil pusher*** N (*US*) gratte-papier* *m* ▸ **pencil sharpener** N taille-crayon *m*

▸ **pencil in** VT SEP [+ *date, meeting*] fixer provisoirement

pendant ['pendənt] (N) (*on necklace*) pendentif *m*

pending ['pendɪŋ] 1 (ADJ) en suspens 2 (PREP) en attendant • **~ an inquiry** en attendant une enquête

pendulum ['pendjʊləm] (N) [*of clock*] balancier *m*

penetrate ['penɪtreɪt] (VT) [+ *area, region, territory*] pénétrer dans • **to ~ the enemy's defences** pénétrer les défenses ennemies • **the bullet ~d his heart** la balle lui a perforé le cœur • **sunlight cannot ~ the foliage** la lumière du soleil ne traverse pas le feuillage • **they managed to ~ the foreign market** ils ont réussi à pénétrer le marché étranger

penetrating ['penɪtreɪtɪŋ] (ADJ) pénétrant

penetration [ˌpenɪ'treɪʃən] (N) pénétration *f*

penetrative ['penɪtrətɪv] (ADJ) pénétrant • **~ sex** (relations *fpl* sexuelles avec) pénétration *f*

penguin ['peŋgwɪn] (N) manchot *m*

penicillin [ˌpenɪ'sɪlɪn] (N) pénicilline *f*

peninsula [pɪ'nɪnsjʊlə] (N) péninsule *f*

penis ['pi:nɪs] (N) pénis *m*

penitence ['penɪtəns] (N) repentir *m*

penitent ['penɪtənt] (ADJ) repentant

penitentiary [ˌpenɪ'tenʃərɪ] (N) (*US* = *prison*) prison *f*

penknife ['pennaɪf] (N) (*pl* **-knives**) canif *m*

Penn. (ABBR OF **Pennsylvania**)

pennant ['penənt] (N) fanion *m*; (*on boat*) pavillon *m*

penniless ['penɪlɪs] (ADJ) sans le sou* • **he's quite ~** il n'a pas le sou*

Pennsylvania [ˌpensɪl'veɪnɪə] (N) Pennsylvanie *f*

penny ['penɪ] (N) (*value: pl* **pence**, *coins: pl* **pennies**) penny *m* • **they're ten a ~** on en trouve partout • **he hasn't a ~ to his name** il est sans le sou* • **he didn't get a ~** il n'en a pas tiré un sou • **a ~ for your thoughts!*** à quoi penses-tu ? • **the ~ dropped*** ça a fait tilt!* • **to count the pennies** regarder à la dépense • (PROV) **in for a ~ in for a pound** autant faire les choses jusqu'au bout ▸ **penny arcade** N (*US*) salle *f* de jeux (*avec machines à sous*) ▸ **penny loafer** N (*US*) mocassin *m* ▸ **penny-pinching** N économies *fpl* de bouts de chandelle ♦ ADJ [*person*] pingre ▸ **penny whistle** N flûteau *m*

penpusher ['pen,pʊʃəʳ] (N) gratte-papier* *m*

pension ['penʃən] 1 (N) ⓐ (= *state benefit*) (*for old person*) pension *f* • **retirement ~** pension *f* • **disability ~** pension *f* d'invalidité

ⓑ (*from company*) retraite *f* • **to get a ~** toucher une retraite

2 (COMP) ▸ **pension book** N ≈ titre *m* de pension ▸ **pension fund** N fonds *m* de pension ▸ **pension plan** N plan *m* de retraite ▸ **pension provider** N (= *company*) caisse *f* de retraite privée ▸ **pension scheme** N régime *m* de retraite

▸ **pension off** VT SEP mettre à la retraite

pensionable ['penʃnəbl] (ADJ) **to be of ~ age** avoir atteint l'âge de la retraite

P

pensioner ['penʃənəʳ] (N) retraité(e) *m(f)*

⚠ **pensioner ≠ pensionnaire**

pensive ['pensɪv] (ADJ) pensif

Pentagon ['pentəgən] (N) *(in US)* **the ~** le Pentagone

PENTAGON

Le **Pentagon** est le nom donné aux bureaux du ministère de la Défense américain situés à Arlington en Virginie, en raison de la forme pentagonale du bâtiment dans lequel ils se trouvent. Par extension, ce terme est également utilisé pour parler du ministère lui-même.

pentagon ['pentəgən] (N) pentagone *m*

pentathlon [pen'tæθlən] (N) pentathlon *m*

Pentecost ['pentɪkɒst] (N) Pentecôte *f*

Pentecostal [,pentɪ'kɒstl] (ADJ) *[church, beliefs]* pentecôtiste

penthouse ['penthaʊs] (N) appartement *m* de grand standing *(construit sur le toit d'un immeuble)*

pent-up ['pent'ʌp] (ADJ) *[emotions, rage]* refoulé; *[energy]* contenu

penultimate [pɪ'nʌltɪmɪt] (ADJ) avant-dernier

penury ['penjʊrɪ] (N) misère *f*

peony ['pɪənɪ] (N) pivoine *f*

people ['pi:pl] 1 (NPL) ⓐ *(= persons)* gens *mpl*, personnes *fpl* • **a lot of ~** beaucoup de gens • **what a lot of ~!** que de monde ! • **what will ~ think?** que vont penser les gens ? • **~ say ...** on dit ... • **the place was full of ~** il y avait beaucoup de monde • **she doesn't know many ~** elle ne connaît pas grand monde • **several ~ said ...** plusieurs personnes ont dit ... • **some ~ might prefer to wait** il y a peut-être des personnes qui préféreraient attendre • **how many ~?** combien de personnes ? • **there were 120 ~ at the lecture** il y avait 120 personnes à la conférence

▸ *adjective +* **people** **nice ~** des gens sympathiques • **they're nice ~** ce sont des gens bien • **old ~** les personnes *fpl* âgées; *(less respectful)* les vieux *mpl* • **young ~** les jeunes *mpl* • **they're strange ~** ce sont de drôles de gens • **French ~** les Français *mpl*

ⓑ *(= inhabitants, natives)* *[of a country]* population *f*; *[of district, town]* habitants *mpl* • **Liverpool ~ are friendly** à Liverpool les gens sont gentils

▸ **the people** le peuple • **government by the ~** gouvernement *m* par le peuple • **the minister must tell the ~ the truth** le ministre doit dire la vérité au pays • **a man of the ~** un homme du peuple

ⓒ *(= employees, workers)** **the marketing ~** les gens *mpl* du marketing

2 (N) *(= nation)* peuple *m* • **the American ~** le peuple américain

3 (VT) **~d with** peuplé de

4 (COMP) ▸ **people trafficking** N trafic *m* d'êtres humains

pep* [pep] (N) entrain *m* ▸ **pep pill*** N excitant *m* ▸ **pep rally** N *(US) réunion des élèves (ou des étudiants) avant un match interscolaire, pour encourager leur équipe* ▸ **pep talk*** N paroles *fpl* d'encouragement

▸ **pep up*** VT SEP *[+ one's social life, love life]* redonner du piment à; *[+ party, conversation]* animer

pepper ['pepəʳ] 1 (N) ⓐ *(= spice)* poivre *m* • **black ~** poivre *m* noir ⓑ *(= vegetable)* poivron *m* • **red/green ~** poivron *m* rouge/vert 2 (VT) *(= season)* poivrer • **to ~ a speech with quotations** émailler un discours de citations 3 (COMP) ▸ **pepper mill** N moulin *m* à poivre ▸ **pepper spray** N spray *m* au poivre

peppercorn ['pepəkɔ:n] (N) grain *m* de poivre

peppermint ['pepəmɪnt] 1 (N) *(= sweet)* pastille *f* de menthe 2 (ADJ) à la menthe

pepperoni [,pepə'rəʊnɪ] (N) *saucisson sec pimenté*

peppery ['pepərɪ] (ADJ) *[food, taste]* poivré

per [pɜ:ʳ] (PREP) par • **~ head** par personne • **to drive at 100km ~ hour** rouler à 100 (km) à l'heure ▸ **per annum** ADV par an ▸ **per capita** ADV par personne ▸ **per cent** ADV pour cent • **a ten ~ cent discount/increase** un rabais/une augmentation de dix pour cent ▸ **per day** ADV par jour ▸ **per se** ADV en soi

perceive [pə'si:v] (VT) ⓐ *(= notice)* remarquer; *(= realize)* s'apercevoir de • **he ~d that ...** il a remarqué que ... ⓑ *(= regard)* percevoir • **she was ~d as a threat** elle était perçue comme une menace ⓒ *(= understand)* *[+ implication]* percevoir, saisir

percentage [pə'sentɪdʒ] (N) pourcentage *m*; *(= proportion)* proportion *f* • **expressed as a ~** exprimé en pourcentage • **a high ~ were girls** il y avait une forte proportion de filles ▸ **percentage point** N point *m* • **ten ~ points** dix pour cent

perceptible [pə'septəbl] (ADJ) perceptible

perception [pə'sepʃən] (N) ⓐ *[of sound, sight]* perception *f* • **visual ~** la perception visuelle ⓑ *(= insight)* perspicacité *f* • **his powers of ~** sa grande perspicacité ⓒ *(= impression)* **the public's ~ of the police** l'image *f* de la police • **our ~ of the situation is that ...** d'après notre analyse de la situation ... • **consumers have a different ~ of the situation** les consommateurs se font une idée différente de la situation

perceptive [pə'septɪv] (ADJ) *[analysis, assessment]* pénétrant; *[person]* perspicace • **how very ~ of you!** vous êtes très perspicace !

perceptual [pə'septjʊəl] (ADJ) *[capacity, process, error]* de perception

perch [pɜ:tʃ] 1 (N) ⓐ *(= fish)* perche *f* ⓑ *[of bird]* perchoir *m* 2 (VI) *[bird, person]* se percher

percolate ['pɜ:kəleɪt] (VI) *[coffee, water]* passer **(through** par) • **the news ~d through from the front** la nouvelle a filtré du front

percolator ['pɜ:kəleɪtəʳ] (N) cafetière *f* à pression

percussion [pə'kʌʃən] (N) percussion *f* • **the ~ section** les percussions *fpl*

percussionist [pə'kʌʃənɪst] (N) percussionniste *mf*

✎ The French word has a double **n**.

peremptory [pə'remptərɪ] (ADJ) péremptoire

perennial [pə'renɪəl] 1 (ADJ) perpétuel; *[plant]* vivace 2 (N) *(= plant)* plante *f* vivace

perfect 1 (ADJ) ⓐ *(= ideal)* parfait • **no one is ~** personne n'est parfait • **she speaks ~ English** elle parle un anglais parfait

ⓑ *(= complete)* **he's a ~ stranger to me** il m'est complètement inconnu • **I have a ~ right to be here** j'ai tout à fait le droit d'être ici • **it makes ~ sense to me** cela me paraît tout à fait évident

2 (N) *(Gram)* parfait *m* • **in the ~** au parfait

3 (VT) *[+ technique, method]* mettre au point; *[+ product, design]* perfectionner • **to ~ one's French** se perfectionner en français

4 COMP ▸ **perfect pitch** N **to have ~ pitch** avoir l'oreille absolue ▸ **perfect storm** N (*fig*) orage *m* parfait, *ensemble de facteurs ou d'événements menant à la catastrophe* ▸ **perfect tense** N parfait *m*

> Lorsque **perfect** est un adjectif, l'accent tombe sur la première syllabe : ['pɜːfɪkt], lorsque c'est un verbe, sur la seconde : [pə'fekt].

perfection [pə'fekʃən] N perfection *f* • **to ~** à la perfection

perfectionism [pə'fekʃənɪzəm] N perfectionnisme *m*

> The French word has a double **n** and ends in **-e**.

perfectionist [pə'fekʃənɪst] ADJ, N perfectionniste *mf*

perfectly ['pɜːfɪktlɪ] ADV parfaitement • **~ good** tout à fait convenable • **but it's a ~ good car!** mais cette voiture marche parfaitement !

perfidious [pɜː'fɪdɪəs] ADJ (*liter*) perfide

perforate ['pɜːfəreɪt] VT perforer

perforation [,pɜːfə'reɪʃən] N perforation *f*

perform [pə'fɔːm] 1 VT [*+ task, duty*] accomplir; [*+ function*] remplir; [*+ ceremony*] célébrer; [*+ play, ballet, opera, symphony*] interpréter 2 VI **a** [*actor, musician, team*] jouer; [*singer*] chanter; [*dancer*] danser • **he doesn't ~ well in exams** il ne réussit pas bien aux examens **b** [*machine, vehicle*] marcher • **the car is not ~ing properly** la voiture ne marche pas bien

performance [pə'fɔːməns] 1 N **a** (= *show*) spectacle *m*; (*Theatre*) prestation *f* • **the whole process is quite a ~*** c'est tout un cinéma*
b (= *rendering*) [*of composition*] interprétation *f*; [*of one's act*] numéro *m* • **her ~ as Desdemona** son interprétation de Desdémone • **the pianist gave a splendid ~** le pianiste a superbement bien joué
c (= *success*) [*of athlete, team*] performance *f*; [*of economy, business*] résultats *mpl*; [*of investment*] rendement *m* • **the teachers' ~ will be assessed** on évaluera les résultats obtenus par les enseignants • **their ~ in the election/in the exam** leurs résultats aux élections/à l'examen • **his ~ in the debate** sa prestation lors du débat • **economic/academic ~** résultats *mpl* économiques/universitaires • **on past ~** d'après ses résultats passés
d [*of engine, vehicle*] performance *f*
e (= *carrying out*) exécution *f*; [*of ritual*] célébration *f*
2 COMP ▸ **performance art** N art *m* performance ▸ **performance-related pay** N salaire *m* au rendement

performer [pə'fɔːməʳ] N artiste *mf*

performing [pə'fɔːmɪŋ] ADJ **the ~ arts** les arts *mpl* du spectacle • **~ artists** les gens *mpl* du spectacle

perfume 1 N parfum *m* 2 VT parfumer

> Lorsque **perfume** est un nom, l'accent tombe sur la première syllabe : ['pɜːfjuːm], lorsque c'est un verbe, sur la deuxième : [pə'fjuːm].

perfunctory [pə'fʌŋktərɪ] ADJ [*nod, greeting*] indifférent

perhaps [pə'hæps, præps] ADV peut-être • **~ he is right** il a peut-être raison • **coincidence? ~ so** coïncidence ? peut-être • **~ not** peut-être pas

peril ['perɪl] N péril *m* • **he is in great ~** il court un grand danger • **at your ~** à vos risques et périls

perilous ['perɪləs] ADJ périlleux

perilously ['perɪləslɪ] ADV périlleusement • **~ close** terriblement proche • **to be/come ~ close to disaster** frôler la catastrophe

perimeter [pə'rɪmɪtəʳ] N périmètre *m* ▸ **perimeter fence** N clôture *f*

perinatal [,perɪ'neɪtl] ADJ périnatal

period ['pɪərɪəd] 1 N **a** période *f*; (= *stage: in career, development*) époque *f* • **the classical ~** la période classique • **furniture of the ~** meubles *mpl* de l'époque • **the ~ from 1600 to 1750** la période entre 1600 et 1750 • **the post-war ~** (la période de) l'après-guerre *m* • **at a later ~** à une époque ultérieure • **at that ~ in his life** à cette époque de sa vie • **the factory will be closed for an indefinite ~** l'usine sera fermée pour une durée indéterminée • **after a short ~ in hospital** après un court séjour à l'hôpital • **the holiday ~** la période des vacances
b (= *lesson*) heure *f* de cours • **first ~** la première heure • **a double ~ of French** deux heures de français
c (*US*) (= *full stop*) point *m* • **I won't do it, ~** je ne le ferai pas, un point c'est tout
d (= *menstruation*) règles *fpl*
2 COMP ▸ **period costume, period dress** N costume *m* d'époque ▸ **period pains** NPL règles *fpl* douloureuses

periodic [,pɪərɪ'ɒdɪk] ADJ périodique ▸ **periodic table** N classification *f* périodique des éléments

periodical [,pɪərɪ'ɒdɪkəl] 1 ADJ périodique 2 N (journal *m*) périodique *m*

periodically [,pɪərɪ'ɒdɪkəlɪ] ADV périodiquement

peripatetic [,perɪpə'tetɪk] ADJ **a ~ teacher** (*Brit*) un enseignant qui exerce dans plusieurs établissements

peripheral [pə'rɪfərəl] ADJ, N périphérique *m*

periphery [pə'rɪfərɪ] N périphérie *f* • **on the ~ (of)** en marge (de)

periscope ['perɪskəʊp] N périscope *m*

perish ['perɪʃ] VI **a** (= *die*) périr (**from** de) • **they ~ed in the attempt** ils y ont laissé leur vie • **~ the thought!** jamais de la vie ! **b** [*rubber, food*] s'abîmer

perishable ['perɪʃəbl] 1 ADJ périssable 2 NPL **perishables** denrées *fpl* périssables

perished ['perɪʃt] ADJ (= *cold*) **to be ~*** être frigorifié*

perishing ['perɪʃɪŋ] ADJ (= *very cold*) très froid • **outside in the ~ cold** dehors dans le froid glacial • **it was ~*** il faisait un froid terrible

peritonitis [,perɪtə'naɪtɪs] N péritonite *f*

perjure ['pɜːdʒəʳ] VT **to ~ o.s.** se parjurer

perjury ['pɜːdʒərɪ] N parjure *m* • **to commit ~** se parjurer

perk [pɜːk] 1 VI **a** **to ~ up** (= *cheer up*) se ragaillardir; (*after illness*) remonter la pente; (= *show interest*) s'animer • **his ears ~ed up** il a dressé l'oreille **b** (ABBR OF **percolate**) [*coffee*] passer 2 VT **to ~ sb up** ragaillardir qn 3 N (= *benefit*) avantage *m* annexe • **it's one of the ~s of the job** c'est l'un des avantages du métier

perky* ['pɜːkɪ] ADJ (= *cheerful*) guilleret; (= *lively*) vif

perm [pɜːm] 1 N permanente *f* • **to have a ~** se faire faire une permanente 2 VT **to ~ sb's hair** faire une permanente à qn • **to have one's hair ~ed** se faire faire une permanente

permaculture ['pɜːmə,kʌltʃəʳ] N permaculture *f*

permafrost ['pɜːməfrɒst] N permafrost *m*

permalink ['pɜːməlɪŋk] N permalien *m*

permanence ['pɜːmənəns] N permanence *f*

permanent ['pɜːmənənt] 1 ADJ permanent • **a ~ state of tension** un état de tension permanent • **it's not a ~**

P

solution ce n'est pas une solution définitive • **to get a ~ job** obtenir un contrat à durée indéterminée • **~ address** adresse *f* fixe **2** (N) (*US* = *perm*) permanente *f*

permanently ['pɜːmənəntlɪ] (ADV) **a** [*change, live*] définitivement; [*damage*] de façon permanente **b** [*open, closed*] en permanence

permeable ['pɜːmɪəbl] (ADJ) perméable

permeate ['pɜːmɪeɪt] **1** (VT) [*ideas*] se répandre dans • **~d with** imprégné de **2** (VI) (= *pass through*) pénétrer; (= *spread*) se répandre

permissible [pə'mɪsɪbl] (ADJ) [*action*] permis; [*behaviour, level, limit*] acceptable • **it is ~ to refuse** il est permis de refuser

permission [pə'mɪʃən] (N) permission *f*; (*official*) autorisation *f* • **without ~** sans permission • **with your ~** avec votre permission • **he gave ~ for the body to be exhumed** il a autorisé l'exhumation du corps • **who gave you ~ to do that?** qui vous a autorisé à faire cela ? • **to ask (sb's) ~ to do sth** demander (à qn) la permission de faire qch • **to ask ~ for sb to do sth** demander que qn ait la permission de faire qch

permissive [pə'mɪsɪv] (ADJ) permissif • **the ~ society** la société permissive

permit **1** (N) autorisation *f* écrite; (*for specific activity*) permis *m*; (*for entry*) laissez-passer *m inv* • **fishing ~** permis *m* de pêche • **building ~** permis *m* de construire

2 (VT) permettre (**sb to do sth** à qn de faire qch), autoriser (**sb to do sth** qn à faire qch) • **he was ~ted to leave** on l'a autorisé à partir • **her mother will not ~ her to sell the house** sa mère ne l'autorise pas à vendre la maison • **the law ~s the sale of this substance** la loi autorise la vente de cette substance • **the vent ~s the escape of gas** l'orifice permet l'échappement du gaz

3 (VI) permettre • **weather ~ting** si le temps le permet • **if time ~s** si j'ai (*or* si nous avons *etc*) le temps

> Lorsque **permit** est un nom, l'accent tombe sur la première syllabe : ['pɜːmɪt], lorsque c'est un verbe, sur la seconde : [pə'mɪt].

permutation [ˌpɜːmjʊ'teɪʃən] (N) permutation *f*

pernicious [pɜː'nɪʃəs] (ADJ) pernicieux

pernickety* [pə'nɪkɪtɪ] (ADJ) (= *fussy*) pointilleux; (= *hard to please*) difficile • **he's very ~** il est très pointilleux

peroxide [pə'rɒksaɪd] (N) peroxyde *m*; (*for hair*) eau *f* oxygénée

perp* [pɜːp] (N) malfaiteur *m*

perpendicular [ˌpɜːpən'dɪkjʊlə^r] **1** (ADJ) perpendiculaire (**to** à); [*cliff, slope*] à pic **2** (N) perpendiculaire *f*

perpetrate ['pɜːpɪtreɪt] (VT) perpétrer

perpetrator ['pɜːpɪtreɪtə^r] (N) auteur *m* • **~ of a crime** auteur *m* d'un crime

perpetual [pə'petjʊəl] (ADJ) perpétuel

perpetuate [pə'petjʊeɪt] (VT) perpétuer

perpetuity [ˌpɜːpɪ'tjuːɪtɪ] (N) perpétuité *f* • **in** *or* **for ~** à perpétuité

perplex [pə'pleks] (VT) (= *puzzle*) rendre perplexe

perplexed [pə'plekst] (ADJ) [*person*] perplexe • **to look ~** avoir l'air perplexe

perplexing [pə'pleksɪŋ] (ADJ) embarrassant

persecute ['pɜːsɪkjuːt] (VT) (= *oppress*) persécuter; (= *annoy*) harceler (**with** de)

persecution [ˌpɜːsɪ'kjuːʃən] (N) persécution *f* • **to have a ~ complex** avoir la manie de la persécution

perseverance [ˌpɜːsɪ'vɪərəns] (N) persévérance *f*

persevere [ˌpɜːsɪ'vɪə^r] (VI) persévérer • **we ~d with it** on a persévéré

Persia ['pɜːʃə] (N) Perse *f*

Persian ['pɜːʃən] **1** (ADJ) (*ancient*) perse; (*from 7th century onward*) persan **2** (N) (= *person*) Persan(e) *m(f)*; (*ancient*) Perse *mf* **3** (COMP) ▸ **Persian carpet** N tapis *m* persan ▸ **Persian cat** N chat *m* persan ▸ **Persian Gulf** N golfe *m* Persique

persist [pə'sɪst] (VI) persister (**in doing sth** à faire qch)

persistence [pə'sɪstəns] (N) (= *perseverance*) persévérance *f*; (= *obstinacy*) obstination *f*; [*of pain*] persistance *f* • **his ~ in seeking out the truth** son obstination à rechercher la vérité

persistent [pə'sɪstənt] **1** (ADJ) **a** (= *persevering*) persévérant; (= *obstinate*) obstiné **b** (= *continual*) [*smell*] persistant; [*pain, cough*] tenace; [*fears, doubts*] continuel **2** (COMP) ▸ **persistent vegetative state** N état *m* végétatif chronique

persistently [pə'sɪstəntlɪ] (ADV) **a** (= *obstinately*) obstinément • **those who ~ break the law** ceux qui persistent à enfreindre la loi **b** (= *constantly*) constamment • **~ high unemployment** un taux de chômage qui demeure élevé

person ['pɜːsn] (N) personne *f* • **I like him as a ~** je l'aime bien en tant que personne • **in ~** [*go, meet, appear*] en personne • **in the first ~ singular** à la première personne du singulier • **I'm not the kind of ~ to ...** je ne suis pas du genre à ... • **I'm not much of a city ~** je n'aime pas beaucoup la ville • **he had a knife concealed about his ~** il avait un couteau caché sur lui

persona [pɜː'səʊnə] (N) (*pl* **personae**) personnage *m*

personable ['pɜːsnəbl] (ADJ) bien de sa personne

personae [pɜː'səʊniː] (NPL) *of* **persona**

personage ['pɜːsnɪdʒ] (N) personnage *m*

personal ['pɜːsnl] **1** (ADJ) personnel; [*habits*] intime; [*application*] (fait) en personne; [*remark, question*] indiscret (-ète *f*) • **my ~ belief is ...** je crois personnellement ... • **a letter marked "~"** une lettre marquée « personnel » • **to make a ~ appearance** apparaître en personne • **the argument got ~** la discussion prit un tour personnel • **don't be ~!*** ne sois pas si blessant ! • **his ~ life** sa vie privée • **for ~ reasons** pour des raisons personnelles • **the president believes his ~ safety is at risk** le président craint pour sa sécurité personnelle • **to give sth the ~ touch** ajouter une note personnelle à qch

2 (COMP) ▸ **personal ad*** N petite annonce *f* personnelle ▸ **personal assistant** N secrétaire *mf* de direction ▸ **personal best** N record *m* personnel ▸ **personal call** N (*Brit*) (*private*) appel *m* privé ▸ **personal care** N (*for the elderly*) aide *f* aux personnes âgées ▸ **personal chair** N (*Brit*) **to have a ~ chair** être titulaire d'une chaire ▸ **personal cleanliness** N hygiène *f* intime ▸ **personal column** N annonces *fpl* personnelles ▸ **personal computer** N ordinateur *m* personnel ▸ **personal details** NPL (= *name, address*) coordonnées* *fpl* ▸ **personal finance** N finances *fpl* personnelles ▸ **personal friend** N ami(e) *m(f)* intime ▸ **personal hygiene** N hygiène *f* intime ▸ **personal identification number** N code *m* personnel ▸ **personal injury** N dommage *m* corporel ▸ **personal insurance** N assurance *f* personnelle ▸ **personal loan** N prêt *m* personnel ▸ **personal organizer** N organiseur *m* personnel

▸**personal pronoun** N pronom *m* personnel ▸**personal shopper** N conseiller *m*, -ère *f* en shopping ▸**personal space** N espace *m* vital ▸**personal stereo** N baladeur *m* ▸**personal trainer** N entraîneur *m* personnel ▸**personal tuition** N cours *mpl* particuliers (**in** de)

> **personnel** ends in **-el** instead of **-al** and has a double **n**.

personality [ˌpɜːsəˈnælɪtɪ] **1** (N) ⓐ personnalité *f* • **you must allow him to express his ~** il faut lui permettre d'exprimer sa personnalité • **she has a strong ~** elle a une forte personnalité • **he has a lot of ~** il a beaucoup de personnalité ⓑ (= *celebrity*) personnalité *f* • **a well-known television ~** une vedette du petit écran • **it was more about personalities than about politics** (*election*) c'était plus une confrontation de personnalités que d'idées politiques **2** (COMP) [*problems*] de personnalité ▸**personality cult** N culte *m* de la personnalité ▸**personality disorder** N troubles *mpl* de la personnalité

personalize [ˈpɜːsənəˌlaɪz] (VT) personnaliser

> The French word has a double **n**.

personally [ˈpɜːsnəlɪ] (ADV) personnellement • ~ **I disapprove of gambling** personnellement je désapprouve les jeux d'argent • **that's something you would have to raise with the director ~** il faudrait en parler au directeur en personne • **to be ~ responsible** être personnellement responsable • **don't take it ~!** ne le prenez pas pour vous !

> **personnellement** has a double **n** and contains **-ell-** compared to the English **-all-**.

personification [pɜːˌsɒnɪfɪˈkeɪʃən] (N) personnification *f*

> The French word **personnification** has a double **n**.

personify [pɜːˈsɒnɪfaɪ] (VT) personnifier • **she's kindness personified** c'est la bonté personnifiée

> The French word **personnifier** has a double **n**.

personnel [ˌpɜːsəˈnel] (N) personnel *m*; (= *department*) service *m* du personnel ▸**personnel carrier** N véhicule *m* de transport de troupes ▸**personnel department** N service *m* du personnel ▸**personnel management** N gestion *f* du personnel ▸**personnel manager** N chef *mf* du personnel ▸**personnel officer** N responsable *mf* (de la gestion) du personnel

perspective [pəˈspektɪv] (N) ⓐ (*Art*) perspective *f* • **in ~** en perspective ⓑ (= *viewpoint*) point *m* de vue • **to see things from a different ~** voir les choses d'un point de vue différent • **in a historical ~** dans une perspective historique • **history from a feminist ~** l'histoire d'un point de vue féministe • **let me put this case in ~** je vais replacer cette affaire dans son contexte • **let's keep this in ~** gardons le sens des proportions • **don't get things out of ~** il ne faut pas dramatiser

Perspex® [ˈpɜːspeks] (N) (*Brit*) plexiglas® *m*

perspicacious [ˌpɜːspɪˈkeɪʃəs] (ADJ) [*person*] perspicace

perspicacity [ˌpɜːspɪˈkæsɪtɪ] (N) perspicacité *f*

perspiration [ˌpɜːspəˈreɪʃən] (N) transpiration *f* • **dripping with ~** en nage

perspire [pəsˈpaɪəʳ] (VI) transpirer

persuadable* [pəˈsweɪdəbl] (ADJ) qui peut être persuadé

persuade [pəˈsweɪd] (VT) persuader; (= *convince*) convaincre (**sb of sth** qn de qch) • **it doesn't take much to ~ him** il n'en faut pas beaucoup pour le persuader • **to ~ sb to do sth** persuader qn de faire qch • **to ~ sb not to do sth** dissuader qn de faire qch • **they ~d me that I ought to see him** ils m'ont persuadé que je devais le voir • **she is easily ~d** elle se laisse facilement convaincre • **I'm not ~d of the benefits of your system** je ne suis pas convaincu des avantages de votre système

persuasion [pəˈsweɪʒən] (N) ⓐ persuasion *f* • **he needed a lot of ~** il a fallu beaucoup de persuasion pour le convaincre • **he is open to ~** il est prêt à se laisser convaincre ⓑ (= *belief*) croyance *f*; (*religious*) confession *f*; (*political*) conviction *f* politique • **people of all political ~s** des gens de toutes tendances politiques

persuasive [pəˈsweɪsɪv] (ADJ) persuasif; [*evidence, argument*] convaincant

persuasively [pəˈsweɪsɪvlɪ] (ADV) (= *convincingly*) de façon persuasive

persuasiveness [pəˈsweɪsɪvnɪs] (N) pouvoir *m* de persuasion

pert [pɜːt] (ADJ) [*person*] coquin

pertain [pɜːˈteɪn] (VI) **to ~ to** se rapporter à

pertinence [ˈpɜːtɪnəns] (N) pertinence *f*

pertinent [ˈpɜːtɪnənt] (ADJ) pertinent • **to be ~ to sth** se rapporter à qch

perturb [pəˈtɜːb] (VT) perturber

Peru [pəˈruː] (N) Pérou *m*

perusal [pəˈruːzəl] (N) lecture *f*

peruse [pəˈruːz] (VT) [+ *article, book*] parcourir

Peruvian [pəˈruːvɪən] **1** (ADJ) péruvien **2** (N) Péruvien(ne) *m(f)*

pervade [pɜːˈveɪd] (VT) [*smell*] se répandre dans; [*influence*] s'étendre dans; [*ideas*] pénétrer dans

pervading [pɜːˈveɪdɪŋ] (ADJ) [*uncertainty, influence*] sous-jacent(e) • **throughout the book there is a ~ sense of menace** tout au long du roman on ressent comme une menace sourde

pervasive [pɜːˈveɪsɪv] (ADJ) [*smell*] pénétrant; [*ideas*] répandu; [*gloom*] envahissant; [*influence*] omniprésent

perverse [pəˈvɜːs] (ADJ) ⓐ (= *twisted*) [*pleasure, desire*] pervers ⓑ (= *stubborn*) têtu; (= *paradoxical*) paradoxal • **it would be ~ to refuse** ce serait faire preuve d'esprit de contradiction que de refuser

perversely [pəˈvɜːslɪ] (ADV) ⓐ (= *determinedly*) obstinément; (= *in order to annoy*) par esprit de contradiction ⓑ (= *paradoxically*) paradoxalement

perversion [pəˈvɜːʃən] (N) perversion *f* • **sexual ~s** perversions *fpl* sexuelles • **a ~ of justice** un simulacre de justice

perversity [pəˈvɜːsɪtɪ] (N) (= *stubbornness*) obstination *f*; (= *contrariness*) esprit *m* de contradiction

pervert **1** (VT) pervertir; [+ *justice, truth*] travestir • **to ~ the course of justice** entraver le cours de la justice **2** (N) pervers *m* sexuel

> Lorsque **pervert** est un verbe, l'accent tombe sur la seconde syllabe : [pəˈvɜːt], lorsque c'est un nom, sur la première : [ˈpɜːvɜːt].

P

perverted [pəˈvɜːtɪd] (ADJ) pervers
peseta [pəˈsetə] (N) peseta *f*
pesky* [ˈpeskɪ] (ADJ) sale* *before n*
pessary [ˈpesərɪ] (N) pessaire *m*
pessimism [ˈpesɪmɪzəm] (N) pessimisme *m*
pessimist [ˈpesɪmɪst] (N) pessimiste *mf*
pessimistic [ˌpesɪˈmɪstɪk] (ADJ) pessimiste
pest [pest] 1 (N) ⓐ (= *animal*) nuisible *m* ⓑ (= *person*)* casse-pieds* *mf inv* 2 (COMP) ▸ **pest control** N lutte *f* contre les nuisibles; [*of rats*] dératisation *f*
pester [ˈpestəʳ] (VT) harceler • **to ~ sb with questions** harceler qn de questions • **she has been ~ing me for an answer** elle n'arrête pas de me bassiner* pour que je lui donne une réponse • **he ~ed me to go out with him** il m'a cassé les pieds* pour que je sorte avec lui • **he ~s the life out of me*** il me casse les pieds* • **stop ~ing me!** laisse-moi tranquille !
pesticide [ˈpestɪsaɪd] (N) pesticide *m*
pestilence [ˈpestɪləns] (N) peste *f*
pestle [ˈpesl] (N) pilon *m*
pesto [ˈpestəʊ] (N) pesto *m*
pet [pet] 1 (N) ⓐ (= *animal*) animal *m* de compagnie ⓑ (= *favourite*)* chouchou(te)* *m(f)* • **the teacher's ~** le chouchou* du professeur ⓒ (*term of affection*)* **come here ~** viens ici mon chou* 2 (ADJ) ⓐ [*lion, snake*] apprivoisé • **he's got a ~ rabbit** il a un lapin ⓑ (= *favourite*)* favori(te) *m(f)* • **~ hate** bête *f* noire • **once he gets onto his ~ subject ...** quand il enfourche son cheval de bataille ... 3 (VT) (= *fondle*) câliner 4 (COMP) ▸ **pet food** N aliments *mpl* pour animaux ▸ **pet name** N petit nom *m* ▸ **pet shop** N boutique *f* d'animaux
petal [ˈpetl] (N) pétale *m*
peter out [ˌpiːtərˈaʊt] (VI) [*conversation*] tarir; [*road*] se perdre
petite [pəˈtiːt] (ADJ) [*woman*] menue
petition [pəˈtɪʃən] (N) pétition *f*
petitioner [pəˈtɪʃnəʳ] (N) pétitionnaire *mf*; (*in law*) requérant(e) *m(f)*
petrify [ˈpetrɪfaɪ] (VT) (= *terrify*) terrifier
petrochemical [ˌpetrəʊˈkemɪkəl] 1 (N) produit *m* pétrochimique 2 (ADJ) pétrochimique
petrol [ˈpetrəl] (N) (*Brit*) essence *f* ▸ **petrol bomb** N cocktail *m* Molotov ▸ **petrol can** N bidon *m* à essence ▸ **petrol cap** N bouchon *m* de réservoir d'essence ▸ **petrol engine** N moteur *m* à essence ▸ **petrol gauge** N jauge *f* d'essence ▸ **petrol pump** N pompe *f* à essence ▸ **petrol station** N station-service *f* ▸ **petrol tank** N réservoir *m* (d'essence)

⚠ **petrol ≠ pétrole**

petroleum [pɪˈtrəʊlɪəm] (N) pétrole *m* ▸ **petroleum jelly** N Vaseline® *f*
petrolhead* [ˈpetrəlˌhed] (N) accro* *mf* de la mécanique
petticoat [ˈpetɪkəʊt] (N) (= *underskirt*) jupon *m*; (= *slip*) combinaison *f*
pettifogging [ˈpetɪfɒgɪŋ] (ADJ) [*details*] insignifiant; [*objections*] chicanier
pettiness [ˈpetɪnɪs] (N) mesquinerie *f*
petting* [ˈpetɪŋ] (N) caresses *fpl* • **heavy ~** pelotage* *m*
petty [ˈpetɪ] 1 (ADJ) ⓐ (= *small-minded*) mesquin ⓑ (= *trivial*) sans importance • **~ regulations** règlement *m* tracassier 2 (COMP) ▸ **petty cash** N petite caisse *f* ▸ **petty crime** N ⓐ (= *illegal activities*) petite délinquance *f* ⓑ (= *illegal act*) délit *m* mineur ▸ **petty criminal** N petit malfaiteur *m* ▸ **petty officer** N ≈ maître *m*
petulant [ˈpetjʊlənt] (ADJ) (*by nature*) irritable; (*on one occasion*) irrité • **in a ~ mood** de mauvaise humeur
pew [pjuː] (N) banc *m* (d'église) • **take a ~*** prenez donc un siège
pewter [ˈpjuːtəʳ] 1 (N) étain *m* 2 (ADJ) [*pot*] en étain
PFI [piːefˈaɪ] (N) (*Brit Politics*) (ABBR OF **private finance initiative**) PFI *f*
PG [piːˈdʒiː] (ABBR OF **Parental Guidance**) (*film censor's rating*) *accord parental souhaitable*
PG 13 [ˌpiːˈdʒiːθɜːˈtiːn] (*US Cine*) (ABBR OF **Parental Guidance 13**) *interdit aux moins de 13 ans sans autorisation parentale*
PGCE [ˌpiːdʒiːsiːˈiː] (N) (*Brit*) (ABBR OF **Postgraduate Certificate in Education**) *diplôme d'aptitude pédagogique à l'enseignement*
pH [piːˈeɪtʃ] (N) pH *m*
phablet [ˈfæblɪt] (N) (*Comput*) phablette *f*
phalanx [ˈfælæŋks] (N) (*pl* **phalanges** [fæˈlændʒiːz]) phalange *f*
phallic [ˈfælɪk] (ADJ) phallique ▸ **phallic symbol** N symbole *m* phallique
phantom [ˈfæntəm] (N) (= *ghost*) fantôme *m*; (= *vision*) fantasme *m* ▸ **phantom pregnancy** N grossesse *f* nerveuse
Pharaoh [ˈfɛərəʊ] (N) pharaon *m*
pharmaceutical [ˌfɑːməˈsjuːtɪkəl] 1 (ADJ) pharmaceutique 2 (NPL) **pharmaceuticals** produits *mpl* pharmaceutiques
pharmacist [ˈfɑːməsɪst] (N) (= *person*) pharmacien(ne) *m(f)*; (*Brit*) (= *pharmacy*) pharmacie *f*
pharmacology [ˌfɑːməˈkɒlədʒɪ] (N) pharmacologie *f*
pharmacy [ˈfɑːməsɪ] (N) pharmacie *f*
phase [feɪz] 1 (N) (= *stage in process*) phase *f* • **a critical ~ in the negotiations** une phase critique des négociations • **the first ~ of the work** la première tranche des travaux • **all children go through a difficult ~** tout enfant passe par une phase difficile • **a passing ~** un état passager • **it's just a ~ he's going through** ça lui passera • **out of ~** déphasé
2 (VT) [+ *innovations, developments*] introduire progressivement; [+ *execution of plan*] procéder par étapes à • **the modernization of the factory was ~d over three years** la modernisation de l'usine s'est échelonnée sur trois ans • **~d changes** changements *mpl* organisés de façon progressive • **a ~d withdrawal of troops** un retrait progressif des troupes
3 (COMP) ▸ **phase-out** N suppression *f* progressive
▸ **phase in** VT SEP introduire progressivement
▸ **phase out** VT SEP supprimer progressivement
PhD [ˌpiːeɪtʃˈdiː] (N) (ABBR OF **Doctor of Philosophy**) (= *qualification*) doctorat *m*; (= *person*) ≈ titulaire *mf* d'un doctorat
pheasant [ˈfeznt] (N) faisan *m* • **hen ~** poule *f* faisane
phenix [ˈfiːnɪks] (N) (*US*) phénix *m*
phenomena [fɪˈnɒmɪnə] (NPL) *of* **phenomenon**
phenomenal [fɪˈnɒmɪnl] (ADJ) phénoménal
phenomenally [fɪˈnɒmɪnəlɪ] (ADV) (= *very*) incroyablement; [*rise, increase*] de façon phénoménale
phenomenon [fɪˈnɒmɪnən] (N) (*pl* **phenomena**) phénomène *m*
pheromone [ˈferəˌməʊn] (N) phéromone *f*
phew [fjuː] (EXCL) (*relief*) ouf !; (*heat*) pfff !

phial ['faɪəl] (N) fiole *f*
Phi Beta Kappa [ˌfaɪˌbiːtə'kæpə] (N) (*US Univ*) *association élitiste d'anciens étudiants très brillants, ou membre de cette association*
Phil (ABBR OF **Philadelphia**)
Philadelphia [ˌfɪlə'delfɪə] (N) Philadelphie
philanderer [fɪ'lændərəʳ] (N) coureur *m* (de jupons)
philanthropic [ˌfɪlən'θrɒpɪk] (ADJ) philanthropique
philanthropist [fɪ'lænθrəpɪst] (N) philanthrope *mf*
philanthropy [fɪ'lænθrəpɪ] (N) philanthropie *f*
philatelist [fɪ'lætəlɪst] (N) philatéliste *mf*
philately [fɪ'lætəlɪ] (N) philatélie *f*
Philippines ['fɪlɪpiːnz] (NPL) **the ~** les Philippines *fpl*
philistine ['fɪlɪstaɪn] **1** (ADJ) béotien **2** (N) béotien(ne) *m(f)*
Phillips screwdriver® [ˌfɪlɪps'skruːdraɪvəʳ] (N) tournevis *m* cruciforme
philologist [fɪ'lɒlədʒɪst] (N) philologue *mf*
philology [fɪ'lɒlədʒɪ] (N) philologie *f*
philosopher [fɪ'lɒsəfəʳ] (N) philosophe *mf*
philosophical [ˌfɪlə'sɒfɪkəl] (ADJ) **a** (= *relating to philosophy*) philosophique **b** (= *resigned*) philosophe • **to be ~ about sth** prendre qch avec philosophie
philosophically [ˌfɪlə'sɒfɪkəlɪ] (ADV) (= *with resignation*) avec philosophie
philosophize [fɪ'lɒsəfaɪz] (VI) philosopher (**about, on** sur)
philosophy [fɪ'lɒsəfɪ] (N) philosophie *f* • **his ~ of life** sa conception de la vie
phishing ['fɪʃɪŋ] (N) phishing *f*, hameçonnage *m*
phlebitis [flɪ'baɪtɪs] (N) phlébite *f*
phlegm [flem] (N) mucosité *f*
phlegmatic [fleg'mætɪk] (ADJ) flegmatique
phobia ['fəʊbɪə] (N) phobie *f* • **I've got a ~ about ...** j'ai la phobie de ...
phobic ['fəʊbɪk] (ADJ, N) phobique *mf*
phoenix ['fiːnɪks] (N) phénix *m*
phone [fəʊn] **1** (N) téléphone *m* • **on the ~** au téléphone • **I've got Jill on the ~** j'ai Jill au bout du fil*
2 (VT) **to ~ sb** téléphoner à qn
3 (VI) téléphoner
4 (COMP) ▸ **phone bill** N facture *f* de téléphone ▸ **phone book** N annuaire *m* (de téléphone) ▸ **phone booth** N (*in station, hotel*) téléphone *m* public; (*US*) (*in street*) cabine *f* téléphonique ▸ **phone box** N (*Brit*) cabine *f* téléphonique ▸ **phone call** N appel *m* téléphonique • **to make a ~ call** passer un coup de fil* ▸ **phone-in** N (*Brit*) *émission où les auditeurs ou téléspectateurs sont invités à intervenir par téléphone pour donner leur avis ou parler de leurs problèmes* ▸ **phone number** N numéro *m* de téléphone ▸ **phone tapping** N mise *f* sur écoutes téléphoniques
▸ **phone back** VT SEP, VI rappeler
▸ **phone in** **1** VI téléphoner; (*to radio programme*) appeler • **to ~ in sick** téléphoner pour dire qu'on est malade **2** VT SEP [+ *article*] communiquer par téléphone • **to ~ in an order for sth** commander qch par téléphone
phonecam ['fəʊnkæm] (N) mobile *m* avec APN intégré
phonecard ['fəʊnkɑːd] (N) (*Brit*) télécarte® *f*
phoneme ['fəʊniːm] (N) phonème *m*
phonetic [fəʊ'netɪk] (ADJ) phonétique
phonetics [fəʊ'netɪks] **1** (N) (= *subject*) phonétique *f* **2** (NPL) (= *symbols*) transcription *f* phonétique
phoney* ['fəʊnɪ] **1** (ADJ) [*emotion*] simulé; [*excuse, story*] bidon* *inv*; [*person*] pas franc (franche *f*) • **it sounds ~** cela a l'air d'être de la blague* **2** (N) (*pl* **phoneys**) (= *person*) charlatan *m* **3** (COMP) ▸ **the phoney war*** N (*in 1939*) la drôle de guerre
phonics ['fɒnɪks] (N) méthode *f* syllabique
phonology [fəʊ'nɒlədʒɪ] (N) phonologie *f*
phony* ['fəʊnɪ] = **phoney**
phosphate ['fɒsfeɪt] (N) phosphate *m* • **phosphates** (= *fertilizers*) phosphates *mpl*
phosphorescent [ˌfɒsfə'resnt] (ADJ) phosphorescent
phosphorus ['fɒsfərəs] (N) phosphore *m*
photo ['fəʊtəʊ] (N) (*pl* **photos**) photo *f* ▸ **photo album** N album *m* de photos ▸ **photo booth** N photomaton® *m* ▸ **photo finish** N photo-finish *m* ▸ **photo ID** N pièce *f* d'identité avec photo ▸ **photo opportunity** N séance *f* de photos (*pour la presse*) ▸ **photo session** N séance *f* de photos ▸ **photo sharing** N partage *m* de photos ▸ **photo-sharing** ADJ de partage de photos
photobomb* ['fəʊtəʊbɒm] (VT) s'incruster sur la photo de
photocall ['fəʊtəʊˌkɒl] (N) (*Brit Press*) séance *f* de photos pour la presse
photocard ['fəʊtəʊ'kɑːd] (N) carte *f* d'identité (*avec photo*)
photocopier ['fəʊtəʊˌkɒpɪəʳ] (N) photocopieur *m*, photocopieuse *f*
photocopy ['fəʊtəʊˌkɒpɪ] **1** (N) photocopie *f* **2** (VT) photocopier
photodegradable [ˌfəʊtəʊdɪ'greɪdəbl] (ADJ) [*plastic*] photodégradable
photoengrave [ˌfəʊtəʊɪn'greɪv] (VT) photograver
photoengraving [ˌfəʊtəʊɪn'greɪvɪŋ] (N) photogravure *f*
Photofit® ['fəʊtəʊˌfɪt] (N) (*Brit*) portrait-robot *m*
photogenic [ˌfəʊtə'dʒenɪk] (ADJ) photogénique
photograph ['fəʊtəgræf] **1** (N) photo *f* • **to take a ~ of sb/sth** prendre qn/qch en photo • **he takes good ~s** il fait de bonnes photos • **in the ~** sur la photo **2** (VT) prendre en photo **3** (COMP) ▸ **photograph album** N album *m* de photos
photographer [fə'tɒgrəfəʳ] (N) photographe *mf* • **press ~** photographe *mf* de presse • **he's a keen ~** il est passionné de photo
photographic [ˌfəʊtə'græfɪk] (ADJ) photographique ▸ **photographic memory** N mémoire *f* photographique
photography [fə'tɒgrəfɪ] (N) photographie *f*
photojournalism [ˌfəʊtəʊ'dʒɜːnəlɪzəm] (N) photojournalisme *m*
photomontage [ˌfəʊtəʊmɒn'tɑːʒ] (N) photomont-age *m*
photon ['fəʊtɒn] (N) photon *m*
photosensitive [ˌfəʊtəʊ'sensɪtɪv] (ADJ) photosensible
Photoshop® ['fəʊtəʊʃɒp] **1** (N) Photoshop® **2** (VT) **to photoshop a picture** retoucher une image avec Photoshop®
photosynthesis [ˌfəʊtəʊ'sɪnθɪsɪs] (N) photosynthèse *f*
photovoltaic [ˌfəʊtəʊvɒl'teɪɪk] (ADJ) photovoltaïque
phrasal verb [ˌfreɪzəl'vɜːb] (N) verbe *m* à particule
phrase [freɪz] **1** (N) **a** (= *saying*) expression *f* • **noun/verb ~** syntagme *m* nominal/verbal **b** (*Music*) phrase *f* **2** (VT) **a** [+ *thought*] exprimer; [+ *letter*] rédiger • **can we ~ it differently?** peut-on tourner cela autrement ? • **she ~d her question carefully** elle a très soigneusement formulé sa question **b** (*Music*) phraser
phrasebook ['freɪzbʊk] (N) guide *m* de conversation
phrasing ['freɪzɪŋ] (N) [*of ideas*] expression *f*; [*of text*] libellé *m* • **the ~ is unfortunate** les termes sont mal choisis

P

phylloxera [ˌfɪlɒk'sɪərə] (N) phylloxéra *m*
physiatrist [fɪz'aɪətrɪst] (N) spécialiste *mf* en médecine physique et de réadaptation, physiatre *mf* *(Can)*
physiatry [fɪz'aɪətrɪ] (N) médecine *f* physique et de réadaptation, physiatrie *f* *(Can)*
physical ['fɪzɪkəl] 1 (ADJ) physique • **~ contact** contact *m* physique • **~ attraction** attirance *f* physique • **~ cruelty** sévices *mpl* • **the ~ world** le monde matériel • **she's a very ~ person** c'est quelqu'un de très physique • **it's a ~ impossibility for him to get there on time** il lui est matériellement impossible d'arriver là-bas à l'heure
2 (N) (= *medical test*)* examen *m* médical
3 (COMP) ▸ **physical education** N éducation *f* physique ▸ **physical examination** N examen *m* médical ▸ **physical exercise** N exercice *m* physique ▸ **physical fitness** N forme *f* physique ▸ **physical handicap** N handicap *m* physique ▸ **physical therapist** N *(US)* kinésithérapeute *mf* ▸ **physical therapy** N *(US)* kinésithérapie *f* • **to have ~ therapy** faire de la rééducation
physically ['fɪzɪkəlɪ] (ADV) [*restrain*] de force; [*violent, attractive, demanding, separate*] physiquement; [*possible, impossible*] matériellement • **to be ~ fit** être en bonne forme physique • **to be ~ incapable of doing sth** être physiquement incapable de faire qch • **to be ~ sick** vomir • **he is ~ handicapped** il est handicapé physique • **to abuse ~** [*+ partner*] battre; [*+ child*] maltraiter
physician [fɪ'zɪʃən] (N) médecin *m*
physicist ['fɪzɪsɪst] (N) physicien(ne) *m(f)*
physics ['fɪzɪks] (N) physique *f*
physio* ['fɪzɪəʊ] (N) *(Brit)* ⓐ (ABBR OF **physiotherapy**) kiné* *f* ⓑ (ABBR OF **physiotherapist**) kiné* *mf*
physiological [ˌfɪzɪə'lɒdʒɪkəl] (ADJ) physiologique
physiology [ˌfɪzɪ'ɒlədʒɪ] (N) physiologie *f*
physiotherapist [ˌfɪzɪə'θerəpɪst] (N) kinésithérapeute *mf*
physiotherapy [ˌfɪzɪə'θerəpɪ] (N) kinésithérapie *f*
physique [fɪ'ziːk] (N) physique *m* • **he has a powerful ~** il est solidement bâti
PI [piː'aɪ] (N) (ABBR OF **private investigator**) détective *m* privé
pianist ['pɪənɪst] (N) pianiste *mf*
piano ['pjɑːnəʊ] 1 (N) piano *m* 2 (ADV) piano 3 (COMP) ▸ **piano concerto** N concerto *m* pour piano ▸ **piano lesson** N leçon *f* de piano ▸ **piano piece** N morceau *m* pour piano ▸ **piano stool** N tabouret *m* de piano ▸ **piano teacher** N professeur *mf* de piano ▸ **piano tuner** N accordeur *m* (de piano)
pic* [pɪk] (N) (ABBR OF **picture**) ⓐ (= *photo*) photo *f* ⓑ (= *film*) film *m*
Picardy ['pɪkədɪ] (N) Picardie *f*
picayune* [ˌpɪkə'juːn] (ADJ) *(US)* insignifiant
piccolo ['pɪkələʊ] (N) piccolo *m*
pick [pɪk] 1 (N) ⓐ (= *tool*) pioche *f*; [*of miner*] pic *m*
ⓑ (= *choice*) choix *m* • **to have one's ~ of sth** avoir le choix de qch • **she could have her ~ of any part** elle pourrait obtenir n'importe quel rôle • **to take one's ~** faire son choix • **take your ~** choisissez
ⓒ (= *best*) meilleur *m* • **the ~ of the bunch*** *or* **the crop** le meilleur de tous
2 (VT) ⓐ (= *choose*) choisir • **to ~ sb to do sth** choisir qn pour faire qch • **she was ~ed for England** elle a été sélectionnée pour être dans l'équipe d'Angleterre • **they certainly ~ed a winner in Colin** avec Colin ils ont vraiment tiré le bon numéro
ⓑ **to ~ one's way through** avancer avec précaution à travers • **to ~ a fight** (*physical*) chercher la bagarre* • **to ~ a quarrel with sb** chercher querelle à qn
ⓒ [*+ fruit, flower*] cueillir; [*+ mushrooms*] ramasser
ⓓ (= *pick at*) **to ~ one's nose** se curer le nez • **to ~ one's teeth** se curer les dents • **to ~ holes in an argument** voir les failles d'un raisonnement • **to ~ sb's brains*** faire appel aux lumières de qn • **I need to ~ your brains about something*** j'ai besoin de vos lumières à propos de quelque chose • **to ~ a lock** crocheter une serrure • **I had my pocket ~ed** on m'a fait les poches
ⓔ (= *remove*) prendre • **she bent to ~ something off the floor** elle s'est baissée pour ramasser quelque chose par terre
3 (VI) ⓐ (= *choose*) choisir • **you can afford to ~ and choose** tu peux te permettre de faire le difficile • **there are only three doctors, patients cannot ~ and choose** il n'y a que trois médecins, les patients n'ont pas tellement le choix
ⓑ (= *poke, fiddle*) **to ~ at one's food** manger du bout des dents • **don't ~!** (*at food*) ne chipote pas!
4 (COMP) ▸ **pick-me-up*** N remontant *m* ▸ **pick 'n' mix*** ADJ [*selection, collection*] hétéroclite ♦ N assortiment *m*
▸ **pick at*** VT INSEP *(US)* (= *nag*) s'en prendre à
▸ **pick off** VT SEP ⓐ [*+ flower, leaf*] cueillir ⓑ (= *kill*) **he ~ed off the three sentries** il a abattu les trois sentinelles l'une après l'autre • **the lions ~ off any stragglers** les lions éliminent les traînards
▸ **pick on*** VT INSEP (= *nag, harass*) s'en prendre à • **he's always ~ing on Robert** il s'en prend toujours à Robert
▸ **pick out** VT SEP ⓐ (= *choose*) choisir • **~ out two or three you would like to keep** choisissez-en deux ou trois que vous aimeriez garder ⓑ (= *distinguish*) repérer; (*in identification parade*) identifier • **I couldn't ~ out anyone I knew** je n'ai repéré personne de ma connaissance ⓒ (= *highlight*) **letters ~ed out in gold** caractères rehaussés d'or
▸ **pick over** VT SEP [*+ fruit, lentils, rice*] trier
▸ **pick up** 1 VI ⓐ (= *improve*) [*conditions, weather*] s'améliorer; [*prices, wages*] remonter; [*business*] reprendre • **his support has ~ed up recently** sa cote de popularité a remonté récemment • **things are ~ing up a bit*** ça commence à aller mieux ⓑ (= *resume*) reprendre • **to ~ up where one left off** reprendre là où on s'était arrêté
2 VT SEP ⓐ (= *lift*) ramasser • **to ~ o.s. up** (*after fall*) se relever • **he ~ed up the child** il a pris l'enfant dans ses bras; (*after fall*) il a relevé l'enfant • **he ~ed up the phone** il a décroché (le téléphone) • **~ up your clothes before you go out!** ramasse tes vêtements avant de sortir! • **to ~ up the pieces** [*of broken object*] ramasser les morceaux; (*in relationship, one's life*) recoller les morceaux
ⓑ (= *collect*) (passer) prendre • **can you ~ up my coat from the cleaners?** pourrais-tu (passer) prendre mon manteau chez le teinturier? ⓒ [*+ passenger, hitch-hiker*] (*in bus, car*) prendre; (*in taxi*) charger • **I'll ~ you up at 6 o'clock** je passerai vous prendre à 6 heures ⓓ [*+ girl, boy*]* lever* • **he ~ed up a girl** il a levé* une fille ⓔ (= *buy*) dénicher • **she ~ed up a secondhand car for just $800** elle a déniché une voiture d'occasion pour seulement 800 dollars • **to ~ up a bargain in the sales** trouver une bonne affaire dans les soldes ⓕ [*+ language, skill, information*] apprendre; [*+ habit*] prendre • **he ~ed**

up French very quickly il n'a pas mis longtemps à apprendre le français • **you'll soon ~ it up** ça viendra vite • **to ~ up an accent** prendre un accent • **the papers ~ed up the story** les journaux se sont emparés de l'affaire **g** [+ *station, signal, programme*] capter • **the dogs immediately ~ed up the scent** les chiens ont tout de suite détecté l'odeur **h** (= *rescue*) recueillir **i** (= *take in*) [+ *suspect*] interpeller **j** (= *notice*) [+ *sb's error*] relever **k** ▸ **to pick up on to ~ up on a point** (= *develop*) revenir sur un point • **to ~ sb up on sth** (= *correct*) reprendre qn sur qch **l** (= *gain*) **to ~ up speed** [*car, boat*] prendre de la vitesse • **he managed to ~ up a few points in the later events** il a réussi à rattraper quelques points dans les épreuves suivantes **3** VT INSEP (= *earn*)* gagner • **to ~ up the bill** payer la note; (*for expenses*) payer la facture

pickaxe, pickax (US) ['pɪkæks] (N) pic *m*, pioche *f*

picker ['pɪkəʳ] (N) cueilleur *m*, -euse *f* • **apple-~** cueilleur *m*, -euse *f* de pommes

picket ['pɪkɪt] **1** (N) (*during strike*) piquet *m* de grève; (*at demonstrations*) piquet *m* (de manifestants) **2** (VT) **to ~ a factory** mettre un piquet de grève aux portes d'une usine • **the demonstrators ~ed the French embassy** les manifestants ont formé un cordon devant l'ambassade de France **3** (VI) [*strikers*] organiser un piquet de grève **4** (COMP) ▸ **picket fence** N palissade *f* ▸ **picket line** N piquet *m* de grève

picketing ['pɪkɪtɪŋ] (N) piquets *mpl* de grève

pickings ['pɪkɪŋz] (NPL) (= *profits*) **there are rich ~ to be had** ça pourrait rapporter gros*

pickle ['pɪkl] **1** (N) (= *relish*) *sorte de chutney* • **to be in a ~** (= *awkward situation*) être dans le pétrin* **2** (NPL) **pickles** pickles *mpl* **3** (VT) (*in vinegar*) conserver dans du vinaigre **4** (COMP) ▸ **pickling onions** NPL petits oignons *mpl*

pickpocket ['pɪk,pɒkɪt] (N) pickpocket *m*

pickup ['pɪkʌp] (N) (= *truck*) pick-up *m* ▸ **pickup point** (*for people*) point *m* de rendez-vous; (*for goods*) point *m* de collecte ▸ **pickup truck, pickup van** N pick-up *m*

picky* ['pɪkɪ] (ADJ) difficile (à satisfaire)

picnic ['pɪknɪk] (*vb: pret, ptp* **picnicked**) **1** (N) pique-nique *m* • **it's no ~*** ce n'est pas une partie de plaisir **2** (VI) pique-niquer **3** (COMP) ▸ **picnic basket** N panier *m* à pique-nique

picnicker ['pɪknɪkəʳ] (N) pique-niqueur *m*, -euse *f*

pictogram ['pɪktə,græm] (N) pictogramme *m*

pictorial [pɪk'tɔːrɪəl] (ADJ) **a ~ record of life in the war** un récit en images de la vie pendant la guerre

picture ['pɪktʃəʳ] **1** (N) **a** image *f*; (= *photograph*) photo *f*; (= *painting*) tableau *m*; (= *portrait*) portrait *m*; (= *drawing*) dessin *m* • **a ~ by David Hockney** un tableau de David Hockney • **a ~ of David Hockney** (= *portrait*) un portrait de David Hockney • **to paint/draw a ~** faire un tableau/un dessin

b (= *description*) (*spoken*) tableau *m*; (= *mental image*) image *f* • **to paint a gloomy ~ of sth** brosser un sombre tableau de qch • **to form a ~ of sth** se faire une idée de qch • **these figures give the general ~** ces chiffres donnent une vue générale de la situation • **OK, I get the ~*** ça va, j'ai compris • **to put sb in the ~** mettre qn au courant • **the garden is a ~ in June** le jardin est magnifique en juin • **he is the** *or* **a ~ of health** il respire la santé • **his face was a ~!*** son expression en disait long!

c (= *film*) film *m* • **to go to the ~s** aller au cinéma

2 (VT) (= *imagine*) s'imaginer • **I can't quite ~ it somehow** j'ai du mal à imaginer ça • **~ yourself lying on the beach** imaginez-vous étendu sur la plage

3 (COMP) ▸ **picture book** N livre *m* d'images ▸ **picture frame** N cadre *m* ▸ **picture library** N photothèque *f* ▸ **picture messaging** N envoi *m* de photos par MMS ▸ **picture rail** N cimaise *f* ▸ **picture window** N fenêtre *f* panoramique

picturesque [,pɪktʃə'resk] (ADJ) pittoresque

piddling* ['pɪdlɪŋ] (ADJ) (= *insignificant*) insignifiant; (= *small*) négligeable

pidgin ['pɪdʒɪn] (N) **a** (= *English*) pidgin-english *m* **b** (= *improvized language*) sabir *m* • **~ English/French** mauvais anglais *m*/français *m*

pie [paɪ] (N) tourte *f* • **apple ~** tourte *f* aux pommes • **pork ~** pâté *m* en croûte • **it's ~ in the sky*** ce sont des promesses en l'air • **he's got a finger in every ~** il se mêle de tout • **that's ~ to him*** (US) pour lui, c'est du gâteau* ▸ **pie chart** N camembert* *m* ▸ **pie dish** N plat *m* allant au four

piebald ['paɪbɔːld] **1** (ADJ) [*horse*] pie *inv* **2** (N) cheval *m* pie

piece [piːs] NOUN

1 NOUN	2 PHRASAL VERB

1 NOUN

a (= *bit*) morceau *m*; [*of wood*] bout *m*; (*large*) pièce *f*; [*of ribbon, string*] bout *m*; (= *part*) pièce *f*; (= *item, section, also Chess*) pièce *f*; (*Draughts*) pion *m* • **a ~ of paper** un morceau de papier • **in ~s** (= *broken*) en morceaux • **a ~ of land** (*for agriculture*) une parcelle de terre; (*for building*) un lotissement • **a ~ of meat** un morceau de viande • **a ~ of clothing** un vêtement • **a ~ of fruit** un fruit • **a ~ of furniture** un meuble • **a ~ of software** un logiciel • **three ~s of luggage** trois bagages • **there's a ~ missing** (*of jigsaw, game*) il y a une pièce qui manque

▸ **in one piece the vase is still in one ~** le vase n'est pas cassé • **we got back in one ~*** nous sommes rentrés sains et saufs

▸ **all of a piece this latest volume is all of a ~ with her earlier poetry** ce dernier volume est dans l'esprit de ses poèmes précédents

▸ **to pieces it comes to ~s** ça se démonte • **the chair comes to ~s** la chaise se démonte • **it fell to ~s** c'est tombé en morceaux • **to take sth to ~s** démonter qch • **to go to ~s*** (*emotionally*) craquer*; [*team*] se désintégrer • **his confidence is shot to ~s*** il a perdu toute confiance en lui

b (*with abstract nouns*) **a ~ of information** un renseignement • **a ~ of advice** un conseil • **a good ~ of work** du bon travail • **that was a ~ of luck!** c'était un coup de chance! • **I'll give him a ~ of my mind*** je vais lui dire ce que je pense

c (= *music*) morceau *m* • **a ~ by Grieg** un morceau de Grieg • **a ten-~ band** un orchestre de dix musiciens

d (= *poem*) poème *m*; (= *passage, excerpt*) passage *m*; (= *article*) article *m* • **a ~ of poetry** un poème • **a good ~ of writing** un bon texte • **there's a ~ in the newspaper about ...** il y a un article dans le journal sur ...

e (= *coin*) pièce *f* • **a 5-euro ~** une pièce de 5 euros

⚠ **Pièce** is not the commonest translation for **piece**.

P

2 PHRASAL VERB
▸ **piece together** VT SEP [+ *broken object*] rassembler; [+ *story*] reconstituer; [+ *facts*] reconstituer

piecemeal ['pi:smi:l] 1 ADV (= *bit by bit*) petit à petit • **the system developed ~** le système s'est développé sans plan d'ensemble 2 ADJ au coup par coup • **technology developed in a ~ fashion** la technologie s'est développée au coup par coup • **the castle was built in ~ fashion** le château a été construit en plusieurs étapes

piecework ['pi:swɜ:k] N travail *m* à la pièce

pier [pɪəʳ] N ⓐ (*with amusements, in airport*) jetée *f* ⓑ [*of bridge*] pile *f*

pierce [pɪəs] VT ⓐ (= *make hole in*) percer • **to get one's ears/nose ~d** se faire percer les oreilles/le nez • **to have ~d ears** avoir les oreilles percées ⓑ [*sound, light*] percer; [*cold, wind*] transpercer

piercing ['pɪəsɪŋ] 1 ADJ [*sound, voice, stare*] perçant; [*cold, wind*] glacial 2 N (= *body art*) piercing *m*

piety ['paɪətɪ] N piété *f*

piffling ['pɪflɪŋ] ADJ (= *trivial*) futile; (= *worthless*) insignifiant

pig [pɪg] 1 N ⓐ cochon *m*, porc *m* • **~s might fly!*** ce n'est pas demain la veille !* • **to make a ~'s ear* of sth** (*Brit*) cochonner qch* ⓑ (= *person*)* (*mean*) vache*̣ *f*; (*dirty*) cochon(ne)* *m(f)*; (*greedy*) goinfre *m* • **to make a ~ of o.s.** s'empiffrer* 2 VT **to ~ o.s.*** s'empiffrer* (**on** de) 3 COMP ▸ **pig farmer** N éleveur *m*, -euse *f* de porcs ▸ **pig in the middle** N **he's the ~ in the middle** il est impliqué dans des disputes qui ne le concernent pas
▸ **pig out*** VI s'empiffrer* (**on** de)

pigeon ['pɪdʒən] N pigeon *m* ▸ **pigeon loft** N pigeonnier *m* ▸ **pigeon-toed** ADJ **to be ~-toed** avoir les pieds tournés en dedans

pigeonhole ['pɪdʒɪn,həʊl] 1 N casier *m* 2 VT (= *classify*) [+ *person*] étiqueter

piggyback ['pɪgɪ,bæk] 1 ADV [*ride, be carried*] sur le dos 2 N **to give sb a ~** porter qn sur son dos • **give me a ~, Daddy!** fais-moi faire un tour (à dada) sur ton dos, papa ! 3 COMP ▸ **piggyback mailing** N asilage *m* • **to send out in a ~ mailing** asiler

piggybank ['pɪgɪbæŋk] N tirelire *f* (*surtout en forme de cochon*)

pigheaded [,pɪg'hedɪd] ADJ entêté

piglet ['pɪglɪt] N porcelet *m*

pigment ['pɪgmənt] N pigment *m*

pigmy ['pɪgmɪ] 1 N Pygmée *mf*; (*fig*) nain(e) *m(f)* 2 ADJ pygmée *f inv*

pigpen ['pɪgpen] N (*US*) porcherie *f*

pigskin ['pɪgskɪn] 1 N ⓐ (= *leather*) porc *m* ⓑ (*US Football*) ballon *m* (*de football américain*) 2 ADJ [*briefcase, gloves, book-binding*] en porc

pigsty ['pɪgstaɪ] N porcherie *f* • **your room is a ~!** ta chambre est une vraie porcherie !

pigtail ['pɪgteɪl] N [*of hair*] natte *f* • **to have one's hair in ~s** porter des nattes

pike [paɪk] N (= *fish*) brochet *m*

Pilates [pɪ'lɑ:ti:z] N Pilates *m*

pilau [pɪ'laʊ] N pilaf *m* ▸ **pilau rice** N riz *m* pilaf

pilchard ['pɪltʃəd] N pilchard *m*

pile [paɪl] 1 N ⓐ (= *neat stack*) pile *f*; (= *heap*) tas *m* • **the washing was in a neat ~** le linge était bien rangé en pile • **the magazines were in an untidy ~** les magazines étaient entassés pêle-mêle • **to be at the bottom of the ~** (*in hierarchy*) être en bas de l'échelle
▸ **piles of*** beaucoup de
ⓑ (= *fortune*)* fortune *f* • **to make one's ~** faire son beurre*
ⓒ (= *imposing building*) édifice *m*
ⓓ (= *post*) pieu *m* de fondation; [*of bridge*] pile *f*
ⓔ [*of carpet*] poils *mpl* • **a carpet with a deep ~** un tapis de haute laine
2 NPL **piles** (= *medical condition*) hémorroïdes *fpl*
3 VT (= *stack up*) empiler • **he ~d the plates onto the tray** il a empilé les assiettes sur le plateau • **a table ~d high with books** une table couverte de piles de livres
4 VI (= *squash*)* **we all ~d into the car** nous nous sommes tous entassés dans la voiture • **we ~d off the train** nous sommes descendus du train en nous bousculant
5 COMP ▸ **pile-up** N carambolage *m* • **there was a ten-car ~-up on the motorway** dix voitures se sont carambolées sur l'autoroute
▸ **pile on*** 1 VT SEP **to ~ it on** en rajouter* • **to ~ on the pressure** mettre le paquet* 2 VI **the bus arrived and we all ~d on** l'autobus est arrivé et nous nous sommes tous entassés dedans
▸ **pile up** 1 VI [*snow, leaves*] s'amonceler; [*work, bills, debts, rubbish*] s'accumuler 2 VT SEP ⓐ [+ *objects*] empiler ⓑ [+ *evidence, reasons, debts, losses*] accumuler

pilfer ['pɪlfəʳ] VTI chaparder

pilferer ['pɪlfərəʳ] N chapardeur *m*, -euse *f*

pilfering ['pɪlfərɪŋ] N chapardage *m*

pilgrim ['pɪlgrɪm] N pèlerin *m* ▸ **the Pilgrim Fathers** NPL les (Pères *mpl*) pèlerins *mpl*

> **PILGRIM FATHERS**
> Les « Pères pèlerins » sont des puritains qui quittèrent l'Angleterre en 1620 à bord du « Mayflower », pour fuir les persécutions religieuses. Ils fondèrent New Plymouth, dans ce qui est aujourd'hui le Massachusetts, et inaugurèrent ainsi le processus de colonisation anglaise de l'Amérique. Ces Pères pèlerins sont considérés comme les fondateurs des États-Unis, et l'on commémore chaque année, le jour de Thanksgiving, la réussite de leur première récolte. → THANKSGIVING

pilgrimage ['pɪlgrɪmɪdʒ] N pèlerinage *m* • **to go on a ~** faire un pèlerinage

pill [pɪl] N pilule *f* • **to be on the ~** prendre la pilule

pillage ['pɪlɪdʒ] 1 N pillage *m* 2 VT piller 3 VI se livrer au pillage

pillar ['pɪləʳ] N pilier *m* • **he was sent from ~ to post** on se le renvoyait de l'un à l'autre • **he was a ~ of the community** c'était un pilier de la communauté ▸ **pillar-box** N (*Brit*) boîte *f* aux lettres (*publique*) • **~-box red** rouge vif *m inv*

pillion ['pɪljən] 1 N [*of motorcycle*] siège *m* arrière 2 ADV **to ride ~** (*on motorcycle*) monter derrière

pillory ['pɪlərɪ] 1 N pilori *m* 2 VT mettre au pilori

pillow ['pɪləʊ] 1 N oreiller *m* 2 VT [+ *head*] reposer 3 COMP ▸ **pillow slip** N taie *f* d'oreiller

pillowcase ['pɪləʊkeɪs] N taie *f* d'oreiller

pillowtalk ['pɪləʊtɔ:k] N confidences *fpl* sur l'oreiller

pilot ['paɪlət] 1 N ⓐ pilote *m* ⓑ (*on TV*) pilote *m* 2 VT piloter 3 COMP ▸ **pilot light** N veilleuse *f* (*de cuisinière,* *de chauffe-eau)* ▸ **pilot scheme** N projet *m* pilote ▸ **pilot study** N étude *f* pilote

pimento [pɪˈmentəʊ] (N) piment *m*

pimp [pɪmp] (N) souteneur *m*

pimple [ˈpɪmpl] (N) bouton *m*

pimply [ˈpɪmplɪ] (ADJ) boutonneux

PIN [pɪn] (N) (ABBR OF **personal identification number**) ~ **(number)** code *m* confidentiel

pin [pɪn] 1 (N) ⓐ épingle *f*; *(= badge)* badge *m*; *(= lapel badge)* pin's *m* • **you could have heard a ~ drop** on aurait entendu voler une mouche • **I've got ~s and needles (in my foot)** j'ai des fourmis (dans le pied) • **to be (sitting) on ~s and needles** *(US)* être sur des charbons ardents • **for two ~s* I'd hand in my resignation** je suis à deux doigts de démissionner
ⓑ *[of hand grenade]* goupille *f*; *[of plug]* broche *f* (de prise de courant); *(in limb)* broche *f* • **a three-~ plug** une prise à trois broches
2 (VT) ⓐ *(= put pin in)* *[+ dress]* épingler; *[+ papers]* *(together)* attacher avec une épingle; *(to wall)* fixer avec une punaise
ⓑ *(= trap)* **to ~ sb to the floor** clouer qn au plancher • **his arms were ~ned to his sides** il avait les bras collés au corps
ⓒ *(= attach)* **to ~ one's hopes on sth/sb** mettre tous ses espoirs dans qch/en qn • **they tried to ~ the crime on him*** ils ont essayé de lui mettre le crime sur le dos*
▸ **pin down** VT SEP ⓐ *[+ person]* **I couldn't ~ her down to a date** je n'ai pas réussi à lui faire fixer une date ⓑ *(= identify)* identifier; *[+ location, time]* situer

pinafore [ˈpɪnəfɔːʳ] (N) tablier *m* ▸ **pinafore dress** N robe *f* chasuble

pinball [ˈpɪnbɔːl] (N) *(= game)* flipper *m* ▸ **pinball machine** N flipper *m*

pincer [ˈpɪnsəʳ] (N) *[of crab]* pince *f*

pinch [pɪntʃ] 1 (N) ⓐ *(= action)* pincement *m*; *(= mark)* pinçon *m* • **to give sb a ~ (on the arm)** pincer qn (au bras) • **we're feeling the ~*** financièrement on le ressent
▸ **at a pinch, in a pinch** *(US)* à la limite
ⓑ *(= small amount)* pincée *f* • **you have to take his stories with a ~ of salt** il ne faut pas prendre ce qu'il raconte au pied de la lettre
2 (VT) ⓐ *(= squeeze)* pincer; *[shoes]* serrer
ⓑ *(= steal)** piquer* • **he ~ed that idea from Shaw** il a piqué* cette idée à Shaw
3 (VI) *[shoe]* être trop étroit
4 (COMP) ▸ **pinch-hitter** N remplaçant *m*

pinched [ˈpɪntʃt] (ADJ) *(= drawn)* **to look ~** avoir les traits tirés

pincushion [ˈpɪn,kʊʃən] (N) pelote *f* à épingles

pine [paɪn] 1 (N) pin *m* 2 (VI) se languir **(for de)** • **he's pining (for his girlfriend)** il se languit (de sa petite amie) 3 (COMP) ▸ **pine cone** N pomme *f* de pin ▸ **pine needle** N aiguille *f* de pin ▸ **pine nut** N pignon *m*
▸ **pine away** VI dépérir

pineapple [ˈpaɪn,æpl] 1 (N) ananas *m* 2 (COMP) *[flavour, ice cream]* à l'ananas ▸ **pineapple juice** N jus *m* d'ananas

ping [pɪŋ] 1 (N) bruit *m* métallique; *[of timer]* sonnerie *f* 2 (VI) faire un bruit métallique; *[timer]* sonner 3 (COMP) ▸ **ping-pong** ® N ping-pong *m* • **~-pong player** pongiste *mf*

pinion [ˈpɪnjən] (VT) *[+ person]* lier • **he was ~ed against the wall** *(by person)* il était plaqué contre le mur

pink [pɪŋk] 1 (N) *(= colour)* rose *m* • **in the ~ of condition** en excellente forme 2 (ADJ) ⓐ *[cheek, clothes]* rose • **he turned ~ with embarrassment** il rougit de confusion ⓑ *(= gay)** gay • **the ~ economy** le poids économique des homosexuels 3 (VI) *(Brit)* *[car engine]* cliqueter 4 (COMP) ▸ **pink gin** N cocktail *m* de gin et d'angustura ▸ **pink slip*** N *(US)* *(terminating employment)* avis *m* de licenciement

pinking scissors [ˈpɪŋkɪŋ,sɪzəz], **pinking shears** [ˈpɪŋkɪŋʃɪəz] (NPL) ciseaux *mpl* à cranter

pinnacle [ˈpɪnəkl] (N) *[of career, achievement]* sommet *m*

pinpoint [ˈpɪnpɔɪnt] (VT) *[+ place]* localiser avec précision; *[+ problem]* mettre le doigt sur

pinprick [ˈpɪnprɪk] (N) piqûre *f* d'épingle

pinstripe [ˈpɪnstraɪp] (N) rayure *f* très fine • **~ suit** costume *m* rayé

pint [paɪnt] (N) ⓐ pinte *f*, ≈ demi-litre *m* *(Brit = 0,57 litre, US = 0,47 litre)* → IMPERIAL SYSTEM ⓑ *(Brit)* *(= beer)** pinte *f* (de bière) • **let's go for a ~** allons prendre un pot* • **she had a few ~s** elle a bu quelques bières

pioneer [,paɪəˈnɪəʳ] 1 (N) pionnier *m*, -ière *f* • **she was one of the ~s in this field** elle a été l'une des pionnières dans ce domaine 2 (VT) **he ~ed the use of this drug** il a lancé l'usage de ce médicament 3 (ADJ) *[research, study]* complètement nouveau (nouvelle *f*)

pioneering [,paɪəˈnɪərɪŋ] (ADJ) *[work, research, study]* complètement nouveau (nouvelle *f*)

pious [ˈpaɪəs] (ADJ) ⓐ *(= religious)* pieux ⓑ *(= sanctimonious)* hypocrite • **not ~ intentions, but real actions** pas de bonnes intentions, mais des actes

pip [pɪp] 1 (N) ⓐ *[of fruit]* pépin *m* ⓑ *[of phone]* top *m* • **the ~s*** le bip-bip* 2 (VT) *(Brit)** **to be ~ped at the post** se faire coiffer au poteau

pipe [paɪp] 1 (N) ⓐ *(for water, gas)* tuyau *m*; *(smaller)* tube *m* • **sewage ~** égout *m* ⓑ *(for smoking)* pipe *f* • **he smokes a ~** il fume la pipe ⓒ *(= instrument)* pipeau *m*; *[of organ]* tuyau *m* 2 (NPL) **pipes** *(= bagpipes)* cornemuse *f* 3 (COMP) ▸ **pipe cleaner** N cure-pipe *m* ▸ **piped music** N musique *f* d'ambiance enregistrée ▸ **pipe dream** N projet *m* chimérique ▸ **pipe smoker** N fumeur *m* de pipe
▸ **pipe down*** VI se taire • **~ down!** mets-la en sourdine!*
▸ **pipe up*** VI se faire entendre

pipeline [ˈpaɪplaɪn] (N) pipeline *m*; *(for oil)* oléoduc *m*; *(for natural gas)* gazoduc *m*
▸ **in the pipeline*** *(= planned or about to happen)* prévu; *(= begun or about to be completed)* en cours de réalisation • **there are redundancies in the ~** des licenciements sont prévus • **there's a new model in the ~** un nouveau modèle est en cours de réalisation

piper [ˈpaɪpəʳ] (N) *(= bagpiper)* cornemuseur *m*

piping [ˈpaɪpɪŋ] 1 (N) ⓐ *(in house)* tuyauterie *f* ⓑ *[of bagpipes]* son *m* de la cornemuse ⓒ *(Sewing)* passepoil *m* ⓓ *(on cake)* décorations *fpl* (appliquées) à la douille 2 (ADV) **~ hot** très chaud

piquant [ˈpiːkənt] (ADJ) *[flavour, story]* piquant

pique [piːk] 1 (VT) *[+ person]* froisser; *(stronger)* piquer au vif 2 (N) dépit *m* • **in a fit of ~** dans un accès de dépit

piracy [ˈpaɪərəsɪ] (N) *(on ships)* piraterie *f*; *[of book, film, tape, video]* piratage *m*

piranha [pɪˈrɑːnjə] (N) piranha *m*

piratable [ˈpaɪrɪtəbl] (ADJ) piratable

P

pirate ['paɪərɪt] 1 (N) pirate *m* 2 (VT) pirater 3 (COMP) ▸ **pirate copy** N copie *f* pirate ▸ **pirate radio** N radio *f* pirate ▸ **pirate ship** N bateau *m* de pirates

pirouette [ˌpɪrʊ'et] 1 (N) pirouette *f* 2 (VI) faire la pirouette

Pisa ['pi:zə] (N) Pise

Pisces ['paɪsi:z] (N) Poissons *mpl* • **I'm a ~** je suis Poissons

piss‡ [pɪs] 1 (N) pisse‡ *f* • **to go for a ~** pisser un coup‡ • **to take the ~ out of sb** charrier* qn • **to go out on the ~** (*Brit*) aller se soûler la gueule‡ dans les bars 2 (VI) pisser‡ • **it's ~ing down** (*Brit* = *raining*) il pleut comme vache qui pisse* 3 (COMP) ▸ **piss-up**‡ N (*Brit*) beuverie* *f*
▸ **piss off**‡ 1 VI foutre le camp‡ 2 VT [+ *person*] faire chier‡ • **I'm ~ed off** j'en ai ras le bol*

pissed‡ [pɪst] (ADJ) ⓐ (*Brit*) (= *drunk*) bourré‡ • **to get ~** se soûler la gueule‡ ⓑ (*US*) **~ at sb** (= *annoyed*) en rogne contre qn • **she was really ~** elle l'avait vraiment mauvaise*

pistachio [pɪs'tɑ:ʃɪəʊ] (N) pistache *f*

piste [pi:st] (N) piste *f* • **off ~** hors piste

pistol ['pɪstl] (N) pistolet *m*

piston ['pɪstən] (N) piston *m*

pit [pɪt] 1 (N) ⓐ (= *large hole*) fosse *f*; (= *mine*) mine *f*
ⓑ (= *small depression*) (*in metal, glass*) petit trou *m*; (*on face*) (petite) marque *f*
ⓒ [*of stomach*] creux *m*
ⓓ (*Brit*) (*Theatre*) (fauteuils *mpl* d')orchestre *m*
ⓔ (= *fruit-stone*) noyau *m*
2 (NPL) **the pits** (*Motor Racing*) le stand de ravitaillement • **it's the ~s!**‡ c'est merdique !‡
3 (VT) ⓐ **to ~ sb against** (= *make opponent of*) opposer qn à • **to ~ o.s. against sb** se mesurer à qn • **to ~ one's strength against sb** se mesurer à qn • **to be ~ted against sb** avoir qn pour adversaire • **to ~ one's wits against sb** jouer au plus fin avec qn
ⓑ [+ *surface*] cribler; [+ *face, skin*] marquer • **a car ~ted with rust** une voiture piquée de rouille • **a ~ted road surface** une route pleine de nids-de-poule
ⓒ [+ *fruit*] dénoyauter • **~ted prunes/cherries** pruneaux *mpl*/cerises *fpl* dénoyauté(e)s
4 (COMP) ▸ **pit bull terrier** N pit-bull *m* ▸ **pit stop** N arrêt *m* au stand

pita (bread) ['pɪtə(bred)] (N) pain *m* pitta

pitapat ['pɪtə'pæt] (ADV) **to go ~** [*heart*] palpiter

pitch [pɪtʃ] 1 (N) ⓐ (*Brit Sport*) (= *ground*) terrain *m* • **football/cricket ~** terrain *m* de football/de cricket
ⓑ (= *degree*) **he had worked himself up to such a ~ of indignation that ...** il était parvenu à un tel degré d'indignation que ... • **tension has reached such a high ~ that ...** la tension est telle que ...
ⓒ [*of instrument, voice*] ton *m*; [*of note, sound*] hauteur *f*
ⓓ (*Brit*) [*of trader*] place *f* (habituelle)
ⓔ (= *argument*) **to make a ~ for sth** plaider pour qch
ⓕ [*of roof*] degré *m* de pente
ⓖ (= *tar*) poix *f*
2 (VT) ⓐ (= *throw*) [+ *ball, object*] lancer • **to ~ sth over** lancer qch par-dessus • **~ it!*** (*US*) balance-le !* • **the incident ~ed him into the political arena** cet incident l'a propulsé dans l'arène politique
ⓑ [+ *musical note*] donner • **the speech must be ~ed at the right level for the audience** le ton du discours doit être adapté au public
ⓒ (= *set up*) **to ~ a tent** dresser une tente • **to ~ camp** établir un camp
3 (VI) ⓐ **he ~ed forward as the bus stopped** il a été projeté en avant quand l'autobus s'est arrêté
ⓑ [*ship*] tanguer
ⓒ (*Baseball*) lancer la balle
4 (COMP) ▸ **pitch-black** ADJ **it's ~-black outside** il fait noir comme dans un four dehors ▸ **pitch blackness** N noir *m* complet ▸ **pitch-and-putt** N pitch-and-putt *m* (*jeu de golf limité à deux clubs*) ▸ **pitch-dark** ADJ **it's ~-dark** il fait noir comme dans un four ▸ **pitch invasion** N (*Brit Sport*) invasion *f* du terrain • **there was a ~ invasion** les spectateurs ont envahi le terrain
▸ **pitch for** VT INSEP (= *try and get*) chercher à obtenir
▸ **pitch in*** VI s'atteler au boulot* • **they all ~ed in to help him** ils s'y sont tous mis pour l'aider

pitcher ['pɪtʃə^r] (N) ⓐ (= *jug*) cruche *f*; (*bigger*) broc *m* ⓑ (*Baseball*) lanceur *m*

pitchfork ['pɪtʃfɔ:k] (N) fourche *f* (à foin)

piteous ['pɪtɪəs] (ADJ) pitoyable

pitfall ['pɪtfɔ:l] (N) piège *m*

pith [pɪθ] (N) [*of orange*] peau *f* blanche

pithead ['pɪthed] (N) carreau *m* de mine

pithy ['pɪθɪ] (ADJ) (= *terse*) concis

pitiable ['pɪtɪəbl] (ADJ) [*income*] de misère; [*appearance*] piteux

pitiful ['pɪtɪfʊl] (ADJ) ⓐ (= *touching*) pitoyable ⓑ (= *deplorable*) lamentable • **his ~ efforts to speak French** ses lamentables efforts pour parler français

pitifully ['pɪtɪfəlɪ] (ADV) **~ thin** d'une maigreur affligeante • **a ~ small sum** une somme dérisoire

pitiless ['pɪtɪlɪs] (ADJ) impitoyable

pitta (bread) ['pɪtə(bred)] (N) pain *m* pitta

pittance ['pɪtəns] (N) (= *sum*) somme *f* dérisoire; (= *income*) maigre revenu *m*; (= *wage*) salaire *m* de misère

pituitary gland [pɪ'tju:ɪtərɪˌglænd] (N) hypophyse *f*

pity ['pɪtɪ] 1 (N) ⓐ (= *mercy, compassion*) pitié *f* • **for ~'s sake** par pitié • **to have ~ on sb** avoir pitié de qn • **to take ~ on sb** avoir pitié de qn • **out of ~** par pitié
ⓑ (= *misfortune*) **it is a (great) ~** c'est (bien) dommage • **it's a ~ about the job** c'est dommage pour le travail • **it would be a ~ if he lost ...** cela serait dommage qu'il perde ... • **it's a ~ you can't come** dommage que vous ne puissiez (pas) venir • **it would be a ~ to waste the opportunity** cela serait dommage de rater cette occasion • **what a ~!** quel dommage ! • **more's the ~!** c'est bien dommage !
2 (VT) [+ *person*] plaindre

pivot ['pɪvət] 1 (N) pivot *m* • **the ~ of his argument is that ...** son argument repose sur l'idée que ... 2 (VT) (= *turn*) faire pivoter 3 (VI) (*on axis*) pivoter • **his argument ~s on the fact that ...** son argument repose sur le fait que ...

pivotal ['pɪvətl] (ADJ) essentiel

pixel ['pɪksəl] (N) pixel *m*

pixelate ['pɪksəleɪt] (VT) pixéliser, mosaïquer

pixelation [pɪksə'leɪʃən] (N) pixélisation *f*, mosaïquage *m*

pixie ['pɪksɪ] (N) lutin *m* ▸ **pixie hat, pixie hood** N bonnet *m* pointu

pixil(l)ation [pɪksɪ'leɪʃən] (N) pixillation *f*

pizazz* [pɪ'zæz] (N) tonus *m*

pizza ['pi:tsə] (N) pizza *f* ▸ **pizza parlour** N pizzeria *f*

pizzazz* [pɪ'zæz] (N) tonus *m*

PJs* [pi:'dʒeɪz] (NPL) (ABBR OF **pyjamas**)

Pl. (ABBR OF **Place**)

placard ['plækɑːd] (N) affiche *f*; (*at demo*) pancarte *f*
placate [plə'keɪt] (VT) apaiser

place [pleɪs]

1 NOUN
2 TRANSITIVE VERB
3 COMPOUNDS

1 NOUN

ⓐ endroit *m* • **we came to a ~ where ...** nous sommes arrivés à un endroit où ... • **this is no ~ for children** ce n'est pas un endroit pour les enfants • **this isn't a nice ~ for a picnic** ce n'est pas l'endroit idéal pour pique-niquer • **from ~ to ~** d'un endroit à l'autre • **the time and ~ of the crime** l'heure et le lieu du crime • **this is the ~** c'est ici

> A more specific word is often used to translate **place**.

• **it's a small ~** (= *village*) c'est un village • **Brighton is a good ~ to live** Brighton est une ville où il fait bon vivre • **we found some excellent ~s to eat** nous avons trouvé d'excellents restaurants • **to lose one's ~ in a book** perdre sa page dans un livre

> Note adjective + **place** translated by adjective alone.

• **the museum is a huge ~** le musée est immense
▸ **to take place** avoir lieu
▸ **place of** + *noun* **~ of birth/work** lieu *m* de naissance/de travail • **~ of refuge** refuge *m* • **~ of worship** lieu de culte
▸ **any/some/no place*** (US) **I couldn't find it any ~** je ne l'ai trouvé nulle part • **some ~** quelque part • **some ~ else** quelque part ailleurs • **they have no ~ to go** ils n'ont nulle part où aller
▸ **to go places*** (US = *travel*) voyager • **he'll go ~s all right!** (= *make good*) il ira loin ! • **we're going ~s at last** (= *make progress*) nous avançons enfin

ⓑ (= *house*)* **we were at Anne's ~** nous étions chez Anne • **come over to our ~** passez à la maison • **your ~ or mine?** on va chez moi ou chez toi ? • **his business is growing, he needs a bigger ~** son affaire s'agrandit, il lui faut des locaux plus grands

ⓒ (= *seat*) place *f*; (*laid at table*) couvert *m* • **a car park with 200 ~s** un parking de 200 places

ⓓ (= *position*) place *f* • **put the book back in its ~** remets le livre à sa place • **(if I were) in your ~ ...** (si j'étais) à votre place ... • **to lose one's ~ in the queue** perdre sa place dans la queue • **to take the ~ of sb/sth** prendre la place de qn/qch • **to take sb's ~** remplacer qn • **to fit into ~** (= *become clear*) devenir clair • **the moment I changed jobs everything fell into ~** (= *turned out well*) il a suffi que je change de travail pour que tout s'arrange

ⓔ (*in competition*) place *f* • **Paul won the race with Robert in second ~** Paul a gagné la course et Robert est arrivé deuxième • **Sweden took second ~** la Suède s'est classée deuxième • **my personal life has had to take second ~ to my career** ma vie privée a dû passer après ma carrière • **the team was in third ~** l'équipe était en troisième position • **he has risen to second ~ in the opinion polls** il occupe maintenant la deuxième place dans les sondages • **people in high ~s** les gens haut placés • **to put sb in his ~** remettre qn à sa place

ⓕ (= *job*) place *f* • **we have a ~ for a receptionist** nous avons une place de réceptionniste • **it's not your ~ to criticize** ce n'est pas à vous de critiquer

ⓖ (*for student, player*) place *f* • **I've got a ~ to do sociology** j'ai réussi à m'inscrire en sociologie • **he's got a ~ in the team** il a été admis dans l'équipe

ⓗ (= *room*) **there is no ~ for racism in the Party** le parti ne peut tolérer le racisme

ⓘ (*set structures*)
▸ **all over the place*** (= *everywhere*) partout • **I've looked for him all over the ~** je l'ai cherché partout
▸ **to be in place** [*object*] être à sa place; [*measure, policy, elements*] être en place; [*conditions*] être rassemblé; [*law, legislation*] être en vigueur
▸ **in places** (= *here and there*) par endroits • **the snow is very deep in ~s** la neige est très profonde par endroits
▸ **in place of** à la place de
▸ **in the first place** d'abord • **in the first ~, it will be much cheaper** d'abord, ça sera beaucoup moins cher • **we need to consider why so many people are in prison in the first ~** nous devons d'abord nous demander pourquoi tant de gens sont en prison • **he shouldn't have been there in the first ~** d'abord, il n'aurait même pas dû être là
▸ **in the second place** ensuite
▸ **out of place** [*object, remark*] déplacé • **I feel rather out of ~ here** je ne me sens pas à ma place ici

2 TRANSITIVE VERB

ⓐ (= *put*) mettre • **she ~d a roll on each plate** elle a mis un petit pain sur chaque assiette • **events have ~d the president in a difficult position** les événements ont mis le président en mauvaise posture
▸ **to be placed** **the picture is ~d rather high up** le tableau est un peu trop haut • **the house is well ~d** la maison est bien située • **we are now well ~d to ...** nous sommes maintenant bien placés pour ...

ⓑ (= *rank*) placer • **he wasn't ~d in the race** il n'a pas été placé dans la course • **he ~s good health among his greatest assets** il considère sa bonne santé comme l'un de ses meilleurs atouts • **to ~ local interests above those of central government** placer les intérêts locaux avant ceux de l'État

ⓒ (= *classify*) classer

ⓓ (= *make*) [+ *order, contract*] passer; [+ *bet*] engager

ⓔ (= *find job for*) trouver un emploi pour • **we have so far ~d 28 people in permanent jobs** jusqu'à présent nous avons réussi à trouver des emplois permanents à 28 personnes • **the agency is trying to ~ him with a building firm** l'agence essaie de lui trouver une place dans une entreprise de construction

ⓕ (= *identify*) situer • **he looked familiar, but I couldn't immediately ~ him** sa tête me disait quelque chose mais je n'arrivais pas à le situer

3 COMPOUNDS

▸ **place mat** N set *m* (de table) ▸ **place-name** N nom *m* de lieu ▸ **place setting** N couvert *m*

> ⚠ The French word **place** is not the commonest translation for **place**.

P

placebo [plə'siːbəʊ] (N) placebo *m* ▸ **placebo effect** N effet *m* placebo

placement ['pleɪsmənt] (N) *(during studies)* stage *m* ▸ **placement office** N *(US)* *(for career guidance)* centre *m* d'orientation; *(for jobs)* bureau *m* de placement pour étudiants ▸ **placement test** N *(US)* test *m* de niveau

placenta [plə'sentə] (N) placenta *m*

placid ['plæsɪd] (ADJ) placide

placings ['pleɪsɪŋz] (NPL) *(in competition)* classement *m*

plagiarism ['pleɪdʒjərɪzəm] (N) plagiat *m*

plagiarize ['pleɪdʒjəraɪz] (VT) plagier

plague [pleɪg] **1** (N) ⓐ *(= disease)* peste *f* • **to avoid sb/sth like the ~** fuir qn/qch comme la peste ⓑ *(= scourge)* fléau *m* • **the ~ of inflation** le fléau de l'inflation • **a ~ of rats/locusts** une invasion de rats/de sauterelles **2** (VT) [*person, fear*] harceler; *(stronger)* tourmenter • **to ~ sb with questions** harceler qn de questions • **to be ~d by injury** souffrir de blessures à répétition • **to be ~d by bad luck** jouer de malchance • **~d by** [*+ doubts, remorse*] rongé par; [*+ nightmares*] hanté par; [*+ mosquitoes*] tourmenté par

plaice [pleɪs] (N) *(pl* **plaice***)* carrelet *m*

plaid [plæd] **1** (N) *(= cloth)* tissu *m* écossais **2** (ADJ) (en tissu) écossais

plain [pleɪn] **1** (ADJ) ⓐ *(= obvious)* clair • **it must be ~ to everyone that ...** il doit être clair pour tout le monde que ... • **it is ~ from his comments that ...** ses remarques montrent clairement que ... • **he made his feelings ~** il n'a pas caché ce qu'il pensait • **he made it quite ~ that he would never agree** il a bien fait comprendre qu'il n'accepterait jamais

ⓑ *(= unambiguous)* clair • **~ speaking** propos *mpl* sans équivoque • **to use ~ language** parler sans ambages • **in ~ English, I think you made a mistake** je vous le dis carrément, je pense que vous vous êtes trompé • **do I make myself ~?** est-ce que je me fais bien comprendre ?

ⓒ *(= sheer)* pur (et simple)

ⓓ *(= simple)* simple; *(= in one colour)* uni • **~ white walls** murs *mpl* blancs unis • **I like good ~ cooking** j'aime la cuisine simple • **one ~, one purl** *(Knitting)* une maille à l'endroit, une maille à l'envers • **to send sth under ~ cover** envoyer qch sous pli discret • **it's ~ sailing from now on** maintenant tout va marcher comme sur des roulettes*

ⓔ *(= not pretty)* quelconque • **she's rather ~** elle n'est pas jolie

2 (ADV) ⓐ *(= clearly)* **I can't put it ~er than this** je ne peux pas m'exprimer plus clairement que cela

ⓑ *(= simply)** tout bonnement • **(just) ~ stupid** tout simplement idiot

3 (N) plaine *f* • **the (Great) Plains** *(US)* la (Grande) Prairie

4 (COMP) ▸ **plain chocolate** N chocolat *m* à croquer ▸ **plain clothes** NPL **in ~ clothes** en civil ▸ **plain-clothes** ADJ **a ~-clothes policeman** un policier en civil ▸ **plain flour** N farine *f* *(sans levure)* ▸ **plain yoghurt** N yaourt *m* nature

plainly ['pleɪnlɪ] (ADV) ⓐ *(= obviously)* manifestement • **~, these new techniques are a great improvement** à l'évidence, ces nouvelles techniques représentent un grand progrès ⓑ [*speak*] clairement; [*see, hear*] distinctement ⓒ [*dressed*] sans recherche

plainness ['pleɪnnɪs] (N) ⓐ *(= simplicity)* simplicité *f* ⓑ *(= lack of beauty)* manque *m* de beauté

plaintiff ['pleɪntɪf] (N) plaignant(e) *m(f)*

plaintive ['pleɪntɪv] (ADJ) plaintif

plait [plæt] **1** (N) [*of hair*] tresse *f* • **she wears her hair in ~s** elle porte des tresses **2** (VT) [*+ hair, string*] tresser

plan [plæn] **1** (N) ⓐ *(= drawing, map)* plan *m*

ⓑ *(= project)* plan *m*, projet *m* • **her ~ for union reform** son projet de réforme syndicale • **~ of action** plan *m* d'action • **development ~** plan *m* de développement • **to draw up a ~** dresser un plan • **everything is going according to ~** tout se passe comme prévu • **to make ~s** faire des projets • **to upset** *or* **spoil sb's ~s** déranger les projets de qn • **to change one's ~s** changer d'idée • **the best ~ would be to leave tomorrow afternoon** le mieux serait de partir demain après-midi • **what ~s do you have for the holidays?** quels sont vos projets pour les vacances ? • **I haven't any particular ~s** je n'ai aucun projet précis • **have you got any ~s for tonight?** est-ce que vous avez prévu quelque chose pour ce soir ? • **there are ~s to modernize the building** il est prévu de moderniser l'immeuble • **the government said they had no ~s to increase taxes** le gouvernement a dit qu'il n'avait pas l'intention d'augmenter les impôts

2 (VT) ⓐ *(= devise and schedule)* planifier

ⓑ *(= make plans for)* [*+ holiday, journey, crime*] préparer à l'avance; [*+ essay*] faire le plan de; [*+ campaign, attack*] organiser • **a well-~ned house** une maison bien conçue • **to ~ one's day** organiser sa journée • **they ~ned the attack together** ils ont préparé l'attaque ensemble • **he has got it all ~ned** il a tout prévu • **couples can now ~ their families** les couples peuvent aujourd'hui choisir quand avoir des enfants

ⓒ *(= have in mind)* avoir l'intention de • **to ~ to do sth** avoir l'intention de faire qch • **how long do you ~ to be away?** combien de temps avez-vous l'intention de vous absenter ?

3 (VI) faire des projets • **we are ~ning for the future** nous faisons des projets pour l'avenir • **one has to ~ months ahead** il faut s'y prendre des mois à l'avance

▸ **plan on** VT INSEP *(= intend)* **to ~ on doing sth** avoir l'intention de faire qch

plane [pleɪn] **1** (N) ⓐ *(= aeroplane)* avion *m* • **by ~** par avion ⓑ *(= tool)* rabot *m* ⓒ *(= tree)* platane *m* ⓓ *(= surface)* plan *m* **2** (VT) raboter **3** (COMP) ▸ **plane crash** N accident *m* d'avion ▸ **plane journey** N voyage *m* en avion ▸ **plane ticket** N billet *m* d'avion

planet ['plænɪt] (N) planète *f*

planetarium [ˌplænɪ'teərɪəm] (N) planétarium *m*

planetary ['plænɪtərɪ] (ADJ) planétaire

plank [plæŋk] (N) planche *f* • **the main ~** *(of policy, argument)* la pièce maîtresse

plankton ['plæŋktən] (N) plancton *m*

planner ['plænəʳ] (N) *(for town)* urbaniste *mf*

planning ['plænɪŋ] **1** (N) ⓐ *(= organizing)* planification *f* • **forward ~** planification *f* à long terme • **financial ~** gestion *f* prévisionnelle des dépenses ⓑ *(for town)* urbanisme *m* **2** (COMP) ▸ **planning department** N service *m* de l'urbanisme ▸ **planning permission** N permis *m* de construire

plant [plɑːnt] **1** (N) ⓐ *(growing)* plante *f*

ⓑ *(= equipment)* matériel *m*; *(fixed)* installation *f*; *(= equipment and buildings)* bâtiments *mpl* et matériel • **heavy ~** engins *mpl*

ⓒ *(= factory)* usine *f*

ⓓ (= *infiltrator*) agent *m* infiltré

2 (VT) ⓐ [+ *plants, bulbs*] planter; [+ *field, garden*] planter (**with** en)

ⓑ (= *place*) [+ *flag*] planter; [+ *bomb*] poser; [+ *spy*] introduire • **to ~ a kiss on sb's cheek** planter un baiser sur la joue de qn • **to ~ o.s. in front of sb/sth** se planter devant qn/qch • **to ~ an idea in sb's mind** mettre une idée dans la tête de qn • **to ~ drugs/evidence on sb** dissimuler de la drogue/des preuves sur qn (pour l'incriminer)

3 (COMP) ▸ **plant food** N engrais *m* ▸ **plant life** N flore *f* ▸ **plant pot** N pot *m* de fleurs

▸ **plant out** VT SEP [+ *seedlings*] repiquer

plantation [plænˈteɪʃən] (N) plantation *f*

planter [ˈplɑːntəʳ] (N) (= *plant pot*) pot *m*; (*bigger, decorative*) jardinière *f*

plaque [plæk] (N) ⓐ (= *plate*) plaque *f* ⓑ (*on teeth*) plaque *f* dentaire

plasma [ˈplæzmə] (N) plasma *m* ▸ **plasma screen** N écran *m* plasma

plaster [ˈplɑːstəʳ] 1 (N) ⓐ (*for wall, fracture*) plâtre *m* • **he had his leg in ~** il avait la jambe dans le plâtre ⓑ (*Brit: for cut*) sparadrap *m* • **a (piece of) ~** un pansement adhésif

2 (VT) ⓐ [+ *wall, fracture*] plâtrer ⓑ (= *cover*) couvrir (**with** de) • **the story was ~ed* all over the front page** l'histoire s'étalait sur toute la première page • **to ~ one's face with make-up** se maquiller outrageusement

3 (COMP) [*model, moulding*] en plâtre ▸ **plaster cast** N plâtre *m*; (*for sculpture*) moule *m* (en plâtre) ▸ **plaster of Paris** N plâtre *m* à mouler

plasterboard [ˈplɑːstəbɔːd] (N) Placoplâtre® *m*

plastered‡ [ˈplɑːstəd] (ADJ) (= *drunk*) beurré‡ • **to get ~** se soûler (la gueule‡)

plasterer [ˈplɑːstərəʳ] (N) plâtrier *m*

plastic [ˈplæstɪk] 1 (N) ⓐ (= *substance*) plastique *m* • **~s** matières *fpl* plastiques ⓑ (= *credit cards*)* cartes *fpl* de crédit 2 (ADJ) (= *made of plastic*) en (matière) plastique

3 (COMP) ▸ **plastic bag** N sac *m* en plastique ▸ **plastic bullet** N balle *f* de plastique ▸ **plastic explosive** N plastic *m* ▸ **plastic surgeon** N spécialiste *mf* de chirurgie esthétique ▸ **plastic surgery** N chirurgie *f* esthétique ▸ **plastic wrap** N (US) film *m* alimentaire

Plasticine® [ˈplæstɪsiːn] (N) pâte *f* à modeler

plate [pleɪt] 1 (N) ⓐ (*for food*) assiette *f*; (= *platter*) plat *m* • **a ~ of sandwiches** une assiette de sandwichs • **to give sth to sb on a ~*** apporter qch à qn sur un plateau • **to have enough on one's ~*** (*things to do*) avoir déjà beaucoup à faire; (*problems*) avoir déjà beaucoup de problèmes

ⓑ (= *gold dishes*) orfèvrerie *f*; (= *silver dishes*) argenterie *f*

ⓒ (*on wall, door*) plaque *f*; (= *number plate*) plaque *f* d'immatriculation

2 (VT) (*with metal*) plaquer; (*with silver*) argenter

3 (COMP) ▸ **plate glass** N verre *m* à vitre ▸ **plate-glass window** N baie *f* vitrée ▸ **plate rack** N (*for drying*) égouttoir *m*; (*for storing*) range-assiettes *m inv* ▸ **plate tectonics** N tectonique *f* des plaques

plateau [ˈplætəʊ] (N) plateau *m*

plateful [ˈpleɪtfʊl] (N) assiettée *f*

platelet [ˈpleɪtlɪt] (N) plaquette *f*

platform [ˈplætfɔːm] 1 (N) ⓐ (*on oil rig, bus*) plateforme *f*; (*for band, in hall*) estrade *f*; (*at meeting*) tribune *f*; (*in station*) quai *m* • **~ six** quai *m* six • **he was on the ~ at the last meeting** il était à la tribune (d'honneur) lors de la dernière réunion ⓑ [*of political party*] plateforme *f* électorale 2 (COMP) ▸ **platform shoes** NPL chaussures *fpl* à semelles compensées ▸ **platform soles** NPL semelles *fpl* compensées

platinum [ˈplætɪnəm] 1 (N) platine *m* 2 (ADJ) [*jewellery*] en platine 3 (COMP) ▸ **platinum blond, platinum blonde** N blond(e) *m(f)* platiné(e) ▸ **platinum disc** N (= *award*) disque *m* de platine

platitude [ˈplætɪtjuːd] (N) platitude *f*

platonic [pləˈtɒnɪk] (ADJ) [*relationship*] platonique

platoon [pləˈtuːn] (N) section *f*

platter [ˈplætəʳ] (N) ⓐ (= *plate*) plat *m* • **she was handed it on a ~** on le lui a apporté sur un plateau ⓑ (= *meal*) assiette *f* • **seafood ~** assiette *f* de fruits de mer

plaudits [ˈplɔːdɪts] (NPL) acclamations *fpl*

plausibility [ˌplɔːzəˈbɪlɪtɪ] (N) plausibilité *f*; [*of person*] crédibilité *f*

plausible [ˈplɔːzəbl] (ADJ) plausible; [*person*] convaincant

---

play [pleɪ]

1	NOUN	4	COMPOUNDS
2	TRANSITIVE VERB	5	PHRASAL VERBS
3	INTRANSITIVE VERB		

1 NOUN

ⓐ (Sport) jeu *m* • **there was some good ~ in the second half** on a assisté à du beau jeu pendant la deuxième mi-temps • **~ starts at noon** le match commence à midi • **children learn through ~** les enfants apprennent par le jeu

▸ **to make a play for sth** s'efforcer d'obtenir qch

▸ **into play** **to bring** *or* **call sth into ~** faire intervenir qch • **to come into ~** entrer en jeu

ⓑ (= movement) jeu *m* • **the free ~ of market forces** le libre jeu du marché • **to give full ~ to one's imagination** donner libre cours à son imagination

ⓒ (= drama) pièce *f* (de théâtre) • **the ~s of Molière** les pièces *fpl* de Molière • **television ~** dramatique *f* • **a ~ by Pinter** une pièce de Pinter • **to be in a ~** [*actor*] jouer dans une pièce

2 TRANSITIVE VERB

ⓐ (+ game, sport) jouer à • **to ~ chess** jouer aux échecs • **to ~ football** jouer au football • **to ~ a match against sb** disputer un match contre qn • **the match will be ~ed on Saturday** le match aura lieu samedi • **what position does she ~?** à quelle place joue-t-elle ? • **to ~ a game** jouer à un jeu; (*of tennis*) faire une partie • **the children were ~ing a game in the garden** les enfants jouaient dans le jardin • **don't ~ games with me!** ne vous moquez pas de moi ! • **to ~ ball with sb** (= *cooperate*) coopérer avec qn • **to ~ the game** (= *play fair*) jouer le jeu • **to ~ the field*** papillonner • **he gave up ~ing the field and married a year ago** il a cessé de papillonner et s'est marié il y a un an

ⓑ (+ opponent) rencontrer • **England are ~ing Scotland on Saturday** l'Angleterre rencontre l'Écosse samedi

ⓒ (+ chess piece, card) jouer

ⓓ (Theatre) [+ *part, play*] jouer • **they ~ed it as a comedy** ils l'ont joué comme une comédie • **he ~ed the part of Macbeth** il a joué le rôle de Macbeth • **to ~ one's part well** bien jouer • **to ~ a part in sth** [*person*] prendre

P

part à qch; [*quality, object*] contribuer à qch • **he ~ed no part in it** il n'y était pour rien • **to ~ it cool*** garder son sang-froid • **to ~ it safe** ne prendre aucun risque

e (*Music*) [+ *instrument*] jouer de; [+ *piece*] jouer; [+ *record, CD*] passer • **to ~ the piano** jouer du piano • **they were ~ing Beethoven** ils jouaient du Beethoven

f (= *direct*) [+ *hose, searchlight*] diriger

3 INTRANSITIVE VERB

a jouer • **to ~ fair** (*Sport*) jouer franc jeu; (*fig*) jouer le jeu • **to ~ dead** faire le mort

▸ **play** + *preposition* **England is ~ing against Scotland** l'Angleterre joue contre l'Écosse • **what's he ~ing at?*** à quoi il joue ? • **what do you think you're ~ing at!*** qu'est-ce que tu fabriques ?* • **to ~ for money** jouer pour de l'argent • **he ~s for Manchester** il joue dans l'équipe de Manchester • **to ~ for time** essayer de gagner du temps • **to ~ in goal** jouer dans les buts • **to ~ into sb's hands** faire le jeu de qn • **to ~ with fire** jouer avec le feu • **how much time do we have to ~ with?*** combien de temps avons-nous ?

b (*Music*) [*person, organ, orchestra*] jouer • **there was music ~ing** il y avait de la musique

4 COMPOUNDS

▸ **play-by-play** ADJ [*account etc*] suivi; (*fig*) circonstancié ▸ **Play-Doh**® N pâte *f* à modeler ▸ **play-off** N (*after a tie*) ≈ match *m* de barrage (*départageant des concurrents à égalité*); (*US*) (*for championship*) match *m* de qualification ▸ **play on words** N jeu *m* de mots ▸ **play park** N terrain *m* de jeu

▸ **play along** VI **to ~ along with sb** entrer dans le jeu de qn

▸ **play around** VI **a** **to ~ around with an idea** retourner une idée dans sa tête **b** (= *mess about*)* faire l'imbécile

▸ **play back** VT SEP [+ *tape*] réécouter

▸ **play down** VT SEP (= *minimize importance of*) [+ *significance*] minimiser; [+ *situation, attitude*] dédramatiser

▸ **play off** VT SEP **to ~ off Mum against Dad** monter maman contre papa

▸ **play on** VT INSEP [+ *sb's emotions, good nature*] jouer sur • **to ~ on words** jouer sur les mots

▸ **play up*** **1** VI (= *give trouble*) **the engine is ~ing up** le moteur fait des siennes • **the children have been ~ing up all day** les enfants ont été insupportables toute la journée **2** VT SEP **a** (= *give trouble to*) **his leg is ~ing him up** sa jambe le tracasse **b** (= *magnify importance of*) exagérer (l'importance de)

---

playability [ˌpleɪəˈbɪlɪtɪ] (N) jouabilité *f*

playable [ˈpleɪəbl] (ADJ) jouable

playback [ˈpleɪbæk] (N) enregistrement *m*; (*function*) (touche *f* de *or* position *f*) lecture *f*

playboy [ˈpleɪbɔɪ] (N) play-boy *m*

player [ˈpleɪəʳ] (N) **a** (*Sport*) joueur *m*, -euse *f* • **he's a very good ~** il joue très bien **b** (*Music*) musicien(ne) *m(f)* • **flute ~** joueur *m*, -euse *f* de flûte **c** (= *party involved*) protagoniste *mf* • **one of the main ~s in …** un des principaux protagonistes de …

playful [ˈpleɪfʊl] (ADJ) badin; [*person*] enjoué; [*puppy, kitten*] joueur

playgoer [ˈpleɪˌgəʊəʳ] (N) amateur *m*, -trice *f* de théâtre

playground [ˈpleɪgraʊnd] (N) cour *f* de récréation

playgroup [ˈpleɪgru:p] (N) ≈ garderie *f*

playing [ˈpleɪɪŋ] (N) (*Music*) interprétation *f* ▸ **playing card** N carte *f* à jouer ▸ **playing field** N (*Sport*) terrain *m* de jeu; (*fig*) situation *f* équitable pour tout le monde • **to compete on a level ~ field** être sur un pied d'égalité

playlist [ˈpleɪˌlɪst] **1** (N) playlist(e) *f* **2** (VT) playlister

playmate [ˈpleɪmeɪt] (N) camarade *mf* de jeu

playpen [ˈpleɪpen] (N) parc *m* (*pour bébés*)

playroom [ˈpleɪrʊm] (N) salle *f* de jeux

playschool [ˈpleɪsku:l] (N) ≈ garderie *f*

plaything [ˈpleɪθɪŋ] (N) jouet *m*

playtime [ˈpleɪtaɪm] (N) récréation *f*

playwright [ˈpleɪraɪt] (N) auteur *m* dramatique

plaza [ˈplɑ:zə] (N) **a** (= *square*) place *f* **b** (*US*) (= *motorway services*) aire *f* de service

PLC, Plc, plc [ˌpi:elˈsi:] (*Brit*) (ABBR OF **public limited company**) SARL *f*

plea [pli:] (N) **a** (= *entreaty*) appel *m* (**for** à) **b** (*in court*) **to enter a ~ of guilty/not guilty** plaider coupable/non coupable

plead [pli:d] (*pret, ptp* **pleaded** *or* **pled**) **1** (VI) **a** **to ~ with sb to do sth** supplier qn de faire qch • **he ~ed for mercy for his brother** il a imploré la clémence pour son frère • **to ~ for a scheme/programme** plaider pour un projet/un programme **b** (*in court*) plaider • **to ~ guilty/not guilty** plaider coupable/non coupable **2** (VT) **a** (= *give as excuse*) alléguer • **to ~ ignorance** alléguer son ignorance **b** **to ~ sb's case/cause** plaider la cause de qn

pleasant [ˈpleznt] (ADJ) **a** (= *pleasing*) agréable • **they spent a ~ afternoon** ils ont passé un après-midi très agréable • **it's very ~ here** on est bien ici **b** (= *polite*) aimable • **try and be ~** essaie d'être aimable • **he was very ~ to us** il s'est montré très aimable avec nous • **he has a ~ manner** il est charmant

pleasantly [ˈplezntlɪ] (ADV) [*smile, answer*] aimablement • **to be ~ surprised** être agréablement surpris • **the weather was ~ warm** il faisait une chaleur agréable

pleasantry [ˈplezntrɪ] (N) **a** (= *joke*) plaisanterie *f* **b** **pleasantries** (= *polite remarks*) civilités *fpl*, propos *mpl* aimables

please [pli:z] **1** (ADV) s'il vous (*or* te) plaît • **~ don't!** ne faites pas ça s'il vous plaît ! • **yes ~** oui, merci • **would you like some cheese? — yes ~** voulez-vous du fromage ? — oui, merci • **~ let me know if I can help you** n'hésitez pas à me dire si je peux vous aider • **shall I tell him? — ~ do!** je lui dis ? — mais oui bien sûr

2 (VI) **a** (= *think fit*) **do as you ~!** faites comme vous voulez !

b (= *satisfy, give pleasure*) faire plaisir • **he is very anxious to ~** il a très envie de faire plaisir

3 (VT) (= *give pleasure to*) faire plaisir à; (= *satisfy*) contenter • **I did it to ~ you** je l'ai fait pour te faire plaisir • **he is hard to ~** il est difficile à contenter • **to ~ oneself** faire comme on veut • **~ yourself!** comme vous voulez !

pleased [pli:zd] (ADJ) content (**with** de) • **he looked very ~ at the news** la nouvelle a eu l'air de lui faire grand plaisir • **he was ~ to hear that …** il a été heureux d'apprendre que … • **~ to meet you!*** enchanté ! • **to be ~ with o.s./sb** être content de soi/qn • **they were not at all ~ with the decision** ils n'étaient absolument pas satisfaits de cette décision

pleasing [ˈpli:zɪŋ] (ADJ) agréable

pleasurable [ˈpleʒərəbl] (ADJ) (très) agréable

pleasure [ˈpleʒəʳ] **1** (N) **a** (= *enjoyment*) plaisir *m* • **to do sth for ~** faire qch pour le plaisir • **toys which can give**

children hours of ~ des jouets avec lesquels les enfants peuvent s'amuser pendant des heures • **has he gone to Paris on business or for ~?** est-il allé à Paris pour affaires ou pour son plaisir ? • **to get ~ from doing sth** prendre plaisir à faire qch • **I no longer get much ~ from my work** mon travail ne me plaît plus vraiment • **to take great ~ in doing sth** prendre beaucoup de plaisir à faire qch • **she takes ~ in the simple things in life** elle apprécie les choses simples • **they took great ~ in his success** ils se sont réjouis de son succès • **it takes all the ~ out of it** ça vous gâche le plaisir

ⓑ (*= source of enjoyment*) plaisir *m* • **one of my greatest ~s** un de mes plus grands plaisirs • **he's a ~ to work with** c'est un plaisir de travailler avec lui

ⓒ (*in polite phrases*) **my ~!*** je vous en prie ! • **with ~** (*= willingly*) avec plaisir • **I have ~ in accepting ...** j'ai l'honneur d'accepter ... • **Mr and Mrs Brewis request the ~ of your company at the marriage of their daughter** M. et Mme Brewis sont heureux de vous faire part du mariage de leur fille et vous prient d'assister à la bénédiction nuptiale

2 (COMP) ▸ **pleasure boat** N bateau *m* de plaisance

pleat [pli:t] 1 (N) pli *m* 2 (VT) plisser

pleb* [pleb] (N) (*Brit*) plouc* *mf*

plebiscite ['plebɪsɪt] (N) plébiscite *m* • **to hold a ~** faire un plébiscite

plectrum ['plektrəm] (N) plectre *m*

pledge [pledʒ] 1 (N) (*= promise*) promesse *f*; (*= agreement*) pacte *m* • **to be under a ~ of secrecy** avoir promis de ne rien dire • **the government did not honour its ~** le gouvernement n'a pas tenu sa promesse • **an election ~** une promesse électorale • **to take the ~** faire vœu de tempérance 2 (VT) ⓐ (*= pawn*) mettre en gage ⓑ (*= promise*) [*+ one's help, support, allegiance*] promettre • **to ~ to do sth** s'engager à faire qch

plenary ['pli:nərɪ] 1 (ADJ) **(in) ~ session** (en) séance plénière • **~ meeting** réunion *f* plénière 2 (N) séance *f* plénière

plentiful ['plentɪfʊl] (ADJ) [*harvest, food*] abondant; [*amount*] copieux • **a ~ supply of** une profusion de

plenty ['plentɪ] 1 (N) ⓐ (*= a lot*) **I've got ~** j'en ai plein • **I've got ~ to do** j'ai beaucoup à faire • **~ of** (bien) assez de • **he's got ~ of friends** il a beaucoup d'amis • **he's got ~ of money** il a beaucoup d'argent • **ten is ~** dix suffisent (largement) • **that's ~** ça suffit amplement ⓑ (*= abundance*) abondance *f* 2 (ADV)* assez • **it's ~ big enough!** c'est bien assez grand !

plethora ['pleθərə] (N) pléthore *f*

pleurisy ['plʊərɪsɪ] (N) pleurésie *f* • **to have ~** avoir une pleurésie

pliable ['plaɪəbl] (ADJ) [*material*] flexible; [*character, person*] malléable

pliant ['plaɪənt] (ADJ) malléable

pliers ['plaɪəz] (NPL) (*also* **pair of pliers**) pince(s) *f(pl)*

plight [plaɪt] (N) **the ~ of the refugees** la situation dramatique des réfugiés • **the country's economic ~** les difficultés *fpl* économiques du pays • **in a sorry ~** dans un triste état

plimsoll ['plɪmsəl] (N) (*Brit*) chausson *m* de gym(nastique)

plinth [plɪnθ] (N) plinthe *f*; [*of statue*] socle *m*

PLO [ˌpi:el'əʊ] (N) (ABBR OF **Palestine Liberation Organization**) OLP *f*

plod [plɒd] 1 (VI) ⓐ (*= trudge*) (*also* **plod along**) avancer d'un pas lourd ⓑ (*= proceed laboriously*) **I'm ~ding through his book** je lis son livre mais c'est laborieux 2 (N) **I heard the ~ of his footsteps** j'entendais son pas lourd

plodder ['plɒdəʳ] (N) bûcheur* *m*, -euse* *f*

plonk* [plɒŋk] 1 (N) (*Brit*) (*= cheap wine*) piquette *f* 2 (VT) (*also* **plonk down**) poser (bruyamment) • **he ~ed the book (down) on the table** il a posé (bruyamment) le livre sur la table • **he ~ed himself down into the chair** il s'est laissé tomber dans le fauteuil

plop [plɒp] 1 (N) (*= sound*) floc *m* 2 (VI) [*stone, single drop*] faire floc; [*raindrops*] faire flic flac 3 (VT) **to ~ o.s. down*** [*person*] s'asseoir lourdement

plot [plɒt] 1 (N) ⓐ [*of ground*] terrain *m* • **building ~** terrain *m* à bâtir • **the vegetable ~** le carré de légumes ⓑ (*= conspiracy*) complot *m* (**to do sth** pour faire qch) ⓒ [*of story*] intrigue *f* • **to lose the ~*** être paumé* 2 (VT) ⓐ (*= mark out*) [*+ course, route*] déterminer; [*+ graph, curve*] tracer point par point; [*+ progress, development*] faire le graphique de ⓑ [*+ sb's death, ruin*] comploter 3 (VI) (*= conspire*) conspirer • **to ~ to do sth** comploter de faire qch

plotter ['plɒtəʳ] (N) (*= conspirator*) conspirateur *m*, -trice *f*

plough, plow (US) [plaʊ] 1 (N) charrue *f* • **the Plough** (*= constellation*) la Grande Ourse 2 (VT) [*+ field*] labourer; [*+ furrow*] creuser • **to ~ money into sth** investir gros dans qch • **we've ~ed millions into this project** nous avons investi des millions dans ce projet 3 (VI) ⓐ [*worker*] labourer ⓑ **to ~ through the mud** avancer péniblement dans la boue • **the lorry ~ed into the wall** le camion est allé se jeter contre le mur • **the car ~ed through the fence** la voiture a défoncé la barrière • **to ~ through a book** lire laborieusement un livre

▸ **plough back** VT SEP [*+ profits*] réinvestir (**into** dans)

ploughman ['plaʊmən] (N) (*pl* **-men**) laboureur *m*

▸ **ploughman's lunch** N (*Brit*) *assiette de fromage et de pickles*

plow [plaʊ] (*US*) = **plough**

ploy* [plɔɪ] (N) stratagème *m* (**to do sth** pour faire qch)

pls* (ADV) (ABBR OF **please**) SVP

pluck [plʌk] 1 (VT) [*+ fruit, flower*] cueillir; [*+ strings*] pincer; [*+ bird*] plumer • **to ~ one's eyebrows** s'épiler les sourcils 2 (N) (*= courage*) courage *m*

▸ **pluck up** VT SEP (*= summon up*) **he ~ed up the courage to tell her** il a trouvé le courage de lui dire

plucky* ['plʌkɪ] (ADJ) courageux

plug [plʌg] 1 (N) ⓐ [*of bath, basin*] bonde *f* • **to pull out the ~** enlever la bonde • **to pull the ~ on*** [*+ project*] laisser tomber*

ⓑ (*electric*) prise *f* (de courant)

ⓒ (*= spark plug*) bougie *f*

ⓓ (*= publicity*)* coup *m* de pouce (publicitaire) • **to give sth/sb a ~** donner un coup de pouce (publicitaire) à qch/qn

2 (VT) ⓐ (*= fill*) [*+ hole, crack*] boucher; [*+ leak*] colmater • **to ~ the gap** (*fig*) combler les lacunes

ⓑ (*= publicize*)* (*on one occasion*) faire de la pub* pour; (*repeatedly*) matraquer*

3 (COMP) ▸ **plug-and-play** ADJ prêt à l'emploi ▸ **plug-in** ADJ qui se branche sur le secteur

▸ **plug away*** VI bosser* (**at doing sth** pour faire qch) • **he was ~ging away at his maths** il bûchait* ses maths

▸ **plug in** 1 VT SEP [*+ lead, apparatus*] brancher 2 VI se brancher • **the TV ~s in over there** la télé se branche là-bas

P

▸ **plug into*** VT INSEP [*+ computer system*] se connecter sur; [*+ ideas*] se brancher à l'écoute de*
plughole ['plʌghəʊl] (N) trou *m* (d'écoulement) • **it went down the ~** [*idea, project*] c'est tombé à l'eau
plum [plʌm] **1** (N) (*= fruit*) prune *f*; (*= tree*) prunier *m*
2 (ADJ) **a** (*= plum-coloured*) prune *inv* **b** (*= best, choice*)* de choix • **he has a ~ job** il a un boulot* en or **3** (COMP)
▸ **plum pudding** N (plum-)pudding *m* ▸ **plum tomato** N olivette *f*
plumage ['plu:mɪdʒ] (N) plumage *m*
plumb [plʌm] **1** (N) **out of ~** hors d'aplomb **2** (ADJ) vertical **3** (ADV) **a** (*= exactly*) en plein • **~ in the middle of** en plein milieu de **b** (*= absolutely*) complètement • **he's ~ crazy** il est complètement fou **4** (VT) **to ~ the depths of desperation/loneliness** toucher le fond du désespoir/de la solitude • **the film ~s the depths of sexism** ce film est d'un sexisme inimaginable • **these terrorists have ~ed new depths** ces terroristes sont allés encore plus loin dans l'horreur
▸ **plumb in** VT SEP faire le raccordement de
plumber ['plʌməʳ] (N) plombier *m*
plumbing ['plʌmɪŋ] (N) plomberie *f*
plumbline ['plʌmlaɪn] (N) fil *m* à plomb
plume [plu:m] (N) **a** (*= large feather*) (grande) plume *f*; (*on hat, helmet*) plumet *m*; (*larger*) panache *m* **b** [*of smoke*] panache *m*
plummet ['plʌmɪt] (VI) [*aircraft*] plonger; [*temperature, price, sales, popularity*] chuter; [*morale*] tomber à zéro
plump [plʌmp] **1** (ADJ) [*person, child, hand*] potelé; [*cheek*] rebondi; [*arm, leg*] dodu **2** (VT) (*also* **plump up**) [*+ pillow*] tapoter
▸ **plump for*** VT INSEP choisir
plunder ['plʌndəʳ] **1** (N) (*= act*) pillage *m*; (*= loot*) butin *m* **2** (VT) piller
plunge [plʌndʒ] **1** (N) [*of bird, diver*] plongeon *m*; (*= steep fall*) chute *f* • **prices started a downward ~** les prix ont commencé à chuter • **a ~ in the value of the euro** une chute de la valeur de l'euro • **to take the ~** sauter le pas
2 (VT) plonger • **they were ~d into darkness/despair** ils ont été plongés dans l'obscurité/le désespoir
3 (VI) plonger; [*sales, prices, profits, temperature*] chuter • **he ~d to his death** il a fait une chute mortelle • **the car ~d over the cliff** la voiture est tombée de la falaise • **he ~d into the crowd** il s'est jeté dans la foule • **to ~ into debt/recession** sombrer dans les dettes/la récession • **he ~d into the argument** il s'est lancé dans la discussion
4 (COMP) ▸ **plunge pool** N (*in sauna*) bassin *m*
plunger ['plʌndʒəʳ] (N) (*for blocked pipe*) ventouse *f*
plunging ['plʌndʒɪŋ] (ADJ) **~ neckline** décolleté *m* plongeant
pluperfect [plu:'pɜ:fɪkt] (N) plus-que-parfait *m*
plural ['plʊərəl] **1** (ADJ) **a** [*form, ending, person*] du pluriel; [*verb, noun*] au pluriel **b** [*society*] pluriel **2** (N) pluriel *m* • **in the ~** au pluriel
pluralist ['plʊərəlɪst] (ADJ, N) pluraliste *mf*
plus [plʌs] **1** (PREP) plus • **three ~ four** trois plus quatre • **... ~ what I've done already** ... plus ce que j'ai déjà fait
2 (ADJ) **on the ~ side we have his support** un des points positifs, c'est que nous avons son soutien • **a ~ factor** un atout • **ten-~ hours a week*** un minimum de dix heures par semaine • **B ~** (*= mark*) B plus • **we've sold 100 ~*** nous en avons vendu 100 et quelques
3 (N) plus *m*
4 (COMP) ▸ **plus-one*** N accompagnateur *m*, -trice *f* • **am I allowed a ~-one?** je peux venir accompagné(e) ? ▸ **plus sign** N signe *m* plus
plush [plʌʃ] (ADJ) (*= sumptuous*) somptueux; [*area*] riche
Pluto ['plu:təʊ] (N) (*= planet*) Pluton *f*
plutocrat ['plu:təʊkræt] (N) ploutocrate *m*
plutonium [plu:'təʊnɪəm] (N) plutonium *m*
ply [plaɪ] **1** (N) (*compound ending*) **three-~ (wool)** laine *f* trois fils **2** (VT) [*+ needle, tool, oar*] manier • **to ~ one's trade (as)** exercer son métier (de) • **to ~ sb with questions** presser qn de questions • **he plied them with drink** il ne cessait de remplir leur verre **3** (VI) **to ~ between** [*ship, coach*] faire la navette entre
plywood ['plaɪwʊd] (N) contreplaqué *m*
PM [pi:'em] **1** (N) **a** (*Brit*) (ABBR OF **Prime Minister**) Premier(-ière) *m(f)* ministre **b** (ABBR OF **private message**) MP *m* (*= message privé*)
2 (VT) (ABBR OF **private-message**) envoyer un MP à
pm [pi:'em] (ABBR OF **post meridiem**) de l'après-midi • **3pm** 3 heures de l'après-midi, 15 heures
PMS [,pi:em'es] (N) (ABBR OF **premenstrual syndrome**) SPM *m*, syndrome *m* prémenstruel
PMT [,pi:em'ti:] (N) (ABBR OF **premenstrual tension**) SPM *m*, syndrome *m* prémenstruel
pneumatic [nju:'mætɪk] (ADJ) pneumatique ▸ **pneumatic drill** N marteau-piqueur *m*
pneumonia [nju:'məʊnɪə] (N) pneumonie *f*
PO [pi:'əʊ] (N) (ABBR OF **post office**) **PO Box 24** BP *f* 24
poach [pəʊtʃ] **1** (VT) **a** [*+ game, fish*] braconner; [*+ employee*] débaucher **b** [*+ food*] pocher **2** (COMP) ▸ **poached egg** N œuf *m* poché
poacher ['pəʊtʃəʳ] (N) [*of game*] braconnier *m*
poaching ['pəʊtʃɪŋ] (N) braconnage *m*
pocket ['pɒkɪt] **1** (N) **a** poche *f* • **with his hands in his ~s** les mains dans les poches • **in his trouser ~** dans la poche de son pantalon • **to go through sb's ~s** faire les poches à qn • **the deal put £100 in his ~** l'affaire lui a rapporté 100 livres • **to line one's ~s** se remplir les poches • **to pay for sth out of one's own ~** payer qch de sa poche
▸ **to be in pocket** avoir une marge de bénéfice
▸ **to be out of pocket** en être de sa poche • **it left me £50 out of ~** ça m'a coûté 50 livres
b (*= small area*) [*of land*] parcelle *f*; (*Billiards*) blouse *f*
2 (VT) **a** (*= take*) empocher
b (*= steal*)* barboter*
3 (COMP) [*torch, dictionary, edition*] de poche ▸ **pocket billiards** NPL (*US*) billard *m* américain ▸ **pocket calculator** N calculette *f* ▸ **pocket-money** N argent *m* de poche
pocketbook ['pɒkɪtbʊk] (N) (*US*) (*= wallet*) portefeuille *m*; (*= handbag*) sac *m* à main
pocketknife ['pɒkɪtnaɪf] (N) (*pl* **-knives**) canif *m*
pockmarked ['pɒkmɑ:kt] (ADJ) [*face*] grêlé; [*surface*] criblé de trous
pod [pɒd] (N) [*of bean, pea*] cosse *f*
podcast ['pɒdkɑ:st] **1** (N) podcast *m* **2** (VI) podcaster
podcasting ['pɒdkɑ:stɪŋ] (N) podcasting *m*
podgy* ['pɒdʒɪ] (ADJ) grassouillet
podiatrist [pɒ'di:ətrɪst] (N) (*US*) pédicure *mf*
podiatry [pɒ'di:ətrɪ] (N) (*US*) (*= science*) podologie *f*; (*= treatment*) soins *mpl* du pied
podium ['pəʊdɪəm] (N) (*pl* **podia**) podium *m*
poem ['pəʊɪm] (N) poème *m*

poet ['pəʊɪt] (N) poète *m*

POET LAUREATE
En Grande-Bretagne, le **poet laureate** est un poète qui reçoit un traitement en tant que poète de la cour et qui est officier de la maison royale à vie. Le premier d'entre eux fut Ben Jonson, en 1616. Bien que le **poet laureate** n'ait actuellement aucune obligation particulière, il est pourtant d'usage qu'il compose des poèmes lors des grandes occasions.

poetic [pəʊ'etɪk] (ADJ) poétique • **it's ~ justice** il y a une justice immanente

poetry ['pəʊɪtrɪ] (N) poésie *f* • **he writes ~** il écrit des poèmes ▸ **poetry reading** N lecture *f* de poèmes

poignancy ['pɔɪnjənsɪ] (N) **it was a moment of extraordinary ~** c'était un moment très poignant

poignant ['pɔɪnjənt] (ADJ) poignant

point [pɔɪnt]

1 NOUN	4 INTRANSITIVE VERB
2 PLURAL NOUN	5 COMPOUNDS
3 TRANSITIVE VERB	6 PHRASAL VERBS

1 NOUN

a (*= sharp end*) pointe *f* • **a knife with a sharp ~** un couteau très pointu • **to dance on ~s** faire les pointes • **not to put too fine a ~ on it** (*= frankly*) pour être franc

b (*= dot*) point *m*; (*= decimal point*) virgule *f* (décimale) • **three ~ six** (3.6) trois virgule six (3,6)

c (*in space, in time*) point *m* • **the highest ~ in the district** le point culminant de la région • **at that ~ in the road** à cet endroit de la route • **he had reached a ~ where he began to doubt whether ...** il en était arrivé à se demander si ... • **to reach a low ~** [*morale*] être au plus bas; [*production, reputation*] toucher le fond • **from that ~ onwards** à partir de ce moment • **at this** *or* **that ~** (*in space*) à cet endroit; (*in time*) à ce moment-là • **at this ~ in time** à ce stade

▸ **point of** + *noun* **there was no ~ of contact between them** ils n'avaient aucun point commun • **~ of departure** point *m* de départ • **~ of entry** point *m* d'entrée • **to reach the ~ of no return** atteindre le point de non-retour • **~ of reference** point *m* de référence • **~ of sale** point *m* de vente

▸ **the point of** + *-ing* **to be on the ~ of doing sth** être sur le point de faire qch • **he had reached the ~ of resigning** il en était arrivé au point de donner sa démission

▸ **up to a point** jusqu'à un certain point

d (*= unit*) (*in score*) point *m*; (*on thermometer*) degré *m* • **the cost-of-living index went up two ~s** l'indice du coût de la vie a augmenté de deux points

e (*= idea*) point *m* • **on this ~ we are agreed** sur ce point nous sommes d'accord • **the main ~s to remember** les principaux points à retenir • **~ by ~** point par point • **you have a ~ there!** il y a du vrai dans ce que vous dites! • **he made the ~ that ...** il fit remarquer que ... • **I take your ~** je vois ce que vous voulez dire • **~ taken!*** d'accord!

▸ **a point of** + *noun* **it was a ~ of honour with him never to refuse** il se faisait un point d'honneur de ne jamais refuser • **~ of interest/of no importance** point *m* intéressant/sans importance • **on a ~ of principle** sur une question de principe

f (*= important part*) [*of argument*] objet *m* • **that's not the ~** là n'est pas la question • **that is beside the ~** cela n'a rien à voir • **that's just the ~!** justement! • **I don't see the ~ of the joke** je n'ai pas compris la plaisanterie • **to come to the ~** [*person*] en venir au fait • **when it comes to the ~, they don't value education** au fond, ils n'accordent pas beaucoup d'importance à l'éducation • **we're getting off the ~** nous nous éloignons du sujet • **let's get back to the ~** revenons à nos moutons* • **to keep to the ~** ne pas s'éloigner du sujet

g (*= meaning*) **what was the ~ of his visit?** quel était le but de sa visite? • **there's some ~ in it** ça a une utilité • **the ~ of this story is that ...** la morale de l'histoire, c'est que ... • **(very much) to the ~** (très) pertinent • **to see the ~** comprendre • **to make a ~ of doing sth** ne pas manquer de faire qch

h (*= use*) **what's the ~?** à quoi bon? • **what's the ~ of waiting?** à quoi bon attendre? • **there's no ~ waiting** ça ne sert à rien d'attendre • **I don't see any ~ in doing that** je ne vois aucun intérêt à faire cela

i (*= characteristic*) caractéristique *f* • **good ~s** qualités *fpl* • **bad ~s** défauts *mpl* • **the ~s to look for when buying a car** les choses *fpl* auxquelles il faut faire attention lorsqu'on achète une voiture

j (*in car*) vis *f* platinée

k (*Brit Elec*) (*= power point*) prise *f* (de courant) (*femelle*)

2 PLURAL NOUN

points (*Brit*) (*on railway*) aiguillage *m*

3 TRANSITIVE VERB

a (*= aim*) pointer (**at** sur) • **to ~ a gun at sb** braquer un revolver sur qn • **to ~ sb in the direction of** diriger qn vers • **when they ask questions he ~s them in the direction of the library** quand ils posent des questions, il leur dit d'aller à la bibliothèque • **she ~ed him in the right direction*** elle lui a montré le chemin • **he ~ed his finger at me** il a pointé le doigt sur moi

▸ **to point the way the signs ~ the way to London** les panneaux indiquent la direction de Londres • **the article ~s the way to a possible solution** cet article suggère une solution possible

b (*+ wall*) jointoyer (**with** de)

c (*+ toes*) pointer

4 INTRANSITIVE VERB

a (*person*) montrer du doigt • **it's rude to ~** ce n'est pas poli de montrer du doigt • **to ~ at sth/sb** désigner qch/qn du doigt • **all the evidence ~s to him** tous les faits l'accusent • **everything ~s to a brilliant career for him** tout indique qu'il aura une brillante carrière • **it all ~s to the fact that ...** tout laisse à penser que ... • **everything ~s to suicide** tout laisse à penser qu'il s'agit d'un suicide

b (*signpost*) indiquer la direction (**towards** de) • **the needle is ~ing north** l'aiguille indique le nord • **the arrow isn't ~ing in the right direction** la flèche n'indique pas la bonne direction

5 COMPOUNDS

▸ **point-and-click** ADJ [*browser, interface*] pointer-cliquer *inv* ▸ **point-blank** ADJ [*refusal*] catégorique • **at ~-blank range** à bout portant ♦ ADV [*fire, shoot*] à bout portant; [*refuse*] catégoriquement; [*demand*] de but en blanc ▸ **point-by-point** ADJ méthodique ▸ **point duty** N (*Brit*) **to be on ~ duty** régler la circulation ▸ **point of view** N point *m* de vue • **from that/my ~ of view** de ce/mon point de vue ▸ **points failure** N panne *f* d'aiguillage ▸ **points system** N système *m* par points ▸ **point-to-point** N *steeple-chase champêtre réservé à des cavaliers amateurs*

6 PHRASAL VERBS

▸ **point out** VT SEP ⓐ (= *show*) [+ *person, object, place*] indiquer ⓑ (= *mention*) faire remarquer • **to ~ sth out to sb** faire remarquer qch à qn • **I should ~ out that ...** je dois vous signaler que ...

▸ **point up** VT SEP mettre en évidence

---

pointed ['pɔɪntɪd] (ADJ) ⓐ pointu; [*arch*] en ogive ⓑ [*remark, question, look*] lourd de sous-entendus

pointedly ['pɔɪntɪdlɪ] (ADV) [*say*] d'un ton plein de sous-entendus

pointer ['pɔɪntəʳ] (N) ⓐ (= *stick*) baguette *f*; (*on scale*) curseur *m* ⓑ (= *clue*) indication *f* (**to** de); (= *piece of advice*) conseil *m* • **he gave me some ~s on what to do** il m'a donné quelques conseils (pratiques) sur la marche à suivre • **here are a few ~s to help you make a choice** voici quelques indications pour vous aider à choisir • **the elections should be a ~ to the public mood** les élections devraient permettre de prendre le pouls de l'opinion

pointing ['pɔɪntɪŋ] (N) (*in masonry*) jointoiement *m*

pointless ['pɔɪntlɪs] (ADJ) inutile; [*murder, violence*] gratuit • **it is ~ to complain** ça ne sert à rien de se plaindre • **life seemed ~ to her** la vie lui paraissait dénuée de sens • **a ~ exercise** une perte de temps

pointlessness ['pɔɪntlɪsnɪs] (N) [*of activity, sb's death*] absurdité *f*; [*of existence*] futilité *f* • **she stressed the ~ of protesting** elle a souligné à quel point il était inutile de protester

poise [pɔɪz] (N) (= *composure*) calme *m*; (= *self-confidence*) assurance *f*; (= *grace*) grâce *f* • **to recover one's ~** retrouver son calme

poised [pɔɪzd] (ADJ) ⓐ (= *ready*) prêt • **powerful military forces, ~ for invasion** des forces armées puissantes, prêtes pour l'invasion • **he was ~ to become champion** il allait devenir champion ⓑ (= *self-possessed*) sûr de soi • **she was ~ and charming** elle était sûre d'elle et charmante

poison ['pɔɪzn] 1 (N) poison *m* 2 (VT) [+ *person, food*] empoisonner; [+ *air, water, land*] contaminer • **a ~ed finger** un doigt infecté • **it is ~ing their friendship** cela empoisonne leur amitié • **a ~ed chalice** un cadeau empoisonné • **he ~ed her mind against her husband** il l'a montée contre son mari 3 (COMP) ▸ **poison gas** N gaz *m* asphyxiant ▸ **poison ivy** N sumac *m* vénéneux ▸ **poison-pen letter** N lettre *f* anonyme

poisoner ['pɔɪznəʳ] (N) empoisonneur *m*, -euse *f*

poisoning ['pɔɪznɪŋ] (N) empoisonnement *m* • **alcohol ~** éthylisme *m*

poisonous ['pɔɪznəs] (ADJ) [*snake*] venimeux; [*plant*] vénéneux; [*gas, fumes, substance*] toxique; [*remark, suspicion*] pernicieux

poke [pəʊk] 1 (N) (= *jab*) (petit) coup *m* (*de canne, avec le doigt*) • **she gave him a little ~** elle lui a donné un petit coup • **to give the fire a ~** tisonner le feu • **to give sb a ~ in the ribs** donner un coup de coude dans les côtes à qn • **to have a ~ around*** (= *rummage*) farfouiller*

2 (VT) (= *jab with finger, stick*) donner un coup à; (= *thrust*) [+ *stick, finger*] enfoncer • **to ~ the fire** tisonner le feu • **he ~d me with his umbrella** il m'a donné un petit coup avec la pointe de son parapluie • **he ~d his finger in her eye** il lui a mis le doigt dans l'œil • **to ~ a finger into sth** enfoncer le doigt dans qch • **he ~d me in the ribs** il m'a donné un coup de coude dans les côtes • **to ~ one's head out of the window** passer la tête par la fenêtre • **to ~ a hole in sth (with one's finger/stick** *etc*) faire un trou dans qch (avec le doigt/sa canne *etc*) • **to ~ holes in an argument** trouver des failles dans une argumentation

3 (VI) **to ~ through/up** dépasser

▸ **poke about***, **poke around*** VI farfouiller* • **to ~ about in a drawer** farfouiller* dans un tiroir • **I spent the morning poking about in antique shops** j'ai passé la matinée à farfouiller* dans les magasins d'antiquités

▸ **poke at** VT INSEP **he ~d at me with his finger** il m'a touché du bout du doigt • **she ~d at her food with a fork** elle jouait avec sa nourriture du bout de sa fourchette

▸ **poke in** VT SEP **to ~ one's nose in*** fourrer son nez dans les affaires des autres

▸ **poke out** 1 VI (= *stick out*) dépasser • **the window opened and a head ~d out** la fenêtre s'est ouverte et une tête est apparue 2 VT SEP ⓐ (= *stick out*) sortir • **the tortoise ~d its head out** la tortue a sorti la tête ⓑ (= *dislodge*) déloger

poker ['pəʊkəʳ] 1 (N) ⓐ (*for fire*) tisonnier *m* ⓑ (*Cards*) poker *m* 2 (COMP) ▸ **poker-faced** ADJ au visage impassible

poky ['pəʊkɪ] (ADJ) exigu (-guë *f*)

Poland ['pəʊlənd] (N) Pologne *f*

polar ['pəʊləʳ] (ADJ) [*region, explorer*] polaire • **they are ~ opposites** ils sont aux antipodes l'un de l'autre ▸ **polar bear** N ours *m* polaire ▸ **polar icecap** N calotte *f* polaire

polarity [pəʊ'lærɪtɪ] (N) polarité *f*

polarization [ˌpəʊləraɪ'zeɪʃən] (N) polarisation *f*

polarize ['pəʊləraɪz] (VT) polariser

Pole [pəʊl] (N) (= *Polish person*) Polonais(e) *m(f)*

pole [pəʊl] 1 (N) ⓐ (= *rod*) perche *f*; (*fixed*) poteau *m*; (*for flag, tent*) mât *m*; (= *telegraph pole*) poteau *m* télégraphique; (*for vaulting, punting*) perche *f* • **to drive sb up the ~*** (= *mad*) rendre qn dingue*

ⓑ (= *ski stick*) bâton *m*

ⓒ [*of the earth*] pôle *m* • **from ~ to ~** d'un pôle à l'autre • **they are ~s apart** ils sont aux antipodes l'un de l'autre

2 (COMP) ▸ **pole dancer** N danseuse *f* de pole dancing ▸ **pole jump** N saut *m* à la perche ▸ **pole position** N pole position *f* ▸ **the Pole Star** N l'étoile *f* polaire ▸ **pole vault** N saut *m* à la perche ▸ **pole-vault** VI sauter à la perche

poleaxed* ['pəʊlækst] (ADJ) (= *shocked*) stupéfait

polecat ['pəʊlkæt] (N) putois *m*

polemic [pɒ'lemɪk] (N) (= *argument*) **a ~ against sth** un réquisitoire contre qch • **a ~ for sth** un plaidoyer pour qch

polemical [pɒ'lemɪkəl] (ADJ) polémique

police [pə'liːs] 1 (N) police *f* • **to join the ~** entrer dans la police • **one hundred ~** cent policiers *mpl* • **the ~ are looking for his car** la police recherche sa voiture

2 (VT) ⓐ (*with policemen*) [+ *place*] maintenir l'ordre dans • **the demonstration was heavily ~d** d'importantes forces de police étaient présentes lors de la manifestation

ⓑ [+ *frontier, territory, prices*] contrôler; [+ *agreements, controls*] veiller à l'application de • **the border is ~d by UN patrols** la frontière est sous la surveillance des patrouilles de l'ONU

3 (COMP) [*work*] de la police; [*vehicle*] de police; [*inquiry*] policier; [*harassment*] de la part de la police ▸ **police car** N voiture *f* de police ▸ **police chief** N (*Brit*) ≈ préfet

m (de police); (US) ≈ (commissaire m) divisionnaire m ▸ **police constable** N agent m de police ▸ **police dog** N chien m policier ▸ **the police force** N les forces fpl de l'ordre ▸ **police headquarters** NPL quartier m général de la police ▸ **police officer** N policier m ▸ **police protection** N protection f de la police ▸ **police state** N état m policier ▸ **police station** N poste m or commissariat m de police

policeman [pə'li:smən] (N) (pl **-men**) (in town) agent m de police; (in country) gendarme m • **I knew he was a ~** je savais qu'il était dans la police

policewoman [pə'li:sˌwʊmən] (N) (pl **-women**) femme f policier

policing [pə'li:sɪŋ] (N) maintien m de l'ordre

policy ['pɒlɪsɪ] 1 (N) ⓐ [of government] politique f • **caution was the best ~** la prudence était la meilleure attitude à adopter • **it's company ~** c'est la politique de l'entreprise • **economic/foreign/social ~** politique f étrangère/économique/sociale • **the government's policies** la politique du gouvernement • **as a matter of ~** par principe • **it has always been our ~ to deliver goods free** nous avons toujours eu pour règle de livrer les marchandises franco de port • **it is our ~ to use recycled paper** nous avons pour principe d'utiliser du papier recyclé • **my ~ has always been to wait and see** j'ai toujours eu pour principe de voir venir
ⓑ (Insurance) police f (d'assurance) • **to take out a ~** souscrire une assurance
2 (COMP) ▸ **policy decision** N décision f de principe ▸ **policy maker** N décideur m; (for political party) responsable mf politique ▸ **policy-making** N prise f de décision ♦ ADJ [process] de décision; [body, role] décisionnaire ▸ **policy statement** N déclaration f de principe

policyholder ['pɒlɪsɪˌhəʊldə^r] (N) assuré(e) m(f)

polio ['pəʊlɪəʊ] (N) polio f

Polish ['pəʊlɪʃ] 1 (ADJ) polonais 2 (N) (= language) polonais m

polish ['pɒlɪʃ] 1 (N) ⓐ (for shoes) cirage m; (for floor, furniture) encaustique f ⓑ (= act) **to give sth a ~** [+ shoes] cirer qch; [+ doorknob, cutlery] astiquer qch ⓒ (= refinement) [of person] raffinement m; [of style, performance] élégance f
2 (VT) [+ stones, glass] polir; [+ shoes, floor, furniture] cirer; [+ metal] astiquer; [+ style, language] peaufiner • **to ~ (up) one's French** se perfectionner en français
▸ **polish off*** VT SEP [+ food, drink] finir; [+ work, correspondence] expédier • **he ~ed off the meal** il a tout mangé jusqu'à la dernière miette

polished ['pɒlɪʃt] (ADJ) ⓐ [surface, stone, glass] poli; [floor, shoes] ciré; [silver] brillant ⓑ (= refined) [person, manners] raffiné; [style] poli; [performer] accompli; [performance] impeccable

polite [pə'laɪt] (ADJ) poli • **to be ~ to sb** être poli avec qn • **it is ~ to ask permission** il est poli de demander la permission • **to make ~ conversation** échanger des politesses

politely [pə'laɪtlɪ] (ADV) poliment

politeness [pə'laɪtnɪs] (N) politesse f • **to do sth out of ~** faire qch par politesse

politic ['pɒlɪtɪk] (ADJ) (frm) politique (liter) • **he thought it ~ to refuse** il a jugé politique de refuser

political [pə'lɪtɪkəl] 1 (ADJ) ⓐ politique • **~ commentator** politologue mf ⓑ (= politicized) **he was always very ~** il a toujours été très politisé • **he's a ~ animal** il a la politique dans le sang ⓒ (= tactical) **it was a ~ decision** c'était une décision tactique 2 (COMP) ▸ **political asylum** N **to ask for ~ asylum** demander le droit d'asile (politique) ▸ **political correctness** N **in this age of ~ correctness** à l'heure du politiquement correct ▸ **political prisoner** N prisonnier m, -ière f politique ▸ **political science** N sciences fpl politiques

politically [pə'lɪtɪkəlɪ] (ADV) politiquement • **~ motivated** ayant une motivation politique ▸ **politically correct** ADJ politiquement correct ▸ **politically incorrect** ADJ politiquement incorrect

politician [ˌpɒlɪ'tɪʃən] (N) homme m politique, femme f politique

politicize [pə'lɪtɪsaɪz] (VT) politiser

politicking ['pɒlɪtɪkɪŋ] (N) (pej) politique f politicienne

politics ['pɒlɪtɪks] 1 (N) politique f • **to go into ~** se lancer dans la politique • **to be in ~** faire de la politique • **to study ~** étudier les sciences politiques • **to talk ~** parler politique 2 (NPL) (= political ideas) opinions fpl politiques • **what are his ~?** quelles sont ses opinions politiques ?

polka ['pɒlkə] (N) polka f ▸ **polka-dot** ADJ **a ~-dot blouse** un chemisier à pois

poll [pəʊl] 1 (N) ⓐ (= opinion survey) sondage m • **(public) opinion ~** sondage m d'opinion • **to conduct a ~** effectuer un sondage (**of** auprès de) • **a telephone ~** un sondage téléphonique
ⓑ (= votes cast) suffrages mpl • **the conservatives' highest ~ for ten years** le meilleur score des conservateurs en dix ans
ⓒ ▸ **the polls** (= election) scrutin m • **the ~s have now closed** le scrutin est clos • **to go to the ~s** aller aux urnes • **a crushing defeat at the ~s** une écrasante défaite aux élections
2 (VT) [+ votes] obtenir; [+ people] interroger • **they ~ed the students to find out whether ...** ils ont effectué un sondage auprès des étudiants pour savoir si ... • **40% of those ~ed supported the government** 40 % des personnes interrogées étaient favorables au gouvernement
3 (VI) **the nationalists ~ed well** les nationalistes ont obtenu un bon score
4 (COMP) ▸ **poll taker** N (US) sondeur m ▸ **poll tax** N (Brit) (formerly) ≈ impôts mpl locaux

pollen ['pɒlən] (N) pollen m ▸ **pollen count** N taux m de pollen

pollinate ['pɒlɪneɪt] (VT) féconder (avec du pollen)

polling ['pəʊlɪŋ] (N) élections fpl • **~ is on Thursday** les élections ont lieu jeudi ▸ **polling booth** N isoloir m ▸ **polling day** N jour m des élections ▸ **polling place** (US), **polling station** (Brit) N bureau m de vote

pollster ['pəʊlstə^r] (N) sondeur m, -euse f

pollutant [pə'lu:tənt] (N) polluant m

pollute [pə'lu:t] (VT) polluer; (fig) contaminer

polluter [pə'lu:tə^r] (N) pollueur m, -euse f • **the ~ pays** les pollueurs sont les payeurs

pollution [pə'lu:ʃən] (N) pollution f • **air ~** pollution f de l'air

polo ['pəʊləʊ] (N) (= sport) polo m ▸ **polo shirt** N polo m

polo-neck ['pəʊləʊnek] 1 (N) col m roulé 2 (ADJ) (also **polo-necked**) à col roulé

poltergeist ['pɔ:ltəgaɪst] (N) esprit m frappeur

poly* ['pɒlɪ] 1 (N) (Brit) (formerly) (ABBR OF **polytechnic**) ≈ IUT m 2 (PREF) poly

P

polycotton ['pɒlɪ'kɒtən] (N) polyester *m* et coton *m*
polyester [,pɒlɪ'estəʳ] **1** (N) polyester *m* **2** (ADJ) de *or* en polyester
polygamist [pɒ'lɪgəmɪst] (N) polygame *mf*
polygamous [pɒ'lɪgəməs] (ADJ) polygame
polygamy [pɒ'lɪgəmɪ] (N) polygamie *f*
polyglot ['pɒlɪglɒt] (ADJ, N) polyglotte *mf*
polygraph ['pɒlɪgrɑːf] (N) détecteur *m* de mensonges
polymath ['pɒlɪmæθ] (N) esprit *m* universel
polymer ['pɒlɪməʳ] (N) polymère *m*
Polynesia [,pɒlɪ'niːzɪə] (N) Polynésie *f*
polyp ['pɒlɪp] (N) polype *m*
polystyrene [,pɒlɪ'staɪriːn] (N) polystyrène *m* • **expanded ~** polystyrène *m* expansé
polytechnic [,pɒlɪ'teknɪk] (N) *(Brit) (formerly)* ≈ IUT *m*, ≈ Institut *m* universitaire de technologie
polythene ['pɒlɪθiːn] (N) *(Brit)* polythène ® *m* • **covered in ~** couvert de plastique ▸ **polythene bag** N sachet *m* en plastique
polyunsaturated [,pɒlɪʌn'sætʃʊ,reɪtɪd] (ADJ) polyinsaturé
polyurethane [,pɒlɪ'jʊərɪθeɪn] (N) polyuréthane *m*
pomegranate ['pɒmə,grænɪt] (N) (= *fruit*) grenade *f*
pomelo ['pɒmɪləʊ] (N) (*pl* **pomelos**) pomélo *m*
pommel ['pʌml] (N) pommeau *m*
pommy‡ ['pɒmɪ] *(Austral pej)* **1** (N) Anglais(e) *m(f)* **2** (ADJ) anglais
pomp [pɒmp] (N) pompe *f*
Pompeii [pɒm'peɪɪ] (N) Pompéi
pompom ['pɒmpɒm], **pompon** ['pɒmpɒn] (N) (= *bobble*) pompon *m*
pomposity [pɒm'pɒsɪtɪ] (N) [*of person*] air *m* pompeux; [*of speech*] caractère *m* pompeux
pompous ['pɒmpəs] (ADJ) pompeux
poncey* ['pɒnsɪ] (ADJ) *(Brit)* [*person*] affecté; [*school*] snob • **he wears ~ clothes** il s'habille de manière très apprêtée
pond [pɒnd] (N) mare *f*; (*artificial*) bassin *m* • **the ~*** (= *the Atlantic*) l'Atlantique *m*
ponder ['pɒndəʳ] **1** (VT) réfléchir à **2** (VI) méditer (**over, on** sur)
ponderous ['pɒndərəs] (ADJ) lourd; [*speech*] pesant et solennel
pong* [pɒŋ] (N) *(Brit)* mauvaise odeur *f*
pontiff ['pɒntɪf] (N) (= *pope*) souverain *m* pontife
pontificate [pɒn'tɪfɪkeɪt] (VI) pontifier (**about** au sujet de, sur)
pontoon [pɒn'tuːn] **1** (N) **a** ponton *m*; (*on aircraft*) flotteur *m* **b** *(Brit Cards)* vingt-et-un *m* **2** (COMP) ▸ **pontoon bridge** N pont *m* flottant
pony ['pəʊnɪ] (N) poney *m* ▸ **pony trekking** N randonnée *f* à cheval

> The French word **poney** contains an **e**.

ponytail ['pəʊnɪteɪl] (N) queue *f* de cheval • **to have one's hair in a ~** avoir une queue de cheval
Ponzi scheme ['pɒnzɪskiːm] (N) pyramide *f* de Ponzi (*système de vente pyramidale*)
poo* [puː] (N) *(Brit) (baby talk)* caca* *m*
poodle ['puːdl] (N) caniche *m*
poof [pʊf] **1** (N) *(Brit) (offensive)*‡ pédé‡ *m* (*often offensive*) **2** (EXCL) hop !

pooh [puː] (EXCL) bah ! ▸ **pooh-pooh** VT **to ~ sth** dédaigner qch
pool [puːl] **1** (N) **a** (= *puddle*) flaque *f* (d'eau); [*of spilt liquid*] flaque *f*; (*larger*) mare *f*; [*of light*] rond *m* • **lying in a ~ of blood** étendu dans une mare de sang
b (= *pond*) (*natural*) étang *m*; (*artificial*) bassin *m*; (= *swimming pool*) piscine *f*
c (*Cards*) (= *stake*) cagnotte *f*; (= *common fund*) réserve *f*
d [*of things owned in common*] fonds *m* commun; (= *reserve*) [*of ideas, experience, ability*] réservoir *m*; [*of advisers, experts*] équipe *f* • **a ~ of vehicles** un parc de voitures • **a very good ~ of talent** un très bon réservoir de talents • **genetic ~** pool *m* génétique
e (= *game*) billard *m* américain • **to play ~** jouer au billard américain
2 (NPL) **the pools*** *(Brit)* ≈ le loto sportif
3 (VT) [+ *resources*] mettre en commun; [+ *efforts*] unir
4 (COMP) ▸ **pool table** N table *f* de billard américain
poolroom ['puːlrʊm] (N) (salle *f* de) billard *m*
poop* [puːp] (N) (= *excrement*) crotte *f* ▸ **poop scoop** N ramasse-crottes *m inv*
pooped* [puːpt] (ADJ) (= *exhausted*) crevé*
pooper-scooper* ['puːpə'skuːpəʳ] (N) ramasse-crottes *m inv*
poor [pʊəʳ] **1** (ADJ) **a** (= *not rich*) pauvre • **he was £1,000 the ~er** il avait perdu 1 000 livres • **soil that is ~ in zinc** (= *lacking*) un sol pauvre en zinc
b (= *inferior*) [*sales, pay, harvest, output*] maigre *before n*; [*work, worker, result, performance*] piètre *before n*; [*light*] faible; [*eyesight, visibility*] mauvais; [*soil*] pauvre; [*quality*] médiocre • **clients who have had ~ service** les clients qui ont eu à se plaindre de l'insuffisance du service • **he had a very ~ attendance record** il avait souvent été absent • **to be in ~ health** ne pas être en bonne santé • **people with ~ circulation** les gens qui ont une mauvaise circulation • **he showed a ~ grasp of the facts** il a manifesté un manque de compréhension des faits • **a ~ substitute (for sth)** un piètre substitut (de qch)
c (= *pitiable*) pauvre • **~ little thing!** pauvre petit(e) ! • **she's all alone, ~ woman** elle est toute seule, la pauvre • **~ things*, they look cold** les pauvres, ils ont l'air d'avoir froid
2 (NPL) **the poor** les pauvres *mpl*
poorly ['pʊəlɪ] **1** (ADJ)* souffrant **2** (ADV) [*perform, eat, sell*] mal • **~ lit/paid** mal éclairé/payé • **the meeting was ~ attended** il y avait peu de gens à la réunion
POP [,piːəʊ'piː] (N) **a** (*Comput*) (ABBR OF **point of presence**) POP *m* **b** (ABBR OF **persistent organic pollutant**) POP *m*
pop [pɒp] **1** (N) **a** (= *music*) (musique *f*) pop *f*
b (= *father*)* papa *m*
c (= *sound*) [*of cork*] pan *m* • **to go ~** [*cork*] sauter; [*balloon*] éclater
d (= *drink*)* boisson *f* gazeuse
e **to have a ~ at sb/sth*** s'en prendre à qn/qch
f (US) **the drinks go for $3.50 a ~*** les boissons sont à 3,50 dollars chaque
2 (VT) **a** [+ *balloon*] crever; [+ *cork*] faire sauter; [+ *corn*] faire éclater • **to ~ one's clogs** *(Brit)* casser sa pipe*
b (= *put*)* mettre • **to ~ one's head round the door** passer la tête par la porte • **he ~ped it into his mouth** il l'a mis dans sa bouche • **to ~ the question** faire sa demande (en mariage)
3 (VI) **a** [*balloon*] éclater; [*cork*] sauter • **my ears ~ped**

mes oreilles se sont débouchées • **his eyes were ~ping out of his head** les yeux lui sortaient de la tête
ⓑ (= *go*)* **I ~ped out to the shop** j'ai fait un saut au magasin • **he ~ped into the café** il a fait un saut au café
4 (ADJ) [*music, song, singer, concert, group*] pop *inv*
5 (COMP) ▸ **pop art** N pop art *m* ▸ **pop quiz** N (*US*) interrogation *f* (écrite) surprise ▸ **pop socks** NPL (*Brit*) mi-bas *mpl* (*fins*) ▸ **pop star** N pop star *f*
▸ **pop in*** VI passer • **I ~ped in to say hello to them** je suis passé leur dire bonjour
▸ **pop off*** VI ⓐ (= *leave*) partir ⓑ (= *die*) claquer*
▸ **pop out** VI [*person*] sortir; [*head*] émerger
▸ **pop round*** VI passer • **~ round anytime** passe n'importe quand • **she just ~ped round to the shop** elle est partie faire une course
▸ **pop up*** VI **he ~ped up unexpectedly in Tangier** il a réapparu inopinément à Tanger

popcorn [ˈpɒpkɔːn] (N) pop-corn *m inv*

pope [pəʊp] (N) pape *m* • **Pope John Paul II** le pape Jean-Paul II

popeyed [ˌpɒpˈaɪd] (ADJ) aux yeux exorbités

popgun [ˈpɒpɡʌn] (N) pistolet *m* à bouchon

poplar [ˈpɒpləʳ] (N) peuplier *m*

poppa* [ˈpɒpə] (N) (*US*) papa *m*

poppadum [ˈpɒpədəm] (N) poppadum *m* (*sorte de pain indien*)

popper* [ˈpɒpəʳ] (N) (*Brit*) (= *press stud*) bouton-pression *m*

poppet* [ˈpɒpɪt] (N) (*Brit*) **yes, ~** oui, mon petit chou* • **she's a ~** c'est un amour

poppy [ˈpɒpɪ] 1 (N) ⓐ (= *flower*) pavot *m*; (*growing wild*) coquelicot *m* ⓑ (*Brit*) (*commemorative buttonhole*) coquelicot *m* en papier (*vendu le jour de l'Armistice*) 2 (COMP) ▸ **Poppy Day** N (*Brit*) ≈ jour *m* de l'Armistice ▸ **poppy seed** N graine *f* de pavot

> **POPPY DAY**
> **Poppy Day** désigne familièrement le « Remembrance Day », c'est-à-dire la commémoration des armistices des deux Guerres mondiales, fixée en Grande-Bretagne au deuxième dimanche de novembre. Dans les jours qui précèdent, des coquelicots de papier sont vendus au profit des associations caritatives d'aide aux anciens combattants et à leurs familles.

Popsicle® [ˈpɒpsɪkl] (N) (*US*) glace *f* à l'eau

popstrel [ˈpɒpstrəl] (N) *jeune et jolie pop star*

populace [ˈpɒpjʊlɪs] (N) population *f*, populace *f* (*pej*)

popular [ˈpɒpjʊləʳ] (ADJ) populaire; [*style, model, place*] prisé (**with** de); [*name*] en vogue • **he's ~ with his colleagues** il jouit d'une grande popularité auprès de ses collègues • **I'm not very ~ with the boss just now*** je ne suis pas très bien vu du patron en ce moment • **it is never ~ to raise taxes** les augmentations d'impôts ne sont jamais populaires • **by ~ demand** à la demande générale • **contrary to ~ belief** contrairement aux idées reçues

popularity [ˌpɒpjʊˈlærɪtɪ] (N) popularité *f* (**with** auprès de) • **to grow in ~** gagner en popularité

popularize [ˈpɒpjʊləraɪz] (VT) [+ *sport, music, product*] populariser; [+ *science, ideas*] vulgariser

popularly [ˈpɒpjʊləlɪ] (ADV) **~ known as ...** connu de tous sous le nom de ... • **it is ~ supposed that ...** on croit généralement que ...

populate [ˈpɒpjʊleɪt] (VT) peupler; [+ *database*] alimenter

populated [ˈpɒpjʊleɪtɪd] (ADJ) peuplé (**with** de) • **densely ~** à forte densité de population

population [ˌpɒpjʊˈleɪʃən] (N) population *f* • **a fall in the ~** une diminution de la population • **the working ~** la population active ▸ **population explosion** N explosion *f* démographique

populist [ˈpɒpjʊlɪst] (ADJ, N) populiste *mf*

populous [ˈpɒpjʊləs] (ADJ) populeux

pop-up [ˈpɒpʌp] 1 (N) ⓐ (*Comput*) pop-up *m* ⓑ (= *shop*) magasin *m* éphémère; (= *restaurant*) restaurant *m* éphémère 2 (ADJ) ⓐ (*Comput*) pop-up, surgissant ⓑ (= *temporary*) éphémère 3 (COMP) ▸ **pop-up book** N livre *m* animé ▸ **pop-up menu** N (*Comput*) menu *m* pop-up *or* surgissant ▸ **pop-up window** N fenêtre *f* pop-up *or* intruse *or* surgissante

porcelain [ˈpɔːsəlɪn] (N) porcelaine *f* • **a piece of ~** une porcelaine

porch [pɔːtʃ] (N) [*of house, church*] porche *m*; (*US* = *verandah*) véranda *f*

porcupine [ˈpɔːkjʊpaɪn] (N) porc-épic *m*

pore [pɔːʳ] 1 (N) (*in skin*) pore *m* 2 (VI) **to ~ over** [+ *book, map*] étudier dans le détail

pork [pɔːk] (N) porc *m* ▸ **pork barrel*** (*US*) N électoralisme *m* (*travaux publics ou programme de recherche etc entrepris à des fins électorales*) ♦ ADJ [*project*] électoraliste ▸ **pork chop** N côte *f* de porc ▸ **pork pie** N pâté *m* en croûte ▸ **pork sausage** N saucisse *f* (de porc)

porn* [pɔːn] 1 (N) (ABBR OF **pornography**) porno* *m* 2 (ADJ) [*magazine, video*] porno* • **~ shop** sex shop *m*

pornographic [ˌpɔːnəˈɡræfɪk] (ADJ) pornographique

pornography [pɔːˈnɒɡrəfɪ] (N) pornographie *f*

porous [ˈpɔːrəs] (ADJ) poreux

porpoise [ˈpɔːpəs] (N) marsouin *m*

porridge [ˈpɒrɪdʒ] (N) porridge *m* • **~ oats** flocons *mpl* d'avoine

port [pɔːt] (N) ⓐ (= *harbour*) port *m* • **~ of call** escale *f* • **fishing ~** port *m* de pêche • **to come into ~** entrer dans le port • **any ~ in a storm** nécessité fait loi (PROV) ⓑ (*Comput*) port *m* ⓒ (= *left side*) bâbord *m* ⓓ (= *wine*) porto *m*

portability [pɔːtəˈbɪlɪtɪ] (N) portabilité *f*

portable [ˈpɔːtəbl] 1 (ADJ) portatif; [*computer, television, software*] portable 2 (N) (= *computer*) portable *m*; (= *television*) téléviseur *m* portable

Portakabin® [ˈpɔːtəkæbɪn] (N) (= *prefab*) bâtiment *m* préfabriqué

portal [ˈpɔːtl] (N) (*also Comput*) portail *m*

portcullis [pɔːtˈkʌlɪs] (N) herse *f* (*de château fort*)

porter [ˈpɔːtəʳ] 1 (N) ⓐ (*for luggage*) porteur *m* ⓑ (*US Rail* = *attendant*) employé(e) *m(f)* des wagons-lits ⓒ (*Brit* = *doorkeeper*) gardien(ne) *m(f)*; (*at university*) appariteur *m* ⓓ [*of hospital*] brancardier *m*, -ière *f* 2 (COMP) ▸ **porter's lodge** N loge *f* du gardien (*or* de la gardienne)

portfolio [pɔːtˈfəʊlɪəʊ] (N) (*pl* **portfolios**) ⓐ [*of artist*] portfolio *m*; [*of model*] book *m* ⓑ [*of shares*] portefeuille *m*

porthole [ˈpɔːthəʊl] (N) hublot *m*

portico [ˈpɔːtɪkəʊ] (N) portique *m*

portion [ˈpɔːʃən] (N) portion *f*; [*of train, ticket*] partie *f*

portly [ˈpɔːtlɪ] (ADJ) corpulent

portrait [ˈpɔːtrɪt] 1 (N) portrait *m* • **to paint sb's ~** peindre le portrait de qn 2 (ADJ, ADV) (*format*) à la française 3 (COMP) ▸ **portrait mode** N **to output sth in ~ mode** imprimer qch à la française ▸ **portrait painter** N portraitiste *mf*

P

portray [pɔːˈtreɪ] (VT) (= *depict*) représenter • **he ~ed him as a weak man** il l'a représenté comme un homme faible
portrayal [pɔːˈtreɪəl] (N) (*in play, film, book*) évocation *f*; (*by actor*) [*of character*] interprétation *f* • **the novel is a hilarious ~ of life in the 1920s** ce roman évoque d'une façon hilarante le monde des années 20
Portugal [ˈpɔːtjʊgəl] (N) Portugal *m*
Portuguese [ˌpɔːtjʊˈgiːz] **1** (ADJ) portugais **2** (N) ⓐ (*pl inv*) Portugais(e) *m(f)* ⓑ (= *language*) portugais *m*
pose [pəʊz] **1** (N) pose *f* • **to strike a ~** poser **2** (VI) poser; (= *attitudinize*) poser pour la galerie • **to ~ as a doctor** se faire passer pour un docteur **3** (VT) (= *present*) [*+ problem, question, difficulties*] poser; [*+ threat*] constituer • **the danger ~d by nuclear weapons** le danger que constituent les armes nucléaires
poser [ˈpəʊzəʳ] (N) ⓐ (= *person*) poseur *m*, -euse *f* ⓑ (= *problem*)* colle* *f* • **that's a bit of a ~!** c'est une sacrée colle !*
poseur [pəʊˈzɜːʳ] (N) poseur *m*, -euse *f*
posh* [pɒʃ] **1** (ADJ) ⓐ (= *distinguished*) chic • **a ~ London restaurant** un restaurant londonien très chic ⓑ (*pej*) [*person*] snob *f inv*; [*neighbourhood, school*] huppé • **~ people** les snob(s) *mpl* **2** (ADV) **to talk ~** parler comme les gens de la haute*
posit [ˈpɒzɪt] (VT) postuler
position [pəˈzɪʃən] **1** (N) ⓐ position *f*; [*of house, shop*] emplacement *m* • **in ~** en position • **to move sth into ~** placer qch • **to change the ~ of sth** changer qch de place • **to be in a good ~** être bien placé • **what ~ do you play in?** à quelle place jouez-vous ? • **in a horizontal ~** en position horizontale • **to change ~** changer de position • **he finished in third ~** il est arrivé en troisième position • **a man in his ~ should not ...** un homme dans sa position ne devrait pas ...
ⓑ (= *job*) poste *m* • **top management ~s** les postes *mpl* de cadre supérieur • **a ~ of trust** un poste de confiance
ⓒ (= *situation*) place *f* • **what would you do in my ~?** que feriez-vous à ma place ? • **to be in a good ~** être dans une situation enviable • **to be in a ~ to do sth** être en position de faire qch • **he's in a good ~ to judge** il est bien placé pour juger • **he's in no ~ to decide** il n'est pas en position de décider • **what's the ~ on deliveries/sales?** où en sont les livraisons/ventes ?
2 (VT) ⓐ (= *adjust angle of*) positionner
ⓑ (= *put in place*) placer; [*+ house*] situer; [*+ guards, policemen*] poster • **to ~ o.s.** se placer
positive [ˈpɒzɪtɪv] **1** (ADJ) ⓐ (= *not negative*) positif • **we need some ~ thinking** soyons positifs • **she is a very ~ person** c'est quelqu'un de très positif
ⓑ (= *definite*) [*change, increase, improvement*] réel • **proof ~** preuve *f* formelle • **there is ~ evidence that ...** il y a des preuves formelles que ... • **he has made a ~ contribution to the scheme** il a contribué de manière effective au projet
ⓒ (= *sure, certain*) [*person*] certain (**about, on, of** de) • **I'm absolutely ~ I put it back** je suis absolument sûr de l'avoir remis à sa place • **are you sure? — ~!** tu es sûr ? — certain !
2 (N) **the ~s far outweigh the negatives** les points positifs compensent largement les points négatifs
3 (ADV) **to test ~** être positif • **to think ~** être positif
4 (COMP) ▸ **positive discrimination** N (*Brit*) discrimination *f* positive

positively [ˈpɒzɪtɪvlɪ] (ADV) ⓐ (= *constructively, favourably*) [*act, contribute*] de façon positive • **to think ~** être positif • **to respond ~ to treatment** bien réagir à un traitement ⓑ (= *absolutely*) vraiment • **this is ~ the worst thing that could happen** c'est vraiment la pire des choses qui pouvaient arriver • **this is ~ the last time** cette fois, c'est vraiment la dernière • **she ~ glowed with happiness** elle rayonnait littéralement de bonheur • **she doesn't mind being photographed, in fact she ~ loves it** cela ne la dérange pas qu'on la photographie, en fait, elle adore ça
ⓒ (= *definitely*) [*identify*] formellement • **cholesterol has been ~ associated with heart disease** le cholestérol a été formellement associé aux maladies cardiovasculaires
ⓓ **he tested ~ for drugs** son test antidopage était positif
posse [ˈpɒsɪ] (N) détachement *m*
possess [pəˈzes] (VT) posséder • **all I ~** tout ce que je possède • **she was accused of ~ing drugs** elle a été accusée de détention illégale de stupéfiants • **he was ~ed by the devil** il était possédé du démon • **~ed by jealousy** dévoré par la jalousie • **what can have ~ed him to say that?** qu'est-ce qui lui a pris de dire ça ?
possession [pəˈzeʃən] (N) ⓐ (= *act, state*) possession *f*; [*of drugs*] détention *f* illégale • **in ~ of** en possession de • **to have sth in one's ~** avoir qch en sa possession • **to get ~ of sth** obtenir qch; (*by force*) s'emparer de qch • **to come into sb's ~** tomber en la possession de qn • **he was in full ~ of all his faculties** il était en pleine possession de ses facultés • **according to the information in my ~** selon les renseignements en ma possession
ⓑ (= *object*) bien *m* • **all his ~s** tout ce qu'il possède • **he had few ~s** il possédait très peu de choses
possessive [pəˈzesɪv] **1** (ADJ) possessif • **to be ~ about sth** être possessif avec qch • **to be ~ about sb** être possessif avec qn • **his mother is terribly ~** il a une mère très possessive **2** (N) possessif *m* **3** (COMP) ▸ **possessive adjective** N adjectif *m* possessif
possessor [pəˈzesəʳ] (N) (= *owner*) propriétaire *mf* • **he was the proud ~ of ...** il était l'heureux propriétaire de ...
possibility [ˌpɒsəˈbɪlɪtɪ] (N) ⓐ possibilité *f* • **to foresee all (the) possibilities** envisager toutes les possibilités • **within the bounds of ~** dans la limite du possible • **not beyond the realms of ~** pas impossible • **if by any ~ ...** si par hasard ... • **there is some ~/not much ~ of success** il y a des chances/peu de chances que ça marche • **it's a distinct ~** c'est tout à fait possible
ⓑ (= *promise*) perspectives *fpl*, potentiel *m* • **the firm saw good possibilities for expansion** la compagnie entrevoyait de bonnes perspectives d'expansion • **she agreed that the project had possibilities** elle a admis que le projet avait un certain potentiel
possible [ˈpɒsəbl] **1** (ADJ) possible • **it's not ~!** ce n'est pas possible ! • **it is ~ that ...** il est possible que ... *+ subj* • **it's just ~ that ...** il n'est pas impossible que ... *+ subj* • **it is a ~ solution to the problem** ce pourrait être une manière de résoudre le problème • **to make sth ~** rendre qch possible • **he made it ~ for me to go to Spain** il a rendu possible mon voyage en Espagne • **if (at all) ~** si possible • **whenever ~, we try to find ...** à chaque fois que c'est possible, nous essayons de trouver ... • **he chose the worst ~ job for a man with a heart condition** il a choisi le pire des emplois pour un cardiaque • **the best ~ result** le meilleur résultat possible • **what ~ motive could she have?** quels pouvaient bien être ses motifs ?

• **there is no ~ excuse for his behaviour** sa conduite est tout à fait inexcusable

▸ **as ... as possible as far as ~** dans la mesure du possible • **as much as ~** autant que possible • **as soon as ~** dès que possible • **as quickly as ~** le plus vite possible

2 (N) ⓐ **the art of the ~** l'art *m* du possible

ⓑ (*= possibility*)* **he's a ~ for the match on Saturday** il sera peut-être sélectionné pour le match de samedi

possibly ['pɒsəblɪ] (ADV) ⓐ (*with "can" etc*) **he did all he ~ could** il a fait tout son possible • **I'll come if I ~ can** je ferai mon possible pour venir • **I go as often as I ~ can** j'y vais aussi souvent que possible • **you can't ~ do that!** tu ne vas pas faire ça quand même ! • **it can't ~ be true!** ce n'est pas possible !

ⓑ (*= perhaps*) peut-être • **Belgian beer is ~ the finest in the world** la bière belge est peut-être la meilleure au monde • **was he lying? — ~** est-ce qu'il mentait ? — c'est possible • **~ not** peut-être que non

post [pəʊst] 1 (N) ⓐ (*= mail service*) poste *f*; (*= letters*) courrier *m* • **by ~** par la poste • **by return (of) ~** par retour du courrier • **your receipt is in the ~** votre reçu est déjà posté • **I'll put it in the ~ today** je le posterai aujourd'hui • **to catch the ~** avoir la levée • **has the ~ come yet?** le facteur est passé ? • **is there any ~ for me?** est-ce qu'il y a du courrier pour moi ? • **you'll get these through the ~** vous les recevrez par la poste

ⓑ (*= job*) poste *m* • **a management ~** un poste de directeur

ⓒ (*of wood, metal*) poteau *m* • **finishing ~** (*Sport*) ligne *f* d'arrivée

ⓓ (*on internet forum*) billet *m*, post *m*

2 (VT) ⓐ [*+ letter*] poster

ⓑ [*+ notice, list*] afficher

ⓒ [*+ results*] annoncer; (*to internet*) poster • **to keep sb ~ed** tenir qn au courant

ⓓ [*+ sentry, guard*] poster

ⓔ (*= move*) [*+ soldier*] poster; [*+ employee*] affecter

3 (COMP) ▸ **post and packing** N (*= cost*) frais *mpl* de port et d'emballage ▸ **post office** N poste *f* • **the main ~ office** la grande poste • **Post Office Box No. 24** boîte postale nº 24 ▸ **post-paid** ADJ port payé

post- [pəʊst] (PREF) post • **~1990** postérieur (-eure *f*) à 1990 ▸ **post-consumer** ADJ recyclé ▸ **post-fact** ADJ (*euph*) post-factuel (*euph*) ▸ **post-factual** ADJ (*euph*) post-factuel (*euph*) ▸ **post-industrial** ADJ post(-)industriel ▸ **post-op*** ADJ postopératoire ▸ **post-traumatic** ADJ post-traumatique ▸ **post-traumatic stress disorder** N syndrome *m* de stress post-traumatique ▸ **post-truth** ADJ (*euph*) de la post-vérité (*euph*)

postage ['pəʊstɪdʒ] (N) tarifs *mpl* postaux • **~: £2** (*on bill*) frais *mpl* de port : 2 livres ▸ **postage paid** ADJ port payé *inv* ▸ **postage rates** NPL tarifs *mpl* postaux ▸ **postage stamp** N timbre-poste *m* • **what she knows about children would fit on the back of a ~ stamp** les enfants, elle n'y connaît rien*

postal ['pəʊstəl] (ADJ) postal; [*application*] par la poste • **~ address** adresse *f* • **~ charges** tarifs *mpl* postaux • **the ~ services** les services *mpl* postaux • **~ strike** grève *f* des employés de la poste ▸ **postal order** N (*Brit*) mandat *m* (postal) ▸ **postal vote** N (*= paper*) bulletin *m* de vote par correspondance; (*= system*) vote *m* par correspondance

postbag ['pəʊstbæg] (N) (*Brit*) sac *m* postal

postbox ['pəʊstbɒks] (N) boîte *f* à *or* aux lettres

postcard ['pəʊstkɑːd] (N) carte *f* postale

postcode ['pəʊstkəʊd] (N) (*Brit*) code *m* postal

postdate [ˌpəʊst'deɪt] (VT) postdater

postdoctoral [pəʊst'dɒktərəl] (ADJ) [*research, studies*] postdoctoral

poster ['pəʊstəʳ] (N) affiche *f* ▸ **poster paint** N gouache *f*

poste restante [ˌpəʊst'restɑ̃ːnt] (N, ADV) poste *f* restante

posterior [pɒs'tɪərɪəʳ] (ADJ) postérieur (-eure *f*) (**to** à)

posterity [pɒs'terɪtɪ] (N) postérité *f* • **to go down in ~ as sth** passer à la postérité comme qch • **for ~** pour la postérité

postgraduate ['pəʊst'grædjʊɪt] 1 (ADJ) de troisième cycle (universitaire) 2 (N) (*= postgraduate student*) étudiant(e) *m(f)* de troisième cycle

posthumous ['pɒstjʊməs] (ADJ) posthume

posthumously ['pɒstjʊməslɪ] (ADV) à titre posthume

postimpressionist ['pəʊstɪm'preʃənɪst] (ADJ, N) post-impressionniste *mf*

posting ['pəʊstɪŋ] (N) ⓐ (*= sending by post*) envoi *m* par la poste ⓑ (*Brit*) [*of employee*] affectation *f*

postman ['pəʊstmən] (N) (*pl* **-men**) facteur *m*

postmark ['pəʊstmɑːk] 1 (N) cachet *m* de la poste • **letter with a French ~** lettre *f* oblitérée en France 2 (VT) timbrer

postmaster ['pəʊstˌmɑːstəʳ] (N) receveur *m* des postes

postmistress ['pəʊstˌmɪstrɪs] (N) receveuse *f* des postes

postmodern [ˌpəʊst'mɒdən] (ADJ) postmoderne

post-mortem ['pəʊst'mɔːtəm] 1 (ADJ) **~ examination** autopsie *f* 2 (N) autopsie *f* • **to hold a ~** faire une autopsie

postnatal ['pəʊst'neɪtl] (ADJ) postnatal ▸ **postnatal depression** N dépression *f* post-partum

postpone [pəʊst'pəʊn] (VT) reporter (**for** de, **until** à)

postponement [pəʊst'pəʊnmənt] (N) report *m*

postscript ['pəʊsskrɪpt] (N) (*to letter*) post-scriptum *m inv* • **I'd like to add a ~ to what you have said** je voudrais ajouter un mot à ce que vous avez dit

postulate 1 (N) postulat *m* 2 (VT) poser comme principe

> Lorsque **postulate** est un nom, la fin se prononce comme **it** : ['pɒstjʊlɪt] ; lorsque c'est un verbe, elle se prononce comme **eight** : ['pɒstjʊleɪt].

posture ['pɒstʃəʳ] 1 (N) posture *f* • **he has poor ~** il se tient très mal 2 (VI) prendre des poses

postwar ['pəʊst'wɔːʳ] (ADJ) [*event*] de l'après-guerre; [*government*] d'après-guerre • **the ~ period** l'après-guerre *m*

postwoman ['pəʊstˌwʊmən] (N) (*pl* **-women**) factrice *f*

posy ['pəʊzɪ] (N) petit bouquet *m* (de fleurs)

pot [pɒt] 1 (N) ⓐ (*for flowers, jam*) pot *m*; (*= piece of pottery*) poterie *f*; (*for cooking*) marmite *f*; (*= saucepan*) casserole *f*; (*= teapot*) théière *f*; (*= coffeepot*) cafetière *f* • **jam ~** pot *m* à confiture • **~ of jam** pot *m* de confiture • **~s and pans** batterie *f* de cuisine

ⓑ (*= kitty*)* cagnotte *f* • **to have ~s of money*** rouler sur l'or • **to go to ~*** aller à vau-l'eau

ⓒ (*= cannabis*) herbe* *f*

2 (VT) ⓐ [*+ plant, jam*] mettre en pot

ⓑ (*Snooker*) mettre

3 (VI) (*= make pottery*) faire de la poterie

4 (COMP) ▸ **pot luck** N **to take ~ luck** s'en remettre au hasard ▸ **pot plant** N (*Brit*) plante *f* verte ▸ **pot roast** N rôti *m* braisé ▸ **pot scourer** N tampon *m* à récurer ▸ **potting compost** N terreau *m*

potassium [pə'tæsɪəm] (N) potassium *m*

P

potato [pə'teɪtəʊ] (*pl* **potatoes**) 1 (N) pomme *f* de terre • **is there any ~ left?** est-ce qu'il reste des pommes de terre ? 2 (COMP) [*salad, soup*] de pommes de terre ▸ **potato chips** (*US*), **potato crisps** (*Brit*) NPL chips *fpl* ▸ **potato-masher** N presse-purée *m inv* ▸ **potato-peeler** N épluche-légumes *m inv*

potbellied [ˌpɒt'belɪd] (ADJ) (*from overeating*) ventru; (*from malnutrition*) au ventre ballonné

potbelly [ˌpɒt'belɪ] (N) (*from overeating*) bedaine* *f*; (*from malnutrition*) ventre *m* ballonné

potency ['pəʊtənsɪ] (N) [*of remedy, drug, charm*] puissance *f*; [*of drink*] forte teneur *f* en alcool

potent ['pəʊtənt] (ADJ) [*remedy, drug, charm, argument, reason*] puissant; [*drink*] fort

potential [pəʊ'tenʃəl] 1 (ADJ) potentiel
2 (N) potentiel *m* • **military ~** potentiel *m* militaire • **the ~ for conflict is great** le danger de conflit est réel • **he hasn't yet realized his full ~** il n'a pas encore donné toute sa mesure • **our ~ for increasing production** notre potentiel d'augmentation de la production
▸ **to have potential** être prometteur; [*building, area*] offrir toutes sortes de possibilités • **to have management ~** avoir les qualités requises pour devenir cadre supérieur • **to have the ~ to do sth** être tout à fait capable de faire qch • **the meeting has the ~ to be a decisive event** cette réunion pourrait être un événement décisif • **he's got ~ as a footballer** il a de l'avenir en tant que footballeur

> The French word **potentiel** ends in **-iel** instead of **-ial**.

potentially [pəʊ'tenʃəlɪ] (ADV) [*serious, important, useful*] potentiellement • **it was a ~ violent confrontation** c'était une confrontation qui pouvait prendre un tour violent • **~, these problems are very serious** ces problèmes pourraient devenir très sérieux

pothole ['pɒthəʊl] (N) ⓐ (*in road*) nid-de-poule *m* ⓑ (*underground*) caverne *f*

potholer ['pɒtˌhəʊləʳ] (N) (*Brit*) spéléologue *mf*

potholing ['pɒtˌhəʊlɪŋ] (N) (*Brit*) spéléologie *f* • **to go ~** faire de la spéléologie

potion ['pəʊʃən] (N) potion *f*

potpourri [pəʊ'pʊrɪ] (N) [*of flowers*] pot *m* pourri

potted ['pɒtɪd] (ADJ) ⓐ **~ meat** *rillettes de viande* ⓑ (*= condensed*)* **a ~ version of "Ivanhoe"** un abrégé d'« Ivanhoé »

potter ['pɒtəʳ] 1 (VI) **to ~ round the house** faire des petits travaux dans la maison • **to ~ round the shops** faire les magasins sans se presser 2 (N) potier *m*, -ière *f* 3 (COMP) ▸ **potter's wheel** N tour *m* de potier

pottery ['pɒtərɪ] (N) (*= craft, place*) poterie *f*; (*= objects*) poteries *fpl*

potty* ['pɒtɪ] 1 (N) pot *m* (de bébé) 2 (ADJ) (*Brit*) [*person*] dingue*; [*idea*] farfelu • **to be ~ about sb/sth** être dingue* de qn/qch • **to go ~*** perdre la boule* 3 (COMP) ▸ **potty-train** VT apprendre la propreté à ▸ **potty-trained** ADJ propre

pouch [paʊtʃ] (N) petit sac *m*; (*for money*) bourse *f*; (*for tobacco*) blague *f*; [*of kangaroo*] poche *f* marsupiale

pouf, pouffe [puːf] (N) (*= stool*) pouf *m*

poultice ['pəʊltɪs] (N) cataplasme *m*

poultry ['pəʊltrɪ] (N) volaille *f* ▸ **poultry farmer** N aviculteur *m*, -trice *f*

pounce [paʊns] 1 (N) bond *m* 2 (VI) bondir • **to ~ on** [*+ prey*] bondir sur; [*+ book, small object*] se précipiter sur; [*+ idea, suggestion*] sauter sur

pound [paʊnd] 1 (N) ⓐ (*= weight*) livre *f* (*= 453,6 grammes*) • **sold by the ~** vendu à la livre • **$3 a ~** 3 dollars la livre → IMPERIAL SYSTEM ⓑ (*= money*) livre *f* • **~ sterling** livre *f* sterling • **~ coin** pièce *f* d'une livre ⓒ (*for dogs, cars*) fourrière *f* 2 (VT) [*+ spices*] piler; [*+ rocks*] concasser; [*+ earth*] pilonner; [*guns, bombs, shells*] pilonner • **to ~ sth to a powder** pulvériser qch • **the ship was ~ed by huge waves** d'énormes vagues battaient contre le navire • **to ~ sth with one's fists** marteler qch à coups de poing
3 (VI) [*heart*] battre fort; (*with fear, excitement*) battre la chamade; [*sea, waves*] battre • **he ~ed on the door** il frappa de grands coups à la porte 4 (COMP) ▸ **pound shop** N (*Brit*) bazar *m* à petits prix

pounding ['paʊndɪŋ] 1 (ADJ) **with ~ heart** le cœur battant à tout rompre • **a ~ headache** un violent mal de tête 2 (N) [*of heart, waves, hooves*] martèlement *m* • **to take a ~*** [*person*] en prendre pour son grade • **the city took a ~ in the war*** la guerre a fait des ravages dans cette ville • **Manchester United took a real ~ from Liverpool*** Manchester United s'est fait battre à plate couture par Liverpool

pour [pɔːʳ] 1 (VT) [*+ liquid*] verser • **she ~ed him a cup of tea** elle lui a versé une tasse de thé • **to ~ money into a scheme** investir énormément d'argent dans un projet • **to ~ scorn on sb/sth** dénigrer qn/qch • **to ~ it on*** (*US*) mettre le paquet*
2 (VI) ⓐ [*water, blood*] couler à flots (**from** de) • **water came ~ing into the room** l'eau se déversa dans la pièce • **water was ~ing down the walls** l'eau ruisselait sur les murs • **the sweat ~ed off him** il ruisselait de sueur
ⓑ (*= rain*) **it is ~ing** il pleut à verse • **it ~ed for four days** il a plu à verse pendant quatre jours
ⓒ [*people, cars, animals*] affluer • **complaints came ~ing in from all over the country** des plaintes affluaient de tout le pays
ⓓ (*= serve tea, coffee*) servir • **shall I ~?** je vous sers ?
▸ **pour away** VT SEP [*+ liquid, dregs*] vider
▸ **pour in** 1 VI [*water, sunshine, rain*] se déverser; [*people*] affluer • **complaints ~ed in** il y a eu un déluge de réclamations 2 VT SEP [*+ liquid*] verser • **they ~ed in capital** ils y ont investi d'énormes capitaux
▸ **pour out** 1 VI [*water*] sortir à flots; [*people*] sortir en masse 2 VT SEP ⓐ [*+ tea, coffee, drinks*] servir (**for sb** à qn); [*+ unwanted liquid*] vider ⓑ [*+ anger, emotion*] donner libre cours à; [*+ troubles*] épancher; [*+ complaint*] déverser • **he ~ed out his story to me** il m'a raconté toute son histoire

pouring ['pɔːrɪŋ] (ADJ) ⓐ [*sauce*] liquide ⓑ **(in) the ~ rain** (sous) la pluie battante

pout [paʊt] 1 (N) moue *f* • **... she said with a ~** ... dit-elle en faisant la moue 2 (VI) ⓐ (*= pull a face*) faire la moue ⓑ (*US*) (*= sulk*) bouder

poverty ['pɒvətɪ] (N) pauvreté *f*; [*of ideas, information*] déficit *m* • **to live in ~** vivre dans la pauvreté • **~ of resources** insuffisance *f* de ressources ▸ **poverty line** N **below/above the ~ line** au-dessous du/au-dessus du seuil de pauvreté ▸ **poverty-stricken** ADJ [*person, family*] dans le dénuement

POW [ˌpiːəʊ'dʌbljʊ] (ABBR OF **prisoner of war**) prisonnier *m*, -ière *f* de guerre

powder ['paʊdəʳ] 1 (N) ⓐ (= *particles*) poudre *f* • **in ~ form** en poudre ⓑ (= *fine snow*) poudreuse *f* 2 (VT) ⓐ [+ *substance*] réduire en poudre • **~ed milk** lait *m* en poudre ⓑ [+ *face, body*] poudrer • **to ~ one's nose** se poudrer • **trees ~ed with snow** arbres *mpl* saupoudrés de neige 3 (COMP) ▸ **powder blue** N bleu *m* pastel *inv* ▸ **powdered sugar** N (*US*) sucre *m* glace ▸ **powder keg** N (= *explosive situation*) poudrière *f* ▸ **powder puff** N houppette *f*; (*big, fluffy*) houppe *f* ▸ **powder room** N (= *toilets*) toilettes *fpl* (pour dames)

powdery ['paʊdərɪ] (ADJ) [*snow*] poudreux

power ['paʊəʳ] 1 (N) ⓐ (= *ability*) pouvoir *m*; (= *faculty*) faculté *f* • **he did everything in his ~ to help us** il a fait tout son possible pour nous aider • **it is beyond her ~ to save him** elle est impuissante à le sauver • **he lost the ~ of speech** il a perdu (l'usage de) la parole • **mental ~s** facultés *fpl* mentales • **his ~s of persuasion** son pouvoir de persuasion • **purchasing ~** pouvoir *m* d'achat

ⓑ (= *force*) [*of person, blow, sun*] force *f* • **the ~ of love/thought** la force de l'amour/de la pensée • **air ~** puissance *f* aérienne

ⓒ (= *authority*) pouvoir *m* • **the ~ of the President** le pouvoir du Président • **pupil ~** le pouvoir des lycéens • **he has the ~ to act** il a le pouvoir d'agir • **at the height of his ~** à l'apogée de son pouvoir • **to have ~ over sb** avoir autorité sur qn • **to have sb in one's ~** avoir qn en son pouvoir • **in ~** [*party*] au pouvoir • **to come to ~** accéder au pouvoir • **the ~ behind the throne** l'éminence *f* grise • **the ~s that be** les autorités *fpl* constituées

ⓓ (= *energy*) énergie *f*; (= *output*) rendement *m*; (= *electricity*) électricité *f*, courant *m* • **nuclear ~** l'énergie *f* nucléaire • **they cut off the ~** ils ont coupé le courant • **a cheap source of ~** une source d'énergie bon marché

ⓔ [*of engine, device*] puissance *f* • **microwave on full ~ for a minute** faites chauffer au micro-ondes à puissance maximale pendant une minute • **the ship returned to port under her own ~** le navire est rentré au port par ses propres moyens

ⓕ **it did me a ~ of good*** ça m'a fait un bien immense

2 (VT) faire marcher • **a car ~ed by a battery** une voiture qui marche sur batterie

3 (COMP) ▸ **power-assisted** ADJ assisté ▸ **power base** N réseau *m* d'influence ▸ **power cable** N câble *m* électrique ▸ **power cut** N (*Brit*) coupure *f* de courant ▸ **power failure** N panne *f* de courant ▸ **power game** N (*Brit*) jeu *m* de pouvoir ▸ **power line** N ligne *f* à haute tension ▸ **power of attorney** N procuration *f* ▸ **power pack** N bloc *m* d'alimentation ▸ **power plant** N (= *building*) centrale *f* (électrique) ▸ **power play** N (= *attack*) attaque *f* en force; (= *struggle*) épreuve *f* de force ▸ **power point** N (*Brit*) prise *f* de courant ▸ **power sharing** N partage *m* du pouvoir ▸ **power station** N centrale *f* (électrique) ▸ **power steering** N direction *f* assistée ▸ **power struggle** N lutte *f* pour le pouvoir ▸ **power supply** N alimentation *f* électrique ▸ **power tool** N outil *m* électrique

▸ **power down** VT SEP [+ *computer*] éteindre

▸ **power up** VT SEP [+ *computer*] allumer

powerboat ['paʊəbəʊt] (N) hors-bord *m inv*

powerful ['paʊəfʊl] (ADJ) [*engine, computer*] puissant; [*kick, person, build, smell*] fort; [*influence, effect*] profond; [*description*] saisissant; [*performance, argument*] très convaincant • **he gave a ~ performance** il a donné une interprétation très convaincante

powerfully ['paʊəfəlɪ] (ADV) [*affect*] fortement; [*influence*] profondément • **~ addictive** à fort effet d'accoutumance

powerhouse ['paʊəhaʊs] (N) (= *person*) personne *f* très dynamique; (= *group*) groupe *m* très dynamique • **a ~ of new ideas** une mine d'idées nouvelles

powerless ['paʊəlɪs] (ADJ) impuissant • **the government is ~ in the face of recession** le gouvernement est impuissant face à la récession

powerlessness ['paʊəlɪsnɪs] (N) impuissance *f*

powwow* ['paʊwaʊ] (N) (= *discussion*) tête-à-tête *m inv*

pp [piː'piː] ⓐ (ABBR OF **per procurationem**) p.p. ⓑ (ABBR OF **pages**) p.

pppn ['piː'piː'piː'en] (*Brit*) (ABBR OF **per person per night**) pppn

PPV [ˌpiːpiː'viː] (N) (ABBR OF **pay-per-view**) PPV *m*

PQ (ABBR OF **Province of Quebec**) PQ

PR [piː'ɑːʳ] (N) ⓐ (ABBR OF **public relations**) ⓑ (ABBR OF **proportional representation**) RP *f*

practicability [ˌpræktɪkə'bɪlɪtɪ] (N) **to question the ~ of a scheme** mettre en doute la possibilité de réaliser un projet

practicable ['præktɪkəbl] (ADJ) réalisable

practical ['præktɪkəl] 1 (ADJ) ⓐ (= *concrete*) concret (-ète *f*) • **a ~ way of ...** un moyen concret de ... • **to be of no ~ use** n'avoir aucun intérêt pratique • **for all ~ purposes** en pratique ⓑ (= *down-to-earth*) [*person*] pratique ⓒ (= *functional*) pratique ⓓ (= *near*) **it's a ~ certainty** c'est une quasi-certitude 2 (N) (= *exam*) épreuve *f* pratique; (= *lesson*) travaux *mpl* pratiques 3 (COMP) ▸ **practical joke** N farce *f* ▸ **practical nurse** N (*US*) aide-soignant(e) *m(f)*

practicality [ˌpræktɪ'kælɪtɪ] 1 (N) [*of person*] sens *m* pratique; [*of suggestion*] aspect *m* pratique • **I doubt the ~ of this scheme** je doute que ce projet soit réalisable 2 (NPL) **practicalities** détails *mpl* pratiques

practically ['præktɪklɪ] (ADV) (= *almost*) pratiquement; (= *from a practical point of view*) d'un point de vue pratique • **he's very ~ minded** il a vraiment l'esprit pratique

practice ['præktɪs] 1 (N) ⓐ (= *habits*) pratique *f* • **to make a ~ of doing sth** avoir l'habitude de faire qch • **it's common ~** c'est courant

ⓑ (= *exercises*) exercices *mpl*; (= *training*) entraînement *m*; (= *experience*) expérience *f*; (= *rehearsal*) répétition *f* • **I need more ~** je manque d'entraînement • **he does six hours' piano ~ a day** il fait six heures de piano par jour • **she's had lots of ~** elle a de l'expérience • **it takes years of ~** il faut de longues années d'expérience • **out of ~** rouillé (*fig*) • **with ~** avec de l'entraînement

ⓒ (*as opposed to theory*) pratique *f* • **in ~** dans la pratique • **to put sth into ~** mettre qch en pratique

ⓓ [*of law, medicine*] exercice *m*; (= *business*) cabinet *m*; (= *clients*) clientèle *f* • **he has a large ~** il a une nombreuse clientèle

2 (VTI) (*US*) = **practise**

3 (COMP) [*flight, run*] d'entraînement ▸ **practice teacher** N (*US*) professeur *mf* stagiaire

practise, practice (*US*) ['præktɪs] 1 (VT) ⓐ (= *put into practice*) [+ *technique, meditation, one's religion*] pratiquer; [+ *method*] appliquer • **to ~ what one preaches** prêcher par l'exemple • **to ~ medicine/law** exercer la médecine/la profession d'avocat ⓑ (= *exercise in*) [+ *violin, song, chorus*] travailler • **she was practising her scales** elle faisait

P

ses gammes • **I need to ~ my backhand** j'ai besoin de travailler mon revers • **to ~ doing sth** s'entraîner à faire qch **2** VI **a** *(Music)* s'exercer; *(Sport)* s'entraîner; [*beginner*] faire des exercices **b** [*doctor, lawyer*] exercer

practised, practiced (US) ['præktɪst] ADJ [*teacher, nurse*] chevronné; [*eye, ear*] exercé; [*performance*] accompli

practising, practicing (US) ['præktɪsɪŋ] ADJ [*doctor*] exerçant; [*lawyer*] en exercice; [*architect*] en activité; [*Catholic, Buddhist*] pratiquant

practitioner [præk'tɪʃənəʳ] N (= *doctor*) médecin *m*

pragmatic [præg'mætɪk] ADJ pragmatique

pragmatism ['prægmətɪzəm] N pragmatisme *m*

Prague [prɑːg] N Prague

prairie ['preərɪ] N prairie *f* • **the ~(s)** (US) la Grande Prairie ▸**prairie dog** N chien *m* de prairie

praise [preɪz] **1** N éloge(s) *m(pl)* • **in ~ of** à la louange de • **to be full of ~ for sb/sth** ne pas tarir d'éloges sur qn/qch • **I have nothing but ~ for what he has done** je ne peux que le louer de ce qu'il a fait **2** VT louer • **to ~ sb for sth/for doing sth** louer qn pour qch/d'avoir fait qch

praiseworthy ['preɪzˌwɜːðɪ] ADJ digne d'éloges

pram [præm] N *(Brit)* landau *m*

prance [prɑːns] VI [*horse, child*] caracoler; [*dancer*] cabrioler

prank [præŋk] N (= *joke*) farce *f*

prat‡ [præt] N *(Brit)* con‡ *m*, conne‡ *f*

pratfall‡ ['prætˌfɔːl] N (US = *mistake*) gaffe *f*

prattle ['prætl] **1** VI jaser; [*child*] babiller • **to ~ on about sth** parler à n'en plus finir de qch **2** N bavardage *m*

prawn [prɔːn] N *(Brit)* crevette *f* rose ▸**prawn cocktail** N cocktail *m* de crevettes ▸**prawn cracker** N beignet *m* de crevettes

pray [preɪ] **1** VI prier • **he ~ed to be released from his suffering** il pria le ciel de mettre fin à ses souffrances • **he ~ed for forgiveness** il pria Dieu de lui pardonner • **we're ~ing for fine weather** nous prions pour qu'il fasse beau **2** VT prier (**that** pour que + *subj*) • **they ~ed God to help him** ils prièrent Dieu de lui venir en aide

prayer [preəʳ] N prière *f* • **to say one's ~s** faire sa prière • **they said a ~ for him** ils ont prié pour lui • **it's the answer to our ~s** c'est exactement ce qu'il nous fallait ▸**prayer book** N livre *m* de prières ▸**prayer meeting** N réunion *f* de prière

pre- [priː] PREF pré • **~1990** *+noun* d'avant 1990 *+verb* avant 1990

preach [priːtʃ] **1** VI prêcher • **don't ~!** pas de morale, s'il te plaît! • **you're ~ing to the converted** vous prêchez un converti **2** VT [*+ religion*] prêcher; [*+ patience, advantage*] prôner • **to ~ a sermon** faire un sermon

preacher ['priːtʃəʳ] N prédicateur *m*; (US) (= *clergyman*) pasteur *m*

preamble [priː'æmbl] N préambule *m*; *(in book)* préface *f*

prearrange ['priːə'reɪndʒ] VT organiser à l'avance

precarious [prɪ'keərɪəs] ADJ (= *uncertain*) précaire; (= *unsteady*) [*ladder*] en équilibre instable

precaution [prɪ'kɔːʃən] N précaution *f* • **as a ~** par précaution • **to take ~s** prendre ses précautions • **safety ~s** mesures *fpl* de sécurité

precautionary [prɪ'kɔːʃənərɪ] ADJ de précaution • **as a ~ measure** par mesure de précaution • **the ~ principle** le principe de précaution

precede [prɪ'siːd] VT *(in space, time)* précéder • **the week preceding his death** la semaine qui a précédé sa mort

precedence ['presɪdəns] N *(in rank)* préséance *f*; *(in importance)* priorité *f* • **this question must take ~ over all others** ce problème est prioritaire • **to take ~ over sb** avoir la préséance sur qn

precedent ['presɪdənt] N précédent *m* • **without ~** sans précédent • **to set a ~** créer un précédent

preceding [prɪ'siːdɪŋ] ADJ précédent • **the ~ day** la veille

precept ['priːsept] N précepte *m*

precinct ['priːsɪŋkt] N **a** *(round cathedral)* enceinte *f*; (= *boundary*) pourtour *m* • **within the ~s of ...** dans les limites de ... **b** *(US Police)* circonscription *f* administrative; *(US Politics)* circonscription *f* électorale

precious ['preʃəs] **1** ADJ précieux • **don't waste ~ time arguing** ne perds pas un temps précieux à discuter • **his son is very ~ to him** il tient énormément à son fils • **your ~ career** *(iro)* ta chère carrière **2** ADV **~ few** • **~ little** fort peu (de) **3** COMP ▸**precious metal** N métal *m* précieux ▸**precious stone** N pierre *f* précieuse

precipice ['presɪpɪs] N précipice *m* • **to fall over a ~** tomber dans un précipice

precipitate **1** VT précipiter **2** ADJ précipité

> Lorsque **precipitate** est un verbe, la fin se prononce comme **eight** : [prɪ'sɪpɪteɪt] ; lorsque c'est un adjectif, elle se prononce comme **it** : [prɪ'sɪpɪtɪt].

precipitation [prɪˌsɪpɪ'teɪʃən] N précipitation *f*

precipitous [prɪ'sɪpɪtəs] ADJ **a** (= *steep*) abrupt **b** (= *sudden*) précipité

précis ['preɪsiː] N *(pl* **précis** ['preɪsiːz]) résumé *m*

precise [prɪ'saɪs] ADJ **a** précis • **be more ~!** soyez plus précis! • **the ~ amount of energy they need** la quantité exacte d'énergie dont ils ont besoin • **at 4am to be ~** à 4 heures du matin pour être précis **b** (= *meticulous*) [*person, manner*] méticuleux

precisely [prɪ'saɪslɪ] ADV précisément • **10 o'clock ~** 10 heures précises • **~ nine minutes** très précisément neuf minutes • **~ what does that mean?** qu'est-ce que cela veut dire exactement? • **~!** exactement!

precision [prɪ'sɪʒən] N précision *f* • **with deadly ~** avec une précision implacable • **~ tool** outil *m* de précision

preclude [prɪ'kluːd] VT [*+ doubt*] dissiper; [*+ misunderstanding*] prévenir; [*+ possibility*] exclure • **to be ~d from doing sth** être empêché de faire qch

precocious [prɪ'kəʊʃəs] ADJ précoce

preconceived ['priːkən'siːvd] ADJ **~ notion** *or* **idea** idée *f* préconçue

preconception ['priːkən'sepʃən] N idée *f* préconçue

precondition ['priːkən'dɪʃən] N condition *f* préalable

precursor [priː'kɜːsəʳ] N (= *person, thing*) précurseur *m*; (= *event*) signe *m* avant-coureur

predate [priː'deɪt] VT (= *come before in time*) [*+ event*] précéder; [*+ document*] être antérieur à

predator ['predətəʳ] N prédateur *m*

predatory ['predətərɪ] ADJ [*animal, insect*] prédateur (-trice *f*); [*bird*] de proie; [*habits*] de prédateur(s); [*person*] rapace

predecessor ['priːdɪsesəʳ] N prédécesseur *m*

predestination [priːˌdestɪ'neɪʃən] N prédestination *f*

predestine [priː'destɪn] VT prédestiner

predetermine ['priːdɪ'tɜːmɪn] VT prédéterminer • **at a ~d moment** à un moment prédéfini

predicament [prɪˈdɪkəmənt] (N) situation *f* difficile • **I'm in a real ~!** je suis dans une situation très difficile !

predicate 1 (VT) (*= base*) [*+ statement, belief, argument*] fonder • **this is ~d on the fact that ...** ceci est fondé sur le fait que ... 2 (N) prédicat *m*

> Lorsque **predicate** est un verbe, la fin se prononce comme **eight** : [ˈpredɪkeɪt] ; lorsque c'est un nom, elle se prononce comme **it** : [ˈpredɪkɪt].

predict [prɪˈdɪkt] (VT) prédire

predictable [prɪˈdɪktəbl] (ADJ) [*behaviour*] prévisible; [*person, story*] sans surprise • **his reaction was ~** sa réaction était prévisible

predictably [prɪˈdɪktəblɪ] (ADV) [*behave, react*] d'une manière prévisible • **~, his father was furious** comme on pouvait s'y attendre, son père était furieux

prediction [prɪˈdɪkʃən] (N) prévision *f*

predictive [prɪˈdɪktɪv] (ADJ) prophétique ▸ **predictive text** N saisie *f* intuitive *or* prédictive

predispose [ˈpriːdɪsˈpəʊz] (VT) prédisposer

predisposition [ˈpriːˌdɪspəˈzɪʃən] (N) prédisposition *f*

predominance [prɪˈdɒmɪnəns] (N) prédominance *f*

predominant [prɪˈdɒmɪnənt] (ADJ) prédominant

predominantly [prɪˈdɒmɪnəntlɪ] (ADV) essentiellement

predominate [prɪˈdɒmɪneɪt] (VI) prédominer (**over** sur)

pre-eminence [priːˈemɪnəns] (N) prééminence *f*

pre-eminent [priːˈemɪnənt] (ADJ) prééminent

pre-empt [priːˈempt] (VT) ⓐ [*+ sb's decision, action*] devancer ⓑ (*= prevent*) prévenir • **you can ~ pain by taking a painkiller** vous pouvez prévenir la douleur en prenant un analgésique

pre-emptive [priːˈemptɪv] (ADJ) [*attack, strike*] préventif

preen [priːn] 1 (VT) [*+ feathers, tail*] lisser • **she was ~ing herself in front of the mirror** elle se pomponnait devant la glace 2 (VI) [*person*] se pomponner

pre-existent [ˈpriːɪgˈzɪstənt], **pre-existing** [ˈpriːɪgˈzɪstɪŋ] (ADJ) préexistant

prefab* [ˈpriːfæb] (N) (ABBR OF **prefabricated building**) préfabriqué *m*

preface [ˈprefɪs] 1 (N) (*to book*) préface *f*; (*to speech*) préambule *m* 2 (VT) **he ~d this by saying ...** il a commencé par dire ...

prefect [ˈpriːfekt] (N) (*= French official*) préfet *m*; (*Brit*) (*in school*) *élève des grandes classes chargé(e) de la discipline*

prefer [prɪˈfɜːʳ] (VT) ⓐ préférer • **I ~ Paris to London** je préfère Paris à Londres • **I ~ bridge to chess** je préfère le bridge aux échecs • **to ~ doing sth** préférer faire qch • **children ~ watching television to reading books** les enfants préfèrent la télévision à la lecture • **I'd ~ that you didn't come** je préférerais que tu ne viennes pas • **I would ~ not to** je préférerais ne pas le faire • **I much ~ Scotland** je préfère de beaucoup l'Écosse ⓑ (*in court*) **to ~ charges** porter plainte

preferable [ˈprefərəbl] (ADJ) préférable

preferably [ˈprefərəblɪ] (ADV) de préférence

preference [ˈprefərəns] (N) (*= liking*) préférence *f* • **what is your ~?** que préférez-vous ? • **my first ~** mon premier choix • **in ~ to sth** de préférence à qch • **in ~ to doing sth** plutôt que de faire qch

preferential [prefəˈrenʃəl] (ADJ) [*terms*] préférentiel; [*treatment*] de faveur

prefix [ˈpriːfɪks] (N) [*of word*] préfixe *m*; [*of phone number*] indicatif *m*

pregnancy [ˈpregnənsɪ] (N) grossesse *f*; [*of animal*] gestation *f* ▸ **pregnancy test** N test *m* de grossesse

pregnant [ˈpregnənt] (ADJ) enceinte; [*animal*] pleine; [*silence*] lourd de sens • **three months ~** enceinte de trois mois • **while she was ~ with Marie** quand elle était enceinte de Marie

preheat [ˈpriːˈhiːt] (VT) préchauffer

prehistoric [ˈpriːhɪsˈtɒrɪk] (ADJ) préhistorique

prehistory [ˈpriːˈhɪstərɪ] (N) préhistoire *f*

prejudge [ˈpriːˈdʒʌdʒ] (VT) [*+ question*] préjuger de; [*+ person*] juger d'avance

prejudice [ˈpredʒʊdɪs] 1 (N) ⓐ préjugés *mpl*; (*= particular instance*) préjugé *m* • **racial ~** préjugés *mpl* raciaux • **to have a ~ against/in favour of sb/sth** avoir un préjugé contre/en faveur de qn/qch ⓑ (*= detriment*) préjudice *m* 2 (VT) ⓐ [*+ person*] influencer ⓑ [*+ chance*] porter préjudice à

prejudiced [ˈpredʒʊdɪst] (ADJ) [*person*] plein de préjugés • **to be ~ against sb/sth** avoir des préjugés contre qn/qch • **to be racially ~** avoir des préjugés raciaux

prejudicial [ˌpredʒʊˈdɪʃəl] (ADJ) préjudiciable (**to** à)

preliminary [prɪˈlɪmɪnərɪ] 1 (ADJ) préliminaire; [*stage*] premier • **~ round** *or* **heat** épreuve *f* éliminatoire 2 (N) préliminaire *m* 3 (COMP) ▸ **Preliminary Scholastic Aptitude Test** N (*US*) *test déterminant l'aptitude d'un candidat à présenter l'examen d'entrée à l'université*

preload [priːˈləʊd] 1 (VT) (*Comput*) préinstaller 2 (VI) * (*Brit*) (*with alcoholic drinks*) se faire une préchauffe*

preloaded [priːˈləʊdɪd] (ADJ) (*Comput*) préinstallé • **this smartphone comes ~ with several apps** ce smartphone est vendu avec plusieurs applications préinstallées

pre-loved [priːˈlʌvd] (ADJ) d'occasion

prelude [ˈpreljuːd] (N) prélude *m* (**to** de)

premarital [ˈpriːˈmærɪtl] (ADJ) avant le mariage • **~ contract** contrat *m* de mariage

premature [ˈpremətʃʊəʳ] (ADJ) [*decision, birth*] prématuré • **~ baby** (enfant *mf*) prématuré(e) *m(f)* • **you are a little ~** vous anticipez un peu

prematurely [ˈpremətʃʊəlɪ] (ADV) prématurément; [*be born, give birth*] avant terme

premeditate [priːˈmedɪteɪt] (VT) préméditer

premeditation [priːˌmedɪˈteɪʃən] (N) préméditation *f*

premenstrual [priːˈmenstrʊəl] (ADJ) prémenstruel ▸ **premenstrual syndrome, premenstrual tension** N syndrome *m* prémenstruel

premier [ˈpremɪəʳ] 1 (ADJ) premier 2 (N) (*= Prime Minister*) Premier ministre *m*; (*= President*) chef *m* de l'État 3 (COMP) ▸ **Premier Division** N (*in Scotland*) première division *f* ▸ **Premier League** N (*in England and Wales*) première division *f*

premiere [ˈpremɪɛəʳ] 1 (N) première *f* • **the film has just received its London ~** la première londonienne du film vient d'avoir lieu 2 (VT) donner la première de • **the film was ~d in Paris** la première du film a eu lieu à Paris

premiership [ˈpremɪəʃɪp] (N) (*of Prime Minister*) **during his ~** pendant qu'il était Premier ministre • **he staked his claim for the ~** il revendiquait le poste de Premier ministre

premise [ˈpremɪs] 1 (N) (*= hypothesis*) prémisse *f* 2 (NPL) **premises** (*= property*) locaux *mpl* • **business ~s** locaux *mpl* commerciaux • **on the ~s** sur place • **off the ~s** à

P

l'extérieur • **to escort sb off the ~s** accompagner qn dehors

premium ['pri:mɪəm] 1 (N) prime *f* • **to be at a ~** être précieux • **to place a high ~ on** donner beaucoup d'importance à • **if space is at a ~** si vous manquez de place 2 (ADJ) [*goods, brand*] de qualité supérieure 3 (COMP) ▸ **premium bond** N (*Brit*) obligation *f* à prime, bon *m* à lots

premonition [,premə'nɪʃən] (N) pressentiment *m* • **to have a ~ that ...** avoir le pressentiment que ...

prenatal ['pri:'neɪtl] (ADJ) prénatal

preoccupation [pri:,ɒkjʊ'peɪʃən] (N) préoccupation *f* • **keeping warm was his main ~** sa grande préoccupation était de se protéger du froid

preoccupy [pri:'ɒkjʊpaɪ] (VT) [+ *person, mind*] préoccuper • **to be preoccupied** être préoccupé (**by, with** de)

preordained [,pri:ɔ'deɪnd] (ADJ) prédestiné

pre-owned [pri:'əʊnd] (ADJ) [*game, car*] d'occasion, de seconde main

prep* [prep] 1 (N) (ABBR OF **preparation**) ⓐ (= *work*) devoirs *mpl*; (= *period*) étude *f* (surveillée) ⓑ (*US*) préparation *f* (*d'un(e) malade*) 2 (COMP) ▸ **prep school** N (*Brit*) (ABBR OF **preparatory school**) école *f* primaire privée

prepaid ['pri:'peɪd] (ADJ) payé (d'avance)

preparation [,prepə'reɪʃən] (N) préparation *f* • **~s** préparatifs *mpl* • **the country's ~s for war** les préparatifs *mpl* de guerre du pays • **to make ~s for sth** prendre ses dispositions pour qch • **in ~ for** en vue de

preparatory [prɪ'pærətərɪ] (ADJ) [*work*] préparatoire; [*measure, step*] préliminaire • **~ to** avant • **~ to sth/to doing sth** avant qch/de faire qch ▸ **preparatory school** N (*Brit*) école *f* primaire privée; (*US*) école *f* secondaire privée

> **PREPARATORY SCHOOL**
> En Grande-Bretagne, une **preparatory school**, ou **prep school**, est une école primaire qui prépare les élèves à entrer dans un établissement secondaire privé.
> Aux États-Unis, le terme désigne une école secondaire privée préparant les élèves aux études supérieures. Le mot «preppy» désigne les élèves des **prep schools** américaines ou leur style vestimentaire BCBG.

prepare [prɪ'pɛəʳ] 1 (VT) préparer • **to ~ sb for an exam** préparer qn à un examen • **to ~ sb for bad news** préparer qn à une mauvaise nouvelle • **to ~ the way for sth** préparer la voie pour qch 2 (VI) **to ~ for** (= *make arrangements for*) [+ *journey, event*] prendre ses dispositions pour; (= *prepare o.s. for*) [+ *storm, meeting, discussion*] se préparer pour; [+ *war*] se préparer à; [+ *examination*] préparer • **to ~ to do sth** s'apprêter à faire qch

prepared [prɪ'pɛəd] (ADJ) [*person, country*] prêt; [*statement, answer*] préparé à l'avance • **he wasn't ~ for what he saw** il ne s'attendait pas du tout à ce spectacle • **I am ~ for anything** (= *can cope with anything*) j'ai tout prévu; (= *won't be surprised at anything*) je m'attends à tout • **to be ~ to do sth** être disposé à faire qch

preparedness [prɪ'pɛərɪdnɪs] (N) ⓐ (*Mil*) capacité *f* de réaction • **I want Britain's disaster ~ to be very much better** je veux que la Grande-Bretagne soit beaucoup mieux préparée en cas de catastrophe ⓑ (= *willingness*) disposition *f*

preponderance [prɪ'pɒndərəns] (N) (*in numbers*) supériorité *f* numérique

preposition [,prepə'zɪʃən] (N) préposition *f*

prepossessing [,pri:pə'zesɪŋ] (ADJ) [*person, appearance*] avenant

preposterous [prɪ'pɒstərəs] (ADJ) grotesque

preppie*, **preppy*** ['prepɪ] (*US*) 1 (ADJ) bon chic bon genre* 2 (N) (= *pupil*) élève *mf* d'une boîte* privée → PREPARATORY SCHOOL

preprogrammed [pri:'prəʊgræmd] (ADJ) programmé à l'avance

prepubescent [,pri:pju:'besənt] (ADJ) prépubère

prequel ['pri:kwəl] (N) préquel *m* (*film ou roman dont l'action est antérieure à celle de l'œuvre déjà diffusée*), présuite *f*, antépisode *m* (*Can*)

pre-record [,pri:rɪ'kɔ:d] (VT) **~ed broadcast** émission *f* en différé • **~ed cassette** cassette *f* préenregistrée

prerequisite ['pri:'rekwɪzɪt] 1 (N) condition *f* préalable 2 (ADJ) préalable

prerogative [prɪ'rɒgətɪv] (N) prérogative *f*

Pres. (ABBR OF **president**) Pdt

Presbyterian [,prezbɪ'tɪərɪən] (ADJ, N) presbytérien(ne) *m(f)*

presbytery ['prezbɪtərɪ] (N) (= *residence*) presbytère *m*

pre-school [,pri:'sku:l] (ADJ) préscolaire; [*child*] d'âge préscolaire • **~ playgroup** ≈ garderie *f*

preschooler ['pri:sku:ləʳ] (N) (*US*) enfant *mf* d'âge préscolaire

prescribe [prɪs'kraɪb] (VT) prescrire (**sth for sb** qch à qn) • **the ~d dose** la dose prescrite

prescription [prɪs'krɪpʃən] 1 (N) (= *medicine*) ordonnance *f* • **to write out a ~ for sb** faire une ordonnance pour qn • **to make up** *or* (*US*) **fill a ~** préparer une ordonnance • **on ~** sur ordonnance 2 (COMP) [*medicine*] (= *available only on prescription*) vendu sur ordonnance seulement ▸ **prescription charge** N (*Brit*) *montant forfaitaire payé sur les médicaments*

prescriptive [prɪs'krɪptɪv] (ADJ) (= *giving precepts*) normatif

presence ['prezns] (N) présence *f* • **in the ~ of** en présence de • **he certainly made his ~ felt*** sa présence n'est vraiment pas passée inaperçue • **police ~** présence *f* policière • **to lack ~** manquer de présence ▸ **presence of mind** N présence *f* d'esprit

present 1 (ADJ) ⓐ (= *in attendance*) présent (**at** à) • **my husband was ~ at the birth** mon mari a assisté à l'accouchement • **who was ~?** qui était là ? • **those ~** les personnes *fpl* présentes
ⓑ (= *existing now*) actuel • **her ~ husband** son mari actuel • **the ~ government** le gouvernement actuel
2 (N) ⓐ (= *present time*) présent *m* • **there's no time like the ~!** il ne faut jamais remettre au lendemain ce que l'on peut faire le jour même! • **up to the ~** jusqu'à présent
▸ **at present** (= *right now*) actuellement; (= *for the time being*) pour le moment • **as things are at ~** dans l'état actuel des choses
▸ **for the present** pour le moment
ⓑ (= *gift*) cadeau *m* • **it's for a ~** c'est pour offrir • **she gave me the book as a ~** elle m'a offert le livre (en cadeau)
3 (VT) ⓐ **to ~ sb with sth** • **to ~ sth to sb** [+ *prize, medal*] remettre qch à qn • **we were ~ed with a fait accompli** nous nous sommes trouvés devant un fait accompli
ⓑ [+ *tickets, documents*] présenter; [+ *plan, account, proposal*]

soumettre; [+ *report*] remettre; [+ *complaint*] déposer; [+ *proof, evidence*] apporter • **to ~ o.s.** se présenter • **how you ~ yourself is very important** la manière dont vous vous présentez est très importante
ⓒ (= *constitute*) [+ *problem, difficulties, features*] présenter; [+ *opportunity*] donner; [+ *challenge*] constituer • **the opportunity ~ed itself** l'occasion s'est présentée
ⓓ [+ *play, film, programme*] passer; (= *act as presenter of*) présenter • **we are proud to ~ ...** nous sommes heureux de vous présenter ...
4 COMP ▸ **present-day** ADJ d'aujourd'hui ▸ **present perfect** N passé *m* composé ▸ **present tense** N présent *m*

> Lorsque **present** est un adjectif ou un nom, l'accent tombe sur la première syllabe : ['preznt], lorsque c'est un verbe, sur la seconde : [prɪ'zent].

presentable [prɪ'zentəbl] ADJ présentable
presentation [ˌprezən'teɪʃən] N ⓐ présentation *f* ⓑ (= *ceremony*) **she's leaving: there'll be a ~ on Friday** elle s'en va, on lui remettra son cadeau d'adieu vendredi ⓒ (= *talk*) exposé *m* oral • **a business ~** une présentation commerciale
presenter [prɪ'zentəʳ] N (*Brit*) présentateur *m*, -trice *f*
presently ['prezntlɪ] ADV ⓐ (*Brit*) (= *in a moment*) tout à l'heure; (= *some time later*) peu de temps après ⓑ (= *currently*) actuellement
preservation [ˌprezə'veɪʃən] N (= *protection*) sauvegarde *f*; (= *continuance, maintenance*) maintien *m* • **the ~ of the monument is our first priority** notre priorité est de sauvegarder le monument ▸ **preservation order** N (*Brit*) **to put a ~ order on a building** classer un édifice (monument historique)
preservative [prɪ'zɜːvətɪv] N agent *m* de conservation
preserve [prɪ'zɜːv] 1 VT ⓐ (= *keep, maintain*) [+ *building, traditions, manuscript*] conserver; [+ *leather, wood*] entretenir; [+ *dignity, sense of humour*] garder; [+ *peace, standards*] maintenir • **well-/badly-~d** en bon/mauvais état de conservation • **she is very well-~d** elle est bien conservée ⓑ (*from harm*) préserver (**from** de) ⓒ [+ *fruit*] mettre en conserve 2 N ⓐ (*Brit*) (= *jam*) confiture *f* ⓑ (= *prerogative*) chasse *f* gardée
preset ['priː'set] VT (*pret, ptp* **preset**) programmer
preshrunk ['priː'ʃrʌŋk] ADJ irrétrécissable
preside [prɪ'zaɪd] VI présider • **to ~ at** *or* **over a meeting** présider une réunion
presidency ['prezɪdənsɪ] N présidence *f*
president ['prezɪdənt] N président(e) *m(f)*; (*US*) [*of company*] président-directeur *mf* général, PDG *mf* ▸ **Presidents' Day** N (*US*) *jour férié le troisième lundi de février, en souvenir des présidents Lincoln et Washington*
presidential [ˌprezɪ'denʃəl] ADJ ⓐ [*decision, suite, style*] présidentiel • **~ elections** élection *f* présidentielle ⓑ (= *of one specific President*) [*staff, envoy, representative*] du Président
press [pres] 1 N ⓐ (= *reporting, journalists collectively*) presse *f* • **a free ~** une presse libre • **to get a bad ~** avoir mauvaise presse • **the national ~** la presse nationale ⓑ (= *printing press*) presse *f*; (= *place*) imprimerie *f* ⓒ (= *apparatus*) (*for wine, olives*) pressoir *m*; (*for gluing, moulding*) presse *f*
2 VT ⓐ [+ *button, switch, accelerator*] appuyer sur; (= *squeeze*) [+ *sb's hand*] serrer • **he ~ed his nose against the window** il a collé son nez à la fenêtre • **to ~ the flesh**‡ (*US*) serrer une multitude de mains • **as the crowd moved back he found himself ~ed against a wall** quand la foule a reculé il s'est trouvé acculé contre un mur
ⓑ [+ *grapes, olives, flowers*] presser
ⓒ (= *iron*) repasser
ⓓ **to ~ sb to do sth** pousser qn à faire qch • **to ~ sb for payment/an answer** presser qn de payer/de répondre • **to be ~ed for time** manquer de temps • **he didn't need much ~ing** il ne s'est guère fait prier • **to ~ a gift on sb** insister pour que qn accepte un cadeau
▸ **to be pressed into service** **we were all ~ed into service** nous avons tous été mis à contribution • **the church hall was ~ed into service as a school** la salle paroissiale a été réquisitionnée pour servir d'école
ⓔ [+ *attack*] poursuivre; [+ *advantage*] pousser; [+ *claim, demand*] renouveler • **to ~ charges (against sb)** porter plainte (contre qn)
3 VI (= *exert pressure: with hand*) appuyer; [*weight, burden*] peser; [*debts, troubles*] peser (**on sb** à qn) • **to ~ for sth** faire pression pour obtenir qch
4 COMP [*campaign, card*] de presse ▸ **press agency** N agence *f* de presse ▸ **press agent** N agent *m* de publicité ▸ **press box** N tribune *f* de la presse ▸ **press conference** N conférence *f* de presse ▸ **press corps** N presse *f* (*travaillant à un endroit donné*) ▸ **press cutting** N coupure *f* de presse ▸ **press-gang** VT **to ~-gang sb into doing sth** faire pression sur qn pour qu'il fasse qch ▸ **press officer** N attaché(e) *m(f)* de presse ▸ **press release** N communiqué *m* de presse ▸ **press report** N reportage *m* ▸ **press room** N salle *f* de presse ▸ **press secretary** N (*US*) ≈ porte-parole *mf* du gouvernement • **the White House ~ secretary** le porte-parole de la Maison-Blanche ▸ **press stud** N (*Brit*) bouton-pression *m* ▸ **press-up** N (*Brit*) **to do ~-ups** faire des pompes*
▸ **press ahead, press on** VI (*in work, journey*) continuer • **to ~ ahead with sth** continuer résolument (à faire) qch
pressing ['presɪŋ] ADJ (= *urgent*) urgent; [*invitation*] pressant
pressure ['preʃəʳ] 1 N pression *f* • **at high ~** à haute pression • **to exert ~ on sth** exercer une pression sur qch • **parental ~** la pression des parents • **to put ~ on sb (to do sth)** faire pression sur qn (pour qu'il fasse qch) • **the ~s of life today** le stress de la vie d'aujourd'hui • **~ of work prevented him from going** il n'a pas pu y aller parce qu'il avait trop de travail
▸ **under pressure** **he was acting under ~**. il a agi sous la contrainte • **to come under ~** subir des pressions • **he has been under a lot of ~ recently** il a été sous pression* ces derniers temps • **I work badly under ~** je travaille mal quand je suis sous pression*
2 VT **don't ~ me!*** ne me bouscule pas ! • **to ~ sb to do sth** faire pression sur qn pour qu'il fasse qch • **to ~ sb into doing sth** forcer qn à faire qch
3 COMP ▸ **pressure cooker** N autocuiseur *m* ▸ **pressure group** N groupe *m* de pression
pressurize ['preʃəraɪz] VT **to ~ sb** faire pression sur qn
pressurized ['preʃəraɪzd] ADJ [*cabin, container*] pressurisé
Prestel ® ['presˌtel] N ≈ Télétel ® *m*

P

prestige [pres'tiːʒ] 1 N prestige *m* 2 ADJ de prestige

prestigious [pres'tɪdʒəs] ADJ prestigieux

presumably [prɪ'zjuːməblɪ] ADV sans doute

presume [prɪ'zjuːm] VT ⓐ (= *suppose*) présumer • **to be ~d dead** être présumé mort • **every man is ~d innocent** tout homme est présumé innocent • **I ~ so** je présume ⓑ (= *take liberty*) **to ~ to do sth** se permettre de faire qch

presumption [prɪ'zʌmpʃən] N ⓐ (= *supposition*) supposition *f* • **the ~ is that ...** on suppose que ... ⓑ (= *audacity*) présomption *f* • **if you'll excuse my ~** si vous me le permettez

presumptuous [prɪ'zʌmptjʊəs] ADJ présomptueux

presuppose [ˌpriːsə'pəʊz] VT présupposer

presupposition [ˌpriːsʌpə'zɪʃən] N présupposition *f*

pre-tax [ˌpriː'tæks] ADJ, ADV avant impôts

pre-teen [ˌpriː'tiːn] ADJ, N préadolescent(e) *m(f)*

pretence, pretense (US) [prɪ'tens] N ⓐ (= *pretext*) prétexte *m*; (= *claim*) prétention *f* • **he makes no ~ to learning** il n'a pas la prétention d'être savant • **under the ~ of (doing) sth** sous prétexte de (faire) qch ⓑ (= *make-believe*) **to make a ~ of doing sth** faire semblant de faire qch • **it's all a ~** tout cela est pure comédie • **I'm tired of their ~ that all is well** j'en ai assez de les voir faire comme si tout allait bien

pretend [prɪ'tend] 1 VT ⓐ (= *feign*) feindre • **to ~ to do sth** faire semblant de faire qch • **he ~ed she was out** il a essayé de faire croire qu'elle était sortie ⓑ (= *claim*) prétendre • **I don't ~ to know everything about it** je ne prétends pas tout savoir là-dessus 2 VI ⓐ (= *feign*) faire semblant • **he's not really ill, he's just ~ing** il n'est pas malade, il fait semblant • **I was only ~ing!** c'était pour rire ! ⓑ (= *claim*) **to ~ to infallibility** avoir la prétention d'être infaillible

pretense [prɪ'tens] N (US) = **pretence**

pretension [prɪ'tenʃən] N (= *claim*) prétention *f*

> The English word **pretension** ends in **-sion** whereas the French word **prétention** ends in **-tion**.

pretentious [prɪ'tenʃəs] ADJ prétentieux

preterite ['pretərɪt] N prétérit *m*

pretext ['priːtekst] N prétexte *m* • **on the ~ of doing sth** sous prétexte de faire qch

pretty ['prɪtɪ] 1 ADJ joli *before n* • **as ~ as a picture** [*person, garden*] ravissant • **it wasn't a ~ sight** ce n'était pas beau à voir • **it will cost a ~ penny*** cela coûtera une jolie somme 2 ADV (= *fairly*)* assez • **it's ~ cold** il fait assez froid • **it's ~ much the same thing** c'est à peu près la même chose • **to have a ~ good idea of sth** avoir sa petite idée sur qch

pretzel ['pretsl] N bretzel *m*

prevail [prɪ'veɪl] VI ⓐ (= *gain victory*) l'emporter • **let us hope that commonsense will ~** espérons que le bon sens l'emportera ⓑ [*conditions, attitude, fashion*] prédominer; [*style*] être en vogue ⓒ **to ~ (up)on sb to do sth** persuader qn de faire qch

prevailing [prɪ'veɪlɪŋ] ADJ ⓐ [*wind*] dominant ⓑ [*conditions, situation, customs*] (*today*) actuel; (*at that time*) à l'époque

prevalence ['prevələns] N [*of illness*] fréquence *f*; [*of belief, attitude*] prédominance *f*

prevalent ['prevələnt] ADJ répandu

prevaricate [prɪ'værɪkeɪt] VI tergiverser

prevarication [prɪˌværɪ'keɪʃən] N faux-fuyant(s) *m(pl)*

prevent [prɪ'vent] VT empêcher (**sb from doing sth** qn de faire qch); [+ *illness*] prévenir • **nothing could ~ him (from doing it)** rien ne pouvait l'en empêcher

preventable [prɪ'ventəbl] ADJ évitable

preventative [prɪ'ventətɪv] ADJ préventif

prevention [prɪ'venʃən] N prévention *f* • (PROV) **~ is better than cure** mieux vaut prévenir que guérir

preventive [prɪ'ventɪv] ADJ préventif

preview ['priːvjuː] N avant-première *f*; (= *art exhibition*) vernissage *m* • **to give sb a ~ of sth** donner à qn un aperçu de qch

previous ['priːvɪəs] ADJ (= *immediately before*) précédent; (= *sometime before*) antérieur (-eure *f*) • **the car has had two ~ owners** la voiture a déjà eu deux propriétaires • **the ~ letter** la précédente lettre • **the ~ week** la semaine précédente • **the ~ day** la veille • **in a ~ life** dans une vie antérieure • **on ~ occasions** précédemment • **I have a ~ engagement** je suis déjà pris

previously ['priːvɪəslɪ] ADV auparavant • **three months ~** trois mois plus tôt • **~ unknown** jusque-là inconnu

prewar ['priː'wɔːʳ] ADJ d'avant-guerre

prey [preɪ] 1 N proie *f* • **bird of ~** oiseau *m* de proie • **to be a ~ to** [+ *nightmares, fears*] être en proie à 2 VI **to ~ on** [*animal, person*] s'attaquer à • **something is ~ing on her mind** il y a quelque chose qui la tourmente

price [praɪs] 1 N ⓐ (= *cost*) prix *m*; (= *estimate*) devis *m* • **the ~ of petrol** le prix de l'essence • **he got a good ~ (for it)** il (en) a obtenu un bon prix • **special ~** prix *m* promotionnel • **a special ~ of $50 per night** un tarif spécial de 50 dollars la nuit • **what is the ~ of this book?** quel est le prix de ce livre ? • **to put a ~ on sth** fixer le prix de qch • **to rise in ~** augmenter • **to fall in ~** baisser • **it's a high ~ to pay for it** c'est cher payer

▸ **at + price I wouldn't buy it at any ~** je ne l'achèterais à aucun prix • **they want peace at any ~** ils veulent la paix à tout prix • **you can get it but at a ~!** vous pouvez l'avoir mais cela vous coûtera cher !

ⓑ (= *value*) prix *m* • **you can't put a ~ on friendship** l'amitié n'a pas de prix • **he sets a high ~ on loyalty** il attache beaucoup de prix à la loyauté • **what ~ he'll change his mind?*** vous pariez combien qu'il va changer d'avis ?

2 VT (= *fix price of*) fixer le prix de; (= *mark price on*) marquer le prix de; (= *ask price of*) demander le prix de; (= *estimate value of*) évaluer • **it is ~d at £10** ça se vend 10 livres • **tickets ~d at £20** billets vendus 20 livres

3 COMP [*control, reduction, rise*] des prix ▸ **price bracket** N gamme *f* de prix • **within my ~ bracket** dans mes prix ▸ **price cut** N réduction *f* ▸ **price cutting** N réduction(s) *f(pl)* de prix ▸ **price-fixing** N (*by firms*) entente *f* (illicite) sur les prix ▸ **price freeze** N blocage *m* des prix ▸ **price list** N tarif *m* ▸ **price range** N gamme *f* de prix • **within my ~ range** dans mes prix ▸ **price tag** N étiquette *f*; (= *cost*) prix *m* ▸ **price war** N guerre *f* des prix

▸ **price out** VT SEP **the French have ~d us out of that market** les bas prix pratiqués par les Français nous ont exclus du marché

priceless ['praɪslɪs] ADJ ⓐ [*picture, contribution, gift*] inestimable ⓑ (= *amusing*)* impayable*

pricey* ['praɪsɪ] ADJ cher

prick [prɪk] 1 (N) ⓐ piqûre *f* • **to give sth a ~** piquer qch ⓑ (= *penis*)** bite** *f* 2 (VT) piquer • **she ~ed her finger with a pin** elle s'est piqué le doigt avec une épingle • **his conscience was ~ing him** il avait mauvaise conscience
▸ **prick up** 1 VI **the dog's ears ~ed up** le chien a dressé l'oreille 2 VT SEP **to ~ up one's ears** [*animal*] dresser les oreilles; [*person*] dresser l'oreille

prickle ['prɪkl] 1 (N) ⓐ [*of plant*] épine *f* ⓑ (= *pricking sensation*) picotement *m* 2 (VT) piquer 3 (VI) [*skin, fingers*] picoter

prickly ['prɪklɪ] (ADJ) ⓐ [*plant*] épineux ⓑ (= *irritable*) irritable ⓒ (= *delicate*) [*subject*] épineux

pride [praɪd] 1 (N) fierté *f*; (= *arrogance*) orgueil *m* • **his ~ was hurt** il était blessé dans son orgueil • **her ~ in her family** la fierté qu'elle tire de sa famille • **he spoke of them with ~** il parla d'eux avec fierté • **to take ~ in** [+ *children, achievements*] être très fier de; [+ *house, car*] prendre (grand) soin de • **to take ~ in doing sth** mettre sa fierté à faire qch • **to take ~ of place** avoir la place d'honneur • **she is her father's ~ and joy** elle est la fierté de son père
2 (VT) **to ~ o.s. on (doing) sth** être fier de (faire) qch

priest [pri:st] (N) prêtre *m*; (= *parish priest*) curé *m*

priestess ['pri:stɪs] (N) prêtresse *f*

priesthood ['pri:sthʊd] (N) (= *function*) prêtrise *f* • **to enter the ~** se faire prêtre

prig [prɪg] (N) donneur *m*, -euse *f* de leçons

prim [prɪm] (ADJ) [*person*] collet monté *inv*; [*manner, expression*] compassé; [*dress, hat*] très correct

primacy ['praɪməsɪ] (N) (= *supremacy*) primauté *f*

primaeval [praɪ'mi:vəl] (ADJ) (*Brit*) = **primeval**

prima facie [,praɪmə'feɪʃɪ] (ADJ) légitime (à première vue); (*legally*) recevable

primal ['praɪməl] (ADJ) ⓐ (= *primeval*) primitif ⓑ (= *primordial*) primordial

primarily ['praɪmərɪlɪ] (ADV) (= *chiefly*) essentiellement

primary ['praɪmərɪ] 1 (ADJ) ⓐ (= *first*) primaire ⓑ (= *basic*) [*reason, concern*] principal • **of ~ importance** d'une importance primordiale 2 (N) (= *school*) école *f* primaire; (US) (= *election*) primaire *f* 3 (COMP) ▸ **primary colour** N couleur *f* primaire ▸ **primary education** N enseignement *m* primaire ▸ **primary school** N école *f* primaire ▸ **primary schoolteacher** N professeur *mf* des écoles

> **PRIMARIES**
> Aux États-Unis, les **primaries** constituent un processus de sélection préliminaire des candidats qui seront choisis par les principaux partis lors de la campagne électorale pour l'élection présidentielle. Elles ont lieu dans 34 États, de février à juin, l'année de l'élection. Chaque État envoie en juillet-août des « delegates » aux conventions démocrate et républicaine chargées de désigner leur candidat à la présidence. Ces délégués sont généralement choisis en fonction du nombre de voix obtenu par les candidats lors des **primaries**.

primate ['praɪmeɪt] (N) (= *ape*) primate *m*

prime [praɪm] 1 (ADJ) ⓐ (= *principal*) primordial; [*concern, aim*] premier • **of ~ importance** de la plus haute importance ⓑ (= *excellent*) [*advantage, site*] exceptionnel • **in ~ condition** en parfaite condition • **a ~ example of what to avoid** un excellent exemple de ce qu'il faut éviter • **of ~ quality** de première qualité
2 (N) (= *peak*) **in one's ~** dans la fleur de l'âge • **he is past his ~** il n'est plus de première jeunesse
3 (VT) ⓐ [+ *gun, bomb*] amorcer
ⓑ [+ *surface for painting*] apprêter
ⓒ [+ *person*] mettre au courant • **she came well ~d for the interview** elle est arrivée bien préparée pour l'entretien
4 (COMP) ▸ **prime minister** N Premier(-ière) *m(f)* ministre ▸ **prime mover** N (= *person*) instigateur *m*, -trice *f* ▸ **prime number** N nombre *m* premier ▸ **prime rate** N taux *m* préférentiel ▸ **prime time** N prime time *m*, heure(s) *f(pl)* de grande écoute ♦ ADJ [*programme, audience*] aux heures de grande écoute

primer ['praɪməʳ] (N) ⓐ (= *textbook*) livre *m* élémentaire ⓑ (= *paint*) apprêt *m*

primeval, primaeval (*Brit*) [praɪ'mi:vəl] (ADJ) primitif • **~ forest** forêt *f* vierge

primitive ['prɪmɪtɪv] (ADJ, N) primitif *m*

primordial [praɪ'mɔ:dɪəl] (ADJ) primordial

primrose ['prɪmrəʊz] 1 (N) primevère *f* (*jaune*) 2 (ADJ) jaune pâle *inv*

primula ['prɪmjʊlə] (N) primevère *f* (*espèce*)

Primus® ['praɪməs] (N) réchaud *m* de camping (à pétrole)

prince [prɪns] (N) ⓐ prince *m* • **Prince Charles** le prince Charles • **Prince Charming** le prince charmant ⓑ (US = *fine man*) chic type* *m*

princess [prɪn'ses] (N) princesse *f* • **Princess Anne** la princesse Anne

principal ['prɪnsɪpəl] 1 (ADJ) principal 2 (N) [*of school*] chef *m* d'établissement; [*of college*] principal(e) *m(f)*

principality [,prɪnsɪ'pælɪtɪ] (N) principauté *f* • **the Principality** (= *Wales*) le pays de Galles

principally ['prɪnsɪpəlɪ] (ADV) principalement

principle ['prɪnsəpl] (N) principe *m* • **in ~** en principe • **on ~** • **as a matter of ~** par principe • **that would be totally against my ~s** cela irait à l'encontre de tous mes principes • **he is a man of ~** c'est un homme de principe

> **principe** does not contain an **l** like the English **principle**.

principled ['prɪnsəpld] (ADJ) [*person*] qui a des principes; [*behaviour*] réglé par des principes

print [prɪnt] 1 (N) ⓐ (= *mark*) [*of hand, foot*] empreinte *f*; (= *fingerprint*) empreinte *f* (digitale)
ⓑ (= *letters*) caractères *mpl*; (= *printed material*) texte *m* imprimé • **in small ~** en petits caractères • **read the small ~ before you sign** lisez bien toutes les clauses avant de signer • **out of ~** [*book*] épuisé • **in ~** disponible (en librairie)
ⓒ [*of picture, photo*] tirage *m*; (= *material, design*) imprimé *m*
2 (VT) ⓐ [+ *text*] imprimer • **~ed in England** imprimé en Angleterre • **100 copies were ~ed** on en a tiré 100 exemplaires • **it's a licence to ~ money** c'est une affaire extrêmement rentable
ⓑ [+ *textile*] imprimer; [+ *negative*] tirer
ⓒ (= *write in block letters*) écrire en majuscules
3 (VI) ⓐ [*machine*] imprimer • **"~ing"** « impression en cours »
ⓑ (*on form*) **"please ~"** « écrivez en majuscules »

4 (COMP) ▸ **print run** N (*Publishing*) tirage *m*
▸ **print out** VT SEP imprimer

printable ['prɪntəbl] (ADJ) **what he said is just not ~*** il ne serait pas convenable de répéter ce qu'il a dit

printer ['prɪntəʳ] (N) ⓐ (= *firm*) imprimeur *m* ⓑ [*of computer*] imprimante *f*

printing ['prɪntɪŋ] (N) [*of text*] impression *f*; (= *block writing*) écriture *f* en majuscules ▸ **printing press** N presse *f* typographique

printout ['prɪntaʊt] (N) sortie *f* papier

prior ['praɪəʳ] 1 (ADJ) précédent; [*consent*] préalable • **~ to** antérieur à • **without ~ notice** sans préavis • **to have a ~ claim to sth** avoir droit à qch par priorité 2 (ADV) **~ to** avant

prioritization [praɪ,ɒrɪtaɪ'zeɪʃən] (N) priorisation *f* • **~ of these issues was a mistake** donner la priorité à ces problèmes était une erreur, c'était une erreur de considérer ces problèmes comme prioritaires

prioritize [praɪ'ɒrɪtaɪz] 1 (VT) (= *give priority to*) donner la priorité à 2 (VI) (= *establish priorities*) établir la liste des priorités

priority [praɪ'ɒrɪtɪ] (N) priorité *f* • **to have ~** avoir la priorité • **housing must be given top ~** on doit donner la priorité absolue au logement • **schools were low on the list of priorities** les écoles venaient loin sur la liste des priorités • **you must get your priorities right** vous devez décider de vos priorités • **it is a high ~** c'est une priorité importante

priory ['praɪərɪ] (N) prieuré *m*

prise [praɪz] (VT) (*Brit*) **to ~ the lid off a box** forcer le couvercle d'une boîte • **to ~ a secret out of sb** arracher un secret à qn

prism ['prɪzəm] (N) prisme *m*

prison ['prɪzn] 1 (N) prison *f* • **he is in ~** il est en prison • **to send sb to ~** envoyer qn en prison • **to send sb to ~ for five years** condamner qn à cinq ans de prison • **he was in ~ for five years** il a fait cinq ans de prison 2 (COMP) [*system*] carcéral ▸ **prison camp** N camp *m* de prisonniers ▸ **prison guard** N (*US*) gardien(ne) *m(f)* de prison ▸ **prison officer** N gardien(ne) *m(f)* de prison ▸ **prison sentence** N peine *f* de prison

prisoner ['prɪznəʳ] (N) prisonnier *m*, -ière *f*; (*in jail*) détenu(e) *m(f)* • **he was taken ~** il a été fait prisonnier • **to hold sb ~** détenir qn ▸ **prisoner of conscience** N prisonnier *m*, -ière *f* politique ▸ **prisoner of war** N prisonnier *m*, -ière *f* de guerre

prissy* ['prɪsɪ] (ADJ) (= *prudish*) bégueule*

pristine ['prɪstaɪn] (ADJ) (= *unspoiled*) virginal • **in ~ condition** en parfait état

privacy ['prɪvəsɪ] (N) intimité *f* • **in ~** sans être dérangé • **his desire for ~** son désir de préserver sa vie privée • **lack of ~** promiscuité *f*

private ['praɪvɪt] 1 (ADJ) ⓐ (= *not open to public*) privé; [*gardens*] privatif
ⓑ (= *personal*) [*house, lesson, room*] particulier; [*car, bank account, letter*] personnel • **a ~ house** une maison particulière • **he has a number of ~ pupils** il donne des leçons particulières • **a ~ citizen** un simple citoyen • **in his ~ life** dans sa vie privée • **it's a ~ matter** c'est personnel • **this matter is strictly ~** c'est strictement confidentiel • **it's not very ~ here** on n'est pas très tranquille ici • **he's a very ~ person** c'est un homme très secret • **"~"** (*on envelope*) « personnel »
ⓒ (= *outside public sector*) **~ health insurance** assurance *f* maladie privée • **~ patient** (*Brit*) patient(e) *m(f)* consultant en clientèle privée • **to be in ~ practice** ≈ être médecin non conventionné
2 (N) ⓐ (= *soldier*) simple soldat *m*
ⓑ ▸ **in private** en privé
3 (COMP) ▸ **private detective** N détective *m* privé ▸ **private enterprise** N entreprise *f* privée ▸ **private equity** N capital-investissement *m* ▸ **private eye*** N privé* *m* ▸ **private finance initiative** N (*Brit*) initiative *f* de financement privé ▸ **private investigator** N détective *m* privé ▸ **private joke** N plaisanterie *f* pour initiés ▸ **private parts*** NPL (*euph*) parties *fpl* intimes ▸ **private property** N propriété *f* privée ▸ **private school** N école *f* privée ▸ **private sector** N secteur *m* privé ▸ **private study** N (*Brit*) étude *f* ▸ **private tuition** N leçons *fpl* particulières

privately ['praɪvɪtlɪ] (ADV) ⓐ (= *in private*) en privé • **he told me ~ that ...** il m'a dit en privé que ... ⓑ (= *secretly*) [*think*] dans son for intérieur ⓒ (= *as private individual*) **I sold my car ~, not through a garage** j'ai vendu ma voiture à un particulier, pas à un garage ⓓ (= *not through the state*) **~ owned** privé • **she is having the operation ~** elle va se faire opérer dans une clinique privée

privation [praɪ'veɪʃən] (N) privation *f*

privatization [praɪvətaɪ'zeɪʃən] (N) privatisation *f*

privatize ['praɪvə,taɪz] (VT) privatiser

privet ['prɪvɪt] (N) troène *m*

privilege ['prɪvɪlɪdʒ] 1 (N) privilège *m* • **to have the ~ of doing sth** avoir le privilège de faire qch 2 (VT) (= *favour*) privilégier

privileged ['prɪvɪlɪdʒd] (ADJ) privilégié • **the ~ few** les privilégiés • **to be ~ to do sth** avoir le privilège de faire qch

privy ['prɪvɪ] (ADJ) **~ to** dans le secret de ▸ **Privy Council** N (*Brit*) *conseil privé du souverain britannique*

> **PRIVY COUNCIL**
> Le **Privy Council** est un groupe d'éminents hommes et femmes politiques présents ou passés, dont les membres du gouvernement actuel, qui remplissent une fonction de conseil auprès du souverain britannique. Jadis doté de pouvoirs importants, il n'a plus aujourd'hui de rôle exécutif.

prize [praɪz] 1 (N) prix *m*; (*in lottery*) lot *m* • **to win first ~** remporter le premier prix (**in** de) 2 (ADJ) (= *prize-winning*) primé • **a ~ sheep** un mouton primé 3 (VT) ⓐ attacher beaucoup de prix à • **his most ~d possession was his car** la chose à laquelle il tenait le plus était sa voiture • **lead soldiers are ~d by collectors** les soldats de plomb sont prisés par les collectionneurs ⓑ = **prise** 4 (COMP) ▸ **prize draw** N tombola *f* ▸ **prize fight** N combat *m* professionnel ▸ **prize fighter** N boxeur *m* professionnel ▸ **prize-giving** N distribution *f* des prix

prizewinner ['praɪz,wɪnəʳ] (N) lauréat(e) *m(f)*; (*in lottery*) gagnant(e) *m(f)*

prizewinning ['praɪz,wɪnɪŋ] (ADJ) [*essay, novel*] primé; [*ticket*] gagnant

pro [prəʊ] 1 (N) ⓐ (= *professional*)* pro *mf* ⓑ (= *advantage*) **the ~s and cons** le pour et le contre 2 (ADJ)* pour • **he's very ~** il est tout à fait pour

pro- [prəʊ] (PREF) (= *in favour of*) pro • **~French** pro-français • **~Europe** pro-européen

proactive [,prəʊ'æktɪv] (ADJ) proactif

probability [,prɒbə'bɪlɪtɪ] (N) probabilité *f* • **the ~ of sth** la probabilité de qch • **the ~ of sth happening** la probabilité que qch arrive • **in all ~** selon toute probabilité • **the ~ is that ...** il est très probable que ...

probable ['prɒbəbl] (ADJ) probable

probably ['prɒbəblɪ] (ADV) probablement • **~ not** probablement pas

probate ['prəʊbɪt] (N) homologation *f* (*d'un testament*)

probation [prə'beɪʃən] **1** (N) **a** (= *penalty*) mise *f* à l'épreuve; (*for minors*) mise *f* en liberté surveillée • **to be on ~** ≈ être en sursis avec mise à l'épreuve; [*minor*] être en liberté surveillée **b** [*employee*] **he is on ~** il a été engagé à l'essai **2** (COMP) ▸ **probation officer** N contrôleur *m* judiciaire

probationary [prə'beɪʃnərɪ] (ADJ) d'essai • **~ year** année *f* probatoire • **for a ~ period** pendant une période d'essai

probationer [prə'beɪʃnəʳ] (N) (*in business, factory*) employé(e) *m(f)* engagé(e) à l'essai

probe [prəʊb] **1** (N) **a** (= *investigation*) enquête *f* (**into** sur) **b** (*Space*) sonde *f* **2** (VT) **a** (= *inquire into*) [+ *sb's subconscious*] sonder; [+ *past*] fouiller; [+ *causes, mystery*] chercher à éclaircir; [+ *sb's activities*] enquêter sur **b** (= *explore*) explorer; [+ *wound*] sonder **3** (VI) (= *inquire*) faire des recherches; [*doctor, dentist*] faire un examen avec une sonde • **the police should have ~d more deeply** la police aurait dû pousser plus loin ses investigations • **they ~d into his past history** ils ont fouillé dans son passé

probing ['prəʊbɪŋ] (N) (= *investigations*) investigations *fpl* (**into** de)

probity ['prəʊbɪtɪ] (N) probité *f*

problem ['prɒbləm] **1** (N) **a** problème *m* • **the housing ~** la crise du logement • **we had ~s with the car** nous avons eu des ennuis avec la voiture • **he's got a drink ~** il boit • **it's not my ~** ce n'est pas mon problème • **that's YOUR ~!** ça c'est ton problème ! • **no ~!*** pas de problème !* • **what's the ~?** quel est le problème ? • **I had no ~ getting the money** je n'ai eu aucun mal à obtenir l'argent
b (= *objection*)* **I have no ~ with that** ça ne me pose pas de problème* • **do you have a ~ with that?** il y a quelque chose qui te gêne ?
2 (ADJ) (= *causing problems*) à problèmes
3 (COMP) ▸ **problem family** N famille *f* à problèmes ▸ **problem-free** ADJ sans problème ▸ **problem page** N courrier *m* du cœur ▸ **problem-solving** N résolution *f* de problèmes

problematic [,prɒblɪ'mætɪk] (ADJ) problématique

procedural [prə'si:djʊrəl] (ADJ) de procédure

procedure [prə'si:dʒəʳ] (N) procédure *f* • **what is the ~?** quelle est la procédure à suivre ? • **the normal ~ is to apply direct to the university** la procédure normale est de s'adresser directement à l'université

proceed [prə'si:d] (VI) **a** (= *go forwards*) avancer • **he was ~ing along the road** il avançait sur la route
b (= *move on*) **let us ~ to the next item** passons à la question suivante • **it is all ~ing according to plan** tout se passe comme prévu • **the discussions are ~ing normally** les discussions se poursuivent normalement • **before we ~ any further** avant d'aller plus loin
▸ **to proceed with sth** **they ~ed with the march despite the ban** en dépit de l'interdiction, ils n'ont pas annulé la manifestation • **they ~ed with their plan** ils ont mis leur projet à exécution
▸ **to proceed to do sth** (= *begin*) se mettre à faire qch • **the police stopped the car and ~ed to search it** les policiers ont arrêté la voiture et se sont mis à la fouiller
c (= *act*) procéder • **you must ~ cautiously** il faut procéder avec prudence

proceedings [prə'si:dɪŋz] (NPL) **a** (= *manoeuvres*) opérations *fpl*; (= *ceremony*) cérémonie *f*; (= *meeting*) réunion *f*; (= *discussions*) débats *mpl* • **the ~ will begin at 7 o'clock** la réunion commencera à 19 heures **b** (= *measures*) mesures *fpl* • **legal ~** procès *m*

proceeds ['prəʊsi:dz] (NPL) argent *m*

process ['prəʊses] **1** (N) **a** (*natural*) processus *m*; (*official*) procédure *f* • **the ~ of digestion** le processus de la digestion • **a natural ~** un processus naturel • **the legal ~ takes a year** la procédure juridique prend un an • **it's a slow ~** ça prend du temps
b **to be in the ~ of moving** être en train de déménager • **he saved the girl, but injured himself in the ~** il a sauvé la petite fille mais, ce faisant, il s'est blessé
2 (VT) [+ *raw materials*] traiter; [+ *application*] s'occuper de • **your application will take six weeks to ~** l'examen de votre candidature prendra six semaines • **so that we can ~ your order** afin de donner suite à votre commande
3 (COMP) ▸ **processed cheese** N fromage *m* fondu ▸ **processed foods** NPL aliments *mpl* transformés ▸ **processed peas** NPL petits pois *mpl* en boîte

processing ['prəʊsesɪŋ] (N) traitement *m*

procession [prə'seʃən] (N) [*of people, cars*] cortège *m*; (*religious*) procession *f*

processor ['prəʊsesəʳ] (N) **a** (*Comput*) processeur *m* → **word** **b** = **food processor** → **food**

pro-choice [,prəʊ'tʃɔɪs] (ADJ) en faveur de l'avortement

proclaim [prə'kleɪm] (VT) proclamer; [+ *one's love*] déclarer • **he ~s himself a believer in democracy** il proclame qu'il croit en la démocratie • **his tone ~ed his confidence** le ton de sa voix montrait son assurance

proclamation [,prɒklə'meɪʃən] (N) proclamation *f*

proclivity [prə'klɪvɪtɪ] (N) propension *f*

procrastinate [prəʊ'kræstɪneɪt] (VI) tergiverser

procrastination [prəʊ,kræstɪ'neɪʃən] (N) tergiversations *fpl*

procrastinator [prəʊ,kræstɪ'neɪtəʳ] (N) personne *f* qui remet tout au lendemain

procreation [,prəʊkrɪ'eɪʃən] (N) procréation *f*

procure [prə'kjʊəʳ] (VT) (= *obtain for o.s.*) se procurer • **to ~ sth for sb** procurer qch à qn

procurement [prə'kjʊəmənt] (N) (*gen*) obtention *f*; (= *buying supplies*) approvisionnement *m*; (*Mil*) acquisition *f* de matériel militaire

prod [prɒd] **1** (N) pique *f* • **he needs a ~ from time to time** il faut le secouer de temps en temps **2** (VT) piquer • **she ~ded the jellyfish with a stick** elle a piqué la méduse avec un bâton • **to ~ sb into doing sth** pousser qn à faire qch

prodigal ['prɒdɪgəl] (ADJ) prodigue

prodigious [prə'dɪdʒəs] (ADJ) prodigieux

prodigy ['prɒdɪdʒɪ] (N) prodige *m* • **child ~** enfant *mf* prodige

produce **1** (VT) **a** (= *make*) produire; [+ *interest, profit*] rapporter; [+ *offspring*] donner naissance à • **Scotland ~s whisky** l'Écosse produit du whisky • **he ~d a masterpiece**

P

il a produit un chef-d'œuvre • **well-~d** réussi ⓑ (*= bring out*) [*+ gift, gun*] sortir; [*+ ticket, documents, witness*] produire ⓒ (*= cause*) causer ⓓ [*+ play*] mettre en scène; [*+ film*] produire; [*+ programme*] réaliser **2** (VI) produire **3** (N) (*= food*) produits *mpl* agricoles • **agricultural ~** produits *mpl* agricoles

> Lorsque **produce** est un verbe, l'accent tombe sur la deuxième syllabe : [prə'dju:s], lorsque c'est un nom, sur la première : ['prɒdju:s].

producer [prə'dju:sə^r] (N) ⓐ [*of goods*] producteur *m*, -trice *f* ⓑ [*of film*] producteur *m*, -trice *f*; [*of play*] metteur *m* en scène; (*Radio, TV*) réalisateur *m*, -trice *f*

product ['prɒdʌkt] **1** (N) ⓐ produit *m* • **it is a ~ of his imagination** c'est le produit de son imagination ⓑ (*for hair*) produit *m* coiffant **2** (COMP) ▸ **product development** N développement *m* produit ▸ **product placement** N placement *m* de produit(s)

production [prə'dʌkʃən] **1** (N) ⓐ (*= manufacturing*) production *f* • **to put sth into ~** entreprendre la production de qch • **to take sth out of ~** retirer qch de la production • **oil ~ has risen** la production pétrolière a augmenté
ⓑ (*= activity*) [*of play*] mise *f* en scène; [*of film, programme*] production *f* • **film ~** la production cinématographique
ⓒ (*= work produced*) (*play*) mise *f* en scène; (*= film, programme*) production *f* • **a stage ~** une pièce de théâtre • **a new ~ of "Macbeth"** une nouvelle mise en scène de « Macbeth » • **the Theatre Royal's ~ of "Cats" ran for three years** « Cats » s'est joué pendant trois ans au « Theatre Royal »
2 (COMP) ▸ **production costs** NPL coûts *mpl* de production ▸ **production line** N chaîne *f* de fabrication

productive [prə'dʌktɪv] (ADJ) [*land, meeting, discussion*] productif • **I've had a very ~ day** j'ai eu une journée très fructueuse

productivity [,prɒdʌk'tɪvɪtɪ] (N) productivité *f* ▸ **productivity bonus** N prime *f* à la productivité

profane [prə'feɪn] **1** (ADJ) **~ language** jurons *mpl* **2** (VT) profaner

profess [prə'fes] (VT) professer • **to ~ concern about sth** se dire inquiet de qch • **to ~ ignorance of sth** déclarer ne rien savoir sur qch

professed [prə'fest] (ADJ) déclaré

profession [prə'feʃən] (N) profession *f* • **she's a doctor by ~** elle est médecin de son état • **the medical ~** (*= doctors*) le corps médical

professional [prə'feʃənl] **1** (ADJ) ⓐ professionnel • **to be a ~ person** exercer une profession • **to take ~ advice** (*from doctor*) consulter un médecin; (*from lawyer*) consulter un avocat; (*on practical problem*) consulter un professionnel • **to turn ~** passer professionnel
ⓑ (*= of high standard*) **to have a very ~ attitude to one's work** prendre son travail très au sérieux • **he did a very ~ job** il a fait un excellent travail
2 (N) professionnel(le) *m(f)*
3 (COMP) ▸ **professional foul** N faute *f* délibérée ▸ **professional school** N (*US*) (*= faculty*) *faculté de droit ou de médecine*; (*= business school*) école *f* supérieure de commerce

> The French word **professionnel** has a double **n** and ends in **-el** instead of **-al**.

professionalism [prə'feʃnəlɪzəm] (N) [*of piece of work*] excellence *f*; [*of worker*] professionnalisme *m*

> The French word **professionnalisme** has a double **n**.

professionalization [prə,feʃnəlaɪ'zeɪʃən] (N) professionnalisation *f*

> The French word **professionnalisation** has a double **n**.

professionalize [prə'feʃnəlaɪz] (VT) professionnaliser

> The French word **professionnaliser** has a double **n**.

professionally [prə'feʃnəlɪ] (ADV) ⓐ (*= vocationally*) professionnellement • **he sings ~** il est chanteur professionnel • **to be ~ qualified** avoir une qualification professionnelle • **it was a difficult time both personally and ~** ce fut une période difficile aussi bien sur le plan personnel que professionnel ⓑ (*= expertly*) de manière professionnelle • **these forged tickets were produced very ~** ces faux billets ont été produits par des professionnels ⓒ (*= according to professional standards*) avec professionnalisme • **he claims he acted ~** il affirme qu'il a fait preuve de professionnalisme

> The French word has a double **n** and contains **-ell-** compared to the English **-all-**.

professor [prə'fesə^r] (N) professeur *mf* (*titulaire d'une chaire*)

professorship [prə'fesəʃɪp] (N) chaire *f*

proffer ['prɒfə^r] (VT) [*+ remark, suggestion*] faire; [*+ advice*] donner

proficiency [prə'fɪʃənsɪ] (N) grande compétence *f* (**in** en)

proficient [prə'fɪʃənt] (ADJ) très compétent

profile ['prəʊfaɪl] **1** (N) profil *m* • **in ~** de profil • **to keep a low ~** garder un profil bas **2** (VT) [*+ person*] établir le profil de

profiler ['prəʊfaɪlə^r] (N) profileur *m*, -euse *f*

profit ['prɒfɪt] **1** (N) profit *m* • **net ~** bénéfice *m* net • **~ and loss** pertes et profits • **to make a ~** faire un bénéfice • **to sell sth at a ~** vendre qch à profit **2** (VI) (*= gain*) **to ~ from sth** tirer profit de qch • **I can't see how he hopes to ~ by it** je ne vois pas ce qu'il espère y gagner **3** (COMP) ▸ **profit-making** ADJ rentable • **a non-~-making organization** une organisation à but non lucratif ▸ **profit margin** N marge *f* bénéficiaire ▸ **profit sharing** N intéressement *m* aux bénéfices

profitability [,prɒfɪtə'bɪlɪtɪ] (N) rentabilité *f*

profitable ['prɒfɪtəbl] (ADJ) profitable; [*company*] rentable • **it was a ~ half-hour** cela a été une demi-heure fructueuse

profitably ['prɒfɪtəblɪ] (ADV) ⓐ [*sell*] à profit • **to trade ~** faire des bénéfices ⓑ (*= usefully*) utilement

profiteer [,prɒfɪ'tɪə^r] **1** (N) profiteur *m* **2** (VI) faire des bénéfices excessifs

profiteering [,prɒfɪ'tɪərɪŋ] (N) réalisation *f* de bénéfices excessifs

profligate ['prɒflɪgɪt] (ADJ) (*= wasteful*) prodigue

pro forma [,prəʊ'fɔ:mə] (ADJ) pro forma *inv*

profound [prə'faʊnd] (ADJ) profond

profoundly [prə'faʊndlɪ] (ADV) profondément; [*deaf*] totalement

profuse [prə'fjuːs] (ADJ) [*vegetation, bleeding*] abondant; [*thanks, apologies*] profus

profusely [prə'fjuːslɪ] (ADV) [*bleed, sweat*] abondamment • **to apologize ~** se répandre en excuses

profusion [prə'fjuːʒən] (N) profusion *f*

progeny ['prɒdʒɪnɪ] (N) progéniture *f*

progesterone [prəʊ'dʒestə,rəʊn] (N) progestérone *f*

prognosis [prɒg'nəʊsɪs] (N) (*pl* **prognoses** [prɒg'nəʊsiːz]) pronostic *m*

program ['prəʊgræm] **1** (N) **a** (*Comput*) programme *m* **b** (*US*) = **programme 2** (VI) (*Comput*) écrire un programme (*or* des programmes) **3** (VT) **a** (*Comput*) programmer **b** (*US*) programmer (**to do** pour faire)

programmable ['prəʊgræməbl] (ADJ) programmable

programme (*Brit*), **program** (*US*) ['prəʊgræm] **1** (N) programme *m*; (= *broadcast*) émission *f* • **what's the ~ for today?** quel est le programme aujourd'hui ? • **what's on the ~?** qu'est-ce qu'il y a au programme ? **2** (VT) [+ *video*] programmer • **our bodies are ~d to fight disease** notre corps est programmé pour combattre la maladie

programmer ['prəʊgræmə^r] (N) (= *person*) programmeur *m*, -euse *f*; (= *device*) programmateur *m*

programming ['prəʊgræmɪŋ] (N) programmation *f*

progress 1 (N) progrès *mpl* • **in the name of ~** au nom du progrès • **~ was slow** les choses n'avançaient pas vite • **we are making ~ in our investigations** notre enquête progresse • **we have made no ~** nous n'avons fait aucun progrès • **he is making ~** [*student*] il fait des progrès; [*patient*] son état s'améliore • **while the meeting was in ~** pendant la réunion • **the work in ~** les travaux en cours

2 (VI) progresser • **matters are ~ing slowly** les choses avancent lentement • **as the game ~ed** à mesure que la partie avançait

3 (VT) (= *advance*) faire progresser

4 (COMP) ▸ **progress report** N rapport *m* (*sur l'avancement des travaux*)

> Lorsque **progress** est un nom, l'accent tombe sur la première syllabe : ['prəʊgres], lorsque c'est un verbe, sur la seconde : [prə'gres].

progression [prə'greʃən] (N) progression *f* • **it's a logical ~** c'est une suite logique

progressive [prə'gresɪv] **1** (ADJ) **a** progressif **b** [*party, person, outlook*] progressiste; [*age*] de progrès **2** (N) progressiste *mf*

progressively [prə'gresɪvlɪ] (ADV) progressivement • **to become ~ easier** devenir de plus en plus facile • **the weather was getting ~ worse** le temps allait en empirant

prohibit [prə'hɪbɪt] (VT) (= *forbid*) interdire • **feeding the animals is ~ed** il est interdit de donner à manger aux animaux

prohibition [,prəʊɪ'bɪʃən] (N) **a** interdiction *f* **b** **Prohibition** prohibition *f* • **during Prohibition** pendant la prohibition

prohibitive [prə'hɪbɪtɪv] (ADJ) prohibitif

project 1 (N) **a** (= *plan*) projet *m*; (= *undertaking*) opération *f*; (= *building*) grands travaux *mpl* • **the whole ~ will cost 20 million** l'opération coûtera 20 millions en tout **b** [*of pupil*] dossier *m*; [*of student*] mémoire *m* **c** (*US*) (= *housing project*) cité *f*

2 (VT) projeter • **to ~ o.s.** se projeter • **she tried to ~ an image of efficiency** elle essayait de se donner un air efficace • **to ~ costs from estimates** prévoir le coût à partir de devis

3 (VI) (= *jut out*) faire saillie • **to ~ over sth** surplomber qch

4 (COMP) ▸ **project leader, project manager** N chef *m* de projet

> Lorsque **project** est un nom, l'accent tombe sur la première syllabe : ['prɒdʒekt], lorsque c'est un verbe, sur la seconde : [prə'dʒekt].

> ⚠ **project** is not always translated by **projet**.

projectile [prə'dʒektaɪl] (N) projectile *m*

projection [prə'dʒekʃən] (N) projection *f*; (*from opinion polls, sample votes*) projections *fpl* ▸ **projection booth, projection room** N cabine *f* de projection

projectionist [prə'dʒekʃənɪst] (N) projectionniste *mf*

> The French word **projectionniste** has a double **n**.

projector [prə'dʒektə^r] (N) projecteur *m*

proletarian [,prəʊlə'tɛərɪən] **1** (N) prolétaire *mf* **2** (ADJ) prolétarien

proletariat [,prəʊlə'tɛərɪət] (N) prolétariat *m*

pro-life [,prəʊ'laɪf] (ADJ) antiavortement

proliferate [prə'lɪfəreɪt] (VI) proliférer

proliferation [prə,lɪfə'reɪʃən] (N) prolifération *f*

prolific [prə'lɪfɪk] (ADJ) prolifique

prologue ['prəʊlɒg] (N) prologue *m* (**to** à)

prolong [prə'lɒŋ] (VT) prolonger

prolonged [prə'lɒŋd] (ADJ) prolongé • **after a ~ absence** après une absence prolongée

prom* [prɒm] (N) **a** (*Brit*) (*by sea*) promenade *f* **b** (= *dance*) bal *m* d'étudiants (*or* de lycéens)

> **PROM**
>
> En Grande-Bretagne, les **proms** (ou « promenade concerts ») sont des concerts de musique classique où une grande partie du public est debout. Les plus célèbres sont ceux organisés chaque été au Royal Albert Hall à Londres. Le dernier concert de la saison, appelé « Last Night of the **Proms** », est une grande manifestation au cours de laquelle sont interprétés entre autres des chants patriotiques.
>
> Aux États-Unis, le **prom** (ou « school prom ») est un bal organisé à l'intention des élèves pour fêter la fin de leurs années de lycée. Depuis le début du XXIe siècle, les **proms** connaissent également un grand succès au Royaume-Uni, même s'ils ne revêtent pas encore l'importance culturelle de leur équivalent américain.

P

promenade [,prɒmɪ'nɑːd] (N) promenade *f*

prominence ['prɒmɪnəns] (N) **a** (= *importance*) importance *f* • **to give ~ to sth** accorder de l'importance à qch • **to rise to ~** [*person*] venir occuper le devant de la scène • **Gough shot to ~ last year** Gough a été propulsé sur le devant de la scène l'année dernière **b** [*of ridge, structure, nose, feature*] aspect *m* proéminent

prominent ['prɒmɪnənt] (ADJ) **a** (= *important*) **he is a ~ member of ...** c'est un membre important de ... • **he played a ~ part in ...** il a joué un rôle important dans ...

ⓑ [*ridge, structure, nose*] proéminent; [*cheekbones*] saillant; [*pattern, markings*] frappant; [*feature*] marquant

prominently ['prɒmɪnəntlɪ] (ADV) [*displayed, placed, set*] en évidence • **to feature ~** occuper une place importante

promiscuity [,prɒmɪs'kju:ɪtɪ] (N) promiscuité *f* sexuelle

promiscuous [prə'mɪskjʊəs] (ADJ) [*person*] de mœurs légères • **~ conduct** promiscuité *f* sexuelle

promise ['prɒmɪs] 1 (N) ⓐ (= *undertaking*) promesse *f* • **to make sb a ~** faire une promesse à qn • **is that a ~?** c'est promis ? • **to keep one's ~** tenir sa promesse • **~s, ~s!** des promesses, toujours des promesses !

ⓑ (= *potential*) promesse(s) *f(pl)* • **he shows great ~** il a un grand avenir devant lui

2 (VT) ⓐ promettre (**sb to do sth** à qn de faire qch) • **I ~ you!** je vous le promets ! • **"I will help you" she ~d** « je vous aiderai » promit-elle • **I can't ~ anything** je ne peux rien (vous) promettre

ⓑ (= *give outlook of*) promettre • **this ~s to be difficult** ça promet d'être difficile

ⓒ (= *assure*) assurer • **he did say so, I ~ you** il l'a vraiment dit, je vous assure

3 (VI) promettre • **I ~!** je vous le promets ! • **this doesn't ~ well** ce n'est guère prometteur

promised ['prɒmɪst] (ADJ) promis • **the Promised Land** la Terre Promise

promising ['prɒmɪsɪŋ] (ADJ) prometteur • **it doesn't look very ~** ça ne s'annonce pas bien • **we have two ~ candidates** nous avons deux candidats prometteurs

promissory note [,prɒmɪsərɪ'nəʊt] (N) billet *m* à ordre

promo* ['prəʊməʊ] (N) (*pl* **promos**) (= *promotional material*) matériel *m* promotionnel

promontory ['prɒməntrɪ] (N) promontoire *m*

promote [prə'məʊt] (VT) ⓐ [+ *person*] promouvoir • **to be ~d** être promu • **they've been ~d to the first division** [*team*] ils sont montés en première division

ⓑ (= *encourage*) promouvoir; [+ *cause, language*] défendre • **the government's efforts to ~ economic cooperation** les efforts du gouvernement pour promouvoir la coopération économique

promoter [prə'məʊtəʳ] (N) [*of sport*] organisateur *m*, -trice *f*; [*of cause*] défenseur *m*

promotion [prə'məʊʃən] 1 (N) ⓐ (*in job*) promotion *f* • **to get ~** avoir une promotion ⓑ (*Sport*) passage *m* dans la division supérieure ⓒ [*of plan, product, firm, campaign*] promotion *f*; [*of cause, idea*] défense *f* • **their priority is the ~ of healthy eating habits/economic cooperation** leur priorité est d'encourager les gens à se nourrir sainement/de promouvoir la coopération économique

2 (COMP) ▸ **promotion prospects** NPL possibilités *fpl* de promotion

promotional [prə'məʊʃənl] (ADJ) (*Commerce*) promotionnel

> The French word **promotionnel** has a double **n** and ends in **-el** instead of **-al**.

prompt [prɒmpt] 1 (ADJ) ⓐ (= *speedy*) rapide • **they were always ~ in paying** ils ont toujours payé dans les délais

ⓑ (= *punctual*) ponctuel

2 (ADV) ponctuellement • **at 6 o'clock ~** à 6 heures pile

3 (VT) ⓐ [+ *person*] inciter (**to do** à faire); [+ *protest, reaction*] provoquer • **he was ~ed by a desire to see justice done** il était animé par le désir de voir la justice triompher

ⓑ [+ *actor*] souffler à

4 (N) ⓐ **to give sb a ~** [+ *actor*] souffler une réplique à qn

ⓑ (*Comput*) (message *m* de) guidage *m* • **at the ~** à l'apparition du message de guidage

prompter ['prɒmptəʳ] (N) ⓐ (*Theatre*) souffleur *m*, -euse *f* ⓑ (= *teleprompter*) téléprompteur *m*

prompting ['prɒmptɪŋ] (N) incitation *f* • **he did it without any ~** il l'a fait de son propre chef

promptly ['prɒmptlɪ] (ADV) ⓐ (= *without delay*) rapidement • **to pay ~** payer dans les délais ⓑ (= *punctually*) à l'heure • **he arrived ~ at three** il est arrivé à trois heures précises ⓒ (= *thereupon*) aussitôt • **she sat down and ~ fell asleep** elle s'est assise et s'est aussitôt endormie

promulgate ['prɒməlgeɪt] (VT) [+ *law*] promulguer; [+ *idea, doctrine*] répandre

prone [prəʊn] (ADJ) ⓐ (= *liable*) enclin (**to do** à faire) ⓑ (= *face down*) (couché) sur le ventre

prong [prɒŋ] (N) ⓐ [*of fork*] dent *f* ⓑ [*of policy, strategy*] front *m*

pronoun ['prəʊnaʊn] (N) pronom *m*

pronounce [prə'naʊns] 1 (VT) ⓐ [+ *letter, word*] prononcer • **how is it ~d?** comment ça se prononce ? ⓑ (= *declare*) déclarer • **he was ~d dead** ils l'ont déclaré mort • **he ~d himself in favour of the suggestion** il s'est prononcé en faveur de la suggestion 2 (VI) se prononcer

pronounced [prə'naʊnst] (ADJ) prononcé

pronouncement [prə'naʊnsmənt] (N) déclaration *f*

pronto* ['prɒntəʊ] (ADV) illico*

pronunciation [prə,nʌnsɪ'eɪʃən] (N) prononciation *f*

> The **u** in the English word becomes an **o** in the French word.

proof [pru:f] 1 (N) ⓐ preuve *f* • **by way of ~** en guise de preuve • **as a ~ of** pour preuve de • **I've got ~ that he did it** j'ai la preuve qu'il l'a fait • **it is ~ that he is honest** c'est la preuve qu'il est honnête • **to be living ~ of sth/that ...** être la preuve vivante de qch/que ...

ⓑ (= *printed copy*) épreuve *f* • **to read the ~s** corriger les épreuves

ⓒ [*of alcohol*] teneur *f* en alcool • **this whisky is 70° ~** ≈ ce whisky titre 40° degrés

2 (ADJ) **~ against** [*bullets, erosion*] à l'épreuve de; [*temptation, suggestion*] insensible à

3 (VT) [+ *fabric, tent*] imperméabiliser

4 (COMP) ▸ **proof of identity** N pièce(s) *f(pl)* d'identité ▸ **proof of postage** N justificatif *m* d'expédition ▸ **proof of purchase** N justificatif *m* d'achat

proofread ['pru:fri:d] (VT) corriger les épreuves de

proofreader ['pru:f,ri:dəʳ] (N) correcteur *m*, -trice *f* d'épreuves

prop [prɒp] 1 (N) ⓐ support *m*; (*for wall*) étai *m*; (*fig*) soutien *m* (**to, for** de) ⓑ (*theatrical*) accessoire *m* 2 (VT) ⓐ (= *lean*) [+ *ladder, bike*] appuyer ⓑ **he ~ped the door open with a book** il a maintenu la porte ouverte avec un livre

▸ **prop up** VT (= *support*) [+ *régime*] maintenir; [+ *company, pound, organization*] soutenir

propaganda [,prɒpə'gændə] 1 (N) propagande *f* 2 (ADJ) [*leaflet, campaign*] de propagande

propagandist [ˌprɒpəˈgændɪst] (ADJ, N) propagandiste *mf*

propagate [ˈprɒpəgeɪt] (VT) propager

propagation [ˌprɒpəˈgeɪʃən] (N) propagation *f*

propane [ˈprəʊpeɪn] (N) propane *m*

propel [prəˈpel] (VT) ⓐ [*+ vehicle*] propulser ⓑ (*= push*) pousser • **to ~ sth/sb along** faire avancer qch/qn (en le poussant) • **they ~led him into the room** ils l'ont poussé dans la pièce; (*more violently*) ils l'ont propulsé dans la pièce

propeller [prəˈpeləʳ] (N) hélice *f* ▸ **propeller shaft** N arbre *m* de transmission

propensity [prəˈpensɪtɪ] (N) propension *f* (**to do sth** à faire qch)

proper [ˈprɒpəʳ] **1** (ADJ) ⓐ (*= suitable*) convenable; (*= correct*) correct; (*= appropriate*) approprié • **you'll have to apply for it in the ~ way** il faudra faire votre demande dans les règles • **the ~ spelling** l'orthographe *f* correcte • **in the ~ sense of the word** au sens propre du mot • **if you had come at the ~ time** si vous étiez venu à la bonne heure • **the staff were not given ~ training** le personnel n'a pas reçu une formation appropriée • **I regret not having had a ~ education** je regrette de ne pas avoir eu une véritable éducation • **do as you think ~** faites comme bon vous semble

ⓑ (*= authentic*) véritable; (*after noun*) (*= strictly speaking*) proprement dit • **I've never had a ~ job** je n'ai jamais eu un véritable travail • **outside Paris ~** en dehors de Paris proprement dit

ⓒ (*= seemly*) [*person, book, behaviour*] convenable • **it would not be ~ for me to comment** il ne serait pas convenable que je fasse des commentaires

2 (ADV) [*talk*]* comme il faut*

3 (COMP) ▸ **proper name, proper noun** N nom *m* propre

properly [ˈprɒpəlɪ] (ADV) (*= correctly*) [*eat, behave, dress*] correctement; (*= in a seemly way*) convenablement • **he didn't do it ~** il ne l'a pas bien fait • **he very ~ refused** il a refusé à juste titre

property [ˈprɒpətɪ] **1** (N) ⓐ (*= possessions*) biens *mpl* • **is this your ~?** est-ce que cela vous appartient ? • **it is the ~ of ...** cela appartient à ... ⓑ (*= estate, house*) propriété *f*; (*= lands*) terres *fpl*; (*= buildings*) biens *mpl* immobiliers • **he owns ~ in Ireland** il a des terres (*or* des propriétés) en Irlande ⓒ (*= quality*) propriété *f* • **this plant has healing properties** cette plante a des propriétés thérapeutiques **2** (COMP) ▸ **property developer** N promoteur *m* immobilier ▸ **property market** N marché *m* immobilier ▸ **property owner** N propriétaire *m* foncier

prophecy [ˈprɒfɪsɪ] (N) prophétie *f*

prophesy [ˈprɒfɪsaɪ] (VT) prédire

prophet [ˈprɒfɪt] (N) prophète *m*

prophetic [prəˈfetɪk] (ADJ) prophétique

prophylactic [ˌprɒfɪˈlæktɪk] (ADJ) prophylactique

propitious [prəˈpɪʃəs] (ADJ) propice (**to** à)

proponent [prəˈpəʊnənt] (N) partisan(e) *m(f)*

proportion [prəˈpɔːʃən] **1** (N) ⓐ (*= ratio*) proportion *f* • **the ~ of men to women** la proportion d'hommes par rapport aux femmes • **he has no sense of ~** il n'a pas le sens des proportions

▸ **in proportion** in ~ **with** proportionnellement à • **her weight is not in ~ to her height** son poids n'est pas proportionné à sa taille • **contributions in ~ to one's earnings** contributions en proportion de ses revenus • **to be in direct ~ to sth** être directement proportionnel à qch • **to see sth in ~** relativiser qch • **let's get things in ~** ne dramatisons pas

▸ **out of proportion** hors de proportion • **out of ~ to** hors de proportion avec • **he's got it out of ~** il a exagéré

ⓑ (*= part*) part *f*, partie *f* • **in equal ~s** à parts égales • **a certain ~ of the staff** une partie du personnel • **a high ~ of women** une proportion élevée de femmes

2 (NPL) **proportions** (*= size*) proportions *fpl*

3 (VT) proportionner • **well-~ed** bien proportionné

proportional [prəˈpɔːʃənl] (ADJ) proportionnel (**to** à) ▸ **proportional representation** N représentation *f* proportionnelle

> ✎ **proportionnel** has a double **n** and ends in **-el** instead of **-al**.

proportionality [prəˌpɔːʃəˈnælɪtɪ] (N) (*frm*) proportionnalité *f* • **there is a need for ~ in sentencing** il faut que la peine soit proportionnée à la gravité du crime

> ✎ **proportionnalité** has a double **n**.

proportionally [prəˈpɔːʃnəlɪ] (ADV) proportionnellement • **men have ~ larger feet than women** proportionnellement, les hommes ont les pieds plus grands que les femmes

> ✎ The French word has a double **n** and contains **-ell-** compared to English **-all**.

proportionate [prəˈpɔːʃənɪt] (ADJ) proportionnel

> ✎ **proportionnel** has a double **n** and ends in **-el** instead of **-al**.

proposal [prəˈpəʊzl] (N) ⓐ (*= offer*) proposition *f*; [*of marriage*] demande *f* en mariage ⓑ (*= plan*) plan *m* (**for sth** de *or* pour qch, **to do sth** pour faire qch); (*= suggestion*) proposition *f* (**to do** de faire)

propose [prəˈpəʊz] **1** (VT) ⓐ (*= suggest*) proposer (**doing** de faire); [*+ toast*] porter; [*+ candidate*] proposer • **to ~ sb's health** porter un toast à la santé de qn • **to ~ marriage to sb** demander qn en mariage ⓑ (*= have in mind*) **to ~ doing sth** compter faire qch **2** (VI) (*= offer marriage*) faire une demande en mariage • **he ~d to her** il l'a demandée en mariage

proposer [prəˈpəʊzəʳ] (N) (*in debate*) auteur *m* de la proposition

proposition [ˌprɒpəˈzɪʃən] **1** (N) ⓐ (*= statement, offer*) proposition *f* ⓑ (*= affair*) **that's quite a different ~** ça c'est une tout autre affaire • **it's a tough ~** c'est une chose difficile **2** (VT) faire des propositions (malhonnêtes) à

propound [prəˈpaʊnd] (VT) [*+ theory, idea*] proposer

proprietary [prəˈpraɪətərɪ] (ADJ) (*= possessive*) possessif ▸ **proprietary brand** N (produit *m* de) marque *f* déposée

proprieties [prəˈpraɪətɪz] (NPL) (*= decency*) convenances *fpl* • **to observe the ~** respecter les convenances

proprietor [prəˈpraɪətəʳ] (N) propriétaire *mf*

propulsion [prəˈpʌlʃən] (N) propulsion *f*

pro rata [ˌprəʊˈrɑːtə] (ADV) au prorata

prosaic [prəʊˈzeɪɪk] (ADJ) (*= banal*) prosaïque (*frm*)

P

proscribe [prəʊ'skraɪb] (VT) proscrire

prose [prəʊz] **1** (N) ⓐ prose *f* • **in ~** en prose ⓑ (= *translation*) thème *m* **2** (COMP) ▸ **prose writer** N prosateur *m*

prosecute ['prɒsɪkjuːt] **1** (VT) poursuivre (en justice) **2** (VI) (= *take legal action*) engager des poursuites judiciaires

prosecution [,prɒsɪ'kjuːʃən] (N) ⓐ (= *act of prosecuting*) poursuites *fpl* (judiciaires) • **to bring a ~ against sb** engager des poursuites (judiciaires) contre qn • **there have been seven ~s** il y a eu sept actions en justice ⓑ (= *side*) **the ~** l'accusation *f* • **witness for the ~** témoin *m* à charge • **to give evidence for the ~** être témoin à charge

prosecutor ['prɒsɪkjuːtəʳ] (N) **(public) ~** ≈ procureur *mf* (de la République); (*US*) avocat(e) *m(f)* de la partie civile

prospect **1** (N) (= *outlook*) perspective *f*; (= *future*) (perspectives *fpl* d')avenir *m*; (= *hope*) espoir *m* • **this ~ cheered him up** cette perspective l'a réjoui • **what are his ~s?** quelles sont ses perspectives d'avenir ? • **he has no ~s** il n'a aucun avenir • **the job has no ~s** c'est un emploi sans avenir • **to improve one's career ~s** améliorer ses chances d'avancement • **future ~s for the steel industry** les perspectives d'avenir de la sidérurgie • **he has little ~ of succeeding** il a peu de chances de réussir • **there is every ~ of success** tout laisse prévoir le succès • **to face the ~ of** faire face à la perspective de ▸ **in prospect to have sth in ~** avoir qch en vue • **the events in ~** les événements *mpl* en perspective **2** (VI) prospecter • **to ~ for gold** prospecter pour trouver de l'or

> Lorsque **prospect** est un nom, l'accent tombe sur la première syllabe : ['prɒspekt], lorsque c'est un verbe, sur la seconde : [prə'spekt].

prospecting [prə'spektɪŋ] (N) prospection *f*

prospective [prə'spektɪv] (ADJ) [*son-in-law, buyer, deal*] futur *before n*; [*customer*] potentiel

prospector [prə'spektəʳ] (N) prospecteur *m*, -trice *f* • **gold ~** chercheur *m* d'or

prospectus [prə'spektəs] (N) prospectus *m*

prosper ['prɒspəʳ] (VI) prospérer

prosperity [prɒs'perɪtɪ] (N) prospérité *f*

prosperous ['prɒspərəs] (ADJ) prospère

prostate ['prɒsteɪt] (N) prostate *f*

prosthetic [prɒs'θetɪk] (ADJ) prosthétique

prostitute ['prɒstɪtjuːt] **1** (N) prostituée *f* • **male ~** prostitué *m* **2** (VT) prostituer • **to ~ o.s.** se prostituer

prostitution [,prɒstɪ'tjuːʃən] (N) prostitution *f*

prostrate **1** (ADJ) à plat ventre; (*mentally*) accablé **2** (VT) ⓐ **to ~ o.s.** se prosterner ⓑ (= *overwhelm*) accabler

> Lorsque **prostrate** est un adjectif, l'accent tombe sur la première syllabe : ['prɒstreɪt], lorsque c'est un verbe, sur la deuxième : [prɒs'treɪt].

protagonist [prəʊ'tægənɪst] (N) protagoniste *mf*

protect [prə'tekt] (VT) protéger; [+ *interests, rights*] sauvegarder • **don't lie to ~ your brother** ne cherche pas à protéger ton frère en mentant ▸ **protected species** N espèce *f* protégée

protection [prə'tekʃən] **1** (N) ⓐ [*of person, property*] protection *f* (**from** *or* **against sth** contre qch); [*of interests, rights*] sauvegarde *f* ⓑ (*Insurance*) garantie *f* **2** (COMP) ▸ **protection factor** N [*of sun cream*] indice *m* de protection ▸ **protection money** N **he pays $200 a week ~ money** il paie 200 dollars par semaine pour ne pas être inquiété ▸ **protection racket** N racket *m*

protectionism [prə'tekʃənɪzəm] (N) protectionnisme *m*

> The French word has a double **n** and ends in **-e**.

protectionist [prə'tekʃənɪst] (ADJ) protectionniste

> The French word has a double **n** and ends in **-e**.

protective [prə'tektɪv] (ADJ) [*layer, attitude*] protecteur (-trice *f*); [*clothing, covering*] de protection • **~ custody** détention *f* provisoire (*comme mesure de protection*)

protectively [prə'tektɪvlɪ] (ADV) **he put his arm ~ around Julie's shoulders** il a passé un bras protecteur autour des épaules de Julie

protector [prə'tektəʳ] (N) (= *person*) protecteur *m*; (= *object, device*) dispositif *m* de protection

protégé ['prəʊtɪ,ʒeɪ, 'prɒtɪ,ʒeɪ] (N) protégé(e) *m(f)*

protein ['prəʊtiːn] (N) protéine *f* ▸ **protein content** N teneur *f* en protéines ▸ **protein deficiency** N carence *f* en protéines

pro tem [,prəʊ'tem] (ADV) temporairement; (*in jobs*) par intérim

protest **1** (N) protestation *f* (**about** à propos de); (= *demonstration*) manifestation *f* • **to do sth under ~** faire qch contre son gré • **to make a ~** élever une protestation • **in ~** en signe de protestation **2** (VT) ⓐ (= *declare*) protester; [+ *loyalty*] protester de ⓑ (*US*) protester contre **3** (VI) protester (**about** à propos de, **to sb** auprès de qn) **4** (COMP) ▸ **protest march** N manifestation *f* ▸ **protest vote** N vote *m* de protestation

> Lorsque **protest** est un nom, l'accent tombe sur la première syllabe : ['prəʊtest], lorsque c'est un verbe, sur la seconde : [prə'test].

Protestant ['prɒtɪstənt] (ADJ, N) protestant(e) *m(f)* • **~ ethic** morale *f* protestante

Protestantism ['prɒtɪstəntɪzəm] (N) protestantisme *m*

protester [prə'testəʳ] (N) protestataire *mf*; (*on march, in demonstration*) manifestant(e) *m(f)*

protocol ['prəʊtəkɒl] (N) protocole *m*

proton ['prəʊtɒn] (N) proton *m*

prototype ['prəʊtəʊtaɪp] (N) prototype *m*

protracted [prə'træktɪd] (ADJ) très long (longue *f*)

protractor [prə'træktəʳ] (N) rapporteur *m*

protrude [prə'truːd] (VI) dépasser

protruding [prə'truːdɪŋ] (ADJ) [*chin*] saillant; [*shelf, rock*] en saillie • **to have ~ teeth** avoir les dents qui avancent • **to have ~ eyes** avoir les yeux globuleux

protuberance [prə'tjuːbərəns] (N) (*frm*) protubérance *f*

proud [praʊd] (ADJ) ⓐ [*person*] fier (**to do sth** de faire qch); (= *arrogant*) arrogant • **the ~ father/owner** l'heureux père *m*/propriétaire *m* • **that's nothing to be ~ of!** il n'y a pas de quoi être fier ! • **it was a ~ day for us when ...** nous avons été très fiers le jour où ... ⓑ **to do o.s. ~*** ne se priver de rien • **to do sb ~*** (= *entertain*) se mettre en frais pour qn

proudly ['praʊdlɪ] (ADV) fièrement

prove [pru:v] 1 (VT) ⓐ prouver • **that ~s him innocent** cela prouve qu'il est innocent • **you can't ~ anything against me** vous n'avez aucune preuve contre moi • **that ~d that she did it** cela prouvait bien qu'elle l'avait fait • **he couldn't ~ anything against her** il n'a rien pu prouver contre elle • **the theory remains to be ~d** cette théorie n'est pas encore prouvée • **he was ~d right** il s'est avéré qu'il avait raison • **to ~ a point** (*= show one is right*) montrer que l'on a raison • **can you ~ it?** pouvez-vous le prouver ? • **that ~s it!** c'est la preuve !
ⓑ [*+ dough*] laisser lever
2 (VI) ⓐ [*person, fact, object*] se révéler • **he ~d incapable of helping us** il s'est révélé incapable de nous aider • **the information ~d to be correct** les renseignements se sont révélés justes • **it ~d very useful** cela s'est révélé très utile
ⓑ [*dough*] lever
3 (COMP) ▸ **proving ground** N terrain *m* d'essai

proven ['pru:vən, 'prəʊvən] 1 (VB) *ptp of* **prove** 2 (ADJ) [*abilities*] indubitable • **a ~ method** une méthode qui a fait ses preuves • **a ~ track record** une expérience confirmée

provenance ['prɒvɪnəns] (N) provenance *f*

Provençal [,prɒvɑ̃:n'sɑ:l] 1 (ADJ) provençal 2 (N) ⓐ Provençal(e) *m(f)* ⓑ (*= language*) provençal *m*

Provence [prɒ'vɑ̃:ns] (N) Provence *f* • **in ~** en Provence

proverb ['prɒvɜ:b] (N) proverbe *m*

proverbial [prə'vɜ:bɪəl] (ADJ) proverbial • **it's like the ~ needle in a haystack** c'est l'histoire de l'aiguille dans la botte de foin

provide [prə'vaɪd] (VT) (*= supply, equip*) fournir (**sb with sth, sth for sb** qch à qn) • **to ~ o.s. with sth** se procurer qch • **I will ~ food for everyone** c'est moi qui fournirai la nourriture pour tout le monde • **candidates must ~ their own pencils** les candidats doivent apporter leurs crayons • **it ~s accommodation for five families** on peut y loger cinq familles
▸ **provide for** VI (*financially*) subvenir aux besoins de; (*family*) entretenir; (*in the future*) assurer l'avenir de • **I'll see you well ~d for** je ferai le nécessaire pour que vous ne manquiez de rien

provided [prə'vaɪdɪd], **providing** [prə'vaɪdɪŋ] (CONJ) à condition que + *subj* • **you can go ~ it doesn't rain** tu peux y aller à condition qu'il ne pleuve pas

> Note that if the subject of both clauses is the same, an infinitive can be used instead of the subjunctive.

• **you can go ~ you pass your exam** tu peux y aller à condition de réussir ton examen

providence ['prɒvɪdəns] (N) providence *f* • **Providence** la Providence

providential [,prɒvɪ'denʃəl] (ADJ) providentiel

providentially [,prɒvɪ'denʃəlɪ] (ADV) providentiellement • **~, he had brought a torch with him** par un heureux hasard, il avait apporté une lampe de poche

providing [prə'vaɪdɪŋ] (CONJ) = **provided**

province ['prɒvɪns] 1 (N) ⓐ province *f* • **the Province** l'Irlande du Nord ⓑ (*fig*) domaine *m* (de compétence) • **that is not my ~** cela n'est pas de mon ressort 2 (NPL) **provinces** province *f* • **in the ~s** en province

provincial [prə'vɪnʃəl] (ADJ, N) provincial(e) *m(f)*

provision [prə'vɪʒən] 1 (N) ⓐ (*= supply*) provision *f* ⓑ (*= supplying*) [*of food, equipment*] fourniture *f*; [*of housing, education*] offre *f* • **~ of services** prestation *f* de services • **to make ~ for** [*+ one's family, dependents*] pourvoir aux besoins de; [*+ future*] prendre des dispositions pour ⓒ (*= stipulation*) disposition *f* • **according to the ~s of the treaty** selon les dispositions du traité • **the rules make no ~ for this** le règlement ne prévoit pas cela 2 (NPL) **provisions** (*= food*) provisions *fpl* 3 (VT) approvisionner (**with** en)

provisional [prə'vɪʒənl] 1 (ADJ) [*arrangement, agreement, acceptance*] provisoire 2 (N) (*in Ireland*) **the Provisionals** l'IRA *f* provisoire 3 (COMP) ▸ **provisional driving licence** N (*Brit*) permis *m* de conduire provisoire (*obligatoire pour l'apprenti conducteur*) → DRIVING LICENCE ▸ **the Provisional IRA** N l'IRA *f* provisoire

provisionally [prə'vɪʒnəlɪ] (ADV) provisoirement

proviso [prə'vaɪzəʊ] (N) condition *f* • **with the ~ that ...** à condition que ... + *subj*

provocation [,prɒvə'keɪʃən] (N) provocation *f*

provocative [prə'vɒkətɪv] (ADJ) ⓐ (*= aggressive*) provocateur (-trice *f*) ⓑ (*= seductive*) [*woman, movement, smile*] provocant

provoke [prə'vəʊk] (VT) (*= rouse*) [*+ person, reaction, anger*] provoquer • **to ~ sb into doing sth** inciter qn à faire qch

provost ['prɒvəst] (N) (*Brit: at university*) président *m*; (*US: at university*) ≈ doyen *m*; (*Scot*) maire *m*

prow [praʊ] (N) proue *f*

prowess ['praʊɪs] (N) prouesse *f*

prowl [praʊl] 1 (VI) (*also* **prowl about, prowl around**) rôder 2 (N) **to be on the ~** rôder 3 (COMP) ▸ **prowl car** N (*US Police*) voiture *f* de police

prowler ['praʊlə'] (N) rôdeur *m*, -euse *f*

proximity [prɒk'sɪmɪtɪ] (N) proximité *f* • **in ~ to** à proximité de

proxy ['prɒksɪ] (N) (*= person*) fondé(e) *m(f)* de pouvoir • **by ~** par procuration ▸ **proxy vote** N vote *m* par procuration

Prozac® ['prəʊzæk] (N) Prozac® *m*

PRP [,pi:ɑ:'pi:] (N) (ABBR OF **performance-related pay**) salaire *m* au rendement

prude [pru:d] (N) prude *f* • **he's a ~** il est pudibond

prudence ['pru:dəns] (N) prudence *f*

prudent ['pru:dənt] (ADJ) prudent

prudently ['pru:dəntlɪ] (ADV) prudemment

prudish ['pru:dɪʃ] (ADJ) pudibond

prune [pru:n] 1 (N) (*= fruit*) pruneau *m* 2 (VT) (*to promote growth*) [*+ tree, bush*] tailler; (*= thin out*) élaguer; [*+ article, essay*] élaguer

prurient ['prʊərɪənt] (ADJ) lascif

Prussia ['prʌʃə] (N) Prusse *f*

pry [praɪ] 1 (VI) mettre son nez dans les affaires des autres • **I don't want to ~ but ...** je ne veux pas être indiscret mais ... 2 (VT) (*US*) = **prise**

PS [pi:'es] (N) (ABBR OF **postscript**) PS *m*

psalm [sɑ:m] (N) psaume *m*

PSAT [,pi:eser'ti:] (N) (*US*) (*at school, university*) (ABBR OF **Preliminary Scholastic Aptitude Test**) *test déterminant l'aptitude d'un candidat à présenter l'examen d'entrée à l'université*

pseud* [sju:d] (N) (*Brit*) bêcheur* *m*, -euse* *f*

pseudo- ['sju:dəʊ] (PREF) pseudo- • **~intellectual** pseudo-intellectuel

pseudonym ['sju:dənɪm] (N) pseudonyme *m*

PSHE [pi:eseɪtʃ'i:] (N) (ABBR OF **personal, social and health education**) (*at school*) *cours d'éducation personnelle, sanitaire et civique préparant à la vie adulte*

psoriasis [sɒˈraɪəsɪs] (N) psoriasis *m*
psych* [saɪk] (VT) = **psychoanalyze**
▸ **psych out*** VT SEP **a** (= *cause to break down*) faire craquer* **b** (= *make uneasy*) intimider **c** (*US* = *analyze, work out*) [+ *situation etc*] analyser • **to ~ sb out** voir clair dans le jeu de qn
▸ **psych up*** VT SEP (= *prepare psychologically*) **to get o.s. ~ed up for sth** se préparer (mentalement) à qch • **he was all ~ed up to start, when ...** il était gonflé à bloc*, tout prêt à commencer, quand ...
psyche [ˈsaɪkɪ] (N) psychisme *m*
psychedelic [ˌsaɪkəˈdelɪk] (ADJ) psychédélique
psychiatric [ˌsaɪkɪˈætrɪk] (ADJ) psychiatrique; [*illness*] mental
psychiatrist [saɪˈkaɪətrɪst] (N) psychiatre *mf*
psychiatry [saɪˈkaɪətrɪ] (N) psychiatrie *f*
psychic [ˈsaɪkɪk] **1** (ADJ) [*phenomenon, powers*] parapsychologique; [*person*] télépathe • **I'm not ~!*** je ne suis pas devin! **2** (N) médium *m*
psycho‡ [ˈsaɪkəʊ] (N) psychopathe *mf*
psychoactive [ˌsaɪkəʊˈæktɪv] (ADJ) psychotrope
psychoanalysis [ˌsaɪkəʊəˈnælɪsɪs] (N) psychanalyse *f*
psychoanalyst [ˌsaɪkəʊˈænəlɪst] (N) psychanalyste *mf*
psychoanalytic [ˈsaɪkəʊˌænəˈlɪtɪk] (ADJ) psychanalytique
psychoanalyze [ˌsaɪkəʊˈænəlaɪz] (VT) psychanalyser
psychodrama [ˈsaɪkəʊdrɑːmə] (N) psychodrame *m*
psychological [ˌsaɪkəˈlɒdʒɪkəl] (ADJ) psychologique
psychologically [ˌsaɪkəˈlɒdʒɪkəlɪ] (ADV) [*important, damaging, disturbed*] psychologiquement • **to be ~ prepared for sth** être psychologiquement prêt pour qch
psychologist [saɪˈkɒlədʒɪst] (N) psychologue *mf*
psychology [saɪˈkɒlədʒɪ] (N) psychologie *f*
psychometric [ˈsaɪkəʊˈmetrɪk] (ADJ) psychométrique
psychopath [ˈsaɪkəʊpæθ] (N) psychopathe *mf*
psychopathic [ˌsaɪkəʊˈpæθɪk] (ADJ) [*person*] psychopathe
psychosis [saɪˈkəʊsɪs] (N) (*pl* **psychoses**) psychose *f*
psychosocial [ˈsaɪkəʊˈsəʊʃəl] (ADJ) psychosocial
psychosomatic [ˈsaɪkəʊsəʊˈmætɪk] (ADJ) psychosomatique
psychotherapist [ˈsaɪkəʊˈθerəpɪst] (N) psychothérapeute *mf*
psychotherapy [ˈsaɪkəʊˈθerəpɪ] (N) psychothérapie *f*
psychotic [saɪˈkɒtɪk] (ADJ, N) psychotique *mf*
PT† [piːˈtiː] (N) (*at school*) (ABBR OF **physical training**) éducation *f* physique
pt (ABBR OF **pint**) pinte *f*
PTA [ˌpiːtiːˈeɪ] (N) (ABBR OF **Parent-Teacher Association**) *association de parents d'élèves et de professeurs*
PTO [ˌpiːtiːˈəʊ] (ABBR OF **please turn over**) TSVP
PTSD [ˌpiːtiːesˈdiː] (N) (ABBR OF **post-traumatic stress disorder**) → **post-**
pub [pʌb] (N) (*Brit*) ≈ café *m*; (*in British or Irish context*) pub *m* ▸ **pub-crawl*** N, VI **to go on a ~-crawl** faire la tournée des bars ▸ **pub lunch** N **to go for a ~ lunch** aller manger au bistrot*
puberty [ˈpjuːbətɪ] (N) puberté *f*
pubic [ˈpjuːbɪk] (ADJ) pubien ▸ **pubic hair** N poils *mpl* du pubis
public [ˈpʌblɪk] **1** (ADJ) public (-ique *f*) • **it is a matter of ~ interest** c'est une question d'intérêt public • **he has the ~ interest at heart** il a à cœur l'intérêt public • **in the ~ domain** dans le domaine public • **to go ~** [*company*] être introduit en Bourse • **"this is a ~ announcement: would passengers ..."** « votre attention s'il vous plaît: les passagers sont priés de ... » • **to be in the ~ eye** être très en vue • **she is a good ~ speaker** elle parle bien en public • **to make sth ~** rendre qch public • **let's go over there, it's too ~ here** allons là-bas, il y a trop de monde ici
2 (N) public *m* • **the ~'s confidence in the government** la confiance des gens dans le gouvernement • **in ~** en public • **the French ~** les Français *mpl* • **the great British ~** les sujets *mpl* de Sa (Gracieuse) Majesté • **the house is open to the ~** la maison est ouverte au public
3 (COMP) ▸ **public access television** N (*US*) chaînes *fpl* câblées non commerciales ▸ **public-address system** N (système *m* de) sonorisation *f* ▸ **public bar** N (*Brit*) bar *m* ▸ **public company** N société *f* anonyme par actions ▸ **public convenience** N (*Brit*) toilettes *fpl* publiques ▸ **public defender** N (*US*) (*in law*) avocat(e) *m(f)* de l'assistance judiciaire ▸ **public gallery** N (*in parliament, courtroom*) tribune *f* réservée au public ▸ **public health** N santé *f* publique ▸ **public house** N (*Brit*) pub *m* ▸ **public housing** N (*US*) logements *mpl* sociaux, ≈ HLM *fpl* ▸ **public housing project** N (*US*) cité *f* HLM ▸ **public lavatory** N toilettes *fpl* publiques ▸ **public library** N bibliothèque *f* municipale ▸ **public money** N deniers *mpl* publics ▸ **public nuisance** N **to be** *or* **cause a ~ nuisance** porter atteinte à la tranquillité publique ▸ **public opinion** N opinion *f* publique ▸ **public opinion poll** N sondage *m* d'opinion publique ▸ **public property** N (= *land etc*) bien *m* public • **to treat sb as ~ property** ne pas respecter la vie privée de qn ▸ **Public Prosecutor** N ≈ procureur *mf* (de la République) ▸ **Public Record Office** N (*Brit*) ≈ Archives *fpl* nationales ▸ **public relations** NPL relations *fpl* publiques • **it's just a ~ relations exercise** il *etc* a fait ça uniquement dans le but de se faire bien voir ▸ **public school** N (*Brit*) (= *private school*) école *f* secondaire privée; (*US*) (= *state school*) école *f* secondaire publique ▸ **the public sector** N le secteur public ▸ **public servant** N fonctionnaire *mf* ▸ **public service** N service *m* public ▸ **public service announcement** N annonce *f* de service public ▸ **public speaking** N art *m* oratoire ▸ **public spending** N dépenses *fpl* publiques ▸ **public-spirited** ADJ **to be ~-spirited** faire preuve de civisme ▸ **public television** N (*US*) télévision *f* éducative (non commerciale) ▸ **public transport** N transports *mpl* publics ▸ **public utility** N (= *company*) entreprise *f* de service public; (= *service*) service *m* public ▸ **public works** NPL travaux *mpl* publics

PUBLIC SCHOOL

Au Royaume-Uni, une **public school** désigne un établissement privé d'enseignement secondaire. Bon nombre de ces écoles sont des pensionnats. Beaucoup ont également une école primaire qui leur est rattachée (une « prep » ou « preparatory school ») pour préparer les élèves au cycle secondaire. Les **public schools** sont souvent prestigieuses et les frais de scolarité sont très élevés dans les plus connues (Westminster, Eton, Harrow). Une grande partie de leurs élèves vont ensuite à l'université, notamment à Oxford ou à Cambridge. Les grands industriels, les députés et les hauts fonctionnaires sortent souvent de ces écoles. Aux États-Unis, le terme **public school** désigne au contraire une école publique gratuite.

publican [ˈpʌblɪkən] (N) (*Brit*) (*= pub manager*) patron(ne) *m(f)* de pub
publication [ˌpʌblɪˈkeɪʃən] (N) publication *f*
publicist [ˈpʌblɪsɪst] (N) publicitaire *mf*
publicity [pʌbˈlɪsɪtɪ] (N) publicité *f* • **adverse ~** contre-publicité *f* • **I keep getting ~ about the society's meetings** je reçois tout le temps des circulaires concernant les réunions de la société ▸ **publicity agent** N agent *m* publicitaire ▸ **publicity campaign** N campagne *f* d'information; (*= advertising*) campagne *f* de publicité ▸ **publicity stunt*** N coup *m* de pub*
publicize [ˈpʌblɪsaɪz] (VT) ⓐ (*= make known*) divulguer ⓑ (*= advertise*) faire de la publicité pour • **well-~d** annoncé à grand renfort de publicité
publicly [ˈpʌblɪklɪ] (ADV) ⓐ (*= in public*) publiquement • **to be ~ accountable** devoir répondre de ses actes devant l'opinion ⓑ (*= by the public*) **~-owned** du secteur public • **~ funded** financé par l'État
publish [ˈpʌblɪʃ] (VT) publier; [*+ periodical*] faire paraître; [*+ author*] éditer • **to be ~ed** [*book, author*] être publié
publisher [ˈpʌblɪʃəʳ] (N) éditeur *m*, -trice *f*
publishing [ˈpʌblɪʃɪŋ] (N) **he works in ~** il travaille dans l'édition ▸ **publishing house** N maison *f* d'édition
puce [pjuːs] (ADJ) puce *inv*
puck [pʌk] (N) (*Ice Hockey*) palet *m*
pucker [ˈpʌkəʳ] 1 (VI) [*face, feature, forehead*] se plisser; [*garment*] goder 2 (VT) [*+ lips*] avancer • **to ~ one's forehead** plisser le front
pud‡ [pʊd] (N) (*Brit*) (ABBR OF **pudding**)
pudding [ˈpʊdɪŋ] 1 (N) ⓐ (*= cooked dessert*) **steamed ~** pudding *m* ⓑ (*Brit*) (*= dessert course*) dessert *m* • **what's for ~?** qu'y a-t-il comme dessert ? 2 (COMP) ▸ **pudding basin** N (*Brit*) jatte *f* (*dans laquelle on fait cuire le pudding*) ▸ **pudding rice** N riz *m* à grains ronds
puddle [ˈpʌdl] (N) flaque *f*
puerile [ˈpjʊəraɪl] (ADJ) puéril
Puerto Rican [ˌpwɜːtəʊˈriːkən] 1 (ADJ) portoricain 2 (N) Portoricain(e) *m(f)*
Puerto Rico [ˌpwɜːtəʊˈriːkəʊ] (N) Porto Rico
puff [pʌf] 1 (N) ⓐ [*of air, wind, smoke*] bouffée *f*; (*from mouth*) souffle *m* • **he blew out the candles with one ~** il a éteint les bougies d'un seul souffle • **to be out of ~*** être à bout de souffle • **he took a ~ at his pipe** il a tiré une bouffée de sa pipe
ⓑ (*= powder puff*) houppe *f*; (*small*) houppette *f*
ⓒ (*= advertisement*)* boniment *m*
2 (VI) (*= blow*) souffler; (*= pant*) haleter • **he was ~ing and panting** il soufflait comme un phoque • **to ~ at one's pipe** tirer des bouffées de sa pipe
3 (VT) **to ~ smoke** [*chimney, person*] envoyer des bouffées de fumée • **stop ~ing smoke in my face** arrête de m'envoyer ta fumée dans la figure
4 (COMP) ▸ **puff paste** (*US*), **puff pastry** (*Brit*) N pâte *f* feuilletée
▸ **puff out** VT gonfler • **to ~ out one's cheeks** gonfler ses joues • **to ~ out one's chest** gonfler sa poitrine
▸ **puff up** 1 VI [*eye, face*] enfler 2 VT SEP (*= inflate*) gonfler
puffed* [pʌft] (ADJ) (*also* **puffed out***) (*= breathless*) à bout de souffle
puffer* [ˈpʌfəʳ] (N) (*= inhaler*) inhalateur *m*
puffin [ˈpʌfɪn] (N) macareux *m*
puffy [ˈpʌfɪ] (ADJ) [*eye, face*] bouffi
pugnacious [pʌgˈneɪʃəs] (ADJ) querelleur
puke‡ [pjuːk] (VI) (*also* **puke up**) dégueuler‡
pukka* [ˈpʌkə] (ADJ) (*Brit*) ⓐ (*= genuine*) vrai; (*= excellent*) de premier ordre ⓑ (*= socially superior*) snob *inv*
pull [pʊl] 1 (N) ⓐ (*= act*) traction *f*; (*= attraction*) (force *f* d')attraction *f* • **I felt a ~ at my sleeve** j'ai senti quelqu'un qui me tirait par la manche • **to give sth a ~** tirer (sur) qch • **the ~ of the current** la force du courant • **the ~ of the South** l'appel *m* du Sud • **it was a long ~ up the hill** la montée était longue pour arriver en haut de la colline • **to have ~ with sb** avoir de l'influence auprès de qn
ⓑ (*= swig*) gorgée *f* • **he took a ~ at the bottle** il but une gorgée à même la bouteille • **he took a long ~ at his cigarette** il a tiré longuement sur sa cigarette
ⓒ (*= handle*) poignée *f*; (*= cord*) cordon *m*
2 (VT) ⓐ tirer • **to ~ a door open** ouvrir une porte (en la tirant) • **he ~ed the box over to the door** il a traîné la caisse jusqu'à la porte • **to ~ a door shut** tirer une porte derrière soi • **~ your chair closer to the table** approchez votre chaise de la table • **he ~ed her towards him** il l'attira vers lui • **to ~ sb clear of** [*+ wreckage, rubble*] dégager qn de
ⓑ [*+ trigger*] presser • **to ~ to bits** démolir; [*+ argument, scheme, play, film*]* démolir; [*+ person*]* éreinter • **to ~ sb's hair** tirer les cheveux à qn • **~ the other one!**‡ à d'autres ! • **he didn't ~ any punches** il n'y est pas allé de main morte • **to ~ one's weight** fournir sa part d'effort
ⓒ [*+ tooth*] arracher; [*+ cork*] ôter; [*+ gun, knife*] sortir; [*+ beer*] tirer • **he ~ed a gun on me** il a sorti un revolver et l'a braqué sur moi • **he's ~ing pints* somewhere in London** il est barman quelque part à Londres • **to ~ rank on sb** en imposer hiérarchiquement à qn
ⓓ [*+ muscle, tendon, ligament*] se déchirer
ⓔ (*= cancel*)* annuler
ⓕ (*= attract*)* [*+ crowd*] attirer; [*+ votes*] ramasser
ⓖ (*Brit = get off with*)‡ lever‡
3 (VI) ⓐ (*= tug*) tirer (**at, on** sur) • **he ~ed at her sleeve** il la tira par la manche
ⓑ (*= move*) **the train ~ed into/out of the station** le train est entré en gare/est sorti de la gare • **to ~ sharply to the left** [*car, driver*] virer brusquement à gauche • **the steering is ~ing to the left** la direction tire à gauche • **the car isn't ~ing very well** la voiture manque de reprise
ⓒ (*= swig*) **he ~ed at his beer** il a bu une gorgée de bière
ⓓ (*= row*) ramer (**for** vers)
ⓔ (*Brit*) (*= get off with sb*)‡ emballer*
4 (COMP) ▸ **pull-down menu** N menu *m* déroulant ▸ **pull-in** (*Brit*), **pull-off** (*US*) N parking *m* ▸ **pull-out** N (*in magazine*) supplément *m* détachable; [*of troops*] retrait *m* ♦ ADJ [*magazine section*] détachable
▸ **pull apart** VT SEP ⓐ (*= pull to pieces*) démonter; (*= break*) mettre en pièces • **the police ~ed the house apart looking for drugs*** la police a mis la maison sens dessus dessous pour trouver de la drogue • **nationalism was threatening to ~ the country apart** le nationalisme menaçait de déchirer le pays ⓑ (*= separate*) séparer ⓒ (*= criticize*) éreinter; [*+ argument, suggestion*] démolir
▸ **pull away** 1 VI [*vehicle, train*] démarrer • **he began to ~ away from his pursuers** il a commencé à distancer ses poursuivants • **she suddenly ~ed away from him** elle se dégagea soudain de son étreinte 2 VT SEP (*= withdraw*) retirer brusquement (**from sb** à qn); (*= snatch*) arracher (**from sb** à qn, des mains de qn)

▸ **pull back** 1 VI se retirer 2 VT SEP (= *withdraw*) [+ *object, troops*] retirer (**from** de); [+ *person*] tirer en arrière (**from** loin de) • **to ~ back the curtains** ouvrir les rideaux

▸ **pull down** VT SEP ⓐ [+ *blind*] baisser • **he ~ed his opponent down** il a mis à terre son adversaire • **he ~ed his hat down over his eyes** il a ramené son chapeau sur ses yeux ⓑ (= *demolish*) démolir • **the whole street has been ~ed down** la rue a été complètement démolie ⓒ (= *weaken*) affaiblir • **his geography marks ~ed him down** ses notes de géographie ont fait baisser sa moyenne

▸ **pull in** 1 VI (= *arrive*) arriver; (= *enter*) entrer; (= *stop*) s'arrêter 2 VT SEP ⓐ [+ *rope*] ramener • **to ~ sb in** (*into room, car*) faire entrer qn; (*into pool*) faire piquer une tête dans l'eau à qn • **~ your stomach in!** rentre le ventre! • **the film is certainly ~ing people in** il est certain que ce film attire les foules ⓑ (= *pick up*)* **the police ~ed him in for questioning** la police l'a appréhendé pour l'interroger

▸ **pull off** 1 VT SEP ⓐ (= *remove*) [+ *gloves, shoes, coat, hat*] ôter ⓑ **he ~ed the car off the road** il a arrêté la voiture sur le bord de la route ⓒ [+ *plan, aim*] réaliser; [+ *deal*] conclure; [+ *hoax*] réussir • **he didn't manage to ~ it off** il n'a pas réussi son coup 2 VT INSEP **to ~ off the road** [*vehicle, driver*] quitter la route

▸ **pull on** 1 VI **the cover ~s on** la housse s'enfile 2 VT SEP [+ *gloves, coat, cover*] enfiler; [+ *shoes, hat*] mettre

▸ **pull out** 1 VI ⓐ (= *leave*) [*train, bus*] démarrer ⓑ (= *withdraw*) se retirer • **he ~ed out of the deal at the last minute** il s'est retiré de l'affaire à la dernière minute ⓒ (= *change lane*) déboîter • **he ~ed out to overtake the truck** il a déboîté pour doubler le camion 2 VT SEP ⓐ (= *extract*) arracher; [+ *cork*] retirer; [+ *gun, knife*] sortir • **they ~ed him out of the wreckage alive** ils l'ont sorti vivant des débris ⓑ (= *withdraw*) [+ *troops*] retirer

▸ **pull over** 1 VI [*driver*] **he ~ed over to let the ambulance past** il s'est garé sur le côté pour laisser passer l'ambulance 2 VT SEP ⓐ **he ~ed the box over to the window** il a traîné la caisse jusqu'à la fenêtre ⓑ (= *stop*) [+ *motorist, car*]* forcer à s'arrêter ⓒ (= *topple*) **he ~ed the bookcase over on top of himself** il a entraîné la bibliothèque dans sa chute

▸ **pull round** 1 VI [*sick person*] s'en sortir 2 VT SEP **he ~ed me round to face him** il m'a fait me retourner pour que je lui fasse face

▸ **pull through** 1 VI (*from illness*) s'en tirer; (*from difficulties*) s'en sortir 2 VT SEP [+ *rope*] faire passer 3 VT INSEP [+ *illness*] réchapper à; [+ *difficulties, crisis*] se sortir de

▸ **pull together** 1 VI (= *cooperate*) se serrer les coudes 2 VT SEP ⓐ (= *join*) **data exists but it needs ~ing together** les données existent mais il faut les rassembler ⓑ **to ~ o.s. together** se ressaisir

▸ **pull up** 1 VI ⓐ (= *stop*) [*vehicle*] s'arrêter ⓑ (= *draw level with*) **he ~ed up with the leaders** il a rattrapé les premiers 2 VT SEP ⓐ (= *raise*) [+ *object*] remonter; (= *haul up*) hisser; [+ *chair*] approcher • **he leaned down from the wall and ~ed the child up** il s'est penché du haut du mur et a hissé l'enfant jusqu'à lui • **your geography mark has ~ed you up** votre note de géographie a remonté votre moyenne ⓑ [+ *weed*] arracher ⓒ (= *halt*) arrêter • **he ~ed himself up** il s'arrêta net

pulley [ˈpʊlɪ] (N) (= *block*) poulie *f*

pullover [ˈpʊlˌəʊvəʳ] (N) pull *m*

pulmonary [ˈpʌlmənərɪ] (ADJ) pulmonaire

pulp [pʌlp] 1 (N) ⓐ (= *paste*) pulpe *f* • **his arm was crushed to a ~** il a eu le bras complètement écrasé • **to beat sb to a ~** passer qn à tabac* ⓑ (= *literature*) littérature *f* de gare 2 (VT) [+ *fruit*] réduire en purée; [+ *book*] mettre au pilon

pulpit [ˈpʊlpɪt] (N) chaire *f*

pulsate [pʌlˈseɪt] (VI) [*vein*] palpiter; [*blood*] battre; [*music*] vibrer

pulse [pʌls] 1 (N) ⓐ [*of person*] pouls *m*; [*of current*] vibration *f*; (= *rhythm*) battement *m* rythmique • **to take sb's ~** prendre le pouls de qn • **to have one's finger on the ~** être à l'écoute de ce qui se passe ⓑ légume *m* sec 2 (VI) [*blood*] battre; [*sound*] vibrer 3 (COMP) ▸ **pulse rate** N pouls *m*

pulverize [ˈpʌlvəraɪz] (VT) pulvériser

puma [ˈpjuːmə] (N) puma *m*

pumice [ˈpʌmɪs] (N) pierre *f* ponce

pummel [ˈpʌml] (VT) (*in fight*) rouer de coups; (*in massage*) pétrir

pump [pʌmp] 1 (N) ⓐ pompe *f*
ⓑ (= *sports shoe*) tennis *f*; (= *court shoe*) escarpin *m*; (= *dancing shoe*) chausson *m*
2 (VT) ⓐ **to ~ water out of sth** pomper l'eau de qch • **to ~ air into sth** gonfler qch • **the heart ~s the blood round the body** le cœur fait circuler le sang dans le corps • **to ~ sb's stomach** faire un lavage d'estomac à qn • **to ~ iron*** faire de l'haltérophilie • **to ~ bullets into sb*** cribler qn de balles • **they ~ed money into the project** ils ont injecté de l'argent dans le projet
ⓑ (= *question*)* **to ~ sb for sth** essayer de soutirer qch à qn
ⓒ [+ *handle*] actionner plusieurs fois; [+ *brake*] pomper sur
3 (VI) [*machine, person*] pomper; [*heart*] battre fort • **blood ~ed from the artery** le sang coulait à flots de l'artère
4 (COMP) ▸ **pump-action** ADJ [*shotgun*] à pompe ▸ **pump attendant** N (*Brit*) pompiste *mf* ▸ **pump prices** NPL **a rise in ~ prices** [*of petrol*] une hausse (des prix) à la pompe

▸ **pump out** VT SEP (= *produce*) débiter

▸ **pump up** VT SEP [+ *tyre, airbed*] gonfler

pumpkin [ˈpʌmpkɪn] (N) citrouille *f* • **~ pie** tarte *f* à la citrouille

pun [pʌn] 1 (N) calembour *m* 2 (VI) faire des calembour(s)

punch [pʌntʃ] 1 (N) ⓐ (= *blow*) coup *m* de poing • **to give sb a ~** donner un coup de poing à qn • **to roll with the ~es** encaisser*
ⓑ (= *punchiness*) punch* *m* • **a phrase with more ~** une expression plus percutante • **we need a presentation with some ~ to it** il nous faut une présentation qui ait du punch*
ⓒ (*for tickets*) poinçonneuse *f*; (*for holes in paper*) perforateur *m*
ⓓ (= *drink*) punch *m*
2 (VT) ⓐ (*with fist*) [+ *person*] donner un coup de poing à; [+ *ball*] frapper d'un coup de poing • **to ~ sb's nose/face** donner un coup de poing sur le nez/la figure de qn • **to ~ the air** lever le poing en signe de victoire • **the goalkeeper ~ed the ball over the bar** le gardien de but a envoyé le ballon par-dessus la barre d'un coup de poing
ⓑ [+ *ticket*] (*by hand*) poinçonner; (*automatically*) composter • **to ~ a hole in sth** faire un trou dans qch

ⓒ (*with finger*) [+ *button*] taper sur
3 (VI) cogner
4 (COMP) ▸ **punch bag** N (*Brit*) sac *m* de sable • **to use sb as a ~ bag** se servir de qn comme d'un punching-ball ▸ **punch bowl** N bol *m* à punch ▸ **punch-drunk** ADJ abruti ▸ **punching bag** N (*US*) sac *m* de sable ▸ **punch line** N [*of joke*] chute *f* ▸ **punch-up*** N bagarre *f* • **to have a ~-up** (*Brit*) se bagarrer*
▸ **punch in** VT SEP [+ *code number*] taper
▸ **punch out** VT SEP [+ *hole*] faire à la poinçonneuse; [+ *design*] estamper

punchy* [pʌnt ʃɪ] (ADJ) (= *forceful*) [*person*] qui a du punch*, dynamique; [*remark, reply*] incisif

punctilious [pʌŋ'tiliəs] (ADJ) scrupuleux

punctual ['pʌŋktjʊəl] (ADJ) ponctuel • **he is always ~** il est toujours ponctuel • **be ~** soyez à l'heure

> ✎ **ponctuel** is spelt with an **o** instead of a **u** and ends in **-el** instead of **-al**.

punctuality [,pʌŋktjʊ'ælɪtɪ] (N) ponctualité *f*

> ✎ **ponctualité** is spelt with an **o** instead of a **u**.

punctually ['pʌŋktjʊəlɪ] (ADV) ponctuellement

> ✎ **ponctuellement** is spelt with an **o** instead of a **u** and contains **-ell-** instead of **-all-**.

punctuate ['pʌŋktjʊeɪt] (VT) ponctuer (**with** de)

> ✎ **ponctuer** is spelt with an **o** instead of a **u**.

punctuation [,pʌŋktjʊ'eɪʃən] (N) ponctuation *f*

> ✎ **ponctuation** is spelt with an **o** instead of a **u**.

puncture ['pʌŋktʃə^r] 1 (N) (*in tyre*) crevaison *f* • **I've got a ~** j'ai (un pneu) crevé • **they had a ~ outside Limoges** ils ont crevé près de Limoges 2 (VT) [+ *tyre*] crever 3 (VI) crever 4 (COMP) ▸ **puncture repair kit** N trousse *f* à outils pour crevaisons

pundit ['pʌndɪt] (N) expert *m*

pungency ['pʌndʒənsɪ] (N) [*of smell, taste*] âcreté *f*; [*of sauce*] goût *m* piquant *or* relevé; [*of remark, criticism*] mordant *m*, causticité *f*

pungent ['pʌndʒənt] (ADJ) âcre; [*sauce*] relevé; [*criticism, satire*] mordant

punish ['pʌnɪʃ] (VT) ⓐ punir (**for sth** de qch, **for doing** pour avoir fait) ⓑ [+ *opponent in fight, boxer, opposing team*] malmener; [+ *engine*] fatiguer

punishable ['pʌnɪʃəbl] (ADJ) [*offence*] punissable • **~ by imprisonment** passible d'une peine de prison

punishing ['pʌnɪʃɪŋ] 1 (N) (= *act*) punition *f* 2 (ADJ) [*speed, schedule, work*] épuisant

punishment ['pʌnɪʃmənt] (N) punition *f* • **as a ~ (for)** en punition (de) • **to make the ~ fit the crime** adapter le châtiment au crime

punitive ['pju:nɪtɪv] (ADJ) [*measure*] punitif • **a ~ raid** un raid de représailles

Punjab [pʌn'dʒɑ:b] (N) Pendjab *m*

Punjabi [pʌn'dʒɑ:bɪ] 1 (ADJ) pendjabi 2 (N) (= *person*) Pendjabi *mf*

punk [pʌŋk] 1 (N) ⓐ (= *music*) punk *m* ⓑ (= *musician, fan*) punk *mf* ⓒ (*US* = *ruffian*)* sale* petit voyou *m* 2 (ADJ) [*band, music, style*] punk *inv* • **~ rock** le punk rock

punnet ['pʌnɪt] (N) (*Brit*) barquette *f*

punt [pʌnt] 1 (N) ⓐ (= *boat*) barque *f* à fond plat ⓑ (= *former Irish currency*) livre *f* irlandaise 2 (VT) [+ *boat*] faire avancer (avec une perche) 3 (VI) **to go ~ing** faire un tour en barque

punter ['pʌntə^r] (N) ⓐ (*Brit*) (*Racing*) parieur *m*, -euse *f* ⓑ (= *customer*)* client(e) *m(f)*; (= *consumer*)* consommateur *m*, -trice *f*

puny ['pju:nɪ] (ADJ) chétif; [*effort*] pitoyable

pup [pʌp] (N) (= *dog*) chiot *m*

pupil ['pju:pl] 1 (N) ⓐ (*at school*) élève *mf* ⓑ [*of eye*] pupille *f* 2 (COMP) ▸ **pupil nurse** N (*Brit*) élève *mf* infirmier (-ière) ▸ **pupil power** N pouvoir *m* des élèves

puppet ['pʌpɪt] 1 (N) marionnette *f*; (= *pawn*) pantin *m* 2 (COMP) [*theatre*] de marionnettes; [*state, leader, cabinet*] fantoche ▸ **puppet show** N spectacle *m* de marionnettes *fpl*

puppy ['pʌpɪ] (N) chiot *m* ▸ **puppy fat*** N rondeurs *fpl* d'adolescent(e)

purchase ['pɜ:tʃɪs] 1 (N) ⓐ achat *m* • **to make a ~** faire un achat ⓑ (= *grip*) prise *f* 2 (VT) acheter (**sth from sb** qch à qn) 3 (COMP) ▸ **purchase price** N prix *m* d'achat ▸ **purchase tax** N (*Brit*) taxe *f* à l'achat

purchaser ['pɜ:tʃɪsə^r] (N) acheteur *m*, -euse *f*

purdah ['pɜ:də] (N) purdah *m*

pure [pjʊə^r] (ADJ) pur • **as ~ as the driven snow** innocent comme l'enfant qui vient de naître • **~ science** science *f* pure • **~ and simple** pur et simple • **it was ~ hypocrisy** c'était de la pure hypocrisie

purebred ['pjʊəbred] (ADJ) de race

purely ['pjʊəlɪ] (ADV) purement

purgatory ['pɜ:gətərɪ] (N) purgatoire *m* • **it was ~** c'était un vrai supplice

purge [pɜ:dʒ] 1 (N) purge *f* • **a ~ of the dissidents** une purge des dissidents 2 (VT) purger; [+ *traitors, bad elements*] éliminer

purification [,pjʊərɪfɪ'keɪʃən] (N) purification *f*; [*of waste water*] épuration *f*

purify ['pjʊərɪfaɪ] (VT) purifier

purist ['pjʊərɪst] (ADJ, N) puriste *mf*

puritan ['pjʊərɪtən] (ADJ, N) puritain(e) *m(f)*

puritanical [,pjʊərɪ'tænɪkəl] (ADJ) puritain

purity ['pjʊərɪtɪ] (N) pureté *f*

purl [pɜ:l] (N) (*Knitting*) (= *one stitch*) maille *f* à l'envers

purloin [pɜ:'lɔɪn] (VT) dérober

purple ['pɜ:pl] 1 (ADJ) (*bluish*) violet; (*reddish*) pourpre; (*lighter*) mauve • **~ passage** morceau *m* de bravoure 2 (N) (= *colour*) (*bluish*) violet *m*; (*reddish*) pourpre *m*; (*lighter*) mauve *m* 3 (COMP) ▸ **Purple Heart** N (*US*) *décoration attribuée aux blessés de guerre*

purport (*frm*) 1 (N) (= *meaning*) signification *f* 2 (VT) **to ~ to be sth/sb** [*person*] prétendre être qch/qn • **to ~ to be objective** [*book, statement*] se vouloir objectif • **a document ~ing to come from the French embassy** un document censé émaner de l'ambassade de France

> 🔈 Lorsque **purport** est un nom, l'accent tombe sur la première syllabe : ['pɜ:pət], lorsque c'est un verbe, sur la seconde : [pɜ:'pɔ:t].

P

purpose ['pɜ:pəs] 1 (N) (*= aim*) but *m* • **what was the ~ of the meeting?** quel était le but de cette réunion ? • **a man with a ~** un homme qui a un objectif • **it is adequate for the ~** cela fait l'affaire • **for this ~** dans ce but • **for my ~s** pour ce que je veux faire • **my ~ in doing this is ...** la raison pour laquelle je fais ceci est ... • **with the ~ of ...** dans le but de ... • **to no ~** en vain • **to the ~** à propos • **not to the ~** hors de propos

▸ **on purpose** exprès • **he did it on ~ to annoy me** il l'a fait exprès pour me contrarier

2 (COMP) ▸ **purpose-built** ADJ spécialement construit

purposeful ['pɜ:pəsfʊl] (ADJ) résolu

purposely ['pɜ:pəslɪ] (ADV) délibérément • **he made a ~ vague statement** il a fait délibérément une déclaration peu précise

purr [pɜ:ʳ] 1 (VI) ronronner 2 (N) ronronnement *m*

purse [pɜ:s] 1 (N) ⓐ (*Brit*) (*for coins*) portemonnaie *m inv*; (*= wallet*) portefeuille *m* ⓑ (*US*) (*= handbag*) sac *m* à main ⓒ (*= prize*) prix *m* 2 (VT) **to ~ one's lips** faire la moue

3 (COMP) ▸ **purse snatcher*** N (*US*) voleur *m*, -euse *f* à la tire ▸ **purse strings** NPL **to hold the ~ strings** tenir les cordons de la bourse

purser ['pɜ:səʳ] (N) commissaire *m* (du bord)

pursue [pə'sju:] (VT) ⓐ [*+ studies, career*] poursuivre; [*+ profession*] exercer; [*+ course of action*] suivre; [*+ inquiry, policy*] mener • **he decided to ~ his own interests** il a décidé de faire ce qui l'intéressait ⓑ [*+ matter*] approfondir ⓒ (*= chase after*) poursuivre

pursuer [pə'sju:əʳ] (N) poursuivant(e) *m(f)*

pursuit [pə'sju:t] (N) ⓐ (*= search*) [*of happiness, truth, peace, power*] recherche *f*; [*of excellence, wealth*] poursuite *f* • **in ~ of** à la recherche de ⓑ (*= chase*) poursuite *f* • **(to go) in ~ of sb** (se mettre) à la poursuite de qn • **he escaped with two policemen in hot ~** il s'est enfui avec deux policiers à ses trousses ⓒ (*= occupation*) activité *f*; (*= pastime*) passe-temps *m inv*

purveyor [pə'veɪəʳ] (N) fournisseur *m*, -euse *f* (**of sth** en qch, **to sb** de qn)

pus [pʌs] (N) pus *m*

---

push [pʊʃ]

1 NOUN	4 COMPOUNDS
2 TRANSITIVE VERB	5 PHRASAL VERBS
3 INTRANSITIVE VERB	

1 NOUN

ⓐ (*= shove*) poussée *f* • **to give sb/sth a ~** pousser qn/qch • **the car needs a ~** il faut pousser la voiture

ⓑ (*= dismissal*) (*Brit*)* **to give sb the ~** [*employer*] virer qn*; [*boyfriend, girlfriend*] plaquer qn‡ • **he got the ~** (*from employer*) il s'est fait virer*; (*from girlfriend*) il s'est fait plaquer‡

ⓒ (*= effort*) gros effort *m*; (*= campaign*) campagne *f* • **they made a ~ to get everything finished** ils ont fait un gros effort pour tout terminer • **at a ~*** à la rigueur • **when it comes to the ~*** au moment critique

2 TRANSITIVE VERB

ⓐ (*= press on*) [*+ door, person, car, pram*] pousser; [*+ button*] appuyer sur; [*+ stick, finger*] enfoncer • **don't ~ me!** ne (me) poussez pas !

▸ **to push** + *preposition/adverb* **to ~ sb out** pousser qn dehors • **he ~ed him down the stairs** il l'a poussé dans l'escalier • **to ~ sb into a room** pousser qn dans une pièce • **she ~ed the books off the table** elle a fait tomber les livres de la table • **they ~ed the car off the road** ils ont poussé la voiture sur le bas-côté • **to ~ a door open** ouvrir une porte (en la poussant) • **they ~ed him out of the car** ils l'ont poussé hors de la voiture • **to ~ sb/sth out of the way** écarter qn/qch • **to ~ a door shut** fermer une porte (en la poussant) • **to ~ one's way through a crowd** se frayer un chemin dans la foule • **he ~ed the thought to the back of his mind** il a repoussé cette pensée

ⓑ (*= advance*) [*+ one's views*] mettre en avant; [*+ claim*] présenter avec insistance; [*+ plan*] essayer d'imposer; [*+ product*] pousser la vente de

ⓒ (*= pressure*) pousser • **don't ~ him too far** ne le poussez pas à bout • **to ~ sb to do sth** pousser qn à faire qch • **to ~ sb into doing sth** forcer qn à faire qch • **I was ~ed into it** on m'y a poussé • **he ~es himself too hard** il se surmène • **he must be ~ing* 60** il ne doit pas avoir loin de 60 ans • **to be ~ed for time** être à court de temps • **I'm rather ~ed for space** je suis à l'étroit • **Jacqueline was ~ed for money** Jacqueline était à court d'argent

3 INTRANSITIVE VERB

ⓐ (*= press*) pousser; (*on bell*) appuyer • **you ~ and I'll pull** poussez et moi je vais tirer • **to ~ for better working conditions** faire pression pour obtenir de meilleures conditions de travail

ⓑ (*= move*) **they ~ed into the room** ils sont entrés dans la pièce en se frayant un passage • **he ~ed past me** il m'a dépassé en me bousculant

4 COMPOUNDS

▸ **push-bike*** N (*Brit*) vélo *m* ▸ **push-button** ADJ [*machine*] à commande automatique; [*telephone*] à touches ▸ **push-start** N, VT **to give a car a ~-start** • **to ~-start a car** faire démarrer une voiture en la poussant ▸ **push-up** N (*US*) pompe* *f* • **to do ~-ups** faire des pompes*

5 PHRASAL VERBS

▸ **push ahead** VI (*= make progress*) avancer à grands pas

▸ **push around** VT SEP ⓐ [*+ toy*] pousser dans tous les sens ⓑ (*= bully*)* bousculer*

▸ **push aside** VT SEP [*+ person, chair*] écarter (brusquement); [*+ objection, suggestion*] écarter

▸ **push away** VT SEP [*+ person, chair, one's plate, sb's hand*] repousser

▸ **push back** VI protester, se rebiffer* • **to push back against sth** s'insurger contre qch, protester contre qch

▸ **push in** 1 VI s'introduire de force; (*into queue*) se faufiler

2 VT SEP ⓐ [*+ stick, finger*] enfoncer; [*+ person*] pousser • **they dragged him to the pool and ~ed him in** ils l'ont tiré jusqu'à la piscine et l'ont poussé dedans ⓑ (*= break*) [*+ door*] enfoncer ⓒ **to ~ one's way in** s'introduire de force

▸ **push off‡** VI (*= leave*) filer* • **~ off!** fichez le camp !*

▸ **push on** VI (*in journey*) pousser (**to** jusqu'à); (*in work*) persévérer

▸ **push over** VT SEP ⓐ (*= cause to topple*) renverser ⓑ (*= cause to fall off*) (*over cliff, bridge*) faire tomber ⓒ (*= pass*) [*+ object*] pousser (**to sb** vers qn)

▸ **push through** VT SEP ⓐ [*+ stick, hand*] (faire) passer ⓑ [*+ deal, decision*] faire accepter ⓒ **~ one's way through** se frayer un chemin

▸ **push up** VT SEP ⓐ [*+ lever*] (re)lever; [*+ spectacles*] relever ⓑ (*= increase*) [*+ numbers, sales*] augmenter; [*+ prices, demand*] faire monter

pushback ['pʊʃbæk] (N) réaction *f* négative
pushchair ['pʊʃtʃɛəʳ] (N) (*Brit*) poussette *f*
pusher ['pʊʃəʳ] (N) dealer* *m*
pushover * ['pʊʃəʊvəʳ] (N) **it was a ~** c'était un jeu d'enfant • **he's a ~** il se laisse facilement faire
pushy * ['pʊʃɪ] (ADJ) [*person, manner*] arrogant • **he was very ~** [*salesman*] il a fait du rentre-dedans*
puss * [pʊs] (N) (= *cat*) minou* *m*
pussycat * ['pʊsɪkæt] (N) (= *cat*) minou* *m* • **David is a real ~** (= *harmless*) David ne ferait pas de mal à une mouche

put [pʊt]

1 TRANSITIVE VERB · 3 COMPOUNDS
2 INTRANSITIVE VERB · 4 PHRASAL VERBS

> vb: pret, ptp **put**

1 TRANSITIVE VERB

> For set combinations consisting of **put** + noun, eg **put out of business, put an end to**, look up the noun. For **put** + preposition/adverb combinations, see also phrasal verbs.

ⓐ (= *place*) mettre • **~ it in the drawer** mettez-le dans le tiroir • **~ yourself in my place** mets-toi à ma place • **to ~ an ad in the paper** passer une annonce dans le journal
▸ **to put + on** **to ~ a button on a shirt** coudre un bouton à une chemise • **to ~ sb on a diet** mettre qn au régime • **he ~ me on the train** il m'a accompagné au train
▸ **to put + over** **he ~ his hand over his mouth** il a mis sa main devant la bouche • **he ~ his hand over her mouth** il a plaqué sa main sur sa bouche • **someone has been ~ over him at the office** il a maintenant un chef au bureau • **to ~ one over on sb*** (= *deceive*) pigeonner* qn
▸ **to put + round** **to ~ one's arms round sb** enlacer qn • **he ~ his head round the door** il a passé la tête par la porte
▸ **to put + through** **to ~ one's fist through a window** passer le poing à travers une vitre • **to ~ one's pen through a word** rayer un mot • **she ~ a bullet through his head** elle lui a tiré une balle dans la tête
ⓑ (= *set*) **to ~ a watch to the right time** mettre une montre à l'heure • **I ~ him to work at once** je l'ai aussitôt mis au travail
ⓒ (= *rank*) placer • **I ~ Joyce above Lawrence** je place Joyce au-dessus de Lawrence • **we should ~ happiness before money** on devrait faire passer le bonheur avant l'argent
ⓓ (= *express*) dire • **how shall I ~ it?** comment dire ? • **I don't quite know how to ~ it** je ne sais pas trop comment le dire • **let me ~ it this way ...** disons que ... • **as Shakespeare ~s it** comme le dit Shakespeare • **as the president memorably ~ it** selon la célèbre formule du président • **to ~ it bluntly** pour parler franc
ⓔ (= *suggest*) **I ~ it to you that ...** n'est-il pas vrai que ... ? • **it was ~ to me in no uncertain terms** on m'a dit cela dans des termes très clairs
ⓕ (= *submit*) [+ *case, problem, opinion, suggestion*] présenter; [+ *proposal*] soumettre; [+ *question*] poser • **he ~ the arguments for and against the project** il a présenté les arguments pour et contre le projet
ⓖ (= *cause to be*) mettre • **to ~ sb in a good/bad mood** mettre qn de bonne/mauvaise humeur
ⓗ (= *invest*)
▸ **to put + into** **to ~ money into a company** placer de l'argent dans une société • **he has ~ a lot into his marriage** il s'est beaucoup investi dans son couple
ⓘ (= *estimate*)
▸ **to put + at** estimer • **they ~ the loss at £10,000** ils estiment à 10 000 livres la perte subie • **the population was ~ at 50,000** la population a été estimée à 50 000 habitants
ⓙ (*Sport*) **to ~ the shot** lancer le poids

2 INTRANSITIVE VERB

to ~ into port mouiller • **the ship ~ into Southampton** le navire a mouillé à Southampton • **to ~ to sea** appareiller

3 COMPOUNDS

▸ **put-down*** N humiliation *f* ▸ **put-on*** ADJ (= *feigned*) affecté ▸ **put out** ADJ contrarié ▸ **put-up job*** N coup *m* monté ▸ **put-upon*** ADJ **I feel ~-upon** je trouve qu'on profite de moi

4 PHRASAL VERBS

▸ **put about** 1 VI virer de bord 2 VT SEP ⓐ [+ *rumour*] faire courir ⓑ **to ~ o.s. about*** [*person*] se faire mousser*
▸ **put across** VT SEP (= *communicate*) [+ *ideas, intentions, desires*] faire comprendre • **to ~ sth across to sb** faire comprendre qch à qn • **he knows his stuff but he can't ~ it across** il connaît son sujet à fond mais il n'arrive pas à transmettre son savoir
▸ **put aside** VT SEP ⓐ [+ *object, food, money*] mettre de côté • **I'll ~ one aside for you** je vous en mettrai un de côté ⓑ [+ *differences, disagreement*] oublier
▸ **put away** VT SEP ⓐ (= *put in proper place*) [+ *clothes, toys, books*] ranger • **to ~ the car away** rentrer la voiture ⓑ (*Sport*) [+ *ball*] mettre au fond des filets ⓒ (= *confine*)* (*in prison, mental hospital*) enfermer ⓓ (= *consume*)* [+ *food*] avaler; [+ *drink*] siffler*
▸ **put back** 1 VI [*ship*] **they ~ back to Dieppe** ils sont rentrés à Dieppe 2 VT SEP ⓐ (= *replace*) remettre en place • **~ it back!** remets-le à sa place ! ⓑ (= *retard*) retarder • **the disaster ~ the project back ten years** ce désastre a retardé le projet de dix ans • **this will ~ us back ten years** cela nous fera perdre dix ans ⓒ (= *postpone*) remettre (**to** à)
▸ **put by** VT SEP [+ *money*] mettre de côté
▸ **put down** 1 VI [*aircraft, pilot*] se poser 2 VT SEP ⓐ [+ *parcel, book, child*] poser; [+ *passenger*] déposer • **~ it down!** pose ça ! • **I simply couldn't ~ that book down** j'ai dévoré ce livre ⓑ (= *pay*) [+ *deposit*] verser (**on** pour) • **he ~ down £500 on the car** il a versé 500 livres d'arrhes pour la voiture ⓒ (= *suppress*) [+ *revolt, movement*] réprimer ⓓ (= *criticize*)* critiquer; (= *denigrate*) dénigrer • **my boyfriend keeps ~ting me down** mon copain n'arrête pas de me critiquer • **you must stop ~ting yourself down** arrête donc de te déprécier ⓔ (= *record*) noter • **to ~ sth down in writing** mettre qch par écrit • **I've ~ you down as unemployed** j'ai mis que vous étiez chômeur ⓕ (*Brit* = *have destroyed*) [+ *dog, cat*] faire piquer; [+ *horse*] faire abattre
▸ **put down as** VT SEP (= *consider, assess*) considérer comme • **I had ~ him down as a complete fool** je le considérais comme un parfait imbécile
▸ **put down to** VT SEP (= *attribute*) mettre sur le compte • **I ~ it down to his inexperience** je mets ça sur le compte de son inexpérience

P

▸ **put forth** VT SEP [+ *idea, proposal*] émettre

▸ **put forward** VT SEP ⓐ (= *propose*) [+ *suggestion*] émettre; [+ *argument*] avancer; [+ *plan*] proposer • **he ~ forward Harry Green for the job** il a proposé Harry Green pour ce poste ⓑ (= *advance*) [+ *meeting, starting time*] avancer (**by** de, **to, until** à)

▸ **put in** 1 VI [*ship*] mouiller (**at** dans le port de) 2 VT SEP ⓐ (*into container*) mettre dedans; [+ *seeds*] semer • **have you ~ in the camera?** (= *pack*) est-ce que tu as pris l'appareil photo? ⓑ (= *insert*) [+ *word, paragraph*] ajouter; [+ *remark*] glisser ⓒ (= *submit*) **to ~ in a request for sth** faire une demande de qch • **to ~ sb in for an exam** présenter qn à un examen • **to ~ sb in for a scholarship** recommander qn pour une bourse ⓓ (= *install*) [+ *political party*] élire; [+ *central heating, double glazing*] faire installer ⓔ (= *spend*) [+ *time*] passer ⓕ (= *work*) travailler • **can you ~ in a few hours at the weekend?** pourrais-tu travailler quelques heures ce week-end?

▸ **put in for** VT INSEP [+ *job*] poser sa candidature à; [+ *promotion*] demander

▸ **put off** VT SEP ⓐ (= *postpone*) repousser; [+ *decision*] différer; [+ *visitor*] décommander • **to ~ sth off until January** remettre qch à janvier • **he ~ off writing the letter** il a décidé d'écrire cette lettre plus tard ⓑ (= *discourage*) dissuader; (= *repel*) dégoûter • **the failure may ~ them off trying again** il est possible que cet échec les dissuade d'essayer à nouveau • **the divorce figures don't seem to ~ people off marriage** les statistiques de divorce ne semblent pas dégoûter les gens du mariage • **it certainly ~ me off going to Greece** cela m'a certainement ôté l'envie d'aller en Grèce • **his remarks ~ me off my food** ses remarques m'ont coupé l'appétit ⓒ (= *distract*) **talking in the audience ~ him off** les bavardages de l'auditoire le déconcentraient ⓓ (= *fob off*) **he ~ her off with vague promises** il la faisait patienter avec de vagues promesses ⓔ [+ *light, gas, radio, TV, heater*] éteindre

▸ **put on** VT SEP ⓐ [+ *clothes, glasses, lotion*] mettre • **to ~ on one's make-up** se maquiller ⓑ (= *increase*) [+ *speed*] augmenter • **to ~ on weight** prendre du poids • **he ~ on 3 kilos** il a pris 3 kilos • **this could ~ 5p on a litre of petrol** cela augmenterait le prix du litre d'essence de 5 pence ⓒ (= *assume*) [+ *air, accent*] prendre • **to ~ it on** (= *pretend*) faire semblant • **she ~ on a show of enthusiasm** elle faisait semblant d'être enthousiaste ⓓ (= *deceive*) faire marcher* • **you're ~ting me on!*** tu me fais marcher!* ⓔ (= *organize*) organiser; [+ *extra train, bus*] mettre en service ⓕ (*on phone*) **~ me on to Mr Brown** passez-moi M. Brown ⓖ (= *switch on*) allumer; [+ *tape, CD, music*] mettre • **~ the kettle on** mets de l'eau à chauffer • **to ~ the brakes on** freiner ⓗ (= *begin to cook*) **I'll just ~ the potatoes on** je vais juste mettre les pommes de terre à cuire ⓘ [+ *money*] parier sur

▸ **put onto** VT SEP **to ~ sb onto sth** parler de qch à qn • **Alice ~ us onto him** Alice nous a parlé de lui • **a fellow journalist ~ me onto the story** c'est un collègue journaliste qui m'a mis sur l'affaire* • **what ~ you onto it?** qu'est-ce qui vous en a donné l'idée?

▸ **put out** 1 VI [*ship*] **to ~ out to sea** quitter le port • **to ~ out from Dieppe** quitter le port de Dieppe 2 VT SEP ⓐ (= *put outside*) [+ *rubbish*] sortir; (= *expel*) [+ *person*] expulser • **he ~ the cat out for the night** il a fait sortir le chat pour la nuit • **to ~ sth out of one's mind** ne plus penser à qch ⓑ (= *stretch out*) [+ *arm, leg*] allonger; [+ *foot*] avancer; [+ *tongue*] tirer; [+ *shoots*] produire • **to ~ out one's hand** tendre la main • **to ~ one's head out of the window** passer la tête par la fenêtre ⓒ (= *lay out in order*) étaler ⓓ (= *extinguish*) éteindre ⓔ (= *make unconscious*) endormir ⓕ (= *inconvenience*) déranger • **I don't want to ~ you out** je ne voudrais pas vous déranger ⓖ (= *issue*) [+ *announcement, statement*] publier; [+ *warning*] lancer; [+ *propaganda*] faire • **the government will ~ out a statement about it** le gouvernement va faire une déclaration à ce sujet ⓗ (= *broadcast*) passer ⓘ **to ~ out to tender** [+ *contract, service*] mettre en adjudication ⓙ (= *dislocate*) [+ *shoulder, back*] se démettre ⓚ (*Sport* = *eliminate*) [+ *team, contestant*] éliminer; (*Baseball*) [+ *ball*] mettre hors jeu • **a knee injury ~ him out of the first two games** une blessure au genou l'a empêché de jouer les deux premiers matchs

▸ **put over** VT SEP = **put across**

▸ **put through** VT SEP ⓐ (= *make*) [+ *change*] effectuer; [+ *plan*] mener à bien ⓑ (= *connect*) [+ *call*] passer; [+ *caller*] mettre en communication • **I'm ~ting you through now** je vous mets en communication • **~ me through to Mr Smith** passez-moi M. Smith ⓒ (*US*) **to ~ sb through college** payer les études de qn ⓓ (= *make suffer*) **to ~ sb through hell** mener la vie dure à qn • **they really ~ him through it*** ils lui en ont fait voir de dures*

▸ **put together** VT SEP ⓐ mettre ensemble • **it's more important than all the other factors ~ together** c'est plus important que tous les autres facteurs confondus • **he's worth more than the rest of the family ~ together** à lui tout seul il vaut plus que toute la famille réunie ⓑ (= *assemble*) assembler; [+ *account*] composer; [+ *team*] constituer ⓒ [+ *agreement, plan, package*] mettre au point

▸ **put up** VT SEP ⓐ (= *raise*) [+ *hand*] lever; [+ *flag*] hisser; [+ *tent*] monter; [+ *umbrella*] ouvrir; [+ *notice*] afficher; [+ *picture*] accrocher; [+ *building*] construire; [+ *fence, barrier*] ériger • **to ~ a ladder up against a wall** poser une échelle contre un mur ⓑ (= *increase*) augmenter; [+ *prices*] faire monter • **that ~s up the total to over 1,000** cela fait monter le total à plus de 1000 ⓒ (= *offer*) [+ *proposal*] soumettre; [+ *resistance*] opposer • **to ~ sb up as a candidate for** proposer qn comme candidat à • **to ~ up a struggle** se battre • **he ~ up a real fight to keep you in your job** il s'est vraiment battu pour que tu conserves ton poste • **to ~ sth up for sale** mettre qch en vente • **to ~ a child up for adoption** faire adopter un enfant ⓓ (= *provide*) fournir • **to ~ up money for a project** financer un projet ⓔ (= *lodge*) héberger

▸ **put up to** VT SEP (= *incite*) **to ~ sb up to doing sth** inciter qn à faire qch

▸ **put up with** VT INSEP supporter • **he has a lot to ~ up with** il a beaucoup de problèmes

putative [ˈpjuːtətɪv] ADJ supposé

putrid [ˈpjuːtrɪd] ADJ (= *rotting*) putride

putt [pʌt] 1 N putt *m* 2 VTI putter

putter [ˈpʌtəʳ] 1 N (*Golf*) putter *m* 2 VI (*US*) bricoler* • **to ~ around the house** faire des petits travaux dans la maison

putty [ˈpʌtɪ] N mastic *m* (*ciment*)

puzzle [ˈpʌzl] 1 N ⓐ (= *mystery*) énigme *f* • **he's a real ~ to me** c'est une énigme vivante pour moi ⓑ (= *word* *game*) rébus *m*; (= *crossword*) mots *mpl* croisés **C** (= *jigsaw*) puzzle *m* **2** (VT) rendre perplexe • **that really ~d him** ça l'a vraiment rendu perplexe • **it ~s me that ...** je trouve curieux que ... • **to ~ one's head about sth** se creuser la tête au sujet de qch **3** (VI) **to ~ over** essayer de comprendre **4** (COMP) ▸ **puzzle book** N livre *m* de jeux

▸ **puzzle out** VT SEP [+ *answer, solution*] trouver; [+ *sb's actions, attitude*] comprendre

puzzled ['pʌzld] (ADJ) perplexe

puzzling ['pʌzlɪŋ] (ADJ) curieux

PVC [,pi:vi:'si:] (N) (ABBR OF **polyvinyl chloride**) PVC *m*

p.w. (ABBR OF **per week**) par semaine

PX [pi:'eks] (N) (*US*) (ABBR OF **post exchange**) coopérative *f* militaire

pygmy ['pɪgmɪ] **1** (N) Pygmée *mf* **2** (ADJ) pygmée; (*fig*) nain

pyjamas [pɪ'dʒɑ:məz] (NPL) (*Brit*) pyjama *m* • **a pair of ~** un pyjama

pylon ['paɪlən] (N) pylône *m*

pyramid ['pɪrəmɪd] (N) pyramide *f* ▸ **pyramid selling** N vente *f* pyramidale

pyre ['paɪə^r] (N) bûcher *m* funéraire

Pyrenees [pɪrə'ni:z] (NPL) Pyrénées *fpl*

Pyrex ® ['paɪreks] (N) pyrex ® *m* ▸ **Pyrex dish** N plat *m* en pyrex ®

pyromaniac [,paɪərəʊ'meɪnɪæk] (N) pyromane *mf*

Pyrrhic ['pɪrɪk] (ADJ) ~ **victory** victoire *f* à la Pyrrhus, victoire *f* coûteuse

python ['paɪθən] (N) python *m*

pzazz* [pə'zæz] (N) (*US*) tonus *m*

Qq

Q and A ['kju:ənd'eɪ] (N) (ABBR OF **questions and answers**) questions-réponses *fpl*

Qatar [kæ'tɑ:ʳ] **1** (N) ⓐ (= *country*) Qatar *m* ⓑ (= *inhabitant*) Qatari(e) *m(f)* **2** (ADJ) qatari

QC [kju:'si:] (N) (= *lawyer*) (ABBR OF **Queen's Counsel**) avocat(e) *m(f)* de la couronne

> **QC, KC**
> En Angleterre, au pays de Galles et en Irlande du Nord, un **QC**, abréviation de « Queen's Counsel », ou **KC**, pour « King's Counsel », est un avocat qui a obtenu une distinction honorifique récompensant son expérience et ses hautes compétences sur recommandation du « Lord Chancellor ». On lui confie généralement des affaires de grande envergure. Il peut faire suivre son nom des lettres **QC** ou **KC**, et lorsqu'il va au tribunal, il est toujours accompagné par un autre avocat (un « junior barrister »).

QE2 [ˌkju:i:'tu:] (N) (ABBR OF **Queen Elizabeth II**) *paquebot*

QED [ˌkju:i:'di:] (ABBR OF **quod erat demonstrandum**) CQFD

QR code® [kju:'ɑ:kəʊd] (N) code *m* QR, flashcode® *m*

Q-tip® ['kju:tɪp] (N) coton-tige® *m*

quack [kwæk] **1** (N) ⓐ [*of duck*] coin-coin *m inv* ⓑ (= *imposter, bogus doctor*) charlatan *m*; (*hum*) (= *doctor*) toubib* *m* **2** (VI) faire coin-coin

quad [kwɒd] **1** (N) (ABBR OF **quadruplet, quadrangle**) **2** (NPL) **quads*** (= *muscles*) (ABBR OF **quadriceps**) **3** (COMP) ▸ **quad bike** N quad *m*

quadruped ['kwɒdrʊped] (ADJ, N) quadrupède *m*

quadruple [kwɒ'dru:pl] **1** (ADJ, N) quadruple *m* **2** (VTI) quadrupler

quadruplet [kwɒ'dru:plɪt] (N) quadruplé(e) *m(f)*

quads [kwɒdz]* (NPL) (= *quadriceps*) quadriceps *mpl*

quagmire ['kwægmaɪəʳ] (N) bourbier *m*

quail [kweɪl] (N) (= *bird*) caille *f*

quaint [kweɪnt] (ADJ) ⓐ (= *picturesque*) [*place*] pittoresque • **a ~ little village** un petit village pittoresque ⓑ (= *old-fashioned*) [*custom, notion*] désuet (-ète *f*)

quake [kweɪk] **1** (VI) [*earth, person*] trembler • **I was quaking (in my boots*)** je tremblais comme une feuille • **to ~ with fear** trembler de peur **2** (N) (ABBR OF **earthquake**) tremblement *m* de terre

quakeproof ['kweɪkpru:f] **1** (ADJ) [*building*] parasismique, résistant aux secousses sismiques **2** (VT) mettre aux normes parasismiques

Quaker ['kweɪkəʳ] (N) quaker(esse) *m(f)*

qualification [ˌkwɒlɪfɪ'keɪʃən] (N) ⓐ (= *degree, diploma*) diplôme *m* (**in** de) • **he has a lot of experience but no formal ~s** il a beaucoup d'expérience mais il n'a aucun diplôme • **I have no teaching ~(s)** je n'ai pas les qualifications requises pour enseigner ⓑ (= *limitation*) réserve *f* • **without ~** sans réserves ⓒ (= *graduation*) **my first job after ~ as a vet** mon premier emploi après avoir terminé mes études de vétérinaire

qualified ['kwɒlɪfaɪd] (ADJ) ⓐ (= *trained*) [*staff, craftsman, pilot*] qualifié; [*engineer, doctor, teacher*] diplômé • **suitably ~ candidates** les candidats ayant les qualifications requises • **he was well ~ for the post of president** il avait les qualités requises pour être président • **~ to do sth** qualifié pour faire qch • **he is ~ to teach** il a les qualifications requises pour enseigner • **he is well ~ to captain the team** il est tout à fait qualifié pour être le capitaine de l'équipe • **I don't feel ~ to judge** je ne me sens pas en mesure d'en juger
ⓑ (= *limited*) [*support, approval*] mitigé • **a ~ success** une demi-réussite • **a ~ yes** un oui mitigé

qualifier ['kwɒlɪfaɪəʳ] (N) (*Sport*) (= *person*) athlète *mf* qualifié(e); (= *match*) match *m* de qualification

qualify ['kwɒlɪfaɪ] **1** (VT) ⓐ (= *make competent*) **to ~ sb to do sth/for sth** qualifier qn pour faire qch/pour qch • **this degree does not ~ you to teach** ce diplôme ne vous permet pas d'enseigner • **that doesn't ~ him to speak on it** cela ne lui donne pas qualité pour en parler
ⓑ (= *modify*) [+ *support*] mettre des réserves à; [+ *statement, opinion*] nuancer
2 (VI) obtenir son diplôme (**in** en) • **to ~ as a doctor/an engineer** obtenir son diplôme de médecin/d'ingénieur • **he doesn't ~ for that post** il n'a pas les compétences requises pour ce poste • **does he ~?** est-ce qu'il remplit les conditions requises ? • **to ~ for the final** se qualifier pour la finale

qualifying ['kwɒlɪfaɪɪŋ] (ADJ) [*examination*] d'entrée; [*score*] qui permet de se qualifier • **~ heat** *or* **round** éliminatoire *f*

qualitative ['kwɒlɪtətɪv] (ADJ) qualitatif

quality ['kwɒlɪtɪ] **1** (N) qualité *f* • **of the highest ~** de première qualité • **of good ~** de bonne qualité • **of poor ~** de mauvaise qualité **2** (ADJ) de qualité **3** (COMP) ▸ **quality control** N contrôle *m* de qualité ▸ **quality controller** N contrôleur *m*, -euse *f* de la qualité ▸ **quality time** N moments *mpl* de qualité

qualm [kwɑːm] (N) (= *scruple*) doute *m*; (= *misgiving*) appréhension *f* • **I had no ~s about doing that** je n'ai pas eu le moindre scrupule à faire cela

quandary [ˈkwɒndərɪ] (N) dilemme *m* • **to be in a ~** être pris dans un dilemme • **he was in a ~ about what to do** il se demandait bien quoi faire

quango [ˈkwæŋgəʊ] (N) (*Brit*) (ABBR OF **quasi-autonomous nongovernmental organization**) organisation *f* non gouvernementale quasi autonome

quantifiable [ˌkwɒntɪˈfaɪəbl] (ADJ) quantifiable

quantify [ˈkwɒntɪfaɪ] (VT) quantifier

quantitative [ˈkwɒntɪtətɪv] **1** (ADJ) quantitatif **2** (COMP) ▸ **quantitative easing** N (*Econ*) assouplissement *m* quantitatif

quantity [ˈkwɒntɪtɪ] (N) quantité *f* • **in large quantities** en grandes quantités ▸ **quantity surveyor** N (*Brit*) métreur *m* (vérificateur)

quantum [ˈkwɒntəm] (*pl* **quanta**) quantum *m* ▸ **quantum leap** N bond *m* prodigieux • **to take** *or* **make a ~ leap** faire un bond (en avant) prodigieux ▸ **quantum mechanics** N mécanique *f* quantique ▸ **quantum physics** N physique *f* quantique

quarantine [ˈkwɒrəntiːn] **1** (N) quarantaine *f* (*pour raisons sanitaires*) • **in ~** en quarantaine **2** (VT) mettre en quarantaine

quarrel [ˈkwɒrəl] **1** (N) (= *dispute*) querelle *f*; (*more intellectual*) différend *m* • **I had a ~ with him yesterday** je me suis disputé avec lui hier • **they've had a ~** (= *argued*) ils se sont disputés; (= *fallen out*) ils se sont brouillés • **I have no ~ with you** je n'ai rien contre vous **2** (VI) (= *have a dispute*) se disputer • **I cannot ~ with that** je n'ai rien à redire à cela

quarry [ˈkwɒrɪ] **1** (N) carrière *f* **2** (VT) [+ *stone*] extraire

quarter [ˈkwɔːtəʳ] **1** (N) **a** (= *fourth part*) quart *m* • **to divide sth into ~s** diviser qch en quatre (parties égales) • **a ~ of a pound of cheese** ≈ 120 grammes de fromage • **I bought it for a ~ of the price** je l'ai acheté au quart du prix

b (*in expressions of time*) quart *m* (d'heure) • **a ~ of an hour** un quart d'heure • **a ~ to seven** • **a ~ of seven** (*US*) sept heures moins le quart • **a ~ past six** • **a ~ after six** (*US*) six heures un quart

c (= *specific fourth part*) [*of year*] trimestre *m*; [*of dollar*] quart *m* de dollar, vingt-cinq cents *mpl*; [*of moon*] quartier *m*

d (= *part of town*) **the Latin ~** le Quartier latin

2 (NPL) **quarters** (= *military lodgings*) quartiers *mpl*

3 (VT) (= *divide into four*) diviser en quatre (parts égales)

4 (ADJ) quart de • **a ~ century** un quart de siècle

5 (COMP) ▸ **quarter final** N (*Sport*) quart *m* de finale ▸ **quarter-finalist** N (*Sport*) quart de finaliste *mf* ▸ **quarter-hour** N (*period of time*) quart *m* d'heure ▸ **quarter note** N (*US*) noire *f* ▸ **quarter pound** N quart *m* de livre ▸ **quarter-pound** ADJ d'un quart de livre ▸ **quarter-pounder** N *hamburger contenant un steak haché d'environ 100 g* ▸ **quarter turn** N quart *m* de tour

quarterback [ˈkwɔːtəbæk] (N) (*US Football*) stratège *m* (*souvent en position d'arrière*)

quarterly [ˈkwɔːtəlɪ] (ADJ) trimestriel

quartet(te) [kwɔːˈtet] (N) [*of classical musicians*] quatuor *m*; [*of jazz musicians*] quartette *m*

quartz [ˈkwɔːts] (N) quartz *m* ▸ **quartz watch** N montre *f* à quartz

quash [kwɒʃ] (VT) [+ *decision, verdict*] casser; [+ *rebellion*] réprimer

quaver [ˈkweɪvəʳ] (N) **a** (= *musical note*) croche *f* **b** (= *voice tremor*) chevrotement *m*

quay [kiː] (N) quai *m*

quayside [ˈkiːsaɪd] (N) quai *m*; (= *whole area*) quais *mpl*

queasy [ˈkwiːzɪ] (ADJ) (= *nauseous*) **he felt ~** il avait la nausée • **it makes me (feel) ~** ça me donne la nausée

Quebec [kwɪˈbek] **1** (N) **a** (= *city*) Québec **b** (= *province*) Québec *m* **2** (ADJ) québécois

Quebecois [kebeˈkwɑː] (N) (*pl inv*) (= *person*) Québécois(e) *m(f)*

queen [kwiːn] (N) reine *f* • **Queen Elizabeth** la reine Élisabeth ▸ **queen bee** N reine *f* des abeilles ▸ **Queen Mother** N reine *f* mère ▸ **Queen's Counsel** N avocat(e) *m(f)* de la couronne → QC ▸ **Queen's speech** N (*Brit*) discours *m* de la reine

> **QUEEN'S SPEECH, KING'S SPEECH**
>
> Le **Queen's speech** ou **King's speech** est un discours lu par le souverain à l'ouverture du Parlement, dans la Chambre des lords, en présence des lords et des députés. Il contient le programme de politique générale que propose le gouvernement pour la session, et il est préparé par le Premier ministre en consultation avec le cabinet.

queer [kwɪəʳ] **1** (ADJ) **a** (= *strange*) bizarre; (= *suspicious*) louche • **a ~ fish*** un drôle de type* **b** (*offensive*) (= *homosexual*)‡ homo* **c** (*Brit*) (= *unwell*)† **to feel ~** se sentir tout chose* **2** (N) (*offensive*) (= *homosexual*)‡ homo* *m*

quell [kwel] (VT) [+ *rebellion*] réprimer

quench [kwentʃ] (VT) **to ~ one's thirst** se désaltérer

querulous [ˈkwerʊləs] (ADJ) grincheux

query [ˈkwɪərɪ] **1** (N) (= *question*) question *f*; (= *doubt*) doute *m*; (*Comput*) requête *f* **2** (VT) [+ *statement, motive, evidence*] mettre en doute **3** (COMP) ▸ **query language** N (*Comput*) langage *m* de requête

quest [kwest] (N) quête *f* (**for** de) • **in ~ of** en quête de

question [ˈkwestʃən] **1** (N) **a** question *f* • **to ask sb a ~** poser une question à qn

b (= *doubt*) **there is no ~ about it** cela ne fait aucun doute • **there's no ~ that this is better** une chose est sûre, c'est mieux • **to accept without ~** accepter sans poser de questions • **she is without ~ one of the greatest writers of her generation** elle est sans conteste l'un des plus grands écrivains de sa génération

▸ **to call sth into question** remettre qch en question

c (= *matter, subject*) question *f* • **that's not the ~** là n'est pas la question • **that's another ~ altogether** ça c'est une tout autre affaire • **it's a ~ of price** c'est une question de prix • **there's no ~ of closing the shop** il n'est pas question de fermer le magasin • **it's all a ~ of what you want to do eventually** tout dépend de ce que tu veux faire en fin de compte

▸ **in question** en question

▸ **out of the question** hors de question • **that is out of the ~** il n'en est pas question

2 (VT) **a** [+ *person*] interroger

b [+ *motive, account, sb's honesty*] remettre en question

3 (COMP) ▸ **question mark** N point *m* d'interrogation • **there is a ~ mark over whether he meant to do it** on ne sait pas au juste s'il avait l'intention de le faire • **a big**

~ **mark hangs over his future** l'incertitude plane sur son avenir

> ⚠ **to question** in the sense of **to interrogate** is translated **interroger**.

questionable ['kwestʃənəbl] (ADJ) [*quality, taste*] douteux; [*motive, behaviour, practice*] suspect • **it is ~ whether ...** il est douteux que ... + *subj*

questioning ['kwestʃənɪŋ] **1** (N) interrogation *f* • **they have been called in for ~** ils ont été convoqués pour un interrogatoire **2** (ADJ) [*nature*] curieux • **to have a ~ mind** être curieux de nature

questionnaire [ˌkwestʃə'nɛəʳ] (N) questionnaire *m*

queue [kju:] (Brit) **1** (N) [*of people*] queue *f*, file *f* (d'attente); [*of cars*] file *f* • **go to the end of the ~!** prenez la queue ! **2** (VI) [*people, cars*] faire la queue • **we ~d for an hour** nous avons fait une heure de queue **3** (COMP) ▸ **queue-jumper** N resquilleur *m*, -euse *f* (*qui passe avant son tour*) ▸ **queue-jumping** N resquille *f* (*pour passer avant son tour*)

quibble ['kwɪbl] (VI) chicaner (**over** sur)

quibbling ['kwɪblɪŋ] **1** (ADJ) [*person*] chicaneur; [*argument, objection*] spécieux **2** (N) chicanerie *f*

quiche [ki:ʃ] (N) quiche *f*

quick [kwɪk] **1** (ADJ) **a** (= *rapid*) [*train, movement, decision*] rapide; [*recovery, answer*] prompt • **be ~!** dépêche-toi ! • **try to be ~er next time** essaie de faire plus vite la prochaine fois • **at a ~ pace** d'un pas rapide • **I had a ~ chat with her** j'ai échangé quelques mots (rapides) avec elle • **we had a ~ meal** nous avons mangé en vitesse • **it's ~er by train** c'est plus rapide par le train • **he's a ~ worker** il travaille vite

b (= *lively*) [*mind*] vif • **he was ~ to see that ...** il a tout de suite vu que ... • **she was ~ to point out that ...** elle n'a pas manqué de faire remarquer que ... • **to have a ~ temper** s'emporter facilement • **he is ~ at figures** il calcule vite

2 (ADV) (= *quickly*) ~, **over here!** vite, par ici ! • **as ~ as a flash** avec la rapidité de l'éclair

3 (COMP) ▸ **quick-drying** ADJ [*paint, concrete*] qui sèche rapidement ▸ **quick fix** N solution *f* de fortune • **there is no ~ fix to the country's economic problems** il n'y a pas de solution miracle aux problèmes économiques du pays ▸ **quick-setting** ADJ [*cement*] à prise rapide; [*jelly*] qui prend facilement ▸ **quick-tempered** ADJ **to be ~-tempered** s'emporter facilement

quicken ['kwɪkən] (VT) accélérer • **to ~ one's pace** accélérer le pas

quickly ['kwɪklɪ] (ADV) **a** (= *with great speed*) [*speak, work*] vite • **as ~ as possible** aussi vite que possible **b** (= *in short time*) [*die, embrace*] rapidement; (= *without delay*) [*arrive, answer, react*] sans tarder • **the police were ~ on the scene** la police est arrivée rapidement sur les lieux

quickness ['kwɪknɪs] (N) vitesse *f*, rapidité *f*

quid ‡ [kwɪd] (N) *pl inv* (Brit) (= £) livre *f* • **ten ~** dix livres

quiet ['kwaɪət] **1** (ADJ) **a** (= *not loud*) [*voice*] bas (basse *f*); [*music*] doux (douce *f*); [*sound*] léger

b (= *not noisy, not busy*) [*street, room, village, neighbour*] calme • **isn't it ~!** quel calme ! • **try to be a little ~er** essayez de faire moins de bruit • **this town is too ~ for me** cette ville est trop calme pour moi

c (= *silent*) **to be ~** [*person*] être silencieux • **you're very ~ today** tu ne dis pas grand-chose aujourd'hui • **be ~!** silence ! • **to keep ~** garder le silence • **it was ~ as the grave** il y avait un silence de mort

d (= *placid*) [*person*] calme

e (= *discreet*) [*optimism*] discret (-ète *f*) • **the wedding was very ~** le mariage a été célébré dans l'intimité • **"yes" he said with a ~ smile** « oui » dit-il avec un petit sourire • **to have a ~ word with sb** parler en particulier avec qn • **to keep ~ about sth** (= *not tell*) ne pas ébruiter qch

f (= *untroubled*) [*night*] paisible; [*life*] tranquille

2 (N) **a** (= *silence*) silence *m* • **let's have complete ~ for a few minutes** faisons silence complet pendant quelques minutes

b (= *peace*) calme *m* • **there was a period of ~ after the fighting** il y a eu une accalmie après les combats

c **on the quiet*** en cachette

quieten ['kwaɪətn] **1** (VT) [+ *person, crowd*] calmer **2** (VI) **~ down!** calmez-vous !

quietly ['kwaɪətlɪ] (ADV) **a** [*say, speak, sing*] doucement **b** [*move, come in*] sans bruit **c** (= *discreetly*) discrètement • **I'm ~ confident about the future** je suis confiant dans l'avenir

quietness ['kwaɪətnɪs] (N) (= *silence*) silence *m*

quilt [kwɪlt] (N) (= *bed cover*) courtepointe *f*; (= *duvet*) (*also* **continental quilt**) couette *f*

quilted ['kwɪltɪd] (ADJ) [*dressing gown, bedspread*] matelassé

quintessential [ˌkwɪntɪ'senʃəl] (ADJ) par excellence • **he is the ~ English composer** c'est le compositeur anglais par excellence

quip [kwɪp] **1** (N) (= *witty remark*) bon mot *m*; (= *sarcasm*) sarcasme *m* **2** (VT) **"never on a Sunday" she ~ped** « jamais le dimanche » dit-elle avec esprit

quirk [kwɜ:k] (N) bizarrerie *f* • **by some ~ of nature** par une bizarrerie de la nature

quirky ['kwɜ:kɪ] (ADJ) [*humour, behaviour, style*] original; [*person*] excentrique

quit [kwɪt] **1** (VT) **a** (= *leave*) [+ *place, premises*] quitter • **to ~ one's job** quitter son emploi **b** (= *stop*) **to ~ doing sth** arrêter de faire qch • **~ fooling!** arrête de faire l'idiot ! **c** (Comput) [+ *file window*] quitter **2** (VI) (= *give up*) (*in game*) abandonner la partie • **I ~!** j'arrête !; (*from job*) je démissionne ! • **he ~s too easily** il se laisse décourager trop facilement

quite [kwaɪt] (ADV) **a** (= *entirely*) tout à fait • **~!** exactement ! • **I ~ agree with you** je suis entièrement de votre avis • **I ~ understand** je comprends très bien • **I ~ believe it** je le crois volontiers • **that's ~ enough!** ça suffit comme ça ! • **not ~ as many as last week** pas tout à fait autant que la semaine dernière • **that's ~ another matter** c'est une tout autre affaire • **he was ~ right** il avait tout à fait raison • **~ new** tout (à fait) neuf

b (= *to some degree, moderately*) plutôt, assez • **it was ~ dark for 6 o'clock** il faisait plutôt sombre pour 6 heures • **~ a long time** assez longtemps • **~ some time** un bon moment • **~ a few people** pas mal de monde • **your essay was ~ good** votre dissertation était plutôt bonne • **he is ~ a good singer** c'est un assez bon chanteur • **I ~ like this painting** j'aime assez ce tableau

quits* [kwɪts] (ADJ) **to be ~ (with sb)** être quitte (envers qn) • **to call it ~** s'en tenir là

quiver ['kwɪvəʳ] (VI) [*person*] frissonner (**with** de); [*voice, lips*] trembler; [*leaves*] frémir

Quixote ['kwɪksət] (N) **Don ~** don Quichotte *m*

quiz [kwɪz] 1 (N) (*pl* **quizzes**) ⓐ (*Radio, TV*) quiz *m*; (= *puzzle*) devinette *f* ⓑ (*US*) (*in schools*) interrogation *f* rapide (*orale ou écrite*) 2 (VT) interroger (**about** au sujet de) 3 (COMP) ▸ **quiz night** N (*in pub*) quiz *m* ▸ **quiz programme** N quiz *m*

quizzical ['kwɪzɪkəl] (ADJ) [*look*] interrogateur (-trice *f*)

Quorn® [kwɔ:n] (N) *substitut de viande à base de protéines végétales*

quorum ['kwɔ:rəm] (N) quorum *m*

quota ['kwəʊtə] (N) quota *m* ▸ **quota system** N système *m* de quotas

quotation [kwəʊ'teɪʃən] 1 (N) ⓐ (= *passage cited*) citation *f* ⓑ (= *estimate*) devis *m* 2 (COMP) ▸ **quotation marks** NPL guillemets *mpl* • **in ~ marks** entre guillemets

quote [kwəʊt] 1 (VT) ⓐ [+ *author, poem, words*] citer; [+ *reference number*] donner • **you can ~ me on that** vous pouvez rapporter mes paroles • **don't ~ me on that** ne me citez pas • **he was ~d as saying that ...** il aurait dit que ... • **she said the text was, and I ~, "full of mistakes"** elle m'a dit que le texte était, je cite, «plein de fautes» • **when ordering please ~ this number** pour toute commande prière de donner ce numéro
ⓑ [+ *price*] indiquer • **this was the best price he could ~ us** c'est le meilleur prix qu'il a pu nous proposer • **she ~d me £500 for the job** elle m'a fait un devis de 500 livres pour ces travaux
2 (VI) faire des citations • **to ~ from the Bible** citer la Bible
3 (N) ⓐ (= *quotation*) citation *f*
ⓑ (= *estimate*) devis *m*
4 (NPL) **quotes*** guillemets *mpl* • **in ~s** entre guillemets

Rr

R, r [ɑːʳ] (N) **the three R's*** *la lecture, l'écriture et l'arithmétique*
rabbi ['ræbaɪ] (N) rabbin *m*
rabbit ['ræbɪt] **1** (N) lapin *m* • **wild ~** lapin *m* de garenne
2 (VI) (*Brit*)* **what's he ~ing on about?** qu'est-ce qu'il radote encore ? • **we listened to her ~ing on about her holiday** on l'a écoutée nous parler de ses vacances en long, en large et en travers* **3** (COMP) ▸ **rabbit hutch** N clapier *m*; (= *house, flat*) cage *f* à lapins
rabble ['ræbl] (N) (= *disorderly crowd*) cohue *f*
rabid ['ræbɪd] (ADJ) [*animal*] enragé
rabies ['reɪbiːz] (N) rage *f*
RAC [ˌɑːreɪ'siː] (N) (*Brit*) (ABBR OF **Royal Automobile Club**) *société de dépannage*
raccoon [rə'kuːn] (N) raton *m* laveur
race [reɪs] **1** (N) **a** (= *competition*) course *f* • **the 100 metres ~** le 100 mètres • **horse ~** course *f* de chevaux • **cycle ~** course *f* cycliste • **the ~s** les courses *fpl* (de chevaux) • **~ against time** course *f* contre la montre • **the ~ for the White House** la course à la Maison-Blanche
b (= *species*) race *f* • **the human ~** la race humaine
2 (VT) **a** [+ *person*] faire la course avec • **he ~d the train in his car** il faisait la course avec le train dans sa voiture
b [+ *horse, dog*] faire courir • **to ~ pigeons** faire des courses de pigeon
3 (VI) **a** (= *compete*) faire la course • **to ~ against sb** faire la course avec qn
b (= *rush*) courir à toute allure • **to ~ in/out/across** entrer/sortir/traverser à toute allure • **to ~ after sb** courir après qn • **to ~ to the telephone** se précipiter vers le téléphone • **he ~d down the street** il a descendu la rue à toute vitesse • **he ~d through his work** il a fait son travail à toute vitesse • **her pulse was racing** son pouls était très rapide • **memories of the past ~d through her mind** les souvenirs du passé se sont mis à défiler dans son esprit • **thoughts ~d around in her head** les pensées se bousculaient dans sa tête
4 (COMP) ▸ **race relations** NPL relations *fpl* interraciales ▸ **race riot** N émeute(s) *f(pl)* raciale(s)
racecourse ['reɪskɔːs] (N) champ *m* de courses
race-hate ['reɪsˌheɪt] (ADJ) [*attack, crime*] racial • **~ campaign** campagne *f* d'incitation à la haine raciale
racehorse ['reɪshɔːs] (N) cheval *m* de course
racer ['reɪsəʳ] (N) (= *person*) coureur *m*, -euse *f*; (= *car*) voiture *f* de course; (= *cycle*) vélo *m* de course
racetrack ['reɪstræk] (N) (*US*) champ *m* de courses; (*Brit*) piste *f*

racial ['reɪʃəl] (ADJ) [*identity, purity*] racial; [*attack, prejudice*] raciste • **~ discrimination** discrimination *f* raciale • **~ segregation** ségrégation *f* raciale • **to vote along ~ lines** voter selon des critères raciaux
racially ['reɪʃəlɪ] (ADV) [*sensitive, diverse*] d'un point de vue racial • **a ~ motivated attack** une agression raciste • **to be ~ prejudiced** avoir des préjugés raciaux • **the schools were ~ segregated** les écoles pratiquaient la ségrégation raciale • **the schools are ~ integrated** les écoles pratiquent l'intégration raciale
racing ['reɪsɪŋ] (N) courses *fpl*; (*also* **horse-racing**) courses *fpl* de chevaux • **motor ~** course *f* automobile ▸ **racing bike** N vélo *m* de course ▸ **racing car** N voiture *f* de course ▸ **racing driver** N coureur *m*, -euse *f* automobile ▸ **racing pigeon** N pigeon *m* voyageur de compétition
racism ['reɪsɪzəm] (N) racisme *m*
racist ['reɪsɪst] (ADJ, N) raciste *mf*
rack [ræk] **1** (N) (*for bottles, documents*) casier *m*; (*for luggage*) porte-bagage(s) *m*; (*for dishes*) égouttoir *m*; (*for vegetables*) bac(s) *m(pl)* à légumes; (*in oven*) grille *f* **2** (VT) **~ed by remorse** tenaillé par le remords • **~ed by doubt** assailli de doutes • **to ~ one's brains** se creuser la tête
racket ['rækɪt] (N) **a** (*for sport*) raquette *f* **b** (= *noise*) vacarme *m* • **to make a ~** [*people*] faire du tapage; [*machine*] faire du vacarme **c** (= *organized crime*) trafic *m*; (= *dishonest scheme*) escroquerie *f* • **an extortion ~** un racket • **the drugs/stolen car ~** le trafic de drogue/des voitures volées
racketeering [ˌrækɪ'tɪərɪŋ] (N) racket *m*
racquet ['rækɪt] (N) raquette *f*
racy ['reɪsɪ] (ADJ) **a** (= *risqué*) leste **b** [*style of writing*] plein de verve
radar ['reɪdɑːʳ] (N) radar *m* • **by ~** au radar ▸ **radar trap** N contrôle *m* radar *inv* • **to get caught in a ~ trap** se faire piéger par un radar
radial ['reɪdɪəl] (ADJ) [*streets*] radial ▸ **radial tyre** N pneu *m* à carcasse radiale
radiance ['reɪdɪəns] (N) [*of face, beauty*] éclat *m*
radiant ['reɪdɪənt] (ADJ) [*person, smile, beauty, sunshine*] radieux • **~ with joy** rayonnant de joie • **to look ~** être radieux
radiantly ['reɪdɪəntlɪ] (ADV) **to be ~ happy** être rayonnant de bonheur • **~ beautiful** à la beauté radieuse
radiate ['reɪdɪeɪt] (VT) [+ *heat*] émettre • **he ~s enthusiasm** il respire l'enthousiasme
radiation [ˌreɪdɪ'eɪʃən] (N) (= *radioactivity*) radiation *f* ▸ **radiation levels** NPL niveaux *mpl* de radiation

▸**radiation sickness** N mal *m* des rayons ▸**radiation treatment** N radiothérapie *f*

radiator ['reɪdɪeɪtəʳ] (N) radiateur *m*

radical ['rædɪkəl] (ADJ, N) radical *m*

radicalism ['rædɪkəlɪzəm] (N) radicalisme *m*

radicalize ['rædɪkəlaɪz] (VT) radicaliser

radically ['rædɪkəlɪ] (ADV) radicalement • **there's something ~ wrong with this approach** il y a quelque chose de radicalement mauvais dans cette méthode

radio ['reɪdɪəʊ] **1** (N) radio *f* • **on the ~** à la radio
2 (VT) [+ *person*] joindre par radio • **to ~ a message** envoyer un message radio
3 (VI) **to ~ for help** appeler au secours par radio
4 (COMP) ▸**radio alarm, radio alarm clock** N radio-réveil *m* ▸**radio announcer** N speaker(ine) *m(f)* ▸**radio astronomy** N radioastronomie *f* ▸**radio broadcast** N émission *f* de radio ▸**radio cassette, radio cassette recorder** N (*Brit*) radiocassette *m* ▸**radio-controlled** ADJ radioguidé ▸**radio engineer** N ingénieur *m* radio *inv* ▸**radio frequency** N radiofréquence *f* ▸**radio link** N liaison *f* radio *inv* ▸**radio operator** N opérateur *m* (radio *inv*) ▸**radio play** N pièce *f* radiophonique ▸**radio programme** N émission *f* de radio ▸**radio station** N (= *broadcasting organization*) station *f* de radio ▸**radio taxi** N radio-taxi *m* ▸**radio telescope** N radiotélescope *m* ▸**radio wave** N onde *f* hertzienne

radioactive [ˌreɪdɪəʊ'æktɪv] (ADJ) radioactif • **~ waste** déchets *mpl* radioactifs

radioactivity [ˌreɪdɪəʊæk'tɪvɪtɪ] (N) radioactivité *f*

radiologist [ˌreɪdɪ'ɒlədʒɪst] (N) radiologue *mf* (*médecin*)

radiology [ˌreɪdɪ'ɒlədʒɪ] (N) radiologie *f*

radiotherapist [ˌreɪdɪəʊ'θerapɪst] (N) radiothérapeute *mf*

radiotherapy [ˌreɪdɪəʊ'θerəpɪ] (N) radiothérapie *f* • **to have ~ (treatment)** subir une radiothérapie

radish ['rædɪʃ] (N) radis *m*

radium ['reɪdɪəm] (N) radium *m*

radius ['reɪdɪəs] (N) rayon *m* • **within a 6km ~ of Paris** dans un rayon de 6 km autour de Paris

radon ['reɪdɒn] (N) (*also* **radon gas**) radon *m*

RAF [ˌɑːreɪ'ef] (N) (*Brit*) (ABBR OF **Royal Air Force**) RAF *f*

raffle ['ræfl] **1** (N) tombola *f* **2** (VT) mettre en tombola **3** (COMP) ▸**raffle ticket** N billet *m* de tombola

raft [rɑːft] (N) (*flat structure*) radeau *m*; (*logs*) train *m* de flottage

rafting ['rɑːftɪŋ] (N) rafting *m* • **to go ~** faire du rafting

rag [ræg] **1** (N) ⓐ chiffon *m* • **to lose one's ~‡** se mettre en rogne* ⓑ (= *newspaper*)* torchon* *m* **2** (NPL) **rags** (= *old clothes*) guenilles *fpl* • **to be dressed in ~s** être vêtu de guenilles • **to go from ~s to riches** passer de la misère à la richesse **3** (COMP) ▸**rag doll** N poupée *f* de chiffon

raga ['rɑːgə] (N) raga *m inv*

ragbag ['rægbæg] (N) sac *m* à chiffons • **a ~ of ...** (*Brit*) un ramassis de ...

rage [reɪdʒ] **1** (N) rage *f* • **to fly into a ~** se mettre en rage • **fit of ~** accès *m* de fureur • **to be all the ~** faire fureur **2** (VI) [*person*] être furieux (**against** contre); [*battle, fire*] faire rage

ragged ['rægɪd] (ADJ) ⓐ (= *in tatters*) [*person*] en haillons; [*clothes*] en lambeaux ⓑ (= *uneven*) [*edge, rock*] déchiqueté • **to run sb ~*** éreinter qn

raging ['reɪdʒɪŋ] (ADJ) [*pain*] atroce; [*storm, wind*] déchaîné; [*fire*] violent; [*inflation*] galopant; [*debate*] houleux; [*feminist, nationalist*] fanatique • **to be ~ mad*** (= *angry*) être dans une colère noire • **~ temperature** fièvre *f* de cheval • **~ toothache** rage *f* de dents

raid [reɪd] **1** (N) (*by the military*) raid *m*; (*by police*) descente *f* (de police); (*with arrests*) rafle *f* • **air ~** raid *m* (aérien) **2** (VT) [*army*] faire une incursion dans; [*bomber*] bombarder; [*police*] faire une descente dans; (*Brit*) [*thieves*] braquer*; [+ *piggybank*] puiser dans; [+ *fridge*] dévaliser

raider ['reɪdəʳ] (N) (= *thief*) braqueur* *m*, -euse* *f*; (*Finance*) raider *m*

rail [reɪl] **1** (N) ⓐ (*for train*) rail *m* • **to travel by ~** voyager en train • **to go off the ~s** [*person*] dérailler* • **to keep sb on the ~s** maintenir qn sur le droit chemin ⓑ (= *bar*) [*of boat*] bastingage *m*; (= *handrail*) main *f* courante; (*for curtains*) tringle *f* **2** (COMP) ▸**rail journey** N trajet *m* en train ▸**rail strike** N grève *f* des employés des chemins de fer ▸**rail traffic** N trafic *m* ferroviaire ▸**rail transport** N transport *m* ferroviaire

railcard ['reɪlkɑːd] (N) carte *f* de chemin de fer • **Senior Citizen's ~** carte *f* vermeil • **young person's ~** carte *f* de train tarif jeune

railing ['reɪlɪŋ] (N) ⓐ [*of bridge*] garde-fou *m* ⓑ (= *fence: also* **railings**) grille *f*

railroad ['reɪlrəʊd] **1** (N) (*US*) (= *system*) chemin *m* de fer **2** (VT) (= *force*)* **to ~ a bill** forcer le vote d'un projet de loi • **to ~ sb into doing sth** forcer qn à faire qch sans qu'il ait le temps de réfléchir

railway ['reɪlweɪ] (N) (*Brit*) (= *system*) chemin *m* de fer ▸**railway bridge** N pont *m* ferroviaire ▸**railway carriage** N voiture *f* ▸**railway guide** N indicateur *m* des chemins de fer ▸**railway line** N ligne *f* de chemin de fer; (= *track*) voie *f* ferrée ▸**railway network** N réseau *m* ferroviaire ▸**railway station** N gare *f* ▸**railway timetable** N horaire *m* des chemins de fer

rain [reɪn] **1** (N) pluie *f* • **in the ~** sous la pluie • **heavy/light ~** pluie *f* battante/fine • **come in out of the ~** ne reste pas sous la pluie, rentre **2** (VT) [+ *blows*] faire pleuvoir **3** (VI) pleuvoir • **it is ~ing** il pleut • **it is ~ing heavily** il pleut à verse **4** (COMP) ▸**rain belt** N zone *f* des pluies ▸**rain check*** N (*US*) **I'll take a ~ check (on that)** ça sera pour une autre fois ▸**rain cloud** N nuage *m* chargé de pluie ▸**rain gauge** N pluviomètre *m*

rainbow ['reɪnbəʊ] (N) arc-en-ciel *m* ▸**rainbow trout** N truite *f* arc-en-ciel

raincoat ['reɪnkəʊt] (N) imperméable *m*

raindrop ['reɪndrɒp] (N) goutte *f* de pluie

rainfall ['reɪnfɔːl] (N) (= *shower*) chute *f* de pluie; (= *amount*) pluviosité *f*

rainforest ['reɪnfɒrɪst] (N) (*also* **tropical rainforest**) forêt *f* pluviale (tropicale)

rainstorm ['reɪnstɔːm] (N) pluie *f* torrentielle

rainwater ['reɪnwɔːtəʳ] (N) eau *f* de pluie

rainy ['reɪnɪ] (ADJ) [*place*] pluvieux • **the ~ season** la saison des pluies • **to save something for a ~ day** garder une poire pour la soif

raise [reɪz] **1** (VT) ⓐ (= *lift*) [+ *arm, leg, object*] lever • **to ~ a blind** (re)lever un store • **they ~d their eyebrows when they heard** ils ont tiqué quand ils ont entendu • **he didn't ~ an eyebrow** il n'a pas sourcillé • **to ~ one's glass to sb** lever son verre à la santé de qn • **don't ~ your voice to me!** ne hausse pas le ton quand tu me parles ! • **not a voice was ~d in protest** personne n'a élevé la voix pour protester • **to ~ sb's spirits** remonter le moral de qn • **to**

r

~ **sb's hopes** donner à espérer à qn • **to ~ the level of the ground** rehausser le niveau du sol • **to ~ a sunken ship** renflouer un navire coulé
ⓑ (*= increase*) [*+ salary*] augmenter; [*+ standard*] élever; [*+ age limit*] reculer; [*+ temperature*] faire monter
ⓒ (*= build*) édifier
ⓓ (*= produce*) [*+ problems*] soulever • **to ~ a laugh** provoquer le rire • **to ~ a smile** (*oneself*) ébaucher un sourire; (*in others*) faire sourire • **to ~ suspicion in sb's mind** faire naître des soupçons dans l'esprit de qn
ⓔ (*= bring to notice*) [*+ question*] soulever; [*+ objection*] élever
ⓕ [*+ animals, children, family*] élever
ⓖ (*= get together*) [*+ army, taxes*] lever; [*+ money*] se procurer • **to ~ funds for sth** réunir les fonds pour qch; [*professional fundraiser*] collecter des fonds pour qch • **to ~ a loan** [*government*] lancer un emprunt; [*person*] emprunter
2 (N) (*= pay rise*) augmentation *f* (de salaire)

raised [reɪzd] (ADJ) [*platform*] surélevé

raisin ['reɪzən] (N) raisin *m* sec

rake [reɪk] 1 (N) râteau *m* 2 (VT) [*+ garden, leaves*] ratisser • **to ~ a fire** tisonner un feu • **to ~ dead leaves into a pile** ratisser les feuilles mortes et en faire un tas 3 (VI) (*= search*) **to ~ through** fouiller dans • **to ~ through dustbins** faire les poubelles
▸ **rake in*** VT SEP [*+ money*] amasser • **he's just raking it in!** il brasse le fric à la pelle !*
▸ **rake up** VT SEP [*+ leaves*] ramasser avec un râteau • **to ~ up the past** remuer le passé

rally ['rælɪ] 1 (N) [*of people*] rassemblement *m*; (*political*) meeting *m*; [*of cars*] rallye *m* • **youth/peace ~** rassemblement *m* de la jeunesse/en faveur de la paix 2 (VT) [*+ troops*] rassembler; [*+ supporters*] rallier; [*+ one's strength*] retrouver • **he hopes to ~ opinion within the party** il espère rallier à sa cause des membres du parti 3 (VI) [*sick person*] récupérer 4 (COMP) ▸ **rally car** N voiture *f* de rallye ▸ **rally driver** N pilote *m* de rallye ▸ **rally driving** N rallye *m*
▸ **rally round** VI venir en aide

RAM [ræm] (N) (ABBR OF **random access memory**) RAM *f inv*

ram [ræm] 1 (N) bélier *m* 2 (VT) ⓐ (*= push down*) enfoncer (*avec force*); (*= pack down*) tasser (**into** dans) • **he ~med the clothes into the case** il a entassé les vêtements dans la valise • **to ~ home an argument** faire clairement comprendre un argument • **to ~ sth down sb's throat** rebattre les oreilles à qn de qch ⓑ (*= crash into*) [*+ vehicle*] emboutir 3 (COMP) ▸ **ram raider** N auteur *m* d'un casse-bélier* ▸ **ram raiding** N *pillage de magasins avec une voiture-bélier*

Ramadan ['ræmədæn] (N) ramadan *m* • **during** *or* **at ~** pendant le ramadan

ramble ['ræmbl] 1 (N) randonnée *f* (pédestre) • **to go on a ~** partir en randonnée 2 (VI) ⓐ (*also* **go rambling**) partir en randonnée *f* (pédestre) ⓑ (*in speech: also* **ramble on**) parler pour ne rien dire

rambler ['ræmbləʳ] (N) (*Brit*) randonneur *m*, -euse *f*

rambling ['ræmblɪŋ] 1 (ADJ) [*speech, letter*] sans queue ni tête; [*person*] qui divague 2 (N) **to go ~** partir en randonnée

ramification [ˌræmɪfɪ'keɪʃən] (N) ramification *f*

ramp [ræmp] (N) rampe *f*; (*in road: for speed control*) ralentisseur *m*; (*in garage*) pont *m* de graissage • **"ramp"** « chaussée déformée »

rampage [ræm'peɪdʒ] (N) **to be** *or* **go on the ~** se déchaîner; (*= looting*) se livrer au saccage

rampant ['ræmpənt] (ADJ) **to run ~** sévir; [*person*] avoir la bride sur le cou

rampart ['ræmpɑːt] (N) rempart *m*

ramshackle ['ræmˌʃækl] (ADJ) délabré

ran [ræn] (VB) *pt of* **run**

ranch [rɑːntʃ] (N) ranch *m* ▸ **ranch hand** N ouvrier *m* agricole

rancid ['rænsɪd] (ADJ) rance • **to go ~** rancir

rancour, rancor (*US*) ['ræŋkəʳ] (N) rancœur *f*

R & B [ˌɑːrənd'biː] (N) (ABBR OF **rhythm and blues**) rhythm and blues *m*

R & D [ˌɑːrənd'diː] (N) (ABBR OF **research and development**) R&D *f*

random ['rændəm] 1 (ADJ) [*selection*] aléatoire; [*attack, killings*] aveugle
▸ **at random** au hasard • **chosen at ~** choisi au hasard
2 (COMP) ▸ **random access memory** N mémoire *f* vive
▸ **random number** N nombre *m* aléatoire

randomly ['rændəmlɪ] (ADV) au hasard

R & R [ˌɑːrənd'ɑː] (N) (ABBR OF **rest and recreation**) (*= leave*) permission *f* • **for a bit of ~*** pour se détendre

randy* ['rændɪ] (ADJ) (*Brit*) (*= aroused*) excité • **to feel ~** être tout excité • **he's a ~ old devil** c'est un vieux cochon*

rang [ræŋ] (VB) *pt of* **ring**

range [reɪndʒ] 1 (N) ⓐ [*of mountains*] chaîne *f*
ⓑ (*= distance covered*) [*of telescope, missile*] portée *f*; [*of plane*] rayon *m* d'action • **at long ~** à longue portée • **to be out of ~** être hors de portée • **within (firing) ~** à portée de tir
ⓒ (*= extent between limits*) [*of prices, salaries*] fourchette *f*; [*of temperature*] écarts *mpl*
ⓓ (*= selection*) gamme *f* • **a wide ~ of subjects** un grand choix de sujets
ⓔ (*= domain*) [*of influence*] sphère *f*; [*of knowledge*] étendue *f*
ⓕ (*also* **shooting range**) champ *m* de tir
ⓖ (*also* **kitchen range**) cuisinière *f*
2 (VT) ⓐ (*= place in a row*) [*+ objects*] ranger; [*+ troops*] aligner
ⓑ [*+ gun, telescope*] braquer (**on** sur)
3 (VI) [*discussion*] s'étendre (**from ... to** de ... à, **over** sur); [*opinions*] aller (**from ... to** de ... à) • **the temperature ~s from 18° to 24°** la température varie entre 18° et 24°

ranger ['reɪndʒəʳ] (N) ⓐ (*also* **forest ranger**) garde *m* forestier ⓑ (*US = mounted patrolman*) gendarme *m* à cheval

rank [ræŋk] 1 (N) ⓐ (*= row*) rang *m* • **the taxi at the head of the ~** le taxi en tête de file • **to break ~s** [*soldiers*] rompre les rangs; [*splinter group*] faire bande à part • **to serve in the ~s** servir dans les rangs • **the ~ and file** (*military*) les hommes de troupe; (*= ordinary people*) le commun des mortels • **the ~ and file of the party** la base du parti • **they were drawn from the ~s of the unemployed** on les avait tirés des rangs des chômeurs
ⓑ (*= grade*) grade *m* • **to reach the ~ of general** atteindre le grade de général
ⓒ (*= class*) rang *m* (social) • **people of all ~s** gens *mpl* de toutes conditions
2 (ADJ) ⓐ (*= absolute*) **a ~ outsider** un vrai outsider • **a ~ beginner** un parfait débutant
ⓑ (*= pungent*) fétide

3 (VT) classer • **I ~ him among the great composers** je le compte parmi les grands compositeurs
4 (VI) compter • **he ~s among my friends** il compte parmi mes amis • **to ~ high among ...** occuper une place importante parmi ... • **the British team only ~ed tenth** l'équipe britannique n'était qu'en dixième place

ranking ['ræŋkɪŋ] 1 (N) classement *m* 2 (NPL) **rankings** (*Sport*) classement *m* officiel 3 (ADJ) **high-~** de haut rang • **low-~** de rang inférieur • **middle-~** de rang intermédiaire

rankle ['ræŋkl] (VI) rester sur le cœur (**with** à)

ransack ['rænsæk] (VT) (= *pillage*) [+ *house, shop*] saccager; (= *search*) [+ *room, drawer*] fouiller de fond en comble

ransom ['rænsəm] (N) rançon *f* • **to hold sb to ~** mettre qn à rançon; (*fig*) exercer un chantage sur qn ▸ **ransom money** N argent *m* de la rançon

ransomware ['rænsəmweəʳ] (N) (*Comput*) logiciel *m* de rançon, rançongiciel *m*

rant [rænt] 1 (VI) ⓐ déclamer (de façon exagérée) ⓑ divaguer • **to ~ and rave** tempêter • **to ~ (and rave) at sb** fulminer contre qn 2 (N)* diatribe *f*

ranting ['ræntɪŋ] (N) tirade(s) *f(pl)*

rap [ræp] 1 (N) ⓐ (= *noise*) petit coup *m* sec; (= *blow*) tape *f* • **there was a ~ at the door** on a frappé à la porte • **to give sb a ~ on the knuckles** (= *rebuke*) taper sur les doigts de qn
ⓑ (= *criminal charge*)‡ inculpation *f*; (= *prison sentence*)‡ condamnation *f* • **to hang a murder ~ on sb** faire endosser un meurtre à qn • **to take the ~*** (= *blame*) se faire taper sur les doigts*
ⓒ (= *music*) rap *m*
2 (VT) **to get one's knuckles ~ped** se faire taper sur les doigts*
3 (VI) ⓐ (= *knock*) frapper • **to ~ at the door** frapper à la porte
ⓑ (*Music*) rapper
4 (COMP) ▸ **rap artist** N rappeur *m*, -euse *f* ▸ **rap music** N musique *f* rap ▸ **rap session*** N (*US*) (= *chat*) discussion *f* à bâtons rompus ▸ **rap sheet*** N (*US*) (= *police record*) casier *m* judiciaire

rape [reɪp] 1 (N) ⓐ (= *crime*) viol *m* ⓑ (= *plant*) colza *m*
2 (VT) violer 3 (COMP) ▸ **rape crisis centre** N centre *m* d'aide aux victimes de viols ▸ **rape oil** N huile *f* de colza ▸ **rape seed** N graine *f* de colza

rapid ['ræpɪd] 1 (ADJ) rapide 2 (NPL) **rapids** (*in river*) rapides *mpl* • **they ran the ~s** ils ont franchi les rapides 3 (COMP) ▸ **rapid fire** N tir *m* rapide ▸ **rapid reaction force** N force *f* d'intervention rapide

rapidity [rə'pɪdɪtɪ] (N) rapidité *f*

rapidly ['ræpɪdlɪ] (ADV) rapidement

rapist ['reɪpɪst] (N) violeur *m*

rapper ['ræpəʳ] (N) rappeur *m*, -euse *f*

rapport [ræ'pɔːʳ] (N) rapport *m* • **to build up a ~ with sb** établir un rapport avec qn

rapt [ræpt] (ADJ) [*interest*] profond • **~ in contemplation** plongé dans la contemplation • **they listened in ~ silence** ils écoutaient, comme envoûtés

rapture ['ræptʃəʳ] (N) (= *delight*) ravissement *m* • **to be in ~s about** [+ *object*] être ravi de; [+ *person*] être en extase devant

rapturous ['ræptʃərəs] (ADJ) [*applause*] frénétique; [*reception, welcome*] enthousiaste

rare [rεəʳ] (ADJ) ⓐ (= *uncommon, infrequent*) rare; [*opportunity*] unique • **on the ~ occasions when he spoke** les rares fois où il a parlé • **it is ~ for her to come** il est rare qu'elle vienne • **to grow ~(r)** [*animals*] se raréfier; [*visits*] s'espacer ⓑ [*meat*] saignant • **a very ~ steak** un bifteck bleu

rarely ['rεəlɪ] (ADV) rarement

raring* ['rεərɪŋ] (ADJ) **to be ~ to go** être très impatient de commencer • **to be ~ to do sth** être très impatient de faire qch

rarity ['rεərɪtɪ] (N) (= *scarcity*) rareté *f*; (= *rare thing*) chose *f* rare • **they're something of a ~ nowadays** c'est quelque chose de très rare de nos jours

rascal ['rɑːskəl] (N) (= *scamp*) polisson(ne) *m(f)*

rash [ræʃ] 1 (N) (= *spots*) éruption *f* • **to come out in a ~** avoir une éruption de boutons 2 (ADJ) [*person, behaviour, decision*] imprudent • **don't do anything ~!** ne commets pas d'imprudences!

rasher ['ræʃəʳ] (N) (*Brit*) (mince) tranche *f* (de bacon)

rashly ['ræʃlɪ] (ADV) imprudemment

rasp [rɑːsp] 1 (N) (= *tool*) râpe *f*; (= *noise*) grincement *m*
2 (VT) (= *speak*) dire d'une voix râpeuse

raspberry ['rɑːzbərɪ] (N) (= *fruit*) framboise *f* ▸ **raspberry bush** N framboisier *m* ▸ **raspberry jam** N confiture *f* de framboise ▸ **raspberry tart** N tarte *f* aux framboises

rasping ['rɑːspɪŋ] (ADJ) [*sound*] de râpe; [*voice*] râpeux

Rasta* ['ræstə] (N, ADJ) (ABBR OF **Rastafarian**) rasta *mf inv*

Rastafarian [,ræstə'fεərɪən] (N, ADJ) rastafari *mf inv*

rat [ræt] 1 (N) (= *animal*) rat *m*; (*pej*)* (= *person*) salaud‡ *m*; (= *informer*) mouchard(e) *m(f)* • **you ~!*** espèce de salaud !‡
2 (VI) **to ~ on sb*** (= *inform on*) moucharder qn* 3 (COMP) ▸ **rat-arsed**** ADJ (*Brit*) bituré‡ • **to get ~-arsed** se biturer‡ ▸ **rat-catcher** N chasseur *m* de rats ▸ **rat poison** N mort-aux-rats *f inv* ▸ **rat race** N foire *f* d'empoigne • **he decided to get out of the ~ race** il a décidé de quitter la jungle du milieu professionnel ▸ **rat trap** N piège *m* à rats

ratchet ['rætʃɪt] (N) (= *mechanism*) rochet *m*
▸ **ratchet up** VT SEP (= *increase*) augmenter

rate [reɪt] 1 (N) (= *ratio*) taux *m*; (= *speed*) vitesse *f*, rythme *m* • **birth/death ~** taux *m* de natalité/mortalité • **the failure/success ~ for this exam is high** il y a un pourcentage élevé d'échecs/de réussites à cet examen • **~ of growth** taux *m* de croissance • **to pay sb at the ~ of £10 per hour** payer qn à raison de 10 livres de l'heure • **at a ~ of ...** (= *speed*) à une vitesse de ... • **at a ~ of knots*** à fond de train* • **the population is growing at an alarming ~** la population augmente à un rythme inquiétant • **if you continue at this ~** si vous continuez à ce train-là • **at the ~ you're going, you'll be dead before long** à ce rythme-là vous ne ferez pas de vieux os • **at this ~, I'll never find a job** si ça continue comme ça, je ne trouverai jamais de travail • **at any ~** en tout cas • **~ of exchange** taux *m* de change • **~ of interest/pay/taxation** taux *m* d'intérêt/de rémunération/d'imposition • **postage ~s** tarifs *mpl* postaux • **insurance ~s** primes *fpl* d'assurance • **there is a reduced ~ for children** les enfants bénéficient d'un tarif réduit
2 (NPL) **rates** (*Brit formerly* = *municipal tax*) impôts *mpl* locaux
3 (VT) [+ *object*] évaluer (**at** à); (= *consider*) considérer (**as** comme) • **to ~ sb/sth highly** faire grand cas de qn/qch • **I ~ him amongst my best pupils** je le considère comme un de mes meilleurs élèves • **I don't ~ any of his family***

r

je n'ai pas une très haute opinion de sa famille • **how would you ~ your chances of getting a job?** quelles sont vos chances de trouver un emploi, à votre avis ?
4 VI **reading does not ~ highly among children as a hobby** la lecture n'est pas un passe-temps très prisé des enfants
5 COMP ▸**rate-capping** N (*Brit: formerly*) plafonnement *m* des impôts locaux ▸**rate rebate** N (*Brit: formerly*) dégrèvement *m* (d'impôts locaux)

ratepayer ['reɪtpeɪəʳ] N (*Brit: formerly*) contribuable *mf* (*payant les impôts locaux*)

rather ['rɑːðəʳ] ADV ⓐ (*= for preference*) plutôt • **~ than wait, he went away** plutôt que d'attendre, il est parti • **I would much ~ ...** je préférerais de beaucoup ... • **I would ~ wait here than go** je préférerais attendre ici plutôt que de partir • **I would ~ you came yourself** je préférerais que vous veniez *subj* vous-même • **do you mind if I smoke? — I'd ~ you didn't** est-ce que je peux fumer ? — j'aimerais mieux pas • **I'd ~ not go** j'aimerais mieux ne pas y aller • **I'd ~ die!** plutôt mourir ! • **~ you than me** je ne t'envie pas
ⓑ (*= more accurately*) plutôt • **a car, or ~ an old banger** une voiture, ou plutôt une vieille guimbarde
ⓒ (*= to a considerable degree*) plutôt; (*= to some extent*) un peu; (*= slightly*) légèrement • **he felt ~ better** il se sentait un peu mieux • **he looked ~ silly** il a eu l'air plutôt stupide • **his book is ~ good** son livre est plutôt bon • **that costs ~ a lot** cela coûte assez cher

ratification [ˌrætɪfɪ'keɪʃən] N ratification *f*

ratify ['rætɪfaɪ] VT ratifier

rating ['reɪtɪŋ] 1 N (*= assessment*) évaluation *f*; (*in polls*) indice *m* de popularité 2 NPL **ratings the (TV) ~s** l'indice *m* d'écoute • **to get good ~s** [*programme*] avoir un bon indice d'écoute • **to boost ~s** faire grimper l'indice

ratio ['reɪʃɪəʊ] N rapport *m*, ratio *m* • **in the ~ of 100 to 1** dans un rapport de 100 à 1

ration ['ræʃən] 1 N (*= allowance*) ration *f* 2 NPL **rations** (*= food*) vivres *mpl* 3 VT [*+ goods, food, people*] rationner • **they were ~ed to 30 litres of petrol a month** ils ont été rationnés à 30 litres d'essence par mois 4 COMP ▸**ration book** N carnet *m* de rationnement ▸**ration card** N carte *f* de rationnement

rational ['ræʃənl] ADJ [*person, argument*] raisonnable; [*being*] doué de raison; [*explanation, decision*] rationnel

> **rationnel** ends in **-el** instead of **-al** and has a double **n**.

rationale [ræʃə'nɑːl] N (*= reasoning*) raisonnement *m*

rationalization [ˌræʃnəlaɪ'zeɪʃən] N rationalisation *f*

rationalize ['ræʃnəlaɪz] VT ⓐ (*= explain*) [*+ event, conduct*] trouver une explication logique à; (*= justify*) justifier après coup ⓑ [*+ industry, production, problems*] rationaliser

rationally ['ræʃnəlɪ] ADV rationnellement

> The French word has a double **n** and contains **-ell-** instead of **-all-**.

rationing ['ræʃnɪŋ] N rationnement *m* • **food ~** rationnement *m* de l'alimentation

> **rationnement** has a double **n** in the middle of the word.

rattle ['rætl] 1 N ⓐ (*= sound*) [*of vehicle*] bruit *m* (de ferraille); [*of chains*] cliquetis *m*; [*of door*] vibrations *fpl* ⓑ (*for baby*) hochet *m* 2 VI [*box, object*] faire du bruit; [*articles in box*] s'entrechoquer; [*vehicle*] faire un bruit de ferraille 3 VT ⓐ [*+ box*] agiter (avec bruit); [*+ cans*] faire s'entrechoquer • **to ~ sb's cage*** enquiquiner* qn ⓑ (*= alarm*) [*+ person*]* ébranler • **to get ~d** perdre son sang-froid

rattlesnake ['rætlsneɪk] N serpent *m* à sonnette

rattling ['rætlɪŋ] 1 N (*= sound*) [*of vehicle*] bruit *m* (de ferraille); [*of chains*] cliquetis *m*; [*of door*] vibrations *fpl* 2 ADJ bruyant • **I heard a ~ noise** [*of chains, bottles*] j'ai entendu un cliquetis; (*= knocking sound*) j'ai entendu quelque chose qui cognait

ratty* ['rætɪ] ADJ ⓐ (*Brit = bad-tempered*) grincheux • **don't get ~ with me!** ne passe pas tes nerfs sur moi !* ⓑ (*US*) (*= shabby*) [*person, coat*] miteux

raucous ['rɔːkəs] ADJ [*person, crowd*] bruyant • **~ laughter** de gros rires

raunchy* ['rɔːntʃɪ] ADJ [*person, clothing*] sexy *inv*; [*story, film*] torride

ravage ['rævɪdʒ] 1 VT ravager 2 NPL **ravages** ravages *mpl*

rave [reɪv] 1 VI (*= talk wildly*) divaguer; (*= speak enthusiastically*) parler avec enthousiasme (**about, over** de) 2 N (*Brit*) (*= party*) rave *f* 3 COMP ▸**rave culture** N culture *f* rave ▸**rave review*** N critique *f* dithyrambique

raven ['reɪvn] N corbeau *m*

ravenous ['rævənəs] ADJ [*animal, appetite*] vorace; [*hunger*] de loup • **I'm ~*** j'ai une faim de loup

raver* ['reɪvəʳ] N (*Brit*) ⓐ fêtard(e)* *m(f)* ⓑ (*= person attending a rave*) raver* *m*

ravine [rə'viːn] N ravin *m*

raving ['reɪvɪŋ] 1 ADJ **~ lunatic*** fou *m* furieux, folle *f* furieuse 2 ADV **to be ~ mad*** être fou furieux 3 N **~(s)** délire *m*

ravioli [ˌrævɪ'əʊlɪ] N raviolis *mpl*

ravishing ['rævɪʃɪŋ] ADJ [*woman*] ravissante • **you look ~** tu es ravissante

raw [rɔː] 1 ADJ ⓐ (*= uncooked*) cru ⓑ (*= unprocessed*) [*cotton, sugar, data*] brut; [*alcohol, spirits*] pur; [*sewage*] non traité ⓒ [*ambition, energy, talent*] à l'état brut ⓓ (*= sore*) [*hands*] abîmé • **his wife's words touched a ~ nerve** les paroles de sa femme ont touché la corde sensible ⓔ (*= inexperienced*) inexpérimenté ⓕ (*= cold*) [*night, day*] glacial ⓖ (*= unfair*)* **he got a ~ deal** on ne lui a vraiment pas fait de cadeaux* • **he's had a ~ deal from life** il n'a pas été gâté par la vie 2 COMP ▸**raw material** N matière *f* première

ray [reɪ] N ⓐ [*of light, sun*] rayon *m* • **a ~ of hope** une lueur d'espoir ⓑ (*= fish*) raie *f*

raze [reɪz] VT (*also* **raze to the ground**) raser

razor ['reɪzəʳ] N rasoir *m* • **on the ~'s edge** sur le fil du rasoir ▸**razor blade** N lame *f* de rasoir ▸**razor cut** N (*Hairdressing*) coupe *f* au rasoir ▸**razor-sharp** ADJ [*blade*] tranchant comme un rasoir; [*person, mind*] vif; [*wit*] acéré

razzmatazz* ['ræzmə'tæz] N (*= glitter*) tape-à-l'œil *m inv*

RC [ɑː'siː] (ABBR OF **Roman Catholic**)

Rd (*in addresses*) (ABBR OF **Road**) rue

RDA [ˌɑːdiː'eɪ] N (ABBR OF **recommended daily allowance**) AQR *mpl*

RE [ɑː'riː] N (*Brit*) (ABBR OF **religious education**)

reach [riːtʃ] 1 N (*= accessibility*) **within ~** à portée • **out of ~** hors de portée • **within sb's ~** à (la) portée de qn

• **out of sb's ~** hors de (la) portée de qn • **within arm's ~** à portée de la main • **out of the children's ~** hors de (la) portée des enfants • **this subject is beyond his ~** ce sujet le dépasse

2 (NPL) **reaches further to the north, there are great ~es of forest** plus au nord, il y a de grandes étendues de forêt • **the upper/lower ~es of the river** le cours supérieur/inférieur de la rivière

3 (VT) (*= get as far as*) [*+ place, age, goal*] atteindre; [*+ agreement, conclusion, compromise, decision*] parvenir à • **when we ~ed him he was dead** quand nous sommes arrivés auprès de lui, il était mort • **the news ~ed us too late** la nouvelle nous est parvenue trop tard • **he is tall enough to ~ the top shelf** il est assez grand pour atteindre l'étagère d'en haut • **he ~es her shoulder** il lui arrive à l'épaule • **the cancer has ~ed her liver** le cancer a atteint le foie • **you can ~ me at my hotel** vous pouvez me joindre à mon hôtel • **we hope to ~ a wider audience** nous espérons toucher un public plus large

4 (VI) ⓐ [*territory*] s'étendre (**to, as far as** jusqu'à) ⓑ (*= stretch out hand*) tendre le bras • **to ~ for sth** tendre le bras pour prendre qch • **he ~ed into his pocket for his pencil** il mit la main dans sa poche pour prendre son crayon • **to ~ for the stars** viser haut

▸ **reach up** VI lever le bras • **he ~ed up to get the book from the shelf** il a levé le bras pour atteindre le livre sur le rayon

react [riː'ækt] (VI) réagir

reaction [riː'ækʃən] (N) réaction *f* • **to have quick ~s** avoir des réflexes rapides • **to have slow ~s** avoir des réflexes lents ▸ **reaction time** N temps *m* de réaction

reactionary [riː'ækʃənrɪ] (ADJ, N) réactionnaire *mf*

> The French word **réactionnaire** has a double **n**.

reactive [riː'æktɪv] (ADJ) réactif

reactor [riː'æktəʳ] (N) réacteur *m*

read [riːd] (*pret, ptp* **read** [red]) 1 (VT) ⓐ [*+ book, letter*] lire; [*+ music, bad handwriting*] déchiffrer • **to ~ sb sth** lire qch à qn • **I brought you something to ~** je vous ai apporté de la lecture • **to ~ sb's lips** lire sur les lèvres de qn • **~ my lips!** vous m'avez bien compris? • **to take sth as read** considérer qch comme allant de soi • **read and approved** (*on document*) lu et approuvé

ⓑ (*= understand*) comprendre • **to ~ sb's palm** lire les lignes de la main à qn • **to ~ between the lines** lire entre les lignes • **we mustn't ~ too much into this** nous ne devons pas y attacher trop d'importance • **to ~ sb's thoughts** lire (dans) la pensée de qn • **I can ~ him like a book** je sais toujours ce qu'il pense

ⓒ (*= study*) étudier • **to ~ medicine/law** faire (des études de) médecine/droit

ⓓ [*instruments*] indiquer • **the thermometer ~s 37°** le thermomètre indique 37°

ⓔ (*in communication*) recevoir • **do you ~ me?** est-ce que vous me recevez?; (*fig*) vous me comprenez?

2 (VI) ⓐ lire • **he can ~ and write** il sait lire et écrire • **he likes ~ing** il aime lire • **to ~ aloud** lire à haute voix • **to ~ to oneself** lire • **I read about it in the paper** j'ai vu ça dans le journal • **I've read about him** j'ai lu quelque chose à son sujet

ⓑ **the article ~s well** l'article se lit bien • **the letter ~s thus ...** voici ce que dit la lettre ... • **his article ~s like an official report** le style de son article fait penser à un rapport officiel

3 (N)* **she enjoys a good ~** elle aime bien la lecture • **it's a good ~** ça se lit facilement

4 (COMP) ▸ **read-only** ADJ [*file*] à lecture seule ▸ **read-only memory** N mémoire *f* morte ▸ **read-write memory** N mémoire *f* lecture-écriture

▸ **read out** VT SEP [*+ text*] lire à haute voix

▸ **read over** VT SEP relire

▸ **read through** VT SEP (*rapidly*) parcourir; (*thoroughly*) lire en entier

▸ **read up on** VT INSEP se renseigner sur

readable ['riːdəbl] (ADJ) (*= interesting*) agréable à lire; (*= legible*) lisible

reader ['riːdəʳ] (N) lecteur *m*, -trice *f* • **he's a great ~** il aime beaucoup lire

readership ['riːdəʃɪp] (N) [*of newspaper, magazine*] nombre *m* de lecteurs • **this paper has a big ~/a ~ of millions** ce journal a beaucoup de lecteurs/des millions de lecteurs

readily ['redɪlɪ] (ADV) ⓐ [*accept, agree, admit*] volontiers ⓑ (*= easily*) **~ accessible** [*place, data*] facilement accessible • **exotic vegetables are ~ available these days** on trouve facilement des légumes exotiques de nos jours

readiness ['redɪnɪs] (N) ⓐ (*= preparedness*) **to be (kept) in ~** être (tenu) prêt ⓑ (*= willingness*) empressement *m* • **his ~ to help us** son empressement à nous aider

reading ['riːdɪŋ] 1 (N) ⓐ lecture *f* • **she likes ~** elle aime bien lire • **this book makes very interesting ~** ce livre est très intéressant

ⓑ (*from instrument*) **to take a ~** relever les indications d'un instrument

ⓒ [*of bill*] lecture *f* • **the third ~ of the bill was debated** le projet de loi a été discuté en troisième lecture

2 (COMP) ▸ **reading age** N **he has a ~ age of eight** il a le niveau de lecture d'un enfant de huit ans ▸ **reading book** N livre *m* de lecture ▸ **reading glasses** NPL lunettes *fpl* pour lire ▸ **reading group** N groupe *m* de lecture ▸ **reading lamp, reading light** N (*on desk*) lampe *f* de bureau; (*in train, plane*) liseuse *f* ▸ **reading list** N bibliographie *f* ▸ **reading matter** N **I've got some ~ matter** j'ai de la lecture ▸ **reading room** N salle *f* de lecture ▸ **reading week** N (*Univ*) *semaine sans cours, consacrée à la lecture et aux recherches*

readjust [ˌriːə'dʒʌst] 1 (VT) [*+ position of sth*] rectifier; [*+ approach*] modifier 2 (VI) se réadapter (**to** à)

readjustment [ˌriːə'dʒʌstmənt] (N) réadaptation *f*

ready ['redɪ] 1 (ADJ) ⓐ (*= prepared*) [*person, thing*] prêt; [*answer, excuse*] tout fait • **to be ~ to do sth** être prêt à faire qch • **are you ~ to order?** puis-je prendre votre commande? • **"flight 211 is now ~ for boarding"** « vol 211, embarquement immédiat » • **the crops are ~ for harvesting** c'est le moment de faire la récolte • **~ for use** prêt à l'emploi • **~, steady, go!** à vos marques! prêts? partez! • **~ and waiting** fin prêt • **~ when you are** quand tu veux • **to be ~ with an excuse** avoir une excuse toute prête

▸ **to get ready** se préparer • **get ~ for it!** tenez-vous prêt!; (*before momentous news*) tenez-vous bien! • **to get sb/sth ~ (to do sth)** préparer qn/qch (pour faire qch) • **she was getting the children ~ for school** elle préparait les enfants pour l'école • **to get ~ to do sth** s'apprêter à faire qch

ⓑ **we have the goods you ordered ~ to hand** nous tenons à votre disposition les marchandises que vous

r

avez commandées • ~ **cash** (argent *m*) liquide *m* • **to pay in ~ cash** payer en espèces

ⓒ (= *willing*) ~ **to do sth** prêt à faire qch • **I'm ~, willing and able to do the job** je suis prêt à faire ce travail • **to be only too ~ to do sth** n'être que trop disposé à faire qch

ⓓ (= *needing*) **I'm ~ for bed** il est temps que j'aille me coucher

ⓔ (= *about to*) **he was ~ to hit her** il était sur le point de la frapper

ⓕ (= *prompt*) [*wit*] vif; [*reply*] prompt; [*solution, explanation*] tout fait; [*market*] tout trouvé • **don't be so ~ to criticize** ne soyez pas si prompt à critiquer • **a ~ supply of sth** une réserve de qch à portée de main

2 (N) ▸ **at the ready** **to have a gun at the ~** être prêt à tirer • **to have a tissue at the ~** avoir un mouchoir à portée de main

3 (COMP) ▸ **ready-cooked** ADJ [*meal, dish*] cuisiné ▸ **ready-furnished** ADJ tout meublé ▸ **ready-made** ADJ [*curtains*] tout fait; [*clothes*] de confection ▸ **ready meal** N plat *m* cuisiné ▸ **ready-mix** N préparation *f* instantanée ▸ **ready-prepared** ADJ [*meal*] tout préparé ▸ **ready-to-eat** ADJ cuisiné ▸ **ready-to-wear** ADJ prêt à porter

reafforestation [ˈriːəˌfɒrɪsˈteɪʃən], **reforestation** (US) (N) reboisement *m*

real [rɪəl] 1 (ADJ) ⓐ vrai *before n* • **a ~ friend** un vrai ami • **the danger was very ~** le danger était très réel • **she wanted to see the ~ Africa** elle voulait voir l'Afrique, la vraie • **my ~ home is in Paris** c'est à Paris que je me sens chez moi • **to show ~ interest** se montrer vraiment intéressé • **in ~ life** dans la réalité • **in ~ life, she's very friendly** [*film star*] dans la vie, elle est vraiment gentille • **in ~ terms** en termes réels • **there was no ~ evidence that ...** il n'y avait pas de véritable preuve que ... • **it came as no ~ surprise to him** ça n'a pas vraiment été une surprise pour lui • **I'm in ~ trouble** j'ai de gros problèmes • **I had ~ trouble getting them to leave** j'ai eu un mal fou à les faire partir • **get ~!*** sois réaliste !

▸ **for real*** pour de vrai* • **is this guy for ~?!*** il est incroyable, ce type* !

ⓑ (= *not fake*) [*jewels, flowers*] vrai *before n*; [*leather, gold*] véritable

▸ **the real thing** **when you've tasted the ~ thing, this whisky ...** quand on a goûté du vrai whisky, celui-ci ... • **climbing this hill isn't much when you've done the ~ thing** pour ceux qui ont fait de l'alpinisme, cette colline n'est rien du tout

2 (ADV) (US)* vraiment • ~ **soon** sous peu

3 (COMP) ▸ **real ale** N (Brit) bière *f* traditionnelle ▸ **real estate** N (US) immobilier *m* • **to work in ~ estate** travailler dans l'immobilier ▸ **real-estate agent** N (US) agent *m* immobilier ▸ **real-estate office** N (US) agence *f* immobilière ▸ **real-estate register** N (US) cadastre *m* ▸ **real property** N (US) biens *mpl* immobiliers ▸ **real time** N temps *m* réel ▸ **real-time processing** N traitement *m* immédiat

realism [ˈrɪəlɪzəm] (N) réalisme *m*

realist [ˈrɪəlɪst] (ADJ, N) réaliste *mf*

realistic [rɪəˈlɪstɪk] (ADJ) réaliste • **we had no ~ chance of winning** nous n'avions aucune chance réelle de gagner • **it is not ~ to expect that ...** nous ne pouvons pas raisonnablement espérer que ...

realistically [rɪəˈlɪstɪkəlɪ] (ADV) [*expect, hope for*] d'une façon réaliste • **they are ~ priced** leur prix est réaliste • **~, he had little chance of winning** soyons réalistes, il avait peu de chances de gagner

reality [riːˈælɪtɪ] 1 (N) réalité *f* 2 (COMP) ▸ **reality check** N **take a ~ check!** sois réaliste ! • **we need a ~ check** gardons les pieds sur terre ▸ **reality show** N émission *f* de téléréalité, reality show *m* ▸ **reality TV** N téléréalité *f*

realization [ˌrɪəlaɪˈzeɪʃən] (N) ⓐ (= *awareness*) prise *f* de conscience • **he was hit by the sudden ~ that ...** il s'est subitement rendu compte que ... ⓑ [*of assets, hope, plan*] réalisation *f*

realize [ˈrɪəlaɪz] (VT) ⓐ (= *become aware of*) se rendre compte de; (= *understand*) comprendre • **he had not fully ~d that his illness was so serious** il ne s'était pas vraiment rendu compte de la gravité de sa maladie • **this made me ~ how lucky I'd been** c'est là que je me suis rendu compte de la chance que j'avais eue • **I ~ that ...** je me rends compte du fait que ... • **I ~d why** j'ai compris pourquoi • **I ~ it's too late, but ...** je sais bien qu'il est trop tard, mais ...

ⓑ [+ *ambition, hope, plan, assets*] réaliser; [+ *price*] atteindre • **to ~ one's potential** réaliser son potentiel • **my worst fears were ~d** mes pires craintes se sont réalisées

reallocate [riːˈæləʊkeɪt] (VT) réaffecter

really [ˈrɪəlɪ] (ADV) vraiment • **I ~ don't know what to think** je ne sais vraiment pas quoi penser • **he ~ is an idiot** c'est un véritable imbécile • **not ~** pas vraiment • **~?** (*in doubt*) vraiment ?; (*in surprise*) c'est vrai ?

realm [relm] (N) (= *kingdom*) royaume *m*; (*fig*) domaine *m*

realtor [ˈrɪəltɔːʳ] (N) (US) agent *m* immobilier

ream [riːm] (N) [*of paper*] ≈ rame *f* (de papier) • **he always writes ~s*** il écrit toujours des volumes

reap [riːp] (VT) (= *harvest*) moissonner; [+ *profit*] récolter • **to ~ the fruit of one's labours** recueillir le fruit de son labeur

reaper [ˈriːpəʳ] (N) (= *person*) moissonneur *m*, -euse *f*; (= *machine*) moissonneuse *f* • **the Grim Reaper** la Faucheuse

reappear [ˌriːəˈpɪəʳ] (VI) réapparaître

reappearance [ˌriːəˈpɪərəns] (N) réapparition *f*

reappoint [ˌriːəˈpɔɪnt] (VT) renommer (**to** à)

reappraisal [ˌriːəˈpreɪzəl] (N) réévaluation *f*

reappraise [ˌriːəˈpreɪz] (VT) réévaluer

rear [rɪəʳ] 1 (N) (= *back part*) arrière *m*; (= *buttocks*)* derrière* *m* • **at the ~** à l'arrière • **at the ~ of ...** à l'arrière de ... • **from the ~, he looks like you** (vu) de dos, il te ressemble • **from the ~ the car looks like ...** vue de derrière la voiture ressemble à ... • **to attack an army in the ~** attaquer une armée à revers • **to bring up the ~** fermer la marche

2 (ADJ) de derrière, arrière *inv*

3 (VT) ⓐ [+ *animal, family*] élever

ⓑ **to ~ its head** réapparaître • **violence ~s its ugly head again** la violence fait sa réapparition (dans toute son horreur)

4 (COMP) ▸ **rear admiral** N vice-amiral *m* ▸ **rear bumper** N pare-chocs *m* arrière *inv* ▸ **rear door** N [*of house*] porte *f* de derrière; [*of car*] porte *f* arrière *inv* ▸ **rear-end** VT (US) emboutir (l'arrière de) ▸ **rear-view mirror** N [*of car*] rétroviseur *m* ▸ **rear wheel** N [*of car*] roue *f* arrière *inv* ▸ **rear-wheel drive** N (= *car*) voiture *f* à traction arrière ▸ **rear window** N [*of car*] vitre *f* arrière *inv*

rearguard [ˈrɪəgɑːd] (N) arrière-garde *f* ▸ **rearguard action** N combat *m* d'arrière-garde • **to fight a ~ action**

mener un combat d'arrière-garde

rearm [ˌriːˈɑːm] **1** (VT) réarmer **2** (VI) se réarmer

rearmament [ˌriːˈɑːməmənt] (N) réarmement *m*

rearrange [ˌriːəˈreɪndʒ] (VT) réarranger

reason [ˈriːzn] **1** (N) ⓐ (*= justification*) raison *f* • **~ for living** *or* **being** raison *f* d'être • **the ~s are ...** les raisons en sont ... • **the ~ for my leaving** la raison de mon départ • **I want to know the ~ why** je veux savoir pourquoi • **and that's the ~ why** et voilà pourquoi • **for no apparent ~** sans raison apparente • **I have (every) ~ to believe that ...** j'ai (tout) lieu de croire que ... • **we have ~ to believe that he is dead** il y a lieu de croire qu'il est mort • **for the very ~ that ...** précisément parce que ... • **for some ~ (or another)** pour une raison ou pour une autre • **all the more ~ to call her** raison de plus pour l'appeler • **with ~** à juste titre • **by ~ of** en raison de
ⓑ (*= mental faculty*) raison *f* • **to lose one's ~** perdre la raison
ⓒ (*= common sense*) raison *f* • **to see ~** entendre raison • **to make sb see ~** faire entendre raison à qn • **he won't listen to ~** on ne peut pas lui faire entendre raison • **that stands to ~** cela va sans dire • **I will do anything within ~** je ferai tout ce qu'il est raisonnablement possible de faire
2 (VI) ⓐ (*= think logically*) raisonner
ⓑ **to ~ with sb** raisonner qn • **one can't ~ with her** il n'y a pas moyen de lui faire entendre raison

reasonable [ˈriːznəbl] (ADJ) ⓐ [*person, behaviour, explanation, request*] raisonnable • **within a ~ time** dans un délai raisonnable • **it is ~ to suppose that ...** on peut raisonnablement supposer que ... ⓑ [*standard, results*] honnête • **there is a ~ chance that ...** il y a des chances que ... + *subj* ⓒ **~ doubt** doute *m* fondé • **to prove guilt beyond (a) ~ doubt** prouver la culpabilité de l'accusé avec quasi-certitude

> The French word **raisonnable** has a double **n**.

reasonably [ˈriːznəblɪ] (ADV) ⓐ (*= sensibly*) [*behave*] d'une façon raisonnable; [*say, expect*] raisonnablement ⓑ (*= fairly*) [*happy, easy, safe*] assez

> The French word **raisonnablement** has a double **n** and ends in **-ement** instead of **-y**.

reasoned [ˈriːznd] (ADJ) sensé

reasoning [ˈriːznɪŋ] (N) raisonnement *m*

reassemble [ˌriːəˈsembl] **1** (VT) [*+ people*] rassembler; [*+ machine*] remonter **2** (VI) se rassembler

reassert [ˌriːəˈsɜːt] (VT) réaffirmer

reassess [ˌriːəˈses] (VT) [*+ situation*] réexaminer

reassurance [ˌriːəˈʃʊərəns] (N) ⓐ (*emotional*) réconfort *m* ⓑ (*= guarantee*) garantie *f*

reassure [ˌriːəˈʃʊəʳ] (VT) rassurer

reassuring [ˌriːəˈʃʊərɪŋ] (ADJ) rassurant

reattribute [ˌriːəˈtrɪbjuːt] (VT) réattribuer

reattribution [ˌriːætrɪˈbjuːʃən] (N) réattribution *f*

reawakening [ˌriːəˈweɪknɪŋ] (N) réveil *m*; [*of interest*] renouveau *m*

rebate [ˈriːbeɪt] (N) (*= discount*) rabais *m*; (*= money back*) remboursement *m*; (*on tax, rates*) dégrèvement *m*; (*on rent*) réduction *f*

rebel **1** (ADJ, N) rebelle *mf* **2** (VI) se rebeller

> Lorsque **rebel** est un adjectif ou un nom, l'accent tombe sur la première syllabe : [ˈrebl], lorsque c'est un verbe, sur la seconde : [rɪˈbel].

rebellion [rɪˈbeljən] (N) rébellion *f*

rebellious [rɪˈbeljəs] (ADJ) rebelle

rebirth [ˌriːˈbɜːθ] (N) renaissance *f*

reboot [ˌriːˈbuːt] (VT) [*+ computer*] réinitialiser

reborn [ˌriːˈbɔːn] (ADJ) **to be ~** [*person*] (*= reincarnated*) se réincarner (**as sth** en qch); [*city*] renaître

rebound **1** (VI) ⓐ [*ball*] rebondir (**against** sur) ⓑ (*after setback*) reprendre du poil de la bête* **2** (N) [*of ball*] rebond *m* • **she married him on the ~*** elle l'a épousé sous le coup d'une déception (sentimentale)

> Lorsque **rebound** est un verbe, l'accent tombe sur la seconde syllabe : [rɪˈbaʊnd], lorsque c'est un nom, sur la première : [ˈriːbaʊnd].

rebrand **1** (VT) [*+ product, company, organization*] changer l'image de • **they are ~ing themselves as new technology experts** ils se présentent maintenant comme des experts en nouvelles technologies **2** (N) changement *m* d'image

> Lorsque **rebrand** est un verbe, l'accent tombe sur la seconde syllabe : [ˌriːˈbrænd], lorsque c'est un nom, sur la première : [ˈriːˌbrænd].

rebranding [riːˈbrændɪŋ] (N) changement *m* d'image

rebuff [rɪˈbʌf] (N) rebuffade *f* • **to meet with a ~** essuyer une rebuffade

rebuild [ˌriːˈbɪld] (*pret, ptp* **rebuilt**) (VT) rebâtir; [*+ sb's face, nose*] refaire

rebuke [rɪˈbjuːk] **1** (N) reproche *m* **2** (VT) **to ~ sb for sth** reprocher qch à qn

rebuttal [rɪˈbʌtl] (N) réfutation *f*

recalcitrant [rɪˈkælsɪtrənt] (ADJ) récalcitrant

recall **1** (VT) ⓐ (*= summon back*) [*+ ambassador*] rappeler; [*+ player*] rappeler en sélection nationale; [*+ library book*] demander le retour de; [*+ faulty products*] (*already sold*) rappeler; (*in shop*) retirer de la vente • **to ~ Parliament** convoquer le Parlement (en session extraordinaire)
ⓑ (*= remember*) se rappeler (**that** que) • **I cannot ~ meeting him** je ne me rappelle pas l'avoir rencontré • **I ~ my mother telling me about it** je me rappelle que ma mère m'en a parlé • **as I ~** si je me souviens bien • **as far as I can ~** (pour) autant que je m'en souvienne
2 (N) rappel *m* • **the company ordered the ~ of 900,000 cars** la société a demandé que 900 000 voitures soient renvoyées en usine • **they are demanding the ~ of Parliament** ils demandent que le Parlement soit convoqué en session extraordinaire

> Lorsque **recall** est un verbe, l'accent tombe sur la seconde syllabe : [rɪˈkɔːl], lorsque c'est un nom, sur la première : [ˈriːkɔl].

recant [rɪˈkænt] (VT) [*+ statement*] rétracter

recap* [rɪˈkæp] (VI) (ABBR OF **recapitulate**) **well, to ~, ...** eh bien, en résumé ...

recapitulate [ˌriːkəˈpɪtjʊleɪt] (VI) récapituler

recapture [ˌriːˈkæptʃəʳ] **1** (VT) [*+ animal, prisoner*] reprendre; [+*atmosphere, period*] recréer **2** (N) [*of town, territory*] reprise *f*; [*of escapee, escaped animal*] capture *f*

recede [rɪˈsiːd] (VI) [*tide*] descendre; [*danger*] s'éloigner; [*gums*] se rétracter • **the footsteps ~d** les pas se sont éloignés ▸ **receding forehead** N front *m* fuyant ▸ **receding hairline** N front *m* dégarni • **he has a receding hairline** son front se dégarnit

receipt [rɪˈsiːt] (N) **a** (= *receiving*) réception *f* • **to acknowledge ~ of** accuser réception de • **on ~ of** dès réception de **b** (= *paper*) (*for payment*) reçu *m*; (*for parcel, letter*) accusé *m* de réception; (*for object purchased*) ticket *m* de caisse

receive [rɪˈsiːv] (VT) recevoir; [+*stolen goods*] receler • **~d with thanks** pour acquit • **his suggestion was well/not well ~d** sa suggestion a reçu un accueil favorable/défavorable • **are you receiving me?** me recevez-vous ?

received [rɪˈsiːvd] (ADJ) [*opinion*] reçu • **the ~ wisdom** l'opinion la plus répandue ▸ **Received Pronunciation** N prononciation *f* standard (*de l'anglais*) → ENGLISH

receiver [rɪˈsiːvəʳ] (N) **a** [*of telephone*] combiné *m* • **to pick up the ~** décrocher • **to put down the ~** raccrocher **b** (*in bankruptcy*) **to call in the (official) ~** placer la société en règlement judiciaire **c** (= *radio set*) (poste *m*) récepteur *m*

receivership [rɪˈsiːvəʃɪp] (N) **the company has gone into ~** la société a été placée en règlement judiciaire

receiving [rɪˈsiːvɪŋ] **1** (ADJ) **he was on the ~ end* of their abuse** c'est lui qui s'est fait insulter **2** (N) [*of stolen goods*] recel *m*

recent [ˈriːsnt] (ADJ) [*event, invention*] récent • **a ~ arrival** (= *person*) un nouveau venu, une nouvelle venue • **in ~ years** ces dernières années • **in the ~ past** récemment

recently [ˈriːsntlɪ] (ADV) récemment • **as ~ as ...** pas plus tard que ... • **until (quite) ~** il n'y a pas si longtemps

receptacle [rɪˈseptəkl] (N) récipient *m*

reception [rɪˈsepʃən] **1** (N) réception *f*; (= *welcome*) accueil *m* • **to give sb a warm/chilly ~** faire un accueil chaleureux/froid à qn • **ask at ~** demandez à la réception **2** (COMP) ▸ **reception area** N accueil *m*; [*of hotel*] réception *f* ▸ **reception centre** N centre *m* de rétention administrative ▸ **reception class** N (*in school*) cours *m* préparatoire ▸ **reception desk** N réception *f* ▸ **reception room** N (*in private house*) salon *m*

receptionist [rɪˈsepʃənɪst] (N) réceptionniste *mf*

> In French, **réceptionniste** has a double **n** and ends in **-e**.

receptive [rɪˈseptɪv] (ADJ) réceptif (**to sth** à qch)

recess (N) **a** (= *holidays*) (*judicial*) vacances *fpl* (judiciaires); (*parliamentary*) vacances *fpl* (parlementaires) • **in ~** [+*parliament*] en vacances **b** (= *short break*) (*in school day*) récréation *f* • **the court is in ~** (*US*) l'audience est suspendue **c** (*in wall*) renfoncement *m* • **in the ~es of his mind** dans les recoins de son esprit

> L'accent du nom **recess** tombe sur la seconde syllabe : [rɪˈses], sauf lorsqu'il signifie **renfoncement**, qui se prononce [ˈriːses], avec l'accent sur la première syllabe.

recession [rɪˈseʃən] (N) récession *f*

recharge [ˈriːˈtʃɑːdʒ] **1** (VT) [+*battery, gun*] recharger **2** (VI) [*battery*] se recharger

rechargeable [rɪˈtʃɑːdʒəbl] (ADJ) rechargeable

recipe [ˈresɪpɪ] (N) recette *f* • **a ~ for happiness** le secret du bonheur • **that would be a ~ for disaster** ça serait un désastre ▸ **recipe book** N livre *m* de recettes

recipient [rɪˈsɪpɪənt] (N) personne *f* qui reçoit; [*of letter*] destinataire *mf*; [*of cheque*] bénéficiaire *mf*; [*of award, decoration*] récipiendaire *mf*

reciprocal [rɪˈsɪprəkəl] (ADJ) réciproque • **~ agreement** accord réciproque

reciprocate [rɪˈsɪprəkeɪt] (VT) [+*smiles*] rendre; [+*help*] offrir en retour

recital [rɪˈsaɪtl] (N) récital *m*

recite [rɪˈsaɪt] (VT) [+*poetry*] réciter

reckless [ˈreklɪs] (ADJ) [*person, behaviour*] (= *heedless*) insouciant; (= *rash*) imprudent ▸ **reckless driver** N conducteur *m*, -trice *f* imprudent(e) ▸ **reckless driving** N conduite *f* dangereuse

recklessly [ˈreklɪslɪ] (ADV) imprudemment

reckon [ˈrekən] **1** (VT) **a** (= *calculate*) [+*time, points*] compter; [+*cost*] calculer **b** (= *judge*) estimer • **the number of victims was ~ed at around 300** on a estimé le nombre de victimes à environ 300 personnes **c** (= *think*)* penser • **what do you ~ one of these houses would cost?** d'après vous, combien coûte une maison comme celle-ci ? • **I ~ he must be about forty** je lui donnerais la quarantaine • **what do you ~?** qu'en penses-tu ? **2** (VI) calculer, compter • **you can ~ on 30** il y en aura probablement 30 • **I wasn't ~ing on having to do that** je ne m'attendais pas à devoir faire ça • **he's a person to be ~ed with** c'est une personne avec laquelle il faut compter

reckoning [ˈreknɪŋ] (N) **a** (= *calculation*) calcul *m* • **to be out in one's ~** s'être trompé dans ses calculs **b** (= *judgement*) estimation *f* • **to the best of my ~** (pour) autant que je puisse en juger • **in your ~** d'après vous • **the day of ~** le jour du Jugement • **the day of ~ can't be far away** un de ces jours ça va lui (*or* nous *etc*) retomber dessus*

reclaim [rɪˈkleɪm] (VT) [+*land*] reconquérir; (*from forest, bush*) défricher; (*from sea*) assécher; (= *demand back*) réclamer (**sth from sb** qch à qn); [+*tax*] se faire rembourser • **a campaign to ~ the night** une campagne pour protester contre l'insécurité la nuit

reclamation [ˌrekləˈmeɪʃən] (N) [*of land*] mise *f* en valeur; (*from sea*) assèchement *m*; (*from forest, bush*) défrichement *m*

recline [rɪˈklaɪn] **1** (VT) [+*arm, head*] appuyer **2** (VI) [*person*] être allongé • **reclining in his bath** allongé dans son bain • **the seat ~s** le siège est inclinable **3** (COMP) ▸ **reclining seat** N siège *m* inclinable

recluse [rɪˈkluːs] (N) reclus(e) *m(f)*

reclusive [rɪˈkluːsɪv] (ADJ) reclus

recognition [ˌrekəgˈnɪʃən] (N) reconnaissance *f* • **in ~ of ...** en reconnaissance de ... • **he has changed beyond ~** il est méconnaissable • **this brought him ~ at last** c'est ce qui lui a enfin permis d'être reconnu • **speech ~** reconnaissance *f* vocale

recognizable [ˈrekəgnaɪzəbl] (ADJ) reconnaissable • **it was instantly ~ to him** il l'a reconnu immédiatement

recognizably [rekəgˈnaɪzəblɪ] (ADV) manifestement

recognize [ˈrekəgnaɪz] (VT) reconnaître (**by** à, **as** comme étant)

recoil [rɪ'kɔɪl] (VI) ⓐ [*person*] avoir un mouvement de recul (**from** devant) • **to ~ in disgust** reculer de dégoût ⓑ [*gun*] reculer

recollect [ˌrekə'lekt] **1** (VT) se souvenir de **2** (VI) se souvenir • **as far as I (can) ~** autant que je m'en souvienne

recollection [ˌrekə'lekʃən] (N) souvenir *m* • **to the best of my ~** autant que je m'en souvienne • **I have no ~ of it** je n'en ai aucun souvenir

recommend [ˌrekə'mend] **1** (VT) ⓐ (= *speak good of*) recommander • **to come highly ~ed** être vivement recommandé • **the apartment has little to ~ it** l'appartement n'a pas beaucoup d'atouts ⓑ (= *advise*) recommander (**sb to do sth** à qn de faire qch) • **what do you ~ for a sore throat?** que recommandez-vous pour guérir un mal de gorge ? • **it is to be ~ed** c'est à conseiller • **it is not to be ~ed** c'est à déconseiller
2 (VI) **to ~ against sth** se prononcer contre qch
3 (COMP) ▸ **recommended daily allowance** N apport *m* quotidien recommandé ▸ **recommended reading** N ouvrages *mpl* recommandés ▸ **recommended retail price** N prix *m* conseillé

recommendation [ˌrekəmen'deɪʃən] (N) recommandation *f*

recompense ['rekəmpens] **1** (N) ⓐ récompense *f* • **in ~ for** en récompense de ⓑ (*for damage*) **to seek ~** réclamer un dédommagement **2** (VT) ⓐ (= *reward*) récompenser (**for** de) ⓑ (= *compensate*) [+ *person*] dédommager

reconcilable ['rekənsaɪləbl] (ADJ) conciliable

reconcile ['rekənsaɪl] (VT) [+ *person*] réconcilier (**to** avec); [+ *two facts or ideas*] concilier • **to ~ a dispute** régler un litige • **they were ~d** ils se sont réconciliés • **to ~ o.s. to sth** se réconcilier avec qch

reconciliation [ˌrekənsɪlɪ'eɪʃən] (N) réconciliation *f*

reconditioned [ˌriːkən'dɪʃənd] (ADJ) [*engine, vacuum cleaner*] remis à neuf

reconfigure [ˌriːkən'fɪgəʳ] (VT) reconfigurer

reconfirm [ˌriːkən'fɜːm] (VT) reconfirmer

reconnaissance [rɪ'kɒnɪsəns] (N) reconnaissance *f* ▸ **reconnaissance flight** N vol *m* de reconnaissance

reconnect ['riːkənekt] (VT) reconnecter

reconsider [ˌriːkən'sɪdəʳ] **1** (VT) [+ *decision*] reconsidérer; [+ *judgement*] réviser **2** (VI) (= *change one's mind*) changer d'avis

reconstitute [ˌriː'kɒnstɪtjuːt] (VT) reconstituer

reconstruct [ˌriːkən'strʌkt] (VT) [+ *building*] reconstruire; [+ *crime*] reconstituer

reconstruction [ˌriːkən'strʌkʃən] (N) [*of building*] reconstruction *f*; [*of crime*] reconstitution *f*

reconvene [ˌriːkən'viːn] **1** (VT) reconvoquer **2** (VI) [*committee*] se réunir de nouveau; [*meeting*] reprendre

record **1** (VT) [+ *facts, story, speech, music*] enregistrer; [+ *event*] (*in journal, log*) consigner • **to ~ the proceedings of a meeting** tenir le procès-verbal d'une assemblée • **his speech as ~ed in the newspapers ...** son discours, tel que le rapportent les journaux ... • **it's not ~ed anywhere** ce n'est pas attesté • **to ~ sth on tape** enregistrer qch sur bande • **to ~ sth on video** enregistrer qch • **this is a ~ed message** ceci est un message enregistré
2 (N) ⓐ (= *account, report*) rapport *m*; [*of attendance*] registre *m*; [*of meeting*] procès-verbal *m* • **(public) ~s** archives *fpl* • **to keep a ~ of** consigner • **there is no similar example on ~** aucun exemple semblable n'est attesté • **to go/be on ~ as saying that ...** déclarer/avoir déclaré publiquement que ... • **the highest temperatures on ~** les plus fortes températures enregistrées • **there is no ~ of his having said it** rien n'atteste qu'il l'ait dit • **there is no ~ of it in history** l'histoire n'en fait pas mention • **just to set the ~ straight, let me point out that ...** pour qu'il n'y ait aucune confusion possible, j'aimerais préciser que ... • **this is strictly off the ~*** c'est strictement confidentiel • **the interview was off the ~*** l'interview n'était pas officielle ⓑ (= *case history*) dossier *m* • **(police) ~** casier *m* judiciaire • **~ of previous convictions** dossier *m* du prévenu • **he's got a clean ~** il a un casier (judiciaire) vierge • **his past ~** sa conduite passée • **his attendance ~ is bad** il a été souvent absent • **to have a good ~ at school** avoir un bon dossier scolaire • **this airline has a good safety ~** cette compagnie aérienne est réputée pour la sécurité de ses vols ⓒ (= *recording*) [*of voice*] enregistrement *m* ⓓ (*musical*) disque *m* • **to make a ~** graver un disque ⓔ (*Sport*) record *m* • **to break the ~** battre le record • **to hold the ~** détenir le record
3 (COMP) ▸ **record breaker** N (= *person*) nouveau détenteur *m* du record, nouvelle détentrice *f* du record; (*Sport*) nouveau recordman *m*, nouvelle recordwoman *f* ▸ **record-breaking** ADJ qui bat tous les records ▸ **record company** N maison *f* de disques ▸ **record holder** N détenteur *m*, -trice *f* du record ▸ **record player** N tourne-disque *m* ▸ **record producer** N producteur *m*, -trice *f* de disques ▸ **record time** N **to do sth in ~ time** faire qch en un temps record ▸ **record token** N chèque-cadeau *m* (*à échanger contre un disque*)

> Lorsque **record** est un verbe, l'accent tombe sur la seconde syllabe : [rɪ'kɔːd], lorsque c'est un nom, sur la première : ['rekɔːd].

recorded [rɪ'kɔːdɪd] (ADJ) [*music, message*] enregistré ▸ **recorded delivery** N (*Brit*) (= *service*) ≈ recommandé *m* (*avec accusé de réception*); (= *letter, parcel*) envoi *m* en recommandé • **to send sth by ~ delivery** ≈ envoyer qch en recommandé

recorder [rɪ'kɔːdəʳ] (N) (= *musical instrument*) flûte *f* à bec

recording [rɪ'kɔːdɪŋ] (N) [*of sound, facts*] enregistrement *m* ▸ **recording equipment** N matériel *m* d'enregistrement ▸ **recording session** N séance *f* d'enregistrement ▸ **recording studio** N studio *m* d'enregistrement

recount **1** (VT) ⓐ (= *relate*) raconter ⓑ (= *count again*) recompter **2** (N) [*of votes*] nouveau dépouillement *m* du scrutin

> Lorsque **recount** est un verbe, l'accent tombe sur la seconde syllabe : [ˌriː'kaʊnt], lorsque c'est un nom, sur la première : ['riːkaʊnt].

recoup [rɪ'kuːp] (VT) [+ *losses*] récupérer • **to ~ costs** [*person*] rentrer dans ses fonds

recourse [rɪ'kɔːs] (N) recours *m* (**to** à)

recover [rɪ'kʌvəʳ] **1** (VT) [+ *sth lost, one's appetite, reason*] retrouver; [+ *sth floating*] repêcher; [+ *wreck, data, file*] récupérer; [+ *debt*] recouvrer; [+ *goods, property*] rentrer en possession de • **to ~ one's strength** reprendre des forces • **to ~ consciousness** revenir à soi • **to ~ one's sight/health** retrouver la vue/la santé • **to ~ one's composure** se ressaisir • **to ~ expenses** rentrer dans ses frais • **to ~**

r

one's losses recouvrer son argent
2 VI *(after shock, accident)* se remettre (**from** de); *(from illness)* se rétablir (**from** de); *[economy, currency]* se redresser; *[stock market]* reprendre; *[shares]* remonter • **she has completely ~ed** elle est tout à fait rétablie

recoverable [rɪ'kʌvərəbl] ADJ *[data, file, goods, knowledge]* récupérable; *[costs]* recouvrable; *[losses]* réparable

recovery [rɪ'kʌvərɪ] **1** N **a** *(from illness)* guérison *f*; *(from operation)* rétablissement *m* • **to make a full ~** *(from illness)* guérir complètement; *(from operation)* se remettre complètement • **he made a good ~ from his stroke** il s'est bien remis de son attaque • **best wishes for a speedy ~** meilleurs vœux de prompt rétablissement • **to be (well) on the road to ~** être en (bonne) voie de guérison • **to be in ~** *(from alcohol, drug addiction)* être en cure de désintoxication
b *[of economy, market]* reprise *f*; *[of shares]* remontée *f* • **a ~ in sales/in the housing market** une reprise des ventes/du marché de l'immobilier
c *(= retrieval)* récupération *f*
d *(= regaining) [of territory]* reconquête *f*
e *[of expenses]* remboursement *m*; *[of debt]* recouvrement *m*; *[of losses]* réparation *f*
2 COMP ▸ **recovery position** N **to put sb in the ~ position** mettre qn en position latérale de sécurité ▸ **recovery time** N *(Med)* (période *f* de) convalescence *f*, (période *f* de) rétablissement *m*; *(Sport)* temps *m* de récupération; *(Comput, Industry)* temps *m* de redémarrage ▸ **recovery vehicle** N dépanneuse *f*

recreate [ˌri:krɪ'eɪt] VT recréer

recreation [ˌrekrɪ'eɪʃən] N **a** *(= pleasure)* détente *f* • **for ~ I go fishing** je vais à la pêche pour me détendre **b** *(= at school)* récréation *f*

recreational [ˌrekrɪ'eɪʃənəl] **1** ADJ pour les loisirs • **~ facilities** équipements *mpl* de loisirs **2** COMP ▸ **recreational drug** N drogue *f* euphorisante ▸ **recreational vehicle** N *(US)* camping-car *m*

recrimination [rɪˌkrɪmɪ'neɪʃən] N récrimination *f*

recruit [rɪ'kru:t] **1** N recrue *f* **2** VT *[+ soldier, staff]* recruter

recruiter [rɪ'kru:təʳ] N recruteur *m*, -euse *f*

recruitment [rɪ'kru:tmənt] N recrutement *m* ▸ **recruitment agency** N agence *f* de recrutement ▸ **recruitment consultant** N conseil *m* en recrutement

rectangle ['rekˌtæŋgl] N rectangle *m*

rectangular [rek'tæŋgjʊləʳ] ADJ rectangulaire

rectify ['rektɪfaɪ] VT rectifier

rector ['rektəʳ] N **a** *(religious)* pasteur *m (anglican)* **b** *(at university)* ≈ recteur *m*, -trice *f*

rectum ['rektəm] N rectum *m*

recuperate [rɪ'ku:pəreɪt] **1** VI récupérer **2** VT *[+ object]* récupérer; *[+ losses]* réparer

recur [rɪ'kɜ:ʳ] VI *[error, event]* se reproduire; *[illness, infection]* réapparaître; *[opportunity, problem]* se représenter

recurrence [rɪ'kʌrəns] N *[of problem, event, idea]* répétition *f*; *[of headache, symptom, problem]* réapparition *f*; *[of opportunity]* retour *m* • **a ~ of the illness** une récurrence de la maladie

recurrent [rɪ'kʌrənt] ADJ *(= recurring)* récurrent

recyclable [ˌri:'saɪkləbl] ADJ recyclable

recycled [ˌri:'saɪkld] ADJ recyclé; *[waste, water]* recyclé, retraité ▸ **recycled paper** N papier *m* recyclé

recycling [ˌri:'saɪklɪŋ] N recyclage *m* ▸ **recycling bin** N *(public)* conteneur *m* de tri sélectif, conteneur *m* de recyclage; *(for household, in kitchen)* poubelle *f* de tri ▸ **recycling plant** N usine *f* de retraitement

red [red] **1** ADJ rouge; *[hair]* roux (rousse *f*) • **to go as ~ as a beetroot** *(Brit)* *or* **a beet** *(US)* devenir rouge comme une tomate; *(from anger)* devenir rouge de colère • **her face was ~** elle avait le visage rouge; *(= ashamed, embarrassed)* elle rougissait • **he went ~ in the face** il est devenu tout rouge • **to go into ~ ink*** *(US)* *[company]* être dans le rouge; *[individual]* se mettre à découvert • **that is like a ~ rag to him** *(Brit)* il voit rouge quand on lui en parle *(or quand on le lui montre etc)* • **to see ~** voir rouge • **it's not worth a ~ cent*** *(US)* ça ne vaut pas un rond*
2 N rouge *m*; *(= communist)* rouge *mf*
▸ **to be in the red*** être dans le rouge • **to be $100 in the ~** avoir un découvert de 100 dollars
3 COMP ▸ **red alert** N alerte *f* rouge • **to be on ~ alert** être en alerte rouge ▸ **the Red Army** N l'Armée *f* rouge ▸ **red-blooded** ADJ vigoureux ▸ **red-brick** ADJ en briques rouges ▸ **red cabbage** N chou *m* rouge ▸ **red card** N *(Football)* carton *m* rouge • **to show sb the ~ card** montrer le carton rouge à qn ▸ **red carpet** N **to roll out the ~ carpet for sb** dérouler le tapis rouge pour qn ▸ **red-carpet treatment** N accueil *m* en grande pompe ▸ **Red Cross** N Croix-Rouge *f* ▸ **red-eye** N *(Phot)* (effet *m*) yeux *mpl* rouges ▸ **red-faced** ADJ rougeaud; *(= embarrassed)* rouge de confusion ▸ **red-haired** ADJ roux (rousse *f*) ▸ **red-handed** ADJ **to be caught ~-handed** être pris la main dans le sac ▸ **red-headed** ADJ roux (rousse *f*) ▸ **red herring** N **that's a ~ herring** c'est pour brouiller les pistes ▸ **red-hot** ADJ brûlant; *[news, information]* de dernière minute ▸ **Red Indian** N *(offensive)* Peau-Rouge *mf* ▸ **red-letter day** N jour *m* à marquer d'une pierre blanche ▸ **red light** N *(= traffic light)* feu *m* rouge • **to go through the ~ light** brûler un feu rouge ▸ **red-light district** N quartier *m* des prostituées ▸ **red meat** N viande *f* rouge ▸ **red pepper** N poivron *m* rouge ▸ **Red Riding Hood** N *(= Little Red Riding Hood)* Le Petit Chaperon rouge ▸ **the Red Sea** N la mer Rouge ▸ **Red Square** N *(in Moscow)* place *f* Rouge ▸ **red squirrel** N écureuil *m* roux ▸ **red tape** N bureaucratie *f*, paperasserie *f* ▸ **red-top** N *(Brit) (= tabloid newspaper)* tabloïd *m* ▸ **red wine** N vin *m* rouge

redcurrant [red'kʌrənt] N groseille *f*

redden ['redn] VI *[person]* rougir

reddish ['redɪʃ] ADJ rougeâtre; *[hair]* tirant sur le roux • **~-brown** d'un brun rougeâtre *inv*; *[hair]* d'un brun roux

redecorate [ˌri:'dekəreɪt] VT *(= repaint)* repeindre; *(= redesign)* refaire la décoration de

redeem [rɪ'di:m] VT **a** *(= buy back)* racheter; *(from pawn)* dégager **b** *(= pay) [+ debt]* amortir; *[+ mortgage]* purger **c** *(= cash in) [+ insurance policy]* encaisser; *[+ coupon]* échanger (**for** contre); *(US) [+ banknote]* convertir en espèces **d** *(Rel) [+ sinner]* racheter **e** *(= compensate for) [+ failing, fault]* racheter • **to ~ o.s.** se racheter

redeemable [rɪ'di:məbl] ADJ *[voucher]* échangeable; *[bill]* remboursable; *[debt]* amortissable; *[insurance policy]* encaissable • **the catalogue costs £5, ~ against a first order** le catalogue coûte 5 livres, remboursées à la première commande

redeeming [rɪ'di:mɪŋ] ADJ **to have some ~ features** avoir des qualités qui rachètent les défauts • **his one ~ quality is ...** la seule chose qui peut le racheter est ...

redefine [ˌri:dɪ'faɪn] VT redéfinir

redemption [rɪ'dempʃən] N (= *salvation*) rédemption *f* • **beyond ~** [*person*] définitivement perdu; [*situation*] irrémédiable

redeploy [,ri:dɪ'plɔɪ] VT redéployer

redeployment [,ri:dɪ'plɔɪmənt] N redéploiement *m* (**(in)to sth** dans qch)

redesign [,ri:dɪ'zaɪn] VT reconcevoir

redevelop [,ri:dɪ'veləp] VT [+ *area*] réaménager

redevelopment [,ri:dɪ'veləpmənt] N [*of area*] réaménagement *m*

redhead ['redhed] N roux *m*, rousse *f*

redial [,ri:'daɪəl] **1** VT [+ *number*] recomposer **2** VI recomposer le numéro **3** COMP ▸ **redial button** N touche *f* bis ▸ **redial facility** N rappel *m* du dernier numéro composé

redid [,ri:'dɪd] VB *pt of* **redo**

redirect [,ri:daɪ'rekt] VT [+ *letter, parcel*] faire suivre; [+ *resources*] réallouer

rediscover [,ri:dɪs'kʌvə^r] VT redécouvrir

redistribute [,ri:dɪs'trɪbju:t] VT redistribuer

redistributive [,ri:dɪs'trɪbju:tɪv] ADJ redistributif

redneck* ['rednek] N rustre *m*, péquenaud(e)‡ *m(f)*

redness ['rednɪs] N rougeur *f*

redo [,ri:'du:] (*pret* **redid**, *ptp* **redone**) VT refaire

redouble [,ri:'dʌbl] VT redoubler • **to ~ one's efforts to do sth** redoubler d'efforts pour faire qch

redraft [,ri:'drɑ:ft] VT rédiger de nouveau

redress [rɪ'dres] **1** VT [+ *situation*] redresser • **to ~ the balance (between)** rétablir l'équilibre (entre) **2** N réparation *f*

reduce [rɪ'dju:s] VT réduire (**to** à, **by** de); [+ *price*] baisser; [+ *swelling*] résorber; [+ *output*] ralentir • **to ~ speed** (*in car*) ralentir • **"~ speed now"** « ralentir » • **to ~ sth to a powder** réduire qch en poudre • **to ~ sb to despair** réduire qn au désespoir • **to be ~d to begging** en être réduit à mendier • **to ~ sb to tears** faire pleurer qn

reduced [rɪ'dju:st] ADJ réduit • **to buy at a ~ price** [+ *ticket, goods*] acheter à prix réduit • **to be ~** [*item on sale*] être soldé

reduction [rɪ'dʌkʃən] N réduction *f*; [*of prices, wages*] baisse *f* • **"massive ~s"** « prix cassés »

redundancy [rɪ'dʌndənsɪ] N (*Brit*) licenciement *m* (économique) • **he feared ~** il redoutait d'être licencié • **he went in the last round of redundancies** il a perdu son emploi lors de la dernière série de licenciements • **compulsory ~** licenciement *m* • **voluntary ~** départ *m* volontaire ▸ **redundancy money** N (*Brit*) indemnité *f* de licenciement

redundant [rɪ'dʌndənt] ADJ **a** (*Brit*) licencié (pour raisons économiques) • **to make sb ~** licencier qn (pour raisons économiques) **b** (= *superfluous*) [*object*] superflu; [*term, information*] redondant

redux ['ri:dʌks] ADJ redux

redwood ['redwʊd] N (= *tree*) séquoia *m*

reed [ri:d] N (= *plant*) roseau *m*; [*of wind instrument*] anche *f* ▸ **reed instrument** N instrument *m* à anche

re-educate [,ri:'edjʊkeɪt] VT rééduquer

reedy ['ri:dɪ] ADJ (= *high-pitched*) aigu (-guë *f*)

reef [ri:f] N récif *m* • **coral ~** récif *m* de corail

reek [ri:k] **1** N puanteur *f* **2** VI puer • **to ~ of sth** puer qch

reel [ri:l] **1** N [*of thread, tape*] bobine *f*; (*also* **fishing reel**) moulinet *m*; (= *cinema film*) bobine *f*; (*for camera*) rouleau *m* **2** VI (= *stagger*) chanceler; (*drunkenly*) tituber • **he lost his balance and ~ed back** il a perdu l'équilibre et il a reculé en chancelant • **my head is ~ing** la tête me tourne • **the news made him ~** la nouvelle l'a ébranlé • **I'm still ~ing from the shock of it** je ne me suis pas encore remis du choc • **the news left us ~ing with disbelief** cette nouvelle nous a laissés incrédules

▸ **reel in** VT SEP ramener

▸ **reel off** VT SEP [+ *list*] débiter

re-elect [,ri:ɪ'lekt] VT réélire

re-election [,ri:ɪ'lekʃən] N **to run for ~** se représenter (aux élections)

re-enact [,ri:ɪ'nækt] VT [+ *crime*] reconstituer

re-enter [,ri:'entə^r] **1** VI rentrer **2** VT rentrer dans

re-entry [,ri:'entrɪ] N rentrée *f* • **her ~ into politics** son retour à la politique

re-establish [,ri:ɪs'tæblɪʃ] VT rétablir

re-examine [,ri:ɪg'zæmɪn] VT examiner de nouveau; [+ *witness*] interroger de nouveau

refectory [rɪ'fektərɪ] N réfectoire *m*

refer [rɪ'fɜ:^r] **1** VT [+ *matter, question*] soumettre (**to** à) • **the problem was ~red to the UN** le problème a été soumis à l'ONU • **I have to ~ it to my boss** je dois en référer à mon patron • **the doctor ~red me to a specialist** le médecin m'a adressé à un spécialiste • **the patient was ~red for tests** on a envoyé le patient subir des examens • **to ~ sb to the article on ...** renvoyer qn à l'article sur ... • **"the reader is ~red to page 10"** « prière de se reporter à la page 10 »

2 VI **a** (= *allude*) (*directly*) faire référence (**to** à); (*indirectly*) faire allusion (**to** à) • **I am not ~ring to you** je ne parle pas de vous • **what can he be ~ring to?** de quoi parle-t-il ? • **he ~red to her as his assistant** il l'a appelée son assistante • **~ring to your letter** suite à votre lettre **b** (= *consult*) se référer (**to sth** à qch) • **to ~ to one's notes** se référer à ses notes

referee [,refə'ri:] **1** N **a** (*Sport*) arbitre *m* **b** (*Brit: giving a reference*) personne *f* pouvant donner des références • **may I give your name as a ~?** puis-je inclure votre nom à mes références ? **2** VTI arbitrer

reference ['refrəns] **1** N **a** référence *f* (**to** à) • **keep these details for ~** gardez ces renseignements pour information

b (= *allusion*) allusion *f* (**to** à) • **a ~ was made to his illness** on a fait allusion à sa maladie

▸ **with reference to** en ce qui concerne

c (= *testimonial*) **~(s)** références *fpl* • **to give sb good ~s** fournir de bonnes références à qn

d (= *note redirecting reader*) référence *f*; (*on map*) coordonnées *fpl* • **please quote this ~** prière de rappeler cette référence

2 COMP ▸ **reference book** N ouvrage *m* de référence ▸ **reference library** N bibliothèque *f* d'ouvrages de référence ▸ **reference number** N numéro *m* de référence

referendum [,refə'rendəm] N référendum *m* • **to hold a ~** organiser un référendum

referral [rɪ'fɜ:rəl] N **ask your doctor for a ~ to a dermatologist** demandez à votre médecin de vous envoyer chez un dermatologue • **letter of ~** *lettre par laquelle un médecin adresse un patient à un spécialiste* • **the ~ of the case to the Appeal Courts** le renvoi de l'affaire en appel

refill **1** VT [+ *glass, bottle*] remplir à nouveau; [+ *pen, lighter*] recharger **2** N recharge *f*; (= *cartridge*) cartouche *f* • **would you like a ~?*** (*for drink*) encore un verre (*or* une tasse) ?

> Lorsque **refill** est un verbe, l'accent tombe sur la seconde syllabe : [riːˈfɪl], lorsque c'est un nom, sur la première : [ˈriːfɪl].

refinance [riːˈfaɪnæns] VT refinancer

refine [rɪˈfaɪn] VT **a** [*+ crude oil, sugar*] raffiner **b** [*+ theory, technique, process*] affiner; [*+ model, engine*] perfectionner

refined [rɪˈfaɪnd] ADJ **a** [*food*] traité; [*sugar, oil*] raffiné **b** (*= genteel*) raffiné

refinement [rɪˈfaɪnmənt] N **a** (*= refining*) [*of crude oil, sugar*] raffinage *m* **b** (*in technique, machine*) perfectionnement *m* (**in** de) **c** (*= gentility*) raffinement *m*

refinery [rɪˈfaɪnərɪ] N raffinerie *f*

refit [ˌriːˈfɪt] VT [*+ ship*] remettre en état

reflect [rɪˈflekt] **1** VT **a** [*+ heat*] renvoyer; [*+ light, image*] refléter • **the moon is ~ed in the lake** la lune se reflète dans le lac • **I saw him ~ed in the mirror** j'ai vu son reflet dans le miroir • **the many difficulties are ~ed in his report** son rapport reflète les nombreuses difficultés **b** (*= think*) se dire (**that** que) **2** VI (*= meditate*) réfléchir (**on** à)

▸ **reflect (up)on** VT INSEP **to ~ well/badly (up)on sb** faire honneur à/nuire à la réputation de qn

reflection [rɪˈflekʃən] N **a** (*in mirror*) reflet *m* **b** (*= consideration*) réflexion *f* • **on ~** à la réflexion • **he did it without sufficient ~** il l'a fait sans avoir suffisamment réfléchi **c** (*= thoughts*) **~s** réflexions *fpl* (**on, upon** sur) **d** (*= adverse criticism*) **this is no ~ on ...** cela ne porte pas atteinte à ...

> The **ct** in the English word changes to an **x** in the French word **réflexion**.

reflective [rɪˈflektɪv] ADJ **a** (*= pensive*) pensif **b** [*surface, material*] réfléchissant

reflector [rɪˈflektəʳ] N réflecteur *m*

reflex [ˈriːfleks] ADJ, N réflexe *m*

reflexive [rɪˈfleksɪv] ADJ [*verb, pronoun*] réfléchi

reflexology [ˌriːflekˈsɒlədʒɪ] N réflexologie *f*

reforestation [ˌriːfɒrɪsˈteɪʃən] N (*US*) reboisement *m*

reform [rɪˈfɔːm] **1** N réforme *f* **2** VT [*+ law, institution, service*] réformer • **to ~ spelling** faire une réforme de l'orthographe • **it's no use trying to ~ him** inutile d'essayer de le changer **3** VI [*person*] s'amender

re-form [ˌriːˈfɔːm] VI se reformer

reformat [ˌriːˈfɔːmæt] VT [*+ disk*] reformater

reformation [ˌrefəˈmeɪʃən] N [*of church, spelling*] réforme *f*

reformed [rɪˈfɔːmd] ADJ **a** [*alcoholic*] ancien *before n*; [*criminal*] repenti; [*spelling*] réformé • **he's a ~ character** il s'est rangé **b** [*church*] réformé; [*Jew*] non orthodoxe

reformer [rɪˈfɔːməʳ] N réformateur *m*, -trice *f*

reformist [rɪˈfɔːmɪst] ADJ, N réformiste *mf*

refrain [rɪˈfreɪn] **1** VI s'abstenir (**from doing sth** de faire qch) • **he ~ed from comment** il s'est abstenu de tout commentaire • **please ~ from smoking** vous êtes priés de ne pas fumer **2** N (*= chorus*) refrain *m*

refresh [rɪˈfreʃ] VT [*drink, bath*] rafraîchir; [*food*] revigorer; [*sleep, rest*] détendre; (*Comput*) [*+screen*] rafraîchir • **let me ~ your memory!** je vais vous rafraîchir la mémoire ! • **to feel ~ed** se sentir revigoré

refresher course [rɪˈfreʃəˌkɔːs] N cours *m* de recyclage

refreshing [rɪˈfreʃɪŋ] ADJ [*honesty, approach, drink*] rafraîchissant; [*change, news*] agréable • **it's ~ to see that ...** c'est réconfortant de voir que ...

refreshingly [rɪˈfreʃɪŋlɪ] ADV **~ honest** d'une honnêteté qui fait plaisir à voir

refreshment [rɪˈfreʃmənt] N **a** [*of mind, body*] repos *m* **b** (**light**) **~s** (*= food, drink*) rafraîchissements *mpl*

refrigerate [rɪˈfrɪdʒəreɪt] VT réfrigérer

refrigeration [rɪˌfrɪdʒəˈreɪʃən] N réfrigération *f*

refrigerator [rɪˈfrɪdʒəreɪtəʳ] N réfrigérateur *m*

refuel [ˌriːˈfjʊəl] **1** VI se ravitailler en carburant **2** VT ravitailler (en carburant)

refuelling [ˌriːˈfjʊəlɪŋ] N ravitaillement *m* (en carburant) ▸ **refuelling stop** N escale *f* technique

refuge [ˈrefjuːdʒ] N refuge *m* (**from** contre) • **place of ~** asile *m* • **a ~ for battered women** un foyer pour femmes battues • **they sought ~ from the fighting in the city** ils ont cherché un refuge pour échapper aux combats dans la ville • **he took ~ in alcohol and drugs** il s'est réfugié dans l'alcool et la drogue

refugee [ˌrefjʊˈdʒiː] N réfugié(e) *m(f)* ▸ **refugee camp** N camp *m* de réfugiés ▸ **refugee status** N statut *m* de réfugié

refund **1** VT rembourser (**to sb** à qn) • **to ~ sb's expenses** rembourser les dépenses de qn **2** N remboursement *m* • **tax ~** bonification *f* de trop-perçu • **to get a ~** se faire rembourser

> Lorsque **refund** est un verbe, l'accent tombe sur la seconde syllabe : [rɪˈfʌnd], lorsque c'est un nom, sur la première : [ˈriːfʌnd].

refurbish [ˌriːˈfɜːbɪʃ] VT [*+ building*] remettre à neuf

refurbishment [ˌriːˈfɜːbɪʃmənt] N remise *f* à neuf

refurnish [ˌriːˈfɜːnɪʃ] VT remeubler

refusal [rɪˈfjuːzəl] N refus *m* (**to do sth** de faire qch) • **to meet with a ~** se heurter à un refus • **to give a flat ~** refuser net • **I'll give her first ~ on it** elle sera la première à qui je le proposerai

refuse **1** VT refuser (**sb sth** qch à qn, **to do sth** de faire qch); [*+ offer, invitation*] refuser • **I absolutely ~ to do it** je refuse catégoriquement de le faire • **they were ~d permission to leave** on leur a refusé la permission de partir • **she ~d him** elle l'a rejeté

2 VI refuser

3 N (*= rubbish*) détritus *mpl*, ordures *fpl*; (*= industrial or food waste*) déchets *mpl* • **household ~** ordures *fpl* ménagères • **garden ~** détritus *mpl* de jardin

4 COMP ▸ **refuse bin** N poubelle *f* ▸ **refuse chute** N (*in building*) vide-ordures *m inv* ▸ **refuse collection** N ramassage *m* des ordures ▸ **refuse collector** N éboueur *m* ▸ **refuse dump** N décharge *f* (publique) ▸ **refuse lorry** N camion *m* des éboueurs

> Lorsque **refuse** est un verbe, le **se** final se prononce **z** et l'accent tombe sur la deuxième syllabe : [rɪˈfjuːz] ; lorsque c'est un nom, le **se** final se prononce **s** et l'accent tombe sur la première syllabe : [ˈrefjuːs].

refute [rɪˈfjuːt] VT réfuter

regain [rɪˈgeɪn] VT [*+ one's composure, balance, self-confidence*] retrouver; [+ *one's health, sight*] recouvrer; [+ *independence, territory*] reconquérir • **to ~ one's strength** récupérer • **to ~ consciousness** reprendre connaissance

regal ['ri:gəl] ADJ royal

regale [rɪ'geɪl] VT régaler (**sb with sth** qn de qch)

regalia [rɪ'geɪlɪə] N [*of monarch*] prérogatives *fpl* royales • **she was in full ~*** elle portait ses plus beaux atours

regard [rɪ'gɑ:d] **1** VT (= *consider*) considérer (**as** comme) • **we ~ it as worth doing** à notre avis ça vaut la peine de le faire • **I ~ him highly** je le tiens en grande estime ▸ **as regards** en ce qui concerne

2 N ⓐ (= *concern*) **to have ~ for sb/sth** tenir compte de qn/qch • **to show no ~ for sb/sth** ne faire aucun cas de qn/qch • **without ~ for sb/sth** sans égard pour qn/qch • **out of ~ for sb/sth** par égard pour qn/qch ▸ **with regard to** en ce qui concerne

ⓑ (= *esteem*) estime *f* • **to hold sb/sth in high ~** tenir qn/qch en haute estime

3 NPL **regards** (*in messages*) **give him my ~s** transmettez-lui mon bon souvenir • **(kindest) ~s** (*as letter-ending*) meilleurs souvenirs

regarding [rɪ'gɑ:dɪŋ] PREP (= *with regard to*) concernant • **information ~ sb/sth** des informations concernant qn/qch

regardless [rɪ'gɑ:dlɪs] **1** ADJ **~ of** [*sb's feelings, fate*] indifférent à • **~ of the consequences** sans se soucier des conséquences • **~ of cost** quel que soit le prix • **~ of what the law says** indépendamment de ce que dit la loi **2** ADV **he carried on ~** il a continué malgré tout

regatta [rɪ'gætə] N (*one event*) régate *f*

regency ['ri:dʒənsɪ] N régence *f*

regenerate [rɪ'dʒenəreɪt] **1** VT régénérer **2** VI se régénérer

regeneration [rɪˌdʒenə'reɪʃən] N régénération *f*

regenerative [rɪ'dʒenərətɪv] ADJ régénérateur (-trice *f*)

regent ['ri:dʒənt] N régent(e) *m(f)* • **prince ~** prince régent

reggae ['regeɪ] N reggae *m*

régime [reɪ'ʒi:m] N régime *m*

regiment ['redʒɪmənt] N régiment *m*

regimental [ˌredʒɪ'mentl] ADJ [*duties, insignia*] régimentaire; [*life, headquarters*] du régiment

regimented ['redʒɪmentɪd] ADJ [*people, way of life*] enrégimenté; [*appearance*] trop strict

region ['ri:dʒən] N région *f* • **in the ~ of 5kg** environ 5kg

regional ['ri:dʒənl] ADJ régional • **on a ~ basis** sur le plan régional

register ['redʒɪstəʳ] **1** N registre *m*; [*of members*] liste *f*; (*at school*) cahier *m* d'appel • **electoral ~** liste *f* électorale • **~ of births, marriages and deaths** registre *m* d'état civil

2 VT ⓐ (= *record formally*) [+ *fact, figure*] enregistrer; [+ *birth, death, marriage*] déclarer; [+ *vehicle*] (faire) immatriculer • **to ~ a protest** protester

ⓑ (= *realize*) se rendre compte de • **I ~ed the fact that he had gone** je me suis rendu compte qu'il était parti

ⓒ (= *show*) [+ *speed, quantity*] indiquer; [+ *temperature*] marquer • **his face ~ed surprise** il a paru étonné • **his face ~ed no emotion** son visage n'exprimait aucune émotion

ⓓ [+ *letter*] recommander; [+ *luggage*] (faire) enregistrer

3 VI ⓐ (*on electoral list*) s'inscrire; (*in hotel*) signer le registre • **to ~ with a doctor** se faire inscrire comme patient chez un médecin • **to ~ with the police** se déclarer à la police • **to ~ for a course** s'inscrire à un cours

ⓑ (= *be understood*)* être compris • **it hasn't ~ed (with him)** il n'a pas saisi

4 COMP ▸ **register office** N (*Brit*) bureau *m* d'état civil

registered ['redʒɪstəd] ADJ [*voter*] inscrit (sur les listes électorales); [*student*] inscrit; [*letter*] recommandé; [*luggage*] enregistré; [*nursing home, childminder*] agréé • **to be ~ as disabled** ≈ être titulaire d'une carte d'invalidité • **a British-~ car** une voiture immatriculée en Grande-Bretagne ▸ **registered charity** N ≈ association *f* caritative reconnue d'utilité publique ▸ **registered company** N société *f* inscrite au registre du commerce ▸ **Registered General Nurse** N (*Brit*) ≈ infirmier *m*, -ière *f* diplômé(e) d'État ▸ **registered nurse** N (*US*) ≈ infirmier *m*, -ière *f* diplômé(e) d'État ▸ **registered post** N **by ~ post** en recommandé ▸ **registered trademark** N marque *f* déposée

registrar [ˌredʒɪ'strɑ:ʳ] **1** N ⓐ (*Brit*) officier *m* de l'état civil • **to be married by the ~** se marier civilement ⓑ (*Univ*) (*Brit*) secrétaire *mf* général(e); (*US*) chef *m* du service des inscriptions ⓒ (*Brit: in hospitals*) chef *m* de clinique **2** COMP ▸ **registrar's office** N (*Brit*) bureau *m* de l'état civil

registration [ˌredʒɪ'streɪʃən] **1** N ⓐ (= *listing*) [*of voters*] inscription *f* • **S-~ car** (*Brit*) *voiture dont l'immatriculation commence par un S (la lettre indiquant l'année de mise en circulation)* ⓑ (*Brit: in school: also* **registration period**) appel *m* **2** COMP ▸ **registration document** N (*Brit*) ≈ carte *f* grise ▸ **registration fee** N (*for course*) droits *mpl* d'inscription ▸ **registration number** N (*Brit*) numéro *m* d'immatriculation • **car with ~ number R971 VBW** voiture *f* immatriculée R971 VBW

registry ['redʒɪstrɪ] N (= *act, office*) enregistrement *m*; [*of birth, death*] bureau *m* de l'état civil ▸ **registry office** N (*Brit*) bureau *m* d'état civil • **to get married in a ~ office** se marier civilement

regress [rɪ'gres] VI régresser (**to** au stade de)

regression [rɪ'greʃən] N régression *f*

regret [rɪ'gret] **1** VT regretter (**doing sth, to do sth** de faire qch, **that** que + *subj*) • **I ~ to say that …** j'ai le regret de dire que … • **we ~ that it was not possible to …** nous regrettons qu'il n'ait pas été possible de … • **you won't ~ it!** vous ne le regretterez pas ! • **the President ~s he cannot see you today** le Président regrette de ne pouvoir vous recevoir aujourd'hui

2 N regret *m* (**for** de) • **much to my ~** à mon grand regret • **I have no ~s** je n'ai aucun regret • **to do sth with ~** faire qch à regret • **to send (one's) ~s** envoyer ses excuses

regretfully [rɪ'gretfəlɪ] ADV ⓐ (= *with regret*) à regret ⓑ (= *unfortunately*) **~, nationalism is flourishing again** malheureusement, le nationalisme est en pleine recrudescence

regrettable [rɪ'gretəbl] ADJ regrettable • **it is ~ that …** il est regrettable que … + *subj*

regrettably [rɪ'gretəblɪ] ADV malheureusement

regroup [ˌri:'gru:p] VI se regrouper; (*fig*) se ressaisir

regular ['regjʊləʳ] **1** ADJ ⓐ [*pulse, reminders, meals*] régulier • **on a ~ basis** régulièrement • **as ~ as clockwork**

r

[*person*] réglé comme une horloge; [*occurrence*] très régulier **• to be in ~ contact with sb/sth** avoir des contacts réguliers avec qn/qch **• to be in ~ employment** avoir un emploi stable **• to take ~ exercise** faire régulièrement de l'exercice **• to keep ~ hours** avoir des horaires très réguliers **• to hold ~ meetings** se réunir régulièrement **• to make ~ payments** effectuer des versements réguliers **• to have a ~ place on the team** avoir régulièrement sa place dans l'équipe **• I make ~ trips to the South of France** je me rends régulièrement dans le midi de la France **• to be in ~ use** être régulièrement utilisé

ⓑ (= *habitual*) [*reader*] assidu **• to be a ~ listener to sth** écouter régulièrement qch **• a ~ customer/visitor** un(e) habitué(e)

ⓒ (US) (= *customary*) [*event*] habituel; [*partner*] régulier **• the ~ staff** le personnel permanent **• my ~ dentist** mon dentiste habituel **• my ~ doctor** mon médecin traitant

ⓓ (US) (= *ordinary*) ordinaire; [*size*] normal **• I'm just a ~ guy*** je ne suis qu'un type* comme un autre **• ~ fries** portion *f* de frites normale

2 (N) ⓐ (= *soldier*) soldat *m* de métier; (= *police officer*) policier *m*

ⓑ (= *habitual customer*) habitué(e) *m(f)* **• he's one of the ~s on that programme** (*on television*) il participe régulièrement à ce programme

3 (COMP) ▸ **regular soldier** N soldat *m* de métier

regularity [ˌregjʊˈlærɪtɪ] (N) régularité *f*

regularly [ˈregjʊləlɪ] (ADV) régulièrement

regulate [ˈregjʊleɪt] (VT) réguler

regulation [ˌregjʊˈleɪʃən] (N) (= *rule*) règlement *m* **• against the ~s** contraire au règlement

regulator [ˈregjʊleɪtəʳ] (N) (= *body*) organisme *m* de contrôle; (= *person*) régulateur *m*, -trice *f* **• acidity ~** correcteur *m* d'acidité

rehab* [ˈriːhæb] (N) (= *rehabilitation*) [*of drug user*] réinsertion *f* **• to be in ~** être en réinsertion ▸ **rehab centre** N centre *m* de réinsertion

rehabilitate [ˌriːəˈbɪlɪteɪt] (VT) [+ *disabled, ill person*] rééduquer; [+ *ex-prisoner, drug user, alcoholic*] réinsérer

rehabilitation [ˈriːəˌbɪlɪˈteɪʃən] (N) [*of disabled, ill person*] rééducation *f*; [*of ex-prisoner, drug user, alcoholic*] réinsertion *f* ▸ **rehabilitation centre** N (*for drug user, alcoholic*) centre *m* de réinsertion

rehash* [ˌriːˈhæʃ] (VT) remanier

rehear [riːˈhɪəʳ] (VT) ⓐ (= *hear again*) entendre de nouveau ⓑ (*in law*) [*case*] réexaminer

rehearsal [rɪˈhɜːsəl] (N) répétition *f* (**for sth** de qch)

rehearse [rɪˈhɜːs] (VT) répéter **• to ~ what one is going to say** préparer ce qu'on va dire **• well ~d** [+ *play*] longuement répété **• his arguments were well ~d** il avait bien préparé ses arguments

rehouse [ˌriːˈhaʊz] (VT) reloger

reign [reɪn] 1 (N) règne *m* **• in the ~ of** sous le règne de **• ~ of terror** régime *m* de terreur 2 (VI) régner (**over** sur)

reigning [ˈreɪnɪŋ] (ADJ) [*monarch*] régnant; [*champion*] en titre

reimburse [ˌriːɪmˈbɜːs] (VT) rembourser (**sb for sth** qch à qn, qn de qch)

reimbursement [ˌriːɪmˈbɜːsmənt] (N) remboursement *m*

rein [reɪn] (N) **~s** rênes *fpl*; [*of horse in harness*] guides *fpl* **• to keep a tight ~ on sb/sth** tenir qn/qch en bride **• to give (a) free ~ to** [+ *anger, passions, one's imagination*] donner libre cours à

reincarnation [ˌriːɪnkɑːˈneɪʃən] (N) réincarnation *f*

reindeer [ˈreɪndɪəʳ] (N) renne *m*

reinforce [ˌriːɪnˈfɔːs] (VT) [+ *wall, bridge*] renforcer

reinforcement [ˌriːɪnˈfɔːsmənt] (N) (= *action*) renforcement *m*

reinstate [ˌriːɪnˈsteɪt] (VT) [+ *employee*] rétablir dans ses fonctions

reinstatement [ˌriːɪnˈsteɪtmənt] (N) réintégration *f*

reinvent [ˌriːɪnˈvent] (VT) ⓐ **to ~ the wheel** réinventer la roue ⓑ **to ~ o.s. as sth** se métamorphoser en qch

reissue [ˌriːˈɪʃjuː] (VT) [+ *book*] rééditer

reiterate [riːˈɪtəreɪt] (VT) réitérer

reject 1 (VT) ⓐ rejeter; [+ *candidate, manuscript*] refuser; [+ *plea, advances*] repousser ⓑ [*body*] [+ *medication, transplant*] rejeter 2 (N) article *m* de rebut 3 (COMP) ▸ **reject shop** N boutique *f* d'articles de second choix

> Lorsque **reject** est un verbe, l'accent tombe sur la seconde syllabe : [rɪˈdʒekt], lorsque c'est un nom, sur la première : [ˈriːdʒekt].

rejection [rɪˈdʒekʃən] (N) rejet *m* ▸ **rejection slip** N lettre *f* de refus

rejoice [rɪˈdʒɔɪs] 1 (VT) réjouir 2 (VI) se réjouir (**at, over, in** de)

rejuvenate [rɪˈdʒuːvɪneɪt] (VTI) rajeunir **• I feel ~d** je me sens rajeuni

rekindle [ˌriːˈkɪndl] (VT) [+ *hope, enthusiasm*] ranimer

relapse [rɪˈlæps] (N) rechute *f* **• to have a ~** faire une rechute

relate [rɪˈleɪt] 1 (VT) ⓐ (= *recount*) [+ *story, details*] relater ⓑ (= *associate*) établir un rapport entre 2 (VI) ⓐ (= *refer*) se rapporter (**to** à) ⓑ **how do you ~ to your parents?** quels rapports entretenez-vous avec vos parents ? **• he doesn't ~ to other people** il n'a pas le sens des contacts **• I can ~ to that*** je comprends ça

related [rɪˈleɪtɪd] (ADJ) ⓐ (*in family*) [*person*] parent; [*animal, species, language*] apparenté (**to sth** à qch) **• he is ~ to Jane** il est parent de Jane **• she is ~ to us** elle est notre parente **• they are ~ to each other** ils sont parents **• he is ~ by marriage to Paul** c'est un parent par alliance de Paul **• two closely ~ species** deux espèces très proches ⓑ (= *connected*) **to be ~ to sth** être lié à qch **• cookware, cutlery, and ~ products** les ustensiles de cuisine, les couverts et les produits du même ordre **• geometry and other ~ subjects** la géométrie et les sujets qui s'y rattachent **• a ~ issue** un problème du même ordre **• the two events are not ~** ces deux événements n'ont pas de rapport **• two closely ~ questions** deux questions étroitement liées **• health-~ problems** problèmes *mpl* liés à la santé

relation [rɪˈleɪʃən] 1 (N) ⓐ (= *person*) parent(e) *m(f)*; (= *kinship*) parenté *f* **• I've got some ~s coming to dinner** j'ai de la famille à dîner **• is he any ~ to you?** est-il de vos parents ? **• what ~ is she to you?** quelle est sa parenté avec vous ? ⓑ (= *relationship*) relation *f* **• to bear a ~ to** avoir rapport à **• in ~ to** par rapport à 2 (NPL) **relations** (= *dealings*) relations *fpl* **• to have business ~s with** être en relations d'affaires avec

relationship [rɪˈleɪʃənʃɪp] (N) ⓐ (= *family ties*) liens *mpl* de parenté ⓑ (= *connection*) rapport *m*; (= *relations*)

relations *fpl* • **to have a ~ with sb** avoir une relation avec qn • **they have a good ~** ils s'entendent bien • **friendly/ business ~** relations *fpl* d'amitié/d'affaires • **his ~ with his father was strained** ses rapports avec son père étaient tendus

relative ['relətɪv] **1** (ADJ) ⓐ (= *comparative*) [*safety, comfort, weakness*] relatif • **with ~ ease** avec une relative facilité • **he is a ~ newcomer** c'est presque un nouveau venu • **her ~ lack of experience** sa relative inexpérience • **petrol consumption is ~ to speed** la consommation d'essence est liée à la vitesse ⓑ (= *respective*) [*importance, strengths*] respectif ⓒ (= *relevant*) **the documents ~ to the problem** les documents relatifs au problème **2** (N) (= *person*) parent(e) *m(f)* • **all my ~s came** toute ma famille est venue **3** (COMP) ▸ **relative clause** N (proposition *f*) relative *f* ▸ **relative pronoun** N pronom *m* relatif

relatively ['relətɪvlɪ] (ADV) relativement • **~ speaking** comparativement

relativity [ˌrelə'tɪvɪtɪ] (N) relativité *f*

relaunch [riː'lɔːntʃ] **1** (VT) relancer **2** (N) nouveau lancement *m*

relax [rɪ'læks] **1** (VT) [*+ grip, muscles, discipline*] relâcher; [*+ restrictions*] assouplir **2** (VI) (= *rest*) se détendre • **let's just ~!*** (= *calm down*) restons calmes !

relaxation [ˌriːlæk'seɪʃən] (N) ⓐ [*of muscles, discipline, attention*] relâchement *m*; [*of body*] relaxation *f*; [*of restrictions*] assouplissement *m* ⓑ (= *recreation, rest*) relaxation *f* • **you need some ~ after work** on a besoin de se détendre après le travail

relaxed [rɪ'lækst] (ADJ) [*person, mood, discussion*] détendu • **to feel ~** se sentir détendu • **I feel fairly ~ about it*** je ne m'en fais pas pour ça

relaxing [rɪ'læksɪŋ] (ADJ) [*holiday, place*] reposant; [*massage, bath*] relaxant

relay ['riːleɪ] **1** (N) relais *m* • **to work in ~s** se relayer **2** (VT) [*+ programme, information, message*] relayer **3** (COMP) ▸ **relay race** N course *f* de relais ▸ **relay station** N relais *m*

release [rɪ'liːs] **1** (N) ⓐ (*from captivity, obligation*) libération *f* • **on his ~ from prison he ...** dès sa sortie de prison, il ... • **death was a ~ for him** pour lui la mort a été une délivrance
ⓑ (*for sale, publication*) [*of goods*] mise *f* en vente; [*of news*] autorisation *f* de publier; [*of film, record*] sortie *f*; [*of book*] parution *f* • **this film is now on general ~** ce film sort partout sur les écrans
ⓒ (= *new item*) **new ~** (= *record, CD*) nouvel album *m*; (= *film*) nouveau film *m*; (= *video*) nouvelle vidéo *f*
2 (VT) ⓐ [*+ person*] libérer (**from** de); (*from hospital*) autoriser à sortir (**from** de); [*+ captive animal*] relâcher • **to ~ sb on bail** mettre qn en liberté provisoire sous caution
ⓑ [*+ object, sb's hand, pigeon*] lâcher • **to ~ one's anger on sb** passer sa colère sur qn • **to ~ one's hold** *or* **grip** lâcher prise • **to ~ one's hold of** *or* **one's grip on sth** lâcher qch
ⓒ (= *issue*) [*+ film*] sortir; [*+ goods*] mettre en vente • **to ~ a statement** publier un communiqué (**about** au sujet de)
3 (COMP) ▸ **release date** N [*of film, record*] date *f* de sortie; [*of prisoner*] date *f* de libération

relegate ['relɪgeɪt] (VT) reléguer

relegation [ˌrelɪ'geɪʃən] (N) relégation *f*

relent [rɪ'lent] (VI) se laisser fléchir; (= *reverse one's decision*) revenir sur une décision

relentless [rɪ'lentlɪs] (ADJ) [*pursuit, demands, criticism*] incessant; [*pace, growth*] implacable • **to be ~ in one's efforts to do sth** ne pas relâcher ses efforts pour faire qch

relentlessly [rɪ'lentlɪslɪ] (ADV) [*fight, pursue*] avec acharnement

relevance ['reləvəns] (N) pertinence *f* • **to be of particular ~ (to sb)** être particulièrement pertinent (pour qn) • **a curriculum which is of ~ to all pupils** un programme qui intéresse tous les élèves • **to have no ~ to sth** n'avoir aucun rapport avec qch

relevant ['reləvənt] (ADJ) ⓐ (= *pertinent*) [*information, question, remark*] pertinent • **Molière's plays are still ~ today** les pièces de Molière sont toujours d'actualité • **to be ~ to sth** être en rapport avec qch • **to be ~ to sb/sth** [*law, regulation*] être applicable à qn/qch ⓑ (= *in question*) [*page, information*] approprié; [*time, place, day*] en question

reliability [rɪˌlaɪə'bɪlɪtɪ] (N) fiabilité *f*

reliable [rɪ'laɪəbl] (ADJ) fiable • **he's very ~** c'est quelqu'un de très fiable

reliably [rɪ'laɪəblɪ] (ADV) [*work, measure, date*] de manière fiable • **I am ~ informed that ...** j'ai appris de source sûre que ...

reliance [rɪ'laɪəns] (N) (= *dependence*) dépendance *f* (**on** envers)

reliant [rɪ'laɪənt] (ADJ) **to be ~ on sb (for sth)** dépendre de qn (pour qch) • **to be ~ on sth** dépendre de qch

relic ['relɪk] (N) relique *f*

relief [rɪ'liːf] **1** (N) ⓐ (*from pain, anxiety*) soulagement *m* • **it was a great ~ when ...** ça a été un grand soulagement quand ... • **to my ~** à mon grand soulagement • **that's a ~!** j'aime mieux ça !
ⓑ (= *assistance*) secours *m* • **to go to the ~ of ...** aller au secours de ... • **to send ~ to ...** envoyer des secours à ...
2 (COMP) ▸ **relief agency** N organisation *f* humanitaire ▸ **relief fund** N caisse *f* de secours ▸ **relief map** N carte *f* en relief ▸ **relief organization** N organisation *f* humanitaire ▸ **relief work** N travail *m* humanitaire ▸ **relief worker** N représentant *m* d'une organisation humanitaire

relieve [rɪ'liːv] (VT) ⓐ [*+ person*] soulager • **to feel/look ~d** se sentir/avoir l'air soulagé • **to be ~d at sth** être soulagé par qch • **to be ~d that ...** être soulagé que ... + *subj* • **to ~ sb of a duty** décharger qn d'une obligation ⓑ [*+ anxiety, pain*] soulager; [*+ pressure*] diminuer; [*+ boredom*] dissiper • **the new road ~s congestion in the town centre** la nouvelle route décongestionne le centre-ville • **to ~ o.s.** (= *urinate*) se soulager ⓒ (= *help*) secourir ⓓ (= *take over from*) relayer

religion [rɪ'lɪdʒən] (N) religion *f*; (*on form*) confession *f* • **the Christian ~** la religion chrétienne • **to make a ~ of doing sth** se faire une obligation (absolue) de faire qch • **it's against my ~** c'est contraire à ma religion

religious [rɪ'lɪdʒəs] (ADJ) religieux; [*war*] de religion ▸ **religious education** N éducation *f* religieuse

religiously [rɪ'lɪdʒəslɪ] (ADV) religieusement • **a ~ diverse country** un pays qui présente une grande diversité religieuse

relinquish [rɪ'lɪŋkwɪʃ] (VT) [*+ hope, power*] abandonner; [*+ right*] renoncer à (**to sb** en faveur de qn)

relish ['relɪʃ] **1** (N) ⓐ (= *enjoyment*) **to do sth with (great) ~** faire qch avec délectation ⓑ (= *pickle*) achards *mpl* **2** (VT)

r

I don't ~ the prospect of getting up at five la perspective de me lever à cinq heures ne me réjouit pas

relive [ˌriːˈlɪv] (VI) revivre

reload [ˌriːˈləʊd] (VT, VI) recharger

relocate [ˌriːləʊˈkeɪt] **1** (VT) installer ailleurs; [*+ company*] délocaliser; [*+ worker*] (*in a new place*) transférer **2** (VI) [*company*] se délocaliser; [*worker*] (*in a new place*) changer de lieu de travail

relocation [ˌriːləʊˈkeɪʃən] (N) [*of company*] délocalisation *f*; [*of worker*] (*in a new place*) transfert *m* ▸ **relocation expenses** NPL (*paid to employee*) frais *mpl* de déménagement

reluctance [rɪˈlʌktəns] (N) répugnance *f* (**to do sth** à faire qch) • **to do sth with ~** faire qch à contre-cœur • **to make a show of ~** se faire prier

reluctant [rɪˈlʌktənt] (ADJ) [*person, animal*] réticent (**to do sth** à faire qch); [*acceptance*] peu enthousiaste; [*praise, permission, response*] donné à contrecœur • **to give one's ~ approval to sth** donner son accord à qch à contrecœur • **to take the ~ decision to do sth** prendre à contrecœur la décision de faire qch

reluctantly [rɪˈlʌktəntlɪ] (ADV) à contrecœur

rely [rɪˈlaɪ] (VI) **to ~ (up)on sb/sth** compter sur qn/qch • **she relied on the trains being on time** elle comptait sur le fait que les trains seraient à l'heure • **I ~ on him for my income** je dépends de lui pour mes revenus

remain [rɪˈmeɪn] (VI) **a** (*= be left*) rester • **it ~s to be seen whether ...** reste à savoir si ... • **that ~s to be seen** c'est ce que nous verrons **b** (*= stay*) rester • **it ~s the same** ça ne change pas • **to ~ silent** garder le silence • **if the weather ~s fine** si le beau temps se maintient

remainder [rɪˈmeɪndəʳ] (N) (*= sth left over*) reste *m*; (*= remaining people*) autres *mfpl*

Remainer [rɪˈmeɪnəʳ] (N) (*Brit*) *partisan du maintien du Royaume-Uni dans l'Union européenne*

remaining [rɪˈmeɪnɪŋ] (ADJ) [*people, objects*] restant • **she's one of his few ~ friends** elle fait partie des rares amis qui lui restent

remains [rɪˈmeɪnz] (NPL) [*of meal*] restes *mpl*; [*of building*] vestiges *mpl* • **human ~** restes *mpl* humains

remake [ˈriːmeɪk] (N) (*Cine*) remake *m*

remand [rɪˈmɑːnd] **1** (VT) [*+ case*] déférer (**to** à) • **he was ~ed to Campsie Park Prison** il a été placé en détention provisoire à la prison de Campsie Park • **to ~ sb in custody** mettre qn en détention provisoire • **to ~ sb on bail** mettre qn en liberté sous caution **2** (N) **to be on ~** (*= in custody*) être en détention provisoire; (*= on bail*) être en liberté provisoire **3** (COMP) ▸ **remand centre** N (*Brit*) centre *m* de détention provisoire ▸ **remand prisoner** N personne *f* en détention provisoire

remark [rɪˈmɑːk] **1** (N) (*= comment*) remarque *f* • **to make unkind ~s about sb/sth** faire des remarques désagréables sur qn/qch **2** (VT) (*= say*) remarquer • **"it's raining" he ~ed** « il pleut » remarqua-t-il **3** (VI) faire des remarques • **he ~ed on it to me** il m'en a fait la remarque

remarkable [rɪˈmɑːkəbl] (ADJ) remarquable (**for sth** par qch) • **it is ~ that ...** il est remarquable que ... + *subj*

remarkably [rɪˈmɑːkəblɪ] (ADV) (*= very*) extrêmement • **~, the factory had escaped the bombing** par miracle, l'usine avait échappé aux bombardements

remarry [ˌriːˈmærɪ] (VI) se remarier

rematch [ˈriːmætʃ] (N) match *m* retour; (*Boxing*) deuxième combat *m*

remedial [rɪˈmiːdɪəl] (ADJ) **a** [*treatment*] curatif **b** [*class*] de rattrapage • **~ education** soutien *m* scolaire • **~ teaching** cours *mpl* de soutien • **~ help** soutien *m*

remedy [ˈremədɪ] **1** (N) remède *m* **2** (VT) remédier à • **the situation cannot be remedied** la situation est sans remède

remember [rɪˈmembəʳ] **1** (VT) **a** (*= recall*) [*+ person, date, occasion*] se souvenir de, se rappeler • **to ~ that ...** se rappeler que ... • **I ~ doing it** je me rappelle l'avoir fait • **I ~ed to do it** j'ai pensé à le faire • **I ~ when ...** je me souviens de l'époque où ... • **I don't ~ a thing about it** je n'en ai pas le moindre souvenir • **I can never ~ phone numbers** je ne me souviens jamais des numéros de téléphone • **let us ~ that ...** n'oublions pas que ... • **a night to ~** une soirée mémorable • **I can't ~ the word at the moment** le mot m'échappe pour le moment • **he ~ed her in his will** il ne l'a pas oubliée dans son testament • **that's worth ~ing** c'est bon à savoir
b (*= commemorate*) commémorer
c (*= give good wishes to*) **~ me to your mother** rappelez-moi au bon souvenir de votre mère
2 (VI) se souvenir • **not as far as I ~** pas que je me souvienne • **if I ~ right(ly)** si je me souviens bien • **the last time we had a party, if you ~, it took us days to clear up** la dernière fois que nous avons organisé une soirée, je te rappelle qu'il nous a fallu des jours pour tout ranger

remembrance [rɪˈmembrəns] (N) souvenir *m* • **in ~ of** en souvenir de ▸ **Remembrance Day** N (*Brit*) ≈ Armistice *m*

> **REMEMBRANCE DAY**
> **Remembrance Day** ou **Remembrance Sunday** est le dimanche le plus proche du 11 novembre, jour où la Première Guerre mondiale a officiellement pris fin. C'est un hommage aux victimes des deux guerres mondiales. À cette occasion, on observe deux minutes de silence à 11 heures, heure de la signature de l'armistice avec l'Allemagne en 1918 ; des membres de la famille royale et du gouvernement déposent des gerbes de coquelicots au cénotaphe de Whitehall, et des couronnes sont placées sur les monuments aux morts dans toute la Grande-Bretagne. → POPPY DAY

remind [rɪˈmaɪnd] (VT) rappeler (**sb of sth** qch à qn, **sb that** à qn que) • **to ~ sb to do sth** faire penser à qn à faire qch • **she ~ed him of his mother** elle lui rappelait sa mère • **that ~s me!** à propos !

reminder [rɪˈmaɪndəʳ] (N) (*= note, knot*) mémento *m*; (*= letter*) lettre *f* de rappel • **as a ~ that ...** pour (vous *or* lui *etc*) rappeler que ... • **his presence was a ~ of ...** sa présence rappelait ...

reminisce [ˌremɪˈnɪs] (VI) raconter ses souvenirs • **to ~ about sth** évoquer qch

reminiscent [ˌremɪˈnɪsənt] (ADJ) **to be ~ of sth** rappeler qch

remiss [rɪˈmɪs] (ADJ) (*frm*) négligent • **that was very ~ of you** vous vous êtes montré très négligent

remission [rɪˈmɪʃən] (N) rémission *f*; [*of prisoner*] remise *f* de peine • **he earned three years' ~ (for good conduct)** (*Brit*) on lui a accordé trois ans de remise de peine (pour bonne conduite) • **to be in ~** [*disease, person*] être en rémission • **to go into ~** [*disease, person*] entrer en rémission

remit [rɪˈmɪt] (VT) [+ *sins*] pardonner; [+ *fee, debt, penalty*] remettre • **the prisoner's sentence was ~ted** on a accordé une remise de peine au détenu

remittance [rɪˈmɪtəns] (N) [*of money*] versement *m*; (= *payment*) paiement *m*

remix 1 (N) (*Music*) remix *m* 2 (VT) (*Music*) remixer

> Lorsque **remix** est un nom, l'accent tombe sur la première syllabe : [ˈriːmɪks], lorsque c'est un verbe, sur la seconde : [ˌriːˈmɪks].

remnant [ˈremnənt] (N) (= *anything remaining*) reste *m*; [*of cloth*] coupon *m*

Remoaner* [rɪˈməʊnəʳ] (N) (*Brit*) (*pej*) *partisan déçu du maintien dans l'Union européenne*

remodel [ˌriːˈmɒdl] (VT) [+ *building*] remanier

remonstrate [ˈremənstreɪt] (VI) protester (**against** contre) • **to ~ with sb about sth** faire des remontrances à qn au sujet de qch

remorse [rɪˈmɔːs] (N) remords *m* (**at** de, **for** pour) • **a feeling of ~** des remords • **without ~** sans remords

remorseful [rɪˈmɔːsfʊl] (ADJ) plein de remords

remorsefully [rɪˈmɔːsfəlɪ] (ADV) **... he said ~** ... dit-il, plein de remords

remorseless [rɪˈmɔːslɪs] (ADJ) [*person*] sans pitié

remortgage [riːˈmɔːɡɪdʒ] (VT) **to ~ one's house** *or* **home** renégocier son prêt immobilier

remote [rɪˈməʊt] 1 (ADJ) **a** [*place*] (= *distant*) éloigné; (= *isolated*) isolé • **in a ~ spot** dans un lieu isolé • **in the ~ past/future** dans un passé/avenir lointain

b (= *distanced*) éloigné (**from sth** de qch) • **subjects that seem ~ from our daily lives** des questions qui paraissent sans rapport avec notre vie quotidienne

c (= *slight*) [*possibility*] vague • **the odds of that happening are ~** il y a très peu de chances que cela se produise

d (= *aloof*) [*person*] distant

2 (N) (*also* **remote control**) télécommande *f*

3 (COMP) ▸**remote access** N accès *m* à distance ▸**remote control** N télécommande *f* ▸**remote-controlled** ADJ télécommandé ▸**remote sensing** N télédétection *f* ▸**remote worker** N travailleur *m*, -euse *f* à distance

remotely [rɪˈməʊtlɪ] (ADV) **a** (= *vaguely*) **it isn't ~ possible that ...** il est absolument impossible que ... + *subj* • **I'm not ~ interested in art** l'art ne m'intéresse pas le moins du monde • **it doesn't ~ resemble ...** cela ne ressemble en rien à ... • **the only person present even ~ connected with show business** la seule personne présente qui ait un rapport quelconque avec le monde du spectacle **b** (= *from a distance*) [*control, detonate*] à distance

remoteness [rɪˈməʊtnɪs] (N) (*in space*) éloignement *m*

remould, remold (*US*) [ˈriːməʊld] (N) (= *tyre*) pneu *m* rechapé

removable [rɪˈmuːvəbl] (ADJ) amovible • **a sofa/cushion with a ~ cover** un canapé/coussin déhoussable

removal [rɪˈmuːvəl] (N) (= *taking away*) enlèvement *m*; (*Brit*) [*of furniture, household*] déménagement *m* • **stain ~** détachage *m* ▸**removal expenses** NPL (*Brit*) frais *mpl* de déménagement ▸**removal man** N (*pl* **removal men**) (*Brit*) déménageur *m* ▸**removal van** N (*Brit*) fourgon *m* de déménagement

remove [rɪˈmuːv] (VT) enlever (**from** de); [+ *word, item on list, threat*] supprimer; [+ *obstacle*] écarter; [+ *doubt*] chasser; [+ *official*] déplacer • **to ~ a child from school** retirer un enfant de l'école • **to ~ one's make-up** se démaquiller • **to be far ~d from sth** être loin de qch • **cousin once/twice ~d** cousin(e) *m(f)* au deuxième/troisième degré

remover [rɪˈmuːvəʳ] (N) (*for varnish*) dissolvant *m*; (*for stains*) détachant *m* • **paint ~** décapant *m* (pour peintures)

remunerate [rɪˈmjuːnəreɪt] (VT) rémunérer

remuneration [rɪˌmjuːnəˈreɪʃən] (N) rémunération *f* (**for** de)

Renaissance [rɪˈneɪsɑ̃ːns] (N) **the ~** la Renaissance

renal [ˈriːnl] (ADJ) rénal ▸**renal failure** N défaillance *f* rénale

rename [ˌriːˈneɪm] (VT) [+ *person, town*] rebaptiser; [+ *computer file*] renommer

render [ˈrendəʳ] (VT) rendre • **his accident ~ed him helpless** son accident l'a rendu complètement infirme • **the blow ~ed him unconscious** le coup lui a fait perdre connaissance

rendering [ˈrendərɪŋ] (N) [*of music*] interprétation *f*

rendition [renˈdɪʃən] (N) **a** (= *performance*) interprétation *f* **b** (*also* **extraordinary rendition**) extradition *f* extraordinaire *or* extrajudiciaire ▸**rendition flight** N (*also* **extraordinary rendition flight**) transfèrement *m* exceptionnel, vol *m* d'extradition

renegade [ˈrenɪɡeɪd] 1 (N) renégat(e) *m(f)* 2 (ADJ) [*forces, person*] rebelle

renege [rɪˈneɪɡ] (VI) **to ~ on a promise** manquer à sa promesse

renegotiate [ˌriːnɪˈɡəʊʃɪeɪt] (VT) renégocier

renew [rɪˈnjuː] (VT) renouveler

renewable [rɪˈnjuːəbl] (ADJ) [*contract, energy*] renouvelable

renewal [rɪˈnjuːəl] (N) renouvellement *m*; [*of hostilities*] reprise *f*; [*of interest*] regain *m*

renewed [rɪˈnjuːd] (ADJ) **~ interest/enthusiasm** un regain d'intérêt/d'enthousiasme • **he has come under ~ pressure to resign** on fait de nouveau pression sur lui pour qu'il démissionne • **to make ~ efforts to do sth** renouveler ses efforts pour faire qch

renounce [rɪˈnaʊns] (VT) renoncer à; [+ *religion*] abjurer

renovate [ˈrenəʊveɪt] (VT) [+ *house*] rénover; [+ *historic building, painting, statue*] restaurer

renovation [ˌrenəʊˈveɪʃən] (N) [*of house*] rénovation *f*; [*of historic building, painting, statue*] restauration *f* • **to be in need of ~** être en mauvais état

renown [rɪˈnaʊn] (N) renom *m* • **a wine of ~** un vin renommé

renowned [rɪˈnaʊnd] (ADJ) [*artist, scientist*] renommé (**for sth** pour qch) • **internationally ~ writers** des écrivains de renommée internationale • **an area ~ for its food** une région renommée pour sa gastronomie

rent [rent] 1 (N) [*of house, room*] loyer *m* • **for ~** (*US*) à louer • **(one week) behind with one's ~** en retard (d'une semaine) sur son loyer

2 (VT) **a** (= *take for rent*) louer • **~ed accommodation/flat** logement *m*/appartement *m* en location • **"~-a-bike"** « location de vélos »

b (*also* **rent out**) louer

3 (COMP) ▸**rent book** N (*for accommodation*) carnet *m* de quittances de loyer ▸**rent boy*** N jeune prostitué *m* ▸**rent collector** N personne *f* chargée d'encaisser les loyers

r

▸**rent-free** ADJ exempt de loyer ♦ADV [*live somewhere*] sans payer de loyer ▸**rent rebate** N réduction *f* de loyer

> ⚠ **rent ≠ rente**

rental ['rentl] (N) ⓐ (*= amount paid*) [*of house, land*] (montant *m* du) loyer *m*; [*of television*] (prix *m* de) location *f* ⓑ (*= activity*) location *f* • **car/bike ~** location *f* de voitures/vélos ▸**rental agreement** N (*US*) contrat *m* de location

renunciation [rɪˌnʌnsɪ'eɪʃən] (N) (*frm*) renonciation *f* (**of sth** à qch)

reoffend [ˌriːə'fend] (VI) récidiver

reoffender [ˌriːə'fendəʳ] (N) récidiviste *mf*

reopen [ˌriː'əupən] (VTI) rouvrir

reorganization ['riːˌɔːgənaɪ'zeɪʃən] (N) réorganisation *f*

reorganize [ˌriː'ɔːgənaɪz] (VT) réorganiser

rep* [rep] (N) (ABBR OF **representative**) représentant(e) *m(f)* (de commerce)

Rep. (*US*) (ABBR OF **Republican**)

repackage [ˌriː'pækɪdʒ] (VT) [*+ product*] reconditionner; [*+ parcel*] remballer; (*fig*) [*+ proposal, scheme*] reformuler

repaint [ˌriː'peɪnt] (VT) repeindre

repair [rɪ'pɛəʳ] 1 (VT) réparer 2 (N) ⓐ réparation *f*; [*of roof, road*] réfection *f* • **to be beyond ~** être irréparable • **closed for ~s** fermé pour cause de travaux ⓑ (*= condition*) **to be in good/bad ~** être en bon/mauvais état 3 (COMP) ▸**repair kit** N trousse *f* de réparation ▸**repair man** N (*pl* **repair men**) réparateur *m*

repatriate [riː'pætrɪeɪt] (VT) rapatrier

repay [riː'peɪ] (*pret, ptp* **repaid**) (VT) [*+ money, person*] rembourser; [*+ debt*] s'acquitter de • **how can I ever ~ you?** comment pourrais-je jamais vous remercier? • **and this is how they ~ me!** c'est comme ça qu'ils me remercient! • **to ~ sb's kindness** payer de retour la gentillesse de qn

repayable [riː'peɪəbl] (ADJ) remboursable • **~ over ten years** remboursable sur dix ans

repayment [riː'peɪmənt] (N) [*of money*] remboursement *m* ▸**repayment mortgage** N (*Brit*) *emprunt logement sans capital différé*

repeal [rɪ'piːl] (VT) [*+ law*] abroger

repeat [rɪ'piːt] 1 (VT) (*= say again*) répéter; [*+ demand, promise*] réitérer; [*+ TV programme*] rediffuser 2 (N) répétition *f*; [*of programme*] rediffusion *f* 3 (COMP) ▸**repeat offender** N récidiviste *mf* ▸**repeat order** N (*Brit*) commande *f* renouvelée ▸**repeat performance** N (*fig*) **he gave a ~ performance** il a refait la même chose ▸**repeat prescription** N (*Brit*) renouvellement *m* d'ordonnance

repeated [rɪ'piːtɪd] (ADJ) [*requests, warnings, efforts*] répété • **after ~ attempts** après plusieurs tentatives

repeatedly [rɪ'piːtɪdlɪ] (ADV) à plusieurs reprises

repel [rɪ'pel] (VT) [*+ enemy*] repousser; (*= disgust*) dégoûter

repellent [rɪ'pelənt] 1 (ADJ) (*frm*) [*person, sight*] repoussant; [*opinion*] abject 2 (N) (*= insect repellent*) insectifuge *m*

repent [rɪ'pent] 1 (VI) se repentir 2 (VT) se repentir de

repentant [rɪ'pentənt] (ADJ) **to be ~** se repentir

repercussion [ˌriːpə'kʌʃən] (N) répercussion *f*

repertoire ['repətwɑːʳ] (N) répertoire *m*

repetition [ˌrepɪ'tɪʃən] (N) répétition *f* • **I don't want a ~ of this!** que cela ne se reproduise pas!

repetitive [rɪ'petɪtɪv] (ADJ) [*writing*] plein de redites; [*work*] répétitif ▸**repetitive strain injury** N troubles *mpl* musculosquelettiques

replace [rɪ'pleɪs] (VT) ⓐ (*= put back*) remettre à sa place • **to ~ the receiver** raccrocher le téléphone ⓑ (*= take the place of*) remplacer ⓒ (*= provide substitute for*) remplacer (**by, with** par)

replacement [rɪ'pleɪsmənt] (N) (*= person*) remplaçant(e) *m(f)*; (*= product*) produit *m* de remplacement ▸**replacement value** N (*for insurance purposes*) valeur *f* de remplacement

replant [ˌriː'plɑːnt] (VT) replanter

replay 1 (N) [*of match*] **the ~ is on 15 October** le match sera rejoué le 15 octobre 2 (VT) [*+ match*] rejouer

> 🔈 Lorsque **replay** est un nom, l'accent tombe sur la première syllabe : ['riːpleɪ], lorsque c'est un verbe, sur la seconde : [ˌriː'pleɪ].

replenish [rɪ'plenɪʃ] (VT) remplir de nouveau (**with** de) • **to ~ one's supplies of sth** se réapprovisionner en qch

replica ['replɪkə] (N) copie *f* exacte

replicate ['replɪˌkeɪt] (VT) (*= reproduce*) reproduire

reply [rɪ'plaɪ] 1 (N) réponse *f* • **in ~ (to)** en réponse (à) 2 (VTI) répondre

report [rɪ'pɔːt] 1 (N) (*= account, statement*) rapport *m*; [*of speech*] compte rendu *m*; (*on TV, in the press*) reportage *m*; (*official*) rapport *m* (d'enquête); (*at regular intervals: on weather, sales*) bulletin *m* • **monthly ~** bulletin *m* mensuel • **school ~** (*Brit*) bulletin *m* scolaire • **to make a ~ on ...** faire un rapport sur ...; (*for TV, radio, newspaper*) faire un reportage sur ...
2 (NPL) **reports** (*= news*) **there are ~s of rioting** il y aurait (*or* il y aurait eu) des émeutes • **the ~s of rioting have been proved** les rumeurs selon lesquelles il y aurait eu des émeutes se sont révélées fondées
3 (VT) ⓐ (*= give account of*) rapporter • **to ~ a speech** faire le compte rendu d'un discours • **to ~ one's findings** [*scientist*] rendre compte de l'état de ses recherches; [*commission*] présenter ses conclusions • **to ~ progress** rendre compte des progrès • **only one paper ~ed his death** un seul journal a signalé sa mort • **a prisoner is ~ed to have escaped** un détenu se serait évadé
ⓑ (*= announce*) annoncer • **it is ~ed from the White House that ...** on annonce à la Maison-Blanche que ...
ⓒ (*= notify authorities of*) [*+ accident, crime, suspect*] signaler; [*+ criminal, culprit*] dénoncer • **to ~ a theft to the police** signaler un vol à la police • **~ed missing** porté disparu • **nothing to ~** rien à signaler
4 (VI) ⓐ (*= give a report*) faire un rapport (**on** sur)
ⓑ (*in hierarchy*) **he ~s to the sales manager** il est sous les ordres du directeur des ventes • **who do you ~ to?** qui est votre supérieur hiérarchique?
ⓒ **to ~ for duty** se présenter au travail
5 (COMP) ▸**report card** N (*in school*) bulletin *m* scolaire
▸ **report back** VI ⓐ (*= return*) **you must ~ back at 6 o'clock** il faut que vous soyez de retour à 6 heures
ⓑ (*= give report*) présenter son rapport (**to** à)

reportedly [rɪ'pɔːtɪdlɪ] (ADV) **~, several prisoners have escaped** plusieurs prisonniers se seraient échappés

reporter [rɪ'pɔːtəʳ] (N) journaliste *mf*; (*on the spot*) reporter *mf*; (*for television, radio*) reporter *mf*

reporting [rɪ'pɔːtɪŋ] (N) (*Press*) reportages *mpl* ▸**reporting restrictions** NPL (*in law*) restrictions *fpl* imposées aux médias (*lors de la couverture d'un procès*)

repository [rɪˈpɒzɪtərɪ] (N) (= *warehouse*) entrepôt *m*; [*of knowledge, facts*] mine *f*
repossess [ˌriːpəˈzes] (VT) reprendre possession de; (*in law*) saisir
repossession [ˌriːpəˈzeʃən] (N) (*gen*) reprise *f* de possession, saisie *f*
reprehensible [ˌreprɪˈhensɪbl] (ADJ) répréhensible
represent [ˌreprɪˈzent] (VT) représenter; [+ *grievance, risk*] présenter (**as** comme étant) • **it is exactly as ~ed in the advertisement** c'est exactement conforme à la description de l'annonce
representation [ˌreprɪzenˈteɪʃən] (N) représentation *f*; [*of role*] interprétation *f* • **proportional ~** (*Politics*) représentation *f* proportionnelle
representative [ˌreprɪˈzentətɪv] **1** (ADJ) représentatif **2** (N) représentant(e) *m(f)*; (*in commerce*) représentant *m* (de commerce); (*US* = *politician*) député *m*
repress [rɪˈpres] (VT) [+ *feelings, smile*] réprimer; (*Psych*) refouler
repressed [rɪˈprest] (ADJ) refoulé
repression [rɪˈpreʃən] (N) ⓐ (*political, social*) répression *f* ⓑ (*psychological*) répression *f*; (= *denial*) refoulement *m*
repressive [rɪˈpresɪv] (ADJ) [*regime, measures*] répressif; [*forces*] de répression
reprieve [rɪˈpriːv] (N) (*judicial*) (lettres *fpl* de) grâce *f*; (= *delay*) sursis *m* • **they won a ~ for the house** ils ont obtenu un sursis pour la maison
reprimand [ˈreprɪmɑːnd] **1** (N) (*from parents, teachers*) réprimande *f* **2** (VT) réprimander
reprint **1** (VT) réimprimer **2** (N) réimpression *f*

> Lorsque **reprint** est un verbe, l'accent tombe sur la seconde syllabe : [ˌriːˈprɪnt], lorsque c'est un nom, sur la première : [ˈriːprɪnt].

reprisal [rɪˈpraɪzəl] **1** (N) **as a** *or* **in ~ for ...** en représailles à ... **2** (NPL) **reprisals** représailles *fpl* • **to take ~s** user de représailles
reproach [rɪˈprəʊtʃ] **1** (N) ⓐ (= *rebuke*) reproche *m* ⓑ (= *discredit*) **to be above** *or* **beyond ~** être irréprochable **2** (VT) faire des reproches à • **to ~ sb for sth** reprocher qch à qn • **to ~ sb for having done sth** reprocher à qn d'avoir fait qch
reproachful [rɪˈprəʊtʃfʊl] (ADJ) réprobateur (-trice *f*)
reproachfully [rɪˈprəʊtʃfəlɪ] (ADV) [*say*] sur un ton réprobateur; [*shake one's head*] d'un air réprobateur
reproduce [ˌriːprəˈdjuːs] **1** (VT) reproduire **2** (VI) [*animals*] se reproduire
reproduction [ˌriːprəˈdʌkʃən] (N) reproduction *f* ▸ **reproduction furniture** N copie(s) *f(pl)* de meuble(s) ancien(s)
reproductive [ˌriːprəˈdʌktɪv] (ADJ) reproducteur (-trice *f*)
reprotoxic [ˌriːprəˈtɒksɪk] (ADJ) reprotoxique
reprotoxicity [ˌriːprətɒkˈsɪsɪtɪ] (N) reprotoxicité *f*
reprove [rɪˈpruːv] (VT) [+ *action*] réprouver
reptile [ˈreptaɪl] (N) reptile *m* ▸ **reptile house** N vivarium *m*
republic [rɪˈpʌblɪk] (N) république *f* • **the Republic** (*US*) (= *America*) les États-Unis *mpl* d'Amérique
republican [rɪˈpʌblɪkən] (ADJ, N) républicain(e) *m(f)* ▸ **Republican party** N parti *m* républicain
repudiate [rɪˈpjuːdɪeɪt] (VT) [+ *accusation*] repousser
repugnance [rɪˈpʌgnəns] (N) répugnance *f*
repugnant [rɪˈpʌgnənt] (ADJ) répugnant • **to be ~ to sb** répugner à qn
repulse [rɪˈpʌls] (VT) repousser
repulsion [rɪˈpʌlʃən] (N) répulsion *f*
repulsive [rɪˈpʌlsɪv] (ADJ) [*person, behaviour, sight, idea*] repoussant • **I found it ~ to think that ...** il me répugnait de penser que ...
reputable [ˈrepjʊtəbl] (ADJ) [*person, company*] de bonne réputation
reputation [ˌrepjʊˈteɪʃən] (N) réputation *f* • **to have a good/bad ~** avoir bonne/mauvaise réputation • **to have a ~ for honesty** être réputé pour son honnêteté • **to live up to one's ~** soutenir sa réputation
repute [rɪˈpjuːt] (N) réputation *f* • **to know sb by ~** connaître qn de réputation • **a restaurant of ~** un restaurant réputé • **a house of ill ~** (= *brothel*) une maison close
reputed [rɪˈpjuːtɪd] (ADJ) ⓐ (= *supposed*) soi-disant • **the story's ~ to be true** cette histoire est censée être vraie ⓑ (= *esteemed*) réputé
reputedly [rɪˈpjuːtɪdlɪ] (ADV) **it is ~ the best restaurant in town** à ce que l'on dit, ce serait le meilleur restaurant de la ville
request [rɪˈkwest] **1** (N) demande *f* • **at sb's ~** à la demande de qn • **by popular ~** à la demande générale • **on ~** sur demande • **to grant a ~** accéder à une requête **2** (VT) demander • **to ~ sth from sb** demander qch à qn • **to ~ sb to do sth** demander à qn de faire qch • **"you are ~ed not to smoke"** « prière de ne pas fumer » • **as ~ed in your letter of ...** comme vous l'avez demandé dans votre lettre du ...
require [rɪˈkwaɪəʳ] (VT) ⓐ (= *need*) [*person*] avoir besoin de; [*thing, action*] requérir • **if ~d** au besoin ⓑ (= *demand*) exiger • **to ~ sb to do sth** exiger de qn qu'il fasse qch • **to ~ sth of sb** exiger qch de qn • **as ~d by law** comme la loi l'exige • **what qualifications are ~d?** quels sont les diplômes requis ?
required [rɪˈkwaɪəd] (ADJ) [*conditions, amount*] requis • **to meet the ~ standards** [*machine*] être conforme aux normes; [*student*] avoir le niveau requis • **in the ~ time** dans les délais prescrits ▸ **required reading** N (*for school, university*) ouvrage(s) *m(pl)* au programme
requirement [rɪˈkwaɪəmənt] (N) (= *need*) besoin *m* • **to meet sb's ~s** satisfaire aux besoins de qn
requisite [ˈrekwɪzɪt] (*frm*) **1** (N) chose *f* requise **2** (ADJ) requis
requisition [ˌrekwɪˈzɪʃən] (VT) réquisitionner
reroute [ˌriːˈruːt] (VT) [+ *train, coach*] dérouter • **our train was ~d through Leeds** notre train a été dérouté sur Leeds
rerun [ˈriːrʌn] (N) [*of TV programme, series*] rediffusion *f* • **the opposition has demanded a ~ of the elections** l'opposition a demandé que l'on organise de nouvelles élections
resale [ˈriːˌseɪl] (N) revente *f* • **"not for ~"** « vente au détail interdite » ▸ **resale price** N prix *m* à la revente ▸ **resale value** N **what's the ~ value?** ça se revend combien ? ; [*car*] elle est cotée combien à l'Argus ?
reschedule [ˌriːˈʃedjuːl, (*US*) ˌriːˈskedjuːl] (VT) [+ *meeting, visit*] changer l'heure (*or* la date) de
rescind [rɪˈsɪnd] (VT) [+ *judgement*] rescinder; [+ *law*] abroger; [+ *decision, agreement*] annuler

rescue ['reskju:] 1 (N) (= *help*) secours *mpl*; (= *saving*) sauvetage *m* • **to come to sb's ~** venir en aide à qn • **to the ~!** à la rescousse ! 2 (VT) (= *save*) secourir • **you ~d me from a difficult situation** vous m'avez tiré d'une situation difficile 3 (COMP) ▸ **rescue attempt** N opération *f* de sauvetage ▸ **rescue party** N équipe *f* de secours; (*Ski, Climbing*) colonne *f* de secours ▸ **rescue services** NPL services *mpl* de secours ▸ **rescue worker** N secouriste *mf*

rescuer ['reskjʊəʳ] (N) sauveteur *m*

resealable [,ri:'si:ləbl] (ADJ) [*container*] refermable

research [rɪ'sɜ:tʃ] 1 (N) recherche(s) *f(pl)* • **to do ~** faire des recherches
2 (VI) faire des recherches (**into, on** sur)
3 (VT) [+ *article, book*] faire des recherches pour • **well-~ed** bien documenté
4 (COMP) ▸ **research and development** N recherche *f* et développement *m* ▸ **research assistant** N ≈ étudiant(e) *m(f)* de doctorat (*ayant le statut de chercheur*) ▸ **research fellow** N ≈ chercheur *m*, -euse *f* attaché(e) à l'université ▸ **research fellowship** N poste *m* de chercheur (-euse *f*) attaché(e) à l'université ▸ **research laboratory** N laboratoire *m* de recherches ▸ **research scientist** N chercheur *m*, -euse *f* ▸ **research student** N étudiant(e) *m(f)* en maîtrise (*ayant statut de chercheur*) ▸ **research work** N travail *m* de recherche ▸ **research worker** N chercheur *m*, -euse *f*

researcher [rɪ'sɜ:tʃəʳ] (N) chercheur *m*, -euse *f*

resemblance [rɪ'zembləns] (N) ressemblance *f* • **to bear a strong ~ (to)** avoir une grande ressemblance (avec)

resemble [rɪ'zembl] (VT) [*person, thing*] ressembler à • **they ~ each other** ils se ressemblent

resent [rɪ'zent] (VT) [+ *attitude*] être contrarié par • **I ~ that!** je proteste ! • **he ~ed my promotion** il n'a jamais pu accepter ma promotion

resentful [rɪ'zentfʊl] (ADJ) [*person, reply, look*] plein de ressentiment • **to feel ~ towards sb (for doing sth)** en vouloir à qn (d'avoir fait qch)

resentment [rɪ'zentmənt] (N) ressentiment *m*

reservation [,rezə'veɪʃən] 1 (N) ⓐ (= *restriction*) réserve *f* • **without ~** sans réserve • **to have ~s about ...** émettre des réserves sur ... ⓑ (= *booking*) réservation *f* • **to make a ~ at the hotel/on the boat** réserver une chambre à l'hôtel/une place sur le bateau ⓒ (= *area of land*) réserve *f*; (*US*) réserve *f* (indienne) • **(central) ~** (*Brit*) (*on roadway*) bande *f* médiane 2 (COMP) ▸ **reservation desk** N comptoir *m* des réservations

reserve [rɪ'zɜ:v] 1 (VT) réserver • **to ~ one's strength** garder ses forces • **to ~ judgement** réserver son jugement 2 (N) ⓐ réserve *f* • **to have great ~s of energy** avoir une grande réserve d'énergie • **cash ~** réserve *f* en devises • **gold ~s** réserves *fpl* d'or • **to keep in ~** tenir en réserve • **without ~** sans réserve • **he treated me with some ~** il s'est tenu sur la réserve avec moi ⓑ (= *team*) **the ~s** l'équipe *f* de réserve 3 (COMP) ▸ **reserve bank** N (*US*) banque *f* de réserve ▸ **reserve team** N (*Brit*) équipe *f* de réserve

reserved [rɪ'zɜ:vd] (ADJ) réservé • **to be ~ about sth** se montrer réservé au sujet de qch

reservist [rɪ'zɜ:vɪst] (N) réserviste *m*

reservoir ['rezəvwɑ:ʳ] (N) réservoir *m*

reset [,ri:'set] (*pret, ptp* **reset**) (VT) [+ *clock, watch*] mettre à l'heure • **to ~ the alarm** remettre l'alarme • **to ~ a broken bone** réduire une fracture

resettlement [,ri:'setlmənt] (N) [*of land*] repeuplement *m*; [*of people*] déplacement *m*

reshape [,ri:'ʃeɪp] (VT) [+ *policy*] réorganiser

reshuffle [,ri:'ʃʌfl] (N) (*in management*) remaniement *m* • **Cabinet ~** (*Politics*) remaniement *m* ministériel

reside [rɪ'zaɪd] (VI) résider

residence ['rezɪdəns] 1 (N) ⓐ (*frm*) (= *house*) résidence *f* ⓑ (= *stay*) séjour *m*, résidence *f* • **after five years' ~ in Britain** après avoir résidé en Grande-Bretagne pendant cinq ans • **country of ~** pays *m* de résidence ▸ **in residence to be in ~** [*monarch, governor*] être en résidence • **there is always a doctor in ~** il y a toujours un médecin sur place
2 (COMP) ▸ **residence hall** N (*US*) résidence *f* universitaire ▸ **residence permit** N (*Brit*) permis *m* de séjour

resident ['rezɪdənt] 1 (N) habitant(e) *m(f)*; (*in foreign country*) résident(e) *m(f)* • **"parking for ~s only"** « réservé aux riverains » • **"~s only"** « interdit sauf aux riverains » 2 (ADJ) [*landlord*] occupant; [*chaplain, caretaker*] à demeure • **to be ~ in France** résider en France 3 (COMP) ▸ **residents' association** N association *f* de riverains

residential [,rezɪ'denʃəl] 1 (ADJ) ⓐ (= *not industrial*) [*area*] d'habitation ⓑ (= *live-in*) [*post, job, course*] avec hébergement; [*staff*] logé sur place 2 (COMP) ▸ **residential care** N **to be in ~ care** [*old person*] être en maison de retraite; [*handicapped person*] être dans un centre pour handicapés ▸ **residential home** N (*for old people*) maison *f* de retraite; (*for handicapped people*) centre *m* pour handicapés

residual [rɪ'zɪdjʊəl] (ADJ) restant • **the ~ powers of the British sovereign** les pouvoirs qui restent au souverain britannique

residue ['rezɪdju:] (N) résidu *m*

resign [rɪ'zaɪn] 1 (VT) ⓐ (= *give up*) [+ *one's job*] démissionner de ⓑ (= *accept*) **to ~ o.s. to (doing) sth** se résigner à (faire) qch 2 (VI) démissionner (**from** de)

resignation [,rezɪg'neɪʃən] (N) ⓐ (*from job*) démission *f* • **to tender one's ~** donner sa démission ⓑ (*mental state*) résignation *f*

resigned [rɪ'zaɪnd] (ADJ) résigné • **to be ~ to (doing) sth** s'être résigné à (faire) qch

resilience [rɪ'zɪlɪəns] (N) [*of person, character*] résistance *f*

resilient [rɪ'zɪlɪənt] (ADJ) [*material*] résistant • **he is very ~** (*physically*) il est très résistant

resist [rɪ'zɪst] (VT) résister à

resistance [rɪ'zɪstəns] (N) résistance *f* • **the Resistance** (*during the war*) la Résistance • **to meet with ~** se heurter à une résistance • **to offer ~ to sth** résister à qch • **he offered no ~** il n'opposa aucune résistance (**to** à) ▸ **resistance fighter** N résistant(e) *m(f)* ▸ **resistance movement** N résistance *f*

resistant [rɪ'zɪstənt] (ADJ) [*person*] hostile (**to sth** à qch); [*material*] résistant (**to sth** à qch)

resit (*vb: pret, ptp* **resat**) (*Brit*) 1 (VT) repasser 2 (N) **to fail one's ~s** échouer une deuxième fois à ses examens

> Lorsque **resit** est un verbe, l'accent tombe sur la seconde syllabe : [,ri:'sɪt], lorsque c'est un nom, sur la première : ['ri:sɪt].

resize [,ri:'saɪz] (VT) (*Comput*) [+ *window*] redimensionner

resolute ['rezəlu:t] (ADJ) [*person*] résolu • **to be ~ in doing sth** faire qch résolument • **to be ~ in one's opposition to sth** s'opposer résolument à qch

resolution [ˌrezəˈluːʃən] N résolution *f* • **to make a ~** prendre une résolution • **to show ~** faire preuve de résolution

resolve [rɪˈzɒlv] **1** VT [*+ problem, difficulty*] résoudre; [*+ doubt*] dissiper **2** VI se résoudre (**to do sth** à faire qch) **3** N (*= resoluteness*) résolution *f* • **to do sth with ~** faire qch avec détermination

resolved [rɪˈzɒlvd] ADJ résolu (**to do sth** à faire qch)

resonance [ˈrezənəns] N résonance *f*

resonant [ˈrezənənt] ADJ [*voice, room*] sonore

resonate [ˈrezəneɪt] VI ⓐ [*sound*] résonner • **the room ~d with the sound of laughter** la pièce résonnait de rires; ⓑ (*fig*) **that ~s with me** ça me parle

> The French word **résonner** has a double **n**.

resort [rɪˈzɔːt] **1** N ⓐ (*= recourse*) recours *m* • **as a last ~** en dernier ressort ⓑ (*= place*) **seaside ~** station *f* balnéaire • **winter sports ~** station *f* de sports d'hiver **2** VI **to ~ to sth** avoir recours à qch

resound [rɪˈzaʊnd] VI retentir (**with** de)

resounding [rɪˈzaʊndɪŋ] ADJ [*crash*] sonore; [*success*] retentissant • **a ~ no** un non catégorique

resource [rɪˈsɔːs] N ressource *f* • **left to his own ~s** livré à lui-même ▸ **resource centre** N centre *m* de documentation et d'information

> The French word **ressource** has a double **s**.

resourceful [rɪˈsɔːsfʊl] ADJ [*person*] plein de ressources

resourcefulness [rɪˈsɔːsfʊlnɪs] N ingéniosité *f*

respect [rɪˈspekt] **1** N ⓐ (*= esteem*) respect *m* • **I have the greatest ~ for him** j'ai infiniment de respect pour lui • **she has no ~ for other people's feelings** elle n'a aucun respect pour les sentiments d'autrui • **out of ~ for ...** par respect pour ... • **with (due) ~ I still think that ...** sauf votre respect je crois toujours que ...
ⓑ (*= particular*) **in what ~?** à quel égard ? • **in some ~s** à certains égards • **in many ~s** à bien des égards • **in one ~** d'un certain côté
▸ **with respect to** (*= as regards*) en ce qui concerne
2 NPL **respects** (*= regards*) respects *mpl* • **to pay one's ~s to sb** présenter ses respects à qn
3 VT respecter

respectability [rɪˌspektəˈbɪlɪtɪ] N respectabilité *f*

respectable [rɪˈspektəbl] ADJ [*person, behaviour, amount*] respectable; [*clothes*] convenable • **to finish a ~ second/third** finir honorablement deuxième/troisième

respectably [rɪˈspektəblɪ] ADV ⓐ (*= decently*) [*dress, behave*] convenablement, comme il faut • **a ~ married man** un homme marié et respectable ⓑ (*= adequately*) **he finished ~ in fourth place** il a fini honorablement à la quatrième place

respectful [rɪˈspektfʊl] ADJ respectueux

respectfully [rɪˈspektfəlɪ] ADV respectueusement; [*treat*] avec respect

respective [rɪˈspektɪv] ADJ respectif

respectively [rɪˈspektɪvlɪ] ADV respectivement

respiration [ˌrespɪˈreɪʃən] N respiration *f*

respiratory [ˈrespərətərɪ] ADJ respiratoire ▸ **respiratory failure** N défaillance *f* respiratoire

respite [ˈrespaɪt] N répit *m* ▸ **respite care** N **to provide ~ care** héberger temporairement des personnes invalides pour soulager leurs proches

resplendent [rɪˈsplendənt] ADJ resplendissant

respond [rɪˈspɒnd] VI répondre (**to** à) • **the brakes ~ well** les freins répondent bien • **the patient ~ed to treatment** le malade a bien réagi au traitement

respondent [rɪˈspɒndənt] N ⓐ (*in law*) défendeur *m*, -deresse *f* ⓑ (*in opinion poll etc*) personne *f* interrogée

response [rɪˈspɒns] N réponse *f*; (*to treatment*) réaction *f* • **in ~ to** en réponse à ▸ **response time** N temps *m* de réponse

responsibility [rɪˌspɒnsəˈbɪlɪtɪ] N responsabilité *f* • **to lay the ~ for sth on sb** tenir qn pour responsable de qch • **to take ~ for sth** prendre la responsabilité de qch • **"the company takes no ~ for objects left here"** ≈ « la compagnie décline toute responsabilité pour les objets en dépôt » • **to take on the ~** accepter la responsabilité • **the group which claimed ~ for the attack** le groupe qui a revendiqué l'attentat • **he wants a position with more ~** il cherche un poste offrant plus de responsabilités • **it is a big ~ for him** c'est une lourde responsabilité pour lui

> The first **i** in the English word **responsibility** becomes an **a** in the French word **responsabilité**.

responsible [rɪˈspɒnsəbl] ADJ ⓐ (*= trustworthy*) responsable
ⓑ (*= in charge*) responsable (**for sb** de qn) • **~ for sth** responsable de qch • **~ for doing sth** chargé de faire qch
ⓒ (*= the cause*) **she is ~ for the success of the project** c'est à elle que l'on doit le succès du projet • **CFCs are ~ for destroying the ozone layer** les CFC sont responsables de la destruction de la couche d'ozone • **I demand to know who is ~ for this!** j'exige de connaître le responsable ! • **to hold sb ~ for sth** tenir qn responsable de qch
ⓓ (*= involving responsibility*) **a ~ job** un travail à responsabilité(s)

> The **i** in the English word **responsible** becomes an **a** in the French word **responsable**.

responsibly [rɪˈspɒnsəblɪ] ADV de façon responsable

responsive [rɪˈspɒnsɪv] ADJ réceptif

rest [rest] **1** N ⓐ (*= relaxation*) repos *m* • **to need a ~** avoir besoin de se reposer • **to have a ~** se reposer • **no ~ for the wicked** pas de repos pour les braves • **take a ~!** reposez-vous ! • **at ~** au repos • **to lay to ~** [*+ body*] porter en terre; [*+ idea*] enterrer • **to put sb's mind at ~** tranquilliser qn
ⓑ (*= remainder*) reste *f* • **the ~ of the money** le reste de l'argent • **he was as drunk as the ~ of them** il était aussi ivre que les autres • **all the ~ of the books** tous les autres livres • **and all the ~ (of it)*** et tout ce qui s'ensuit • **for the ~** quant au reste
2 VI ⓐ (*= repose*) se reposer • **he won't ~ till he finds out the truth** il n'aura de cesse qu'il ne découvre la vérité • **may he ~ in peace** qu'il repose en paix
ⓑ (*= remain*) **~ assured that ...** soyez certain que ... • **they agreed to let the matter ~** ils ont convenu d'en rester là
ⓒ (*= lean*) [*person*] s'appuyer; [*ladder*] être appuyé • **her elbows were ~ing on the table** elle était accoudée à la table
3 VT ⓐ laisser reposer • **to ~ o.s.** se reposer • **God ~ his soul!** que Dieu ait son âme !

b **to ~ one's case** [*lawyer*] conclure sa plaidoirie • **I ~ my case!** (*hum*) CQFD!
c (= *lean*) poser (**on** sur, **against** contre) • **he ~ed the ladder against the wall** il a appuyé l'échelle contre le mur
4 (COMP) ▸ **rest area** N aire *f* de repos ▸ **rest room** N (*US*) toilettes *fpl*

restart [ˌriːˈstɑːt] (VT) [*+ work*] reprendre; [*+ machine*] remettre en marche

restaurant [ˈrestərɒŋ] (N) restaurant *m*

restaurateur [ˌrestərəˈtɜːʳ] (N) restaurateur *m*, -trice *f*

restful [ˈrestfʊl] (ADJ) [*holiday*] reposant; [*place*] paisible

restless [ˈrestlɪs] (ADJ) agité • **to grow ~** [*person*] s'agiter • **to spend a ~ night** avoir une nuit agitée

restock [ˌriːˈstɒk] (VT) [*+ shop, freezer*] réapprovisionner

restoration [ˌrestəˈreɪʃən] (N) [*of monument, work of art*] restauration *f*

restore [rɪˈstɔːʳ] (VT) **a** (= *give or bring back*) rendre; [*+ confidence*] redonner; [*+ order, calm*] rétablir • **~d to health** rétabli • **to ~ sb to power** ramener qn au pouvoir **b** (= *repair*) restaurer

restrain [rɪˈstreɪn] (VT) **a** [*+ dangerous person*] contenir **b** [*+ one's anger, feelings*] refréner • **please ~ yourself!** je vous en prie, dominez-vous!

restrained [rɪˈstreɪnd] (ADJ) [*person*] maître (maîtresse *f*) de soi; [*tone, reaction*] mesuré • **he was very ~ when he heard the news** quand il a appris la nouvelle, il est resté très maître de lui

restraint [rɪˈstreɪnt] (N) **a** (= *restriction*) limitation *f* (**on** sth de qch) • **without ~** sans contrainte **b** (= *moderation*) [*of person, behaviour*] modération *f* • **his ~ was admirable** il se maîtrisait admirablement • **to show a lack of ~** manquer de retenue

restrict [rɪˈstrɪkt] (VT) limiter (**to** à) • **visiting is ~ed to one hour per day** les visites sont limitées à une heure par jour

restricted [rɪˈstrɪktɪd] (ADJ) [*number, choice*] restreint; [*access*] (= *forbidden to some people*) réservé

restriction [rɪˈstrɪkʃən] (N) restriction *f* • **speed ~** limitation *f* de vitesse

restrictive [rɪˈstrɪktɪv] (ADJ) [*measures*] de restriction; [*law*] restrictif

restructure [ˌriːˈstrʌktʃəʳ] 1 (VT) restructurer 2 (VI) se restructurer

restructuring [ˌriːˈstrʌktʃərɪŋ] (N) restructuration *f*

result [rɪˈzʌlt] (N) résultat *m* • **to be the ~ of sth** être le résultat de qch • **as a ~ of** à la suite de • **he died as a ~ of his injuries** il est décédé des suites de ses blessures • **to get ~s** [*person*] obtenir des résultats
▸ **result in** VT INSEP [*+ changes, loss*] entraîner; [*+ injury, death*] occasionner

resume [rɪˈzjuːm] 1 (VT) [*+ tale, account, activity, discussions*] reprendre; [*+ relations*] renouer • **to ~ work** reprendre le travail • **to ~ one's journey** reprendre la route • **"well" he ~d** «eh bien» reprit-il • **to ~ possession of sth** (*frm*) reprendre possession de qch 2 (VI) [*classes, work*] reprendre

⚠ **to resume ≠ résumer**

résumé [ˈreɪzjuːmeɪ] (N) résumé *m*; (*US, Austral*) curriculum vitæ *m inv*

resumption [rɪˈzʌmpʃən] (N) reprise *f*; [*of diplomatic relations*] rétablissement *m*

resurgence [rɪˈsɜːdʒəns] (N) résurgence *f*

resurrect [ˌrezəˈrekt] (VT) ressusciter

resurrection [ˌrezəˈrekʃən] (N) résurrection *f*

resuscitate [rɪˈsʌsɪteɪt] (VT) ressusciter; [*+ injured person*] réanimer

retail [ˈriːteɪl] 1 (VI) [*goods*] se vendre (au détail) 2 (ADV) **to buy/sell ~** acheter/vendre au détail 3 (COMP) ▸ **retail business** N commerce *m* de détail ▸ **retail park** N (*Brit*) centre *m* commercial ▸ **retail price** N prix *m* de détail ▸ **retail therapy** N **she indulged in a bit of ~ therapy in London** elle est allée faire un peu de shopping à Londres pour se remonter le moral

retailer [ˈriːteɪləʳ] (N) détaillant(e) *m(f)*

retain [rɪˈteɪn] (VT) (= *keep*) conserver; (= *hold*) retenir; [*+ heat*] conserver • **~ing wall** mur *m* de soutènement • **to ~ control (of)** garder le contrôle (de)

retainer [rɪˈteɪnəʳ] (N) (= *fee*) acompte *m*

retaliate [rɪˈtælɪeɪt] (VI) riposter • **to ~ against** user de représailles contre

retaliation [rɪˌtælɪˈeɪʃən] (N) représailles *fpl* • **in ~** par représailles • **in ~ for ...** en représailles à ...

retarded [rɪˈtɑːdɪd] (ADJ) (*offensive*) (*also* **mentally retarded**) attardé (mental)

retch [retʃ] (VI) avoir des haut-le-cœur

retention [rɪˈtenʃən] (N) (= *keeping*) maintien *m*; [*of water*] rétention *f*

rethink (*vb: pret, ptp* **rethought**) 1 (VT) repenser 2 (N) **we'll have to have a ~** nous allons devoir y réfléchir encore

> Lorsque **rethink** est un verbe, l'accent tombe sur la seconde syllabe : [ˌriːˈθɪŋk], lorsque c'est un nom, sur la première : [ˈriːθɪŋk].

reticence [ˈretɪsəns] (N) réticence *f*

reticent [ˈretɪsənt] (ADJ) réservé • **~ about sth** réticent à parler de qch

retina [ˈretɪnə] (N) rétine *f*

retire [rɪˈtaɪəʳ] (VI) **a** (= *withdraw*) se retirer; (*in sport*) abandonner • **to ~ from the room** quitter la pièce • **to ~ from the world/from public life** se retirer du monde/de la vie publique **b** (= *give up one's work*) prendre sa retraite

retired [rɪˈtaɪəd] (ADJ) (= *no longer working*) à la retraite • **a ~ person** un(e) retraité(e)

retirement [rɪˈtaɪəmənt] (N) (= *stopping work*) retraite *f* • **~ at 60** retraite *f* à 60 ans • **to announce one's ~** annoncer que l'on prend sa retraite • **to come out of ~** reprendre une occupation (*après avoir pris sa retraite*) ▸ **retirement age** N âge *m* de la retraite ▸ **retirement benefit** N indemnité *f* de départ en retraite ▸ **retirement home** N maison *f* de retraite

retiring [rɪˈtaɪərɪŋ] (ADJ) (= *shy*) réservé

retort [rɪˈtɔːt] (VT) rétorquer • **"no!" he ~ed** «non!» rétorqua-t-il

retrace [rɪˈtreɪs] (VT) **to ~ one's steps** revenir sur ses pas

retract [rɪˈtrækt] 1 (VT) **a** [*+ offer, evidence*] retirer; [*+ statement*] revenir sur **b** [*+ claws*] rentrer 2 (VI) (= *withdraw statement*) se rétracter

retractable [rɪˈtræktəbl] (ADJ) [*undercarriage, aerial*] escamotable

retrain [ˌriːˈtreɪn] 1 (VT) recycler 2 (VI) se recycler • **he ~ed as a programmer** il s'est recyclé pour devenir programmeur

retraining [ˌriːˈtreɪnɪŋ] (N) recyclage *m*
retreat [rɪˈtriːt] 1 (N) ⓐ (= *withdrawal*) retraite *f* • **the army is in ~** l'armée bat en retraite • **to beat a hasty ~** battre en retraite ⓑ (= *place*) **a country ~** un endroit tranquille à la campagne 2 (VI) [*army*] battre en retraite
retrial [ˌriːˈtraɪəl] (N) révision *f* de procès
retribution [ˌretrɪˈbjuːʃən] (N) châtiment *m*
retrieval [rɪˈtriːvəl] (N) ⓐ (*Comput*) extraction *f* ⓑ [*of object*] récupération *f*
retrieve [rɪˈtriːv] (VT) [+ *object*] récupérer (**from** de); [+ *information*] extraire
retriever [rɪˈtriːvəʳ] (N) (= *dog*) retriever *m*
retro [ˈretrəʊ] (ADJ) [*fashion, music*] rétro *inv*
retrograde [ˈretrəʊgreɪd] (ADJ) rétrograde
retrospect [ˈretrəʊspekt] (N) **in retrospect** rétrospectivement
retrospective [ˌretrəʊˈspektɪv] (ADJ) [*pay rise, legislation*] rétroactif
return [rɪˈtɜːn] 1 (VI) [*person, vehicle*] (= *come back*) revenir; (= *go back*) retourner; [*symptoms, fears*] réapparaître • **to ~ home** rentrer • **have they ~ed?** sont-ils revenus ? • **to ~ to one's work** reprendre son travail • **to ~ to school** rentrer (en classe)
2 (VT) ⓐ (= *give back*) rendre; (= *bring back*) rapporter; (= *send back*) renvoyer • **to ~ money to sb** rembourser qn • **she ~ed the $50 to him** elle lui a remboursé les 50 dollars • **to ~ a book to the library** rendre un livre à la bibliothèque • **to ~ the favour** rendre la pareille
ⓑ (= *declare*) **to ~ a verdict of guilty on sb** déclarer qn coupable
3 (N) ⓐ (= *coming, going back*) [*of person, illness, seasons*] retour *m* • **on my ~** à mon retour • **my ~ home** mon retour • **many happy ~s!** bon anniversaire !
ⓑ (= *giving back*) retour *m*; (= *sending back*) renvoi *m*
ⓒ (*Brit*) (= *ticket*) (billet *m*) aller-retour *m*
ⓓ (= *recompense*) (*from land, business*) rapport *m*; (*from investments*) retour *m* • **investors are looking for better ~s** les investisseurs recherchent des placements plus rentables
▸ **in return** en revanche • **in ~ for** en récompense de
ⓔ (= *act of declaring*) [*of verdict*] déclaration *f*; [*of election results*] proclamation *f* • **tax ~** (feuille *f* de) déclaration *f* d'impôts
4 (NPL) **returns** (*in election*) résultats *mpl*
5 (COMP) ▸ **return fare** N (*Brit*) (prix *m* du billet) aller-retour *m* ▸ **return flight** N (*Brit*) (= *journey back*) vol *m* (de) retour; (= *two-way journey*) vol *m* aller et retour ▸ **return journey** N (*Brit*) (voyage *m*) retour *m* ▸ **return match** N (*Brit*) match *m* retour ▸ **return ticket** N (*Brit*) aller-retour *m*, aller et retour *m* ▸ **return visit** N (= *repeat visit*) nouvelle visite *f* • **to pay a ~ visit** (= *go back*) retourner; (= *come back*) revenir • **it is hoped that a ~ visit by our German friends can be arranged** on espère que nos amis allemands pourront nous rendre visite à leur tour

> ⚠ **retourner** is not the most common translation for **to return**.

returnable [rɪˈtɜːnəbl] (ADJ) [*bottle, container*] consigné • **~ deposit** caution *f*
returner [rɪˈtɜːnəʳ] (N) *femme qui reprend le travail après avoir élevé ses enfants*

retweet [riːˈtwiːt] 1 (VT) (*on Twitter*) retweeter 2 (N) retweet *m*
reunification [ˌriːjuːnɪfɪˈkeɪʃən] (N) réunification *f*
reunion [rɪˈjuːnjən] (N) réunion *f*
Réunion [riːˈjuːnjən] (N) Réunion *f* • **in ~** à la Réunion
reunite [ˌriːjuːˈnaɪt] (VT) réunir • **they were ~d at last** ils se sont enfin retrouvés
rev [rev] 1 (N) (ABBR OF **revolution**) tour *m* 2 (VT) [+ *engine*] monter le régime de
Rev. (ABBR OF **Reverend**)
revamp* [ˌriːˈvæmp] (VT) [+ *company*] réorganiser; [+ *house*] retaper*
Revd (ABBR OF **Reverend**)
reveal [rɪˈviːl] (VT) révéler
revealing [rɪˈviːlɪŋ] (ADJ) ⓐ (= *telling*) révélateur (-trice *f*) ⓑ [*dress, blouse*] (= *low-cut*) très décolleté
revel [ˈrevl] (VI) (= *delight*) **to ~ in sth** se délecter de qch • **to ~ in doing sth** prendre grand plaisir à faire qch
revelation [ˌrevəˈleɪʃən] (N) révélation *f*
reveller, reveler (US) [ˈrevləʳ] (N) fêtard(e)* *m(f)*
revenge [rɪˈvendʒ] 1 (N) vengeance *f*; (*fig, Sport*) revanche *f* • **to take ~ on sb for sth** se venger de qch sur qn • **to get one's ~** se venger; (*Sport*) prendre sa revanche ▸ **revenge porn** N *diffusion sur les réseaux sociaux de vidéos et photos à caractère sexuel de son ex sans son consentement, afin de lui nuire après une rupture* 2 (VT) [+ *murder*] venger • **to ~ o.s.** se venger (**on sb** de qn, **on sb for sth** de qch sur qn)
revenue [ˈrevənjuː] (N) [*of state*] recettes *fpl*; [*of individual*] revenu *m*
reverberate [rɪˈvɜːbəreɪt] (VI) [*sound*] se répercuter; [*protests*] se propager
reverberation [rɪˌvɜːbəˈreɪʃən] (N) [*of sound*] répercussion *f* • **to send ~s around the world** avoir des répercussions dans le monde entier
revere [rɪˈvɪəʳ] (VT) révérer
reverence [ˈrevərəns] (N) ⓐ (= *respect*) **to hold sb in ~** révérer qn • **to show ~ to** rendre hommage à ⓑ **your Reverence** ≈ mon (révérend) père
reverend [ˈrevərənd] 1 (ADJ) (*in titles*) **the Reverend (Robert) Martin** (*Anglican*) le révérend (Robert) Martin; (*Nonconformist*) le pasteur (Robert) Martin 2 (N) (*Protestant*)* pasteur *m*
reversal [rɪˈvɜːsəl] (N) [*of roles, trend*] renversement *m*; [*of opinion*] revirement *m*
reverse [rɪˈvɜːs] 1 (ADJ) [*situation, effect*] inverse • **in ~ order** dans l'ordre inverse
2 (N) ⓐ (= *opposite*) contraire *m* • **it is quite the ~** c'est tout le contraire • **in ~** dans l'ordre inverse
ⓑ (= *back*) [*of coin, medal*] revers *m*
ⓒ (*in vehicle*) **in ~** en marche arrière • **his fortunes went into ~** la chance a tourné (pour lui)
3 (VT) ⓐ (= *turn the other way round*) renverser • **to ~ the order of things** inverser l'ordre des choses • **to ~ a trend** renverser une tendance • **to ~ the charges** (*Brit*) téléphoner en PCV
ⓑ (= *cause to move backwards*) **to ~ one's car into the garage** rentrer dans le garage en marche arrière • **he ~d the car into a tree** il a heurté un arbre en faisant marche arrière
4 (VI) (*Brit*) (= *move backwards*) [*car*] faire marche arrière • **to ~ into the garage/out of the driveway** rentrer dans le garage/sortir de l'allée en marche arrière • **to ~ into a tree** heurter un arbre en faisant marche arrière

r

5 (COMP) ▸**reverse-charge call** N (*Brit*) appel *m* en PCV ▸**reverse-engineer** VT reproduire par rétro-ingénierie ▸**reverse engineering** N rétro-ingénierie *f*, ingénierie *f* inverse ▸**reverse gear** N marche *f* arrière ▸**reversing light** N (*Brit*) feu *m* de marche arrière

reversible [rɪ'vɜːsəbl] (ADJ) [*process, jacket*] réversible; [*decision*] révocable

revert [rɪ'vɜːt] (VI) (= *return*) revenir (**to** à) • **he has ~ed to type** le naturel a repris le dessus • **fields ~ing to woodland** des champs qui retournent à l'état de forêt

review [rɪ'vjuː] 1 (N) ⓐ [*of situation, events*] examen *m*; [*of wages, prices, contracts*] révision *f*; (= *printed report*) rapport *m* d'enquête • **the agreement comes up for ~ next year** l'accord doit être révisé l'année prochaine
▸**under review** [*salaries, policy*] en cours de révision
ⓑ [*of book, film, play*] critique *f*
2 (VT) ⓐ (= *consider again*) passer en revue • **we shall ~ the situation next year** nous réexaminerons la situation l'année prochaine
ⓑ [+ *book, play, film*] faire la critique de
3 (COMP) ▸**review board** N commission *f* d'évaluation

reviewer [rɪ'vjuːəʳ] (N) critique *mf*

revise [rɪ'vaɪz] 1 (VT) réviser • **to ~ sth upward(s)** réviser qch à la hausse 2 (VI) (*Brit*) réviser • **to ~ for exams** réviser pour des examens

revision [rɪ'vɪʒən] (N) révision *f*

revisionism [rɪ'vɪʒənɪzəm] (N) révisionnisme *m*

> ✎ The French word **révisionnisme** has a double **n** and ends in **-e**.

revisionist [rɪ'vɪʒənɪst] (ADJ, N) révisionniste *mf*

> ✎ The French word **révisionniste** has a double **n** and ends in **-e**.

revitalize [,riː'vaɪtəlaɪz] (VT) redonner de la vitalité à • **to ~ the economy** redynamiser l'économie

revival [rɪ'vaɪvəl] (N) [*of custom, ceremony*] résurgence *f*

revive [rɪ'vaɪv] 1 (VT) ⓐ [+ *person*] (*from near death*) réanimer • **a glass of brandy will ~ you** un verre de cognac vous requinquera ⓑ [+ *interest*] raviver; [+ *trade, business*] relancer 2 (VI) [*person*] reprendre connaissance

revoke [rɪ'vəʊk] (VT) [+ *law*] abroger; [+ *order*] révoquer; [+ *licence*] retirer

revolt [rɪ'vəʊlt] 1 (N) révolte *f* 2 (VI) ⓐ (= *rebel*) se révolter ⓑ (= *be disgusted*) être dégoûté (**at** par) 3 (VT) révolter • **to be ~ed by sth/sb** être révolté par qch/qn

revolting [rɪ'vəʊltɪŋ] (ADJ) (= *repulsive*) révoltant

revolution [,revə'luːʃən] (N) révolution *f* • **the French Revolution** la Révolution française

revolutionary [,revə'luːʃnərɪ] (ADJ, N) révolutionnaire *mf*

> ✎ The French word **révolutionnaire** has a double **n**.

revolutionize [,revə'luːʃənaɪz] (VT) révolutionner

> ✎ The French word **révolutionner** has a double **n**.

revolve [rɪ'vɒlv] 1 (VT) faire tourner 2 (VI) tourner • **the discussion ~d around two topics** la discussion tournait autour de deux sujets • **he thinks everything ~s around him** il se prend pour le centre du monde

revolver [rɪ'vɒlvəʳ] (N) revolver *m*

revolving [rɪ'vɒlvɪŋ] (ADJ) [*chair, bookcase, stand*] pivotant ▸**revolving door** N (porte *f*) tambour *m*

revue [rɪ'vjuː] (N) (*Theatre*) revue *f*

revulsion [rɪ'vʌlʃən] (N) écœurement *m* (**at** devant)

reward [rɪ'wɔːd] 1 (N) récompense *f* • **as a ~ for your honesty** en récompense de votre honnêteté • **1,000 euros' ~** 1 000 € de récompense 2 (VT) récompenser (**for** de)

rewarding [rɪ'wɔːdɪŋ] (ADJ) (*financially*) rémunérateur (-trice *f*); (*mentally*) gratifiant • **this is a very ~ book** ce livre vaut la peine d'être lu • **bringing up a child is exhausting but ~** élever un enfant est une occupation exténuante mais gratifiante

rewind [,riː'waɪnd] (*pret, ptp* **rewound**) (VT) [+ *film, tape*] rembobiner

rewire [,riː'waɪəʳ] (VT) **to ~ a house** refaire l'installation électrique d'une maison

reword [,riː'wɜːd] (VT) [+ *question*] reformuler

rework [,riː'wɜːk] (VT) retravailler • **see if you can ~ your schedule** essayez de revoir votre emploi du temps

rewritable [riː'raɪtəbl] (ADJ) [*CD, DVD*] réinscriptible

rewrite [,riː'raɪt] (*pret* **rewrote**, *ptp* **rewritten**) (VT) récrire

Reykjavik ['reɪkjəvɪk] (N) Reykjavik

RGN [,ɑːdʒiː'en] (N) (ABBR OF **Registered General Nurse**) (*Brit*) ≈ infirmier *m*, -ière *f* diplômé(e)

rhesus negative [,riːsəs'negətɪv] (ADJ) rhésus négatif

rhetoric ['retərɪk] (N) rhétorique *f*

rhetorical [rɪ'tɒrɪkəl] (ADJ) **~ question** question *f* rhétorique

rheumatic [ruː'mætɪk] (ADJ) [*pain*] rhumatismal; [*hands, fingers*] perclus de rhumatismes

rheumatism ['ruːmətɪzəm] (N) rhumatisme *m*

rheumatoid arthritis [,ruːmətɔɪdɑː'θraɪtɪs] (N) polyarthrite *f* chronique évolutive

Rhine [raɪn] (N) Rhin *m*

rhino* ['raɪnəʊ] (N) (ABBR OF **rhinoceros**) rhino* *m*

rhinoceros [raɪ'nɒsərəs] (N) rhinocéros *m*

rhinovirus ['raɪnəʊ,vaɪərəs] (N) rhinovirus *m*

Rhône [rəʊn] (N) Rhône *m*

rhubarb ['ruːbɑːb] 1 (N) rhubarbe *f* 2 (ADJ) [*jam*] de rhubarbe; [*tart*] à la rhubarbe

rhyme [raɪm] 1 (N) (= *identical sound*) rime *f* • **without ~ or reason** sans rime ni raison 2 (VI) [*word*] rimer

rhythm ['rɪðəm] (N) rythme *m* ▸**rhythm section** N (*Music*) section *f* rythmique

> ✎ The first **h** in the English word does not appear in the French word.

rhythmic ['rɪðmɪk], **rhythmical** ['rɪðmɪkəl] (ADJ) [*movement, beat*] rythmique; [*music*] rythmé

RI (ABBR OF **Rhode Island**)

rib [rɪb] 1 (N) (= *bone*) côte *f* 2 (VT) (= *tease*)* mettre en boîte* 3 (COMP) ▸**rib cage** N cage *f* thoracique ▸**rib-tickler*** N blague* *f*

ribbed [rɪbd] (ADJ) [*cotton, sweater*] à côtes

ribbon ['rɪbən] (N) [*of hair, typewriter*] ruban *m*

rice [raɪs] (N) riz *m* ▸**rice-growing** ADJ [*area*] rizicole ▸**rice paper** N papier *m* de riz ▸**rice pudding** N riz *m* au lait ▸**rice wine** N saké *m*

rich [rɪtʃ] 1 (ADJ) ⓐ riche • **~ people** les riches *mpl* • **to get ~(er)** s'enrichir • **to make sb ~** enrichir qn • **to get ~**

quick* s'enrichir rapidement **b** (*= unreasonable*) **that's ~!*** c'est un peu fort! **2** NPL **riches** richesse(s) *f(pl)* **3** NPL **the rich** les riches *mpl*

richly ['rɪtʃlɪ] ADV [*decorated, coloured*] richement; [*deserved*] largement; [*rewarded*] généreusement • **a ~ rewarding experience** une expérience extrêmement enrichissante

richness ['rɪtʃnɪs] N richesse *f*

Richter scale ['rɪktə,skeɪl] N **the ~** l'échelle *f* de Richter

rickety ['rɪkɪtɪ] ADJ [*fence, stairs*] branlant; [*furniture*] bancal; [*vehicle*] bringuebalant

rickshaw ['rɪkʃɔː] N (*pulled by man*) pousse-pousse *m inv*; (*pulled by bicycle*) rickshaw *m*

ricochet ['rɪkəʃeɪ] **1** N ricochet *m* **2** VI ricocher • **the bullet ~ed off the wall** la balle a ricoché sur le mur

rid [rɪd] (*pret, ptp* **rid** *or* **ridded**) VT (*of pests, disease*) débarrasser

▸ **to get rid of** se débarrasser de; [*+ boyfriend, girlfriend*] laisser tomber* • **to get ~ of one's debts** régler ses dettes • **the body gets ~ of waste** l'organisme élimine les déchets

riddance ['rɪdəns] N **good ~ (to bad rubbish)!*** bon débarras!*

ridden ['rɪdn] **1** VB *ptp of* **ride** **2** ADJ **~ by remorse** tourmenté par le remords

riddle ['rɪdl] **1** N (*= puzzle*) devinette *f*; (*= mystery*) énigme *f* • **to talk in ~s** parler par énigmes **2** VT **~d with holes/bullets** criblé de trous/balles • **the council is ~d with corruption** la corruption règne au conseil

ride [raɪd] (*vb: pret* **rode**, *ptp* **ridden**) **1** N **a** (*= outing*) tour *m*; (*= distance covered*) trajet *m* • **to go for a ~ in a car** faire un tour en voiture • **he gave me a ~ into town in his car** il m'a emmené en ville dans sa voiture • **can I have a ~ on your bike?** est-ce que je peux emprunter ton vélo? • **to have a ~ in a helicopter** faire un tour en hélicoptère • **bike ~** tour *m* à vélo • **car ~** tour *m* en voiture • **it's a short taxi ~ to the airport** ce n'est pas loin en taxi jusqu'à l'aéroport • **he has a long (car/bus) ~ to work** il a un long trajet (en voiture/en autobus) jusqu'à son lieu de travail • **it's only a short ~ by bus** c'est tout près en bus • **three ~s on the merry-go-round** trois tours de manège • **to take sb for a ~** (*= swindle*) rouler qn*

▸ **to give sb a rough ride** faire passer un moment difficile à qn • **to be given a rough ~** passer un moment difficile

b (*on horseback*) promenade *f* à cheval

c (*= machine at fairground*) manège *m*

2 VI **a** (*= ride a horse*) monter à cheval • **can you ~?** savez-vous monter à cheval? • **she ~s a lot** elle fait beaucoup d'équitation • **to go riding** faire du cheval • **he ~s well** il est bon cavalier

b (*= go on horseback/by bicycle/by motorcycle*) aller à cheval/à bicyclette/en moto • **they had ridden all day** ils avaient passé toute la journée à cheval • **he was riding on a bicycle/a camel** il était à bicyclette/à dos de chameau • **Sébastien was riding on his mother's shoulders** la mère de Sébastien le portait sur ses épaules • **Anne-Marie ~s to work on a bike** Anne-Marie va au travail à bicyclette • **he was riding high in public opinion** il avait la cote (auprès du public)

c (*= continue*) **we'll just have to let the matter ~ for a while** nous allons devoir laisser l'affaire suivre son cours pendant un certain temps • **we decided to let it ~** nous avons décidé de laisser les choses se faire

3 VT **to ~ a horse** monter à cheval • **have you ever ridden a horse?** êtes-vous déjà monté à cheval? • **I have never ridden Flash** je n'ai jamais monté Flash • **he rode his horse away/back** il est parti/revenu à cheval • **have you ever ridden a donkey?** êtes-vous déjà monté à dos d'âne? • **he was riding a motorbike** il était en moto • **I have never ridden a motorbike** je ne suis jamais monté à moto • **can I ~ your bike?** est-ce que je peux emprunter ton vélo? • **he was riding a bicycle** il était à bicyclette • **he always ~s a bicycle** il se déplace toujours à bicyclette • **they had ridden 10km** ils avaient fait 10 km à cheval (*or* à bicyclette *or* en moto *etc*) • **he's riding on a wave of personal popularity** il jouit d'une excellente cote de popularité • **to ~ the bus** (*US*) prendre le bus

▸ **ride on** VT INSEP (*= depend on*) dépendre de

▸ **ride out** VT SEP surmonter • **to ~ out the storm** surmonter la crise

rider ['raɪdə^r] N (*= person*) [*of horse*] cavalier *m*, -ière *f*; [*of racehorse*] jockey *m*; [*of motorcycle*] motocycliste *mf*

ridge [rɪdʒ] N (*= top of a line of hills or mountains*) crête *f*; (*= ledge on hillside*) corniche *f*; (*= chain of hills, mountains*) chaîne *f* • **a ~ of high pressure** une ligne de hautes pressions

ridicule ['rɪdɪkjuːl] **1** N raillerie *f* • **to hold sb/sth up to ~** tourner qn/qch en dérision **2** VT tourner en dérision

ridiculous [rɪ'dɪkjʊləs] ADJ ridicule • **she was made to look ~** elle a été ridiculisée • **to go to ~ lengths to do sth** se ridiculiser à force de faire qch

ridiculously [rɪ'dɪkjʊləslɪ] ADV ridiculement

riding ['raɪdɪŋ] N (*also* **horse-riding**) équitation *f*

▸ **riding boots** NPL bottes *fpl* de cheval ▸ **riding jacket** N veste *f* de cheval ▸ **riding school** N centre *m* équestre ▸ **riding stable** N, **riding stables** NPL centre *m* équestre ▸ **riding whip** N cravache *f*

rife [raɪf] ADJ **to be ~** [*disease, corruption, unemployment*] sévir • **speculation is ~** les spéculations vont bon train

▸ **rife with** (*= full of*) **a city ~ with violence** une ville en proie à la violence • **the whole company is ~ with corruption** la corruption sévit dans toute l'entreprise • **the media is ~ with speculation** les spéculations vont bon train dans les médias

riff [rɪf] N (*Music*) riff *m*

rifle ['raɪfl] **1** N (*= gun*) fusil *m*; (*for hunting*) carabine *f* de chasse **2** VT [*+ drawer, till*] vider • **she ~d (through) the papers** elle a feuilleté rapidement les documents **3** COMP ▸ **rifle range** N (*outdoor*) champ *m* de tir; (*indoor*) stand *m* de tir

rift [rɪft] N (*= disagreement*) désaccord *m*; (*in political party*) division *f* • **this caused a ~ in their friendship** cela a causé une faille dans leur amitié • **the ~ between them was widening** leur désaccord était de plus en plus profond

rig [rɪg] **1** N (*= oil rig*) (*on land*) derrick *m*; (*at sea*) plateforme *f* pétrolière **2** VT [*+ election, competition*] truquer; [*+ prices*] fixer illégalement • **it was ~ged** c'était un coup monté

▸ **rig up** VT (*= make hastily*) faire avec des moyens de fortune; (*= arrange*) arranger

r

rigging [ˈrɪɡɪŋ] (N) ⓐ (= *ropes*) gréement *m* ⓑ [*of election, competition*]* truquage *m*; [*of prices*]* fixation *f* illégale

right [raɪt]

1 ADJECTIVE	4 PLURAL NOUN
2 ADVERB	5 TRANSITIVE VERB
3 NOUN	6 COMPOUNDS

1 ADJECTIVE

ⓐ (= *morally good*) bien *inv* • **lying isn't ~** ce n'est pas bien de mentir • **it's not ~** ce n'est pas bien • **I have always tried to do what was ~** j'ai toujours essayé de bien agir • **to do what is ~ by sb** agir pour le bien de qn • **you were ~ to refuse** vous avez eu raison de refuser • **he thought it ~ to warn me** il a jugé bon de m'avertir • **to do the ~ thing by sb** bien agir envers qn

▸ **only right** **it seemed only ~ to give him the money** il paraissait normal de lui donner l'argent • **it is only ~ that she should be dismissed** il est normal qu'elle soit licenciée • **it is only ~ to point out that ...** il faut néanmoins signaler que ...

ⓑ (= *accurate*) juste, exact • **that's ~** c'est juste, c'est exact • **that can't be ~!** ce n'est pas possible ! • **is that ~?** (*checking*) c'est bien ça ?; (*expressing surprise*) vraiment ? • **the ~ time** (*by the clock*) l'heure exacte • **is the clock ~?** est-ce que la pendule est à l'heure ?

▸ **to be right** [*person*] avoir raison • **you're quite ~** vous avez parfaitement raison

▸ **to get sth right** **I got all the answers ~** j'ai répondu juste à toutes les questions • **to get one's sums ~** ne pas se tromper dans ses calculs • **to get one's facts ~** ne pas se tromper

▸ **to put right** [+ *error, person*] corriger; [+ *situation*] redresser; [+ *sth broken*] réparer • **that can easily be put ~** on peut (facilement) arranger ça • **put me ~ if I'm wrong** corrigez-moi si je me trompe

ⓒ (= *correct*) bon *before n* • **the ~ answer** la bonne réponse • **it is just the ~ size** c'est la bonne taille • **on the ~ track** sur la bonne voie • **to come at the ~ time** arriver au bon moment • **the ~ word** le mot juste • **to get on the ~ side of sb*** s'attirer les bonnes grâces de qn • **to know the ~ people** avoir des relations

ⓓ (= *best*) meilleur • **what's the ~ thing to do?** quelle est la meilleure chose à faire ? • **I don't know what's the ~ thing to do** je ne sais pas ce qu'il faut faire • **we will do what is ~ for the country** nous ferons ce qui est dans l'intérêt du pays • **the ~ man for the job** l'homme de la situation

ⓔ (= *necessary*) **I haven't got the ~ papers with me** je n'ai pas les bons documents sur moi

ⓕ (= *proper*) **to do sth the ~ way** faire qch comme il faut • **that is the ~ way of looking at it** c'est la bonne façon d'aborder la question • **if you go hiking you must wear the ~ shoes** lorsque l'on fait de la randonnée, il faut porter des chaussures adaptées

ⓖ (= *in proper state*) **her ankle is still not ~** sa cheville n'est pas encore guérie • **I don't feel quite ~ today** je ne me sens pas très bien aujourd'hui • **the brakes aren't ~** les freins ne fonctionnent pas bien • **to be in one's ~ mind** avoir toute sa raison • **he's not ~ in the head*** il déraille*

ⓗ (= *real: Brit*)* **it's a ~ mess in there** c'est la pagaille* complète là-dedans • **he looked a ~ idiot** il avait vraiment l'air idiot

ⓘ (*agreeing*) **~!** • **~ you are!*** d'accord ! • **~, who's next?** bon, c'est à qui le tour ? • **(oh) ~!*** (= *I see*) ah, d'accord ! • **too ~!** et comment !

▸ **right enough*** **it was him ~ enough!** c'était bien lui, aucun doute là-dessus !

ⓙ (= *opposite of left*) droit • **on my ~ hand you see the bridge** sur ma droite vous voyez le pont • **it's a case of the ~ hand not knowing what the left hand's doing** il y a un manque total de communication et de coordination • **I'd give my ~ arm to know the truth** je donnerais n'importe quoi pour connaître la vérité

2 ADVERB

ⓐ (= *directly*) droit • **~ ahead of you** droit devant vous • **~ in front of you** sous vos yeux • **the blow hit me ~ in the face** j'ai reçu le coup en pleine figure • **~ behind you** juste derrière vous • **public opinion would be ~ behind them** ils auraient l'opinion publique pour eux • **go ~ on** continuez tout droit • **I'll be ~ back** je reviens tout de suite

▸ **right away** (= *immediately*) tout de suite

▸ **right off*** du premier coup

ⓑ (= *exactly*) **~ then** sur-le-champ • **~ now** (= *at the moment*) en ce moment; (= *at once*) tout de suite • **~ here** ici même • **~ in the middle** en plein milieu • **~ at the start** au tout début • **~ from the start** dès le début

ⓒ (= *completely*) tout • **~ round the house** tout autour de la maison • **~ (up) against the wall** tout contre le mur • **~ at the back** tout au fond • **to turn ~ round** faire volte(-)face

ⓓ (= *correctly, well*) bien • **you haven't put the lid on ~** tu n'as pas bien mis le couvercle • **if I remember ~** si je me souviens bien • **to guess ~** deviner juste • **you did ~ to refuse** vous avez bien fait de refuser • **nothing goes ~ for them** rien ne leur réussit

ⓔ (= *opposite of left*) à droite • **to look ~** regarder à droite • **the party has now moved ~ of centre** le parti se situe maintenant à la droite du centre

▸ **right, left and centre*** (= *everywhere*) de tous côtés

3 NOUN

ⓐ (= *moral*) bien *m* • **he doesn't know ~ from wrong** il ne sait pas discerner le bien du mal

▸ **to be in the right** avoir raison

ⓑ (= *entitlement*) droit *m* • **to have a ~ to sth** avoir droit à qch • **to have the ~ to do sth** avoir le droit de faire qch • **he has no ~ to sit here** il n'a pas le droit de s'asseoir ici • **what ~ have you to say that?** de quel droit dites-vous cela ? • **he is within his ~s** il est dans son droit • **I know my ~s** je connais mes droits • **to assert one's ~s** faire valoir ses droits • **women's ~s** les droits *mpl* de la femme • **women's ~s movement** mouvement *m* pour les droits de la femme • **~ of appeal** droit *m* d'appel

▸ **by right** de droit • **it's his by ~** cela lui appartient de droit

▸ **by rights** en toute justice

▸ **in one's own right** à part entière • **Taiwan wants membership in its own ~** Taïwan veut être membre à part entière

ⓒ (= *opposite of left*) droite *f* • **to drive on the ~** conduire à droite • **to keep to the ~** tenir sa droite • **on my ~** à ma droite • **on** *or* **to the ~ of the church** à droite de l'église • **to take a ~** (*US*) tourner à droite • **the Right** (*Politics*) la droite

4 PLURAL NOUN

rights

ⓐ (*Commerce*) droits *mpl* • **manufacturing/publication**

~s droits *mpl* de fabrication/publication • **TV/film ~s** droits *mpl* d'adaptation pour la télévision/le cinéma • **"all ~s reserved"** « tous droits réservés »
b **to put** *or* **set sth to ~s** mettre qch en ordre • **to put the world to ~s** refaire le monde
5 TRANSITIVE VERB
a (*= return to normal*) [*+ car, ship*] redresser
b (*= make amends for*) [*+ wrong*] redresser; [*+ injustice*] réparer
6 COMPOUNDS
▸**right angle** N angle *m* droit • **to be at ~ angles (to)** être perpendiculaire (à) ▸**right-hand** ADJ **~-hand drive car** voiture *f* avec la conduite à droite • **his ~-hand man** son bras droit (*fig*) • **the ~-hand side** le côté droit ▸**right-handed** ADJ [*person*] droitier; [*punch, throw*] du droit ▸**Right Honourable** ADJ (*Brit*) Très Honorable ▸**right-minded** ADJ sensé ▸**right-of-centre** ADJ (*Politics*) (de) centre droit ▸**right of way** N (*across property*) droit *m* de passage; (*= priority*) priorité *f* • **he has (the) ~ of way** il a la priorité ▸**right-thinking** ADJ sensé ▸**right wing** N (*Politics*) droite *f* • **the ~ wing of the party** l'aile droite du parti ▸**right-wing** ADJ (*Politics*) de droite ▸**right-winger** N (*Politics*) homme *m* (*or* femme *f*) de droite

right-click ['raɪtklɪk] (*Comput*) **1** (VI) cliquer à droite **2** (VT) cliquer à droite sur
righteous ['raɪtʃəs] (ADJ) **a** (*frm*) (*= virtuous*) [*person, behaviour*] intègre **b** (*= self-righteous*) [*person, tone, article*] moralisateur (-trice *f*)
rightful ['raɪtfʊl] (ADJ) [*owner, heir*] légitime
rightfully ['raɪtfəlɪ] (ADV) légitimement • **I demand only what is ~ mine** je n'exige que ce qui m'appartient légitimement
rightly ['raɪtlɪ] (ADV) **a** (*= correctly*) avec raison • **he ~ assumed that ...** il supposait avec raison que ... • **I don't ~ know*** je ne sais pas très bien **b** (*= justifiably*) à juste titre • **~ or wrongly** à tort ou à raison • **~ so** à juste titre
rightsizing ['raɪt,saɪzɪŋ] (N) [*of company*] dégraissage *m* des effectifs
rigid ['rɪdʒɪd] (ADJ) **a** [*material, structure*] rigide • **~ with fear** paralysé par la peur • **to be bored ~*** s'ennuyer à mourir **b** (*= strict*) [*specifications, discipline*] strict; [*system, person, approach, attitude*] rigide
rigidity [rɪ'dʒɪdɪtɪ] (N) rigidité *f*
rigidly ['rɪdʒɪdlɪ] (ADV) [*stand, move, gesture*] avec raideur; [*enforced, disciplined*] rigoureusement • **to stick ~ to sth** s'en tenir rigoureusement à qch
rigmarole ['rɪgmərəʊl] (N) cinéma* *m* • **the ~ of getting a visa** tout le bazar* pour obtenir un visa
rigorous ['rɪgərəs] (ADJ) [*examination, control*] rigoureux • **he is ~ about quality** il est très strict sur la qualité • **to be ~ in doing sth** faire qch rigoureusement
rigorously ['rɪgərəslɪ] (ADV) rigoureusement
rigour, rigor (*US*) ['rɪgəʳ] (N) rigueur *f*
Riley ['raɪlɪ] (N) (*Brit*) **to live the life of ~‡** mener la belle vie
rim [rɪm] (N) bord *m*; [*of wheel*] jante *f*; [*of spectacles*] monture *f*
rind [raɪnd] (N) [*of orange, lemon*] peau *f*; (*= grated zest*) zeste *m*; [*of cheese*] croûte *f*; [*of bacon*] couenne *f*
ring [rɪŋ] (*vb: pret* **rang**, *ptp* **rung**) **1** (N) **a** (*= circular object*) anneau *m*; (*for finger*) bague *f* • **diamond ~** bague *f* de diamant(s) • **wedding ~** alliance *f* • **electric ~** plaque *f* électrique • **gas ~** brûleur *m* (de cuisinière à gaz) • **the ~s of Saturn** les anneaux *mpl* de Saturne
b (*= circle*) cercle *m* • **to have ~s round the eyes** avoir les yeux cernés • **to run ~s round sb*** dominer qn de la tête et des épaules
c (*= group*) coterie *f*; [*of spies*] réseau *m*
d (*at circus*) piste *f*; (*Boxing*) ring *m*
e (*= sound*) son *m*; [*of bell*] sonnerie *f* • **there was a ~ at the door** on a sonné à la porte • **that has the ~ of truth (to it)** ça sonne juste
f (*= phone call*) coup *m* de fil* • **to give sb a ~** passer un coup de fil* à qn
2 (VI) **a** [*bell, alarm clock, telephone*] sonner • **please ~ for attention** prière de sonner • **to ~ at the door** sonner à la porte
▸**to ring true** that ~s true ça sonne juste • **that doesn't ~ true** ça sonne faux
b (*= telephone*) téléphoner
3 (VT) **a** (*= sound*) sonner • **to ~ the doorbell** sonner à la porte • **his name ~s a bell*** son nom me dit quelque chose
b (*= phone*) téléphoner à • **I'll ~ you later** je vous téléphonerai plus tard
4 (COMP) ▸**ring binder** N classeur *m* à anneaux ▸**ring-fence** VT [*+ money*] allouer ▸**ring finger** N annulaire *m* ▸**ring-pull** N (*Brit*) (*on can*) anneau *m* (d'ouverture) ▸**ring road** N (*Brit*) rocade *f*; (*motorway-type*) périphérique *m*
▸**ring back** VI, VT SEP (*Brit*) rappeler
▸**ring up** VT SEP **a** (*Brit*) (*= phone*) téléphoner à **b** (*on cash register*) enregistrer
ringing ['rɪŋɪŋ] **1** (ADJ) **a ~ sound** une sonnerie **2** (N) [*of bell, telephone*] sonnerie *f*
ringleader ['rɪŋli:dəʳ] (N) meneur *m*
ringtone ['rɪŋtəʊn] (N) (*on mobile*) sonnerie *f* (*de téléphone portable*)
rink [rɪŋk] (N) patinoire *f*
rinse [rɪns] **1** (N) **a** **to give sth a ~** rincer qch **b** (*for hair*) rinçage *m* **2** (VT) rincer • **to ~ the soap off one's hands** se rincer les mains
Rio ['ri:əʊ] (N) **~ (de Janeiro)** Rio (de Janeiro)
riot ['raɪət] **1** (N) **a** (*= uprising*) émeute *f* **b** (*fig*) **he's a ~‡** il est tordant* • **the film is a ~‡** (*= funny*) le film est tordant* • **to run ~** [*people, imagination*] être déchaîné **2** (VI) faire une émeute **3** (COMP) ▸**riot-control** ADJ antiémeute ▸**riot gear** N tenue *f* antiémeute ▸**the riot police** N les unités *fpl* antiémeute
rioter ['raɪətəʳ] (N) émeutier *m*, -ière *f*
rioting ['raɪətɪŋ] (N) émeutes *fpl* • **there has been ~ in Paris** il y a eu des émeutes à Paris
riotous ['raɪətəs] (ADJ) [*party*] très animé; [*comedy*] délirant* • **they had a ~ time*** ils se sont amusés comme des fous
RIP [,ɑ:raɪ'pi:] (ABBR OF **rest in peace**) R.I.P.
rip [rɪp] **1** (N) déchirure *f*
2 (VT) déchirer • **to ~ open a letter** ouvrir une lettre en hâte • **to ~ the buttons from a shirt** arracher les boutons d'une chemise
3 (VI) **a** [*cloth*] se déchirer
b* **the fire/explosion ~ped through the house** l'incendie/l'explosion a ravagé la maison
▸**to let rip** se déchaîner; (*in anger*) éclater (*de colère*) • **he let ~ a string of oaths** il a lâché un chapelet de jurons

r

▸ **rip off** VT SEP ⓐ (= *pull off*) arracher (**from** de) ⓑ (= *steal*)* voler; (= *defraud*)* [+ *customer*] arnaquer* • **they're ~ping you off!** c'est de l'arnaque !*
▸ **rip up** VT SEP déchirer

ripe [raɪp] ADJ [*fruit*] mûr; [*cheese*] fait • **to live to a ~ old age** vivre jusqu'à un âge avancé • **to live to the ~ old age of 88** atteindre l'âge respectable de 88 ans

ripen ['raɪpən] 1 VT (faire) mûrir 2 VI mûrir

ripeness ['raɪpnɪs] N maturité *f*

rip-off* ['rɪpɒf] N **it's a ~!** c'est de l'arnaque !*

ripple ['rɪpl] N ⓐ (= *movement*) [*of water*] ride *f* ⓑ (= *noise*) [*of waves*] clapotis *m*; [*of laughter*] cascade *f* ⓒ (= *ice-cream*) **raspberry ~** *glace à la vanille marbrée de glace à la framboise*

rise [raɪz] (*vb: pret* **rose**, *ptp* **risen** ['rɪzn]) 1 N [*of sun*] lever *m*; (= *increase*) (*in temperature, prices*) hausse *f*; (*Brit: in wages*) augmentation *f* • **to ask for a ~** (*Brit*) demander une augmentation (de salaire) • **there has been a ~ in the number of people looking for work** le nombre des demandeurs d'emploi a augmenté • **her ~ to power** son ascension *f* au pouvoir • **to take the ~ out of sb*** se payer la tête de qn*
▸ **to give rise to** [+ *trouble*] provoquer; [+ *speculation*] donner lieu à; [+ *fear, suspicions*] susciter
2 VI ⓐ (= *get up*) se lever • **~ and shine!** allez, lève-toi ! • **to ~ to one's feet** se mettre debout • **to ~ from (the) table** se lever de table • **to ~ from the dead** ressusciter (des morts)
ⓑ (= *go up, ascend*) monter; [*balloon*] s'élever; [*curtain, sun*] se lever; [*dough*] lever; [*hopes, anger*] grandir; [*prices*] être en hausse; [*cost of living*] augmenter • **to ~ to the surface** [*swimmer, object, fish*] remonter à la surface • **he won't ~ to any of your taunts** il ne réagira à aucune de vos piques • **to ~ to the occasion** se montrer à la hauteur de la situation • **to ~ above a certain temperature** dépasser une température donnée • **her spirits rose** son moral a remonté • **a feeling of anger rose within him** un sentiment de colère montait en lui
ⓒ (*in society, rank*) s'élever • **to ~ from the ranks** sortir du rang • **to ~ to fame** connaître la célébrité
ⓓ (= *rebel: also* **rise up**) se soulever • **to ~ (up) in revolt** se révolter

rising ['raɪzɪŋ] 1 N (= *rebellion*) soulèvement *m* 2 ADJ [*sun*] levant; [*prices, temperature*] en hausse 3 COMP
▸ **rising star** N étoile *f* montante

risk [rɪsk] 1 N ⓐ (= *possible danger*) risque *m* • **to take ~s** prendre des risques • **you're running the ~ of arrest** vous risquez de vous faire arrêter • **that's a ~ you'll have to take** c'est un risque à courir • **it's not worth the ~** ça ne vaut pas la peine de courir un tel risque • **there is no ~ of his coming** il ne risque pas de venir • **you do it at your own ~** vous le faites à vos risques et périls • **at the ~ of seeming stupid** au risque de paraître stupide
▸ **at risk** [*person*] en danger • **some jobs are at ~** des emplois sont menacés
ⓑ (*Insurance*) risque *m* • **he is a bad ~** on court trop de risques avec lui
2 VT risquer • **I'll ~ it** je vais tenter le coup* • **I can't ~ it** je ne peux pas prendre un tel risque
3 COMP ▸ **risk-averse** ADJ frileux, (trop) prudent ▸ **risk management** N gestion *f* des risques

risky ['rɪskɪ] ADJ [*enterprise, deed*] risqué

risotto [rɪ'zɒtəʊ] N risotto *m*

risqué ['riːskeɪ] ADJ [*story, joke*] osé

rite [raɪt] N rite *m* • **funeral ~s** rites *mpl* funèbres

ritual ['rɪtjʊəl] 1 ADJ rituel 2 N rituel *m* • **he went through the ~** il s'est conformé aux usages

rival ['raɪvəl] 1 N rival(e) *m(f)* 2 ADJ [*firm, enterprise*] rival 3 VT rivaliser avec (**in** de); (= *equal*) égaler (**in** en) • **his achievements ~ even yours** ses réussites sont presque égales aux vôtres

rivalry ['raɪvəlrɪ] N rivalité *f*

river ['rɪvə^r] N rivière *f*; (*flowing into a sea*) fleuve *m* • **down ~** en aval • **up ~** en amont • **the ~ Seine** (*Brit*) • **the Seine ~** (*US*) la Seine ▸ **river basin** N bassin *m* fluvial

> ⚠ **river** is not always translated by **rivière**.

riverbank ['rɪvəbæŋk] N berge *f*

riverbed ['rɪvəbed] N lit *m* de rivière (*or* de fleuve)

riverside ['rɪvəsaɪd] N bord *m* de l'eau

riveting ['rɪvɪtɪŋ] ADJ fascinant

Riviera [,rɪvɪ'ɛərə] N **the (French) ~** la Côte d'Azur • **the Italian ~** la Riviera italienne

Riyadh [riː'æd] N Riyad

RN [ɑː'ren] (*Brit*) (ABBR OF **Royal Navy**)

RNLI [,ɑːrene'laɪ] N (ABBR OF **Royal National Lifeboat Institution**) ≈ Société *f* nationale de sauvetage en mer

road [rəʊd] N route *f*; (*in town*) rue *f* • **she lives across the ~ (from us)** elle habite en face de chez nous • **my car is off the ~ just now** ma voiture est au garage • **this vehicle shouldn't be on the ~** on ne devrait pas laisser circuler un véhicule dans cet état • **he is a danger on the ~** (au volant) c'est un danger public • **to take to the ~** prendre la route • **to be on the ~** [*salesman, theatre company*] être en tournée • **we've been on the ~ since this morning** nous voyageons depuis ce matin • **is this the ~ to London?** c'est (bien) la route de Londres ? • **on the ~ to success** sur le chemin du succès • **somewhere along the ~ he changed his mind** il a changé d'avis en cours de route • **you're in my ~*** vous me barrez le passage • **(get) out of the ~!*** dégagez !* • **to have one for the ~*** prendre un dernier verre avant de partir • **price on the ~** (*Brit: car sales*) prix *m* clés en mains ▸ **road atlas** N atlas *m* routier ▸ **road bridge** N pont *m* routier ▸ **road haulage** N transports *mpl* routiers ▸ **road hog** N chauffard* *m* ▸ **road map** N (*for traveller*) carte *f* routière; (*for future action*) feuille *f* de route ▸ **road pricing** N tarification *f* routière ▸ **road race** N course *f* sur route ▸ **road rage*** N agressivité *f* au volant ▸ **road safety** N sécurité *f* routière ▸ **road sense** N **he has no ~ sense** [*driver*] il conduit mal; [*pedestrian*] il ne fait jamais attention à la circulation ▸ **road show** N (*TV, Radio*) émission *f* itinérante ▸ **road sign** N panneau *m* indicateur *or* de signalisation ▸ **road sweeper** N (= *person*) balayeur *m*, -euse *f*; (= *vehicle*) balayeuse *f* ▸ **road tax** N (*Brit*) taxe *f* sur les véhicules à moteur ▸ **road test** N essai *m* sur route ▸ **road-test** VT **they are ~-testing the car tomorrow** ils vont faire les essais sur route demain ▸ **road traffic** N circulation *f* routière ▸ **road-user** N usager *m* de la route

roadblock ['rəʊdblɒk] N barrage *m* routier

roadie* ['rəʊdɪ] N roadie* *m*

roadside ['rəʊdsaɪd] N bord *m* de la route • **on the ~** au bord de la route • **a ~ café** un café au bord de la route

roadway ['rəʊdweɪ] N chaussée *f*

roadworthy ['rəʊdwɜːðɪ] ADJ **a ~ car** une voiture conforme aux normes de sécurité

roam [rəʊm] 1 (VT) [+ *countryside*] parcourir • **to ~ the streets** traîner dans les rues 2 (VI) errer • **lions ~ free in the park** les lions sont en liberté dans le parc

roaming ['rəʊmɪŋ] (N) (*Telec*) itinérance *f* ▸ **roaming worker** N travailleur *m*, -euse *f* nomade

roar [rɔːʳ] 1 (VI) [*person, crowd*] hurler; [*lion, wind*] rugir; [*guns*] gronder; [*engine, vehicle*] vrombir • **to ~ with laughter** rire à gorge déployée • **the trucks ~ed past us** les camions nous ont dépassé dans un vrombissement de moteur 2 (N) [*of lion*] rugissement *m*; [*of traffic*] grondement *m*; [*of engine*] vrombissement *m* • **the ~s of the crowd** les clameurs *fpl* de la foule

roaring ['rɔːrɪŋ] 1 (ADJ) ⓐ [*lion, engine*] rugissant; [*crowd*] hurlant; [*guns*] grondant • **a ~ fire** (*in hearth*) une belle flambée ⓑ (*Brit*)* **a ~ success** un succès fou* • **to be doing a ~ trade (in sth)** faire des affaires en or (en vendant qch) 2 (N) [*of crowd*] hurlements *mpl*; [*of lion*] rugissement *m*; [*of traffic*] grondement *m*

roast [rəʊst] 1 (N) rôti *m* 2 (ADJ) [*pork, chicken*] rôti • **~ beef** rôti *m* de bœuf • **~ chestnuts** marrons *mpl* chauds • **~ potatoes** pommes *fpl* de terre rôties 3 (VT) [+ *meat*] (faire) rôtir; [+ *chestnuts*] griller

roasting ['rəʊstɪŋ] 1 (N) **to give sb a ~*** sonner les cloches à qn* 2 (ADJ) (= *hot*)* [*day, weather*] torride • **it's ~ in here** on crève* de chaud ici • **I'm ~!** je crève* de chaud !

rob [rɒb] (VT) (= *steal from*) [+ *person*] voler; [+ *shop*] dévaliser; [+ *orchard*] piller • **to ~ sb of sth** [+ *purse*] voler qch à qn • **to ~ the till** voler de l'argent dans la caisse • **I've been ~bed** j'ai été volé • **the bank was ~bed** la banque a été dévalisée • **we were ~bed*** (*Sport*) on nous a volé la victoire

robber ['rɒbəʳ] (N) voleur *m*, -euse *f*

robbery ['rɒbərɪ] (N) vol *m* • **at that price it's sheer ~!*** à ce prix-là c'est du vol manifeste !

robe [rəʊb] (N) (= *ceremonial garment*) robe *f* de cérémonie; (= *dressing gown*) peignoir *m* • **ceremonial ~s** vêtements *mpl* de cérémonie • **christening ~** robe *f* de baptême

robot ['rəʊbɒt] (N) robot *m*

robotic [rəʊ'bɒtɪk] (ADJ) [*manner, movements*] d'automate

robotics [rəʊ'bɒtɪks] (N) robotique *f*

robust [rəʊ'bʌst] (ADJ) (= *strong*) [*person, appetite, economy*] robuste; [*material*] résistant; [*object, design*] solide • **to be in ~ health** avoir une santé robuste

robustly [rəʊ'bʌstlɪ] (ADV) **~ built** [*person*] de robuste constitution; [*object*] solide

rock [rɒk] 1 (VT) ⓐ (= *swing to and fro*) [+ *child*] bercer • **to ~ a child to sleep** endormir un enfant en le berçant • **a boat ~ed by the waves** un bateau bercé par les vagues ⓑ (= *shake*) ébranler; (= *startle*)* ébranler • **the town was ~ed by an earthquake** la ville a été ébranlée par un tremblement de terre • **don't ~ the boat*** ne fais pas de vagues (*fig*)

2 (VI) ⓐ (= *sway gently*) [*cradle, person, ship*] se balancer ⓑ (= *sway violently*) [*person*] chanceler; [*building*] être ébranlé

3 (N) ⓐ (= *substance*) roche *f*; (= *rock face*) paroi *f* rocheuse • **hewn out of solid ~** creusé dans le roc ⓑ (= *large mass, huge boulder*) rocher *m*; (*smaller*) roche *f* • **fallen ~s** éboulis *mpl* • **the Rock (of Gibraltar)** le rocher de Gibraltar • **as solid as a ~** solide comme un roc • **their marriage is on the ~s*** leur couple est en train de sombrer

ⓒ (*Brit* = *sweet*) ≈ sucre *m* d'orge

ⓓ (= *music*) rock *m*

4 (COMP) ▸ **rock-and-roll, rock 'n' roll** N (= *music*) rock (and roll) *m* ♦ ADJ [*singer*] de rock; [*music*] rock *inv* ▸ **rock bottom** N **her spirits reached ~ bottom*** elle avait le moral à zéro* • **prices were at ~ bottom** les prix étaient au plus bas ▸ **rock-bottom** ADJ **"~-bottom prices"** « prix sacrifiés » ▸ **rock climbing** N varappe *f* • **to go ~ climbing** faire de la varappe ▸ **rock face** N paroi *f* rocheuse ▸ **rock-hard** ADJ dur comme la pierre ▸ **rock pool** N flaque *f* laissée par la marée sur les rochers ▸ **rock salt** N (*for cooking*) gros sel *m* ▸ **rock-solid** ADJ solide comme un roc ▸ **rock star** N rock star *f* ▸ **rock-steady** ADJ [*hand, voice*] parfaitement assuré; [*camera, gun, moving car*] parfaitement stable

rockery ['rɒkərɪ] (N) rocaille *f*

rocket ['rɒkɪt] 1 (N) ⓐ (*military*) roquette *f*; (= *firework*) fusée *f* • **to send up a ~** lancer une fusée • **space ~** fusée *f* interplanétaire

ⓑ (= *plant*) roquette *f*

2 (VI) [*prices*] monter en flèche

3 (COMP) ▸ **rocket attack** N attaque *f* à la roquette ▸ **rocket fuel** N propergol *m* ▸ **rocket launcher** N lance-roquettes *m inv* ▸ **rocket-propelled** ADJ autopropulsé ▸ **rocket range** N **within ~ range** à portée de missiles ▸ **rocket research** N recherches *fpl* aérospatiales ▸ **rocket science** N technologie *f* des fusées • **it's not ~ science** ce n'est pas sorcier* ▸ **rocket scientist** N spécialiste *mf* des fusées • **it doesn't take a ~ scientist to ...** pas besoin d'être un génie pour ...

rocking ['rɒkɪŋ] (N) balancement *m* ▸ **rocking chair** N rocking-chair *m* ▸ **rocking horse** N cheval *m* à bascule

rocky ['rɒkɪ] 1 (ADJ) ⓐ [*shore, mountain*] rocheux; [*road, path*] rocailleux ⓑ (= *precarious*)* [*marriage*] fragile • **to be going through a ~ patch** traverser une période difficile • **I knew it would be a ~ road to recovery** je savais que mon rétablissement serait long et difficile 2 (COMP) ▸ **the Rocky Mountains** NPL les (montagnes *fpl*) Rocheuses *fpl*

rod [rɒd] (N) ⓐ (*wooden*) baguette *f*; (*metallic*) tringle *f* ⓑ (= *fishing rod*) canne *f* (à pêche)

rode [rəʊd] (VB) *pt of* **ride**

rodent ['rəʊdənt] (N) rongeur *m*

rodeo ['rəʊdɪəʊ] (N) rodéo *m*

roe [rəʊ] (N) [*of fish*] œufs *mpl* de poisson • **cod ~** œufs *mpl* de cabillaud

rogue [rəʊg] 1 (N) (= *scoundrel*) coquin *m* • **you little ~!** petit coquin ! 2 (ADJ) [*elephant, lion, male*] solitaire; [*gene*] aberrant 3 (COMP) ▸ **rogue state** N état *m* voyou ▸ **rogue trader** N trader *m* voyou

roguish ['rəʊgɪʃ] (ADJ) (= *mischievous*) [*person, smile, charm, humour*] malicieux; (= *rascally*) [*person*] coquin

role, rôle [rəʊl] (N) rôle *m* ▸ **role model** N modèle *m* ▸ **role play** N jeu(x) *m(pl)* de rôle ♦ VT traiter sous forme de jeu de rôle ♦ VI faire des jeux de rôle ▸ **role reversal** N inversion *f* des rôles

roll [rəʊl] 1 (N) ⓐ [*of cloth, paper*] rouleau *m*; [*of banknotes*] liasse *f*; [*of fat*] bourrelet *m*

ⓑ (= *bread roll*) petit pain *m*

ⓒ (= *movement*) [*of ship*] roulis *m*; [*of sea*] houle *f*

ⓓ [*of thunder, drums*] roulement *m*

ⓔ (= *register*) liste *f* • **we have 60 pupils on our ~(s)** nous avons 60 élèves inscrits • **to call the ~** faire l'appel

ⓕ **to be on a ~** (= *prospering*)* avoir le vent en poupe

2 (VI) ⓐ (= *turn over*) rouler • **to ~ over and over** [*object, person*] rouler • **stones ~ed down the hill** des pierres

ont roulé jusqu'au pied de la colline • **his car ~ed to a stop** sa voiture s'arrêta doucement • **the children were ~ing down the slope** les enfants dévalaient la pente en roulant • **tears were ~ing down her cheeks** les larmes coulaient sur ses joues • **the newspapers were ~ing off the presses** les journaux tombaient des rotatives • **heads will ~** des têtes vont tomber • **the horse ~ed in the mud** le cheval s'est roulé dans la boue • **he's ~ing in it*** il roule sur l'or • **she is trainer and manager ~ed into one** elle est entraîneur et manager tout à la fois

ⓑ *[ship]* rouler

ⓒ *[film cameras]* tourner

3 (VT) *[+ barrel, ball]* faire rouler; *[+ cigarette]* rouler; *[+ pastry, dough]* abaisser au rouleau • **to ~ one's eyes** rouler des yeux • **to ~ one's r's** rouler les r • **to ~ string into a ball** enrouler de la ficelle en pelote

4 (COMP) ▸ **roll bar** N arceau *m* de sécurité ▸ **roll call** N appel *m* • **to take a ~ call** faire l'appel ▸ **roll-neck** N (Brit) *[of sweater]* col *m* roulé ♦ ADJ **~-neck(ed)** à col roulé ▸ **roll-up*** N (Brit) cigarette *f* roulée

▸ **roll about** VI *[person, dog]* se rouler par terre

▸ **roll in** VI *[contributions, suggestions]* affluer • **he ~ed in* half an hour late** il s'est amené* avec une demi-heure de retard

▸ **roll on** VI *[vehicle]* continuer de rouler • **~ on the holidays!*** (Brit) vivement les vacances !

▸ **roll out** VT SEP *[+ pastry]* abaisser au rouleau; *[+ metal]* laminer

▸ **roll over** 1 VI *[person, animal]* *(once)* se retourner (sur soi-même); *(several times)* se rouler 2 VT SEP *[+ person, animal, object]* retourner

▸ **roll up** VT SEP *[+ cloth, paper]* rouler • **to ~ up one's sleeves** retrousser ses manches

roller ['rəʊləʳ] 1 (N) ⓐ *(for roads)* rouleau *m* compresseur; *(for lawn)* rouleau *m* de jardin ⓑ *(for painting)* rouleau *m* (à peinture) ⓒ *(for hair)* rouleau *m* • **to put one's hair in ~s** se mettre des rouleaux 2 (COMP) ▸ **roller blade** N roller *m* ▸ **roller-blade** VI faire du roller ▸ **roller blind** N store *m* ▸ **roller coaster** N montagnes *fpl* russes ▸ **roller skate** N patin *m* à roulettes ▸ **roller-skate** VI faire du patin à roulettes ▸ **roller-skating** N patin *m* à roulettes

Rollerblade® ['rəʊləbleɪd] 1 (N) roller *m* 2 (VI) **to rollerblade** faire du roller

rollicking* ['rɒlɪkɪŋ] 1 (N) **to get a (real) ~** recevoir un (sacré) savon* 2 (ADJ) **to have a ~ good time** s'amuser comme un fou (*or* une folle)

rolling ['rəʊlɪŋ] 1 (ADJ) *[countryside]* vallonné; *[hills]* onduleux; *[sea]* houleux • **~ waves** (vagues *fpl*) déferlantes *fpl* • **a ~ contract** un contrat révisable 2 (ADV) **to be ~ drunk*** être rond comme une queue de pelle* 3 (COMP) ▸ **rolling pin** N rouleau *m* à pâtisserie ▸ **rolling stock** N matériel *m* roulant

rollover ['rəʊləʊvəʳ] (N) (Brit) *(in lottery)* remise *f* en jeu du prix

ROM [rɒm] (N) (ABBR OF **read-only memory**) mémoire *f* morte

Roma ['rəʊ:mə] 1 (N) Rom *mf* 2 (ADJ) rom

Roman ['rəʊmən] 1 (N) Romain(e) *m(f)* 2 (ADJ) romain 3 (COMP) ▸ **Roman Catholic** ADJ, N catholique *mf* ▸ **the Roman Catholic Church** N l'Église *f* catholique ▸ **Roman Catholicism** N catholicisme *m* ▸ **the Roman Empire** N l'Empire *m* romain ▸ **Roman numeral** N chiffre *m* romain

romance [rəʊ'mæns] (N) *(= love story/film)* roman *m*/film *m* sentimental; *(= love affair)* idylle *f*; *(= love)* amour *m* • **the ~ of the sea** la poésie de la mer

Romanesque [,rəʊmə'nesk] (ADJ) *[architecture]* roman

Romania [rəʊ'meɪnɪə] (N) Roumanie *f*

Romanian [rəʊ'meɪnɪən] 1 (ADJ) roumain 2 (N) ⓐ Roumain(e) *m(f)* ⓑ *(= language)* roumain *m*

romantic [rəʊ'mæntɪk] 1 (ADJ) romantique; *[relationship]* amoureux; *[novel, film]* sentimental 2 (N) romantique *mf*, sentimental(e) *m(f)*

romantically [rəʊ'mæntɪkəlɪ] (ADV) *[behave]* amoureusement • **~ inclined** romantique • **to be ~ involved with sb** avoir une liaison avec qn

romanticism [rəʊ'mæntɪsɪzəm] (N) romantisme *m*

Romany ['rɒmənɪ] 1 (N) ⓐ tzigane *or* tsigane *mf* ⓑ *(= language)* romani *m* 2 (ADJ) *[person, culture, language]* tzigane *or* tsigane

Rome [rəʊm] (N) Rome

Romeo ['rəʊmɪəʊ] (N) Roméo *m*

romp [rɒmp] 1 (N) ⓐ *(= book, film, play) livre, film ou pièce drôle et plein d'action* ⓑ *(= sex)** **to have a ~** s'envoyer en l'air* 2 (VI) **to ~ home** *(= win)* gagner haut la main

roof [ru:f] (N) *[of building, car]* toit *m*; *[of cave]* plafond *m* • **we didn't have a ~ over our heads** nous étions sans abri • **to live under the same ~ as sb** vivre sous le même toit que qn • **under one ~** *(in shopping arcade)* réuni(s) au même endroit • **to hit the ~*** *[person]* piquer une crise* ▸ **roof garden** N jardin *m* sur le toit ▸ **roof rack** N (esp Brit) galerie *f*

rooftop ['ru:ftɒp] (N) toit *m* • **to shout sth from the ~s** crier qch sur tous les toits

rookie* ['rʊkɪ] (N) bleu* *m*

room [rʊm] 1 (N) ⓐ *(in house)* pièce *f*; *(in hotel)* chambre *f* • **~s to let** chambres *fpl* à louer

ⓑ *(= space)* place *f* • **there is ~ for two people** il y a de la place pour deux personnes • **to make ~ for sb** faire une place pour qn • **to make ~ for sth** faire de la place pour qch • **there is still ~ for hope** il y a encore lieu d'espérer • **there is ~ for improvement in your work** votre travail laisse à désirer

2 (COMP) ▸ **room service** N service *m* des chambres (d'hôtel) ▸ **room temperature** N température *f* ambiante • **wine at ~ temperature** vin *m* chambré

roommate ['rʊmmeɪt] (N) colocataire *mf*

roomy ['rʊmɪ] (ADJ) *[flat, car]* spacieux

roost [ru:st] (VI) *(= settle)* se percher

rooster ['ru:stəʳ] (N) coq *m*

root [ru:t] 1 (N) racine *f*; *[of trouble]* origine *f* • **to pull sth out by the ~s** déraciner qch • **to take ~** prendre racine • **to put down ~s in a country** s'enraciner dans un pays • **the ~ of the matter** la vraie raison • **to get to the ~ of the problem** aller au fond du problème • **that is at the ~ of ...** cela est à l'origine de ... • **what lies at the ~ of his attitude?** quelle est la raison fondamentale de son attitude ?

2 (VT) **a deeply ~ed belief** une croyance bien enracinée • **to stand ~ed to the spot** être cloué sur place

3 (COMP) ▸ **root beer** N (US) *boisson gazeuse à base d'extraits végétaux* ▸ **root cause** N cause *f* première ▸ **root ginger** N gingembre *m* frais ▸ **roots music** N musique *f* roots ▸ **root vegetable** N racine *f* (comestible)

▸ **root for*** VT INSEP *[+ team]* encourager

▸ **root out** VT SEP *(= find)* dénicher

rope [rəʊp] N corde *f* • **to know the ~s*** connaître toutes les ficelles* • **to show sb the ~s*** mettre qn au courant • **to learn the ~s*** se mettre au courant ▸ **rope ladder** N échelle *f* de corde
▸ **rope in** VT SEP [*+ area*] entourer de cordes • **to ~ sb in*** enrôler qn • **he ~d us into helping him clean the kitchen** il nous a enrôlés pour nettoyer la cuisine

rosary [ˈrəʊzərɪ] N chapelet *m*

rose [rəʊz] 1 N ⓐ (*= flower*) rose *f*; (*= bush*) rosier *m* • **it isn't all ~s** tout n'est pas rose ⓑ [*of hose, watering can*] pomme *f*; (*on ceiling*) rosace *f* (de plafond) ⓒ (*= colour*) rose *m* 2 ADJ rose 3 VB *pt of* **rise** 4 COMP ▸ **rose-coloured, rose-tinted** ADJ rose • **to see everything through ~-coloured spectacles** voir tout en rose ▸ **rose garden** N roseraie *f*

rosé [ˈrəʊzeɪ] N rosé *m* (*vin*)

rosebud [ˈrəʊzbʌd] N bouton *m* de rose

rosebush [ˈrəʊzbʊʃ] N rosier *m*

rosemary [ˈrəʊzmərɪ] N romarin *m*

roster [ˈrɒstəʳ] N tableau *m* (de service)

rostrum [ˈrɒstrəm] N tribune *f* • **on the ~** à la tribune

rosy [ˈrəʊzɪ] ADJ ⓐ (*= pink*) [*colour*] rosé; [*face*] rose ⓑ (*= optimistic*) [*view*] optimiste • **his future looks ~** l'avenir se présente bien pour lui • **to paint a ~ picture of sth** brosser un tableau idyllique de qch

rot [rɒt] 1 N pourriture *f* • **to stop the ~** (*= stop things getting worse*) redresser la situation 2 VI pourrir • **to ~ in jail** croupir en prison • **let him ~!*** qu'il aille se faire pendre !*

rota [ˈrəʊtə] N tableau *m* (de service)

rotary [ˈrəʊtərɪ] ADJ rotatif

rotate [rəʊˈteɪt] 1 VT (*= revolve*) faire tourner 2 VI tourner

rotating [rəʊˈteɪtɪŋ] ADJ tournant

rotation [rəʊˈteɪʃən] N rotation *f*

rotisserie [rəʊˈtɪsərɪ] N (*= grill or oven*) rôtissoire *f*

rotor [ˈrəʊtəʳ] N rotor *m* ▸ **rotor blade** N pale *f* de rotor

rotten [ˈrɒtn] 1 ADJ ⓐ (*= decayed*) [*wood, vegetable, egg*] pourri; [*meat*] avarié; [*fruit, tooth*] gâté
ⓑ (*= corrupt*) véreux • **~ to the core** pourri jusqu'à la moelle
ⓒ (*= unpleasant*)* **what ~ weather!** quel temps pourri !* • **what ~ luck!** quelle guigne !* • **that's a ~ thing to say/do!** c'est moche* de dire/faire ça ! • **to feel/look ~** (*= ill*) être/avoir l'air mal fichu* • **to feel ~ (about doing sth)** (*= guilty*) se sentir minable* (de faire qch)
ⓓ (*expressing annoyance*)* **you can keep your ~ bike** tu peux te le garder, ton sale vélo*
2 ADV **to spoil sb ~*** pourrir qn
3 COMP ▸ **rotten apple** N (*fig*) brebis *f* galeuse

Rottweiler [ˈrɒtˌvaɪləʳ] N rottweiler *m*

rouble, ruble (*US*) [ˈruːbl] N rouble *m*

rough [rʌf] 1 ADJ ⓐ (*= not smooth*) [*skin, cloth*] rêche; (*harder*) rugueux; [*track*] raboteux • **he'll be a good salesman once we knock off the ~ edges** il fera un bon vendeur lorsque nous l'aurons un peu dégrossi
ⓑ (*= unrefined*) [*person, speech, manners*] rude
ⓒ (*= difficult*)* [*life*] dur • **to have a ~ time (of it)** en voir de dures* • **don't be too ~ on him** ne sois pas trop dur avec lui
ⓓ (*Brit*) (*= ill*) **to feel ~*** être mal fichu*
ⓔ (*= violent*) [*person, treatment*] dur • **to be ~ with sb** (*physically*) malmener qn • **he's very ~ with his little brother** il malmène son petit frère • **a ~ neighbourhood** un quartier difficile
ⓕ [*weather*] gros (grosse *f*); [*sea, crossing*] agité
ⓖ (*= approximate*) [*calculation, translation, estimate, description*] approximatif • **at a ~ guess** à vue de nez • **can you give me a ~ idea (of) how long it will take?** à votre avis, ça prendra combien de temps environ ? • **I've got a ~ idea (of) what it looks like** je vois à peu près à quoi ça ressemble • **he gave a ~ outline of the proposals** il a donné les grandes lignes des propositions • **~ draft** brouillon *m* • **~ sketch** ébauche *f*
2 ADV **to sleep ~** coucher sur la dure • **to live ~** vivre à la dure
3 N (*= ground*) terrain *m* accidenté; (*Golf*) rough *m* • **to take the ~ with the smooth** prendre les choses comme elles viennent
4 VT **to ~ it*** vivre à la dure
5 COMP ▸ **rough-and-ready** ADJ [*method*] rudimentaire; [*person*] fruste ▸ **rough justice** N justice *f* sommaire ▸ **rough work** N brouillon *m*

roughage [ˈrʌfɪdʒ] N fibres *fpl*

roughly [ˈrʌflɪ] ADV ⓐ (*= violently*) brutalement ⓑ (*= crudely*) grossièrement ⓒ (*= approximately*) à peu près • **it costs ~ $100** ça coûte environ 100 dollars • **tell me ~ what it's all about** dites-moi en gros de quoi il s'agit • **~ speaking** en gros • **he ~ outlined the proposals** il a donné les grandes lignes des propositions • **to sketch sth ~** faire un croquis de qch • **~ translated, the name means …** traduit approximativement, ce nom veut dire …

roughness [ˈrʌfnɪs] N ⓐ [*of skin, hands, cloth*] rudesse *f*; [*of road, track*] mauvais état *m* ⓑ (*= lack of refinement*) [*of person*] rudesse *f* ⓒ (*= storminess*) [*of sea*] agitation *f*

roughshod [ˈrʌfʃɒd] ADV **to ride ~ over** [*+ objection, person*] faire peu de cas de

roulette [ruːˈlet] N roulette *f*

round [raʊnd]

> When **round** is an element in a phrasal verb, eg **ask round, call round**, look up the verb.

1 ADV ⓐ (*= around*) autour • **there was a wall all ~** il y avait un mur tout autour • **he went ~ by the bridge** il a fait le détour par le pont • **you can't get through here, you'll have to go ~** vous ne pouvez pas passer par ici, il faut faire le tour • **the long way ~** le chemin le plus long
▸ **round and round** en rond • **to go ~ and ~** (*looking for sth*) tourner en rond • **the idea was going ~ and ~ in his head** il tournait et retournait l'idée dans sa tête
▸ **all + round all year ~** pendant toute l'année • **this ought to make life much easier all ~** (*= for everybody*) cela devrait simplifier la vie de tout le monde
ⓑ (*to sb's place*) **come ~ and see me** venez me voir • **I asked him ~ for a drink** je l'ai invité à (passer) prendre un verre chez moi • **I'll be ~ at 8 o'clock** je serai là à 8 heures
2 PREP autour de • **she planted flowers ~ the tree** elle a planté des fleurs autour de l'arbre • **sitting ~ the fire** (*in house*) assis au coin du feu • **the villages ~ Brighton** les villages autour de Brighton • **to go ~ an obstacle** contourner un obstacle • **to show sb ~ a town** faire visiter une ville à qn • **they went ~ the cafés looking for …** ils ont fait le tour des cafés à la recherche de … • **she's 75cm ~ the waist** elle fait 75 cm de tour de

r

taille • **put a blanket ~ him** enveloppez-le dans une couverture

▸ **round about** environ • **~ about £800** 800 livres environ • **~ about 7 o'clock** vers 7 heures

▸ **round the corner the house is just ~ the corner** la maison est au coin de la rue; (*= near*) la maison est tout près • **she went ~ the corner** elle a tourné le coin de la rue

3 (ADJ) ⓐ (*= circular*) rond; (*= rounded*) arrondi • **to have ~ shoulders** avoir le dos rond

ⓑ (*= complete*) **a ~ dozen** une douzaine tout rond • **~ number** chiffre *m* rond

4 (N) ⓐ (*= circle*) rond *m*, cercle *m*

ⓑ (*Brit: also* **delivery round**) tournée *f* • **to make one's ~(s)** [*watchman, policeman*] faire sa ronde; [*postman, milkman*] faire sa tournée; [*doctor*] faire ses visites • **to make the ~s of ...** faire le tour de ... • **to do the ~s** [*infection, a cold*] faire des ravages; [*news, joke*] circuler

ⓒ [*of cards, golf, competition*] partie *f*; (*Boxing*) round *m*; [*of election*] tour *m*; [*of talks, discussions*] série *f* • **a new ~ of negotiations** une nouvelle série de négociations

ⓓ [*of drinks*] tournée *f* • **it's my ~** c'est ma tournée

5 (VT) (*= go round*) [*+ corner*] tourner; [*+ bend*] prendre • **as he ~ed the corner** au moment où il tournait au coin de la rue

6 (COMP) ▸ **round-necked pullover** N pull(-over) *m* ras du cou ▸ **round robin** N (*= petition*) pétition *f* (*où les signatures sont disposées en rond*); (*= letter*) *lettre envoyée à plusieurs destinataires*; (*US*) (*Sport*) poule *f* ▸ **round-shouldered** ADJ voûté ▸ **round-table** ADJ **~-table discussion** table *f* ronde ▸ **round-the-clock** ADJ 24 heures sur 24 ▸ **round trip** N aller *m* et retour • **this plane does three ~ trips a week** cet avion effectue trois rotations *fpl* par semaine ▸ **round trip ticket** N billet *m* aller-retour

▸ **round down** VT SEP [*+ prices*] arrondir (au chiffre inférieur)

▸ **round off** VT SEP [*+ speech, meal*] terminer; [*+ debate, meeting*] mettre fin à • **and now, to ~ off, I must say ...** et maintenant, pour conclure, je dois dire ...

▸ **round up** VT SEP ⓐ (*= bring together*) [*+ people*] réunir; [*+ cattle*] rassembler ⓑ [*+ prices*] arrondir (au chiffre supérieur)

roundabout ['raʊndəbaʊt] 1 (ADJ) **a ~ route** un chemin détourné • **we came (by) a ~ way** nous avons fait un détour • **what a ~ way of doing things!** quelle façon compliquée de faire les choses ! 2 (N) ⓐ (*= playground apparatus*) tourniquet *m* ⓑ (*at road junction*) rond-point *m* (à sens giratoire)

rounded ['raʊndɪd] (ADJ) (*= curved*) [*edge, hill*] arrondi; [*breasts*] rond; [*shoulders*] voûté • **a well-~ education** une éducation complète

rounders ['raʊndəz] (N) (*Brit*) *sorte de baseball*

roundup ['raʊndʌp] (N) (*= meeting*) tour *m* d'horizon; (*= news summary*) résumé *m* de l'actualité

rouse [raʊz] (VT) [*+ feeling*] exciter; [*+ suspicions*] éveiller • **to ~ sb to action** inciter qn à agir

rousing ['raʊzɪŋ] (ADJ) [*applause*] enthousiaste; [*speech*] enthousiasmant; [*music*] entraînant

rout [raʊt] 1 (N) (*= defeat*) déroute *f* 2 (VT) (*= defeat*) mettre en déroute

route [ru:t] 1 (N) ⓐ itinéraire *m* • **shipping ~s** routes *fpl* maritimes • **what ~ does the 39 bus take?** par où passe le 39 ? • **en ~ (for)** en route (pour) ⓑ (*US*) [often raʊt] (*in highway names*) **Route 39** ≈ la nationale 39 2 (VT) (*= plan route of*) [*+ train, coach, bus*] fixer l'itinéraire de • **to ~ a train through Leeds** faire passer un train par Leeds • **my luggage was ~d through Amsterdam** mes bagages ont été expédiés via Amsterdam 3 (COMP) ▸ **route map** N (*= road map*) carte *f* routière; (*for ramblers*) topoguide *m*

router ['ru:təʳ] (N) (*Comput*) routeur *m*

routine [ru:'ti:n] 1 (N) ⓐ routine *f* • **daily ~** occupations *fpl* journalières; (*pej*) train-train *m inv* de la vie quotidienne • **business** *or* **office ~** travail *m* courant du bureau

ⓑ (*= performance*) numéro *m* • **dance ~** numéro *m* de danse • **he gave me the old ~* about his wife not understanding him** il m'a ressorti la vieille rengaine du mari incompris

2 (ADJ) ⓐ (*= normal*) [*work, check, maintenance, procedure, questions*] de routine • **it was quite ~** c'était de la simple routine • **on a ~ basis** de façon routinière • **~ duties** obligations *fpl* courantes • **to make ~ inquiries** mener une enquête de routine

ⓑ (*= predictable*) [*report, problem, banter*] banal

routinely [ru:'ti:nlɪ] (ADV) couramment • **to be ~ tested** [*person*] passer un examen de routine; [*blood*] être systématiquement examiné

rove [rəʊv] 1 (VI) errer 2 (VT) [*+ countryside*] parcourir; [*+ streets*] errer dans

row[1] [rəʊ] 1 (N) [*of objects, people*] (*beside one another*) rang *m*, rangée *f*; (*behind one another*) file *f*; [*of houses*] rangée *f*; [*of cars*] file *f*

▸ **in a row** [*stand, put things*] en ligne • **four failures in a ~** quatre échecs d'affilée

▸ **in rows** en rangs

2 (VT) [*+ boat*] faire avancer à la rame; [*+ person, object*] transporter en canot (**to** à) • **to ~ sb across** faire traverser qn en canot

3 (VI) ramer; (*Sport*) faire de l'aviron • **to go ~ing** (*for pleasure*) faire du canotage; (*Sport*) faire de l'aviron

4 (COMP) ▸ **row house** N (*US*) *maison qui fait partie d'une rangée de maisons identiques et contiguës*

row[2]* [raʊ] (N) (*Brit*) (*= noise*) vacarme *m*; (*= quarrel*) dispute *f* • **to have a ~ with sb** se disputer avec qn • **to give sb a ~** passer un savon à qn*

rowdy ['raʊdɪ] (ADJ) [*person, behaviour*] chahuteur; [*party*] un peu trop animé; [*demonstration*] bruyant • **~ scenes in Parliament** scènes de chahut au parlement

rower ['rəʊəʳ] (N) rameur *m*, -euse *f*

rowing ['rəʊɪŋ] (N) (*for pleasure*) canotage *m*; (*Sport*) aviron *m* ▸ **rowing boat** N (*Brit*) canot *m* (à rames) ▸ **rowing machine** N rameur *m*

royal ['rɔɪəl] 1 (ADJ) royal

2 (N) * membre *m* de la famille royale • **the royals** la famille royale

3 (COMP) ▸ **the Royal Academy (of Arts)** N (*Brit*) l'Académie *f* royale des Beaux-Arts ▸ **the Royal Air Force** N (*Brit*) la Royal Air Force ▸ **royal blue** N bleu roi *m inv* ▸ **royal-blue** ADJ bleu roi *inv* ▸ **royal family** N famille *f* royale ▸ **Royal Highness** N **Your/His Royal Highness** Votre/Son Altesse Royale ▸ **royal jelly** N gelée *f* royale ▸ **royal line** N lignée *f* royale ▸ **the Royal Mail** N (*Brit*) *le service postal britannique* ▸ **the Royal Marines** NPL (*Brit*) l'infanterie *f* de marine • **a Royal Marine** un soldat de l'infanterie de marine ▸ **the Royal Navy** N (*Brit*) la marine nationale ▸ **the Royal Shakespeare Company**

N (Brit) *troupe de théâtre spécialisée dans le répertoire shakespearien* ▸ **the Royal Ulster Constabulary** N (Brit: *formerly*) *la police de l'Irlande du Nord*

ROYAL ACADEMY

La **Royal Academy** ou **Royal Academy of Arts** est une institution indépendante, financée par des fonds privés, qui réunit des artistes et des architectes éminents. Fondée en 1768 par George III pour encourager la peinture, la sculpture et l'architecture, elle est située sur Piccadilly, à Londres. Une exposition-vente d'œuvres d'artistes contemporains y a lieu tous les étés. L'Académie dispense également des cours de peinture, de sculpture et d'architecture.

royalist ['rɔɪəlɪst] ADJ, N royaliste *mf*

royalty ['rɔɪəltɪ] 1 N **a** (= *position, dignity, rank*) royauté *f* **b** (= *royal person*) membre *m* de la famille royale; (= *royal persons*) (membres *mpl* de) la famille royale 2 NPL **royalties** (*from book*) droits *mpl* d'auteur; (*from oil well, patent*) royalties *fpl*

rpm [ˌɑːpiː'em] N (ABBR OF **revolutions per minute**) tr/min

RSI [ˌɑːres'aɪ] N (ABBR OF **repetitive strain injury**) troubles *mpl* musculosquelettiques

RSPCA [ˌɑːrespiːsiː'eɪ] N (Brit) (ABBR OF **Royal Society for the Prevention of Cruelty to Animals**) ≈ SPA *f*

RSVP [ˌɑːresviː'piː] (ABBR OF **please reply**) RSVP

Rt Hon. (ABBR OF **Right Honourable**)

rub [rʌb] 1 N **to give sth a ~** [+ *furniture, shoes*] donner un coup de chiffon à qch; [+ *sore place, one's arms*] frotter qch 2 VT frotter; (= *polish*) astiquer • **to ~ one's nose** se frotter le nez • **to ~ one's hands with glee** se frotter les mains • **to ~ a hole in sth** faire un trou dans qch à force de frotter • **to ~ lotion into the skin** faire pénétrer de la lotion dans la peau • **to ~ sb (up) the wrong way** prendre qn à rebrousse-poil • **I'm going to ~ his nose in it** je vais lui mettre le nez dans son caca*
3 VI [*thing*] frotter; [*person, cat*] se frotter
4 COMP ▸ **rub-down** N **to give sb a ~-down** frictionner qn
▸ **rub down** VT SEP [+ *person*] frictionner; [+ *wall, paintwork*] (= *clean*) frotter; (= *sandpaper*) poncer
▸ **rub in** VT SEP [+ *oil, liniment*] faire pénétrer en frottant • **don't ~ it in!*** ne retourne pas le couteau dans la plaie!
▸ **rub off** 1 VI [*mark*] partir; [*writing*] s'effacer • **I hope some of his politeness will ~ off on to his brother*** j'espère qu'il passera un peu de sa politesse à son frère 2 VT SEP [+ *writing on blackboard*] effacer; [+ *dirt*] enlever en frottant
▸ **rub out** 1 VI [*mark, writing*] s'effacer 2 VT SEP (= *erase*) effacer

rubber ['rʌbəʳ] 1 N **a** (= *material*) caoutchouc *m* **b** (Brit) (= *eraser*) gomme *f* **c** (= *condom*)‡ préservatif *m* 2 ADJ de *or* en caoutchouc 3 COMP ▸ **rubber band** N élastique *m* ▸ **rubber boots** NPL (US) bottes *fpl* en caoutchouc ▸ **rubber bullet** N balle *f* en caoutchouc ▸ **rubber cheque*** N chèque *m* en bois* ▸ **rubber dinghy** N canot *m* pneumatique ▸ **rubber gloves** NPL gants *mpl* en caoutchouc ▸ **rubber plant** N caoutchouc *m* (*plante verte*) ▸ **rubber ring** N (*for swimming*) bouée *f* (de natation) ▸ **rubber-stamp*** VT tamponner; (*fig*) approuver sans discussion ▸ **rubber tree** N hévéa *m*

rubbery ['rʌbərɪ] ADJ [*object, food*] caoutchouteux

rubbish ['rʌbɪʃ] 1 N **a** (= *waste material*) détritus *mpl*; (*Brit* = *household rubbish*) ordures *fpl*; (= *worthless things*) camelote* *f* **b** (= *nonsense*) bêtises *fpl* • **to talk ~** dire des bêtises • **(what a lot of) ~!*** n'importe quoi!* • **that's just ~** c'est n'importe quoi* 2 ADJ (= *useless*)* nul • **I'm ~ at golf** je suis nul en golf 3 COMP ▸ **rubbish bin** N (Brit) poubelle *f* ▸ **rubbish collection** N ramassage *m* des ordures ▸ **rubbish dump** N (*public*) décharge *f* publique

rubbishy* ['rʌbɪʃɪ] ADJ [*magazine*] nul; [*goods*] de mauvaise qualité

rubble ['rʌbl] N [*of ruined house, demolition site*] décombres *mpl*

rubella [ruː'belə] N rubéole *f*

rubric ['ruːbrɪk] N rubrique *f*

ruby ['ruːbɪ] N rubis *m*; (= *colour*) couleur *f* rubis

rucksack ['rʌksæk] N sac *m* à dos

rudder ['rʌdəʳ] N gouvernail *m*

rude [ruːd] ADJ **a** (= *impolite*) [*person, reply*] impoli (**to sb** avec qn, **about sth** à propos de qch) • **it's ~ to stare** c'est mal élevé de dévisager les gens **b** (= *obscene*) [*noise*] incongru; [*joke*] grossier **c** (= *unexpected*) **to get a ~ awakening** être brutalement rappelé à la réalité

rudely ['ruːdlɪ] ADV [*say*] impoliment • **before I was so ~ interrupted** avant qu'on ne m'interrompe aussi impoliment

rudeness ['ruːdnɪs] N [*of person, behaviour, reply*] impolitesse *f*; [*of remark*] grossièreté *f*

rudimentary [ˌruːdɪ'mentərɪ] ADJ rudimentaire • **I've only got ~ French** je n'ai que quelques rudiments de français

rudiments ['ruːdɪmənts] NPL rudiments *mpl*

ruffian ['rʌfɪən] N voyou *m*

ruffle ['rʌfl] VT **a** (= *disturb*) [+ *hair*] ébouriffer • **the bird ~d (up) its feathers** l'oiseau a hérissé ses plumes **b** (= *upset*) froisser • **to ~ sb's feathers** froisser qn

rug [rʌg] N (*for floor*) petit tapis *m* • **to pull the ~ from under sb** couper l'herbe sous le pied de qn

rugby ['rʌgbɪ] N rugby *m* ▸ **rugby league** N rugby *m* à treize ▸ **rugby player** N joueur *m*, -euse *f* de rugby ▸ **rugby tackle** N plaquage *m* ♦ VT plaquer ▸ **rugby union** N rugby *m* à quinze

rugged ['rʌgɪd] ADJ **a** (= *rough*) [*terrain*] accidenté; [*coastline*] déchiqueté **b** [*person, personality, features, manners*] rude

ruin ['ruːɪn] 1 N **a** (= *destruction*) ruine *f* • **he was on the brink of ~** il était au bord de la ruine • **it will be the ~ of him** ça le perdra **b** (*gen pl* = *remains*) ruine(s) *f(pl)* • **in ruins** en ruine 2 VT [+ *reputation, hopes*] ruiner; [+ *clothes*] abîmer

ruined ['ruːɪnd] ADJ [*building, city, economy, career*] en ruine; [*person*] (*morally*) perdu; (*financially*) ruiné

rule [ruːl] 1 N **a** (= *guiding principle*) règle *f* • **the ~s of the game** la règle du jeu • **school ~s** règlement *m* intérieur de l'établissement • **it's against the ~s** c'est contraire au règlement • **to play by the ~s** jouer selon les règles • **to bend the ~s** faire une entorse au règlement • **~s and regulations** statuts *mpl* • **it's a ~ that ...** il est de règle que ... + *subj* • **by ~ of thumb** à vue de nez • **he makes it a ~ to get up early** il a pour habitude de se lever tôt
▸ **as a (general) rule** en règle générale
b (= *authority*) autorité *f* • **under British ~** sous l'autorité britannique • **majority ~** le gouvernement par la majorité

r

ⓒ (*for measuring*) règle *f* (graduée)
2 (VT) ⓐ [+ *country*] gouverner; [+ *person*] dominer • **to be ~d by jealousy** être dominé par la jalousie • **he is ~d by his wife** il est dominé par sa femme
ⓑ [*judge, umpire*] décider (**that** que)
3 (VI) ⓐ (= *reign*) régner (**over** sur)
ⓑ [*judge*] statuer
4 (COMP) ▸ **the rule book** N le règlement
▸ **rule out** VT SEP [+ *possibility, suggestion, date, person*] écarter • **the age limit ~s him out** il est exclu du fait de la limite d'âge • **murder can't be ~d out** il est impossible d'écarter l'hypothèse d'un meurtre

ruled [ru:ld] (ADJ) [*paper*] réglé

ruler ['ru:ləʳ] (N) ⓐ (= *sovereign*) souverain(e) *m(f)*; (= *political leader*) chef *m* (d'État) ⓑ (*for measuring*) règle *f*

ruling ['ru:lɪŋ] 1 (ADJ) [*class, body*] dirigeant; [*party*] au pouvoir 2 (N) décision *f* • **to give a ~** rendre un jugement

rum [rʌm] (N) rhum *m*

Rumania [ru:'meɪnɪə] (N) Roumanie *f*

Rumanian [ru:'meɪnɪən] 1 (ADJ) roumain 2 (N) ⓐ (= *person*) Roumain(e) *m(f)* ⓑ (= *language*) roumain *m*

rumble ['rʌmbl] 1 (N) [*of thunder*] grondement *m*; [*of lorry*] roulement *m* 2 (VI) [*thunder*] gronder; [*stomach*] gargouiller • **to ~ past** [*vehicle*] passer avec fracas 3 (VT) (*Brit* = *see through*) [+ *person*]* voir venir*

ruminate ['ru:mɪneɪt] (VI) ruminer • **to ~ about sth** ruminer qch

rummage ['rʌmɪdʒ] (N) (= *action*) **to have a good ~ round** fouiller partout ▸ **rummage sale** N (*US*) vente *f* de charité (*de bric-à-brac*)
▸ **rummage about** VI farfouiller*

rumour, rumor (*US*) ['ru:məʳ] 1 (N) rumeur *f* (**that** selon laquelle) • **~ has it that ...** le bruit court que ...
2 (VT) **it is ~ed that ...** le bruit court que ... • **he is ~ed to be in London** le bruit court qu'il est à Londres

rump [rʌmp] (N) [*of animal*] croupe *f* ▸ **rump steak** N romsteck *m*

rumple ['rʌmpl] (VT) [+ *clothes, paper*] froisser; [+ *hair*] ébouriffer

rumpus* ['rʌmpəs] (N) **to kick up a ~** faire du chahut

---

run [rʌn]

1 NOUN	4 COMPOUNDS
2 INTRANSITIVE VERB	5 PHRASAL VERBS
3 TRANSITIVE VERB	

> vb: pret **ran**, ptp **run**

1 NOUN

ⓐ (= *act of running*) course *f* • **to go for a ~** aller courir • **at a ~** en courant • **to make a ~ for it** se sauver
ⓑ (= *outing*) tour *m* • **they went for a ~ in the country** ils ont fait un tour à la campagne
ⓒ (= *distance travelled*) trajet *m*; (= *route*) ligne *f* • **it's a 30-minute bus ~** il y a une demi-heure de bus • **it's a short car ~** le trajet n'est pas long en voiture • **the ferries on the Dover-Calais ~** les ferrys sur la ligne Douvres-Calais
ⓓ (= *series*) série *f* • **a ~ of bad luck** une période de malchance • **she's having a ~ of luck** la chance lui sourit
ⓔ (= *period of performance*) **her new series begins a ~ on BBC1** sa nouvelle série d'émissions va bientôt passer sur BBC1 • **the play had a long ~** la pièce a tenu longtemps l'affiche
ⓕ (= *use*) **they gave us the ~ of the garden** ils nous ont donné la jouissance du jardin
ⓖ (= *trend*) [*of market*] tendance *f*; [*of events*] tournure *f* • **the decisive goal arrived, against the ~ of play** le but décisif a été marqué contre le cours du jeu
ⓗ (= *type*) **he didn't fit the usual ~ of petty criminals** il n'avait pas le profil du petit malfaiteur ordinaire • **the usual ~ of problems** les problèmes *mpl* habituels
ⓘ (= *track for skiing*) piste *f* • **ski ~** piste *f* de ski
ⓙ (= *animal enclosure*) enclos *m*
ⓚ (*in tights*) échelle *f*
ⓛ (*Cricket*) course *f* • **to make a ~** marquer une course
ⓜ (*Mil* = *raid, mission*) raid *m* (aérien) • **a bombing ~** un bombardement
ⓝ (*set structures*)
▸ **in the long run** à long terme • **it will be more economical in the long ~** ce sera plus économique à long terme • **things will sort themselves out in the long ~** les choses s'arrangeront avec le temps
▸ **on the run a criminal on the ~ (from the police)** un criminel recherché par la police • **he is still on the ~** il court toujours • **he was on the ~ for several months** il n'a été repris qu'au bout de plusieurs mois • **to keep the enemy on the ~** harceler l'ennemi

2 INTRANSITIVE VERB

ⓐ courir • **don't ~ across the road** ne traverse pas la rue en courant • **he's trying to ~ before he can walk** (*Brit*) il essaie de brûler les étapes • **to ~ down/off** descendre/partir en courant • **to ~ down a slope** descendre une pente en courant • **to ~ for the bus** courir pour attraper le bus • **it ~s in the family** [*characteristic*] c'est de famille • **she came ~ning out** elle est sortie en courant • **she ran over to her neighbour's** elle s'est précipitée chez son voisin • **three men ran past him** trois hommes l'ont dépassé en courant • **all sorts of thoughts were ~ning through my head** toutes sortes d'idées me venaient à l'esprit • **she ran to meet him** elle a couru à sa rencontre • **she ran to help him** elle a volé à son secours
▸ **to run high feelings were ~ning high** les passions étaient exacerbées • **tension was ~ning high** l'atmosphère était très tendue
ⓑ (= *flee*) prendre la fuite • **~ for it!** sauvez-vous !
ⓒ (= *flow, leak*) [*river, tears, tap*] couler; [*colour*] déteindre; [*dye, ink*] baver • **to ~ into the sea** [*river*] se jeter dans la mer • **to leave a tap ~ning** laisser un robinet ouvert • **his eyes are ~ning** il a les yeux qui coulent
▸ **to run with** (= *be saturated*) **the floor was ~ning with water** le plancher était inondé • **his face was ~ning with sweat** son visage ruisselait de sueur
ⓓ (= *be candidate*) être candidat • **he isn't ~ning this time** il n'est pas candidat cette fois-ci • **he won't ~ again** il ne se représentera plus • **to ~ for President** être candidat à la présidence
ⓔ (= *be*) **I'm ~ning a bit late** je suis un peu en retard • **inflation is ~ning at 3%** le taux d'inflation est de 3 %
ⓕ (= *extend, continue*) [*play*] être à l'affiche; [*film*] passer; [*contract*] être valide • **the play has been ~ning for a year** la pièce est à l'affiche depuis un an • **this contract has ten months to ~** ce contrat expire dans dix mois

g (*bus, train, coach, ferry*) assurer le service • **the buses ~ once an hour** les bus passent toutes les heures • **the buses are ~ning early/late/on time** les bus sont en avance/en retard/à l'heure • **there are no trains ~ning today** il n'y a pas de trains aujourd'hui

h (*= function*) [*machine*] marcher; [*factory*] être en activité • **the car is ~ning smoothly** la voiture marche bien • **you mustn't leave the engine ~ning** il ne faut pas laisser tourner le moteur • **this car ~s on diesel** cette voiture marche au gazole

i (*= pass*) [*road, river*] passer (**through** à travers); [*mountain range*] s'étendre • **the road ~s past our house** la route passe devant notre maison • **the road ~s right into town** la route va jusqu'au centre-ville • **a wall ~s round the garden** un mur entoure le jardin

3 TRANSITIVE VERB

a (*gen*) courir • **he ran 2km non-stop** il a couru (pendant) 2 km sans s'arrêter • **he ran the distance in under half an hour** il a couvert la distance en moins d'une demi-heure • **to ~ the 100 metres** courir le 100 mètres • **you ran a good race** vous avez fait une excellente course • **the first race will be ~ at 2 o'clock** la première épreuve se courra à 2 heures • **but if it really happened he'd ~ a mile*** mais si ça se produisait, il aurait vite fait de se débiner*

b (*= transport*) [+ *person*] conduire • **he ran her home** il l'a ramenée chez elle

c (*= operate*) [+ *machine*] faire marcher; [+ *computer program*] exécuter • **to ~ a radio off the mains** faire marcher une radio sur secteur • **I can't afford to ~ a car** je n'ai pas les moyens d'avoir une voiture • **this car is very cheap to ~** cette voiture est très économique

d (*= organize*) [+ *business*] diriger; [+ *shop*] tenir • **the company ~s extra buses at rush hours** la société met en service des bus supplémentaires aux heures de pointe • **the school is ~ning courses for foreign students** le collège organise des cours pour les étudiants étrangers • **I want to ~ my own life** je veux mener ma vie comme je l'entends

e (*= put, move*) **to ~ one's finger down a list** suivre une liste du doigt • **he ran the car into a tree** sa voiture est rentrée dans un arbre • **to ~ wires under the floorboards** faire passer des fils électriques sous le plancher • **to ~ one's eye over a page** jeter un coup d'œil sur une page • **he ran the vacuum cleaner over the carpet** il a passé l'aspirateur sur le tapis • **to ~ one's hand over sth** passer la main sur qch • **to ~ one's fingers through one's hair** se passer la main dans les cheveux

f (*= publish*) publier

g (*= cause to flow*) faire couler • **I'll ~ you a bath** je vais te faire couler un bain

4 COMPOUNDS

▸ **run-around*** N **he gave me the ~-around** il s'est défilé* ▸ **run-down** ADJ [*person*] à plat*; [*building, area*] délabré • **I feel a little ~-down** je suis à plat* ▸ **run-in*** N (*= quarrel*) prise *f* de bec (**over** à propos de) ▸ **run-off** N [*of contest*] (*= second round*) deuxième tour *m*; (*= last round*) dernier tour *m*; [*of pollutants*] infiltrations *fpl* ▸ **run-of-the-mill** ADJ banal ▸ **run-through** N (*before test*) essai *m* ▸ **run time** N (*Comput*) durée *f* d'exploitation ▸ **run-up** N (*= preparation*) période *f* préparatoire (**to** à) • **the ~-up to the elections** la période préélectorale

5 PHRASAL VERBS

▸ **run across** VT INSEP (*= find*) [+ *object, quotation, reference*] tomber sur

▸ **run after** VT INSEP courir après

▸ **run along** VI courir • **~ along!** sauvez-vous !

▸ **run away** VI partir en courant; (*= flee*) [*person*] se sauver • **to ~ away from home** faire une fugue • **he ran away with the funds** (*= stole*) il est parti avec la caisse

▸ **run away with** VT INSEP **a** (*= win easily*) [+ *race, match*] gagner haut la main **b** **you're letting your imagination ~ away with you** tu te laisses emporter par ton imagination

▸ **run down** VT SEP **a** (*= knock over*) renverser; (*= run over*) écraser **b** (*= disparage*)* dire du mal de

▸ **run into** VT INSEP **a** (*= meet*) rencontrer par hasard • **to ~ into difficulties** *or* **trouble** se heurter à des difficultés • **to ~ into danger** se trouver dans une situation dangereuse **b** (*= collide with*) rentrer dans **c** (*= amount to*) s'élever à • **the cost will ~ into thousands of euros** le coût va atteindre des milliers d'euros

▸ **run out** VI **a** [*person*] sortir en courant **b** (*= come to an end*) [*lease, contract*] expirer; [*supplies*] être épuisé; [*period of time*] être écoulé • **my patience is ~ning out** ma patience est à bout • **when the money ~s out** quand il n'y aura plus d'argent • **their luck ran out** la chance les a lâchés

▸ **run out of** VT INSEP [+ *supplies, money*] être à court de; [+ *patience*] être à bout de • **we're ~ning out of time** il ne nous reste plus beaucoup de temps • **to ~ out of petrol** (*Brit*) *or* **gas** (*US*) tomber en panne d'essence

▸ **run out on*** VT INSEP [+ *person*] laisser tomber*

▸ **run over** 1 VI déborder • **the play ran over by ten minutes** la pièce a débordé de dix minutes sur le programme 2 VT INSEP (*= recapitulate*) reprendre • **let's just ~ over it again** reprenons cela encore une fois 3 VT SEP (*in car*) [+ *person, animal*] écraser

▸ **run past*** VT SEP **could you ~ that past me again?** est-ce que tu pourrais m'expliquer ça encore une fois ?

▸ **run through** VT INSEP **a** (*= read quickly*) parcourir **b** (*= rehearse*) [+ *play*] répéter • **if I may just ~ through the principal points once more** si je peux juste récapituler les points principaux

▸ **run to** VT INSEP **a** (*= seek help from*) faire appel à; (*= take refuge with*) se réfugier dans les bras de • **I wouldn't go ~ning to the police** je ne me précipiterais pas au commissariat de police **b** (*= afford*) **I can't ~ to a new car** je ne peux pas me payer une nouvelle voiture **c** (*= amount to*) **the article ~s to several hundred pages** l'article fait plusieurs centaines de pages

▸ **run up** 1 VI (*= climb quickly*) monter en courant; (*= approach quickly*) s'approcher en courant 2 VT SEP **a** **to ~ up a hill** monter une colline en courant **b** [+ *bills*] accumuler • **to ~ up a debt** s'endetter

▸ **run up against** VT INSEP [+ *problem, difficulty*] se heurter à

runaway [ˈrʌnəweɪ] 1 (N) (*= teenager, pupil*) fugueur *m*, -euse *f*; (*= soldier*) fuyard *m*; (*= prisoner*) fugitif *m*, -ive *f* 2 (ADJ) [*person*] fugitif; [*horse*] emballé • **a ~ car/train** une voiture folle/un train fou • **he had a ~ victory** il a remporté la victoire haut la main

rundown [ˈrʌndaʊn] (N) (*= summary*) **to give sb a ~ on sth*** mettre qn au courant de qch

rune [ruːn] (N) rune *f*

rung [rʌŋ] 1 (VB) *ptp of* **ring** 2 (N) [*of ladder*] barreau *m*

runner ['rʌnəʳ] 1 (N) ⓐ(= *athlete*) coureur *m*; (= *smuggler*) contrebandier *m* ⓑ**to do a ~*** déguerpir* ⓒ(= *sliding part*) [*of car seat, door*] glissière *f*; [*of drawer*] coulisseau *m* 2 (COMP) ▸**runner bean** N (*Brit*) haricot *m* grimpant ▸**runner-up** N (*pl* **runners-up**) (*coming second*) second(e) *m(f)* • **~s-up will each receive ...** les autres gagnants recevront chacun ...

running ['rʌnɪŋ] 1 (N) ⓐ(= *functioning*) [*of machine*] fonctionnement *m*
ⓑ(= *organizing*) gestion *f*; [*of competition*] organisation *f*
ⓒ**to be in the ~** avoir des chances de réussir • **to be in the ~ for the job** être sur les rangs pour le poste • **to be out of the ~*** ne plus être dans la course
2 (ADJ) ⓐ(= *flowing*) [*tap*] ouvert • **hot and cold ~ water** eau *f* courante chaude et froide
ⓑ(= *continuous*) **to become a ~ joke between ...** devenir un inépuisable sujet de plaisanterie entre ... • **~ battle** lutte *f* continuelle
3 (ADV) **(for) three years ~** pendant trois ans • **for the third year ~** pour la troisième année consécutive
4 (COMP) ▸**running commentary** N (*Radio, TV*) commentaire *m* suivi (**on sth** de qch) • **she gave us a ~ commentary on what was happening** elle nous a fait un commentaire détaillé de ce qui se passait ▸**running costs** NPL [*of business*] frais *mpl* de fonctionnement; [*of machine*] frais *mpl* d'entretien • **the ~ costs of the central heating are high** le chauffage central revient cher ▸**running jump** N saut *m* avec élan • **(go and) take a ~ jump!*** va te faire cuire un œuf!* ▸**running mate** N (*US Politics*) candidat(e) *m(f)* à la vice-présidence ▸**running order** N [*of programme*] ordre *m* de passage ▸**running shoe** N chaussure *f* de course ▸**running time** N [*of film*] durée *f* ▸**running total** N total *m* cumulé • **to keep a ~ total (of sth)** tenir un compte régulier (de qch) ▸**running track** N (*Sport*) piste *f*

runny* ['rʌnɪ] (ADJ) [*sauce, honey*] liquide; [*eyes*] qui pleurent • **to have a ~ nose** avoir le nez qui coule

runt [rʌnt] (N) (= *animal*) avorton *m* • **a little ~ of a man** un bonhomme tout riquiqui*

runway ['rʌnweɪ] (N) piste *f* ▸**runway lights** N feux *mpl* de piste

rupee [ruː'piː] (N) roupie *f*

rupture ['rʌptʃəʳ] 1 (N) rupture *f* 2 (VT) rompre • **~d aneurism** rupture *f* d'anévrisme 3 (VI) se rompre

rural ['rʊərəl] (ADJ) [*area, life*] rural; [*crime*] en milieu rural • **~ England** l'Angleterre *f* rurale ▸**rural development** N développement *m* rural ▸**rural planning** N aménagement *m* rural

ruse [ruːz] (N) ruse *f*

rush [rʌʃ] 1 (N) ⓐ(= *rapid movement*) ruée *f*; [*of crowd*] bousculade *f* • **he was caught in the ~ for the door** il a été pris dans la ruée vers la porte • **there was a ~ for the empty seats** il y a eu une ruée vers les places libres • **gold ~** ruée *f* vers l'or • **we have a ~ on in the office just now** c'est le coup de feu en ce moment au bureau • **the Christmas ~** (*in shops*) la bousculade dans les magasins avant Noël • **he had a ~ of blood to the head** il a eu un coup de sang
ⓑ(= *hurry*) hâte *f* • **to be in a ~** être extrêmement pressé • **I did it in a ~** je l'ai fait à toute vitesse • **what's all the ~?** pourquoi cette urgence?
2 (VI) [*person*] se précipiter; [*car*] foncer • **I'm ~ing to finish it** je me dépêche pour le finir • **to ~ through** [+ *book*] lire en vitesse; [+ *meal*] prendre sur le pouce*; [+ *work*] expédier • **to ~ in/out/back** entrer/sortir/rentrer précipitamment • **the blood ~ed to his face** le sang lui est monté au visage • **he ~ed into marriage** il s'est précipité dans le mariage
3 (VT) ⓐ(= *do hurriedly*) [+ *job, task*] expédier
ⓑ**to ~ sb to hospital** transporter qn d'urgence à l'hôpital • **I don't want to ~ you** je ne voudrais pas vous bousculer • **don't ~ me!** laissez-moi le temps de souffler! • **to ~ sb into doing sth** forcer qn à faire qch à la hâte
4 (COMP) ▸**rush hour** N heures *fpl* de pointe ▸**rush-hour traffic** N circulation *f* aux heures de pointe ▸**rush job** N travail *m* urgent
▸**rush about, rush around** VI courir çà et là

rushed [rʌʃt] (ADJ) ⓐ(= *hurried*) [*meal*] expédié; [*decision*] précipité; [*work*] fait à la va-vite* ⓑ(= *busy*) [*person*] débordé • **to be ~ off one's feet** être (complètement) débordé

Russia ['rʌʃə] (N) Russie *f*

Russian ['rʌʃən] 1 (ADJ) russe 2 (N) ⓐRusse *mf* ⓑ(= *language*) russe *m* 3 (COMP) ▸**the Russian Federation** N la Fédération de Russie ▸**Russian Orthodox Church** N Église *f* orthodoxe russe ▸**Russian roulette** N roulette *f* russe

rust [rʌst] 1 (N) (*on metal*) rouille *f* 2 (VT) rouiller 3 (VI) se rouiller 4 (ADJ) rouille *inv* 5 (COMP) ▸**rust bucket*** N (= *car, boat*) tas *m* de rouille*

rustic ['rʌstɪk] 1 (N) campagnard(e) *m(f)* 2 (ADJ) [*scene, charm*] champêtre; [*furniture, comfort*] rustique

rustle ['rʌsl] 1 (N) [*of leaves*] bruissement *m*; [*of paper*] froissement *m* 2 (VI) [*leaves*] bruire 3 (VT) [+ *leaves*] faire bruire; [+ *paper*] froisser
▸**rustle up*** VT SEP préparer (à la hâte)

rustler ['rʌsləʳ] (N) (= *cattle thief*) voleur *m* de bétail

rustproof ['rʌstpruːf] (ADJ) [*metal, alloy*] inoxydable

rusty ['rʌstɪ] (ADJ) rouillé • **my English is pretty ~** mon anglais est un peu rouillé • **your skills are a little ~** vous avez un peu perdu la main

rut [rʌt] (N) **to be (stuck) in a ~** [*person*] s'encroûter

ruthless ['ruːθlɪs] (ADJ) [*person, treatment*] impitoyable • **to be ~ in doing sth** faire qch impitoyablement

ruthlessly ['ruːθlɪslɪ] (ADV) **she was a ~ ambitious woman** c'était une femme d'une ambition féroce

ruthlessness ['ruːθlɪsnɪs] (N) caractère *m* impitoyable

RV [ɑː'viː] (N) (*US*) (ABBR OF **recreational vehicle**) camping-car *m*

Rwanda [rʊ'ændə] (N) Rwanda *m*

Rwandan [rʊ'ændən] 1 (ADJ) rwandais 2 (N) Rwandais(e) *m(f)*

rye [raɪ] 1 (N) ⓐ(= *grain*) seigle *m* ⓑ(= *bread*) pain *m* de seigle ⓒ(*US*) (= *whisky*) whisky *m* (de seigle) 2 (COMP) ▸**rye bread** N pain *m* de seigle ▸**rye whisky** N whisky *m* (de seigle)

S

S, s [es] (N) ⓐ (ABBR OF **south**) S ⓑ (ABBR OF **small**) (taille *f*) S *m*

Sabbath ['sæbəθ] (N) (*Jewish*) sabbat *m*; (*Christian*) repos *m* dominical • **to observe the ~** observer le sabbat *or* le repos dominical • **to break the ~** ne pas observer le sabbat *or* le repos dominical

sabbatical [sə'bætɪkəl] (N) congé *m* sabbatique • **to be on ~** être en congé sabbatique ▸ **sabbatical year** N année *f* sabbatique

saber ['seɪbəʳ] (*US*) = **sabre**

sabotage ['sæbətɑːʒ] 1 (N) sabotage *m* • **an act of ~** un sabotage 2 (VT) saboter

saboteur [,sæbə'tɜːʳ] (N) saboteur *m*, -euse *f*

sabre, saber (*US*) ['seɪbəʳ] (N) sabre *m* ▸ **sabre rattling** N tentatives *fpl* d'intimidation

saccharin ['sækərɪn], **saccharine** ['sækəriːn] (N) saccharine *f*

sachet ['sæʃeɪ] (N) sachet *m*; [*of shampoo*] berlingot *m*

sack [sæk] 1 (N) ⓐ (= *bag*) sac *m* ⓑ (= *dismissal*) **to give sb the ~** renvoyer qn • **to get the ~** être renvoyé ⓒ (*US*) (= *bed*)‡ **in the ~** au pieu‡ • **to hit the ~** aller se pieuter‡ 2 (VT) (= *dismiss*) renvoyer

sacking ['sækɪŋ] (N) (= *dismissal*) renvoi *m* • **large-scale ~s** licenciements *mpl*

sacrament ['sækrəmənt] (N) sacrement *m* • **to receive the ~s** communier

sacred ['seɪkrɪd] (ADJ) sacré • **~ to the memory of sb** consacré à la mémoire de qn • **is nothing ~?** les gens ne respectent plus rien ! ▸ **sacred cow** N vache *f* sacrée

sacrifice ['sækrɪfaɪs] 1 (N) sacrifice *m* • **to make great ~s** faire de grands sacrifices 2 (VT) sacrifier (**to** à) • **to ~ o.s. for sb** se sacrifier pour qn

sacrilege ['sækrɪlɪdʒ] (N) sacrilège *m*

sacrilegious [,sækrɪ'lɪdʒəs] (ADJ) sacrilège

sacrosanct ['sækrəʊsæŋkt] (ADJ) sacro-saint

SAD [sæd] (N) (ABBR OF **seasonal affective disorder**) dépression *f* saisonnière

sad [sæd] 1 (ADJ) ⓐ triste; [*feeling*] de tristesse; [*loss*] douloureux • **he was ~ to see her go** il était triste de la voir partir • **it's a ~ business** c'est une triste affaire • **to make sb ~** rendre qn triste • **the ~ fact is that ...** la triste vérité est que ... • **it's ~ that they can't agree** c'est désolant qu'ils n'arrivent pas à se mettre d'accord • **I'm ~ you won't be able to come** je suis désolé que vous ne puissiez pas venir • **~ to say, he died soon after** malheureusement, il est mort peu après ⓑ (= *pathetic*) [*person*]* minable* • **that ~ little man** ce pauvre type* 2 (COMP) ▸ **sad case*** N **he's a real ~ case** c'est un pauvre type*

sadden ['sædn] (VT) attrister

saddening ['sædnɪŋ] (ADJ) triste

saddle ['sædl] 1 (N) selle *f* • **in the ~** en selle • **when he was in the ~** (*fig*) quand c'est lui qui tenait les rênes 2 (VT) ⓐ (= *saddle up*) seller ⓑ **to ~ sb with sth*** [+ *job, debts, responsibility*] refiler* qch à qn • **I've been ~d with organizing the meeting** je me retrouve avec l'organisation de la réunion sur les bras • **we're ~d with it** nous voilà avec ça sur les bras • **to ~ o.s. with sth** se mettre qch sur le dos* 3 (COMP) ▸ **saddle-sore** ADJ **to be ~-sore** avoir mal aux fesses

saddlebag ['sædlbæg] (N) sacoche *f*

saddo‡ ['sædəʊ] (*pl* **saddos** *or* **saddoes**) (N) (= *person*) pauvre type* *m*

sadism ['seɪdɪzəm] (N) sadisme *m*

sadist ['seɪdɪst] (ADJ, N) sadique *mf*

sadistic [sə'dɪstɪk] (ADJ) sadique

sadistically [sə'dɪstɪkəlɪ] (ADV) sadiquement

sadly ['sædlɪ] (ADV) ⓐ tristement; [*disappointed*] profondément • **to be ~ lacking in sth** manquer cruellement de qch • **to be ~ in need of sth** avoir bien besoin de qch • **to be ~ mistaken** se tromper lourdement • **he will be ~ missed** il sera regretté de tous ⓑ (= *unfortunately*) malheureusement • **Jim, who ~ died in January** Jim qui, à notre grande tristesse, est mort en janvier

sadness ['sædnɪs] (N) tristesse *f*

sadomasochism [,seɪdəʊ'mæsəkɪzəm] (N) sadomasochisme *m*

sadomasochist [,seɪdəʊ'mæsəkɪst] (N) sadomasochiste *mf*

sadomasochistic [,seɪdəʊmæsə'kɪstɪk] (ADJ) sadomasochiste

s.a.e. [,eseɪ'iː] (N) (*Brit*) (ABBR OF **stamped addressed envelope**) **send an ~** envoyez une enveloppe affranchie à votre nom et adresse

safari [sə'fɑːrɪ] (N) safari *m* • **to go on ~** aller faire un safari ▸ **safari jacket** N saharienne *f* ▸ **safari park** N (*Brit*) réserve *f* d'animaux ▸ **safari suit** N tenue *f* de safari

safe [seɪf] 1 (ADJ) ⓐ (= *not risky*) [*substance, toy*] sans danger; [*nuclear reactor*] sûr, sans danger; [*place, vehicle*] sûr; [*ladder, structure*] solide • **to make a bomb ~** désamorcer une bombe • **to make a building ~** assurer la sécurité d'un bâtiment • **in a ~ place** en lieu sûr • **the ice isn't ~** la glace n'est pas solide • **to be in ~ hands** être en de bonnes mains • **that dog isn't ~ around children** ce chien peut présenter un danger pour les enfants ▸ **safe to it is ~ to say that ...** on peut affirmer sans trop s'avancer que ... • **the water is ~ to drink** on peut boire cette eau sans danger • **is it ~ to come out?** est-ce qu'on peut sortir sans danger ? • **they assured him it was ~ to return** ils lui ont assuré qu'il pouvait revenir en toute sécurité • **it might be ~r to wait** il serait peut-être plus prudent d'attendre • **the ~st thing to do would be to wait here** le plus sûr serait d'attendre ici • **it's not ~ to go out after dark** il est dangereux de sortir la nuit

ⓑ [*choice, job*] sûr; [*method*] sans risque; [*limit, level*] raisonnable • **a ~ margin** une marge de sécurité • **to keep a ~ distance from sth** se tenir à bonne distance de qch; (*while driving*) maintenir la distance de sécurité par rapport à qch • **to follow sb at a ~ distance** suivre qn à une distance respectueuse • **to be on the ~ side*** pour plus de sûreté

ⓒ (*= problem-free*) **to wish sb a ~ journey** souhaiter bon voyage à qn • **~ journey!** bon voyage ! • **a ~ landing** un atterrissage réussi • **he wrote to acknowledge the ~ arrival of the photographs** il a écrit pour dire que les photos étaient bien arrivées • **to ensure the ~ return of the hostages** faire en sorte que les otages soient libérés sains et saufs • **a reward for the ~ return of the stolen equipment** une récompense à qui rapportera en bon état l'équipement volé

ⓓ (*= likely to be right*) **it is a ~ assumption that ...** on peut dire sans trop s'avancer que ... • **a ~ bet** (*= wise choice*) un bon choix • **the house wine is always a ~ bet** on n'est jamais déçu en choisissant la cuvée du patron • **it's a ~ bet that profits will fall** il y a toutes les chances pour que les bénéfices diminuent

ⓔ (*= not in danger*) [*person*] en sécurité; (*= no longer in danger*) hors de danger; [*object*] en sécurité • **I don't feel very ~ on this ladder** je ne me sens pas très en sécurité sur cette échelle • **I won't feel ~ until he's behind bars** je ne serai tranquille que quand il sera derrière les barreaux • **to be ~ from sth** être à l'abri de qch • **I'm ~ from him now** il ne peut plus me nuire maintenant • **~ in the knowledge that ...** avec la certitude que ... • **~ and sound** sain et sauf • **to be ~ with sb** être en sécurité avec qn • **I'll keep it ~ for you** je vais vous le garder en lieu sûr • **your reputation is ~** votre réputation ne craint rien • **your secret is ~ with me** je garderai le secret • (PROV) **better ~ than sorry** on n'est jamais trop prudent

2 (N) (*for money, valuables*) coffre-fort *m*

3 (COMP) ▸ **safe area** N zone *f* de sécurité ▸ **safe-breaker** N perceur *m* de coffres ▸ **safe-conduct** N sauf-conduit *m* ▸ **safe deposit box** N coffre-fort *m* à la banque ▸ **safe haven** N refuge *m* • **to provide ~ haven for sb** offrir un refuge à qn ▸ **safe house** N lieu *m* sûr ▸ **safe passage** N **to guarantee sb ~ passage to/from a country** assurer la protection de qn à son entrée dans un pays/à sa sortie d'un pays ▸ **safe seat** N siège *m* sûr • **it was a ~ Conservative seat** (*Brit*) c'était un siège acquis au parti conservateur ▸ **safe sex** N rapports *mpl* sexuels protégés ▸ **safe space** N espace *m* sécurisé

safeguard ['seɪfgɑːd] 1 (VT) protéger 2 (N) protection *f* • **as a ~ against** comme protection contre • **~s for civil liberties** mesures *fpl* garantissant les libertés civiques

safekeeping [ˌseɪf'kiːpɪŋ] (N) **I gave it to him for ~** je le lui ai confié

safely ['seɪflɪ] (ADV) ⓐ (*= without risk*) en toute sécurité • **you can walk about quite ~ in the town centre** vous pouvez vous promener en toute sécurité dans le centre-ville • **drive ~!** sois prudent ! • **he was ~ tucked up in bed** il était bien au chaud dans son lit

ⓑ (*= without mishap*) [*return, land*] sans encombre; [*arrive*] bien • **give me a ring to let me know you've got home ~** passe-moi un coup de fil pour que je sache que tu es bien rentré • **he's ~ through to the semi-final** il est arrivé sans encombre en demi-finale • **now that the election is ~ out of the way, the government can ...** maintenant que le gouvernement n'a plus à se soucier des élections, il peut ...

ⓒ (*= confidently*) **I think I can ~ say that ...** je pense pouvoir dire sans trop m'avancer que ...

safety ['seɪftɪ] 1 (N) ⓐ sécurité *f* • **for his own ~** pour sa propre sécurité • **for ~'s sake** pour plus de sûreté • **there is ~ in numbers** plus on est nombreux, moins il y a de danger • **he reached ~ at last** il était enfin en sécurité

ⓑ [*of construction, equipment*] solidité *f*

2 (COMP) [*device, margin, mechanism, precautions, regulations*] de sécurité ▸ **safety belt** N ceinture *f* de sécurité ▸ **safety catch** N cran *m* de sûreté ▸ **safety chain** N chaîne *f* de sûreté ▸ **safety curtain** N rideau *m* de fer ▸ **safety-deposit box** N (*US*) coffre-fort *m* à la banque ▸ **safety glass** N verre *m* securit® *inv* ▸ **safety island** N (*US*) refuge *m* ▸ **safety lock** N serrure *f* de sécurité ▸ **safety measure** mesure *f* de sécurité • **as a ~ measure** par mesure de sécurité ▸ **safety net** N filet *m* ▸ **safety pin** N épingle *f* de nourrice ▸ **safety valve** N soupape *f* de sécurité ▸ **safety zone** N (*US*) refuge *m*

saffron ['sæfrən] 1 (N) safran *m* 2 (ADJ) [*colour, robe*] safran *inv*; [*flavour*] de safran 3 (COMP) ▸ **saffron rice** N riz *m* au safran ▸ **saffron yellow** ADJ jaune safran *inv*

sag [sæg] (VI) [*roof, chair, beam, floorboard*] s'affaisser; [*cheeks, breasts*] tomber • **hearing this, his spirits ~ged** ça l'a démoralisé d'entendre cela

saga ['sɑːgə] (N) (*Nordic*) saga *f*; (*= film, story*) aventure *f* épique • **he told me the whole ~ of what had happened** il m'a raconté en long et en large tout ce qui était arrivé • **the ~ continues ...** et ça continue ...

sage [seɪdʒ] 1 (N) ⓐ (*= plant*) sauge *f* ⓑ (*= wise person*) sage *m* 2 (COMP) ▸ **sage green** N, ADJ vert *m* cendré *inv*

sagging ['sægɪŋ] (ADJ) ⓐ [*armchair*] défoncé; [*breasts, stomach, cheeks, skin*] flasque ⓑ [*morale, spirits*] défaillant; [*stock market, dollar, ratings*] en baisse

saggy* ['sægɪ] (ADJ) [*mattress, sofa*] défoncé; [*bottom, breasts*] tombant

Sagittarian [ˌsædʒɪ'tɛərɪən] (N) **to be a ~** être Sagittaire

Sagittarius [ˌsædʒɪ'tɛərɪəs] (N) Sagittaire *m* • **I'm a ~** je suis Sagittaire

sago ['seɪgəʊ] (N) sagou *m* ▸ **sago pudding** N sagou *m* au lait

Sahara [sə'hɑːrə] (N) **the ~** le Sahara

said [sed] (VB) *pt, ptp of* **say**

Saigon [saɪ'gɒn] (N) Saigon

sail [seɪl] 1 (N) ⓐ [*of boat*] voile *f* • **under ~** à la voile • **to set ~** prendre la mer • **to set ~ for** partir pour • **he set ~ from Dover** il est parti de Douvres en bateau

ⓑ (*= trip*) **to go for a ~** faire un tour en bateau

2 (VI) ⓐ [*boat*] **the ship ~s at 3 o'clock** le navire part à 3 heures • **the boat ~ed up the river** le bateau remonta

la rivière • **the ship ~ed into Cadiz** le bateau entra dans le port de Cadix

ⓑ [*person*] **he goes sailing every weekend** il fait de la voile tous les week-ends • **to ~ away** partir en bateau • **to ~ round the world** faire le tour du monde en bateau • **to ~ close to the wind** (= *take a risk*) jouer un jeu dangereux; (*when joking*) friser la vulgarité • **we ~ed into Southampton** nous sommes entrés dans le port de Southampton

ⓒ (*fig*) **she ~ed into the room*** elle est entrée dans la pièce d'un pas nonchalant • **the plate ~ed past my head and hit the door** l'assiette est passée à côté de ma tête et a heurté la porte

3 (VT) ⓐ [+ *ocean*] **he ~ed the Atlantic last year** l'année dernière il a fait la traversée de l'Atlantique en bateau

ⓑ [+ *boat*] **she ~ed her boat into the harbour** elle est entrée dans le port (en bateau) • **he ~ed his boat round the cape** il a doublé le cap • **I've never ~ed a boat like this before** je n'avais jamais navigué sur ce genre de bateau

▸ **sail through*** 1 VI réussir haut la main 2 VT INSEP **to ~ through one's driving test** avoir son permis de conduire haut la main • **he ~ed through the match** il a gagné le match haut la main

sailboard ['seɪlbɔ:d] (N) planche *f* à voile

sailboarder ['seɪl,bɔ:dəʳ] (N) véliplanchiste *mf*

sailboarding ['seɪl,bɔ:dɪŋ] (N) planche *f* à voile • **to go ~** faire de la planche à voile

sailboat ['seɪlbəʊt] (N) (US) voilier *m*

sailing ['seɪlɪŋ] (N) voile *f* • **a day's ~** une journée de voile • **his hobby is ~** son passe-temps favori est la voile ▸ **sailing boat** N (Brit) voilier *m* ▸ **sailing dinghy** N dériveur *m*

sailor ['seɪləʳ] (N) marin *m* • **to be a good/bad ~** avoir/ne pas avoir le pied marin

saint [seɪnt] (N) saint(e) *m(f)* • **Saint John/Mark** saint Jean/Marc • **All Saints' (Day)** la Toussaint • **he's no ~*** ce n'est pas un saint ▸ **Saint Bernard** N (= *dog*) saint-bernard *m* ▸ **Saint Kitts and Nevis** N Saint-Christophe-et-Niévès ▸ **the Saint Lawrence** N le Saint-Laurent ▸ **Saint Lucia** N Sainte-Lucie *f* ▸ **Saint Patrick's Day** N Saint-Patrick *f* ▸ **Saint Vincent and the Grenadines** N (*Geog*) Saint-Vincent-et-Grenadines

saintly ['seɪntlɪ] (ADJ) **to be ~** être un(e) saint(e)

sake [seɪk] (N) **for the ~ of** pour • **for my ~** pour moi • **for God's ~** pour l'amour de Dieu • **for your own ~** pour ton bien • **for their ~(s)** pour eux • **do it for both our ~s** fais-le pour nous deux • **to eat for the ~ of eating** manger pour manger • **for old times' ~** en souvenir du passé • **let's say for argument's ~ that ...** disons que ... • **art for art's ~** l'art pour l'art

salable ['seɪləbl] (ADJ) (US) vendable; [*skill*] monnayable

salacious [sə'leɪʃəs] (ADJ) salace

salad ['sæləd] (N) salade *f* • **tomato ~** salade *f* de tomates ▸ **salad bar** N buffet *m* de crudités ▸ **salad bowl** N saladier *m* ▸ **salad cream** N (Brit) sauce *f* mayonnaise (*en bouteille*) ▸ **salad days** NPL années *fpl* de jeunesse et d'inexpérience ▸ **salad dressing** N vinaigrette *f* ▸ **salad servers** NPL couverts *mpl* à salade ▸ **salad shaker** N panier *m* à salade ▸ **salad spinner** N essoreuse *f* à salade

salamander ['sælə,mændəʳ] (N) salamandre *f*

salami [sə'lɑ:mɪ] (N) salami *m*

salaried ['sælərɪd] (ADJ) salarié • **a ~ employee** un(e) salarié(e)

salary ['sælərɪ] (N) salaire *m* • **he couldn't do that on his ~** il ne pourrait pas le faire avec ce qu'il gagne ▸ **salary range** N éventail *m* des salaires ▸ **salary scale** N échelle *f* des salaires

sale [seɪl] 1 (N) ⓐ (= *act*) vente *f*; (= *auction sale*) vente *f* aux enchères • **we made a quick ~** (Brit) la vente a été vite conclue • **they are having a ~ in aid of the blind** on organise une vente (de charité) en faveur des aveugles ▸ **for sale** **"for ~"** « à vendre » • **"not for ~"** « cet article n'est pas à vendre » • **to put sth up for ~** mettre qch en vente • **our house is up for ~** notre maison est en vente ▸ **on sale** (Brit = *being sold*) en vente; (US = *on special offer*) en promotion

ⓑ (*with reductions*) soldes *mpl* • **the ~ begins next week** les soldes commencent la semaine prochaine • **to put sth in the ~** solder qch • **in a ~** en solde ▸ **the sales** **the ~s are on** c'est la période des soldes

2 (COMP) ▸ **sale price** N prix *m* soldé ▸ **sales assistant** (Brit), **sales clerk** (US) N vendeur *m*, -euse *f* ▸ **sales conference** N réunion *f* des représentants ▸ **sales department** N service *m* des ventes ▸ **sales director** N directeur *m*, -trice *f* commercial(e) ▸ **sales figures** NPL chiffre *m* des ventes ▸ **sales force** N force *f* de vente ▸ **sales manager** N directeur *m*, -trice *f* commercial(e) ▸ **sales pitch** N **his ~s pitch was persuasive** il a très bien vanté le produit ▸ **sales rep***, **sales representative** N VRP *m* ▸ **sales revenue** N revenus *mpl* des ventes ▸ **sales target** N objectif *m* de vente ▸ **sales tax** N taxe *f* à l'achat ▸ **sales volume** N volume *m* des ventes

saleable, salable (US) ['seɪləbl] (ADJ) vendable; [*skill*] monnayable

saleroom ['seɪlrʊm] (N) (Brit) salle *f* des ventes

salesgirl ['seɪlzgɜ:l] (N) vendeuse *f*

salesman ['seɪlzmən] (N) (*pl* **-men**) (*in shop*) vendeur *m*; (= *representative*) VRP *m* • **he's a good ~** il sait vendre

salesmanship ['seɪlzmənʃɪp] (N) art *m* de la vente

salesperson ['seɪlzpɜ:sn] (N) vendeur *m*, -euse *f*

salesroom ['seɪlzrʊm] (N) (US) salle *f* des ventes

saleswoman ['seɪlzwʊmən] (N) (*pl* **-women**) (*in shop*) vendeuse *f*; (= *representative*) VRP *m*

salient ['seɪlɪənt] (ADJ) saillant

saline ['seɪlaɪn] 1 (ADJ) salin 2 (N) (= *solution*) solution *f* saline

salinity [sə'lɪnɪtɪ] (N) salinité *f*

saliva [sə'laɪvə] (N) salive *f*

salivate ['sælɪveɪt] (VI) saliver • **to ~ over sth** saliver en pensant à qch

sallow ['sæləʊ] (ADJ) cireux; [*person*] au teint cireux

sallowness ['sæləʊnɪs] (N) teint *m* cireux

sally forth [,sælɪ'fɔ:θ] (VI) sortir gaiement

salmon ['sæmən] (N) (*pl* **salmon**) saumon *m* ▸ **salmon farm** N élevage *m* de saumons ▸ **salmon fishing** N pêche *f* au saumon ▸ **salmon pink** N, ADJ rose *m inv* saumon ▸ **salmon steak** N darne *f* de saumon ▸ **salmon trout** N truite *f* saumonée

salmonella [,sælmə'nelə] (N) salmonelle *f* ▸ **salmonella poisoning** N salmonellose *f*

salon ['sælɒn] (N) salon *m*

saloon [sə'lu:n] 1 (N) ⓐ (Brit = *car*) berline *f* ⓑ (= *bar*) bar *m* 2 (COMP) ▸ **saloon car** N (Brit) berline *f*

salsa ['sɑ:lsə] (N) salsa *f*

salt [sɔ:lt] 1 (N) sel *m* • **kitchen/table ~** sel *m* de cuisine/de table • **I don't like ~ in my food** je n'aime pas manger salé • **to rub ~ in the wound** retourner le couteau dans la plaie • **to take sth with a pinch of ~** ne pas prendre qch

S

au pied de la lettre • **the ~ of the earth** le sel de la terre • **no photographer worth his ~ would have missed that picture** un photographe digne de ce nom n'aurait pas laissé passer cette photo
2 (ADJ) salé
3 (VT) saler
4 (COMP) ▸ **salt-free** ADJ sans sel ▸ **salt marsh** N marais *m* salant ▸ **salt mine** N mine *f* de sel • **back to the ~ mines!*** allez, il faut reprendre le collier !* ▸ **salt shaker** N salière *f* ▸ **salt water** N eau *f* salée

saltine [sɔ:l'ti:n] (N) (*US*) petit biscuit *m* salé

saltiness ['sɔ:ltɪnɪs] (N) [*of water*] salinité *f*; [*of food*] goût *m* salé

saltwater ['sɔ:ltwɔ:təʳ] (ADJ) [*fish*] de mer

salty ['sɔ:ltɪ] (ADJ) salé

salubrious [sə'lu:brɪəs] (ADJ) [*place*] salubre; [*climate*] sain • **it's not a very ~ district** c'est un quartier peu recommandable

salutary ['sæljʊtərɪ] (ADJ) salutaire

salute [sə'lu:t] 1 (N) (*with hand*) salut *m*; (*with guns*) salve *f* • **to give a ~** saluer • **to raise one's hand in ~** saluer de la main 2 (VT) saluer • **he ~d the historic achievement of the government** il a salué ce succès historique du gouvernement 3 (VI) faire un salut

salvage ['sælvɪdʒ] 1 (N) [*of ship, cargo*] sauvetage *m*; (*for re-use*) récupération *f* 2 (VT) ⓐ (*= save*) sauver; [*+ pride, reputation*] préserver • **to ~ one's marriage/one's career** sauver son couple/sa carrière ⓑ [*+ ship, material, cargo*] sauver ⓒ [*+ objects for re-use*] récupérer 3 (ADJ) [*operation, company, vessel*] de sauvetage

salvation [sæl'veɪʃən] (N) salut *m* • **work has been his ~** c'est le travail qui l'a sauvé ▸ **the Salvation Army** N l'Armée *f* du Salut

salve [sælv] (VT) [*+ conscience*] soulager

salver ['sælvəʳ] (N) plateau *m* (*de métal*)

salvo ['sælvəʊ] (N) salve *f*

Samaria [sə'mɛərɪə] (N) Samarie *f*

Samaritan [sə'mærɪtən] (N) **the Good ~** le bon Samaritain • **he was a good ~** il jouait les bons Samaritains • **the Samaritans** ≈ SOS-Amitié

samba ['sæmbə] (N) samba *f*

same [seɪm] 1 (ADJ) même (**as** que) • **to be the ~ age/shape** avoir le même âge/la même forme • **the ~ books as ...** les mêmes livres que ... • **in the ~ breath** dans le même souffle • **the very ~ day** le jour même • **that ~ day** ce même jour • **~ difference!*** c'est du pareil au même !* • **it's the ~ old rubbish on TV tonight** il y a les bêtises habituelles à la télé ce soir • **they turned out to be one and the ~ person** en fin de compte il s'agissait d'une seule et même personne • **it comes to the ~ thing** cela revient au même • **at the ~ time** en même temps • **~ as usual** comme d'habitude • **in the ~ way** de même • **I do it the ~ way as you** je le fais de la même façon que vous • **to go the ~ way as sb** aller dans la même direction que qn; (*fig*) suivre l'exemple de qn
2 (PRON) **it's the ~ as ...** c'est la même chose que ... • **the price is the ~ as last year** c'est le même prix que l'année dernière • **she's about the ~** (*in health*) son état est pratiquement inchangé • **do the ~ as your brother** fais comme ton frère • **I'll do the ~ for you** je te le revaudrai • **I would do the ~ again** si c'était à refaire, je recommencerais • **~ again please*** (*in bar*) la même chose, s'il vous plaît • **I still feel the ~ about you** mes sentiments pour toi n'ont pas changé • **things go on just the ~** (*= monotonously*) rien ne change • **it's not the ~ at all** ce n'est pas du tout pareil • **it's not the ~ as before** ce n'est plus comme avant • **it's the ~ everywhere** c'est partout pareil • **and the ~ to you!** (*good wishes*) à vous aussi ! • **~ here!*** moi aussi !
▸ **all the same** **it's all the ~ to me** cela m'est égal • **thanks all the ~** merci quand même* • **all the ~, he refused** il a quand même refusé
3 (COMP) ▸ **same-day** ADJ [*delivery*] le jour même ▸ **same-sex** ADJ [*partner, couple*] homosexuel ▸ **same-sex marriage** N mariage *m* homosexuel ▸ **same-sex parenting** N homoparentalité *f* ▸ **same-sex relationship** N relation *f* homosexuelle

samey* ['seɪmɪ] (ADJ) (*Brit*) répétitif • **her songs are very ~** ses chansons se ressemblent toutes

Samoa [sə'məʊə] (N) Samoa *m*

Samoan [sə'məʊən] 1 (ADJ) samoan 2 (N) Samoan(e) *m(f)*

samosa [sə'məʊsə] (N) samosa *m*

sample ['sɑ:mpl] 1 (N) échantillon *m*; [*of blood, tissue*] prélèvement *m* • **to take a ~** prélever un échantillon • **to take a blood ~** faire une prise de sang (**from** à) • **free ~** échantillon *m* gratuit • **a ~ of his poetry** un exemple de sa poésie • **~ text** échantillon (de texte) 2 (VT) ⓐ [*+ food, wine*] goûter; [*+ lifestyle*] goûter à ⓑ [*+ opinion*] sonder • **the newspaper has ~d public opinion on the proposal** le journal a fait un sondage sur cette proposition

sampling ['sɑ:mplɪŋ] (N) échantillonnage *m*

samurai ['sæmʊˌraɪ] (N) (*pl inv*) samouraï *m*

sanatorium [ˌsænə'tɔ:rɪəm] (N) (*Brit*) sanatorium *m*; (*in school*) infirmerie *f*

sanctify ['sæŋktɪfaɪ] (VT) sanctifier

sanctimonious [ˌsæŋktɪ'məʊnɪəs] (ADJ) moralisateur (-trice *f*)

sanction ['sæŋkʃən] 1 (N) sanction *f* • **to impose economic ~s on ...** prendre des sanctions économiques contre ... • **to lift the ~s against ...** lever les sanctions contre ...
2 (VT) ⓐ (*= approve*) sanctionner ⓑ (*= impose sanctions on*) prendre des sanctions contre 3 (COMP) ▸ **sanctions-busting** N violation *f* de sanctions

sanctity ['sæŋktɪtɪ] (N) [*of life*] caractère *m* sacré; [*of property, marriage*] inviolabilité *f*

sanctuary ['sæŋktjʊərɪ] (N) (*= refuge*) asile *m*; (*for wildlife*) réserve *f* • **right of ~** droit *m* d'asile • **to seek ~** chercher asile

sand [sænd] 1 (N) sable *m* • **miles and miles of golden ~** des kilomètres de plages de sable doré • **to be built on ~** [*plan, agreement*] ne reposer sur rien de solide 2 (VT) (*= sand down*) poncer 3 (COMP) ▸ **sand castle** N château *m* de sable ▸ **sand dune** N dune *f* (de sable) ▸ **sand trap** N (*US*) bunker *m* ▸ **sand yacht** N char *m* à voile ▸ **sand-yachting** N **to go ~-yachting** faire du char à voile

sandal ['sændl] (N) sandale *f*

sandalwood ['sændlwʊd] 1 (N) santal *m* 2 (ADJ) [*box, perfume*] de santal

sandbag ['sændbæg] (N) sac *m* de sable

sandbank ['sændbæŋk] (N) banc *m* de sable

sandblast ['sændblɑ:st] (VT) décaper à la sableuse

sandbox ['sændbɒks] (N) (*for children*) bac *m* à sable

sander ['sændəʳ] (N) (*= tool*) ponceuse *f*

Sandhurst ['sændhɜ:st] (N) (*Brit*) *école militaire*

sandlot ['sændlɒt] (N) (*US*) terrain *m* vague

sandpaper ['sændˌpeɪpəʳ] (N) papier *m* de verre

sandpit ['sændpɪt] (N) (*for children*) bac *m* à sable; (= *quarry*) carrière *f* de sable
sandstone ['sændstəʊn] (N) grès *m*
sandstorm ['sændstɔːm] (N) tempête *f* de sable
sandwich ['sænwɪdʒ] 1 (N) sandwich *m* • **cheese ~** sandwich *m* au fromage 2 (VT) [+ *person, appointment*] intercaler • **to be ~ed between** être pris en sandwich entre* 3 (COMP) ▸ **sandwich bar** N sandwicherie *f* ▸ **sandwich board** N panneau *m* publicitaire (*porté par un homme-sandwich*) ▸ **sandwich cake** N (*Brit*) gâteau *m* fourré ▸ **sandwich course** N stage *m* de formation en alternance ▸ **sandwich loaf** N pain *m* de mie ▸ **sandwich man** N (*pl* **sandwich men**) homme-sandwich *m*
sandy ['sændɪ] (ADJ) ⓐ [*soil, ground*] sablonneux; [*beach*] de sable; [*water, deposit*] sableux ⓑ (= *light-brown*) couleur sable *inv*; [*hair, moustache*] blond roux *inv*
sane [seɪn] (ADJ) ⓐ (= *not mad*) [*person*] sain d'esprit; [*behaviour*] sain ⓑ (= *sensible*) sensé
sang [sæŋ] (VB) *pt of* **sing**
sangria [sæŋ'griːə] (N) sangria *f*
sanguine ['sæŋgwɪn] (ADJ) (*frm*) (= *optimistic*) optimiste • **of a ~ disposition** d'un naturel optimiste
sanitarium [,sænɪ'tɛərɪəm] (N) sanatorium *m*
sanitary ['sænɪtərɪ] 1 (ADJ) ⓐ (= *hygienic*) hygiénique ⓑ (= *to do with hygiene*) [*conditions, services*] sanitaire 2 (COMP) ▸ **sanitary inspector** N inspecteur *m*, -trice *f* de la santé publique ▸ **sanitary napkin** (*US*), **sanitary towel** (*Brit*) N serviette *f* hygiénique
sanitation [,sænɪ'teɪʃən] (N) installations *fpl* sanitaires; (= *science*) hygiène *f* publique • **the hazards of poor ~** les dangers d'une mauvaise hygiène ▸ **sanitation man** N (*pl* **sanitation men**) (*US*) éboueur *m*
sanitize ['sænɪtaɪz] (VT) désinfecter; (*fig*) expurger
sanity ['sænɪtɪ] (N) [*of person*] santé *f* mentale • **fortunately ~ prevailed** heureusement le bon sens l'emporta
sank [sæŋk] (VB) *pt of* **sink**
San Marino [,sænmə'riːnəʊ] (N) Saint-Marin *m* • **in ~** à Saint-Marin
Santa* ['sæntə], **Santa Claus** [,sæntə'klɔːz] (N) père *m* Noël
Santiago [,sæntɪ'ɑːgəʊ] (N) (*also* **Santiago de Chile**) Santiago (du Chili); (*also* **Santiago de Compostela**) Saint-Jacques-de-Compostelle
sap [sæp] 1 (N) (*in plants*) sève *f* 2 (VT) [+ *strength, confidence*] saper
sapling ['sæplɪŋ] (N) jeune arbre *m*
sapphire ['sæfaɪəʳ] (N) saphir *m* • **~ necklace** collier *m* de saphirs
Saranwrap® [sə'rænræp] (N) (*US*) Scellofrais® *m*
sarcasm ['sɑːkæzəm] (N) sarcasme *m*
sarcastic [sɑː'kæstɪk] (ADJ) sarcastique
sarcastically [sɑː'kæstɪkəlɪ] (ADV) [*say*] d'un ton sarcastique
sarcoma [sɑː'kəʊmə] (N) (*pl* **sarcomas** *or* **sarcomata** [sɑː'kəʊmətə]) sarcome *m*
sarcophagus [sɑː'kɒfəgəs] (N) (*pl* **sarcophagi** [sɑː'kɒfəgaɪ]) sarcophage *m*
sardine [sɑː'diːn] (N) sardine *f* • **tinned** *or* (*US*) **canned ~s** sardines *fpl* en boîte • **packed like ~s** serrés comme des sardines
Sardinia [sɑː'dɪnɪə] (N) Sardaigne *f* • **in ~** en Sardaigne
sardonic [sɑː'dɒnɪk] (ADJ) sardonique
sardonically [sɑː'dɒnɪkəlɪ] (ADV) d'un air sardonique
sari ['sɑːrɪ] (N) sari *m*
sarnie* ['sɑːnɪ] (N) (*Brit*) sandwich *m*
sarong [sə'rɒŋ] (N) sarong *m*
SARS [sɑːz] (N) (ABBR OF **severe acute respiratory syndrome**) SRAS *m*
sartorial [sɑː'tɔːrɪəl] (ADJ) (*frm*) [*elegance, habits, matters*] vestimentaire
SAS [,eseɪ'es] (N) (*Brit*) (ABBR OF **Special Air Service**) *commandos d'intervention de l'armée de l'air*
SASE [,eseɪes'iː] (N) (*US*) (ABBR OF **self-addressed stamped envelope**) enveloppe *f* affranchie à son nom et adresse
sash [sæʃ] (N) (*on dress*) large ceinture *f* à nœud ▸ **sash window** N fenêtre *f* à guillotine
sashay* [sæ'ʃeɪ] (VI) glisser • **he ~ed over to the window** il est allé à la fenêtre d'un pas léger
Sask. (ABBR OF **Saskatchewan**)
sassy* ['sæsɪ] (ADJ) (*US*) ⓐ (= *cheeky*) insolent ⓑ (= *smart*) chic
SAT [,eseɪ'tiː] (N) (*US*) (ABBR OF **Scholastic Aptitude Test**) examen *m* d'entrée à l'université

> **SAT**
> Aux États-Unis, les **SAT** (**Scholastic Aptitude Tests**) sont un examen national de fin d'enseignement secondaire, qui comprend trois épreuves: mathématiques, lecture critique, rédaction. Les résultats obtenus à cet examen (« **SAT** scores ») sont adressés aux universités dans lesquelles le lycéen a fait une demande d'inscription. Il est possible de se présenter aux **SAT** autant de fois qu'on le désire. Depuis 2005, l'appellation officielle est « SAT Reasoning Test ».

sat [sæt] (VB) *pt, ptp of* **sit**
Sat. (ABBR OF **Saturday**)
Satan ['seɪtn] (N) Satan *m*
satanic [sə'tænɪk] (ADJ) satanique
Satanist ['seɪtənɪst] (N) sataniste *mf*
satchel ['sætʃəl] (N) cartable *m*
satellite ['sætəlaɪt] 1 (N) ⓐ satellite *m* ⓑ (*US*) (= *dormitory town*) ville *f* satellite 2 (COMP) [*town, country*] satellite ▸ **satellite dish** N antenne *f* parabolique ▸ **satellite navigation** N système *m* de navigation par satellite ▸ **satellite photograph, satellite picture** N photo *f* satellite, image *f* satellite ▸ **satellite television** N télévision *f* par satellite
satin ['sætɪn] 1 (N) satin *m* 2 (COMP) [*dress*] de *or* en satin ▸ **satin-smooth** ADJ [*skin*] de satin
satire ['sætaɪəʳ] (N) satire *f* (**on** de)
satiric [sə'tɪrɪk], **satirical** [sə'tɪrɪkəl] (ADJ) satirique
satirist ['sætərɪst] (N) (= *writer*) satiriste *mf*; (= *entertainer*) ≈ chansonnier *m*
satirize ['sætəraɪz] (VT) faire la satire de
satisfaction [,sætɪs'fækʃən] (N) ⓐ (= *pleasure*) satisfaction *f* • **to feel great ~** éprouver une grande satisfaction • **has the repair been done to your ~?** est-ce que vous êtes satisfait de la réparation ? • **she would not give him the ~ of seeing she was annoyed** elle ne voulait pas lui faire le plaisir de lui montrer qu'elle était contrariée ⓑ (*for wrong, injustice*) **to get ~** obtenir réparation
satisfactorily [,sætɪs'fæktərɪlɪ] (ADV) de manière satisfaisante
satisfactory [,sætɪs'fæktərɪ] (ADJ) satisfaisant • **to bring sth to a ~ conclusion** régler qch de manière satis-

S

faisante • **he's in a ~ condition** son état est satisfaisant

satisfied ['sætɪsfaɪd] (ADJ) ⓐ (= *content*) satisfait (**with** de) ⓑ (= *convinced*) convaincu (**with** par) • **I'm ~ that her death was accidental** je suis convaincu que sa mort a été accidentelle

satisfy ['sætɪsfaɪ] (VT) ⓐ [+ *person*] satisfaire ⓑ [+ *need, curiosity*] satisfaire; [+ *requirements, condition, demand*] satisfaire à • **to ~ sb's hunger** rassasier qn ⓒ (= *convince*) assurer (**sb that** qn que, **of** de) • **to ~ o.s. of sth** s'assurer de qch

satisfying ['sætɪsfaɪɪŋ] (ADJ) [*life, work, career*] satisfaisant; [*task, experience*] gratifiant

satnav ['sætnæv] (N) (ABBR OF **satellite navigation**) GPS *m*

satsuma [,sæt'suːmə] (N) satsuma *f* (*sorte de mandarine*)

saturate ['sætʃəreɪt] (VT) saturer (**with** de) ▸ **saturated fat** N graisse *f* saturée

saturation [,sætʃə'reɪʃən] (N) saturation *f* • **to reach ~ point** arriver à saturation

Saturday ['sætədɪ] (N) samedi *m* • **on ~** samedi • **on ~s** le samedi • **next ~** samedi prochain • **last ~** samedi dernier • **every ~** tous les samedis • **every other ~** un samedi sur deux • **it's ~ today** nous sommes samedi aujourd'hui • **on ~ 23 January** le samedi 23 janvier • **the ~ after next** samedi en huit • **a week on ~** samedi en huit • **a fortnight on ~** samedi en quinze • **it happened a week ago last ~** ça fera quinze jours samedi prochain que c'est arrivé • **the following ~** le samedi suivant • **the ~ before last** pas ce samedi, celui d'avant • **~ morning** samedi matin • **~ night** samedi soir; (*overnight*) la nuit de samedi

> Days of the week in French are not spelt with a capital letter.

Saturn ['sætən] (N) (= *planet*) Saturne *f*

sauce [sɔːs] (N) sauce *f*

saucepan ['sɔːspən] (N) casserole *f*

saucer ['sɔːsəʳ] (N) soucoupe *f*

saucy* ['sɔːsɪ] (ADJ) ⓐ (= *cheeky*) impertinent; [*look*] coquin ⓑ [*joke, humour*] grivois

Saudi ['saʊdɪ] 1 (ADJ) saoudien 2 (N) Saoudien(ne) *m(f)* 3 (COMP) ▸ **Saudi Arabia** N Arabie *f* Saoudite

sauerkraut ['saʊəkraʊt] (N) choucroute *f*

sauna ['sɔːnə] (N) sauna *m*

saunter ['sɔːntəʳ] (VI) flâner • **to ~ in/along** entrer/marcher d'un pas nonchalant

sausage ['sɒsɪdʒ] (N) saucisse *f*; (*pre-cooked*) saucisson *m* • **pork ~** saucisse *f* de porc • **not a ~**‡ (*Brit*) des clous‡ ▸ **sausage roll** N ≈ friand *m*

sauté ['səʊteɪ] 1 (VT) [+ *potatoes, meat*] faire sauter • **~ed potatoes** pommes *fpl* sautées 2 (ADJ) **~ potatoes** pommes *fpl* sautées

savage ['sævɪdʒ] 1 (ADJ) ⓐ (= *violent*) féroce; [*blow*] brutal; [*temper*] sauvage ⓑ (= *drastic*) **a ~ pay cut** une énorme réduction de salaire • **~ cuts in the education budget** des coupes claires dans le budget de l'éducation 2 (N) sauvage *mf* 3 (VT) [*dog*] attaquer férocement; [*critics*] éreinter

savagely ['sævɪdʒlɪ] (ADV) ⓐ [*beat, attack*] sauvagement; [*criticize*] violemment; [*funny*] férocement ⓑ (= *drastically*) **the film has been ~ cut** ce film a été sauvagement coupé

savagery ['sævɪdʒrɪ] (N) sauvagerie *f*

save [seɪv] 1 (VT) ⓐ (= *rescue*) sauver • **to ~ sb from drowning** sauver qn de la noyade • **we must ~ the planet for future generations** il faut sauvegarder la planète pour les générations à venir • **to ~ sth from the fire** sauver qch de l'incendie • **to ~ sb's life** sauver la vie à qn • **I couldn't do it to ~ my life** je serais incapable de le faire • **to ~ one's own skin*** sauver sa peau* • **to ~ the day** sauver la mise • **to ~ face** sauver la face

ⓑ (= *store away*) [+ *money*] mettre de côté; [+ *food*] garder • **he has money ~d up** il a de l'argent de côté • **I've ~d you a piece of cake** je t'ai gardé un morceau de gâteau • **I was saving the wine for later** je gardais le vin pour plus tard • **to ~ stamps** (= *collect*) collectionner les timbres • **will you ~ me a place at your table?** tu me gardes une place à ta table ?

ⓒ (= *not spend, not take*) [+ *money, work*] économiser; [+ *time*] gagner; (= *avoid*) [+ *need*] éviter (**sb sth** qch à qn) • **you have ~d me a lot of trouble** vous m'avez évité bien des ennuis • **going by plane will ~ you four hours** vous gagnerez quatre heures en prenant l'avion • **you ~ $1 if you buy three packets** en achetant trois paquets vous économisez un dollar • **to ~ petrol** économiser de l'essence • **to ~ energy** faire des économies d'énergie • **he's saving his strength for tomorrow's race** il se ménage pour la course de demain

ⓓ **to ~ a goal** arrêter un tir

ⓔ [+ *computer file*] sauvegarder

2 (VI) ⓐ (= *save up*) mettre de l'argent de côté • **to ~ for the holidays** mettre de l'argent de côté pour les vacances

▸ **to save on sth** économiser sur qch

ⓑ (*Sport*) arrêter le tir

3 (N) (*Sport*) parade *f*

4 (PREP) (*liter*) sauf • **~ that ...** sauf que ...

saver ['seɪvəʳ] (N) épargnant(e) *m(f)*

saving ['seɪvɪŋ] 1 (N) [*of time, money*] économie *f*; (*in bank*) épargne *f* • **we must make ~s** il faut économiser • **a considerable ~ in time and money** une économie considérable de temps et d'argent • **the government is trying to encourage ~** le gouvernement cherche à encourager l'épargne

2 (NPL) **savings** économies *fpl* • **to live on one's ~s** vivre de ses économies • **the value of ~s was eroded by inflation** l'épargne a été grignotée par l'inflation

3 (COMP) ▸ **saving grace** N **the film's only ~ grace is ...** la seule chose qui rachète le film, c'est ... ▸ **savings account** N (*Brit*) compte *m* d'épargne; (*US*) compte *m* de dépôt ▸ **savings and loan association** N (*US*) société *f* de crédit immobilier

saviour, savior (*US*) ['seɪvjəʳ] (N) sauveur *m*

savour, savor (*US*) ['seɪvəʳ] (VT) savourer

savoury, savory (*US*) ['seɪvərɪ] 1 (ADJ) (*Brit*) (= *not sweet*) salé • **it's not a very ~ subject** c'est un sujet peu ragoûtant 2 (N) (= *dish*) mets *m* non sucré; (*on toast*) canapé *m* chaud

savvy ['sævɪ]* 1 (N) jugeote* *f* 2 (ADJ) futé

saw [sɔː] (*vb: pret* **sawed**, *ptp* **sawed** *or* **sawn**) 1 (VT) scier 2 (VI) **to ~ through a plank** scier une planche 3 (N) scie *f* 4 *pt of* **see** 5 (COMP) ▸ **sawed-off shotgun** N (*US*) carabine *f* à canon scié

▸ **saw up** VT SEP scier

sawdust ['sɔːdʌst] (N) sciure *f*
sawmill ['sɔːmɪl] (N) scierie *f*
sawn [sɔːn] 1 (VB) *ptp of* **saw** 2 (COMP) ▸ **sawn-off shotgun** N (*Brit*) carabine *f* à canon scié
sax* [sæks] (N) (ABBR OF **saxophone**) saxo* *m*
Saxon ['sæksn] 1 (ADJ) saxon 2 (N) (= *person*) Saxon(ne) *m(f)*
saxophone ['sæksəfəʊn] (N) saxophone *m*
saxophonist [ˌsæk'sɒfənɪst] (N) saxophoniste *mf*
say [seɪ] (*pret, ptp* **said**) 1 (VT) ⓐ dire; [+ *poem*] réciter • **as I said yesterday** comme je l'ai dit hier • **to ~ yes/no to an invitation** accepter/refuser une invitation • **your father said no** ton père a dit non • **nothing was said about it** on n'en a pas parlé • **~ after me ...** répétez après moi ... • **could you ~ that again?** tu peux répéter ? • **he always has a lot to ~ for himself** il a toujours quelque chose à dire • **just ~ the word and I'll go** vous n'avez qu'un mot à dire pour que je parte • **it's easier said than done!** c'est plus facile à dire qu'à faire ! • **when all's said and done** au bout du compte • **"yes" she said** « oui » dit-elle • **"10 o'clock" he said to himself** « 10 heures » se dit-il • **it ~s in the rules (that)** il est dit dans le règlement (que) • **it is said that ...** on dit que ... • **he got home at 6 so he ~s** il dit être rentré à 6 heures • **he said to wait here** il a dit d'attendre ici
▸ **to say nothing of** sans parler de
ⓑ (*expressing opinions*) dire • **he doesn't care what people ~** il se moque du qu'en-dira-t-on • **I ~ he should do it** je suis d'avis qu'il le fasse • **what would you ~ is the population of Paris?** à votre avis, combien y a-t-il d'habitants à Paris ? • **I would ~ she was 50** je lui donnerais 50 ans • **he hadn't a good word to ~ for her** il n'a rien trouvé à dire en sa faveur • **I'll ~ this for him, he's honest** au moins, on peut dire qu'il est honnête • **that's ~ing a lot** ce n'est pas peu dire • **he's cleverer than his brother but that isn't ~ing much** il est plus intelligent que son frère, mais ça n'est pas difficile • **there's something to be said for it** ce n'est pas une mauvaise idée • **there's something to be said for waiting** on aurait peut-être intérêt à attendre
ⓒ (= *indicate*) **that doesn't ~ much for his intelligence** cela en dit long (*iro*) sur son intelligence • **it ~s a lot for his courage that he stayed** le fait qu'il soit resté en dit long sur son courage
ⓓ (= *imagine*) **~ you won £10,000, what would you spend it on?** imaginons que tu gagnes 10 000 livres, à quoi les dépenserais-tu ? • **~ for argument's sake that ...** disons à titre d'exemple que ...
ⓔ (= *admit*) dire, reconnaître • **I must ~ it's a tempting offer** je dois reconnaître que c'est tentant
ⓕ (*proposals*) **shall we ~ £5/Tuesday?** disons 5 livres/mardi ? • **what would you ~ to a round of golf?** si on faisait une partie de golf ?
ⓖ [*dial, thermometer*] indiquer • **my watch ~s 10 o'clock** ma montre indique 10 heures
ⓗ (*emphatic*) **you can ~ that again!*** c'est le cas de le dire ! • **enough said!*** je vois ce que tu veux dire ! • **let's ~ no more about it!** n'en parlons plus ! • **it goes without ~ing that ...** il va sans dire que ... • **didn't I ~ so?** je l'avais bien dit, n'est-ce pas ?
2 (VI) dire • **so to ~** pour ainsi dire • **that is to ~** c'est-à-dire • **you don't ~!*** sans blague !* • **~, what time is it?*** (*US*) dites, quelle heure est-il ? • **if there were, ~, 500 people** s'il y avait, mettons, 500 personnes • **as they ~** comme on dit • **it seems rather rude, I must ~** cela ne me paraît guère poli, je l'avoue • **it's not for me to ~** ce n'est pas à moi de le dire
3 (N) **to have one's ~** (= *say one's piece*) dire ce qu'on a à dire • **to have no ~ in the matter** ne pas avoir voix au chapitre • **to have a ~ in selecting ...** avoir son mot à dire dans la sélection de ... • **to have the final ~** décider en dernier ressort
4 (COMP) ▸ **say-so*** N **on his ~-so** parce qu'il le dit • **it's his ~-so** c'est à lui de dire
SAYE [ˌeseɪwaɪ'iː] (*Brit*) (ABBR OF **Save As You Earn**) *plan d'épargne par prélèvements mensuels aux intérêts exonérés d'impôts*
saying ['seɪɪŋ] (N) dicton *m* • **as the ~ goes** comme dit le proverbe
SC (ABBR OF **South Carolina**)
s/c (ABBR OF **self-contained**) indépendant
scab [skæb] (N) ⓐ [*of wound*] croûte *f* ⓑ (= *strikebreaker*)* briseur *m* de grève
scabby ['skæbɪ] (ADJ) ⓐ couvert de croûtes ⓑ (*Brit*) (= *nasty*)* minable*
scaffold ['skæfəld] (N) (= *gallows*) échafaud *m*
scaffolding ['skæfəldɪŋ] (N) échafaudage *m*
scald [skɔːld] 1 (VT) (= *sterilize*) stériliser • **to ~ one's hand** s'ébouillanter la main • **to ~ o.s.** s'ébouillanter 2 (N) brûlure *f* (*causée par un liquide bouillant*)
scalding ['skɔːldɪŋ] 1 (ADJ) brûlant • **a bath of ~ water** un bain brûlant 2 (ADV) **~ hot** brûlant; [*weather*] terriblement chaud
scale [skeɪl] 1 (N) ⓐ (= *scope*) échelle *f*; (= *size*) importance *f* • **on a large/small ~** sur une grande/petite échelle • **on a national ~** à l'échelle nationale • **a disaster on this ~** une catastrophe de cette ampleur
ⓑ [*of map*] échelle *f* • **on a ~ of 1cm to 5km** à une échelle de 1 cm pour 5 km • **this map is not to ~** les distances ne sont pas respectées sur cette carte
ⓒ (*on thermometer, ruler*) échelle *f* graduée; [*of wages*] barème *m* • **~ of charges** tarifs *mpl* • **social ~** échelle *f* sociale
ⓓ (*musical*) gamme *f* • **to practise one's ~s** faire ses gammes
ⓔ [*of fish*] écaille *f*
ⓕ → **scales**
2 (VT) ⓐ [+ *wall, mountain*] escalader
ⓑ [+ *fish*] écailler
ⓒ [+ *teeth*] détartrer
3 (COMP) ▸ **scale drawing** N dessin *m* à l'échelle ▸ **scale model** N modèle *m* réduit
▸ **scale back** VT SEP (*US*) = **scale down**
▸ **scale down** VT SEP réduire; [+ *drawing*] réduire l'échelle de; [+ *production*] réduire
scales [skeɪlz] (NPL) balance *f*; (*in bathroom*) pèse-personne *m inv* • **kitchen ~** balance *f* de ménage • **to tip the ~ (in sb's favour/against sb)** faire pencher la balance (en faveur/défaveur de qn)
scallion ['skælɪən] (N) (*US* = *spring onion*) ciboule *f*
scallop ['skɒləp] (N) ⓐ coquille *f* Saint-Jacques ⓑ (*Sewing*) ~s festons *mpl*
scalp [skælp] 1 (N) cuir *m* chevelu 2 (VT) ⓐ [+ *person*] scalper ⓑ (*US*) [+ *tickets*]* revendre (*au marché noir*)
scalpel ['skælpəl] (N) scalpel *m*
scalper* ['skælpəʳ] (N) (= *ticket tout*) vendeur *m*, -euse *f* de billets à la sauvette

S

scaly ['skeɪlɪ] ADJ [*creature, body*] couvert d'écailles
scam* [skæm] N arnaque⁑ *f*
scamp* [skæmp] N galopin* *m*
scamper ['skæmpə^{r}] VI [*children*] galoper; [*mice*] trottiner
▸ **scamper away, scamper off** VI [*children, mice*] détaler*
scampi ['skæmpɪ] NPL langoustines *fpl* (frites), scampi *mpl*
scan [skæn] 1 VT ⓐ(*= examine closely*) [*+ crowd*] fouiller du regard ⓑ(*= glance quickly over*) [*+ newspaper*] feuilleter ⓒ[*+ picture, document, bar code*] scanner • **to ~ in a diagram** scanner un schéma ⓓ[*+ patient*] passer au scanner ⓔ(*Radar*) balayer 2 VI se scander • **this line does not ~** ce vers est bancal 3 N (*= test*) **(ultrasound) ~** échographie *f* • **to have a ~** passer une échographie
scandal ['skændl] N ⓐ(*= disgrace*) scandale *m* • **to cause a ~** causer un scandale • **it's a ~** c'est scandaleux ⓑ(*= gossip*) ragots* *mpl*
scandalize ['skændəlaɪz] VT scandaliser • **to be ~d by sth** être scandalisé par qch
scandalous ['skændələs] ADJ scandaleux • **it's ~ that ...** c'est scandaleux que ... *+ subj*
Scandinavia [ˌskændɪ'neɪvɪə] N Scandinavie *f*
Scandinavian [ˌskændɪ'neɪvɪən] ADJ scandinave
scanner ['skænə^{r}] N ⓐ(*= CAT scanner*) scanner *m*; (*= ultrasound scanner*) échographe *m* ⓑ(*in supermarket*) lecteur *m* de code-barres; (*in airport*) portique *m* électronique
scant [skænt] ADJ [*reward*] (bien) maigre • **to pay ~ attention to sth** ne guère prêter attention à qch • **there is ~ evidence of improvement** il n'y a pas beaucoup de signes d'amélioration • **to have ~ regard for sth** peu se soucier de qch • **it measures a ~ 2cm** ça fait à peine 2 cm
scantily ['skæntɪlɪ] ADV **~ dressed** en tenue légère • **~ clad in a light cotton blouse** légèrement vêtue d'un fin chemisier de coton
scanty ['skæntɪ] ADJ maigre; [*knowledge*] sommaire; [*swimsuit*] minuscule
scapegoat ['skeɪpgəʊt] N bouc *m* émissaire
scar [skɑː^{r}] 1 N cicatrice *f* • **emotional ~s** cicatrices *fpl* psychologiques 2 VT marquer d'une cicatrice • **he was ~red for life** il a été marqué à vie • **walls ~red by bullets** des murs portant des traces de balles
scarce [skɛəs] ADJ rare; [*resources*] limité • **to become ~** se faire rare • **to make o.s. ~*** (*= leave*) s'éclipser
scarcely ['skɛəslɪ] ADV ⓐ(*= barely*) guère • **they could ~ have imagined that ...** ils n'auraient guère pu imaginer que ... • **the landscape has ~ altered** le paysage n'a guère changé • **I could ~ believe it** je pouvais à peine le croire • **they were ~ ever apart** ils étaient presque toujours ensemble • **it is ~ surprising that ...** il n'est guère surprenant que ... • **there was ~ a building left undamaged** il ne restait pratiquement aucun bâtiment intact ⓑ(*no sooner*) à peine • **~ had we sat down when the phone went** nous étions à peine assis que le téléphone a sonné
scarceness ['skɛəsnɪs], **scarcity** ['skɛəsɪtɪ] N pénurie *f*; [*of money*] manque *m*
scare [skɛə^{r}] 1 N ⓐ(*= fright*)* **to give sb a ~** faire peur à qn ⓑ(*about pollution, disease*) alerte *f* • **the BSE ~** l'alerte à l'ESB • **bomb ~** alerte à la bombe 2 VT effrayer • **to ~ sb stiff*** faire une peur bleue à qn 3 COMP ▸ **scare story** N rumeur *f* alarmiste ▸ **scare tactics** NPL tactiques *fpl* alarmistes
▸ **scare away, scare off** VT SEP **the dog ~d him away** le chien l'a fait fuir
scarecrow ['skɛəkrəʊ] N épouvantail *m*
scared [skɛəd] ADJ effrayé • **he was terribly ~** il était terrifié • **to be ~ (of sb/sth)** avoir peur (de qn/qch) • **to be ~ of doing sth** *or* **to do sth** avoir peur de faire qch • **to be ~ stiff*** avoir une peur bleue • **to be ~ to death*** être mort de trouille*
scaremonger ['skɛəˌmʌŋgə^{r}] N alarmiste *mf*
scaremongering ['skɛəˌmʌŋgərɪŋ] N alarmisme *m*
scarf [skɑːf] 1 N (*pl* **scarves**) écharpe *f*; (*square*) foulard *m* 2 VT (*US: also* **scarf down**)⁑ engloutir
scarlet ['skɑːlɪt] 1 ADJ écarlate • **to go ~ (with embarrassment)** devenir écarlate (de gêne) 2 N écarlate *f* 3 COMP ▸ **scarlet fever** N scarlatine *f*
scarper⁑ ['skɑːpə^{r}] VI (*Brit*) ficher le camp*
SCART socket ['skɑːtˌsɒkɪt] N prise *f* Péritel
scarves [skɑːvz] NPL *of* **scarf**
scary* ['skɛərɪ] ADJ effrayant • **that's a ~ thought** c'est une idée qui fait peur
scathing ['skeɪðɪŋ] ADJ cinglant (**about** au sujet de)
scatter ['skætə^{r}] 1 VT ⓐ[*+ crumbs, papers*] éparpiller; [*+ chopped herbs, almonds*] saupoudrer; [*+ toys, nails*] répandre ⓑ[*+ clouds, crowd*] disperser; [*+ enemy*] mettre en déroute; [*+ light*] diffuser 2 VI [*clouds, crowd*] se disperser 3 N **a ~ of raindrops** quelques gouttes de pluie éparses 4 COMP ▸ **scatter cushion** N petit coussin *m*
scatterbrained ['skætəbreɪnd] ADJ écervelé
scattered ['skætəd] 1 ADJ ⓐ[*toys*] éparpillé; [*buildings, trees*] dispersé; [*population*] disséminé; [*riots*] sporadique ⓑ**~ with sth** (*= strewn with*) parsemé de qch; [*+ nails, flowers, corpses*] jonché de qch 2 COMP ▸ **scattered showers** NPL averses *fpl* éparses
scattering ['skætərɪŋ] N **there was a ~ of people in the hall** il y avait quelques personnes dispersées *or* çà et là dans la salle
scatty* ['skætɪ] ADJ (*Brit*) ⓐ(*= scatterbrained*) [*person*] étourdi ⓑ(*= distracted*) **to drive sb ~** rendre qn fou
scavenge ['skævɪndʒ] 1 VT [*+ object*] récupérer; [*+ information*] aller chercher 2 VI **to ~ in the dustbins (for sth)** faire les poubelles (pour trouver qch)
scavenger ['skævɪndʒə^{r}] N ⓐ(*= animal*) charognard *m* ⓑ(*= person*) pilleur *m* de poubelles
SCE [ˌessiː'iː] N (ABBR OF **Scottish Certificate of Education**) *examen de fin d'études secondaires en Écosse*
scenario [sɪ'nɑːrɪəʊ] N scénario *m*; (*= plan of action*) plan *m* d'action • **worst-case ~** pire hypothèse *f*
scene [siːn] N ⓐ(*= part of play*) scène *f* • **a bedroom ~** une scène de lit (*dans un film*) • **~ from a film** séquence *f* d'un film • **the ~ is set in Paris** la scène se passe à Paris • **the ~ was set for their romance** toutes les conditions étaient réunies pour leur idylle • **this set the ~ for the discussion** ceci a préparé le terrain pour les discussions ▸ **behind the scenes** dans les coulisses
ⓑ(*= sight*) spectacle *m*; (*= view*) vue *f*; (*= situation*) scène *f*; (*= happening*) incident *m* • **picture the ~** imaginez la scène • **~s of violence** scènes *fpl* de violence • **there were angry ~s at the meeting** des incidents violents ont eu lieu au cours de la réunion • **it was a ~ of utter destruction** c'était un spectacle de destruction totale

c (*= place*) lieu *m* • **the ~ of the crime/accident** le lieu du crime/de l'accident • **he needs a change of ~** il a besoin de changer d'air • **they were soon on the ~** ils furent vite sur les lieux • **to appear** *or* **come on the ~** faire son apparition
d (*= fuss*)* scène *f* • **don't make a ~** ne fais pas d'histoire • **I hate ~s** je déteste les scènes
e (*= sphere of activity*) monde *m* • **the political ~** la scène politique • **the (gay) ~** le milieu homosexuel • **it's not my ~*** ce n'est pas mon truc*

scenery ['si:nərɪ] N **a** paysage *m* • **the ~ is very beautiful** le paysage est très beau • **a change of ~ will do you good** un changement d'air vous fera du bien **b** (*in theatre*) décor(s) *m(pl)*

scenic ['si:nɪk] ADJ pittoresque • **to take the ~ route** prendre l'itinéraire touristique

scent [sent] **1** N **a** (*= odour*) parfum *m* **b** (*= perfume*) parfum *m* • **to put on ~** se parfumer **c** (*= animal's track*) fumet *m*; (*fig*) piste *f* • **to lose the ~** perdre la piste • **to throw sb off the ~** faire perdre la piste à qn **2** VT **a** [*+ handkerchief, air*] parfumer (**with** de) **b** (*= smell*) flairer

sceptic, skeptic (*US*) ['skeptɪk] ADJ, N sceptique *mf*

sceptical, skeptical (*US*) ['skeptɪkəl] ADJ sceptique (**about, of** sur) • **to cast a ~ eye on** *or* **over sth** porter un regard sceptique sur qch • **I'm ~ about it** cela me laisse sceptique • **to be ~ about doing sth** douter qu'il soit bon de faire qch

scepticism, skepticism (*US*) ['skeptɪsɪzəm] N scepticisme *m*

schedule ['ʃedju:l, (*US*) 'skedju:l] **1** N **a** [*of work, duties*] programme *m*; [*of planes*] horaire *m*; [*of events*] calendrier *m*; (*US = timetable*) emploi *m* du temps • **our ~ does not include the Louvre** notre programme ne comprend pas le Louvre
b (*= forecasted timings*) **to be ahead of ~** (*in work*) avoir de l'avance sur son programme • **the plane arrived ahead of ~** l'avion est arrivé en avance sur l'horaire • **the preparations are behind ~** il y a du retard dans les préparatifs • **our work has fallen behind ~** nous sommes en retard dans notre travail • **the preparations are on ~** il n'y a pas de retard dans les préparatifs • **the work is on ~** les travaux avancent conformément au calendrier • **everything is going according to ~** tout se passe comme prévu • **to work to a very tight ~** avoir un programme très serré
c (*= list*) liste *f*; [*of prices*] tarif *m*
2 VT (*gen pass*) [*+ meeting, talks*] prévoir • **his ~d departure** son départ prévu • **at the ~d time** à l'heure prévue • **as ~d** comme prévu • **~d flight** vol *m* régulier • **he is ~d to leave at midday** son départ est fixé pour midi • **you are ~d to speak after him** d'après le programme, vous parlez après lui • **the talks are ~d for this weekend** les pourparlers sont prévus pour ce week-end • **the government has ~d elections for 5 January** le gouvernement a fixé les élections au 5 janvier

schema ['ski:mə] N (*pl* **schemata** [ski:'mɑ:tə]) schéma *m*

schematic [skɪ'mætɪk] ADJ schématique

scheme [ski:m] **1** N **a** (*= plan*) plan *m* (**to do sth** pour faire qch); (*= project*) projet *m*; (*= method*) procédé *m* (**for doing sth** pour faire qch) • **this is the latest ~ to combat unemployment** c'est le dernier plan de lutte contre le chômage • **profit-sharing ~** système *m* de participation (aux bénéfices) • **where does he stand in the ~ of things?** où se situe-t-il dans tout cela ? • **in her ~ of things** dans sa vision des choses • **it's some crazy ~ of his** c'est une de ses idées invraisemblables **b** (*= arrangement*) combinaison *f* **2** VI [*group*] comploter; [*individual*] intriguer

scheming ['ski:mɪŋ] ADJ intrigant

schism ['sɪzəm] N schisme *m*

schizo‡ ['skɪtsəʊ] ADJ, N (*offensive*) (ABBR OF **schizophrenic**) schizo‡ *mf*

schizophrenia [,skɪtsəʊ'fri:nɪə] N schizophrénie *f*

schizophrenic [,skɪtsəʊ'frenɪk] ADJ, N schizophrène *mf*

schmaltz* [ʃmɔ:lts] N sentimentalisme *m* excessif • **it's pure ~** c'est de la vraie guimauve*

schmaltzy* ['ʃmɔ:ltsɪ] ADJ à la guimauve*

schmooze* [ʃmu:z] VI (*US*) (*= gossip*) jaser; (*= bootlick*) faire de la lèche‡

schmuck‡ [ʃmʌk] N (*US*) connard‡ *m*, connasse‡ *f*

scholar ['skɒlər] N **a** (*= academic*) universitaire *mf* • **a Dickens ~** un(e) spécialiste de Dickens **b** (*= scholarship holder*) boursier *m*, -ière *f*

scholarly ['skɒləlɪ] ADJ [*publication*] spécialisé; [*approach, person*] érudit; [*debate*] d'érudits

scholarship ['skɒləʃɪp] N **a** (*= award*) bourse *f* • **to win a ~ to Cambridge** obtenir une bourse pour Cambridge **b** (*= knowledge*) érudition *f*

scholastic [skə'læstɪk] ADJ (*= educational*) scolaire
▸ **Scholastic Aptitude Test** N (*US*) examen *m* d'entrée à l'université →SAT

school [sku:l] **1** N **a** école *f*; (*= secondary school*) lycée *m*; (*up to 16 only*) collège *m*; (*US = university*)* fac* *f* • **to go to/to leave ~** aller à/quitter l'école • **to send a child to ~** envoyer un enfant à l'école • **at** *or* **in ~** à l'école • **television for ~s** télévision *f* scolaire • **programmes for ~s** émissions *fpl* éducatives
b (*= lessons*) classe(s) *f(pl)*; (*secondary*) cours *mpl* • **~ reopens in September** les cours reprennent en septembre
c (*Univ*) faculté *f* • **he's at law/medical ~** il est en faculté de droit/médecine
d (*= institute*) institut *m*; (*= department*) département *m* • **~ of education** (*US*) école *f* normale (primaire)
e [*of painting, philosophy*] école *f* • **a ~ of thought** une école de pensée • **the old ~** la vieille école
f [*of fish*] banc *m*
2 COMP [*equipment, edition, doctor, uniform*] scolaire
▸ **school board** N (*US*) conseil *m* d'établissement ▸ **school bus** N car *m* de ramassage scolaire ▸ **school counsellor** N (*US*) conseiller *m*, -ère *f* général(e) d'éducation ▸ **school dinner** N déjeuner *m* à la cantine (scolaire) ▸ **school district** N (*US*) secteur *m* scolaire ▸ **school fees** NPL frais *mpl* de scolarité ▸ **school holidays** NPL vacances *fpl* scolaires ▸ **school hours** NPL **during ~ hours** pendant les heures de cours • **out of ~ hours** en dehors des heures de cours ▸ **school inspector** N (*Brit*) (*secondary*) ≈ inspecteur *m*, -trice *f* d'académie; (*primary*) ≈ inspecteur *m*, -trice *f* primaire ▸ **school leaver** N (*Brit*) jeune *mf* qui vient d'achever sa scolarité ▸ **school-leaving age** N âge *m* de fin de scolarité • **to raise the ~-leaving age** prolonger la scolarité (**to** jusqu'à) ▸ **school library** N (*books only*) bibliothèque *f* scolaire; (*books and other resources*) centre *m* de documentation ▸ **school lunch, school meal** N déjeuner *m* à la cantine

S

(scolaire) ▸**school record** N dossier *m* scolaire ▸**school report** N bulletin *m* (scolaire) ▸**school run** N **to do the ~ run** emmener les enfants à l'école ▸**school superintendent** N (*US*) inspecteur *m*, -trice *f* ▸**school time** N **in ~ time** pendant les heures de cours ▸**school trip** N sortie *f* (éducative) scolaire ▸**school year** N année *f* scolaire

schoolbag ['sku:lbæg] (N) cartable *m*

schoolbook ['sku:lbʊk] (N) livre *m* de classe

schoolboy ['sku:lbɔɪ] (N) élève *m*

schoolchild ['sku:ltʃaɪld] (N) (*pl* **-children**) élève *mf*

schooldays ['sku:ldeɪz] (NPL) années *fpl* de scolarité • **during my ~** du temps où j'allais en classe

schooled [sku:ld] (ADJ) **to be ~ in sth** avoir l'expérience de qch • **to be well ~ in sth** être rompu à qch

schoolfriend ['sku:lfrend] (N) camarade *mf* de classe

schoolgirl ['sku:lgɜ:l] (N) élève *f*

schoolhouse ['sku:lhaʊs] (N) (= *building*) école *f*

schooling ['sku:lɪŋ] (N) études *fpl* • **compulsory ~** scolarité *f* obligatoire • **he had very little formal ~** il n'est pas allé beaucoup à l'école • **he lost a year's ~** il a perdu une année scolaire

schoolkid* ['sku:lkɪd] (N) écolier *m*, -ière *f*

schoolmaster ['sku:l,mɑ:stəʳ] (N) professeur *m*

schoolmate ['sku:lmeɪt] (N) camarade *mf* de classe

schoolmistress ['sku:l,mɪstrɪs] (N) professeur *mf*

schoolroom ['sku:lrʊm] (N) salle *f* de classe

schoolteacher ['sku:l,ti:tʃəʳ] (N) (*primary*) professeur *mf* des écoles; (*secondary*) professeur *mf*

schoolteaching ['sku:l,ti:tʃɪŋ] (N) enseignement *m*

schoolwork ['sku:lwɜ:k] (N) travail *m* scolaire

schoolyard ['sku:ljɑ:d] (N) cour *f* d'école

schooner ['sku:nəʳ] (N) (= *ship*) goélette *f*

sciatica [saɪ'ætɪkə] (N) sciatique *f*

science ['saɪəns] 1 (N) science *f*; (= *school subject*) sciences *fpl* • **we study ~ at school** nous étudions les sciences au lycée • **the Faculty of Science** la faculté des Sciences • **Department of Science** ministère *m* de la Recherche 2 (COMP) [*equipment, subject*] scientifique; [*exam, teacher*] de sciences ▸**science fiction** N science-fiction *f* ♦ ADJ de science-fiction ▸**science park** N parc *m* scientifique

scientific [,saɪən'tɪfɪk] (ADJ) scientifique; (= *methodical*) méthodique

scientifically [,saɪən'tɪfɪkəlɪ] (ADV) scientifiquement; (= *methodically*) de manière méthodique

scientist ['saɪəntɪst] (N) scientifique *mf*

scientologist [,saɪən'tɒlədʒɪst] (ADJ, N) scientologue *mf*

Scientology [saɪən'tɒlədʒɪ] (N) scientologie *f*

sci-fi* ['saɪ'faɪ] (ABBR OF **science-fiction**) 1 (N) SF* *f* 2 (ADJ) de SF*

Scillies ['sɪlɪz], **Scilly Isles** ['sɪlɪ,aɪlz] (NPL) **the ~** • **the Scilly Isles** les Sorlingues *fpl*

scintillating ['sɪntɪleɪtɪŋ] (ADJ) [*performance, conversation*] brillant • **in ~ form** dans une forme éblouissante

scissor kick ['sɪzə,kɪk] (N) ciseaux *mpl*

scissors ['sɪzəz] (NPL) ciseaux *mpl* • **a pair of ~** une paire de ciseaux

sclerosis [sklɪ'rəʊsɪs] (N) sclérose *f*

scoff [skɒf] 1 (VI) (= *mock*) se moquer • **to ~ at sb/sth** se moquer de qn/qch 2 (VTI) (= *eat*)* bouffer*

scold [skəʊld] (VT) réprimander; [+ *child*] gronder • **he got ~ed** il s'est fait réprimander; [*child*] il s'est fait gronder

scolding ['skəʊldɪŋ] (N) **to get a ~ from sb** se faire réprimander par qn; [*child*] se faire gronder par qn • **to give sb a ~** gronder qn

scone [skɒn] (N) scone *m* (*petit gâteau*)

scoop [sku:p] 1 (N) ⓐ (*for flour, sugar*) mesure *f*; (*for ice cream*) cuiller *f* à glace; (= *scoopful*) cuillerée *f* • **a ~ of ice cream** une boule de glace ⓑ (*Press*) scoop *m* 2 (VT) [+ *prize, award*] décrocher*

▸**scoop out** VT SEP **he ~ed the sand out of the bucket** il a vidé le sable du seau • **~ the flesh out of the melon** évidez le melon • **he ~ed out a hollow in the soft earth** il a creusé un trou dans la terre molle

▸**scoop up** VT SEP ramasser

scoot* [sku:t] (VI) **to ~ in/out** *etc* entrer/sortir *etc* rapidement *or* en coup de vent • **~!** fichez le camp!*, filez!*

scooter ['sku:təʳ] (N) (= *motorcycle*) scooter *m*; (*child's*) trottinette *f*

scope [skəʊp] (N) ⓐ [*of law, regulation*] portée *f*; [*of undertaking*] envergure *f*; [*of powers, problem*] étendue *f*; [*of changes*] ampleur *f* • **to extend the ~ of one's activities** élargir le champ de ses activités • **limited in ~** d'une portée limitée • **to be broad in ~** [*project*] être de grande envergure; [*book*] être ambitieux • **the subject is beyond the ~ of this book** ce sujet n'entre pas dans le cadre de ce livre • **this case is within the ~ of the new regulations** ce cas est prévu par le nouveau règlement

ⓑ (= *opportunity*) **his job gave him plenty of ~ to show his ability** son travail lui a amplement permis de faire la preuve de ses compétences • **there's not much ~ for originality** ça ne laisse pas beaucoup de place à l'originalité • **there is ~ for improvement** ça pourrait être mieux

ⓒ (= *competences, capabilities*) compétences *fpl* • **this work is within his ~** ce travail entre dans ses compétences

scorch [skɔ:tʃ] 1 (VT) [+ *fabric*] roussir; [+ *grass*] [*fire*] brûler; [*sun*] roussir 2 (VI) [*fabric*] roussir

scorcher* ['skɔ:tʃəʳ] (N) **today's going to be a ~** aujourd'hui ça va être la canicule • **it was a real ~ of a day** il faisait une de ces chaleurs!*

scorching* ['skɔ:tʃɪŋ] 1 (ADJ) [*day*] de canicule; [*heat*] caniculaire; [*sand*] brûlant; [*sun*] de plomb • **~ weather** canicule *f* • **at a ~ pace** à une vitesse folle 2 (ADV) **~ hot weather** canicule *f* • **it was a ~ hot day** il faisait une de ces chaleurs!* • **the sun is ~ hot** il fait un soleil de plomb

score [skɔ:ʳ] 1 (N) ⓐ (*Sport*) score *m*; (*Cards*) marque *f*; (*US* = *mark*) note *f* • **to keep the ~** compter les points; (*Cards*) tenir la marque • **there's no ~ yet** le score est toujours de zéro à zéro • **there was no ~** ils ont fait match nul zéro à zéro • **to know the ~*** (*fig*) savoir ce qui se passe

ⓑ (= *debt*) **to settle a ~ with sb** régler ses comptes avec qn

ⓒ (= *respect*) **on that ~** à ce sujet • **I've no doubts on that ~** je n'ai pas de doutes à ce sujet

ⓓ (= *mark*) rayure *f*; (*deeper*) entaille *f*

ⓔ [*of film*] musique *f*

ⓕ (= *sheets of music*) partition *f*

ⓖ (= *twenty*) **a ~** vingt • **a ~ of people** une vingtaine de personnes • **there were ~s of mistakes** il y avait des dizaines de fautes

2 (VT) ⓐ [+ *goal, point*] marquer • **to ~ 70% (in an exam)** avoir 70 sur 100 (à un examen) • **they had 4 goals ~d against them** leurs adversaires ont marqué 4 buts • **to ~ a great success** remporter un grand succès • **to ~ points** (*fig*) marquer des points • **to ~ a point over sb** (*fig*) marquer un point contre qn
ⓑ (= *cut*) rayer • **lines ~d on a wall** des lignes tracées sur un mur
ⓒ (= *arrange musically*) **the film was ~d by Michael Nyman** la musique du film a été composée par Michael Nyman • **~d for piano and cello** écrit pour piano et violoncelle
3 (VI) (= *win points*) marquer un point (*or* des points); (= *score goal*) marquer un but (*or* des buts); (= *keep the score*) marquer les points • **to ~ well in a test** obtenir un bon résultat à un test • **that is where he ~s** c'est là qu'il a l'avantage • **to ~ over sb** marquer un point contre qn
4 (COMP) ▸ **score draw** N (*Brit*) match *m* nul (*avec un minimum de un but*)
▸ **score out, score through** VT SEP rayer

scoreboard ['skɔːbɔːd] (N) tableau *m* d'affichage (*des scores*)

scorecard ['skɔːkɑːd] (N) [*of game*] feuille *f* de score; (*Golf*) carte *f* de parcours; (*Cards*) feuille *f* de marque

scoreless ['skɔːlɪs] (ADJ) **the game was ~** aucun point (*or* but) n'a été marqué • **a ~ draw** un match nul zéro à zéro

scoreline ['skɔːlaɪn] (N) (*Sport*) score *m*

scorer ['skɔːrəʳ] (N) ⓐ (*keeping score*) marqueur *m* ⓑ (= *goal scorer*) marqueur *m* (de but)

scorn ['skɔːn] 1 (N) mépris *m* • **to be filled with ~** être plein de mépris • **to pour ~ on sb/sth** traiter qn/qch avec mépris • **my suggestion was greeted with ~** ma proposition a été accueillie avec mépris 2 (VT) [+ *person, action*] mépriser; [+ *advice, suggestion*] dédaigner

scornful ['skɔːnfʊl] (ADJ) méprisant • **to be ~ of sb/sth** mépriser qn/qch • **to be ~ about sth** manifester son mépris pour qch

scornfully ['skɔːnfəlɪ] (ADV) avec mépris

Scorpio ['skɔːpɪəʊ] (N) Scorpion *m* • **I'm ~** je suis Scorpion

scorpion ['skɔːpɪən] (N) scorpion *m*

Scot [skɒt] (N) Écossais(e) *m(f)* • **the ~s** les Écossais *mpl*

Scotch [skɒtʃ] 1 (N) (= *Scotch whisky*) scotch *m* 2 (ADJ) écossais 3 (COMP) ▸ **Scotch broth** N *potage écossais à base de mouton, de légumes et d'orge* ▸ **Scotch egg** N *œuf dur enrobé de chair à saucisse et pané* ▸ **Scotch mist** N bruine *f* ▸ **Scotch tape** ® N (*US*) scotch ® *m*

scotch [skɒtʃ] (VT) [+ *rumour*] étouffer; [+ *plan, attempt*] faire échouer

scot-free ['skɒt'friː] (ADV) **to get off ~** s'en tirer à bon compte

Scotland ['skɒtlənd] (N) Écosse *f* • **Secretary of State for ~** ministre *mf* des Affaires écossaises

Scots [skɒts] (N, ADJ) écossais *m*

Scotsman ['skɒtsmən] (N) (*pl* **-men**) Écossais *m*

Scotswoman ['skɒts,wʊmən] (N) (*pl* **-women**) Écossaise *f*

Scottish ['skɒtɪʃ] (ADJ) écossais ▸ **the Scottish Office** N le ministère des Affaires écossaises ▸ **the Scottish Parliament** N le Parlement écossais ▸ **Scottish Secretary** N ministre *mf* des Affaires écossaises

SCOTTISH PARLIAMENT/SCOTTISH GOVERNMENT

Le **Scottish Parliament**, instauré à la suite du référendum de 1997, contrôle le gouvernement écossais, pouvoir décentralisé responsable des questions juridiques, de la santé, de l'éducation, des transports, de l'environnement, de la fiscalité et de l'administration locale. Les affaires étrangères, la défense et la sécurité sociale restent du ressort du gouvernement britannique, qui siège à Westminster. Le « First Minister » est à la tête du **Scottish Government** mais le souverain britannique demeure le chef de l'État. En septembre 2014, à l'issue d'un nouveau référendum, les Écossais ont voté contre l'indépendance totale vis-à-vis du reste du Royaume-Uni. → DEVOLUTION

scoundrel ['skaʊndrəl] (N) fripouille *f*; (*stronger*) crapule *f*

scour ['skaʊəʳ] 1 (VT) ⓐ [+ *pan, sink*] récurer; [+ *floor*] frotter ⓑ (= *search*) fouiller • **they ~ed the neighbourhood in search of the murderer** ils ont fouillé le quartier pour trouver l'assassin • **I've ~ed the house and I can't see my keys anywhere** j'ai fouillé la maison de fond en comble et je n'arrive pas à trouver mes clés 2 (COMP) ▸ **scouring pad** N tampon *m* à récurer ▸ **scouring powder** N poudre *f* à récurer

scourer ['skaʊərəʳ] (N) (= *pad*) tampon *m* à récurer

scourge [skɜːdʒ] (N) fléau *m*

scouse* [skaʊs] (*Brit*) 1 (N) ⓐ (= *person*) *personne originaire de Liverpool* ⓑ (= *dialect*) dialecte *m* de Liverpool 2 (ADJ) de Liverpool

scout [skaʊt] 1 (N) ⓐ (*in army*) éclaireur *m* ⓑ (= *boy scout*) scout *m* ⓒ **to have a ~ round*** explorer (les alentours) • **have a ~ round to see if he's there** allez jeter un coup d'œil pour voir s'il est là ⓓ (= *talent scout*) découvreur *m*, -euse *f* de talents 2 (VI) aller en reconnaissance 3 (VT) explorer • **to ~ an area for sth** explorer un endroit pour trouver qch 4 (ADJ) [*camp, movement*] scout; [*uniform*] de scout
▸ **scout about, scout around** VI **to ~ about for sth** chercher qch

scoutmaster ['skaʊt,mɑːstəʳ] (N) chef *m* scout

scowl [skaʊl] 1 (N) air *m* renfrogné • **... he said with a ~** ... dit-il d'un air renfrogné 2 (VI) se renfrogner • **to ~ at sb/sth** jeter un regard mauvais à qn/qch

scrabble ['skræbl] 1 (VI) ⓐ (= *scrabble about*) **to ~ in the ground for sth** gratter la terre pour trouver qch • **she ~d (about *or* around) in the sand for the keys** elle cherchait les clés dans le sable • **he ~d (about *or* around) for a pen in the drawer** il a fouillé dans le tiroir à la recherche d'un stylo ⓑ (= *scramble*) **to ~ to do sth** chercher à faire qch au plus vite • **his mind ~d for alternatives** il se creusait la tête pour trouver au plus vite d'autres solutions 2 (N) (= *game*) **Scrabble**® Scrabble ® *m*

scraggly* ['skræglɪ] (ADJ) (*US*) [*beard, hair*] hirsute; [*plant*] difforme

scraggy ['skrægɪ] (ADJ) (= *scrawny*) maigre; [*hair, beard, fur*] peu fourni et hérissé

scram‡ [skræm] (VI) foutre le camp‡ • **~!** fous(-moi) le camp !‡

scramble ['skræmbl] 1 (VI) ⓐ (= *clamber*) **to ~ up/down** grimper/descendre péniblement • **he ~d along the cliff** il avançait péniblement le long de la falaise • **they ~d over the rocks** ils ont escaladé les rochers en s'aidant des pieds et des mains • **he ~d out of the car** il est descendu de la voiture à toute vitesse • **he ~d down off the wall** il a dégringolé du mur • **he ~d through the hedge** il s'est

S

frayé tant bien que mal un passage à travers la haie • **to ~ for** [+ *seats, jobs*] se bousculer pour (avoir)
ⓑ (*Brit*) **to go scrambling** faire du trial
2 VT [*message, signal*] crypter
3 N ⓐ ruée *f* • **there was a ~ for seats** (*at performance*) on s'est rué sur les places
4 COMP ▸ **scrambled eggs** NPL œufs *mpl* brouillés

scrambler ['skræmbləʳ] N (*Telec, TV*) brouilleur *m*

scrambling ['skræmblɪŋ] N (*Brit Sport*) trial *m*

scrap [skræp] **1** N ⓐ [*of paper, cloth*] (petit) bout *m*; [*of conversation, information*] bribe *f*; [*of news*] fragment *m* • **~s** (= *food remnants*) restes *mpl* • **there isn't a ~ of evidence** il n'y a pas la moindre preuve • **it wasn't a ~ of use** cela n'a servi absolument à rien
ⓑ (= *scrap iron*) ferraille *f* • **to sell a car for ~** vendre une voiture à la casse*
ⓒ (= *fight*) bagarre* *f* • **to have a ~** se bagarrer*
2 VT se débarrasser de; [+ *car, ship*] envoyer à la ferraille; [+ *project*] renoncer à • **let's ~ the idea** laissons tomber cette idée
3 VI (= *fight*) se bagarrer*
4 COMP ▸ **scrap dealer** N ferrailleur *m* ▸ **scrap metal** N ferraille *f* ▸ **scrap paper** N (*for scribbling on*) (papier *m* de) brouillon *m* ▸ **scrap value** N **its ~ value is £10** à la casse cela vaut 10 livres

scrapbook ['skræpbʊk] N album *m* (*de coupures de journaux*)

scrape [skreɪp] **1** N ⓐ **to give sth a ~** gratter qch • **to give one's knee a ~** s'égratigner le genou
ⓑ (= *trouble*)* **to get into a ~** s'attirer des ennuis
2 VT (= *graze*) égratigner; (= *just touch*) effleurer; (= *clean*) gratter • **to ~ one's knees** s'égratigner les genoux • **to ~ one's plate clean** racler son assiette • **I ~d his bumper** j'ai éraflé son pare-chocs • **to ~ a living** vivoter • **to ~ the bottom** [*ship*] racler le fond
3 VI (= *make scraping sound*) gratter; (= *rub*) frotter • **to ~ along the wall** frôler le mur • **to ~ through an exam** réussir un examen de justesse
▸ **scrape along** VI = **scrape by**
▸ **scrape by** VI (*financially*) vivoter • **she ~d by on £30 per week** elle vivotait avec 30 livres par semaine
▸ **scrape out** VT SEP [+ *contents*] enlever en grattant; [+ *pan*] récurer
▸ **scrape through** VI passer de justesse; (= *succeed*) réussir de justesse
▸ **scrape together** VT SEP [+ *objects, money*] rassembler (à grand-peine)
▸ **scrape up** VT SEP [+ *earth, pebbles*] mettre en tas; [+ *money*] rassembler à grand-peine

scraper ['skreɪpəʳ] N grattoir *m*

scrapheap ['skræphi:p] N tas *m* de ferraille • **to throw sth on the ~** (*fig*) mettre qch au rebut • **to throw sb on the ~*** se débarrasser de qn • **only fit for the ~*** bon à mettre au rancart* • **to end up on the ~** (*fig*) être mis au rebut

scraping ['skreɪpɪŋ] **1** ADJ [*noise*] de grattement **2** N **~s** [*of food*] restes *mpl*

scrappy ['skræpɪ] ADJ [*essay, film, match*] décousu • **a ~ goal** un but marqué à la suite d'un cafouillage

scrapyard ['skræpjɑ:d] N dépôt *m* de ferraille; (*for cars*) casse* *f*

scratch [skrætʃ] **1** N (*on skin*) égratignure *f*; (*on paint, car*) éraflure *f*; (*on glass, record*) rayure *f* • **they came out of it without a ~** ils s'en sont sortis sans une égratignure • **the cat gave her a ~** le chat l'a griffée • **to start from ~** partir de zéro* • **he didn't come up to ~** il ne s'est pas montré à la hauteur
2 VT ⓐ (*with nail, claw*) griffer; [+ *varnish*] érafler; [+ *record, glass*] rayer • **he ~ed his hand on a nail** il s'est écorché la main avec un clou • **he ~ed his name on the wood** il a gravé son nom dans le bois • **it only ~ed the surface** (*fig*) c'était très superficiel • **we've only managed to ~ the surface of the problem** nous n'avons fait qu'effleurer le problème
ⓑ (*to relieve itch*) gratter • **to ~ o.s.** se gratter • **to ~ one's head** se gratter la tête • **you ~ my back and I'll ~ yours** un petit service en vaut un autre
ⓒ [+ *meeting, match*] annuler; (*Comput*) effacer; [+ *competitor*] scratcher; (*US*) [+ *candidate*] rayer de la liste • **to ~ a ballot** (*US Politics*) modifier un bulletin de vote (*en rayant un nom*)
3 VI (*with nail, claw*) griffer; (= *to relieve itch*) se gratter; [*hen*] gratter le sol • **the dog was ~ing at the door** le chien grattait à la porte
4 COMP ▸ **scratch pad** N bloc-notes *m* ▸ **scratch paper** N (*US*) (papier *m* de) brouillon *m*
▸ **scratch out** VT SEP **to ~ sb's eyes out** arracher les yeux à qn

scratchcard ['skrætʃkɑ:d] N (*Brit*) carte *f* à gratter

scratchy ['skrætʃɪ] ADJ [*wool*] irritant pour la peau • **a ~ record** un disque qui grésille

scrawl [skrɔ:l] **1** N gribouillage *m* **2** VT griffonner

scrawny ['skrɔ:nɪ] ADJ maigre

scream [skri:m] **1** N ⓐ cri *m*; (*stronger*) hurlement *m* • **~s of laughter** des éclats *mpl* de rire • **to give a ~** pousser un hurlement ⓑ **he's a ~*** il est vraiment marrant* **2** VI [*person*] crier; (*stronger*) hurler; [*siren, brakes, wind*] hurler • **to ~ with laughter** rire aux éclats • **to ~ with pain** hurler de douleur • **to ~ for help** crier à l'aide • **to ~ at sb** crier après qn **3** VT hurler • **"shut up" he ~ed** « taisez-vous » hurla-t-il • **to ~ o.s. hoarse** s'enrouer à force de crier

scree [skri:] N éboulis *m* (*en montagne*)

screech [skri:tʃ] **1** N [*of person, brakes*] hurlement *m*; [*of tyres*] crissement *m* **2** VI [*person, brakes*] hurler; [*tyres*] crisser; [*singer, owl*] crier **3** VT hurler

screen [skri:n] **1** N ⓐ [*of television, computer, cinema*] écran *m* • **to show sth on a ~** projeter qch • **the ~** (= *cinema*) le grand écran • **the small ~** le petit écran • **to write for the ~** écrire pour le cinéma • **on ~** (*information, image*) à l'écran • **to work on ~** travailler sur écran
ⓑ (*in room*) paravent *m*; [*of trees*] rideau *m*
2 VT ⓐ (= *hide*) masquer; (= *protect*) protéger • **to ~ sth from sight** masquer qch aux regards • **to ~ sth from the wind** protéger qch du vent • **to ~ one's eyes** se protéger les yeux avec la main
ⓑ [+ *film*] projeter
ⓒ (= *check*) [+ *candidates*] présélectionner • **to ~ sb** examiner la candidature de qn • **the candidates were carefully ~ed** les candidatures ont été soigneusement examinées • **to ~ sb for cancer** faire passer un test de dépistage du cancer à qn • **to ~ one's calls** filtrer ses appels
3 COMP ▸ **screen door** N porte *f* moustiquaire ▸ **screen name** N (*Cine*) nom *m* d'acteur/d'actrice ▸ **screen rights** NPL droits *mpl* d'adaptation cinématographique ▸ **screen test** N bout *m* d'essai • **to do a ~ test** tourner un bout d'essai ▸ **screen saver** N économiseur *m* d'écran ▸ **screen writer** N scénariste *mf*

screening ['skri:nɪŋ] N ⓐ [*of film*] projection *f* ⓑ [*of* *candidates*] sélection *f* (c) (*medical*) examen *m* de dépistage • **the ~ of women for breast cancer** le dépistage du cancer du sein chez les femmes

screenplay ['skri:npleɪ] N scénario *m*

screenshot ['skri:nʃɒt] N capture *f* d'écran

screenwriting ['skri:nraɪtɪŋ] N écriture *f* de scénarios

screw [skru:] 1 N (a) vis *f* • **he's got a ~ loose*** il lui manque une case* • **to tighten the ~ on sb*** augmenter la pression sur qn
(b) (= *propeller*) hélice *f*
(c) (= *sex*)** **to have a ~** baiser**
(d) (= *prison warder*)* maton(ne)* *m(f)*
2 VT (a) visser (**on** sur, **to** à) • **to ~ sth tight** visser qch à bloc
(b) (= *twist*) **to ~ one's face into a smile** grimacer un sourire
(c) (= *have sex with*)** baiser**
(d) (= *cheat*)* baiser**
(e) (*in exclamations*)* **~ you!** va te faire foutre !**
3 VI se visser
4 COMP ▸ **screw cap** N couvercle *m* qui se visse ▸ **screw-in** ADJ à vis ▸ **screw top** N couvercle *m* qui se visse ▸ **screw-top, screw-topped** ADJ avec couvercle qui se visse
▸ **screw around** VI (a) (= *waste time*)* glander* (b) (*sexually*)** baiser** à gauche et à droite
▸ **screw down** VT SEP visser
▸ **screw off** 1 VI se dévisser 2 VT SEP dévisser
▸ **screw on** VT SEP visser • **he's got his head ~ed on all right*** il a la tête sur les épaules
▸ **screw together** VT SEP [+ *two parts*] visser ensemble • **to ~ sth together** assembler qch avec des vis
▸ **screw up** 1 VT SEP (a) [+ *paper*] chiffonner; [+ *handkerchief*] tortiller • **to ~ up one's eyes** plisser les yeux • **to ~ up one's face** faire la grimace • **to ~ up one's courage** prendre son courage à deux mains (**to do** pour faire) (b) (= *spoil*)* foutre en l'air* (c)* **to ~ sb up** perturber qn • **he is ~ed up** il est complètement paumé* 2 VI* merder**

screwball* ['skru:bɔ:l] ADJ, N cinglé(e)* *m(f)*

screwdriver ['skru:ˌdraɪvəʳ] N tournevis *m*

screwy* ['skru:ɪ] ADJ [*person*] cinglé*; [*idea, situation*] tordu*

scribble ['skrɪbl] 1 VI gribouiller • **he was scribbling in a notebook** il gribouillait sur un carnet 2 VT griffonner 3 N gribouillage *m*
▸ **scribble down** VT SEP [+ *notes*] griffonner

scrimmage ['skrɪmɪdʒ] N mêlée *f*

scrimp [skrɪmp] VI lésiner • **to ~ and save** économiser sur tout

scrip [skrɪp] N (*Finance*) titre *m* provisoire (d'action)

script [skrɪpt] 1 N (a) [*of film*] scénario *m*; [*of TV programme, play*] texte *m* (b) (*in exam*) copie *f* 2 VT [+ *film*] écrire le scénario de

scripted ['skrɪptɪd] ADJ [*talk, interview*] préparé d'avance

Scripture ['skrɪptʃəʳ] N Écriture *f* sainte

scriptwriter ['skrɪptˌraɪtəʳ] N scénariste *mf*

scroll [skrəʊl] 1 N [*of parchment*] rouleau *m*; (= *ancient book*) manuscrit *m* 2 VI (*Comput*) défiler 3 VT (*Comput*) **to ~ sth up/down** faire défiler qch vers le haut/le bas
4 COMP ▸ **scroll bar** N (*Comput*) barre *f* de défilement

scrollable ['skrəʊləbəl] ADJ (*Comput*) scrollable

Scrooge [skru:dʒ] N (= *miserly person*) harpagon *m*

scrotum ['skrəʊtəm] N scrotum *m*

scrounge* [skraʊndʒ] 1 VT [+ *meal*] réussir à se faire offrir (**off sb** par qn) • **to ~ money from sb** taper qn* • **he ~d £5 off him** il l'a tapé de 5 livres* 2 VI **he's always scrounging** c'est un parasite 3 N **to be on the ~ for sth** essayer d'emprunter qch • **he's always on the ~** c'est un parasite

scrounger* ['skraʊndʒəʳ] N parasite *m*

scrub [skrʌb] 1 N (a) **to give sth a good ~** bien nettoyer qch (avec une brosse) • **give your face a ~!** lave-toi bien la figure ! • **it needs a ~** cela a besoin d'un bon nettoyage
(b) (= *brushwood*) broussailles *fpl*
2 VT [+ *floor*] laver au balai-brosse; [+ *washing*] frotter (à la brosse); [+ *pan*] récurer • **to ~ one's hands** bien se nettoyer les mains • **she ~bed the walls clean** elle a nettoyé les murs à fond • **to ~ o.s.** se frotter vigoureusement
3 VI frotter • **to ~ at sth** récurer qch • **he was ~bing away at the oven** il récurait le four
4 COMP ▸ **scrubbing brush** N (*Brit*) brosse *f* à récurer
▸ **scrub away** VT SEP [+ *dirt, stain*] enlever en frottant
▸ **scrub down** VT SEP [+ *room, walls*] nettoyer à fond • **to ~ o.s. down** se laver à fond
▸ **scrub out** VT SEP [+ *name*] effacer; [+ *stain*] faire partir
▸ **scrub up** VI [*surgeon*] se brosser les mains avant d'opérer

scrubby ['skrʌbɪ] ADJ [*land*] broussailleux; [*trees, grass*] rabougri

scrubland ['skrʌblænd] N brousse *f*

scruff [skrʌf] N (a) **by the ~ of the neck** par la peau du cou (b) (= *untidy person*)* **you're such a ~!** tu as l'air d'un épouvantail !

scruffily ['skrʌfɪlɪ] ADV **~ dressed** débraillé

scruffiness ['skrʌfɪnɪs] N tenue *f* débraillée; [*of clothes, building*] aspect *m* miteux

scruffy ['skrʌfɪ] ADJ débraillé; [*building*] miteux

scrum [skrʌm] N (a) (*Rugby*) mêlée *f* (b) (= *group of people*) cohue *f*

scrumptious* ['skrʌmpʃəs] ADJ délicieux

scrumpy ['skrʌmpɪ] N (*Brit*) cidre *m* fermier

scrunch [skrʌntʃ] 1 VI **her feet ~ed on the gravel** ses pas crissaient sur le gravier 2 VT (= *crush*) écraser

scruple ['skru:pl] N scrupule *m* • **to have no ~s about sth** n'avoir aucun scrupule au sujet de qch • **to have no ~s about doing sth** n'avoir aucun scrupule à faire qch

scrupulous ['skru:pjʊləs] ADJ scrupuleux • **he was ~ about paying his debts** il payait scrupuleusement ses dettes

scrupulously ['skru:pjʊləslɪ] ADV (a) [*behave*] de manière scrupuleuse • **~ fair** d'une équité scrupuleuse (b) [*avoid*] soigneusement • **~ clean** d'une propreté irréprochable

scrutinize ['skru:tɪnaɪz] VT examiner minutieusement

scrutiny ['skru:tɪnɪ] N (a) [*of document, conduct*] examen *m* minutieux (b) (= *watchful gaze*) **under his ~, she felt nervous** son regard scrutateur la mettait mal à l'aise

scuba diving ['sku:bəˌdaɪvɪŋ] N plongée *f* sous-marine (autonome)

scuff [skʌf] VT [+ *shoes, furniture*] érafler

scuffle ['skʌfl] 1 N bagarre *f* 2 VI se bagarrer

scull [skʌl] 1 N (a) (= *oar*) aviron *m* (b) (= *boat*) outrigger *m* 2 VI (*with two oars*) ramer; (*with single oar*) godiller

scullery ['skʌlərɪ] N arrière-cuisine *f*
sculpt [skʌlp(t)] VT sculpter (**out of** dans)
sculptor ['skʌlptəʳ] N sculpteur *m*, -euse *f*
sculpture ['skʌlptʃəʳ] 1 N sculpture *f* 2 VTI sculpter
scum [skʌm] N écume *f*; (*dirty*) crasse *f* • **they're just ~** (*= people*) ce sont des moins que rien • **the ~ of the earth** le rebut du genre humain
scupper* ['skʌpəʳ] VT (*Brit*) [*+ plan, negotiations*] faire capoter*
scurrilous ['skʌrɪləs] ADJ [*rumour, article*] calomnieux
scurry ['skʌrɪ] VI courir précipitamment
scurvy ['skɜ:vɪ] N scorbut *m*
scuttle ['skʌtl] 1 N (*for coal*) seau *m* (à charbon) 2 VI courir précipitamment 3 VT ⓐ [*+ ship*] saborder ⓑ [*+ hopes, plans*] faire échouer
scuzzy‡ ['skʌzɪ] ADJ (*= dirty*) dégueulasse‡
scythe [saɪð] 1 N faux *f* 2 VT faucher
SD (ABBR OF **South Dakota**)
SDLP [ˌesdi:el'pi:] N (*Ir*) (ABBR OF **Social Democratic and Labour Party**)
SE (ABBR OF **south-east**) S-E
sea [si:] 1 N ⓐ mer *f* • **to swim in the ~** se baigner dans la mer • **by** *or* **beside the ~** au bord de la mer • **by ~** par mer • **to be carried out to ~** être emporté par la mer • **to put to ~** prendre la mer • **to look out to ~** regarder vers le large • **he was all at ~ in the discussion*** il était complètement perdu dans la discussion • **it left him all at ~*** cela l'a complètement désorienté
ⓑ **a ~ of faces/difficulties/doubts** une multitude de visages/de difficultés/de doutes
2 COMP ▸ **sea air** N air *m* marin ▸ **sea bed** N fonds *mpl* marins ▸ **sea bird** N oiseau *m* marin ▸ **sea bream** N dorade *f* ▸ **sea breeze** N brise *f* de mer ▸ **sea buckthorn** N (*= fruit*) argouse *f*; (*= shrub*) argousier *m* ▸ **sea change** N profond changement *m* ▸ **sea defences** NPL ouvrages *mpl* de défense (contre la mer) ▸ **sea fish** N poisson *m* de mer ▸ **sea floor** N fond *m* de la mer ▸ **sea front** N front *m* de mer ▸ **sea lane** N voie *f* de navigation maritime ▸ **sea level** N niveau *m* de la mer • **100 metres above/below ~ level** 100 mètres au-dessus/au-dessous du niveau de la mer ▸ **sea lion** N otarie *f* ▸ **sea power** N puissance *f* navale ▸ **sea salt** N sel *m* de mer ▸ **Sea Scout** N scout *m* marin ▸ **sea shanty** N chanson *f* de marins ▸ **sea shell** N coquillage *m* ▸ **sea trout** N truite *f* de mer ▸ **sea view** N (*Brit*) vue *f* sur la mer ▸ **sea wall** N digue *f* ▸ **sea water** N eau *f* de mer
seaboard ['si:bɔ:d] N littoral *m*, côte *f*
seafarer ['si:ˌfɛərəʳ] N marin *m*
seafaring ['si:ˌfɛərɪŋ] N (*also* **seafaring life**) vie *f* de marin
seafood ['si:fu:d] N fruits *mpl* de mer
seagoing ['si:gəʊɪŋ] ADJ [*ship*] long-courrier
seagull ['si:gʌl] N mouette *f*
seal [si:l] 1 N ⓐ (*= animal*) phoque *m* ⓑ (*on document*) sceau *m*; (*on envelope, package*) cachet *m* • **to give one's ~ of approval to sth** donner son approbation à qch • **this set the ~ on their alliance** cela a scellé leur alliance ⓒ (*on bottle, box, door, tank*) joint *m* (d'étanchéité) • **the ~ is not very good** ce n'est pas très étanche 2 VT ⓐ [*+ document*] sceller; [*+ envelope, packet*] fermer; [*+ jar*] fermer hermétiquement • **my lips are ~ed** mes lèvres sont scellées ⓑ [*+ area*] boucler; [*+ border*] fermer ⓒ [*+ bargain*] conclure • **to ~ sb's fate** régler le sort de qn
▸ **seal off** VT SEP (*= close up*) condamner; [*+ road, room*] interdire l'accès de; [*+ area*] boucler
seam [si:m] N ⓐ (*Sewing*) couture *f* • **to come apart at the ~s** [*garment*] se découdre; [*system, country*] s'écrouler • **to be bursting at the ~s*** être plein à craquer* ⓑ [*of coal*] filon *m*
seaman ['si:mən] N (*pl* **-men**) marin *m*; (*US Navy*) quartier-maître *m* de 2ᵉ classe
seamless ['si:mlɪs] ADJ ⓐ [*garment*] sans couture ⓑ [*transition*] sans heurts • **a ~ whole** un ensemble homogène
seamy ['si:mɪ] ADJ [*district*] louche • **the ~ side of life** le côté sordide de la vie
séance ['seɪɑ̃:ns] N séance *f* de spiritisme
seaplane ['si:pleɪn] N hydravion *m*
seaport ['si:pɔ:t] N port *m* de mer
sear [sɪəʳ] VT ⓐ (*= burn*) brûler ⓑ (*Cooking*) griller
search [sɜ:tʃ] 1 N ⓐ (*for sth lost*) recherche(s) *f(pl)* • **in ~ of** à la recherche de • **the ~ for the missing man** les recherches entreprises pour retrouver l'homme disparu • **to begin a ~ for** se mettre à la recherche de
ⓑ [*of pocket, district, luggage*] fouille *f*; [*of building*] perquisition *f* • **house ~** (*Police*) perquisition *f* à domicile • **the ~ for a cure** la recherche d'un remède
ⓒ (*Comput*) recherche *f* • **~ and replace** recherche *f* et remplacement *m*
2 VT ⓐ [*+ house, woods, district*] fouiller; [*police*] [*+ house*] perquisitionner • **they ~ed the woods for the child** ils ont fouillé les bois à la recherche de l'enfant
ⓑ (*= examine*) fouiller (dans) (**for** pour essayer de retrouver) • **they ~ed him for a weapon** ils l'ont fouillé pour voir s'il avait une arme • **~ me!*** je n'en ai pas la moindre idée !
ⓒ [*+ documents, records*] examiner (en détail) (**for** pour trouver) • **he ~ed her face for some sign of affection** il a cherché sur son visage un signe d'affection • **to ~ one's memory** essayer de se souvenir • **to ~ a file for sth** rechercher qch dans un fichier
3 VI ⓐ chercher • **to ~ for sth** chercher qch • **to ~ through sth** chercher dans qch • **they ~ed through his belongings** ils ont fouillé ses affaires
ⓑ (*Comput*) **to ~ for** rechercher
4 COMP ▸ **search algorithm** N algorithme *m* de recherche ▸ **search-and-destroy** ADJ [*mission, operation*] de recherche et destruction ▸ **search and rescue** N sauvetage *m* ▸ **search engine** N (*Comput*) moteur *m* de recherche ▸ **search party** N équipe *f* de secours ▸ **search warrant** N mandat *m* de perquisition
searcher ['sɜ:tʃəʳ] N chercheur *m*, -euse *f* (**for, after** en quête de)
searching ['sɜ:tʃɪŋ] ADJ inquisiteur (-trice *f*); [*question*] perspicace; [*examination*] rigoureux
searchlight ['sɜ:tʃlaɪt] N projecteur *m*
searing ['sɪərɪŋ] ADJ [*heat*] torride; [*pain*] fulgurant; [*criticism, article*] virulent
seashore ['si:ʃɔ:ʳ] N rivage *m* • **by** *or* **on the ~** au bord de la mer
seasick ['si:sɪk] ADJ **to be** *or* **feel ~** avoir le mal de mer
seasickness ['si:sɪknɪs] N mal *m* de mer
seaside ['si:saɪd] 1 N bord *m* de la mer • **at the ~** au bord de la mer • **we're going to the ~** nous allons au bord de la mer 2 COMP [*town*] au bord de la mer; [*holiday*] à la mer ▸ **seaside resort** N station *f* balnéaire

season ['si:zn] 1 N ⓐ saison *f* • **the start of the ~** (*for tourism, hotels*) le début de saison; (*Shooting*) l'ouverture de la chasse • **early in the ~** en début de saison • **late in the ~** tard dans la saison • **the busy ~** (*for hotels*) la pleine saison • **the peak/high/low ~** (*Brit*) la pleine/haute/basse saison • **the strawberry ~** la saison des fraises • **the football ~** la saison de football • **the tourist ~** la saison touristique • **the holiday ~** la période des vacances • **the Christmas ~** la période de Noël • **"Season's greetings"** « Joyeux Noël et bonne année » • **to be in ~** [*food*] être de saison • **the hotel is cheaper out of ~** l'hôtel est moins cher en basse saison
ⓑ (*theatrical*) saison *f* (théâtrale) • **he did a ~ at the Old Vic** il a joué à l'Old Vic pendant une saison • **a Dustin Hoffman ~** un cycle Dustin Hoffman
2 VT (*with condiments*) assaisonner; (*with spice*) épicer
3 COMP ▸ **season ticket** N carte *f* d'abonnement

seasonal ['si:zənl] ADJ [*work*] saisonnier; [*fruit*] de saison • **the holiday business is ~** le tourisme est une industrie saisonnière ▸ **seasonal affective disorder** N dépression *f* saisonnière

seasoned ['si:znd] ADJ (= *experienced*) expérimenté

seasoning ['si:znɪŋ] N assaisonnement *m* • **add ~** assaisonnez

seat [si:t] 1 N ⓐ (= *chair*) siège *m*; (*Theatre, Cinema*) fauteuil *m*; [*of cycle*] selle *f*
ⓑ (= *place to sit*) place *f* • **to take a ~** s'asseoir • **to take one's ~** prendre place • **I'd like two ~s for ...** je voudrais deux places pour ... • **keep a ~ for me** gardez-moi une place • **there are ~s for 70 people** il y a 70 places assises
ⓒ (= *part of chair*) siège *m*; [*of trousers*] fond *m*; (= *buttocks*)* postérieur* *m*
ⓓ [*of MP*] siège *m* • **they won/lost ten ~s** ils ont gagné/perdu dix sièges • **they won the ~ from the Conservatives** ils ont pris le siège des conservateurs • **a majority of 50 ~s** une majorité de 50 sièges
ⓔ (*on company board, committee*) siège *m*
2 VT ⓐ [+ *child*] (faire) asseoir; [+ *dinner guest*] placer • **to ~ o.s.** s'asseoir • **to remain ~ed** rester assis
ⓑ (= *have room for*) **how many does the hall ~?** combien y a-t-il de places assises dans la salle ? • **this table ~s eight** on peut tenir à huit à cette table
3 COMP ▸ **seat belt** N ceinture *f* de sécurité

seating ['si:tɪŋ] N (= *seats*) sièges *mpl*; (*as opposed to standing room*) places *fpl* assises • **~ for 600** 600 places assises ▸ **seating arrangements** NPL **what are the ~ arrangements?** où va-t-on faire asseoir les gens ? ▸ **seating plan** N (*at dinner*) plan *m* de table

seatwork ['si:twɜ:k] N (*US*) travail *m* fait en classe

seaweed ['si:wi:d] N algue(s) *f(pl)*

seaworthy ['si:ˌwɜ:ðɪ] ADJ en état de naviguer

sec* [sek] N (ABBR OF **second**) seconde *f*

secateurs [ˌsekə'tɜ:z] NPL (*Brit: also* **pair of secateurs**) sécateur *m*

secede [sɪ'si:d] VI faire sécession

secession [sɪ'seʃən] N sécession *f*

secessionist [sɪ'seʃnɪst] ADJ, N sécessionniste *mf*

> ✎ The French word **sécessionniste** has a double **n** and ends in **-e**.

secluded [sɪ'klu:dɪd] ADJ retiré; [*village*] isolé

seclusion [sɪ'klu:ʒən] N solitude *f* • **to live in ~** vivre retiré du monde

second[1] 1 ADJ ⓐ (*one of many*) deuxième; (*one of two*) second • **a ~ chance** une seconde chance • **Britain's ~ city** la deuxième ville de Grande-Bretagne • **the ~ day I was there** le lendemain de mon arrivée • **on the ~ floor** (*Brit*) au deuxième étage; (*US*) au premier étage • **to be ~ in the queue** être le (*or* la) deuxième dans la queue • **in the ~ place** deuxièmement • **to be in ~ place** être en deuxième position • **to finish in ~ place** terminer deuxième • **for the** *or* **a ~ time** pour la deuxième fois • **~ time around** la deuxième fois • **to be ~ to none** être sans égal • **San Francisco is ~ only to New York as the tourist capital of the States** San Francisco se place tout de suite après New York comme capitale touristique des États-Unis → **sixth**
ⓑ (= *additional*) deuxième • **to have a ~ home** avoir une résidence secondaire
ⓒ (= *another*) second • **there are fears of a ~ Chernobyl** on craint un second Tchernobyl • **she's like a ~ mother to me** elle est comme une deuxième mère pour moi • **~ self** autre soi-même *m*
ⓓ **~ violin** second violon *m* • **to play ~ violin** être second violon
2 ADV ⓐ (*one of many*) deuxième; (*one of two*) second • **to come ~** (*in poll, league table, race, election*) arriver deuxième (*or* second) • **he was placed ~** il s'est classé deuxième (*or* second)
ⓑ (= *secondly*) deuxièmement
ⓒ (+ *superl adj*) **the ~ tallest building in the world** le deuxième plus grand immeuble du monde • **the ~ most common question** la deuxième parmi les questions les plus souvent posées
3 N ⓐ deuxième *mf*, second(e) *m(f)* • **he came a good** *or* **close ~** il a été battu de justesse
ⓑ (*Boxing*) soigneur *m*, -euse *f*
ⓒ (*Brit Univ*) ≈ licence *f* avec mention • **he got an upper/a lower ~** ≈ il a eu sa licence avec mention bien/assez bien
ⓓ (*also* **second gear**) seconde *f* • **in ~** en seconde
4 NPL **seconds** ⓐ (= *imperfect goods*) articles *mpl* de second choix
ⓑ (= *second helping*)* rab‡ *m*
5 VT ⓐ [+ *motion*] appuyer; [+ *speaker*] appuyer la motion de • **I'll ~ that** je suis d'accord
ⓑ (*Brit*) [+ *employee*] détacher
6 COMP ▸ **second-best** N **it is the ~-best** c'est ce qu'il y a de mieux après; (= *poor substitute*) c'est un pis-aller ♦ ADJ **it's his ~-best novel** c'est presque son meilleur roman ♦ ADV **to come off ~-best** se faire battre ▸ **second chamber** N (*Parl*) deuxième chambre *f* • **the ~ chamber** (*Brit*) la Chambre haute, la Chambre des lords ▸ **second-class** ADJ [*ticket*] de seconde (classe); [*food, goods*] de qualité inférieure • **~-class citizen** citoyen(ne) *m(f)* de deuxième ordre • **~-class degree** (*Univ*) ≈ licence *f* avec mention • **~-class mail** (*Brit*) courrier *m* à tarif réduit; (*US*) imprimés *mpl* périodiques ♦ ADV **to travel ~-class** voyager en seconde • **to send sth ~-class** envoyer qch en courrier ordinaire ▸ **second cousin** N petit(e) cousin(e) *m(f)* (*issu(e) de germains*) ▸ **second fiddle** N **to play ~ fiddle** jouer les seconds rôles (**to sb** à côté de qn) ▸ **second gear** N seconde *f* ▸ **second-guess*** VT [+ *sb's reaction*] essayer d'anticiper • **to ~-guess sb** essayer d'anticiper ce que qn va faire ▸ **second-in-command** N second *m*, adjoint *m* • **to be ~ in command** être deuxième dans la hiérarchie ▸ **second language** N (*in education system*) première langue

f (étrangère); (*of individual*) deuxième langue *f* ▸**second name** N nom *m* de famille ▸**a second opinion** N l'avis *m* de quelqu'un d'autre; (*from doctor, lawyer*) un deuxième avis ▸**second person** N **the ~ person singular/plural** la deuxième personne du singulier/du pluriel ▸**second-rate** ADJ [*goods*] de qualité inférieure; [*work*] médiocre; [*writer*] de seconde zone ▸**second sight** N **to have ~ sight** avoir le don de double vue ▸**second string** N (*US Sport*) (= *player*) remplaçant(e) *m(f)*; (= *team*) équipe *f* de réserve ▸**second thought** N **without a ~ thought** sans hésiter • **not to give sb/sth a ~ thought** ne plus penser à qn/qch • **on ~ thoughts** (*Brit*) *or* **thought** (*US*) réflexion faite • **to have ~ thoughts (about sth)** (= *change mind*) changer d'avis (à propos de qch) • **I never had ~ thoughts about the decision** je n'ai jamais regretté cette décision • **to have ~ thoughts about doing sth** (= *be doubtful*) se demander si l'on doit faire qch; (= *change mind*) changer d'avis et décider de ne pas faire qch ▸**second wind** N **to get one's ~ wind** trouver un second souffle

> L'accent de l'anglais **second** tombe sur la première syllabe : ['sekənd], sauf lorsqu'il s'agit du verbe dans le sens de **détacher**, qui se prononce [sɪ'kɒnd], avec l'accent sur la seconde syllabe.

second² ['sekənd] N (*in time*) seconde *f* • **it won't take a ~** il y en a pour une seconde • **just a ~!** une seconde ! • **I'll be with you in (just) a ~** je suis à vous dans une seconde

secondary ['sekəndərɪ] **1** ADJ **a** [*role, effect*] secondaire • **of ~ importance** (d'une importance) secondaire • **the cost is a ~ consideration** la question du coût est secondaire **b** [*education*] secondaire, du second degré; [*student, teacher*] du secondaire • **after five years of ~ education** après cinq années d'enseignement secondaire **2** COMP ▸**secondary school** N établissement *m* d'enseignement secondaire; (*age 11 to 15*) collège *m* (d'enseignement secondaire); (*age 15 to 18*) lycée *m*

secondhand ['sekənd'hænd] **1** ADJ [*clothes, car*] d'occasion; [*information, account*] de seconde main **2** ADV [*buy*] d'occasion • **to hear sth ~** entendre dire qch **3** COMP ▸**secondhand bookshop** N bouquiniste *m*

secondly ['sekəndlɪ] ADV deuxièmement • **firstly ... ~ ...** premièrement ... deuxièmement ...

secondment [sɪ'kɒndmənt] N (*Brit*) **on ~** en détachement (**to** à)

secrecy ['si:krəsɪ] N secret *m* • **in ~** en secret • **a veil of ~** un voile de mystère • **his mission was shrouded in ~** sa mission était tenue secrète • **right to ~** droit *m* au secret • **there was an air of ~ about her** elle avait un petit air mystérieux

secret ['si:krɪt] **1** N secret *m* • **to keep a ~** garder un secret • **to keep sth a ~** garder qch secret • **to let sb into the ~** mettre qn dans le secret • **to be in on the ~** être au courant • **there's no ~ about it** cela n'a rien de secret • **to have no ~s from sb** ne pas avoir de secrets pour qn • **to make no ~ of** *or* **about sth** ne pas faire secret de qch • **the ~ of success** le secret du succès
▸**in secret** en secret
2 ADJ **a** secret (-ète *f*) • **it's all highly ~** tout cela est top secret • **to keep sth ~** garder qch secret
b [*ballot, vote*] à bulletin secret
c (= *private*) **I'm a ~ admirer of her novels** j'avoue que j'apprécie ses romans • **you've got a ~ admirer** quelqu'un t'admire en secret • **to be a ~ drinker** boire en cachette
3 COMP ▸**secret agent** N agent *m* secret ▸**the Secret Service** N (*Brit*) les services *mpl* secrets; (*US*) les services *mpl* chargés de la protection du président ▸**secret weapon** N arme *f* secrète

secretarial [,sekrə'tɛərɪəl] ADJ [*course, work*] de secrétariat; [*job*] de secrétaire; [*skills*] en secrétariat ▸**secretarial college, secretarial school** N école *f* de secrétariat

secretariat [,sekrə'tɛərɪət] N secrétariat *m*

secretary ['sekrətrɪ] N secrétaire *mf* ▸**Secretary of State** N (*Brit*) ministre *mf* (**of, for** de); (*US*) secrétaire *mf* d'État, ≈ ministre *mf* des Affaires étrangères ▸**secretary-general** N (*pl* **secretaries-general**) secrétaire *mf* général(e)

secrete [sɪ'kri:t] VT **a** (= *produce*) sécréter **b** (= *hide*) cacher

secretion [sɪ'kri:ʃən] N sécrétion *f*

secretive ['si:krətɪv] ADJ [*person*] secret (-ète *f*); [*air, behaviour*] mystérieux; [*organization*] impénétrable • **to be ~ about sth** faire mystère de qch

secretly ['si:krətlɪ] ADV [*meet, plan*] en secret; [*film*] en cachette; [*hope, want*] secrètement • **she was ~ relieved** elle en était secrètement soulagée

sect [sekt] N secte *f*

sectarian [sek'tɛərɪən] ADJ [*motive*] sectaire

sectarianism [sek'tɛərɪənɪzəm] N sectarisme *m*

section ['sekʃən] **1** N **a** section *f*; [*of town*] quartier *m*; [*of furniture*] élément *m* • **the string ~** [*of orchestra*] les cordes *fpl* • **the financial ~** (*Press*) les pages financières • **this bookcase comes in ~s** cette bibliothèque se vend par éléments **b** [*of report, article*] passage *m* **c** (= *cut*) coupe *f* • **vertical ~** coupe *f* verticale **2** VT **a** (= *divide*) diviser; (= *cut*) couper **b** [+ *mentally ill person*] interner
▸**section off** VT SEP séparer

sectional ['sekʃənl] ADJ **a** (= *factional*) [*interests*] d'un groupe; [*conflict*] interne **b** [*bookcase, furniture*] modulaire

sector ['sektəʳ] N secteur *m* • **private/public ~** secteur *m* privé/public

secular ['sekjʊləʳ] ADJ laïque; [*music*] profane

secularism ['sekjʊlərɪzəm] N (= *policy*) laïcité *f*; (= *doctrine*) laïcisme *m*

secure [sɪ'kjʊəʳ] **1** ADJ **a** [*job, position*] sûr; [*career, future*] assuré; [*relationship*] solide; [*environment*] sécurisant
b (= *unworried*) tranquille • **to feel ~** se sentir en sécurité • **to make sb feel ~** sécuriser qn • **to be financially ~** être à l'abri des soucis financiers • **~ in the knowledge that ...** avec la certitude que ...
c [*building, computer system*] protégé
d [*door, base, lock*] solide; [*structure*] stable • **to be on ~ ground** être en terrain connu
2 VT **a** (= *get*) obtenir • **a win that ~d them a place in the final** une victoire qui leur a assuré une place en finale
b [+ *rope*] bien attacher; [+ *door, window*] bien fermer
c (= *make safe*) protéger; [+ *debt, loan*] garantir; [+ *future*] assurer
3 COMP ▸**secure payment** N paiement *m* sécurisé ▸**secure payment system** N système *m* de paiement sécurisé ▸**secure unit** N (*Brit*) (*for young offenders*) ≈ centre *m* d'éducation surveillée

securely [sɪˈkjʊəlɪ] (ADV) [*fasten, fix*] solidement; [*lock*] bien • **he remains ~ in power** il est solidement installé au pouvoir • **~ established** solidement établi

security [sɪˈkjʊərɪtɪ] 1 (N) ⓐ sécurité *f* • **a child needs ~** un enfant a besoin de sécurité ⓑ [*of country, building*] sécurité *f* • **the trial took place amid tight ~** des mesures de sécurité exceptionnelles ont été prises pendant le procès • **~ was very lax** la sécurité était mal assurée ⓒ (*for loan*) caution *f*, garantie *f* 2 (NPL) **securities** valeurs *fpl*, titres *mpl* 3 (COMP) ▸**security camera** N caméra *f* de surveillance ▸**Security Council** N Conseil *m* de sécurité ▸**security guard** N garde *m* chargé de la sécurité; (*transporting money*) convoyeur *m* de fonds

sedan [sɪˈdæn] (N) (US) (= *car*) berline *f*

sedate [sɪˈdeɪt] 1 (ADJ) [*person*] posé; [*place, event*] tranquille 2 (VT) donner des sédatifs à

sedation [sɪˈdeɪʃən] (N) **under ~** sous sédatifs

sedative [ˈsedətɪv] (ADJ, N) sédatif *m*

sedentary [ˈsedntrɪ] (ADJ) sédentaire

sediment [ˈsedɪmənt] (N) sédiment *m*; (*in liquids*) dépôt *m*

seditious [səˈdɪʃəs] (ADJ) séditieux

seduce [sɪˈdjuːs] (VT) séduire • **to ~ sb into doing sth** entraîner qn à faire qch

seducer [sɪˈdjuːsəʳ] (N) séducteur *m*, -trice *f*

seduction [sɪˈdʌkʃən] (N) séduction *f*

seductive [sɪˈdʌktɪv] (ADJ) séduisant; [*message*] attrayant; [*garment*] sexy*

see [siː] (*pret* **saw**, *ptp* **seen**) 1 (VT) ⓐ voir • **I can ~ him** je le vois • **I saw him reading the letter** je l'ai vu lire la lettre • **~ page 10** voir page 10 • **I've ~n some things in my time but ...** j'en ai vu (des choses) dans ma vie mais ... • **I could ~ it coming*** je le sentais venir • **to ~ one's way** (*in dark*) trouver son chemin • **can you ~ your way to helping us?** est-ce que vous voyez un moyen de nous aider? • **I can't ~ my way to doing that** je ne vois pas comment je pourrais le faire

▸**to be seen there wasn't a house to be ~n** il n'y avait pas une maison en vue • **there wasn't a soul to be ~n** il n'y avait pas âme qui vive

ⓑ (= *understand*) voir • **I fail to ~ how you're going to do it** je ne vois pas du tout comment vous allez faire • **they ~ it differently** ce n'est pas leur avis • **the way I ~ it** à mon avis • **this is how I ~ it** voici comment je vois la chose • **do you ~ what I mean?** vous voyez ce que je veux dire? • **I don't ~ why not** (*granting permission*) je n'y vois aucune objection; (*not understanding sb's refusal*) je ne vois pas pourquoi • **to ~ the joke** comprendre la plaisanterie

ⓒ (= *look*) aller voir • **~ who's at the door** allez voir qui est à la porte • **I'll ~ what I can do** je vais voir ce que je peux faire

ⓓ (= *have an opinion*) trouver • **I don't ~ anything wrong with it** je n'y trouve rien à redire • **I don't know what she ~s in him** je ne sais pas ce qu'elle lui trouve

ⓔ (= *meet*) voir • **to go and ~ sb** aller voir qn • **I'm ~ing the doctor tomorrow** je vais chez le médecin demain • **how nice to ~ you!** ça me fait plaisir de vous voir!

ⓕ (= *visit*) voir • **I want to ~ the world** je veux voyager

ⓖ (*socially*) voir; (*romantically*) sortir avec • **they ~ a lot of him** ils le voient souvent • **we've ~n less of him lately** on l'a moins vu ces derniers temps

ⓗ (*saying goodbye*) **~ you!*** salut!* • **~ you later!*** à tout à l'heure! • **~ you some time!*** à un de ces jours! • **~ you soon!** à bientôt! • **~ you on Sunday** à dimanche • **~ you next week** à la semaine prochaine

ⓘ (= *experience*) **1963 saw the assassination of John F. Kennedy** l'année 1963 a été marquée par l'assassinat de John F. Kennedy • **since becoming a social worker she's certainly ~n life** depuis qu'elle est assistante sociale elle a pu se rendre compte de ce que c'est que la vie

ⓙ (= *accompany*) accompagner • **to ~ sb to the station** accompagner qn à la gare • **to ~ sb home/to the door** raccompagner qn jusque chez lui/jusqu'à la porte • **we had to ~ him to bed** nous avons dû l'aider à se coucher

ⓚ (= *allow to be*) **I couldn't ~ her left alone** je ne pouvais pas supporter qu'on la laisse *subj* toute seule

ⓛ (= *ensure*) s'assurer • **~ that he has all he needs** veillez à ce qu'il ne manque de rien • **~ that you have it ready for Monday** faites en sorte que ce soit prêt pour lundi • **I'll ~ he gets the letter** je me charge de lui faire parvenir la lettre

ⓜ (= *imagine*) voir • **I can't ~ him as Prime Minister** je ne le vois du tout Premier ministre • **I can't ~ myself doing that** je me vois mal faire cela • **I can't ~ myself being elected** je ne vois pas très bien comment je pourrais être élu • **can you ~ him as a father?** est-ce que vous l'imaginez père de famille? • **I can just ~ her!** je l'imagine tout à fait! • **I must be ~ing things*** je dois avoir des visions

2 (VI) voir • **to ~ in/out/through** voir à l'intérieur/à l'extérieur/à travers • **let me ~** (= *show me*) fais voir; (*at window*) laisse-moi regarder • **~ for yourself** voyez vous-même • **he couldn't ~ to read** il n'y voyait pas assez clair pour lire • **I can hardly ~ without my glasses** je n'y vois pas grand-chose sans mes lunettes • **cats can ~ in the dark** les chats voient clair la nuit • **you can ~ for miles** on y voit à des kilomètres • **I'll go and ~** je vais voir • **as far as I can ~** à ce que je vois • **I ~!** je vois! • **as you can ~** comme vous pouvez le voir • **so I ~** c'est ce que je vois • **... you ~** (*in explanations*) ... voyez-vous • **let's ~** voyons (un peu) • **I'll have to ~ (if)** je vais voir (si) • **we'll soon ~** nous le saurons bientôt • **we'll soon ~ if ...** nous saurons bientôt si ... • **can I go out? — we'll ~** est-ce que je peux sortir? — on verra

3 (COMP) ▸**see-through** ADJ transparent

▸**see about** VT INSEP ⓐ (= *deal with*) **he came to ~ about buying the house** il est venu voir s'il pouvait acheter la maison • **he came to ~ about the washing machine** il est venu pour la machine à laver ⓑ (= *consider*) **can I go? — we'll ~ about it** je peux y aller? — on verra • **he said he wouldn't do it — we'll ~ about that!** il a dit qu'il ne le ferait pas — c'est ce qu'on va voir! • **we must ~ about getting a new TV** il va falloir songer à acheter une nouvelle télé

▸**see in** VT SEP [+ *person*] faire entrer • **to ~ the New Year in** fêter la nouvelle année

▸**see off** VT SEP **I saw him off at the station/airport** je l'ai accompagné à la gare/à l'aéroport • **we'll come and ~ you off** on viendra vous dire au revoir

▸**see out** VT SEP [+ *person*] raccompagner à la porte • **I'll ~ myself out** pas la peine de me raccompagner!

▸**see through** 1 VT INSEP [+ *behaviour, promises*] ne pas se laisser abuser par • **I saw through him at once** j'ai tout de suite vu clair dans son jeu 2 VT SEP [+ *project, deal*] mener à terme • **$50 should ~ you through** 50 dollars devraient vous suffire

▸**see to** VT INSEP s'occuper de • **to ~ to it that ...** veiller à ce que ... + *subj* • **I'll ~ to the car** je m'occuperai de la voiture • **I'll ~ to it** j'y veillerai

S

seed [si:d] 1 N ⓐ graine *f*; (*in apple, grape*) pépin *m* • **to go to ~** [*plant*] monter en graine; [*person*] se laisser aller ⓑ (= *origin*) germe *m* • **the ~s of discontent** les germes *mpl* du mécontentement • **to sow ~s of doubt in sb's mind** semer le doute dans l'esprit de qn ⓒ (*Tennis*) tête *f* de série • **number one ~** tête *f* de série numéro un 2 VT (*Tennis*) **he was ~ed third** il était troisième tête de série

seedless ['si:dlɪs] ADJ sans pépins

seedling ['si:dlɪŋ] N plant *m*

seedy ['si:dɪ] ADJ minable

seeing ['si:ɪŋ] 1 N • (PROV) **~ is believing** voir c'est croire 2 CONJ **~ that** étant donné que 3 COMP ▸ **Seeing Eye dog** N (*US*) chien *m* d'aveugle

seek [si:k] (*pret, ptp* **sought**) 1 VT ⓐ (= *look for*) [+ *object, person, solution, happiness, peace*] chercher; [+ *fame*] rechercher • **to ~ one's fortune in Canada** chercher fortune au Canada • **candidates are urgently sought for the post of chef** (*in advertisements*) on recherche de toute urgence un chef de cuisine ⓑ (= *ask*) demander (**from sb** à qn) • **to ~ advice/help from sb** demander conseil/de l'aide à qn ⓒ (= *attempt*) chercher (**to do sth** à faire qch) • **they sought to kill him** ils ont cherché à le tuer 2 VI **much sought after** très recherché

▸ **seek out** VT SEP [+ *person*] aller voir; [+ *trouble*] chercher

seeker ['si:kəʳ] N (= *person*) chercheur *m*, -euse *f* → **asylum, job**

seem [si:m] VI ⓐ sembler • **he ~s honest** il semble honnête, il a l'air honnête • **further strikes ~ unlikely** il semble peu probable qu'il y ait de nouvelles grèves • **she makes it ~ so simple!** avec elle tout paraît si simple! • **I ~ to have heard that before** il me semble avoir déjà entendu cela • **he ~ed nice enough** il avait l'air plutôt gentil • **I can't ~ to do it** je n'arrive pas à le faire • **how did she ~ to you?** comment l'as-tu trouvée? • **how does it ~ to you?** qu'en penses-tu? • **it all ~s like a dream now** ce n'est déjà plus qu'un souvenir ⓑ (*impers vb*) sembler • **I've checked and it ~s she's right** j'ai vérifié et il semble qu'elle ait raison • **it ~s there's a strike** apparemment, il y a une grève • **it ~s to me that ...** il me semble que ... • **they're getting married? — yes, so it ~s** ils vont se marier? — oui, il paraît • **it ~s not** il paraît que non • **I did what ~ed best** j'ai fait pour le mieux • **it ~s ages since we last met** j'ai l'impression que ça fait des siècles* que nous ne nous sommes pas vus • **there ~s to be a mistake in this translation** je crois qu'il y a une erreur dans cette traduction

seeming ['si:mɪŋ] ADJ apparent

seemingly ['si:mɪŋlɪ] ADV apparemment

seemly ['si:mlɪ] ADJ [*behaviour*] convenable; [*dress*] décent

seen [si:n] VB *ptp of* **see**

seep [si:p] VI suinter • **water was ~ing through the walls** l'eau suintait des murs

seesaw ['si:sɔ:] N (jeu *m* de) bascule *f*

seethe [si:ð] VI **to ~ with anger/rage** bouillir de colère/rage • **he was positively seething*** il était vraiment fumasse* • **the streets were seething with people** les rues grouillaient de monde • **a seething mass of people** une foule grouillante

segment 1 N segment *m*; [*of orange*] quartier *m* 2 VT segmenter 3 VI se segmenter

> Lorsque **segment** est un nom, l'accent tombe sur la première syllabe: ['segmənt], lorsque c'est un verbe, sur la seconde: [seg'ment].

segmentation [ˌsegmən'teɪʃən] N segmentation *f*

segregate ['segrɪgeɪt] VT séparer

segregated ['segrɪgeɪtɪd] ADJ où la ségrégation est appliquée

segregation [ˌsegrɪ'geɪʃən] N ségrégation *f*

segregationist [ˌsegrɪ'geɪʃnɪst] 1 N ségrégationniste *mf* 2 ADJ [*riot, demonstration*] ségrégationniste; [*policy*] de ségrégation, ségrégationniste

> The French word **ségrégationniste** has a double **n** and ends in **-e**.

segue ['segweɪ] 1 VI **to ~ into sth** enchaîner sur *or* avec qch 2 N enchaînement *m*

Segway® ['segweɪ] N Segway® *m*, gyropode *m*

Seine [seɪn] N Seine *f*

seismic ['saɪzmɪk] ADJ sismique; [*shift, changes*] radical

seize [si:z] VT ⓐ (= *grab*) saisir • **she ~d him by the hand** elle lui a saisi la main • **to ~ the opportunity to do sth** saisir l'occasion de faire qch ⓑ (= *get possession of by force*) s'emparer de • **to ~ power** s'emparer du pouvoir ⓒ (= *arrest*) arrêter; (= *confiscate*) saisir

▸ **seize up** VI [*machine*] se gripper; [*elbow, knee*] se bloquer; [*traffic*] se paralyser

▸ **seize upon** VT INSEP [+ *opportunity, chance*] saisir; [+ *idea*] adopter

seizure ['si:ʒəʳ] N ⓐ [*of goods, property*] saisie *f* ⓑ (= *heart attack*) attaque *f*

seldom ['seldəm] ADV rarement • **he ~ worked** il travaillait rarement • **~ if ever** rarement pour ne pas dire jamais

select [sɪ'lekt] 1 VT [+ *team, candidate*] sélectionner (**from, among** parmi); [+ *gift, book, colour*] choisir (**from, among** parmi) • **~ed poems** poèmes *mpl* choisis 2 ADJ [*audience*] choisi; [*club*] fermé; [*restaurant*] chic *inv* • **a ~ few** quelques privilégiés • **a ~ group of friends** quelques amis choisis 3 COMP ▸ **select committee** N (*Brit*) commission *f* parlementaire (d'enquête)

selection [sɪ'lekʃən] N sélection *f*; [*of goods*] choix *m* ▸ **selection committee** N comité *m* de sélection

selective [sɪ'lektɪv] ADJ sélectif

selector [sɪ'lektəʳ] N (= *person*) sélectionneur *m*, -euse *f*

self [self] 1 N (*pl* **selves**) **the ~** le moi • **her real ~** sa vraie personnalité • **she's her old ~ again** elle est redevenue celle qu'elle était • **he'll soon be his usual ~ again** il retrouvera bientôt son état normal 2 COMP ▸ **self-absorbed** ADJ égocentrique ▸ **self-addressed envelope** N **send a ~-addressed envelope** envoyez une enveloppe à vos nom et adresse ▸ **self-adhesive** ADJ autocollant ▸ **self-appointed** ADJ [*expert*] soi-disant; [*leader*] autoproclamé ▸ **self-assessment** N autoévaluation *f* • **~-assessment system** (*Brit*) (= *taxation system*) *système de déclaration des revenus avec autoévaluation des impôts à payer* ▸ **self-assurance** N confiance *f* en soi ▸ **self-assured** ADJ sûr de soi ▸ **self-aware** ADJ conscient de soi-même ▸ **self-awareness** N (prise *f* de) conscience *f* de soi ▸ **self-balancing scooter** N gyroskate *m*, hoverboard *m* ▸ **self-belief** N confiance *f* en soi ▸ **self-catering** ADJ [*flat*] indépendant (avec cuisine);

[*holiday*] en location ▸**self-centred** ADJ égocentrique ▸**self-cleaning** ADJ autonettoyant ▸**self-coloured** (*Brit*), **self-colored** (*US*) ADJ uni ▸**self-composed** ADJ posé ▸**self-confessed** ADJ **he is a ~-confessed thief** il reconnaît être voleur ▸**self-confidence** N confiance *f* en soi ▸**self-confident** ADJ sûr de soi ▸**self-congratulation** N autosatisfaction *f* ▸**self-conscious** ADJ (= *shy*) [*person, manner*] emprunté; (= *aware of oneself or itself*) [*art, person, political movement*] conscient (de son image) • **to be ~-conscious about sth** être gêné par qch ▸**self-consciously** ADV (= *shyly*) de façon empruntée; (= *deliberately*) volontairement ▸**self-consciousness** N (= *shyness*) gêne *f*; (= *awareness*) conscience *f* (de son image) ▸**self-contained** ADJ [*person*] indépendant; (*Brit*) [*flat*] indépendant ▸**self-contradictory** ADJ [*text*] contradictoire; [*person*] qui se contredit ▸**self-control** N maîtrise *f* de soi ▸**self-controlled** ADJ maître (maîtresse *f*) de soi ▸**self-deception** N aveuglement *m* ▸**self-declared** ADJ autoproclamé ▸**self-defeating** ADJ **a ~-defeating plan** un plan qui va à l'encontre du but recherché ▸**self-defence** N autodéfense *f* • **it was in ~-defence** c'était de la légitime défense ▸**self-delusion** N aveuglement *m* ▸**self-denial** N abnégation *f* ▸**self-deprecating** ADJ **to be ~-deprecating** [*person*] se dénigrer soi-même ▸**self-destruct** VI s'autodétruire ♦ ADJ [*device, program*] autodestructeur (-trice *f*) ▸**self-destructive** ADJ [*behaviour*] autodestructeur (-trice *f*) • **she has a tendency to be ~-destructive** elle présente une tendance à l'autodestruction ▸**self-determination** N autodétermination *f* ▸**self-discipline** N autodiscipline *f* ▸**self-disciplined** ADJ **he is ~-disciplined** il fait preuve d'autodiscipline ▸**self-doubt** N manque *m* de confiance en soi ▸**self-drive** ADJ (*Brit*) sans chauffeur ▸**self-driving** ADJ [*vehicle*] autonome ▸**self-educated** ADJ autodidacte ▸**self-effacement** N effacement *m* ▸**self-effacing** ADJ effacé ▸**self-employed** ADJ **to be ~-employed** travailler à son compte ▸**the self-employed** NPL les travailleurs *mpl* indépendants ▸**self-esteem** N respect *m* de soi • **to have low/high ~-esteem** avoir une mauvaise/bonne opinion de soi-même ▸**self-evident** ADJ évident ▸**self-examination** N examen *m* de conscience; [*of breasts, testicles*] autopalpation *f* ▸**self-explanatory** ADJ explicite ▸**self-expression** N expression *f* (libre) ▸**self-governing** ADJ autonome ▸**self-government** N autonomie *f* ▸**self-harm** N automutilation *f* ♦ VI s'automutiler ▸**self-help group** N groupe *m* d'entraide ▸**self-image** N image *f* de soi-même ▸**self-importance** N suffisance *f* ▸**self-important** ADJ suffisant ▸**self-imposed** ADJ librement choisi; [*exile*] volontaire ▸**self-indulgence** N complaisance *f* envers soi-même ▸**self-indulgent** ADJ [*book, film*] complaisant • **a ~-indulgent lifestyle** un mode de vie hédoniste • **buying flowers for myself seems ~-indulgent** m'acheter des fleurs semble une dépense inutile ▸**self-inflicted** ADJ volontaire ▸**self-interest** N intérêt *m* (personnel) ▸**self-interested** ADJ intéressé ▸**self-know-ledge** N connaissance *f* de soi ▸**self-loading** ADJ [*gun*] automatique ▸**self-loathing** N dégoût *m* de soi-même ♦ ADJ qui se dégoûte ▸**self-locking** ADJ à fermeture automatique ▸**self-made man** N **he's a ~-made man** il s'est fait tout seul ▸**self-obsessed** ADJ égocentrique ▸**self-opinionated** ADJ entêté ▸**self-pity** N apitoiement *m* sur soi-même ▸**self-pitying** ADJ qui s'apitoie sur son (propre) sort ▸**self-portrait** N autoportrait *m* ▸**self-possessed** ADJ maître (maîtresse *f*) de soi ▸**self-pre-servation** N instinct *m* de conservation ▸**self-proclaimed** ADJ autoproclamé ▸**self-promotion** N autopromotion *f* ▸**self-propelled** ADJ autopropulsé ▸**self-protection** N **out of ~-protection** pour se défendre ▸**self-raising flour** N (*Brit*) farine *f* pour gâteaux (*avec levure incorporée*) ▸**self-regulation** N autorégulation *f* ▸**self-reliance** N autonomie *f* ▸**self-reliant** ADJ autonome ▸**self-respect** N respect *m* de soi ▸**self-respecting** ADJ digne de ce nom ▸**self-restraint** N retenue *f* ▸**self-righteous** ADJ moralisateur(-trice *f*) ▸**self-righteousness** N attitude *f* moralisatrice ▸**self-rising flour** N (*US*) farine *f* pour gâteaux (*avec levure incorporée*) ▸**self-rule** N (*Politics*) autonomie *f* ▸**self-sacrifice** N abnégation *f* ▸**self-satisfied** ADJ [*person*] content de soi; [*smile*] suffisant ▸**self-service** N, ADJ libre-service *m inv* • **~-service shop/restaurant** magasin *m*/restaurant *m* en libre-service • **~-service garage** station *f* (d'essence) en libre-service ▸**self-serving** ADJ intéressé ▸**self-starter** N (*in car*) démarreur *m*; (= *hard-working person*) personne *f* motivée (et pleine d'initiative) ▸**self-study** N apprentissage *m* autonome ▸**self-styled** ADJ soi-disant *inv* ▸**self-sufficiency** N autosuffisance *f* ▸**self-sufficient** ADJ autosuffisant ▸**self-taught** ADJ autodidacte ▸**self-timer** N (*on camera*) retardateur *m* ▸**self-worth** N **feeling of ~-worth** confiance *f* en soi

selfie* ['selfɪ] (N) selfie* *m*, égoportrait *m* ▸**selfie stick** N perche *f* à selfie

selfish ['selfɪʃ] (ADJ) [*person, behaviour, reason*] égoïste; [*motive*] intéressé

selfishly ['selfɪʃlɪ] (ADV) égoïstement

selfishness ['selfɪʃnɪs] (N) égoïsme *m*

selfless ['selflɪs] (ADJ) désintéressé

selflessly ['selflɪslɪ] (ADV) d'une façon désintéressée

selflessness ['selflɪsnɪs] (N) désintéressement *m*

sell [sel] (*pret, ptp* **sold**) 1 (VT) ⓐ vendre; [+ *stock*] écouler • **to ~ sth for $25** vendre qch 25 dollars • **he sold it to me for $10** il me l'a vendu 10 dollars • **he was ~ing them for £10 a dozen** il les vendait 10 livres la douzaine • **to ~ sb short** (= *cheat*) avoir qn*; (= *belittle*) ne pas rendre justice à qn • **to ~ o.s. short** ne pas se mettre en valeur • **he sold his soul** il a vendu son âme

ⓑ (= *put across*)* **to ~ sb an idea** faire accepter une idée à qn • **he doesn't ~ himself very well** il ne sait pas se vendre • **if you can ~ yourself to the voters** si vous arrivez à convaincre les électeurs • **to be sold on* sb/sth** être emballé* par qn/qch

2 (VI) se vendre • **these books ~ for $10 each** ces livres se vendent 10 dollars pièce • **it ~s well** cela se vend bien • **the idea didn't ~** l'idée n'a pas fait d'adeptes

3 (COMP) ▸**sell-by date** N date *f* limite de vente • **to be past one's ~-by date*** avoir fait son temps ▸**sell-off** N vente *f*

▸ **sell back** VT SEP revendre (*à la même personne*)

▸ **sell off** VT SEP [+ *stock*] liquider; [+ *goods*] solder; [+ *shares*] vendre

▸ **sell on** VT SEP revendre

▸ **sell out** 1 VI ⓐ (*US* = *sell up*) (*business*) vendre son affaire; (*stock*) liquider son stock ⓑ (= *be used up*) **the tickets have sold out** les billets ont tous été vendus ⓒ [*shopkeeper*] **to ~ out of sth** (*temporarily*) être à court de qch; (= *use up supply of*) épuiser son stock de qch ⓓ (*fig*) renier ses principes • **to ~ out to the enemy** passer à l'ennemi 2 VT SEP **this item is sold out** cet article est

S

épuisé • **we are sold out of everything** nous avons tout vendu • **the ballet was sold out** il n'y avait plus de billets pour le ballet

▸ **sell up** VI tout vendre

seller ['seləʳ] (N) vendeur *m*, -euse *f* • **newspaper-~** vendeur *m*, -euse *f* de journaux • **it's a ~'s market** le marché est vendeur

selling ['selɪŋ] (N) vente(s) *f(pl)* ▸ **selling point** N [*of item for sale*] argument *m* de vente; (*fig*) atout *m* ▸ **selling price** N prix *m* de vente

selloff ['selɒf] (N) vente *f*

Sellotape® ['seləʊteɪp] (*Brit*) 1 (N) ruban *m* adhésif 2 (VT) **sellotape** coller avec du ruban adhésif

sellout ['selaʊt] (N) ⓐ (*performance*) **the play was a ~** la pièce a été jouée à guichets fermés ⓑ (= *betrayal*) trahison *f* • **a ~ to the right** une capitulation devant la droite

seltzer ['seltsəʳ] (N) (*US*) eau *f* de Seltz

selves [selvz] (NPL) *of* **self**

semantic [sɪ'mæntɪk] (ADJ) sémantique

semaphore ['seməfɔːʳ] (N) (*with flags*) signaux *mpl* à bras • **in ~** par signaux à bras

semblance ['sembləns] (N) semblant *m* • **some ~ of efficiency** un semblant d'efficacité

semen ['siːmən] (N) sperme *m*

semester [sɪ'mestəʳ] (N) semestre *m*

semi ['semɪ] 1 (N) ⓐ (*Brit*)* (ABBR OF **semi-detached**) maison *f* jumelée ⓑ* (ABBR OF **semifinal**) demi-finale *f* 2 (COMP) ▸ **semi-annual** ADJ (*US*) semestriel ▸ **semi-skimmed** ADJ demi-écrémé

semicircle ['semɪsɜːkl] (N) demi-cercle *m*

semicircular [ˌsemɪ'sɜːkjʊləʳ] (ADJ) en demi-cercle

semicolon [ˌsemɪ'kəʊlən] (N) point-virgule *m*

semiconductor [ˌsemɪkən'dʌktəʳ] (N) semi-conducteur *m*

semiconscious [ˌsemɪ'kɒnʃəs] (ADJ) à demi conscient

semi-detached [ˌsemɪdɪ'tætʃt] (*Brit*) 1 (N) maison *f* jumelée 2 (ADJ) **~ houses** maisons *fpl* jumelles

semifinal [ˌsemɪ'faɪnl] (N) demi-finale *f* • **in the ~s** en demi-finale

semifinalist [ˌsemɪ'faɪnəlɪst] (N) demi-finaliste *mf*; (= *team*) équipe *f* demi-finaliste

seminal ['semɪnl] (ADJ) ⓐ [*fluid*] séminal ⓑ (= *influential*) déterminant; [*book*] fondateur

seminar ['semɪnɑːʳ] (N) séminaire *m*

seminarist ['semɪnərɪst] (N) séminariste *m*

seminary ['semɪnərɪ] (N) (= *priests' college*) séminaire *m*; (= *school*) petit séminaire *m*

semiprecious [ˌsemɪ'preʃəs] (ADJ) semi-précieux

semiprofessional [ˌsemɪprə'feʃənl] (ADJ) semi-professionnel

semiskilled [ˌsemɪ'skɪld] (ADJ) [*work*] d'ouvrier spécialisé • **~ worker** ouvrier *m*, -ière *f* spécialisé(e)

semolina [ˌsemə'liːnə] (N) semoule *f*; (= *pudding*) gâteau *m* de semoule

Sen. (*US*) (ABBR OF **Senator**)

senate ['senɪt] (N) ⓐ (*Politics*) **the Senate** le Sénat ⓑ [*of university*] conseil *m* d'université

> **SENATE**
> Le **Senate** est la chambre haute du «Congress», le parlement des États-Unis. Il est composé de 100 sénateurs, deux par État, élus au suffrage universel direct tous les six ans, un tiers d'entre eux étant renouvelé tous les deux ans. → CONGRESS

senator ['senɪtəʳ] (N) sénateur *m*

send [send] (*pret, ptp* **sent**) 1 (VT) envoyer (**to sb** à qn) • **I sent him a letter** je lui ai envoyé une lettre • **~ her my regards** transmettez-lui mes amitiés • **this decision ~s the wrong signal** *or* **message** cette décision risque d'être mal interprétée • **to ~ help** envoyer des secours • **to ~ word that ...** faire savoir que ... • **I'll ~ a car for you** j'enverrai une voiture vous chercher • **these things are sent to try us!** c'est le ciel qui nous envoie ces épreuves! • **to ~ sb for sth** envoyer qn chercher qch • **to ~ sb to do sth** envoyer qn faire qch • **I sent him to see her** je l'ai envoyé la voir • **to ~ sb to bed** envoyer qn se coucher • **to ~ sb home** renvoyer qn chez lui • **he was sent to prison** on l'a envoyé en prison • **to ~ sb to sleep** endormir qn • **to ~ sb into fits of laughter** faire éclater qn de rire • **to ~ sb packing*** envoyer promener qn* • **to ~ prices/shares soaring** faire monter les prix/les actions en flèche • **to ~ an astronaut/a rocket into space** envoyer un astronaute/une fusée dans l'espace • **the explosion sent a cloud of smoke into the air** l'explosion a projeté un nuage de fumée • **he sent the plate flying** il a envoyé voler* l'assiette • **to ~ sb flying** envoyer qn rouler à terre

2 (COMP) ▸ **send-off** N **they were given a warm ~-off** on leur a fait des adieux chaleureux • **they gave him a big ~-off** ils sont venus nombreux lui souhaiter bon voyage ▸ **send-up*** N (*Brit*) parodie *f*

▸ **send away** 1 VI **to ~ away for sth** commander qch par correspondance 2 VT SEP ⓐ envoyer; (= *expel*) (*from country, town*) expulser • **to ~ one's children away to school** envoyer ses enfants en pension • **to ~ a radio away to be fixed** donner une radio à réparer ⓑ (= *dismiss*) [+ *person*] congédier

▸ **send back** VT SEP renvoyer

▸ **send down** VT SEP ⓐ [+ *person*] faire descendre ⓑ [+ *prices, sb's temperature, blood pressure*] faire baisser

▸ **send for** VT INSEP ⓐ [+ *doctor, police*] appeler; (= *send sb to get*) faire appeler • **to ~ for help** envoyer chercher de l'aide ⓑ (= *order by post*) commander par correspondance

▸ **send in** VT SEP ⓐ [+ *person*] faire entrer; [+ *troops*] envoyer ⓑ [+ *resignation, report, application*] envoyer

▸ **send off** 1 VI **to ~ off for sth** commander qch par correspondance 2 VT SEP ⓐ [+ *person*] envoyer • **she sent the child off to the grocer's** elle a envoyé l'enfant chez l'épicier ⓑ (= *say goodbye to*) dire au revoir à • **there was a large crowd to ~ him off** une foule de gens était venue lui dire au revoir ⓒ [+ *letter, parcel, goods*] envoyer ⓓ [+ *player*] expulser

▸ **send on** VT SEP (*Brit*) [+ *letter*] faire suivre; [+ *luggage*] (*in advance*) expédier à l'avance; (*afterwards*) faire suivre; [+ *object left behind*] renvoyer

▸ **send out** 1 VI **to ~ out for sth** (= *order by phone*) commander qch par téléphone; (= *send sb to fetch*) envoyer chercher qch 2 VT SEP ⓐ [+ *person*] faire sortir • **she sent the children out to play** elle a envoyé les enfants jouer dehors • **they were sent out for talking too loudly** ils ont été mis à la porte parce qu'ils parlaient trop fort ⓑ [+ *leaflets*] envoyer (par la poste) ⓒ [+ *scouts, messengers*] envoyer ⓓ (= *emit*) [+ *smell, heat, smoke*] répandre; [+ *light*] diffuser; [+ *signal*] émettre

▸ **send round** VT SEP ⓐ (= *circulate*) faire circuler ⓑ (= *dispatch*) **I'll have it sent round to you as soon as it's ready** je vous le ferai parvenir dès que cela sera prêt

• **I sent him round to the video store** je l'ai envoyé au magasin de vidéos

▸ **send up** VT SEP ⓐ [+ *person, luggage*] faire monter; [+ *spacecraft, flare*] lancer; [+ *smoke*] envoyer; [+ *prices*] faire monter en flèche ⓑ (*Brit*) [+ *person*]* (= *make fun of*) mettre en boîte*; (= *imitate*) parodier

sender ['sendəʳ] N expéditeur *m*, -trice *f*

Senegal [ˌsenɪ'gɔːl] N Sénégal *m*

Senegalese [ˌsenɪgə'liːz] 1 ADJ sénégalais 2 N (*pl inv*) Sénégalais(e) *m(f)*

senile ['siːnaɪl] ADJ sénile ▸ **senile dementia** N démence *f* sénile

senility [sɪ'nɪlɪtɪ] N sénilité *f*

senior ['siːnɪəʳ] 1 ADJ [*employee*] de grade supérieur; [*officer, position, rank*] supérieur (-eure *f*) • **at ~ level** (*Sport*) en senior • **a ~ official** un haut fonctionnaire • **~ police officer** officier *m* de police haut gradé

2 N ⓐ (*in age*) **he is three years my ~** il est mon aîné de trois ans

ⓑ (*US*) (*at university*) étudiant(e) *m(f)* de licence; (*US*) (*at school*) élève *mf* de terminale • **the ~s** (*Brit*) (*at school*) les grand(e)s *m(f)pl*

3 COMP ▸ **senior citizen** N personne *f* du troisième âge ▸ **senior common room** N (*Brit*) salle *f* des professeurs ▸ **senior executive** N cadre *m* supérieur ▸ **senior high school** N (*US*) ≈ lycée *m* ▸ **senior prom** N (*US*) bal *m* des classes de terminale ▸ **senior school** N (= *oldest classes*) grandes classes *fpl*; (= *secondary school*) collège *m* d'enseignement secondaire ▸ **senior year** N (*US: at school*) (classe *f*) terminale *f*

seniority [ˌsiːnɪ'ɒrɪtɪ] N (*in age*) priorité *f* d'âge; (*in rank*) séniorité *f*; (*in years of service*) ancienneté *f*

sensation [sen'seɪʃən] N ⓐ (= *feeling*) sensation *f* • **to lose all ~ in one's arm** perdre toute sensation dans le bras • **a really odd ~** une sensation très étrange ⓑ (= *excitement, success*) sensation *f* • **to cause a ~** faire sensation • **it's a ~!** c'est sensationnel! • **she was an overnight ~** elle est devenue une star du jour au lendemain

sensational [sen'seɪʃənl] ADJ ⓐ [*event*] sensationnel • **~ murder** meurtre *m* qui fait sensation ⓑ [*film, novel, newspaper*] à sensation ⓒ (= *marvellous*)* sensationnel

> ✎ The French word **sensationnel** has a double **n** and ends in **-el** instead of **-al**.

sensationalism [sen'seɪʃnəlɪzəm] N sensationnalisme *m*

> ✎ The French word **sensationnalisme** has a double **n** and ends in **-e**.

sensationalistic [senˌseɪʃənə'lɪstɪk] ADJ racoleur

sensationalize [sen'seɪʃnəlaɪz] VT dramatiser

sensationally [sen'seɪʃnəlɪ] ADV de façon retentissante • **it was ~ successful** cela a eu un succès retentissant • **she ~ beat the number one seed** elle a fait sensation en battant la tête de série numéro un

sense [sens] 1 N ⓐ (= *faculty*) sens *m* • **~ of hearing** ouïe *f* • **~ of smell** odorat *m* • **~ of sight** vue *f* • **~ of taste** goût *m* • **~ of touch** toucher *m*

ⓑ (= *awareness*) sens *m* • **~ of direction** sens *m* de l'orientation • **he has no ~ of humour** il n'a pas le sens de l'humour • **to lose all ~ of time** perdre toute notion de l'heure

ⓒ (= *feeling*) sentiment *m* • **~ of belonging** sentiment d'appartenance • **a ~ of guilt** un sentiment de culpabilité • **~ of duty** sens *m* du devoir • **to have no ~ of shame** ne pas connaître la honte

ⓓ (= *good sense*) bon sens *m* • **there is some ~ in what he says** il y a du bon sens dans ce qu'il dit • **to have more ~ than to do sth** avoir trop de bon sens pour faire qch • **they should have more ~!** ils devraient avoir un peu plus de bon sens!

▸ **one's senses** (= *sanity*) **to take leave of one's ~s** perdre la raison • **to come to one's ~s** revenir à la raison • **to bring sb to his ~s** ramener qn à la raison

ⓔ (= *reasonable quality*) sens *m* • **there's no ~ in (doing) that** cela n'a pas de sens • **what's the ~ in (doing) that?** à quoi ça rime? • **to see ~** entendre raison

ⓕ (= *meaning*) sens *m* • **in the literal/figurative ~** au sens propre/figuré • **in every ~ of the word** dans toute l'acception du terme • **in the usual ~ of the word** au sens habituel du terme

▸ **in a sense** dans un (certain) sens • **in a very real ~** de fait

▸ **to make sense** [*words, speech*] avoir du sens • **what she did makes ~** ce qu'elle a fait se tient • **it makes ~ to take precautions** c'est une bonne idée de prendre des précautions • **to make ~ of sth** arriver à comprendre qch

2 VT ⓐ (= *become aware of*) sentir (intuitivement); [+ *trouble*] pressentir • **to ~ danger** pressentir le danger • **I could ~ his eyes on me** je sentais qu'il me regardait • **to ~ that one is unwelcome** sentir qu'on n'est pas le bienvenu

ⓑ [*machine, sensor device*] détecter

senseless ['senslɪs] ADJ ⓐ (= *stupid*) stupide; (*stronger*) absurde, insensé • **it is ~ to ...** ça ne sert à rien de ... • **a ~ waste of resources** un gaspillage insensé des ressources • **a ~ waste of human life** un gâchis humain ⓑ (= *unconscious*) sans connaissance • **he was knocked ~** le choc lui a fait perdre connaissance

sensibility [ˌsensɪ'bɪlɪtɪ] N ⓐ sensibilité *f* ⓑ **sensibilities** susceptibilité *f*

sensible ['sensəbl] ADJ ⓐ raisonnable • **she's a ~ person** elle est très raisonnable • **that was ~ of you** tu as très bien fait • **the most ~ thing to do would be to see her** le mieux serait de la voir ⓑ [*clothes, shoes*] pratique

sensibly ['sensəblɪ] ADV [*act, decide*] raisonnablement

sensitive ['sensɪtɪv] 1 ADJ ⓐ sensible • **she's a ~ soul** c'est quelqu'un de très sensible ⓑ (= *easily offended*) susceptible ⓒ [*skin, subject*] sensible; [*situation*] délicat • **this is politically very ~** c'est un point très sensible sur le plan politique 2 ADJ (*in compounds*) **heat-~** sensible à la chaleur • **light-~** sensible à la lumière

sensitivity [ˌsensɪ'tɪvɪtɪ] N ⓐ [*of person, instrument*] sensibilité *f* • **~ to pain** sensibilité à la douleur ⓑ [*of subject*] caractère *m* délicat; [*of information*] caractère *m* sensible • **an issue of great ~** un sujet très délicat

sensitize ['sensɪtaɪz] VT sensibiliser

sensor ['sensəʳ] N détecteur *m*

sensory ['sensərɪ] ADJ des sens; [*organ, nerve*] sensoriel

sensual ['sensjʊəl] ADJ sensuel

sensuous ['sensjʊəs] ADJ [*voice, person*] sensuel

sent [sent] VB *pt, ptp of* **send**

sentence ['sentəns] 1 N ⓐ (= *words*) phrase *f* ⓑ (= *judgement*) condamnation *f*; (= *punishment*) peine *f*

S

• **to pass ~ on sb** prononcer une peine contre qn • **under ~ of death** condamné à mort • **he got a five-year ~** il a été condamné à cinq ans de prison **2** VT prononcer une peine contre • **to ~ sb to five years** condamner qn à cinq ans de prison • **he was ~d to death** il a été condamné à mort

sentient ['senʃənt] ADJ sensible

sentiment ['sentɪmənt] N ⓐ (*= feeling*) sentiment *m* • **public ~** le sentiment général • **anti-government ~ was strong** il y avait un fort sentiment antigouvernemental ⓑ (*= view*) point *m* de vue • **he agreed with the ~s expressed by Dan Jones** il était d'accord avec le point de vue exprimé par Dan Jones

sentimental [ˌsentɪ'mentl] ADJ sentimental

sentimentality [ˌsentɪmen'tælɪtɪ] N sensiblerie *f*

sentry ['sentrɪ] N sentinelle *f* ▸ **sentry box** N guérite *f*

Seoul [səʊl] N Séoul

Sep. (ABBR OF **September**)

separable ['sepərəbl] ADJ séparable

separate **1** ADJ [*section, piece*] séparé; [*existence, organization, unit*] indépendant; [*entrance, question, issue*] autre • **they sleep in ~ rooms** ils font chambre à part • **they live ~ lives** ils mènent des vies séparées • **we want ~ bills** nous voudrions des additions séparées • **I wrote it on a ~ sheet** je l'ai écrit sur une feuille à part • **there will be ~ discussions on this question** cette question sera discutée séparément • **"with ~ toilet"** «avec WC séparé»

2 NPL **separates** (*= clothes*) vêtements *mpl* non coordonnés

3 VT séparer; (*= divide up*) diviser (**into** en); [*+ strands*] dédoubler • **to ~ fact from fiction** distinguer la réalité de la fiction • **only three points now ~ the two teams** trois points seulement séparent maintenant les deux équipes

4 VI ⓐ [*sauce*] se séparer ⓑ [*people*] se séparer

> Lorsque **separate** est un adjectif ou un nom, la fin se prononce comme **it** : ['sepərɪt] ; lorsque c'est un verbe, elle se prononce comme **eight** : ['sepəreɪt].

▸ **separate out** VT SEP séparer

separated ['sepəreɪtɪd] ADJ [*couple, person*] séparé

separately ['seprətlɪ] ADV séparément

separation [ˌsepə'reɪʃən] N séparation *f* (**from** d'avec)

separatism ['sepərətɪzəm] N séparatisme *m*

separatist ['sepərətɪst] ADJ, N séparatiste *mf*

sepia ['si:pjə] N sépia *f*

Sept. (ABBR OF **September**)

September [sep'tembəʳ] N septembre *m* • **the first of ~** le premier septembre • **the tenth of ~** le dix septembre • **on the tenth of ~** le dix septembre • **in ~** en septembre • **at the beginning of ~** au début du mois de septembre • **during ~** pendant le mois de septembre • **in early ~** au début du mois de septembre • **last/next ~** en septembre dernier/prochain

> The months in French are not spelt with a capital letter.

septic ['septɪk] ADJ septique; [*wound*] infecté • **to go ~** s'infecter ▸ **septic tank** N fosse *f* septique

septicaemia, septicemia (*US*) [ˌseptɪ'si:mɪə] N septicémie *f*

sequel ['si:kwəl] N ⓐ [*of book, film*] suite *f* ⓑ (*= consequence*) suite *f*, conséquence *f*

sequence ['si:kwəns] N ⓐ (*= order*) ordre *m* • **in ~** par ordre ⓑ (*= series*) suite *f*; (*Cards*) séquence *f* • **a ~ of events** une suite d'événements ⓒ **(film) ~** séquence *f* ⓓ (*Comput*) séquence *f*

sequencer ['si:kwənsəʳ] N séquenceur *m*

sequencing ['si:kwənsɪŋ] N séquençage *m*

sequential [sɪ'kwenʃəl] ADJ séquentiel

sequester [sɪ'kwestəʳ] VT ⓐ (*frm*) (*= isolate*) isoler; (*= shut up*) séquestrer ⓑ [*+ property*] placer sous séquestre

sequestrate [sɪ'kwestreɪt] VT ⓐ [*+ property*] placer sous séquestre ⓑ (*= confiscate*) confisquer

sequin ['si:kwɪn] N paillette *f*

sequinned, sequined (*US*) ['si:kwɪnd] ADJ pailleté

Serb [sɜ:b] **1** ADJ serbe **2** N Serbe *mf*

Serbia ['sɜ:bɪə] N Serbie *f*

Serbian ['sɜ:bɪən] **1** ADJ serbe **2** N Serbe *mf*

Serbo-Croat ['sɜ:bəʊ'krəʊæt] N (*= language*) serbo-croate *m*

serenade [ˌserə'neɪd] **1** N sérénade *f* **2** VT donner la sérénade à

serendipity [ˌserən'dɪpɪtɪ] N heureux hasard *m*; (*Science*) sérendipité *f*

serene [sə'ri:n] ADJ serein

serenity [sɪ'renɪtɪ] N sérénité *f*

sergeant ['sɑ:dʒənt] **1** N ⓐ (*Brit*) (*in forces*) sergent(e) *m(f)* ⓑ (*US Air Force*) caporal(e)-chef *m(f)* ⓒ (*Police*) ≈ brigadier *m*, -ière *f* **2** COMP ▸ **sergeant-major** N (*Brit*) sergent(e)-major *m(f)*; (*US*) adjudant(e)-chef *m(f)*

serial ['sɪərɪəl] **1** N feuilleton *m* • **13-part ~** feuilleton *m* en 13 épisodes **2** ADJ (*Comput*) série *inv*; [*access*] séquentiel **3** COMP ▸ **serial killer** N tueur *m* en série ▸ **serial number** N [*of goods, car engine*] numéro *m* de série; [*of banknote*] numéro *m* ▸ **serial port** N port *m* série

serialize ['sɪərɪəlaɪz] VT publier en feuilleton

series ['sɪərɪz] N (*pl inv*) série *f* • **there has been a ~ of incidents** il y a eu une série d'incidents • **this is the last in the present ~** voici la dernière émission de notre série

serious ['sɪərɪəs] ADJ ⓐ [*injury, mistake, situation*] grave; [*damage*] important; [*threat*] sérieux; [*loss*] lourd • **I have ~ doubts about ...** je doute sérieusement de ... • **the patient's condition is ~** le patient est dans un état grave ⓑ (*= not frivolous*) sérieux • **to give ~ thought to sth** songer sérieusement à qch • **to be ~ about one's work** être sérieux dans son travail • **she earns ~ money*** elle gagne un bon paquet*

seriously ['sɪərɪəslɪ] ADV ⓐ sérieusement; [*ill*] gravement; [*wounded*] grièvement • **yes, but ~ ...** oui, mais sérieusement ... • **~ now ...** sérieusement ... • **to take sth/sb ~** prendre qch/qn au sérieux • **to think ~ about sth** bien réfléchir à qch • **to think ~ about doing sth** songer sérieusement à faire qch ⓑ (*= very*) **to be ~ rich*** avoir beaucoup de fric*

seriousness ['sɪərɪəsnɪs] N ⓐ [*of situation, threat, loss, injury*] gravité *f*; [*of damage*] ampleur *f* ⓑ [*of offer, character*] sérieux *m*; [*of occasion*] importance *f* ⓒ ▸ **in all seriousness** sérieusement

serjeant ['sɑ:dʒənt] = **sergeant**

sermon ['sɜːmən] (N) sermon *m*
seropositive [ˌsɪərəʊ'pɒzɪtɪv] (ADJ) séropositif
serotonin [ˌserə'təʊnɪn] (N) sérotonine *f*
SERPS [sɜːps] (N) (*Brit*) (ABBR OF **state earnings-related pension scheme**) *système de retraite calculée sur le salaire*
serrated [se'reɪtɪd] (ADJ) [*edge, blade*] dentelé • **~ knife** couteau-scie *m*
serried ['serɪd] (ADJ) serré • **in ~ ranks** en rangs serrés
serum ['sɪərəm] (N) sérum *m*
servant ['sɜːvənt] (N) (*in household*) domestique *mf*; (*= maid*) bonne *f*; (*fig*) serviteur *m*, servante *f* • **is technology going to be our ~ or our master?** la technologie va-t-elle servir l'homme ou l'asservir ?
serve [sɜːv] 1 (VT) ⓐ (*= work for*) servir • **he has ~d the firm well** il a bien servi l'entreprise
ⓑ **to ~ mass** servir la messe
ⓒ [*object*] servir (**as** de) • **the kitchen ~s her as an office** la cuisine lui sert de bureau • **this old bike has ~d me well** ce vieux vélo m'a bien rendu service • **it will ~ my** (*or* **your** *etc*) **purpose** cela fera l'affaire • **to ~ sb's interests** servir les intérêts de qn • **it ~s no useful purpose** cela ne sert à rien
▸ **to serve sb right** **it ~s him right** c'est bien fait pour lui • **it ~s you right for being so stupid** cela t'apprendra à être si stupide
ⓓ (*in shop, restaurant*) servir • **to ~ sb (with) sth** servir qch à qn • **are you being ~d?** est-ce qu'on s'occupe de vous ?
ⓔ [*+ food, meal*] servir (**to sb** à qn) • **dinner is ~d** le dîner est servi • **"~s five"** « pour cinq personnes »
ⓕ [*library, hospital*] desservir; [*utility*] alimenter • **the power station ~s a large district** la centrale alimente une zone étendue
ⓖ (*= work out*) **to ~ one's apprenticeship (as)** faire son apprentissage (de) • **to ~ time** (*Prison*) faire de la prison • **he ~d over 25 years** (*Prison*) il a fait plus de 25 ans de prison
ⓗ (*Tennis*) servir
2 (VI) ⓐ servir • **to ~ on a jury** être membre d'un jury • **to ~ in the army** servir dans l'armée
ⓑ (*= be useful*) servir (**as** de), être utile • **that table is not exactly what I want but it will ~** cette table n'est pas exactement ce que je veux mais elle fera l'affaire • **it ~s to show/explain ...** cela sert à montrer/expliquer ...
ⓒ (*Tennis*) servir • **Murray to ~** au service, Murray
3 (N) (*Tennis*) service *m* • **it's your ~** c'est à vous de servir
▸ **serve out** VT SEP ⓐ [*+ meal, soup*] servir ⓑ [*+ term of office, contract*] finir; [*+ prison sentence*] purger
▸ **serve up** VT SEP servir
server ['sɜːvəʳ] 1 (N) ⓐ (*Comput*) serveur *m* ⓑ (*Tennis*) serveur *m*, -euse *f* 2 (COMP) ▸ **server farm** N (*Comput*) ferme *f* de serveurs
service ['sɜːvɪs] 1 (N) ⓐ (*= act of serving*) service *m* • **ten years' ~** dix ans de service • **on Her Majesty's ~** au service de Sa Majesté • **at your ~** à votre service • **to be of ~ to sb** être utile à qn • **to do sb a ~** rendre service à qn • **to bring/come into ~** mettre/entrer en service • **this machine is out of ~** cette machine est hors service • **the ~ is very poor** (*in restaurant*) le service est très mauvais • **15% ~ included** (*Brit*) (*on bill*) service compris 15 %
ⓑ (*= department, system*) service *m* • **medical/social ~s** services *mpl* médicaux/sociaux • **the train ~ to London is excellent** Londres est très bien desservi par le train
ⓒ (*religious*) service *m*
ⓓ [*of car*] révision *f*; [*of household machine*] service *m* après-vente
ⓔ (*Tennis*) service *m*
2 (NPL) **services** ⓐ (*on motorway*) = **service station**
ⓑ **the (armed) ~s** les forces *fpl* armées
3 (VT) [*+ car, washing machine*] réviser; [*+ organization, group*] offrir ses services à
4 (COMP) ▸ **service area** N aire *f* de services ▸ **service charge** N service *m* ▸ **service department** N (*= repair shop*) atelier *m* de réparations ▸ **service engineer** N agent(e) *m(f)* de maintenance ▸ **service history** N [*of car*] carnet *m* d'entretien • **the car has a full ~ history** le carnet d'entretien de la voiture est à jour ▸ **service industries** NPL industries *fpl* de service ▸ **service provider** N prestataire *m* de services ▸ **service station** N station-service *f*
serviceable ['sɜːvɪsəbl] (ADJ) ⓐ (*= practical*) fonctionnel ⓑ (*= usable*) utilisable
serviceman ['sɜːvɪsmən] (N) (*pl* **-men**) militaire *m*
servicewoman ['sɜːvɪsˌwʊmən] (N) (*pl* **-women**) militaire *f*
servicing ['sɜːvɪsɪŋ] (N) [*of car*] révision *f*
serviette [ˌsɜːvɪ'et] (N) (*Brit*) serviette *f* (de table)
servile ['sɜːvaɪl] (ADJ) servile
serving ['sɜːvɪŋ] (N) (*= portion*) portion *f*, part *f* ▸ **serving dish** N plat *m* de service ▸ **serving spoon** N grande cuillère *f* (*pour servir*)
sesame seeds ['sesəmɪˌsiːdz] (NPL) graines *fpl* de sésame
session ['seʃən] 1 (N) ⓐ (*= sitting*) séance *f* • **a photo ~** une séance de photos • **I had a ~ with him yesterday** (*working*) nous avons travaillé ensemble hier; (*in discussion*) nous avons eu une (longue) discussion hier • **to be in ~** siéger • **to go into secret ~** siéger à huis clos
ⓑ (*= educational year*) année *f* scolaire (*or* universitaire); (*US*) (*= term*) trimestre *m* 2 (COMP) ▸ **session musician** N musicien(ne) *m(f)* de studio
set [set] (*vb: pret, ptp* **set**) 1 (N) ⓐ [*of oars, keys, golf clubs, spanners*] jeu *m*; [*of chairs, saucepans, weights*] série *f*; [*of clothes*] ensemble *m*; [*of dishes, plates*] service *m* • **I need two more to make up the ~** il m'en manque deux pour avoir le jeu complet • **in ~s of three** par trois • **you can't buy them separately, they're a ~** vous ne pouvez pas les acheter séparément ils forment un lot • **a ~ of dining-room furniture** un ensemble de salle à manger • **painting ~** boîte *f* de peinture • **chess ~** jeu *m* d'échecs
ⓑ (*Tennis*) set *m*
ⓒ (*also* **TV set**) poste *m* de télévision
ⓓ (*= group of people*) bande *f*
ⓔ (*Brit*) (*= class*) groupe *m* de niveau
ⓕ (*Cinema*) plateau *m*; (*= scenery*) décor *m* • **on the ~** sur le plateau
2 (ADJ) ⓐ (*= unchanging*) [*price, time, purpose*] fixe; [*smile, jaw*] figé; [*idea*] (bien) arrêté; [*lunch*] à prix fixe • **~ in one's ways** routinier • **the ~ meal** le menu • **the ~ menu** le menu • **~ phrase** expression *f* figée
ⓑ (*= prearranged*) [*time, date*] fixé; [*book, subject*] au programme
ⓒ (*= determined*)
▸ **to be set on (doing) sth** vouloir (faire) qch à tout prix
▸ **to be (dead) set against sth** s'opposer (absolument) à qch

ⓓ (*= ready*) prêt • **on your marks, get ~, go!** à vos marques, prêts, partez ! • **to be all ~ to do sth** être prêt à *or* pour faire qch
3 VT ⓐ (*= put*) [*+ object*] placer • **the house is ~ on a hill** la maison est située sur une colline • **his stories, ~ in the Paris of 1890, ...** ses histoires, situées dans le Paris de 1890, ... • **he ~ the scheme before the committee** il a présenté le projet au comité • **she ~ a high value on independence** elle accordait un grand prix à son indépendance • **we must ~ the advantages against the disadvantages** il faut peser le pour et le contre
ⓑ (*= adjust*) régler; [*+ alarm*] mettre • **~ your watch to 2pm** mettez votre montre à 14 heures • **have you ~ the alarm clock?** est-ce que tu as mis le réveil ?
ⓒ [*+ arm, leg*] plâtrer • **to ~ sb's hair** faire une mise en plis à qn
ⓓ [*+ date, deadline, limit*] fixer • **let's ~ a time for the meeting** fixons l'heure de la réunion • **he has ~ a new record** il a établi un nouveau record
ⓔ [*+ task, subject*] donner; [*+ exam, test*] choisir les questions de; [*+ texts*] mettre au programme • **I ~ them a difficult translation** je leur ai donné une traduction difficile • **I ~ him the task of clearing up** je l'ai chargé de ranger
ⓕ (*= cause to be, do, begin*) **to ~ sth going** mettre qch en marche • **to ~ sb to do sth** faire faire qch à qn • **I ~ him to work at once** je l'ai mis au travail aussitôt • **to ~ o.s. to do sth** entreprendre de faire qch
4 VI ⓐ [*sun, moon*] se coucher • **the ~ting sun** le soleil couchant
ⓑ [*broken bone, limb*] se ressouder; [*jelly, jam, concrete*] prendre
ⓒ (*= start*)
▸ **to set to work** se mettre au travail
5 COMP ▸ **set-aside** N (*EU*) jachère *f* obligatoire ▸ **set piece** N (*in music competition*) morceau *m* imposé; (*Sport*) combinaison *f* calculée ▸ **set point** N (*Tennis*) balle *f* de set ▸ **set-to*** N (*= fight*) bagarre *f*; (*= quarrel*) prise *f* de bec* ▸ **set-top box** N (*TV*) décodeur *m*
▸ **set about** VT INSEP ⓐ (*= begin*) se mettre à • **to ~ about doing sth** se mettre à faire qch ⓑ (*= attack*) attaquer
▸ **set against** VT SEP ⓐ [*+ argument, fact*] opposer ⓑ [*+ person*] monter contre
▸ **set apart** VT SEP [*+ person*] distinguer
▸ **set aside** VT SEP ⓐ (*= keep*) mettre de côté ⓑ [*+ objection*] ignorer; [*+ differences*] oublier
▸ **set back** VT SEP ⓐ [*+ development, progress, clock*] retarder • **the disaster ~ back the project by ten years** le désastre a retardé de dix ans la réalisation du projet ⓑ (*= cost*)* **it ~ me back £1000** ça m'a coûté 1 000 livres
▸ **set down** VT SEP ⓐ (*= put down*) [*+ object*] poser ⓑ (*= record*) noter; [*+ rules, guidelines*] établir
▸ **set forth** 1 VI = **set off** 2 VT SEP [*+ idea, plan, opinion*] exposer
▸ **set in** VI [*complications, difficulties*] survenir • **a reaction ~ in after the war** une réaction s'est amorcée après la guerre • **the rain has ~ in for the night** il va pleuvoir toute la nuit
▸ **set off** 1 VI (*= leave*) se mettre en route • **to ~ off on a journey** partir en voyage 2 VT SEP ⓐ [*+ bomb*] faire exploser; [*+ firework*] faire partir; [*+ alarm, riot*] déclencher ⓑ (*= enhance*) mettre en valeur
▸ **set on** VT SEP ⓐ attaquer ⓑ (*= order to attack*) **he ~ his dogs on us** il a lâché ses chiens sur nous
▸ **set out** 1 VI ⓐ (*= leave, depart*) partir (**in search of** à la recherche de) ⓑ (*= attempt*) **he ~ out to explain why it had happened** il a essayé d'expliquer pourquoi cela s'était produit • **to ~ out to do sth** tenter de faire qch
2 VT SEP [*+ books, goods*] exposer; [*+ chessmen, cakes*] disposer; [*+ reasons, ideas*] exposer
▸ **set to** VI (*= start*) commencer; (*= start work*) s'y mettre*
▸ **set up** 1 VI (*= start business*) s'établir 2 VT SEP ⓐ (*= place in position*) mettre en place • **to ~ up camp** établir un camp ⓑ [*+ organization*] fonder; [*+ business, company, fund*] créer; [*+ system, procedure*] mettre en place; [*+ meeting*] organiser • **to ~ up an inquiry** ouvrir une enquête • **to ~ up house** s'installer • **to ~ up shop** s'établir • **to ~ sb up in business** lancer qn dans les affaires • **he's all ~ up now** il est bien lancé maintenant • **I've ~ it all up for you** je vous ai tout installé ⓒ (*= pose*) **I've never ~ myself up as a scholar** je n'ai jamais prétendu être savant ⓓ (*= strengthen*) [*food, drink*] mettre d'attaque ⓔ (*= equip*) munir (**with** de) ⓕ (*= falsely incriminate*)* monter un coup contre • **I've been ~ up** je suis victime d'un coup monté
▸ **set upon** VT INSEP se jeter sur

setback [ˈsetbæk] N (*= hitch*) contretemps *m*; (*more serious*) échec *m*

settee [seˈtiː] N canapé *m*

setting [ˈsetɪŋ] N ⓐ (*= surroundings, background*) cadre *m* ⓑ [*of jewel*] monture *f* ⓒ [*of cooker, heater*] réglage *m*

settle [ˈsetl] 1 VT ⓐ (*= sort out*) régler; [*+ problem*] résoudre; (*= fix*) fixer • **they have ~d their differences** ils ont réglé leurs différends • **several points remain to be ~d** il reste encore plusieurs points à régler • **that ~s it!** (*= that's made my mind up*) c'est décidé ! • **that's ~d then?** alors c'est entendu ? • **nothing is ~d** on n'a encore rien décidé
ⓑ [*+ debt*] rembourser; [*+ bill, account*] régler
ⓒ [*+ child, patient*] installer • **to ~ a child for the night** installer un enfant pour la nuit • **she ~d her head back against the headrest** elle a reposé sa tête sur l'appuie-tête
ⓓ [*+ nerves*] calmer; [*+ doubts*] dissiper • **to ~ one's stomach** calmer les douleurs d'estomac
ⓔ [*+ land*] (*= colonize*) coloniser; (*= inhabit*) peupler
2 VI ⓐ [*bird, insect*] se poser
ⓑ [*sediment*] se déposer
ⓒ [*dust*] retomber • **to ~ on sth** [*dust, snow*] couvrir qch • **the cold has ~d on his chest** son rhume s'est transformé en bronchite • **her eyes ~d on him** son regard se posa sur lui • **when the dust has ~d** (*fig*) quand les choses se seront tassées*
ⓓ (*= get comfortable*) **to ~ into an armchair** s'installer (confortablement) dans un fauteuil • **to ~ into one's new job** s'habituer à son nouvel emploi • **to ~ into a routine** s'installer dans une routine
ⓔ (*= go to live*) s'installer • **he ~d in France** il s'est installé en France
ⓕ (*= pay*) **I'll ~ for all of us** je vais régler la note (pour tout le monde) • **to ~ out of court** arriver à un règlement à l'amiable
▸ **settle down** 1 VI (*= take up one's residence*) s'installer; (*= become calmer*) se calmer; (*after wild youth*) se ranger; [*emotions*] s'apaiser; [*situation*] s'arranger • **to ~ down**

to work se mettre (sérieusement) au travail • **to ~ down at school** s'habituer à l'école • **it's time he got married and ~d down** il est temps qu'il se marie et qu'il ait une vie stable • **when things have ~d down again** quand les choses se seront calmées **2** VT SEP installer • **he ~d the child down on the settee** il a installé l'enfant sur le canapé

▸ **settle for** VT INSEP se contenter de • **will you ~ for a draw?** un match nul vous satisferait-il ?

▸ **settle in** VI s'adapter • **we took some time to ~ in** nous avons mis du temps à nous adapter

▸ **settle on** VT INSEP se décider pour

▸ **settle up** VI régler (la note) • **to ~ up with sb** régler qn

settled ['setld] **1** (VB) *pret ptp of* **settle** **2** (ADJ) ⓐ [*weather, situation*] stable ⓑ [*social order, life*] établi ⓒ (= *at ease*) **I feel ~** je me sens bien

settlement ['setlmənt] (N) ⓐ [*of argument, bill*] règlement *m*; [*of terms, details*] décision *f* (**of** concernant); [*of problem*] solution *f* ⓑ (= *agreement*) accord *m* • **to reach a ~** parvenir à un accord ⓒ (= *colonization*) colonisation *f*; (= *colony*) colonie *f*; (= *village*) village *m*

settler ['setləʳ] (N) colon *m*

setup ['setʌp] **1** (N) ⓐ (= *way sth is organised*) **what's the ~?** comment est-ce que c'est organisé ? • **it's an odd ~** c'est une drôle de situation ⓑ (= *trick*)* coup *m* monté **2** (COMP) ▸ **setup file** N fichier *m* de configuration

seven ['sevn] (NUMBER) sept *m inv* • **there are ~** il y en a sept → **six**

seventeen [ˌsevn'tiːn] (NUMBER) dix-sept *m inv* • **there are ~** il y en a dix-sept → **six**

seventeenth [ˌsevn'tiːnθ] (ADJ, N) dix-septième *mf*; (= *fraction*) dix-septième *m* → **sixth**

seventh ['sevnθ] (ADJ, N) septième *mf* → **sixth**

seventieth ['sevntɪɪθ] (ADJ, N) soixante-dixième *mf* → **sixth**

seventy ['sevntɪ] (NUMBER) soixante-dix *m* • **he's in his seventies** il est septuagénaire • **there are ~** il y en a soixante-dix → **sixty**

sever ['sevəʳ] **1** (VT) [+ *rope*] couper; [+ *relations, communications*] rompre **2** (VI) se rompre

several ['sevrəl] **1** (ADJ) plusieurs • **~ times** plusieurs fois **2** (PRON) plusieurs *mfpl* • **~ of them** plusieurs d'entre eux (*or* elles) • **~ of us saw the accident** plusieurs d'entre nous ont vu l'accident

severance pay ['sevərənspeɪ] (N) indemnité *f* de licenciement

severe [sɪ'vɪəʳ] (ADJ) ⓐ (= *serious*) [*problems, damage, shortage, injury, illness*] grave; [*blow, loss*] sévère; [*hardship, setback*] sérieux; [*pain, frost*] fort; [*migraine*] violent; [*climate, winter*] rigoureux; [*cold*] intense ⓑ (= *strict*) [*person, expression, measure*] sévère • **it was a ~ test of her patience** cela a mis sa patience à rude épreuve ⓒ [*clothes*] sévère

severely [sɪ'vɪəlɪ] (ADV) gravement; [*strain, limit, hamper*] sérieusement; [*punish, criticize*] sévèrement

severity [sɪ'verɪtɪ] (N) [*of problem, illness, injury*] gravité *f*; [*of punishment, criticism*] sévérité *f*; [*of pain, storm*] violence *f*; [*of winter*] rigueur *f*

sew [səʊ] (*pret* **sewed**, *ptp* **sewn, sewed**) **1** (VT) coudre • **to ~ a button on sth** coudre un bouton à qch **2** (VI) coudre

▸ **sew on** VT SEP [+ *button*] coudre; (= *sew back on*) recoudre

▸ **sew up** VT SEP [+ *tear, wound*] recoudre; [+ *seam*] faire • **we've got the contract all ~n up*** le contrat est dans la poche*

sewage ['sjuːɪdʒ] (N) eaux *fpl* usées ▸ **sewage works** N champ *m* d'épandage

sewer ['sjʊəʳ] (N) égout *m*

sewerage ['sjʊərɪdʒ] (N) ⓐ (= *disposal*) évacuation *f* des eaux usées; (= *system*) égouts *mpl* ⓑ eaux *fpl* usées

sewing ['səʊɪŋ] (N) (= *activity*) couture *f*; (= *piece of work*) ouvrage *m* • **I like ~** j'aime coudre *or* la couture ▸ **sewing machine** N machine *f* à coudre

sewn [səʊn] (VB) *ptp of* **sew** cousu

sex [seks] (N) sexe *m* • **to have ~ (with sb)** avoir des rapports sexuels (avec qn) • **he's got ~ on the brain*** il ne pense qu'à ça* • **~ outside marriage** relations *fpl* (sexuelles) hors mariage ▸ **sex abuse** N sévices *mpl* sexuels ▸ **sex appeal** N sex-appeal *m* ▸ **sex change, sex change operation** N (opération *f* de) changement *m* de sexe ▸ **sex discrimination** N discrimination *f* sexuelle ▸ **sex drive** N pulsion *f* sexuelle ▸ **sex education** N éducation *f* sexuelle ▸ **sex life** N vie *f* sexuelle ▸ **sex maniac** N obsédé(e) sexuel(le) *m(f)* ▸ **sex object** N objet *m* sexuel ▸ **sex offender** N délinquant(e) sexuel(le) *m(f)* ▸ **sex shop** N sex-shop *m* ▸ **sex symbol** N sex-symbol *m* ▸ **sex tape** N sex tape *m* ▸ **sex toy** N jouet *m* sexuel

▸ **sex up*** VT SEP donner du piquant à

sexism ['seksɪzəm] (N) sexisme *m*

sexist ['seksɪst] (ADJ) sexiste

sext* [sekst] **1** (N) sexto* *m* **2** (VT) envoyer un sexto à* **3** (VI) envoyer un sexto (*or* des sextos)*

sexting* ['sekstɪŋ] (N) envoi *m* de sexto(s)*

sextuplet [seks'tjuːplɪt] (N) sextuplé(e) *m(f)*

sexual ['seksjʊəl] (ADJ) sexuel ▸ **sexual abuse** N sévices *mpl* sexuels ▸ **sexual discrimination** N discrimination *f* sexuelle ▸ **sexual equality** N égalité *f* des sexes ▸ **sexual harassment** N harcèlement *m* sexuel ▸ **sexual intercourse** N rapports *mpl* sexuels ▸ **sexual orientation** N orientation *f* sexuelle ▸ **sexual preference** N préférence *f* sexuelle ▸ **sexual stereotyping** N catégorisation *f* fondée sur des stéréotypes sexuels

sexuality [ˌseksjʊ'ælɪtɪ] (N) sexualité *f*

sexualize ['seksjʊəlaɪz] (VT) sexualiser

sexually ['seksjʊəlɪ] (ADV) sexuellement • **to be ~ abused** subir des sévices sexuels • **to be ~ active** avoir une activité sexuelle • **to be ~ attracted to sb** avoir une attirance sexuelle pour qn • **~ harassed** soumis à un harcèlement sexuel ▸ **sexually transmitted disease** N maladie *f* sexuellement transmissible

sexy ['seksɪ] (ADJ) sexy* *inv* • **to look ~** être sexy*

Seychelles [seɪ'ʃel(z)] (NPL) **the ~** les Seychelles *fpl*

SF [es'ef] (N) (ABBR OF **science fiction**) SF *f*

Sgt. (ABBR OF **Sergeant**)

shabbily ['ʃæbɪlɪ] (ADV) ⓐ [*dressed*] pauvrement ⓑ [*behave, treat*] avec mesquinerie

shabby ['ʃæbɪ] **1** (ADJ) ⓐ (= *shabby-looking*) miteux ⓑ [*treatment, behaviour*] mesquin **2** (COMP) ▸ **shabby chic** N, ADJ shabby chic *m*, *décoration qui mêle style campagnard et brocante*

shack [ʃæk] (N) cabane *f*

shackle ['ʃækl] **1** (NPL) **shackles** chaînes *fpl* • **to throw off the ~s of sth** briser les chaînes de qch **2** (VT) enchaîner

shade [ʃeɪd] **1** (N) ⓐ ombre *f* • **in the ~ of a tree** à l'ombre d'un arbre • **40° in the ~** 40° à l'ombre • **to put sb/sth in the ~** éclipser qn/qch

S

ⓑ [*of colour*] ton *m*; [*of opinion, meaning*] nuance *f* • **a new ~ of lipstick** une nouvelle couleur de rouge à lèvres
ⓒ (= *small amount*) **a ~ bigger** légèrement plus grand • **move it just a ~ to the left** déplace-le légèrement sur la gauche
ⓓ (= *lampshade*) abat-jour *m inv*
2 (NPL) **shades*** lunettes *fpl* de soleil
3 (VT) [*trees, parasol*] donner de l'ombre à • **~d place** endroit *m* ombragé • **he ~d his eyes with his hands** il s'abrita les yeux de la main
▸ **shade in** VT SEP [+ *painting*] ombrer; (= *colour in*) colorer (**in** en)

shading ['ʃeɪdɪŋ] (N) ombres *fpl*

shadow ['ʃædəʊ] 1 (N) ombre *f* • **in the ~ of the tree** à l'ombre de l'arbre • **he was standing in the ~** il se tenait dans l'ombre • **to live in sb's ~** vivre dans l'ombre dans qn • **to cast a ~ over sth** projeter une ombre sur qch; (*fig*) assombrir qch • **he's only a ~ of his former self** il n'est plus que l'ombre de lui-même • **to have dark ~s under one's eyes** avoir des cernes *mpl* sous les yeux • **without a ~ of a doubt** sans l'ombre d'un doute 2 (VT) (= *follow*)* filer* 3 (COMP) ▸ **shadow cabinet** N (*Brit*) (*Politics*) cabinet *m* fantôme ▸ **shadow minister** N (*Brit*) (*Politics*) ministre *m* fantôme

SHADOW CABINET
Dans le système parlementaire britannique, le « cabinet fantôme » (**shadow cabinet**) se compose des députés du principal parti d'opposition qui deviendraient ministres si leur parti était élu. Leur rôle est d'interroger le gouvernement sur sa politique dans leurs domaines de spécialité et d'être les porte-parole de leur parti.

shadowy ['ʃædəʊɪ] (ADJ) ⓐ (= *indistinct*) vague ⓑ (= *mysterious*) mystérieux

shady ['ʃeɪdɪ] (ADJ) ⓐ [*place*] ombragé ⓑ [*person, behaviour*] louche; [*lawyer, deal*] véreux • **to have a ~ past** avoir un passé louche

shaft [ʃɑːft] (N) ⓐ [*of arrow, spear*] hampe *f*; [*of tool, golf club*] manche *m* ⓑ **~ of light** rayon *m* de lumière ⓒ [*of mine*] puits *m*; [*of lift, elevator*] cage *f*; (*for ventilation*) conduit *m*

shag** [ʃæg] (*Brit*) 1 (N) **to have a ~** baiser** 2 (VT) baiser**

shaggy ['ʃægɪ] (ADJ) [*hair, beard*] hirsute; [*animal, fur*] à longs poils hirsutes ▸ **shaggy dog story** N histoire *f* sans queue ni tête

shake [ʃeɪk] (*vb: pret* **shook**, *ptp* **shaken**) 1 (N)
ⓐ (= *movement*) **to give sth a ~** secouer qch • **to have the ~s*** (*from nerves*) avoir la tremblote* • **in a couple of ~s*** en moins de deux*
ⓑ (= *drink*) milk-shake *m*
2 (VT) ⓐ [+ *dice, rug, person*] secouer; [+ *bottle, medicine, cocktail*] agiter; [+ *house, windows*] ébranler; (= *brandish*) [+ *stick*] brandir • **"~ the bottle"** « agiter avant emploi » • **to ~ one's head** (*in refusal*) faire non de la tête; (*at bad news*) secouer la tête • **he shook his finger at me** (*playfully, warningly*) il m'a fait signe du doigt; (*threateningly*) il m'a menacé du doigt • **to ~ one's fist at sb** menacer qn du poing • **to ~ sb's hand** serrer la main à qn • **they shook hands** ils se sont serré la main • **they shook hands on it** ils se sont serré la main en signe d'accord • **to ~ o.s.** (*or* **itself**) [*person, animal*] se secouer
ⓑ **he shook the sand out of his shoes** il a secoué ses chaussures pour en vider le sable • **he shook two aspirins into his hand** il a fait tomber deux comprimés d'aspirine dans sa main
ⓒ (= *weaken*) [+ *confidence*] ébranler
ⓓ (= *affect deeply*) secouer • **four days which shook the world** quatre jours qui ébranlèrent le monde • **he needs to be ~n out of his smugness** il faudrait qu'il lui arrive quelque chose qui lui fasse perdre de sa suffisance
3 (VI) ⓐ (= *tremble*) trembler • **to ~ with cold** trembler de froid • **he was shaking with laughter** il se tordait (de rire)
ⓑ (= *shake hands*) **they shook on the deal** ils ont scellé leur accord d'une poignée de main • **let's ~ on it!** tope là !
4 (COMP) ▸ **shake-up** N grande réorganisation *f*
▸ **shake off** VT SEP ⓐ **to ~ the dust/sand/water off sth** secouer la poussière/le sable/l'eau de qch ⓑ (= *get rid of*) [+ *cold, cough*] se débarrasser de; [+ *habit*] se défaire de; [+ *pursuer*] semer*
▸ **shake out** VT SEP **she picked up the bag and shook out its contents** elle a pris le sac et l'a vidé en le secouant • **she shook 50p out of her bag** elle a secoué son sac et en a fait tomber 50 pence
▸ **shake up** VT SEP ⓐ [+ *bottle, medicine*] agiter ⓑ (= *affect deeply*) secouer • **he was really ~n up by the news** il a été très secoué par la nouvelle ⓒ (= *reorganize*) [+ *firm, organization*] réorganiser complètement

shaken ['ʃeɪkn] (ADJ) [*person*] secoué

shaker ['ʃeɪkə^r] (N) (*for cocktails*) shaker *m*; (*for dice*) cornet *m*

Shakespearean, Shakespearian [ʃeɪks'pɪərɪən] (ADJ) shakespearien

shakily ['ʃeɪkɪlɪ] (ADV) [*stand up*] en chancelant; [*walk*] d'un pas mal assuré; [*speak*] d'une voix mal assurée; [*write*] d'une main tremblante

shaky ['ʃeɪkɪ] (ADJ) ⓐ (= *weak*) [*person*] (*from illness*) chancelant; (*from nerves*) mal à l'aise • **he's still a bit ~** (*illness*) il ne tient pas encore bien sur ses jambes; (*from nerves*) il est encore fragile
ⓑ (= *trembling*) [*legs*] (*from fear, illness*) flageolant; [*voice*] (*from fear, illness*) tremblant; (*from age*) chevrotant; (*from nerves*) mal assuré; [*hand*] tremblant; [*handwriting*] tremblé • **her legs were ~** elle flageolait sur ses jambes
ⓒ (= *wobbly*) [*table*] branlant; [*building*] peu solide
ⓓ (= *uncertain*) [*argument*] boiteux; [*knowledge*] très imparfait; [*health*] chancelant; [*prospects*] précaire • **~ finances** une situation financière précaire • **my Spanish is very ~** mon espagnol est très hésitant • **to get off to a ~ start** partir sur un mauvais pied

shale gas ['ʃeɪlgæs] (N) gaz *m* de schiste

shall [ʃæl] (MODAL VERB) ⓐ (*in 1st pers fut tense*) **I ~ arrive on Monday** j'arriverai lundi • **we ~ not be there before 6 o'clock** nous n'y serons pas avant 6 heures ⓑ (*in 1st pers questions*) **~ I open the door?** voulez-vous que j'ouvre *subj* la porte ? • **I'll buy three, ~ I?** je vais en acheter trois, d'accord ? • **let's go in, ~ we?** entrons, voulez-vous ? • **~ we ask him to come with us?** si on lui demandait de venir avec nous ? ⓒ (*indicating command*) **you ~ obey me** vous m'obéirez

shallot [ʃə'lɒt] (N) échalote *f*

shallow ['ʃæləʊ] 1 (ADJ) ⓐ (= *not deep*) peu profond; [*breathing*] court • **the ~ end** le petit bain ⓑ (= *superficial*) superficiel; [*conversation*] futile **2** (NPL) **shallows** haut-fond *m*

sham [ʃæm] **1** (N) (*= pretence*) imposture *f*; (*= person*) imposteur *m* • **the election was a ~** ce n'était qu'une parodie d'élection • **his promises were a ~** ses promesses n'étaient que du vent **2** (ADJ) faux (fausse *f*)

shaman [ˈʃæmən] (N) chaman *m*

shamanism [ˈʃæmə,nɪzəm] (N) chamanisme *m*

shambles [ˈʃæmblz] (N) (*= muddle*) pagaille* *f* • **what a ~!** quelle pagaille !* • **his room was a ~** c'était le bazar* dans sa chambre

shambolic* [ʃæmˈbɒlɪk] (ADJ) (*Brit*) bordélique*

shame [ʃeɪm] (N) ⓐ honte *f* • **he hung his head in ~** honteux, il a baissé la tête • **to bring ~ on sb** être la honte de qn • **to put sb/sth to ~** faire honte à qn/qch • **~ on you!** vous devriez avoir honte ! • **she has no ~** elle n'a aucune honte ⓑ (*= pity*) dommage *m* • **it's a ~** c'est dommage (**that** que + *subj*) • **it would be a ~ if he refused** il serait dommage qu'il refuse *subj* • **what a ~!** (quel) dommage ! • **what a ~ he isn't here** (quel) dommage qu'il ne soit pas ici

shamefaced [ˈʃeɪmfeɪst] (ADJ) honteux • **he was rather ~ about it** il en était tout honteux

shameful [ˈʃeɪmfʊl] (ADJ) honteux • **there is nothing ~ about it** il n'y a pas de honte à cela • **it is ~ that ...** c'est une honte que ... + *subj*

shamefully [ˈʃeɪmfəlɪ] (ADV) [*act, behave, treat*] de façon honteuse; [*bad, late*] scandaleusement

shameless [ˈʃeɪmlɪs] (ADJ) éhonté • **to be quite ~ about (doing) sth** ne pas avoir du tout honte de (faire) qch

shamelessly [ˈʃeɪmlɪslɪ] (ADV) sans vergogne • **~ sentimental/theatrical** d'une sentimentalité/théâtralité éhontée

shampoo [ʃæmˈpuː] **1** (N) shampoing *m* • **~ and set** shampoing *m* et mise *f* en plis **2** (VT) [+ *hair, carpet*] shampouiner

shamrock [ˈʃæmrɒk] (N) trèfle *m* (*emblème national de l'Irlande*)

shandy [ˈʃændɪ] (N) (*Brit*) panaché *m*

Shanghai [ʃæŋˈhaɪ] (N) Shanghai

shan't [ʃɑːnt] = **shall not** → **shall**

shantytown [ˈʃæntɪ,taʊn] (N) bidonville *m*

shape [ʃeɪp] **1** (N) forme *f* • **what ~ is the room?** de quelle forme est la pièce ? • **of all ~s and sizes** de toutes les formes et de toutes les tailles • **his nose is a funny ~** son nez a une drôle de forme • **this jumper has lost its ~** ce pull-over s'est déformé • **in the ~ of a cross** en forme de croix • **I can't stand racism in any ~ or form** je ne peux pas tolérer le racisme sous quelque forme que ce soit • **that's the ~ of things to come** cela donne une idée de ce qui nous attend • **to take ~** [*object being made*] prendre forme; [*project*] prendre tournure • **to be in good ~** [*person*] être en forme; [*business*] marcher bien • **in poor ~** [*person, business*] mal en point • **she's in really bad ~** elle ne va vraiment pas bien • **to be out of ~** (*= misshapen*) être déformé; (*= unfit*) ne pas être en forme • **to knock into ~** [+ *assistant, soldier*] former • **to knock sth into ~** [+ *economy, system*] remettre qch sur pied • **to get into ~** retrouver la forme • **to keep o.s. in good ~** se maintenir en forme • **a ~ loomed up out of the darkness** une forme surgit de l'obscurité

2 (VT) [+ *clay, wood*] façonner; [+ *stone*] tailler; [+ *statement, explanation*] formuler • **he ~d the clay into a bowl** il a façonné un bol dans l'argile • **to ~ sb's ideas/character** former les idées/le caractère de qn • **to ~ sb's life/the course of events** avoir une influence déterminante sur la vie de qn/la marche des événements

▸ **shape up** VI progresser • **our plans are shaping up well** nos projets sont en bonne voie • **things are shaping up well** les choses prennent tournure • **how is he shaping up?** comment se débrouille-t-il ?

shaped [ʃeɪpt] (ADJ) ⓐ **oddly ~** d'une forme bizarre • **~ like a mushroom** en forme de champignon ⓑ (*in compounds*) en forme de • **heart-~** en forme de cœur

shapeless [ˈʃeɪplɪs] (ADJ) [*garment, mass*] informe; [*book, plan*] sans aucune structure

shapely [ˈʃeɪplɪ] (ADJ) [*woman, body*] bien proportionné; [*legs*] galbé

shard [ʃɑːd] (N) tesson *m* (de poterie)

share [ʃɛəʳ] **1** (N) ⓐ part *f* • **here's your ~** voici votre part • **his ~ of the inheritance** sa part de l'héritage • **his ~ of the profits** sa part des bénéfices • **he has a ~ in the business** il est l'un des associés dans cette affaire • **he has a half-~ in the firm** il possède la moitié de l'entreprise • **to have a ~ in doing sth** contribuer à faire qch • **to pay one's ~** payer sa (quote-)part • **to bear one's ~ of the cost** participer aux frais • **he isn't doing his ~** il ne fait pas sa part • **he's had more than his fair ~ of misfortune** il a eu plus que sa part de malheurs • **to take one's ~ of the blame** accepter sa part de responsabilité

ⓑ (*on Stock Exchange*) action *f*

2 (VT) partager (**among, between** entre) • **they ~d the money** ils se sont partagé l'argent • **you can ~ Anne's book** (*in school*) tu peux suivre avec Anne • **they ~ certain characteristics** ils ont certaines caractéristiques en commun • **I do not ~ that view** je ne partage pas cette opinion • **I ~ your hope that ...** j'espère comme vous que ...

3 (VI) partager • **~ and ~ alike** à chacun sa part • **to ~ in sth** partager qch

4 (COMP) ▸ **share issue** N émission *f* d'actions ▸ **share-out** N partage *m* ▸ **share shop** N (*Brit*) *guichet où sont vendues les actions émises lors de la privatisation des entreprises publiques*

▸ **share out** VT SEP partager (**among, between** entre)

shared [ʃɛəd] (ADJ) [*interest, experience, house*] commun • **we lived in a ~ house** nous partagions une maison

shareholder [ˈʃɛə,həʊldəʳ] (N) actionnaire *mf*

shareholding [ˈʃɛə,həʊldɪŋ] (N) (*Finance*) actionnariat *m*

shareware [ˈʃɛəwɛəʳ] (N) shareware *m*

sharing [ˈʃɛərɪŋ] (N) partage *m* • **information ~** partage *m* de l'information ▸ **sharing economy** N économie *f* collaborative ▸ **sharing platter** N plat *m* à partager

shark [ʃɑːk] (N) requin *m*

sharp [ʃɑːp] **1** (ADJ) ⓐ (*= good for cutting*) [*knife, razor, blade*] (bien) aiguisé; [*piece of glass, edge*] coupant

ⓑ (*= pointed*) [*pencil*] bien taillé; [*needle, pin*] très pointu; [*teeth, fingernails, beak, chin*] pointu; [*fang, point*] acéré; [*features*] anguleux

ⓒ (*= well-defined*) [*contrast, TV picture, difference*] net; [*division*] fort • **to be in ~ contrast to sth** contraster nettement avec qch • **to bring into ~ focus** [+ *problem, issue*] faire ressortir nettement

ⓓ (*= acute*) [*person*] malin (-igne *f*); [*intelligence, wit*] vif; [*awareness*] aigu (-guë *f*); [*eyesight*] perçant; [*hearing*] fin • **to have ~ ears** avoir l'ouïe fine • **he's got ~ eyes** rien ne lui échappe • **to keep a ~ look-out for sb/sth** guetter qn/qch

S

(e) (= *abrupt*) [*rise, fall*] fort; [*increase, drop*] brusque; [*bend*] serré • **the motorcycle made a ~ right turn** la moto a pris un virage serré à droite

(f) (= *intense*) [*pain, sensation, wind, cold*] vif; [*frost*] fort; [*blow*] sec (sèche *f*); [*cry*] aigu (-guë *f*)

(g) (= *severe*) [*criticism, attack*] incisif; [*retort, words*] cinglant; [*rebuke*] vif; [*order, tone, voice*] cassant • **to be a ~ reminder of sth** rappeler qch de façon brutale • **to have a ~ tongue** avoir la langue acérée

(h) (*pej*) [*business practices*] déloyal

(i) (= *stylish*)* classe* *inv* • **to be a ~ dresser** s'habiller très classe* *inv*

(j) (= *acrid*) [*smell*] âcre; [*taste, sauce*] (*pleasantly*) relevé; (*unpleasantly*) âpre

(k) (*Brit* = *quick*) **look ~ about it!*** grouille-toi !*

(l) [*musical note*] trop haut • **C ~** do dièse

2 ADV (a) [*stop*] brusquement • **to turn ~ left/right** prendre un virage serré à gauche/à droite

(b) [*sing, play*] trop haut

(c) (= *precisely*) **at 8 o'clock ~** à 8 heures pile

3 N (*Music*) dièse *m*

4 COMP ▸ **sharp-eyed** ADJ à qui rien n'échappe ▸ **sharp practice** N pratique *f* déloyale ▸ **sharp-witted** ADJ à l'esprit vif

sharpen [ˈʃɑːpən] VT (a) [+ *blade, tool*] aiguiser; [+ *pencil*] tailler • **the cat was ~ing its claws on the door** le chat se faisait les griffes sur la porte (b) [+ *picture*] rendre plus net; [+ *contrast*] renforcer; [+ *appetite*] aiguiser; [+ *desire*] exciter

sharpener [ˈʃɑːpnəʳ] N (*for knives*) aiguisoir *m*; (*for pencils*) taille-crayons *m inv*

sharpish* [ˈʃɑːpɪʃ] ADV (*Brit*) en vitesse*

sharply [ˈʃɑːplɪ] ADV (a) (= *abruptly*) [*drop, increase*] brusquement; [*reduce*] nettement • **prices have risen ~** les prix ont monté en flèche • **to turn ~ to the left** tourner tout de suite à gauche (b) (= *clearly*) nettement • **a ~ defined image** une image qui se détache nettement • **what he said brought the issue ~ into focus** ce qu'il a dit a fait ressortir nettement le problème (c) (= *severely*) [*criticize*] vivement; [*say, ask, reply*] avec brusquerie (d) **~ pointed** [*leaves, shoes*] pointu (e) (= *quickly*) rapidement

sharpshooter [ˈʃɑːpʃuːtəʳ] N tireur *m* d'élite

shatter [ˈʃætəʳ] **1** VT [+ *window*] fracasser; [+ *health, hopes, chances*] ruiner; [+ *self-confidence*] briser; [+ *faith*] détruire • **she was ~ed by their death** leur mort l'a anéantie **2** VI [*glass, windscreen, cup*] voler en éclats

shattered [ˈʃætəd] ADJ (a) (= *grief-stricken*) anéanti; (= *overwhelmed*) bouleversé (b) (= *exhausted*)* crevé*

shattering [ˈʃætərɪŋ] ADJ (a) (= *devastating*) [*experience, news*] bouleversant; [*blow, effect*] dévastateur (-trice *f*); [*defeat*] écrasant (b) (*Brit*) (= *exhausting*)* crevant*

shatterproof glass [ʃætəpruːfˈglɑːs] N verre *m* securit® *inv*

shave [ʃeɪv] (*vb: pret* **shaved**, *ptp* **shaved**) **1** N **to give sb a ~** raser qn • **to have a ~** se raser • **to have a close ~** l'échapper belle • **that was a close ~!** on (*or* il *etc*) l'a échappé belle ! **2** VT raser **3** VI se raser

▸ **shave off** VT SEP **to ~ off one's beard** se raser la barbe

shaver [ˈʃeɪvəʳ] N rasoir *m* électrique ▸ **shaver outlet** (*US*), **shaver point** N prise *f* pour rasoir électrique

shaving [ˈʃeɪvɪŋ] **1** N (a) (= *piece of wood, metal*) copeau *m* (b) (*with razor*) rasage *m* • **~ is a nuisance** c'est embêtant de se raser **2** COMP ▸ **shaving brush** N blaireau *m* ▸ **shaving cream** N crème *f* à raser ▸ **shaving foam** N mousse *f* à raser ▸ **shaving gel** N gel *m* à raser

shawl [ʃɔːl] N châle *m*

she [ʃiː] **1** PERS PRON (a) elle; (*boat*) il • **~ has come** elle est venue • **here ~ is** la voici • **~ is a doctor** elle est médecin • **SHE didn't do it** ce n'est pas elle qui l'a fait • **I'm younger than ~ is** je suis plus jeune qu'elle (b) (+ *relative pronoun*) celle • **~ who can ...** celle qui peut ... **2** N **it's a ~*** [*animal*] c'est une femelle; [*baby*] c'est une fille

sheaf [ʃiːf] N (*pl* **sheaves**) [*of corn*] gerbe *f*; [*of papers*] liasse *f*

shear [ʃɪəʳ] (*vb: pret* **sheared**, *ptp* **sheared** *or* **shorn**) **1** NPL **shears** cisaille(s) *f(pl)* • **a pair of ~s** une paire de cisailles **2** VT tondre

sheath [ʃiːθ] N (*pl* **sheaths** [ʃiːðz]) [*of dagger*] gaine *f*; [*of sword*] fourreau *m* ▸ **sheath knife** N (*pl* **sheath knives**) couteau *m* à gaine

sheathe [ʃiːð] VT recouvrir • **~d in** recouvert de

sheaves [ʃiːvz] NPL *of* **sheaf**

shed [ʃed] (*pret, ptp* **shed**) **1** N abri *m*; (*larger*) remise *f*; (*for farm equipment*) hangar *m* • **garden ~** abri *m* de jardin

2 VT (a) (= *lose*) [+ *petals, leaves, fur*] perdre; [+ *tears*] verser • **to ~ hairs** [*dog, cat*] perdre ses poils • **the snake ~s its skin** le serpent mue • **to ~ blood** (*one's own*) verser son sang; (*other people's*) faire couler le sang • **I'm trying to ~ 5 kilos** j'essaie de perdre 5 kilos • **the truck ~ its load** le camion a renversé son chargement • **to ~ jobs** supprimer des emplois (b) (= *give off*) [+ *light*] diffuser; [+ *warmth, happiness*] répandre • **to ~ light on** éclairer

she'd [ʃiːd] = **she had, she would** → **have, would**

sheen [ʃiːn] N (*on silk*) lustre *m*; (*on hair*) éclat *m*

sheep [ʃiːp] N (*pl inv*) mouton *m* (*animal*) • **they followed him like ~** ils l'ont suivi comme des moutons

sheepdog [ˈʃiːpdɒg] N chien *m* de berger

sheepish [ˈʃiːpɪʃ] ADJ penaud (**about sth** de qch)

sheepskin [ˈʃiːpskɪn] **1** N (a) peau *f* de mouton (b) (*US* = *diploma*)* diplôme *m* **2** COMP ▸ **sheepskin jacket** N canadienne *f*

sheer [ʃɪəʳ] ADJ (a) [*terror, boredom, stupidity*] (à l'état) pur; [*carelessness*] pur et simple; [*scale*] même *after n*; [*necessity*] absolu • **by ~ accident** tout à fait par hasard • **by ~ coincidence** par pure coïncidence • **in ~ desperation** en désespoir de cause • **by ~ force of will** par la seule force de la volonté • **by ~ luck** tout à fait par hasard • **delays are occurring because of the ~ volume of traffic** il y a des ralentissements dus uniquement à la densité de la circulation (b) [*tights, fabric*] très fin (c) [*cliff, rock*] abrupt • **a ~ drop** un à-pic

sheet [ʃiːt] **1** N (a) (*on bed*) drap *m* (b) [*of paper, notepaper*] feuille *f*; [*of iron, steel*] tôle *f*; [*of glass, metal*] plaque *f*; [*of plastic*] morceau *m* (c) [*of water*] étendue *f* • **a ~ of ice** une plaque de glace; (*on road*) une plaque de verglas • **a ~ of flame** un rideau de flammes • **the rain came down in ~s** il pleuvait à seaux (d) (= *rope*) écoute *f* **2** COMP ▸ **sheet metal** N tôle *f* ▸ **sheet music** N partition(s) *f(pl)*

sheik, sheikh [ʃeɪk] N cheik *m*

shelf [ʃelf] (*pl* **shelves**) **1** N (a) étagère *f*; (*in shop*) rayon *m*; (*in oven*) plaque *f* • **a ~ of books** un rayon de livres • **a set of shelves** des étagères • **to buy sth off the ~** acheter qch tout fait • **to be on the ~** [*woman*] rester vieille fille (b) (*in rock*) saillie *f*; (*underwater*) écueil *m* **2** COMP ▸ **shelf life** N durée *f* de conservation • **most pop stars have a short ~ life** la plupart des stars de la pop ne durent pas longtemps

shell [ʃel] 1 N a coquille *f*; [*of tortoise, crab*] carapace *f*; (*on beach*) coquillage *m* • **to come out of one's ~** sortir de sa coquille b [*of building*] carcasse *f*; [*of ship*] coque *f* c (*= bomb*) obus *m*; (*US = cartridge*) cartouche *f* 2 VT a (*= bomb*) bombarder (d'obus) b [*+ peas*] écosser; [*+ nut, prawn*] décortiquer 3 COMP ▸**shell game** N (*US*) (*= fraud*) escroquerie *f* ▸**shell shock** N psychose *f* traumatique (*du soldat*) ▸**shell-shocked** ADJ (*lit*) commotionné; (*fig*) abasourdi
▸**shell out*** 1 VI (*= pay*) casquer* 2 VT INSEP payer • **we had to ~ out £500** on a dû cracher* 500 livres

she'll [ʃiːl] = **she will** → **will**

shellfire [ˈʃelfaɪəʳ] N tirs *mpl* d'obus

shellfish [ˈʃelfɪʃ] 1 N (*pl inv*) (*= lobster, crab*) crustacé *m*; (*= mollusc*) coquillage *m* 2 NPL (*to eat*) fruits *mpl* de mer

shelter [ˈʃeltəʳ] 1 N a abri *m* • **under the ~ of ...** à l'abri sous ... • **to take ~** se mettre à l'abri • **to take ~ from** s'abriter de b (*= hut, building*) abri *m* c (*for homeless*) centre *m* d'accueil 2 VT (*from wind, rain, sun, shells*) abriter; (*from blame*) protéger; [*+ fugitive*] donner asile à • **~ed from the wind** à l'abri du vent 3 VI s'abriter

sheltered [ˈʃeltəd] 1 ADJ a (*= protected from weather*) abrité b [*life, environment*] protégé c (*Brit*) (*= supervised*) en milieu protégé 2 COMP ▸**sheltered accommodation, sheltered housing** N (*Brit*) (*for elderly*) logement-foyer *m*; (*for disabled*) foyer *m* d'hébergement pour handicapés

shelve [ʃelv] 1 VT [*+ plan, project*] mettre en sommeil 2 VI (*= slope*) descendre en pente douce

shelves [ʃelvz] NPL *of* **shelf**

shelving [ˈʃelvɪŋ] N étagères *fpl*

shepherd [ˈʃepəd] 1 N berger *m* 2 VT **to ~ sb in** faire entrer qn • **to ~ sb out** escorter qn jusqu'à la porte 3 COMP ▸**shepherd's pie** N (*Brit*) ≈ hachis *m* Parmentier

shepherdess [ˈʃepədɪs] N bergère *f*

sherbet [ˈʃɜːbət] N a (*Brit*) (*= powder*) poudre *f* acidulée b (*US*) (*= water ice*) sorbet *m*

sheriff [ˈʃerɪf] N (*US*) shérif *m*

sherry [ˈʃerɪ] N xérès *m*, sherry *m*

she's [ʃiːz] = **she is, she has** → **be, have**

Shetland [ˈʃetlənd] N, **Shetlands** [ˈʃetləndz] NPL îles *fpl* Shetland

shhh [ʃː] EXCL chut!

Shiah [ˈʃiːə] 1 N (*= Shiah Muslim*) chiite *mf* 2 ADJ chiite

shiatsu [ʃiːˈætsuː] N shiatsu *m*

shield [ʃiːld] 1 N bouclier *m*; [*of machine*] écran *m* de protection; (*against radiation, heat*) écran *m* 2 VT protéger • **to ~ one's eyes from the sun** se protéger les yeux du soleil • **to ~ sb with one's body** faire à qn un rempart de son corps

shift [ʃɪft] 1 N a (*= change*) changement *m* (**in** de) • **there has been a ~ in policy** la politique a changé d'orientation
b (*= period of work*) poste *m*; (*= people*) poste *m*, équipe *f* • **he works ~s** il travaille par équipes • **I work an eight-hour ~** je fais les trois-huit • **to be on day/night ~** être (au poste) de jour/de nuit • **they worked in ~s to release the injured man** ils se sont relayés pour dégager le blessé
c (*= gearshift*) changement *m* de vitesse
d (*= dress*) robe *f* droite
2 VT a (*= move*) déplacer; [*+ scenery*] changer; [*+ stain*] enlever; [*+ blame, responsibility*] rejeter • **I can't ~ this cold*** je n'arrive pas à me débarrasser de ce rhume
b (*= change*) **we couldn't ~ him (from his opinion)** nous n'avons pas réussi à le faire changer d'avis • **to ~ gear** changer de vitesse
c (*= sell*) se défaire de
3 VI (*= change position*) bouger; [*cargo, load*] se déplacer; [*opinions, ideas*] changer • **~ (over) a minute*** pousse-toi une minute* • **to ~ into second (gear)** passer la deuxième • **the government has not ~ed from its original position** le gouvernement n'a pas dévié de sa position initiale
4 COMP ▸**shift key** N touche *f* de majuscule ▸**shift work** N travail *m* posté ▸**shift worker** N travailleur *m*, -euse *f* posté(e)

shifting [ˈʃɪftɪŋ] ADJ [*attitudes, pattern*] changeant; [*population*] instable

shiftless [ˈʃɪftlɪs] ADJ (*frm*) apathique

shifty* [ˈʃɪftɪ] ADJ sournois; [*look, eyes*] fuyant

Shiite, Shi'ite [ˈʃiːaɪt] (*= Shiite Muslim*) N, ADJ chiite *mf*

shill bidding [ˈʃɪlbɪdɪŋ] N surenchère *f* frauduleuse

shilling [ˈʃɪlɪŋ] N (*Brit*) shilling *m*

shilly-shally [ˈʃɪlɪˌʃælɪ] VI hésiter

shimmer [ˈʃɪməʳ] VI miroiter

shin [ʃɪn] 1 N tibia *m* • **~ of beef** (*Brit*) jarret *m* de bœuf 2 VI **to ~ up a tree** grimper à un arbre 3 COMP ▸**shin guard, shin pad** N protège-tibia *m*

shindig* [ˈʃɪndɪg] N fiesta* *f*

shine [ʃaɪn] (*vb: pret, ptp* **shone**) 1 N éclat *m* • **to give sth a ~** faire briller qch • **to take the ~ off** [*+ success*] ternir; [*+ news*] retirer de l'intérêt à; [*+ sb else's achievement*] éclipser • **to take a ~ to sb*** se toquer de qn*
2 VI briller • **the sun is shining** il fait soleil • **the light was shining in my eyes** j'avais la lumière dans les yeux • **her face shone with happiness** son visage rayonnait de bonheur
3 VT a **he shone his torch on the car** il a braqué sa lampe de poche sur la voiture
b (*pret, ptp* **shone** *or* **shined**) [*+ shoes*] faire briller

shingle [ˈʃɪŋgl] N (*on beach*) galets *mpl*; (*on roof*) bardeau *m*; (*US = signboard*)* petite enseigne *f* (*de docteur, de notaire*)

shingles [ˈʃɪŋglz] N zona *m* • **to have ~** avoir un zona

shininess [ˈʃaɪnɪnɪs] N éclat *m*, brillant *m*

shining [ˈʃaɪnɪŋ] ADJ a [*eyes, hair*] brillant; [*furniture, metal*] luisant b [*success*] remarquable • **she was a ~ example to everyone** c'était un modèle pour tout le monde

Shinto [ˈʃɪntəʊ] N shinto *m*

shiny [ˈʃaɪnɪ] ADJ brillant

ship [ʃɪp] 1 N bateau *m*; (*large*) navire *m* • **it was a case of "~s that pass in the night"** ce fut une rencontre sans lendemain 2 VT (*= transport*) transporter; (*= send*) expédier; (*by ship*) expédier par bateau 3 COMP ▸**ship canal** N canal *m* maritime

shipbuilder [ˈʃɪpˌbɪldəʳ] N constructeur *m* naval

shipbuilding [ˈʃɪpˌbɪldɪŋ] N construction *f* navale

shipload [ˈʃɪpləʊd] N charge *f*; (*= huge amount*) masse* *f*

shipment [ˈʃɪpmənt] N (*= load*) cargaison *f*; (*= delivery*) expédition *f*

shipowner [ˈʃɪpˌəʊnəʳ] N armateur *m*

shipper [ˈʃɪpəʳ] N affréteur *m*

shipping [ˈʃɪpɪŋ] 1 N a (*= ships collectively*) navires *mpl*; (*= traffic*) navigation *f* • **it was a danger to ~** cela constituait un danger pour la navigation b (*= act of*

S

loading) chargement *m* **c** *(= charges for transporting cargo)* frais *mpl* de transport **2** COMP ▸ **the shipping forecast** N la météo marine

shipshape [ˈʃɪpʃeɪp] ADJ bien rangé

shipwreck [ˈʃɪprek] **1** N *(= event)* naufrage *m*; *(= wrecked ship)* épave *f* **2** VT **to be ~ed** faire naufrage • **a ~ed sailor/vessel** un marin/vaisseau naufragé

shipwright [ˈʃɪpraɪt] N *(= builder)* constructeur *m* naval

shipyard [ˈʃɪpjɑːd] N chantier *m* naval

shire [ˈʃaɪəʳ] N *(Brit)* comté *m*

shirk [ʃɜːk] **1** VT [*+ work*] s'arranger pour ne pas faire; [*+ obligation*] se dérober à • **to ~ doing sth** s'arranger pour ne pas faire qch **2** VI tirer au flanc*

shirker [ˈʃɜːkəʳ] N tire-au-flanc* *mf inv*

shirt [ʃɜːt] N *(man's)* chemise *f*; *(woman's)* chemisier *m*; *(footballer's)* maillot *m* • **keep your ~ on!*** ne vous mettez pas en rogne !* ▸ **shirt sleeves** NPL **in (one's) ~ sleeves** en bras de chemise ▸ **shirt-tail** N pan *m* de chemise

shirtwaist [ˈʃɜːtweɪst] N *(US) (= blouse)* chemisier *m*; *(= dress)* robe *f* chemisier

shirty* [ˈʃɜːtɪ] ADJ *(Brit)* vache* • **to get ~ (with sb) (about sth)** se mettre en rogne* (contre qn) (à propos de qch)

shit** [ʃɪt] *(vb: pret, ptp* **shat***)* **1** N **a** merde** *f*; *(= nonsense)* conneries** *fpl* **b** *(= bastard)* salaud** *m* **2** VI chier**

shitty** [ˈʃɪtɪ] ADJ [*person, mood, food*] dégueulasse**; [*place, job*] merdique**

shiver [ˈʃɪvəʳ] **1** VI frissonner (**with** de) **2** N frisson *m* • **it sent ~s down his spine** cela lui a donné froid dans le dos • **to give sb the ~s** donner le frisson à qn

shivery [ˈʃɪvərɪ] ADJ *(= feverish)* fébrile

shoal [ʃəʊl] N **a** [*of fish*] banc *m*; [*of people*] foule *f* **b** *(= sandbank)* banc *m* de sable

shock [ʃɒk] **1** N **a** *(= impact)* choc *m*; [*of earthquake, explosion*] secousse *f*

b *(electric)* décharge *f* (électrique) • **to get a ~** recevoir une décharge (électrique)

c *(to sensibilities)* choc *m*; *(= feeling)* horreur *f* • **he got such a ~ when he heard that ...** il a eu un tel choc en apprenant que ... • **the ~ of the election results** la stupéfaction causée par les résultats des élections • **their refusal came as a ~ to me** leur refus m'a stupéfié • **I got such a ~!** j'en étais tout retourné !* • **pale with ~** pâle de saisissement • **her ~ at the idea that ...** son sentiment d'horreur à l'idée que ...

d *(= medical condition)* choc *m* • **to be in ~** *or* **suffering from ~** être en état de choc • **in a state of ~** en état de choc

e **a ~ of hair** une tignasse*

2 ADJ [*news, decision*] surprise • **to use ~ tactics** créer un choc psychologique

3 VT *(= take aback)* secouer; *(stronger)* bouleverser; *(= disgust)* dégoûter; *(= scandalize)* choquer • **he's easily ~ed** il se choque facilement

4 COMP ▸ **shock absorber** N amortisseur *m* ▸ **shock resistant** ADJ résistant aux chocs ▸ **shock therapy, shock treatment** N (traitement *m* par) électrochocs *mpl* ▸ **shock troops** NPL troupes *fpl* de choc ▸ **shock wave** N onde *f* de choc

shocking [ˈʃɒkɪŋ] **1** ADJ **a** *(= scandalous)* choquant; [*sight, news*] atroce; [*waste of money, price*] scandaleux; [*murder, cruelty*] odieux • **it may be ~ to the older generation** cela pourrait choquer les personnes plus âgées • **it is ~ that ...** il est scandaleux que ... + *subj* • **the ~ truth** la terrible vérité **b** *(Brit = dreadful)** épouvantable **2** COMP ▸ **shocking pink** ADJ, N rose *m* criard *inv*

shod [ʃɒd] VB *pt, ptp of* **shoe**

shoddy [ˈʃɒdɪ] ADJ [*workmanship, goods, service*] de mauvaise qualité; [*treatment*] indigne

shoe [ʃuː] *(vb: pret, ptp* **shod***)* **1** N chaussure *f*; *(= horseshoe)* fer *m* (à cheval) • **to have one's ~s off** être déchaussé • **to put on one's ~s** mettre ses chaussures • **to shake in one's ~s** avoir une peur bleue • **I wouldn't like to be in his ~s** je n'aimerais pas être à sa place • **to step into** *or* **fill sb's ~s** succéder à qn • **if the ~ fits, wear it** *(US)* qui se sent morveux se mouche

2 VT [*+ horse*] ferrer

3 COMP ▸ **shoe polish** N cirage *m* ▸ **shoe repairer** N cordonnier *m* ▸ **shoe shop** N magasin *m* de chaussures ▸ **shoe size** N pointure *f*

shoebrush [ˈʃuːbrʌʃ] N brosse *f* à chaussures

shoehorn [ˈʃuːhɔːn] **1** N chausse-pied *m* **2** VT **the cars are ~ed into tiny spaces** les voitures sont casées dans des emplacements minuscules

shoelace [ˈʃuːleɪs] N lacet *m*

shoemaker [ˈʃuːˌmeɪkəʳ] N cordonnier *m*

shoestring [ˈʃuːstrɪŋ] N *(US)* lacet *m* • **to do sth on a ~** faire qch à peu de frais • **~ budget** mini-budget *m* ▸ **shoestring fries, shoestring potatoes** pommes *fpl* paille

shoetree [ˈʃuːtriː] N embauchoir *m*

shone [ʃɒn] VB *pt, ptp of* **shine**

shoo [ʃuː] **1** EXCL *(to animals)* pschtt !; *(to person)* ouste !* **2** VT *(also* **shoo away***)* chasser **3** COMP ▸ **shoo-in*** N *(US)* **it's a ~-in** c'est du tout cuit*

shook [ʃʊk] **1** VB *pt of* **shake** **2** COMP ▸ **shook-up*** ADJ **to be ~-up about sth** être secoué par qch

shoot [ʃuːt] *(vb: pret, ptp* **shot***)* **1** N **a** *(= new growth)* pousse *f*

b *(= chute)* glissière *f*

c *(= photo assignment)* séance *f* (de photos); *(= filming session)* séance *f* (de tournage)

2 VT **a** [*+ animal*] *(= hunt)* chasser; *(= kill)* abattre; [*+ person*] *(= hit)* atteindre d'une balle; *(= wound)* blesser par balle(s); *(= kill)* abattre; *(= execute)* fusiller • **to be shot in the head** être atteint d'une balle dans la tête • **to ~ sb dead** abattre qn • **he was shot as a spy** il a été fusillé pour espionnage • **to ~ the lights** griller le feu rouge • **to ~ o.s. in the foot*** *(fig)* agir contre son propre intérêt

b *(= fire)* [*+ gun*] tirer un coup de (**at** sur); [*+ arrow*] décocher (**at** sur); [*+ bullet*] tirer (**at** sur); [*+ rocket, missile*] lancer (**at** sur) • **the volcano shot lava high into the air** le volcan projetait de la lave dans les airs • **to ~ a goal** marquer un but • **he shot the bolt** il a poussé le verrou • **to ~ the breeze*** *(US)* bavarder • **to ~ a line**** raconter des bobards

c [*+ look, glance*] décocher • **to ~ questions at sb** mitrailler qn de questions

d [*+ film, scene*] tourner; [*+ photo*] prendre

e [*+ rapids*] franchir

3 VI **a** tirer (**at** sur) • **to go ~ing** *(Brit = hunt)* chasser, aller à la chasse • **to ~ to kill** tirer pour abattre • **don't ~!** ne tirez pas !

b *(= move quickly)* **to ~ in/past** entrer/passer en flèche • **to ~ along** filer • **to ~ to fame** devenir très vite célèbre • **he shot across the road** il a traversé la rue comme une flèche • **the pain went ~ing up his arm** la douleur au bras le lancinait

ⓒ [footballer] tirer • **to ~ at goal** shooter
4 EXCL zut !*
5 COMP ▸ **shoot-out** N (= fight) fusillade *f*; (Football) épreuve *f* des tirs au but
▸ **shoot down** VT SEP ⓐ [+ plane] abattre • **to ~ down in flames*** [+ project] démolir; [+ person] descendre en flammes* ⓑ (= kill) abattre
▸ **shoot out** 1 VI [person, car] sortir comme une flèche; [flame, water] jaillir 2 VT SEP **he shot out an arm and grabbed my pen** il a avancé brusquement le bras et a attrapé mon stylo
▸ **shoot up** VI ⓐ [flame, water] jaillir; [rocket, price] monter en flèche ⓑ [tree, plant] pousser vite; [child] bien pousser* ⓒ (Drugs)* se shooter*

shooting ['ʃu:tɪŋ] 1 N ⓐ (= shots) coups *mpl* de feu; (continuous) fusillade *f* ⓑ (= act) (murder) meurtre *m* (avec une arme à feu); (execution) exécution *f* ⓒ (= hunting) chasse *f* • **pheasant ~** chasse *f* au faisan ⓓ [of film, scene] tournage *m* 2 ADJ [pain] lancinant 3 COMP ▸ **shooting gallery** N stand *m* (de tir) ▸ **shooting star** N étoile *f* filante

shop [ʃɒp] 1 N ⓐ magasin *m*; (small) boutique *f* • **at the butcher's ~** à la boucherie, chez le boucher • **he's just gone to the ~s** il est juste sorti faire des courses • **to set up ~** s'établir • **to shut up ~** fermer boutique • **to talk ~** parler boutique • **all over the ~*** (= everywhere) partout; (= in confusion) en désordre
ⓑ (Brit) (= shopping) **to do one's weekly ~** faire ses courses de la semaine
ⓒ (= workshop, part of factory) atelier *m*
2 VI **to ~ at Harrods** faire ses courses chez Harrods • **to go ~ping** (specific errands) faire les courses; (leisurely browsing) faire les magasins, faire du shopping*
3 VT (= betray)* donner*
4 COMP ▸ **shop assistant** N (Brit) vendeur *m*, -euse *f* ▸ **the shop floor** N l'atelier *m*; (= workers) les ouvriers *mpl* ▸ **shop front** N (Brit) devanture *f* ▸ **shop steward** N (Brit) délégué(e) *m(f)* syndical(e) ▸ **shop window** N vitrine *f*
▸ **shop around** VI comparer les prix • **to ~ around for sth** comparer les prix avant d'acheter qch

shopaholic* [ʃɒpə'hɒlɪk] N accro *mf* du shopping*
shopkeeper ['ʃɒp,ki:pəʳ] N commerçant(e) *m(f)*
shoplift ['ʃɒplɪft] VTI voler à l'étalage
shoplifter ['ʃɒp,lɪftəʳ] N voleur *m*, -euse *f* à l'étalage
shoplifting ['ʃɒp,lɪftɪŋ] N vol *m* à l'étalage
shopper ['ʃɒpəʳ] N (= person) personne *f* qui fait ses courses; (= customer) client(e) *m(f)*
shopping ['ʃɒpɪŋ] 1 N ⓐ courses *fpl* • **to do some ~** faire des courses • **she loves ~** elle adore faire les magasins
ⓑ (= goods) achats *mpl*
2 ADJ [street, district] commerçant
3 COMP ▸ **shopping bag** N sac *m* à provisions ▸ **shopping basket** N (Brit) panier *m* à provisions; (Internet) panier *m* ▸ **shopping cart** N (US) caddie® *m*; (Internet) panier *m* ▸ **shopping centre** N centre *m* commercial ▸ **shopping channel** N chaîne *f* de téléachat ▸ **shopping complex** N centre *m* commercial ▸ **shopping list** N liste *f* de(s) courses ▸ **shopping mall** (US), **shopping precinct** (Brit) N centre *m* commercial ▸ **shopping spree** N **to go on a ~ spree** aller faire du shopping ▸ **shopping trolley** N (Brit) caddie® *m*
shopsoiled ['ʃɒpsɔɪld] ADJ (Brit) défraîchi
shore [ʃɔ:ʳ] N [of sea] rivage *m*; [of lake] rive *f*; (= coast) côte *f*; (= beach) plage *f* • **on ~** à terre
▸ **shore up** VT SEP [+ building] étayer; [+ argument] consolider

shoreline ['ʃɔ:laɪn] N littoral *m*
shorn [ʃɔ:n] VB *ptp of* **shear**
short [ʃɔ:t] 1 ADJ ⓐ court; (= not tall) petit • **a ~ walk** une petite promenade • **a ~ distance away** à peu de distance • **I'd like a ~ word** j'aimerais vous dire un mot • **~ and to the point** bref et précis • **that was ~ and sweet** ça a été du vite fait* • **to make ~ work of sth** faire qch en un rien de temps • **he made ~ work of his opponent** il n'a fait qu'une bouchée* de son adversaire • **time is getting ~** il ne reste plus beaucoup de temps • **the days are getting ~er** les jours raccourcissent • **a ~ holiday** quelques jours de vacances • **they want ~er working hours** ils réclament une réduction du temps de travail • **at ~ notice** à bref délai • **I know it's ~ notice, but ...** je sais que le délai est assez court mais ...
▸ **a short time** **a ~ time ago** il y a peu de temps • **in a ~ time** dans peu de temps
ⓑ (= abbreviated) **"PO" is ~ for "post office"** « PO » est l'abréviation de « post office » • **Fred is ~ for Frederick** Fred est le diminutif de Frederick • **he's called Fred for ~** son diminutif est Fred
ⓒ (= lacking) **to be ~ of sth** manquer de qch • **I'm a bit ~ this month*** je suis un peu à court ce mois-ci • **petrol is in ~ supply at the moment** on manque d'essence en ce moment • **to give ~ measure** ne pas donner le poids juste
ⓓ (= curt) brusque • **he was rather ~ with me** il m'a parlé assez sèchement
2 ADV **to cut ~** [+ speech, TV programme, class, visit, holiday] écourter • **we never went ~** nous n'avons jamais manqué du nécessaire • **to run ~ of sth** se trouver à court de qch • **I'm £2 ~** il me manque 2 livres • **supplies are running ~** les provisions commencent à manquer • **the car stopped ~ of the house** la voiture s'est arrêtée avant la maison
▸ **short of** (= less than) moins de; (= except) sauf • **not far ~ of £100** pas loin de 100 livres • **we are £2,000 ~ of our target** il nous manque encore 2 000 livres pour atteindre notre objectif • **it's nothing ~ of robbery** c'est du vol, ni plus ni moins • **nothing ~ of a revolution will satisfy them** ils veulent une révolution, rien de moins • **I don't see what you can do ~ of asking him yourself** je ne vois pas ce que vous pouvez faire si ce n'est lui demander vous-même
3 N ⓐ (= film)* court métrage *m*; (= short-circuit)* court-circuit *m*
ⓑ (Brit) (= drink) alcool *m* fort
ⓒ ▸ **in short** bref
4 NPL **shorts** (= garment) (gen) short *m*; [of footballer] culotte *f*; (US = men's underwear) caleçon *m* • **a pair of ~s** un short
5 VT court-circuiter
6 VI faire court-circuit
7 COMP ▸ **short-change** VT **to ~-change sb** (in shop) ne pas rendre assez à qn ▸ **short-circuit** N court-circuit *m* ♦ VT court-circuiter ♦ VI faire court-circuit ▸ **short cut** N raccourci *m* • **I took a ~ cut through the fields** j'ai pris un raccourci à travers champs ▸ **short-haired** ADJ [person] aux cheveux courts; [animal] à poil ras ▸ **short-handed** ADJ à court de personnel ▸ **short-haul** N, ADJ court-courrier *m* ▸ **short-list** (Brit) N liste *f* de(s) candidats

S

sélectionnés ♦ VT présélectionner ▸ **short-lived** ADJ de courte durée ▸ **short-range** ADJ [*missile*] à courte portée; [*aircraft*] à court rayon d'action; [*plan, weather forecast*] à court terme ▸ **short-sighted** ADJ myope; [*policy, measure*] à courte vue ▸ **short-sightedness** N myopie *f*; (*fig*) manque *m* de vue à long terme ▸ **short-sleeved** ADJ à manches courtes ▸ **short-staffed** ADJ **to be ~-staffed** manquer de personnel ▸ **short-stay car park** N parc *m* de stationnement de courte durée ▸ **short story** N nouvelle *f* • **~-story writer** nouvelliste *mf* ▸ **short-tempered** ADJ coléreux ▸ **short-term** ADJ [*parking*] de courte durée; [*loan, planning, solution*] à court terme

shortage ['ʃɔːtɪdʒ] (N) manque *m* • **there's no ~ of ...** on ne manque pas de ... • **the food ~** la pénurie de vivres • **the housing ~** la crise du logement

shortbread ['ʃɔːtbred] (N) sablé *m*

shortcake ['ʃɔːtkeɪk] (N) (*US*) **strawberry ~** tarte *f* sablée aux fraises

shortcoming ['ʃɔːtˌkʌmɪŋ] (N) défaut *m*

shortcrust pastry [ˌʃɔːtkrʌst'peɪstrɪ] (N) pâte *f* brisée

shorten ['ʃɔːtn] **1** (VT) [*+ book, programme, letter, skirt*] raccourcir; [*+ visit, holiday*] écourter **2** (VI) raccourcir

shortfall ['ʃɔːtfɔːl] (N) (*in payments, profits, savings*) montant *m* insuffisant (**in** de); (*in numbers*) nombre *m* insuffisant (**in** de) • **there is a ~ of £5,000** il manque 5 000 livres

shorthand ['ʃɔːthænd] **1** (N) sténographie *f* • **to take sth down in ~** prendre qch en sténo **2** (ADJ) (*= abbreviated*) abrégé **3** (COMP) ▸ **shorthand typing** N sténodactylo *f* ▸ **shorthand typist** N sténodactylo *mf*

shortly ['ʃɔːtlɪ] (ADV) (*= soon*) bientôt; (*= in a few days*) prochainement • **more of that ~** nous reviendrons sur ce sujet • **~ before/after sth** peu avant/après qch • **I'll be with you ~** je suis à vous tout de suite

shortstop ['ʃɔːtstɒp] (N) (*Baseball*) bloqueur *m*

shortwave ['ʃɔːtweɪv] **1** (N) ondes *fpl* courtes **2** (ADJ) [*radio*] à ondes courtes; [*transmission*] sur ondes courtes

shot [ʃɒt] **1** (N) **a** (*from gun*) coup *m* (de feu); (*= bullet*) balle *f* • **to fire a ~ at sb/sth** tirer sur qn/qch • **good ~!** joli coup ! • **the first ~ killed him** la première balle l'a tué • **he is a good/bad ~** il est bon/mauvais tireur • **that was just a ~ in the dark** c'était dit à tout hasard • **he was off like a ~** il est parti comme une flèche • **he agreed like a ~*** il a accepté tout de suite

b (*Football, Hockey*) tir *m*; (*Golf, Tennis*) coup *m*; (*= throw*) lancer *m* • **good ~!** bien joué ! • **to put the ~** lancer le poids • **the biggest by a long ~** de loin le plus grand • **she calls the ~s*** c'est elle qui commande

c (*= attempt*) essai *m*; (*= guess*) hypothèse *f*; (*= turn to play*) tour *m* • **to have a ~ at sth** essayer de faire qch • **to give it one's best ~*** faire de son mieux • **have a ~ at it!** (*= try it*) essayez !; (*= guess*) devinez !

d (*= photo*) photo *f*; (*Cinema*) plan *m*

e (*= injection*) piqûre *f* • **a ~ in the arm** (*fig*) un coup de fouet (*fig*)

f [*of alcohol*] **put a ~ of gin in it** ajoute une goutte de gin

2 (ADJ) **a** (*= suffused*) **black hair ~ through with silver** des cheveux noirs striés d'argent • **his work is ~ through with humour** son œuvre est imprégnée d'humour

b (*= rid*)* **to be ~ of sb/sth** être débarrassé de qn/qch • **to get ~ of sb/sth** se débarrasser de qn/qch

c (*= destroyed*)* [*object, machine*] bousillé* • **my nerves are totally ~** je suis à bout de nerfs • **her confidence was ~ to pieces** ça lui a fait complètement perdre confiance en elle

3 (COMP) ▸ **shot put** N lancer *m* du poids ▸ **shot putter** N lanceur *m*, -euse *f* de poids

shotgun ['ʃɒtgʌn] (N) fusil *m* de chasse

should [ʃʊd] (MODAL VERB) **a** (*= ought to*)

> **should** is usually translated by the conditional of **devoir**, except when it refers to past time.

• **I ~ go and see her** je devrais aller la voir • **~n't you go and see her?** est-ce que vous ne devriez pas aller la voir ? • **he ~ be there by now** il devrait être ici à l'heure qu'il est • **he ~ win the race** il devrait gagner la course • **you ~ avoid stress** vous devriez éviter le stress • **you ~n't be so pessimistic** vous ne devriez pas être si pessimiste • **everything is as it ~ be** tout est en ordre

▸ **should I** (*asking advice*) **what ~ I do?** qu'est-ce que je dois faire ? • **~ I go too? — yes you ~** est-ce que je dois y aller aussi ? — oui tu devrais

b (*past time*)

> When **should** refers to past time, it is translated by the imperfect of **devoir**.

• **he thought he ~ tell you** il a pensé qu'il devait vous le dire • **I said they ~ wait a bit** je leur ai dit qu'ils devaient attendre un peu • **he thought I ~ tell her, so I'm going to** il pensait que je devais lui dire, alors je vais le faire

▸ **should have**

> When **should have** implies that something did not happen, it is translated by the conditional of **avoir + dû**.

• **you ~ have been a teacher** vous auriez dû être professeur • **I ~ have gone this morning** j'aurais dû y aller ce matin

> When **should have** means that something probably has happened, it is translated by the present tense of **devoir**.

• **he ~ have got there by now** il doit être arrivé à l'heure qu'il est • **he ~ have finished by now** (*= probably has*) il doit avoir terminé à l'heure qu'il est; (*= but he hasn't*) il aurait dû terminer à l'heure qu'il est

c (*= would*)

> When **should** has conditional meaning, it is translated by the conditional of the French verb.

• **I ~ go if he invited me** s'il m'invitait, j'irais • **we ~ have come if we had known** si nous avions su, nous serions venus • **will you come? — I ~ like to** est-ce que vous viendrez ? — j'aimerais bien • **I ~n't be surprised if he came** ça ne m'étonnerait pas qu'il vienne • **why ~ he suspect me?** pourquoi me soupçonnerait-il ? • **I ~ think there were about 40** je pense qu'il devait y en avoir une quarantaine

d (*emphatic*) **I ~ hope not!** il ne manquerait plus que ça !* • **how ~ I know?** comment voulez-vous que je le sache ? • **he's coming to apologize — I ~ think so too!** il vient présenter ses excuses — j'espère bien ! • **and who ~ come in but Paul!** et devinez qui est entré ? Paul bien sûr !

shoulder [ˈʃəʊldəʳ] 1 (N) épaule *f* • **to have broad ~s** être large d'épaules; (*fig*) avoir les reins solides • **it's too wide across the ~s** c'est trop large de carrure • **put my jacket round your ~s** mets ma veste sur tes épaules • **to cry on sb's ~** pleurer sur l'épaule de qn • **she had her bag on one ~** elle portait son sac en bandoulière • **all the responsibilities had fallen on his ~s** toutes les responsabilités reposaient sur ses épaules

2 (VT) endosser

3 (COMP) ▸ **shoulder bag** N sac *m* à bandoulière ▸ **shoulder blade** N omoplate *f* • **it hit him between the ~ blades** ça l'a atteint entre les épaules ▸ **shoulder-high** ADJ à hauteur d'épaule ▸ **shoulder-length** ADJ mi-long ▸ **shoulder pad** N épaulette *f* (*rembourrage*) ▸ **shoulder strap** N [*of garment*] bretelle *f*; [*of bag*] bandoulière *f*

shouldn't [ˈʃʊdnt] (ABBR OF **should not**) → **should**

shout [ʃaʊt] 1 (N) cri *m* • **to give sb a ~** appeler qn • **it's my ~*** (*Brit*) (= *round of drinks*) c'est ma tournée*

2 (VT) crier • **"no" he ~ed** « non » cria-t-il • **to ~ o.s. hoarse** s'enrouer à force de crier

3 (VI) ⓐ crier • **to ~ for help** crier au secours • **he ~ed to me to throw him the rope** il m'a crié de lui lancer la corde • **it's nothing to ~ about*** ça n'a rien d'extraordinaire

ⓑ (= *scold*) **to ~ at sb** crier après* qn

4 (COMP) ▸ **shout-out** N **to give sb a ~-out** (= *thank*) remercier qn (publiquement); (= *greet*) saluer qn (publiquement)

▸ **shout down** VT SEP [+ *speaker*] huer • **they ~ed down the proposal** ils ont rejeté la proposition avec de hauts cris

▸ **shout out** 1 VI pousser un cri • **to ~ out to sb** interpeller qn

2 VT SEP crier

shouting [ˈʃaʊtɪŋ] (N) cris *mpl*; (= *noise of quarrelling*) éclats *mpl* de voix • **the tournament is all over bar the ~** le tournoi est pratiquement terminé ▸ **shouting match*** N engueulade* *f*

shove [ʃʌv] 1 (N) poussée *f* • **to give sb/sth a ~** pousser qn/qch

2 (VT) ⓐ (= *push*) pousser; (= *thrust*) [+ *stick, finger*] enfoncer (**into** dans); (= *jostle*) bousculer • **to ~ sth in/out/down** faire entrer/sortir/descendre qch en le poussant • **to ~ sth/sb aside** pousser qch/qn de côté • **to ~ sth into a drawer/one's pocket** fourrer qch dans un tiroir/sa poche • **to ~ sb/sth out of the way** écarter qn/qch en le poussant • **to ~ one's way through the crowd** se frayer un chemin à travers la foule

ⓑ (= *put*)* fourrer*, mettre • **he ~d his head through the window** il a passé la tête par la fenêtre • **he ~d the book into my hand** il m'a fourré le livre dans la main

3 (VI) pousser • **he ~d past me** il m'a dépassé en me bousculant • **he ~d through the crowd** il s'est frayé un chemin à travers la foule

▸ **shove off** VI (*in boat*) pousser au large; (= *leave*)* ficher le camp*

▸ **shove over*** VI se pousser

▸ **shove up*** VI se pousser

shovel [ˈʃʌvl] 1 (N) pelle *f* 2 (VT) [+ *coal, grain*] pelleter; [+ *snow, mud*] enlever à la pelle • **to ~ earth into a pile** pelleter la terre pour en faire un tas • **he ~led the food into his mouth*** il enfournait* la nourriture dans sa bouche

▸ **shovel up** VT SEP [+ *sth spilt*] ramasser avec une pelle; [+ *snow*] enlever à la pelle

show [ʃəʊ] (*vb: pret* **showed**, *ptp* **shown** *or* **showed**) 1 (N)

ⓐ (= *exhibition*) exposition *f*; (= *trade fair*) foire *f*; (= *contest*) concours *m* • **flower ~** floralies *fpl* • **he's holding his first London ~** [*artist, sculptor*] il expose à Londres pour la première fois • **the Boat Show** le Salon de la navigation ▸ **on show** exposé • **there were some fine pieces on ~** il y avait quelques beaux objets exposés

ⓑ (= *play, concert*) spectacle *m*; (= *film*) séance *f* • **the ~ must go on** il faut continuer malgré tout • **let's get this ~ on the road*** passons à l'action • **to run the ~*** tenir les rênes • **they put up a good ~** ils se sont bien défendus

ⓒ (= *display*) démonstration *f* • **an impressive ~ of strength** une impressionnante démonstration de force • **they made a ~ of resistance** ils ont fait semblant de résister • **to make a ~ of doing sth** faire semblant de faire qch • **just for ~** pour épater la galerie

2 (VT) ⓐ (= *display*) montrer; (= *exhibit*) [+ *goods for sale, picture, dog*] exposer; [+ *film, slides*] projeter • **the film was first ~n in 1974** ce film est sorti en 1974 • **he has nothing to ~ for all the effort he has put into it** ses efforts n'ont rien donné • **I ought to ~ my face at Paul's party** il faudrait que je fasse acte de présence à la soirée de Paul • **he daren't ~ his face there again** il n'ose plus montrer son nez là-bas* • **to ~ one's hand** abattre son jeu (*fig*) • **to ~ a clean pair of heels** se sauver à toutes jambes • **to ~ one's teeth** montrer les dents • **to ~ sb the door** mettre qn à la porte

ⓑ (= *indicate*) [*dial, clock*] indiquer • **to ~ a loss/profit** indiquer une perte/un bénéfice • **the figures ~ a rise over last year's sales** les chiffres font apparaître une augmentation des ventes par rapport à l'année dernière • **the roads are ~n in red** les routes sont marquées en rouge • **as ~n by the graph** comme le montre le graphique

ⓒ (= *reveal*) montrer • **this skirt ~s the dirt** cette jupe est salissante • **he was ~ing signs of tiredness** il montrait des signes de fatigue • **her choice of clothes ~s good taste** sa façon de s'habiller témoigne de son bon goût • **he's beginning to ~ his age** il commence à faire son âge • **this ~s great intelligence** cela révèle beaucoup d'intelligence • **he ~ed himself to be a coward** il s'est révélé être lâche • **it all goes to ~ that ...** tout cela montre bien que ... • **it just goes to ~!*** comme quoi !* • **I'll ~ him!*** il va voir ! • **to ~ sb the way** indiquer le chemin à qn

ⓓ (= *conduct*) **to ~ sb into the room** faire entrer qn dans la pièce • **to ~ sb to his seat** placer qn • **to ~ sb to the door** reconduire qn jusqu'à la porte • **to ~ sb round a house** faire visiter une maison à qn

3 (VI) ⓐ [*emotion*] être visible; [*stain, scar*] se voir; [*underskirt*] dépasser • **it doesn't ~** cela ne se voit pas

ⓑ (= *arrive*)* se pointer*

4 (COMP) ▸ **show business** N show-business *m* • **she's in ~ business** elle est dans le show-business ▸ **show flat** N (*Brit*) appartement *m* témoin ▸ **show house** N (*Brit*) maison *f* témoin ▸ **show jumping** N concours *m* hippique ▸ **show-off** N frimeur *m*, -euse *f* ▸ **show of hands** N vote *m* à main levée • **to vote by ~ of hands** voter à main levée ▸ **show-stopping*** ADJ sensationnel* ▸ **show trial** N *procès pour l'exemple*

S

▸ **show around** VT SEP faire visiter à
▸ **show in** VT SEP faire entrer
▸ **show off** 1 VI frimer*; [*child*] faire l'intéressant 2 VT SEP [*+ one's wealth, knowledge*] faire étalage de • **he wanted to ~ off his new car** il voulait faire admirer sa nouvelle voiture
▸ **show out** VT SEP raccompagner (jusqu'à la porte)
▸ **show round** VT SEP faire visiter à
▸ **show up** 1 VI ⓐ (*= stand out*) [*feature*] ressortir; [*mistake*] être visible; [*stain*] se voir (nettement) • **the tower ~ed up clearly against the sky** la tour se détachait nettement sur le ciel ⓑ (*= arrive*)* se pointer* 2 VT SEP ⓐ [*+ visitor*] faire monter ⓑ [*+ fraud, impostor*] démasquer; [*+ flaw, defect*] faire ressortir ⓒ (*= embarrass*) faire honte à (en public)

showbiz* ['ʃəʊbɪz] (N) showbiz* *m* • **she's in ~** elle est dans le show-business

showcase ['ʃəʊkeɪs] 1 (N) vitrine *f* • **the museum is a ~ for young designers** le musée est une vitrine pour les jeunes concepteurs 2 (VT) présenter

showdown ['ʃəʊdaʊn] (N) épreuve *f* de force

shower ['ʃaʊəʳ] 1 (N) ⓐ [*of rain*] averse *f*; [*of blows*] volée *f*; [*of stones*] pluie *f*; [*of insults*] torrent *m*
ⓑ (*for washing*) douche *f* • **to have a ~** prendre une douche
ⓒ (*Brit = people*)* bande *f* de crétins*
ⓓ (*= celebration*) **to give a ~ for sb** organiser une fête pour donner des cadeaux à qn
2 (VT) **to ~ sb with gifts/praise** couvrir qn de cadeaux/de louanges • **we were ~ed with letters** on a été inondés de courrier
3 (VI) ⓐ (*= wash*) se doucher
ⓑ (*= fall*) **broken glass ~ed down onto the pavement** une pluie d'éclats de verre est tombée sur le trottoir
4 (COMP) ▸ **shower attachment** N douchette *f* à main ▸ **shower cap** N bonnet *m* de douche ▸ **shower cubicle** N cabine *f* de douche ▸ **shower curtain** N rideau *m* de douche ▸ **shower gel** N gel *m* douche ▸ **shower stall** N cabine *f* de douche ▸ **shower unit** N bloc-douche *m*

showerproof ['ʃaʊəpruːf] (ADJ) imperméable

showery ['ʃaʊərɪ] (ADJ) pluvieux • **~ rain** averses *fpl* • **it will be ~** il y aura des averses

showground ['ʃəʊgraʊnd] (N) terrain *m* de foire-exposition

showing ['ʃəʊɪŋ] 1 (N) ⓐ [*of film*] projection *f* • **the first ~ is at 8pm** la première séance est à 20 heures ⓑ (*= performance*) prestation *f* • **he made a good ~** il a fait une belle prestation 2 (COMP) ▸ **showing-off** N frime *f*

showjumper ['ʃəʊˌdʒʌmpəʳ] (N) (*= rider*) cavalier *m*, -ière *f* de concours hippique; (*= horse*) cheval *m* d'obstacles

showman ['ʃəʊmən] (N) (*pl* **-men**) (*in fair, circus*) forain *m* • **he's a real ~** il a vraiment le sens de la mise en scène

showmanship ['ʃəʊmənʃɪp] (N) sens *m* de la mise en scène

shown [ʃəʊn] (VB) *ptp of* **show**

showpiece ['ʃəʊpiːs] (N) (*= fine example*) fleuron *m* • **~ event** épreuve *f* phare • **London's ~ stadium** le stade le plus prestigieux de Londres

showroom ['ʃəʊrʊm] (N) salon *m* d'exposition • **in ~ condition** à l'état neuf

showy* ['ʃəʊɪ] (ADJ) voyant; [*person, manner*] peu discret (-ète *f*)

shrank [ʃræŋk] (VB) *pt of* **shrink**

shrapnel ['ʃræpnl] (N) (*= fragments*) éclats *mpl* d'obus

shred [ʃred] 1 (N) [*of cloth, paper*] lambeau *m*; [*of truth*] parcelle *f* • **not a ~ of evidence** pas la moindre preuve 2 (VT) [*+ paper*] déchiqueter; [*+ carrots*] râper; [*+ cabbage, lettuce*] couper en lanières

shredder ['ʃredəʳ] (N) [*of food processor*] râpe *f*; (*= paper shredder*) déchiqueteuse *f*

shrew [ʃruː] (N) (*= animal*) musaraigne *f*

shrewd [ʃruːd] (ADJ) [*person*] (*= clear-sighted*) perspicace; (*= cunning*) astucieux; (*= clever*) habile; [*plan*] astucieux; [*assessment, investment, move*] judicieux • **a ~ judge of character** un fin psychologue • **I can make a ~ guess at what he wanted** je crois que je devine ce qu'il voulait

shrewdly ['ʃruːdlɪ] (ADV) avec perspicacité

shrewdness ['ʃruːdnɪs] (N) [*of person, assessment*] perspicacité *f*; [*of plan*] astuce *f*

shriek [ʃriːk] 1 (N) hurlement *m* • **to let out a ~** pousser un hurlement • **~s of laughter** de grands éclats *mpl* de rire 2 (VI) hurler (**with** de) • **to ~ with laughter** rire à gorge déployée 3 (VT) hurler • **to ~ abuse at sb** hurler des injures à qn

shrift [ʃrɪft] (N) **to give sb short ~** expédier qn sans ménagement • **I got short ~ from him** il m'a traité sans ménagement

shrill [ʃrɪl] (ADJ) strident

shrimp [ʃrɪmp] 1 (N) crevette *f* 2 (VI) **to go ~ing** aller pêcher la crevette

shrine [ʃraɪn] (N) (*= place of worship*) lieu *m* saint; (*= reliquary*) châsse *f*; (*= tomb*) tombeau *m*; (*fig*) haut lieu *m*

shrink [ʃrɪŋk] (*pret* **shrank**, *ptp* **shrunk**) 1 (VI) ⓐ [*clothes*] rétrécir; [*area*] se réduire; [*boundaries*] se resserrer; [*piece of meat*] réduire; [*person*] rapetisser; [*wood*] se contracter; [*quantity, amount*] diminuer • **"will not ~"** « irrétrécissable » ⓑ (*= flinch*) se dérober (**from sth** devant qch, **from doing sth** devant l'idée de faire qch) • **she shrank away from him** elle a eu un mouvement de recul • **he did not ~ from saying that ...** il n'a pas craint de dire que ... 2 (N) (*= psychiatrist*)* psy* *mf* 3 (COMP) ▸ **shrink-wrapped** ADJ emballé sous film plastique

shrivel ['ʃrɪvl] (VI) [*apple, body*] se ratatiner; [*skin, leaf*] se flétrir; [*steak*] se racornir

shroud [ʃraʊd] 1 (N) (*for corpse*) linceul *m* 2 (VT) **~ed in mist/mystery** enveloppé de brume/de mystère

shrub [ʃrʌb] (N) arbrisseau *m*; (*small*) arbuste *m*

shrubbery ['ʃrʌbərɪ] (N) massif *m* d'arbustes

shrug [ʃrʌg] 1 (N) haussement *m* d'épaules • **to give a ~** hausser les épaules 2 (VTI) **to ~ (one's shoulders)** hausser les épaules
▸ **shrug off** VT SEP [*+ suggestion, warning, remark*] ignorer; [*+ illness*] se débarrasser de

shrunk [ʃrʌŋk] (VB) *ptp of* **shrink**

shrunken ['ʃrʌŋkən] (ADJ) rabougri

shudder ['ʃʌdəʳ] 1 (N) (*from cold*) frisson *m*; (*from horror*) frémissement *m*; [*of vehicle, ship, engine*] vibrations *fpl* • **to give a ~** [*person*] frissonner; [*vehicle, ship*] vibrer • **it gives me the ~s*** ça me donne des frissons 2 (VI) (*from cold*) frissonner; (*from horror*) frémir; [*engine*] vibrer • **I ~ to think what might have happened** je frémis rien qu'à la pensée de ce qui aurait pu se produire

shuffle ['ʃʌfl] 1 (N) ⓐ **the ~ of footsteps** le bruit d'une démarche traînante ⓑ (*Cards*) battage *m*; (*fig*) réorganisation *f* • **give the cards a good ~** bats bien les cartes • **a cabinet (re)~** un remaniement ministériel 2 (VT)

ⓐ **to ~ one's feet** traîner les pieds ⓑ [+*cards*] battre; [+*dominoes*] mélanger; [+*papers*] remuer **3** (VI) traîner les pieds • **to ~ in/out/along** entrer/sortir/avancer en traînant les pieds

shun [ʃʌn] (VT) [+*person, temptation, sb's company, publicity*] fuir; [+*work, obligation*] se soustraire à

shunt [ʃʌnt] **1** (VT) [+*train*] aiguiller • **they ~ed the visitors to and fro between the factory and the offices** ils ont fait faire la navette aux visiteurs entre l'usine et les bureaux **2** (VI) **to ~ to and fro*** faire la navette

shush [ʃʊʃ] (EXCL) chut!

shut [ʃʌt] (*pret, ptp* **shut**) **1** (VT) fermer • **to ~ one's finger in a drawer** se pincer le doigt dans un tiroir • **to ~ sb in a room** enfermer qn dans une pièce • **~ your mouth!*̣** ta gueule!*̣ **2** (VI) fermer • **the door ~** la porte s'est refermée • **the door doesn't ~ properly** la porte ferme mal • **the shop ~s on Sundays/at 6 o'clock** le magasin ferme le dimanche/à 18 heures **3** (COMP) ▸ **shut-eye*̣** N **to get a bit of ~-eye** dormir un peu

▸ **shut away** VT SEP [+*person, animal*] enfermer; [+*valuables*] mettre sous clé • **he ~s himself away** il s'enferme chez lui

▸ **shut down** **1** VI [*business, shop, theatre*] fermer (définitivement) **2** VT SEP [+*business, shop, theatre*] fermer (définitivement); [+*machine*] arrêter

▸ **shut in** VT SEP enfermer

▸ **shut off** VT SEP ⓐ (= *stop*) couper ⓑ (= *isolate*) isoler (from de) • **we're very ~ off here** nous sommes très isolés ici

▸ **shut out** VT SEP ⓐ **he found that they had ~ him out** il a trouvé la porte fermée • **don't ~ me out, I haven't got a key** ne ferme pas la porte, je n'ai pas de clé • **you can't ~ him out of your life** tu ne peux pas l'exclure de ta vie ⓑ (= *block*) [+*view*] boucher; [+*memory*] chasser de son esprit

▸ **shut up** **1** VI (= *be quiet*)* se taire • **~ up!** tais-toi! **2** VT SEP ⓐ [+*factory, business, theatre, house*] fermer ⓑ [+*person, animal*] enfermer ⓒ (= *silence*)* clouer le bec à*

shutdown [ˈʃʌtdaʊn] (N) fermeture *f*

shutter [ˈʃʌtəʳ] (N) (*on window*) volet *m*; (*on camera*) obturateur *m* ▸ **shutter release** N déclencheur *m* d'obturateur ▸ **shutter speed** N vitesse *f* d'obturation

shuttle [ˈʃʌtl] **1** (N) navette *f* • **space ~** navette *f* spatiale **2** (VI) faire la navette **3** (VT) **to ~ sb to and fro** envoyer qn à droite et à gauche • **he was ~d back and forth between the factory and the office** on lui a fait faire la navette entre l'usine et le bureau **4** (COMP) ▸ **shuttle bus** N navette *f* ▸ **shuttle diplomacy** N navettes *fpl* diplomatiques ▸ **shuttle service** N (service *m* de) navettes *fpl*

shuttlecock [ˈʃʌtlkɒk] (N) volant *m* (de badminton)

shy [ʃaɪ] **1** (ADJ) ⓐ (= *nervous*) [*person, smile, look*] timide; [*animal*] craintif • **he's a ~ person** c'est un timide • **to make sb feel ~** intimider qn • **she went all ~* when asked to give her opinion** elle a été tout intimidée quand on lui a demandé de donner son avis ⓑ (= *wary*) **to be ~ of sb/sth** avoir peur de qn/qch • **he was so ~ about his private life** il craignait tellement de parler de sa vie privée **2** (VI) [*horse*] faire un écart (**at** devant)

▸ **shy away** VI **to ~ away from doing sth** répugner à faire qch

shyly [ˈʃaɪlɪ] (ADV) timidement

shyness [ˈʃaɪnɪs] (N) [*of person*] timidité *f*; [*of animal, bird*] caractère *m* craintif

Siamese [ˌsaɪəˈmiːz] **1** (ADJ) siamois **2** (N) (*pl inv*) Siamois(e) *m(f)* **3** (COMP) ▸ **Siamese cat** N chat *m* siamois ▸ **Siamese twins** NPL enfants *mpl* siamois

Siberia [saɪˈbɪərɪə] (N) Sibérie *f*

Siberian [saɪˈbɪərɪən] **1** (ADJ) sibérien **2** (N) Sibérien(ne) *m(f)*

sibling [ˈsɪblɪŋ] (N) **children with an older ~** les enfants qui ont un frère ou une sœur aîné • **one of his ~s** l'un de ses frères et sœurs ▸ **sibling rivalry** N rivalité *f* entre frères et sœurs

sic [sɪk] (ADV) sic

Sicilian [sɪˈsɪlɪən] **1** (ADJ) sicilien **2** (N) Sicilien(ne) *m(f)*

Sicily [ˈsɪsɪlɪ] (N) Sicile *f* • **in ~** en Sicile

sick [sɪk] **1** (ADJ) ⓐ (= *ill*) malade • **he's a ~ man** il est malade • **to get ~** tomber malade • **to be off ~** (= *off work*) être en congé de maladie; (= *off school*) être absent pour maladie • **to go ~** se faire porter malade • **to phone in ~** téléphoner pour dire que l'on est malade

ⓑ **to be ~** (= *vomit*) vomir • **to be as ~ as a dog*** être malade comme un chien • **to make sb ~** faire vomir qn • **to feel ~** (= *nauseous*) avoir mal au cœur • **I get ~ in planes** je suis malade en avion • **a ~ feeling** un haut-le-cœur; (*fig*) une (sensation d')angoisse • **worried ~*** malade d'inquiétude

ⓒ (= *disgusted*) **to make sb ~** écœurer qn • **it's enough to make you ~** il y a de quoi vous écœurer • **to be as ~ as a parrot** être écœuré

ⓓ (= *fed up*) **to be ~ of sb/sth/doing sth** en avoir marre* de qn/qch/faire qch • **to be ~ of the sight of sb** en avoir marre* de voir qn • **to be ~ and tired* of ...** en avoir ras le bol* de ...

ⓔ (= *offensive*) malsain

2 (NPL) **the sick** les malades *mfpl*

3 (COMP) ▸ **sick bag** N sac *m* vomitoire ▸ **sick bay** N infirmerie *f* ▸ **sick building syndrome** N syndrome *m* du bâtiment malsain ▸ **sick leave** N **on ~ leave** en congé *m* de maladie ▸ **sick-making*̣** ADJ écœurant ▸ **sick note*** N (*for work*) certificat *m* médical; (*for school*) billet *m* d'excuse ▸ **sick pay** N indemnité *f* de maladie (*versée par l'employeur*)

sickbed [ˈsɪkbed] (N) lit *m* de malade

sicken [ˈsɪkn] **1** (VT) rendre malade; (*fig*) écœurer **2** (VI) tomber malade • **to be ~ing for sth** couver qch • **to ~ of ...** se lasser de ...

sickening [ˈsɪknɪŋ] (ADJ) écœurant; [*cruelty, waste, crime*] révoltant

sickie* [ˈsɪkɪ] (N) **he threw a ~** il n'est pas venu au travail sous prétexte qu'il était malade

sickle [ˈsɪkl] (N) faucille *f*

sickly [ˈsɪklɪ] **1** (ADJ) ⓐ (= *unhealthy*) [*person, pallor*] maladif; [*climate*] malsain • **she gave a ~ smile** elle eut un pâle sourire ⓑ (*Brit*) (= *nauseating*) [*smell, colour, cake*] écœurant **2** (ADV) **~ yellow** cireux • **~ sweet** [*smell, taste*] douceâtre; [*book*] mièvre; [*person*] mielleux

sickness [ˈsɪknɪs] (N) (= *illness*) maladie *f* • **bouts of ~** (= *vomiting*) vomissements *mpl*

sicko*̣ [ˈsɪkəʊ] **1** (N) taré(e)* *m(f)* **2** (ADJ) [*person*] taré*

sickroom [ˈsɪkrʊm] (N) infirmerie *f*

side [saɪd] **1** (N) ⓐ [*of person*] côté *m*; [*of animal*] flanc *m* • **to sleep on one's ~** dormir sur le côté • **he had the phone by his ~** il avait le téléphone à côté de lui • **she remained by his ~ through thick and thin** elle est restée à ses côtés à travers toutes leurs épreuves

S

▸ **side by side** côte à côte • **to live ~ by ~** vivre côte à côte
b (*as opposed to top, bottom*) côté *m*; [*of mountain*] versant *m*; (*inside*) [*of cave, ditch, box*] paroi *f* • **by the ~ of the church** à côté de l'église • **go round the ~ of the house** contournez la maison
c [*of record*] face *f*; [*of coin, cloth, slice of bread, sheet of paper*] côté *m*; [*of matter, problem*] aspect *m*; [*of sb's character*] facette *f* • **the right ~** [*of garment, cloth*] l'endroit *m* • **the wrong ~** [*of garment, cloth*] l'envers *m* • **right/wrong ~ out** [*jumper*] à l'endroit/l'envers • **right/wrong ~ up** dans le bon/mauvais sens • **"this ~ up"** (*on box*) «haut» • **I've written six ~s** j'ai écrit six pages • **but the other ~ of the coin is that it's cheap** mais d'un autre côté, ce n'est pas cher • **they are two ~s of the same coin** [*issues*] ce sont les deux facettes du même problème • **there are two ~s to every quarrel** dans toute querelle il y a deux points de vue • **now listen to my ~ of the story** maintenant écoute ma version des faits • **he's got a nasty ~* to him** il a un côté méchant
d (*= edge*) bord *m* • **by the ~ of the road** au bord de la route
e (*= part away from centre*) côté *m* • **on the other ~ of the street** de l'autre côté de la rue • **the east ~ of the town** la partie est de la ville • **it's on this ~ of London** c'est de ce côté-ci de Londres; (*between here and London*) c'est avant Londres • **this ~ of Christmas** avant Noël • **he makes a bit on the ~*** il se fait un peu d'argent en plus • **on the other ~** (*TV*) sur l'autre chaîne • **it's on the heavy ~** c'est plutôt lourd
▸ **from side to side** d'un côté à l'autre
▸ **the wrong side he was on the wrong ~ of the road** il était du mauvais côté de la route • **he got out of bed on the wrong ~** il s'est levé du pied gauche • **he's on the wrong ~ of 50** il a passé la cinquantaine
▸ *preposition +* **one side he moved to one ~** il s'est écarté • **to take sb on** *or* **to one ~** prendre qn à part • **to put sth to** *or* **on one ~** mettre qch de côté
f (*= group*) camp *m*; (*= team*) équipe *f*; (*political*) parti *m* • **he's on our ~** il est dans notre camp • **we have time on our ~** le temps joue en notre faveur • **whose ~ are you on?** dans quel camp êtes-vous? • **there are faults on both ~s** les deux camps ont des torts
2 COMP [*door, panel, view*] latéral ▸ **side dish** N plat *m* d'accompagnement ▸ **side effect** N effet *m* secondaire ▸ **side issue** N question *f* secondaire ▸ **side order** N plat *m* d'accompagnement ▸ **side road** N (*Brit*) route *f* secondaire; (*in town*) petite rue *f*; (*at right angle*) rue *f* transversale ▸ **side salad** N salade *f* (*pour accompagner un plat*) ▸ **side show** N (*at fair*) attraction *f*; (*= minor point*) détail *m* ▸ **side-splitting*** ADJ tordant* ▸ **side street** N petite rue *f*
▸ **side against** VT INSEP **to ~ against sb** prendre parti contre qn
▸ **side with** VT INSEP **to ~ with sb** prendre parti pour qn

sidebar ['saɪdbɑːʳ] N (*on webpage*) barre *f* latérale

sideboard ['saɪdbɔːd] N buffet *m*

sideboards ['saɪdbɔːdz], **sideburns** ['saɪdbɜːnz] NPL pattes *fpl*

sidecar ['saɪdkɑːʳ] N side-car *m*

sidekick* ['saɪdkɪk] N acolyte *m*

sidelight ['saɪdlaɪt] N (*Brit*) [*of car*] feu *m* de position, veilleuse *f* • **it gives us a ~ on ...** cela projette un éclairage particulier sur ...

sideline ['saɪdlaɪn] **1** N **a** (*Sport*) (ligne *f* de) touche *f* • **on the ~s** (*Sport*) sur la touche • **he stood on the ~s** (*fig*) il est resté en retrait **b** (*= job*) activité *f* secondaire **2** VT mettre sur la touche

sidelong ['saɪdlɒŋ] ADJ **to give sb a ~ glance** *or* **look** regarder qn de côté

sidestep ['saɪdstep] **1** VT éviter **2** VI faire un pas de côté; (*Boxing*) esquiver

sidetrack ['saɪdtræk] VT [*+ proposal*] détourner; [*+ person*] détourner de son sujet • **to get ~ed** s'écarter de son sujet

sidewalk ['saɪdwɔːk] N (*US*) trottoir *m* ▸ **sidewalk artist** N artiste *mf* de rue

sideways ['saɪdweɪz] **1** ADV **a** [*glance, look*] de côté; [*move*] latéralement; [*stand*] de profil; [*fall*] sur le côté • **to turn ~** se tourner • **~ on** de côté **b** (*in career*) **to move ~** changer de poste en restant au même niveau hiérarchique **2** ADJ **a** [*glance, movement*] de côté **b** (*in career*) **~ move** *or* **step** changement *m* de poste au même niveau hiérarchique

siding ['saɪdɪŋ] N **a** (*Rail*) voie *f* d'évitement; (*for storing*) voie *f* de garage **b** (*US = wall covering*) revêtement *m* extérieur

sidle ['saɪdl] VI **to ~ in** entrer furtivement • **he ~d up to me** il s'est glissé jusqu'à moi

SIDS [sɪdz] N (*Med*) (ABBR OF **sudden infant death syndrome**) MSN *f*

siege [siːdʒ] N siège *m* • **in a state of ~** en état de siège • **to be under ~** [*town*] être assiégé; (*by questioning*) être sur la sellette ▸ **siege mentality** N **to have a ~ mentality** être toujours sur la défensive

Sierra Leone [sɪˌerəlɪ'əʊn] N Sierra Leone *f*

Sierra Leonean [sɪ'erəlɪ'əʊnɪən] **1** ADJ sierra-léonais **2** N Sierra-Léonais(e) *m(f)*

siesta [sɪ'estə] N sieste *f* • **to have a ~** faire la sieste

sieve [sɪv] **1** N (*for flour, soil*) tamis *m*; (*for liquids*) passoire *f* • **to put through a ~** passer au tamis • **he's got a head like a ~*** il a la tête comme une passoire* **2** VT [*+ fruit, vegetables, liquid*] passer; [*+ flour*] tamiser

sift [sɪft] **1** VT [*+ flour, sugar*] tamiser; [*+ evidence*] passer au crible **2** VI **to ~ through sth** passer qch au crible

sigh [saɪ] **1** N soupir *m* • **to heave a ~** pousser un soupir **2** VT **"oh, no" she ~ed** «oh non» soupira-t-elle **3** VI soupirer • **he ~ed with relief** il a poussé un soupir de soulagement

sight [saɪt] **1** N **a** (*= faculty*) vue *f* • **to lose one's ~** perdre la vue • **to know sb by ~** connaître qn de vue • **to shoot on ~** tirer à vue • **at the ~ of ...** à la vue de ... • **the end is (with)in ~** la fin est en vue • **we are within ~ of a solution** nous entrevoyons une solution • **to come into ~** apparaître • **to catch ~ of sb/sth** apercevoir qn/qch • **to lose ~ of sb/sth** perdre qn/qch de vue • **I can't stand the ~ of blood** je ne peux pas supporter la vue du sang • **I can't stand the ~ of him** je ne peux pas le voir
▸ **out of sight** hors de vue • **to keep out of ~** ne pas se montrer • **to keep sth out of ~** ne pas montrer qch • **he never lets it out of his ~** il le garde toujours sous les yeux • (PROV) **out of ~ out of mind** loin des yeux loin du cœur (PROV)
▸ **at first sight** à première vue • **it was love at first ~** ça a été le coup de foudre
b (*= spectacle*) spectacle *m* • **the tulips are a wonderful ~** les tulipes sont magnifiques • **it's one of the ~s of Paris** c'est l'une des attractions touristiques de Paris • **to see**

the ~s (*of town*) visiter la ville; (*of country*) visiter le pays • **it's not a pretty ~** ça n'est pas beau à voir

ⓒ (*on gun*) mire *f* • **to have sb in one's ~s** (*fig*) avoir qn dans sa ligne de mire • **to set one's ~s on sth** avoir des vues sur qch

ⓓ (= *lot*)* **he's a ~ too clever** il est bien trop malin

2 (VT) (= *see*) apercevoir

3 (COMP) ▸ **sight-read** VT déchiffrer

sighted ['saɪtɪd] (ADJ) qui voit • **partially ~** malvoyant

sighting ['saɪtɪŋ] (N) **numerous ~s of the monster have been reported** le monstre aurait été aperçu à plusieurs reprises

sightseeing ['saɪtsiːɪŋ] (N) tourisme *m* • **to go ~** faire du tourisme; (*in town*) visiter la ville

sightseer ['saɪtsiːəʳ] (N) touriste *mf*

sign [saɪn] 1 (N) ⓐ signe *m* • **he made a ~ of recognition** il m'a reconnu et m'a fait un signe • **to make a ~ to sb** faire signe à qn • **to make the ~ of the Cross** faire le signe de la croix; (= *cross o.s.*) se signer • **the ~s of the zodiac** les signes *mpl* du zodiaque • **as a ~ of ...** en signe de ... • **it's a good/bad ~** c'est bon/mauvais signe • **all the ~s are that ...** tout indique que ... • **it's a ~ of the times** c'est un signe des temps • **it's a sure ~** c'est un signe infaillible • **he gave no ~ of having heard us** rien n'indiquait qu'il nous avait entendus • **there was no ~ of life** il n'y avait aucun signe de vie • **there's no ~ of him anywhere** on ne le trouve nulle part • **there's no ~ of it anywhere** il a disparu

ⓑ (= *notice*) panneau *m*; (*on inn, shop*) enseigne *f*

2 (VT) ⓐ [+ *letter, visitors' book*] signer • **to ~ one's name** signer (son nom)

ⓑ **to ~ a player** engager un joueur

3 (VI) ⓐ signer • **he ~ed for the parcel** il a signé le reçu pour le colis • **Smith has ~ed for Celtic** (*Football*) Smith a signé un contrat avec le Celtic

ⓑ **to ~ to sb to do sth** faire signe à qn de faire qch

ⓒ (= *use sign language*) parler par signes

4 (COMP) ▸ **sign language** N langage *m* des signes • **to talk in ~ language** parler par signes

▸ **sign away** VT SEP **to ~ sth away** renoncer à qch (en signant un document)

▸ **sign in** VI signer le registre (*en arrivant*)

▸ **sign off** VI ⓐ (*Radio, TV*) terminer l'émission ⓑ (*at end of letter*) terminer sa lettre

▸ **sign on** VI (*for course*) s'inscrire; (*Brit*) (*at employment office*) pointer au chômage

▸ **sign over** VT SEP céder par écrit (**to** à)

▸ **sign up** 1 VI s'inscrire 2 VT [+ *employee*] embaucher

signal ['sɪgnl] 1 (N) signal *m* • **the ~ for departure** le signal du départ • **I'm getting the engaged ~** ça sonne occupé • **the ~ is very weak** le signal est très faible

2 (VT) [+ *message*] communiquer par signaux • **to ~ sb on** faire signe à qn d'avancer • **to ~ a turn** signaler un changement de direction 3 (VI) faire des signaux; [*driver*] mettre son clignotant • **to ~ to sb** faire signe à qn

4 (COMP) ▸ **signal box** N poste *m* d'aiguillage

signalman ['sɪgnəlmæn] (N) (*pl* **-men**) aiguilleur *m*

signatory ['sɪgnətərɪ] (N) signataire *mf* (**to** de)

signature ['sɪgnətʃəʳ] (N) signature *f* • **to put one's ~ to sth** apposer sa signature à qch ▸ **signature tune** N (*Brit*) indicatif *m* (*musical*)

signet ring ['sɪgnɪt,rɪŋ] (N) chevalière *f*

significance [sɪg'nɪfɪkəns] (N) (= *meaning*) signification *f*; (= *importance*) importance *f* • **what he thinks is of no ~** peu importe ce qu'il pense

significant [sɪg'nɪfɪkənt] 1 (ADJ) ⓐ significatif • **a ~ number of people** un grand nombre de gens • **it is ~ that ...** il est significatif que ... + *subj* • **statistically ~** statistiquement significatif ⓑ [*look*] lourd de sens 2 (COMP) ▸ **significant other** N partenaire *mf* (*dans une relation affective*)

significantly [sɪg'nɪfɪkəntlɪ] (ADV) (= *appreciably*) considérablement; [*contribute*] fortement • **to increase ~** augmenter considérablement

signify ['sɪgnɪfaɪ] (VT) ⓐ (= *mean*) signifier; (= *indicate*) dénoter • **it signifies intelligence** cela dénote de l'intelligence ⓑ (= *make known*) signifier; [+ *one's opinion*] faire connaître

signing ['saɪnɪŋ] (N) ⓐ [*of contract*] signature *f* ⓑ (*Sport*) **Clarke, their recent ~ from Liverpool** Clarke, leur récent transfert de Liverpool ⓒ (= *sign language*) langage *m* des signes

signpost ['saɪnpəʊst] (N) poteau *m* indicateur

Sikh [siːk] 1 (N) Sikh *mf* 2 (ADJ) sikh

Sikhism ['siːkɪzəm] (N) sikhisme *m*

silage ['saɪlɪdʒ] (N) fourrage *m* (ensilé)

silence ['saɪləns] 1 (N) silence *m* • **then there was ~** puis le silence s'est installé • **they listened in ~** ils ont écouté en silence • **a two minutes' ~** deux minutes de silence 2 (VT) ⓐ [+ *person*] faire taire; (*by force*) réduire au silence ⓑ (= *kill*) **to ~ sb** faire taire qn définitivement

silencer ['saɪlənsəʳ] (N) (*on gun, Brit: on car*) silencieux *m*

silent ['saɪlənt] 1 (ADJ) ⓐ (= *making no noise*) silencieux • **to be ~** rester silencieux • **to fall ~** se taire • **to look at sb in ~ contempt** regarder qn en silence et avec mépris • **to watch in ~ despair** observer avec un désespoir muet • **to make a ~ protest** protester en silence ⓑ (= *saying nothing*) **to be ~ (about sth)** garder le silence (sur qch) • **you have the right to remain ~** vous avez le droit de garder le silence ⓒ (= *taciturn*) taciturne ⓓ [*film*] muet ⓔ [*letter*] muet 2 (COMP) ▸ **silent partner** N (*US*) (associé *m*) commanditaire *m*

silently ['saɪləntlɪ] (ADV) (= *without speaking*) en silence; (= *without making any noise*) silencieusement

silhouette [,sɪluː'et] (N) silhouette *f*

silhouetted [,sɪluː'etɪd] (ADJ) **to be ~ against** se détacher sur

silicon ['sɪlɪkən] (N) silicium *m* ▸ **silicon chip** N puce *f* électronique

silicone ['sɪlɪkəʊn] (N) silicone *f*

silk [sɪlk] 1 (N) soie *f* 2 (COMP) [*tie, shirt*] de *or* en soie ▸ **silk-screen printing** N sérigraphie *f*

silkworm ['sɪlkwɜːm] (N) ver *m* à soie

silky ['sɪlkɪ] (ADJ) soyeux; [*voice*] suave • **~ smooth** *or* **soft** d'une douceur soyeuse

sill [sɪl] (N) [*of window*] rebord *m*

silliness ['sɪlɪnɪs] (N) bêtise *f*

silly ['sɪlɪ] (ADJ) ⓐ (= *foolish*) bête • **I hope he won't do anything ~** j'espère qu'il ne va pas faire de bêtises • **don't be ~!** ne sois pas bête ! • **you ~ fool!** espèce d'idiot(e) ! • **(if you) ask a ~ question, (you) get a ~ answer** à question idiote, réponse idiote • **I'm sorry, it was a ~ thing to say** excusez-moi, j'ai dit une bêtise • **that was a ~ thing to do** c'était bête de faire ça • **I used to worry about the silliest little things** je m'inquiétais des moindres vétilles

S

ⓑ(= *ridiculous*) ridicule • **I feel ~** je me sens ridicule • **to make sb look ~** rendre qn ridicule

silo ['saɪləʊ] (N) silo *m*

silt [sɪlt] (N) limon *m*; (= *mud*) vase *f*

▸**silt up** 1 VI (*with mud*) s'envaser; (*with sand*) s'ensabler 2 VT SEP engorger

silver ['sɪlvəʳ] 1 (N) ⓐargent *m*; (= *silverware, cutlery*) argenterie *f*

ⓑ(= *coins*) monnaie *f* (*en pièces d'argent or de nickel*) • **£2 in ~** 2 livres en pièces d'argent

ⓒ(= *medal*) médaille *f* d'argent

2 (ADJ) ⓐ(= *made of silver*) en argent

ⓑ(*in colour*) argenté; [*car*] gris métallisé *inv*

3 (COMP) ▸**silver birch** N bouleau *m* argenté ▸**silver bullet** N remède *m* miracle, panacée *f* ▸**silver foil** N papier *m* d'aluminium ▸**silver jubilee** N (fête *f* du) vingt-cinquième anniversaire *m* (*d'un événement*) ▸**silver lining** N **to have a ~ lining** avoir de bons côtés ▸**silver medal** N médaille *f* d'argent ▸**silver medallist** N médaillé(e) *m(f)* d'argent ▸**silver paper** N papier *m* d'aluminium ▸**silver-plated** ADJ argenté ▸**the silver screen** N le grand écran ▸**silver wedding** N noces *fpl* d'argent

silversmith ['sɪlvəsmɪθ] (N) orfèvre *mf*

silverware ['sɪlvəwɛəʳ] (N) argenterie *f*; (*US* = *cutlery*) couverts *mpl*; (= *trophies*) trophées *mpl*

silvery ['sɪlvərɪ] (ADJ) argenté

SIM card ['sɪmkɑːd] (N) (*Telec*) carte *f* SIM

similar ['sɪmɪləʳ] (ADJ) semblable • **we have a ~ house** notre maison est presque pareille • **the two houses are so ~ that ...** les deux maisons sont si semblables que ... • **in a ~ situation** dans une situation semblable • **in a ~ way** à peu près de la même façon • **they all taste somewhat ~** ils ont tous à peu près le même goût • **~ in appearance** d'aspect semblable • **to be ~ in design** être d'une conception similaire • **it is ~ in colour** c'est à peu près de la même couleur

similarity [,sɪmɪ'lærɪtɪ] (N) ressemblance *f* (**to** avec, **between** entre), similitude *f*

similarly ['sɪmɪləlɪ] (ADV) [*treat, behave*] de la même façon • **~, we think that ...** de même, nous pensons que ...

simile ['sɪmɪlɪ] (N) comparaison *f*

SIMM [sɪm], **SIMM chip** (N) (ABBR OF **single in-line memory module**) barrette *f* SIMM

simmer ['sɪməʳ] 1 (VI) [*soup, stew*] mijoter, cuire à feu doux; [*revolt, anger*] couver • **he was ~ing (with rage)** il bouillait (de rage) 2 (VT) [+ *soup, stew*] faire mijoter

▸**simmer down*** VI se calmer

simper ['sɪmpəʳ] 1 (N) sourire *m* affecté 2 (VTI) minauder • **"yes" she ~ed** « oui » dit-elle en minaudant

simple ['sɪmpl] 1 (ADJ) ⓐ(= *uncomplicated*) simple • **a ~ black dress** une robe noire toute simple • **in ~ English** en termes simples • **the ~ life** la vie simple • **in ~ terms** en termes simples • **to make simple(r)** simplifier • **nothing could be simpler!** c'est tout ce qu'il y a de plus simple ! • **the camcorder is ~ to use** ce caméscope est simple à utiliser • **the ~ truth** la pure vérité

ⓑ(= *mere*) simple *before n* • **the ~ fact that ...** le simple fait que ... • **the ~ fact is he's a liar** c'est tout simplement un menteur • **a ~ phone call could win you a CD player** un simple appel et vous pourriez gagner un lecteur de CD • **for the ~ reason that ...** pour la simple raison que ...

ⓒ(*mentally*) [*person*]* simplet

2 (COMP) ▸**simple-minded** ADJ simple d'esprit

simpleton ['sɪmpltən] (N) nigaud(e) *m(f)*

simplicity [sɪm'plɪsɪtɪ] (N) simplicité *f* • **it's ~ itself** c'est tout ce qu'il y a de plus simple

simplification [,sɪmplɪfɪ'keɪʃən] (N) simplification *f*

simplify ['sɪmplɪfaɪ] (VT) simplifier

simplistic [sɪm'plɪstɪk] (ADJ) simpliste

simply ['sɪmplɪ] (ADV) ⓐ(= *merely*) simplement • **it's ~ a question of money** c'est simplement une question d'argent • **she could ~ refuse** elle pourrait refuser purement et simplement • **that's ~ the way it is** c'est comme ça

ⓑ(= *absolutely*) **it ~ isn't possible** c'est tout simplement impossible • **you ~ must come!** il faut absolument que vous veniez *subj* ! • **I ~ can't believe it** je n'arrive vraiment pas à y croire • **that is ~ not true** c'est tout simplement faux

ⓒ[*speak, live, dress*] simplement • **to put it ~, we've got a problem** pour dire les choses simplement, nous avons un problème

simulate ['sɪmjʊleɪt] (VT) simuler ▸**simulated leather** N imitation *f* cuir

simulation [,sɪmjʊ'leɪʃən] (N) simulation *f*

simulator ['sɪmjʊleɪtəʳ] (N) simulateur *m*

simulcast ['sɪməlkɑːst] 1 (VT) diffuser simultanément à la radio et à la télévision 2 (N) émission *f* radiotélévisée

simultaneous [,sɪməl'teɪnɪəs] (ADJ) simultané

simultaneously [,sɪməl'teɪnɪəslɪ] (ADV) simultanément

sin [sɪn] 1 (N) péché *m* • **~s of omission** péchés *mpl* par omission • **to live in ~**† (*unmarried*) vivre dans le péché 2 (VI) pécher 3 (COMP) ▸**sin bin** N (*US Sport*) prison *f*

Sinai ['saɪneɪaɪ] (N) **the ~** le Sinaï

since [sɪns] 1 (CONJ) ⓐ(*in time*) depuis que

> ➢ Note the use of the French present tense to translate the English perfect in some cases.

• **~ I have been here** depuis que je suis ici • **ever ~ I met him** depuis que je l'ai rencontré • **it is a long time ~ I last saw you** il y a longtemps que je ne vous ai vu

ⓑ(= *because*) puisque • **why don't you buy it, ~ you are so rich!** achète-le donc, puisque tu es si riche !

2 (ADV) depuis • **he has not been here ~** il n'est pas venu depuis • **he has been my friend ever ~** il est mon ami depuis (ce moment-là)

3 (PREP) depuis • **~ his arrival** depuis son arrivée

> ➢ Note the use of the French present tense to translate the English perfect and perfect continuous.

• **I have been waiting ~ 10 o'clock** j'attends depuis 10 heures • **~ then** depuis (lors) • **~ when has he had a car?** depuis quand a-t-il une voiture ? • **ever ~ 1900 France has attempted to ...** depuis 1900 la France tente de ... • **how long is it ~ the accident?** l'accident remonte à quand ?

sincere [sɪn'sɪəʳ] (ADJ) sincère (**about sth** à propos de qch) • **my ~ good wishes** mes vœux les plus sincères • **it is my ~ belief that ...** je crois sincèrement que ...

sincerely [sɪn'sɪəlɪ] (ADV) ⓐ[*hope, believe, regret*] sincèrement ⓑ(*in letters*) **Yours ~** (*Brit*) • **Sincerely yours** (*US*) Veuillez agréer, Monsieur (*or* Madame *etc*), l'expression de mes salutations distinguées

sincerity [sɪn'serɪtɪ] (N) sincérité *f*

sinew ['sɪnjuː] (N) tendon *m*

sinewy ['sɪnjʊɪ] (ADJ) (= *muscular*) mince et musclé

sinful ['sɪnfʊl] (ADJ) [*world*] impie; [*act, waste*] honteux; [*pleasure, desire*] coupable • **he was taught that sex was ~** on lui a appris qu'avoir des rapports sexuels étaient un péché • **it was considered ~ to ...** on considérait cela comme un péché de ... • **there's nothing ~ in that** ce n'est pas un péché

sing [sɪŋ] (*pret* **sang**, *ptp* **sung**) **1** (VT) chanter • **she sang the child to sleep** elle a chanté jusqu'à ce que l'enfant s'endorme • **to ~ sb's/sth's praises** chanter les louanges de qn/qch **2** (VI) chanter; [*ears*] bourdonner

▸ **sing along** VI **he invited the audience to ~ along** il a invité la salle à chanter en chœur avec lui

Singapore [,sɪŋgə'pɔːʳ] (N) Singapour • **in ~** à Singapour

Singaporean [,sɪŋgə'pɔːrɪən] (ADJ) (*gen*) singapourien

singe [sɪndʒ] (VT) brûler légèrement; [+ *cloth, clothes*] roussir

singer ['sɪŋəʳ] (N) chanteur *m*, -euse *f* ▸ **singer-songwriter** N auteur-compositeur *m*

singing ['sɪŋɪŋ] **1** (N) chant *m* **2** (ADJ) [*lesson, teacher*] de chant

single ['sɪŋgl] **1** (ADJ) ⓐ (= *just one*) seul • **in a ~ day** en un seul jour • **every ~ day** tous les jours sans exception • **I couldn't think of a ~ thing to say** je ne savais absolument pas quoi dire • **a ~ department should deal with all these matters** un service unique devrait traiter toutes ces affaires

ⓑ (= *individual*) **the biggest ~ issue in the election campaign** le sujet principal de la campagne électorale • **the ~ most important invention since the wheel** la plus grande invention depuis la roue

ⓒ [*knot, flower, thickness*] simple • **a ~ sheet** (*for bed*) un drap pour un lit d'une personne • **a ~ whisky** un whisky simple • **to be in ~ figures** [*number, score*] être inférieur à dix; [*rate*] être inférieur à 10 % • **in ~ file** en file indienne

ⓓ (= *unmarried*) célibataire • **she's a ~ woman** elle est célibataire

ⓔ (*Brit*) **~ ticket** aller *m* simple

2 (N) ⓐ (*Brit*) (= *ticket*) aller *m* (simple)

ⓑ (= *record*) **a ~** un 45 tours

ⓒ (*also* **single room**) chambre *f* individuelle

3 (NPL) **singles** ⓐ (*Tennis*) simple *m* • **ladies' ~s** simple *m* dames

ⓑ (= *unmarried people*)* célibataires *mpl* • **~s bar/club** bar *m*/club *m* de rencontres pour célibataires

4 (COMP) ▸ **single bed** N lit *m* d'une personne ▸ **single cream** N (*Brit*) crème *f* fraîche liquide ▸ **single European currency** N monnaie *f* unique européenne ▸ **the Single European Market** N le marché unique européen ▸ **single father** N père *m* célibataire ▸ **single-handed** ADV sans aucune aide ♦ ADJ [*achievement*] fait sans aucune aide ▸ **single honours** N (*Brit*) (*Univ*) (*also* **single honours degree**) ≈ licence *f* préparée dans une seule matière ▸ **single market** N marché *m* unique ▸ **single-minded** ADJ [*person*] résolu; [*attempt*] énergique; [*determination*] farouche • **to be ~-minded about sth** concentrer tous ses efforts sur qch ▸ **single mother** N mère *f* célibataire ▸ **single parent** N père *m* (*or* mère *f*) célibataire ▸ **single-parent family** N famille *f* monoparentale ▸ **single room** N chambre *f* individuelle ▸ **single-sex** ADJ (*Brit*) [*school, education, class*] non mixte ▸ **single-sided disk** N (*Comput*) disque *m* simple face ▸ **single supplement** N (*in hotel*) supplément *m* chambre individuelle

▸ **single out** VT SEP (= *pick out*) choisir • **I don't want to ~ anyone out** je ne veux pas faire de distinctions

singlet ['sɪŋglɪt] (N) (*Brit*) maillot *m* de corps

singly ['sɪŋglɪ] (ADV) séparément

singsong ['sɪŋsɒŋ] **1** (N) (*Brit*) **to have a ~** chanter en chœur **2** (ADJ) **~ voice** voix *f* chantante

singular ['sɪŋgjʊləʳ] **1** (ADJ) ⓐ [*noun*] singulier; [*verb*] au singulier ⓑ (= *exceptional*) singulier **2** (N) (*Gram*) singulier *m* • **in the ~** au singulier

singularly ['sɪŋgjʊləlɪ] (ADV) singulièrement

sinister ['sɪnɪstəʳ] (ADJ) sinistre

sink [sɪŋk] (*pret* **sank**, *ptp* **sunk**) **1** (VI) ⓐ [*ship, person, object*] couler • **to ~ to the bottom** couler au fond • **to ~ like a stone** couler à pic • **they left him to ~ or swim** ils l'ont laissé se débrouiller tout seul

ⓑ (= *subside*) s'affaisser; [*level, river*] baisser • **the sun sank below the horizon** le soleil a disparu à l'horizon • **to ~ out of sight** disparaître • **to ~ to one's knees** tomber à genoux • **he sank into the mud up to his knees** il s'est enfoncé dans la boue jusqu'aux genoux • **she let her head ~ into the pillow** elle a laissé retomber sa tête sur l'oreiller • **he is ~ing fast** (= *dying*) il décline rapidement

ⓒ (= *fall*) **to ~ into a deep sleep** sombrer dans un profond sommeil • **to ~ into poverty** sombrer dans la misère • **his heart sank** l'accablement s'est emparé de lui • **his heart sank at the thought** son cœur s'est serré à cette pensée

ⓓ [*prices, value*] chuter • **the euro has sunk to a new low** l'euro a atteint sa cote la plus basse

2 (VT) ⓐ [+ *ship, business, project*] couler; [+ *object*] immerger; [+ *theory*] démolir; [+ *person*]* couler • **to be sunk in thought** être plongé dans ses pensées • **I'm sunk*** je suis fichu*

ⓑ [+ *mine, well, foundations*] creuser • **to ~ a post in the ground** enfoncer un pieu dans le sol • **he can ~ a glass of beer in five seconds*** (*Brit*) il peut descendre* une bière en cinq secondes • **to ~ the ball** (*Golf*) faire entrer la balle dans le trou • **to ~ a lot of money in a project** investir beaucoup d'argent dans un projet

3 (N) (*in kitchen*) évier *m*; (*US: in bathroom*) lavabo *m*

4 (COMP) ▸ **sink unit** N bloc-évier *m*

▸ **sink in** VI ⓐ [*person*] s'enfoncer; [*water*] pénétrer ⓑ [*explanation*] rentrer*; [*remark*] faire son effet • **as it hadn't really sunk in yet he ...** comme il ne réalisait pas encore, il ...

sinking ['sɪŋkɪŋ] (ADJ) **that ~ feeling** ce sentiment d'angoisse • **with a ~ heart** la mort dans l'âme

sinner ['sɪnəʳ] (N) pécheur *m*, -eresse *f*

Sinn Féin [ʃɪn'feɪn] (N) Sinn Fein *m* (*parti nationaliste irlandais, branche politique de l'IRA*)

sinuous ['sɪnjʊəs] (ADJ) sinueux

sinus ['saɪnəs] (N) (*pl* **sinuses**) sinus *m inv* • **to have ~ trouble** avoir de la sinusite

sinusitis [,saɪnə'saɪtɪs] (N) sinusite *f* • **to have ~** avoir de la sinusite

sip [sɪp] **1** (N) petite gorgée *f* **2** (VT) (= *drink a little at a time*) boire à petites gorgées; (= *take a sip*) boire une petite gorgée de **3** (VI) **he ~ped at his whisky** (= *drank a little at a time*) il a bu son whisky à petites gorgées; (= *took a sip*) il a bu une petite gorgée de whisky

S

siphon ['saɪfən] 1 (N) siphon *m* 2 (VT) siphonner
▸ **siphon off** VT SEP siphonner; [*+ profits, funds*] canaliser; (*illegally*) détourner

sir [sɜːʳ] (N) monsieur *m* • **yes ~** oui, Monsieur; (*to officer in army, navy, air force*) oui, mon commandant (*or* mon lieutenant *etc*) • **yes/no ~!*** (*emphatic*) ça oui/non! • **Dear Sir** (*in letter*) (Cher) Monsieur • **Sir John Smith** sir John Smith

siren ['saɪərən] (N) sirène *f* ▸ **siren call, siren song** N chant *m* des sirènes

sirloin ['sɜːlɔɪn] (N) aloyau *m* • **~ steak** bifteck *m* dans l'aloyau

sissy* ['sɪsɪ] (*pej*) 1 (N) (*= coward*) poule *f* mouillée • **he's a bit of a ~** (*= effeminate*) il est un peu efféminé 2 (ADJ) [*voice, sport*] de fille

sister ['sɪstəʳ] 1 (N) ⓐ sœur *f* • **her younger ~** sa petite sœur ⓑ (*= nun*) sœur *f* • **yes ~** oui, ma sœur ⓒ (*Brit*) (*= nurse*) infirmière *f* chef 2 (ADJ) [*company, organisation*] sœur *f* • **~ party** parti *m* frère • **~ ship** navire-jumeau *m* 3 (COMP) ▸ **sister-in-law** N (*pl* **sisters-in-law**) belle-sœur *f*

sit [sɪt] (*pret, ptp* **sat**) 1 (VI) ⓐ s'asseoir • **to be ~ting** être assis • **~!** (*to dog*) assis! • **~ by me** assieds-toi près de moi • **they spent the evening ~ting at home** ils ont passé la soirée tranquillement à la maison • **he just ~s at home all day** il reste chez lui toute la journée à ne rien faire • **don't just ~ there, do something!** ne reste pas là à ne rien faire! • **to ~ still** rester tranquille • **to ~ straight** se tenir droit • **to ~ on a committee** faire partie d'un comité • **to be ~ting pretty*** être dans une position confortable

ⓑ [*bird, insect*] se poser • **the hen is ~ting on three eggs** la poule couve trois œufs

ⓒ [*committee, assembly*] siéger • **the committee is ~ting now** le comité est en séance • **the House ~s from November to June** la Chambre siège de novembre à juin

ⓓ [*dress, coat*] tomber (**on sb** sur qn) • **the jacket ~s badly across the shoulders** la veste tombe mal au niveau des épaules • **it sat heavy on his conscience** cela lui pesait sur la conscience

2 (VT) ⓐ asseoir; (*= invite to sit*) faire asseoir • **he sat the child on his knee** il a assis l'enfant sur ses genoux

ⓑ [*+ exam*] passer

3 (COMP) ▸ **sit-down*** N **I need a ~-down** j'ai besoin de m'asseoir un peu ♦ ADJ **we had a ~-down lunch** nous avons déjeuné à table • **~-down strike** grève *f* sur le tas
▸ **sit-in** N [*of demonstrators*] sit-in *m*; [*of workers*] grève *f* sur le tas • **the students held a ~-in in the university offices** les étudiants ont occupé les bureaux de l'université
▸ **sit-up** N **to do ~-ups** faire des abdominaux (*au sol*)
▸ **sit about, sit around** VI rester assis (à ne rien faire)
▸ **sit back** VI **to ~ back in an armchair** se caler dans un fauteuil • **just ~ back and listen to this** installe-toi bien et écoute un peu • **he just sat back and did nothing about it** il n'a pas levé le petit doigt • **I can't just ~ back and do nothing!** je ne peux quand même pas rester là à ne rien faire!
▸ **sit by** VI **to ~ idly by (while ...)** rester sans rien faire (pendant que ...)
▸ **sit down** 1 VI s'asseoir • **to be ~ting down** être assis • **he sat down to a huge dinner** il s'est attablé devant un repas gigantesque • **to take sth ~ting down*** rester les bras croisés devant qch 2 VT SEP asseoir; (*= invite to sit*) faire asseoir
▸ **sit in** VI **she sat in all day waiting for him to come** elle est restée à la maison toute la journée à l'attendre • **to ~ in on a discussion** assister à une discussion (sans y prendre part) • **to ~ in for sb** (*= replace*) remplacer qn
▸ **sit on*** VT INSEP [*+ news, report*] garder le silence sur; [*+ file, document*] garder pour soi
▸ **sit out** 1 VI (aller) s'asseoir dehors 2 VT SEP ⓐ **to ~ out the recession** attendre la fin de la récession ⓑ **I'll ~ this dance out** je ne vais pas danser celle-là
▸ **sit through** VT **to ~ through sth** assister à qch jusqu'au bout
▸ **sit up** VI ⓐ (*= sit upright*) se redresser • **to be ~ting up** être assis bien droit • **he was ~ting up in bed** il était assis dans son lit • **you can ~ up now** vous pouvez vous asseoir maintenant • **to make sb ~ up** (*fig*) secouer qn • **to ~ up and take notice** (*fig*) se secouer ⓑ (*= stay up*) veiller • **to ~ up late** se coucher tard • **to ~ up all night** ne pas se coucher de la nuit • **don't ~ up for me** couchez-vous sans m'attendre • **the nurse sat up with him** l'infirmière est restée à son chevet

sitcom* ['sɪtkɒm] (N) sitcom *f*

site [saɪt] 1 (N) [*of town, building*] emplacement *m*; (*archaeological*) site *m*; (*= building site*) chantier *m*; (*= website*) site *m* web 2 (VT) placer

sitter ['sɪtəʳ] (N) (*for painting*) modèle *m*; (*= baby-sitter*) baby-sitter *mf*

sitting ['sɪtɪŋ] (N) [*of committee, assembly*] séance *f*; (*for portrait*) séance *f* de pose • **they served 200 people in one ~/in two ~s** ils ont servi 200 personnes à la fois/en deux services • **at a single ~** (*= in one go*) d'une seule traite ▸ **sitting duck*** N cible *f* facile ▸ **sitting room** N salon *m* ▸ **sitting target** N cible *f* facile ▸ **sitting tenant** N locataire *mf* en place

situate ['sɪtjʊeɪt] (VT) [*+ building, town*] placer; [*+ problem, event*] situer • **to be well/badly ~d** être bien/mal situé • **how are you ~d for money?** et côté argent, ça va?*

situation [ˌsɪtjʊ'eɪʃən] (N) situation *f* • **"~s vacant/wanted"** «offres/demandes d'emploi»

six [sɪks] 1 (NUMBER) six *m inv* • **he is ~ (years old)** il a six ans • **he'll be ~ on Saturday** il aura six ans samedi • **he lives in number ~** il habite au (numéro) six • **~ times ~** six fois six • **it is ~ o'clock** il est six heures • **come at ~** venez à six heures • **they are sold in ~es** ça se vend par six • **he lives at ~ Churchill Street** il habite (au) six Churchill Street • **two ~es are twelve** deux fois six douze • **there were about ~** il y en avait environ six • **~ of the girls came** six des filles sont venues • **there are ~ of us** nous sommes six • **all ~ (of us) left** nous sommes partis tous les six • **all ~ (of them) left** ils sont partis tous les six • **~ of the best*** (*Brit*) grande fessée *f* • **to be at ~es and sevens** [*books, house*] être sens dessus dessous; [*person*] être tout retourné* • **it's ~ of one and half a dozen of the other*** c'est du pareil au même* • **the ~ of diamonds** (*Cards*) le six de carreau • **to hit a ~** (*Cricket*) marquer six points *mpl*
2 (COMP) ▸ **six-pack** N pack *m* de six ▸ **six-shooter*** N six-coups *m inv*

sixteen ['sɪks'tiːn] (NUMBER) seize *m inv* • **there are ~** il y en a seize

sixteenth ['sɪks'tiːnθ] (ADJ, N) seizième *mf*; (*= fraction*) seizième *m*

sixth [sɪksθ] 1 (ADJ) sixième • **Charles the Sixth** Charles VI • **the ~ of November** le six novembre

2 (N) sixième *mf*; (*= fraction*) sixième *m* • **he wrote the letter on the ~** il a écrit la lettre le sixième

3 (ADV) en sixième position • **he came ~** il s'est classé sixième

4 (COMP) ▸ **sixth form** N (*Brit*) (*in schools*) ≈ classes *fpl* de première et terminale • **to be in the ~ form** ≈ être en première *or* en terminale ▸ **sixth-form college** N *lycée n'ayant que des classes de première et de terminale* ▸ **sixth-former, sixth-form pupil** N ≈ élève *mf* de première *or* de terminale ▸ **the sixth grade** N (*US*) (*in schools*) ≈ le CM2 ▸ **sixth sense** N sixième sens *m*

sixtieth ['sɪkstɪɪθ] (ADJ, N) soixantième *mf*; (*= fraction*) soixantième *m*

sixty ['sɪkstɪ] (NUMBER) soixante *m inv* • **about ~** une soixantaine, environ soixante • **there are ~** il y en a soixante • **to be in one's sixties** avoir entre soixante et soixante-dix ans • **in the sixties** (*= 1960s*) dans les années soixante • **the temperature was in the sixties** ≈ il faisait entre quinze et vingt degrés ▸ **sixty-four thousand dollar question*** N **that's the ~-four thousand dollar question** c'est la question à mille francs

sizable ['saɪzəbl] (ADJ) = **sizeable**

size [saɪz] (N) **a** taille *f*; [*of room, building, car, chair*] dimensions *fpl*; [*of egg, fruit, jewel*] grosseur *f*; [*of sum*] montant *m*; [*of estate, park, country*] étendue *f*; [*of problem, operation, campaign*] ampleur *f*; (*= format*) format *m* • **this jumper is the wrong ~** ce pull n'est pas la bonne taille • **the small/large ~** [*of packet, tube*] le petit/grand modèle • **to cut/make sth to ~** couper/faire qch sur mesure • **it's the ~ of a brick** c'est de la taille d'une brique • **it's the ~ of a walnut** c'est de la grosseur d'une noix • **it's the ~ of a house/elephant** c'est grand comme une maison/un éléphant • **he's about your ~** il est à peu près de votre taille • **that's about the ~ of it!** c'est à peu près ça ! • **he cut the wood to ~** il a coupé le bois à la dimension voulue

b [*of coat, skirt, dress, trousers*] taille *f*; [*of shoes*] pointure *f*; [*of shirt*] encolure *f* • **what ~ are you?** (*in dress*) quelle taille faites-vous ?; (*in shoes*) quelle pointure faites-vous ?; (*in shirts*) vous faites combien d'encolure ? • **I take ~ 12** je prends du 40 • **what ~ shoes do you take?** vous chaussez du combien ? • **I take ~ 5** (*in shoes*) ≈ je chausse du 38 • **what ~ waist are you?** quel est votre tour de taille ? • **"one ~"** « taille unique » • **I need a ~ smaller** il me faut la taille (*or* la pointure) en-dessous

▸ **size up** VT SEP [*+ person*] jauger; [*+ situation*] mesurer • **to ~ up the problem** mesurer l'étendue du problème • **I can't quite ~ him up** (*= don't know what he is like*) je n'arrive pas vraiment à le juger; (*= don't know what he wants*) je ne vois pas bien où il veut en venir

sizeable ['saɪzəbl] (ADJ) [*amount, number, problem, operation*] assez important; [*object, building, estate*] assez grand; [*majority*] assez large

sizzle ['sɪzl] **1** (VI) grésiller **2** (N) grésillement *m*

sizzling ['sɪzlɪŋ] **1** (ADJ) grésillant **2** (ADV) ~ **hot** brûlant • **it was a ~ hot day*** il faisait une chaleur torride ce jour-là

SK (ABBR OF **Saskatchewan**)

skate [skeɪt] **1** (N) **a** (*= for skating*) patin *m* • **get your ~s on!*** grouille-toi !* **b** (*= fish*) raie *f* **2** (VI) patiner • **to go skating** (*ice*) faire du patin à glace; (*roller*) faire du patin à roulettes • **he ~d across the pond** il a traversé l'étang en patinant

▸ **skate around, skate over** VT INSEP [*+ issue*] essayer d'esquiver

skateboard ['skeɪtbɔːd] **1** (N) planche *f* à roulettes **2** (VI) faire de la planche à roulettes

skateboarder ['skeɪtbɔːdəʳ] (N) skateur *m*, -euse *f*

skateboarding ['skeɪtbɔːdɪŋ] (N) planche *f* à roulettes

skatepark ['skeɪtpɑːk] (N) skate parc *m*

skater ['skeɪtəʳ] (N) (*ice*) patineur *m*, -euse *f*; (*roller*) personne *f* qui fait du patin à roulettes

skating ['skeɪtɪŋ] (N) patinage *m* ▸ **skating championship** N championnat *m* de patinage ▸ **skating rink** N (*ice*) patinoire *f*; (*roller*) piste *f* de patinage

skeletal ['skelɪtl] (ADJ) [*person, body*] squelettique; [*face*] émacié

skeleton ['skelɪtn] (N) squelette *m*; [*of plan, novel*] grandes lignes *fpl* • **a ~ in the cupboard** (*Brit*) *or* **closet** (*US*) un cadavre dans le placard* ▸ **skeleton key** N passe-partout *m inv* ▸ **skeleton staff** N équipe *f* réduite

skeptic ['skeptɪk] (N, ADJ) (*US*) sceptique *mf*

sketch [sketʃ] **1** (N) **a** (*= drawing*) (*rough*) croquis *m*; (*preliminary*) esquisse *f*; [*of ideas, proposals*] ébauche *f* • **a rough ~** (*= drawing*) une ébauche **b** (*Theatre*) sketch *m* **2** (VI) (*roughly*) faire des croquis; (*= make preliminary drawing*) faire des esquisses **3** (VT) [*+ view, castle, figure*] (*roughly*) faire un croquis de; (*= make preliminary drawing*) faire une esquisse de; [*+ map*] faire à main levée; [*+ proposals, plan*] ébaucher **4** (COMP) ▸ **sketching pad, sketch pad** N carnet *m* de croquis ▸ **sketch writer** N auteur(e) *m(f)* de sketches • **to be a ~ writer** écrire des sketches

▸ **sketch in** VT SEP [*+ details*] ajouter

▸ **sketch out** VT SEP [*+ plans, proposals*] ébaucher

sketchy ['sketʃɪ] (ADJ) [*account, report, details*] incomplet (-ète *f*); [*knowledge*] sommaire

skew [skjuː] (ADJ) de travers ▸ **skew-whiff*** ADJ (*Brit*) de traviole*

skewed [skjuːd] (ADJ) **a** (*= slanting*) de travers **b** [*conception, view*] déformé; [*statistics*] faussé

skewer ['skjʊəʳ] **1** (N) (*for roast*) broche *f*; (*for kebabs*) brochette *f* **2** (VT) [*+ chicken*] embrocher; [*+ pieces of meat*] mettre en brochette; (*fig*) embrocher*

ski [skiː] **1** (N) ski *m*

2 (VI) faire du ski, skier • **to go ~ing** faire du ski • **I like ~ing** j'aime le ski • **to ~ down a slope** descendre une pente à skis

3 (COMP) ▸ **ski binding** N fixation *f* ▸ **ski boot** N chaussure *f* de ski ▸ **ski instructor** N moniteur *m*, -trice *f* de ski ▸ **ski jump** N (*= action*) saut *m* à skis; (*= place*) tremplin *m* (de ski) ▸ **ski-jumping** N saut *m* à skis ▸ **ski lift** N remonte-pente *m inv* ▸ **ski pants** NPL fuseau *m* (de ski) ▸ **ski-pass** N forfait *m* (de ski) ▸ **ski pole** N bâton *m* de ski ▸ **ski resort** N station *f* de sports d'hiver ▸ **ski run** N piste *f* de ski ▸ **ski slope** N piste *f* de ski ▸ **ski stick** N bâton *m* de ski ▸ **ski-suit** N combinaison *f* (de ski) ▸ **ski tow** N téléski *m*

skibob ['skiːbɒb] (N) véloski *m*

skid [skɪd] **1** (N) [*of car*] dérapage *m* • **to go into a ~** déraper • **to correct a ~** contrôler un dérapage **2** (VI) [*car, person*] déraper • **the car ~ded to a halt** la voiture a dérapé et s'est immobilisée • **I ~ded into a tree** j'ai dérapé et percuté un arbre **3** (COMP) ▸ **skid row** N quartier *m* de clochards • **he's heading for ~ row** il finira clochard*

skidmark ['skɪdmɑːk] (N) trace *f* de pneu

skidproof ['skɪdpruːf] (ADJ) antidérapant

S

skier ['ski:əʳ] (N) skieur *m*, -euse *f*
skiing ['ski:ɪŋ] (N) ski *m* ▸ **skiing holiday** N vacances *fpl* aux sports d'hiver • **to go on a ~ holiday** partir aux sports d'hiver ▸ **skiing instructor** N moniteur *m*, -trice *f* de ski ▸ **skiing resort** N station *f* de sports d'hiver
skilful ['skɪlfʊl] (ADJ) [*person, player*] habile (**at doing sth** à faire qch); [*use, choice, management*] intelligent • **to be ~ in doing sth** faire preuve d'habileté pour faire qch
skilfully ['skɪlfəlɪ] (ADV) [*organize, carry out, use*] habilement; [*avoid*] adroitement; [*write*] bien
skilfulness ['skɪlfʊlnɪs] (N) habileté *f*
skill [skɪl] (N) **a** (= *ability*) habileté *f* • **his ~ in negotiation** son habileté en matière de négociations • **her ~ in persuading them** l'habileté dont elle a fait preuve pour les persuader **b** (*in craft*) technique *f* • **~s** (*acquired*) compétences *fpl*; (*innate*) aptitudes *fpl*
skilled [skɪld] (ADJ) **a** [*person, driver*] habile • **to be ~ in the use of sth** savoir bien se servir de qch • **~ in the art of negotiating** maître dans l'art de la négociation • **~ at doing sth** habile à faire qch **b** [*job, labour, worker*] qualifié
skillet ['skɪlɪt] (N) poêlon *m*
skillful ['skɪlfʊl] (ADJ) (*US*) = **skilful**
skillfully ['skɪlfəlɪ] (ADV) (*US*) = **skilfully**
skillfulness ['skɪlfʊlnɪs] (N) (*US*) = **skilfulness**
skim [skɪm] **1** (VT) **a** [+ *milk*] écrémer; [+ *soup*] écumer • **to ~ the cream/scum/grease from sth** écrémer/écumer/dégraisser qch **b** **to ~ the ground/water** [*bird*] raser le sol/la surface de l'eau • **to ~ a stone across the pond** faire ricocher une pierre sur l'étang **2** (VI) **to ~ across the water/along the ground** raser l'eau/le sol • **the stone ~med across the pond** la pierre a ricoché sur l'étang • **to ~ through a book** feuilleter un livre • **he ~med over the difficult passages** il a parcouru rapidement les passages difficiles **3** (COMP) ▸ **skimmed milk** N lait *m* écrémé
▸ **skim off** VT SEP [+ *cream, grease*] enlever • **they ~med off the brightest pupils** ils ont sélectionné les élèves les plus brillants
skimp [skɪmp] (VI) lésiner • **to ~ on** [+ *butter, cloth, paint*] lésiner sur; [+ *money*] économiser; [+ *praise, thanks*] être chiche de; [+ *piece of work*] faire à la va-vite*
skimpy ['skɪmpɪ] (ADJ) [*meal*] frugal; [*dress, bikini, underwear*] minuscule
skin [skɪn] **1** (N) **a** [*of person, animal*] peau *f* • **she has good/bad ~** elle a une jolie/vilaine peau • **soaked to the ~** trempé jusqu'aux os • **rabbit ~** peau *f* de lapin
b (*phrases*) **to be ~ and bone** n'avoir que la peau sur les os • **to escape by the ~ of one's teeth** l'échapper belle • **we caught the last train by the ~ of our teeth** nous avons attrapé le dernier train de justesse • **to have a thick ~** avoir une carapace • **to have a thin ~** être trop sensible • **it's no ~ off my nose!**‡ (= *does not affect me*) pour ce que ça me coûte!; (= *does not concern me*) ce n'est pas mon problème!
c [*of fruit, vegetable, milk pudding, sausage, drum*] peau *f*; (*peeled*) pelure *f* • **to cook potatoes in their ~s** faire cuire des pommes de terre en robe des champs • **a banana ~** une peau de banane
2 (VT) [+ *animal*] dépouiller • **I'll ~ him alive!*** je vais l'écorcher tout vif! • **to ~ one's knee** s'écorcher le genou
3 (COMP) ▸ **skin cancer** N cancer *m* de la peau ▸ **skin care** N soins *mpl* pour la peau ▸ **skin colour** N couleur *f* de peau ▸ **skin-deep** ADJ superficiel ▸ **skin disease** N maladie *f* de peau ▸ **skin diver** N plongeur *m*, -euse *f* sous-marin(e) ▸ **skin diving** N plongée *f* sous-marine ▸ **skin graft** N greffe *f* de peau
skinflint ['skɪnflɪnt] (N) radin(e)* *m(f)*
skinful‡ ['skɪnfʊl] (N) **to have (had) a ~** être bourré‡
skinhead ['skɪnhed] (N) (*Brit*) skinhead *m*
skinny ['skɪnɪ] (ADJ) maigre ▸ **skinny-dipping*** N baignade *f* à poil* • **to go ~-dipping** se baigner à poil* ▸ **skinny-rib sweater*** N pull-chaussette *m*
skint‡ [skɪnt] (ADJ) (*Brit*) fauché*
skintight [skɪn'taɪt] (ADJ) moulant
skip [skɪp] **1** (N) **a** (= *jump*) petit saut *m*
b (*Brit*) (= *container*) benne *f*
2 (VI) sautiller; (*with rope*) sauter à la corde • **the child ~ped in/out** l'enfant est entré/sorti en sautillant • **he ~ped over that point** il a glissé sur ce point • **to ~ from one subject to another** sauter d'un sujet à un autre • **the book ~s about a lot** on n'arrête pas de passer d'un sujet à l'autre dans ce livre
3 (VT) [+ *chapter, class, meal*] sauter • **~ the details!** laisse tomber les détails!* • **to ~ school** sécher les cours*
4 (COMP) ▸ **skip rope** N (*US*) corde *f* à sauter
skipper ['skɪpəʳ] **1** (N) [*of boat*] skipper *m*; [*of team*]* capitaine *m* **2** (VT) [+ *boat*]* commander; [+ *team*]* mener
skipping ['skɪpɪŋ] (N) saut *m* à la corde ▸ **skipping rope** N (*Brit*) corde *f* à sauter
skirmish ['skɜ:mɪʃ] (N) échauffourée *f*; (*military*) escarmouche *f*; (*fig*) accrochage *m*
skirt [skɜ:t] **1** (N) jupe *f* **2** (VT) éviter; [+ *problem, difficulty*] esquiver
▸ **skirt round** VT INSEP **to ~ round the issue (of whether)** éluder la question (de savoir si)
skirting ['skɜ:tɪŋ] (N) (*Brit* = *skirting board*) plinthe *f*
skit [skɪt] (N) parodie *f* (**on** de); (*Theatre*) sketch *m* satirique
skitter ['skɪtəʳ] (VI) **to ~ across the water/along the ground** [*bird*] voler en frôlant l'eau/le sol
skittish ['skɪtɪʃ] (ADJ) (= *nervous*) nerveux
skittle ['skɪtl] (N) quille *f* • **skittles** (jeu *m* de) quilles *fpl* ▸ **skittle alley** N (piste *f* de) jeu *m* de quilles
skive* [skaɪv] (*Brit*) **1** (VI) tirer au flanc* **2** (N) **to be on the ~** tirer au flanc*
▸ **skive off*** VI (*Brit*) se défiler*
skiver* ['skaɪvəʳ] (N) (*Brit*) tire-au-flanc* *m inv*
skivvy* ['skɪvɪ] **1** (N) **a** (*Brit* = *servant*) boniche* *f* (*pej*) **b** (*US*) (= *underwear*) **skivvies*** sous-vêtements *mpl* (d'homme) **2** (VI) (*Brit*) faire la boniche*
skulk [skʌlk] (VI) rôder • **to ~ in/away** entrer/s'éloigner furtivement
skull [skʌl] (N) crâne *m* • **~ and crossbones** (= *emblem*) tête *f* de mort; (= *flag*) pavillon *m* à tête de mort • **I can't get it into his thick ~* that ...** je n'arrive pas à lui faire entrer dans le crâne* que ...
skullcap ['skʌlkæp] (N) calotte *f*
skunk [skʌŋk] (N) (= *animal*) mouffette *f*; (= *person*)* canaille *f*
sky [skaɪ] (N) ciel *m* • **to praise sb to the skies** porter qn aux nues • **the ~'s the limit*** tout est possible ▸ **sky-blue** ADJ bleu ciel *inv* ▸ **sky-high** ADJ très haut; [*prices*] exorbitant • **the bridge was blown ~-high** le pont a volé en éclats • **to blow a theory ~-high** démolir une théorie

• **the crisis sent prices ~-high** la crise a fait monter les prix en flèche ▸ **sky marshal** N *agent de police ou de sécurité embarqué sur un vol*

skycap ['skaɪkæp] N (*US*) porteur *m* (*dans un aéroport*)

skydive ['skaɪdaɪv] **1** N saut *m* en chute libre **2** VI sauter en chute libre

skydiver ['skaɪdaɪvəʳ] N parachutiste *mf* (*faisant de la chute libre*)

skydiving ['skaɪdaɪvɪŋ] N parachutisme *m* en chute libre

skyjack* ['skaɪ,dʒæk] VT détourner

skyjacker* ['skaɪ,dʒækəʳ] N pirate *m* de l'air

skyjacking* ['skaɪ,dʒækɪŋ] N détournement *m* d'avion

skylark ['skaɪlɑːk] N alouette *f*

skylight ['skaɪlaɪt] N lucarne *f*

skyline ['skaɪlaɪn] N [*of city*] horizon *m* • **the New York ~** les gratte-ciel de New York

Skype® [skaɪp] N Skype® *m* VT skyper

skyrocket ['skaɪrɒkɪt] **1** N fusée *f* **2** VI [*prices*] monter en flèche

skyscraper ['skaɪskreɪpəʳ] N gratte-ciel *m inv*

skyward ['skaɪwəd], **skywards** ['skaɪwədz] ADJ, ADV vers le ciel

slab [slæb] N ⓐ [*of stone, slate*] bloc *m*; (*flat*) plaque *f*; [*of cake*] morceau *m*; [*of chocolate*] plaque *f* ⓑ (= *paving slab*) dalle *f*; (*in butcher's*) étal *m*

slack [slæk] **1** ADJ ⓐ [*rope*] détendu; [*knot*] desserré; [*hold*] faible
ⓑ (= *not busy*) [*time, season, month*] creux; [*market*] déprimé • **business is ~ this week** les affaires marchent au ralenti cette semaine
ⓒ (= *lax*) [*discipline, security*] relâché; [*student, worker*] peu sérieux • **to be ~ about one's work** manquer de sérieux dans son travail
2 N (*in rope*) mou *m*; (*in cable*) ballant *m* • **to take up the ~ in a rope** tendre une corde • **to cut sb some ~** (*US*) faciliter les choses à qn
3 NPL **slacks** pantalon *m*
4 VI* ne pas travailler comme il le faudrait

slacken ['slækn] **1** VT [*+ rope*] relâcher; [*+ cable*] donner du ballant à • **to ~ one's pace** ralentir l'allure **2** VI [*rope*] se relâcher; [*cable*] prendre du ballant; [*trade*] ralentir; [*enthusiasm, pressure*] diminuer
▸ **slacken off** **1** VI ⓐ = **slacken** ⓑ [*person*] se laisser aller **2** VT SEP = **slacken**

slacker* ['slækəʳ] N flemmard(e)* *m(f)*

slag [slæg] **1** N ⓐ (= *coal waste*) scories *fpl* ⓑ (*Brit*) (*offensive*) (= *slut*)‡ salope** *f* **2** VT (*Brit*) = **slag off** **3** COMP ▸ **slag heap** N (*at mine*) terril *m*
▸ **slag off**‡ VT SEP **to ~ sb off** (= *insult*) engueuler‡ qn; (= *speak badly of*) débiner* qn

slain [sleɪn] VB *ptp of* **slay**

slalom ['slɑːləm] N slalom *m* ▸ **slalom racer** N slalomeur *m*, -euse *f*

slam [slæm] **1** N [*of door*] claquement *m* **2** VT [*+ door*] claquer; [*+ lid*] refermer violemment • **to ~ the door shut** claquer la porte • **she ~med the books on the table** elle a jeté brutalement les livres sur la table **3** VI ⓐ [*door, lid*] claquer • **the door ~med shut** la porte s'est refermée en claquant ⓑ **to ~ into sth** s'écraser contre qch **4** COMP ▸ **slam-dunk** (*US Basketball*) N smash *m* ♦ VTI smasher
▸ **slam down** VT SEP poser brutalement; [*+ lid*] rabattre brutalement • **to ~ the phone down** raccrocher brutalement • **he ~med the phone down on me** il m'a raccroché au nez
▸ **slam on** VT SEP **to ~ on the brakes** freiner à mort
▸ **slam to** **1** VI se refermer en claquant **2** VT SEP refermer en claquant

slammer‡ ['slæməʳ] N **in the ~** en taule‡

slander ['slɑːndəʳ] **1** N calomnie *f*; (*legal term*) diffamation *f* **2** VT calomnier; (*legal term*) diffamer

slanderous ['slɑːndərəs] ADJ calomnieux; (*legal term*) diffamatoire

slang [slæŋ] **1** N argot *m* **2** ADJ argotique **3** COMP ▸ **slanging match*** N (*Brit*) prise *f* de bec*

slangy* ['slæŋɪ] ADJ argotique

slant [slɑːnt] **1** N inclinaison *f*; (= *point of view*) point *m* de vue (**on** sur) • **what's his ~ on it?** quel est son point de vue sur la question ? • **to give/get a new ~* on sth** présenter/voir qch sous un angle nouveau **2** VI [*handwriting*] être incliné; [*sunbeam*] passer obliquement **3** VT [*+ object*] incliner; [*+ account, news*] présenter avec parti pris • **a ~ed report** un rapport orienté

slanting ['slɑːntɪŋ] ADJ [*line, rays*] oblique; [*surface*] incliné; [*handwriting*] penché; [*eyes*] bridé

slap [slæp] **1** N claque *f* • **a ~ on the bottom** une fessée • **a ~ in the face** une gifle • **a ~ on the back** une claque dans le dos • **to give sb a ~ on the wrist** (= *scold*) réprimander qn • **to get a ~ on the wrist** (= *be scolded*) se faire taper sur les doigts*
2 ADV **~ in the middle*** en plein milieu
3 VT ⓐ [*+ person*] donner une tape à; (*stronger*) donner une claque à • **to ~ sb on the back** donner une claque dans le dos à qn • **to ~ sb's face** gifler qn
ⓑ (= *put*) flanquer*; (= *apply*) mettre à la va-vite; [*+ tax*] mettre • **he ~ped a coat of paint on the wall** il a flanqué* une couche de peinture sur le mur • **he ~ped £50 on to the price*** il a gonflé son prix de 50 livres
4 COMP ▸ **slap-bang*** ADV (*Brit*) **~-bang into the wall** en plein dans le mur ▸ **slap-happy*** ADJ relaxe* ▸ **slap-up meal*** N (*Brit*) repas *m* extra*

slapdash* ['slæpdæʃ] ADJ [*work*] bâclé* • **in a ~ way** à la va-vite

slapstick ['slæpstɪk] N (*also* **slapstick comedy**) grosse farce *f*

slash [slæʃ] **1** N (= *cut*) entaille *f* **2** VT ⓐ entailler; (*several cuts*) taillader • **to ~ one's wrists** s'ouvrir les veines ⓑ [*+ prices*] casser; [*+ costs, text*] faire des coupes sombres dans • **"prices ~ed"** « prix sacrifiés »

slat [slæt] N lame *f*; (*wooden*) latte *f*; [*of blind*] lamelle *f*

slate [sleɪt] **1** N ardoise *f* • **~ of candidates** liste *f* de candidats • **to start with a clean ~** repartir sur une bonne base **2** VT ⓐ (*Brit* = *criticize*)* démolir* ⓑ (*US*) **to be ~d* for sth** être prévu pour qch **3** ADJ [*roof*] en ardoise

slather ['slæðəʳ] VT **to ~ sth on** appliquer une couche épaisse de qch

slaughter ['slɔːtəʳ] **1** N massacre *m*; [*of animals for meat*] abattage *m* • **the ~ on the roads** les hécatombes *fpl* sur la route **2** VT massacrer; (= *kill for meat*) abattre • **our team really ~ed them*** (= *beat*) notre équipe les a massacrés*

slaughterhouse ['slɔːtəhaʊs] N abattoir *m*

Slav [slɑːv] **1** ADJ slave **2** N Slave *mf*

slave [sleɪv] **1** N esclave *mf* • **to be a ~ to** être esclave de **2** VI (*also* **slave away**) trimer* **3** COMP ▸ **slave labour**

S

N (= *exploitation*) esclavage *m* • **children were used as ~ labour** les enfants étaient traités comme des esclaves ▸ **slave trade** N commerce *m* des esclaves

slaver ['slævəʳ] VI (= *dribble*) baver • **to ~ over sth** baver* devant qch

slavery ['sleɪvərɪ] N esclavage *m*

Slavic ['slɑ:vɪk] ADJ slave

slavish ['sleɪvɪʃ] ADJ [*imitation*] servile; [*devotion*] béat • **to be a ~ follower of sb/sth** suivre qn/qch aveuglément

Slavonic [slə'vɒnɪk] ADJ slave

slaw [slɔ:] N (*US*) salade *f* de chou

slay [sleɪ] (*pret* **slew**, *ptp* **slain**) VT (*liter*) tuer

sleaze* [sli:z] N ⓐ (= *corruption*) corruption *f* ⓑ (= *filth*) sordidité *f*

sleazy* ['sli:zɪ] ADJ sordide; [*person*] louche; [*magazine*] cochon*

sled [sled] N (*US*) traîneau *m*; (*child's*) luge *f*

sledding ['sledɪŋ] N (*US*) **tough ~*** tâche *f* difficile

sledge [sledʒ] 1 N traîneau *m*; (*child's*) luge *f* 2 VI **to go sledging** faire de la luge

sledgehammer ['sledʒ,hæməʳ] N masse *f*

sleek [sli:k] ADJ [*hair, fur*] lustré; [*person*] soigné

sleep [sli:p] (*vb*: *pret, ptp* **slept**) 1 N sommeil *m* • **to be in a deep ~** dormir profondément • **to talk in one's ~** parler en dormant • **to get some ~** dormir • **to get** *or* **go to ~** s'endormir • **my leg has gone to ~** j'ai la jambe engourdie • **to send sb to ~** endormir qn • **to put a cat to ~** (= *put down*) faire piquer un chat • **I need eight hours' ~ a night** il me faut (mes) huit heures de sommeil chaque nuit • **I haven't had enough ~ lately** je manque de sommeil ces temps-ci • **to have a good night's ~** passer une bonne nuit

2 VI ⓐ dormir • **to ~ like a log** dormir à poings fermés • **he was ~ing soundly** il dormait profondément

ⓑ (= *spend night*) coucher • **he slept at his aunt's** il a couché chez sa tante

ⓒ (= *have sex*) **to ~ with sb** coucher* avec qn

3 VT **the house ~s eight (people)** on peut coucher huit personnes dans cette maison

▸ **sleep around*** VI coucher* à droite et à gauche

▸ **sleep in** VI faire la grasse matinée

▸ **sleep off** VT SEP **to ~ sth off** dormir pour faire passer qch

▸ **sleep on** VT INSEP **to ~ on a decision** attendre le lendemain pour prendre une décision • **I'll have to ~ on it** il faut que j'attende demain pour décider

▸ **sleep over** VI passer la nuit

▸ **sleep through** VT INSEP **he slept through the storm** l'orage ne l'a pas réveillé

▸ **sleep together** VI (= *have sex*) coucher ensemble

sleeper ['sli:pəʳ] N ⓐ dormeur *m*, -euse *f* • **to be a light ~** avoir le sommeil léger ⓑ (*Brit Rail*) (*on track*) traverse *f*; (= *berth*) couchette *f*; (= *rail car*) wagon-lit *m*; (= *train*) train-couchettes *m*

sleepily ['sli:pɪlɪ] ADV [*smile*] d'un air endormi; [*say*] d'un ton endormi

sleeping ['sli:pɪŋ] ADJ [*person*] endormi • **(the) Sleeping Beauty** la Belle au bois dormant ▸ **sleeping bag** N sac *m* de couchage ▸ **sleeping car** N wagon-lit *m* ▸ **sleeping giant** N géant *m* qui sommeille • **to be a ~ giant** (= *have unrealized potential*) ne pas avoir exploité tout son potentiel ▸ **sleeping partner** N (*Brit*) (associé *m*) commanditaire *m* ▸ **sleeping pill** N somnifère *m* ▸ **sleeping policeman** N (*pl* **sleeping policemen**) (*Brit*) ralentisseur *m* ▸ **sleeping sickness** N maladie *f* du sommeil ▸ **sleeping tablet** N somnifère *m*

sleepless ['sli:plɪs] ADJ **(to have) a ~ night** (passer) une nuit blanche • **he spent many ~ hours worrying** il a passé de longues heures sans sommeil à se faire du souci

sleeplessness ['sli:plɪsnɪs] N insomnie *f*

sleepover ['sli:pəʊvəʳ] N [*of child*] nuit *f* chez un ami

sleepwalk ['sli:pwɔ:k] VI être somnambule

sleepwalker ['sli:pwɔ:kəʳ] N somnambule *mf*

sleepy ['sli:pɪ] ADJ ⓐ [*voice, look*] endormi • **to be ~** avoir sommeil ⓑ [*village, town*] somnolent

sleet [sli:t] 1 N neige *f* fondue 2 VI **it is ~ing** il tombe de la neige fondue

sleeve [sli:v] N manche *f*; [*of record*] pochette *f* • **I don't know what he's got up his ~** je ne sais pas ce qu'il nous réserve comme surprise • **to wear one's heart on one's ~** laisser voir ses sentiments

sleeveless ['sli:vlɪs] ADJ sans manches

sleigh [sleɪ] N traîneau *m*

sleight [slaɪt] N **~ of hand** (= *trick*) tour *m* de passe-passe

slender ['slendəʳ] ADJ ⓐ [*person*] svelte; [*legs, waist*] fin ⓑ [*chance, majority, margin*] faible; [*income, resources*] maigre

slept [slept] VB *pt, ptp of* **sleep**

sleuth [slu:θ] N détective *m*

slew[1] [slu:] VB *pt of* **slay**

slew[2] [slu:] 1 VI [*vehicle*] déraper 2 VT **he ~ed the car sideways** il a fait déraper la voiture 3 N (*US*) **a ~ of ...** un tas* de ...

slice [slaɪs] 1 N ⓐ tranche *f*; [*of lemon, cucumber, sausage*] rondelle *f* • **~ of bread and butter** tartine *f* beurrée ⓑ (= *part*) partie *f* ⓒ (= *kitchen utensil*) spatule *f* ⓓ (*Sport*) balle *f* slicée 2 VT ⓐ couper (en tranches); [+ *sausage, cucumber*] couper (en rondelles) • **to ~ sth thin** couper qch en tranches fines • **~d bread** du pain en tranches ⓑ [+ *ball*] slicer

slick [slɪk] 1 ADJ ⓐ (= *efficient, skilful*) **it was a ~ operation** ça a été rondement mené ⓑ [*person*] **he's really ~** il a du bagout* ⓒ [*hair*] lissé; [*road, surface*] glissant 2 N (*also* **oil slick**) nappe *f* de pétrole; (*on beach*) marée *f* noire

slicker ['slɪkəʳ] N (*US*) combinard(e)* *m(f)*

slickness ['slɪknɪs] N (= *skill*) habileté *f*

slide [slaɪd] (*vb*: *pret, ptp* **slid**) 1 N ⓐ (*in prices, temperature*) baisse *f* (**in** de)

ⓑ (*in playground*) toboggan *m*

ⓒ (= *photo*) diapositive *f*; [*of microscope*] porte-objet *m* • **illustrated with ~s** accompagné de diapositives

ⓓ (= *hair slide*) barrette *f*

2 VI ⓐ glisser • **to ~ down a slope** glisser le long d'une pente • **it ought to ~ gently into place** on devrait pouvoir le mettre en place en le faisant glisser doucement • **to let things ~** laisser les choses aller à la dérive

ⓑ (= *move silently*) se glisser • **he slid into the room** il s'est glissé dans la pièce • **to ~ into bad habits** prendre insensiblement de mauvaises habitudes

3 VT (faire) glisser • **he slid the photo into his pocket** il a glissé la photo dans sa poche

4 COMP ▸ **slide projector** N projecteur *m* de diapositives ▸ **slide rule** N règle *f* à calcul ▸ **slide show** N projection *f* de diapositives

sliding ['slaɪdɪŋ] ADJ [*panel, door*] coulissant • **~ scale** échelle *f* mobile • **~ time** (*US*) horaire *m* flexible

slight [slaɪt] **1** (ADJ) **a** (= *minor*) léger *before n*; [*error, chance*] petit • **a ~ improvement** une légère amélioration • **to be at a ~ angle** être légèrement incliné • **I haven't the ~est idea** je n'en ai pas la moindre idée • **nobody showed the ~est interest** personne n'a manifesté le moindre intérêt • **not in the ~est** pas le moins du monde • **he takes offence at the ~est thing** il se vexe pour un rien **b** (= *slim*) menu **2** (VT) blesser • **he felt ~ed** il s'est senti blessé **3** (N) (= *insult*) affront *m*

slightly ['slaɪtlɪ] (ADV) légèrement • **~ silly** un peu bête

slim [slɪm] **1** (ADJ) **a** [*person*] mince **b** [*majority, chance*] faible **2** (VI) maigrir; (= *diet*) suivre un régime amaigrissant • **she's ~ming** elle suit un régime (amaigrissant)

▸ **slim down** **1** VI [*business, company*] réduire ses effectifs **2** VT faire maigrir

slime [slaɪm] (N) (= *mud*) vase *f*; (= *sticky substance*) matière *f* visqueuse; (*from snail*) bave *f*

slimline ['slɪmlaɪn] (N) **a** [*figure*] svelte; [*clothing*] slim *inv*; [*device*] ultrafin **b** (= *low-calorie*) allégé

slimming ['slɪmɪŋ] (N) **our society is obsessed with ~** nous sommes obsédés par notre poids et les régimes amaigrissants

slimy ['slaɪmɪ] (ADJ) **a** [*substance, creature*] visqueux **b** (*Brit*) [*person*] mielleux

sling [slɪŋ] (*vb: pret, ptp* **slung**) **1** (N) **a** (= *weapon*) fronde *f* **b** (*for arm*) écharpe *f* • **to have one's arm in a ~** avoir le bras en écharpe **2** (VT) **a** (= *throw*) lancer (**at** *or* **to sb** à qn, **at sth** sur qch) **b** (= *hang*) [+ *hammock*] suspendre; [+ *load*] hisser • **he had a bag slung over one shoulder** il portait un sac en bandoulière

slingshot ['slɪŋʃɒt] (N) (*US*) lance-pierre(s) *m inv*

slink [slɪŋk] (*pret, ptp* **slunk**) (VI) **to ~ away** s'en aller furtivement

slinky* ['slɪŋkɪ] (ADJ) [*dress, skirt*] moulant

slip [slɪp] **1** (N) **a** (= *mistake*) erreur *f* • **~ of the tongue** lapsus *m* • **to give sb the ~** fausser compagnie à qn **b** (= *underskirt*) combinaison *f* **c** (*in filing system*) fiche *f* • **a ~ of paper** un bout de papier • **a ~ of a girl** une gamine **2** (VI) **a** (= *slide*) glisser • **my foot ~ped** mon pied a glissé • **the book ~ped out of his hand** le livre lui a glissé des doigts • **money ~s through her fingers** l'argent lui file entre les doigts • **to let sth ~ through one's fingers** laisser qch filer entre ses doigts • **several errors had ~ped into the report** plusieurs erreurs s'étaient glissées dans le rapport • **to let ~ an opportunity** laisser passer une occasion • **he's ~ping** il ne se concentre plus assez **b** (= *move quickly*) se glisser • **he ~ped out of the room** il s'est glissé hors de la pièce • **he ~ped across the border** il a passé la frontière • **to ~ out of a dress** enlever (rapidement) une robe • **he ~ped easily into his new role** il s'est adapté facilement à son nouveau rôle • **to ~ into bad habits** prendre insensiblement de mauvaises habitudes **3** (VT) **a** (= *slide*) glisser • **to ~ sth to sb** glisser qch à qn • **he ~ped the ring onto her finger** il lui a passé la bague au doigt • **to ~ the clutch** faire patiner l'embrayage • **a ~ped disc** une hernie discale **b** (= *escape from*) échapper à • **the dog ~ped its collar** le chien s'est dégagé de son collier • **it ~ped my mind** cela m'était complètement sorti de la tête **4** (COMP) ▸ **slip-ons, slip-on shoes** NPL chaussures *fpl* sans lacets ▸ **slip road** N (*Brit*) bretelle *f* d'accès ▸ **slip-up*** N cafouillage* *m* • **there has been a ~-up somewhere** quelque chose a cafouillé*

▸ **slip away** VI [*guest*] partir discrètement • **I ~ped away for a few minutes** je me suis éclipsé quelques minutes

▸ **slip in** **1** VI [*person*] entrer discrètement • **several errors have ~ped in** plusieurs erreurs s'y sont glissées • **I've only ~ped in for a minute** je ne fais que passer **2** VT SEP [+ *object*] (faire) glisser; [+ *remark, comment*] glisser

▸ **slip out** VI [*person*] sortir • **the words ~ped out before he realized it** les mots lui ont échappé avant même qu'il ne s'en rende compte

▸ **slip through** VI [*person, error*] s'introduire

▸ **slip up*** VI (= *make mistake*) se ficher dedans*

slipcover ['slɪpkʌvəʳ] (N) (*US*) (*on book*) jaquette *f*

slippage ['slɪpɪdʒ] (N) [*of output*] dérapage *m* (**in** de); (*in schedule*) retard *m*

slipper ['slɪpəʳ] (N) pantoufle *f*; (*warmer*) chausson *m*

slippery ['slɪpərɪ] (ADJ) **a** [*surface*] glissant • **it's ~ underfoot** le sol est glissant • **to be on the ~ slope** être sur une pente savonneuse **b** (= *unreliable*) **he's a ~ customer** c'est quelqu'un sur qui on ne peut pas compter

slipshod ['slɪpʃɒd] (ADJ) [*work, style*] négligé

slipway ['slɪpweɪ] (N) cale *f* de lancement

slit [slɪt] (*vb: pret, ptp* **slit**) **1** (N) (= *opening*) fente *f*; (= *cut*) incision *f* • **to make a ~ in sth** fendre *or* inciser qch • **the skirt has a ~ up the side** la jupe a une fente sur le côté **2** (VT) (= *make an opening in*) fendre; (= *cut*) inciser • **to ~ sb's throat** trancher la gorge à qn • **to ~ one's wrists** s'ouvrir les veines • **to ~ a letter open** ouvrir une lettre • **a ~ skirt** une jupe fendue

slither ['slɪðəʳ] (VI) glisser; [*snake*] onduler • **he ~ed about on the ice** il dérapait sur la glace • **he ~ed down the slope** il a dégringolé* la pente

sliver ['slɪvəʳ] (N) [*of glass, wood*] éclat *m*; [*of cheese, ham*] lamelle *f*

slob* [slɒb] (N) plouc* *mf*

slobber ['slɒbəʳ] (VI) baver

sloe [sləʊ] (N) (= *fruit*) prunelle *f*

slog [slɒg] **1** (N) (= *effort*) gros effort *m* • **after a three day ~ across the mountains** après trois jours d'efforts dans le montagne **2** (VT) **we left them to ~ it out** (= *fight*) nous les avons laissé s'expliquer à coups de poing **3** (VI) **a** (*also* **slog away**) travailler très dur **b** (= *walk*) avancer péniblement • **he ~ged up the hill** il a gravi péniblement la colline

slogan ['sləʊgən] (N) slogan *m*

slop [slɒp] **1** (VT) [+ *liquid*] (= *spill*) renverser; (= *tip carelessly*) répandre **2** (VI) (*also* **slop over**) [*water*] déborder **3** (NPL) **slops** (= *dirty water*) eaux *fpl* sales; (*in teacup*) fond *m* de tasse

▸ **slop about, slop around** VI **they were ~ping about in the mud** ils pataugeaient dans la boue • **she ~s about in a dressing gown all day*** elle traîne toute la journée en robe de chambre

slope [sləʊp] **1** (N) **a** [*of roof, ground, surface*] pente *f* **b** (= *rising ground, gentle hill*) côte *f*; (= *mountainside*) versant *m* • **halfway up** *or* **down the ~** à mi-côte • **on the ~s of Mount Etna** sur les pentes de l'Etna • **on the (ski) ~s** sur les pistes (de ski) **2** (VI) [*ground, roof*] être en pente; [*handwriting*] pencher • **the garden ~s down to the river** le jardin descend en pente vers la rivière

S

▸**slope off*** VI (= *sneak away*) se tirer*
sloping ['sləʊpɪŋ] ADJ [*ground, roof*] en pente
sloppily ['slɒpɪlɪ] ADV (= *carelessly*) sans soin • **~ written** écrit n'importe comment
sloppy ['slɒpɪ] 1 ADJ ⓐ (= *careless*) négligé; [*language*] relâché; [*thinking, logic*] peu rigoureux • **his ~ attitude** son je-m'en-foutisme* ⓑ (= *sentimental*) à l'eau de rose
2 COMP ▸**sloppy Joe** N (= *sweater*) grand pull *m*; (*US* = *sandwich*) hamburger *m*
slosh* [slɒʃ] 1 VT (= *spill*) renverser; (= *apply lavishly*) répandre • **he ~ed water over the floor** (*deliberately*) il a répandu de l'eau par terre; (*accidentally*) il a renversé de l'eau par terre 2 VI **water was ~ing everywhere** l'eau se répandait partout • **to ~ through mud** patauger dans la boue
sloshed* [slɒʃt] ADJ (*Brit* = *drunk*) beurré* • **to get ~** prendre une biture*
slot [slɒt] 1 N ⓐ (= *slit*) fente *f*; (= *groove*) rainure *f* • **to put a coin in the ~** introduire une pièce dans la fente ⓑ (= *space in schedule*) créneau *m*, tranche *f* horaire • **the early-evening news ~** la tranche informations du début de soirée
2 VT **to ~ one part into another** emboîter une pièce dans une autre • **to ~ sth into a programme** insérer qch dans une grille de programmes
3 VI **this part ~s in here** cette pièce-ci s'emboîte ici
4 COMP ▸**slot machine** N (*for tickets*) distributeur *m* (automatique); (*in arcade*) machine *f* à sous ▸**slotted spoon** N écumoire *f*
sloth [sləʊθ] N ⓐ (= *idleness*) paresse *f* ⓑ (= *animal*) paresseux *m*
slothful ['sləʊθfʊl] ADJ (*liter*) paresseux
slouch [slaʊtʃ] 1 N ⓐ **he walks with a ~** il se tient mal en marchant ⓑ **he's no ~*** il n'est pas empoté*
2 VI **she tends to ~** elle a tendance à ne pas se tenir droite • **stop ~ing!** redresse-toi ! • **he ~ed out** il sortit en traînant les pieds, le dos voûté
slough [slʌf] VT (*also* **slough off**) **the snake ~ed (off) its skin** le serpent a mué
Slovak ['sləʊvæk] 1 ADJ slovaque 2 N Slovaque *mf*
3 COMP ▸**the Slovak Republic** N la République slovaque
Slovakia [sləʊ'vækɪə] N Slovaquie *f*
Slovakian [sləʊ'vækɪən] 1 ADJ slovaque 2 N Slovaque *mf*
Slovene ['sləʊviːn] 1 ADJ slovène 2 N (= *person*) Slovène *mf*
Slovenia [sləʊ'viːnɪə] N Slovénie *f*
Slovenian [sləʊ'viːnɪən] 1 ADJ slovène 2 N (= *person*) Slovène *mf*
slovenly ['slʌvnlɪ] ADJ négligé • **his ~ attitude** son je-m'en-foutisme*
slow [sləʊ] 1 ADJ lent; [*market, demand*] stagnant • **after a ~ start** après un départ laborieux • **the pace of life there is ~** là-bas on vit au ralenti • **a ~ train** (*Brit*) (= *stopping train*) un (train) omnibus • **at a ~ speed** à petite vitesse • **it's ~ going** cela n'avance pas vite • **he's a ~ learner** il n'apprend pas vite • **to be ~ to do sth** mettre du temps à faire qch • **he's a bit ~** (= *stupid*) il a l'esprit un peu lent • **my watch is (ten minutes) ~** ma montre retarde (de dix minutes) • **bake in a ~ oven** cuire à feu doux
2 ADV (= *slowly*) lentement • **to go ~er** ralentir • **to go ~** [*workers*] faire une grève perlée
3 VT (*also* **slow down**) [+ *person*] ralentir
4 VI (*also* **slow down**) ralentir; [*reactions*] devenir plus lent • **"slow"** (*on road sign*) « ralentir » • **you must ~ down or you'll make yourself ill** il faut que vous travailliez moins, sinon vous allez tomber malade
5 COMP ▸**slow lane*** N (*in France*) voie *f* de droite; (*in Britain*) voie *f* de gauche ▸**slow mo***, **slow motion** N **in ~ motion** au ralenti ▸**slow-moving** ADJ lent ▸**slow-witted** ADJ lourdaud ▸**slow worm** N orvet *m*
slowcoach ['sləʊkəʊtʃ] N (*Brit*) (= *dawdler*) lambin(e)* *m(f)*
slowdown ['sləʊdaʊn] N ralentissement *m*; (*US*) grève *f* perlée
slowly ['sləʊlɪ] ADV lentement • **~ but surely** lentement mais sûrement
slowness ['sləʊnɪs] N lenteur *f* • **his ~ to act** le retard avec lequel il a agi
slowpoke* ['sləʊpəʊk] N (*US*) (= *dawdler*) lambin(e)* *m(f)*
sludge [slʌdʒ] N (= *mud*) boue *f*; (= *sewage*) eaux *fpl* usées; (= *melting snow*) neige *f* fondue
slug [slʌg] 1 N (= *animal*) limace *f*; (= *blow*) coup *m* • **a ~ of whisky*** (*US*) une rasade* de whisky 2 VT* frapper
sluggish ['slʌgɪʃ] ADJ lent; [*market, business*] stagnant • **sales are ~** les ventes ne vont pas fort
sluggishly ['slʌgɪʃlɪ] ADV [*move*] lentement; [*react, respond*] mollement
sluice [sluːs] VT laver à grande eau ▸**sluice gate** N porte *f* d'écluse
slum [slʌm] 1 N (= *house*) taudis *m*; (= *area*) quartier *m* pauvre 2 VI* vivre à la dure
slumber ['slʌmbə^r] VI dormir paisiblement ▸**slumber party** N (*US*) *soirée entre adolescentes qui restent dormir chez l'une d'entre elles*
slump [slʌmp] 1 N (*in numbers, popularity, sales*) forte baisse *f* (**in** de); (*in prices*) effondrement *m* (**in** de) 2 VI ⓐ [*popularity, trade*] baisser brutalement; [*prices, rates*] s'effondrer • **business has ~ed** les affaires sont en baisse ⓑ s'écrouler (**into** dans, **onto** sur) • **he lay ~ed on the floor** il gisait par terre • **he was ~ed over the wheel** il était affalé sur le volant
▸**slump forward** VI tomber en avant
slung [slʌŋ] VB *pt, ptp of* **sling**
slunk [slʌŋk] VB *pt, ptp of* **slink**
slur [slɜː^r] 1 N (= *stigma*) atteinte *f* (**on** à); (= *insult*) insulte *f* • **to be a ~ on sb's reputation** entacher la réputation de qn • **to cast a ~ on sb** porter atteinte à la réputation de qn
2 VT mal articuler • **his speech was ~red** il n'arrivait pas à articuler
slurp [slɜːp] 1 VTI boire à grand bruit 2 N **he had a ~ of wine** il a bu une gorgée de vin
slush [slʌʃ] N (= *snow*) neige *f* fondue; (= *mud*) gadoue *f*; (= *sentiment*) sensiblerie *f* ▸**slush fund** N fonds *mpl* secrets
slushy ['slʌʃɪ] ADJ ⓐ [*snow*] fondu; [*street*] couvert de neige fondue ⓑ (= *sentimental*)* [*film, book, story*] à l'eau de rose; [*song*] sentimental
slut* [slʌt] N (*offensive*) salope** *f*
sly [slaɪ] 1 ADJ ⓐ (= *crafty*) [*person, animal*] rusé; [*plan*] astucieux; [*smile, look, remark*] narquois • **he's a ~ old fox*** c'est une fine mouche • **(as) ~ as a fox** rusé comme un renard ⓑ (= *underhand*) [*person, trick*] sournois (*pej*) ⓒ (= *secretive*)* **they were having a ~ cigarette in the**

toilets ils fumaient en cachette dans les toilettes **2** (N) **on the ~** en cachette

slyly [ˈslaɪlɪ] (ADV) **a** (*= craftily*) d'un air narquois **b** (*= cunningly*) sournoisement

smack [smæk] **1** (N) tape *f*; (*stronger*) claque *f*; (*on face*) gifle *f* **2** (VT) [*+ person*] donner une tape à; (*stronger*) donner une claque à; (*on face*) gifler • **I'll ~ your bottom!** tu vas avoir la fessée ! • **to ~ one's lips** se lécher les babines **3** (VI) **to ~ of sth** avoir des relents de qch **4** (ADV)* en plein • **~ in the middle** en plein milieu • **he ran ~ into the tree** il est rentré en plein dans l'arbre

small [smɔːl] **1** (ADJ) **a** petit; [*family, audience, population*] peu nombreux; [*waist*] mince; [*meal*] léger • **he is a ~ eater** il mange très peu • **in ~ letters** en minuscules *fpl* • **with a ~ "e"** avec un « e » minuscule • **to feel ~** se sentir honteux • **to make sb feel ~** humilier qn • **to make sb look ~** rabaisser qn devant tout le monde • **it's a ~ world!** le monde est petit ! • **to get ~er** [*population, amount*] diminuer; [*object*] rapetisser • **mobile phones are getting ~er** les téléphones portables sont de plus en plus petits • **to make sth ~er** [*+ amount, supply*] réduire qch; [*+ objet, organization*] réduire la taille de qch
b (*= young*) petit • **I was very ~ at the time** j'étais tout petit à l'époque
2 (ADV) **to cut sth up ~** couper qch en petits morceaux
3 (N) **the ~ of the back** le creux des reins
4 (COMP) ▸**small ads** NPL (*Brit*) (*in newspaper*) petites annonces *fpl* ▸**small arms** NPL armes *fpl* légères ▸**small business** N petite entreprise *f* ▸**small change** N petite monnaie *f* ▸**small claims court** N tribunal *m* d'instance (*s'occupant d'affaires mineures*) ▸**small fry** N menu fretin *m* ▸**small intestine** N intestin *m* grêle ▸**small-minded** ADJ à l'esprit étroit ▸**small-mindedness** N petitesse *f* d'esprit ▸**small-scale** ADJ peu important; [*undertaking*] de petite envergure; [*map*] à petite échelle ▸**the small screen** N le petit écran ▸**small-size, small-sized** ADJ petit ▸**small talk** N papotage *m* ▸**small-time** ADJ de troisième ordre ▸**small town** N (*US*) petite ville *f* ▸**small-town** ADJ provincial

SMALL TOWN

Aux États-Unis, une ville de moins de 10 000 habitants est une « **small town** » (petite ville). Le terme « village », peu utilisé, évoque plutôt l'Ancien Continent ou les pays du tiers-monde. Les populations des petites villes sont généralement appréciées pour les valeurs qu'elles incarnent : gentillesse, honnêteté, politesse, rapports de bon voisinage et patriotisme. Cependant, on peut aussi parler des « **small-town** attitudes » dans un sens péjoratif pour désigner une tendance aux préjugés et une certaine étroitesse d'esprit.

smallholder [ˈsmɔːlhəʊldəʳ] (N) (*Brit*) ≈ petit agriculteur *m*

smallholding [ˈsmɔːlhəʊldɪŋ] (N) (*Brit*) ≈ petite ferme *f*

smallish [ˈsmɔːlɪʃ] (ADJ) assez petit • **a ~ number of ...** un nombre restreint de ...

smallpox [ˈsmɔːlpɒks] (N) variole *f*

smarmy* [ˈsmɑːmɪ] (ADJ) (*Brit*) [*person*] lèche-bottes* *inv*

smart [smɑːt] **1** (ADJ) **a** (*= not shabby*) [*hotel, restaurant, club, neighbourhood*] chic *inv*; [*person, clothes, appearance*] élégant; [*house, car*] beau (belle *f*) • **you're looking very ~** tu es très élégant
b (*= fashionable*) à la mode • **the ~ set** le beau monde
c (*= clever*)* intelligent • **that wasn't very ~ of you** ce n'était pas très malin de ta part • **the ~ money is on United** United est le grand favori
d (*= cheeky*)* culotté* • **don't get ~ with me!** ne joue pas au malin avec moi !* • **she's got a ~ answer to everything** elle a toujours réponse à tout
e (*= brisk*) vif
2 (VI) [*cut, graze*] brûler; [*iodine*] piquer • **my eyes were ~ing** j'avais les yeux qui me piquaient • **he was ~ing under the insult** l'insulte l'avait piqué au vif
3 (COMP) ▸**smart alec*, smart aleck*** N bêcheur* *m*, -euse* *f* ▸**smart bomb** N bombe *f* intelligente ▸**smart card** N carte *f* à puce ▸**smart home** N maison *f* connectée ▸**smart phone** N smartphone *m*

smartarse‡ [ˈsmɑːtɑːs], **smartass**‡ (*US*) [ˈsmɑːtæs] (N) bêcheur* *m*, -euse* *f*

smarten up [ˌsmɑːtənˈʌp] **1** (VI) s'arranger **2** (VT SEP) [*+ person*] rendre plus élégant; [*+ house, room, town*] embellir • **to smarten o.s. up** s'arranger

smartly [ˈsmɑːtlɪ] (ADV) **a** [*dress*] avec beaucoup d'élégance **b** (*= briskly*) rapidement • **to tap sth ~** taper sur qch d'un coup sec

smartwatch [ˈsmɑːtwɒtʃ] (N) montre *f* connectée, smartwatch *f*

smarty* [ˈsmɑːtɪ] (N) (*= smarty pants*) bêcheur* *m*, -euse* *f*

smash [smæʃ] **1** (N) **a** (*= sound*) fracas *m*; (*= blow*) coup *m* violent; (*Tennis*) smash *m* • **the cup fell with a ~** la tasse s'est fracassée (en tombant) par terre
b (*= accident*)* accident *m*
c **it was a ~** ça a fait un malheur*
2 (VT) **a** (*= break*) casser; (*= shatter*) fracasser • **to ~ sth to pieces** briser qch en mille morceaux • **to ~ a door open** enfoncer une porte • **he ~ed the glass with the hammer** il a fracassé la vitre avec le marteau • **to ~ the ball** (*Tennis*) faire un smash
b [*+ spy ring*] démanteler; [*+ hopes*] ruiner; [*+ enemy, opponent*] écraser; [*+ sports record*] pulvériser*
3 (VI) se briser (en mille morceaux) • **the cup ~ed against the wall** la tasse s'est fracassée contre le mur • **the car ~ed into the tree** la voiture s'est écrasée contre l'arbre
4 (COMP) ▸**smash-and-grab** N cambriolage *m* (commis en brisant une devanture) ▸**smash hit*** N **it was a ~ hit** ça a fait un malheur* ▸**smash-up*** N accident *m*
▸**smash down** VT SEP fracasser
▸**smash in** VT SEP [*+ door*] enfoncer • **to ~ sb's face in*** casser la gueule à qn‡
▸**smash up** **1** VT SEP [*+ room, house, shop*] tout casser dans; [*+ car*] bousiller* • **he was ~ed up* in a car accident** il a été sérieusement amoché* dans un accident de voiture **2** N accident *m*

smashed‡ [smæʃt] (ADJ) (*= drunk*) bourré‡ • **to get ~** se bourrer la gueule‡

smashing* [ˈsmæʃɪŋ] (ADJ) (*Brit*) super • **we had a ~ time** on s'est super bien amusé*

smattering [ˈsmætərɪŋ] (N) **he has a ~ of German/maths** il a quelques notions d'allemand/en maths

smear [smɪəʳ] **1** (N) **a** (*= mark*) trace *f*
b (*= defamation*) diffamation *f* (**on, against** de) • **this ~ on his honour/reputation** cette atteinte à son honneur/sa réputation
c (*= for medical examination*) frottis *m*

S

2 (VT) ⓐ (= *wipe*) **to ~ cream on one's hands** s'enduire les mains de crème • **he ~ed mud on his face** il s'est barbouillé le visage de boue • **his hands were ~ed with ink** il avait les mains tachées d'encre • **he ~ed butter on a slice of bread** il a étalé du beurre sur une tranche de pain

ⓑ [+ *reputation*] salir

3 (COMP) ▸ **smear campaign** N campagne *f* de diffamation ▸ **smear tactics** NPL procédés *mpl* diffamatoires ▸ **smear test** N frottis *m*

smell [smel] (*vb: pret, ptp* **smelled** *or* **smelt**) 1 (N) odeur *f* • **to have a good sense of ~** avoir l'odorat *m* très développé • **a gas with no ~** un gaz inodore • **it has a nice/nasty ~** cela sent bon/mauvais • **what a ~ in here!** ce que ça sent mauvais ici ! • **there was a ~ of burning** il y avait une odeur de brûlé

2 (VT) sentir • **he could ~ something burning** il sentait que quelque chose brûlait • **I ~ a rat!** il y a quelque chose de louche ! • **he ~ed danger** il a flairé le danger • **I ~ danger!** je pressens un danger !

3 (VI) **it ~s** ça sent mauvais • **it doesn't ~** ça ne sent rien • **his breath ~s** il a mauvaise haleine • **it ~s of garlic** ça sent l'ail • **to ~ good** sentir bon • **to ~ bad** sentir mauvais • **that ~s delicious!** ça sent très bon ! • **it ~s dreadful!** ça pue !

▸ **smell out** VT SEP ⓐ (= *discover*) découvrir ⓑ **it's ~ing the room out** ça empeste la pièce

smelly ['smelɪ] (ADJ) [*person, feet, armpits*] qui sent mauvais; [*breath*] mauvais; [*cheese*] qui sent fort • **it's rather ~ in here** ça sent mauvais ici

smelt [smelt] 1 (VB) *pt, ptp of* **smell** 2 (VT) [+ *ore*] fondre; [+ *metal*] extraire par fusion

smidgen*, **smidgin*** ['smɪdʒən] (N) **a ~ of** un tout petit peu de

smile [smaɪl] 1 (N) sourire *m* • **with a ~ on his lips** le sourire aux lèvres • **... he said with a ~** ... dit-il en souriant • **to give sb a ~** faire un sourire à qn • **to be all ~s** être tout sourire • **take that ~ off your face!** arrête donc de sourire comme ça ! • **I'll wipe the ~ off his face!** je vais lui faire passer l'envie de sourire !

2 (VI) sourire (**at sb** à qn) • **to ~ to o.s.** sourire intérieurement • **to keep smiling** garder le sourire • **he ~d at my efforts** il a souri de mes efforts • **fortune ~d on him** la fortune lui sourit

smiley ['smaɪlɪ] (N) smiley *m*

smiling ['smaɪlɪŋ] (ADJ) souriant

smirk [smɜːk] 1 (N) (= *self-satisfied smile*) petit sourire *m* satisfait; (= *knowing smile*) petit sourire *m* narquois 2 (VI) (*self-satisfied*) sourire d'un air satisfait; (*knowing*) sourire d'un air narquois

smishing, SMiShing ['smɪʃɪŋ] (N) smishing *m*, hameçonnage *m* par SMS ▸ **smishing attack** tentative *f* d'hameçonnage par SMS

smithereens [ˌsmɪðə'riːnz] (NPL) **to smash sth to ~** briser qch en mille morceaux

Smithsonian Institution [smɪθ'səʊnɪənɪnstɪˌtjuːʃən] (N) (*US*) **the Smithsonian (Institution)** la Smithsonian Institution

smithy ['smɪðɪ] (N) forge *f*

smitten ['smɪtn] (ADJ) (= *in love*) amoureux • **he was really ~ with her** il en était vraiment amoureux • **he was quite ~ by the idea** (= *interested*) il a trouvé l'idée plutôt séduisante

smock [smɒk] (N) blouse *f*

smog [smɒg] (N) smog *m*

smoggy ['smɒgɪ] (ADJ) pollué (*par le smog*)

smoke [sməʊk] 1 (N) ⓐ fumée *f* • **to go up in ~** [*house, plans, hopes*] partir en fumée • **the ~ is beginning to clear** (*fig*) on commence à y voir plus clair • **it's all ~ and mirrors** (*US*) on n'y voit que du feu • (PROV) **there's no ~ without fire** il n'y a pas de fumée sans feu (PROV)

ⓑ **to have a ~** fumer

2 (VI) ⓐ [*chimney, lamp*] fumer

ⓑ [*person*] fumer • **he ~s like a chimney*** il fume comme un pompier

3 (VT) ⓐ [+ *cigarette*] fumer • **he ~s cigarettes/a pipe** il fume la cigarette/la pipe

ⓑ [+ *meat, fish*] fumer • **~d salmon** saumon *m* fumé • **~d glass** verre *m* fumé

4 (COMP) ▸ **smoke alarm** N détecteur *m* de fumée ▸ **smoke bomb** N bombe *f* fumigène ▸ **smoke detector** N détecteur *m* de fumée ▸ **smoke-filled** ADJ (*during fire*) rempli de fumée; (*from smoking*) enfumé ▸ **smoke ring** N rond *m* de fumée • **to blow ~ rings** faire des ronds de fumée ▸ **smoke screen** N (*Mil*) écran *m* de fumée; (*fig*) paravent *m* (*fig*) ▸ **smoke signal** N signal *m* de fumée

▸ **smoke out** VT SEP [+ *insects, room*] enfumer; [+ *traitor, culprit*] débusquer

smokeless ['sməʊklɪs] (ADJ) **~ fuel** combustible *m* non polluant • **~ zone** *zone où l'on n'a le droit d'utiliser que des combustibles non polluants*

smoker ['sməʊkə^r^] (N) (= *person*) fumeur *m*, -euse *f* • **he has a ~'s cough** il a une toux de fumeur

smokestack ['sməʊkstæk] (N) cheminée *f* (*extérieure*) • **~ industries** industries *fpl* traditionnelles

smokey ['sməʊkɪ] (ADJ) [*atmosphere, room*] enfumé; [*fire*] qui fume

smoking ['sməʊkɪŋ] (N) tabagisme *m* • **"no ~"** « défense de fumer » • **"~ can seriously damage your health"** « le tabac nuit gravement à la santé » • **to give up ~** arrêter de fumer ▸ **smoking area** N zone *f* fumeurs ▸ **smoking ban** N interdiction *f* de fumer ▸ **smoking car** N (*US*) voiture *f* fumeurs ▸ **smoking compartment** N voiture *f* fumeurs ▸ **smoking gun*** N preuve *f* tangible ▸ **smoking room** N fumoir *m*

smoky ['sməʊkɪ] (ADJ) [*room*] enfumé; [*fire*] qui fume

smolder ['sməʊldə^r^] (VI) (*US*) = **smoulder**

smoldering ['sməʊldərɪŋ] (ADJ) (*US*) = **smouldering**

smooch* [smuːtʃ] 1 (VI) (= *kiss*) se bécoter*; (= *pet*) se peloter*; (= *dance*) se frotter l'un contre l'autre 2 (N) **to have a ~** se bécoter*

smoochy* ['smuːtʃɪ] (ADJ) [*record, song*] langoureux

smooth [smuːð] 1 (ADJ) ⓐ (= *not rough*) lisse • **as ~ as silk** doux comme de la soie • **the sea was as ~ as glass** la mer était d'huile

ⓑ (= *not lumpy*) [*sauce, mixture*] onctueux

ⓒ (= *not harsh*) [*flavour, wine*] moelleux; [*voice, sound*] doux (douce *f*)

ⓓ (= *even*) [*flow, breathing*] régulier; [*takeoff, landing*] en douceur; [*sea crossing*] calme; [*flight*] sans problèmes; [*engine*] qui tourne parfaitement • **~ running** bon fonctionnement *m*

ⓔ (= *suave*) [*person, talk*] mielleux (*pej*) • **he's a ~ talker** c'est un beau parleur • **he's a ~ operator*** il sait s'y prendre

2 (VT) [+ *fabric, hair*] lisser; [+ *wood*] polir • **to ~ cream**

into one's skin faire pénétrer la crème dans la peau (en massant doucement) • **to ~ sb's way to the top** faciliter l'ascension de qn

3 COMP ▸**smooth-running** ADJ [*business, organization*] qui marche bien ▸**smooth-shaven** ADJ rasé de près ▸**smooth-talking** ADJ enjôleur

▸ **smooth down** VT SEP [*+ hair, feathers, sheet*] lisser; [*+ person*] calmer

▸ **smooth out** VT SEP [*+ material, dress*] défroisser; [*+ wrinkles, anxieties, difficulties*] faire disparaître

▸ **smooth over** VT SEP [*+ soil*] égaliser • **to ~ things over** arranger les choses

smoothie ['smu:ðɪ] N ⓐ (*= person*)* beau parleur *m* ⓑ (*= drink*) boisson *f* frappée aux fruits (*parfois au yaourt ou à la glace*)

smoothly ['smu:ðlɪ] ADV [*move*] en douceur • **to run ~** [*event, operation*] bien se passer

smother ['smʌðəʳ] VT ⓐ (*= stifle*) étouffer ⓑ (*= cover*) (re)couvrir (**with** de) • **she ~ed the child with kisses** elle a couvert l'enfant de baisers • **a pizza ~ed with melted cheese** une pizza recouverte de fromage fondu

smoulder ['sməʊldəʳ] VI [*fire, emotion*] couver • **to ~ with rage** être blême de rage

smouldering ['sməʊldərɪŋ] ADJ ⓐ [*fire*] qui couve; [*ashes, rubble*] qui fume ⓑ [*expression, look*] provocant; [*emotion*] qui couve

SMS [ˌesem'es] N (ABBR OF **Short Message Service**) SMS *m*

smudge [smʌdʒ] 1 N (*on paper, cloth*) (légère) tache *f*; (*in text, print*) bavure *f* 2 VT [*+ face*] salir; [*+ print*] maculer; [*+ paint, writing*] étaler accidentellement 3 VI s'étaler

smug [smʌg] ADJ [*person, voice, attitude, smile*] suffisant; [*optimism, satisfaction*] béat; [*remark*] plein de suffisance

smuggle ['smʌgl] 1 VT [*+ tobacco, drugs*] passer en fraude • **to ~ in/out** [*+ goods*] faire entrer/sortir en contrebande; [*+ letters, person, animal*] faire entrer/sortir clandestinement • **to ~ sth through the customs** passer qch en fraude (*à la douane*) • **~d goods** produits *mpl* de contrebande 2 VI faire de la contrebande

smuggler ['smʌgləʳ] N contrebandier *m*, -ière *f*

smuggling ['smʌglɪŋ] N contrebande *f*

smugly ['smʌglɪ] ADV avec suffisance

smugness ['smʌgnɪs] N suffisance *f*

smut [smʌt] N obscénité(s) *f(pl)*

smutty* ['smʌtɪ] ADJ cochon*

snack [snæk] 1 N ⓐ casse-croûte *m inv* • **to have a ~** manger un petit quelque chose ⓑ (*= party snack*) amuse-gueule *m inv* 2 COMP ▸**snack bar** N snack(-bar) *m*

snag [snæg] 1 N inconvénient *m* • **to hit a ~** tomber sur un problème • **that's the ~!** voilà le hic !* 2 VT [*+ cloth, tights*] faire un accroc à (**on sth** avec qch)

snail [sneɪl] N escargot *m* • **at a ~'s pace** à un pas de tortue ▸**snail mail*** N **to send sth by ~ mail** envoyer qch par la poste

snake [sneɪk] 1 N serpent *m* • **~ in the grass** (*= person*) traître(sse) *m(f)* 2 VI [*road, river*] serpenter (**through** à travers) 3 COMP ▸**snake charmer** N charmeur *m* de serpent ▸**snakes and ladders** N *sorte de jeu de l'oie*

snakebite ['sneɪkbaɪt] N morsure *f* de serpent

snakeskin ['sneɪkskɪn] 1 N peau *f* de serpent 2 ADJ [*handbag, shoes*] en peau de serpent

snap [snæp] 1 N ⓐ (*= noise*) [*of fingers, whip*] claquement *m*; [*of sth shutting*] bruit *m* sec; (*= action*) [*of whip*] claquement *m*; [*of twigs*] craquement *m* • **he closed the lid with a ~** il a refermé le couvercle avec un bruit sec • **with a ~ of his fingers he ...** faisant claquer ses doigts, il ...
ⓑ (*= cold weather*) **a cold ~** une petite vague de froid
ⓒ (*= snapshot*) photo *f*
ⓓ (*US*) (*= snap fastener*) bouton-pression *m*
ⓔ (*Brit*) (*Cards*) *sorte de jeu de bataille*
ⓕ (*US*) (*= easy*) **it's a ~*** c'est facile comme tout

2 ADJ ⓐ (*= sudden*) [*vote*] décidé à l'improviste; [*judgement, answer*] irréfléchi • **to make a ~ decision** prendre une décision très rapide
ⓑ (*US*) (*= easy*)* facile comme tout

3 EXCL tiens ! moi aussi !

4 VI ⓐ (*= break*) se casser net
ⓑ [*whip*] claquer • **to ~ shut/open** se fermer/s'ouvrir avec un bruit sec
ⓒ **to ~ at sb** [*dog*] essayer de mordre qn; [*person*] parler à qn d'un ton brusque

5 VT ⓐ (*= break*) casser net
ⓑ [*+ whip*] faire claquer • **to ~ one's fingers** faire claquer ses doigts • **to ~ one's fingers at** [*+ person*] faire la nique à; [*+ suggestion, danger*] se moquer de • **to ~ sth open/shut** ouvrir/fermer qch d'un coup sec
ⓒ (*= take photo of*) prendre en photo
ⓓ **"shut up!" he ~ped** « silence ! » fit-il d'un ton brusque

6 COMP ▸**snap fastener** N (*US*) (*on clothes*) bouton-pression *m*; (*on handbag, bracelet*) fermoir *m* ▸**snap-on** ADJ [*hood, lining*] amovible (*avec boutons-pression*) ▸**snap pea** N (pois *m*) mange-tout *m inv*

▸ **snap off** 1 VI se casser net
2 VT SEP casser net • **to ~ sb's head off** rembarrer* qn

▸ **snap out*** VI **to ~ out of** [*+ gloom, self-pity*] se sortir de; [*+ bad temper*] contrôler • **~ out of it!** [*+ gloom*] secoue-toi !*; [*+ bad temper*] contrôle-toi un peu !

▸ **snap up** VT SEP **to ~ up a bargain** se jeter sur une occasion • **they are ~ped up as soon as they come on the market** on se les arrache dès qu'ils sont mis en vente

snappy ['snæpɪ] ADJ ⓐ [*title, phrase, slogan*] accrocheur ⓑ (*= snazzy*) [*clothes*] chic *inv* • **he's a ~ dresser** il est toujours bien sapé* ⓒ **make it ~!*** • **look ~ (about it)!*** grouille-toi !* ⓓ [*dog*] hargneux

snapshot ['snæpʃɒt] N photo *f*

snare [snɛəʳ] 1 N piège *m* 2 VT prendre au piège 3 COMP ▸**snare drum** N caisse *f* claire

snarl [snɑ:l] 1 N [*of dog*] grondement *m* féroce • **... he said with a ~** ... dit-il avec hargne 2 VI [*dog*] gronder en montrant les dents; [*person*] parler hargneusement (**at sb** à qn) • **when I went in the dog ~ed at me** quand je suis entré le chien a grondé en montrant les dents 3 VT [*+ order*] lancer d'un ton hargneux • **to ~ a reply** répondre d'un ton hargneux • **"no" he ~ed** « non » dit-il avec hargne

snatch [snætʃ] 1 N (*= small piece*) fragment *m* • **a ~ of music/poetry** quelques mesures *fpl*/vers *mpl* • **a ~ of conversation** des bribes *fpl* de conversation 2 VT [*+ object, opportunity*] saisir; [*+ sandwich, drink*] avaler à la hâte; (*= steal*) voler (**from sb** à qn), saisir; (*= kidnap*) enlever • **she ~ed the book from him** elle lui a arraché le livre • **to ~ some sleep/rest** réussir à dormir/se reposer un peu • **to ~ a meal** manger à la hâte 3 VI **to ~ at** [*+ object, end of rope*] essayer de saisir; [*+ opportunity, chance*] saisir

▸ **snatch away, snatch off** VT SEP enlever d'un geste brusque

S

▸**snatch up** VT SEP saisir

snazzy* ['snæzi] (ADJ) super* • **she's a ~ dresser** elle est toujours bien sapée*

sneak [sni:k] (*vb: pret, ptp* **sneaked** *or* (*US*)* **snuck**)
1 (N) (*= underhand person*)* faux jeton* *m*; (*Brit = telltale*)* mouchard(e)* *m(f)*
2 (ADJ) [*attack, visit*] furtif • **~ preview** (*of film*) avant-première *f*; (*gen*) avant-goût *m*
3 (VI) ⓐ **to ~ in/out** entrer/sortir furtivement • **he ~ed up on me** il s'est approché de moi sans faire de bruit • **success can ~ up on you** le succès peut arriver sans crier gare
ⓑ (*Brit*)* moucharder* (**on sb** qn)
4 (VT) **I ~ed the letter onto his desk** j'ai glissé la lettre discrètement sur son bureau • **to ~ a look at sth** regarder qch à la dérobée • **he was ~ing* a cigarette** il était en train de fumer en cachette
▸**sneak away, sneak off** VI s'éclipser

sneaker ['sni:kəʳ] (N) tennis *m*, basket *f*

sneaking ['sni:kɪŋ] (ADJ) [*dislike, preference*] inavoué • **I had a ~ feeling that ...** je ne pouvais m'empêcher de penser que ... • **to have a ~ suspicion that ...** soupçonner que ... • **I have a ~ admiration/respect for him** je ne peux pas m'empêcher de l'admirer/de le respecter

sneaky* ['sni:kɪ] (ADJ) sournois

sneer [snɪəʳ] 1 (VI) sourire d'un air méprisant • **to ~ at sb** se moquer de qn d'un air méprisant • **to ~ at sth** tourner qch en ridicule 2 (N) (*= act*) ricanement *m*; (*= remark*) sarcasme *m* • **... he said with a ~** ... dit-il d'un air méprisant

sneeze [sni:z] 1 (N) éternuement *m* 2 (VI) éternuer • **it is not to be ~d at** ce n'est pas à dédaigner

snide [snaɪd] (ADJ) narquois

sniff [snɪf] 1 (N) ⓐ (*from cold, crying*) reniflement *m* • **... he said with a ~** ... dit-il en reniflant; (*disdainfully*) ... dit-il en faisant la grimace • **to have a ~ at sth** [*person*] renifler qch; [*dog*] flairer qch
ⓑ (*= hint*)* **to get a ~ of sth** flairer qch • **at the first ~ of danger** au premier signe de danger
2 (VI) renifler; (*disdainfully*) faire la grimace • **to ~ at sth** [*dog*] flairer qch; [*person*] renifler qch; (*fig*) faire la grimace à qch • **it's not to be ~ed at** ce n'est pas à dédaigner
3 (VT) [*dog*] flairer; [*person*] [*+ food, bottle*] renifler; [*+ air, perfume, aroma*] humer • **to ~ glue/cocaine** sniffer de la colle/de la cocaïne
▸**sniff out** VT (*= discover*) flairer

sniffer dog ['snɪfə,dɒg] (N) chien *m* renifleur

sniffle ['snɪfl] 1 (N) (*= sniff*) reniflement *m*; (*= slight cold*) petit rhume *m* • **... he said with a ~** ... dit-il en reniflant • **to have the ~s*** avoir un petit rhume 2 (VI) renifler

sniffy* ['snɪfɪ] (ADJ) dédaigneux (**about** envers)

snifter*̣* ['snɪftəʳ] (N) (*Brit*) petit verre *m* d'alcool

snigger ['snɪgəʳ] 1 (N) petit rire *m*; (*cynical*) ricanement *m* 2 (VI) pouffer de rire; (*cynically*) ricaner • **to ~ at sth** ricaner devant qch • **stop ~ing!** arrête de ricaner comme ça!

snip [snɪp] 1 (VT) couper (à petits coups de ciseaux) 2 (VI) **to ~ at sth** donner des petits coups dans qch
▸**snip off** VT SEP enlever (à coups de ciseaux)

snipe [snaɪp] (VI) **to ~ at sb/sth** (*verbally*) critiquer qn/qch par en dessous

sniper ['snaɪpəʳ] (N) tireur *m* isolé

snippet ['snɪpɪt] (N) bribe *f*

snippy* [snɪpɪ] (ADJ) (*US*) hargneux • **to be in a ~ mood** être de mauvais poil*

snitch*̣* [snɪtʃ] 1 (VI) **to ~ on sb** moucharder qn* 2 (N) mouchard(e)* *m(f)*

snivel ['snɪvl] (VI) (*= whine*) pleurnicher; (*= sniff*) renifler

snivelling, sniveling (*US*) ['snɪvlɪŋ] 1 (ADJ) pleurnicheur 2 (N) pleurnicherie(s) *f(pl)*

snob [snɒb] (N) snob *mf* • **he's a terrible ~** il est terriblement snob • **she's a musical/wine ~** c'est une snob en matière de musique/vin

snobbery ['snɒbərɪ] (N) snobisme *m*

snobbish ['snɒbɪʃ] (ADJ) snob *inv* • **to be ~ about sb/sth** faire preuve de snobisme à l'égard de qn/en matière de qch

snobby* ['snɒbɪ] (ADJ) snob *inv*

snog*̣* [snɒg] (*Brit*) 1 (VI) se bécoter* 2 (N) **to have a ~** se bécoter*

snooker ['snu:kəʳ] 1 (N) (*= game*) snooker *m* 2 (VT) (*Brit*) **to be ~ed*̣*** (*= be in difficulty*) être coincé*

snoop [snu:p] 1 (N) **to have a ~ around** jeter un coup d'œil discret • **I had a ~ around the kitchen** j'ai fureté discrètement dans la cuisine 2 (VI) se mêler des affaires des autres • **to ~ around** fureter • **to ~ on sb** espionner qn • **he was ~ing into her private life** il fourrait son nez* dans sa vie privée

snooty* ['snu:tɪ] (ADJ) snob *inv*

snooze* [snu:z] 1 (N) petit somme *m* • **afternoon ~** sieste *f* • **to have a ~** faire un petit somme 2 (VI) faire un petit somme 3 (COMP) ▸**snooze button** N bouton *m* d'arrêt momentané (*d'un radio-réveil*)

snore [snɔ:ʳ] 1 (N) ronflement *m* 2 (VI) ronfler

snorer ['snɔ:rəʳ] (N) ronfleur *m*, -euse *f*

snoring ['snɔ:rɪŋ] (N) ronflement(s) *m(pl)*

snorkel ['snɔ:kl] 1 (N) [*of swimmer*] tuba *m* 2 (VI) **to go ~ling** faire de la plongée (avec un masque et un tuba)

snorkelling ['snɔ:kəlɪŋ] (N) plongée *f* (avec un masque et un tuba)

snort [snɔ:t] 1 (N) [*of person*] grognement *m*; [*of horse*] ébrouement *m* 2 (VI) [*horse*] s'ébrouer; [*person*] (*angrily*) grogner; (*laughing*) s'étrangler de rire 3 (VT) ⓐ (*= say*) (*angrily*) grogner; (*laughing*) dire en s'étranglant de rire
ⓑ (*Drugs*)* sniffer*̣*

snot* [snɒt] (N) morve *f*

snotty* ['snɒtɪ] 1 (ADJ) ⓐ [*nose*] qui coule; [*face, child*] morveux; [*handkerchief*] plein de morve ⓑ (*= snobbish*) snob *inv* 2 (COMP) ▸**snotty-nosed*** ADJ (*= snobbish*) snob *inv*

snout [snaʊt] (N) [*animal*] museau *m*; [*of pig*] groin *m*

snow [snəʊ] 1 (N) neige *f* 2 (VI) neiger • **it is ~ing** il neige 3 (VT) (*US*)*̣* **to ~ sb** avoir qn au charme* • **she ~ed him into believing it** elle a réussi à lui faire croire ça en lui faisant du charme 4 (COMP) ▸**snow bank** N congère *f* ▸**snow-boot** N après-ski *m* ▸**snow-capped** ADJ couronné de neige ▸**snow-covered** ADJ enneigé ▸**snow report** N bulletin *m* d'enneigement ▸**snow tyre** N pneu-neige *m* ▸**snow-white** ADJ blanc (blanche *f*) comme neige

snowball ['snəʊbɔ:l] 1 (N) boule *f* de neige • **it hasn't got a ~'s chance in hell*** ça n'a pas l'ombre d'une chance • **~ effect** effet *m* boule de neige • **~ fight** bataille *f* de boules de neige 2 (VI) faire boule de neige • **~ing costs** coûts *mpl* qui montent en flèche

snowboard ['snəʊbɔ:d] **1** (N) surf *m* des neiges **2** (VI) faire du surf des neiges
snowboarding ['snəʊbɔ:dɪŋ] (N) surf *m* des neiges
snowbound ['snəʊbaʊnd] (ADJ) bloqué par la neige
snowdrift ['snəʊdrɪft] (N) congère *f*
snowdrop ['snəʊdrɒp] (N) perce-neige *m or f*
snowed in [ˌsnəʊd'ɪn] (ADJ) bloqué par la neige
snowed under [ˌsnəʊd'ʌndəʳ] (ADJ) **he was ~ with work** il était complètement submergé de travail • **to be ~ with letters/offers** être submergé de lettres/d'offres
snowfall ['snəʊfɔ:l] (N) chute *f* de neige
snowflake ['snəʊfleɪk] (N) flocon *m* de neige
snowman ['snəʊmæn] (N) (*pl* **-men**) bonhomme *m* de neige
snowmobile ['snəʊməˌbi:əl] (N) (*US*) motoneige *f*
snowplough, **snowplow** (*US*) ['snəʊplaʊ] (N) chasse-neige *m inv*
snowshoe ['snəʊʃu:] (N) raquette *f*
snowstorm ['snəʊstɔ:m] (N) tempête *f* de neige
snowsuit ['snəʊsu:t] (N) combinaison *f* de ski
snowy ['snəʊɪ] (ADJ) **a** [*weather, winter*] neigeux; [*region, landscape, mountain, street*] enneigé • **a ~ day/morning** une journée/matinée de neige • **it was very ~ yesterday** il a beaucoup neigé hier **b** [*hair, beard*] de neige
SNP [esen'pi:] (N) (ABBR OF **Scottish National Party**) *parti indépendantiste écossais*
Snr (ABBR OF **Senior**)
snub [snʌb] **1** (N) rebuffade *f* **2** (VT) [*+ person*] snober; [*+ offer*] repousser • **to be ~bed** essuyer une rebuffade **3** (ADJ) [*nose*] retroussé • **~-nosed** au nez retroussé
snuck* [snʌk] (VB) (*US*) *pt, ptp of* **sneak**
snuff [snʌf] (N) tabac *m* à priser • **to take ~** priser
▸ **snuff it**‡ VI (*Brit*) claquer*
▸ **snuff out** VT SEP [*+ candle*] moucher; [*+ interest, enthusiasm, sb's life*] mettre fin à
snug [snʌg] **1** (ADJ) **a** (= *cosy*) [*house, bed, garment*] douillet • **he was ~ in bed** il était bien au chaud dans son lit **b** (= *close-fitting*) bien ajusté • **it's a ~ fit** ça va juste bien **2** (N) (*Brit*) petite arrière-salle *f*
snuggle ['snʌgl] (VI) se blottir (**into sth** dans qch, **beside sb** contre qn)
▸ **snuggle down** VI se blottir (**beside sb** contre qn) • **~ down and go to sleep** installe-toi bien confortablement et dors
▸ **snuggle together** VI se blottir l'un contre l'autre
▸ **snuggle up** VI se blottir (**to sb** contre qn)
snugly ['snʌglɪ] (ADV) **a** (= *cosily*) douillettement • **~ tucked in** bien au chaud sous ses couvertures **b** (= *tightly*) **these trousers fit ~** ce pantalon va juste bien • **the washing machine fitted ~ into the space** la machine à laver s'encastrait parfaitement

---

so [səʊ]

1 ADVERB	3 COMPOUNDS
2 CONJUNCTION	

1 ADVERB

a (*degree = to such an extent*) si • **so easy/quickly** si facile/rapidement • **is it really so tiring?** est-ce vraiment si fatigant ? • **do you really need so long?** vous faut-il vraiment autant de temps ?

▸ **so ... (that)** si ... que • **he was so nervous (that) he could hardly write** il était si nerveux qu'il pouvait à peine écrire

▸ **so ... as to do sth** assez ... pour faire qch • **he was so stupid as to tell her** il a été assez stupide pour lui raconter

▸ **not so ... as** pas aussi ... que • **it's not nearly so difficult as you think** c'est loin d'être aussi difficile que vous le croyez

b (*= very, to a great extent*) tellement • **I'm so tired!** je suis tellement fatigué ! • **there's so much to do** il y a tellement à faire • **thanks so much*** merci beaucoup • **Elizabeth, who so loved France** Elizabeth, qui aimait tant la France

c (*unspecified amount*) **how tall is he? — oh, about so tall** (*accompanied by gesture*) quelle taille fait-il ? — oh, à peu près comme ça • **so much per head** tant par tête

d (*= thus, in this way*) ainsi • **as he failed once so he will fail again** il échouera comme il a déjà échoué • **so it was that ...** c'est ainsi que ... • **so be it** soit • **it so happened that ...** il s'est trouvé que ...

e (*set structures*)

▸ **or so** environ • **how long will it take? — a week or so** combien de temps cela va-t-il prendre ? — une semaine environ • **twenty or so** une vingtaine

▸ **like so** comme ceci

▸ **so (that)**

> Note that **pour que** is followed by the subjunctive.

• **I brought it so (that) you could read it** je l'ai apporté pour que vous puissiez le lire • **I'm going early so (that) I'll get a ticket** j'y vais tôt pour obtenir un billet • **he arranged the timetable so that the afternoons were free** il a organisé l'emploi du temps de façon à laisser les après-midi libres

▸ **so as to do sth** pour faire qch • **he stood up so as to see better** il s'est levé pour mieux voir

▸ **so as not to do sth she put it down gently so as not to break it** elle l'a posé doucement pour ne pas le casser • **he hurried so as not to be late** il s'est dépêché pour ne pas être en retard

f (*used as substitute for phrase, word*) **so I believe** c'est ce que je crois • **is that so?** ah bon ! • **if that is so ...** s'il en est ainsi ... • **I told you so!** je te l'avais bien dit ! • **so it seems!** apparemment ! • **he certainly said so** c'est ce qu'il a dit • **please do so** faites • **I think so** je crois • **I hope so** j'espère • **he said they would be there and so they were** il a dit qu'ils seraient là, et en effet ils y étaient • **so do I! • so have I! • so am I!** moi aussi ! • **if you do that so will I** si tu fais ça, j'en ferai autant • **it's raining — so it is!** il pleut — en effet ! • **I didn't say that! — you did so!*** je n'ai pas dit ça ! — mais si, tu l'as dit ! • **so to speak** pour ainsi dire • **and so on (and so forth)** et ainsi de suite • **so long!*** salut !* • **I'm not going, so there!** je n'y vais pas, là !

2 CONJUNCTION

a (*= therefore*) donc • **he was late, so he missed the train** il est arrivé en retard et a donc manqué le train • **the roads are busy so be careful** il y a beaucoup de circulation, alors fais bien attention

b (*exclamatory*) **so there he is!** le voilà donc ! • **so you're selling it?** alors vous le vendez ? • **so he's come at last!** il est donc enfin arrivé ! • **and so you see ...** alors comme vous voyez ... • **so what?*** et alors ?*

S

3 COMPOUNDS
▸**so-and-so*** N (*pl* **so-and-sos**) **Mr/Mrs So-and-so** Monsieur/Madame Untel • **he's an old so-and-so** c'est un vieux schnock* ▸**so-called** ADJ soi-disant *inv* ▸**so-so*** ADJ couci-couça*

soak [səʊk] 1 (N) **to give sth a (good) ~** (bien) faire tremper qch 2 (VT) faire tremper (**in** dans) • **to be/get ~ed to the skin** être trempé/se faire tremper jusqu'aux os • **to ~ o.s. in the bath** prendre un long bain • **bread ~ed in milk** pain *m* imbibé de lait • **he ~ed himself in the atmosphere of Paris** il s'est plongé dans l'atmosphère de Paris 3 (VI) tremper • **to put sth in to ~** faire tremper qch
▸**soak in** VI pénétrer
▸**soak through** 1 VI traverser 2 VT SEP **to be ~ed through** être trempé
▸**soak up** VT SEP absorber

soaking ['səʊkɪŋ] 1 (N) trempage *m* • **to get a ~** se faire tremper • **to give sth a ~** faire tremper qch 2 (ADJ) trempé

soap [səʊp] 1 (N) ⓐ savon *m* ⓑ (= *soap opera*) soap* *m*, feuilleton *m* 2 (VT) savonner 3 (COMP) ▸**soap opera** N soap* *m*, feuilleton *m* ▸**soap powder** N lessive *f* (en poudre)

soapbox ['səʊpbɒks] (N) tribune *f* improvisée • **~ orator** harangueur *m*, -euse *f*

soapdish ['səʊpdɪʃ] (N) porte-savon *m*

soapsuds ['səʊpsʌdz] (NPL) mousse *f* de savon

soapy ['səʊpɪ] (ADJ) savonneux

soar [sɔːʳ] (VI) [*bird, aircraft*] s'élever dans les airs; [*ball*] voler (**over** par-dessus); [*tower*] s'élancer (vers le ciel); [*prices, costs, profits*] monter en flèche; [*ambitions, hopes*] grandir démesurément; [*spirits*] remonter en flèche

soaring ['sɔːrɪŋ] (ADJ) [*prices, profits, unemployment*] qui monte en flèche; [*inflation*] galopant • **Britain's ~ crime rate** la forte hausse de la criminalité en Grande-Bretagne

sob [sɒb] 1 (N) sanglot *m* • **... he said with a ~** ... dit-il en sanglotant 2 (VI) sangloter 3 (VT) **"no" she ~bed** «non» dit-elle en sanglotant • **to ~ o.s. to sleep** s'endormir en sanglotant 4 (COMP) ▸**sob story*** N histoire *f* larmoyante • **he told us a ~ story about his sister's illness** il a cherché à nous apitoyer en nous parlant de la maladie de sa sœur
▸**sob out** VT SEP **to ~ one's heart out** pleurer à chaudes larmes

s.o.b.‡ [ˌesəʊ'biː] (N) (*US*) (ABBR OF **son of a bitch**) salaud‡ *m*

sobbing ['sɒbɪŋ] 1 (N) sanglots *mpl* 2 (ADJ) sanglotant

sober ['səʊbəʳ] (ADJ) ⓐ (= *not drunk*) pas ivre; (= *sobered-up*) dessoûlé* • **I'm perfectly ~** je ne suis pas du tout ivre ⓑ (= *serious*) [*person, attitude*] pondéré; [*expression*] grave; [*assessment, statement*] mesuré; [*fact, reality*] sans fard • **upon ~ reflection** après mûre réflexion ⓒ (= *plain*) sobre
▸**sober up** VI, VT SEP dessoûler*

sobering ['səʊbərɪŋ] (ADJ) [*experience*] qui fait réfléchir • **it is a ~ thought** cela fait réfléchir • **it had a ~ effect on him** cela l'a fait réfléchir

soberness ['səʊbənɪs], **sobriety** [səʊ'braɪətɪ] (N) (= *seriousness*) pondération *f*; (= *plainness*) sobriété *f*

Soc. (ABBR OF **Society**)

soccer ['sɒkəʳ] 1 (N) football *m* 2 (ADJ) de football

sociability [ˌsəʊʃə'bɪlɪtɪ] (N) sociabilité *f*

sociable ['səʊʃəbl] (ADJ) [*person, mood*] sociable • **I'll have a drink just to be ~** je prendrai un verre juste pour faire comme tout le monde • **I'm not feeling very ~ this evening** je n'ai pas envie de voir de gens ce soir

sociably ['səʊʃəblɪ] (ADV) [*invite*] amicalement • **to behave ~** se montrer sociable

social ['səʊʃəl] 1 (ADJ) [*class, status, problem*] social • **~ event** (= *party*) fête *f*; (= *outing*) sortie *f* • **he has little ~ contact with his business colleagues** il a peu de contacts avec ses collègues en dehors du travail • **this isn't a ~ visit** il ne s'agit pas d'une visite de courtoisie • **she didn't regard him as her ~ equal** pour elle, il n'appartenait pas au même milieu social
2 (COMP) ▸**social administration** N gestion *f* sociale ▸**social benefits** NPL prestations *fpl* sociales ▸**social climber** N (*still climbing*) arriviste *mf*; (*arrived*) parvenu(e) *m(f)* ▸**social climbing** N arrivisme *m* ▸**social club** N club *m* ▸**Social Democrat** N social-démocrate *mf* ▸**social drinker** N **to be a ~ drinker** boire seulement en société ▸**social engagement** N obligation *f* sociale ▸**social enterprise** N entreprise *f* sociale ▸**social exclusion** N exclusion *f* sociale ▸**social gaming** N jeux *mpl* sociaux (en ligne) ▸**social gathering** N réunion *f* entre amis ▸**social housing** N (*Brit*) logements *mpl* sociaux ▸**social inclusion** N inclusion *f* sociale ▸**social insurance** N (*US*) sécurité *f* sociale ▸**social intelligence** N intelligence *f* sociale, savoir-être *m* social ▸**social life** N vie *f* sociale • **to have an active ~ life** (= *go out frequently*) sortir beaucoup; (= *see people frequently*) voir du monde ▸**social media** N médias *mpl* sociaux ▸**social network** N réseau *m* social ▸**social networking** N réseautage *m* social ▸**social networking site** N site *m* de réseautage social ▸**social order** N ordre *m* social ▸**social science** N sciences *fpl* sociales ▸**social scientist** N spécialiste *mf* des sciences humaines et sociales ▸**social security** N aide *f* sociale • **to be on ~ security** recevoir l'aide sociale • **the Department of Social Security** (*Brit*) ≈ la Sécurité sociale ▸**Social Security Administration** N (*US*) *service des pensions* ▸**social security benefits** NPL prestations *fpl* sociales ▸**social security card** N (*US*) ≈ carte *f* d'assuré social ▸**social security number** N (*US*) numéro *m* de sécurité sociale ▸**social services** NPL services *mpl* sociaux ▸**social skills** NPL **to learn ~ skills** apprendre les règles de la vie en société ▸**social studies** NPL sciences *fpl* sociales ▸**social welfare** N protection *f* sociale ▸**social work** N assistance *f* sociale ▸**social worker** N travailleur *m*, -euse *f* social(e)

SOCIAL SECURITY NUMBER

Aux États-Unis, le numéro de sécurité sociale, formé de neuf chiffres, est indispensable pour bénéficier des prestations sociales, mais il est également de plus en plus utilisé comme numéro d'identité à l'échelle nationale : il figure sur les carnets de chèques ; certains États l'utilisent comme numéro de permis de conduire et certaines universités comme numéro d'inscription des étudiants. Depuis 1987, tous les enfants se voient attribuer un **social security number**.

socialism ['səʊʃəlɪzəm] (N) socialisme *m*

socialist ['səʊʃəlɪst] (ADJ, N) socialiste *mf*

socialite ['səʊʃəlaɪt] (N) mondain(e) *m(f)*

socialization [ˌsəʊʃəlaɪˈzeɪʃən] (N) socialisation *f*
socialize [ˈsəʊʃəlaɪz] (VI) (*= be with people*) fréquenter des gens; (*= chat*) bavarder • **they no longer ~ with old friends** ils ne voient pas leurs anciens amis
socializing [ˈsəʊʃəlaɪzɪŋ] (N) **he doesn't like ~** il n'est pas très sociable • **there isn't much ~ on campus** on ne se fréquente pas beaucoup sur le campus
socially [ˈsəʊʃəlɪ] (ADV) ⓐ (*= not professionally*) [*meet, interact*] en société • **I don't really mix with him ~** je le fréquente peu en dehors du travail • **to know sb ~** fréquenter qn en dehors du travail ⓑ [*disadvantaged, acceptable*] socialement • **~ superior/inferior** d'un rang social supérieur/inférieur • **to be ~ conscious** être sensibilisé aux problèmes sociaux
societal [səˈsaɪətl] (ADJ) sociétal
society [səˈsaɪətɪ] **1** (N) ⓐ (*= social community*) société *f* • **to live in ~** vivre en société ⓑ (*= high society*) haute société *f* • **polite ~** bonne société *f* ⓒ (*= organized group*) association *f*; (*= charitable society*) association *f* de bienfaisance
2 (COMP) [*correspondent, news, photographer, wedding*] mondain
▸ **society column** N (*in newspaper*) carnet *m* mondain
sociological [ˌsəʊsɪəˈlɒdʒɪkəl] (ADJ) sociologique
sociologist [ˌsəʊsɪˈɒlədʒɪst] (N) sociologue *mf*
sociology [ˌsəʊsɪˈɒlədʒɪ] (N) sociologie *f*
sock [sɒk] **1** (N) ⓐ (*= garment*) chaussette *f*; [*of footballer*] bas *m* • **to pull one's ~s up*** (*Brit*) se secouer* • **put a ~ in it!*** la ferme!* • **this will knock your ~s off!*** ça va t'épater! • **to work one's ~s off*** se tuer au travail ⓑ (*= punch*)* beigne* *f* • **to give sb a ~ on the jaw** flanquer son poing sur la gueule* à qn **2** (VT) (*= strike*)* flanquer une beigne* à • **~ it to me!** vas-y envoie!* • **~ it to them!** montre-leur un peu! **3** (COMP) ▸ **sock puppet** N (*lit*) marionnette-chaussette *f*; (*Internet*) faux nez *m*
socket [ˈsɒkɪt] (N) [*of eye*] orbite *f*; (*for light bulb*) douille *f*; (*for plug*) prise *f* de courant • **to pull sb's arm out of its ~** démettre l'épaule à qn
sod** [sɒd] (*Brit*) **1** (N) con** *m* • **poor little ~!** pauvre petit bonhomme! • **~ all** que dalle* **2** (VT) **~ it!** merde (alors)!** • **~ him!** qu'il aille se faire foutre!**
▸ **sod off**** VI **~ off!** va te faire foutre!**
soda [ˈsəʊdə] **1** (N) ⓐ (*= chemical*) soude *f* ⓑ (*= soda water*) eau *f* de Seltz • **whisky and ~** whisky *m* soda ⓒ (*US*) (*= soda pop*) soda *m* **2** (COMP) ▸ **soda biscuit** N (*US*) ≈ scone *m* (*petit gâteau*) ▸ **soda bread** N pain *m* irlandais (*au bicarbonate*) ▸ **soda fountain** N (*US*) (*= siphon*) siphon *m* d'eau de Seltz; (*= place*) buvette *f* ▸ **soda pop** N (*US*) soda *m* ▸ **soda siphon** N siphon *m* (d'eau de Seltz) ▸ **soda water** N eau *f* de Seltz
sodden [ˈsɒdn] (ADJ) [*ground*] détrempé; [*clothes, paper*] trempé (**with de**)
sodding** [ˈsɒdɪŋ] (ADJ) (*Brit*) • **her ~ dog** son putain** de chien
sodium [ˈsəʊdɪəm] (N) sodium *m* • **~ bicarbonate** bicarbonate *m* de soude
sodomy [ˈsɒdəmɪ] (N) sodomie *f*
sofa [ˈsəʊfə] (N) canapé *m* ▸ **sofa bed** N canapé-lit *m*
soft [sɒft] **1** (ADJ) ⓐ [*ground, snow, butter*] mou (molle *f*); [*fabric, skin, colour, voice, toothbrush*] doux (douce *f*); [*food, wood*] tendre; [*bed, texture*] moelleux; [*fur, hair, beard*] soyeux; [*leather*] souple • **as ~ as silk** doux comme la soie • **she had another, ~er side to her** il y avait une autre facette, plus douce, de sa personnalité • **to get ~(er)** [*ground, pitch, butter*] se ramollir; [*leather*] s'assouplir; [*skin*] s'adoucir • **to make ~(er)** [*+ leather*] assouplir; [*+ skin*] adoucir • **to go ~** [*biscuits*] ramollir
ⓑ [*rain, tap*] léger
ⓒ (*= lenient*) [*person*] indulgent; [*sentence*] léger • **to get ~** [*person*] devenir trop indulgent • **to be too ~ on sb** être trop indulgent avec qn • **to be (too) ~ on sth** [*+ crime, drugs*] être trop laxiste en matière de qch • **to have a ~ spot for sb/sth** avoir un faible pour qn/qch • **to be a ~ touch*** être une (bonne) poire*
ⓓ (*= easy*)* [*life, job*] peinard* • **to take the ~ option** choisir la solution de facilité
ⓔ (*= stupid*)* débile* • **to be ~ in the head** avoir le cerveau ramolli*
ⓕ [*water*] doux
2 (ADV) **don't talk ~!*** tu dis n'importe quoi!
3 (COMP) ▸ **soft-boiled egg** N œuf *m* à la coque ▸ **soft centre** N (*Brit*) chocolat *m* fourré ▸ **soft-centred** ADJ (*Brit*) [*chocolate, boiled sweet*] fourré ▸ **soft cheese** N fromage *m* à pâte molle ▸ **soft contact lens** N lentille *f* de contact souple ▸ **soft-core** ADJ [*pornography*] soft* *inv* ▸ **soft drinks** NPL boissons *fpl* non alcoolisées ▸ **soft drugs** NPL drogues *fpl* douces ▸ **soft furnishings** NPL (*Brit*) tissus *mpl* d'ameublement ▸ **soft-hearted** ADJ au cœur tendre ▸ **soft landing** N atterrissage *m* en douceur ▸ **soft margarine** N margarine *f* ▸ **soft pedal** N (*on piano*) pédale *f* douce ▸ **soft-pedal** VI relâcher la pression ♦ VT relâcher la pression sur ▸ **soft porn** N porno *m* soft* ▸ **soft power** N soft power *f*, puissance *f* douce ▸ **soft sell** N technique *f* de vente non agressive ▸ **soft skills** NPL compétences *fpl* relationnelles ▸ **soft-soap*** VT (*pej*) caresser dans le sens du poil* ▸ **soft-spoken** ADJ **he's a ~-spoken man** il n'a jamais un mot plus haut que l'autre ▸ **soft top** N (*= car*) décapotable *f* ▸ **soft toy** N (jouet *m* en) peluche *f*
softball [ˈsɒftbɔːl] (N) (*US*) *sorte de base-ball*
soften [ˈsɒfn] **1** (VT) [*+ butter, clay, ground*] ramollir; [*+ leather*] assouplir; [*+ skin, outline*] adoucir; [*+ lighting*] tamiser; [*+ sb's anger, effect*] atténuer; [*+ resistance*] réduire • **to ~ the blow** amortir le choc **2** (VI) [*butter, clay, ground*] se ramollir; [*leather*] s'assouplir; [*skin*] s'adoucir
▸ **soften up** **1** VI = **soften** **2** VT SEP ⓐ = **soften** ⓑ [*+ person*] attendrir
softener [ˈsɒfnəʳ] (N) (*= water softener*) adoucisseur *m*; (*= fabric softener*) produit *m* assouplissant
softie* [ˈsɒftɪ] (N) tendre *mf*
softly [ˈsɒftlɪ] (ADV) [*say, sing*] doucement; [*walk*] à pas feutrés; [*tap*] légèrement; [*kiss*] tendrement • **~ lit** à la lumière tamisée • **a ~ spoken man** un homme à la voix douce ▸ **softly-softly** ADJ **he adopted a ~-~ approach** il a pris beaucoup de précautions
softness [ˈsɒftnɪs] (N) ⓐ [*of fabric, skin, water*] douceur *f*; [*of ground, snow*] mollesse *f*; [*of bed, carpet*] moelleux *m*; [*of fur, hair*] soyeux *m*; [*of leather*] souplesse *f*; [*of touch*] légèreté *f* ⓑ (*= leniency*) [*of person*] indulgence *f*; (*= moderation*) [*of approach, line*] modération *f*
software [ˈsɒftˌwεəʳ] (N) software *m*, logiciels *mpl* • **a piece of ~** un logiciel ▸ **software agent** N agent *m* logiciel ▸ **software engineer** N ingénieur-conseil *m* en informatique ▸ **software engineering** N génie *m* logiciel ▸ **software library** N logithèque *f* ▸ **software package** N progiciel *m*
softy* [ˈsɒftɪ] (N) tendre *mf*
soggy [ˈsɒgɪ] (ADJ) [*ground*] détrempé; [*vegetables, pasta*] trop cuit; [*bread*] ramolli

S

soil [sɔɪl] 1 (N) terre *f* • **cover it over with ~** recouvre-le de terre • **my native ~** ma terre natale • **on French ~** sur le sol français 2 (VT) salir • **~ed linen** linge *m* sale • **~ed item** (*in shop*) article *m* défraîchi

solace ['sɒlɪs] (*liter*) (N) consolation *f*

solar ['səʊlə^r] 1 (ADJ) solaire 2 (COMP) [*power, panel*] solaire ▸ **solar cell** N pile *f* solaire ▸ **solar eclipse** N éclipse *f* de soleil ▸ **solar plexus** N plexus *m* solaire ▸ **the solar system** N le système solaire

solarium [səʊ'leərɪəm] (N) solarium *m*

sold [səʊld] (VB) *pt, ptp of* **sell**

solder ['səʊldə^r] 1 (N) soudure *f* 2 (VT) souder 3 (COMP) ▸ **soldering iron** N fer *m* à souder

soldier ['səʊldʒə^r] (N) ⓐ soldat *m* • **~s and civilians** (les) militaires *mpl* et (les) civils *mpl* • **he wants to be a ~** il veut devenir soldat • **to play (at) ~s** (*pej*) jouer à la guerre; [*children*] jouer aux petits soldats • **old ~** vétéran *m* ⓑ (*Brit = finger of bread or toast*)* mouillette *f*
▸ **soldier on** VI (*Brit*) persévérer (malgré tout)

sole [səʊl] 1 (N) ⓐ (= *fish*) sole *f* ⓑ [*of shoe, sock*] semelle *f*; [*of foot*] plante *f* 2 (VT) ressemeler • **to have one's shoes ~d** faire ressemeler ses chaussures • **leather-~d** avec semelles de cuir 3 (ADJ) ⓐ (= *single*) seul • **for the ~ purpose of ...** dans le seul but de ... • **their ~ surviving daughter** la seule de leurs filles qui soit encore en vie • **the ~ reason** l'unique raison ⓑ (= *exclusive*) [*right, possession, supplier*] exclusif; [*responsibility*] entier; [*heir*] universel; [*owner*] unique • **for the ~ use of ...** à l'usage exclusif de ... • **to have ~ ownership of sth** être l'unique propriétaire de qch

solely ['səʊllɪ] (ADV) uniquement • **to be ~ responsible for sth** être seul(e) responsable de qch • **I am ~ to blame** c'est entièrement de ma faute

solemn ['sɒləm] (ADJ) [*mood, occasion, promise, music*] solennel; [*silence, expression, person*] grave • **it is my ~ duty to inform you that ...** il est de mon devoir de vous informer que ... (*frm*)

solemnity [sə'lemnɪtɪ] (N) solennité *f*

solemnly ['sɒləmlɪ] (ADV) [*swear, promise*] solennellement; [*say*] d'un ton solennel

solicit [sə'lɪsɪt] 1 (VT) solliciter (**sb for sth, sth from sb** qch de qn) 2 (VI) [*prostitute*] racoler

> The French word **solliciter** has a double **l**.

soliciting [sə'lɪsɪtɪŋ] (N) racolage *m*

solicitor [sə'lɪsɪtə^r] (N) (*Brit*) (*for sales, wills*) ≈ notaire *mf*; (*in divorce, police, court cases*) ≈ avocat(e) *m(f)*; (*US*) *juriste-conseil attaché à une municipalité*

solid ['sɒlɪd] 1 (ADJ) ⓐ (= *not liquid*) solide • **~ food** aliments *mpl* solides • **to freeze ~** geler • **frozen ~** complètement gelé ⓑ (= *not hollow*) [*ball, block*] plein; [*layer, mass*] compact; [*rock, oak, gold*] massif • **the door is made of ~ steel** la porte est tout en acier • **cut out of ~ rock** taillé dans la masse • **the square was ~ with cars*** la place était complètement embouteillée
ⓒ (= *continuous*) [*line*] continu; [*rain*] ininterrompu • **he was six foot six of ~ muscle** c'était un homme de deux mètres tout en muscles • **they worked for two ~ days** ils ont travaillé deux jours sans s'arrêter
ⓓ (= *substantial*) [*structure, basis, relationship*] solide; [*meal*] consistant; [*character*] sérieux; [*support*] ferme; [*information*] sûr • **~ middle-class values** les bonnes valeurs *fpl* bourgeoises • **~ as a rock** [*structure, substance*] dur comme la pierre; [*person*] solide comme un roc; [*relationship*] indestructible
ⓔ (*US = excellent*)‡ super*
2 (ADV) **jammed ~** complètement bloqué • **to be booked ~ (for three weeks)** [*hotel, venue, performer*] être complet (pendant trois semaines) • **they worked for two days ~** ils ont travaillé deux jours de suite sans s'arrêter
3 (N) solide *m*
4 (COMP) ▸ **solid fuel** N combustible *m* solide ▸ **solid-state** ADJ [*physics*] des solides; [*electronic device*] à circuits intégrés

solidarity [,sɒlɪ'dærɪtɪ] (N) solidarité *f*

solidify [sə'lɪdɪfaɪ] 1 (VT) solidifier 2 (VI) se solidifier

solidity [sə'lɪdɪtɪ] (N) solidité *f*

solidly ['sɒlɪdlɪ] (ADV) ⓐ [*made, constructed, based*] solidement • **~ built** solidement bâti ⓑ (= *continuously*) sans arrêt ⓒ [*vote*] massivement • **to be ~ behind sb/sth** soutenir qn/qch sans réserve • **a ~ middle-class area** un quartier tout ce qu'il y a de bourgeois • **the area is ~ Conservative** le quartier est un bastion conservateur

soliloquy [sə'lɪləkwɪ] (N) monologue *m*

solitaire [,sɒlɪ'teə^r] (N) ⓐ (= *stone, board game*) solitaire *m* ⓑ (*US Cards*) réussite *f*

solitary ['sɒlɪtərɪ] 1 (ADJ) ⓐ [*person, life*] solitaire • **she ate a ~ dinner** elle a pris son dîner seule • **in ~ splendour** dans un splendide isolement ⓑ (= *sole*) seul • **with the ~ exception of ...** à la seule exception de ... 2 (N)* isolement *m* cellulaire 3 (COMP) ▸ **solitary confinement** N **(in) ~ confinement** (en) isolement *m* cellulaire

solitude ['sɒlɪtju:d] (N) solitude *f*

solo ['səʊləʊ] (*pl* **solos**) 1 (N) solo *m* 2 (ADV) en solo 3 (ADJ) solo *inv*

soloist ['səʊləʊɪst] (N) soliste *mf*

solstice ['sɒlstɪs] (N) solstice *m* • **summer/winter ~** solstice *m* d'été/d'hiver

soluble ['sɒljʊbl] (ADJ) soluble

solution [sə'lu:ʃən] (N) ⓐ (*to problem*) solution *f* (**to** de) ⓑ (= *liquid*) solution *f*

solve [sɒlv] (VT) résoudre; [+ *murder, mystery*] élucider

solvency ['sɒlvənsɪ] (N) solvabilité *f*

solvent ['sɒlvənt] 1 (ADJ) solvable 2 (N) solvant *m* 3 (COMP) ▸ **solvent abuse** N inhalation *f* de vapeurs de solvants

Som (ABBR OF **Somerset**)

Somali [səʊ'mɑ:lɪ] 1 (ADJ) somalien 2 (N) Somali(e) *m(f)*, Somalien(ne) *m(f)*

Somalia [səʊ'mɑ:lɪə] (N) Somalie *f*

Somalian [səʊ'mɑ:lɪən] 1 (ADJ) somalien 2 (N) Somali(e) *m(f)*, Somalien(ne) *m(f)*

sombre, somber (*US*) ['sɒmbə^r] (ADJ) sombre; [*message*] pessimiste; [*atmosphere*] lugubre • **on a ~ note** sur une note pessimiste

some [sʌm]

1 ADJECTIVE	3 ADVERB
2 PRONOUN	

1 ADJECTIVE

ⓐ (= *a certain amount of, a little*) du, de la, de l' • **~ tea/ice cream/water** du thé/de la glace/de l'eau • **would** you like ~ more meat? voulez-vous encore un peu de viande ?

b (= *a certain number of*) des • ~ **cakes** des gâteaux • **I haven't seen him for ~ years** cela fait des années que je ne l'ai pas vu

> **de** is sometimes used before an adjective.

• ~ **wonderful memories** de merveilleux souvenirs • **I found ~ small mistakes** j'ai trouvé de petites erreurs

c (*indefinite*) un, une • ~ **woman was asking for her** il y avait une dame qui la demandait • **there must be ~ solution** il doit bien y avoir une solution • ~ **other day** un autre jour • ~ **time last week** la semaine dernière • **in ~ way or other** d'une façon ou d'une autre • ~ **day** un jour (ou l'autre) • ~ **more talented person** quelqu'un de plus doué

d (= *a certain*) **if you are worried about ~ aspect of this proposal ...** si un aspect quelconque de cette proposition vous préoccupe ...

e (*as opposed to others*) ~ **children like school** certains enfants aiment l'école • ~ **coffee is bitter** certains cafés sont amers • **in ~ ways, he's right** par certains côtés, il a raison • ~ **people just don't care** il y a des gens qui s'en fichent • ~ **people say that ...** il y a des gens qui disent que ...

f (= *a considerable amount of*) **it took ~ courage to do that!** il a fallu du courage pour faire ça ! • **he spoke at ~ length** il a parlé assez longuement • **it's a matter of ~ importance** c'est une question assez importante

g (= *a limited*) **this will give you ~ idea of ...** cela vous donnera une petite idée de ... • **that's ~ consolation!** c'est quand même une consolation ! • **surely there's ~ hope she will recover?** il y a tout de même quelque espoir qu'elle guérisse ?

h (*in exclamations*)* **that was ~ party!** (*admiring*) ça a été une super fête !* • **you're ~ help!** (*iro*) tu parles d'une aide !* • **he says he's my friend — ~ friend!** (*iro*) il dit être mon ami — drôle d'ami !*

2 PRONOUN

a (= *as opposed to others*) certain(e)s *m(f)pl* • ~ **cheered, others shouted abuse** certains applaudissaient, d'autres criaient des injures • ~ **of my friends** certains de mes amis

> Note the use of **d'entre** with personal pronouns.

• ~ **of them were late** certains d'entre eux étaient en retard • ~ **of us knew him** certains d'entre nous le connaissaient

b (= *not all*) quelques-un(e)s *m(f)pl* • **I don't want them all, but I'd like ~** je ne les veux pas tous mais j'en voudrais quelques-uns

> Even if not expressed, **of them** must be translated in French by **en**.

• **I've still got ~ (of them)** j'en ai encore quelques-uns • ~ **(of them) have been sold** on en a vendu quelques-uns

c (= *a certain amount or number: when object of the verb*) en • **I've got ~** j'en ai • **have ~!** prenez-en ! • **do you need stamps? — it's okay, I've got ~** est-ce que tu as besoin de timbres ? — non, ça va, j'en ai

d (= *a part*) une partie • ~ **has been eaten** on en a mangé une partie • **put ~ of the sauce into a bowl** versez une partie de la sauce dans un bol • **have ~ of this cake** prenez un peu de gâteau • **I agree with ~ of what you said** je suis en partie d'accord avec ce que vous avez dit

▸ **... and then some*** **it would cost twice that much and then ~** ça coûterait deux fois plus et même davantage

3 ADVERB

a (= *about*) environ • **there were ~ twenty houses** il y avait environ vingt maisons

b (= *a bit*)* **you'll feel better when you've slept ~** tu te sentiras mieux une fois que tu auras dormi un peu

---

somebody ['sʌmbədɪ] (PRON) **a** quelqu'un • **there is ~ at the door** il y a quelqu'un à la porte • ~ **else** quelqu'un d'autre • **we need ~ really competent** il nous faut quelqu'un de vraiment compétent • **ask ~ French** demande à un Français • ~ **from the audience** quelqu'un dans le public • ~ **or other** je ne sais qui **b** (= *important person*) **she thinks she's ~** elle se prend pour quelqu'un

somehow ['sʌmhaʊ] (ADV) ~ **or other** (= *in some way*) d'une manière ou d'une autre; (= *for some reason*) pour une raison ou pour une autre • **I managed it ~** j'y suis arrivé je ne sais comment • **we'll manage ~** on se débrouillera* • **it seems odd ~** je ne sais pas pourquoi mais ça semble bizarre • ~ **he's never succeeded** je ne sais pas pourquoi, il n'a jamais réussi

someone ['sʌmwʌn] (PRON) = **somebody**

someplace ['sʌmpleɪs] (ADV) (*US*) = **somewhere**

somersault ['sʌməsɔːlt] **1** (N) **a** culbute *f*; (*by child*) galipette *f*; (*by car*) tonneau *m* **b** (= *change of policy*) volte(-)face *f inv* • **to do a ~** faire volte(-)face **2** (VI) [*person*] faire la culbute; [*car*] faire un tonneau

something ['sʌmθɪŋ] **1** (PRON) quelque chose *m* • ~ **must have happened to him** il a dû lui arriver quelque chose • ~ **unusual** quelque chose d'inhabituel • **there must be ~ wrong** il doit y avoir quelque chose qui ne va pas • **did you say ~?** tu m'as dit quelque chose ? • **would you like ~ to drink?** vous voulez boire quelque chose ? • **give him ~ to drink** donnez-lui quelque chose à boire • **he has ~ to live for at last** il a enfin une raison de vivre • **you don't get ~ for nothing** on n'a rien pour rien • **I'd get her ~ else** je lui donnerai quelque chose d'autre • **it's ~ else!*** (= *incredible*) c'est quelque chose ! • **I'll have to tell him ~ or other** il faudra que je trouve quelque chose à lui dire • ~ **of the kind** quelque chose dans ce genre-là • **there's ~ about her I don't like** il y a chez elle quelque chose que je n'aime pas • **there's ~ in what you say** il y a du vrai dans ce que vous dites • ~ **tells me that ...** j'ai l'impression que ... • **you've got ~ there!*** ce n'est pas inintéressant ce que tu dis là ! • **that's really ~!*** c'est pas rien !* • **she has a certain ~*** elle a un petit quelque chose • **it's sixty-~** c'est soixante et quelques • **he's got ~ to do with it** (= *is involved*) il a quelque chose à voir là-dedans; (= *is responsible*) il y est pour quelque chose • **I hope to see ~ of you** j'espère vous voir un peu • **that's always ~** c'est toujours ça • **he thinks he's ~*** il ne se prend pas pour rien

▸ **or something** ou quelque chose comme ça • **he's got flu or ~** il a la grippe ou quelque chose comme ça

▸ **something of he is ~ of a miser** il est plutôt avare • **it was ~ of a failure** c'était plutôt un échec

S

2 (ADV) **he left ~ over £5,000** il a laissé plus de 5000 livres • **he won ~ like $10,000** il a gagné quelque chose comme 10000 dollars • **there were ~ like 80 people there** il y avait dans les 80 personnes

sometime ['sʌmtaɪm] 1 (ADV) ⓐ (*in past*) ~ **last month** le mois dernier • **it was ~ last winter** c'était l'hiver dernier (je ne sais plus exactement quand) ⓑ (*in future*) un de ces jours • ~ **soon** bientôt • ~ **next year** (dans le courant de) l'année prochaine • ~ **or other it will have to be done** il faudra (bien) le faire un jour ou l'autre

2 (ADJ) ⓐ (= *former*) ancien *before n* ⓑ (*US* = *occasional*) intermittent

sometimes ['sʌmtaɪmz] (ADV) parfois • **it is ~ difficult to ...** il est parfois difficile de ... • **he ~ forgets** il lui arrive d'oublier • **the job is ~ interesting, ~ not** le travail est parfois intéressant, parfois pas

somewhat ['sʌmwɒt] (ADV) un peu • ~ **surprising** un peu surprenant • ~ **easier** un peu plus facile • **he greeted me ~ brusquely** il m'a salué assez brusquement • **it was ~ of a failure** c'était plutôt un échec

somewhere ['sʌmwɛəʳ] (ADV) quelque part • ~ **or other** quelque part • ~ **in France** quelque part en France • ~ **near Paris** quelque part près de Paris • ~ **else** ailleurs • **let's go ~ cheap** (*restaurant*) allons dans un endroit pas cher • **have you got ~ to stay?** avez-vous un endroit où loger? • **now we're getting ~!** enfin on avance! • ~ **around 10 million people** environ 10 millions de personnes

son [sʌn] (N) fils *m* • **his ~ and heir** son héritier • **come here ~!*** viens ici mon garçon! ▸ **son-in-law** N (*pl* **sons-in-law**) gendre *m*

sonar ['səʊnɑːʳ] (N) sonar *m*

sonata [sə'nɑːtə] (N) sonate *f*

song [sɒŋ] (N) chanson *f*; [*of birds*] chant *m* • **it was going for a ~** ça ne coûtait presque rien • **there's no need to make a ~ and dance* about it** il n'y a pas de quoi en faire toute une histoire* ▸ **song writer** N (*words*) parolier *m*, -ière *f*; (*music*) compositeur *m*, -trice *f* de chansons; (*both*) auteur-compositeur *m*

songbird ['sɒŋbɜːd] (N) oiseau *m* chanteur

songbook ['sɒŋbʊk] (N) recueil *m* de chansons

sonic ['sɒnɪk] (ADJ) sonique ▸ **sonic boom** N bang *m inv* supersonique

sonnet ['sɒnɪt] (N) sonnet *m*

sonny* ['sʌnɪ] (N) (*form of address*) mon petit gars*

soon [suːn] (ADV) ⓐ (= *before long*) bientôt; (= *quickly*) vite • **we shall ~ be in Paris** nous serons bientôt à Paris • **he ~ changed his mind** il a vite changé d'avis • **see you ~!** à bientôt! • **quite ~** dans peu de temps • ~ **afterwards** peu après • **all too ~ it was time to go** malheureusement il a bientôt fallu partir

ⓑ (= *early*) tôt • **Friday is too ~** vendredi c'est trop tôt • **I couldn't get here any ~er** je n'ai pas pu arriver plus tôt • **how ~ can you get here?** quand pourrais-tu être là au plus tôt? • **must you leave so ~?** il faut vraiment que vous partiez si tôt? • **so ~?** déjà? • **in five years or at his death, whichever is the ~er** dans cinq ans ou à sa mort, s'il meurt avant cinq ans • **no ~er said than done!** aussitôt dit aussitôt fait!

▸ **as soon as** as ~ **as possible** dès que possible • **I'll do it as ~ as I can** je le fais dès que je peux • **as ~ as he spoke to her he knew ...** dès l'instant où il lui a parlé il a su ...

▸ **the sooner** the ~**er we get started the ~er we'll be done** plus tôt nous commencerons plus tôt nous aurons fini • **the ~er the better!** le plus tôt sera le mieux!

▸ **sooner or later** tôt ou tard

ⓒ (*expressing preference*) **I'd ~er you didn't tell him** je préférerais que vous ne le lui disiez *subj* pas • **I'd as ~ you ...** j'aimerais autant que vous ... + *subj* • **I would just as ~ stay here with you** j'aimerais tout autant rester ici avec vous • **I'd ~er not** j'aimerais mieux pas

soot [sʊt] (N) suie *f*

soothe [suːð] (VT) calmer

soothing ['suːðɪŋ] (ADJ) [*music*] relaxant; [*voice, manner*] apaisant; [*ointment*] adoucissant

sop [sɒp] (N) concession *f* (pour calmer qn) • **as a ~ to his pride, I agreed** j'ai accepté pour flatter son amour-propre • **he only said that as a ~ to the unions** il a dit cela uniquement pour amadouer les syndicats

sophisticated [sə'fɪstɪkeɪtɪd] (ADJ) ⓐ (= *advanced*) sophistiqué ⓑ (= *refined*) raffiné ⓒ (= *subtle*) [*person*] averti; [*approach, understanding*] subtil

sophistication [səˌfɪstɪ'keɪʃən] (N) ⓐ (= *complexity*) sophistication *f* ⓑ [*of person, tastes*] raffinement *m* ⓒ [*of approach, understanding*] subtilité *f*

sophomore ['sɒfəmɔːʳ] (N) (*US*) (*Scol*) étudiant(e) *m(f)* de seconde année au lycée; (*Univ*) étudiant(e) *m(f)* de seconde année à l'université

soporific [ˌsɒpə'rɪfɪk] (ADJ) soporifique

sopping* ['sɒpɪŋ] (ADJ) (= *sopping wet*) trempé

soppy* ['sɒpɪ] (ADJ) (*Brit*) fleur bleue *inv*; [*film, story*] à l'eau de rose • **people who are ~ about cats** les gens qui sont gagas* avec les chats

soprano [sə'prɑːnəʊ] 1 (N) (*pl* **sopranos**) soprano *mf*

2 (ADJ) [*part, voice*] de soprano

sorbet ['sɔːbeɪ, 'sɔːbɪt] (N) ⓐ (= *water ice*) sorbet *m* • **lemon ~** sorbet *m* au citron ⓑ (*US*) (= *powder*) poudre *f* acidulée

sorcerer ['sɔːsərəʳ] (N) sorcier *m*

sorceress ['sɔːsəres] (N) sorcière *f*

sordid ['sɔːdɪd] (ADJ) sordide

sore [sɔːʳ] 1 (ADJ) ⓐ (= *painful*) douloureux • **to have a ~ throat** avoir mal à la gorge • **I'm ~ all over** j'ai mal partout • **to stick out like a ~ thumb*** (= *be obvious*) crever les yeux; (= *stand out visually*) faire tache • **it's a ~ point** c'est un sujet qu'il vaut mieux éviter ⓑ (= *resentful*)* vexé • **I really feel ~ about it** ça m'a vraiment vexé • **to get ~** se vexer • **to feel ~ at sb** en vouloir à qn 2 (N) plaie *f* • **to open up old ~s** rouvrir d'anciennes blessures (*fig*)

sorely ['sɔːlɪ] (ADV) [*disappointed*] profondément • ~ **tempted** fortement tenté • **reform is ~ needed** le besoin de réformes se fait durement sentir • **she will be ~ missed** elle nous manquera énormément

soreness ['sɔːnɪs] (N) (= *painfulness*) douleur *f*

sorority [sə'rɒrɪtɪ] (N) (*US*) association *f* d'étudiantes

SORORITY, FRATERNITY

Beaucoup d'universités américaines possèdent des associations d'étudiants très sélectives, appelées **sororities** pour les femmes et **fraternities** pour les hommes, qui organisent des soirées, récoltent des fonds pour des œuvres de bienfaisance et cherchent à se distinguer de leurs homologues. Le nom de ces associations est souvent formé à partir de deux ou trois lettres de l'alphabet grec : par exemple, « Kappa Kappa Gamma **sorority** » ou « Sigma Chi **fraternity** ».

sorrel ['sɒrəl] (N) oseille *f*

sorrow ['sɒrəʊ] (N) peine *f* • **this was a great ~ to me** j'en ai éprouvé une grande peine • **the joys and ~s of ...** les joies et les peines de ... • **more in ~ than in anger** avec plus de peine que de colère

sorrowful ['sɒrəʊfʊl] (ADJ) triste

sorry ['sɒrɪ] (ADJ) ⓐ (= *regretful*) désolé • **I was ~ to hear of your accident** j'ai été désolé d'apprendre que vous aviez eu un accident • **I'm ~ I can't come** je suis désolé de ne pas pouvoir venir • **I am ~ to have to tell you that ...** je regrette d'avoir à vous dire que ... • **~ I'm late** je suis désolé d'être en retard • **~!*** pardon ! • **are you going? — I'm ~ I can't** tu vas y aller ? — désolé mais je ne peux pas • **~ to disturb you** excusez-moi de vous déranger • **I'm ~ about the noise yesterday** je m'excuse pour le bruit hier • **you'll be ~ for this!** vous le regretterez !
ⓑ (= *pitying*) **to feel ~ for sb** plaindre qn • **I'm ~ for you but ...** je suis désolé pour vous mais ... • **there's no need to feel ~ for him** on ne va pas le plaindre • **to feel ~ for o.s.** se plaindre (de son sort)
ⓒ (= *woeful*) triste • **to be in a ~ state** être dans un triste état

sort [sɔːt] 1 (N) ⓐ sorte *f*; (= *make*) [*of car, machine, coffee*] marque *f* • **this ~ of book** cette sorte de livre • **books of all ~s** des livres de toutes sortes • **... and all ~s of things** ... et toutes sortes de choses encore • **this ~ of thing** ce genre de chose • **what ~ do you want?** quelle sorte voulez-vous ? • **he is not the ~ of man to refuse** il n'est pas du genre à refuser • **what ~ of behaviour is this?** qu'est-ce que c'est que cette façon de se conduire ? • **what ~ of an answer do you call that?** vous appelez ça une réponse ? • **and all that ~ of thing** et autres choses du même genre • **you know the ~ of thing I mean** vous voyez ce que je veux dire • **I know his ~!** je connais les gens de son espèce ! • **they're not our ~*** ce ne sont pas des gens comme nous • **it's my ~* of film** c'est le genre de film que j'aime
▸ **a sort of** une sorte de • **there was a ~ of box in the middle of the room** il y avait une sorte de boîte au milieu de la pièce
▸ **sort of*** **I was ~ of frightened that ...** j'avais un peu peur que ... + ne + *subj* • **I ~ of thought that he would come** j'avais un peu dans l'idée qu'il viendrait • **aren't you pleased? — ~ of!** tu n'es pas content ? — bof !*
ⓑ (*in phrases*) **something of the ~** quelque chose de ce genre • **this is wrong — nothing of the ~!** c'est faux — certainement pas ! • **I'll do nothing of the ~!** je n'en ferai rien ! • **he is a painter of ~s** c'est une sorte de peintre • **to be out of ~s** ne pas être dans son assiette*
2 (VT) ⓐ (= *separate into groups*) trier • **to ~ things according to size** trier des objets selon leur taille • **to ~ the laundry** trier le linge
ⓑ **to get sth ~ed*** [+ *problem, situation*] régler qch
3 (COMP) ▸ **sort code** N (*Banking*) code *m* guichet ▸ **sort-out*** N **to have a ~-out** faire du rangement
▸ **sort out** VT SEP [+ *ideas*] mettre de l'ordre dans; [+ *problem, difficulties*] régler • **can you ~ this out for me?** est-ce que vous pourriez régler ça pour moi ? • **things will ~ themselves out** les choses vont s'arranger d'elles-mêmes • **did you ~ out with him when you had to be there?** est-ce que tu as décidé avec lui l'heure à laquelle tu dois y être ? • **to ~ o.s. out** régler ses problèmes • **I'll ~ him out!*** (*Brit*) (*by punishing, threatening*) je vais m'occuper de lui !
▸ **sort through** VT INSEP faire le tri dans

sortie ['sɔːtɪ] (N) [*of troops, aircraft*] sortie *f*

sorting ['sɔːtɪŋ] (N) tri *m* ▸ **sorting office** N (*Post*) centre *m* de tri

SOS [ˌesəʊ'es] (N) SOS *m*

soufflé ['suːfleɪ] (N) soufflé *m*

sought [sɔːt] (VB) *pt, ptp of* **seek**

sought-after ['sɔːtˌɑːftəʳ] (ADJ) recherché

soul [səʊl] 1 (N) ⓐ âme *f* • **All Souls' Day** le jour des Morts • **he was the ~ of the movement** c'était lui l'âme du mouvement • **he is the ~ of discretion** c'est la discrétion même • **it lacks ~** cela manque de sentiment
ⓑ (= *person*) **a village of 300 ~s** un village de 300 âmes • **I didn't see a single ~** je n'ai pas vu âme qui vive • **poor ~!** le (*or* la) pauvre ! • **she's a kindly ~** elle est la gentillesse même
ⓒ (*US*)* (ABBR OF **soul music**)
2 (ADJ) (*US: of black Americans*)* **~ food** cuisine *f* soul (*cuisine traditionnelle des Noirs du sud des États-Unis*) • **~ music** musique *f* soul
3 (COMP) ▸ **soul-destroying** ADJ destructeur (-trice *f*); (= *depressing*) démoralisant ▸ **soul mate*** N âme *f* sœur ▸ **soul-searching** N questionnement *m* (intérieur) • **to do some ~-searching** se poser des questions métaphysiques

soulful ['səʊlfʊl] (ADJ) [*voice, music*] plein d'émotion • **to have ~ eyes** avoir un regard émouvant

soulless ['səʊllɪs] (ADJ) sans âme; [*system*] inhumain; [*eyes*] inexpressif; [*existence*] vide

sound [saʊnd] 1 (N) son *m*; [*of sea, storm, breaking glass*] bruit *m* • **the speed of ~** la vitesse du son • **without a ~** sans bruit • **we heard the ~ of voices** nous avons entendu un bruit de voix • **I don't like the ~ of it** (= *it's worrying*) je n'aime pas ça
2 (VI) ⓐ [*bell*] sonner; [*car horn, siren, trumpet*] retentir • **it ~s better if you read it slowly** c'est mieux si vous le lisez lentement
ⓑ (= *suggest by sound*) **it ~s empty** (au son) on dirait que c'est vide • **a language which ~ed like Dutch** une langue qui ressemblait à du hollandais • **he ~s Australian** à l'entendre parler on dirait un Australien • **it ~ed as if someone was coming in** on aurait dit que quelqu'un entrait • **she ~s tired** elle semble fatiguée • **you ~ like your mother** on croirait entendre ta mère • **you ~ terrible** tu as l'air vraiment mal en point
ⓒ (= *seem*) sembler (être) • **that ~s like an excuse** cela ressemble à une excuse • **how does it ~ to you?** qu'en penses-tu ? • **it ~s like a good idea** ça semble être une bonne idée • **it ~s as if she isn't coming** j'ai l'impression qu'elle ne viendra pas
3 (VT) sonner; [+ *trumpet*] sonner de • **to ~ one's horn** klaxonner • **to ~ a note of warning** lancer un avertissement
4 (ADJ) ⓐ sain; [*structure*] en bon état; [*heart, organization*] solide; [*investment*] sûr • **of ~ mind** sain d'esprit • **to be as ~ as a bell** être en parfait état
ⓑ [*argument, evidence*] solide; [*decision, advice, idea*] sensé • **he is ~ enough on theory ...** il connaît très bien la théorie ... • **~ sense** bon sens *m* • **ecologically ~** écologique
ⓒ [*sleep*] profond • **he is a ~ sleeper** il a un bon sommeil
5 (ADV) **to be ~ asleep** dormir à poings fermés

S

6 (COMP) [*recording*] sonore ▸**sound barrier** N mur *m* du son • **to break the ~ barrier** franchir le mur du son ▸**sound bite** N petite phrase *f* (*prononcée par un homme politique et citée dans les médias*) ▸**sound card** N (*Comput*) carte *f* son ▸**sound effects** NPL (*Radio*) bruitage *m* ▸**sound engineer** N ingénieur *m* du son ▸**sound library** N bibliothèque *f* sonore, phonothèque *f* ▸**sound system** N (= *hi-fi*) chaîne *f* hi-fi; (*for disco, concert*) sono* *f* ▸**sound stage** N (*Recording, TV, Cine*) salle *f* de tournage ▸**sound wave** N onde *f* sonore

▸**sound off*** VI (= *proclaim one's opinions*) faire de grands laïus* (**about** sur)

▸**sound out** VT INSEP [+ *person*] sonder (**about** sur)

sounding board ['saʊndɪŋ,bɔːd] (N) **he used the committee as a ~ for his new idea** il a d'abord testé sa nouvelle idée sur les membres du comité

soundings ['saʊndɪŋz] (NPL) sondage *m* • **to take ~** faire un sondage

soundless ['saʊndlɪs] (ADJ) silencieux

soundly ['saʊndlɪ] (ADV) ⓐ (= *thoroughly*) [*defeat*] à plate(s) couture(s) ⓑ [*asleep*] profondément • **to sleep ~** dormir profondément ⓒ (= *firmly*) **~ based** [*business*] sain; [*decision*] qui repose sur des bases solides ⓓ [*manage*] de façon compétente ⓔ [*reason, argue*] avec bon sens

soundness ['saʊndnɪs] (N) ⓐ [*of mind*] équilibre *m* ⓑ [*of company, economy*] bonne santé *f* ⓒ [*of structure*] solidité *f* ⓓ [*of advice*] bon sens *m*

soundproof ['saʊndpruːf] **1** (VT) insonoriser **2** (ADJ) insonorisé

soundtrack ['saʊndtræk] (N) (*Cine*) bande *f* sonore

soup [suːp] (N) soupe *f*; (*thinner or sieved*) potage *m* • **mushroom/tomato ~** soupe aux champignons/de tomate • **to be in the ~*** être dans le pétrin* ▸**soup kitchen** N soupe *f* populaire ▸**soup plate** N assiette *f* creuse ▸**soup spoon** N cuillère *f* à soupe ▸**soup tureen** N soupière *f*

▸**soup up*** VT SEP [+ *engine*] gonfler* • **a ~ed-up Mini®** une Mini® au moteur gonflé*

sour ['saʊəʳ] **1** (ADJ) ⓐ aigre • **to turn ~** [*milk*] tourner; [*cream*] devenir aigre • **this milk tastes ~** ce lait a tourné ⓑ (= *surly*) revêche; [*comment*] acerbe • **to give sb a ~ look** lancer un regard mauvais à qn • **to turn ~** [*situation, relationship*] se dégrader **2** (VT) aigrir **3** (COMP) ▸**sour cream, soured cream** N crème *f* aigre ▸**sour-faced** ADJ à l'air revêche ▸**sour grapes** NPL (*fig*) dépit *m* • **it sounds like ~ grapes** ça ressemble à du dépit

source [sɔːs] **1** (N) source *f* • **I have it from a reliable ~ that ...** je tiens de source sûre que ... • **at ~** à la source **2** (VT) ⓐ [+ *product*] déterminer l'origine de ⓑ [+ *piece of information*] sourcer

sourdough ['saʊədəʊ] (N) (*US*) levain *m*

sourly ['saʊəlɪ] (ADV) avec aigreur

south [saʊθ] **1** (N) sud *m* • **to the ~ of** au sud de • **in the ~ of Scotland** dans le sud de l'Écosse • **house facing the ~** maison exposée au sud • **to live in the ~** habiter dans le Sud • **the South of France** le Sud de la France, le Midi **2** (ADJ) sud *inv* • **~ wind** vent *m* du sud • **~ coast** côte *f* sud • **on the ~ side** du côté sud • **the ~ door of the cathedral** le portail sud de la cathédrale • **in ~ Devon** dans le sud du Devon **3** (ADV) [*go*] vers le sud; [*be, lie*] au sud, dans le sud • **the town lies ~ of the border** la ville est située au sud de la frontière • **further ~** plus au sud • **we drove ~ for 100km** nous avons roulé pendant 100km en direction du sud • **go ~ till you get to Crewe** allez vers le sud jusqu'à Crewe • **to sail due ~** voguer *or* cingler plein sud • **to go ~** (*esp US*) (= *decline*) partir à vau-l'eau **4** (COMP) ▸**South Africa** N Afrique *f* du Sud ▸**South African** ADJ sud-africain ♦N Sud-Africain(e) *m(f)* ▸**South America** N Amérique *f* du Sud ▸**South American** ADJ sud-américain ♦N Sud-Américain(e) *m(f)* ▸**the South Atlantic** N l'Atlantique *m* sud ▸**South Carolina** N Caroline *f* du Sud • **in South Carolina** en Caroline du Sud ▸**south-east** N sud-est *m* ♦ADJ sud-est *inv* ♦ADV vers le sud-est, au sud-est ▸**South-East Asia** N Sud-Est *m* asiatique ▸**south-easterly** ADJ [*wind, direction*] du sud-est; [*situation*] au sud-est ♦ADV vers le sud-est ▸**south-eastern** ADJ sud-est ▸**south-eastward, south-eastward** ADV vers le sud-est ▸**south-facing** ADJ exposé au sud ▸**the South Pacific** N le Pacifique Sud ▸**the South Pole** N le pôle Sud ▸**South Sudan** N Soudan *m* du Sud ▸**south-west** N sud-ouest *m* ♦ADJ sud-ouest *inv* ♦ADV vers le sud-ouest, au sud-ouest ▸**south-westerly** ADJ [*wind, direction*] du sud-ouest ▸**south-western** ADJ sud-ouest *inv*

southbound ['saʊθbaʊnd] (ADJ) en direction du sud

southerly ['sʌðəlɪ] (ADJ) [*wind*] du sud; [*situation*] au sud • **in a ~ direction** en direction du sud

southern ['sʌðən] (ADJ) sud *inv*, du sud • **the ~ coast** la côte sud • **the ~ hemisphere** l'hémisphère *m* sud • **Southern Africa** l'Afrique *f* australe • **~ France** le Sud de la France, le Midi • **in ~ Spain** dans le Sud de l'Espagne ▸**Southern-fried** (*US*) ADJ [*chicken*] pané et frit; [*music, politics*]* du Sud profond

southerner ['sʌðənəʳ] (N) ⓐ personne *f* du Sud ⓑ (*US Hist*) sudiste *mf*

southernmost ['sʌðənməʊst] (ADJ) **the ~** le (*or* la) plus au sud

southward ['saʊθwəd] **1** (ADJ) au sud **2** (ADV) **~(s)** vers le sud

souvenir [,suːvə'nɪəʳ] (N) souvenir *m* (*objet*)

sovereign ['sɒvrɪn] **1** (N) (= *monarch*) souverain(e) *m(f)* **2** (ADJ) souverain *after n* **3** (COMP) ▸**sovereign debt** N dette *f* souveraine ▸**sovereign wealth fund** N fonds *mpl* souverains

sovereignty ['sɒvrəntɪ] (N) souveraineté *f*

soviet ['səʊvɪət] **1** (N) soviet *m* • **the Supreme Soviet** le Soviet suprême • **the Soviets** les Soviétiques *mpl* **2** (ADJ) soviétique **3** (COMP) ▸**Soviet Russia** N Russie *f* soviétique ▸**the Soviet Union** N l'Union *f* soviétique

sow¹ [saʊ] (N) (= *pig*) truie *f*

sow² [səʊ] (*pret* **sowed**, *ptp* **sown** *or* **sowed**) **1** (VT) semer; [+ *field*] ensemencer (**with** en) **2** (VI) semer

sown [səʊn] (VB) *ptp of* **sow**

soy [sɔɪ] (N) ⓐ (= *soy sauce*) sauce *f* de soja ⓑ (*US*) (= *plant*) soja *m*; (= *bean*) graine *f* de soja

soya ['sɔɪə] (N) (= *plant*) soja *m*; (= *bean*) graine *f* de soja

soz [sɒz] (EXCL) (ABBR OF **sorry**) (*in emails, text messaging*) dsl (= *désolé*)

spa [spɑː] (N) ⓐ (= *town*) station *f* thermale; (= *spring*) source *f* minérale ⓑ (*US:* = *health spa*) centre *m* de remise en forme

space [speɪs] **1** (N) ⓐ espace *m*; (= *interval, period*) espace *m* (de temps) • **he was staring into ~** il regardait dans le vide • **in the ~s between the trees** dans les espaces entre les arbres • **in the ~ of one hour** en l'espace d'une heure • **in a short ~ of time** en peu de temps • **for the ~ of a month** durant un mois • **I need some ~** (*= freedom*) j'ai besoin qu'on me laisse respirer

ⓑ (*= room*) place *f* • **to clear a ~ for sb/sth** faire de la place pour qn/qch • **to take up a lot of ~** prendre beaucoup de place • **I'm looking for a parking ~** je cherche une place (pour me garer)

2 (COMP) [*journey, programme, research, rocket*] spatial ▸ **the Space Age** N l'ère *f* spatiale ▸ **space-age** ADJ futuriste ▸ **space bar** N barre *f* d'espacement ▸ **space cadet**‡ N allumé(e)‡ *m(f)* ▸ **space flight** N (*= journey*) voyage *m* spatial ▸ **space heater** N radiateur *m* ▸ **space helmet** N casque *m* d'astronaute ▸ **space junk** N déchets *mpl* spatiaux ▸ **space probe** N sonde *f* spatiale ▸ **space-saving** ADJ qui économise de la place ▸ **space shuttle** N navette *f* spatiale ▸ **space station** N station *f* spatiale ▸ **space tourism** N tourisme *m* spatial ▸ **space travel** N voyage(s) (*mpl*) dans l'espace

▸ **space out** VT SEP ⓐ [*+ chairs, words, visits*] espacer; [*+ payments*] échelonner (**over** sur) • **you'll have to ~ them out more** il faudra les espacer davantage

ⓑ **to be ~d out**‡ être défoncé‡

spacecraft ['speɪskrɑːft] (N) vaisseau *m* spatial

spaceman ['speɪsmæn] (N) (*pl* **-men**) spationaute *m*

spaceship ['speɪsʃɪp] (N) vaisseau *m* spatial

spacesuit ['speɪssuːt] (N) combinaison *f* spatiale

spacewalk ['speɪswɔːk] 1 (N) marche *f* dans l'espace 2 (VI) marcher dans l'espace

spacewoman ['speɪswʊmən] (N) (*pl* **-women**) spationaute *f*

spacey* ['speɪsɪ] (ADJ) [*music*] planant*

spacing ['speɪsɪŋ] (N) (*between two objects*) espacement *m*; (*= spacing out: payments, sentries*) échelonnement *m* • **to type sth in single/double ~** taper qch en simple/double interligne

spacious ['speɪʃəs] (ADJ) [*room, house, car*] spacieux; [*garden*] grand

spade [speɪd] (N) ⓐ bêche *f*; (*child's*) pelle *f* • **to call a ~ a ~** appeler un chat un chat ⓑ (*Cards*) pique *m* • **the six of ~s** le six de pique → **club**

spadeful ['speɪdfʊl] (N) pelletée *f*

spadework ['speɪdwɜːk] (N) travail *m* préliminaire

spaghetti [spə'getɪ] (N) spaghettis *mpl* ▸ **spaghetti bolognese** N spaghettis *mpl* bolognaise ▸ **spaghetti western** N western-spaghetti *m*

Spain [speɪn] (N) Espagne *f*

Spam® [spæm] (N) ≈ mortadelle *f*

spam [spæm] 1 (N) (*= unsolicited email*) pourriels *mpl* 2 (VT) inonder de messages

spammer ['spæməʳ] (N) spammeur *m*

spamming ['spæmɪŋ] (N) spamming *m*, envoi *m* de pourriels

span [spæn] (VT) [*bridge, plank*] [*+ river, valley*] enjamber • **her singing career ~s 50 years** sa carrière de chanteuse s'étend sur 50 ans

spangle ['spæŋgl] (N) paillette *f*

Spaniard ['spænjəd] (N) Espagnol(e) *m(f)*

spaniel ['spænjəl] (N) épagneul *m*

Spanish ['spænɪʃ] 1 (ADJ) espagnol; [*teacher*] d'espagnol • **the ~ people** les Espagnols *mpl* 2 (N) (*= language*) espagnol *m* 3 (COMP) ▸ **Spanish America** N Amérique *f* hispanophone ▸ **Spanish-American** ADJ hispano-américain ▸ **the Spanish Civil War** N la guerre civile espagnole ▸ **Spanish guitar** N guitare *f* classique ▸ **Spanish omelette** N omelette *f* aux pommes de terre et aux légumes

spank [spæŋk] 1 (N) **to give sb a ~** donner une fessée à qn 2 (VT) donner une fessée à

spanking ['spæŋkɪŋ] (N) fessée *f* • **to give sb a ~** donner une fessée à qn

spanner ['spænəʳ] (N) (*Brit*) clé *f* (de serrage) • **to put a ~ in the works** mettre des bâtons dans les roues

spar [spɑːʳ] (VI) (*Boxing*) s'entraîner (à la boxe); (*rough and tumble*) échanger des coups de poing (*pour jouer*); (*= argue*) s'affronter verbalement ▸ **sparring match** N (*Boxing*) combat *m* d'entraînement; (*fig*) échange *m* verbal ▸ **sparring partner** N (*Boxing*) partenaire *mf* d'entraînement; (*fig*) adversaire *mf*

spare [speəʳ] 1 (ADJ) ⓐ (*= reserve*) de réserve; (*= replacement*) de rechange; (*= surplus*) en trop • **take a ~ pen in case that one runs out** prends un stylo de rechange au cas où celui-ci n'aurait plus d'encre • **I've a ~ pen if you want it** je peux te passer un stylo, si tu veux • **have you any ~ cups?** (*in case you need more*) est-ce que tu as des tasses de réserve ?; (*which you're not using*) est-ce que tu as des tasses en trop ? • **take some ~ clothes** prends des vêtements de rechange • **there were no ~ chairs** il n'y avait pas de chaise libre • **a ~ bed** un lit de libre; (*for houseguests*) un lit d'amis • **have you got any ~ cash?** est-ce que tu as un peu d'argent ? • **I'll lend you my ~ key** je vais te prêter mon double (de clé) • **I've got a ~ ticket for the play** j'ai une place en plus pour la pièce de théâtre • **there are two going ~*** il en reste deux • **thousands of tickets are going ~*** il reste des milliers de billets

ⓑ (*= thin*) [*person, body*] sec (sèche *f*)

ⓒ (*Brit = crazy*)‡ **to go ~** devenir dingue* • **to drive sb ~** rendre qn dingue*

2 (N) (*= part*) pièce *f* de rechange; (*= wheel*) roue *f* de secours

3 (VT) ⓐ (*= do without*) se passer de • **we can't ~ him just now** nous ne pouvons pas nous passer de lui en ce moment • **can you ~ it?** vous n'en avez pas besoin ? • **can you ~ £10?** est-ce que tu aurais 10 livres à me passer ? • **can you ~ some change please?** vous n'avez pas une petite pièce ? • **I can't ~ the time (to do it)** je n'ai pas le temps (de le faire) • **I can only ~ an hour for my piano practice** je ne peux consacrer qu'une heure à mes exercices de piano • **I can ~ you five minutes** je peux vous accorder cinq minutes • **to ~ a thought for** avoir une pensée pour

ⓑ (*= show mercy to*) épargner • **to ~ sb's feelings** ménager qn

ⓒ [*+ suffering, grief*] épargner • **to ~ sb embarrassment** éviter de l'embarras à qn • **you could have ~d yourself the trouble** vous auriez pu vous épargner tout ce mal • **I'll ~ you the details** je vous fais grâce des détails

ⓓ (*= refrain from using*) [*+ one's strength, efforts*] ménager • **we have ~d no expense** nous n'avons pas reculé devant la dépense • **no expense ~d** peu importe le prix • **he could have ~d himself the trouble** il s'est donné du mal pour rien

ⓔ ▸ **to spare** (*= available*) **I've only a few minutes to ~** je ne dispose que de quelques minutes • **he had time to ~ so he went to the pictures** il avait du temps devant lui, alors il est allé au cinéma • **there are three to ~** il en reste trois • **I've got none to ~** j'ai juste ce qu'il me faut • **she had a metre to ~** elle en avait un

S

mètre de trop • **with two minutes to ~** avec deux minutes d'avance
4 COMP ▸ **spare bedroom** N chambre *f* d'amis ▸ **spare part** N pièce *f* de rechange ▸ **spare room** N chambre *f* d'amis ▸ **spare time** N temps *m* libre • **to do sth in one's ~ time** faire qch pendant son temps libre ▸ **spare-time** ADJ **~-time activities** loisirs *mpl* ▸ **spare tyre** N roue *f* de secours; (= *fat*)* poignée *f* d'amour ▸ **spare wheel** N roue *f* de secours

spareribs ['spɛərɪbz] NPL travers *m* de porc

sparing ['spɛərɪŋ] ADJ **to be ~ in one's use of sth** utiliser qch avec modération • **be ~ with the garlic** ne mets pas trop d'ail

sparingly ['spɛərɪŋlɪ] ADV avec modération

spark [spɑːk] 1 N étincelle *f*; [*of commonsense, interest*] lueur *f* • **to make the ~s fly** (= *start a row*) mettre le feu aux poudres; (= *fight*) se bagarrer un bon coup* 2 VI jeter des étincelles 3 VT [+ *rebellion, complaints, quarrel*] provoquer; [+ *interest, enthusiasm*] susciter (**in sb** chez qn)
4 COMP ▸ **spark plug** N bougie *f* (*de voiture*)

sparkle ['spɑːkl] 1 N [*of stars, dew, tinsel*] scintillement *m*; [*of diamond*] éclat *m*; (*in eye*) étincelle *f* 2 VI [*gem, glass, drops of water*] étinceler; [*surface of water, snow*] scintiller; [*wine*] pétiller; [*eyes*] pétiller (**with** de); [*person*] briller

sparkler ['spɑːkləʳ] N cierge *m* magique

sparkling ['spɑːklɪŋ] 1 ADJ ⓐ [*glass, diamond, sea*] étincelant; [*surface of water, snow*] scintillant; [*eyes*] pétillant ⓑ [*person, conversation, performance*] brillant • **he was in ~ form** il était dans une forme éblouissante ⓒ (= *fizzy*) [*wine*] pétillant; [*water*] (*naturally*) gazeux; (*artificially*) gazéifié • **~ cider** cidre *m* 2 ADV **~ clean** d'une propreté éclatante

sparkly* ['spɑːklɪ] ADJ brillant

sparrow ['spærəʊ] N moineau *m*

sparse [spɑːs] ADJ [*population, hair, vegetation*] clairsemé; [*furniture*] rare

sparsely ['spɑːslɪ] ADV peu

spartan ['spɑːtən] ADJ spartiate

spasm ['spæzəm] N spasme *m* • **to work in ~s** travailler par à-coups

spasmodic [spæz'mɒdɪk] ADJ **the team had only ~ success** l'équipe n'a connu que des succès intermittents

spasmodically [spæz'mɒdɪkəlɪ] ADV (= *intermittently*) de façon intermittente

spat [spæt] VB *pt, ptp of* **spit**

spate [speɪt] N (*Brit*) ⓐ [*of river*] crue *f* • **in ~** en crue ⓑ [*of letters, orders*] avalanche *f*; [*of abuse*] torrent *m*; [*of bombings*] série *f* • **a fresh ~ of attacks** une recrudescence d'attaques

spatial ['speɪʃəl] ADJ spatial

spatter ['spætəʳ] 1 VT (*accidentally*) éclabousser (**with** de); (*deliberately*) asperger (**with** de) • **a shirt ~ed with tomato sauce** une chemise éclaboussée de sauce tomate 2 VI (= *splash*) gicler (**on** sur) 3 N (= *mark*) éclaboussure(s) *f(pl)*

spatula ['spætjʊlə] N (= *cooking utensil*) spatule *f*

spawn [spɔːn] 1 N œufs *mpl* 2 VT pondre; [+ *ideas, prejudice*] engendrer

spay [speɪ] VT enlever les ovaires de

SPCA [ˌespiːsiː'eɪ] N (*US*) (ABBR OF **Society for the Prevention of Cruelty to Animals**)

SPCC [ˌespiːsiː'siː] N (*US*) (ABBR OF **Society for the Prevention of Cruelty to Children**) *association pour la protection de l'enfance*

speak [spiːk] (*pret* **spoke**, *ptp* **spoken**) 1 VI ⓐ (= *talk*) parler (**to** à, **of, about** de) • **to ~ in a whisper** chuchoter • **to ~ to o.s.** parler tout seul • **I'll ~ to him about it** je vais lui en parler • **I'll never ~ to him again** je ne lui adresserai plus jamais la parole • **~ing personally ...** personnellement ... • **~ing as a member of the society I ...** en tant que membre de la société je ... • **he always ~s well of her** il dit toujours du bien d'elle
ⓑ (*on phone*) **who's ~ing?** qui est à l'appareil ?; (*passing on call*) c'est de la part de qui ? • **Paul ~ing** (c'est) Paul à l'appareil • **~ing!** lui-même (*or* elle-même) !
ⓒ (= *make a speech*) parler (**on** *or* **about sth** de qch) • **to ~ in public** parler en public • **Mr Latimer will ~ next** ensuite c'est M. Latimer qui prendra la parole • **the chairman asked him to ~** le président lui a donné la parole • **to ~ to a motion** soutenir une motion
ⓓ (*set structures*)
▸ **speaking biologically/philosophically ~ing** biologiquement/philosophiquement parlant
▸ **speaking of ~ing of holidays** à propos de vacances • **~ing of which** à propos
▸ **so to speak** pour ainsi dire
▸ **to speak for sb** (= *be spokesman for*) parler au nom de qn; (= *give evidence for*) parler en faveur de qn • **~ing for myself ...** en ce qui me concerne ... • **~ for yourself!*** parle pour toi !* • **let him ~ for himself** laisse-le dire lui-même ce qu'il a à dire
▸ **to speak for sth I can ~ for his honesty** je réponds de son honnêteté • **it ~s for itself** c'est évident • **the facts ~ for themselves** les faits parlent d'eux-mêmes
▸ **spoken for that is already spoken for** c'est déjà réservé • **she is already spoken for** elle est déjà prise
▸ **to speak of he has no friends/money to ~ of** il n'a pour ainsi dire pas d'amis/d'argent • **nobody to ~ of** pour ainsi dire personne • **it's nothing to ~ of** ce n'est pas grand-chose
▸ **to speak to I don't know him to ~ to** je ne le connais pas assez bien pour lui parler
2 VT [+ *language*] parler • **"English spoken"** « ici on parle anglais » • **French is spoken all over the world** le français se parle dans le monde entier
3 N (*in compounds*) jargon *m* de ...
▸ **speak out** VI = **speak up**
▸ **speak up** VI ⓐ (= *talk loudly*) parler fort; (= *raise one's voice*) parler plus fort • **~ up!** (parle) plus fort; (= *don't mumble*) parle plus clairement ! ⓑ **he's not afraid to ~ up** (= *say what he thinks*) il n'a pas peur de dire franchement ce qu'il pense • **to ~ up for sb** défendre qn • **to ~ up against sth** s'élever contre qch

speakeasy* ['spiːkiːzɪ] N (*US Hist*) bar *m* clandestin (*pendant la prohibition*)

speaker ['spiːkəʳ] N ⓐ celui *m* (*or* celle *f*) qui parle; (*in dialogue, discussion*) interlocuteur *m*, -trice *f*; (*in public*) orateur *m*, -trice *f*; (= *lecturer*) conférencier *m*, -ière *f* • **he's a good/poor ~** il parle bien/mal • **the previous ~** la personne qui a parlé en dernier ⓑ **Speaker (of the House)** (*Brit*) président(e) *m(f)* de la Chambre des communes; (*US*) président(e) *m(f)* de la Chambre des représentants ⓒ **French ~** personne *f* qui parle français; (*as native or official language*) francophone *mf* • **he is not a Welsh ~** il ne parle pas gallois ⓓ (= *loudspeaker*) enceinte *f*

SPEAKER (OF THE HOUSE)

En Grande-Bretagne, le **Speaker** est le président de la Chambre des communes, qui veille au respect du règlement et au bon déroulement des séances. Élu au début de chaque législature, il n'appartient pas nécessairement au parti au pouvoir, mais il perd son droit de vote et se doit de rester impartial. Au début de chacune de leurs interventions, les députés s'adressent au président de l'assemblée par ces mots : « Mister/Madam **Speaker** ». Aux États-Unis, le président de la Chambre des représentants est le **Speaker of the House** : il est le chef de file du parti majoritaire et joue le rôle de porte-parole de son parti. Il vient en seconde position, après le vice-président des États-Unis, pour remplacer le président en cas de vacance du pouvoir.

speaking ['spi:kɪŋ] ADJ (= *talking*) parlant ▸ **the speaking clock** N (*Brit*) l'horloge *f* parlante ▸ **speaking part, speaking role** N rôle *m* (*autre que de figuration*) ▸ **speaking terms** NPL **they're on ~ terms again** ils s'adressent à nouveau la parole • **they're not on ~ terms** ils ne s'adressent plus la parole ▸ **speaking voice** N **he has a pleasant ~ voice** il a une voix agréable

spear [spɪəʳ] 1 N ⓐ (= *weapon*) lance *f* ⓑ [*of asparagus*] pointe *f*; [*of broccoli*] branche *f* 2 VT (*with a spear*) transpercer d'un coup de lance • **he ~ed a potato with his fork** il a piqué une pomme de terre avec sa fourchette 3 COMP ▸ **spear gun** N fusil *m* sous-marin

spearhead ['spɪəhed] 1 N fer *m* de lance 2 VT [+ *attack*] être le fer de lance de; [+ *campaign*] mener

spearmint ['spɪəmɪnt] 1 N (= *plant*) menthe *f* verte 2 ADJ [*sweet*] à la menthe; [*flavour*] de menthe

spec* [spek] N (ABBR OF **speculation**) **on ~** à tout hasard

special ['speʃəl] 1 ADJ ⓐ (= *exceptional*) [*powers*] spécial; [*meeting*] extraordinaire; [*case, status*] à part; [*interest, effort, pleasure, attention*] particulier; [*treatment*] de faveur • **today is a very ~ day** c'est un jour très important • **lots of ~ events are planned** de nombreuses manifestations sont prévues • **what is so ~ about it?** qu'est-ce que cela a de si extraordinaire ? • **is there anything ~ you would like?** as-tu envie de quelque chose de particulier ? • **take ~ care of it** fais-y particulièrement attention • **can I ask a ~ favour?** peux-tu me rendre un grand service ? • **what are you doing this weekend? — nothing ~** que fais-tu ce week-end ? — rien de spécial • **there is nothing ~ about being a journalist** le fait d'être journaliste n'a rien d'extraordinaire • **he has a ~ place in our affections** il occupe une place particulière dans notre cœur • **I had no ~ reason for suspecting him** je n'avais aucune raison particulière de le soupçonner • **I've cooked something ~ for dinner** j'ai préparé quelque chose de spécial pour le dîner • **she is something ~** elle n'est pas comme tout le monde • **~ to that country** particulier à ce pays • **as a ~ treat my grandfather would take me to the zoo** quand il voulait me gâter, mon grand-père m'emmenait au zoo ⓑ (= *dear*) [*person*] **is there anyone ~ in your life?** y a-t-il quelqu'un dans votre vie ? • **her ~ friend** son meilleur ami • **you're extra ~!*** tu es vraiment tout pour moi ! • **she's very ~ to us** elle nous est très chère
2 N **the chef's ~** la spécialité du chef • **today's ~** (*on menu*) le plat du jour • **this week's ~** (*on item in shop*) l'affaire *f* de la semaine
3 COMP ▸ **special agent** N agent *m* secret ▸ **Special Branch** N (*Brit*) les renseignements *mpl* généraux ▸ **special delivery** N **by ~ delivery** en exprès ▸ **special education** N (*Brit*) enseignement *m* spécialisé (*pour handicapés mentaux*) ▸ **special effects** NPL effets *mpl* spéciaux ▸ **special needs** NPL **children with ~ needs** enfants *mpl* handicapés (*ayant des problèmes de scolarité*) ▸ **special offer** N promotion *f* ▸ **special school** N (*Brit*) centre *m* d'éducation spécialisée ▸ **special student** N (*US: at university*) auditeur *m*, -trice *f* libre (*ne préparant pas de diplôme*) ▸ **special subject** N (*at school, university*) option *f*; (*advanced*) sujet *m* spécialisé

specialism ['speʃəlɪzəm] N ⓐ (= *subject, skill*) spécialité *f* ⓑ (= *specialization*) spécialisation *f*

specialist ['speʃəlɪst] 1 N spécialiste *mf* (**in** de) • **an eye/heart ~** un(e) ophtalmologue/cardiologue 2 ADJ [*dictionary*] spécialisé

speciality [ˌspeʃɪ'ælɪtɪ] N spécialité *f*

specialization [ˌspeʃəlaɪ'zeɪʃən] N spécialisation *f*

specialize ['speʃəlaɪz] VI se spécialiser

specialized ['speʃəlaɪzd] ADJ spécialisé

specially ['speʃəlɪ] ADV ⓐ (= *expressly*) spécialement • **to be ~ trained** avoir reçu une formation spéciale • **I asked for it ~** je l'ai demandé tout spécialement ⓑ (= *exceptionally*)* particulièrement ⓒ (= *in particular*) particulièrement • **he didn't seem ~ interested** il n'a pas paru particulièrement intéressé • **not ~** pas spécialement

specialty ['speʃəltɪ] N (*US*) spécialité *f*

species ['spi:ʃi:z] N (*pl inv*) espèce *f*

specific [spə'sɪfɪk] 1 ADJ précis • **he was very ~ on that point** il a été très explicite sur ce point • **~ to sb/sth** propre à qn/qch 2 NPL **specifics let's get down to ~s** prenons des exemples précis

specifically [spə'sɪfɪkəlɪ] ADV ⓐ (= *especially*) [*design, relate to*] tout spécialement; [*intend, plan*] particulièrement ⓑ (= *in particular*) en particulier • **more ~** plus particulièrement ⓒ (= *explicitly*) [*mention, warn, recommend*] expressément • **to state sth ~** préciser qch • **I told you quite ~** je vous l'avais bien précisé ⓓ (= *uniquely*) spécifiquement

specification [ˌspesɪfɪ'keɪʃən] N (= *item in contract*) stipulation *f* • **~s** (*for building, machine*) spécifications *fpl*; (*in contract*) cahier *m* des charges

specify ['spesɪfaɪ] VT préciser • **unless otherwise specified** sauf indication contraire • **at a specified time** à un moment précis

specimen ['spesɪmɪn] N [*of rock, species*] spécimen *m*; [*of blood, tissue*] prélèvement *m*; [*of urine*] échantillon *m* ▸ **specimen copy** N spécimen *m*

specious ['spi:ʃəs] ADJ spécieux

speck [spek] N petite tache *f*; [*of dust, soot*] grain *m* • **I've got a ~ in my eye** j'ai une poussière dans l'œil • **just a ~ on the horizon** juste un point noir à l'horizon

speckled ['spekld] ADJ tacheté (**with sth** de qch)

specs* [speks] NPL ⓐ (= *spectacles*) lunettes *fpl* ⓑ (= *specifications*) spécifications *fpl*

spectacle ['spektəkl] N (= *sight*) spectacle *m*; (= *show, film*) superproduction *f* • **to make a ~ of o.s.** se donner en spectacle ▸ **spectacle case** N (*Brit*) étui *m* à lunettes

spectacles ['spektəkəlz] NPL (*Brit*) **(pair of) ~** lunettes *fpl*

spectacular [spek'tækjʊləʳ] 1 ADJ spectaculaire; [*sight*]

S

impressionnant **2** (N) superproduction *f*

spectacularly [spek'tækjʊləlɪ] (ADV) [*good, bad, beautiful*] extraordinairement; [*crash, increase, fail*] de manière spectaculaire • **everything went ~ wrong** tout s'est incroyablement mal passé • **in ~ bad taste** d'un incroyable mauvais goût

spectator [spek'teɪtəʳ] (N) spectateur *m*, -trice *f* ▸ **spectator sport** N **I don't like ~ sports** je n'aime pas le sport en tant que spectacle • **rugby, the most exciting of ~ sports** le rugby, sport qui passionne le plus le public

specter ['spektəʳ] (N) (*US*) spectre *m*

spectre ['spektəʳ] (N) spectre *m*

spectrum ['spektrəm] (N) (*pl* **spectra**) spectre *m*; [*of ideas, opinions*] éventail *m* • **the political ~** l'échiquier *m* politique • **people across the political ~** des gens de toutes tendances politiques

speculate ['spekjʊleɪt] (VI) spéculer (**about, on** sur, **whether** pour savoir si)

speculation [ˌspekjʊ'leɪʃən] (N) spéculation *f* (**about** sur) • **it is the subject of much ~** cela donne lieu à bien des conjectures • **it is pure ~** ce n'est qu'une supposition • **after all the ~ about ...** après toutes ces suppositions sur ...

speculative ['spekjʊlətɪv] (ADJ) spéculatif

speculator ['spekjʊleɪtəʳ] (N) spéculateur *m*, -trice *f*

sped [sped] (VB) *pt, ptp of* **speed**

speech [spi:tʃ] **1** (N) ⓐ (= *faculty*) parole *f*; (= *enunciation*) élocution *f*; (= *manner of speaking*) façon *f* de parler • **to lose the power of ~** perdre l'usage de la parole • **his ~ was very indistinct** il articulait très mal • **he expresses himself better in ~ than in writing** il s'exprime mieux à l'oral qu'à l'écrit • **freedom of ~** liberté *f* d'expression • **direct/indirect ~** discours *m* direct/indirect

ⓑ (= *formal address*) discours *m* (**on** sur) • **to make a ~** faire un discours • **~, ~!** un discours ! un discours !

2 (COMP) ▸ **speech bubble** N bulle *f* (*de BD*) ▸ **speech day** N (*Brit: at school*) jour *m* de la distribution des prix ▸ **speech defect, speech disorder** N troubles *mpl* du langage ▸ **speech impediment** N défaut *m* d'élocution ▸ **speech therapist** N orthophoniste *mf* ▸ **speech therapy** N orthophonie *f* ▸ **speech writer** N **her ~ writer** la personne qui écrit ses discours

speechless ['spi:tʃlɪs] (ADJ) **to be ~** être sans voix • **~ with admiration/rage** muet d'admiration/de rage

speed [spi:d] (*vb: pret, ptp* **sped**) **1** (N) ⓐ (= *rate of movement*) vitesse *f*; (= *rapidity*) rapidité *f*; (= *promptness*) promptitude *f* • **the ~ of light** la vitesse de la lumière • **the ~ of change** la rapidité du changement • **a secretary with good ~s** une secrétaire qui a une bonne vitesse (de frappe et de sténo) • **what ~ were you doing?** (*in car*) à quelle vitesse rouliez-vous ? • **at top ~** à toute vitesse • **with such ~** si vite • **to be up to ~** (= *functioning properly*) être opérationnel

ⓑ [*of film*] sensibilité *f*

ⓒ (*Drugs*)* speed* *m*

2 (VI) ⓐ (= *move fast*) **to ~ along** [*person, vehicle*] aller à toute vitesse

ⓑ (= *go too fast*) conduire trop vite • **you're ~ing!** tu roules trop vite !

3 (COMP) ▸ **speed bump** N ralentisseur *m* ▸ **speed camera** N radar *m* ▸ **speed dating** N speed dating *m* (*rencontres organisées où des célibataires font connaissance en quelques minutes*) ▸ **speed hump** N ralentisseur *m* ▸ **speed limit** N limitation *f* de vitesse • **the ~ limit is 80km/h** la vitesse est limitée à 80 km/h ▸ **speed limiter** N régulateur *m* de vitesse ▸ **speed trap** N contrôle *m* radar

▸ **speed up** (*pret, ptp* **speeded up**) **1** VI aller plus vite; [*walker*] marcher plus vite; [*car*] accélérer

2 VT SEP [+ *production*] accélérer • **to ~ things up** activer les choses

speedboat ['spi:dbəʊt] (N) vedette *f*; (*with outboard motor*) hors-bord *m inv*

speedily ['spi:dɪlɪ] (ADV) rapidement

speeding ['spi:dɪŋ] (N) (*in car*) excès *m* de vitesse

speedometer [spɪ'dɒmɪtəʳ] (N) compteur *m* (de vitesse)

speedwalk ['spi:dwɔ:k] (N) (*US*) tapis *m* roulant

speedway ['spi:dweɪ] (N) (= *speedway racing*) course(s) *f(pl)* de motos

speedy ['spi:dɪ] (ADJ) rapide • **to bring sth to a ~ conclusion** mener rapidement qch à terme • **we wish her a ~ recovery** nous lui souhaitons un prompt rétablissement

speleologist [ˌspi:lɪ'ɒlədʒɪst] (N) spéléologue *mf*

spell [spel] (*vb: pret, ptp* **spelt** *or* **spelled**) **1** (N) ⓐ (= *magic*) sortilège *m*; (= *magic words*) formule *f* magique • **an evil ~** un maléfice • **to cast a ~ on sb** jeter un sort à qn; (*fig*) envoûter qn • **under sb's ~** envoûté par qn • **to break the ~** rompre le charme

ⓑ (= *period of work*) tour *m* • **~ of duty** tour *m* de service

ⓒ (= *brief period*) (courte) période *f* • **sunny ~s** périodes *fpl* ensoleillées • **for a short ~** pendant un petit moment

2 (VT) ⓐ (*in writing*) orthographier; (*aloud*) épeler • **how do you ~ it?** comment est-ce que cela s'écrit ? • **can you ~ it for me?** pouvez-vous me l'épeler ?

ⓑ [*letters*] donner; (= *mean*) signifier • **d-o-g ~s "dog"** d-o-g font « dog » • **that would ~ disaster** ça serait la catastrophe

3 (VI) épeler • **to learn to ~** apprendre l'orthographe • **he can't ~** il fait des fautes d'orthographe

4 (COMP) ▸ **spell-checker** N (*Comput*) correcteur *m* orthographique

▸ **spell out** VT SEP [+ *consequences, alternatives*] expliquer bien clairement (**for sb** à qn)

spellbound ['spelbaʊnd] (ADJ) envoûté • **to hold sb ~** (*with a story*) tenir qn sous le charme; (*with one's charm*) subjuguer qn

spelling ['spelɪŋ] **1** (N) orthographe *f* **2** (ADJ) [*test, mistake*] d'orthographe

spelt [spelt] (VB) *pt, ptp of* **spell**

spend [spend] (*pret, ptp* **spent**) **1** (VT) ⓐ [+ *money*] dépenser • **he ~s a lot on clothes** il dépense beaucoup en vêtements • **he ~s a lot on his car** il dépense beaucoup pour sa voiture • **he spent a fortune on having the roof repaired** il a dépensé une fortune pour faire réparer le toit • **to ~ a penny*** (*Brit*) aller au petit coin*

ⓑ [+ *time*] passer • **to ~ time on sth** passer du temps sur qch • **to ~ time doing sth** passer du temps à faire qch • **to ~ a lot of time and energy on sth** investir beaucoup de temps et d'énergie dans qch • **he spent a lot of effort getting it just right** il a fait beaucoup d'efforts pour que ce soit parfait

2 (VI) dépenser

spender ['spendəʳ] (N) **to be a big ~** dépenser beaucoup

spending ['spendɪŋ] (N) dépenses *fpl* • **government ~** dépenses *fpl* publiques ▸ **spending money** N argent *m* de poche ▸ **spending spree** N **to go on a ~ spree** faire des folies

spendthrift ['spendθrɪft] 1 (N) dépensier *m*, -ière *f* 2 (ADJ) dispendieux

spent [spent] 1 (VB) *pt, ptp of* **spend** 2 (ADJ) (*= burnt out*) [*cartridge, match*] utilisé; [*fuel*] épuisé • **to be a ~ force** ne plus avoir d'influence

sperm [spɜːm] (N) (*pl inv*) (*single*) spermatozoïde *m*; (*= semen*) sperme *m* ▸ **sperm bank** N banque *f* du sperme ▸ **sperm whale** N cachalot *m*

spermicide ['spɜːmɪsaɪd] (N) spermicide *m*

spew [spjuː] (VT) ⓐ (*= spew up*)‡ dégueuler‡ ⓑ (*= spew out*) [*+ fire, lava, curses*] vomir

sphere [sfɪəʳ] (N) sphère *f* • **~ of influence** sphère *f* d'influence • **in the social ~** dans le domaine social • **within a limited ~** dans un cadre restreint

spherical ['sferɪkəl] (ADJ) sphérique

sphinx [sfɪŋks] (N) (*pl* **sphinxes**) sphinx *m*

spice [spaɪs] 1 (N) ⓐ épice *f* • **mixed ~** épices *fpl* mélangées ⓑ (*= excitement*) piment *m* • **the disagreement added ~ to the debate** le désaccord a ajouté un peu de piment au débat • **the ~ of adventure** le piment de l'aventure 2 (VT) [*+ food*] épicer; (*fig*) pimenter (**with** de)
▸ **spice up** VT (*fig*) pimenter

spick-and-span ['spɪkən'spæn] (ADJ) impeccable

spicy ['spaɪsɪ] (ADJ) ⓐ [*food, smell*] épicé ⓑ [*story*] croustillant

spider ['spaɪdəʳ] 1 (N) ⓐ araignée *f* ⓑ (*US*) (*= fry-pan*) poêle *f* (à trépied) 2 (COMP) ▸ **spider's web** N toile *f* d'araignée

spidery ['spaɪdərɪ] (ADJ) **~ writing** pattes *fpl* de mouche

spiel* [ʃpiːl] (N) baratin* *m*

spigot ['spɪgət] (N) (*US = faucet*) robinet *m*

spike [spaɪk] 1 (N) ⓐ pointe *f*; (*= nail*) clou *m* ⓑ **spikes*** (*= shoes*) chaussures *fpl* à pointes 2 (VT) ⓐ (*= pierce*) transpercer • **~d shoes** chaussures *fpl* à pointes • **to ~ sb's guns** mettre des bâtons dans les roues à qn ⓑ [*+ drink*]* corser ⓒ **~d hair** cheveux *mpl* en pétard 3 (COMP) ▸ **spike heels** NPL (*US*) talons *mpl* aiguilles

spiky ['spaɪkɪ] (ADJ) ⓐ [*hair*] hérissé; [*cactus*] couvert d'épines ⓑ (*Brit = irritable*)* irritable

spill [spɪl] (*vb: pret, ptp* **spilt** *or* **spilled**) 1 (N) ⓐ (*= act of spilling*) renversement *m* • **oil ~** marée *f* noire ⓑ (*for lighting with*) longue allumette *f* (*de papier*) 2 (VT) renverser • **she spilt wine on her skirt** elle a renversé du vin sur sa jupe • **to ~ blood** faire couler le sang • **to ~ the beans*** vendre la mèche* (**about** à propos de) 3 (VI) [*liquid, salt*] se répandre
▸ **spill out** 1 VI se répandre; [*people*] sortir en masse 2 VT SEP [*+ contents*] répandre
▸ **spill over** VI [*liquids*] déborder • **these problems ~ed over into his private life** ces problèmes ont envahi sa vie privée

spillage ['spɪlɪdʒ] (N) déversement *m* accidentel • **oil ~** marée *f* noire

spilt [spɪlt] (VB) *pt, ptp of* **spill**

spin [spɪn] (*vb: pret* **spun**, *ptp* **spun**) 1 (N) ⓐ (*= turning motion*) tournoiement *m* • **long/short ~** (*on washing machine*) essorage *m* complet/léger • **to go into a ~** [*plane*] tomber en vrille • **to get into a ~** [*person*] paniquer*
ⓑ (*= ride*)* petit tour *m* • **to go for a ~** aller faire un petit tour
ⓒ **to put a new/different ~ on sth*** présenter qch sous un nouvel angle/un angle différent
ⓓ (*esp Politics*) manipulation *f*
2 (VT) ⓐ [*+ wool*] filer; [*+ thread*] fabriquer • **to ~ a yarn** (*= tell a story*) raconter une histoire
ⓑ [*+ wheel, nut, revolving stand*] faire tourner; [*+ ball*] donner de l'effet à • **to ~ a coin** jouer à pile ou face
ⓒ (*Brit*) essorer (à la machine)
3 (VI) ⓐ (*= spin wool*) filer
ⓑ (*= turn*) tourner; [*car wheel*] patiner; [*ball*] tournoyer • **to ~ round and round** continuer à tourner • **he spun round as he heard me come in** il s'est retourné vivement en m'entendant entrer • **my head is ~ning** j'ai la tête qui tourne
4 (COMP) ▸ **spin doctor*** N *spécialiste en communication chargé de l'image d'un parti politique* ▸ **spin-dry** VT essorer (à la machine) ▸ **spin-dryer** N (*Brit*) essoreuse *f*
▸ **spin out** VT SEP [*+ story, explanation*] délayer

spina bifida [ˌspaɪnə'bɪfɪdə] (N) spina-bifida *m*

spinach ['spɪnɪdʒ] (N) (*= plant*) épinard *m*; (*= cut leaves*) épinards *mpl*

spinal ['spaɪnl] (ADJ) [*injury*] à la colonne vertébrale ▸ **spinal column** N colonne *f* vertébrale ▸ **spinal cord** N moelle *f* épinière

spindly ['spɪndlɪ] (ADJ) grêle

spine [spaɪn] 1 (N) ⓐ (*= backbone*) colonne *f* vertébrale; [*of fish*] arête *f* centrale ⓑ [*of sea urchin, hedgehog*] épine *f* ⓒ [*of book*] dos *m* ⓓ (*US*) (*= courage*) courage *m* 2 (COMP) ▸ **spine-chilling** ADJ à vous glacer le sang

spineless ['spaɪnlɪs] (ADJ) sans caractère • **he's ~** il manque de caractère

spinner ['spɪnəʳ] (N) (*= spin-dryer*) essoreuse *f*

spinney ['spɪnɪ] (N) (*Brit*) bosquet *m*, petit bois *m*

spinning ['spɪnɪŋ] (N) (*by hand*) filage *m*; (*in gym*) spinning *m* ▸ **spinning wheel** N rouet *m*

spin-off ['spɪnɒf] (N) (*= advantage*) avantage *m* inattendu; (*= product*) sous-produit *m* • **this TV series is a ~ from the famous film** ce feuilleton télévisé est tiré du célèbre film

spinster ['spɪnstəʳ] (N) célibataire *f*

spiral ['spaɪərəl] 1 (ADJ) en spirale 2 (N) spirale *f* • **in a ~** en spirale • **the inflationary ~** la spirale inflationniste 3 (VI) [*smoke*] monter en spirale; [*prices*] monter en flèche 4 (COMP) ▸ **spiral staircase, spiral stairway** N escalier *m* en colimaçon

spire ['spaɪəʳ] (N) [*of building*] flèche *f*

spirit ['spɪrɪt] 1 (N) ⓐ (*= soul*) esprit *m* • **he was there in ~** il était présent en esprit
ⓑ (*= supernatural being*) esprit *m* • **evil ~** esprit *m* malin
ⓒ (*= person*) esprit *m* • **a free ~** un esprit libre
ⓓ [*of proposal, regulations*] esprit *m* • **he's got the right ~** il a l'attitude qu'il faut • **in a ~ of forgiveness** dans un esprit de pardon • **he has great fighting ~** il ne se laisse jamais abattre • **to take sth in the right ~** prendre qch en bonne part • **you must enter into the ~ of the thing** il faut y participer de bon cœur • **the ~ of the age** l'esprit *m* du temps
ⓔ (*= courage*) courage *m*; (*= energy*) énergie *f*; (*= vitality*) entrain *m* • **man of ~** homme *m* énergique
ⓕ (*= alcohol*) alcool *m*
2 (NPL) **spirits** ⓐ (*= frame of mind*) **to be in good ~s** avoir le moral • **in high ~s** enjoué • **to keep one's ~s up** garder le moral
ⓑ (*= drink*) spiritueux *mpl*
3 (VT) **the documents were mysteriously ~ed off his**

S

desk les documents ont mystérieusement disparu de son bureau
4 (COMP) ▸ **spirit level** N niveau *m* à bulle

spirited ['spɪrɪtɪd] (ADJ) [*person*] plein d'entrain; [*reply, attempt*] courageux • **to make a ~ defence of sth** défendre qch avec vigueur

spiritual ['spɪrɪtjʊəl] 1 (ADJ) spirituel 2 (N) (= *song*) (negro-)spiritual *m*

spiritualism ['spɪrɪtjʊəlɪzəm] (N) spiritisme *m*

spit [spɪt] (*vb: pret, ptp* **spat**) 1 (N) ⓐ (= *spittle*) crachat *m*; (= *saliva*) salive *f* ⓑ (*for meat*) broche *f* ⓒ (*Geog*) langue *f* (de terre) 2 (VT) cracher 3 (VI) cracher (**at sb** sur qn); [*fire*] crépiter • **it was ~ting** (*Brit*) il tombait quelques gouttes de pluie
▸ **spit out** VT SEP [+ *pip, pill*] recracher • **~ it out!*** accouche!*

spite [spaɪt] 1 (N) méchanceté *f* • **out of pure ~** par pure méchanceté
▸ **in spite of** malgré • **in ~ of it** malgré cela • **in ~ of the fact that he has seen me** bien qu'il m'ait vu
2 (VT) vexer

spiteful ['spaɪtfʊl] (ADJ) malveillant • **a ~ remark** une méchanceté

spitefully ['spaɪtfəlɪ] (ADV) méchamment

spitting ['spɪtɪŋ] (N) **within ~ distance*** à deux pas

spittle ['spɪtl] (N) salive *f*

spiv* [spɪv] (N) (*Brit*) chevalier *m* d'industrie

splash [splæʃ] 1 (N) ⓐ (= *sound*) plouf *m*; (= *mark*) éclaboussure *f* • **to make a ~*** faire sensation
ⓑ (= *small amount*) **a ~ of** une goutte de • **a ~ of colour** une tache de couleur
2 (VT) ⓐ éclabousser (**sb/sth with sth** qn/qch de qch) • **he ~ed paint on the floor** il a fait des éclaboussures de peinture par terre • **to ~ one's way through a stream** traverser un ruisseau en éclaboussant
ⓑ (= *apply hastily*) **to ~ water on o.s.** s'asperger d'eau
ⓒ [+ *headlines*] étaler en première page • **the news was ~ed across the front page** la nouvelle faisait les gros titres
3 (VI) ⓐ [*liquid, mud*] faire des éclaboussures • **tears ~ed on to her book** les larmes s'écrasaient sur son livre
ⓑ [*person, animal*] patauger • **the dog ~ed through the mud** le chien pataugeait dans la boue • **to ~ into the water** [*person*] plonger dans l'eau en éclaboussant; [*stone*] tomber dans l'eau avec un gros plouf
▸ **splash out*** VI (*Brit*) (= *spend money*) faire une folie • **to ~ out on sth** faire une folie et s'acheter qch

splashdown ['splæʃdaʊn] (N) amerrissage *m*

splashy* ['splæʃɪ] (ADJ) (*US*) tape-à-l'œil *inv*

splatter ['splætəʳ] = **spatter**

splay [spleɪ] (VT) [+ *feet*] tourner en dehors; [+ *legs*] écarter

spleen [spliːn] (N) (= *organ*) rate *f*; (= *bad temper*) mauvaise humeur *f* • **to vent one's ~ on sb/sth** décharger sa bile sur qn/qch

splendid ['splendɪd] (ADJ) splendide; [*meal, idea*] merveilleux; [*example*] superbe • **~!** formidable! • **to do a ~ job** faire un travail formidable

splendidly ['splendɪdlɪ] (ADV) [*dressed*] superbement; [*get along, come along*] à merveille

splendour, splendor (*US*) ['splendəʳ] (N) splendeur *f*

splice [splaɪs] (VT) [+ *rope, cable*] épisser; [+ *film, tape*] coller • **to get ~d*** (= *married*) se marier

spliff* [splɪf] (N) (*Drugs*) pétard* *m*

splint [splɪnt] (N) attelle *f* • **she had her leg in ~s** elle avait la jambe éclissée

splinter ['splɪntəʳ] 1 (N) [*of glass, wood*] éclat *m*; (*in finger*) écharde *f* 2 (VT) [+ *wood*] fendre; [+ *glass, bone*] briser 3 (VI) [*wood*] se fendre; [*glass, bone*] se briser 4 (COMP) ▸ **splinter group** N groupe *m* dissident

split [splɪt] (*vb: pret, ptp* **split**) 1 (N) ⓐ (*at seam*) fente *f*; (= *tear*) déchirure *f*; (*in party*) scission *f*; (= *difference*) différence *f*
ⓑ (= *share*) **I want my ~*** je veux ma part
2 (NPL) **splits to do the ~s** faire le grand écart
3 (VT) ⓐ (= *cleave*) fendre; [+ *party*] diviser • **to ~ the atom** opérer la fission de l'atome • **to ~ sth open** ouvrir qch en le coupant en deux • **he ~ his head open** il s'est fendu le crâne • **to ~ hairs** couper les cheveux en quatre • **to ~ one's sides** se tordre de rire • **it ~ the party down the middle** cela a divisé le parti en deux
ⓑ (= *share*) (se) partager • **they ~ the money three ways** ils ont divisé l'argent en trois • **to ~ the difference** couper la poire en deux
4 (VI) ⓐ se fendre; [*garment*] se déchirer; [*organization*] se diviser • **to ~ open** se fendre • **my head is ~ting** j'ai une migraine terrible
ⓑ (= *divide*) [*people*] se séparer; [*political party*] se diviser • **the crowd ~ into smaller groups** la foule s'est divisée en petits groupes
ⓒ (*Brit* = *tell tales*)* vendre la mèche*
ⓓ (= *depart*)* mettre les bouts*
5 (COMP) ▸ **split ends** NPL fourches *fpl* ▸ **split infinitive** N *infinitif où un adverbe est intercalé entre «to» et le verbe* ▸ **split-level house** N maison *f* à deux niveaux ▸ **split personality** N **a case of ~ personality** un dédoublement de la personnalité ▸ **split screen** N écran *m* divisé ▸ **split second** N fraction *f* de seconde • **in a ~ second** en une fraction de seconde ▸ **split ticket** N (*US*) **to vote a ~ ticket** voter pour une liste avec panachage
▸ **split up** 1 VI [*meeting, crowds*] se disperser; [*party*] se diviser; [*couple*] se séparer 2 VT SEP [+ *wood*] fendre (**into** en); [+ *money, work*] partager (**among** entre); [+ *group*] diviser; [+ *friends*] séparer

splitting ['splɪtɪŋ] 1 (N) [*of organization*] division *f*; [*of roles*] partage *m* • **the ~ of the atom** la fission de l'atome 2 (ADJ) **to have a ~ headache** avoir une migraine terrible

splodge [splɒdʒ], **splotch** [splɒtʃ] (N) [*of ink, colour, mud*] éclaboussure *f*

splurge* [splɜːdʒ] 1 (VI) (= *splurge out*) faire des folies (**on** en achetant) 2 (VT) dépenser (en un seul coup) (**on sth** pour qch)

splutter ['splʌtəʳ] (VI) crachoter; (= *stutter*) bredouiller

spoil [spɔɪl] (*vb: pret, ptp* **spoiled** *or* **spoilt**) 1 (NPL) **spoils** (= *booty*) butin *m*; (*after business deal*) bénéfices *mpl* 2 (VT) ⓐ (= *damage*) abîmer • **to ~ a ballot paper** rendre un bulletin de vote nul ⓑ (= *make less pleasurable*) gâter • **to ~ one's appetite** se couper l'appétit • **if you tell me the ending you'll ~ the film for me** tu vas me gâcher le film si tu me racontes la fin ⓒ (= *pamper*) gâter • **to ~ o.s.** se faire plaisir 3 (VI) ⓐ [*food*] s'abîmer ⓑ **to be ~ing for a fight** chercher la bagarre*

spoiler ['spɔɪləʳ] (N) (*on car*) becquet *m*

spoilsport ['spɔɪlspɔːt] (N) trouble-fête *mf inv*

spoilt [spɔɪlt] 1 (VB) *pt, ptp of* **spoil** 2 (ADJ) ⓐ [*child*] gâté

• **to be ~ for choice** avoir l'embarras du choix **b** (= *rotten*) [*food*] abîmé

spoke [spəʊk] **1** (N) rayon *m* • **to put a ~ in sb's wheel** (*Brit*) mettre des bâtons dans les roues à qn **2** (VB) *pt of* **speak**

spoken ['spəʊkən] **1** (VB) *ptp of* **speak 2** (ADJ) [*language*] parlé • **a robot capable of understanding ~ commands** un robot capable de comprendre la commande vocale

spokesman ['spəʊksmən] (N) (*pl* **-men**) porte-parole *m inv*

spokesperson ['spəʊks,pɜ:sən] (N) porte-parole *m inv*

spokeswoman ['spəʊks,wʊmən] (N) (*pl* **-women**) porte-parole *m inv*

sponge [spʌndʒ] **1** (N) **a** éponge *f* • **to throw in the ~*** jeter l'éponge **b** (= *sponge cake*) gâteau *m* de Savoie **2** (VT) éponger **3** (VI) (= *cadge*)* **to ~ on sb** vivre aux crochets de qn **4** (COMP) ▸ **sponge bag** N (*Brit*) trousse *f* de toilette ▸ **sponge cake** N gâteau *m* de Savoie ▸ **sponge rubber** N caoutchouc *m* mousse ®

▸ **sponge down** VT SEP laver avec une éponge

sponger* ['spʌndʒəʳ] (N) parasite *m*

spongy ['spʌndʒɪ] (ADJ) spongieux

sponsor ['spɒnsəʳ] **1** (N) [*of concert, sports event*] sponsor *m*; [*of trainee, negotiations, for fund-raising event*] parrain *m* **2** (VT) [+ *concert, sports event*] sponsoriser; [+ *child, talks*] parrainer; [+ *proposal*] présenter; [+ *terrorism*] soutenir; [+ *research*] financer • **~ed walk** *marche entreprise pour récolter des dons en faveur d'une œuvre de bienfaisance*

> **SPONSORED**
> Les «**sponsored** events» sont un moyen de récolter de l'argent en faveur d'une œuvre de bienfaisance. Ils consistent à prendre part à une manifestation sportive (course à pied, course cycliste, saut en parachute, etc.) après avoir demandé à sa famille, ses amis ou ses collègues de s'engager à faire un don si on finit l'épreuve. Pour une «**sponsored** walk», on promet généralement de donner une certaine somme par kilomètre parcouru.

sponsorship ['spɒnsəʃɪp] (N) (= *financial support*) sponsoring *m*

spontaneity [,spɒntə'neɪətɪ] (N) spontanéité *f*

spontaneous [spɒn'teɪnɪəs] (ADJ) spontané

spoof* [spu:f] **1** (N) (= *hoax*) canular *m*; (= *parody*) parodie *f* (on de) **2** (ADJ) **a ~ documentary** une parodie de documentaire

spook [spu:k] **1** (N) **a** (= *ghost*)* revenant *m* **b** (*US* = *secret agent*)‡ barbouze* *mf* **2** (VT) (*US*) (= *frighten*) effrayer

spooky* ['spu:kɪ] (ADJ) sinistre • **she looks exactly like you — it's really ~** elle te ressemble incroyablement — c'est vraiment troublant

spool [spu:l] (N) bobine *f*

spoon [spu:n] **1** (N) cuillère *f*; (= *spoonful*) cuillerée *f* **2** (VT) **to ~ sth into a plate** verser qch dans une assiette avec une cuillère **3** (COMP) ▸ **spoon-feed** VT (*fig*) **he expects to be ~-fed** il s'attend à ce qu'on lui mâche le travail

spoonful ['spu:nfʊl] (N) cuillerée *f*

sporadic [spə'rædɪk] (ADJ) sporadique

sporadically [spə'rædɪkəlɪ] (ADV) sporadiquement

spore [spɔ:ʳ] (N) spore *f*

sporran ['spɒrən] (N) (*Scot*) *bourse en peau portée avec le kilt*

sport [spɔ:t] **1** (N) **a** sport *m* • **to be good at ~** être très sportif • **outdoor/indoor ~s** sports *mpl* de plein air/d'intérieur **b** (= *person*)* **good ~** chic* type* *m*, chic* fille *f* • **be a ~!** sois chic !* • **come on, ~!** (*Austral*) allez, mon vieux !* **2** (VT) [+ *hat, beard, black eye*] arborer **3** (COMP) ▸ **sport jacket** N (*US*) veste *f* sport *inv*

sporting ['spɔ:tɪŋ] (ADJ) **a** [*event, activity, organization, career*] sportif **b** (= *fair*) [*gesture*] généreux; [*person*] chic* *inv* • **that's very ~ of you** c'est très chic* de votre part • **to have a ~ chance** avoir de bonnes chances • **to give sb a ~ chance** donner à qn une chance

sports [spɔ:ts] (ADJ) sportif • **~ facilities** installations *fpl* sportives ▸ **sports car** N voiture *f* de sport ▸ **sports day** N (*Brit*) (*in schools*) réunion *f* sportive ▸ **sports desk** N (*at newspaper*) rédaction *f* sportive ▸ **sports drink** N boisson *f* énergétique *or* sportive ▸ **sports equipment** N équipement *m* sportif ▸ **sports fan*** N fanatique *mf* de sport ▸ **sports ground** N terrain *m* de sport ▸ **sports jacket** N veste *f* sport *inv* ▸ **sports shop** N magasin *m* de sports ▸ **sports utility vehicle** N véhicule *m* de loisirs, SUV *m*

sportscaster ['spɔ:tskɑ:stəʳ] (N) (*US Radio, TV*) reporter *m* sportif

sportsman ['spɔ:tsmən] (N) (*pl* **-men**) sportif *m* • **he's a real ~** (*fig*) il est beau joueur

sportsmanlike ['spɔ:tsmənlaɪk] (ADJ) sportif

sportsmanship ['spɔ:tsmənʃɪp] (N) sportivité *f*

sportswear ['spɔ:tswεəʳ] (N) vêtements *mpl* de sport

sportswoman ['spɔ:tswʊmən] (N) (*pl* **-women**) sportive *f*

sporty* ['spɔ:tɪ] (ADJ) [*car*] de sport; [*person*] sportif; [*clothes*] sport *inv*

spot [spɒt] **1** (N) **a** (= *mark*) tache *f*; (= *splash*) éclaboussure *f*; (= *polka dot*) pois *m*; (*on dice, domino*) point *m*; (*on reputation*) tache *f* • **a dress with red ~s** une robe à pois rouges • **a few ~s of rain** (*Brit*) quelques gouttes *fpl* de pluie • **to have ~s before one's eyes** avoir des mouches devant les yeux • **a five ~**‡ (*US*) (= *money*) un billet de cinq dollars

b (= *pimple*) bouton *m*; (= *freckle*) tache *f* de rousseur • **he came out in ~s** il a eu une éruption de boutons

c (= *small amount*) **a ~ of** un peu de • **he did a ~ of work** il a travaillé un peu • **there's been a ~ of trouble** il y a eu un petit problème • **how about a ~ of lunch?*** et si on mangeait un morceau ?*

d (= *place*) endroit *m* • **it's a lovely ~** c'est un endroit ravissant • **there's a tender ~ on my arm** j'ai un point sensible au bras • **to be in a tight ~*** être dans le pétrin*

e (*part of TV or radio show*)* numéro *m*

f (= *spotlight*) spot *m*

g ▸ **on the spot** **the police were on the ~ in two minutes** la police est arrivée sur les lieux en deux minutes • **it's easy if you're on the ~** c'est facile si vous êtes sur place • **he was fined on the ~** on lui a infligé une amende sur-le-champ • **he decided on the ~** il s'est décidé sur-le-champ • **he was killed on the ~** il a été tué sur le coup • **to put sb on the ~** mettre qn dans l'embarras

▸ **on-the-spot** **an on-the-~ broadcast** une émission sur place • **an on-the-~ enquiry** une enquête sur le terrain • **an on-the-~ fine** une amende payable sur-le-champ

2 (VT) [+ *person, object, vehicle*] apercevoir; [+ *bargain, mistake*] repérer; [+ *sb's ability*] déceler

3 (COMP) ▸ **spot check** N contrôle *m* ponctuel ▸ **spot-check** VT contrôler ponctuellement ▸ **spot fine** N amende *f*

S

payable sur-le-champ ▸**spot-on*** ADJ (*Brit*) **what he said was ~-on** ce qu'il a dit était en plein dans le mille*

spotless ['spɒtlɪs] ADJ [*place, clothes*] impeccable; [*reputation*] sans tache • **she keeps the house ~** elle entretient impeccablement la maison

spotlessly ['spɒtlɪslɪ] ADV **~ clean** impeccable

spotlight ['spɒtlaɪt] **1** N (= *lamp*) (*Theatre*) projecteur *m*; (*in home*) spot *m* • **in the ~** sous le feu des projecteurs • **the ~ was on him** (*in the public eye*) les feux de l'actualité étaient braqués sur lui **2** VT [+ *problem, changes, differences*] mettre en lumière

spotlit ['spɒtlɪt] ADJ illuminé

spotted ['spɒtɪd] ADJ [*dress*] à pois; [*animal*] tacheté

spotter ['spɒtəʳ] N (*Brit*) **train/plane ~** passionné(e) *m(f)* de trains/d'avions ▸**spotter plane** N avion *m* d'observation

spotting ['spɒtɪŋ] N (*Brit*) **train/plane ~** *passe-temps consistant à identifier le plus grand nombre possible de trains/d'avions*

spotty ['spɒtɪ] ADJ **a** [*person, face, skin*] boutonneux **b** (= *patchy*) [*support*] inégal; [*bus service*] irrégulier; [*knowledge*] lacunaire

spouse [spaʊz] N époux *m*, épouse *f*; (*on legal documents*) conjoint(e) *m(f)*

spout [spaʊt] **1** N [*of teapot, jug*] bec *m*; (= *stream of liquid*) jet *m* • **to be up the ~‡** (*Brit*) [*plans, timetable*] être à l'eau*; [*person*] (= *in trouble*) être dans le pétrin* • **that's another £50 up the ~‡** encore 50 livres de foutues en l'air‡ **2** VI **a** [*liquid*] jaillir (**from, out of** de) **b** (= *harangue*)* discourir (**about** sur) **3** VT **a** [+ *smoke, lava*] lancer un jet de **b** (= *recite*)* débiter

sprain [spreɪn] **1** N entorse *f*; (*less serious*) foulure *f* **2** VT [+ *muscle*] fouler; [+ *ligament*] étirer • **to ~ one's ankle** se faire une entorse à la cheville; (*less serious*) se fouler la cheville

sprang [spræŋ] VB *pt of* **spring**

sprawl [sprɔːl] **1** VI (= *fall*) s'étaler*; (= *lie*) être affalé; [*plant*] ramper (**over** sur); [*town*] s'étaler (**over** dans) • **he was ~ing in an armchair** il était affalé dans un fauteuil • **to send sb ~ing** faire tomber qn de tout son long **2** N développement *m* tentaculaire • **London's urban ~** le développement tentaculaire de Londres

sprawling ['sprɔːlɪŋ] ADJ [*person, body*] affalé; [*house*] grand et informe; [*city*] tentaculaire; [*novel*] qui part dans tous les sens

spray [spreɪ] **1** N **a** gouttelettes *fpl*; (*from sea*) embruns *mpl*; (*from hosepipe*) pluie *f*; (*from aerosol*) pulvérisation *f*

b (= *container, aerosol*) (bombe *f*) aérosol *m*; (*for scent*) atomiseur *m*; (*for garden*) pulvérisateur *m* • **insecticide ~** (= *aerosol*) bombe *f* insecticide

c [*of flowers*] gerbe *f*; [*of greenery*] branche *f*

2 VT **a** [+ *roses, garden, crops*] pulvériser; [+ *room*] faire des pulvérisations dans; [+ *hair*] vaporiser (**with** de); (= *spray-paint*) peindre à la bombe • **to ~ the lawn with weedkiller** pulvériser du désherbant sur la pelouse • **to ~ sth/sb with bullets** cribler qch/qn de balles

b [+ *water, scent*] vaporiser; [+ *insecticide, paint*] pulvériser

3 VI **a** **it ~ed everywhere** ça a tout aspergé • **it ~ed all over the carpet** ça a aspergé tout le tapis

b (= *spray insecticide*) pulvériser des insecticides

4 COMP [*deodorant, insecticide*] (présenté) en bombe ▸**spray can** N bombe *f* ▸**spray gun** N pistolet *m* (*à peinture*) ▸**spray-on** ADJ en aérosol ▸**spray-paint** N peinture *f* en bombe ♦ VT peindre à la bombe

▸ **spray out** VI [*liquid*] jaillir (**on to, over** sur) • **water ~ed out all over them** ils ont été complètement aspergés

spread [spred] (*vb: pret, ptp* **spread**) **1** N **a** [*of fire, disease*] propagation *f*; [*of nuclear weapons*] prolifération *f*; [*of idea, knowledge*] diffusion *f*

b (= *edible paste*) pâte *f* (à tartiner) • **cheese ~** fromage *m* à tartiner

c (= *meal*)* festin *m*

2 VT **a** (= *spread out*) [+ *sheet, map, rug*] étendre (**on sth** sur qch); [+ *wings, sails*] déployer; [+ *net*] tendre; [+ *fingers, arms*] écarter • **the peacock ~ its tail** le paon a fait la roue • **to ~ one's wings** élargir son horizon

b [+ *bread*] tartiner (**with** de); [+ *butter, face cream*] étaler • **~ glue on both surfaces** enduisez les deux surfaces de colle • **to ~ butter on a slice of bread** beurrer une tartine

c (= *distribute*) [+ *sand*] répandre (**on, over** sur); [+ *fertilizer*] épandre (**over, on** sur); (= *spread out*) [+ *objects, cards*] étaler (**on** sur); [+ *soldiers*] disposer • **there were policemen ~ out all over the hillside** des policiers étaient postés sur toute la colline • **the wind ~ the flames** le vent a propagé les flammes

d (= *diffuse*) [+ *disease*] propager; [+ *germs*] disséminer; [+ *wealth*] distribuer; [+ *rumours*] faire courir; [+ *news*] faire circuler; [+ *knowledge*] diffuser; [+ *fear, indignation*] semer; (*in time: = spread out*) [+ *payment, studies*] étaler (**over** sur) • **his visits were ~ out over three years** ses visites se sont étalées sur une période de trois ans • **he ~ his degree out over five years** il a étalé ses études de licence sur cinq ans • **our resources are ~ very thinly** nous n'avons plus aucune marge dans l'emploi de nos ressources • **to ~ o.s. too thin** trop disperser ses efforts • **she asked me to ~ the word** elle m'a demandé de faire passer l'information

3 VI **a** (= *widen*) [*river*] s'élargir; [*oil slick, weeds, fire, disease*] s'étendre; [*news, rumour*] se répandre; [*panic, indignation*] se propager

b (= *extend*) s'étendre (**over** sur) • **the desert ~s over 500 square miles** le désert s'étend sur 500 miles carrés

c [*butter, paste*] s'étaler

▸ **spread out** **1** VI **a** [*people, animals*] se disperser • **~ out!** dispersez-vous ! **b** (= *open out*) [*wings*] se déployer; [*valley*] s'élargir **2** VT SEP **the valley lay ~ out before him** la vallée s'étendait à ses pieds • **he was ~ out on the floor** il était étendu de tout son long par terre

spreadsheet ['spredʃiːt] N (= *chart*) tableau *m*; (= *software*) tableur *m*

spree [spriː] N **to go on a ~** (*spending money*) aller faire des folies; (*shopping*) aller faire du shopping

sprig [sprɪg] N brin *m*

sprightly ['spraɪtlɪ] ADJ alerte

spring [sprɪŋ] (*vb: pret* **sprang**, *ptp* **sprung**) **1** N **a** (= *leap*) bond *m*

b (*for chair, mattress, watch*) ressort *m* • **the ~s** [*of car*] la suspension

c [*of water*] source *f* • **hot ~** source *f* chaude

d (= *season*) printemps *m* • **in ~** au printemps • **~ is in the air** on sent venir le printemps

2 VI **a** (= *leap*) bondir • **to ~ in/out/across** entrer/sortir/traverser d'un bond • **to ~ at sth/sb** bondir sur

qch/qn • **to ~ to one's feet** se lever d'un bond • **he sprang into action** il est passé à l'action • **to ~ into existence** apparaître du jour au lendemain • **to ~ to mind** venir à l'esprit • **tears sprang to her eyes** les larmes lui sont montées aux yeux • **the door sprang open** la porte s'est brusquement ouverte • **where did you ~ from?** d'où est-ce que tu sors ?
ⓑ (= *originate*) venir (**from** de)
3 (VT) **to ~ a surprise on sb** surprendre qn • **to ~ a question on sb** poser une question à qn à brûle-pourpoint • **he sprang it on me** il m'a pris de court
4 (COMP) [*weather, day, flowers*] de printemps; [*mattress*] à ressorts ▸ **spring chicken** N **she's no ~ chicken** elle n'est pas de toute première jeunesse ▸ **spring-clean** N grand nettoyage *m* (de printemps) ♦ VT nettoyer de fond en comble ▸ **spring greens** NPL (*Brit*) chou *m* branchu ▸ **spring-loaded** ADJ tendu par un ressort ▸ **spring onion** N (*Brit*) ciboule *f* ▸ **spring roll** N rouleau *m* de printemps ▸ **spring tide** N grande marée *f* ▸ **spring water** N eau *f* de source
▸ **spring up** VI [*person*] se lever d'un bond; [*flowers, weeds*] surgir de terre; [*new buildings, settlements*] pousser comme des champignons; [*problem*] surgir

springboard ['sprɪŋbɔ:d] (N) tremplin *m*

springtime ['sprɪŋtaɪm] (N) printemps *m* • **in ~** au printemps

springy ['sprɪŋɪ] (ADJ) [*mattress, step*] élastique; [*carpet*] moelleux; [*ground*] souple

sprinkle ['sprɪŋkl] (VT) **to ~ sth with water** asperger qch d'eau • **to ~ sand on sth** répandre une légère couche de sable sur qch • **to ~ a cake with sugar** saupoudrer un gâteau de sucre

sprinkler ['sprɪŋklə^r] (N) (*for lawn*) arroseur *m*; (*in ceiling*) diffuseur *m* (d'extincteur d'incendie) ▸ **sprinkler system** N (*for lawn*) combiné *m* d'arrosage; (*for fire-fighting*) installation *f* d'extinction automatique d'incendie

sprinkling ['sprɪŋklɪŋ] (N) [*of sand, snow*] mince couche *f* • **top off with a ~ of grated Parmesan** terminer en saupoudrant de parmesan râpé

sprint [sprɪnt] 1 (N) sprint *m* • **to make a ~ for the bus** piquer* un sprint pour attraper l'autobus 2 (VI) (*Sport*) sprinter; (*gen*) piquer* un sprint • **to ~ down the street** descendre la rue à toutes jambes

sprinter ['sprɪntə^r] (N) sprinteur *m*, -euse *f*

sprog‡ [sprɒg] (N) (*Brit*) morpion* *m* (*enfant*)

sprout [spraʊt] 1 (N) (*on plant, branch*) pousse *f*; (*from bulbs, seeds*) germe *m* • **(Brussels) ~** chou *m* de Bruxelles
2 (VI) ⓐ [*bulbs, onions*] germer ⓑ (= *grow quickly*) [*plants, crops*] bien pousser; [*child*] grandir vite ⓒ (= *appear*) [*mushrooms*] pousser; [*weeds, new buildings*] surgir de terre
3 (VT) **to ~ new leaves** faire de nouvelles feuilles • **to ~ shoots** germer • **Paul has ~ed* a moustache** Paul s'est laissé pousser la moustache

spruce [spru:s] 1 (N) épicéa *m* 2 (ADJ) [*person*] pimpant; [*house*] coquet
▸ **spruce up** VT SEP [+ *child*] faire beau; [+ *house*] refaire à neuf • **all ~d up** [*person*] tiré à quatre épingles; [*house*] refait à neuf • **to ~ o.s. up** se faire tout beau (toute belle *f*)

sprung [sprʌŋ] 1 (VB) *ptp of* **spring** 2 (ADJ) à ressorts

spry [spraɪ] (ADJ) alerte

spud* [spʌd] (N) patate* *f*

spun [spʌn] (VB) *pt, ptp of* **spin**

spunk [spʌŋk] (N) ⓐ (= *courage*)‡ cran* *m* ⓑ (*Brit* = *semen*)** foutre** *m*

spunky‡ ['spʌŋkɪ] (ADJ) **she's a ~ girl** elle ne manque pas de cran*

spur [spɜ:^r] (N) éperon *m* • **to dig in one's ~s** éperonner son cheval • **to win one's ~s** (*Brit fig*) faire ses preuves • **on the ~ of the moment** sous l'impulsion du moment
▸ **spur-of-the-moment** ADJ fait sous l'impulsion du moment
▸ **spur on** VT SEP éperonner • **~red on by ambition** éperonné par l'ambition • **to ~ sb on to do sth** inciter qn à faire qch • **this ~red him on to greater efforts** ça l'a encouragé à redoubler d'efforts

spurious ['spjʊərɪəs] (ADJ) faux (fausse *f*); [*claim*] fallacieux

spurn [spɜ:n] (VT) [+ *help, offer*] repousser; [+ *lover*] éconduire

spurt [spɜ:t] 1 (N) [*of water*] jet *m*; [*of enthusiasm, energy*] regain *m*; (= *burst of speed*) accélération *f* • **to put on a ~** (*Sport*) sprinter; (*in work*) donner un coup de collier • **in ~s** (= *sporadically*) par à-coups 2 (VI) [*water, blood, flame*] jaillir (**from** de) 3 (VT) [+ *flame, lava, water*] projeter

sputter ['spʌtə^r] (VI) crachoter; (= *stutter*) bredouiller

spy [spaɪ] 1 (N) espion(ne) *m(f)* • **police ~** indicateur *m*, -trice *f* de police 2 (VI) **to ~ for a country** faire de l'espionnage pour le compte d'un pays • **to ~ on sb** espionner qn • **to ~ on sth** épier qch • **stop ~ing on me!** arrête de m'espionner ! 3 (VT) (= *catch sight of*) apercevoir • **I spied him coming** je l'ai vu qui arrivait 4 (COMP) [*film, story*] d'espionnage ▸ **spy plane** N avion-espion *m* ▸ **spy ring** N réseau *m* d'espionnage ▸ **spy satellite** N satellite-espion *m*

spycam ['spaɪkæm] (N) caméra *f* de surveillance

spying ['spaɪɪŋ] (N) espionnage *m*

spyware ['spaɪwɛə^r] (N) logiciel *m* espion

Sq. (ABBR OF **Square**)

sq. (ABBR OF **square**) carré • **4 ~ m** 4 m²

squabble ['skwɒbl] (VI) se chamailler* (**over sth** à propos de qch)

squabbling ['skwɒblɪŋ] (N) chamaillerie(s)* *f(pl)*

squad [skwɒd] (N) [*of policemen, workmen, prisoners*] groupe *m*, équipe *f* • **the England ~** (*Sport*) l'équipe *f* d'Angleterre
▸ **squad car** N (*Police*) voiture *f* de police

squadron ['skwɒdrən] (N) (*in army*) escadron *m*; (*in navy, air force*) escadrille *f* ▸ **squadron leader** N (*Brit Aviat*) commandant(e) *m(f)*

squalid ['skwɒlɪd] (ADJ) [*place, conditions, love affair*] sordide; [*motive*] bas (basse *f*) • **it was a ~ business** c'était une affaire sordide

squall [skwɔ:l] (N) (= *rain*) rafale *f* (de pluie); (*at sea*) grain *m*

squalor ['skwɒlə^r] (N) conditions *fpl* sordides • **to live in ~** vivre dans des conditions sordides

squander ['skwɒndə^r] (VT) [+ *time, money*] gaspiller; [+ *fortune, inheritance*] dilapider; [+ *opportunity*] gâcher

square [skwɛə^r] 1 (N) ⓐ (= *shape*) carré *m*; [*of chessboard, graph paper*] case *f*; [*of cake*] part *f* (carrée); (= *window pane*) carreau *m* • **to fold paper into a ~** plier une feuille de papier en carré • **to start again from ~ one*** repartir à zéro* • **we're back to ~ one*** on se retrouve à la case départ*
ⓑ (*in town*) place *f*; (*with gardens*) square *m*; (= *block of houses*) pâté *m* de maisons • **the town ~** la grand-place

S

ⓒ (*Math*) carré *m* • **four is the ~ of two** quatre est le carré de deux
ⓓ (*= person*)* ringard* *m*
2 (ADJ) ⓐ (*in shape*) carré • **to be a ~ peg in a round hole*** ne pas être dans son élément
ⓑ (*Math*) **6 ~ metres** 6 mètres carrés • **6 metres ~** de 6 mètres sur 6 • **a 25-cm ~ baking dish** un moule de 25 centimètres sur 25
ⓒ (*= in order*) en ordre • **to get one's accounts ~** équilibrer ses comptes • **to get ~ with sb** (*financially*) régler ses comptes avec qn; (*= get even with*) rendre la pareille à qn
ⓓ (*= not indebted*) **to be all ~ (with sb)*** être quitte (envers qn)
ⓔ (*= honest*) [*dealings*] honnête • **to get a ~ deal** être traité équitablement • **to give sb a ~ deal** agir honnêtement avec qn • **to be ~ with sb** être honnête avec qn
ⓕ [*person, attitude*]* ringard*
3 (ADV) ⓐ (*= squarely*) **to hit sb ~ on the forehead/on the jaw** atteindre qn en plein front/en pleine mâchoire • **to kiss sb ~ on the mouth** embrasser qn à pleine bouche • **~ in the middle** en plein milieu • **to look sb ~ in the face** regarder qn bien en face
4 (VT) ⓐ (*= settle*) [*+ accounts*] équilibrer; [*+ debts*] régler
ⓑ (*Math*) [*+ number*] élever au carré • **four ~d is sixteen** quatre au carré fait seize
5 (VI) cadrer • **that doesn't ~ with the facts** cela ne cadre pas avec les faits
6 (COMP) ▸ **square bracket** N crochet *m* • **in ~ brackets** entre crochets ▸ **square dance** N ≈ quadrille *m* ▸ **square meal** N repas *m* substantiel ▸ **the Square Mile** N (*in London*) la City ▸ **square number** N (*Math*) carré *m* ▸ **square root** N racine *f* carrée
▸ **square up** 1 VI régler ses comptes 2 VT SEP [*+ account, debts*] régler

squarely [ˈskwɛəlɪ] (ADV) ⓐ (*= completely*) complètement • **responsibility rests ~ with the President** la responsabilité incombe complètement au président ⓑ (*= directly*) **to look at sb ~** regarder qn droit dans les yeux • **to hit sb ~ in the stomach** frapper qn en plein dans le ventre

squash [skwɒʃ] 1 (N) ⓐ (*Brit*) **lemon/orange ~** citronnade *f*/orangeade *f*
ⓑ (*Sport*) squash *m* • **to play ~** jouer au squash
ⓒ (*= crowd*) cohue *f* • **we all got in, but it was a ~** on est tous entrés mais on était serrés
ⓓ (*= gourd*) gourde *f*; (*US = marrow*) courge *f*
2 (VT) écraser • **she ~ed the shoes into the suitcase** elle a réussi à caser* les chaussures dans la valise • **can you ~ two more people in the car?** est-ce que tu peux caser* deux personnes de plus dans la voiture ?
3 (VI) **they ~ed into the elevator** ils se sont entassés dans l'ascenseur
▸ **squash in** 1 VI s'entasser • **when the car arrived they all ~ed in** quand la voiture est arrivée ils se sont tous entassés dedans • **can I ~ in?** vous pouvez me faire une petite place ? 2 VT SEP (*into box, suitcase*) réussir à faire rentrer
▸ **squash together** 1 VI se serrer 2 VT SEP [*+ objects*] tasser • **we were all ~ed together** nous étions très serrés
▸ **squash up** VI se serrer • **can you ~ up a bit?** pourriez-vous vous serrer un peu ?

squashy* [ˈskwɒʃɪ] (ADJ) mou (molle *f*)

squat [skwɒt] 1 (ADJ) trapu 2 (VI) ⓐ [*person*] s'accroupir; [*animal*] se tapir • **to be ~ting** [*person*] être accroupi; [*animal*] être tapi ⓑ (*= occupy home*) squatter • **to ~ in a house** squatter une maison 3 (N) (*= home*) squat *m*

squatter [ˈskwɒtəʳ] (N) squatter *m* • **~'s rights** droit *m* de propriété par occupation du terrain

squawk [skwɔːk] 1 (VI) ⓐ [*baby*] brailler; [*parrot, person*] pousser des cris rauques ⓑ (*= complain*)* râler* 2 (N) [*of baby*] braillement *m*; [*of parrot, person*] cri *m* rauque

squeak [skwiːk] 1 (N) [*of hinge, wheel*] grincement *m*; [*of shoes*] craquement *m*; [*of mouse*] couinement *m*; [*of person*] glapissement *m* • **I don't want another ~ out of you** je ne veux plus t'entendre 2 (VI) ⓐ (*= make sound*) [*hinge, wheel*] grincer; [*shoe*] craquer; [*mouse*] couiner; [*person*] glapir ⓑ (*in exam, election*) **to ~ through** réussir de justesse 3 (VT) **"no" she ~ed** « non » glapit-elle

squeaky [ˈskwiːkɪ] (ADJ) [*hinge, wheel*] grinçant; [*toy*] qui couine; [*shoes*] qui craque; [*voice*] aigu (-guë *f*)
▸ **squeaky-clean*** ADJ (*= very clean*) nickel* *inv*; (*= above reproach*) [*person*] blanc comme neige; [*reputation, image*] irréprochable; [*company*] à la réputation irréprochable

squeal [skwiːl] 1 (N) [*of person, animal*] cri *m* perçant; [*of brakes*] hurlement *m*; [*of tyres*] crissement *m* • **to let out a ~ of pain** pousser un cri de douleur 2 (VI) ⓐ [*person, animal*] pousser des cris perçants; [*brakes*] hurler; [*tyres*] crisser ⓑ (*= inform*)* vendre la mèche* • **to ~ on sb** balancer* qn • **somebody ~ed to the police** quelqu'un les (*or* nous *etc*) a balancés* à la police 3 (VT) **"help" he ~ed** « au secours » cria-t-il d'une voix perçante

squeamish [ˈskwiːmɪʃ] (ADJ) facilement effrayé (**about** sth par qch) • **don't be so ~!** ne fais pas le délicat !

squeegee [ˌskwiːˈdʒiː] (N) (*for windows*) raclette *f*; (*= mop*) balai-éponge *m*

squeeze [skwiːz] 1 (N) **to give sth a ~** = **to squeeze sth** • **he gave her a big ~** il l'a serrée très fort dans ses bras • **a ~ of lemon** quelques gouttes *fpl* de citron • **a ~ of toothpaste** un peu de dentifrice • **it was a real ~ in the bus** on était serrés comme des sardines* dans le bus • **it was a tight ~ to get through** il y avait à peine la place de passer • **credit ~** restrictions *fpl* de crédit
2 (VT) ⓐ (*= press*) [*+ tube, lemon, sponge*] presser; [*+ cloth*] tordre; [*+ sb's hand, arm*] serrer • **she ~d another sweater into the case** elle a réussi à caser* un autre pull dans la valise
ⓑ (*= extract*) [*+ water, juice, toothpaste*] exprimer (**from, out of** de)
ⓒ [*+ information, names*]* soutirer (**out of** à)
3 (VI) **he ~d past me** il est passé devant moi en me poussant • **he managed to ~ into the bus** il a réussi à monter dans l'autobus en poussant • **they all ~d into the car** ils se sont entassés dans la voiture • **can you ~ underneath the fence?** est-ce que tu peux te glisser sous la barrière ? • **he ~d through the crowd** il a réussi à se faufiler à travers la foule • **she ~d through the window** elle s'est glissée par la fenêtre
▸ **squeeze in** 1 VI [*person*] trouver une petite place; [*car*] rentrer tout juste • **can I ~ in?** est-ce qu'il y a une petite place pour moi ? 2 VT SEP trouver une petite place pour • **can you ~ two more people in?** est-ce que vous avez de la place pour deux autres personnes ? • **I can ~ you in* tomorrow at nine** je peux vous caser* demain à neuf heures
▸ **squeeze out** VT SEP (*= drop*) [*+ person*] évincer; [*+ activity*] éliminer
▸ **squeeze past** VI se faufiler

▸**squeeze through** VI se faufiler
▸**squeeze up*** VI se serrer

squeezy ['skwi:zɪ] ADJ souple

squelch [skweltʃ] 1 N bruit *m* de ventouse • **I heard the ~ of his footsteps in the mud** je l'ai entendu patauger dans la boue 2 VI [*mud*] faire un bruit de ventouse • **to ~ in/out** [*person*] entrer/sortir en pataugeant • **to ~ through the mud** avancer en pataugeant dans la boue • **the water ~ed in his boots** l'eau faisait flic flac* dans ses bottes

squib [skwɪb] N pétard *m*

squid [skwɪd] N (*pl* **squid**) calmar *m*

squidgy* ['skwɪdʒɪ] ADJ (*Brit*) visqueux

squiggle ['skwɪgl] N gribouillis *m*

squiggly ['skwɪglɪ] ADJ ondulé

squint [skwɪnt] 1 N a (*= eye condition*) **to have a ~** loucher
b (*= sidelong look*) regard *m* de côté; (*= quick glance*)* coup *m* d'œil • **to take a ~ at sth*** (*obliquely*) regarder qch du coin de l'œil; (*quickly*) jeter un coup d'œil à qch
2 VI a (*due to eye condition*) loucher
b (*= screw up eyes*) **he ~ed in the sunlight** le soleil lui a fait plisser les yeux
c (*= take a look*) jeter un coup d'œil • **he ~ed down the tube** il a jeté un coup d'œil dans le tube • **to ~ at sth** (*obliquely*) regarder qch du coin de l'œil; (*quickly*) jeter un coup d'œil à qch

squire ['skwaɪə^r] N châtelain *m* • **yes ~!*** (*Brit*) oui chef !*

squirm [skwɜ:m] VI a [*worm*] se tortiller • **to ~ through a window** [*person*] passer par une fenêtre en se contorsionnant b [*person*] (*from embarrassment*) être dans ses petits souliers • **spiders make me ~** j'ai un haut-le-corps quand je vois une araignée

squirrel ['skwɪrəl] N écureuil *m* • **red ~** écureuil *m* roux • **grey ~** écureuil *m* gris

squirt [skwɜ:t] 1 N a [*of water*] jet *m*; [*of detergent*] giclée *f*; [*of scent*] quelques gouttes *fpl*
b (*= person*)* petit morveux* *m*, petite morveuse* *f*
2 VT [*+ water*] faire gicler (**at, on, onto** sur, **into** dans); [*+ detergent, oil*] verser une giclée de • **he ~ed the insecticide onto the roses** il a pulvérisé l'insecticide sur les roses • **to ~ sb with water** asperger qn d'eau • **to ~ sb with scent** asperger qn de parfum
3 VI [*liquid*] gicler • **the water ~ed into my eye** j'ai reçu une giclée d'eau dans l'œil • **water ~ed out of the broken pipe** l'eau jaillissait du tuyau cassé
4 COMP ▸**squirt gun** N (*US*) pistolet *m* à eau

squishy* ['skwɪʃɪ] ADJ spongieux

Sr (ABBR OF **Senior**) Sr

Sri Lanka [,sri:'læŋkə] N Sri Lanka *m*

Sri Lankan [,sri:'læŋkən] 1 ADJ sri-lankais 2 N Sri-Lankais(e) *m(f)*

SRN [,esɑ:r'en] N (*Brit*) (ABBR OF **State-Registered Nurse**) infirmier *m*, -ière *f* diplômé(e) d'État

St 1 N a (ABBR OF **Street**) rue *f* • **Churchill St** rue Churchill b (ABBR OF **Saint**) St(e) *m(f)* • **St Peter** (*church*) St-Pierre; (*person*) Saint Pierre 2 COMP ▸**the St John Ambulance, the St John Ambulance Brigade** N (*Brit*) *association bénévole de secouristes*

st (ABBR OF **stone(s)**)

stab [stæb] 1 N a (*fig*) **a ~ in the back** un coup bas • **a ~ of pain** un élancement • **a ~ of remorse** un remords lancinant
b (*= attempt*)* **to have a ~ at (doing) sth** essayer (de faire) qch • **I'll have a ~ at it** je vais tenter le coup
2 VT (*with knife*) (*= kill*) tuer d'un coup de couteau; (*= wound*) blesser d'un coup de couteau; (*= kill or wound with dagger*) poignarder • **to ~ sb to death** tuer qn d'un coup de couteau • **to ~ sb in the back** poignarder qn dans le dos • **he ~bed his penknife into the desk** il a planté son canif dans le bureau
3 VI **he ~bed at a piece of cucumber** il a planté sa fourchette dans une rondelle de concombre
4 COMP ▸**stab-wound** N coup *m* de couteau

stabbing ['stæbɪŋ] 1 N agression *f* (à coups de couteau) • **there was another ~ last night** la nuit dernière une autre personne a été attaquée à coups de couteau 2 ADJ **~ pain** élancement *m*

stability [stə'bɪlɪtɪ] N stabilité *f*

stabilization [,steɪbəlaɪ'zeɪʃən] N stabilisation *f*

stabilize ['steɪbəlaɪz] VT stabiliser

stabilizer ['steɪbəlaɪzə^r] N stabilisateur *m*

stable ['steɪbl] 1 ADJ stable • **to be in a ~ relationship** avoir une relation stable • **he is in a ~ condition** [*patient*] son état est stationnaire • **he is not a very ~ character** il est plutôt instable 2 N (*= building*) écurie *f* • **(riding) ~(s)** centre *m* équestre • (PROV) **to shut** *or* **close the ~ door after the horse has bolted** prendre des précautions après coup 3 VT [*+ horse*] mettre à l'écurie

stablemate ['steɪblmeɪt] N (*= horse*) compagnon *m* de stalle; (*= person*) camarade *mf* d'études (*or* de travail *etc*)

staccato [stə'kɑ:təʊ] 1 ADV staccato 2 ADJ [*notes*] piqué; [*gunfire, voice*] saccadé

stack [stæk] 1 N a tas *m*; (*US*) [*of tickets*] carnet *m* • **~s* of** un tas* de • **we've got ~s* of time** on a tout le temps
b (*Comput*) pile *f* 2 VT a (*also* **stack up**) [*+ books, wood*] entasser; [*+ dishes*] empiler b [*+ supermarket shelves*] remplir c* **he had ~ed the committee with his own supporters** il avait noyauté le comité en y plaçant ses partisans • **the cards** *or* **odds are ~ed against me** tout joue contre moi
▸**stack up** 1 VT SEP empiler 2 VI (*US = measure, compare*) se comparer (**with, against** à)

stadium ['steɪdɪəm] N stade *m*

staff [stɑ:f] 1 N a (*= work force*) personnel *m*; (*= teachers*) personnel *m* enseignant; (*= servants*) domestiques *mfpl* • **to be on the ~** faire partie du personnel • **we have 30 programmers on the ~** notre personnel comprend 30 programmeurs • **15 ~** 15 employés; (*= teachers*) 15 enseignants • **he joined our ~ in 1998** il est entré chez nous en 1998
b (*= stick*) bâton *m*
2 VT [*+ school, hospital*] pourvoir en personnel • **it is ~ed mainly by immigrants** le personnel se compose surtout d'immigrants
3 COMP ▸**staff discount** N remise *f* pour le personnel ▸**staff meeting** N [*of teachers*] conseil *m* des professeurs ▸**staff nurse** N infirmier *m*, -ière *f* ▸**staff-student ratio** N taux *m* d'encadrement

staffer ['stɑ:fə^r] N (*US*) (*in journalism*) membre *m* de la rédaction; (*in organization*) membre *m* du personnel

staffing ['stɑ:fɪŋ] 1 N effectifs *mpl* 2 COMP [*problems*] de personnel • **to reduce ~ levels** réduire les effectifs

staffroom ['stɑ:frʊm] N salle *f* des professeurs

Staffs (ABBR OF **Staffordshire**)

stag [stæg] 1 N (*= deer*) cerf *m* 2 ADJ **~ night** *or* **party** enterrement *m* de la vie de garçon

S

stage [steɪdʒ] **1** (N) ⓐ (*Theatre*) scène *f* • **the ~** (= *profession*) le théâtre • **on (the) ~** sur scène • **to go on the ~** (*as career*) monter sur les planches • **to write for the ~** écrire des pièces de théâtre • **the book was adapted for the ~** le livre a été adapté pour le théâtre • **to set the ~ for sth** préparer le terrain pour qch • **the ~ is set for a memorable match** tout annonce un match mémorable
ⓑ (= *platform: in hall*) estrade *f*
ⓒ (= *point*) [*of journey*] étape *f*; [*of operation, process, development*] phase *f* • **a critical ~** une phase critique • **in ~s** par étapes • **by easy ~s** [*travel*] par petites étapes; [*study*] par degrés • **the reform was carried out in ~s** la réforme a été appliquée en plusieurs étapes • **in the early ~s** au début • **at this ~ in the negotiations** à ce stade des négociations • **we have reached a ~ where ...** nous sommes arrivés à un point où ...
2 (VT) [+ *play*] mettre en scène • **to ~ a strike** (= *organize*) organiser une grève; (= *go on strike*) faire la grève • **that was no accident, it was ~d** ce n'était pas un accident, c'était un coup monté
3 (COMP) ▸ **stage door** N entrée *f* des artistes ▸ **stage fright** N trac* *m* ▸ **stage left** N côté *m* cour ▸ **stage-manage** VT [+ *event*] orchestrer ▸ **stage manager** N régisseur *m* ▸ **stage name** N nom *m* de scène ▸ **stage right** N côté *m* jardin ▸ **stage-struck** ADJ **to be ~-struck** brûler d'envie de faire du théâtre ▸ **stage whisper** N aparté *m* • **in a ~ whisper** en aparté

stagehand ['steɪdʒhænd] (N) machiniste *mf*

stagger ['stægəʳ] **1** (VI) chanceler; (*when drunk*) tituber • **he ~ed to the door** il est allé à la porte d'un pas chancelant **2** (VT) ⓐ (= *amaze*) stupéfier • **I was ~ed to learn that ...** (= *amazed*) j'ai été absolument stupéfait d'apprendre que ...; (= *horrified*) j'ai été atterré d'apprendre que ... ⓑ [+ *visits, payments*] échelonner; [+ *holidays*] étaler

staggering ['stægərɪŋ] (ADJ) (= *astounding*) stupéfiant

stagnant ['stægnənt] (ADJ) stagnant

stagnate [stæg'neɪt] (VI) stagner

stagnation [stæg'neɪʃən] (N) stagnation *f*

staid [steɪd] (ADJ) [*person, appearance*] collet monté *inv*; [*place*] sclérosé

stain [steɪn] **1** (N) (= *mark*) tache *f* • **blood ~** tache *f* de sang • **without a ~ on his character** sans une tache à sa réputation **2** (VT) ⓐ (= *mark*) tacher; [+ *reputation*] entacher ⓑ [+ *wood*] teinter **3** (VI) **this material will ~** ce tissu se tache facilement **4** (COMP) ▸ **stained glass** N (= *substance*) verre *m* coloré; (= *windows collectively*) vitraux *mpl* ▸ **stained-glass window** N vitrail *m* ▸ **stain remover** N détachant *m*

stainless steel [,steɪnlɪs'stiːl] (N) acier *m* inoxydable

stair [stɛəʳ] (N) (= *step*) marche *f*; (*also* **stairs**) escalier *m* • **to pass sb on the ~(s)** rencontrer qn dans l'escalier • **~ carpet** tapis d'escalier

staircase ['stɛəkeɪs] (N) escalier *m*

stairlift ['stɛəlɪft] (N) ascenseur *m* d'escalier

stairway ['stɛəweɪ] (N) escalier *m*

stairwell ['stɛəwel] (N) cage *f* d'escalier

stake [steɪk] **1** (N) ⓐ (*for fence, tree*) pieu *m* • **to be burnt at the ~** mourir sur le bûcher
ⓑ (*Betting*) enjeu *m*; (= *share*) intérêt *m* • **to raise the ~s** faire monter les enchères • **to have a ~ in sth** avoir des intérêts dans qch • **Britain has a big ~ in North Sea oil** la Grande-Bretagne a beaucoup investi dans le pétrole de la mer du Nord
▸ **at stake** **our future is at ~** notre avenir est en jeu • **there is a lot at ~** l'enjeu est considérable
2 (VT) ⓐ (= *bet*) [+ *money*] miser; [+ *one's reputation, life*] risquer
ⓑ **to ~ one's claim to sth** revendiquer qch
▸ **stake out** VT SEP ⓐ **to ~ out a position as ...** se tailler une place de ... ⓑ [+ *person, house*] placer sous surveillance

stakeholder ['steɪkhəʊldəʳ] (N) partie *f* prenante
▸ **stakeholder pension** N (*Brit*) *système d'épargne-retraite par capitalisation*

stakeout ['steɪkaʊt] (N) surveillance *f* • **to be on a ~** effectuer une surveillance

stalactite ['stæləktaɪt] (N) stalactite *f*

stalagmite ['stæləgmaɪt] (N) stalagmite *f*

stale [steɪl] (ADJ) ⓐ [*food*] qui n'est plus frais (fraîche *f*); [*bread, cake*] rassis (rassie *f*); [*air*] confiné ⓑ [*person*] usé

stalemate ['steɪlmeɪt] (N) (*Chess*) pat *m* • **the discussions have reached ~** les discussions sont dans l'impasse • **to break the ~** sortir de l'impasse

Stalin ['stɑːlɪn] (N) Staline *m*

Stalinist ['stɑːlɪnɪst] **1** (N) stalinien(ne) *m(f)* **2** (ADJ) stalinien

stalk [stɔːk] **1** (N) [*of plant*] tige *f*; [*of fruit*] queue *f*; [*of cabbage*] trognon *m* **2** (VT) [+ *game, prey, victim*] traquer; [+ *suspect*] filer **3** (VI) **to ~ out/off** sortir/partir d'un air digne

stalker ['stɔːkəʳ] (N) **she was being followed by a ~** un désaxé la suivait partout

stall [stɔːl] **1** (N) ⓐ (*in church, cowshed*) stalle *f* ⓑ (*in market*) éventaire *m*; (*in exhibition*) stand *m* ⓒ (*Brit*) (*Theatre*) **the ~s** l'orchestre *m* **2** (VI) ⓐ [*car*] caler ⓑ **to ~ (for time)** essayer de gagner du temps **3** (VT) ⓐ [+ *car*] faire caler ⓑ [+ *person*] tenir à distance • **try to ~ him for a while** essaie de gagner du temps

stallholder ['stɔːlhəʊldəʳ] (N) marchand(e) *m(f)* (à l'étal)

stallion ['stæljən] (N) étalon *m* (*cheval*)

stalwart ['stɔːlwət] **1** (ADJ) (= *dependable*) loyal; [*supporter, ally*] inconditionnel **2** (N) brave homme *m* (*or* femme *f*); [*of party*] fidèle *mf*

stamina ['stæmɪnə] (N) endurance *f*

stammer ['stæməʳ] **1** (N) bégaiement *m* • **to have a ~** bégayer **2** (VTI) bégayer

stamp [stæmp] **1** (N) ⓐ timbre *m* • **(National) Insurance ~** cotisation *f* à la Sécurité sociale
ⓑ (= *implement*) (*for metal*) poinçon *m*; (= *rubber stamp*) tampon *m*; (= *date stamp*) timbre dateur *m*
ⓒ (= *mark, impression*) (*on document*) cachet *m*; (*on metal*) poinçon *m* • **look at the date ~** regardez la date sur le cachet • **he gave the project his ~ of approval** il a donné son aval au projet
ⓓ **with a ~ (of his foot)** en tapant du pied
2 (VT) ⓐ **to ~ one's foot** taper du pied • **to ~ one's feet** (*to keep warm*) battre la semelle
ⓑ (= *stick a stamp on*) affranchir
ⓒ (= *mark with stamp*) tamponner; [+ *passport, document*] viser; [+ *metal*] poinçonner • **to ~ the date on a form** apposer la date sur un formulaire (*avec un timbre dateur*)
3 (VI) ⓐ taper du pied • **he ~ed on the burning wood** il a éteint les braises avec ses pieds • **to ~ on a suggestion**

rejeter une suggestion • **to ~ on an insect** écraser un insecte avec son pied

b (*angrily*) **to ~ in/out** entrer/sortir en tapant du pied

4 COMP [*album, collection*] de timbres ▸ **stamp collecting** N philatélie *f* ▸ **stamp duty** N droit *m* de timbre ▸ **stamped addressed envelope** N (*Brit*) enveloppe *f* affranchie à son nom et adresse • **I enclose a ~ed addressed envelope (for your reply)** veuillez trouver ci-joint une enveloppe affranchie pour la réponse

▸ **stamp out** VT SEP [*+ fire*] éteindre avec les pieds; [*+ rebellion*] écraser; [*+ custom, tendency, rhythm*] marquer en frappant du pied

stampede [stæm'pi:d] **1** N [*of animals, people*] débandade *f*; (= *rush*) ruée *f* • **there was a ~ for the door** on s'est rué vers la porte **2** VI [*animals, people*] s'enfuir en désordre; (= *rush*) se ruer • **to ~ for the door** se ruer vers la porte

stance [stæns] N position *f* • **to take up a ~** prendre position

stand [stænd]

1 NOUN	4 COMPOUNDS
2 TRANSITIVE VERB	5 PHRASAL VERBS
3 INTRANSITIVE VERB	

vb: pret, ptp **stood**

1 NOUN

a (= *position*) position *f* • **to take one's ~** prendre position • **I admired the firm ~ he took on that point** j'ai admiré sa fermeté sur cette question • **to make a ~ against sth** lutter contre qch

b (*also taxi stand*) station *f* (de taxis)

c (*for displaying goods*) étal *m*; (*also* **newspaper stand**) kiosque *m* à journaux; (*at trade fair*) stand *m*

d (= *seating area*) tribune *f* • **I've got a ticket for the ~(s)** j'ai un billet de tribune

e (= *witness stand*) barre *f* • **to take the ~** venir à la barre

f (= *support*) (*for plant*) guéridon *m*; (*for lamp*) pied *m* (de lampe); (= *music stand*) pupitre *m*

2 TRANSITIVE VERB

a (= *place*) [*+ object*] mettre • **to ~ sth (up) against a wall** mettre qch debout contre un mur • **to ~ sth on its end** mettre qch debout

b (= *tolerate*) supporter • **I can't ~ it any longer** (*pain, criticism*) je ne peux plus le supporter; (*boredom*) j'en ai assez • **I can't ~ (the sight of) her** je ne peux pas la sentir* • **she can't ~ being laughed at** elle ne supporte pas qu'on se moque *subj* d'elle • **I can't ~ Wagner** je déteste Wagner

c (= *withstand*) résister à • **it won't ~ close examination** cela ne résistera pas à un examen approfondi

d (= *pay for*)* payer • **to ~ sb a drink** payer un pot à qn* • **to ~ the cost of sth** payer qch

3 INTRANSITIVE VERB

a (= *be upright: also stand up*) [*person, animal*] être debout • **he is too weak to ~** il est trop faible pour se tenir debout • **we had to ~ as far as Calais** nous avons dû voyager debout jusqu'à Calais • **the house is still ~ing** la maison est encore debout • **not a stone was left ~ing in the old town** la vieille ville a été complètement détruite

▸ **to stand or fall** **the project will ~ or fall by ...** le succès du projet repose sur ...

b (= *rise: also stand up*) se lever • **all ~!** levez-vous s'il vous plaît !

c (= *stay*) rester (debout) • **don't just ~ there, do something!** ne reste pas là à ne rien faire ! • **I left him ~ing on the bridge** je l'ai laissé sur le pont • **he left the others ~ing** il dépassait les autres de la tête et des épaules

d (= *be positioned*) [*person*] être, se tenir; [*object, vehicle, tree*] être, se trouver; [*town, building*] se trouver • **he stood there ready to shoot** il se tenait là, prêt à tirer • **the man ~ing over there** cet homme là-bas • **I like to know where I ~** j'aime savoir où j'en suis • **as things ~ at the moment** dans l'état actuel des choses • **how do things ~?** où en sont les choses ?

▸ **to stand** + *preposition* **three chairs stood against the wall** il y avait trois chaises contre le mur • **nothing ~s between you and success** rien ne s'oppose à votre réussite • **they stood in a circle around the grave** ils se tenaient en cercle autour de la tombe • **the house ~s in its own grounds** la maison est entourée d'un parc • **where do you ~ on this question?** quelle est votre position sur cette question ? • **I hate people ~ing over me** je déteste avoir toujours quelqu'un sur le dos* • **he was ~ing over the stove** il était penché au-dessus du fourneau

▸ **to stand in the way** **to ~ in sb's way** barrer le passage à qn; (*fig*) se mettre en travers du chemin de qn • **nothing now ~s in our way** maintenant la voie est libre • **to ~ in the way of sth** faire obstacle à qch

▸ **to stand to do sth** **to ~ to lose** risquer de perdre • **he ~s to make a fortune on it** ça va sans doute lui rapporter une fortune

e (= *tread*) marcher • **you're ~ing on my foot** tu me marches sur le pied • **to ~ on the brakes** piler* • **where's that letter? — you're ~ing on it** où est la lettre ? — tu marches dessus

f (= *measure*) faire • **the tree ~s 30 metres high** l'arbre fait 30 mètres de haut

g (= *be mounted, based*) reposer

h (= *be*) **you must accept the offer as it ~s** cette offre n'est pas négociable

▸ **to stand at** [*thermometer, clock*] indiquer; [*price, value*] s'élever à; [*score*] être de • **the record stood at four minutes for several years** pendant plusieurs années le record a été de quatre minutes

▸ **to stand** + *past participle/adjective* **to ~ accused of murder** être accusé de meurtre • **he ~s alone in this matter** personne ne partage son avis sur cette question • **to ~ clear** s'écarter • **to ~ convicted of manslaughter** être condamné pour homicide • **I ~ corrected** au temps pour moi • **to ~ opposed to sth** être opposé à qch • **the record ~s unbeaten** le record n'a pas encore été battu

i (= *remain undisturbed, unchanged*) [*liquid, mixture, dough*] reposer; [*tea, coffee*] infuser • **the offer still ~s** l'offre tient toujours • **the objection still ~s** l'objection demeure

j (*Brit* = *be candidate*) se présenter • **to ~ against sb in an election** se présenter contre qn à des élections • **to ~ for election** se présenter aux élections

4 COMPOUNDS

▸ **stand-alone** ADJ [*system*] autonome ▸ **stand-in** N remplaçant(e) *m(f)*

S

5 PHRASAL VERBS

▸ **stand about, stand around** VI rester là • **don't ~ about doing nothing!** ne reste pas là à ne rien faire! • **they kept us ~ing about for hours** ils nous ont fait attendre debout pendant des heures

▸ **stand aside** VI se pousser • **to ~ aside in favour of sb** laisser la voie libre à qn

▸ **stand back** VI (*= move back*) reculer; (*from stimulation, problem*) prendre du recul

▸ **stand by** 1 VI ⓐ (*= be onlooker*) rester là (à ne rien faire) • **don't ~ by and let democracy be undermined** ne laissez pas attaquer la démocratie sans rien ⓑ (*= be ready for action*) [*troops*] être en état d'alerte; [*emergency services*] être prêt à intervenir • **~ by for further revelations** attendez-vous à d'autres révélations 2 VT INSEP ⓐ (*= support*) [*+ friend*] ne pas abandonner; [*+ colleague, spouse*] soutenir ⓑ (*= keep to*) [*+ promise*] tenir; [*+ sb else's decision*] respecter; [*+ one's own decision*] s'en tenir à

▸ **stand down** VI (*= resign*) démissionner

▸ **stand for** VT INSEP ⓐ (*= represent*) représenter • **what does UNO ~ for?** à quoi correspond l'abréviation UNO? ⓑ (*= defend*) défendre ⓒ (*= tolerate*) tolérer • **I won't ~ for it!** je ne le tolérerai pas!

▸ **stand in** VI **to ~ in for sb** remplacer qn

▸ **stand out** VI ⓐ (*= protrude*) faire saillie; [*vein*] saillir ⓑ (*= be conspicuous*) ressortir ⓒ (*= be outstanding*) se distinguer • **he ~s out from all the other students** il se distingue de tous les autres étudiants ⓓ (*= remain firm*) tenir bon • **to ~ out for sth** revendiquer qch

▸ **stand up** 1 VI ⓐ (*= rise*) se lever; (*= be standing*) [*person*] être debout; [*tent, structure*] tenir debout • **to ~ up and be counted** déclarer ouvertement sa position ⓑ (*= resist challenge*) tenir debout 2 VT SEP ⓐ (*= place upright*) mettre • **to ~ sth up against a wall** appuyer qch contre un mur ⓑ (*= fail to meet*)* [*+ friend*] faire faux bond à; [*+ boyfriend, girlfriend*] poser un lapin à*

▸ **stand up for** VT INSEP [*+ person, principle, belief*] défendre • **to ~ up for o.s.** savoir se défendre

▸ **stand up to** VT INSEP [*+ bully, superior*] affronter; [*+ use, conditions*] résister à

---

standard ['stændəd] 1 (N) (*= norm*) norme *f*; (*= criterion*) critère *m*; (*intellectual*) niveau *m* (voulu) • **to be up to ~** [*person*] être à la hauteur; [*thing*] être de la qualité voulue • **judging by that ~** selon ce critère • **his ~s are high** il est très exigeant • **the ~ of the exam was low** le niveau de l'examen était bas • **to have high moral ~s** avoir un sens moral très développé

2 (ADJ) ⓐ (*= regular*) normal; [*model, design, feature*] standard *inv*; [*product*] ordinaire • **a ~ car** une voiture de série • **it's ~ practice** c'est une pratique courante

ⓑ [*pronunciation, grammar*] correct

ⓒ [*text, book*] de référence

3 (COMP) ▸ **standard class** N seconde classe *f* ▸ **Standard English** N anglais *m* correct → ENGLISH ▸ **Standard Grade** N (*in Scottish schools*) ≈ épreuve *f* du brevet des collèges ▸ **standard lamp** N (*Brit*) lampadaire *m* ▸ **standard of living** N niveau *m* de vie ▸ **standard time** N heure *f* légale

standardization [,stændədaɪ'zeɪʃən] (N) (*gen*) standardisation *f*; [*of product, terminology*] normalisation *f*

standardize ['stændədaɪz] (VT) standardiser; [*+ product, terminology*] normaliser • **~d test** (*US*) *test de connaissances commun à tous les établissements scolaires*

stand-by ['stændbaɪ] 1 (N) (*= person*) remplaçant(e) *m(f)*; (*US = understudy*) doublure *f* • **tinned tuna is a useful ~** ça peut toujours servir d'avoir une boîte de thon en réserve • **to be on ~** [*troops, ambulances*] être prêt à intervenir 2 (ADJ) [*passenger, ticket*] stand-by *inv*

standing ['stændɪŋ] 1 (ADJ) ⓐ [*passenger*] debout *inv* ⓑ [*invitation*] permanent • **it's a ~ joke** c'est un sujet de plaisanterie continuel

2 (N) ⓐ (*= importance*) [*of person*] rang *m*; (*= social status*) standing *m*; (*= reputation*) réputation *f* • **professional ~** réputation *f* professionnelle • **his ~ in public opinion polls** sa cote de popularité

ⓑ (*= duration*) durée *f* • **of ten years' ~** [*friendship*] qui dure depuis dix ans; [*agreement, contract*] qui existe depuis dix ans • **of long ~** de longue date

ⓒ (*US: in car*) **"no ~"** « stationnement interdit »

3 (COMP) ▸ **standing order** N (*at bank*) virement *m* automatique ▸ **standing ovation** N ovation *f* ▸ **standing room** N places *fpl* debout • **"~ room only"** « il n'y a plus de places assises »

stand-off ['stændɒf] (N) impasse *f*

stand-offish [,stænd'ɒfɪʃ] (ADJ) distant

standout, stand-out ['stændaʊt] (*US, Austral*) 1 (N) (*= person*) as *m* 2 (ADJ) exceptionnel

standpipe ['stændpaɪp] (N) colonne *f* d'alimentation

standpoint ['stændpɔɪnt] (N) point *m* de vue

standstill ['stændstɪl] (N) arrêt *m* • **to come to a ~** [*person, car*] s'immobiliser; [*production*] s'arrêter • **to bring to a ~** [*+ car*] arrêter; [*+ production*] paralyser

stand-up ['stændʌp] (ADJ) **~ comedian** comique *m* (qui se produit en solo) • **a ~ fight** (*= argument*) une discussion violente

stank [stæŋk] (VB) *pt of* **stink**

staple ['steɪpl] 1 (ADJ) de base; [*crop*] principal • **~ diet** nourriture *f* de base 2 (N) ⓐ (*= chief commodity*) produit *m* de base; (*= raw material*) matière *f* première; (*= chief food*) aliment *m* de base ⓑ (*= key part*) partie *f* importante ⓒ (*for papers*) agrafe *f* 3 (VT) (*also* **staple together**) [*+ papers*] agrafer 4 (COMP) ▸ **staple gun** N agrafeuse *f* professionnelle ▸ **staple remover** N ôte-agrafe *m*

stapler ['steɪpləʳ] (N) agrafeuse *f*

star [stɑːʳ] 1 (N) ⓐ (*in sky*) étoile *f*; (*= asterisk*) astérisque *m*; (*for merit at school*) bon point *m* • **to have ~s in one's eyes** être naïvement plein d'espoir • **to see ~s** voir trente-six chandelles • **you can thank your lucky ~s* that ...** tu peux remercier le ciel de ce que ... • **the ~s** (*= horoscope*) l'horoscope *m* • **three-/five-~ hotel** hôtel *m* trois/cinq étoiles

ⓑ (*= famous person*) vedette *f*

2 (VT) [*+ actor*] avoir pour vedette • **the film ~s John Wayne** John Wayne est la vedette du film • **~ring Mel Gibson as ...** avec Mel Gibson dans le rôle de ...

3 (VI) être la vedette • **to ~ in a film** être la vedette d'un film • **he ~red as Hamlet** il a joué le rôle de Hamlet

4 (COMP) ▸ **star attraction** N attraction *f* vedette ▸ **star prize** N premier prix *m* ▸ **starring role** N premier rôle *m* ▸ **the Stars and Stripes** NPL la Bannière étoilée ▸ **star sign** N signe *m* du zodiaque ▸ **the Star-Spangled Banner** N la Bannière étoilée ▸ **star-studded** ADJ [*cast, premiere*] prestigieux; [*show, event*] à la distribution prestigieuse ▸ **the star system** N le star-system ▸ **the star turn** N la vedette ▸ **Star Wars** N guerre *f* des étoiles

starboard ['stɑːbəd] 1 (N) tribord *m* 2 (ADJ) [*wing, engine*] de tribord • **on the ~ side** à tribord

starch [stɑːtʃ] 1 (N) (*in food, for stiffening*) amidon *m* • **he was told to cut out all ~** on lui a dit de supprimer tous les féculents 2 (VT) [+ *collar*] amidonner

starchy [ˈstɑːtʃɪ] (ADJ) [*food*] féculent • **~ foods** féculents *mpl*

stardom [ˈstɑːdəm] (N) vedettariat *m* • **to rise to ~** devenir une vedette

stare [stɛəʳ] 1 (N) regard *m* (fixe) • **cold/curious/vacant ~** (long) regard *m* froid/curieux/vague • **he gave her a long hard ~** il la fixa longuement • **they drew ~s from passers-by** ils attiraient les regards des passants

2 (VI) **to ~ at sb/sth** regarder qn/qch fixement • **to ~ at sb/sth in surprise** regarder qn/qch d'un air surpris • **they all ~d in astonishment** ils ont tous regardé d'un air ébahi • **what are you staring at?** qu'est-ce que tu regardes comme ça ? • **it's rude to ~** il est mal élevé de regarder les gens fixement • **to ~ into space** regarder dans le vide

3 (VT) **to ~ sb in the face** dévisager qn • **where are my gloves? — here, they're staring you in the face!** où sont mes gants ? — ils sont sous ton nez !

starfish [ˈstɑːfɪʃ] (N) (*pl inv*) étoile *f* de mer

stargazer [ˈstɑːɡeɪzəʳ] (N) (= *astronomer*) astronome *mf*; (= *astrologer*) astrologue *mf*

stargazing [ˈstɑːɡeɪzɪŋ] (N) contemplation *f* des étoiles; (= *predictions*) prédictions *fpl* astrologiques

staring [ˈstɛərɪŋ] (ADJ) **his ~ eyes** son regard fixe; (*in surprise*) son regard étonné; (*in fear*) son regard effrayé

stark [stɑːk] 1 (ADJ) ⓐ [*beauty, building, décor*] austère; [*landscape*] désolé ⓑ [*choice*] difficile; [*warning, reminder*] sévère; [*reality*] dur ⓒ [*terror*] pur • **in ~ contrast** tout à l'opposé • **to be in ~ contrast to sb/sth** contraster vivement avec qn/qch 2 (ADV) **~ naked** tout nu

starkers* [ˈstɑːkəz] (ADJ) (*Brit*) à poil*

starkly [ˈstɑːklɪ] (ADV) ⓐ [*furnished*] de façon austère ⓑ (= *clearly*) [*illustrate, outline*] nettement; [*stand out*] [*different*] carrément; [*apparent*] nettement • **to contrast ~ with sth** contraster de façon frappante avec qch

starlet [ˈstɑːlɪt] (N) starlette *f*

starlight [ˈstɑːlaɪt] (N) **by ~** à la lumière des étoiles

starling [ˈstɑːlɪŋ] (N) étourneau *m*

starlit [ˈstɑːlɪt] (ADJ) [*night, sky*] étoilé; [*scene*] éclairé par les étoiles

starry [ˈstɑːrɪ] (ADJ) étoilé ▸ **starry-eyed** ADJ [*person*] (= *idealistic*) idéaliste; (= *innocent*) innocent; (*from wonder*) éberlué; (*from love*) éperdument amoureux

starstruck [ˈstɑːstrʌk] (ADJ) ébloui (*devant une célébrité*)

START [stɑːt] (N) (ABBR OF **Strategic Arms Reduction Talks**) START *m* (*négociations sur la réduction des armes stratégiques*)

start [stɑːt]

1 NOUN	4 COMPOUNDS
2 TRANSITIVE VERB	5 PHRASAL VERBS
3 INTRANSITIVE VERB	

1 NOUN

ⓐ (= *beginning*) [*of book, film, career*] début *m*; [*of negotiations*] ouverture *f*; [*of race*] départ *m* • **at the ~** au début • **for a ~** d'abord • **from the ~** dès le début • **from ~ to finish** du début à la fin • **the ~ of the academic year** (*at university*) la rentrée universitaire; (*at school*) la rentrée des classes • **that was the ~ of all the trouble** c'est là que tous les ennuis ont commencé • **to get off to a good ~** bien commencer • **to get a good ~ in life** bien débuter dans la vie • **to get off to a bad ~** mal commencer

▸ **to make a start** commencer • **to make a ~ on sth** commencer qch • **to make an early ~** commencer de bonne heure; (*in journey*) partir de bonne heure • **let's make a ~ on that washing-up** allez, on se met à la vaisselle

ⓑ (= *advantage*) (*Sport*) avance *f*; (*fig*) avantage *m* • **to give sb a 10-metre ~** donner 10 mètres d'avance à qn

ⓒ (= *sudden movement*) sursaut *m* • **to wake with a ~** se réveiller en sursaut • **to give sb a ~** faire sursauter qn • **you gave me such a ~!** ce que vous m'avez fait peur !

2 TRANSITIVE VERB

ⓐ (= *begin*) commencer (**to do sth, doing sth** à faire qch); [+ *task*] entreprendre; [+ *bottle, jar, loaf of bread*] entamer • **to ~ a journey** partir en voyage • **to ~ life as ...** débuter dans la vie comme ... • **it soon ~ed to rain** il n'a pas tardé à pleuvoir • **I'd ~ed to think you weren't coming** je commençais à croire que tu ne viendrais pas • **to ~ again** tout recommencer • **don't ~ that again!** tu ne vas pas recommencer !

▸ **to get started** commencer • **to get ~ed on sth** commencer qch • **let's get ~ed!** allons-y ! • **once I get ~ed I work very quickly** une fois lancé je travaille très vite

ⓑ (= *originate, initiate*) [+ *discussion*] commencer; [+ *conversation*] engager; [+ *quarrel, reform, series of events*] déclencher; [+ *fashion*] lancer; [+ *phenomenon, institution*] donner naissance à; [+ *custom, policy*] inaugurer • **to ~ a fire** (*in grate*) allumer un feu; (*accidentally*) mettre le feu

ⓒ (= *cause to start*) [+ *engine, vehicle*] mettre en marche; [+ *race*] donner le signal du départ de • **he ~ed the ball rolling by saying ...** pour commencer, il a dit ... • **he blew the whistle to ~ the runners (off)** il a sifflé pour donner le signal du départ • **if you ~ him (off) on that subject ...** si tu le lances sur ce sujet ...

▸ **to get sth started** faire démarrer qch

▸ **to get sb started** mettre qn en selle; [+ *film star, pop star*] lancer qn • **to get sb ~ed on sth** faire commencer qch à qn

3 INTRANSITIVE VERB

ⓐ (= *begin*) commencer • **let's ~!** allons-y ! • **well, to ~ at the beginning ...** eh bien, pour commencer par le commencement ... • **it all ~ed when he refused to pay** tout a commencé quand il a refusé de payer • **to ~ off well in life** bien débuter dans la vie • **to ~ up in business** se lancer dans les affaires • **to ~ again** tout recommencer • **to ~ off by doing sth** commencer par faire qch • **~ by putting everything away** commence par tout ranger • **~ on a new page** prenez une nouvelle page • **he ~ed off in the sales department** il a débuté dans le service des ventes • **he ~ed out as a Marxist** il a commencé par être marxiste • **do ~ before it gets cold!** (= *begin to eat*) commencez avant que ça ne refroidisse

▸ **to start with** **to ~ with, there were only three of them, but later ...** au début ils n'étaient que trois, mais après ... • **we only had $100 to ~ with** nous n'avions que 100 dollars pour commencer

▸ **to start (off) with sth** commencer par qch • **he ~ed off with the intention of writing a thesis** au début son intention était d'écrire une thèse • **we ~ed with oysters**

S

on a commencé par des huîtres
▸ **starting from** à partir de • **you have ten minutes ~ing from now** vous avez dix minutes à partir de maintenant
ⓑ (= *leave*) [*person, ship*] partir • **ten horses ~ed and only three finished** dix chevaux ont pris le départ mais trois seulement ont fini la course • **he ~ed off along the corridor** il s'est engagé dans le couloir • **he ~ed off down the street** il a commencé à descendre la rue
ⓒ (= *get going*) [*car, engine, machine*] démarrer • **my car won't ~** ma voiture ne veut pas démarrer
ⓓ (= *jump nervously*) [*person*] sursauter; [*animal*] tressaillir
4 COMPOUNDS
▸ **starting block** N starting-block *m* • **to be fast/slow off the ~ing blocks** (*fig*) être rapide/lent à démarrer ▸ **starting gate** N starting-gate *m* ▸ **starting grid** N grille *f* de départ ▸ **starting line** N ligne *f* de départ ▸ **starting pistol** N pistolet *m* de starter ▸ **starting point** N point *m* de départ ▸ **starting post** N ligne *f* de départ ▸ **starting price** N [*of shares*] prix *m* initial; (*Racing*) cote *f* de départ ▸ **starting salary** N salaire *m* de départ ▸ **start-up** N [*of business*] lancement *m*
5 PHRASAL VERBS
▸ **start back** VI ⓐ (= *return*) repartir ⓑ (= *recoil*) [*person, horse*] faire un bond en arrière
▸ **start off** VI, VT SEP → **start**
▸ **start on** VT INSEP ⓐ (= *begin*) commencer • **to ~ on a book** commencer un livre • **they had ~ed on a new bottle** ils avaient entamé une nouvelle bouteille • **I ~ed on the job last week** (*employment*) j'ai commencé à travailler la semaine dernière; (*task*) je m'y suis mis la semaine dernière ⓑ (= *pick on*)* s'en prendre à
▸ **start out** VI → **start**
▸ **start over** 1 VI repartir à zéro 2 VT recommencer
▸ **start up** VI, VT SEP → **start**

---

starter ['stɑːtəʳ] 1 N ⓐ (*Brit: in meal*) hors-d'œuvre *m inv* • **for ~s** (= *for a start*)* pour commencer
ⓑ (*on car, motorcycle*) démarreur *m*; (*on machine*) bouton *m* de démarrage
ⓒ (*for race*) starter *m* • **to be under ~'s orders** [*runner*] être à ses marques; (*fig*) être dans les starting-blocks • **to be a slow ~** (*fig*) être lent à démarrer • **the child was a late ~** cet enfant a mis du temps à se développer
2 COMP ▸ **starter flat** N (*Brit*) premier appartement (*d'un accédant à la propriété*) ▸ **starter home** N (*Brit*) première maison (*d'un accédant à la propriété*) ▸ **starter pack** N kit *m* de base

startle ['stɑːtl] VT [*sound, sb's arrival*] faire sursauter; [*news, telegram*] alarmer • **to ~ sb out of his wits** donner un choc à qn • **you ~d me!** tu m'as fait sursauter!

startled ['stɑːtld] ADJ [*animal*] effarouché; [*person*] très surpris; [*expression*] de surprise • **he gave her a ~ look** il lui lança un regard interloqué

startling ['stɑːtlɪŋ] ADJ surprenant; [*contrast*] saisissant

startlingly ['stɑːtlɪŋlɪ] ADV [*different, similar*] étonnamment

starvation [stɑː'veɪʃən] N inanition *f* • **to die of ~** mourir de faim • **to be on a ~ diet** être dangereusement sous-alimenté; (*fig*) suivre un régime draconien

starve [stɑːv] 1 VT ⓐ affamer • **to ~ sb to death** laisser qn mourir de faim • **to ~ o.s. to death** se laisser mourir de faim ⓑ (= *deprive*) priver (**sb of sth** qn de qch) • **~d of affection** privé d'affection 2 VI être affamé • **to ~ to death** mourir de faim

starving ['stɑːvɪŋ] ADJ affamé • **I'm ~!*** je meurs de faim!

stash* [stæʃ] 1 VT (= *hide*) cacher; (= *save up*) mettre de côté • **he had £500 ~ed away** (= *saved up*) il avait mis 500 livres de côté; (= *in safe place*) il avait 500 livres en lieu sûr
2 N (= *place*) cachette *f* • **a ~ of jewellery/drugs** des bijoux cachés/des drogues cachées

state [steɪt] 1 N ⓐ (= *condition*) état *m* • **the ~ of the art** l'état *m* actuel de la technique • **he was in an odd ~ of mind** il était d'une humeur étrange • **you're in no ~ to reply** vous n'êtes pas en état de répondre • **what's the ~ of play?** (*fig*) où en est-on ? • **in a good/bad ~ of repair** bien/mal entretenu • **to be in a good/bad ~** [*car, house*] être en bon/mauvais état; [*person, marriage*] aller bien/mal • **you should have seen the ~ the car was in** vous auriez dû voir l'état de la voiture • **he's not in a fit ~ to drive** il n'est pas en état de conduire • **what a ~ you're in!** tu es dans un bel état ! • **he got into a terrible ~ about it*** ça l'a mis dans tous ses états
ⓑ (= *part of federation*) État *m* • **the State** l'État *m* • **the States*** les États-Unis *mpl*
2 VT déclarer; [+ *one's views, the facts*] exposer; [+ *time, place*] fixer; [+ *theory, restrictions, problem*] énoncer • **~ your name and address** déclinez vos nom, prénoms et adresse; (*written*) inscrivez vos nom, prénoms et adresse • **he was asked to ~ his case** on lui a demandé de présenter ses arguments
3 COMP [*business, secret*] d'État; [*security, control, police*] de l'État; [*education, sector*] public; [*medicine*] nationalisé; (*US*) (*also* **State**) [*law, policy, prison, university*] de l'État
▸ **state apartments** NPL appartements *mpl* officiels ▸ **state banquet** N banquet *m* de gala ▸ **State Capitol** N (*US*) Capitole *m* ▸ **state-controlled** ADJ étatisé ▸ **State Department** N (*US*) Département *m* d'État, ≈ ministère *m* des Affaires étrangères ▸ **state-enrolled nurse** N (*Brit*) aide-soignant(e) *m(f)* ▸ **state funeral** N funérailles *fpl* nationales ▸ **State line** N (*US*) frontière *f* entre les États ▸ **state-maintained** ADJ (*Brit*) public ▸ **state-of-the-art** ADJ (= *up-to-date*) de pointe; [*computer, video*] dernier cri • **it's ~-of-the-art** c'est ce qui se fait de mieux ▸ **State of the Union Address** N (*US*) (*Politics*) discours *m* sur l'état de l'Union ▸ **state-owned** ADJ public ▸ **State Representative** N (*US*) (*Politics*) membre *m* de la Chambre des représentants d'un État ▸ **state-run** ADJ d'État ▸ **State's attorney** N (*US*) procureur *mf* ▸ **state school** N (*Brit*) école *f* publique ▸ **State's rights** NPL (*US*) droits *mpl* des États ▸ **state-subsidized** ADJ subventionné par l'État ▸ **state trooper** N (*US*) ≈ policier *m* ▸ **state visit** N **to go on a ~ visit to a country** se rendre en visite officielle dans un pays ▸ **state-wide** ADJ, ADV (*US*) à l'échelle de l'État

STATE OF THE UNION ADDRESS
Le discours sur l'état de l'Union est l'allocution que prononce le président des États-Unis devant le Congrès en janvier de chaque année, au début de la session parlementaire. Dans cette intervention, diffusée à la radio et à la télévision, le président dresse un bilan de son action, expose ses projets et donne au Congrès des « informations sur l'état de l'Union », comme le demande la Constitution.

STATE'S RIGHTS

Le dixième amendement de la Constitution américaine accorde aux États un certain nombre de droits (**State's rights**) sur toutes les questions qui ne relèvent pas des prérogatives du gouvernement fédéral : enseignement, fiscalité, lois et réglementations diverses. Cependant, l'interprétation de ce texte a provoqué de nombreuses controverses : les États du Sud l'ont utilisé pour justifier la sécession avant la guerre civile, puis pour s'opposer à l'intégration raciale dans les années 50. La question du degré d'autonomie dont disposent les États par rapport au pouvoir fédéral reste un sujet politiquement sensible.

stated ['steɪtɪd] ADJ [*date, sum*] fixé; [*interval*] fixe; [*limit*] prescrit • **at the ~ time** à l'heure dite

statehouse ['steɪthaʊs] N (*US*) siège *m* de la législature d'un État

stateless ['steɪtlɪs] ADJ apatride • **~ person** apatride *mf*

stately ['steɪtlɪ] ADJ [*person*] plein de dignité; [*building, pace*] majestueux ▸ **stately home** N (*Brit*) manoir *m*

statement ['steɪtmənt] N **a** [*of one's views, the facts*] exposition *f*; [*of time, place*] spécification *f*; [*of theory, conditions*] formulation *f*; [*of problem*] énonciation *f* **b** (*written, verbal*) déclaration *f*; (*in law*) déposition *f* • **official ~** communiqué *m* officiel • **to make a ~** faire une déclaration; (*in law*) faire une déposition **c** (= *bank statement*) relevé *m* de compte

stateroom ['steɪtrʊm] N (*Brit*) [*of palace*] grande salle *f* de réception; [*of ship, train*] cabine *f* de luxe

stateside* ['steɪtsaɪd] ADJ (*US*) aux États-Unis

statesman ['steɪtsmən] N (*pl* **-men**) homme *m* d'État

statesmanlike ['steɪtsmənlaɪk] ADJ diplomatique

statesmanship ['steɪtsmənʃɪp] N qualités *fpl* d'homme d'État

statesmen ['steɪtsmən] NPL *of* **statesman**

static ['stætɪk] **1** ADJ (= *stationary*) statique **2** N (= *static electricity*) électricité *f* statique; (= *interference*) parasites *mpl* **3** COMP ▸ **static electricity** N électricité *f* statique

station ['steɪʃən] **1** N **a** (*for trains*) gare *f*; [*of underground*] station *f* • **bus ~** gare *f* routière

b (= *fire station*) caserne *f* de pompiers; (= *police station*) commissariat *m* (de police); (= *radio station*) station *f* de radio; (= *TV station*) chaîne *f* de télévision

c (= *rank*) condition *f* • **to get ideas above one's ~** avoir des idées de grandeur

d (*US*) (= *phone extension*) poste *m*; (= *service counter*) guichet *m* • **give me ~ 101** je voudrais le poste 101

2 VT [*+ people*] placer; [*+ guards, troops, ship*] poster; [*+ tanks*] installer • **to be ~ed at** être stationné à

3 COMP [*staff, bookstall*] de (la) gare ▸ **station break** N (*US*) page *f* de publicité ▸ **station house** N (*US*) (*for police*) commissariat *m*; (*for firefighters*) caserne *f* de pompiers ▸ **station master** N chef *m* de gare ▸ **station wagon** N (*US*) break *m*

stationary ['steɪʃənərɪ] ADJ [*vehicle*] à l'arrêt; [*person, ship, target*] immobile

stationer ['steɪʃənəʳ] N papetier *m*, -ière *f* • **~'s** papeterie *f*

stationery ['steɪʃənərɪ] N papeterie *f*; (= *writing paper*) papier *m* à lettres

statistic [stə'tɪstɪk] N statistique *f* • **a set of ~s** des statistiques; (*hum* = *vital statistics*) mensurations *fpl*

statistical [stə'tɪstɪkəl] ADJ [*analysis, evidence, probability, significance*] statistique; [*error*] de statistique; [*expert*] en statistique(s)

statistically [stə'tɪstɪkəlɪ] ADV statistiquement

statistician [ˌstætɪs'tɪʃən] N statisticien(ne) *m(f)*

statistics [stə'tɪstɪks] N (= *science*) statistique *f*

stats* [stæts] NPL (ABBR OF **statistics**) stats* *fpl*

statuary ['stætjʊərɪ] N statuaire *f*

statue ['stætju:] N statue *f* • **the Statue of Liberty** la statue de la Liberté

statuesque [ˌstætjʊ'esk] ADJ sculptural

statuette [ˌstætjʊ'et] N statuette *f*

stature ['stætʃəʳ] N stature *f* • **he is a writer of some ~** c'est un écrivain d'une certaine envergure • **intellectual ~** envergure *f* intellectuelle

status ['steɪtəs] **1** N **a** (= *economic position*) situation *f* • **social ~** standing *m* • **what is his official ~?** quel est son titre officiel ? **b** (= *prestige*) prestige *m* **2** COMP ▸ **status report** N rapport *m* d'étape ▸ **status symbol** N signe *m* de réussite sociale; (*marking financial success*) signe *m* extérieur de richesse

status quo [ˌsteɪtəs'kwəʊ] N statu quo *m inv*

statute ['stætju:t] N loi *f* ▸ **statute book** N (*Brit*) ≈ code *m* • **to be on the ~ book** figurer dans les textes de loi ▸ **statute of limitations** N (*US*) **the ~ of limitations is seven years** il y a prescription après sept ans

statutory ['stætjʊtərɪ] ADJ légal; [*offence*] défini par la loi

staunch [stɔ:ntʃ] **1** VT [*+ flow*] contenir; [*+ blood*] étancher; [*+ wound*] étancher le sang de **2** ADJ [*supporter, defender, Republican, Protestant*] ardent; [*friend*] loyal; [*ally*] sûr; [*support*] fidèle

staunchly ['stɔ:ntʃlɪ] ADV [*oppose*] fermement; [*defend, support*] vigoureusement; [*conservative, Protestant*] résolument

stave [steɪv] (*vb: pret, ptp* **stove** *or* **staved**) N (*Music*) portée *f*

▸ **stave in** VT SEP défoncer

▸ **stave off** VT SEP [*+ ruin, disaster, defeat*] éviter; [*+ hunger*] tromper; [*+ attack*] parer

stay [steɪ] **1** N séjour *m*

2 VT **a** (= *last out*) [*+ race*] terminer; [*+ distance*] tenir • **to ~ the course** (*fig*) tenir bon

b (= *check*) arrêter; [*+ judgement*] surseoir à; [*+ proceedings*] suspendre; [*+ decision*] ajourner

3 VI **a** (= *remain*) rester • **~ there!** restez là ! • **to ~ put*** ne pas bouger • **to ~ for dinner** rester (à) dîner • **~ tuned!** restez à l'écoute ! • **to ~ ahead of the others** garder son avance sur les autres • **it is here to ~** ça a de beaux jours devant soi • **he is here to ~** il est là pour de bon • **if the weather ~s fine** si le temps se maintient (au beau) • **to ~ off school** ne pas aller à l'école • **to ~ off drugs** ne plus prendre de drogue

b (*on visit*) **has she come to ~?** est-ce qu'elle est venue avec l'intention de rester ? • **she came to ~ for a few weeks** elle est venue passer quelques semaines • **I'm ~ing with my aunt** je loge chez ma tante • **to ~ in a hotel** être à l'hôtel • **where do you ~ when you go to London?** où logez-vous quand vous allez à Londres ? • **he was ~ing in Paris when he fell ill** il était à Paris quand il est tombé malade

c (= *persevere*) tenir • **to ~ to the finish** tenir jusqu'à la ligne d'arrivée • **~ with it!*** tenez bon !

S

4 (COMP) ▸**stay-at-home** N, ADJ casanier *m*, -ière *f* ▸**staying power** N endurance *f* • **he hasn't a lot of ~ing power** il se décourage facilement ▸**stay of execution** N sursis *m* à l'exécution

▸**stay away** VI **he ~ed away from the meeting** il n'est pas allé à la réunion • **to ~ away from school** ne pas aller à l'école

▸**stay behind** VI rester en arrière • **you'll ~ behind after school!** tu resteras après la classe !

▸**stay down** VI rester en bas; (*bending*) rester baissé; (*lying down*) rester couché; (*under water*) rester sous l'eau; (*= remain in same school year*) redoubler

▸**stay in** VI ⓐ [*person*] rester à la maison; (*= be kept in at school*) être en retenue ⓑ [*nail, screw, tooth filling*] tenir

▸**stay out** VI ⓐ [*person*] (*away from home*) ne pas rentrer; (*= outside*) rester dehors • **get out and ~ out!** sortez et ne revenez pas ! • **he always ~s out late on Fridays** il rentre toujours tard le vendredi • **he ~ed out all night** il n'est pas rentré de la nuit ⓑ **to ~ out of** [*+ argument*] ne pas se mêler de; [*+ prison*] éviter • **to ~ out of trouble** se tenir tranquille • **you ~ out of this!** ne vous mêlez pas de cela !

▸**stay over** VI s'arrêter • **can you ~ over till Thursday?** est-ce que vous pouvez rester jusqu'à jeudi ?

▸**stay up** VI ⓐ [*person*] veiller • **we always ~ up late on Saturdays** nous nous couchons toujours tard le samedi ⓑ (*= not fall*) [*trousers*] tenir

staycation [steɪˈkeɪʃən] (N) vacances *fpl* passées à la maison

STD [ˌestiːˈdiː] (ABBR OF **sexually transmitted disease**) MST *f* • **~ clinic** ≈ service *m* de (dermato-)vénérologie

stead [sted] (N) **to stand sb in good ~** rendre grand service à qn

steadfast [ˈstedfəst] (*liter*) (ADJ) ⓐ (*= unshakable*) inébranlable • **to be ~ in one's belief that ...** rester fermement convaincu que ... • **to be ~ in one's praise of sb/sth** ne pas tarir d'éloges sur qn/qch • **to be ~ in one's opposition to sth** rester fermement opposé à qch ⓑ (*= loyal*) loyal

steadily [ˈstedɪlɪ] (ADV) ⓐ [*increase, worsen, improve*] régulièrement; [*breathe, beat*] avec régularité; [*advance, rain*] sans interruption • **a ~ increasing number of people** un nombre toujours croissant de personnes • **the poor are ~ getting poorer** les pauvres deviennent de plus en plus pauvres ⓑ (*= firmly*) [*walk*] d'un pas ferme; [*hold, grasp*] d'une main ferme

steady [ˈstedɪ] 1 (ADJ) ⓐ [*supply, rain, breathing, demand, income*] régulier; [*prices, sales, market*] stable • **to make ~ progress** faire des progrès constants • **there was a ~ downpour for three hours** il n'a pas cessé de pleuvoir pendant trois heures • **at a ~ pace** à une allure régulière • **a ~ stream of sth** un flux régulier de qch • **to keep sth ~** [*+ prices, demand*] stabiliser qch • **a ~ job** un emploi stable • **~ boyfriend** petit ami *m* attitré • **~ girlfriend** petite amie *f* attitrée

ⓑ (*= composed*) [*voice*] ferme; [*nerves*] solide; [*gaze*] (*= unflinching*) calme; (*= intimidating*) insistant

ⓒ (*= firm*) [*chair, table, boat*] stable; [*hand*] (*in drawing*) sûr; (*in holding*) ferme • **to hold sth ~** maintenir fermement qch • **to hold ~** se maintenir • **she's not very ~ on her feet** elle ne tient pas très bien sur ses jambes

ⓓ (*= dependable*) [*person*] sérieux

2 (EXCL) (*Brit*) **~ on!** (*= be careful*) doucement !; (*= calm down*) du calme !

3 (VT) [*+ wobbling object*] stabiliser; [*+ chair, table*] (*with hand*) maintenir; (*= wedge*) caler; [*+ nervous person, horse*] calmer • **to ~ o.s.** se remettre d'aplomb • **to ~ one's nerves** se calmer les nerfs • **to have a ~ing effect on sb** (*= make less nervous*) calmer qn; (*= make less wild*) assagir qn

4 (VI) (*= regain balance*) se remettre d'aplomb; (*= grow less nervous*) se calmer; (*= grow less wild*) s'assagir; [*prices, market*] se stabiliser

steak [steɪk] (N) steak *m* • **cod ~** tranche *f* de cabillaud ▸**steak and kidney pie** N tourte *f* à la viande de bœuf et aux rognons ▸**steak and kidney pudding** N pudding *m* à la viande de bœuf et aux rognons ▸**steak knife** N (*pl* **steak knives**) couteau *m* à viande

steal [stiːl] (*pret* **stole**, *ptp* **stolen**) 1 (VT) [*+ object, property, kiss*] voler (**from sb** à qn) • **he stole money from the till** il a volé de l'argent dans la caisse • **to ~ a glance at ...** jeter un coup d'œil furtif à ... • **he stole the show** il n'y en a eu que pour lui • **to ~ sb's thunder** couper l'herbe sous le pied de qn

2 (VI) ⓐ (*= take*) voler

ⓑ (*= move silently*) **to ~ away/down** s'en aller/descendre à pas furtifs • **he stole into the room** il s'est introduit furtivement dans la pièce

3 (N) (*US*) **it's a ~*** c'est une bonne affaire

stealing [ˈstiːlɪŋ] (N) vol *m* • **~ is wrong** c'est mal de voler • **that's ~!** c'est du vol !

stealth [stelθ] (N) **by ~** furtivement ▸**Stealth bomber** N bombardier *m* furtif ▸**stealth tax** N (*pej*) impôt *m* indirect

stealthy [ˈstelθɪ] (ADJ) furtif

steam [stiːm] 1 (N) vapeur *f*; (*on window, mirror*) buée *f* • **full ~ ahead!** en avant toute ! • **to go full ~ ahead** [*project*] avancer sans perte de temps • **to pick up ~** [*train, ship*] prendre de la vitesse; [*worker, project*] démarrer vraiment • **to run out of ~** [*speaker, worker, project*] s'essouffler • **under one's own ~** par ses propres moyens • **to let off ~*** se défouler*

2 (VT) (*= cook*) cuire à la vapeur • **to ~ open an envelope** décacheter une enveloppe à la vapeur • **to ~ off a stamp** décoller un timbre à la vapeur

3 (VI) (*= emit steam*) fumer

4 (COMP) [*boiler, iron, turbine*] à vapeur; [*bath*] de vapeur ▸**steam-driven** ADJ à vapeur ▸**steamed up*** ADJ **to get ~ed up about sth** se mettre dans tous ses états à propos de qch • **don't get so ~ed up about it!** ne te mets pas dans tous tes états pour ça ! ▸**steam engine** N (*= train*) locomotive *f* à vapeur ▸**steam room** N hammam *m* ▸**steam shovel** N (*US*) excavateur *m*

▸**steam up** VI [*window, mirror*] se couvrir de buée; [*bathroom*] se remplir de buée

steamboat [ˈstiːmbəʊt] (N) bateau *m* à vapeur

steamer [ˈstiːməʳ] (N) ⓐ (*= ship*) bateau *m* à vapeur; (*= liner*) paquebot *m* ⓑ (*= saucepan*) cuit-vapeur *m*

steaming [ˈstiːmɪŋ] (ADJ) ⓐ (*= steaming hot*) fumant ⓑ (*= angry*)* [*person*] fumasse*; [*letter*] furibond*

steamroller [ˈstiːmrəʊləʳ] 1 (N) rouleau *m* compresseur

2 (VT) [*+ opposition*] écraser; [*+ obstacles*] aplanir • **to ~ a bill through Parliament** imposer l'adoption d'un projet de loi

steamship [ˈstiːmʃɪp] (N) paquebot *m*

steamy [ˈstiːmɪ] (ADJ) ⓐ [*room, city, air*] plein de vapeur; [*window*] embué ⓑ (*= erotic*) [*affair, film, novel*]* torride

steel [stiːl] **1** N acier *m* • **nerves of ~** nerfs *mpl* d'acier **2** COMP (*= made of steel*) [*knife, tool*] en acier ▸**steel band** N steel band *m* ▸**steel guitar** N guitare *f* à cordes métalliques ▸**steel industry** N sidérurgie *f*

steelworker [ˈstiːl,wɜːkəʳ] N sidérurgiste *mf*

steelworks [ˈstiːlwɜːks] N aciérie *f*

steely [ˈstiːlɪ] ADJ [*look, stare*] d'acier; [*determination*] inébranlable ▸**steely-eyed** ADJ au regard d'acier

steep [stiːp] **1** ADJ ⓐ [*slope, road, stairs*] raide; [*hill*] escarpé; [*cliff*] abrupt; [*roof*] en pente; [*descent*] rapide; [*ascent, climb*] rude • **a ~ path** un sentier raide ⓑ (*= great*) [*rise, fall*] fort ⓒ (*= expensive*)* [*price, fees*] élevé; [*bill*] salé* ⓓ (*Brit = unreasonable*) **that's a bit ~*** c'est un peu raide* **2** VT (*= soak*) tremper • **~ed in ignorance** croupissant dans l'ignorance • **~ed in prejudice** imbu de préjugés • **a town ~ed in history** une ville imprégnée d'histoire

steeple [ˈstiːpl] N clocher *m*

steeplechase [ˈstiːpltʃeɪs] N steeple-chase *m*

steeply [ˈstiːplɪ] ADV ⓐ (*= precipitously*) [*rise, climb, fall, drop*] en pente raide • **to bank ~** faire un virage serré sur l'aile • **the lawn slopes ~ down to the river** la pelouse descend en pente raide vers la rivière • **~ sloping roof/land** toit *m*/terrain *m* en pente raide ⓑ (*= greatly*) **to rise/fall ~** [*prices, costs, profits*] monter en flèche/baisser fortement

steer [stɪəʳ] **1** VT [*+ ship, car*] diriger • **to ~ a course to** [*ship*] faire route vers • **to ~ one's way through a crowd** se frayer un passage à travers une foule • **he ~ed her over to the bar** il l'a guidée vers le bar **2** VI [*sailor*] tenir la barre • **to ~ by the stars** se guider sur les étoiles • **to ~ clear of sb/sth** éviter qn/qch **3** N ⓐ (*= ox*) bœuf *m*; (*US: castrated*) bouvillon *m* ⓑ (*= tip*)* tuyau* *m* • **a bum ~** un mauvais tuyau

steering [ˈstɪərɪŋ] N (*= action*) conduite *f*; (*= mechanism*) direction *f* ▸**steering column** N colonne *f* de direction ▸**steering committee** N comité *m* de pilotage ▸**steering lock** N (*= anti-theft device*) antivol *m* de direction ▸**steering wheel** N volant *m*

stellar [ˈsteləʳ] ADJ stellaire

STEM [stem] (ABBR OF **science, technology, engineering and mathematics**) *filières scientifiques et techniques*

stem [stem] **1** N [*of flower, plant*] tige *f*; [*of fruit, leaf*] queue *f*; [*of glass*] pied *m* **2** VT [*+ flow, flood, river*] endiguer; [*+ course of disease*] enrayer; [*+ attack*] juguler • **to ~ the flow of ...** endiguer (le flot de) ... **3** VI **to ~ from ...** provenir de ... **4** COMP ▸**stem cell** N cellule *f* souche

stench [stentʃ] N odeur *f* nauséabonde

stencil [ˈstensl] **1** N (*of metal, cardboard*) pochoir *m*; (*of paper*) poncif *m*; (*= decoration*) décoration *f* au pochoir **2** VT [*+ lettering, name*] peindre au pochoir

stenographer [steˈnɒgrəfəʳ] N sténographe *mf*

stent [stent] N (*Med*) stent *m*

step [step] **1** N ⓐ (*= movement, sound, track*) pas *m* • **to take a ~ back/forward** faire un pas en arrière/en avant • **with slow ~s** à pas lents • **at every ~** à chaque pas • **~ by ~** petit à petit • **he didn't move a ~** il n'a pas bougé d'un pas • **I'll fight this decision every ~ of the way** je combattrai cette décision jusqu'au bout • **to stay one ~ ahead of sb** avoir une longueur d'avance sur qn
ⓑ (*indicating progress*) étape *f* (**towards** vers); (*= measure*) mesure *f* • **it's a ~ up in his career** c'est une promotion pour lui • **to take ~s (to do sth)** prendre des mesures (pour faire qch) • **what's the next ~?** qu'est-ce qu'il faut faire maintenant? • **the first ~ is to decide ...** la première chose à faire est de décider ...
ⓒ (*in marching, dancing*) pas *m* • **to keep in ~** (*in marching*) marcher au pas; (*in dance*) danser en mesure • **to keep ~ with sb** ne pas se laisser distancer par qn • **to fall into ~** se mettre au pas • **to get out of ~** rompre le pas • **to be in ~ with** [*+ person*] agir conformément à; [*+ regulations*] être conforme à • **to be out of ~ with** [*+ person*] être déphasé par rapport à; [*+ regulations*] ne pas être conforme à
ⓓ (*= stair*) pas *m* de la porte; (*on bus*) marchepied *m* • **flight of ~s** escalier *m* • **pair of ~s** (*Brit*) escabeau *m* • **mind the ~** attention à la marche
ⓔ (*= step aerobics*) step *m*
2 VT (*= place at intervals*) échelonner
3 VI **~ this way** venez par ici • **to ~ off sth** descendre de qch • **he ~ped into the car** il est monté dans la voiture • **he ~ped into his slippers** il a mis ses pantoufles • **to ~ in a puddle** marcher dans une flaque • **to ~ into sb's boots** (*Brit*) succéder à qn • **to ~ on sth** marcher sur qch • **to ~ on the brakes** donner un coup de frein • **to ~ on the gas*** (*US*) appuyer sur le champignon* • **~ on it!*** grouille-toi!* • **to ~ out of line** sortir des rangs; (*morally*) s'écarter du droit chemin • **to ~ over sth** enjamber qch
4 COMP ▸**step aerobics** N step *m* ▸**step-by-step** ADJ [*instructions*] point par point ▸**step change** N changement *m* majeur ▸**stepping stone** N pierre *f* de gué; (*fig*) marchepied *m*
▸**step aside** VI faire un pas de côté; (*= give up position*) s'effacer
▸**step back** VI faire un pas en arrière • **it was like ~ping back into the Victorian era** c'était comme un retour à l'époque victorienne
▸**step down** VI descendre (**from** de); (*fig*) se retirer (**in favour of sb** en faveur de qn)
▸**step forward** VI faire un pas en avant; (*= show o.s., make o.s. known*) se faire connaître; (*= volunteer*) se présenter
▸**step in** VI entrer; (*fig*) intervenir
▸**step inside** VI entrer
▸**step out** VI (*= go outside*) sortir • **he's just ~ped out for a moment** il vient de sortir pour quelques instants
▸**step up** **1** VI **to ~ up to sb/sth** s'approcher de qn/qch **2** VT SEP [*+ production, sales*] augmenter; [*+ campaign*] intensifier; [*+ attempts, efforts*] multiplier

stepbrother [ˈstep,brʌðəʳ] N demi-frère *m*

stepchild [ˈsteptʃaɪld] N beau-fils *m*, belle-fille *f* (*après remariage*)

stepchildren [ˈstep,tʃɪldrən] NPL beaux-enfants *mpl*

stepdad [ˈstep,dæd] N beau-père *m* (*après remariage*)

stepdaughter [ˈstep,dɔːtəʳ] N belle-fille *f* (*après remariage*)

stepfather [ˈstep,fɑːðəʳ] N beau-père *m* (*après remariage*)

stepladder [ˈstep,lædəʳ] N escabeau *m*

stepmother [ˈstep,mʌðəʳ] N belle-mère *f* (*après remariage*)

stepmum [ˈstep,mʌm] N belle-mère *f* (*après remariage*)

steppe [step] N steppe *f*

stepsister [ˈstep,sɪstəʳ] N demi-sœur *f*

stepson [ˈstepsʌn] N beau-fils *m* (*après remariage*)

stereo [ˈstɛərɪəʊ] **1** N (*= sound reproduction*) stéréo *f*; (*= hi-fi system*) chaîne *f* stéréo *inv* • **recorded in ~** enregistré en stéréo **2** ADJ [*broadcast, recording*] en stéréo

stereotype [ˈstɛərɪətaɪp] N stéréotype *m*

stereotyped [ˈstɛərɪətaɪpt] ADJ stéréotypé

stereotypical [,stɛərɪəˈtɪpɪkl] ADJ stéréotypé

sterile [ˈsteraɪl] ADJ stérile

sterility [steˈrɪlɪtɪ] (N) stérilité *f*
sterilization [ˌsterɪlaɪˈzeɪʃən] (N) stérilisation *f*
sterilize [ˈsterɪlaɪz] (VT) stériliser
sterling [ˈstɜːlɪŋ] **1** (N) livres *fpl* sterling *inv* **2** (ADJ) ⓐ [*silver*] fin ⓑ (*Brit*) (= *excellent*) remarquable ⓒ **pound** ~ livre *f* sterling *inv*
stern [stɜːn] **1** (N) arrière *m*, poupe *f* **2** (ADJ) sévère; [*opposition, resistance*] farouche • **to be made of ~er stuff** être d'une autre trempe
sternly [ˈstɜːnlɪ] (ADV) [*say*] sévèrement; [*look at*] d'un air sévère • **to deal ~ with sb/sth** se montrer sévère à l'égard de qn/qch
sternum [ˈstɜːnəm] (N) sternum *m*
steroid [ˈstɪərɔɪd] (N) stéroïde *m*
stethoscope [ˈsteθəskəʊp] (N) stéthoscope *m*
stevia [ˈstiːviə] (N) stévia *m or f*
stew [stjuː] **1** (N) ragoût *m* • **rabbit ~** civet *m* de lapin • **to be in a ~*** être dans tous ses états **2** (VT) [+ *meat*] (faire) cuire en ragoût; [+ *rabbit*] (faire) cuire en civet; [+ *fruit*] faire cuire • **~ed apples/rhubarb** compote *f* de pommes/de rhubarbe **3** (VI) **to let sb ~ in his own juice** laisser qn mijoter dans son jus **4** (COMP) ▸ **stewing steak, stew meat** (*US*) N bœuf *m* à braiser
steward [ˈstjuːəd] (N) (*on ship, plane*) steward *m*; (*at march, race*) commissaire *m*
stewardess [ˈstjʊədes] (N) hôtesse *f*
STI [ˌɛstiːˈaɪ] (N) (ABBR OF **sexually transmitted infection**) IST *f*

stick [stɪk]

1 NOUN	**4** INTRANSITIVE VERB
2 PLURAL NOUN	**5** COMPOUNDS
3 TRANSITIVE VERB	**6** PHRASAL VERBS

vb: pret, ptp **stuck**

1 NOUN

ⓐ (= *length of wood*) bâton *m*; (= *twig*) brindille *f*; (= *walking stick*) canne *f*; (*Hockey*) crosse *f* • **a few ~s of furniture** quelques pauvres meubles • **to find a ~ to beat sb with** profiter de l'occasion pour s'en prendre à qn • **to get hold of the wrong end of the ~** mal comprendre

ⓑ (= *piece*) morceau *m*; [*of dynamite*] bâton *m*; [*of chewing gum*] tablette *f*; [*of celery*] branche *f*; [*of rhubarb*] tige *f*

ⓒ (= *criticism*)* (*Brit*) critiques *fpl* désobligeantes • **to give sb a lot of ~** éreinter qn

2 PLURAL NOUN

sticks

ⓐ (= *firewood*) petit bois *m*

ⓑ (= *hurdles*) haies *fpl*

ⓒ (= *backwoods*) **(out) in the ~s*** en pleine cambrousse*

3 TRANSITIVE VERB

ⓐ (= *thrust*) [+ *pin, fork*] piquer; [+ *knife*] planter • **I stuck the needle into my finger** je me suis piqué le doigt avec l'aiguille • **a board stuck with drawing pins** un panneau couvert de punaises

ⓑ (*with glue*) coller • **to ~ a poster on the wall** coller une affiche au mur

ⓒ (= *put*)* mettre • **he stuck it under the table** il l'a mis sous la table • **he stuck his finger into the hole** il a mis son doigt dans le trou • **he stuck his head through the window** il a passé la tête par la fenêtre • **she told him to ~ his job‡** elle lui a dit d'aller se faire voir avec son boulot‡

ⓓ (= *tolerate*) (*Brit*)* [+ *job, person*] supporter • **I can't ~ it any longer** j'en ai marre*

4 INTRANSITIVE VERB

ⓐ (= *embed itself*) [*needle, spear*] se planter

ⓑ (= *adhere*) [*glue*] tenir; [*stamp, label*] être collé; [*habit, name*] rester • **the eggs have stuck to the pan** les œufs ont attaché (à la poêle) • **the nickname stuck** le surnom lui est resté • **to make a charge ~** prouver la culpabilité de quelqu'un

ⓒ (= *remain*) rester

ⓓ (*set structures*)

▸ **to stick to sb/sth** **she stuck to him all through the holiday** elle ne l'a pas lâché d'une semelle pendant toutes les vacances • **to ~ to sb like a leech** se cramponner à qn • **to ~ to one's promise** tenir parole • **to ~ to one's principles** rester fidèle à ses principes • **he stuck to his story** il a maintenu ce qu'il avait dit • **decide what you're going to say then ~ to it** décidez ce que vous allez dire et tenez-vous-y • **to ~ to the facts** s'en tenir aux faits

▸ **to stick by sb** **to ~ by sb through thick and thin** rester fidèle à qn envers et contre tout

▸ **to stick at sth** **to ~ at a job** rester dans un emploi • **~ at it!** persévère !

▸ **to stick with sb/sth** (= *stay beside*) rester avec; (= *stay loyal*) rester fidèle à; [+ *activity, sport*] s'en tenir à • **~ with him!*** ne le perdez pas de vue !

ⓔ (= *get jammed*) se coincer; [*machine, lift*] tomber en panne • **the car stuck in the mud** la voiture s'est embourbée

ⓕ (= *balk*) **he will ~ at nothing to get what he wants** il ne recule devant rien pour obtenir ce qu'il veut

ⓖ (= *protrude*) **the nail was ~ing through the plank** le clou dépassait de la planche

5 COMPOUNDS

▸ **sticking plaster** N sparadrap *m* ▸ **stick insect** N phasme *m* ▸ **stick-in-the-mud*** ADJ, N encroûté(e) *m(f)* ▸ **stick-on** ADJ adhésif ▸ **stick shift** N (*US*) levier *m* de vitesses ▸ **stick-up*** N braquage *m*

6 PHRASAL VERBS

▸ **stick around*** VI rester dans les parages; (= *be kept waiting*) poireauter*

▸ **stick in** VT SEP ⓐ [+ *needle, pin, fork*] piquer; (*forcefully*) planter; [+ *knife*] enfoncer; [+ *photo in album*] coller • **he stuck in a few quotations*** il a collé* quelques citations par-ci par-là ⓑ **to get stuck in*** s'y mettre sérieusement

▸ **stick out** **1** VI (= *protrude*) dépasser; [*balcony*] faire saillie • **his ears ~ out** il a les oreilles décollées • **his teeth ~ out** il a les dents en avant • **to ~ out beyond sth** dépasser qch • **it ~s out a mile*** ça crève les yeux **2** VT SEP ⓐ [+ *one's arm, head*] sortir • **to ~ one's tongue out** tirer la langue ⓑ (= *tolerate*)* **to ~ it out** tenir le coup

▸ **stick together** **1** VI ⓐ [*labels, pages, objects*] être collés ensemble ⓑ (= *stay together*) rester ensemble; (= *maintain solidarity*) se serrer les coudes **2** VT SEP coller (ensemble)

▸ **stick up** **1** VI ⓐ (= *protrude*) dépasser ⓑ ▸ **to stick up for*** **to ~ up for sb** prendre la défense de qn • **to ~ up for o.s.** défendre ses intérêts • **to ~ up for one's** rights défendre ses droits **2** VT SEP **a** [+ *notice*] afficher **b** **to ~ up one's hand** lever la main • **~ 'em up!*** haut les mains !

---

stickball ['stɪkbɔːl] (N) (*US*) *sorte de base-ball*

sticker ['stɪkəʳ] (N) autocollant *m* ▸ **sticker price** N (*US: in car sales*) prix *m* clés en mains

stickleback ['stɪklbæk] (N) épinoche *f*

stickler ['stɪkləʳ] (N) **to be a ~ for** [+ *discipline*] être à cheval sur; [+ *grammar, spelling*] être rigoriste en matière de • **to be a ~ for detail** être tatillon

stickpin ['stɪkpɪn] (N) (*US*) épingle *f* de cravate

sticky ['stɪkɪ] **1** (ADJ) **a** (*Brit* = *gummed*) adhésif **b** [*substance, object, fingers*] collant; [*surface*] gluant **c** (= *sweaty*) moite; [*weather, day*] chaud et humide • **it was hot and ~** l'atmosphère était moite **d** (= *difficult*)* difficile • **to go through a ~ patch** être dans le pétrin* **e** (*Brit* = *violent*) **to come to a ~ end*** mal finir **2** (COMP) ▸ **sticky tape** N (*Brit*) ruban *m* adhésif

stiff [stɪf] **1** (ADJ) **a** (= *rigid*) [*card, paper*] rigide; [*material*] raide; [*collar, brush, lock*] dur
b [*mixture*] ferme • **whisk the egg whites until ~** battre les blancs en neige ferme
c [*person, limb, muscle*] raide; (*from exercise*) courbaturé; [*corpse*] raide; [*finger*] engourdi; [*movement*] difficile • **to have a ~ neck** avoir un torticolis • **to have a ~ back** avoir des courbatures dans le dos • **you'll be ~ tomorrow** vous aurez des courbatures demain • **to keep a ~ upper lip** rester impassible
d* **to be bored ~** s'ennuyer à mourir • **to bore sb ~** raser* qn • **to be frozen ~** être frigorifié* • **to be scared ~** être mort de trouille* • **worried ~** mort d'inquiétude
e [*penalty, sentence*] sévère; [*competition, opposition*] rude; [*challenge*] sérieux; [*climb*] raide
f (= *formal*) guindé; [*bow*] raide
g [*price*] élevé; [*price rise*] fort
h [*whisky*] bien tassé • **I could use a ~ drink*** j'ai besoin d'un remontant
i [*breeze*] fort
2 (N) (= *corpse*)‡ macchabée* *m*

stiffen ['stɪfn] (*also* **stiffen up**) **1** (VT) **a** [+ *card, fabric*] rigidifier **b** [+ *limb*] raidir; [+ *joint*] ankyloser **c** [+ *morale, resistance*] affermir **2** (VI) **a** [*fabric*] devenir raide **b** [*limb*] se raidir; [*joint*] s'ankyloser • **he ~ed when he heard the noise** il s'est raidi quand il a entendu le bruit **c** [*resistance*] se durcir

stiffly ['stɪflɪ] (ADV) [*move*] avec raideur • **~ beaten** [*egg white*] battu en neige ferme; [*cream*] fouetté en chantilly ferme

stiffness ['stɪfnɪs] (N) raideur *f* • **the ~ you feel after exercise** les courbatures *fpl* dues à l'exercice physique

stifle ['staɪfl] (VT) étouffer • **to ~ a yawn** réprimer un bâillement

stifling ['staɪflɪŋ] (ADJ) étouffant

stigma ['stɪgmə] (N) **the ~ attached to sth** la honte liée à qch

stigmatize ['stɪgmətaɪz] (VT) stigmatiser

stile [staɪl] (N) échalier *m*

stiletto [stɪ'letəʊ] (N) (*also* **stiletto heel**) talon *m* aiguille

still [stɪl] **1** (ADV) **a** (= *up to this time*) encore • **I can ~ remember it** je m'en souviens encore • **he ~ hasn't arrived** il n'est encore pas arrivé • **she ~ lives in London** elle vit toujours à Londres • **I ~ don't understand** je ne comprends toujours pas
b (*stating what remains*) encore • **I've ~ got three left** il m'en reste encore trois • **there's ~ time** on a encore le temps • **the details have ~ to be worked out** il reste encore à régler les détails • **there are many questions ~ to be answered** il reste encore beaucoup de questions sans réponse
c (= *nonetheless*) tout de même • **I didn't win; ~, it's been good experience** je n'ai pas gagné, mais ça a tout de même été une bonne expérience
d (= *however*) **I've got to find the money; ~, that's my problem** il faut que je trouve l'argent, mais ça, c'est mon problème
e (= *even*) encore • **he was ~ more determined after the debate** il était encore plus résolu après le débat • **living standards have fallen ~ further** les niveaux de vie sont tombés encore plus bas
f (= *yet*) encore • **there is ~ another reason** il y a encore une autre raison
2 (ADJ) **a** (= *motionless*) immobile
b (= *calm*) calme • **the ~ waters of the lake** les eaux calmes du lac
c (*Brit* = *not fizzy*) [*orange*] non gazeux; [*water*] plat
3 (ADV) **hold ~!** ne bouge pas ! • **to keep ~** ne pas bouger • **time stood ~** le temps s'est arrêté • **her heart stood ~** son cœur a cessé de battre
4 (N) **a** (= *picture*) photo *f* de film
b (= *apparatus*) alambic *m*
5 (COMP) ▸ **still life** N (*pl* **still lifes**) nature *f* morte

stillbirth ['stɪlbɜːθ] (N) (= *birth*) mort *f* à la naissance; (= *child*) enfant *mf* mort-né(e)

stillborn ['stɪlbɔːn] (ADJ) mort-né (mort-née *f*)

stilted ['stɪltɪd] (ADJ) guindé

stilts [stɪlts] (NPL) échasses *fpl*

stimulant ['stɪmjʊlənt] (ADJ, N) stimulant *m*

stimulate ['stɪmjʊleɪt] (VT) stimuler • **to ~ sb to sth/to do sth** inciter qn à qch/à faire qch

stimulating ['stɪmjʊleɪtɪŋ] (ADJ) stimulant

stimulation [,stɪmjʊ'leɪʃən] (N) stimulation *f*

stimulus ['stɪmjʊləs] (N) (*pl* **stimuli** ['stɪmjʊlaɪ]) stimulant *m* • **to be a ~ to** (= *encouragement*) [+ *efforts, imagination*] stimuler

sting [stɪŋ] (*vb: pret, ptp* **stung**) **1** (N) **a** (*by bee, wasp, nettle*) piqûre *f* • **the ~ of salt water in the cut** la brûlure de l'eau salée sur la plaie
b (*in bee, wasp*) dard *m* • **but there's a ~ in the tail** mais il y a une mauvaise surprise à la fin • **to take the ~ out of** [+ *words*] adoucir; [+ *situation*] désamorcer
c (*US* = *confidence trick*)‡ arnaque* *f*
2 (VT) [*insect, nettle, antiseptic*] piquer; [*remark*] piquer au vif
3 (VI) [*insect, nettle, antiseptic, eyes*] piquer; [*remark*] être cuisant; [*cut*] brûler • **the smoke made his eyes ~** la fumée lui picotait les yeux

stinging nettle ['stɪŋɪŋnetl] (N) ortie *f*

stingy ['stɪndʒɪ] (ADJ) radin*; [*amount*] misérable

stink [stɪŋk] (*vb: pret* **stank**, *ptp* **stunk**) **1** (N) puanteur *f* • **what a ~!** ce que ça pue ! • **to kick up a ~ (about sth)*** faire un esclandre (à propos de qch) **2** (VI) **a** empester • **it ~s of fish** cela empeste le poisson **b** (= *be very bad*)‡ [*person, thing*] être dégueulasse‡ • **the whole business ~s** c'est une sale affaire

stinker‡ ['stɪŋkəʳ] (N) (*pej*) (= *person*) salaud‡ *m*, salope‡ *f*

stinking ['stɪŋkɪŋ] **1** (ADJ) ⓐ (*= smelly*) puant ⓑ (*= horrible*)* sale* *before n* ⓒ (*Brit = bad*) **a ~ cold*** un rhume carabiné* **2** (ADV) **~ rich*** bourré de fric*

stint [stɪnt] **1** (N) **he's finished his ~ in Singapore** son séjour à Singapour est terminé • **a sixth-month ~ in a company** (*as trainee*) un stage de six mois dans une entreprise **2** (VT) **to ~ o.s.** se priver • **he didn't ~ himself** il ne s'est privé de rien **3** (VI) **to ~ on** [*+ food, luxuries*] lésiner sur; [*+ compliments*] être chiche de

stipulate ['stɪpjʊleɪt] (VT) stipuler

stipulation [,stɪpjʊ'leɪʃən] (N) stipulation *f* • **on the ~ that ...** à la condition expresse que ... *+ fut or subj*

stir [stɜːʳ] **1** (N) ⓐ **to give sth a ~** remuer qch
ⓑ **to cause a ~** faire sensation
2 (VT) ⓐ [*+ tea, soup, mixture*] remuer • **she ~red milk into the mixture** elle a ajouté du lait au mélange en remuant
ⓑ (*= move*) remuer; (*quickly*) agiter • **to ~ o.s.*** se secouer
ⓒ [*+ imagination*] stimuler; [*+ person*] émouvoir • **to ~ sb to do sth** inciter qn à faire qch
3 (VI) ⓐ bouger • **to ~ in one's sleep** bouger en dormant • **nobody is ~ring yet** personne n'est encore levé • **the curtains ~red in the breeze** la brise a agité les rideaux
ⓑ (*= try to cause trouble*)* essayer de mettre la pagaille*
4 (COMP) ▸**stir-fry** VT faire sauter (en remuant) ♦ ADJ [*vegetables*] sauté ♦ N (*= dish*) *légumes (et viande) sautés*
▸ **stir up** VT SEP [*+ memories, the past*] réveiller; [*+ hatred*] attiser; [*+ trouble*] provoquer; [*+ person*] secouer

stirrer* ['stɜːrəʳ] (N) (*= troublemaker*) fauteur *m*, -trice *f* de troubles

stirring ['stɜːrɪŋ] **1** (ADJ) [*speech*] vibrant; [*tale*] passionnant; [*performance*] enthousiasmant **2** (N) [*of discontent*] frémissement *m*; [*of love*] frisson *m* • **a ~ of interest** un début d'intérêt

stirrup ['stɪrəp] (N) étrier *m*

stitch [stɪtʃ] **1** (N) (*Sewing*) point *m*; (*Knitting*) maille *f*; (*surgical*) point *m* de suture; (*= sharp pain*) point *m* de côté • **to drop a ~** sauter une maille • **he had ten ~es** on lui a fait dix points de suture • **to get one's ~es out** se faire retirer ses fils (de suture) • **to be in ~es*** se tordre de rire • **her stories had us in ~es*** ses histoires nous ont fait rire aux larmes **2** (VT) [*+ seam, hem*] coudre; [*+ wound*] suturer **3** (COMP) ▸**stitch-up**‡ N (*Brit*) coup *m* monté
▸ **stitch up** VT SEP ⓐ [*+ agreement*]* (réussir à) conclure
ⓑ (*= frame*)‡ monter un coup contre • **I was ~ed up** j'ai été victime d'un coup monté

stoat [stəʊt] (N) hermine *f*

stock [stɒk] **1** (N) ⓐ (*= supply*) réserve *f* • **in ~** en stock • **out of ~** épuisé • **the shop has a large ~** le magasin est bien approvisionné • **to lay in a ~ of** s'approvisionner en • **to take ~ of** [*+ situation, prospects*] faire le point de; [*+ person*] jauger
ⓑ (*also* **livestock**) bétail *m*
ⓒ [*of company*] valeurs *fpl*; (*= shares*) actions *fpl* • **~s and shares** titres *mpl*
ⓓ (*= descent*) origine *f*
ⓔ (*for soup*) bouillon *m* • **chicken ~** bouillon *m* de poulet
2 (ADJ) [*argument, joke, excuse, response*] classique • **~ phrase** cliché *m*
3 (VT) ⓐ [*+ shop*] approvisionner (**with** en); [*+ larder*] remplir (**with** de); [*+ river*] peupler (**with** de), empoissonner • **well-~ed** [*shop*] bien approvisionné; [*library*] bien pourvu
ⓑ (*= have in stock*) avoir, vendre
4 (COMP) ▸**stock car** N stock-car *m* ▸**stock control** N gestion *f* des stocks ▸**stock cube** N bouillon *m* Kub® ▸**stock exchange** N Bourse *f* • **on the ~ exchange** à la Bourse ▸**stock-in-trade** N [*of comedian, writer*] fonds *m* de commerce ▸**stock management** N gestion *f* des stocks ▸**stock market** N Bourse *f*, marché *m* financier ▸**stock option** N stock-option *f* ▸**stock-still** ADJ **to stand ~-still** rester planté comme un piquet; (*in fear*) rester cloué sur place
▸ **stock up** **1** VI s'approvisionner (**with, on** en, de, **for** pour) **2** VT SEP [*+ shop*] approvisionner; [*+ freezer*] remplir

stockade [stɒ'keɪd] (N) palissade *f*

stockbroker ['stɒkbrəʊkəʳ] (N) agent *m* de change

stockholder ['stɒkhəʊldəʳ] (N) (*US*) actionnaire *mf*

Stockholm ['stɒkhəʊm] (N) Stockholm

stocking ['stɒkɪŋ] (N) bas *m* • **in one's ~ feet** en chaussettes ▸**stocking-filler** N petit cadeau *m* de Noël

stockist ['stɒkɪst] (N) revendeur *m*

stockpile ['stɒkpaɪl] **1** (VT) [*+ food*] stocker; [*+ weapons*] amasser **2** (N) stock *m*

stockroom ['stɒkrʊm] (N) réserve *f*

stocktake ['stɒkteɪk] **1** (VI) (*Commerce*) faire l'inventaire **2** (N) (*Commerce*) inventaire *m*; (*fig*) **to do a ~ of one's life** faire le point sur sa vie

stocktaking ['stɒkteɪkɪŋ] (N) (*Brit*) inventaire *m* • **to do ~** faire l'inventaire

stocky ['stɒkɪ] (ADJ) [*man*] trapu • **his ~ build** sa forte carrure

stodgy ['stɒdʒɪ] (ADJ) ⓐ [*food*] bourratif ⓑ [*person*]* rasant*; [*book*]* indigeste

stogie, stogy ['stəʊgɪ] (N) (*US*) cigare *m*

stoic ['stəʊɪk] (ADJ) [*person, acceptance*] stoïque • **to be ~ about sth** accepter qch stoïquement

stoicism ['stəʊɪsɪzəm] (N) stoïcisme *m*

stoke [stəʊk] (VT) (*also* **stoke up**) [*+ fire*] entretenir; [*+ furnace*] alimenter

stole [stəʊl] **1** (N) (*= shawl*) étole *f* **2** (VB) *pt of* **steal**

stolen ['stəʊlən] (VB) *ptp of* **steal**

stolid ['stɒlɪd] (ADJ) impassible

stomach ['stʌmək] **1** (N) estomac *m*; (*= belly*) ventre *m* • **he was lying on his ~** il était allongé sur le ventre • **to have a pain in one's ~** avoir mal au ventre **2** (VT) [*+ behaviour*] supporter • **he couldn't ~ this** il n'a pas pu supporter ça **3** (COMP) ▸**stomach ache** N **I have (a) ~ ache** j'ai mal au ventre ▸**stomach-churning** ADJ qui donne la nausée ▸**stomach stapling** N gastroplastie *f* (par agrafage) • **a ~-stapling operation** une gastroplastie (par agrafage) ▸**stomach ulcer** N ulcère *m* à l'estomac

stomp [stɒmp] (VI) **to ~ in/out** entrer/sortir d'un pas lourd

stone [stəʊn] **1** (N) ⓐ pierre *f*; (*= pebble*) caillou *m*; (*on beach*) galet *m* • **(made) of ~** de *or* en pierre • **within a ~'s throw (of)** à deux pas (de) • **to leave no ~ unturned** remuer ciel et terre (**to do sth** pour faire qch) • **it isn't set in ~** cela n'a rien d'immuable
ⓑ (*Brit*) (*in fruit*) noyau *m*
ⓒ (*in kidney*) calcul *m* • **to have a ~ removed from one's kidney** se faire enlever un calcul rénal
ⓓ (*Brit = weight*) = 14 livres, = 6,348 kg • **I weigh six ~** je pèse 38 kg → IMPERIAL SYSTEM

2 (VT) ⓐ (= *throw stones at*) lancer des pierres sur
ⓑ [+ *olive*] dénoyauter
3 (ADJ) [*building, wall*] en pierre
4 (COMP) ▸**the Stone Age** N l'âge *m* de pierre ▸**stone-broke*** ADJ (*US*) fauché comme les blés* ▸**stone circle** N (*Brit*) cromlech *m* ▸**stone-cold** ADJ complètement froid • **~-cold sober*** parfaitement sobre ▸**stone-dead** ADJ raide mort ▸**stone-ground** ADJ [*flour, wheat*] meulé à la pierre

stoned‡ ['stəʊnd] (ADJ) défoncé‡ (**on sth** à qch) • **to get ~** se défoncer‡

stonemason ['stəʊnmeɪsən] (N) tailleur *m* de pierre(s)

stonewall ['stəʊnwɔːl] (VI) donner des réponses évasives

stonework ['stəʊnwɜːk] (N) maçonnerie *f*

stoning ['stəʊnɪŋ] (N) lapidation *f*

stonking* ['stɒŋkɪŋ] (*Brit*) 1 (ADJ) super* 2 (ADV) super* • **a ~ great sum** une super grosse somme • **a ~ good idea** une super bonne idée

stony ['stəʊnɪ] 1 (ADJ) ⓐ [*soil, path*] pierreux; [*beach*] de galets ⓑ [*look, expression*] dur; [*face*] de marbre; [*silence*] glacial 2 (COMP) ▸**stony-broke*** ADJ (*Brit*) fauché comme les blés* ▸**stony-faced** ADJ au visage impassible

stood [stʊd] (VB) *pt, ptp of* **stand**

stooge [stuːdʒ] (N) laquais *m*

stool [stuːl] 1 (N) tabouret *m* • **to fall between two ~s** se retrouver le bec dans l'eau* 2 (NPL) **stools** (= *faeces*) selles *fpl*

stoop [stuːp] 1 (N) (*US*) porche *m* 2 (VI) ⓐ (= *have a stoop*) avoir le dos voûté ⓑ (= *bend over*) se pencher; (*fig*) s'abaisser (**to sth** jusqu'à qch, **to do sth, to doing sth** jusqu'à faire qch)

stop [stɒp] 1 (N) ⓐ (= *halt*) arrêt *m* • **to come to a ~** [*traffic, vehicle*] s'arrêter; [*work, progress, production*] cesser • **to bring to a ~** arrêter • **to make a ~** [*bus, train*] s'arrêter; [*plane, ship*] faire escale • **to put a ~ to sth** mettre fin à qch • **I'll put a ~ to all that!** je vais mettre un terme à tout ça!
ⓑ (= *stopping place*) [*of bus, train*] arrêt *m*; [*of plane, ship*] escale *f*
ⓒ [*of organ*] jeu *m* • **to pull out all the ~s** faire un suprême effort (**to do sth** pour faire qch)
2 (VT) ⓐ (= *block*) boucher
ⓑ (= *halt*) arrêter; [+ *light*] empêcher de passer; [+ *pain, worry, enjoyment*] mettre fin à • **he ~ped the show** (= *was a success*) il a fait un tabac* • **to ~ sb short** arrêter qn net; (= *interrupt*) interrompre qn • **to ~ sb in his tracks** arrêter qn net; (*fig*) couper qn dans son élan • **to ~ sth in its tracks** (*fig*) interrompre qch
ⓒ (= *cease*) arrêter (**doing sth** de faire qch) • **~ it!** ça suffit! • **~ that noise!** assez de bruit! • **to ~ work** cesser le travail
ⓓ (= *interrupt*) [+ *activity*] interrompre; (= *suspend*) suspendre; [+ *allowance, leave, privileges*] supprimer; [+ *wages*] retenir; [+ *gas, electricity, water supply*] couper • **rain ~ped play** la pluie a interrompu la partie • **they ~ped £15 out of his wages** ils ont retenu 15 livres sur son salaire • **to ~ one's subscription** résilier son abonnement • **to ~ a cheque** faire opposition à un chèque • **to ~ payment** [*bank*] suspendre ses paiements • **he ~ped the milk for a week** il a annulé la livraison du lait pendant une semaine
ⓔ (= *prevent*) empêcher (**sb doing sth** qn de faire qch, **sth happening** que qch n'arrive (*subj*)) • **there's nothing to ~ you** rien ne vous en empêche • **he ~ped the house being sold** il a empêché que la maison (ne) soit vendue
3 (VI) ⓐ [*person, vehicle, machine, sb's heart*] s'arrêter • **~ thief!** au voleur! • **he ~ped dead in his tracks** il s'est arrêté net • **~ and think** réfléchissez bien • **he never knows where to ~** il ne sait pas s'arrêter • **he will ~ at nothing** il est prêt à tout (**to do sth** pour faire qch) • **"no stopping"** «arrêt interdit»
ⓑ [*production, music, pain, conversation, fighting*] cesser; [*play, programme*] se terminer
ⓒ (= *remain*)* rester; (= *live temporarily*)* loger • **~ where you are!** restez où vous êtes! • **I'm ~ping with my aunt** je loge chez ma tante
4 (COMP) [*button, lever, signal*] d'arrêt ▸**stop-off** N courte halte *f* ▸**stop-press** N (*Brit*) (= *news*) nouvelles *fpl* de dernière minute • **"~-press"** «dernière minute» ▸**stop sign** N stop *m*
▸**stop by*** VI s'arrêter en passant
▸**stop in*** VI rester à la maison
▸**stop off** VI s'arrêter
▸**stop out*** VI rester dehors • **he always ~s out late on Fridays** il rentre toujours tard le vendredi
▸**stop over** VI s'arrêter
▸**stop up** 1 VI (*Brit*)* ne pas se coucher • **don't ~ up for me** ne m'attendez pas pour aller vous coucher 2 VT SEP [+ *hole, pipe, bottle*] boucher • **my nose is ~ped up** j'ai le nez bouché

stopgap ['stɒpgæp] 1 (N) bouche-trou *m* 2 (ADJ) [*measure, solution*] provisoire

stoplight ['stɒplaɪt] (N) (*US*) (= *traffic light*) feu *m* rouge; (= *brake light*) feu *m* de stop

stopover ['stɒpəʊvəʳ] (N) halte *f*

stoppage ['stɒpɪdʒ] (N) ⓐ (*in traffic, work*) arrêt *m*; (= *strike*) arrêt *m* de travail; [*of wages, payment*] suspension *f*; (= *amount deducted*) retenue *f* ⓑ (= *blockage*) obstruction *f*

stopper ['stɒpəʳ] (N) bouchon *m* • **to take the ~ out of a bottle** déboucher une bouteille • **to put the ~ into a bottle** boucher une bouteille • **to put a ~ on sth*** mettre un terme à qch

stopwatch ['stɒpwɒtʃ] (N) chronomètre *m*

storage ['stɔːrɪdʒ] (N) stockage *m*; [*of heat, electricity*] accumulation *f* • **to put in ~** [+ *furniture*] mettre au garde-meuble ▸**storage heater** N radiateur *m* électrique à accumulation ▸**storage space** N espace *m* de rangement ▸**storage unit** N (= *furniture*) meuble *m* de rangement

store [stɔːʳ] 1 (N) ⓐ (= *supply, stock*) provision *f*; [*of learning, information*] fonds *m* • **to get in a ~ of sth** faire provision de qch • **to set great ~/little ~ by sth** faire grand cas/peu de cas de qch
▸**in store I've got a surprise in ~ for you** je vous réserve une surprise • **what does the future have in ~ for him?** que lui réserve l'avenir?
▸**stores** (= *supplies*) provisions *fpl* • **to lay in ~s** s'approvisionner
ⓑ (= *depot, warehouse*) entrepôt *m*; (*in office, factory*) (*also* **stores**) réserve *f*
ⓒ (= *shop*) magasin *m*
2 (VT) ⓐ (= *keep in reserve*) [+ *food, fuel, goods*] stocker; [+ *electricity, heat*] accumuler; [+ *facts, information*] enregistrer
ⓑ (= *place in store*) [+ *food, fuel, goods, computer data*] stocker; [+ *furniture*] mettre au garde-meuble; [+ *crops*] engranger • **he ~d the information away** (*in filing system*) il a archivé

S

les renseignements; (*in his mind*) il a noté les renseignements • **I've got the camping things ~d away till we need them** j'ai rangé les affaires de camping en attendant que nous en ayons besoin • **where do you ~ your wine?** où entreposez-vous votre vin ?
3 (COMP) (*US*) (*also* **store-bought**) [*clothes*] de confection; [*cake*] du commerce ▸ **store card** N carte *f* privative ▸ **store detective** N vigile *m* en civil (*dans un grand magasin*)
▸ **store away** VT SEP → **store**
▸ **store up** VT SEP → **store**

storefront ['stɔːfrʌnt] (N) (*US*) devanture *f*

storehouse ['stɔːhaʊs] (N) entrepôt *m*; [*of information*] mine *f*

storekeeper ['stɔːˌkiːpə^r] (N) (= *shopkeeper*) commerçant(e) *m(f)*

storeroom ['stɔːrʊm] (N) réserve *f*

storey ['stɔːrɪ] (N) étage *m* • **on the 3rd ~** au troisième étage • **a four-~ building** un bâtiment de quatre étages

stork [stɔːk] (N) cigogne *f*

storm [stɔːm] 1 (N) ⓐ tempête *f*; (= *thunderstorm*) orage *m* • **it was a ~ in a teacup** (*Brit*) c'était une tempête dans un verre d'eau
ⓑ [*of arrows, missiles*] pluie *f*; [*of insults, abuse*] torrent *m*; [*of protests, indignation*] tempête *f* • **there was a political ~** les passions politiques se sont déchaînées • **his speech caused quite a ~** son discours a provoqué un ouragan
ⓒ **to take by ~** prendre d'assaut • **the play took London by ~** la pièce a obtenu un succès foudroyant à Londres
2 (VT) prendre d'assaut
3 (VI) [*angry person*] fulminer • **to ~ at sb** fulminer contre qn • **he ~ed in/out** il est entré/sorti, furieux
4 (COMP) [*signal, warning*] de tempête ▸ **storm cloud** N nuage *m* d'orage • **the ~ clouds are gathering** (*fig*) l'avenir est sombre ▸ **storm damage** N dégâts *mpl* causés par la tempête ▸ **storm door** N porte *f* extérieure

stormproof ['stɔːmpruːf] (ADJ) à l'épreuve des tempêtes

stormy ['stɔːmɪ] (ADJ) ⓐ [*weather, night, skies*] orageux; [*seas*] démonté ⓑ [*meeting, relationship*] orageux; [*period*] tumultueux; [*temperament*] emporté

story ['stɔːrɪ] 1 (N) ⓐ (= *account*) histoire *f* • **but that's only part of the ~** mais ce n'est pas tout • **you're not telling me the whole ~** tu ne me dis pas tout • **according to your ~** d'après ce que vous dites • **I've heard his ~** j'ai entendu sa version des faits • **but that's a different ~** mais c'est une autre histoire • **it's the same old ~** c'est toujours la même histoire • **that's the ~ of my life!** ça m'arrive tout le temps ! • **or so the ~ goes** ou du moins c'est ce que l'on raconte
ⓑ (= *article in press*) article *m* • **he was sent to cover the ~ of the refugees** on l'a envoyé faire un reportage sur les réfugiés
ⓒ (*US*) étage *m* • **on the 3rd ~** au troisième étage • **a four-~ building** un bâtiment de quatre étages
2 (COMP) ▸ **story line** N [*of film*] scénario *m*; [*of book, play*] intrigue *f* ▸ **story-writer** N nouvelliste *mf*

storyboard ['stɔːrɪbɔːd] (N) (*Cine, TV*) story-board *m*

storybook ['stɔːrɪbʊk] 1 (N) livre *m* d'histoires 2 (ADJ) [*love affair*] romanesque • **a meeting with a ~ ending** une rencontre qui se termine comme dans les romans

storyteller ['stɔːrɪtelə^r] (N) conteur *m*, -euse *f*; (= *fibber*)* menteur *m*, -euse *f*

stout [staʊt] 1 (ADJ) ⓐ (= *fat*) corpulent • **to get ~** prendre de l'embonpoint ⓑ (= *sturdy*) solide ⓒ [*resistance, opposition*] acharné 2 (N) (= *beer*) bière *f* brune 3 (COMP) ▸ **stout-hearted** ADJ vaillant

stove [stəʊv] (N) ⓐ (= *heater*) poêle *m* ⓑ (= *cooker*) (*solid fuel*) fourneau *m*; (*gas, electric*) cuisinière *f*; (*small*) réchaud *m*

stow [stəʊ] (VT) ranger; [+ *cargo*] arrimer
▸ **stow away** VI s'embarquer clandestinement • **he ~ed away to Australia** il s'est embarqué clandestinement pour l'Australie

stowaway ['stəʊəweɪ] (N) passager *m* clandestin, passagère *f* clandestine

straddle ['strædl] (VT) ⓐ [+ *horse, cycle*] enfourcher; [+ *chair*] se mettre à califourchon sur ⓑ [+ *two periods, two cultures*] être à cheval sur

straggle ['strægl] (VI) ⓐ [*plants*] pousser tout en longueur ⓑ **to ~ in/out** [*people, cars, planes*] entrer/sortir petit à petit
▸ **straggle away, straggle off** VI se disperser

straggler ['stræglə^r] (N) traînard(e) *m(f)*

straggling ['stræglɪŋ], **straggly** ['stræglɪ] (ADJ) [*plant*] tout en longueur • **long ~ hair** de longs cheveux mal peignés

straight [streɪt] 1 (ADJ) ⓐ (= *not curved*) droit; [*chair*] à dossier droit; [*hair*] raide • **to walk in a ~ line** marcher en ligne droite • **to keep one's back ~** se tenir droit
ⓑ (= *frank*) [*answer, question*] franc (franche *f*) • **it's time for some ~ talking** soyons francs
ⓒ (= *unambiguous*) clair • **have you got that ~?** est-ce bien clair ? • **let's get this ~** entendons-nous bien sur ce point • **to get things ~ in one's mind** mettre les choses au clair dans son esprit • **to put sth ~** mettre qch au clair • **to set sb ~ (about sth)** éclairer qn (sur qch)
ⓓ (= *tidy*) **to put sth ~** mettre de l'ordre dans qch
ⓔ (= *simple*) **it was a ~ choice between A and B** il n'y avait que deux solutions, A ou B • **her latest novel is ~ autobiography** son dernier roman est de l'autobiographie pure • **to get ~ As** (*US*) obtenir les meilleures notes • **a ~ A student** (*US*) un étudiant qui obtient les meilleures notes partout
ⓕ (= *consecutive*) [*victories, defeats, games, months*] consécutif • **for five ~ days** pendant cinq jours consécutifs • **in ~ sets** (*Tennis*) en deux/trois sets (*pour les matchs en trois/cinq sets*)
ⓖ (= *not owed or owing money*)* quitte • **if I give you £5, then we'll be ~** si je te donne 5 livres, nous serons quittes
ⓗ [*whisky, vodka*] sec (sèche *f*)
ⓘ (= *unsmiling*) **to keep a ~ face** garder son sérieux • **to say sth with a ~ face** dire qch sans sourire
ⓙ [*person*]* (= *conventional*) conventionnel; (= *heterosexual*) hétéro*; (= *not criminal*) honnête • **I've been ~ for three years** (= *not on drugs*) ça fait trois ans que je n'ai pas pris de drogue
2 (N) ⓐ **the ~** [*of racecourse, athletics track*] la ligne droite
ⓑ **to keep to the ~ and narrow** rester dans le droit chemin • **to keep sb on the ~ and narrow** faire suivre le droit chemin à qn
ⓒ (= *heterosexual*)* hétéro *mf*
3 (ADV) ⓐ (= *in a straight line*) [*walk, stand, grow*] droit; [*shoot*] juste • **to go ~ ahead** aller tout droit • **~ across from the house** juste en face de la maison • **~ above us** juste au-dessus de nous • **he came ~ at me** il s'est dirigé droit sur moi • **to look ~ at sb** regarder qn droit dans les yeux • **he looked ~ ahead** il a regardé droit

devant lui **• to look sb ~ in the face/the eye** regarder qn bien en face/droit dans les yeux **• to sit ~** s'asseoir bien droit **• to sit up ~** se redresser **• to stand up ~** se redresser **• the bullet went ~ through his chest** la balle lui a traversé la poitrine de part en part **• to go ~ towards sb/sth** se diriger droit vers qn/qch **• the cork shot ~ up in the air** le bouchon est parti droit en l'air **• she ran ~ across without looking** elle a traversé en courant sans regarder

b (= *level*) **to hang ~** [*picture*] être bien droit

c (= *directly*) **~ after this** tout de suite après **• to come ~ back** (= *without detour*) revenir directement; (= *immediately*) revenir tout de suite **• ~ from the horse's mouth** de source sûre **• to go ~ home** rentrer directement chez soi **• he went ~ to London** (= *without detour*) il est allé directement à Londres; (= *immediately*) il s'est immédiatement rendu à Londres **• to go ~ to bed** aller directement se coucher **• I may as well come ~ to the point** autant que j'en vienne droit au fait

d (= *frankly*)* **give it to me ~** dis-le-moi carrément

e (= *neat*) **to drink one's whisky ~** boire son whisky sec

f (= *clearly*) **he couldn't think ~** il n'avait plus les idées claires **• I couldn't see ~** je n'y voyais plus clair

g **to go ~*** (= *reform*) revenir dans le droit chemin

h (= *consecutively*) **for five days ~** pendant cinq jours d'affilée

i (*set structures*)

▸ **straight away** tout de suite

▸ **straight off** (= *immediately*) tout de suite; (= *without hesitation*) sans hésiter; (= *without beating about the bush*) sans ambages

▸ **straight on** tout droit

▸ **straight out** (= *without hesitation*) sans hésiter; (= *frankly*) franchement

4 COMP ▸ **straight-faced** ADV d'un air impassible ♦ ADJ impassible ▸ **straight-laced** ADJ collet monté *inv*

straighten ['streɪtn] 1 VT [+ *wire, nail*] redresser; [+ *hair*] défriser; [+ *road*] rectifier; [+ *tie, hat*] ajuster; [+ *picture*] redresser; [+ *room, papers*] mettre de l'ordre dans **• to ~ one's shoulders** se redresser 2 VI [*road*] devenir droit; [*growing plant*] pousser droit; [*person*] se redresser

▸ **straighten out** VT SEP [+ *wire, nail*] redresser; [+ *road*] rectifier; [+ *situation*] débrouiller; [+ *problem*] résoudre; [+ *one's ideas*] mettre de l'ordre dans **• he managed to ~ things out*** il a réussi à arranger les choses **• to ~ sb out*** remettre qn dans la bonne voie **• I'll soon ~ him out!*** je vais lui apprendre !

▸ **straighten up** 1 VI (= *tidy up*) ranger 2 VT SEP [+ *room, papers*] mettre de l'ordre dans

straighteners ['streɪtnəz], **straightening irons** (US) ['streɪtnɪŋaɪənz] NPL (*for hair*) lisseur *m*

straightforward [,streɪt'fɔːwəd] ADJ (= *frank*) franc (franche *f*); (= *simple*) simple **• it's very ~** c'est très simple

straightjacket ['streɪtdʒækɪt] N camisole *f* de force

strain [streɪn] 1 N **a** **the ~ on the rope** la tension de la corde **• it broke under the ~** cela s'est rompu sous la tension **• that puts a great ~ on the beam** cela exerce de fortes sollicitations sur la poutre **• to take the ~ off sth** diminuer la pression sur qch **• it put a great ~ on their friendship** cela a mis leur amitié à rude épreuve **• it was a ~ on the economy/their resources/his purse** cela grevait l'économie/leurs ressources/son budget **• to stand the ~** [*rope, beam*] supporter les sollicitations; [*person*] tenir le coup*

b (*physical*) effort *m* (physique); (= *overwork*) surmenage *m*; (= *tiredness*) fatigue *f* **• the ~ of city life** le stress de la vie urbaine **• listening for three hours is a ~** écouter pendant trois heures demande un grand effort **• the ~ of climbing the stairs** l'effort requis pour monter l'escalier **• the situation put a great ~ on him** la situation l'a beaucoup fatigué nerveusement

c (= *sprain*) foulure *f* **• muscle ~** muscle *m* froissé

d (= *breed*) race *f*; [*of virus*] souche *f*

2 VT **a** [+ *rope, beam*] tendre fortement; [+ *muscle*] froisser; [+ *ankle*] fouler; [+ *friendship, marriage*] mettre à rude épreuve; [+ *resources, the economy*] peser lourdement sur **• to ~ one's back** se faire un tour de reins **• to ~ one's heart** se fatiguer le cœur **• to ~ one's shoulder** se froisser un muscle dans l'épaule **• to ~ one's eyes** s'abîmer les yeux **• he ~ed his eyes to make out what it was** il a plissé les yeux pour voir ce que c'était **• to ~ one's ears to hear sth** tendre l'oreille pour entendre qch **• to ~ every nerve to do sth** fournir un effort intense pour faire qch **• to ~ o.s.** (= *damage muscle*) se froisser un muscle; (= *overtire o.s.*) se surmener **• don't ~ yourself!** (*iro*) surtout ne te fatigue pas !

b (*in cooking*) [+ *liquid*] passer; [+ *vegetables*] égoutter

3 VI **to ~ to do sth** (*physically*) fournir un gros effort pour faire qch; (*mentally*) s'efforcer de faire qch **• to ~ at sth** (*pushing/pulling*) pousser/tirer qch de toutes ses forces **• to ~ at the leash** [*dog*] tirer sur sa laisse **• to ~ under a weight** ployer sous un poids

▸ **strain off** VT SEP [+ *liquid*] vider

strained [streɪnd] ADJ **a** (= *tense*) [*voice, relations, atmosphere, silence*] tendu **b** (= *unnatural*) [*smile, laugh, politeness*] forcé; [*manner*] emprunté; [*style*] affecté **c** [*muscle*] froissé; [*ankle*] foulé **• he has a ~ shoulder/back** il s'est froissé un muscle dans l'épaule/le dos **d** [*baby food*] en purée; [*vegetables*] égoutté; [*liquid, soup, gravy*] passé

strainer ['streɪnəʳ] N passoire *f*

strait [streɪt] 1 N **a** (*Geog*) détroit *m* **• the Strait of Gibraltar** le détroit de Gibraltar **• the Straits of Dover** le Pas de Calais **• the Strait of Hormuz** le détroit d'Ormuz **b** **straits** situation *f* difficile **• to be in financial ~s** avoir des ennuis d'argent 2 COMP ▸ **strait-laced** ADJ collet monté *inv*

straitjacket ['streɪtdʒækɪt] N camisole *f* de force

strand [strænd] 1 VT **the ship was ~ed** le bateau était échoué **• to leave sb ~ed** laisser qn en rade* 2 N [*of thread, wire*] brin *m*; [*of rope*] toron *m*; [*of fibrous substance*] fibre *f*; [*of pearls*] rang *m*; (*in narrative*) fil *m* de l'histoire **• a ~ of hair** une mèche

strange [streɪndʒ] ADJ **a** (= *peculiar*) étrange **• there's something ~ about him** il a quelque chose de bizarre **• the ~ thing is that ...** ce qu'il y a d'étrange, c'est que ... **• it feels ~** ça fait bizarre **• ~ as it may seem ...** aussi étrange que cela puisse paraître ... **• ~ to say I have never met her** bizarrement, je ne l'ai jamais rencontrée

b (= *unfamiliar*) [*country, city, house, language*] inconnu (**to sb** à qn) **• a ~ man** un inconnu **• never get in a ~ car** ne monte jamais dans la voiture d'un inconnu

c (= *unaccustomed*) [*work, activity*] inhabituel **• you'll feel**

S

rather ~ at first vous vous sentirez un peu dépaysé pour commencer

ⓓ (*= unwell*) **to feel ~** [*person*] ne pas se sentir bien

strangely ['streɪndʒlɪ] (ADV) [*act, behave*] de façon étrange; [*familiar, quiet*] étrangement • **~ enough, I have never met her** bizarrement, je ne l'ai jamais rencontrée

stranger ['streɪndʒəʳ] (N) (*unknown*) inconnu(e) *m(f)*; (*from another place*) étranger *m*, -ère *f* • **he is a perfect ~ to me** il m'est totalement inconnu • **I'm a ~ here** je ne suis pas d'ici • **I am a ~ to Paris** je ne connais pas Paris • **he's no ~ to politics** la politique est un domaine qui ne lui est pas étranger • **hello, ~!** tiens, un revenant !*

strangle ['stræŋgl] (VT) étrangler; [*+ protests*] étouffer • **strangled** [*voice, cry, laugh*] étranglé

stranglehold ['stræŋglhəʊld] (N) **to have a ~ on sb** tenir qn à la gorge • **a ~ on the market** une mainmise sur le marché

strap [stræp] **1** (N) (*of leather*) (*thin*) lanière *f*; (*broader*) sangle *f*; (*of cloth*) bande *f*; (*on shoe*) lanière *f*; (*on harness*) courroie *f*; (*on suitcase*) sangle *f*; (*on garment*) bretelle *f*; (*on shoulder bag, camera*) bandoulière *f*; (*= watch strap*) bracelet *m* **2** (VT) (*= tie*) attacher

▸**strap down** VT SEP attacher avec une sangle

▸**strap in** VT SEP attacher • **he isn't properly ~ped in** il est mal attaché

▸**strap on** VT SEP [*+ object*] attacher; [*+ watch*] mettre

strapless ['stræplɪs] (ADJ) [*dress, bra*] sans bretelles

strapped* [stræpt] (ADJ) **to be ~ for cash** être à court d'argent

strapping ['stræpɪŋ] (ADJ) solidement bâti

strappy* ['stræpɪ] (ADJ) [*dress*] à bretelles; [*sandals*] à lanières

Strasbourg ['stræzbɜ:g] (N) Strasbourg

strata ['strɑ:tə] (NPL) *of* **stratum**

stratagem ['strætɪdʒəm] (N) stratagème *m*

strategic [strə'ti:dʒɪk] (ADJ) stratégique

strategical [strə'ti:dʒɪkəl] (ADJ) stratégique

strategically [strə'ti:dʒɪkəlɪ] (ADV) stratégiquement

strategist ['strætɪdʒɪst] (N) stratège *m*

strategy ['strætɪdʒɪ] (N) stratégie *f*

stratification [ˌstrætɪfɪ'keɪʃən] (N) stratification *f*

stratosphere ['strætəʊsfɪəʳ] (N) stratosphère *f*

stratospheric [ˌstrætəʊs'ferɪk] (ADJ) stratosphérique

stratum ['strɑ:təm] (N) (*pl* **strata**) strate *f* • **social strata** les couches *fpl* sociales

straw [strɔ:] **1** (N) paille *f* • **to drink sth through a ~** boire qch avec une paille • **to draw ~s** tirer à la courte paille • **to draw the short ~** (*fig*) tirer le mauvais numéro • **man of ~** homme *m* de paille • **to clutch at ~s** se raccrocher désespérément à un semblant d'espoir • **when he refused, it was the last ~** quand il a refusé, ça a été la goutte d'eau qui a fait déborder le vase • **that's the last ~!** ça c'est le comble !

2 (COMP) (*= made of straw*) en paille ▸**straw-coloured** ADJ paille *inv* ▸**straw poll** N sondage *m*

strawberry ['strɔ:bərɪ] **1** (N) (*= fruit*) fraise *f*; (*= plant*) fraisier *m* • **wild ~** fraise *f* des bois **2** (COMP) [*jam*] de fraises; [*ice cream*] à la fraise; [*tart*] aux fraises ▸**strawberry blonde** ADJ blond vénitien *inv* ▸**strawberry mark** N (*on skin*) tache *f* de vin

stray [streɪ] **1** (N) animal *m* errant **2** (ADJ) ⓐ (*= without owner*) [*dog, cat*] errant; [*cow, sheep*] égaré ⓑ (*= loose*) [*bullet*] perdu; [*hairs*] épars • **he picked a ~ hair off her shoulder** il a enlevé un cheveu de son épaule • **a few ~ cars** quelques rares voitures **3** (VI) [*person, animal*] s'égarer; [*thoughts*] vagabonder • **to ~ from** [*+ place, plan, subject*] s'écarter de; [*+ course, route*] dévier de • **they ~ed into enemy territory** ils se sont égarés et se sont retrouvés en territoire ennemi • **his thoughts ~ed to the coming holidays** il s'est mis à penser aux vacances prochaines

streak [stri:k] **1** (N) ⓐ (*= band*) raie *f*; [*of ore, mineral*] veine *f*; [*of light*] rai *m*; [*of blood, paint*] filet *m* • **his hair had ~s of grey in it** ses cheveux commençaient à grisonner • **he had ~s put in his hair** il s'est fait faire des mèches • **a ~ of lightning** un éclair

ⓑ (*= tendency*) tendance(s) *f(pl)* • **he has a jealous ~** il a tendance à être jaloux • **a lucky ~** une période de chance • **a ~ of bad luck** une période de malchance • **to be on a winning ~** (*Sport*) accumuler les victoires; (*Gambling*) être dans une bonne passe

2 (VT) strier (**with** de) • **sky ~ed with red** ciel *m* strié de rouge • **cheeks ~ed with tear-marks** joues sillonnées de larmes • **clothes ~ed with mud/paint** vêtements maculés de longues traînées de boue/de peinture • **his hair was ~ed with grey** ses cheveux commençaient à grisonner • **she's had her hair ~ed** elle s'est fait faire des mèches

3 (VI) ⓐ (*= rush*) **to ~ in/out/past** entrer/sortir/passer comme un éclair

ⓑ (*= dash naked*)* *courir tout nu en public*

streaker* ['stri:kəʳ] (N) streaker *m*, -euse *f*

streaky ['stri:kɪ] (ADJ) [*pattern*] strié ▸**streaky bacon** N (*Brit*) bacon *m* entrelardé

stream [stri:m] **1** (N) ⓐ (*= brook*) ruisseau *m*

ⓑ (*= current*) courant *m* • **to go with the ~** suivre le courant • **to go against the ~** aller à contre-courant

ⓒ (*= flow*) flot *m*; [*of tears*] torrent *m* • **a ~ of cold air** un courant d'air froid • **a thin ~ of water** un mince filet d'eau • **the water flowed out in a steady ~** l'eau s'écoulait régulièrement • **to be/go on ~** être/entrer en service • **to come on ~** être mis en service

ⓓ (*Brit: in school*) groupe *m* de niveau • **the top/middle/bottom ~** la section forte/moyenne/faible

2 (VI) ⓐ [*water, tears, oil, milk, blood*] ruisseler • **to ~ with blood/tears** ruisseler de sang/de larmes • **the fumes made his eyes ~** les émanations l'ont fait pleurer • **cold air/sunlight ~ed through the window** l'air froid/le soleil entra à flots par la fenêtre

ⓑ **to ~ in/out/past** [*people, cars*] entrer/sortir/passer à flots

3 (VT) ⓐ **to ~ blood/water** ruisseler de sang/d'eau

ⓑ [*+ pupils*] répartir par niveau

ⓒ (*Internet*) lire en temps réel *ou* en streaming

streamer ['stri:məʳ] (N) (*of paper*) serpentin *m*

streaming ['stri:mɪŋ] (*Brit*) **1** (N) ⓐ (*in schools*) répartition *f* des élèves par niveaux ⓑ (*Internet*) streaming *m*, flux *m* • **live ~** streaming *m* en direct **2** (ADJ) **to have a ~ cold** avoir un gros rhume

streamline ['stri:mlaɪn] (VT) [*+ organization, system, process*] rationaliser • **to ~ a company** (*by reducing staff*) dégraisser les effectifs d'une entreprise

streamlined ['stri:mlaɪnd] (ADJ) ⓐ [*plane, car*] profilé; [*animal's body*] (*in air*) aérodynamique; (*in water*) hydrodynamique ⓑ [*organization, system, process*] rationalisé

streamlining ['stri:mlaɪnɪŋ] (N) [*of organization, system, process*] rationalisation *f*

street [striːt] 1 (N) ⓐ rue *f* • **to take to the ~s** [*demonstrators*] descendre dans la rue • **to turn sb (out) into the ~** mettre qn à la rue • **to be out on the ~s** (= *homeless*) être à la rue
ⓑ **that's right up my ~*** (*Brit*) c'est tout à fait dans mes cordes • **to be ~s ahead of sb*** (*Brit*) dépasser qn de loin • **they're ~s apart*** (*Brit*) un monde les sépare • **~s better*** (*Brit*) beaucoup mieux
2 (COMP) [*noises*] de la rue; [*singer*] des rues ▸ **street child** N enfant *m* des rues ▸ **street cleaner** N (= *person*) balayeur *m*; (= *machine*) balayeuse *f* ▸ **street cred*** N **to have ~ cred** être branché* • **this will do wonders for your ~ cred** c'est excellent pour ton image de marque ▸ **street directory** N plan *m* de la ville ▸ **street fighting** N combats *mpl* de rue ▸ **street food** N cuisine *f* de rue ▸ **street guide** N plan *m* de la ville ▸ **street level** N **at ~ level** au rez-de-chaussée ▸ **street map** N plan *m* de la ville ▸ **street people** NPL sans-abri *mpl*, SDF *mpl* ▸ **street plan** N plan *m* de la ville ▸ **street smart*** ADJ (*US*) dégourdi ▸ **street sweeper** N (= *person*) balayeur *m*; (= *machine*) balayeuse *f* ▸ **street theatre** N théâtre *m* de rue ▸ **street value** N [*of drugs*] valeur *f* à la revente ▸ **street vendor** N marchand *m* ambulant

streetcar [ˈstriːtkɑːʳ] (N) (*US*) tramway *m*

streetlamp [ˈstriːtlæmp], **streetlight** [ˈstriːtlaɪt] (N) lampadaire *m*

streetwalker [ˈstriːtˌwɔːkəʳ] (N) prostituée *f*

streetwise [ˈstriːtwaɪz] (ADJ) [*child*] conscient des dangers de la rue; [*worker, policeman*] dégourdi

strength [streŋθ] (N) force *f*; [*of building, material, claim, case, currency*] solidité *f*; [*of drink*] teneur *f* en alcool • **his ~ failed him** ses forces l'ont abandonné • **give me ~!*** Dieu qu'il faut être patient ! • **to get one's ~ back** reprendre des forces • **to go from ~ to ~** aller de succès en succès • **~ of character** force de caractère • **to have great ~ of purpose** être très déterminé • **~ of will** volonté *f* • **I know his ~s and weaknesses** je connais ses points forts et ses points faibles • **the euro has gained in ~** l'euro s'est raffermi • **on the ~ of ...** grâce à ...

strengthen [ˈstreŋθən] 1 (VT) renforcer; [+ *muscle, limb, person*] fortifier; [+ *currency*] consolider 2 (VI) [*muscle, limb*] se fortifier; [*wind, desire*] augmenter

strenuous [ˈstrenjʊəs] (ADJ) [*exercise, game, campaign*] épuisant; [*efforts, opposition*] acharné; [*protest, denial*] vigoureux • **I'd like to do something less ~** j'aimerais faire quelque chose de moins pénible • **he mustn't do anything ~** il ne faut pas qu'il se fatigue

strenuously [ˈstrenjʊəslɪ] (ADV) [*exercise, deny, oppose, object*] vigoureusement; [*resist, try*] avec acharnement

strep throat* [ˌstrepˈθrəʊt] (N) angine *f*

stress [stres] 1 (N) ⓐ (= *pressure*) stress *m* • **the ~es and strains of modern life** les agressions de la vie moderne • **to be under ~** [*person*] être stressé; [*relationship*] être tendu • **this put him under great ~** ceci l'a considérablement stressé • **he reacts well under ~** il réagit bien dans des conditions de stress
ⓑ (= *emphasis*) insistance *f* • **to lay ~ on** insister sur
ⓒ (*on syllable*) accent *m*
ⓓ (*on rope, cable*) charge *f* • **a ~ of 500 kilos per square millimetre** une charge de 500 kilos par millimètre carré
2 (VT) ⓐ (= *emphasize*) insister sur
ⓑ [+ *syllable*] accentuer
3 (COMP) ▸ **stress-busting*** ADJ antistress ▸ **stress mark** N (*showing intonation*) accent *m* ▸ **stress-related** ADJ [*illness*] causé par le stress ▸ **stress test** N test *m* de stress; (*of a bank*) test *m* de résistance ▸ **stress-test** VT [+ *person*] soumettre à un test d'effort ; [+ *building, bridge*] soumettre à un test de résistance ; (*Finance*) soumettre à un test de résistance (bancaire) *or* à un stress test

stressed [strest] (ADJ) [*person*] stressé; [*syllable*] accentué ▸ **stressed-out*** ADJ stressé*

stressful [ˈstresfʊl] (ADJ) stressant

stretch [stretʃ] 1 (N) ⓐ (= *period of time*) période *f* • **for a long ~ of time** (pendant) longtemps • **for hours at a ~** des heures durant
ⓑ (= *area*) étendue *f*; (= *part*) partie *f* • **vast ~es of sand/snow** de vastes étendues de sable/de neige • **there's a straight ~ (of road) after you pass the lake** il y a une portion de route droite après le lac • **in that ~ of the river** dans cette partie de la rivière
ⓒ **to be at full ~** [*arms*] être complètement tendu; [*person*] donner son maximum • **by no** *or* **not by any ~ of the imagination can one say that ...** même en faisant un gros effort d'imagination, on ne peut pas dire que ...
2 (ADJ) [*garment, fabric*] extensible
3 (VT) ⓐ [+ *rope*] tendre; [+ *elastic*] étirer; [+ *shoe, glove*] élargir; [+ *muscle*] distendre; [+ *meaning*] forcer • **to ~ a point you could say that ...** on pourrait peut-être aller jusqu'à dire que ... • **to ~ one's imagination** faire un effort d'imagination
ⓑ (= *extend: also* **stretch out**) [+ *wing*] déployer; [+ *rope, net*] tendre • **to ~ o.s.** (*after sleep*) s'étirer • **he ~ed (out) his arm to grasp the handle** il tendit le bras pour saisir la poignée • **he ~ed his leg to ease the cramp** il a allongé la jambe pour soulager la crampe • **I'm just going to ~ my legs*** (= *go for a walk*) je vais juste me dégourdir les jambes
ⓒ [+ *resources, supplies, income*] (= *make them last*) utiliser au maximum; (= *put demands on them*) mettre à rude épreuve
ⓓ [+ *athlete, student*] pousser • **the work he is doing does not ~ him enough** le travail qu'il fait n'exige pas assez de lui • **to be fully ~ed** travailler à la limite de ses possibilités • **to ~ sb to the limits** pousser qn au maximum
4 (VI) ⓐ [*person, animal*] s'étirer • **he ~ed lazily** il s'est étiré paresseusement
ⓑ (= *lengthen*) s'allonger; (= *widen*) s'élargir; [*elastic*] s'étirer; [*fabric, garment*] se détendre
ⓒ (= *extend*) s'étendre • **how far will it ~?** jusqu'où ça va ? • **my money won't ~* to a new car** je n'ai pas les moyens de m'acheter une nouvelle voiture • **the festivities ~ed into January** les festivités ont duré jusqu'en janvier
5 (COMP) ▸ **stretch limo*** N limousine *f* extralongue ▸ **stretch mark** N vergeture *f*
▸ **stretch out** 1 VI s'étendre 2 VT SEP ⓐ [+ *arm, hand, foot*] tendre; [+ *leg*] étendre; [+ *net, rope*] tendre ⓑ = **stretch**

stretcher [ˈstretʃəʳ] 1 (N) brancard *m* 2 (VT) porter sur un brancard • **the goalkeeper was ~ed off** le gardien de but a été emmené sur un brancard

stretchy [ˈstretʃɪ] (ADJ) extensible

strewn [struːn] (ADJ) **to be ~ with** être jonché de

stricken [ˈstrɪkən] (ADJ) ⓐ [*area, city, economy*] sinistré • **to be ~ by famine/drought** être frappé par la famine/la sécheresse ⓑ (= *wounded*) gravement blessé • **~ with grief** accablé de douleur • **to be ~ with cancer** être atteint d'un cancer • **I was ~ with guilt** j'ai été pris d'un sentiment de culpabilité

S

strict [strɪkt] (ADJ) ⓐ (= *severe*) strict; [*secrecy*] absolu • **security was ~** de strictes mesures de sécurité avaient été mises en place • **to be under ~ orders (not) to do sth** avoir reçu l'ordre formel de (ne pas) faire qch • **to treat sth in ~ confidence** traiter qch de façon strictement confidentielle ⓑ [*meaning, truth*] strict • **in the ~ sense (of the word)** au sens strict (du mot) • **in ~ order of precedence** suivant strictement l'ordre de préséance • **a ~ time limit** un délai impératif

strictly ['strɪktlɪ] (ADV) strictement; [*bring up*] d'une manière stricte • **~ prohibited** formellement interdit • **~ speaking** à proprement parler • **that's not ~ true** ce n'est pas tout à fait vrai • **this car park is ~ for the use of residents** ce parking est strictement réservé aux résidents

strictness ['strɪktnɪs] (N) sévérité *f*

stricture ['strɪktʃəʳ] (N) (= *criticism*) critique *f* (hostile) (**on** de)

stride [straɪd] (*vb: pret* **strode**) **1** (N) grand pas *m*; [*of runner*] foulée *f* • **with giant ~s** à pas de géant • **to make great ~s (in one's studies)** faire de grands progrès (dans ses études) • **to get into one's ~** trouver son rythme • **to take sth in one's ~** (*Brit*) accepter qch sans sourciller • **to take sth in ~** (*US*) accepter qch sans sourciller • **to be caught off ~** (*US*) être pris au dépourvu **2** (VI) marcher à grands pas • **to ~ along** avancer à grands pas

strident ['straɪdənt] (ADJ) ⓐ (= *vociferous*) véhément • **there were ~ calls for his resignation** on a demandé sa démission à grands cris ⓑ [*sound, voice*] strident

strife [straɪf] (N) conflit *m* • **a party crippled by internal ~** un parti paralysé par des dissensions intestines • **industrial ~** conflits *mpl* sociaux ▸ **strife-ridden, strife-torn** ADJ [*country*] déchiré par les conflits; [*party*] déchiré par les dissensions

strike [straɪk] (*vb: pret* **struck**, *ptp* **struck**) **1** (N) ⓐ (= *industrial action*) grève *f* (**of, by** de) • **the postal ~** la grève des postes • **the Ford ~** la grève chez Ford • **to be (out) on ~** être en grève, faire grève (**for** pour obtenir, **against** pour protester contre) • **to call a ~** lancer un ordre de grève • **to go on ~** se mettre en grève, faire grève • **to come out on ~** se mettre en grève, faire grève

ⓑ (= *attack*) attaque *f*

ⓒ (*Baseball, Bowling*) strike *m* • **you have two ~s against you** (*US*) tu es mal parti*

2 (VT) ⓐ (= *hit*) [+ *person, ball*] frapper • **to ~ sth with one's fist** donner un coup de poing sur qch • **he struck me on the chin** il m'a frappé au menton • **to ~ a blow for freedom** rompre une lance pour la liberté • **disease struck the city** la maladie s'est abattue sur la ville • **to ~ fear into sb** remplir qn d'effroi

ⓑ (= *knock against*) heurter; [*lightning, light*] frapper • **he struck his head on the table as he fell** sa tête a heurté la table quand il est tombé • **the stone struck him on the head** la pierre l'a heurté à la tête

ⓒ [+ *oil, gold*] découvrir • **to ~ it rich** faire fortune

ⓓ [+ *coin, medal*] frapper; [+ *match*] frotter • **to ~ a balance** trouver un équilibre • **to ~ a bargain** conclure un marché

ⓔ [*clock*] sonner • **to ~ a false note** sonner faux • **the clock struck three** la pendule a sonné trois heures

ⓕ (= *delete*) rayer

ⓖ **to be struck dumb** (= *amazed*) être sidéré*

ⓗ (= *seem*) sembler (**sb** à qn) • **it ~s me that ...** il me semble que ... • **that ~s me as a good idea** cela me semble être une bonne idée • **how did he ~ you?** quelle impression vous a-t-il fait ? • **the funny side of it struck me later** le côté drôle de la chose m'est apparu plus tard • **an idea suddenly struck him** une idée lui est soudain venue à l'esprit • **to be struck by sth** (= *impressed*) être frappé(e) par qch

3 (VI) ⓐ (= *hit*) frapper; (= *attack*) attaquer; [*disease, disaster*] frapper • **to ~ lucky** (*Brit*) avoir de la chance • **it ~s at the heart of democracy** cela porte atteinte aux fondements mêmes de la démocratie

ⓑ [*clock*] sonner

ⓒ (= *go on strike*) faire grève (**for** pour obtenir, **against** pour protester contre) • **striking workers** grévistes *mpl*

4 (COMP) [*committee, fund*] de grève ▸ **strike pay** N salaire *m* de gréviste

▸ **strike back** VI riposter (**at sb** à qn)

▸ **strike down** VT SEP ⓐ abattre; [*disease*] terrasser ⓑ (*US*) (= *abolish*) abolir

▸ **strike off** **1** VI (= *change direction*) **he struck off across the fields** il a pris à travers champs **2** VT SEP (= *delete*) (*from list*) rayer • **to be struck off** [*doctor*] être radié

▸ **strike out** **1** VI ⓐ (= *hit out*) se débattre • **he struck out at his attackers** il s'est débattu contre ses agresseurs ⓑ (= *set off*) **to ~ out for the shore** [*swimmer*] se mettre à nager vers le rivage • **he left the firm and struck out on his own** il a quitté l'entreprise et s'est mis à son compte **2** VT SEP (= *delete*) rayer

▸ **strike up** **1** VI [*band*] commencer à jouer **2** VT SEP [+ *conversation*] engager • **to ~ up a friendship** lier amitié

strikebreaker ['straɪk,breɪkəʳ] (N) briseur *m* de grève

striker ['straɪkəʳ] (N) ⓐ (= *worker*) gréviste *mf* ⓑ (*Football*) buteur *m*

striking ['straɪkɪŋ] (ADJ) ⓐ [*feature, similarity, difference*] frappant • **to bear a ~ resemblance to sb** ressembler à qn de manière frappante • **her ~ good looks** sa grande beauté ⓑ **to be within ~ distance of an agreement** être proche d'un accord

strikingly ['straɪkɪŋlɪ] (ADV) de façon frappante • **~ different** incroyablement différent • **~, inflation is now higher than ever** ce qui est frappant, c'est que l'inflation n'a jamais été aussi forte

Strimmer® ['strɪməʳ] (N) (*small*) coupe-bordure *m*; (*heavy-duty*) débroussailleuse *f*

string [strɪŋ] (*vb: pret, ptp* **strung**) **1** (N) ⓐ (= *cord*) ficelle *f*; [*of violin, racket*] corde *f* • **a piece of ~** un bout de ficelle • **to have more than one ~ to one's bow** avoir plus d'une corde à son arc • **the ~s** (*in orchestra*) les instruments *mpl* à cordes • **he had to pull ~s to get the job** il a dû se faire pistonner* pour obtenir le poste • **there are no ~s attached** cela ne vous (*or* nous *etc*) engage à rien • **with no ~s attached** sans condition

ⓑ [*of beads*] rang *m*; [*of people, vehicles*] file *f*

ⓒ (*Comput*) chaîne *f* • **a numeric/character ~** une chaîne numérique/de caractères

2 (VT) **they strung lights in the trees** ils ont suspendu des guirlandes lumineuses dans les arbres

3 (COMP) [*orchestra, quartet*] à cordes ▸ **string bag** N filet *m* à provisions ▸ **string bean** N (= *vegetable*) haricot *m* vert ▸ **stringed instrument, string instrument** N instrument *m* à cordes ▸ **string player** N (*Music*) musicien(ne) *m(f)* qui joue d'un instrument à cordes ▸ **string vest** N (*Brit*) tricot *m* de corps à grosses mailles

▸ **string along*** VT SEP bercer de fausses espérances
▸ **string out** VT SEP **to be strung out along the road** être déployé le long de la route
▸ **string together** VT SEP [*+ words, sentences*] enchaîner

stringent ['strɪndʒənt] ADJ rigoureux

strip [strɪp] 1 N ⓐ bande *f* • **to tear sb off a ~*** sonner les cloches à qn*
ⓑ (*also* **comic strip**) = **strip cartoon**
ⓒ (*Brit Football = clothes*) tenue *f* • **the England ~** la tenue de l'équipe d'Angleterre
ⓓ (*= striptease*)* strip-tease *m*
2 VT ⓐ (*= remove everything from*) [*+ person*] déshabiller; [*+ room, house*] vider; (*= take paint off*) [*+ furniture, door*] décaper • **to ~ a bed** défaire un lit complètement • **to ~ the walls** arracher le papier peint • **~ped pine** pin *m* décapé • **to be ~ped to the waist** être torse nu
ⓑ [*+ wallpaper, decorations, old paint*] enlever
ⓒ (*= deprive*) [*+ person, object*] dépouiller • **to ~ a tree of its bark** écorcer un arbre • **to ~ sb of his rank** dégrader qn
3 VI se déshabiller; [*striptease artist*] faire du strip-tease • **to ~ naked** se mettre nu
4 COMP ▸ **strip cartoon** N (*Brit*) bande *f* dessinée ▸ **strip club, strip joint** (*US*) N boîte *f* de striptease ▸ **strip light** N néon *m* ▸ **strip lighting** N (*Brit*) éclairage *m* au néon ▸ **strip-search** N fouille *f* corporelle ▸ **strip show** N strip-tease *m*
▸ **strip away** VT SEP [*+ pretence, hypocrisy*] démasquer
▸ **strip down** 1 VI se déshabiller complètement 2 VT SEP [*+ machine, engine*] démonter complètement
▸ **strip off** VI se déshabiller complètement

stripe [straɪp] N ⓐ (*of one colour*) rayure *f* • **~s** (*pattern*) rayures *fpl* • **yellow with a white ~** jaune rayé de blanc
ⓑ (*on uniform*) galon *m*

striped [straɪpt] ADJ à rayures

stripper ['strɪpəʳ] N (*= woman*) strip-teaseuse *f* • **male ~** strip-teaseur *m*

striptease ['strɪpti:z] N strip-tease *m*

strive [straɪv] (*pret* **strove**, *ptp* **striven** ['strɪvn]) VI (*= try hard*) s'efforcer (**to do sth** de faire qch)

strobe light ['strəʊb,laɪt] N lumière *f* stroboscopique

strode [strəʊd] VB *pt of* **stride**

stroke [strəʊk] 1 N ⓐ (*Cricket, Golf, Tennis*) coup *m*; (*Swimming*) mouvement *m* des bras (*pour nager*); (*= style*) nage *f*; (*in rowing*) coup *m* de rame • **he gave the cat a ~** il a fait une caresse au chat • **good ~!** bien joué ! • **to put sb off his ~** faire perdre tous ses moyens à qn
▸ **at a stroke** d'un (seul) coup
ⓑ **he hasn't done a ~ (of work)** il n'a rien fait • **~ of genius** trait *m* de génie • **~ of luck** coup *m* de chance
ⓒ (*= mark*) [*of pen, pencil*] trait *m*; [*of brush*] touche *f*
ⓓ [*of bell, clock*] coup *m*
ⓔ (*= illness*) **to have a ~** avoir une attaque
2 VT [*+ person, animal*] caresser

stroll [strəʊl] 1 N petite promenade *f* • **to have a ~** aller faire un tour 2 VI se promener

stroller ['strəʊləʳ] N (*US = push chair*) poussette *f*

strong [strɒŋ] 1 ADJ ⓐ fort; (*= healthy*) robuste; [*nerves, leg, wall, shoes, bolt, dollar*] solide; [*emotion, desire, protest*] vif; [*reasons, evidence, candidate, contender*] sérieux; [*fabric, material*] résistant; [*measures*] énergique; [*solution*] concentré • **to be (as) ~ as an ox** (*= powerful*) être fort comme un bœuf; (*= healthy*) avoir une santé de fer • **do you feel ~?** est-ce que vous vous sentez en forme ? • **she has never been very ~** elle a toujours eu une petite santé • **you need a ~ stomach for that job** il faut avoir l'estomac solide pour faire ce travail • **you must be ~** (*= courageous*) soyez courageux • **he's a very ~ person** (*mentally*) c'est quelqu'un de très solide • **his ~ point** son point fort • **in ~ terms** en termes non équivoques • **there are ~ indications that ...** tout semble indiquer que ... • **I've a ~ feeling that ...** j'ai bien l'impression que ... • **he's got ~ feelings on this matter** cette affaire lui tient à cœur • **~ supporters of ...** d'ardents partisans de ... • **I am a ~ believer in ...** je crois profondément à ... • **it has a ~ smell** ça sent fort
ⓑ (*in numbers*) **they were 100 ~** ils étaient 100
2 ADV **to be going ~** [*person*] être toujours solide; [*car*] marcher toujours bien; [*relationship*] aller bien
3 COMP ▸ **strong-arm** ADJ [*method, treatment*] brutal • **~-arm tactics** la manière forte ▸ **strong-minded, strong-willed** ADJ déterminé • **to be ~-minded** avoir de la volonté

strongbox ['strɒŋbɒks] N coffre-fort *m*

stronghold ['strɒŋhəʊld] N forteresse *f*; (*fig*) bastion *m*

strongly ['strɒŋlɪ] ADV ⓐ fortement; [*criticize, protest*] vivement; [*deny, condemn, defend*] vigoureusement; [*attack, protest*] énergiquement; [*support, oppose*] fermement; [*sense, believe*] profondément • **to argue ~ for** *or* **in favour of sth** plaider vigoureusement en faveur de qch • **to argue ~ that ...** soutenir fermement que ... • **to smell ~ of sth** avoir une forte odeur de qch • **if you feel ~ about this problem, write to us** si ce problème vous tient à cœur, écrivez-nous • **I feel very ~ that ...** je suis convaincu que ...
ⓑ **~ recommended** vivement recommandé • **~ held opinions** opinions *fpl* très arrêtées • **to be ~ in favour of sth** être très favorable à qch • **to be ~ against** *or* **opposed to sth** s'opposer fermement à qch • **~ nationalist** farouchement nationaliste • **a ~ worded letter** une lettre virulente

strongman ['strɒŋmæn] N (*pl* **-men**) (*= leader*) homme *m* fort

strongroom ['strɒŋrʊm] N chambre *f* forte

stroppy* ['strɒpɪ] ADJ (*Brit*) buté et râleur* • **to get ~ with sb** se mettre en rogne contre qn*

strove [strəʊv] VB *pt of* **strive**

struck [strʌk] VB *pt, ptp of* **strike**

structural ['strʌktʃərəl] 1 ADJ ⓐ [*change, problem, reform*] structurel ⓑ [*repair, damage, fault*] au niveau de la structure 2 COMP ▸ **structural engineer** N ingénieur *m* en génie civil

structurally ['strʌktʃərəlɪ] ADV **the building is ~ sound** la structure du bâtiment est saine

structure ['strʌktʃəʳ] 1 N structure *f* 2 VT structurer

struggle ['strʌgl] 1 N lutte *f* (**to do sth** pour faire qch); (*= fight*) bagarre *f* • **to put up a ~** résister • **he lost his glasses in the ~** il a perdu ses lunettes dans la bagarre • **they surrendered without a ~** ils n'ont opposé aucune résistance • **I had a ~ to persuade him** j'ai eu beaucoup de mal à le persuader • **it was a ~ but we made it** ça a été difficile mais nous y sommes arrivés
2 VI ⓐ lutter; (*= fight*) se battre; (*= thrash around*) se débattre; (*= try hard*) se démener (**to do sth** pour faire qch) • **he ~d to get free** il s'est démené pour se libérer • **he was struggling to make ends meet** il avait beaucoup de mal à joindre les deux bouts

S

b (= *move with difficulty*) **he ~d up the cliff** il s'est hissé péniblement jusqu'au sommet de la falaise • **he ~d to his feet** il s'est levé péniblement

▸ **struggle on** VI (= *continue the struggle*) poursuivre la lutte

strum [strʌm] VT [+ *guitar*] gratter de

strung [strʌŋ] VB *pt, ptp of* **string**

strut [strʌt] **1** VI (*also* **strut about, strut around**) se pavaner **2** VT **to ~ one's stuff*** frimer* **3** N (= *support*) étai *m*

strychnine ['strɪkniːn] N strychnine *f*

stub [stʌb] **1** N bout *m*; [*of cigarette, cigar*] mégot *m*; [*of cheque, ticket*] talon *m* **2** VT **to ~ one's toe** se cogner le doigt de pied

▸ **stub out** VT SEP écraser

stubble ['stʌbl] N (*in field*) chaume *m*; (*on chin*) barbe *f* de plusieurs jours

stubborn ['stʌbən] ADJ **a** têtu; [*campaign, resistance*] acharné; [*denial, refusal, insistence*] opiniâtre • **his ~ attitude** son entêtement **b** [*stain*] rebelle; [*cold*] persistant; [*problem*] tenace

stubbornly ['stʌbənlɪ] ADV obstinément • **interest rates have remained ~ high** les taux d'intérêt sont restés élevés

stubby ['stʌbɪ] ADJ [*finger*] boudiné

stucco ['stʌkəʊ] N stuc *m*

stuck [stʌk] **1** VB *pt, ptp of* **stick**

2 ADJ [*person, machine*] bloqué • **to be ~ in a lift** être coincé dans un ascenseur • **I'm ~ at home all day** je suis cloué à la maison toute la journée • **we're ~ here for the night** nous allons être obligés de passer la nuit ici • **to be ~ for an answer** ne pas savoir quoi répondre • **I'm ~*** (*in puzzle, essay*) je sèche*

▸ **to be stuck with sth*** **I was ~ with the job of organizing it all** je me suis retrouvé avec toute l'organisation sur les bras* • **I was ~ with the bill** c'est moi qui ai dû casquer* • **I was ~ with him all evening** je l'ai eu sur le dos* toute la soirée

▸ **to get stuck** **to get ~ in the sand** s'enliser dans le sable • **to get ~ in the mud** s'embourber

stuck-up* [stʌk'ʌp] ADJ bêcheur*

stud [stʌd] N **a** (= *knob, nail*) clou *m*; (*on football boots*) crampon *m* **b** (*also* **racing stud**) écurie *f* (de courses); (*also* **stud farm**) haras *m* **c** (= *man*)* bel étalon *m*

studded ['stʌdɪd] ADJ **~ with** [+ *jewels*] parsemé de

student ['stjuːdənt] **1** N étudiant(e) *m(f)*; (*US*) (*at high school*) élève *mf* • **medical ~** étudiant(e) *m(f)* en médecine • **he is a keen ~** il est très studieux

2 COMP [*life, unrest*] étudiant; [*residence*] universitaire ▸ **student council** N comité *m* des délégués de classe ▸ **student driver** N (*US*) jeune conducteur *m*, -trice *f* ▸ **student file** N (*US*) dossier *m* scolaire ▸ **student grant** N bourse *f* ▸ **student ID card** N (*US*) carte *f* d'étudiant ▸ **student loan** N prêt *m* étudiant (*accordé par l'État*) ▸ **student nurse** N élève *mf* infirmier (-ière) ▸ **Students' Union** N association *f* d'étudiants ▸ **student teacher** N professeur *mf* stagiaire ▸ **Student Union** N association *f* d'étudiants

studied ['stʌdɪd] ADJ [*indifference, calm*] étudié; [*elegance*] recherché

studio ['stjuːdɪəʊ] N [*of artist*] atelier *m*; (*for recording*) studio *m* ▸ **studio apartment** N (*US*) studio *m* ▸ **studio audience** N public *m* (*invité à une émission*) ▸ **studio flat** N (*Brit*) studio *m*

studious ['stjuːdɪəs] ADJ studieux

studiously ['stjuːdɪəslɪ] ADV [*avoid, ignore*] soigneusement

study ['stʌdɪ] **1** N **a** étude *f* • **to make a ~ of sth** faire une étude de qch **b** (= *room*) bureau *m* **2** VT étudier **3** VI étudier • **to ~ hard** travailler dur • **to ~ for an exam** préparer un examen • **he is ~ing to be a doctor** il fait des études de médecine **4** COMP ▸ **study hall** N (*US*) permanence *f* ▸ **study period** N (*Brit*) heure *f* de permanence *f* ▸ **study tour** N voyage *m* d'études

stuff [stʌf] **1** N **a*** **look at that ~** regarde ça • **it's dangerous ~** c'est dangereux • **what's this ~ in this jar?** qu'est-ce que c'est que ce truc* dans le pot ? • **there's some good ~ in what he writes** il y a de bonnes choses dans ce qu'il écrit • **all that ~ about wanting to help us** toutes ces belles paroles comme quoi il veut nous aider • **that's the ~!** bravo ! • **~ and nonsense!*‡** balivernes ! • **he knows his ~** il connaît son sujet

b (= *miscellaneous objects*)* trucs* *mpl*; (= *possessions*)* affaires *fpl* • **he brought back a lot of ~ from China** il a rapporté des tas de choses de Chine • **put your ~ away** range tes affaires

c **it is the ~ of politics** c'est l'essence même de la politique

2 VT (= *fill*) [+ *cushion, toy*] rembourrer (**with** avec); [+ *animal*] empailler; [+ *sack, pockets*] remplir (**with** de); [+ *chicken, tomato*] farcir (**with** avec); (= *cram*) [+ *objects, clothes, books*] fourrer • **he ~ed the papers into a drawer** il a fourré les papiers dans un tiroir • **to ~ o.s. with food** se gaver de nourriture • **I'm ~ed** j'en peux plus* • **he was ~ing himself*** il s'empiffrait* • **to ~ one's head with useless facts** se farcir la tête de connaissances inutiles

3 VI (= *guzzle*)* s'empiffrer*

stuffing ['stʌfɪŋ] N [*of cushion, toy, chair*] rembourrage *m*; (*to eat*) farce *f* • **to knock the ~ out of sb*** démoraliser qn

stuffy ['stʌfɪ] ADJ **a** [*room*] mal aéré; [*atmosphere*] étouffant • **it's ~ in here** on manque d'air ici **b** (= *stick-in-the-mud*) vieux jeu *inv*; (= *snobby*) guindé **c** [*nose, sinuses*] bouché

stultifying ['stʌltɪfaɪɪŋ] ADJ [*routine, regime*] abrutissant; [*atmosphere*] débilitant

stumble ['stʌmbl] **1** N faux pas *m* **2** VI **a** trébucher (**over** sur, contre), faire un faux pas • **he ~d against the table** il a trébuché et a heurté la table **b** (*in speech*) trébucher (**at, over** sur) • **he ~d through the speech** il a prononcé le discours d'une voix hésitante **3** COMP ▸ **stumbling block** N pierre *f* d'achoppement

stump [stʌmp] **1** N **a** [*of tree*] souche *f*; [*of limb, tail*] moignon *m*; [*of tooth*] chicot *m*; [*of pencil, chalk*] bout *m* **b** (*Cricket*) piquet *m* **c** (*US Politics*) estrade *f* (d'un orateur politique) • **to go on the ~** faire campagne **2** VT (= *puzzle*)* coller* • **to be ~ed by a problem** buter sur un problème • **to be ~ed by a question** sécher* sur une question • **that's got me ~ed** (*during quiz, crossword*) je sèche* **3** VI **to ~ in/out/along** (*heavily*) entrer/sortir/avancer à pas lourds **4** COMP ▸ **stump speech** N discours *m* électoral

stumpy ['stʌmpɪ] ADJ [*person, leg, tail*] courtaud

stun [stʌn] VT (*physically*) étourdir; (= *amaze*) abasourdir ▸ **stun gun** N pistolet *m* paralysant

stung [stʌŋ] VB *pt, ptp of* **sting**

stunk [stʌŋk] VB *ptp of* **stink**

stunned [stʌnd] (ADJ) ⓐ *(physically)* assommé ⓑ *(= flabbergasted)* abasourdi (**by sth** de qch) • **there was a ~ silence** tout le monde s'est tu, abasourdi

stunner* ['stʌnəʳ] (N) *(= girl)* canon* *m*; *(= car, object)* bijou *m*

stunning ['stʌnɪŋ] (ADJ) ⓐ *(= impressive)** formidable; [*woman*] superbe • **you look ~** tu es superbe ⓑ *(= overwhelming)* stupéfiant • **news of his death came as a ~ blow** la nouvelle de sa mort a été un coup terrible

stunt [stʌnt] 1 (N) *(= feat)* tour *m* de force; [*of stuntman*] cascade *f*; *(in plane)* acrobatie *f*; [*of students*] canular* *m*; *(= publicity stunt)* truc* *m* publicitaire • **don't ever pull a ~ like that again*** ne recommence plus jamais un truc* pareil 2 (VT) [+ *growth*] retarder; [+ *person, plant*] retarder la croissance de

stunted ['stʌntɪd] (ADJ) [*person*] rachitique; [*plant*] rabougri

stuntman ['stʌntmæn] (N) *(pl* **-men***)* cascadeur *m*

stupefaction [,stju:pɪ'fækʃən] (N) stupéfaction *f*

stupefy ['stju:pɪfaɪ] (VT) stupéfier

stupendous [stju:'pendəs] (ADJ) incroyable

stupid ['stju:pɪd] (ADJ) ⓐ *(= unintelligent)* stupide • **to make sb look ~** ridiculiser qn • **it was ~ of me to refuse** j'ai été bête de refuser • **how ~ of me!** que je suis bête ! • **to do something ~** faire une bêtise • **what a ~ thing to do!** c'était vraiment idiot (de faire ça) ! • **that hat looks really ~** tu as l'air vraiment idiot avec ce chapeau • **to act ~*** faire l'imbécile

ⓑ *(expressing annoyance)** **I hate this ~ machine!** je déteste cette fichue* machine ! • **you can keep your ~ presents, I don't want them!** tu peux garder tes cadeaux débiles*, je n'en veux pas ! • **you ~ idiot!** espèce d'idiot(e) !* • **that ~ woman!** cette espèce d'idiote !*

stupidity [stju:'pɪdɪtɪ] (N) stupidité *f*

stupidly ['stju:pɪdlɪ] (ADV) stupidement

stupor ['stju:pəʳ] (N) stupeur *f* • **in a drunken ~** abruti par l'alcool

sturdily ['stɜ:dɪlɪ] (ADV) **~ built** [*person, furniture*] robuste; [*building*] solide

sturdy ['stɜ:dɪ] (ADJ) [*person*] robuste; [*object, body*] solide

sturgeon ['stɜ:dʒən] (N) esturgeon *m*

stutter ['stʌtəʳ] 1 (N) bégaiement *m* • **to have a ~** bégayer 2 (VI) bégayer 3 (VT) bégayer

sty¹ [staɪ] (N) *(for pigs)* porcherie *f*

stye, sty² [staɪ] (N) *(on eye)* orgelet *m*

style [staɪl] 1 (N) ⓐ style *m* • **he won in fine ~** il l'a emporté haut la main • **I don't like his ~** je n'aime pas son genre • **that house is not my ~*** ce n'est pas mon genre de maison

ⓑ *(Dress)* mode *f*; *(specific)* modèle *m*; *(Hairdressing)* coiffure *f* • **clothes in the latest ~** des vêtements du dernier cri • **these coats come in two ~s** ces manteaux sont disponibles en deux modèles • **I want something in that ~** je voudrais quelque chose dans ce genre-là

ⓒ *(= elegance)* [*of person*] allure *f*; [*of building, car*] style *m*

▸ **in style to live in ~** mener grand train • **he does things in ~** il fait bien les choses • **they got married in ~** ils se sont mariés en grande pompe • **he certainly travels in ~** quand il voyage il fait bien les choses

ⓓ *(= type)* genre *m*

2 (VT) [+ *dress, car*] dessiner • **to ~ sb's hair** coiffer qn

stylee ['staɪli:] (N)* style *m*

styling ['staɪlɪŋ] 1 (N) [*of dress, car*] ligne *f*; *(Hairdressing)* coupe *f* 2 (COMP) [*mousse, gel, lotion*] coiffant

▸ **styling brush** N brosse *f* ronde

stylish ['staɪlɪʃ] (ADJ) [*person, car, clothes, place*] chic *inv*; [*performer, performance*] de grande classe

stylishly ['staɪlɪʃlɪ] (ADV) [*dress*] élégamment; [*decorated*] avec élégance

stylist ['staɪlɪst] (N) styliste *mf*; *(Hairdressing)* coiffeur *m*, -euse *f*

stylistic [staɪ'lɪstɪk] (ADJ) stylistique

stylized ['staɪlaɪzd] (ADJ) stylisé

stymie* ['staɪmɪ] (VT) coincer* • **I'm ~d*** je suis coincé*

Styrofoam® ['staɪrə,fəʊm] (N) *(US)* polystyrène *m* expansé • **~ cup** gobelet *m* en polystyrène

suave [swɑ:v] (ADJ) affable; *(insincere)* mielleux

subaqua [,sʌb'ækwə] (ADJ) **~ club** club *m* de plongée

subcommittee ['sʌbkə,mɪtɪ] (N) sous-comité *m*; *(larger)* sous-commission *f*

subcompact [,sʌb'kɒmpækt] (N) *(US)* petite voiture *f*

subconscious [,sʌb'kɒnʃəs] (ADJ, N) subconscient *m*

subconsciously [,sʌb'kɒnʃəslɪ] (ADV) *(= without realizing)* inconsciemment

subcontinent [,sʌb'kɒntɪnənt] (N) sous-continent *m*

subcontract [,sʌbkən'trækt] (VT) sous-traiter

subcontractor [,sʌbkən'træktəʳ] (N) sous-traitant *m*

subculture ['sʌb,kʌltʃəʳ] (N) subculture *f*

subdirectory ['sʌbdɪ,rektərɪ] (N) *(Comput)* sous-répertoire *m*

subdivide [,sʌbdɪ'vaɪd] 1 (VT) subdiviser (**into** en) 2 (VI) se subdiviser

subdivision ['sʌbdɪ,vɪʒən] (N) subdivision *f*

subdue [səb'dju:] (VT) [+ *people, country*] assujettir; [+ *feelings, passions, desire*] refréner

subdued [səb'dju:d] (ADJ) ⓐ *(= morose)* [*person, mood*] sombre; [*voice*] qui manque d'entrain • **she was very ~** elle avait perdu son entrain ⓑ *(= restrained)* [*reaction, response*] prudent ⓒ *(= quiet, dim)* [*colour*] doux (douce *f*); [*lighting*] tamisé; [*voice*] bas (basse *f*); [*conversation*] à voix basse

subeditor [,sʌb'edɪtəʳ] (N) *(Brit)* secrétaire *mf* de rédaction

subgenre ['sʌb,ʒɒnrə] (N) sous-genre *m*

subgroup ['sʌbgru:p] (N) sous-groupe *m*

subhead ['sʌbhed], **subheading** ['sʌb,hedɪŋ] (N) sous-titre *m*

subhuman [,sʌb'hju:mən] (ADJ) [*conditions*] inhumain

subject 1 (N) ⓐ *(= matter, topic, person)* sujet *m* (**of, for** de); *(studied at school or university)* matière *f* • **to get off the ~** sortir du sujet • **that's off the ~** c'est hors sujet • **let's get back to the ~** revenons à nos moutons • **let's change the ~** changeons de sujet • **English is his best ~** l'anglais est sa matière forte

▸ **on the subject of ...** au sujet de ... • **while we're on the ~ of ...** pendant que nous parlons de ...

ⓑ *(= citizen)* sujet(te) *m(f)* • **British ~** sujet *m* britannique • **he is a French ~** il est de nationalité française

2 (ADJ) ⓐ **subject to** *(= prone to)* sujet à • **the area is ~ to drought** la région est sujette à la sécheresse • **~ to French rule** sous domination française • **your gift will be ~ to VAT** votre cadeau sera soumis à la TVA

ⓑ **subject to the approval of the committee** *(= depending on)* sous réserve de l'accord du comité • **~ to certain conditions** sous certaines conditions • **the decision is ~ to approval/confirmation** cette décision doit être approuvée/confirmée • **"~ to availability"** [*holiday, concert, flight*] « dans la limite des

S

places disponibles»; [*free gift*] «dans la limite des stocks disponibles» • **"prices are ~ to alteration"** «ces prix sont sujets à modifications»
3 (VT) [*+ country*] soumettre • **to ~ sb to sth** faire subir qch à qn • **to ~ sth to heat/cold** exposer qch à la chaleur/au froid • **he was ~ed to much criticism** il a fait l'objet de nombreuses critiques
4 (COMP) ▸ **subject heading** N rubrique *f* ▸ **subject matter** N (= *theme*) sujet *m*; (= *content*) contenu *m*

> Lorsque **subject** est un nom ou un adjectif, l'accent tombe sur la première syllabe : ['sʌbdʒɪkt], lorsque c'est un verbe, sur la seconde : [səb'dʒekt].

subjection [səb'dʒekʃən] (N) soumission *f* • **to bring into ~** soumettre
subjective [səb'dʒektɪv] (ADJ) subjectif
subjectivity [,səbdʒek'tɪvɪtɪ] (N) subjectivité *f*
sub judice [,sʌb'dʒu:dɪsɪ] (ADJ) **the matter is ~** l'affaire est devant les tribunaux
subjugate ['sʌbdʒʊgeɪt] (VT) subjuguer
subjunctive [səb'dʒʌŋktɪv] (ADJ, N) subjonctif *m* • **in the ~** au subjonctif
sublet [,sʌb'let] (*vb: pret, ptp* **sublet**) 1 (N) sous-location *f* 2 (VTI) sous-louer (**to** à)
sublimate ['sʌblɪmeɪt] (VT) sublimer
sublime [sə'blaɪm] 1 (ADJ) [*beauty*] sublime; [*indifference, disregard*] souverain *before n*; [*innocence*] suprême *before n*; [*incompetence*] prodigieux 2 (N) **from the ~ to the ridiculous** du sublime au grotesque
sublimely [sə'blaɪmlɪ] (ADV) ⓐ [*indifferent, ignorant, unaware*] totalement • **~ beautiful** d'une beauté sublime ⓑ (= *delightfully*) [*dance, sing*]* divinement
subliminal [,sʌb'lɪmɪnl] (ADJ) subliminal
submachine gun [,sʌbmə'ʃi:ngʌn] (N) mitraillette *f*
submarine [,sʌbmə'ri:n] (N) ⓐ sous-marin *m* ⓑ (*US*)* gros sandwich *m* mixte
submerge [səb'mɜ:dʒ] 1 (VT) submerger • **to ~ sth in sth** immerger qch dans qch • **to ~ o.s. in sth** se plonger totalement dans qch 2 (VI) s'immerger
submerged [səb'mɜ:dʒd] (ADJ) submergé • **~ in work** submergé de travail
submission [səb'mɪʃən] (N) ⓐ (= *submissiveness*) soumission *f* (**to** à) • **to starve/beat sb into ~** soumettre qn en le privant de nourriture/en le battant ⓑ [*of documents, application*] dépôt *m*; [*of thesis*] présentation *f*
submissive [səb'mɪsɪv] (ADJ) soumis
submit [səb'mɪt] 1 (VT) ⓐ **to ~ o.s. to sb/sth** se soumettre à qn/qch ⓑ (= *put forward*) [*+ documents, proposal, report, evidence*] soumettre (**to** à) • **to ~ that ...** suggérer que ... 2 (VI) se soumettre (**to** à)
subnormal [,sʌb'nɔ:məl] (ADJ) ⓐ (*mentally*) [*person*] attardé ⓑ [*weight, height, temperature*] inférieur (-eure *f*) à la normale
subordinate 1 (ADJ) [*officer, position*] subalterne (**to** à) 2 (N) subordonné(e) *m(f)* 3 (VT) subordonner (**to** à)

> Lorsque **subordinate** est un adjectif ou un nom, la fin se prononce comme **it** : [sə'bɔ:dɪnɪt] ; lorsque c'est un verbe, elle se prononce comme **eight** : [sə'bɔ:dɪneɪt].

> **subordonné** and **subordonner** have a double **n**.

subordination [sə,bɔ:dɪ'neɪʃən] (N) subordination *f*
subplot ['sʌb,plɒt] (N) intrigue *f* secondaire
subpoena [sə'pi:nə] 1 (N) citation *f* à comparaître 2 (VT) citer à comparaître
sub-post office [,sʌb'pəʊstɒfɪs] (N) agence *f* postale
subprime ['sʌbpraɪm] (ADJ) (*Finance*) [*borrower, loan*] à risque ▸ **subprime mortgage** prêt *m* hypothécaire à risque
sub-Saharan [sʌbsə'ha:rən] (ADJ) (*Geog*) subsaharien ▸ **sub-Saharan Africa** N Afrique *f* subsaharienne
subscribe [səb'skraɪb] 1 (VT) [*+ money*] verser (**to** à) 2 (VI) **to ~ to** [*+ book, new publication, fund*] souscrire à; [*+ newspaper*] (= *become a subscriber*) s'abonner à; (= *be a subscriber*) être abonné à; [*+ opinion, proposal*] souscrire à • **I don't ~ to the idea that money should be given to ...** je ne suis pas partisan de donner de l'argent à ...
subscriber [səb'skraɪbəʳ] (N) (*to fund, new publication*) souscripteur *m*, -trice *f* (**to** de); (*to newspaper, phone service*) abonné(e) *m(f)* (**to** de); (*to opinion, idea*) partisan *m* (**to** de)
subscription [səb'skrɪpʃən] (N) (*to fund, charity*) souscription *f*; (*to club*) cotisation *f*; (*to newspaper*) abonnement *m* • **to pay one's ~** (*to club*) verser sa cotisation; (*to newspaper*) payer son abonnement • **to take out a ~ to a paper** s'abonner à un journal
subsequent ['sʌbsɪkwənt] 1 (ADJ) (= *later in past*) ultérieur (-eure *f*); (= *in future*) à venir 2 (ADV) **~ to this** par la suite • **~ to his arrival** à la suite de son arrivée
subsequently ['sʌbsɪkwəntlɪ] (ADV) par la suite
subservience [səb'sɜ:vɪəns] (N) ⓐ (= *submission*) [*of person, nation*] asservissement *m* (**to sb/sth** à qn/qch) ⓑ (= *servility*) [*of person, manner, behaviour*] servilité *f* (**to sb** envers qn)
subservient [səb'sɜ:vɪənt] (ADJ) ⓐ (= *submissive*) [*person, nation*] asservi • **~ to** soumis à ⓑ (= *servile*) [*person, manner, behaviour*] servile
subset ['sʌb,set] (N) sous-ensemble *m*
subside [səb'saɪd] (VI) [*land, building*] s'affaisser; [*flood, river*] baisser; [*wind, anger*] se calmer; [*threat*] s'éloigner
subsidence ['sʌbsɪdns, səb'saɪdəns] (N) [*of land, building*] affaissement *m* • **"road liable to ~"** «chaussée instable» • **the crack in the wall was caused by ~** la faille dans le mur est due à l'affaissement du terrain
subsidiarity [,səbsɪdɪ'ærɪtɪ] (N) subsidiarité *f*
subsidiary [səb'sɪdɪərɪ] 1 (ADJ) ⓐ [*role, aim, character*] secondaire ⓑ [*subject, course*] optionnel ⓒ **~ company** filiale *f* 2 (N) filiale *f*
subsidize ['sʌbsɪdaɪz] (VT) subventionner • **heavily ~d** fortement subventionné
subsidy ['sʌbsɪdɪ] (N) subvention *f* • **state ~** subvention *f* de l'État
subsist [səb'sɪst] (VI) subsister • **to ~ on bread** vivre de pain • **to ~ on £60 a week** vivre avec 60 livres par semaine
subsistence [səb'sɪstəns] (N) subsistance *f* • **means of ~** moyens *mpl* de subsistance • **to live at ~ level** avoir tout juste de quoi vivre
subsoil ['sʌbsɔɪl] (N) sous-sol *m*
subsonic [,sʌb'sɒnɪk] (ADJ) subsonique
substance ['sʌbstəns] (N) substance *f*; (= *solid quality*) solidité *f*; (= *consistency*) consistance *f* • **that was the ~ of his speech** voilà l'essentiel de son discours • **a person of ~** une personne riche et influente • **the meal had not**

much ~ to it le repas n'était pas très substantiel • **to lack ~** [*book, essay*] manquer d'étoffe; [*argument*] être plutôt mince; [*claim, allegation*] être sans grand fondement • **in ~** en substance ▸ **substance abuse** N abus *m* de substances toxiques

substandard [ˌsʌbˈstændəd] ADJ ⓐ (= *low-quality*) [*goods, service, materials*] de qualité inférieure; [*work*] médiocre ⓑ (= *below a certain standard*) [*housing, conditions*] non conforme aux normes ⓒ [*language*] incorrect

substantial [səbˈstænʃəl] ADJ ⓐ (= *considerable*) important; [*business*] gros (grosse *f*); [*house*] grand ⓑ [*object, structure*] solide ⓒ [*meal*] substantiel ⓓ [*proof*] solide; [*objection*] fondé; [*argument*] de poids

substantially [səbˈstænʃəlɪ] ADV ⓐ (= *considerably*) considérablement • **~ bigger/higher** nettement plus grand/plus haut • **~ different** fondamentalement différent ⓑ (= *to a large extent*) [*correct, true, the same*] en grande partie • **to remain ~ unchanged** rester inchangé pour l'essentiel

substantiate [səbˈstænʃɪeɪt] VT fournir des preuves à l'appui de • **he could not ~ it** il n'a pas pu fournir de preuves

substitute [ˈsʌbstɪtjuːt] **1** N (= *person*) remplaçant(e) *m(f)* (**for** de); (= *thing*) produit *m* de substitution (**for** de) • **~s for rubber** succédanés *mpl* de caoutchouc • **"beware of ~s"** « méfiez-vous des contrefaçons » • **there is no ~ for wool** rien ne peut remplacer la laine • **a correspondence course is no/a poor ~ for personal tuition** les cours par correspondance ne remplacent pas/remplacent difficilement les cours particuliers **2** ADJ remplaçant • **~ teacher** remplaçant(e) *m(f)* **3** VT substituer (**A for B** A à B) **4** VI **to ~ for sb** remplacer qn

substitution [ˌsʌbstɪˈtjuːʃən] N substitution *f* • **to make a ~** (*Sport*) remplacer un joueur

subsume [səbˈsjuːm] VT subsumer

subtenant [ˌsʌbˈtenənt] N sous-locataire *mf*

subterfuge [ˈsʌbtəfjuːdʒ] N subterfuge *m*

subterranean [ˌsʌbtəˈreɪnɪən] ADJ souterrain

subtext [ˈsʌbtekst] N sens *m* caché

subtitle [ˈsʌbˌtaɪtl] **1** N sous-titre *m* **2** VT sous-titrer

subtitling [ˈsʌbˌtaɪtlɪŋ] N sous-titrage *m*

subtle [ˈsʌtl] ADJ subtil (subtile *f*); [*pressure, suggestion, reminder*] discret (-ète *f*); [*plan*] ingénieux • **a ~ form of racism** une forme insidieuse de racisme

subtlety [ˈsʌtltɪ] N subtilité *f*; [*of suggestion, rebuke*] discrétion *f*; [*of plan*] ingéniosité *f*

subtly [ˈsʌtlɪ] ADV [*imply, suggest, remind, rebuke*] discrètement; [*change, enhance*] de façon subtile • **~ spicy** délicatement épicé

subtotal [ˈsʌbˌtəʊtl] N total *m* partiel

subtract [səbˈtrækt] VT soustraire (**from** de)

subtraction [səbˈtrækʃən] N soustraction *f*

subtropical [ˈsʌbˈtrɒpɪkəl] ADJ subtropical

suburb [ˈsʌbɜːb] N banlieue *f* • **the ~s** la banlieue • **in the ~s** en banlieue • **the outer ~s** la grande banlieue

suburban [səˈbɜːbən] ADJ ⓐ [*street, community, train*] de banlieue • **a ~ area** une banlieue • **~ development** développement *m* suburbain ⓑ [*values, accent*] banlieusard (*pej*) • **his ~ lifestyle** sa vie étriquée (*pej*) de banlieusard

suburbanite [səˈbɜːbənaɪt] N banlieusard(e) *m(f)*

suburbia [səˈbɜːbɪə] N banlieue *f*

subversion [səbˈvɜːʃən] N subversion *f*

subversive [səbˈvɜːsɪv] ADJ subversif

subvert [səbˈvɜːt] VT [+ *the law, tradition*] bouleverser

subway [ˈsʌbweɪ] N (= *underpass*) passage *m* souterrain; (= *railway*) métro *m*

sub-zero [ˌsʌbˈzɪərəʊ] ADJ [*temperature*] au-dessous de zéro

succeed [səkˈsiːd] **1** VI ⓐ (= *be successful*) réussir • **to ~ in doing sth** réussir à faire qch • **he ~s in all he does** il réussit tout ce qu'il entreprend ⓑ (= *follow*) succéder (**to** à) **2** VT succéder à • **he ~ed his father as leader of the party** il a succédé à son père à la direction du parti • **he was ~ed by his son** son fils lui a succédé

succeeding [səkˈsiːdɪŋ] ADJ (*in past*) suivant; (*in future*) à venir • **she returns to this idea in the ~ chapters** elle reprend cette idée dans les chapitres suivants

success [səkˈses] N succès *m* • **~ in an exam** le succès à un examen • **his ~ in doing sth** le fait qu'il ait réussi à faire qch • **to meet with ~** avoir du succès • **to make a ~ of sth** [+ *project*] mener qch à bien; [+ *job, meal*] réussir qch • **we wish you every ~** nous vous souhaitons très bonne chance • **he was a great ~ as Hamlet/as a writer** il a eu beaucoup de succès dans le rôle de Hamlet/en tant qu'écrivain • **it was a ~** [*holiday, meal, evening, attack*] c'était réussi; [*play, record*] ça a été un succès ▸ **success story** N réussite *f*

successful [səkˈsesfʊl] ADJ ⓐ couronné de succès; [*candidate in exam*] reçu; [*election candidate*] victorieux; [*marriage*] heureux • **the tests were ~** les tests ont été probants • **on ~ completion of** [+ *course*] après avoir été reçu à l'issue de; [+ *deal*] après avoir conclu • **her application was ~** sa candidature a été retenue • **to be ~ in** *or* **at doing sth** réussir à faire qch • **to be ~ in one's efforts** voir ses efforts aboutir • **to be ~ in sth** (*attempt, mission, exam*) réussir qch • **to reach a ~ conclusion** aboutir • **the show had a ~ run on Broadway** ce spectacle a eu beaucoup de succès à Broadway

ⓑ (= *prosperous*) [*businessman, company*] prospère; [*doctor, lawyer, academic*] réputé; [*writer, painter, book, film*] à succès; [*career*] brillant

successfully [səkˈsesfəlɪ] ADV avec succès • **a certificate showing you ~ completed the course** un certificat indiquant que vous avez été reçu à l'issue de ce stage

succession [səkˈseʃən] N succession *f* • **in rapid ~** [*enter, go past*] à la file; [*happen*] coup sur coup

▸ **in succession** successivement • **four times in ~** quatre fois de suite • **for ten years in ~** pendant dix années consécutives

successive [səkˈsesɪv] ADJ successif • **on three ~ occasions** trois fois de suite • **on four ~ days** pendant quatre jours consécutifs • **for the third ~ year/time** pour la troisième année/fois consécutive • **with each ~ failure** à chaque nouvel échec

successively [səkˈsesɪvlɪ] ADV successivement • **~ higher levels of unemployment** des taux de chômage de plus en plus élevés

successor [səkˈsesəʳ] N successeur *m* (**to, of** de) • **the ~ to the throne** l'héritier *m*, -ière *f* de la couronne

succinct [səkˈsɪŋkt] ADJ succinct

succulent [ˈsʌkjʊlənt] **1** ADJ succulent **2** N plante *f* grasse

succumb [səˈkʌm] VI succomber (**to** à)

such [sʌtʃ] **1** ADJ ⓐ (= *of that sort*) tel, pareil • **~ a book** un tel livre • **~ books** de tels livres • **we had ~ a case last**

S

year nous avons eu un cas semblable l'année dernière • **in ~ cases** en pareil cas • **did you ever hear of ~ a thing?** avez-vous jamais entendu une chose pareille ? • **... or some ~ thing** ... ou une chose de ce genre

b (*= so much*) tellement, tant • **embarrassed by ~ praise** embarrassé par tant de compliments • **he was in ~ pain** il souffrait tellement • **don't be in ~ a rush** ne soyez pas si pressé • **we had ~ a surprise!** quelle surprise nous avons eue ! • **there was ~ a lot of noise that ...** il y avait tellement de bruit que ...

c (*set structures*)

▸ **no such ...** **no ~ book exists** un tel livre n'existe pas • **there's no ~ thing!** ça n'existe pas ! • **there are no ~ things as unicorns** les licornes n'existent pas • **I said no ~ thing!** je n'ai jamais dit cela !

▸ **such as** tel que, comme • **a friend ~ as Paul** un ami comme Paul • **animals ~ as cats** les animaux tels que *or* comme les chats • **~ as?*** quoi, par exemple ? • **you can take my car, ~ as it is** vous pouvez prendre ma voiture pour ce qu'elle vaut

▸ **such ... as** **I'm not ~ a fool as to believe that!** je ne suis pas assez bête pour croire ça ! • **have you ~ a thing as a penknife?** auriez-vous un canif par hasard ? • **until ~ time as ...** jusqu'à ce que ... *+ subj*, en attendant que ... *+ subj*

2 ADV **a** (*= so very*) si • **he gave us ~ good coffee** il nous a offert un si bon café • **~ big boxes** de si grandes boîtes • **~ a lovely present** un si joli cadeau • **it was ~ a long time ago!** il y a si longtemps de ça !

b (*in comparisons*) aussi • **I haven't had ~ good coffee for years** ça fait des années que je n'ai pas bu un aussi bon café

3 PRON **rabbits and hares and ~(like)*** les lapins, les lièvres et autres animaux de ce genre • **teachers and doctors and ~(like)*** les professeurs et les docteurs et autres

▸ **as such** (*= in that capacity*) à ce titre ; (*= in itself*) en soi • **the work as ~ is boring, but the pay is good** le travail en soi est ennuyeux, mais le salaire est bon • **and as ~ he was promoted** et à ce titre il a obtenu de l'avancement • **he was a genius but not recognized as ~** c'était un génie mais il n'était pas reconnu comme tel • **there are no houses as ~** il n'y a pas de maisons à proprement parler

4 COMP ▸ **such-and-such** ADJ tel et tel • **Mr Such-and-~*** Monsieur Untel • **in ~-and-~ a street** dans telle et telle rue

suchlike* [sʌtʃlaɪk] PRON → **such**

suck [sʌk] **1** VT sucer ; (*through straw*) [*+ drink*] aspirer (**through** avec) ; [*baby*] [*+ breast, bottle*] téter ; [*pump, machine*] aspirer (**from** de) • **to ~ one's thumb** sucer son pouce • **to ~ sb dry** (*of money*) sucer qn jusqu'au dernier sou* • **to be ~ed into a situation** être entraîné dans une situation **2** VI **a** [*baby*] téter **b** **to ~ at** sucer **c** (*= be very bad*)‡ **it ~s!** c'est un tas de conneries !‡ **3** N **to give sth a ~** sucer qch

▸ **suck down** VT SEP [*sea, mud*] engloutir

▸ **suck in** VT SEP [*sea, mud*] engloutir ; [*porous surface*] absorber ; [*pump, machine*] aspirer ; [*+ knowledge, facts*] absorber • **to ~ in one's stomach** rentrer son ventre

▸ **suck out** VT SEP [*person*] faire sortir en suçant (**of, from** de) ; [*machine*] refouler à l'extérieur (**of, from** de)

▸ **suck up** **1** VI **to ~ up to sb**‡ lécher les bottes* de qn **2** VT SEP [*person*] sucer ; [*pump, machine*] aspirer ; [*porous surface*] absorber

sucker ['sʌkəʳ] **1** N **a** (*= adhesive object*) ventouse *f* **b** (*= person*)‡ poire* *f* • **to be a ~ for sth** ne pouvoir résister à qch **2** VT (*US*) (*= swindle*)* embobiner* • **to get ~ed out of $500** se faire avoir de 500 dollars

suckle ['sʌkl] **1** VT allaiter **2** VI téter

sucrose ['su:krəʊz] N saccharose *m*

suction ['sʌkʃən] **1** N succion *f* • **to adhere by ~** faire ventouse **2** COMP [*apparatus, device*] de succion ▸ **suction disc, suction pad** N ventouse *f* ▸ **suction pump** N pompe *f* aspirante

Sudan [sʊ'dɑ:n] N **(the) ~** Soudan *m*

Sudanese [ˌsu:də'ni:z] **1** ADJ soudanais **2** N (*pl inv*) (*= person*) Soudanais(e) *m(f)*

> The French word **soudanais** is spelt with an **o**.

sudden ['sʌdn] ADJ soudain ; [*attack, marriage*] inattendu ; [*inspiration*] subit • **it's all so ~!** c'est si soudain ! • **all of a ~** soudain ▸ **sudden-death** N (*Brit*) mort *f* subite ; (*US Sport*) *prolongation où les ex aequo sont départagés dès le premier point marqué* ▸ **sudden infant death syndrome** N mort *f* subite du nourrisson

suddenly ['sʌdnlɪ] ADV soudain • **to die ~** mourir subitement

sudoku [sʊ'dəʊku:] N sudoku *m*

suds [sʌdz] NPL **a** (*= lather*) mousse *f* de savon ; (*= soapy water*) eau *f* savonneuse **b** (*US*) (*= beer*)‡ bière *f*

sue [su:] **1** VT poursuivre en justice (**for sth** pour obtenir qch, **over** au sujet de) • **to ~ sb for damages** poursuivre qn en dommages-intérêts • **to ~ sb for libel** intenter un procès en diffamation à qn • **to be ~d for damages/libel** être poursuivi en dommages-intérêts/en diffamation • **to ~ sb for divorce** entamer une procédure de divorce contre qn **2** VI engager des poursuites

suede [sweɪd] **1** N daim *m* **2** ADJ [*shoes, handbag, coat, skirt*] de daim ; [*gloves*] de suède ; [*leather*] suédé

suet [sʊɪt] N graisse *f* de rognon • **~ pudding** *plat à base de farine et de graisse de bœuf*

Suez ['su:ɪz] N **the ~ Canal** le canal de Suez • **the Gulf of ~** le golfe de Suez

suffer ['sʌfəʳ] **1** VT **a** (*= undergo*) subir ; [*+ headaches, hunger*] souffrir de • **he ~ed a lot of pain** il a beaucoup souffert • **her popularity ~ed a decline** sa popularité a décliné

b (*= allow*) [*+ opposition, sb's rudeness, refusal*] tolérer • **I can't ~ it a moment longer** je ne peux plus le tolérer

2 VI **a** [*person*] souffrir • **to ~ in silence** souffrir en silence • **he ~ed for it later** il en a souffert plus tard • **you'll ~ for this** vous me le paierez • **I'll make him ~ for it!** il me le paiera !

b (*= be afflicted by*) **to ~ from** [*+ rheumatism, heart trouble, the cold, hunger*] souffrir de ; [*+ deafness*] être atteint de ; [*+ flu, frostbite, bad memory*] avoir • **he was ~ing from shock** il était commotionné • **to ~ from the effects of** [*+ fall, illness*] se ressentir de ; [*+ alcohol, drug*] subir le contrecoup de • **to be ~ing from having done sth** se ressentir d'avoir fait qch • **the house is ~ing from neglect** la maison souffre d'un manque d'entretien

c (*= be impaired*) souffrir • **your health will ~** votre santé en souffrira • **the regiment ~ed badly** le régiment a essuyé de grosses pertes

sufferer ['sʌfərəʳ] (N) *(from illness)* malade *mf*; *(from misfortune, accident)* victime *f* • **AIDS ~** sidéen(ne) *m(f)* • **asthma ~** asthmatique *mf*
suffering ['sʌfərɪŋ] (N) souffrance(s) *f(pl)*
suffice [sə'faɪs] *(frm)* (VI) suffire • **~ it to say ...** qu'il (me) suffise de dire ...
sufficient [sə'fɪʃənt] (ADJ) *[number, quantity]* suffisant • **~ time/money/evidence** suffisamment de temps/ d'argent/de preuves • **to be ~** suffire (**for** à)
sufficiently [sə'fɪʃəntlɪ] (ADV) suffisamment
suffix ['sʌfɪks] (N) suffixe *m*
suffocate ['sʌfəkeɪt] (VTI) étouffer
suffocation [,sʌfə'keɪʃən] (N) étouffement *m*; *(Med)* asphyxie *f* • **to die from ~** mourir asphyxié
suffrage ['sʌfrɪdʒ] (N) droit *m* de vote • **universal ~** suffrage *m* universel
suffragette [,sʌfrə'dʒet] (N) suffragette *f*
sugar ['ʃʊgəʳ] **1** (N) sucre *m* • **oh, ~!*** mercredi !* **2** (VT) *[+ food, drink]* sucrer **3** (COMP) ▸**sugar basin** N *(Brit)* sucrier *m* ▸**sugar beet** N betterave *f* à sucre ▸**sugar bowl** N sucrier *m* ▸**sugar cane** N canne *f* à sucre ▸**sugar-coated** ADJ *(lit)* dragéifié; *(fig)* mielleux ▸**sugar cube** N morceau *m* de sucre ▸**sugar-free** ADJ sans sucre ▸**sugar lump** N morceau *m* de sucre ▸**sugar pea, sugar snap pea** N (pois *m*) mange-tout *m inv*
sugary ['ʃʊgərɪ] (ADJ) ⓐ *[food, drink]* sucré ⓑ *[person, voice]* mielleux
suggest [sə'dʒest] (VT) ⓐ *(= propose)* suggérer; *(= hint)* insinuer • **I ~ you ask him** il faudrait lui demander • **I ~ that we go to the museum** je propose qu'on aille au musée • **he ~ed going to London** il a suggéré d'aller à Londres • **what are you trying to ~?** que voulez-vous dire par là? ⓑ *(= imply)* suggérer • **the coins ~ a Roman settlement** les pièces de monnaie semblent témoigner de l'existence d'une colonie romaine
suggestion [sə'dʒestʃən] **1** (N) ⓐ suggestion *f*; *(= insinuation)* insinuation *f* • **to make a ~** faire une suggestion • **if I may make a ~** si je peux me permettre une suggestion • **have you any ~s?** avez-vous quelque chose à suggérer? • **we reject any ~ that ...** nous rejetons toute insinuation selon laquelle ... • **there is no ~ of corruption** il ne saurait être question de corruption ⓑ *(= trace)* soupçon *m*, pointe *f* **2** (COMP) ▸**suggestion box** N boîte *f* à idées
suggestive [sə'dʒestɪv] (ADJ) suggestif • **to be ~ of sth** suggérer qch
suicidal [,sʊɪ'saɪdl] (ADJ) suicidaire • **it would be absolutely ~** ce serait complètement suicidaire • **I feel absolutely ~** j'ai vraiment envie de me tuer
suicide ['sʊɪsaɪd] (N) suicide *m* • **there were two attempted ~s** il y a eu deux tentatives *fpl* de suicide ▸**suicide attack** N attentat-suicide *m* ▸**suicide bomber** N auteur *m* d'un attentat-suicide, kamikaze *mf* ▸**suicide note** N lettre *f* expliquant son *(or leur etc)* suicide
suit [su:t] **1** (N) ⓐ *(for man)* costume *m*; *(for woman)* tailleur *m*; *[of racing driver, astronaut]* combinaison *f* • **~ of armour** armure *f* complète
ⓑ *(in court)* procès *m* • **to bring a ~** intenter un procès (**against sb** à qn)
ⓒ *(Cards)* couleur *f*
2 (VT) ⓐ *[arrangements, date, price, climate]* convenir à • **I'll do it when it ~s me** je le ferai quand ça m'arrangera • **~ yourself!*** faites comme vous voulez ! • **it ~s me here** je suis bien ici
ⓑ *[garment, colour, hairstyle]* aller à • **it ~s her beautifully** ça lui va à merveille
3 (VI) convenir • **will tomorrow ~?** est-ce que demain vous conviendrait?
suitability [,su:tə'bɪlɪtɪ] (N) *[of time, accommodation, clothes]* caractère *m* approprié • **his ~ is not in doubt** on ne met pas en doute ses aptitudes
suitable ['su:təbl] (ADJ) approprié • **this dish is not ~ for diabetics** ce plat ne convient pas aux diabétiques • **he is not at all a ~ person** ce n'est pas du tout quelqu'un comme lui qu'il faut • **I can't find anything ~** je ne trouve rien qui convienne • **the most ~ man for the job** l'homme le plus apte à occuper ce poste • **these flats are not ~ for families** ces appartements ne conviennent pas pour des familles • **the film isn't ~ for children** ce n'est pas un film pour les enfants
suitably ['su:təblɪ] (ADV) **I'm not ~ dressed for gardening** je ne suis pas habillé comme il faut pour jardiner • **to be ~ qualified** posséder les compétences requises • **he was ~ impressed when I told him that ...** il a été assez impressionné quand je lui ai dit que ...
suitcase ['su:tkeɪs] (N) valise *f*
suite [swi:t] (N) ⓐ *(= furniture)* mobilier *m*; *(= rooms)* suite *f* ⓑ *(= piece of music)* suite *f*
suitor ['su:təʳ] (N) soupirant *m*
sulfate ['sʌlfeɪt] (N) *(US)* sulfate *m*
sulfide ['sʌlfaɪd] (N) *(US)* sulfure *m*
sulfur ['sʌlfəʳ] (N) *(US)* soufre *m*
sulfuric [sʌl'fjʊərɪk] (ADJ) *(US)* sulfurique
sulk [sʌlk] **1** (N) **to be in a ~** bouder **2** (VI) bouder
sulky ['sʌlkɪ] (ADJ) *[person, expression]* boudeur • **to be ~** faire la tête
sullen ['sʌlən] (ADJ) maussade
sully ['sʌlɪ] (VT) *(liter)* souiller
sulphate ['sʌlfeɪt] (N) sulfate *m*
sulphur ['sʌlfəʳ] (N) soufre *m*
sulphuric [sʌl'fjʊərɪk] (ADJ) sulfurique
sultan ['sʌltən] (N) sultan *m*
sultana [sʌl'tɑ:nə] (N) *(Brit)* raisin *m* de Smyrne
sultry ['sʌltrɪ] (ADJ) ⓐ *[day, atmosphere]* étouffant; *[weather, air, heat]* lourd ⓑ *(= sensual)* sensuel
sum [sʌm] (N) *(= total after addition)* somme *f*; *(= calculation)* calcul *m* • **~s** *(= arithmetic)* le calcul • **to do a ~ in one's head** faire un calcul de tête ▸**sum total** N *(= amount)* somme *f* totale; *(= money)* montant *m* (global)
▸**sum up** **1** VI récapituler • **to ~ up ...** en résumé ... **2** VT SEP ⓐ *(= summarize)* résumer • **that ~s up all I felt** cela exprime bien ce que je ressentais ⓑ *(= assess)* se faire une idée de
summarize ['sʌməraɪz] (VT) résumer
summary ['sʌmərɪ] **1** (N) résumé *m* • **in ~** en résumé **2** (ADJ) sommaire
summer ['sʌməʳ] **1** (N) été *m* • **in (the) ~** en été • **in the ~ of 1997** pendant l'été 1997 **2** (COMP) *[weather, heat, season]* estival; *[day, clothes]* d'été ▸**summer camp** N *(US)* colonie *f* de vacances ▸**summer holidays** NPL grandes vacances *fpl* ▸**summer school** N université *f* d'été ▸**summer term** N troisième trimestre *m* ▸**summer time** N *(Brit) (by clock)* heure *f* d'été
summerhouse ['sʌməhaʊs] (N) pavillon *m* d'été
summertime ['sʌmətaɪm] (N) *(= season)* été *m*
summery ['sʌmərɪ] (ADJ) *[clothes]* d'été

S

summing-up ['sʌmɪŋʌp] (N) résumé *m*
summit ['sʌmɪt] 1 (N) ⓐ sommet *m*; [*of ambition*] summum *m* ⓑ (= *meeting*) sommet *m* 2 (COMP) ▸ **summit conference** N conférence *f* au sommet
summon ['sʌmən] (VT) [+ *doctor, police, reinforcements*] appeler; (*to meeting*) convoquer • **to ~ sb to appear** (*in court*) citer qn à comparaître
▸ **summon up** VT SEP [+ *energy, strength*] rassembler • **I couldn't ~ up any enthusiasm** j'avais de la peine à m'enthousiasmer
summons ['sʌmənz] 1 (N) (*pl* **summonses**) assignation *f* • **he got a ~ to appear in court** il a reçu une assignation à comparaître 2 (VT) [*court*] citer, assigner (*à comparaître*)
sumo ['su:məʊ] (N) sumo *m*
sumptuous ['sʌmptjʊəs] (ADJ) somptueux
sun [sʌn] 1 (N) soleil *m* • **the ~ is shining** il fait soleil • **in the ~** au soleil • **a place in the ~** un endroit ensoleillé; (*fig*) une place au soleil • **to catch the ~** (= *get a tan*) prendre des couleurs; (= *get sunburned*) prendre un coup de soleil • **the ~ is in my eyes** j'ai le soleil dans les yeux • **everything under the ~** tout ce qu'il est possible d'imaginer • **there is nothing new under the ~** il n'y a rien de nouveau sous le soleil
2 (VT) **to ~ o.s.** [*lizard, cat*] se chauffer au soleil; [*person*] prendre un bain de soleil
3 (COMP) ▸ **sun dress** N robe *f* bain de soleil ▸ **sun lamp** N lampe *f* à bronzer ▸ **sun lotion** N crème *f* solaire ▸ **sun-lounger** N chaise *f* longue ▸ **sun oil** N huile *f* solaire ▸ **sun umbrella** N parasol *m*

SUN BELT
La « ceinture du soleil » désigne les États du sud des États-Unis (de la Caroline du Nord à la Californie), caractérisés par un climat chaud et ensoleillé et qui connaissent, depuis quelque temps, un fort développement économique dû notamment aux mouvements migratoires en provenance du nord du pays. Les États du nord, par opposition, sont parfois appelés « Frost Belt » (ceinture du gel) pour leur climat froid ou « Rust Belt » (ceinture de la rouille) à cause de leurs vieilles infrastructures industrielles.

Sun. (ABBR OF **Sunday**)
sunbathe ['sʌnbeɪð] (VI) se faire bronzer
sunbathing ['sʌnbeɪðɪŋ] (N) bains *mpl* de soleil
sunbeam ['sʌnbi:m] (N) rayon *m* de soleil
sunbed ['sʌnbed] (N) (*with sunray lamp*) lit *m* solaire; (*for outdoors*) chaise *f* longue
sunblock ['sʌnblɒk] (N) écran *m* solaire total
sunburn ['sʌnbɜ:n] (N) coup *m* de soleil • **to get ~** attraper un coup de soleil • **it prevents ~** cela évite les coups de soleil
sunburned ['sʌnbɜ:nd], **sunburnt** ['sʌnbɜ:nt] (ADJ) (= *tanned*) bronzé; (*painfully*) brûlé par le soleil • **to get ~** prendre un coup de soleil
sundae ['sʌndeɪ] (N) sundae *m*, coupe *f* glacée à la Chantilly
Sunday ['sʌndɪ] 1 (N) dimanche *m* 2 (COMP) [*clothes, paper*] du dimanche ▸ **Sunday best** N **in one's ~ best** tout endimanché ▸ **Sunday school** N ≈ catéchisme *m*
→ **Saturday**

✎ Days of the week in French are not spelt with a capital letter.

SUNDAY PAPERS
Les journaux du dimanche occupent une place essentielle dans les activités dominicales des Britanniques, qui en achètent souvent plusieurs. Il s'agit soit de journaux paraissant uniquement le dimanche (*The Observer*, par exemple), soit d'éditions du dimanche de quotidiens (*The Sunday Times*, *The Sunday Telegraph*, *Sunday Express*, etc.). Un **Sunday paper** contient généralement des rubriques très variées sur les arts, les sports, les voyages ou les affaires, et s'accompagne d'un supplément magazine en couleurs.
Aux États-Unis, le plus grand journal du dimanche est l'édition dominicale du *The New York Times*, mais les Américains préfèrent généralement la presse locale à la presse nationale.

sundial ['sʌndaɪəl] (N) cadran *m* solaire
sundown ['sʌndaʊn] (N) (*US*) coucher *m* de soleil
sundry ['sʌndrɪ] 1 (ADJ) divers • **all and ~** tout le monde
2 (NPL) **sundries** articles *mpl* divers
sunflower ['sʌn,flaʊə^r] (N) tournesol *m* ▸ **sunflower oil** N huile *f* de tournesol
sung [sʌŋ] (VB) *ptp of* **sing**
sunglasses ['sʌn,glɑ:sɪz] (NPL) lunettes *fpl* de soleil
sunk [sʌŋk] (VB) *ptp of* **sink**
sunken ['sʌŋkən] (ADJ) [*ship, treasure*] englouti; [*garden, road*] en contrebas; [*bath*] encastré; [*eyes*] enfoncé; [*cheeks*] creux
sunlight ['sʌnlaɪt] (N) (lumière *f* du) soleil *m*
sunlit ['sʌnlɪt] (ADJ) ensoleillé
Sunni ['sʌnɪ] 1 (N) (= *religion*) sunnisme *m*; (= *person*) sunnite *mf* 2 (ADJ) sunnite
sunny ['sʌnɪ] (ADJ) ⓐ ensoleillé • **it's ~ today** il y a du soleil aujourd'hui • **~ intervals** (*Brit*) éclaircies *fpl* • **eggs ~ side up** (*US*) œufs *mpl* sur le plat (*frits sans avoir été retournés*) ⓑ [*smile*] radieux; [*person*] épanoui; [*personality, mood*] enjoué
sunrise ['sʌnraɪz] (N) lever *m* de soleil
sunroof ['sʌnru:f] (N) (*on car*) toit *m* ouvrant
sunscreen ['sʌnskri:n] (N) écran *m* solaire
sunset ['sʌnset] (N) coucher *m* de soleil ▸ **sunset clause, sunset provision** N (*esp US, Can*) clause *f* de temporisation, clause *f* crépusculaire
sunshade ['sʌnʃeɪd] (N) (*for eyes*) visière *f*; (*in car*) pare-soleil *m inv*; (= *parasol*) ombrelle *f*
sunshine ['sʌnʃaɪn] (N) (lumière *f* du) soleil *m* • **in the ~** au soleil • **five hours of ~** cinq heures d'ensoleillement • **hallo ~!*** bonjour mon rayon de soleil !
sunspot ['sʌnspɒt] (N) tache *f* solaire
sunstroke ['sʌnstrəʊk] (N) insolation *f*
suntan ['sʌntæn] (N) bronzage *m* • **to get a ~** se faire bronzer • **~ lotion/oil** crème/huile solaire
suntanned ['sʌntænd] (ADJ) bronzé
suntrap ['sʌntræp] (N) coin *m* très ensoleillé
super ['su:pə^r] 1 (ADJ) (*Brit*) * super* 2 (N) (*US*) (= *gasoline*) super(carburant) *m* 3 (COMP) ▸ **Super Bowl** N (*US*) *championnat de football américain* ▸ **super-injunction** N super-injonction *f*
superannuation [,su:pə,rænjʊ'eɪʃən] (N) (*Brit* = *pension*) pension *f* de retraite
superb [su:'pɜ:b] (ADJ) [*view, weather, day*] superbe; [*quality, opportunity*] exceptionnel • **in ~ condition** en excellent état

superbug ['su:pəbʌg] (N) bactérie *f* multirésistante
supercilious [,su:pə'sɪlɪəs] (ADJ) [*person, smile*] dédaigneux
supercomputer [,su:pəkəm'pju:tə^r] (N) superordinateur *m*
superconductor [,su:pəkən'dʌktə^r] (N) supraconducteur *m*
superego [,su:pər'i:gəʊ] (N) surmoi *m*
superficial [,su:pə'fɪʃəl] (ADJ) superficiel

> **superficiel** ends in **-iel** instead of **-ial**.

superficially [,su:pə'fɪʃəlɪ] (ADV) [*discuss, examine*] superficiellement • **~ attractive** attirant en apparence seulement

> **superficiellement** ends in **-ellement** whereas the English word ends in **-ally**.

superfluous [sʊ'pɜ:flʊəs] (ADJ) [*goods, explanation*] superflu • **it is ~ to say that ...** inutile de dire que ...
superfood ['su:pə,fu:d] (N) superaliment *m*
superglue ['su:pəglu:] (N) colle *f* extraforte
supergroup ['su:pəgru:p] (N) (*Music*) supergroupe *m*
superhero ['su:pə,hɪərəʊ] (N) super-héros *m*
superhuman [,su:pə'hju:mən] **1** (ADJ) surhumain **2** (N) surhomme *m*
superimpose [,su:pərɪm'pəʊz] (VT) superposer (**on** à) • **~d** [*image*] en surimpression
superintend [,su:pərɪn'tend] (VT) superviser; [*+ exam*] surveiller
superintendent [,su:pərɪn'tendənt] (N) **a** [*of department*] chef *m* **b** [*of police*] ≈ commissaire *m*
superior [sʊ'pɪərɪə^r] **1** (ADJ) **a** (= *better*) supérieur • **the vastly ~ numbers of the enemy** les effectifs largement supérieurs de l'ennemi **b** (= *high-quality*) de qualité supérieure • **a very ~ model** un modèle très supérieur **c** (= *supercilious*) [*person*] hautain; [*air*] supérieur (-eure *f*); [*smile*] dédaigneux • **to feel ~** se sentir supérieur **d** (*in hierarchy*) supérieur (**to** à) **2** (N) supérieur(e) *m(f)* • **my ~** mon supérieur hiérarchique
superiority [sʊ,pɪərɪ'ɒrɪtɪ] (N) supériorité *f* (**to, over** par rapport à) ▸ **superiority complex** N complexe *m* de supériorité
superjumbo ['su:pədʒʌmbəʊ] (N) (= *plane*) super-jumbo *m*, très gros porteur *m*
superlative [sʊ'pɜ:lətɪv] **1** (ADJ) **a** (= *excellent*) exceptionnel **b** [*adjective*] superlatif **2** (N) superlatif *m* • **he tends to talk in ~s** il a tendance à exagérer
superman ['su:pəmæn] (N) (*pl* **-men**) surhomme *m* • **Superman** (= *fictional character*) Superman
supermarket ['su:pə,mɑ:kɪt] (N) supermarché *m*
supermodel ['su:pəmɒdl] (N) top model *m*
supernatural [,su:pə'nætʃərəl] (ADJ, N) surnaturel *m*
superpower ['su:pəpaʊə^r] (N) superpuissance *f*
supersede [,su:pə'si:d] (VT) [*+ belief, object, order*] remplacer; [*+ person*] supplanter • **~d method** méthode *f* périmée
supersize ['su:pəsaɪz] (ADJ) géant
supersonic [,su:pə'sɒnɪk] (ADJ) [*aircraft, speed*] supersonique; [*flight, travel*] en avion supersonique
superstar ['su:pəstɑ:^r] (N) superstar *f*
superstardom ['su:pə,stɑ:dəm] (N) statut *m* de superstar
superstition [,su:pə'stɪʃən] (N) superstition *f*
superstitious [,su:pə'stɪʃəs] (ADJ) superstitieux
superstore ['su:pəstɔ:^r] (N) (*Brit*) hypermarché *m*
superstructure ['su:pə,strʌktʃə^r] (N) superstructure *f*
supertanker ['su:pə,tæŋkə^r] (N) supertanker *m*
supertax ['su:pətæks] (N) tranche *f* supérieure de l'impôt sur le revenu
supervise ['su:pəvaɪz] (VT) [*+ person, worker*] être le supérieur hiérarchique de; [*+ department, research*] diriger; [*+ work*] superviser; [*+ exam*] surveiller
supervision [,su:pə'vɪʒən] (N) (= *watch*) surveillance *f*; (= *monitoring*) contrôle *m*; (= *management*) direction *f*
supervisor ['su:pəvaɪzə^r] (N) surveillant(e) *m(f)*; (*in shop*) chef *m* de rayon; (*of thesis*) directeur *m*, -trice *f* de thèse
supervisory ['su:pəvaɪzərɪ] (ADJ) de surveillance • **~ staff** personnel *m* chargé de la surveillance
supine ['su:paɪn] (ADJ) (*liter*) (*also* **lying supine**) allongé sur le dos
supper ['sʌpə^r] (N) (= *main meal*) dîner *m*; (= *snack*) collation *f* • **to have ~** dîner ▸ **supper club** N (*US*) *petit restaurant nocturne, avec danse et éventuellement spectacle* ▸ **supper time** N heure *f* du dîner
supplant [sə'plɑ:nt] (VT) supplanter
supple ['sʌpl] (ADJ) souple
supplement **1** (N) supplément *m* **2** (VT) [*+ income*] augmenter (**by doing sth** en faisant qch); [*+ diet*] compléter

> Lorsque **supplement** est un nom, la fin se prononce comme **ant** dans **giant**: ['sʌplɪmənt]; lorsque c'est un verbe, elle se prononce comme **ent** dans **went**: ['sʌplɪ,ment].

supplemental [,sʌplɪ'mentəl] (ADJ) (*esp US*) supplémentaire
supplementary [,sʌplɪ'mentərɪ] (ADJ) supplémentaire; [*food, vitamins*] complémentaire
suppleness ['sʌplnɪs] (N) souplesse *f*
supplier [sə'plaɪə^r] (N) fournisseur *m*
supply [sə'plaɪ] **1** (N) **a** (= *stock*) provision *f* • **to get in a ~ of ...** faire des provisions de ... • **to get in a fresh ~ of sth** renouveler sa réserve de qch • **supplies** provisions *fpl*, réserves *fpl*; (= *food*) vivres *mpl* **b** (= *act of supplying*) alimentation *f*; [*of equipment*] fourniture *f* • **the electricity/gas ~** l'alimentation en électricité/gaz • **~ and demand** l'offre *f* et la demande **c** (= *teacher*) remplaçant(e) *m(f)* • **to be on ~** faire des remplacements
2 (VT) (= *provide*) fournir (**with sth** en qch) • **we ~ the local schools** nous fournissons les écoles locales • **to ~ electricity/water to a town** alimenter une ville en électricité/eau • **a battery is not supplied with the torch** la torche est livrée sans pile • **to ~ sb with information/details** fournir des renseignements/des détails à qn
3 (COMP) [*vehicle, train*] de ravitaillement ▸ **supply teacher** N (*Brit*) suppléant(e) *m(f)*
support [sə'pɔ:t] **1** (N) **a** soutien *m*; (= *technical support*) support *m* technique • **he leaned on me for ~** il s'est appuyé sur moi • **he needs all the ~ he can get** il a bien besoin de tout le soutien qu'on pourra lui donner • **thank you for your ~** merci pour votre soutien • **to give ~ to sb/sth** soutenir qn/qch • **he has no visible means**

S

of ~ il n'a pas de moyens d'existence connus • **he spoke in ~ of the motion** il a parlé en faveur de la motion • **in ~ of his theory/claim** à l'appui de sa théorie/revendication • **to give one's ~ to ...** prêter son appui à ...
b *(= object)* appui *m*; [*of structure*] support *m*; *(moral, financial)* soutien *m*; *(US = subsidy)* subvention *f* • **he has been a great ~ to me** il a été pour moi un soutien précieux
2 VT **a** *(= hold up)* [*pillar, beam, person*] soutenir • **the elements necessary to ~ life** les éléments indispensables à la vie
b [*+ theory, cause, party, candidate*] *(passively)* être pour; *(actively)* soutenir; [*+ sb's application*] appuyer; [*+ action*] soutenir; [*+ team*] être supporter de • **his friends ~ed him in his campaign** ses amis l'ont soutenu dans sa campagne • **the socialists will ~ it** les socialistes voteront pour • **I cannot ~ what you are doing** je ne peux pas approuver ce que vous faites • **the evidence that ~s my case** les preuves à l'appui de ma cause • **he ~s Celtic** c'est un supporter du Celtic
c *(financially)* subvenir aux besoins de • **she has three children to ~** elle doit subvenir aux besoins de trois enfants • **to ~ o.s.** *(= earn one's living)* gagner sa vie • **the school is ~ed by money from ...** l'école reçoit une aide financière de ...
3 COMP ▸ **support band** N *(= rock group)* groupe *m* en vedette américaine ▸ **support group** N groupe *m* d'entraide

⚠ **to support ≠ supporter**

supporter [sə'pɔːtəʳ] N [*of party*] sympathisant(e) *m(f)*; [*of theory, cause*] partisan *m*; [*of team*] supporter *m*
supporting [sə'pɔːtɪŋ] ADJ **a** *(= corroborating)* [*document, evidence*] à l'appui **b** [*role, part*] second *before n* • **~ actor** second rôle *m* • **the ~ cast** les seconds rôles *mpl*
supportive [sə'pɔːtɪv] ADJ *(= helpful)* compréhensif • **she has a very ~ family** sa famille lui est d'un grand soutien
suppose [sə'pəʊz] **1** VT **a** *(= imagine)* supposer (**that** que + *subj*); *(= assume, postulate)* supposer (**that** que + *indic*) • **let's ~ that there were witnesses** et s'il y avait des témoins ? • **~ he doesn't come?** et s'il ne vient pas ?
▸ **supposing** si + *indic* • **supposing he can't do it?** et s'il ne peut pas le faire ? • **even supposing that ...** à supposer même que ... + *subj* • **always supposing that ...** en supposant que ... + *subj*
b *(= believe)* croire; *(= think)* penser • **what do you ~ he wants?** à votre avis que peut-il bien vouloir ? • **I don't ~ he'll agree** cela m'étonnerait qu'il accepte • **I ~ so** je suppose que oui • **I don't ~ so** • **I ~ not** je ne crois pas
c ▸ **to be supposed to do sth** être censé faire qch • **she was ~d to telephone this morning** elle était censée téléphoner ce matin • **he isn't ~d to know** il n'est pas censé le savoir • **you're not ~d to do that** tu n'es pas censé faire cela • **it's ~d to be a good film** c'est soi-disant un bon film • **what's that ~d to mean?** qu'est-ce que tu veux dire par là ?
2 VI **you'll come, I ~?** vous viendrez, je suppose ?
supposed [sə'pəʊzd] ADJ *(= so-called)* prétendu
supposedly [sə'pəʊzɪdlɪ] ADV soi-disant • **~ safe chemicals** des produits chimiques soi-disant sans danger

supposition [ˌsʌpə'zɪʃən] N supposition *f* • **that is pure ~** c'est une simple supposition
suppository [sə'pɒzɪtərɪ] N suppositoire *m*
suppress [sə'pres] VT [*+ crime*] mettre fin à; [*+ revolt, one's feelings*] réprimer; [*+ facts, truth*] étouffer; [*+ evidence*] faire disparaître
suppressant [sə'presnt] N **appetite ~** coupe-faim *m*, anorexigène *m*
suppression [sə'preʃən] N [*of evidence, information, human rights*] suppression *f*; [*of protest, movement*] répression *f*; [*of democracy*] étouffement *m*
supremacist [sʊ'preməsɪst] N personne *f* qui croit en la suprématie d'un groupe *(or d'une race etc)*
supremacy [sʊ'preməsɪ] N suprématie *f* (**over** sur)
supreme [sʊ'priːm] ADJ suprême • **the Supreme Court** la Cour suprême
supremo [sʊ'priːməʊ] N *(Brit)* grand chef *m*
surcharge ['sɜːtʃɑːdʒ] **1** N *(= extra payment)* surcharge *f*; *(= extra tax)* surtaxe *f* **2** VT surcharger, surtaxer
sure [ʃʊəʳ] **1** ADJ **a** *(= safe)* sûr; [*success*] assuré
b *(= definite)* sûr • **he is ~ to come** il viendra sûrement • **it's ~ to rain** il va pleuvoir, c'est sûr • **be ~ and tell me** ne manquez pas de me le dire • **you're ~ of a good meal** un bon repas vous est assuré • **he's ~ of success** il est sûr de réussir • **~ thing!*** oui bien sûr !
c *(= positive)* sûr • **I'm ~ I've seen him** je suis sûr de l'avoir vu • **I'm ~ he'll help us** je suis sûr qu'il nous aidera • **I'm not ~** je ne suis pas sûr (**that** que + *subj*) • **I'm not ~ how/why/when** je ne sais pas très bien comment/pourquoi/quand • **I'm not ~ if he can** je ne suis pas sûr qu'il puisse • **he says he did it but I'm not so ~** il dit qu'il l'a fait mais je n'en suis pas si sûr • **to be/feel ~ of o.s.** être/se sentir sûr de soi
▸ **for sure he'll leave for ~** il partira sans aucun doute • **and that's for ~*** ça ne fait aucun doute • **I'll find out for ~** je me renseignerai pour savoir exactement ce qu'il en est • **do you know for ~?** êtes-vous absolument sûr ? • **I'll do it next week for ~** je le ferai la semaine prochaine sans faute
▸ **to make sure to make ~ of a seat** s'assurer une place • **to make ~ of one's facts** vérifier ce qu'on avance • **better get a ticket beforehand and make ~** il vaut mieux prendre un billet à l'avance pour être sûr* • **did you lock it? — I think so but I'd better make ~** l'avez-vous fermé à clé ? — je crois, mais je vais vérifier
2 ADV **a** *(= certainly)** **he can ~ play the piano** il sait jouer du piano, ça oui !* • **he ~ was sick** il était vraiment malade • **will you do it? — ~!** le ferez-vous ? — bien sûr !*
b ▸ **sure enough** effectivement • **I warned them it would break and ~ enough, it did** je les avais prévenus que ça casserait, et ça n'a pas raté • **he ~ enough made a hash of that*** *(US)* pour sûr qu'il a tout gâché*
3 COMP ▸ **sure-fire*** ADJ [*way, method*] infaillible • **this film is a ~-fire winner** ce film est sûr de faire un tabac* ▸ **sure-footed** ADJ au pied sûr • **to be ~-footed** *(= skilful)* faire preuve de doigté
surely ['ʃʊəlɪ] ADV **~ he didn't say that!** il n'a pas pu dire ça, tout de même ! • **~ you can do something to help?** vous devez pouvoir aider • **~ you didn't believe him?** vous ne l'avez pas cru, j'espère • **~ not!** pas possible ! • **~!** *(US = with pleasure)* bien sûr !

surety ['ʃʊərətɪ] (N) caution *f* • **to stand ~ for sb** se porter caution pour qn

surf [sɜːf] 1 (N) (= *waves*) vagues *fpl* déferlantes; (= *foam*) écume *f*; (= *spray*) embruns *mpl* 2 (VI) (= *go surfing*) surfer 3 (VT) [+ *waves*] surfer sur • **to ~ the Net** surfer sur le net

surface ['sɜːfɪs] 1 (N) surface *f* • **under the ~** [*of sea, lake*] sous l'eau • **on the ~** (= *at first sight*) à première vue • **the road ~ is icy** la chaussée est verglacée 2 (VT) [+ *road*] revêtir (**with** de) 3 (VI) [*swimmer, diver, whale*] remonter à la surface; [*submarine*] faire surface; [*news*] se faire jour 4 (COMP) ▸ **surface area** N surface *f* ▸ **surface mail** N courrier *m* par voie de surface ▸ **surface-to-air** ADJ sol-air *inv*

surfboard ['sɜːfbɔːd] 1 (N) planche *f* de surf 2 (VI) surfer

surfeit ['sɜːfɪt] (N) excès *m*

surfer ['sɜːfəʳ] (N) surfeur *m*, -euse *f*; (*on the internet*)* internaute *mf*

surfing ['sɜːfɪŋ] (N) surf *m*

surge [sɜːdʒ] 1 (N) [*of fear, enthusiasm*] vague *f* • **he felt a ~ of anger** il a senti la colère monter en lui 2 (VI) [*crowd*] déferler • **to ~ in/out** entrer/sortir à flots • **they ~d forward** ils se sont lancés en avant • **a surging mass of demonstrators** une déferlante de manifestants

surgeon ['sɜːdʒən] (N) chirurgien *m* ▸ **surgeon general** N (*pl* **surgeons general**) (*in army*) médecin *m* général; (*US Admin*) ministre *mf* de la Santé

surgery ['sɜːdʒərɪ] (N) ⓐ (= *skill, study, operation*) chirurgie *f* • **to have ~** se faire opérer ⓑ (*Brit* = *consulting room*) cabinet *m*; (*Brit* = *interview*) consultation *f* • **when is his ~?** quelles sont ses heures de consultation ?

surgical ['sɜːdʒɪkəl] (ADJ) chirurgical ▸ **surgical appliance** N appareil *m* orthopédique ▸ **surgical spirit** N (*Brit*) alcool *m* à 90 (degrés)

surgically ['sɜːdʒɪkəlɪ] (ADV) chirurgicalement • **he had the tumour ~ removed** il s'est fait opérer de sa tumeur

Surinam [ˌsʊərɪ'næm] (N) Surinam *m*

Surinamese [ˌsʊərɪnæ'miːz] 1 (ADJ) surinamais 2 (N) Surinamais(e) *m(f)*

surly ['sɜːlɪ] (ADJ) revêche

surmise [sɜː'maɪz] (VT) conjecturer • **to ~ that ...** conjecturer que ... • **I ~d as much** je m'en doutais

surmount [sɜː'maʊnt] (VT) surmonter

surname ['sɜːneɪm] (N) nom *m* de famille • **name and ~** nom et prénoms

surpass [sɜː'pɑːs] (VT) [+ *person*] surpasser (**in** en); [+ *hopes, expectations*] dépasser • **to ~ o.s.** se surpasser

surplus ['sɜːpləs] 1 (N) (*pl* **surpluses**) surplus *m* 2 (ADJ) en surplus • **it is ~ to our requirements** cela excède nos besoins • **his ~ energy** son surcroît d'énergie 3 (COMP) ▸ **surplus store** N magasin *m* de surplus

surprise [sə'praɪz] 1 (N) surprise *f* • **to my great ~** à ma grande surprise • **to take by ~** [+ *person*] prendre au dépourvu; [+ *fort, town*] prendre par surprise • **what a ~!** quelle surprise ! • **~, ~!** (*when surprising sb*) tiens tiens !; (*iro*) comme par hasard (*iro*) • **to give sb a ~** surprendre qn • **it was a lovely/nasty ~ for him** ça a été une agréable/mauvaise surprise pour lui • **it came as a ~ to learn that ...** j'ai eu la surprise d'apprendre que ...

2 (ADJ) [*defeat, decision, gift*] inattendu • **~ attack/visit** attaque *f*/visite *f* surprise

3 (VT) surprendre • **he was ~d to hear that ...** il a été surpris d'apprendre que ... • **I wouldn't be ~d if it snowed** cela ne m'étonnerait pas qu'il neige *subj* • **I'm ~d by his ignorance** son ignorance me surprend • **I'm ~d at you!** cela me surprend de votre part ! • **it ~d me that he agreed** j'ai été surpris qu'il accepte *subj* • **go on, ~ me!** allez, étonne-moi !

surprised [sə'praɪzd] (ADJ) surpris • **you'd be ~ how many people ...** si tu savais combien de gens ...

surprising [sə'praɪzɪŋ] (ADJ) surprenant • **it is ~ that ...** il est surprenant que ... + *subj*

surprisingly [sə'praɪzɪŋlɪ] (ADV) [*big, sad*] étonnamment • **~ enough, ...** chose étonnante, ... • **not ~ he didn't come** comme on pouvait s'y attendre il n'est pas venu

surreal [sə'rɪəl] (ADJ) surréaliste (*fig*)

surrealism [sə'rɪəlɪzəm] (N) surréalisme *m*

surrealist [sə'rɪəlɪst] (ADJ, N) surréaliste *mf*

surrealistic [səˌrɪə'lɪstɪk] (ADJ) surréaliste

surrender [sə'rendəʳ] 1 (VI) se rendre (**to** à) • **to ~ to the police** se livrer à la police 2 (VT) [+ *town*] livrer (**to** à); [+ *firearms*] rendre (**to** à); [+ *stolen property, documents*] remettre (**to** à); [+ *one's rights, claims, powers, liberty*] renoncer à 3 (N) ⓐ (*Mil*) reddition *f* (**to** à) ⓑ (= *giving up*) [*of firearms, stolen property, documents*] remise *f* (**to** à); [*of insurance policy*] rachat *m*; [*of one's rights, claims, powers, liberty*] renonciation *f* (**of** à); [*of hopes*] abandon *m*; (= *return*) restitution *f* (**of** de, **to** à)

surreptitious [ˌsʌrəp'tɪʃəs] (ADJ) [*entry, removal*] discret; [*movement*] furtif

surreptitiously [ˌsʌrəp'tɪʃəslɪ] (ADV) [*enter, remove*] discrètement; [*move*] furtivement

surrogacy ['sʌrəgəsɪ] (N) (*in childbearing*) maternité *f* de substitution

surrogate ['sʌrəgɪt] (N) substitut *m* ▸ **surrogate mother** N mère *f* porteuse

surround [sə'raʊnd] 1 (VT) entourer • **~ed by** entouré de • **you're ~ed!** vous êtes cerné ! • **to ~ o.s. with friends/allies** s'entourer d'amis/d'alliés 2 (N) bordure *f*; [*of fireplace*] encadrement *m*

surrounding [sə'raʊndɪŋ] 1 (ADJ) [*streets, countryside, villages*] environnant • **Liège and the ~ area** Liège et ses environs 2 (NPL) **surroundings** (= *surrounding country*) environs *mpl*; (= *setting*) cadre *m* • **animals in their natural ~s** des animaux dans leur cadre naturel

surveillance [sɜː'veɪləns] (N) surveillance *f* • **to keep sb under ~** surveiller qn • **under constant ~** sous surveillance constante

survey 1 (N) ⓐ (= *comprehensive view*) [*of countryside, prospects, development*] vue *f* d'ensemble (**of** de) • **he gave a general ~ of the situation** il a fait un tour d'horizon de la situation

ⓑ (= *investigation*) [*of reasons, prices, sales*] étude *f* (**of** de) • **to carry out a ~ of** faire une étude de • **~ of public opinion** sondage *m* d'opinion

ⓒ [*of land, coast*] levé *m*

ⓓ (*Brit: in housebuying*) expertise *f*

2 (VT) ⓐ (= *look around at*) [+ *view, crowd*] embrasser du regard; [+ *prospects, trends*] passer en revue • **he ~ed the scene with amusement** il regardait la scène d'un œil amusé

ⓑ (= *study*) [+ *developments, needs, prospects*] faire une étude de • **the Prime Minister ~ed the situation** le Premier ministre a fait un tour d'horizon de la situation

ⓒ [+ *site, land*] faire le levé de; (*Brit*) [+ *house, building*] expertiser

S

> Lorsque **survey** est un nom, l'accent tombe sur la première syllabe : ['sɜːveɪ], lorsque c'est un verbe, sur la seconde : [sə'veɪ].

surveying [sə'veɪɪŋ] (N) [*of site, land*] levé *m*; [*of house*] expertise *f*

surveyor [sə'veɪəʳ] (N) (*Brit*) [*of property, buildings*] expert *m*; [*of land, site*] géomètre *m*

survival [sə'vaɪvəl] (N) (= *act*) survie *f*; [*of custom, beliefs*] survivance *f* • **the ~ of the fittest** la loi du plus fort ▸ **survival course** N cours *m* de survie ▸ **survival kit** N trousse *f* de survie

survive [sə'vaɪv] 1 (VI) [*person*] survivre (**on** avec); [*object, custom*] survivre • **he ~d to tell the tale** il a survécu et a pu raconter ce qui s'était passé • **only three volumes ~** il ne subsiste plus que trois tomes • **you'll ~!** (*iro*) vous n'en mourrez pas ! 2 (VT) survivre à • **he is ~d by a wife and two sons** il laisse une femme et deux fils

surviving [sə'vaɪvɪŋ] (ADJ) survivant • **the last ~ member of the family** le dernier membre vivant de la famille

survivor [sə'vaɪvəʳ] (N) survivant(e) *m(f)* • **he's a real ~!** rien ne l'abat !

susceptibility [sə,septə'bɪlɪtɪ] (N) (= *sensitiveness*) sensibilité *f*; (= *touchiness*) susceptibilité *f*; (*to illness*) prédisposition *f* (**to** à)

susceptible [sə'septəbl] (ADJ) **to be ~ to sth** (= *sensitive to sth*) être sensible à qch; (*to disease*) être prédisposé à qch

sushi ['suːʃɪ] (N) sushi *m* ▸ **sushi bar** N petit restaurant *m* de sushis

suspect 1 (N) suspect(e) *m(f)* 2 (ADJ) suspect 3 (VT) ⓐ soupçonner (**that** que) • **he ~s nothing** il ne se doute de rien ⓑ (= *think likely*) avoir le sentiment (**that** que) • **I ~ he knows who did it** j'ai le sentiment qu'il connaît le coupable • **I ~ed as much** je m'en doutais • **he'll come, I ~** il viendra, je suppose ⓒ (= *have doubts about*) douter de

> Lorsque **suspect** est un nom ou un adjectif, l'accent tombe sur la première syllabe : ['sʌspekt], lorsque c'est un verbe, sur la seconde : [səs'pekt].

> ⚠ **to suspect ≠ suspecter**

suspend [səs'pend] 1 (VT) ⓐ (= *hang*) suspendre (**from** à) • **to be ~ed in midair** flotter dans l'air ⓑ (= *stop temporarily*) suspendre; [+ *bus service*] interrompre provisoirement ⓒ [+ *employee, office holder, officer*] suspendre (**from** de); [+ *pupil, student*] exclure temporairement 2 (COMP) ▸ **suspended sentence** N (*in court*) condamnation *f* avec sursis • **he received a ~ed sentence of six months in jail** il a été condamné à six mois de prison avec sursis

suspender [səs'pendəʳ] 1 (N) (*Brit*) (*for stockings*) jarretelle *f* 2 (NPL) **suspenders** (*US*) (= *braces*) bretelles *fpl* 3 (COMP) ▸ **suspender belt** N (*Brit*) porte-jarretelles *m inv*

suspense [səs'pens] (N) incertitude *f*; (*in book, film*) suspense *m* • **to keep sb in ~** laisser qn dans l'incertitude; [*film*] tenir qn en haleine • **the ~ is killing me!*** ce suspense me tue !

suspension [səs'penʃən] 1 (N) ⓐ [*of payment, constitution, talks, licence*] suspension *f*; [*of programme, service*] interruption *f* provisoire ⓑ [*of employee, official, player*] suspension *f*; [*of student*] exclusion *f* temporaire ⓒ (*in car*) suspension *f* 2 (COMP) ▸ **suspension bridge** N pont *m* suspendu

suspicion [səs'pɪʃən] (N) soupçon *m* • **above ~** au-dessus de tout soupçon • **under ~** considéré comme suspect • **he was regarded with ~** on le considérait avec suspicion • **on ~ of murder** sur présomption de meurtre • **I had a ~ that he wouldn't come back** quelque chose me disait qu'il ne reviendrait pas • **I had my ~s about that letter** j'avais mes doutes quant à cette lettre

suspicious [səs'pɪʃəs] (ADJ) ⓐ (= *distrustful*) [*person, attitude, look*] méfiant • **you've got a ~ mind!** tu es très méfiant ! • **to be ~ of sb/sth** se méfier de qn/qch • **to be ~ about sb/sth** avoir des soupçons sur qn/qch • **to be ~ that ...** soupçonner que ... • **to become ~** commencer à se méfier ⓑ (= *causing suspicion*) [*person, object, action, death*] suspect • **in ~ circumstances** dans des circonstances suspectes

suspiciously [səs'pɪʃəslɪ] (ADV) ⓐ (= *with suspicion*) [*examine, glance, ask*] avec méfiance ⓑ (= *causing suspicion*) [*behave, act*] de manière suspecte • **~ similar** d'une ressemblance suspecte • **~ high/low prices** des prix étrangement élevés/bas • **it sounds ~ as though he ...** il y a tout lieu de soupçonner qu'il ... • **he arrived ~ early** c'est suspect qu'il soit arrivé si tôt

suss* [sʌs] (VT) (*Brit*) **to ~ out** [+ *situation*] piger* • **I can't ~ him out** je n'arrive pas à le cerner • **he'll ~ you out straight away** il va tout de suite comprendre ton jeu • **I've got it ~ed** j'ai pigé*

sustain [səs'teɪn] (VT) ⓐ (= *support*) [+ *life*] maintenir; [+ *effort, theory*] soutenir; [+ *pretence*] prolonger ⓑ (= *suffer*) [+ *attack, loss, damage*] subir; [+ *injury*] recevoir

sustainable [səs'teɪnəbəl] (ADJ) [*rate, growth*] viable; [*energy, forest, development*] durable; [*resource*] renouvelable; [*argument*] tenable

sustained [səs'teɪnd] (ADJ) [*effort, attack, applause*] prolongé • **~ growth** (*Econ*) croissance *f* soutenue

sustenance ['sʌstɪnəns] (N) alimentation *f* • **they get their ~ from ...** ils se nourrissent de ...

suture ['suːtʃəʳ] (N) suture *f*

SUV [,esjuː'viː] (N) (*US*) (ABBR OF **sports utility vehicle**) SUV *m*

SVQ [,esviː'kjuː] (N) (ABBR OF **Scottish Vocational Qualification**) *qualification professionnelle*

SW ⓐ (ABBR OF **short wave**) OC ⓑ (ABBR OF **south-west**) S-O

swab [swɒb] 1 (N) (= *cotton wool*) tampon *m*; (= *specimen*) prélèvement *m* • **to take a ~ of sb's throat** faire un prélèvement dans la gorge de qn 2 (VT) nettoyer

swag* [swæg] (N) butin *m*

swagger ['swægəʳ] 1 (N) air *m* fanfaron; (= *gait*) démarche *f* assurée • **to walk with a ~** marcher en se pavanant 2 (VI) se pavaner • **to ~ in/out** entrer/sortir en se pavanant

swaggering ['swægərɪŋ] 1 (ADJ) [*gait*] assuré; [*person, look*] fanfaron 2 (N) (= *strutting*) airs *mpl* importants

Swahili [swɑː'hiːlɪ] (N) (= *language*) swahili *m*

swallow ['swɒləʊ] 1 (N) ⓐ (= *bird*) hirondelle *f* ⓑ (= *act of swallowing*) **with one ~** d'un seul coup 2 (VI) avaler • **he ~ed hard** (*with emotion*) sa gorge se serra 3 (VT) avaler; [+ *one's anger, pride*] ravaler • **that's a bit hard to ~** c'est plutôt dur à avaler • **they ~ed it whole** ils ont tout gobé*
▸ **swallow down** VT SEP avaler
▸ **swallow up** VT SEP engloutir

swam [swæm] (VB) *pt of* **swim**

swamp [swɒmp] 1 (N) marécage *m* 2 (VT) inonder (**with** de) • **he was ~ed with requests/letters** il a été submergé de requêtes/lettres • **I'm absolutely ~ed*** **with work** je suis débordé (de travail)

swampy ['swɒmpɪ] (ADJ) marécageux

swan [swɒn] (N) cygne *m*

swanky* ['swæŋkɪ] (ADJ) huppé*

swap* [swɒp] 1 (N) échange *m* 2 (VT) échanger (**A for B** A contre B) • **let's ~ places** changeons de place • **I'll ~ you!** tu veux échanger avec moi ? 3 (VI) échanger

▸ **swap over, swap round** VT SEP, VI changer de place

swarm [swɔːm] 1 (N) [*of bees*] essaim *m*; [*of flying insects, people*] nuée *f*; [*of ants, crawling insects*] fourmillement *m* • **in ~s** en masse 2 (VI) [*bees*] essaimer; [*crawling insects*] grouiller • **to ~ in/out** [*people*] entrer/sortir en masse • **the children ~ed round his car** les enfants s'agglutinaient autour de sa voiture • **to be ~ing with ants/people** grouiller de fourmis/de monde

swastika ['swɒstɪkə] (N) croix *f* gammée

swat [swɒt] 1 (VT) écraser 2 (N) tapette *f*

swathed [sweɪðd] (ADJ) **~ in bandages** couvert de bandages • **~ in blankets** enveloppé dans des couvertures

swatter ['swɒtəʳ] (N) tapette *f*

sway [sweɪ] 1 (N) ⓐ **to hold ~** [*theory*] prévaloir; [*person*] avoir une grande influence • **to hold ~ over** avoir de l'emprise sur 2 (VI) [*tree, rope, hanging object*] se balancer; [*tower block, bridge, train*] osciller; [*person*] (*weak*) chanceler; (*dancing*) se balancer 3 (VT) ⓐ [+ *hanging object*] balancer ⓑ (= *influence*) influencer • **these factors finally ~ed the committee** ces facteurs ont finalement influencé la décision du comité • **I allowed myself to be ~ed** je me suis laissé influencer

swear [swɛəʳ] (*pret* **swore**, *ptp* **sworn**) 1 (VT) ⓐ jurer; [+ *fidelity, allegiance*] jurer • **I ~ it!** je le jure ! • **to ~ an oath** (*solemnly*) prêter serment • **I could have sworn he touched it** j'aurais juré qu'il l'avait touché • **I ~ he said so!** je vous jure qu'il l'a dit !

ⓑ [+ *witness, jury*] faire prêter serment à • **she was sworn to secrecy** on lui a fait jurer le secret

2 (VI) ⓐ (= *take solemn oath*) jurer • **would you ~ to having seen him?** est-ce que vous jureriez que vous l'avez vu ? • **I think he locked the door but I wouldn't ~ to it** je pense qu'il a fermé la porte à clé mais je n'en jurerais pas • **to ~ blind** (*Brit*) *or* **up and down** (*US*) **that ...** jurer ses grands dieux que ...

ⓑ (= *curse*) jurer (**at** contre)

▸ **swear by** VT INSEP **he ~s by it** il ne jure que par ça

▸ **swear in** VT SEP [+ *jury, witness, president*] faire prêter serment à

swearword ['swɛəwɜːd] (N) juron *m*

sweat [swet] 1 (N) sueur *f* • **by the ~ of his brow** à la sueur de son front • **to be dripping with ~** être en nage • **to be in a ~** être en sueur; (*fig*)* avoir des sueurs froides • **no ~!**‡ pas de problème !

2 (VI) [*person, animal*] suer (**from** de) • **he was ~ing profusely** il suait à grosses gouttes • **he was ~ing over his essay*** il suait sur sa dissertation

3 (VT) **to ~ blood*** (= *work hard*) suer sang et eau (**over sth** sur qch); (= *be anxious*) avoir des sueurs froides

4 (COMP) ▸ **sweat pants** NPL (*US*) pantalon *m* de jogging

▸ **sweat out** VT SEP **you'll just have to ~ it out*** il faudra t'armer de patience • **they left him to ~ it out*** ils l'ont laissé le bec dans l'eau*

sweatband ['swetbænd] (N) bandeau *m*

sweater ['swetəʳ] (N) pull-over *m*

sweatshirt ['swetʃɜːt] (N) sweat-shirt *m*

sweatshop ['swetʃɒp] (N) *atelier où la main-d'œuvre est exploitée*

sweatsuit ['swetsuːt] (N) (*US*) survêtement *m*

sweaty ['swetɪ] (ADJ) [*person, body*] en sueur; [*hair, clothes*] collant de sueur; [*hand, skin*] moite (de sueur); [*smell*] de sueur • **I've got ~ feet** je transpire des pieds • **a ~ nightclub** une boîte de nuit bondée

Swede [swiːd] (N) Suédois(e) *m(f)*

swede [swiːd] (N) rutabaga *m*

Sweden ['swiːdən] (N) Suède *f*

Swedish ['swiːdɪʃ] 1 (ADJ) suédois 2 (N) (= *language*) suédois *m*

sweep [swiːp] (*vb: pret, ptp* **swept**) 1 (N) ⓐ (*with broom*) coup *m* de balai • **to give a room a ~** donner un coup de balai dans une pièce

ⓑ (= *chimney sweep*) ramoneur *m*

ⓒ (= *movement*) **with one ~** d'un seul coup • **with a ~ of his arm** d'un geste large

ⓓ (= *curve*) [*of coastline, hills, road, river*] grande courbe *f*

2 (VT) balayer; [+ *chimney*] ramoner • **to ~ a room clean** donner un bon coup de balai dans une pièce • **he swept the rubbish off the pavement** il a enlevé les ordures du trottoir d'un coup de balai • **to ~ sth under the carpet** (*fig*) enterrer qch • **he swept the horizon with his binoculars** il a parcouru l'horizon avec ses jumelles • **a wave of panic swept the city** un vent de panique a soufflé sur la ville • **to ~ one's hair off one's face** écarter ses cheveux de son visage • **they swept everything before them** ils ont remporté un succès total • **they swept the board** ils ont tout raflé* • **the socialists swept the board at the election** les socialistes ont remporté l'élection haut la main • **the wave swept him overboard** la vague l'a jeté par-dessus bord • **the wind swept the caravan over the cliff** la caravane a été projetée du haut de la falaise par le vent • **the current swept him downstream** le courant l'a emporté • **he swept her off her feet** (= *she fell for him*) elle a eu le coup de foudre pour lui • **this election swept the socialists into office** cette élection a porté les socialistes au pouvoir avec une écrasante majorité

3 (VI) ⓐ (= *pass swiftly*) **to ~ in/out** [*person, vehicle, convoy*] entrer/sortir rapidement • **the car swept round the corner** la voiture a pris le virage à toute allure • **the rain swept across the plain** la pluie a balayé la plaine • **panic swept through the city** la panique s'est emparée de la ville

ⓑ (= *move impressively*) **to ~ in/out** [*person, procession*] entrer/sortir majestueusement • **she came ~ing into the room** elle a fait une entrée majestueuse dans la pièce • **the Alps ~ down to the coast** les Alpes descendent majestueusement jusqu'à la côte

▸ **sweep along** VT SEP emporter

▸ **sweep aside** VT SEP [+ *object, person, suggestion, objection*] repousser; [+ *difficulty, obstacle*] écarter

▸ **sweep away** VT SEP [*crowd, flood, current, gale*] entraîner; [+ *dust, snow, rubbish*] balayer

▸ **sweep out** VT SEP [+ *room, rubbish*] balayer

▸ **sweep up** 1 VI (*with broom*) **to ~ up after sb** balayer

S

derrière qn • **to ~ up after a party** balayer après le départ des invités **2** VT balayer

sweeper ['swi:pəʳ] (N) (*= worker*) balayeur *m*

sweeping ['swi:pɪŋ] (ADJ) **a** [*gesture, movement*] ample; [*curve*] large; [*staircase*] qui descend majestueusement **b** [*change, reorganization*] radical; [*reduction, cuts, powers*] considérable; [*victory*] écrasant • **~ statement/generalization** déclaration *f*/généralisation *f* à l'emporte-pièce • **that's pretty ~!** il ne faut pas généraliser !

sweepstake ['swi:psteɪk] (N) sweepstake *m*

sweet [swi:t] **1** (ADJ) **a** (*= not savoury*) [*taste, food, drink*] sucré; [*smell*] doux (douce *f*) • **to taste ~** être sucré • **to smell ~** avoir une odeur suave • **I love ~ things** j'adore les sucreries *fpl*

b [*cider, wine*] doux (douce *f*)

c [*face, smile*] doux (douce *f*); [*person*] gentil (gentille *f*) • **she has such a ~ nature** elle est si gentille • **you're such a ~ guy!** t'es vraiment un chic type !* • **that was very ~ of her** c'était très gentil de sa part

d [*child, dog, house, hat*] mignon • **a ~ old lady** une adorable vieille dame

e [*sound, voice, music*] mélodieux • **the ~ smell of success** la douceur de la gloire • **~ dreams!** fais de beaux rêves ! • **to whisper ~ nothings in sb's ear** conter fleurette à qn

f (*= pure*) [*air, breath*] frais (fraîche *f*); [*water*] pur • **to smell ~** [*air*] être pur; [*breath*] être frais

g (*iro*) **he carried on in his own ~ way** il a continué comme il l'entendait • **he'll do it in his own ~ time** il le fera quand bon lui semblera

h (*= attracted*)* **to be ~ on sb** avoir le béguin* pour qn

2 (N) (*= candy*) bonbon *m*; (*Brit = dessert*) dessert *m*

3 (COMP) ▸ **sweet-and-sour** ADJ [*sauce*] aigre-doux (aigre-douce *f*); [*pork, chicken*] à l'aigre-douce ▸ **sweet chestnut** N châtaigne *f* ▸ **sweet-natured** ADJ doux (douce *f*) ▸ **sweet pea** N pois *m* de senteur ▸ **sweet pepper** N piment *m* doux ▸ **sweet potato** N patate *f* douce ▸ **sweet-scented, sweet-smelling** ADJ qui sent bon ▸ **sweet talk** N flagorneries *fpl* ▸ **sweet-talk** VT flagorner ▸ **sweet tooth** N **to have a ~ tooth** aimer les sucreries ▸ **sweet trolley** N (*Brit*) chariot *m* des desserts

sweetbread ['swi:tbred] (N) ris *m* de veau (*or* d'agneau)

sweetcorn ['swi:tkɔ:n] (N) maïs *m*

sweeten ['swi:tn] (VT) **a** [*+ coffee, sauce*] sucrer **b** [*+ person, sb's temper, task*] adoucir **c** (*= give incentive to*)* amadouer; (*= bribe*)* graisser la patte à*

sweetener ['swi:tnəʳ] (N) **a** (*for coffee, food*) édulcorant *m* **b** (*= incentive*)* carotte* *f*; (*= bribe*)* pot-de-vin *m*

sweetening ['swi:tnɪŋ] (N) édulcorant *m*

sweetheart ['swi:thɑ:t] **1** (N) petit(e) ami(e) *m(f)* • **yes ~** oui chéri(e) **2** (COMP) ▸ **sweetheart deal*** N *accord par lequel les pouvoirs publics offrent des conditions exceptionnelles à une entreprise privée ou un particulier*

sweetie* ['swi:tɪ] (N) **a** (*= person*) **he's/she's a ~** c'est un ange • **yes ~** oui mon chou* **b** (*= candy*) bonbon *m*

sweetly ['swi:tlɪ] (ADV) [*smile, say, answer*] gentiment; [*sing, play*] mélodieusement • **~ scented** agréablement parfumé

sweetness ['swi:tnɪs] (N) (*to taste*) goût *m* sucré; (*in smell*) odeur *f* suave; [*of person, character*] douceur *f* • **to be all ~ and light** être tout douceur

sweetshop ['swi:tʃɒp] (N) (*Brit*) confiserie *f* (*souvent avec papeterie, journaux et tabac*)

swell [swel] (*vb: pret* **swelled**, *ptp* **swollen** *or* **swelled**) **1** (VI) **a** (*also* **swell up**) [*ankle, arm, eye, face*] enfler • **to ~ with pride** se gonfler d'orgueil

b (*= increase*) augmenter; [*music*] monter • **the numbers soon ~ed to 500** le nombre a vite atteint 500

2 (VT) [*+ sail*] gonfler; [*+ sound*] enfler; [*+ river, lake*] grossir; [*+ number*] grossir, augmenter • **this ~ed the membership to 1,500** ceci a porté à 1500 le nombre des membres • **to be swollen with pride** être bouffi d'orgueil

3 (N) [*of sea*] houle *f*

4 (ADJ) (*US = wonderful*)* super* *inv* • **I had a ~ time** je me suis super* bien amusé

swelling ['swelɪŋ] (N) (*= lump*) bosse *f* • **it's to reduce the ~** c'est pour faire désenfler • **the ~ has gone down** ça a désenflé

swelter ['sweltəʳ] (VI) étouffer de chaleur

sweltering ['sweltərɪŋ] (ADJ) étouffant; [*day, afternoon*] torride • **it's ~** on étouffe

swept [swept] (VB) *pt, ptp of* **sweep**

swerve [swɜ:v] **1** (VI) [*vehicle*] faire une embardée; [*driver*] donner un coup de volant **2** (N) [*of vehicle*] embardée *f*

swift [swɪft] **1** (ADJ) rapide • **they were ~ to act/respond** ils ont été prompts à agir/réagir **2** (N) (*= bird*) martinet *m*

swiftly ['swɪftlɪ] (ADV) rapidement, vite • **a ~ flowing river** une rivière au courant rapide • **the company has moved ~ to deny the rumours** l'entreprise a réagi promptement pour démentir les rumeurs

swiftness ['swɪftnɪs] (N) rapidité *f*

swig* [swɪg] **1** (N) **to have a ~ of sth** boire un petit coup de qch **2** (VT) lamper*

swill [swɪl] **1** (N) (*for pigs*) pâtée *f* **2** (VT) **a** (*also* **swill out**) [*+ glass*] rincer **b** (*also* **swill around**) [*+ liquid*] remuer

swim [swɪm] (*vb: pret* **swam**, *ptp* **swum**) **1** (N) **to go for a ~** aller se baigner; (*in swimming baths*) aller à la piscine • **after a 2km ~** après avoir fait 2 km à la nage • **to be in the ~ (of things)** être dans le mouvement

2 (VI) nager; (*as sport*) faire de la natation • **to go ~ming** aller se baigner; (*in swimming baths*) aller à la piscine • **to ~ across a river** traverser une rivière à la nage • **to ~ under water** nager sous l'eau • **to ~ against the tide** (*fig*) nager à contre-courant • **the meat was ~ming in gravy** la viande baignait dans la sauce • **her eyes were ~ming** ses yeux étaient noyés de larmes • **the room was ~ming before his eyes** la pièce semblait tourner autour de lui • **his head was ~ming** la tête lui tournait

3 (VT) [*+ lake, river*] traverser à la nage • **she swam the 100 metres in 50 seconds** elle a nagé le 100 m en 50 secondes • **he can ~ two lengths** il peut faire deux longueurs • **I can't ~ a stroke** je suis incapable de faire une brasse

swimmer ['swɪməʳ] (N) nageur *m*, -euse *f*

swimming ['swɪmɪŋ] (N) nage *f*; (*Sport*) natation *f* ▸ **swimming bath** N, **swimming baths** NPL (*Brit*) piscine *f* ▸ **swimming cap** N bonnet *m* de bain ▸ **swimming costume** N (*Brit*) maillot *m* de bain une pièce ▸ **swimming gala** N compétition *f* de natation ▸ **swimming instructor** N maître *m* nageur ▸ **swimming pool** N piscine *f* ▸ **swimming trunks** NPL maillot *m* de bain

swimsuit ['swɪmsu:t] (N) maillot *m* de bain

swimwear ['swɪmwɛəʳ] (N) maillots *mpl* de bain

swindle ['swɪndl] 1 (N) escroquerie *f* • **it's a ~** c'est du vol 2 (VT) escroquer • **to ~ sb out of some money** escroquer de l'argent à qn

swindler ['swɪndlə^r] (N) escroc *m*

swine*̣ [swaɪn] (N) (= *person*) salaud*̣ *m* ▸**swine flu** N grippe *f* porcine

swing [swɪŋ] (*vb: pret, ptp* **swung**) 1 (N) ⓐ(= *movement*) balancement *m*; [*of pendulum*] oscillations *fpl*; (*Boxing, Golf*) swing *m* • **the golfer took a ~ at the ball** le joueur de golf a frappé la balle avec un swing • **to take a ~ at sb*** envoyer un coup de poing à qn • **a ~ to the left** (*in elections*) un revirement en faveur de la gauche

ⓑ(= *seat for swinging*) balançoire *f* • **(it's) ~s and roundabouts*** ce qu'on gagne d'un côté on le perd de l'autre

ⓒ(*also* **swing music**) swing *m*

ⓓ**to go with a ~** [*evening, party*] marcher du tonnerre*; [*business*] très bien marcher • **to be in full ~** [*party, campaign*] battre son plein • **to get into the ~ of** [+ *new job, married life*] s'habituer à • **to get into the ~ of things** se mettre dans le bain

2 (VI) ⓐ(= *move to and fro*) [*arms, legs, object on rope, hammock*] se balancer; [*pendulum*] osciller; (*on a swing*) se balancer; (= *pivot*) (*also* **swing round**) faire demi-tour • **his arms were ~ing by his sides** il avait les bras ballants • **to ~ to and fro** se balancer • **the monkey swung from branch to branch** le singe se balançait de branche en branche • **he swung (up) into the saddle** il a sauté en selle • **the door swung open/shut** la porte s'est ouverte/s'est refermée

ⓑ(= *move rhythmically*) **to ~ along** avancer d'un pas balancé • **to ~ into action** passer à l'action • **music that really ~s** musique *f* qui swingue

ⓒ(= *change direction: also* **swing round**) [*plane, vehicle*] virer • **the river ~s north here** ici la rivière dévie vers le nord • **the country has swung to the right** le pays a viré à droite

ⓓ**to ~ at a ball** frapper une balle avec un swing • **to ~ at sb** décocher un coup de poing à qn

3 (VT) ⓐ[+ *one's arms, legs*] balancer; [+ *object on rope*] balancer; (= *brandish*) brandir • **to ~ o.s. (up) into the saddle** sauter en selle • **to ~ one's hips** rouler les hanches

ⓑ(= *turn: also* **swing round**) [+ *starting handle*] tourner • **he swung the car round the corner** il a viré au coin

ⓒ**to ~ the vote (in sb's favour)** (= *influence*) faire pencher la balance (en faveur de qn) • **he managed to ~ the deal*** il a réussi à emporter l'affaire

ⓓ[+ *a tune, the classics*] jouer de manière rythmée

4 (COMP) ▸**swing door** N porte *f* battante ▸**swing vote** N vote *m* décisif ▸**swing voter** N électeur *m*, -trice *f* indécis(e)

swingeing ['swɪndʒɪŋ] (ADJ) (*Brit*) [*attack*] violent; [*increase*] considérable; [*defeat, majority*] écrasant • **~ cuts** des coupes *fpl* sombres

swinging* ['swɪŋɪŋ] (ADJ) (= *lively*) animé ▸**the Swinging Sixties** NPL les folles années *fpl* soixante

swipe [swaɪp] 1 (N) (*at ball*)* grand coup *m*; (= *slap*)* baffe* *f* • **to take a ~ at** [+ *ball*] frapper très fort; [+ *person*] (*physically*) donner une grande gifle à; (*verbally*) s'en prendre à

2 (VT) ⓐ(= *hit*)* [+ *ball*] frapper très fort; [+ *person*] donner une grande gifle à

ⓑ(= *steal*)*̣ piquer* (**sth from sb** qch à qn)

ⓒ[+ *card*] **~ card now** passez votre carte • **you pay by swiping a credit card** on paie avec une carte magnétique

3 (VI) **to ~ at*** [+ *ball*] frapper très fort; [+ *person*] donner une grande gifle à

4 (COMP) ▸**swipe card** N carte *f* magnétique

swirl [swɜːl] 1 (N) tourbillon *m*; [*of cream, ice cream*] volute *f* 2 (VI) tourbillonner

swish [swɪʃ] 1 (N) [*of whip*] sifflement *m*; [*of skirts*] bruissement *m* 2 (VT) [+ *whip, cane*] faire siffler 3 (VI) [*cane, whip*] cingler l'air; [*skirts*] bruire 4 (ADJ) ⓐ(*Brit* = *grand*) [*hotel, house*]* chic *inv* ⓑ(*US* = *effeminate*)* efféminé

Swiss [swɪs] 1 (N) (*pl inv*) Suisse *mf* 2 (NPL) **the Swiss** les Suisses *mpl* 3 (ADJ) suisse; [*ambassador, embassy*] de Suisse 4 (COMP) ▸**Swiss Army knife** N couteau *m* suisse ▸**Swiss chard** N bette *f* ▸**Swiss cheese** N *gruyère ou emmenthal* ▸**Swiss-French** ADJ (= *from French-speaking Switzerland*) suisse romand ♦N (= *person*) Suisse *mf* romand(e); (= *language*) suisse *m* romand ▸**Swiss-German** ADJ (= *from German-speaking Switzerland*) suisse allemand ♦N (= *person*) Suisse *mf* allemand(e); (= *language*) suisse *m* allemand ▸**Swiss roll** N (Brit) gâteau *m* roulé ▸**Swiss steak** N (US) *steak fariné et braisé aux tomates et aux oignons*

switch [swɪtʃ] 1 (N) ⓐ(*electrical*) interrupteur *m*

ⓑ(= *change*) changement *m*; (*radical*) revirement *m*, retournement *m*; [*of funds*] transfert *m* (**from** de, **to** en faveur de) • **his ~ to Labour** son revirement en faveur des travaillistes • **the ~ to gas saved money** le passage au gaz a permis de faire des économies

ⓒ(= *whip*) fouet *m*

2 (VT) ⓐ(= *transfer*) [+ *one's support, allegiance, attention*] reporter (**from** de, **to** sur) • **to ~ production to another factory** transférer la production dans une autre usine • **to ~ the conversation to another subject** changer de sujet de conversation

ⓑ(= *exchange*) échanger; (*also* **switch round**) [+ *two objects, letters in word*] intervertir; (= *rearrange: also* **switch round**) [+ *books, objects*] changer de place • **we had to ~ taxis when the first one broke down** nous avons dû changer de taxi quand le premier est tombé en panne • **we have ~ed all the furniture round** nous avons changé tous les meubles de place

ⓒ(= *change*) **to ~ the oven to "low"** mettre le four sur « doux » • **to ~ the TV to another programme** changer de chaîne

3 (VI) (= *transfer*) **Paul ~ed to Conservative** Paul a voté conservateur cette fois • **they ~ed to a market economy** ils sont passés à une économie de marché • **we ~ed to oil central heating** nous somme passés au chauffage central au mazout

▸**switch off** 1 VI ⓐéteindre; (= *lose interest*) décrocher* ⓑ**to ~ off automatically** [*heater, oven*] s'éteindre automatiquement 2 VT SEP éteindre; [+ *alarm clock, burglar alarm*] arrêter • **he ~ed the programme off** il a éteint la télévision (*or* la radio) • **to ~ off the engine** arrêter le moteur • **the oven ~es itself off** le four s'éteint automatiquement

▸**switch on** 1 VI ⓐallumer ⓑ**to ~ on automatically** [*heater, oven*] s'allumer automatiquement 2 VT SEP allumer; [+ *engine, machine*] mettre en marche • **to ~ on the light** allumer la lumière • **to be ~ed on*̣** (= *up-to-date*) être branché*

▸**switch over** VI (*TV*) changer de chaîne

S

switchback ['swɪtʃbæk] (N) montagnes *fpl* russes
switchblade ['swɪtʃbleɪd] (N) (*US*) (*also* **switchblade knife**) couteau *m* à cran d'arrêt
switchboard ['swɪtʃbɔːd] (N) standard *m* ▸ **switchboard operator** N standardiste *mf*
Switzerland ['swɪtsələnd] (N) Suisse *f*
swivel ['swɪvl] 1 (N) pivot *m* 2 (VT) (*also* **swivel round**) faire pivoter 3 (VI) pivoter, tourner 4 (COMP) ▸ **swivel chair** N fauteuil *m* pivotant
swollen ['swəʊlən] 1 (VB) *ptp of* **swell** 2 (ADJ) [*limb, foot, finger, face, jaw*] enflé; [*eye, breasts, organ*] gonflé; [*stomach*] ballonné; [*river*] en crue; [*population*] accru • **a population ~ by refugees** une population grossie par les réfugiés • **a river ~ by rain** une rivière grossie par les pluies • **to have ~ glands** avoir des ganglions • **to get a ~ head*** (*Brit*) attraper la grosse tête*
swoon [swuːn] (VI) (= *faint*) se pâmer; (*with admiration*) se pâmer d'admiration (**over sb/sth** devant qn/qch)
swoop [swuːp] 1 (N) (= *attack*) attaque *f* en piqué, descente *f* (**on** dans) • **at** *or* **in one fell ~** d'un seul coup 2 (VI) [*bird*] piquer; [*aircraft*] descendre en piqué; [*police*] faire une descente • **the soldiers ~ed on the terrorists** les soldats ont fondu sur les terroristes
swop [swɒp] = **swap**
sword [sɔːd] (N) épée *f* • **to cross ~s with sb** croiser le fer avec qn ▸ **sword-swallower** N avaleur *m* de sabres
swordfish ['sɔːdfɪʃ] (N) (*pl inv*) espadon *m*
swore [swɔːʳ] (VB) *pt of* **swear**
sworn [swɔːn] 1 (VB) *ptp of* **swear** 2 (ADJ) [*evidence, statement*] donné sous serment; [*enemy*] juré
swot* [swɒt] (*Brit*) 1 (N) (= *studious person*) bûcheur* *m*, -euse* *f* 2 (VI) (= *study*) bûcher*
▸ **swot up*** VI, VT SEP **to ~ up (on) sth** potasser* qch
swum [swʌm] (VB) *ptp of* **swim**
swung [swʌŋ] (VB) *pt, ptp of* **swing**
sycamore ['sɪkəmɔːʳ] (N) sycomore *m*
sycophant ['sɪkəfənt] (N) flagorneur *m*, -euse *f*
sycophantic [ˌsɪkə'fæntɪk] (ADJ) [*person, behaviour*] obséquieux
syllable ['sɪləbl] (N) syllabe *f* • **to explain sth in words of one ~** expliquer qch en termes très simples
syllabus ['sɪləbəs] (N) programme *m* • **on the ~** au programme
symbiosis [ˌsɪmbɪ'əʊsɪs] (N) symbiose *f*
symbiotic [sɪmbɪ'ɒtɪk] (ADJ) symbiotique
symbol ['sɪmbəl] (N) symbole *m*
symbolic [sɪm'bɒlɪk] (ADJ) symbolique
symbolism ['sɪmbəlɪzəm] (N) symbolisme *m*
symbolize ['sɪmbəlaɪz] (VT) symboliser
symmetrical [sɪ'metrɪkəl] (ADJ) symétrique
symmetry ['sɪmɪtrɪ] (N) symétrie *f*
sympathetic [ˌsɪmpə'θetɪk] (ADJ) ⓐ (= *showing concern*) compatissant • **to be a ~ listener** écouter avec compassion • **they were ~ but could not help** ils ont compati mais n'ont rien pu faire pour aider • **to be ~ to sb** montrer de la compassion pour qn ⓑ (= *favourable*) favorable • **to be ~ to a proposal** être favorable à une proposition ⓒ (= *likeable*) sympathique

> ⚠ **sympathique** is not the most common translation for **sympathetic**.

sympathetically [ˌsɪmpə'θetɪkəlɪ] (ADV) ⓐ (= *compassionately*) avec compassion ⓑ (= *favourably*) [*listen, consider, portray*] avec bienveillance
sympathize ['sɪmpəθaɪz] (VI) compatir • **I do ~ with you!** je compatis! • **I ~ with you in your grief** je compatis à votre douleur • **I ~ with you** je comprends votre point de vue
sympathizer ['sɪmpəθaɪzəʳ] (N) [*of cause, party*] sympathisant(e) *m(f)* (**with** de)
sympathy ['sɪmpəθɪ] (N) ⓐ (= *pity*) compassion *f* • **to feel ~ for** avoir de la compassion pour • **please accept my (deepest) ~** veuillez agréer mes condoléances ⓑ (= *fellow feeling*) solidarité *f* (**for** avec) • **I have no ~ with this view** je n'ai aucune sympathie pour ce point de vue • **I am in ~ with your proposals but ...** je suis favorable à vos propositions mais ... • **to strike in ~ with sb** faire grève par solidarité avec qn
symphonic [sɪm'fɒnɪk] (ADJ) symphonique
symphony ['sɪmfənɪ] 1 (N) symphonie *f* 2 (ADJ) [*concert, orchestra*] symphonique
symposium [sɪm'pəʊzɪəm] (N) symposium *m*
symptom ['sɪmptəm] (N) symptôme *m*
symptomatic [ˌsɪmptə'mætɪk] (ADJ) symptomatique
synagogue ['sɪnəgɒg] (N) synagogue *f*
sync* [sɪŋk] (N) (ABBR OF **synchronization**) **in ~** bien synchronisé, en harmonie • **out of ~** mal synchronisé
synchronization [ˌsɪŋkrənaɪ'zeɪʃən] (N) synchronisation *f*
synchronize ['sɪŋkrənaɪz] (VT) synchroniser ▸ **synchronized swimming** N natation *f* synchronisée
syncopate ['sɪŋkəpeɪt] (VT) syncoper
syncopation [ˌsɪŋkə'peɪʃən] (N) syncope *f*
syndicate 1 (N) syndicat *m*, coopérative *f*; [*of criminals*] gang *m*, association *f* de malfaiteurs 2 (VT) (*US*) [+ *article, cartoon*] publier par l'intermédiaire d'un syndicat de distribution; [+ *programme*] distribuer sous licence

> 🔈 Lorsque **syndicate** est un nom, la fin se prononce comme **it**: ['sɪndɪkɪt], lorsque c'est un verbe, elle se prononce comme **eight**: ['sɪndɪkeɪt].

syndrome ['sɪndrəʊm] (N) syndrome *m*
synergy ['sɪnədʒɪ] (N) synergie *f*
synonym ['sɪnənɪm] (N) synonyme *m*
synonymous [sɪ'nɒnɪməs] (ADJ) synonyme (**with sth** de qch)
synopsis [sɪ'nɒpsɪs] (N) (*pl* **synopses** [sɪ'nɒpsiːz]) synopsis *f*
syntactic [sɪn'tæktɪk] (ADJ) syntaxique
syntax ['sɪntæks] (N) syntaxe *f* • **~ error** erreur *f* de syntaxe
synthesis ['sɪnθəsɪs] (N) (*pl* **syntheses** ['sɪnθəsiːz]) synthèse *f*
synthesize ['sɪnθəsaɪz] (VT) (= *produce*) produire synthétiquement *or* par une synthèse
synthesizer ['sɪnθəsaɪzəʳ] (N) synthétiseur *m*
synthetic [sɪn'θetɪk] 1 (ADJ) synthétique 2 (N) **~s** (= *fibres*) fibres *fpl* synthétiques
syphon ['saɪfən] = **siphon**
Syria ['sɪrɪə] (N) Syrie *f*
Syrian ['sɪrɪən] 1 (ADJ) syrien 2 (N) Syrien(ne) *m(f)*
syringe [sɪ'rɪndʒ] (N) seringue *f*
syrup ['sɪrəp] (N) sirop *m*; (*also* **golden syrup**) mélasse *f* raffinée
syrupy ['sɪrəpɪ] (ADJ) sirupeux

system ['sɪstəm] **1** (N) ⓐ système *m* • **a political/social ~** un système politique/social • **the railway ~** le réseau de chemin de fer • **the Social Security ~** le régime de la Sécurité sociale • **it's all ~s go*** ça turbine* • **to beat the ~** trouver la faille dans le système
ⓑ (= *the body*) organisme *m* • **it was a shock to his ~** cela a été un choc pour son organisme • **let him get it out of his ~*** (*anger*) laisse-le décharger sa bile; (*hobby, passion*) laisse-le faire, ça lui passera • **he can't get her out of his ~*** il n'arrive pas à l'oublier
2 (COMP) ▸**system disk** N (*Comput*) disque *m* système ▸**system operator** N opérateur *m* du système ▸**systems administrator** N (*Comput*) administrateur *m* système(s) ▸**systems analysis** N analyse *f* fonctionnelle ▸**systems analyst** N analyste *mf* en système ▸**systems engineer** N ingénieur *m* système ▸**systems software** N logiciel *m* d'exploitation

systematic [ˌsɪstə'mætɪk] (ADJ) systématique; [*person*] méthodique

systemic [sɪ'stemɪk] (ADJ) (*gen*) du système

S

Tt

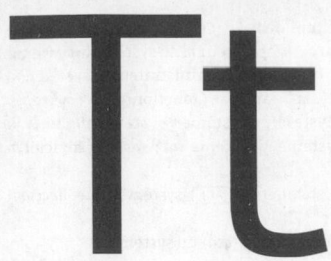

T, t [tiː] N **it fits him to a T*** ça lui va comme un gant ▸**T-bar** N (= *lift*) téléski *m* ▸**T-bone** N (= *steak*) T-bone *m* ▸**T-junction** N intersection *f* en T ▸**T-shirt** N tee-shirt *m*

TA [tiːˈeɪ] N (*Brit*) (ABBR OF **Territorial Army**) armée *f* territoriale → TERRITORIAL ARMY

ta* [tɑː] EXCL (*Brit*) merci !

tab [tæb] N ⓐ (= *part of garment*) patte *f*; (= *loop on garment*) attache *f*; (= *label*) étiquette *f*; (*US*) (= *bill*)* addition *f* • **to keep ~s on*** [+ *person*] avoir à l'œil* • **to pick up the ~*** payer l'addition ⓑ (*on computer*) ~ **key** touche *f* de tabulation ⓒ (*on internet browser*) onglet *m* ⓓ (*Drugs*)* comprimé *m*

tabby [ˈtæbɪ] N chat(te) *m(f)* tigré(e)

table [ˈteɪbl] 1 N ⓐ table *f* • **at ~** à table • **to lay/clear the ~** mettre/débarrasser la table • **to put sth on the ~** (*Brit* = *propose*) proposer qch; (*US* = *postpone*) reporter qch • **he slipped me £5 under the ~*** il m'a passé 5 livres de la main à la main • **to turn the ~s** renverser les rôles
ⓑ [*of facts, statistics*] tableau *m*; [*of prices, fares, names*] liste *f* • **~ of contents** table *f* des matières
2 VT ⓐ (*Brit* = *present*) [+ *motion*] déposer
ⓑ (*US* = *postpone*) [+ *motion*] ajourner
3 ADJ [*wine, lamp*] de table
4 COMP ▸**table d'hôte** ADJ à prix fixe ♦ N (*pl* **tables d'hôte**) repas *m* à prix fixe ▸**table football** N baby-foot *m* ▸**table manners** NPL **he has good ~ manners** il sait se tenir à table ▸**table napkin** N serviette *f* (de table) ▸**table tennis** N ping-pong *m* ♦ ADJ de ping-pong ▸**table-tennis player** N joueur *m*, -euse *f* de ping-pong

tablecloth [ˈteɪblklɒθ] N nappe *f*

tablemat [ˈteɪblmæt] N napperon *m*; (*heat-resistant*) dessous-de-plat *m inv*

tablespoon [ˈteɪblspuːn] N cuillère *f* de service; (= *tablespoonful*) cuillerée *f* à soupe

tablet [ˈtæblɪt] N ⓐ (= *medicine*) comprimé *m* ⓑ (*of wax, slate*) tablette *f* ⓒ (*Comput*) tablette *f*

tabloid [ˈtæblɔɪd] N tabloïd *m*

> **TABLOID PRESS**
> Le terme **tabloid press** désigne les journaux populaires de demi-format rédigés dans un style très concis et abondamment illustrés. Ce type de journaux vise des lecteurs s'intéressant aux faits divers ayant un parfum de scandale.

taboo [təˈbuː] ADJ, N tabou *m*

tabulate [ˈtæbjʊleɪt] VT [+ *figures*] présenter sous forme de tableau; [+ *results*] classifier

tachograph [ˈtækəgrɑːf] N (*Brit*) tachygraphe *m*

tachometer [tæˈkɒmɪtəʳ] N tachymètre *m*

tacit [ˈtæsɪt] ADJ tacite

taciturn [ˈtæsɪtɜːn] ADJ taciturne

tack [tæk] 1 N ⓐ (= *nail*) clou *m*; (*US* = *drawing pin*) punaise *f* ⓑ **to change ~** changer de cap • **to try another ~** essayer une autre tactique ⓒ (*for horse*) sellerie *f* (*articles*) ⓓ (= *rubbishy things*)* objets *mpl* kitsch
2 VT ⓐ (= *tack down*) [+ *carpet*] clouer ⓑ (*Sewing*) faufiler
3 VI [*boat, crew*] tirer un bord
▸**tack on** VT SEP (= *add*) ajouter (après coup)

tackle [ˈtækl] 1 N ⓐ (= *ropes, pulleys*) appareil *m* de levage; (= *gear, equipment*) équipement *m* • **fishing ~** matériel *m* de pêche ⓑ (*by player*) tacle *m*; (*US* = *player*) plaqueur *m*
2 VT ⓐ [+ *opposing player*] tacler; [+ *thief, intruder*] saisir à bras-le-corps ⓑ (= *confront*) **I'll ~ him about it at once** je vais lui en dire deux mots tout de suite ⓒ [+ *task, problem*] s'attaquer à; [+ *question*] aborder

tacky [ˈtækɪ] ADJ ⓐ (= *tasteless*)* vulgaire ⓑ [*glue*] qui commence à prendre; [*paint, varnish*] pas tout à fait sec; [*surface*] collant

taco [ˈtɑːkəʊ] N (*pl* **tacos**) taco *m*

tact [tækt] N tact *m*

tactful [ˈtæktfʊl] ADJ [*person, remark*] plein de tact; [*silence*] diplomatique; [*hint, inquiry*] discret (-ète *f*) • **she was too ~ to say what she thought** elle avait trop de tact pour dire ce qu'elle pensait

tactfully [ˈtæktfəlɪ] ADV avec tact

tactic [ˈtæktɪk] N tactique *f* • **~s** la tactique

tactical [ˈtæktɪkəl] ADJ tactique ▸**tactical voting** N (*Brit*) vote *m* utile

tactile [ˈtæktaɪl] ADJ **to be ~** [*person*] aimer le contact physique

tactless [ˈtæktlɪs] ADJ [*person*] peu délicat; [*inquiry, reference*] indiscret (-ète *f*); [*answer*] peu diplomatique (*fig*); [*suggestion*] peu délicat

tactlessly [ˈtæktlɪslɪ] ADV sans tact

tactlessness [ˈtæktlɪsnɪs] N manque *m* de tact

tad* [tæd] N **a ~ big** un chouïa* trop grand

tadpole [ˈtædpəʊl] N têtard *m*

taffeta [ˈtæfɪtə] N taffetas *m*

taffy [ˈtæfɪ] N (*US*) bonbon *m* au caramel; (*Can*) tire *f* d'érable

tag [tæg] 1 N ⓐ (= *label*) étiquette *f*; (= *surveillance device*) bracelet-émetteur *m* de surveillance électronique ⓑ (*= quotation*) citation *f* ⓒ (*= game*) **to play ~** jouer à chat **2** VT ⓐ (*= mark*) marquer; (*US*) [+ *car, driver*]* mettre une contravention à ⓑ (*social networking*) taguer • **to ~ someone in a photo** taguer qn sur une photo **3** COMP ▸ **tag line** N [*of joke*] chute *f*

▸ **tag along** VI suivre • **the children ~ged along behind her** les enfants l'ont suivie • **she usually ~s along** elle est presque toujours pendue à nos basques*

Tahiti [tə'hi:tɪ] N Tahiti • **in ~** à Tahiti

t'ai chi [taɪ'tʃi:] N tai-chi *m*

tail [teɪl] **1** N ⓐ queue *f*; [*of shirt*] pan *m* • **with his ~ between his legs** la queue entre les jambes • **he was right on my ~** il me suivait de très près • **to turn ~** prendre ses jambes à son cou

ⓑ **to put a ~ on sb*** [*detective*] faire filer qn

2 NPL **tails*** ⓐ (*= jacket*) queue *f* de pie

ⓑ **~s I win!** pile je gagne !

3 VT [+ *suspect*]* filer

4 COMP ▸ **tail coat** N queue *f* de pie ▸ **tail end** N [*of season, conversation*] fin *f*; [*of procession*] queue *f* ▸ **tail light** N feu *m* arrière *inv* ▸ **tail section** N [*of plane*] arrière *m*

▸ **tail back** VI **the traffic ~ed back to the bridge** le bouchon remontait jusqu'au pont

▸ **tail off** VI [*attendance, interest, numbers*] diminuer; [*novel*] se terminer en queue de poisson

tailback ['teɪlbæk] N (*Brit*) bouchon *m*

tailbone ['teɪlbəʊn] N coccyx *m*

tailgate ['teɪlgeɪt] N hayon *m* (arrière)

tailor ['teɪlə^r] **1** N tailleur *m* **2** VT [+ *garment*] façonner; [+ *speech, product, service*] adapter (**to, to suit** à) **3** COMP ▸ **tailor-made** ADJ **the building is ~-made for this purpose** le bâtiment est spécialement conçu pour cet usage • **the job was ~-made for him** le poste était taillé sur mesure pour lui

tailor-make ['teɪləmeɪk] VT **we can ~ your entire holiday** nous pouvons vous organiser des vacances à la carte

tailpipe ['teɪlpaɪp] N (*US*) tuyau *m* d'échappement

tailwind ['teɪlwɪnd] N vent *m* arrière *inv*

taint [teɪnt] **1** VT [+ *food*] gâter; [+ *water, air, atmosphere*] polluer; [+ *sb's reputation*] ternir **2** N [*of corruption, sin*] souillure *f*

tainted ['teɪntɪd] ADJ [*evidence*] entaché de suspicion; [*reputation*] terni

Taiwan [taɪ'wɑ:n] N Taïwan • **in ~** à Taïwan

Taiwanese [,taɪwə'ni:z] **1** ADJ taïwanais **2** N (*pl inv*) Taïwanais(e) *m(f)*

---

take [teɪk]

1 NOUN	4 COMPOUNDS
2 TRANSITIVE VERB	5 PHRASAL VERBS
3 INTRANSITIVE VERB	

vb: pret **took**, ptp **taken**

1 NOUN

ⓐ (*for film*) prise *f* de vue(s); (*Recording*) enregistrement *m*

ⓑ (*takings*) (*US*) recette *f* • **to be on the ~*** se servir dans la caisse

ⓒ (*= share*)* part *f*

ⓓ (*= view*)* point *m* de vue

2 TRANSITIVE VERB

ⓐ prendre • **to ~ sb's hand** prendre la main de qn • **he took her in his arms** il l'a prise dans ses bras • **do you ~ sugar?** vous prenez du sucre ? • **I'll ~ a taxi** je prendrai un taxi • **~ the first on the left** prenez la première à gauche • **I'll ~ that one** je prends celui-là • **the policeman took his name** l'agent a pris son nom • **he ~s "The Times"** il lit le « Times » • **to ~ sth upon o.s.** prendre qch sur soi • **to ~ it upon o.s. to do sth** prendre sur soi de faire qch

▸ **to take + from** **to ~ sth from one's pocket** prendre qch dans sa poche • **he ~s his examples from real life** il tire ses exemples de la réalité

ⓑ (*= subtract*) soustraire (**from** de) • **he took $10 off the price** il a fait une remise de 10 dollars

ⓒ (*= capture*) attraper; [+ *prize, degree*] obtenir

ⓓ (*= earn*) (*Brit*) **the shop ~s about £5,000 per day** le magasin fait un chiffre d'affaires d'environ 5 000 livres par jour

ⓔ (*= occupy*) **is this seat ~n?** cette place est-elle prise ? • **to ~ one's seat** s'asseoir

ⓕ (*= negotiate*) [+ *bend*] prendre; [+ *hill*] grimper; [+ *fence*] sauter

ⓖ (*= sit*) [+ *exam, test*] passer

ⓗ (*= study*) [+ *subject*] faire

ⓘ (*= teach*) [+ *class, students*] faire cours à • **the teacher who took us for economics** le professeur qui nous enseignait l'économie

ⓙ (*= tolerate*) [+ *behaviour, remark*] accepter • **I can't ~ it any more** je n'en peux plus

ⓚ (*= have as capacity*) contenir • **the bus ~s 60 passengers** l'autobus a une capacité de 60 places

ⓛ (*= accept*) [+ *gift, payment, bribe, bet*] accepter; [+ *news*] supporter • **he won't ~ less than $50 for it** il ne le laissera pas pour moins de 50 dollars • **~ it from me!** croyez-moi (sur parole) ! • **~ it or leave it** c'est à prendre ou à laisser • **she took his death very badly** elle a été très affectée par sa mort • **will you ~ it from here?** (*handing over task*) pouvez-vous prendre la relève ? • **~ five!*** (*= have a break*) repos !

ⓜ (*= assume*) supposer • **I ~ it that it's true** je suppose que c'est vrai • **what do you ~ me for?** pour qui me prenez-vous ?

ⓝ (*= consider*) prendre • **~ the case of Paul** prenons le cas de Paul

ⓞ (*= require*) prendre • **it ~s time** cela prend du temps • **it took me two hours to do it** j'ai mis deux heures (pour le faire) • **it won't ~ long** cela ne prendra pas longtemps • **that ~s a lot of courage** cela demande beaucoup de courage • **it took three policemen to hold him down** il a fallu trois agents pour le tenir • **he's got what it ~s!*** il est à la hauteur

ⓟ (*= carry*) porter • **he took her some flowers** il lui a apporté des fleurs • **~ his suitcase upstairs** montez sa valise • **he ~s home £200 a week** il gagne 200 livres net par semaine

▸ **to take sb** (*with place*) **he took her to the cinema** il l'a emmenée au cinéma • **I'll ~ you to her office** je vais vous conduire à son bureau • **they took him over the factory** ils lui ont fait visiter l'usine • **to ~ sb to hospital** conduire qn à l'hôpital • **he took me home in his car** il m'a ramené dans sa voiture • **this bus will ~ you to the town hall** cet autobus vous conduira à la mairie • **£20 doesn't ~ you far these days** de nos jours on ne va

t

pas loin avec 20 livres • **what took you to Lille?** pourquoi êtes-vous allés à Lille ?

3 INTRANSITIVE VERB

(*vaccination, plant cutting*) prendre

4 COMPOUNDS

▸**take-home pay** N salaire *m* net ▸**take-up** N (*Brit*) souscription *f*

5 PHRASAL VERBS

▸**take after** VT INSEP [+ *person*] tenir de

▸**take apart** VT SEP [+ *machine, engine, toy*] démonter; (= *criticize harshly*)* démolir*

▸**take away** 1 VI **it ~s away from its value** cela diminue sa valeur 2 VT SEP ⓐ (= *carry away*) emporter; (= *lead away*) emmener ⓑ (= *remove*) [+ *object*] retirer (**from sb** à qn, **from sth** de qch); [+ *sb's child*] enlever (**from sb** à qn) • **she took her children away from the school** elle a retiré ses enfants de l'école ⓒ (= *subtract*) soustraire

▸**take back** VT SEP ⓐ (= *accept back*) [+ *person*] reprendre • **I ~ it all back!** je n'ai rien dit! ⓑ [+ *book, goods*] rapporter; [+ *person*] raccompagner ⓒ (= *recall*) **it ~s me back to my childhood** cela me rappelle mon enfance

▸**take down** VT SEP ⓐ [+ *object from shelf*] descendre; [+ *picture*] décrocher; [+ *poster*] enlever ⓑ (= *dismantle*) démonter ⓒ [+ *notes, letter, details*] prendre

▸**take in** VT SEP ⓐ (*into building*) [+ *person*] faire entrer ⓑ [+ *homeless person, stray dog*] recueillir ⓒ [+ *skirt, waistband*] reprendre ⓓ (= *include*) comprendre • **we took in Venice on the way home** nous avons visité Venise sur le chemin du retour • **to ~ in a movie** aller au cinéma ⓔ (= *understand*) comprendre • **he took in the situation at a glance** il a compris la situation tout de suite • **the children were taking it all in** les enfants étaient tout oreilles • **he hadn't fully ~n in that she was dead** il n'avait pas vraiment réalisé qu'elle était morte ⓕ (= *deceive*)* avoir* • **he's easily ~n in** il se fait facilement avoir* • **I was ~n in by his disguise** je me suis laissé prendre à son déguisement

▸**take off** 1 VI [*person*] partir; [*aircraft, career, scheme*] décoller 2 VT SEP ⓐ (= *remove*) [+ *garment, lid*] enlever; [+ *telephone receiver*] décrocher; [+ *item on menu*] supprimer • **he took £5 off** il a fait une remise de 5 livres ⓑ (= *lead away*) emmener • **he was ~n off to hospital** on l'a transporté à l'hôpital • **to ~ o.s. off** s'en aller ⓒ (*Brit*) (= *imitate*) imiter

▸**take on** 1 VI (*Brit* = *be upset*)* s'en faire* 2 VT SEP ⓐ [+ *work, responsibility*] se charger de; [*challenger in game, fight*] accepter d'affronter • **he has ~n on more than he bargained for** il ne s'était pas rendu compte de ce à quoi il s'engageait ⓑ [+ *employee*] embaucher; [+ *passenger*] embarquer; [+ *form, qualities*] prendre ⓒ (= *contend with*) s'attaquer à • **he took on the whole committee** il s'en est pris à tout le comité

▸**take out** VT SEP ⓐ (= *lead or carry outside*) sortir • **he took her out to lunch** il l'a emmenée déjeuner • **I'm going to ~ the dog out** je vais sortir le chien ⓑ (*from pocket, drawer*) prendre (**from, of** dans); (= *remove*) retirer; [+ *tooth*] arracher; [+ *appendix, tonsils*] enlever • **that sort of work certainly ~s it out of you*** c'est vraiment un travail épuisant • **don't ~ it out on me!*** ne t'en prends pas à moi ! ⓒ [+ *insurance policy*] souscrire à

▸**take over** 1 VI [*dictator, army, political party*] prendre le pouvoir • **to ~ over from sb** prendre la relève de qn 2 VT SEP ⓐ (= *assume responsibility for*) [+ *business, shop*] reprendre • **I took over his duties** je l'ai remplacé dans ses fonctions ⓑ (= *get control of*) [+ *company*] prendre le contrôle de

▸**take to** VT INSEP ⓐ (= *conceive liking for*) [+ *person*] se prendre de sympathie pour; [+ *game, action, study*] prendre goût à • **I didn't ~ to him** il ne m'a pas beaucoup plu ⓑ **to ~ to drink** se mettre à boire • **she took to telling everyone ...** elle s'est mise à dire à tout le monde ... ⓒ (= *go to*) **to ~ to one's bed** se mettre au lit

▸**take up** 1 VI **to ~ up with sb** se lier avec qn 2 VT SEP ⓐ [+ *carpet*] enlever; [+ *hem*] raccourcir; (*after interruption*) [+ *one's work, book*] reprendre; [+ *conversation, discussion, story*] reprendre (le fil de) ⓑ (= *occupy*) [+ *space, time*] prendre; [+ *attention*] occuper ⓒ (= *raise question of*) aborder • **I'll ~ that up with him** je lui en parlerai ⓓ (= *start*) [+ *hobby, subject, sport*] se mettre à; [+ *career*] embrasser; [+ *challenge*] relever • **to ~ up one's new post** entrer en fonction • **I'd like to ~ you up on your offer** je voudrais accepter votre offre

---

takeaway ['teɪkəweɪ] N ⓐ (*Brit*) (= *restaurant*) restaurant *m* de plats à emporter; (= *meal*) repas *m* à emporter ⓑ (= *key point*) • **my ~ from this is that...** ce que je retire de tout ceci est que...

taken ['teɪkən] 1 VB *ptp of* **take** 2 ADJ ⓐ [*seat, place*] occupé ⓑ **to be very ~ with sb/sth** être très impressionné par qn/qch • **I'm quite ~ with the idea** l'idée me plaît beaucoup

takeoff ['teɪkɒf] N [*of plane*] décollage *m*; [*of economy*] démarrage *m*; (= *imitation*) imitation *f*

takeout ['teɪkaʊt] N (*US*) (= *food shop*) magasin *m* de plats à emporter; (= *meal*) repas *m* à emporter

takeover ['teɪkəʊvə^r] N [*of company*] rachat *m*

▸**takeover bid** N offre *f* publique d'achat, OPA *f*

taker ['teɪkə^r] N **he found no ~s** il n'a pas trouvé preneur

taking ['teɪkɪŋ] 1 N **it is yours for the ~** tu n'as qu'à le prendre 2 NPL **takings** (*Brit* = *earnings*) recette *f*

talc [tælk], **talcum (powder)** ['tælkəm(ˌpaʊdə^r)] N talc *m*

tale [teɪl] N (= *story*) histoire *f* • **to tell ~s** (= *inform on sb*) cafarder* • **he lived to tell the ~** il y a survécu

talent ['tælənt] N (= *gift*) don *m*; (= *ability*) talent *m* • **to have a ~ for drawing** être doué pour le dessin ▸**talent competition, talent contest** N concours *m* d'amateurs ▸**talent scout** N découvreur *m*, -euse *f* de talents ▸**talent show** N concours *m* d'amateurs

talented ['tæləntɪd] ADJ talentueux

talisman ['tælɪzmən] N (*pl* **talismans**) talisman *m*

talk [tɔːk] 1 N ⓐ conversation *f*, discussion *f*; (*more formal*) entretien *m* • **I must have a ~ with him** il faut que je lui parle • **we've had several ~s about this** nous en avons parlé à plusieurs reprises • **during his ~ with the Prime Minister** pendant son entretien avec le Premier ministre

ⓑ (= *informal lecture*) exposé *m*; (*less academic or technical*) causerie *f* • **to give a ~** faire un exposé

ⓒ (= *rumours*) **there is ~ of his returning** il est question qu'il revienne • **it's just ~** ce ne sont que des on-dit • **I've heard a lot of ~ about the new factory** j'ai beaucoup entendu parler de la nouvelle usine • **it was all ~** tout ça c'était du vent*

2 NPL **talks** (= *negotiations*) discussions *fpl* • **peace ~s** pourparlers *mpl* de paix

3 VI ⓐ (= *speak*) parler (**about, of** de); (= *chatter*) bavarder • **now you're ~ing!*** voilà qui devient intéressant ! • **it's easy for him to ~!** c'est facile pour lui ! • **he ~s too much** (*indiscreet*) il ne sait pas se taire • **don't ~ to me like that!** ne me parle pas sur ce ton ! • **he doesn't know what he's ~ing about** il ne sait pas ce qu'il dit • **I'm not ~ing about you** je ne parle pas de toi • **he was ~ing about going to Greece** il parlait d'aller en Grèce • **it's not as if we're ~ing about ...** ce n'est pas comme s'il s'agissait de ... • **I'm not ~ing to him any more** je ne lui parle plus • **~ing of films, have you seen ...?** à propos de films, avez-vous vu ... ? • **~ about a stroke of luck!*** quelle chance !
ⓑ (= *converse*) parler • **who were you ~ing to?** à qui parlais-tu ? • **to ~ to o.s.** se parler tout seul • **I'll ~ to you about that tomorrow** je t'en parlerai demain • **it's no use ~ing to you** je perds mon temps avec toi • **I have ~ed with him several times** je lui ai parlé plusieurs fois • **to get o.s. ~ed about** faire parler de soi
4 VT ⓐ [+ *a language*] parler • **to ~ business/politics** parler affaires/politique • **to ~ nonsense** dire n'importe quoi • **he's ~ing sense** ce qu'il dit est de bon sens • **~ sense!** ne dis pas n'importe quoi ! • **we're ~ing big money here*** il s'agit de grosses sommes d'argent
ⓑ **to ~ sb into doing sth** persuader qn de faire qch • **I managed to ~ him out of doing it** je suis arrivé à le dissuader de le faire • **to ~ sb through sth** bien expliquer qch à qn
5 COMP ▸**talk radio** N *radio qui donne la priorité aux interviews et aux débats* ▸**talk show** N débat *m* (*à la radio ou à la télévision*); (*TV*) talk-show *m* ▸**talk time** N (*on mobile phone*) temps *m* de communication
▸**talk back** VI répondre (insolemment)
▸**talk down** 1 VI **to ~ down to sb** parler à qn avec condescendance 2 VT SEP ⓐ [+ *pilot, aircraft*] aider à atterrir par radioguidage ⓑ (= *speak ill of*) dénigrer ⓒ **to ~ sb down** (*in negotiations*) marchander avec qn (pour qu'il demande moins)
▸**talk over** VT SEP [+ *question, problem*] discuter de • **let's ~ it over** discutons-en
▸**talk round** VT SEP (*Brit*) **to ~ sb round** amener qn à changer d'avis
▸**talk up** 1 VI (*US*) (= *speak frankly*) ne pas mâcher ses mots 2 VT INSEP [+ *project, book*] vanter; (*in negotiations*) **to ~ sb up** marchander avec qn (pour qu'il offre davantage)

talkative ['tɔːkətɪv] ADJ bavard

talker ['tɔːkəʳ] N **he's a great ~** (= *very talkative*) c'est un grand bavard

talkfest* ['tɔːkfest] N (*US*) discussion *f* (*longue ou animée*)

talking ['tɔːkɪŋ] 1 N **he did all the ~** il n'y a que lui qui a parlé 2 COMP ▸**talking head** N (*TV*) présentateur *m*, -trice *f* ▸**talking point** N sujet *m* de discussion ▸**talking-to*** N engueulade‡ *f* • **to give sb a (good) ~-to** passer un savon à qn*

tall [tɔːl] 1 ADJ ⓐ [*building, tree, window*] haut • **a ~ person** une personne de grande taille • **a ~ man** un homme grand • **a ~ woman** une grande femme • **a ~ boy** un grand garçon • **how ~ are you?** combien mesurez-vous ? • **he is six feet ~** ≈ il mesure 1 mètre 80 • **~ and slim** élancé • **he is ~er than his brother** il est plus grand que son frère • **she's 5cm ~er than me** elle mesure 5 cm de plus que moi • **to get ~er** grandir
ⓑ **that's a ~ order!*** (= *difficult*) c'est beaucoup demander !
2 ADV **to stand/walk ~** garder/marcher la tête haute
3 COMP ▸**tall story, tall tale** N histoire *f* à dormir debout

tallboy ['tɔːlbɔɪ] N (*Brit*) commode *f*

tally ['tælɪ] 1 N (= *count*) compte *m* • **to keep a ~ of** tenir le compte de 2 VI concorder

talon ['tælən] N [*of eagle*] serre *f*

tamarind ['tæmərɪnd] N (= *fruit*) tamarin *m*; (= *tree*) tamarinier *m*

tambourine [ˌtæmbə'riːn] N tambourin *m*

tame [teɪm] 1 ADJ ⓐ [*animal, bird*] apprivoisé ⓑ (= *unexciting*) insipide 2 VT [+ *bird, wild animal*] apprivoiser; [+ *lion*] dompter; [+ *passion*] maîtriser

Tamil ['tæmɪl] 1 N (= *persona*) Tamoul(e) *m(f)* 2 ADJ tamoul

Tampax ® ['tæmpæks] N Tampax ® *m*

tamper ['tæmpəʳ] VI **to ~ with** [+ *machinery, car*] toucher à (*sans permission*); [+ *lock*] essayer de crocheter; [+ *document, text, evidence*] falsifier; (*US*) [+ *jury*] soudoyer

tampon ['tæmpɒn] N tampon *m*

tan [tæn] 1 N bronzage *m* • **to get a ~** bronzer 2 ADJ brun clair 3 VT ⓐ **to get ~ned** bronzer ⓑ [+ *leather*] tanner 4 VI bronzer

tandem ['tændəm] N tandem *m* • **to work in ~ with sb** travailler en tandem avec qn • **to happen in ~** arriver simultanément • **in ~ with sth** parallèlement à qch

tandoori [tæn'dʊərɪ] ADJ, N tandoori *m inv*

tang [tæŋ] N (= *taste*) goût *m* fort; (= *smell*) odeur *f* forte

tangent ['tændʒənt] N tangente *f* • **to go off at a ~** partir dans une digression

tangerine [ˌtændʒə'riːn] N mandarine *f*

tangible ['tændʒəbl] ADJ tangible

Tangier [tæn'dʒɪəʳ] N Tanger

tangle ['tæŋgl] 1 N [*of string, creepers, weeds*] enchevêtrement *m*; (= *muddle*) confusion *f* • **to get into a ~** [*string, rope*] s'entortiller; [*person, accounts*] s'embrouiller • **he got into a ~ when he tried to explain** il s'est embrouillé dans ses explications 2 VT (*also* **tangle up**) emmêler • **~d** [*string*] entortillé; [*hair*] emmêlé; [*situation*] embrouillé 3 VI (= *quarrel*)* **to ~ with sb** se frotter à qn

tango ['tæŋgəʊ] 1 N (*pl* **tangos**) tango *m* 2 VI danser le tango

tangy ['tæŋɪ] ADJ acidulé

tank [tæŋk] 1 N ⓐ (= *container*) réservoir *m*; (*for fermenting, processing*) cuve *f*; (*for fish*) aquarium *m* ⓑ (= *vehicle*) char *m* (d'assaut) 2 COMP ▸**tank top** N pull-over *m* sans manches ▸**tank truck** N (*US*) camion-citerne *m*

tankard ['tæŋkəd] N chope *f*

tanked up‡ [ˌtæŋkt'ʌp] ADJ (*Brit*) **to be ~‡** être bituré‡

tanker ['tæŋkəʳ] N (= *truck*) camion-citerne *m*; (= *ship*) pétrolier *m*

tankini [tæŋ'kiːnɪ] N tankini *m*

tanned [tænd] ADJ bronzé; (= *weatherbeaten*) hâlé

tannin ['tænɪn] N tan(n)in *m*

tanning ['tænɪŋ] N ⓐ [*of person*] bronzage *m* ⓑ [*of hides*] tannage *m* ⓒ (= *beating*)‡ raclée* *f* ▸**tanning salon** N centre *m* de bronzage

Tannoy ® ['tænɔɪ] N (*Brit*) système *m* de haut-parleurs • **over the ~** par haut-parleur

tantalize ['tæntəlaɪz] VT mettre au supplice (*par de faux espoirs*)

tantalizing ['tæntəlaɪzɪŋ] ADJ [*glimpse*] attrayant; [*possibility*] séduisant; [*offer, smell*] alléchant

t

tantamount ['tæntəmaʊnt] (ADJ) **it's ~ to justifying terrorism** ça revient à justifier le terrorisme • **it's ~ to heresy** c'est pratiquement de l'hérésie
tantrum ['tæntrəm] (N) crise *f* de colère • **to have** *or* **throw a ~** piquer une colère
Tanzania [,tænzə'nɪə] (N) Tanzanie *f*
Taoiseach ['ti:ʃæx] (N) *(Ir)* Premier ministre *m (irlandais)*
Taoism ['taʊɪzəm] (N) taoïsme *m*
tap [tæp] **1** (N) **a** *(Brit) (for water)* robinet *m* • **the hot/cold ~** le robinet d'eau chaude/froide
▸ **on tap ale on ~** bière *f* (à la) pression • **a wealth of information on ~** une mine d'informations à votre disposition
b *(= knock)* petit coup *m* • **there was a ~ at the door** on a frappé doucement à la porte
c *(also* **tap-dancing***)* claquettes *fpl*
2 (VT) **a** *[+ telephone]* mettre sur écoute • **to ~ sb's phone** mettre qn sur écoute
b *[+ resources, supplies]* exploiter • **to ~ sb for money*** taper* qn • **to ~ sb for £10*** taper* qn de 10 livres
c *(= knock)* taper (doucement); *(repeatedly)* tapoter • **to ~ one's foot** taper du pied
3 (VI) taper (doucement); *(repeatedly)* tapoter • **to ~ at the door** frapper doucement à la porte
4 (COMP) ▸ **tap dance** N claquettes *fpl* ▸ **tap-dance** VI faire des claquettes ▸ **tap-dancer** N danseur *m*, -euse *f* de claquettes ▸ **tap-dancing** N claquettes *fpl* ▸ **tap water** N eau *f* du robinet
▸ **tap into** VT INSEP *(= gain access to)* accéder à; *(= exploit)* exploiter
tapas ['tæpəs] (NPL) tapas *fpl*
tape [teɪp] **1** (N) **a** *(magnetic) (= actual tape)* bande *f* magnétique; *(= audio cassette)* cassette *f* (audio *inv*); *(= video cassette)* cassette *f* vidéo *inv* • **to get sth on ~** enregistrer qch
b *(cloth, paper, metal)* bande *f*; *(for parcels)* bolduc *m*; *(also* **sticky tape***)* ruban *m* adhésif
c *(= finishing line)* fil *m (d'arrivée)*
2 (VT) **a** *(also* **tape up***)* **to ~ sb's mouth** bâillonner qn avec du sparadrap
b *(Brit) (= figured out)* **I've got it all ~d*** je sais parfaitement de quoi il retourne • **they had the situation ~d*** ils avaient la situation bien en main
c *(= record)* enregistrer
3 (COMP) ▸ **tape deck** N platine *f* cassette ▸ **tape machine** N *(Brit) (= tape recorder)* magnétophone *m* ▸ **tape measure** N mètre *m* à ruban ▸ **tape-record** VT enregistrer (sur bande) ▸ **tape recorder** N magnétophone *m* ▸ **tape recording** N enregistrement *m* (sur bande)
▸ **tape over 1** VT INSEP effacer *(en enregistrant autre chose)* **2** VT SEP **to ~ sth over sth** enregistrer qch sur qch
taper ['teɪpəʳ] (VI) *[column, trouser leg]* finir en fuseau; *[hair]* être effilé; *[structure, outline]* se terminer en pointe
▸ **taper off** VI *(= diminish)* diminuer • **immigration is expected to ~ off** on s'attend à ce que l'immigration diminue progressivement
tapered ['teɪpəd] (ADJ) *[column]* fuselé; *[fingers]* effilé
tapestry ['tæpɪstrɪ] (N) tapisserie *f* • **it's all part of life's rich ~** c'est la vie
tapeworm ['teɪpwɜ:m] (N) ténia *m*
tapioca [,tæpɪ'əʊkə] (N) tapioca *m*
tar [tɑ:ʳ] **1** (N) goudron *m* **2** (VT) goudronner • **they're all ~red with the same brush** ils sont tous à mettre dans le même sac*
taramasalata [,tærəməsə'lɑ:tə] (N) tarama *m*
tarantula [tə'ræntjʊlə] (N) tarentule *f*
tardy ['tɑ:dɪ] (ADJ) *(= late) [response]* tardif; *[person]* lent • **to be ~ in doing sth** tarder à faire qch ▸ **tardy slip** N *(US: at school)* billet *m* de retard
target ['tɑ:gɪt] **1** (N) **a** cible *f* • **an easy ~** une cible facile • **our ~ is young people under 20** notre cible, ce sont les jeunes de moins de 20 ans • **she was the ~ of a violent attack** elle a été victime d'une violente agression
b *(= objective)* objectif *m* • **they set themselves a ~ of $1,000** ils se sont fixé 1 000 dollars comme objectif • **the government met its ~ for reducing unemployment** le gouvernement a réussi à réduire le chômage conformément à ses objectifs
▸ **on target to be (right) on ~** *[sales]* correspondre aux objectifs; *[forecast]* tomber juste • **the project is on ~ for completion** le projet devrait être fini dans les temps
2 (VT) **a** *[+ enemy troops]* prendre pour cible; *[+ missile, weapon]* pointer
b *[+ market, audience]* cibler
c *[+ aid, benefits]* affecter
3 (ADJ) *[date, amount]* prévu
4 (COMP) ▸ **target group** N groupe *m* cible *inv* ▸ **target practice** N exercices *mpl* de tir (à la cible)
tariff ['tærɪf] (N) *(= taxes)* tarif *m* douanier; *(= price list)* tarif *m*
tarmac ['tɑ:mæk] **1** (N) **a** *(Brit = substance)* **Tarmac®** goudron *m* **b the ~** *(= airport runway)* la piste **2** (VT) goudronner
tarn [tɑ:n] (N) petit lac *m* (de montagne)
tarnish ['tɑ:nɪʃ] **1** (VT) ternir **2** (VI) *[metal]* se ternir
tarot ['tærəʊ] (N) **the ~** le(s) tarot(s) *m(pl)* ▸ **tarot card** N carte *f* de tarot
tarp* [tɑ:p] (N) *(US)* bâche *f* (goudronnée)
tarpaulin [tɑ:'pɔ:lɪn] (N) **a** *(= fabric)* toile *f* goudronnée **b** *(= sheet)* bâche *f* (goudronnée)
tarragon ['tærəgən] (N) estragon *m*
tarry ['tɑ:rɪ] (ADJ) *(= like tar)* goudronneux; *(= smelling of tar)* qui sent le goudron
tart [tɑ:t] **1** (ADJ) **a** *[flavour]* acidulé **b** *[person, remark]* acerbe **2** (N) **a** *(= pastry)* tarte *f*; *(small)* tartelette *f* • **apple ~** tarte(lette) *f* aux pommes **b** *(= prostitute)*‡ putain‡ *f*
▸ **tart up**‡ VT SEP *(Brit pej) [+ house]* retaper • **to ~ o.s. up** • **to get ~ed up** se pomponner
tartan ['tɑ:tən] **1** (N) tartan *m* **2** (ADJ) *[garment, fabric]* écossais
tartar ['tɑ:təʳ] (N) tartre *m*
tarty* ['tɑ:tɪ] (ADJ) *[clothes, make-up]* vulgaire • **to look ~** faire vulgaire
Taser® ['teɪzəʳ] (N) taser® *m*, PIE *m*
task [tɑ:sk] (N) tâche *f* • **to take sb to ~** prendre qn à partie (**for, about** pour) ▸ **task force** N corps *m* expéditionnaire
taskmaster ['tɑ:skmɑ:stəʳ] (N) **he's a hard ~** il mène ses subordonnés à la baguette
Tasmania [tæz'meɪnɪə] (N) Tasmanie *f*
tassel ['tæsəl] (N) gland *m*; *(= pompon)* pompon *m*
taste [teɪst] **1** (N) goût *m* • **it left a nasty ~ in his mouth** ça lui a laissé un mauvais goût dans la bouche; *(fig)* ça lui a laissé un goût amer • **to have (good) ~** avoir du goût • **he has no ~** il n'a aucun goût • **in good/bad ~** de bon/mauvais goût • **the house is furnished in impeccable ~**

la maison est meublée avec beaucoup de goût • **to have a ~ of sth** [+ *food*] goûter (à) qch; [+ *power, freedom*] goûter à qch • **would you like a ~ (of it)?** voulez-vous (y) goûter? • **I gave him a ~ of the wine** je lui ai fait goûter le vin • **it gave him a ~ of military life** cela lui a donné un aperçu de la vie militaire • **to give sb a ~ of his own medicine** rendre à qn la monnaie de sa pièce • **it was a ~ of things to come** c'était un avant-goût de l'avenir • **to have a ~ for ...** avoir un penchant pour ... • **to develop a ~ for ...** prendre goût à ... • **sweeten to ~** sucrer à volonté • **it's a matter of ~** c'est affaire de goût • **there's no accounting for ~** des goûts et des couleurs on ne discute pas • **her novels are too violent for my ~** ses romans sont trop violents à mon goût • **his ~ in music** ses goûts musicaux • **she has expensive ~s** elle a des goûts de luxe

2 (VT) **a** (= *perceive flavour of*) sentir (le goût de) • **I can't ~ the garlic** je ne sens pas le goût de l'ail • **I can't ~ anything when I have a cold** je trouve tout insipide quand j'ai un rhume

b (= *sample*) [+ *food, drink, power, freedom*] goûter à; (*to test*) [+ *food*] goûter; [+ *wine*] (*at table*) goûter; (*at wine-tasting*) déguster • **just ~ this!** goûtez-moi ça! • **I have never ~d snails** je n'ai jamais mangé d'escargots

3 (VI) **to ~ bitter** avoir un goût amer • **to ~ good** avoir bon goût • **to ~ of sth** avoir un goût de qch • **it doesn't ~ of anything in particular** cela n'a pas de goût spécial

4 (COMP) ▸ **taste bud** N papille *f* gustative

tasteful ['teɪstfʊl] (ADJ) de bon goût

tastefully ['teɪstfəlɪ] (ADV) [*decorated, furnished*] avec goût

tasteless ['teɪstlɪs] (ADJ) (= *in bad taste*) de mauvais goût; (= *bland*) fade

taster* ['teɪstəʳ] (N) (*Brit* = *foretaste*) avant-goût *m*

tasting ['teɪstɪŋ] (N) dégustation *f*

tasty ['teɪstɪ] (ADJ) **a** [*food*] savoureux **b** [*gossip, news*]* croustillant **c** (*Brit* = *sexy*)‡ sexy* *inv*

tat* [tæt] (N) (*Brit* = *shabby clothes*) friperies *fpl*; (= *goods*) camelote* *f*

ta-ta* ['tæ'tɑ:] (EXCL) (*Brit*) salut!*

tattered ['tætəd] (ADJ) [*clothes*] en loques; [*book*] tout abîmé; [*paper, poster*] déchiré; [*reputation*] en miettes

tatters ['tætəz] (NPL) lambeaux *mpl* • **in ~** en lambeaux • **his confidence was in ~** il avait perdu toute confiance en lui • **his reputation was in ~** sa réputation était ruinée

tattoo [tə'tu:] **1** (N) tatouage *m* **2** (VT) tatouer

tatty* ['tætɪ] (ADJ) (*Brit*) [*clothes*] miteux (-euse *f*); [*house, furniture, magazine*] en mauvais état

taught [tɔ:t] (VB) *pt, ptp of* **teach**

taunt [tɔ:nt] **1** (N) raillerie *f* **2** (VT) railler • **he ~ed his wife with his affairs** il torturait sa femme en racontant ses infidélités

Taurus ['tɔ:rəs] (N) Taureau *m* • **I'm ~** je suis Taureau

taut [tɔ:t] (ADJ) **a** (= *tightly stretched*) tendu; [*lips*] crispé; [*nerves*] à vif • **to hold sth ~** tendre qch • **his face was ~ with anger** il avait le visage crispé de colère **b** (= *firm*) ferme • **to be ~** [*person*] avoir le corps ferme **c** [*novel, film*] bien ficelé*

tauten ['tɔ:tn] **1** (VT) tendre **2** (VI) se tendre

tavern† ['tævən] (N) taverne† *f*

tawdry ['tɔ:drɪ] (ADJ) **a** (= *tacky*) bon marché **b** (= *sordid*) sordide

tawny ['tɔ:nɪ] (ADJ) (de couleur) fauve *inv* ▸ **tawny owl** N hulotte *f*

tax [tæks] **1** (N) (*on goods, services*) taxe *f*, impôt *m*; (*on income*) impôts *mpl* • **before/after ~** avant/après l'impôt • **how much ~ do you pay?** combien d'impôts payez-vous? • **to put a ~ on sth** taxer qch • **~ on petrol** taxes *fpl* sur l'essence

2 (VT) **a** [+ *goods*] taxer; [+ *income, person*] imposer; [+ *patience*] mettre à l'épreuve; [+ *strength*] éprouver

b (= *accuse*) **to ~ sb with (doing) sth** accuser qn de (faire) qch

c (*Brit*) **to ~ one's car** acheter la vignette pour sa voiture

3 (ADJ) [*system, incentive*] fiscal

4 (COMP) ▸ **tax advisor** N fiscaliste *mf* ▸ **tax avoidance** N évasion *f* fiscale (légale) ▸ **tax break** N réduction *f* d'impôt ▸ **tax collector** N percepteur *m* ▸ **tax consultant** N fiscaliste *mf* ▸ **tax credit** N crédit *m* d'impôt ▸ **tax cut** N réduction *f* des impôts ▸ **tax-deductible** ADJ déductible des impôts ▸ **tax disc** N (*Brit*) vignette *f* (automobile) ▸ **tax evasion** N fraude *f* fiscale ▸ **tax-exempt** ADJ (*US*) exonéré d'impôts ▸ **tax exile** N exilé(e) *m(f)* fiscal(e) ▸ **tax expert** N fiscaliste *mf* ▸ **tax-free** ADJ exonéré d'impôts ▸ **tax haven** N paradis *m* fiscal ▸ **tax inspector** N inspecteur *m*, -trice *f* des impôts ▸ **tax purposes** NPL **for ~ purposes** pour des raisons fiscales ▸ **tax return** N (feuille *f* de) déclaration *f* de revenus ▸ **tax year** N année *f* fiscale

taxable ['tæksəbl] (ADJ) imposable

taxation [tæk'seɪʃən] (N) taxation *f*; (= *taxes*) impôts *mpl*

taxi ['tæksɪ] **1** (N) taxi *m* • **by ~** en taxi **2** (VI) [*aircraft*] rouler sur la piste **3** (COMP) ▸ **taxi driver** N chauffeur *m* de taxi ▸ **taxi fare** N prix *m* de la course ▸ **taxi rank** (*Brit*), **taxi stand** N station *f* de taxis

taximeter ['tæksɪmi:tə] (N) compteur *m* (de taxi)

taxing ['tæksɪŋ] (ADJ) (*mentally*) ardu; (*physically*) pénible

taxman* ['tæksmæn] (N) (*pl* **-men**) percepteur *m*

taxpayer ['tækspeɪəʳ] (N) contribuable *mf*

TB [ti:'bi:] (N) (ABBR OF **tuberculosis**)

tba [,ti:bi:'eɪ] (ABBR OF **to be announced**) à préciser

tbc [,ti:bi:'si:] (ABBR OF **to be confirmed**) à confirmer, sous réserve

tbs, tbsp (N) (ABBR OF **tablespoonful**) c. à s.

tea [ti:] **1** (N) **a** thé *m*; (*herbal*) infusion *f* • **she made a pot of ~** elle a fait du thé **b** (*Brit*) (= *dinner*) dîner *m* **2** (COMP) ▸ **tea bag** N sachet *m* de thé ▸ **tea break** N (*Brit*) pause *f* pour le thé ▸ **tea-cloth** N (*Brit*) torchon *m* ▸ **tea cosy** (*Brit*), **tea cozy** (*US*) N cache-théière *m* ▸ **tea kettle** N (*US*) bouilloire *f* ▸ **tea lady** N (*Brit*) *dame qui prépare le thé pour les employés d'une entreprise* ▸ **tea leaf** N (*pl* **tea leaves**) feuille *f* de thé ▸ **tea party** N thé *m* (*réception*) ▸ **the Tea Party** N (*in US*) le Tea Party, *mouvement politique ultra-conservateur* ▸ **tea plate** N petite assiette *f* ▸ **tea service, tea set** N service *m* à thé ▸ **tea strainer** N passe-thé *m inv* ▸ **tea towel** N (*Brit*) torchon *m*

teacake ['ti:keɪk] (N) (*Brit*) petit pain *m* brioché

teach [ti:tʃ] (*pret, ptp* **taught**) **1** (VT) apprendre (**sb sth** qch à qn); [+ *academic subject*] enseigner (**sb sth** qch à qn) • **to ~ sb (how) to do sth** apprendre à qn à faire qch • **he ~es French** il enseigne le français • **to ~ school** (*US*) être professeur • **to ~ o.s. (to do) sth** apprendre (à faire) qch tout seul • **that will ~ him a lesson!** cela lui servira de leçon! • **they could ~ us a thing or two about family values** ils auraient beaucoup à nous apprendre sur les valeurs familiales

t

2 (VI) enseigner • **he had been ~ing all morning** il avait fait cours toute la matinée
3 (COMP) ▸ **teach-in** N séminaire *m* (*sur un thème*)

teacher ['ti:tʃəʳ] (N) professeur *mf*; (*in primary school*) professeur *mf* des écoles, instituteur *m*, -trice *f*; (*in special school*) éducateur *m*, -trice *f*; (= *member of teaching profession*) enseignant(e) *m(f)* • **she is a maths ~** elle est professeur de maths ▸ **teacher certification** N (*US*) habilitation *f* à enseigner ▸ **teacher evaluation** N (*US*) appréciations *fpl* sur les professeurs (*par les étudiants ou par l'administration*) ▸ **teacher-pupil ratio** N taux *m* d'encadrement • **a high/low ~-pupil ratio** un fort/faible taux d'encadrement ▸ **teacher training** N (*Brit*) formation *f* pédagogique (des enseignants)

teaching ['ti:tʃɪŋ] 1 (N) (= *work*) enseignement *m* • **he's got 16 hours ~ a week** il a 16 heures de cours par semaine • **to go into ~** entrer dans l'enseignement • **Teaching of English as a Foreign Language** (enseignement *m* de l')anglais *m* langue étrangère → TEFL, TESL, TESOL, ELT
2 (NPL) **teachings** (= *ideas*) enseignements *mpl* (*liter*)
3 (COMP) ▸ **teaching assistant** N (*US*) étudiant(e) *m(f)* chargé(e) de travaux dirigés ▸ **teaching certificate** N (*US*) (*for primary schools*) ≈ Certificat *m* d'aptitude au professorat des écoles, ≈ CAPE *m*; (*for secondary schools*) ≈ Certificat *m* d'aptitude au professorat de l'enseignement du second degré, ≈ CAPES *m* ▸ **teaching hospital** N centre *m* hospitalier universitaire ▸ **teaching job** N poste *m* d'enseignant ▸ **teaching practice** N (*Brit*) stage *m* de formation des enseignants ▸ **the teaching profession** N (= *activity*) l'enseignement *m*; (= *teachers collectively*) le corps enseignant ▸ **teaching staff** N enseignants *mpl*

teacup ['ti:kʌp] (N) tasse *f* à thé

teak [ti:k] (N) teck *m*

team [ti:m] (N) équipe *f* • **our research ~** notre équipe de chercheurs ▸ **team games** NPL jeux *mpl* d'équipe ▸ **team leader** N chef *m* d'équipe ▸ **team-mate** N coéquipier, -ière *f* ▸ **team member** N (*Sport*) équipier, -ière *f* ▸ **team player** N **to be a ~ player** avoir l'esprit d'équipe ▸ **team spirit** N esprit *m* d'équipe ▸ **team sport** N sport *m* d'équipe
▸ **team up** VI [*people*] faire équipe • **he ~ed up with them to get ...** il s'est allié à eux pour obtenir ...

teamster ['ti:mstəʳ] (N) (*US*) routier *m* syndiqué

teamwork ['ti:mwɜ:k] (N) travail *m* d'équipe

teapot ['ti:pɒt] (N) théière *f*

tear[1] [tɛəʳ] (*vb: pret* **tore**, *ptp* **torn**) 1 (N) (= *rip*) déchirure *f* • **it has a ~ in it** c'est déchiré
2 (VT) ⓐ (= *rip*) déchirer • **to ~ a hole in ...** faire un accroc à ... • **to ~ to pieces** [+ *paper*] déchirer en petits morceaux; [+ *prey*] mettre en pièces; [+ *play, performance*] éreinter; [+ *argument, suggestion*] descendre en flammes* • **to ~ open** [+ *envelope*] déchirer; [+ *letter*] déchirer l'enveloppe de; [+ *parcel*] ouvrir en déchirant l'emballage • **to ~ a muscle/ligament** se déchirer un muscle/un ligament • **that's torn it!*** ça flanque tout par terre !*
▸ **to be torn** [*person*] **to be torn by remorse** être déchiré par le remords • **to be torn between two things/people** être tiraillé entre deux choses/personnes • **I'm very torn** j'hésite beaucoup (entre les deux)
ⓑ (= *snatch*) arracher (**from sb** à qn, **off sth** de qch) • **he tore it out of her hand** il le lui a arraché des mains
3 (VI) ⓐ [*cloth, paper*] se déchirer • **it ~s easily** ça se déchire facilement
ⓑ (= *rush*) **to ~ out/down** sortir/descendre à toute vitesse • **to ~ along the road** [*person*] filer à toute allure le long de la route • **they tore after him** ils se sont lancés à sa poursuite
▸ **tear apart** VT SEP déchirer • **his love for Julie is ~ing him apart** son amour pour Julie le déchire
▸ **tear away** 1 VI (= *leave quickly*) [*person*] partir à toute vitesse 2 VT SEP [+ *paper, object*] arracher (**from sb** à qn, **from sth** de qch) • **I couldn't ~ myself away from it/him** je n'arrivais pas à m'en détacher/à me détacher de lui
▸ **tear down** VT SEP [+ *poster, flag*] arracher; [+ *building*] démolir
▸ **tear into*** VT (= *attack verbally*) s'en prendre violemment à; (= *scold*) passer un savon à*
▸ **tear off** 1 VI (= *leave quickly*) partir à toute vitesse 2 VT SEP ⓐ [+ *label, wrapping*] arracher ⓑ [+ *one's clothes*] enlever à la hâte
▸ **tear out** VT SEP arracher; [+ *cheque, ticket*] détacher • **to ~ one's hair out** s'arracher les cheveux
▸ **tear up** VT SEP ⓐ [+ *paper*] déchirer ⓑ [+ *weed*] arracher; [+ *forest*] déraciner

tear[2] [tɪəʳ] (N) larme *f* • **in ~s** en larmes • **there were ~s in her eyes** elle avait les larmes aux yeux • **close to ~s** au bord des larmes • **to burst into ~s** fondre en larmes • **it will end in ~s!** ça va finir mal ! ▸ **tear duct** N canal *m* lacrymal ▸ **tear gas** N gaz *m* lacrymogène ▸ **tear-jerker*** N **it's a real ~-jerker** ça fait pleurer dans les chaumières ▸ **tear-stained** ADJ baigné de larmes

tearaway ['tɛərəweɪ] (N) (*Brit*) casse-cou *m*

teardrop ['tɪədrɒp] (N) larme *f*

tearful ['tɪəfʊl] (ADJ) [*farewell*] très émouvant • **to be ~** [*person*] (= *about to cry*) être au bord des larmes; (= *in tears*) être en larmes • **to feel ~** avoir envie de pleurer • **to become ~** avoir les larmes aux yeux

tearing ['tɛərɪŋ] 1 (N) déchirement *m* 2 (ADJ) ⓐ **a ~ noise** un bruit de déchirement ⓑ (*Brit*) **to be in a ~ hurry*** être terriblement pressé

tearoom ['ti:rʊm] (N) salon *m* de thé

teary ['tɪərɪ] (ADJ) larmoyant

tease [ti:z] 1 (VT) (*playfully*) taquiner; (*cruelly*) tourmenter; (*sexually*) allumer 2 (N) (= *person*) taquin(e) *m(f)*; (*sexual*) allumeur *m*, -euse *f*
▸ **tease out** VT SEP [+ *meaning, sense*] trouver

teaser ['ti:zəʳ] (N) (= *problem*) problème *m* (difficile); (= *tricky question*) colle* *f*

teashop ['ti:ʃɒp] (N) (*Brit*) salon *m* de thé

teasing ['ti:zɪŋ] 1 (N) taquineries *fpl* 2 (ADJ) taquin

teaspoon ['ti:spu:n] (N) petite cuillère *f*

teaspoonful ['ti:spu:nfʊl] (N) cuillerée *f* à café

teat [ti:t] (N) tétine *f*

teatime ['ti:taɪm] (N) (*Brit*) heure *f* du thé • **at ~** à l'heure du thé

tech* [tek] (N) (*Brit*) (ABBR OF **technical college**) collège *m* (d'enseignement) technique

technical ['teknɪkəl] (ADJ) technique • **~ skill** compétence *f* technique ▸ **technical college** N (*Brit*) collège *m* (d'enseignement) technique ▸ **technical drawing** N dessin *m* industriel ▸ **technical foul** N (*Basketball*) faute *f* technique ▸ **technical institute** N (*US*)

≈ institut *m* universitaire de technologie ▸**technical support** N assistance *f or* support *m* technique

technicality [ˌteknɪˈkælɪtɪ] (N) ⓐ (*= detail*) détail *m* technique • **I don't understand all the technicalities** certains détails techniques m'échappent ⓑ (*= formality*) formalité *f* • **she told him victory was just a ~** elle lui a dit que la victoire n'était qu'une simple formalité ⓒ (*= legal point*) point *m* de procédure

technically [ˈteknɪkəlɪ] (ADV) ⓐ [*superior, feasible, advanced*] techniquement ⓑ [*illegal, correct*] théoriquement • **this was ~ correct, but ambiguous** c'était théoriquement correct, mais ambigu ⓒ (*= in technical language*) ~ **speaking** en termes techniques ⓓ (*= in technique*) **a ~ proficient performance** une performance d'un bon niveau technique • **~, this is a very accomplished album** techniquement, c'est un excellent album

technician [tekˈnɪʃən] (N) technicien(ne) *m(f)*

technique [tekˈniːk] (N) technique *f*

techno [ˈteknəʊ] 1 (N) techno *f* 2 (ADJ) techno *inv*

technocrat [ˈteknəʊkræt] (N) technocrate *mf*

technological [ˌteknəˈlɒdʒɪkəl] (ADJ) technologique

technologically [teknəˈlɒdʒɪklɪ] (ADV) [*advanced, backward*] sur le plan technologique

technology [tekˈnɒlədʒɪ] (N) technologie *f* • **Minister/Ministry of Technology** ministre *mf*/ministère *m* des Affaires technologiques • **new ~** les nouvelles technologies *fpl* • **computer ~** technologie *f* informatique • **communication ~** technologie(s) *f(pl)* de communication

technophile [ˈteknəʊfaɪl] (ADJ, N) technophile *mf*

technophobe [ˈteknəʊfəʊb] (N) technophobe *mf*

teddy [ˈtedɪ], **teddy bear** (N) (*= toy*) nounours *m* (*baby talk*), ours *m* en peluche

tedious [ˈtiːdɪəs] (ADJ) ennuyeux (-euse *f*)

tee [tiː] 1 (N) tee *m* 2 (VT) [*+ ball*] placer sur le tee ▸**tee off** VI partir du tee

teem [tiːm] (VI) ⓐ **to ~ with** [*river, street*] grouiller de ⓑ **it was ~ing (with rain)** il pleuvait à verse

teen* [tiːn] 1 (ADJ) [*movie, magazine, fashion*] pour ados*; [*violence*] des ados*; [*audience*] d'ados* • **~ years** adolescence *f* 2 (N) (*US*) ado* *m(f)*

teenage [ˈtiːneɪdʒ] (ADJ) [*mother*] adolescent; [*pregnancy*] chez les adolescents; [*idol, culture*] des adolescents; [*magazine, fashion*] pour adolescents • **~ boy** adolescent *m* • **~ girl** adolescente *f* • **~ years** adolescence *f*

teenaged [ˈtiːneɪdʒd] (ADJ) adolescent • **a ~ boy/girl** un adolescent/une adolescente

teenager [ˈtiːnˌeɪdʒəʳ] (N) adolescent(e) *m(f)*

teens [tiːnz] (NPL) adolescence *f* • **he is still in his ~** il est encore adolescent • **he is in his early/late ~** il a un peu plus de treize ans/un peu moins de vingt ans

teeny* [ˈtiːnɪ] (ADJ) (*also* **teeny-weeny**) minuscule

tee-shirt [ˈtiːʃɜːt] (N) tee-shirt *m*

teeter [ˈtiːtəʳ] (VI) [*person*] chanceler; [*pile*] vaciller • **to ~ on the edge of** être prêt à tomber dans ▸**teeter totter** N (*US*) *jeu de bascule*

teeth [tiːθ] (NPL) *of* **tooth**

teethe [tiːð] (VI) **to be teething** faire ses dents

teething [ˈtiːðɪŋ] (N) poussée *f* des dents ▸**teething troubles** NPL (*Brit*) difficultés *fpl* initiales

teetotal [ˈtiːˈtəʊtl] (ADJ) **I'm ~** je ne bois jamais d'alcool

teetotaller, teetotaler (*US*) [ˈtiːˈtəʊtləʳ] (N) personne *f* qui ne boit jamais d'alcool

TEFL [ˈtefl] (N) (ABBR OF **Teaching of English as a Foreign Language**) → TEFL, TESL, TESOL, ELT

> **TEFL, TESL, TESOL, ELT**
>
> Les sigles **TEFL** (Teaching of English as a Foreign Language) et **EFL** (English as a Foreign Language) se rapportent à l'enseignement de l'anglais langue étrangère dans les pays non anglophones.
>
> Le **TESL** (Teaching of English as a Second Language) concerne l'enseignement de l'anglais langue seconde, c'est-à-dire aux personnes qui vivent dans un pays anglophone mais dont la langue maternelle n'est pas l'anglais. Cet enseignement prend en compte l'origine culturelle de l'apprenant ainsi que sa langue maternelle.
>
> **TESOL** (Teaching of English as a Second or Other Language – enseignement de l'anglais langue seconde ou autre) est le terme américain pour **TEFL** et **TESL**.
>
> **ELT** (English Language Teaching) est le terme général qui désigne l'enseignement de l'anglais en tant que langue étrangère ou langue seconde.

Teflon® [ˈteflɒn] (N) téflon® *m*

Teheran [tɛəˈrɑːn] (N) Téhéran

tel. (ABBR OF **telephone (number)**) tél

Tel Aviv [ˌteləˈviːv] (N) Tel-Aviv

telebanking [ˈtelɪˌbæŋkɪŋ] (N) télébanque *f*

telecast [ˈtelɪkɑːst] (*US*) 1 (N) télédiffusion *f* 2 (VT) télédiffuser

telecommunications [ˈtelɪkəˌmjuːnɪˈkeɪʃənz] (NPL) télécommunications *fpl* ▸**telecommunications satellite** N satellite *m* de télécommunication

telecommuter [ˈtelɪkəˌmjuːtəʳ] (N) télétravailleur *m*, -euse *f*

telecommuting [ˈtelɪkəˌmjuːtɪŋ] (N) télétravail *m*

teleconference [ˈtelɪkɒnfərəns] (N) téléconférence *f*

telegram [ˈtelɪgræm] (N) télégramme *m*

telegraph pole [ˈtelɪgrɑːfpəʊl] (N) poteau *m* télégraphique

telemarketer [ˈtelɪmɑːkɪtəʳ] (N) (*= person*) télémarketeur *m*, -euse *f*; (*= company*) société *f* de télémarketing

telemarketing [ˈtelɪmɑːkɪtɪŋ] (N) télémarketing *m*

Telemessage® [ˈtelɪˌmesɪdʒ] (N) (*Brit*) télémessage *m*

telemetry [tɪˈlemɪtrɪ] (N) télémétrie *f*

telepathic [ˌtelɪˈpæθɪk] (ADJ) télépathe

telepathy [tɪˈlepəθɪ] (N) télépathie *f*

telephone [ˈtelɪfəʊn] 1 (N) téléphone *m* • **to speak to sb on the ~** parler à qn au téléphone 2 (VT) [*+ person*] téléphoner à • **~ 772 3200 for more information** pour de plus amples renseignements, appelez le 772 3200 3 (VI) téléphoner 4 (COMP) ▸**telephone answering machine** N répondeur *m* (téléphonique) ▸**telephone book** N annuaire *m* ▸**telephone booth** (*US*), **telephone box** (*Brit*) N cabine *f* téléphonique ▸**telephone call** N appel *m* téléphonique ▸**telephone directory** N annuaire *m* ▸**telephone kiosk** N cabine *f* téléphonique ▸**telephone number** N numéro *m* de téléphone ▸**telephone wires** NPL fils *mpl* téléphoniques

telephonist [tɪˈlefənɪst] (N) téléphoniste *mf*

telephony [tɪˈlefənɪ] (N) téléphonie *f*

telephoto lens [ˌtelɪfəʊtəʊˈlenz] (N) téléobjectif *m*

teleport [ˈtelɪpɔːt] (VT) téléporter

telesales [ˈtelɪseɪlz] (NPL) vente *f* par téléphone

t

telescope ['telɪskəʊp] (N) lunette *f* d'approche; (*astronomer's*) télescope *m*

telescopic [ˌtelɪ'skɒpɪk] (ADJ) télescopique ▸**telescopic lens** N téléobjectif *m*

teleshopping ['telɪʃɒpɪŋ] (N) téléachat *m*

Teletext® ['telətekst] (N) télétexte® *m*

telethon ['teləθɒn] (N) téléthon *m*

televangelist [ˌtelɪ'vændʒəlɪst] (N) télévangéliste *mf*

televise ['telɪvaɪz] (VT) téléviser

television ['telɪˌvɪʒən] 1 (N) télévision *f* • **colour ~** télévision *f* (en) couleur • **on ~** à la télévision 2 (ADJ) [*actor, camera, studio*] de télévision; [*report, news*] télévisé; [*film, script*] pour la télévision 3 (COMP) ▸**television broadcast** N émission *f* de télévision ▸**television licence** N (*Brit*) (certificat *m* de) redevance *f* télévision ▸**television programme** N émission *f* de télévision ▸**television screen** N écran *m* de télévision • **on the ~ screen** sur le petit écran ▸**television set** N (poste *m* de) télévision *f*

teleworker ['telɪwɜːkəʳ] (N) télétravailleur *m*, -euse *f*

teleworking ['telɪwɜːkɪŋ] (N) télétravail *m*

telex ['teleks] 1 (N) télex *m* 2 (VT) envoyer par télex

tell [tel] (*pret, ptp* **told**) 1 (VT) ⓐ dire • **~ me your name** dites-moi votre nom • **I told him what/where/how/why** je lui ai dit ce que/où/comment/pourquoi • **I told him the way to the station** je lui ai expliqué comment aller à la gare • **he told himself it was only a game** il s'est dit que ce n'était qu'un jeu • **something ~s me he won't be pleased** quelque chose me dit qu'il ne sera pas content • **I won't go, I ~ you!** puisque je te dis que je n'irai pas ! • **I can't ~ you how grateful I am** je ne saurais vous dire à quel point je suis reconnaissant • **don't ~ me you've lost it!** ne me dis pas que tu l'as perdu ! • **I told you so!** je te l'avais bien dit ! • **... or so I've been told** ... ou du moins c'est ce qu'on m'a dit • **you're ~ing me!*** à qui le dis-tu ! • **you ~ me!** je n'en sais rien !

ⓑ (*= relate*) raconter; [*+ a lie, the truth, secret, sb's age*] dire; [*+ the future*] prédire • **can you ~ the time?** sais-tu lire l'heure ? • **can you ~ time?** (*US*) sais-tu lire l'heure ? • **can you ~ me the time?** peux-tu me dire l'heure (qu'il est) ? • **that ~s me all I need to know** maintenant je sais tout ce qu'il me faut savoir • **it ~s its own story** ça dit bien ce que ça veut dire • **his actions ~ us a lot about his motives** ses actes nous en disent long sur ses motifs • **she was ~ing him about it** elle lui en parlait • **~ me about it** raconte-moi ça; (*iro*)* ne m'en parle pas • **I told him about what had happened** je lui ai dit ce qui était arrivé

ⓒ (*= know*) **how can I ~ what he'll do?** comment puis-je savoir ce qu'il va faire ? • **it was impossible to ~ where the bullet had entered** il était impossible de dire par où la balle était entrée • **I couldn't ~ how it was done** je ne pourrais pas dire comment ça a été fait • **you can ~ he's clever by the way he talks** on voit bien qu'il est intelligent à la façon dont il parle • **you can't ~ much from his letter** sa lettre n'en dit pas très long

ⓓ (*= distinguish*) distinguer; (*= know*) savoir • **to ~ right from wrong** distinguer le bien du mal • **I can't ~ them apart** je ne peux pas les distinguer (l'un de l'autre) • **I can't ~ the difference** je ne vois pas la différence

ⓔ (*= command*) dire (**sb to do sth** à qn de faire qch) • **do as you are told** fais ce qu'on te dit

2 (VI) ⓐ (*= know*) savoir • **how can I ~?** comment le saurais-je ? • **I can't ~** je n'en sais rien • **you never can ~** on ne sait jamais • **you can't ~ from his letter** on ne peut pas savoir d'après sa lettre • **as far as one can ~** pour autant que l'on sache

ⓑ (*= be talebearer*) **I won't ~!** je ne le répéterai à personne ! • **to ~ on sb*** moucharder* qn

ⓒ (*= have an effect*) se faire sentir • **the pressure is beginning to ~ on her** elle commence à accuser le stress • **their age and inexperience told against them** leur âge et leur manque d'expérience militaient contre eux

▸ **tell off*** VT SEP (*= reprimand*) gronder (**for doing sth** pour avoir fait qch) • **to be told off** se faire gronder*

teller ['teləʳ] (N) (*US, Scot*) caissier *m*, -ière *f*

telling ['telɪŋ] 1 (ADJ) ⓐ (*= revealing*) révélateur (-trice *f*) ⓑ (*= effective*) efficace 2 (N) ⓐ [*of story*] récit *m* ⓑ **there's no ~ what he might do** impossible de dire ce qu'il pourrait faire 3 (COMP) ▸**telling-off*** N engueulade** *f* • **to get/give a good ~-off** recevoir/passer un bon savon*

telltale ['telteɪl] (ADJ) [*sign*] révélateur (-trice *f*)

telly* ['telɪ] (N) (*Brit*) (ABBR OF **television**) télé* *f* • **on the ~** à la télé*

temerity [tɪ'merɪtɪ] (N) audace *f*

temp* [temp] (ABBR OF **temporary**) 1 (N) intérimaire *mf* 2 (VI) faire de l'intérim

temper ['tempəʳ] 1 (N) (*= mood*) humeur *f*; (*= fit of bad temper*) crise *f* de colère • **~s became frayed** tout le monde commençait à perdre patience • **to be in a ~** être en colère (**with sb** contre qn, **over** *or* **about sth** à propos de qch) • **to be in a good/bad ~** être de bonne/mauvaise humeur • **he was in a foul ~** il était d'une humeur massacrante • **to keep one's ~** garder son calme • **to lose one's ~** se mettre en colère • **in a fit of ~** dans un accès de colère • **he had a terrible ~** il était soupe au lait • **I hope he can control his ~** j'espère qu'il sait se contrôler

2 (VT) (*= mitigate*) tempérer

temperament ['tempərəmənt] (N) ⓐ (*= nature*) tempérament *m* ⓑ (*= moodiness*) humeur *f* (changeante) • **she was given to fits of ~** elle avait souvent des sautes d'humeur

temperamental [ˌtempərə'mentl] (ADJ) [*person, behaviour*] fantasque; [*machine*] capricieux

temperate ['tempərɪt] (ADJ) ⓐ [*region, climate*] tempéré; [*forest, plant*] de zone tempérée ⓑ (*= restrained*) modéré

temperature ['temprɪtʃəʳ] (N) température *f* • **at a ~ of ...** à une température de ... • **to have a ~** avoir de la température *or* de la fièvre ▸**temperature chart** N feuille *f* de température ▸**temperature gauge** N indicateur *m* de température

tempestuous [tem'pestjʊəs] (ADJ) [*relationship, meeting*] orageux; [*period, time*] agité; [*marriage, career*] tumultueux; [*person*] impétueux

template ['templɪt] (N) ⓐ gabarit *m*; (*fig*) modèle *m* ⓑ (*Comput*) patron *m*

temple ['templ] (N) ⓐ (*= building*) temple *m* ⓑ (*= forehead*) tempe *f*

tempo ['tempəʊ] (N) tempo *m*

temporal ['tempərəl] (ADJ) (*= worldly*) temporel

temporarily ['tempərərɪlɪ] (ADV) temporairement

temporary ['tempərərɪ] (ADJ) [*job, resident, staff*] temporaire; [*accommodation, solution*] provisoire; [*relief, improvement*] passager

temporize ['tempəraɪz] (VI) temporiser

tempt [tempt] (VT) tenter • **to ~ sb to do sth** donner à qn l'envie de faire qch • **try and ~ her to eat** tâchez de la persuader de manger • **I'm very ~ed** c'est très tentant • **I am ~ed to accept** je suis tenté d'accepter • **don't ~ me!** n'essaie pas de me tenter ! • **to ~ fate** tenter le sort

temptation [temp'teɪʃən] (N) tentation *f* • **to put ~ in sb's way** exposer qn à la tentation • **there is no ~ to do so** on n'est nullement tenté de le faire

tempting ['temptɪŋ] (ADJ) [*offer, target*] tentant; [*food, smell*] appétissant

temptress ['temptrɪs] (N) tentatrice *f*

ten [ten] (NUMBER) dix • **about ~ books** une dizaine de livres • **there were ~** il y en avait dix • **there were about ~** il y en avait une dizaine • **the Ten Commandments** les dix commandements *mpl* • **~s of thousands of ...** des dizaines de milliers de ... • **~ to one he won't come** je parie qu'il ne viendra pas • **they're ~ a penny*** il y en a tant qu'on en veut ▸**ten-gallon hat** N (*US*) ≈ chapeau *m* de cow-boy → **six**

tenable ['tenəbl] (ADJ) [*argument*] défendable

tenacious [tɪ'neɪʃəs] (ADJ) [*person*] tenace; [*defence, resistance*] opiniâtre

tenacity [tɪ'næsɪtɪ] (N) ténacité *f*

tenancy ['tenənsɪ] (N) location *f* • **to take on the ~ of a house** prendre une maison en location ▸**tenancy agreement** N contrat *m* de location

tenant ['tenənt] (N) locataire *mf* ▸**tenant farmer** N métayer *m*

tend [tend] **1** (VI) **to ~ to ...** avoir tendance à ... • **he ~s to be lazy** il est enclin à la paresse • **that ~s to be the case** c'est en général le cas • **I ~ to think that ...** j'ai tendance à penser que ... **2** (VT) (= *take care of*) [+ *invalid*] soigner; [+ *garden*] entretenir

tendency ['tendənsɪ] (N) tendance *f* • **to have a ~ to do sth** avoir tendance à faire qch

> The French word **tendance** ends in **-ance** whereas the English word ends in **-ency**.

tender ['tendəʳ] **1** (ADJ) ⓐ [*person, thoughts, gesture, food*] tendre; [*body, skin*] délicat; [*moment*] de tendresse • **to bid sb a ~ farewell** dire tendrement adieu à qn • **to leave sb/sth to the ~ mercies of sb** abandonner qn/qch aux bons soins de qn

ⓑ (= *young*) **at the ~ age of seven** à l'âge de sept ans • **she left home at a very ~ age** elle a quitté la maison très jeune • **in spite of his ~ years** malgré son jeune âge

ⓒ (= *sore*) [*skin, bruise*] sensible

2 (VT) (= *proffer*) offrir • **to ~ one's resignation** donner sa démission • **"please ~ exact change"** « prière de faire l'appoint »

3 (VI) (*for contract*) faire une soumission

4 (N) soumission *f* (à un appel d'offres) • **to put in a ~ for sth** répondre à un appel d'offres pour qch • **to put sth out to ~** lancer un appel d'offres pour qch

5 (COMP) ▸**tender-hearted** ADJ sensible • **to be ~-hearted** être un cœur tendre

tenderize ['tendəraɪz] (VT) attendrir

tenderloin ['tendəlɔɪn] (N) filet *m*

tenderly ['tendəlɪ] (ADV) tendrement

tenderness ['tendənɪs] (N) ⓐ tendresse *f*; [*of meat*] tendreté *f* ⓑ (= *soreness*) sensibilité *f*

tendinitis [ˌtendə'naɪtɪs] (N) (*Med*) tendinite *f*

tendon ['tendən] (N) tendon *m*

tendonitis [ˌtendə'naɪtɪs] (N) = **tendinitis**

tendril ['tendrɪl] (N) [*of plant*] vrille *f*

tenement ['tenɪmənt] (N) (= *apartment*) appartement *m*; (= *building*) immeuble *m*

tenet ['tenət] (N) principe *m*

Tenn. (ABBR OF **Tennessee**)

tenner* ['tenəʳ] (N) (billet *m* de) dix livres

tennis ['tenɪs] **1** (N) tennis *m* • **a game of ~** une partie de tennis • **to play ~** jouer au tennis **2** (COMP) [*player, racket, ball*] de tennis ▸**tennis camp** N (*US*) **to go to ~ camp** faire un stage de tennis ▸**tennis court** N court *m* de tennis ▸**tennis shoe** N chaussure *f* de tennis

tenor ['tenəʳ] **1** (N) ⓐ (= *singer*) ténor *m* ⓑ [*of speech, discussion*] teneur *f*; [*of one's life, events*] cours *m* **2** (ADJ) [*voice, part*] de ténor; [*saxophone*] ténor *inv*

tenpin bowling [ˌtenpɪn'bəʊlɪŋ] (N) (*Brit*) bowling *m* (à dix quilles)

tense [tens] **1** (N) temps *m* • **in the present ~** au présent **2** (ADJ) tendu; [*time, period*] de tension • **to become ~** [*person*] se crisper • **things were getting rather ~** l'atmosphère devenait plutôt tendue • **they were ~ with anticipation** ils attendaient, crispés **3** (VT) [+ *muscles*] contracter **4** (VI) [*muscles, person, animal*] se contracter ▸**tense up** VI se crisper

tenseness ['tensnɪs] (N) tension *f*

tension ['tenʃən] (N) tension *f*

tent [tent] (N) tente *f* ▸**tent peg** N (*Brit*) piquet *m* de tente

tentacle ['tentəkl] (N) tentacule *m*

tentative ['tentətɪv] (ADJ) (= *provisional*) provisoire; (= *hesitant*) hésitant; [*smile, attempt, suggestion*] timide

tentatively ['tentətɪvlɪ] (ADV) (= *provisionally*) provisoirement; (= *hesitantly*) timidement; [*touch*] avec hésitation

tenterhooks ['tentəhʊks] (NPL) **to be on ~** être sur des charbons ardents • **to keep sb on ~** faire languir qn

tenth [tenθ] (ADJ, N) dixième *mf*; (= *fraction*) dixième *m* • **nine-~s of the book** les neuf dixièmes du livre → **sixth**

tenuous ['tenjʊəs] (ADJ) [*link*] ténu; [*relationship*] subtil; [*existence*] précaire; [*position, alliance*] fragile • **to have a ~ grasp of sth** avoir une vague idée de qch

tenure ['tenjʊəʳ] (N) [*of academic*] titularisation *f*; [*of land, property*] bail *m* • **to have ~** [*employee*] être titulaire • **to get ~** être titularisé • **during his ~ of office** pendant qu'il était en fonction

tepid ['tepɪd] (ADJ) (= *lukewarm*) tiède

tequila [tɪ'kiːlə] (N) tequila *f*

term [tɜːm] **1** (N) ⓐ (*for students*) trimestre *m* • **the autumn/spring/summer ~** le premier/second/troisième trimestre

ⓑ (= *period*) période *f* • **in the long ~** à long terme • **in the medium/short ~** à moyen/court terme • **during his ~ of office** pendant la période où il exerçait ses fonctions

ⓒ (= *word*) terme *m*; (= *expression*) expression *f* • **technical ~** terme *m* technique • **in simple ~s** en termes simples

2 (NPL) **terms** ⓐ (= *conditions*) conditions *fpl*; [*of contracts*] termes *mpl* • **on what ~s?** à quelles conditions ? • **to compete on equal ~s** rivaliser dans les mêmes conditions • **under the ~s of the contract** d'après les termes du contrat • **~s and conditions** modalités *fpl* • **it is not within our ~s of reference** cela n'entre pas dans les termes de notre mandat • **"inclusive ~s: £20"** « 20 livres tout compris »

b (*set structures*)
▸ **in terms of** (= *as regards*) **in ~s of production we are doing well** sur le plan de la production nous avons de quoi être satisfaits • **to look at sth in ~s of the effect it will have** considérer qch sous l'angle de l'effet que cela aura • **we must think in ~s of ...** (= *consider the possibility of*) il faut envisager ...
▸ **to be on** + *adjective* **terms with sb** **to be on good/bad ~s with sb** être en bons/mauvais termes avec qn • **they're on friendly ~s** ils ont des rapports amicaux
▸ **to come to terms with** [+ *problem, situation*] accepter
3 (VT) appeler • **he was ~ed a refugee** il était considéré comme réfugié
4 (COMP) ▸ **term paper** N (*US*) dissertation *f* (*à la fin du trimestre*)

terminal ['tɜ:mɪnl] 1 (ADJ) **a** (= *incurable*) en phase terminale; (= *final*) terminal • **~ care** soins *mpl* aux malades en phase terminale **b** (= *insoluble*) [*problem, crisis, situation*] sans issue • **to be in ~ decline** être à bout de souffle 2 (N) **a** (*for planes*) aérogare *f*; (*for trains, coaches, buses*) terminus *m inv* • **container ~** terminal *m* de containers **b** [*of computer*] terminal *m*

terminally ['tɜ:mɪnlɪ] (ADV) (= *incurably*) **~ ill** en phase terminale • **the ~ ill** les malades *mpl* en phase terminale

terminate ['tɜ:mɪneɪt] 1 (VT) mettre fin à; [+ *contract*] résilier 2 (VI) [*contract*] se terminer (**in** en, par) • **the train ~s at Glasgow** le train a pour terminus Glasgow

termination [,tɜ:mɪ'neɪʃən] (N) fin *f*, conclusion *f*; [*of contract*] résiliation *f* • **~ of employment** résiliation *f* du contrat de travail • **~ (of pregnancy)** interruption *f* de grossesse

terminology [,tɜ:mɪ'nɒlədʒɪ] (N) terminologie *f*

terminus ['tɜ:mɪnəs] (N) terminus *m inv*

termite ['tɜ:maɪt] (N) termite *m*

termtime ['tɜ:mtaɪm] (N) trimestre *m* • **in ~** pendant le trimestre • **out of ~** pendant les vacances

Terr (*Brit*) (ABBR OF **Terrace**)

terrace ['terəs] (N) terrasse *f*; (*Brit* = *row of houses*) rangée *f* de maisons (*attenantes*) • **the ~s** (*Brit Sport*) les gradins *mpl* ▸ **terrace house** N (*Brit*) maison *f* mitoyenne → HOUSE

> The French word **terrasse** has a double **s** instead of a **c**.

terracotta ['terə'kɒtə] 1 (N) terre *f* cuite 2 (ADJ) (= *made of terracotta*) en terre cuite; (= *colour*) ocre brun *inv*

terrain [te'reɪn] (N) terrain *m* (*sol*)

terrestrial [tɪ'restrɪəl] (ADJ) **a** [*life, event, animal*] terrestre **b** [*television, channel*] hertzien

terrible ['terəbl] (ADJ) terrible; [*experience, act, pain, injury*] atroce; [*damage, poverty*] effroyable • **her French is ~** son français est atroce • **to feel ~** (= *ill*) se sentir mal • **to look ~** (= *ill*) avoir très mauvaise mine; (= *untidy*) ne pas être beau à voir • **I've got a ~ memory** j'ai très mauvaise mémoire • **to be a ~ bore** être terriblement ennuyeux • **it would be a ~ pity if ...** ce serait extrêmement dommage si ...

terribly ['terəblɪ] (ADV) [*important, upset, hard*] extrêmement; [*difficult, disappointed, sorry*] terriblement; [*behave*] de manière lamentable; [*play, sing*] terriblement mal • **it isn't a ~ good film** ce n'est pas un très bon film • **I missed him ~** il me manquait terriblement

terrier ['terɪəʳ] (N) terrier *m*

terrific [tə'rɪfɪk] (ADJ) **a** (= *excellent*)* super* *inv* • **to do a ~ job** faire un super bon boulot* • **to look ~** être super* **b** (= *very great*) [*amount*] énorme; [*explosion*] formidable; [*heat*] épouvantable • **at ~ speed** à une vitesse folle

terrify ['terɪfaɪ] (VT) terrifier • **to ~ sb out of his wits** terroriser qn • **to be terrified of sth** avoir une peur folle de qch • **I'm terrified he'll refuse** j'ai très peur qu'il refuse

terrifying ['terɪfaɪɪŋ] (ADJ) terrifiant

territorial [,terɪ'tɔ:rɪəl] (ADJ) territorial ▸ **the Territorial Army** N (*Brit*) l'armée *f* territoriale ▸ **territorial waters** NPL eaux *fpl* territoriales

> **TERRITORIAL ARMY**
> L'armée territoriale (**Territorial Army** ou **TA**) est une organisation britannique de réservistes volontaires. Elle se compose de civils qui reçoivent un entraînement militaire pendant leur temps libre et qui constituent un corps d'armée de renfort en cas de guerre ou de crise grave. Ces volontaires sont rémunérés pour leurs services.

territory ['terɪtərɪ] (N) (= *land*) territoire *m*; (= *area of knowledge*) domaine *m* • **the occupied territories** les territoires *mpl* occupés

terror ['terəʳ] (N) (= *fear*) terreur *f* • **they were living in ~** ils vivaient dans la terreur • **they fled in ~** épouvantés, ils se sont enfuis • **to live in ~ of sb/sth** vivre dans la terreur de qn/qch • **a ~ attack** une attaque terroriste • **a ~ campaign** une campagne terroriste • **that child is a ~*** cet enfant est une vraie petite terreur* ▸ **terror-stricken, terror-struck** ADJ épouvanté

terrorism ['terərɪzəm] (N) terrorisme *m*

terrorist ['terərɪst] 1 (N) terroriste *mf* 2 (ADJ) [*attack, group, activities*] terroriste; [*act*] de terrorisme

terrorize ['terəraɪz] (VT) terroriser

terse [tɜ:s] (ADJ) laconique

tertiary ['tɜ:ʃərɪ] (ADJ) tertiaire ▸ **tertiary college** N (*Brit*) *établissement accueillant des élèves de terminale et dispensant une formation professionnelle* ▸ **tertiary education** N enseignement *m* supérieur

Terylene® ['terəli:n] (*Brit*) (N) tergal® *m*

TESL [tesl] (N) (ABBR OF **Teaching of English as a Second Language**) → TEFL, TESL, TESOL, ELT

TESOL [ti:sɒl] (N) (ABBR OF **Teaching of English as a Second or Other Language**) → TEFL, TESL, TESOL, ELT

test [test] 1 (N) **a** (= *trial*) essai *m* • **the plane was grounded for ~s** l'avion a été retiré de la circulation pour être soumis à des vérifications • **nuclear ~s** essais *mpl* nucléaires
b (*on blood, urine*) analyse *f*; (*on organ*) examen *m* • **he sent a specimen to the laboratory for ~s** il a envoyé un échantillon au laboratoire pour analyses • **hearing ~** examen *m* de l'ouïe
c (= *gauge*) **the ~ of any democracy is ...** une démocratie se reconnaît à ... • **it's a ~ of his strength** cela teste ses forces • **it wasn't a fair ~ of her abilities** cela n'a pas permis d'évaluer correctement ses aptitudes • **to put to the ~** mettre à l'épreuve • **it has stood the ~ of time** cela a (bien) résisté à l'épreuve du temps
d (*for student*) (*written*) devoir *m* sur table; (*oral*) interrogation *f* orale • **practical ~** épreuve *f* pratique • **to pass the ~** (*fig*) bien se tirer de l'épreuve

e (*for driver*) examen *m* du permis de conduire • **my ~ is on Wednesday** je passe mon permis mercredi • **to pass/fail one's ~** être reçu/échouer au permis
f (*Cricket, Rugby*) match *m* international
2 (VT) tester; [*+ goods*] vérifier; [*+ blood, urine*] faire une analyse (*or* des analyses) de; [*+ new drug*] expérimenter; [*+ person*] mettre à l'épreuve; [*+ sight, hearing*] tester • **to ~ the water** (*for swimming*) prendre la température de l'eau • **they ~ed him for diabetes** ils l'ont soumis à des analyses pour voir s'il avait le diabète • **to ~ sb for drugs/alcohol** faire subir un contrôle antidopage/un alcootest® à qn • **he ~ed us on the new vocabulary** il nous a interrogés sur le nouveau vocabulaire • **they ~ed him for the job** ils lui ont fait passer des tests d'aptitude pour le poste
3 (VI) **he ~ed positive for drugs** son contrôle antidopage était positif • **they were ~ing for a gas leak** ils faisaient des essais pour découvrir une fuite de gaz
4 (COMP) ▸**test ban treaty** N traité *m* d'interdiction d'essais nucléaires ▸**test case** N affaire *f* qui fait jurisprudence ▸**test drive** N essai *m* sur route ▸**test flight** N vol *m* d'essai ▸**test match** N (*Cricket, Rugby*) match *m* international ▸**test paper** N (*= exam*) interrogation *f* écrite ▸**test pilot** N pilote *m* d'essai ▸**test run** N (*lit*) essai *m*; (*fig*) période *f* d'essai ▸**test tube** N éprouvette *f* ▸**test-tube baby** N bébé-éprouvette *m*
▸**test out** VT SEP essayer

testament ['testəmənt] (N) testament *m* • **the Old/New Testament** l'Ancien/le Nouveau Testament

tester ['testəʳ] (N) [*of perfume*] échantillon *m*

testicle ['testɪkl] (N) testicule *m*

testicular [tes'tɪkjʊləʳ] (ADJ) testiculaire • **~ cancer** cancer *m* du testicule

testify ['testɪfaɪ] 1 (VT) témoigner 2 (VI) (*in court*) témoigner • **to ~ to sth** témoigner de qch

testimonial [ˌtestɪ'məʊnɪəl] (N) (*= character reference*) lettre *f* de recommandation; (*= gift*) témoignage *m* d'estime (*offert à qn par ses collègues*); (*Sport*) *match en l'honneur d'un joueur*

testimony ['testɪmənɪ] (N) (*= statement*) témoignage *m*

testing ['testɪŋ] 1 (N) [*of vehicle, machine, substance*] test *m*; [*of new drug*] expérimentation *f*; [*of person*] mise *f* à l'épreuve; [*of sight, hearing*] examen *m* • **nuclear ~** essais *mpl* nucléaires 2 (ADJ) (*= difficult, trying*) éprouvant • **it is a ~ time for us all** c'est une période éprouvante pour nous tous 3 (COMP) ▸**testing ground** N banc *m* d'essai ▸**testing kit** N **pregnancy ~ kit** kit *m* de test de grossesse • **drug ~ kit** kit *m* de dépistage de drogues • **HIV ~ kit** kit *m* de dépistage du VIH

testosterone [te'stɒstərəʊn] (N) testostérone *f*

testy ['testɪ] (ADJ) irritable

tetanus ['tetənəs] 1 (N) tétanos *m* 2 (ADJ) [*vaccine, injection*] antitétanique

tetchy ['tetʃɪ] (ADJ) (*Brit*) irritable

tether ['teðəʳ] 1 (N) (*for animal*) longe *f* • **to be at the end of one's ~** (*= desperate*) être au bout du rouleau* 2 (VT) [*+ animal*] attacher

Teutonic [tjʊ'tɒnɪk] (ADJ) teutonique

Tex. (ABBR OF **Texas**)

Texan ['teksən] 1 (ADJ) texan 2 (N) Texan(e) *m(f)*

Texas ['teksəs] (N) Texas *m* • **in ~** au Texas

text [tekst] 1 (N) texte *m*; (*= text message*) texto *m*, SMS *m* 2 (VT) envoyer un texto *or* un SMS à 3 (COMP) ▸**text editor** N éditeur *m* de texte(s) ▸**text message** N texto *m*, SMS *m* ▸**text messaging** N envoi *m* de SMS

textbook ['tekstbʊk] 1 (N) manuel *m* scolaire 2 (ADJ) **a ~ example of ...** un exemple classique de ...

textile ['tekstaɪl] (ADJ, N) textile *m* • **the ~ industry** l'industrie *f* textile

texting ['tekstɪŋ] (N) texting *m*

texture ['tekstʃəʳ] (N) texture *f*; [*of food*] consistance *f*

textured ['tekstʃəd] (ADJ) [*paint*] granité • **rough-~** d'une texture grossière

Thai [taɪ] (ADJ) thaïlandais

Thailand ['taɪlænd] (N) Thaïlande *f*

thalidomide [θə'lɪdəʊmaɪd] (N) thalidomide *f* ▸**thalidomide baby** N (petite) victime *f* de la thalidomide

Thames [temz] (N) Tamise *f*

than [ðæn, ðən] (CONJ) **a** que • **I have more ~ you** j'en ai plus que toi • **he is taller ~ his sister** il est plus grand que sa sœur • **you'd be better going by car ~ by bus** tu ferais mieux d'y aller en voiture plutôt qu'en autobus • **it was a better play ~ we expected** la pièce était meilleure que prévu **b** (*with numerals*) de • **more/less ~ 20** plus/moins de 20 • **more ~ once** plus d'une fois

thank [θæŋk] 1 (VT) remercier (**sb for sth** qn de *or* pour qch, **for doing sth** de faire qch, d'avoir fait qch) • **I can't ~ you enough** je ne saurais assez vous remercier • **do ~ him for me** remerciez-le bien de ma part • **~ goodness*** Dieu merci • **you've got him to ~ for that** c'est à lui que tu dois cela • **he's only got himself to ~** il ne peut s'en prendre qu'à lui-même • **he won't ~ you for that!** ne t'attends pas à ce qu'il te remercie !
▸**thank you** merci • **to say ~ you** dire merci • **~ you very much** merci beaucoup • **~ you for helping us** merci de nous avoir aidés • **no ~ you** non merci
2 (NPL) **thanks** **a** (*= thank you*) **~s!*** merci ! • **~s very much!*** merci beaucoup • **~s a lot!*** merci beaucoup • **many ~s for all you've done** merci mille fois pour ce que vous avez fait • **~s for nothing!*** je te remercie ! (*iro*)
b remerciements *mpl* • **with ~s** avec tous mes (*or* nos) remerciements • **~s be to God!** Dieu soit loué ! • **that's all the ~s I get!** c'est comme ça qu'on me remercie !
c ▸**thanks to ...** grâce à ... • **~s to you** grâce à toi
3 (COMP) ▸**thank-you** N **and now a special ~-you to John** et maintenant je voudrais remercier tout particulièrement John • **~-you card** carte *f* de remerciements

thankful ['θæŋkfʊl] (ADJ) content • **I'm ~ I've got a job** je m'estime heureux d'avoir un travail • **I was ~ for his support** je lui étais reconnaissant de son aide • **to be ~ to be alive** être content d'être en vie • **I've got so much to be ~ for** je n'ai pas à me plaindre de la vie • **to be ~ for small mercies** s'estimer heureux

thankfully ['θæŋkfəlɪ] (ADV) (*= fortunately*) heureusement

thankless ['θæŋklɪs] (ADJ) ingrat

thanksgiving ['θæŋksˌgɪvɪŋ] (N) action *f* de grâce(s) • **Thanksgiving Day** (*Can, US*) Thanksgiving *m*

THANKSGIVING

Les festivités de **Thanksgiving** se tiennent chaque année le quatrième jeudi de novembre, en commémoration de la fête organisée par les Pères pèlerins à l'occasion de leur première récolte sur le sol américain en 1621. C'est l'occasion pour beaucoup d'Américains de se rendre dans leur famille et de manger de la dinde et de la tarte à la citrouille. → PILGRIM FATHERS

t

that [ðæt, ðət] (*pl* **those**)

1 DEMONSTRATIVE ADJECTIVE 4 CONJUNCTION
2 DEMONSTRATIVE PRONOUN 5 ADVERB
3 RELATIVE PRONOUN

1 DEMONSTRATIVE ADJECTIVE

a (*unstressed*) ce; (*masculine before vowel and silent "h"*) cet, cette *f*, ces *mfpl* • **~ noise** ce bruit • **~ man** cet homme • **~ idea** cette idée • **those books** ces livres • **those houses** ces maisons • **what about ~ £20 I lent you?** et ces 20 livres que je t'ai prêtées ?

b (*stressed, or as opposed to this, these*) ce ...-là, cet ...-là, cette ...-là, ces ...-là • **I mean THAT book** c'est de ce livre-là que je parle • **I like ~ photo better than this one** je préfère cette photo-là à celle-ci • **but ~ Saturday ...** mais ce samedi-là ...

▸ **that one, those ones** celui-là *m*, celle-là *f*, ceux-là *mpl*, celles-là *fpl* • **which video do you want? — ~ one** quelle vidéo veux-tu ? — celle-là • **of all his records, I like ~ one best** de tous ses disques, c'est celui-là que je préfère • **the only blankets we have are those ones there** les seules couvertures que nous ayons sont celles-là • **there's little to choose between this model and ~ one** il n'y a pas grande différence entre ce modèle-ci et l'autre

▸ **that much I can't carry ~ much** je ne peux pas porter tout ça

2 DEMONSTRATIVE PRONOUN

a (*singular*) (= *that thing, event, statement, person*) cela, ça, ce

> **ça** is commoner and less formal than **cela**; **ce** is used as a pronoun only as the subject of **être**.

• **what's ~?** qu'est-ce que c'est que ça ? • **do you like ~?** vous aimez cela ? • **~'s enough!** ça suffit ! • **~'s fine!** c'est parfait ! • **~'s what they've been told** c'est ce qu'on leur a dit • **~ is (to say) ...** c'est-à-dire ... • **who's ~?** qui est-ce ?; (*on phone*) qui est à l'appareil ? • **is ~ you Paul?** c'est toi Paul ? • **~'s the boy I told you about** c'est le garçon dont je t'ai parlé

▸ **that which** (= *what*) (*subject of clause*) ce qui; (*object of clause*) ce que • **this is the opposite of ~ which the government claims to have done** c'est le contraire de ce que le gouvernement prétend avoir fait

b (*= that one, those ones*) celui-là *m*, celle-là *f*, ceux-là *mpl*, celles-là *fpl* • **a recession like ~** une récession comme celle-là • **a recession like ~ of 1973-74** une récession comme celle de 1973-74 • **those over there** ceux-là (*or* celles-là) là-bas • **are those our seats?** est-ce que ce sont nos places ? • **those are nice sandals** elles sont belles, ces sandales

▸ **that which** (= *the one which*) celui qui *m*, celle qui *f* • **the true cost often differs from ~ which is first projected** le coût réel est souvent différent de celui qui était prévu à l'origine

▸ **those which** (= *the ones which*) ceux qui *mpl*, celles qui *fpl* • **those which are here** ceux qui sont ici

▸ **those who** (= *the ones who*) ceux qui *mpl*, celles qui *fpl* • **those who came** ceux qui sont venus • **there are those who say ...** certains disent ...

c (*set structures*)

▸ **at that! and there were six of them at ~!** et en plus ils étaient six !

▸ **by that what do you mean by ~?** qu'est-ce que vous voulez dire par là ?

▸ **that's it** (= *the job's finished*) ça y est; (= *that's what I mean*) c'est ça; (= *that's all*) c'est tout; (= *I've had enough*) ça suffit

▸ **that's just it** c'est bien le problème • **sorry, I wasn't listening — ~'s just it, you never listen!** désolé, je n'écoutais pas — c'est bien le problème, tu n'écoutes jamais !

▸ **so that's that** alors c'est ça • **so ~'s ~ then, you're leaving?** alors c'est ça, tu t'en vas ? • **and so ~ was ~** et les choses en sont restées là

▸ **with that** sur ce • **with ~ she burst into tears** en disant cela elle a éclaté en sanglots

3 RELATIVE PRONOUN

a (*subject of clause*) qui; (*object of clause*) que • **the man ~ came to see you** l'homme qui est venu vous voir • **the letter ~ I sent yesterday** la lettre que j'ai envoyée hier

b ▸ **that ...** + *preposition* lequel *m*, laquelle *f*, lesquels *mpl*, lesquelles *fpl* • **the pen ~ she was writing with** le stylo avec lequel elle écrivait • **the box ~ you put it in** la boîte dans laquelle vous l'avez mis

> **à** + **lequel**, **lesquels** and **lesquelles** combine to give **auquel**, **auxquels** and **auxquelles**.

• **the problem ~ we are faced with** le problème auquel nous sommes confrontés

> When **that** + preposition refers to people, preposition + **qui** can also be used.

• **the man ~ she was dancing with** l'homme avec lequel *or* avec qui elle dansait • **the children ~ I spoke to** les enfants auxquels *or* à qui j'ai parlé

> **dont** is used when the French verb takes **de**.

• **the girl/the book ~ I told you about** la jeune fille/le livre dont je vous ai parlé

4 CONJUNCTION

que • **he said ~ he had seen her** il a dit qu'il l'avait vue • **he was speaking so softly ~ I could hardly hear him** il parlait si bas que je l'entendais à peine

> **que** cannot be omitted in a second clause if it has a different subject.

• **he said ~ he was very busy and his secretary would deal with it** il a dit qu'il était très occupé et que sa secrétaire s'en occuperait

▸ **in that** dans la mesure où • **it's an attractive investment in ~ it is tax-free** c'est un investissement intéressant dans la mesure où il est exonéré d'impôts

▸ **not that** non (pas) que • **not ~ I want to do it** non que je veuille le faire

5 ADVERB

a (*= so*) si • **it's not ~ important/bad** ce n'est pas si important/mal (que ça) • **I couldn't go ~ far** je ne pourrais pas aller si loin

b (*= so very*)* tellement • **when I found it I was ~ relieved!** lorsque je l'ai trouvé, je me suis senti tellement soulagé !

thatched [θætʃt] ADJ • **~ roof** toit *m* de chaume • **~ cottage** chaumière *f*

Thatcherite [ˈθætʃəˌraɪt] ADJ thatchériste

thaw [θɔː] **1** N dégel *m*; (*fig*) détente *f* **2** VT [*+ frozen food*] décongeler **3** VI [*snow*] fondre; [*ground*] dégeler; [*frozen food*] décongeler • **it's ~ing** il dégèle • **he began to ~*** (*= get warmer, friendlier*) il a commencé à se dégeler*

the [ðiː, ðə] DEFINITE ARTICLE ⓐ le, la; (*before vowel or silent "h"*) l', les • **of ~** du, de la, de l', des • **to ~** au, à la, à l', aux • **~ prettiest** le plus joli, la plus jolie, les plus joli(e)s • **translated from ~ German** traduit de l'allemand • **it is ~ unusual that is frightening** c'est ce qui est inhabituel qui fait peur • **to play ~ piano** jouer du piano • **two dollars to ~ pound** deux dollars la livre • **well, how's ~ leg?*** eh bien, et cette jambe ?*

ⓑ (*with names*) **Charles ~ First** Charles premier

ⓒ (*stressed*) **THE Professor Smith** le célèbre professeur Smith • **it's THE restaurant in this part of town** c'est LE restaurant du quartier

theatre, theater (US) [ˈθɪətəʳ] **1** N ⓐ (*= place*) théâtre *m*, salle *f* de spectacle; (*= drama*) théâtre *m* • **to go to the ~** aller au théâtre ⓑ (*in hospital*) salle *f* d'opération • **he is in ~** [*patient*] il est sur la table d'opération; [*surgeon*] il est en salle d'opération **2** ADJ ⓐ [*programme, ticket*] de théâtre ⓑ [*staff, nurse*] de la salle d'opération **3** COMP

▸ **theatre company** N troupe *f* de théâtre

theatregoer [ˈθɪətəgəʊəʳ] N habitué(e) *m(f)* du théâtre • **~s** les gens qui vont au théâtre

theatrical [θɪˈætrɪkəl] ADJ ⓐ [*world*] du théâtre; [*performance, tradition, production*] théâtral ⓑ (*= melodramatic*) théâtral

theft [θeft] N vol *m*

their [ðɛəʳ] POSS ADJ ⓐ leur *f inv*; (*plural*) leurs • **~ parents** leurs parents • **THEIR house** (*stressed*) leur maison à eux (*or* à elles) ⓑ (*= his or her*) son, sa, ses • **somebody rang — did you ask them ~ name?** quelqu'un a téléphoné — est-ce que tu lui as demandé son nom ?

theirs [ðɛəz] POSS PRON ⓐ le leur; (*feminine*) la leur; (*plural*) les leurs • **your house is better than ~** votre maison est mieux que la leur • **a friend of ~** un de leurs amis • **I think it's one of ~** je crois que c'est un(e) des leurs • **it's no fault of ~** ce n'est pas de leur faute • **that stupid son of ~** leur idiot de fils • **the house became ~** la maison est devenue la leur • **~ is a specialized department** leur section est une section spécialisée

ⓑ (*= his or hers*) le sien, la sienne, les sien(ne)s • **if anyone takes one that isn't ~** si jamais quelqu'un en prend un qui n'est pas à lui

them [ðem, ðəm] **1** PERS PRON (PL)

> ▷ When translating **them** it is necessary to know whether the French verb takes a direct or an indirect object. Verbs followed by **à** or **de** take an indirect object.

ⓐ (*direct object: people and things*) les • **he hates ~** il les déteste

> ▷ **les** precedes the verb, except in positive commands.

• **look at ~!** regarde-les !

> ▷ When the French verb consists of **avoir** + past participle, **les** precedes the form of **avoir**. The participle always agrees, adding **s** for mpl, and **es** for fpl.

• **I have seen ~** je les ai vu(e)s • **have you seen my keys? I've lost ~** avez-vous vu mes clés ? je les ai perdues

ⓑ (*indirect object: people*) leur • **I'm going to phone ~ tomorrow** je vais leur téléphoner demain • **we're going to give ~ a present** nous allons leur offrir un cadeau • **I'm speaking to ~** je leur parle • **what are you going to say to ~?** qu'est-ce que tu vas leur dire ?

> ▷ **leur** precedes the verb, except in positive commands.

• **write to ~** écrivez-leur

> ▷ When **leur** translates **them** in past tenses, **(e)s** is not added to the past participle.

• **she sent ~ a card from Brittany** elle leur a envoyé une carte de Bretagne

ⓒ (*indirect object: things*)

> ▷ When **them** refers to things, **en** is used when the pronoun replaces **de** + noun.

• **can you give me my notes back? I need ~** est-ce que tu peux me rendre mes notes ? j'en ai besoin • **make sure you admire his pictures, he's very proud of ~** n'oublie pas d'admirer ses tableaux, il en est très fier

ⓓ (*emphatic*) eux *m*, elles *f* • **I knew it was ~!** je savais que c'était eux ! • **I know her but I don't know ~** je la connais, mais eux (*or* elles), je ne les connais pas

ⓔ ▸ *preposition* + **them** **without ~** sans eux (*or* elles) • **younger than ~** plus jeune qu'eux (*or* qu'elles) • **my parents? I was just thinking about ~** mes parents ? je pensais justement à eux • **the passports? I've not thought about ~** les passeports ? je n'y ai pas pensé

2 PERS PRON (SG)

> ▷ When **them** refers to one person, **le** is used for a direct object and **lui** for an indirect object.

• **if anyone arrives early ask ~ to wait** si quelqu'un arrive tôt, fais-le attendre • **somebody rang — did you ask ~ their name?** quelqu'un a téléphoné — est-ce que tu lui as demandé son nom ?

theme [θiːm] N thème *m*; (*US = essay*) rédaction *f*

▸ **theme music** N thème *m* musical; (*US = signature tune*) indicatif *m* (musical) ▸ **theme park** N parc *m* à thème

themed [θiːmd] ADJ (*Brit*) [*restaurant, bar, party*] à thème

themself* [ðəmˈself] PERS PRON SG (*reflexive*) se; (*emphatic*) lui-même *m*, elle-même *f*; (*after prep*) lui *m*, elle *f* • **somebody who could not defend ~** quelqu'un qui ne pouvait pas se défendre

themselves [ðəmˈselvz] PERS PRON PL (*reflexive*) se; (*emphatic*) eux-mêmes *mpl*, elles-mêmes *fpl*; (*after prep*) eux, elles • **they're enjoying ~** ils s'amusent bien • **they saw it ~** ils l'ont vu eux-mêmes • **they haven't experienced it ~** ils n'en ont pas personnellement fait l'expérience • **they were talking amongst ~** ils discutaient entre eux • **these computers can**

reprogram ~ ces ordinateurs peuvent se reprogrammer automatiquement • **(all) by ~** tout seuls, toutes seules

then [ðen] 1 (ADV) ⓐ (*= at that time*) à l'époque • **we had two dogs ~** nous avions à l'époque deux chiens • **there and ~** sur-le-champ
ⓑ (*after preposition*) **from ~ on** depuis • **by ~ I knew** à ce moment-là, je savais déjà • **I'll have it finished by ~** je l'aurai fini d'ici là • **since ~** depuis • **since ~ everything's been OK** depuis, tous va bien • **between now and ~** d'ici là • **until ~** jusque-là, jusqu'alors
ⓒ (*= next*) puis • **he went first to London ~ to Paris** il est allé d'abord à Londres, puis à Paris • **and ~ what?** et puis après ?
ⓓ (*= in that case*) alors • **~ it must be in the sitting room** alors ça doit être au salon • **but ~ that means that ...** mais alors c'est que ... • **someone had already warned you ~?** on vous avait donc déjà prévenu ?
ⓔ (*= furthermore*) et puis • **~ there's my aunt** et puis il y a ma tante
▸ **then again** (*= on the other hand*) pourtant • **... and ~ again he has always tried to help us** ... et pourtant, il faut dire qu'il a toujours essayé de nous aider
2 (ADJ) (*before noun*) d'alors • **the ~ Prime Minister** le Premier ministre d'alors

thence [ðens] (ADV) ⓐ (*= from there*) de là ⓑ (*= therefore*) par conséquent

thenceforth ['ðensfɔːθ], **thenceforward** ['ðensfɔːwəd] (ADV) (*frm*) dès lors

theologian [θɪə'ləʊdʒɪən] (N) théologien(ne) *m(f)*

theological [θɪə'lɒdʒɪkəl] (ADJ) théologique ▸ **theological college** N séminaire *m*, école *f* de théologie

theology [θɪ'ɒlədʒɪ] (N) théologie *f*

theorem ['θɪərəm] (N) théorème *m*

theoretical [θɪə'retɪkəl] (ADJ) théorique

theoretically [θɪə'retɪkəlɪ] (ADV) théoriquement • **he could ~ face the death penalty** en théorie, il est passible de la peine de mort • **I was, ~, a fully-qualified lawyer** j'étais, en théorie, un avocat diplômé

theorize ['θɪəraɪz] 1 (VI) faire des théories (**about** sur) 2 (VT) **to ~ that ...** émettre l'hypothèse que ...

theory ['θɪərɪ] (N) théorie *f* • **in ~** en théorie

therapeutic [,θerə'pjuːtɪk] (ADJ) thérapeutique • **I find gardening very ~** ça me détend de jardiner

therapist ['θerəpɪst] (N) thérapeute *mf*

therapy ['θerəpɪ] (N) thérapie *f*

there [ðɛəʳ] 1 (ADV) ⓐ (*place*) y *before vb*, là • **we shall soon be ~** nous serons bientôt arrivés • **put it ~** posez-le là • **in ~** là-dedans • **down** *or* **over ~** là-bas • **somewhere round ~** quelque part par là • **from ~** de là • **they went ~ and back in two hours** ils ont fait l'aller et retour en deux heures • **to be ~ for sb*** (*= supportive*) être là pour qn
▸ **there is** (*= there exists*) → **be**
▸ **to be there** (*= exist*) exister • **if the technology is ~, someone will use it** si la technologie existe, quelqu'un l'utilisera
ⓑ (*other uses*) **~ he is!** le voilà ! • **~ you are** (*= I've found you*) (ah) vous voilà !; (*offering sth*) voilà • **hurry up ~!** eh ! dépêchez-vous ! • **~'s my mother calling me** il y a ma mère qui m'appelle • **I disagree with you ~** là je ne suis pas d'accord avec vous • **you've got me ~!** alors là, ça me dépasse !* • **~ comes a time when ...** il vient un moment où ... • **you press this switch and ~ you are!** tu appuies sur ce bouton et ça y est ! • **~ you are, I told you that would happen** tu vois, je t'avais bien dit que ça allait arriver • **~ they go!** les voilà qui partent ! • **I had hoped to finish early, but ~ you go** j'espérais finir tôt mais tant pis • **he's all ~*** (*= not stupid*) il n'est pas idiot • **he's not all ~*** il est un peu demeuré*
2 (EXCL) **~, what did I tell you?** alors, qu'est-ce que je t'avais dit ? • **~, ~, don't cry!** allons, allons, ne pleure pas ! • **~ now, that didn't hurt, did it?** eh bien, ça n'a pas fait si mal que ça, si ?

thereabouts [ðɛərə'baʊts] (ADV) à peu près • **£50 or ~** dans les cinquante livres • **1999, or ~** vers 1999

thereafter [ðɛər'ɑːftəʳ] (ADV) (*frm*) par la suite

thereby [ðɛə'baɪ] (ADV) ainsi

therefore ['ðɛəfɔːʳ] (CONJ) donc

there's [ðɛəz] = **there is, there has** → **be, have**

thereupon [ðɛərə'pɒn] (ADV) (*frm*) sur ce

thermal ['θɜːməl] 1 (ADJ) ⓐ [*underwear, socks*] en Thermolactyl ® ⓑ [*spring, spa, treatment*] thermal ⓒ [*power, reactor, insulation*] thermique 2 (N) courant *m* ascendant 3 (COMP) ▸ **thermal baths** NPL thermes *mpl* ▸ **thermal imaging** N thermographie *f*

thermodynamics ['θɜːməʊdaɪ'næmɪks] (N) thermodynamique *f*

thermometer [θə'mɒmɪtəʳ] (N) thermomètre *m*

thermonuclear ['θɜːməʊ'njuːklɪəʳ] (ADJ) thermonucléaire

Thermos ® ['θɜːməs] (N) thermos ® *m inv or f inv* ▸ **Thermos flask** N bouteille *f* thermos ®

thermostat ['θɜːməstæt] (N) thermostat *m*

thesaurus [θɪ'sɔːrəs] (N) (*= lexicon*) dictionnaire *m* de synonymes; (*Comput*) thesaurus *m*

these [ðiːz] (DEM ADJ, PRON) *pl of* **this**

theses ['θiːsiːz] (NPL) *of* **thesis**

thesis ['θiːsɪs] (N) (*pl* **theses** ['θiːsiːz]) thèse *f*

they [ðeɪ] (PERS PRON) ⓐ ils *mpl*, elles *fpl*; (*stressed*) eux *mpl*, elles *fpl* • **~ have gone** ils sont partis, elles sont parties • **there ~ are!** les voilà ! • **~ are teachers** ce sont des professeurs • **THEY know nothing about it** eux, ils n'en savent rien ⓑ (*= people in general*) on • **~ say that ...** on dit que ... ⓒ (*he or she*) il *m*, elle *f*; (*stressed*) lui *m*, elle *f* • **somebody called but ~ didn't give their name** quelqu'un a appelé, mais il (*or* elle) n'a pas donné son nom

they'd [ðeɪd] = **they had, they would** → **have, would**

they'll [ðeɪl] = **they will** → **will**

they're [ðɛəʳ] = **they are** → **be**

they've [ðeɪv] = **they have** → **have**

thick [θɪk] 1 (ADJ) ⓐ épais (-aisse *f*); [*pile, lenses, coat*] gros (grosse *f*); [*crowd*] dense; [*hedge*] touffu; [*honey*] dur • **a ~ slice** une tranche épaisse • **to be 5cm ~** faire 5 cm d'épaisseur • **how ~ is it?** quelle est son épaisseur ? • **to become ~(er)** [*sauce, cream*] épaissir • **he trudged through the ~ snow** il avançait péniblement dans l'épaisse couche de neige • **antique shops are ~ on the ground around here*** il y a un tas* de magasins d'antiquités par ici • **to give someone a ~ ear*** (*Brit*) tirer les oreilles à qn*
ⓑ ▸ **thick with to be ~ with dust** être couvert d'une épaisse couche de poussière • **the streets are ~ with people** les rues sont noires de monde • **~ with smoke** [*air, atmosphere, room*] enfumé
ⓒ (*Brit = stupid*)* [*person*] bête • **to get sth into one's ~ head** se mettre qch dans le crâne*

ⓓ [*voice*] pâteux • **a voice ~ with emotion** une voix chargée d'émotion
ⓔ [*accent*] fort
ⓕ **to be (as) ~ as thieves*** s'entendre comme larrons en foire
2 (ADV) [*cut*] en tranches épaisses; [*spread*] en couche épaisse • **the snow still lies ~ on the mountains** il y a encore une épaisse couche de neige sur les montagnes
▸ **to lay it on thick*** forcer un peu la dose*
▸ **to come thick and fast** pleuvoir • **the jokes came ~ and fast** les plaisanteries pleuvaient
3 (N) **in the ~ of the crowd** au cœur de la foule • **in the ~ of the fight** au cœur de la mêlée • **they were in the ~ of it** ils étaient en plein dedans • **through ~ and thin** contre vents et marées
4 (COMP) ▸ **thick-skinned** ADJ [*person*] peu sensible • **he's very ~-skinned** il a la peau dure

thicken ['θɪkən] 1 (VT) [*+ sauce*] épaissir 2 (VI) [*crowd*] grossir; [*sauce*] épaissir

thicket ['θɪkɪt] (N) fourré *m*

thickly ['θɪklɪ] (ADV) ⓐ (= *densely*) densément ⓑ [*spread*] en couche épaisse • **~ spread with butter** couvert d'une épaisse couche de beurre • **~ encrusted with mud** incrusté d'une épaisse couche de boue ⓒ [*slice*] en tranches épaisses ⓓ [*say*] d'une voix pâteuse

thickness ['θɪknɪs] (N) (= *layer*) épaisseur *f*

thickset [θɪk'set] (ADJ) (*and small*) trapu; (*and tall*) bien bâti

thief [θi:f] (N) (*pl* **thieves**) voleur *m*, -euse *f* • **stop ~!** au voleur!

thieves [θi:vz] (NPL) *of* **thief**

thieving ['θi:vɪŋ] 1 (ADJ)* **those ~ kids** ces petits voleurs • **keep your ~ hands off!** bas les pattes!* 2 (N) vol *m*

thigh [θaɪ] (N) cuisse *f*

thighbone ['θaɪbəʊn] (N) fémur *m*

thimble ['θɪmbl] (N) dé *m* (à coudre)

thin [θɪn] 1 (ADJ) ⓐ [*person, face, legs, arms*] maigre; [*lips, layer, slice, strip, sheet*] mince; [*line*] fin; [*cloth, garment*] léger; [*mattress, wall*] peu épais (-aisse *f*) • **to get ~(ner)** [*person*] maigrir • **as ~ as a rake** maigre comme un clou • **it's the ~ end of the wedge** c'est s'engager sur une pente savonneuse
ⓑ (= *runny*) [*liquid, oil*] fluide; [*soup, sauce*] clair
ⓒ (= *not dense*) [*cloud*] léger; [*air, atmosphere*] raréfié • **to vanish into ~ air** se volatiliser
ⓓ [*crowd*] épars; [*hair, beard*] clairsemé • **to become ~ner** [*crowd, plants, trees, hair*] s'éclaircir • **to be ~ on the ground*** (*Brit*) être rare • **to be getting ~ on top*** (= *balding*) se dégarnir*
ⓔ (= *feeble*) [*evidence, plot*] peu convaincant; [*majority*] faible
ⓕ [*voice*] fluet; [*sound*] aigu (-guë *f*)
2 (ADV) [*spread*] en couche fine; [*cut*] en tranches fines
3 (VT) [*+ paint, sauce*] délayer; [*+ trees*] éclaircir
4 (VI) [*fog, crowd*] se disperser; [*numbers*] se réduire
5 (COMP) ▸ **thin-skinned** ADJ [*person*] susceptible
▸ **thin out** 1 VI [*crowd, fog*] se disperser 2 VT SEP [*+ seedlings, trees*] éclaircir

thing [θɪŋ] (N) ⓐ chose *f* • **surrounded by beautiful ~s** entouré de belles choses • **such ~s as money, fame ...** des choses comme l'argent, la gloire ... • **the ~ he loves most is his car** ce qu'il aime le plus au monde c'est sa voiture • **the good ~s in life** les plaisirs *mpl* de la vie • **I've two ~s still to do** j'ai encore deux choses à faire • **the next ~ to do is ...** ce qu'il y a à faire maintenant c'est ... • **the best ~ would be to refuse** le mieux serait de refuser • **the last ~ on the agenda** le dernier point à l'ordre du jour • **this is the latest ~ in computer games** c'est le dernier cri en matière de jeux électroniques
ⓑ (= *belongings*) **things** affaires *fpl* • **have you put away your ~s?** as-tu rangé tes affaires? • **to take off one's ~s** se débarrasser de son manteau *etc* • **have you got your swimming ~s?** as-tu tes affaires de bain?
ⓒ (= *matter, circumstance*) **I must think ~s over** il faut que j'y réfléchisse • **how are ~s with you?** et vous, comment ça va? • **how's ~s?*** comment va? • **as ~s are** dans l'état actuel des choses • **since that's how ~s are** puisque c'est comme ça • **to expect great ~s of sb/sth** attendre beaucoup de qn/qch • **it is one ~ to use a computer, quite another to understand it** utiliser un ordinateur est une chose, en comprendre le fonctionnement en est une autre • **for one ~, it doesn't make sense** d'abord ça n'a pas de sens • **it's just one of those ~s** ce sont des choses qui arrivent • **I hadn't done a ~ about it** je n'avais strictement rien fait • **he knows a ~ or two** il s'y connaît • **she's got a ~ about spiders*** elle a horreur des araignées • **he made a big ~ of my refusal*** quand j'ai refusé il en a fait toute une histoire • **he had a ~* with her two years ago** il a eu une liaison avec elle il y a deux ans • **Mr Thing* rang up** Monsieur Machin* a téléphoné
▸ **the thing is** **the ~ is to know when he's coming** la question est de savoir quand il va arriver • **the ~ is this: ...** voilà de quoi il s'agit: ... • **the ~ is, she'd already seen him** en fait, elle l'avait déjà vu
ⓓ (= *person, animal*) créature *f* • **poor little ~!** pauvre petit(e)! • **poor ~, he's very ill** le pauvre, il est très malade
ⓔ (= *best, most suitable thing*) **that's just the ~ for me** c'est tout à fait ce qu'il me faut • **the very ~!** (*of object*) voilà tout à fait ce qu'il me (*or nous etc*) faut!; (*of idea, plan*) c'est l'idéal! • **it's the in ~*** c'est le truc* à la mode • **that's not the ~ to do** cela ne se fait pas

thingumajig* ['θɪŋəmɪdʒɪg], **thingummy(jig)*** ['θɪŋəmɪ(dʒɪg)], **thingy*** ['θɪŋɪ] (N) (= *object*) truc* *m*; (= *person*) Machin(e)* *m(f)*

think [θɪŋk] (*vb: pret, ptp* **thought**) 1 (N) **I'll have a ~ about it*** j'y penserai
2 (VI) ⓐ (= *consider*) réfléchir, penser • **~ carefully** réfléchissez bien • **let me ~** laissez-moi réfléchir • **to ~ ahead** prévoir • **to ~ aloud** penser tout haut • **to ~ big*** voir les choses en grand • **I don't ~!*** (*iro*) ça m'étonnerait!
ⓑ (= *have in one's thoughts*) penser; (= *devote thought to*) réfléchir (**of, about** à) • **I was ~ing about you yesterday** je pensais à vous hier • **what are you ~ing about?** à quoi pensez-vous? • **I'm ~ing of resigning** je pense à donner ma démission • **you can't ~ of everything** on ne peut pas penser à tout • **he ~s of nothing but money** il ne pense qu'à l'argent • **it's not worth ~ing about** ça ne vaut pas la peine d'y penser • **~ about it!** pensez-y! • **I'll ~ about it** je vais y réfléchir • **I'll have to ~ about it** il faudra que j'y réfléchisse • **that's worth ~ing about** cela mérite réflexion • **come to ~ of it** en y réfléchissant (bien) • **I've got too many things to ~ about just now** j'ai trop de choses en tête en ce moment • **there's so much to ~ about** il y a tant de choses à prendre en considéra-

t

tion • **I wouldn't ~ of such a thing!** ça ne me viendrait jamais à l'idée ! • **would you ~ of letting him go alone?** vous le laisseriez partir seul, vous ? • **sorry, I wasn't ~ing** pardon, je n'ai pas réfléchi • **I didn't ~ to ask** *or* **of asking if you ...** je n'ai pas pensé à te demander si tu ...
c (= *remember*) penser (**of** à) • **I can't ~ of her name** je n'arrive pas à me rappeler son nom • **I couldn't ~ of the right word** je n'arrivais pas à trouver le mot juste
d (= *imagine*) **to ~ (of)** imaginer • **~ what might have happened** imagine ce qui aurait pu arriver • **just ~!** imagine un peu !
e (= *devise*) **to ~ of** avoir l'idée de • **I was the one who thought of inviting him** c'est moi qui ai eu l'idée de l'inviter • **what will he ~ of next?** qu'est-ce qu'il va encore inventer ? • **he has just thought of a clever solution** il vient de trouver une solution astucieuse
f (= *have as opinion*) penser • **to ~ well** *or* **a lot of sb/sth** penser le plus grand bien de qn/qch • **he is very well thought of in France** il est très respecté en France • **I don't ~ much of him** je n'ai pas une haute opinion de lui • **I don't ~ much of that idea** cette idée ne me dit pas grand-chose • **to ~ better of doing sth** décider à la réflexion de ne pas faire qch • **to ~ nothing of doing sth** (= *do as a matter of course*) trouver tout naturel de faire qch; (= *do unscrupulously*) n'avoir aucun scrupule à faire qch • **~ nothing of it!** mais pas du tout !
3 (VT) **a** (= *be of opinion, believe*) penser, croire • **I ~ so/not** je crois que oui/non • **what do you ~?** qu'est-ce que tu (en) penses ? • **I don't know what to ~** je ne sais (pas) qu'en penser • **I don't ~ he came** je crois qu'il n'est pas venu • **I don't ~ he will come** je ne pense pas qu'il viendra • **what do you ~ I should do?** que penses-tu que je doive faire ? • **I thought so** *or* **as much!** je m'en doutais ! • **what do you ~ of him?** comment le trouves-tu ? • **who do you ~ you are?** pour qui te prends-tu ?
b (= *conceive, imagine*) (s')imaginer • **~ what we could do with that house!** imagine ce que nous pourrions faire de cette maison ! • **who would have thought it!** qui l'aurait dit ! • **I'd have thought she'd be more upset** j'aurais pensé qu'elle aurait été plus contrariée
c (= *reflect*) penser à • **just ~ what you're doing!** pense un peu à ce que tu fais ! • **I was ~ing how ill he looked** je me disais qu'il avait l'air bien malade
4 (COMP) ▸ **think tank*** N groupe *m* de réflexion
▸ **think out** VT SEP [+ *problem, proposition*] réfléchir sérieusement à; [+ *plan*] élaborer • **well-thought-out** bien conçu
▸ **think over** VT SEP [+ *offer, suggestion*] (bien) réfléchir à • **I'll have to ~ it over** il va falloir que j'y réfléchisse
▸ **think through** VT SEP [+ *plan, proposal*] examiner en détail
▸ **think up** VT SEP [+ *plan, scheme, improvement*] avoir l'idée de; [+ *answer, solution*] trouver; [+ *excuse*] inventer

thinker ['θɪŋkə^r] (N) penseur *m*, -euse *f*

thinking ['θɪŋkɪŋ] 1 (ADJ) rationnel • **to any ~ person, this ...** pour toute personne douée de raison, ceci ... 2 (N) (= *act*) pensée *f*, réflexion *f*; (= *thoughts collectively*) opinions *fpl* (**on, about** sur) • **I'll have to do some ~ about it** il va falloir que j'y réfléchisse sérieusement • **current ~ on this** les opinions actuelles là-dessus • **to my way of ~** à mon avis

thinly ['θɪnlɪ] (ADV) **a** [*slice, cut*] en tranches fines; [*spread, roll out*] en couche fine **b** **to be ~ populated** avoir une population éparse • **~ scattered** épars • **a ~ veiled attempt** une tentative mal dissimulée **c** **to sow seeds ~** faire un semis clair • **to smile ~** avoir un faible sourire

thinness ['θɪnnɪs] (N) **a** [*of person, legs, arms, face, animal*] maigreur *f*; [*of fingers, slice, strip, paper, wall, clothes*] minceur *f*; [*of cloth, garment*] légèreté *f* • **the ~ of the air** *or* **atmosphere** le manque d'oxygène **b** [*of excuse, evidence, plot*] faiblesse *f*

third [θɜːd] 1 (ADJ) troisième • **in the presence of a ~ person** en présence d'un tiers • **in the ~ person** à la troisième personne • **(it's/it was) ~ time lucky!** la troisième fois sera (*or* a été) la bonne !
2 (N) **a** troisième *mf*; (= *fraction*) tiers *m*; (*Music*) tierce *f* → **sixth**
b (*Univ*) (= *degree*) ≈ licence *f* sans mention
c (*also* **third gear**) troisième (vitesse) *f* • **in ~** en troisième
3 (ADV) **a** (*in race, exam, competition*) en troisième place • **he came ~** il s'est classé troisième
b (= *thirdly*) troisièmement
4 (COMP) ▸ **third party** N tierce personne *f*, tiers *m* • **~ party (indemnity) insurance** (assurance *f*) responsabilité *f* civile ▸ **third party, fire and theft** N assurance *f* au tiers, vol et incendie ▸ **third-rate** ADJ de très médiocre qualité ▸ **Third World** N tiers-monde *m* ♦ ADJ [*poverty*] du tiers-monde

thirdly ['θɜːdlɪ] (ADV) troisièmement

thirst [θɜːst] 1 (N) soif *f* (**for** de) 2 (VI) (*liter*) avoir soif (**for** de) • **~ing for blood** assoiffé de sang

thirstily ['θɜːstɪlɪ] (ADV) avidement

thirsty ['θɜːstɪ] (ADJ) **a** [*person, animal, plant*] assoiffé (*liter*) • **to be ~** avoir soif • **to make sb ~** donner soif à qn • **it's ~ work!** ça donne soif ! **b** (*liter* = *eager*) **to be ~ for sth** avoir soif de qch

thirteen [θɜː'tiːn] (NUMBER) treize • **there are ~** il y en a treize → **six**

thirteenth ['θɜː'tiːnθ] (ADJ, N) treizième *mf*; (= *fraction*) treizième *m* → **sixth**

thirtieth ['θɜːtɪɪθ] 1 (ADJ) trentième 2 (N) trentième *mf*; (= *fraction*) trentième *m* → **sixth**

thirty ['θɜːtɪ] (NUMBER) trente • **there are ~** il y en a trente • **about ~ books** une trentaine de livres • **about ~** une trentaine → **sixty**

this [ðɪs] 1 (DEM ADJ) (*pl* **these**) **a** ce; (*masculine before vowel and silent "h"*) cet, cette *f*, ces *pl* • **who is ~ man?** qui est cet homme ? • **whose are these books?** à qui sont ces livres ? • **these photos you asked for** les photos que vous avez réclamées • **~ week** cette semaine • **~ photographer came up to me in the street*** il y a un photographe qui est venu vers moi dans la rue
b (*stressed, or as opposed to "that", "those"*) (*singular*) ce ...-ci, cette ...-ci; (*plural*) ces ...-ci • **I mean THIS book** c'est de ce livre-ci que je parle • **I like ~ photo better than that one** je préfère cette photo-ci à celle-là
2 (DEM PRON) (*pl* **these**) **a** ceci, ce • **what is ~?** qu'est-ce que c'est (que ceci) ? • **whose is ~?** à qui appartient ceci ? • **who's ~?** qui est-ce ?; (*on phone*) qui est à l'appareil ? • **we were talking of ~ and that** nous bavardions de choses et d'autres • **at ~ she burst into tears** à ces mots elle éclata en sanglots
▸ **this is ~ is it** (*gen*) c'est cela; (*agreeing*) exactement; (*before action*) cette fois, ça y est • **~ is my son** (*in introduc-*

tion) je vous présente mon fils; *(in photo)* c'est mon fils • **~ is the boy I told you about** c'est *or* voici le garçon dont je t'ai parlé • **~ is Emma Brady** *(on phone)* Emma Brady à l'appareil • **~ is Tuesday** nous sommes mardi • **~ is what he showed me** voici ce qu'il m'a montré • **~ is where we live** c'est ici que nous habitons

ⓑ *(this one)* celui-ci *m*, celle-ci *f*, ceux-ci *mpl*, celles-ci *fpl* • **how much is ~?** combien coûte celui-ci (*or* celle-ci)? • **these over here** ceux-ci (*or* celles-ci) • **not these!** pas ceux-ci (*or* celles-ci)!

3 (ADV) **it was ~ long** c'était long comme ça

thistle ['θɪsl] (N) chardon *m*

tho* [ðəʊ] (ADV) = **though**

thong [θɒŋ] (N) *[of whip]* lanière *f*, longe *f*

thorn [θɔːn] (N) épine *f* • **to be a ~ in sb's side** être une source d'irritation constante pour qn

thorny ['θɔːnɪ] (ADJ) épineux

thorough ['θʌrə] (ADJ) ⓐ *(= careful) [person, worker]* méthodique; *[work, investigation, preparation, analysis, training]* approfondi; *[review]* complet (-ète *f*); *[consideration]* ample • **to do a ~ job** faire un travail à fond ⓑ *[knowledge]* approfondi; *[understanding]* profond ⓒ *(= complete)* **to make a ~ nuisance of o.s.** être totalement insupportable

thoroughbred ['θʌrəbred] 1 (ADJ) *[horse]* pur-sang *inv* 2 (N) *(= horse)* (cheval *m*) pur-sang *m inv*

thoroughfare ['θʌrəfɛəʳ] (N) *(= street)* rue *f* • **"no ~"** «passage interdit»

thoroughgoing ['θʌrə,gəʊɪŋ] (ADJ) *[examination, revision]* complet (-ète *f*)

thoroughly ['θʌrəlɪ] (ADV) ⓐ *(= carefully) [examine]* à fond; *[wash, mix]* bien • **to research sth ~** faire des recherches approfondies sur qch • **to investigate sb/sth ~** faire une enquête approfondie sur qn/qch ⓑ *(= completely)* tout à fait; *[miserable, unpleasant]* absolument • **I ~ enjoyed myself** j'ai passé d'excellents moments

thoroughness ['θʌrənɪs] (N) *[of worker]* minutie *f* • **the ~ of his work/research** la minutie qu'il apporte à son travail/sa recherche

those [ðəʊz] (DEM ADJ, DEM PRON) *pl of* **that**

though [ðəʊ] 1 (CONJ) bien que *+ subj* • **~ it's raining** bien qu'il pleuve • **(even) ~ I won't be there I'll think of you** je ne serai pas là mais je n'en penserai pas moins à toi • **strange ~ it may seem** si étrange que cela puisse paraître • **as ~** comme si • **it looks as ~ ...** il semble que ... *+ subj* • **a brave ~ futile gesture** un geste courageux bien que futile 2 (ADV) pourtant • **it's not easy ~** ce n'est pourtant pas facile

thought [θɔːt] 1 (VB) *pt, ptp of* **think**

2 (N) ⓐ pensée *f*; *(= reflection)* réflexion *f* • **to be deep in ~** être perdu dans ses pensées • **after much ~** après mûre réflexion • **to give ~ to sth** réfléchir à qch • **I didn't give it a moment's ~** je n'y ai pas pensé une seule seconde • **don't give it another ~** n'y pensez plus • **further ~ needs to be given to these problems** ces problèmes exigent une réflexion plus approfondie

ⓑ *(= idea)* idée *f*; *(= intention)* intention *f* • **to think evil ~s** avoir de mauvaises pensées • **what a ~!** quelle idée! • **what a horrifying ~!*** quel cauchemar! • **that's a ~!** c'est une idée! • **the mere ~ of it frightens me** rien que d'y penser j'ai peur • **he hasn't a ~ in his head** il n'a rien dans la tête • **it's the ~ that counts** c'est l'intention qui compte • **to read sb's ~s** lire dans les pensées de qn

3 (COMP) ▸ **thought process** N mécanisme *m* de pensée ▸ **thought-provoking** ADJ stimulant ▸ **thought-reader** N **he's a ~-reader** il lit dans les pensées des gens

thoughtful ['θɔːtfʊl] (ADJ) ⓐ *(= reflective)* réfléchi; *(= absorbed by thoughts)* pensif; *[mood, expression, look]* pensif; *[silence]* méditatif; *[essay, article, approach]* sérieux ⓑ *(= considerate)* prévenant; *[act, gesture]* attentionné • **how ~ of you!** comme c'est gentil à vous!

thoughtfully ['θɔːtfəlɪ] (ADV) ⓐ *(= reflectively)* pensivement ⓑ *(= considerately)* **he ~ booked tickets for us as well** il a eu la prévenance de louer des places pour nous aussi

thoughtless ['θɔːtlɪs] (ADJ) *[act, behaviour, remark]* inconsidéré • **how ~ of you!** tu manques vraiment d'égards!

thoughtlessly ['θɔːtlɪslɪ] (ADV) *(= inconsiderately)* inconsidérément

thoughtlessness ['θɔːtlɪsnɪs] (N) *(= carelessness)* étourderie *f*; *(= lack of consideration)* manque *m* d'égards

thousand ['θaʊzənd] 1 (ADJ) mille *inv* • **a ~ men** mille hommes • **about a ~ men** un millier d'hommes • **two ~ euros** deux mille euros 2 (N) mille *m inv* • **a ~** mille • **one ~** mille • **five ~** cinq mille • **about a ~ (people)** un millier (de personnes) • **~s of people** des milliers de gens

thousandth ['θaʊzəntθ] 1 (ADJ) millième 2 (N) millième *mf*; *(= fraction)* millième *m*

thrash [θræʃ] (VT) ⓐ *(= beat)* rouer de coups; *(as punishment)* donner une bonne correction à; *(Sport)** écraser* ⓑ *(= move wildly)* **he ~ed his arms/legs (about)** il battait des bras/des jambes

▸ **thrash out*** VT SEP *[+ problem, difficulty] (= discuss)* débattre de; *(= solve)* résoudre

thrashing ['θræʃɪŋ] (N) *(= punishment)* correction *f*

thread [θred] 1 (N) fil *m* • **nylon ~** fil *m* de nylon® • **to lose the ~** perdre le fil 2 (VT) *[+ needle, beads]* enfiler • **he ~ed his way through the crowd** il s'est faufilé à travers la foule

threadbare ['θredbɛəʳ] (ADJ) *[rug, clothes]* râpé

threat [θret] (N) menace *f* • **under (the) ~ of ...** menacé de ... • **a ~ to civilization** une menace pour la civilisation

threaten ['θretn] (VT) menacer (**sb with sth** qn de qch, **to do sth** de faire qch) • **to ~ violence** proférer des menaces de violence

threatening ['θretnɪŋ] (ADJ) menaçant; *[phone call, letter]* de menaces • **to find sb ~** se sentir menacé par qn

three [θriː] 1 (NUMBER) trois *m inv* • **there are ~** il y en a trois → **six**

2 (COMP) ▸ **three-dimensional** ADJ *[object]* à trois dimensions; *[picture]* en relief; *[film]* en trois dimensions ▸ **three-fourths** N *(US)* = **three-quarters** ▸ **three-piece suit** N (costume *m*) trois-pièces *m* ▸ **three-piece suite** N salon *m (composé d'un canapé et de deux fauteuils)* ▸ **three-point turn** N demi-tour *m* en trois manœuvres ▸ **three-quarter** N *(Rugby)* trois-quarts *m inv* ▸ **three-quarters** N trois quarts *mpl* ♦ ADV **the money is ~-quarters gone** les trois quarts de l'argent ont été dépensés • **~-quarters full** aux trois quarts plein ▸ **the three Rs** N *la lecture, l'écriture et l'arithmétique* ▸ **three-way** ADJ *[split, division]* en trois; *[discussion]* à trois ▸ **three-wheeler** N *(= car)* voiture *f* à trois roues; *(= tricycle)* tricycle *m*

t

THREE RS
Les **three Rs** (les trois « R ») sont les trois composantes essentielles de l'enseignement. L'expression vient de l'orthographe fantaisiste « reading, riting and rithmetic » pour « reading, writing and arithmetic ».

3D, 3-D ['θri:'di:] 1 ADJ (ABBR OF **three-dimensional**) (en) 3D 2 N (ABBR OF **three dimensions**) 3D *m* 3 COMP ▸ **3D printer** N imprimante *f* 3D ▸ **3D printing** N impression *f* 3D
threefold ['θri:fəʊld] 1 ADJ triple 2 ADV **to increase ~** tripler
threesome ['θri:səm] N (= *people*) groupe *m* de trois
thresh [θreʃ] VT battre
threshold ['θreʃhəʊld] N seuil *m* • **to cross the ~** franchir le seuil
threw [θru:] VB *pt of* **throw**
thrift [θrɪft] N économie *f* ▸ **thrift shop** N *petite boutique d'articles d'occasion gérée au profit d'œuvres charitables*
thrifty ['θrɪftɪ] ADJ économe
thrill [θrɪl] N excitation *f* • **it gave me a big ~** c'était très excitant • **to get a ~ out of doing sth** se procurer des sensations fortes en faisant qch
thrilled [θrɪld] ADJ tout excité • **I was ~ (to bits)!*** j'étais aux anges !* • **I was ~ to meet him** ça m'a vraiment fait plaisir de le rencontrer
thriller ['θrɪlə^r] N thriller *m*
thrilling ['θrɪlɪŋ] ADJ excitant
thrive [θraɪv] (*pret* **throve** *or* **thrived**, *ptp* **thrived** *or* **thriven** ['θrɪvn]) VI [*plant*] pousser bien; [*business, businessman*] prospérer • **he ~s on hard work** le travail lui réussit
thriving ['θraɪvɪŋ] ADJ [*industry, economy, community*] prospère
throat [θrəʊt] N gorge *f* • **I have a sore ~** j'ai mal à la gorge • **they are always at each other's ~(s)** ils sont toujours à se battre
throb [θrɒb] 1 N [*of engine*] vibration *f*; [*of pain*] élancement *m* 2 VI [*voice, engine*] vibrer; [*pain*] lanciner • **my head is ~bing** j'ai des élancements dans la tête
throes [θrəʊz] NPL **in the ~ of a crisis** en proie à une crise • **while we were in the ~ of deciding what to do** pendant que nous débattions de ce qu'il fallait faire
thrombosis [θrɒm'bəʊsɪs] N (*pl* **thromboses** [θrɒm'bəʊsi:z]) thrombose *f*
throne [θrəʊn] N trône *m*
throng [θrɒŋ] 1 N foule *f* 2 VI affluer (**round** autour de) 3 VT **people ~ed the streets** la foule se pressait dans les rues • **to be ~ed (with people)** être grouillant de monde
throttle ['θrɒtl] N (= *accelerator*) accélérateur *m* • **at full ~** à pleins gaz
through [θru:]

> When **through** is an element in a phrasal verb, eg **break through**, **fall through**, **sleep through**, look up the verb.

1 ADV ⓐ **the nail went (right) ~** le clou est passé à travers • **just go ~** passez donc • **you can get a train right ~ to London** on peut avoir un train direct pour Londres • **he's a Scot ~ and ~** il est écossais jusqu'au bout des ongles
ⓑ (*Brit*) (*on phone*) **you're ~ now** je vous le passe • **you're ~ to him** je vous le passe
ⓒ (= *finished*)* **I'm ~** ça y est (j'ai fini)* • **he told me we were ~** (*in relationship*) il m'a dit que c'était fini entre nous
2 PREP ⓐ à travers • **to get ~ a hedge** passer au travers d'une haie • **to go ~ a forest** traverser une forêt • **he went ~ the red light** il est passé au rouge • **to look ~ a telescope** regarder dans un télescope • **she looked ~ the window** elle a regardé par la fenêtre • **I can hear them ~ the wall** je les entends de l'autre côté du mur • **he has really been ~ it*** il en a vu de dures*
ⓑ (= *throughout*) pendant • **all ~ the film** pendant tout le film • **he won't live ~ the night** il ne passera pas la nuit
ⓒ (*US*) (= *to*) **(from) Monday ~ Friday** de lundi (jusqu') à vendredi
ⓓ (= *by means of*) par • **it was ~ him that I got the job** c'est par lui que j'ai eu le poste • **~ his own efforts** par ses propres efforts
3 ADJ [*carriage, train, ticket*] direct • **"~ traffic"** ≈ « toutes directions »
4 COMP ▸ **through street** N (*US*) rue *f* prioritaire
throughout [θrʊ'aʊt] 1 PREP ⓐ (*place*) partout dans • **~ the world** dans le monde entier • **at schools ~ France** dans les écoles partout en France ⓑ (*time*) durant • **~ his life** durant toute sa vie • **~ his career** tout au long de sa carrière 2 ADV ⓐ (= *everywhere*) partout ⓑ (= *the whole time*) tout le temps
throughput ['θru:pʊt] N [*of computer*] débit *m*; [*of factory*] capacité *f* de production
throw [θrəʊ] (*vb: pret* **threw**, *ptp* **thrown**) 1 N [*of javelin, discus*] jet *m* • **you lose a ~** (*in table games*) vous perdez un tour • **it costs $10 a ~*** ça coûte 10 dollars à chaque fois
2 VT ⓐ (= *cast*) lancer; [+ *dice*] jeter; [+ *light, shadow*] jeter; [+ *punch*] lancer • **he threw the ball 50 metres** il a lancé la balle à 50 mètres • **he threw it across the room** il l'a lancé à l'autre bout de la pièce • **to ~ a six** (*at dice*) avoir un six
ⓑ (= *violently*) projeter; (*in fight*) envoyer au tapis; [+ *horse rider*] désarçonner • **he was ~n clear of the car** il a été projeté hors de la voiture • **to ~ o.s. to the ground** se jeter à terre • **he threw himself into the job** il s'est attelé à la tâche avec enthousiasme
ⓒ (= *put suddenly*) jeter • **to ~ sb into jail** jeter qn en prison • **to ~ into confusion** [+ *person*] semer la confusion dans l'esprit de; [+ *meeting, group*] semer la confusion dans • **to ~ open** [+ *door, window*] ouvrir tout grand; [+ *house, gardens*] ouvrir au public; [+ *competition*] ouvrir à tout le monde • **to ~ a party*** organiser une fête (**for sb** en l'honneur de qn)
ⓓ [+ *switch*] actionner
ⓔ [+ *pottery*] tourner
ⓕ (= *disconcert*)* déconcerter • **I was quite ~n when he ...** j'en suis resté baba* quand il ...
ⓖ (*Sport* = *deliberately lose*) [+ *match, game*]* perdre volontairement
3 COMP ▸ **throw-in** N (*Football*) remise *f* en jeu
▸ **throw about, throw around** VT SEP **they were ~ing a ball about** ils jouaient à la balle • **to be ~n about** (*in boat, bus*) être ballotté • **to ~ one's money about** dépenser (son argent) sans compter • **to ~ one's weight about*** faire l'important
▸ **throw away** VT SEP [+ *rubbish*] jeter; [+ *one's life, happiness, chance, talents*] gâcher
▸ **throw in** 1 VI (*US*) **to ~ in with sb** rallier qn 2 VT SEP (= *give*) donner • **~n in** (= *as extra*) en plus; (= *included*) compris • **with meals ~n in** (les) repas compris

▸ **throw off** VT SEP (*= get rid of*) se libérer de; [*+ cold, infection*] se débarrasser de

▸ **throw out** VT SEP ⓐ jeter dehors; [*+ rubbish*] jeter; [*+ person*] mettre à la porte ⓑ (*= make wrong*) fausser

▸ **throw together** VT SEP ⓐ (*= make hastily*) [*+ meal*] improviser; [*+ essay*] torcher* ⓑ [*+ people*] réunir (par hasard)

▸ **throw up** 1 VI (*= vomit*)* vomir 2 VT SEP ⓐ (*into air*) lancer en l'air • **he threw the ball up** il a lancé la balle en l'air ⓑ (*Brit = produce*) produire ⓒ (*= vomit*)* vomir ⓓ (*= abandon*)* abandonner; [*+ opportunity*] laisser passer

throwaway ['θrəʊəweɪ] (ADJ) [*bottle*] non consigné; [*packaging*] perdu; [*remark, line*] qui n'a l'air de rien ▸ **the throwaway society** N la société du tout-jetable*

throwback ['θrəʊbæk] (N) **it's a ~ to ...** ça nous (*or* les *etc*) ramène à ...

thrown [θrəʊn] (VB) *ptp of* **throw**

thru* [θru:] = **through**

thrush [θrʌʃ] (N) ⓐ (*= bird*) grive *f* ⓑ (*= infection*) muguet *m*

thrust [θrʌst] (*vb: pret, ptp* **thrust**) 1 (N) poussée *f* • **the main ~ of his speech** l'idée maîtresse de son discours 2 (VT) ⓐ pousser violemment; [*+ finger, stick*] enfoncer • **to ~ one's hands into one's pockets** enfoncer les mains dans ses poches • **he ~ the book into my hand** il m'a fourré* le livre dans la main ⓑ [*+ job, responsibility*] imposer (**upon sb** à qn) 3 (VI) **he ~ past me** il m'a bousculé pour passer

thruway ['θru:weɪ] (N) (*US*) voie *f* rapide

Thu. (ABBR OF **Thursday**)

thud [θʌd] 1 (N) bruit *m* sourd 2 (VI) (*impact*) faire un bruit sourd (**on, against** en heurtant); (*= fall*) tomber avec un bruit sourd

thug [θʌg] (N) voyou *m*; (*term of abuse*) brute *f*

thuggery ['θʌgəri] (N) brutalité *f*, violence *f*

thumb [θʌm] 1 (N) pouce *m* • **to be under sb's ~** être sous la coupe de qn • **he gave me the ~s up*** (*all going well*) il a levé le pouce pour dire que tout allait bien • **they gave my proposal the ~s down*** ils ont rejeté ma proposition 2 (VT) ⓐ [*+ book, magazine*] feuilleter ⓑ **to ~ a lift*** [*hitchhiker*] faire du stop*

▸ **thumb through** VT INSEP [*+ book*] feuilleter

thumbnail ['θʌmneɪl] (N) ongle *m* du pouce ▸ **thumbnail sketch** N esquisse *f*

thumbtack ['θʌmtæk] (N) (*US*) punaise *f*

thump [θʌmp] 1 (N) (*= sound*) bruit *m* sourd • **to give sb a ~** assener un coup à qn 2 (VT) [*+ person*] taper sur; [*+ door*] cogner à 3 (VI) [*heart*] battre fort

thumping* ['θʌmpɪŋ] (ADJ) (*Brit*) [*majority, defeat*] écrasant

thunder ['θʌndə^r] 1 (N) tonnerre *m*; [*of hooves*] retentissement *m*; [*of vehicles, trains*] bruit *m* de tonnerre • **there's ~ in the air** il y a de l'orage dans l'air 2 (VI) tonner; [*hooves*] retentir • **the train ~ed past** le train est passé dans un grondement de tonnerre 3 (VT) (*= thunder out*) **"no!" he ~ed** « non ! » tonna-t-il

thunderbolt ['θʌndəbəʊlt] (N) coup *m* de foudre; (*= surprise*) coup *m* de tonnerre

thunderclap ['θʌndəklæp] (N) coup *m* de tonnerre

thunderous ['θʌndərəs] (ADJ) tonitruant

thunderstorm ['θʌndəstɔ:m] (N) orage *m*

thunderstruck ['θʌndəstrʌk] (ADJ) abasourdi

thundery ['θʌndəri] (ADJ) orageux

Thur., Thurs. (ABBR OF **Thursday**)

Thursday ['θɜ:zdɪ] (N) jeudi *m* → **Saturday**

> Days of the week in French are not spelt with a capital letter.

thus [ðʌs] (ADV) (*= consequently*) par conséquent; (*= in this way*) ainsi • **~ far** (*= up to here or now*) jusqu'ici; (*= up to there or then*) jusque-là

thwart [θwɔ:t] (VT) [*+ plan*] contrecarrer; [*+ person*] contrecarrer les projets de

thx*, thxs* (ABBR OF **thanks**) merci

thyme [taɪm] (N) thym *m* • **wild ~** serpolet *m*

thyroid ['θaɪrɔɪd] (N) thyroïde *f*

tiara [tɪ'ɑ:rə] (N) diadème *m*

Tibet [tɪ'bet] (N) Tibet *m*

Tibetan [tɪ'betən] 1 (ADJ) tibétain 2 (N) (*= person*) Tibétain(e) *m(f)*

tibia ['tɪbɪə] (N) tibia *m*

tic [tɪk] (N) tic *m* (nerveux) ▸ **tic-tac-toe** N (*US*) ≈ (jeu *m* de) morpion *m*

tick [tɪk] 1 (N) ⓐ [*of clock*] tic-tac *m* ⓑ (*Brit = instant*)* **in a ~** • **in two ~s** (*= quickly*) en moins de deux* ⓒ (*= mark*) croix *f* • **to put a ~ against sth** cocher qch ⓓ (*= parasite*) tique *f* 2 (VT) (*Brit*) [*+ name, item, answer*] cocher; (*= mark right*) marquer juste 3 (VI) [*clock*] faire tic-tac 4 (COMP) ▸ **tick-over** N (*Brit*) [*of engine*] ralenti *m* ▸ **tick-tack-toe** N (*US*) ≈ (jeu *m* de) morpion *m*

▸ **tick away** VI [*time*] s'écouler

▸ **tick off** VT SEP ⓐ (*Brit*) [*+ name, item*] cocher ⓑ (*Brit = reprimand*)* passer un savon à* ⓒ (*US = annoy*)* embêter*

▸ **tick over** VI (*Brit*) tourner au ralenti

ticker tape ['tɪkə,teɪp] (N) (*US: at parades*) ≈ serpentin *m*

ticket ['tɪkɪt] 1 (N) ⓐ billet *m*; (*for bus, tube, cloakroom, left luggage*) ticket *m*; (*= label*) étiquette *f*; (*for library*) carte *f* • **that's (just) the ~!*** c'est parfait ! ⓑ (*for fine*) PV* *m* ⓒ (*US*) (*= list*) liste *f* (électorale) • **he is running on the Democratic ~** il se présente sur la liste des démocrates 2 (VT) ⓐ [*+ goods*] étiqueter ⓑ (*= fine*) mettre un PV* à 3 (COMP) ▸ **ticket agency** N (*for shows*) agence *f* de spectacles ▸ **ticket collector, ticket inspector** N contrôleur *m*, -euse *f* ▸ **ticket machine** N distributeur *m* de titres de transport ▸ **ticket office** N billetterie *f* ▸ **ticket tout** N revendeur *m* (*au marché noir*) de billets

ticketing ['tɪkɪtɪŋ] 1 (N) billetterie *f* 2 (ADJ) de billetterie

ticking-off* [,tɪkɪŋ'ɒf] (N) (*Brit*) **to give sb a ~** passer un savon à qn* • **to get a ~** se faire enguirlander

tickle ['tɪkl] 1 (VT) ⓐ [*+ person*] chatouiller ⓑ (*= delight*)* faire plaisir à; (*= amuse*)* amuser • **to be ~d pink** être aux anges 2 (VI) chatouiller • **that ~s!** ça chatouille ! 3 (N) chatouillement *m* • **to have a ~ in one's throat** avoir un chatouillement dans la gorge

ticklish ['tɪklɪʃ] (ADJ) ⓐ **to be ~** [*person*] être chatouilleux ⓑ (*= difficult*) [*situation, problem*]* épineux

tidal ['taɪdl] (ADJ) [*forces, waters*] des marées ▸ **tidal wave** N raz-de-marée *m inv*; [*of people*] raz-de-marée *m inv*; [*of enthusiasm, protest, emotion*] immense vague *f*

tidbit ['tɪdbɪt] (N) (*US*) = **titbit**

tiddlywinks ['tɪdlɪwɪŋks] (N) jeu *m* de puce

tide [taɪd] 1 (N) ⓐ (*sea*) marée *f* • **at high/low ~** à marée haute/basse • **the ~ is on the turn** la mer est étale ⓑ **the**

t

~ **has turned** (*fig*) la chance a tourné • **to go against the** ~ (*fig*) aller à contre-courant **2** (COMP) ▸**tide table** N horaire *m* des marées

▸**tide over** VT SEP **to ~ sb over** dépanner qn

tidily ['taɪdɪlɪ] (ADV) [*arrange, fold*] soigneusement; [*write*] proprement

tidiness ['taɪdɪnɪs] (N) [*of room, drawer, desk, books*] ordre *m*; [*of handwriting, schoolwork*] propreté *f*

tidy ['taɪdɪ] **1** (ADJ) ⓐ (= *neat*) [*house, room*] bien rangé; [*garden*] bien entretenu; [*hair, appearance, schoolwork*] soigné; [*handwriting, pile, stack*] net • **to keep one's room** ~ avoir une chambre bien rangée ⓑ [*person*] (*in character*) ordonné ⓒ (= *sizeable*) [*sum, amount, profit*]* joli* **2** (VT) (*also* **tidy up**) ranger • **to ~ o.s. up** s'arranger **3** (COMP) ▸**tidy-out***, **tidy-up*** N **to have a ~-out** *or* **~-up** faire du rangement

tie [taɪ] **1** (N) ⓐ [*of garment, curtain*] attache *f*; (= *link*) lien *m*; (= *restriction*) entrave *f* • **family ~s** (= *links*) liens *mpl* de famille; (= *responsibilities*) attaches *fpl* familiales

ⓑ (= *necktie*) cravate *f*

ⓒ (= *draw*) égalité *f* (de points); (= *drawn match*) match *m* nul; (= *drawn competition*) concours *m* dont les vainqueurs sont ex æquo • **the match ended in a ~** les deux équipes ont fait match nul

ⓓ (*Sport* = *match*) match *m* de qualification

2 (VT) ⓐ (= *fasten*) attacher; [+ *ribbon*] nouer; [+ *shoes*] lacer • **his hands are ~d** il a les mains liées • **to ~ a knot in sth** faire un nœud à qch • **to ~ the knot*** (= *get married*) se marier

ⓑ (= *link*) lier; (= *restrict*) restreindre • **I'm ~d to my desk all day** je suis cloué à mon bureau toute la journée • **the house is ~d to her job** c'est un logement de fonction

3 (VI) (= *draw*) (*Sport*) faire match nul; (*in competition, election*) être ex æquo

4 (COMP) ▸**tie-break** N (*Tennis*) jeu *m* décisif, tie-break *m* ▸**tie-dye** VT nouer-lier-teindre ▸**tie-in** N (= *link*) lien *m* ▸**tie-up** N (= *connection*) lien *m*; (*US* = *traffic jam*) embouteillage *m*

▸**tie down** VT SEP **he didn't want to be ~d down** il ne voulait pas perdre sa liberté • **we can't ~ him down to a date** nous n'arrivons pas à lui faire fixer une date

▸**tie in** VI ⓐ (= *be linked*) être lié • **it all ~s in with their plans** tout est lié à leurs projets ⓑ (= *be consistent*) correspondre (**with** à) • **it doesn't ~ in with what I was told** ça ne correspond pas à ce que l'on m'a dit

▸**tie on** VT SEP [+ *label*] attacher

▸**tie up** VT SEP ⓐ [+ *parcel*] ficeler; [+ *prisoner*] ligoter; [+ *boat, horse*] attacher ⓑ (= *conclude*) [+ *business deal*] conclure • **it's all ~d up now** tout est réglé maintenant • **there are a lot of loose ends to ~ up** il y a encore beaucoup de points de détail à régler ⓒ [+ *capital, money*] immobiliser • **he is ~d up all tomorrow*** il est pris toute la journée de demain ⓓ (*US* = *obstruct, hinder*) [+ *traffic*] bloquer; [+ *project, programme*] entraver

tiepin ['taɪpɪn] (N) épingle *f* de cravate

tier [tɪəʳ] **1** (N) (*in stadium, amphitheatre*) gradin *m*; (= *level*) niveau *m*; (= *part of cake*) étage *m* • **a three-~ system** un système à trois niveaux **2** (VT) **~ed seating** sièges en gradins

tiff [tɪf] (N) prise *f* de bec*

tiger ['taɪgəʳ] (N) tigre *m* ▸**tiger economy** N tigre *m* asiatique ▸**tiger mother*** N mère *f* tigresse, *mère intransigeante et très exigeante*

tight [taɪt] **1** (ADJ) ⓐ serré • **too ~** [*clothes, shoes, belt*] trop serré

ⓑ (= *taut*) tendu • **to pull ~** [+ *knot*] serrer; [+ *string*] tirer sur • **to stretch ~** [+ *fabric, sheet*] tendre • **to keep a ~ rein on sth** surveiller qch de près • **to keep a ~ rein on sb** (= *watch closely*) surveiller qn de près; (= *be firm with*) tenir la bride serrée à qn

ⓒ (= *firm*) [*grip*] solide • **to keep a ~ lid on** [+ *emotions*] contenir • **to keep a ~ hold of sth** serrer fort qch • **to keep a ~ hold of sb** bien tenir qn

ⓓ (= *tense*) [*face*] tendu; [*throat*] serré; [*muscle*] contracté; [*stomach*] noué • **there was a ~ feeling in his chest** (*from cold, infection*) il avait les bronches prises; (*from emotion*) il avait la gorge serrée

ⓔ (= *compact*) compact • **to curl up in a ~ ball** se recroqueviller complètement • **~ curls** boucles *fpl* serrées

ⓕ (= *strict*) [*restrictions, control, security*] strict • **it'll be a bit ~, but we should make it in time** ce sera un peu juste mais je crois que nous arriverons à temps • **financially things are a bit ~** financièrement, les choses sont un peu difficiles • **to be ~** [*money, space*] manquer; [*resources*] être limité; [*credit*] être serré

ⓖ (= *difficult*)* [*situation*] difficile • **to be in a ~ corner** être dans une situation difficile

ⓗ (= *drunk*)* soûl* • **to get ~** se soûler*

ⓘ (= *stingy*)* radin*

2 (ADV) [*hold, grasp, tie*] fermement; [*squeeze*] très fort; [*screw*] à fond; [*shut, seal*] hermétiquement • **don't tie it too ~** ne le serrez pas trop (fort) • **sit ~!** ne bouge pas! • **sleep ~!** dors bien! • **hold ~!** accroche-toi!

3 (NPL) **tights** collant *m* • **a pair of ~s** un collant

4 (COMP) ▸**tight end** N (*US*) (*Football*) ailier *m*, -ière *f* ▸**tight-fisted** ADJ avare ▸**tight-fitting** ADJ [*garment*] ajusté • **a ~-fitting lid** un couvercle qui ferme bien ▸**tight-knit** ADJ [*community*] très uni ▸**tight-lipped** ADJ **to be ~-lipped about sth** ne rien dire de qch

tighten ['taɪtn] (VT) [+ *rope*] tendre; [+ *screw, grasp*] resserrer; [+ *restrictions, control*] renforcer • **to ~ one's belt** se serrer la ceinture

▸**tighten up** VI **to ~ up on security** renforcer les mesures de sécurité

tightly ['taɪtlɪ] (ADV) ⓐ (= *firmly*) bien • **to hold a rope ~** bien tenir une corde • **to hold sb's hand ~** serrer la main de qn • **to hold sb ~** serrer qn contre soi • **~ stretched** (= *tautly*) (très) tendu ⓑ (= *rigorously*) **to be ~ controlled** être strictement contrôlé • **~ knit** [*community*] très uni

tightness ['taɪtnɪs] (N) **he felt a ~ in his chest** il sentait sa gorge se serrer

tightrope ['taɪtrəʊp] (N) corde *f* raide • **to be on a ~** être sur la corde raide ▸**tightrope walker** N funambule *mf*

tile [taɪl] **1** (N) (*on roof*) tuile *f*; (*on floor, wall*) carreau *m* **2** (VT) [+ *roof*] couvrir de tuiles; [+ *floor, wall*] carreler

tiled [taɪld] (ADJ) [*roof*] en tuiles; [*floor, room*] carrelé

tiling ['taɪlɪŋ] (N) (= *tiles collectively*) [*of roof*] tuiles *fpl*; [*of floor, wall*] carrelage *m*, carreaux *mpl*

till [tɪl] **1** (PREP) jusqu'à • **I'll be here ~ Tuesday** je serai là jusqu'à mardi **2** (N) caisse *f* (enregistreuse) • **pay at the ~** payez à la caisse **3** (COMP) ▸**till receipt** N ticket *m* de caisse

tiller ['tɪləʳ] (N) barre *f* (*du gouvernail*)

tilt [tɪlt] **1** (N) (= *tip, slope*) inclinaison *f* • **at full ~** à toute vitesse **2** (VT) [+ *object, one's head*] incliner • **to ~ one's**

chair back se balancer sur sa chaise
▸ **tilt down** VT SEP [+ *camera, screen*] incliner vers le bas
▸ **tilt up** VT SEP [+ *camera, screen*] incliner vers le haut

tilting 1 (ADJ) incliné 2 (COMP) ▸ **tilting train** N train *m* pendulaire

timber ['tɪmbəʳ] 1 (N) ⓐ (= *wood*) bois *m* d'œuvre; (= *trees collectively*) arbres *mpl* ⓑ (= *beam*) madrier *m* 2 (COMP) ▸ **timber-framed** ADJ à colombages ▸ **timber merchant** N (*Brit*) négociant *m* en bois

timbre ['tæmbrə, 'tɪmbəʳ] (N) timbre *m*

time [taɪm]

1 NOUN	3 COMPOUNDS
2 TRANSITIVE VERB	

1 NOUN

ⓐ temps *m* • **~ and space** le temps et l'espace • **in ~** avec le temps • **we've got plenty of ~** nous avons tout notre temps • **have you got ~ to wait for me?** est-ce que tu as le temps de m'attendre ? • **we mustn't lose any ~** il ne faut pas perdre de temps • **it works okay some of the ~** ça marche parfois • **half the ~* she's drunk** la moitié du temps elle est ivre • **at this point in ~** à l'heure qu'il est • **free ~** temps libre • **he was working against ~ to finish it** il travaillait d'arrache-pied pour terminer à temps • **it is only a matter of ~** ce n'est qu'une question de temps • **~ will tell** l'avenir le dira • **for all ~** pour toujours • **for the ~ being** pour l'instant • **to make ~ to do sth** trouver le temps de faire qch • **you must make ~ to relax** il est important que vous trouviez le temps de vous détendre
▸ **all the time** (= *always*) tout le temps; (= *all along*) depuis le début • **I have to be on my guard all the ~** je dois tout le temps être sur mes gardes • **the letter was in my pocket all the ~** la lettre était dans ma poche depuis le début
▸ **in good time** (= *with time to spare*) en avance • **he arrived in good ~ for the start of the match** il est arrivé en avance pour le début du match • **let me know in good ~** prévenez-moi suffisamment à l'avance
▸ **to take + time it takes ~ to change people's ideas** ça prend du temps de faire évoluer les mentalités • **it took me a lot of ~ to prepare this** j'ai mis beaucoup de temps à préparer ça • **take your ~** prenez votre temps • **to take ~ out to do sth** trouver le temps de faire qch; (*during studies*) interrompre ses études pour faire qch
▸ **to have time for I've no ~ for that sort of thing** (= *too busy*) je n'ai pas de temps pour ça; (= *not interested*) ce genre d'histoire ne m'intéresse pas • **I've no ~ for people like him** je ne supporte pas les gens comme lui

ⓑ (= *period*) **for a ~** pendant un certain temps • **what a long ~ you've been!** il vous en a fallu du temps ! • **he is coming in two weeks' ~** il vient dans deux semaines • **the winner's ~ was 12 seconds** le temps du gagnant était de 12 secondes • **in next to no ~** en un rien de temps
▸ **a short time** peu de temps • **a short ~ later** peu après • **for a short ~ we thought that ...** pendant un moment nous avons pensé que ...
▸ **some time I waited for some ~** j'ai attendu assez longtemps • **some ~ ago** il y a déjà un certain temps • **that was some ~ ago** ça fait longtemps de cela • **some ~ next year** dans le courant de l'année prochaine

ⓒ (= *period worked*) **to work full ~** travailler à plein temps • **we get paid ~ and a half on Saturdays** le samedi, nous sommes payés une fois et demie le tarif normal

ⓓ (= *day*) temps *m* • **in Gladstone's ~** du temps de Gladstone • **to move with the ~s** [*person*] vivre avec son temps; [*company, institution*] (savoir) évoluer • **to be behind the ~s** être vieux jeu* *inv* • **I've seen some strange things in my ~** j'ai vu des choses étranges dans ma vie • **in medieval ~s** à l'époque médiévale • **it was a difficult ~ for all of us** cela a été une période difficile pour nous tous

ⓔ (= *experience*) **to have a bad ~ of it** en voir de dures* • **what great ~s we've had!** c'était le bon temps ! • **to have a good ~** bien s'amuser • **to have the ~ of one's life** s'amuser follement*

ⓕ (*by clock*) heure *f* • **what ~ is it?** quelle heure est-il ? • **what ~ is he arriving?** à quelle heure est-ce qu'il arrive ? • **the ~ is 4.30** il est 4 heures et demie • **your ~ is up** (*in exam, prison visit*) c'est l'heure; (*in game*) votre temps est écoulé • **he looked at the ~** il a regardé l'heure • **at any ~ of the day or night** à n'importe quelle heure du jour ou de la nuit • **at any ~ during school hours** pendant les heures d'ouverture de l'école • **it's midnight by Eastern ~** (*US*) il est minuit, heure de la côte est • **it's ~ for lunch** c'est l'heure du déjeuner • **it's ~ to go** il faut qu'on y aille • **it's ~ I was going** il est temps que j'y aille
▸ *preposition +* **time ahead of ~** en avance • **behind ~** en retard • **just in ~ (for sth/to do sth)** juste à temps (pour qch/pour faire qch) • **on ~** à l'heure • **the trains are on ~** les trains sont à l'heure

ⓖ (= *moment*) moment *m* • **there are ~s when I could hit him** il y a des moments où je pourrais le gifler • **come any ~** venez quand vous voulez • **he may come at any ~** il peut arriver d'un moment à l'autre • **at that ~** à ce moment-là • **at this ~** en ce moment • **at ~s** par moments • **at all ~s** à tous moments • **he came at a very inconvenient ~** il est arrivé à un très mauvais moment • **between ~s** entre-temps • **by the ~ I had finished, it was dark** le temps que je termine, il faisait nuit • **by that ~ she was exhausted** elle était déjà épuisée • **from ~ to ~** de temps en temps • **some ~s ... at other ~s** des fois ... des fois • **at this ~ of year** à cette époque de l'année • **this ~ tomorrow** demain à cette heure-ci • **this ~ last year** l'année dernière à cette époque-ci • **this ~ last week** il y a exactement une semaine • **now's the ~ to do it** c'est le moment de le faire • **the ~ has come to decide ...** il est temps de décider ...

ⓗ (= *occasion*) fois *f* • **this ~** cette fois • **at various ~s in the past** plusieurs fois déjà • **at other ~s** en d'autres occasions • **(the) last ~** la dernière fois • **the ~ before** la fois d'avant • **the ~s I've told him that!** je le lui ai dit je ne sais combien de fois ! • **some ~ or other I'll do it** je le ferai un jour ou l'autre • **one at a ~** un(e) par un(e) • **for weeks at a ~** pendant des semaines entières

ⓘ (*multiplying*) fois *f* • **two ~s three** deux fois trois • **ten ~s the size of ...** dix fois plus grand que ...

ⓙ (*Music*) mesure *f* • **in ~** en mesure (**to, with** avec) • **to keep ~** rester en mesure

2 TRANSITIVE VERB

ⓐ (= *choose time of*) [+ *visit*] choisir le moment de • **you ~d that perfectly!** vous ne pouviez pas mieux choisir votre moment ! • **well-~d** [*remark, entrance*] tout à fait opportun

t

ⓑ (= count time of) [+ race, runner, worker] chronométrer; [+ programme, piece of work] minuter • to ~ an egg minuter la cuisson d'un œuf

3 COMPOUNDS

▸ time bomb N bombe f à retardement ▸ time check N rappel m de l'heure ▸ time-consuming ADJ a ~-consuming task un travail qui prend du temps • it's very ~-consuming ça prend beaucoup de temps ▸ time difference N décalage m horaire ▸ time frame N délais mpl ▸ time-honoured ADJ a ~-honoured tradition une tradition ancienne or vénérable ▸ time-lag N (between events) décalage m ▸ time lapse N laps m de temps ▸ time-lapse photography N accéléré m ▸ time limit N (= restricted period) limite f de temps; (= deadline) date f limite • within the ~ limit dans les délais (impartis) ▸ time-limited ADJ temporaire ▸ time machine N machine f à remonter le temps ▸ time management N gestion f du temps de travail ▸ time off N to take ~ off from work prendre un congé ▸ time-poor ADJ (= lacking in time) qui a peu de temps pour vivre • people are becoming increasingly ~-poor les gens ont de moins en moins de temps pour vivre ▸ time-share VT (Comput) utiliser en temps partagé ♦ N maison f (or appartement m) en multipropriété ▸ time signal N signal m horaire ▸ time signature N indication f de la mesure ▸ time span N période f de temps ▸ time switch N [of electrical apparatus] minuteur m; (for lighting) minuterie f ▸ time trial N (Motor Racing, Cycling) contre-la-montre m inv ▸ time warp N faille f spatio-temporelle • it's like living in a ~ warp c'est comme si on était transporté dans une autre époque ▸ time zone N fuseau m horaire

---

timekeeper ['taɪmki:pəʳ] (N) (= official) chronométreur m, -euse f officiel(le) • to be a good ~ [person] être toujours à l'heure

timekeeping ['taɪmki:pɪŋ] (N) I'm trying to improve my ~ (at work) j'essaie d'être plus ponctuel

timeless ['taɪmlɪs] (ADJ) intemporel

timeline ['taɪmlaɪn] (N) tableau m chronologique

timely ['taɪmlɪ] (ADJ) opportun

timer ['taɪməʳ] (N) minuteur m

timescale ['taɪmskeɪl] (N) what ~ did you have in mind? quels seraient vos délais? • on a ~ of 2 years à échéance de 2 ans

timetable ['taɪmteɪbl] (N) (indicateur m) horaire m; (in school) emploi m du temps

timid ['tɪmɪd] (ADJ) (= shy) timide; (= unadventurous) timoré

timing ['taɪmɪŋ] (N) ~ is crucial for a comedian pour un comique, le timing est très important • the ~ of the demonstration le moment choisi pour la manifestation • Ann, what perfect ~! Ann, tu arrives au bon moment!

Timor ['ti:mɔ:ʳ] (N) Timor

Timorese [ˌtɪmə'ri:z] 1 (ADJ) timorais 2 (N) Timorais(e) m(f) → east

timpani ['tɪmpənɪ] (NPL) timbales fpl

tin [tɪn] 1 (N) ⓐ (= metal) étain m ⓑ (= can) boîte f (en fer-blanc) • ~ of salmon boîte f de saumon ⓒ (for storage) boîte f (de fer) • cake ~ boîte f à gâteaux ⓓ (Brit: for baking) moule m • cake ~ moule m à gâteau • roasting ~ plat m à rôtir 2 (ADJ) en étain 3 (COMP) ▸ tin can N boîte f (en fer-blanc) ▸ tin mine N mine f d'étain ▸ tin-opener N (Brit) ouvre-boîte m ▸ tin whistle N flûtiau m

tinfoil ['tɪnfɔɪl] (N) papier m (d')aluminium

tinge [tɪndʒ] 1 (N) teinte f • with a ~ of sadness avec un peu de tristesse 2 (VT) ~d with (colour) teinté de; (feeling) empreint de

tingle ['tɪŋgl] 1 (VI) (= prickle) picoter; (= thrill) vibrer • my fingers are tingling j'ai des picotements dans les doigts 2 (N) (= sensation) picotement m

tingling ['tɪŋglɪŋ] (N) picotement m • a ~ sensation un picotement

tinker ['tɪŋkəʳ] (N) (offensive) (= gypsy) romanichel(le) m(f) (often pej); (specifically mending things) rétameur m

▸ **tinker with** VT INSEP [+ machine, device] bricoler; [+ contract, wording, report] remanier

tinkle ['tɪŋkl] 1 (VI) tinter 2 (VT) faire tinter 3 (N) tintement m • to give sb a ~* passer un coup de fil à qn*

tinned [tɪnd] (ADJ) (Brit) [fruit, tomatoes, salmon] en boîte • ~ food conserves fpl

tinnitus [tɪ'naɪtəs] (N) acouphène m

tinny ['tɪnɪ] (ADJ) [sound, taste] métallique

tinsel ['tɪnsəl] (N) guirlandes fpl de Noël

tint [tɪnt] (N) teinte f; (for hair) shampoing m colorant

tinted ['tɪntɪd] (ADJ) [glass] teinté • ~ window vitre teintée

tiny ['taɪnɪ] (ADJ) tout petit • a ~ amount of sth un tout petit peu de qch

tip [tɪp] 1 (N) ⓐ (= end) bout m; [of knife, tongue] pointe f • he stood on the ~s of his toes il s'est dressé sur la pointe des pieds • it's on the ~ of my tongue je l'ai sur le bout de la langue • it's just the ~ of the iceberg ce n'est que la partie visible de l'iceberg

ⓑ (= money) pourboire m • the ~ is included (in restaurant) le service est compris

ⓒ (= advice) conseil m

ⓓ (Brit) (for rubbish) décharge f; (= untidy place)* dépotoir m

2 (VT) ⓐ (= reward) donner un pourboire à • he ~ped the waiter £3 il a donné 3 livres de pourboire au serveur

ⓑ (= forecast) pronostiquer • to ~ the winner pronostiquer le cheval gagnant • they are ~ped to win the next election (Brit) ils sont donnés gagnants pour les élections • Paul was ~ped for the job (Brit) Paul était le favori pour le poste

ⓒ (= tilt) pencher; (= overturn) faire basculer; (= pour) [+ liquid] verser (into dans, out of de); [+ load, rubbish] déverser • they ~ped him into the water ils l'ont fait tomber dans l'eau • to ~ the scales at 90kg peser 90 kg • to ~ the scales faire pencher la balance

3 (VI) ⓐ (= incline) pencher; (= overturn) se renverser • "no ~ping" (Brit) « défense de déposer des ordures »

ⓑ it's ~ping with rain* il pleut des cordes

4 (COMP) ▸ tip-off N to give sb a ~-off donner un tuyau* à qn; (police informant) donner* qn ▸ tip-up seat N strapontin m ▸ tip-up truck N camion m à benne (basculante)

▸ **tip off** VT SEP donner un tuyau* à (about sth sur qch) • he was arrested after someone ~ped off the police il a été arrêté après avoir été dénoncé à la police

▸ **tip out** VT SEP [+ liquid, contents] vider; [+ load] décharger

▸ **tip over** 1 VI (= tilt) pencher; (= overturn) basculer 2 VT SEP faire basculer

Tipp-Ex® ['tɪpeks] 1 (N) correcteur m liquide 2 (VT) to tippex sth out passer du correcteur liquide sur qch

tipsy ['tɪpsɪ] (ADJ) pompette* • to get ~ devenir pompette*

tiptoe ['tɪptəʊ] 1 (N) on ~ sur la pointe des pieds 2 (VI) to ~ in/out entrer/sortir sur la pointe des pieds

tiptop* ['tɪptɒp] ADJ de toute première qualité
tirade [taɪ'reɪd] N diatribe *f*
tire ['taɪəʳ] **1** N (*US*) pneu *m* **2** VT fatiguer **3** VI se fatiguer • **he never ~s of telling us how ...** il ne se lasse jamais de nous dire comment ...
▸ **tire out** VT SEP épuiser • **to be ~d out** être épuisé
tired ['taɪəd] ADJ **a** (= *weary*) fatigué • **to get ~** se fatiguer **b** (= *bored*) **to be ~ of sb/sth** en avoir assez de qn/qch • **to be getting ~ of sb/sth** commencer à en avoir assez de qn/qch **c** (= *old*) **a ~ lettuce leaf** une feuille de laitue défraîchie
tiredness ['taɪədnɪs] N fatigue *f*
tireless ['taɪəlɪs] ADJ [*person*] infatigable; [*work, efforts*] inlassable
tiresome ['taɪəsəm] ADJ pénible
tiring ['taɪərɪŋ] ADJ fatigant
tissue ['tɪʃuː] N (*in body*) tissu *m*; (= *paper handkerchief*) mouchoir *m* en papier • **a ~ of lies** un tissu de mensonges
▸ **tissue paper** N papier *m* de soie
tit [tɪt] N **a** (= *bird*) mésange *f* **b** **tit for tat!** c'est un prêté pour un rendu ! **c** (= *breast*)* nichon* *m*
titanic [taɪ'tænɪk] ADJ [*struggle*] titanesque
titanium [tɪ'teɪnɪəm] N titane *m*
titbit ['tɪtbɪt] N (= *food*) friandise *f*; (= *gossip*) potin* *m*
titillate ['tɪtɪleɪt] VT titiller
title ['taɪtl] **1** N **a** [*of person, book*] titre *m* • **to win/hold the ~** (*Sport*) remporter/détenir le titre **b** (*Cinema, TV*) **the titles** le générique **2** VT [+ *book*] intituler **3** COMP
▸ **title deed** N titre *m* de propriété ▸ **title fight** N match *m* de championnat ▸ **title holder** N tenant(e) *m(f)* du titre ▸ **title page** N page *f* de titre ▸ **title role** N rôle-titre *m* ▸ **title track** N chanson-titre *f*
titled ['taɪtld] ADJ [*person*] titré
titter ['tɪtəʳ] **1** VI rire sottement (**at** de) **2** N gloussement *m*
tizzy* ['tɪzɪ], **tizz*** [tɪz] N **to be in/get into a ~** être/se mettre dans tous ses états
TN (ABBR OF **Tennessee**)

to [tuː, tə]

1 PREPOSITION	3 COMPOUNDS
2 ADVERB	

1 PREPOSITION

> ➢ When **to** is the second element in a phrasal verb, eg **apply to, set to**, look up the verb. When **to** is part of a set combination, eg **nice to, of help to**, look up the adjective or noun.

a (*direction, movement*) à

> ➢ **à + le = au, à + les = aux.**

• **he went to the door** il est allé à la porte • **to go to school** aller à l'école • **we're going to the cinema** on va au cinéma • **she's gone to the toilet** elle est allée aux toilettes • **to go to town** aller en ville
▸ **to it** (= *there*) y • **I liked the exhibition, I went to it twice** j'ai aimé l'exposition, j'y suis allé deux fois
b (= *towards*) vers • **he turned to me** il s'est tourné vers moi
c (*home, workplace*) chez • **let's go to Christine's (house)** si on allait chez Christine ? • **we're going to my parents' for Christmas** nous allons passer Noël chez mes parents • **to go to the doctor('s)** aller chez le médecin
d (*with geographical names*)
▸ **to** + *feminine country/area* en • **to England/France** en Angleterre/France • **to Brittany/Provence** en Bretagne/Provence • **to Sicily/Crete** en Sicile/Crète • **to Louisiana/Virginia** en Louisiane/Virginie

> ➢ **en** is also used with masculine countries beginning with a vowel.

• **to Iran/Israel** en Iran/Israël
▸ **to** + *masculine country/area* au • **to Japan/Kuwait** au Japon/Koweït • **to the Sahara/Kashmir** au Sahara/Cachemire
▸ **to** + *plural country/group of islands* aux • **to the United States/the West Indies** aux États-Unis/Antilles
▸ **to** + *town/island without article* à • **to London/Lyons** à Londres/Lyon • **to Cuba/Malta** à Cuba/Malte • **is this the road to Newcastle?** est-ce que c'est la route de Newcastle ? • **it is 90km to Paris** (= *from here to*) nous sommes à 90 km de Paris; (= *from there to*) c'est à 90 km de Paris • **planes to Heathrow** les vols *mpl* à destination de Heathrow
▸ **to** + *masculine state/region/county* dans • **to Texas/Ontario** dans le Texas/l'Ontario • **to Sussex/Yorkshire** dans le Sussex/le Yorkshire

> ➢ **dans** is also used with many départements.

• **to the Drôme/the Var** dans la Drôme/le Var
e (= *up to*) jusqu'à • **to count to 20** compter jusqu'à 20 • **I didn't stay to the end** je ne suis pas resté jusqu'à la fin • **from Monday to Friday** du lundi au vendredi • **there were 50 to 60 people** il y avait entre 50 et 60 personnes
f ▸ **to** + *person* (*indirect object*) à • **to give sth to sb** donner qch à qn • **we have spoken to the children about it** nous en avons parlé aux enfants

> ➢ When a relative clause ends with **to**, a different word order is required in French.

• **the man I sold it to** l'homme à qui je l'ai vendu

> ➢ When translating **to** + pronoun, look up the pronoun. The translation depends on whether it is stressed or unstressed.

• **he was speaking to me** il me parlait • **he was speaking to ME** c'est à moi qu'il parlait
g (*in time phrases*) **20 to two** deux heures moins 20
h (*in ratios*) **he got a big majority (twenty votes to seven)** il a été élu à une large majorité (vingt voix contre sept) • **they won by four (goals) to two** ils ont gagné quatre (buts) à deux • **three men to a cell** trois hommes par cellule • **two euros to the dollar** deux euros pour un dollar
i (= *concerning*) **that's all there is to it** (= *it's easy*) ce n'est pas plus difficile que ça • **you're not going, and that's all there is to it** (= *that's definite*) tu n'iras pas, un point c'est tout

t

j (= of) de • **the key to the front door** la clé de la porte d'entrée • **he has been a good friend to us** il a été vraiment très gentil avec nous

k (infinitive) **to be** être • **to eat** manger • **they didn't want to go** ils ne voulaient pas y aller • **she refused to listen** elle n'a pas voulu écouter

> A preposition may be required with the French infinitive, depending on what precedes it: look up the verb or adjective.

• **he refused to help me** il a refusé de m'aider • **we're ready to go** nous sommes prêts à partir

> The French verb may take a clause, rather than the infinitive.

• **he was expecting me to help him** il s'attendait à ce que je l'aide

l (infinitive expressing purpose) pour • **well, to sum up ...** alors, pour résumer ... • **we are writing to inform you ...** nous vous écrivons pour vous informer que ...

m (to avoid repetition of verb)

> **to** is not translated when it stands for the infinitive.

• **he'd like me to come, but I don't want to** il voudrait que je vienne mais je ne veux pas • **yes, I'd love to** oui, volontiers • **I didn't mean to** je ne l'ai pas fait exprès

2 ADVERB

(= shut) **to push the door to** pousser la porte

3 COMPOUNDS

▸ **-to-be** ADJ (*in compounds*) futur • **husband-to-be** futur mari *m* ▸ **to-do*** N (*pl* **to-dos**) **he made a great to-do about lending me the car** il a fait toute une histoire pour me prêter la voiture ▸ **to-ing and fro-ing** N allées et venues *fpl*

---

toad [təʊd] (N) crapaud *m* ▸ **toad-in-the-hole** N (*Brit*) *saucisses cuites au four dans de la pâte à crêpes*

toadstool ['təʊdstu:l] (N) champignon *m* vénéneux

toast [təʊst] 1 (N) **a** (= *bread*) toast *m* • **a piece of ~** un toast **b** (= *drink, speech*) toast *m* • **to drink a ~ to sb** porter un toast à qn • **to propose a ~ to sb** porter un toast à qn 2 (VT) **a** (= *grill*) faire griller • **~ed cheese** toast *m* au fromage **b** (= *drink toast to*) [+ *person*] porter un toast à; [+ *event, victory*] arroser (**with** à)

toaster ['təʊstə^r] (N) grille-pain *m inv*

toastie ['təʊstɪ] (N) ≈ croque-monsieur *m*

tobacco [tə'bækəʊ] (N) tabac *m* ▸ **the tobacco industry** N l'industrie *f* du tabac ▸ **tobacco leaf** N feuille *f* de tabac

tobacconist [tə'bækənɪst] (N) buraliste *mf*

Tobago [tə'beɪgəʊ] (N) Tobago

toboggan [tə'bɒgən] (N) luge *f*

today [tə'deɪ] (ADV, N) aujourd'hui *m* • **later ~** plus tard dans la journée • **a week ~** aujourd'hui en huit • **I met her a week ago ~** ça fait une semaine aujourd'hui que je l'ai rencontrée • **what day is (it) ~?** on est le combien aujourd'hui? • **what is ~'s date?** on est le combien aujourd'hui? • **~ is Friday** aujourd'hui c'est vendredi • **the writers of ~** les écrivains d'aujourd'hui

toddle ['tɒdl] (VI) [*child*] **to ~ in/out** entrer/sortir à pas hésitants • **he is just toddling** il fait ses premiers pas ▸ **toddle off*** VI se sauver*

toddler ['tɒdlə^r] (N) tout petit enfant *m* • **~s** les tout-petits

toe [təʊ] 1 (N) orteil *m*; [*of sock, shoe*] bout *m* • **big/little ~** gros/petit orteil *m* • **to tread on sb's ~s** marcher sur les pieds de qn • **that will keep you on your ~s!** ça t'empêchera de t'endormir! 2 (VT) **to ~ the party line** suivre la ligne du parti

TOEFL [təʊfəl] (N) (ABBR OF **Test of English as a Foreign Language**) *examen d'anglais pour les étudiants étrangers voulant étudier dans des universités anglo-saxonnes*

toenail ['təʊneɪl] (N) ongle *m* du pied

toffee ['tɒfɪ] (N) caramel *m* • **he can't do it for ~*** il n'est pas fichu* de le faire ▸ **toffee-nosed*** ADJ (*Brit*) bêcheur*

tofu ['təʊˌfu:, 'tɒˌfu:] (N) tofu *m*

together [tə'geðə^r]

> When **together** is an element in a phrasal verb, eg **get together**, **sleep together**, look up the verb.

(ADV) **a** ensemble • **I've seen them ~** je les ai vus ensemble • **we're in this ~** nous sommes logés à la même enseigne • **they belong ~** [*objects*] ils vont ensemble; [*people*] ils sont faits l'un pour l'autre

▸ **together with** • **~ with what you bought yesterday that makes ...** avec ce que vous avez acheté hier ça fait ... • **he, ~ with his colleagues, accepted ...** lui, ainsi que ses collègues, a accepté ...

b (= *simultaneously*) en même temps; [*sing, play*] à l'unisson • **all ~ now!** (*shouting, singing*) tous en chœur!

c **to get it ~*** • **to get one's act ~*** s'organiser

togetherness [tə'geðənɪs] (N) (= *unity*) unité *f*

toggle ['tɒgl] (N) (= *button*) bouton *m* de duffle-coat ▸ **toggle key** N touche *f* à bascule

toil [tɔɪl] 1 (N) labeur *m* 2 (VI) (*also* **toil away**) peiner

toilet ['tɔɪlɪt] (N) WC *mpl* • **"Toilets"** «Toilettes» • **to go to the ~** aller aux toilettes (COMP) ▸ **toilet bag** N trousse *f* de toilette ▸ **toilet bowl** N cuvette *f* des WC ▸ **toilet paper** N papier *m* hygiénique ▸ **toilet roll** N rouleau *m* de papier hygiénique ▸ **toilet seat** N siège *m* WC ▸ **toilet-train** VT **to ~-train a child** apprendre à un enfant à être propre ▸ **toilet training** N apprentissage *m* de la propreté ▸ **toilet water** N eau *f* de toilette

toiletries ['tɔɪlɪtrɪz] (NPL) articles *mpl* de toilette

token ['təʊkən] 1 (N) (*for telephone*) jeton *m*; (= *voucher*) bon *m* • **as a ~ of** en témoignage de • **by the same ~** de même 2 (ADJ) symbolique • **he made a ~ effort to talk to the workers** il a essayé, sans grand enthousiasme, de parler aux ouvriers • **I was the ~ pensioner on the committee** j'étais le retraité alibi au comité

Tokyo ['təʊkjəʊ] (N) Tokyo

told [təʊld] (VB) *pt, ptp of* **tell** • **all ~** en tout

tolerable ['tɒlərəbl] (ADJ) **a** (= *bearable*) tolérable **b** (= *adequate*) assez bon

tolerably ['tɒlərəblɪ] (ADV) [*well, happy*] relativement

tolerance ['tɒlərəns] (N) tolérance *f*

tolerant ['tɒlərənt] (ADJ) **a** [*person, attitude*] tolérant (**of** à l'égard de) **b** **~ of heat** résistant à la chaleur • **to be ~ to a drug** tolérer un médicament

tolerate ['tɒləreɪt] (VT) tolérer

toll [təʊl] 1 (VI) [*bell*] sonner 2 (N) **a** (*on bridge, motorway*) péage *m* **b** **the war took a heavy ~ among the young men** la guerre a fait beaucoup de victimes parmi les jeunes • **we must reduce the accident ~ on the roads** il nous faut réduire le nombre des victimes de la route • **the ~ of dead has risen** le nombre des victimes a augmenté 3 COMP ▸ **toll bridge** N pont *m* à péage ▸ **toll charge** N péage *m* ▸ **toll-free** ADJ (*US*) [*number*] gratuit ▸ **toll road** N route *f* à péage

tollbooth ['təʊlbu:ð] N poste *m* de péage

Tom [tɒm] N **any ~, Dick or Harry** n'importe qui

tomatillo [tɒmə'tɪləʊ] N tomatille *f*

tomato [tə'mɑ:təʊ, (*US*) tə'meɪtəʊ] N (*pl* **tomatoes**) tomate *f* ▸ **tomato juice** N jus *m* de tomate ▸ **tomato purée** N purée *f* de tomates ▸ **tomato sauce** N sauce *f* tomate ▸ **tomato soup** N soupe *f* à la tomate

tomb [tu:m] N tombe *f*

tomboy ['tɒmbɔɪ] N garçon *m* manqué

tombstone ['tu:mstəʊn] N pierre *f* tombale

tombstoning* ['tu:mstəʊnɪŋ] N (*Brit*) plongeon *m* depuis une falaise (*or* une grue, une jetée, *etc*)

tom cat ['tɒmkæt] N matou *m*

tomorrow [tə'mɒrəʊ] ADV, N demain *m* • **early ~** demain de bonne heure • **~ afternoon** demain après-midi • **~ evening** demain soir • **~ morning** demain matin • **~ lunchtime** demain à midi • **a week ~** demain en huit • **I met her a week ago ~** ça fera une semaine demain que je l'ai rencontrée • **he'll have been here a week ~** demain cela fera huit jours qu'il est là • **see you ~** à demain • **what day will it be ~?** quel jour serons-nous demain ? • **what date will it be ~?** on sera le combien demain ? • **~ will be Saturday** demain ce sera samedi • **~ will be the 5th** demain ce sera le 5 • **~ is another day!** ça ira mieux demain ! • **the writers of ~** les écrivains de demain

ton [tʌn] N (= *weight*) tonne *f* (*Brit* = 1016 *kg* ; *Can, US* = 907 *kg*) • **metric ~** tonne *f* (= 1000 *kg*) • **it weighs a ~** ça pèse une tonne • **~s of*** des tas de*

tone [təʊn] 1 N ⓐ (*in sound*) ton *m*; [*of answering machine*] bip *m*; [*of musical instrument*] sonorité *f* • **to speak in an angry ~ (of voice)** parler sur le ton de la colère • **don't speak to me in that ~ (of voice)!** ne me parlez pas sur ce ton ! • **to raise/lower the ~ of sth** rehausser/rabaisser le niveau de qch • **after the ~** (*on answering machine*) après le bip ⓑ (*in colour*) ton *m* • **two-~** en deux tons ⓒ [*of muscles*] tonus *m* 2 COMP ▸ **tone-deaf** ADJ **to be ~-deaf** ne pas avoir d'oreille

▸ **tone down** VT SEP [+ *colour*] adoucir; [+ *criticism*] atténuer; [+ *policy*] modérer

▸ **tone in** VI s'harmoniser

▸ **tone up** VT SEP [+ *muscles*] tonifier

toner ['təʊnəʳ] N (*for photocopier, printer*) encre *f*

Tonga ['tɒŋgə] N Tonga *fpl*

tongs [tɒŋz] NPL pinces *fpl*

tongue [tʌŋ] 1 N ⓐ langue *f* • **to stick out one's ~** tirer la langue • **to lose/find one's ~** perdre/retrouver sa langue • **I can't get my ~ round it** je n'arrive pas à le prononcer ⓑ (= *language*) langue *f* 2 COMP ▸ **tongue-in-cheek** ADJ ironique ▸ **tongue-tied** ADJ muet ▸ **tongue twister** N phrase *f* (*or* nom *m*) très difficile à prononcer, virelangue *m*

tonic ['tɒnɪk] 1 ADJ ⓐ (= *reviving*) tonifiant; [*effect*] tonique ⓑ (*Music*) tonique 2 N ⓐ (*medical*) fortifiant *m* • **it was a real ~ to see him** cela m'a vraiment remonté le moral de le voir ⓑ (*also* **tonic water, Indian tonic**) Schweppes ® *m* • **gin and ~** gin-tonic *m*

tonight [tə'naɪt] ADV (*before bed*) ce soir; (*during sleep*) cette nuit

tonne [tʌn] N tonne *f*

tonsil ['tɒnsl] N amygdale *f* • **to have one's ~s out** *or* **removed** être opéré des amygdales

tonsillitis [,tɒnsɪ'laɪtɪs] N angine *f* • **he's got ~** il a une angine

tony* ['təʊnɪ] ADJ (*US*) chic* *inv*

too [tu:] ADV ⓐ (= *excessively*) trop • **it's ~ hard for me to explain** c'est trop difficile à expliquer • **it's ~ heavy for me to carry** c'est trop lourd à porter pour moi • **I'm not ~ sure about that** je n'en suis pas trop sûr • **~ right!*** et comment ! ⓑ (= *also*) aussi; (= *moreover*) en plus • **I went ~** j'y suis allé aussi • **he can swim ~** lui aussi sait nager

took [tʊk] VB *pt of* **take**

tool [tu:l] N outil *m* • **garden ~s** outils *mpl* de jardinage

toolbar ['tu:lbɑ:ʳ] N (*Comput*) barre *f* d'outils

toolbox ['tu:lbɒks] N boîte *f* à outils

toolkit ['tu:lkɪt] N trousse *f* à outils

toot [tu:t] 1 N [*of car horn*] coup *m* de klaxon ® 2 VI [*car horn*] klaxonner 3 VT **to ~ the horn** klaxonner

tooth [tu:θ] N (*pl* **teeth**) dent *f* • **front ~** dent *f* de devant • **back ~** molaire *f* • **to have a ~ out** *or* **pulled** se faire arracher une dent • **to have a ~ capped** se faire poser une couronne • **he is cutting teeth** il fait ses dents • **to cut one's teeth on sth** se faire les dents sur qch • **to grit one's teeth** serrer les dents • **to bare one's teeth** montrer les dents • **to fight ~ and nail** se battre farouchement • **to get one's teeth into sth** (*fig*) se mettre à qch pour de bon • **there's nothing you can get your teeth into** il n'y a pas grand-chose à se mettre sous la dent (*fig*) • **to be fed up** *or* **sick to the (back) teeth of sth**** en avoir ras le bol* de qch ▸ **tooth decay** N carie *f* dentaire

toothache ['tu:θeɪk] N mal *m* de dents • **to have ~** avoir mal aux dents

toothbrush ['tu:θbrʌʃ] N brosse *f* à dents

toothless ['tu:θlɪs] ADJ [*person, smile*] édenté

toothpaste ['tu:θpeɪst] N dentifrice *m*

toothpick ['tu:θpɪk] N cure-dent *m*

top [tɒp]

1 NOUN
2 PLURAL NOUN
3 ADVERB
4 ADJECTIVE
5 TRANSITIVE VERB
6 COMPOUNDS
7 PHRASAL VERB

1 NOUN

ⓐ (= *highest point*) [*of mountain, hill*] sommet *m*; [*of tree*] cime *f*; [*of ladder, stairs, page, pile*] haut *m*; [*of list*] tête *f* • **from the ~ of his head to the tip of his toes** de la tête aux pieds • **I'm saying that off the ~ of my head*** je dis ça sans savoir exactement • **to make it to the ~** (*in hierarchy*) arriver en haut de l'échelle • **the men at the ~** les dirigeants *mpl*

▸ **at the top of** [+ *hill*] au sommet de; [+ *stairs, ladder, page*] en haut de; [+ *list, division*] en tête de; [+ *profession*] au faîte de • **it's at the ~ of the pile** c'est en haut de la pile • **to be at the ~ of the class** être premier de classe

▸ **on +top** dessus • **take the plate on ~** prends l'assiette du dessus • **he came out on ~** il a eu le dessus • **there was a thick layer of cream on ~ of the cake** il y avait une épaisse couche de crème sur le gâteau • **to be on ~ of the world** être aux anges • **to be on the ~ of one's form** être au sommet de sa forme • **things are getting on ~ of her*** elle est dépassée par les événements • **he's bought another car on ~ of the one he's got already** il a acheté une autre voiture en plus de celle qu'il a déjà • **then on ~ of all that he refused to help us** et puis par-dessus le marché il a refusé de nous aider

▸ **from top to bottom** *[redecorate]* complètement; *[clean]* de fond en comble; *[cover]* entièrement

▸ **over the top to go over the ~** *[soldier]* monter à l'assaut • **to be over the ~*** *[film, book]* dépasser la mesure; *[person]* exagérer; *[act, opinion]* être excessif

ⓑ (= *upper part, section*) *[of car]* toit *m*; *[of bus]* étage *m* supérieur; *[of box, container]* dessus *m* • **"~"** (*on box*) « haut » • **we saw London from the ~ of a bus** nous avons vu Londres du haut d'un bus

ⓒ (*of garment, bikini*) haut *m*

ⓓ (= *cap, lid*) *[of box]* couvercle *m*; *[of bottle, tube]* bouchon *m*; *[of pen]* capuchon *m*

2 PLURAL NOUN

tops* **he's the ~s** il est champion*

3 ADVERB

tops* (= *max*) max* • **it'll cost £50, ~s** ça coûtera 50 livres max*

4 ADJECTIVE

ⓐ (= *highest*) *[shelf, drawer]* du haut; *[floor, storey]* dernier • **at the ~ end of the scale** en haut de l'échelle • **the ~ layer of skin** la couche supérieure de la peau • **the ~ right-hand corner** le coin en haut à droite

ⓑ (*in rank*) **~ management** cadres *mpl* supérieurs • **the ~ men in the party** les dirigeants *mpl* du parti • **in the ~ class** (= *top stream*) dans le premier groupe

ⓒ (= *best*) **he was the ~ student in English** c'était le meilleur étudiant en anglais • **he was a ~ student in English** c'était l'un des meilleurs étudiants en anglais • **one of the ~ pianists** un des plus grands pianistes • **a ~ job** un des postes les plus prestigieux • **he was** *or* **came ~ in maths** il a été premier en maths • **~ marks for efficiency** vingt sur vingt pour l'efficacité

ⓓ (= *maximum*) **the vehicle's ~ speed** la vitesse maximale du véhicule • **at ~ speed** à toute vitesse • **a matter of ~ priority** une priorité absolue

5 TRANSITIVE VERB

ⓐ (= *remove top from*) *[+ tree]* écimer • **~ and tail the beans** équeutez les haricots

ⓑ (= *kill*)** **to ~ o.s.** se flinguer*

ⓒ (= *exceed*) dépasser • **the fish ~ped 10kg** le poisson faisait plus de 10 kg • **I'm sure nobody can ~ that** je suis sûr que personne ne peut faire mieux • **and to ~ it all ...** et pour couronner le tout ... • **that ~s the lot!*** c'est le bouquet !*

ⓓ (= *be at top of*) *[+ list]* être en tête de • **to ~ the bill** être en tête d'affiche

6 COMPOUNDS

▸ **top banana*** N (*US*) (*gen*) gros bonnet* *m*; (*Theatre*) comique *m* principal ▸ **top-class** ADJ de première classe ▸ **top dog*** N **he's ~ dog around here** c'est lui qui commande ici ▸ **top dollar*** N **to pay ~ dollar for sth** payer qch au prix fort ▸ **top-down** ADJ *[approach, management]* directif ▸ **top-end** ADJ haut de gamme *inv* ▸ **top-quality** ADJ de première qualitév ▸ **top gear** N (*Brit*) **in ~ gear** (*four-speed box*) en quatrième; (*five-speed box*) en cinquième ▸ **top hat** N haut-de-forme *m* ▸ **top-heavy** ADJ *[structure]* trop lourd du haut; *[business, administration]* où l'encadrement est trop lourd ▸ **top-level** ADJ *[meeting, talks, discussion]* au plus haut niveau; *[decision]* pris au plus haut niveau ▸ **top-of-the-range** ADJ haut de gamme *inv* ▸ **top-ranked** ADJ du plus haut niveau ▸ **top-ranking** ADJ haut placé ▸ **top-rated** ADJ de premier ordre ▸ **top-secret** ADJ top secret (-ète *f*) ▸ **top-security wing** N quartier *m* de haute sécurité ▸ **top-selling** ADJ = **best-selling** ▸ **top-shelf** ADJ (*Brit*) *[magazine, material]* de charme ▸ **the top ten** NPL (= *songs*) les dix premiers *mpl* du Top ▸ **top-up** N (*for mobile phone*) recharge *f* (*de carte prépayée*); (*Brit*) **can I give you a ~-up?** je vous ressers ? ♦ ADJ • **~-up card** (*for mobile phone*) carte *f* prépayée • **~-up loan** prêt *m* complémentaire

7 PHRASAL VERBS

▸ **top up** VT SEP (*Brit*) *[+ cup, glass]* remplir; *[+ mobile phone]* recharger (*en crédit*) • **I've ~ped up the petrol in your tank** j'ai rajouté de l'essence dans votre réservoir • **can I ~ you up?*** je vous ressers ?

---

topaz ['təʊpæz] (N) topaze *f*

topic ['tɒpɪk] (N) sujet *m*

topical ['tɒpɪkəl] (ADJ) d'actualité

topless ['tɒplɪs] 1 (ADJ) *[woman]* (aux) seins nus; *[beach]* où l'on peut avoir les seins nus; *[sunbathing, dancing]* seins nus 2 (ADV) *[sunbathe, pose, dance]* seins nus

topography [tə'pɒgrəfɪ] (N) topographie *f*

topping ['tɒpɪŋ] (N) (*for pizza*) garniture *f* • **dessert with a ~ of whipped cream** dessert nappé de crème fouettée

topple ['tɒpl] 1 (VI) (*also* **topple over, topple down**) tomber; *[pile]* s'effondrer 2 (VT) renverser

topsoil ['tɒpsɔɪl] (N) terre *f*; (*Agric*) couche *f* arable

topsy-turvy ['tɒpsɪ'tɜːvɪ] (ADJ, ADV) sens dessus dessous • **to turn everything ~** tout mettre sens dessus dessous

Torah ['tɔːrə] (N) Torah *f*, Thora *f*

torch [tɔːtʃ] 1 (N) torche *f* • **the house went up like a ~** la maison a flambé comme du bois sec • **to carry the ~ of** *or* **for democracy** porter le flambeau de la démocratie 2 (VT) **to ~ sth** mettre le feu à qch

tore ['tɔːʳ] (VB) *pt of* **tear**

torment 1 (N) supplice *m* • **to be in ~** être au supplice 2 (VT) *[+ person]* tourmenter; *[+ animal]* martyriser • **to ~ o.s.** se tourmenter • **~ed by jealousy** rongé par la jalousie

> Lorsque **torment** est un nom, l'accent tombe sur la première syllabe : ['tɔːment], lorsque c'est un verbe, sur la seconde : [tɔː'ment].

tormentor [tɔː'mentəʳ] (N) persécuteur *m*, -trice *f*

torn [tɔːn] (VB) *ptp of* **tear**

tornado [tɔː'neɪdəʊ] (N) tornade *f*

torpedo [tɔː'piːdəʊ] (N) (*pl* **torpedoes**) torpille *f*

torque [tɔːk] (N) (*Physics*) force *f* de torsion; (*Mechanics*) couple *m*

torrent ['tɒrənt] (N) torrent *m*

torrential [tɒ'renʃəl] (ADJ) torrentiel

> The French word **torrentiel** ends in **-iel** instead of **-ial**.

torrid ['tɒrɪd] (ADJ) (= *hot, passionate*) torride

torso ['tɔːsəʊ] (N) torse *m*; (*in art*) buste *m*

tortilla [tɔː'tiːə] (N) tortilla *f* ▸ **tortilla chip** N *chip de maïs épicée*

tortoise ['tɔ:təs] (N) tortue *f*
tortoiseshell ['tɔ:təsʃel] (N) écaille *f* de tortue ▸**tortoiseshell cat** N chat *m* écaille et blanc
tortuous ['tɔ:tjʊəs] (ADJ) tortueux
torture ['tɔ:tʃəʳ] 1 (N) supplice *m* • **it was sheer ~!** c'était un vrai supplice ! 2 (VT) torturer • **to ~ o.s.** se torturer • **~d by doubt** tenaillé par le doute 3 (COMP) ▸**torture chamber** N chambre *f* de torture
torturer ['tɔ:tʃərəʳ] (N) tortionnaire *m*
Tory ['tɔ:rɪ] 1 (N) Tory *mf*, conservateur *m*, -trice *f* 2 (ADJ) tory *inv*, conservateur (-trice *f*)
toss [tɒs] 1 (N) (*= throw*) lancement *m* • **they decided it by the ~ of a coin** ils l'ont décidé à pile ou face • **to win/lose the ~** gagner/perdre à pile ou face; (*Sport*) gagner/perdre au tirage au sort • **I don't give a ~**‡ (*Brit*) je m'en contrefous‡ (**about** de)
2 (VT) [*+ ball, object*] jeter; (*Brit*) [*+ pancake*] faire sauter; [*+ salad*] remuer; [*horse*] désarçonner • **they ~ed a coin** ils ont joué à pile ou face • **I'll ~ you for it** on le joue à pile ou face • **the sea ~ed the boat against the rocks** la mer a projeté le bateau sur les rochers • **the boat was ~ed by the waves** le bateau était ballotté par les vagues
3 (VI) ⓐ **he was ~ing and turning all night** il n'a pas arrêté de se tourner et se retourner toute la nuit
ⓑ (*also* **toss up**) jouer à pile ou face • **they ~ed (up) to see who would stay** ils ont joué à pile ou face pour savoir qui resterait
4 (COMP) ▸**toss-up** N **it was a ~-up between the theatre and the cinema** il y avait le choix entre le théâtre ou le cinéma • **it's a ~-up whether I go or stay** je ne sais pas si je vais partir ou rester
total ['təʊtl] 1 (ADJ) total; [*failure*] complet (-ète *f*) • **the ~ losses/sales/debts** le total des pertes/ventes/dettes • **it was a ~ loss** c'était une perte de temps • **her commitment to the job was ~** elle s'investissait complètement dans son travail • **to get on in business you need ~ commitment** pour réussir en affaires, il faut s'engager à fond • **to be in ~ ignorance of sth** être dans l'ignorance la plus complète de qch • **they were in ~ disagreement** ils étaient en désaccord total • **a ~ stranger** un parfait inconnu • **to have ~ recall** se souvenir de tout
2 (N) total *m* • **it comes to a ~ of $30** le total s'élève à 30 dollars • **in ~** au total
3 (VT) (*US = wreck*) **he ~ed his car*** il a bousillé* sa voiture
totalitarian [ˌtəʊtælɪ'tɛərɪən] (ADJ, N) totalitaire *mf*
totalitarianism [ˌtəʊtælɪ'tɛərɪənɪzəm] (N) totalitarisme *m*
totality [təʊ'tælɪtɪ] (N) totalité *f*
totally ['təʊtəlɪ] (ADV) totalement
totter ['tɒtəʳ] (VI) [*object, column, chimney stack*] vaciller; [*government*] chanceler
tot up* [tɒt'ʌp] (VT) (*Brit*) faire le total de
toucan ['tu:kən] (N) toucan *m*

touch [tʌtʃ]

1 NOUN	4 COMPOUNDS
2 TRANSITIVE VERB	5 PHRASAL VERBS
3 INTRANSITIVE VERB	

1 NOUN
ⓐ (*= sense of touch*) toucher *m* • **Braille is read by ~** le braille se lit au toucher
ⓑ (*= act of touching*) contact *m* • **the slightest ~ might break it** le moindre contact pourrait le casser • **I felt a ~ on my arm** j'ai senti qu'on me touchait le bras • **at the ~ of a button** en appuyant sur un bouton • **he altered it with a ~ of the brush** il l'a modifié d'un coup de pinceau
ⓒ (*= character*) **to give sth a personal ~** mettre une note personnelle dans qch
ⓓ (*= detail*) détail *m* • **small ~es, such as flowers, can transform a room** de petits détails, par exemple des fleurs, peuvent transformer une pièce • **to put the finishing ~es to sth** mettre la dernière main à qch
ⓔ (*= small amount*) **it's a ~ expensive** c'est un petit peu cher
▸**a touch of a ~ of colour** une touche de couleur • **a ~ of sadness** une pointe de tristesse • **tonight there'll be a ~ of frost in places** il y aura un peu de gel cette nuit par endroits • **he got a ~ of the sun** il a pris un petit coup de soleil • **to have a ~ of flu** être un peu grippé
ⓕ (*= contact*)
▸**in touch to be in ~ with sb** être en contact avec qn • **I'll be in ~!** je te (*or* vous) téléphonerai ! • **to keep in ~ with sb** rester en contact avec qn • **keep in ~!** tiens-nous au courant ! • **to get in ~ with sb** prendre contact avec qn; (*by phone*) joindre qn • **you ought to get in ~ with the police** vous devriez prendre contact avec la police • **I'll put you in ~ with him** je vous mettrai en rapport avec lui
▸**to lose touch to lose ~ with sb** perdre le contact avec qn • **they lost ~ long ago** il y a bien longtemps qu'ils ne sont plus en relation • **to lose ~ with reality** perdre le sens des réalités • **he has lost ~ with what is going on** il n'est plus dans le coup*
▸**to be out of touch** (*= not up to date*) **he's completely out of ~** il n'est plus dans le coup* • **I'm out of ~ with the latest developments** je ne suis pas au courant des derniers développements
ⓖ (*Football*) touche *f* • **to kick the ball into ~** envoyer le ballon en touche • **to kick sth into ~** mettre qch au placard
ⓗ (*= person*) **Mr Wilson is no soft ~** M. Wilson n'est pas du genre à se laisser faire
2 TRANSITIVE VERB
ⓐ (*= come into contact with*) toucher • **he ~ed it with his finger** il l'a touché du doigt • **he ~ed her arm** il lui a touché le bras • **his hand ~ed mine** sa main a touché la mienne • **they can't ~ you if you don't break the law** on ne peut rien te faire tant que tu restes dans la légalité • **to ~ base** se mettre au courant
ⓑ (*= tamper with*) toucher à • **don't ~ that switch!** ne touchez pas à ce bouton ! • **I didn't ~ it!** je n'y ai pas touché ! • **I didn't ~ him!** je ne l'ai pas touché !
ⓒ (*= deal with*) (*in exam*) **I didn't ~ the third question** je n'ai pas touché à la troisième question • **he won't ~ anything illegal** si c'est illégal il n'y touchera pas
ⓓ (*+ food, drink*) toucher à • **he didn't ~ his meal** il n'a pas touché à son repas • **I never ~ onions** je ne mange jamais d'oignons
ⓔ (*= equal*) valoir • **her cooking can't ~ yours** sa cuisine est loin de valoir la tienne • **there's nobody to ~ him as a pianist** il est sans égal comme pianiste
ⓕ (*= move emotionally*) toucher • **we were very ~ed by your letter** nous avons été très touchés par votre lettre

t

g (= reach) [+ *level, speed*] atteindre

3 INTRANSITIVE VERB

a toucher • **don't ~!** n'y touchez pas !

b (= come into contact with) [*ends, lands*] se toucher

c (speaking, writing) **to ~ on a subject** aborder un sujet

4 COMPOUNDS

▸ **touch-and-go** N **it's ~-and-go with him** il est entre la vie et la mort • **it was ~-and-go until the last minute** l'issue est restée incertaine jusqu'au bout ▸ **touch screen** N (*Tech*) écran tactile • **~ screen mobile** (téléphone *m*) portable *m* à écran tactile • **~ screen technology** technologie *f* à écran tactile ▸ **touch-sensitive** ADJ [*screen*] tactile ▸ **touch-tone** ADJ [*telephone*] à touches ▸ **touch-type** VI taper sans regarder le clavier

5 PHRASAL VERBS

▸ **touch down** VI (= *land*) atterrir

▸ **touch off** VT SEP [+ *crisis, riot*] déclencher; [+ *reaction, argument*] provoquer

▸ **touch up** VT SEP [+ *painting, photo*] retoucher

---

touchdown ['tʌtʃdaʊn] N atterrissage *m*

touched ['tʌtʃt] ADJ (= *moved*) touché

touching ['tʌtʃɪŋ] ADJ touchant

touchline ['tʌtʃlaɪn] N (*Football*) (ligne *f* de) touche *f*

touchpad ['tʌtʃpæd] N pavé *m* tactile

touchpaper ['tʌtʃpeɪpəʳ] N papier *m* nitraté • **to light the blue ~** (*fig*) mettre le feu aux poudres

touchstone ['tʌtʃstəʊn] N pierre *f* de touche

touchy ['tʌtʃɪ] ADJ (= *easily annoyed*) susceptible (**about sth** sur la question de qch); (= *delicate*) [*subject, issue*] délicat ▸ **touchy-feely*** ADJ qui aime le contact physique

tough [tʌf] 1 ADJ a (= *strong*) [*material*] solide; [*meat*] coriace

b (= *mentally strong*) solide • **you have to be ~ to do that kind of work** il faut être solide pour faire ce genre de travail

c [*person*] (= *hard in character*) dur • **~ guy** dur *m* • **they're ~ customers** ce sont des durs à cuire* • **to get ~ with sb*** se montrer dur envers qn

d (= *hard*) [*resistance, struggle*] acharné; [*task*] pénible; [*problem*] difficile; [*neighbourhood*] dur • **it's ~ when you have kids** c'est dur quand on a des enfants • **to take a ~ line on sth** se montrer inflexible sur qch • **to take a ~ line with sb** se montrer inflexible avec qn • **it took ~ talking to get them to agree to the deal** il a fallu d'âpres négociations pour qu'ils acceptent de conclure cette affaire

e (= *unfortunate*)* **that's ~** c'est dur • **to have a ~ time of it*** en voir de dures* • **~ luck** déveine* *f* • **~ luck!** (= *you'll have to put up with it*) tant pis pour toi !

2 N (= *person*)* dur *m*

3 ADV **to act ~** jouer au dur

4 VT **to ~ it out*** (= *hold out*) tenir bon

5 COMP ▸ **tough cookie*** N dur(e) *m(f)* à cuire* ▸ **tough love*** N amour *m* vache* ▸ **tough-minded** ADJ inflexible

toughen ['tʌfn] VT [+ *person*] endurcir • **~ed glass** verre *m* trempé

toughness ['tʌfnɪs] N a [*of person*] (= *hardiness*) résistance *f*; (= *determination*) ténacité *f* b (= *roughness*) [*of person, school*] dureté *f* c (= *durability*) [*of material*] résistance *f*, solidité *f*; [*of skin*] dureté *f*

toupee ['tu:peɪ] N postiche *m*

tour [tʊəʳ] 1 N (= *journey*) voyage *m*; (*by team, musicians*) tournée *f*; [*of town, museum*] visite *f* • **they went on a ~ of the Lake District** ils ont fait un voyage dans la région des Lacs • **we went on a ~ of the Loire châteaux** nous avons visité les châteaux de la Loire • **to go on a walking/cycling ~** faire une randonnée à pied/en bicyclette • **to go on ~** [*band*] faire une tournée • **to be on ~** être en tournée • **~ of inspection** tournée *f* d'inspection • **~ of duty** période *f* de service

2 VT [+ *district, museum, factory*] visiter • **they are ~ing France** ils visitent la France; [*band, team*] ils sont en tournée en France

3 VI **to go ~ing** faire du tourisme • **they went ~ing in Italy** ils sont allés visiter l'Italie

4 COMP ▸ **tour director** N (*US*) accompagnateur *m*, -trice *f* ▸ **tour guide** N (= *person*) guide *m* ▸ **tour operator** N (*Brit*) (= *travel agency*) tour-opérateur *m*

tour de force [ˌtʊədəˈfɔ:s] N (*pl* **tours de force**) (= *action, performance*) exploit *m*; (= *novel*) chef-d'œuvre *m*

touring ['tʊərɪŋ] ADJ [*team*] en tournée • **~ company** (*permanently*) troupe *f* ambulante; (*temporarily*) troupe *f* en tournée

tourism ['tʊərɪzəm] N tourisme *m*

tourist ['tʊərɪst] 1 N touriste *mf* 2 ADV [*travel*] en classe touriste 3 ADJ [*class, ticket*] touriste *inv*; [*season*] touristique 4 COMP ▸ **tourist office** N office *m* du tourisme ▸ **tourist trade** N tourisme *m* ▸ **tourist trap** N piège *m* à touristes

touristy* ['tʊərɪstɪ] ADJ (trop) touristique

tournament ['tʊənəmənt] N tournoi *m* • **tennis ~** tournoi *m* de tennis

tourniquet ['tʊənɪkeɪ] N garrot *m*

tousled ['taʊzld] ADJ [*hair*] ébouriffé; [*person, appearance*] échevelé

tout [taʊt] 1 N (*Brit = ticket tout*) revendeur *m* de billets (*au marché noir*) 2 VT [+ *wares*] vendre; (*Brit*) [+ *tickets*] revendre (*au marché noir*) 3 VI racoler • **the taxi drivers were ~ing for the hotels** les chauffeurs de taxi racolaient des clients pour les hôtels

tow [təʊ] 1 N a **to give sb a ~** remorquer qn • **he had a couple of girls in ~*** il avait deux filles dans son sillage b (= *ski tow*) téléski *m* 2 VT [+ *boat, vehicle*] remorquer (**to, into** jusqu'à); [+ *caravan, trailer*] tracter 3 COMP ▸ **tow bar** N barre *f* de remorquage ▸ **towing-rope** N câble *m* de remorque ▸ **towing-truck** N dépanneuse *f* ▸ **tow truck** N (*US*) dépanneuse *f*

▸ **tow away** VT SEP [+ *illegally parked vehicle*] emmener en fourrière

toward [təˈwɔ:d], **towards** [təˈwɔ:dz] PREP a (*direction*) vers • **we are moving ~ a solution** nous nous acheminons vers une solution • **I'll put the prize money ~ a new car** le prix servira à m'acheter une nouvelle voiture b (*time*) vers • **~ 10 o'clock** vers 10 heures • **~ the end of the century** vers la fin du siècle c (*of attitude*) envers • **his attitude ~ them** son attitude envers eux

towaway zone ['təʊəweɪˌzəʊn] N (*US*) zone *f* de stationnement interdit (sous peine de mise en fourrière)

towel ['taʊəl] 1 N serviette *f* (de toilette); (= *tea towel*) torchon *m*; (*for hands*) essuie-mains *m* 2 VT frotter avec une serviette 3 COMP ▸ **towel rail** N porte-serviette(s) *m*

towelling ['taʊəlɪŋ] 1 N tissu *m* éponge 2 ADJ [*robe*] en tissu éponge

tower ['taʊəʳ] 1 (N) tour *f* • **the Tower of London** la tour de Londres • **church ~** clocher *m* • **he proved a ~ of strength to me** il s'est montré un soutien précieux pour moi 2 (VI) [*building, mountain, cliff*] se dresser de manière imposante • **the new block of flats ~s over the church** le nouvel immeuble domine complètement l'église • **he ~ed over her** il la dominait de toute sa hauteur 3 (COMP) ▸ **tower block** N (*Brit*) tour *f* (d'habitation)

towering ['taʊərɪŋ] (ADJ) ⓐ (= *tall*) [*building*] imposant par sa hauteur ⓑ (= *great*) [*achievement, performance*] grandiose; [*genius, ambition*] hors du commun • **in a ~ rage** dans une colère noire

town [taʊn] (N) ville *f* • **he lives in ~** il habite en ville • **she lives in a little ~** elle habite (dans) une petite ville • **guess who's in ~!** devine qui vient d'arriver en ville! • **he's out of ~** il est en déplacement • **he's from out of ~** (*US*) il est étranger à la ville • **to go to ~** aller en ville • **a country ~** une ville de province • **we're going out on the ~*** on va faire une virée en ville* • **they went to ~ on their daughter's wedding*** ils n'ont pas fait les choses à moitié pour le mariage de leur fille ▸ **town centre** N centre-ville *m* ▸ **town clerk** N ≈ secrétaire *mf* de mairie ▸ **town council** N conseil *m* municipal ▸ **town councillor** N (*Brit*) conseiller *m*, -ère *f* municipal(e) ▸ **town hall** N ≈ mairie *f*, ≈ hôtel *m* de ville ▸ **town meeting** N (*US*) *assemblée générale des habitants d'une localité* ▸ **town planner** N (*Brit*) urbaniste *mf* ▸ **town planning** N (*Brit*) urbanisme *m*

townee*, **townie*** [taʊ'ni:] (N) pur(e) citadin *m(f)*

townsfolk ['taʊnzfəʊk] (N) citadins *mpl*

township ['taʊnʃɪp] (N) (*in South Africa*) township *m or f*

townspeople ['taʊnzpi:pl] (NPL) citadins *mpl*

towpath ['təʊpɑ:θ] (N) chemin *m* de halage

towrope ['təʊrəʊp] (N) câble *m* de remorque

toxic ['tɒksɪk] 1 (ADJ) toxique (**to sb/sth** pour qn/qch) 2 (COMP) ▸ **toxic assets** NPL avoirs *mpl* toxiques ▸ **toxic bank** N banque *f* toxique ▸ **toxic shock syndrome** N syndrome *m* du choc toxique ▸ **toxic waste** N déchets *mpl* toxiques

toxicology [,tɒksɪ'kɒlədʒɪ] (N) toxicologie *f*

toxin ['tɒksɪn] (N) toxine *f*

toy [tɔɪ] 1 (N) jouet *m* 2 (VI) **to ~ with** [+ *object, sb's affections*] jouer avec; [+ *idea*] caresser • **to ~ with one's food** manger du bout des dents 3 (COMP) ▸ **toy boy*** N (*Brit*) gigolo* *m* ▸ **toy car** N petite voiture *f* ▸ **toy poodle** N caniche *m* nain ▸ **toy train** N petit train *m*; (*electric*) train *m* électrique

toybox ['tɔɪbɒks], **toychest** ['tɔɪtʃest] (N) coffre *m* à jouets

toyshop ['tɔɪʃɒp] (N) magasin *m* de jouets

trace [treɪs] 1 (N) trace *f* • **the police could find no ~ of the thief** la police n'a trouvé aucune trace du voleur • **~s of an ancient civilization** les vestiges *mpl* d'une ancienne civilisation • **there is no ~ of it now** il n'en reste plus trace maintenant • **~s of arsenic in the stomach** traces d'arsenic dans l'estomac • **to vanish without ~** disparaître sans laisser de traces • **without a ~ of ill-feeling** sans la moindre rancune

2 (VT) ⓐ (= *draw*) [+ *curve, line*] tracer; (*with tracing paper*) décalquer

ⓑ (= *follow trail of*) suivre la trace de; (*and locate*) retrouver • **ask the police to help you ~ him** demandez à la police de vous aider à le retrouver • **they ~d him as far as Paris but then lost him** ils ont pu suivre sa trace jusqu'à Paris mais l'ont perdu par la suite • **I can't ~ your file** je ne trouve pas trace de votre dossier

3 (COMP) ▸ **trace element, trace mineral** N oligoélément *m*

▸ **trace back** 1 VI **this ~s back to the loss of ...** ceci est imputable à la perte de ... 2 VT SEP **to ~ back one's ancestry to ...** faire remonter sa famille à ... • **they ~d the murder weapon back to a shop in Leeds** ils ont réussi à établir que l'arme du crime provenait d'un magasin de Leeds

traceability [,treɪsə'bɪlɪtɪ] (N) traçabilité *f*

traceable ['treɪsəbl] (ADJ) traçable

trachea [trə'kɪə] (N) trachée *f*

tracing paper ['treɪsɪŋ,peɪpəʳ] (N) papier *m* calque

track [træk] 1 (N) ⓐ (= *trail*) trace *f*; (= *route*) trajectoire *f* • **the hurricane destroyed everything in its ~** l'ouragan a tout détruit sur son passage • **to follow in sb's ~s** suivre les traces de qn • **to be on sb's ~** être sur la piste de qn • **to throw sb off the ~** désorienter qn • **to hide one's ~s** dissimuler ses traces • **to change ~** (*fig*) changer de cap • **to make ~s*** (= *leave*) se sauver* • **we must be making ~s*** il faut qu'on se sauve*

▸ **on track to be on ~** être sur la bonne voie • **to get the economy back on ~** remettre l'économie sur les rails • **to be on the right ~** être sur la bonne voie

▸ **to keep track of** [+ *events*] suivre le fil de; [+ *developments, situation*] rester au courant de • **they kept ~ of him till they reached the wood** ils ont suivi sa trace jusqu'au bois • **I kept ~ of her until she got married** je suis resté en contact avec elle jusqu'à son mariage • **keep ~ of the time** n'oubliez pas l'heure

▸ **to lose track of** [+ *developments, situation*] ne plus être au courant de; [+ *events*] perdre le fil de • **they lost ~ of him in the woods** ils ont perdu sa trace dans le bois • **I lost ~ of her after the war** je l'ai perdue de vue après la guerre • **to lose all ~ of time** perdre la notion du temps

ⓑ (= *path*) sentier *m*

ⓒ (*Rail*) voie *f* (ferrée) • **to cross the ~** traverser la voie • **single-~ line** ligne *f* à une voie • **to live on the wrong side of the ~s** (*US*) vivre dans les quartiers pauvres

ⓓ (*Sport*) piste *f*

ⓔ (= *athletics*) athlétisme *m*

ⓕ [*of CD, computer disk*] piste *f*; [*of long-playing record*] plage *f*; (= *piece of music*) morceau *m*

2 (VT) [+ *animal, person, vehicle*] suivre la trace de • **to ~ dirt over the floor** laisser des traces sales sur le plancher

3 (COMP) ▸ **track and field athletics** N athlétisme *m* ▸ **track event** N (*Sport*) épreuve *f* sur piste ▸ **track maintenance** N entretien *m* de la voie ▸ **track meet** N (*US Sport*) réunion *f* sportive sur piste ▸ **track record** N **to have a good ~ record** avoir fait ses preuves • **to have a poor ~ record** avoir eu de mauvais résultats ▸ **track shoe** N chaussure *f* de course ▸ **track system** N (*US*) système *m* de répartition des élèves par niveaux

▸ **track down** VT SEP [+ *lost object, reference*] (finir par) retrouver

trackback ['trækbæk] (N) (*Internet*) rétrolien *m*

trackball ['trækbɔ:l] (N) (*Comput*) boule *f* roulante

tracked [trækt] (ADJ) [*vehicle*] à chenilles

tracker dog ['trækə,dɒg] (N) chien *m* policier (*dressé pour retrouver les gens*)

trackman ['trækmən] (N) (*pl* **-men**) (*US*) responsable *m* de l'entretien des voies

trackpad ['trækpæd] (N) trackpad *m*

tracksuit ['træksu:t] (N) (*Brit*) survêtement *m*

tract [trækt] (N) [*of land, water*] étendue *f* ▸ **tract house** N (*US*) pavillon *m* (*dans un lotissement*)

tractable ['træktəbl] (ADJ) [*person*] accommodant; [*animal*] docile; [*problem*] soluble

traction ['trækʃən] (N) traction *f* ▸ **traction engine** N locomobile *f*

tractor ['træktəʳ] (N) tracteur *m* ▸ **tractor-trailer** N (*US*) semi-remorque *m*

tradable ['treɪdəbl] (ADJ) (*US*) commercialisable

trade [treɪd] 1 (N) ⓐ (= *commerce*) commerce *m*; (*illegal*) trafic *m* • **overseas ~** commerce *m* extérieur • **it's good for ~** ça fait marcher le commerce • **the fur ~** l'industrie *f* de la fourrure • **the drug ~** le marché de la drogue • **they do a lot of ~ with ...** ils font beaucoup d'affaires avec ... • **to do a brisk ~** vendre beaucoup (**in** de)
ⓑ (= *job, skill*) métier *m* • **she wants him to learn a ~** elle veut qu'il apprenne un métier • **he's in the ~** il est du métier
ⓒ (= *swap*) échange *m* • **to do a ~ with sb for sth** échanger qch avec qn
2 (VI) ⓐ [*country*] faire du commerce (**in** de)
ⓑ [*currency, commodity*] **to be trading at** se négocier à
ⓒ (= *exchange*) échanger
3 (VT) (= *exchange*) **to ~ A for B** échanger A contre B • **I ~d my penknife with him for his marbles** je lui ai donné mon canif en échange de ses billes • **to ~ places with sb** (*US*) changer de place avec qn
4 (COMP) ▸ **trade agreement** N accord *m* commercial ▸ **trade association** N association *f* commerciale ▸ **trade balance** N balance *f* commerciale ▸ **trade barriers** NPL barrières *fpl* douanières ▸ **trade deficit** N déficit *m* commercial ▸ **Trade Descriptions Act** N (*Brit*) *loi protégeant les consommateurs contre la publicité et les appellations mensongères* ▸ **trade fair** N foire-exposition *f* ▸ **trade figures** NPL résultats *mpl* financiers ▸ **trade gap** N déficit *m* commercial ▸ **trade-in** N reprise *f* • **~-in value** valeur *f* à la reprise ▸ **trade name** N nom *m* de marque ▸ **trade-off** N (= *exchange*) échange *m*; (*balancing*) compromis *m* ▸ **trade school** N collège *m* technique ▸ **trade secret** N secret *m* de fabrication ▸ **trade surplus** N excédent *m* commercial ▸ **trade talks** NPL négociations *fpl* commerciales ▸ **trade union** N syndicat *m* ▸ **trade unionism** N syndicalisme *m* ▸ **trade unionist** N syndicaliste *mf* ▸ **trade war** N guerre *f* commerciale
▸ **trade down** VI **to ~ down to a smaller car** vendre sa voiture pour en acheter une moins chère
▸ **trade in** VT SEP [+ *car, television*] obtenir une reprise pour
▸ **trade off** VT SEP (= *exchange*) **to ~ off one thing against another** échanger une chose contre une autre
▸ **trade up** VI **to ~ up to a bigger car** vendre sa voiture pour en acheter une plus grande

trademark ['treɪdmɑːk] (N) marque *f* (de fabrique) • **registered ~** marque *f* déposée

trader ['treɪdəʳ] (N) commerçant(e) *m(f)*; (*in shares*) opérateur *m* financier

tradesman ['treɪdzmən] (N) (*pl* **-men**) commerçant *m*

trading ['treɪdɪŋ] 1 (N) (*on Stock Exchange*) transactions *fpl* • **~ was brisk yesterday** l'activité *f* a été soutenue hier 2 (COMP) [*centre*] de commerce ▸ **trading company** N société *f* d'import-export ▸ **trading estate** N (*Brit*) zone *f* artisanale et commerciale ▸ **trading partner** N partenaire *mf* commercial(e) ▸ **trading standards office** N ≈ Direction *f* de la consommation et de la répression des fraudes

tradition [trə'dɪʃən] (N) tradition *f* • **according to ~** selon la tradition • **it's in the best ~ of ...** c'est dans la plus pure tradition de ...

traditional [trə'dɪʃənl] (ADJ) traditionnel • **it is ~ to do sth** il est de tradition de faire qch • **to be ~ in one's approach to sth** avoir une approche traditionnelle de qch • **~ medicine** médecine *f* traditionnelle

> The French word **traditionnel** has a double **n** and ends in **-el** instead of **-al**.

traditionalist [trə'dɪʃnəlɪst] (ADJ, N) traditionaliste *mf*

traditionally [trə'dɪʃnəlɪ] (ADV) traditionnellement

> The French word **traditionnellement** has a double **n** and contains **-elle-** instead of **-all-**.

traffic ['træfɪk] (*vb: pret, ptp* **trafficked**) 1 (N) ⓐ (*on roads*) circulation *f*; (*other*) trafic *m* • **road ~** circulation *f* routière • **holiday ~** circulation *f* des grands départs • **~ is heavy** il y a beaucoup de circulation • **~ out of Paris** la circulation dans le sens Paris-province • **~ in and out of Heathrow Airport** le trafic à destination et en provenance de l'aéroport de Heathrow
ⓑ (= *illegal trade*) trafic *m* (**in** de)
2 (VI) **to ~ in sth** faire le commerce de qch
3 (COMP) ▸ **traffic calming** N *mesures de ralentissement de la circulation en ville* ▸ **traffic circle** N (*US*) rond-point *m* ▸ **traffic cone** N cône *m* de signalisation ▸ **traffic control tower** N tour *f* de contrôle ▸ **traffic cop*** N ≈ agent *m* de police ▸ **traffic court** N (*US*) *tribunal où sont jugées les infractions au code de la route* ▸ **traffic duty** N **to be on ~ duty** faire la circulation ▸ **traffic jam** N bouchon *m* ▸ **traffic lights** NPL feux *mpl* de signalisation • **to go through the ~ lights at red** passer au rouge • **the ~ lights were green** le feu était vert ▸ **traffic offence** N infraction *f* au code de la route ▸ **traffic police** N police *f* de la route ▸ **traffic warden** N (*Brit*) contractuel(le) *m(f)*

> The French word **trafic** has only one **f**.

trafficker ['træfɪkəʳ] (N) trafiquant(e) *m(f)* (**in** en)

tragedy ['trædʒɪdɪ] (N) tragédie *f* • **it is a ~ that ...** il est tragique que ... + *subj* • **the ~ of it is that ...** ce qui est tragique, c'est que ...

tragic ['trædʒɪk] (ADJ) tragique

tragically ['trædʒɪkəlɪ] (ADV) tragiquement

trail [treɪl] 1 (N) ⓐ [*of blood*] traînée *f* • **to leave a ~ of destruction** tout détruire sur son passage
ⓑ (= *tracks*) trace *f*; (*Hunting*) piste *f* • **to be on the ~ of sb** être sur la piste de qn
ⓒ (= *path*) sentier *m*
2 (VT) ⓐ (= *follow*) suivre la piste de; (= *lag behind*) être dépassé par
ⓑ (= *drag*) [+ *object on rope, toy*] tirer • **he was ~ing his schoolbag behind him** il traînait son cartable derrière lui • **to ~ one's fingers through the water** laisser traîner ses doigts dans l'eau
ⓒ (= *announce as forthcoming*) donner un avant-goût de
3 (VI) ⓐ [*object*] traîner • **they were ~ing by 13 points** (*in competition*) ils étaient en retard de 13 points

(b) **to ~ along** (= *move wearily*) passer en traînant les pieds 4 COMP ▸**trail bike** * N moto *f* de moto-cross
▸**trail away, trail off** VI [*voice, music*] s'estomper

trailblazer ['treɪlbleɪzəʳ] N pionnier *m*, -ière *f*

trailblazing ['treɪlbleɪzɪŋ] ADJ (in)novateur (-trice *f*)

trailbreaker ['treɪlbreɪkəʳ] N pionnier *m*, -ière *f*

trailer ['treɪləʳ] 1 N (a) remorque *f*; (*US* = *caravan*) caravane *f* (b) (= *extract*) bande-annonce *f* 2 COMP ▸**trailer park** N (*US*) lotissement *m* de mobile homes ▸**trailer tent** N tente-caravane *f* ▸**trailer trash** * N (*US pej*) *pauvres vivant dans des mobile homes*

train [treɪn] 1 N (a) train *m*; (*in Underground*) métro *m* • **to go by ~** prendre le train • **to travel by ~** voyager par le train • **on the ~** dans le train
(b) (= *procession*) file *f* • **the war brought famine in its ~** la guerre amena la famine dans son sillage
(c) (= *series*) suite *f* • **a ~ of events** une suite d'événements • **it interrupted his ~ of thought** cela est venu interrompre le fil de ses pensées • **to set sth in ~** mettre qch en mouvement
(d) [*of dress*] traîne *f*
2 VT (a) (= *instruct*) former; [+ *player*] entraîner; [+ *animal*] dresser • **he is ~ing someone to take over from him** il forme son successeur • **to ~ an animal to do sth** apprendre à un animal à faire qch • **to ~ sb to do sth** apprendre à qn à faire qch; (*professionally*) former qn à faire qch • **to ~ o.s. to do sth** s'entraîner à faire qch • **to ~ sb to use sth** apprendre à qn à utiliser qch
(b) [+ *gun, camera, telescope*] braquer • **to ~ a plant along a wall** faire grimper une plante le long d'un mur
3 VI suivre une formation; (*Sport*) s'entraîner • **to ~ as a teacher** suivre une formation d'enseignant • **where did you ~?** où avez-vous reçu votre formation?
4 COMP [*strike*] des chemins de fer ▸**train crash** N accident *m* de chemin de fer ▸**train service** N **there is a very good ~ service to London** les trains pour Londres sont très fréquents ▸**train set** N train *m* électrique (*jouet*) ▸**train spotter** N (*Brit*) passionné(e) *m(f)* de trains; (= *nerd*)* crétin(e)* *m(f)* ▸**train-spotting** N (*Brit*) **to go ~-spotting** observer les trains (*pour identifier les divers types de locomotives*) ▸**train wreck** N (*fig*) épave *f* • **he's a complete ~ wreck** c'est une épave
▸**train up** VT SEP (*Brit*) former

trained [treɪnd] ADJ (= *qualified*) qualifié; [*nurse, teacher*] diplômé; [*animal*] dressé • **we need a ~ person for the job** il nous faut une personne qualifiée pour ce travail • **to the ~ eye** pour un œil exercé • **to be ~ for sth** avoir reçu une formation pour qch • **well-~** qui a reçu une bonne formation; [*child*] bien élevé; [*animal*] bien dressé

trainee [treɪ'niː] 1 N stagiaire *mf* 2 ADJ stagiaire • **~ hairdresser** apprenti(e) coiffeur *m*, -euse *f*

trainer ['treɪnəʳ] 1 N entraîneur *m*, -euse *f* 2 NPL **trainers** (= *shoes*) (*Brit*) tennis *fpl*; (*high-tops*) baskets *mpl*

training ['treɪnɪŋ] 1 N formation *f*; (*Sport*) entraînement *m*; [*of animal*] dressage *m* • **to be out of ~** (*Sport*) avoir perdu la forme • **to be in ~** (*Sport*) (= *preparing o.s.*) s'entraîner • **staff ~** formation *f* du personnel • **it is good ~** c'est un bon entraînement 2 COMP ▸**training camp** N camp *m* d'entraînement ▸**training shoes** NPL (*Brit*) tennis *fpl*; (*high-tops*) baskets *mpl*

traipse * [treɪps] VI **to ~ around** *or* **about** traîner

trait [treɪt] N trait *m* (*de caractère*)

traitor ['treɪtəʳ] N traître(sse) *m(f)* • **to be a ~ to one's country** trahir sa patrie

trajectory [trə'dʒektərɪ] N trajectoire *f*

tram [træm] N (*Brit*) tram(way) *m*

tramline ['træmlaɪn] N (*Brit*) (a) voie *f* de tramway (b) (*Tennis*) **~s** lignes *fpl* de côté

tramp [træmp] 1 N (a) (= *sound*) **the ~ of feet** le bruit de pas (b) (= *hike*) randonnée *f* (à pied) • **after a ten-hour ~** après dix heures de marche (c) (= *vagabond*) vagabond(e) *m(f)* (d) (= *woman*) **she's a ~*** elle est coureuse* 2 VI **to ~ along** (= *walk heavily*) marcher d'un pas lourd 3 VT **to ~ the streets** battre le pavé

trample ['træmpl] 1 VT **to ~ underfoot** [+ *sth on ground*] piétiner 2 VI **to ~ on** piétiner

trampoline ['træmpəliːn] 1 N trampoline *m* 2 VI faire du trampoline

trampolining ['træmpə,liːnɪŋ] N trampoline *m*

trampolinist [,træmpə'liːnɪst] N trampoliniste *mf*

tramway ['træmweɪ] N (*Brit*) (= *rails*) voie *f* de tramway

trance [trɑːns] N transe *f* • **to go into a ~** entrer en transe

tranche [trɑːnʃ] N (*Econ etc*) tranche *f*

tranquil ['træŋkwɪl] ADJ paisible

tranquillity, tranquility (*US*) [træŋ'kwɪlɪtɪ] N tranquillité *f*

tranquillize, tranquilize (*US*) ['træŋkwɪlaɪz] VT mettre sous tranquillisants

tranquillizer, tranquilizer (*US*) ['træŋkwɪlaɪzəʳ] N tranquillisant *m*

transact [træn'zækt] VT [+ *business*] traiter

transaction [træn'zækʃən] N transaction *f*

transatlantic ['trænzət'læntɪk] ADJ transatlantique; (*Brit*) (= *American*) américain

transcend [træn'send] VT transcender

transcendence [træn'sendəns], **transcendency** [træn'sendənsɪ] N transcendance *f*

transcendent [træn'sendənt] ADJ transcendant

transcendental [,trænsen'dentl] ADJ transcendantal ▸**transcendental meditation** N méditation *f* transcendantale

transcontinental ['trænz,kɒntɪ'nentl] ADJ transcontinental

transcribe [træn'skraɪb] VT transcrire

transcript ['trænskrɪpt] N transcription *f*; (*US*) [*of student*] dossier *m* complet de la scolarité

transcription [træn'skrɪpʃən] N transcription *f*

transept ['trænsept] N transept *m*

transfer 1 VT (a) (= *move*) transférer
(b) (= *hand over*) [+ *power*] faire passer; [+ *ownership*] transférer; [+ *money*] virer • **to ~ one's affection to sb** reporter son affection sur qn
(c) (= *copy*) [+ *design*] reporter (**to** sur)
(d) (*Brit*) **I'm ~ring you now** (*on phone*) je vous mets en communication maintenant
2 VI être transféré; (*US*) (= *change universities*) faire un transfert (pour une autre université) • **to ~ from one train to another** changer de train • **we had to ~ to a bus** nous avons dû changer et prendre un car
3 N (a) (= *move*) transfert *m* • **to ask for a ~** demander un transfert
(b) (= *handover*) [*of money*] virement *m*; [*of power*] passation *f* • **to pay sth by bank ~** payer qch par virement bancaire
(c) (= *picture*) décalcomanie *f*
(d) (= *transfer ticket*) billet *m* de correspondance

4 (COMP) ▸**transfer fee** N indemnité *f* de transfert ▸**transfer list** N (*Brit*) liste *f* des transferts ▸**transfer student** N (*US*) étudiant(e) *m(f)* venant d'une autre université

> Lorsque **transfer** est un verbe, l'accent tombe sur la seconde syllabe : [træns'fɜːr], lorsque c'est un nom, sur la première : ['trænsfɜːr].

transferable [træns'fɜːrəbl] (ADJ) [*ticket*] transmissible; [*skills*] réutilisable • **"not ~"** (*on ticket*) «ne peut être ni cédé ni échangé»

transference ['trænsfərəns] (N) [*of power*] passation *f*

transfigure [træns'fɪgəʳ] (VT) transfigurer

transfixed [træns'fɪkst] (ADJ) cloué • **to be** *or* **stand ~** être cloué sur place • **to be ~ with horror** être paralysé par l'horreur

transform [træns'fɔːm] (VT) transformer (**into** en); (= *change*) convertir (**into** en) • **to be ~ed into ...** se transformer en ...

transformation [ˌtrænsfə'meɪʃən] (N) transformation *f* (**into sth** en qch) • **to have undergone a complete ~** être complètement métamorphosé

transformer [træns'fɔːməʳ] (N) transformateur *m*

transfuse [træns'fjuːz] (VT) transfuser

transfusion [træns'fjuːʒən] (N) transfusion *f* • **blood ~** transfusion *f* sanguine • **to give sb a ~** faire une transfusion à qn

transgender [trænz'dʒendəʳ] (ADJ) transgenre *inv*

transgenic [trænz'dʒenɪk] (ADJ) transgénique

transgress [træns'gres] 1 (VT) transgresser 2 (VI) pécher

transgression [træns'greʃən] (N) (= *sin*) péché *m*

transgressor [træns'gresəʳ] (N) [*of law*] transgresseur *m* (*liter*); (= *sinner*) pécheur *m*, -eresse *f*

transience ['trænzɪəns] (N) caractère *m* éphémère

transient ['trænzɪənt] 1 (ADJ) [*feeling*] passager; [*fashion, relationship*] éphémère • **of a ~ nature** passager 2 (N) (*US: in hotel*) client(e) *m(f)* de passage

transistor [træn'zɪstəʳ] (N) transistor *m*

transit ['trænzɪt] 1 (N) transit *m* • **in ~** en transit 2 (COMP) [*goods, passengers*] en transit; [*documents, visa*] de transit ▸**transit camp** N camp *m* de transit ▸**transit lounge** N salle *f* de transit

transition [træn'zɪʃən] (N) transition *f*

transitional [træn'zɪʃənəl] (ADJ) de transition

transitive ['trænzɪtɪv] (ADJ) transitif

transitory ['trænzɪtərɪ] (ADJ) [*romance, peace*] éphémère

translate [trænz'leɪt] 1 (VT) traduire (**from** de, **into** en) • **how do you ~ "weather"?** quelle est la traduction de «weather»? • **to ~ ideas into actions** passer des idées aux actes • **the figures, ~d in terms of hours lost, mean ...** traduits en termes d'heures perdues, ces chiffres signifient ... 2 (VI) [*person*] traduire; [*word*] se traduire

translation [trænz'leɪʃən] (N) traduction *f* (**from** de, **into** en); (= *exercise*) version *f* • **the poem loses in ~** le poème perd à la traduction

translator [trænz'leɪtəʳ] (N) traducteur *m*, -trice *f*

translucent [trænz'luːsnt] (ADJ) translucide

transmissible [trænz'mɪsəbl] (ADJ) transmissible

transmission [trænz'mɪʃən] (N) transmission *f*; (*US* = *gearbox*) boîte *f* de vitesses

transmit [trænz'mɪt] (VT) transmettre; [+ *programme*] émettre

transmitter [trænz'mɪtəʳ] (N) émetteur *m*

transmute [trænz'mjuːt] (VT) transmuer (**into** en)

transparency [træns'pærənsɪ] (N) ⓐ transparence *f* ⓑ (*Brit* = *slide*) diapositive *f*; (*for overhead projector*) transparent *m*

transparent [træns'pærənt] (ADJ) transparent • **he's so ~** il est si transparent

transparently [træns'pærəntlɪ] (ADV) visiblement

transphobia [trænz'fəʊbɪə] (N) transphobie *f*

transpire [træns'paɪəʳ] (VI) (= *become known*) s'avérer; (= *happen*) se passer • **it ~d that ...** il s'est avéré que ...

transplant 1 (VT) transplanter; [+ *seedlings*] repiquer 2 (N) transplantation *f* • **he's had a heart ~** on lui a fait une greffe du cœur

> Lorsque **transplant** est un verbe, l'accent tombe sur la seconde syllabe : [træns'plɑːnt], lorsque c'est un nom, sur la première : ['trænsplɑːnt].

transplantation [ˌtrænsplɑːn'teɪʃən] (N) transplantation *f*

transport 1 (N) transport *m* • **road ~** transport *m* par route • **have you got ~ for this evening?*** tu as une voiture pour ce soir ? 2 (VT) transporter 3 (COMP) [*costs*] de transport; [*system*] des transports ▸**transport café** N (*Brit*) restaurant *m* de routiers ▸**Transport Police** N (*Brit*) ≈ police *f* des chemins de fer

> Lorsque **transport** est un nom, l'accent tombe sur la première syllabe : ['trænspɔːt], lorsque c'est un verbe, sur la seconde : [træns'pɔːt].

transportation [ˌtrænspɔː'teɪʃən] (N) (= *act of transporting*) transport *m*; (*US* = *means of transport*) moyen *m* de transport; [*of criminals*] transportation *f*

transporter [træns'pɔːtəʳ] (N) (= *car transporter*) camion *m* pour transport d'automobiles

transpose [træns'pəʊz] (VT) transposer

transposition [ˌtrænspə'zɪʃən] (N) transposition *f*

transputer [træns'pjuːtəʳ] (N) (*Comput*) transputeur *m*

transsexual [trænz'seksjʊəl] (N) transsexuel(le) *m(f)*

transshipment [træns'ʃɪpmənt] (N) transbordement *m*

transverse ['trænzvɜːs] (ADJ) transversal

transvestism [trænz'vestɪzəm] (N) travestisme *m*

transvestite [trænz'vestaɪt] (N) travesti(e) *m(f)*

Transylvania [ˌtrænsɪl'veɪnɪə] (N) Transylvanie *f*

trap [træp] 1 (N) ⓐ piège *m*; (= *covered hole*) trappe *f* • **to lay a ~** tendre un piège (**for sb** à qn) • **to catch in a ~** prendre au piège • **he fell into the ~** il est tombé dans le piège • **to fall into the ~ of doing sth** commettre l'erreur classique de faire qch

ⓑ (= *trap door*) trappe *f*

ⓒ (= *mouth*)‡ **shut your ~!** ta gueule !‡ • **keep your ~ shut** ferme-la‡

ⓓ (= *carriage*) cabriolet *m*

2 (NPL) **traps** (= *luggage*) bagages *mpl*

3 (VT) ⓐ (= *snare*) prendre au piège • **they ~ped him into admitting that ...** il est tombé dans leur piège et a admis que ...

ⓑ (= *immobilize, catch*) [+ *person*] immobiliser; [+ *object*] coincer • **20 miners were ~ped** 20 mineurs étaient bloqués • **~ped by the flames** cerné par les flammes • **to ~ one's finger in the door** se coincer le doigt dans la porte • **to ~ the ball** bloquer le ballon

4 COMP ▸**trap door** N trappe *f*

trapeze [trə'pi:z] N trapèze *m* ▸**trapeze artist** N trapéziste *mf*

trapper ['træpəʳ] N trappeur *m*

trappings ['træpɪŋz] NPL **all the ~ of success** tous les signes extérieurs du succès • **with all the ~ of kingship** avec tout le cérémonial de la royauté

Trappist ['træpɪst] 1 N trappiste *m* 2 ADJ de la Trappe

trapshooting ['træpʃu:tɪŋ] N ball-trap *m*

trash [træʃ] 1 N a (= *refuse*) ordures *fpl* • **have you taken out the ~?** tu as sorti la poubelle ? b (= *worthless thing*) camelote* *f*; (= *nonsense*) inepties *fpl* • **he talks a lot of ~** il raconte beaucoup de conneries‡ • **this is ~** ça ne vaut rien; (*goods*) c'est de la camelote* 2 VT* a (= *vandalize*) saccager b (= *criticize*) dénigrer 3 COMP ▸**trash can** N (*US*) poubelle *f*

trashy ['træʃɪ] ADJ nul (nulle *f*) • **~ goods** camelote* *f*

trauma ['trɔ:mə] N traumatisme *m*

traumatic [trɔ:'mætɪk] ADJ traumatique; [*experience, effect, event, relationship*] traumatisant • **it is ~ to lose one's job** c'est traumatisant de perdre son travail

traumatize ['trɔ:mətaɪz] VT traumatiser

travel ['trævl] 1 VI a (= *journey*) voyager • **they have ~led a lot** ils ont beaucoup voyagé • **they have ~led a long way** (*fig*) ils ont fait beaucoup de chemin • **as he was ~ling across France** pendant qu'il voyageait à travers la France • **to ~ through a region** (= *visit*) visiter une région • **to ~ light** voyager léger • **he ~s to work by car** il va au travail en voiture • **he was ~ling on a passport which ...** il voyageait avec un passeport qui ... b (= *move*) aller; [*machine part*] se déplacer • **to ~ at 80km/h** faire du 80 km/h • **you were ~ling too fast** vous rouliez trop vite • **light ~s at a speed of ...** la vitesse de la lumière est de ... • **news ~s fast** les nouvelles vont vite

2 VT **to ~ a country** parcourir un pays • **a much-~led road** une route très fréquentée • **they ~led 300km** ils ont fait 300 km

3 N (= *travelling*) le(s) voyage(s) *m(pl)* • **~ was difficult in those days** les voyages étaient difficiles à l'époque • **~ broadens the mind** les voyages ouvrent l'esprit

4 NPL **travels** voyages *mpl* • **his ~s in Spain** ses voyages en Espagne • **he's off on his ~s again** il repart en voyage • **if you meet him on your ~s** (= *see him*) si vous le rencontrez au cours de vos déplacements

5 COMP [*allowance, expenses*] de déplacement ▸**travel agency** N agence *f* de voyages ▸**travel agent** N agent *m* de voyages ▸**travel book** N récit *m* de voyages ▸**travel insurance** N assurance *f* voyage ▸**travel-sick** ADJ **to be ~-sick** avoir le mal des transports ▸**travel sickness** N mal *m* des transports ▸**travel-sickness pill** N comprimé *m* contre le mal des transports

travelator ['trævəleɪtəʳ] N tapis *m* roulant

traveller, traveler (*US*) ['trævləʳ] 1 N voyageur *m*, -euse *f* 2 NPL **travellers** (*Brit* = *gypsies*) gens *mpl* du voyage 3 COMP ▸**traveler's check** N (*US*) chèque *m* de voyage ▸**traveller's cheque** N chèque *m* de voyage ▸**traveller's tummy*** N tourista* *f*

travelling, traveling (*US*) ['trævlɪŋ] 1 N voyage(s) *m(pl)* 2 ADJ [*actor, circus, exhibition*] itinérant • **the ~ public** les gens qui se déplacent 3 COMP [*bag, scholarship*] de voyage; [*expenses, allowance*] de déplacement ▸**travelling salesman** N (*pl* **travelling salesmen**) voyageur *m* de commerce, VRP *m*

travelogue, travelog (*US*) ['trævəlɒg] N (= *talk*) compte rendu *m* de voyage; (= *film*) documentaire *m* touristique

traverse ['trævəs] VT traverser

travesty ['trævɪstɪ] N parodie *f* • **it was a ~ of justice** c'était une parodie de justice

trawl [trɔ:l] 1 VI **to ~ for sth** être en quête de qch 2 VT **to ~ a place for sth** ratisser un endroit à la recherche de qch

trawler ['trɔ:ləʳ] N chalutier *m*

tray [treɪ] N plateau *m*

treacherous ['tretʃərəs] ADJ a (= *disloyal*) déloyal b [*weather, road*] dangereux; [*waters, current, tide*] traître (traîtresse *f*)

treacherously ['tretʃərəslɪ] ADV traîtreusement • **the roads are ~ slippery** les routes sont dangereusement glissantes

treachery ['tretʃərɪ] N déloyauté *f*

treacle ['tri:kl] N (*Brit*) mélasse *f* ▸**treacle tart** N tarte *f* à la mélasse

treacly ['tri:klɪ] ADJ [*substance, sentimentality*] sirupeux; [*voice*] onctueux

tread [tred] (*vb: pret* **trod**, *ptp* **trodden**) 1 N a (= *footsteps*) pas *mpl*; (= *sound*) bruit *m* de pas b [*of tyre*] bande *f* de roulement 2 VI marcher • **to ~ on sth** marcher sur qch • **he trod on the cigarette end** il a écrasé le mégot du pied • **to ~ carefully** avancer avec précaution 3 VT a [+ *path, road*] parcourir (*à pied*) • **to ~ sth underfoot** fouler qch aux pieds • **you're ~ing mud into the carpet** tu étales de la boue sur le tapis • **well-trodden path** sentier *m* battu b (*pret, ptp* **treaded**) **to ~ water** faire du surplace

▸**tread down** VT SEP tasser du pied • **the grass was trodden down** l'herbe avait été piétinée

treadle ['tredl] N pédale *f*

treadmill ['tredmɪl] N (*for exercise*) tapis *m* de jogging • **he hated the ~ of life in the factory** il détestait la routine du travail d'usine

treason ['tri:zn] N trahison *f* • **high ~** haute trahison *f*

treasonable ['tri:zənəbl] ADJ qui relève de la trahison • **it was ~ to do such a thing** un tel acte relevait de la trahison

treasure ['treʒəʳ] 1 N trésor *m* • **she's a ~** elle est adorable 2 VT a (= *value greatly*) tenir beaucoup à • **this is my most ~d possession** c'est ce que je possède de plus précieux b (= *keep carefully*) garder précieusement; [+ *memory*] conserver précieusement 3 COMP ▸**treasure chest** N malle *f* au trésor; (= *rich source*) mine *f* ▸**treasure hunt** N chasse *f* au trésor ▸**treasure-trove** N trésor *m*; (= *valuable collection*) mine *f*; (= *rich source*) mine *f* d'or

treasurer ['treʒərəʳ] N trésorier *m*, -ière *f*

> **TREASURY**
>
> En Grande-Bretagne, « the **Treasury** » est le nom donné au ministère des Finances, et le ministre porte le nom de chancelier de l'Échiquier (« Chancellor of the Exchequer »). Il a sa résidence au 11, Downing Street.
>
> Aux États-Unis, le ministère correspondant est le « Department of the **Treasury** ».

treat [tri:t] 1 VT a traiter • **to ~ sb well** bien traiter qn • **to ~ sb badly** mal traiter qn • **to ~ sb like a child** traiter qn comme un enfant • **he ~ed me as**

though I was to blame il s'est conduit envers moi comme si c'était ma faute • you should ~ your mother with more respect vous devriez montrer plus de respect envers votre mère • you should ~ your books with more care tu devrais faire plus attention à tes livres • he ~ed the whole thing as a joke il a pris tout cela à la plaisanterie

ⓑ (medically) soigner • they ~ed the infection with penicillin ils ont soigné l'infection à la pénicilline

ⓒ (= pay for) to ~ sb to sth offrir qch à qn • to ~ o.s. to sth s'offrir qch

2 (N) (= pleasure) plaisir m • to have a ~ in store for sb réserver une agréable surprise à qn • what would you like as a birthday ~? qu'est-ce qui te ferait plaisir pour ton anniversaire? • it is a ~ for her to go out for a meal elle se fait une joie de dîner en ville • I want to give her a ~ je veux lui faire plaisir • to give o.s. a ~ se faire un petit plaisir

▸ a treat* (Brit) (= wonderfully) à merveille • the garden is coming on a ~ le jardin devient de plus en plus beau • it worked a ~ ça a marché comme sur des roulettes*

treatable ['tri:təbl] (ADJ) soignable

treatment ['tri:tmənt] (N) traitement m • his ~ of his parents la façon dont il traite ses parents • to give sb preferential ~ accorder à qn un traitement préférentiel • he got very good ~ there [patient] il a été très bien soigné là-bas • he needs medical ~ il a besoin de soins médicaux • he is having ~ for kidney trouble il suit un traitement pour ennuis rénaux ▸ treatment room N salle f de soins

treaty ['tri:tɪ] (N) traité m • to make a ~ with sb conclure un traité avec qn

treble ['trebl] 1 (ADJ) ⓐ (= triple) triple ⓑ [voice] de soprano (de jeune garçon) 2 (N) ⓐ (= part) soprano m; (= singer) soprano mf ⓑ (Recording) aigus mpl 3 (ADV) rents were ~ their current levels les loyers étaient trois fois plus élevés que ceux d'aujourd'hui 4 (VTI) tripler 5 (COMP) ▸ treble clef N clé f de sol ▸ treble recorder N flûte f à bec alto

tree [tri:] 1 (N) arbre m • cherry ~ cerisier m • money doesn't grow on ~s l'argent ne tombe pas du ciel • to be at the top of the ~ (Brit) être arrivé en haut de l'échelle (fig) 2 (COMP) ▸ tree diagram N représentation f en arbre ▸ tree house N cabane f construite dans un arbre ▸ tree-lined ADJ bordé d'arbres ▸ tree trunk N tronc m d'arbre

treetop ['tri:tɒp] (N) sommet m d'un arbre

trek [trek] 1 (VI) ⓐ (= go slowly) avancer avec peine; (as holiday: = to go trekking) faire du trekking ⓑ (= walk)* se traîner • I had to ~ over to the library il a fallu que je me traîne jusqu'à la bibliothèque 2 (N) (= hike) trekking m, randonnée f • it was quite a ~* to the hotel il y avait un bon bout de chemin* jusqu'à l'hôtel

trellis ['trelɪs] (N) treillis m

tremble ['trembl] 1 (VI) trembler; (with excitement, passion) frémir; [voice] (with fear, anger) trembler; (with age) chevroter; (with passion) vibrer • to ~ with fear trembler de peur • to ~ with cold grelotter 2 (N) tremblement m • to be all of a ~* trembler comme une feuille

trembling ['tremblɪŋ] 1 (ADJ) tremblant, frémissant 2 (N) tremblement m

tremendous [trə'mendəs] (ADJ) ⓐ (= great, enormous) énorme; [help, support, achievement, opportunity] extraordinaire; [storm, heat, explosion] terrible; [speed] fou (folle f); [victory] foudroyant • she taught me a ~ amount elle m'a énormément appris • a ~ sense of loyalty un sens très poussé de la loyauté ⓑ (= excellent)* [person] génial*; [goal, food] super* inv • she has done a ~ job elle a accompli un travail remarquable

tremendously [trə'mendəslɪ] (ADV) [important] extrêmement; [exciting] terriblement; [improve, vary] considérablement • they've done ~ well ils s'en sont extrêmement bien tirés

tremor ['tremə^r] (N) tremblement m

tremulous ['tremjʊləs] (ADJ) (= trembling) tremblant; [voice] (with fear, anger) tremblant; (with age) chevrotant

trench [trentʃ] (N) tranchée f; (wider) fossé m ▸ trench coat N trench-coat m

trend [trend] 1 (N) (= tendency) tendance f; (= fashion) mode f • upward/downward ~ [financial] tendance f à la hausse/à la baisse • the latest ~s in swimwear la dernière mode en maillots de bain • the ~ of events le cours des événements • to be on ~ être tendance • to set a ~ donner le ton; (= fashion) lancer une mode 2 (VI) ⓐ (= move) to trend downwards/upwards [prices, unemployment] tendre à la baisse/à la hausse ⓑ (on social media) buzzer, créer le buzz

trendsetter ['trendsetə^r] (N) (= person) personne f qui donne le ton (or qui lance une mode)

trendy* ['trendɪ] (ADJ) branché*; [opinions, behaviour] à la mode

trepidation [ˌtrepɪ'deɪʃən] (N) vive inquiétude f

trespass ['trespəs] 1 (N) ⓐ (= illegal entry) entrée f non autorisée ⓑ (= sin) offense f, péché m 2 (VI) entrer sans permission • "no ~ing" «entrée interdite» • you're ~ing vous êtes dans une propriété privée

trespasser ['trespəsə^r] (N) intrus(e) m(f) (dans une propriété privée) • "~s will be prosecuted" «défense d'entrer sous peine de poursuites»

tress [tres] (N) boucle f de cheveux • ~es chevelure f

trestle ['tresl] (N) tréteau m ▸ trestle table N table f à tréteaux

trial ['traɪəl] 1 (N) ⓐ (= proceedings) procès m • a new ~ was ordered la révision du procès a été demandée • at the ~ it emerged that ... au cours du procès il est apparu que ... • ~ by jury jugement m par jury • to be on ~ passer en jugement • to put sb on ~ faire passer qn en jugement • to come up for ~ [case] être jugé

ⓑ (= test) essai m • to take sb/sth on ~ prendre qn/qch à l'essai • to be on ~ [+ machine, employee] être à l'essai • sheepdog ~s concours m de chiens de berger • ~ of strength épreuve f de force • by ~ and error par essais et erreurs

ⓒ (= hardship) épreuve f; (= nuisance) souci m

2 (VT) (= test) tester

3 (COMP) [period] d'essai; [marriage] à l'essai ▸ trial basis N on a ~ basis à titre d'essai ▸ trial court N (US, Can) tribunal m d'instance ▸ trial judge N juge m d'instance ▸ trial run N [of machine] essai m; (fig) galop m d'essai

triangle ['traɪæŋgl] (N) triangle m

triangular [traɪ'æŋgjʊlə^r] (ADJ) triangulaire

triathlon [traɪ'æθlən] (N) triathlon m

tribal ['traɪbəl] (ADJ) tribal • they are ~ people ils vivent en tribu

tribe [traɪb] (N) tribu f

tribesman ['traɪbzmən] (N) (pl -men) membre m d'une tribu

tribulation [ˌtrɪbjʊˈleɪʃən] (N) **trials and ~s** tribulations *fpl*

tribunal [traɪˈbjuːnl] (N) tribunal *m*

tributary [ˈtrɪbjʊtərɪ] 1 (ADJ) tributaire 2 (N) (*= river*) affluent *m*

tribute [ˈtrɪbjuːt] (N) hommage *m* • **to pay ~ to sb** (*= honour*) rendre hommage à qn ▸ **tribute band** N *groupe qui joue les chansons d'un groupe célèbre, généralement en les imitant*

trice [traɪs] (N) **in a ~** en un clin d'œil

triceps [ˈtraɪseps] (N) (*pl* **triceps**) triceps *m*

trick [trɪk] 1 (N) ⓐ (*= dodge*) ruse *f*; (*= joke*) tour *m*; [*of conjurer, dog*] tour *m*; (*= special skill*) truc *m* • **it's a ~ to make you believe ...** c'est un stratagème pour vous faire croire ... • **he'll use every ~ in the book** il ne reculera devant rien • **that's the oldest ~ in the book** c'est le coup classique • **a dirty ~** un sale tour • **to play a ~ on sb** jouer un tour à qn • **a ~ of the trade** une ficelle du métier • **he's up to his old ~s again** il fait de nouveau des siennes* • **how's ~s?*** alors, quoi de neuf ?* • **that will do the ~*** ça fera l'affaire • **~ or treat!** donnez-moi quelque chose ou je vous joue un tour ! → HALLOWEEN
ⓑ (*= peculiarity*) particularité *f*; (*= habit*) habitude *f*; (*= mannerism*) tic *m* • **history has a ~ of repeating itself** l'histoire a le don de se répéter
ⓒ (*Cards*) levée *f* • **to take a ~** faire une levée • **he never misses a ~** rien ne lui échappe
2 (VT) (*= deceive*) rouler*; (*= swindle*) escroquer • **to ~ sb into doing** amener qn par la ruse à faire • **to ~ sb out of sth** obtenir qch de qn par la ruse
3 (COMP) ▸ **trick question** N question-piège *f*

trickery [ˈtrɪkərɪ] (N) ruse *f* • **by ~** par ruse

trickle [ˈtrɪkl] 1 (N) [*of water, blood*] filet *m* • **a ~ of people** quelques (rares) personnes *fpl* • **there was a steady ~ of letters** les lettres arrivaient en petit nombre mais régulièrement 2 (VI) [*water*] (*= drop slowly*) tomber goutte à goutte; (*= flow slowly*) dégouliner • **tears ~d down her cheeks** des larmes coulaient le long de ses joues • **the rain ~d down his neck** la pluie lui dégoulinait dans le cou • **to ~ in/away** [*people*] entrer/s'éloigner petit à petit • **the ball ~d into the net** le ballon a roulé doucement dans le filet

trickster [ˈtrɪkstəʳ] (N) filou *m*

tricky [ˈtrɪkɪ] (ADJ) [*task*] difficile; [*problem, question, situation*] délicat • **it is ~ to know how to respond** il est difficile de savoir comment réagir

tricolor, tricolour [ˈtrɪkələʳ] (N) drapeau *m* tricolore

tricycle [ˈtraɪsɪkl] (N) tricycle *m*

tridimensional [ˌtraɪdɪˈmenʃənl] (ADJ) à trois dimensions

tried and tested [ˌtraɪdəndˈtestɪd] (ADJ) **to be ~** avoir fait ses preuves • **select a couple of ingredients and add them to a tried-and-tested recipe of your own** choisissez un ou deux ingrédients et intégrez-les à une recette que vous connaissez bien

trier [ˈtraɪəʳ] (N) (*Brit*) **to be a ~** être persévérant

trifle [ˈtraɪfl] 1 (N) ⓐ (*= insignificant thing*) bagatelle *f* • **£5 is a mere ~** 5 livres, c'est trois fois rien
▸ **a trifle** un peu • **it's a ~ disappointing** c'est un peu décevant
ⓑ (*= dessert*) ≈ diplomate *m*
2 (VI) **he's not to be ~d with** il ne faut pas le traiter à la légère

trifling [ˈtraɪflɪŋ] (ADJ) insignifiant

trigger [ˈtrɪgəʳ] 1 (N) [*of gun*] détente *f*; [*of bomb*] détonateur *m*; [*of tool*] déclic *m* • **to pull the ~** appuyer sur la détente 2 (VT) (*also* **trigger off**) [*+ explosion, alarm*] déclencher; [*+ bomb*] amorcer; [*+ reaction*] provoquer 3 (COMP) ▸ **trigger-happy*** ADJ [*person*] à la gâchette facile

trigonometry [ˌtrɪgəˈnɒmɪtrɪ] (N) trigonométrie *f*

trike* [traɪk] (N) tricycle *m*

trilby [ˈtrɪlbɪ] (N) (*Brit: also* **trilby hat**) chapeau *m* mou

trillion [ˈtrɪljən] (N) (*Brit*) trillion *m*; (*US*) billion *m* • **there are ~s of places I want to go*** il y a des milliers d'endroits où j'aimerais aller

trilogy [ˈtrɪlədʒɪ] (N) trilogie *f*

trim [trɪm] 1 (ADJ) ⓐ (*= neat*) bien tenu
ⓑ (*= slim*) svelte; [*waist*] mince
2 (N) ⓐ ▸ **in trim** [*garden, house*] en état; [*person, athlete*] en forme • **to get into ~** se remettre en forme
ⓑ (*= haircut*) coupe *f* (d')entretien • **to have a ~** faire rafraîchir sa coupe de cheveux • **to give a ~** = **to trim**
ⓒ [*of car*] (*outside*) finitions *fpl* extérieures; (*on dress*) garniture *f*
3 (VT) ⓐ (*= cut*) [*+ beard*] tailler; [*+ hair*] rafraîchir; [*+ hedge*] tailler (légèrement) • **to ~ the edges of sth** couper les bords de qch
ⓑ (*= reduce*) **to ~ costs** réduire les dépenses • **to ~ the workforce** dégraisser les effectifs
ⓒ (*= decorate*) [*+ hat, dress*] orner (**with** de); [*+ Christmas tree*] décorer (**with** de)
▸ **trim away, trim off** VT SEP enlever aux ciseaux (*or* au couteau *or* à la cisaille)

trimester [trɪˈmestəʳ] (N) trimestre *m*

trimming [ˈtrɪmɪŋ] 1 (N) (*on garment*) parement *m* 2 (NPL) **trimmings** ⓐ (*= pieces cut off*) chutes *fpl* ⓑ **roast beef and all the ~s** du rosbif avec la garniture habituelle

Trinidad [ˈtrɪnɪdæd] (N) Trinité *f* • **~ and Tobago** Trinité-et-Tobago

Trinidadian [ˌtrɪnɪˈdædɪən] 1 (ADJ) trinidadien 2 (N) Trinidadien(ne) *m(f)*

trinity [ˈtrɪnɪtɪ] (N) trinité *f* • **the Holy Trinity** la Sainte Trinité

trinket [ˈtrɪŋkɪt] (N) (*= knick-knack*) babiole *f*; (*= jewel*) colifichet *m*

trio [ˈtrɪəʊ] (N) trio *m*

trip [trɪp] 1 (N) ⓐ (*= journey*) voyage *m*; (*= excursion*) excursion *f* • **he's away on a ~** il est en voyage • **we did the ~ in ten hours** nous avons mis dix heures pour faire le trajet • **he does three ~s to Scotland a week** il va en Écosse trois fois par semaine
ⓑ (*Drugs*)* trip* *m* • **to have a bad ~** faire un mauvais trip*
2 (VI) ⓐ (*= stumble*) (*also* **trip up**) trébucher (**on, over** contre, sur) • **he ~ped and fell** il a trébuché et il est tombé
ⓑ (*go lightly and quickly*) **to ~ along** marcher d'un pas léger
3 (VT) ⓐ (*make fall: also* **trip up**) faire trébucher; (*deliberately*) faire un croche-pied
ⓑ [*+ mechanism*] déclencher
4 (COMP) ▸ **trip switch** N télérupteur *m*
▸ **trip over** VI trébucher
▸ **trip up** 1 VI (*= fall*) trébucher; (*= make a mistake*) faire une erreur 2 VT SEP faire trébucher; (*deliberately*) faire un croche-pied à; (*in questioning*) prendre en défaut

tripartite [ˌtraɪˈpɑːtaɪt] (ADJ) tripartite; [*division*] en trois parties

t

tripe [traɪp] (N) (= *meat*) tripes *fpl* • **what absolute ~!*** quelles bêtises !

triple ['trɪpl] 1 (ADJ) triple 2 (N) (= *amount, number*) triple *m* 3 (ADV) **they paid him ~** ils l'ont payé trois fois plus • **it was ~ the previous sum** c'était trois fois plus que le montant précédent 4 (VTI) tripler 5 (COMP) ▸ **triple jump** N (*Sport*) triple saut *m*

triplet ['trɪplɪt] (N) (*people*) **~s** triplé(e)s *m(f)pl*

triplicate ['trɪplɪkɪt] (N) **in ~** en trois exemplaires

tripod ['traɪpɒd] (N) trépied *m*

tripper ['trɪpəʳ] (N) (*Brit*) touriste *mf*; (*on day trip*) excursionniste *mf*

triptych ['trɪptɪk] (N) triptyque *m*

trite [traɪt] (ADJ) [*subject, idea*] banal • **a ~ remark** un lieu commun

triumph ['traɪʌmf] 1 (N) triomphe *m* • **in ~** en triomphe • **it was a ~ for …** cela a été un triomphe pour … 2 (VI) triompher (**over** de)

triumphal [traɪ'ʌmfəl] (ADJ) triomphal ▸ **triumphal arch** N arc *m* de triomphe

triumphalist [traɪ'ʌmfəlɪst] (ADJ, N) triomphaliste *mf*

triumphant [traɪ'ʌmfənt] (ADJ) ⓐ (= *victorious*) victorieux ⓑ (= *exultant*) triomphant; [*return*] triomphal

triumphantly [traɪ'ʌmfəntlɪ] (ADV) triomphalement • **he waved ~** il a fait un geste de triomphe

trivia ['trɪvɪə] (NPL) futilités *fpl* • **pub ~ quiz** *jeu-concours qui a lieu dans un pub*

trivial ['trɪvɪəl] (ADJ) [*matter, detail*] insignifiant • **a ~ mistake** une faute sans gravité

triviality [ˌtrɪvɪ'ælɪtɪ] (N) (= *trivial nature*) caractère *m* insignifiant; (= *trivial thing*) bagatelle *f*

trivialize ['trɪvɪəlaɪz] (VT) banaliser

trod [trɒd] (VB) *pt of* **tread**

trodden ['trɒdn] (VB) *ptp of* **tread**

troglodyte ['trɒglədaɪt] (N) troglodyte *m*; (= *ignorant person*) homme *m* des cavernes

troika ['trɔɪkə] (N) troïka *f*

Trojan ['trəʊdʒən] 1 (ADJ) troyen 2 (N) Troyen(ne) *m(f)* • **to work like a ~** travailler comme un forçat 3 (COMP) ▸ **Trojan Horse** N cheval *m* de Troie

troll [trəʊl] (N) troll *m*

trolley ['trɒlɪ] (N) (*Brit*) chariot *m*; (*also* **tea trolley**) table *f* roulante; (*US* = *tramcar*) tram *m* • **to be off one's ~*** (*Brit*) avoir perdu la boule* ▸ **trolley bus** N trolleybus *m* ▸ **trolley car** N (*US*) tram *m*

trolling ['trəʊlɪŋ] (N) (*Internet*) trolling *m*

trombone [trɒm'bəʊn] (N) (= *instrument*) trombone *m*

trombonist [trɒm'bəʊnɪst] (N) tromboniste *mf*

troop [tru:p] 1 (N) bande *f*; [*of scouts*] troupe *f* • **~s** (= *soldiers*) troupes *fpl*
2 (VI) **to ~ in** entrer en groupe • **they all ~ed over to the window** ils sont tous allés s'attrouper près de la fenêtre
3 (VT) (*Brit*)
▸ **to troop the colour** faire le salut au drapeau
4 (COMP) [*movements*] de troupes ▸ **troop carrier** N (= *lorry*) transport *m* de troupes; (= *plane*) avion *m* de transport militaire

trooper ['tru:pəʳ] (N) (*US* = *state trooper*) ≈ CRS *m*

trophy ['trəʊfɪ] (N) trophée *m*

tropic ['trɒpɪk] (N) tropique *m* • **Tropic of Cancer/Capricorn** tropique *m* du Cancer/du Capricorne • **in the ~s** sous les tropiques

tropical ['trɒpɪkəl] (ADJ) tropical

trot [trɒt] 1 (N) (= *pace*) trot *m* • **to go at a ~** trotter ▸ **on the trot*** **five days on the ~** cinq jours de suite • **to keep sb on the ~** ne pas accorder une minute de répit à qn
2 (VI) trotter
▸ **trot away, trot off** VI partir (en courant)
▸ **trot out** VT SEP [+ *excuses, reasons*] débiter

trotter ['trɒtəʳ] (N) ⓐ (= *horse*) trotteur *m*, -euse *f* ⓑ (*Brit: to eat*) **pig's ~s** pieds *mpl* de porc

troubadour ['tru:bədɔ:ʳ] (N) troubadour *m*

trouble ['trʌbl] 1 (N) ⓐ (= *difficulties*) ennuis *mpl* • **to be in ~** avoir des ennuis • **he's in ~ with the boss** il a des ennuis avec le patron • **to get into ~** s'attirer des ennuis • **to get sb into ~** causer des ennuis à qn • **to get out of ~** se tirer d'affaire • **to make ~** causer des ennuis (**for sb** à qn) • **I don't want any ~** je ne veux pas d'ennuis • **it's asking for ~** c'est se chercher des ennuis • **he goes around looking for ~** il cherche les ennuis
ⓑ (= *bother*) mal *m*, peine *f* • **it's not worth the ~** cela n'en vaut pas la peine • **it is more ~ than it is worth** ça ne vaut pas la peine de s'embêter avec ça • **nothing is too much ~ for her** elle se dépense sans compter • **he went to enormous ~ to help us** il s'est mis en quatre pour nous aider • **to take the ~ to do sth** se donner la peine de faire qch • **he took a lot of ~ over his essay** il s'est vraiment donné beaucoup de mal pour sa dissertation • **it's no ~** cela ne me dérange pas • **I don't want to put you to any ~** je ne veux pas vous déranger
ⓒ (= *problem*) problème *m*; (= *nuisance*) ennui *m* • **what's the ~?** qu'est-ce qui ne va pas ? • **the ~ is that …** l'ennui (c')est que … • **the carburettor is giving us ~** nous avons des problèmes de carburateur • **he caused ~ between them** il a semé la discorde entre eux • **I'm having ~ with my son** mon fils me donne des soucis • **did you have any ~ getting here?** est-ce que vous avez eu du mal à trouver ? • **now your ~s are over** vous voilà au bout de vos peines • **I have back ~** j'ai des problèmes de dos
ⓓ (= *unrest*) agitation *f* • **there's been a lot of ~ in prisons lately** il y a eu de nombreux incidents dans les prisons ces derniers temps • **the Troubles** *les conflits en Irlande du Nord*
2 (VT) ⓐ (= *worry*) inquiéter; (= *inconvenience*) gêner; (= *upset*) troubler • **there's one detail that ~s me** il y a un détail qui me gêne
ⓑ (= *bother*) déranger • **I am sorry to ~ you** je suis désolé de vous déranger
3 (VI) **to ~ to do sth** se donner la peine de faire qch
4 (COMP) ▸ **trouble-free** ADJ [*period, visit*] sans ennuis ▸ **trouble spot** N point *m* chaud

troubled ['trʌbld] (ADJ) ⓐ (= *worried*) inquiet (-ète *f*) ⓑ (= *disturbed*) [*relationship*] mouvementé; [*country*] en proie à des troubles

troublemaker ['trʌblmeɪkəʳ] (N) fauteur *m*, -trice *f* de troubles

troubleshooter ['trʌblʃu:təʳ] (N) expert *m* (appelé en cas de crise); (*in conflict*) médiateur *m*

troubleshooting ['trʌblʃu:tɪŋ] (N) (= *fixing problems*) dépannage *m* • **most of my job is ~** l'essentiel de mon travail consiste à régler les problèmes

troublesome ['trʌblsəm] (ADJ) [*person*] pénible; [*pupil, question, task*] difficile; [*cough, injury*] gênant

trough [trɒf] (N) ⓐ (= *depression*) dépression *f*; (*fig*) creux *m* ⓑ (= *drinking trough*) abreuvoir *m*; (= *feeding trough*) auge *f*

trounce [traʊns] (VT) (= *defeat*) écraser

troupe [tru:p] (N) troupe *f*
trouser ['traʊzəʳ] (*Brit*) (N) **~s** *pl* pantalon *m* • **a pair of ~s** un pantalon ▸ **trouser press** N presse *f* à pantalons ▸ **trouser suit** N tailleur-pantalon *m*
trousseau ['tru:səʊ] (N) trousseau *m* (*de jeune mariée*)
trout [traʊt] (N) (*pl* **trout**) truite *f* ▸ **trout fishing** N pêche *f* à la truite
trowel ['traʊəl] (N) truelle *f*; (*for gardening*) transplantoir *m*
truancy ['trʊənsɪ] (N) absentéisme *m* (scolaire)
truant ['trʊənt] (N) élève *mf* absent(e) sans autorisation • **to play ~** manquer les cours ▸ **truant officer** N (*US*) *fonctionnaire chargé de faire respecter les règlements scolaires*
truce [tru:s] (N) trêve *f* • **to call a ~** faire une trêve
truck [trʌk] 1 (N) ⓐ (*= lorry*) camion *m*; (*Brit Rail*) wagon *m* à plateforme; (*= luggage handcart*) chariot *m* à bagages; (*two-wheeled*) diable *m* ⓑ **to have no ~ with ...** refuser d'avoir affaire à ... ⓒ (*US = vegetables*) produits *mpl* maraîchers 2 (VTI) (*US*) camionner 3 (COMP) ▸ **truck stop** N (*US*) restaurant *m* de routiers
truckdriver ['trʌkdraɪvəʳ] (N) routier *m*
trucker ['trʌkəʳ] (N) (*= truck driver*) routier *m*
trucking ['trʌkɪŋ] (N) (*US*) camionnage *m*
truckle bed ['trʌkl,bed] (N) (*Brit*) lit *m* gigogne *inv*
truckload ['trʌkləʊd] (N) camion *m* (*cargaison*)
truculence ['trʌkjʊləns] (N) agressivité *f*
truculent ['trʌkjʊlənt] (ADJ) agressif
trudge [trʌdʒ] 1 (VI) **to ~ along** marcher en traînant les pieds • **we ~d round the shops** nous nous sommes traînés de magasin en magasin 2 (VT) **to ~ the streets** se traîner de rue en rue
true [tru:] 1 (ADJ) ⓐ (*= correct*) vrai; [*description, account*] fidèle • **it is ~ that ...** il est vrai que ... + *indic* • **is it ~ that ...?** est-il vrai que ... + *indic* ? • **it's not ~ that ...** il n'est pas vrai que ... + *indic* • **can it be ~ that ...?** est-il possible que ... + *subj* ? • **is it ~ about Vivian?** est-ce vrai, ce que l'on dit à propos de Vivian ? • **it is ~ to say that ...** il est vrai que ... • **this is particularly ~ of ...** cela s'applique particulièrement à ... • **that's ~!** c'est vrai ! • **too ~!*** ça c'est bien vrai ! • **to come ~** [*dream*] se réaliser • **to make sth come ~** faire que qch se réalise • **the same is ~ of** il en va de même pour • **he's got so much money it's not ~!*** c'est incroyable ce qu'il est riche !
ⓑ (*= real*) véritable; [*cost*] réel • **in Turkey you will discover the ~ meaning of hospitality** en Turquie, vous découvrirez le véritable sens de l'hospitalité • **in the ~ sense (of the word)** au sens propre (du terme) • **to hide one's ~ feelings** cacher ses sentiments (profonds) • **to discover one's ~ self** découvrir son véritable moi • **~ love** le grand amour • **to find ~ love with sb** connaître le grand amour avec qn
ⓒ (*= faithful*) fidèle • **to be ~ to one's word** être fidèle à sa promesse • **~ to life** (*= realistic*) réaliste • **~ to form, he ...** comme on pouvait s'y attendre, il ...
ⓓ [*surface, join*] plan; [*wall, upright*] d'aplomb; [*wheel*] dans l'axe
2 (N) ▸ **out of true** [*upright, wall*] pas d'aplomb; [*surface*] gondolé; [*join*] mal aligné; [*wheel*] voilé
3 (COMP) ▸ **true-blue*** ADJ [*Conservative, Republican*] pur jus* ▸ **true-born** ADJ vrai
truffle ['trʌfl] (N) truffe *f*
truism ['tru:ɪzəm] (N) truisme *m*
truly ['tru:lɪ] (ADV) ⓐ (*= genuinely*) vraiment • **a ~ terrible film** un film vraiment mauvais • **he's a ~ great writer** c'est véritablement un grand écrivain • **really and ~?*** vraiment ? • **well and ~** bel et bien
ⓑ (*= faithfully*) fidèlement
▸ **yours truly** (*at end of letter*) je vous prie d'agréer mes salutations distinguées
trump [trʌmp] (N) (*Cards*) atout *m* • **spades are ~s** atout pique • **he had a ~ up his sleeve** il avait un atout en réserve • **to come up ~s*** (*Brit*) (*= succeed*) mettre dans le mille ▸ **trump card** N (*fig*) carte *f* maîtresse
trumped up [,trʌmpt'ʌp] (ADJ) **a ~ charge** une accusation inventée de toutes pièces
trumpet ['trʌmpɪt] 1 (N) trompette *f* 2 (VT) trompeter
trumpeter ['trʌmpɪtəʳ] (N) trompettiste *mf*
truncate [trʌŋ'keɪt] (VT) tronquer
truncheon ['trʌntʃən] (N) matraque *f*
trundle ['trʌndl] 1 (VT) (*= push/roll*) pousser/faire rouler bruyamment 2 (VI) **to ~ along** passer bruyamment
trunk [trʌŋk] 1 (N) [*of tree*] tronc *m*; [*of elephant*] trompe *f*; (*= luggage*) malle *f*; (*US = car boot*) coffre *m* 2 (NPL) **trunks** maillot *m* de bain 3 (COMP) ▸ **trunk road** N (*Brit*) (route *f*) nationale *f* → ROADS
truss [trʌs] (N) bandage *m* herniaire
▸ **truss up** VT SEP [*+ prisoner*] ligoter
trust [trʌst] 1 (N) ⓐ (*= faith*) confiance *f* • **breach of ~** abus *m* de confiance • **to put one's ~ in sb/sth** faire confiance à qn/qch • **to take sth on ~** accepter qch les yeux fermés
ⓑ (*= fund*) ≈ fondation *f* • **to set up a ~ (for sb)** instituer un fidéicommis (à l'intention de qn)
ⓒ (*= cartel*) trust *m*
2 (VT) ⓐ (*= believe in*) avoir confiance en; [*+ method, promise*] se fier à • **don't you ~ me?** tu n'as pas confiance (en moi) ? • **he is not to be ~ed** on ne peut pas lui faire confiance • **you can ~ me** vous pouvez avoir confiance en moi • **the child is too young to be ~ed on the roads** l'enfant est trop petit pour qu'on le laisse aller dans la rue tout seul • **~ you!*** ça ne m'étonne pas de toi ! • **~ him to break it!*** pour casser quelque chose on peut lui faire confiance !
ⓑ (*= hope*) espérer (**that** que) • **I ~ he was joking!** il plaisantait, j'espère ! • **I ~ not** j'espère que non
3 (VI) **to ~ in sb** se fier à qn • **I'll have to ~ to luck** il faudra que je m'en remette à la chance
4 (COMP) ▸ **trust fund** N fonds *m* en fidéicommis
trusted ['trʌstɪd] (ADJ) [*friend, servant*] fiable; [*method*] éprouvé
trustee [trʌs'ti:] (N) curateur *m*, -trice *f*
trustful ['trʌstfʊl], **trusting** ['trʌstɪŋ] (ADJ) confiant
trustworthiness ['trʌst,wɜ:ðɪnɪs] (N) [*of person*] loyauté *f*
trustworthy ['trʌst,wɜ:ðɪ] (ADJ) digne de confiance; [*report, account*] fidèle
truth [tru:θ] (N) (*pl* **truths** [tru:ðz]) vérité *f* • **you must always tell the ~** il faut toujours dire la vérité • **to tell you the ~, he ...** à vrai dire, il ... • **there's no ~ in what he says** il n'y a pas un mot de vrai dans ce qu'il dit
truthful ['tru:θfʊl] (ADJ) ⓐ (*= honest*) **he's a very ~ person** il dit toujours la vérité • **he was not being entirely ~** il ne disait pas entièrement la vérité ⓑ (*= true*) exact
truthfully ['tru:θfəlɪ] (ADV) honnêtement
truthfulness ['tru:θfʊlnɪs] (N) véracité *f*
try [traɪ] 1 (N) ⓐ (*= attempt*) essai *m*, tentative *f* • **to have a ~** essayer (**at doing sth** de faire qch) • **to give sth a ~** essayer qch • **it was a good ~** il a (*or* tu as *etc*) vraiment essayé • **it's**

t

worth a ~ cela vaut le coup d'essayer • **after three tries he gave up** il a abandonné après trois tentatives
ⓑ (*Rugby*) essai *m* • **to score a ~** marquer un essai
2 (VT) ⓐ (= *attempt*) essayer (**to do sth** de faire qch); (= *seek*) chercher (**to do sth** à faire qch) • **~ to eat** *or* **~ and eat some of it** essaie d'en manger un peu • **you've only tried three questions** vous avez seulement essayé de répondre à trois questions • **to ~ one's best** faire de son mieux (**to do sth** pour faire qch)
ⓑ (= *sample, experiment with*) essayer • **have you tried these olives?** avez-vous goûté ces olives ? • **have you tried aspirin?** avez-vous essayé (de prendre de) l'aspirine ? • **~ pushing that button** essayez de presser ce bouton • **I tried three hotels but they were all full** j'ai essayé trois hôtels mais ils étaient tous complets • **to ~ the door** essayer d'ouvrir la porte • **~ this for size** essaie ça pour voir si c'est la bonne taille; (*when suggesting sth*) écoute un peu ça
ⓒ (= *test, put strain on*) mettre à l'épreuve; [+ *vehicle, machine*] tester • **to ~ one's luck** tenter sa chance • **they have been sorely tried** ils ont été durement éprouvés
ⓓ [+ *person, case*] juger
3 (VI) essayer • **~ again!** recommence ! • **just you ~!** essaie un peu pour voir !* • **I couldn't have done that if I'd tried** je n'aurais pas pu faire cela même si je l'avais voulu • **to ~ for a scholarship** essayer d'obtenir une bourse • **it wasn't for lack of ~ing that he ...** ce n'était pas faute d'avoir essayé qu'il ...
4 (COMP) ▸ **try line** N (*Rugby*) ligne *f* de but
▸ **try on** VT SEP ⓐ [+ *garment, shoe*] essayer ⓑ (*Brit*) **he's ~ing it on*** il essaie de voir jusqu'où il peut aller
▸ **try out** VT SEP essayer; [+ *employee*] mettre à l'essai

trying ['traɪɪŋ] (ADJ) [*person*] pénible; [*experience, time*] éprouvant

tryout ['traɪaʊt] (N) (= *trial*) essai *m*; (*Sport*) épreuve *f* de sélection

tryst [trɪst] (N) (= *meeting*) rendez-vous *m* galant

tsar [zɑːʳ] (N) tsar *m*

tsarina [zɑːˈriːnə] (N) tsarine *f*

tsetse fly ['tsetsɪflaɪ] (N) mouche *f* tsé-tsé *inv*

tsp. (ABBR OF **teaspoon(ful)**) c. *f* à café

tsunami [tsʊˈnɑːmɪ] (N) tsunami *m*

tub [tʌb] (N) cuve *f*; (*for washing clothes*) baquet *m*; (*also* **bathtub**) baignoire *f*; (*for cream*) (petit) pot *m*

tuba ['tjuːbə] (N) tuba *m*

tubby* ['tʌbɪ] (ADJ) rondelet

tube [tjuːb] 1 (N) ⓐ tube *m*; [*of tyre*] chambre *f* à air • **to go down the ~s*** tourner en eau de boudin* ⓑ **the ~** (*Brit*) (= *underground*) le métro • **to go by ~** prendre le métro ⓒ **the ~*** (*US* = *television*) la télé* 2 (COMP) ▸ **tube station** N (*Brit*) station *f* de métro

tubeless tyre [,tjuːblɪsˈtaɪəʳ] (N) pneu *m* tubeless

tuber ['tjuːbəʳ] (N) tubercule *m*

tuberculosis [tjʊ,bɜːkjʊˈləʊsɪs] (N) tuberculose *f*

tubing ['tjuːbɪŋ] (N) ⓐ (= *pipes*) tubes *mpl* • **a length of ~** un tube ⓑ (*Sport*) tubing *m* • **to go snow/river ~** faire du tubing sur neige/rivière

tubular ['tjuːbjʊləʳ] (ADJ) tubulaire ▸ **tubular bells** NPL carillon *m*

TUC [tiːjuːˈsiː] (N) (*Brit*) (ABBR OF **Trades Union Congress**) confédération *f* des syndicats britanniques

tuck [tʌk] 1 (N) (*Sewing*) rempli *m* 2 (VT) mettre • **he ~ed the envelope into his pocket** il a mis l'enveloppe dans sa poche • **he ~ed his shirt into his trousers** il a rentré sa chemise dans son pantalon 3 (VI) **to ~ into a meal*** attaquer un repas 4 (COMP) ▸ **tuck-shop** N (*Brit*) *petite boutique où les écoliers peuvent acheter des pâtisseries, des bonbons etc*
▸ **tuck away** VT SEP (= *put away*) ranger • **the hut is ~ed away among the trees** la cabane est cachée parmi les arbres
▸ **tuck in** 1 VI (*Brit* = *eat*) **~ in!*** allez-y, mangez ! 2 VT SEP [+ *shirt, flap*] rentrer; [+ *bedclothes*] border • **to ~ sb in** border qn
▸ **tuck up** VT SEP **to ~ sb up (in bed)** (*Brit*) border qn (dans son lit)

tucker* ['tʌkəʳ] (VT) (*US*) crever* • **~ed (out)*** crevé*

Tue., Tues. (ABBR OF **Tuesday**)

Tuesday ['tjuːzdɪ] (N) mardi *m* → **Saturday**

> ✎ Days of the week in French are not spelt with a capital letter.

tuft [tʌft] (N) touffe *f*

tug [tʌg] 1 (N) ⓐ (= *pull*) **to give sth a ~** tirer sur qch • **I felt a ~ at my sleeve** j'ai senti qu'on me tirait par la manche ⓑ (*also* **tugboat**) remorqueur *m* 2 (VT) (= *pull*) [+ *rope, sleeve*] tirer sur; (= *drag*) tirer 3 (VI) tirer fort (**at, on** sur) 4 (COMP) ▸ **tug-of-war** N tir *m* à la corde; (*fig*) lutte *f* (acharnée)

tuition [tjʊˈɪʃən] (N) cours *mpl* • **private ~** cours *mpl* particuliers (**in** de) ▸ **tuition fees** NPL droits *mpl* d'inscription

tulip ['tjuːlɪp] (N) tulipe *f*

tumble ['tʌmbl] 1 (N) culbute *f* • **to take a ~** dégringoler
2 (VI) ⓐ (= *fall*) dégringoler; [*river, stream*] descendre en cascade; [*prices*] chuter • **to ~ downstairs** dégringoler dans l'escalier • **he ~d into the river** il est tombé dans la rivière • **the clothes ~d out of the cupboard** la pile de vêtements a dégringolé quand on a ouvert le placard
ⓑ (= *rush*) se jeter • **he ~d out of bed** il a bondi hors du lit ⓒ (*Brit* = *realize*)* **to ~ to sth** réaliser* qch 3 (COMP)
▸ **tumble-dry** VT faire sécher dans le sèche-linge
▸ **tumble dryer** N sèche-linge *m*

tumbledown ['tʌmbldaʊn] (ADJ) délabré

tumbler ['tʌmbləʳ] (N) (= *glass*) verre *m* (droit)

tummy* ['tʌmɪ] (N) ventre *m*

tummyache* ['tʌmɪeɪk] (N) mal *m* de ventre

tumour, tumor (*US*) ['tjuːməʳ] (N) tumeur *f*

tumult ['tjuːmʌlt] (N) (= *uproar*) tumulte *m*; (*emotional*) émoi *m*

tumultuous [tjuːˈmʌltjʊəs] (ADJ) [*events, period*] tumultueux; [*welcome*] enthousiaste; [*applause*] frénétique

tuna ['tjuːnə] (N) (*also* **tuna fish**) thon *m*

tundra ['tʌndrə] (N) toundra *f*

tune [tjuːn] 1 (N) ⓐ (= *melody*) air *m* • **he gave us a ~ on the piano** il nous a joué un air au piano • **to change one's ~** changer de discours • **to call the ~** (= *give orders*) commander ⓑ **to be in ~** [*instrument*] être accordé • **to be out of ~** [*instrument*] être désaccordé • **to sing in ~** chanter juste • **to be in/out of ~ with ...** être en accord/désaccord avec ... 2 (VT) [+ *instrument*] accorder; [+ *radio, TV*] régler (**to** sur)
▸ **tune in** 1 VI se mettre à l'écoute (**to** de) 2 VT SEP [+ *radio, TV*] régler (**to** sur) • **to be ~d in to sth** (= *aware of*) être à l'écoute de qch

▸ **tune up** VI [*musician*] accorder son instrument
tuneful ['tju:nfʊl] (ADJ) mélodieux
tuner ['tju:nəʳ] (N) (= *radio*) tuner *m*
tungsten ['tʌŋstən] (N) tungstène *m*
tunic ['tju:nɪk] (N) tunique *f*
Tunis ['tju:nɪs] (N) Tunis
Tunisia [tju:'nɪzɪə] (N) Tunisie *f*
Tunisian [tju:'nɪzɪən] 1 (ADJ) tunisien 2 (N) Tunisien(ne) *m(f)*
tunnel ['tʌnl] 1 (N) tunnel *m* 2 (VI) creuser des galeries 3 (COMP) ▸ **tunnel vision** N (*Optics*) rétrécissement *m* du champ visuel • **to have ~ vision** (*fig*) avoir des œillères
turban ['tɜ:bən] (N) turban *m*
turbine ['tɜ:baɪn] (N) turbine *f* • **steam/gas ~** turbine *f* à vapeur/à gaz
turbo ['tɜ:bəʊ] (N) turbo *m*
turbot ['tɜ:bət] (N) turbot *m*
turbulence ['tɜ:bjʊləns] (N) turbulence *f*
turbulent ['tɜ:bjʊlənt] (ADJ) ⓐ [*water, sea*] agité ⓑ [*time, period*] agité; [*history, events, career*] tumultueux
turd** [tɜ:d] (N) merde** *f*
tureen [tə'ri:n] (N) soupière *f*
turf [tɜ:f] (N) (= *grass*) gazon *m* ▸ **turf war** N guerre *f* de territoire
▸ **turf out*** VT SEP (*Brit*) [+ *person*] virer*
turgid ['tɜ:dʒɪd] (ADJ) [*style, essay*] indigeste; [*language*] lourd
Turk [tɜ:k] (N) Turc *m*, Turque *f*
Turkey ['tɜ:kɪ] (N) Turquie *f*
turkey ['tɜ:kɪ] (N) dinde *f* • **to talk ~*** (*US*) parler franc
Turkish ['tɜ:kɪʃ] 1 (ADJ) turc (turque *f*) 2 (N) turc *m* 3 (COMP) ▸ **Turkish bath** N bain *m* turc ▸ **Turkish delight** N loukoum *m*
Turkmen ['tɜ:kmen] 1 (ADJ) turkmène 2 (N) ⓐ Turkmène *mf* ⓑ (= *language*) turkmène *m*
Turkmenistan [ˌtɜ:kmenɪsˈtɑ:n] (N) Turkménistan *m* • **in ~** au Turkménistan
turmeric ['tɜ:mərɪk] (N) curcuma *m*
turmoil ['tɜ:mɔɪl] (N) agitation *f*; (*emotional*) trouble *m*

---

turn [tɜ:n]

1 NOUN	4 COMPOUNDS
2 TRANSITIVE VERB	5 PHRASAL VERBS
3 INTRANSITIVE VERB	

1 NOUN

ⓐ (*of wheel*) tour *m*
ⓑ (= *bend*) virage *m* • **take the next ~ on the left** prenez la prochaine route (*or* rue) à gauche • **the economy may at last be on the ~** l'économie pourrait enfin se redresser
▸ **to take a turn (for)** **to take a ~ for the worse** s'aggraver • **to take a ~ for the better** s'améliorer • **the patient took a ~ for the worse/better** l'état du malade s'est aggravé/amélioré
ⓒ (= *attack*)* **he had one of his ~s last night** il a eu une nouvelle crise la nuit dernière
ⓓ (= *fright*) **it gave me quite a ~** ça m'a fait un sacré coup*
ⓔ (= *action*) **to do sb a good ~** rendre un service à qn
ⓕ (= *act*) numéro *m*
ⓖ (*in game, queue*) tour *m* • **it's your ~** c'est votre tour, c'est à vous • **whose ~ is it?** c'est à qui (le tour)? • **to take it in ~(s) to do sth** faire qch à tour de rôle
ⓗ (*set structures*)
▸ **at every turn** à tout instant
▸ **by turns** **he was by ~s optimistic and despairing** il était tour à tour optimiste et désespéré • **my sister and I visit our mother by ~s** ma sœur et moi rendons visite à notre mère à tour de rôle
▸ **in turn** (= *one after another*) à tour de rôle; (= *then*) à mon (*or* son *or* notre *etc*) tour • **they answered in ~** ils ont répondu à tour de rôle • **and they, in ~, said ...** et, à leur tour, ils ont dit ...
▸ **out of turn** **I don't want to speak out of ~ but ...** je ne devrais peut-être pas dire cela mais ...
▸ **to a turn** **done to a ~** [*food*] à point
▸ **turn of** + *noun* **at the ~ of the century** au début du siècle • **this was a surprising ~ of events** les événements avaient pris une tournure inattendue • **to be of a pragmatic ~ of mind** avoir l'esprit pratique • **~ of phrase** tournure *f* • **at the ~ of the year** en fin d'année

2 TRANSITIVE VERB

> For **turn** + adverb/preposition combinations see also phrasal verbs.

ⓐ (+ *handle, key, wheel, page*) tourner • **~ it to the left** tournez-le vers la gauche • **he ~ed the wheel sharply** il a donné un brusque coup de volant
ⓑ (+ *mattress*) retourner
ⓒ (= *direct*) [+ *car, object, attention*] tourner (**towards** vers); [+ *gun, searchlight*] braquer • **without ~ing a hair** sans sourciller • **they ~ed his argument against him** ils ont retourné son argument contre lui
ⓓ (= *reach*) [+ *age, time*] **as soon as he ~ed 18** dès qu'il a eu 18 ans
ⓔ (= *transform*) transformer (**into** en) • **the experience ~ed him into a misogynist** cette expérience a fait de lui un misogyne

3 INTRANSITIVE VERB

ⓐ (= *move round*) tourner; [*person*] se tourner (**to, towards** vers); (*right round*) se retourner • **~ to face me** tourne-toi vers moi • **he ~ed and saw me** il s'est retourné et m'a vu • **his stomach ~ed at the sight** le spectacle lui a retourné l'estomac • **he would ~ in his grave if he knew ...** il se retournerait dans sa tombe s'il savait ...
▸ **to turn on sth** (= *depend*) **it all ~s on whether he has the money** tout dépend s'il a l'argent ou non • **the plot ~s on a question of mistaken identity** l'intrigue repose sur une erreur d'identité
ⓑ (= *move in different direction*) [*person, vehicle*] tourner; (= *reverse direction*) faire demi-tour; [*road, river*] faire un coude; [*tide*] changer de direction • **they ~ed and came back** ils ont fait demi-tour et sont revenus sur leurs pas • **the car ~ed into a side street** la voiture a tourné dans une rue transversale • **our luck has ~ed** la chance a tourné pour nous • **he didn't know which way to ~** il ne savait plus où donner de la tête
▸ **to turn against sb** se retourner contre qn
▸ **to turn to sb** se tourner vers qn; (*for help*) s'adresser à qn • **he ~ed to me for advice** il s'est adressé à moi pour me demander conseil
▸ **to turn to sth** **~ to page 214** voir page 214 • **to ~ to the left** tourner à gauche; (= *resort*) se tourner vers qch • **he**

t

~ed to drink il s'est mis à boire

c (= become)

▸ **turn** + *adjective* **to ~ nasty/pale** devenir méchant/pâle • **to ~ professional** passer professionnel • **the weather has ~ed cold** le temps s'est rafraîchi

▸ **to turn into** + *noun* devenir • **the whole thing ~ed into a nightmare** c'est devenu un véritable cauchemar

▸ **to turn to** + *noun* **his love ~ed to hatred** son amour se changea en haine

d (= change) [*weather*] changer; [*leaves*] jaunir

4 COMPOUNDS

▸ **turn signal** N (*US: in car*) clignotant *m* ▸ **turn-off** N (*on road*) embranchement *m* (*où il faut tourner*) • **it's a (real) ~-off!*** c'est vraiment rebutant ! ▸ **turn-on*** N **it's a (real) ~-on!** c'est excitant ! ▸ **turn-up** N (*Brit*) [*of trousers*] revers *m* • **that was a ~-up (for the books)!*** (*fig*) ça a été une belle surprise !

5 PHRASAL VERBS

▸ **turn around** VT SEP [+ *business, economy*] remettre sur pied

▸ **turn aside** 1 VI se détourner 2 VT SEP [+ *head, face*] tourner; [+ *eyes*] détourner

▸ **turn away** 1 VI se détourner 2 VT SEP (= *send away*) [+ *spectator*] refuser l'entrée à; [+ *immigrants*] refouler

▸ **turn back** 1 VI [*traveller*] faire demi-tour; (= *reverse a decision*) faire marche arrière • **there is no ~ing back** on ne peut pas retourner en arrière 2 VT SEP **a** (= *send back*) faire faire demi-tour à; [+ *demonstrators*] faire refluer **b** [+ *clock*] retarder; (*hands of clock*) reculer • **we can't ~ the clock back** on ne peut pas revenir en arrière

▸ **turn down** VT SEP **a** **to ~ down the bed** rabattre les draps **b** [+ *heat, sound*] baisser **c** [+ *offer, candidate, volunteer*] refuser

▸ **turn in** 1 VI **a** **to ~ in to a driveway** [*car, person*] tourner dans une allée **b** (= *go to bed*)* aller se coucher 2 VT SEP **a** (= *hand over*) [+ *wanted man*] livrer (à la police) • **to ~ o.s. in** se rendre **b** (*US = return*) [+ *borrowed goods, equipment*] rendre 3 VT INSEP (*Sport*) **to ~ in a good performance** [*player, team*] réaliser une bonne performance

▸ **turn off** 1 VI **a** [*person, vehicle*] tourner **b** **to ~ off automatically** [*heater, oven*] s'éteindre automatiquement 2 ♦VT INSEP [+ *road*] quitter 3 ♦VT SEP **a** [+ *water, tap*] fermer; [+ *radio, television, electricity, gas, heater*] éteindre; [+ *water, electricity*] (*at main*) couper • **he ~ed the programme off** (*TV*) il a éteint la télé • **to ~ off the light** éteindre (la lumière) • **to ~ off the engine** couper le moteur **b** (= *repel*)* rebuter • **what ~s teenagers off science?** qu'est-ce qui fait que les sciences n'attirent pas les adolescents ?

▸ **turn on** 1 VI **a** [*oven*] **to ~ on automatically** s'allumer automatiquement **b** **millions of viewers ~ on at 6 o'clock** des millions de téléspectateurs allument la télé à 6 heures 2 VT INSEP (= *attack*) attaquer 3 VT SEP **a** [+ *tap*] ouvrir; [+ *gas, electricity, television, heater*] allumer; [+ *engine, machine*] mettre en marche • **to ~ on the light** allumer (la lumière) **b** (= *excite*)* exciter

▸ **turn out** 1 VI **a** **not many people ~ed out to see her** peu de gens sont venus la voir **b** (*in car*) **to ~ out of a driveway** sortir d'une allée **c** (= *happen*) se passer • **it all depends how things ~ out** tout dépend de la façon dont les choses vont se passer • **as it ~ed out, nobody came** en fin de compte personne n'est venu • **it ~ed out nice** [*weather*] il a fait beau en fin de compte

▸ **to turn out to be** s'avérer • **it ~ed out to be true** cela s'est avéré juste • **it ~ed out to be harder than we thought** cela s'est avéré plus difficile que l'on ne pensait 2 VT SEP **a** [+ *light*] éteindre **b** (= *empty out*) [+ *pockets, suitcase*] vider; [+ *room, cupboard*] nettoyer à fond; (= *expel*) [+ *tenant*] expulser **c** (= *produce*) fabriquer **d** **to be well ~ed out** être élégant

▸ **turn over** 1 VI **a** (= *roll over*) se retourner • **she ~ed over and went back to sleep** elle s'est retournée et s'est rendormie **b** (= *change channel*) changer de chaîne; (= *turn page*) tourner la page 2 VT SEP **a** [+ *page*] tourner; [+ *mattress, earth, playing card, tape*] retourner • **to ~ over an idea in one's mind** retourner une idée dans sa tête **b** (= *hand over*) [+ *person*] livrer (**to** à) 3 VT INSEP **the firm ~s over $10,000 a week** l'entreprise réalise un chiffre d'affaires de 10 000 dollars par semaine

▸ **turn round** 1 VI **a** [*person*] se retourner; (= *change direction*) [*person, vehicle*] faire demi-tour; (= *rotate*) [*object*] tourner • **to ~ round and round** tourner sur soi-même • **he ~ed round and came back** il a fait demi-tour et est revenu sur ses pas **b** (= *improve*) se redresser 2 VT SEP **a** tourner; [+ *person*] faire tourner • **he ~ed the ship round** [*captain*] il a fait demi-tour **b** (= *make successful*) redresser; (= *rephrase*) reformuler • **to ~ things round** renverser la situation • **he managed to ~ her round** (= *change her mind*) il a réussi à la faire changer d'avis

▸ **turn up** 1 VI (= *arrive*) arriver • **something will ~ up** on va bien trouver quelque chose • **don't worry about your ring, I'm sure it will ~ up** ne t'en fais pas pour ta bague, je suis sûr que tu finiras par la retrouver 2 VT SEP **a** [+ *collar*] relever; [+ *sleeve*] retrousser • **to have a ~ed-up nose** avoir le nez retroussé **b** (= *find*) [+ *evidence*] trouver • **a survey ~ed up more than 3,000 people suffering from AIDS** une enquête a révélé que plus de 3 000 personnes étaient atteintes du sida **c** [+ *radio, television*] mettre plus fort • **to ~ up the sound** monter le son • **to ~ up the heat** (*fig*) accentuer la pression

turnabout ['tɜːnəbaʊt] N volte(-)face *f inv*

turnaround ['tɜːnəraʊnd] N volte(-)face *f inv* • **~ time** [*of order*] temps *m* d'exécution; (*Comput*) temps *m* de rotation

turncoat ['tɜːnkəʊt] N renégat(e) *m(f)*

turning ['tɜːnɪŋ] N (= *road*) route *f* (*or* rue *f*) latérale • **take the second ~ on the left** prenez la deuxième à gauche ▸ **turning point** N tournant *m*

turnip ['tɜːnɪp] N navet *m*

turnout ['tɜːnaʊt] N (= *attendance*) assistance *f* • **there was a good ~** beaucoup de gens sont venus • **voter ~** (taux *m* de) participation *f* électorale

turnover ['tɜːnˌəʊvəʳ] N **a** [*of stock, goods*] rotation *f*; (= *total business done*) chiffre *m* d'affaires • **a profit of $4,000 on a ~ of $40,000** un bénéfice de 4 000 dollars pour un chiffre d'affaires de 40 000 dollars **b** [*of staff*] renouvellement *m* • **there is a high ~ in that firm** le personnel se renouvelle souvent dans cette entreprise

turnpike ['tɜːnpaɪk] N (*US* = *road*) autoroute *f* à péage → ROADS

turnround ['tɜːnraʊnd] N = **turnaround**

turnstile ['tɜːnstaɪl] N tourniquet *m*

turntable ['tɜːnteɪbl] N [*of record player*] platine *f*

turn-up ['tɜːnʌp] N (*Brit*) [*of trousers*] revers *m*

turpentine ['tɜ:pəntaɪn] N (essence *f* de) térébenthine *f*

turquoise ['tɜ:kwɔɪz] **1** N (*= stone*) turquoise *f*; (*= colour*) turquoise *m* **2** ADJ (*in colour*) turquoise *inv*

turret ['tʌrɪt] N tourelle *f*

turtle ['tɜ:tl] N tortue *f* marine • **to turn ~** chavirer

Tuscany ['tʌskənɪ] N Toscane *f*

tusk [tʌsk] N défense *f*

tussle ['tʌsl] **1** N (*= struggle*) lutte *f*; (*= scuffle*) mêlée *f* **2** VI se battre • **to ~ over sth** se disputer qch

tutelage ['tju:tɪlɪdʒ] N tutelle *f* • **under the ~ of sb** sous la tutelle de qn

tutor ['tju:təʳ] **1** N (*= private teacher*) professeur *m* (particulier) (**in** en); (*Brit Univ*) directeur *m*, -trice *f* d'études **2** VT donner des cours particuliers à

tutorial [tju:'tɔ:rɪəl] **1** N travaux *mpl* dirigés (**in** de); (*online*) tutoriel *m* (**in** de) **2** COMP ▸ **tutorial group** N groupe *m* de travaux dirigés

Tuvalu [tu:'vɑ:lu:] N Tuvalu *m*

tuxedo [tʌk'si:dəʊ], **tux*** ['tʌks] N (*US*) smoking *m*

TV* [,ti:'vi:] N (ABBR OF **television**) télé* *f* ▸ **TV dinner** N plateau-télé *m*

twaddle ['twɒdl] N âneries *fpl*

twang [twæŋ] **1** N [*of wire, string*] son *m* (de corde pincée); (*= tone of voice*) ton *m* nasillard **2** VT [*+ guitar*] pincer les cordes de

tweak [twi:k] VT **a** (*= pull*) [*+ sb's ear, nose*] tordre **b** (*= alter slightly*)* modifier légèrement

twee [twi:] ADJ (*Brit pej*) [*picture, design*] cucul*; [*remark, poem*] mièvre; [*person*] chichiteux*

tweed [twi:d] **1** N tweed *m* **2** NPL **tweeds** (*= suit*) costume *m* de tweed **3** ADJ [*jacket, suit*] de *or* en tweed

tweet [twi:t] (*on Twitter*) **1** N tweet *m* **2** VT tweeter (**about** sur)

tweetable ['twi:t,əbl] ADJ tweetable

tweeter ['twi:təʳ] N **a** (*on Twitter*) Twittos *mf inv*, tweetos *mf inv* **b** (*= loudspeaker*) tweeter *m*, haut-parleur *m* d'aigus

tweetup* ['twi:tʌp] N tweetup *m* • **to have a ~** se retrouver dans un tweetup

tweezers ['twi:zəz] NPL (*also* **pair of tweezers**) pince *f* à épiler

twelfth [twelfθ] ADJ, N douzième *mf* • **Twelfth Night** le jour des Rois → **sixth**

twelve [twelv] NUMBER douze *m inv* • **there are ~** il y en a douze → **six**

twentieth ['twentɪɪθ] ADJ, N vingtième *mf* → **sixth**

twenty ['twentɪ] NUMBER vingt *m* • **there are ~** il y en a vingt • **about ~ books** une vingtaine de livres • **about ~** une vingtaine ▸ **twenty-first** N (*= birthday*) vingt et unième anniversaire *m* • **I'm having my ~-first on Saturday** (*= birthday party*) je fête mes 21 ans samedi ▸ **twenty-four hours** NPL (*= whole day*) vingt-quatre heures *fpl* • **~-four hours a day** [*open, available*] vingt-quatre heures sur vingt-quatre ▸ **twenty-twenty vision** N **to have ~-~ vision** avoir dix dixièmes à chaque œil → **sixty**

twerk [twɜ:k] VI twerker

twerking ['twɜ:kɪŋ] N twerking *m*

twerp‡ [twɜ:p] N idiot(e) *m(f)*

twice [twaɪs] ADV deux fois • **~ a week** deux fois par semaine • **~ as much** • **~ as many** deux fois plus • **~ as long (as)** deux fois plus long (que) • **she is ~ your age** elle a le double de votre âge • **he didn't have to be asked ~** il ne s'est pas fait prier

twiddle ['twɪdl] **1** VT [*+ knob*] tripoter • **to ~ one's thumbs** se tourner les pouces **2** VI **to ~ with sth** tripoter qch

twig [twɪg] **1** N brindille *f* **2** VTI (*Brit = understand*)* piger*

twilight ['twaɪlaɪt] N crépuscule *m* • **in the ~** dans la semi-obscurité

twill [twɪl] N sergé *m*

twin [twɪn] **1** N jumeau *m*, -elle *f* **2** ADJ [*brother, sister*] jumeau (-elle *f*) • **~ boys** jumeaux *mpl* • **~ girls** jumelles *fpl* **3** VT [*+ town*] jumeler • **Stanton is ~ned with a town in Germany** Stanton est jumelée avec une ville allemande **4** COMP ▸ **twin-bedded room** N (*Brit*) (*in hotel*) chambre *f* à deux lits ▸ **twin beds** NPL lits *mpl* jumeaux ▸ **twin-engined** ADJ bimoteur ▸ **the Twin Towers** NPL les Tours jumelles (*de New York*) ▸ **twin town** N (*Brit*) ville *f* jumelée

twine [twaɪn] **1** N ficelle *f* **2** VI [*plant, coil*] s'enrouler

twinge [twɪndʒ] N **a ~ (of pain)** un élancement • **a ~ of guilt** un (petit) remords

twinkle ['twɪŋkl] **1** VI [*star, lights*] scintiller; [*eyes*] pétiller **2** N [*of eyes*] pétillement *m* • **he had a ~ in his eye** il avait les yeux pétillants • **in the ~ of an eye** en un clin d'œil

twinning ['twɪnɪŋ] N [*of towns*] jumelage *m*

twirl [twɜ:l] **1** VI (*also* **twirl round**) [*dancer*] tournoyer **2** VT (*also* **twirl round**) [*+ cane, lasso*] faire tournoyer; [*+ moustache*] tortiller

twist [twɪst] **1** N **a** (*= action*) torsion *f*; (*= injury*) entorse *f* • **with a quick ~ (of the wrist)** d'un rapide tour de poignet

b (*= coil*) rouleau *m*; (*in road*) tournant *m*; [*of events*] tournure *f*; [*of meaning*] distorsion *f* • **the story has an unexpected ~ to it** l'histoire prend un tour inattendu • **he gave a new ~ to this old plot** il a remis cette vieille histoire au goût du jour • **to drive sb round the ~‡** rendre qn fou

2 VT (*= turn round on itself, deform*) tordre; (*= coil*) enrouler; [*+ top, cap*] tourner; [*+ meaning*] fausser; [*+ words*] déformer • **to get ~ed** [*rope*] s'entortiller • **to ~ one's ankle** se tordre la cheville • **to ~ sb's arm** (*fig*) forcer la main à qn • **she can ~ him round her little finger** elle le mène par le bout du nez

3 VI [*flex, rope*] s'entortiller; [*one's ankle*] se tordre • **the road ~s (and turns) through the valley** la route serpente à travers la vallée

twisted ['twɪstɪd] ADJ **a** (*= damaged*) tordu; [*wrist, ankle*] foulé **b** [*tree, branch*] tordu; [*limb*] difforme; [*features*] crispé **c** (*= warped*) tordu

twister* ['twɪstəʳ] N (*US = tornado*) tornade *f*

twit* [twɪt] N (*Brit*) (*= fool*) crétin(e)* *m(f)*

twitch [twɪtʃ] **1** N (*= nervous movement*) tic *m* **2** VI [*person, animal, hands*] avoir un mouvement convulsif; [*mouth, cheek, eyebrow, muscle*] se contracter (convulsivement)

Twitter® ['twɪtəʳ] **1** N Twitter® *m* **2** COMP ▸ **Twitter storm*** N gros buzz *m* sur Twitter®

twitter ['twɪtəʳ] VI [*bird*] gazouiller

Twitterati* [,twɪtə'rɑ:tɪ] NPL Twitterati* *mpl*

Twitterer ['twɪtərəʳ] N Twittos *mf inv*, utilisateur *m*, -trice *f* de Twitter

Twittersphere* ['twɪtə,sfɪəʳ] N **the ~** la twittosphère

Twitterverse* ['twɪtəˌvɜːs] (N) **the ~** l'univers *m* de Twitter®

two [tuː] (NUMBER) deux *m inv* • **there are ~** il y en a deux • **to cut sth in ~** couper qch en deux • **they're ~ of a kind** ils se ressemblent • **to put ~ and ~ together*** (*fig*) faire le rapport ▸ **two-bit*** ADJ de pacotille ▸ **two-bits** NPL (*US*) 25 cents *mpl* ▸ **two-door** ADJ [*car*] (à) deux portes ▸ **two-faced** ADJ hypocrite ▸ **two-horse race** N **the election was a ~-horse race** dans ces élections, seuls deux des candidats avaient des chances de gagner ▸ **two-party** ADJ bipartite ▸ **two-piece** N **~-piece (swimsuit)** bikini *m* ▸ **two-star** N (*Brit*) (*also* **two-star petrol**) (essence *f*) ordinaire *f* ▸ **two-stroke** ADJ **~-stroke (engine)** moteur *m* à deux temps ▸ **two-time*** VT tromper ▸ **two-way** ADJ [*switch*] à va-et-vient; [*street*] à double sens; [*traffic*] dans les deux sens; [*exchange, negotiations*] bilatéral • **~-way radio** émetteur-récepteur *m* **→ six**

twofold ['tuːfəʊld] 1 (ADJ) double 2 (ADV) **to increase ~** doubler

twosome ['tuːsəm] (N) (*= people*) couple *m*; (*= game*) partie *f* à deux

TX (ABBR OF **Texas**)

tycoon [taɪ'kuːn] (N) **(business) ~** magnat *m*

type [taɪp] 1 (N) **a** type *m* • **several ~s of** plusieurs types de • **a new ~ of plane** un nouveau modèle d'avion • **a gruyère-~ cheese** un fromage genre gruyère* • **he's not that ~ of person** ce n'est pas son genre • **he's not my ~*** ce n'est pas mon genre • **it's my ~ of film** c'est le genre de film que j'aime **b** (*= letters collectively*) caractères *mpl* 2 (VT) [*+ letter*] taper (à la machine) 3 (VI) [*typist*] taper à la machine 4 (COMP) ▸ **type-cast** ADJ **to be ~-cast as ...** être enfermé dans le rôle de ...

typecast ['taɪpkɑːst], **type-cast** (ADJ) (*Theatre, Cine etc*) **to be ~ as...** être enfermé dans le rôle de...

typescript ['taɪpskrɪpt] (N) texte *m* dactylographié

typeset ['taɪpset] (VT) composer

typewriter ['taɪpraɪtə^r] (N) machine *f* à écrire

typewritten ['taɪprɪtən] (ADJ) dactylographié

typhoid ['taɪfɔɪd] (N) (fièvre *f*) typhoïde *f*

typhoon [taɪ'fuːn] (N) typhon *m*

typhus ['taɪfəs] (N) typhus *m*

typical ['tɪpɪkəl] (ADJ) typique; [*price*] habituel • **the ~ Frenchman** le Français moyen • **a ~ Frenchman** un Français typique • **it was ~ of our luck that it was raining** avec la chance qui nous caractérise, il a plu • **that's ~ of him** c'est bien de lui

typically ['tɪpɪkəlɪ] (ADV) (*with adj*) typiquement • **he is ~ English** c'est l'Anglais type • **~, he arrived late** comme d'habitude, il est arrivé en retard • **~, people apply for several jobs before getting an interview** généralement, on postule à plusieurs postes avant d'obtenir un entretien

typify ['tɪpɪfaɪ] (VT) être caractéristique de; [*person*] être le type même de

typing ['taɪpɪŋ] (N) (*= skill*) dactylographie *f* • **to learn ~** apprendre à taper (à la machine) ▸ **typing error** N faute *f* de frappe ▸ **typing paper** N papier *m* machine ▸ **typing speed** N **his ~ speed is 60** il tape 60 mots à la minute

typist ['taɪpɪst] (N) dactylo *mf*

typography [taɪ'pɒgrəfɪ] (N) typographie *f*

tyrannize ['tɪrənaɪz] (VT) tyranniser

tyranny ['tɪrənɪ] (N) tyrannie *f*

tyrant ['taɪrənt] (N) tyran *m*

tyre ['taɪə^r] (N) (*Brit*) pneu *m* ▸ **tyre pressure** N pression *f* des pneus

Tyrol [tɪ'rəʊl] (N) **(the) ~** Tyrol *m*

Tyrolean [ˌtɪrəʊ'liːən] (ADJ) tyrolien

tzar [zɑː^r] (N) tsar *m*

U u

U, u [juː] N (*Brit*) (= *film*) ≈ tous publics • **it's a U film** c'est un film pour tous publics ▸ **U-bend** N (*in pipe*) coude *m* ▸ **U-turn** N demi-tour *m* • **to make a U-turn on sth** faire volte(-)face au sujet de qch

UAE (ABBR OF **United Arab Emirates**) EAU *mpl*

UBD [ˌjuːbiː'diː] N (ABBR OF **use-by date**) DLC *f* (= *date limite de consommation*)

UB40 [ˌjuːbiː'fɔːtɪ] N (*Brit: formerly*) (ABBR OF **Unemployment Benefit 40**) *carte de demandeur d'emploi*

ubiquitous [juː'bɪkwɪtəs] ADJ omniprésent

UCAS ['juːkæs] N (*Brit*) (ABBR OF **Universities and Colleges Admissions Service**) *service central des inscriptions universitaires*

udder ['ʌdəʳ] N mamelle *f*

UDR [ˌjuːdiː'ɑːʳ] N (*Brit*) (ABBR OF **Ulster Defence Regiment**) *section de l'armée britannique en Irlande du Nord*

UEFA [jʊ'eɪfə] N (*Football*) (ABBR OF **Union of European Football Associations**) UEFA *f*

UFO [ˌjuːe'fəʊ, 'juːfəʊ] N (ABBR OF **unidentified flying object**) ovni *m*

Uganda [juː'gændə] N Ouganda *m*

Ugandan [juː'gændən] 1 ADJ ougandais 2 N Ougandais(e) *m(f)*

ugh [ɜːh] EXCL pouah!

ugliness ['ʌglɪnɪs] N laideur *f*

ugly ['ʌglɪ] ADJ **a** laid; [*wound, scar*] vilain *before n* • **~ duckling** vilain petit canard *m* **b** (= *unpleasant*) [*habit*] sale • **to be in an ~ mood** [*person*] être d'une humeur exécrable; [*crowd*] être menaçant • **the ~ truth** l'horrible vérité *f* • **things turned ~ when ...** les choses ont mal tourné quand ... • **the whole business is taking an ~ turn** l'affaire prend une sale tournure • **there were ~ scenes** il y a eu des scènes terribles • **"blackmail" is an ~ word** « chantage » est un vilain mot

UHF [ˌjuːeɪtʃ'ef] N (ABBR OF **ultrahigh frequency**) UHF *f*

uh-huh * ['ʌˌhʌ] EXCL (= *yes*) oui

UHT [ˌjuːeɪtʃ'tiː] ADJ (ABBR OF **ultra heat treated**) UHT *inv*

UK [juː'keɪ] N (ABBR OF **United Kingdom**) le Royaume-Uni • **in the UK** au Royaume-Uni • **the UK government** le gouvernement du Royaume-Uni → GREAT BRITAIN, UNITED KINGDOM

Ukraine [juː'kreɪn] N **the ~** l'Ukraine *f*

Ukrainian [juː'kreɪnɪən] 1 ADJ ukrainien 2 N (= *person*) Ukrainien(ne) *m(f)*

ukulele [ˌjuːkə'leɪlɪ] N guitare *f* hawaïenne

ulcer ['ʌlsəʳ] N ulcère *m* • **to get an ~** faire un ulcère

Ulster ['ʌlstəʳ] 1 N **a** (= *Northern Ireland*) Irlande *f* du Nord **b** (= *former province*) Ulster *m* 2 ADJ de l'Ulster *or* de l'Irlande du Nord 3 COMP ▸ **Ulster Defence Association** N *organisation paramilitaire protestante en Irlande du Nord* ▸ **Ulster Defence Regiment** N *section de l'armée britannique en Irlande du Nord* ▸ **Ulster Volunteer Force** N *organisation paramilitaire protestante en Irlande du Nord*

ulterior [ʌl'tɪərɪəʳ] ADJ ultérieur (-eure *f*) • **~ motive** arrière-pensée *f*

ultimate ['ʌltɪmɪt] 1 ADJ **a** (= *final*) final; [*control, authority*] suprême • **the ~ deterrent** l'ultime moyen *m* de dissuasion • **to make the ~ sacrifice** faire le sacrifice suprême **b** (= *best*) suprême • **the ~ sports car** le nec plus ultra de la voiture de sport • **the ~ insult** l'insulte *f* suprême • **the ~ (in) luxury** le summum du luxe **c** (= *original*) [*cause*] fondamental 2 N **the ~ in comfort** le summum du confort

ultimately ['ʌltɪmɪtlɪ] ADV **a** (= *finally*) en fin de compte • **he was ~ successful** il a finalement réussi **b** (= *when all is said and done*) **he was ~ responsible** en définitive, c'était lui qui était responsable • **~, it depends on you** en définitive, cela dépend de vous

ultimatum [ˌʌltɪ'meɪtəm] N ultimatum *m* • **to deliver an ~** adresser un ultimatum

ultrasonic [ˌʌltrə'sɒnɪk] ADJ ultrasonique

ultrasound ['ʌltrəsaʊnd] N ultrasons *mpl* ▸ **ultrasound scan** N échographie *f*

ultraviolet [ˌʌltrə'vaɪəlɪt] ADJ ultraviolet • **~ radiation** rayons *mpl* ultraviolets

umbrage ['ʌmbrɪdʒ] N **to take ~** prendre ombrage (**at** de)

umbrella [ʌm'brelə] 1 N parapluie *m*; (*against sun*) parasol *m* • **to put up/put down an ~** ouvrir/fermer un parapluie • **beach ~** parasol *m* • **under the ~ of ...** sous l'égide de ... 2 ADJ **~ organization** organisme *m* qui en chapeaute plusieurs autres

umpire ['ʌmpaɪəʳ] 1 N arbitre *m*; (*Tennis*) juge *m* de chaise 2 VT arbitrer 3 VI être l'arbitre

umpteen * ['ʌmptiːn] ADJ des quantités de • **I've told you ~ times** je te l'ai dit cent fois

umpteenth * ['ʌmptiːnθ] ADJ (é)nième • **for the ~ time** pour la énième fois

UN [juː'en] (ABBR OF **United Nations**) 1 N ONU *f* 2 ADJ onusien

'un * [ən] PRON (= *one*) **he's a good ~** c'est un brave type*

unabashed [ˈʌnəˈbæʃt] (ADJ) [*person*] nullement décontenancé • **he's an ~ romantic** c'est un romantique et il n'en a pas honte

unabated [ˈʌnəˈbeɪtɪd] (ADJ) **to continue ~** [*situation*] rester inchangé • **the fighting continued ~** les combats ont continué avec la même intensité • **with ~ interest** avec toujours autant d'intérêt

unable [ˈʌnˈeɪbl] (ADJ) **to be ~ to do sth** ne (pas) pouvoir faire qch; (= *not know how to*) ne pas savoir faire qch; (= *be incapable of*) être incapable de faire qch; (= *be prevented from*) être dans l'impossibilité de faire qch

unabridged [ˈʌnəˈbrɪdʒd] (ADJ) intégral

unacceptable [ˈʌnəkˈseptəbl] (ADJ) (= *objectionable*) inacceptable • **it's quite ~ that we should have to do this** il est inadmissible que nous devions faire cela

unaccompanied [ˈʌnəˈkʌmpənɪd] (ADJ) non accompagné; [*singing*] sans accompagnement; [*instrument*] solo

unaccountable [ˈʌnəˈkaʊntəbl] (ADJ) (= *inexplicable*) inexplicable

unaccountably [ˈʌnəˈkaʊntəblɪ] (ADV) **~ popular** incroyablement populaire • **he felt ~ depressed** il se sentait déprimé sans savoir pourquoi

unaccounted [ˈʌnəˈkaʊntɪd] (ADJ) **two passengers are still ~ for** deux passagers n'ont toujours pas été retrouvés

unaccustomed [ˈʌnəˈkʌstəmd] (ADJ) **to be ~ to (doing) sth** ne pas avoir l'habitude de (faire) qch • **he was ~ to such luxury** il n'avait pas l'habitude d'un tel luxe

unachievable [ˌʌnəˈtʃiːvəbəl] (ADJ) [*task*] irréalisable; [*goal, objective*] inatteignable

unacquainted [ˈʌnəˈkweɪntɪd] (ADJ) **to be ~ with the facts** ne pas être au courant des faits

unadulterated [ˈʌnəˈdʌltəreɪtɪd] (ADJ) pur

unadventurous [ˈʌnədˈventʃərəs] (ADJ) peu audacieux (-euse *f*)

unaffected [ˈʌnəˈfektɪd] (ADJ) **a** (= *sincere*) naturel; [*behaviour, style*] sans affectation **b** (= *unchanged*) non affecté • **they are ~ by the new legislation** ils ne sont pas affectés par la nouvelle législation • **he was quite ~ by her suffering** ses souffrances l'ont laissé froid

unafraid [ˈʌnəˈfreɪd] (ADJ) **to be ~ of sth** ne pas avoir peur de qch • **he seemed quite ~** il ne semblait pas avoir peur

unaided [ˈʌnˈeɪdɪd] (ADV) [*walk, stand*] tout(e) seul(e) • **she brought up six children ~** elle a élevé six enfants toute seule

unalloyed [ˈʌnəˈlɔɪd] (ADJ) [*happiness*] sans mélange

unalterable [ʌnˈɒltərəbl] (ADJ) [*fact*] certain

unaltered [ˈʌnˈɒltəd] (ADJ) inchangé • **his appearance was ~** physiquement il n'avait pas changé

unambiguous [ˈʌnæmˈbɪgjʊəs] (ADJ) sans ambiguïté

unambitious [ˈʌnæmˈbɪʃəs] (ADJ) [*person*] sans ambition; [*plan*] modeste

unanimity [juːnəˈnɪmɪtɪ] (N) unanimité *f*

unanimous [juːˈnænɪməs] (ADJ) unanime • **the committee was ~ in condemning this** les membres du comité ont été unanimes à condamner cela

unanimously [juːˈnænɪməslɪ] (ADV) [*vote, elect, pass*] à l'unanimité; [*condemn, agree*] unanimement

unannounced [ˈʌnəˈnaʊnst] **1** (ADJ) [*visit*] imprévu • **to pay an ~ visit to sb** rendre visite à qn sans prévenir **2** (ADV) [*arrive, enter*] sans prévenir

unanswered [ˈʌnˈɑːnsəd] (ADJ) [*letter, question*] sans réponse; [*problem, puzzle*] non résolu; [*prayer*] inexaucé • **her letter remained ~** sa lettre est restée sans réponse

unappealing [ˈʌnəˈpiːlɪŋ] (ADJ) peu attrayant

unappetizing [ˈʌnˈæpɪtaɪzɪŋ] (ADJ) peu appétissant

unapproachable [ˈʌnəˈprəʊtʃəbl] (ADJ) d'un abord difficile

unarguably [ˈʌnˈɑːgjʊəblɪ] (ADV) incontestablement

unarmed [ˈʌnˈɑːmd] **1** (ADJ) [*person*] non armé • **he is ~** il n'est pas armé **2** (ADV) sans armes

unashamed [ˈʌnəˈʃeɪmd] (ADJ) [*delight, admiration*] non déguisé • **he was quite ~ about it** il n'en éprouvait pas la moindre gêne

unasked [ˈʌnˈɑːskt] **1** (ADJ) [*question*] non formulé • **significant questions will go ~** certaines questions importantes ne seront pas posées **2** (ADV) **she did it ~** elle l'a fait de son propre chef

unassailable [ˌʌnəˈseɪləbl] (ADJ) [*position, reputation*] inattaquable

unassisted [ˈʌnəˈsɪstɪd] (ADV) **to do sth ~** faire qch sans aide

unassuming [ˈʌnəˈsjuːmɪŋ] (ADJ) sans prétentions

unattached [ˈʌnəˈtætʃt] (ADJ) [*person*] sans attaches

unattainable [ˈʌnəˈteɪnəbl] (ADJ) [*place, objective, person*] inaccessible

unattended [ˈʌnəˈtendɪd] (ADJ) (= *not looked after*) [*shop, luggage*] laissé sans surveillance • **do not leave your luggage ~** ne laissez pas vos bagages sans surveillance • **~ to** négligé

unattractive [ˈʌnəˈtræktɪv] (ADJ) [*appearance, idea*] peu séduisant; [*person, character*] déplaisant

unauthorized [ˈʌnˈɔːθəraɪzd] (ADJ) non autorisé • **this was ~** cela a été fait sans autorisation • **~ absence** absence *f* irrégulière

unavailable [ˈʌnəˈveɪləbl] (ADJ) indisponible; (*in shop*) épuisé • **the Minister was ~ for comment** le ministre s'est refusé à toute déclaration

unavoidable [ˌʌnəˈvɔɪdəbl] (ADJ) inévitable

unavoidably [ˌʌnəˈvɔɪdəblɪ] (ADV) inévitablement • **he was ~ delayed** il n'a pu éviter d'être retardé

unaware [ˈʌnəˈwɛəʳ] (ADJ) **to be ~ of sth** ignorer qch • **I was not ~ that …** je n'étais pas sans savoir que …

unawares [ˈʌnəˈwɛəz] (ADV) **to catch sb ~** prendre qn à l'improviste

unbalance [ˈʌnˈbæləns] **1** (VT) déséquilibrer **2** (N) déséquilibre *m*

unbalanced [ˈʌnˈbælənst] (ADJ) (*mentally*) déséquilibré • **his mind was ~** il n'avait pas toute sa raison

unbearable [ʌnˈbɛərəbl] (ADJ) insupportable

unbeatable [ˈʌnˈbiːtəbl] (ADJ) imbattable

unbeaten [ˈʌnˈbiːtn] (ADJ) [*player, team*] invaincu • **his ~ record** son record qui tient toujours

unbecoming [ˈʌnbɪˈkʌmɪŋ] (ADJ) [*garment*] peu seyant; [*behaviour*] inconvenant

unbeknown [ˈʌnbɪˈnəʊn], **unbeknownst** [ˈʌnbɪˈnəʊnst] (ADJ, ADV) **~ to …** à l'insu de … • **~ to me** à mon insu

unbelief [ˈʌnbɪˈliːf] (N) incrédulité *f*

unbelievable [ˌʌnbɪˈliːvəbl] (ADJ) incroyable • **it is ~ that …** il est incroyable que … + *subj*

unbelievably [ˌʌnbɪˈliːvəblɪ] (ADV) [*stupid, selfish, well*] incroyablement • **to be ~ lucky/successful** avoir une chance/un succès incroyable • **~, he refused** aussi incroyable que cela puisse paraître, il a refusé

unbend [ˈʌnˈbend] (*pret, ptp* **unbent**) (VI) [*person*] s'assouplir • **he unbent enough to ask me how I was** il a daigné me demander comment j'allais

unbending [ʌnˈbendɪŋ] (ADJ) [*person, attitude*] inflexible

unbiased, unbiassed [ʌnˈbaɪəst] (ADJ) impartial

unblemished [ʌnˈblemɪʃt] (ADJ) sans tache

unblinking [ʌnˈblɪŋkɪŋ] (ADJ) **he gave me an ~ stare** il m'a regardé sans ciller

unblinkingly [ʌnˈblɪŋkɪŋlɪ] (ADV) [*stare*] sans ciller

unblock [ʌnˈblɒk] (VT) [*+ sink, pipe*] déboucher

unborn [ʌnˈbɔːn] (ADJ) **the ~ child** le fœtus

unbounded [ʌnˈbaʊndɪd] (ADJ) [*joy*] sans borne; [*energy, capacity*] illimité

unbreakable [ʌnˈbreɪkəbl] (ADJ) incassable; [*rule*] strict

unbridgeable [ʌnˈbrɪdʒəbl] (ADJ) **an ~ gap** une divergence irréconciliable

unbridled [ʌnˈbraɪdld] (ADJ) extrême

unbroken [ʌnˈbrəʊkən] (ADJ) ⓐ (= *intact*) intact; [*record*] non battu • **his spirit remained ~** il ne s'est pas découragé ⓑ (= *continuous*) [*series, silence, sleep*] ininterrompu • **ten days of ~ sunshine** dix jours de suite de soleil

unbuckle [ʌnˈbʌkl] (VT) défaire

unburden [ʌnˈbɜːdn] (VT) **to ~ o.s.** s'épancher (**to sb** avec qn)

unbusinesslike [ʌnˈbɪznɪslaɪk] (ADJ) [*transaction*] irrégulier

unbutton [ʌnˈbʌtn] (VT) déboutonner; [*+ button*] défaire

uncalled-for [ʌnˈkɔːldfɔːʳ] (ADJ) [*criticism*] injustifié; [*remark*] déplacé

uncanny [ʌnˈkænɪ] (ADJ) [*atmosphere, feeling*] étrange; [*resemblance, accuracy, knack*] troublant

uncared-for [ʌnˈkɛədfɔːʳ] (ADJ) négligé

uncaring [ʌnˈkɛərɪŋ] (ADJ) insensible

unceasing [ʌnˈsiːsɪŋ] (ADJ) incessant

unceasingly [ʌnˈsiːsɪŋlɪ] (ADV) sans cesse

unceremonious [ʌnˌserɪˈməʊnɪəs] (ADJ) brusque

unceremoniously [ʌnˌserɪˈməʊnɪəslɪ] (ADV) (= *abruptly*) brusquement

uncertain [ʌnˈsɜːtn] (ADJ) incertain • **it is ~ whether ...** on ne sait pas si ... • **he is ~ whether ...** il ne sait pas au juste si ... • **to be ~ about sth** être incertain de qch • **in no ~ terms** en des termes on ne peut plus clairs

uncertainty [ʌnˈsɜːtntɪ] (N) incertitude *f* • **in order to remove any ~** pour dissiper des doutes éventuels • **in view of this ~** en raison de l'incertitude dans laquelle nous nous trouvons

unchallenged [ʌnˈtʃælɪndʒd] **1** (ADJ) [*authority, position, integrity, master*] incontesté; [*argument, comment*] non relevé

2 (ADV) **to do sth ~** [*person*] faire qch sans être arrêté

▸ **to go unchallenged** [*person, action*] ne pas rencontrer d'opposition; [*comment*] ne pas être relevé • **his statement went ~** personne ne s'éleva contre ses déclarations

unchangeable [ʌnˈtʃeɪndʒəbl] (ADJ) immuable

unchanged [ʌnˈtʃeɪndʒd] (ADJ) inchangé

unchanging [ʌnˈtʃeɪndʒɪŋ] (ADJ) immuable

uncharacteristic [ˌʌnkærɪktəˈrɪstɪk] (ADJ) **it is ~ of him (to do that)** cela ne lui ressemble pas (de faire cela) • **with ~ frankness** avec une franchise peu habituelle chez lui

uncharacteristically [ˌʌnkærɪktəˈrɪstɪklɪ] (ADV) **~ generous** d'une générosité peu caractéristique • **she was ~ silent** elle était silencieuse, ce qui ne lui ressemblait pas

uncharitable [ʌnˈtʃærɪtəbl] (ADJ) peu charitable

uncharted [ʌnˈtʃɑːtɪd] (ADJ) (= *unknown*) **a largely ~ area of medical science** un domaine de la médecine largement inexploré • **this is ~ territory** c'est un terrain inconnu

unchecked [ʌnˈtʃekt] **1** (ADJ) ⓐ [*growth, power*] non maîtrisé ⓑ [*data, statement*] non vérifié **2** (ADV) **to go ~** [*lawlessness, aggression*] rester impuni • **if the spread of Aids continues ~ ...** si on ne fait rien pour empêcher la propagation du sida ...

uncivil [ʌnˈsɪvɪl] (ADJ) [*person, behaviour*] impoli (**to sb** avec qn)

uncivilized [ʌnˈsɪvɪlaɪzd] (ADJ) [*conditions, activity*] inacceptable; [*person, behaviour*] grossier • **at an ~ hour*** à une heure impossible*

unclaimed [ʌnˈkleɪmd] (ADJ) non réclamé • **to go ~** ne pas être réclamé

uncle [ˈʌŋkl] (N) oncle *m* • **yes ~** (*in child's language*) oui tonton* • **to cry ~*** (*US*) s'avouer vaincu

unclear [ˌʌnˈklɪəʳ] (ADJ) ⓐ (= *not obvious*) [*reason, message, details, instructions*] obscur • **it is ~ whether/who/why ...** on ne sait pas bien si/qui/pourquoi ... • **her purpose remains ~** on ne sait toujours pas très bien où elle veut en venir ⓑ [*picture, image*] flou ⓒ (= *unsure*) **I'm ~ on this point** je ne sais pas vraiment à quoi m'en tenir là-dessus • **I'm ~ whether you agree or not** je ne suis pas sûr de comprendre si vous êtes d'accord ou pas

unclothed [ʌnˈkləʊðd] (ADJ) dévêtu

uncluttered [ʌnˈklʌtəd] (ADJ) [*room, composition*] dépouillé

uncoil [ʌnˈkɔɪl] **1** (VT) dérouler • **the snake ~ed itself** le serpent s'est déroulé **2** (VI) se dérouler

uncombed [ʌnˈkəʊmd] (ADJ) non peigné

uncomfortable [ʌnˈkʌmfətəbl] (ADJ) ⓐ (= *feeling physical discomfort*) **to be ~** (*in chair, bed, room*) ne pas être à l'aise • **you look rather ~** vous avez l'air plutôt mal à l'aise

ⓑ [*chair, bed*] inconfortable

ⓒ (= *feeling unease*) [*person*] mal à l'aise • **~ about sth/about doing sth** mal à l'aise à propos de qch/à l'idée de faire qch • **I was ~ broaching the subject of money** cela me mettait mal à l'aise de parler d'argent • **to make sb ~** mettre qn mal à l'aise

ⓓ (= *causing unease*) [*situation*] inconfortable; [*feeling*] désagréable; [*truth, fact*] gênant • **to have an ~ feeling that ...** avoir la désagréable impression que ... • **to make things ~ for sb** créer des ennuis à qn • **to put sb in an ~ position** mettre qn dans une situation inconfortable

uncomfortably [ʌnˈkʌmfətəblɪ] (ADV) ⓐ (= *unpleasantly*) **~ tight** trop serré • **the room was ~ hot** il faisait une chaleur incommodante dans la pièce • **to be ~ aware that ...** être désagréablement conscient du fait que ... • **the deadline is drawing ~ close** la date limite se rapproche de façon inquiétante ⓑ (= *awkwardly*) [*sit*] inconfortablement

uncommitted [ˈʌnkəˈmɪtɪd] (ADJ) (= *undecided*) indécis • **to remain ~** rester neutre • **I was still ~ to the venture** je ne m'étais pas encore engagé sur ce projet

uncommon [ʌnˈkɒmən] (ADJ) peu commun • **a not ~ problem** un problème qui n'est pas rare • **she was**

U

late, a not ~ occurrence elle était en retard, chose assez fréquente • **it is not ~ for this to happen** il n'est pas rare que cela arrive

uncommunicative ['ʌnkə'mjuːnɪkətɪv] (ADJ) peu communicatif

uncompleted ['ʌnkəm'pliːtɪd] (ADJ) inachevé

uncomplicated [ʌn'kɒmplɪkeɪtɪd] (ADJ) *[method, view]* simple • **she's a nice ~ girl** c'est une fille gentille et pas compliquée

uncompromising [ʌn'kɒmprəmaɪzɪŋ] (ADJ) *[person, attitude]* intransigeant; *[message, demand, sincerity, film]* sans complaisance

unconcerned ['ʌnkən'sɜːnd] (ADJ) ⓐ *(= uninterested)* **to be ~** *[person]* ne pas se sentir concerné (**about** *or* **with sth** par qch) ⓑ *(= unworried) [person]* insouciant • **to be ~ about sth** ne pas se soucier de qch • **to be ~ by sth** ne pas se soucier de qch

unconditional ['ʌnkən'dɪʃənl] (ADJ) *[surrender, offer]* sans condition(s); *[love, support]* inconditionnel

> ✎ The French word **inconditionnel** has a double **n** and ends with **-el** instead of **-al**.

unconditionally ['ʌnkən'dɪʃnəlɪ] (ADV) sans conditions

unconfirmed ['ʌnkən'fɜːmd] (ADJ) *[report, rumour]* non confirmé

uncongenial ['ʌnkən'dʒiːnɪəl] (ADJ) *[person]* peu sympathique; *[work, surroundings]* peu agréable

unconnected ['ʌnkə'nektɪd] (ADJ) *(= unrelated)* sans rapport • **a series of ~ events** une série d'événements sans rapport entre eux • **the two incidents were ~** il n'y avait pas de rapport entre ces deux incidents • **to be ~ with** *or* **to sth** ne pas avoir de rapport avec qch

unconscionable [ʌn'kɒnʃnəbl] (ADJ) *(frm)* ⓐ *(= disgraceful) [behaviour, crime]* inadmissible • **it is ~ that ...** il est inadmissible que ... ⓑ *[amount, delays, demands]* déraisonnable

unconscious [ʌn'kɒnʃəs] 1 (ADJ) ⓐ *[patient]* sans connaissance • **I was ~ for a few moments** je suis resté sans connaissance pendant quelques instants • **to beat sb ~** battre qn jusqu'à lui faire perdre connaissance • **to knock sb ~** assommer qn ⓑ *(= unaware)* **to be ~ of sth** ne pas être conscient de qch ⓒ *[desire, bias]* inconscient • **on an ~ level** au niveau de l'inconscient 2 (N) **the unconscious** l'inconscient *m*

unconsciously [ʌn'kɒnʃəslɪ] (ADV) inconsciemment

unconsciousness [ʌn'kɒnʃəsnɪs] (N) perte *f* de connaissance • **to lapse into ~** perdre connaissance

unconstitutional ['ʌn,kɒnstɪ'tjuːʃənl] (ADJ) inconstitutionnel

uncontested ['ʌnkən'testɪd] (ADJ) incontesté

uncontrollable ['ʌnkən'trəʊləbl] (ADJ) incontrôlable; *[desire, emotion]* irrépressible; *[bleeding]* impossible à arrêter • **he burst into ~ laughter** il a été pris d'un fou rire

uncontrollably ['ʌnkən'trəʊləblɪ] (ADV) *[cry, shake]* sans pouvoir s'arrêter

uncontrolled ['ʌnkən'trəʊld] (ADJ) incontrôlé; *[emotion]* non réprimé; *[spending]* effréné

unconventional ['ʌnkən'venʃənl] (ADJ) original; *[person, behaviour]* non-conformiste; *[education, upbringing]* non conventionnel

unconvinced ['ʌnkən'vɪnst] (ADJ) **to be ~ that ...** ne pas être convaincu que ... • **to remain ~** n'être toujours pas convaincu

unconvincing ['ʌnkən'vɪnsɪŋ] (ADJ) peu convaincant

uncooked ['ʌn'kʊkt] (ADJ) cru

uncooperative ['ʌnkəʊ'ɒpərətɪv] (ADJ) peu coopératif

uncork ['ʌn'kɔːk] (VT) déboucher

uncorroborated ['ʌnkə'rɒbəreɪtɪd] (ADJ) non corroboré

uncountable ['ʌn'kaʊntəbl] (ADJ) **~ noun** nom *m* non dénombrable

uncouth [ʌn'kuːθ] (ADJ) grossier

uncover [ʌn'kʌvəʳ] (VT) découvrir

uncritical ['ʌn'krɪtɪkəl] (ADJ) *[person]* peu critique; *[attitude, approach, report]* non critique; *[acceptance, support]* sans réserves

unctuous ['ʌŋktjʊəs] (ADJ) mielleux

uncultivated ['ʌn'kʌltɪveɪtɪd] (ADJ) inculte

uncultured ['ʌn'kʌltʃəd] (ADJ) inculte

uncut ['ʌn'kʌt] (ADJ) ⓐ *[grass, hair, nails]* non coupé • **to leave sth ~** ne pas couper qch ⓑ *(= unabridged) [film, novel]* intégral • **to show a film ~** montrer un film dans sa version intégrale

undamaged [ʌn'dæmɪdʒd] (ADJ) non endommagé

undaunted ['ʌn'dɔːntɪd] (ADJ) **he was ~ by their threats** il ne se laissait pas intimider par leurs menaces

undead [ʌn'ded] (NPL) **the ~** les morts-vivants *mpl*

undecided ['ʌndɪ'saɪdɪd] (ADJ) *[person]* indécis (**about** *or* **on sth** à propos de qch); *[question]* non résolu • **to remain ~** *[person]* demeurer indécis • **that is still ~** cela n'a pas encore été décidé • **I am ~ whether to go or not** je n'ai pas décidé si j'irai ou non

undefeated ['ʌndɪ'fiːtɪd] (ADJ) invaincu

undelete ['ʌndɪ'liːt] (VT) restaurer

undelivered ['ʌndɪ'lɪvəd] (ADJ) *[mail]* non distribué • **it remained ~** cela n'a pas été livré

undemanding ['ʌndɪ'mɑːndɪŋ] (ADJ) peu exigeant

undemocratic [,ʌndemə'krætɪk] (ADJ) antidémocratique

undeniable [,ʌndɪ'naɪəbl] (ADJ) indéniable

undeniably [,ʌndɪ'naɪəblɪ] (ADV) indéniablement • **it is ~ true that ...** il est incontestable que ...

under ['ʌndəʳ] 1 (PREP) ⓐ *(= beneath)* sous • **~ the table/umbrella** sous la table/le parapluie • **it's ~ there** c'est là-dessous • **~ it** dessous • **he went and sat ~ it** il est allé s'asseoir dessous • **~ the Tudors** sous les Tudor • **he had 50 men ~ him** il avait 50 hommes sous ses ordres • **~ the command of ...** sous les ordres de ...

ⓑ *(= less than)* moins de; *(in rank, scale)* au-dessous de • **to be ~ age** être mineur • **children ~ 15** enfants *mpl* de moins de 15 ans • **the ~-15s** les moins de 15 ans • **it sells at ~ £10** cela se vend à moins de 10 livres • **in ~ two hours** en moins de deux heures

ⓒ *(with names)* sous • **~ an assumed name** sous un faux nom

ⓓ *(= according to)* selon • **~ French law** selon la législation française • **~ the terms of the contract** selon les termes du contrat

2 (ADV) ⓐ *(= beneath)* en dessous • **he stayed ~ for three minutes** *(= underwater)* il est resté sous l'eau pendant trois minutes • **he lifted the rope and crawled ~** il a soulevé la corde et il est passé dessous en rampant

ⓑ *(= less)* moins • **children of 15 and ~** les enfants de moins de 16 ans • **ten degrees ~** moins dix

3 PREF (*= insufficiently*) sous- • **~nourished** sous-alimenté • **~used** sous-exploité

underachieve [ˌʌndərəˈtʃiːv] VI être sous-performant

underachiever [ˌʌndərəˈtʃiːvəʳ] N élève *mf* sous-performant(e)

underage [ˌʌndərˈeɪdʒ] ADJ [*person*] mineur • **~ drinking** consommation *f* d'alcool par les mineurs

underarm [ˈʌndərɑːm] 1 ADV [*throw, bowl*] par en-dessous; [*serve*] à la cuillère 2 ADJ [*deodorant*] pour les aisselles; [*hair*] des aisselles

underbelly [ˈʌndəbelɪ] N **the (soft) ~** (*fig*) le point vulnérable

underbrush [ˈʌndəbrʌʃ] N (*US*) sous-bois *m inv*

undercapitalized [ˈʌndəˈkæpɪtəlaɪzd] ADJ **to be ~** [*project*] ne pas être doté de fonds suffisants

undercarriage [ˈʌndəkærɪdʒ] N train *m* d'atterrissage

undercharge [ˈʌndəˈtʃɑːdʒ] VT **he ~d me** il m'a fait payer moins cher qu'il n'aurait dû

underclass [ˈʌndəklɑːs] N classe *f* (sociale) très défavorisée

underclothes [ˈʌndəkləʊðz] NPL, **underclothing** [ˈʌndəkləʊðɪŋ] N sous-vêtements *mpl*

undercoat [ˈʌndəkəʊt] N [*of paint*] sous-couche *f*

undercooked [ˈʌndəˈkʊkt] ADJ pas assez cuit

undercover [ˌʌndəˈkʌvəʳ] ADJ secret (-ète *f*) • **~ agent** agent *m* secret

undercurrent [ˈʌndəˌkʌrənt] N (*in sea*) courant *m* (sous-marin); (*feeling*) courant *m* sous-jacent

undercut [ˌʌndəˈkʌt] (*pret, ptp* **undercut**) VT ⓐ (*= sell cheaper than*) vendre moins cher que ⓑ (*= undermine*) amoindrir

underdeveloped [ˈʌndədɪˈveləpt] ADJ [*country*] sous-développé

underdog [ˈʌndədɒg] N **the ~** (*= predicted loser*) celui (*or* celle) que l'on donne perdant(e)

underdone [ˈʌndəˈdʌn] ADJ [*food*] pas assez cuit • **I like my steak slightly ~** j'aime mon steak presque saignant

underemployed [ˌʌndərɪmˈplɔɪd] ADJ sous-employé

underestimate [ˌʌndərˈestɪmeɪt] VT sous-estimer

underexposed [ˌʌndərɪksˈpəʊzd] ADJ sous-exposé

underfed [ˌʌndəˈfed] ADJ sous-alimenté

underfelt [ˈʌndəfelt] N [*of carpet*] thibaude *f*

underfoot [ˈʌndəˈfʊt] ADV sous les pieds • **to trample sth ~** marcher sur qch • **it is wet ~** le sol est humide

underfunded [ˌʌndəˈfʌndɪd] ADJ **to be ~** [*project*] ne pas être doté de fonds suffisants

undergo [ˈʌndəˈgəʊ] (*pret* **underwent**, *ptp* **undergone**) VT subir; [*+ suffering*] éprouver; [*+ medical treatment, training*] suivre

undergraduate [ˌʌndəˈgrædjʊɪt] 1 N étudiant(e) *m(f)* 2 ADJ [*opinion*] des étudiants; [*course*] du premier cycle

underground [ˈʌndəgraʊnd] 1 ADJ ⓐ [*work, explosion, cable*] souterrain • **~ car park** parking *m* souterrain • **~ railway** métro *m* ⓑ [*organization*] clandestin; [*film*] underground *inv* • **~ movement** mouvement *m* clandestin; (*in occupied country*) résistance *f* 2 ADV **it is 3 metres ~** c'est à 3 mètres sous terre • **to go ~** [*wanted man*] entrer dans la clandestinité; [*guerilla*] prendre le maquis 3 N ⓐ (*Brit = railway*) métro *m* • **by ~** en métro ⓑ **the ~** (*political*) la résistance

undergrowth [ˈʌndəgrəʊθ] N broussailles *fpl*

underhand [ˌʌndəˈhænd], **underhanded** (*US*) [ˌʌndəˈhændɪd] ADJ sournois • **~ trick** fourberie *f*

underlay 1 VB *pt of* **underlie** 2 N [*of carpet*] thibaude *f*

> Lorsque **underlay** est un verbe, l'accent tombe sur la dernière syllabe : [ˌʌndəˈleɪ], lorsque c'est un nom, sur la première : [ˈʌndəleɪ].

underlie [ˌʌndəˈlaɪ] (*pret* **underlay**, *ptp* **underlain**) VT sous-tendre

underline [ˌʌndəˈlaɪn] VT souligner

underling [ˈʌndəlɪŋ] N sous-fifre* *m inv*

underlying [ˌʌndəˈlaɪɪŋ] ADJ sous-jacent; [*cause*] profond; [*problem*] de fond

undermentioned [ˌʌndəˈmenʃənd] ADJ (cité) ci-dessous

undermine [ˌʌndəˈmaɪn] VT [*+ influence, power, authority*] saper; [*+ health*] miner; [*+ effect*] amoindrir

underneath [ˈʌndəˈniːθ] 1 PREP sous, au-dessous de • **stand ~ it** mettez-vous dessous • **from ~ the table** de dessous la table 2 ADV (en) dessous • **the one ~** celui d'en dessous

undernourished [ˌʌndəˈnʌrɪʃt] ADJ sous-alimenté

underpaid [ˌʌndəˈpeɪd] ADJ sous-payé

underpants [ˈʌndəpænts] NPL slip *m*

underpass [ˈʌndəpɑːs] N (*for cars*) bretelle *f* inférieure; (*for pedestrians*) passage *m* souterrain

underpin [ˌʌndəˈpɪn] VT sous-tendre • **the philosophy that ~s his work** la philosophie sur laquelle son œuvre est fondée

underplay [ˌʌndəˈpleɪ] VT minimiser

underpopulated [ˌʌndəˈpɒpjʊleɪtɪd] ADJ sous-peuplé

underprice [ˌʌndəˈpraɪs] VT **they have ~d their computers** leurs ordinateurs sont vendus à des prix trop bas

underprivileged [ˌʌndəˈprɪvɪlɪdʒd] 1 ADJ défavorisé 2 NPL **the underprivileged** les défavorisés *mpl*

underqualified [ˈʌndəˈkwɒlɪˌfaɪd] ADJ sous-qualifié

underrate [ˌʌndəˈreɪt] VT sous-estimer • **he is a very ~d actor** c'est un acteur très sous-estimé

underscore [ˌʌndəˈskɔːʳ] VT souligner

underseal [ˈʌndəsiːl] (*Brit*) VT [*+ car*] traiter contre la rouille (*au niveau du châssis*)

undersell [ˌʌndəˈsel] (*pret, ptp* **undersold**) VT **to ~ o.s.** ne pas savoir se vendre

undershirt [ˈʌndəʃɜːt] N (*US*) maillot *m* de corps

undershorts [ˈʌndəʃɔːts] NPL (*US*) caleçon *m*

underside [ˈʌndəsaɪd] N dessous *m*

undersigned [ˈʌndəsaɪnd] ADJ, N **I, the ~** je soussigné

undersized [ˌʌndəˈsaɪzd] ADJ trop petit

underskirt [ˈʌndəskɜːt] N jupon *m*

understaffed [ˌʌndəˈstɑːft] ADJ en sous-effectif • **we're terribly ~ at the moment** nous manquons cruellement de personnel en ce moment

understaffing [ˌʌndəˈstɑːfɪŋ] N sous-effectif *m*

understand [ˌʌndəˈstænd] (*pret, ptp* **understood**) 1 VT ⓐ [*+ person, meaning*] comprendre • **I can't ~ his attitude** je n'arrive pas à comprendre son attitude • **I can't ~ it!** je ne comprends pas ! • **I can't ~ a word of it** je n'y comprends rien • **this can be understood in several ways** cela peut se comprendre de plusieurs façons • **do you ~ why?** est-ce que vous comprenez pourquoi ? • **to**

make o.s. understood se faire comprendre • **I quite ~ that you don't want to come** je comprends très bien que vous n'ayez pas envie de venir
ⓑ (*= believe*) **I understood we were to be paid** j'ai cru comprendre que nous devions être payés • **I ~ you are leaving today** il paraît que vous partez aujourd'hui • **we were given to ~ that ...** on nous a fait comprendre que ...
ⓒ (*= assume*) **to be understood** [*arrangement, price, date*] ne pas être spécifié • **it was understood that he would pay** (*= it was assumed*) on supposait qu'il paierait; (*= it was agreed*) il était entendu qu'il paierait
2 (VI) comprendre • **he was a widower, I ~** il était veuf, si j'ai bien compris

understandable [ˌʌndəˈstændəbl] (ADJ) compréhensible • **it is ~ that ...** on comprend que ... + *subj* • **that's ~** ça se comprend

understandably [ˌʌndəˈstændəblɪ] (ADV) (*= of course*) naturellement; (*= rightly*) à juste titre • **he's ~ angry** il est furieux, et ça se comprend

understanding [ˌʌndəˈstændɪŋ] **1** (ADJ) [*person*] compréhensif (**about** à propos de); [*smile, look*] compatissant
2 (N) ⓐ compréhension *f* • **his ~ of the problems** sa compréhension des problèmes • **it is my ~ that ...** d'après ce que j'ai compris, ... ⓑ (*= agreement*) accord *m*; (*= arrangement*) arrangement *m* • **to come to an ~ with sb** parvenir à un accord avec qn • **there is an ~ between us that ...** il est entendu entre nous que ... • **on the ~ that ...** à condition que ... ⓒ (*= concord*) entente *f*

understate [ˌʌndəˈsteɪt] (VT) minimiser

understated [ˌʌndəˈsteɪtɪd] (ADJ) discret (-ète *f*)

understatement [ˈʌndəˌsteɪtmənt] (N) litote *f* • **to say he is clever is rather an ~** dire qu'il est intelligent tient de la litote • **that's an ~** le mot est faible

understood [ˌʌndəˈstʊd] (VB) *pt, ptp of* **understand**

understudy [ˈʌndəstʌdɪ] (N) doublure *f*

undertake [ˌʌndəˈteɪk] (*pret* **undertook**, *ptp* **undertaken**) (VT) [*+ task*] entreprendre; [*+ duty*] se charger de; [*+ responsibility*] assumer • **to ~ to do sth** se charger de faire qch

undertaker [ˈʌndəteɪkəʳ] (N) (*Brit*) entrepreneur *m* des pompes funèbres • **the ~'s** les pompes *fpl* funèbres

undertaking [ˌʌndəˈteɪkɪŋ] (N) ⓐ (*= task, operation*) entreprise *f* • **it is quite an ~ (to do) that** ce n'est pas une mince affaire (que de faire cela) ⓑ (*= promise*) promesse *f* • **to give an ~** promettre (**to do sth** de faire qch)

underthings* [ˈʌndəθɪŋz] (NPL) dessous *mpl*

undertone [ˈʌndətəʊn] (N) (*= suggestion*) sous-entendu *m* • **racial/sexual ~s** sous-entendus *mpl* raciaux/sexuels • **an ~ of criticism** des critiques voilées • **to say sth in an ~** dire qch à mi-voix

underused [ˌʌndəˈjuːzd], **underutilized** [ˌʌndəˈjuːtɪlaɪzd] (ADJ) [*resources, land*] sous-exploité; [*facilities, equipment*] sous-employé

undervalue [ˌʌndəˈvæljuː] (VT) sous-estimer

underwater [ˈʌndəˈwɔːtəʳ] **1** (ADJ) sous-marin **2** (ADV) sous l'eau

underway, under way [ˌʌndəˈweɪ] (ADJ) **to be ~** [*talks, search, process*] être en cours • **to get ~** [*talks, campaign*] démarrer; [*process, reforms*] être mis en œuvre

underwear [ˈʌndəwɛəʳ] (N) sous-vêtements *mpl*

underweight [ˌʌndəˈweɪt] (ADJ) [*person*] **to be ~** être trop maigre

underwhelmed* [ˌʌndəˈwɜlmd] (ADJ) peu impressionné • **to be ~ by sth** ne pas être impressionné par qch

underwhelming [ˌʌndəˈwelmɪŋ] (ADJ) (*hum*) décevant

underworld [ˈʌndəwɜːld] **1** (N) ⓐ (*= hell*) **the ~** les enfers *mpl* ⓑ (*criminal*) **the ~** le milieu **2** (ADJ) **to have ~ connections** avoir des relations avec le milieu

underwrite [ˌʌndəˈraɪt] (*pret* **underwrote**, *ptp* **underwritten**) (VT) ⓐ [*+ policy*] réassurer; [*+ risk*] assurer contre; [*+ amount*] garantir ⓑ (*= support*) [*+ project, enterprise*] financer

underwriter [ˈʌndəˌraɪtəʳ] (N) (*Insurance*) assureur *m*

undeserved [ˈʌndɪˈzɜːvd] (ADJ) immérité

undesirable [ˈʌndɪˈzaɪərəbl] (ADJ, N) indésirable *mf*

undetected [ˈʌndɪˈtektɪd] (ADJ) **to go ~** passer inaperçu • **to do sth ~** faire qch sans se faire repérer

undeveloped [ˈʌndɪˈveləpt] (ADJ) [*land, resources*] non exploité

undies* [ˈʌndɪz] (NPL) dessous *mpl*

undiluted [ˈʌndaɪˈluːtɪd] (ADJ) ⓐ [*concentrate*] non dilué ⓑ [*pleasure*] sans mélange

undiplomatic [ˈʌnˌdɪpləˈmætɪk] (ADJ) [*person*] peu diplomate; [*action, answer*] peu diplomatique

undisciplined [ʌnˈdɪsɪplɪnd] (ADJ) indiscipliné

undisclosed [ˈʌndɪsˈkləʊzd] (ADJ) non divulgué • **it was sold for an ~ sum** ça été vendu pour une somme inconnue

undiscovered [ˈʌndɪsˈkʌvəd] (ADJ) (*= not found*) non découvert; (*= unknown*) inconnu • **the treasure remained ~ for 700 years** le trésor n'a été découvert que 700 ans plus tard

undisguised [ˈʌndɪsˈgaɪzd] (ADJ) non déguisé

undisputed [ˈʌndɪsˈpjuːtɪd] (ADJ) incontesté

undistinguished [ˈʌndɪsˈtɪŋgwɪʃt] (ADJ) (*in character*) quelconque; (*in appearance*) peu distingué

undisturbed [ˈʌndɪsˈtɜːbd] (ADV) [*work, play, sleep*] sans être dérangé • **it lay there ~ for seven years** c'est resté là sept ans, sans être dérangé

undivided [ˈʌndɪˈvaɪdɪd] (ADJ) (*= wholehearted*) [*admiration*] sans réserve • **to require sb's ~ attention** exiger toute l'attention de qn

undo [ˈʌnˈduː] (*pret* **undid**, *ptp* **undone**) (VT) [*+ button, knot, parcel,*] défaire; [*+ good effect*] annuler; [*+ wrong*] réparer; (*Comput*) annuler

undocumented [ʌnˈdɒkjʊmentɪd] (ADJ) [*event*] non documenté; (*US*) [*person*] sans papiers

undoing [ˈʌnˈduːɪŋ] (N) **that was his ~** c'est ce qui a causé sa perte

undone [ˈʌnˈdʌn] **1** (VB) *ptp of* **undo** **2** (ADJ) [*button, garment*] défait; [*task*] non accompli • **to come ~** se défaire • **he left the job ~** il n'a pas fait le travail

undoubted [ʌnˈdaʊtɪd] (ADJ) indubitable

undoubtedly [ʌnˈdaʊtɪdlɪ] (ADV) indubitablement

undress [ʌnˈdres] **1** (VT) déshabiller • **to get ~ed** se déshabiller **2** (VI) se déshabiller

undrinkable [ˈʌnˈdrɪŋkəbl] (ADJ) (*= unpalatable*) imbuvable; (*= poisonous*) non potable

undue [ˈʌnˈdjuː] (ADJ) excessif • **I hope this will not cause you ~ inconvenience** j'espère que cela ne vous dérangera pas outre mesure

undulating [ˈʌndjʊleɪtɪŋ] (ADJ) [*movement*] ondoyant; [*line*] sinueux; [*countryside*] vallonné

unduly [ˈʌnˈdjuːlɪ] (ADV) outre mesure

undying [ʌnˈdaɪɪŋ] (ADJ) éternel

unearned ['ʌn'ɜːnd] ADJ ⓐ [*praise, reward*] immérité ⓑ **~ income** rentes *fpl*
unearth ['ʌn'ɜːθ] VT déterrer
unearthly [ʌn'ɜːθlɪ] ADJ (= *supernatural*) surnaturel • **at some ~ hour** à une heure indue
unease [ʌn'iːz] N malaise *m* (**at, about** devant)
uneasiness [ʌn'iːzɪnɪs] N malaise *m* (**at, about** devant)
uneasy [ʌn'iːzɪ] ADJ [*calm, truce*] fragile; [*conscience*] pas tranquille; [*person*] (= *ill-at-ease*) mal à l'aise; (= *worried*) inquiet (-ète *f*) (**at, about** devant, de), anxieux • **to become ~ about sth** commencer à s'inquiéter au sujet de qch • **I have an ~ feeling that he's watching me** j'ai l'impression troublante qu'il me regarde
uneducated ['ʌn'edjʊkeɪtɪd] ADJ [*person*] sans instruction
unemployable ['ʌnɪm'plɔɪəbl] ADJ inemployable
unemployed ['ʌnɪm'plɔɪd] 1 ADJ [*person*] sans emploi • **~ person** chômeur *m*, -euse *f* 2 NPL **the unemployed** les chômeurs *mpl* • **the young ~** les jeunes *mpl* sans emploi
unemployment ['ʌnɪm'plɔɪmənt] N chômage *m* • **to reduce ~** réduire le chômage • **~ has risen** le chômage a augmenté ▸ **unemployment compensation** N (*US*) allocation *f* (de) chômage ▸ **unemployment figures** NPL chiffres *mpl* du chômage ▸ **unemployment rate** N taux *m* de chômage • **an ~ rate of 10%** un taux de chômage de 10 %
unending [ʌn'endɪŋ] ADJ interminable
unenthusiastic ['ʌnɪn,θuːzɪ'æstɪk] ADJ peu enthousiaste
unenviable ['ʌn'enviəbl] ADJ peu enviable
unequal ['ʌn'iːkwəl] ADJ ⓐ (= *not the same*) inégal; (= *inegalitarian*) inégalitaire ⓑ (= *inadequate*) **to be ~ to a task** ne pas être à la hauteur d'une tâche
unequalled ['ʌn'iːkwəld] ADJ inégalé
unequivocal ['ʌnɪ'kwɪvəkəl] ADJ sans équivoque
unerring ['ʌn'ɜːrɪŋ] ADJ [*judgement, sense*] infaillible; [*skill*] sûr
UNESCO [juː'neskəʊ] N (ABBR OF **United Nations Educational, Scientific and Cultural Organization**) UNESCO *f*
unethical ['ʌn'eθɪkəl] ADJ contraire à l'éthique; (= *contrary to professional code of conduct*) contraire à la déontologie
uneven ['ʌn'iːvən] ADJ ⓐ [*surface*] inégal; [*path*] cahoteux; [*ground*] accidenté; [*teeth*] irrégulier ⓑ (= *irregular*) irrégulier ⓒ (= *inconsistent*) [*quality, performance, distribution*] inégal
uneventful ['ʌnɪ'ventfʊl] ADJ [*day, journey*] sans incidents; [*life*] tranquille; [*career*] peu mouvementé • **it's been a pretty ~ day** il ne s'est pas passé grand-chose aujourd'hui
unexceptional [,ʌnɪk'sepʃənl] ADJ quelconque
unexciting ['ʌnɪk'saɪtɪŋ] ADJ [*time, visit*] peu passionnant; [*life*] sans histoire
unexpected ['ʌnɪks'pektɪd] ADJ inattendu • **it was all very ~** on ne s'y attendait pas du tout
unexpectedly ['ʌnɪks'pektɪdlɪ] ADV subitement; [*agree*] contre toute attente • **his reaction was ~ violent** sa réaction a été étonnamment violente • **to arrive ~** arriver à l'improviste
unexplained ['ʌnɪks'pleɪnd] ADJ inexpliqué
unexploded ['ʌnɪks'pləʊdɪd] ADJ non explosé
unfailing [ʌn'feɪlɪŋ] ADJ [*supply*] inépuisable; [*optimism*] inébranlable; [*remedy*] infaillible
unfair ['ʌn'fɛəʳ] ADJ injuste (**to sb** envers qn); [*competition, tactics*] déloyal • **you're being ~** vous êtes injuste • **it is ~ to expect her to do that** il n'est pas juste d'attendre qu'elle fasse cela • **to have an ~ advantage over sb** être injustement avantagé par rapport à qn ▸ **unfair dismissal** N licenciement *m* abusif
unfairly ['ʌn'fɛəlɪ] ADV [*treat, judge, compare*] injustement • **he was ~ dismissed** il a été victime d'un licenciement abusif
unfairness ['ʌn'fɛənɪs] N injustice *f*
unfaithful ['ʌn'feɪθfʊl] ADJ infidèle • **she was ~ to him** elle l'a trompé
unfamiliar ['ʌnfə'mɪljəʳ] ADJ [*place, person*] inconnu • **to be ~ with sth** mal connaître qch
unfashionable ['ʌn'fæʃnəbl] ADJ [*dress, subject, opinion*] démodé; [*district*] peu chic *inv* • **it is ~ to speak of …** ça ne se fait plus de parler de …
unfasten ['ʌn'fɑːsn] VT défaire
unfathomable [ʌn'fæðəməbl] ADJ insondable
unfavourable, unfavorable (US) ['ʌn'feɪvərəbl] ADJ défavorable; [*terms*] désavantageux
unfeeling [ʌn'fiːlɪŋ] ADJ insensible
unfettered ['ʌn'fetəd] ADJ sans entrave • **~ by** libre de
unfilled ['ʌn'fɪld] ADJ [*post, vacancy*] à pourvoir
unfinished ['ʌn'fɪnɪʃt] ADJ [*task, essay*] inachevé • **we have some ~ business (to attend to)** nous avons des affaires à régler
unfit ['ʌn'fɪt] ADJ ⓐ (= *not physically fit*) en mauvaise condition physique • **he was ~ to drive** il n'était pas en état de conduire • **he is ~ for work** il n'est pas en état de travailler • **some children are so ~ they cannot do basic gym exercises** la condition physique de certains enfants est si mauvaise qu'il sont incapables de faire les exercices de gymnastique les plus simples ⓑ (= *incompetent*) inapte (**for** à, **to do sth** à faire qch); (= *unworthy*) indigne (**to do sth** de faire qch) • **he is ~ to be a teacher** il ne devrait pas enseigner • **they are ~ to govern the country** ils ne sont pas aptes à gouverner le pays • **~ for consumption** impropre à la consommation
unflagging [ʌn'flægɪŋ] ADJ [*support*] indéfectible; [*enthusiasm*] inépuisable; [*interest*] soutenu
unflappable* ['ʌn'flæpəbl] ADJ imperturbable
unflattering ['ʌn'flætərɪŋ] ADJ [*description, portrait*] peu flatteur • **she wears ~ clothes** elle porte des vêtements qui ne l'avantagent guère
unflinching ['ʌn'flɪntʃɪŋ] ADJ [*support*] indéfectible • **she was ~ in her determination to succeed** elle était absolument déterminée à réussir
unfocused, unfocussed [,ʌn'fəʊkəst] ADJ [*gaze, eyes*] dans le vague; [*feelings, plans*] vague
unfold [ʌn'fəʊld] 1 VT ⓐ [+ *napkin, map*] déplier 2 VI [*flower*] s'ouvrir; [*view, countryside*] s'étendre; [*story*] se dérouler
unfollow [ʌn'fɒləʊ] VT (*on social media*) cesser de suivre
unforced ['ʌnfɔːst] ADJ ▸ **unforced error** N (*Tennis*) faute *f* directe
unforeseeable ['ʌnfɔː'siːəbl] ADJ imprévisible
unforeseen ['ʌnfɔː'siːn] ADJ imprévu
unforgettable ['ʌnfə'getəbl] ADJ inoubliable; (*for unpleasant things*) impossible à oublier

unforgivable [ʌnfə'gɪvəbl] (ADJ) impardonnable
unfortunate [ʌn'fɔːtʃənɪt] (ADJ) malheureux; [*person*] malchanceux • **it is most ~ that ...** il est très regrettable que ... + *subj* • **he has been ~** il n'a pas eu de chance
unfortunately [ʌn'fɔːtʃənɪtlɪ] (ADV) malheureusement • **an ~ worded remark** une remarque formulée de façon malheureuse
unfounded ['ʌn'faʊndɪd] (ADJ) sans fondement
unfriend [ʌn'frend] (VT) (*Internet*) supprimer de sa liste d'amis
unfriendly ['ʌn'frendlɪ] (ADJ) [*person, reception*] froid; [*attitude, behaviour, remark*] inamical; (*stronger*) hostile
unfulfilled ['ʌnfʊl'fɪld] (ADJ) [*promise*] non tenu; [*ambition, prophecy*] non réalisé; [*desire*] insatisfait; [*condition*] non rempli • **to feel ~** éprouver un sentiment d'insatisfaction
unfurl [ʌn'fɜːl] 1 (VT) déployer 2 (VI) se déployer
unfurnished ['ʌn'fɜːnɪʃt] (ADJ) non meublé
ungainly [ʌn'geɪnlɪ] (ADJ) gauche
ungodly [ʌn'gɒdlɪ] (ADJ) **at some ~ hour** à une heure impossible
ungovernable [ʌn'gʌvənəbl] (ADJ) [*people, country*] ingouvernable
ungrateful [ʌn'greɪtfʊl] (ADJ) [*person*] ingrat (**towards sb** envers qn) • **you ~ thing!** espèce d'ingrat!
unguarded ['ʌn'gɑːdɪd] (ADJ) [*place*] sans surveillance • **to leave a place ~** laisser un endroit sans surveillance
unhappily [ʌn'hæpɪlɪ] (ADV) ⓐ (= *miserably*) [*look at, go*] d'un air malheureux; [*say*] d'un ton malheureux ⓑ (= *unfortunately*) malheureusement
unhappiness [ʌn'hæpɪnɪs] (N) tristesse *f*
unhappy [ʌn'hæpɪ] (ADJ) ⓐ (= *sad*) [*person, expression, marriage*] malheureux • **I had an ~ time at school** j'ai été malheureux à l'école ⓑ (= *discontented*) [*person*] mécontent (**with** *or* **about sb/sth** de qn/qch, **at sth** de qch) ⓒ (= *worried*) **I am ~ about leaving him alone** je n'aime pas le laisser seul ⓓ (= *regrettable*) [*experience*] malheureux; [*situation*] regrettable
unharmed ['ʌn'hɑːmd] (ADJ) [*person, animal*] indemne • **they were ~** ils s'en sont sortis indemnes
UNHCR [juːeneɪtʃsiː'ɑːʳ] (N) (ABBR OF **United Nations High Commission for Refugees**) HCR *m*
unhealthy [ʌn'helθɪ] (ADJ) ⓐ (= *harmful*) [*environment, habit*] malsain ⓑ (= *unwell*) [*person, economy*] en mauvaise santé
unheard-of [ʌn'hɜːdɒv] (ADJ) sans précédent
unheeded ['ʌn'hiːdɪd] (ADJ) **to go ~** être ignoré
unhelpful ['ʌn'helpfʊl] (ADJ) [*person*] peu serviable; [*remark, advice*] inutile; [*attitude*] peu coopératif
unhesitating [ʌn'hezɪteɪtɪŋ] (ADJ) [*response*] immédiat
unhinged ['ʌn'hɪndʒd] (ADJ) [*person, mind*] déséquilibré
unholy [ʌn'həʊlɪ] (ADJ) [*activity*] impie • **they made an ~ row*** ils ont fait un chahut pas possible*
unhook ['ʌn'hʊk] (VT) (= *take off hook*) décrocher
unhopeful [ʌn'həʊpfʊl] (ADJ) [*prospect, start*] peu prometteur
unhurt ['ʌn'hɜːt] (ADJ) indemne • **they were ~** ils s'en sont sortis indemnes
unhygienic ['ʌnhaɪ'dʒiːnɪk] (ADJ) peu hygiénique
uni* ['juːnɪ] (N) (ABBR OF **university**) fac* *f* • **at ~** en fac*
UNICEF ['juːnɪsef] (N) (ABBR OF **United Nations Children's Fund**) UNICEF *f*
unicorn ['juːnɪkɔːn] (N) licorne *f*
unidentified ['ʌnaɪ'dentɪfaɪd] (ADJ) non identifié ▸ **unidentified flying object** N objet *m* volant non identifié
unidirectional [ˌjuːnɪdɪ'rekʃənl] (ADJ) unidirectionnel
unification [ˌjuːnɪfɪ'keɪʃən] (N) unification *f*
uniform ['juːnɪfɔːm] 1 (N) uniforme *m* • **in ~** en uniforme • **out of ~** [*policeman, soldier*] en civil 2 (ADJ) [*shape, size*] identique; [*temperature*] constant • **of a ~ shape/size** de forme/taille identique
uniformity [ˌjuːnɪ'fɔːmɪtɪ] (N) uniformité *f*
unify ['juːnɪfaɪ] (VT) unifier
unifying ['juːnɪfaɪɪŋ] (ADJ) [*factor, force, theme, principle*] unificateur (-trice *f*) • **the struggle has had a ~ effect all of us** cette lutte a réussi à nous unifier tous
unilateral ['juːnɪ'lætərəl] (ADJ) unilatéral
unilaterally ['juːnɪ'lætərəlɪ] (ADV) unilatéralement
unimaginable [ˌʌnɪ'mædʒnəbl] (ADJ) inimaginable (**to sb** pour qn)
unimaginative ['ʌnɪ'mædʒnətɪv] (ADJ) [*person, film*] sans imagination • **to be ~** [*person, film*] manquer d'imagination; [*food*] manquer d'originalité
unimpaired ['ʌnɪm'pɛəd] (ADJ) [*mental powers*] intact
unimportant ['ʌnɪm'pɔːtənt] (ADJ) [*person*] insignifiant; [*issue, detail*] sans importance
unimpressed ['ʌnɪm'prest] (ADJ) (= *unaffected*) **to be ~ (by** *or* **with sb/sth)** (*by person, sight*) ne pas être impressionné (par qn/qch) • **I was ~** ça ne m'a pas impressionné
unimpressive ['ʌnɪm'presɪv] (ADJ) [*building*] très quelconque
uninformed ['ʌnɪn'fɔːmd] 1 (ADJ) [*person, organization*] mal informé (**about sb/sth** sur qn/qch); [*comment, rumour, opinion*] mal informé • **the ~ observer** l'observateur *m* non averti 2 (NPL) **the uninformed** le profane
uninhabitable ['ʌnɪn'hæbɪtəbl] (ADJ) inhabitable
uninhabited ['ʌnɪn'hæbɪtɪd] (ADJ) inhabité
uninhibited ['ʌnɪn'hɪbɪtɪd] (ADJ) [*person, behaviour*] désinhibé
uninitiated ['ʌnɪ'nɪʃɪeɪtɪd] 1 (ADJ) non initié 2 (NPL) **the uninitiated** les non-initiés *mpl*
uninjured ['ʌn'ɪndʒəd] (ADJ) indemne • **they were ~** ils n'ont pas été blessés
uninspiring ['ʌnɪn'spaɪərɪŋ] (ADJ) [*person, book, film*] sans grand intérêt
uninstall ['ʌnɪn'stɔːl] (VT) (*Comput*) désinstaller
unintelligent ['ʌnɪn'telɪdʒənt] (ADJ) peu intelligent
unintelligible ['ʌnɪn'telɪdʒəbl] (ADJ) inintelligible (**to sb** pour qn)
unintended ['ʌnɪn'tendɪd], **unintentional** ['ʌnɪn'tenʃənl] (ADJ) involontaire • **it was quite ~** ce n'était pas fait exprès
unintentionally ['ʌnɪn'tenʃnəlɪ] (ADV) involontairement
uninterrupted ['ʌnˌɪntə'rʌptɪd] (ADJ) ininterrompu • **to continue ~** continuer sans interruption
uninvited ['ʌnɪn'vaɪtɪd] (ADJ) [*visitor*] non invité; [*sexual advances*] mal venu • **to arrive ~** s'inviter
uninviting ['ʌnɪn'vaɪtɪŋ] (ADJ) peu attirant; [*food*] peu appétissant
union ['juːnjən] (N) union *f*; (*Industry*) syndicat *m* • **to join a ~** adhérer à un syndicat • **to belong to a ~** être syndiqué ▸ **Union Jack** N Union Jack *m inv* (*drapeau britannique*) ▸ **union member** N (*Industry*) syndiqué(e) *m(f)*
unique [juː'niːk] (ADJ) unique (**among** parmi) • **~ to sb/sth** propre à qn/qch • **his own ~ style** son style inimitable

uniquely [ju:'ni:klɪ] (ADV) particulièrement • ~ **placed to do sth** particulièrement bien placé pour faire qch

unisex ['ju:nɪseks] (ADJ) [*clothes, hair salon*] unisexe

UNISON ['ju:nɪzn] (N) (*Brit*) *syndicat*

unison ['ju:nɪsn, 'ju:nɪzn] (N) **in ~** en chœur

unit ['ju:nɪt] 1 (N) ⓐ (= *one item*) unité *f* ⓑ (= *complete section*) élément *m* ⓒ (= *buildings*) ensemble *m* ⓓ (= *group of people*) groupe *m*; (*in firm*) unité *f* • **family ~** groupe *m* familial 2 (COMP) ▸ **unit cost** N coût *m* unitaire ▸ **unit trust** N (*Brit Finance*) ≈ fonds *m* commun de placement; (= *company*) SICAV *f*

unite [ju:'naɪt] 1 (VT) ⓐ (= *join*) unir ⓑ (= *unify*) unifier 2 (VI) s'unir (**in doing sth, to do sth** pour faire qch)

united [ju:'naɪtɪd] (ADJ) [*country, opposition*] uni • ~ **in their belief that ...** unis dans la conviction que ... • **to present a ~ front (to sb)** présenter un front uni (face à qn) • **to take a ~ stand against sb/sth** adopter une position commune contre qn/qch ▸ **the United Arab Emirates** NPL les Émirats *mpl* arabes unis ▸ **the United Kingdom** N le Royaume-Uni → GREAT BRITAIN, UNITED KINGDOM ▸ **the United Nations** NPL les Nations *f* unies ▸ **the United States** NPL les États-Unis *mpl*

unity ['ju:nɪtɪ] (N) unité *f*

Univ. (ABBR OF **University**) univ.

universal [,ju:nɪ'vɜ:səl] (ADJ) universel • **a ~ health-care system** une couverture médicale universelle • **to have a ~ appeal** être apprécié de tous • **to make sth ~** rendre qch universel

universality [ju:nɪvɜ:'sælɪtɪ] (N) universalité *f*

universally [,ju:nɪ'vɜ:səlɪ] (ADV) [*welcomed, condemned*] universellement; [*popular, available*] partout

universe ['ju:nɪvɜ:s] (N) univers *m*

university [,ju:nɪ'vɜ:sɪtɪ] 1 (N) université *f* • **to be at/go to ~** être/aller à l'université 2 (COMP) [*degree, town, library*] universitaire; [*professor, student*] d'université ▸ **Universities and Colleges Admissions Service** N (*Brit*) *service central des inscriptions universitaires* ▸ **university degree** N diplôme *m* universitaire ▸ **university education** N **he has a ~ education** il a fait des études universitaires ▸ **university entrance examination** N examen *m* d'entrée à l'université ▸ **university student** N étudiant(e) *m(f)* (à l'université)

unjust ['ʌn'dʒʌst] (ADJ) injuste (**to sb** envers qn)

unjustifiable [ʌn'dʒʌstɪfaɪəbl] (ADJ) injustifiable

unjustified ['ʌn'dʒʌstɪfaɪd] (ADJ) [*attack, reputation*] injustifié

unjustly ['ʌn'dʒʌstlɪ] (ADV) injustement

unkempt ['ʌn'kempt] (ADJ) [*appearance*] négligé; [*hair*] mal coiffé

unkind [ʌn'kaɪnd] (ADJ) ⓐ [*person, remark, behaviour*] méchant • **to be ~ to sb** être méchant avec qn ⓑ (= *adverse*) cruel (**to sb** envers qn)

unkindly [ʌn'kaɪndlɪ] (ADV) [*say, describe*] méchamment • **to speak ~ of sb** dire des choses désagréables sur qn

unknowingly ['ʌn'nəʊɪŋlɪ] (ADV) sans le savoir

unknown ['ʌn'nəʊn] 1 (ADJ) inconnu • **a species ~ to science** une espèce inconnue des scientifiques • ~ **to me, he ...** à mon insu, il ... • ~ **to him, the plane had crashed** l'avion s'était écrasé, ce qu'il ignorait 2 (N) ⓐ **the ~** l'inconnu *m* • **voyage into the ~** voyage *m* dans l'inconnu ⓑ (= *person, actor*) inconnu(e) *m(f)*

unladen ['ʌn'leɪdn] (ADJ) [*ship*] à vide

unlawful ['ʌn'lɔ:fʊl] 1 (ADJ) [*act*] illégal 2 (COMP) ▸ **unlawful entry** N effraction *f* ▸ **unlawful killing** N homicide *m* volontaire (*sans préméditation*) ▸ **unlawful possession** N détention *f* illégale

unleaded ['ʌn'ledɪd] 1 (ADJ) [*petrol*] sans plomb 2 (N) (= *unleaded petrol*) essence *f* sans plomb

unleash ['ʌn'li:ʃ] (VT) [+ *dog*] détacher; [+ *anger*] déchaîner

unleavened ['ʌn'levnd] (ADJ) [*bread*] sans levain, azyme (*Rel*)

unless [ən'les] (CONJ) à moins que ... (ne) + *subj*, à moins de + *infin* • **I'll take it, ~ you want it** je vais le prendre, à moins que vous (ne) le vouliez • **take it, ~ you can find another** prenez-le, à moins que vous n'en trouviez un autre • **I won't do it ~ you phone me** je ne le ferai que si tu me téléphones • **I won't go ~ you do** je n'irai que si tu y vas toi aussi • ~ **I am mistaken** si je ne me trompe

unlicensed ['ʌn'laɪsənst] (ADJ) [*activity*] non autorisé; [*vehicle*] sans vignette

unlike ['ʌn'laɪk] (PREP) ~ **his brother, he ...** à la différence de son frère, il ... • **Glasgow is quite ~ Edinburgh** Glasgow ne ressemble pas du tout à Édimbourg

unlikely [ʌn'laɪklɪ] (ADJ) [*happening, outcome*] improbable; [*explanation*] invraisemblable; [*friendship*] inattendu • **an ~ place to find ...** un endroit où l'on ne s'attend guère à trouver ... • **they're such an ~ couple** ils forment un couple si invraisemblable • **in the ~ event of war** dans le cas improbable où une guerre éclaterait • **in the ~ event of his accepting** au cas improbable où il accepterait • **it is ~ that she will come** il y a peu de chances qu'elle vienne • **she is ~ to succeed** elle a peu de chances de réussir • **that is ~ to happen** il y a peu de chances que ça se produise

unlimited [ʌn'lɪmɪtɪd] (ADJ) [*amount, number, use*] illimité • **a ticket that allows ~ travel on buses** un ticket qui permet d'effectuer un nombre illimité de trajets en autobus

unlisted ['ʌn'lɪstɪd] (ADJ) qui ne figure pas sur la liste; (*US*) [*telephone number*] qui ne figure pas dans l'annuaire • **to go ~** (*US*) [*of telephone user*] ≈ se faire mettre sur la liste rouge

unlit ['ʌn'lɪt] (ADJ) [*place*] non éclairé

unload ['ʌn'ləʊd] (VT) [+ *ship, cargo*] décharger • **to ~ the washing machine** sortir le linge de la machine à laver

unlock ['ʌn'lɒk] (VT) [+ *door*] ouvrir • **the door is ~ed** la porte n'est pas fermée à clé

unloved ['ʌn'lʌvd] (ADJ) mal aimé

unlucky [ʌn'lʌkɪ] (ADJ) ⓐ (= *unfortunate*) [*person*] malchanceux; [*coincidence, event*] malencontreux • **he is always ~** il n'a jamais de chance • **he tried to get a seat but he was ~** il a essayé d'avoir une place mais il n'a pas réussi • **he was just ~** il n'a simplement pas eu de chance • **to be ~ in love** ne pas avoir de chance en amour • **it was ~ (for her) that her husband should walk in just then** elle n'a pas eu de chance que son mari soit entré à cet instant précis • **he was ~ not to score a second goal** il a été malchanceux de ne pas marquer un deuxième but • **we were ~ with the weather** nous n'avons pas eu de chance avec le temps
ⓑ (= *bringing bad luck*) [*number, colour*] qui porte malheur • **it is ~ to break a mirror** ça porte malheur de casser un miroir

U

unmanageable [ʌn'mænɪdʒəbl] (ADJ) [*number, size*] difficilement gérable; [*hair*] impossible à coiffer
unmanned ['ʌn'mænd] (ADJ) [*vehicle, aircraft, flight*] sans équipage; [*spacecraft*] inhabité; [*level-crossing*] automatique; [*station*] sans personnel; [*border post*] non gardé
unmarked ['ʌn'mɑːkt] (ADJ) **a** (= *anonymous*) [*grave*] sans nom; [*police car*] banalisé **b** [*essay*] non corrigé
unmarried ['ʌn'mærɪd] (ADJ) [*person*] célibataire; [*couple*] non marié ▸ **unmarried mother** N mère *f* célibataire
unmask ['ʌn'mɑːsk] (VT) démasquer
unmatched ['ʌn'mætʃt] (ADJ) [*ability, beauty*] sans pareil
unmissable* ['ʌn'mɪsəbl] (ADJ) (*Brit*) [*programme, film*] à ne pas rater
unmistakable ['ʌnmɪs'teɪkəbl] (ADJ) [*voice, sound, smell, style*] reconnaissable entre mille • **to send an ~ message to sb that ...** faire comprendre clairement à qn que ... • **to bear the ~ stamp of sth** porter la marque indubitable de qch • **to show ~ signs of sth** montrer des signes indubitables de qch
unmitigated [ʌn'mɪtɪgeɪtɪd] (ADJ) **it was an ~ disaster** c'était une vraie catastrophe
unmoved ['ʌn'muːvd] (ADJ) **to be ~ (by sth)** rester indifférent (à qch)
unnamed ['ʌn'neɪmd] (ADJ) [*author, donor*] anonyme
unnatural [ʌn'nætʃrəl] (ADJ) **a** (= *unusual*) [*calm, silence*] anormal • **it is not ~ to think that ...** il n'est pas anormal de penser que ... • **it is not ~ for sb to think that ...** il n'est pas anormal que qn pense que ... **b** (= *abnormal, unhealthy*) contre nature
unnaturally [ʌn'nætʃrəlɪ] (ADV) (= *unusually*) anormalement • **it was ~ silent** un silence anormal régnait
unnecessarily [ʌn'nesɪsərɪlɪ] (ADV) inutilement
unnecessary [ʌn'nesɪsərɪ] (ADJ) inutile; [*violence*] gratuit • **to cause ~ suffering to sb** faire souffrir qn inutilement • **it is ~ to add that ...** (il est) inutile d'ajouter que ...
unnerve ['ʌn'nɜːv] (VT) troubler
unnerving ['ʌn'nɜːvɪŋ] (ADJ) troublant
unnoticed ['ʌn'nəʊtɪst] (ADJ) inaperçu • **to go ~ (by sb)** passer inaperçu (de qn) • **to enter/leave ~ (by sb)** entrer/partir sans se faire remarquer (par qn)
UNO ['juːnəʊ] (N) (ABBR OF **United Nations Organization**) ONU *f*
unobtainable ['ʌnəb'teɪnəbl] (ADJ) **a** (= *unavailable*) **basic necessities were often ~** il était souvent impossible de se procurer l'essentiel • **his number was ~** son numéro était impossible à obtenir **b** (= *unrealizable*) [*goal, objective*] irréalisable
unoccupied ['ʌn'ɒkjʊpaɪd] (ADJ) [*house, seat*] inoccupé; [*offices*] vide
unofficial ['ʌnə'fɪʃəl] (ADJ) **a** (= *informal*) [*visit*] privé **b** (= *de facto*) [*leader*] non officiel **c** (= *unconfirmed*) [*report*] officieux
unofficially ['ʌnə'fɪʃəlɪ] (ADV) **a** (= *informally*) [*ask, report*] de façon non officielle **b** (= *off the record*) **~, he supports the proposals** en privé, il soutient ces propositions
unopened ['ʌn'əʊpənd] (ADJ) **to send a letter back ~** renvoyer une lettre sans l'avoir ouverte • **to leave sth ~** ne pas ouvrir qch
unopposed ['ʌnə'pəʊzd] (ADJ) sans opposition
unorthodox ['ʌn'ɔːθədɒks] (ADJ) (= *unconventional*) [*person, behaviour, views*] peu orthodoxe
unpack ['ʌn'pæk] **1** (VT) [+ *suitcase*] défaire; [+ *belongings*] déballer **2** (VI) défaire sa valise
unpaid ['ʌn'peɪd] (ADJ) [*worker, work*] non rémunéré; [*leave*] non payé; [*bill, rent*] impayé
unpalatable [ʌn'pælɪtəbl] (ADJ) [*food*] immangeable • **the idea was ~ to her** cette idée lui répugnait • **he found the truth ~** il trouvait la vérité dure à accepter
unparalleled [ʌn'pærəleld] (ADJ) [*opportunity*] sans précédent; [*success*] hors pair; [*beauty*] incomparable
unpardonable [ʌn'pɑːdnəbl] (ADJ) [*behaviour*] impardonnable
unpatriotic ['ʌn,pætrɪ'ɒtɪk] (ADJ) [*person*] peu patriote • **such behaviour is considered ~ in America** un tel comportement est jugé antipatriotique en Amérique
unperturbed ['ʌnpə'tɜːbd] (ADJ) imperturbable • **~ by this failure, he ...** sans se laisser perturber par cet échec, il ...
unplanned ['ʌn'plænd] (ADJ) [*occurrence*] imprévu; [*baby*] non prévu
unpleasant [ʌn'pleznt] (ADJ) désagréable
unplug ['ʌn'plʌg] (VT) débrancher
unpolluted ['ʌnpə'luːtɪd] (ADJ) non pollué
unpopular ['ʌn'pɒpjʊlə^r] (ADJ) impopulaire (**with sb** auprès de qn)
unprecedented [ʌn'presɪdəntɪd] (ADJ) sans précédent
unpredictable ['ʌnprɪ'dɪktəbl] (ADJ) [*person, behaviour*] imprévisible; [*weather*] incertain
unprepared ['ʌnprɪ'pɛəd] (ADJ) (= *unready*) **to be ~ (for sth/to do sth)** [*person*] ne pas être préparé (à qch/à faire qch) • **I was ~ for the exam** je n'avais pas suffisamment préparé l'examen • **he set out quite ~** il est parti sans aucun préparatif
unpretentious ['ʌnprɪ'tenʃəs] (ADJ) sans prétention(s)
unprincipled [ʌn'prɪnsɪpld] (ADJ) [*person*] peu scrupuleux
unproductive ['ʌnprə'dʌktɪv] (ADJ) [*meeting, discussion*] improductif
unprofessional ['ʌnprə'feʃənl] (ADJ) [*person, attitude*] peu professionnel • **to behave in a totally ~ manner** manquer totalement de professionnalisme
unprofitable ['ʌn'prɒfɪtəbl] (ADJ) [*business*] peu rentable
unprotected ['ʌnprə'tektɪd] (ADJ) [*person*] sans défense; [*place*] non protégé ▸ **unprotected sex** N rapports *mpl* sexuels non protégés
unproven ['ʌn'pruːvən, 'ʌn'prəʊvən], **unproved** ['ʌn'pruːvd] (ADJ) [*allegation, charge*] sans preuves
unprovoked ['ʌnprə'vəʊkt] (ADJ) [*attack, aggression, violence*] gratuit
unpunished ['ʌn'pʌnɪʃt] (ADJ) impuni • **to go ~** rester impuni
unqualified ['ʌn'kwɒlɪfaɪd] (ADJ) **a** (= *without qualifications*) [*person, staff, pilot*] non qualifié • **he is ~ for the job** (= *unsuitable*) il n'a pas les qualités requises pour ce poste • **he is ~ to do it** il n'est pas qualifié pour le faire **b** (= *unmitigated*) [*success*] total; [*support, approval*] inconditionnel
unquestionably [ʌn'kwestʃənəblɪ] (ADV) incontestablement
unquestioned [ʌn'kwestʃənd] (ADJ) incontesté
unquestioning [ʌn'kwestʃənɪŋ] (ADJ) [*faith, love*] absolu; [*support*] total
unravel [ʌn'rævəl] (VT) [+ *knitting*] défaire; [+ *mystery*] éclaircir

unread ['ʌn'red] ADJ **I returned the book ~** j'ai rendu le livre sans l'avoir lu

unreal [ʌn'rɪəl] ADJ ⓐ (= *not real*) irréel ⓑ (= *excellent*)* formidable*

unrealistic ['ʌnrɪə'lɪstɪk] ADJ irréaliste

unrealistically ['ʌnrɪə'lɪstɪkəlɪ] ADV [*high, low, optimistic*] excessivement

unreasonable [ʌn'ri:znəbl] ADJ [*person, suggestion, expectations, demands*] déraisonnable; [*price, amount*] excessif • **he is being ~** il n'est pas raisonnable • **at this ~ hour** à cette heure indue ▸ **unreasonable behaviour** N conduite *f* déraisonnable • **divorce on grounds of ~ behaviour** divorce pour violation grave ou renouvelée des devoirs du mariage

unreasonably [ʌn'ri:znəblɪ] ADV [*high*] excessivement; [*act, refuse*] de façon déraisonnable • **to take an ~ long time** prendre beaucoup trop longtemps • **quite ~, I can't stand him** c'est tout à fait irraisonné, mais je ne le supporte pas • **not ~, she had supposed he would help** elle avait de bonnes raisons de supposer qu'il l'aiderait

unrecognizable ['ʌn'rekəgnaɪzəbl] ADJ [*person, voice*] méconnaissable

unrecognized ['ʌn'rekəgnaɪzd] ADJ ⓐ (= *unnoticed*) [*worth, talent*] méconnu • **to go ~** [*person, phenomenon, condition*] passer inaperçu; [*hard work, talent*] ne pas être reconnu ⓑ [*government, party, country*] non reconnu

unrecorded ['ʌnrɪ'kɔ:dɪd] ADJ [*crime, incident*] non signalé • **to go ~** [*crime, incident*] ne pas être signalé

unrefined ['ʌnrɪ'faɪnd] ADJ ⓐ (= *not processed*) [*sugar*] non raffiné; [*cereal, rice*] complet (-ète *f*); [*oil*] brut ⓑ [*person*] fruste

unrehearsed ['ʌnrɪ'hɜ:st] ADJ [*speech*] improvisé

unrelated ['ʌnrɪ'leɪtɪd] ADJ ⓐ (= *unconnected*) [*incident, event, case*] sans rapport • **to be ~ to sth** n'avoir aucun rapport avec qch ⓑ (= *from different families*) **they are ~** ils n'ont aucun lien de parenté

unrelenting ['ʌnrɪ'lentɪŋ] ADJ [*pressure, criticism*] incessant; [*pain*] tenace

unreliability ['ʌnrɪ,laɪə'bɪlɪtɪ] N [*of person, machine*] manque *m* de fiabilité

unreliable ['ʌnrɪ'laɪəbl] ADJ [*person, machine, data*] peu fiable

unrelieved ['ʌnrɪ'li:vd] ADJ [*boredom*] mortel

unremarkable ['ʌnrɪ'mɑ:kəbl] ADJ [*person, face, place*] quelconque

unremitting ['ʌnrɪ'mɪtɪŋ] ADJ [*hostility, hatred*] implacable; [*gloom*] persistant

unrepeatable ['ʌnrɪ'pi:təbl] ADJ [*offer, bargain*] exceptionnel • **what she said is ~** je n'ose répéter ce qu'elle a dit

unrepentant ['ʌnrɪ'pentənt] ADJ impénitent • **to be ~** ne pas manifester le moindre repentir

unreported ['ʌnrɪ'pɔ:tɪd] ADJ **to go ~** [*crime*] ne pas être signalé

unrepresentative ['ʌn,reprɪ'zentətɪv] ADJ non représentatif

unreserved ['ʌnrɪ'zɜ:vd] ADJ (= *wholehearted*) sans réserve

unreservedly ['ʌnrɪ'zɜ:vɪdlɪ] ADV sans réserve

unresolved ['ʌnrɪ'zɒlvd] ADJ [*problem, issue, dispute*] non résolu • **an ~ question** une question qui reste sans réponse

unresponsive ['ʌnrɪs'pɒnsɪv] ADJ [*person*] **to be ~ to sth** ne pas réagir à qch

unrest [ʌn'rest] N troubles *mpl* • **industrial ~** grèves *fpl*

unrestrained ['ʌnrɪ'streɪnd] ADJ ⓐ (= *unchecked*) [*laughter*] irrépressible; [*joy*] sans mélange; [*violence*] effréné; [*language*] sans retenue; [*use*] immodéré • **to be ~ by sth** [*person*] ne pas être bridé par qch • **to be ~ in one's views** exprimer ses opinions sans retenue ⓑ (= *not held physically*) [*car passenger*] sans ceinture; [*patient*] sans entraves; [*prisoner*] sans menottes

unrestricted ['ʌnrɪ'strɪktɪd] ADJ (= *unlimited*) sans restriction(s)

unrewarded ['ʌnrɪ'wɔ:dɪd] ADJ non récompensé • **his patience went ~** sa patience n'a pas été récompensée

unrewarding ['ʌnrɪ'wɔ:dɪŋ] ADJ ⓐ (= *unfulfilling*) [*work, job, activity*] ingrat; [*relationship*] peu satisfaisant ⓑ (*financially*) [*work*] peu rémunérateur (-trice *f*)

unrivalled, unrivaled (US) [ʌn'raɪvəld] ADJ [*knowledge, experience, reputation, success*] sans égal • **her work is ~ in its quality** son travail est d'une qualité incomparable

unroll ['ʌn'rəʊl] 1 VT dérouler 2 VI se dérouler

unruffled ['ʌn'rʌfld] ADJ [*person, voice*] imperturbable • **to be ~ (by sth)** rester imperturbable (devant qch)

unruly [ʌn'ru:lɪ] ADJ indiscipliné

unsafe ['ʌn'seɪf] ADJ [*structure, machine, activity*] dangereux; [*street*] peu sûr • **the car is ~ to drive** cette voiture est dangereuse à conduire

unsaid ['ʌn'sed] ADJ **some things are better left ~** il y a des choses qu'il vaut mieux taire

unsaleable, unsalable (US) ['ʌn'seɪləbl] ADJ invendable

unsatisfactory ['ʌn,sætɪs'fæktərɪ] ADJ [*method, answer, relationship*] peu satisfaisant

unsatisfied ['ʌn'sætɪsfaɪd] ADJ insatisfait (**with sb/sth** de qn/qch) • **to be left ~** rester sur sa faim

unsatisfying ['ʌn'sætɪsfaɪɪŋ] ADJ [*book, relationship*] peu satisfaisant

unsavoury, unsavory (US) ['ʌn'seɪvərɪ] ADJ [*person*] peu recommandable; [*reputation*] douteux; [*remark*] de mauvais goût • **an ~ business** une sale affaire

unscathed ['ʌn'skeɪðd] ADJ ⓐ (= *uninjured*) indemne • **to escape ~ (from sth)** sortir indemne (de qch) ⓑ (= *unaffected*) non affecté

unscented [ʌn'sentɪd] ADJ non parfumé

unscheduled ['ʌn'ʃedju:ld] ADJ imprévu

unscientific ['ʌn,saɪən'tɪfɪk] ADJ [*approach*] peu scientifique • **he was ~ in his approach** sa démarche n'était pas scientifique

unscrew ['ʌn'skru:] VT dévisser

unscrupulous [ʌn'skru:pjʊləs] ADJ sans scrupules

unseasonably [ʌn'si:znəblɪ] ADV **~ warm/cold/mild weather** un temps exceptionnellement chaud/froid/doux pour la saison

unsecured ['ʌnsɪ'kjʊəd] ADJ [*loan*] sans garantie

unseeded [ʌn'si:dɪd] ADJ [*tennis player*] qui n'est pas tête de série

unseen ['ʌn'si:n] 1 ADJ (= *not previously seen*) [*film, photos, diaries*] inédit 2 ADV [*enter, leave*] sans être vu (**by sb** par qn) • **to remain ~** ne pas être vu 3 N (= *translation test*) version *f* (*sans préparation*)

unselfish ['ʌn'selfɪʃ] ADJ [*person, act, love*] désintéressé; (*Sport*) [*player*] qui a l'esprit d'équipe

unselfishly ['ʌn'selfɪʃlɪ] (ADV) [*act, behave*] de façon désintéressée; (*Sport*) [*play*] avec un bon esprit d'équipe

unsentimental ['ʌn'sentɪmentl] (ADJ) **he's very ~** il ne fait pas de sentiment

unsettled ['ʌn'setld] (ADJ) **a** (= *uncertain*) [*situation, market, weather*] instable; [*future*] incertain **b** (= *restless*) [*person, life*] perturbé • **he feels ~ in his job** il ne se sent pas vraiment à l'aise dans son travail **c** (= *unresolved*) [*issue*] non résolu; [*conflict*] non réglé • **the question remains ~** la question n'est toujours pas réglée

unsettling ['ʌn'setlɪŋ] (ADJ) perturbant

unshakable, unshakeable ['ʌn'ʃeɪkəbl] (ADJ) inébranlable

unshaven ['ʌn'ʃeɪvn] (ADJ) mal rasé

unshockable ['ʌn'ʃɒkəbl] (ADJ) **he is (completely) ~** rien ne le choque

unsightly [ʌn'saɪtlɪ] (ADJ) disgracieux • **to look ~** être disgracieux • **he has an ~ scar on his face** il a une cicatrice assez laide sur le visage

unsigned ['ʌn'saɪnd] (ADJ) [*letter, article, contract*] non signé

unsinkable ['ʌn'sɪŋkəbl] (ADJ) insubmersible; [*politician*] indéboulonnable

unskilled ['ʌn'skɪld] (ADJ) [*work, worker*] non qualifié

unsociable [ʌn'səʊʃəbl] (ADJ) [*person*] peu sociable • **I'm feeling rather ~ this evening** je n'ai pas tellement envie de voir des gens ce soir

unsocial [ʌn'səʊʃəl] (ADJ) **to work ~ hours** travailler en dehors des heures normales

unsold ['ʌn'səʊld] (ADJ) [*goods, tickets, holidays*] invendu

unsolicited ['ʌnsə'lɪsɪtɪd] (ADJ) [*mail, phone call, advice*] non sollicité

unsolved ['ʌn'sɒlvd] (ADJ) [*mystery, crime*] non éclairci

unsophisticated ['ʌnsə'fɪstɪkeɪtɪd] (ADJ) [*person, tastes, device*] simple

unsound ['ʌn'saʊnd] (ADJ) **a** (= *unreliable*) [*advice, evidence, reasoning*] douteux • **ecologically ~** contestable sur le plan écologique • **politically ~** politiquement douteux **b** (= *in poor condition*) [*building*] en mauvais état

unspeakable [ʌn'spi:kəbl] (ADJ) [*act, object, horror, food*] innommable; [*pain, cruelty*] indescriptible

unspecified ['ʌn'spesɪfaɪd] (ADJ) non spécifié

unspoiled ['ʌn'spɔɪld], **unspoilt** ['ʌn'spɔɪlt] (ADJ) [*countryside, view, village*] préservé

unspoken ['ʌn'spəʊkən] (ADJ) [*words, hope*] inexprimé; [*criticism, message*] implicite

unsporting ['ʌn'spɔ:tɪŋ] (ADJ) déloyal • **that's very ~ of you** ce n'est pas très chic de votre part

unstable ['ʌn'steɪbl] (ADJ) instable

unsteady ['ʌn'stedɪ] (ADJ) **a** (= *shaky*) [*person, voice, legs, gait*] mal assuré • **he's still a bit ~ on his feet** il n'est pas encore très solide sur ses jambes **b** (= *unsecured*) [*ladder, structure*] instable

unstick ['ʌn'stɪk] (*pret, ptp* **unstuck**) (VT) décoller • **to come unstuck** [*stamp, notice*] se décoller* [*plan*] tomber à l'eau; [*person, team*] commencer à avoir des problèmes

unstoppable ['ʌn'stɒpəbl] (ADJ) [*momentum, progress, rise*] irrépressible; [*force*] irrésistible; [*free kick, header, shot*] imparable • **the advance of science is ~** on ne peut arrêter les progrès de la science • **the Labour candidate seems ~** il semble que rien ne puisse arrêter le candidat travailliste

unstuck ['ʌn'stʌk] (VB) *pt, ptp of* **unstick**

unsubscribe ['ʌnsʌb'skraɪb] (VI) (*Internet*) se désabonner

unsubstantial ['ʌnsəb'stænʃəl] (ADJ) [*meal*] peu substantiel; [*evidence*] insuffisant

unsubstantiated ['ʌnsəb'stænʃɪeɪtɪd] (ADJ) [*rumour, allegation*] sans fondement; [*story*] non confirmé; [*claim*] non fondé • **these reports remain ~** ces informations ne sont toujours pas confirmées

unsuccessful ['ʌnsək'sesfʊl] (ADJ) infructueux • **to prove ~** [*search, negotiations*] ne mener à rien • **we regret to inform you that your application for the post has been ~** nous regrettons de ne pouvoir donner suite à votre candidature au poste concerné • **they were ~ in their efforts** leurs efforts ont été infructueux • **to be ~ in doing sth** ne pas réussir à faire qch

unsuccessfully ['ʌnsək'sesfəlɪ] (ADV) sans succès

unsuitable ['ʌn'su:təbl] (ADJ) [*action, reply, clothes*] inapproprié; [*language, attitude*] inconvenant • **he is ~ for the post** il ne convient pas pour ce poste • **this land is entirely ~ for agriculture** ce terrain ne se prête pas du tout à l'agriculture • **his shoes were totally ~ for walking in the country** ses chaussures étaient totalement inadaptées pour la randonnée • **~ for children** déconseillé aux enfants • **"~ for children under 3"** «ne pas donner aux enfants de moins de 3 ans» • **the building was totally ~ as a museum space** ce bâtiment n'était absolument pas adapté pour servir de musée

unsuited ['ʌn'su:tɪd] (ADJ) **~ to sth** [*person*] inapte à qch; [*thing*] inadapté à qch • **Mary and Neil are ~** Mary et Neil ne sont pas faits l'un pour l'autre • **to be ~ for doing sth** ne pas être fait pour faire qch

unsung ['ʌn'sʌŋ] (ADJ) [*hero, heroine*] méconnu

unsupported ['ʌnsə'pɔ:tɪd] (ADJ) **a** (= *unsubstantiated*) [*allegation, accusation*] sans preuves; [*claim*] infondé • **~ by evidence** non étayé par des preuves **b** (*physically*) **to walk/stand ~** [*person*] marcher/se tenir debout sans soutien

unsure ['ʌn'ʃʊə^r] (ADJ) **a** (= *doubtful*) **I'm ~** je n'en suis pas sûr • **to be ~ about sb/sth** ne pas être sûr de qn/qch • **to be ~ about how to do sth** ne pas trop savoir comment faire qch • **she is ~ what to do** elle ne sait pas trop quoi faire • **they're ~ when he'll return** ils ne savent pas trop quand il rentrera • **he was ~ whether he would be able to do it** il n'était pas sûr de pouvoir le faire **b** (= *lacking confidence*) **to be ~ of o.s.** ne pas être sûr de soi

unsurprising ['ʌnsə'praɪzɪŋ] (ADJ) peu surprenant

unsuspecting ['ʌnsəs'pektɪŋ] (ADJ) sans méfiance

unsweetened ['ʌn'swi:tnd] (ADJ) [*tea, coffee*] sans sucre; [*yoghurt*] non sucré; [*fruit juice*] sans sucre ajouté

unswerving [ʌn'swɜ:vɪŋ] (ADJ) [*support*] indéfectible • **to be ~ in one's belief in sth** avoir une foi inébranlable en qch

unsympathetic ['ʌn,sɪmpə'θetɪk] (ADJ) [*person, attitude, treatment*] peu compatissant • **~ to sb's needs/problems** indifférent aux besoins/problèmes de qn • **~ to sth** (= *hostile*) hostile à qch

unsystematic ['ʌn,sɪstɪ'mætɪk] (ADJ) [*work, reasoning*] peu méthodique

untangle ['ʌn'tæŋgl] (VT) [+ *wool, hair*] démêler; [+ *mystery*] débrouiller

untapped ['ʌn'tæpt] (ADJ) inexploité

untaxed ['ʌn'tækst] (ADJ) [*goods*] exempt de taxes; [*income*] exempté d'impôts

untenable ['ʌn'tenəbl] (ADJ) [*theory, argument*] indéfendable; [*position, situation*] intenable

untested ['ʌn'testɪd] (ADJ) [*drug, method, weapon*] non testé; [*theory*] non vérifié

unthinkable [ʌn'θɪŋkəbl] (ADJ) (*= inconceivable*) impensable • **it is ~ that ...** il est impensable que ... + *subj* • **it would be ~ for her to do that** il serait inconcevable qu'elle fasse cela

unthinkingly [ʌn'θɪŋkɪŋlɪ] (ADV) [*behave*] sans réfléchir

untidily [ʌn'taɪdɪlɪ] (ADV) [*work*] sans soin • **his books lay ~ about the room** ses livres étaient étalés en désordre dans toute la pièce

untidy [ʌn'taɪdɪ] (ADJ) (*in appearance*) [*room, desk, hair*] en désordre; [*person*] négligé; [*work*] brouillon; (*in habits*) [*person*] désordonné • **in an ~ heap** empilés en désordre

untie ['ʌn'taɪ] (VT) [*+ shoelaces*] dénouer; [*+ hands, person*] détacher

until [ən'tɪl] 1 (PREP) jusqu'à • **~ such time as ...** (*in future*) jusqu'à ce que ... + *subj*, en attendant que ... + *subj*; (*in past*) avant que ... + *subj* • **~ the next day** jusqu'au lendemain • **~ now** jusqu'à maintenant • **~ then** jusque-là • **not ~** (*in future*) pas avant; (*in past*) ne ... que • **it won't be ready ~ tomorrow** ce ne sera pas prêt avant demain • **he didn't leave ~ the following day** il n'est parti que le lendemain • **I had heard nothing of it ~ five minutes ago** j'en ai entendu parler pour la première fois il y a cinq minutes
2 (CONJ) (*in future*) jusqu'à ce que + *subj*, en attendant que + *subj*; (*in past*) avant que + *subj* • **wait ~ I come** attendez que je vienne • **~ they build the new road** en attendant qu'ils fassent la nouvelle route • **~ they built the new road** avant qu'ils (ne) fassent la nouvelle route • **he laughed ~ he cried** il a ri aux larmes • **not ~** (*in future*) tant que ... ne + *indic* pas; (*in past*) tant que ... ne + *indic* pas • **do nothing ~ I tell you** ne faites rien tant que je ne vous l'aurai pas dit • **do nothing ~ you get my letter** ne faites rien avant d'avoir reçu ma lettre • **wait ~ you get my letter** attendez d'avoir reçu ma lettre

untimely [ʌn'taɪmlɪ] (ADJ) [*death*] prématuré; [*remark*] inopportun

untiring [ʌn'taɪərɪŋ] (ADJ) [*work, efforts*] soutenu • **to be ~ in one's efforts (to do sth)** ne pas ménager ses efforts (pour faire qch)

untold ['ʌn'təʊld] (ADJ) [*misery, suffering*] indicible • **it caused ~ damage** ça a causé d'énormes dégâts

untouched ['ʌn'tʌtʃt] (ADJ) **a** (*= undamaged*) [*building, constitution*] intact **b** (*= unaffected*) **~ by sth** non affecté par qch **c** (*= not eaten or drunk*) **he left his meal/coffee ~** il n'a pas touché à son repas/café

untoward [ˌʌntə'wɔːd] (ADJ) fâcheux • **nothing ~ happened** il ne s'est rien passé de fâcheux

untrained ['ʌn'treɪnd] (ADJ) [*person, worker*] (*= inexperienced*) sans expérience; (*= unqualified*) non qualifié; [*horse, dog*] non dressé • **to the ~ eye** pour un œil inexercé

untranslatable ['ʌntrænz'leɪtəbl] (ADJ) intraduisible

untreated [ʌn'triːtɪd] (ADJ) non traité • **he let it go ~** [*illness*] il ne s'est pas soigné

untried ['ʌn'traɪd] (ADJ) (*= untested*) non testé

untroubled ['ʌn'trʌbld] (ADJ) (*= serene*) [*person*] serein; [*sleep*] paisible • **to be ~ by sth** (*= not worried*) ne pas être affecté par qch

untrue ['ʌn'truː] (ADJ) (*= inaccurate*) faux (fausse *f*)

untrustworthy ['ʌn'trʌstˌwɜːðɪ] (ADJ) **he's very ~** on ne peut vraiment pas se fier à lui

untruth ['ʌn'truːθ] (N) (*pl* **untruths** ['ʌn'truːðz]) contrevérité *f*; (*stronger*) mensonge *m*; (*NonC*) fausseté *f*

unusable ['ʌn'juːzəbl] (ADJ) inutilisable

unused (ADJ) **a** (*= not utilized*) [*goods*] inutilisé; [*land, building*] inoccupé **b** (*= unaccustomed*) **to be ~ to (doing) sth** ne pas être habitué à (faire) qch

> La fin de l'adjectif **unused** se prononce **zd** : ['ʌn'juːzd], sauf lorsqu'il signifie **ne pas être habitué à (faire) qch**, où la fin se prononce **st** : ['ʌn'juːst].

unusual [ʌn'juːʒʊəl] (ADJ) [*name*] peu commun; [*circumstances, gift*] inhabituel • **nothing ~** rien d'inhabituel • **it's not ~ for him to be late** il n'est pas rare qu'il soit en retard • **it is ~ that ...** il est rare que ... + *subj* • **this was ~ for me** c'était inhabituel pour moi

unusually [ʌn'juːʒʊəlɪ] (ADV) [*large, quiet, cheerful*] exceptionnellement

unvarnished ['ʌn'vɑːnɪʃt] (ADJ) [*wood*] non verni

unveil [ʌn'veɪl] (VT) dévoiler

unwanted ['ʌn'wɒntɪd] (ADJ) [*possessions*] dont on ne veut plus; [*pregnancy, child*] non désiré • **to feel ~** se sentir rejeté • **to remove ~ hair** enlever les poils superflus

unwarranted [ʌn'wɒrəntɪd] (ADJ) injustifié

unwary [ʌn'wɛərɪ] (ADJ) [*visitor, reader*] non averti; [*driver*] non vigilant

unwashed ['ʌn'wɒʃt] (ADJ) [*hands, object*] non lavé

unwavering [ʌn'weɪvərɪŋ] (ADJ) [*devotion, resolve*] inébranlable; [*voice*] ferme • **to be ~ in one's support for sth** apporter un soutien indéfectible à qch • **to be ~ in one's opposition to sth** être résolument opposé à qch

unwelcome [ʌn'welkəm] (ADJ) [*visitor*] importun; [*publicity*] fâcheux • **to make sb feel ~** donner à qn l'impression qu'il est de trop • **he attracted the ~ attention of the FBI** il a attiré l'attention du FBI, ce dont il se serait bien passé

unwell ['ʌn'wel] (ADJ) [*person*] souffrant • **to feel ~** ne pas se sentir bien

unwieldy [ʌn'wiːldɪ] (ADJ) [*tool, weapon*] peu maniable

unwilling ['ʌn'wɪlɪŋ] (ADJ) **a** **to be ~ to do sth** ne pas être disposé à faire qch **b** (*= reluctant*) [*accomplice, conscript*] malgré soi • **he was an ~ participant in the affair** il se trouvait impliqué dans l'affaire malgré lui

unwillingly ['ʌn'wɪlɪŋlɪ] (ADV) à contrecœur

unwind ['ʌn'waɪnd] (*pret, ptp* **unwound**) 1 (VT) dérouler
2 (VI) **a** se dérouler **b** (*= relax*)* se relaxer

unwise [ʌn'waɪz] (ADJ) [*person, decision, remark*] imprudent • **it was an ~ thing to say** ce n'était pas très judicieux de dire ça • **I thought it ~ to travel alone** j'ai pensé qu'il serait imprudent de voyager seul

unwisely ['ʌn'waɪzlɪ] (ADV) [*act, behave*] imprudemment

unwitting [ʌn'wɪtɪŋ] (ADJ) [*involvement*] involontaire • **to be an ~ victim of sth** être sans le savoir la victime de qch

unwittingly [ʌn'wɪtɪŋlɪ] (ADV) [*cause, reveal*] involontairement

unworkable ['ʌn'wɜːkəbl] (ADJ) [*plan, suggestion*] irréalisable

unworldly ['ʌn'wɜːldlɪ] (ADJ) **a** (*= unmaterialistic*) détaché de ce monde **b** (*= naive*) naïf (naïve *f*)

u

unworried [ʌnˈwʌrɪd] (ADJ) **to be ~** ne pas s'inquiéter (**about** de)

unworthy [ʌnˈwɜːðɪ] (ADJ) *[activity]* sans grand intérêt; *[feeling]* indigne • **I feel so ~!** je me sens si indigne ! • **~ of sb/sth** indigne de qn/qch

unwrap [ˈʌnˈræp] (VT) ouvrir

unwritten [ˈʌnˈrɪtn] (ADJ) *[rule, agreement]* tacite • **it is an ~ rule that ...** il est tacitement admis que ...

unzip [ˈʌnˈzɪp] (VT) **a** ouvrir (la fermeture éclair® de) • **can you ~ me?** peux-tu défaire ma fermeture éclair® ? **b** *(Comput)* dézipper

up [ʌp]

1	PREPOSITION	5	INTRANSITIVE VERB
2	ADVERB	6	TRANSITIVE VERB
3	NOUN	7	COMPOUNDS
4	ADJECTIVE		

> When **up** is the second element in a phrasal verb, eg **come up**, **throw up**, look up the verb. When it is part of a set combination, eg **this way up**, **close up**, look up the other word.

1 PREPOSITION

to be up a tree/up a ladder être dans un arbre/sur une échelle • **up north** dans le nord

2 ADVERB

a *(indicating direction, position)* **up there** là-haut • **he lives five floors up** il habite au cinquième étage

> When used with a preposition, **up** is often not translated.

• **the ladder was up against the wall** l'échelle était (appuyée) contre le mur • **up at the top of the tree** en haut de l'arbre • **he's up from Birmingham** il arrive de Birmingham • **he threw the ball up in the air** il a jeté le ballon en l'air • **up in the mountains** dans les montagnes • **up in Scotland** en Écosse • **he's up in Leeds for the weekend** il est monté à Leeds pour le week-end • **the monument is up on the hill** le monument se trouve en haut de la colline

b *(indicating advantage)* **Chelsea were three goals up** Chelsea menait par trois buts

c *(set structures)*

▸ **to be up against sth** **to be up against difficulties** se heurter à des difficultés • **he's up against stiff competition** il est confronté à des concurrents redoutables • **we're really up against it** ça ne va pas être facile

▸ **up and down** **people up and down the country are saying ...** partout dans le pays les gens disent ... • **he walked up and down (the street)** il faisait les cent pas (dans la rue)

▸ **to be up for sth** **are you up for it?*** (= *willing*) tu es partant ?*; (= *fit*) tu te sens d'attaque* ?

▸ **up to** (= *as far as*) jusqu'à • **up to now** jusqu'à maintenant • **up to here** jusqu'ici • **up to there** jusque-là • **to be up to one's knees in water** avoir de l'eau jusqu'aux genoux • **to count up to 100** compter jusqu'à 100 • **what page are you up to?** à quelle page en êtes-vous ?

▸ **to be up to sth** (= *capable of*) **she's not up to the job** elle n'est pas à la hauteur • **is he up to doing research?** est-il capable de faire de la recherche ? • **it isn't up to his usual standard** (= *equal to*) il peut faire bien mieux que cela

▸ **to feel** *or* **be up to sth** (= *strong enough for*) **I just don't feel up to it** je ne m'en sens pas le courage • **he really isn't up to going back to work yet** il n'est vraiment pas en état de reprendre le travail

▸ **to be up to sth*** (= *doing*) **what is he up to?** qu'est-ce qu'il fabrique ?* • **he's up to something** il manigance quelque chose • **what have you been up to?** qu'est-ce que tu as fabriqué ?* • **he's up to no good** il mijote* un mauvais coup

▸ **to be up to sb** (= *depend on*) **it's up to you to decide** c'est à vous de décider • **shall I do it? — it's up to you** je le fais ? — à vous de voir • **if it were up to me ...** si ça ne tenait qu'à moi ...

3 NOUN

▸ **ups and downs** *(in life, health)* des hauts *mpl* et des bas *mpl* • **his career had its ups and downs** sa carrière a connu des hauts et des bas

4 ADJECTIVE

a *(= out of bed)* **to be up** être levé • **get up!** debout ! • **he's always up early** il se lève toujours de bonne heure • **I was up late last night** je me suis couché tard hier soir • **he was up all night writing the essay** il a passé toute la nuit sur cette dissertation • **she was up all night because the baby was ill** elle n'a pas fermé l'œil de la nuit parce que le bébé était malade

b *(= raised)* **the blinds were up** les stores n'étaient pas baissés • **"this side up"** *(on parcel)* « haut » • **hands up, everyone who knows the answer** levez le doigt si vous connaissez la réponse • **hands up!** *(to gunman)* haut les mains !

c *(= installed, built)*

> Whichever verb is implicit in English is usually made explicit in French.

• **we've got the curtains/pictures up at last** nous avons enfin posé les rideaux/accroché les tableaux

d *(= increased)* **to be up** *[prices, salaries]* avoir augmenté (**by** de) • **petrol is up again** l'essence a encore augmenté • **it is up on last year** ça a augmenté par rapport à l'an dernier

e *(= finished)* **his leave is up** sa permission est terminée • **time's up!** c'est l'heure !

f *(= wrong)** **what's up?** qu'est-ce qui ne va pas ? • **what's up with him?** qu'est-ce qu'il a qui ne va pas ? • **what's up with the car?** qu'est-ce qui ne va pas avec la voiture ? • **what's up with your leg?** qu'est-ce qui t'est arrivé à la jambe ?* • **there's something up with Paul** il y a quelque chose qui ne tourne pas rond* chez Paul

g *(set structures)*

▸ **up and about** **she was up and about at 7 o'clock** elle était debout dès 7 heures

▸ **to be up and down** **he was up and down all night** il n'a pas arrêté de se lever toute la nuit • **he's been rather up and down recently** il a eu des hauts et des bas récemment

▸ **up and running** (= *functioning*) opérationnel • **to get sth up and running** mettre qch en route

5 INTRANSITIVE VERB
one day he just upped and left* un jour il est parti comme ça*
6 TRANSITIVE VERB
(*= raise*)* [+ *prices, wages*] augmenter
7 COMPOUNDS
▸**up-and-coming** ADJ [*politician, businessman, actor*] qui monte ▸**up-to-the-minute** ADJ [*news*] dernier

upbeat* ['ʌpbi:t] (ADJ) optimiste
upbringing ['ʌpbrɪŋɪŋ] (N) éducation *f* • **I had a strict ~** j'ai été élevé d'une manière stricte • **I had a Jewish ~** j'ai été élevé dans la tradition juive
upcoming ['ʌpkʌmɪŋ] (ADJ) prochain
upcycle ['ʌp,saɪkl] (VT) surcycler, recycler par le haut
upcycling ['ʌp,saɪklɪŋ] (N) surcyclage *m*, recyclage *m* par le haut
update 1 (VT) mettre à jour • **to ~ sb on sth** mettre qn au courant de qch 2 (N) mise *f* à jour

> Lorsque **update** est un verbe, l'accent tombe sur la deuxième syllabe : [ʌp'deɪt], lorsque c'est un nom, sur la première : ['ʌpdeɪt].

upend [ʌp'end] (VT) [+ *box*] mettre debout
upfront [ʌp'frʌnt] (ADJ) [*person, attitude*] franc (franche *f*) • **he was very ~ about his illness** il a parlé ouvertement de sa maladie
up front [ʌp'frʌnt] (ADV) [*pay, charge*] d'avance
upgrade 1 (N) [*of software*] nouvelle version *f*; [*of memory*] augmentation *f* de la capacité; [*of hardware*] mise *f* à niveau
2 (VT) ⓐ (= *improve*) améliorer; [+ *software*] se procurer une nouvelle version de; [+ *hardware*] mettre à jour; [+ *machinery, building, road, area, facilities*] améliorer; [+ *passenger*] faire voyager en classe supérieure • **I was ~d from economy to club class** je suis passé de la classe économique à la classe affaires
ⓑ (= *promote*) [+ *employee*] promouvoir
3 (VI) (= *buy new computer*) acheter une machine plus puissante; (= *buy new software*) acheter un logiciel plus puissant; (*Travel*) voyager en classe supérieure

> Lorsque **upgrade** est un nom, l'accent tombe sur la première syllabe : ['ʌpgreɪd], lorsque c'est un verbe, sur la deuxième : [ʌp'greɪd].

upheaval [ʌp'hi:vəl] (N) bouleversement *m*
uphill 1 (ADV) **to go ~** [*road*] monter • **the car went ~** la voiture a monté la côte 2 (ADJ) ⓐ (= *up gradient*) **~ walk** montée *f* ⓑ (= *difficult*) **it's an ~ struggle (trying to find a job)** ce n'est pas évident* (d'essayer de trouver un emploi) • **it was ~ all the way (trying to convince him)** ça a été difficile (de le convaincre)

> Lorsque **uphill** est un adverbe, l'accent tombe sur la seconde syllabe : [ʌp'hɪl], lorsque c'est un adjectif, sur la première : ['ʌp'hɪl].

uphold [ʌp'həʊld] (*pret, ptp* **upheld**) (VT) [+ *law*] faire respecter
upholstery [ʌp'həʊlstərɪ] (N) (= *covering*) (*cloth*) tissu *m* d'ameublement; (*leather*) cuir *m*; (*in car*) garniture *f*

upkeep ['ʌpki:p] (N) [*of house, garden*] entretien *m*
uplift ['ʌplɪft] (N) **an ~ in the economy** un redressement de l'économie
upload [ʌp'ləʊd] (*Computing*) (VT) télécharger (vers un serveur)
upmarket [,ʌp'mɑ:kɪt] (ADJ) (*Brit*) [*goods, car*] haut de gamme *inv*; [*newspaper*] sérieux; [*area*] select* • **to move** *or* **go ~** proposer des produits plus luxueux
upon [ə'pɒn] (PREP) sur
upper ['ʌpə^r] 1 (ADJ) [*floor, part, limit*] supérieur (-eure *f*) • **properties at the ~ end of the market** les propriétés *fpl* dans la tranche supérieure du marché • **I have some pain in my ~ arm** j'ai mal dans le haut du bras • **to have the ~ hand** avoir le dessus • **to gain the ~ hand** prendre le dessus
2 (N) ⓐ [*of shoe*] empeigne *f*
ⓑ (= *drug*)* stimulant *m*
3 (COMP) ▸**the upper atmosphere** N les couches *fpl* supérieures de l'atmosphère ▸**upper case** N **in ~ case** en capitales ▸**upper-case** ADJ **~-case letter** majuscule *f* ▸**upper class** N haute bourgeoisie *f* ▸**upper-class** ADJ de la haute bourgeoisie ▸**upper-crust*** ADJ aristocratique ▸**the Upper House** N la Chambre haute; (*in Britain*) la Chambre des lords; (*in France, in the US*) le Sénat ▸**upper management** N cadres *mpl* supérieurs ▸**upper middle class** ADJ des classes moyennes aisées ▸**upper school** N grandes classes *fpl* ▸**upper sixth** N (classe *f* de) terminale *f*
uppercut ['ʌpəkʌt] (N) (*Boxing*) uppercut *m*
uppermost ['ʌpəməʊst] (ADJ) [*branches*] du haut • **my career is ~ on my agenda** ma carrière est ce qui compte le plus • **safety was ~ in his mind** il pensait avant tout à la sécurité
uppity* ['ʌpɪtɪ] (ADJ) [*person*] difficile • **to get ~ with sb/about sth** s'énerver après qn/après qch
upright ['ʌpraɪt] 1 (ADJ) ⓐ (= *vertical*) droit • **put your seat in an ~ position** redressez le dossier de votre siège ⓑ (= *honest*) droit 2 (ADV) [*sit*] droit; [*place*] verticalement 3 (COMP) ▸**upright piano** N piano *m* droit ▸**upright vacuum cleaner** N aspirateur-balai *m*
uprising ['ʌpraɪzɪŋ] (N) soulèvement *m*
uproar ['ʌprɔ:^r] (N) tumulte *m* • **this caused an ~** cela a déclenché une tempête de protestations
uproarious [ʌp'rɔ:rɪəs] (ADJ) [*meeting*] agité; [*laughter*] tonitruant
uproot [ʌp'ru:t] (VT) déraciner
upscale ['ʌp'skeɪl] 1 (ADJ) (= *classy*)* classe* 2 (VT) ⓐ [+ *DVD*] améliorer la définition de • **~ your DVDs to high definition** visionnez vos DVDs en haute définition ⓑ (*Commerce*) [+ *car, product*] **he wants to ~ his car** il veut une voiture plus haut de gamme • **she wants to ~ her house** elle veut une maison plus grande et plus agréable (VI) monter en gamme
upset (*vb: pret, ptp* **upset**) 1 (VT) ⓐ [+ *cup, milk*] renverser ⓑ [+ *plan*] bouleverser; [+ *calculation*] fausser; [+ *person*] (= *offend*) vexer; (= *annoy*) contrarier • **now you've ~ him** maintenant il est vexé • **onions always ~ my stomach** je ne digère pas les oignons 2 (ADJ) ⓐ (= *annoyed*) vexé (**about sth** par qch); (= *distressed*) troublé (**about sth** par qch) • **he's ~ that you didn't tell him** (= *offended*) il est vexé que vous ne lui ayez rien dit • **he was ~ about losing** (= *annoyed*) il était vexé d'avoir perdu • **to get ~** (= *annoyed*) se vexer; (= *distressed*) être peiné ⓑ **to**

u

have an ~ stomach avoir l'estomac dérangé 3 (N) (= *upheaval*) désordre *m*; (*in plans*) bouleversement *m* (in de); (*emotional*) chagrin *m* • **to have a stomach ~** avoir une indigestion

Lorsque **upset** est un verbe ou un adjectif qualifiant une personne, l'accent tombe sur la seconde syllabe : [ʌp'set] ; lorsque c'est un nom ou un adjectif qui ne qualifie pas une personne, l'accent tombe sur la première syllabe : ['ʌpset].

upsetting [ʌp'setɪŋ] (ADJ) [*experience, incident, feeling*] bouleversant • **the incident was very ~ for me** cet incident m'a bouleversé

upshot ['ʌpʃɒt] (N) aboutissement *m* • **the ~ of it all was ...** le résultat de tout cela a été ...

upside down [ˌʌpsaɪd'daʊn] (ADJ, ADV) à l'envers • **to hang ~** [*person*] être suspendu la tête en bas • **my world (was) turned ~** ma vie a été bouleversée

upstage [ʌp'steɪdʒ] (VT) souffler la vedette à • **he ~d us** il nous a soufflé la vedette

upstairs 1 (ADV) ⓐ (= *to a higher floor*) **to go ~** monter • **to take sb/sth ~** monter qn/qch ⓑ (= *on floor above*) (*in two-storey building*) en haut; (*in multi-storey building*) à l'étage au-dessus • **the people ~** les gens *mpl* du dessus 2 (ADJ) **an ~ window** une fenêtre à l'étage • **an ~ neighbour** un voisin du dessus

Lorsque **upstairs** est un adverbe, l'accent tombe sur la seconde syllabe : [ʌp'stɛəz], lorsque c'est un adjectif, sur la première : ['ʌpstɛəz].

upstart ['ʌpstɑːt] (N) parvenu(e) *m(f)*, arriviste *mf*

upstream ['ʌp'striːm] (ADV) [*be*] en amont (**from sth** de qch); [*sail*] vers l'amont • **to swim ~** [*fish*] remonter le courant; [*person*] nager contre le courant

upsurge ['ʌpsɜːdʒ] (N) **an ~ of interest** un regain d'intérêt

uptake ['ʌpteɪk] (N) (= *understanding*) **to be quick on the ~*** comprendre vite • **to be slow on the ~*** être dur à la détente*

uptight* [ʌp'taɪt] (ADJ) ⓐ (= *tense*) [*person*] tendu • **he seemed ~ about me being there** ma présence semblait le rendre nerveux • **to feel ~** être tendu ⓑ (= *annoyed*) [*person*] énervé (**about sth** par qch) • **to get ~ (about sth)** s'énerver (à propos de qch)

up-to-date [ˌʌptə'deɪt] (ADJ) ⓐ (= *updated*) [*report, file*] à jour ⓑ (= *most recent*) [*assessment, information*] très récent ⓒ (= *modern*) [*course*] moderne; [*attitude, person*] à la page

uptown ['ʌp'taʊn] (*US*) 1 (ADV) [*live*] dans les quartiers chics; [*go*] vers les quartiers chics 2 (ADJ) **~ New York** les quartiers *mpl* chics de New York

upturn 1 (VT) retourner; (= *overturn*) renverser • **~ed nose** nez *m* retroussé 2 (N) (= *improvement*) amélioration *f* (**in** de)

Lorsque **upturn** est un verbe, l'accent tombe sur la seconde syllabe : [ʌp'tɜːn], lorsque c'est un nom, sur la première : ['ʌptɜːn].

upward ['ʌpwəd] (ADJ) ⓐ (= *rising*) **to be on an ~ trend** [*market*] être à la hausse; [*economy*] reprendre ⓑ (= *to higher place*) [*stroke, look*] vers le haut • **~ climb** ascension *f* ▸ **upward (social) mobility** N ascension *f* sociale

upwardly mobile [ˌʌpwədlɪ'məʊbaɪl] (ADJ) **to be ~** monter dans l'échelle sociale

upwards ['ʌpwədz], **upward** (*US*) ['ʌpwəd] (ADV) **to look ~** regarder vers le haut • **to climb ~** monter • **the road sloped gently ~** la route montait en pente douce • **place your hands palm ~ on your knees** placez les mains sur les genoux, paumes vers le haut • **lie face ~ on the floor** allongez-vous par terre sur le dos • **costs continue to spiral ~** les coûts continuent leur spirale ascendante • **to be revised ~** être révisé à la hausse ▸ **upwards of** (= *more than*) plus de • **to cost ~ of £100,000** coûter plus de 100 000 livres

uranium [jʊə'reɪnɪəm] (N) uranium *m*

Uranus [jʊə'reɪnəs] (N) Uranus *f*

urban ['ɜːbən] (ADJ) [*area, life, poverty*] urbain; [*workers, poor*] des villes (COMP) ▸ **urban conservation area** N zone *f* urbaine protégée ▸ **urban development** N aménagement *m* urbain ▸ **urban development zone** N ≈ zone *f* à urbaniser en priorité, ≈ ZUP *f* ▸ **urban legend, urban myth** N légende *f* urbaine ▸ **urban planner** N urbaniste *mf* ▸ **urban planning** N urbanisme *m* ▸ **urban renewal** N rénovations *fpl* urbaines

urbanization [ˌɜːbənaɪ'zeɪʃən] (N) urbanisation *f*

Urdu ['ʊəduː] (N) ourdou *m*

urge [ɜːdʒ] 1 (N) **to have an ~ to do sth** éprouver une forte envie de faire qch 2 (VT) [+ *person*] pousser (**to do sth** à faire qch) • **to ~ caution on sb** recommander vivement la prudence à qn • **I ~d him not to go** je lui ai vivement déconseillé d'y aller • **to ~ that sth (should) be done** recommander vivement que qch soit fait • **"do it now!" he ~d** « faites-le tout de suite ! » insista-t-il ▸ **urge on** VT SEP [+ *worker*] presser; [+ *team*] encourager • **to ~ sb on to (do) sth** inciter qn à (faire) qch

urgency ['ɜːdʒənsɪ] (N) **a matter of ~** une affaire urgente • **with a note of ~ in his voice** avec insistance

urgent ['ɜːdʒənt] (ADJ) [*matter, message*] urgent; [*medical attention*] d'urgence • **he demands an ~ answer** il exige qu'on lui réponde immédiatement • **how ~ is it?** est-ce que c'est très urgent ? • **is it ~?** c'est urgent ?

urgently ['ɜːdʒəntlɪ] (ADV) [*need, seek*] d'urgence • **courier ~ required** on recherche de toute urgence un coursier • **he wants to talk to you ~** il veut vous parler de toute urgence

urinal ['jʊərɪnl] (N) (= *place*) urinoir *m*; (= *receptacle*) urinal *m*

urinate ['jʊərɪneɪt] (VI) uriner

urine ['jʊərɪn] (N) urine *f*

URL [juːɑːr'el] (N) (ABBR OF **uniform resource locator**) URL *f*

urn [ɜːn] (N) (= *vase*) urne *f*

urologist [jʊə'rɒlədʒɪst] (N) urologue *mf*

Uruguay ['jʊərəgwaɪ] (N) Uruguay *m*

US [juː'es] (N) (ABBR OF **United States**) **the US** les USA *mpl* • **in the US** aux USA • **the US government** le gouvernement des États-Unis

us [ʌs] (PERS PRON) nous • **he hit us** il nous a frappés • **give it to us** donnez-le-nous • **in front of us** devant nous • **let's go!** allons-y ! • **younger than us** plus jeune que nous • **both of us** tous (*or* toutes) les deux • **several of us** plusieurs d'entre nous • **he is one of us** il est des nôtres

USA [ˌjuːes'eɪ] (N) ⓐ (ABBR OF **United States of America**) **the ~** les USA *mpl* ⓑ (ABBR OF **United States Army**) *armée de terre des États-Unis*

usable ['ju:zəbl] (ADJ) [*equipment, space*] utilisable

USAF [,ju:eseɪ'ef] (N) (ABBR OF **United States Air Force**) *armée de l'air des États-Unis*

usage ['ju:zɪdʒ] (N) usage *m*; [*of tool, machine*] utilisation *f*

USB [ju:es'bi:] (N) (*Comput*) (ABBR OF **Universal Serial Bus**) (système *m*) USB *m* • **~ port/connection** port *m*/connexion *f* USB

use

1 NOUN | 3 AUXILIARY VERB
2 TRANSITIVE VERB | 4 PHRASAL VERB

1 NOUN

ⓐ (= *act of using*) utilisation *f* • **care is necessary in the ~ of chemicals** il faut prendre des précautions quand on utilise des produits chimiques

▸ **for** + **use directions for ~** mode *m* d'emploi • **for your (own) personal ~** à votre usage personnel • **to keep sth for one's own ~** réserver qch à son usage personnel • **for ~ in case of emergency** à utiliser en cas d'urgence • **for general ~** à usage général • **for ~ in schools** à l'usage des écoles • **for external ~ only** à usage externe

▸ **in use** [*machine*] en service; [*word*] usité • **the machine is no longer in ~** la machine n'est plus utilisée

▸ **to come into use these machines came into ~ in 1975** on a commencé à utiliser ces machines en 1975

▸ **out of use to go out of ~** tomber en désuétude

▸ **to make good use of sth** [+ *time, money*] faire bon usage de qch; [+ *opportunity, facilities*] tirer parti de qch

▸ **to put to use** [+ *money, equipment*] utiliser; [+ *knowledge, experience*] mettre à profit • **to put sth to good ~** [+ *time, money*] faire bon usage de qch; [+ *opportunity, facilities*] mettre qch à profit

ⓑ (= *way of using*) **it has many ~s** cela a de nombreux usages • **I've no further ~ for it** je n'en ai plus besoin

ⓒ (= *usefulness*) utilité *f* • **this tool has its ~s** cet outil a son utilité • **he has his ~s** il est utile par certains côtés • **oh, what's the ~?*** à quoi bon ?

▸ **to be of use** être utile (**for sth, to sth** à qch, **to sb** à qn) • **is this (of) any ~ to you?** est-ce que cela peut vous être utile ? • **can I be (of) any ~?** puis-je me rendre utile ?

▸ **to be no use** ne servir à rien • **he's no ~ as a goalkeeper** il est nul comme gardien de but • **there's no ~* you protesting** inutile de protester • **it's no ~*, he won't listen** ça ne sert à rien, il ne veut rien entendre

ⓓ (= *ability to use, access*) usage *m* • **to have the ~ of a garage** avoir l'usage d'un garage • **he gave me the ~ of his car** il m'a laissé me servir de sa voiture • **to have lost the ~ of one's arm** avoir perdu l'usage d'un bras

2 TRANSITIVE VERB

ⓐ (= *make use of*) [+ *object, tool*] se servir de, utiliser; [+ *force*] utiliser; [+ *opportunity*] profiter de; [+ *method*] employer; [+ *drugs*] prendre • **are you using this?** vous servez-vous de ceci ? • **the money is to be ~d to build a new hospital** l'argent servira à construire un nouvel hôpital • **I don't ~ my French much** je ne me sers pas beaucoup de mon français • **he said I could ~ his car** il a dit que je pouvais me servir de sa voiture • **he wants to ~ the bathroom** il veut aller aux toilettes • **~ your eyes!** sers-toi de tes yeux ! • **I feel I've just been ~d** j'ai l'impression qu'on s'est servi de moi

ⓑ (= *use up*) utiliser (tout) • **have you ~d all the paint?** avez-vous utilisé toute la peinture ?

3 AUXILIARY VERB

what did he ~ to do* on Sundays? qu'est-ce qu'il faisait (d'habitude) le dimanche ? • **I ~d to swim every day** j'allais nager tous les jours • **things aren't what they ~d to be** les choses ne sont plus ce qu'elles étaient

4 PHRASAL VERB

▸ **use up** [ju:z'ʌp] VT SEP [+ *food*] finir; [+ *one's strength, resources*] épuiser; [+ *money*] dépenser

> Lorsque **use** est un nom, le **se** final se prononce **s** : [ju:s], lorsque c'est un verbe, il se prononce **z** : [ju:z], sauf dans les expressions **use to** ou **used to**, où **se** et **sed** se prononcent **s** et **st** : [ju:s], [ju:st].

used 1 (ADJ) ⓐ (= *not fresh*) [*cup*] sale; [*tissue, needle, condom*] usagé

ⓑ (= *second-hand*) [*car, equipment*] d'occasion

ⓒ (*after adv*) (= *employed*) **frequently ~** fréquemment utilisé

ⓓ (= *accustomed*)

▸ **used to to be ~ to sth** avoir l'habitude de qch • **to be ~ to doing sth** avoir l'habitude de faire qch • **to get ~ to sb/sth** s'habituer à qn/qch • **you'll soon get ~ to it** vous vous y habituerez vite • **to get ~ to doing sth** prendre l'habitude de faire qch

2 (COMP) ▸ **used-car salesman** N vendeur *m* de voitures d'occasion

> La fin de **used**, **sed**, se prononce **zd** : [ju:zd], sauf dans l'expression **used to**, où **sed** se prononce **st** : [ju:st].

useful ['ju:sfʊl] (ADJ) utile (**for, to sb** à qn) • **~ addresses** adresses *fpl* utiles • **that's ~ to know** c'est bon à savoir • **to come in ~** être utile; (*money*) tomber à pic • **this work is not serving any ~ purpose** ce travail ne sert pas à grand-chose • **it is ~ to know a foreign language** il est utile de connaître une langue étrangère • **it would be ~ for me to have that information** il me serait utile d'avoir ces renseignements

usefully ['ju:sfəlɪ] (ADV) utilement • **his time could be more ~ employed** il pourrait employer son temps plus utilement

usefulness ['ju:sfʊlnɪs] (N) utilité *f*

useless ['ju:slɪs] (ADJ) ⓐ (= *not useful*) [*person, action, information, tool*] inutile (**to sb** pour qn) • **our efforts proved ~** nos efforts ont été vains • **it is ~ to complain** ça ne sert à rien de se plaindre ⓑ (= *incompetent*)* [*teacher, player*] nul* (nulle* *f*) • **he's ~ at French** il est nul en français

user ['ju:zəʳ] (N) [*of telephone, train*] usager *m*; [*of dictionary, machine, tool*] utilisateur *m*, -trice *f*; [*of electricity, gas*] usager *m* • **heroin ~** héroïnomane *mf* ▸ **user-friendly** ADJ facile à utiliser; [*computer*] convivial ▸ **user group** N groupe *m* d'usagers ▸ **user's guide** N guide *m* de l'utilisateur ▸ **user interface** N interface *f* utilisateur

username ['ju:zəneɪm] (N) (*Comput*) nom *m* de l'utilisateur

usher ['ʌʃəʳ] 1 (N) (*in church*) placeur *m* 2 (VT) **to ~ sb into a room** introduire qn dans une salle

▸ **usher in** VT SEP [+ *person*] introduire

usherette [,ʌʃə'ret] (N) ouvreuse *f*

U

USP [ju:es'pi:] (N) (ABBR OF **unique selling point**) avantage *m* unique

USSR [ju:eses'ɑ:ʳ] (ABBR OF **Union of Soviet Socialist Republics**) URSS *f*

usu. (ABBR OF **usual(ly)**)

usual ['ju:ʒʊəl] 1 (ADJ) habituel • **as is ~ on these occasions** comme le veut l'usage en ces occasions • **it wasn't his ~ car** ce n'était pas la voiture qu'il prenait d'habitude • **in the ~ place** à l'endroit habituel • **more than ~** plus que d'habitude • **to get up earlier than ~** se lever plus tôt que d'habitude • **it's quite ~ for this to happen** ça arrive souvent • **the journey took four hours instead of the ~ two** le voyage a pris quatre heures au lieu des deux heures habituelles • **she welcomed us in her ~ friendly way** elle nous a accueillis chaleureusement, comme à son habitude
▸ **as usual** (= *as always*) comme d'habitude • **for her it's just life as ~** pour elle, la vie continue comme avant • **to carry on as ~** continuer comme d'habitude • **"business as ~"** « ouvert pendant les travaux » • **it is business as ~ (for them)** les affaires continuent (pour eux); (*fig*) la vie continue (pour eux)
2 (N) (= *drink*)* **the ~ please!** comme d'habitude, s'il vous plaît !

usually ['ju:ʒʊəlɪ] (ADV) d'habitude, généralement

usurp [ju:'zɜ:p] (VT) usurper

usurpation [,ju:zɜ:'peɪʃən] (N) usurpation *f*

UT (ABBR OF **Utah**)

utensil [ju:'tensl] (N) ustensile *m*

uterus ['ju:tərəs] (N) utérus *m*

utilitarian [,ju:tɪlɪ'tɛərɪən] (ADJ) [*approach, object*] utilitaire

utility [ju:'tɪlɪtɪ] 1 (N) ⓐ (= *usefulness*) utilité *f* ⓑ (= *public utility*) service *m* public 2 (COMP) ▸ **utility room** N buanderie *f*

utilize ['ju:tɪlaɪz] (VT) utiliser; [+ *resources, talent*] exploiter

utmost ['ʌtməʊst] 1 (ADJ) **she used the ~ restraint in talking to him** elle a eu la plus grande retenue quand elle lui a parlé • **it is of (the) ~ importance that ...** il est de la plus haute importance que ... + *subj* • **a matter of (the) ~ urgency** une affaire de la plus extrême urgence
2 (N) **to do one's ~** faire tout son possible

Utopia [ju:'təʊpɪə] (N) utopie *f*

Utopian [ju:'təʊpɪən] 1 (ADJ) utopique 2 (N) utopiste *mf*

Utopianism [ju:'təʊpɪənɪzəm] (N) utopisme *m*

utter ['ʌtəʳ] 1 (ADJ) [*lack, failure, disaster, disregard*] complet (-ète *f*), total; [*sincerity*] absolu; [*hopelessness, frustration, stupidity*] profond • **to my ~ amazement, I succeeded** à ma plus grande stupéfaction, j'ai réussi • **what ~ nonsense!** c'est complètement absurde ! • **she's talking complete and ~ rubbish*** elle dit n'importe quoi 2 (VT) [+ *word*] proférer • **he didn't ~ a word** il n'a pas dit un mot

utterly ['ʌtəlɪ] (ADV) complètement • **to be ~ without talent** être dénué de tout talent

U-turn ['ju:tɜ:n] (N) (*in car*) demi-tour *m* • **to make a ~ on sth** (= *change one's mind*) faire volte(-)face au sujet de qch

UV [ju:'vi:] (ADJ) (ABBR OF **ultraviolet**) UV

Uzbek ['ʊzbek] 1 (ADJ) ouzbek *f inv* 2 (N) ⓐ (= *person*) Ouzbek *mf* ⓑ (= *language*) ouzbek *m*

Vv

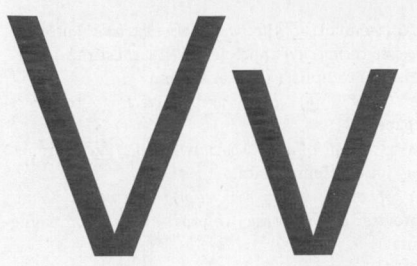

V, v [viː] 1 N ⓐ *(Brit)* **to stick the Vs up to sb*** ≈ faire un bras d'honneur à qn ⓑ (ABBR OF **vide**) (= *see*) V, voir ⓒ (ABBR OF **versus**) VS ⓓ (ABBR OF **verse**) ⓔ (ABBR OF **very**) 2 COMP ▸ **V-chip** N *(TV)* verrou *m* électronique ▸ **V-necked** ADJ à col en V ▸ **V-sign** N ⓐ *(for victory)* **to give the V-sign** faire le V de la victoire ⓑ *(in Britain)* ≈ bras *m* d'honneur • **to give sb the V-sign** ≈ faire un bras d'honneur à qn

VA, Va. (ABBR OF **Virginia**)

vacancy ['veɪkənsɪ] N ⓐ *(in hotel)* chambre *f* libre • **"no vacancies"** « complet » ⓑ (= *job*) poste *m* à pourvoir • **we have a ~ for an enthusiastic sales manager** nous cherchons un directeur des ventes motivé

vacant ['veɪkənt] ADJ ⓐ (= *unoccupied*) [*hotel room, table, parking space*] libre; [*post, job*] à pourvoir • **"situations ~"** *(Press)* « offres d'emploi » ⓑ (= *blank*) [*expression, look, stare*] absent

vacantly ['veɪkəntlɪ] ADV [*look, stare, say*] d'un air absent

vacate [və'keɪt] VT *(frm)* [+ *room, seat, job*] quitter

vacation [və'keɪʃən] 1 N ⓐ *(US)* vacances *fpl* • **on ~** en vacances • **on his ~** pendant ses vacances • **to take a ~** prendre des vacances ⓑ *(Brit) (Univ)* vacances *fpl* 2 COMP ▸ **vacation pay** N *(US)* congés *mpl* payés ▸ **vacation work** N travail *m* pendant les vacances

vaccinate ['væksɪneɪt] VT vacciner

vaccination [ˌvæksɪ'neɪʃən] N vaccination *f* • **smallpox/polio ~** vaccination *f* contre la variole/la polio

vaccine ['væksiːn] N vaccin *m*; *(Comput)* logiciel *m* antivirus • **polio ~** vaccin *m* contre la polio

vacillate ['væsɪleɪt] VI hésiter

vacillating ['væsɪleɪtɪŋ] N hésitations *fpl*

vacuity [væ'kjuːɪtɪ] N vacuité *f*

vacuous ['vækjʊəs] ADJ [*person, film, book, comment, remark*] inepte; [*look, stare*] vide; [*expression, smile*] niais

vacuum ['vækjʊm] 1 N ⓐ vide *m* • **their departure left a ~** leur départ a laissé un (grand) vide ⓑ (= *vacuum cleaner*) aspirateur *m* • **to give the carpet a ~** passer l'aspirateur sur la moquette 2 VT [+ *carpet*] passer l'aspirateur sur; [+ *room*] passer l'aspirateur dans 3 COMP ▸ **vacuum bottle** N *(US)* bouteille *f* thermos® ▸ **vacuum cleaner** N aspirateur *m* ▸ **vacuum flask** N *(Brit)* bouteille *f* thermos® ▸ **vacuum-packed** ADJ emballé sous vide

vagabond ['vægəbɒnd] N vagabond(e) *m(f)*; (= *tramp*) clochard(e) *m(f)*

vagary ['veɪgərɪ] N caprice *m*

vagina [və'dʒaɪnə] N vagin *m*

vaginal [və'dʒaɪnəl] ADJ vaginal ▸ **vaginal discharge** N pertes *fpl* blanches

vagrant ['veɪgrənt] N vagabond(e) *m(f)*

vague [veɪg] ADJ ⓐ (= *unclear*) vague *before n*; [*shape, outline*] imprécis • **to be ~ about sth** [*person*] rester vague à propos de qch • **I had a ~ idea** *or* **feeling she would come** j'avais vaguement le sentiment qu'elle viendrait • **he was ~ about the time he would be arriving at** il est resté vague quant à l'heure de son arrivée • **I'm still very ~ about all this** ça n'est pas encore très clair dans mon esprit ⓑ (= *absent-minded*) [*person*] distrait • **she's getting rather ~ these days** elle perd un peu la tête maintenant

vaguely ['veɪglɪ] ADV ⓐ [*describe, remember, resemble, understand*] vaguement • **~ familiar/disappointed** vaguement familier/déçu • **to be ~ aware of sth** être vaguement conscient de qch • **to be ~ reminiscent of sth** rappeler vaguement qch ⓑ (= *absently*) [*look, nod*] d'un air distrait; [*smile*] d'un air vague

vagueness ['veɪgnɪs] N ⓐ [*of question, memory, wording, statement, proposal*] manque *m* de précision ⓑ (= *absent-mindedness*) distraction *f*

vain [veɪn] ADJ ⓐ (= *fruitless, empty*) [*attempt, effort, plea, hope, promise*] vain *before n*; [*threat*] en l'air ⓑ (= *conceited*) [*person*] vaniteux ⓒ ▸ **in vain** (= *unsuccessfully*) [*try, wait, search for*] en vain; (= *pointlessly*) [*die, suffer*] pour rien • **it was all in ~** c'était peine perdue • **to take God's** *or* **the Lord's name in ~** blasphémer

vainglorious [veɪn'glɔːrɪəs] ADJ *(liter)* orgueilleux

vainly ['veɪnlɪ] ADV ⓐ (= *in vain*) [*try, seek, believe, hope*] vainement ⓑ (= *conceitedly*) vaniteusement

valance ['væləns] N *(above curtains)* cantonnière *f*; *(round bed frame)* frange *f* de lit

valediction [ˌvælɪ'dɪkʃən] N ⓐ (= *farewell*) adieu(x) *m(pl)* ⓑ *(US: at school)* discours *m* d'adieu

valedictorian [ˌvælɪdɪk'tɔːrɪən] N *(US: at school)* major *m* de la promotion *(qui prononce le discours d'adieu)*

valedictory [ˌvælɪ'dɪktərɪ] 1 ADJ *(frm)* [*speech*] d'adieu 2 N *(US: at school)* discours *m* d'adieu

Valencia [və'lentsɪə] N Valence *(en Espagne)*

valentine ['væləntaɪn] N **(St) Valentine's Day** Saint-Valentin *f* • **she sent me a ~ (card)** elle m'a envoyé une carte pour la Saint-Valentin

valet 1 N (*=servant*) valet *m* de chambre 2 VT [*+car*] nettoyer 3 COMP ▸ **valet parking** N service *m* de voiturier

> Lorsque **valet** est un nom, la fin se prononce comme **lay** : [ˈvæleɪ] ; lorsque c'est un verbe, elle se prononce comme **lit** dans **split** : [ˈvælɪt].

valetudinarian [ˈvælɪ,tjuːdɪˈnɛərɪən] ADJ, N valétudinaire *mf*

valiant [ˈvæljənt] ADJ (*liter*) [*person*] vaillant (*liter*); [*effort, attempt, fight*] courageux

valiantly [ˈvæljəntlɪ] ADV vaillamment

valid [ˈvælɪd] ADJ a [*argument, reason, excuse, interpretation*] valable; [*question*] pertinent • **fashion is a ~ form of art** la mode est une forme d'art à part entière b [*ticket, passport, licence*] valide • **~ for three months** valable pendant trois mois • **no longer ~** périmé

validate [ˈvælɪdeɪt] VT [*+document, course, diploma*] valider; [*+theory, argument, claim*] prouver la justesse de; [*+results*] valider

validation [,vælɪˈdeɪʃən] N [*of claim, document*] validation *f*

validity [vəˈlɪdɪtɪ] N [*of argument*] justesse *f*; [*of document*] validité *f*

Valium ® [ˈvælɪəm] N Valium ® *m* • **to be on ~** être sous Valium

valley [ˈvælɪ] N vallée *f* • **the Thames/Rhône ~** la vallée de la Tamise/du Rhône

valorous [ˈvælərəs] ADJ (*liter*) valeureux (*liter*)

valour, valor (*US*) [ˈvæləʳ] N (*liter*) bravoure *f*

valuable [ˈvæljʊəbl] 1 ADJ [*jewellery, antique*] de valeur; [*information, advice, lesson, contribution, ally, resources, time*] précieux; [*experience*] très utile 2 NPL **valuables** objets *mpl* de valeur

valuation [,væljʊˈeɪʃən] N estimation *f*; (*by expert*) expertise *f* • **to have a ~ done** faire faire une expertise

value [ˈvæljuː] 1 N valeur *f* • **to set great ~ on sth** attacher une grande valeur à qch • **to have rarity ~** avoir de la valeur de par sa rareté • **the large packet is the best ~** le grand paquet est le plus avantageux • **it's good ~ (for money)** le rapport qualité-prix est bon • **to get good ~ for money** en avoir pour son argent • **to be of great ~** être de grande valeur • **to be of little ~** avoir peu de valeur • **of no ~** sans valeur • **her training has been of no ~ to her** sa formation ne lui a servi à rien • **to gain (in) ~** prendre de la valeur • **to put** *or* **place a ~ on sth** évaluer qch • **to put** *or* **place a ~ of £20 on sth** évaluer qch à 20 livres • **goods to the ~ of $100** marchandises d'une valeur de 100 dollars • **a cheque to the ~ of £100** un chèque d'un montant de 100 livres • **to put** *or* **place a high ~ on sth** (*= importance*) attacher beaucoup d'importance à qch

2 VT a (*= estimate worth of*) [*+house, jewels, painting*] évaluer (**at** à); (*by expert*) expertiser • **the house was ~d at $80,000** la maison a été évaluée à 80 000 dollars

b (*= appreciate, esteem*) [*+friendship, person, comforts*] apprécier; [*+liberty, independence*] tenir à • **if you ~ your life/eyes** si vous tenez à la vie/à vos yeux • **we ~ your opinion** votre avis nous importe beaucoup

3 COMP ▸ **value added tax** N (*Brit*) taxe *f* sur la valeur ajoutée ▸ **value judgement, value judgment** N (*fig*) jugement *m* de valeur ▸ **value system** N système *m* de valeurs

valued [ˈvæljuːd] ADJ [*friend, customer, contribution*] précieux; [*employee, commodity*] apprécié; [*colleague*] estimé

valueless [ˈvæljʊlɪs] ADJ sans valeur

valve [vælv] N [*of machine*] valve *f*; [*of car engine*] soupape *f*

vamp[1] * [væmp] 1 N (*= woman*) vamp *f* 2 VT vamper* 3 VI jouer la femme fatale

vamp[2] [væmp] 1 VT (*= repair*) rafistoler*; (*Music*) improviser 2 VI (*Music*) improviser des accompagnements

vampire [ˈvæmpaɪəʳ] N vampire *m* ▸ **vampire bat** N vampire *m*

van [væn] 1 N a (*= vehicle*) camionnette *f* b (*Brit*) (*= part of train*) fourgon *m* 2 COMP ▸ **van-driver** N chauffeur *m* de camion

vandal [ˈvændəl] N vandale *mf*

vandalism [ˈvændəlɪzəm] N vandalisme *m*

vandalize [ˈvændəlaɪz] VT vandaliser

vanguard [ˈvæŋgɑːd] N avant-garde *f* • **in the ~ of progress** à la pointe du progrès

vanilla [vəˈnɪlə] 1 N vanille *f* 2 ADJ [*cream, ice*] à la vanille

vanish [ˈvænɪʃ] VI disparaître • **to ~ without trace** disparaître sans laisser de traces • **to ~ into thin air*** se volatiliser • **he ~ed into the countryside** il a disparu dans la campagne • **he ~ed into the distance** il s'est évanoui dans le lointain ▸ **vanishing act*** N • **to do a ~ing act** (*= leave*) s'éclipser ▸ **vanishing trick** N tour *m* de passe-passe

vanished [ˈvænɪʃt] ADJ disparu

vanity [ˈvænɪtɪ] N vanité *f* • **all is ~** tout est vanité ▸ **vanity box, vanity case** N vanity-case *m* ▸ **vanity plate** N plaque *f* d'immatriculation personnalisée

vanquish [ˈvæŋkwɪʃ] VT (*liter*) vaincre

vantage point [ˈvɑːntɪdʒ,pɔɪnt] N position *f* stratégique

vape [veɪp] 1 VTI vapoter 2 N cigarette *f* électronique

vaper [ˈveɪpəʳ] N vapoteur *m*, -euse *f*

vapid [ˈvæpɪd] ADJ (*frm*) [*remark, conversation, book, song*] insipide; [*smile*] mièvre

vaping [ˈveɪpɪŋ] N vapotage *m*

vapor [ˈveɪpəʳ] (*US*) = **vapour**

vaporize [ˈveɪpəraɪz] 1 VT vaporiser 2 VI se vaporiser

vaporous [ˈveɪpərəs] ADJ (*liter*) a (*= full of vapour*) [*air, cloud, heat*] vaporeux (*liter*) b (*fig = indistinct*) vague

vapour, vapor (*US*) [ˈveɪpəʳ] 1 N vapeur *f*; (*on glass*) buée *f* 2 VI (*US = boast*)* fanfaronner 3 COMP ▸ **vapour trail** N traînée *f* de condensation

variability [,vɛərɪəˈbɪlɪtɪ] N variabilité *f*

variable [ˈvɛərɪəbl] 1 ADJ variable; [*work*] de qualité inégale 2 N variable *f*

variance [ˈvɛərɪəns] N **to be at ~ with sb about sth** être en désaccord avec qn sur qch

variant [ˈvɛərɪənt] N variante *f*

variation [,vɛərɪˈeɪʃən] N variation *f*; (*in opinions, views*) changements *mpl*

varicose vein [,værɪkəʊsˈveɪn] N varice *f* • **to have ~s** avoir des varices

varied [ˈvɛərɪd] ADJ varié

variety [vəˈraɪətɪ] 1 N a variété *f* • **it lacks ~** cela manque de variété • **a wide** *or* **great ~ of ...** une grande variété de ... • **for a ~ of reasons** pour diverses raisons b (*= type, kind*) type *m* • **many varieties of socialist(s)**

de nombreux types (différents) de socialistes ⓒ (*Theatre*) variétés *fpl* **2** COMP [*actor, artiste*] de variétés ▸ **variety show** N spectacle *m* de variétés

various ['vɛərɪəs] ADJ divers *before n* • **at ~ times of day** à divers moments de la journée • **the ~ meanings of a word** les divers sens d'un mot • **his excuses are many and ~** ses excuses sont nombreuses et variées • **there are ~ ways of doing it** il y a diverses manières de le faire • **I phoned her ~ times** je lui ai téléphoné à plusieurs reprises

variously ['vɛərɪəslɪ] ADV **he was ~ known as John, Johnny or Jack** il était connu sous des noms divers: John, Johnny ou Jack • **the crowd was ~ estimated at two to seven thousand** le nombre de personnes a été estimé entre deux et sept mille selon les sources

varnish ['vɑːnɪʃ] **1** N vernis *m* **2** VT [*+ furniture, painting*] vernir • **to ~ one's nails** se vernir les ongles

vary ['vɛərɪ] **1** VI varier • **opinions ~ on this point** les opinions varient sur ce point • **to ~ from sth** différer de qch **2** VT [*+ programme, menu*] varier; [*+ temperature*] faire varier; (*directly*) varier

varying ['vɛərɪɪŋ] ADJ [*amounts*] variable; [*shades, sizes*] varié • **of ~ abilities** de compétences variées • **of ~ ages** de différents âges • **to ~ degrees** à des degrés divers • **with ~ degrees of success** avec plus ou moins de succès • **for ~ periods of time** pendant des périodes plus ou moins longues • **of ~ sizes** de tailles variées

vascular ['væskjʊləʳ] ADJ vasculaire

vase [vɑːz] N vase *m*

vasectomy [væ'sektəmɪ] N vasectomie *f*

Vaseline ® ['væsɪliːn] N vaseline ® *f*

vassal ['væsəl] ADJ, N (*Hist, fig*) vassal *m*

vast [vɑːst] ADJ énorme • **a ~ improvement on sth** une nette amélioration par rapport à qch • **the ~ majority** la grande majorité • **~ sums (of money)** des sommes folles

vastly ['vɑːstlɪ] ADV [*different*] extrêmement; [*superior*] largement; [*overrate, increase, improve*] considérablement

vastness ['vɑːstnɪs] N immensité *f*

VAT [viːeɪ'tiː, væt] N (*Brit*) (ABBR OF **value added tax**) TVA *f* ▸ **VAT man** * N *inspecteur des impôts chargé du contrôle de la TVA* ▸ **VAT return** N formulaire *m* de déclaration de la TVA

vat [væt] N cuve *f*

Vatican ['vætɪkən] N Vatican *m* ▸ **Vatican City** N cité *f* du Vatican

vault [vɔːlt] **1** N ⓐ (*Archit*) voûte *f* ⓑ (*in bank*) (= *strongroom*) chambre *f* forte; (= *safe deposit box room*) salle *f* des coffres ⓒ (= *burial chamber*) caveau *m* • **the family ~** le caveau de famille **2** VI sauter • **to ~ over sth** sauter qch (d'un bond) **3** VT sauter (d'un bond)

vaulting horse ['vɔːltɪŋ,hɔːs] N cheval *m* d'arçons

vaunt [vɔːnt] VT vanter • **much ~ed** tant vanté

VC [viː'siː] N (*Brit*) (ABBR OF **Victoria Cross**)

VCR [,viːsiː'ɑːʳ] N (ABBR OF **video cassette recorder**)

VD [viː'diː] N (ABBR OF **venereal disease**) MST *f*

VDU [,viːdiː'juː] N (ABBR OF **visual display unit**)

veal [viːl] **1** N veau *m* **2** COMP [*stew, cutlet*] de veau ▸ **veal crate** N *box pour l'élevage des veaux de batterie*

VE Day [viː'iːdeɪ] N *anniversaire de la victoire des alliés en 1945*

veer [vɪəʳ] VI [*wind*] (= *change direction*) tourner; [*ship*] virer (de bord) • **the car ~ed off the road** la voiture a quitté la route • **to ~ (off to the) left/right** virer à gauche/droite

veg * [vedʒ] N (ABBR OF **vegetables**) légumes *mpl* ▸ **veg out** * VI glander *

vegan ['viːgən] N, ADJ végétalien(ne) *m(f)*

veganism ['viːgənɪzəm] N végétalisme *m*

vegeburger ['vedʒɪ,bɜːgəʳ] N hamburger *m* végétarien

vegetable ['vedʒtəbl] **1** N légume *m* **2** COMP [*oil, matter*] végétal ▸ **vegetable garden** N (jardin *m*) potager *m* ▸ **vegetable patch** N carré *m* de légumes ▸ **vegetable soup** N soupe *f* aux légumes

vegetarian [,vedʒɪ'tɛərɪən] ADJ, N végétarien(ne) *m(f)*

vegetarianism [,vedʒɪ'tɛərɪənɪzəm] N végétarisme *m*

vegetate ['vedʒɪteɪt] VI végéter

vegetation [,vedʒɪ'teɪʃən] N végétation *f*

vegetative ['vedʒɪtətɪv] ADJ végétatif ▸ **vegetative state** N état *m* végétatif

veggie * ['vedʒɪ] N, ADJ ⓐ (= *vegetarian*) végétarien(ne) *m(f)* ⓑ (= *vegetable*) légume *m*

veggieburger ['vedʒɪ,bɜːdəʳ] N hamburger *m* végétarien

vehemence ['viːɪməns] N véhémence *f*

vehement ['viːɪmənt] ADJ véhément

vehemently ['viːɪməntlɪ] ADV avec véhémence; [*attack, curse*] violemment; [*shake one's head*] vigoureusement • **~ anti-European** violemment anti-européen

vehicle ['viːɪkl] N véhicule *m* • **"closed to ~s"** « interdit à la circulation » • **"authorized ~s only"** « accès réservé aux véhicules autorisés » • **her art was a ~ for her political beliefs** son art lui servait à véhiculer ses convictions politiques

veil [veɪl] **1** N voile *m*; (*on hat*) voilette *f* • **to be wearing a ~** porter une voile • **to draw/throw a ~ over sth** mettre/jeter un voile sur qch **2** VT [*+ truth, facts*] voiler; [*+ feelings*] dissimuler

veiled [veɪld] ADJ voilé • **~ in black** voilé de noir • **thinly ~ threats** des menaces à peine voilées

vein [veɪn] N ⓐ (*in body, insect wing*) veine *f*; (*in leaf*) nervure *f* • **he has French blood in his ~s** il a du sang français dans les veines ⓑ (*in stone, rock*) veine *f* • **a ~ of racism/scepticism** un fond de racisme/scepticisme • **a ~ of humour runs through her writing** il y a un humour sous-jacent dans tous ses textes ⓒ (= *style*) veine *f* • **in a humorous/revolutionary ~** dans une veine humo-ristique/révolutionnaire • **in the same ~** dans la même veine

veined [veɪnd] ADJ [*hand, marble*] veiné

Velcro ® ['velkrəʊ] N velcro ® *m*

velocity [vɪ'lɒsɪtɪ] N vélocité *f*

velvet ['velvɪt] **1** N velours *m* **2** ADJ de velours

velvety ['velvɪtɪ] ADJ [*surface, texture, material*] velouteux

venal ['viːnl] ADJ vénal

vendetta [ven'detə] N vendetta *f*

vending machine ['vendɪŋməʃiːn] N distributeur *m* automatique

vendor ['vendəʳ] N marchand(e) *m(f)* • **ice-cream ~** marchand(e) *m(f)* de glaces

veneer [və'nɪəʳ] N placage *m*; (= *superficial overlay*) vernis *m*

venerable ['venərəbl] ADJ vénérable

venerate ['venəreɪt] VT vénérer

venereal disease [vɪ'nɪərɪəldɪ,ziːz] N maladie *f* vénérienne

Venetian [vɪ'ni:ʃən] ADJ vénitien ▸ **Venetian blind** N store *m* vénitien
Venezuela [,vene'zweɪlə] N Venezuela *m*
Venezuelan [,vene'zweɪlən] 1 ADJ vénézuélien 2 N Vénézuélien(ne) *m(f)*

> Remember to include the three accents in **vénézuélien**.

vengeance ['vendʒəns] N vengeance *f* • **to take ~ (up) on** se venger de • **he's back with a ~** il est revenu pour de bon*
vengeful ['vendʒfʊl] ADJ vengeur (-eresse *f*)
Venice ['venɪs] N Venise
venison ['venɪsən] N viande *f* de chevreuil
venom ['venəm] N venin *m*
venomous ['venəməs] ADJ venimeux
venomously ['venəməslɪ] ADV [*say*] sur un ton venimeux • **to glare ~ at sb** lancer des regards venimeux à qn
vent [vent] 1 N (= *duct*) conduit *m* d'aération • **to give ~ to** [+ *feelings*] laisser libre cours à 2 VT [+ *one's anger*] décharger
ventilate ['ventɪleɪt] VT [+ *room*] aérer; [+ *lungs, patient, tunnel*] ventiler
ventilation [,ventɪ'leɪʃən] N ventilation *f* ▸ **ventilation shaft** N conduit *m* d'aération
ventilator ['ventɪleɪtə^r] N (*for sick person*) respirateur *m*; (*in room*) ventilateur *m*
ventriloquism [ven'trɪləkwɪzəm] N ventriloquie *f*
ventriloquist [ven'trɪləkwɪst] N ventriloque *mf* ▸ **ventriloquist's dummy** N poupée *f* de ventriloque
venture ['ventʃə^r] 1 N (= *project*) entreprise *f* • **it was a risky ~** c'était une entreprise hasardeuse • **the success of his first film ~** le succès de sa première incursion dans le domaine cinématographique • **all his business ~s failed** toutes ses tentatives commerciales ont échoué
2 VT [+ *life, fortune, reputation*] risquer; [+ *opinion, explanation, guess*] hasarder • (PROV) **nothing ~d nothing gained** qui ne risque rien n'a rien (PROV)
3 VI se hasarder • **to ~ in/out** se risquer à entrer/sortir • **to ~ into town/into the forest** se hasarder dans la ville/dans la forêt
4 COMP ▸ **venture capital** N capital *m* risque ▸ **venture capitalist** N spécialiste *mf* du capital risque ▸ **Venture Scout** N (*Brit*) ≈ scout *m* de la branche aînée
▸ **venture forth** VI (*liter*) se risquer à sortir
venturesome ['ventʃəsəm] ADJ [*person*] entreprenant
venue ['venju:] N lieu *m* • **the ~ of the meeting is ...** la réunion aura lieu à ...
Venus ['vi:nəs] N Vénus *f*
veracity [və'ræsɪtɪ] N (*frm*) véracité *f*
veranda, verandah [və'rændə] N véranda *f*
verb [vɜ:b] N verbe *m*
verbal ['vɜ:bəl] ADJ verbal; [*confession*] oral • **~ dexterity** facilité *f* d'expression à l'oral • **to have good/poor ~ skills** bien/mal s'exprimer à l'oral ▸ **verbal abuse** N injures *fpl*
verbalize ['vɜ:bəlaɪz] VT (= *express*) exprimer
verbally ['vɜ:bəlɪ] ADV verbalement • **to abuse sb ~** injurier qn • **to be ~ abusive** tenir des propos injurieux • **to be ~ and physically abused** être victime de coups et d'injures
verbatim [vɜ:'beɪtɪm] 1 ADV [*quote, repeat*] textuellement 2 ADJ [*quotation*] mot pour mot • **he gave me a ~ report of what was said** il m'a rapporté textuellement ce qui a été dit
verbose [vɜ:'bəʊs] ADJ verbeux
verdict ['vɜ:dɪkt] N verdict *m* • **to return a ~** rendre un verdict
verge [vɜ:dʒ] N ⓐ (*Brit*) [*of road*] accotement *m* • **"soft ~s"** « accotement non stabilisé » ⓑ (= *edge*) bord *m* • **on the ~ of doing sth** sur le point de faire qch • **on the ~ of a nervous breakdown** au bord de la dépression nerveuse • **on the ~ of tears** au bord des larmes • **on the ~ of a discovery** à la veille d'une découverte
▸ **verge on** VT INSEP friser • **the plot ~s on the ridiculous** l'intrigue frise le ridicule
verifiable ['verɪfaɪəbl] ADJ vérifiable
verification [,verɪfɪ'keɪʃən] N vérification *f*
verify ['verɪfaɪ] VT vérifier
veritable ['verɪtəbl] ADJ (*frm*) véritable
vermin ['vɜ:mɪn] NPL (= *animals*) animaux *mpl* nuisibles; (= *insects*) vermine *f*; (*pej* = *people*) vermine *f*
vernacular [və'nækjʊlə^r] 1 N (= *native speech*) langue *f* vernaculaire; (= *jargon*) jargon *m* • **in the ~** (= *in local language*) en langue vernaculaire; (= *not in Latin*) en langue vulgaire 2 ADJ [*language*] vernaculaire; [*crafts, furniture*] du pays; [*architecture, style*] local; [*building*] de style local
verruca [ve'ru:kə] N verrue *f* (*plantaire*)
versatile ['vɜ:sətaɪl] ADJ [*person*] aux talents variés, plein de ressources; [*mind*] souple; [*tool, vehicle, software*] polyvalent
versatility [,vɜ:sə'tɪlɪtɪ] N [*of person, tool, vehicle, software*] polyvalence *f*; [*of mind*] souplesse *f*
verse [vɜ:s] N ⓐ [*of poem*] strophe *f*; [*of song*] couplet *m* ⓑ (= *poetry*) vers *mpl* • **in ~** en vers ⓒ [*of Bible, Koran*] verset *m*
versed [vɜ:st] ADJ (*also* **well-versed**) **to be ~ in sth** être versé dans qch
versification [,vɜ:sɪfɪ'keɪʃən] N versification *f*
version ['vɜ:ʃən] N version *f* • **his ~ of events** sa version des faits
versus ['vɜ:səs] PREP ⓐ (*in comparison*) par opposition à • **the arguments about public ~ private ownership** les arguments pour ou contre la propriété privée • **the question of electricity ~ gas for cooking** la comparaison entre cuisine à l'électricité et cuisine au gaz ⓑ (*in competition, legal case*) contre • **the England ~ Spain match** le match Angleterre-Espagne • **it's management ~ workers** c'est la direction contre les ouvriers • **the 1960 Nixon ~ Kennedy election** l'élection qui a opposé Nixon à Kennedy en 1960 • **Jones ~ Smith** (*lawsuit*) Jones contre Smith
vertebra ['vɜ:tɪbrə] N (*pl* **vertebrae** ['vɜ:tɪbri:]) vertèbre *f*
vertebrate ['vɜ:tɪbrət] ADJ, N vertébré *m*
vertical ['vɜ:tɪkəl] 1 ADJ [*line, cliff*] vertical • **a ~ drop** un à-pic 2 N (= *line*) verticale *f* 3 COMP ▸ **vertical take-off aircraft** N avion *m* à décollage vertical
vertically ['vɜ:tɪkəlɪ] ADV [*hold, move, run, divide*] verticalement; [*rise, descend, drop*] à la verticale
vertigo ['vɜ:tɪgəʊ] N vertige *m* • **to suffer from ~** avoir des vertiges
verve [vɜ:v] N verve *f*
very ['verɪ] 1 ADV ⓐ (= *extremely*) très • **~ amusing** très amusant • **to be ~ careful** faire très attention • **I am ~**

cold/hot j'ai très froid/chaud • **are you tired? — ~/not ~** êtes-vous fatigué ? — très/pas très • **I'm ~ sorry** je suis vraiment désolé • **~ well, if you insist** très bien, si vous insistez • **~ little** très peu • **~ little milk** très peu de lait ▸ **very much** beaucoup • **thank you ~ much** merci beaucoup • **I liked it ~ much** j'ai beaucoup aimé • **he is ~ much better** il va beaucoup mieux • **~ much bigger** beaucoup plus grand • **he is ~ much the most intelligent** il est de loin le plus intelligent
ⓑ (*= absolutely*) tout(e) • **of the ~ best quality** de toute première qualité • **~ last/first** tout dernier/premier • **at the ~ most** tout au plus • **at midday at the ~ latest** à midi au plus tard • **the ~ latest technology** la toute dernière technologie • **the ~ last page of the book** la toute dernière page du livre
ⓒ (*for emphasis*) **the ~ same day** le jour même • **the ~ same hat** exactement le même chapeau • **the ~ next day** le lendemain même • **I took the ~ next train** j'ai pris le premier train
2 (ADJ) ⓐ (*= exact*) même • **that ~ moment** cet instant même • **his ~ words** ses paroles mêmes • **the ~ thing I need** exactement ce qu'il me faut • **you're the ~ person I wanted to see** c'est justement vous que je voulais voir
ⓑ (*= extreme*) tout • **at the ~ end** [*of play, year*] tout à la fin; [*of garden, road*] tout au bout • **at the ~ back** tout au fond • **to the ~ end** jusqu'au bout
ⓒ (*= mere*) seul • **the ~ word offends them** le mot seul les choquent
ⓓ (*for emphasis*) **his ~ life was in danger** sa vie même était en danger • **before my ~ eyes** sous mes propres yeux

vessel ['vesl] (N) ⓐ (*= ship*) navire *m* ⓑ (*= receptacle*) récipient *m*

vest [vest] 1 (N) ⓐ (*Brit*) (*= undergarment*) tricot *m* de corps; (*= vest top*) débardeur *m* ⓑ (*US*) (*= waistcoat*) gilet *m* 2 (COMP) ▸ **vest pocket** N (*US*) poche *f* de gilet

vested ['vestɪd] (N) **to have a ~ interest in** [*+ business, company*] être directement intéressé dans; [*+ market, development of business*] être directement intéressé à

vestibule ['vestɪbju:l] (N) (*= entrance*) hall *m* d'entrée

vestige ['vestɪdʒ] (N) vestige *m*

vestry ['vestrɪ] (N) sacristie *f*

Vesuvius [və'su:vɪəs] (N) Vésuve *m*

vet [vet] 1 (N) ⓐ (*Brit*) vétérinaire *mf* ⓑ (*US*)* ancien combattant *m* 2 (VT) (*Brit*) [*+ figures, calculations, job applications*] vérifier • **the purchases are ~ted by a committee** les achats doivent d'abord être approuvés par un comité • **we have ~ted him thoroughly** nous nous sommes renseignés de façon approfondie à son sujet • **applicants are carefully ~ted** les candidatures sont soigneusement filtrées

veteran ['vetərən] 1 (N) (*= experienced person*) vétéran *m*; (*= soldier*) ancien combattant *m* 2 (ADJ) (*= experienced*) expérimenté • **a ~ car** une voiture d'époque (*avant 1919*) • **a ~ teacher** un vétéran de l'enseignement 3 (COMP) ▸ **Veterans Day** N (*US*) 11 Novembre *m* • **on Veterans Day** le 11 Novembre

veterinarian [ˌvetərɪ'nɛərɪən] (N) (*US*) vétérinaire *mf*

veterinary ['vetərɪnərɪ] (ADJ) [*medicine, care, practice, hospital*] vétérinaire ▸ **veterinary surgeon** N (*Brit*) vétérinaire *mf*

veto ['vi:təʊ] 1 (N) (*pl* **vetoes**) veto *m* 2 (VT) opposer son veto à

vetting ['vetɪŋ] (N) [*of job application, figures*] vérification *f*; [*of candidate*] enquête *f* approfondie

vexed [vekst] (ADJ) ⓐ (*= annoyed*) contrarié • **~ with sb** fâché contre qn • **to get ~** se fâcher ⓑ (*= difficult*) [*question, issue*] délicat

VHF [ˌvi:eɪtʃ'ef] (N) (ABBR OF **very high frequency**) VHF *f*

VHS [ˌvi:eɪtʃ'es] (N) (ABBR OF **video home system**) VHS *m*

via ['vaɪə] (PREP) ⓐ (*= by way of*) via, par • **a ticket to Vienna ~ Frankfurt** un billet pour Vienne via Francfort • **you should go ~ Paris** vous devriez passer par Paris ⓑ (*= by means of*) au moyen de • **she works from home, ~ email** elle travaille à domicile au moyen du courrier électronique

viability [ˌvaɪə'bɪlɪtɪ] (N) [*of company*] viabilité *f*

viable ['vaɪəbl] (ADJ) viable • **it's not a ~ proposition** ce n'est pas une proposition viable

viaduct ['vaɪədʌkt] (N) viaduc *m*

Viagra ® [vaɪ'ægrə] (N) Viagra *m* ®

vibes * [vaɪbz] (NPL) **I get good ~ from her** elle me fait bonne impression • **the ~ are wrong** ça ne gaze pas*

vibrancy ['vaɪbrənsɪ] (N) [*of city*] animation *f*; [*of economy, community*] dynamisme *m*; [*of light, colours*] éclat *m*

vibrant ['vaɪbrənt] (ADJ) [*city*] vivant; [*economy, community*] dynamique; [*culture*] plein de vitalité; [*colour*] éclatant

vibraphone ['vaɪbrəfəʊn] (N) vibraphone *m*

vibrate [vaɪ'breɪt] (VI) (*= quiver*) vibrer (**with** de); (*= resound*) retentir (**with** de)

vibration [vaɪ'breɪʃən] (N) vibration *f*

vibrator [vaɪ'breɪtəʳ] (N) vibromasseur *m*

vicar ['vɪkəʳ] (N) pasteur *m* (*de l'Église anglicane*) • **good evening ~** bonsoir pasteur

vicarage ['vɪkərɪdʒ] (N) presbytère *m* (*de l'Église anglicane*)

vicarious [vɪ'kɛərɪəs] (ADJ) [*experience, enjoyment*] vécu par procuration • **to get ~ satisfaction from sth** (re)tirer de la satisfaction de qch par procuration

vicariously [vɪ'kɛərɪəslɪ] (ADV) [*live, enjoy, experience*] par procuration

vice¹ [vaɪs] 1 (N) ⓐ (*= depravity*) vice *m* ⓑ (*= fault*) défaut *m* 2 (COMP) ▸ **vice ring** N réseau *m* de prostitution ▸ **Vice Squad** N brigade *f* des mœurs

vice², vise (*US*) [vaɪs] (N) étau *m*

vice- [vaɪs] (PREF) vice- ▸ **vice-captain** N capitaine *m* adjoint ▸ **vice-chancellor** N [*of university*] ≈ président(e) *m(f)* d'université ▸ **vice-presidency** N vice-présidence *f* ▸ **vice-president** N vice-président(e) *m(f)* ▸ **vice-presidential** ADJ vice-présidentiel ▸ **vice-presidential candidate** N candidat(e) *m(f)* à la vice-présidence

viceroy ['vaɪsrɔɪ] (N) vice-roi *m*

vice versa [ˌvaɪsɪ'vɜ:sə] (ADV) vice versa

vicinity [vɪ'sɪnɪtɪ] (N) (*= nearby area*) environs *mpl*; (*= closeness*) proximité *f* • **in the ~** dans les environs, à proximité • **in the ~ of the town** à proximité de la ville • **in the immediate ~** dans les environs immédiats • **the immediate ~ of the town** les abords *mpl* de la ville

vicious ['vɪʃəs] (ADJ) [*person, attack, temper*] brutal; [*animal*] méchant; [*look*] haineux; [*criticism, remark*] méchant; [*campaign*] virulent ▸ **vicious circle, vicious cycle** N cercle *m* vicieux

viciously ['vɪʃəslɪ] (ADV) [*attack, stab, beat, strike*] brutalement; [*say, criticize*] méchamment

viciousness ['vɪʃəsnɪs] (N) [*of person, attack, temper*] brutalité *f*; [*of criticism, remark*] méchanceté *f*; [*of campaign*] virulence *f*

V

victim ['vɪktɪm] (N) victime *f* • **the bomb ~s** les victimes *fpl* de l'explosion • **to be the ~ of ...** être victime de ... • **to fall ~ to ...** devenir la victime de ... ▸ **Victim Support** N (*Brit*) *organisme d'aide aux victimes de crimes*

victimization [ˌvɪktɪmaɪ'zeɪʃən] (N) persécution *f* • **the dismissed worker alleged ~** l'ouvrier licencié a prétendu être victime de persécution

victimize ['vɪktɪmaɪz] (VT) persécuter • **to be ~d** être victime de persécutions

victimless ['vɪktɪmlɪs] (ADJ) [*crime*] sans victimes

victor ['vɪktəʳ] (N) vainqueur *m*

Victoria [vɪk'tɔːrɪə] (N) (= *Australian state*) Victoria *m* ▸ **Victoria Cross** N (*Brit*) Croix *f* de Victoria (*la plus haute décoration militaire*)

Victorian [vɪk'tɔːrɪən] 1 (N) **the ~s believed that ...** à l'époque victorienne, on croyait que ... 2 (ADJ) victorien; [*attitude*] d'un puritanisme victorien

> **VICTORIAN**
>
> L'adjectif **Victorian** qualifie les valeurs ou les objets considérés comme caractéristiques de la Grande-Bretagne à l'époque du règne de la reine Victoria (1837-1901).
>
> Les valeurs victoriennes sont parfois invoquées par les gens qui regrettent l'évolution de la société contemporaine et prônent un retour au dépassement de soi, à la décence, au respect de l'autorité et à l'importance de la famille.

Victoriana [vɪkˌtɔːrɪ'ɑːnə] (N) objets *mpl* victoriens

victorious [vɪk'tɔːrɪəs] (ADJ) victorieux

victory ['vɪktərɪ] (N) victoire *f* • **to win a ~ over ...** remporter une victoire sur ... ▸ **victory lap** N tour *m* d'honneur

vicuña [vaɪ'kjuːnə] (N) (= *animal, wool*) vigogne *f*

vid* [vɪd] (N) (ABBR OF **video**) vidéo *f* (*film*)

video ['vɪdɪəʊ] 1 (N) vidéo *f*; (= *machine*) magnétoscope *m*; (= *cassette*) cassette *f* vidéo, vidéocassette *f* • **I've got it on ~** je l'ai en vidéo • **get a ~ for tonight** loue une (cassette) vidéo pour ce soir • **to record sth on ~** (*with video recorder*) enregistrer qch au magnétoscope; (*with camcorder*) faire une vidéo de qch

2 (VT) (*from TV*) enregistrer (sur magnétoscope); (*with camcorder*) filmer (en vidéo)

3 (COMP) (= *on video*) [*film, entertainment*] en vidéo; [*facilities*] vidéo *inv* ▸ **video arcade** N salle *f* de jeux vidéo ▸ **video blog** N blog *m* vidéo ▸ **video call** N appel *m* visio ▸ **video calling** N visiophonie *f* ▸ **video camera** N caméra *f* vidéo ▸ **video cassette** N vidéocassette *f*, cassette *f* vidéo ▸ **video cassette recorder** N magnétoscope *m* ▸ **video conferencing** N visioconférence *f* ▸ **video diary** N journal *m* vidéo ▸ **video disk** N vidéodisque *m* ▸ **video disk player** N lecteur *m* de vidéodisques ▸ **video film** N film *m* vidéo ▸ **video frequency** N vidéo-fréquence *f* ▸ **video game** N jeu *m* vidéo ▸ **video library** N vidéothèque *f* ▸ **video message** N message *m* vidéo ▸ **video messaging** N messagerie *f* vidéo ▸ **video nasty*** N *vidéo à caractère violent ou pornographique* ▸ **video piracy** N piratage *m* de vidéo ▸ **video player** N magnétoscope *m* ▸ **video recorder** N magnétoscope *m* ▸ **video screen** N écran *m* vidéo ▸ **video shop** N vidéoclub *m* ▸ **video surveillance** N vidéosurveillance *f* ▸ **video tape** N bande *f* vidéo; (= *cassette*) vidéocassette *f* ▸ **video wall** N mur *m* d'écrans (vidéo)

videocam ['vɪdɪəʊˌkæm] (N) caméra *f* vidéo

videophone ['vɪdɪəʊfəʊn] (N) visiophone *m*

videotape ['vɪdɪəʊteɪp] (VT) (*from TV*) enregistrer (sur magnétoscope); (*with camcorder*) filmer en vidéo

vie [vaɪ] (VI) rivaliser • **to ~ with sb for sth** rivaliser avec qn pour (obtenir) qch

Vienna [vɪ'enə] (N) Vienne

Viennese [ˌvɪə'niːz] 1 (ADJ) viennois 2 (N) (*pl inv*) Viennois(e) *m(f)*

Vietnam, Viet Nam ['vjet'næm] (N) Vietnam *m* • **North/South ~** le Vietnam du Nord/du Sud • **the ~ war** la guerre du Vietnam

Vietnamese [ˌvjetnə'miːz] 1 (ADJ) vietnamien • **North/South ~** nord-/sud-vietnamien 2 (N) ⓐ (*pl inv*) (= *person*) Vietnamien(ne) *m(f)* • **North/South ~** Nord-/Sud-Vietnamien(ne) *m(f)* ⓑ (= *language*) vietnamien *m*

view [vjuː] 1 (N) ⓐ (= *sight*) vue *f* • **the new house blocks the ~** la nouvelle maison bouche la vue • **he has a good ~ of it from his window** de sa fenêtre, il le voit bien • **the ~ from the top** la vue d'en haut • **room with a sea ~** *or* **a ~ of the sea** chambre *f* avec vue sur la mer • **a ~ over the town** une vue générale de la ville • **this is a side ~** c'est une vue latérale • **it will give you a better ~** vous verrez mieux comme ça

▸ *preposition* + **view** **the ship came into ~** le navire est apparu • **in ~ of the lake** devant le lac • **hidden from ~** caché aux regards • **in full ~ of thousands of people** sous les yeux de milliers de gens • **in full ~ of the house** devant la maison • **the pictures are on ~** les tableaux sont exposés • **to keep sth in ~** ne pas perdre qch de vue • **to keep sth out of ~** cacher qch (aux regards)

ⓑ (= *photo*) vue *f* • **50 ~s of Paris** 50 vues de Paris

ⓒ (= *opinion*) opinion *f* • **her ~s on politics** ses opinions politiques • **in my ~** à mon avis • **that is my ~** c'est mon opinion • **the Government ~ is that one must ...** selon le gouvernement, il faut ... • **the generally accepted ~ is that he ...** selon l'opinion généralement répandue, il ... • **I have no strong ~s on that** je n'ai pas d'opinion bien arrêtée là-dessus • **to hold the ~ that ...** estimer que ... • **I take a similar ~** je partage cet avis • **to take a dim ~ of sth** désapprouver qch

ⓓ (= *way of looking at sth*) vision *f* • **an idealistic ~ of the world** une vision idéaliste du monde

▸ **in view** (= *considering*) **with this (aim** *or* **object) in ~** dans ce but • **in ~ of his refusal** étant donné son refus • **in ~ of this** ceci étant • **in ~ of the fact that ...** étant donné que ...

▸ **with a view to** **with a ~ to doing** en vue de faire • **negotiations with a ~ to a permanent solution** des négociations en vue d'une solution permanente

2 (VT) ⓐ (= *look at*) voir • **London ~ed from the air** Londres vu d'avion

ⓑ (= *inspect*) examiner; [+ *slides, microfiches, video*] visionner; [+ *object for sale*] inspecter; [+ *house, flat*] visiter

ⓒ (*TV*) visionner • **we have ~ed a video recording of the incident** nous avons visionné un enregistrement vidéo de l'incident

ⓓ (= *think of*) considérer, envisager • **to ~ sth as ...** considérer qch comme ... • **it can be ~ed in many different ways** on peut l'envisager sous plusieurs angles • **they ~ the future with alarm** ils envisagent l'avenir avec inquiétude

viewable ['vjuːəbl] (ADJ) (= *visible*) visible; [*film*] visionnable
viewer ['vjuːəʳ] (N) téléspectateur *m*, -trice *f*
viewfinder ['vjuːfaɪndəʳ] (N) viseur *m*
viewing ['vjuːɪŋ] (N) **your ~ for the weekend** vos programmes du week-end • **British ~ habits** le comportement des téléspectateurs britanniques ▸ **viewing figures** NPL chiffres *mpl* d'audience ▸ **viewing public** N téléspectateurs *mpl*
viewpoint ['vjuːpɔɪnt] (N) point *m* de vue
vigil ['vɪdʒɪl] (N) veille *f*; (= *demonstration*) manifestation *f* silencieuse • **to keep ~ over sb** veiller qn • **to hold a ~** (= *demonstration*) manifester en silence
vigilance ['vɪdʒɪləns] (N) vigilance *f*
vigilant ['vɪdʒɪlənt] (ADJ) vigilant • **to remain ~** rester vigilant
vigilante [,vɪdʒɪ'læntɪ] (N) membre *m* d'un groupe d'autodéfense • **~ group** groupe *m* d'autodéfense
vigilantly ['vɪdʒɪləntlɪ] (ADV) avec vigilance
vigorous ['vɪgərəs] (ADJ) [*exercise, defence, campaign, advocate*] énergique; [*person, opposition, growth*] vigoureux
vigorously ['vɪgərəslɪ] (ADV) [*nod, defend, oppose, exercise*] énergiquement; [*shake*] vigoureusement • **to campaign ~** faire une campagne énergique
vigour, vigor (*US*) ['vɪgəʳ] (N) (= *strength*) énergie *f*; (= *health*) vitalité *f*; (*sexual*) vigueur *f*
Viking ['vaɪkɪŋ] 1 (ADJ) [*art, customs*] viking • **~ ship** drakkar *m* 2 (N) Viking *mf*
vile [vaɪl] (ADJ) ⓐ (= *evil*) infâme ⓑ (= *unpleasant*) exécrable; [*smell, taste*] abominable
vilify ['vɪlɪfaɪ] (VT) diffamer
villa ['vɪlə] (N) villa *f*; (*in country*) maison *f* de campagne
village ['vɪlɪdʒ] (N) village *m* ▸ **village green** N pré *m* communal ▸ **village hall** N (*Brit*) salle *f* des fêtes ▸ **village school** N école *f* communale
villager ['vɪlɪdʒəʳ] (N) villageois(e) *m(f)*
villain ['vɪlən] (N) (= *scoundrel*) scélérat *m*; (*in drama, novel*) traître(sse) *m(f)*; (= *criminal*)* bandit *m* • **he's the ~ (of the piece)** c'est lui le coupable
villainous ['vɪlənəs] (ADJ) [*character, action, conduct*] infâme • **~ deed** infamie *f*
vinaigrette [,vɪneɪ'gret] (N) vinaigrette *f*
vindaloo [,vɪndə'luː] (N) *curry très épicé*
vindicate ['vɪndɪkeɪt] (VT) (= *prove right*) **this ~d him** cela a prouvé qu'il avait raison • **they are confident their decision will be ~d** ils sont sûrs que leur décision s'avérera judicieuse
vindication [,vɪndɪ'keɪʃən] (N) justification *f*
vindictive [vɪn'dɪktɪv] (ADJ) vindicatif
vindictively [vɪn'dɪktɪvlɪ] (ADV) par vengeance
vine [vaɪn] (N) (*producing grapes*) vigne *f*; (= *climbing plant*) plante *f* grimpante ▸ **vine-growing** N viticulture *f* • **~-growing district** région *f* viticole ▸ **vine leaf** N feuille *f* de vigne
vinegar ['vɪnɪgəʳ] (N) vinaigre *m*
vinegary ['vɪnɪgərɪ] (ADJ) aigre
vineyard ['vɪnjəd] (N) vignoble *m*
vintage ['vɪntɪdʒ] 1 (N) [*of wine*] (= *year*) millésime *m* • **1985 was a good ~** 1985 était un bon millésime • **the 1996 ~** le vin de 1996 2 (ADJ) ⓐ [*champagne, port*] millésimé ⓑ (= *classic*) [*comedy, drama*] classique • **the book is ~ Grisham** ce livre est du Grisham du meilleur cru 3 (COMP) ▸ **vintage car** N voiture *f* d'époque (*construite entre 1919 et 1930*) ▸ **vintage wine** N grand vin *m* ▸ **vintage year** N **a ~ year for Burgundy** une bonne année pour le bourgogne
vinyl ['vaɪnɪl] (N) vinyle *m*
viola [vɪ'əʊlə] (N) alto *m* ▸ **viola player** N altiste *mf*
violate ['vaɪəleɪt] (VT) ⓐ violer; [+ *principles, honour*] bafouer; [+ *privacy*] ne pas respecter ⓑ [+ *holy place*] profaner
violation [,vaɪə'leɪʃən] (N) ⓐ [*of human rights, law, agreement, sanctions, tomb*] violation *f* • **in ~ of sth** en violation de qch • **he was in ~ of his contract** il contrevenait aux clauses de son contrat ⓑ (*US* = *minor offence*) infraction *f*; (*on parking meter*) dépassement *m*
violence ['vaɪələns] (N) violence *f* • **racial ~** violence *f* raciste • **act of ~** acte *m* de violence • **~ erupted when ...** de violents incidents *mpl* ont éclaté quand ... • **crime of ~** voie *f* de fait
violent ['vaɪələnt] (ADJ) violent; [*scenes*] de violence; [*pain, dislike*] vif; [*indigestion*] fort • **to be ~ with sb** se montrer violent avec qn • **to turn ~** [*demonstration*] tourner à la violence; [*person*] devenir violent • **a ~ attack** une violente attaque • **to die a ~ death** mourir de mort violente • **to meet a ~ end** connaître une fin brutale • **to have a ~ temper** être sujet à des colères violentes
violently ['vaɪələntlɪ] (ADV) [*attack, criticize, tremble, react*] violemment; [*act*] de façon violente; [*change*] brutalement • **~ opposed to sth** violemment opposé à qch • **to behave ~** se montrer violent • **to fall ~ in love with sb** tomber follement amoureux de qn • **to disagree ~** être en profond désaccord • **to die ~** mourir de mort violente • **~ angry** dans une violente colère • **to be ~ ill** être pris de violentes nausées
violet ['vaɪəlɪt] 1 (N) (= *flower*) violette *f*; (= *colour*) violet *m* 2 (ADJ) violet
violin [,vaɪə'lɪn] 1 (N) violon *m* 2 (COMP) [*sonata, concerto*] pour violon ▸ **violin case** N étui *m* à violon ▸ **violin player** N violoniste *mf*
violinist [,vaɪə'lɪnɪst] (N) violoniste *mf*
VIP [viːaɪ'piː] (N) VIP* *m inv* ▸ **VIP lounge** N salon *m* d'accueil pour VIP
viper ['vaɪpəʳ] (N) vipère *f*
viral ['vaɪərəl] (ADJ) (*lit, fig*) viral • **to go ~** (*Internet*) devenir viral
virality [vaɪ'rælɪtɪ] (N) viralité *f*
virgin ['vɜːdʒɪn] 1 (N) ⓐ (*sexually inexperienced*) (= *girl*) vierge *f*; (= *boy*) puceau *m* • **she is a ~** elle est vierge • **he is a ~** il est puceau • **the Virgin (Mary)** la Vierge (Marie) ⓑ (= *inexperienced*) novice *mf* • **he's a political ~** c'est un novice en politique 2 (ADJ) vierge 3 (COMP) ▸ **the Virgin Islands** NPL les îles *fpl* Vierges
Virginia [və'dʒɪnjə] (N) Virginie *f*
virginity [vɜː'dʒɪnɪtɪ] (N) virginité *f* • **to lose one's ~** perdre sa virginité
Virgo ['vɜːgəʊ] (N) Vierge *f* • **I'm ~** je suis Vierge
virile ['vɪraɪl] (ADJ) viril (virile *f*)
virility [vɪ'rɪlɪtɪ] (N) virilité *f*
virtual ['vɜːtjʊəl] 1 (ADJ) ⓐ (= *near*) quasi- • **a ~ monopoly** un quasi-monopole • **to come to a ~ standstill** être pratiquement paralysé • **she was a ~ recluse** elle était quasiment recluse ⓑ (*Comput*) virtuel 2 (COMP) ▸ **virtual memory** N (*Comput*) mémoire *f* virtuelle ▸ **virtual reality** N réalité *f* virtuelle
virtually ['vɜːtjʊəlɪ] (ADV) (= *almost*) pratiquement; (*Comput*) de façon virtuelle

V

virtue [ˈvɜːtjuː] (N) ⓐ (= *good quality*) vertu *f* ⓑ (= *advantage*) mérite *m*, avantage *m* • **this set has the ~ of being portable** ce poste a l'avantage d'être portatif ⓒ ▸ **by virtue of** en vertu de
virtuosity [ˌvɜːtjʊˈɒsɪtɪ] (N) virtuosité *f*
virtuoso [ˌvɜːtjʊˈəʊzəʊ] 1 (N) virtuose *mf* 2 (ADJ) [*performance*] de virtuose • **a ~ violinist** un(e) virtuose du violon
virtuous [ˈvɜːtjʊəs] (ADJ) vertueux ▸ **virtuous circle** N cercle *m* vertueux
virtuously [ˈvɜːtjʊəslɪ] (ADV) vertueusement
virulent [ˈvɪrʊlənt] (ADJ) virulent; [*colour*] criard
virulently [ˈvɪrʊləntlɪ] (ADV) [*attack, oppose*] avec virulence; [*opposed, anti-European*] violemment
virus [ˈvaɪərəs] (N) (*pl* **viruses**) virus *m* • **the AIDS ~** le virus du sida
visa [ˈviːzə] (N) visa *m* • **exit ~** visa *m* de sortie • **to get an Egyptian ~** obtenir un visa pour l'Égypte
vis-à-vis [ˈviːzəviː] (PREP) [+ *person*] vis-à-vis de; [+ *thing*] par rapport à
visceral [ˈvɪsərəl] (ADJ) [*hatred*] viscéral; [*thrill, pleasure*] brut
viscose [ˈvɪskəʊs] (N) viscose *f*
viscosity [vɪsˈkɒsɪtɪ] (N) viscosité *f*
viscount [ˈvaɪkaʊnt] (N) vicomte *m*
viscous [ˈvɪskəs] (ADJ) visqueux
vishing [ˈvɪʃɪŋ] (N) vishing *m*, hameçonnage *m* vocal
visibility [ˌvɪzɪˈbɪlɪtɪ] (N) visibilité *f* • **~ is down to 20 metres** la visibilité ne dépasse pas 20 mètres
visible [ˈvɪzəbl] (ADJ) (= *detectable*) visible • **~ to the naked eye** visible à l'œil nu • **it was not ~ to a passer-by** un passant ne pouvait pas l'apercevoir
visibly [ˈvɪzəblɪ] (ADV) visiblement
vision [ˈvɪʒən] 1 (N) ⓐ (= *eyesight*) vue *f*; (= *foresight*) vision *f* • **his ~ is very bad** sa vue est très mauvaise • **within one's range of ~** à portée de vue • **a man of great ~** un homme qui voit loin • **his ~ of the future** sa vision de l'avenir ⓑ (*in dream, trance*) vision *f* • **to see ~s** avoir des visions • **she had ~s of being drowned** elle s'est vue noyée 2 (VT) (*US*) envisager
visionary [ˈvɪʒənərɪ] (ADJ, N) visionnaire *mf*
visit [ˈvɪzɪt] 1 (N) visite *f*; (= *stay*) séjour *m* • **to pay a ~ to** [+ *person*] rendre visite à; [+ *place*] aller à • **on an official ~** en visite officielle • **he went on a two-day ~ to Paris** il est allé passer deux jours à Paris 2 (VT) ⓐ (= *go and see*) [+ *person*] rendre visite à; [+ *town, museum, zoo*] visiter • **to ~ the bathroom** aller aux toilettes ⓑ (= *formally inspect*) [+ *place*] inspecter 3 (VI) **I'm just ~ing** je suis de passage ▸ **visit with** VT INSEP (*US*) (= *visit*) passer voir; (= *talk to*) parler avec
visitation [ˌvɪzɪˈteɪʃən] (N) ⓐ (*by official*) visite *f* d'inspection • **we had a ~ from her** elle nous a fait l'honneur de sa visite ⓑ (= *calamity*) punition *f* du ciel
visiting [ˈvɪzɪtɪŋ] (COMP) [*lecturer*] invité ▸ **visiting card** N (*Brit*) carte *f* de visite ▸ **visiting hours** NPL heures *fpl* de visite ▸ **visiting nurse** N (*US*) infirmière *f* à domicile ▸ **visiting time** N heures *fpl* de visite
visitor [ˈvɪzɪtəʳ] 1 (N) ⓐ (= *guest*) invité(e) *m(f)* • **to have a ~** avoir de la visite • **to have ~s** avoir des visites • **we've had a lot of ~s** nous avons eu beaucoup de visites • **have your ~s left?** est-ce que tes invités sont partis? ⓑ (= *tourist*) visiteur *m* • **~s to London** visiteurs de passage à Londres • **~s to the castle** personnes visitant le château 2 (COMP) ▸ **visitor centre** N accueil *m* des visiteurs (*sur un site d'intérêt touristique avec exposition, diaporama, cafétéria etc*) ▸ **visitors' book** N livre *m* d'or
visor [ˈvaɪzəʳ] (N) visière *f*
VISTA [ˈvɪstə] (N) (*US*) (ABBR OF **Volunteers in Service to America**) *organisme américain chargé de l'aide aux personnes défavorisées*
vista [ˈvɪstə] (N) (= *view*) vue *f*
visual [ˈvɪzjʊəl] (ADJ) visuel ▸ **visual aid** N support *m* visuel ▸ **the visual arts** NPL les arts *mpl* plastiques ▸ **visual display unit** N écran *m*
visualization [ˌvɪzjʊəlaɪˈzeɪʃən] (N) visualisation *f*
visualize [ˈvɪzjʊəlaɪz] (VT) [+ *sth unknown*] s'imaginer; [+ *sth familiar*] se représenter • **try to ~ a million pounds** essayez de vous imaginer un million de livres • **I ~d him working at his desk** je me le suis représenté travaillant à son bureau
visually [ˈvɪzjʊəlɪ] (ADV) visuellement • **~ handicapped** *or* **impaired** malvoyant • **the ~ handicapped** *or* **impaired** les malvoyants *mpl*
vital [ˈvaɪtl] 1 (ADJ) ⓐ (= *crucial*) [*part, link, information, ingredient, factor, role*] essentiel; [*question, matter*] fondamental; [*supplies, resources*] vital; [*importance*] capital • **your support is ~ to us** votre soutien est capital pour nous • **such skills are ~ for survival** de telles aptitudes sont indispensables à la survie • **it is ~ to develop a reliable system** il est indispensable de mettre au point un système fiable • **it is ~ for you to come** il faut absolument que vous veniez *subj* ⓑ (= *dynamic*) [*person, institution*] énergique ⓒ [*organ, force, functions*] vital 2 (COMP) ▸ **vital signs** NPL signes *mpl* de vie ▸ **vital statistics** NPL (*Brit*) [*of woman*] mensurations *fpl*
vitality [vaɪˈtælɪtɪ] (N) vitalité *f*
vitally [ˈvaɪtəlɪ] (ADV) (= *crucially*) [*necessary*] absolument; [*interested, concerned*] au plus haut point; [*affect*] de façon cruciale • **~ important** d'une importance capitale • **it is ~ important that I talk to her** il faut absolument que je lui parle *subj* • **~ needed foreign investment** investissements *mpl* étrangers absolument essentiels
vitamin [ˈvɪtəmɪn] 1 (N) vitamine *f* • **~ B** vitamine B • **with added ~s** vitaminé 2 (COMP) [*content*] en vitamines ▸ **vitamin deficiency** N carence *f* en vitamines ▸ **vitamin-enriched** ADJ vitaminé ▸ **vitamin pill** N comprimé *m* de vitamines

> The French word **vitamine** ends in **-e**.

vitriol [ˈvɪtrɪəl] (N) vitriol *m*
vitriolic [ˌvɪtrɪˈɒlɪk] (ADJ) [*attack, speech*] au vitriol; [*abuse, outburst, criticism*] venimeux
vitro [ˈvɪtrəʊ] → **in vitro**
vituperative [vɪˈtjuːpərətɪv] (ADJ) [*remark*] injurieux; [*attack, critic*] virulent
viva [ˈvaɪvə] (N) (*Brit*) épreuve *f* orale; (*for thesis*) soutenance *f*
vivacious [vɪˈveɪʃəs] (ADJ) plein de vivacité
vivid [ˈvɪvɪd] (ADJ) [*colour, imagination*] vif; [*memory*] très net; [*dream*] pénétrant; [*description, language*] vivant; [*example, demonstration*] frappant • **in ~ detail** avec des détails saisissants
vividly [ˈvɪvɪdlɪ] (ADV) [*remember*] très distinctement; [*describe, express*] de façon vivante; [*demonstrate*] de façon

frappante • ~ **coloured** aux couleurs vives

vividness ['vɪvɪdnɪs] (N) [*of colour, style*] vivacité *f*; [*of dream*] clarté *f*; [*of memory*] netteté *f*; [*of description*] caractère *m* très vivant

vivisection [ˌvɪvɪ'sekʃən] (N) vivisection *f*

vixen ['vɪksn] (N) renarde *f*

viz [vɪz] (ADV) (= *namely*) c'est-à-dire

vlog [vlɒg] (N) blog *m* vidéo

vlogger ['vlɒgəʳ] (N) vidéo-blogueur *m*, -euse *f*

vlogging ['vlɒgɪŋ] (N) vidéoblogging *m*

vocab* ['vəʊkæb] (ABBR OF **vocabulary**)

vocabulary [vəʊ'kæbjʊlərɪ] (N) vocabulaire *m*; (*in textbook*) lexique *m*

vocal ['vəʊkəl] 1 (ADJ) ⓐ (= *using voice*) vocal ⓑ (= *outspoken*) [*opposition, protest*] vif • **a ~ minority** une minorité qui se fait entendre 2 (NPL) **vocals** chant *m* • **featuring Chrissie Hynde on ~s** avec Chrissie Hynde au chant • **backing ~s** chœurs *mpl* 3 (COMP) ▸ **vocal chords, vocal cords** NPL cordes *fpl* vocales

vocalist ['vəʊkəlɪst] (N) chanteur *m*, -euse *f* (*dans un groupe*)

vocation [vəʊ'keɪʃən] (N) vocation *f* • **to have a ~ for teaching** avoir la vocation de l'enseignement

vocational [vəʊ'keɪʃənl] (ADJ) [*education, subject, qualifications*] technique et professionnel • ~ **course** stage *m* de formation professionnelle ▸ **vocational guidance** N orientation *f* professionnelle ▸ **vocational school** N (*in US*) ≈ lycée *m* technique

vocationally [vəʊ'keɪʃənlɪ] (ADV) ~ **oriented courses** cours *mpl* à orientation professionnelle

vociferous [vəʊ'sɪfərəs] (ADJ) véhément

vodka ['vɒdkə] (N) vodka *f*

vogue [vəʊg] (N) mode *f* • **to come into ~** devenir à la mode • **to be in ~** être en vogue • **the ~ for ...** la mode de ...

voice [vɔɪs] 1 (N) ⓐ voix *f* • **in a deep ~** d'une voix grave • **at the top of one's ~** à tue-tête • **to raise/lower one's ~** élever/baisser la voix • **keep your ~ down** ne parle pas trop fort • **to say sth in a low ~** dire qch à voix basse • **he likes the sound of his own ~** il aime s'écouter parler • **his ~ has broken** sa voix a mué • **tenor ~** voix *f* de ténor • **a piece for three soprano ~s** un morceau pour trois sopranos

ⓑ (= *opinion*) **there were no dissenting ~s** il n'y a pas eu d'opposition • **to have a ~ in the matter** avoir son mot à dire

2 (VT) (= *express*) exprimer • **to ~ opposition to sth** s'élever contre qch

3 (COMP) ▸ **voice-activated** ADJ à commande vocale ▸ **voice box** N larynx *m* ▸ **voice-over** N (commentaire *m* en) voix *f* off ▸ **voice recognition** N reconnaissance *f* vocale

voicemail ['vɔɪsmeɪl] N messagerie *f* vocale; (= *message*) message *m* vocal

void [vɔɪd] 1 (N) vide *m* 2 (ADJ) ⓐ (= *invalid*) [*agreement*] nul (nulle *f*) ⓑ (= *empty*) ~ **of** [*ornament, charm, talent, qualities*] dépourvu de; [*scruples, compassion, meaning*] dénué de

volatile ['vɒlətaɪl] (ADJ) [*situation, atmosphere, relationship, market*] instable; [*person, personality*] versatile

volatility [ˌvɒlə'tɪlɪtɪ] (N) [*of situation, atmosphere, relationship*] instabilité *f*; [*of person, personality*] versatilité *f*

vol-au-vent ['vɒləʊˌvɑ̃:, 'vɒləˌvɒn] (N) vol-au-vent *m*

volcanic [vɒl'kænɪk] (ADJ) volcanique

volcano [vɒl'keɪnəʊ] (N) (*pl* **volcanoes**) volcan *m*

vole [vəʊl] (N) campagnol *m*

volition [vɒ'lɪʃən] (N) volonté *f*

volley ['vɒlɪ] 1 (N) ⓐ [*of bullets*] salve *f* ⓑ [*of insults*] bordée *f*; [*of questions*] feu *m* roulant ⓒ (*Sport*) volée *f* • **half ~** demi-volée *f* 2 (VT) [+ *ball*] prendre à la volée 3 (VI) faire une volée

volleyball ['vɒlɪbɔ:l] (N) volley(-ball) *m* ▸ **volleyball player** N volleyeur *m*, -euse *f*

volt [vəʊlt] (N) volt *m*

voltage ['vəʊltɪdʒ] (N) tension *f* • **high/low ~** haute/basse tension *f*

voluble ['vɒljʊbl] (ADJ) volubile

volume ['vɒlju:m] 1 (N) ⓐ volume *m* • **the gas expanded to twice its original ~** le gaz s'est dilaté et a doublé de volume • **your hair needs more ~** il faut redonner du volume à vos cheveux • **to turn the ~ down** diminuer le volume ⓑ (= *book*) volume *m* • ~ **one** tome *m* un • ~ **three** tome *m* trois • **in six ~s** en six volumes • **a two-~ dictionary** un dictionnaire en deux volumes • **to speak ~s** en dire long (**about** sur) 2 (COMP) ▸ **volume control** N bouton *m* de réglage du volume

voluminous [və'lu:mɪnəs] (ADJ) volumineux

voluntarily ['vɒləntərɪlɪ] (ADV) ⓐ (= *willingly*) volontairement ⓑ (= *without payment*) [*work*] bénévolement

voluntary ['vɒləntərɪ] 1 (ADJ) ⓐ (= *not compulsory*) [*contribution, repatriation*] volontaire; [*statement*] spontané; [*attendance*] facultatif; [*pension scheme*] à contribution volontaire; [*agreement*] librement consenti

ⓑ (= *unpaid*) [*group, service*] bénévole • **on a ~ basis** à titre bénévole

2 (COMP) ▸ **voluntary euthanasia** N euthanasie *f* volontaire ▸ **voluntary liquidation** N dépôt *m* de bilan • **to go into ~ liquidation** déposer son bilan • **they put the company into ~ liquidation** l'entreprise a déposé son bilan ▸ **voluntary organization** N organisation *f* bénévole ▸ **voluntary school** N (*Brit*) école *f* libre ▸ **the voluntary sector** N le secteur associatif • **he works in the ~ sector** il travaille pour une organisation bénévole ▸ **Voluntary Service Overseas** N (*Brit*) ≈ coopération *f* technique ▸ **voluntary work** N travail *m* bénévole, bénévolat *m* • **she does ~ work** elle travaille comme bénévole ▸ **voluntary worker** N bénévole *mf*

volunteer [ˌvɒlən'tɪəʳ] 1 (N) ⓐ (= *person volunteering*) volontaire *mf* ⓑ (= *unpaid worker*) bénévole *mf* • **to ask for ~s** demander des volontaires 2 (VT) [+ *information*] fournir (spontanément) • **they ~ed to carry it all back** ils ont offert de tout remporter 3 (VI) **to ~ for sth** se proposer pour (faire) qch 4 (COMP) ▸ **Volunteers in Service to America** N *organisme américain chargé de l'aide aux personnes défavorisées*

voluptuous [və'lʌptjʊəs] (ADJ) voluptueux

voluptuously [və'lʌptjʊəslɪ] (ADV) [*move, stretch*] voluptueusement

vomit ['vɒmɪt] 1 (N) vomi *m* 2 (VTI) vomir

vomiting ['vɒmɪtɪŋ] (N) vomissements *mpl*

voodoo ['vu:du:] 1 (ADJ) vaudou *inv* 2 (N) vaudou *m*

voracious [və'reɪʃəs] (ADJ) vorace; [*reader*] avide

voraciously [və'reɪʃəslɪ] (ADV) avec voracité; [*read*] avec avidité

voracity [vɒ'ræsɪtɪ] (N) (*lit, fig*) voracité *f*

vote [vəʊt] 1 (N) ⓐ (= *ballot*) vote *m* • **to put sth to the ~** mettre qch au vote • **to take a ~** voter • **they took a ~ on**

V

whether to sell the company ils ont voté pour décider s'ils allaient ou non vendre l'entreprise • **after the ~** après le vote • **~ of no confidence** motion *f* de censure • **~ of confidence** vote *m* de confiance

ⓑ (*= franchise*) droit *m* de vote • **to give the ~ to 18-year-olds** accorder le droit de vote aux jeunes de 18 ans

ⓒ (*= vote cast*) voix *f* • **to give one's ~ to sb** voter pour qn • **to win ~s** gagner des voix • **to count the ~s** (*in election*) dépouiller le scrutin • **elected by a majority ~** élu à la majorité des voix

ⓓ (*= body of voters*) électorat *m* • **to lose the Catholic ~** perdre le soutien de l'électorat catholique

2 (VT) **he was ~d chairman** il a été élu président • **the group ~d her the best cook** le groupe l'a proclamée meilleure cuisinière • **I ~ we go to the cinema*** je propose que l'on aille au cinéma • **the committee ~d to request a subsidy** le comité a voté une demande de subvention

3 (VI) voter • **to ~ Labour** voter travailliste • **to ~ for the Socialists** voter pour les socialistes • **~ (for) Harris!** votez Harris ! • **to ~ for sth** voter pour qch • **to ~ on sth** mettre qch au vote • **people are voting with their feet*** les gens expriment leur mécontentement en ne votant pas (*or* en s'en allant)

4 (COMP) ▸ **vote-loser*** N **it's a ~-loser for us** ça risque de nous faire perdre des voix ▸ **vote-winner*** N atout *m* électoral • **they hope it will be a ~-winner for them** ils espèrent que cela leur fera gagner des voix

▸ **vote in** VT SEP [*+ law*] voter; [*+ person*] élire

▸ **vote out** VT SEP [*+ amendment*] rejeter; [*+ MP, chairman*] ne pas réélire • **he was ~d out (of office)** il n'a pas été réélu • **the electors ~d the Conservative government out** les électeurs ont rejeté le gouvernement conservateur

▸ **vote through** VT SEP [*+ bill, motion*] voter

voter ['vəʊtəʳ] (N) électeur *m*, -trice *f*

voting ['vəʊtɪŋ] (N) vote *m*, scrutin *m* • **the ~ went against him** le vote lui a été défavorable • **the ~ took place yesterday** le scrutin a eu lieu hier ▸ **voting precinct** N (*US*) circonscription *f* électorale ▸ **voting rights** NPL droit *m* de vote ▸ **voting share** N action *f* avec droit de vote

vouch [vaʊtʃ] (VI) **to ~ for sb** se porter garant de qn

voucher ['vaʊtʃəʳ] (N) bon *m*

vow [vaʊ] 1 (N) vœu *m*, serment *m* • **to take a ~** faire vœu (**to do** de faire, **of sth** de qch) • **to make a ~** faire le serment • **to take a ~ of chastity** faire vœu de chasteté • **to take a ~ of obedience (to)** jurer obéissance (à) • **she swore a ~ of secrecy** elle a juré de ne rien divulguer

2 (VT) ⓐ (*publicly*) faire le serment (**to do** de faire, **that** que); [*+ obedience, loyalty*] faire vœu de ⓑ (*to oneself*) se jurer • **he ~ed that he would stay there** il s'est juré d'y rester

vowel ['vaʊəl] (N) voyelle *f* ▸ **vowel sound** N **English ~ sounds** les voyelles anglaises

vox pop* [,vɒks'pɒp] (N) micro-trottoir *m*

voyage ['vɔɪɪdʒ] (N) voyage *m* par mer; (*fig*) voyage *m* • **to go on a ~** partir en voyage (en mer)

voyeur [vwɑː'jɜːʳ] (N) voyeur *m*

voyeurism ['vwɑːjɜː,rɪzəm] (N) voyeurisme *m*

voyeuristic [,vwɑːjɜː'rɪstɪk] (ADJ) [*behaviour*] de voyeur

VP [viː'piː] (N) (*US*) (ABBR OF **Vice-President**) vice-président(e) *m(f)*

VR [viː'ɑːʳ] (N) (ABBR OF **virtual reality**) réalité *f* virtuelle

VSO [,viːes'əʊ] (N) (*Brit*) (ABBR OF **Voluntary Service Overseas**) ≈ coopération *f* technique

VT (ABBR OF **Vermont**)

Vt. (ABBR OF **Vermont**)

vulgar ['vʌlgəʳ] (ADJ) vulgaire • **it is ~ to talk about money** il est vulgaire de parler d'argent

vulgarity [vʌl'gærɪtɪ] (N) vulgarité *f*, grossièreté *f*

vulnerability [,vʌlnərə'bɪlɪtɪ] (N) vulnérabilité *f*

vulnerable ['vʌlnərəbl] (ADJ) vulnérable (**to sth** à qch)

vulture ['vʌltʃəʳ] 1 (N) vautour *m* 2 (COMP) ▸ **vulture fund** N (*Econ*) fonds *m* vautour

vulva ['vʌlvə] (N) vulve *f*

vying ['vaɪɪŋ] (N) rivalité *f*

Ww

W, w ['dʌbljʊ] (N) ⓐ (ABBR OF **watt**) W ⓑ (ABBR OF **west**) O., ouest

WA (ABBR OF **Washington**)

wacky* ['wækɪ] (ADJ) loufoque*

wad [wɒd] (N) [*of cloth, paper*] tampon *m*; [*of banknotes*] liasse *f* • **a ~ of cotton wool** un tampon d'ouate • **~s of cash*** des paquets *mpl* de fric*

wadding ['wɒdɪŋ] (N) rembourrage *m*

waddle ['wɒdl] (VI) se dandiner • **to ~ in** entrer en se dandinant

wade [weɪd] (VI) ⓐ (*= paddle*) **to ~ through water/mud** marcher dans l'eau/la boue • **he ~d ashore** il a regagné la rive à pied • **to ~ across a river** traverser une rivière à gué ⓑ (*= advance with difficulty*)* **we had to ~ through pages of figures** nous avons dû lire des pages et des pages de chiffres • **I managed to ~ through his book** je suis péniblement venu à bout de son livre ⓒ **to ~ into sb*** attaquer qn

wader ['weɪdəʳ] (N) (*= boot*) botte *f* de pêcheur

wafer ['weɪfəʳ] (N) gaufrette *f*; (*in communion*) hostie *f*
▸ **wafer-thin** ADJ très fin; [*majority*] infime

waffle* ['wɒfl] 1 (N) ⓐ (*Brit*) (*when speaking*) verbiage *m*; (*in essay*) remplissage *m* ⓑ (*to eat*) gaufre *f* 2 (VI) (*when speaking*) parler pour ne rien dire; (*in essay*) faire du remplissage • **he was waffling on about ...** il parlait interminablement de ... 3 (COMP) ▸ **waffle iron** N gaufrier *m*

waft [wɑːft] 1 (VT) [*+ smell, sound*] porter 2 (VI) [*sound, smell*] flotter

wag [wæg] 1 (VT) [*+ tail*] remuer • **he ~ged his finger at me** il a agité le doigt dans ma direction 2 (VI) [*tail*] remuer; (*excitedly*) frétiller • **the news set tongues ~ging** la nouvelle a fait jaser

wage [weɪdʒ] 1 (N) salaire *m* • **two days' ~s** deux jours de salaire • **his week's ~s** son salaire de la semaine • **he gets a good ~** il est bien payé 2 (VT) **to ~ war** faire la guerre (**on** à) 3 (COMP) ▸ **wage claim** N (*Brit*) revendication *f* salariale ▸ **wage earner** N salarié(e) *m(f)* ▸ **wage freeze** N blocage *m* des salaires ▸ **wage packet** N paie *f* ▸ **wages bill** N masse *f* salariale

waged [weɪdʒd] (ADJ) [*person*] salarié

wager ['weɪdʒəʳ] 1 (VT) parier 2 (N) pari *m* • **to lay a ~** faire un pari

waggle ['wægl] 1 (VT) [*+ pencil, branch*] agiter; [*+ one's toes, fingers*] remuer 2 (VI) [*toes, fingers*] remuer

waggon ['wægən] (N) = **wagon**

wagon ['wægən] (N) (*horse-drawn or ox-drawn*) chariot *m*; (*= truck*) camion *m*; (*Brit Rail*) wagon *m* de marchandises • **to be on the ~*** ne pas boire d'alcool

wail [weɪl] 1 (N) [*of person*] gémissement *m*; [*of baby*] vagissement *m*; [*of siren*] hurlement *m* 2 (VI) [*person*] gémir; (*= cry*) pleurer; [*siren*] hurler

wailing ['weɪlɪŋ] (N) [*of person*] gémissements *mpl*; [*of siren*] hurlement *m*

waist [weɪst] (N) taille *f* • **he put his arm round her ~** il l'a prise par la taille • **they were stripped to the ~** ils étaient torse nu • **he was up to his ~ in water** l'eau lui arrivait à la ceinture ▸ **waist measurement, waist size** N tour *m* de taille

waistband ['weɪstbænd] (N) ceinture *f*

waistcoat ['weɪstkəʊt] (N) (*Brit*) gilet *m*

waistline ['weɪstlaɪn] (N) taille *f* • **I've got to think of my ~** je dois faire attention à ma ligne

wait [weɪt] 1 (N) attente *f* • **a three-hour ~** trois heures d'attente • **it was a long ~** l'attente a été longue
▸ **to lie in wait** être à l'affût • **to lie in ~ for** [*bandits, guerrillas*] tendre une embuscade à
2 (VI) ⓐ attendre • **to ~ for sb/sth** attendre qn/qch • **to ~ for sb to leave** attendre que qn parte • **we ~ed and ~ed** nous avons attendu une éternité • **to keep sb ~ing** faire attendre qn • **to ~ until sb leaves** attendre que qn parte • **~ till you're sure** attends d'être sûr • **just you ~!** tu attends un peu ! • **just ~ till your father finds out!** attends un peu que ton père l'apprenne ! • **it can ~ till tomorrow** ça peut attendre demain • **I can't ~ to see him again!** je suis impatiente de le revoir ! • **~ and see!** tu verras ! • **we'll just have to ~ and see** on verra • **that was worth ~ing for** cela valait la peine d'attendre
ⓑ [*waiter*] servir • **to ~ at table** faire le service
3 (VT) ⓐ [*+ one's turn*] attendre • **I ~ed two hours** j'ai attendu deux heures • **could you ~ a moment?** vous pouvez patienter un moment ? • **~ a moment** *or* **a minute!** un instant !; (*interrupting*) minute !*
ⓑ **to ~ table** faire le service
▸ **wait about, wait around** VI attendre; (*= loiter*) traîner • **to ~ about for sb** attendre qn
▸ **wait behind** VI attendre • **to ~ behind for sb** rester pour attendre qn
▸ **wait on** VT INSEP [*servant, waiter*] servir • **she ~s on him hand and foot** elle est aux petits soins pour lui
▸ **wait up** VI (*= not go to bed*) ne pas aller se coucher • **we ~ed up till 2 o'clock** nous avons attendu jusqu'à

2 heures • **don't ~ up for me** ne m'attendez pas(, allez vous coucher)

waiter ['weɪtəʳ] (N) serveur *m* • **~!** Monsieur, s'il vous plaît !

waiting ['weɪtɪŋ] (N) attente *f* • **"no ~"** « arrêt interdit » ▸ **waiting game** N **to play a ~ game** attendre son heure ▸ **waiting list** N liste *f* d'attente ▸ **waiting room** N salle *f* d'attente

waitress ['weɪtrɪs] (N) serveuse *f*

waitressing ['weɪtrɪsɪŋ] (N) travail *m* de serveuse

waive [weɪv] (VT) [*+ claim, right, privilege*] renoncer à; [*+ condition, age limit*] ne pas insister sur

waiver ['weɪvəʳ] (N) (*Insurance*) clause *f* de renonciation

wake [weɪk] (*vb: pret* **woke**, *ptp* **woken, woke**) 1 (N) ⓐ [*of ship*] sillage *m* • **in the ~ of the storm/unrest** à la suite de l'orage/des troubles • **the war brought famine in its ~** la guerre a amené la famine dans son sillage

ⓑ (*over corpse*) veillée *f* mortuaire

2 (VI) (*= wake up*) se réveiller • **~ up!** réveille-toi ! • **~ up and smell the coffee!*** (*US*) arrête de rêver ! • **she woke to find them gone** à son réveil ils étaient partis • **to ~ up to sth** se rendre compte de qch • **he suddenly woke up and started to work** (*= stirred himself*) il s'est secoué et s'est mis à travailler

3 (VT) (*= wake up*) [*+ person*] réveiller • **a noise that would ~ the dead** un bruit à réveiller les morts • **he needs something to ~ him up** (*fig*) il a besoin d'être secoué

4 (COMP) ▸ **wake-up call** N **would you like a ~-up call?** vous voulez qu'on vous réveille ?

wakeboard ['weɪkbɔːd] 1 (N) wakeboard *m* 2 (VI) faire du wakeboard

wakeboarding ['weɪkbɔːdɪŋ] (N) wakeboard *m* • **to go ~** faire du wakeboard

wakeful ['weɪkfʊl] (ADJ) ⓐ **I had a ~ night** j'ai mal dormi ⓑ (*= vigilant*) vigilant

waken ['weɪkən] (VTI) = **wake**

wakey-wakey* ['weɪkɪ'weɪkɪ] (EXCL) réveille-toi !

waking ['weɪkɪŋ] (ADJ) **he devoted all his ~ hours to ...** il consacrait tout son temps à ...

Wales [weɪlz] (N) pays *m* de Galles • **in ~** au pays de Galles • **North/South ~** le Nord/le Sud du pays de Galles

walk [wɔːk] 1 (N) ⓐ (*= stroll*) promenade *f*; (*= ramble*) randonnée *f* • **to go for a ~** aller se promener • **let's have a little ~** allons faire un tour • **to take sb for a ~** emmener qn se promener • **to take the dog for a ~** promener le chien • **the house is ten minutes' ~ from here** la maison est à dix minutes d'ici à pied • **it's only a short ~ to the shops** les magasins sont à deux pas • **people from all ~s of life** des gens de tous les horizons • **it was a ~ in the park*** ça a été une promenade de santé, ça a été du gâteau*

ⓑ (*= way of walking*) démarche *f*

2 (VI) ⓐ marcher • **to ~ across the road** traverser la route • **to ~ down to the village** descendre jusqu'au village • **he ~ed up/down the stairs** il a monté/descendu l'escalier • **he was ~ing up and down** il marchait de long en large • **she ~s in her sleep** elle est somnambule • **~, don't run** ne cours pas

ⓑ (*= go on foot*) aller à pied; (*= go for a walk*) aller se promener • **they ~ed all the way to the village** ils sont allés jusqu'au village à pied • **I always ~ home** je rentre toujours à pied

ⓒ (*= disappear*)* se volatiliser • **my pen seems to have ~ed** mon stylo s'est volatilisé

ⓓ (*= be acquitted*)* être acquitté

3 (VT) ⓐ [*+ distance*] faire à pied • **he ~s 5km every day** il fait tous les jours 5 km à pied • **you can ~ it in a couple of minutes** à pied vous en avez pour deux minutes • **he ~ed it in ten minutes** il lui a fallu dix minutes à pied • **he ~ed it*** (*= it was easy*) cela a été un jeu d'enfant pour lui

ⓑ **to ~ the streets** se promener dans les rues

ⓒ (*= take*) [*+ dog*] promener • **to ~ sb home** raccompagner qn • **I'll ~ you to the station** je vais vous accompagner à la gare • **he ~ed her to her car** il l'a raccompagnée jusqu'à sa voiture • **they ~ed him off his feet** ils l'ont tellement fait marcher qu'il ne tenait plus sur ses jambes

4 (COMP) ▸ **walk-in** ADJ [*wardrobe, cupboard, larder*] de plain-pied ▸ **walk-on part** N rôle *m* de figurant(e) ▸ **walk-up** N (*US*) (*= house*) immeuble *m* sans ascenseur; (*= apartment*) appartement *m* dans un immeuble sans ascenseur

▸ **walk about** = **walk around**

▸ **walk across** VI traverser • **to ~ across to sb** s'approcher de qn

▸ **walk around** VI se promener • **~ around a little** faites quelques pas

▸ **walk away** VI partir • **to ~ away from sb** s'éloigner de qn • **to ~ away from an accident** (*= be unhurt*) sortir indemne d'un accident • **to ~ away with sth** (*= win easily*) gagner qch haut la main

▸ **walk back** VI (*= come back*) revenir; (*= go back*) retourner; (*specifically on foot*) rentrer à pied

▸ **walk in** VI entrer • **he just ~ed in on me!** il est entré sans frapper !

▸ **walk into** VT INSEP ⓐ [*+ trap, ambush*] tomber dans ⓑ (*= collide with*) se cogner à ⓒ (*= find easily*) trouver facilement

▸ **walk off** 1 VI ⓐ = **walk away** ⓑ (*= steal*) **to ~ off with sth*** piquer* qch 2 VT SEP [*+ weight*] perdre en marchant

▸ **walk off with*** VT INSEP (*= win*) gagner haut la main

▸ **walk out** VI (*= go out*) sortir; (*= go away*) partir; (*= go on strike*) se mettre en grève • **her husband has ~ed out** son mari l'a quittée • **they ~ed out of the meeting** ils ont quitté la réunion

▸ **walk out on** VT INSEP quitter

▸ **walk over** 1 VI passer • **he ~ed over to me** il s'est approché de moi 2 VT INSEP* ⓐ (*= defeat easily*) battre haut la main ⓑ (*= treat badly*) **she lets him ~ all over her** il la traite comme une servante et elle se laisse faire

▸ **walk up** VI (*= approach*) s'approcher (**to sb** de qn)

walkabout ['wɔːkəbaʊt] (N) **to go on a ~** (*Brit*) [*celebrity*] prendre un bain de foule • **to go ~*** [*object*] se volatiliser

walker ['wɔːkəʳ] (N) ⓐ marcheur *m*, -euse *f*; (*for pleasure*) promeneur *m*, -euse *f* ⓑ (*= support frame*) déambulateur *m*; (*for babies*) trotte-bébé *m*

walkie-talkie ['wɔːkɪ'tɔːkɪ] (N) talkie-walkie *m*

walking ['wɔːkɪŋ] 1 (N) marche *f* à pied; (*Sport*) marche *f* athlétique

2 (ADJ) ambulant • **the ~ wounded** les blessés capables de marcher • **he's a ~ encyclopedia** c'est une encyclopédie ambulante

3 (COMP) ▸ **walking-boot** N chaussure *f* de marche ▸ **walking distance** N **it is within ~ distance** on peut facilement y aller à pied ▸ **walking frame** N déambulateur *m* ▸ **walking holiday** N **we had a ~ holiday in the Tyrol** pour nos vacances nous avons fait de la randonnée dans le Tyrol ▸ **walking pace** N **at a ~ pace** au

pas ▸ **walking papers*** NPL (*US*) **to give sb his ~ papers** flanquer* qn à la porte ▸ **walking shoe** N chaussure *f* de marche ▸ **walking-stick** N canne *f*

Walkman® ['wɔːkmən] (N) baladeur *m*

walkout ['wɔːkaʊt] (N) (= *strike*) grève *f* surprise • **the meeting ended in a ~** les gens ont quitté la réunion en signe de protestation • **to stage a ~** [*workers*] déclencher une grève surprise

walkover ['wɔːkəʊvəʳ] (N) **it was a ~!*** [*game*] c'était une victoire facile ! • **it was a ~ for Moore*** (*Sport*) Moore a gagné haut la main

walkway ['wɔːkweɪ] (N) (*Brit*) (= *path*) sentier *m* pédestre; (*US*) (= *crossing*) passage *m* pour piétons

wall [wɔːl] (N) mur *m*; (*interior*) paroi *f*; (*around city, castle*) remparts *mpl* • **to go to the ~** [*person*] perdre la partie; (= *go bankrupt*) faire faillite • **he had his back to the ~** (*fig*) il était le dos au mur • **to bang one's head against a brick ~** se taper la tête contre les murs • **to drive sb up the ~*** rendre qn dingue* ▸ **wall bars** NPL espalier *m* ▸ **wall chart** N planche *f* murale ▸ **wall-mounted** ADJ mural ▸ **wall socket** N prise *f* (murale) ▸ **wall table** N (*also* **console table**) table *f* or console *f* d'applique; (*also* **wall mounted table**) table *f* murale à rabat ▸ **wall-to-wall** ADJ **~-to-~ carpet** moquette *f* • **it got ~-to-~ coverage** les médias ne parlaient que de ça

wallaby ['wɒləbɪ] (N) wallaby *m*

walled [wɔːld] (ADJ) **~ garden** jardin *m* clos

wallet ['wɒlɪt] (N) portefeuille *m*

wallflower ['wɔːlflaʊəʳ] (N) giroflée *f* • **to be a ~** (*at dance*) faire tapisserie

Walloon [wɒ'luːn] 1 (ADJ) wallon 2 (N) ⓐ Wallon(ne) *m(f)* ⓑ (= *language*) wallon *m*

> The French word **wallon** has only one **o**.

wallop* ['wɒləp] 1 (N) (= *slap*) torgnole* *f*; (*with fist*) gnon** *m* 2 (VT) [+ *person*] flanquer une torgnole* à; [+ *ball, object*] taper dans

walloping** ['wɒləpɪŋ] (N) raclée* *f* • **to give sb a ~** flanquer une raclée* à qn

wallow ['wɒləʊ] (VI) [*person, animal*] se vautrer • **to ~ in self-pity** s'apitoyer sur son sort avec complaisance

wallpaper ['wɔːlpeɪpəʳ] 1 (N) papier *m* peint 2 (VT) tapisser

wally* ['wɒlɪ] (N) (*Brit*) andouille* *f*

walnut ['wɔːlnʌt] 1 (N) ⓐ (= *nut*) noix *f* ⓑ (= *tree*) noyer *m* ⓒ (= *wood*) noyer *m* 2 (ADJ) [*cake*] aux noix; [*oil*] de noix; [*table*] de *or* en noyer

walrus ['wɔːlrəs] (N) morse *m*

waltz [wɔːls] 1 (N) valse *f* • **it was a ~!** (*US*) (= *easy*)* c'était de la tarte !* 2 (VI) ⓐ (= *dance*) valser ⓑ **to ~ in** entrer avec désinvolture

wan [wɒn] (ADJ) blafard • **a ~ smile** un pâle sourire

wand [wɒnd] (N) baguette *f* magique

wander ['wɒndəʳ] 1 (N) tour *m* • **to go for a ~* around the town/the shops** aller faire un tour en ville/dans les magasins

2 (VI) ⓐ [*person*] errer; (*for pleasure*) flâner; [*thoughts*] vagabonder • **he ~ed through the streets** il errait dans les rues • **they ~ed round the shop** ils ont flâné dans le magasin • **his gaze ~ed round the room** son regard parcourut la pièce

ⓑ (= *stray*) s'égarer • **to ~ from the point** s'écarter du sujet • **increasingly his eyes ~ed from the page** il lisait de plus en plus distraitement • **sorry, my mind was ~ing** excusez-moi, j'étais distrait

3 (VT) errer dans • **to ~ the streets** errer dans les rues

▸ **wander about, wander around** VI (*aimlessly*) errer • **to ~ about the town/the streets** (*leisurely*) flâner dans la ville/dans les rues

▸ **wander off** VI partir • **they ~ed off from the group** ils ont quitté le groupe

wandering ['wɒndərɪŋ] 1 (ADJ) [*person, gaze*] errant • **to have a ~ eye** reluquer les filles* • **to have ~ hands** avoir les mains baladeuses 2 (NPL) **wanderings** (= *journeyings*) pérégrinations *fpl*

wane [weɪn] 1 (VI) décliner 2 (N) **to be on the ~** décliner

wangle* ['wæŋgl] (VT) (= *get*) se débrouiller pour avoir • **can you ~ me a free ticket?** est-ce que tu peux m'avoir un billet gratuit ?

waning ['weɪnɪŋ] 1 (N) [*of popularity, influence*] déclin *m* 2 (ADJ) [*strength, popularity*] déclinant

wank** [wæŋk] (*Brit*) 1 (VI) se branler** 2 (N) **to have a ~** se branler**

wanker** ['wæŋkəʳ] (N) (*Brit*) branleur** *m*

wanna* ['wɒnə] ⓐ = **want a** ⓑ = **want to** → **want**

wannabe** ['wɒnəbiː] 1 (N) **an Elvis ~** un type qui joue les Elvis* 2 (ADJ) **a ~ writer** quelqu'un qui rêve de devenir écrivain

want [wɒnt] 1 (N) (= *lack*) manque *m* • **there was no ~ of enthusiasm** ce n'était pas l'enthousiasme qui manquait

▸ **for want of ...** faute de ... • **it wasn't for ~ of trying that he ...** ce n'était pas faute d'avoir essayé qu'il ...

2 (NPL) **wants** (= *requirement*) désirs *mpl* • **his ~s are few** il se contente de peu

3 (VT) ⓐ (= *wish*) vouloir • **what do you ~?** que voulez-vous ? • **what do you ~ to do tomorrow?** qu'est-ce que vous avez envie de faire demain ? • **I don't ~ to!** je ne veux pas ! • **all I ~ is ...** tout ce que je veux, c'est ... • **what does he ~ for that picture?** combien demande-t-il pour ce tableau ? • **I ~ the brakes checked** pouvez-vous vérifier les freins ? • **I always ~ed a car like this** j'ai toujours voulu avoir une voiture comme ça • **to ~ sb** (*sexually*) désirer qn • **I ~ed to leave** j'avais envie de partir • **to ~ in/out*** vouloir entrer/sortir • **you're not ~ed here** on ne veut pas de vous ici • **you've got him where you ~ him** vous le tenez à votre merci • **you don't ~ much!** vous n'êtes pas difficile !

▸ **to want sb to do sth** vouloir que qn fasse qch • **I ~ you to listen to me** je veux que tu m'écoutes

ⓑ (= *seek*) demander • **the manager ~s you in his office** le directeur vous demande dans son bureau • **you're ~ed on the phone** on vous demande au téléphone • **to be ~ed by the police** être recherché par la police • **"~ed: good cook"** « recherchons cuisinier ou cuisinière » • **"~ed for murder"** « recherché pour meurtre »

ⓒ (= *need*) avoir besoin de • **you ~ a bigger hammer** il te faut un plus gros marteau • **what do you ~ with a house that size?** pourquoi veux-tu une maison aussi grande ? • **the car ~s washing** la voiture a besoin d'être lavée • **your hair ~s combing** tu as besoin d'un coup de peigne • **you ~ to be careful!*** fais attention ! • **you ~ to be sure you can afford it before you commit yourself** avant de t'engager, tu ferais bien de t'assurer que tu en a les moyens

4 (COMP) ▸ **want ad** N (*US*) petite annonce *f*

wanted ['wɒntɪd] (ADJ) *[criminal]* recherché • **America's most ~ man** le criminel le plus recherché de toute l'Amérique • **a "~" poster** un avis de recherche

wanton ['wɒntən] (ADJ) *(= gratuitous)* gratuit

WAP [wæp] (N) (ABBR OF **wireless application protocol**) WAP *m*

war [wɔːʳ] (N) guerre *f* • **to be at ~** être en guerre • **to go to ~** *[country]* entrer en guerre • **to make ~ on** faire la guerre à • **the Great War** la Grande Guerre • **the American War of Independence** la guerre de Sécession • **~ of words** joute *f* verbale • **you've been in the ~s again*** qu'est-ce qui t'est encore arrivé ? ▸ **war correspondent** N correspondant(e) *m(f)* de guerre ▸ **war crime** N crime *m* de guerre ▸ **war cry** N cri *m* de guerre ▸ **war dance** N danse *f* guerrière ▸ **war graves** NPL cimetière *m* militaire ▸ **war hero** N héros *m* de la guerre ▸ **war lord** N *(= military leader)* chef *m* militaire ▸ **war memorial** N monument *m* aux morts ▸ **war-torn** ADJ déchiré par la guerre ▸ **war-weary** ADJ las (lasse *f*) de la guerre ▸ **war widow** N veuve *f* de guerre

warble ['wɔːbl] (VI) *[bird]* gazouiller; *[person]* roucouler

ward [wɔːd] (N) ⓐ *[of hospital]* salle *f* ⓑ *(Brit) (for election)* section *f* électorale ⓒ *(= person)* pupille *mf* • **~ of court** pupille *mf* sous tutelle judiciaire
▸ **ward off** VT SEP *(= avoid)* éviter; *(= chase away)* chasser

warden ['wɔːdn] (N) *[of student hall, park, game reserve]* gardien *m*, -ienne *f*; *[of youth hostel]* responsable *mf*; *(US = prison governor)* directeur *m*, -trice *f*

warder ['wɔːdəʳ] (N) *[of prison]* surveillant(e) *m(f)*

wardrobe ['wɔːdrəʊb] 1 (N) ⓐ *(= cupboard)* armoire *f* ⓑ *(= clothes)* garde-robe *f*; *(Theatre)* costumes *mpl* 2 (COMP) ▸ **wardrobe mistress** N costumière *f*

warehouse ['wɛəhaʊs] (N) entrepôt *m* ▸ **warehouse club** N *grande surface qui, pour une adhésion annuelle, vend ses produits en vrac à prix réduits*

warehouseman ['wɛəhaʊsmən] (N) *(pl* **-men***)* magasinier *m*

warehousing ['wɛəhaʊzɪŋ] (N) entreposage *m*

warfare ['wɔːfeə] (N) guerre *f*

warhead ['wɔːhed] (N) ogive *f* • **nuclear ~** ogive *f* nucléaire

warhorse ['wɔːhɔːs] (N) cheval *m* de bataille • **an old ~** *(= soldier)* un vétéran

warily ['wɛərɪlɪ] (ADV) avec méfiance

wariness ['wɛərɪnɪs] (N) méfiance *f*

Warks (ABBR OF **Warwickshire**)

warlike ['wɔːlaɪk] (ADJ) belliqueux

warlock ['wɔːlɒk] (N) sorcier *m*

warm [wɔːm] 1 (ADJ) ⓐ chaud • **this room is quite ~** il fait (assez) chaud dans cette pièce • **it's nice and ~ in here** il fait chaud ici • **a ~ oven** un four moyen • **the iron/oven is ~** le fer/four est (assez) chaud • **it's ~** il fait bon • **in ~ weather** par temps chaud • **to keep sth ~** tenir qch au chaud • **it's ~ work** c'est un travail qui donne chaud • **to get ~** *[water, object]* chauffer; *[person]* se réchauffer • **you're getting ~(er)!** *(in games)* tu chauffes ! • **keep him ~** *(sick person)* ne le laissez pas prendre froid • **I'm as ~ as toast*** je suis bien au chaud
ⓑ *[feelings, welcome, applause]* chaleureux • **he gave me a ~ smile** il m'a adressé un sourire chaleureux • **she is a very ~ person** elle est très chaleureuse • **she felt a ~ glow inside when she heard the news** la nouvelle lui a réchauffé le cœur • **"with ~est wishes"** *(in letter)* « avec mes vœux les plus sincères »
2 (N) **come inside and sit in the ~*** entrez vous asseoir au chaud
3 (VT) *(= warm up) [+ room]* réchauffer; *[+ water, food]* faire (ré)chauffer • **to ~ o.s.** se réchauffer • **to ~ one's feet/hands** se réchauffer les pieds/les mains
4 (VI) ⓐ *(= warm up) [room, bed]* se réchauffer
ⓑ **to ~ to an idea** s'enthousiasmer peu à peu pour une idée • **I ~ed to him** je me suis pris de sympathie pour lui • **to ~ to one's theme** s'enthousiasmer peu à peu pour son sujet
5 (COMP) ▸ **warm-blooded** ADJ *[animal]* à sang chaud ▸ **warm-down** N *(after exercise)* séance *f* d'étirements *(après le sport)* ▸ **warm front** N front *m* chaud ▸ **warm-hearted** ADJ chaleureux ▸ **warm-up*** N *(Sport)* échauffement *m* ▸ **warm-ups** NPL *(US)* survêtement *m*
▸ **warm up** 1 VI ⓐ *[person, room]* se (ré)chauffer; *[water, food]* chauffer ⓑ *[engine, car]* se réchauffer; *[athlete, dancer]* s'échauffer ⓒ *[discussion]* s'échauffer; *[audience]* devenir animé 2 VT SEP ⓐ *[+ person]* réchauffer; *[+ water, food]* (faire) (ré)chauffer ⓑ *[+ engine, car]* faire chauffer

warming ['wɔːmɪŋ] (ADJ) *[drink, food]* qui réchauffe

warmly ['wɔːmlɪ] (ADV) ⓐ *[dress]* chaudement ⓑ *[recommend]* chaudement; *[greet, smile, thank, applaud]* chaleureusement

warmonger ['wɔːˌmʌŋgəʳ] (N) belliciste *mf*

warmongering ['wɔːˌmʌŋgərɪŋ] (N) propagande *f* belliciste

warmth [wɔːmθ] (N) chaleur *f* • **they huddled together for ~** ils se sont serrés l'un contre l'autre pour se tenir chaud • **for extra ~, wear a wool jumper** pour avoir plus chaud, portez un pull-over en laine

warn [wɔːn] (VT) prévenir • **you have been ~ed!** vous êtes prévenu ! • **to ~ sb against doing sth** *or* **not to do sth** déconseiller à qn de faire qch • **to ~ sb off** *or* **against sth** mettre qn en garde contre qch

warning ['wɔːnɪŋ] (N) *(= act)* avertissement *m*; *(in writing)* avis *m* • **it fell without ~** c'est tombé subitement • **they arrived without ~** ils sont arrivés sans prévenir • **let this be a ~ to you** que cela vous serve d'avertissement • **gale/storm ~** avis *m* de grand vent/de tempête ▸ **warning light** N voyant *m* ▸ **warning triangle** N triangle *m* de présignalisation

warp [wɔːp] 1 (VT) *[+ wood]* voiler • **he has a ~ed mind** il a l'esprit tordu • **a ~ed sense of humour** un sens de l'humour morbide 2 (VI) *[wood]* se voiler

warpath ['wɔːpæθ] (N) **to be on the ~** chercher l'affrontement

warplane ['wɔːpleɪn] (N) avion *m* de guerre

warrant ['wɒrənt] 1 (N) *(Police)* mandat *m* • **there is a ~ out for his arrest** un mandat d'arrêt a été délivré contre lui • **do you have a ~?** *(to police officer)* vous avez un mandat (de perquisition) ? 2 (VT) *(frm) (= justify)* justifier • **the facts do not ~ it** les faits ne le justifient pas

warranty ['wɒrəntɪ] (N) *(= guarantee)* garantie *f*

warren ['wɒrən] (N) ⓐ *(also* **rabbit warren***)* garenne *f* ⓑ *(= complex building)* labyrinthe *m*

warring ['wɔːrɪŋ] (ADJ) *[nations]* en guerre

warrior ['wɒrɪəʳ] (N) guerrier *m*, -ière *f*

Warsaw ['wɔːsɔː] (N) Varsovie

warship ['wɔːʃɪp] (N) bâtiment *m* de guerre

wart [wɔːt] (N) verrue *f* • **~s and all** avec tous ses défauts

warthog ['wɔːthɒg] (N) phacochère *m*

wartime ['wɔːtaɪm] 1 (N) **in ~** en temps de guerre 2 (ADJ) en temps de guerre

wary ['wɛərɪ] (ADJ) prudent • **to be ~ about sb/sth** se méfier de qn/qch • **to be ~ of doing sth** hésiter beaucoup à faire qch

was [wɒz] (VB) *pt of* **be**

wash [wɒʃ] 1 (N) ⓐ **to give sth a ~** laver qch • **to give one's hands/face a ~** se laver les mains/le visage • **to have a ~** se laver • **to have a quick ~** faire un brin de toilette • **it needs a ~** cela a besoin d'être lavé

ⓑ (= *laundry*) **I do a big ~ on Mondays** je fais une grande lessive le lundi • **your shirt is in the ~** (= *being washed*) ta chemise est à la lessive • **the colours ran in the ~** cela a déteint au lavage • **it will all come out in the ~*** (= *be all right*) ça finira par s'arranger

2 (VT) ⓐ laver • **to ~ o.s.** [*person*] se laver; [*cat*] faire sa toilette • **to ~ one's hair** se laver les cheveux • **to ~ one's hands/face** se laver les mains/le visage • **he ~ed the dirt off his hands** il s'est lavé les mains (pour en enlever la saleté) • **to ~ the dishes** laver la vaisselle • **to ~ one's hands of sth** se laver les mains de qch • **to ~ one's hands of sb** se désintéresser de qn

ⓑ **to be ~ed overboard** être emporté par une vague

3 (VI) ⓐ (= *have a wash*) [*person*] se laver; [*cat*] faire sa toilette • **this garment doesn't ~ very well** ce vêtement ne se lave pas très facilement

ⓑ (*Brit*) **that just won't ~ !*** (= *won't be accepted*) ça ne prend pas !

ⓒ [*waves, sea, flood*] **to ~ over sth** balayer qch • **let the music ~ over you** laisse la musique t'envahir • **a wave of sadness/tiredness ~ed over him** il a soudain ressenti une profonde tristesse/une grande fatigue

4 (COMP) ▸ **wash-out*** N (= *event*) désastre *m*; (= *person*) nul *m* ▸ **wash-wipe** N (*on windscreen*) lave-glace *m inv*

▸ **wash away** 1 VI [*stain*] s'en aller au lavage 2 VT SEP ⓐ [+ *stain*] faire partir au lavage • **the rain ~ed the mud away** la pluie a fait partir la boue ⓑ [*waves, sea, flood*] (= *carry away*) emporter; [+ *footprints*] balayer • **the river ~ed away part of the bank** la rivière a emporté une partie de la rive

▸ **wash down** VT SEP ⓐ [+ *deck, car*] laver (à grande eau); [+ *wall*] lessiver ⓑ [+ *medicine, pill*] faire descendre; [+ *food*] arroser

▸ **wash off** 1 VI partir au lavage • **it won't ~ off** ça ne part pas 2 VT SEP faire partir

▸ **wash out** 1 VI ⓐ [*dye, colours*] passer au lavage ⓑ (*US*) **he ~ed out of university*** il s'est fait recaler aux examens de la fac* 2 VT SEP ⓐ (= *remove*) [+ *stain*] faire partir au lavage ⓑ (= *rinse*) [+ *bottle, pan*] laver ⓒ **the match was ~ed out** (= *prevented by rain*) le match a été annulé à cause de la pluie • **to look/feel ~ed out*** (= *tired*) avoir l'air/se sentir complètement lessivé*

▸ **wash up** 1 VI ⓐ (*Brit*) (= *wash dishes*) faire la vaisselle ⓑ (*US*) (= *have a wash*) se débarbouiller 2 VT SEP ⓐ (*Brit*) [+ *plates, cups*] laver ⓑ [*sea, tide*] rejeter (sur le rivage); [*river*] rejeter (sur la berge) • **to be (all) ~ed up*** [*plan, marriage*] être tombé à l'eau* ⓒ (*US*) (= *tired*) **to look/feel ~ed up** avoir l'air/se sentir lessivé*

washable ['wɒʃəbl] (ADJ) lavable

washbag ['wɒʃbæg] (N) trousse *f* de toilette

washbasin ['wɒʃbeɪsn] (N) (*Brit*) lavabo *m*

washcloth ['wɒʃklɒθ] (N) ≈ gant *m* de toilette

washdown ['wɒʃdaʊn] (N) **to give sth a ~** laver qch à grande eau

washer ['wɒʃə^r] 1 (N) ⓐ (*in plumbing*) rondelle *f* ⓑ (= *washing machine*) lave-linge *m inv* ⓒ (*for windscreen*) lave-glace *m inv* 2 (COMP) ▸ **washer-dryer** N lave-linge *m* séchant

washing ['wɒʃɪŋ] (N) (= *clothes*) linge *m* • **to do the ~** faire la lessive • **to hang out the ~** étendre le linge • **the dirty ~** le linge sale ▸ **washing line** N corde *f* à linge ▸ **washing machine** N lave-linge *m inv* ▸ **washing powder** N (*Brit*) lessive *f* (en poudre) ▸ **washing-up** N (*Brit*) vaisselle *f* (*à laver*) • **to do the ~-up** faire la vaisselle • **look at all that ~-up!** regarde tout ce qu'il y a comme vaisselle à faire ! ▸ **washing-up bowl** N bassine *f* ▸ **washing-up liquid** N produit *m* pour la vaisselle

Washington ['wɒʃɪŋtən] (N) (= *city*) Washington; (= *state*) Washington *m*

washroom ['wɒʃrʊm] (N) toilettes *fpl*

wasn't ['wɒznt] = **was not** → **be**

wasp [wɒsp] 1 (N) ⓐ guêpe *f* • **~'s nest** guêpier *m* ⓑ **Wasp** *or* **WASP** (*US*)* (ABBR OF **White Anglo-Saxon Protestant**) wasp *mf* (*Anglo-Saxon blanc et protestant*) 2 (COMP) ▸ **wasp-waisted** ADJ à la taille de guêpe

waspish ['wɒspɪʃ] (ADJ) hargneux

wastage ['weɪstɪdʒ] (N) [*of resources, energy, food, money*] gaspillage *m*; (*as part of industrial process*) déperdition *f*; (= *amount lost from container*) pertes *fpl*

waste [weɪst] 1 (N) ⓐ [*of resources, food, money*] gaspillage *m* • **to go to ~** être gaspillé • **there's too much ~ in this firm** il y a trop de gaspillage dans cette compagnie • **what a ~!** quel gaspillage ! • **it's a ~ of effort** c'est un effort inutile • **that machine was a ~ of money** cela ne valait vraiment pas la peine d'acheter cette machine • **a ~ of space** une perte de place • **he's a ~ of space*** (= *useless*) il est nul* • **it's a ~ of time** c'est une perte de temps • **it's a ~ of time doing that** on perd son temps à faire cela

ⓑ (= *waste material*) (*also* **wastes**) déchets *mpl* • **household** *or* **kitchen ~** ordures *fpl* ménagères • **industrial/nuclear ~** déchets *mpl* industriels/nucléaires • **toxic/radioactive ~** déchets *mpl* toxiques/radioactifs

2 (ADJ) **to lay ~ to sth** (*liter*) dévaster qch

3 (VT) ⓐ [+ *resources, food, electricity, energy*] gaspiller; [+ *time*] perdre; [+ *opportunity*] laisser passer • **I ~d a whole day on that journey/trying to find it** j'ai perdu toute une journée avec ce voyage/à essayer de le trouver • **nothing is ~d** rien n'est perdu • **you're wasting your breath!*** tu perds ton temps ! • **I wouldn't like you to have a ~d journey** je ne voudrais pas que vous vous déplaciez pour rien • **to ~ one's money** gaspiller son argent (**on sth** pour qch, **on doing sth** pour faire qch) • **you're wasting your time (trying)** tu perds ton temps (à essayer) • **to ~ no time in doing sth** ne pas perdre de temps à faire qch • **the sarcasm was ~d on him** il n'a pas compris le sarcasme • **caviar is ~d on him** il ne sait pas apprécier le caviar • (PROV) **~ not want not** il n'y a pas de petites économies

ⓑ (= *kill*)* flinguer‡

4 (COMP) ▸ **waste disposal unit, waste disposer** N broyeur *m* à ordures ▸ **waste ground** N **a piece of ~ ground** un terrain vague ▸ **waste heat** N chaleur *f* perdue ▸ **waste pipe** N (tuyau *m* de) vidange *f* ▸ **waste products** NPL (*industrial*) déchets *mpl* industriels; (*from body*) déchets *mpl* (de l'organisme)

▸ **waste away** VI dépérir • **you're not exactly wasting away!** tu ne fais pas vraiment pitié !

wastebasket ['weɪstbɑːskɪt] (N) corbeille *f* (à papier)

wastebin ['weɪstbɪn] (N) (*Brit*) (= *wastebasket*) corbeille *f* à papier; (*in kitchen*) poubelle *f*

wasted ['weɪstɪd] (ADJ) ⓐ [*limb*] (= *emaciated*) décharné; (= *withered*) atrophié ⓑ (= *exhausted*)‡ [*person*] lessivé* ⓒ (*on drugs*)‡ défoncé*; (*on alcohol*)‡ bourré‡ • **to get ~** (*on drugs*) se défoncer*; (*on alcohol*) se bourrer‡ (la gueule)

wasteful ['weɪstfʊl] (ADJ) [*person*] gaspilleur; [*process*] peu économique

wastefulness ['weɪstfʊlnɪs] (N) [*of person*] tendance *f* au gaspillage; [*of process*] caractère *m* peu économe

wasteland ['weɪstlænd] (N) (*in town*) terrain *m* vague; (*in countryside*) désert *m* • **a piece of ~** un terrain vague

wastepaper basket [ˌweɪst'peɪpəˌbɑːskɪt] (N) corbeille *f* (à papier)

waster* ['weɪstəʳ] (N) (= *good-for-nothing*) propre *mf* à rien

wasting ['weɪstɪŋ] (ADJ) [*disease*] débilitant

watch [wɒtʃ] 1 (N) ⓐ (*for telling time*) montre *f* • **by my ~** à ma montre

ⓑ (= *vigilance*) vigilance *f*; (= *act of watching*) surveillance *f* • **to keep** *or* **be on ~** faire le guet • **to keep a close ~ on** *or* **over sb/sth** surveiller qn/qch de près • **to set a ~ on sth/sb** faire surveiller qch/qn • **to be on the ~ for sb/sth** guetter qn/qch

ⓒ (= *period of duty on ship*) quart *m*; (= *soldiers*) garde *f*; (= *sailors*) quart *m*

2 (VT) ⓐ [+ *event, programme, TV, person*] regarder; [+ *suspect, house, car*] surveiller; [+ *birds, insects*] observer; [+ *notice board, small ads*] consulter régulièrement; [+ *political situation, developments*] suivre de près • **~ how he does it** regarde comment il s'y prend • **to ~ sb do** *or* **doing sth** regarder qn faire qch • **it's about as exciting as ~ing grass grow** *or* **~ing paint dry** c'est ennuyeux comme la pluie • **to ~ sb like a hawk** surveiller qn de (très) près • **we are being ~ed** on nous surveille • **"~ this space"** « à suivre »

ⓑ (= *take care of, keep an eye on*) surveiller • **~ the soup to see it doesn't boil over** surveille la soupe pour qu'elle ne déborde *subj* pas

ⓒ (= *be careful of, mind*) faire attention à • **~ that knife!** (fais) attention avec ce couteau ! • **~ your head!** attention à ta tête ! • **~ your language!** surveille ton langage ! • **~ what you're doing!** fais attention (à ce que tu fais) ! • **~ your step!** • **~ yourself!** (fais) attention ! • **I must ~ the time as I've got a train to catch** il faut que je surveille l'heure car j'ai un train à prendre • **~ it!*** attention ! • **~ you don't burn yourself** fais attention à ne pas te brûler

3 (VI) regarder; (= *be on guard*) faire le guet; (= *pay attention*) faire attention • **to ~ over** [+ *person, thing*] surveiller; [+ *sb's rights, safety*] veiller sur • **to ~ for sth/sb** (= *wait for*) guetter qch/qn • **he's ~ing to see what you're going to do** il attend pour voir ce que vous allez faire

4 (COMP) ▸ **watch strap** N bracelet *m* de montre

▸ **watch out** VI (= *take care*) faire attention • **~ out!** attention ! • **~ out for cars when crossing the road** faites attention aux voitures en traversant la rue

watchdog ['wɒtʃdɒg] (N) (= *dog*) chien *m* de garde • **consumer ~** organisme *m* de protection des consommateurs

watchful ['wɒtʃfʊl] (ADJ) vigilant • **under the ~ eye of sb** sous l'œil vigilant de qn

watchmaker ['wɒtʃmeɪkəʳ] (N) horloger *m*, -ère *f*

watchman ['wɒtʃmən] (N) (*pl* **-men**) gardien *m*; (*also* **night watchman**) veilleur *m* de nuit

watchword ['wɒtʃwɜːd] (N) (= *password*) mot *m* de passe; (= *motto*) mot *m* d'ordre

water ['wɔːtəʳ] 1 (N) ⓐ eau *f* • **to turn on the ~** (*at mains*) ouvrir l'eau; (*from tap*) ouvrir le robinet • **hot and cold running ~** eau courante chaude et froide • **at high/low ~** (= *tide*) à marée haute/basse • **it won't hold ~** [*plan, suggestion, excuse*] cela ne tient pas la route • **that's (all) ~ under the bridge** tout ça c'est du passé • **he spends money like ~** il jette l'argent par les fenêtres • **it's like ~ off a duck's back*** ça glisse comme de l'eau sur les ailes d'un canard

ⓑ (*in body*) **to pass ~** uriner • **her ~s broke** (*in labour*) elle a perdu les eaux • **~ on the knee** épanchement *m* de synovie • **~ on the brain** hydrocéphalie *f*

2 (NPL) **waters** eaux *fpl* • **in French (territorial) ~s** dans les eaux (territoriales) françaises • **the ~s of the Rhine** l'eau du Rhin • **to take the ~s** prendre les eaux

3 (VI) [*eyes*] pleurer • **onions make your eyes ~** les oignons font pleurer

4 (VT) [+ *plant, garden*] arroser; [+ *animals*] donner à boire à

5 (COMP) [*pressure, pipe, vapour*] d'eau; [*pump, mill*] à eau ▸ **water bed** N matelas *m* d'eau ▸ **water bird** N oiseau *m* aquatique ▸ **water bomb** N bombe *f* à eau ▸ **water bottle** N [*of soldier, cyclist*] bidon *m*; (*smaller*) gourde *f* ▸ **water butt** N (*Brit*) citerne *f* (à eau de pluie) ▸ **water cannon** N canon *m* à eau ▸ **water chestnut** N châtaigne *f* d'eau ▸ **water diviner** N sourcier *m*, -ière *f* ▸ **water divining** N radiesthésie *f* ▸ **water feature** N (*in garden*) pièce *f* d'eau ▸ **water heater** N chauffe-eau *m inv* ▸ **water hole** N point *m* d'eau ▸ **water jump** N (*Racing*) rivière *f* ▸ **water level** N niveau *m* de l'eau ▸ **water lily** N nénuphar *m* ▸ **water main** N conduite *f* d'eau ▸ **water meadow** N (*esp Brit*) prairie *f* souvent inondée ▸ **water meter** N compteur *m* d'eau ▸ **water pistol** N pistolet *m* à eau ▸ **water polo** N waterpolo *m* ▸ **water rat** N rat *m* d'eau ▸ **water rates** N (*Brit*) tarif *m* de l'eau ▸ **water-resistant** ADJ [*ink*] qui résiste à l'eau; [*material*] imperméable ▸ **water-ski** N ski *m* nautique (*objet*) ♦ VI (*also* **go water-skiing**) faire du ski nautique ▸ **water-skier** N skieur *m*, -euse *f* nautique ▸ **water-skiing** N ski *m* nautique (*sport*) ▸ **water softener** N adoucisseur *m* d'eau ▸ **water-soluble** ADJ soluble dans l'eau ▸ **water sports** NPL sports *mpl* nautiques ▸ **water supply** N alimentation *f* en eau • **the ~ supply was cut off** on avait coupé l'eau ▸ **water table** N nappe *f* phréatique ▸ **water tank** N réservoir *m* d'eau ▸ **water tower** N château *m* d'eau

▸ **water down** VT SEP [+ *milk, wine*] couper (d'eau)

waterboarding ['wɔːtəˌbɔːdɪŋ] (N) simulation *f* de noyade

waterborne ['wɔːtəbɔːn] (ADJ) [*goods*] transporté par voie d'eau; [*disease*] d'origine hydrique

watercolour, **watercolor** (US) ['wɔːtəˌkʌləʳ] 1 (N) ⓐ (= *painting*) aquarelle *f* ⓑ (= *paint*) **~s** couleurs *fpl* pour aquarelle • **painted in ~s** peint à l'aquarelle 2 (ADJ) à l'aquarelle

watercress ['wɔːtəkres] (N) cresson *m*

waterfall ['wɔːtəfɔːl] (N) chute *f* d'eau

waterfront ['wɔːtəfrʌnt] (N) (*at docks*) quais *mpl*; (= *sea front*) front *m* de mer • **on the ~** sur le front de mer

watering can ['wɔːtərɪŋˌkæn] (N) arrosoir *m*

waterlogged ['wɔːtəlɒgd] (ADJ) *[land, pitch]* détrempé; *[wood]* imprégné d'eau

Waterloo [,wɔːtə'luː] (N) Waterloo • **to meet one's ~** essuyer un revers irrémédiable

watermark ['wɔːtəmɑːk] (N) *(left by tide)* laisse *f* de haute mer; *(left by river)* ligne *f* des hautes eaux

watermelon ['wɔːtəmelən] (N) pastèque *f*

waterproof ['wɔːtəpruːf] 1 (ADJ) *[material]* imperméable; *[watch]* étanche; *[mascara]* résistant à l'eau • **~ sheet** *(for bed)* alaise *f*; *(tarpaulin)* bâche *f* 2 (N) *(Brit)* (= *coat, jacket*) imperméable *m*

watershed ['wɔːtəʃed] (N) ⓐ *(Geog)* ligne *f* de partage des eaux ⓑ *(Brit TV)* *heure à partir de laquelle les chaînes de télévision britanniques peuvent diffuser des émissions réservées aux adultes* ⓒ (= *turning point*) tournant *m*

waterside ['wɔːtəsaɪd] (N) bord *m* de l'eau • **at** *or* **by the ~** au bord de l'eau • **along the ~** le long de la rive

watertight ['wɔːtətaɪt] (ADJ) ⓐ *[container]* étanche • **~ compartment** compartiment *m* étanche • **in ~ compartments** séparé par des cloisons étanches ⓑ *[excuse, plan, argument]* inattaquable

waterway ['wɔːtəweɪ] (N) voie *f* navigable

waterwheel ['wɔːtəwiːl] (N) roue *f* hydraulique

waterworks ['wɔːtəwɜːks] (NPL) (= *system*) système *m* hydraulique; (= *place*) station *f* hydraulique • **to turn on the ~*** (= *cry*) se mettre à pleurer à chaudes larmes

watery ['wɔːtərɪ] (ADJ) ⓐ *[fluid, discharge, solution]* aqueux • **to go to a ~ grave** *(liter)* être enseveli par les eaux *(liter)* ⓑ *[tea, coffee]* trop léger; *[soup, sauce]* trop clair; *[paint, ink]* trop liquide ⓒ *[eyes]* humide ⓓ *[smile, sun, light]* faible; *[sky, moon]* délavé; *[colour]* pâle

watt [wɒt] (N) watt *m* • **a 60-~ bulb** une ampoule de 60 watts

wattage ['wɒtɪdʒ] (N) puissance *f* en watts

wave [weɪv] 1 (N) ⓐ *(at sea, on lake, on beach)* vague *f*; *(on river, pond)* vaguelette *f*; *(in hair, on surface)* ondulation *f*; *[of dislike, enthusiasm, strikes, protests]* vague *f*

ⓑ (= *radio wave*) onde *f* • **long ~** grandes ondes *fpl* • **medium/short ~** ondes *fpl* moyennes/courtes

ⓒ (= *gesture*) geste *m* de la main • **he gave me a cheerful ~** il m'a fait un signe joyeux de la main • **with a ~ of his hand** d'un geste de la main

2 (VI) *[person]* faire signe de la main; *[flag]* flotter (au vent); *[branch]* se balancer; *[grass, corn]* onduler • **to ~ to sb** *(in greeting)* saluer qn de la main; *(as signal)* faire signe à qn

3 (VT) *[+ flag, handkerchief]* agiter; *[+ stick, sword]* brandir • **to ~ goodbye to sb** dire au revoir de la main à qn • **to ~ sb through/on** faire signe à qn de passer/d'avancer

4 (COMP) ▸ **wave and pay** ADJ *[card, transaction]* sans contact ▸ **wave energy, wave power** N énergie *f* houlomotrice

▸ **wave about, wave around** VT SEP *[+ object]* agiter dans tous les sens • **to ~ one's arms about** gesticuler

▸ **wave aside, wave away** VT SEP *[+ person, object]* écarter d'un geste; *[+ objections]* écarter; *[+ offer, help]* refuser

waveband ['weɪvbænd] (N) bande *f* de fréquences

wavelength ['weɪvleŋkθ] (N) longueur *f* d'ondes • **we're not on the same ~** nous ne sommes pas sur la même longueur d'ondes*

waver ['weɪvəʳ] (VI) *[flame, shadow]* vaciller; *[voice]* trembler; *[courage, loyalty, determination]* chanceler; *[person]* (= *weaken*) flancher*; (= *hesitate*) hésiter

waverer ['weɪvərəʳ] (N) indécis(e) *m(f)*

wavy ['weɪvɪ] (ADJ) *[hair, surface, edge, line]* ondulé

wax [wæks] 1 (N) cire *f*

2 (VT) *[+ floor, furniture]* cirer; *[+ car]* lustrer • **to ~ one's legs** s'épiler les jambes à la cire

3 (VI) **to ~ and wane** croître et décroître • **to ~ eloquent** déployer toute son éloquence (**about, over** à propos de) • **he ~ed lyrical about Louis Armstrong** il est devenu lyrique quand il a parlé de Louis Armstrong

4 (COMP) *[candle, doll, seal, record]* en cire ▸ **wax bean** N *(US)* haricot *m* beurre *inv* ▸ **waxed cotton** N coton *m* huilé ▸ **waxed jacket** N ciré *m* ▸ **waxed paper** N papier *m* paraffiné ▸ **wax museum** N musée *m* de cire

waxwork ['wækswɜːk] (N) (= *figure*) personnage *m* en cire

waxy ['wæksɪ] (ADJ) cireux

---

way [weɪ]

1 NOUN	3 COMPOUNDS
2 ADVERB	

1 NOUN

ⓐ (= *route*) chemin *m* • **to ask the ~** demander son chemin (**to** pour aller à) • **we went the wrong ~** nous avons pris le mauvais chemin • **a piece of bread went down the wrong ~** j'ai (*or* il a *etc*) avalé de travers • **we met several people on the ~** nous avons rencontré plusieurs personnes en chemin • **to lose one's ~** se perdre • **to make one's ~ towards ...** se diriger vers ... • **he had to make his own ~ in Hollywood** il a dû se faire sa place à Hollywood

▸ **the way to** (= *route to*) **can you tell me the ~ to the tourist office?** pouvez-vous m'indiquer le chemin du syndicat d'initiative ? • **I know the ~ to the station** je sais comment aller à la gare • **on the ~ to London we met ...** en allant à Londres nous avons rencontré ... • **it's on the ~ to the station** c'est sur le chemin de la gare

▸ **to be on the way** (= *to be coming*) **he's on his ~** il arrive • **more snow is on the ~** d'autres chutes de neige sont prévues • **she's got twins, and another baby on the ~*** elle a des jumeaux, et un bébé en route*

▸ **the/one's way back/down** **on the ~ back he met ...** en revenant il a rencontré ... • **he made his ~ back to the car** il est retourné vers la voiture • **I met her on the ~ down** je l'ai rencontrée en descendant • **inflation is on the ~ down** l'inflation est en baisse

▸ **the way forward** **they held a meeting to discuss the ~ forward** ils ont organisé une réunion pour discuter de la marche à suivre • **is monetary union the ~ forward?** l'union monétaire est-elle la voie du progrès ?

▸ **the way in** **I saw her on the ~ in** je l'ai vue à l'entrée

▸ **the way out** la sortie • **I'll find my own ~ out** ne vous dérangez pas, je trouverai (bien) la sortie • **you'll see it on the ~ out** vous le verrez en sortant • **there's no other ~ out** il n'y a pas d'autre solution • **there is no ~ out of this difficulty** il n'y a pas moyen d'éviter cette difficulté

▸ **a way round** **we're trying to find a ~ round it** nous cherchons un moyen d'éviter ce problème

ⓑ (= *path*) **their ~ was blocked by police** la police leur barrait le passage • **to push one's ~ through a crowd** se frayer un chemin à travers une foule • **he tried to**

W

talk his ~ out of it il a essayé de s'en sortir avec de belles paroles

▸ **in the/sb's way** **to be in the ~** (*physically*) barrer le passage; (*causing problems*) gêner • **am I in your ~?** est-ce que je vous empêche de passer ? • **to put difficulties in sb's ~** créer des difficultés à qn

▸ **out of the/sb's way** **to get out of the ~** s'écarter • **(get) out of the** *or* **my ~!** laisse-moi passer ! • **to keep out of sb's ~** (= *avoid them*) éviter qn • **as soon as I've got the exams out of the ~*** dès que les examens seront finis • **I'll take you home, it's not out of my ~** je vous ramènerai, c'est sur mon chemin • **he went out of his ~ to help us** il s'est donné du mal pour nous aider

▸ **to make way for** **they made ~ for the ambulance** ils se sont rangés pour laisser passer l'ambulance • **this made ~ for a return to democracy** ceci a ouvert la voie au rétablissement de la démocratie

c (= *distance*) **a little ~ off** pas très loin • **he stood some ~ off** il se tenait à l'écart • **is it far? — yes, it's a quite a ~*** c'est loin ? — oui, il y a un bon bout de chemin* • **to be a long ~ away** être loin • **that's a long ~ from the truth** c'est loin d'être vrai • **is it finished? — not by a long ~!** est-ce terminé ? — loin de là ! • **they've come a long ~** (*fig*) ils ont fait du chemin • **we've got a long ~ to go** (*long journey*) nous avons beaucoup de chemin à faire; (= *still far from our objective*) nous ne sommes pas au bout de nos peines; (= *not got enough*) nous sommes encore loin du compte • **this spice is expensive, but a little goes a long ~** cette épice est chère mais on n'a pas besoin d'en mettre beaucoup • **it should go a long ~ towards improving relations between the two countries** cela devrait améliorer considérablement les relations entre les deux pays

▸ **all the way** (= *the whole distance*) **he had to walk all the ~ (to the hospital)** il a dû faire tout le chemin à pied (jusqu'à l'hôpital) • **he talked all the ~ to the theatre** il a parlé pendant tout le chemin jusqu'au théâtre • **I'm with you all the ~*** (= *entirely agree*) je suis entièrement d'accord avec vous • **I'll be with you all the ~** (= *will back you up*) je vous soutiendrai jusqu'au bout

d (= *direction*) **are you going my ~?** est-ce que vous allez dans la même direction que moi ? • **he went that ~** il est parti par là • **which ~ did he go?** dans quelle direction est-il parti ? • **which ~ do we go from here?** (*which direction*) par où allons-nous maintenant ?; (*what shall we do*) qu'allons-nous faire maintenant ? • **he looked the other ~** il a regardé ailleurs • **he ran this ~ and that** il courait dans tous les sens • **there aren't many parks round our ~*** il n'y a pas beaucoup de parcs par chez nous • **it's out** *or* **over Oxford ~*** c'est du côté d'Oxford • **the loot was split three ~s** le butin a été divisé en trois

e (= *manner*) façon *f* • **this/that ~** comme ceci/cela • **what an odd ~ to behave!** quelle drôle de façon de se comporter ! • **to do sth the right/wrong ~** bien/mal faire qch • **do it your own ~** fais comme tu veux • **everyone helped one ~ or another** tout le monde a aidé d'une façon ou d'une autre • **he has his own ~ of doing things** il a une façon bien à lui de faire les choses • **~ to go!*** bravo ! • **that's just the ~ he is** il est comme ça, c'est tout • **it's just the ~ things are** c'est la vie ! • **to get** *or* **have one's own ~** en faire à son idée • **I won't let him have things all his own ~** je ne vais pas le laisser faire tout ce qu'il veut • **you can't have it both ~s** il faut choisir • **there are no two ~s about it*** il n'y a pas à tortiller* • **your jersey is the wrong ~ out** ton pull est à l'envers • **he didn't hit her, it was the other ~ round** ce n'est pas lui qui l'a frappée, c'est le contraire • **"this ~ up"** « haut » • **the right ~ up** dans le bon sens • **the wrong ~ up** à l'envers

▸ **in a big way*** **he furthered my career in a big ~** il a beaucoup contribué à faire progresser ma carrière • **soccer is taking off in the States in a big ~** le football connaît un véritable essor aux États-Unis

▸ **no way!*** pas question ! • **no ~ am I doing that** (il n'est) pas question que je fasse ça • **I'm not paying, no ~!** je refuse de payer, un point c'est tout ! • **will you come? — no ~!** tu viens ? — pas question ! • **there's no ~ that's champagne!** ce n'est pas possible que ce soit du champagne !

f (= *method, technique*) solution *f* • **the best ~ is to put it in the freezer for ten minutes** le mieux, c'est de le mettre au congélateur pendant dix minutes • **we'll find a ~ of doing it** nous trouverons bien un moyen de le faire • **that's the ~ to do it** voilà comment il faut faire • **that's the ~!*** voilà, c'est bien !

▸ **to have a way with** **he has a ~ with people** il sait s'y prendre avec les gens • **he has a ~ with cars** il s'y connaît en voitures • **to have a ~ with words** manier les mots avec bonheur

g (= *situation, nature*) **that's always the ~** c'est toujours comme ça • **it's the ~ of the world!** ainsi va le monde ! • **to be in a bad ~*** aller mal

h (= *habit*) **to get into/out of the ~ of doing sth** prendre/perdre l'habitude de faire qch • **don't be offended, it's just his ~** ne vous vexez pas, il est comme ça, c'est tout • **I know his little ~s** je connais ses petites habitudes • **they didn't like his pretentious ~s** ils n'aimaient pas ses manières prétentieuses • **to mend one's ~s** s'amender

i (= *respect, particular*) **in some ~s** à certains égards • **in more ~s than one** à plus d'un titre • **he's right in a ~** il a raison dans un certain sens • **he's in no ~ to blame** ce n'est vraiment pas de sa faute • **"I'm superstitious", she said by ~ of explanation** « je suis superstitieuse », dit-elle en guise d'explication • **what is there in the ~ of kitchen utensils?** qu'est-ce qu'il y a comme ustensiles de cuisine ?

2 ADVERB

~ down below tout en bas • **~ up in the sky** très haut dans le ciel • **you're ~ out* in your calculations** tu as fait une grosse erreur dans tes calculs • **it's ~ too big** c'est beaucoup trop grand • **it's ~ past your bedtime** ça fait longtemps que tu devrais être au lit

3 COMPOUNDS

▸ **way of life** N mode *m* de vie • **the French ~ of life** le mode de vie des Français • **such shortages are a ~ of life** de telles pénuries font partie de la vie de tous les jours ▸ **way-out*** ADJ excentrique ▸ **ways and means** NPL moyens *mpl* (**of doing sth** de faire qch) ▸ **way station** N (US) petite gare *f*; (*fig* = *stage*) étape *f*

---

wayside ['weɪsaɪd] **1** N bord *m* de la route • **by the ~** au bord de la route • **to fall by the ~** [*competitor, contestant*] (= *drop out*) abandonner; (= *be eliminated*) être éliminé; [*project, plan*] tomber à l'eau **2** ADJ [*plant, café*] au bord de la route

wayward ['weɪwəd] ADJ **a** (= *unfaithful*) **her ~ husband** son mari volage **b** [*hair*] rebelle

WC ['dʌbljʊ'si:] (N) WC *mpl*

we [wi:] (PERS PRON) nous • **we went to the pictures** nous sommes allés *or* on est allé au cinéma • **as we say in England** comme on dit chez nous, en Angleterre • **we all make mistakes** tout le monde peut se tromper • **we teachers understand that ...** nous autres professeurs, nous comprenons que ... • **we three have already discussed it** nous en avons déjà discuté tous les trois

w/e (ABBR OF **week ending**) ~ **28 Oct** semaine terminant le 28 octobre

weak [wi:k] **1** (ADJ) faible; [*coffee, tea*] léger • **to grow ~(er)** [*person, economy*] s'affaiblir; [*structure, material, voice, currency, demand*] faiblir; [*influence, power*] diminuer • **to have a ~ heart** avoir le cœur fragile • **to have ~ eyesight** avoir une mauvaise vue • **~ from** *or* **with hunger** affaibli par la faim • **he went ~ at the knees at the sight of her** il s'est senti défaillir quand il l'a vue • **to be ~ in the head*** être faible d'esprit • **~ spot** point *m* faible • **he is ~ in maths** il est faible en maths • **French is one of his ~er subjects** le français est une de ses matières faibles • **the government is in a very ~ position** le gouvernement n'est pas du tout en position de force
2 (NPL) **the weak** les faibles *mpl*
3 (COMP) ▸**weak-kneed*** ADJ lâche ▸**weak-willed** ADJ velléitaire

weaken ['wi:kən] **1** (VI) [*person*] (*in health*) s'affaiblir; (*in resolution*) faiblir; (= *relent*) se laisser fléchir; [*structure, material, voice*] faiblir; [*influence, power*] diminuer **2** (VT) affaiblir

weakling ['wi:klıŋ] (N) (*physically*) gringalet *m*; (*morally*) faible *mf*

weakly ['wi:klı] (ADV) ⓐ (= *feebly*) [*move, smile, speak*] faiblement ⓑ (= *irresolutely*) [*say, protest*] mollement

weakness ['wi:knıs] (N) ⓐ [*of person, character, argument, signal, currency*] faiblesse *f*; [*of industry, economy, regime*] fragilité *f* ⓑ (= *weak point*) [*of person, system, argument*] point *m* faible ⓒ (= *defect*) [*of structure, material*] défaut *m* ⓓ (= *fragility*) [*of structure, material*] défauts *mpl* ⓔ (= *liking*) [*of person*] faible *m* • **to have a ~ for sweet things** avoir un faible pour les sucreries

wealth [welθ] **1** (N) ⓐ (= *fact of being rich*) richesse *f*; (= *money, possessions, resources*) richesses *fpl* • **the mineral ~ of Africa** les richesses *fpl* minières de l'Afrique ⓑ (= *abundance*) **a ~ of ideas** une abondance d'idées • **a ~ of information** une mine d'informations **2** (COMP) ▸**wealth tax** N (*Brit*) impôt *m* sur la fortune

wealthy ['welθı] **1** (ADJ) [*person, family*] fortuné; [*country*] riche **2** (NPL) **the wealthy** les riches *mpl*

wean [wi:n] (VT) sevrer • **to ~ a baby (onto solids)** sevrer un bébé • **to ~ sb off cigarettes/alcohol** aider qn à arrêter de fumer/de boire

weapon ['wepən] (N) arme *f* • **~s of mass destruction** armes *fpl* de destruction massive ▸**weapons-grade** ADJ [*anthrax, small pox*] utilisé comme arme; [*uranium, plutonium, material*] militaire

weaponize ['wepənaız] (VT) [+ *substance*] militariser; (*fig*) transformer en arme

weaponry ['wepənrı] (N) (= *arms*) armes *fpl*

wear [wɛəʳ] (*vb: pret* **wore**, *ptp* **worn**) **1** (N) ⓐ (= *clothes*) vêtements *mpl* • **children's/summer/ski ~** vêtements *mpl* pour enfants/d'été/de ski • **clothes for everyday ~** vêtements *mpl* pour tous les jours • **it's suitable for everyday ~** on peut le porter tous les jours
ⓑ (= *use*) usage *m*; (= *deterioration through use*) usure *f* • **this material will stand up to a lot of ~** ce tissu résistera bien à l'usure • **there is still some ~ left in it** (*garment, shoe, carpet, tyre*) cela fera encore de l'usage • **he got four years' ~ out of it** cela lui a fait quatre ans • **it has had a lot of ~ and tear** c'est très usagé • **normal ~ and tear** usure *f* normale • **to show signs of ~** [*clothes, shoes*] commencer à être défraîchi; [*carpet, tyres*] commencer à être usé; [*machine*] commencer à être fatigué
2 (VT) ⓐ (= *have on*) porter; [+ *beard, moustache*] avoir • **he was ~ing a hat** il portait un chapeau • **the man ~ing a hat** l'homme au chapeau • **he was ~ing nothing but a pair of socks** il n'avait pour tout vêtement qu'une paire de chaussettes • **she was ~ing blue** elle était en bleu • **he ~s good clothes** il s'habille bien • **what shall I ~?** qu'est-ce que je vais mettre ? • **I've nothing to ~** je n'ai rien à me mettre • **she ~s her hair long** elle a les cheveux longs • **she ~s her hair in a bun** elle porte un chignon • **to ~ lipstick** mettre du rouge à lèvres • **to ~ perfume** se parfumer • **she was ~ing make-up** elle (s')était maquillée • **she's the one who ~s the trousers** *or* (*US*) **the pants** c'est elle qui porte la culotte*
ⓑ [+ *smile*] arborer; [+ *look*] afficher • **she wore a frown** elle fronçait les sourcils • **he wore a look of satisfaction** il affichait un air de satisfaction • **she ~s her age well** elle porte bien son âge
ⓒ (= *rub*) **to ~ a hole in sth** finir par faire un trou dans qch • **the rug was worn thin** le tapis était usé jusqu'à la corde • **her face was worn with care** son visage était rongé par les soucis
ⓓ (*Brit*) (= *tolerate, accept*)* tolérer • **he won't ~ that** il n'acceptera jamais • **the committee won't ~ another £100 on your expenses** vous ne ferez jamais avaler au comité 100 livres de plus pour vos frais*
3 (VI) ⓐ (= *deteriorate with use*) [*garment, fabric, stone, wood*] s'user • **these trousers have worn at the knees** ce pantalon est usé aux genoux • **that excuse has worn thin!** cette excuse ne prend plus ! • **my patience is ~ing thin** je suis presque à bout de patience • **their optimism is starting to ~ thin** ils commencent à perdre leur optimisme • **that joke is starting to ~ a bit thin!** cette plaisanterie commence à être éculée !
ⓑ (= *last*) **a theory/friendship that has worn well** une théorie/amitié qui a résisté à l'épreuve du temps • **she has worn well*** elle est bien conservée
ⓒ **to ~ to its end** *or* **to a close** [*day, year, sb's life*] tirer à sa fin

▸**wear away** **1** VI [*wood, metal*] s'user; [*cliffs, rock*] être rongé; [*inscription, design*] s'effacer **2** VT SEP [+ *wood, metal*] user; [+ *cliffs, rock*] ronger; [+ *inscription, design*] effacer

▸**wear down** **1** VI [*heels, pencil*] s'user; [*resistance, courage*] s'épuiser **2** VT SEP [+ *materials, patience, strength*] user; [+ *courage, resistance*] miner • **the hard work was ~ing him down** le travail l'usait • **constantly being criticized ~s you down** ça (vous) mine d'être constamment critiqué • **I had worn myself down by overwork** je m'étais usé en travaillant trop • **the unions managed to ~ the employers down** les syndicats ont réussi à faire céder les employeurs

▸**wear off** VI [*colour, design, inscription*] s'effacer; [*pain*] disparaître; [*anger, excitement*] passer; [*effects, anaesthetic, magic*] se dissiper • **the novelty has worn off** cela n'a plus l'attrait de la nouveauté

W

▸ **wear on** VI [*day, year, winter*] avancer; [*battle, war, discussions*] se poursuivre • **as the years wore on** à mesure que les années passaient

▸ **wear out** 1 VI [*clothes, material, machinery*] s'user; [*patience, enthusiasm*] s'épuiser 2 VT SEP ⓐ [+ *shoes, clothes*] user; [+ *one's strength, reserves, materials, patience*] épuiser ⓑ (= *exhaust*) [+ *person, horse*] épuiser • **to ~ one's eyes out** s'user les yeux • **to ~ o.s. out** s'épuiser (**doing sth** à faire qch) • **to be worn out** être exténué

▸ **wear through** VI se trouer (*par usure*)

wearable ['wɛərəbl] ADJ ⓐ [*clothing*] portable, facile à porter ⓑ [*technology, device, computer*] portable

wearer ['wɛərəʳ] N **denture/spectacle ~s** les porteurs *mpl* de dentiers/de lunettes • **special suits designed to protect the ~ from the cold** des combinaisons spéciales conçues pour protéger (l'utilisateur) du froid

wearily ['wɪərɪlɪ] ADV [*say, smile, look at, nod*] d'un air las; [*sigh, think, move*] avec lassitude

weariness ['wɪərɪnɪs] N lassitude *f*

wearing ['wɛərɪŋ] ADJ [*person, job*] fatigant • **it's ~ on the nerves** ça met les nerfs à rude épreuve

wearisome ['wɪərɪsəm] ADJ (*frm*) (= *tiring*) lassant; (= *boring*) ennuyeux; (= *frustrating*) frustrant

weary ['wɪərɪ] 1 ADJ (= *tired*) las (lasse *f*) • **to grow ~** [*person, animal*] se lasser • **to grow ~ of (doing) sth** se lasser de (faire) qch 2 VI se lasser (**of sth** de qch)

weasel ['wi:zl] N belette *f*

weather ['weðəʳ] 1 N temps *m* • **what's the ~ (like)?** quel temps fait-il ? • **summer ~** temps *m* estival • **in this ~** par ce temps • **in hot/cold/stormy ~** par temps chaud/froid/orageux • **in good/bad ~** par beau/mauvais temps • **in all ~s** par tous les temps • **to be under the ~*** être mal fichu*

2 VT **to ~ the storm** tenir le coup

3 COMP [*knowledge, map, prospects*] météorologique; [*conditions, variations*] atmosphérique ▸ **weather-beaten** ADJ [*person, face*] hâlé; [*building*] dégradé par les intempéries; [*stone*] érodé par les intempéries ▸ **Weather Bureau** (US), **Weather Centre** (*Brit*) N Office *m* national de la météorologie ▸ **weather chart** N carte *f* du temps ▸ **weather cock** N girouette *f* ▸ **weather eye** N **to keep a ~ eye on sth** surveiller qch ▸ **weather forecast** N prévisions *fpl* météorologiques ▸ **weather forecaster** N météorologue *mf* ▸ **weather girl*** N présentatrice *f* météo *inv* ▸ **weather station** N station *f* météorologique ▸ **weather vane** N girouette *f*

weatherman* ['weðəmæn] N (*pl* **-men**) météorologue *m*; (*on TV*) présentateur *m* météo *inv*

weatherproof ['weðəpru:f] ADJ [*clothing*] imperméable; [*house*] étanche

weatherwoman* ['weðə,wʊmən] N (*pl* **-women**) météorologue *f*; (*on TV*) présentatrice *f* météo *inv*

weave [wi:v] (*vb: pret* **wove**, *ptp* **woven**) 1 VT [+ *threads, cloth, web*] tisser; [+ *strands*] entrelacer; [+ *basket, garland, daisies*] tresser • **to ~ one's way through the crowd** se faufiler à travers la foule 2 VI (*pret, ptp gen* **weaved**) **the drunk ~d across the room** l'ivrogne a zigzagué à travers la pièce • **the car was weaving in and out of the traffic** la voiture se faufilait à travers la circulation • **let's get weaving!†*** allons, remuons-nous !

web [web] 1 N ⓐ [*of spider*] toile *f*; [*of lies, deceit*] tissu *m* ⓑ **the (World Wide) Web** le Web 2 COMP ▸ **web address** N adresse *f* web ▸ **web app** N appli *f* web ▸ **web browser** N navigateur *m* ▸ **web feet, webbed feet** NPL **to have ~ feet** [*animal*] avoir les pieds palmés ▸ **web page** N page *f* web ▸ **web rage*** N *colère et frustration générées par les difficultés de naviguer sur Internet* ▸ **web ring** N anneau *m* de sites ▸ **web surfer** N internaute *mf* ▸ **Web 2.0** N Web *m* 2.0

webcam ['webkæm] N webcam *f*

webcast ['webkɑ:st] N émission *f* diffusée sur le Web

webchat ['wɛbtʃæt] N webchat *m*

webinar ['webɪnɑ:ʳ] N séminaire *m* en ligne, webinaire *m*

weblog ['weblɒg] N blog *m*

webmail ['webmeɪl] N webmail *m*, courrielleur *m*

webmaster ['webmɑ:stəʳ] N webmaster *m*

website ['websaɪt] N site *m* Web

webspace ['webspeɪs] N espace *m* sur le Web

webzine ['webzi:n] N webzine *m*

we'd [wi:d] = **we had, we should, we would** → **have, should, would**

wed [wed] (*pret* **wedded**, *ptp* **wedded, wed**) 1 VT (= *get married to*) épouser • **to get ~** se marier 2 VI† se marier

Wed. (ABBR OF **Wednesday**)

wedded ['wedɪd] ADJ ⓐ (*frm*) (= *married*) **~ bliss** bonheur *m* conjugal • **do you take this woman to be your lawful(ly) ~ wife?** voulez-vous prendre cette femme pour épouse ? ⓑ (= *committed*) **to be ~ to sth** [+ *idea*] être profondément attaché à qch; [+ *cause*] être entièrement dévoué à qch • **Lawrence is ~ to his work** Lawrence ne vit que pour son travail

wedding ['wedɪŋ] 1 N mariage *m* • **silver/golden ~** noces *fpl* d'argent/d'or • **they had a church ~** ils se sont mariés à l'église 2 COMP [*cake, night*] de noces; [*present, invitation*] de mariage; [*ceremony, march*] nuptial ▸ **wedding anniversary** N anniversaire *m* de mariage ▸ **wedding band** N alliance *f* ▸ **wedding day** N **her/my/their ~ day** le jour de son/mon/leur mariage ▸ **wedding dress** N robe *f* de mariée ▸ **wedding reception** N réception *f* de mariage ▸ **wedding ring** N alliance *f*

wedge [wedʒ] 1 N ⓐ (*for holding sth steady*) cale *f* • **that drove a ~ between them** cela a creusé un fossé entre eux ⓑ (= *piece*) [*of cake, cheese, pie*] (grosse) part *f*

2 NPL **wedges** (= *shoes*) chaussures *fpl* à semelles compensées

3 VT (= *fix*) [+ *table, wheels*] caler; (= *stick, push*) enfoncer (**into** dans) • **he ~d the table leg to hold it steady** il a calé le pied de la table (pour la stabiliser) • **to ~ a door open** maintenir une porte ouverte à l'aide d'une cale • **she was sitting on the bench, ~d between her mother and her aunt** elle était assise sur le banc, coincée entre sa mère et sa tante

4 COMP ▸ **wedge issue** N (US) sujet *m* clivant ▸ **wedge-shaped** ADJ en forme de coin

wedlock ['wedlɒk] N **to be born out of ~** être né hors des liens du mariage

Wednesday ['wenzdeɪ] N mercredi *m* → **Saturday**

> Days of the week in French are not spelt with a capital letter.

Weds. (ABBR OF **Wednesday**)

wee [wi:] 1 ADJ ⓐ (*Scot or* *) petit • **a ~ bit** un tout petit peu ⓑ **the ~ small hours (of the morning)** les premières heures du matin (*de 1 à 4 h du matin*) 2 N* pipi* *m* • **to have a ~** faire pipi* 3 VI* faire pipi*

weed [wi:d] 1 (N) ⓐ (= *plant*) mauvaise herbe *f*; (= *marijuana*)‡ herbe* *f* • **the ~*** (= *tobacco*) le tabac ⓑ (*pej*) (= *person*)* mauviette *f* 2 (VT) désherber; (= *hoe*) sarcler 3 (COMP) ▸**weed-killer** N désherbant *m*

▸ **weed out** VT SEP [+ *weak candidates*] éliminer; [+ *troublemakers*] expulser

weeding ['wi:dɪŋ] (N) désherbage *m*; (*with hoe*) sarclage *m* • **I've done some ~** j'ai un peu désherbé

weedy* ['wi:dɪ] (ADJ) (*Brit pej*) [*person*] chétif

week [wi:k] (N) semaine *f* • **what day of the ~ is it?** quel jour de la semaine sommes-nous ? • **this ~** cette semaine • **next/last ~** la semaine prochaine/dernière • **the ~ before last** l'avant-dernière semaine • **the ~ after next** pas la semaine prochaine, celle d'après • **twice a ~** deux fois par semaine • **a ~ today** aujourd'hui en huit • **a ~ tomorrow/on Sunday** demain en huit • **two ~s ago** il y a deux semaines, il y a quinze jours • **in a ~** (= *a week from now*) dans une semaine; (= *in the space of a week*) en une semaine • **in a ~'s time** dans une semaine • **~ in ~ out** • **~ after ~** semaine après semaine • **the first time in ~s** la première fois depuis des semaines • **the ~ ending 6 May** la semaine qui se termine le 6 mai • **he owes her three ~s' rent** il lui doit trois semaines de loyer • **the working ~** la semaine de travail

weekday ['wi:kdeɪ] 1 (N) jour *m* de semaine • **on ~s** en semaine 2 (ADJ) [*activities, timetable*] de la semaine

weekend ['wi:k'end] (N) week-end *m* • **at ~s** pendant le(s) week-end(s) • **what are you doing at the ~?** qu'est-ce que tu fais ce week-end ? • **we're going away for the ~** nous partons en week-end

weekly ['wi:klɪ] 1 (ADJ) [*magazine, meeting, wage, rainfall*] hebdomadaire; [*hours*] par semaine 2 (ADV) (= *every week*) chaque semaine; (= *per week*) par semaine • **twice/three times ~** deux/trois fois par semaine • **paid ~** payé à la semaine • **on a ~ basis** (= *per week*) à la semaine; (= *every week*) chaque semaine • **we meet ~ on Thursdays** nous nous rencontrons tous les jeudis 3 (N) (= *magazine*) hebdomadaire *m*

weeny* ['wi:nɪ] (*Brit*) (ADJ) tout petit

weep [wi:p] (*pret, ptp* **wept**) 1 (VI) (= *cry*) pleurer • **to ~ for** *or* **with joy** pleurer de joie • **I could have wept!** j'en aurais pleuré ! 2 (VT) **to ~ tears of joy/despair** verser des larmes de joie/de désespoir

weeping ['wi:pɪŋ] (N) **we heard the sound of ~** on entendait quelqu'un qui pleurait ▸**weeping willow** N saule *m* pleureur

weepy ['wi:pɪ] 1 (ADJ) [*person*] à la larme facile; [*eyes, voice, mood, song*] larmoyant; [*film*] sentimental • **to feel ~** [*person*] avoir envie de pleurer 2 (N) (*Brit*) (= *film*) film *m* sentimental; (= *book*) livre *m* sentimental

wee-wee* ['wi:wi:] (N) = **wee**

weigh [weɪ] 1 (VT) peser • **to ~ o.s.** se peser • **it ~s 9 kilos** ça pèse 9 kilos • **how much do you ~?** combien est-ce que vous pesez ? • **to ~ one's words (carefully)** peser ses mots • **the advantages must be ~ed against the possible risks** il faut mettre en balance les avantages et les risques éventuels

2 (VI) [*object, responsibilities*] **the fear of cancer ~s on her** *or* **on her mind all the time** la peur du cancer la tourmente constamment

3 (COMP) ▸**weigh-in** N (*Sport*) pesage *m* ▸**weighing machine** N balance *f*; (*for heavy loads*) bascule *f* ▸**weighing scales** NPL balance *f*

▸ **weigh down** VT SEP **he was ~ed down with parcels** il pliait sous le poids des paquets • **to be ~ed down by** *or* **with responsibilities** être accablé de responsabilités

▸ **weigh in** VI [*boxer, jockey*] se faire peser • **to ~ in at 70 kilos** peser 70 kilos avant l'épreuve • **the hippopotamus ~s in at* an impressive 1.5 tonnes** l'hippopotame fait le poids imposant de 1,5 tonnes

▸ **weigh up** VT SEP (= *consider*) examiner; (= *compare*) mettre en balance • **to ~ up A against B** mettre en balance A et B; (*Brit*) (= *assess*) [+ *person, the opposition*] jauger • **to ~ up the pros and cons** peser le pour et le contre

weight [weɪt] 1 (N) poids *m* • **it is sold by ~** cela se vend au poids • **what is your ~?** combien pesez-vous ? • **my ~ is 60 kilos** je pèse 60 kilos • **it is 3 kilos in ~** ça pèse 3 kilos • **it's/she's worth its/her ~ in gold** cela/elle vaut son pesant d'or • **to put on** *or* **gain ~** grossir, prendre du poids • **to lose ~** maigrir, perdre du poids • **to carry ~** [*argument, factor*] avoir du poids (**with** pour); [*person*] avoir de l'influence

2 (COMP) ▸**weight gain** N prise *f* de poids ▸**weight lifter** N haltérophile *mf* ▸**weight lifting** N haltérophilie *f* ▸**weight limit** N limitation *f* de poids ▸**weight loss** N perte *f* de poids ▸**weight-train** VI faire de la musculation ▸**weight training** N musculation *f* (*avec des poids*)

weighted ['weɪtɪd] (ADJ) (= *biased*) **~ in favour of/against sb** favorable/défavorable à qn • **the situation was heavily ~ in his favour/against him** la situation lui était nettement favorable/défavorable

weightless ['weɪtlɪs] (ADJ) [*astronaut, falling object*] en état d'apesanteur

weightlessness ['weɪtlɪsnɪs] (N) apesanteur *f*

weighty ['weɪtɪ] (ADJ) (*frm*) (= *serious*) [*matter, problem*] grave; [*burden, responsibility*] lourd

weir [wɪəʳ] (N) barrage *m*

weird [wɪəd] (ADJ) ⓐ (= *peculiar*)* bizarre • **it felt ~ going back there** ça faisait bizarre d'y retourner ⓑ (= *eerie*) [*sound, light*] surnaturel

weirdo‡ ['wɪədəʊ] (N) cinglé(e)* *m(f)*

welcome ['welkəm] 1 (ADJ) ⓐ (= *gladly accepted*) **to be ~** [*person*] être le bienvenu (*or* la bienvenue) • **he's not ~ here any more** sa présence ici est devenue indésirable • **they really make you feel ~** on y est vraiment bien accueilli • **to put out the ~ mat for sb*** se donner du mal pour recevoir qn • **you're ~!** (*answer to thanks*) je vous en prie !, de rien ! • **you're ~ to try** (*giving permission*) vous pouvez essayer • **you're ~ to use my car** vous pouvez emprunter ma voiture si vous voulez • **I don't use it any more, so you're ~ to it** je ne m'en sers plus, alors profitez-en

ⓑ (= *appreciated*) [*food, drink, change, visitor*] bienvenu; [*decision, reminder, interruption*] opportun • **it was ~ news** quelle bonne nouvelle ! • **it was a ~ relief** ça m'a (*or* l'a *etc*) vraiment soulagé

2 (EXCL) **~!** bienvenue ! • **~ back!** content de vous (*or* te) revoir ! • **~ to our house!** bienvenue chez nous ! • **"~ to England"** (*on notice*) « bienvenue en Angleterre »

3 (N) accueil *m* • **to give sb a warm ~** faire un accueil chaleureux à qn

4 (VT) [+ *person, delegation, group of people*] (= *greet, receive*) accueillir; (= *greet warmly*) accueillir chaleureusement; (= *bid welcome*) souhaiter la bienvenue à; [+ *sb's return, news, suggestion, change*] se réjouir de • **please ~ Tony Brennan!** (*TV*) veuillez accueillir Tony Brennan ! • **we**

W

would ~ your views on ... nous serions heureux de connaître votre point de vue sur ...

welcoming ['welkəmɪŋ] ADJ [*person, smile, place*] accueillant; [*atmosphere*] chaleureux; [*banquet, ceremony, speech*] d'accueil

weld [weld] VT souder; (*also* **weld together**) [*+ pieces, parts*] souder • **to ~ sth on to sth** souder qch à qch

welder ['weldəʳ] N (*= person*) soudeur *m*

welding ['weldɪŋ] N soudage *m* ▸ **welding torch** N chalumeau *m*

welfare ['welfεəʳ] 1 N ⓐ bien *m*; (*= comfort*) bien-être *m* • **the nation's ~** le bien public ⓑ (*US*) aide *f* sociale • **public/social ~** aide *f* publique/sociale • **to be on ~** toucher les prestations sociales • **to live on ~** vivre des prestations sociales 2 COMP [*milk, meals*] gratuit ▸ **welfare check** N (*US*) chèque *m* d'allocations ▸ **welfare hotel** N (*US*) *foyer où sont hébergés temporairement les bénéficiaires de l'aide sociale* ▸ **welfare mother** N (*US*) *mère seule qui bénéficie de l'aide sociale* ▸ **welfare officer** N assistant(e) *m(f)* social(e) ▸ **welfare state** N État-providence *m*

well [wel] 1 N (*for water, oil*) puits *m*

2 VI (*also* **well up**) [*tears, emotion*] monter • **tears ~ed (up) in her eyes** les larmes lui montèrent aux yeux • **anger ~ed (up) within him** la colère monta en lui

3 ADV (*compar* **better**, *superl* **best**) ⓐ (*= satisfactorily, skilfully*) [*behave, sleep, eat, treat, remember*] bien • **he sings as ~ as he plays** il chante aussi bien qu'il joue • **he sings as ~ as she does** il chante aussi bien qu'elle • **~ done!** bravo ! • **~ played!** bien joué ! • **everything is going ~** tout va bien • **you're ~ out of it!** c'est une chance que tu n'aies plus rien à voir avec cela !

▸ **to do well to do ~ at school** bien marcher à l'école • **he did very ~** il s'est bien débrouillé • **the patient is doing ~** le malade est en bonne voie • **you did ~ to come at once** vous avez bien fait de venir tout de suite • **you would do ~ to think about it** tu ferais bien d'y penser

ⓑ (*intensifying*) (*= very much, thoroughly*) bien • **it's ~ past 10 o'clock** il est bien plus de 10 heures • **~ over 1,000 people** bien plus de 1000 personnes • **he is ~ over fifty** il a largement dépassé la cinquantaine • **it continued ~ into 1996** cela a continué pendant une bonne partie de 1996 • **~ and truly** bel et bien • **~ dodgy/annoyed*** (*Brit*) (*= very*) super* louche/contrarié • **to leave ~ alone** laisser les choses telles qu'elles sont

ⓒ (*= with good reason, with equal reason*) **one might ~ ask why** on pourrait à juste titre demander pourquoi • **he couldn't very ~ refuse** il ne pouvait guère refuser • **you might (just) as ~ say that ...** autant dire que ... • **you may as ~ tell me the truth** tu ferais aussi bien de me dire la vérité

ⓓ ▸ **as well** (*= also*) aussi; (*= on top of all that*) par-dessus le marché • **I'll take those as ~** je prendrai ceux-là aussi • **and it rained as ~!** et par-dessus le marché il a plu ! • **as ~ as his dog he has two rabbits** en plus de son chien il a deux lapins

ⓔ (*= positively*) **to think/speak ~ of** penser/dire du bien de

4 EXCL (*surprise*) tiens !; (*relief*) ah bon !, eh bien !; (*resignation*) enfin ! • **he has won the election! — well, well, well!** il a été élu ! — tiens, tiens ! • **~, what do you think of it?** alors qu'en dites-vous ? • **~, here we are at last!** eh bien ! nous voilà enfin ! • **you know Paul? ~, he's getting married** vous connaissez Paul ? eh bien il se marie • **are you coming? — ~ ... I've got a lot to do here** vous venez ? — c'est que ... j'ai beaucoup à faire ici

5 ADJ (*compar* **better**, *superl* **best**) ⓐ bien, bon • **that's all very ~ but ...** tout ça c'est bien joli mais ... • (PROV) **all's ~ that ends ~** tout est bien qui finit bien (PROV)

ⓑ (*= healthy*) **how are you? — very ~, thank you** comment allez-vous ? — très bien, merci • **I hope you're ~** j'espère que vous allez bien • **to feel ~** se sentir bien • **to get ~** se remettre • **get ~ soon!** remets-toi vite !

ⓒ (*cautious*) **it is as ~ to remember that ...** il ne faut pas oublier que ... • **it's as ~ not to offend her** il vaudrait mieux ne pas la froisser

6 COMP ▸ **well-adjusted** ADJ [*person*] (*gen*) équilibré; (*to society, school*) bien adapté ▸ **well-advised** ADJ [*action, decision*] sage • **you would be ~-advised to leave** vous auriez (tout) intérêt à partir ▸ **well-appointed** ADJ [*house, room*] bien aménagé ▸ **well-assorted** ADJ bien assorti ▸ **well-attended** ADJ [*meeting, lecture, show, play*] qui attire beaucoup de monde ▸ **well-balanced** ADJ [*person, diet, argument*] équilibré ▸ **well-behaved** ADJ [*child*] sage; [*animal*] obéissant ▸ **well-being** N bien-être *m* ▸ **well-bred** ADJ (*= of good family*) de bonne famille; (*= courteous*) bien élevé ▸ **well-built** ADJ [*building*] bien construit; [*person*] bien bâti ▸ **well-chosen** ADJ bien choisi ▸ **well-connected** ADJ [*person*] qui a des relations ▸ **well-cooked** ADJ [*food, meal*] bien cuisiné; (*= not rare*) [*meat*] bien cuit ▸ **well-defined** ADJ [*colours, distinctions, problem*] bien défini; [*photo, outline*] net ▸ **well-deserved** ADJ bien mérité ▸ **well-disposed** ADJ bien disposé (**towards** envers) ▸ **well-dressed** ADJ bien habillé ▸ **well-earned** ADJ bien mérité ▸ **well-educated** ADJ cultivé ▸ **well-equipped** ADJ bien équipé ▸ **well-established** ADJ bien établi ▸ **well-fed** ADJ bien nourri ▸ **well-founded** ADJ [*suspicion*] fondé ▸ **well-groomed** ADJ [*person*] soigné; [*hair*] bien coiffé ▸ **well-heeled*** ADJ nanti ▸ **well-informed** ADJ bien renseigné (**about** sur) ▸ **well-intentioned** ADJ bien intentionné ▸ **well-judged** ADJ [*remark, criticism*] bien vu; [*shot, throw*] bien ajusté; [*estimate*] juste ▸ **well-kept** ADJ [*house, garden, hair*] bien entretenu; [*hands, nails*] soigné; [*secret*] bien gardé ▸ **well-known** ADJ (*= famous*) célèbre • **it's a ~-known fact that ...** tout le monde sait que ... ▸ **well-liked** ADJ très apprécié ▸ **well-loved** ADJ très aimé ▸ **well-made** ADJ bien fait ▸ **well-mannered** ADJ bien élevé ▸ **well-matched** ADJ [*couple*] bien assorti; [*competitors, players*] de niveau comparable; [*contest*] équilibré ▸ **well-meaning** ADJ [*person*] bien intentionné; [*remark, action*] fait avec les meilleures intentions ▸ **well-meant** ADJ fait avec les meilleures intentions ▸ **well-nigh** ADV presque ▸ **well-off** ADJ (*= rich*) **to be ~-off** vivre dans l'aisance • **the less ~-off** ceux qui ont de petits moyens • **you don't know when you're ~-off** (*= fortunate*) tu ne connais pas ton bonheur ▸ **well-paid** ADJ bien payé ▸ **well-preserved** ADJ [*building, person*] bien conservé ▸ **well-read** ADJ cultivé ▸ **well-rounded** ADJ [*style*] harmonieux; [*sentence*] bien tourné ▸ **well-spoken** ADJ [*person*] qui parle bien ▸ **well-stocked** ADJ [*shop, fridge*] bien approvisionné ▸ **well-timed** ADJ [*remark, entrance*] tout à fait opportun; [*blow*] bien calculé ▸ **well-to-do** ADJ aisé ▸ **well-wisher** N ami(e) *m(f)*; (*unknown*) admirateur *m*, -trice *f* • **he got many letters from ~-wishers** il a reçu de nombreuses lettres d'encouragement ▸ **well-woman clinic** N (*Brit*) *centre prophylactique et thérapeutique pour femmes* ▸ **well-worn** ADJ

[*carpet, clothes*] usagé; [*phrase, expression*] éculé ▸ **well-written** ADJ bien écrit

we'll [wiːl] = **we shall, we will → shall, will**

wellington [ˈwelɪŋtən] (N) (*Brit*) (= *wellington boot*) botte *f* de caoutchouc

wellness [ˈwelnɪs] (N) (sentiment *m* de) bien-être *m*

welly* [ˈwelɪ] (N) (*Brit*) **wellies** bottes *fpl* de caoutchouc • **give it some ~!*** allez, du nerf!*

Welsh [welʃ] 1 (ADJ) gallois; [*teacher*] de gallois 2 (N) (= *language*) gallois *m* 3 (NPL) **the Welsh** les Gallois *mpl* 4 (COMP) ▸ **Welsh Assembly** N Parlement gallois ▸ **the Welsh Office** N (*Brit*) le ministère des Affaires galloises ▸ **Welsh rabbit, Welsh rarebit** N toast *m* au fromage

WELSH ASSEMBLY/NATIONAL ASSEMBLY FOR WALES/WELSH ASSEMBLY GOVERNMENT

Officiellement connue sous le nom de **National Assembly for Wales**, l'Assemblée galloise a été établie à la suite du référendum de 1997. Elle contrôle le **Welsh Assembly Government**, pouvoir décentralisé responsable des dossiers tels que la santé, l'éducation, le développement économique, l'environnement et les transports. Les affaires étrangères, la défense et la sécurité sociale restent du ressort du gouvernement britannique, qui siège à Westminster. Composée de 60 députés, les «AMs» («Assembly Members»), élus pour quatre ans, l'Assemblée est placée sous l'autorité du «First Minister». → DEVOLUTION

welsh* [welʃ] (VI) **to ~ on a promise** manquer à une promesse • **they ~ed on the agreement** ils n'ont pas respecté l'accord

Welshman [ˈwelʃmən] (N) (*pl* **-men**) Gallois *m*

Welshwoman [ˈwelʃwʊmən] (N) (*pl* **-women**) Galloise *f*

Wendy house [ˈwendɪˌhaʊs] (N) (*Brit*) maison *f* miniature (*pour enfants*)

went [went] (VB) *pt of* **go**

wept [wept] (VB) *pret, ptp of* **weep**

were [wɜːʳ] (VB) *pt of* **be**

we're [wɪəʳ] = **we are → be**

weren't [wɜːnt] = **were not → be**

werewolf [ˈwɪəwʊlf] (*pl* **werewolves** [ˈwɪəwʊlvz]) (N) loup-garou *m*

west [west] 1 (N) ouest *m* • **to the ~ (of)** à l'ouest (de) • **in the ~ of Scotland** dans l'ouest de l'Écosse • **a house facing the ~** une maison exposée à l'ouest • **the West** l'Occident *m*; (*in US*) l'Ouest *m*

2 (ADJ) [*coast, wing*] ouest *inv* • **~ wind** vent *m* d'ouest • **on the ~ side** du côté ouest • **a room with a ~ aspect** une pièce exposée à l'ouest • **in ~ Devon** dans l'ouest du Devon

3 (ADV) [*go, travel, fly*] vers l'ouest; [*be, lie*] à l'ouest • **go ~ till you get to Crewe** allez en direction de l'ouest jusqu'à Crewe • **we drove ~ for 100km** nous avons roulé vers l'ouest pendant 100 km • **further ~** plus à l'ouest

4 (COMP) ▸ **West Africa** N Afrique *f* occidentale ▸ **the West Bank** N la Cisjordanie ▸ **West Berlin** N Berlin-Ouest ▸ **the West Country** N (*Brit*) le sud-ouest de l'Angleterre ▸ **the West End** N (*in London*) le West End (*centre touristique et commercial de Londres*) ▸ **west-facing** ADJ exposé à l'ouest ▸ **West German** ADJ allemand de l'Ouest ▸ **West Germany** N Allemagne *f* de l'Ouest ▸ **West Indian** ADJ antillais ♦ N Antillais(e) *m(f)* ▸ **the West Indies** NPL les Antilles *fpl* ▸ **West Point** N *école militaire américaine* ▸ **West Virginia** N Virginie-Occidentale *f* • **in West Virginia** en Virginie-Occidentale

westbound [ˈwestbaʊnd] (ADJ, ADV) [*traffic, vehicles*] en direction de l'ouest; [*carriageway*] ouest *inv* • **to be ~ on the M8** être sur la M8 en direction de l'ouest

westerly [ˈwestəlɪ] 1 (ADJ) [*wind*] de l'ouest; [*situation*] à l'ouest • **in a ~ direction** en direction de l'ouest • **~ longitude** longitude *f* ouest *inv* • **~ aspect** exposition *f* à l'ouest 2 (ADV) vers l'ouest

western [ˈwestən] 1 (ADJ) (de l')ouest *inv* • **in ~ France** dans l'ouest de la France • **Western Europe** Europe *f* occidentale 2 (N) (= *film*) western *m*

westerner [ˈwestənəʳ] (N) Occidental(e) *m(f)*

westernization [ˌwestənaɪˈzeɪʃən] (N) occidentalisation *f*

westernize [ˈwestənaɪz] (VT) occidentaliser • **to become ~d** s'occidentaliser

Westminster [ˈwestˌmɪnstəʳ] (N) Westminster *m* (*Parlement britannique*)

westward [ˈwestwəd] 1 (ADJ) [*route*] en direction de l'ouest; [*slope*] exposé à l'ouest • **in a ~ direction** en direction de l'ouest, vers l'ouest 2 (ADV) (*also* **westwards**) vers l'ouest

wet [wet] 1 (ADJ) ⓐ [*object, grass, clothes, place, sand, hair*] mouillé; [*cement, plaster, paint, ink*] frais (fraîche *f*) • **to be ~ through** être trempé jusqu'aux os • **~ with blood** trempé de sang • **~ with sweat** humide de sueur • **cheeks ~ with tears** joues baignées de larmes • **~ with dew** humide de rosée • **to get ~** se mouiller • **to get one's feet ~** se mouiller les pieds; (*US fig*) se lancer • **a ~ patch** une tache d'humidité • **"~ paint"** «attention, peinture fraîche» • **he's still ~ behind the ears*** (= *immature*) il est un peu jeune; (= *inexperienced*) il manque d'expérience

ⓑ [*climate*] humide • **it's ~** le temps est pluvieux • **a ~ day** un jour de pluie • **on ~ days** les jours de pluie • **in ~ weather** quand le temps est pluvieux

ⓒ (*Brit* = *spineless*) **he's really ~*** c'est une chiffe molle

2 (N) **the ~** (= *rain*) la pluie; (= *damp*) l'humidité *f* • **my car doesn't start in the ~** ma voiture ne démarre pas par temps de pluie

3 (VT) mouiller • **to ~ one's lips** se mouiller les lèvres • **to ~ the bed** mouiller le lit • **to ~ o.s.** *or* **one's pants** mouiller sa culotte • **to ~ o.s.** *or* **one's pants* (laughing)** rire à en faire pipi* dans sa culotte

4 (COMP) ▸ **wet blanket** N (= *person*) rabat-joie *mf inv* ▸ **wet dream** N pollution *f* nocturne

wetness [ˈwetnɪs] (N) humidité *f* • **the ~ of the weather** le temps pluvieux

wetsuit [ˈwetsuːt] (N) combinaison *f* de plongée

we've [wiːv] = **we have → have**

whack [wæk] 1 (N) ⓐ (= *blow*) grand coup *m*; (= *sound*) coup *m* sec • **to give sth/sb a ~** donner un grand coup à qch/qn • **~!** vlan! • **out of ~*** (*US*) détraqué ⓑ (*Brit*) (= *share*)* **you'll get your ~** tu auras ta part • **to pay one's ~** payer sa part • **to pay top ~ for sth** payer qch plein pot* • **you'll get £15,000 a year, top ~** tu auras 15 000 livres par an, grand maximum* 2 (VT) [+ *thing, person*] donner un grand coup (*or* des grands coups) à

whacked* [wækt] (ADJ) (*Brit* = *exhausted*) crevé*

whacking* [ˈwækɪŋ] (ADJ) (*Brit: also* **whacking big, whacking great**) énorme

whale [weɪl] (N) baleine *f* • **we had a ~ of a time*** on s'est drôlement* bien amusé ▸ **whale watching** N **to go ~ watching** aller regarder les baleines

W

whaler ['weɪləʳ] (N) (= *person*) pêcheur *m* de baleines; (= *ship*) baleinier *m*
whaling ['weɪlɪŋ] (N) pêche *f* à la baleine
wham [wæm] (EXCL) vlan !
whammy* ['wæmɪ] (N) (*US*) mauvais sort *m* • **double/triple ~*** double/triple coup *m* dur*
wharf [wɔːf] (N) (*pl* **wharves**) quai *m* (*pour marchandises*)
wharves [wɔːvz] (NPL) *of* **wharf**

what [wɒt]

1 ADJECTIVE	3 COMPOUNDS
2 PRONOUN	

1 ADJECTIVE

a (in questions and indirect speech) quel *m*, quelle *f*, quels *mpl*, quelles *fpl* • **~ time is it?** quelle heure est-il ? • **~ flavours do you want?** quels parfums voulez-vous ? • **~ subjects did you choose?** quelles matières as-tu choisies ? • **she told me ~ colour it was** elle m'a dit de quelle couleur c'était • **they asked me ~ kind of films I liked** ils m'ont demandé quel genre de films j'aimais

b (= all the) **I gave him ~ money I had** je lui ai donné tout l'argent que j'avais • **~ savings we had are now gone** le peu d'économies que nous avions s'est maintenant envolé • **I will give you ~ information we have** je vais vous donner toutes les informations dont nous disposons • **I gave her ~ comfort I could** je l'ai réconfortée comme j'ai pu

c (exclamations) **~ a nice surprise!** quelle bonne surprise ! • **~ a ridiculous suggestion!** quelle suggestion ridicule ! • **~ a nightmare!** quel cauchemar ! • **~ a nuisance!** quelle barbe !* • **~ a lot of people!** que de monde ! • **~ lovely hair you've got!** quels jolis cheveux tu as !

2 PRONOUN

a (used alone, or in emphatic position) quoi • **~? I didn't get that** quoi ? je n'ai pas compris • **I've forgotten something — ~?** j'ai oublié quelque chose — quoi ? • **he's getting married — ~!** il se marie — quoi ! • **~! you expect me to believe that!** quoi ! et tu penses que je vais croire ça !

> **quoi** is used with a preposition, if the French verb requires one.

• **I've just thought of something — ~?** je viens de penser à quelque chose — à quoi ? • **I've just remembered something — ~?** je viens de me souvenir de quelque chose — de quoi ? • **you ~?*** (*Brit*) quoi !

b (subject in direct questions) qu'est-ce qui • **~'s happened?** qu'est-ce qui s'est passé ? • **~'s bothering you?** qu'est-ce qui te préoccupe ? • **~'s for dinner?** qu'est-ce qu'il y a pour dîner ? • **~ is his address?** quelle est son adresse ? • **~'s the French for "pen"?** comment dit-on « pen » en français ? • **~ is this called?** comment ça s'appelle ?

> When asking for a definition or explanation, **c'est quoi** is often used in spoken French.

• **~ are capers?** c'est quoi, les câpres ? • **~'s that noise?** c'est quoi, ce bruit ? • **~'s that?** (*asking about sth*) c'est quoi ?; (= *what did you say*) comment ?

c (object in direct questions) qu'est-ce que, que, quoi *after prep*

> The object pronoun **que** is more formal than **qu'est-ce que** and requires inversion of verb and pronoun.

• **~ did you do?** qu'avez-vous fait ? • **~ can we do?** qu'est-ce qu'on peut faire ?, que peut-on faire ?

> The French preposition cannot be separated from the pronoun.

• **~ does he owe his success to?** à quoi doit-il son succès ? • **~ were you talking about?** de quoi parliez-vous ?

d (= which in particular) quel *m*, quelle *f*, quels *mpl*, quelles *fpl* • **~'s the best time to call?** quel est le meilleur moment pour vous joindre ? • **~ are the advantages?** quels sont les avantages ?

e (= how much) combien • **~ will it cost?** ça va coûter combien ? • **~ does it weigh?** ça pèse combien ? • **~ do 2 and 2 make?** combien font 2 et 2 ? • **~ does it matter?** qu'est-ce que ça peut bien faire ?

f (in indirect questions) (*subject of verb*) ce qui; (*object of verb*) ce que • **I wonder ~ will happen** je me demande ce qui va se passer • **I wonder ~ they think** je me demande ce qu'ils pensent • **I don't know ~ that building is** je ne sais pas ce que c'est que ce bâtiment

> If the French verb takes a preposition, **what** is translated by **quoi**.

• **tell us ~ you're thinking about** dites-nous à quoi vous pensez • **I wonder ~ they need** je me demande de quoi ils ont besoin • **I wonder ~ they are expecting** je me demande à quoi ils s'attendent

> **quoi** is used when **what** ends the sentence.

• **I don't know who's doing ~** je ne sais pas qui fait quoi

g (in relative clauses) (= *that which*) (*subject of verb*) ce qui; (*object of verb*) ce que; (*object of verb taking "de"*) ce dont; (*object of verb taking "à"*) ce à quoi • **~ is done is done** ce qui est fait est fait • **the hotel isn't ~ it was** l'hôtel n'est plus ce qu'il était • **~ I don't understand is ...** ce que je ne comprends pas c'est ... • **~ I need is ...** ce dont j'ai besoin c'est ... • **it wasn't ~ I was expecting** ce n'est pas ce à quoi je m'attendais

> When **what** means **the ones which**, the French pronoun is generally plural.

• **I've no clothes except ~ I'm wearing** je n'ai pas d'autres vêtements que ceux que je porte

h (set structures)

▸ **and what ...** **and ~'s more** et qui plus est • **and ~ is worse** et ce qui est pire • **and ~ not*** et cetera

▸ **or what?*** **are you coming or ~?** tu viens ou quoi ?* • **I mean, is that sick, or ~?** il faut vraiment être malade !*

▸ **tell you what*** **tell you ~, let's stay here another day** j'ai une idée : si on restait un jour de plus ?

▸ **what about** **~ about people who haven't got cars?** et les gens qui n'ont pas de voiture ? • **~ about going to the cinema?** si on allait au cinéma ?

▸ **what for?** pourquoi ? • **~ did you do that for?** pourquoi avez-vous fait ça ? • **to give sb ~ for*** passer un savon à qn

▸ **what if** et si • ~ **if this doesn't work out?** et si ça ne marchait pas ? • ~ **if he says no?** et s'il refuse ?
▸ **what of** but ~ **of the country's political leaders?** et les dirigeants politiques du pays ? • ~ **of it?*** et alors ?
▸ **what's what*** **he knows ~'s ~** il connaît son affaire • **I've done this job long enough to know ~'s ~** je fais ce travail depuis assez longtemps pour savoir de quoi il retourne
▸ **what with** ~ **with the stress and lack of sleep, I was in a terrible state** entre le stress et le manque de sommeil, j'étais dans un état lamentable • ~ **with one thing and another** avec tout ça

3 COMPOUNDS

▸ **what-d'ye-call-her*** N Machine* *f* ▸ **what-d'ye-call-him*** N Machin* *m* ▸ **what-d'ye-call-it*** N machin* *m* ▸ **what's-her-name*** N Machine* *f* ▸ **what's-his-name*** N Machin* *m* ▸ **what's-it** N machin* *m* • **Mr What's-it*** Monsieur Machin (Chose)* ▸ **what's-its-name*** N machin* *m*

---

whatever [wɒt'evəʳ] 1 (ADJ) ~ **book you choose** quel que soit le livre que vous choisissiez *subj* • **he agreed to make ~ repairs might prove necessary** il a accepté de faire toutes les réparations qui s'avéreraient nécessaires • ~ **books have you been reading?*** (*= what on earth*) qu'est-ce que vous êtes allé lire là !
2 (ADV) ~ **the weather** quel que soit le temps • **there's no doubt ~ about it** cela ne fait pas le moindre doute • **nothing ~** absolument rien
3 (PRON) ⓐ (*= no matter what*) quoi que + *subj* • ~ **happens** quoi qu'il arrive • ~ **it may be** quoi que ce soit • ~ **that means** je ne sais pas trop ce que cela veut dire; (*sceptical*) allez savoir ce que ça veut dire
ⓑ (*= anything that*) tout ce que • **we shall do ~ is necessary** nous ferons tout ce qu'il faudra • **Monday or Tuesday, ~ suits you best** lundi ou mardi, ce qui vous convient le mieux • ~ **you say, sir** comme monsieur voudra
ⓒ (*= what on earth*)* ~ **did you do?** qu'est-ce que vous êtes allé faire là ! • ~ **did you say that for?** pourquoi êtes-vous allé dire ça ?
ⓓ (*= other similar things*) **the books and the clothes and ~*** les livres et les vêtements et tout ça*

whatnot ['wɒtnɒt] (N) ... **and ~*** ... et ainsi de suite

whatsoever [ˌwɒtsəʊ'evəʳ] (ADV) **there's no doubt ~ about it** c'est indubitable • **nothing ~** rien du tout

wheat [wi:t] (N) blé *m* • **to separate the ~ from the chaff** séparer le bon grain de l'ivraie

wheatgerm ['wi:tdʒɜ:m] (N) germes *mpl* de blé

wheedle ['wi:dl] (VT) **to ~ sth out of sb** obtenir qch de qn par des cajoleries

wheedling ['wi:dlɪŋ] 1 (ADJ) enjôleur 2 (N) cajolerie(s) *f(pl)*

wheel [wi:l] 1 (N) roue *f*; [*of trolley, toy*] roulette *f*; (*= steering wheel*) volant *m* • **at the ~** (*of vehicle*) au volant • **to take the ~** (*of ship*) prendre le gouvernail; (*of car*) prendre le volant • **to change a ~** changer une roue • **(set of) ~s** (*= car*)* bagnole* *f* • **have you got ~s?*** vous êtes motorisé ?* 2 (VT) [*+ barrow, cycle*] pousser; [*+ child*] pousser (dans un landau *etc*) • **I ~ed my trolley to the checkout** j'ai poussé mon chariot vers la caisse • ~ **him in!*** (*hum*) amenez-le ! 3 (COMP) ▸ **wheel clamp** N sabot *m* de Denver
▸ **wheel round** VI [*person*] se retourner (brusquement)

wheelbarrow ['wi:lbærəʊ] (N) brouette *f*

wheelchair ['wi:ltʃɛəʳ] (N) fauteuil *m* roulant • **"~ access"** « accès aux handicapés »

wheel-clamp ['wi:lklæmp] (N) sabot *m* de Denver

wheeler ['wi:ləʳ] (N) **~-(and-)dealer*** magouilleur* *m*, -euse* *f*; (*= businessman*) affairiste *m* • **~-dealing*** magouilles* *fpl*

wheelie* ['wi:lɪ] (N) **to do a ~** faire une roue arrière
▸ **wheelie bin*** N (*Brit*) poubelle *f* à roulettes

wheeling ['wi:lɪŋ] (N) ~ **and dealing*** magouilles* *fpl* • **there has been a lot of ~ and dealing* over the choice of candidate** le choix du candidat a donné lieu à toutes sortes de magouilles*

wheeze [wi:z] 1 (N) ⓐ respiration *f* bruyante ⓑ (*Brit = scheme*)†* combine* *f* ⓒ (*US*) (*= saying*)* dicton *m* 2 (VI) [*person*] (*= breathe noisily*) respirer bruyamment; (*= breathe with difficulty*) avoir du mal à respirer; [*animal*] souffler 3 (VT) **"yes", he ~d** « oui », dit-il d'une voix rauque

wheezy ['wi:zɪ] (ADJ) [*person*] asthmatique; [*voice*] d'asthmatique

whelk [welk] (N) bulot *m*

---

when [wen]

1 ADVERB	2 CONJUNCTION

1 ADVERB

quand • ~ **does the term start?** quand commence le trimestre ? • ~ **did it happen?** quand cela s'est-il passé ?, ça s'est passé quand ? • ~ **was the Channel Tunnel opened?** quand a-t-on ouvert le tunnel sous la Manche ? • **~'s the wedding?** quand a lieu le mariage ?

> There is no inversion after **quand** in indirect questions.

• **I don't know ~ I'll see him again** je ne sais pas quand je le reverrai

> If **when** means **what time**, the more specific translation is often used.

• ~ **does the train leave?** à quelle heure part le train ? • ~ **do you finish work?** à quelle heure est-ce tu quittes le travail ?
▸ **say when!*** (*pouring drinks*) vous m'arrêterez ...

2 CONJUNCTION

ⓐ (*= at the time that*) quand • **everything looks nicer ~ the sun is shining** tout est plus joli quand le soleil brille • **I take an aspirin ~ I have a headache** je prends un cachet d'aspirine quand j'ai mal à la tête • **he had just sat down ~ the phone rang** il venait juste de s'asseoir quand la téléphone a sonné

> If the **when** clause refers to the future, the future tense is used in French.

• **I'll do it ~ I have time** je le ferai quand j'aurai le temps • ~ **you're older, you'll understand** quand tu seras plus grand, tu comprendras

> **en** + present participle may be used, if the subject of both clauses is the same, and the verb is one of action.

• **he blushed ~ he saw her** il a rougi en la voyant • **take**

W

care ~ opening the tin faites attention en ouvrant la boîte

▸ **when** + *noun/adjective* **~ a student at Oxford, she ...** quand elle était étudiante à Oxford, elle ... • **my father, ~ young, had a fine tenor voice** quand mon père était jeune il avait une belle voix de ténor • **the floor is slippery ~ wet** le sol est glissant quand il est mouillé

b (*with day, time, movement*) où • **on the day ~ I met him** le jour où je l'ai rencontré • **at the time ~ I should have been at the station** à l'heure où j'aurais dû être à la gare • **at the very moment ~ I was about to leave** juste au moment où j'allais partir • **there are times ~ I wish I'd never met him** il y a des moments où je souhaiterais ne l'avoir jamais rencontré

c (*= which is when*) **he arrived at 8 o'clock, ~ traffic is at its peak** il est arrivé à 8 heures, heure à laquelle la circulation est la plus intense • **in August, ~ peaches are at their best** en août, époque où les pêches sont les plus savoureuses

d (*= the time when*) **he told me about ~ you got lost in Paris** il m'a raconté le jour où vous vous êtes perdu dans Paris • **now is ~ I need you most** c'est maintenant que j'ai le plus besoin de vous • **that's ~ the programme starts** c'est à cette heure-là que l'émission commence • **that's ~ Napoleon was born** c'est l'année où Napoléon est né • **that was ~ the trouble started** c'est alors que les ennuis ont commencé

e (*= after*) quand • **~ you read the letter you'll know why** quand vous aurez lu la lettre vous comprendrez pourquoi • **~ he had made the decision, he felt better** après avoir pris la décision, il s'est senti soulagé • **~ they had left he telephoned me** après leur départ il m'a téléphoné

f (*= whereas*) alors que • **he thought he was recovering, ~ in fact ...** il pensait qu'il était en voie de guérison alors qu'en fait ...

g (*= if*) **how can I be self-confident ~ I look like this?** comment veux-tu que j'aie confiance en moi en étant comme ça ? • **how can you understand ~ you won't listen?** comment voulez-vous comprendre si vous n'écoutez pas ?

---

whence [wens] (ADV, CONJ) (*liter*) d'où • **he returned from ~ he came** il est retourné là d'où il venait

whenever [wen'evəʳ] **1** (CONJ) **a** (*= at whatever time*) quand • **come ~ you wish** venez quand vous voulez **b** (*= every time that*) quand, chaque fois que • **come and see us ~ you can** venez nous voir quand vous pouvez • **~ I see a black horse I think of Jenny** chaque fois que je vois un cheval noir je pense à Jenny **2** (ADV) **I can leave on Monday, or Tuesday, or ~*** je peux partir lundi, ou mardi, ou n'importe quand

where [wɛəʳ] **1** (ADV) (*= in or to what place*) où • **~ do you live?** où est-ce que vous habitez ? • **~ are you going (to)?** où allez-vous ? • **~'s the theatre?** où est le théâtre ? • **~ are you from?** vous venez d'où ? • **~ have you got to (in the book)?** où est-ce que vous en êtes (de votre livre) ? • **~ do I come into it?** qu'est-ce que je viens faire dans tout ça ? • **I wonder ~ he is** je me demande où il est • **I don't know ~ I put it** je ne sais pas où je l'ai mis

2 (CONJ) **a** où • **stay ~ you are** restez où vous êtes • **go ~ you like** allez où vous voulez • **my book is not ~ I left it** mon livre n'est pas là où je l'avais laissé • **I'm at the stage ~ I could ...** j'en suis au point où je pourrais ... • **the house ~ he was born** la maison où il est né • **in the place ~ there used to be a church** à l'endroit où il y avait une église

b (*= the place that*) **this is ~ the car was found** c'est là qu'on a retrouvé la voiture • **this is ~ I got to (in the book)** j'en suis là (de mon livre) • **that's ~ you're wrong!** c'est là que vous vous trompez ! • **he went up to ~ she was sitting** il s'est approché de l'endroit où elle était assise • **from ~ I'm standing I can see ...** d'où je suis je peux voir ... • **~ there are trees you'll always find water** vous trouverez toujours de l'eau là où il y a des arbres

whereabouts ['wɛərəbaʊts] **1** (ADV)* où (donc) • **~ did you put it?** où (donc) l'as-tu mis ? • **~ in Paris do you live?** dans quel coin de Paris habitez-vous ? **2** (N) **to know sb's/sth's ~** savoir où est qn/qch • **his ~ are unknown** personne ne sait où il se trouve

whereas [wɛər'æz] (CONJ) (*= while*) alors que

whereby [wɛə'baɪ] (PRON) (*frm*) **the method ~ this was achieved** la méthode par laquelle nous y sommes parvenus

whereupon [,wɛərə'pɒn] (ADV) (*frm*) après quoi

wherever [wɛər'evəʳ] **1** (CONJ) **a** (*= no matter where*) où que + *subj* • **~ you go I'll go too** partout où tu iras, j'irai **b** (*= anywhere*) (là) où • **sit ~ you like** asseyez-vous où vous voulez • **he comes from Barcombe, ~ that is** il vient de Barcombe, je ne sais pas où c'est **c** (*= everywhere*) partout où • **~ you see this sign** partout où vous voyez ce panneau

2 (ADV)* mais où donc • **~ did you get that hat?** mais où donc avez-vous déniché* ce chapeau ? • **I bought it in London or Liverpool or ~*** je l'ai acheté à Londres, ou à Liverpool, ou je ne sais où

wherewithal ['wɛəwɪðɔ:l] (N) moyens *mpl*, ressources *fpl* nécessaires • **he hasn't the ~ to buy it** il n'a pas les moyens de l'acheter

whet [wet] (VT) [+ *desire, appetite, curiosity*] aiguiser

whether ['weðəʳ] (CONJ) **a** (*= if*) si • **I don't know ~ or not it's true** je ne sais pas si c'est vrai ou non • **I don't know ~ to go or not** je ne sais pas si je dois y aller ou non • **I doubt ~ ...** je doute que ... + *subj* • **I'm not sure ~ ...** je ne suis pas sûr que ... + *subj*

b (*= regardless of*) que + *subj* • **~ it rains or (~ it) snows, I'm going out** qu'il pleuve ou qu'il neige *subj*, je sors • **~ or not you go** que tu y ailles ou non

c (*= either*) soit • **~ today or tomorrow** soit aujourd'hui soit demain • **~ before or after** soit avant soit après

whew* [hwju:] (EXCL) (*relief, exhaustion*) ouf ! ; (*surprise, admiration*) fichtre !*

whey [weɪ] (N) petit-lait *m*

which [wɪtʃ] **1** (ADJ) **a** (*in questions*) quel • **~ card did he take?** quelle carte a-t-il prise ?, laquelle des cartes a-t-il prise ? • **I don't know ~ book he wants** je ne sais pas quel livre il veut • **~ one?** lequel (*or* laquelle) ?

b **in ~ case ...** auquel cas ... • **he spent a week here, during ~ time ...** il a passé une semaine ici au cours de laquelle ...

2 (PRON) **a** (*in questions*) lequel *m*, laquelle *f* • **~ of these maps is the best?** quelle est la meilleure de ces cartes ?, laquelle de ces cartes est la meilleure ? • **~ have you taken?** lequel *m* (*or* laquelle *f*) avez-vous pris(e) ? • **~ of you (two) is taller?** lequel de vous deux est le plus grand ?, qui est le plus grand de vous deux ? • **~ of you**

owns the red car? lequel d'entre vous est le propriétaire de la voiture rouge ?

ⓑ (*= the one or ones that*) (*subject*) celui *m* (*or* celle *f or* ceux *mpl or* celles *fpl*) qui; (*object*) celui que • **I don't mind ~ you give me** vous pouvez me donner celui que vous voudrez • **I don't mind ~** n'importe lequel, ça m'est égal • **show me ~ is the cheapest** montrez-moi celui qui est le moins cher • **I can't tell ~ is ~** je ne peux pas les distinguer • **I know ~ I'd rather have** je sais bien ce que je choisirais

ⓒ (*= that*) (*subject*) qui; (*object*) que; (*after prep*) lequel *m* (*or* laquelle *f or* lesquels *mpl or* lesquelles *fpl*) • **the book ~ is on the table** le livre qui est sur la table • **the apple ~ you ate** la pomme que vous avez mangée • **the box ~ you put it in** la boîte dans laquelle vous l'avez mis • **opposite ~** en face duquel (*or* de laquelle) • **the book ~ I told you about** le livre dont je vous ai parlé

ⓓ (*= and that*) (*subject*) ce qui; (*object*) ce que; (*after prep*) quoi • **he said he knew her, ~ is true** il a dit qu'il la connaissait, ce qui est vrai • **she called me "Bobby", ~ I don't like** elle m'a appelé « Bobby », ce que je n'aime pas • **after ~ we went to bed** après quoi nous sommes allés nous coucher

whichever [wɪtʃˈevəʳ] **1** (ADJ) ⓐ (*= that one which*) **keep ~ one you prefer** gardez celui que vous préférez • **go by ~ route is the most direct** prenez la route la plus directe ⓑ (*= no matter which*) (*subject*) quel que soit ... qui + *subj*; (*object*) quel que soit ... que • **~ dress you wear, you'll look lovely** quelle que soit la robe que tu portes, tu seras ravissante

2 (PRON) ⓐ (*= the one which*) (*subject*) celui *m* qui, celle *f* qui; (*object*) celui *m* que, celle *f* que • **~ is best for him** celui *m* (*or* celle *f*) qui lui convient le mieux • **~ you choose will be sent to you at once** celui *m* (*or* celle *f*) que vous choisirez vous sera expédié(e) immédiatement

ⓑ (*= no matter which one*) **~ of the two books he chooses, it won't make a lot of difference** quel que soit le livre qu'il choisisse, cela ne fera pas beaucoup de différence • **~ of the methods is chosen, it can't affect you much** quelle que soit la méthode choisie, ça ne changera pas grand-chose pour vous

whiff [wɪf] (N) ⓐ (*= puff*) [*of smoke, hot air*] bouffée *f* • **a ~ of garlic** une bouffée d'ail • **I caught a ~ of gas** j'ai senti l'odeur du gaz ⓑ (*= bad smell*)* **what a ~!** qu'est-ce que ça pue !

whiffy* [ˈwɪfɪ] (ADJ) **it's a bit ~ in here!** ça pue ici !

while [waɪl] **1** (CONJ) ⓐ (*= during the time that*) pendant que • **can you wait ~ I telephone?** pouvez-vous attendre pendant que je téléphone ? • **she fell asleep ~ reading** elle s'est endormie en lisant • **"heels repaired ~ you wait"** « talons minute »

ⓑ (*= as long as*) tant que • **it won't happen ~ I'm here** cela n'arrivera pas tant que je serai là

ⓒ (*= although*) quoique + *subj*, bien que + *subj* • **~ there are a few people who like that sort of thing ...** bien qu'il y ait un petit nombre de gens qui aiment ce genre de chose ...

ⓓ (*= whereas*) alors que • **she sings quite well, ~ her sister can't sing a note** elle ne chante pas mal alors que sa sœur ne sait pas chanter du tout

2 (N) **a while** quelque temps • **for a little ~** pendant un petit moment • **a long ~** (assez) longtemps • **once in a ~** (une fois) de temps en temps

▸ **while away** VT SEP (faire) passer • **to ~ away the time** pour (faire) passer le temps

whilst [waɪlst] (CONJ) = **while**

whim [wɪm] (N) caprice *m* • **he did it on a ~** c'était un coup de tête

whimper [ˈwɪmpəʳ] **1** (N) gémissement *m* • **without a ~** (*= without complaining*) sans se plaindre **2** (VI) [*person, baby, dog*] gémir

whimpering [ˈwɪmpərɪŋ] (N) gémissements *mpl*

whimsical [ˈwɪmzɪkəl] (ADJ) [*look*] curieux

whine [waɪn] **1** (N) [*of person, child, dog*] gémissement *m*; [*of siren*] plainte *f* **2** (VI) [*person, dog*] gémir; [*engine*] vrombir • **to ~ about sth** se lamenter sur qch • **don't come whining to me about it** ne venez pas vous plaindre à moi

whinge* [wɪndʒ] (*Brit*) (VI) geindre* (**about** à propos de)

whining [ˈwaɪnɪŋ] (N) [*of person, child*] pleurnicheries *fpl*; [*of dog*] gémissements *mpl*; (*= complaining*) plaintes *fpl* continuelles

whiny* [ˈwaɪnɪ] (ADJ) pleurnichard*

whip [wɪp] **1** (N) ⓐ fouet *m* ⓑ (*Brit Politics*) whip *m* (*parlementaire chargé de la discipline dans son parti*) **2** (VT) ⓐ (*= beat*) fouetter; [*+ egg white*] battre en neige ⓑ (*= seize*)* **to ~ sth out of sb's hands** enlever brusquement qch des mains de qn **3** (COMP) ▸ **whipped cream** N crème *f* fouettée ▸ **whip-round*** N (*Brit*) collecte *f* • **to have a ~-round for sb/sth*** faire une collecte pour qn/qch

▸ **whip out** VT SEP [*+ knife, gun, purse*] sortir brusquement (**from** de)

▸ **whip up** VT SEP ⓐ [*+ cream*] fouetter ⓑ (*= prepare*)* **can you ~ us up something to eat?** est-ce que vous pourriez nous faire à manger en vitesse ?

> **WHIP**
>
> Au Royaume-Uni, un **whip** est un député dont le rôle est, entre autres, de s'assurer que les membres de son parti sont régulièrement présents à la Chambre des communes, surtout lors des votes. Les convocations que les **whips** envoient se distinguent, selon leur degré d'importance, par le fait qu'elles sont soulignées 1, 2 ou 3 fois (les « 1-, 2-, ou 3-line whips »). → CHIEF WHIP

whiplash [ˈwɪplæʃ] (N) (*in car accident*) coup *m* du lapin*

whirl [wɜːl] **1** (N) tourbillon *m* • **the whole week was a ~ of activity** nous n'avons (*or* ils n'ont *etc*) pas arrêté de toute la semaine • **my head is in a ~** j'ai la tête qui tourne • **to give sth a ~*** essayer qch • **give it a ~** tente le coup* **2** (VI) (*= spin*) (*also* **whirl round**) [*dust, water*] tourbillonner • **my head is ~ing** j'ai la tête qui tourne

whirlpool [ˈwɜːlpuːl] (N) tourbillon *m*

whirlwind [ˈwɜːlwɪnd] **1** (N) tornade *f* **2** (ADJ) **a ~ tour of Paris** une visite éclair de Paris

whirr [wɜːʳ] **1** (VI) [*machinery*] ronronner **2** (N) [*of machinery*] ronronnement *m*

whisk [wɪsk] **1** (N) fouet *m*; (*rotary*) batteur *m* à œufs **2** (VT) ⓐ [*+ cream*] battre au fouet; [*+ egg whites*] battre en neige • **~ the eggs into the mixture** incorporez les œufs dans le mélange avec un fouet ⓑ (*= take*) **to ~ sth out of sb's hands** enlever brusquement qch des mains de qn • **she ~ed the baby out of the pram** elle a sorti brusquement le bébé du landau

▸ **whisk off** VT SEP **they ~ed me off to hospital** ils m'ont

W

emmené à l'hôpital sur le champ

whisker ['wɪskəʳ] (N) *[of animal]* moustaches *fpl* • **he won the race by a ~** il a gagné la course de justesse

whiskey *(Ir, US)*, **whisky** *(Brit, Can)* ['wɪskɪ] (N) whisky *m*

whisper ['wɪspəʳ] **1** (VTI) *[person]* chuchoter • **to ~ to sb** chuchoter à l'oreille de qn • **it's rude to ~** c'est mal élevé de chuchoter à l'oreille de quelqu'un • **"it's me" she ~ed** « c'est moi » chuchota-t-elle **2** (N) *(= low tone)* chuchotement *m*

whispering ['wɪspərɪŋ] (N) chuchotement *m* • **stop that ~!** arrêtez de chuchoter !

whistle ['wɪsl] **1** (N) ⓐ *(= sound)* *(made with mouth)* sifflement *m*; *(= jeering)* sifflet *m*; *(made with a whistle)* coup *m* de sifflet

ⓑ *(= object)* sifflet *m*; *(= musical instrument)* pipeau *m* • **the referee blew his ~** l'arbitre a sifflé • **the referee blew his ~ for half-time** l'arbitre a sifflé la mi-temps • **to blow the ~ on sb*** *(= inform on)* dénoncer qn

2 (VI) *[person, bird, wind]* siffler; *(tunefully, light-heartedly)* siffloter • **the audience booed and ~d** les spectateurs ont hué et sifflé • **the audience cheered and ~d** le public criait et sifflait • **the referee ~d for a foul** l'arbitre a sifflé une faute • **an arrow ~d past his ear** une flèche a sifflé à son oreille

3 (VT) *[+ tune]* siffler; *(casually, light-heartedly)* siffloter

whistleblower ['wɪsl,bləʊəʳ] (N) *(in company, organization)* lanceur *m*, -euse *f* d'alerte

whistleblowing ['wɪsl,bləʊɪŋ] (N) *(in company, organization)* lancement *m* d'alerte

whistle-stop ['wɪsl,stɒp] (ADJ) **he made a ~ tour of Virginia** il a fait une tournée éclair en Virginie

white [waɪt] **1** (ADJ) blanc (blanche *f*) • **to turn ~** *(with fear, anger)* pâlir; *[hair]* blanchir • **to be ~ with fear** être blême • **(as) ~ as a sheet** blanc comme un linge • **the public likes politicians to be whiter-than-~** les gens aiment que les hommes politiques soient irréprochables • **a ~ man** un Blanc • **a ~ woman** une Blanche

2 (N) ⓐ blanc *m* • **to be dressed in ~** être vêtu de blanc • **his face was a deathly ~** son visage était d'une pâleur mortelle

ⓑ **White** *(= person of white race)* Blanc *m*, Blanche *f*

3 (COMP) ▸ **white bread** N pain *m* blanc ▸ **white Christmas** N Noël *m* sous la neige ▸ **white coffee** N *(Brit)* café *m* au lait; *(in café)* *(when ordering)* café *m* crème ▸ **white-collar** ADJ **a ~-collar job** un emploi de bureau ▸ **white elephant** N **it's a ~ elephant** c'est tout à fait superflu ▸ **white flag** N drapeau *m* blanc ▸ **white goods** NPL *(= domestic appliances)* appareils *mpl* ménagers ▸ **white-haired** ADJ *[person]* aux cheveux blancs; *[animal]* à poil blanc ▸ **the White House** N la Maison-Blanche ▸ **white-knuckle** ADJ *(= terrifying)* terrifiant • **~-knuckle ride** tour de manège *m* qui décoiffe* ▸ **white lie** N pieux mensonge *m* ▸ **white line** N *(on road)* ligne *f* blanche ▸ **white meat** N viande *f* blanche ▸ **white meter** N **~ meter heating** chauffage *m* par accumulateur ▸ **white paper** N *(Parl)* livre *m* blanc ▸ **white pepper** N poivre *m* blanc ▸ **white sauce** N *(savoury)* sauce *f* blanche; *(sweet)* crème *f* pâtissière *(pour le plum-pudding de Noël)* ▸ **the White Sea** N la mer Blanche ▸ **white spirit** N *(Brit)* white-spirit *m* ▸ **white trash*** N *(US)* *(offensive)* racaille *f* blanche *(pej)* ▸ **white-water sport** N sport *m* en eau vive ▸ **white wedding** N mariage *m* en blanc ▸ **white wine** N vin *m* blanc

whiteboard ['waɪtbɔːd] (N) tableau *m* blanc

Whitehall ['waɪt,hɔːl] (N) Whitehall *m* *(siège des ministères et des administrations publiques)*

whiten ['waɪtn] (VTI) blanchir

whiteness ['waɪtnɪs] (N) blancheur *f*

whitewash ['waɪtwɒʃ] **1** (N) ⓐ *(for walls)* lait *m* de chaux ⓑ **the article in the paper was nothing but a ~** cet article ne visait qu'à blanchir le coupable (*or* les coupables) ⓒ *(Sport)** raclée* *f* **2** (VT) ⓐ *[+ wall]* blanchir à la chaux ⓑ *(Sport)** filer la raclée à

whiting ['waɪtɪŋ] (N) *(pl* **whiting***)* *(= fish)* merlan *m*

Whitsun ['wɪtsn] (N) Pentecôte *f*

whittle ['wɪtl] (VT) *[+ piece of wood]* tailler au couteau

▸ **whittle down** VT SEP *[+ costs, amount]* réduire • **he had ~d eight candidates down to two** sur les huit candidats, il en avait retenu deux

whiz, whizz [wɪz] **1** (N) **a computer/financial ~** un as de l'informatique/des finances **2** (VI) **to go ~zing through the air** fendre l'air (en sifflant) • **bullets ~zed by** les balles sifflaient

whizzy ['wɪzɪ] (ADJ) ultramoderne

WHO [,dʌbljuːeɪtʃ'əʊ] (N) (ABBR OF **World Health Organization**) OMS *f*

who [huː] (PRON) ⓐ *(in questions)* (qui est-ce) qui; *(after prep)* qui • **~'s there?** qui est là ? • **~ are you?** qui êtes-vous ? • **~ has the book?** (qui est-ce) qui a le livre ? • **~ does he think he is?** il se prend pour qui ? • **~ came with you?** (qui est-ce) qui est venu avec vous ? • **~(m) did you see?** qui avez-vous vu ? • **~(m) did you speak to?** à qui avez-vous parlé ? • **~'s the book by?** le livre est de qui ? • **~ is he to tell me ...?** *(indignantly)* de quel droit est-ce qu'il me dit ... ?

ⓑ *(relative pronoun)* qui • **my aunt ~ lives in London** ma tante qui habite à Londres • **those ~ can swim** ceux qui savent nager

whodun(n)it* [,huː'dʌnɪt] (N) roman *m* (*or* film *m* *or* feuilleton *m* *etc*) policier (à énigme)

whoever [huː'evəʳ] (PRON) ⓐ *(= anyone that)* quiconque • **you can give it to ~ wants it** vous pouvez le donner à qui le voudra • **~ finds it can keep it** celui qui le trouvera pourra le garder • **~ gets home first does the cooking** le premier rentré à la maison prépare à manger • **~ said that was an idiot** celui qui a dit ça était un imbécile

ⓑ *(in questions)* *(= who on earth?)** qui donc • **~ told you that?** qui donc vous a dit ça ? • **~ did you give it to?** vous l'avez donné à qui ?

whole [həʊl] **1** (ADJ) ⓐ *(= entire)* *(+ singular noun)* tout, entier; *(+ plural noun)* entier • **along its ~ length** sur toute sa longueur • **~ villages were destroyed** des villages entiers ont été détruits • **the ~ road was like that** toute la route était comme ça • **the ~ world** le monde entier • **he swallowed it ~** il l'a avalé en entier • **we waited a ~ hour** nous avons attendu une heure entière • **it rained (for) three ~ days** il a plu trois jours entiers

ⓑ *(= intact, unbroken)* intact • **keep the egg yolks ~** gardez les jaunes entiers

2 (N) ⓐ *(= the entire amount of)* **the ~ of the morning** toute la matinée • **the ~ of the time** tout le temps • **the ~ of Paris was snowbound** Paris était complètement bloqué par la neige • **the ~ of Paris was talking about it** dans tout Paris on parlait de ça

▸ **on the whole** dans l'ensemble

ⓑ *(= complete unit)* tout *m* • **four quarters make a ~**

quatre quarts font un tout • **the estate is to be sold as a ~** la propriété doit être vendue en bloc

3 (COMP) ▸**whole milk** N lait *m* entier ▸**whole note** N (*US*) ronde *f* ▸**whole number** N nombre *m* entier

wholefood [ˈhəʊlfuːd] (N), **wholefoods** [ˈhəʊlfuːdz] (NPL) (*Brit*) aliments *mpl* complets

wholegrain [ˈhəʊlgreɪn] (ADJ) [*bread, flour*] complet (-ète *f*)

wholehearted [ˌhəʊlˈhɑːtɪd] (ADJ) [*approval, admiration*] sans réserve

wholeheartedly [ˌhəʊlˈhɑːtɪdlɪ] (ADV) [*accept, approve*] sans réserve • **to agree ~** être entièrement d'accord

wholemeal [ˈhəʊlmiːl] (ADJ) (*Brit*) [*flour, bread*] complet (-ète *f*)

wholesale [ˈhəʊlseɪl] 1 (ADJ) [*price*] de gros 2 (ADV) [*buy, sell*] en gros • **I can get it for you ~** je peux vous l'avoir au prix de gros

wholesaler [ˈhəʊlseɪləʳ] (N) grossiste *mf*

wholesome [ˈhəʊlsəm] (ADJ) [*food, life, thoughts*] sain

wholewheat [ˈhəʊlwiːt] (ADJ) [*flour, bread*] complet (-ète *f*)

wholly [ˈhəʊlɪ] (ADV) [*unacceptable, unreliable*] totalement; [*approve*] entièrement • **I'm not ~ convinced** je ne suis pas totalement convaincu

whom [huːm] (PRON) ⓐ (*in questions*) qui • **~ did you see?** qui avez-vous vu ? • **when was the photo taken and by ~?** quand est-ce que la photo a été prise et par qui ? ⓑ (*relative pronoun*) **my aunt, ~ I love dearly** ma tante, que j'aime tendrement • **the woman with ~ he had an affair** la femme avec qui il a eu une liaison • **my daughters, both of ~ are married** mes filles, qui sont toutes les deux mariées

whoops [wuːps] (EXCL) (*avoiding fall*) oups !

whoosh [wuːʃ] 1 (EXCL) zoum ! 2 (VI) **the car ~ed past** la voiture est passée à toute allure

whopper* [ˈwɒpəʳ] (N) (= *large object*) truc* *m* énorme

whopping* [ˈwɒpɪŋ] (ADJ) énorme • **to win a ~ 89 per cent of the vote** remporter les élections avec une écrasante majorité de 89 pour cent • **a ~ $31 billion** la somme énorme de 31 milliards de dollars

whore‡ [hɔːʳ] (N) (*pej*) putain‡ *f*

whose [huːz] 1 (POSS PRON) à qui • **~ is this?** à qui est ceci ? • **I know ~ it is** je sais à qui c'est • **~ is this hat?** à qui est ce chapeau ?

2 (POSS ADJ) ⓐ (*in questions*) à qui, de qui • **~ hat is this?** à qui est ce chapeau ? • **~ son are you?** vous êtes le fils de qui ? • **~ book is missing?** à qui est le livre qui manque ? • **~ fault is it?** c'est la faute de qui ?

ⓑ (*relative use*) dont • **the man ~ hat I took** l'homme dont j'ai pris le chapeau • **those ~ passports I've got here** ceux dont j'ai les passeports ici

why [waɪ] 1 (ADV) pourquoi • **~ did you do it?** pourquoi l'avez-vous fait ? • **I wonder ~ he left her** je me demande pourquoi il l'a quittée • **I wonder ~** je me demande pourquoi • **he told me ~ he did it** il m'a dit pourquoi il a fait ça • **~ not?** pourquoi pas ? • **~ not phone her?** pourquoi ne pas lui téléphoner ?

2 (CONJ) **the reasons ~ he did it** les raisons pour lesquelles il a fait ça • **there's no reason ~ you shouldn't try again** il n'y a pas de raison pour que tu n'essaies pas de nouveau • **that is ~ I never spoke to him again** c'est pourquoi je ne lui ai jamais reparlé

WI [ˌdʌbljuːˈaɪ] (N) (*Brit*) (ABBR OF **Women's Institute**) *association de femmes de tendance plutôt traditionaliste*

wick [wɪk] (N) mèche *f* • **he gets on my ~*** (*Brit*) il me tape sur le système*

wicked [ˈwɪkɪd] (ADJ) ⓐ (= *immoral*) [*person*] mauvais; [*act, deed*] malveillant • **that was a ~ thing to do!** c'était vraiment méchant (de faire ça) ! • **to do sth ~** faire qch de mal ⓑ (= *nasty*) [*comment*] méchant ⓒ (= *naughty*) [*child*] vilain; [*sense of humour*] plein de malice ⓓ (= *good*)* super*

wicker [ˈwɪkəʳ] 1 (N) (= *substance*) osier *m* 2 (ADJ) [*basket, chair*] en osier

wicket [ˈwɪkɪt] (N) (*Cricket*) (= *stumps*) guichet *m*

wide [waɪd] 1 (ADJ) ⓐ (= *broad*) [*road, river*] large; [*selection*] grand • **how ~ is the room?** quelle est la largeur de la pièce ? • **it is 5 metres ~** cela a 5 mètres de large • **he has ~ interests** il a des goûts très éclectiques • **it has a ~ variety of uses** cela se prête à une grande variété d'usages

ⓑ (= *off target*) **the shot was ~** le coup est passé à côté

2 (ADV) **the bullet went ~** la balle est passée à côté • **he stood with his legs ~ apart** il se tenait debout les jambes très écartées • **to open one's eyes ~** ouvrir grand les yeux • **~ open** [*door, window*] grand ouvert • **he left himself ~ open to criticism** il a prêté le flanc à la critique

3 (COMP) ▸**wide-angle lens** N (objectif *m*) grand angle *m* ▸**wide area network** N (*Comput*) grand réseau *m* ▸**wide-awake** ADJ bien réveillé; (*fig*) éveillé ▸**wide-eyed** ADJ (*in naïveté*) aux yeux grand ouverts ▸**wide-ranging** ADJ [*report, survey*] de grande envergure; [*interests*] divers ▸**wide screen** N (*Cinema*) écran *m* panoramique

widely [ˈwaɪdlɪ] (ADV) ⓐ (= *generally*) [*available*] généralement; [*used, regarded, expected*] largement; [*known*] bien • **it is ~ believed that ...** on pense généralement que ... ⓑ (= *much*) [*travel*] beaucoup • **to be ~ read** [*reader*] avoir beaucoup lu

widen [ˈwaɪdn] 1 (VT) [+ *gap, road, river*] élargir • **to ~ one's horizons** élargir ses horizons 2 (VI) s'élargir

widespread [ˈwaɪdspred] (ADJ) [*availability*] courant; [*belief, opinion*] très répandu; [*confusion*] général

widget [ˈwɪdʒɪt] (N) ⓐ (= *device*)* gadget *m* ⓑ (*Internet*) widget *m*

widow [ˈwɪdəʊ] 1 (N) veuve *f* • **she's a golf ~** elle ne voit jamais son mari qui passe son temps au golf 2 (VT) **to be ~ed** [*man*] devenir veuf; [*woman*] devenir veuve • **she was ~ed in 1989** elle est devenue veuve en 1989

widower [ˈwɪdəʊəʳ] (N) veuf *m*

width [wɪdθ] (N) largeur *f* • **what is the ~ of the room?** quelle est la largeur de la pièce ? • **it is 5 metres in ~** ça fait 5 mètres de large

wield [wiːld] (VT) ⓐ [+ *sword*] manier ⓑ [+ *authority, control*] exercer

wife [waɪf] (*pl* **wives**) (N) femme *f*

Wi-Fi [ˈwaɪfaɪ] (N) (ABBR OF **wireless fidelity**) wifi *m*, sans fil *m* ▸**Wi-Fi squatting** N (= *unauthorized use*) piratage m de réseaux wifi; (*in café etc*) *utilisation excessive du wifi gratuit*

wig [wɪg] (N) perruque *f*

wiggle [ˈwɪgl] (VT) [+ *toes*] remuer; [+ *tooth*] faire bouger

wiggly [ˈwɪglɪ] (ADJ) **a ~ line** un trait ondulé

wigwam [ˈwɪgwæm] (N) wigwam *m*

wiki [awɪkɪ] (N) (*Comput*) wiki *m*

wild [waɪld] 1 (ADJ) ⓐ [*animal*] sauvage • **it was growing ~** (= *uncultivated*) ça poussait à l'état sauvage • **a ~ stretch of coastline** une côte sauvage • **~ horses wouldn't make me tell you** je ne te le dirais pour rien au monde

W

ⓑ (*= rough*) [*wind*] violent; [*sea*] démonté
ⓒ (*= unrestrained*) [*laughter, party*] fou (folle *f*); [*imagination*] débordant • **he had a ~ look in his eyes** il avait une lueur sauvage dans les yeux • **he was ~ in his youth** il a fait les quatre cents coups dans sa jeunesse • **to have a ~ night out on the town** sortir faire la fête* • **there was a lot of ~ talk about ...** on a dit les choses les plus folles sur ... • **they made some ~ promises** ils ont fait des promesses extravagantes • **to make a ~ guess** risquer une hypothèse (**at sth** sur qch)
ⓓ (*= excited, enthusiastic*) fou (folle *f*) (**about** de) • **to be ~ about sb/sth*** être dingue* de qn/qch • **I'm not ~ about it*** ça ne m'emballe* pas beaucoup • **the audience went ~** le public s'est déchaîné • **his fans went ~ when he appeared** ses fans* se sont déchaînés quand il est apparu
2 (N) **in the ~** dans la nature, à l'état sauvage • **this plant grows in the ~** cette plante existe à l'état sauvage • **he lives in the ~s of Alaska** il vit au fin fond de l'Alaska
3 (COMP) ▸**wild boar** N sanglier *m* ▸**wild flowers** NPL fleurs *fpl* sauvages ▸**wild-goose chase** N **he sent me off on a ~-goose chase** il m'a fait courir partout pour rien ▸**wild rice** N riz *m* sauvage ▸**the Wild West** N (*US*) le Far West

wildcat ['waɪld,kæt] (N) chat *m* sauvage

wildebeest ['wɪldɪbi:st] (N) (*pl* **wildebeests** *or* **wildebeest**) gnou *m*

wilderness ['wɪldənɪs] (N) étendue *f* sauvage • **the garden has become a ~** le jardin est en friche • **he returned to power after eight years in the ~** il est revenu au pouvoir après une traversée du désert de huit ans

wildfire ['waɪldfaɪəʳ] (N) **to spread like ~** se répandre comme une traînée de poudre

wildlife ['waɪldlaɪf] (N) faune *f* et flore *f* • **the ~ of Central Australia** la faune et la flore d'Australie centrale ▸**wildlife park** N réserve *f* naturelle ▸**wildlife photographer** N photographe *mf* animalier ▸**wildlife programme** N émission *f* sur les animaux ▸**wildlife sanctuary** N réserve *f* naturelle

wildly ['waɪldlɪ] (ADV) ⓐ (*= excitedly*) [*applaud*] frénétiquement; [*talk*] avec beaucoup d'agitation; [*behave*] de façon extravagante • **to cheer ~** crier et se déchaîner
ⓑ (*= extremely*) [*optimistic*] follement; [*vary*] énormément

wilful, willful (*US*) ['wɪlfʊl] (ADJ) (*= deliberate*) [*destruction, ignorance*] délibéré

will [wɪl] 1 (MODAL VERB) ⓐ (*future*)

> When **will** or **'ll** is used to form the future, it is often translated by the future tense.

• **he ~ speak** il parlera • **you'll regret it some day** tu le regretteras un jour • **we ~ come too** nous viendrons (nous) aussi

> In the following examples the main verb is future, the other is present: in French both verbs must be in the future tense.

• **what ~ he do when he finds out?** qu'est-ce qu'il fera lorsqu'il s'en apercevra? • **we'll do all we can** nous ferons tout ce que nous pourrons

> When **will** or **'ll** indicates the more immediate future, **aller** + verb is used.

• **I'll give you a hand with that** je vais te donner un coup de main avec ça • **he ~ be here shortly** il va bientôt arriver

> When **will** or **won't** is used in short replies, no verb is used in French.

• **~ he come too? — yes he ~** est-ce qu'il viendra aussi? — oui • **I'll go with you — oh no you won't!** je vais vous accompagner — non, certainement pas!

> When **won't** is used in question tags, eg **won't it, won't you** the translation is often **n'est-ce pas**.

• **you ~ come to see us, won't you?** vous viendrez nous voir, n'est-ce pas? • **that'll be okay, won't it?** ça ira, n'est-ce pas?

> When future meaning is made clear by words like **tomorrow**, or **next week**, the present tense can also be used in French.

• **he'll be here tomorrow** il arrive *or* il arrivera demain • **I'll phone you tonight** je t'appelle *or* je t'appellerai ce soir
ⓑ (*future perfect*)
▸**will have** *+ past participle* **the holiday ~ have done him good** les vacances lui auront fait du bien • **he ~ have left by now** il sera déjà parti à l'heure qu'il est
ⓒ (*habitual actions*)

> When **will** indicates that something commonly happens, the present is used in French.

• **he ~ sit for hours doing nothing** il reste assis pendant des heures à ne rien faire • **the car ~ do 150km/h** cette voiture fait du 150 km/h • **thieves ~ often keep a stolen picture for years** les voleurs gardent souvent un tableau volé pendant des années
ⓓ (*requests, orders*)

> The present tense of **vouloir** is often used.

• **~ you be quiet!** veux-tu (bien) te taire! • **~ you please sit down!** voulez-vous vous asseoir, s'il vous plaît! • **~ you help me? — yes I ~** tu veux m'aider? — oui, je veux bien • **~ you promise to be careful?** tu me promets de faire attention?
▸ **won't** (*= refuse(s) to*) **the window won't open** la fenêtre ne veut pas s'ouvrir • **she won't let me drive the car** elle ne veut pas me laisser conduire la voiture • **~ you promise? — no I won't** tu me le promets? — non
ⓔ (*invitations, offers*) **~ you have a cup of coffee?** voulez-vous prendre un café? • **~ you join us for a drink?** voulez-vous prendre un verre avec nous? • **won't you come with us?** vous ne voulez pas venir (avec nous)? • **I'll help you if you like** je vais vous aider si vous voulez
ⓕ (*= must*) **that ~ be the taxi** ça doit être le taxi • **she'll be about forty** elle doit avoir quarante ans environ

• **you'll be thinking I'm crazy** tu dois penser que je suis fou

2 TRANSITIVE VERB (*pret, ptp* **willed**) ⓐ (*= urge by willpower*) **he was ~ing her to look at him** il l'adjurait intérieurement de le regarder

ⓑ (*= bequeath*) **to ~ sth to sb** léguer qch à qn

3 NOUN ⓐ (*= determination*) volonté *f* • **he has a ~ of his own** il sait ce qu'il veut • **he has a strong ~** il a beaucoup de volonté • **the ~ to live** la volonté de survivre • **to do sth against sb's ~** faire qch contre la volonté de qn • (PROV) **where there's a ~ there's a way** vouloir c'est pouvoir (PROV)

▸ **at will** **an employer who can sack you at ~** un employeur qui peut vous licencier comme il le veut • **I can speed up and slow down at ~** je peux accélérer et ralentir comme je veux

ⓑ (*= document*) testament *m* • **to make a ~** faire son testament • **he left it to me in his ~** il me l'a légué par testament • **the last ~ and testament of ...** les dernières volontés de ...

willie* ['wɪlɪ] 1 N (*Brit*) zizi* *m* 2 NPL **the willies** **it gives me the ~s** ça me fout la trouille*

willing ['wɪlɪŋ] ADJ ⓐ (*= prepared*) **to be ~ to do sth** être disposé à faire qch • **I was quite ~ for him to come** j'étais tout à fait d'accord pour qu'il vienne ⓑ (*= eager*) [*participant*] enthousiaste; [*worker, partner*] plein de bonne volonté • **he's very ~** il est plein de bonne volonté

willingly ['wɪlɪŋlɪ] ADV ⓐ (*= readily*) **he ~ accepted** il a accepté de bon cœur • **can you help us? — ~!** peux-tu nous aider? — volontiers! ⓑ (*= voluntarily*) volontairement • **did he do it ~ or did you have to make him?** l'a-t-il fait de son plein gré ou bien vous a-t-il fallu le forcer?

willingness ['wɪlɪŋnɪs] N bonne volonté *f*; (*= enthusiasm*) empressement *m* (**to do sth** à faire qch) • **I was grateful for his ~ to help** je lui étais reconnaissant de son empressement à m'aider

willow ['wɪləʊ] N saule *m*

willpower ['wɪlpaʊə^r] N volonté *f*

willy* ['wɪlɪ] N zizi* *m*

willy-nilly ['wɪlɪ'nɪlɪ] ADV (*= at random*) au hasard

wilt [wɪlt] VI [*flower*] se faner; [*plant*] se dessécher; [*enthusiasm*] diminuer • **confidence has visibly ~ed** la confiance des milieux d'affaires a visiblement diminué

Wilts (ABBR OF **Wiltshire**)

wily ['waɪlɪ] ADJ [*person*] rusé

wimp* [wɪmp] N mauviette *f*

win [wɪn] (*vb: pret, ptp* **won**) 1 N victoire *f* 2 VI (*in war, sport, competition*) gagner • **who's ~ning?** qui gagne? • **to ~ hands down*** gagner haut la main • **you ~!** (*in reluctant agreement*) soit! tu as gagné! 3 VT ⓐ [*+ war, match, competition*] gagner ⓑ [*+ prize, sum of money*] gagner; [*+ victory*] remporter; [*+ scholarship*] obtenir ⓒ [*+ fame, fortune*] trouver; [*+ sb's friendship*] gagner; [*+ sympathy, support, supporters*] s'attirer • **to ~ friends** se faire des amis • **to ~ sb's love/respect** se faire aimer/respecter de qn • **to ~ sb to one's cause** gagner qn à sa cause

▸ **win over, win round** VT SEP [*+ person*] convaincre • **I won him over to my point of view** je l'ai gagné à ma façon de voir

wince [wɪns] VI (*= flinch*) tressaillir; (*= grimace*) grimacer (de douleur) • **he ~d as I touched his arm** il a grimacé de douleur lorsque j'ai touché son bras

winch [wɪntʃ] VT **to ~ sth up/down** monter/descendre qch au treuil • **they ~ed him out of the water** ils l'ont hissé hors de l'eau avec un treuil

wind[1] [wɪnd] 1 N ⓐ vent *m* • **the ~ dropped** le vent est tombé • **which way is the ~?** d'où vient le vent? • **to take the ~ out of sb's sails** couper l'herbe sous le pied de qn • **the ~ of change is blowing** le vent du changement souffle • **there's something in the ~** il y a quelque chose dans l'air • **to get ~ of sth** avoir vent de qch

ⓑ (*= breath*) souffle *m* • **to knock the ~ out of sb** [*blow*] couper le souffle à qn; [*fall, exertion*] essouffler qn • **to get one's ~ back** reprendre (son) souffle • **to put the ~ up sb*** (*Brit*) flanquer la frousse à qn*

ⓒ (*= flatulence*) gaz *mpl* • **the baby has got ~** le bébé a des gaz • **to break ~** lâcher un vent

2 VT ⓐ **the blow ~ed him** le coup lui a coupé le souffle ⓑ **to ~ a baby** faire faire son rot* à un bébé

3 COMP ▸ **wind-borne** ADJ [*seeds, pollen*] transporté par le vent ▸ **wind-chill, wind-chill factor** N (facteur *m* de) refroidissement *m* dû au vent • **a ~-chill factor of 10°** une baisse de 10° due au vent ▸ **wind-chimes** NPL carillon *m* éolien ▸ **wind farm** N éoliennes *fpl* ▸ **wind instrument** N instrument *m* à vent ▸ **wind power** N énergie *f* éolienne ▸ **wind tunnel** N tunnel *m* aérodynamique

wind[2] [waɪnd] (*vb: pret, ptp* **wound**) 1 N (*= bend*) coude *m* 2 VT ⓐ (*= roll*) [*+ thread, rope*] enrouler (**round** autour de); (*= wrap*) envelopper • **to ~ one's arms round sb** enlacer qn ⓑ [*+ clock, watch*] remonter ⓒ **he slowly wound his way home** il prit lentement le chemin du retour 3 VI **to ~ along** [*river, path*] serpenter • **the road ~s through the valley** la route serpente à travers la vallée • **the line of cars wound slowly up the hill** la file de voitures a lentement gravi la colline en serpentant

▸ **wind down** 1 VI (*= relax*)* se détendre 2 VT SEP ⓐ [*+ car window*] baisser ⓑ [*+ department, service*] réduire progressivement (en vue d'un démantèlement éventuel)

▸ **wind up** 1 VI ⓐ [*meeting, discussion*] se terminer (**with** par) ⓑ* **they wound up stranded in Rotterdam** ils se sont retrouvés bloqués à Rotterdam 2 VT SEP ⓐ (*= end*) [*+ meeting, speech*] terminer (**with** par); [*+ business*] liquider ⓑ [*+ car window*] monter ⓒ [*+ watch*] remonter • **it gets me all wound up*** ça me retourne* ⓓ (*Brit*) (*= tease person*) faire marcher*

windbreak ['wɪndbreɪk] N (*for camping*) pare-vent *m inv*

winder ['waɪndə^r] N ⓐ [*of watch*] remontoir *m* ⓑ (*for car windows*) lève-vitre *m*

windfall ['wɪndfɔːl] N aubaine *f* ▸ **windfall tax** N taxe *f* exceptionnelle sur les bénéfices (*des entreprises privatisées*)

winding ['waɪndɪŋ] ADJ [*road, path, river*] sinueux; [*stairs, staircase*] tournant

windmill ['wɪndmɪl] N moulin *m* à vent

window ['wɪndəʊ] N fenêtre *f*; (*in car, train*) vitre *f*; [*of shop, café*] vitrine *f*; (*in post office, ticket office*) guichet *m* • **don't lean out of the ~** ne te penche pas par la fenêtre; (*in train, car*) ne te penche pas en dehors • **well, there's another plan out the ~!*** voilà encore un projet qui tombe à l'eau! • **to break a ~** casser une vitre ▸ **window box** N jardinière *f* ▸ **window cleaner** N (*= person*) laveur *m*, -euse *f* de vitres ▸ **window display** N devanture *f* ▸ **window frame** N châssis *m* (de fenêtre) ▸ **window ledge** N (*inside*) appui *m* de fenêtre; (*outside*) rebord *m* de fenêtre ▸ **window pane** N vitre *f*, carreau *m* ▸ **window seat** N (*in room*) banquette *f* (située sous la fenêtre); (*in*

W

vehicle) place *f* côté fenêtre ▸ **window-shopping** N **to go ~-shopping** faire du lèche-vitrines

windowsill [ˈwɪndəʊsɪl] N (*inside*) appui *m* de fenêtre; (*outside*) rebord *m* de fenêtre

windpipe [ˈwɪndpaɪp] N trachée *f*

windscreen [ˈwɪndskriːn] N pare-brise *m inv* ▸ **windscreen washer** N lave-glace *m* ▸ **windscreen wiper** N essuie-glace *m*

windshield [ˈwɪndʃiːld] N (*US*) pare-brise *m inv*

windsurfer [ˈwɪndsɜːfəʳ] N ⓐ (= *person*) (véli)planchiste *mf* ⓑ (= *board*) planche *f* à voile

windsurfing [ˈwɪndsɜːfɪŋ] N planche *f* à voile (*sport*)

windswept [ˈwɪndswept] ADJ venteux

windy [ˈwɪndɪ] ADJ ⓐ (= *blustery*) **a ~ day** un jour de vent • **it's ~ today** il y a du vent aujourd'hui • **the weather will be wet and ~** il y aura de la pluie et du vent ⓑ (= *windswept*) [*place*] balayé par les vents

wine [waɪn] 1 N vin *m*
2 VT **to ~ and dine sb** emmener qn au restaurant
3 COMP ▸ **wine bar** N bar *m* à vin(s) ▸ **wine box** N cubitainer® *m* ▸ **wine cask** N fût *m* ▸ **wine-coloured** ADJ lie-de-vin *inv* ▸ **wine grower** N viticulteur *m*, -trice *f* ▸ **wine growing** N viticulture *f* ♦ ADJ [*district, industry*] vinicole ▸ **wine list** N carte *f* des vins ▸ **wine merchant** N (*Brit*) marchand(e) *m(f)* de vin; (*on larger scale*) négociant(e) *m(f)* en vins ▸ **wine rack** N casier *m* à bouteilles (de vin) ▸ **wine tasting** N dégustation *f* (de vins) ▸ **wine vinegar** N vinaigre *m* de vin ▸ **wine waiter** N sommelier *m*, -ière *f*

winery [ˈwaɪnərɪ] N établissement *m* vinicole

wing [wɪŋ] 1 N aile *f* • **to take sb under one's ~** prendre qn sous son aile • **the left/right ~ of the party** l'aile gauche/droite du parti • **the political ~ of the IRA** l'aile *f* politique de l'IRA • **left/right ~** ailier *m*, -ière *f* gauche/droit(e) • **he plays (on the) left ~** il est ailier gauche
2 NPL **the wings** (*Theatre*) les coulisses *fpl* • **to stand in the ~s** (*Theatre*) se tenir dans les coulisses; (*fig*) rester dans les coulisses • **to wait in the ~s for sb to do sth** (*fig*) attendre dans les coulisses que qn fasse qch
3 VT **to ~ one's way** voler • **they ~ed their way over the sea** ils ont survolé la mer
4 COMP ▸ **wing commander** N lieutenant(e)-colonel(le) *m(f)* (de l'armée de l'air) ▸ **wing-forward** N (*Rugby*) ailier *m*, -ière *f* ▸ **wing mirror** N (*Brit*) rétroviseur *m* latéral

winged [wɪŋd] ADJ ailé

winger [ˈwɪŋəʳ] N (*Sport*) ailier *m*, -ière *f* • **left-/right-~** (*Politics*) sympathisant(e) *m(f)* de gauche/droite

wingspan [ˈwɪŋspæn] N envergure *f*

wink [wɪŋk] 1 N clin *m* d'œil • **to give sb a ~** faire un clin d'œil à qn • **with a ~** en clignant de l'œil • **I didn't get a ~ of sleep*** je n'ai pas fermé l'œil de la nuit 2 VI [*person*] faire un clin d'œil (**to, at** à) 3 VT **to ~ one's eye** faire un clin d'œil (**at sb** à qn)

winner [ˈwɪnəʳ] N ⓐ (= *victor: in fight, argument*) vainqueur *m*; (*Sport*) gagnant(e) *m(f)*, vainqueur *m*; (= *winning goal*) but *m* de la victoire; (= *winning shot*) coup *m* gagnant • **to be the ~** gagner • **his latest show is a ~*** son dernier spectacle va faire un malheur* • **I think he's on to a ~** (= *has chosen winner*) je crois qu'il a tiré le bon numéro ⓑ (*gen pl*) (= *beneficiary*) gagnant(e) *m(f)* (*fig*)

winning [ˈwɪnɪŋ] 1 ADJ ⓐ [*person, dog, car, stroke, shot*] gagnant • **the ~ goal** le but de la victoire ⓑ (= *captivating*) [*smile, manner*] charmeur 2 NPL **winnings** (*Betting*) gains *mpl*

winnow [ˈwɪnəʊ] VT [+ *grain*] vanner • **to ~ truth from falsehood** (*liter*) démêler le vrai du faux

wino* [ˈwaɪnəʊ] N poivrot* *m*

winter [ˈwɪntəʳ] 1 N hiver *m* • **in ~** en hiver • **in the ~ of 1996** pendant l'hiver de 1996 2 COMP [*weather, day, residence*] d'hiver ▸ **winter clothes** NPL vêtements *mpl* d'hiver ▸ **Winter Olympics** NPL Jeux *mpl* olympiques d'hiver ▸ **winter sports** NPL sports *mpl* d'hiver

wintry [ˈwɪntrɪ] ADJ [*weather*] d'hiver • **in ~ conditions** par temps d'hiver • **~ conditions on the roads** difficultés *fpl* de circulation dues à l'hiver

win-win [wɪnˈwɪn]* ADJ **a ~ situation** une situation où tout le monde gagne

wipe [waɪp] 1 N ⓐ **to give sth a ~** donner un coup de torchon à qch ⓑ (*cloth*) lingette *f* 2 VT ⓐ [+ *table, dishes, floor*] essuyer (**with** avec) • **to ~ one's hands** s'essuyer les mains (**on** sur, **with** avec) • **to ~ one's feet** (*with towel, on mat*) s'essuyer les pieds • **to ~ one's nose** se moucher • **to ~ the slate clean** passer l'éponge et repartir à zéro ⓑ [+ *tape, disk, video*] effacer • **to ~ sth from a tape** effacer qch sur une bande 3 COMP ▸ **wipe-out** N (= *destruction*) destruction *f*
▸ **wipe away** VT SEP [+ *tears*] essuyer; [+ *marks*] effacer
▸ **wipe out** VT SEP [+ *town, people, army*] anéantir

wiper [ˈwaɪpəʳ] N (*for windscreen*) essuie-glace *m*

wire [ˈwaɪəʳ] 1 N ⓐ (= *substance*) fil *m* de fer; (= *piece of wire*) fil *m* • **they got their ~s crossed*** il y a eu malentendu ⓑ (*US*) (= *telegram*) télégramme *m* ⓒ (*Police*) (= *hidden microphone*) micro *m* caché 2 VT ⓐ [+ *house*] faire l'installation électrique de ⓑ (*US*) (= *telegraph*) télégraphier (**to** à) 3 COMP ▸ **wire brush** N brosse *f* métallique ▸ **wire-cutters** NPL cisailles *fpl* ▸ **wire mesh** N grillage *m* ▸ **wire service** N (*US*) agence *f* de presse (*utilisant des téléscripteurs*) ▸ **wire wool** N (*Brit*) paille *f* de fer

wired [waɪəd] ADJ ⓐ **to be ~** (*Comput*) être connecté; (*for cable TV*) être raccordé; (= *bugged*) être équipé de micros cachés ⓑ (= *tense*)* tendu

wireless [ˈwaɪəlɪs] 1 ADJ [*technology, communication*] sans fil 2 N † (= *radio*) radio *f* 3 COMP ▸ **wireless hotspot** N borne *f* wifi, point *m* d'accès wifi *or* sans fil ▸ **wireless router** N routeur *m* wifi *or* sans fil

wiretap [ˈwaɪətæp] 1 VT mettre sur écoute 2 N écoute *f* téléphonique

wiring [ˈwaɪərɪŋ] N (*in building*) installation *f* électrique

wiry [ˈwaɪərɪ] ADJ ⓐ [*person*] maigre et nerveux ⓑ [*hair*] rêche

Wis (ABBR OF **Wisconsin**)

wisdom [ˈwɪzdəm] N [*of person*] sagesse *f*; [*of action, remark*] prudence *f* ▸ **wisdom tooth** N dent *f* de sagesse

wise [waɪz] 1 ADJ ⓐ (= *prudent*) [*person, decision*] sage; [*choice, investment*] judicieux • **a ~ man** un sage • **a ~ move** une sage décision • **it would be ~ to accept** il serait judicieux d'accepter • **he was ~ enough to refuse** il a eu la sagesse de refuser • **I'm none the ~r** (= *don't understand*) ça ne m'avance pas beaucoup • **nobody will be any the ~r** (= *won't find out*) personne n'en saura rien ⓑ (= *aware, informed*)* **to get ~** piger* • **to be** *or* **get ~ to sb** voir clair dans le jeu de qn • **to be** *or* **get ~ to sth** piger* qch • **get ~!** réveille-toi !
2 COMP ▸ **wise guy*** N petit malin* *m* ▸ **the Wise Men** NPL (*also* **the Three Wise Men**) les Rois *mpl* mages
▸ **wise up*** VI **to ~ up (to sth)** réaliser (qch)

wisecrack ['waɪzkræk] (N) vanne* *f*
wisely ['waɪzlɪ] (ADV) [*use, spend*] avec sagesse • **you have chosen ~** vous avez fait un choix judicieux • **~, he turned down their offer** il a eu la sagesse de refuser leur proposition
wish [wɪʃ] **1** (VT) ⓐ (= *desire*) souhaiter • **I ~ I'd gone with you** je regrette de ne pas vous avoir accompagné • **I ~ you had left with him** je regrette que tu ne sois pas parti avec lui • **I ~ I hadn't said that** je regrette d'avoir dit cela • **I only ~ I'd known about that before!** si seulement j'avais su ça avant ! • **I ~ I could!** si seulement je pouvais !
ⓑ (= *desire for sb else*) souhaiter • **I ~ you well in what you're trying to do** je vous souhaite de réussir dans ce que vous voulez faire • **~ me luck!** souhaite-moi bonne chance ! • **to ~ sb a happy birthday** souhaiter bon anniversaire à qn • **I ~ you every happiness!** je vous souhaite d'être très heureux ! • **he ~ed us every happiness** il nous a exprimé tous ses vœux de bonheur • **I wouldn't ~ that on my worst enemy** c'est quelque chose que je ne souhaiterais pas à mon pire ennemi
2 (VI) faire un vœu • **to ~ for sth** souhaiter qch • **she's got everything she could ~ for** elle a tout ce qu'elle peut désirer • **what more could you ~ for?** que pourrais-tu souhaiter de plus ?
3 (N) ⓐ (= *desire, will*) désir *m* • **your ~ is my command** vos désirs sont des ordres • **he had no great ~ to go** il n'avait pas grande envie d'y aller • **to go against sb's ~es** contrecarrer les désirs de qn • **he did it against my ~es** il l'a fait contre mon gré
ⓑ (= *specific desire*) vœu *m* • **to make a ~** faire un vœu • **his ~ came true** son vœu s'est réalisé
ⓒ (= *greeting*) **he sends his best ~es** il vous fait ses amitiés • **(with) best ~es for your future happiness** tous mes (*or* nos) vœux de bonheur • **(with) best ~es for Christmas and the New Year** (nos) meilleurs vœux pour Noël et la nouvelle année • **with best ~es from** (*in letter*) bien amicalement
4 (COMP) ▸ **wish list** N liste *f* de souhaits • **top of my ~ list** mon souhait le plus cher
wishful ['wɪʃfʊl] (ADJ) **he says he'll be released from prison next month, but that's just ~ thinking!** il dit qu'il sera libéré de prison le mois prochain, mais il prend ses désirs pour des réalités !
wishy-washy* ['wɪʃɪˌwɒʃɪ] (ADJ) [*person, answer*] mou (molle *f*); [*taste, colour*] fadasse*
wisp [wɪsp] (N) [*of hair*] fine mèche *f*
wistful ['wɪstfʊl] (ADJ) [*person, look, mood*] mélancolique
wit [wɪt] (N) ⓐ (= *intelligence*) **~(s)** esprit *m*, intelligence *f* • **to have your ~s about you** avoir de la présence d'esprit • **you'll need (to have) all your ~s about you if you're to avoid being seen** tu vas devoir faire très attention pour éviter d'être vu • **keep your ~s about you!** restez attentif ! • **it was a battle of ~s (between them)** ils jouaient au plus fin • **he lives on his ~s** il vit d'expédients • **he was at his ~s' end** il ne savait plus que faire • **she was nearly out of her ~s with worry about him** elle était folle d'inquiétude pour lui
ⓑ (= *wittiness*) esprit *m* • **the book is full of ~** le livre est plein d'esprit
ⓒ (= *person*) homme *m* d'esprit, femme *f* d'esprit
witch [wɪtʃ] (N) sorcière *f* ▸ **witch doctor** N sorcier *m* (*de tribu*) ▸ **witch hunt** N chasse *f* aux sorcières ▸ **witch hazel** N hamamélis *m*
witchcraft ['wɪtʃkrɑːft] (N) sorcellerie *f*

with [wɪð, wɪθ] PREPOSITION

> When **with** is part of a set combination, eg **good with**, **agree with**, look up the other word.

ⓐ avec • **come ~ me!** viens avec moi ! • **he had an argument ~ his brother** il s'est disputé avec son frère

> The pronoun is not translated in the following, where **it** and **them** refer to things.

• **he's gone off ~ it** il est parti avec • **these gloves, I can't drive ~ them on** ces gants-là, je ne peux pas conduire avec

> Note the verbal construction in the following example.

• **she had her umbrella ~ her** elle avait emporté son parapluie
▸ **to be with sb** être avec qn; (= *understand*) suivre qn • **I'm ~ you** (= *understand*) je vous suis • **sorry, I'm not ~ you** désolé, je ne vous suis pas • **I'll be ~ you in a minute** (= *attend to*) je suis à vous dans une minute • **I'm ~ you all the way** (= *support*) je suis à fond avec vous
▸ **to be with it*** (= *fashionable*) être dans le vent*
▸ **to get with it*** **get ~ it!** (= *pay attention*) réveille-toi !, secoue-toi !; (= *face facts*) redescends sur terre !
ⓑ (= *on one's person*) sur • **I haven't got any money ~ me** je n'ai pas d'argent sur moi
ⓒ (= *in the house of, working with*) chez • **she was staying ~ friends** elle habitait chez des amis • **he lives ~ his aunt** il habite avec sa tante • **he's ~ IBM** il travaille chez IBM • **a scientist ~ ICI** un chercheur de ICI • **I've been ~ this company for seven years** cela fait sept ans que je travaille pour cette société
ⓓ (*in descriptions = that has, that have*) **the man ~ the beard** l'homme à la barbe • **the boy ~ brown eyes** le garçon aux yeux marron • **I want a coat ~ a fur collar** je veux un manteau avec un col de fourrure • **passengers ~ tickets** voyageurs *mpl* munis de billets • **patients ~ cancer** les personnes atteintes d'un cancer
ⓔ (*cause*) de • **she was sick ~ fear** elle était malade de peur • **the hills are white ~ snow** les montagnes sont blanches de neige
ⓕ (= *in spite of*) malgré • **~ all his intelligence, he still doesn't understand** malgré toute son intelligence, il ne comprend toujours pas
ⓖ (*manner*) avec • **he did it ~ great care** il l'a fait avec beaucoup de précautions • **I'll do it ~ pleasure** je le ferai avec plaisir • **I found the street ~ no trouble at all** je n'ai eu aucun mal à trouver la rue • **~ my whole heart** de tout mon cœur
ⓗ (*circumstances*) **~ these words he left us** sur ces mots, il nous a quittés • **~ the approach of winter** à l'approche de l'hiver • **~ so much happening it was difficult to ...** il se passait tellement de choses qu'il était difficile de ...
▸ **with that** **~ that, he closed the door** sur ce, il a fermé la porte

W

withdraw [wɪθ'drɔː] (*pret* **withdrew**, *ptp* **withdrawn**) 1 (VT) [+ *person, application, troops, accusation, statement*] retirer; [+ *goods*] retirer de la vente • **I ~ what I just said** je retire ce que je viens de dire 2 (VI) ⓐ (= *move away*) [*troops*] se replier; [*person*] se retirer • **she withdrew into her bedroom** elle s'est retirée dans sa chambre • **to ~ into o.s.** se replier sur soi-même ⓑ [*candidate, competitor*] se retirer, se désister

withdrawal [wɪθ'drɔːəl] 1 (N) ⓐ (= *removal*) [*of application, troops, product*] retrait *m* • **his party has announced its ~ of support for the government** son parti a annoncé qu'il retirait son soutien au gouvernement • **to make a ~** (*from bank*) effectuer un retrait ⓑ (= *resigning*) [*of member, participant, candidate*] désistement *m*; [*of athlete*] retrait *m* ⓒ (*after addiction*) **to be in** *or* **suffering from ~** être en état de manque 2 (COMP) ▸ **withdrawal slip** N (*Banking*) bordereau *m* de retrait ▸ **withdrawal symptoms** NPL symptômes *mpl* de manque • **to suffer** *or* **have ~ symptoms** être en état de manque

withdrawn [wɪθ'drɔːn] 1 (VB) *ptp of* **withdraw** 2 (ADJ) (= *reserved*) [*person*] renfermé

wither ['wɪðəʳ] (VI) [*plant*] se flétrir

▸ **wither away** VI [*plant*] se dessécher; [*hope*] s'évanouir

withered ['wɪðəd] (ADJ) [*flower, leaf, plant*] flétri; [*person*] ratatiné

withhold [wɪθ'həʊld] (*pret, ptp* **withheld** [wɪθ'held]) (VT) [+ *money from pay*] retenir (**from sth** de qch); [+ *payment, decision*] différer; [+ *facts*] cacher (**from sb** à qn)

within [wɪð'ɪn] 1 (ADV) dedans, à l'intérieur • **from ~** de l'intérieur

2 (PREP) ⓐ (= *inside*) à l'intérieur de • **~ the park** dans le parc • **~ the city walls** intra-muros

ⓑ (= *within limits of*) **to be ~ the law** être dans les limites de la légalité • **to live ~ one's means** vivre selon ses moyens • **the coast was ~ sight** la côte était en vue

ⓒ (*in measurement, distances*) **~ a kilometre of the house** à moins d'un kilomètre de la maison • **correct to ~ a centimetre** correct à un centimètre près

ⓓ (*in time*) **~ a week of her visit** (= *after*) moins d'une semaine après sa visite; (= *before*) moins d'une semaine avant sa visite • **I'll be back ~ the hour** je serai de retour d'ici une heure • **they arrived ~ minutes (of our call)** ils sont arrivés très peu de temps après (notre appel) • **"use ~ three days of opening"** « se conserve trois jours après ouverture »

without [wɪð'aʊt]

> When **without** is an element in a phrasal verb, eg **do without**, **go without**, look up the verb.

(PREP) (= *lacking*) sans • **~ a coat or hat** sans manteau ni chapeau • **he went off ~ it** il est parti sans (le prendre) • **~ any money** sans argent • **~ so much as a phone call** sans même un coup de téléphone • **~ a doubt** sans aucun doute • **not ~ some difficulty** non sans difficulté • **~ fail** sans faute • **~ speaking, he ...** sans parler, il ... • **~ anybody knowing** sans que personne le sache

withstand [wɪθ'stænd] (*pret, ptp* **withstood** [wɪθ'stʊd]) (VT) résister à

witness ['wɪtnɪs] 1 (N) (= *person*) témoin *m* • **~ for the defence/prosecution** témoin *m* à décharge/à charge • **there were three ~es to this event** trois personnes ont été témoins de cet événement • **often children are ~ to violent events** les enfants sont souvent témoins de violences • **in front of two ~es** en présence de deux témoins • **to call sb as ~** citer qn comme témoin • **~ the case of ...** témoin le cas de ...

▸ **to bear witness to sth** témoigner de qch • **his poems bear ~ to his years spent in India** ses poèmes témoignent de ses années passées en Inde

2 (VT) ⓐ (= *see*) [+ *attack, theft, fight*] être témoin de • **the accident was ~ed by several people** plusieurs personnes ont été témoins de l'accident • **1989 ~ed the birth of a new world order** 1989 a vu l'avènement d'un nouvel ordre mondial

ⓑ (*legally*) [+ *document*] certifier l'authenticité de

3 (COMP) ▸ **witness box** (*Brit*), **witness stand** (*US*) N barre *f* des témoins • **in the ~ box** *or* **stand** à la barre

witter* ['wɪtəʳ] (VI) (*Brit*) **to ~ on about sth** dégoiser* sur qch

witticism ['wɪtɪsɪzəm] (N) mot *m* d'esprit

witty ['wɪtɪ] (ADJ) [*person*] spirituel; [*speech, script*] plein d'esprit • **a ~ remark** un mot d'esprit

wives [waɪvz] (NPL) *of* **wife**

wizard ['wɪzəd] (N) magicien *m* • **he is a financial ~** il a le génie de la finance • **he's a ~ with numbers** il est très doué pour les chiffres

wizardry ['wɪzədrɪ] (N) magie *f*; (*fig*) génie *m* • **a piece of technical ~** une merveille d'ingéniosité technique

wk (ABBR OF **week**)

wobble ['wɒbl] (VI) [*jelly*] trembler; [*cyclist, object about to fall, pile of rocks*] vaciller; [*table, chair*] être bancal • **this table ~s** cette table est bancale

wobbly ['wɒblɪ] (ADJ) ⓐ (= *shaky*) [*table, chair*] bancal; [*jelly*] qui tremble • **she was still a bit ~ after her illness*** elle se sentait encore un peu patraque* après sa maladie ⓑ (= *dodgy*) [*economy*]* fragile

woe [wəʊ] (N) malheur *m* • **he told me his tale of ~** il m'a fait le récit de ses malheurs

woeful ['wəʊfʊl] (ADJ) [*ignorance*] déplorable

woefully ['wəʊfəlɪ] (ADV) [*inadequate, underfunded*] terriblement • **the hospital is ~ lacking in modern equipment** cet hôpital manque cruellement de matériel moderne

wok [wɒk] (N) wok *m* (*poêle chinoise*)

woke [wəʊk] (VB) *pt of* **wake**

woken ['wəʊkn] (VB) *ptp of* **wake**

wolf [wʊlf] (N) (*pl* **wolves**) loup *m* • **a ~ in sheep's clothing** un loup déguisé en agneau

▸ **wolf down** VT engloutir

wolves [wʊlvz] (NPL) *of* **wolf**

woman ['wʊmən] (*pl* **women**) 1 (N) femme *f* • **she's her own ~** elle est son propre maître • **a ~ of the world** une femme du monde • **the ~ must be mad*** cette femme doit être folle • **~ to ~** entre femmes • **she belongs to a women's group** elle est membre d'un groupe féministe • **women's page** (*Press*) page des lectrices • **women's rights** droits de la femme • **women's team** équipe *f* féminine

2 (ADJ) **he's got a ~ music teacher** son professeur de musique est une femme • **~ friend** amie *f* • **women often prefer women doctors** les femmes préfèrent souvent les femmes médecins

3 (COMP) ▸ **woman driver** N conductrice *f* • **women drivers are often maligned** on dit souvent du mal

des femmes au volant ▸**woman police constable** N (*Brit*) femme *f* agent de police ▸**women's liberation** N libération *f* de la femme ▸**Women's Liberation Movement, Women's Movement** N mouvement *m* de libération de la femme, MLF *m* ▸**women's refuge** N refuge *m* pour femmes battues ▸**women's studies** NPL (*Univ*) études *fpl* féministes

womanhood ['wʊmənhʊd] (N) **to reach ~** devenir une femme

womanizer ['wʊmənaɪzəʳ] (N) coureur *m* de jupons

womanly ['wʊmənlɪ] (ADJ) [*figure*] féminin

womb [wu:m] (N) utérus *m*

women ['wɪmɪn] (NPL) *of* **woman**

won [wʌn] (VB) *pt, ptp of* **win**

wonder ['wʌndəʳ] 1 (N) ⓐ (= *admiration*) émerveillement *m*; (= *astonishment*) étonnement *m* • **the sense of ~ that children have** la faculté qu'ont les enfants d'être émerveillé

ⓑ (= *sth wonderful*) prodige *m* • **the ~s of science** les prodiges *mpl* de la science • **the Seven Wonders of the World** les sept merveilles *fpl* du monde • **~s will never cease** (*iro*) c'est un miracle! (*iro*) • **it's a ~ that he didn't fall** c'est un miracle qu'il ne soit pas tombé • **no ~!*** pas étonnant!*

2 (VI) (= *reflect*) penser • **it makes you ~** cela donne à penser • **I was ~ing about what he said** je pensais à ce qu'il a dit

3 (VT) se demander • **I ~ who he is** je me demande qui il est • **I ~ what to do** je ne sais pas quoi faire • **I ~ where to put it** je me demande où le mettre • **he was ~ing whether to come with us** il se demandait s'il allait nous accompagner • **I ~ why!** je me demande pourquoi! • **I was ~ing if you could come with me** je me demandais si vous pourriez venir avec moi

wonderful ['wʌndəfʊl] (ADJ) ⓐ (= *excellent*) merveilleux • **it's ~ to see you** je suis si heureux de te voir • **we had a ~ time** c'était merveilleux ⓑ (= *astonishing*) étonnant • **the human body is a ~ thing** le corps humain est quelque chose d'étonnant

wonderfully ['wʌndəfəlɪ] (ADV) ⓐ (*with adjective or adverb*) merveilleusement • **he looks ~ well** il a très bonne mine ⓑ (*with verb*) merveilleusement bien • **I slept ~** j'ai merveilleusement bien dormi • **they get on ~** ils s'entendent à merveille

wonky* ['wɒŋkɪ] (ADJ) (*Brit*) ⓐ (= *wobbly*) [*chair, table*] bancal ⓑ (= *defective*) détraqué* • **to go ~** [*car, machine*] se déglinguer*; [*TV picture*] se dérégler

won't [wəʊnt] (ABBR OF **will not**) → **will**

wont [wəʊnt] (*frm*) (ADJ) **to be ~ to do sth** avoir coutume de faire qch

woo [wu:] (VT) [+ *woman*] faire la cour à; [+ *voters*] chercher à plaire à • **he ~ed them with promises of ...** il cherchait à s'attirer leurs faveurs en leur promettant ...

wood [wʊd] 1 (N) ⓐ (= *material*) bois *m* • **touch ~!*** je touche du bois! • **~ carving** sculpture *f* en bois ⓑ (= *forest*) bois *m* • **in the ~s** dans les bois • **we're not out of the ~(s) yet** on n'est pas encore sorti d'affaire 2 (COMP) ▸**wood-burning stove** N poêle *m* à bois ▸**wood pulp** N pâte *f* à papier

wooded ['wʊdɪd] (ADJ) boisé

wooden ['wʊdn] 1 (ADJ) ⓐ (= *made of wood*) en bois ⓑ (= *unnatural*) [*acting, performance*] qui manque de naturel; [*actor, performer*] peu naturel 2 (COMP) ▸**wooden leg** N jambe *f* de bois ▸**wooden spoon** N cuiller *f* de *or* en bois

woodland ['wʊdlænd] (N) bois *mpl* • **an area of ~** une zone boisée

woodpecker ['wʊdpekəʳ] (N) pic *m*

woodwind ['wʊdwɪnd] (N) **the ~** les bois *mpl*

woodwork ['wʊdwɜ:k] (N) ⓐ (= *carpentry*) menuiserie *f* ⓑ (= *doors, skirting boards, window frames*) boiseries *fpl* • **to crawl out of the ~*** sortir de son trou

woodworm ['wʊdwɜ:m] (N) ver *m* du bois • **the table has got ~** la table est vermoulue

woody ['wʊdɪ] (ADJ) ⓐ [*plant, stem, texture*] ligneux ⓑ (= *wooded*) boisé

woofer ['wʊfəʳ] (N) haut-parleur *m* de graves, woofer *m*

woohoo [wu:'hu:] (EXCL) waouh!

wool [wʊl] 1 (N) laine *f* • **a ball of ~** une pelote de laine • **this sweater is pure ~** ce pull-over est en pure laine • **to pull the ~ over sb's eyes** duper qn 2 (ADJ) [*dress*] en laine

woollen, woolen (*US*) ['wʊlən] 1 (ADJ) [*garment*] en laine • **the ~ industry** l'industrie *f* lainière 2 (NPL) **woollens** lainages *mpl*

woolly, wooly (*US*) ['wʊlɪ] (ADJ) ⓐ [*material, garment, animal*] laineux ⓑ [*ideas, thinking, speech*] confus

woot* [wu:t] (EXCL) ouais!*

woozy* ['wu:zɪ] (ADJ) **I feel a bit ~** je suis un peu dans les vapes*

Worcs (ABBR OF **Worcestershire**)

word [wɜ:d]

1 NOUN	3 COMPOUNDS
2 TRANSITIVE VERB	

1 NOUN

ⓐ mot *m* • **the ~s of the song** les paroles *fpl* de la chanson • **the written/spoken ~** ce qui est écrit/dit • **what's the German ~ for "banana"?** comment dit-on «banane» en allemand? • **he won't hear a ~ against her** il n'admet absolument pas qu'on la critique • **I didn't breathe a ~** je n'ai pas soufflé mot • **... or ~s to that effect** ... ou quelque chose de ce genre • **I remember every ~ he said** je me souviens de ce qu'il a dit mot pour mot • **those were his very ~s** ce sont ses propres paroles • **there are no ~s to describe how I felt** il n'y a pas de mot pour expliquer ce que je ressentais • **he could find no ~s to express his misery** il ne trouvait pas de mot pour exprimer sa tristesse • **from the ~ go** dès le début • **I can't get a ~ out of him** je ne peux pas en tirer un mot • **tell me in your own ~s** dites-le-moi à votre façon • **in the ~s of Racine** comme le dit Racine • **by ~ of mouth** de bouche à oreille • **you took the ~s right out of my mouth** c'est exactement ce que j'allais dire • **without a ~, he left the room** il a quitté la pièce sans dire un mot • **boring is not the ~ for it!** ennuyeux, c'est le moins que l'on puisse dire! • **she disappeared, there's no other ~ for it** elle a disparu, c'est bien le mot

▸**to have a word (with sb)** (= *speak to*) **can I have a ~?*** puis-je vous dire un mot (en privé)? • **I'll have a ~ with him about it** je lui en toucherai un mot

▸**to say a word** **I never said a ~** je n'ai rien dit du tout • **he didn't say a ~ about it** il n'en a pas soufflé mot • **nobody had a good ~ to say about him** personne n'a trouvé la moindre chose à dire en sa faveur

W

▸ **a word/words of a ~ of advice** un petit conseil • **after these ~s of warning** après cette mise en garde
▸ **in a word** en un mot
▸ **in other words** autrement dit
▸ **in so many words I told him in so many ~s that ...** je lui ai carrément dit que ... • **he didn't say so in so many ~s** ce n'est pas exactement ce qu'il a dit
▸ **word for word** [*repeat*] mot pour mot; [*translate*] mot à mot; [*go over*] mot par mot

b (= *news*) nouvelles *fpl* • **~ came from headquarters that ...** le quartier général a fait dire que ... • **~ came that ...** on a appris que ... • **to send ~ that ...** faire savoir que ... • **there's no ~ from John yet** on est toujours sans nouvelles de John

c (= *rumour*) **the ~ is that he has left** le bruit court qu'il est parti • **if ~ got out about his past, there'd be a scandal** si l'on apprenait certaines choses sur son passé, cela ferait un scandale • **the ~ on the street is ...** le bruit court que ...

d (= *promise, assurance*) parole *f* • **~ of honour** parole *f* d'honneur • **it was his ~ against mine** c'était sa parole contre la mienne • **I give you my ~** je vous donne ma parole • **you have my ~ (of honour)** vous avez ma parole (d'honneur) • **he is as good as his ~** on peut le croire sur parole • **he was as good as his ~** il a tenu parole • **I've only got her ~ for it** c'est elle qui le dit, je n'ai aucune preuve • **to hold sb to his ~** contraindre qn à tenir sa promesse • **you'll have to take his ~ for it** il vous faudra le croire sur parole

2 TRANSITIVE VERB

(+ *document, protest*) rédiger • **he had ~ed the letter very carefully** il avait choisi les termes de sa lettre avec le plus grand soin • **a carefully ~ed letter** une lettre aux termes choisis

3 COMPOUNDS

▸ **word association** N association *f* de mots ▸ **word-for-word** ADJ mot pour mot • **a ~-for-~ translation** une traduction mot à mot ▸ **word game** N jeu *m* de lettres ▸ **word order** N ordre *m* des mots ▸ **word-perfect** ADJ **to be ~-perfect in sth** savoir qch sur le bout des doigts ▸ **word processing** N traitement *m* de texte • **~ processing package** logiciel *m* de traitement de texte ▸ **word processor** N traitement *m* de texte

wording [ˈwɜːdɪŋ] (N) [*of letter, statement*] formulation *f*; [*of official document*] libellé *m* • **the ~ of the last sentence is clumsy** la formulation de la dernière phrase est maladroite • **change the ~ slightly** changez quelques mots

wordless [ˈwɜːdlɪs] (ADJ) (= *silent*) muet • **he watched her in ~ admiration** il la regardait, muet d'admiration

wordy [ˈwɜːdɪ] (ADJ) [*document*] verbeux

wore [wɔːʳ] (VB) *pt of* **wear**

work [wɜːk]

1 NOUN	4 COMPOUNDS
2 INTRANSITIVE VERB	5 PHRASAL VERBS
3 TRANSITIVE VERB	

1 NOUN

a (*gen*) travail *m* • **to start ~** se mettre au travail • **he does his ~ well** il travaille bien • **she put a lot of ~ into it** elle y a consacré beaucoup de travail • **I'm trying to get some ~ done** j'essaie de travailler • **~ has begun on the new bridge** (= *building it*) on a commencé la construction du nouveau pont • **you'll have your ~ cut out for you** vous allez avoir du travail • **office ~** travail *m* de bureau • **good ~!** (= *well done*) bravo !

b (= *employment, place of employment*) travail *m* • **he's looking for ~** il cherche du travail • **to go to ~** aller au travail • **on her way to ~** en allant à son travail • **he is in regular ~** il a un emploi régulier
▸ **at work** (= *at place of work*) au travail
▸ **out of work to be out of ~** être au chômage • **an increase in the numbers out of ~** une augmentation du nombre des demandeurs d'emploi
▸ **off work he's off ~ today** il ne travaille pas aujourd'hui • **he has been off ~ for three days** il est absent depuis trois jours • **I'll have to take time off ~** il va falloir que je prenne un congé

c (= *product*) œuvre *f* • **his life's ~** l'œuvre *f* de sa vie • **it's obviously the ~ of a professional** c'est manifestement un travail de professionnel

d (*Art, Literature, Music*) œuvre *f*; (= *book on specific subject*) ouvrage *m* • **the complete ~s of Shakespeare** les œuvres *fpl* complètes de Shakespeare • **~s of fiction** ouvrages *mpl* de fiction

2 INTRANSITIVE VERB

> For **work** + preposition/adverb combinations see also phrasal verbs.

a (*gen*) travailler • **to ~ hard** travailler dur • **he is ~ing at his German** il travaille son allemand • **he ~s in publishing** il travaille dans l'édition
▸ **to work on he ~ed on the car all morning** il a travaillé sur la voiture toute la matinée • **have you solved the problem? — we're ~ing on it** avez-vous résolu le problème ? — on y travaille • **I've been ~ing on him but haven't yet managed to persuade him** j'ai bien essayé de le convaincre, mais je n'y suis pas encore parvenu
▸ **to work towards sth** œuvrer pour qch • **we are ~ing towards a solution** nous essayons de parvenir à une solution

b (= *function*) [*machine, car, scheme*] marcher; [*medicine*] agir • **the lift isn't ~ing** l'ascenseur ne marche pas • **it ~s off the mains** ça marche sur (le) secteur • **this may ~ in our favour** ça pourrait jouer en notre faveur

3 TRANSITIVE VERB

a (= *cause to work*) [+ *person, staff*] faire travailler; [+ *lever, pump*] actionner; [+ *machine*] faire marcher • **I don't know how to ~ the video** je ne sais pas comment faire marcher le magnétoscope
▸ **to work o.s. he ~s himself too hard** il travaille trop

b (= *bring about*) **to ~ wonders** [*person*] faire des merveilles; [*drug, medicine*] faire merveille

c (= *arrange for*)* **can you ~ it so she can come too?** pouvez-vous faire en sorte qu'elle vienne aussi ?

d (= *manoeuvre*) **he ~ed his hands free** il est parvenu à libérer ses mains
▸ **to work one's way rescuers are ~ing their way towards the trapped men** les sauveteurs se fraient un passage jusqu'aux hommes qui sont bloqués • **he ~ed his way up from nothing** il est parti de rien • **he ~ed his**

way up from office boy to MD il est devenu PDG après avoir commencé comme garçon de bureau

ⓒ (*= shape*) [*+ metal, wood, dough, clay*] travailler

4 COMPOUNDS

▸**work area** N espace *m* de travail ▸**work ethic** N déontologie *f* ▸**work experience** N expérience *f* professionnelle ▸**work file** N (*Comput*) fichier *m* de travail ▸**work/life balance** N équilibre *m* entre vie professionnelle et vie privée ▸**work load** N charge *f* de travail • **his ~ load is too heavy** il a trop de travail ▸**work of art** N œuvre *f* d'art ▸**work permit** N permis *m* de travail ▸**work prospects** NPL [*of student*] perspectives *fpl* ▸**work-related** ADJ [*accident, illness*] du travail; [*death*] dû à un accident du travail; [*expenses*] professionnel • **~-related stress** syndrome *m* d'épuisement professionnel ▸**work space** N espace *m* de travail ▸**work station** N poste *m* de travail ▸**work surface** N plan *m* de travail ▸**work-to-rule** N (*Brit*) grève *f* du zèle

5 PHRASAL VERBS

▸**work out** 1 VI ⓐ [*plan, arrangement*] marcher • **it's all ~ing out as planned** tout se déroule comme prévu • **things didn't ~ out (well) for her** les choses ont plutôt mal tourné pour elle • **it will ~ out all right in the end** tout finira par s'arranger ⓑ [*amount*] **it ~s out at $50 per child** il faut compter 50 dollars par enfant ⓒ (*= exercise*) faire de la musculation 2 VT SEP (*= figure out*) [*+ problem, equation*] résoudre; [*+ total*] trouver; [*+ plan*] mettre au point • **I'll have to ~ it out** (*counting*) il faut que je calcule • **he finally ~ed out why she'd gone** il a fini par comprendre pourquoi elle était partie • **I can't ~ him out*** je n'arrive pas à comprendre comment il fonctionne

▸**work through** VT INSEP (*= resolve emotionally*) assumer

▸**work up** 1 VI **the book ~s up to a dramatic ending** le roman s'achemine progressivement vers un dénouement spectaculaire • **I thought he was ~ing up to asking me for a divorce** je croyais qu'il préparait le terrain pour demander le divorce 2 VT SEP ⓐ (*= rouse*) **he ~ed the crowd up into a frenzy** il a déchaîné l'enthousiasme de la foule • **to get ~ed up** s'énerver • **he ~ed himself up into a rage** il s'est mis dans une colère noire ⓑ (*= develop*) [*+ trade, business*] développer • **he ~ed this small firm up into a major company** il a réussi à faire de cette petite société une grande entreprise • **I ~ed up an appetite/thirst carrying all those boxes** ça m'a mis en appétit/m'a donné soif de porter toutes ces caisses • **I can't ~ up much enthusiasm for the plan** j'ai du mal à m'enthousiasmer pour ce projet

---

workable ['wɜːkəbl] ADJ [*solution, agreement*] viable; [*suggestion, plan*] réalisable

workaholic* [ˌwɜːkə'hɒlɪk] N bourreau *m* de travail

workbench ['wɜːkbentʃ] N établi *m*

workbook ['wɜːkbʊk] N (*= exercise book*) cahier *m* d'exercices

workday ['wɜːkdeɪ] N (*esp US*) **a ~ of eight hours** une journée de travail de huit heures • **Saturday is a ~** on travaille le samedi

worker ['wɜːkəʳ] N travailleur *m*, -euse *f* • **he's a good ~** il travaille bien • **he's a fast ~** il travaille vite • **management and ~s** patronat *m* et ouvriers *mpl* • **office ~** employé(e) *m(f)* de bureau

workforce ['wɜːkfɔːs] N [*of region, country*] travailleurs *mpl*; [*of company*] personnel *m*

working ['wɜːkɪŋ] 1 ADJ ⓐ (*= to do with work*) [*clothes, lunch*] de travail; [*partner, population*] actif • **a ~ day of eight hours** (*Brit*) une journée de travail de huit heures • **good ~ environment** bonnes conditions *fpl* de travail • **during ~ hours** pendant les heures de travail • **~ life** vie *f* active • **she spent most of her ~ life abroad** elle a passé la plus grande partie de sa vie active à l'étranger ⓑ (*= operational*) **~ hypothesis** hypothèse *f* de travail • **to have a ~ majority** avoir une majorité suffisante • **to form a ~ partnership** établir de bons rapports ⓒ (*= functioning*) [*model*] qui marche

2 NPL **workings** (*= mechanism*) mécanisme *m*; [*of government, organization*] rouages *mpl*

3 COMP ▸**working capital** N fonds *m* de roulement ▸**working class** N **the ~ class** la classe ouvrière • **the ~ classes** le prolétariat ▸**working-class** ADJ [*origins, accent*] ouvrier • **he is ~-class** il appartient à la classe ouvrière ▸**working group** N groupe *m* de travail ▸**working holiday** N (*Brit*) *vacances mises à profit pour effectuer une activité rémunérée* ▸**working relationship** N **to have a good ~ relationship (with sb)** avoir de bonnes relations de travail (avec qn)

workman ['wɜːkmən] (*pl* **-men**) N ouvrier *m* • (PROV) **a bad ~ blames his tools** les mauvais ouvriers ont toujours de mauvais outils (PROV)

workmanship ['wɜːkmənʃɪp] N [*of craftsman*] métier *m* • **this example of his ~** cet exemple de son savoir-faire • **standard of ~** qualité *f* d'exécution • **look at the ~ on this table** regarde le travail sur cette table

workmate ['wɜːkmeɪt] N camarade *mf* de travail

workout ['wɜːkaʊt] N séance *f* d'entraînement

workplace ['wɜːkpleɪs] N lieu *m* de travail

workroom ['wɜːkrʊm] N salle *f* de travail

works [wɜːks] N (*pl inv*) ⓐ (*Brit*) (*= factory*) usine *f*; (*= processing plant*) installations *fpl* • **irrigation ~** installations *fpl* d'irrigation ⓑ **the (whole) ~*** (*= the lot*) tout le tremblement*

worksheet ['wɜːkʃiːt] N feuille *f* d'exercices

workshop ['wɜːkʃɒp] N atelier *m*

workshy ['wɜːkʃaɪ] ADJ fainéant

worktable ['wɜːkteɪbl] N table *f* de travail

worktop ['wɜːktɒp] N plan *m* de travail

workwear ['wɜːkˌweəʳ] N vêtements *mpl* professionnels *or* de travail

world [wɜːld] 1 N ⓐ monde *m* • **the most powerful nation in the ~** la nation la plus puissante du monde • **the English-speaking ~** le monde anglophone • **it's not the end of the ~** ce n'est pas la fin du monde • **he lives in a ~ of his own** il vit dans un monde à lui • **all over the ~** dans le monde entier • **to go round the ~** faire le tour du monde

▸**in the world** **it's the longest bridge in the ~** c'est le pont le plus long du monde • **what/how in the ~ ...?** que/comment diable* ...? • **where in the ~ has he got to?** où a-t-il bien pu passer ? • **nowhere in the ~** nulle part au monde • **I wouldn't do it for anything in the ~** je ne le ferais pour rien au monde • **to be alone in the ~** être seul au monde

ⓑ (*emphatic phrases*) **there's a ~ of difference between Paul and Richard** il y a un monde entre Paul et Richard • **it did him the ~ of good** ça lui a fait énormément de

W

bien • **she means the ~ to him** elle est tout pour lui • **she thinks the ~ of him** elle ne jure que par lui • **I'm the ~'s worst cook** il n'y a pas pire cuisinier que moi
▸ **out of this world*** extraordinaire
c (= *this life*) monde *m* • **the next ~** l'au-delà *m*, l'autre monde *m* • **he's not long for this ~** il n'en a plus pour longtemps (à vivre) • **to bring a child into the ~** mettre un enfant au monde • **to come into the ~** venir au monde
d (= *domain, environment*) monde *m* • **in the ~ of music** dans le monde de la musique • **the ~ of nature** la nature • **the business/sporting ~** le monde des affaires/du sport • **in an ideal ~** dans un monde idéal
e (= *society*) monde *m* • **the Rockefellers of this ~** des gens comme les Rockefeller • **he had the ~ at his feet** il avait le monde à ses pieds • **he has come down in the ~** il a connu des jours meilleurs • **to go up in the ~** faire du chemin (*fig*)
2 COMP ▸ **the World Bank** N la Banque mondiale ▸ **world champion** N (*Sport*) champion(ne) *m(f)* du monde ▸ **world championship** N championnat *m* du monde ▸ **world-class** ADJ [*player, team*] de niveau international ▸ **World Cup** N (*Football*) Coupe *f* du monde ▸ **World Fair** N Exposition *f* internationale ▸ **world-famous** ADJ célèbre dans le monde entier ▸ **the World Health Organization** N l'Organisation *f* mondiale de la santé ▸ **World Heritage Site** N site *m* inscrit sur la liste du patrimoine mondial ▸ **world leader** N (*in politics, commerce*) leader *m* mondial ▸ **world power** N puissance *f* mondiale ▸ **world record** N record *m* du monde ▸ **world scale** N **on a ~ scale** à l'échelle mondiale ▸ **the World Service** N (*Brit*) *service international de la BBC* ▸ **World title** N (*Sport*) titre *m* de champion du monde • **the World title fight** (*Boxing*) le championnat du monde ▸ **World Trade Center®** N **the World Trade Center** le World Trade Center ▸ **the World Trade Organization** N l'Organisation *f* mondiale du commerce ▸ **World War One** N la Première Guerre mondiale ▸ **World War Two** N la Seconde Guerre mondiale ▸ **world-wide** ADJ mondial ♦ ADV [*be known*] mondialement; [*travel*] partout dans le monde ▸ **the World Wide Web** N le Web

worldly ['wɜːldlɪ] 1 (ADJ) **a** (= *earthly*) [*pleasures*] de ce monde • **his ~ goods** ses biens *mpl* temporels **b** (= *materialistic*) [*person, attitude*] matérialiste 2 (COMP) ▸ **worldly-wise** ADJ **she's very worldy-wise for her age** elle est très délurée pour son âge

worm [wɜːm] 1 (N) (= *earthworm*) ver *m* (de terre); (*in fruit*) ver *m*; (= *maggot*) asticot *m* • **to have ~s** avoir des vers 2 (VT) **a** (= *wriggle*) **he ~ed his way into our group** il s'est immiscé dans notre groupe • **to ~ one's way into sb's affections** gagner insidieusement l'affection de qn **b** (= *rid of worms*) [+ *dog, cat, person*] soigner contre les vers

worn [wɔːn] 1 (VB) *ptp of* **wear** 2 (ADJ) [*garment, carpet, tyre*] usé 3 (COMP) ▸ **worn-out** ADJ [*person*] épuisé

worried ['wʌrɪd] (ADJ) inquiet (-ète *f*) • **she is ~ about her future** elle s'inquiète pour son avenir • **I'm ~ about her health** je suis inquiet pour sa santé • **I was ~ that he would find out the truth** j'avais peur qu'il découvre *subj* la vérité • **~ sick** fou d'inquiétude

worrier ['wʌrɪəʳ] (N) anxieux *m*, -euse *f*

worrisome ['wʌrɪsəm] (ADJ) préoccupant

worry ['wʌrɪ] 1 (N) souci *m* • **we were sick with ~** nous étions morts d'inquiétude • **that's the least of my worries** c'est le dernier de mes soucis
2 (VI) se faire du souci, s'inquiéter (**about, over** au sujet de, pour) • **don't ~ about me** ne vous inquiétez pas pour moi • **she worries about her health** sa santé la tracasse • **I've got enough to ~ about without that** j'ai déjà assez de soucis (comme ça) • **not to ~!** ce n'est pas grave!
3 (VT) (= *make anxious*) inquiéter • **it worries me that he should believe ...** cela m'inquiète qu'il puisse croire ... • **she worried herself sick over it all** elle s'est rendue malade à force de se faire du souci pour tout ça

worrying ['wʌrɪɪŋ] 1 (ADJ) inquiétant 2 (N) **~ does no good** ça ne sert à rien de se faire du souci • **all this ~ has aged him** tout le souci qu'il s'est fait l'a vieilli

worse [wɜːs] 1 (ADJ) *compar of* **bad, ill** **a** (*in quality*) [*news, weather, smell, result*] plus mauvais (**than** que), pire (**than** que) • **his essay is bad but yours is ~** sa dissertation est mauvaise mais la vôtre est pire • **I'm bad at English, but ~ at maths** je suis mauvais en anglais et pire en maths • **business is ~ than ever** les affaires vont plus mal que jamais • **things could be ~!** ça pourrait être pire! • **things couldn't be ~** ça ne pourrait pas aller plus mal • **there are ~ things than being unemployed** il y a pire que d'être au chômage • **it looks ~ than it is** ça n'est pas aussi grave que ça en a l'air • **~ luck!*** hélas! • **and, what's ~, ...** et, qui pis est ... • **to get ~** [*conditions*] empirer; [*weather*] se dégrader • **that would just make matters ~** cela ne ferait qu'aggraver les choses • **he made matters ~ (for himself) by refusing** il a aggravé son cas en refusant • **and, to make matters ~, he ...** et pour ne rien arranger, il ...
▸ **the worse for sth** **he's none the ~ for his fall** sa chute ne lui a pas fait trop de mal • **to be the ~ for drink** (= *drunk*) être ivre • **he was looking somewhat the ~ for wear*** il n'était pas très frais
▸ **the worse of** **I won't think any the ~ of you for it** tu ne baisseras pas pour autant dans mon estime
b (*in behaviour*) pire • **you're ~ than he is!** tu es pire que lui! • **he is getting ~** il ne s'améliore pas
c (*in health*) **to be ~** aller plus mal • **to feel ~** se sentir plus mal
d (= *more harmful*) **smoking is ~ for you than cholesterol** le tabac est plus mauvais pour la santé que le cholestérol
2 (ADV) *compar of* **badly, ill** **a** (*in quality, behaviour*) [*sing, play*] plus mal • **he did it ~ than you did** il l'a fait plus mal que toi • **you could do ~** vous pourriez faire pire • **you could do ~ than to accept** accepter n'est pas ce que vous pourriez faire de pire • **and, ~, ...** et, qui pis est, ... • **now I'm ~ off than before** maintenant, je suis moins bien loti qu'avant
▸ **the worse of** **I won't think any the ~ of you for it** tu ne baisseras pas pour autant dans mon estime
b (= *more intensely*) **it hurts ~ than ever** ça fait plus mal que jamais • **the ~ hit areas** les régions *fpl* les plus touchées
3 (N) pire *m* • **I have ~ to tell you** il y a pire encore • **there's ~ to come** le pire est à venir

worsen ['wɜːsn] (VI) empirer

worship ['wɜːʃɪp] 1 (N) **a** (*of God, money, person*) culte *m* • **place of ~** lieu *m* de culte; (*Christian*) église *f* **b** (*Brit*) (*in titles*) **Your Worship** (*to magistrate*) Monsieur le Juge
2 (VT) [+ *God, idol*] rendre un culte à; [+ *money*] avoir le culte de • **he ~ped the ground she walked on** il vénérait

jusqu'au sol qu'elle foulait • **she had ~ped him for years** elle avait été en adoration devant lui pendant des années

worst [wɜːst] 1 (ADJ) (*superl of* **bad, ill**) • **the ~ ...** le (*or* la) plus mauvais(e) ..., le (*or* la) pire ... • **the ~ film I've ever seen** le plus mauvais film que j'aie jamais vu • **the ~ thing about living on your own is ...** ce qu'il y a de pire quand on vit seul, c'est ... • **come on, what's the ~ thing that could happen?** allons, on a vu pire ! • **of all the children, he's (the) ~** de tous les enfants, c'est le pire • **it was the ~ winter for 20 years** c'était l'hiver le plus rude depuis 20 ans • **that was his ~ mistake** cela a été son erreur la plus grave

2 (ADV) (*superl of* **badly, ill**) le plus mal • **he came off ~** c'est lui qui s'en est le plus mal sorti • **~ of all, ...** pire que tout, ... • **it's my leg that hurts ~ of all** c'est ma jambe qui me fait le plus mal • **the ~-dressed man in England** l'homme *m* le plus mal habillé d'Angleterre • **the ~ hit areas** les régions les plus touchées

3 (N) pire *m* • **the ~ that can happen** la pire chose qui puisse arriver • **the ~ is yet to come** on n'a pas encore vu le pire • **if the ~ comes to the ~** (*Brit*) • **if ~ comes to ~** (*US*) en mettant les choses au pire • **to be at its** (*or* **their**) **~** [*crisis, epidemic*] être à son (*or* leur) paroxysme; [*conditions*] n'avoir jamais été aussi mauvais • **at the ~ of the epidemic** au plus fort de l'épidémie • **the ~ of it is that ...** le pire c'est que ... • **... and that's not the ~ of it!** ... et il y a pire encore ! • **that's the ~ of being ...** c'est l'inconvénient d'être ... • **it brings out the ~ in me** ça réveille en moi les pires instincts • **he feared the ~** il craignait le pire

4 (COMP) ▸ **worst-case** ADJ [*hypothesis, projection, guess*] le (*or* la) plus pessimiste • **the ~-case scenario** le pire qui puisse arriver

worth [wɜːθ] 1 (ADJ) ⓐ (*= equal in value to*) **to be ~** valoir • **the book is ~ $10** ce livre vaut 10 dollars • **it can't be ~ that!** ça ne peut pas valoir autant ! • **what** *or* **how much is it ~?** ça vaut combien ? • **he's ~ millions** sa fortune s'élève à plusieurs millions • **it's ~ a great deal to me** ça a beaucoup de valeur pour moi • **it's not ~ the paper it's written on** ça ne vaut pas le papier sur lequel c'est écrit • **I'll give you my opinion for what it's ~** je vais vous donner mon avis, pour ce qu'il vaut

ⓑ (*= deserving, meriting*) **it's ~ the effort** ça mérite qu'on fasse l'effort • **it was well ~ the trouble** ça valait la peine • **it's not ~ the time and effort involved** c'est une perte de temps et d'effort • **it's ~ reading** ça vaut la peine d'être lu • **that's ~ knowing** c'est bon à savoir • **the museum is ~ a visit** le musée vaut la visite • **it would be ~ (your) while to go and see him** vous gagneriez à aller le voir • **it's not ~ (my) while waiting for him** ça ne vaut pas le coup que je l'attende • **it wasn't ~ his while to take the job** il ne gagnait rien à accepter l'emploi • **I'll make it ~ your while*** vous ne regretterez pas de l'avoir fait • (PROV) **if a job's ~ doing, it's ~ doing well** si un travail vaut la peine d'être fait, autant le faire bien

2 (N) ⓐ (*= value*) valeur *f* • **what is its ~ in today's money?** ça vaut combien en argent d'aujourd'hui ? • **I know his ~** je sais ce qu'il vaut

ⓑ (*= quantity*) **he bought £2 ~ of sweets** il a acheté pour 2 livres de bonbons

worthless ['wɜːθlɪs] (ADJ) [*object*] sans valeur; [*person*] bon à rien

worthwhile [wɜːθ'waɪl] (ADJ) [*job*] utile; [*cause*] louable • **he is a ~ person to go and see** c'est une personne qu'on gagne à aller voir

worthy ['wɜːðɪ] (ADJ) (*= deserving, meritorious*) [*person*] méritant; [*motive, effort*] louable • **it's for a ~ cause** c'est pour une bonne cause • **to be ~ of sb/sth** être digne de qn/qch • **it is ~ of note that ...** il est intéressant de remarquer que ...

would [wʊd] 1 (MODAL VERB) ⓐ

> When **would** is used to form the conditional, the French conditional is used.

• **he ~ do it if you asked him** il le ferait si vous le lui demandiez • **I wouldn't worry, if I were you** à ta place, je ne m'inquiéterais pas • **I thought you'd want to know** j'ai pensé que vous aimeriez le savoir • **I wouldn't have a vase like that in my house** je ne voudrais pas d'un vase comme cela chez moi ! • **I ~ never marry in church** jamais je ne me marierais à l'église • **to my surprise, he agreed — I never thought he ~** à ma grande surprise, il a accepté — je ne l'aurais jamais pensé

▸ **would have he ~ have done it if you had asked him** il l'aurait fait si vous le lui aviez demandé • **who ~ have thought it?** qui l'aurait pensé ?

ⓑ (*indicating willingness*) **I said I ~ do it** j'ai dit que je le ferais • **I said I'd go, so I'm going** j'ai dit que j'irais, alors j'y vais • **I said I'd go, so I went** j'avais dit que j'irais, alors j'y suis allé

> When **if you would** means **if you were willing to**, it is translated by the imperfect of **vouloir**.

• **if you ~ come with me, I'd go to see him** si vous vouliez bien m'accompagner, j'irais le voir • **if you ~ just listen** si vous vouliez bien écouter

> When **wouldn't** refers to the past, it is translated by the perfect or imperfect of **vouloir**.

• **he wouldn't help me** il n'a pas voulu m'aider • **the car wouldn't start** la voiture ne voulait pas démarrer

▸ **would you** (*in requests*) **~ you wait here please!** attendez ici s'il vous plaît ! • **~ you close the window please** voulez-vous fermer la fenêtre, s'il vous plaît

▸ **would you like** (*= do you want*) **~ you like some tea?** voulez-vous du thé ? • **~ you like to go for a walk?** est-ce que vous aimeriez faire une promenade ?

ⓒ (*past*) **he ~ always read the paper before dinner** il lisait toujours le journal avant le dîner • **50 years ago the streets ~ be empty on Sundays** il y a 50 ans, les rues étaient vides le dimanche • **I saw him come out of the shop — when ~ this be?** je l'ai vu sortir du magasin — quand ?

ⓓ (*inevitability*) **you ~ go and tell her!** évidemment tu es allé le lui dire ! • **it ~ have to rain!** évidemment il fallait qu'il pleuve !

ⓔ (*conjecture*) **it ~ have been about 8 o'clock when he came** il devait être 8 heures à peu près quand il est venu

2 (COMPOUND) ▸ **would-be** ADJ **~-be actor** aspirant(e) acteur *or* actrice

wouldn't ['wʊdnt] (ABBR OF **would not**) → **would**

wound[1] [wuːnd] 1 (N) blessure *f* • **bullet/knife ~** blessure *f* causée par une balle/un couteau • **he had three bullet**

W

~**s in his leg** il avait reçu trois balles dans la jambe • **to re-open old ~s** rouvrir de vieilles plaies **2** (VT) blesser • **he was ~ed in the leg** il était blessé à la jambe • **he had been ~ed in combat** il avait été blessé au combat • **the bullet ~ed him in the shoulder** la balle l'a atteint à l'épaule

wound² [waʊnd] (VB) *pt, ptp of* **wind**

wounded ['wu:ndɪd] (ADJ) [*person, pride, feelings*] blessé • **there were six dead and fifteen ~** il y a eu six morts et quinze blessés

wove [wəʊv] (VB) *pt of* **weave**

woven ['wəʊvən] (VB) *ptp of* **weave**

wow [waʊ] (EXCL) hou là !

WPC [,dʌblju:pi:'si:] (N) (*Brit*) (ABBR OF **Woman Police Constable**)

wrangle ['ræŋgl] (N) querelle *f*

wrap [ræp] **1** (VT) (*= cover*) envelopper (**in** dans); [*+ parcel, gift*] emballer (**in** dans); [*+ tape, bandage*] enrouler (**round** autour de) • **shall I ~ it for you?** (*in gift shop*) c'est pour offrir ? • **she ~ped the child in a blanket** elle a enveloppé l'enfant dans une couverture • **~ the rug round your legs** enroulez la couverture autour de vos jambes **2** (N) ⓐ (*= shawl*) châle *m* ⓑ **to keep a scheme under ~s** ne pas dévoiler un projet

▸ **wrap up** **1** VI (*= dress warmly*) s'emmitoufler • **~ up well!** couvrez-vous bien ! **2** VT SEP [*+ object*] envelopper; [*+ parcel*] emballer; [*+ child, person*] (*in rug*) envelopper

wrapper ['ræpəʳ] (N) [*of sweet, chocolate bar*] papier *m*

wrapping ['ræpɪŋ] **1** (N) [*of parcel*] papier *m* (d'emballage); [*of sweet, chocolate*] papier *m* **2** (COMP) ▸ **wrapping paper** N (*= brown paper*) papier *m* d'emballage; (*= decorated paper*) papier *m* cadeau

wrath [rɒθ] (N) (*liter*) courroux *m* (*liter*)

wreak [ri:k] (VT) **to ~ havoc** causer des ravages • **~ing destruction along the way** détruisant tout sur son passage

wreath [ri:θ] (N) (*pl* **wreaths** [ri:ðz]) (*also* **funeral wreath**) couronne *f*

wreck [rek] **1** (N) ⓐ (*= ship*) épave *f*; (*= act, event*) naufrage *m*; (*= car*) voiture *f* accidentée ⓑ (*= accident*) accident *m* ⓒ (*= person*) épave *f* • **he looks a ~** on dirait une loque **2** (VT) [*+ ship*] provoquer le naufrage de; [*+ train, plane, car*] [*bomb*] détruire; [*+ marriage*] briser; [*+ plans*] ruiner • **it ~ed my life** cela a brisé ma vie

wreckage ['rekɪdʒ] (N) (*= wrecked ship, car, plane*) épave *f*; (*= pieces from this*) débris *mpl* • **~ was strewn over several kilometres** les débris étaient disséminés sur plusieurs kilomètres

wrench [rentʃ] **1** (N) ⓐ (*= tug*) mouvement *m* violent de torsion • **it was a ~ when she saw him leave** cela a été un déchirement quand elle l'a vu partir ⓑ (*= tool*) clé *f* plate **2** (VT) **he ~ed the bag out of my hands** il m'a arraché le sac des mains • **if you can ~ yourself away from the TV** si tu peux te décoller* de la télé

wrestle ['resl] **1** (VI) lutter (corps à corps) (**with sb** contre qn); (*Sport*) catcher (**with sb** contre qn) • **to ~ with** [*+ problem, one's conscience, sums*] se débattre avec **2** (VT) [*+ opponent*] lutter contre

wrestler ['resləʳ] (N) (*Sport*) catcheur *m*, -euse *f*

wrestling ['reslɪŋ] (N) (*Sport*) catch *m* ▸ **wrestling match** N match *m* de catch

wretch [retʃ] (N) (*unfortunate*) pauvre diable *m*

wretched ['retʃɪd] (ADJ) ⓐ [*life, conditions*] misérable ⓑ (*expressing annoyance*)* fichu* • **where did I put my ~ keys?** où ai-je mis mes fichues* clés ?

wriggle ['rɪgl] **1** (VI) [*worm, snake, eel*] se tortiller; [*fish*] frétiller; [*person*] gigoter* • **she managed to ~ free** elle a réussi à se dégager en se contorsionnant • **do stop wriggling (about)!** arrête de gigoter* comme ça ! **2** (VT) **to ~ one's toes/fingers** remuer les orteils/les doigts

▸ **wriggle out** VI **to ~ out of doing sth** se dérober pour ne pas faire qch • **he'll manage to ~ out of it somehow** il trouvera bien un moyen de se défiler

wring [rɪŋ] (*vb: pret, ptp* **wrung**) (VT) (*= squeeze, twist*) tordre • **if I catch you doing that, I'll ~ your neck!*** si je te prends à faire ça, je te tords le cou !* • **to ~ one's hands** se tordre les mains (de désespoir)

▸ **wring out** VT SEP [*+ wet clothes*] essorer

wringing ['rɪŋɪŋ] (ADJ) (*= wet*) [*garment, person*] trempé

wrinkle ['rɪŋkl] **1** (N) (*on skin, fruit*) ride *f*; (*in cloth*) pli *m* **2** (VI) [*nose*] se plisser

wrinkled ['rɪŋkld] (ADJ) [*person, skin*] ridé; [*apple*] ratatiné; [*shirt, skirt*] qui fait des plis

wrist [rɪst] **1** (N) poignet *m* **2** (COMP) ▸ **wrist-rest** N repose-poignets *m*

writ [rɪt] (N) acte *m* judiciaire • **to issue a ~ against sb** assigner qn (en justice)

write [raɪt] (*pret* **wrote**, *ptp* **written**) **1** (VT) écrire; [*+ list, cheque*] faire; [*+ prescription*] rédiger • **can you ~ me when you get there?** (*US*) tu peux m'écrire quand tu seras arrivé ?

2 (VI) écrire • **he can read and ~** il sait lire et écrire • **~ on both sides of the paper** écrivez des deux côtés de la feuille • **he ~s for a living** il est écrivain de métier • **he ~s on foreign policy for "The Guardian"** il écrit des articles de politique étrangère dans le « Guardian » • **he wrote to tell us that …** il (nous) a écrit pour nous dire que …

3 (COMP) ▸ **write-protected** ADJ protégé contre l'écriture

▸ **write away** VI (*= send off*) écrire (**to** à) • **to ~ away for** [*+ information, application form, details*] écrire pour demander

▸ **write down** VT SEP écrire; (*= note*) noter • **~ all your ideas down and send them to me** mettez toutes vos idées par écrit et envoyez-les-moi

▸ **write off** VT SEP [*+ debt*] annuler • **I've written off the whole thing as a dead loss** j'en ai fait mon deuil* • **they had written off all the passengers (as dead)** ils pensaient que tous les passagers étaient morts • **he wrote his car off* in the accident** il a complètement bousillé* sa voiture dans l'accident

▸ **write out** VT SEP ⓐ [*+ one's name and address*] écrire; [*+ list*] établir ⓑ (*= copy*) [*+ notes, essay*] mettre au propre

▸ **write up** VT SEP [*+ notes, diary*] mettre à jour; (*= write report on*) [*+ happenings, developments*] faire un compte rendu de • **he wrote up his visit in a report** il a rendu compte de sa visite dans un rapport • **she wrote it up for the local paper** elle en a fait le compte rendu pour le journal local

write-off ['raɪtɒf] (N) **to be a ~** [*car*] être irréparable • **the afternoon was a ~** l'après-midi n'a été qu'une perte de temps

writer ['raɪtəʳ] (N) [*of letter, book*] auteur *m*; (*as profession*) écrivain *m*

write-up ['raɪtʌp] (N) description *f* • **there's a ~ about it in today's paper** il y a un compte rendu là-dessus dans le journal d'aujourd'hui • **the play got a good ~** la pièce a eu de bonnes critiques

writhe [raɪð] (VI) se tordre

writing [ˈraɪtɪŋ] **1** (N) ⓐ (= *handwriting, sth written*) écriture *f* • **there was some ~ on the page** il y avait quelque chose d'écrit sur la page • **I can't read your ~** je n'arrive pas à déchiffrer votre écriture • **he devoted his life to ~** il a consacré sa vie à l'écriture

▸ **in writing** par écrit • **to put sth in ~** mettre qch par écrit

ⓑ (= *output of writer*) écrits *mpl* • **there is in his ~ evidence of a desire to ...** on trouve dans ses écrits la manifestation d'un désir de ...

ⓒ (= *act*) **he's learning reading and ~** il apprend à lire et à écrire

2 (COMP) ▸ **writing pad** N bloc *m* de papier à lettres ▸ **writing paper** N papier *m* à lettres

written [ˈrɪtn] **1** (VB) *ptp of* **write** **2** (ADJ) [*test, constitution*] écrit; [*confirmation*] par écrit • **her ~ English is excellent** son anglais est excellent à l'écrit

---

wrong [rɒŋ]

1 ADJECTIVE	3 NOUN
2 ADVERB	4 COMPOUNDS

1 ADJECTIVE

ⓐ (= incorrect) [*guess*] erroné; [*answer, sum*] faux (fausse *f*) • **the letter has the ~ date on it** ils se sont trompés de date sur la lettre • **I'm in the ~ job** je ne suis pas fait pour ce travail • **that's the ~ kind of plug** ce n'est pas la prise qu'il faut • **you've picked the ~ man if you want someone to mend a fuse** vous tombez mal si vous voulez quelqu'un qui puisse réparer un fusible • **you've put it back in the ~ place** vous ne l'avez pas remis à la bonne place • **to say the ~ thing** dire ce qu'il ne faut pas dire • **he told me the ~ time** il ne m'a pas donné la bonne heure • **he got on the ~ train** il s'est trompé de train

▸ **to be wrong** se tromper • **I was ~ about him** je me suis trompé sur son compte • **my watch is ~** ma montre n'est pas à l'heure • **you are ~ to think that** tu as tort de penser cela

▸ **to get sth/sb wrong** **you've got your facts ~** ce que vous avancez est faux • **he got the figures ~** il s'est trompé dans les chiffres • **he got all his sums ~** toutes ses opérations étaient fausses • **you've got it all ~*** (= *misunderstood*) vous n'avez rien compris • **don't get me ~*** comprends-moi bien

ⓑ (= bad) mal *inv*; (= *unfair*) injuste • **it is ~ to lie** c'est mal de mentir • **it was ~ of you to hit him** tu as eu tort de le frapper

ⓒ (= exceptionable) **there's nothing ~ with hoping that ...** il n'y a pas de mal à espérer que ... • **there's nothing ~ with (doing) that** il n'y a rien de mal à (faire) cela

ⓓ (= amiss) **something's ~ (with it)** il y a quelque chose qui ne va pas • **there's something ~ with him** il y a quelque chose qui ne va pas chez lui • **something's ~ with my watch** ma montre ne marche pas comme il faut • **something was very ~** quelque chose n'allait vraiment pas • **there's nothing ~ with it** [+ *plan*] c'est tout à fait valable; [+ *machine, car*] ça marche très bien • **there's nothing ~ with him** il va très bien

▸ **what's wrong?** qu'est-ce qui ne va pas? • **what's ~ with you?** qu'est-ce que tu as? • **what's ~ with your arm?** qu'est-ce que vous avez au bras? • **what's ~ with the car?** qu'est-ce qu'elle a, la voiture?

2 ADVERB

(answer, guess) mal • **you're doing it all ~** vous vous y prenez mal • **you've spelt it ~** vous l'avez mal écrit • **you thought ~** tu t'es trompé • **how ~ can you get!*** comme on peut se tromper!

▸ **to go wrong** (*in calculations, negotiations*) faire une erreur; [*plan*] mal tourner • **you can't go ~** (*in directions*) vous ne pouvez pas vous tromper; (*in choice of job, car*) (de toute façon) c'est un bon choix • **nothing can go ~ now** tout va marcher comme sur des roulettes maintenant • **everything went ~ that day** tout est allé de travers ce jour-là

3 NOUN

ⓐ (= evil) mal *m* • **to do ~** mal agir • **he can do no ~ in her eyes** tout ce qu'il fait est bien à ses yeux

ⓑ (= injustice) injustice *f* • **to right a ~** réparer une injustice • (PROV) **two ~s don't make a right** on ne répare pas une injustice par une autre injustice

ⓒ ▸ **in the wrong** **to be in the ~** avoir tort • **to put sb in the ~** mettre qn dans son tort

4 COMPOUNDS

▸ **wrong-foot** VT (*Sport*) prendre à contre-pied; (*Brit fig*) prendre au dépourvu ▸ **wrong-headed** ADJ [*person*] buté; [*idea, approach*] aberrant

---

wrongdoing [ˈrɒŋ,duːɪŋ] (N) méfaits *mpl*

wrongful arrest [,rɒŋfʊləˈrest] (N) arrestation *f* arbitraire

wrongful dismissal [,rɒŋfʊldɪsˈmɪsəl] (N) licenciement *m* abusif

wrongly [ˈrɒŋlɪ] (ADV) [*answer, guess, translate*] mal; [*spell*] incorrectement; [*believe, accuse, imprison*] à tort • **~ accused of murder** accusé à tort de meurtre

wrote [rəʊt] (VB) *pt of* **write**

wrought iron [,rɔːtˈaɪən] (N) fer *m* forgé ▸ **wrought-iron** ADJ [*gate*] en fer forgé

WRVS [,dʌbljuːɑːviːˈes] (N) (*Brit*) (ABBR OF **Women's Royal Voluntary Service**) *auxiliaires féminines bénévoles au service de la collectivité*

wry [raɪ] (ADJ) [*person, smile, remark*] ironique

WV (ABBR OF **West Virginia**)

WWI (ABBR OF **World War One**)

WWII (ABBR OF **World War Two**)

WWW (N) (ABBR OF **World Wide Web**) **the ~** le Web

WY (ABBR OF **Wyoming**)

WYSIWYG [ˈwɪzɪwɪg] (N) (*Comput*) (ABBR OF **what you see is what you get**) WYSIWYG *m*

W

Xx

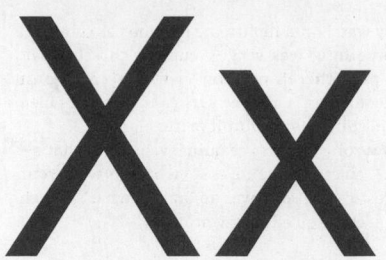

xenophobe ['zenəfəʊb] (ADJ, N) xénophobe *mf*
xenophobia [,zenə'fəʊbɪə] (N) xénophobie *f*
xenophobic [,zenə'fəʊbɪk] (ADJ) xénophobe
Xerox® ['zɪərɒks] (VT) **to ~ sth** faire une photocopie de qch
X factor* ['eks,fæktə^r] N facteur *m* X
XL [,ek'sel] (ABBR OF **extra large**) XL
Xmas ['eksməs, 'krɪsməs] (N) (ABBR OF **Christmas**)
X-ray ['eks,reɪ] **1** (N) (= *photograph*) radiographie *f* • **to have an ~** se faire faire une radio* **2** (VT) **to ~ sth** faire une radio de qch*
XXL [,eksek'sel] (ABBR OF **extra extra large**) XXL
xylophone ['zaɪləfəʊn] (N) xylophone *m*

Yy

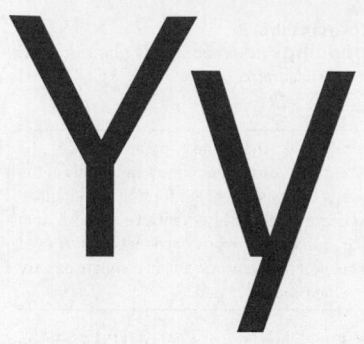

Y2K [ˌwaɪtuːˈkeɪ] (ABBR OF **Year 2000**) an *m* 2000
yacht [jɒt] **1** (N) (*motorboat*) yacht *m*; (*with sails*) voilier *m* **2** (VI) **to go ~ing** faire de la navigation de plaisance **3** (COMP) ▸ **yacht race** N course *f* à la voile
yachting [ˈjɒtɪŋ] (N) navigation *f* de plaisance
yachtsman [ˈjɒtsmən] (N) (*pl* **-men**) (*in race, professional*) navigateur *m*
Yale® [jeɪl] (N) (= *Yale lock*) serrure *f* à cylindre
yam [jæm] (N) ⓐ (= *plant, tuber*) igname *f* ⓑ (*US*) (= *sweet potato*) patate *f* douce
Yank‡ [jæŋk] (N) Amerloque‡ *mf*
yank [jæŋk] (VT) tirer d'un coup sec
Yankee* [ˈjæŋkɪ] (ADJ) yankee *f inv*
yap [jæp] (*pej*) (VI) [*dog*] japper
yard [jɑːd] **1** (N) ⓐ yard *m* (91,44 cm), ≈ mètre *m* • **20 ~s away (from us)** à une vingtaine de mètres (de nous) • **to buy cloth by the ~** ≈ acheter de l'étoffe au mètre ⓑ [*of farm, school*] cour *f* ⓒ **builder's ~** chantier *m* de construction ⓓ (*US*) (= *garden*) jardin *m* **2** (COMP) ▸ **yard sale** N (*US*) vide-grenier *m*
yardstick [ˈjɑːdstɪk] (N) (*fig*) élément *m* de comparaison
yarn [jɑːn] (N) fil *m*
yawn [jɔːn] (VI) [*person*] bâiller
yeah* [jɛə] (PARTICLE) ouais*
year [jɪəʳ] (N) ⓐ an *m*, année *f* • **next ~** l'an *m* prochain, l'année *f* prochaine • **last ~** l'an *m* dernier, l'année *f* dernière • **this ~** cette année • **a ~ ago last January** il y a eu un an au mois de janvier • **a ~ in January** il y aura un an en janvier (prochain) • **he earns $25,000 a ~** il gagne 25 000 dollars par an • **three times a ~** trois fois par an • **all the ~ round** toute l'année • **~ in, ~ out** année après année • **every ~** tous les ans, chaque année • **every other ~** tous les deux ans • **~ on ~** *+noun* annuel *+verb* annuellement, chaque année • **I haven't laughed so much in ~s** ça fait des années que je n'ai pas autant ri • **in the ~ two thousand** en l'an deux mille • **sentenced to 15 ~s' imprisonment** condamné à 15 ans de prison • **financial ~** exercice *m* financier
ⓑ (*age*) **he is six ~s old** il a six ans • **in his fortieth ~** dans sa quarantième année • **he looks old for his ~s** il fait plus vieux que son âge • **to get on in ~s** prendre de l'âge • **it's put ~s on me!** cela m'a vieilli de vingt ans! • **changing your hairstyle can take ten ~s off you** changer de coiffure peut vous rajeunir de dix ans • **I feel ten ~s younger** j'ai l'impression d'avoir rajeuni de dix ans
ⓒ (*at school, university*) année *f* • **he is first in his ~** il est le premier de son année • **she was in my ~ at school** elle était de mon année au lycée • **he's in second ~** (*Univ*) il est en deuxième année; (*secondary school*) ≈ il est en cinquième
yearbook [ˈjɪəbʊk] (N) annuaire *m* (*d'une université, d'un organisme etc*)
yearly [ˈjɪəlɪ] **1** (ADJ) annuel **2** (ADV) (= *every year*) chaque année • **twice ~** deux fois par an
yearn [jɜːn] (VI) (= *feel longing*) aspirer (**for** à) • **to ~ for home** avoir la nostalgie du pays
yearning [ˈjɜːnɪŋ] (N) envie *f* (**for** de, **to do sth** de faire qch)
yeast [jiːst] (N) levure *f* ▸ **yeast extract** N extrait *m* de levure de bière ▸ **yeast infection** N candidose *f*
yell [jel] **1** (N) hurlement *m* • **to let out a ~** pousser un hurlement **2** (VI) hurler (**with** de) • **to ~ at sb** crier après qn **3** (VT) hurler • **"stop it!" he ~ed** «arrêtez!» hurla-t-il
yellow [ˈjeləʊ] (ADJ) (*in colour*) jaune ▸ **yellow card** N (*Football*) carton *m* jaune ▸ **yellow fever** N fièvre *f* jaune ▸ **yellow jersey** N maillot *m* jaune ▸ **yellow line** N ligne *f* jaune • **double ~ lines** *bandes jaunes indiquant l'interdiction de stationner* ▸ **Yellow Pages**® NPL pages *fpl* jaunes
yelp [jelp] **1** (N) [*of dog*] jappement *m* **2** (VI) japper
Yemen [ˈjemən] (N) Yémen *m* • **North/South ~** Yémen *m* du Nord/Sud
Yemeni [ˈjemənɪ] **1** (ADJ) yéménite **2** (N) Yéménite *mf*
yen [jen] (N) (*pl inv*) (= *money*) yen *m*
yep* [jep] (PARTICLE) ouais*
yes [jes] (PARTICLE) (*answering affirmative question*) oui; (*answering negative question*) si • **do you want some? — ~!** en voulez-vous? — oui! • **don't you want any? — ~ (I do)!** vous n'en voulez pas? — (mais) si! • **to say ~** dire oui • **~ of course** mais oui ▸ **yes man*** N (*pl* **yes men**) béni-oui-oui* *m inv* • **he's a ~ man** il dit amen à tout
yesterday [ˈjestədeɪ] **1** (ADV) hier • **all day ~** toute la journée d'hier • **late ~** hier dans la soirée • **when do you need it by? — ~!** il vous le faut pour quand? — hier!
2 (N) hier *m* • **~ was the second** c'était hier le deux • **~ was Friday** c'était hier vendredi • **~ was a bad day for him** la journée d'hier s'est mal passée pour lui • **where's ~'s newspaper?** où est le journal d'hier? • **the great men of ~** les grands hommes du passé
▸ **the day before yesterday** avant-hier
3 (COMP) ▸ **yesterday afternoon** ADV hier après-midi

▸ **yesterday evening** ADV hier soir ▸ **yesterday morning** ADV hier matin

yet [jet] **1** (ADV) **a** *(= by this time: with negative)* **not ~** pas encore • **they haven't returned ~** ils ne sont pas encore de retour • **we haven't come to a decision ~** nous ne sommes pas encore parvenus à une décision • **are you coming? — not just ~** est-ce que vous venez ? — pas tout de suite • **you ain't seen nothing ~*** vous n'avez encore rien vu

▸ **as yet no one has come as ~** personne n'est encore arrivé

b *(= already) (in questions)* déjà • **have you had your lunch ~?** avez-vous déjà déjeuné ?

c *(= so far) (with superlative)* jusqu'ici • **she's the best teacher we've had ~** c'est le meilleur professeur que nous ayons eu jusqu'ici

d *(= still)* encore • **he may ~ come** il peut encore venir • **we'll make a footballer of you ~** nous finirons pas faire un footballeur de toi • **there is hope for me ~** tout n'est pas perdu pour moi • **I have ~ to see one** je n'en ai encore jamais vu

e *(= from now)* **we've got ages ~** nous avons encore plein de temps • **it'll be ages ~ before she's ready** il va encore lui falloir des heures pour se préparer • **it won't be dark for half an hour ~** il ne fera pas nuit avant une demi-heure • **not for some time ~** pas avant un certain temps

f *(= even: with comparative)* **~ more people** encore plus de gens • **she was ~ another victim of racism** c'était une nouvelle victime du racisme

▸ **yet again** une fois de plus

2 (CONJ) *(= however)* pourtant; *(= nevertheless)* toutefois • **(and) ~ everyone liked her** (et) pourtant tout le monde l'aimait • **(and) ~ I like the house** (et) pourtant j'aime bien la maison

Y-fronts® ['waɪfrʌnts] (NPL) *(Brit)* slip *m (ouvert devant)*

YHA [ˌwaɪeɪtʃ'eɪ] (N) *(Brit)* (ABBR OF **Youth Hostels Association**) *auberges de jeunesse anglaises et galloises*

Yiddish ['jɪdɪʃ] **1** (ADJ) yiddish *inv* **2** (N) *(= language)* yiddish *m*

yield [ji:ld] **1** (N) **~ per year** rendement *m* à l'année • **the ~ of this land is ...** ce terrain produit ... **2** (VT) **a** *(= produce) [mine, oil well, farm, field]* produire • **to ~ a profit** rapporter • **shares ~ing 10%** actions *fpl* qui rapportent 10 % **b** *(= surrender) [+ ground, territory]* céder **3** (VI) **a** *(= surrender)* céder (**to** devant, à) • **we shall never ~** nous ne céderons jamais • **to ~ to force** céder devant la force **b** *(= give way) [door]* céder • **to ~ under pressure** céder à la pression

YMCA [ˌwaɪemsi:'eɪ] (N) (ABBR OF **Young Men's Christian Association**) YMCA *m*

yob* ['jɒb] (N) *(Brit pej)* loubard* *m*

yodel ['jəʊdl] **1** (VI) faire des tyroliennes **2** (N) *(= song, call)* tyrolienne *f*

yoga ['jəʊgə] (N) yoga *m*

yogurt ['jəʊgət] (N) yaourt *m*

yoke [jəʊk] (N) **a** *(= dominion)* joug *m* • **the ~ of slavery** le joug de l'esclavage **b** *[of dress, blouse]* empiècement *m*

yolk [jəʊk] (N) *[of egg]* jaune *m* (d'œuf)

YOLO* ['jəʊləʊ] (ABBR OF **you only live once**) YOLO, *on ne vit qu'une fois*

Yom Kippur [ˌjɒmkɪ'pʊə^r] (N) Yom Kippour *m*

yonks* [jɒŋks] (NPL) *(Brit)* **I haven't seen him for ~** ça fait une paie* que je ne l'ai pas vu

Yorks (ABBR OF **Yorkshire**)

Yorkshire pudding [ˌjɔ:kʃə'pʊdɪŋ] (N) *(Brit) pâte à crêpe cuite qui accompagne un rôti de bœuf*

you [ju:] (PERS PRON) **a**

> ➢ When **you** is the subject of a sentence, the translation is **tu** or **vous** in the singular and **vous** in the plural. **vous** is used as the polite form in the singular. When **you** is the object of a sentence **te** replaces **tu** in the singular, but **vous** remains unchanged. **toi** is used instead of **tu** after a preposition and in comparisons. **toi** is also used when **you** is stressed.

• **~ are very kind** vous êtes très gentil • **I'll see ~ soon** je te *or* je vous verrai bientôt • **this book is for ~** ce livre est pour toi *or* vous • **she is younger than ~** elle est plus jeune que toi *or* vous • **all of ~** vous tous • **~ two wait here!** attendez ici, vous deux ! • **now ~ say something** maintenant à toi *or* à vous de parler • **~ and I will go together** toi *or* vous et moi, nous irons ensemble • **there ~ are*** • **there ~ go!*** *(= have this)* voilà ! • **if I were ~** à ta *or* votre place • **between ~ and me** entre toi *or* vous et moi; *(= in secret)* entre nous • **~ fool (~)!** espèce d'imbécile ! • **it's ~** c'est toi *or* vous • **I like the uniform, it's very ~*** j'aime bien ton uniforme, c'est vraiment ton style • **don't ~ go away** ne pars pas, toi !, ne partez pas, vous !

b *(= one, anyone)*

> ➢ When **you** is the subject of a sentence the translation is either **on** or the passive form. When **you** is the object of a sentence or is used after a preposition, the direct translation of **you** is **te** or **vous**.

• **how do ~ switch this on?** comment est-ce que ça s'allume ? • **~ never know** on ne sait jamais • **fresh air does ~ good** l'air frais (vous) fait du bien

you'd [ju:d] = **you had, you would** → **have, would**

you'll [ju:l] = **you will** → **will**

young [jʌŋ] **1** (ADJ) *[person, tree]* jeune; *[vegetable]* nouveau (nouvelle *f*) • **he is ~ for his age** il fait plus jeune que son âge • **children as ~ as seven** des enfants de pas plus de sept ans • **~ at heart** jeune de cœur • **he is three years ~er than you** il a trois ans de moins que vous • **my ~er brother** mon frère cadet • **my ~er sister** ma sœur cadette • **we're not getting any ~er** nous ne rajeunissons pas • **if I were ten years ~er** si j'avais dix ans de moins • **they have a ~ family** ils ont de jeunes enfants • **the ~(er) generation** la jeune génération • **the night is ~** on a toute la nuit devant nous • **he has a very ~ outlook** il a des idées très jeunes • **~ people** les jeunes *mpl* • (PROV) **you're only ~ once** jeunesse n'a qu'un temps (PROV)

2 (NPL) *(= people)* **~ and old** les (plus) jeunes *mpl* comme les (plus) vieux *mpl*, tout le monde

youngster ['jʌŋstə^r] (N) *(= child)* enfant *mf*

your [jʊə^r] (POSS ADJ) **a** ton, ta, tes, votre, vos • **~ book** ton *or* votre livre • **YOUR book** ton livre à toi, votre livre à vous • **~ table** ta *or* votre table • **~ friend** ton ami(e), votre ami(e) • **~ clothes** tes *or* vos vêtements • **this is the best of ~ paintings** c'est ton *or* votre meilleur tableau • **give me ~ hand** donne-moi *or* donnez-moi la main **b** *(= one's)* son, sa, ses, ton *etc*, votre *etc* • **exercise is good for ~ health** l'exercice est bon pour la santé

you're [jʊəʳ] = **you are → be**

yours [jʊəz] (POSS PRON) le tien, la tienne, les tiens, les tiennes, le vôtre, la vôtre, les vôtres • **this is my book and that is ~** voici mon livre et voilà le tien *or* le vôtre • **this book is ~** ce livre est à toi *or* à vous • **she is a cousin of ~** c'est une de tes *or* de vos cousines • **it's no fault of ~** ce n'est pas de votre faute (à vous) • **how's that thesis of ~* getting on?** et ta thèse, elle avance ?* • **where's that husband of ~?*** où est passé ton mari ? • **that stupid son of ~*** ton *or* votre idiot de fils • **what's ~?*** (*buying drinks*) qu'est-ce que tu prends *or* vous prenez ?

yourself [jʊə'self] (PERS PRON) (*pl* **yourselves** [jʊə'selvz]) (*reflexive: direct and indirect*) te, vous, vous *pl*; (*after preposition*) toi, vous, vous *pl*; (*emphatic*) toi-même, vous-même, vous-mêmes *pl* • **have you hurt ~?** tu t'es fait mal ?, vous vous êtes fait mal ? • **are you enjoying ~?** tu t'amuses bien ?, vous vous amusez bien ? • **you never speak about ~** tu ne parles jamais de toi, vous ne parlez jamais de vous • **how are you? — fine, and ~?*** comment vas-tu ? — très bien, et toi ?

▸ **by yourself** tout seul • **did you do it by ~?** tu l'as *or* vous l'avez fait tout seul ?

youth [ju:θ] 1 (N) ⓐ (= *young age*) jeunesse *f* • **in my ~** dans ma jeunesse ⓑ (= *young person*) jeune *mf* 2 (COMP) ▸ **youth club** N maison *f* de jeunes ▸ **youth hostel** N auberge *f* de jeunesse ▸ **youth worker** N éducateur *m*, -trice *f*

youthful ['ju:θfʊl] (ADJ) [*person, looks*] jeune; [*idealism, enthusiasm*] juvénile • **a ~-looking 49-year-old** un homme/une femme de 49 ans, jeune d'allure • **he's a ~ 50** il porte allègrement ses 50 ans

you've [ju:v] = **you have → have**

yo-yo ['jəʊjəʊ] (*pl* **yo-yos**) 1 (N) yoyo® *m* 2 (VI) (= *fluctuate*) faire le yoyo 3 (COMP) ▸ **yo-yo dieting** N régime *m* yoyo

yuan [ju:æn] (N) (*pl inv*) yuan *m*

Yugoslav ['ju:gəʊ'slɑ:v] 1 (ADJ) yougoslave 2 (N) Yougoslave *mf*

Yugoslavia ['ju:gəʊ'slɑ:vɪə] (N) Yougoslavie *f*

Yugoslavian ['ju:gəʊ'slɑ:vɪən] (ADJ) yougoslave

yuppie* ['jʌpɪ] (N) yuppie *mf*

YWCA [ˌwaɪdʌbljʊsi:'eɪ] (N) (ABBR OF **Young Women's Christian Association**) YWCA *m*

Y

Z z

Zaïre [zɑːˈiːəʳ] N (*= country*) Zaïre *m*
Zambia [ˈzæmbɪə] N Zambie *f*
zany [ˈzeɪnɪ] ADJ loufoque*
zap* [zæp] 1 VT (*= delete*) [*+ word, data*] supprimer 2 VI ⓐ (*= move quickly*) **we're going to have to ~ through the work to get it finished in time** il va falloir que nous mettions la gomme* pour finir le travail à temps ⓑ (*TV*) **to ~ through the channels** zapper
zeal [ziːl] N (*= enthusiasm*) zèle *m*
zealot [ˈzelət] N fanatique *mf*
zealous [ˈzeləs] ADJ [*person*] zélé
zebra [ˈzebrə, ˈziːbrə] N zèbre *m* ▸ **zebra crossing** N (*Brit*) passage *m* pour piétons
Zen [zen] N Zen *m* ▸ **Zen Buddhism** N bouddhisme *m* zen
zenith [ˈzenɪθ] N zénith *m*
zero [ˈzɪərəʊ] 1 N zéro *m* • **15 degrees below ~** 15 degrés au-dessous de zéro • **snow reduced visibility to near ~** à cause de la neige, la visibilité était quasi nulle 2 COMP ▸ **zero-emission** ADJ à taux d'émission zéro ▸ **zero-hours contract, zero-hour contract** N contrat *m* zéro heure, *contrat d'embauche ne stipulant aucun horaire ni aucune durée minimum de travail* ▸ **zero tolerance** N politique *f* d'intransigeance
▸ **zero in** VI **to ~ in on sth** (*= move in on*) se diriger droit sur qch; (*= concentrate on*) se concentrer sur qch
zest [zest] N ⓐ (*= gusto*) entrain *m* • **he ate it with great ~** il l'a mangé avec grand appétit • **~ for life** goût *m* de vivre ⓑ [*of orange, lemon*] zeste *m*
zigzag [ˈzɪgzæg] 1 N zigzag *m* 2 ADJ [*road, line*] en zigzag; [*pattern*] à zigzags 3 VI zigzaguer • **to ~ through** traverser en zigzaguant
zilch* [zɪltʃ] N que dalle*
Zimbabwe [zɪmˈbɑːbwɪ] N Zimbabwe *m*
Zimbabwean [zɪmˈbɑːbwɪən] 1 ADJ zimbabwéen 2 N Zimbabwéen(ne) *m(f)*
Zimmer® [ˈzɪmə] N (*Brit*) (*also* **Zimmer frame**) déambulateur *m*
zinc [zɪŋk] N zinc *m*
Zionist [ˈzaɪənɪst] ADJ, N sioniste *mf*
zip [zɪp] 1 N (*Brit*) fermeture *f* éclair® • **pocket with a ~** poche *f* zippée* 2 VI **to ~ out/past** [*car, person*] sortir/passer comme une flèche 3 VT (*Comput*) [*+ file*] zipper 4 COMP ▸ **zip code** N (*US*) code *m* postal ▸ **zip file** N (*Comput*) fichier *m* zip *inv*
▸ **zip up** 1 VI [*dress*] fermer avec une fermeture éclair® 2 VT SEP **can you ~ me up?** tu peux remonter ma fermeture éclair®?
zipper [ˈzɪpəʳ] N (*US*) fermeture *f* éclair®
Z-list [ˈzedlɪst] 1 ADJ de troisième zone 2 N personnalités *fpl* de troisième zone
zloty [ˈzlɒtɪ] N (*pl* **zlotys** *or* **zloty**) zloty *m*
zodiac [ˈzəʊdɪæk] N zodiaque *m*
zombie [ˈzɒmbɪ] N zombie *m*
zone [ˈzəʊn] N zone *f*; (*= subdivision of town*) secteur *m*
zoo [zuː] N zoo *m* ▸ **zoo keeper** N gardien(ne) *m(f)* de zoo
zoological [ˌzəʊəˈlɒdʒɪkəl] ADJ zoologique
zoology [zəʊˈɒlədʒɪ] N zoologie *f*
zoom [zuːm] VI **the car ~ed past us** la voiture est passée en trombe* ▸ **zoom lens** N zoom *m*
▸ **zoom in** VI faire un zoom (**on** sur)
▸ **zoom out** VI faire un zoom arrière
zucchini [zuːˈkiːnɪ] N (*pl* **zucchini**) (*US*) courgette *f*
Zulu [ˈzuːluː] 1 ADJ zoulou *f inv* 2 N Zoulou *mf*
Zumba® [ˈzʊmbə] N zumba® *f*

Abréviations utilisées dans le dictionnaire		Abbreviations used in the dictionary
abréviation	ABR, ABBR	abbreviated, abbreviation
adjectif	ADJ	adjective
administration	*Admin*	administration
adverbe	ADV	adverb
agriculture	*Agric*	agriculture
architecture	*Archit*	architecture
argot	*arg*	slang
article	ART	article
astrologie	*Astrol*	astrology
astronomie	*Astron*	astronomy
attribut	*attrib*	predicative
australien, Australie	*Austral*	Australian, Australia
automobile	*Auto*	automobiles
auxiliaire	AUX	auxiliary
aviation	*Aviat*	aviation
belge, Belgique	*Belg*	Belgian, Belgium
biologie	*Bio*	biology
botanique	*Bot*	botany
britannique, Grande-Bretagne	*Brit*	British, Great Britain
canadien, Canada	*Can*	Canadian, Canada
chimie	*Chim, Chem*	chemistry
cinéma	*Ciné, Cine*	cinema
mots composés	COMP	compound, in compounds
comparatif	*compar*	comparative
comptabilité	*Comptab*	accounting
informatique	*Comput*	computing
conjonction	CONJ	conjunction
construction	*Constr*	building trade
démonstratif	DÉM, DEM	demonstrative
économie	*Écon, Econ*	economics
par exemple	*eg*	for example
électricité, électronique	*Élec, Elec*	electricity, electronics
épithète	*épith*	before noun
surtout	*esp*	especially
et cetera	*etc*	et cetera
euphémisme	*euph*	euphemism
exclamation	EXCL	exclamation
féminin	*f*	feminine
figuré	*fig*	figuratively
féminin pluriel	*fpl*	feminine plural
formel, langue soignée	*frm*	formal language
futur	*fut*	future
en général, généralement	*gén, gen*	in general, generally
géographie	*Géog, Geog*	geography
géologie	*Géol, Geol*	geology
grammaire	*Gram*	grammar
gymnastique	*Gym*	gymnastics
suisse, Suisse	*Helv*	Swiss, Switzerland
histoire	*Hist*	history
humoristique	*hum*	humorous
impersonnel	IMPERS	impersonal
indéfini	INDÉF, INDEF	indefinite
indicatif	*indic*	indicative
indirect	*indir*	indirect
infinitif	*infin*	infinitive
inséparable	INSEP	inseparable
interrogatif	*interrog*	interrogative
invariable	INV, *inv*	invariable
irlandais, Irlande	*Ir*	Irish, Ireland
ironique	*iro*	ironic
linguistique	*Ling*	linguistiques
littéral, au sens propre	*lit*	literally
littéraire	*littér, liter*	literary
littérature	*Littérat, Literat*	literature
locution	LOC	locution
masculin	*m*	masculine
mathématique	*Math*	mathematics
médecine	*Méd, Med*	medicine
météorologie	*Météo*	meteorology
masculin et féminin	*mf*	masculine and feminine